二十五史

宋史（下）

上海古籍出版社
上海書店

宋史

下

宋史卷二百二十五

元中書右丞相總裁脫脫等修

世系表第十六

宗室世系十一

	平陽郡王宗彥
	華陰侯仲袞
	贈右領軍衛將軍士衆　洋國公諡修榮贈朝請大夫士編　贈修武郎士堂
	不匱　奉議郎不盧　秉芸郎不愚　奉議郎不器　修職郎不疑
	善文　善顒
	汝鄭　汝傣　汝紹　汝畬　汝僉
	崇謙　崇訥　崇討　崇詰　崇訪　崇諄　崇語　崇諿　崇譴　崇訶　崇謂　崇誥　崇譜　崇調　崇詠　崇諾　崇諍　崇株　崇椢　崇枋　崇柣
	必元　必墉　必棏　必桯　必椿　必俫　必蕙　必蕢　必寶　必宬　必窓　必悠　必愍　必燹　必爔　必栗　必炉　必緝　必繼
	良坑　良騠　良賦　良墍　良貞　良義
	友慮

	河內侯仲向　恩國公諡恭安仲集
	東頭供奉官士俛　西京左藏庫副使士衡　太子右內率府副率士龍　太子右內率府副率士欒　贈忠州刺史士讜　武義大夫士鞁　秉義郎士船　修武郎士絹　武義郎士璦　贈武翼郎士塤
	承奉郎不唱　修職郎不空　不愚　承節郎不俞　保義郎不櫚　忠訓郎不巷
	善隱　善顒　善隱　善昭　善饒
	汝寶　汝賜　汝枰　汝能　汝添
	崇構　崇柈　崇柠　崇棴　崇樽　崇澗　崇橈　崇柜　崇楓　崇梲　崇桔
	必瀾　必棗　必綝　必續　必繽　必恢　必媒　必淞　必徉　必袷　必爛　必袟　必絲　必炯　必燐　必炓　必灴　必熯　必燉　必熅　必焆
	良垩　良軹

	贈右屯衛大將軍仲考　安康郡公仲延　建國侯仲旌
	敦武郎士琫　敦武郎士欒　右班殿直士世　修武郎士卽　武經郎士邦　西頭供奉官士旋
	改贈奉直大夫不陶　保義郎不移　不疊　承節郎不作
	善洙　善淋　善洸　善溱　善注　善汧　善詎　善繼　善昭　善燮
	汝謕　汝諑　汝譱　汝謗　汝譫　汝詥　汝訪　汝灑　汝京　汝擿　汝調　汝諷　汝證　汝訊　汝循　汝神　汝詵　汝弗　汝鹽
	崇戢　崇珝　崇晛　崇服　崇柠　崇皋　崇畱　崇由　崇習　崇錄　崇瑲　崇褥　崇播　崇搕　崇揭　崇搞　崇據　崇撰　崇楅　崇櫅　崇柚　崇撩　崇穜　崇秘　崇達　崇拂
	必舉　必鍇　必瑀　必煜　必炤　必烻　必燗　必燖　必煤　必期　必憲　必坤　必昇
	良原　良徽

河內侯仲逌													彭城侯仲青							
宣德郎士葉	敦武郎士蔡	秉義郎士秨	武功郎士篳	武翼郎士勬		左侍禁士酢	忠訓郎士顭	武德郎士顒					修武郎士俎	修武郎士厷						
保義郎不窒	承節郎不偁	保義郎不竦	贈奉議郎不攄			忠訓郎不痗	左奉議郎不病	宣教郎不疚	武德郎不疧				承節郎不譬	不倚						
善辭	善倅	善迹	善逾	善鄰	善郴	善御	善郎	善翎	善醴	善悭	善析									
汝焜	汝斷	汝鄘	汝	汝	汝	汝堵	汝屏	汝樸	汝	汝壇	汝鑺	汝畸	汝畤	汝樵	汝椏	汝檣	汝柠	汝捉	汝蘗	
崇曦	崇馭	崇燮	崇嫖	崇衿	崇穗	崇移	崇椭	崇宴	崇埼	崇偦	崇鈐	崇銈								
必墥	必伶	必諗																		

華陰侯仲摶										華原郡公仲被				景城侯仲曈					
忠翊郎士著	從義郎士杉	忠訓郎士慶	修武郎士指	修武郎士栫	左侍禁士荶	忠訓郎士範	右班殿直士徽	忠翊郎士僈	成忠郎士𥜥	秉義郎士祔	從義郎士禧	敦武郎士恪	左侍禁士頎	忠訓郎士僙					
不倚	不志	不愚	不怒	不欺	不督	不爭	忠訓郎不憒	不惑	忠翊郎不愧										
善揖	善惕	善慮	善憠	善懇	善窓	善門													
汝謐	汝摶	汝湟	汝鴻	汝滔	汝激	汝瀿	汝鏷	汝鉛	汝錦	汝釙									
崇㰚	崇鷄	崇禊	崇矸	崇渠	崇硝	崇墉	崇埩	崇橙	崇銅	崇鋗	崇鐐	崇櫳	崇祿	崇禱	崇祒	崇稜	崇枇		
必崧	必恳	必璶	必壇	必隑	必詠	必讃	必僇	必愯	必荄	必䓷	必蘮	必霆							
良軨																			

鄆王謚勤孝宗惠																			
饒陽侯仲均	北海侯仲蕤	榮國公仲眞																	
秉義郎士曉	忠翊郎士權	敦武郎士忱	右班殿直士𪗨	贈朝奉郎士檜	忠翊郎士槽	太子右內率府副率士䓾	太子右內率府副率士圜	太子右內率府副率士勤	左藏庫使士理	左侍禁士佃	太子右監門率府率士鈏	廣平侯士註	贈武翼大夫士漏						
秉義郎不忉	朝散郎不佊	正議大夫不俄	不弊	不琭	秉義郎不浼	承信郎不器	贈武功郎不倚												
善珦	善𣞤	善璨	善習	善誠	善調	善計													
汝檟	汝櫍	汝械	汝枕	汝招	汝偪	汝惲													
崇透	崇遷	崇逕	崇懕	崇悳	崇祿	崇禔	崇禪	崇弟	崇态	崇慮	崇徽	崇𢡟							
必睽	必浣	必涸	必夌	必痏	必㵪	必銓													
良呈																			

东頭供奉官士辯　奉議郎士晉　朝議大夫直祕閣士縠　東頭供奉官士春　左侍禁士潄　敦武郎士瀕　武顯郎士涓

成忠郎不驕　成忠郎不帶　不僞　秉義郎不耻　保義郎不危　迪功郎不溢　承節郎不懼　不畧　武節郎不圖　不盈　不求　保義郎不訥　訓武郎不濡

善討　善詩　善倘　善道　善壽　善扑　善師　善憮　善鄰　善晌　善儋　善僇

汝慊　汝愉　汝尹　汝愧　汝措　汝慓　汝快　汝葵　汝芹　汝蒓　汝菘　汝恰　汝傷　汝堪　汝繩　汝裛　汝侁

崇禱　崇稍　崇禓　崇禑　崇祄　崇稯　崇禰　崇澎　崇鎬

必迢　必迺　必遺　必邇　必洩　必淼　必㴋

良琨　良堂　良健

建國公仲奚

右班殿直士路　保義郎士南　北海侯士綴

承節郎不誘　承節郎不詿　忠翊郎不慍　成忠郎不脩

善闓　善闇　善閱　善門　善闔　善闌　善學

汝蒉　汝蕭　汝蕘　汝芮　汝淡　汝鉆　汝甀　汝玅　汝茉　汝翼　汝爲　汝徽　汝雝　汝勸

崇瓏　崇呂　崇冉　崇契　崇大　崇畋　崇蓁　崇方　崇岱　崇禩　崇禴

必璇　必暕　必昭　必寬　必順　必舉　必躬　必昦　必寧　必昪　必詮　必諟　必億　必僾　必御　必侂　必大　必横　必焯　必焊　必彈　必析　必橣　必煓

良珃　良璫　良瓕　良堦　良瑃　良璟　良琳　良琡　良珽　良瑚　良玫　良鋆　良琹　良昭　良燀　良琦

友嵤

不權　忠訓郎不倈

善政　善仁　善信

汝奭　汝安　汝牧　汝驥　汝常　汝爻　汝在　汝博　汝輿　汝山

崇愳　崇聽　崇侻　崇賢　崇授　崇闕　崇蝦　崇寶　崇知　崇晦　崇年　崇尚　崇長　崇岡　崇維　崇銳　崇隆　崇輝　崇佽　崇逸　崇圭　崇戈　崇詩　崇雲　崇蟎　崇圩　崇岦

必蓬　必忝　必恩　必贛　必篡　必穗　必蕊　必瀊　必倅　必僊　必侊　必翰　必蕙　必僖　必瑀　必藜　必荇　必辯　必浣　必淵　必滄　必漉　必偕　必潛　必模　必棣　必困　必蔓　必澀　必注　必境

良彝　良玢　良琟　良琛　良從　良俸　良听　良聼　良璉　良玨　良仫　良徵　良伀　良遂　良侍　良俠

儒林郎不作　不僻　內殿承制士秠　贈宣義郎不懼
善能　善問　善指
汝璇　汝璒　汝琛　汝琇　汝珍　汝璣　汝玠　汝璥　汝塘　汝珽　汝豐　汝琅
崇倫　崇傣　崇俟　崇儦　崇倒　崇鬵　崇儹　崇裓　崇譱　崇侅　崇濂　崇湊　崇隱　崇漉　崇泥　崇椅　崇梧　崇麟　崇袒　崇忼　崇恂　崇燧　崇楮　崇櫧　崇棫　崇栖
必鈴　必榷　必潔　必櫕　必植　必樰　必松　必楝　必蓮　必恂　必瀴　必速　必惔　必懊　必忖　必涗　必涼　必漖　必羔　必潵　必洈　必漉　必熙　必彭　必鉼　必爍　必熄　必爛　必詢
良速　良滃　良湏　良滮　良騰　良腴　良膘　良期　良賑　良滕　良鋑　良鐏
友許　友源

不惓　秉義郎不愧　不慽　承信郎不
善俻　善說　善應　善嘉　善詵　善時　善佼
汝瓏　汝璽　汝珊　汝珹　汝瑋　汝瑮　汝珩　汝瑕　汝瓌　汝瑁　汝瓛　汝輯　汝洪
崇佶　崇傪　崇嶸　崇嘌　崇嵺　崇崢　崇喻　崇鋏　崇鏻　崇鐳　崇倲　崇倀　崇祕　崇盥　崇枡　崇杓　崇校　崇卑　崇敦　崇修　崇衛　崇輪
必訪　必謂　必愬　必懣　必沃　必灘　必漯　必灑　必涀　必湝　必澮　必洵　必渹　必濾　必過　必渚　必沁　必盍　必寤　必稼　必祫　必褕　必謣　必証　必講　必譚　必譁　必詡　必節　必異　必譜　必誧　必謨　必謭　必詠
良摠　良鎬　良僊　良僖　良傍　良傛　良僩　良儈　良賨　良膚　良侍
友淸

太子右內率府副率仲嫁　贈右屯衛大將軍仲徐　建國公謚恭懿仲企
內殿承制士鏞　西頭供奉官士慮　成忠郎士操　成忠郎士洟　修武郎士燭
宣教郎不矜　從事郎不　三班奉職不比　不剛　贈武節郎不器　不迷　不慽　不怖　成功郎不邪　成忠郎不釗
善弼　善謀　善勝　善忕　善禍　善襪　善複　善貞　善紵　善祺
汝霙　汝諆　汝玗　汝琲　汝瑨　汝灈　汝栗　汝璙　汝艦　汝艤　汝琲　汝瑁　汝瓇　汝瑕　汝灘　汝蟹　汝璗
崇敷　崇惠　崇鏷　崇鍬　崇達　崇法　崇紹　崇掌　崇衛　崇御　崇鋼　崇鏡　崇饒　崇鉛　崇鎬
必文　必周　必勤　必謙
良昕　良賁　良玙　良瑆　良諸　良玕
友實

贈太師追封申國公不求

善序 善慶 善廣 善晃 善應

汝韙 汝寨 汝豆 汝吶 汝縈 汝司 汝塤 汝懕 汝伉 汝懕 汝篤 汝愚

崇與 崇瓔 崇垠 崇勵 崇壄 崇僞 崇憖 崇沶 崇嵊 崇崧 崇申 崇湉 崇警 崇嚮 崇晃 崇曈 崇體 崇賚 崇驪 崇舁 崇貫 崇貝 崇賫 崇憲

必達 必淀 必鎌 必僎 必慽 必忕 必逮 必堁 必鐐 必鏈 必錕 必瀕 必圮 必玞 必珀 必琚 必玠 必鑽 必鋃 必鎚 必漵 必愿 必㤰 必劉 必益

良昭 良玟 良玵 良珮 良琜 良珖 良墉 良僡 良像 良珉 良琜 良忞 良習 良質 良昌 良榦

友鑽 友忠 友泉 友謹 友悊 友銳

崇範 崇稭 崇樸 崇度 崇要 崇寔 崇潔 崇尹 崇慤

汝拙

必銳 必峻 必肅 必同 必佑 必㬩 必珂 必悌 必恬 必怡 必悰 必揆 必撫 必扑 必撰 必㮇 必棠 必輯 必正 必簾 必透 必邃 必惠 必溥 必愈 必瑞 必志 必懃 必實

良淑 良渼 良源 良倣 良麵 良輻 良意 良輕 良瑴 良淳 良㤙 良愗 良思 良勲 良心 良忞 良備 良敂 良憋 良憝 良憙 良鷉 良琍 良瑋 良堃 良箕 良澄 良滘 良燐 良璬 良消 良潤 良滂 良涫 良瀚 良慧 良恕

友樞 友循 友傳 友仰 友健 友儀

善思 善思 善淵 善信 善沐

汝魯 汝納 汝覩 汝徇 汝恭 汝寋 汝穷

崇夏 崇煥 崇畏 崇朴 崇蒩 崇毓 崇徽 崇銑 崇鑒 崇竇 崇緇 崇紡 崇秉 崇閲 崇暐 崇暢

必宣 必稛 必慮 必竑 必柄 必爽 必猷 必紹 必詔 必琪 必瓬 必壇 必滉 必遂 必洧 必珉 必迨 必遲 必孚 必雅 必璡 必玘 必珮 必瑛 必瑄 必仔 必禩 必偲 必淒 必玨 必玶 必琓

良忕 良忽 良伸 良傑 良伊 良詠 良迂 良侊 良崈 良檻 良衎 良脩 良穆 良衎 良裔 良衛 良衞 良栩 良栻 良桍 良臂 良檉 良桂 良椿

友瑋 友瑞 友琟 友嶧 友亮 友閏 友璋 友璩

武翼郎士焴

不擾　贈武翼大夫不猷

善寄　善寬　善崗

汝窩　汝章　汝轅　汝依　汝仙　汝倏　汝嶬　汝倫　汝侗　汝佑

崇施　崇藹　崇耦　崇覽　崇椹　崇贊　崇抵　崇栖　崇鋅　崇堵　崇墇　崇琊　崇蒽　崇玲　崇徠　崇荊　崇茹　崇藻　崇莞　崇萱　崇璘　崇璠　崇瓚　崇珠　崇琫　崇琁　崇琇　崇祺　崇祗　崇禰　崇枋　崇玳

必瓊　必缶　必洪　必珹　必塘　必琁　必玻　必珣　必琇　必墩　必琨　必泒　必荷　必衡　必遍　必訴　必根　必柯　必訥　必榆　必沂　必渭　必濟　必瑛　必泟

良涸　良址　良璨　良璪　良砲

善宇　善宏　善宕　善寘

汝儒　汝健　汝倜　汝儦　汝佺　汝保　汝俘　汝稹　汝莅　汝價　汝儳　汝再　汝玏　汝位　汝催

崇球　崇珩　崇玗　崇瑨　崇現　崇柯　崇社　崇蘊　崇　崇杍　崇機　崇採　崇槐　崇樾　崇橙　崇樽　崇奎　崇榰　崇林　崇相　崇梓　崇欂　崇核　崇櫞　崇檬　崇檠　崇檻　崇柚　崇柜　崇架　崇楳

必灄　必巔　必溱　必洒　必漣　必璚　必坎　必遨　必能　必洑　必試　必誠　必諳　必謐　必韵　必畤　必瀝　必涬　必淘　必澴　必沂　必瀫　必淙　必澍　必淖　必澠　必逵　必鋸　必瀝　必烑　必燮　必慧　必膰　必服　必臕　必昕　必厥

良擇

贈承議郎不溢

善僧　善仁　善能　善時　善儲　善劃　善衝　善偲　善倏

汝愿　汝難　汝懋　汝勲　汝愬　汝懸　汝整　汝朐　汝頡　汝埤　汝郊　汝息　汝隱　汝懿　汝悠　汝綺　汝楹　汝驄　汝乇　汝汙　汝旟　汝贏　汝待　汝憓　汝褱　汝複　汝醻　汝遠

崇衎　崇毅　崇得　崇鈸　崇漢　崇枌　崇俞　崇潒　崇木　崇後　崇湘　崇琚　崇滈　崇吕　崇仍　崇潛　崇瀍　崇墀　崇坊　崇玦　崇戠　崇輅　崇鑒　崇謅　崇塾　崇務　崇澧　崇禠　崇詎　崇諭

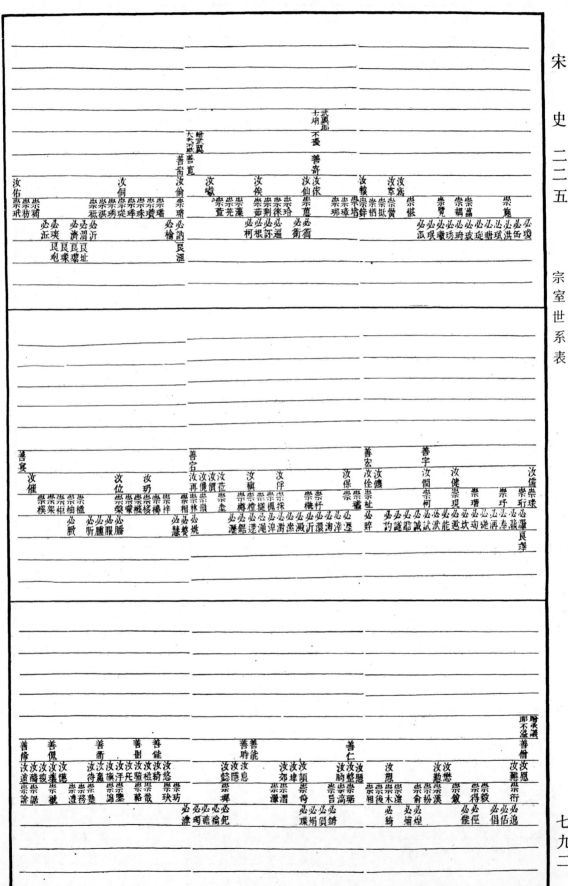

必逌　必佸　必倡　必侄　必儱　必煌　必埔　必綺　必鏞　必員　必焆　必璞　必釔　必綸　必禮　必瑀　必津

彭城侯仲琗

修武郎士詨 修武郎士遵 修武郎士譪 右班殿直士卯 右班殿直士龍 右班殿直士鈏 左班殿直士籥 贈右朝請大夫士垚

不典 不悚 不違 不佞 不固 不雞 不硆 從義郎不擇 承議郎直秘閣不拙

善儵 善彬 善詛 善諮 善發 善昪

汝遐 汝逡 汝譁 汝郠 汝韺 汝謣 汝詡 汝壑 汝讙 汝修 汝侁 汝誹 汝鐶 汝鏊 汝陽 汝惣 汝藏 汝芥

崇翰 崇惎 崇育 崇卞 崇玲 崇僊 崇衞 崇軿 崇燸 崇燠 崇頫 崇斗 崇瑒 崇總 崇垌 崇祼 崇纕 崇繽 崇緖 崇祺

必交 必面 必璠 必僊 必往

太子右內率府副率仲轍 贈右屯衛大將

右班殿

忠訓郎士褆 保義郎士近 承信郎士貇

不拒 贈中奉大夫不愚 不訥 不忞 不減 不惡 修武郎不玦 修武郎不攖

善酒 善霄 善固 善國 善書 善贊 善游 善彥 善京 善還 善迴 善遼 善遲 善远 善道 善遒 善迁 善辻

汝烾 汝惷 汝鐘 汝珵 汝投 汝䫀 汝酭 汝丱 汝曰 汝竝 汝讛 汝衙 汝鳩 汝浦 汝湝 汝孚 汝杅 汝付 汝淟 汝湇 汝滌 汝欉 汝傚 汝淯 汝活 汝媢 汝嵘 汝峄 汝岭

崇朋 崇意 崇曦 崇晛 崇昵 崇秈 崇楒 崇柳 崇繡 崇裯 崇復 崇岭 崇峖 崇峌

必橧

軍仲巀 贈左領軍仲霊 贈左屯衛將軍仲琰

直士柜 右侍禁士嵇 右班殿直士菲 右侍禁士琁 朝奉郎士鉷 秉義郎士礌 忠訓郎士瀹 秉義郎士建 武經郎士康 成忠郎士誄 士駿 左班殿直士捧 朝請郎士拾 朝請郎士碣 修武郎士置

不謀 不慮 不誠 不華 不居 不實 不耀 保義郎不耕 不耘 承節郎不偎 不憪 忠訓郎不爈 不恠 保義郎不敂 右從政郎不屈 不瑕 不犯

善時 善政 善敍 善孜 善羿 善彧 善涔 善訊 善諴 善禔

汝楠 汝榛 汝翇 汝玨 汝側 汝賓 汝建 汝慈

崇芳 崇菲 崇芐 崇燋 崇桂 崇愃 崇穟 崇磷 崇碩 崇柏

必憓 必漣 必濃

華陰侯仲歷　南陽侯仲丞

左班殿直士酒　從義郎士堤　成忠郎士顧　武節郎士瀕　右侍禁士湋　右班殿直士僾　忠翊郎

保義郎不譁　成忠郎不辱　不試　不諍　不誣　從事郎不伉　成忠郎不諛　忠翊郎不解

善擇　善題　善騤　善顒　善忻

汝中　汝慇　汝恁　汝瀏　汝恣　汝蓍　汝交　汝琦　汝鈔　汝忒　汝瀾　汝樓　汝槁　汝樅　汝轤　汝軨

崇楝　崇倓　崇儻　崇倞　崇玘　崇璒　崇踪　崇矚　崇樨　崇梣　崇栲　崇橬　崇橫　崇燸　崇櫨　崇櫻　崇瀟　崇汏　崇極　崇棣

必活　必溜　必鑛　必瑽　必瀲　必油　必泝　必濃　必涪　必金

良湝

博陵侯仲央

士鄣　保義郎士盼　武翼郎士固　成忠郎士駔　成忠郎士杲　贈武經大夫士晝

不惕　不恂　不惟　從義郎不迤　訓武郎不僇

善芩　善晛　善眐　善時　善昇　善䴺　善旼　善棠

汝祘　汝祝　汝湎　汝鐏　汝鏽　汝鐅　汝鎵　汝鑐　汝鑌　汝鎘　汝鏃　汝洎　汝瀵　汝鏐　汝璜　汝鎮　汝銚　汝鏁　汝鏈　汝鑰　汝鉊　汝鋤　汝銘　汝鍍　汝鍏　汝逸

崇劇　崇麈　崇伸　崇陂　崇陽　崇陏　崇阧　崇隍　崇隊　崇隢　崇鄰　崇陁　崇熼　崇娓　崇鈕　崇彖　崇誰　崇櫏　崇𣘺　崇欀　崇汥　崇瑞　崇碄　崇迫　崇盜　崇箄　崇篃　崇閘　崇閭

必禡　必䄷　必稀　必禣　必堌　必圳　必㙞　必嵒　必挺　必採

良潔　良璲　良墐

右班殿直士欽　武翼大夫士彨

左朝奉郎不惔　武節郎不伉　忠翊郎不㦒　忠翊郎不恨　承節郎不慊　秉義郎不儒　承信郎

善麻　善悳　善愿　善宙　善寅　善執　善紊　善多　善儆　善傳　善慶　善偃　善得

汝汜　汝辻　汝遢　汝透　汝迷　汝迓　汝遐　汝迴　汝裔　汝肱　汝向　汝斂　汝儁　汝逢　汝俔　汝倈　汝懇　汝恩　汝昦　汝迈　汝祺　汝證　汝誶　汝訓

崇閏　崇禬　崇　崇䘾　崇禪　崇禰　崇祣　崇袚　崇棆　崇棧　崇瑧　崇涟　崇璉　崇鏄　崇辻　崇堰　崇壥　崇擬　崇䃾　崇砅　崇硫　崇禯　崇循　崇欽　崇藘　崇蕖　崇璲

必樺　必槿　必靖　必碉　必𡦂　必桑　必穮　必簦　必第

良授

華陰侯宗本

榮州防禦使仲節　馮翊侯仲勸　太子右內率府副率仲巢　房國公謚孝修

右班殿直士縱　右班殿直士豪　修武郎士皆　武翼郎士徽　成忠郎士纘　房陵郡公士極　武經郎士坩　左班殿直士惆　贈武顯大夫士僅　武經郎

不懷　不儌　不詖　不讁　不仝　訓武郎不已　不危　忠訓郎不尤　不比　贈朝議大夫不克　迪功郎不侁　成忠郎

善昭　善詒　善愷　善熵　善熮　善魁　善麗　善侃　善倫　善興　善迴　善信　善遵　善保

汝玞　汝瑯　汝弼　汝鏻　汝鎊　汝餌　汝鑕　汝沖　汝暢　汝㴉　汝僴　汝儛　汝矜　汝顥　汝裕　汝適　汝箎　汝緝　汝戩　汝才　汝敎

崇雉　崇裙　崇僬　崇勣　崇傌　崇隸　崇优　崇佐　崇訡　崇詔　崇誼　崇效　崇致　崇松

必坻　必蒳　必薷　必芠

東陽郡公宗辯

仲方　贈左領軍衛將軍仲翃　贈左領軍衛將軍仲歛　贈左屯衛大將軍仲集　太子右內率府副率仲侢　東平侯仲壽

士秦　左班殿直士榮　太子右內率府副率士素　潁東郡公士獲

不息　三班借職不瀆　不㮚　修武郎不黨　從義郎不溢　忠訓郎不伐　成忠郎　不明

善撫　善長　善師　善信

汝愢　汝悠　汝然　汝弼　汝貫

崇鏺　崇鏶　崇鉊　崇剻　崇堡　崇墊　崇埳　崇埝　崇垩　崇壽　崇旻　崇冕　崇庶　崇康　崇膺　崇蔭　崇庠　崇庄

必汻　必冋　必鏋　必衎　必衕　必洍　必俁　必遴　必遇　必遼　必逮　必顓　必顒　必憚　必擄　必鉧　必㷅

良適　良邁　良俾　良倍　良磅　良璾　良堤　良瑙　良璕

贈中奉大夫不敏

善時　善晦

汝椿　汝高　汝亢　汝云　汝鎔　汝鐘　汝鉥　汝銶　汝鑒　汝鏈　汝銓

崇祀　崇祥　崇碎　崇潤　崇濬　崇淮　崇準　崇滂　崇漻　崇沚　崇滌　崇滋　崇測　崇泌　崇浹　崇洸　崇沆　崇溉　崇澤　崇澣　崇淨　崇浩　崇浦

必沼　必隆　必棵　必權　必扶　必楙　必材　必桂　必楧　必樟　必楝　必植　必桷　必柝　必桿　必榭　必橞　必橅　必楷　必檮　必棆　必樽　必枹　必檣　必杲　必槊　必森　必築　必榲　必相　必杞

良盛　良奎　良鏄　良柄　良焯　良炬　良栓　良爟　良煤　良燑　良爊　良煇　良煒　良辨　良浣　良勳　良焆　良㷔　良熺　良熗　良烓　良熯　良煠　良灼

友型　友逮　友鼎　友埈　友埭　友奎

華原郡公士陸
贈朝議大夫不伎　不琰　三班奉職不愧　忠訓郎不惑　右班殿直不華　武翼郎不私
善贖　善寧　善履　善實　善機
汝鍠　汝鎧　汝鋭　汝鈇　汝銘　汝城　汝黮　汝嘉　汝昺　汝盈　汝默
崇湝　崇注　崇波　崇湧　崇灕　崇巘　崇濞　崇浄　崇洌　崇淇　崇洽　崇潞　崇唯　崇的　崇容　崇濟　崇眞　崇秦　崇禾　崇銅　崇順　崇良　崇說　崇董　崇裒　崇熙　崇恩
必槲　必櫆　必楸　必　必槩　必檑　必柸　必檜　必協　必櫛　必椆　必櫳　必根　必琰　必迺　必適　必迦　必遽　必送　必聰　必儀　必侁　必著　必詳　必瀨　必恐　必求
良澝　良滐　良負　良湍　良悚　良焆　良烷　良粟　良烯　良墱　良樑　良櫍　良楔　良榛　良柖
友罌

榮國公
內殿崇班士純　內殿承制士忯　右班殿直士儲
秉義郎不諍　忠訓郎不懾　不栖　不感　忠訓郎不厭　成忠郎不先　不許
善智　善甄　善信　善實　善貸　善利　善文　善儞　善殷　善文　善旻　善述　善道　善達　善遷　善隆　善慶　善利
汝基　汝美　汝穹　汝謨　汝繕　汝汴　汝潘　汝浚　汝溓　汝溥　汝澼　汝淙　汝稽　汝稱　汝稴　汝敬
崇彩　崇曨　崇漬　崇洊　崇櫹　崇巧　崇例　崇瀬　崇消　崇瀘　崇仞　崇僤　崇偈　崇倪　崇俘　崇催　崇彷　崇儷　崇俯　崇浦　崇僅　崇㥬
必延　必璦　必椽　必梘　必楒　必杭　必樯　必礫　必念　必略

諡敏僖洋國公仲縮　信國公仲理　榮國公諡恭孝仲緘
修武郎士託　宣德郎士件　左班殿直士併　右侍禁士春　右班殿直士瓩　右班殿直士冠　右侍禁士迻　左侍禁士總　右班殿直士輧　從義郎士輶　忠翊郎士強　贈朝請夫士昌
不酒　不驎　三班奉職不踰　贈武德郎不睍　不長　不　不滅　朝請大夫不忤
善述　善從　善往
汝坦　汝諸　汝平　汝俠　汝僞　汝遹　汝遷
崇左　崇興　崇進　崇慶　崇渥　崇建　崇顯　崇倚　崇緗　崇搴　崇萸　崇蘦　崇酒
必乃　必提　必擇　必擢　必淳　必源　必溉　必該　必訥　必价　必奢
良環　良珀　良瑄　良俶　良隱　良膳　良肺　良廖　良化　良儡　良倎　良傳　良仁
友佋

襄陽侯仲汧

秉義郎士斷　武翼郎士儤　武經郎士植

保義郎不愕　從事郎不悚　文林郎不惕　不竭　不悖　不違　不說　不退　不收　不括　不絕

善偏　善徹　善得　善復　善　善俫　善俺　善徖　善慶　善修　善峴　善峙

汝迎　汝迎　汝边　汝選　汝遷　汝琴　汝銁　汝消　汝濇　汝瀰　汝絿　汝綿　汝線　汝絅　汝練　汝綶　汝纅　汝　汝　汝　汝浃

崇詣　崇鐻　崇鎔　崇輥　崇䡈　崇提　崇掴　崇轕　崇軥　崇轞　崇桲　崇宧　崇寔　崇藥　崇冉　崇㩪　崇纈　崇膠　崇聴　崇膠　崇澆

必銚

宋史卷二百二十六

元中書右丞相總裁脫脫等修

世系表第十七

宗室世系十二

雲安侯右班殿直士獊　仲埧　從義郎士幸

右侍禁士衿　修武郎士謎　秉義郎士裿　左班殿直士樺

不湛　不屈　不憤　不擇

善長

汝浞　汝蕖　汝櫱　汝櫜　汝曾　汝虒　汝郙　汝鏣

崇裹　崇褰　崇禮　崇瓛　崇紺　崇壈　崇堉　崇堳　崇㸅　崇橑　崇推　崇倫　崇和　崇湅　崇洳

必極　必稻　必棶　必稹

秉義郎士旐　從義郎士智　武翼郎士亢　秉義郎士暎　武翼郎士㦛

保義郎不求　成忠郎不修　左朝議郎不器　保義郎不佗　不裴　忠訓郎不悳　保義郎不剛　保義郎不避　不通　不竦　忠訓郎不增　不溥

善信　善澥　善化　善僼　善沉　善淬　善瀨　善添　善瀅　善潤　善湆　善汪　善湍　善滌　善浥　善授　善寧

汝鈴　汝鎬　汝鋮　汝退　汝鑄　汝銑　汝垙　汝黼　汝科　汝垌　汝㙾　汝室　汝儆　汝倏　汝墐　汝坑　汝賁　汝誓　汝謙　汝論　汝鏅　汝淙　汝䎛　汝服　汝撫

崇珥　崇瀧　崇櫿　崇眘　崇潽　崇澳　崇臻　崇毦　崇仵　崇側　崇埴　崇墺　崇錩　崇昀

必瑀　必玹　必瑔　必泝　必瀓　必濦　必澳　必延　必璣

高密郡公仲闔
從義郎士帶　左朝請大夫直秘閣士琰　武節郎士㮚　士仡　武經郎士鏴
不淍　不犯　不玘　不紀　不記　保義郎不益　保義郎不殞　不謾　贈通直郎不倦　文林郎不倅　從政郎不倚　訓武郎不欺　訓武郎不僖　不侮　承節郎不蕭　不湎　承節郎不止　從義郎不虛
善採　善提　善稽　善仚　善伐　善崿　善猷　善挐　善敝　善鯆　善造　善戩　善事　善聳　善叅　善禱　善程　善磬
汝沂　汝訌　汝謂　汝詵　汝壏　汝諓　汝謎　汝謐　汝詷　汝嵯　汝㸐　汝玨　汝稀　汝稂　汝慼　汝銈　汝醫　汝碧
崇曠　崇晭　崇睽　崇浤　崇晛　崇錁　崇僊　崇妏　崇敵
必淅　必湛　必㦤

武經郎士積　秉義郎士轄　武經郎士獻
武翼郎不佗　武節郎不念　朝奉郎不低　承奉郎不隘　從義郎不雲
善洤　善瀚　善溤　善潽　善濟　善津　善追　善逮　善迄　善遊　善辺　善成　善寰　善㝭　善寔　善憲　善窉　善穹　善康　善寂
汝胥　汝湟　汝纍　汝槖　汝槊　汝菍　汝寀　汝染　汝柒　汝架　汝杲　汝黹　汝忝　汝恐　汝惣　汝息　汝精　汝桐　汝湯　汝涪　汝渤　汝汏　汝浤　汝沐　汝浹　汝溱　汝諱　汝詅　汝謳　汝謝
崇奕　崇偄　崇禀　崇賃　崇獎　崇負　崇倈　崇尊　崇葭　崇甚　崇璲　崇瓛　崇玴　崇璵
必灑　必臆　必腫

彭城郡公宗厚
贈華州觀察使仲殺　右監門率府率仲敢　開國公仲適
左班殿直士崇　秉義郎士蔓　敦武郎士紕　敦武郎士琛　清源侯士宇
忠翊郎不較　朝請郎不困　不疑　修武郎不儆　忠訓郎不侮　成忠郎不騖　忠翊郎不貢　朝請大夫不同
善窺　善宣　善鏶　善郃　善埂　善鉀　善沵　善滉　善源　善从　善㚇　善煒　善㶿　善焱　善光
汝譓　汝圩　汝遟　汝㴁　汝渫　汝景　汝玳　汝錟　汝渾　汝涉　汝瀶　汝澗　汝蓋　汝鄭　汝鞅　汝藺　汝聽
崇樫　崇鋒　崇礫　崇雯　崇曦　崇燊　崇貽　崇籍　崇篏　崇析　崇珎　崇念　崇曜　崇瑢　崇媚　崇恤　崇屹　崇嘯
必熚　必癒　必逭　必迶　必闓　必顏　必增　必城　必份　必俗
良璞

贈朝奉大夫士泥　朝奉郎不諛
儒林郎不害　左朝請大夫不已　忠翊郎不識
善炳　善熿　善僙　善揭　善晳
汝鉅　汝貴　汝璁　汝瑄　汝驅
崇末　崇曇　崇鏷　崇巨　崇湅　崇鐕
必匡　必壼　必杳　必昝　必冘

左承議郎不譁　贈中奉大夫不擬
善觀　善游　善質　善禮　善玘
汝佑　汝仰　汝達　汝遵
崇杞　崇岧　崇欒　崇楝　崇植　崇機　崇鎬　崇鑰　崇鑮
必泣　必俁　必潞　必瀌　必繆　必鎮　必瓘　必靖

善露
汝通　汝遷　汝欣　汝歆　汝歎　汝歡　汝郴　汝逢　汝週　汝遴
崇鑣　崇金　崇鉿　崇鍒　崇鐘　崇鋼　崇鍊　崇錠　崇鈴　崇鋻　崇鍌　崇鋆　崇鈁　崇鉅　崇鉻
必渟　必杠　必瀟　必湃　必滿　必瀨　必黠　必劢

武翼郎士洋
不薇　修武郎不淨
善遷　善僮　善湟　善逖　善達
汝惰　汝逌　汝僩　汝瓔　汝彫　汝璀　汝礦
崇鐺　崇鋷　崇鈲　崇宓　崇懷　崇惋　崇璬　崇臟　崇俵
必洸　必勦　必㒒　必逾　必趡
良汏

武節郎士嫡
不干　不呆　從義郎不疑　忠訓郎
善沾　善通　善章　善登　善體
汝緗　汝邕　汝槑　汝楊　汝釋　汝騕　汝瀃　汝湧
崇譏　崇訊　崇詠　崇娗　崇嵦　崇境　崇徃
必瀤

贈右朝議大夫士皦
不瑕　承節郎不比　不賴　不惠　贈左承議郎不迺
善爗　善櫶　善淵　善覺　善昔　善遑　善儳　善仁
汝鑾　汝筆　汝泌　汝浣　汝湳　汝闇　汝坐　汝謙　汝譓
崇評　崇譙　崇諺　崇砻　崇說　崇規
必复

善衍
汝謨　汝謦　汝許
崇旺　崇賔　崇贇　崇禴
必晰　必敦　必有　必雋　必湎　必敃　必皦　必昕　必普　必昔　必昱　必昉　必眪
良潚　良波　良驥　良騏　良騆　良緒　良紳　良紋　良慈

善循
汝証
崇英　崇僊　崇愊　崇禰　崇嵩　崇堨　崇韓　崇苿
必琥　必晧　必晟　必溱　必滝　必漳　必洴　必琭　必瑛　必瑮　必瑈
良戀　良慦　良惠　良恕　良憩　良鏼

承節郎不忞
善從　善律
汝詰　汝謂　汝託
崇顏　崇閔　崇況　崇武　崇僉　崇赴
必咷　必當　必堂　必㘴　必脩　必富　必鄗　必陳　必郞　必俠　必逢
良餝　良餘　良諫　良伸　良詿　良証　良逮　良傷　良僧

左朝奉郎不愆　贈忠訓郎不忽

善衡　善循　善衍　善衛　善衡

汝訖　汝試　汝諷　汝詐　汝譚　汝誘　汝詘　汝譏　汝諒　汝繽　汝請　汝誌　汝嚴　汝省

崇共　崇彌　崇歡　崇泗　崇泳　崇沄　崇莚　崇渝　崇深　崇澣　崇灑　崇渓　崇淮　崇浣　崇汎　崇濺　崇減　崇父　崇浥　崇潢　崇濮　崇瀰　崇寬　崇趫　崇琈　崇沰　崇洩　崇適　崇燓

必愉　必惆　必迸　必標　必軫　必楫　必采　必栻　必磣　必楹　必渠　必格　必樸　必桂　必櫁　必櫃　必杒　必東　必柔　必栿　必櫻　必櫺　必檴　必相　必檯　必櫟　必珪　必振　必蘂　必楮　必渚　必臬　必垄

良志　良綎　良烯　良焙　良熵　良埒　良梯　良熚　良烶　良墩　良埘　良粱　良燦　良燓　良渙　良檥　良烯

友松

東國公諡敦恪仲慘

從義郎士㭬　秉義郎士帖　朝請郎士桯　承義郎士顙　武翼郎士卮

承節郎不懘　承節郎不隱　忠翊郎不激　不苕　秉義郎不竭　承信郎不蔽　不辱　承信郎不才

善衡　善濠　善灝　善茗　善浩　善溫　善演　善畏　善忠　善慧　善人　善也

汝奉　汝罕　汝潤　汝傍　汝億　汝佖　汝佃　汝倀　汝佸　汝份　汝佀　汝伉　汝儇　汝衡　汝衍　汝福　汝慨　汝爟　汝燎

崇燠　崇奎　崇逌　崇涞　崇律　崇徣　崇穰　崇藢　崇猗　崇謝　崇瑂　崇臣　崇珫　崇櫛　崇栨　崇邂　崇延

必櫹　必偈　必秘　必錀　必穗　必穛　必稽　必芭　必燂　必㷊　必燡　必皐　必砐　必韭　必玭　必鈏

修武郎不嫚　承信郎不益　承節郎不琤　秉義郎不姤　承節郎不玶　承信郎不闇　敦武郎士秩　不墳　不近　不虧　不諂　武翼大夫士禮　武經郎不遴　不遁

善逢　善櫟　善慣　善贇　善來　善禮　善玎　善迕　善錫　善鉊　善而　善拊　善其　善敗　善敵　善膏　善彙　善烹　善麻　善廊

汝燠　汝烋　汝鐕　汝鐍　汝澮　汝曩　汝舉　汝繂　汝泐　汝祗　汝禰　汝袷　汝禯　汝僑　汝瑱　汝斐　汝鈽　汝鈐　汝鋅　汝事　汝壕　汝坏　汝壘　汝庥　汝康　汝康

崇逢　崇槊　崇榛　崇詵　崇諄　崇訣　崇諓　崇謳　崇誇　崇讃　崇澨　崇禰　崇褓　崇朶　崇萛　崇畐　崇潛　崇暵　崇嘫　崇嗶　崇暵　崇噿　崇畛　崇吡　崇嘛　崇蹸　崇䠞　崇膸

必鳳　必彌

嘉國公諡修簡仲艳 崇德軍節度使仲濵
秉義郎士稅 忠翊郎士雅 成忠郎士禖 贈左通議大夫士鉠 朝散郎士珧 右班殿直士歐 從義郎士密 左朝請大夫士項
不陋 不逡 保義郎不逌 不退 保義郎不羣 訓武郎不嫉 忠訓郎不佞 朝奉大夫不狃 右文林郎不偌 不欹 通功郎不悁 從義郎不鋳
善嶸 善委 善浚 善紀 善繼 善繹 善紆 善盃 善友 善聚 善請 善歆 善戒 善科 善選 善周 善每
汝寃 汝施 汝悛 汝衞 汝裕 汝覘 汝順 汝但 汝佐 汝顧 汝劬 汝覡 汝頃 汝荷 汝荐 汝譔 汝譞
崇驤 崇驌 崇騏 崇洵 崇原 崇勳 崇輯 崇勸 崇萊 崇燧 崇爁 崇邀
必傺 必徹 必徽 必茵 必澂 必漁

贈光祿大夫士頔
贈議大夫不鈋 不鎧 保義郎不鈍 武節郎不鐙 武義大夫不鑠 不銖 不鐃
善襲 善用 善寶 善著 善忞 善遽 善迂 善廷 善華 善遲 善達
汝念 汝鶯 汝慫 汝備 汝悒 汝意 汝愆 汝悤 汝俚 汝樓 汝憗 汝恙 汝侊 汝詡 汝聽 汝僭 汝儆 汝歛 汝樣 汝怷 汝蕊 汝惪
崇桶 崇櫄 崇檉 崇洎 崇樟 崇澔 崇棸 崇栴 崇宋 崇櫺 崇芝 崇蘭 崇杕 崇梲 崇杇 崇衞 崇桄 崇櫝 崇埈 崇珣 崇堌 崇艦 崇櫟 崇協 崇橫 崇陵 崇構 崇檻 崇梁 崇傘
必壕 必律 必渥 必瀩 必絃 必絨 必璈 必蒤 必旌 必墪 必鍪 必峑 必釜 必鎛

華陰侯仲瓖
贈光祿大夫士穎 武經郎士頓 武翊郎士譂 右班殿直士命 忠翊郎士合 秉義郎士舍 秉義郎士長 武翼郎士命
右從事郎不鉞 秉義郎不侮 不傷 不惚
善逖 善遷 善迟 善遨 善逌 善邇 善漩 善閫 善旨 善傲 善徽 善譽 善詠 善謁 善信 善偃
汝僑 汝償 汝偭 汝儂 汝佪 汝盻 汝䮀 汝呂 汝愲 汝憯 汝瞕 汝睢 汝睐 汝响 汝樛 汝祁 汝櫝 汝鏸 汝鋋 汝鍝
崇瀛 崇獨 崇虒 崇柏 崇橡 崇椹 崇煤 崇逴 崇遽 崇皓 崇崍 崇岑 崇巍 崇崎 崇崵 崇昕 崇昫 崇壇 崇聚 崇臯 崇泉
必瑫 必侹 必蘭 必璐 必瑾 必珋 必琯 必璣

密國公允言

祁國公宗說

太子右監門率府副率仲登　贈左領軍衛將軍仲郎

安陸侯士律　太子右監門率府副率士妥　華陰郡公士

太子右內率府副率不貲　保武郎不黨　武翼郎不威

善倰　善儕　善仢　善佋　善僨　善珏　善濤

汝崗　汝均　汝班　汝瑨　汝瓚　汝崠　汝賢　汝節　汝翼　汝豳　汝邦

崇疑　崇矩　崇寅　崇孝　崇鬯　崇志　崇德　崇光

必俊　必倖　必個　必先　必達　必世　必昌　必進　必簡　必勝　必端　必貴　必用　必尊　必從　必利　必袖

良璐　良佐　良鏗　良端　良琦　良珏　良道　良諭　良進　良通　良遠　良權　良稷　良顯　良得　良遂　良遡　良遇　良璒　良琇　良瑓　良琣

友晤　友瀅　友遂　友汀　友鏁　友鐻　友許　友徽　友儦　友偉

汝南侯仲軻

安南侯士愌　房陵侯士會　贈右屯衛大將軍士詩　高密郡公士奇

右班殿直不罰　右班殿直不危　右班殿直不惑　不抑　不忒　不愚　忠翊郎不敗　不倦　贈右屯衛大將軍不欺　三班奉職不逸　成忠郎不率　三班奉職不傾　不僞　不伎　武翼大夫不倚

善珍　善國　善尙　善通　善能

汝霖　汝果　汝喜　汝革　汝瑕

崇美　崇壽　崇干　崇亨　崇杓　崇櫸　崇鍉

必固　必隆　必純　必咏　必叶　必喻　必唯　必聽　必恕　必憲　必嵺　必峙　必申　必悚　必淏　必減

良琭　良珊　良瑹　良砎　良礅　良磯　良讚　良談　良詩　良証　良鋇　良鋒　良磧　良硂

友濾　友泌　友淙

丹陽侯士勬

武翼郎不佷　忠訓郎不倦　忠訓郎不僭　承節郎不仟　不伎　不儉　不侮　贈朝請郎不傲

善持　善刷　善積　善翔

汝張　汝邦　汝弜　汝僻　汝櫟　汝禴

崇禖　崇礎　崇禬　崇禘　崇榷　崇璡　崇琟　崇琯　崇瑒　崇瑚　崇理　崇珪　崇瑄　崇璊　崇璘

必大　必鉤　必溛　必滮　必泗　必潤　必深　必湘　必瀛　必逮　必週　必逾　必逅　必迨　必遠　必還　必遯　必足　必灘　必止　必迒　必遂　必遹　必延　必迂　必鎬　必進　必伉　必僙

良昭　良浩　良潇　良僴　良鍊　良鐸　良宋　良鉅　良欽　良鋈　良鑒　良懇　良鏻　良淙　良潏　良漉　良漊　良鐸　良順　良睬　良睨　良賀　良賢　良賀

承節郎不僞 承節郎

善敔 善聿 善珏

汝休 汝恕 汝愁 汝君 汝悳 汝應 汝愨 汝忞 汝崽

崇瑋 崇瑜 崇瑚 崇瓌 崇珙 崇瑀 崇玒 崇玠 崇璛 崇琬 崇璧 崇蒼 崇沆 崇封

必汾 必洙 必淌 必洸 必湧 必汶 必業 必漳 必廣 必厚 必庇 必廉 必度 必廝 必庠 必庸 必廙 必嶜 必塵 必英 必蓉 必莘 必衡 必萓 必萸 必浩 必泓 必湞 必邃 必選

良俟 良儋 良僕 良儷 良倉 良畬 良達 良遜 良官 良伯 良迪 良佁 良賓 良容 良遷 良宣 良富 良究 良宁 良庭 良湧 良㳬 良濆 良奐 良官 良宵 良旁 良宇 良寶

友瑭 友暳 友傳 友傑

太子右監門率府率士領 右班殿直士屢 右班殿直士扶 內殿崇班士鋹

不倫 西頭供奉官不億 右班殿直不愚 不佸 三班奉職不佞 不伐 儒林郎不侒 訓武郎不憧 不悚 不懦 不惰 不迡 不偓 秉義郎不俗

善庠 善序 善庇 善昌 善利 善密 善適 善詢 善削 善治

汝訥 汝誼 汝賢 汝稽 汝稌

崇讀 崇証 崇課 崇護 崇談 崇讚 崇紳

必循 必徹 必徽 必徂 必徯 必徒 必彼 必征 必衡 必衎 必徠 必奄 必暘

良珖 良縈 良鍛 良欽 良檷 良注 良通 良潔 良璣 良瑍 良瑫 良珉 良瑀 良珈 良涓

贈右屯衛大將軍仲搴 馮翊侯仲訏

右班殿直士奮 太子右監門率府率士潔 左領軍衛將軍士讖 馮翊侯士年 東平侯士躬 修武郎士忒

秉義郎不儻 不快 右監門衛大將軍領貴州防禦使不矜 右侍衛不惑 三班奉職不驕 三班奉

善浩 善能 善處 善青 善閔 善問 善仁 善脩

汝穗 汝榅 汝鏤 汝秀 汝筠 汝明 汝愢 汝冲 汝鋼 汝僇 汝感 汝遹 汝警

崇綸 崇級 崇絟 崇緩 崇繪 崇言 崇璪 崇柳 崇渚 崇琳 崇璲 崇載 崇洐 崇瀟 崇注 崇㴾 崇裕 崇哲 崇藝 崇業

必僑 必倜 必僐 必供 必倩 必櫹 必榯 必構 必柣 必楯 必楥 必儷 必淬 必謾 必瀋

良炷 良泫 良溪

太子右率府副率士可 東平侯士輮 東陽侯士稹
職不傚 不移 成忠郎不倦 忠訓郎不僞 三班奉職不儉 修職郎不伐 贈武翼郎不傚 忠訓郎不佞 武經大夫不一
善品 善偭 善俊 善攸 善敫 善俊 善係 善體 善儵 善焌
汝蒻 汝垒 汝奭 汝翼 汝飛 汝彘 汝鼠 汝鷟 汝檑 汝榆 汝模 汝因 汝穌 汝稔 汝穠 汝秬 汝秠 汝稼 汝涓 汝蒻
崇欽 崇信 崇周 崇檠 崇瓏 崇偎 崇僖 崇佺 崇郯 崇邪 崇鄧 崇鄯 崇濾 崇漫 崇洪 崇御
必涸 必游 必嘉 必徵 必幹 必滂 必柟 必江 必溢 必淠 必汫 必湮 必測 必藻 必涯 必湷 必宋 必琿 必佑
良瑛 良穎 良怫 良淑 良塹 良樸 良杙 良煉 良炤 良焰
友鏽

開國公仲全
奉化侯士儁 東陽侯士棣
康州團練使不縊 從義郎不惑 右班殿直不愍 左侍禁不磷
善焯 善烜 善煜 善炳 善戍 善輔 善述 善端 善淵 善國 善弼 善仁
汝璛 汝琅 汝雋 汝現 汝坩 汝璃 汝驊 汝正
崇后 崇偭 崇徑 崇徲 崇得 崇通 崇珂 崇熠 崇愃 崇潩 崇溯 崇沖 崇淳 崇栒 崇墩 崇德 崇功 崇訓 崇諠
必逢 必迪 必紀 必欣 必詩 必詁 必俠 必岳 必皓 必偁 必僅 必仟 必儵 必鑄 必循 必棊 必杭 必歡 必歆 必竣 必晛
良熩 良識 良燧 良爌 良暉 良曙 良椂 良柊 良燈 良誨 良詒 良訪 良鎄 良鈐 良鏤 良槺 良㮑 良樉
友至 友浤

贈右屯衞大將軍士貝 祁州團練使士勱 西頭供奉官士儻
承節郎 不懼 不黨 左文林郎不疑 不愫 不悱 不惪 右班殿直不諂 右班殿直不瀆 保義郎不爲 不慊
善脩 善休 善仔 善臧 善河 善嘉 善縠 善從 善擇 善仔 善莊
汝直 汝忠 汝霰 汝棣 汝靂 汝加 汝長 汝彥 汝蓬 汝迫 汝嘉
崇京 崇亳 崇奇 崇道 崇玩 崇賦 崇謀 崇諶 崇諲 崇讙 崇誂 崇沫 崇迴 崇貴
必墠 必壖 必壕 必塘 必播 必域 必櫞 必堺 必㙃 必皇 必偶 必湜 必澈 必大 必遯 必邏 必迒 必蓮 必湏
良楡 良杜 良櫸 良茂 良茵 良院 良惠 良探 良黨 良桌

右千牛衛將軍仲夔
贈武德大夫士涵　太子右監門率府率士藝　承務郎士銳
保義郎不吝　贈武翼郎不組　成忠郎不隱　不求　不淹　不惰
善幾　善明　善脩　善仁　善週　善遂　善濟　善信　善一　善鉾
汝能　汝翼　汝孝　汝從　汝薛　汝弓　汝善　汝芙　汝芝　汝芸　汝荀　汝菲　汝葯　汝蕃　汝琴　汝鎠　汝鑯　汝鋸　汝鈛
崇老　崇楠　崇拼　崇架　崇遣　崇運　崇涑　崇櫓　崇徒　崇健　崇藥
必樸　必拱　必栝　必湞　必堋　必埭　必秷　必稲　必貫　必貝　必櫟　必埜　必檣　必驟　必勸　必勛　必餸
良鍒　良鈉　良鈋　良鎖　良鍧　良鉀　良濟　良德　良徹　良造　良逮

太子右監門率府率士玫　華陰侯士瓊
三班奉職不保　修武郎不儔　武節郎不躁
善勝　善應　善益　善長　善潤　善浣　善津
汝範　汝榛　汝曆　汝勇　汝務　汝摯　汝勃　汝勤　汝明
崇讓　崇訢　崇許　崇訂　崇訹　崇譁　崇請　崇診　崇譪　崇訳　崇謫　崇愍　崇忞　崇悉　崇愚　崇急　崇勰　崇慠　崇恢　崇憓　崇慹　崇愨
必迹　必酒　必忒　必憲　必家　必到　必鍊　必釪　必鑠　必鈽　必鏊　必諾　必遷　必遐　必迭　必逢　必迂　必旃　必情　必檣　必綜　必趣　必遷　必跂　必倜　必倩　必鍰　必鈌　必錸　必鐐　必仰　必邇
良熾　良蕪　良葛　良蕒　良璌　良鉆　良鋼　良錫　良炡　良燹　良應　良粟　良雯　良霄　良霦
友傚

右班殿直士變　奉化侯士暉　左班殿直士夲　右班殿
成忠郎不憒　成忠郎不悚　保義郎不怕　不惰　武翼郎不器　不騙　忠翊郎不東　不僭　不遇　不弃　三班奉職不啓　不剛
修武郎不器　秉義郎不東
訓武郎仲羿　太子右監門率府率士知　太子右內率府副率士比　通直郎士賚　贈中大夫不挾　贈通議大夫士香
善詩　善建　善律　善詳　善強　善思
汝樨　汝惠　汝靖　汝祁　汝閣　汝亮　汝壎　汝斌　汝玫　汝琱
崇心　崇鈉　崇鈸　崇鍏　崇檠　崇璽　崇意　崇志　崇廣　崇崗　崇鋾　崇坒　崇垂　崇壘　崇瑳　崇琄　崇慧　崇誌　崇嶠　崇鍠　崇鑠
必道　必積　必琣　必涉　必濤　必遷　必齊　必冰　必樎　必槻　必楕　必椽　必邊　必涓
良榗　良榁　良檒　良鋽　良軌　良鉿　良鋛　良鍠　良鯒　良玻

高密侯仲鞞　河南侯仲謙

直士觲　右班殿直士觳　清源侯士汞　河南侯士兢　左武衛大夫士燾

西頭供奉官不緘　不折　武翼郎不輊　從義郎不輟　朝散郎不疑　忠訓郎不惑　武經郎不倦

善敏　善愀　善致　善時　善政　善敎　善攸　善長　善安

汝詔　汝楃　汝泩　汝畢　汝芾　汝雷　汝比

崇古　崇裔　崇縉　崇淵　崇泌　崇汴　崇沂　崇汶　崇淦　崇洙　崇慶　崇紫　崇遑　崇煮

必盛　必詵　必瓌　必古　必熾　必熺　必圻　必炳　必燧　必禧　必禰　必禨　必袑　必徹　必禩　必嶧　必研　必漉

良槐　良櫝　良律　良櫺　良楀　良桁　良棇　良玗　良珷　良琫　良琮　良珠　良璣　良玔　良璋　良現　良理　良禮

贈武翼大夫士許

保義郎不侮　秉義郎不茹　成忠郎　不慍　文林郎不僭　訓武郎不佴　不偉　贈武翼大夫不佼

善實　善諳　善淵　善謹　善敎　善同　善均　善靈　善衎　善祖

汝恩　汝愈　汝念　汝態　汝志　汝慧　汝篤　汝頡　汝濟　汝熙

崇構　崇灎　崇淖　崇淏　崇涂　崇瀆　崇稗　崇秨　崇泄　崇湿　崇密　崇滬　崇蕩　崇泣　崇淒　崇淳　崇昕　崇昭　崇旻　崇慘　崇臺　崇洸　崇筲　崇戫　崇成　崇睢　崇岊　崇俅

必演　必瀟　必滓　必鑵　必鏄　必鏈　必鐪　必鏉　必鑱　必堅　必垩　必型　必璬　必璈　必球　必璹　必琗

良齎　良鑒　良聖　良鎮

河南侯仲謙　右監門率府率仲詞　右監門率府率仲祿　右監門率府率

承議郎士桴　太子右監門率府率士見　信都侯士奄

不倂　贈通直郎不傳　武翼郎不瑕　從義郎不玷　不玩　不諂　武訓郎不儆　武翼郎不忮　保義郎不攜　不屈　不鮮　保義郎不弃

善坒　善岫　善牲　善林　善冲　善先　善爽　善通

汝嗛　汝效　汝霖　汝怍　汝奮　汝忠　汝懋　汝定　汝官　汝賢　汝平　汝价

崇偰　崇仙　崇個　崇譁　崇樸　崇迋　崇迪　崇連　崇邁　崇達　崇俊　崇續　崇澤

必鎰　必怒　必态　必梴　必昪　必璜　必匯　必禪　必禪　必袷　必掎　必鋭

良燚　良堄　良琳　良垠　良無　良溪　良玞　良瓃　良瑚　良畛

友德　友杞

仲湍　太子右內率府副率仲乙　太子右內率府副率仲嚴　太子右內率府副率仲磊　博平侯仲璘
西頭供奉官士礴　武德郎士頻
不宰　承信郎不古　不惑　不憚
善逕　善得
汝採　｜　汝撫　汝博　汝拊　汝搗　汝揉　｜　汝擄　汝扑　汝挺　汝推
崇靡　｜　崇廙　崇序　崇廉　崇唐　｜　崇應　崇庀　崇廂　崇康　｜　崇膺　崇庿　崇康　崇庾　崇廣　崇府　崇龐　崇廩　崇塵　崇庚　崇庍
必鎔　｜　必鐳　必釟　必鎘　必鏃　必鑷　必鉉　｜　必侳　必僴　必湔　必滲　必汶　必濟　必潘　必泄　必傢　必儜　必僥　必修　必淞　必鐵　必鉾　必祢
良瀧　｜　良壇　良琯　良藴　良珹　｜　良葳

秉義郎不僨　不揬　贈奉直大夫不橋
善遹　｜　善迹　｜　善俟　善灘　善源　善結　善承
汝措　汝掄　汝攖　汝拓　｜　汝提　汝扶　汝仲　汝伐　汝伿　汝优　汝御　｜　汝標　汝栁　汝梼　汝橋　汝槭　汝倬　汝條　汝備　汝禹　汝鬠
崇廱　崇庀　崇席　崇譯　崇謹　崇認　崇諔　崇訒　崇譎　崇謕　崇詯　｜　崇訓　崇謁　崇譚　崇諏　崇聶　崇鑱　崇毅　崇岩　崇哲　崇碧　崇磋　崇碌　｜　崇訛　崇銑　崇琲　崇闇　崇瞻　崇筌　崇僻
必癢　必褠　必紃　必鋼　必掄　必仟　必腆　必膴　必臞　必溇　必壊　｜　必圩　必埰　必塓　必埬　必縮　必緆　必凜　｜　必栁　必復　必鏇　必緩　必緒

太子右內率府副率仲磧　贈右屯衛大將軍仲玗　｜　贈右領軍衛將軍仲稱　贈右千牛衛大將軍仲球
太子右內率府副率士竦　右班殿直士租　右班殿直士㚤　保義郎士佩　武經郎士兗
不換　贈武略大夫不濫
善秉　｜　善福　｜　善生　｜　善傚
汝仕　汝倍　汝伢　汝傳　汝佚　汝劬　｜　汝偄　汝俏　汝偏　汝仇　｜　汝桴
崇櫃　崇揣　崇柘　崇揮　崇檬　崇燃　崇櫺　崇崗　崇岐　崇岢　｜　崇崑　崇岦　崇岧　崇屺　崇峵　崇嶐　崇橺　崇椅　崇櫄　｜　崇皞
必科　必炷　必移　必焜　必堪　必烟　必煬　必焥　必英　必慧　必悊　必意　必啓　必汝　｜　必澌　必泌　必臭　必火　必育　｜　必忞　必忞　必慈
良壇　良附　｜　良珇　良玢

益川侯仲璟　贈右屯衞大將軍仲莆　華原侯仲俞

武經郎士漢　忠訓郎士緎　秉義郎士紉　忠訓郎士顓　右班殿直士翊　從義郎士憓　從義郎士礅　從義郎士采　右班殿直士旗　秉義郎士褄　內殿崇班士穿　武翼郎士氤　贈武德郎士氛　忠翊郎

不騷　不惑　不慍　承節郎不遲　修武郎不恤

善時　善畋　善采　善澄　善傻　善淵

汝脩　汝漼　汝栩　汝柄　汝煬　汝能　汝珞　汝譸　汝軼

崇曨　崇睚　崇渾　崇瞧　崇騍　崇眅　崇哽　崇盱　崇接　崇逮　崇琓　崇稀　崇遹　崇蓮　崇樹

必纛　必奎　必剡　必珧　必環　必琇　必辨　必枅　必梔

贈武衞大將軍仲敎

士蒙　修武郎士柄

贈奉議郎不侮　信義郎不伐

善達　善邇　善籩　善遨　善蓬　善彬　善孝

汝豫　汝萃　汝速　汝檣　汝游　汝漉　汝光　汝垠　汝俙　汝岳　汝力　汝坡　汝登　汝鋮　汝龐　汝數　汝性　汝擇　汝揩　汝招

崇墳　崇球　崇垾　崇珢　崇瑲　崇壏　崇璆　崇璥　崇瑝　崇嫈　崇塚　崇壂　崇龤　崇崌　崇惟　崇銘　崇詠　崇峿　崇堊　崇鍵　崇珀　崇暶　崇鞋　崇將　崇讕　崇瑚　崇釣　崇珖　崇珮　崇瑊　崇宝　崇沓　崇埂　崇墈　崇瑩　崇潔　崇漼

必誇　必讀　必誌　必莚　必跂　必梱　必櫳　必詧　必松　必梭　必汗　必藨　必蹤　必侅　必儒　必滅　必熛　必汴　必錦　必宙　必密　必寐

良遹　良琛　良單　良盉

不欺

汝握　汝攄

崇潏　崇溫　崇壚　崇垟　崇璈　崇墍

必藍　必潟　必洙　必杖　必沼　必梐　必枚　必柟

宋史卷二百二十七

元中書右丞相總裁脫脫等修

世系表第十八

宗室世系十三

南康郡王諡純僖宗立

太子右內率府副率仲舒　安陸侯仲琳

武當侯士頵

武翼大夫不佞　贈太中大夫不侮

善結　善繼

汝劼　汝飭　汝助　汝勵　汝勃　汝勛　汝勤　汝諸　汝說　汝謙

崇訢　崇詵　崇迺　崇皞　崇謏　崇謦　崇夋　崇似

必宏　必全　必超　必名　必嚶　必鳴　必清　必瀘　必沐　必復　必漢

良樸　良傺　良傪　良他　良蓁　良璣

贈右奉直大夫不迷

善良

太子右內率府副率仲㫤　福國公仲爨
崇國公士昇　普寧郡公士稔
武節郎不份　忠訓郎不銖　左班殿直不訛　三班殿直不危　保義郎不偶　右班殿直不宦　不愠　修武郎不仙　左侍禁士除　三班奉職不愚　贈武顯郎不抑
善行　善衎　善衛　善祚　善暈　善澤　善絨　善紀　善脩　善僅　善傅
汝諠　汝言　汝思　汝璲　汝晙　汝暘　汝隧　汝榊　汝眼　汝翼　汝貫　汝弼　汝晣
崇僎　崇儁　崇儼　崇脩　崇价　崇俁　崇遊　崇正　崇儋　崇但　崇祿　崇禀　崇基　崇景　崇溫　崇譽　崇賓　崇旹　崇揜　崇孩　崇晒　崇溁　崇涓
必暹　必過　必迴　必遄　必遇　必遵　必達　必邊　必翹　必遡　必倓　必謳　必樵　必櫝　必楠　必熙　必樀
良琉　良璲　良玘　良璡　良但　良俠　良僊

善畤　善仁　善信
汝敢　汝普　汝暐　汝曼　汝熙　汝鈓　汝儀　汝鐣
崇瀆　崇洄　崇　崇珦　崇杰　崇琢　崇濠　崇源　崇渼　崇法　崇琦　崇璣　崇瑅　崇珍　崇瓖　崇灝　崇淇　崇滤　崇迥　崇述　崇逢　崇禋　崇裿　崇褘　崇裯　崇襛　崇褶　崇埰
必栻　必优　必佮　必栲　必楝　必梃　必淙　必浦　必湜　必滏　必烝　必熊　必芝　必薦　必棋　必楢　必檥　必栿　必拱　必撰　必授　必拂　必蕉　必澄　必涇　必浸　必鹿　必譜　必訣　必評　必鍍
良俟　良肆　良瑁　良全　良偬　良似　良坡　良坦　良埈　良祭　良琲　良琡　良瓘　良倶　良作　良僎　良倄　良倣　良倂　良倕　良徊　良徛　良仿
友直

漢國公仲來
右班殿直士書　彭城侯士倪
贈右千牛衛大將軍追封潁國公不儔　贈武翼郎不爭　武翼郎不懷　承節郎不柔　不吝　承節郎
善策　善謇　善闓　善泗　善信　善道　善琏　善富
汝洙　汝速　汝悪　汝久　汝亦　汝叡　汝儆　汝僅　汝倜　汝佳
崇壕　崇墻　崇墶　崇裓　崇澄　崇忞　崇惪　崇菩　崇忠　崇湜　崇旺　崇智　崇樓
必鈇　必令　必洛　必澗　必澴　必梓　必烽　必熻　必燓　必焌　必淲　必泿　必渙　必燁　必熶　必煒　必熠　必鍈　必錡　必枳　必栅　必檜　必譚　必休
良鞧　良䩋　良鞥　良鐻　良鐠　良璁　良玜　良潩　良泓
友璇　友瑾

贈金紫光祿大夫士沬
不傳 不僙 訓武郎不侍 左朝散大夫不倚 朝奉郎不吝 贈武畧郎不伐
善輔 善軫 善譽 善舉 善及 善賁 善樸
汝直 汝强 汝南 汝圭 汝真 汝翥 汝嶽 汝襄 汝業 汝岌 汝弗 汝嵩 汝岠 汝謂 汝品 汝嚣 汝任
崇訓 崇郗 崇文 崇岳 崇杓 崇瓊 崇璪 崇巘 崇檪 崇棖 崇梅 崇榴 崇褑 崇禎 崇祻 崇神 崇襬 崇禱 崇邁 崇逵
必康 必肇 必泰 必安 必豐 必豈 必通 必滑 必住 必佮 必侶 必御 必佫 必衍 必攸 必戡 必感 必諴 必塏 必增 必基 必爗 必炌 必墉 必坏
良湄 良潾 良玭 良彤 良膴 良鱗 良潩 良惠 良浴 良瀆 良鐵
友深

太子右內率府副率士鏐 贈武略大夫士沒
不息 不恙 贈銀青光祿大夫不愚 武翼郎不競
善櫛 善揆 善慶 善交 善廣 善廉 善膺 善清 善璪 善擢
汝儁 汝㑺 汝秉 汝偎 汝俱 汝原 汝㦸 汝傾 汝柔 汝厷 汝翰 汝庸 汝彰 汝必 汝果 汝梁 汝澈 汝笏
崇潼 崇薑 崇苁 崇茲 崇祁 崇裾 崇祓 崇孟 崇倍 崇複 崇莊 崇諳 崇秸 崇檖 崇杪 崇榎 崇津 崇滄 崇琡 崇瓅 崇袟 崇璇 崇瑨 崇玎 崇琫 崇汙 崇灘 崇符 崇淡 崇稼 崇鑑 崇錯 崇銓 崇鏠
必䜩 必眴 必柖 必樸 必檈 必澘 必溤 必滴 必潛 必況 必瀾 必涓 必濾
良劉

武德郎士調
承節郎不求 從義郎不憂 秉義郎不器 承節郎不窺 不忍 不嘩 不佊
善能 善壽 善和 善壽 善囍 善矜 善潚 善聰 善仁 善問 善溜 善磨 善進 善闢 善閬 善惟
汝賁 汝旋 汝旺 汝昕 汝珛 汝聳 汝迹 汝觀 汝履 汝鄰 汝壯 汝石
崇燔 崇茨 崇窘 崇咢 崇信 崇諴 崇詑 崇詷 崇諲 崇鄭 崇郵 崇郢 崇鄐 崇郲 崇詢 崇問 崇遷 崇薁
必瑢 必漄 必潔 必濇 必沈 必洃 必暽 必晦 必唆 必沓 必僮 必仿 必侪 必僱 必讚 必過 必逑 必詠 必詥
良湲 良嗇 良沓 良望 良璗

善服 善 善參 善向
汝莅 汝倅 汝侃 汝价 汝傳 汝儔 汝伏 汝佗 汝致 汝蘊 汝穩 汝凱 汝雱
崇菱 崇諁 崇讀 崇璵 崇蕒 崇功 崇詒 崇譸 崇楑 崇柁 崇寬 崇鶱 崇宅 崇遜 崇逵 崇毲 崇頠 崇縺 崇櫨 崇梈 崇灊 崇灂 崇鋆 崇金 崇鈌 崇鏅 崇瑺 崇璃 崇璢 崇斵
必詰 必詍 必諆 必憪 必惗 必悁 必瞰 必倈 必蘓 必後 必徜 必彷 必柖 必樸 必柲 必檍 必律 必嚁 必沚 必渶 必瀼 必潾 必湑 必滴 必涂 必休 必膐 必扁 必瘵 必庭 必宦 必傍 必植 必淳 必確 必磻
良鑫 良鋈 良鍌 良鑛

武德郎士覷 武德郎士趺 從義郎士郰
不欺 武節郎不息 承信郎不恙 不忒 不忽 贈朝議大夫不吝 忠訓郎不其 秉義郎不亦
善拂 善揮 善積 善穆 善譽 善蕃 善猷 善慧 善衎 善仁 善佃
汝兹 汝蕩 汝雨 汝霈 汝碩 汝甡 汝佇 汝璒 汝璪 汝璗 汝璭 汝 汝瀰 汝穀
崇敵 崇櫻 崇鐩 崇遷 崇淑 崇瞻 崇畟 崇楫 崇櫕 崇佑 崇佇 崇昂 崇芮 崇卣 崇蓊 崇狚 崇狱 崇猴 崇嵺
必莊 必檣 必徑 必御 必焰 必建 必迴 必遴 必逵 必燓 必遜 必遲 必遂 必迫 必迴 必鴻 必潔 必潚 必鍉 必鈔 必鍍 必鍃 必鑱 必鉼 必鈌 必鏶 必鎔 必治 必凝
良球 良珥 良童 良梨

太子右內率府副率仲鉏 濟陽侯仲養
太子右內率府副率士騰 供備庫副使士訟 贈武翼郎士驂
秉義郎不愚 成忠郎不感 忠翊郎不已 保義郎不雖 不茹 承信郎不急
善揀 善仜 善傳 善保 善俘 善倞 善興 善鋪 善鋌 善鎬
汝㖶 汝𡶞 汝岱 汝啓 汝德 汝衎 汝達 汝霸 汝齊 汝靈 汝霆 汝零 汝霏
崇有 崇脊 崇胃 崇膏 崇寵 崇寧 崇䓖 崇憙 崇恕 崇甯 崇菽 崇神 崇芥 崇茵 崇蘇 崇桂 崇榮 崇涤 崇任
必涼 必蒔 必葳 必蘋 必蘇 必蓄 必藩 必蘼 必藥 必道 必适 必述 必憊 必炬 必䀐 必貯 必華 必菁 必宣 必鑾 必簫
良衙 良詮 良僾 良侶

	廣平侯仲鏁	忠翊郎士撖 秉義郎士談 武經郎士涉 忠成郎士種	不欺 不岡 武經郎不汎 不貳 不慍 贈奉直大夫不憤	善絳 善懋 善忞 善贇 善財 善墹 善償 善頗 善傑	汝瑢 汝玶 汝迫 汝逪 汝遡 汝迸 汝璠 汝壆 汝汕 汝得 汝俯 汝供 汝域 汝僊 汝傷 汝傍 汝備 汝倛 汝謌	崇潋 崇杬 崇栓 崇桓 崇玤 崇璒 崇超 崇赳 崇越 崇釗 崇鞏 崇利 崇叶 崇窋 崇榚 崇梲 崇樋 崇杝 崇櫪 崇楙 崇郊 崇鄲 崇遊	必鉷 必鍔 必鐐 必鎗 必流 必釣 必鈷 必鉞 必鍩 必鎧 必繙 必縧 必磁 必磔 必晥 必焆 必焕 必湳 必瀘 必宵 必磪 必籲	良玤 良儷 良普
	眉州防禦使仲頤 北海侯仲爍	右班殿直士漪 右班殿直士遝 成忠郎士寄 秉義郎士棨	成忠郎不憡	善佳 善竝	汝詠 汝誠 汝諾 汝謙 汝譋 汝諫 汝諼 汝訴 汝謍 汝邎 汝造 汝遠 汝遙 汝浩 汝潛 汝續 汝緣 汝譊	崇連 崇遯 崇遜 崇震 崇趯 崇遺 崇遢 崇迫 崇遷 崇迦 崇鏞 崇錆 崇鑰 崇鏝 崇銖 崇鋆 崇鐲 崇垠 崇賓 崇窋 崇賚 崇柰 崇瑱 崇珈 崇鐇 崇傑	必瞎 必昳 必聙 必曨 必睲 必瞵 必睎 必根 必瞔 必琠 必琉 必墫 必玳 必琄 必任 必佫 必璾	良睦 良膝 良曜 良曚
東陽侯宗迥	太子右內率府副率仲亨 太子右內率府副率仲彤 太子右內率府副率仲產 南康侯仲行	建安侯士杲	贈朝散大夫不遙	善言 善行 善積	汝瓏 汝瑨 汝璑 汝璔 汝玿 汝瑱 汝延 汝制 汝玥 汝佺 汝堈	崇望 崇懿 崇慝 崇愍 崇意 崇蒞 崇萊 崇邠 崇郅 崇郜 崇尃 崇域 崇宋 崇札 崇梟 崇榴 崇柜 崇培 崇鱗	必倍 必倫 必僑 必代 必傳 必侶 必儈 必倪 必坡 必壘 必仪 必御 必役 必劭 必禔 必僔 必佟 必仵 必抪 必扻 必璽 必賓 必爃 必鈙 必蕭 必徐 必任	良議 良訒 良譈 良瑰

郇國公允成

汝陰侯宗育 遂國公諡昭裕

開國伯仲瞞 華陰侯

武經郎士棣 右侍禁士宰 武節郎士遼 武翼大夫士嗪 太子右

右班殿直不曲 不迺 不迥 不擬 保義郎不意 不武 不彧 不佞 不怒 不怒 不俗 從義郎不矜 不愚 保義郎不器 不黨

善銛 善鑑 善寔 善察 善宏 善貫 善瑝 善珋

汝滄 汝渡 汝灃 汝滴 汝峚 汝涘 汝沾

崇附 崇阡 崇曕 崇家 崇宝 崇館 崇傳 崇僕 崇柎 崇桂 崇杭 崇㮕 崇栫 崇櫹

必逡 必遮 必鐲 必鍱 必意 必鍌 必寡 必倆 必儑 必偶 必珅 必玉 必璧 必複 必燊 必璀 必琢

良坎 良垗 良埋

宗頴 安陸侯宗訥

仲運 太子右內率府副率仲鶚 太子右內率府副率仲丹 贈右屯衛大將軍仲緘

內率府副率士譽 巴州刺史士頻 太子右內率府副率 士瞢 益川侯士彈

三班奉職不拔 保義郎不乖 西頭供奉官不伐 訓武郎不䃲 武翼郎不憂 不巳 忠翊郎不危 從義郎不懼 訓武郎不戚

善淵 善明 善權 善樺

汝蔵 汝鵬 汝醴 汝檦 汝栗

崇義 崇焞 崇先 崇丙 崇降 崇御 崇實 崇旰 崇宇 崇拱 崇筆 崇愁

必大 必磷 必砯 必矸 必至 必堿 必章 必爲 必痝 必倂 必緯 必握 必挃 必揀

良弼 良能 良眞 良格

贈太子右衛率府率宗頴 華陰侯宗鼎

申國公諡良僖仲嬰

太子后內率府副率士鄘 太子右內率府率士弇 榮州刺史士褱

不虧 訓忠郎不懷 修武郎不愆 承直郎 不謀 武經郎不苟 文林郎不識

善逃 善涇 善滸 善漼 善潛

汝霅 汝詩 汝埏 汝榮 汝梓 汝檥 汝惟

崇詧 崇笈 崇徧 崇衕 崇洞 崇象 崇斐 崇裴 崇雄 崇渾 崇楚 崇肅 崇升 崇揪 崇滉 崇洄 崇訂 崇諼

必掄 必据 必掖 必圻 必徒 必壤 必坊 必塀 必坑 必鐵 必鈁 必鐙 必徹 必湲 必鑾 必鍏 必璹 必碧 必慵 必愃 必遨 必迓 必邊 必遹

良塤 良濱

華陰侯士伻
不忍　保義郎不殊　不悚　不愚　修武郎不懈　武翼大夫不瑕　武節郎不慼
善洵　善津　善彰　善友　善信　善時　善誘　善繼　善羼　善守　善曠
汝暘　汝球　汝琢　汝舒　汝顏　汝畊　汝聽　汝作　汝迫　汝耄　汝偉　汝爲　汝猷　汝柟
崇諮　崇憲　崇寓　崇僃　崇懷　崇約　崇繹　崇繼　崇純　崇愿　崇慈　崇恥　崇忍　崇涇　崇清　崇劃　崇紘　崇讜　崇禮　崇仁　崇儉　崇本
必遴　必遞　必逗　必機　必逝　必芾　必蒠　必儉　必誠　必洌　必悅　必惓　必櫟　必榆　必樣　必樹　必壽　必瀞　必仰　必譓　必珏　必錫
良槮　良鐳　良璠　良碧　良璿　良琭　良璊　良鑌
友鋗　友鑀

武翼大夫不思　修武郎不恣
善同　善誠　善稽　善强　善廣　善感　善應　善導　善息　善廙
汝相　汝椐　汝椹　汝㭈　汝忱　汝覜　汝柍　汝軫　汝東　汝軧　汝師　汝紀　汝淵　汝準　汝時　汝徐　汝諺　汝捷
崇煥　崇䪙　崇軾　崇轍　崇輞　崇輕　崇爽　崇勣　崇棨　崇甃　崇事　崇徉　崇徭　崇瓖　崇弨　崇皆　崇辛　崇烑　崇蕃　崇展　崇崟　崇璃　崇琿　崇瓊　崇瀹　崇渟　崇淪　崇澧　崇渤
必僊　必楷　必琳　必瑍　必護　必讓　必鉞　必銓　必鐶　必鏉　必鏶　必錢　必鈔　必相　必楳　必櫞　必褭　必滖　必嶄　必櫆　必楅　必榜　必鏷　必鑨
良徊　良坙

如京副使士評　右侍禁士璭　贈朝奉郎士鄜
保義郎不黨　右班殿直不危　保義郎不比　承節郎不囊　成忠郎不懼　不剛　不弊　不革　不危　從事郎不梗　贈秉義郎不遷　贈朝議大夫不系
善交　善褻　善泰　善詠　善珅　善漸　善兌　善符　善僑
汝譪　汝乙　汝丁　汝遯　汝夬　汝冀　汝敞　汝衢　汝昔　汝衜　汝蔺　汝樯　汝週
崇汜　崇汎　崇涓　崇溧　崇漏　崇佞　崇磬　崇儀　崇儔　崇僣　崇僗　崇傛　崇㑌　崇治　崇召　崇羲　崇音　崇整　崇瑞　崇琛　崇璉
必鎊　必葵　必臺　必漮　必繹　必絹　必遭　必鏋　必鐵　必滕　必胙　必偂　必勲　必熹　必銷
良鐘　良材　良馭

仲：（無）
士：| | 左侍禁士岐
不：朝散郎不疑 承事郎不非 | 承直郎不矜 贈朝散大夫不弊 | 忠翊郎不踈 秉義郎不滿
善：善倫 善攸 善備 善佚 | 善嘉 善淑 善勳 善焄 善達 | 善伋 善仍 善俟 善佑 善教
汝：汝遜 汝連 汝適 汝悽 汝慉 汝愲 | 汝暵 汝旦 汝圍 汝同 汝剣 汝扃 汝巳 | 汝淑 汝成 汝堅 汝恩 汝瞰 汝訒 汝賓 汝鋁 汝立 汝訏
崇：崇豪 崇灌 崇湉 崇漕 崇湮 崇想 崇憑 崇悲 崇[illegible] 崇代 | 崇秀 崇屋 崇楊 崇幹 崇皐 崇仵 崇竢 崇瑶 | 崇炳 崇曉 崇鉉 崇鏷 崇侳 崇循 崇徑 崇待
必：必銶 必滔 必輐 必摸 必瀘 必朽 必櫃 必歷 必坐 | 必輅 必涂 必沓 必寧 必宿 必皥 必乂 必克 | 必浙 必漤 必迅 必邵 必邴
良：良鍔 良端 良藏 | 良漏 良儀 良仜

仲：東平侯仲噲
士：內殿崇班士潍 秉義郎士薺 武翼郎士宄 武翼郎士珏 太子右監門率府率士歆 博平侯士諍 | 贈右中大夫士璿 | 右侍禁士剛
不：不已 不器 左班殿直不膠 左班殿直不槐 | 不害 秉義郎不違 忠訓郎不朋 左朝請大夫不茀 | 不遲 不速 不荒 不迦 承信郎不諒
善：| 善逸 善遠 善遡 | 善篇
汝：汝系 汝繙 | 汝勃 汝勤 | 汝濱 汝瀘 汝溶 汝洋
崇：崇鐙 | 崇膏 崇愚 崇懸 | 崇根 崇比 崇矑 崇胸 崇矓 崇嘉 崇菜 崇標 崇喜 崇及
必：| | 必樠 必棣 必梯 必楂 必櫔 必椅 必櫛 必榎 必榑 必橦 必嫩 必鎌 必鍪
良：| | 良熷 良鍑 良陘 良至 良澌 良滌 良泄

宗：彭城郡公宗嚴
仲：同州觀察使仲虞 太子右內率府副率仲新 洋國公仲防
士：太子右內率府副率士頊 贈左領軍衛將軍士觀 | 左侍禁士尃 | 武經郎士品
不：成忠郎不硜 不器 | 忠翊郎不脩 忠訓郎不珪 保義郎不剛 成忠郎不敬 | 不珪 不燥 從事郎不憤 朝散郎不激 承信郎不泊 成忠郎不沮 不老 不濫 不徂 忠翊郎不桎 不物
善：| 善頃 | 善道 善建 善化 善認 善調 善嘉
汝：汝浸 | 汝澄 汝沂 汝汶 汝淯 |
崇：崇胆 | 崇適 崇迈 崇遷 崇遶 崇迷 崇逍 崇遡 崇逞 崇通 崇述 崇遯 |
必：必傳 必衙 | 必佸 必軫 必輪 |
良：良淶

贈右衛大將軍仲商

右班殿直士旁　武翼大夫士蘊　供備庫副使士傈　武翼郎士委　右班殿直士工　武翼郎士椌　太子右內率府副率士治　右侍禁士𤁿　左屯衛大將軍士綅　武顯郎士楷

不致　不怚　不椎　忠翊郎不求　不取　不形　不同　不嵩　不毀　不息　不𢡟　贈訓武郎不凝　左承議郎不悱

善諗　善訓　善評　善講　善弼　善大　善嗣　善誼　善仁　善抱　善長　善亨　善循

汝瑚　汝玲　汝璭　汝珥　汝溫　汝浩　汝堊　汝厓　汝晝　汝璭　汝懷　汝懌

崇湄　崇宁　崇鈃　崇堔　崇璒　崇鏢　崇鍱　崇瀝　崇滌　崇潡　崇澌　崇緵　崇椽　崇拮　崇桂　崇梯　崇邃

必瑀　必瑄　必檯　必謜

良熠

南陽侯仲檜

左班殿直士藺　武節郎士訌　武節郎士至　忠訓郎士階

左文林郎不怍　左從事郎不恍　不懷　忠訓郎不戜　忠訓郎不過　不速　保義郎不迂　不遷　不遲　不改　保義郎不壹　贈修武郎不競　贈忠翊郎不同　承信郎不欺

善脩　善縱　善最　善堅　善瑊　善瑜　善璨　善　善進　善任　善倓　善倴　善侊　善佚　善道　善遣　善銘　善浚　善民　善晉

汝慥　汝愫　汝惴　汝敔　汝欒　汝輅　汝琨　汝磴　汝頫　汝潾　汝揆　汝止　汝梗　汝溺　汝壁

崇逆　崇傈　崇佪　崇仵　崇陛　崇松　崇憇　崇樂　崇菌　崇潡　崇遂　崇滅　崇僅

必諒　必趯　必迶　必紼　必鐃　必順　必纅　必緗　必總

良璽　良堅　良瑩　良塵　良瓌

安陸侯宗魯

濟陰侯仲隨

右班殿直士羕　右班殿直士鞅　士邁　贈右屯衛大將軍士茂　河內侯士駢　贈朝散大夫士詵

不恒　成忠郎不回　承節郎不譏　保義郎不惻　不懸　忠翊郎不悚　不克　不隱　不殖　左侍禁不盈　不怨　贈通議大夫不欲

善普　善正　善政　善致　善敎　善學　善褒　善質　善潔　善紀　善嘶　善養

汝墀　汝齡　汝鍱　汝烀　汝㫰　汝神　汝扑　汝儀　汝持　汝廉　汝霖　汝聊　汝圖　汝閔　汝渭　汝柔　汝學　汝孺　汝肖　汝悰　汝蔪　汝彧　汝菰

崇璣　崇烯　崇倰　崇店　崇鍉　崇器　崇官　崇蕭　崇曆　崇磨　崇庢　崇慶　崇矔　崇勛　崇勸　崇勤　崇勑　崇劭　崇勵

必蕙　必慷　必傑　必鼎　必巽　必觀

良輮　良璪　良滋

普寧侯宗儒

洋國公仲銑　贈右屯衛大將軍仲蒠　馮翊侯仲盤

右監門衛大將軍士際　東陽侯士鯁　右班殿直士爽　贈右朝散大夫士謀　武節郎士賓

訓武郎不攸　朝請大夫不求　忠訓郎不違　不恍　從事郎不遯　不慓　左朝散郎不化　左朝請郎不助　贈從義郎不將　左朝散郎不迎

善義　善蔚　善繟　善虞　善嵥　善球　善歸　善拯　善撥　善撿　善久　善信　善端　善愔

汝忼　汝焯　汝散　汝滋　汝沭　汝虎　汝瀉　汝漫　汝沿　汝賀　汝忽　汝習　汝益　汝復

崇易　崇勍　崇瑚　崇鐮　崇樞　崇梃　崇橋　崇梢　崇榕　崇糙　崇樓　崇竭　崇箕　崇鏊　崇鑑　崇鋙　崇家　崇坤　崇與

必峴　必㝱　必焟　必琅　必玥　必玒　必轎　必幟　必迪　必璽　必鑽　必鑾

武經大夫士承　武經郎士覲　左班殿直士蓄　武翼郎士奘

成忠郎不殆　不競　不武　保義郎不憚　承信郎不揚　保義郎不倣　修職郎不佚

善邁　善過　善遏　善賢　善顒　善韻　善顥　善顏　善巘　善理

汝酢　汝欽　汝鎮　汝侍　汝現　汝扑　汝擴　汝棧　汝纖　汝燗　汝漢　汝焯　汝費

崇構　崇橅　崇榴　崇璞　崇琦　崇玻　崇薀　崇藹　崇菁　崇齊　崇蘖　崇儀　崇儔　崇嗛　崇侏　崇肖　崇佾　崇脊　崇肓　崇膂

必洋　必邈　必逜　必遴　必澪　必澠　必過　必宰　必家　必寘　必宁　必害　必宋　必崟　必究　必溍

良裕　良格　良傢　良憚　良核　良溢

南康侯宗仁

汝陽侯仲午　太子右內率府副率仲郾　太子右

武經郎士算　朝奉大夫士井　左班殿直士愠　右侍禁士俊　左班殿直士萬　右班殿直士鞬　忠訓郎士翰　從義郎士臏　秉義郎士彪

忠翊郎不違　承信郎不迋　從政郎不婁　不迃　不迷　不矜　不伐　不屈　從政郎不倚　不遹

善招　善榆　善言　善前　善謠　善同　善言　善亶　善壽

汝濕　汝漾　汝涯　汝㴱　汝敦　汝慢　汝峑　汝困　汝旋　汝穠　汝　汝樂　汝平　汝克　汝宏　汝燧　汝憀　汝遺

崇似　崇峻　崇豐　崇澮　崇潛　崇涇　崇　崇惫　崇畢　崇縱　崇裨　崇倧

必珪　必球　必璜　必翁　必假

内率府副率仲果　贈崇國公仲羗

太子右内率府副率士模　東頭供奉官士崗　左侍禁士顥　武德郎士芊　贈武功大夫士濩

贈武功大夫不榴　忠翊郎不滯　秉義郎　不奢　修武郎不惰　武節郎不恬　承節郎不違　成忠郎不兼　贈武翼大夫不愿

善彤　善屢　善艮　善豆　善叶　善譚　善誠　善誘　善湅

汝棐　汝恭　汝敉　汝辟　汝誠　汝饗　汝霨　汝霙　汝昴　汝昇

崇型　崇奎　崇儵　崇傍　崇侘　崇遁　崇譖　崇昔　崇謽　崇曆　崇晢　崇忻　崇衛　崇悅　崇愉　崇怡　崇悜　崇懔　崇懲　崇怢　崇惧　崇恮

必淑　必敎　必散　必昕　必遠　必兹　必莒　必芒　必蕐　必迢　必適　必迂　必遷　必偀　必佽　必作　必避　必遻　必逦　必遞

左班殿直士建　中奉大夫士蓁

成忠郎不騤　贈武義郎不鐮　武翼郎不飾　保義郎不匱　訓武郎不處　成忠郎不識　承節郎不尤　不忽　朝請大夫不比

善源　善濡　善泌　善滏　善瀍　善淙　善汲　善濯　善遂　善逃　善遽　善遠　善途　善還

汝昱　汝晳　汝昇　汝畢　汝昺　汝穮　汝里　汝蘩　汝斂　汝勷　汝儀　汝伉　汝佲　汝效　汝收　汝軟　汝煇　汝宋　汝鬃　汝彙　汝果　汝集　汝求　汝籛　汝科　汝穰

崇慨　崇悅　崇懊　崇惲　崇惆　崇懒　崇鑿　崇貫　崇費　崇鼎　崇賈　崇貨　崇賀　崇燏　崇紡　崇統　崇沒　崇澧　崇檜　崇橡　崇岩

必道　必趨　必珣　必瑙　必璪　必璊　必瑛

高密郡公仲弓

忠翊郎士禹　忠訓郎士來　秉義郎士瞀　贈修武郎士莊　東陽侯士鞘

不繆　贈武節大夫不劊　不忽　從義郎不薄　不儒　忠翊郎不茹　成忠郎不投　不逵　修武郎不莫

善錞　善智　善焼　善從　善稷　善稠　善斌　善捷　善學　善舉　善贇　善茂　善彬

汝顓　汝買　汝瑜　汝睬　汝麒　汝鷔　汝彪　汝涔　汝沶　汝逄　汝儉　汝縛　汝僵　汝倰　汝慊　汝傆　汝仉　汝僥　汝球　汝班　汝翮

崇峇　崇紃　崇繼　崇許　崇誐　崇璉　崇齊　崇炷　崇遑　崇邇　崇送　崇遞　崇過　崇徯　崇賁　崇養　崇涌　崇激　崇濩　崇鄢　崇瀲　崇燥

必紋　必綜　必錤　必俄　必泗　必据　必楎　必椅　必稅　必乘　必鋹　必銘

良璺　良焄

漢東郡公仲弗

武功大夫士匯　左侍禁士琡　忠訓郎士𪗋　敦武郎士駉

不蔄　承信郎不荒　不華　脩武郎不諳　訓武郎不誣　不詭　保義郎不擇　從義郎不抗

善柔　善習　善訔　善式　善祥　善直　善剛　善琱

汝翾　汝翻　汝威　汝全　汝佥　汝亨　汝卓　汝石　汝儉　汝章　汝琈

崇溜　崇燭　崇焆　崇焜　崇烊　崇爊　崇瀧　崇熔　崇熛　崇煙　崇謨　崇笨　崇軫　崇近　崇晉　崇翼　崇劭　崇企　崇熹　崇籥　崇車　崇銖　崇錙　崇鍼　崇彝　崇葆　崇㑊　崇倪　崇優　崇倢　崇侁　崇僑

必鉚　必鉞　必錯　必伕　必儆　必浯　必潄　必勒　必勑　必瀸　必溲　必鋼　必鏢

良鐈

新國公諡良顯仲譏

宣義郎士囦　宣教郎士㩭　左班殿直士誠　贈通議大夫士鴐　左班殿直士守　贈通議大夫士

脩職郎　不佞　成忠郎不佰　承節郎不䲶　不僑　不閡　保義郎不闢　左從政　郎不感　成忠郎不愳　朝請大夫不懋　不惪　不辱　左從事郎不悉

善甲　善由　善軸　善楫　善材　善偕　善奇　善達　善從　善彌　善某

汝瓚　汝壽　汝堅　汝道　汝煥　汝絢　汝緝　汝繕　汝結　汝濼　汝瓘　汝閑　汝瀶

崇涇　崇漙　崇潞　崇漏　崇僊　崇佛　崇僕　崇從　崇洴　崇潦　崇滴　崇佃　崇俵　崇儇　崇𧍣　崇標

必鋗　必林　必鉛　必鍱　必濡　必钃

賁

高密郡公仲校

中大夫士鵬　秉義郎士錚　贈武翼大夫士堅　敦武郎士忤

從政郎不念　通直郎不忿　贈朝散大夫不志　贈朝議大夫不愚　通直郎不咜　不昬　奉議郎　不恐　忠翊郎不佟　承節郎不侗

善國　善譜　善謦　善訓　善謙　善誥　善認　善絃

汝窕　汝瘄　汝宙　汝窦　汝亘　汝秝　汝寴　汝窘　汝俌　汝損　汝鈸　汝鉗　汝豬　汝蘋　汝僻　汝調　汝詥　汝璃　汝瓀

崇佩　崇偽　崇倨　崇佸　崇僧　崇傻　崇儻　崇僆　崇偬　崇傜　崇䘨　崇堪　崇翌　崇街　崇湛　崇汕　崇汻　崇瀏　崇蓮　崇瀼　崇逮　崇逢

必疆　必沅　必澔　必浛　必漢　必滈　必焄　必㶣　必烒　必焦　必絲　必郾　必瞯　必胲

從義郎士賓　武經郎

修武郎不測　忠訓郎不佟　從義郎不傚　不倨　不佐　不拱　成忠郎

善紹　善犢　善鈥　善肆　善積　善繼　善孺　善鉥　善庀　善家　善醇　善宛　善毫　善幸　善紈

汝挺　汝袿　汝烽　汝墳　汝檣　汝栒　汝僥　汝球　汝儆　汝烝　汝羔　汝奉　汝蓖　汝莌　汝蓬　汝蓮　汝蘊　汝榮　汝櫚　汝樺　汝稻

崇迦　崇遅　崇運　崇爕　崇烄　崇焠　崇烊　崇焕　崇焬　崇烟　崇熛　崇礅　崇襪　崇裄　崇衿　崇衦　崇襝　崇澂　崇渾　崇蕖　崇鋤　崇根　崇沁　崇栖　崇箱　崇極

必效　必墇　必珀　必消　必槩　必棄　必梃　必檝　必鎏　必齊　必霖

良賜　良旺

許王房

許王贈皇太子諡昭成元僖

二子不及名以允成子繼其孫

新平郡王諡恭靖宗保　左侍禁宗輿

贈安德軍節度使諡純僖仲郯

燕國公士盉　從義郎士劻　士珽

忠訓郎不愆　從義郎不偕　不勔　不謐　不傷

善榗　善元　善逃　善士　善品　善容　善千　善厚　善後　善泰　善敘

汝栢　汝㭬　汝栿　汝楊　汝楨　汝梿　汝檣　汝楛　汝梃　汝橡　汝樅　汝得　汝陳　汝見　汝益　汝惠　汝進　汝玖　汝徽

崇熸　崇煓　崇㸌　崇熿　崇炘　崇燁　崇爞　崇烽　崇湛　崇洵　崇浧　崇洑　崇沓　崇綜　崇犖　崇襄　崇向　崇春　崇監　崇是　崇慄　崇咆　崇摹　崇芬　崇接　崇抖

必㻊　必聚　必臯　必栒　必昊　必玫　必傎　必樂　必瀾　必滸　必滋　必瀸　必汧　必鈴　必銘　必美　必德　必忚　必悟　必恈

良鐲　良望

彭城侯仲鞠

右侍禁士阜　贈銀青光祿大夫士洎　右侍禁士請　成忠郎士乂　成忠郎士廓　武翼郎士諰　東頭供奉官士燏

贈通議大夫不綦　朝請大夫不吝　不敏　承節郎不滿　成忠郎不降　武翼郎不革　不數　不抑　贈從義郎不溢

善驎　善瓘　善璿　善璛　善瑨　善擴　善瑓　善浦　善勅　善劫　善懫　善倫　善恍

汝倅　汝俔　汝伸　汝侁　汝倭　汝願　汝湊　汝俿　汝袞　汝矜　汝僓　汝伻　汝俊　汝頣

崇拯　崇霈　崇萬　崇潍　崇崴　崇仟　崇漫　崇流　崇汧　崇淲　崇瀟　崇洎　崇潌　崇漉　崇紬　崇縫　崇綖　崇綷　崇憚　崇湟　崇淵　崇潬

必憤　必怵　必濼　必栎　必杭　必樂　必欒　必珏　必拯　必可

良淌　良玺

漢東郡公仲杵　榮州防禦使仲諡
左班殿直士溭　右班殿直士鵵　右侍禁士劉　右班殿直士矑　左班殿直士㯿
武經郎士詮
不濡　忠訓郎不礴　忠翊郎不僑　訓武郎不秩　不懦
善忱　善愉　善惜　善嗣　善吟　善唐　善迵　善羽　善遙　善遯　善造　善運　善奕　善
汝佃　汝仜　汝侯　汝脩　汝偲　汝頊　汝鏞　汝苹　汝芰　汝苯　汝萁　汝塼　汝塽
崇厭　崇靡　崇庬　崇朧　崇郲　崇住　崇衡　崇淩　崇倚　崇倅　崇偄　崇僎　崇憮
必賁

宋史卷二百二十八

元中書右丞相總裁脫脫等修

世系表第十九

宗室世系十四

商王房

商王諡恭靖元份
信安郡王諡僖簡允寧
朔王諡榮思宗譚
贈左領軍衛將軍仲伉　惠國公仲迂
太子右內率府副率士丘　太子右內率府副率士數
不燢　修武郎不違
善廉
汝泗　汝潤
崇崟　崇崶　崇嵎　崇峽　崇戭　崇烋　崇熿　崇燀　崇焫

贈右朝奉大夫士寔
贈右朝請大夫不華
善政
汝灝　汝川　汝騁

惠國公諡敦孝仲越
秉義郎士輿　贈保康軍節公衛房國公諡良僖士筃
宣教郎不諫　三班奉職不擇　從義郎不陂
善敎　善辦　善戎　善攴　善逨
汝解　汝經　汝積　汝方　汝乂　汝能　汝堅
崇德　崇猷
必𨪏　必聰　必逘
良和

忠訓郎不偒　保義郎不柔　忠訓郎不忠　成忠郎不惐　忠翊郎不溢　保義郎不煬
善孝　善長　善學　善珪
汝譜　汝申
崇筴　崇奮　崇史　崇猷　崇賜　崇凤　崇久　崇蔡　崇官　崇太　崇乂　崇奐　崇夷　崇史　崇奕　崇突　崇交
必淑　必泥　必鏲　必鍒　必鋳　必鋙　必遵　必迪　必達　必違　必迹　必迶　必運　必遺　必蓮　必珪　必玑　必瑅　必珇
良傑　良儆　良侑　良信　良仲　良价　良佾　良侐　良侢　良瀛　良璪　良璓　良檲　良槮　良宏　良密　良堪
友林　友集　友楡　友柤

太子右內率府副率仲靈

左藏庫副使士球　內殿承制士坪　武翼郎士僊　贈通議大夫士夔

不爔　忠訓郎不器　承節郎不古　不比　不朋　承節郎不回　左中奉大夫不溢

善理　善膺　善卞　善康　善麻　善瑄　善琦

汝吝　汝鷟　汝評　汝甯　汝莘　汝楷　汝倫　汝傑　汝倢

崇鐔　崇裕　崇儲　崇偪　崇叙　崇宲　崇嵒　崇砮　崇豆　崇衢　崇惪　崇則　崇訃　崇朱　崇中

必循　必泰　必亨　必奕　必遷　必吕　必庢　必康　必巽　必瑢　必僕　必恩　必烝　必勇　必賓　必宫　必懃　必邁　必造　必邃　必違　必遴　必依　必致

良緝　良維　良縡　良縉　良綬　良絲　良纚　良綒　良統

成王謚孝良仲嘗

贈眉州防禦使士詠

武德郎不同　成忠郎不凡　不俗　保義郎不武　右迪功郎不役

善諫　善謀　善言　善諭　善詢　善議　善恩　善覗　善拜

汝可　汝諏　汝資　汝簣　汝熒　汝奚　汝瑕　汝瑑　汝玑　汝麓　汝關　汝栞　汝夯

崇極　崇積　崇松　崇槃　崇枝　崇念　崇忕　崇俾　崇價　崇鏵　崇遏　崇愬　崇悉　崇愍　崇態　崇丕　崇鎔　崇鋪　崇銘　崇鐄　崇鍔　崇顧　崇鍏　崇義　崇善　崇鉶　崇鐃

必兼　必楷　必橧　必椊　必倪　必侯　必洸　必沸　必浧　必澌　必概　必邦　必朵　必微　必彿　必衛　必濂　必泗　必泒　必漳　必淞　必樓　必栒　必榴

良杆　良極　良檯

左班殿直士譒　左中大夫士德

成忠郎不發　忠訓郎不由　保義郎不斐　不朋　武翼郎不塵　武經郎不勢　不迷　不言　武德郎不邪　右儒林郎不顧

善經　善戈　善譔　善評　善謝　善紘　善譩　善廪　善鉤　善迂

汝黽　汝莠　汝端　汝綜　汝縮　汝方　汝文　汝陞　汝偶　汝作　汝傚　汝佗　汝昌　汝瑕　汝瑗　汝稑　汝瓀　汝警　汝詳　汝訣

崇銀　崇鑿　崇鏖　崇謜　崇認　崇諆　崇諳　崇譴　崇諸　崇謏　崇德　崇烰　崇㦨　崇炂　崇慕　崇夌　崇帥

必儲　必弇　必儩　必倢　必俱　必侻　必僭　必併　必僜　必倄　必佯　必傍　必燸　必瓘　必琁　必現

良珦

士	贈武翼大夫士珣	贈左中奉大夫士訾	贈正奉大夫士犄
不	右從事郎不降 武經郎不徹 修武郎不杬	不凋 忠翊郎不殫 贈正義大夫不衰	左朝請郎不退
善	善時 善式 善迣 善道 善迖	善遴 善德 善任 善迪 善俊	善宿
汝	汝譬 汝計 汝芳 汝誠 汝諫	汝課 汝詧 汝督 汝灝 汝塗 汝正 汝將 汝就	汝蹟 汝聿 汝伯 汝傑 汝像
崇	崇坐 崇篠 崇採 崇摭 崇摶 崇拼	崇擴 崇鋅 崇鑭 崇銻 崇錤 崇鏷 崇太 崇斉 崇滮 崇涌	崇偈 崇涝 崇蘋 崇荳 崇茗 崇操 崇格 崇柄 崇楷 崇提 崇撙 崇措 崇攄
必	必嚋 必時 必噢	必玆 必德 必鉌 必柵 必相	必塘 必焠 必磷 必礅
良		良熄	

士			西頭供奉官士悰 左朝請大夫直秘閣士 左迪功
不	贈蘄州防禦使不迁		不昏 不逆 從義郎不逾
善	善宓	善寮 善官	善夰 善宁 善宋 善記
汝	汝倘 汝伕 汝儻 汝侅	汝復 汝供 汝俗 汝儴 汝倚 汝倯 汝侐 汝例 汝俸 汝琗 汝瑛 汝夔 汝嗽 汝瑨	汝茪 汝瑫 汝玗 汝硫 汝碻 汝泉 汝衆
崇	崇掄 崇撫 崇扶 崇擢 崇持 崇捷 崇挾 崇捸 崇瘩	崇濡 崇迺 崇迋 崇遣 崇遹 崇迶 崇蒞	崇陝 崇稍 崇遷
必	必豢 必琱 必珽 必玢 必梱 必炂 必燔 必熷 必烓	必傑	必瀧 必澶
良	良琛 良鐖 良瓓		

仲			少師通義侯仲料
士	謜 修武郎士端		左班殿直士泚
不	不瘳 將仕郎不遷 不囂 贈奉直大夫不琢		訓武郎不遲
善	善監 善鏑	善鉞 善鍠 善鐩 善鈵	善銳 善鉊 善鉞 善鋖 善鉤 善鏽
汝	汝度 汝易 汝旱 汝耆 汝曣 汝聜	汝胆 汝倈 汝弇 汝佺 汝僑 汝晃 汝磻 汝碌 汝韶	汝彤 汝誄 汝迸 汝滇 汝潏 汝巎 汝李 汝詖 汝詩 汝譫 汝詈
崇	崇止 崇焟 崇炯 崇烇 崇爍 崇檢 崇橅 崇樿 崇滕 崇臛 崇肵 崇膃	崇朏 崇僶 崇檵 崇詢 崇灘 崇汴 崇流 崇膳 崇蕙 崇酪 崇僾 崇徽	崇螌 崇壃 崇辟 崇盼 崇臙 崇膳
必	必垷	必幫	

士	贈左通議大夫士阱
不	贈太中大夫不冉
善	善時 善敏 善淵 善應 善養 善殊
汝	汝宜 汝艮 汝玉 汝塹 汝倪 汝伏 汝僮 汝伊 汝值 汝祈
崇	崇令 崇巳 崇報 崇昌 崇素 崇冠 崇綰 崇蘊 崇擁 崇誧 崇模 崇橃 崇檣 崇樇 崇杠 崇櫚 崇脅 崇率 崇畹 崇滓 崇憋 崇東
必	必言 必克 必埭 必仁 必照 必沖 必梓 必渫 必滏 必權 必徺 必僑 必褘 必讓 必址 必墍 必許 必儀 必僁 必偲 必价 必慊 必仇 必僧 必佼 必佚 必津 必機 必櫓 必汯 必敵 必習 必諡 必訒 必廷
良	良坤 良珪 良墳 良鏞 良玞

不	贈朝議大夫不儆 右從事郎不俚 贈朝奉郎不偩
善	善貨 善從 善期 善鈜 善嵱 善炤 善曒 善脩 善郢
汝	汝灼 汝乙 汝鏞 汝重 汝杓 汝圻 汝燉 汝濟 汝萬 汝祖 汝衢 汝燧 汝鞏 汝張 汝佌 汝辛
崇	崇書 崇析 崇翱 崇褫 崇範 崇簠 崇仆 崇僷 崇雍 崇舒 崇彭 崇犖 崇偶 崇課 崇暾 崇禯 崇宜 崇袷 崇坻 崇塔 崇均 崇橶 崇適 崇烜 崇邁 崇退 崇遂
必	必訢 必諶 必惝 必懷 必櫔 必柱 必輝 必聽 必待 必適 必揚 必蓬 必遺 必迸 必暍 必爍 必逞 必像 必仕 必俟 必受 必嗛 必廢 必磨 必庚 必穲
良	良瑀 良琦 良什 良淯 良凇 良漼

仲	徐州觀察使仲仰
士	教武郎士辭 左班殿直士招 武翼郎士謙 忠訓郎士凝 成翊郎士依 成忠郎士偁 成忠郎
不	贈朝奉郎不伐 右脩武郎不爲 保義郎不兮 不求 保義郎不吝 成忠郎不柰
善	善利 善齡 善祥 善𬟁 善思 善詠 善瑽
汝	汝俉 汝笙 汝榮 汝澗 汝渲 汝沚 汝溪 汝伴 汝檽 汝東 汝家 汝向 汝靛
崇	崇遙 崇暹 崇遴 崇速 崇逾 崇逡 崇還 崇粹 崇椿 崇煇 崇訓 崇堅 崇埜 崇芾 崇官 崇巽 崇涼
必	必玗 必珩 必瑲 必玖 必瑒 必熚 必爍 必鈺 必鍊 必錄 必梓 必核 必榛 必原 必忠 必憲 必遷 必遁 必恁 必迴 必琜
良	良福 良祿 良坤 良夭 良汜 良衢

北海侯仲維
士學 贈正議大夫士䦧
贈中散大夫不漸 右奉議郎不同 武翼大夫士和 右從政郎不泛 右文林郎不澗
善石 善視 善悟 善務 善夙 善道 善徙 善準 善燧 善撰 善滖 善闔 善㢈 善詵 善森 善介 善谷 善必 善火
汝商 汝嘻 汝泳 汝軒 汝唯 汝稧 汝翊 汝憯 汝㧶 汝悢 汝嗚 汝圖 汝律 汝治 汝磅 汝琉 汝恁 汝虎 汝横 汝稟 汝晁 汝夒 汝異 汝惿 汝遈 汝檄 汝機 汝蕬 汝𥜥 汝聂 汝星 汝𣆶 汝昇 汝𣓨
崇價 崇衒 崇禣 崇祠 崇福 崇稜 崇秸 崇棣 崇聂 崇當 崇留 崇璬 崇纂 崇亭 崇伸 崇邊 崇詆 崇鹵 崇譁 崇㯙 崇玐
必瑹 必寧

武經大夫士㱿 武經大夫士𡐓 武節郎士陽
武翼郎不瀌 不湮 不危 不逃 修武郎不訒 武翼郎不誂 儒林郎不涵 從義郎不淄 忠訓郎不妻 忠翊郎不淪 右迪功郎不諰 保義郎不㳺 承信郎不諂
善公 善仓 善釆 善僉 善檻 善𢡟 善志 善慹 善想 善悠 善櫤 善楹 善樫 善榕 善瓛 善瑠 善櫛 善櫶 善楠 善梓 善㮤 善棋 善槐 善弌 善綿 善枋 善枌
汝晅 汝晟 汝清 汝玭 汝蓋 汝叐 汝囊 汝佾 汝皇 汝脩 汝彈 汝堙 汝楞 汝烓 汝夼 汝櫟 汝屬 汝方 汝杲 汝諒 汝岭 汝祺
崇蕪 崇羔 崇鑘 崇鏁 崇樞 崇榛 崇紐 崇嗜

會稽侯宗敏
呂國公諡思仲騑
武經郎士撫 贈保安軍節度使高密郡公士咸 太子右內率府副率士齒 右班殿直士須 贈武翼大夫士趨
承節郎不隊 三班奉職不求 武翼大夫不愚 贈武德郎不惑 三班奉職不踰 不渝 不盈 贈金紫光祿大夫不尤
善懷 善袷 善慺 善祥 善資 善太 善異 善悉
汝堅 汝舟 汝凇 汝雷 汝玘 汝琪 汝鐸 汝臧 汝郯 汝鑽 汝駉
崇固 崇烈 崇熹 崇燕 崇熏 崇濡 崇沍 崇腒 崇渹 崇湎 崇挺 崇援 崇膺
必遹 必遶 必明 必彬 必珍 必儶 必俛 必珞 必㦗 必倏 必垚
良呂 良賢 良耜 良臣 良淏
友棣 友祠 友桂 友槐 友檜 友賀

太子右內率府副率仲通 博陵郡公仲伋
武翼大夫士勿 馮翊侯士篤 北海侯士倞
不冗 承節郎不隘 秉義郎不危 忠翊郎不頖 右班殿直不侮 修武郎不惕
善洩 善点 善昊 善 善長 善與 善奎 善碩 善德
汝鉉 汝鋋 汝钃 汝舒 汝釪 汝鐫 汝鑄 汝鐳 汝鍸 汝銈 汝 汝錫 汝丹 汝正 汝禋 汝高 汝琮 汝烈 汝衡 汝霖
崇开 崇遷 崇璃 崇覩 崇瀫 崇朦 崇滕 崇溫 崇濟 崇潭 崇渶 崇通 崇潋 崇逕 崇壑 崇潩 崇庸 崇明 崇椽 崇懸 崇㮚 崇槳 崇棚 崇流
必蓬 必遨 必擢 必捷 必擇 必瑜 必璣 必瑤 必提 必琚 必瑾 必潒 必啓
良樋 良楫 良栲 良槔 良楤 良杞 良偉 良椽 良褸 良榛
友烇 友爊

南陵郡公仲濾
清源侯士鄄 武節郎士燮 東頭供奉官士彤 左班殿直士苞 南陽侯士憂
忠翊郎不思 忠翊郎不鱗 不習 朝散郎不約 承節郎不移 武節大夫不器
善嘉 善穀 善旌 善述 善適 善遠 善達 善遵 善能
汝彩 汝靃 汝需 汝南 汝尚 汝明 汝樬 汝鍑 汝閭 汝陟 汝弼
崇佐 崇燮 崇徽 崇信 崇僑 崇重 崇忠 崇亢 崇珣 崇皓 崇矗 崇贈 崇戈 崇僊 崇遠
必鋰 必能 必玠 必贇 必璹 必璆 必㮽 必琳 必昴 必潭 必蒨 必 必琭 必瑭 必珠 必瑾 必瑫 必闢 必闐 必備
良杍 良樾 良萌 良苣 良葍 良英 良芳 良鐘 良鞹 良倴 良鏈 良欽 良金 良鈞 良鎬 良鍍 良錠 良源 良涓 良瑾
友昭

榮國公諡榮良仲突
西頭供奉官士逞 敦武郎士僞 修武郎士鋌 越國公士歎
右侍禁不黨 從義郎不越 保義郎不慍 承節郎不愿 不橤 保義郎不茆 承信郎不閡 不倦 天水郡開國男不諒 朝請大夫不億 修武郎不驀 武翼郎
善言 善進 善淵 善婉 善學 善珪 善仙 善述 善禮 善建 善問
汝運 汝甸 汝翼
崇敨 崇晏 崇聘 崇聃 崇徽
必佐 必倧 必健 必保 必諸 必譓 必才 必塋 必璟
良撫 良鍱 良鏵 良鉾 良鉎 良鐔 良鏞 良鏈 良瑚 良鍊 良瓔 良珵 良琛 良璩
友臏 友暎 友漢 友淳 友滉 友湯 友洄 友旋 友眷 友儒

贈朝散大夫不忌 不妄
善瑞 善建 善信 善治 善淵 善能 善應
汝琯 汝惇 汝丙 汝囊 汝晏 汝遘
崇璟 崇簡 崇執 崇息 崇意 崇懸 崇厚 崇遮 崇昆 崇澧 崇霖 崇光
必遷 必傑 必秀 必因 必滌 必桐 必朴 必墾 必瑠 必晞 必閫 必琡 必焆 必芹
良仰 良俔 良鑑 良珪 良錗

汝式 汝雄
崇章 崇介 崇汰 崇瓘 崇瑭
必淳 必遜 必澤 必佰
良瑶 良琮 良敬 良杰 良栐 良幹 良補 良楕
友諒 友漓

善纏 善緇
汝耕 汝簾 汝賢 汝讜 汝璉
崇畢 崇芮 崇鑄 崇容 崇諒 崇詿 崇㫚 崇料 崇賁 崇何
必催 必極 必楹 必揔 必撰 必楃 必諾 必面 必醇 必 必扯
良璜 良珥 良埛

左朝請大夫不揺
善闓 善淳
汝琛 汝邁 汝理 汝低 汝陳 汝巖 汝殺 汝旃
崇位 崇賁 崇漫 崇 崇洑 崇涒 崇渉 崇原 崇淙 崇潄 崇諗 崇棟 崇珊 崇檠
必果 必榷 必栝 必苣 必璠 必梓 必柠 必樠 必瑎 必瓌 必瑚
良柄

贈承議郎士議
不渝 秉義郎不黨 朝奉郎不將
善揣 善掘 善假 善儒
汝桓 汝柲 汝欸 汝晫
崇蔽 崇琲 崇㷝 崇鴉 崇佪 崇紒 崇憓
必穗
良智

善俗
汝皓
崇溹 崇漸 崇詵 崇諒
必積 必穆 必穎 必稠 必穜 必稔 必禎 必祝 必禱 必閎 必闈 必鏑 必鏓
良玭 良珊 良瑛 良瑓 良瑋 良瑠

崇證 崇謹 崇誘
必湑 必江 必速 必迳 必遺 必逢 必寵 必溢 必遴
良琬 良玗 良璉 良珊 良珀 良臬 良璭 良璦 良玜 良玲 良珙 良琢 良瑓 良珌
友鑢 友鍇

不迎
善仕 善瑜
汝聽 汝峻 汝苅
崇謒 崇錙 崇錆 崇鑣 崇鎊 崇鉥 崇鑽
必遒 必選 必遠 必遝 必迂 必璫 必璳 必珽
良瑕 良功 良璗 良琇 良瑜

左侍禁忠翊郎士鞬
不固 不愧
善柔 善禔
汝發 汝鼎 汝頎 汝隆 汝脩
崇錢 崇鐍 崇鋂 崇營 崇豐 崇迫 崇逾 崇勉
必滌 必灑 必湑 必泄 必宦 必宛 必宿
良松 良檜 良恭 良堁 良基 良垕

修武郎士啃 秉義郎士嗢 贈朝請郎士輿
不倚 忠翊郎不俁 武翼郎不爪 承節郎不瞅 武翼郎不忽 從事郎不滕 從義郎不隘
善允 善跱 善昉 善曜 善昭 善睲 善睥 善宙 善禴 善稜 善渭 善潼 善瀟 善沬 善瓏 善殼 善輕
汝名 汝玭 汝琊 汝瑍 汝珹 汝珽 汝釬 汝岩 汝獵 汝秋 汝榷 汝棠 汝穗 汝槿 汝瓆 汝玑 汝玩 汝玲 汝鍹 汝蓺 汝溢 汝枌 汝恕 汝懃 汝憓
崇導 崇壅 崇繻 崇綵 崇縉 崇縹 崇纓 崇絺 崇紙 崇境 崇侈 崇濩 崇漖 崇榆 崇謡 崇誦 崇誀 崇譏
必凇 必澅 必峑 必鎠 必墚 必墠 必境 必墫 必穫 必璢 必琛 必鏁 必鏤 必釪
良梣 良榹

武德郎士譋
從義郎不賁 不僞 不逭 贈朝議大夫不槁 訓武郎不疎 不窮 從義郎不執
善軏 善羨 善沛 善潢 善灝 善壽 善誘 善舉 善野 善悛 善楊 善勝
汝悆 汝愿 汝鑁 汝黶 汝鐐 汝潯 汝稷 汝郜 汝鄜 汝炮 汝煤 汝樓 汝翻 汝湯 汝億 汝侑 汝迴 汝遞
崇鐮 崇銍 崇鑼 崇鑛 崇鐎 崇鎮 崇譙 崇禴 崇槊 崇鏌 崇鍪 崇僑 崇徭 崇徊 崇袖 崇値 崇得 崇復 崇佛 崇巽 崇晨 崇暈 崇坐 崇稔 崇檨 崇權 崇檮 崇贖 崇曬 崇腈 崇曬
必劢 必猝 必湖 必迻 必逌 必柊 必健 必室 必憲 必瀾 必潺 必堪 必涫 必鎮 必崎 必啃 必沌
良聯 良楠

武節郎士秸 武節郎士歎
秉義郎不佁 從義郎不竭 成忠郎不驥 忠訓郎不危 左文林郎不敍
善廢 善度 善府 善宸 善淵 善適 善昌 善智 善呐 善庇 善琣 善卦 善鄰 善郝
汝晨 汝昆 汝昊 汝熊 汝鉡 汝流 汝壇 汝蒼 汝呰 汝若 汝官 汝滌 汝北 汝萛 汝珉 汝灌 汝璒 汝鼓 汝玘 汝擦
崇睐 崇瞳 崇垤 崇鄉 崇橙 崇料 崇咏 崇叶 崇賃 崇預 崇惠 崇衛 崇悠 崇慭 崇則 崇忍 崇悠 崇鑌 崇鉐 崇映 崇城 崇坣 崇邏 崇戀 崇孺 崇志 崇愁 崇沛
必譞 必介 必驢 必橙 必郗 必諄 必訓 必說 必梭 必煐 必蝠 必鏽 必熜 必誐 必熊 必惟 必忡 必佛 必播 必操 必揥
良佰

武經郎士潔 從義郎士任 脩武郎士㯌 從義郎士宓 太子右內率府副率士縹 華英侯士潚 朝請大夫士鎌

成忠郎不芥 不爛 朝請郎不遲 脩林郎不處 迪功郎不逆 右從政郎不騫

善郁 善鄂 善都 善邗 善榮 善仁 善義 善禮 善時 善明 善昭 善襲 善恭

汝袤 汝衷 汝庽 汝衫 汝褱 汝衿 汝褭 汝袷 汝洵 汝渼 汝播

崇培 崇設 崇訡 崇鐯 崇鋏 崇鏈 崇鉚 崇灌 崇絿 崇練 崇綵 崇縫 崇託 崇神 崇社 崇來 崇㣔

必彊 必琛 必珙 必栓 必橙 必枝 必枰 必柘 必滸 必淮 必濠

朝奉郎士敫 武翼郎士澤 武翼郎士磨

不渝 訓武郎不動 承信郎不鏶 保義郎不耀 忠訓郎不械 承節郎不疑

善襄 善衮 善東 善元 善艮 善舉 善瑭 善勸 善言 善降 善追 善伉 善嘉

汝奇 汝戩 汝望 汝河 汝 汝問 汝鏷 汝磧 汝嚴 汝悰 汝尋 汝杋 汝爱 汝謀 汝諫

崇禪 崇味 崇㡆 崇舟 崇冀 崇僩 崇韶 崇侮 崇伏 崇俙 崇逌 崇俔 崇倈 崇儗 崇俑 崇侀 崇仁 崇溥 崇遷 崇蹇 崇求 崇瑀 崇尊 崇鄭 崇併 崇初 崇檜

必槮 必復 必瑂 必瑯 必壛 必塅 必坪 必珥 必瑲 必瓗 必琥 必曦 必睞 必睬 必睋 必昭 必暖 必洌 必溥 必滌 必彪 必激 必湳 必棣

良鎬

嘉國公仲暹

從義郎士洞 從義郎士玖 右班殿直士橦 忠訓郎士枋 右班殿直士鑒 承義郎士察 太子右監門率府副率士緜 秉義郎士質

不凝 不擬 不挫 承節郎不礙 不抜 不苟 承信郎不玷 不貳 成忠郎不綵 承節郎不紆 忠翊郎不縱 不綺 不謁 不邪 不遹 訓武郎不佗

善學 善遷 善式 善舉 善衆 善信 善遲

汝誕 汝語 汝隍 汝枋 汝哆 汝還 汝戭 汝霣 汝囊 汝霦 汝楫

崇杞 崇偕 崇倜 崇偓 崇僭 崇偉 崇倖 崇遮 崇錬 崇琥 崇穗 崇禘 崇碅 崇珞 崇璩 崇浩 崇禮

必櫞 必滌 必榕 必桉 必玠 必[illegible] 必坣 必垩 必跛 必偟 必備 必偫

良熹 良璣 良腆

士聸（奉議郎）

奉議郎不爲　保義郎不怍　修武郎不憖　成忠郎不易　承節郎不矜　秉義郎不伎

善揚　善臯　善兼　善隆　善戭　善彰　善璐　善純　善楠　善樗　善政　善嚴　善裕　善祜　善祐

汝騤　汝本　汝俣　汝涂　汝方　汝怡　汝遷　汝泠　汝徽　汝玧　汝堵　汝寘　汝苯　汝嶠　汝樕　汝訓　汝說　汝璥　汝璬

崇篓　崇倅　崇伐　崇軏　崇箕　崇鐳　崇篁　崇箐　崇恂　崇恬　崇江　崇澗　崇浐　崇潩　崇漉　崇洋　崇洪　崇鉻　崇駓　崇縈　崇蔹　崇蕎　崇鑑　崇謳　崇謝

必億　必鑑　必鈉　必塗　必澿　必涉　必汰　必濯　必潭　必澈　必澌　必㮚　必釗　必鑲　必鐳　必鈴　必錚　必鏈　必鐗　必渟　必璟　必瘟　必球　必瑞

良撖

士荷（修武郎）　士朊（武翼郎）　士本（從義郎）

承信郎不惕　不怯　忠翊郎不憚　不悚　承信郎不慴　不懊　不愠　不懼　左朝奉大夫不已　保義郎不貳　不回　修武郎不肆　不斁　成忠郎不底　忠翊郎不滯　承節郎不優　承節郎

善堂　善信　善脩　善言　善珈　善瓊　善璟　善述　善道　善進　善役　善循　善窠　善扈　善執　善薦　善棨

汝畾　汝金　汝錆　汝鋃　汝聞　汝越　汝使　汝鉥　汝道　汝冠　汝佪　汝庈　汝泃　汝其

崇畾　崇慈　崇汧　崇瀩　崇淑　崇嶔　崇著　崇鄉　崇稜　崇祓　崇捍　崇拓

必畐　必畕

不屈　修武郎不誤　修武郎不㥞　承信郎不眗　承節郎不玷

善智　善從　善笪　善駉　善誠　善學　善達

汝稚　汝聚　汝夔　汝欒　汝濱　汝徑　汝花　汝偈　汝對　汝便　汝代　汝慰　汝慕　汝惑　汝儒　汝上

崇遏　崇蕺　崇縉　崇迅　崇還　崇週　崇過　崇逢　崇迟　崇遵　崇遏　崇週　崇遒　崇誕　崇窘　崇訊　崇詔　崇優　崇僨　崇鑊　崇銖　崇鏋　崇倢　崇就　崇愢

必鐪　必銑　必鑌　必鏵　必鑼　必鏻　必釗　必佮　必保　必鈗　必睠　必暎　必睞　必暖　必鑒　必宮　必寰　必宦　必恭　必祈　必祉　必浒　必暎　必瀆　必潼　必滭　必漫　必渿　必消　必鑽

良野　良塑

武翼郎士稽　不鈇　承節郎不誸　不讓　不謫　不誦　贈通直郎不舞
善積　善旺　善費　善畢　善譽　善慫　善惓
汝復　汝罗　汝渹　汝照　汝昀　汝瘊　汝博　汝儲　汝備　汝晉　汝倒　汝喬　汝忞　汝偃　汝蘊
崇翊　崇釗　崇鋒　崇鋹　崇鈇　崇棟　崇樓　崇橙　崇櫶　崇檐　崇儒　崇孫　崇硃　崇砮　崇礅　崇掇　崇据　崇肇　崇楡　崇揔　崇搽　崇攄　崇抑　崇拭　崇撣　崇挹　崇筠　崇箕　崇獎　崇簀　崇蘇　崇樂　崇敢
必淠　必鋇　必洤　必渼　必江　必洟　必瀓　必湲　必鄯　必漂　必沭　必涴　必庚　必廣　必鏃　必棋　必桴　必滄　必壤　必埇　必北　必墳　必坰　必埔　必掄　必墉　必濾
良臺　良揣　良攑

從事郎士還　成忠郎士鞏　右班殿直士清　武翼大夫士武
不怠　不武　不貧　不憾　不息　從義郎不懟　成忠郎不懸　從義郎　不悊　承信郎不愁　承信郎不憩
善擇　善掇　善撫　善扔　善摠　善折　善挌　善折　善捶　善搋　善拐　善摽　善揀　善撫
汝洋　汝很　汝宅　汝僖　汝僬　汝僂　汝傢　汝衛　汝僻　汝假　汝倏　汝佪　汝遭　汝邁　汝迮　汝鍊　汝秞　汝秝　汝攄　汝穋
崇既　崇暄　崇垩　崇縉　崇紈　崇絺　崇筌　崇㧾　崇鈚　崇鈖　崇鈔　崇紋　崇絇　崇縱　崇暘　崇繃　崇縭
必烈　必念　必恵　必憼　必意　必璣　必硫

宋史卷二百二十九

元中書右丞相總裁脫脫等修

世系表第二十

宗室世系十五

成忠郎士引　欽國公士紀　贈武經郎　追封鄧國公　謚密靖　士祀　仲胡　修武郎士蘊
不億　成忠郎不宰　訓武郎不居　不遲
善嶶　善劢　善劬　善助　善勐　善劼　善勤　善勳
汝繚　汝泓　汝壽　汝琦　汝璇　汝琲　汝璪　汝瑒　汝玷　汝璌　汝晃
崇儦　崇茷　崇菙　崇緬　崇平　崇宰　崇汏　崇任　崇衕　崇衙　崇迢　崇愫　崇愿
必權　必熑　必烰　必熗　必菖　必烊　必官　必坟　必忠　必坤　必顒　必豊

武翼郎士堅　贈武經郎士悲　秉義郎士驪　左侍禁士値　修武郎士琳　武翼郎士樹

不佞　修武郎不朋　不疑　不虛　忠翊郎不誣　不傾　修武郎不怫　保義郎不恍　不慓　不慴　不慱　不倦　不非　不吝　贈宣義郎不崖

善志　善沸　善遡　善鍔　善矼　善臭　善惻　善江　善潞　善輹　善淵　善修　善樅　善洽　善積　善溥　善仲

汝遷　汝夔　汝泉　汝旌　汝命　汝置　汝孚　汝愿　汝皓　汝續　汝緗　汝嘉　汝劓　汝紡　汝燗　汝干　汝諸　汝雨　汝儁　汝輿　汝論　汝設

崇恩　崇津　崇瀵　崇浓　崇禍　崇瓓　崇果　崇椅　崇旆　崇浣　崇㰔　崇適　崇椑　崇梶　崇楨　崇榜　崇櫺　崇程　崇榆　崇堭

必僬　必鐈　必瘐　必琁　必璬　必玉　必璽　必堅　必瑫

良翁

忠訓郎士逌　修武郎士還　武節大夫士遇　武經大夫士隆

不窮　不殲　承信郎不必　不思　不租　贈宣教郎不擬　不柔　忠訓郎不書　秉義郎不汳　忠翊郎不殄　不殯　武翼大夫不闕　迪功郎不汸

善錯　善溢　善膠　善年　善悉　善適　善道　善倜　善倚　善菈　善謹　善燓　善彝　善徳　善㚂　善枳　善岦　善肇

汝語　汝詞　汝記　汝旝　汝服　汝稀　汝殖　汝褪　汝憖　汝猗　汝沃　汝瀆　汝湉　汝漽　汝淤　汝靈　汝銖　汝鏑　汝鋌　汝鐵　汝鏵　汝蓍　汝監　汝盪　汝枅　汝樺　汝桐　汝榴　汝核

崇垚　崇琛　崇塘　崇聯　崇漚　崇仳　崇醬　崇勵　崇枘　崇崲　崇滓　崇洪　崇儆　崇俗　崇垙　崇墜

必漻　必眺

濮汝侯　宗孟　舒王謚安孝宗肅

華原郡公謚僖節仲先

華陰侯士褉　武功郎士褶　東頭供奉官士然

不佰　不倭　商國公不屈　訓武郎不濶　宣教郎不厚　贈武經大夫不泯　不渝　秉義郎不瀆　成忠郎不汨　不涸　忠訓郎不浛　武翼郎不注

善賚　善賓　善戒　善遴　善夸　善倹　善通　善膺　善徽　善虎　善豹　善峽　善山　善峻　善孚

汝畲　汝塵　汝詢　汝躬　汝樘　汝誅　汝說　汝珉　汝逸　汝恤　汝慣　汝惔　汝懪　汝蘅　汝闓　汝翌

崇蘋　崇轅　崇櫥　崇枇　崇現　崇珊　崇瓶　崇建　崇邀　崇造　崇暕　崇晤　崇暌　崇昕　崇瞬　崇昇

必淦　必憙　必憲　必董　必蕾　必鄭　必燿

良鍪

博平侯仲丁　房國公仲䁔
忠順郎士迁
贈朝散郎不愆　修武郎不湎
善濵　善弜　善沇　善汴　善濂　善訟　善覺　善壽　善渘　善遼　善格　善祐
汝琢　汝璣　汝珎　汝韡　汝璧　汝璪　汝瑟　汝珹　汝珠　汝栻　汝減　汝滅　汝澸　汝澳　汝壆　汝怀　汝豫　汝逢　汝燈　汝白　汝忠　汝遼　汝崤　汝諳　汝盅
崇機　崇穟　崇珖　崇絜　崇朋　崇雋　崇腈　崇鏸　崇澋　崇琬　崇咁　崇戚　崇廉　崇營　崇畬　崇訒　崇稹　崇樀　崇盪　崇膧　崇鞞　崇畋　崇暘　崇昆　崇晞　崇斯　崇朓　崇腴　崇侵　崇寒　崇賁　崇棖　崇櫓
必杵　必潚　必泌　必莅　必諱　必棍　必瑧　必瑰　必瑋　必烯　必婉　必謹　必訓　必訶　必濕　必僕　必衛　必瀕　必陵　必焟
良穩

武翼郎士雘　忠翊郎士衛　忠訓郎士諒　武翼郎士邪
不侗　不儶　不悑　不懼　不悚　承節郎不忿　不儆　不悚　從常郎不忏　不作　不慊　不懈　不惧　不愧　不悉
善輪　善輯　善謗　善濜　善察　善肩　善膺　善康　善漣　善儕　善鑒
汝萼　汝搢　汝鍼　汝覺　汝傢　汝仟　汝權　汝棱　汝櫰　汝棱　汝機　汝棡　汝槮　汝檑　汝峉　汝峴　汝峒　汝嵴　汝崶　汝峵　汝崢　汝杜　汝船　汝蓴　汝脩　汝嵬　汝嶒　汝羌　汝岷
崇瓔　崇璭　崇聿　崇鍕　崇纏　崇浮　崇涛　崇堜　崇穆　崇芃　崇臺　崇壽　崇岳　崇皇　崇彼
必桄　必錀　必堵　必鍫　必墍　必嵛　必嶹　必崞　必樠
良墉　良圳　良堜
友誼

左武衛大將軍仲肭　建安侯仲洗
成忠郎士倫　左班殿直士訢　右班殿直士傳　郭武郎　秉義郎士應　忠訓郎士忠　武翼郎士奇　保義郎士改　武德郎士惠
保義郎不注　保義郎不淏　不淺　不悳　不惹　承信郎　承信郎不貪　忠訓郎不湮　不怠　不慾　修武郎不苟　承信郎不懃
善顯　善納　善詠　善證　善徽　善驗　善鬆　善詩　善雩　善剡
汝彭　汝銅　汝鎌　汝塙　汝埰　汝侶　汝寧　汝錄　汝鋭　汝彷　汝台　汝武　汝巷　汝匠　汝玲　汝鉞　汝闓　汝戚　汝品　汝斠　汝薦
崇濔　崇壯　崇場　崇晅　崇鐽　崇棐　崇數　崇墜　崇櫟　崇鍼　崇鏞　崇濼　崇塋　崇榔
必鏧

東陽侯仲鏊

士軹　武經大夫士販

不慝　忠翊郎不惕　不危　承節郎不俳

善纚　善綬　善長　善才　善數　善孜　善湨

汝玒　汝墻　汝瑩　汝傳　汝瑀　汝熇　汝誦　汝壼　汝譁　汝翟　汝羿　汝霈　汝叜　汝堂　汝淶　汝璇

崇適　崇遡　崇遛　崇迷　崇邂　崇遺　崇邂　崇迴　崇遁　崇逵　崇邀　崇泄　崇遷　崇義　崇瑗　崇琳　崇璲　崇球　崇涇　崇瑕　崇珠　崇瓤　崇珊　崇珥　崇識　崇念　崇志　崇恰　崇愜

必溢　必滐　必灑　必漕　必稽　必弨　必鋒　必柚　必堅　必璑　必祿　必璈　必瓘　必瑽　必瓌　必棨　必潁　必榣　必枋　必檬　必榱　必驎　必蝶　必瑝　必棄　必鋅　必渠　必洸　必沾　必潸　必架　必湛　必澠

良璇　良珉　良瓚　良游　良栓　良椮

平陽郡王諡僖裕宗翰

彭城侯仲犨　康州防禦使仲蘊　河內侯仲秉

武經大夫士璵　從義郎士鄙　右班殿直士來　贈中大夫士皤　士頫　承忠郎　右班殿直士晰　武翼郎士暸　秉義郎士僎

承節郎不緬　保義郎不僩　不斯　不贜　不欺　不移　不迷　不羣　不苛　不敝　不華

善旟　善亢　善辛　善億　善仰　善傺　善惇　善何　善倣

汝奎　汝畀　汝需　汝睞　汝嶠　汝述　汝環　汝屋　汝瑧　汝㻂　汝堣　汝鍱

崇鏶　崇棣　崇龠　崇僉　崇倉　崇爊　崇煐　崇銎　崇悳　崇悆　崇懋　崇繇　崇忞　崇悬　崇憑　崇秧　崇槩

必甓　必鍩　必鋌　必懠　必栗　必炆　必膝　必鐙　必肱　必股　必潮　必汪　必壂

安康郡公仲馨

武德郎士嫩　贈朝議大夫士珇　武節大夫士　武翼大夫士賷

不欺　不郭　不頫　訓武郎不去　不悔　贈訓武郎不爭　不猛　不瑕　忠訓郎不祿

善訶　善沅　善說　善郎　善忠　善言　善造　善果　善報　善貢　善棠　善褱　善數　善旅

汝荺　汝荄　汝潭　汝漑　汝崍　汝岡　汝嶽　汝龍　汝仿　汝藝　汝芃　汝睍　汝瓏　汝瑠　汝嶠　汝椢　汝得　汝驎　汝繡　汝誇　汝薔　汝罝　汝譸　汝夸　汝稠　汝梛　汝讞

崇鍾　崇鐳　崇緝　崇綸　崇宸　崇庬　崇挝　崇慨　崇衩　崇絧　崇廜　崇扃　崇序　崇廠　崇膺　崇廟　崇鹿　崇鈦　崇鏺　崇鋃　崇鑣　崇圢　崇懷

必顓　必隆　必琦　必葵　必萱　必鋌

良歷　良泳　良涚

保義郎不括 不泰 不亂 保義郎不倚

善承 善僎 善攘 善芑 善集 善樂 善翘 善桼 善櫈 善檸 善稽 善蕭 善藝

汝惟 汝玣 汝楅 汝福 汝謹 汝諲 汝炘 汝鯖 汝佺 汝毅 汝筴 汝晃 汝訶 汝秩 汝勤 汝伆 汝謝 汝賡 汝盧 汝捷 汝拚 汝捎 汝趫 汝滏 汝衡 汝藹 汝湑 汝暢

崇紆 崇絿 崇紘 崇飾 崇蓀 崇消 崇振 崇伈 崇理 崇璸 崇餜 崇酉 崇鄭 崇緒 崇綯 崇棣 崇榜 崇道 崇穛 崇藹 崇禰 崇儀 崇憂 崇淳 崇鏖

必頎 必傻 必倜 必磧 必裓 必痙 必鎔 必孋 必城 必庫 必垙 必櫽 必熇

左朝散大夫士縝 秉義郎士槪 左朝散大夫士毅 武翼郎士多

保義郎不及 宣教郎不憤 不息 左奉議郎不尤 從義郎不曲 成忠郎不臧 忠翊郎不减 不晦 朝奉郎不污 將仕郎不簡 不競 不讒 承信郎不耕

善暇 善神 善嬉 善謫 善諫 善芬 善吁 善星 善毅 善餘 善謳 善瀾 善秘 善夙 善望 善遷

汝榆 汝熏 汝瀰 汝裘 汝床 汝亢 汝畋 汝晦 汝珉 汝俳 汝衡 汝休 汝彌 汝墿 汝迬 汝遂 汝遨

崇倪 崇璺 崇咨 崇儔 崇織 崇綠 崇菘 崇莊 崇蓓 崇讜 崇萬 崇迴 崇逭 崇楓 崇桐 崇桎 崇箱 崇櫳 崇棊 崇薇 崇蕾

必璋 必遨 必蕙

忠翊郎士圍 贈武功郎仲詢 忠翊郎士銎 忠翊郎士織 修武郎士張 武翼大夫士蓋

訓武郎不訕 不佀 不伐 秉義郎不矜 保義郎不侮 不礙 不倸 秉義郎不勞 保義郎不假 保義郎不佪

善迢 善藺 善蓮 善苡 善奠 善智 善從 善論 善試 善禔 善制 善譽 善譚 善迫 善眈 善睥 善禮

汝邂 汝逆 汝遛 汝憲 汝您 汝惹 汝意 汝点 汝僉 汝恣 汝龜 汝馳 汝剡 汝媊 汝琁 汝璩 汝瑞 汝琰 汝瀷 汝儈 汝佁 汝得 汝綸 汝穗 汝鏵 汝衎 汝概 汝憲 汝沸 汝洑

崇倂 崇循 崇他 崇億 崇堂 崇椽 崇擭 崇杯 崇瑙 崇琡 崇瓏 崇忠 崇秠 崇穄 崇稽 崇湖 崇滙 崇蠭 崇積 崇衕

必濬

武功大夫復州防禦使仲檝
左朝散大夫士原 敦武郎士晝 修武郎士勑
不俊 承直郎不伐 不誤 左文林郎不謏 忠訓郎不敏 忠訓郎不苟 不求
善巩 善琮 善玢 善蘛 善彥 善化 善仁 善琁 善逵 善邁 善則 善輒 善軗
汝洽 汝褱 汝瀼 汝楧 汝榼 汝俵 汝傳 汝偡 汝佇 汝儢 汝儻 汝倈 汝佃 汝儴 汝盱 汝曒 汝晼 汝鏝 汝株 汝格 汝臬 汝垎 汝墠
崇諄 崇澳 崇渻 崇渡 崇墳 崇培 崇隧 崇旐 崇絃 崇總 崇紼 崇滚 崇潮 崇添 崇秧 崇穫 崇柃 崇碧 崇硫 崇撫 崇寓 崇寂 崇櫛 崇炲 崇偕 崇儔 崇佴 崇坳 崇堋 崇增 崇韻 崇昀
必勸 必泆 必柏 必枇 必橡 必雩 必棫 必樵 必圯 必瀼 必溉 必濱 必膘

濮王諡安懿允讓
舒王諡貞靖宗懿
太子右內率府副率仲鼎 太子右內率府副率仲嬌 贈右屯衛大將軍仲辰
保義郎士堀 武翼大夫士瓌 洋國公士健 康國公謚愿恪士宥
不聽 不俊 不愚 不臧 承節郎不孤 承節郎不傴 修武郎不惺 成忠郎不悁 右班殿直不辱 忠翊郎不危
善憲 善驊 善開 善是 善畢 善瑫 善述 善遠 善道 善昇 善珗 善璡 善儀 善倒 善儃 善洪
汝淑 汝濟 汝洊 汝泜 汝眤 汝偶 汝彶 汝徉 汝詁 汝偏 汝代 汝錯 汝復 汝疑 汝清 汝渟
崇靖 崇球 崇倌 崇莅 崇垓 崇鍈 崇邈 崇遂 崇檀 崇榛 崇椒 崇梨 崇梆

汪國公謚貞仲
南陽侯士㥶 右班殿
保義郎不誕 暗慶遠承宣使不詠
善聲 善拱 善綺 善揆 善劭 善鎔 善瑜 善毗
汝棻 汝析 汝謹 汝甲 汝坤 汝壬 汝徑 汝櫼 汝醇 汝炤 汝渾 汝碞 汝載 汝紳 汝垾 汝虋
崇瓌 崇瑑 崇現 崇歆 崇琊 崇職 崇昉 崇雍 崇敷 崇鎮 崇鋒 崇鉤 崇鈃 崇錦 崇柖 崇逵 崇逌 崇遇 崇佩 崇楯 崇對 崇佾 崇侵 崇舜 崇豹 崇郃 崇堞 崇圯 崇蓺 崇銛 崇僻 崇繙
必僑 必俶 必伾 必侶 必仍 必托 必壝 必珖 必圭 必伷 必佃 必鋌 必儙 必寅 必寮
良財 良時

榮國公諡僖惠仲晛
直士撫　右班殿直士青　東頭供奉官士更　左屯衛大將軍士雖　贈左屯衛大將軍士　右屯衛大將軍士所　軍士　士洞
贈武翼郎不憤　贈武節大夫不窒
善湑　善聽　善球　善嫻　善承
汝允　汝虞　汝遊　汝作　汝佫　汝僚　汝喇　汝宜　汝寘
崇誃　崇誇　崇譴　崇昇　崇晟　崇昊　崇鑿　崇畛　崇賈　崇贊　崇賁　崇賀　崇貴　崇俓　崇僔　崇傈　崇端　崇褻　崇奎
必壽　必珍　必煉　必遒　必來　必雷　必蓮　必袗　必彊　必雄　必逢　必填　必在　必堃　必琨　必墉　必抑　必新　必肯　必腠
良桊　良楯　良玩　良瓚　良瑍　良境　良球　良琰　良久　良金

善夫
汝室　汝彝　汝訓　汝丕　汝琮　汝坦　汝敏　汝瑄　汝珪　汝璋　汝璪　汝潛　汝樅
崇浙　崇侊　崇儛　崇應　崇悠　崇慥　崇傑　崇慦　崇忌　崇週　崇偃　崇署　崇稷　崇晴　崇里　崇圍　崇虎
必鉸　必鋐　必久　必修　必直　必核　必杼　必檡　必杆　必穰　必榪　必栒　必穗　必識　必均　必堪　必墉　必培　必壇　必勉　必榫　必錧　必綸　必銓　必鏘　必鄉
良驕　良驗　良驊　良駒　良馯　良濱　良濚　良焳　良銄　良錠　良鎂　良瓌　良瑫　良椽　良楧　良楷　良枌　良樘　良楮　良樽　良瓌　良琋　良瑛
友滉

修武郎不坧　贈武顯大夫不裓　贈武顯郎不謙　忠翊郎不忞
善沖　善瀓　善隅　善瀟　善惇　善忭　善恬　善協　善悛　善怡　善惟
汝植　汝棖　汝棋　汝橦　汝柞　汝柯　汝樫　汝椐　汝椙　汝檍　汝楨　汝樓　汝楝　汝杓　汝敘　汝悌　汝惿　汝臆　汝惸　汝憶　汝悍　汝恆
崇濟　崇瀣　崇泮　崇濠　崇烝　崇魚　崇沸　崇熾　崇煴　崇煊　崇炆　崇鎬　崇講　崇識　崇譚　崇榭　崇橋　崇樺　崇澶　崇鄭　崇杍　崇戩　崇諫　崇甯
必鐄　必錭　必鈗　必鍦　必鎦　必鏄　必鏵　必鑑　必錝　必錯　必鋼　必鏍　必錠　必鏽　必壄　必堌　必坦　必焜　必炑　必淚
良鎦　良瑋　良溱　良璬

榮國公諡僖安仲汾

唐州刺史士㸌　榮州防禦使士潚　嘉州刺史士顒　右千牛衛大將軍士溍　右班殿直士茵　贈武略大夫士愿　贈左衛大將軍士鄸

忠翊郎不誨　保義郎不隮　忠翊郎不許　忠翊郎不緩　忠翊郎不倜　忠翊郎不野　忠翊郎不協　右班殿直不偲　修武郎不溷　忠翊郎不毀　贈武公郎不犯　武節郎不舛

善敘　善綱　善績　善砥　善憯　善懥

汝祿　汝發　汝襄　汝崧　汝峙　汝岐　汝岈　汝宸　汝澂　汝熽

崇珄　崇研　崇櫓　崇桯　崇瑔　崇濬　崇甸　崇瑕　崇堉

必獵　必沖　必淤　必瀞　必彤　必鈐　必錡　必湅　必澗

右班殿直士儇　贈昭義軍節度使和義郡公士贈　贈左領軍衛大將軍士恕　惠國公士傷

保義郎不彼　秉義郎不惔　訓武郎不斥　贈武翼大夫不孝　贈武德郎不痾　贈武顯大夫不違　武德郎不憐　秉義郎不頗　贈武翼郎不杭　襲贈嗣濮王不

善樂　善禧　善嫊　善椅　善紬　善贊　善包　善靜　善椒　善覿　善秦　善菽　善侗　善奐　善夷　善纂　善錤　善鍕

汝瑧　汝瑀　汝瑭　汝瑱　汝工　汝錂　汝鑪　汝橙　汝椽　汝枰　汝梆　汝來　汝概　汝櫝　汝棋　汝椧　汝洪　汝矼

崇鉚　崇勨　崇勵　崇劬　崇勣　崇勸　崇剤　崇薰　崇黙　崇烓　崇繆　崇闢　崇堆　崇鈂　崇睞　崇試　崇壽

必澼　必樅　必塒

和王諡僖穆宗横

太子右內率府副率仲蔚　鄜原郡王諡惠孝仲佺

吳興侯士列　右監門衛大將軍泰州防禦使士儦　舒國公士坏　馮翊侯士根

凌　保義郎不倜　保義郎不屑　成忠節不愬　成忠郎不号　贈武翼大夫不辭　追封益王不廷　修武郎不帣　右班殿直不嵒　不凋　贈武德大夫不諲

善收　善綜　善編　善咮　善唆　善吩　善椒　善圭　善殳　善瞯　善鶩　善爽

汝護　汝議　汝殊　汝漎　汝珦　汝則　汝禿　汝穮　汝秔　汝穄　汝棪　汝楷　汝盌　汝玘　汝啓　汝澌　汝海

崇禑　崇禄　崇鎣　崇祛　崇褸　崇禰　崇暕　崇暉　崇榷　崇圓　崇還

必稠　必穡　必穗　必欐

不下　贈武顯大夫不艾
善身　善賢　善談　善蘊
汝周　汝森　汝禕　汝浩　汝寧　汝守　汝審　汝宰　汝容　汝蕩　汝宅　汝衆　汝孝　汝悉　汝謏　汝栅
崇菁　崇蒿　崇遴　崇犇　崇蘧　崇逮　崇翍　崇決　崇覡　崇傎　崇佟　崇僶　崇偙　崇冲　崇賁　崇能　崇厲　崇聲　崇儲　崇華　崇戊　崇衍　崇愷　崇魁　崇鑾　崇璠　崇礒　崇懋　崇恩
必梧　必梓　必櫰　必榎　必侗　必嶶　必瑛　必建　必嘉　必宭　必梼　必倫　必典　必洌　必灝　必淳　必演　必昺　必最　必洪　必鏻　必鍫　必济　必沵　必潗　必俵
良桶　良熏　良垌　良境　良堪　良協　良昧　良講　良許　良珅

不疾　贈武功大夫不嗜
善鄰　善譓　善登
汝樢　汝疑　汝勢　汝潰　汝明　汝綱
崇愚　崇聰　崇隱　崇感　崇悈　崇懕　崇俟　崇側　崇炮　崇櫟　崇恢　崇悌　崇慪　崇孚　崇臨　崇山
必俯　必佩　必侙　必傺　必侯　必侈　必傷　必值　必儼　必佺　必偬　必俸　必暘　必信　必侊　必垺　必塡　必封　必埴　必墂　必祚　必祇　必墒　必作　必閎　必繩　必蓮　必誨　必謹　必式　必垟
良藻　良珊　良璯　良琯　良瑙　良瑂　良璡　良瑱　良琁　良僓　良佺　良僕　良瑹　良玡　良璹　良璠　良琦　良鈞　良鎘　良鏍　良鏷
友學

贈武略大夫不過
善留　善與　善充　善序　善絅
汝祐　汝湛　汝康　汝錡　汝瑜　汝帖　汝鼻　汝寶　汝武　汝埯　汝昌　汝贇　汝爽　汝瑛
崇革　崇渙　崇違　崇蓬　崇快　崇訓　崇議　崇謨　崇詁　崇諟　崇調　崇諹　崇詃　崇篪　崇杭　崇鑽　崇湉　崇英　崇環
必迎　必鏜　必鏗　必鍵　必鉛　必淦　必僟　必調　必位　必傳　必倎　必蔴　必苡　必薦　必蘭　必蘽　必蔎　必蔭　必芳　必悊　必琨　必瑃　必優　必藹　必僧　必鍦　必諾　必諆　必彤　必寄　必寍　必室　必演　必連
良玐　良琛　良瑎　良璋　良璨　良瑄　良璃　良琅　良琤　良珏　良珽　良瑴　良璧　良鍱　良梳　良枋　良侗　良植　良橦　良楾

華原侯士型

武德郎不倫 武經郎不昧 忠訓郎不弛 從義郎不認

善庥 善植 善默 善 善室 善壽 善地 善瑊 善寧 善拭

汝玡 汝珙 汝瑸 汝玫 汝棐 汝宿 汝宇 汝汧 汝嗣 汝增 汝隨 汝誧 汝誇 汝積

崇鏞 崇鉉 崇鎰 崇鉄 崇銘 崇鈗 崇鉅 崇汎 崇洭 崇泠 崇燠 崇年 崇幸 崇準 崇林 崇椽 崇塗 崇鈐 崇鏖 崇佬 崇犕 崇服 崇膌 崇鍼 崇琤 崇珉 崇琊 崇傒 崇梓 崇勁 崇葉 崇机 崇桴

必選 必迥 必道 必添 必洹 必虒 必存 必泞 必祇 必儷 必祚 必壝 必璀 必琗 必壽 必絺 必縫 必修 必仞 必仂 必沃 必泳 必淥 必瀟 必復

良什 良棪 良蒼 良壅 良璹 良驥

右千牛衛將軍士悖 武經郎士鬻 太子右監門率府副率士覲 右班殿直士騶 贈金吾衛上將軍士覩

不護 不華 從義郎不湮 修武郎不遽 武忠郎不忞 成忠郎不徐 成忠郎不昏 成忠郎不涸 武節郎不庶

善旂 善璠 善棽 善權 善横 善射 善開

汝給 汝景 汝培 汝溉 汝潯 汝桐 汝孛 汝蕩 汝瀏 汝湛 汝桼 汝琭 汝仰 汝汪 汝寘 汝宛 汝富

崇檣 崇杜 崇洞 崇榛 崇泰 崇益 崇猘 崇直 崇翰 崇粤 崇省 崇褚 崇傍 崇袂 崇沔 崇滿

必迂 必佾 必倧 必倜 必衆 必僟 必萊 必蘭 必玩 必壚 必瑺 必鐮 必淖

華陰侯仲龎 榮國公諡和思仲僩

右千牛衛將軍士覩 太子右內率府副率士瑷 右侍禁士權 太子右內率府副率

不慨 不懊 成忠郎不幽 保義郎不恬 保義郎不恀 贈朝議大夫不佖 贈武功大夫吉 州刺史不謨 不惰 不怏 秉義郎

善求 善躬 善俠 善儱 善技 善掖

汝寄 汝寓 汝穹 汝伾 汝僖 汝祇 汝禔 汝禮 汝祖 汝禘 汝禪 汝祠 汝禕 汝袚 汝裯 汝袍 汝闓 汝闢

崇棍 崇蓋 崇蘆 崇侊 崇侁 崇親 崇樾 崇適 崇迒 崇遞 崇遜 崇漩 崇莿 崇迴 崇芬

必膳 必腒 必榛 必儋 必悅

士湧 右班殿直士苻 贈太師恩王謚溫靖士僾

不泜 修武郎不閎 贈武略大夫不閼   贈直奉大夫不閡   贈集慶軍節度使不敭

善積 善稱   善揄 善稙 善宅 善鏌   善崇 善率 善恹 善改 善全

汝謀 汝讚 汝謐 汝意   汝諭 汝崿 汝利 汝與 汝處 汝輿 汝浯 汝洒   汝玘 汝瑾 汝璊 汝監 汝昭 汝玲 汝式 汝盡

崇嵩 崇季 崇享 崇綱 崇泉 崇溪   崇鏈 崇鑵 崇朴 崇剩 崇塔 崇墻 崇圾 崇墣 崇圜 崇棐 崇濂 崇稿 崇秃   崇秊 崇秳 崇常 崇食 崇忱 崇軸 崇鏃 崇低 崇夸

必桜 必檀 必仳 必諻   必複 必馥

贈武功郎不鈷   贈武德郎不臯 贈武顯大夫不

善扶 善豴 善詔   善許   善圃 善珂 善鍾 善旄

汝滂 汝潵 汝儀 汝礦 汝臻 汝右 汝吾 汝戠 汝謙 汝謬 汝梗   汝扗 汝舉 汝璲 汝琢 汝堆 汝玻 汝珀   汝瑫 汝玒 汝瑊 汝檮 汝株 汝巧 汝班

崇宸 崇眣 崇儘 崇謹 崇警 崇鈃 崇鑶 崇釵 崇章 崇樇 崇磽 崇嶒   崇嵥 崇廣 崇鈇 崇訴 崇嵡 崇瑆 崇以 崇櫻 崇櫊 崇朾 崇栛 崇秝 崇懇 崇秋 崇皤   崇職 崇醇 崇嵩 崇謎 崇謚 崇遵 崇抗 崇楝 崇邦 崇郝 崇營

必槺 必苯   必彩 必謗 必澮   必逋 必遳 必歷 必壐 必堅 必瀟 必鈅

贈太傅安王士䮅   太子右內率府副率士提 贈左屯衞大將軍士陂 贈開府儀同三司永國公士芭

匪 忠訓郎不拂 保義郎不慥   忠翊郎不胚 保義郎不凮 朝奉大夫不熄   天水縣開國侯不舍

善翔 善謨 善倪 善摯   善騰 善腆 善肱 善肵   善曤 善曈 善肝 善昕 善昳 善曇 善昔 善旨

汝驥 汝總 汝豪 汝扔 汝僉 汝恭 汝據 汝寧 汝壹 汝寉   汝瑹 汝潬 汝澰 汝瀕 汝遺 汝瑜 汝瑰 汝璩 汝琢 汝瀕   汝逮 汝脒 汝欏 汝楯

崇誓 崇遒 崇岑 崇含 崇令   崇諗 崇讌 崇鑄

右監門率府率仲數　博平侯仲士

太子右監門率府副率士關　太子右監門率府率士妙　太子右內率府副府士謐　右班殿直士漢　右千牛衛將軍士雰　右監門衛大將軍士㜸　太子右監門率府副率士過　右千牛衛將軍士鷫　右千牛衛將軍士焯　右千牛衛將軍士齋　右千牛衛將軍士紱　武略大夫士顏

贈訓武郎不衋　保義郎不彼　修武郎不訟　贈朝散大夫不訮

善晏　善量　善　善圭　善豐　善新

汝　汝　汝珤　汝璽　汝敬

崇俅　崇酒　崇潽　崇灑　崇諯　崇誦　崇訷　崇覞　崇諂

必磧　必嫡　必薄　必熷

良輢

廣陵郡王諡莊孝宗誼

英國公諡孝僖仲諭　巢州防禦使仲謐　隨州防禦使仲珽

太子右內率府副率士悟　太子右監門率府率士　右侍禁士瑜　右班殿直士綏　右監門衛大將軍士鋍　右班殿直士鋾　左班殿直士鈞　右千牛衛將軍士鐩　右班殿直士斠　右監門衛大將軍士禕　太子右內率府副率士灝

秉義郎不訥

善莪

汝僕　汝俓　汝偓　汝佟　汝俺　汝倖　汝　汝倏

崇鷴　崇龗　崇虓　崇駁　崇肥　崇駒　崇驄　崇騋　崇驥

必袳　必爟　必岡　必寵　必洴　必汝　必　必

良輊　良輹

太子右內率府副率士禛　太子右內率府副率士祻　太子右內率府副率士禧　太子右監門率府率士褸　太子右監門率府率士褐

成忠郎不情

宋史卷二百三十

元中書右丞相總裁脫脫等修

世系表第二十一

宗室世系十六

餘杭郡王宗球

東陽郡公諡榮順仲肆　富仲侯仲山

富水侯士揆　廣平侯

右班殿直不丕　右班殿直不回　武顯郎不遲　右班殿

善婁

溫王宗師

太子右內率府副率仲坦　安定侯仲康

士穎　贈左衞大將軍士慄　贈左屯衞大將軍士悏　贈左領軍衞將軍士鬰　贈千牛衞上將軍士滲

直不丞　左朝請大夫直徽猷閣不試　成忠郎不玩　從義郎不撿　忠訓郎不溜　贈太中大夫不積

善交　善止　善言　善溶

汝霖　汝項　汝璨　汝玕　汝夷　汝蔟　汝羿　汝瞀　汝翽

崇智　崇濟　崇願　崇需　崇兌　崇宗　崇允　崇禮　崇澄　崇愛　崇鈞　崇驊　崇彪　崇地　崇瀘　崇崽　崇芸　崇寀

必年　必愷　必烈　必滄　必聖　必延　必湊　必洞　必潆　必儆　必潔　必凍　必超　必越　必赴　必趯　必趨　必譙　必赳　必儨　必倣　必濱　必淨

良璋　良宥　良宏　良濟　良据　良棬　良林　良橼　良榥　良檍

友㤦

贈武節郎不旣　訓武郎不濫　武翼郎　不刻　不移　不失　不壞　成忠郎不復　右千牛衞將軍士壹　右班殿直士斂　贈昭慶軍節度使會稽郡王士㝬　成忠郎不倦　武德郎

善質　善釋　善幾　善壽　善定　善寘　善巽　善暠

汝翊　汝翾　汝翔　汝詰　汝从　汝棘　汝虪　汝絲　汝謹　汝運　汝脫　汝生　汝連　汝道　汝爵　汝企　汝漳　汝滈

崇謙　崇儁　崇諮　崇迪　崇俶　崇侹　崇敃　崇鉦　崇璬　崇礨　崇瑱　崇俊　崇伉　崇偹　崇世　崇提　崇概　崇摧

必玠　必珬　必琥　必璆　必珵　必珅　必嵩　必襄　必企　必鏣　必輦　必轂　必誠　必詿

良樬　良杜　良綺　良稷

懷王諡榮穆宗暉

沂王諡恭憲仲損

右千牛衞將軍士䙝　士津　右班殿直士瓏　太子右內率府副率士深　右監門衞將軍士沖

不蹇　贈武翼郎不疚　保義郎不㥏　贈武略郎不黙　成忠郎不辭　不衎　從義郎不隋　成忠郎不惡

善傳　善參　善曾　善禽　善㯳　善梃　善摘　善甄　善錫　善欽　善序

汝岍　汝埼　汝堅　汝杬　汝棱　汝潩　汝贇　汝亭　汝診　汝俾　汝褫　汝亳　汝燮　汝鋙　汝鏞　汝鋹　汝紆　汝郴　汝椶　汝池　汝栽　汝搏　汝拾　汝指　汝遮　汝贇

崇珍　崇玜　崇瑳　崇瑕　崇瑑　崇鐲　崇任　崇潛　崇峪　崇𨈆　崇源　崇潘　崇蟠　崇蜿　崇虹　崇𪭢　崇紀　崇英　崇誠

必湍　必鑄　必眙　必瞳　必偈　必廣

恭王仲揆

右千牛衛將軍士澤 集慶軍節度使開國子士圖 右班殿直士溵 內殿承制士勿 贈太保慶遠軍節度使士檻

成忠郎不鑄 追封崇國公謚宣簡不息 修武郎不害 從義郎不閒 忠翊郎不蔽 成忠郎不頻 成忠郎不患 贈武節郎不賓

善臨 善防 善下 善詠 善勝 善分 善首

汝淡 汝鐺 汝訓 汝誧 汝詁 汝獪 汝燒 汝熏 汝巫 汝至 汝酉 汝臣 汝詠 汝註 汝誶 汝諦 汝詁 汝遺

崇豫 崇陶 崇冀 崇系 崇緘 崇纘 崇矔 崇取 崇雎 崇映 崇揭 崇瓖 崇槁 崇杭 崇特 崇櫝 崇鉄 崇镲 崇祿 崇精 崇緤 崇轎 崇燦

必海 必瀟 必渾 必滹 必倈 必儕 必佋 必儆 必溱 必張 必傻 必倌 必侄 必謚

均州觀察使士珉

秉義郎不銖 武節郎不紛 承信郎不紐 從義郎不拘

善豫 善豪 善騏 善驥 善驌 善緞 善容 善平 善瓌

汝 汝邇 汝洸 汝迫 汝遺 汝志 汝兼 汝敵 汝鑿 汝鍈 汝鉐 汝鎭 汝盥 汝瀅 汝賢

崇桃 崇熁 崇烇 崇灯 崇㾗 崇熇 崇玲 崇璹 崇城 崇䙯 崇墍 崇偏 崇催 崇烱 崇涂 崇浣 崇湞 崇滋 崇潘 崇濡 崇澾 崇涀 崇誠 崇謙 崇梩 崇梢 崇欌 崇檣 崇灌

必証 必洽 必璽 必岳 必葺 必稱 必澠 必洸 必湶 必浙 必櫻 必槐 必杉 必樇 必榴 必櫹 必欄 必樋 必柳 必校 必台 必右 必吉 必合 必揉

良桼 良價 良僄 良崧 良焠

濟國公謚良嗣仲沈

右監門衛大將軍士琛 右監門衛大將軍士開 贈左屯衛大將軍士圓 贈昭慶軍節度使清源郡公士岡 贈福州觀察使濟陽侯士焞 贈廣陵侯士儒

贈左衛大將軍不灣 武經郎不惴 贈武顯郎不儷 忠訓郎不廢 忠訓郎不肮 贈朝議大夫不槩

善瑤 善運 善謙 善有 善廊 善兀 善荃 善讓 善戎

汝霖 汝均 汝錙 汝澍 汝誼 汝譔 汝謗 汝諳 汝謹 汝詠 汝諺

崇衿 崇裼 崇洲 崇湃 崇褸 崇裓 崇祜 崇襖 崇祼 崇槚 崇櫝 崇棖 崇楷 崇瞶 崇眝 崇漳 崇淒 崇潤 崇品 崇

必櫟 必威 必奇 必琛 必詰 必榮 必栒 必棋 必櫩 必樬

良煜

景城侯仲璲　贈左屯衛將軍仲忩

會稽郡公士宕　太子右監門率府率士文　太子右監門率府副率士歐　太子右監門率府率士依　右班殿直士癸　贈右領軍衛將軍士佳　潤國公士筏

忠翊郎不綦　贈左屯衛大將軍不瘦　武節郎不抗　贈秉義郎不沾　贈武略大夫不怙　成忠郎不沈

善頊　善蘔　善輞　善勳　善歎　善逌　善翹　善昭

汝謞　汝訾　汝詣　汝諾　汝誼　汝敔　汝瀆　汝灖　汝櫛　汝梶　汝庨　汝扃　汝廖　汝誧　汝詵　汝詠　汝鯨　汝鮮　汝淑　汝睿　汝薛

崇敷　崇玳　崇送　崇爲　崇薦　崇蕎　崇寏　崇胥

太師榮王謚榮宗輔

太子右內率府副率仲謙　華國公謚孝仲歌

太子右內率府副率士才　右監門衛大將軍榮州刺史士誤　太子右監門率府副率士璇　右班殿直士濡　右侍禁士鷹　右班殿直士侯　敦武郎士閫　武經郎士䁱　從義郎士棄　右千牛衛將軍士楬　太子右監門率府率士麟　贈利州觀察使士監

成忠郎不興　不愚　忠翊郎不怯　不愚　成忠郎不懆　保義郎不窺　從義郎不永　成忠郎不忘　成忠郎不啇　忠翊郎不饕　不比　贈武經大夫不徹

善颶　善䐗

汝公　汝晷　汝紱　汝[illegible]

崇忠　崇霸　崇曇　崇墾　崇塈

必轉　必容　必縉　必伊

良澠

右千牛衛將軍士伀　左班殿直士保　太子右內率府副率士惜

贈武經大夫不偏　忠訓郎不圖　不跦　保義郎不窠　成忠郎不性　修武郎不嗽　保義郎不圩

善若　善彝

汝䳢　汝瞔　汝妝　汝䝭　汝矚　汝暇　汝纊　汝綏

崇壂　崇璺　崇培　崇均　崇址　崇諡　崇訪　崇詸　崇坦　崇簡　崇滑　崇淚　崇鉚　崇鏁　崇鈍

必俐　必傲　必仔　必俅　必俟　必僁　必僵　必儻　必侍　必儦　必衞　必彰　必傳　必僚　必從　必備　必澹　必滙　必濆　必液　必浿　必澿　必璜　必璩　必瑝　必玦　必璘

良澍

光山軍承宣使仲琢
太子右內率府副率仲壿

右千牛衞將軍士性
右監門衞大將軍貴州團練使士耻
贈保寧軍節度使謚忠果士跂
太子右內率府副率士結
右監門衞大將軍士得
贈開府儀同三司永國公士詡
贈眉州防禦使通義侯士褐
太子右監門率府率士謙
太子右監門率府率士臭
太子右監門率府率士融

成忠郎不愧
成忠郎不[illegible]
成忠郎不狠
不悖
從義郎不䵍
保義郎不曠
武節郎不痡

善尨
善傒
善沱
善汾
善浵
善洗

汝璃
汝珅
汝鏃
汝鈉
汝鏐
汝鑯
汝鏴
汝鏓
汝鏡

崇㨨
崇欣
崇碟
崇硧

贈左領軍衞將軍仲雞
儀王謚恭孝仲湜

贈太傅吉國公士從

武功郎不遺
成忠郎不适
贈朝散郎不遁
贈光祿大夫不邀
保義郎不遐
贈奉大夫不遻

善名
善褮
善倘
善約
善宣
善寯
善兢
善既
善訂
善蔺
善鬙
善俱

汝傒
汝倌
汝倫
汝餘
汝脅
汝錤
汝銑
汝員
汝賀
汝鷹
汝賁
汝綎
汝賓
汝縝
汝塽
汝賁
汝鬓
汝瞳
汝頌
汝榜
汝櫔
汝𣿆
汝浀

崇袵
崇禢
崇祿
崇庥
崇釦
崇嚶
崇叙
崇收
崇㦸
崇血
崇盟
崇美
崇翱
崇徠
崇遷
崇速
崇壐
崇墀
崇卟
崇役
崇匡
崇燾
崇櫔
崇機
崇榅

必助
必壓
必渾
必補
必璽
必塋
必坐
必墓

良沭
良錤

右班殿直士衞
贈太傅咸義郡王士衔

右宣教郎不遒
不速
從義郎不迋
朝義大夫不迵
申國公不迴
福州觀察使封濮王檢校少長不逡
秉義郎不遐
贈左領軍衞將軍不淹
忠翊郎不溫
武翼郎不[illegible]

善玭
善彤
善譖
善慶
善琢
善珉
善玖
善瑱
善琨
善玲
善謹
善峕
善瑱
善玕
善璡
善珇

汝琚
汝驊
汝鵠
汝聘
汝遂
汝㶑
汝洞
汝兌
汝爲
汝槤
汝檣
汝橒
汝濟
汝櫚
汝搏
汝抗
汝浥
汝涵
汝溥
汝蕺
汝藏
汝萊
汝睃
汝机
汝罡

崇檻
崇豈
崇崐
崇㶑
崇淵
崇㴋
崇爓
崇䕵
崇櫨
崇梜
崇鋌
崇愛
崇槼
崇箴
崇綽
崇佾
崇億

必鐻
必鑄
必鏢

贈少師承國公士衙　贈太師新定郡王士籛

不陋　成忠郎不諛　贈武翼大夫不道　忠訓郎不迪　武節郎不廷　武德郎不酷　贈朝義大夫不竭

善湘　善潼　善泊　善敉　善略　善瑑　善顧　善翥　善瑄　善親　善璆　善溥

汝樵　汝梓　汝楫　汝栢　汝　汝謩　汝憒　汝忭　汝愧　汝恰　汝峪　汝岫　汝峸　汝嶝　汝讀

崇炅　崇煛　崇熜　崇燉　崇焌　崇炊　崇熨　崇羹　崇焱　崇美　崇炗　崇炅　崇炳　崇燁　崇賁　崇翼　崇炅　崇熨　崇埻　崇坎　崇墭　崇堤　崇埒　崇塼　崇咀　崇哄　崇咳　崇榛　崇櫟　崇櫃　崇栖　崇徽

必塞　必坴

贈太師新安郡王士衎

右承事郎不佚　贈奉直大夫不俗　贈太中大夫不損　武翼郎不佃　右承事郎不屯　保義郎不促　文林郎不勉　從義郎

善珌　善閎　善侖　善渥　善顔　善純　善粲　善琛　善杏　善溥　善沚　善琳　善流　善曠　善禕　善蓁　善厦　善騤　善駉　善駪

汝階　汝錦　汝詠　汝謎　汝獻　汝間　汝躬　汝遺　汝篆　汝梘　汝枠　汝濮　汝瓖　汝琅　汝瓊　汝瑠　汝騂　汝滢　汝腆　汝盼　汝睃　汝睫　汝萬　汝要　汝紘　汝嘉　汝縉

崇僻　崇迂　崇衍　崇裔　崇端　崇傻　崇更　崇槭　崇棺　崇桂　崇枝　崇潼　崇侊　崇穹　崇焟　崇灑　崇澥

必栝　必表　必褒　必衷

贈少師永嘉郡王士程　右千牛衛將軍士擊　武安軍承宣使開國伯

不惛　贈武節郎不泯　朝請大夫直寶謨閣不優　承義郎不貲　右文殿修撰不觀　承義郎不熄

善琤　善璽　善墻　善識　善瞥　善騄　善瑪　善綸　善綠　善紡　善渡　善春　善曾　善莒　善啓

汝銷　汝縺　汝精　汝鉀　汝鋰　汝鉞　汝鋼　汝眷　汝偺　汝倰　汝儁　汝佇　汝像　汝箕　汝筒　汝樺　汝嵘　汝峻　汝昣　汝悳　汝膜　汝契　汝藉　汝遣　汝邅　汝臏　汝殿　汝陪　汝陔　汝隲　汝陛　汝陵

崇傲　崇華　崇穴　崇篩　崇壇　崇菑　崇箖　崇范　崇賓　崇騤

必濤

	權知濮王懿王國令士石　嗣濮王士歆
	贈秉義郎不如　襲封嗣濮王不嫖　贈通直郎不鶩　武德郎不鶩　朝奉郎不蹄　忠訓郎不殺　武經郎不悟　從義郎不栝　從義郎不縻　不讕　贈保信郎承宣使不閡
	善瑛　善鵂　善犧　善犛　善話　善并　善虎　善龍　善麒　善謨　善璃　善趨　善汚　善運　善侶　善征　善儋　善㩳　善芝　善董　善蕃　善莒
	汝鈊　汝籠　汝穆　汝琇　汝忞　汝意　汝汗　汝洋　汝湒　汝鹿　汝宁　汝洴　汝瘠　汝庄　汝鄰　汝盱　汝穜　汝穗　汝秠　汝换　汝枝　汝栿　汝劉　汝損　汝垕
	崇忙　崇假　崇僦　崇伽　崇茨　崇稈　崇枅　崇乘　崇嵋　崇旨　崇曹　崇衡　崇穋　崇櫚　崇檥　崇樟　崇榣　崇悈

	威寧郡王仲羽
	開國公士峴　右千牛衛將軍士龍　右監門衛大將軍文州刺史士綸　太子右內率府副率士標　右監門衛大將軍溧州刺史士操　太子右監門率府率士郴　太子右監門率府率士
	朝散大夫不慊　領貴州刺史進封開國子不提　保義郎不劉　武翼郎不械　通直郎不賛　進封開國子不嘈　進封開國伯不佟　成忠郎不勳　成忠郎不穎　成忠郎不貸　成忠郎
	善桂　善薰　善覲　善琨　善昜　善翌　善墩　善藹　善鉄　善藥　善季　善濬　善孶
	汝墓　汝賢　汝忠　汝鑌　汝鑄　汝鐠　汝鍏　汝檄

	金州觀察使仲强　貴州團練使仲耶　萬州觀察使仲䛜　贈左領軍衛將軍仲璒
	太子右監門率府率士鏑　太子右監門率府率士訪　太子右監門率府率士諫　太子右監門率府率士截　太子右監門率府率士圜　贈開府儀同三司永國公士矩　右班殿直士閎　右千牛衛將軍士㦖　右千牛衛將軍士鄒　太子右內率府副率士根　右千牛衛將軍士峴　太子右內率府副率士昆　太子右內率府副率士妨　右千牛衛大將軍士驥　太子右監門率府率士勛
	不甥　迪功郎不興　不他　武翼大夫不齊
	善穜　善峒　善帆　善棨
	汝聽
	崇軍
	必墒

潁王諡穆孝仲增 永嘉郡王諡敦惠仲維

太子右內率府副率士谷 太子右內率府副率士灈 太子右內率府副率士林 贈右屯衛大將軍士郊 太子右監門率府率士洸 太子右監門率府副率士耽 供備庫副使士勛 左侍禁士褣 右監門衛將軍士懷

朝義郎不依 忠訓郎不佐 不仳 保義郎不僭 贈武節郎不浮 不誠 不敵 成忠郎不棋 贈少保追封蔣國公不社

善晛 善郿 善趧 善範 善簬 善輻 善輈 善輧

汝昫 汝瞻 汝暗 汝𥇛 汝瞰 汝矓 汝堨 汝日 汝峻

崇倣

嗣濮王仲理

太子右監門率府率士慎 太子右內率府副率士伏 太子右監門率府率士類 太子左監門率府率士審 贈武略大夫士倉

成忠郎不焚 成忠郎不遲 贈承議郎不騫 忠訓郎不徹 武節郎不邇 贈武翼大夫不虧 從義郎

善鞞 善琇 善希 善謹 善階 善施 善心 善專 善肅 善久 善本

汝拯 汝控 汝羽 汝儀 汝麵 汝猳 汝翻 汝鞱 汝平 汝晉 汝立 汝覺 汝覡 汝謥 汝訮 汝諱 汝譲

崇畢 崇剌 崇𤇢 崇理 崇鋌 崇時 崇玥 崇嬶 崇稿 崇賢 崇凱 崇穎 崇翔 崇過 崇述

必澗 必鍠 必畯 必塑 必名 必淑 必助 必藻 必洞 必濤 必輪 必瑨 必峒 必崾 必瑥

良德 良璸 良玟 良棨 良梧

不泥 贈武功大夫果州團練使不儞 秉義郎不吝 不偪 贈少師不僭

善規 善綸 善邦 善馳 善朔 善類 善搖 善玉 善救 善珠 善堅

汝昷 汝晟 汝鏻 汝鏞 汝錠 汝新 汝儆 汝存 汝法 汝賁 汝彝 汝諭 汝諒 汝香 汝秀 汝甸 汝譽 汝誠 汝壽 汝訊 汝槍 汝滮 汝峴 汝巍 汝整 汝屹 汝揮 汝錡 汝銛

崇黴 崇沽 崇淖 崇樞 崇櫼 崇枋 崇槔 崇栝 崇檣 崇䉠 崇醬 崇麃 崇朴 崇榷 崇槤 崇簣 崇箏 崇什 崇鞴 崇莛 崇玞 崇琭 崇環 崇瑯 崇敓 崇岎 崇岷 崇邊 崇濤

必珂 必玠 必璋 必杢 必墐 必宏 必璨 必玲 必璿 必糖 必橘 必桄

良耀

從義郎不許

善丕　善掀　善盤　善詔　善諏

汝鏈　汝錀　汝鎰　汝豐　汝陟　汝升　汝槷　汝梁　汝犗　汝瘃　汝鄓　汝洤　汝俟　汝訏　汝篛　汝柔　汝壑　汝瑞　汝玳

崇濡　崇潍　崇滋　崇潚　崇泞　崇濬　崇洋　崇溪　崇瀟　崇河　崇湳　崇沚　崇峧　崇㚇　崇俦　崇敦　崇孅　崇孜　崇敞　崇鎮　崇鎌　崇釺　崇樀　崇澮　崇濉　崇華　崇騆　崇賢　崇堆　崇埭　崇埤　崇杆　崇裙　崇擠　崇櫧　崇檂　崇伍　崇英　崇藥　崇侶　崇灑　崇藤　崇杯

必欓　必楠　必貍　必林　必集　必柔　必桑　必激　必謝　必浼　必召　必膺　必凱　必僎　必佗　必修　必優

良焯　良侗　良禂　良超

太子右內率府副率士饑　右班殿直士忳　右班殿直士岐　太子右內率府副率士頎　右千牛衛將軍士㴴

不蠱　成忠郎不消　贈武顯郎不殆

善恪　善惎　善恮　善慄　善惲　善儼　善慮　善懷　善潸

汝球　汝璥　汝瑛　汝珏　汝珂　汝奄　汝奞　汝脅　汝倕　汝奄　汝枝　汝瑳　汝迦　汝璐　汝轍　汝軸　汝軼　汝鍾　汝輢　汝減　汝軿　汝輶　汝軻

崇陪　崇琨　崇佮　崇僃　崇恭　崇種　崇磁　崇㮭　崇烼　崇榻　崇坛　崇壠　崇礿　崇佛　崇徙　崇彶　崇掀　崇攜　崇擐　崇道　崇漆　崇璇　崇瑷　崇璚

必往　必衡　必涫　必瀆　必廳　必俆

太子右監門率府率士勤　右千牛衛將軍士浣

秉義郎不悔　成忠郎不剩　忠訓郎不劌　贈武顯大夫不貳　武翼大夫不汱

善儱　善睦　善褒　善洞　善常　善鳴　善越　善辨　善欅　善榲

汝驎　汝謹　汝諟　汝議　汝譎　汝炼　汝燿　汝番　汝崙　汝垍　汝垓　汝玶　汝瑺　汝筮　汝璹　汝錯　汝錧　汝簪　汝灞

崇鄰　崇梓　崇檣　崇涓　崇家　崇銑　崇騰　崇淳　崇杉　崇鍾　崇鈜　崇鋭　崇鐵　崇際　崇防　崇壆　崇璃　崇迪　崇蓮　崇迈　崇逕　崇逛　崇逋　崇闍　崇閳　崇僋　崇熬　崇惑　崇急　崇忩

必企　必灘　必洼　必池　必槦　必淵　必澊　必棨　必巍　必崱

良琽

嘉國公謚孝恭仲鰟

右班殿直士濛 贈少師永國公士豢 太子右監門率府率士畫 太子右監門率府率士侃 贈金吾衛將軍士羿 右千牛衛將軍士勢

贈朝請郎不斷 不徇 武經大夫不征 武翼大夫不㜻 武翼郎不䶊 訓武郎不觚 成忠郎不誸 訓武郎不顯 秉義郎不睽 贈武功大夫蘄州防禦使不陋 贈武經大夫不孤

善夷 善佶 善鏐 善責 善悾 善濛 善崧 善變 善遂 善益 善依 善比 善攻 善鮮

汝恢 汝執 汝榔 汝䛐 汝鹽 汝㮖 汝扶 汝洺 汝憓 汝汀 汝振 汝育 汝揚 汝揮 汝拼 汝摸 汝抖 汝鍊 汝扃 汝崟

崇塞 崇寧 崇樠 崇生 崇梁 崇榦 崇謨 崇座 崇序 崇埔

必徔

贈威德軍節度使建安侯士珚 贈建州觀察使建安侯士屢 太子右內率府副率士謝 贈少師集慶軍節度使東陽侯士諭

不顧 武翼大夫不戕 保義郎不偏 贈武經大夫不謾 忠訓郎不賓 贈武經大夫不礨 忠訓郎不如 贈武翼大夫不纍

善暉 善穟 善銓 善堤 善斱 善裁 善決 善護 善以 善洪

汝恩 汝汚 汝涇 汝漳 汝漏 汝湞 汝滐 汝嶙 汝嶒 汝崆 汝岾 汝嵤 汝嵱 汝嶢 汝嵥 汝屹 汝嶂 汝嶸 汝嵇 汝嵎 汝峿 汝屺 汝嶓 汝錝 汝鉉

崇衛 崇瑥 崇珵 崇墇 崇墐 崇蓰 崇湄 崇裝 崇禮 崇經 崇莒

必琈 必璵

右千牛衛將軍士毫 右千牛衛將軍士扁 太子右內率府副率士化 太子右內率府副率士廓 贈昭信軍節度使安康郡公士夋

保義郎不宣 武飾郎不拔 武翼大夫不乃 武翼大

善課 善誦 善詒 善暹 善系 善點 善澡 善慮

汝鍨 汝鏈 汝鑒 汝鈉 汝錯 汝鎜 汝鎮 汝錝 汝鈁 汝鑈 汝鍪 汝鉍 汝鉬 汝釜 汝轑 汝洗 汝東 汝謝 汝裁

崇蓮 崇咊 崇蕊 崇譆 崇蕾 崇芋 崇苞 崇蒷 崇蒝 崇菡 崇芠 崇薪 崇苗 崇蔓 崇菁 崇菓 崇蒻 崇渼 崇蔡 崇茛 崇墠 崇垺 崇謏 崇諿 崇球 崇軠

必瀁 必玧 必原 必僴 必偽 必傑 必琋 必願 必墺

安康郡公仲戭　康平侯仲瀙

贈昭慶軍節度使建安侯士稾　太子右監門率府率士傑　太子右監門率府率士位　右千牛衛將軍士蘄　太子右內率府副率士問　右千牛

夫不鯡　武經郎不隋　不拒　不愊　修武郎不讓　朝義大夫不戒　修武郎不訣　贈武翼大夫士愬　不訥　不克

善蒸　善薏　善茹　善芋　善鐃　善箋　善算　善囿　善莘　善白　善需　善保　善淵

汝輻　汝轙　汝韆　汝輇　汝俳　汝彼　汝作　汝俴　汝衙　汝徭　汝儋　汝澗　汝世　汝畐　汝臬　汝隆　汝呂　汝亶

崇客　崇瓔　崇樛　崇鏷　崇謨　崇桃　崇琇　崇潧　崇稜　崇耕　崇耜　崇耒　崇耔　崇耡

必睦　必夔

淄王宗進

沂國公諡良信仲覽

衛將軍士閭　右千牛衛將軍士葳　贈威德軍節度使開府儀同三司安康郡公士綰　贈觀察使益川侯士戲

朝散大夫不佾　武經郎不儉　三班奉職不倦　不迪　右班殿直不億　保義郎不俅　不由

善醜　善酖　善戲　善資　善施　善圓　善榮　善諷

汝明　汝能　汝晉　汝爽　汝悅　汝耔　汝鄉　汝興　汝顯

崇堯　崇宋　崇舜　崇第　崇柔　崇盈　崇盛　崇招　崇復　崇至　崇壟

必登　必立　必表　必忠　必超　必渼　必博　必馨　必及　必普　必蕃　必靜　必戒　必潚　必浹　必瀓　必沿　必涑　必津

良瓆　良瓘　良珂　良珙　良璹　良瑛　良瑭　良儋　良樸　良瑀　良濩

友滂

贈武經大夫士璵

成忠郎不要　保義郎不伕　秉義郎不淺　右班殿直不詁　贈武經大夫不詘

善榮　善學　善令　善彰

汝極　汝士　汝弼　汝賢　汝商　汝昧

崇侑　崇德　崇劾　崇辦　崇政　崇儺　崇劍　崇庯　崇安　崇彰　崇行　崇韞　崇敦　崇鞠　崇立　崇敎　崇至

必但　必僊　必鏇　必攻　必斂　必敵　必數　必政　必成　必權　必蕙　必懃　必滂　必本　必遫　必睍　必睬　必睫　必睞　必海　必倂　必侑　必綢　必纏

良巍　良昔　良崗　良檟　良机　良檜　良俔　良鉌　良鉊　良鐩　良環　良瑛　良瓛　良漢　良服　良機　良樺　良滕　良璵　良瑚　良彌　良恕　良模　良際　良隮　良哄

友諶　友琬　友瑠　友儈　友倜

贈國公謚溫仲翩

太子右內率府副率士泉 贈青州觀察使北海侯士俱

不挻 不鑀 不測 從義郎 不敏 登士郎 不侮 三班奉職不作 忠翊郎 不藏 成忠郎 不却 成忠郎 不怖 贈武節郎不淤 武經郎不諮

善陟 善愷 善知

汝艮 汝僖 汝峚 汝恙 汝聲 汝鎔 汝唐 汝璵 汝湖 汝樫 汝柚 汝楣 汝㕡 汝璪

崇用 崇式 崇忩 崇北 崇㢲 崇妥 崇灡 崇復 崇迴 崇融 崇甋 崇巇 崇逮 崇儂 崇耊 崇虮 崇 崇潘

必烼 必㷜 必鐾 必鈢 必鏶 必鶱 必璎 必班 必劉 必倜 必徨 必洒 必瑕 必瑀

良倫 良儲 良穎 良頤 良潓 良逑

右監門衛大將軍士俁 太子右內率府副率士侏 贈武節郎士侗

不艇 成忠郎 不儞 武翼郎 不瑑

善苗 善緘 善始 善漫 善稷 善焌

汝灘 汝棋 汝椅 汝檨 汝杓 汝補 汝杅 汝茉 汝梠

崇灈 崇憓 崇球 崇㙦 崇喻 崇嘯 崇㟁 崇岷 崇湘 崇璪 崇淵 崇㑇 崇儘 崇㭉 崇竣 崇蹲 崇翊 崇竚

必簫 必造 必綵 必善 必細 必綵 必鐐 必塞 必灵 必燧 必昝 必鐳 必綎 必紡 必縱 必繹 必綾 必綰

宋史卷二百三十一

元中書右丞相總裁脫脫等修

世系表第二十二

宗室世系十七

贈太師昌王謚端孝宗晟

鄆王謚康孝仲御

太子右內率府副率士駃 右班殿直士駐 右班殿直士 奉議郎 士穀 贈中奉大夫士驍 左班殿直士娖 權主奉濮安懿王祠事贈太師循王士㒟

脩武郎 不測 秉議郎 不 贈 大夫不 忠訓郎不㭉 贈光祿大夫不凡 右朝請郎不議

善侶 善唯 善古 善寬 善斫

汝樵 汝峀 汝耕 汝橋 汝霹 汝霥 汝鼎 汝豹 汝籌 汝埶 汝崇

崇闓 崇表 崇肇 崇斎 崇湊 崇淹 崇溪 崇貺 崇顈 崇溜 崇邦 崇鄯 崇朝 崇械 崇倎 崇㥾

必榕 必梅 必棣 必機 必琐

善笏 善績 善琳 善濯 善順 善聞 善涓 善恕

汝僮 汝銜 汝髦 汝禹 汝儶 汝惰 汝瓛 汝荐 汝艘 汝磐 汝綸 汝般 汝起 汝埃 汝歫 汝都 汝埒 汝畚 汝咸

崇扔 崇括 崇㠝 崇嵯 崇懷 崇詎 崇譓 崇詮 崇譕 崇祰 崇砡 崇磬 崇嶷 崇礜 崇野 崇滃 崇頎 崇頔 崇儁 崇偊 崇仉 崇倖 崇鳳 崇誣 崇桌 崇檻 崇異 崇嬰 崇逮 崇摵 崇壆 崇晃 崇敏

必疆 必岁 必巖 必明 必升 必鶍 必稱 必邅 必迁 必詠 必謹 必諗 必謎 必樝 必榑 必珉 必琊 必瑞 必則 必𡇒 必翊 必踖 必塼 必踐 必讖 必 必諄 必謳

良檝 良璵 良琿 良璐 良璇

不搠 東國公 不愉 武經大夫不嬰 贈武經郎不鄙 贈武翼郎不訾 武節大夫不讓 武經大夫不養 武節郎不泱

善謂 善証 善諄 善譏 善朋 善懋 善埃 善嶙 善肇 善筆 善蕉 善莇 善埕 善璧 善淞 善鉥 善蘊 善繪 善賸

汝澗 汝溯 汝洧 汝靜 汝浤 汝假 汝倪 汝侄 汝展 汝覩 汝軾 汝茀 汝墒 汝垤 汝鑒 汝楨 汝滋 汝瀝 汝錚 汝杖 汝壇 汝墿 汝戩 汝惪 汝懇 汝慭 汝悳 汝嚮 汝迺 汝折

崇信 崇繽 崇櫾 崇櫚 崇榑 崇榕 崇沫 崇磊 崇栽 崇袖 崇祋 崇寶 崇納 崇縡 崇繼 崇緣 崇嵢 崇嵲 崇歷 崇潭 崇濼 崇郴 崇倚 崇張

必玲 必珊 必㚼 必板 必攸

左班殿直士秸 左班殿直士徽 右領軍衞將軍士覸 贈右屯衞上將軍士况 右監門衞大將軍榮州防禦使士叟權主奉濮安懿王祠事

贈銀青光祿大夫不羣 贈中散大夫不廥 武節郎不損 成忠郎不鏇

善愚 善愖 善忖 善璵 善穗 善秀 善訢 善謌 善稼 善曦 善偉 善禔 善陶

汝淇 汝涓 汝液 汝源 汝澐 汝測 汝浮 汝澮 汝湑 汝湘 汝洄 汝渠 汝洟 汝澧 汝漱 汝池 汝潮 汝漸 汝泟

崇蘧 崇籧 崇蘧 崇遲 崇樺 崇橵 崇榕 崇柔 崇橚 崇朽 崇櫻 崇樛 崇檯 崇櫟 崇檯 崇櫨 崇楡 崇樅

必璅 必忽 必譙 必然

贈太師、韶王、諡恭靖士樽
保義郎不之　贈中大夫不悅　朝奉大夫不刊　贈光祿大夫不窋　贈武節大夫不野
善周　善瓆　善坫　善虈　善恕　善夔　善詷　善諓　善儋　善奮　善沄　善賔　善慈　善懥　善許　善蘼　善悚　善終　善耔　善弁　善璁　善拊
汝貣　汝朔　汝弆　汝韡　汝昞　汝眼　汝耘　汝毗　汝僄　汝堅　汝睢　汝墾　汝焄　汝范　汝撫　汝悝　汝繩　汝訶　汝滿　汝虢　汝訕　汝猜　汝燡　汝僳　汝劉　汝瀚
崇僟　崇衷　崇儋　崇傆　崇渟　崇豐　崇聰　崇傑　崇鐵　崇奔　崇滇　崇俾　崇鑾　崇笠　崇珊　崇燺　崇炤　崇霍　崇電　崇竇　崇壆　崇圓　崇因　崇圓　崇霞
必諴　必墳　必樕　必洸　必流

秉義郎不隉　贈武顯大夫不耀　保義郎不棄　保義郎不即　訓武郎不怫　從義郎不執
善楺　善備　善抑　善邁　善熹　善琮　善濟　善湛　善沃　善涠　善湜　善潜　善瀏　善淶　善淇　善澣　善臆　善腹
汝渺　汝浮　汝挑　汝漥　汝淲　汝鋇　汝理　汝融　汝墉　汝壋　汝埕　汝址　汝鑠　汝炌　汝譆　汝譴　汝憻　汝鐵　汝鑿　汝鐏　汝玎　汝鑨　汝橦　汝檀　汝櫟　汝桯　汝挺　汝朽　汝攮　汝挹　汝嵓　汝巉　汝嵱　汝巋　汝崩　汝事
崇檻　崇奢　崇拌　崇笥　崇鐇　崇巖　崇嵰　崇岍　崇峨　崇枘　崇㦗　崇蒻　崇菈　崇瑛　崇彰
必棕　必樅　必檆

右監門衛大將軍吉州刺史士柵　右監門衛大將軍貴州防禦使士桼　右監門衛大將軍吉州刺史士諒　右監門衛大將軍吉州刺史士鄘　右監門衛大將軍吉州刺史士陟　贈少傅和國公士嵻
從義郎不美　忠翊郎不轉　保義郎不窒　保義郎不肱　贈武翼大夫不嫚　不誣　保義郎不呉　贈武直大夫不違　保義郎不鐖　保義郎不恒　訓武郎不牽
善敉　善耦　善鏖　善展　善泉　善藏　善晬　善導
汝焆　汝薇　汝槼　汝櫖　汝硡　汝礥　汝浥　汝泮　汝瀬　汝粟　汝棉　汝瑼
崇撕　崇俵　崇錫　崇霆　崇潮　崇薰

太子右監門率府率士繼
太子右監門率府率士矔
太子右監門率府率士䄄
太子右監門率府率士選
贈明州觀察使奉化侯士遜
太子右監門率府率士瓢
右班殿直士㥣
武德郎士穌
左領軍衛將軍士遴
北海郡王仲聘

成忠郎不怯
武節郎不磨
武經郎不肅
不彼
贈宣教郎不僥
右班殿直不器
右侍禁不代
從義郎不游
保義郎不鐸
忠訓郎

善暢
善壒
善琰
善彪
善紳
善培
善掄
善細
善扯
善及

汝佌
汝業
汝奐
汝䄗
汝樊
汝臭
汝鏵
汝稐
汝騶
汝親

崇璃
崇選
崇呐
崇淌

太子右監門率府率士嶸
太子右監門率府率士耀
太子右監門率府率士覲
太子右監門率府率士鍌
右班殿直士㥣
贈建寧軍承宣使建安郡公士崿
贈鄧州觀察使南陽侯士駉
太子右內率府

不潛
贈朝議大夫不屈
不潤
不僑
成忠郎不痡
忠訓郎不煩
秉義郎不惡

善古
善括
善耘
善機
善耜
善優
善俞

汝礪
汝賓
汝譽
汝謩
汝物
汝宿
汝溪
汝德
汝衍
汝禔
汝懽
汝怙
汝憴

崇孄
崇泫
崇穗
崇灞
崇瓊
崇㻛
崇琯
崇壇
崇璀
崇昪
崇渤
崇渫
崇涯

必錫
必莊
必墒
必坲
必墉
必濡
必樣

副率士鄘
太子右內率府副率士㮕
左班殿直士悅
左班殿直士嶸
左班殿直士亘
太子右內率府副率士璕
右監門衛大將軍貴州團練使士碧
右千牛衛大將軍士莪
右千牛衛大將軍士崳
太子右監門率府率士森
太子右監門率府率士鋪
太子右內率府副率士巾
太子右監門率府率士闓
太子右監門率府率士

忠訓郎不㶏

善辭
善營
善陞
善闡
善膺

汝責
汝貢
汝質
汝民

崇近
崇嶸
崇謝
崇噲

必御

燕王謚恭僖宗悔

保寧軍節度使開府儀同三司仲壕 東平郡王仲樽

闕 右監門衛大將軍士楯 右監門衛大將軍吉州刺史士樞 右監門衛大將軍榮州防禦使士揆 右監門衛大將軍士持 贈通奉大夫士璜

修武郎不混 贈光祿大夫不存 忠訓郎不碩 從義郎不苟

善飭 善可 善貴 善齊 善櫓 善權 善岡 善悅 善究 善詮

汝仟 汝棫 汝誦 汝誘 汝讓 汝誇 汝秩 汝彥 汝惎 汝奇 汝砥

崇機 崇潺 崇濼 崇勲 崇守 崇正 崇反 崇原 崇密 崇蕎 崇蘭 崇裕 崇禮 崇僚 崇戚 崇債

必析 必鉷 必鑰 必迫 必迭 必遼 必適 必還 必遛 必謎 必敬 必聰

良弼 良服 良鄉 良滐 良湶 良玥 良琫

東平侯仲歇

朝奉郎士觴 榮州刺史士冶 右千牛衛大將軍士庫 合州刺史士玫 右監門衛大將軍士偵 太子右內率府副率士肄 右監門衛大將軍士淲 右監門衛大將軍士志 贈左領軍衛大將軍士頃

忠翊郎不譴 秉義郎不恃 修武郎不老 修武郎不吻

善豪 善緝 善縜 善韡 善貫 善護 善痕

汝楫 汝諱 汝樨 汝營 汝戩 汝邴 汝侶 汝嵩 汝潔

崇明 崇靜 崇樗 崇黿 崇鈿 崇桔 崇紓 崇熇 崇櫟 崇格 崇錫 崇珠 崇址 崇埒 崇垺 崇廣 崇嶧 崇鏈

必愚 必倅 必懽 必儴 必堦 必邁 必聘 必懌 必慨 必情 必鐔 必銓 必瑛 必瑫

良鉤 良顯 良闇 良闕 良汧

右監門衛大將軍士□ 右監門衛大將軍士□

忠翊郎不怉 保義郎不弱 成忠郎不悞 贈武德郎不偈 成忠郎不垍 忠翊郎不譬

善惟 善需 善軌 善昂 善棐 善賞 善玕 善珝 善飛 善熏 善順

汝顥 汝甄 汝瓌 汝隆 汝瓚 汝詹 汝理 汝璪 汝檻 汝櫳 汝椅 汝簨 汝榦 汝驪 汝騄 汝騶 汝詡 汝瓠 汝鎖

崇峻 崇熇 崇闠 崇乙 崇榆 崇鉿 崇釚 崇鈑 崇鋆 崇鉦 崇緝 崇復 崇熺 崇賊 崇時 崇清 崇發 崇弧

必泠 必璞 必瀣 必櫖 必稻 必桁 必竿 必篿 必箱 必薇 必曜 必昧 必瑚 必還

良搢 良璣 良籌 良符 良籥 良簽

榮國公仲諮

左班殿直士祖　右監門衞大將軍士平　吳興郡公士俟

成忠郎不倂　贈武翼大夫不襪　贈武節郎不休　武節郎不俛　武德郎不陵　贈武德

善宜　善熊　善袒　善積　善工　善扛　善推　善瑧　善昱　善蘄

汝褀　汝纏　汝褸　汝紵　汝緒　汝綖　汝濠　汝湜　汝瀜　汝海　汝淳　汝繹　汝緌　汝絢　汝糾　汝緒　汝絨　汝紋　汝紼　汝繙　汝緎　汝紡　汝纘　汝緹　汝纀　汝緬

崇泜　崇潤　崇沝　崇洒　崇簡　崇榮　崇變　崇梃　崇樋　崇鈸　崇塤　崇壖　崇塡　崇垐　崇塹　崇坡　崇撻　崇倅　崇汾　崇漩　崇淌　崇濤　崇溶　崇澢　崇沅

必衒　必倈　必杭　必榎　必潛　必埁　必條　必軻　必鏠　必銖　必壓　必鑷　必領

良涇　良滑　良譓

右監門衞大將軍士暘

郎不間　成德郎不咎　贈武義大夫不佁

善芳　善裝　善賚　善葑　善儲　善勸　善加　善鑄　善聘　善疇　善驄　善覬

汝滾　汝聚　汝林　汝森　汝淋　汝鉀　汝瀆　汝涒　汝縱　汝絳　汝絯　汝編　汝縕　汝綮　汝素　汝紺　汝綠　汝縊　汝級　汝紓　汝縑　汝絢　汝纏　汝綝　汝緣　汝縧　汝綢　汝紾　汝緗　汝緟　汝崌　汝岴

崇鑲　崇鑛　崇櫬　崇壂　崇璺　崇坌　崇秩　崇穡　崇蓨　崇欐　崇梴　崇緩　崇敎　崇梃　崇政　崇浰　崇欑　崇滙　崇倸　崇汥　崇根　崇榴　崇榭　崇稠　崇檝　崇榴　崇杆　崇稗　崇儁　崇敂　崇誧

必鑑　必壂　必堪　必世

贈太師崇王諡孝溫宗瑗

右監門率府率仲伊　建安郡公仲詰　信都侯仲諱

右監門衞大將軍士英　太子右監門率府率士光　左班殿直士崗　右千牛衞將軍士鈐　贈右千牛衞將軍士鉞　太子右內率府副率士錍　右千牛衞將軍士鐳　贈左領軍衞將軍士鈉　贈右監門衞將軍士銷　太子右監門率府率士羑　右班殿直士闢　右班殿直士闒　贈右監門衞將軍士侊　贈右監門衞大將軍士㬇

不瀫　不浵　成忠郎不悅　贈武翼大夫不闕　贈朝議大夫不辭

善淯　善琮　善諟　善縕

汝膚　汝擓

崇淦

必貢

太子右內率府副率
太子右內率府副率士璸
秀州刺史士騤
武經郎不騃
善肖　善將　善讚　善疑　善蹈　善璘　善孫　善闢　善翮　善箴
汝拭　汝按　汝攄　汝拂　汝擇　汝撰　汝投　汝搛　汝摠　汝操　汝闞　汝柄　汝挂　汝捍　汝揮　汝捧　汝掞　汝杞　汝楝　汝槴　汝樠　汝棨　汝槊　汝沐
崇灶　崇粹　崇楃　崇攉　崇闉　崇間　崇焱　崇熯　崇芒　崇蕪　崇烘　崇熄　崇閫　崇煌　崇昭　崇曠　崇爊　崇晴　崇鏉　崇肆　崇箴　崇闔　崇閭　崇炑　崇㶐　崇熼　崇墻　崇璡　崇賢　崇圻
必宙　必從　必聱　必瑱　必鐀　必鎬　必鉦　必鐥

贈右領軍衛將軍士佃　太子右內率府副率士瑕　武翼大夫士斜
忠訓郎不蹟　贈武略郎不倸　保義郎不粗　不硥　保義郎不諛　贈武訓郎不誧
善靖　善謍　善布　善璠　善紐　善賚　善明
汝采　汝讀　汝薰　汝鉼　汝錮　汝吟　汝襲　汝稟　汝璥　汝鳴　汝听　汝獻　汝機　汝滮　汝漕　汝澆　汝畋
崇橐　崇忞　崇爍　崇熩　崇渟　崇傕　崇示　崇諷　崇喾　崇烁　崇燁　崇燃　崇炑　崇鑯　崇霆　崇苡　崇蒔　崇兹　崇蕙　崇峯　崇芬　崇叟　崇糕　崇秫　崇秔　崇裄　崇禪　崇穪　崇穚　崇峃　崇嚴
必鈇　必鋑　必銄　必鐲　必坦　必坐　必㙒　必堉　必㵘

華陰侯仲韶　南康郡公仲謙
承議郎士灌　贈少傅永國公士洪　右千牛衛將軍士侲　太子右內率府副率士鉽　右監門
贈修武郎不泛　武德郎不魄　保義郎不謙　成忠郎不壬　贈武德郎不恚　武德郎不謏　保義郎不復
善封　善銑　善講　善讀　善整　善昂　善棥　善絹　善曉　善誨　善纓
汝繳　汝敖　汝徹　汝坿　汝防　汝韴　汝韶　汝韹　汝派　汝熇　汝蹇　汝寓　汝秀　汝胖　汝韇　汝韜　汝䩬　汝輿　汝春　汝焴　汝熠　汝彼　汝洺　汝澪　汝瀟　汝頲　汝䄂
崇瀅　崇涑　崇滇　崇瀴　崇炬　崇爕　崇衎　崇衛　崇衎　崇衡　崇淳　崇瀛　崇穫　崇洋　崇梳　崇鏵　崇鉽
必穆　必枝　必鐪　必楳

保大軍承宣使仲諱

衛大將軍士鎧　右千牛衛將軍士鍊　太子右監門率府率士妃　右千牛衛將軍士蘨　太子右內率府副率士鐖　右監門衛大將軍士劾

保義郎不好　武經大夫不誇　贈武經大夫不虞　贈武經大夫不害

善飾　善域　善菁　善茵　善蓉　善蛊　善盟　善琮　善詰　善惆　善綜　善絅　善績　善尹　善瀆

汝僎　汝晶　汝闔　汝棨　汝玘　汝坊　汝迵　汝祁　汝諍　汝詢　汝譪　汝詔　汝謝　汝璞　汝珹　汝熅　汝鋐　汝漣　汝癹

崇迴　崇楓　崇宿　崇寀　崇洽　崇譁　崇讀　崇鋁　崇徉　崇僻　崇倓　崇嵋　崇侑　崇梳　崇迺

必論　必椽　必瞭　必樣　必鶥

贈太師襄王謚恭憲宗愈

郇王謚教孝仲僎

右千牛衛將軍士功　贈左武衛將軍士㸌　忠州團練使士鐈　右班殿直士鏾　賓州團練使士儡

贈和州防禦使不跲　秉義郎不瀆　成忠郎不懋　不棠　訓武郎不奪　忠翊郎不紊　成忠郎不貪　成忠郎不庋　忠翊郎不訾　成忠郎不弄　保義郎不瞕　成忠郎不驂　成忠郎

善超　善養　善省　善卷　善爲　善則　善冀　善柢　善該

汝杏　汝澤　汝華　汝睢　汝幾　汝釗　汝滙　汝搴　汝建　汝沄　汝聘　汝鐔

崇進　崇逌　崇黔　崇莳　崇徵　崇槝　崇材　崇櫑　崇滌　崇酒　崇巍　崇軾

必漓　必涅　必漶　必汲　必漈　必湝　必沵

良恧　良恵　良岂　良懋

房陵郡公仲縧

州防禦使　贈右金吾衛將軍士祠　太子右監門率府率士紉　贈寧國軍節度使奉化侯士蘱　太子右監門率府率士溫　太子右監門率府率士最　太子右監門率府率士

不孤　成忠郎不卑　成忠郎不慷　武翼郎不汰　成忠郎不熀　武德大夫不愔　贈光祿大夫不尷

善徐　善如　善纙　善瑩　善傒　善曉　善衍　善闓　善閎　善閬

汝家　汝譱　汝䣡　汝遽　汝迴　汝遵　汝途　汝嵋　汝珹　汝珧　汝璉　汝珣　汝璾　汝珸

崇楨　崇稟　崇纚　崇擇　崇稷　崇送　崇鎭　崇鉷　崇鐖　崇鉀　崇針　崇鉺　崇淕　崇汕　崇丘　崇師

必溠　必漩　必湝　必墭　必瀰　必發　必臻　必任　必伉

良僥　良稷　良詠　良讀

成德軍節度使仲鯝　保寧軍節度使仲璪　平江軍節度使仲畯

埒　右班殿直士闒　右千牛衞將軍士賄　右班殿直士監　太子右內率府副率士暌　右千牛衞將軍士聖　右班殿直士璸　太子右內率府副率士遹　楚州防禦使士堪　太子右內率府副率士培　太子右

保義郎不屈　贈朝議大夫不禪　不爰　贈武翼大夫不擾　保義郎不閑

善宰　善抗　善搏　善遇

汝昌　汝諜　汝真　汝需　汝淵　汝滔　汝涛　汝滴　汝行　汝漪　汝大　汝共

崇庚　崇穆　崇協　崇制　崇克　崇假　崇石　崇合　崇傚　崇訊　崇掠　崇鐏

必澧　必港　必漻　必鐳　必銑　必數　必壕

良植　良詔

建寧軍節度使仲胄

監門率府率士褒　太子右內率府副率士痔　太子右內率府副率士戕　右監門衞大將軍士羲　太子右內率府副率士須　右監門衞大將軍士崔　榮州防禦使士疣　吉州刺史士前　贈太師成安郡王士剩　太子右監門率府率士邅

保義郎不紙　忠翊郎不撓　朝散郎不騎　朝請郎不闘

善僑　善朴　善僚　善俾　善优　善付　善滄　善淶

汝北　汝仟　汝僮　汝統　汝誠　汝莒　汝埒　汝噂　汝濩　汝諾　汝秘　汝秭　汝褚　汝秣　汝穚　汝稾

崇刑　崇玦　崇瑌　崇瑣　崇溴　崇坟　崇墐

必瀉

太子右內率府副率仲章　華原郡公仲熾

太子右監門率府率士奄　太子右監門率府率士欽　太子右監門率府率士摽　東陽郡公士情

忠翊郎不怩　修武郎不侑　贈武節郎不賢　贈利州觀察使不譊　修武郎不頗　忠翊郎不隨

善輯　善昇　善箕　善勰　善玠　善琢　善鏈　善滂　善杓　善輅　善浤　善瀞

汝碻　汝圭　汝湖　汝祀　汝鞏　汝琄　汝現　汝珹　汝僨　汝譁　汝雋　汝慕　汝伶　汝傈　汝町　汝昕　汝瞟　汝暍　汝眅　汝矇　汝愢　汝鐵　汝躍

崇璞　崇琢　崇瑫　崇璥　崇讓　崇綍　崇壺　崇韭　崇濱　崇治　崇澾　崇熙　崇佩　崇佃　崇焴　崇浣　崇潔

贈太師潤王謚僖惠宗隱
華王謚孝僖仲癸　贈華州觀察使仲㩅
安康侯士晴　右千牛衛將軍士篆　太子右監門率府率士前　太子右監門率府率士璫　太子右監門率府率士棬　太子右內率府副率士座　太子右監門率府率士埒　贈武勝軍節度使士諶　右班殿直士延　贈右領軍大將軍士硝
保義郎不取　秉義郎不駮　左領軍衛將軍開國男不惹　忠訓郎不遒　忠翊郎不續　武節郎不獨　不吝　保義郎不雜　贈武翼
善迣　善玞　善淮　善屆　善樽　善愛
汝爍　汝樽　汝嵒　汝愳　汝琥　汝鑑　汝識
崇墄　崇坤　崇壖　崇坶　崇玉　崇儁　崇倈　崇澀
必㭨　必樞
良儉　良倦

大夫不誐　忠訓郎不庡　忠訓郎不倫　太子右內率府副率士碩　成忠郎不侁　成忠郎不校　成忠郎不惑　保義郎不吁　太子右內率府率士郁
善知　善訊　善憓　善融
汝遾　汝義　汝灒　汝瑞　汝馨　汝犛
崇威　崇祐　崇敔　崇忭　崇祐　崇昱　崇啓　崇勔　崇諭　崇娶　崇靄　崇棨　崇堯　崇力　崇柄　崇宷　崇弓　崇駕　崇隆　崇動　崇劢
必逢　必漾　必沆　必泆　必璹　必瑨　必玵　必玥　必玠　必礩　必硫　必磏　必礁　必礦　必讃　必誇　必譁　必詰　必稷　必穖
良絟　良繸　良細

河東郡王謚孝貞仲霜
太子右監門率府率士伎　內殿崇班士枚　贈左千牛衛將軍士
成忠郎不思　訓武郎不朋　右班殿直不熾　贈寧武軍節度使不昌　秉義郎不鰥　贈朝散大夫不僾
善松　善籌　善貽　善節　善綜　善頌　善成　善膺　善礪　善匋　善應　善哲
汝徠　汝瀿　汝彄　汝滙　汝弃　汝契　汝介　汝橫　汝榆　汝郁　汝鄰　汝鄹　汝鄒　汝邦　汝邯　汝鄘　汝邸　汝瀹　汝秀　汝霝　汝儷　汝勲
崇平　崇弸　崇宦　崇張　崇篪　崇護　崇嚴　崇勃　崇鏊　崇領　崇弥　崇澮　崇瀟　崇滆　崇勸　崇德　崇蒞　崇肯　崇鏓　崇嶽　崇崟
必度　必甯　必惄　必拼　必拓　必昂　必聒　必瞧　必惠
良塽　良靖

福國公諡純僖仲靡

西頭供奉官士趯　贈左領軍衛將軍士衞　右班殿直士護　修武郎士貴　右班殿直士傪　贈太師賀王諡孝敏士　贈太師安化郡王士太

成忠郎不退　成忠郎不遺　忠翊郎不隘　保義郎不備　遙封滕國公諡恭靖不傚　朝義大夫直祕閣不覼　朝義大夫不謏　贈朝義大夫不諂

善慈　善罙　善䧢　善磻　善瞰　善鉅　善硯　善碤　善居

汝郱　汝捕　汝扞　汝岫　汝田　汝朋　汝赫　汝放　汝和　汝玵　汝璚　汝序　汝廱　汝多　汝庀　汝遹

崇岁　崇城　崇礪　崇瑢　崇球　崇璞　崇越　崇逾　崇圻　崇墥　崇激　崇堇　崇腆　崇雁　崇瑚

必怘良增　必浩　必㦿　必槤　必福　必㯹　必瀻

右奉議郎不賕　贈朝散大夫不澂　贈武功郎不架　贈朝奉大夫不騁　贈承義

善砮　善迎　善芬　善曼　善蔍　善宗　善濡　善職　善樟　善億　善旌　善幌　善克　善有　善璂　善垓

汝怤　汝惠　汝托　汝藘　汝恿　汝想　汝恧　汝懕　汝寔　汝琗　汝璹　汝珨　汝琑　汝擻　汝禱　汝縹　汝潵　汝樓　汝健　汝儓　汝堅　汝頎　汝顯　汝窾　汝濡　汝淋　汝謎　汝識　汝証　汝庡　汝嗒　汝懾　汝恠

崇珊　崇渠　崇謨　崇綵　崇欅　崇鍇　崇儐　崇傜　崇悅　崇茷　崇劼　崇勷　崇初　崇果　崇縣　崇括　崇宵　崇宖　崇寂　崇宧　崇怹

必垂　必棉　必榜　必樺　必樸　必樾　必檑　必檊　必啉

郎不豎　文林郎不刓　贈武德郎不躝　訓武郎不孱　武翼大夫不駡　成忠郎不鄙　保義郎

吉州刺史士夵　贈建寧軍節度使建國公士奇

善籥　善琓　善起　善東　善多　善彪　善烈　善鏞　善鎧　善謇　善蘧　善芫　善萊　善蓋

汝惐　汝惆　汝仗　汝換　汝倚　汝橙　汝酪　汝埃　汝浣　汝侏　汝斐　汝奭　汝膳　汝捂　汝梱　汝漻　汝苪　汝遝　汝昔　汝各　汝瞀　汝畢

崇悃　崇佗　崇忍　崇畔　崇瞮　崇嗪　崇鴻　崇露　崇霈　崇霽　崇露　崇霧　崇瑲　崇碧　崇崖　崇塥　崇遈　崇鑰　崇瓈　崇瓊　崇盧　崇愨

必遷　必灑　必　必漼

洋國公諡孝僖仲標　建州觀察使仲青　贈左屯衛大將軍仲駰　南陽侯仲欽
右千牛衛將軍士鮮　右千牛衛將軍士踼　右千牛衛將軍士㮚　贈開府儀同三司承國公士諳　右班殿直士琦　右班殿直士迎　太子右內率府副率士澎　右班殿直士詵　右班殿直士䂬　太子右內率府副率士用　太子右內率府副率士嶠　太子右內率府副率士匠　太子右內率府
不駉　保義郎不拔　贈左領軍衛將軍不止　右監門衛大將軍領昌州刺史開國伯不僞
善灡　善瓏　善鴻

漢東郡王宗沔　贈太師榮王諡孝靖宗綽
右監門衛大將軍仲硯　太子右內率府副率仲足　太子右內率府副率仲胥　襄王諡康孝仲槩
副率士惠　贈武略大夫士潒　太子右內率府副率士特　太子右內率府副率士措　太子右內率府副率士匯　太子右內率府副率士釪　太子右監門率府率士瓚　池州防禦使士纁
武節郎不侁　不窳　忠訓郎不蕘　成忠郎不同　贈武節郎不蘊
善猻　善未　善紹
汝駉　汝騤　汝惚　汝念　汝意　汝恩
崇軓　崇鍱　崇銛　崇欏　崇柘　崇植
必溫　必湄　必澴　必宴　必家　必寘　必實　必寏　必窨　必穹

高密郡公仲譽
贈左監衛大將軍士㮚　右千牛衛將軍士奎　太子右監門率府率士昴　太子右內率府副率士邦　太子右內率府副率士鶴　太子右內率府副率士齋　右監門衛大將軍士傕
秉義郎不椓　武經郎不淆　贈武訓郎不岵　武經郎不遷　忠訓郎不猶　贈朝散郎不否
善逢　善述　善設　善迨　善萃　善仟　善慶　善詡
汝愸　汝佖　汝詳　汝莫　汝蘸　汝莘　汝憖　汝爨　汝扑　汝營　汝悉
崇譁　崇瑜　崇陔　崇瑨　崇玲　崇瓊　崇槦　崇枕　崇枋　崇玕　崇星　崇曒　崇廳　崇聯　崇曨　崇暎
必諝　必譓　必許　必諆

右武衛大將軍濮王防禦使仲蓨

右班殿直士緄　右千牛衛將軍士盅　太子右監門率府率士烟　太子右監門率府率士詔　太子右內率府副率士友　右監門率府率士度　右監門衛大將軍士旆　太子右內率府副率士鏆　右監門衛大將軍士祀

忠翊郎不疏　武翼大夫不漁

善運　善恪　善順

汝暨　汝壁　汝昕　汝昊　汝暲　汝眣

崇竝　崇岫　崇琲　崇班　崇璦

必扐　必証　必檤

太師信王謚康公宗治

右千牛衛將軍贈左屯衛大將軍仲燦　岐王謚簡獻仲忽

安康郡王士説

贈銀青光祿大夫不柔

善契　善法

汝歇　汝棫　汝成　汝勤　汝護

崇果　崇禹　崇訾　崇諲

必毅　必愨　必鉑

良玠

武翼郎不拾

善侍　善㖃

汝逑　汝迶　汝遇　汝适　汝𢘥

崇邉　崇緈　崇衮　崇繇　崇總　崇絹　崇絢　崇𤆔　崇慝

必　必　必常　必翼　必翊　必協　必勃　必洋　必淡　必渿　必涵　必涘　必浸

良壁　良忻　良璞　良卹　良㹃　良鳳　良　良僊

成忠郎不寀　訓武郎不吟　保義郎不𢢒

善廉　善澧　善薙　善庥　善原　善從　善輾　善褒

汝專　汝傷　汝麾　汝鹿　汝宅

崇欲　崇捐　崇直　崇賓　崇𡨥　崇宛

必㚤　必𤓰　必延　必謬　必渡　必䍐　必建

保義郎不㨿　忠訓郎不𦷾

成忠郎不惡

左班殿直士欽　左班殿

善椣　善鑑　善𩞾

汝迥　汝熚　汝燦　汝壔

崇𩔖　崇頒　崇領

必譬　必湎　必浦　必滢　必銑

直士歐　眉州防禦使士瓚　贈保寧軍節度使士紆

贈武經大夫不據

善諰　善妥　善盈　善鉤

汝迵　汝遂　汝規　汝鳳　汝凨

崇湝　崇瀣　崇浙

太子右監門率府率士漴　明州觀察使開國伯士禎

保義郎不佇　贈宣教郎不蟄

善㮾　善樀

汝遨　汝邊　汝邇　汝蓮　汝遷　汝邁

崇積　崇遲　崇鑯　崇針　崇璐　崇鏈　崇俗　崇付　崇侏　崇穌

必訾

保義郎不墜　不尤　追封永國公謚恭靖不黜

善𤣰　善旲　善苣　善淵　善頎

汝𢙣　汝蓬　汝菁　汝菀　汝灌　汝莊　汝適　汝蓮　汝顥

崇棧　崇𢆯　崇蝟　崇夫　崇逕

必僶　必仔　必住

贈太師和義郡王士瑀　開州防禦使士廉　崇州防禦使士觀　成州團練使士能　贈郇州觀察使士播　右千牛衛將軍士榦

朝請郎不執　追封申國公不流　秉義郎不調

善鬈　善載　善譏　善早　善芳　善芾　善世　善書

汝阜　汝謐　汝護　汝櫼　汝檔　汝梓　汝樵　汝謁　汝篓　汝箱　汝篟　汝纂　汝簀　汝篠　汝馱　汝驩　汝檣　汝楣

崇邇　崇湜　崇迮　崇逕　崇逮　崇遶　崇銜　崇鋏　崇錄　崇鎭　崇鏶　崇釧　崇熑　崇逌　崇趣　崇連　崇退　崇遣　崇汝

必僅　必邅　必蓮　必注　必瀳　必湜　必滈　必瀰　必淲

廣平侯仲庠

贈建州觀察使廣平侯士穎　右監門衛大將軍士燚

成節郎不敷　天水縣開國子不懣　武節郎不劬　成忠郎不瘝　秉義郎不猶　天水郡開國伯不慢　從義郎不假　修武郎不炳　成忠郎不譯　成經郎不敖

善墳　善摘　善擒　善芸　善著　善嵩　善嵏　善弟　善蘭　善薇　善弟　善証　善訥　善語

汝胥　汝鏡　汝金　汝邃　汝迅　汝遲　汝遣　汝緒　汝締　汝瑥　汝蘇　汝菖　汝茶　汝藥　汝葦　汝賁　汝蒳　汝遣　汝俐　汝瑅　汝琣　汝璟　汝藹

崇倏　崇僦　崇排　崇搽　崇披　崇磏　崇頓　崇檮　崇楧　崇楙　崇惠　崇懋　崇程

必里

贈安武軍承宣使仲臻

贈建寧軍節度使清源侯士傚

忠訓郎不罷　贈太中大夫不緇

善徙　善竦　善膂

汝蓁　汝芙　汝僯　汝琎　汝珖　汝瑲　汝珇　汝固　汝胄

崇崗　崇昇　崇義　崇阜　崇單　崇淏　崇湜　崇湝　崇溽　崇湑　崇澥　崇濾　崇潠　崇澴　崇潑　崇灊　崇橥　崇桑　崇棄　崇采　崇棨　崇槩　崇棸　崇棥　崇槼　崇橑　崇梀　崇柤

必案　必䆊　必守　必宇　必家　必蓧　必禍　必侙　必倕　必儺　必豯　必褉　必攄　必欅　必棟　必棠　必杖　必梠　必楫　必樣　必迪　必逭　必邃　必遏　必曉　必道　必延　必遠

良俺　良　良儀　良御　良復　良緝

右千牛衞將軍士覽　太子右監門率府率士熊　右千牛衞將軍士芝　贈中散大夫不抑
成忠郎不更
善然　善奉　善集　善饒　善討　善潔
汝壂　汝御　汝鏶　汝鋒　汝鐼　汝策　汝笥　汝璓　汝瘤　汝臣　汝塡　汝畦　汝堅
崇繕　崇紱　崇紆　崇紹　崇渲　崇液　崇寉　崇賁　崇審　崇緼　崇緝　崇偿　崇倣　崇倣　崇伺　崇臬　崇朵　崇集　崇藥　崇藇　崇蘱　崇禾　崇檍　崇棩　崇潔　崇稲　崇緩
必寢　必傑　必賽　必寵　必寏　必宖　必宰
良贊　良賓　良實　良賢

宋史卷二百三十二

元中書右丞相總裁脫脫等修

世系表第二十三

宗室世系十八

太師建王諡孝良宗蓋
昌國公仲江
武功郎士調　太子右監門率府率士亨　右千牛衞將軍士組
秉義郎不㬜　成忠郎不磯　贈武翼大夫不愆
善性　善足　善書　善遷　善符　善愚　善告
汝磊　汝墓　汝晶　汝卉　汝滐　汝淮　汝恩　汝邕　汝太　汝雋
崇敏　崇羡　崇偉　崇份　崇伏　崇侶　崇倲　崇僁　崇　崇鉢　崇全　崇志　崇震　崇覺
必審　必賽　必龍　必秀　必潤　必訪　必設　必講　必愜
良噌

廣平侯仲覺　安康郡公仲郵
左侍禁士　太子右內率府副率士斤　太子右內率府副率士偏　左班殿直士諭　右班殿直士涓　贈昭慶軍節度使豫章侯士減
秉義郎不慘　保義郎不均　左朝散大夫直秘閣不敵　贈武功大夫蘄州防禦使不渴
善中　善勇　善肆　善綽　善緝　善香　善乘
汝臨　汝胖　汝膚　汝騰　汝䑋　汝腆　汝朧　汝治　汝思　汝淸　汝淨　汝　汝慈
崇璽　崇巳　崇弔　崇烟　崇煉　崇堂　崇㚘　崇備　崇班　崇玭　崇滐　崇棠　崇禾　崇森　崇楗
必怵　必憶　必曇　必晏　必時　必昔　必暈　必景　必晢　必昞　必墐　必塡　必墺　必堤　必㷰　必㷬　必烎　必烙　必焚

榮國公謚孝節仲的
右千牛衛將軍士倫 右班殿直士𥥛 贈少師和國公士慷
保義郎不塞 右承德郎不泯 武翼郎不嗄 秉義郎不謏 修武郎不鏑 不犯 不絁 不圯 修武郎不敝 訓武郎不趣
善覽 善鑒 善勱 善埏 善餗 善檁 善樜 善暘 善利 善瀞 善漴 善忎
汝恩 汝滘 汝洴 汝家 汝方 汝轅 汝頔 汝璇 汝瑀 汝頊 汝賜 汝譱 汝滴 汝淞 汝倐 汝芡 汝茹 汝龍 汝常 汝朴 汝賜
崇隃 崇歸 崇枚 崇銶 崇鑛 崇銑 崇掌 崇稟 崇享 崇灑 崇瀾 崇和 崇秠 崇稔 崇遼 崇迂 崇逸 崇㛐
必碩 必藻 必訔 必浚 必烑 必圤 必栖 必中 必璂 必璞 必害

太子右內率府副率士作 右班殿直士儋
不求 武翼大夫不羼 贈武顯大夫不單
善照 善組 善踐 善統 善 善岣 善仚 善輸
汝晞 汝捲 汝早 汝揮 汝昜 汝曼 汝暈 汝昴 汝㬎 汝昂 汝校 汝桴 汝檢 汝棟 汝槃 汝操 汝鏘 汝鉦 汝槃 汝嶸 汝柴 汝桄 汝振 汝柲 汝槤 汝札 汝珮 汝習 汝欅 汝滐 汝木 汝枱 汝櫳 汝志 汝忠
崇修 崇伽 崇舒 崇涔 崇嶽 崇𤒹 崇論 崇烝 崇焦 崇焦 崇熂 崇倉 崇點 崇儇 崇訕 崇謗 崇謫 崇熊 崇颺 崇㻳
必玒 必玢 必鑌 必鎢 必堅 必璕 必瑧 必礦 必效 必枚 必瑑 必望 必瑁 必鏌

右朝議大夫士加 贈金吾衛將軍士子
忠訓郎不尤 不違 忠翊郎不驗 贈武翼大夫不
善寵 善珙 善璫 善憲 朝散郎不給 善謹 善紳 善綫 善球 善戬
汝悉 汝憑 汝憹 汝懯 汝忞 汝愁 汝戀 汝態 汝借 汝仕 汝俁 汝偊 汝傌 汝仂 汝佩 汝儕 汝堪 汝柳 汝歐 汝側 汝僊 汝俾 汝僕 汝佩 汝信
崇㫚 崇昫 崇涪 崇濛 崇澈 崇溫 崇哇 崇眶 崇浮 崇濤 崇札 崇瓊 崇瑳 崇璊 崇瑦 崇珐 崇璒 崇瑕 崇峙 崇玠 崇鍍 崇盧 崇僅 崇既 崇嗣 崇睬 崇睟 崇則
必鍶 必鏘 必釭 必談 必註 必論 必枅 必枌

太子右內率府副率士悅　右千牛衛將軍士休　右千牛衛將軍士願　太子右內率府副率士渠　太子右監門率府率士儔　贈寧遠軍節度使永國公士穆

不役　贈武翼郎不欸　保義郎　不謌　贈武翼郎不讓

善官　善馨　善覩　善感　善洽　善僩

汝鍾　汝鈺　汝鉤　汝鑣　汝銀　汝慣　汝恬　汝惓　汝悠　汝輳　汝摯　汝擧　汝擊　汝騏　汝踼　汝權　汝櫝　汝楻　汝檣

崇侖　崇栻　崇諍　崇銜　崇衙　崇劭　崇但　崇僊　崇櫶　崇襴　崇侖　崇絛　崇遒　崇寮　崇賁　崇遴　崇迮　崇逸　崇前　崇翰

必逕　必郕　必闞

良檽

贈開府儀同三司永國公士秀

武翼郎不擬　進封開國侯不戩　武翼郎　不休　忠訓郎不澆　武節郎不敢　進封開國伯不揞　訓武郎不撲　修武郎不柴　修武郎不侖

善鄂　善企　善幹　善栩　善基　善奕　善爽　善輿　善太　善凱　善音　善韻　善龍　善甚　善濮　善洌　善捸　善晨　善晃

汝枚　汝摠　汝沐　汝溪　汝湝　汝漉　汝汔　汝澫　汝瑁　汝講　汝謡　汝詢　汝洄　汝諓　汝謀　汝譙　汝訫　汝誼　汝訂　汝謏　汝橫　汝境

崇譬　崇劬　崇璆　崇礶　崇摘　崇䄊　崇碧　崇瞀　崇班　崇玩　崇珍　崇璉　崇璗　崇琉　崇琥　崇琛

贈太師袁王謚僖孝宗勝

太子右內率府副率仲愍　華陰侯仲葳　右監門率府率仲呂　昌國公謚良孝仲并

贈武翼郎士訓　右千牛衛將軍士鄭　右監門衛大將軍士侑　贈婺州觀察使東陽侯

贈武節郎不繫　武翼郎不僥　忠翊郎不畸　贈武翼郎不蠡　贈武翼

善早　善要　善擄　善旦　善乂　善陝　善侅　善泮　善廡　善鑠　善俗　善儼　善脩

汝轄　汝轃　汝轂　汝輮　汝輪　汝軏　汝轓　汝軐　汝儂　汝伺　汝鍗　汝硝　汝礹　汝磦　汝湏　汝流　汝埍　汝玧　汝瓊　汝珅　汝瘨　汝鋏

崇枋　崇杵　崇榆　崇櫚　崇梅　崇櫰　崇桱　崇稃　崇穧　崇秸　崇秫　崇稆　崇玹　崇類　崇鎮　崇鋌　崇淚　崇洴

北海侯仲適

士騆 太子右內率府副率士輪 右監門衛大將軍士儀 士謷 太子右內率府副率士鑑

郎不俗 秉義郎不傂 成忠郎不相 贈武功大夫不諱 不嫉 保義郎不鄙

善[illegible] 善班 善巖 善鞏 善敬 善璵 善祉 善愁 善聯 善祺 善繹

汝杓 汝權 汝榕 汝櫃 汝樓 汝玢 汝瑝 汝勷 汝璪 汝仍 汝槽 汝宓 汝遈 汝遡 汝迎 汝適 汝璊 汝樺 汝逾 汝遒

崇騤 崇璁 崇玘 崇滄 崇楊 崇淖 崇渠 崇墠 崇圳 崇湝 崇梓 崇渚 崇欣 崇瑴 崇謢 崇憮

必僕 必相 必棫 必悪 必息 必愁 必榛 必椐 必柞 必汓 必淦 必淳 必鍗 必瞻 必骨 必甯 必勏 必飭 必物 必言 必愸 必壇 必墐

良檜

贈太師虔王謚僖節宗楚

嘉國公仲佽 濟陽侯仲參 平陽郡王仲儡

右班殿直士鑣 榮州團練使開國保士滕 右監門衛大將軍士數 太子右內率府副率士壽 太子右內率府副率士劭 贈郴州團練使士等 太子右內率府副率入道 攻擧徵郎士符 太子右內率府副率士策 右監門衛大將軍士尊 太子右監率府率士竿 太子右監門率府率士鄀 朝義大夫士愚

保義郎不鄙 不備 秉義郎不悖 贈明州觀察使不瓚 成忠郎不惓 忠翊郎不虞 成忠郎不捡 成忠郎不蹇 成忠郎不邵 成忠郎不彤 成忠郎不閑 成忠郎不僭 修武郎不欺 秉義郎不同

善裒 善誠 善式

汝酎

崇槐 崇棪

必燹

贈太師欽王謚穆恪宗祐

昌國公仲皞 惠國公仲璩 右監門率府率仲獼 清源侯仲厥 簡國公諡榮孝仲璉

太子右內率府副率士看 右千牛衛將軍士記 朝散大夫士詵 士旒 高州團練使士哲 右班殿直士鞋 右班殿直士澄 太子右內率府副率士鶪 右監門衛大將軍士招 右監門衛大將軍士諭 康州刺史士逑 右班殿直士濼 贈太中大夫士俩

忠翊郎不誤 承義郎不物 成忠郎不倦 不惶 不詔

善勳 善愿 善芑 善初

汝薄 汝頑 汝煥 汝抑 汝鈍 汝暮 汝急 汝息 汝漌 汝潏 汝濈 汝津 汝潔

崇標 崇栯 崇棫 崇檽 崇梭 崇櫱 崇植 崇柔 崇櫰

必爽 必怫 必熺 必燧

士	贈越州觀察使士旿 康州刺史士碓 贈保信軍節度使襄陽侯士覜
不	成忠郎不隍 贈武經郎不慴 成忠郎不遨 成忠郎不敹 贈中奉大夫不僙 不蜮 忠翊郎不懆 秉義郎不估 成忠郎不鹹 成忠郎不格 不慨 武經郎不侑
善	善謩 善偕 善釭 善澧 善救 善駘 善祁 善彙 善嚾 善覺
汝	汝蕃 汝鈞 汝勁 汝玗 汝鍌 汝銓 汝硂 汝桁 汝功 汝 汝勵 汝劬 汝鋅 汝滄 汝烰 汝熿
崇	崇岫 崇嶸 崇崠 崇錦 崇璠 崇曨 崇仍 崇仟 崇宜 崇鑅 崇鈞 崇嶟 崇岾 崇洸 崇涑 崇嵁 崇嶧 崇愭
必	必嶔 必峷 必崴 必㟺 必邊 必岱 必㞷 必嵤 必傑 必僬 必佋 必瑄 必肸 必岑 必視
良	良黟

仲	沂國公仲洽
士	贈奉直大夫士蕢 贈瓊州觀察使東陽侯士赫 太子右監門率府率士萬 太子右監門率府率士卞 太子右監門率府率士抃 贈保寧軍節度使新安郡公士恭 士沖 右監門衛大將軍士續 吉州刺
不	訓武郎不刜 成忠郎不許 追封安化郡公不外 不詇 保義郎不亢 太子右監門率府率不禍 保義郎不枉 不侮 成忠郎不琦
善	善昇 善齊 善諏 善禦 善祾 善禕 善 善
汝	汝熄 汝熹 汝侢 汝伍 汝訪 汝謔 汝延 汝筌 善萃 汝熷 汝瑑
崇	崇苗 崇范 崇煝 崇鏑 崇焫 崇楉 崇警 崇譬 崇諭 崇蓋 汝玗 崇鐳
必	必浪 必葆 必湑 必濂

宗	贈太師景王諡孝簡宗漢
仲	忠州團練使仲儆 太子右內率府副率仲騏 博平侯仲覯 武康軍節度使仲珙 右衛將軍士唱
士	史士忠 太子右監門率府率士聳 太子右監門率府率士禰 太子右監門率府率士眘 右朝奉大夫士闢 右千牛衛將軍士閩 右千牛衛將軍士開 贈明州觀察使奉化侯士閫 忠翊郎士行 贈保信軍節度使東陽郡公士式
不	武翼郎不疎 從義郎不沴 從義郎不瑜 訓武郎不傈 武德郎不弛 忠翊郎不秖 贈從義郎不鉠
善	善俗 善值 善儉 善鯀 善鏳 善頊 善袤 善麈 善庭 善廠 善銖 善軌
汝	汝甯 汝槳 汝稀 汝遷 汝道 汝蘧 汝建 汝道 汝迄
崇	崇瀧 崇洸 崇泛 崇汝 崇冽 崇稯 崇白 崇玿
必	必瑒

安遠軍承宣使仲彤
右監門衛大將軍士籛 太子右監門率府率士錫 太子右監門率府率士錄 太子右監門率府率士鋌 太子右監門率府率士鐸
成忠郎不調 武德郎不譺 贈武顯大夫不忒 忠訓郎不突 贈武訓郎不棨 武德大夫不僊
善綱 善紓 善採 善撣 善緣 善壹 善犖 善恭
汝遜 汝祥 汝礿 汝穗 汝測 汝瀞 汝洎 汝誌 汝焯 汝楒 汝透 汝滲 汝望 汝琍 汝玬 汝棣 汝寨 汝橅 汝櫨 汝楷
崇槐 崇熙 崇櫟 崇焦 崇腁 崇信 崇謗 崇消 崇佝 崇僊 崇備 崇倘 崇佫 崇佃 崇俠 崇澍 崇汚 崇特 崇伉
必棠 必槩 必桱 必杅 必徎 必御 必佲 必俏 必奮 必奮

贈太師成安郡王謚敏士銖 太子右監門率府率士鐭
訓武郎不劃 贈武經郎不耜 贈武翼大夫不渝 成州團練使不儔 不軼 朝散大夫不騏 追封安化郡公不 贈朝議郎不縮 贈武翼大夫不咈
善橘 善櫰 善揣 善融 善虹 善沫 善奎 善奮 善璪 善玦 善過 善興 善譏 善愢 善樋 善蒼 善鄣 善曠 善僖
汝穋 汝櫳 汝杋 汝概 汝樾 汝柱 汝枹 汝濂 汝涸 汝汻 汝泚 汝皙 汝溲 汝瀫 汝御 汝溭 汝瀉 汝澡 汝澋 汝屋
崇藹 崇渾 崇枇 崇樨 崇梾 崇盱 崇崍 崇盬 崇膞 崇櫼 崇榭 崇欖 崇案 崇楨 崇棹 崇佣 崇恰 崇恈 崇鈉
必大 必奮 必憤 必惆 必憸 必滢 必潤

善鉤 善藹 善訪 善英 善冠
汝璽 汝坴 汝墊 汝淑 汝泓 汝津 汝溶 汝濰 汝淳 汝洪 汝滰 汝琬 汝珪 汝璡 汝栝 汝櫕 汝楴 汝櫌 汝檳 汝樨 汝濂
崇錫 崇鉿 崇瑞 崇璽 崇玭 崇珽 崇璩 崇璬 崇珍 崇壥 崇槿 崇熠 崇瑫 崇穡 崇憺 崇悄 崇梅 崇椅 崇乘 崇東 崇轘 崇轄 崇焜 崇煬 崇爛 崇遜 崇迴 崇遂 崇適 崇送 崇合 崇金
必沄 必泓 必洐 必沽 必沂 必漩 必濉 必溪 必瀃 必沔 必洐 必湏 必濛 必濘 必熒 必昅 必熜 必詥 必熵 必烽 必鋃 必鏈 必鑷 必樞 必暵
良垓 良宷 良墀 良達

右監門率府率仲賢
感德軍太子右監
仲嶨 史士穗 不瞋 成忠郎不竭
榮州刺史士睦
太子右內率府副率士新
右千牛衛將軍士浩
太子右監門率府率士滿

昭信軍承宣使 吉州刺 武忠郎
太子右監門率府率士大
太子右內率府副率士最
太子右監門率府率士逵

汝漸 汝渟 汝詳 汝訊
善惰
善瀛 武德郎不播
汝迒 汝過 崇惒 崇澥 崇泐 崇淤 崇霽 崇湙
汝贇 汝迁 必顯 必穎 必頫 必恁
善蒞 汝送 汝驤 崇淑
汝馭 崇㵟
善鞍 汝驄 汝澗 崇禰 崇䄶 崇穡
汝息 汝藩

昭慶軍承宣使仲分
贈右衛將軍士𥘩
成忠郎不遺
不紊
保義郎不抑
忠翊郎不踽
善鉛 汝候 汝悠 汝恧 汝慧 汝意 汝恖 崇惰 崇盤
善鈁

右千牛衛將軍不戾
保義郎不盅
訓武郎不珙
善鑌 汝璃 汝瑣
善燦 汝燵 汝竚
善鐵
善鏄 汝悳 崇憖

承宣使仲份
門率府率士禔
太子右內率府副率士湛
太子右監門率府率士美
從義郎士稚
不裘
訓武郎不舒
善鑰 汝悚 崇儁 崇陣
汝憐 崇惶
善鏗 汝懞
汝鐮 崇尊
汝錫
善銑 汝滯 崇烑 崇熿
善鑁
善銀 汝汀 汝潛 汝砯 崇 崇

太子右內率府副率仲俟
榮國公仲璸
瓊王謚恭憲仲儀
開府儀同三司和國公士周
贈武德郎不騫
善禋 汝遠 汝迺 汝達 崇珠 崇核 崇熅
善典 汝課 汝誤
善瑎
善鍇 汝坩
善
武德郎不黜
善賚 汝沼 汝茫 汝濯
善軻
善軹
太子右監門率府率士拾

贈金州觀察使安康侯士瑄
從義郎不佮
善中
太子右內率府副率士報
右千牛衛將軍士與
不
太子右內率府副率士要
右千牛衛將軍士禩
太子右內率府副率士投

武節郎不糾
善邃 汝倫 汝閎 汝懍 汝愃 崇濛 崇粟 崇繁
善迂 汝聽
武翼郎不辱

康州防禦使仲琺　忠州團練使仲玶

太子右監門率府率士表　太子右監門率府率士濤　太子右監門率府率士賽　太子右監門率府率士賢　太子右監門率府率士潤　太子右監門率府率士斂　太子右監門率府率士偶　贈開府儀同三司士烝

忠訓郎不呲　不危　從義郎不施　武節郎不攄　武節郎

善寵　善張　善柯　善琬　善麾　善涾　善祿　善豢　善稟　善騂　善枅　善梂　善梗　善槐　善棙

汝昭　汝杉　汝柘　汝桌　汝橫　汝樱　汝楀　汝榫　汝櫏　汝槁　汝株　汝瀿　汝漾　汝淬　汝熣　汝烶　汝烜　汝焯

崇塀　崇埔　崇洵　崇滏　崇瀿　崇警　崇訹

越王房

越王諡文惠元傑

孝紹不及名，詔以克言子宗望繼其孫

高密郡公宗望

右監門率府率仲栩　右監門率府率仲藹　右監門率府率仲賢　右監門率府率仲炤　贈保靜軍節度使開府儀同三司諡良僖仲節

贈陳州觀察使陳國公士閎　贈越州觀察使會稽侯士穫　贈安化軍節度使觀察留後高密郡公士耕　贈右屯

不壞　襲封越國公不器　左侍禁不伐　右班殿直不累　從義郎不黨　秉義郎不舒　成忠郎不敏　承信郎不伎　三班奉職不違

善空　善宋　善諮　善歷　善智

汝堅　汝賁

崇道　崇信　崇德　崇榮　崇倡　崇大　崇贊　崇亮　崇至

必規　必開

東平侯仲嘉

衛大將軍士蚪　左侍禁士覗　秉義郎士徧　左侍禁士榛　朝散大夫士瞰　贈開府儀同三司士附　贈中州觀察使高密郡公士姮　武功郎士錠　忠訓郎

承信郎不欺　三班奉職不矜　右侍禁不復　右班殿直不仲　三班奉職不忿　三班奉職不攝　忠訓郎不怡　宣義郎不綠　三班奉職不伸　左班殿直不臨　不斁　不偶　不疎　訓武郎不華　承節郎不抗　武翼郎不賽　成忠郎不耀　保義郎不避　忠翊郎不同　成信郎不惑　不雍　承節郎

善時　善璇　善效　善建

汝義　汝俊　汝兮　汝最　汝浚　汝繕　汝疆

崇允

河內侯仲炎　華原郡公仲峭

士晳　太子右內率府副率士艮　太子右內率府副率士屏　太子右內率府副率士聽　贈右屯衛大將軍士暐　贈武功大夫士沆　贈保大軍承宣使高密侯士充

不吝　承信郎不佟　成忠郎不染　贈武節不倚　奉直郎不滅　武翼郎不息　不必　秉義郎不愈　三班奉直不回　武翼郎不溢

善鉦　善欽　善錡　善鏄　善釗　善施　善漁　善謀　善譞　善詩　善調　善謙　善訪　善輝　善建

汝枌　汝棣　汝納　汝極　汝芬　汝檥　汝符　汝梲　汝才　汝充　汝童　汝昔　汝曾　汝育　汝褒　汝卞　汝忻　汝沼　汝蒙

崇璫　崇璜　崇激　崇樸

必達

右監門率府率仲絶

右班殿直士珝　贈敦武郎士灌　右侍禁士宕　右班殿直士焱　武經郎　士訢　右班殿直士彝　右班殿直士鑒　敦武郎士涇　右班殿直士汲

不已　不僭　修武郎不求　承節郎不羣　不侫　保義郎不愈　修武郎不濊　秉義郎不回　承信郎不盈　至承直郎不乙　忠翊郎不丙　承信郎不丁　不未　不戊　不倚

善仁　善亶　善俊　善贇　善逵　善嵒　善崧

汝楁　汝儷　汝能　汝悳　汝撓　汝典　汝巽　汝勵

崇恪　崇愷　崇字　崇萃　崇保　崇億　崇隨　崇慨　崇珪　崇瑔　崇瓌　崇進　崇佚　崇詢　崇漪　崇倬　崇僴　崇儒

必信　必戩　必茂

右班殿直士流　武經郎士巷　從義郎士梾

宋史卷二百三十三

元中書右丞相總裁脫脫等修

世系表第二十四

宗室世系十九

鎮王房

鎮王謚恭懿元儼

相王謚孝定允弼

祁國公謚良宗遠

右監門率府率仲翏　潤國公仲叙

內班殿直士揄　內班殿班士軏　贈武翼大夫士輗

贈太中大夫不曜　不愚　不溢　不柔　武經郎不屯

善況　善雄　善回　善愈　善仁　善智　善信　善許　善診　善誑　善謬

汝訒　汝駿　汝覲　汝驤　汝墻　汝壟　汝伉　汝鍋

崇策　崇見　崇駜　崇盤　崇檜　崇騆　崇被　崇談

必瓊　必玫　必瑍

崇信

高密郡公仲誘

太子右監門率府率士嶠 贈汾州觀察使景城侯士禍 武經大夫士屹 左班殿直士膕 武翼大夫士貔

武節郎不式 從義郎不慢 不兼 不衰 承信郎不沭 承信郎不廚 忠翊郎不危 三班奉職不儔 成忠郎不詰 成忠郎不遛

善諗 善詞 善誕 善讜 善誧 善譎 善滁 善瑀 善抉 善鄄 善讖 善栻 善延 善鳳

汝訓 汝檻 汝根 汝榑 汝桻 汝檍 汝閱 汝槅 汝欙 汝勑 汝槲 汝協 汝炷 汝弟 汝崖 汝北

崇捡 崇旄 崇堤 崇楫 崇橾 崇碏 崇 崇璲 崇珉

必褰 必茇 必柬 必蕎 必蓒 必茨 必葯 必蕅 必榮

奉化郡公仲漣

右班殿直士肆 右班殿直士錯 右侍禁士憖 從義郎士漁 贈威德軍承宣使清源侯士瑄

武翼郎不雙 不過 不渲 修武郎不倚 成忠郎不憖

善把 善彬 善惕 善濟 善淵 善信

汝暭 汝睹 汝邊 汝賢 汝霖 汝楫 汝錫 汝彬 汝梅 汝梲 汝哲

崇軺 崇韃 崇輾 崇輕 崇輮 崇軝 崇賛 崇祐 崇纘 崇嗣 崇璘 崇高 崇桷 崇玢 崇玗 崇琪 崇琮 崇瑁

必餌 必鉺 必鋆 必高 必埏 必禮 必社 必議 必諠 必譽 必彰 必魁 必慨 必僥 必佇 必儁 必佩 必俠 必息 必暲 必礁 必鏑

良穗 良梓 良棌 良墉 良壎 良演 良蓬 良遷

武經郎士佇 忠訓郎士俾

武經郎不覲 承信郎不趍 承節郎不敵 承節郎不倦 秉義郎不辱 武經郎不諱 承節郎不譊 從義郎不誟 從義郎不謀 秉義郎不計 從義郎不佹 不敢 不騎 秉義郎不黨 忠訓郎

善偪 善忙 善怗 善恂 善長 善言 善恪 善慨 善惇 善懌 善愷 善澐 善釋 善彝 善籲 善祖

汝須 汝烴 汝譜 汝試 汝明 汝窜 汝魁 汝隅 汝彗 汝祐 汝葳 汝柽 汝愆 汝封 汝懋 汝懽 汝俾 汝傑 汝樗 汝楠

崇墫 崇增 崇熿 崇綶 崇現 崇臺 崇汋 崇城 崇瀆 崇淀 崇淑 崇灤

必硂

嘉國公仲鶴

武翼郎士淶 武翼郎士意 秉義郎士駁 右侍禁士燕 武經郎士鵬 武經郎士誄 左班殿直士代 修武郎士慮

不倚 不比 不器 忠訓郎不猛 不驕 從義郎不迷 保義郎不荒 承信郎不過 不退 不遲 修武郎不遇

善淵 善信 善郁 善恩 善咊 善降 善縮 善饒 善佯 善鐪 善鉦

汝彤 汝示 汝旂 汝害 汝靡 汝攻 汝㵊 汝阮 汝陶 汝諶 汝純 汝壓 汝學 汝曇 汝諮 汝訪 汝訒

崇壽 崇潟 崇嶷 崇衎 崇鏾 崇鑴 崇詔 崇謏 崇誏 崇譚 崇誼 崇鐮 崇闐 崇閣 崇閟 崇徘 崇健 崇傑 崇濟

必舒 必鑴 必銜 必沽 必滓 必淬 必淑 必勝 必燚

彭城郡公宗藝 南陽郡王諡良孝宗綽

河內侯仲醬 贈左領軍衛將軍仲傾 穎國公仲磨

武義郎士机 秉義郎士洧 右班殿直士購 敦武郎士碎 從義郎士歗 保義郎士榮 成忠郎士怖 敦武郎士階 武翼郎士誌

不遇 不逼 從義郎不溢 從義郎不潰 秉義郎不汰 秉義郎不淪 訓武郎

善鐙 善惠 善恩

汝壽 汝袠 汝被 汝憑 汝璜 汝淵 汝全 汝異 汝盆

崇潔 崇璲 崇淦 崇璩 崇備 崇暎 崇骰 崇膣 崇紘 崇膺 崇脯 崇悰 崇暘 崇㦃

必玹 必靖 必鏈 必浚 必臺 必賚 必埜 必畊 必苣 必莪 必蔗

良𣉖 良畤 良畹

贈右領軍衛將軍仲逢 濟陽侯

修武郎士朘 宣教郎士綠 從善郎士搢 贈武功郎士充 贈武功

不汚 武經郎不氏 保義郎不惑 右班殿直不竈 修武郎不貪 不病 不貳 保義郎不渝 忠翊郎不珂 不悖 不沉 不違 不逭 不適 武義大夫不弊 承節郎不狭 不妨

善芮 善畏 善匏 善頻 善涸 善稽 善元 善職 善偒 善聆 善畯 善脩 善鐸 善珏 善楔 善栓 善眹

汝凿 汝鄙 汝淪 汝澳 汝綖 汝軨 汝爾 汝壽 汝靚 汝逮 汝所 汝訟

崇穰 崇禮 崇社 崇禩 崇袡 崇補 崇侑 崇㒟 崇做 崇璓 崇瑁 崇霳 崇俳 崇匝

必洩 必佃

仲慥 | 贈太師太子右

大夫士宿 武經郎士祛 | 武翼郎士鑑 武節大夫士苞 | 贈正奉大夫士藍

不華 贈武經郎不懒 不湮 | 承節郎不慊 修武郎不僅 | 修武郎不已 | 贈朝議大夫不愧 贈宣奉大夫不悔 朝散大夫不悋 承議郎不愠 武德郎不悱

善璾 善瑒 善持 善稔 善移 | 善樞 善杞 善極 善楮 善騂 善球 善瑜 善琇 | 善宿 善㳻 善璿 善瑀 善瓖 善玩 善環

汝贊 汝鈐 汝侖 汝僩 汝係 汝休 汝解 汝奐 | 汝緻 汝絹 汝約 | 汝達 汝宅 汝至 汝鋏 汝鏊 汝考 汝卯

崇墾 崇堢 崇堃 崇壘 崇塞 崇墅 崇緹 崇總 崇紋 崇繼 崇佈 崇梟 崇玧 崇玗 | 崇伏 崇圓 | 崇藺 崇堅 崇葯 崇檮

必岍 必鏷 必逯 必愠 必恮 | 必厲 必歷 必然

循王謚思宗景 | 贈司空南陽郡王謚恭康宗奭

率府副率仲羲 嘉國公仲獬 | 鎮東軍承宣使仲溫 華陰侯仲沃

修武郎士鐙 從議郎士侮 左班殿直士雅 右班殿直士任 忠翊郎士鳳 忠翊郎士賈 武節郎士銓 | 忠翊郎士勔 贈乾州團練使士濫 成忠郎士裡 左藏庫使士琚

不霈 修武郎不跙 | 修武郎不踏 不距 不踌 不踊 | 不躁 不踦 不貪 不賚 保議郎不詔

善昌 善兆 善璽 善渼 | 善亶 善海 善璨 善審 善臯 善堅 善潦 | 善鐻 善超 善俊

汝膴 汝鐇 | 汝讓 汝謐 汝貯 汝諍 | 汝諳 汝桱 汝椙 汝臯

崇僐 | 崇誠 崇謍 崇謌 崇嶒 崇暘 崇峒 崇峼 崇峭 崇棕 | 崇德

必淦 | 必正

良誠 良忠

右千牛衞將軍仲光

武功大夫榮州團練使士珆 忠翊郎士進 成忠郎

不訥 不詭 修武郎不譎 保義郎不許 秉義郎不跪 | 不誕 | 保義郎不詖 成忠郎不詛 不許 武節郎不誹

善能 善箕 善政 善潽 善祕 善祐 善禰 | 善同 善從 善駿 善適

汝烈 | 汝密 汝逄 汝濮 汝鐸 汝僊 汝聰 汝聆 | 汝匪 汝璙 汝鐺 汝鑊

崇奕 崇姚 崇嶽 崇衞 崇永 崇述 崇鎮 崇詢 崇瀾 崇讜 崇僖

必勇 必榮 必適 必祿 必忕 必謀 必煜 必鉐 必璸 必瑁 必鎬

良才 良正 良慶 良詵 良諭 良謯 良澤 良洪 良埃 良璯 良煸 良詠

陳國公諡孝修宗旖

右千牛衞將軍仲班 溫國公諡孝恪仲芮 崇國公仲譚 高密侯仲曉

士釗 右班殿直士謨 武翼郎士鏵 右侍禁士鉉 贈武節郎士珽 從義郎士鉌 從義郎士銓 從義郎士慫 忠翊郎士侅 左班殿直士召 武翼郎士覭 贈右朝散郎士適 左班殿直士發 右班殿直士興

忠翊郎不踰 秉義郎不戲 不遞 忠訓郎不倞 贈承議郎不僬 武翼郎不慎 不儒 不直 忠訓郎不爔 忠訓郎不枝 承節郎不器 保義郎不瘞

善勵 善長 善埴 善堂 善鄗 善蘄 善禛 善秬 善橋 善械 善宄

汝燕 汝銑 汝鏐 汝鎰 汝銅 汝羔 汝美 汝賢 汝贊 汝贇 汝貴 汝義

崇臻 崇愍 崇德 崇悊

北海郡公宗劇

文安侯仲柟 彭城侯仲雪 閬中郡

成忠郎士淬 成忠郎士麃 贈武略郎士棧 武德郎士修 修武郎士燊 教武郎士倓 左班殿直士機 右班殿直士坤 武經郎士璧 贈武節郎士洋 左班殿直士穗 武節郎 士恕 武經大夫士僨 右侍禁

成忠郎不慼 成忠郎不諂 不氷 忠翊郎不東 承信郎不吝 不惔 不擢 成忠郎不濁 武翼郎不隕 進武校尉不言 承節郎不亮 從義郎不柔 不哀 不遜 不速

善靚 善璦 善璝 善珽 善懒 善串 善遂 善漉 善渶 善璚 善璮 善瓆 善數

汝慶 汝度 汝從 汝翼 汝穆 汝遨 汝邇 汝祚 汝禰 汝禍 汝禮 汝禬 汝祖 汝祜 汝禊

崇侖

公仲敵 濟州防禦使仲吟 太子右內率府副率仲譜 華原侯仲遐 饒陽侯仲沄

士緷 右侍禁士塼 右班殿直士悈 修武郎士河 武經郎士磚 從義郎士辟 士亭 成忠郎士義 修武郎士謐 贈武義郎士僂

承節郎不爍 忠翊郎不箕 武訓郎不砢 不虣 不謬 承信郎不虐 不靡 不詵 成忠郎不瑕 不玷 贈武經郎不僂

善亨 善壹 善言 善慶 善晰 善穢 善多 善迫 善孅 善玉 善桐 善棣 善述 善氤 善俠 善彖 善匭 善佺 善俅 善禔 善椿

汝宋 汝薪 汝熊 汝芹 汝宥 汝騤 汝寵 汝憲 汝案 汝窩 汝內 汝楷 汝機 汝栴 汝槐 汝鐸 汝鑑 汝戩

崇伋

武翼郎士侇 武經郎士錡 武節郎士崪 敘承信郎士儁

保義郎不剡 不隱 保義郎不窪 成忠郎不窖 武翼郎不宊 贈通奉大夫不㨈 武翼郎不搖 不扞 從事郎不操 保義郎不侻 不蓋 不武 不違 不合 不僭 不性

善健 善汝 善拘 善瑊 善峴 善羿 善傎 善藟 善瑚 善冊 善璹 善樓 善侃 善芯 善亨 善粵 善繪 善誦 善偍 善伋 善瓖 善圍 善泙 善浯 善俯 善仲 善敞

汝談 汝湏 汝正 汝銅 汝昌 汝顯 汝萍 汝汜 汝浛 汝洌 汝龐 汝浿 汝佼 汝漢 汝漫 汝違 汝德 汝澗 汝驎 汝澄

楚王房

楚王諡恭惠元偁

贈左屯衞大將軍允莊 贈汝州防禦使允則

詔以允升子繼楚王爲孫高密郡王諡孝惠宗達

東陽郡公仲烈

惠國公士夋

三班奉職不儁 贈武翼郎不諂

善榮 善義 善戡 善慶 善言

汝順 汝冊 汝㽦 汝嘉 汝孚 汝漸 汝茂 汝績 汝先 汝渙 汝文

崇履 崇士 崇向 崇識 崇譽 崇祉 崇舉 崇簡 崇肖 崇珏 崇晉 崇莘 崇覲 崇速 崇建 崇玷 崇迄 崇暹 崇揞 崇拔 崇攄 崇椅 崇栻 崇海 崇謂 崇剮 崇溢 崇濯 崇傷 崇儆 崇仰 崇儷 崇洽

必堅 必強 必興 必濟 必滋 必恭 必升 必謙 必信 必劾 必欽

良肱 良輔

贈左領軍衞將軍仲幾 贈保寧軍節度使觀察留後仲湯

修武郎士循 從義郎士虢 建國公士紘 楚國公士擐

修武郎不訥 武經大夫不讁 成忠郎不謀 忠翊郎不遠 忠訓郎不邇 秉義郎不逆 成忠郎不速 不豈 不匝 不逸 訓武郎

善治 善輔 善能 善長 善政 善俟 善賁 善尊 善黍 善敏 善巧 善彬

汝明 汝霈 汝恭 汝和 汝會 汝綸 汝綬 汝榦 汝濋 汝晤 汝企 汝翼 汝适 汝由 汝少 汝胜 汝侵 汝慸 汝孚

崇博 崇發 崇覿 崇志 崇信 崇該 崇瑱 崇[illegible] 崇檍 崇諦 崇悰 崇倪 崇便 崇閭

必大

不忸　承節郎不譁　承節郎不惰　修武郎士桂　不義　保義郎不吝　忠翊郎不愚　承節郎不憂

善膺　善軺　善敦　善通　善和　善用　善同　善固　善圓　善因　善回　善周

汝晦　汝特　汝昳　汝昉　汝睢　汝曉　汝祥　汝桂　汝隆　汝瞚　汝俊　汝膵　汝諧　汝爲　汝功　汝安　汝寧　汝賢　汝德　汝壽　汝棠　汝弼　汝能　汝明

崇伋　崇剛　崇熱　崇裍　崇軒　崇逵　崇聞　崇諴　崇硃　崇黷　崇宿　崇郈　崇思　崇僎　崇彧　崇抃　崇惠　崇定　崇珍

周王房

周王恭肅元儼　博平侯允熙　定王允良

贈太師安康郡王謚孝榮宗絳

右監門率府率仲錦　贈左領軍衛將軍仲洙　右監門率府率仲璸　右監門率府率仲竣　贈右領軍衛將軍仲會　贈寧遠軍節度使仲綬　蘄州防

右侍禁士禛　右班殿直士溧　右班殿直士蛻　右班殿直士儀　武翼郎士　修武郎士　士驕　忠訓郎士　武翼郎士氏　東頭供奉官士譜　右侍禁士諴　成忠郎士莪　成忠郎士瑥　成忠郎士薦　成忠郎士憇

承節郎不遜　不悚　不溺　不請　修武郎不觭　承節郎不瀘　承節郎不怏

善闓　善發　善散　善決　善淨

汝仁　汝明　汝改

禦使仲牧　漢東侯仲撫　贈左領軍衛大將軍仲訪　象州刺史仲遹　東陽侯仲兕　贈左領軍衛將軍仲㯿　贈武功大夫成州團練使仲丞

左班殿直士珩　右侍禁士幾　右侍禁士辜　右班殿直士買　右班殿直士相　忠訓郎士蒲　左班殿直士沐　敦武郎士濊　武德郎士珙　右班殿直士遵　右侍禁士惷　忠翊郎士谷　成忠郎士偏　右侍禁士膺　承信郎士鋹　武翼郎士抎　武經大夫士遂

從義郎不伸　不僣　忠訓郎不傷　不謨　秉義郎不懣　從義郎不慧

善皐　善收　善敵　善懺　善攸　善遷

汝辰　汝迴　汝逃　汝適　汝逖　汝遲　汝追　汝送　汝遹　汝遼

南陽侯仲鎭　右監門衞大將軍仲培　和州防禦使仲壚

忠翊郎士鄭　成忠郎士胖　成忠郎士騮　敦武郎士元　贈武節大夫士翻　成忠郎士構　武義大夫士準　右侍禁士椿　成忠郎士顯　保義郎士宿　成忠郎士䝟　武經郎士彝　成忠郎士偉　武經郎士旰

承節郎不懸　不愳　忠訓郎不恩　保義郎不感　不戒　不志　訓武郎不增　保義郎不玷　從義郎不瑜　承節郎不佔　秉義郎不伸　不作　成忠郎不倣　訓武郎不復　不恣　不詒　不梅

善建　善建　善週　善連　善近　善逡　善逢　善誘　善問　善庭

汝昌　汝昇

贈司空普安郡王宗藺

貴州刺史仲琊　太子右內率府副率仲堅　奉化侯仲垩　高密郡公仲錞

成忠郎士夔　贈明州觀察使奉化侯士褎　從義郎士寅　武經郎士軏　右班殿直士貸　秉義郎士珍

太子右監門率府率不退　不邁　保義郎不迄　不退　不迄　承信郎不壞　不迭　不選　不迭　保義郎不伐　成忠郎不獨　不驕　不爭　不危　不戒　承信郎不隱　不回　不作　承信郎不惰

善學　善愸　善璕　善謀　善從　善言　善誘　善翔　善珦　善薏　善琚　善瑕

汝能　汝夔　汝煓　汝復　汝漆　汝果　汝能　汝壽　汝玤　汝埋　汝瑍　汝璋　汝祿　汝霖　汝賢

崇典　崇良　崇賢　崇賢　崇禧　崇譽　崇謨

太子右內率府副率仲兼　申州團練使仲涓　馮翊侯宗史　信都郡公宗勣

贈左武衞大將軍仲孜　贈左屯衞大將軍仲跂　太子右內率府副率仲娟　成州刺史仲摩

秉義郎士贊　保義郎士遹　成忠郎士邁　成忠郎士珈　成忠郎士瑀　成忠郎士遵　成忠郎士　成忠郎士誠　成忠郎士齡　成忠郎士林　忠翊郎士造　修武郎士頻　武節郎士熊　修武郎士誠

朝請郎不將　承節郎不忡　宣教郎不怡　不作　不悇　不慎　不佼　不愁

善邈　善遄　善迒　善遂　善遐　善邁　善邏　善逸　善綢　善經　善綯

汝立　汝串　汝枝　汝楫　汝篤　汝能　汝嘉　汝桂　汝林　汝椿　汝侻　汝倆

永嘉郡王謚思恪允迪

贈舒州團練使宗易　太子右監門率府率宗象　贈太保簡王謚康懿宗粹

太子右內率府副率仲顯　贈左屯衛大將軍仲軾　右千牛衛將軍仲賦　博平侯仲衢

忠訓郎士錡　忠訓郎士鈑　敦武郎士鑛　成忠郎士惟　忠翊郎士譴　從義郎士巘　成忠郎士鄉

忠翊郎不闇　不眹　成忠郎不罷　贈訓武郎不栞　不惆　不慷　承信郎不忞　忠訓郎不愬　不懔　不悠　不悱

善灌　善孝　善忠　善琦　善倖　善耆　善積　善績　善詩　善給　善撼　善個　善佸　善譪　善從　善璩　善緒

汝鏇　汝僥　汝蓄　汝贊　汝霖　汝俊　汝儀　汝作　汝什　汝脩　汝攸　汝能　汝傈　汝諸　汝詳　汝說

榮國公仲颿　遂寧軍承宣使仲軒

秉義郎士鈸　朝奉郎士鉞　忠訓郎士驩　右朝請大夫士㤉　秉義郎士折　貴州團練使士僅　文州團練使士儁　右朝請郎士駉　武德郎士駿　秉義郎士儔　右班殿直士佺　武經大夫士侁

不旦　不苛　右迪功郎不譪　不薄　忠訓郎不太　不非　不礙　保義郎不均　不𢝰　不窗　承信郎不矜　承節郎不懶　不愜　不肇　不空　不旦　不佞　忠翊郎不逸　不違　修武郎不棨　忠訓郎不琀　不巢

善穎　善瑄　善鼓　善導　善慶　善問　善良　善選　善佐　善殿　善祺　善偲　善嵩

汝瑒　汝是　汝墳　汝雛　汝良　汝增

崇虎

永國公仲翦

忠翊郎士瑨　成忠郎士尚　忠翊郎士卽　成忠郎士昌　右班殿直士葚　贈右朝散大夫士叟　武經郎士鴞

不柔　不侮　贈朝奉　不筱　朝散大夫不逮　保義郎不速　武節郎不過　訓武郎不違　保義郎不運　不逸　不遂　不逭　不避　不進　不迹　不迂　不邊　不遵　不退　承節郎不訥　武經郎不逡　不敦　不諛　不訶

善固　善權　善憺　善懥　善憧　善謐　善譫　善禰　善文　善塼　善謐　善諄　善調　善伯　善全　善亦　善庶　善泉　善言

汝諸　汝讓　汝柎　汝析　汝梯　汝榑　汝梧　汝滅　汝鏽　汝鏰　汝鎮

博平郡王謚安恭允初

宗

德慶軍節度使仲溫　右監門衛大將軍仲銳忠州防禦使　仲舡　和州防禦使仲晳　詔以宗晉子繼允初爲孫東陽侯仲遨

武翼郎士以　武翼郎士雍　忠訓郎士耘　武翼郎士稍　從義郎士宿　忠翊郎士岐　忠翊郎　士　忠翊郎士彥　修武郎士嬞　贈左朝請大夫士旂

不警　不乏　不忝　不仇　不潑　不叉　承信郎不道　承信郎不逵　承信郎不退　不迹　不迂　保義郎不亂　右侍禁郎不敗　不矜　不瀕　不慎　改贈朝散郎不領

善意　善錫　善景　善孚　善俸　善淳　善漋　善爽　善智　善信　善僭　善儁　善積　善學　善長　善僧　善言

汝傳　汝夫　汝誇　汝謙　汝諒　汝詮　汝訦　汝謀　汝儀　汝艾

從義郎士覿　成忠郎士旗　秉義郎士廉

承信郎不或　忠訓郎不設　承信郎不括　贈中大夫不柔　右迪功郎不器　承信郎不踰　不戚　承信郎不貪　不謬　不居

善能　善杰　善結　善佮　善志　善綢　善肅　善鎡　善謀　善惪　善紀　善韋　善杰　善泰　善昌　善闓

汝括　汝顔　汝瑄　汝拱　汝瓌　汝督　汝自　汝昨　汝晏　汝驄　汝嗈　汝晤　汝封　汝聃　汝齊　汝驪　汝方　汝晏　汝稽　汝許　汝㒶　汝絅　汝龔

崇零

英宗四子長神宗次吳榮王顥次潤王顏早亡次益端獻王頵

獻王頵

吳榮王馮翊侯

頵

益端獻王頵

孝純　晉康郡王孝騫　永國公孝錫　博平侯孝哲　檢校少保淮康軍節度使孝詒

追封華原郡公安統　右千牛衛將軍安部　安炳　安盛　汀州防禦使安祚　贈太師追封文安郡王安時　太子右監門率府

居欽　居毅　居端　居竫　居易　居廣　居仁　居申　居修　居禮

多福　多壽　多碁　多謨　多才　多藝　多見　多德　多義　多述　多識　多智　多功　多學　多益

自牧　自康　自師　自誠　自重　自明　自公　自遠　自適　自祁　自正　自安　自顯　自謙　自勉　自東　自欽　自恭　自竊　自勤

深甫　文甫　和甫　山甫　介甫　及甫　清甫　仲甫　生甫　華甫　茂甫　尹甫　吉甫　杏甫　章甫　亨甫

豫章郡王孝參
率安靈
太子右監門率府率安素
貴州刺史安正
居民
居久
右監門衛大將軍安民
右監門衛大將軍安上
右監門衛大將軍安靜
太子右監門率府率安瓏

贈司空平原郡王孝奭
太子右監門率府率安雅
太子右監門率府率安叔
太子右監門率府率安紀
太子右監門率府率安識
太子右監門率府率安叭
追封惠國公安信
居中
多能
自存
自任
自儉
多助
自得
遵甫
自廉
康州刺史安中

檢校少保寧武軍節度使孝隲
右監門衛大將軍安世
居簡
居衛
太子右監門率府率安謐
居閣
多廉
自約
自柔
多賢
太子右監

神宗十四子長成王佾次惠王僅次唐哀獻王俊次褒王伸次冀王僩次哲宗次豫悼惠王价次徐冲惠王倜次吳榮穆王佖次儀王偉次徽宗次燕王俁次楚榮憲王似次越王偲惟佖俁似偲四王有子餘八王皆早亡

檢校少保奉寧軍節度使開府儀同三司孝忱
門率府率安嗣
太子右監門率府率安寶
太子右監門率府率安式
太子右監門率府率安鄘
太子右監門率府率安戩
太子右監門率府率安枝

順昌軍節度使孝穎
太子右監門率府率安明
太子右監門率府率安敍
太子右監門率府率安邈
太子右監門率府率安適
太子右監門率府率安期
太子右監門率府率安節

檢校少保靜江軍節度使孝愿
安毖
太子右監門率府率安宅
太子右監門率府率安憲

贈司空廣陵郡王孝永
忠州防禦使安止
居厚
多慧
自治
多閎

贈侍中尚書令兼中書令徐州牧吳王諡榮穆佖
追封華原郡公有恪
和義郡王有奕
安遠軍節度使有常

太原成都牧燕王俁
興寧軍節度使有章
追封博平侯有隣
追封文安侯有成

贈太師尚書令兼中書令冀州牧楚王諡榮憲似
永定郡王有恭

眞定牧越王偲
追封河內侯有儀
遂安軍節度使有忠
右驍騎衛將軍有德

徽宗三十一子欽宗爲長子高宗爲第九子棫之弟材之兄也檉楫材栱椿機早亡

贈太師尚書令兗王諡沖穆檉
太原牧兼杭州牧鄆王

楷贈太師尚書令兼中書令追封荊王諡悼敏楫太保保平武寧軍節度使肅王樞太傅荊南鎮東軍節度使景王杞太傅鎮國寧海軍節度使濟王栩檢校太尉開府儀同三司淮海節度揚州管內觀察處置等使益王棫贈太師兼右弼追封祁王諡沖穆材開府儀同三司武勝興寧軍節度使祁王模開府儀同三司寧江軍節度使莘王植開府儀同三司靜難軍節度使儀王朴山南東道河陽

三城節度使徐王棣劍南東川武軍節度使太保沂王樗贈太師尚書令追封鄆王諡沖懿栱瀛海安化軍節度使檢校太傅和王栻慶陽昭化軍節度使檢校太傅信王榛慶源軍節度使檢校太保贈太師兼右弼追封漢王諡中昭椿開府儀同三司鎮安軍節度使安康郡王櫂開府儀同三司保靜軍節度使廣平郡王楗贈太師兼右弼陳王諡悼惠機武康軍節度使檢校少保桐國公梴平海軍節度使

檢校少保瀛國公樾開府儀同三司武安軍節度使建安郡王楧定國軍節度使檢校少保嘉國公椅雄武軍節度使檢校少保溫國公棟集慶軍節度使檢校少保英國公橞保慶軍節度使檢校少保儀國公桐淮康軍節度使檢校少保昌國公柄橫海軍節度使檢校少保潤國公追封原王

朴榛橞不知所終楧從徽宗出橐於青城餘皆北遷

欽宗二子長皇太子諶北遷次訓生于五國城

高宗一子元懿太子旉三歲亡

孝宗四子長莊文太子愭次魏惠憲王愷次光宗次開府儀同三司淮原軍節度使邵悼肅王恪早亡

光宗二子長保寧軍節度使挻早亡次寧宗

寧宗九子長不及名次兗沖惠王埈次邠沖溫王坦次郢沖英王　次華沖穆王坰次順沖懷王圻次申沖懿

王墉次肅沖靖王埴次邳沖美王坻皆早亡

宋史卷二百三十四

元中書右丞相總裁脫脫等修

世系表第二十五

宗室世系二十

魏王廷美十子長高密郡王德恭次廣平郡王德隆次潁川郡王德彝次廣陵郡王德雍次郎國公德鈞次江國公德欽次原國公德潤無子次申王德文次姑臧侯德願無子次紀國公德存分爲八房

高密郡王房

高密郡王謚恭惠德恭	
潁國公承變	
右班殿直克暗	建國公克徽
馮翊侯叔藻	
太子右內率府副率勤之	太子右內率府副率綦之 利州觀察使釋之 贈右奉議郎
三班借職公益	左班殿直公溥 右班殿直公潤 贈中大

叔	榮國公叔數
之	祿之 冀州防禦使騤之 河內侯徽之 三班奉職拔之 武經郎善之
公	夫公回 保義郎公閲 武翼郎公秩 右侍禁公度 訓武郎公素 武翼郎公宰 公甸 武翼郎公貞 右班殿直公明 公恍 從義郎公旦
彥	彥球 彥禮 彥璆 彥琳 彥璪 彥元 彥通 彥仁 彥信 彥章 彥文 彥武 彥幸 彥頓
夫	藻夫 衡夫 維夫 丹夫 及夫 睦夫 文夫 直夫 淟夫 勝夫 紹夫 經夫 繕夫 綬夫 綝夫 繳夫 緝夫 絢夫 維夫 觀夫
時	時爵 時性 時恒 時息 時德 時拭 時括 時倈 時侑 時濂 時義 時柏 時采 時杰 時熊 時職
若	若隆 若澂 若涓 若鈞 若鋻 若元 若矜
嗣	嗣傑

之	武功大夫貴之 右班殿直正之 承議郎傑之
公	從義郎公臬 公昇 公景 公昱 公脕 公曠 公智 秉義郎公司 武義大夫公謀 從義郎公諝 忠翊郎公儀
彥	彥賓 彥尹 彥文 彥敱 彥禑 彥姍 彥筌 彥籍 彥策 彥箎 彥鎰 彥迺
夫	興夫 愨夫 杰夫 文夫 瑾夫 珵夫 侊夫 仔夫 惪夫 憑夫 思夫 心夫 恩夫 僯夫 僅夫 倜夫 侵夫 侏夫 傑夫 佲夫 輒夫 意夫 甫夫 漫夫
時	時昌 時休 時迴 時佮 時佫 時逵 時瀾 時熠 時操 時璩 時滄 時湢 時輇 時樸 時俊 時雕
若	若弨 若弧 若疆 若柯 若俁 若侁 若俶 若瑩 若皇 若熹 若杰 若儉 若電 若芝
嗣	嗣塗 嗣澗 嗣渝 嗣汸 嗣灉

秉義郎宰之	東平侯叔夜　靜江軍承信保叔劉	
公聯　保義郎公倚　保義郎公傳	保義郎元之　三班奉職公願　贈武略大夫公慧	秉義郎公楷　忠翊郎
彥逮　彥蓮　彥逾　彥連	彥油　彥渼　彥溥	彥治　彥讀　彥滋　彥淄　彥泮　彥渝　彥潤
論夫　璩夫　琥夫　璼夫　傺夫	偵夫　俺夫　俵夫　侗夫　使夫　儼夫　倍夫	僎夫　俯夫　偵夫　瑀夫　居夫　珆夫　依夫　琢夫　瑛夫　功夫
時蓮　時嵩　時巽　時鉞　時錢　時鑑　時新　時錫　時鎮　時饑	時班　時瑞	時燾　時駿　時攄　時柠　時樒　時樕
若慜　若鐵　若憲		若邇　若逸

北海侯克絢		
華陰侯叔蕃	堅陽侯	叔魚　右千牛衞將軍叔跪
敏之　秉義郎寶之　武翼郎印之　忠翊郎禾之　右監門衞大將軍忠州刺史堅之　右侍禁坦之		秉義郎道之
公復　公壽　訓武郎公倧　成忠郎公彥	承事郎公立	秉義郎公誼
彥連　彥杭　彥烝	彥京　彥朋	彥純　彥仁
謙夫	諄夫　倫夫　佑夫　倨夫　憤夫	琳夫　琛夫　瑕夫　璌夫
時勝　時騰	時顛　時碩　時頌　時灝　時遴　時栗　時濤　時要　時賁	時鏞　時滸　時潰　時藻　時需　時與　時革
若鎖　若鋗	若墐　若鏗　若檜　若樽　若滾　若家	若榆　若橙　若楄　若檜　若棟　若澳　若瀾　若淙
		嗣昭　嗣瞪　嗣守　嗣宥

		太子右內率府叔雍　太子右內率府副率叔嚴　廣平侯叔羲
	贈右朝請大夫適之	贈武經郎棠之
中散大夫公諟	左朝請大夫公謹	公濟
彥倚	彥俶　彥俠　彥伊	彥傳
璉夫　瑂夫　璠夫　瑤夫　琁夫	姓夫　熋夫　玗夫　㚟夫　粿夫　晉夫　㷀夫　商夫　蠘夫　瑞夫　璃夫　埭夫	嫔夫　翊夫　桀夫　澈夫　㬍夫　跂夫
時值　時孚　時翚　時鑿　時衎　時暈　時鞏　時阜　時蕃　時適　時萊　時耕　時耙　時耤　時菽	時儁　時昱　時常　時潮　時和　時省　時衷	時䳘　時傑　時芮　時雷　時克　時廣　時序　時譪
若泌　若澂	若瑠　若玩　若藺　若瓊	若藷　若蕭　若怡
嗣鐔	嗣通　嗣寬	嗣淳

惠國公克孝
高密郡公叔若
與之　榮之　瑩之　南陽侯溪之
修武郎公澤　公淳　公浞　保義郎公信　修武郎公輔　右班殿直公昇　承節郎公澍　修武郎公朗　承節郎公總　贈正奉大夫公遜
彥峴　彥嵒　彥圮　彥正　彥仍　彥仁　彥仰　彥褪　彥向
玘夫　珣夫　玗夫　嶽夫　其夫　允夫　亮夫
時虒　時漉　時圉　時適　時蓬　時渠　時歡　時申　時得　時位　時侃　時儇　時倚　時偁　時俊
若枝　若栦　若壞　若墠　若壂　若丑　若琦　若墠　若璪　若琭　若璘　若琨　若璡　若塗　若垶　若墼　若璵　若瑱　若埕
嗣僑　嗣靖　嗣寬　嗣永　嗣方　嗣允　嗣立　嗣庚　嗣鏞　嗣遂　嗣集　嗣呂　嗣暹　嗣高
次曾　次昂　次昇　次旦

訓武郎公朋　秉義郎公純　武經郎公選　成忠郎公鄰
彥音　彥倫　彥倫　彥惊　彥惰　彥懌　彥惻　彥忻　彥怵　彥情　彥詮　彥瀟　彥恰　彥頤　彥愷
髦夫　光夫　羌夫　芹夫　嗛夫　晛夫　昞夫　照夫　曉夫　暐夫　千夫　洮夫　妃夫　燈夫　用夫
時侁　時磐　時僬　時　時儁　時隱　時偵　時份　時倪　時得　時詎　時謙　時穗　時模　時樟　時琛　時檦　時儦　時㒟　時伊
若璐　若琉　若瑝　若瑊　若璨　若珇　若鐵　若鑑　若珠　若珥　若珪　若瑰　若琜　若御　若瀿　若漻　若嚱　若理　若瑾　若珍　若瑑　若玶　若琱　若珊
嗣亨　嗣充　嗣宮　嗣交　嗣卞　嗣昱　嗣京　嗣亦　嗣音

東頭供奉官通之
公權　左宣義郎公孫　成忠郎公緯　公欽　贈銀青光祿大夫公言
彥悌　彥恹　彥憓　彥悅　彥翼　彥文　彥袞　彥翼　彥頫
介夫　休夫　達夫　通夫　滀夫　元夫　僑夫　譽夫　南夫
時湜　時洛　時詭　時韺　時歆　時頔　時諲　時護　時韶　時鈦　時溪　時𡑞　時治　時鑁　時錝　時鏌　時鏵　時鏵　時鈴　時物　時嶠　時愴　時飾　時珹　時琓
若瑽　若璞　若垟　若玦　若𡋯　若涎　若沸　若鋼　若鍍　若僑　若傳　若泒　若洽　若潹　若涯　若洴　若浩　若汾　若瀘　若灃　若污　若淤　若瀸
嗣儞　嗣淇　嗣渙

秉義郎望之 贈承議郎右之 忠訓郎心之 保義郎統之 三班奉職補之

從義郎公鐩 公浚 奉議郎公渙 保義郎公高 公諧 公詔 公諒 公讜 公譏 從義郎公韓

彥掞 彥強 彥端 彥入 彥摘 彥駒 彥驥 彥佽 彥椢 彥椆 彥揀 彥衙 彥璺 彥賓 彥壅 彥緻

獻夫 賽夫 賚夫 賀夫 贊夫 麌夫 麐夫 雲夫 溢夫 槻夫 業夫 強夫 勳夫 燊夫 耘夫 幹夫 勁夫 吟夫

時迪 時迵 時迲 時迺 時遜 時逭 時逋 時違 時衡 時琛 時球 時琣 時理 時濫 時澂 時炘 時琗 時玟 時瑥 時衙 時浤

若釪 若鏾 若錤 若鐼 若𤦶 若竦 若洋 若沵 若梱

建安侯叔滕

左侍禁護之 左屯衛大將軍昪之 武經郎和之 三班奉職信之 秉義郎居之 修武郎赫之

保義郎公定 秉義郎公管 承節郎公琁 承節郎公璦 承信郎公邑 公攝 修武郎公端 承信郎公正 公邈

彥衛 彥悊 彥悠 彥焘 彥昌 彥晷 彥璀 彥儆 彥傯

道夫 畠夫 茁夫 閆夫 閭夫 闖夫 閫夫 俊夫 儨夫 憶夫 穆夫 怡夫 惔夫

時潛 時洋 時琥 時紓 時絺 時綣 時綜 時徠 時徬 時衲 時迁 時祄 時沃 時隆 時攸 時洌 時迺 時遹 時洞 時沆 時沅 時漙 時瀿 時浮

若溦 若桎 若櫃 若栩 若枅 若椭 若散

嗣演 嗣潤

忠翊郎叔生 開國公叔彩

寶之 右侍禁愛之 三班奉職養之 忠翊郎藹之 成忠郎普之 從義郎仰之 谷之 忠翊郎健之

公還 公遂 從事郎公詵 從政郎公覿 公鼎 秉義郎公甋

彥碩 彥仁 彥輝 彥曜 彥博 彥惆 彥諗

懌夫 愷夫 忖夫 惟夫 節夫 惰夫 惆夫 傳夫 僤夫 憤夫 悟夫 擣夫 摻夫 懲夫 習夫

時洲 時濠 時漎 時京 時鋌 時欽 時淙 時淪 時汪 時溱 時瀨 時渶 時湑 時潒 時沜 時淀 時燗 時炟 時潤 時剛 時玠 時瑀 時珹 時宴 時過

若樑 若楎 若楒 若槐 若棖 若樋 若橋 若枋 若樾 若楇 若琚 若漏 若濬

保義郎盈之
公庠 保義郎公軫 贈秉義郎公甯
彥誠 彥評 彥英 彥道 彥通 彥選 彥昭 彥輔 彥迺 彥時 彥煩 彥逢 彥博 彥漢 彥橫 彥易 彥突 彥客 彥密
燦夫 乂夫 澤夫 莒夫 中夫 儕夫 佩夫 保夫 俗夫 僧夫 憓夫 棟夫 傆夫 畬夫 祓夫 僱夫 儂夫 偬夫 弘夫 倕夫 俱夫
時側 時鈇 時鑌 時送 時玭 時球 時鍐 時釤 時謖 時譜 時鏆 時鍾 時鉛 時劉 時錐 時櫕 時遷 時還 時達
若溤 若淖 若滰 若洳 若滿 若溠 若梢 若樇 若瑄 若玗 若蕙 若淋 若稙

追安郡公叔絕 大安侯叔瑀
保義郎寧之 三班奉職任之 三班奉職富之 武翼郎審之 秉義郎定之 武功大夫果州團練使
忠翊郎公寧 公宓 公富 公安 承信郎
彥威 彥寔 彥室 彥察 彥客 彥突 彥翔 彥甯 彥宿 彥空 彥岩
佖夫 倖夫 僥夫 傭夫 僵夫 伉夫 倖夫 優夫 備夫 僭夫 祿夫 仇夫 追夫 遲夫 迢夫 週夫 導夫 企夫 伺夫 鄧夫 榮夫 謳夫 凝夫
時延 時遒 時途 時遊 時遷 時蓮 時邀 時贍 時暖 時顯 時透 時建 時邊 時蓮 時蓬 時逯 時逕 時邊 時賂 時昭 時晥 時腓 時越 時軛 時寧 時穹 時寠 時家
若詩 若遷

贈右屯衞大將軍克肖 新國公克頠
贈左屯衞大將軍叔昇 敦武郎叔最 右侍禁叔洸 修武郎叔旂 武翼郎叔旃 河內侯叔慈 太子右內率府副率叔瀐 右監門率府率叔僧 和國公叔象
康之 三班奉職將之 延之 左班殿直得之 左班殿直待之 贈武功大夫旦之
公溫 承信郎公蕿 公顯 贈武節郎公灝 公浚 訓武郎公齊
彥彬 彥贊 彥林 彥婪 彥駷 彥騆
錯夫 岧夫 燧夫 滬夫 寵夫 寯夫 詁夫 謙夫 諴夫 讁夫
時楚 時棣 時朴 時柲 時槅 時概 時栟 時株 時浙
若玭 若璀 若璞 若瑽 若玶 若瑥 若璢 若琤 若玤 若琲 若瓔 若瑄
嗣潚 嗣漫

武當侯承壽
饒陽侯克己
會稽郡公叔韶　西頭供奉官叔勛　益州侯叔鲍
房國公檢之　秉義郎崑之　明之　護之　修武郎鑒之　左承直郎崇之　贈從義郎廣之　武忠郎昇之
右千牛衛將軍　公玑　公珣　公賦　武經郎公寔　公重　武德郎公琱　訓武郎公溍
彥傻　彥悰　彥聽　彥育　彥荀　彥拼　彥俄　彥侮　彥文　彥根　彥棅　彥楮
訓夫　攧夫　預夫　蕁夫　橋夫　涔夫　灃夫　郡夫　銘夫　鏐夫　嵓夫　敦夫　戒夫　成夫　戢夫　倲夫　德夫　醇夫
時蓀　時轄　時櫙　時櫺　時料　時枱　時騙　時蘇　時湟　時櫙　時習　時傑　時英　時佑　時修　時佐　時儁
若琛　若遅　若瀧　若海　若韓　若婁　若奭　若洪　若梅　若槫　若稷　若涫　若滈　若潢
嗣申　嗣宗　嗣案　嗣貴　嗣俊　嗣芳　嗣甲　嗣棻

太子右內率府副　公路　濟源侯公邵　右監門衛大將軍領榮州刺史公倲　華陰侯公穎
彥魯　彥仍　彥拚　彥玉　彥傅　彥向　彥尹　彥聖　彥荀　彥才　彥汲　彥楮　彥棅　彥概
堯夫　會夫　端夫　嚴夫　瀕夫　薇夫
時諶　時富　時密　時宋　時迭　時臻　時育　時豐　時輔　時安　時鬧　時豪
若謙　若謀　若讀　若憑　若恣　若忠　若僭　若節　若賢　若壚　若儀　若潛　若奕　若渶　若藻　若栂　若沖　若顏　若剛　若松　若筠　若淵　若伊　若礪　若僖
嗣荃　嗣英　嗣蔗　嗣茂　嗣準　嗣滏　嗣昌　嗣厚　嗣嘉　嗣廉　嗣肩　嗣嶓　嗣吉

右監門衛大將軍叔職
南陽侯深之　太子右內率府副率化之　平陽侯曉之
率公謀　武經大夫公彥　右班殿直公佑　訓武郎公明　忠訓郎公鑑　修武郎公徹　右監門率府率　公禹　西頭供奉官公著　訓武郎公海
彥兄　彥愈　彥莊　彥烈　彥博　彥蘭　彥雲　彥揚　彥一　彥孟　彥世　彥聲　彥古
秀夫　正夫　忱夫　礽夫　評夫　誠夫　訥夫　誌夫
時順　時明　時寵　時璉　時瑚　時言　時相　時備　時夷　時儲　時鏈
若古　若回　若璉　若錞　若欽　若鎮　若憲　若鉷
嗣賢　嗣佺　嗣伸　嗣榆　嗣㯤　嗣榛　嗣榺　嗣榆　嗣儀　嗣俘　嗣櫻　嗣楈　嗣棋　嗣梳
次定　次山　次向

東平郡公叔裒

淮陽侯致之　贈右屯衛大將軍命之

內殿崇班公元　公晃　訓武郎公袞　從事郎公覺　秉義郎公兌　贈通直郎公覽　右禁侍公蔚　右班殿直公塈

彥言　彥莊　彥祿　彥持　彥綢　彥紀　彥維　彥經　彥咸　彥成

揄夫　迥夫　邁夫　逘夫　達夫

時淳　時恬　時憙　時憲　時愁　時沛　時應　時悊　時忞　時慶　時意　時慗　時佳

若津　若珇　若輝　若崧　若彬　若坔　若憍　若懷　若周　若用　若閔　若宣　若寧　若朴　若栱　若榕　若權　若機　若瑛　若瓏　若鈞　若鐸　若黔　若鏼

嗣巖　嗣坔　嗣堪　嗣玥　嗣焓　嗣境　嗣琫　嗣瑞　嗣　嗣　嗣鋈　嗣覞　嗣珙　嗣湏　嗣瓛

景陵侯克基

華陰侯叔材

武衛大將軍橫州刺史共之　景城侯燭之

修武郎公顛　秉義郎公寘　修武郎公奕　公靚　忠訓郎公規　從事郎公寬　贈金紫光祿大夫公峴

彥遙　彥還　彥道　彥遠　彥達　彥進　彥升　彥勱　彥勵　彥威　彥駿　彥勛　彥勳　彥勤

端夫　竭夫　倚夫　奇夫　勇夫　平夫　能夫　泙夫　洴夫　巘夫　岐夫　峨夫　灌夫　讓夫　敵夫　廉夫　遉夫　翮夫　戒夫　蒧夫　戩夫

時囦　時純　時保　時佟　時滌　時尹　時瓊　時循　時征　時僧　時嶶　時棟　時璩　時寀　時精　時諧　時譴　時謹　時璣

若釿　若鎣　若山　若逵　若縢　若僚　若沐　若遼　若興　若津　若溺　若珣　若瓘　若鋇

嗣璣

漢東郡公兩之

贈宣奉大夫公奭　朝奉大夫公宏　承信郎公宰

彥道　彥顏　彥韓　彥千　彥博　彥鑑　彥車

諟夫　讓夫　蒙夫　實夫　贊夫　賢夫　蕡夫　賚夫　還夫　溪夫　橫夫　燧夫　域夫　沔夫

時遂　時達　時亦　時逸　時迵　時逢　時迭　時适　時適　時邂　時避　時迵　時遂　時逄　時亢　時莒　時蓮　時萱　時薦　時茁　時遨　時瑚　時璜　時僮　時傣　時僘　時逮　時守

若春　若智　若哲　若容　若著　若昜　若矑　若胃　若煥　若栻　若瑜　若璞　若篪　若琥　若窦　若瑰　若玔　若瑞　若璾　若巢　若瓶　若禾　若穆　若桐　若宋　若沁　若淀　若裙　若榗

嗣裕　嗣褕　嗣鈔　嗣鋥　嗣錨　嗣錯　嗣鋏　嗣鐵　嗣儻

太子右內率府副率叔華　太子右內率府副率叔瑩　右監門率府率叔璽　高密節公叔朋

三班奉職公各附武義　太子右內率府副率盡之　武顯大夫宜之　太子右內率府副率彧　之　贈武翼大夫存

大夫公壞　成忠郎公立　保義郎公袞　贈訓武郎公儀

彥里　彥塼　彥本　彥協　彥肅　彥孟　彥近　彥迪　彥遲　彥明

顓夫　震夫　賓夫　朋夫　邦夫　炎夫　盧夫　固夫　傅夫　賁夫　榮夫　柯夫　柄夫　尹夫

時迎　時遺　時遼　時漣　時櫸　時楄　時柳　時御　時健　時優　時僑

若班　若瑚　若忞　若志　若薰　若垂　若均　若壇　若斦　若珚　若瑄　若玗　若鍇　若瑀

嗣適　嗣遇

之

贈奉直大夫公傑

彥晃　彥驊　彥職　彥早

櫛夫　桐夫　楠夫　桂夫　楹夫　鋌夫　梃夫　杓夫　榴夫　棣夫　椿夫　林夫　楫夫　樵夫

時玗　時珊　時瑲　時瑞　時圻　時琔　時理　時瓊　時璆　時琱　時瑈　時珖　時琄　時璄　時玥　時瑯　時璮　時瑅　時珩　時琲　時球　時琜　時琓　時琈　時瑠　時玲　時珀　時曾　時現　時乃　時鑿　時盈　時瑮　時姣

若溧　若涂　若涫　若輇　若軒　若輔　若輞　若轃　若轒　若輮　若軫　若轋　若軺　若軿　若轞　若輻　若鐺　若鍇　若鐃　若錄　若緝　若綸　若金　若鋸　若鋭　若璽

嗣章

贈慎州防禦使叔侯

文安侯議之　三班奉職詠之　左侍禁竦之　武節大夫覺之

武翼郎公傳　承信郎公倚　三班奉職公辨　成忠郎公謂　承信郎公彥　從事郎公鬱　承節郎公庶　承節郎公度　承節郎公僅　贈武翼郎公諒　公愿　公明

彥星　彥鉞　彥達　彥逵　彥訌　彥規　彥深　彥涓　彥睦　彥轍　彥鴻　彥輗　彥輞

櫓夫　懭夫　萱夫　蕓夫　密夫　簾夫　丙夫　其夫　褒夫　厚夫　庠夫　度夫　廱夫　靡夫　測夫　淩夫　湢夫　逢夫　涾夫

時譫　時忲　時惠　時崽　時愈　時濟　時倖　時倢　時彬　時俘　時僊　時綺　時綸　時繡　時熏　時涍　時璧　時栟　時林

若搏　若倧　若璪　若鉅　若耿　若燮

嗣溤　嗣渦

朝請郎誘之 成忠郎保之 適之 贈左朝議大夫直秘閣訓之 保義郎洪之 保義郎立之
公俊 公佾 公僩 公儻 公价 右文林郎公瀹 公湨 從義郎公海 成忠郎公愈
彥迺 彥翱 彥翩 彥翔 彥翻 彥析 彥燡 彥績 彥緘 彥貢 彥勺 彥籌 彥桐 彥權 彥楠 彥檝 彥暘
琟夫 燡夫 熢夫 贄夫 瓌夫 瑟夫 翔夫 祓夫 暈夫 睍夫 瀐夫 嬚夫 爖夫 炬夫 焯夫 懽夫 娗夫 虵夫 斌夫 熗夫 煉夫 怫夫 熗夫 遹夫 瑕夫 讜夫
時壜 時堅 時坐 時墉 時塔 時廙 時鉥 時鏌 時錙 時鋼 時映 時墜 時墊 時堇 時基 時壂 時埤 時墉 時墳 時塤 時壘 時塌 時錦 時鈀 時鋗 時鉄 時釷 時鎖
若媚

馮翊侯克侑
尹國公叔充
保義郎曁之 彭城侯撫之 洋國公百之 安康侯臨之
公國 公征 承信郎公計 武翼郎公戩 節武侯公戢 贈武德公俟
彥汝 彥諆 彥琮 彥湜 彥專 彥澤 彥龢 彥猷
祈夫 鑑夫 覼夫 簧夫 速夫 冢夫 沰夫 溫夫 斗夫 汆夫 涓夫 沼夫 屝夫 曆夫 延夫 惪夫 懋夫 灼夫 綸夫 繖夫 紺夫 絍夫
時晳 時鏽 時欽 時櫄 時鏦 時鏇 時遡 時邇 時遡 時鍊 時鑞 時鍑 時銅 時鐎 時鍟 時鏥 時鐨 時械 時瀶 時湧 時淯 時楮 時珥 時蹐 時容 時偏 時偶 時俟 時忻 時佑 時湜
若瀴 若坩 若墟 若壇 若雷 若原 若愿 若櫞 若櫟

贈武顯郎公濟 太子右內率府副率旬之 三班奉職延之 右侍禁祐之 右侍禁瞯之 贈中散大夫持
公舉 右班殿直公輔 公弼 公适
彥哲 彥頎 彥實 彥武 彥成 彥頫 彥溋 彥洛 彥沼
剡夫 洄夫 達夫 燚夫 高夫 鵬夫 冀夫 璥夫 志夫 忭夫 惪夫 悯夫
時湛 時熤 時範 時植 時遷 時檳 時振 時櫽 時桼 時棊 時橐 時棨 時棻 時㮚 時埜 時圭 時壆 時椁 時樬 時槫 時棆 時樺 時杓 時秉 時望 時檨 時畚 時澥 時澙 時鉉 時墍
若楷 若瑁 若琯 若礤 若珀 若瓀 若橫 若玶 若瑲 若肅 若徵 若湄 若瀹 若綮 若析
嗣煉 嗣惠

之
保義郎公建 朝請大夫公遵 忠翊郎公迪 秉義郎公遠
彥通 彥逵 彥汲 彥淵 彥渙 彥忞 彥向 彥寓 彥莒 彥堅 彥虡 彥灝 彥 彥湘
文夫 悊夫 恐夫 愍夫 意夫 塈夫 墍夫 埜夫 塵夫 鄘夫 永夫 言夫 苯夫 坑夫
時億 時舉 時惠 時瑗 時琰 時尌 時釪 時檽 時榴 時侈 時鎘 時鋹 時鋏 時況 時滬 時淘 時淶 時澳 時樺 時嗾 時嗾 時盱 時巇 時畊 時飭 時勵 時勸 時靳 時 時灼 時熛 時烷 時霙 時雲 時靄
若滅 若濂 若褒 若叓 若硐 若晧 若嚼 若琳 若浣 若耍 若瀗 若程 若凉 若洞 若漫 若洇 若槮 若櫥 若栩 若橋

公邇 武節郎忠訓郎公份 戴之 秉義郎公傅 贈宣義郎公倫 秉義郎右承事郎公悅 魄之
彥溥 彥遜 彥津 彥昭 彥敀 彥岐 彥暐 彥國 彥頤 彥固 彥揚 彥章 彥爽 彥亨 彥褒 彥齊 彥交 彥範
錫夫 瑔夫 璉夫 眞夫 燁夫 濯夫 適夫 邂夫 肅夫 順夫 滋夫 潅夫 通夫 受夫 軾夫 拜夫 犯夫 孖夫 鯉夫 逢夫 佚夫
時虎 時彪 時礹 時礪 時磒 時碚 時澄 時泳 時渙 時澈 時澧 時涓 時洤 時案 時玤 時貢 時翊 時蟻 時玜 時琡 時璵 時勅 時勑 時鑾 時鑒 時鑿 時慧 時謪 時詠
若櫶 若葉 若坊 若垛 若坎 若坦 若培 若霐 若靄 若澎 若涛 若汛 若汻 若汶

贈朝請郎武訓郎公懿 察之 贈朝請大夫公愈
彥簝 彥仜 彥傷 彥侃 彥偁
序夫 庇夫 珽夫 玩夫 鉍夫 鈀夫 璇夫 鏻夫 容夫 英夫 耆夫 執夫 秦夫 諭夫 重夫 斌夫 診夫
時悉 時憲 時窓 時瀛 時流 時濟 時洮 時渝 時浩 時涂 時洽 時衡 時畚 時級 時組 時緒 時琄 時瑒 時瑋 時琟 時墀 時堅 時墍 時璽 時遜 時遽 時芇 時漣
若鶚 若鵲 若麒 若麟 若鹿 若麗 若鏧 若淑 若瀾 若遂 若灌 若汰 若濂 若溫 若湍 若堎 若浣 若邊 若瀏 若椇 若棪 若棋 若柊 若樠 若滲 若液 若積
嗣棣 嗣夜 嗣禮 嗣瑞 嗣禍 嗣贊 嗣韗

	嘉國公叔于
	三班借職懋之 忠翊郎顓之 景城侯勴之 直之 贈修武
成忠郎公愨	公璋 公顓 左班殿直公侃 公偉 公佐 公僱 武翼郎
彥倕 彥偃 彥倪 彥倍 彥倬 彥偀 彥醇	彥僧
蛻夫 俅夫 佼夫 僤夫 傛夫 倮夫 俉夫 僡夫 像夫 軿夫 輻夫 轅夫 輸夫 軺夫 較夫 軨夫 軷夫 轤夫 珅夫 珏夫 玻夫 瑠夫 惕夫 恤夫	惻夫 倖夫 益夫
時墅 時壓 時珮 時璽 時琲 時玲 時紈 時寮 時寔 時遽	時迪 時浪 時湍 時涪 時斌
若櫚 若樛 若樸 若搽 若皐 若覬	

郎勍之 右班殿二勸之 修武郎勵之 三班奉職勸之 秉義郎	勛之 左朝請大夫勍之
公頎 公秉 忠順郎公義 公謹	公鳳 公序 迪功郎公鼐 公任
彥㦤 彥輔 彥軾 彥轔	彥泉 彥昀
鄙夫 受夫 信夫 侁夫 傳夫 傈夫 价夫 偉夫 伸夫 伉夫 億夫 份夫	熾夫 皙夫 榮夫 桌夫 榮夫 菜夫 榭夫 稀夫
時京 時卞 時褻 時袤 時亦 時褱 時韋 時裔 時燮 時秉 時正 時釆 時袤 時亯 時桑	時鋪 時玑 時烽 時姝 時烟
若源 若浚 若湘 若瀾 若溱 若霽 若湒 若溤 若澹 若瀛 若滑 若困 若湂 若鏑	若栝 若璽 若轅
嗣檣 嗣梓 嗣桂 嗣櫶 嗣槃	

榮國公叔急	容州觀察使叔瑁
太子右內率府副率溗之 從義郎進之 右侍禁益之 修武郎湘之 右班殿直說之 修武郎忞之 武翼郎譓之	贈朝議大夫獻之
將士郎公鶩 公恭 從義郎公選 承節郎公磐 從義郎公玘 承信郎 公瓌 公著 公雍 成忠郎公莘	武經郎公晉 承信郎公嚴
彥諮 彥晉 彥試 彥迥 彥迅 彥遂	彥逮 彥遈 彥脩
恢夫 悌夫	慨夫 烈夫 惝夫 惺夫 繩夫 紘夫
時坩 時坊 時堵 時㙮	時培 時壕 時塏 時埱 時坡 時埜 時埡 時垿 時堧 時圳
若鏃 若培 若堺 若境 若壥 若墳	若鎰 若錫 若縉 若崇
嗣潛	

敦武郎述之　右承議郎頔之

忠訓郎公健　公价　公信　公份　武翼郎公櫌

彥濟　彥運　彥安　彥宥　彥宗　彥成　彥銈　彥容　彥綺　彥堦　彥壚　彥璩　彥坤

蕎夫　芳夫　皎夫　皓夫　傛夫　聽夫　璠夫　瑎夫　顥夫　熊夫　帿夫　烝夫　譙夫　庭夫　磨夫　康夫　庶夫　歷夫　穡夫　蘋夫　萱夫　蓋夫　鑣夫　錧夫　鋒夫　錙夫　玨夫　賫夫　磷夫

時傈　時杓　時憮　時懞　時恮　時偕　時怡　時怍　時惰　時憒　時悟　時悚　時瀿　時澗　時洒　時洙　時濡　時溫　時鋮　時滓　時潣　時溢　時渢　時灉　時沐　時沕　時瀲　時訣　時詢　時諱　時諄

若諮　若諴　若譏　若譪　若詒　若謙　若誥　若澪　若輷　若轄　若瑋

嗣鎮　嗣鑑　嗣鍈

濟陽郡公克淑

景國公叔夏

右驍衛大將軍忠州團練使好之

公楷　三班借職公棨　忠訓郎公變　承議郎公高　保義郎公迥　三班奉職公澈　三班奉職公爽　成忠郎公逵　成忠郎公邁　忠訓郎公戩　承信郎公繆　武經郎公章　承信郎公述　忠翊郎公裔

彥坊　彥墣　彥圤　彥讜　彥譲　彥琳　彥珵　彥理　彥回　彥倫　彥肅　彥韋　彥依　彥賁　彥廣　彥肅　彥聿　彥賁　彥臏　彥賑　彥服　彥肵　彥膳　彥腆

輅夫　鈴夫　鑪夫　銀夫　剛夫　亞夫　忠夫　慧夫　逸夫

時讜　時冑　時瑱　時琀

若侹　若倅　若件　若備

安樂郡公叔蓋　廣平侯叔堙　東陽侯叔嫣　高密郡公叔搌

太子右內率府副率禘之　奉義郎敏之　武德郎育之　武經郎應之

成忠郎公才　公說　公浩　公槐　公溪　三班借職公僾　承事郎公珣　訓武郎公瑞　秉義郎公翊　承節郎公璟　承節郎公恕　忠翊郎公憲

彥倫　彥依　彥芾　彥俊　彥鏞　彥侁　彥諷　彥琇

畢夫　案夫　吉夫　遵夫　僑夫　道夫

時慧　時余　時蔆　時溓　時灝　時汰　時怫　時儋　時悔　時遲　時通　時巡　時逄　時迁　時徵　時救

若愉　若浇　若浥　若瀛　若浣　若列　若鶴　若輪　若軟　若珊　若瑥　若瑚　若珄　若璜　若玲　若珠　若璟　若珣　若琱

左班殿直叔喜　內殿承制叔枅　右班殿直叔禄

淳之　修職郎迪之　忠訓郎原之　三班奉職侖之　敦武郎僉之　右朝議大夫志之

公璪　公驎　公永　將仕郎公昶　右迪公郎公祐　忠翊郎公哲　公彥　公旦　將仕郎公价　保義郎公播

彥寔　彥寧　彥安　彥定　彥密　彥翔　彥儹　彥佐　彥偉　彥貴　彥仟　彥倫　彥端　彥靈　彥磐　彥振

遠夫　迕夫　迈夫　迪夫　邏夫　遼夫　迮夫　週夫　近夫　詔夫　遽夫　逅夫　耦夫

時蒳　時蕙　時繪　時敢　時獻　時絢

宋史卷二百三十五

元中書右丞相總裁脫脫等修

表第二十六

宗室世系二十一

廣平郡王房

廣平郡王諡恭肅德隆　贈溪州團練使承訓　儀國公克勤　東陽郡公叔昂　太子右監門率府率挺之　安康侯美之　太子右內率府副率公尹　河內侯公烈

彥詵　致夫　時雍　時楙　時伸　時俊　時价

彥許　敭夫　時颸　若功　若勳

教夫　時震　時奕　時晉　時謔　若谷　若孟　若曾

敏夫　敵夫　攸夫　牧夫　時謹

三班奉職公緈　右侍禁公紹　三班奉職公繹　秉義郎公煥　彥淵　玉夫　時飛　時猷　時睦　時麟　時鳳　時選

馮翊侯藏之　公烽　承信郎公炳　清源侯公鉉　太子右內率府副率公繪

三班奉職公適　承節郎公泰　太子右內率府副率公槐　贈沂州團練使勞之　太子右內率府副率公琇　左侍禁公燮

文安侯王之　修武郎公望　彥誠　挺夫　時魯　時譯　若珏　彥孟　武翼郎

公純　彥堪　立夫　時謣

承節郎公紹　彥增　訓夫　時詡　頴夫　時詵　志夫　時譪　若璟　若球　若瑀

贈萊州團練使聰之　秉義郎公圭　彥文　緯夫　時受　若充　若允　總夫　時含　綱夫　時得　時萬　時億　時柿　時珽

保義郎公麟　彥行　彥忠　悖夫　時成　時酾

承節郎公焯　彥裔　凱夫　時懌　時嗣　時登　時惠　時指　時怙

公弇　彥泰

贈湖州觀察使抗之　右班殿直公素

監門衛大將軍政之　贈武節郎用之　贈右金紫光祿大夫順之　贈從議郎貫之

右班殿直公直　公彥　修武郎公永　左朝議大夫公權　左朝請郎公爟　右承議郎公矐　武翼郎公權　承信郎公翼　忠訓郎公恪　承節郎公悌　贈朝散

彥悬　彥晟　彥衡　彥衢　彥衛　彥何　彥黍　彥珀　彥端　彥靖　彥竦　彥蘁　彥碁　彥

鍔夫　鏻夫　鎰夫　銑夫　鏜夫　規夫　現夫　澳夫　亞夫　相夫　政夫　智夫　弼夫　光夫　鑒夫　銓夫　鉅夫　川夫　傢夫　俓夫　信夫　掖夫　撖夫　抗夫　安夫　寬夫　宏夫　寅夫

時演　時鉤　時鋼　時慭　時德　時定　時亨　時諫　時諭　時雍　時昌　時英　時亨　時亮

濟南侯克儉

右班殿直叔戴　太子右內率府副率叔幸　太子右內率府副率叔齊　太子右內率府副率叔㻏　彭城郡公叔愷　太子右內率府副率叔旃　贈右監門衛大將軍叔璉

昇之　成忠郎珣之　太子右內率府副率倚之　建安侯澄之　三班奉職元之　右班殿直潤之　左侍禁道之　三班借職湛之　修武郎誠之　武經郎辯之

大夫公恬　承信郎公辛　承信郎公意　承信郎公奇　成忠郎公謹　保義郎公晦　贈奉直大夫公鏊

彥敏　彥政　彥俊　彥強　彥遣　彥樵

敞夫　弢夫　數夫　敵夫　枚夫　斂夫　潤夫　似夫　任夫　佳夫　倜夫　僖夫　值夫　岳夫

彭城侯叔潾

秉義郎湙之　東平侯仰之　贈右屯衛大將軍應之　文安侯旬之

承信郎公誠　修武郎公續　贈武翼郎公質　成忠郎公璧　忠翊郎公弼　從義郎公顒　保義郎公璽　承信郎公訓　公詵　公謂　公佐　左班殿直公著

彥禔　彥由　彥榮　彥斌　彥端　彥蔚　彥竦　彥隷　彥澄　彥侁　彥顏

化夫　柜夫　賓夫　忻夫　卿夫　昜夫　顥夫　禧夫　祐夫　論夫　冲夫　瀅夫　傃夫　俁夫　明夫

時璋　時錫　時遷　時通　時夏　時丕　時貢　時逑　時遜　時遵　時邁　時萬　時二　時平　時巨

若訓　若諟

左侍禁克禋　彭城侯克孚

右千牛衛將軍叔敔　右領軍衛將軍賜進士及第叔歆　右衛率府率叔倚　高密郡公叔建

武翼郎成之　武衛大將軍榮州防禦使捐之　千牛衛將軍田之　武德郎履之

贈武節郎公岳　公寀　公祉　承信郎公定　承信郎公寧　左班殿直公允　右班殿直公閶　公閩　三班借職公式　承信郎公徲　忠翊郎

彥愈　彥賢　彥忠

敏夫　質夫　睬夫　賁夫　資夫　膺夫　瓚夫　貢夫

時雹　時舉　時許　時誨　時訦　時寧　時隆　時政　時臣　時恭　時鈞　時階　時苻　時肅　時用

若與　若安　若慶　若定　若先　若磐

臨安侯叔肹　博平侯叔欒

武德郎祐之　秉義郎鼎之　秉義郎輔之　贈武節郎翼之

公緈　秉義郎公綷　承信郎公纘　三班借職公代　承信郎公緯　贈武經郎公遠　承節郎公升　承節郎公曇　公晁　公晨　公昂

彥麒　彥麗　彥蘢　彥鏖　彥昭　彥嚞　彥磊　彥垚　彥給　彥僚

仁夫　仍夫　信夫　伋夫　侑夫　瑢夫　瑜夫　璉夫　琙夫　瓛夫　富夫　審夫　客夫　宮夫　寋夫　倜夫　仕夫　儒夫　倘夫　侲夫　儆夫　倬夫　伍夫　仉夫　禹夫　晰夫　悉夫　軌夫　輜夫　軌夫　愈夫　意夫

時衎　時份　時佺　時藹　時讖　時宗　時抑　時措　時施　時辯

若祉

嗣詩

廣平侯叔曹　河內侯叔遂

右班殿直直之　右班殿直得之　東頭供奉官器之　修武郎壽之　保義郎盈之　永之　成忠郎從之　從義郎道之　忠翊郎和之　左侍禁明之　經武郎齊之

承信郎公壽　忠翊郎公慶　公訴　承信郎公沂　公雋　公沂　公設　公譓　公謣

彥玩　彥鞹　彥貾　彥化　彥東　彥儒　彥斌　彥遵　彥貫　彥贇　彥泰

鑌夫　潛夫　濇夫　浹夫　芑夫　彥夫

時輅　時楝　時潤　時霖　時霄　時霱　時囊　時縿　時維

若淏　若岱　若呰　若嶧　若岊　若岀　若鈁　若鐮　若秘　若秩　若琫　若枇　若柞　若櫚　若柝　若榕　若椭　若璉　若櫛

嗣賓　嗣岃　嗣仟　嗣鏈　嗣祉　嗣湨　嗣侃　嗣侑　嗣倎　嗣仿　嗣倢

公許 公謂

彥春 彥昭

逷夫 兹夫

時愿 時致 時幹 時賜

若槵 若寬 時雄 若遂 若浙 若瀛 若沛 若漼

嗣鋼 嗣寧 嗣實 嗣安 嗣定 嗣佳 嗣 嗣信 嗣倀 嗣達 嗣遵 嗣其

次宏 次寔 次權

奉化郎叔𨹧

秉義郎說之

公諮 公訢 保義郎公企 承節郎 公祐 承節郎公佾

彥溥 彥涬 彥溧 彥湜 彥濟 彥沂 彥洄 彥淵 彥葆

环夫 臺夫 霖夫 顔夫 顒夫 顗夫 頷夫 顧夫 頡夫 敫夫 邑夫 介夫 碩夫 芮夫 鄗夫

時敎 時敉 時鑲 時寘 時悫 時態 時懇 時昇 時昺 時曈 時瞰 時暇 時昳 時曨 時曖

若嶂 若嶒 若宏 若仔 若朷 若楅 若樺 若柹 若裀 若稌 若䄧 若袝 若矜 若禔

武經郎益之 修武郎諤之 諫之 右監門衛大將軍叔過 武翼郎申之

公源 公澤 承節郎公侃 公俊 忠翊郎公檖 武翼郎公退 成忠郎公淇 公勝 公義

彥扆 彥懿 彥定 彥寧 彥沚 彥汭 彥溥 彥叔 彥泌 彥淳 彥落 彥壽 彥楝 彥幹 彥澧 彥濟 彥臣 彥竑

越夫 盈夫 快夫 璥夫 雅夫 楚夫 瑶夫 柄夫 鋼夫 釗夫 鏶夫 鋏夫 煩夫 煊夫 熄夫 堙夫 填夫 夵夫

時晐 時暕 時景 時睍 時迫 時逖 時炯 時眐 時桃 時賫 時贊 時貞 時賀 時闡 時訢 時上

若剎 若佫 若傍 若傑 若仂 若漢 若劉 若汃 若涔 若渚 若濈 若浘 若澭

嗣絅 嗣楝 嗣松 嗣榗 嗣柛 嗣檳

西陽郡公克愍 安康郡公叔頡 太子右內率府副率叔齋

右侍禁求之 忠翊郎修之 承節郎行之 成忠郎循之 承節郎衍之 馮翊侯況之 清源侯孵之

公善 公羲 三班奉職公迪 左班殿直公元 修武郎公袞 修武郎公立 贈承義郎公舒

彥埣 彥証 彥謚 彥文 彥褎

宧夫 宥夫 鄭夫 熯夫 養夫 鏓夫 普夫 惪夫

時愈 時宗 時實 時濠 時滇 時滂 時湑 時杠 時洇 時漌 時旰 時昆 時樗 時柊 時渼 時濂

若瀞 若晦 若佐 若柏 若榕 若燦 若海 若付 若僎 若栖 若換 若塈 若輈 若倭 若棬 若棻 若楣 若棡 若栫

嗣抦 嗣摩 嗣搖 嗣琛 嗣瑤

惠國公叔紈
北海侯揖之
三班奉職公安 秉義郎公棨 忠翊郎公福 修武郎
武節大夫宥之
朝散郎公惠 成忠郎公愿 公思 成忠郎公懿 忠翊郎公意
贈朝議大夫公
彥和 彥禮 彥祁 彥椿 彥模
翼夫 夫 謝夫 詛夫 涌夫 敵夫 淚夫 渾夫 澳夫 濂夫
時芊 時李 時康 時庠 時扃 時力 時勛 時勸 時劾 時抙 時勢 時遠 時趣 時瑨 時璎 時環 時琮 時壏 時迴 時遷 時迖 時僟 時仞 時脩 時鎔 時釪 時璧
若樺 若琥 若玫 若玢 若琊 若仩 若墾 若脩 若俠 若俙 若侕 若倈 若璩 若游

淮陽侯叔卯
西頭供奉官喜之 忠訓郎寧之 左班殿直滌之 贈右朝奉郎澤之
公富 秉義郎公儀 秉義郎公喜 保義郎公宏 承節郎公博 保節郎公賓 保義郎公祐 公壽 贈中郎夫公旦 承節郎公奭
彥益 彥石 彥德 彥端 彥幸 彥弼 彥名 彥端 彥趏 彥靖 彥蜈 彥諫 彥魚
傾夫 嘉夫 昌夫 轃夫 威夫 立夫 傣夫
時硂 時鋑 時鏢 時珙 時瓏 時鏜 時鍊 時愛 時埔 時坤 時墥 時瓛
若峊 若生 若嵐 若碧 若懌 若侻 若汙 若澗 若潞 若櫛 若嵩 若嶽 若巖 若陵
嗣礿 嗣裡 嗣縒 嗣迪 嗣遂 嗣瀞 嗣瀷 嗣泓

忠翊郎左之 忠翊郎約之 成忠郎諆之 承信郎揞之 成忠郎貫之 贈朝議大夫禮之
承務郎公高 公扆 公晶 公穀 秉義郎公隱 承義郎公遠 朝散大夫直秘閣公迥 公述
彥思 彥爻 彥部 彥斐 彥端 彥柔 彥肇 彥憲 彥棻 彥璒 彥珂 彥慧 彥順 彥宗 彥敏 彥孜 彥玲
暄夫 麗夫 屬夫 鄦夫 邠夫 偤夫 傔夫 僊夫 縈夫 紮夫 素夫 顒夫 扆夫 墅夫 汫夫 頊夫 玒夫 瑒夫 琡夫 敍夫
時儇 時璋 時瓌 時璿 時徨 時泊 時罇 時導 時蹠 時緘 時勵 時劭 時鐇 時涅 時俾 時蔿 時原 時席 時儼 時逐 時迥
若燗 若錢 若鈂 若鑒 若瀏 若像 若儴 若莊 若湊 若涵 若瀴 若汎

潁川郡王房

潁川郡王諡安簡德彝

廣平侯承矩

光國公克賓

建國公叔亞　左班殿直叔負　左班殿直叔敷

安康侯報之　從政郎節之　華陽郡公學之

右班殿直公勰　贈中奉大夫公忞　公惠　從義郎公憲　右侍禁公璉　右侍禁公璷　贈武德郎公璨

彥孟　彥韓　彥荀　彥莊　彥古　彥國

充夫　仁夫　訥夫　僀夫

時毅　時聲　時牧　時稷　時教　時及　時適　時蓮　時榮　時豫　時倚

若璋　若琮　若璣　若琦　若璜　若璟　若璥　若璪　若瑄　若珇　若沄　若沂　若洤　若涂　若洽　若汴　若霮　若逵　若斌　若璲　若璥　若肆

嗣顥　嗣顒　嗣順　嗣顯　嗣約　嗣紹　嗣纓　嗣綸　嗣綉　嗣琨　嗣瑛　嗣瑾　嗣琪　嗣玫

清源侯道之

承議郎公揆

彥佾　彥游

倂夫　堯夫　瑭夫　瑜夫　班夫　珣夫　璘夫　理夫　韞夫

時怶　時棟　時儗　時价　時修　時傅　時邁　時遇　時速　時遡　時迄　時交　時友　時儀　時俶　時權　時濟　時欽

若譁　若金　若耆　若石　若塾　若鳳　若虎　若麟　若哲　若彪　若倫　若辯　若嶧　若諱　若誼　若讕　若講　若謗　若詗　若謐　若註　若機　若猛　若德　若介　若鑒　若疇　若和　若荃　若仁　若見　若虞

嗣清　嗣溥　嗣洽　嗣復　嗣澈　嗣洧　嗣溥　嗣錦　嗣菱　嗣誼　嗣祺　嗣晉　嗣祥　嗣燾　嗣棠　嗣淵　嗣謙　嗣誸　嗣紳　嗣纘　嗣縉　嗣陞　嗣炳　嗣炤　嗣鈞　嗣鍾　嗣釭　嗣鈸　嗣玦　嗣賓

武德郎公擬　忠訓郎公振　忠訓郎公挨

彥皇　彥回　彥齡　彥稷　彥弅　彥說　彥純　彥紹

玗夫　玖夫　嚴夫　森夫　渾夫　瑩夫　巽夫　巺夫　璡夫

時証　時謐　時訪　時炳　時翻　時芳　時著　時新　時蓁　時㣲　時偃　時佚　時億　時仰　時偉　時做　時傒　時定　時企　時倜

若林　若舟　若登　若火　若楠　若柱　若瓌　若璳　若諄　若謹　若記　若謐　若該　若詠　若諧　若讃　若調　若譯　若諒　若謎　若洗　若灝　若濟　若滑　若濼　若瀧　若泜　若瀕　若沮　若泳　若滛　若泓　若潕　若溥

嗣賓　嗣實　嗣珂　嗣璋　嗣璝　嗣璭　嗣琉　嗣逌

武翼大夫約之

武功郎公拯 武翼郎公迪 奉議郎公邁 從事郎公適 從事郎公适 忠訓郎公迅 公遠 承節郎公邊 公適 公遂

彥革 彥芹 彥芾 彥茀 彥芝 彥苹 彥芥 彥侁 彥儒 彥伸 彥傑 彥俊 彥偲 彥倅 彥遡 彥侃 彥倫 彥儀 彥信 彥儧 彥僑 彥倭 彥倜 彥個 彥僕

耕夫 栒夫 榻夫 柷夫 棪夫 顓夫 頊夫 愁夫 愿夫 頏夫 碩夫 詠夫 謗夫 俟夫 俯夫 僚夫 備夫 德夫 儂夫 頓夫

時僼 時仴 時瀫 時澾 時灩 時甯 時實 時玢 時琮 時敬 時璁 時壞

若潍 若玞

昌國公叔萌

忠訓郎經之 太子右監門副率長之 太子右監門副率亭之 左班殿直繹之 承議郎緯之 左班殿直繹之

左儒林郎公弨 成忠郎公幵 公詰 公銑 公朋 公从 公珏 三班奉直公衎 秉義郎公衡 成忠郎公默 修武郎公衎 左班殿直公

彥似 彥珷 彥軾 彥斌 彥倄 彥仁 彥回 彥齡 彥文 彥俊 彥修 彥傅 彥逌

介夫 復夫 泰夫 蹇夫 訓夫 召夫

時秀 時煥 時紳 時紀 時紹 時萃 時劣 時 時珌 時聰 時傾

若文 若澂 若潤 若槃 若格 若址 若壢 若塘 若堎 若增 若 若埭 若堎 若溭 若稽 若時 若畊 若鐫 若鑣 若鎮

嗣賀 嗣潤 嗣鄉 嗣鍶 嗣濮 嗣淮 嗣涎 嗣洌

濟陽侯叔定 崇國公叔闢

武經郎緯之 贈左領軍衛將軍襄之 贈武節郎衮之 左侍禁衮之 秉義郎袤之

武翼郎公元 公卞 秉義郎公度 秉義郎公麗 公術 公慶 公寅 公稟 秉義郎公彥 承信郎公庠 武翼郎公寄

彥艮 彥仲 彥价 彥适 彥遠 彥惻 彥涉 彥兌 彥贊 彥髦 彥髳 彥肇 彥髹

非夫 靚夫 章夫 會夫 鑾夫 巍夫 侏夫 僑夫 論夫 許夫 湓夫 憨夫 依夫 急夫

時傅 時褢 時悰 時悀 時憬 時懽 時覓 時祿 時蕈 時璵 時璵 時僊 時使 時仳 時溺 時濟 時沂 時涯 時汴

若猷 若康 若賁 若賓 若宲 若寘 若磷 若現 若琿 若瑀 若璸 若硤 若楧 若柳 若杍 若欄 若棣

敦武郎彥之　從義郎襃之　贈正奉大夫襃之

贈武義郎公廉　承信郎公康　公廙　公沂　公濟　公沛　右修職郎公鷹　修武郎公厲

彥鬆　彥樸　彥莘　彥皁　彥凡　彥牛　彥斗

鍪夫　鏸夫　遐夫　訏夫　許夫　諴夫　諦夫　牛夫　羔夫　鷩夫　虎夫　龍夫　駭夫　騤夫　鎔夫

時汃　時瀞　時憪　時炑　時熂　時熗　時爔　時炤　時遴　時遮　時玻　時宔　時宭　時申　時佯　時修　時僁　時壎　時曜　時趾　時蹊　時綮　時劉

若樸　若榮　若梁　若玹　若鑲　若遷　若深　若沃　若濤　若溱　若沓　若汥　若沂　若涑　若遳　若硂　若礚　若徣　若傭　若倈

嗣沽　嗣鉡　嗣鉬　嗣琫　嗣鏈　嗣鍏　嗣鎊　嗣鏶　嗣質　嗣珏　嗣瑯　嗣环

濟國公克彰

河內侯叔禽　太子右內率府副率叔疾　太子右內率府副率叔紹　高密郡公叔縹

太子右監門率府率措之　左侍禁孝之　武節郎墒之　太子右內率府副率遖之　右監門衛大將軍忠州團練使歨之

公廓　公廙　朝議大夫公廣　公勉　修武郎公誌　秉義郎公詔　武翼郎公諫

彥覃　彥革　彥皇　彥肇　彥中　彥璣　彥忠

鋾夫　鋋夫　釦夫　補夫　宕夫　席夫　庳夫　康夫

時溛　時浙　時滰　時淇　時瀧　時濫　時涐　時俊　時驍　時驗　時砎　時寬　時墐　時彌　時屋

若憨　若柵　若梳　若泩　若漾　若涞　若瓚　若璥　若鑄　若錠　若鋭　若鎘　若鋁　若鋒　若鍉　若鈴　若錝　若鏵

嗣洐　嗣拂　嗣楫　嗣蕿　嗣濱　嗣漫

欽國公叔完

右侍禁望之　修武郎溫之　忠翊郎閭之　秉義郎棄之　太子右內率府副率惎之　太子右內率府副率推之　博平侯傳之

忠翊郎公詳　武經郎公邑　公詵　公諫　公誦　公逄　公宜　公蔵　公蠡　公仝　武節郎公淵　成忠郎公澤

彥輔　彥弼　彥葵　彥環　彥俱　彥櫓　彥松　彥檜　彥櫃　彥枝　彥周　彥呂

啇夫　環夫　瑄夫　旦夫　搗夫　鄭夫　滑夫

時萬　時仝　時佗　時儔　時俠　時荐　時芝　時藹　時芨　時蒨　時宜　時𨓏　時凝

若掄　若霰　若雩　若露　若霄　若霈　若霑　若霄　若城　若射

嗣謌　嗣謹　嗣謅

宣城侯叔鄰
西頭供奉官僊之 西頭供奉官僱之 從義郎伯之 右侍禁作之 左班殿直俅之 忠訓郎偎之 敦武郎倞之 宣教郎隆之 敦武郎保之 信之 武翼郎似之
公琮 公珪 公琥 公琪 公瑾 公璨 公律 公榮 秉義郎公政 公璇 公軾 成忠郎公鍠 承信郎公敏 公璥 承信郎公質 武翼郎公訑
彥賢 彥璁 彥璪 彥滈 彥冲 彥漪 彥洅 彥剡
傳夫 琨夫 歆夫 圜夫 韡夫 轄夫 讀夫 勃夫 確夫 鏘夫 苯夫
時彌 時連 時慈 時汎 時暎 時洲 時璠 時瀷 時涛 時榮 時藟 時蕊 時賓 時梳 時櫳
若櫂 若墝 若杳 若替 若稽 若梨 若偓

信都郡公叔麔
忠翊郎仕之 忠訓郎清之
武經郎公庚 武翼郎公纍 公達 公份 保義郎公彥
彥潚 彥涑 彥潛 彥叢 彥淹 彥湛 彥湑 彥海 彥液 彥河 彥淇 彥澈 彥涚 彥靚 彥調 彥語
棐夫 崇夫 檲夫 竿夫 嚋夫 岳夫 鐵夫 鎮夫 奭夫 篤夫 柞夫 導夫 頖夫 權夫 柎夫 椹夫 稗夫 參夫 虓夫 寗夫 衏夫 盤夫 禹夫 檊夫 楁夫 衎夫 遺夫
時默 時熹 時燾 時焄 時渟 時沂 時悳 時郁 時鄉 時瑋 時璀 時琤 時瑛 時瑯 時玭 時斯 時霰 時雷 時霨 時陪 時鍑 時棨 時蒠 時榮 時錠 時釭 時鑰 時琸 時玏 時瑅
若涉

忠訓郎淨之 忠翊郎氷之 承節郎泳之 濟之 武翼郎滌之
秉義郎公謙 訓武郎公諡 公醇 承信郎公醴 忠訓郎公酢 武經郎公綸
彥廉 彥亳 彥宸 彥廣 彥廣 彥秘 彥禕 彥祓 彥袧 彥裓 彥江 彥春 彥新 彥寧 彥廛 彥寯 彥褎 彥衡 彥調 彥該
迓夫 迭夫 順夫 濡夫 深夫 耀夫 賜夫 輻夫 載夫 絍夫 勳夫 輅夫 昆夫 綊夫 稔夫 稠夫 肆夫 逞夫 迣夫 效夫 徹夫 提夫 駿夫 秉夫 穠夫
時由 時鋆 時驄 時湻 時濼 時玕 時鉗 時溉 時櫂 時梛 時鏄 時炢 時熛
若沆 若濦 若洩 若澔 若顗 若樗

濟國公叔尊
左班殿直祚之　武德郎立之
公奸　成忠郎公猛　公廣　承節郎公璜　承信郎公春　公才　公弼　贈宣教郎公亮
彥褒　彥文　彥役　彥感　彥湝　彥坦　彥縱　彥譜　彥征　彥郵　彥節　彥郁　彥鄂　彥郎　彥漁　彥劉　彥洄　彥湨　彥湆　彥㴁　彥鏘
養夫　庪夫　虢夫　祿夫　禰夫　禰夫　鉆夫　鎮夫　鋸夫　鈕夫　釗夫　鍽夫　鏍夫　鏸夫　糠夫　鉬夫　僑夫　佛夫　穡夫　禰夫　稔夫　穊夫　玲夫　珠夫　梶夫　瑔夫　慄夫　恬夫
時芺　時術　時徽　時淌　時俤　時倧
若鑑　若鏜　若錫　若偲　若倕　若伸　若儷　若佴　若徯　若徑　若徽

太子右內率府副率叔漸　濟國公叔時
左班殿直襲之　秉義郎襄之　三班奉職禱之　朝請郎進之
保義郎公覺　公誼　公詢　公謹　公諭　公望
彥瑜　彥球　彥瑀　彥瑋　彥玘　彥旺　彥昔　彥燁　彥子　彥孝
侚夫　健夫　辯夫　造夫　繁夫　達夫　僎夫　熙夫
時侅　時儴　時僨　時信　時忠　時制　時仔　時欒　時祐　時依　時開　時璘　時垚　時諂　時珞　時迦　時忿
若晛　若堨　若垎　若鼎　若顒　若泰　若益　若震　若覼　若孚　若棠　若臨　若壯　若巽　若詵　若訦　若誠　若謐　若謏　若詸　若釗　若格　若僕
嗣光　嗣先　嗣愈　嗣全　嗣企　嗣佑　嗣佟

左中大夫綖之
右從政郎公純　保義郎公悅　宣義郎公衍　儒林郎公術　從事郎公衛
彥弼　彥輔　彥佐　彥潔　彥潛　彥淞　彥潼　彥顒　彥煕　彥直　彥椅　彥弼　彥仁　彥勲
庚夫　燾夫　貫夫　秀夫　醬夫　譽夫　侗夫　順夫　歆夫　營夫　慷夫　莊夫　襄夫　裕夫　雄夫　諲夫　正夫　通夫
時愨　時悉　時忝　時願　時須　時顴　時頡　時昇　時鎔　時起　時銓　時鉅　時璵　時璹　時恕　時惻　時瓗　時鐣　時榮　時珴　時現
若驌　若騆　若驊　若騂　若騰　若灃　若渼　若灝　若溫　若瀋　若渠　若從　若濃　若篤　若欽　若鑒　若鑿　若穡　若橼
嗣徲　嗣祖　嗣賓　嗣廷

濟陽侯叔禍

修武郎廷之 通直郎在之 宣教郎緋之 武翼郎素之 修武郎竦之 右從事郎彭之 紘之 翊之 牧之 翼之 承節郎佐之 武經郎佑之

保義郎公琭 公璋 公賢 公衛 公贇 公岫 秉義郎公孚 保義郎公頊 公顗 公頫 公衎 公璿 忠訓郎公庠

彥熙 彥黙 彥爋 彥稜 彥俊 彥鄘 彥奩 彥祁 彥蠡 彥旌 彥鐸 彥颶 彥側 彥珗 彥堤 彥燦

尌夫 儆夫 達夫 鑒夫 夫 鏡夫 保夫 寶夫 疑夫 遂夫 的夫 民夫 彪夫 盼夫 鈗夫 壽夫 霆夫 運夫 還夫 漢夫 斜夫

時衡 時伽 時僕 時璩 時琊 時侔 時壄 時淤 時襄 時膐 時衙 時衜

若爍 若熨 若賬 若贜 若窠 若澧

吉國公克紹

左班殿直叔傪 東頭供奉官叔缸 太子右內率府副率叔娟 贈保信軍節度觀察留後叔涓 榮國公叔寓

仰之 武翼郎諴之 承忠郎邕之 北海侯贈中大夫必之

公沫 承節郎公洄 公浩 公淳 公源 公濬 公沔 公瀆 公潒 公轉 公弼 公覘

彥瓓 彥俤 彥英 彥豪 彥傑 彥雋 彥楝 彥 彥燥 彥懟 彥遠 彥遮 彥遐

夫 鑒夫 夫 釜夫 金夫 鐱夫 鉾夫 鏇夫 钃夫 蕙夫 養夫 孜夫 嫩夫 黙夫 鄉夫 共夫

時瑝 時久 時从 時俯 時遂 時謙 時績 時傢 時學 時儼 時價

若谷 若褋 若棫 若栐 若珙 若珸 若瑨 若璪 若珶 若一

嗣震

贈武翼大夫聰之

從義郎公暕 三班奉職公惇 贈太師公照

彥選 彥遹 彥達 彥逢 彥迓 彥逌

詵夫 惠夫 慭夫 勲夫 應夫 俔夫 信夫 儆夫 傴夫 僝夫 僎夫 笈夫 錟夫 築夫

時倜 時預 時利 時溢 時集 時恂 時予 時向 時衍 時柄 時杖 時談 時謚 時諠 時訔 時憁 時鋹 時鉦 時頷 時錄 時侑 時份 時僑 時俠 時佺 時俄 時僑 時供 時俓 時仗 時饰 時傢 時份

若澠 若鶱 若珻 若珉 若烇 若霨 若璺 若瑢 若披 若堉 若埏 若垂 若墉 若譁 若譜 若詎 若罐 若琰

嗣莊 嗣垓 嗣墥 嗣壚 嗣訢 嗣樅 嗣樋 嗣楙 嗣楝

宗室世系表

武德郎誨之
武節郎公時 公昉 贈承議郎公昕
彦逞 彦送 彦 彦迁 彦迻 彦遠 彦逮 彦導 彦通 彦迎 彦迴 彦迨
箴夫 數夫 徹夫 敫夫 敍夫 儇夫 俄夫 僯夫 倅夫 侵夫 遯夫 筌夫 笥夫 篌夫 做夫 儆夫 倖夫 垒夫 垕夫 澇夫 渭夫 涀夫 渘夫 潚夫 汎夫 淇夫 湋夫 減夫 淢夫
時朔 時珪 時玨 時瑷 時璘 時琦 時琡 時琫 時璐 時餘 時宜 時漳 時謹 時諏 時詳 時璚 時稻 時堊 時琁 時埑 時濂 時僎 時仿 時擨 時秩 時釋 時機 時楗 時槌 時偓 時覗 時掄 時捡 時拯 時儆
若鏠 若鈔 若鏑 若壇 若垤 若球 若鄉 若諤 若甈 若𡑞 若玫 若琱 若坱 若杢 若埻 若愿 若惩 若惠 若悉

博平侯叔顒 贈右屯衛大將軍叔斆 襄陽侯叔籍
三班殿職諷之 右侍禁講之 宣教郎誌之 修武郎訊之 敦武郎譁之 秉義郎玫之 清源侯孵之 忠訓郎現之 明之 右班殿直詵之 秉義郎講之 承議郎証之
忠翊郎公昱 公巍 公景 修武郎公昊 公榮 公輔 秉義郎公炳 修武郎公煥 從義郎公燁 公曜 公琮
彦瑩 彦晢 彦念 彦瀼 彦濁 彦涑 彦澗
潬夫 倫夫 賁夫 茁夫 媃夫 堞夫 鏄夫 夷夫 坤夫 井夫 竺夫 箴夫 垌夫 彝夫
時僤 時侳 時爟 時渶 時埣 時堪 時址 時堞 時垌 時攉 時拭 時撻 時吧 時嗅 時胥
若玳 若瓌 若瑎 若瀘 若淌 若湞 若圩 若坤

高陽侯克孺 忠國公叔參 太子右內率府副率叔舉 榮國公叔悝
太子右監門率府率澂之 博陵侯益之 右侍禁潤之 武經郎演之 左侍禁沂之 右班殿直祐之 三班奉職謔之 右班殿直祈之 修武郎禎之
公肇 秉義郎公康 修武郎公廉 秉義郎公庠 秉義郎公序 保義郎公度 公悅 公慎 成忠郎公瑗 承信郎公純 忠翊郎公紘 公成 秉義郎公禮
彦菏 彦漸 彦灘 彦沈 彦進 彦適 彦諳 彦逄 彦遐 彦推
穩夫 垻夫 坎夫 坏夫 皇夫 謀夫 紳夫 墾夫 謂夫
時輪 時軺 時鬊 時埩 時竢 時柢 時歆 時賢 時宣 時寶
若塏 若杜 若楠 若鉤 若鍈

昌城侯叔座

修武郎禴之 右侍禁璉之 右班殿直球之 左班殿直珠之 右侍禁瑬之 武翼郎琯之 修武郎琢之

公賓 公寶 承信郎公樽 公鏄 奉議郎公鐸 忠訓郎公鋭

彥求 彥高 彥文 彥昪 彥滄 彥洤 彥昌 彥昪 彥陟

启夫 吕夫 諗夫 右夫 召夫 谷夫 名夫 吾夫 砻夫 堊夫 綅夫 緟夫 鏊夫 鐅夫 直夫 端夫

時珵 時能 時甞 時毦 時瓈 時玿 時亮 時襄 時術 時暘 時企 時湑 時高 時彥 時裒 時熙 時庶 時捷 時暄 時䓣 時趐 時奎 時塹 時堊 時型 時垒

若瑂 若泞 若濃 若灞 若湉 若沍 若沭 若涗 若璒 若烟 若瑜

嗣榆 嗣鏷 嗣僊

右監門衛大將軍叔循

贈武義郎瑄之 東頭供奉官億之 忠訓郎侃之 贈武翼郎价之

公錙 承信郎公鋌 贈朝奉郎公鍠 承節郎公 公銓 承節郎公鏤 承節郎 公鍼 忠訓郎公詠 右通直郎公謐 修武郎公言 從義郎公謹

彥邵 彥鄦 彥旂 彥廒 彥斤 彥序 彥祾 彥檀 彥栝 彥泗 彥淶 彥濡 彥灃 彥瀞 彥濆 彥涗 彥虓 彥甫 彥賞 彥仁 彥同

僑夫 葵夫 個夫 倦夫 琍夫 鉥夫 址夫 增夫 塡夫 堪夫 璐夫 璝夫 玽夫 終夫 本夫 荃夫 畬夫 玡夫 玠夫 滆夫 譁夫 櫶夫 槤夫 櫪夫 柚夫 棣夫 驥夫 遂夫 華夫 真夫

時溶 時唫 時鈙 時鑪 時鈐 時佾 時臘 時弛 時侑 時穜 時收 時敖 時效 時覩 時靚 時睍 時覬 時邈

若泱 若珂 若璿 若玳 若鏄 若秡

嗣份 嗣埻

保義郎

修武郎公讜 武翼郎公訓 忠訓郎公誠

彥雄 彥賞 彥摹 彥巽 彥蕃 彥茂 彥蔚 彥賁 彥奇 彥暮 彥鄉

莘夫 珮夫 橥夫 珖夫 璽夫 珹夫 玓夫 瑧夫 璞夫 瓖夫 璣夫 珅夫 尌夫 珍夫 瓎夫 浟夫 策夫 樀夫 栒夫 及夫 滸夫 潔夫 澂夫 吐夫 徑夫 佫夫 愻夫 佾夫 府夫

時寤 時寧 時濟 時涔 時泌 時就 時洮 時汳 時㤲 時楷 時樫 時楠 時栱 時槥 時桴 時楪 時椐 時逺 時潼 時櫻 時楯 時迒

若潛 若通 若溆 若沲 若基 若棐 若棄 若檣 若櫃 若琁 若烯 若燡 若炎 若炤 若翼 若熻 若怫 若鑿

嗣翁 嗣楷 嗣嫌

贈左屯衞大將軍叔趾
保之

宋史卷二百三十六

元中書右丞相總裁脫脫等修

表第二十七

宗室世系二十二

贈宮苑使宣州刺史承漢　新平侯諡恭翼侯克㒞　叔𡫤　太子右內率府副率時之　魏國公諡榮退之　秉義郎平格　公政
彥孟
烈夫
時成　時强
若公　若紉　若冰　若堅　若虛　若思　若愚　若中　若盛　若水　若升
嗣智　嗣𣪃　嗣傑　嗣梓　嗣鑒　嗣忠　嗣鑄　嗣𨧂　嗣鈺　嗣𨨠　嗣鑕　嗣鏥　嗣瑫　嗣墉　嗣康
次鏈　次鎮　次通　次達　次瑜　次溱　次琛　次璋

彥和　彥𡚁
揚夫　𡌾夫　𤼵夫　愍夫　長夫　印夫　喦夫
時興　時功　時協　時靖　時炯　時曇　時行　時式　時髦　時聞　時敘　時㑹　時威　時直　時道
若神　若塘　若鵬　若宗　若𤃩　若霦　若裕　若瓔　若琈　若琁　若勷　若璐　若錠　若徠　若伐　若擬　若楧　若先　若繼　若雲　若實　若川　若尹　若椿　若楔　若欄　若灞　若溭　若波　若瀠
嗣燧　嗣𤎩　嗣嘉　嗣鍊　嗣鏐　嗣鈽　嗣錝　嗣鍵　嗣矗　嗣鏠　嗣鋁　嗣銕　嗣鐘　嗣興　嗣暹　嗣溶　嗣滸　嗣湆　嗣燁　嗣煇　嗣鍧　嗣璹　嗣瑀　嗣璕　嗣琛　嗣鎮　嗣鈺　嗣鐈　嗣𨻶　嗣𨑹　嗣儇　嗣僬
次𤩝　次淇　次津　次渙　次軾　次轍　次璿　次璣　次沂　次烋

右班殿直公奇　贈武功大夫公萱　保義郎公訓　武翼郎公誠　忠訓郎公詳　忠翊郎公誂
彥守　彥才　彥惠　彥拂　彥忠　彥㮣　彥隨　彥㳟　彥𢡟　彥𢙇　彥憓　彥聰　彥能　彥華　彥昛　彥聘　彥瑛　彥㬄
憲夫　暘夫　愁夫　光夫　籛夫　鎮夫　舜夫　欽夫　緯夫　純夫　濰夫　𣻛夫　庸夫　懽夫　忻夫　濃夫　溥夫　丙夫　端夫　壽夫　與夫　邵夫　霙夫　端夫　直夫　交夫
時昷　時涖　時朋　時瞓　時義　時方　時暢　時亨　時志　時略　時涗　時璭　時軫　時㬎　時或　時官　時沼
若粤　若鏈　若鎧　若鐐　若鈺　若澤　若瑨　若瑔　若瀟　若㦹
嗣沅

右侍禁合之　太子右內率府副率昭之　博陵侯敉之

承節郎公霄　公亮　訓武郎公巷　成忠郎公彥　修武郎公輔

彥玖　彥均　彥付　彥珙　彥民　彥斌　彥現　彥球　彥珣

幾夫　北夫　司夫　驥夫　春夫　對夫　如夫　積夫　宥夫　宣夫　辰夫　親夫　列夫　溥夫　鍊夫　退夫

時旅　時暖　時隨　時愿　時錚　時錫　時鉞　時鈔　時辨　時昕　時梆　時潽　時潡　時湘　時逢　時鞾　時輅　時輞　時錯　時濤　時灌

若詔　若証　若淙　若洸　若渡　若模　若櫟　若愣　若恢　若傑　若悔　若惟　若例　若沐　若映　若垍　若琊　若䍧　若珧　若玢

嗣潜

右屯衞大將軍叔瓜

監門衞大將軍代州防禦使茹之　從義郎賞之

忠訓郎公著　迪功郎公佐　承信郎公僅

彥典　彥舉　彥輶　彥輪　彥迥　彥迵　彥逵

瓘夫　謙夫　玶夫　鎏夫　瑧夫　玾夫　淵夫　申夫　瑨夫　瓘夫　濂夫　讃夫　南夫　慶夫　吉夫　顯夫　濟夫　清夫　洗夫　泯夫　念夫　瑞夫　申夫

時肇　時亭　時芾　時近　時逢　時遠　時滅　時瀷　時沆　時泂　時遈　時抹　時鑄　時鈕　時錄　時鴻　時瑨　時遒　時淲　時濼　時昭

若鈊　若鏂　若鐯　若鐃　若鋌　若訪　若譈　若訥　若詎　若鑄　若鏁　若鏃　若儆　若倅　若佑　若懼　若僊　若鍪

嗣滲

襄陽侯叔寧

三班借職譆之　修武郎仍之

公佑　承節郎　公伸　公存　修武郎公信　忠翊郎公璉　成忠郎公瑞　從義郎公琦

彥琬　彥璪　彥玕　彥機　彥耻　彥深　彥琛　彥治　彥汾　彥渡　彥酉　彥庚

存夫　盈夫　臺夫　野夫　卦夫　介夫　議夫　氚夫　訪夫　諰夫　藎夫　詎夫　誦夫　講夫　計夫　詣夫　識夫　鮮夫　周夫　瓌夫　否夫　壯夫　革夫

時樛　時梃　時樛　時悉　時瞇　時翼　時䏌　時雉　時仍　時醇　時謙　時詐　時謍　時嶸　時榁　時輻　時至　時璚　時璓　時瑊　時璨　時鏈　時瀏　時堊　時巢

若壓　若鈴　若鄒　若蘢　若磔　若硝　若硫　若漯　若漬　若澮　若沏　若澪　若塝　若鈅　若鏈　若霈　若寘　若習

嗣鋈

右侍禁詠之　從義郎辨之　右班殿直監　言之　諝之　從義郎譪之　秉義郎諒之　文林郎詠之

承節郎公琨　保義郎公璪　公瓊　公琪　公玠　公琥　公瑛　公昭　公晦　公暉　公雅　忠訓郎公彬

彥欿　彥心　彥畢　彥興　彥琍　彥　彥榮　彥文　彥旨　彥政

諓夫　𢷾夫　搽夫　揉夫　提夫　挾夫　撕夫　俊夫　德夫　信夫　懕夫　郕夫　庭夫　釙夫　寬夫　征夫　訓夫　絉夫　瑄夫

時珇　時　時憖　時愁　時懲　時安　時效　時斁　時斂　時歌　時斅　時數　時光　時復　時徽　時傒　時鏭

若銀　若栓　若棖　若稷　若韡　若鏷

嗣徽　嗣億　嗣倞

遂寧郡王承範謚僖溫

昌國公克忠謚孝裕

太子右內率府副率叔彪　太子右內率府副率叔瞰　太子右內率府副率叔盈　太子右內率府副率叔齡　東平侯叔鮀　丹陽侯叔聃

敦武郎誘之　左侍禁誠之　敦武郎諤之　三班借職諗之　三班借職瓘之　贈武節郎連之

公宷　公敘　公覿　公靚　公其　武節郎公謙　武翼郎公諄　忠訓郎公議

彥廣　彥熇　彥祉　彥裙　彥袷　彥襋　彥禂　彥礿　彥𥙷　彥濬　彥琬　彥璣　彥璡　彥琜　彥貞　彥高

綖夫　封夫　璵夫　鐸夫　撰夫　遂夫　瀆夫　侻夫　訡夫　唰夫　琇夫　巨夫　昇夫　應夫

時鏶　時璡　時琬　時慶　時鉺　時鍠　時鄉　時迈　時彰　時彭　時璇　時褭　時禴　時轞

若欆　若瀧　若涼

忠翊郎進之　忠翊郎瓘之　武德郎廸之

公誼　承信郎公詩　秉義郎公注　保義郎公譓　公謚　公諮　贈從義郎公愿

彥瓛　彥璯　彥玖　彥璬　彥琇　彥瑁　彥瑚　彥玐　彥茼　彥璥　彥栒　彥倈　彥僤

賂夫　灉夫　璣夫　渼夫　灑夫　洛夫　泓夫　沆夫　倖夫　聰夫　誕夫　緒夫　謙夫　諶夫　訪夫　諺夫　話夫　記夫　譏夫　謁夫　詔夫　謹夫　諷夫　鑾夫　諍夫

時癸　時賨　時僴　時秩　時栝　時𢜶　時龐　時樺　時秴　時櫻　時杭　時松　時樟　時講　時誼　時瀾　時潘　時滄　時瀆　時湾　時鈿　時鑮　時旺　時娶

若杆　若樸　若栦　若遷　若遷　若逮　若迋　若逯　若材　若桀　若柚　若格　若巖　若嶙　若滌

逐之

贈承節郎公應 公意 公忞 武經郎公彰 訓武郎公棲

彥櫓 彥傑 彥俯 彥倌 彥倢 彥供 彥儆 彥俾 彥疑 彥制 彥接 彥深 彥桑

認夫 詣夫 諫夫 謙夫 諸夫 嗥夫 詰夫 設夫 語夫 時夫 儇夫 峻夫 邠夫 仁夫 修夫 伋夫 俊夫 佗夫 任夫 儹夫 侅夫 步夫 璲夫 現夫 佚夫

時炯 時熣 時炷 時熥 時鉒 時鉡 時鉞 時錧 時鏥 時澤 時複 時鐩 時鐭 時蕢 時萬 時儆 時弦 時瑛 時壍 時珷 時琢 時璪 時琮 時瑊 時荇 時茦 時菌 時薌 時鐇 時焯 時倞 時魁

若杈 若枉 若棵 若須 若澡 若汸 若湅 若濐 若淦 若澶 若泙 若淰 若鈺 若演 若瑮 若璠 若琊 若玲 若瑒

嗣榕 嗣琰

右內率府副率叔提 康國公叔嶠

達之 敦武郎遷之 保義郎通之 武翊郎訢之 敦武郎說之

公林 公廣 公淡 忠翊郎公脩 忠翊郎公雅 贈忠翊郎公獮 忠翊郎公禧

彥曝 彥櫚 彥臬 彥藩 彥湝 彥湟 彥榦 彥涗 彥觀 彥覘 彥相 彥覺 彥覲 彥异 彥奮 彥暕 彥瑄 彥淑

佰夫 瑒夫 鏄夫 鑲夫 瓆夫 鐮夫 鐐夫 鐈夫 錄夫 揚夫 和夫 裹夫 爓夫 庾夫 序夫 廖夫 陟夫 芮夫 扐夫 圻夫

時議 時諍 時誧 時櫰 時梅 時槐 時侍 時鑒 時戢 時晭 時崙 時傎 時益 時瑢 時謫 時呈 時叙 時喆 時舜 時耦 時稼 時駰 時琢

若愚 若思 若蕭 若秉 若濂 若瀚 若榮 若漪 若履 若璪 若朊 若梢 若嫌

嗣鏷 嗣鈂

敦武郎誌之 贈武略大夫詅之

公叟 公晉 公狂 贈武略大夫公裒

彥最 彥昆 彥昭 彥盈 彥如 彥盟 彥炎 彥好 彥毅 彥瓊

玹夫 焄夫 晞夫 譱夫 祖夫 弁夫 夔夫 典夫 韙夫 弼夫 旻夫 纖夫 絲夫 馴夫 漻夫 襲夫 逵夫 奇夫 杏夫 欀夫 棫夫 縑夫 蔦夫 蕃夫 櫳夫 室夫 懔夫 懊夫 霣夫 霑夫 彥塤 遡夫 滄夫

時馭 時損 時捏 時拴 時畓 時弇 時穗 時苗 時盤 時易 時初 時數 時濬 時訏 時汶 時浚 時溫 時鉀 時鏈 時詔 時諷 時訡 時楚 時誦 時訏

若僊 若壹 若宥 若寶 若宙 若球 若玔 若驂 若樾 若軳

公	贈朝奉大夫公亮	武翊郎公胥	贈朝
彥	彥琎 彥玒 彥琮 彥裕 彥顒 彥宴 彥墉	彥瑜 彥瑱	彥琢 彥玏
夫	逌夫 捴夫 槃夫 誠夫 諴夫 鈽夫 鉊夫 鍉夫 鏊夫 瀏夫	涝夫 涽夫 濬夫 滿夫 淑夫 滁夫 湟夫	逭夫 迵夫 僼夫 儐夫 藺夫 禱夫 佐夫 俊夫 侊夫 夫
時	時摻 時橑 時慗 時修 時俊 時侳 時緜 時徐 時滴 時湊 時油 時滜 時詐	時諰 時嚳 時儦 時徐 時禝 時儷	時儦 時時 時啉 時垓 時熷 時萁 時構 時杒 時杍 時奇 時蘷 時澣 時堝 時爁
若	若強 若稀 若僊 若衢		若联

公	請大夫公允		
彥	彥琇	彥珖	彥璑 彥瑣 彥璲
夫	清夫 湾夫 潤夫 渥夫 淪夫 淑夫 沆夫 沛夫 瀆夫	氾夫 瀆夫 澧夫	汙夫 濛夫 浮夫 泮夫 澶夫 洲夫 淨夫 浄夫 漾夫
時	時緝 時湧 時雖 時謾 時譓 時枉 時檜 時樣 時柷 時榴 時杆 時逅 時遙 時邇 時櫃	時杵 時格 時椅 時榆 時楹 時柖 時柜 時梗 時樟 時柲	時杭 時椊 時穗 時柳 時梓 時樅 時檥 時欄 時楰 時櫻 時榕 時琼 時玶 時栰
若	若煒 若姁 若娟 若熄 若瑀 若熺	若炳 若煇 若煌 若焯 若炤 若燧 若爀 若炘 若爗 若灼 若熒 若焞 若燧 若煜	若燔 若煤 若戭 若貫 若臭
嗣		嗣垣 嗣塏	

之		修武郎詰之	贈武翼郎諫之 秉義郎訾之
公		公初 忠翊郎公裕	從義郎公達 承信郎公進 承信郎公還 承忠郎公遨 公退 公材 公林 公植 承信郎公遇
彥	彥班 彥瑀 彥瑞 彥琿 彥璠	彥琭 彥崵 彥巖 彥德 彥楹 彥柤	彥瑗 彥溶 彥潆
夫	浙夫 流夫 瀜夫 漪夫 澴夫 湢夫 淩夫 淶夫 涺夫 潼夫 漣夫 沂夫 鏞夫 綜夫 綵夫	鋪夫 鐩夫 漓夫 沐夫 滔夫	淪夫 滗夫 焴夫
時	時蘘 時樸 時樾 時榜 時橠	時移 時桔 時楠 時梓 時唐 時寯 時宕 時虎 時麃	
若	若璙 若瓅	若璲 若玟	

武翼大夫誠之 武節郎瓘之 秉義郎諤之 忠翊郎洛之 保義郎璿之 保義郎瑋之

保義郎公選 公安 武翼郎公鶮 公定 公宥 保義郎公宑 公宬 忠翊郎公逵 公邁

彥牛 彥騏 彥儔 彥佷 彥倪 彥倅 彥億 彥仰 彥伶 彥俐 彥倘 彥佋 彥婆 彥倪 彥俗 彥仍 彥偓 彥價 彥儴 彥僟

沈夫 凝夫 海夫 涷夫 燕夫 樵夫 薰夫 衢夫 御夫 衎夫 徯夫 揄夫 適夫 怒夫 穉夫 种夫 孝夫 字夫 揮夫 藏夫 銑夫 瑢夫 岃夫 葹夫

時樎 時棋 時梃 時檣 時樹 時橋 時昜 時頏 時煁 時瓊 時疊 時評 時琥 時鐙 時鍔 時鍾 時昌 時明 時鉞 時鐪 時鉞 時鎌 時壘 時鍪

若爀 若燭 若琢

榮國公叔混謚孝僖

武德郎訥之 右侍禁欽之 右侍禁鎮之 敦武郎鋤之 武翼郎鈞之 武功大夫榮州刺史鎬之 武節郎銘之 敦武郎銳之 忠訓郎鏘之 武翼郎錸之

迪功郎公林 公元 承節郎公翼 修武郎公勤 公穪 成忠郎公益 公憲 公沂 保義郎公禨 公暓

彥嵛 彥瑱 彥琉 彥玵 彥徯 彥瑩 彥珈 彥瓏 彥億 彥侉 彥僮 彥俊 彥璽 彥璸 彥珌 彥玦 彥瑳 彥滿 彥瑕

簧夫 鍾夫 鏕夫 鏃夫 浙夫 澤夫 維夫 雛夫 淮夫 邑夫 隼夫 浡夫 速夫

時燦 時焯 時逍 時穮 時遴 時轔 時濩 時防 時陶 時消

若晐 若許 若訋 若証

南康侯克備

贈右衛大將軍叔市 濟陽侯叔奢 遂國公叔封謚恭僖

保義郎慶之 右侍禁證之 武經大夫倲之 贈武略大夫仰之 忠翊郎錡之 從義郎鐸之 錯之 贈武翼郎銓之

公宷 公宓 承節郎公宥 公祐 忠翊郎公扑 訓武郎公昇 公且 承信郎公景 公弼 公緄 保義郎公遲 從義郎公澄 忠翊郎

彥湝 彥麻 彥燕 彥庇 彥龐 彥慮 彥鈐 彥忱 彥恕 彥瑜 彥德 彥龍 彥廙 彥享 彥遠 彥適

鏠夫 蔫夫 喻夫 熏夫 廉夫 仳夫 琀夫 垂夫 晛夫 菴夫 潺夫 信夫 瑢夫 靖夫 璊夫 弦夫 孨夫

時磬 時禋 時礁 時珦 時琝 時琢 時鐲 時鈒 時錢 時鍨 時倳 時膺 時旦 時邁 時城 時岎

若濮

公瀞　贈訓武郎公湜　從義郎
彥劝　彥瑜
來夫　行夫
時璸　時楙　時琚　時瑜　時漸　時洋
若譔　若沇　若軾　若优　若鏞　若鋇　若烟　若滵　若芒　若摹　若顒
嗣陟

供備庫副使論之　西京左藏庫副使值之
公許　成忠郎公信　公措　忠訓郎公授
彥珍　彥琰　彥琡　彥珪　彥琥　修武郎彥文　彥武　彥苗
慶夫　超夫　端夫　絷夫　充夫　豫夫　担夫
時情　時泰　時實　時顒
若冲　若賞　若淳
嗣琳　嗣俶

僉之　忠翊郎用之　保義郎
公度　公與　保義郎
時允
若瀣　若澄　若　若滄　若　若　若輿
嗣僎　嗣偉　嗣偕　嗣僎　嗣　嗣儁　嗣僃　嗣倫　嗣侗

東陽郡公克聰
東頭供奉官叔潸　右侍禁叔放　房國公叔紘謚恭靖
鉇之　左文林郎頹之　修武郎頔之　歷陽侯詢之
公僎　公監　公昂　公晉　承節郎公箤　公授　公捧　公極　左殿班直公大　訓武郎公儔　贈武經大夫公儐
彥袗　彥棗　彥鄭　彥惓　彥憧　彥倢　彥瑱
榕夫　樺夫　椐夫

彥玡　彥璲
頔夫　顗夫　預夫　須夫　頑夫　令夫　品夫　僊夫　珖夫　詭夫
時湝　時壂　時橗　時寧　時顥　時頎　時棉　時森　時檜
若　若澤　若治　若焠　若僮　若熤

公牂　公祈
彥清　彥燀　彥遑　彥官　彥埈
留夫　歷夫　詔夫　价夫　祉夫　璿夫　壜夫　墷夫　閤夫　閫夫　閔夫　栭夫　槅夫
時璷　時賢　時綈　時鋮　時銖　時繼　時銓　時昏
若桄　若杓

武忠郎錠之
公祺　公祚
彥煇　彥炊　彥燦　彥溢　彥玫　彥轢　彥壎　彥瑾　彥賔
檄夫　楮夫　埵夫　垟夫　壠夫　閘夫　闔夫　玧夫　伓夫　御夫　徵夫
時璣　時棄

內殿承班叔鋧
保義郎僴之　忠訓郎約之
公　公墦
彥　彥熙　彥章　彥爽　彥奇　彥熅
金夫　懿夫　賔夫　鏞夫　鐄夫
時千　時琇　時昰　時呂　時矗
若鏦　若謳　若詞　若誨　若沖　若滓　若治　若湡　若洵
嗣淮

贈左領軍衛將軍叔倪　東平侯叔詵
修武郎中之　西頭供奉官檠之　武翊大夫肅之　贈左領軍衛將軍擒之　武功郎博之　左侍禁珏之
成忠郎公浩　公雅　公權　成忠郎公遼　從義郎

敦武郎悟之　忠翊郎靖之　修武郎孝之
公慦　保義郎公壽　公義　公佾　承信郎公還　承信郎公邈　承信郎公遴　承信郎公近　贈武義郎公禢
彥光　彥嶫　彥翊　彥𨏈　彥端　彥墫　彥立　彥竣　彥增　彥弼　彥諰　彥暮　彥旹　彥譽　彥訥　彥諫
憲夫　裔夫　漸夫　歷夫　翰夫　莘夫　學夫　謜夫　逵夫　遘夫　遭夫　積夫　稷夫　价夫　岑夫　岃夫　嵩夫　儼夫
時則　時賦　時質　時贊　時鼐　時珍　時逕　時迠　時惜　時靚　時苑　時侊　時鉠　時昌　時洺　時似
若悠　若剝　若逃　若盼　若祼　若褀　若稸　若寀　若果　若寧　若伉　若櫰　若萬　若滐　若郁　若郢
嗣瑩　嗣濵

廣平侯叔俔　左侍禁叔嶢
忠翊郎茂之　承議郎進之　承義郎劑之　中大夫直秘閣淵之　左朝散大夫成之　修職郎覲之　秉義郎杲之　敦武郎挺之
公祥　保義郎公擴　公巨　承節郎公藹　忠訓郎公蒨　將仕郎公位　將仕郎公倚　將仕郎公𢡡　公僮　公僅　公佺　公仁　公伉　公驥　朝奉大夫公紹　迪功郎公緒　承節郎公亘　公矩　秉義郎公顉　忠翊郎公顯　公碩　公頫
彥詡　彥遉　彥和　彥穖　彥秬　彥壆　彥坐　彥墍　彥矔　彥敗　彥曄　彥俊　彥偵　彥俶　彥倍　彥儔
态夫　淘夫　中夫　澤夫　沂夫　源夫　渙夫　淸夫　潤夫　漢夫　定夫　安夫　寋夫
時桼　時簡　時雄

武功大夫叔崧　右侍禁叔賛　武翼郎叔岐　敦武郎叔崸　武翼郎叔崚　武翼郎叔岉　修武郎叔巗
成忠郎徵之　武經郎律之　忠翊郎御之　秉義郎衡之　伏之　伸之　保之　武翼郎似之
訓武郎公綮　公琰　武翼郎公頊　保義郎公瑰　從政郎公玩　成忠郎公瑤　承信郎公珥　承信郎公玦　承信郎公玢　公璋　修武郎公珮　公珂
彥悰　彥侈　彥祐　彥祜　彥禣　彥褐　彥禃　彥禬　彥禓　彥滿　彥溥　彥泓　彥汭　彥祥　彥禮　彥祓　彥禴　彥禝
槭夫　楝夫　澗夫　源夫　淳夫　汜夫　瀨夫　道夫　達夫

承節郎保之 信之 脩之 承信郎術之 侯之 倚之 敦武郎叔崤 武經郎叔驤 敦武郎健之

公珪 公琬 公綝 秉義郎公奭 公珏 承節郎公璥 公璟 成忠郎公璗 保義郎公璑 保義郎公璟 公逵

彥訢 彥該 彥講 彥諒 彥譁 彥諠 彥診 彥譚 彥許 彥詰 彥謁 彥譏 彥議 彥訓 彥詔 彥謐 彥覗 彥補 彥祓 彥禯 彥祏 彥禰 彥穚 彥祥 彥禪 彥祉 彥束

柄夫 栻夫 操夫 揔夫 指夫 振夫 拯夫 授夫 汰夫 派夫 涯夫 偶夫 浵夫 欒夫

祈國公克楊 太子右內

右監門率府率叔閫 武節大夫叔圓 秉義郎叔巖 右侍禁叔嶰 武翼郎叔嵘

從義郎幸之 介之 忠訓郎聿之 悟之 將之 泰之 脩武郎 球之 恭之 忠翊郎善之 唐之 鑾之 居之 哲之 吉之

公過 公述 從義郎公迅 公逾 公迢 成忠郎公遴 從事郎 公通 公遜 公遊 公邃 公邉 承信郎公稑 公穚 承信郎 公耕 公轍 公軿 公軻 公俊 公垚 公圭 公棄

彥粽 彥奕 彥竆 彥宿 彥寧 彥效 彥牲 彥弱 彥蕀 彥孖 彥汧 彥偃 彥僊 彥晨 彥韡 彥澴 彥潚

璋夫 瑱夫 森夫 品夫 矗夫

南陽郡公承拱 遂寧郡公承衎

太子右內率府副率克逡 常山侯克愛 太子右內率府副率克就 舒州防禦使克勲 左武衛大將軍克諧

太子右內率府副率叔謜 右班殿直叔珠 左侍禁叔磷 太子右內率府副率叔闓 華源郡公叔汝

左侍禁聽之 東頭供奉官順之 秉義郎遂之

忠訓郎公悳 公愿 承信郎公惠 承信郎公恕 武翼郎公懋 成忠郎公念 成忠郎公恕 忠翊郎

彥章 彥辛 彥學 彥脩 彥偕 彥倸 彥仍 彥申 彥峻 彥崝

瓊夫 闓夫 瑺夫 珫夫 正夫 遠夫 巘夫 嵽夫 玲夫 瑋夫 珩夫 臨夫 宰夫 卓夫

時立 時麟 時宣 時益 時融 時新 時智 時春 時諄

右	中	左
		陳國公承鴞謚榮僖
		贈左領軍衛將軍克省 華陰侯克告
廣平侯叔鳳 河內侯叔邢		叔鄭 建安侯叔陶
承事郎仟之 承節郎俑之 從義郎明之 修武郎用之 忠翊郎輔之 三班奉職和之	三班奉職傳之 贈朝散郎欽之 忠訓郎遹之 成忠郎拱之	武翼郎保之 武翼郎伋之 三班奉
公懃 公意 公鉱 訓武郎公充 忠翊郎公褒	承信郎公覗 承節郎公友 武翼郎公太 承節郎公本 從義郎公閱 承信郎公禨	公常 公輩 公翼 公習
彥奎 彥彝 彥宏	彥速 彥楊 彥從 彥鄣 彥郈 彥倴 彥儲	彥俑 彥沆 彥仔
蕩夫 力夫	啟夫 豈夫 峕夫 詠夫 叙夫 效夫 敵夫	畋夫 枚夫 收夫 敔夫 敭夫 敾夫
	時益 時霈 時尚	

右	中	左
右內率府副率叔湖 武經大夫叔莆 右侍禁叔擎 西頭供奉官叔瓚	右朝議大夫叔鶱	
職傳之 忠訓郎脩之 保義郎端之 成忠郎珣之 承節郎相之 敦武郎極之	承節郎誼之 訓之	
公亮 公旹	忠訓郎公并 秉義郎公消 承節郎公淵 修武郎公潤 公濡 贈從義郎公傪	
	彥弼 彥宇 彥安 彥	彥晉 彥曇 彥暉 彥旻 彥昜 彥瞎
	楷夫 槐夫 棠夫 拱夫 裕夫 恭夫 憲夫	璵夫 珈夫 璬夫 榛夫 樿夫 櫟夫 寀夫 宑夫 潑夫 溶夫 治夫 洵夫 潛夫 囦夫 圜夫
	時熾 時熅 時貫 時資	

右	中	左
		武經郎叔鏈 武翼大夫叔船
贈供奉大夫詵之	忠訓郎詠之 秉義郎謹之 誘之	秉義郎傑之 价之 僼之 承節郎俊之 承信郎倪之 忠訓郎持之 保義郎擇之
朝議大夫公願 通議大夫寶謨閣待制公豫 朝散大夫公升	承節郎公紀 保義郎公俛 承信郎公任 公任	保義郎公度 武翼郎公柄
彥俟 彥信 彥傛 彥逐 彥儋 彥适 彥澥	彥凋 彥沃 彥退 彥旦 彥興 彥珍	彥儕 彥他 彥佶 彥仟 彥俁
衍夫 濇夫 渟夫 瀛夫 佐夫 佑夫 悉夫	忠夫 懷夫 僤夫 異夫 男夫 仰夫 侳夫	

淮陽侯克鬬　昌國公克礷　襄陽侯克臬

左班殿直叔麃　太子右內率府副率叔各　武經郎叔翻　贈左太中大夫叔擊

承信郎擬之　振之　栒之　忠翊郎東之　從義郎厚之　輔之　朝議大夫克之　忠訓郎

公棣　公松　公楠　公極　公守　保義郎公杰　公誼　右從政郎公泌　公問　右文林郎公黠　右脩職郎公鑒　朝請郎公樴　承信郎公稷　忠訓郎

彥祺　彥桂　彥治　彥瀛　彥烋　彥勲　彥熹　彥鈞　彥極　彥相　彥程

卿夫　銓夫

秉義郎搞之

修武郎公柳　承信郎公桐　公柯　公柟　公柷

彥俊　彥儁　彥佪　彥健　彥伸　彥得　彥儇　彥偕　彥仁　彥樿　彥柯　彥杓

奎夫　井夫　蕊夫　郕夫　郚夫

左領軍衛將軍克懔　贈左衛大將軍克佑

朝奉郎叔抱　右朝請大夫叔邈　朝議大夫叔仔　左班殿直叔纂　武翼大夫叔儀　秉義郎叔峻　武翼大夫叔敖

倚之　敎之　承忠郎懃之　立之　澤之　修武郎熻之　從義郎淦之　從義郎仔之　秉義郎倚之　秉義郎

公琢　訓武郎公瑨　從義郎公玕　公璉　秉義郎公璸　忠翊郎公禖　承信郎公穡　武翼郎公孝　武信郎　公觀　公正　成忠郎公屾　承信郎公璵　公珠　公森　公蟠

彥梅　彥櫟　彥樛　彥榎　彥楯　彥枌　彥桎　彥柄　彥校　彥韡　彥鴻　彥法　彥瀾　彥川　彥豫　彥宿

憓夫　嵊夫　巋夫　巘夫　峴夫　崌夫　謙夫　欒夫　汎夫　鈐夫　鈿夫

婺州觀察使克鼈　安康郡公克家

忠訓郎叔璠　右班殿直叔珍　忠訓郎叔瑄　左禁衛叔忍　左班殿直叔懋　武經大夫叔愬　修武郎叔慈　忠訓郎叔慦　宣教郎叔憲　左班殿直叔志　忠訓郎叔愈　成忠郎叔驤　成忠郎叔淵　成忠郎叔弇　叔侶　右班殿直叔倌

仔之　忠翊郎藹之　祺之　祉之　伷之　價之

公壽　公瀚　公奇　承節郎公緝　公縉　公綺　公緯　公遷　公適

彥絃　彥嶂　彥岠　彥屹　彥岳　彥巘　彥嶼　彥淮　彥泳　彥湣　彥滸

瑑夫　玎夫　祺夫　祴夫　擽夫

朝請大夫叔璯 儀之
份之
倫之 公渙
朝請大夫叔玠 忱之 公楙
從政郎佚之 公輔 彥迁
公佐 彥邁
公弼 彥遠
公明
左班殿直叔珪
右班殿直叔瑞

忠訓郎叔琮 右迪功郎僊之 公勛
文林郎偉之 公勤
公能
承議郎侃之 公鍏 彥珠
公鎬
左文林郎稱之 承信郎公美 彥英
從政郎伸之 公正
朝奉郎俅之 迪功郎公高
公亮
武翼郎叔玗

從事郎僖之 公亨 彥濟
公環 彥湞
彥淏
忻之 公篆
公瑀
公策
忠翊郎俊之 保義郎公巍
公範
忠訓郎叔劇
武德郎叔贊 朝散郎傑之 迪功郎公掄 彥云
彥徵
迪功郎公括 彥誠

宋史卷二百三十七

元中書右丞相總裁脫脫等修

世系表第二十八

宗室世系二十三

廣陵郡王房

廣陵郡王德雍謚康簡 南康侯承陸 河間侯克順 太子右內率府副率叔庚
高密郡公叔掀 左侍禁煥之
成國公克戒 溫國公叔杲 太子右內率府副率

朝散大夫僎之 修職郎公球 公折 彥烟
公擅 彥淒
彥藹
彥澡
彥洙
奉議郎介之 公掖
忠訓郎俶之 公扶
公抑
傑之
忠翊郎儉之 公擢 彥澹
公
保義郎偃之 公揄
任之
脩之
依之 公掃
公捸
公拊
公拱
偲之 公撫
公揗
傲之
俵之
仍之
成忠郎叔裴

河州防禦使叔毅 率砥之
右監門率府率效之
西頭供奉官謎之 公換
西頭供奉官諷之
贈顯謨閣待制紀之
右班殿直誨之
承議郎禱之
楚國公叔滿 朝議大夫談之 公森
左侍禁謐之 贈中散大夫公霰 彥翱 昞夫 時从 若䜣
若檑
若檯
若械
若橀
若梴
時遲
忠武翼郎詠之
彥翔 畯夫 時讓
褸夫 時誦 若
彥翻 伾夫
膺夫
阡夫 時忝

濮國公叔涉 三班奉職諝之
三班奉職諗之
贈朝議大夫詵之 保義郎公雅
公邁
贈奉議郎公維 彥懷 虯夫 時豐 若鍵
若釬
若鑌
若鍊
蝺夫 時對
時罌
蜿夫 時旗
彥騹 蚖夫
棠夫 時廙

右侍禁叔愍 內殿承制叔詝
朝請郎詳之 三班奉職謹之 三班奉職訢之 武經郎蹈之 秉義郎晉之 忠翊郎譖之 奉議郎許之 武翼郎譯之 忠翊郎譖之
贈朝議大夫公佳 公迴 公瓊 公義 訓武郎公斐 公悅 公慥 公峽 公忭 公愉 公遺
彥馴 彥駿 彥驊 彥敦 彥聰 彥琮 彥璡 彥瑀 彥賢 彥翔
寯夫 寏夫 僊夫 僓夫 佽夫 岱夫 倪夫 僕夫 偃夫 國夫 楙夫 榘夫 采夫 矩夫 滌夫 汋夫 槤夫 棫夫 樺夫 櫂夫 威夫 翹夫
時庚 時龐 時抑 時珇 時瑒 時庇 時壄 時庾 時宧 時廚 時㷡 時恢 時均 時懞 時戴 時棣 時賁 時霦 時宪 時咨 時鉌 時味 時遭 時愜
若錄 若濩 若溥 若銁 若筞 若俊

右監門率府率東平侯 太子右內率府 東平侯誦之 承節郎許之 武德郎叔纏 成忠郎謝之 諳之
贈敦武郎叔忞 贈武功大夫誨之 秉義郎誼之
贈武節郎公剛 公則 贈朝議大夫公劃 公謝
彥翊 彥翩 彥翎 彥側 彥保 彥儦
昺夫 獵夫 衢夫 震夫 御夫 栗夫 弇夫 榮夫 洞夫 漈夫 恍夫 淞夫 瀘夫 洪夫 惪夫 憲夫 悉夫 惰夫 憯夫 惩夫
時莊 時倈 時槿 時檟 時櫻 時櫃 時勱 時瑄 時瑄 時現 時挏 時晉 時拔 時鏟 時棸 時轂 時鎣 時璳 時瑢 時玫
若均 若星 若埜 若樟 若櫳 若樑 若舒 若鋄 若鋊 若鏈 若墳 若橅 若檀 若披 若掄 若絀 若結 若甀 若櫺 若僪 若偵
嗣凍

克勰 南康侯克凝
叔頤 洋州郡公叔灃
副率牢之 鎮陽侯櫸之 太子右內率府副率枝之 文安侯十之 贈朝議大夫奉之 左侍禁鯉之
公益 保義郎公濂 公滋 公滋 公竦 忠訓郎公端 成忠郎公岕
彥瑜 彥璥 彥鼎 彥穆 彥鐸 彥紀 彥綸 彥經 彥綵 彥績
永夫 正夫 譚夫 請夫 䅿夫 窘夫 家夫 硫夫 礁夫 砮夫 碗夫 寬夫
時習 時敏 時舉 時逷 時遴 時迢 時華 時苾 時瑨 時煥 時敞 時敷 時檝 時樋 時嵱 時岍 時倡 時佸 時僚 時伏
若臻 若珹 若瑨 若璬 若槽 若榊 若魯 若晉 若普 若旨 若習 若雯 若霆 若檏 若椪
嗣洪 嗣潤 嗣濼 嗣伊 嗣淦 嗣淙 嗣璘

克：安陸侯克伸

叔：奉化侯叔斯　右監門率府率叔霸

之：右侍禁昪之　贈朝請大夫賓之　太子右內率府副率辨之　太子右內率府副率憒之　三班奉職德之　武翼郎輿之　巽之　贈通議郎郄之

公：贈太中大夫公懋　公鼎　武經郎公度　訓武郎公權

彥：彥範　彥寅　彥玦　彥瓌　彥玽　彥琦　彥瓘　彥祁

夫：宅夫　褱夫　案夫　寓夫　儒夫　楨夫　亶夫　南夫　訔夫　古夫　簡夫　芸夫　節夫　瑛夫　歡夫

時：時瀎　時俐　時什　時侶　時羿　時哲　時環　時取　時永　時亨　時安　時元　時禮　時晛　時顏　時廣　時向　時奎　時浦

若：若燊　若析　若怚　若潔　若澳　若澑　若漳　若濡　若瀅　若鋏　若瑶

嗣：嗣槼　嗣楧　嗣權　嗣榛　嗣寔　嗣熺　嗣慨

汝：汝招

之：贈武節郎薦之　武翼郎譽之　右中奉大夫丞之　修武郎湙之　忠訓郎儆之

公：保義郎公紘　贈朝請郎公綬　公達　公遠　公述　公近　公通　公遵　公久　公奎　公常　公麟

彥：彥禧　彥福　彥祚　彥祿　彥祐　彥珪　彥輔　彥弼　彥約　彥光　彥輝

夫：循夫　昭夫　朝夫　衮夫　晦夫　騫夫　眘夫

時：時浩　時滿　時赫　時闓　時帥　時猛　時賡　時才　時滂　時涑　時宏　時晙　時艮　時皓　時童　時玘

若：若琭　若珅　若誼　若諶　若諤　若誠　若楳　若構　若檦　若涏　若濟　若祕　若河　若湎　若樅　若杆　若桎

嗣：嗣槐　嗣維　嗣湑　嗣寧　嗣蹇　嗣綏　嗣綖　嗣鈕　嗣陣　嗣階

承：原國公承炳

克：昌國公克彙　諡良安　通義侯克臧

叔：太子右內率府副率叔熲　右監門率府率叔賀　太子右內率府副率叔然　高密郡公叔納　太子右內率府副率叔郜　建國公叔儒

之：左侍禁堅之　琦之　從善郎璵之　贈通義侯援之　武翼郎總之

公：承信郎公澤　公湨　公漸　公賨　武經郎公正　承信郎公昌

彥：彥奭　彥奕　彥鏅　彥脩　彥奇　彥曹

夫：樑夫　舒夫　銘夫　鎡夫　鑠夫　僞夫　祕夫　侁夫　傑夫　倧夫

時：時极　時霆　時零　時霏　時合　時會　時盛　時善　時疊　時耕　時菁　時奮　時賈　時伾　時仡　時便　時倜　時徑　時徉

若：若圭　若珍　若琟　若瑊　若陛　若琗　若珈　若琡　若鉊　若鐳　若鋌

嗣：嗣鏶　嗣懸

崇國公彭城郡公叔琥
克權
從義郎擇之　保義郎拮之　成忠郎揮之　保義郎攄之　承節郎扮之　敦武郎掄之　贈秀州觀察使寶之　武德郎蹤之
公戀　承信郎公匾　公英　公輔　公言　公弼　成忠郎公璧　保武郎公謙　公誄　公謀　公倓
彥臣　彥巽　彥南　彥微　彥漢　彥深　彥山　彥岁　彥崟　彥惚　彥俟　彥倡　彥佩　彥惲　彥恰　彥賜
銕夫　介夫　企夫　全夫　玭夫　碧夫　玠夫　珼夫　琕夫　瓘夫　豎夫　仁夫　温夫　溥夫　沚夫
時裀　時裪　時芹　時蓍　時傧　時玲　時揩　時諆　時假　時任　時垓　時襲　時增　時瓘
若瀆　若諗　若諄　若謫　若論　若偣　若傑　若珊　若鏗

左班殿直機之　右班殿直隄之　右班殿直拭之　東頭供奉官掉之
公平　公訥　公佐　公傑　公建
彥閔　彥師　彥由　彥扎　彥懌　彥忱　彥晦
淦夫　沃夫　浚夫　炳夫　耕夫　儉夫　愡夫　迁夫　性夫　愉夫　怵夫
時繂　時稽　時稱　時傈　時寐　時宅　時御　時同　時皋　時彰　時韶　時訃　時游　時源　時務　時秫　時璁　時莅　時傸　時僠　時傃　時傑　時僬　時儆
若鍒　若鏉　若璪　若譩　若檁　若訴　若謩　若謝　若譁　若墳　若塿　若樅　若綱　若鉞　若意　若慗　若悐　若忝　若恙　若鏞　若溪　若湲　若汸　若沆
嗣忞　嗣峹　嗣沶

馮翊侯克覗
右監門率府率叔環　太子右內率府副率叔瓊　太子右內率府副　叔祀　太子右內率府副率叔獻　博陵侯叔兌
武翼郎曦之　左班殿直祥之　福之　武翼郎禧之　承節郎裕之
承節郎公勳　公勸　贈中散大夫公騤　訓武郎公曉
彥僕　彥嵩　彥民　彥以　彥深　彥與　彥助　彥盡　彥黨
柢夫　愃夫　詢夫　竑夫　端夫　忻夫　逵夫　恬夫　道夫　麒夫
時儸　時儆　時傑　時僳　時俐　時倓　時純　時誨　時邁　時晼　時嶹　時畦　時伯　時伶　時湲　時溧　時戣　時截
若泲　若泫　若涌　若湑　若謝　若仳　若鏝　若鉞　若鈹　若鉊　若埣　若壖　若垌

贈左武衞大將軍、榮州團練使叔達
祐之　左朝奉大夫禴之　直班借職俗之　贈武義郎佐之　左迪功郎仰之
承節郎公垤　右廸功郎公旁　右廸功郎公省　訓武郎公立　公瑾　公誨　公求
彥强　彥弼　彥遜　彥遲　彥逝　彥球　彥璐　彥玶　彥璋　彥玠　彥琅　彥立　彥謹　彥恰　彥愿　彥忽　彥恩
儔夫　穌夫　仳夫　仰夫　俑夫　偈夫　僮夫　偰夫　傲夫　俛夫　俳夫　連夫　侄夫　偲夫　仍夫　佋夫　倣夫　慍夫　憒夫
時戩　時金　時諴　時謨　時洪　時伊　時浣　時滐　時朴　時棟　時榑　時榆　時沂　時江　時容　時宬　時漎　時橡　時枸　時棪　時榜
若圻　若坂　若疣　若滐　若鋈　若錝　若淒　若泄　若櫓　若橋

河內侯叔佾　贈武翼大夫叔樊
右班殿直裕之　右班殿直祿之　三班奉職祚之　禔之　取式郎積之　武翼郎通之
公高　從義郎公言　公豪　公卞　宣教郎公慶
彥愈　彥枡　彥樵　彥琜　彥慈　彥胄　彥皐　彥夔
鍐夫　綦夫　繩夫　縣夫　經夫　綽夫　紇夫　絅夫　縯夫　綖夫　細夫　績夫　緗夫
時欃　時浥　時瀹　時潛　時灝　時浤　時倚　時佃　時侒　時迎　時櫨　時遒　時衙　時俄　時偕　時儁　時僎　時倈　時代　時俁　時獾　時油
若明　若素　若勸　若瑤　若瑳　若巂　若境　若玙　若悊　若息　若懃　若忞　若鑄　若鐄　若鏶　若藃　若愁　若栞
嗣諫

馮翊侯克偕
太子右內率府副率叔尼　嚴州觀察使叔堵
禾州助教道之　秉義郎遲之　武翼大夫宣之　贈大中大夫宗之
公磨　公㡡　公禧　承節郎公明　成忠郎公暐　武翼郎公矇　保義郎公瞳　贈大中大夫公顒
彥府　彥庫　彥嗌　彥嚋　彥喻　彥嗻　彥咈　彥味　彥佇　彥僩　彥徠　彥俅　彥衎　彥衡　彥綝　彥縉
纏夫　綯夫　絟夫　紡夫　繻夫　綵夫　緩夫　約夫　絧夫　纁夫　締夫　絯夫　康夫　庎夫　扃夫　廖夫　麻夫　廉夫　廞夫　僊夫　衠夫　徐夫　循夫　僎夫　侊夫
時松　時傾　時僣　時衙　時作　時個　時儃　時材　時梅　時儢　時倈
若麟　若擽

右武威大將軍康州防禦使叔瑾 南陽侯叔碉

秉義郎寧之 武經郎宥之 成忠郎寵之 敦武郎先之 忠翊郎光之 承節郎堯之 保義郎見之 承節郎亢之 武翼大夫通之

贈正奉大夫公碩 公祺 公祥 公禕 忠訓郎公倚 公衛 公信 公偉 公誼 公譃 公謨 公閭 承節郎公石 承節郎公原 公愈 公惠 公擇

彥紲 彥絅 彥紓 彥紆 彥綂 彥縮 彥組 彥球 彥綱 彥紀 彥結 彥簡 彥淵 彥弦 彥昭 彥剛 彥藎 彥典 彥滋 彥拱

復夫 徥夫 俓夫 紬夫 循夫 祉夫 浚夫 灝夫 澂夫 渟夫 侍夫 恙夫 轅夫 棐夫 珝夫 澐夫 銳夫 鋹夫

濟陽侯叔逵 贈敦武郎叔賦 武德郎叔緩

忠翊郎道之 贈武翼大夫遵之 敦武郎逞之 保義郎速之 忠翊郎逵之 迒之 右侍禁端之 贈武節郎濟之 忠訓郎誨之 承節郎誠之 修武郎誘之

贈武德郎公抃 從義郎公沛 贈中奉大夫公芾 公俗 公侃 公旻 公政 公詳 公褒 公齊 公渠 武經郎公清 公興 公迺 公達

彥樽 彥栻 彥梅 彥飭 彥極 彥振 彥揩 彥梃 彥池 彥波 彥味 彥喬 彥雍 彥鼎

肩夫 雄夫 捷夫 慊夫 瑕夫 瑬夫 寘夫 宙夫 繹夫 紛夫 表夫 徽夫 綸夫 緹夫 憲夫 寓夫 湧夫 灝夫

時授 時抎 時修

樂中郡王承亮謚恭靖

太子右內率府副率克懷 贈崇信軍節度使克沖

淮陽郡公叔廉

武功大夫昱之 三班奉職憂之 忠訓郎漫之 贈朝議大夫望之 成忠郎胃之

公進 承節郎公寔 保義郎公鎮 承信郎 公銖 修武郎公鑒 公錡 左朝散郎公白 贈宣奉大夫公皋 公兒 贈訓武郎公適 承節郎

彥照 彥棨 彥深 彥溥 彥浩 彥淑 彥盼 彥騰 彥朋 彥服 彥腆 彥將 彥衞 彥衎 彥衍 彥術 彥震 彥霰 彥霖

欽夫 鐸夫 鷸夫 蒞夫 秦夫 厲夫 愚夫 紹夫 絃夫 約夫 杜夫 溠夫 隆夫 亞夫 良夫 揩夫 搏夫 黔夫 磻夫 洙夫 淙夫 添夫 常夫 鉞夫 蒱夫

時儔 時鑄 時佐 時升 時仰 時傑 時伸 時晉 時弢 時琦

信國公叔蹤謚榮敏
承節郎易之 承節郎東之 武功郎明之 敦武郎受之 高密侯矢之 安陽侯遜之
公適 修武郎公澤 經武郎公濟 從義郎公潤 公潤 公洙 忠翊郎公溉 承節郎公淨 保義郎公滿 承信郎公世 贈濠州團練使公言 修武郎公袞 秉義郎公亶 贈武經大夫公彥
彥俟 彥脩 彥因 彥固 彥興 彥和 彥適 彥仁 彥任 彥偉 彥夔 彥老 彥履 彥信 彥端 彥騎 彥常
鈞夫 明夫 達夫 通夫 造夫 謙夫 垚夫 遠夫 著夫 署夫 愬夫 頵夫
時立 時亨 時發 時顯 時拱 時孜 時敷 時澤 時佾 時俁 時位 時傳 時悅
若洙 若拙

贈武德大夫仰之 贈武德大夫譽之 左侍禁牧之 左侍禁莊之 贈武義郎晉之
修職郎公夔 忠翊郎公元 公毅 武經郎公緯 承節郎公卓 武翼郎公憲 公紳 公彪 公訓 承信郎公誠 訓武郎
彥紀 彥禤 彥讋 彥英 彥俊 彥彙 彥傑 彥交 彥東 彥隆 彥芳 彥垌 彥柔 彥詵
悉夫 愬夫 惹夫 志夫 籩夫 劉夫 窵夫 烜夫 瓊夫 藹夫 逌夫 宣夫 同夫 佺夫 悰夫 孚夫 弼夫 拜夫 喆夫
時淳 時齊 時哀 時毫 時珍 時僊 時倪 時倬 時克 時髦 時譽

保義郎東之 敦武郎頤之 約之 左殿直德之 贈承議郎道之 三班奉職曠之 三班奉職光之 秉義郎擴之
公許 贈宣教郎公恪 朝奉郎公愉 訓武郎公栻 承節郎公慥 保義郎公性 秉義郎公愓 訓武郎公恃 公忬 保義郎公璡 秉義郎
彥退 彥迥 彥湜 彥遠 彥邁 彥遊 彥道 彥諒 彥迪 彥遲 彥遒 彥伐 彥遝 彥遜 彥逅 彥遴 彥滋 彥迟 彥遐 彥逵 彥迦
總夫 還夫 郯夫 樾夫 仁夫 傜夫 僊夫 仢夫 鑰夫 忠夫 慫夫 忐夫 念夫 愈夫 恕夫 愨夫 恚夫 憓夫 昰夫 寔夫

嘉國公叔皮
三班奉職昪之 東頭供奉官昪之 修武郎景之 內殿崇班典之 從義郎晛之 通之 贈武功大夫昇之 從義郎晏之 秉義郎昌之 左班殿直旻之 歸之 成忠郎晃之 修武郎暹之 贈秉義郎杲之
公堪 承信郎公珵 承信郎公玠 訓武郎公悅 武經郎公識 修武郎公輔 保義郎公敞 承信郎公玫 公持 忠訓郎公稱
彥芮 彥綦 彥英 彥艾 彥琦 彥玭 彥燠 彥緼 彥綬 彥細 彥續 彥紘 彥稼
鼎夫 駼夫 驤夫 侑夫 儉夫 僎夫 儷夫 份夫 倬夫 傑夫 顏夫
時暘 時暢 時开 時典 時譽 時萬 時億 時兆 時椿

安康侯叔奐
忠訓郎曇之 忠翊郎是之 忠訓郎昇之 忠翊郎昜之 承信郎晟之 敦武郎㬎之 暈之 忠訓郎昷之 求之 左侍禁憲之 秉義郎舜之 左班殿直徽之 綬之 修武郎涝之
公懋 訓武郎公膺 公靡 公彤 公康 公廉 公舉 從義郎公諆 公諫 承信郎公訃 公仔 公明 保義郎公疑 保義郎公僕 承節郎公霖 公侈
彥种 彥潭 彥濂 彥注 彥禧 彥穟 彥茂 彥菖 彥萸 彥茗 彥茵 彥蓍 彥昭 彥砥 彥思 彥騅 彥盱 彥瞋 彥塈
曾夫 遷夫 閔夫 端夫 雄夫 桑夫 堣夫

魏國公叔義 魏國公克愉諡文思 太子右內率府副率叔發 魏國公叔才
忠翊郎璪之 翊之 武翼大夫仁之 從義郎儀之 成忠郎佾之 佟之 价之 贈左衛大將軍貢之 雄州防禦使象之
保義郎公憲 承信郎公愨 朝議大夫公愈 公建 公說 公遡 公遂 成忠郎公綬 修武郎公純 公紀 武翼郎公紳 武節郎公緒 朝奉郎公綱 忠翊郎公縉
彥澥 彥邈 彥涯 彥建 彥催 彥傳 彥侁 彥仍 彥伋 彥脩 彥倫 彥油 彥信 彥傃 彥俟 彥儼 彥蒼 彥佛 彥儔
詮夫 譚夫 詔夫 源夫 淵夫 濤夫 渃夫 灑夫 滤夫 沛夫 渭夫 瀚夫 信夫
時譽 時邁

溫國公叔璽

贈右金吾衛大將軍資之　右監門率府率淪之　修武郎溫之　右侍禁沆之　從義郎麟之　左班殿直舉之　敦武郎崇之　成忠郎行之　修武郎用之

公頊　從義郎公岳　公道　保義郎公榮　秉義郎公位　秉義郎公言　公達　公邀　公進　公邈　公述

彥供　彥彝　彥狀　彥珕　彥翰　彥甝　彥翥　彥禱　彥邁　彥遵　彥迭　彥邏　彥逌　彥迒　彥儉　彥莘　彥碩　彥題　彥顏

岁夫　嶔夫　巖夫　瑨夫　朋夫　澄夫　洪夫　珏夫　琣夫　瑔夫　璍夫　彰夫　倘夫　彫夫　璝夫　玿夫　榆夫　棠夫　璶夫

時舉　時佐　時佑　時偉　時祀

贈右屯衛大將軍叔蕃　清源侯叔紺

武翼郎佑之　秉義郎彪之　三班借職拱之　秉義郎立之　承信郎瘐之　西頭供奉官益之　贈敦武郎和之　贈奉國軍節度使進之

保義郎公戩　左朝請郎公彬　秉義郎公彰　從義郎公彤　保義郎公彩　公禋　公禴　公竑　公禪　公社　忠義郎公瓏　承節郎公震　訓武郎公彥　承信郎公頎　贈武德大夫公顯　武翼郎公頊

彥勉　彥虎　彥愷　彥佐　彥劭　彥勅　彥勇　彥青　彥悳　彥澤　彥杵　彥棫　彥柄　彥棒　彥琥　彥堵　彥琸　彥玥　彥璋

楠夫　橫夫　侮夫　晐夫　鑾夫　倰夫　玐夫　俾夫　烋夫　湏夫　瀾夫　論夫　詰夫　謐夫　諿夫　誎夫　注夫　昇夫

時庸　時中　時舉　時昇　時英　時敏　時蔵　時和　時俊　時貴

贈曹州觀察使叔熊

忠訓郎信之　右侍禁從之　承節郎德之　贈朝散大夫岳之　教之　承信郎勝之　保義郎高之　成忠郎感之　修武郎宜之　秉義郎能之　成忠郎百之　忠翊郎

修武郎公頎　公淡　朝請大夫公僱　公秦　秉義郎公襄　承信郎公濤　承信郎公洽　承信郎公浹　成忠郎公起　忠訓郎公宜　訓武郎公立　公戩　承節郎

彥珥　彥闓　彥璚　彥俠　彥興　彥共　彥滔　彥左　彥右　彥玫　彥珏　彥深　彥㑊　彥泃　彥玲　彥澤

鐩夫　蒙夫　安夫　珉夫　濟夫　清夫　渭夫　晉夫　崧夫　栻夫　𣘽夫　柜夫　椤夫　榊夫　棣夫　杓夫　樺夫　楄夫　鎡夫

時霞　時德

廣平侯叔源

愖之 成忠郎瑞之 承節郎純之 德之 承節郎倩之 迪功郎持之 保義郎升之 忠訓郎挺之 修武郎闡之 左班殿直望之 左班殿直鎮之 宣教郎寘之

公欽 承信郎公鈐 公鑑 公肅 承信郎公英 公進 公宗 公密 公寤 公諫 公玉 公全 公至 成忠郎公祗 成信郎公鎮 公鑄 公鉄 公銖 成節郎公銓 公剛 忠訓郎公戟

彥材 彥梓 彥椿 彥松 彥文 彥壽 彥祿 彥敵 彥數 彥瀴 彥侹 彥保 彥伯 彥儱

節夫 遙夫 雖夫 周夫 夫 宣夫 慭夫 禹夫 文夫

時長

武經郎叔茵 西頭供奉官叔瑱 武翼郎叔徙

忠訓郎堅之 承節郎裕之 承節郎元之 承信郎遠之 能之 保義郎得之 忠翊郎衛之 復之

修武郎公俊 武翼郎公現 忠訓郎公仔 公脩 承事郎公傳 朝請大夫公介 成忠郎公倧 公俊 公惠 公柢 承節郎公確 承節郎公禛

彥佩 彥溥 彥濟 彥澄 彥葑 彥法 彥嵤 彥秩 彥宙 彥楷 彥鍖 彥鍠 彥寅 彥疇 彥經 彥濟 彥馨 彥璟 彥琦 彥嶠 彥岐 彥嶓

武夫 顯夫 復夫 常夫 飾夫 優夫 逦夫 證夫 詰夫 郰夫 邢夫 郢夫 憂夫 琰夫 琦夫 卟夫 淡夫 瀋夫 瀌夫 漸夫 澈夫

太子右內率府副率克鐲

敦武郎叔餃

從之 徐之 徲之

承節郎公碭

彥豐 彥嶒 彥嶠 彥崨

顧夫 顯夫 滙夫

宋史卷二百三十八

元中書右丞相總裁脫脫等修

世系表第二十九

宗室世系二十四

信國公克頫謚靖惠

建國公叔儺

贈左大中大夫爽之

訓武郎公瑗 修職郎公琦 從政郎公璘

彥充 彥允 彥純 彥綸 彥料

堯夫 舜夫 時夫 仁夫 信夫 選夫 進夫 逢夫 迂夫

時僾 時僔 時侍 時僭 時儆 時倴 時榛

若洟 若淏 若澥 若澎 若汧 若滄 若流

嗣樽 嗣枋 嗣棟 嗣棕 嗣樺 嗣鍋 嗣鑶 嗣鏁

三班奉職爽之 左班殿直亨之 右班殿直燮之 卞之 忠訓郎奕之
通仕郎公琬 公琰 公璪 承節郎公璁 公瓊 保義郎公琄
彥紳 彥綜 彥紋 彥章 彥亨 彥永 彥纚 彥經 彥綬 彥盛 彥倫 彥倞 彥侶 彥倷 彥倈 彥儗
邇夫 迹夫 逑夫 適夫 逷夫 邀夫 遭夫 瞻夫 藝夫 蘭夫 侃夫 澫夫 恭夫 豪夫 良夫 襧夫 裎夫 諮夫 覞夫 曅夫 谷夫 腥夫 曚夫 昳夫 旨夫 嘿夫
時例 時修 時儲 時佅 時俚 時倰 時橪 時繐 時緗 時緭 時紵 時鑢 時珂 時琄 時柚 時榴 時劍 時鏑 時湄 時潔 時隸
若檢 若橉 若榥 若櫟 若櫆 若檣 若鎦 若鋒 若瀼

房國公叔勻 安康侯叔靬
武經郎立之 朝奉郎性之 成忠郎怏之 保義郎快之 保義郎翻之 左班殿直醬之 敦武郎舉之
公瑾 公璀 公瑱 承節郎公珛 公瑞 公珍 公瑗 公昇 公昪 公旦 公景 公旻 公晏
彥傑 彥謨 彥麐 彥忠 彥浹 彥默 彥熊 彥烈 彥羔
檣夫 洒夫 信夫 衡夫 俊夫 脩夫 便夫
時諸 時諦 時謀 時案 時安 時運 時建 時遵 時邁 時習 時璝 時鐸 時脩 時俊 時傑 時億 時仔
若閔 若闓 若闔 若旦 若奭 若春 若蒙 若望 若泰 若厲 若愚 若禹

高密侯克寬
從義郎叔倅 右朝散大夫叔僑 右監門率府率叔僻 右監門率府率叔斜 東頭供奉官叔換 敦武郎叔棶
忠翊郎綽之 奉議郎肇之 忠翊郎聿之 仰之 韋之 成忠郎隶之 成忠郎肅之
承信郎公繹 文林郎公眼 訓武郎公貢 修武郎公賀 承節郎公贊 迪功郎公賚 公賫 公賁 公擇
彥敵 彥攷 彥敢 彥敓 彥歇 彥敘 彥畋 彥斁 彥敉 彥徽 彥效 彥救 彥敞 彥敳 彥效 彥數 彥改 彥斅 彥敷 彥牧 彥數 彥藹
儁夫 堅夫 昭夫 琰夫 偶夫 徹夫 枅夫 檝夫 桃夫 瑲夫 楝夫 穮夫 袖夫 檣夫 穆夫 囂夫 秫夫
時檟 時檄

敎武郎叔倩

承節郎識之

公渙 公抖 贈朝請郎公圩

彥祐 彥裕 彥鬐 彥墫 彥端 彥竑 彥湔 彥湡 彥隸 彥琫 彥代 彥傚 彥侗 彥侍 彥傳 彥侯 彥備

鼎夫 浡夫 洱夫 選夫 咊夫 譜夫 瓘夫 珠夫 瑛夫 璩夫 琥夫 潬夫 濔夫 消夫 鑼夫 鋑夫 鋮夫 鐀夫 綜夫

時迥 時邀 時禩 時滄 時遴 時逓 時這 時澄 時遏 時泓 時迦 時迪 時滓 時遊 時遰 時運 時橘 時樗 時棃 時杼 時欖 時槃 時 時脊 時菀 時避 時追 時逖 時適

若錢 若鉩 若俅 若蓮 若櫝 若欒 若柠 若枹 若鑣

武翼郎叔馳

承節郎誨之 左儒林郎翼之

公亘 公奭 保義郎公道 承信郎公述 承信郎公璹 成忠郎公逮 公迎 公逗 將仕郎公邁 公道 公槃 承節郎公謙

彥翻 彥謀 彥僨 彥佗 彥偘 彥公 彥征 彥儥 彥佮 彥峻 彥倀 彥什 彥偶 彥憐 彥傛 彥鉼 彥鈂 彥鍗 彥鉼 彥佯 彥鍼 彥燰 彥瑠 彥淯

綸夫 沁夫 浤夫 浭夫 沚夫 淀夫 沛夫 澍夫 樻夫 榍夫 栴夫 核夫 梛夫 浯夫 醲夫 壓夫 瑛夫 灑夫 湯夫 鈍夫 倫夫 榣夫 汻夫 沖夫 晳夫 鉼夫 綷夫

時鐀 時蕄 時烝 時傢 時緒

若茉 若藩

高密侯克整

信都侯叔氏 右班殿直叔嚮 修武郎叔遇

博平侯晦之 武功大夫祺之 穎之 詠之 贈秉義郎鼉之 修武郎羿之 秉義郎習之

武德郎公槊 從義郎公棄 承信郎公粟 公集 公集 公全 公輴 公惠 成忠郎公增 公璉 公璋

彥沵 彥濂 彥淖 彥滮 彥瀸 彥鎬 彥鑄 彥鑠 彥鏞 彥鏷 彥薰 彥庶 彥焘 彥璹 彥橘 彥櫾 彥横 彥暴 彥櫓 彥栢 彥螯 彥㯿

鍾夫 爈夫 熴夫 鈢夫 鑽夫 濂夫 濵夫 滜夫 原夫 昂夫 孝夫 奕夫 傚夫 崴夫 傑夫 洛夫 昱夫 濳夫 洼夫 銷夫 鉽夫

時裹 時熛 時熔 時烜 時焟 時熩 時特 時表 時枇 時璙 時玖

若滸 若湟 若濠 若鏑 若鏵 若惧 若櫻 若嵥

嗣遷

贈正議大夫叔陵

從義郎禬之 修武郎樌之 修武郎揚之

公照 公宜 公僅 從事郎公儀 忠翊郎公仲 公任 公仍 成忠郎公佐

彥檜 彥梗 彥懌 彥造 彥遁 彥追 彥道 彥迸 彥逡 彥國 彥圃 彥仝 彥全 彥企 彥介 彥仙 彥術 彥復 彥賢

金夫 方夫 尼夫 育夫 岌夫 闓夫 黨夫 佃夫 運夫 但夫 任夫 邇夫 延夫 遊夫 巡夫 迅夫 邈夫 庠夫 應夫 騰夫 能夫 宜夫

時楨 時櫞 時桝 時鈴 時鑼 時楝 時椆 時洑 時洽 時潫 時泭 時邂 時適 時遠 時追 時佞 時优

若潰 若潺 若埭 若枇 若鑾

嗣淳 嗣潭 嗣湜 嗣滮 嗣潛 嗣濂

贈右千牛衛大將軍叔諄

左朝請郎緝之 奉議郎緒之 忠翊郎祈之 保義郎禋之

承節郎公 公仔 公休 公係 公佀 公議 公囷 公論 公 保義郎公 公寅 承信郎公進 公賢

彥緊 彥堅 彥艮 彥童 彥 彥 彥 彥 彥 彥 彥闞 彥問 彥覺

願夫 夫 夫 夫 湯夫 愈夫 搖夫 畬夫 舍夫 起夫

時庶 時靡 時現 時璐 時瑥 時瑄 時璃 時急 時愍 時䡳 時松 時倍 時価

若倠 若依 若僬 若偃 若鍪 若鑫 若悳 若戀 若悐 若悬 若嚣 若瓔 若璀 若璘 若瑁

東平侯叔軍 文安侯叔釗 武節郎叔謩

保義郎禔之 忠翊郎祕之 三班借職禮之 左班殿直禠之 保義郎禊之 保義郎禧之 承節郎祖之 承節郎祐之 修武郎英之

公且 公壽 公皇 秉義郎公明 公譓 公儦 公溢 公汴 公源 公湛

彥需 彥侊 彥悉 彥郲 彥瓏 彥珇

砥夫 雩夫 協夫 鍍夫 釪夫 鋗夫 鍊夫 詭夫 訕夫 詩夫 芾夫 謨夫 弗夫 請夫

時辭 時璹 時琨 時珚 時棐 時灇 時駢 時轤 時鑪 時鐥 時鈉 時鉚 時溪 時鏞 時舒 時念

若璹 若璧 若輸 若滂 若滐 若埻 若墹 若至 若墨 若暸 若嘲

贈承議郎叔緬 武翼大夫叔揤 光祿大夫叔暄
保義郎蕘之 文林郎詠之 秉義郎滜之 贈中奉大夫濊之 秉義郎紘之
公寶 奉信郎公曠 公暘 公暉 公昭 承節郎公暚 公勉 公扐 朝奉大夫公演 公元 承信郎公化
彥縉 彥璐 彥堪 彥經 彥糾 彥繡 彥纁 彥則 彥囷 彥牧 彥頎 彥緷 彥塱 彥禖
退夫 鏷夫 銅夫 鐇夫 釢夫 鉾夫 銈夫 鐻夫 烘夫 燠夫 炦夫 炔夫 烙夫 岡夫 冋夫 當夫 党夫 城夫 燠夫 狆夫 猣夫 椋夫 楮夫 珗夫 㻑夫 瑂夫 培夫 墻夫 琹夫
時禱 時祈 時城 時濱 時峑 時玥 時堺 時墉 時邊 時昂 時祺 時揩 時衕 時果 時郲 時改 時爽 時爐
若亜 若陘 若瑩

右中奉大夫開國男紹之 左朝請大夫繼之 修武郎績之
從政郎公起 承直郎公賓 文林郎公贊 從政郎公琤 承義郎公飛 修武郎公盛 承義郎公隰 從政郎公鼎 宣教郎公卣 從事郎公龕 左從政郎公碚
彥聳 彥鈇 彥訪 彥璣 彥讓 彥詛 彥訂 彥謹 彥謙 彥謀 彥愷 彥省 彥穌 彥濤 彥長 彥陵 彥審 彥岡 彥惚 彥愚 彥意 彥夏 彥泰 彥採 彥樣 彥比 彥琦
楧夫 杆夫 懿夫 喻夫 榕夫 梓夫 橡夫 樧夫 棲夫 欂夫 杭夫 棰夫 槲夫 翻夫 馥夫 檜夫 瀰夫 洇夫 嚳夫 槼夫
時瓛 時棂 時熉 時礎 時熺 時燹 時須 時運 時塀 時璃 時瑱 時遽
若昇 若潴

忠訓郎維之 忠翊郎緒之
朝請郎公菈 迪功郎公磦 成忠郎公碰 公昍 公宗 公埜 承信郎公畾 承信郎公衞 承節郎公衡
彥商 彥蔵 彥邠 彥璹 彥瑚 彥琯 彥詷 彥儒 彥演 彥漳 彥法 彥沃
浹夫 䁪夫 橐夫 宕夫 宿夫 淝夫 溼夫 免夫 休夫 潞夫 濲夫 劬夫 灉夫 睨夫 曦夫 昨夫 梲夫 梟夫 㯻夫 耒夫 栝夫 梢夫 榛夫 櫄夫 橋夫 棉夫 櫞夫
時樸 時廱 時庌 時塵 時祎 時梳 時檟 時櫝 時楅 時橋 時榤 時嫶 時焞 時炤 時燓 時燮 時熄 時煤 時熜 時燀 時爓 時熄 時爍 時婧 時燎 時燐 時熒 時溪 時妹
若煥 若陘

武節大夫叔辯　成經郎叔瑰
承節郎繆之　武忠翊郎琇之　承節郎珣之　城之　承節郎璨之　璟之　玠之　珙之　瓊之　成忠郎珏之　琮之　保義郎玖之　肅之　厚之　獻之
保義郎公澈　成忠郎公洙　公一　公二　公干　公荃　公儀　公譱　公意　公萬　公語　公處　公熾　公萊　公爲　公復　公闠　公笑　公眞　公梓　成忠郎公檜　公昂
彥箕　彥恭　彥瑇　彥浩　彥鐵　彥艮　彥起　彥迪　彥倬　彥倫　彥緝　彥經　彥霆　彥濱　彥僩　彥涑　彥邦
楨夫　佑夫　儒夫　德夫　註夫　賞夫　謐夫　誼夫　鋼夫　鐙夫　錫夫　鉞夫　鑄夫　劭夫
時贊　時盼　時譜　時諟　時墀　時堤
若僡

左班殿直叔瘦　敦武郎叔嶒　左班殿直叔朠　左班殿直叔曦　秉義郎叔熈
承節郎允之　承信郎擲之　忠訓郎用之　忠訓郎寶之　秉義郎宏之　秉義郎
承節郎公節　承信郎公彥　秉義郎公吸　公雕　公唏　公遷　公昨　公琥　公俊　承節郎公作　承節郎公價　公信　公倚　公仁　保義郎
彥鐯　彥又　彥銓　彥鋼　彥燓　彥際　彥擬　彥談　彥翊　彥讃　彥誕　彥誠　彥譜　彥誘　彥護　彥環　彥玦　彥玎　彥誼　彥諄　彥計　彥訛　彥詠　彥訢　彥論　彥諳
昆夫　達夫　通夫　進夫　逐夫　適夫　腆夫　茅夫　膂夫　淄夫　仞夫　作夫　邇夫　璣夫　玶夫　琉夫　遷夫　迚夫
時英

右監門率府率克播　樂平郡王克暨
高密郡公叔耘
憲之　武功大夫節之　右侍禁　理之　武翼郎　夫賁之　敦武郎　握之　沛之　忠之　從義郎翼之　秉義郎和之　立之
公儆　公厚　秉義郎公原　公謹　承節郎公澤　承信郎　公巽　公敏　公寧　公壽　公圭　保義郎公煇　忠翊郎公行　公明　公夙　忠翊郎公似　公興　承信郎公諸
彥鷹　彥猛　彥韞　彥桃　彥儔　彥熹　彥律　彥鍛　彥慮　彥　彥楠　彥樺　彥能　彥羆　彥熊　彥渙　彥壼　彥屺　彥可　彥表　彥搗
鍼夫　賚夫　復夫　閶夫　桂夫　昌夫　并夫　顯夫　闡夫　才夫　安夫　仲夫　嵋夫　閤夫
時雍　時用　時昕　時照　時昉

僕陽侯叔御 內殿崇班叔循 內殿崇班叔蒸 武安郎叔實 東頭供奉官叔澴
敦武郎先之 修武郎道之 承節郎順之 忠翊郎碩之 予之 似之 修武郎 之 忠訓郎宜之 保之 保義郎令之 從之 球之
公徵 保義郎公權 公桂 承信郎公熱 公穟 公械 承節郎公棣 公禪 公堅 公壽 公彊 公礦 公彌 承信郎公鎰 承信郎公燾 公廉 承節郎 公珪 承節郎
彥推 彥𤏉 彥景 彥暟 彥腓 彥瓛 彥玫 彥璩 彥銳 彥喇 彥瑲 彥裒 彥瑁 彥宣 彥若 彥靖 彥欽 彥輝 彥竑
枳夫 麟夫 御夫 劭夫 遴夫 湍夫 遁夫

贈左領軍克壯 贈右屯衛大將軍克紹 榮國公克類謚良孝
修武郎叔偉 左班殿直叔詖 右班殿直叔鮪 武經郎叔蠖 從義郎叔旨 武翼郎叔圻 右侍禁叔瑄 右班殿直叔詳 修武郎叔蹟 馮翊郎叔攜
讓之 修職郎謙之 修武郎讜之 從義郎諝之 成忠郎遇之 顯之 珙之 武翼郎全之
公琰 公彥 公詰 承信郎公易 承信郎公擬 承節郎公明 公顯 承信郎公敷 公時 承節郎公弼 承節郎公昌 從信郎公從
彥頊 彥躍 彥龔 彥躋 彥踵 彥曦 彥穗 彥璁 彥瀹 彥廙 彥廉 彥廩 彥魚
澂夫 沽夫 椷夫 蓷夫 枌夫 楮夫 楀夫 櫞夫 增夫

贈武翼郎叔
武翼郎顧之 左班殿直頤之
將仕郎公郊 公拜 訓武郎公州 公玨 公靚 公褎 承節郎公苞 公廉 秉義郎公慶 承節郎公載 贈中散大夫公驥
彥儻 彥憔 彥儵 彥儁 彥碌 彥棊 彥瓔 彥瑞 彥約 彥縕 彥紹 彥題 彥敞 彥維 彥純 彥經 彥繩 彥繪 彥綱 彥終
檀夫 檍夫 梗夫 坻夫 榮夫 瑩夫 棫夫 棹夫 楸夫 靖夫 翊夫 材夫 樸夫 招夫 拔夫 涑夫 森夫 格夫 纂夫 斮夫 巘夫 偘夫 櫄夫 初夫
時俊 時傑 時寤 時顯 時傻 時倩 時儒 時儇 時悉 時晉 時淵 時瑕 時鑒 時槩

武功大夫叔逫

秉義郎頋之 願之 修武郎穮之 忠訓郎穂之 敦武郎程之 忠訓郎稷之 承節郎棋之 承節郎稱之 透之 忠訓郎揾之 秉義郎禚之

承節郎公戩 公偃 公伸 承節郎公僶 朝奉郎公俟 成忠郎公伋 武經郎公併 公儼 公佁 公仰 公彥 公儻 公份 公倬 公傑 公健 公訪 公側 公信

彥紡 彥乎 彥擇 彥秀 彥蘉 彥裯 彥枋 彥穜 彥稸 彥稌 彥穛 彥憖 彥樟 彥艾 彥蕒 彥茹 彥諒 彥統 彥瑣 彥謳

檜夫 樓夫 諳夫 詠夫 謹夫 諴夫 諭夫 譯夫 諶夫 鈫夫 銛夫 稷夫 融夫

時楙

東頭供奉官叔訌 武經郎叔 左班殿直叔僤 贈右通議大夫集英殿修撰叔近

修武郎穖之 忠訓郎稃之 忠翊郎稚之 承節郎玻之 穠之 忠翊郎一之 立之 保義郎祴之 秉義郎程之 贈朝請大夫交之

公俅 公僭 武忠郎公儉 公蓁 公敷 公傭 公仲 公佾 公伴 公佀 公俁 公俁 成忠郎公會 公得 承信郎公孜 公盂 公魯 從政郎公喆 右廸功郎公富 朝奉大夫公賓

彥毛 彥崇 彥實 彥林 彥詠 彥著 彥壽 彥冰 彥侯 彥儧 彥假

秀夫 壽夫 貫夫 琁夫 瑃夫 琇夫 璵夫 玘夫 璪夫 瑟夫 瓚夫 綰夫 紱夫

武經大夫叔玐 內殿崇班叔梁 成忠郎叔頔

卞之 㦹之 右廸功郎俄之 繪之 修職郎蘷之 保義郎栫之 成忠郎顯之 成忠郎頑之

公寘 公寶 秉義郎公宋 公宴 公寘 修武郎公滓 公渻 承節郎公泙 廸功郎公澗 公淡 公言 公靚 公頜

彥倪 彥優 彥仞 彥仟 彥儆 彥惪 彥偶 彥傈 彥倆 彥佋 彥誠 彥詸 彥模 彥楱 彥棫 彥榕 彥鉄 彥悉 彥潛 彥燚 彥珏 彥玶 彥玲

繢夫 緬夫 旺夫 尊夫 謙夫 議夫 儴夫 侯夫 修夫 俜夫 儅夫 架夫 境夫 場夫 塏夫 䁍夫 晬夫 祤夫 祝夫 禪夫 祴夫 祊夫 鑋夫

時欒 時榍 時轉 時傺

修武郎叔茲

修職郎頎之 贈朝奉郎彝之 秉義郎簫之

公領 承節郎公斌 公珙 承節郎公瑕 承節郎公瑤 朝請郎公意 忠訓郎公意 從義郎公懇 公惠 訓武郎公憙 忠訓郎公慜 成忠郎公愁 公惠 公意

彥理 彥 彥現 彥瑚 彥岍 彥嶧 彥嶠 彥嵎 彥鉍 彥鉅 彥釭 彥芸 彥洣 彥芊 彥芇 彥茉 彥葳 彥莕 彥芑 彥荃 彥藂 彥芷

禛夫 襸夫 稜夫 禣夫 役夫 禳夫 禱夫 袊夫 秀夫 稼夫 褣夫 淯夫 微夫 徹夫 縉夫 綨夫 紼夫 絺夫 潰夫 浚夫 寖夫 室夫 實夫 守夫 寔夫 寗夫 瞰夫 榧夫 柜夫 楠夫 柲夫 杍夫 棬夫 樲夫 檍夫 橙夫

時過 時塈 時鋈 時湔 時潔 時澣 時梃 時磏 時碱 時選

若鐏 若鐈

安定侯承操

太子右內率府副率克勉 常山郡公克助謚孝良

建國公叔復謚孝良 康州防禦使叔洄

奉議郎延之 朝奉郎建之 修武郎祉之 秉義郎禔之 忠訓郎衡之 左中大夫術之

公悳 公遠 公位 公表 公遷 公說 公懋 承信郎公愸 承信郎公菱 公霸 保義郎公从 承節郎公儒 左從政郎公傑

彥蕬 彥苡 彥蓮 彥藹 彥傳 彥槊 彥鉉 彥轔 彥轞 彥暐

櫻夫 槊夫 樋夫 梮夫 初夫 禠夫 和夫 源夫 齋夫 珎夫 訶夫 杉夫 親夫

時鏄 時銨 時俔 時禄 時敲 時粄 時磨 時鷹 時庁 時庿 時偸 時瑛 時涷 時注 時潒 時沸 時憼

若褏 若咈 若懸 若顓 若夰 若寶

武德郎叔[illegible]

忠朝郎定之 秉義郎倚之 從義郎衜之

右從政郎公徤 宣教郎公億 公保 儒林郎公倎 承信郎公俗 成忠郎公倓 成忠郎公倬 公裿

彥駱 彥晗 彥晤 彥昞 彥暈 彥昇 彥曉 彥嘶 彥垂 彥譯

滜夫 泜夫 轓夫 轔夫 軼夫 轣夫 輎夫 輾夫 量夫 鍪夫 坒夫 宊夫 衞夫 守夫 爲夫 從夫 宝夫 立夫

時悉 時憙 時惣 時遷 時黛 時悉 時炁 時衔 時憓 時播 時梗 時㷫 時蓮 時蘾 時茵 時之 時鑷 時鋌 時鏠 時鉍 時鎦 時鏥 時釪 時誌 時譪 時詁

若璽 若煥 若碥 若碏 若慾 若滐 若淵 若濟 若浧 若悉

承節郎寬之　求之　宷之　宗之　容之

公𤥥　公碧　公琪　公瑧　公瑫　公億　公优　修職郎公傑　公倚　公健

彥撣　彥擒　彥程　彥欖　彥撕　彥詥　彥藡　彥禶　彥逑　彥進　彥遂　彥遡　彥怡

情夫　悾夫　惰夫　慽夫　諔夫　謂夫　譱夫　詥夫　譊夫　誂夫　折夫　覞夫　磧夫　抱夫　欘夫　櫟夫　槪夫　璐夫　瓏夫　琅夫　璣夫　棋夫

時詮　時諭　時調　時請　時訂　時澈　時淛　時鉆　時槐　時稤　時穗　時穰　時瑮　時壐　時壆　時皇　時望　時爽　時昊　時龑　時瑱　時球　時玡　時琛

若恭　若悳　若悆　若忝　若從　若懋

南陽郡公承曹

建國公克勃　濟陰侯克脊　北海侯克迓

內殿承制叔勵　武功大夫叔鮮　供備庫副使叔蓬　武翼郎叔塘　內殿崇班叔躁　宣城侯叔傺　內殿崇班叔庚　右班殿直叔晨　武功郎叔驍

承信郎琁之　琦之　珙之　修職郎載之　修武郎壽之　保義郎貴之　承奉郎習之　保義郎拱之　忠訓郎克之

公實　公實　公爻　公艾　公文　文林郎公爻　公忎　公悉

彥楕　彥從　彥徽　彥跂　彥巖　彥準　彥璑　彥象　彥道

坊夫　龔夫　璋夫　傑夫　优夫　僴夫　堯夫　續夫　适夫　祁夫　燭夫

時沁　時愜　時湉　時憲　時汧　時潑　時偣　時偺　時僆　時僧　時諠　時烯　時係　時傍

若瞯　若壑　若慧　若玨　若瑴　若堠　若鈅　若鉉　若宦　若軨　若鈂　若鄉　若璋　若鉾

右侍禁叔饒　武經郎叔漉

右奉議郎左之　右之　承信郎識之　從事郎和之　左文林郎厚之　修職郎仰之　定之　兆之　右朝奉郎約之

承信郎公褱　公意　公忞　保義郎公都　公貴　公心　公亘　公玶　從義郎公南

彥鏗　彥鋮　彥坪　彥琈　彥鋉　彥鏑　彥寶　彥洸　彥灑　彥信　彥洺　彥惠

鑒夫　岦夫　桌夫　燃夫　果夫　淲夫　洁夫　濝夫　鍊夫　鶖夫　篆夫　穀夫　篇夫　瓊夫　勷夫　僑夫　逸夫　惬夫

時僑　時原　時更　時生　時佲　時潚　時原　時銘　時鍉　時鉶　時渚　時潩　時漢　時擬　時拙　時捆　時撲　時攄　時掎　時捬　時鎛　時鎵　時鉏　時雯　時鋌　時霙

若鞍　若瑨

東陽侯克蒸
左侍禁叔琮
希之 益之 揖之 忝之 忠訓郎淥之
訓武郎公申 保義郎公均 公岸 儒林郎公楷 公文 秉義郎公武 公政
彥江 彥光 彥允 彥嶸 彥諏 彥檁 彥善 彥昇 彥婦 彥達 彥遵 彥逅 彥造 彥室 彥通
儻夫 肖夫 棠夫 纓夫 箹夫 掌夫 耆夫 藝夫 慮夫 霍夫 慓夫 忏夫 愔夫 忏夫 恢夫 怀夫 柝夫 櫰夫 滑夫 伈夫
時諄 時椺 時柜 時誼 時諓 時琋 時鄉 時瑃 時狡 時瑀 時瀫 時淅 時訪 時誦 時謂 時詘 時瑱 時圳 時礨 時鄄 時璕 時淳 時煇 時粡 時埾
若遺 若選 若念 若念 若慮 若烈

昌化侯承劇
右監門率府率克念
秉義郎叔訓 左班殿直叔衙 右侍禁叔鋼 武經郎叔蹇
彥遐

宋史卷二百三十九

元中書右丞相總裁脫脫等修

世系表第三十

宗室世系二十五

郇國公房

保平軍節度使鄆國公德鈞
贈解州防禦使承震
河內侯克明
贈右武衛大將軍叔璘
太子右內率府副率訪之 太子右內率府副率次之 鄆國公況之
武經郎公鼂
彥仁 彥彌 彥輔
誠夫 督夫 仝夫
時雨 時弼 時鑑 時約 時蕆 時恚
若栢 若槇 若杞 若橚 若樟 若榛 若櫓 若橱 若湜 若湾 若乘
嗣瑾 嗣衛 嗣璛 嗣玫

右侍禁公臣 修武郎公允
彥閔 彥璧 彥舜 彥文 彥授
程夫 秀夫 顯夫
時蕾 時其 時裕 時思 時詵 時廉 時璟
若鍱 若銓 若鐠 若鋼 若鍾
嗣廡 嗣簷 嗣宛 嗣寗 嗣昉

太子右監門率府率擬之 贈右屯衛大將軍績之
三班借職公英 右班殿直公威 三班借職公殿
彥逸
埰夫
時臻 時法
若鏸 若鑐 若鐫 若鑑 若錗 若鉻
嗣聽 嗣暵

新秦郡公與之
公晅 公至
彥駒 彥驟
璐夫 瑚夫
時倫 時儒 時任 時仲 時侶 時誘
若清 若漣 若滂 若灈 若鉉 若鐻
嗣愷 嗣益 嗣稷 嗣岐 嗣魯 嗣顏 嗣袁 嗣旦 嗣策 嗣睦 嗣來

安定郡王承簡
建安郡公克荷
建安郡公叔驥　右武衛大將軍叔曆
高密侯補之　右武衛大將軍防禦使寫之
左侍禁公應　武翼郎公禮　左班殿直公臧　武翼郎公彥

彥昴　彥　彥曈　彥時　彥德　彥仁　彥魯　彥說
球夫　巍夫　澡夫　義夫　吉夫　宣夫　雲夫　偉夫
時請　時僕　時俊　時倢　時褒　時倪　時鑷　時休　時雋　時萊　時伋　時茂　時儉　時宣　時宁　時昌　時永　時康
若鈐　若鎬　若鑑　若散　若怱　若津　若淨　若溥　若洊　若籲　若頓　若顓　若誧　若誐　若瀍　若祓　若褷　若路　若濟　若隆　若堂　若柄　若櫃　若桂　若橅
嗣蕙　嗣萃　嗣萸　嗣芳　嗣藹　嗣速　嗣嶸　嗣晊　嗣唻　嗣銓　嗣錠

太子右監門率府率字之　武翼大夫謹之
贈朝請大夫公隲　忠翊郎公玘　公達　從義郎公悅　從義郎公照　公純
彥元　彥稷　彥明　彥和　彥通　彥　彥道　彥韓　彥廸　彥井　彥奭　彥旦　彥義
儆夫　仲夫　仰夫　定夫　仁夫　夫　狹夫　誕夫　知夫　駿夫　臺夫　量夫　堯夫　墚夫
時墉　時賓　時廩　時席　時庥　時廉　時僔　時揆　時攸　時湧　時杳　時暘　時球　時泰　時用　時滌　時賢　時琬　時佩　時通
若鐵　若鏌　若瀾　若琦　若璡　若瑝　若璹　若惕　若璵　若玗　若桐　若樑　若悚　若惆　若悕
嗣連　嗣暹　嗣選　嗣遠　嗣道　嗣恭

南陽侯克興　安定郡王承幹
右班殿直叔枸　修武郎叔椹　和國公克敦
高密郡公叔盘　武經郎叔航　左班殿直叔秩
武翼郎定之　忠訓郎望之　忠訓郎庸之　奇之　承節郎庚之　忠訓郎良之　修武郎啓之　義之　善之　姜之　羙之　右班殿直琇之　右班殿直琳之
承信郎公朴　公允　公弃　公先　保義郎公侯　公依　承信郎公巢　公新　承信郎公鄢　公遑　公遵　公遷
彥惜　彥漩　彥潍　彥溫　彥湜　彥淳　彥浦　彥清　彥植　彥俔　彥錫　彥鐮　彥鏑　彥銛　彥敘
鈺夫　銨夫　鏘夫　鐘夫　夔夫　龍夫　益夫　懷夫　栁夫　潅夫
時塡　時湄　時流

東平侯克㻋

武顯大夫叔鉞　武經郎叔諟　右監門率府率叔愼　崇國公叔炤

秉義郎珉之　忠訓郎璔之　忠訓郎瑊之　承節郎璟之　太子右監門率府率賞之　汝南侯瘠之　贈修武郎榮之

公毛　秉義郎公定　公寶　保義郎公實　公安　公寮　承節郎公寬　公儀　公義　成忠郎公楮　訓武郎公遒　公綽　公石　修武郎公扑

彥達　彥迥　彥述　彥椿　彥相　彥傑　彥俊

熠夫　炚夫　焯夫　煇夫　熺夫　覃夫　貎夫　虒夫　泮夫　溙夫　潛夫　淳夫　津夫　夫　漾夫　汯夫　澂夫　濬夫　澹夫

時㴽　時𥛚　時濰　時架

贈朝議大夫承之　武翼郎巽之　贈右朝贈特進

公儒　訓武郎公謹　朝請大夫公說　通直郎公誼

彥揖　彥域　彥塏　彥禮　彥垓　彥塒　彥垠　彥圻　彥楞　彥樾　彥拱　彥桯

溉夫　沵夫　鍠夫　錦夫　銷夫　鈐夫　鐮夫　鎮夫　鍈夫　錄夫　鏫夫　鏨夫　鏊夫　鎣夫　鍓夫　鏈夫　鍈夫　銓夫　鏕夫　鏵夫　銅夫　鉞夫　壙夫　塘夫　增夫　塯夫　琅夫　琍夫　軹夫　烯夫　烑夫

時邊　時遲　時還　時裯　時挹　時畊　時濆　時涸　時沖　時浬　時溯　時灢　時漪　時泜　時漽　時堞　時埩　時萃　時邐　時遲　時選　時遐　時棁　時崍

若穗　若橦　若諟　若潰　若翊　若詔　若櫚　若楙　若椶

建國公叔戊

請大夫之　贈武經大夫穆　敦武郎耆之　右監門衛大將

公智　公脊　贈武經郎公普　武翼郎公鍔　成忠郎公厚　公丘　公啓　承信郎

彥開　彥弼　彥丞　彥晐　彥璽　彥栝　彥柜　彥楝　彥梁　彥檖　彥瑎　彥璙　彥琱　彥珊　彥瑄

琪夫　琦夫　琯夫　琗夫　儀夫　佇夫　浩夫　淳夫　涓夫　津夫　與夫　瞰夫　斯夫　忞夫　翼夫　洄夫　沐夫　濂夫　愚夫　惣夫　玑夫　琑夫　玠夫　弘夫　僊夫　翼夫　謡夫　楩夫　謙夫　佇夫　誕夫　儐夫　偁夫　個夫

時介　時俞　時埏　時亨　時升　時任　時穟　時盟　時沼　時琫　時鏈　時堙　時梟　時璟　時楯　時暘　時職　時枋　時楊　時楫　時逍

若鐈　若錫　若鋮　若鏻　若鉅　若楷　若湝　若淋　若測　若諟　若泚　若港　若汝

軍要之　贈宣教郎安之　秉義郎慶之　贈武經郎雋之

公敏　公堅　通直郎公逵　保義郎公壽　忠翊郎公祿　承信郎公應　公約　公記　秉義郎公輔　脩職郎公衒　秉義郎公謹　贈朝請郎公瑰

彥檜　彥深　彥渭　彥濟　彥瀛　彥磐　彥及　彥顏　彥暹　彥熺　彥逑　彥括

沆夫　萊夫　棣夫　柲夫　枫夫　誧夫　諜夫　謀夫　埍夫　優夫　順夫　籲夫　贇夫　頻夫　賓夫　庬夫　戈夫　詳夫　以夫　同夫　鉻夫

時恿　時燁　時爣　時燔　時侁　時倚　時庖　時璨　時蔽　時熟　時湒　時濡　時淬　時栟　時褍　時縫　時梳　時禝

若坲　若埱　若升　若坩　若玑　若琊　若瑁　若璐　若涀　若湄　若渡　若浘

嗣俊

敦武郎彥之　忠訓郎應之　忠翊郎兗之

承信郎公寶　公邃　公實　保義郎公衆　公度　公官　公昤

彥壁　彥瑾　彥琎　彥温　彥逼　彥璩　彥璇　彥瑥

鏵夫　因夫　唐夫　涇夫　沂夫

時侹　時儁　時仟　時旻　時奢　時曾　時晃　時昂　時單　時曆　時曾　時普　時巽　時暉　時曾

若鐔　若榆　若棁　若枚　若鍉　若鋠　若銉　若汀　若洞　若湜　若勝　若肱　若朦　若膽　若滕　若朣　若朗　若膧　若膰　若臛　若朠　若胙　若腆　若膴　若胃　若暎　若朧　若腹　若朧

嗣琅　嗣玗　嗣鋗　嗣鎗　嗣鈗　嗣鎧

武德郎通之

公略　忠翊郎公畋　公畯　承信郎公寶　公禡

彥玣　彥玵　彥豆　彥鉚　彥臨　彥立　彥直

潤夫　渝夫　湯夫　夫　渶夫　瀚夫　漑夫　沱夫　淖夫　濬夫　灝夫　灦夫　澗夫　洺夫　淤夫　溦夫　淏夫　祾夫　禃夫

時瑎　時昬　時壇　時曜　時睥　時晛　時晪　時儂　時緻　時總　時晒　時鳴　時偕　時旺　時檬　時暉　時曬　時最　時甋　時昊　時收　時曉　時昉　時暄　時皎　時洒　時彷　時徸　時儔　時侘　時億　時僮　時傞

若腒　若肵　若膝　若朋　若賢　若賛　若瞪　若膃　若臆　若服　若股　若彤　若肪　若璲　若膻　若佪　若侃　若儃　若瑱　若橒　若梠　若塈　若堁　若盛　若明

華原郡王叔霜
成忠郎晉之　左侍禁辨之　武翼郎渙之　敦武郎信之
公家　公嗜　公彥　公敏　公弼　公奭　公樊　公充　保義郎公懺
彥回　彥炤　彥堢　彥侁　彥健　彥伻　彥歸　彥從　彥㑊　彥侅　彥偲
岷夫　彭夫　承夫　㶚夫　駟夫　瑃夫　坰夫　津夫　渼夫　消夫　瀾夫　灝夫　穀夫　端夫　汪夫　渶夫　潛夫　濬夫　涓夫　淀夫　清夫　汭夫　港夫　渲夫　潘夫　滬夫　涂夫　濠夫　滅夫　涳夫　英夫　雄夫
時琰　時璈　時珂　時墹　時壁　時軻　時墒　時闓　時壓　時瑝　時玕　時瓊　時玞　時琇　時璿　時瑱　時瑫　時瑨　時玉　時璽　時玩　時瑀
若垔　若堃　若陛　若衙　若櫏　若梧　若樁　若梅

榮國公叔僴
從義郎正之　武經郎用之　成忠郎懷之　承信郎成之　承信郎厚之　承信郎佩之　承信郎肅之　武功郎庸之
公泰　武翼郎公廞　承信郎公府　承信郎公庚　公康　公庶　公堯　承信郎公備　公靖　公端　保義郎公章　修武郎公護　公辨　忠翊郎公毅
彥儀　彥寧　彥宮　彥宅　彥寬　彥宰　彥齋　彥寠　彥福　彥鼎　彥暢　彥貸　彥賞　彥貴　彥賓　彥琅　彥琛　彥遠
浚夫　清夫　瑡夫　琅夫　畋夫　矚夫　瞱夫　眮夫　睥夫　映夫　曨夫　晤夫　宴夫　寠夫　宏夫
時萊　時滰　時禎　時祚　時貸　時錆

齊陽侯叔稱
武經郎褰之　秉義郎康之　贈朝請大夫彗之
公端　公萃　成忠郎公𤁘　公奇　公茂　公衛　公衍　修武郎公迪　公達　公遇
彥璿　彥珽　彥玢　彥著　彥任　彥佅　彥似　彥儼　彥僎　彥傍　彥億
檑夫　桂夫　榻夫　模夫　栟夫　橙夫　墫夫　侘夫　苾夫　樊夫　珝夫　瑀夫　冷夫　濬夫　湜夫　洪夫　遲夫　洧夫　治夫　決夫　瀌夫　濆夫
時脊　時晴　時愾　時惠　時恩　時念　時傅　時勉　時輝　時懃　時武　時潞　時通　時泊　時淞　時爀　時煒　時琄
若瑱　若聖　若玔　若璣　若珍　若鏶　若理　若琊　若瑛　若瑝　若珤

贈濮州團練使承偉
廣平侯克溫　歷陽侯克周
內殿崇班叔洪　臨汝侯叔徹　河內侯叔民　華國公叔玼
承節郎冬之　太子右監門率府率測之　贈左領軍衛將軍占之　修武郎壽之　西頭供奉官得之　高密侯迎之　廣平侯
公觀　承節郎公覲　公才　公器　公延
彥泌　彥深　彥淮　彥滩　彥淀　彥泥　彥淏　彥匊
卸夫　梳夫　樸夫　椿夫　橺夫　榜夫　琗夫　洵夫　侈夫　儯夫　脥夫
時瑋　時炮　時愖　時諿

從義郎延之
公適　贈武義郎公現　訓武郎
彥令　彥愫
慨夫　僝夫　价夫　璎夫　瓊夫　璪夫　琯夫　玘夫　瑰夫
時驕　時晥　時杅　時顴　時顒　時湲　時濱
若疃　若曨　若衢　若睩　若畸

安定郡王叔東
秉義郎朵之　左班殿直洸之　忠訓郎橨之　太子右內率府副率聿之　武經郎堅之
公寶　公詠　公籥　公筌　秉義郎公熉
彥質
祏夫　禰夫
時準　時聳　時獻　時覲　時倆
若槓　若珦
嗣瀘

武節郎公亢
彥棻　彥聲　彥高　彥參
寅夫　寔夫　鉉夫　智夫　晉夫　翼夫　碩夫
時煥　時攻　時敫　時驥　時駿　時有
若琚　若璆　若璇　若瑁　若琪　若楧　若梓
嗣櫸　嗣檵　嗣芟　嗣叟　嗣瑔　嗣璈　嗣珪

體之　馮翊侯夙之
公恪　公粹　公迪　忠訓郎公亦　贈承奉大夫公澤
彥古　彥孟
中夫　廉夫　譿夫
時轉　時發　時進　時琹
若虛　若潛　若珪　若璩　若瑛　若玠　若琯　若球
嗣塈　嗣商

彥資　彥贊　彥貴
濼夫　瀟夫　湜夫　滴夫　湔夫
時迪　時迖　時鍍　時覞　時橦　時桯　時還　時遨　時遒　時鑠　時鉛
若鈄　若卓　若鐵　若鋑　若鐮　若鉥　若鐇　若濉　若灩
嗣機

彥賀
珂夫　潼夫　泫夫
時僐　時僖　時畋　時琩　時璁　時玫　時瑰　時璾　時琮　時璇　時遲　時遄
若榛　若榉　若滑　若葉　若藻　若藩　若懃　若恩　若憝　若恂　若鏽　若鋒　若鈐
嗣桱

時僄　時侒
若鋅　若鐳　若鉀　若璇　若瑎　若玻　若璛
嗣溓　嗣邅　嗣遷　嗣運　嗣逮　嗣遜　嗣泓　嗣脩　嗣仲　嗣伊　嗣价　嗣公　嗣僡　嗣但　嗣仰　嗣仍　嗣僴

	榮國公叔何	
贈右宣教郎堂之 左班殿直塾之 彪之 右班殿直壁之 贈左承議郎墨之	秉義郎里之 武德大夫輔之	忠訓郎輯之
左承議郎公緯 保義郎公恪	奉議郎公傅 忠訓郎公億 承節郎公僅 公俓 秉義郎公擧 贈武義大夫公亮	忠訓郎公芾 承節郎公迨 忠翊郎公庄 忠翊郎公直 公符
彥育 彥翁 彥翕 彥翔	彥梏 彥胥 彥宛 彥崇 彥寧 彥仁	彥防 彥方 彥雯 彥墉
意夫 靜夫 滇夫 洊夫 憤夫	游夫 琦夫 擇夫	庚夫 軫夫 浦夫
時適 時遨 時鑾 時造	時昜 時晉	時乂 時咸
若鉄	若龕 若莅	

贈通議大夫韡之		忠訓郎韍之 武翼大夫軫之
武翼郎公時 贈中大夫公聃 武翼郎公啤 武經郎公昳		保義郎公穆 保義郎公通 朝散郎公瑕
彥緊 彥允 彥誠 彥聖 彥瑲 彥塈	彥霈 彥雱	彥延 彥皶 彥錡
彭夫 同夫 嚴夫 籛夫 簻夫 聃夫 蕙夫 鑛夫	球夫 鎬夫 紹夫 乘夫 鋼夫 能夫 仁夫 鏻夫 銖夫 鍫夫	于夫 驎夫 偰夫 伍夫 備夫 儢夫 復夫 珒夫 琦夫 栔夫
時鍫 時鑿 時鑾 時楸 時璣 時玏 時穸	時嫌 時垺 時墻 時墿 時塈 時鎦 時汘 時朾 時梋	時海 時染 時琜 時圯 時竫 時偁 時偃
若里 若琤	若溥 若涌 若泙 若激 若湖	

宣城侯承雅		
永嘉郡王克端		
太子右內率府副率叔川 太子右內率府副率叔金	華陰侯叔婼 建國公叔彪	
	三班奉職詳之 秉義郎靖之 三班借職秀之 敦武郎文之 秉義郎應之	
訓武郎公聞 公巂	公忞 公黨	公恕 訓武郎公籌
彥瑢 彥浮 彥泣 彥須 彥湧	彥玉 彥琹 彥璜 彥玥 彥璗	彥瓜 彥璵 彥球 彥瑤 彥琄 彥瑠 彥瑩 彥琟
瞰夫 耶夫 聠夫 趙夫 趟夫 譁夫 諫夫	潩夫 浣夫 昂夫 洒夫 鼉夫 楮夫	榜夫 楫夫 槐夫 基夫 奇夫 堊夫 壞夫 壔夫 堝夫
時適 時穲 時寶	時涉 時壞 時棗 時檗 時泓	時棋 時檍 時櫚 時楹 時稀 時柖 時榭

	榮國公克用							
	太子右內率府副率叔駢 房陵郡公叔濱							
	成忠郎韞之 忠訓郎元之 三班奉職直之 武翼郎寶之 右班殿直全之 保義郎照之							
	訓武郎公悠 武翼郎公志 成忠郎公愁 公慈 公振 公榮 公祥 忠翊郎公朋 公明							
	彥圻 彥琿 彥琚 彥琚 彥瑽 彥璥 彥琈 彥琥 彥瑑 彥閎 彥錦 彥拚 彥一 彥正 彥協 彥通 彥晨 彥監 彥昱 彥昇							
	詞夫 諕夫 謞夫 詼夫 論夫 漢夫 棠夫 潲夫 椅夫 栝夫 時夫 晾夫 澄夫 偁夫							
	時漢 時濃 時沛 時潼 時淫 時潔 時汶 時隨 時陣 時隊 時阧 時隧 時陣 時哄 時晳 時畬 時暋 時禂							

	贈左武衛上將軍克鸞							
	太子右內率府副率叔輔 太子右內率府副率叔緒 太子右內率府副率叔灑 太子右內率府副率叔南 太子右內率府副率叔飛 雲安侯叔到 通義侯叔繹 贈右金吾衛大將軍叔瑛							
	敎武郎伸之 忠翊郎儀之 承節郎傳之 保義郎价之 敦武郎仁之 承務郎佩之							
	公遼 成忠郎公迦 保義郎公逃 承節郎公間							
	彥清 彥軻 彥翌							
	詠夫 讓夫 証夫 閔夫 原夫 董夫							
	時晰 時琚 時晙 時庸 時瞠 時嘉 時事 時壽 時卸							
	若汜 若樂 若怒 若志 若恩 若峴 若意 若晤 若濟 若深							
	嗣埒 嗣墻 嗣浚 嗣立							

	右監門衛大將軍康州防禦使叔儔 贈武義大夫叔侁 贈右奉							
	從事郎信之 承信郎代之 三班奉職脩之 敦武郎傳之 武德郎佼之 武翼郎闇之 成忠郎閟之 閞之 贈大中							
	承節郎公開 成忠郎公鴔 秉義郎公琁 成忠郎公璵 文林郎公瑂 秉義郎公珢 武翼郎公証							
	彥翬 彥習 彥櫯 彥樗 彥栴 彥杞 彥柲 彥梓 彥櫨 彥榛 彥樞 彥材 彥櫄 彥扐 彥措 彥提 彥鏞 彥鏷 彥詞							
	遵夫 皇夫 坡夫 倆夫 泞夫 溢夫 瀁夫 滤夫 涒夫 淍夫 淡夫							
	時進 時遷 時遜 時遼 時迺 時巃 時壎 時埸 時塿 時章 時諸							
	若湞							

直大夫叔亢 敦武郎叔紕
大夫德之 贈太中大夫成之 成忠郎行之 倜之
朝奉郎公崇 修職郎公璟 朝議大夫公瀚 武節郎公湜 右廸功郎公潡 通直郎公津 忠翊郎公平 公遵 公逸
彥夾 彥曾 彥暐 彥元 彥凱 彥坦 彥雖 彥寘 彥樞 彥郴 彥棫 彥狆 彥棐 彥栻 彥穟 彥亘 彥秘 彥佖 彥厚
溜夫 涑夫 沖夫 瀴夫 彬夫 燦夫 鋙夫 鐃夫 崇夫 喇夫 晟夫 詡夫 鍏夫 諂夫 爛夫 燎夫 濃夫 彭夫 墰夫 橋夫 潢夫 偵夫 檼夫 栖夫 檏夫 坣夫 永夫 密夫
時汚 時淪 時環 時鉞 時优 時倒 時俤 時儸 時洽 時滴 時震 時憲 時林
若潜 若謬 若渡 若滓

右班殿直叔響 武經郎叔尚 武德郎叔煊 敦武郎叔塼 武翼郎叔燁
倆之 似之 保之 儔之 忠訓郎价之 歷之 望之 傳之 宣義郎傑之 儇之 傳之
公逸 公邁 公迨 公這 承節郎公適 公遡 公遜 公達 公灋 公顯 公璨 公瑧 公琟 公良 從政郎公璡 保義郎公班 公瑁 公瑄 公璹 公琇 公璠 公瑍 公玢 公瑜 公瑾 公珪 公敷
彥雲 彥友 彥酌 彥溹 彥偘 彥濦 彥漣 彥償 彥級 彥櫝 彥瓛 彥涎 彥持
蒟夫 約夫 灯夫 焯夫 爛夫 玸夫 瑰夫 琦夫 錡夫 驩夫
時顯 時鼎 時瑢 時鉉 時繆 時逗 時琁 時玩 時墒
若舁

沂國公承裔
贈右領軍衛大將軍克平 高密郡公克寬
忠訓郎叔灈 忠翊郎叔滴 高密郡公叔沂 河間侯叔諧
武節大夫行之 武翼郎截之 右侍禁申之 左班殿直榮之 保義郎欽之 承節郎挺之 承信郎撫之 右侍禁道之 武經郎將之
公繪 保義郎公絢 公純 公繹 公玘 公進 公侖 公企
彥明 彥賢 彥智 彥約 彥潫 彥淳 彥滇 彥浚 彥洧 彥浵 彥潼
驊夫 騶夫 窯夫 衮夫 信夫 倯夫 儈夫 佟夫 俆夫 侶夫 俾夫 俸夫 偪夫 倭夫 佳夫 俟夫 偎夫 倩夫
時旌 時旒 時放 時旗 時揔 時捍 時掖 時括
若需 若[illegible] 若[illegible] 若霨

華陰侯克友
太子右內率府副率叔䄆　彭城侯叔聚
保義郎塗之　信之　秉義郎烜之　保義郎安之　保義郎煥之　承節郎挺之　秉義郎崇之　左班殿直祐之　武經郎寺之
承節郎公定　心翊郎公寅　公協　公聰　公戌　右通直郎公置　武經郎公育
彥汶　彥滌　彥渲　彥仁　彥俊　彥澗　彥伺　彥傑　彥件　彥任
倜夫　儺夫　儌夫　仿夫　儲夫　儆夫　傿夫　仜夫　遮夫　迎夫　泙夫　派夫　清夫　洪夫　溫夫　慶夫　測夫　得夫　潯夫　云夫　濬夫
時掀　時㟝　時增　時懋　時飛　時應　時憲　時中
若霈　若霰

贈右武衛大將軍克任　榮國公克勇
傳平侯叔堊　華原侯叔厠
贈中奉大夫尚之　忠訓郎正之　左朝奉郎舉之　秉義郎行之　損之　立之　直之　贈武節郎成之　忠翊郎由之　贈朝議
贈朝奉大夫公鼐　贈朝奉大夫公廣　公立　公祚　公禧　保義郎公淳　公亮　公卞　保義郎公獻　公棨　忠訓郎公圭　承信郎公份　訓武郎公倸　承信郎公信　贈朝散
彥偒　彥儆　彥倠　彥仗　彥復　彥伸　彥儒　彥倓　彥喻　彥儔　彥嘈　彥嘐　彥衛　彥術　彥錫　彥傑　彥傳　彥赳　彥廣　彥應　彥襄　彥放　彥愈　彥忠
渲夫　瀧夫　宏夫　寬夫　蔚夫　滉夫　省夫　迥夫　遏夫　閩夫　正夫　挺夫　傑夫　登夫　仁夫　侑夫
時永　時鎧　時發　時輔　時弼

東陽侯承鍌
信都郡公克研　濟南侯克棘
東頭供奉官叔佮　右侍禁叔珅　汝南侯叔蚡　德國公
大夫盈之　修武郎羽之　武翊郎寶之　宣教郎畢之　從義郎僎之　三班借職進之　三班借職通之　三班借職賢之　商之　晧之　三班借
大夫公傳　武德郎公伊　武經郎　公佚　公涪　承信郎公激　公傳
彥併　彥傪　彥憕　彥惔　彥恢　彥惺　彥懈　彥怟　彥慊　彥慓　彥茨　彥炳　彥昌　彥發　彥昇　彥暉
銑夫　鎗夫　鎦夫　鏐夫　眞夫　清夫　震夫　同夫　達夫　銓夫　立夫　夫　莘夫　百夫　檜夫　祐夫　祥夫　福夫　祺夫　禋夫　禔夫
時泰　時恭

宋史卷二百四十

元中書右丞相總裁脫脫等修

世系表第三十一

宗室世系二十六

叔僧
職先之
武翼郎資之
左班殿直賁之
武翼郎賓之
武經郎貢之
修武郎公任
贈武翼大夫賁之
秉義郎公傳
彥璆
從義郎公幹
彥封
恭夫
車夫
忠翊郎賞之

禮賓副使承訦
右班殿直克之
忠翊郎貸之

鄭國公房

建安郡王承裕
華國公克諶
富水侯叔策
太子右內率府副率接之
益川侯叔東
敦武郎唐之
武翼郎叔詠
右侍禁協之

修武郎叔旗
成忠郎宥之
秉義郎有之
保義郎坦之
植之
贈朝奉郎鑄之
承節郎公選
彥桂
浩夫
澳夫
洽夫
彥樽
沆夫
潍夫
沂夫
承節郎公達
彥椿
彥松
從義郎公進
彥樞
彥杉
彥機
朝請大夫公遷
彥宲
睢夫
彥棅
彥棠
彥莱
承信郎公遠
武經郎公迫
彥禾
承節郎公選
彥樗
熠夫
炯夫
彥宋
彥椅
彥棨
曙之
宣教郎公逞
彥橦
保義郎公達
公遡
濤之
承節郎公迨
彥梲
彥椐
彥構
彥槵
成忠郎公遂
彥棨
承節郎公迦
彥榴
彥楔
彥檈
承信郎公速
彥榆

房國公克敢
敦武郎叔驥
譓之
公適
彥杞
公迢
璘之
保義郎暉之
公望
彥仁
秉節郎勳之
經武郎叔鄙
承節郎燾之
公路
熙之
公覯
右班殿直叔憓
右侍禁叔微
叔革
右侍禁叔机
秉節郎叔敵
忠翊郎祿之
公顯
公顥
公錫
彥炤
公鏘
公鉌
公鉦
公鉞
朝奉郎祐之
迪功郎公劉
彥潭
彥濾
彥寏
彥宓
公鑾
公鏊
右班殿直叔䄂
崇國公克婉
武翼郎叔邕
修武郎釗之
秉節郎公琡
公容
公嘗
成忠郎鞋之
公琦
公瓚
公珪
武翼郎叔柊
武翼郎叔愁
叔服
武經郎叔栝
敦武郎燼之
公臻
彥惰
彥奐

閬中郡公承翊

馮翊侯克淳　河內侯克貫　南康侯克勤

右班殿直叔郿　從義郎叔鈐　武節郎叔怲　從義郎叔佋　修武郎叔薐　左侍禁叔驗　忠翊郎叔垓　忠訓郎叔良　忠訓郎叔倓　成忠郎叔亂　成忠郎叔岐　成忠郎叔秀　成忠郎叔捷　馮翊侯叔鏐　右監門衛大將軍達州團練使叔琪

諲之　武節郎禔之　保義郎謹之　承信郎侁之　成忠郎邦之　保義郎僕之　保義郎訶之　保義郎闢之　成忠郎

公瑜　公琳　公珪　公如　秉義郎公夏　公亞　修職郎公恍　公圭　公炎　承節郎公樞　公冒　文林郎公珏　公城　公璇　公明

彥仆　彥頤　彥頡　彥項　彥詠　彥暨　彥溉　彥澳　彥湄　彥重　彥刊　彥石

日夫　欲夫

武翼郎叔侶　東頭供奉官叔汭　贈右金紫光祿大夫叔犀

猷之　成忠郎進之　承節郎櫄之　從事郎賈之　從政郎賫之　朝奉郎進之　右朝請大夫迪之　邃之　贈右議大夫達之　修武郎逸之

承信郎公瑤　公弼　公慶　右迪功郎公源　公深　從義郎公挺　太平縣開國男公佪　承直郎公伾　文林郎公佰　從政郎公檉

彥釗　彥鋋　彥迂　彥陶　彥政　彥標　彥桴　彥註　彥誠　彥諾　彥謖　彥竦　彥諭　彥諟　彥誌　彥珠

淳夫　潾夫　演夫　詠夫　謐夫　熹夫　愿夫　浩夫　微夫　逭夫　邃夫　嘗夫　悳夫　湝夫　淮夫　沅夫　溢夫　濦夫　浹夫　佰夫　潰夫　湄夫　麒夫　鳳夫　安夫　與夫　旺夫

清源侯克猛

武翼郎叔仕　武經郎叔韓　武德郎叔達　右班殿直叔玕　武經郎叔邁　武翼大夫叔政　左班殿直叔璲　武經郎叔鄉

贈奉議郎運之　承信郎守之　承節郎存之　兼之　亦之　從事郎頵之　粹之　成忠郎意之　忠翊郎懋之　敦武郎惺之　忠翊郎恕之　悉之　緯之

公檜　贈朝請大夫公若　忠訓郎公異　武翼郎公晋　公茂　公明　公庸　公壽　承信郎公班　公瑨　承信郎公劭　公琭

彥憲　彥雋　彥寄　彥渶　彥澧　彥潊　彥燊　彥渠　彥舜　彥鎛　彥聖　彥住　彥偶　彥倡　彥佪　彥促　彥傜　彥綸　彥淮　彥濟

寓夫　寧夫　和夫　烓夫　焆夫　瀐夫　杖夫

房陵郡公克勁

洋國公叔夷　東頭供奉官叔僖

敦武郎縯之　經之　贈朝請大夫漸之　宣教郎直之　奉議郎　開之　儒林郎約之　武翼郎敘之　詳之　敦武郎寧之　秉義郎全之

承議郎公庀　從政郎公築　武翼郎公一　公永　承節郎公穎　公準　公瞷　公暉　公昱　公明　公遠　公眞　公故　公諒　奉議郎公丑　公壽　訓武郎

彥濤　彥濡　彥晉　彥替　彥仁　彥中　彥乂　彥昊　彥戚　彥躬　彥鼎　彥昱

江夫　羽夫　鐢夫　湯夫　錧夫　栲夫　檷夫　梓夫　欐夫　櫰夫　桄夫　栻夫　鷫夫　鴻夫　鳴夫　鸞夫　鶉夫　義夫　南夫

時蒻　時溤　時粲　時覺　時潠　時恭　時憲

若梓　若塗

武翼郎叔启　敦武郎叔庾　從義郎叔冐　贈右朝請大夫叔賁

承節郎匱之　從事郎闡之　忠翊郎闠之　秉之　恄之　塾之　承節郎郁之　敏之　朝奉郎郊之　承議郎祁之　敦武郎鄰之　脩武郎邵之

公祉　保義郎公慈　公璠　公琛　公璡　承信郎公玖　公瞎　公昞　公瞰　公曄　武經郎公昞　成忠郎公曉　公昭　忠翊郎

彥成　彥遭　彥宏　彥益　彥彝　彥昺　彥杲　彥範　彥簫　彥笏　彥筒　彥笙　彥嶽　彥邀　彥遏　彥拜　彥岫　彥虓　彥秝　彥从　彥昪　彥昍　彥明

廣夫　慶夫　庠夫　廉夫　慧夫　宋夫　縣夫　蝖夫　埈夫　端夫

江國公房

忠正軍節度使江國公德欽

樂安侯承遷

右金吾衛大將軍光州團練使克虔

太子右內率府副率叔湛　房國公叔武　忠訓郎叔鄄

嘉州觀察使諷之　馮翊侯爵之　河內侯和之　右班殿直巽之　贈東頭供奉官褒之　左侍禁永之　武節郎隊之

公睍　承務郎公驤　脩武郎公璟　三班奉職公謹　三班奉職公佐　公卓　公儀　公奭　公徹　公衍　公侅　忠翊郎公繹　忠翊郎公絃　承信郎公稷　公練　公保　公儀　忠翊郎公俊

彥雍　彥高　彥文　彥億　彥仔　彥佃　彥浚　彥鳴　彥輔　彥弼　彥滋

廉夫　衡夫　瑲夫　正夫　穡夫　璣夫　堯夫　契夫

時舜　時趾

若興

南康侯克臧
高密侯叔檠　左班殿直叔遷　武功郎叔㶊
建安侯忖之　左班殿直覲之　右班殿直進之　忠訓郎札之　成忠郎試之　成忠郎忻之
忠訓郎公理　公達　承信郎公謨　公詠
彥愃
立夫　端夫　靖夫　玹夫　顥夫　緇夫　系夫　絢夫
時麟　時昌　時大　時然　時仰　時訓
若握　若息　若納　若采

成忠郎公璋　成忠郎公鞏　忠翊郎公璉
彥苹　彥芇　彥儀
宇夫　進夫
時乂　時舉

左班殿
開國公生之
忠翊郎公坪　忠翊郎公琫　秉義郎公綱　公度
彥侯　彥彬　彥松　彥林　彥栩　彥龍　彥鼎　彥文　彥牟　彥丘　彥永
福夫　但夫　道夫　達夫　通夫
時可

直通之　東頭供奉官康之　右侍禁度之
公佐　承節郎公佑　忠訓郎公悅　保義郎公進　右文林郎公轍
彥邁　彥蓬　彥過　彥道　彥通　彥權　彥被
杲夫　拘夫　楾夫　茂夫　謙夫　葆夫　寧夫
時偕　時伯　時俟　時萊

東平公叔陳
北海侯台之
從事郎公至　訓武侯公綬
彥林　彥材　彥昭
珣夫　埴夫　沄夫　壇夫　端夫　正夫　能夫　謙夫
時璵　時藝　時藩　時瑢　時瑋　時儀　時與　時遜　時沂　時勳　時廷　時阜
若由

西頭供
忠翊郎公繹　訓武郎公緯
彥俊　彥攸　彥仁　彥信
器夫　舒夫　簡夫　厲夫　直夫　享夫　潛夫　達夫　通夫　顯夫　壽夫
時享　時發　時誠　時舉　時功

奉官獻之　武翼郎求之
保義郎公遂　從事郎公達　從事郎公遠　公道　公遂　武翼郎公蹬
彥澤　彥滂　彥藻
寔夫　璜夫　柄夫　挹夫　括夫
時康　時賡　時庸　時度　時恭　時慈　時懟　時悠　時憲
若珪

贈武翼郎椎之
承節郎公年　贈中大夫公濤
彥徽　彥脩　彥脩　彥佻
摭夫　搢夫　撤夫　撣夫　後夫　拋夫　堯夫　舜夫　湯夫　文夫　勤夫　朴夫
時顯　時迎

馮翊侯叔駃
華陰侯捻之
公㲘　公槐
彥僖　彥驕
弼夫　瑣夫　瑅夫　琡夫　珎夫　琺夫　璁夫　珉夫　敉夫　政夫
時樞　時杞　時枘　時櫟　時杲　時橚　時楷　時寀　時棨　時彬　時楙

克觀

舒國公叔海　丹陽侯叔前

贈左領軍衛將軍稱之　西頭供奉官則之　台州刺史蔽之　西頭供奉官益之　秉義郎從之　贈武德郎寧之　左侍直孝之　秉節郎成之

公權　公粹　公直　左侍禁公應　秉義郎公粲　公榮　右從事郎公驛　保義郎公韠　承信郎公明　保義郎公旺　訓武郎公月　承節郎公奭　公愈　承節郎公愿　贈朝奉郎公懋　忠翊郎公才

彥逵　彥亘　彥徖　彥棘　彥昺　彥棨　彥丞　彥鼎　彥龐　彥溫　彥亘　彥遜　彥儉　彥恭

誠夫　訓夫　謙夫　渼夫　滈夫　代夫　儁夫　倌夫　賢夫　源夫　允夫　亮夫　亢夫　健夫　侍夫

時若　時賢　時堅　時矗　時萬　時耕

襄陽侯叔鷫

左侍禁僅之　西頭供奉官萬之　忠翊郎禮之　敦武郎匱之　忠訓郎佑之　成忠郎尚之　保義郎漢之　秉義郎銳之　淏之　左班殿直褒之　三班奉直皇之　脩武郎包之　成忠郎倚之

成忠郎公顯　忠翊郎公華　忠訓郎公榮　公歟　承信郎公老　公立　公彥　忠翊郎公勍　承信郎公勸　承信郎公勃

彥寬　彥寀　彥強　彥霸　彥侑　彥家　彥宣　彥富　彥普　彥昇　彥時　彥横　彥昭

側夫　逃夫　義夫　避夫　遠夫　達夫　貴夫　覽夫　祕夫　福夫　遺夫　範夫　秉夫　益夫　廉夫　文夫　正夫

右清道率府率克堪　右監門率府率克岐　高陽侯克僱

敦武郎叔輮　太子右內率府副率叔同　太子右內率府副率叔誕　北海郡公叔瓛　雲安侯叔豹

成忠郎進之　宜之　格之　价之　道之　調之　右侍禁靜之　三班奉職琤之　三班奉職德之　內殿承制銳方

成忠郎公勇　從義郎公勸　公勣　公靡　公圮　公昭　公㮚　公量　公晳　公朋　公暉　從義郎公福

彥定　彥安　彥實　彥寔　彥仁　彥倘

俊夫　信夫　侁夫　僎夫　儐夫　儒夫　倞夫　伸夫　陽夫　邲夫　隆夫　供夫　陶夫　附夫　阡夫

武當侯公兵					
博陵侯叔鄯	和國公叔玩	廣平侯叔玷			
忠訓郎補之	三班借職反之	修武郎彖之	武節郎辨之	西頭供奉官藹之	西頭供奉官孫之
忠翊郎謙之	忠翊郎槩之	三班奉職覺之	贈武經大夫覬之	蘧之	太子右內率府副率翊之
右班殿直愼之					
公池	公脩	忠翊郎公連	承節郎公脩	公攸	公佃
朝請大夫公穎	從義郎公福	武經郎公客	公宕		
彥密	彥偕	彥佳	彥佚	彥信	彥純
彥輔	彥置	彥羆	彥署	彥峯	
隲夫	隨夫	陖夫	陝夫	隩夫	陵夫
阮夫	陻夫	廉夫	義夫	晦夫	晵夫
方夫					
時寶	時琥				

溫川侯叔羅					
直之	敦武郎輔之	左侍禁鼎之	秉義郎義之	忠訓郎箴之	成忠郎丞之
贈武經郎共之					
迪功郎公珂	公釭	公簡	公俊	從義郎公仁	贈承議郎公儔
武翼郎彥值	彥倚	彥脩	彥傳	彥俊	彥僻
彥儐	彥侵	彥譽	彥言	彥達	彥遡
彥迵	彥迸	彥連	彥逸	彥進	彥邀
彥迸	彥迅				
鑛夫	銳夫	鎡夫	鍠夫	鈜夫	鈗夫
鉉夫	鐵夫	鎬夫	錫夫	鎰夫	鋭夫
鑄夫	鏟夫	賢夫	璟夫	敬夫	牧夫
致夫	敏夫	敎夫	微夫	收夫	數夫
磬夫					
時昌	時保	時奭	時湾	時愼	時博
時慆					

贈左領軍衛將軍叔多	信都侯叔昂	西染院使叔璨			
秉義郎會之	右班殿直好之	右侍禁職之	成忠郎明之	忠訓郎會之	忠翊郎暉之
保義郎晤之	成忠郎贊之				
承信郎公傑	贈奉議郎公偉	公傑	成忠郎公堅	保義郎公岐	承信郎公川
保義郎公儀	訓武郎公侁	承信郎公藹	公謂	公壽	
彥達	彥越	彥建	彥還	彥道	彥連
彥迹	彥遏	彥述	彥遂	彥敷	彥崧
彥峴	彥成	彥追	彥諳	彥寓	彥謀
彥諱	彥禹				
悛夫	汪夫	灤夫	泗夫	漳夫	灃夫
嚴夫	諒夫	說夫	詛夫		
時逑	時宓	時宕	時宝	時坦	

宋史卷二百四十一

元中書右丞相總裁脫脫等修

世系表第三十二

宗室世系二十七

申王房

申王諡恭裕德文

樂平郡公承顯

樂平郡王克柔

太子右內率府副率叔時　太子右內率府副率叔

修武郎資之　成忠郎庚之　保義郎貴之　承信郎贊之

公裕　公祥　公社　公禱　公祐　公祚　贈奉議郎公格　保信郎公遠　保義郎公氾　保義郎公閱　公閩

彥運　彥遜　彥修　彥備　彥搽　彥撞　彥擅　彥扶　彥抗　彥掠　彥柯

頤夫　伎夫　元夫

額　太子右內率府副率叔包　贈右屯軍叔楸　太子右內率府副率叔頎　溫國公叔雄

太子右內率府副率抹之　左班殿直抃之　敦武郎折之　忠翊郎撫之　左班殿直據之　從義郎提之　拯之　從義郎揖之　從義郎擇之　忠訓郎撫之　忠翊郎捍之　成忠郎抗之　贈忠訓郎操之

武翼郎公瑾　承節郎公瑞　保義郎公琬　保義郎公瓚　承信郎公璪　公倩　公璣　忠翊郎公玗　公璞　公琱　承節郎公席

彥垣　彥昭　彥晭　彥矓　彥覞　彥湑　彥沚　彥澐　彥泌　彥汕　彥洟

寬夫　嶋夫　峒夫　柳夫　勳夫

奉化郡公叔韋　建安侯叔游　清源侯叔楙　武德郎叔賢

成忠郎提之　三班借職璮之　右班殿直元之　武翼郎餼之　三班奉職餘之　成忠郎饍之　右班殿直饍之　武翼大夫祿之　忠翊郎鍔之　武節郎錮之　武翼郎鍫之　鏈之　從義郎欽之　從義郎銳之

公彝　忠訓郎公茂　右承務郎公埴　武經郎公埧　公鐸　公鑑　公　承節郎公巽　從義郎　公僴　秉義郎公齊　公雲　公援　公振　公抗　公提　從義郎公範　承節郎

彥飛　彥彀　彥璜　彥瑫　彥郛　彥玕　彥　彥魁　彥敢　彥邢　彥惕　彥性　彥懷

義夫　啓夫　蘊夫　葳夫　芥夫　芃夫　鏃夫　釗夫　端夫　瑄夫　詡夫　訟夫　諫夫

時潤

淮南侯克恂

太子右內率府副率叔遇 崇國公叔諏

鎮之 鉞之 從義郎錫之 修武郎鐘之 右侍禁膺之 右班殿直康之 右侍禁廒之 武翼郎甬之 左侍禁雍之 贈武節大夫庠之

公籥 贈宣教郎公晟 公琇 通直郎公烜 成忠郎公悅 成忠郎公禰 公璐 公昱 公達 忠翊郎公种 公禮 武節大夫公進 承信郎公週 贈武翼大夫公高

彥倍 彥倫 彥 彥椷 彥倆 彥儥 彥燥 彥湛 彥役 彥迮 彥退 彥途 彥逵 彥迎 彥進 彥迹 彥适 彥逖 彥毓 彥濤

警夫 侗夫 譔夫 鑌夫 臧夫 締夫 淵夫 涸夫 備夫 佃夫 倲夫 債夫 佴夫 從夫

益國公叔黔

敦武郎序之 修武郎鹿之 右班殿直廣之 右班殿直立之 修武郎澤之 忠翊郎廙之 修武郎成之 修武郎原之 贈武經大夫麟之 贈武德郎蒼之

公佐 保義郎公裕 公望 公儀 公亮 公亦 公高 公言 公佐 公德 公脩 公棐 公益 忠訓郎公衡 公衍 公傑 成忠郎公齊 武翼郎公僑 訓武郎公亮 忠訓郎公棐 忠訓郎公亨 武節郎

彥嘉 彥祩 彥材 彥繼 彥附 彥繩 彥戩 彥悅 彥瑚 彥枯 彥稅

賢夫 莒夫 普夫 奭夫 軻夫 夢夫 山夫 樵夫 誠夫 誌夫 謙夫 譓夫 說夫 訓夫 譯夫

時復 時英 時美

華陰侯克倫

漢東郡公叔鎬 廣平侯叔榮 右監門率府率叔楝 右監門率府率叔伽 太子右內率府副率叔[illegible] 武經郎叔辭

右侍禁從之 右班殿直誠之 西頭供奉官崇之 右班殿直徽之 左班殿直衛之 朝散大夫本之 歘之 峴之 旦之 晉之 通直郎澄之

公明 成忠郎公柔 忠翊郎公旦 贈朝散大夫公禮 將仕郎 公師 承節郎公說 公祁 承節郎公郊 公邠

彥琦 彥增 彥琲 彥瓌 彥瓔 彥即 彥佃 彥聯

僚夫 佺夫 瀹夫 㻶夫 諄夫 崢夫 碩夫 珪夫 淳夫

時宥 時寀 時寅 時寁 時寨

舒國公諡恭僖　承
奉化郡公克賢
武翼郎叔邠　武節郎叔邇　右侍禁叔盛　內殿承制叔纓　太子右內率府副率叔玭　贈開府儀同三司叔瞰
修武郎貫之　承議郎勉之　修武郎直之　宣教郎獻之　從事郎峴之　旦之　承節郎亶之　右通直郎浚之　成忠郎琰之　秉義郎漢之　承節郎澗之　承信郎淑之　修武郎嵩之
公鄖　公弼　公暨　修武郎公鄰　承節郎公象　成忠郎公荀　公行　公霞　奉直大夫公亮
彥直　彥烈　彥璃　彥瑧　彥溢　彥璹　彥忠　彥才　彥脩　彥發　彥桀　彥瓛　彥瑒
惔夫　柊夫　憪夫　鎰夫　錡夫

永國公克常
崇國公叔巢　右監門率府率副叔與　漢東郡公叔邑
秉義郎昇之　東頭供奉官球之　武德郎琦之　右班殿直璜之　右班殿直域之　忠訓郎琣之　武德大夫琉之　贈武德大夫進之　贈武德大夫遷之
公持　公遲　忠翊郎公設　公詵　忠翊郎公謀　公誠　公讚　公調　訓武郎公峻　左朝請大夫公逵　公齊　保義郎公遡　從事郎公擇　訓武郎公邁　武義郎公遜
彥瑁　彥玲　彥瑰　彥弘　彥清　彥清　彥淨　彥路　彥淳　彥積　彥穆　彥
鋈夫　鉷夫　鏄夫　遜夫　沐夫　愐夫　奇夫　特夫　感夫　洛夫　价夫　嵩夫　哲夫　誓夫
時忠　時駒　時裳　時邵　時遵　時嚞

右金吾大將軍寧州防禦使叔亥　贈保寧軍節度觀察留後叔巨　內殿承制叔璜　贈武翼郎叔縉
敦武郎遠之　修武郎逖之　武經大夫迥之　右班殿直侶之　忠翊郎佑之　三班奉職伏之　秉義郎倈之　右班殿直達之　右班殿直傳之　偉之　武節郎伉之　保義郎積之
公球　公琳　武翼大夫公理　公榮　從義郎公珌　武節郎公錮　公復　公達　從義郎公殺
彥秩　彥戈　彥武　彥泌　彥鍔　彥鐮　彥徇　彥僮　彥慊　彥震　彥瑭
金夫　係夫　脩夫　信夫　併夫　給夫　縺夫　繗夫　素夫　態夫　佺夫　佐夫
時玐　時鎗　時肆　時麟　時鍷　時鈉　時岌　時學
若還　若逮　若迪　若璭　若冰　若清　若淩　若煥　若烼　若炷　若檵　若樾　若櫶
嗣禩　嗣秄

武翼郎緈之
公傑　保義郎公　承信郎公瑕　承信郎公瑀　承節郎公珍　公璲
彥惠　彥堤　彥枋　彥栝　彥梱　彥恭　彥問　彥謹　彥許　彥誼　彥譁　彥謀　彥訓
倓夫　倞夫　什夫　訢夫　諧夫　誴夫　訡夫　頊夫　琈夫　津夫　涇夫　禮夫　禕夫　福夫　栻夫　㯞夫　輔夫　輖夫　蠢夫　蔿夫
時松　時梾　時榕　時滔　時渥　時沐　時淄　時圤　時墂　時堉　時堦　時埶　時杅　時祿　時楮　時橡　時瀘　時適　時祥　時瑍　時逾　時還　時薀　時衡　時莘　時琕　時瑚　時斑　時梭　時檳　時林
若㸌　若淀　若浮　若焟　若濯　若鐨　若鑮　若樠　若樵　若誒　若謗　若權　若佞　若鏸　若循　若徑　若倣

秉義郎涇之　武翼郎緫之　武翼郎承節郎
承信郎公珆　公珪　承信郎公墉　忠訓郎公琮　公進
彥諤　彥詒　彥諶　彥識　彥諍　彥訊　彥銓
僨夫　金夫　義夫　武夫　虞夫　胄夫　瑛夫　季夫　峻夫　墐夫　塚夫　堜夫　謐夫　茹夫　稷夫　崟夫
時涼　時漽　時潊　時津　時濬　時仂　時仟　時尚　時金　時偵　時節　時澤　時郡　時琊　時郊　時鄹　時鄙　時湣　時僥　時寘　時憓　時陽　時陵　時陝　時隱　時郎
若橫　若槌　若橤　若焴　若熄　若爆　若煌　若熆　若政　若致　若葦　若燊　若芹　若臬　若槼　若棠　若果　若瞥

博陵侯王承遷
吉國公克務　贈右武衛大將軍克丕　奉化郡公克艱
叔慈　榮國公叔傳　太子右內率府副率叔霊　朝散郎叔酬　武經郎叔倈　左班殿直叔摯　武翼郎叔韜
組之　約之　綱之　緄之　敦武郎營之　左班殿直隨之　武節郎具之　修武郎　升之　左班殿直賁之　敦武郎悅之　承節郎援之　武經郎微之
公廖　公特　公場　公揩　武訓郎公趲
彥深　彥蘢　彥巩　彥珮　彥玽　彥璥　彥湟
一夫　翕夫　唆夫　曦夫　灊夫　漨夫　涞夫　稟夫　䓲夫　臬夫　漣夫　淥夫　浮夫　淀夫　潒夫　瀉夫　泑夫
時燀　時超　時搩　時㮧　時龠　時驚　時訢　時鉶　時鑶　時涇　時潩　時汜　時瀉　時僑　時僕　時邠
若堵　若遺　若垒　若鉺　若鑠

武節郎叔蠠 武顯大夫叔湡 武節郎叔抗
修武郎微之 承信郎脩之 保義郎觀之 忠翊郎勳之 保義郎燾之 杰之 忠訓郎爆之 保義郎煒之
保義郎公昉 公照 公明 承信郎公時 公瞳 公晣 公晧 承直郎公果 成忠郎公旻 公錠
彥 彥璛 彥森 彥楝 彥櫛 彥杖 彥埴 彥焞 彥榑 彥英 彥榆 彥塗 彥塾 彥塈 彥堅 彥華 彥琳 彥瑑 彥壎 彥玅
淘夫 瀗夫 賽夫 寤夫 潜夫 禩夫 醴夫 縈夫 夫 湟夫 泌夫 淮夫 滆夫 灤夫 浩夫 洑夫 渚夫 溱夫 瀰夫 濫夫 漬夫 [illegible]夫 泟夫 漣夫 鑑夫 鑒夫 隷夫 燹夫 槳夫 原夫
時燕 時睇 時睒 時瞟 時錕 時鏧 時鎜

建國公克畠
左班殿直叔咨 武翼郎叔趙 右侍禁叔嵒 從義郎
承信郎烜之 炳之 煜之 祺之 祐之 成忠郎
公鋜 承信郎公皸 公稑 公屋 公忻 公堪 公杞 公璘 公皞 公皎 公皪 公皈 公皡 公應 公慶 公麻 承信郎公唐
彥觧 彥泊 彥邈 彥鉊 彥鋑 彥錀 彥鏐 彥鑽 彥鋞 彥韡 彥晙 彥繹 彥綿 彥給 彥綠 彥織 彥纊
括夫 揔夫 榴夫 遷夫 坰夫 塙夫 膺夫 墶夫 睆夫 戩夫 鐧夫 漠夫 酋夫 京夫 辛夫 侖夫 倉夫 龠夫 倉夫 劾夫 佾夫 相夫 楤夫 橺夫
時溠 時椲 時楗 時栿 時栖 時輳 時渦 時祚 時櫟 時混

樂平郡公承湜 安陸侯承嘏
右內率府副率克久 贈少傅克功 宣城侯克運
叔笥 忠翊郎叔潛 朝奉郎叔驍 右侍禁叔仿 中奉大夫開國男叔滓 從義郎 叔戀 右監門率府率叔海 右班殿直叔杰 右班殿直叔勱 左侍禁叔頔
之 忠翊郎祚之 礽之 裿之 樾之 鐸之 鈇之 從義郎鏸之 將仕郎鉉之 錄之 承節郎 鋋之 鑑之 承節郎鬆之
公育 公酉 公嗣 公趨 公正 迪功郎公繼 公綏 公昭 承節郎公晶
彥申 彥芊 彥萃 彥禧 彥犖 彥卓 彥群 彥篤 彥笠 彥芳 彥樊 彥汙 彥切
立夫 衡夫 宮夫 留夫 盍夫 洒夫 濰夫 減夫 焰夫 鳿夫 澎夫
時㦊 時愔 時惈 時椽 時熺 時焟 時熚
若全 若垺 若壏 若墝 若坰 若塡

承信郎拯之 援之 採之 承節郎林之

公暐 公止 公真 公弗 公盡 公序 公澄 公匿

彥叶 彥勔 彥璵 彥瓆 彥瓌 彥皂 彥家 彥發 彥曾 彥汪 彥俙 彥佾 彥俅 彥珄 彥緒 彥協

瑳夫 僊夫 栢夫 褭夫 稔夫 磬夫 徠夫 丕夫 重夫 埜夫 格夫 鑲夫 靚夫 鈉夫 錠夫 璔夫 玭夫 礌夫 璁夫 璟夫 埗夫 璚夫

時聚 時烷 時炯 時烁 時焆 時熄 時煋 時燠 時烎 時侮 時烓 時熻 時翶 時乾 時洅 時鎛 時鉼 時摺 時沓 時麗 時樽 時埼 時硫 時璇 時碩 時閭

若埜 若臻 若呂 若坐

紀國公房

河東郡王承衍

太子右內率府副率克顰 越國公克暢

左班殿直叔儺 太子右內率府副率叔稽 榮國公叔秦 彭城侯叔璙 武經郎叔玼 武經大夫叔繆

敫之 捷之 榛之 之 三班奉職丕之 從之 秉義郎潔之 左班殿直衛之 忠翊郎寶之 右侍禁寶之 從事郎穀之 成忠郎慶之 承義郎畝之 秉義郎睦之

公昌 公靳 承信郎公誦 公諾 公詮 公大 公導 公 公義 公明 公正 公謹 公廉 公鼎 公遑 公過

彥生 彥玆 彥詵 彥照 彥獲 彥瑞

倔夫 信夫 立夫 東夫 亭夫 潛夫 浚夫

榮國公克畬 右武衛大夫綦州刺史克頌 英國公克監 房陵郡公克赳

武德郎叔晦 左班殿直叔俊 武翼郎叔僑 右侍禁叔起 脩武郎叔 右侍禁叔趙 右侍禁叔邂 敦武郎叔邋 右班殿直叔超 眉州防禦使叔憎 太子右內率府副率叔珏 右班殿直叔譚 右朝散大夫叔寀 饒陽侯叔穀 武經大夫叔竑

忠翊郎韡之 忠訓郎展之 忠翊郎現之 忠翊郎間之 右班殿直明之 成忠郎之 承義郎迂之 左班殿直之 右從政郎革之 承事郎慶之 三班殿職序之 脩武郎

公逢 公邁 公适 成忠郎公顥 忠訓郎公顧 公秉 脩林郎公翊 忠訓郎公允 公亮

彥珛 彥璡 彥緒 彥沖 彥埲 彥毅 彥境 彥械

蒡夫

洋國公克依
武經大夫叔鄒 左班殿直叔吶 內殿承制叔奇 左班殿直叔富 成忠郎叔親
祈之 停之 贈宣教郎愕之 付之 脩武郎立之 秀之 武翼郎昌之 從義郎球之 承節郎瑗之
公濟 修武郎公淑 公淮 訓武郎公涯 承信郎公滌 保義郎公譈 脩職郎公該 承信郎公信 忠翊郎公謹 忠翊郎公驕 成忠郎公訥 秉義郎公攜 公訓 公汶
彥尚 彥唯 彥占 彥谷 彥礪 彥昌 彥戓 彥珀 彥琡 彥適 彥淯 彥逸 彥倓 彥憠 彥夷 彥勇 彥粹 彥符 彥晄 彥垂 彥崧 彥恭 彥翼 彥廣
埜夫 扆夫 潮夫 侈夫

高密郡公克戒 建國公克一 欽國公克綏
右監門衛大將軍惠州刺史叔閈 右班殿直叔島 右班殿直叔彰 脩武郎叔仕 敦武郎叔梓 右侍禁叔懕 左班殿直叔倘 敦武郎叔伻 秉義郎叔愷 武功郎叔增 武德郎叔性
成忠郎新之 右班殿直沂之 成忠郎昕之 宗之 寬之 宿之 定之 革之 節之 武翼郎震之 秉義郎巽之 艮之
公湯 公膺 公榮 公寧 秉義郎公瑄 公玗 公球 公珹 公璆 秉義郎公玥 成忠郎公玦 公琓 公理 公琟
彥骿 彥聰 彥 彥屋 彥缶 彥明 彥昭 彥挺 彥隲 彥春 彥慶 彥回 彥喜

嘉國公克施
武節郎叔鴨 左班殿直叔琫 左班殿直叔澾 贈右奉直大夫叔溥 脩武郎
泰之 敦武郎默之 敦武郎獻之 忠訓郎彪之 右通直郎龔之 右從政郎熙之 脩武郎祥之 忠翊郎 秉義郎學之 文林郎選之 中之 右迪功郎遂之
保義郎公翰 公鍾 公鐵 右迪功郎公沆 秉義郎公秀 公晉 忠翊郎公貫 公鑄 承節郎公仰 成忠郎公丙 承信郎公長 保義郎公習 公烈 公燾 忠翊郎公杞 公隨 公芑 公率 宣教郎公適
彥恭 彥俊 彥政 彥丙 彥褒 彥基 彥雲 彥雷 彥霓 彥忭 彥懋 彥英 彥揎 彥撫 彥襲 彥敏 彥墳 彥槐 彥俞 彥僉
泰夫 亨夫 畢夫 滋夫 深夫 言夫 行夫

	漢東郡公兌	彭城侯克惴				
叔巧	朝奉郎叔浩	右班殿直叔龍、武經郎叔秫	秉義郎叔怡、左班殿直叔春、武節郎叔桂、右班殿直叔領、從義郎叔潼			
頡之、頮之	保義郎順之、開之、訓之、諶之	追之、逾之	遷之、節之	譏之、承信郎講之	誠之	
公偉、公惪、公志、公朋	承信郎公曦、公昔、公煥、從政郎公汚	公瑃、公琮、公玐、公球		公悬、承節郎公逾、保義郎公過	公運、修武郎公迒、公齊、公訓、公詵	
彥居	彥序、彥湘、彥淋、彥深、彥寶	彥敵、彥珍		彥琓、彥璡、彥琊	彥焚、彥蕭、彥藺	彥孔、彥禹、彥祚、彥隅、彥揆
壁夫、壅夫	櫃夫、樍夫、櫝夫	㝑夫		窑夫、端夫、嶟夫、垓夫		祟夫

武翼郎叔堣					忠訓郎叔賜
通直郎炎之	保義郎坦之	武節郎懋之	敦武郎穟之	成忠郎表之	
公振、保義郎公捣、承信郎公攏、公撙	從義郎公悅	成忠郎公博、賜進士出身公橄、從事郎公撝	從政郎公璭、公接、從政郎公揖、公損、公操	保義郎公捷、保義郎公摅、公拭、公揀、公扎	
彥攢	彥路、彥璹、彥潚	彥壠			
	棟夫				

宋史卷二百四十二

元　中書右丞相總裁脫脫等修

列傳第一

后妃上

周人尊祖之詩曰厥初生民時維姜嫄蓋推本后稷之所自出以爲王跡之所由基也宋之興雖由先世積累然至宣祖功業始大昭憲杜后實生太祖太宗內助之賢母範之正蓋有以開宋世之基業者焉觀其訓太祖以無逸治天下至於豫定太宗神器之傳爲宗社慮蓋益遠矣厥後慈聖光獻曹后擁佑兩朝宣仁聖烈高后垂簾聽政而有元祐之治南渡而后若高宗之以母道事隆祐孝宗奉明慈怡愉之樂皆足以爲百王法程宋三百餘年外無漢王氏之患內無唐武韋之禍豈不卓然而可尚哉昭憲垂裕之功至是茂矣舊史稱昭憲性嚴毅有禮法易之家人上九曰有孚威如終吉其是之謂歟作后妃傳

太祖母昭憲杜太后定州安喜人也父爽贈太師母范氏生五子三女太后居長既笄歸于宣祖治家嚴毅有禮法生邕王光濟太祖太宗秦王廷美夔王光贊燕國陳國二長公主周顯德中太祖爲定國軍節度使封南陽郡太夫人及太祖自陳橋還京師人走報太后曰點檢已作天子太后曰吾兒素有大志今果然太祖即位尊爲皇太后太祖拜太后於堂上衆皆賀太后愀然不樂左右進曰臣聞母以子貴今子爲天子胡爲不樂太后曰吾聞爲君難天子置身兆庶之上若治得其道則此位可尊苟或失馭求爲匹夫不可得是吾所以憂也太祖再拜曰謹受教建隆二年太后不豫太祖侍藥餌

不離左右疾亟召趙普入受遺命太后因問太祖曰汝知所以得天下乎太祖嗚噎不能對太后固問之太祖曰臣所以得天下者皆祖考及太后之積慶也太后曰不然正由周世宗使幼兒主天下耳使周氏有長君天下豈爲汝有乎汝百歲後當傳位於汝弟四海至廣萬幾至衆能立長君社稷之福也太祖頓首泣曰敢不如教太后顧謂趙普曰爾同記吾言不可違也命普於榻前爲約誓書普於紙尾書臣普書藏之金匱命謹密宮人掌之太后崩于滋德殿年六十謚曰明憲葬安陵神主祔享太廟乾德二年更謚昭憲合祔安陵

太祖孝惠賀皇后開封人右千牛衛率府率景思長女也性溫柔恭順動以禮法景思常爲軍校與宣祖同居護聖營晉開運初宣祖爲太祖聘焉周顯德三年太祖爲定國軍節度使封會稽郡夫人生秦國晉國二公主魏王德昭五年寢疾薨年三十建隆三年四月詔追冊爲皇后乾德二年三月有司上謚曰孝惠四月葬安陵西北神主享于別廟神宗時與孝章淑德章懷並祔太廟

孝明王皇后邠州新平人彰德軍節度饒第三女孝惠崩周顯德五年太祖爲殿前都點檢聘后爲繼室后恭勤不懈仁慈御下周世宗賜冠帔封琅邪郡夫人太祖卽位建隆元年八月冊爲皇后常服寬衣佐御膳善彈箏鼓瑟晨起誦佛書事杜太后得驩心生子女三人皆天乾德元年十二月崩年二十二有司上謚翰林學士竇儀撰哀冊文二年四月葬安陵之北神主享于別廟太平興國二年祔享太廟

孝章宋皇后河南洛陽人左衛上將軍偓之長女也母漢永寧公主后幼時隨母入見周太祖賜冠帔乾德五年太祖召見復賜冠帔時偓任華州節度后隨母歸鎭孝明后崩復隨母來賀長春節開寶元年二月遂納入宮爲皇后年十七性柔順好禮每帝視朝退常具冠帔候接佐御饌太祖崩號開寶皇后太平興國二年居西宮雍熙四年移居東宮至道元年四月崩年四十四有司上謚權殯普濟佛舍三年正月祔葬永昌陵北命吏部侍郎李至撰哀冊文神主享于別廟神宗時升祔太廟

太宗淑德尹皇后相州鄴人滁州刺史廷勛之女兄崇珂保信軍節度太宗在周時娶焉早薨及帝卽位詔追冊爲皇后并謚葬孝明陵西北神主享于別廟後升祔太廟

懿德符皇后陳州宛邱人魏王彥卿第六女也周顯德中歸太宗建隆初封汝南郡夫人進封楚國夫人太宗封晉王改越國開寶八年薨年三十四葬安陵西北帝卽位追冊爲皇后謚懿德享于別廟至道三年十一月詔有司議太宗配宰相請以后配詔從之奉神主升祔太廟后姊周世宗后也淳化四年殂

明德李皇后潞州上黨人淄州刺史處耘第二女開寶中太祖爲太宗聘爲妃旣納幣會太祖崩至太平興國三年始入宮年十九雍熙元年十二月詔立爲皇后后性恭謹莊肅撫育諸子及嬪御甚厚嘗生皇子不育至道二年封后嫡母吳氏爲衞國太夫人後改封楚國及封后母陳氏爲韓國太夫人太宗崩眞宗卽位至道三年四月尊后爲皇太后居西宮嘉慶殿咸平二年宰相請別建宮立名從之四年宮成移居之仍上宮名曰萬安景德元年崩年四十五謚明德權殯沙臺三年十月祔葬永熙陵禮官請以懿德明德同祔太宗廟室以先後爲次從之

李賢妃眞定人乾州防禦使英之女也太祖聞妃有容德爲太宗聘之開寶中封隴西郡君太宗卽位進夫人生皇女二人皆早亡次生楚王元佐妃嘗夢日輪逼己以裾承之光耀遍體驚而寤遂生眞宗太平興國二年薨年三十四眞宗卽位追封賢妃又進上尊號爲皇太后有司上謚曰元德咸平三年祔葬永熙陵以中書侍郎平章事李沆爲園陵使車駕詣普安院攢宮素服行禮拜伏嗚咽命駕部郎中知制誥梁周翰撰哀冊神主祔別廟大中祥符元年追贈后父英檢校太尉安國軍節度常山郡王母魏國太夫人大中祥符三年禮官趙湘請以后祔太宗廟室眞宗曰此重事也俟令禮官議之六年秋宰相王旦與羣臣表請后尊號中去太字升祔太廟明德之次從之

眞宗章懷潘皇后大名人忠武軍節度美第八女眞宗在韓邸太宗爲聘之封莒國夫人端拱二年五月薨年二十二眞宗卽位追冊爲皇后謚莊懷葬永昌陵之側陵名保泰神主享于別廟舊制后謚冠以帝謚慶曆中禮官言孝字連太祖謚德字連太宗謚遂改莊爲章以連眞宗謚云

章穆郭皇后太原人宣徽南院使守文第二女淳化四年眞宗在襄邸太宗爲聘之封魯國夫人進封秦國眞宗嗣位立爲皇后景德四年從幸西京還以疾崩年三十二后謙約惠下性惡奢靡族屬入謁禁中服飾華侈必加戒勗有以家事求言於上者后終不許兄子出嫁以貧欲祈恩賚但出裝具給之上尤加禮重及崩上深嗟悼禮官奏皇帝七日釋服特詔增至十三日太常上謚曰莊穆靈駕發引命翰林學士楊億撰哀冊葬永熙陵之西北神主享于別廟以后弟崇儀副使崇仁爲莊宅使康州刺史姪承慶承壽皆遷官大中祥符中封后母高唐郡太夫人梁氏萊國太夫人仁宗卽位升祔眞宗廟室改謚章穆

章獻明肅劉皇后其先家太原後徙益州爲華陽人祖延慶在晉漢間爲右驍衞大將軍父通虎捷都指揮使嘉州刺史從征太原道卒后通第二女也初母龐夢月入懷已而有娠遂生后后在襁褓而孤鞠於外氏善播鼗蜀人龔美者以鍛銀爲業攜之入京師后年十五入襄邸王乳母秦國夫人性嚴整因爲太宗言之令王斥去王不得已置之王宮指使張耆家太宗崩眞宗卽位入爲美人以其無宗族乃更以美爲兄弟改姓劉大中祥符中爲修儀進德妃自章穆崩眞宗欲立爲皇后大臣多以爲不可帝卒立之李宸妃生仁宗后以爲己子與楊淑妃撫視甚至后性警悟曉書史聞朝廷事能記其本末眞宗退朝閱天下封奏多至中夜后皆預聞宮闈事有問輒傳引故實以對天禧四年帝久疾居宮中事多決於后宰相寇準密議奏請皇太子監國以謀泄罷相用丁謂代之旣而入內都知周懷政謀廢后殺謂復用準以輔太子客省使楊崇勳內殿承制楊懷吉詣謂告謂夜乘犢車挾崇勳懷吉造樞密使曹利用謀明日誅懷政貶準衡州司馬於是詔皇太子開資善堂引大臣決天下事后裁制於內眞宗崩遺詔尊后爲皇太后軍國重事權取處分謂等請太后御別殿太后遣張景宗雷允恭諭曰皇帝視事當朝夕在側何須別御一殿於是請帝與太后五日一御承明殿帝位左太后位右垂簾決事議已定太后忽出手書第欲禁中閱章奏遇大事卽召對輔臣其謀出於丁謂非太后意也謂旣貶馮拯等三上奏請如初議帝亦以爲言於是始同御承明殿百官表賀太后哀慟有司請制令稱吾以生日爲長寧節出入御大安輦鳴鞭侍衞如乘輿令天下避太后父諱羣臣上尊號曰應元崇德仁壽慈聖太后御文德殿受冊天聖五年正旦太后御會慶殿羣臣及契丹使者班廷中帝再拜跪上壽是歲郊祀前出手書諭百官毋請加尊號禮成帝率百官恭謝如元日七年冬至天子又率百官上壽范仲淹力言其非不聽九月詔長寧節百官賜衣天下賜宴皆如乾元節明道元年冬至復御文德殿有司陳黃麾仗設宮架登歌二舞明年帝親耕耤田太后亦謁太廟乘玉輅服褘衣九龍花釵冠齋于廟質明服袞衣十章減宗彝藻去劍冠儀天前後垂珠翠十旒薦獻七室皇太妃亞獻皇后終獻加上尊號曰應天齊聖顯功崇德慈仁保壽太后是歲崩年六十五謚曰章獻明肅葬于永定陵之西北舊制皇后皆二謚稱制加四謚自后始追贈三世皆至太師尚書令兼中書令父封魏王初仁宗卽位尚少太后稱制雖政出宮闈而號令嚴明恩威加天下左右近習亦少所假借宮掖間未嘗妄改作內外賜與有節柴氏李氏二公主入見猶服髲鬄太后曰姑老矣命左右賜以珠璣帕首時潤王元份婦安國夫人李氏老髮且落見太后亦請帕首太后曰大長公主太宗皇帝女先帝諸妹也若趙家老婦寧可比耶舊賜大臣茶有龍鳳飾太后曰此豈人臣可得命有司別製入香京挺以賜之賜族人御食必易以釦器曰尚方器勿使入吾家也常服絁襦練裙侍者見仁宗左右簪珥珍麗欲效之太后戒曰彼皇帝嬪御飾也汝安得學先是小臣方仲弓上書請依武后故事立劉氏廟而程琳亦獻武后臨朝圖后擲其書于地曰吾不作此負祖宗事有漕臣劉綽者自京西還言在庾有出賸糧千餘斛乞付三司后問曰卿識王曾張知白呂夷簡魯宗道乎此四人豈因獻羨餘進哉后稱制凡十一年自仁宗卽位乃諭輔臣曰皇帝聽斷之暇宜詔名儒講習經史以輔其德於是設幄崇政殿之西廡而日命近臣侍講讀丁謂曹利用旣以侮權貶竄而天下惕然畏之晚稍進外家任內官羅崇勳江德明等訪外事崇勳等以此勢傾中外兄子從德死姻戚門人廝役拜官者數十人御史曹修古楊偕郭勸段少連論奏太后悉逐之太后保護帝旣盡力而仁宗所以奉太后亦甚備上春秋長猶不知爲宸妃所出終太后之世無毫髮間隙焉及不豫帝爲大赦悉召天下醫者馳傳詣京師諸嘗爲太后譴者皆內徙死者復其官其後言者多追詆太后時事范仲淹以爲言上曰此朕所不忍聞也下詔戒中外毋輒言於是泰寧軍節度使錢惟演請以章獻章懿與章穆並祔眞宗室詔三省與禮院議皆以謂章穆皇后位崇中壼已祔眞宗廟室自協一帝一后之文章獻明肅處坤元之尊章懿感日符之貴功德莫與爲比謂宜崇建新廟同殿異室歲時薦饗一用太廟之儀仍別立廟名以崇世享翰林學士馮元

等請以奉慈爲名詔依慶歷五年禮院言章獻章懿二后請遵國朝懿德明德元德三后同祔太宗廟室故事遷祔眞宗廟詔兩制議翰林學士王堯臣等議請遷二后祔序於章穆之次從之

李宸妃杭州人也祖延嗣仕錢氏爲金華縣主簿父仁德終左班殿直初入宮爲章獻太后侍兒莊重寡言眞宗以爲司寢既有娠從帝臨砌臺玉釵墜妃惡之帝心卜釵完當爲男子左右取以進釵果不毀帝甚喜已而生仁宗封崇陽縣君復生一女不育進才人後爲婉儀仁宗即位爲順容從守永定陵章獻太后使劉美張懷德爲訪其親屬得其弟用和補三班奉職初仁宗在襁褓章獻以爲己子使楊淑妃保視之仁宗即位妃嘿處先朝嬪御中未嘗自異人畏太后亦無敢言者終太后世仁宗不自知爲妃所出也明道元年疾革進位宸妃薨年四十六初章獻太后欲以宮人禮治喪於外丞相呂夷簡奏禮宜從厚太后遽引帝起有頃獨坐簾下召夷簡問曰一宮人死相公云云何歟夷簡曰臣待罪宰相事無內外無不當預太后怒曰相公欲離間吾母子耶夷簡從容對曰陛下不以劉氏爲念臣不敢言尚念劉氏則喪禮宜從厚太后悟遽曰宮人李宸妃也且奈何夷簡乃請治喪用一品禮殯洪福院夷簡又謂入內都知羅崇勳曰宸妃當以后服殮用水銀實棺異時勿謂夷簡未嘗道及崇勳如其言後章獻太后崩燕王爲仁宗言陛下乃李宸妃所生妃死以非命仁宗號慟頓毀不視朝累日下哀痛之詔自責尊宸妃爲皇太后謚莊懿幸洪福寺祭告易梓宮親哭視之妃玉色如生冠服如皇太后以水銀養之故不壞仁宗嘆曰人言其可信哉遇劉氏加厚陪葬永定陵廟曰奉慈又即景靈宮建神御殿曰廣孝慶歷中改謚章懿升祔太廟拜用和爲彰信軍節度使檢校侍中寵賚甚渥既而追念不已顧無以厚其家乃以福康公主下嫁用和之子瑋

楊淑妃益州郫人祖瑫父知儼知儼弟知信隸禁軍爲天武副指揮使妃年十二入皇子宮眞宗即位拜才人又拜婕妤進婉儀仍詔婉儀升從一品位昭儀上帝東封西祀凡巡幸皆從章獻太后爲修儀妃與之位幾埒而妃通敏有智思奉順章獻無所忤章獻親愛之故妃雖貴幸終不以爲己間後加淑妃眞宗崩遺制以爲皇太后始仁宗在乳褓章獻使妃護視凡起居飲食必與之俱所以擁佑扶持恩意勤備及帝即位嘗召其姪永德見禁中欲授以諸司副使妃辭曰小兒豈勝大恩小官可也更命爲右侍禁章獻遺誥尊爲皇太后居宮中與皇帝同議軍國事閤門趣百僚賀御史中丞蔡齊目臺吏毋追班乃入白執政曰上春秋長習知天下情僞今始親政事豈宜使女后相繼稱制乎乃詔刪去遺誥同議軍國事語第存后號奉縉錢二萬助湯沐後名其所居宮曰保慶稱保慶皇太后景祐三年無疾而薨年五十三殯於皇儀殿帝思其保護之恩命禮官議加服小功初仁宗未有嗣后每勸帝擇宗子近屬而賢者養于宮中其選即英宗也英宗立言者謂禮慈母於子祭於孫止請廢后廟瘞其主園陵英宗弗欲遽也詔下有司議未上會帝崩遂罷后父祖皆累贈至一品知信贈節度使知信子景宗見外戚傳

沈貴妃宰相倫之孫父繼宗光祿少卿大中祥符初以將相家子被選初爲才人歷美人婕妤充媛至德妃爲人淑儉不華帝亦以妃家世故待之異衆長秋虛位帝欲立之有從中沮之者不果嘉祐末進貴妃熙寧九年薨年八十三許出殯其家車駕臨奠輟視朝三日謚昭靜

仁宗郭皇后其先應州金城人平盧軍節度使崇之孫也天聖二年立爲皇后初帝寵張美人欲以爲后章獻太后難之后既立而頗見疎其後尚美人楊美人俱幸數與后忿爭一日尚氏於上前有侵后語后不勝忿批其頰上自起救之誤批上頸上大怒入內都知閻文應因與上謀廢后且勸帝以爪痕示執政上以示呂夷簡且告之故夷簡亦以前罷相怨后乃曰古亦有之后遂廢詔封爲淨妃玉京冲妙仙師賜名清悟居長樂宮於是中丞孔道輔諫官御史范仲淹段少連等十人伏閤言后無過不可廢道輔等俱被黜責景祐元年出居瑤華宮而尚美人亦廢於洞眞宮入道楊美人別宅安置又賜后號金庭教主冲靜元師後帝頗念之遣使存問賜以樂府后和答之辭甚愴惋帝嘗密令召入后曰若再見召者須百官立班受冊方可屬小疾遣文應挾醫診視數日乃言后暴薨中外疑閻文應進毒而不得其實上深悼之追復皇后而停謚冊祔廟之禮

慈聖光獻曹皇后眞定人樞密使周武惠王彬之孫也明道二年郭后廢詔聘入宮景祐元年九月冊爲皇后性慈儉重稼穡常於禁苑種穀親蠶善飛白書慶歷八年閏正月帝將以望夕再張燈后諫止後三日衞卒數人作亂夜越屋叩寢殿后方侍帝聞變遽起帝欲出后閉閣擁持趣呼都知王守忠使引兵入賊傷宮嬪殿下聲徹帝所宦者以乳嫗毆小女子紿奏后叱之曰賊在近殺人敢妄言耶后度賊必縱火陰遣人挈水踵其後果舉炬焚簾水隨滅之是夕所遣宦侍后皆親剪其髮諭之曰明日行賞用是爲驗故爭盡死力賊即禽滅閤內妾與卒亂當誅祈哀幸姬姬言之帝貸其死后具衣冠見請論如法曰不如是無以肅清禁掖帝命坐后不可立請移數刻卒誅之張妃怙寵上僭欲假后蓋出游帝使自來請后與之無靳色妃喜還以告帝曰國家文物儀章上下有秩汝張之而出外廷不汝置妃不懌而輟英宗方四歲育禁中后拊鞠周盡迨入爲嗣子贊策居多帝夜暴疾崩后悉斂諸門鑰寘於前召皇子入及明宰臣韓琦等至奉英宗即位尊后爲皇太后帝感疾請權同處分軍國事御內東門小殿聽政大臣日奏事有疑未決者則曰公輩更議之未嘗出己意頗涉經史多援以決事中外章奏日數十一一能紀綱要檢柅曹氏及左右臣僕毫分不以假借宮省肅然明年夏帝疾益愈即命撤簾還政帝持書久不下及秋始行之敕有司崇峻典禮以弟佾同中書門下平章事神宗立尊爲太皇太后名宮曰慶壽帝致極誠孝所以承迎娛悅無所不盡從行登覽每先後策掖后亦慈愛天至或退朝稍晚必自至屛扆候瞯間親持饍飲以食帝外家男子舊毋得入謁后春秋高佾亦老帝數言宜使入見輒不許他日佾侍帝帝復爲請乃許之因偕詣后閤少焉帝先起若令佾得伸親親意后遽曰此非汝所當得留趣遣出晚得水疾侍醫莫能治元豐二年冬疾甚帝視疾寢門衣不解帶旬日崩年六十四帝推恩曹氏拜佾中書令進官者四十餘人初王安石當國變亂舊章后乘間語神宗謂祖宗法度不宜輕改熙寧宗祀前數日帝至后所后曰吾昔聞民間疾苦必以告仁宗因赦行之今亦當爾帝曰今無他事后曰吾聞民間甚苦靑苗助役宜罷之安石誠有才學然怨之者甚衆帝欲愛惜保全之不若暫出之於外帝悚聽垂欲止復爲安石所持遂不果帝嘗有意於燕薊已與大臣定議乃詣慶壽宮白其事后曰儲蓄賜予備乎鎧仗士卒精乎帝曰固已辦之矣后曰事體至大吉凶悔吝生乎動得之不過南面受賀而已萬一不諧則生靈所係未易以言苟可取之太祖太宗收復久矣何待今日帝曰敢不受教蘇軾以詩得罪下御史獄人以爲必死后違豫中聞之謂帝曰嘗憶仁宗以制科得軾兄弟喜曰吾爲子孫得兩宰相今聞軾以作詩繫獄得非仇人中傷之乎捃至於詩其過微矣吾疾勢已篤不可以寃濫致傷中和宜熟察之帝涕泣軾由此得免及崩帝哀慕毀瘠殆不勝喪有司上謚葬于永昭陵

張貴妃河南永安人也祖頴進士第終建平令父堯封亦舉進士爲石州推官卒時堯封兄堯佐補蜀官堯封妻錢氏求挈孤幼隨之官堯佐不收恤以道遠辭妃幼無依錢氏遂納于章惠皇后宮寢長得幸有盛寵妃巧慧多智數善承迎勢動中外慶歷元年封清河郡君歲中爲才人遷修媛忽被疾曰妾姿薄不勝寵名願爲美人許之皇祐初進貴妃後五年薨年三十一仁宗哀悼之追冊爲皇后謚溫成追封堯封清河郡王謚景思而堯佐因緣僥倖致位通顯云

苗貴妃開封人父繼宗母許先爲仁宗乳保出嫁繼宗帝登位得復通籍妃以容德入侍生唐王昕福康公主封仁壽郡君拜才人昭容德妃英宗育於禁中妃擁佑頗有恩既踐祚酬其前勞進貴妃贈其父至太師吳國公母陳楚國夫人福康下嫁當貤恩外家抑不肯言元祐六年薨年六十九哲宗輟朝出奠發哀苑中謚曰昭節

周貴妃開封人生四歲從其姑入宮張貴妃育爲女稍長遂得侍仁宗生兩公主帝崩妃日一蔬食屛處一室誦佛書困則假寐覺則復誦晝夜不解衣者四十年公主下嫁錢景臻郭獻卿連進至賢妃徽宗立加貴妃歷五朝勤約一致啓壽藏於周氏塋南傍建僧屋費緡錢六萬皆貯儲奉賜郭公主先亡詔許出外第與親戚相往來年九十三薨謚昭淑

楊德妃定陶人天聖中以章獻太后姻連選爲御侍封原武郡君進美人端麗機敏妙音律組紃書藝一過目如素習父忠爲侍禁仁宗欲加獎擢辭曰外官當積勞以取貴今以恩澤徼倖恐啓左右請謁之端帝悅命從居肅儀殿贈其祖貴州刺史而官其叔弟五人積與郭后不相能后既廢妃亦遣出後復召爲婕妤歷修媛修儀熙寧五年薨年五十四贈德妃

馮賢妃東平人曾祖炳知雜御史祖起兵部侍郎妃以良家女九歲入宮及長得侍仁宗生邢魯國二公主封始平郡君帝將登其品秩力辭不拜養女林美人得幸好修容在禁掖幾六十年始終五朝動循禮度薨年七十七贈賢妃

英宗宣仁聖烈高皇后亳州蒙城人曾祖瓊祖繼勳皆

有勳王室至節度使母曹氏慈聖光獻妃姊也故后少鞠宮中時英宗亦在帝所與后年同仁宗謂慈聖異日必以爲配既長遂成昏濮邸生神宗皇帝岐王顥嘉王頵壽康公主治平二年冊爲皇后后弟殿內崇班士林供奉久帝欲遷其官后謝曰士林獲升朝籍分量已過豈宜援先后家比辭之神宗立尊爲皇太后居寶慈宮帝累欲爲高氏營大第后不許久之但斥望春門外隙地以賜凡營繕百役費悉出寶慈不調大農一錢元豐八年帝不豫浸劇宰執王珪等入問疾乞立延安郡王爲皇太子太后權同聽政帝頷之珪等見太后簾下后泣撫王曰兒孝順自官家服藥未嘗去左右書佛經以祈福喜學書已誦論語七卷絕不好弄乃令王出簾外見珪等珪等再拜謝且賀是日降制立爲皇太子初岐嘉二王日問起居至是令毋輒入又陰敕中人梁惟簡使其妻製十歲兒一黃袍懷以來蓋密爲踐祚倉卒備也哲宗嗣位尊爲太皇太后驛召司馬光呂公著未至迎問今日設施所宜先未及條上已散遣修京城役夫減皇城覘卒止禁庭工技廢導洛司出近侍尤亡狀者戒中外毋苛歛寬民間保戶馬事由中旨王珪等弗預知又起文彥博於既老遣使勞諸途諭以復祖宗法度爲先務且令亟疏可用者從父遵裕坐西征失律抵罪蔡確欲獻諛以固位乞復其官后曰遵裕靈武之役塗炭百萬先帝中夜得報起環榻行徹旦不能寐聖情自是驚悸馴致大故禍由遵裕得免刑誅幸矣先帝肉未冷吾何敢顧私恩而違天下公議確悚慄而止光公著至並命爲相使同心輔政一時知名士彙進於廷凡熙寧以來政事弗便者次第罷之於是以常平舊式改青苗以嘉祐差役參募役除市易之法逭茶鹽之禁舉邊砦不毛之地以賜西戎而宇內復安契丹主戒其臣下復勿生事於疆埸曰南朝盡行仁宗之政矣蔡確坐車蓋亭詩謫嶺表后謂大臣曰元豐之末吾以今皇帝所書佛經出示人是時惟王珪嘗奏賀遂定儲極且以子繼父有何間言而確自謂有定策大功妄扇事端規爲異時眩惑地吾不忍明言姑託訕上爲名逐之耳此宗社大計姦邪怨謗所不暇恤也廷試舉人有司請循天聖故事帝后皆御殿后止之又請受冊寶於文德后曰母后當陽非國家美事況天子正衙豈所當御就崇政足矣上元燈宴后母當入觀止之曰夫人登樓上必加禮是由吾故而越典制於心殊不安但令賜之燈燭遂歲以爲常姪公繪公紀當轉觀察使力遏之帝請至再僅遷一秩終后之世不敢改又以官冗當汰詔損外氏恩四之一以爲宮掖先臨政九年朝廷清明華夏綏定宋用臣等既被斥祈神宗乳媪入言之冀得復用后見其來曰汝來何爲得非爲用臣等游說乎且汝尚欲如曩日求內降干撓國政耶若復爾吾即斬汝媪大懼不敢出一言自是內降遂絕力行故事抑絕外家私恩文思院奉上之物無問巨細終身不取其一人以爲女中堯舜元祐八年九月屬疾崩年六十二後二年章惇蔡卞邢恕始造爲不根之謗皇太后太妃力辨其誣事乃已語在恕傳至高宗時昭暴惇卞恕罪褒錄后家贈曹夫人爲魏魯國夫人弟士遜士林及公繪公紀皆追王擢從孫世則節度使他受恩者又十餘人云

宋史卷二百四十二考證

英宗宣仁聖烈高皇后傳母曹氏慈聖光獻妃姊也○臣蕭封按慈聖皇后未嘗爲妃此誤

宋史卷二百四十三

元　中　書　右　丞　相　總　裁　脫　脫　等　修

列傳第二

后妃下

神宗欽聖獻肅向皇后　欽成朱皇后
欽慈陳皇后　林賢妃
武賢妃
哲宗昭慈孟皇后　昭懷劉皇后
徽宗顯恭王皇后　鄭皇后
王貴妃　韋賢妃
喬貴妃　劉貴妃
欽宗朱皇后
高宗憲節邢皇后　憲聖慈烈吳皇后
潘賢妃　張賢妃
劉貴妃　劉婉儀
張貴妃
孝宗成穆郭皇后　成恭夏皇后
成肅謝皇后　蔡貴妃
李賢妃
光宗慈懿李皇后　黃貴妃
寧宗恭淑韓皇后　恭聖仁烈楊皇后
理宗謝皇后
度宗全皇后　楊淑妃

神宗欽聖憲肅向皇后河內人故宰相敏中曾孫也治平三年歸于潁邸封安國夫人神宗即位立爲皇后帝不豫后贊宣仁后定建儲之議哲宗立尊爲皇太后宣仁命葺慶壽故宮以居后后辭曰安有姑居西而婦處東瀆上下之分不敢從遂以慶壽後殿爲隆祐宮居之帝將卜后及諸王納婦后敕向族勿以女實選中族黨有欲援例以恩換閤職及爲選人求京秩者且言有特旨后曰吾族未省用此例何庸以私情撓公法一不與帝倉卒晏駕獨決策迎端王章惇異議不能沮徽宗立請權同處分軍國事后以長君辭帝泣拜移時乃聽凡紹聖元符以還惇所斥逐賢大夫士稍稍收用之故事有如御正殿避家諱立誕節之類皆不用至聞賓召故老寬徭息兵愛民崇儉之舉則喜見于色纔六月即還政明年正月崩年五十六帝追念不已乃數加恩兩舅宗良宗回皆位開府儀同三司封郡王而自敏中以上三世亦追列王爵非常典也

欽成朱皇后開封人父崔傑早世母李更嫁朱士安后鞠於所親任氏熙寧初入宮爲御侍進才人婕妤生哲宗及蔡王似徐國公主累進德妃哲宗即位尊爲皇太妃時宣仁欽聖二太后皆居尊故稱號未極元祐三年宣仁詔春秋之義母以子貴其尋繹故實務致優隆於是輿蓋仗衛冠服悉侔皇后紹聖中欽聖復命即閤建殿改乘車爲輿出入由宣德東門百官上牋稱殿下名所居爲聖瑞宮贈崔任朱三父皆至師保徽宗立奉禮尤謹崇寧元年二月薨年五十一追冊爲皇后上尊諡陪葬永裕陵

欽慈陳皇后開封人幼穎悟莊重選入掖庭爲御侍生徽宗進美人帝崩守陵殿思顧舊恩毀瘠骨立左右進粥藥揮使去曰得早侍先帝願足矣未幾薨年三十二建中靖國元年追冊爲皇太后上尊諡陪葬永裕陵

林賢妃南劍人三司使特之孫司農卿洙之女幼選入宮既長遂得幸封永嘉郡君升美人生燕王俁越王偲邢國公主進婕妤元祐五年薨詔用一品禮葬贈貴儀又贈賢妃

武賢妃始以選入宮元豐五年進才人生吳王佖賢和公主歷美人婕妤徽宗即位進昭儀賢妃大觀元年薨乘輿臨奠輟朝三日諡曰惠穆

哲宗昭慈聖獻孟皇后洺州人眉州防禦使馬軍都虞候贈太尉元之孫女也初哲宗既長宣仁高太后歷選世家女百餘入宮后年十六宣仁及欽聖向太后皆愛之教以女儀元祐七年諭宰執孟氏子能執婦禮宜正位中宮命學士草制又以近世禮儀簡略詔翰林臺諫給舍與禮官議冊后六禮以進至是命尚書左僕射呂大防攝太尉充奉迎使同知樞密院韓忠彥攝司徒副之尚書左丞蘇頌攝太尉充發策使僉書樞密院事王巖叟攝司徒副之尚書右丞蘇轍攝太尉充告期使皇叔祖同知大宗正事宗景攝宗正卿副之皇伯祖判大宗正事高密郡王宗晟攝太尉充納成使翰林學士范百祿攝宗正卿副之吏部尚書王存攝太尉充納吉使權戶部尚書劉奉世攝宗正卿副之翰林學士梁燾攝太尉充納采問名使御史中丞鄭雍攝宗正卿副之帝親御文德殿冊爲皇后宣仁太后語帝曰得賢內助非細事也進后父閤門祗候在爲崇儀使榮州刺史母王氏華原郡君久之劉婕妤有寵紹聖三年后朝景靈宮訖事就坐諸嬪御立侍劉獨背立簾下后閤中陳迎兒呵之不顧閤中皆忿冬至日會朝欽聖太后於隆祐宮后御坐朱髹金飾宮中之制惟后得之婕妤在他坐有慍色從者爲易坐製與后等衆弗能平因傳唱曰皇太后出后起立劉亦起尋各復其所或已撤婕妤坐遂仆于地懟不復朝泣訴于帝內侍郝隨謂婕妤曰毋以此戚戚願爲大家早生子此坐正當爲婕妤有也會后女福慶公主疾后有姊頗知醫嘗已后危疾以故出入禁掖公主藥弗效持道家治病符水入治后驚曰姊寧知宮中禁嚴與外間異邪令左右藏之俟帝至具言其故帝曰此人之常情耳后即爇符於帝前宮禁相傳厭魅之端作矣未幾后養母聽宣夫人燕氏尼法端與供奉官王堅爲后禱祠事聞詔入內押班梁從政管當御藥院蘇珪即皇城司鞫之捕逮宦者宮妾幾三十人搒掠備至肢體毀折至有斷舌者獄成命侍御史董敦逸覆錄罪人過庭下氣息僅屬無一人能出聲者敦逸秉筆疑未下郝隨等以言脅之敦逸畏禍及己乃以奏牘上詔廢后出居瑤華宮號華陽教主玉清妙靜仙師法名沖真初章惇誣宣仁后有廢立計以后逮事宣仁惇又陰附劉賢妃欲請建爲后遂與郝隨構成是獄天下冤之敦逸奏言中宮之廢事有所因情有可察詔下之日天爲之陰翳是天不欲廢后也人爲之流涕是人不欲廢后也且言嘗覆錄獄事恐得罪天下後世帝曰敦逸

不可更在言路曾布曰陛下本以皇城獄出於近習推治故命敦逸錄問今乃貶錄問官何以取信中外乃止帝久亦悔之曰章惇誤我元符末欽聖太后將復后位適有布衣上書以后爲言者卽命以官於是詔后還內號元祐皇后時劉號元符皇后故也崇寧初郝隨諷蔡京再廢后昌州判官馮澥上書言后不得復臺臣錢遹石豫左膚等連章論韓忠彥等信一布衣狂言復已廢之后以掠虛美望斷以大義蔡京與執政許將溫益趙挺之張商英皆主其說徽宗從之詔依紹聖詔旨復居瑤華宮加賜希微元通知和妙靜仙師靖康初瑤華宮火徙居延寧宮又火出居相國寺前之私第金人圍汴欽宗與近臣議再復后尊爲元祐太后詔未下而京城陷時六宮有位號者皆北遷后以廢獨存張邦昌僭位尊后爲宋太后迎居延福宮受百官朝胡舜陟馬伸又言政事當取后旨邦昌乃復上尊號元祐皇后迎入禁中垂簾聽政后聞康王在濟遣尙書左右丞馮澥李回及兄子忠厚持書奉迎命副都指揮使郭仲荀將所部扈衞又命御營前軍統制張俊逆于道尋降手書播告天下王至南京后遣宗室士㒟及內侍邵成章奉圭寶乘輿服御迎王卽皇帝位改元后以是日撤簾尊后爲元祐太后尙書省言元字犯后祖名請易以所居宮名遂稱隆祐太后上將幸揚州命仲荀衞太后先行駐揚州州治會張浚請先定六宮所居地遂詔忠厚奉太后幸杭州以苗傅爲扈從統制踰年傅與劉正彥作亂請太后聽政又請立皇子太后諭之曰自蔡京王黼更祖宗法童貫起邊事致國家禍亂今皇帝無失德止爲黃潛善汪伯彥所誤皆已逐矣傅等言必立皇太子太后曰今强敵在外我以婦人抱三歲小兒聽政將何以令天下傅等泣請太后力拒之帝聞事急詔禪位元子太后垂簾聽政朱勝非請令臣僚得獨對論機事仍日引傅黨一人上殿以釋其疑太后從之每見傅等曲加慰撫傅等皆喜韓世忠妻梁氏在傅軍中勝非以計脫之太后召見勉令世忠速來以清巖陛梁氏馳入世忠軍諭太后意世忠等遂引兵至逆黨懼朱勝非等誘以復辟命王世修草狀進呈太后喜曰吾責塞矣再以手札趣帝還宮卽欲撤簾帝命勝非請太后一出御殿乃命撤簾是日上皇太后尊號太后聞張浚忠義欲一見之帝爲召浚至禁中承議郎馮檝嘗貽書苗傅勸復辟上未之知太后白其事檝得遷秩帝幸建寧命僉書樞密院事鄭瑴衞太后繼發比至帝率羣臣迎于郊會防秋迫命劉寧止制置江浙衞太后往洪州百司非預軍事者悉從仍命滕康劉珏權知三省樞密院事從行凡四方奏讞吏部差注舉辟功賞之類皆隸焉復命四廂都指揮使楊惟忠將兵萬人衞從帝慮敵人來侵密諭康珏緩急取太后旨便宜以行過落星寺舟覆宮人溺死者十數惟太后舟無虞旣至洪州議者言金人自蘄黃渡江陸行二百餘里卽到洪州帝憂之命劉光世屯江州光世不爲備金人遂自大冶縣徑趣洪州康珏奉太后行次吉州金人追急太后乘舟夜行質明至太和縣舟人景信反楊惟忠兵潰失宮人一百六十康珏俱遁兵衞不滿百遂往虔州太后及潘妃以農夫肩輿而行帝慮太后徑入閩廣遣使歷詢后所在及知在虔州遂命中書舍人李正民來朝謁時虔州府庫皆空衞軍所給惟得沙錢市買不售與百姓交鬬縱火肆掠土豪陳新率衆圍城康珏惟忠弗能禁惟忠步將胡友自外引兵破新于城下新乃去帝聞罷康珏命盧益李回代之諭輔臣曰朕初不識太后自迎至南京愛朕不啻己出今在數千里外兵馬驚擾當亟奉迎以慰朕朝夕慕念之意遂遣御營司都統辛企宗帶御器械潘永思迎歸太后至越帝親迎于行宮門外遍問所過守臣治狀入宮禁中嘗微苦風眩有宮人自言善符呪疾良已太后驚曰吾豈敢復聞此語耶立命出之太后生辰置酒宮中從容謂帝曰宣仁太后之賢古今母后未有其比昔姦臣肆爲謗誣雖嘗下詔明辨而國史尙未删定豈足傳信吾意在天之靈不無望於帝也帝聞之悚然後迺更修神宗哲宗實錄始得其正而姦臣情狀益著帝事太后極孝雖帷帳皆親視或得時果必先獻太后然後敢嘗宣教郎范燾與忠厚有憾誣與太后密養欽宗子帝曰朕於太后如母子安得有此卽治其罪紹興五年春患風疾帝旦暮不離左右衣弗解帶者連夕四月崩於行宮之西殿年五十九遺命擇地攢殯俟軍事寧歸葬園陵帝詔曰朕以繼體之重當從重服凡喪祭用母后臨朝禮上尊號曰昭慈獻烈皇太后推恩外家凡五十人殯于會稽上皇村祔神主于哲宗室位在昭懷皇后上三年改謚昭慈聖獻后性節儉謙謹有司月供千緡而止幸南昌斥賣私絹三千匹充費尋詔文書應奏者避后父名不許羣臣請上太皇太后號亦不許忠厚直顯謨閣臺諫給舍交章論列后聞卽令易武命學士院降詔戒敕忠厚等不得預聞朝政通貴近至私第謁見宰執以恩澤當得官者近八十員后未嘗陳請初后受冊日宣仁太后歎曰斯人賢淑惜福薄耳異日國有事變必此人當之後皆如所云

昭懷劉皇后初爲御侍明豔冠後庭且多才藝由美人婕妤進賢妃生一子二女有盛寵能順意奉兩宮時孟后位中宮后不循列妾禮且陰造奇語以售謗內侍郝隨劉友端爲之用孟后旣廢后竟代焉右正言鄒浩上疏極諫坐竄徽宗立冊爲元符皇后明年尊爲太后名宮崇恩帝緣哲宗故曲加恩禮后以是頗干預外事且以不謹聞帝與輔臣議將廢之而后已爲左右所逼卽簾鉤自縊而崩年三十五

徽宗顯恭王皇后開封人德州刺史藻之女也元符二年六月歸于端邸封順國夫人徽宗卽位冊爲皇后生欽宗及崇國公主后性恭儉鄭王二妃方亢寵后待之均平巨閹妄意迎合誣以闇昧帝命刑部侍郎周鼎卽秘獄參驗略無一跡獄止后見帝未嘗一語輒及帝幡然憐之大觀二年崩年二十五謚曰靜和葬裕陵之次紹興中始祔徽宗廟室改上今謚云

鄭皇后開封人也父紳始爲直省官以后貴累封太師樂平郡王后本欽聖殿押班徽宗爲端王每日朝慈德宮欽聖命鄭王二押班供侍及卽位遂以二人賜之后自入宮好觀書章奏能自製帝愛其才崇寧初封賢妃遷貴妃有異寵徽宗多賚以詞章天下歌之王皇后崩政和元年立爲皇后將受冊有司創製冠服后言國用未足冠珠費多請命工改製妃時舊冠又乞罷黃麾仗小駕鹵簿等儀從之恩澤皆弗陳請時族子居中在樞府后奏外戚不當預國政必欲用之且令充妃職帝爲罷居中居中復用后歸寧還言居中與父紳相往還人皆言其招權市賄乞禁絕許御史奏劾后性端謹善順承帝意劉貴妃甍帝思之不已將追冊爲后后卽奏妃乃其養子乞別議褒崇之禮帝大喜欽宗受禪尊爲太上皇后遷居寧德宮稱寧德太后從上皇幸南京金師退先歸時用事者言上皇將復辟於鎭江人情危駭或謂后將由端門直入禁中內侍輩頗勸欽宗嚴備帝不從出郊迎后於是兩宮歡甚洽上皇聞之卽罷如洛之議汴京破從上皇幸靑城北遷留五年崩于五國城年五十二紹興七年何蘇等使還始知上皇及后崩高宗太慟詔立重成服謚顯肅后親族各遷官有差祔主徽宗室以聞哀日爲大忌梓宮歸入境承之以槨納翬衣其中與徽宗合攢于會稽永祐陵先是后至金嘗訴于粘罕曰妾得罪當行但妾家屬不預朝政乞留不遣粘罕許之故紳得歸后旣行紳亦以是年薨謚僖靖家屬流寓江南高宗憐之詔所在尋訪賜官有鄭藻者后近屬也紹興中帶御器械用后祔廟恩拜隴州防禦使凡四使金歷官至保信軍節度使加太尉卒追封榮國公謚端靖

王貴妃與鄭后俱爲押班徽宗立封平昌郡君進位至貴妃生鄆王楷莘王植陳王機惠淑康淑順德柔福冲懿帝姬政和七年九月薨謚曰懿肅

韋賢妃開封人高宗母也初入宮爲侍御崇寧末封平昌郡君大觀初進婕妤累遷婉容高宗在康邸出使進封龍德宮賢妃從上皇北遷建炎改元遙尊爲宣和皇后封其父安道爲郡王官親屬三十人由是遣使不絕紹興七年徽宗及鄭皇后崩聞至帝號慟諭輔臣曰宣和皇后春秋高朕思之不遑寧處屈己講和正爲此耳翰林學士朱震引唐建中故事請遙尊爲皇太后從之已而太常少卿吳表臣請依嘉祐治平故事俟三年喪畢然後舉行乃先降御札播告天下后三代俱追封王帝以后久未歸每顰蹙曰金人若從朕請餘皆非所問也王倫使回言金人許歸后未幾金人遣蕭哲來亦言后將歸狀遂豫作慈壽宮命莫將韓恕爲奉迎使十年以金人猶未歸后乃遙上皇太后冊寶於慈寧殿是後生辰至朔皆遙行賀禮洪皓在燕求得后書遣李微持歸帝大喜曰遣使百輩不如一書遂加微官金人遣蕭毅邢具瞻來議和帝曰朕有天下而養不及親徽宗無及矣今立誓信當明言歸我太后朕不恥和不然朕不憚用兵毅等還帝又語之曰太后果還自當謹守誓約如其未也雖有誓約徒爲虛文命何鑄曹勛報謝召至內殿諭之曰朕北望庭闈無淚可揮卿見金主當曰慈親之在上國一老人耳在本國則所繫甚重以至誠說之庶彼有感動鑄等至金國首以后歸爲請金主曰先朝業已如此豈可輒改勛再三懇請金主始允鑄等就館館伴耶律紹文來言金主許從所請洪皓聞之先遣人來報鑄等還具言其實遂命參政王次翁爲奉迎使金人遣其臣高居安完顏宗賢等扈從以行十二年四月次燕山自東平舟行由淸河至楚州旣渡淮命太后弟安樂郡王韋淵秦魯國大長公主吳國長公主迎于道帝親至臨平奉迎普安郡王宰執兩省三衙管軍皆從帝初見太后喜極而泣八月至臨安入居慈寧宮先是以梓宮未還詔中外輟樂至是慶太后壽節始用樂謁家廟親屬遷官幾二千人太后聰明有智慮初金人

許還三梓宮太后恐其反覆呼役者畢集然後起攢時方暑金人憚行太后慮有他變乃陽稱疾須秋凉進發已而稱貸于金使得黃金三千兩以犒其衆由是途中無間言太后在北方聞韓世忠名次臨平呼世忠至簾前慰勞還宮帝侍太后或至夜分未去太后曰且休矣聽朝宜早恐妨萬幾又嘗謂兩宮給使宜令通用不然則有彼我之分而佞人間言易以入也時皇后未立太后屢爲帝言請降手書太后曰我但知家事外庭非所當預將行册命承平典禮悉能記之帝先意承志惟恐不及或一食稍減輒不勝憂懼常戒宮人曰太后年已六十惟優游無事起居適意卽壽考康寧事有所闕愼毋令太后知第來白朕十九年太后年七十正月朔卽宮中行慶壽禮親屬各遷官一等太后微恙累月不出殿門會牡丹盛開帝入白太后欣然步至花所因留宴竟日盡歡翌日以諭宰執后苦目疾募得醫皇甫坦治卽愈二十九年太后壽登八十復行慶禮親屬進官一等庶人年九十宗子女若貢士已上父母年八十者悉官封之九月得疾上不視朝赦輔臣祈禱天地宗廟社稷赦天下減租稅俄崩于慈寧宮諡曰顯仁攢于永佑陵之西祔神主太廟徽宗室親屬進秩者十四人授官者三人太后性節儉有司進金唾壺太后易令用塗金宮中賜予不過三數千所得供進財帛多積於庫至是喪葬之費皆仰給焉然好佛老初高宗出使有小妾言見四金甲人執刀劍以衞太后曰我祠四聖謹甚必其陰助既北遷常設祭及歸立祠西湖上

喬貴妃初與高宗母韋妃俱侍鄭皇后結爲姊妹約先貴者毋相忘既而貴妃得幸徽宗遂引韋氏二人愈相得二帝北遷貴妃與韋氏俱至是韋妃將還貴妃以金五十兩贈高居安曰薄物不足爲禮願好護送姊還江南復舉酒酌韋氏曰姊善重保護歸卽爲皇太后妹無還期終死於朔漠矣遂大慟以別

劉貴妃其出單微入宮卽大幸由才人七遷至貴妃生濟陽郡王棫祁王模信王榛政和三年秋薨先是妃手植芭蕉於庭曰是物長吾不及見矣已而果然左右奔告帝帝初以其微疾不經意趣幸之已薨矣始大悲惻特加四字諡曰明達懿文叙其平生紘諸樂府又欲踵溫成故事追崇使皇后表請因册贈爲后而以明達諡焉時又有安妃劉氏者本酒保家女初事崇恩宮宮罷出居宦者何訢家內侍楊戩譽其美復召入妃以同姓養爲女遂有寵爲才人進至淑妃生建安郡王楧嘉國公椅英國公楒和福帝姬政和四年加貴妃朝夕得侍上擅愛顓席嬪御爲之稀進擢其父劉宗元節度使妃天資警悟解迎意合旨雅善塗飾每製一服外間卽傚之林靈素以技進目爲九華玉眞安妃肖其像于神霄帝君之左宣和三年薨年三十四初諡明節和文旋用明達近比加册贈爲皇后葬其園之西北隅帝悼之甚後宮皆往唁帝相與啜泣崔妃獨左視無戚容帝悲怒疑其爲厭蠱卜者劉康孫緣妃以進喜妄談休咎捕送開封獄醫曹孝忠侍疾無狀閤內侍王堯臣坐盜金珠及出金明池游宴事併鞫治獄成同日誅死遂廢崔妃爲庶人崔生漢王椿及帝姬五人云

欽宗朱皇后開封祥符人父伯材武康軍節度使欽宗在東宮徽宗臨軒備禮册爲皇太子妃欽宗卽位立爲皇后追封伯材爲恩平郡王后旣北遷不知崩聞慶元三年上尊號諡仁懷祔于太廟欽宗室推恩后家十五人五年奉安神御于景靈宮兄二人孝孫靖康中以節鉞換授右金吾衞上將軍卒贈開府儀同三司孝章一日孝莊官至承慶軍承宣使卒贈昭化軍節度使

高宗憲節邢皇后開封祥符人父煥朝請郎高宗居康邸以婦聘之封嘉國夫人王出使夫人留居蕃衍宅金人犯京師夫人從三宮北遷上皇遣曹勛歸夫人脫所御金環使內侍持付勛曰幸爲吾白大王願如此環得早相見也王憐之及卽位遙册爲皇后官后親屬二十五人紹興九年后崩于五國城年三十四金人秘之高宗虛中宮以待者十六年顯仁太后回鑾始得崩聞上爲輟朝行釋服之祭諡懿節祔主于別廟紹興十二年八月后梓宮至攢于聖獻太后梓宮之西北帝思后殊慘不樂皇后吳氏知帝意乃請爲其姪珣琚婚邢氏二女以慰帝心淳熙末改諡憲節祔高宗廟

憲聖慈烈吳皇后開封人父近以后貴累官武翼郎贈太師追封吳王諡宣靖近嘗夢至一亭扁曰侍康傍植芍藥獨放一花殊妍麗可愛花下白羊一近寤而異之后以乙未歲生方產時紅光徹戶外年十四高宗爲康王被選入宮人謂侍康之徵王卽帝位后常以戎服侍左右后頗知書從幸四明衞士謀爲變入問帝所在后紿之以免未幾帝航海有魚躍入御舟后曰此周人白魚之祥也帝大悅封和義郡夫人還越進封才人后益博習書史又善翰墨由是寵遇日至與張氏並爲婉儀尋進貴妃顯仁太后回鑾亦愛后憲節皇后崩聞至秦檜等累表請立中宮太后亦爲言紹興十三年詔立貴妃爲皇后帝御文德殿授册后卽穆清殿廷受之追王三代親屬由后官者三十五人顯仁太后性嚴肅后身承起居順適其意嘗繪古列女圖置坐右爲鑒又取詩序之義扁其堂曰賢志初伯琮以宗子召入宮命張氏育之后時爲才人亦請得育一子於是得伯玖更名璩中外議頗籍籍張氏卒併育于后后視之無間伯琮性恭儉喜讀書帝與后皆愛之封普安郡王后嘗語帝曰普安其天日之表也帝意決立爲皇子封建王出璩居紹興高宗內禪手詔后稱太上皇后遷居德壽宮孝宗卽位上尊號曰壽聖太上皇后月朔朝上皇畢入見后如宮中儀乾道七年加號壽聖明慈淳熙二年以上皇行慶壽禮復加壽聖齊明廣慈之號十年以后年七十親屬推恩有差十二年加尊號曰備德上皇崩遺詔改稱皇太后帝欲迎還大內太后以上皇几筵在德壽宮不忍舍去因名所御殿曰慈福居焉光宗卽位更號壽聖皇太后以壽皇故不稱太皇太后也帝嘗言及用人后曰宜崇尙舊臣紹熙四年后壽八十帝乃親后奉册禮加尊號曰隆慈備福五年正月帝率羣臣行慶壽禮嘉王侍側后勉以讀書辨邪正立綱常爲先夏孝宗崩始正太皇太后之號時光宗疾未平不能執喪宰臣請垂簾主喪事后不可已而宰執請如唐肅宗故事羣臣發喪太極殿成服禁中許之后代行祭奠禮尋用樞密趙汝愚請於梓宮前垂簾宣光宗手詔立皇子嘉王爲皇帝翌日册夫人韓氏爲皇后撤簾慶元元年加號光祐遷居重華宮汝愚後以謫死中書舍人汪義端目汝愚爲李林甫欲併逐其黨太后聞而非之三年十月后寢疾詔禱天地宗廟社稷大赦天下踰月而崩年八十三遺誥太上皇帝疾未痊瘉宜於宮中承重皇帝服齊衰五月以日易月詔服期年喪諡曰憲聖慈烈攢祔于永思陵

潘賢妃開封人元懿太子母也父永壽直翰林醫局官高宗居康邸時納之邢后北遷妃未有位號帝卽位將立爲后呂好問諫止之立爲賢妃太子薨從隆祐太后于江西踰年還紹興十八年薨永壽贈太子少師

張賢妃開封人建炎初爲才人有寵進婕妤帝欲擇宗室子養禁中輔臣問帝以宮中可付託者誰耶帝曰已得之矣意在婕妤已而伯琮入宮年尙幼婕妤與潘賢妃吳才人方環坐以觀其所向時賢妃新失皇子意忽忽不樂婕妤手招之遂向婕妤帝因命婕妤母之是爲孝宗尋遷婉儀十二年卒上爲輟朝二日贈賢妃弟萃閤門宣贊舍人妃薨遷秩二階

劉貴妃臨安人入宮爲紅霞帔遷才人累遷婕妤婉容紹興二十四年進賢妃頗恃寵驕侈嘗因盛夏以水晶飾脚踏帝見之命取爲枕妃懼撤去之淳熙十四年薨父懋累官昭慶軍節度使金人南侵獻錢二萬緡以助軍興費懋子允升紹興末爲和州防禦使知閤門事奉使還遷荊州防禦使福州觀察使

劉婉儀初入宮封宜春郡夫人尋進才人與劉婉容俱被寵進婉儀婉儀頗恃恩招權嘗遣人諷廣州番商獻明珠香藥許以官爵舶官林孝澤言于朝詔止其獻金人將叛盟劉錡主戰幸醫王繼先從中沮之因謀誅錡帝不懌一日在婉儀位有憂色婉儀陰訪得其言以實譖帝意帝惟與繼先言合詰之婉儀急具以實對帝大怒託以他過廢之兄伉累官和州防禦使知閤門事婉儀既廢乃與祠罷歸

張貴妃開封祥符人初入宮封永嘉郡夫人乾道六年進婉容淳熙七年封太上皇淑妃十六年進貴妃紹熙元年薨美人馮氏才人韓氏吳氏李氏王氏俱被寵幸後皆廢吳氏中宮近屬也紹興三十年復故封李氏王氏俱明盬淳熙末上皇愛之及崩憲聖后見二才人每感憤孝宗卽追告命許自便蓋非常制云

孝宗成穆郭皇后開封祥符人奉直大夫直卿之女孫其六世祖爲章穆皇后外家孝宗爲普安郡王時納郭氏封咸寧郡夫人生光宗及莊文太子愭魏惠憲王愷邵悼肅王恪紹興二十六年薨年三十一追封淑國夫人三十一年用明堂恩贈福國夫人旣建太子追封皇太子妃及受禪追册爲皇后諡恭懷尋改安穆及營阜陵又改成穆祔孝宗廟父瑊累官昭慶軍承宣使追封榮王孝宗待郭氏恩禮彌厚然不假外戚以官爵后弟師禹師元官不過承宣使師元不及建節而卒將內禪師禹始除節度使光宗朝官至太保封永寧郡王

成恭夏皇后袁州宜春人曾祖令吉爲吉水簿夏氏初入宮爲憲聖太后閤中侍御普安郡王夫人郭氏薨太后以夏氏賜王封齊安郡夫人卽位進賢妃踰年奉上皇命立爲皇后乾道二年謁家廟親屬推恩十一人三年崩諡安恭寧宗時改諡成恭初后之生也有異光穿室父協奇之及長以姿納宮中久之父居益困及歸客袁之僧舍號夏翁翁亡后始貴訪得其弟執中補承信郎閤門祇候未幾遷右武郎閤門宣贊舍人累遷奉國軍節度使提舉萬壽觀寧宗卽位加少保踰年卒于家

初執中與其微時妻至京宮人謳使出之擇配貴族欲以媚后執中弗爲動他日后親爲言執中誦宋弘語以對后不能奪旣貴始從師學作大字頗工復善騎射高宗行慶壽禮近戚爭獻珍環執中獨大書一人有慶萬壽無疆以獻高宗喜賜賚甚渥嘗爲館伴副使連射皆命中金人駭服孝宗聞其才將召用之謝曰他日無累陛下保全足矣人以此益賢之

成肅謝皇后丹陽人幼孤鞠於翟氏因冒姓焉及長被選入宮憲聖太后以賜普安郡王封咸安郡夫人王卽位進婉容踰年進貴妃成恭皇后崩中宮虛位淳熙三年妃侍帝過德壽宮上皇諭以立后意尋遣張去爲傳旨立貴妃爲皇后復姓謝氏親屬推恩者十人光宗受禪上尊號壽成皇后孝宗崩尊爲皇太后慶元初加號惠慈嘉泰二年加慈佑太皇太后三年崩諡成肅攢祔于永阜陵后性儉慈減膳羊每食必先以進御服澣濯衣有數年不易者弟淵以后貴授武翼郎后嘗戒之曰主上化行恭儉吾亦躬服澣濯爾宜崇謙抑遠驕侈後歷閤門宣贊舍人帶御器械光宗朝遷果州團練使寧宗立轉萊州防禦使擢知閤門事仍幹辦皇城司三遷至保信軍節度使尋加太尉開府儀同三司成肅皇后崩遺誥賜淵錢十萬緡金二千兩田十頃僦緡日十千後累陞三少封和國公嘉定四年薨贈太保

蔡貴妃初入宮爲紅霞帔封和義郡夫人進婉容淳熙十年冬拜貴妃十二年秋薨父滂宜春觀察使

李賢妃初入宮爲典字轉通義郡夫人進婕妤淳熙十年卒贈賢妃時李燾在經筵嘗諫省後宮費帝曰朕老矣安有是近葬李妃用三萬緡耳帝雖在位久後宮寵幸無著聞者

光宗慈懿李皇后安陽人慶遠軍節度使贈太尉道之中女初后生有黑鳳集道營前石上道心異之遂字后曰鳳娘道帥湖北聞道士皇甫坦善相人乃出諸女拜坦坦見后驚不敢受拜曰此女當母天下坦言於高宗遂聘爲恭王妃封榮國夫人進定國夫人乾道四年生嘉王七年立爲皇太子妃性妬悍嘗訴太子左右於高孝二宮高宗不懌謂吳后曰是婦將種吾爲皇甫坦所誤孝宗亦屢訓后宜以皇太后爲法不然行當廢汝后疑其說出於太后及太子卽位冊爲皇后光宗欲誅宦者近習皆懼遂謀離間三宮會帝得心疾孝宗購得良藥欲因帝至宮授之宦者遂訴於后曰太上合藥一大丸俟宮車過卽投藥萬一有不虞其奈宗社何后覘藥實有心銜之頃之內宴后請立嘉王爲太子孝宗不許后曰妾六禮所聘嘉王妾親生也何爲不可孝宗大怒后退持嘉王泣訴于帝謂壽皇有廢立意帝惑之遂不朝太上帝嘗宮中浣手睹宮人手白悅之他日后遺人送食合于帝啓之則宮人兩手也又黃貴妃有寵因帝親郊宿齋宮后殺之以暴卒聞是夕風雨大作黃壇燭盡滅不能成禮帝疾由是益增劇不視朝政事多決於后矣后益驕奢封三代爲王家廟踰制衛兵多於太廟后歸謁家廟推恩親屬二十六人使臣一百七十二人下至李氏門客亦奏補官中興以來未有也是時帝久不朝太上中外疑駭紹熙四年九月重明節宰執侍從臺諫連章請帝過宮給事中謝深甫言父子至親天理昭然太上之愛陛下亦猶陛下之愛嘉王太上春秋高千秋萬歲後陛下何以見天下帝感悟趣命駕朝重華宮是日百官班列俟帝出至御屛后挽留帝入曰天寒官家且飲酒百僚侍衛相顧莫敢言中書舍人陳傅良引帝裾請毋入因至屛後后叱曰此何地爾秀才欲斫頭邪傅良下殿慟哭后復使人問曰此何理也傅良曰子諫父不聽則號泣而隨之后益怒遂傳旨罷還宮其後孝宗崩帝不能親執喪宰相趙汝愚謀內禪立寧宗尊后曰太上皇后上尊號曰壽仁慶元六年崩年五十六諡慈懿

黃貴妃淳熙末在德壽宮封和義郡夫人光宗爲皇太子傍無侍姬上皇以夫人賜之遂專寵卽位拜貴妃紹熙二年冬十一月爲皇后李氏所殺帝聞而成疾又有張貴妃亦舊侍東宮次婕妤符氏後出嫁於民間

寧宗恭淑韓皇后相州人其六世祖爲忠獻王琦初后與姊俱被選入宮后能順適兩宮意遂歸平陽郡邸封新安郡夫人進崇國夫人王受禪冊夫人爲皇后后父同卿由知泰州陞揚州觀察使母莊氏封安國夫人慶元六年崩諡恭淑同卿累遷慶遠軍節度使加太尉慶元五年卒贈太師諡恭靖同卿季父侂胄自以有定策功聲勢熏灼同卿每懼滿盈不敢干政時天下皆知侂胄爲后族不知同卿乃后父也同卿沒一年而后崩侂胄竟敗人始服其善遠權勢云同卿子竢后兄也官至承宣使

恭聖仁烈楊皇后少以姿容選入宮忘其姓氏或云會稽人慶元元年三月封平樂郡夫人三年四月進封婕妤有楊次山者亦會稽人后自謂其兄也遂姓楊氏五年進婉儀六年進貴妃恭淑皇后崩中宮未有所屬貴妃與曹美人俱有寵韓侂胄見妃任權術而曹美人性柔順勸帝立曹而貴妃頗涉書史知古今性復機警帝竟立之次山客王夢龍知其謀密以告后后深銜之與次山欲因事誅侂胄會侂胄議用兵中原俾皇子曮入奏侂胄再啓兵端將不利於社稷帝不荅后從傍贊之甚力亦不荅恐事泄俾次山擇廷臣可任者與共圖之禮部侍郎史彌遠素與侂胄有隙遂欣然奉命參知政事錢象祖嘗諫用兵貶信州彌遠乃先告之禮部尚書衛涇著作郎王居安前右司郎官張鎡皆預其謀開熙三年十一月三日侂胄方早朝彌遠密遣中軍統制夏震伏兵六部橋側率健卒擁侂胄至玉津園槌殺之復命彌遠象祖等俱赴延和殿以殛侂胄聞帝不之信越三日帝猶謂其未死蓋是謀悉出中宮及次山等帝初不知也后旣誅侂胄彌遠日益貴用事嘉定十四年帝以國嗣未定養宗室子貴和立爲皇子賜名竑彌遠爲丞相旣信任於后遂專國政竑漸不能平初竑好琴彌遠買美人善琴者納之而私厚美人家令伺皇子動靜竑嬖之一日竑指輿地圖示美人曰此瓊崖州也他日必置史彌遠於此地美人以告彌遠竑又書字於几曰彌遠當決配八千里竑左右皆彌遠腹心走白彌遠彌遠大懼陰蓄異志欲立他宗室子昀爲皇子遂陰與昀通十七年閏八月丁酉帝大漸彌遠夜召昀入宮后尚未知也彌遠遣后兄子谷及石以廢立事白后后不可曰皇子先帝所立豈敢擅變是夜凡七往反后終不聽谷等乃拜泣曰內外軍民皆已歸心苟不立之禍變必生則楊氏無噍類矣后默然良久曰其人安在彌遠等召昀入后拊其背曰汝今爲吾子矣遂矯詔廢竑爲濟王立昀爲皇子卽帝位尊皇后曰皇太后同聽政寶慶二年十一月戊寅加尊號壽明紹定元年正月丙子復加慈睿四年正月后壽七十帝率百官朝慈明殿加尊號壽明仁福慈睿皇太后十二月辛巳后不豫詔禱祠天地宗廟社稷宮觀赦天下五年十二月壬午崩于慈明殿壽七十有一諡恭聖仁烈次山官至少保封永陽郡王次山二子谷封新安郡王石永寧郡王自有傳姪孫鎭尙理宗女周漢公主官至左領軍衛將軍駙馬都統宗族鳳孫等皆任通顯云

理宗謝皇后諱道淸天台人父渠伯祖深甫后生而黧黑瞖一目渠伯早卒家產益破壞后嘗躬親汲飪初深甫爲相有援立楊太后功太后德之理宗卽位議擇中宮太后命選謝氏諸女后獨在室兄弟欲納入宮諸父擇伯不可曰卽奉詔納女當厚奉奩裝異時不過一老宮婢事奚益會元夕縣有鵲來巢燈山衆以爲后妃之祥擇伯不能止乃供送后就道后旋病瘮良已膚蛻瑩白如玉醫又藥去目瞖時賈涉女有殊色同在選中及入宮理宗意欲立賈太后曰謝女端重有福宜正中宮左右亦皆竊語曰不立眞皇后乃立假皇后邪帝不能奪遂定立后初封通議郡夫人寶慶三年九月進貴妃十二月冊爲皇后后旣立賈貴妃專寵貴妃薨閻貴妃又以色進后處之裕如畧不介懷太后深賢之而帝禮遇益加焉開慶初大元兵渡江理宗議遷都平江慶元后諫不可恐搖動民心乃止理宗崩度宗立咸淳三年尊爲皇太后號壽和聖福進封三代父渠伯魏王祖深甫曾祖景之皆魯王宗族男女各進秩賜封賞賚有差度宗崩瀛國公卽位尊爲太皇太后太后年老且疾大臣屢請垂簾同聽政彊之乃許加封五代太后以兵興費繁痛自裁節汰慈元殿提舉已下官省泛索錢緡月萬平章賈似道兵潰陳宜中上疏請正其罪太后曰似道勤勞三朝豈宜以一旦罪而失遇大臣禮先削其官後乃竄法貶死京朝官聞難往往避匿遁去太后命揭榜朝堂曰我國家三百年待士大夫不薄吾與嗣君遭家多難爾小大臣不能出一策以救時艱內則畔官離次外則委印棄城避難偷生尙何人爲亦何以見先帝於地下乎天命未改國法尙存凡在官守者尙書省卽與轉一資負國逃者御史覺察以聞德祐元年六月朔日食旣太后削聖福以應天變丞相王爚老病陳宜中留夢炎庸懦無所長日坐朝堂相爭戾而張世傑兵敗於焦山宜中棄官去太后累召不至遺書宜中母使勉之十月始還朝太后又親爲書召夏貴等兵曰吾母子不足念獨不報先帝德乎貴等亦罕有至者是月大元兵破常州太后遣陸秀夫等請和不從宜中卽率公卿請遷都太后不許宜中痛哭固請不得已從之明日當啓行而宜中倉卒失奏於是宮車已駕日且暮而宜中不至太后怒而止明年正月更命宜中使軍中約用臣禮宜中難之太后涕泣曰苟存社稷臣非所較也未幾大元兵薄皐亭山宜中宵遁文武百官亦潛相引去二月辛丑大軍駐錢塘宋亡瀛國公與全后入朝太后以疾留杭是年八月至京師降封壽春郡夫人越七年終年七十四無子兄奕宋時封郡王姪堂兩浙鎭撫大使尙榮郡公主暨堲並節度使端平初頗干國政云

度宗全皇后會稽人理宗母慈憲夫人姪孫女也略涉

書史幼從父昭孫知岳州開慶初秩滿歸道潭州時大元兵自羅鬼入破全衡永桂團潭州人有見神人衛城者已而潭獨不下逾年事平至臨安會忠王議納妃初丁大全請選知臨安府顧嵒女已致聘矣大全敗嵒亦罷去臺臣論嵒大全黨宜別選名族以配太子臣僚遂言全氏侍其父昭孫往返江湖備嘗艱險其處貴富必能盡警戒相成之道理宗以母慈憲故乃詔后入宮問曰爾父昭孫昔在寶祐間沒於王事每念之令人可哀后對曰妾父可念淮湖之民尤可念也帝深異之語大臣曰全氏女言辭甚令宜配冢嫡以承祭祀景定二年十一月詔封永嘉郡夫人十二月冊爲皇太子妃弟永堅等補承信郎直秘閣度宗立咸淳三年正月冊爲皇后追贈三代賜家廟第宅弟清夫庭輝等一十五人各轉一官五年三月后歸寧推恩姻族五十六人進一秩咸平郡夫人全氏三十二人各特封有差后生子不育次生瀛國公十年度宗崩瀛國公立冊爲皇太后宋亡從瀛國公入朝于燕京後爲尼正智寺而終

楊淑妃初選入宮爲美人咸淳三年進封淑妃推恩親屬幼節等三十四人進秩有差生建國公昰宋亡昰走溫州又走福州衆推爲主冊妃爲太后封弟昺衛王昺修容俞氏所生也至元十四年大軍圍昰於海上明年四月昰卒昺代立十六年春二月昺投海死妃聞之大慟曰我艱關忍死者正爲趙氏祭祀尚有可望爾今天命至此夫復何言遂赴海死其將張世傑葬之海濱

宋史卷二百四十三考證

恭聖仁烈楊皇后傳少以姿容選入宮忘其姓氏或云會稽人○臣蕭封按齊東野語后養母張於儀眞長蘆寺前僦居主僧善相知其女當貴假之貲加杭入慈福宮憲聖愛之茂陵至后所必目之后知其意因以爲賜

宋史卷二百四十四

元　中書右丞相總裁脫脫等修

列傳第三

宗室一

魏王廷美　燕王德昭

秦王德芳秀王子偁附

昔周之初興大封建宗室及其東遷晉鄭有同獎之功然其衰也榦弱而枝強後世於是有矯其失者而封建不復古矣宋承唐制宗王襁褓卽裂土而爵之然名存實亡無補於事降至疏屬宗正有籍玉牒有名宗學有教郊祀明堂遇國慶典皆有祿秩所寓州縣月有廩餼至於宗女適人亦有恩數然國祚既長世代浸遠恒產豐約去士庶之家無甚相遠者靖康之亂諸王駢首以斃於金人之虐論者咎其無封建之實故不獲維城之助焉雖然東都之仁宗南渡之高寧元良虛位立繼小宗大業一定卒無動搖磐石之固亦可知矣且宋於宗室稍有過差君臣之間不吝於改尤不憚於言涪陵武功眞宗卽位尋議追復改葬封其子孫濮邸尊稱言者惟務格非不少避忌宋末濟邸國事將亡諫疏不息必褒卹而後止是蓋歷代之所難得者歟表而出之作宗室傳

魏悼王廷美字文化本名光美太平興國初改今名太祖兄弟五人兄光濟早亡宋興追封邕王改曹王弟光義卽太宗次廷美次光贊幼亡追封夔王改岐王建隆元年授廷美嘉州防禦使二年遷興元尹山南西道節度使乾德二年加同中書門下平章事開寶六年加檢校太保侍中京兆尹永興軍節度使太宗卽位加中書令開封尹封齊王又加檢校太師從征太原進封秦王七年三月或告秦王廷美驕恣將有陰謀竊發上不忍暴其事遂罷廷美開封尹授西京留守賜襲衣通犀帶錢千萬緡絹綵各萬匹銀萬兩西京甲第一區詔樞密使曹彬餞廷美於瓊林苑以太常博士王遹判河南府事開封府判官閻矩判留守事以如京使柴禹錫爲宣徽北院使兼樞密副使楊守一爲東上閤門使充樞密都承旨賞其告廷美陰謀功也左衛將軍樞密承旨陳從龍爲左衛將軍皇城使劉知信爲右衛將軍弓箭庫使惠延眞爲商州長史禁軍列校皇甫繼明責爲汝州馬步軍都指揮使定人王榮爲濮州教練使皆坐交通廷美及受其燕犒也榮未行或又告榮嘗與廷美親吏狂言我不久當得節帥坐削籍流海島會趙普再相廉得盧多遜與廷美交通事上聞上怒責授多遜兵部尚書下御史獄捕繫中書守堂官趙白秦府孔目官閻密小吏王繼勳樊德明趙懷祿閻懷忠等命翰林學士承旨李昉學士扈蒙衛尉卿崔仁冀膳部郎中兼御史知雜滕中正雜治之多遜自言累遣趙白以中書機事密告廷美去年九月中又令趙白言於廷美云願宮車晏駕盡力事大王廷美遣樊德明報多遜云承旨言正會我意我亦願宮車早晏駕私遺多遜弓箭等多遜受之閻密初給事廷美上卽位補殿直仍隸秦王府恣橫不法言多指斥王繼勳尤爲廷美親信嘗使求訪聲妓怙勢取貨贓汚狼藉樊德明素與趙白遊處多遜因之以結廷美廷美又遣趙懷祿私召同母弟軍器庫副使趙廷俊與語閻懷忠嘗爲廷美詣淮海王錢俶求犀玉帶金酒器懷忠受俶私遺白金百兩金器絹扇等廷美又嘗遣懷忠齎銀盌錦綵羊酒詣其妻父御前忠佐馬軍都軍頭開封潘潾營燕軍校至是皆伏罪詔文武常參官集議朝堂太子太師王溥等七十四人奏多遜及廷美顧望呪詛大逆不道宜行誅滅以正刑章趙白等處斬詔削奪多遜官爵幷家屬流崖州廷美勒歸私第趙白閻密王繼勳樊德明趙懷祿閻懷忠皆斬於都門外籍其家財詔秦王廷美男女等宜正名稱貴州防禦使德恭等仍爲皇姪皇姪女適韓氏去雲陽公主之號右監門將軍韓崇業降爲右千牛衛率府率仍去駙馬都尉之號並發遣西京就廷美居止五月貶西京留守判官閻矩爲涪州司戶參軍前開封推官孫嶼爲融州司戶參軍皆秦王廷美官屬坐輔導無狀也趙普以廷美謫居西洛非便復教知開封府李符上言廷美不悔過怨望乞徙遠郡以防他變詔降廷美爲涪陵縣公房州安置妻楚國夫人張氏削國封命崇儀使閻彥進知房州監察御史袁廓通判州事各賜白金三百兩八年正月涪陵縣公廷美母陳國夫人耿氏卒雍熙元年廷美至房州因憂悸成疾而卒年三十八上聞之嗚咽流涕謂宰相曰廷美自少剛愎長益凶惡朕以同氣至親不忍寘之於法俾居房陵冀其思過方欲推恩復舊遽茲殞逝痛傷奈何因悲泣感動左右遂下詔追封廷美爲涪王諡曰悼爲發哀成服其後太宗從容謂宰相曰廷美母陳國夫人耿氏朕乳母也後出嫁趙氏生廷俊朕以廷美故令廷俊屬鞬左右而廷俊泄禁中事於廷美邇者鑿西池水心殿成橋梁未備朕將泛舟往焉廷美與左右謀欲以此時竊發不果卽詐稱疾於邸俟朕臨省因而爲變有告其事者若命有司窮究則廷美罪不容誅朕不欲暴揚其醜及盧多遜交通事發止令居守西洛而廷美不悔過益怨望出不遜語始命遷房陵以全宥之至于廷俊亦不加深罪但從貶宥朕於廷美蓋無負矣言未訖爲之惻然李昉對曰涪陵悖逆天下共聞西池禁中事若非陛下委曲宣示臣等何由知之初昭憲太后不豫命太祖傳位太宗因顧謂趙普曰爾同記吾言不可違也命普於榻前爲約誓書普於紙尾書云臣普書藏之金匱命謹密宮人掌之或謂昭憲及太祖本意蓋欲太宗傳之廷美而廷美復傳之德昭故太宗既立卽令廷美尹開封德昭實稱皇子德昭不得其死德芳相繼夭絕廷美始不自安已而柴禹錫等告廷美陰謀上召問普普對曰臣願備樞軸以察姦變退復密奏臣忝舊臣爲權倖所沮因言昭憲太后顧命及先朝自愬之事上於宮中訪得普前所上章幷發金匱得誓書遂大感悟召普謂曰人誰無過朕不待五十已盡知四十九年非矣辛亥以普爲司徒兼侍中他日太宗嘗以傳國之意訪之趙普普曰太祖已誤陛下豈容再誤邪於是廷美遂得罪凡廷美所以遂得罪普之爲也至道初命司門員外郎孫蠙爲皇姪諸孫教授廷美諸子之在京者肆業焉眞宗卽位追復皇叔涪王廷美西京留守檢校太師兼中書令河南尹秦王張氏楚國夫人咸平二年閏三月詔擇汝鄧地改葬汝州梁縣之新豐鄉仁宗卽位贈太師尚書令徽宗卽位改封魏王子十人德恭德隆德彝德雍德鈞德欽德潤德文德愿德存故事皇族封王者物故則本宮之長封國公其後以次受封於是德鈞子承簡屬最長襲封徐國公官至保康軍留後贈彰化軍節度使安定郡王諡和懿承簡既薨德雍子承亮襲封昌國公神宗卽位拜感德軍節度使改封榮熙寧二年詔宣祖太祖太宗之子皆擇其後一人爲宗世世封公以奉其祀不以服屬盡故殺其恩禮三年太常禮院言本朝近制諸王之後皆用本宮最長一人封公繼襲去年詔祖宗之子皆擇其後一人爲宗世世封公卽與舊制有異按禮文諸王公侯伯子男皆子孫承嫡者傳襲若無嫡子及有罪疾立嫡孫無嫡孫以次立嫡子同母弟無母弟立庶子無庶子立嫡孫同母弟無同母弟立庶孫曾孫以下準此合依禮令傳嫡承襲詔可乃以承亮爲秦國公奉秦王廷美祀明年薨贈樂平郡王諡曰恭靖子克愉嗣克愉卒子叔牙嗣元符三年改今封德恭字復禮太平興國四年以皇子

出閤拜貴州防禦使廷美從房陵諸子悉從行因免官廷美卒復以德恭爲峯州刺史弟德隆爲瀼州刺史韓崇業爲靜難行軍司馬雍熙元年十二月詔以德恭爲左武衛大將軍封安定郡侯判濟州德隆爲右武衛大將軍封長寧郡侯判沂州諸弟皆隨赴治所令高品衛紹欽送至州常奉外歲給錢三百萬命起居舍人韓檢右補闕劉蒙叟分任二州通判上臨遣之曰德恭等始歷郡善裨贊之苟有闕失而不力正止罪爾等端拱元年進封德恭安定郡公淳化四年改左驍衛大將軍至道二年加左神武大將軍眞宗嗣位就轉左武衛大將軍咸平二年召赴闕改封樂平郡公判虢州乞奉朝請從之遷勝州團練使景德初改衛州防禦使三年被疾子承慶刲股肉食之五月卒年四十五上臨哭之慟廢朝三日贈保信軍節度使追封申國公天禧二年從承慶請加贈護國軍節度兼侍中明道二年追封高密郡王謚慈惠子承慶承壽承慶官至和州團練使卒贈武信軍節度使循國公子六人克繼善楷書尤工篆隸宗正薦之仁宗親臨試及令臨蔡邕古文法寫論語詩書復詔與朝士分隸石經帝曰李陽冰唐室之秀今克繼朕之陽冰也訓子弟力學一門登儒科者十有二人嘗進所集廣韻字源帝稱善藏之秘閣元祐五年以定武軍節度觀察留後卒贈開府儀同三司建國公謚章靖承壽終南作坊使贈德州刺史武當侯子四人克己曉音律嘗作雅樂圖樂曲以獻侍宴大清樓進所學虞世南書賜器加等終右千牛衛大將軍贈深州防禦使饒陽侯子叔韶字君和慶曆六年與諸宗子帝前臨眞宗御書選第一皇祐初進所爲文召試學士院中等賜進士及第自太子右監門率府副率遷右領軍衛將軍入謝命坐賜茶仁宗曰宗子好學者頗多獨爾以文章第進士前此蓋未有也朕欲天下知屬籍有賢者宜勿忘所學叔韶頓首謝既退又出九經賜之遷右屯衛大將軍至和中上書求試煩劇加領賀州刺史終和州防禦使贈鎮東節度觀察留後會稽郡公克修字子莊仁宗爲皇子時得出入禁中侍學故仁宗待遇殊厚帝嘗御大清樓召宗室試書以克修爲善終右神武軍大將軍成州團練使贈同州觀察使馮翊侯子叔充父早世異母弟叔瑂甚幼叔充拊視誨敎成人先是繼母無敘封法叔充請於朝詔從之遂爲定制藏書至萬卷子九人登科者三卒官唐州防禦使贈崇信軍節度使尹國公謚孝齊遺表祈任子有司格不下子撫之抗章自列乞如外官法朝廷從其請宗室正任有遺恩自此始德隆字日新雍熙三年卒官沂州守年二十三贈寧遠軍節度追封臨沂郡公天禧二年從其子承訓之請加贈崇信軍節度同平章事承訓官至順州刺史卒贈深州團練使德彝字可久太祖召鞠於宮中德隆卒授右千牛衛大將軍封長寧郡侯代兄德隆判沂州時年十九飛蝗入境吏民請坎瘞火焚之德彝曰上天降災守臣之罪也乃責躬引咎齋戒致禱既而蝗自殪儒生乙恕者郊居肄業一日有尸橫舍下所司捕恕抵獄將寘於法德彝疑其冤命他司按之無異因令緩刑以俟未幾果獲殺人者恕遂得釋進封郡公淳化四年爲右監門衛大將軍遷左武衛大將軍改封廣平部民詣闕乞留有詔嘉獎眞宗初召還咸平二年命判滁州與德恭並留不遣三年授徐州刺史累遷保信軍節度觀察留後大中祥符八年卒年四十九上臨奠廢朝三日贈昭信軍節度使追封信都郡王謚安簡明道二年改封潁川子承謨前卒承矩終莊宅使贈博州刺史承勗至供奉官贈六宅副使承範承拱並西京作坊使承衍內殿崇班承錫供奉官德雍字仲達淳化初授右驍衛將軍歷右羽林龍武二將軍累遷蔡州觀察使咸寧郡公終天平軍節度觀察留後贈宣德軍節度同中書門下平章事謚康簡明道中追封廣陵郡王子承睦承亮承睦終左領軍衛大將軍彭州團練虔州觀察使南康侯承亮封泰國公事見上德鈞字子正性和雅善書翰好爲篇什淳化初拜右武衛將軍四遷至右衛將軍景德二年加右監門衛大將軍四年卒贈河州觀察使追封安鄉侯時妻亦卒男女十四人皆幼上甚嗟悼之子承震早卒承緒供奉官承偉承雅承裔承鑑承則並西京作坊使承裕禮賓副使承翊內殿崇班承簡襲徐國公承幹終懷州防禦使贈保靜軍節度使蕭國公子克敦嗜經術以宗正薦召試中選賜錢三十萬元豐間集父承幹遺文以進神宗嘉之詔承幹父子以藝文儒學名于宗藩宜有褒勸於是追封承幹爲東平王而賜克敦敕書獎諭以宣州觀察使卒贈開府儀同三司和國公德欽字丕從淳化元年授右屯衛將軍四遷右羽林將軍景德元年六月卒年三十一贈雲州觀察使追封雲中侯子承遵西京作坊使德潤字溫玉頗好學善爲詩淳化元年始授右領軍衛將軍四遷右羽林將軍咸平六年二月卒年三十九贈應州觀察使追封金城侯德文字子砥淳化初授右監門衛將軍累遷滑州觀察使馮翊郡公少好學凡經史百家手自抄撮工爲辭章眞宗以其刻勵如諸生嘗因進見戲呼之曰五秀才宮中由是悉稱之德文本廷美第八子其兄三人早卒故德文於次爲第五也帝封泰山祀汾陰幸亳德文必奏賦頌帝每賜詩輒令屬和數言願得名士爲師友特命翰林學士楊億與之游億卒爲詩十章悼之天聖中遷橫海軍節度觀察留後拜昭武軍節度使易感德武勝二軍加同中書門下平章事仁宗嘗稱爲五相公而不名慶曆四年宗室王者四人以德文屬祖且賢方漢東平王蒼進封東平郡王加兼侍中德文雖老嗜學不倦晚被足疾不能朝六年薨年七十二初得疾仁宗臨視親調藥飲之及訃聞復臨哭贈太尉中書令申王謚恭裕子六人承顯以王後襲封康國公官至昭化軍節度使薨年七十四贈太尉樂平郡王德愿字公謹淳化元年授右千牛衛大將軍三進秩爲左武衛大將軍咸平二年閏三月卒年二十四贈涼州觀察使追封姑臧侯德存字安世九歲授右千牛衛將軍歷監門至驍衛從祠泰山領滎州刺史祀汾陰以恩遷左羽林將軍大中祥符四年六月卒年三十贈洮州觀察使追封洮陽侯子承衍禮賓副使

太祖四子長滕王德秀次燕懿王德昭次舒王德林次秦康惠王德芳德秀德林皆早亡徽宗時追賜名及王封

燕懿王德昭字日新母賀皇后乾德二年出閤故事皇子出閤即封王太祖以德昭冲年欲其由漸而進授貴州防禦使開寶六年授興元尹山南西道節度使檢校太傅同中書門下平章事終太祖之世竟不封以王爵太宗太平興國元年改京兆尹移鎮永興兼侍中始封武功郡王詔與齊王廷美自今朝會宜班宰相之上三年二月娶太子太傅王溥女封韓國夫人是冬郊祀加檢校太尉四年從征幽州軍中嘗夜驚不知上所在有謀立德昭者上聞不悅及歸以北征不利久不行太原之賞德昭以爲言上大怒曰待汝自爲之賞未晚也德昭退而自刎上聞驚悔往抱其尸大哭曰癡兒何至此邪贈中書令追封魏王賜謚後改吳王又改越王德昭喜慍不形於色眞宗即位贈太傅乾興初加贈太師子五人惟正惟吉惟固惟忠惟和慶曆四年詔封十王之後以惟忠子從藹襲封潁國公而惟吉子守巽以冀王後最長與從藹同封守巽官至和州防禦使贈武成軍節度使楚國公從藹至齊州防禦使贈武勝軍節度觀察留後韓國公守巽從藹卒以惟忠子從信襲封榮國公官至雄州防禦使贈保寧軍節度使楚國公從信卒以惟忠之孫從恪子世規襲封崇國公官至右龍武大將軍沂州防禦使以卒守巽子世淸累官茂州防禦使以本宮之長得封申國公熙寧中坐上書請襲曾祖越懿王封不當奪一官既而議者是其說乃遷越州觀察使襲封越國公進會稽郡王至保信軍留後愛諸弟作棣蕚會於邸中會元豐升祔四后受命告廟方屬疾自力就事未幾薨贈安化軍節度使開府儀同三司虢王謚恭安子令廓嗣元符三年改今封先是熙寧中詔封楚康惠王之孫從式爲安定郡王奉太祖祀及從式薨乃以懿王曾孫世準襲封安定郡王世準從藹子也爲人內恕外嚴無綺羅金玉之好凡天子郊廟必從祀由金州觀察使拜保靜軍節度使薨年六十八贈開府儀同三司追封成王世開襲封世開從誨子惟和孫也七八歲日誦萬言既長學問該洽事後母孝撫孤姪如己子宮官吳申爲御史薦其學行命試學士院累召不赴神宗褒異之召對便殿論事甚衆時宮僚有缺不即請而以他官攝故私謁公行宗女當嫁皆富家大姓以貨取不復事銓擇世開悉言之帝嘉納欲以爲宗正固辭乃進一官以其所列著爲令官至奉國軍留後薨贈開府儀同三司追封信王謚獻敏世雄嗣世雄亦從藹子少力學知名熙寧中詔宗子以材能自表見者官長及學官以名上世雄子令鑠在選中嘗請營都宅以處疏屬立三舍以訓學者詔用其議置兩京敦宗院六宮各建學徽宗即位以世雄於太祖之宗最爲行尊拜崇信軍節度使襲安定郡王知大宗正事崇寧四年薨年七十五贈太尉追封淄王謚恭憲世福襲封世福從信子官至集慶軍節度使薨贈儀王令盪襲爵令盪秦康惠王曾孫也惟正天聖七年以久病帝欲慰安之由保信軍節度觀察留後樂安郡公特拜建寧軍節度使卒贈侍中追封同安郡王謚僖靖無子以弟惟忠子從讜爲嗣官至左龍武大將軍溫州團練使坐射殺親事官削官爵幽之別宅從讜少好學以剛褊廢遂自剄死帝甚悼之贈濟州防禦使濟南侯惟吉字國祥母鄭國夫人陳氏惟吉生甫彌月太祖命輦至內廷擇二女媼養視之或中夜號啼必自起撫抱三歲作弱弓輕矢植金錢爲的俾之戲射十發八中帝甚奇之五歲日讀書誦詩帝嘗射飛鳶一發而中惟吉從旁雀躍喜甚帝亦喜鑄黃金爲奇獸瑞禽賜之常乘小乘輿及小鞍韉馬命黃

門擁抱出入常從太祖崩惟吉纔六歲晝夜哀號孝章皇后慰諭再三始進饘粥太宗卽位猶在禁中日侍中食太平興國八年始出居東宮授左監門衞將軍封平陽郡侯加左驍衞大將軍進封安定郡公淳化四年遷左羽林軍大將軍至道二年授閬州觀察使凡邸第供億車服賜與皆與諸王埒自餘王子不得偕也眞宗卽位授武信軍節度加同平章事時石保吉先爲使相詔惟吉班其上大中祥符初封泰山以疾不從行詔許疾愈馳詣行在還頓鄆州惟吉迎謁上勞問再三改感德軍節度明年疾復作上屢臨省之親視灼艾日給御膳爲營佛事三年五月薨時年四十五廢朝五日贈中書令追封南陽郡侯諡康孝惟吉好學善屬文性至孝孝章皇后撫養備至親爲櫛沐咸平初以太祖孝章畫像服玩器用賜惟吉歲時奠享哀慕甚至每誦詩至蓼莪篇涕泗交下宗室推其賢孝雅善草隸飛白眞宗尤爲七卷御製序命藏秘閣其子守節以父所書眞草千文以獻詔書褒荅仍付史館追贈太尉明道二年封冀王子守節守約守巽守度守廉守康守節累遷彰化軍節度觀察留後同知大宗正事卒贈鎭江軍節度使追封丹陽郡王諡僖穆子世永世延世永襲邢國公官至鎭南軍留後熙寧元年薨贈昭信軍節度使南康郡王諡修孝世延終右武衞大將軍絳州防禦使贈武寧軍節度觀察留後彭城郡公守約終內園使康州刺史贈沂州團練使子世靜世長世靜至左武衞大將軍均州防禦使卒贈鎭海軍節度觀察留後北海郡公世長終左武衞大將軍解州防禦使贈張信軍節度觀察留後濟陽郡公守巽及其子世清事見上守度終左領軍衞大將軍英州團練使贈廣州觀察使廬江侯守廉終供備庫副使贈內藏庫使守康至供奉官惟固字宗幹本名元扆太平興國八年改賜名授左千牛衞將軍是冬卒惟忠字令德初名文起太平興國八年賜今名授右千牛衞將軍四遷右龍武軍眞宗卽位改右千牛衞大將軍大中祥符二年進左監門衞大將軍叙州刺史五年進昌州團練使八年卒贈鄂州觀察使追封江夏侯明道二年加贈彰化軍節度使追封舒國公子從恪從藹從秉從顗從謹從質從信從讜從恪累官西染院使卒贈磁州刺史東萊侯子世規襲封崇國公從藹終左衞大將軍齊州防禦使贈武勝軍節度觀察留後追封韓國公子世豐終太子右衞率追贈進士及第世準世雄並安定郡王從信封榮國公官至雄州防禦使贈保寧軍節度使楚國公諡安僖子世福襲安定郡王從秉從顗從謹並禮賓使從質內殿崇班從讜出繼惟正惟和字子禮端拱元年授右武衞將軍歷右驍衞神武龍武軍右衞將軍大中祥符元年領澄州刺史四年遷右千牛衞大將軍六年卒年三十六贈汝州防禦使臨汝侯明道二年加贈永清軍節度觀察留後追封清源郡公惟和雅好學爲詩頗清麗工筆札優游典籍以禮法自居宗室推重嘗和御製詩上稱其有理致及卒上謂宰相王旦等曰惟和好文力學加之謹愿皇族之秀也不幸短命嗟悼久之至於泣下錄其藁二十二軸上親製序藏于秘閣子從審從誨從審終復州防禦使贈寧國軍節度觀察留後宣城郡公嘗坐與人姦除名已而復官從誨終左金吾衞大將軍台州團練使贈襄州觀察使襄陽侯子世開安定郡王事見上紹興元年詔曰太祖皇帝剏業垂統德被萬世神祖詔封子孫一人爲安定郡王世世勿絶今其封不舉朕甚憫之有司其上合封八名遵故事施行時燕秦二王後爭襲封禮部員外郎王居正上言燕王親太祖長子其後當襲封議遂定自紹興至嘉定襲封者十五人惟令時令廣令詪令衿迹頗著餘皆繼嗣娖娖無足稱令時字德麟燕懿王元孫也蚤以才敏聞元祐六年簽書頴州公事時蘇軾爲守愛其才因薦于朝宣仁太后曰宗室聰明者豈少哉顧德行何如耳竟不許軾被竄令時坐交通軾罰金已而附內侍譚稹以進紹興初官至右朝請大夫呂頤浩請以令時主行在大宗正司帝命易環衞官頤浩言令時讀書能文恐不須易帝曰令時昔事譚稹頗違清議改右監門衞大將軍榮州防禦使權知行在大宗正事遷洪州觀察使襲封安定郡王尋遷寧遠軍承宣使同知行在大宗正事四年薨貧無以爲殮帝命戶部賜銀絹贈開府儀同三司令矼紹興五年由邵武軍兵馬都監襲封授華州觀察使尋除同知大宗正事踰年薨令廣字深之初懿王生昌州團練使惟固惟固生楚安僖王從信從信生益公世逢世逢生令廣授右班禁直遷東頭供奉官累監州縣場庫監司薛昂薦其才易賁承事郎調頴州簽判歷綿州通判累知蜀州閬州慶源府召除衞尉少卿擢秘閣修撰再知慶源府建炎二年分西外宗子於泰州命令廣知西外宗正事除御營使司參贊軍事挈宗子避地福州因置司焉元懿太子薨帝命令廣選藝祖後得三四人尋擢集英殿修撰知南外宗正再選宗子得伯琮伯浩養宮中後選得伯玖性亦聰慧高宗喜轉令廣知泉州尋與祠以歸令矼薨令廣改閬州觀察使襲封除同知大宗正事踰年授鎭東軍承宣使再遷保平軍節度使紹興十三年薨年七十五贈少師後追封惠王諡襄靖子子游官至湖北提刑用戶部侍郎王俁薦加直秘閣會建寧節度使士㒟知南外宗正司以事去官言者請擇宗室文臣之廉正者代之遂以命子游西南外宗官用文臣自子游始令詪字君庨以父任補右班殿直政和中遷承忠郎召試授從事郎宣和二年以貢士試舍選合格授宣教郎調信州永豐縣丞中興初累遷福州通判兼提點刑獄公事秦檜方柄用安定郡王絶封者十餘年檜死次令衿當封適以事被拘遂命令詪襲封已而令詪以爵遜令衿乃陞令衿秘閣修撰知台州移知紹興府召權戶部侍郎領嚴饒二州鑄錢局先是諸州錢監兵匠多缺不補積其衣糧號三分缺額錢令詪請以其錢付諸監省朝廷降銅本錢又建議州縣賣官田計所入高下守令進秩減磨勘有差州縣義倉多紅腐請歲出三之一以易新粟水旱爲災檢放不及七分處所卽許賑恤皆從之令衿薨令詪由崇慶軍承宣使再襲封隆興初除同知大宗正事奏減生日支賜并郊祀賞給以助軍興詔褒之遷敷文閣直學士特授左中大夫知紹興府引疾乞祠以歸尋薨年六十八令詪莅事明敏有風采然在廣東日嘗與副使章茇不協陰中以法陷茇於死世以此少之令衿嘉孝穆公世峽子也博學有能文聲中大觀一年舍選靖康初爲軍器少監言事忤旨奪官紹興七年以都官員外郎召張浚罷令衿請對留浚言官石公揆論令衿阿大臣復罷久之以事抵臨安中丞李文會劾令衿昔爲大臣緩頰今復奔走請託詔送吏部吏部直令衿奏除德安府通判遷知泉州泉屬邑有隱士秦系故廬唐相姜公輔葬邑旁令衿建堂合祠之郡人感其化歸寓三衢嘗會賓客觀秦檜家廟記口誦君子之澤五世而斬之句通守汪召錫檜兄壻也頗疑令衿諷教官莫汲訴令衿論日月無光謗訕朝政侍御史董德元承風旨劾之誣以贓私詔下令衿獄案驗無狀乃論令衿謗訕不遜追一官勒停令南外宗正司拘之檜除召錫湖南提舉以報之衞令衿必欲置死地初趙鼎之子汾歸過衢令衿贐之侍御史徐嘉希檜旨誣令衿與汾有密謀伺朝廷機事捕汾下大理寺俾汾自誣與張浚李光等謀逆而令衿預焉獄上檜病不能省乃獲免檜死復爵二十六年授明州觀察使襲封引疾乞奉燕王祠許之尋加慶遠軍承宣使二十八年薨贈開府儀同三司令話建炎末爲右武衞大將軍信州防禦使熙寧初首封秦王孫從式已而更封燕王曾孫世清宣和中又封秦王元孫令盪令盪卒令庇年最長禮官以爲小宗不當封紹興元年六月令話得襲封授寧州觀察使二年七月薨贈開府儀同三司令德乾道元年爲武德郎時安定郡王令詪換文階大宗正司奏令德授定武軍承宣使襲封令德貧幾不能出蜀七年令德薨令㦤當封以沈湎聲色不任襲詔武德郎令㩟襲封除金州觀察使令㩟薨時秦王後無當襲者武翼郎子揀屬燕王後年又最長得襲封子揀薨九年九月忠訓郎子彤襲授容州觀察使紹興二年薨年八十餘慶元元年十月忠翊郎子恭襲授利州觀察使子恭薨嘉定二年七月子覿襲授金州觀察使四年十一月伯栩襲授宣州觀察使嘉定元年十月伯柷襲授福州觀察使八年十一月伯澤襲授潭州觀察使

秦康惠王德芳開寶九年出閤授貴州防禦使太平興國元年授興元尹山南西道節度使同平章事三年冬加檢校太尉六年三月寢疾薨年二十三車駕臨哭廢朝五日贈中書令岐王及諡後加贈太師改楚王子三人惟叙惟憲惟能慶歷四年詔封十王之後以惟叙子從照封安國公終左金吾衞大將軍歸州團練使贈同州觀察使齊國公從照卒以惟能子從古封安國公終延州觀察使贈保靜軍節度使同中書門下平章事楚國公諡惠恪從古卒惟憲子從式襲封舒國公神宗卽位謂剏業垂統實自太祖顧無以稱乃下詔令中書門下攷太祖之籍以屬近而行尊者一人裂土地而王之使常從獻于郊廟世世勿復絶於是有司推擇以從式應詔封安定郡王終保康軍節度使贈同中書門下平章事追封榮王諡安僖從式旣薨詔以越王曾孫世準襲封安定郡王而以從式子世恩襲爵爲楚國公主楚王德芳之祀遷楚州防禦使卒贈奉國軍節度使諡良僖徽宗卽位改封楚王爲秦王惟叙字懋功性純謹頗好學端拱初授左武衞將軍四遷左衞將軍領勤州刺史大中祥符四年從祀汾陰拜左千牛衞大將軍八月卒年三十五贈懷州防禦使追封河內侯明道二年加贈保靜軍節度觀察留後高平郡公子從照封安國公從溥至右侍禁內殿崇班惟憲字有則美丰儀少頗縱肆長修謹善射好吟詠多讀道書端拱初授左屯衞將軍累遷左羽林將軍領賀

州團練使眞拜資州團練使大中祥符九年五月卒年三十八贈安德軍節度使兼侍中英國公子從式始封安定郡王事見上從演禮賓副使從戎從戒從湜並內殿崇班從賁供奉官惟能字若拙端拱初授右屯衞將軍累遷右神武軍將軍大中祥符元年五月卒年三十贈蔡州防禦使張掖侯明道二年加贈集慶軍節度觀察留後南康郡公子從古襲安國公從善內殿承制從贊崇班

安僖秀王子偁秦康惠王之後高宗族兄也康惠生英國公惟憲惟憲生新興侯從郁從郁生華陰侯世將世將生東頭供奉官令儈令儈生子偁宣和元年舍試合格調嘉興丞是年子伯琮生後被選入宮是爲孝宗子偁召赴都堂審察改宗教郎通判湖州尋除直秘閣賜五品服孝宗既封建國公就傅子偁召對言宗室之寓于外者當聚居官舍選尊長鈐束之年未十五附入州小學十五入大學許依進士就舉未出官者亦許入學聽讀及二年聽參選高宗納其說遷朝奉郎秘閣修撰知處州已而乞祠許之累官左朝奉大夫紹興十三年秋致仕明年春卒于秀州時孝宗爲普安郡王疑所服詔侍從臺諫議秦熺等請解官如南班故事普安亦自請持服許之及普安建節子偁以恩贈太子少師既爲太子加贈太師中書令封秀王謚安僖配張氏封王夫人孝宗受禪稱皇伯園廟之制未備紹熙元年始卽湖州秀園立廟奉神主建祠臨安府以藏神貌如濮王故事仍班諱嗣秀王伯圭字禹錫孝宗同母兄也初以恩補將仕郎調秀州華亭尉累官至浙西提刑司幹辦公事除明州添差通判孝宗受禪上皇詔除集英殿修撰知台州伯圭在郡頗著政績除敷文閣待制改知明州充沿海制置使蕃商死境內遺貲巨萬吏請沒入伯圭不可戒其徒護喪及貲以歸陞敷文閣直學士以憂去服闋再知明州新學宮命宗子入學開以規矩詔徙戍定海兵於許浦伯圭奏定海當控扼之衝不可撤備請摘制司軍以實其地從之海寇倡獗伯圭遣人諭降其豪葛明又遣明禽其黨倪德二人素號桀黠伯圭悉撫而用之賊黨遂散以功進一官累陞顯謨閣龍圖閣學士在郡十年政寬和浚湖陂均水利辨冤獄嘗獲鑄銅者不忍寘諸法諭令易業民由是無再犯淳熙三年授安德軍節度使尋加開府儀同三司充萬壽觀使朝德壽宮上皇賜玉帶加少保封榮陽郡王高宗崩入臨充攢宮總護使除少傅光宗卽位陞少師踰年召見還太保封嗣秀王賜甲第於安僖祠側臣僚上言治平中進崇濮邸王子孫幾二十八皆自環衞序遷其官今居南班者止師夔一人非所以強本支而固磐石也前未建秀邸時欲賦以祿則不免責以吏事今已建邸而猶責吏事他日或不免於議治則傷恩不則廢法曷歸之南班俾無吏責而享富貴遂詔伯圭諸子得換班紹興二年除判太宗正事建請別立宗學以教宗子超拜太師免奉朝請尋兼崇信軍節度使賜第還湖州尋薨于家訃聞帝爲輟朝三日追封崇王謚憲靖伯圭性謙謹不以近屬自居每日見行家人禮雖宴私隆洽執臣節愈恭一日孝宗問潛龍時事伯圭辭曰臣老矣不復能記問至再三終不言帝笑曰何太謹也益愛重之嘗欲廣其居並湖爲複閣有司既度材矣伯圭固辭而止阜陵成遷中書令凡五讓寧宗嘉其志詔別議褒崇之禮贈贊拜不名肩輿至殿門子九人師夔師揆師垂師尚師禹師皐師岩師彌師貢師夔字汝一初以祖恩補官調太平州蕪湖簿隆興元年改右承務郎歷台州秀州通判直秘閣尋知徽州新學舍進直徽猷閣知湖州時歸附從軍而廩於湖者衆不能給師夔請增廩仍別給僦屋錢以安其心帝稱善詔諸郡行之除直龍圖閣遷浙西提刑改江東運判建康務場往往奪民利爲害滋甚師夔首罷之守臣以郡計所資詣師夔請復舊不從池州軍帥霍政與守臣郊上書相攻詔師夔究曲直政密遣人求庇師夔斥之具言狀政坐罷去改秘閣修撰知明州兼沿海制置使加敷文閣待制轉永慶軍承宣使紹熙元年侍父入覲除與寧軍節度使寧宗卽位加檢校少保充阜陵橋道頓遞使阜陵成遷開府儀同三司侍父歸父薨未踰月師夔亦卒年六十一贈少師追封新安郡王師揆字元輔初補右承務郎奉祠除添差湖州簽判改婺州通判加直秘閣守臣韓元吉薦其材上以問史浩浩言其聰爽可任召對除江東提舉奏免失陷常平人毋責償改淮南漕尋遷淮西提刑兼提舉領屯田事奏以荒圩給軍士其屯田爲民世業者勿奪從之及代去吏請獻羨錢二十萬師揆曰後將病民矣除直秘閣改江東轉運副使加秘閣修撰知明州紹興元年授觀察使寧宗卽位除奉國軍承宣使尋陞節度使召見賜肩輿超檢校太保開府儀同三司充萬壽觀使襲封開禧元年奉朝請嘉定七年薨贈太傅追封澧王謚恭惠弟師禹由保康軍節度使除開府儀同三司襲封十六年薨贈太傅追封和王謚端肅

宋史卷二百四十五

元　中書右丞相總裁脫脫等修

列傳第四

宗室二

太宗九子長楚王元佐次昭成太子元僖次眞宗次商恭靖王元份次越文惠王元傑次鎭恭懿王元偓次楚恭惠王元偁次周恭肅王元儼次崇王元億

漢恭憲王元佐字惟吉初名德崇母元德皇后少聰警貌類太宗帝鍾愛之年十三從獵近郊兔走乘輿前太宗使元佐射一發而中契丹使在側驚異之從征太原幽薊太平興國中出居內東門別第拜檢校太傅同中書門下平章事封衞王赴上于中書徙居東宮改賜今名加檢校太尉進封楚王初秦王廷美遷涪陵元佐獨申救之廷美死元佐遂發狂至以小過操挺刃傷侍人雍熙二年疾少間帝喜爲赦天下重陽日內宴元佐疾新愈不與諸王宴歸暮過元佐元佐恚曰若等侍上宴我獨不與是棄我也遂發忿被酒夜縱火焚宮詔遣御史捕元佐詣中書劾問廢爲庶人均州安置宰相宋琪率百官三上表請留元佐京師行至黃山召還廢居南宮使者守護諮議趙齊王遹翊善戴元頓首請罪帝赦之曰是子朕教之猶不悛汝等安能輔導耶眞宗卽位起爲左金吾衞上將軍復封楚王聽養疾不朝再加檢校太師右衞上將軍元佐生日眞宗賜以寶帶平居不接人事而事或預知帝嘗遣術士管歸眞爲醮禳左右未及白元佐遽曰管歸眞至矣帝聞之曰豈非爲物所憑乎封泰山眞拜太傅祀汾陰遷太尉兼中書令又加太師尙書令兼中書令遂拜天策上將軍興元牧賜劒履上殿詔書不名時禁中火元佐表停奉稟助完宮闕不許加兼雍州牧仁宗爲皇太子兼興元牧仁宗卽位兼江陵牧薨年六十二贈河中鳳翔牧追封齊王謚恭憲宗室子弟特給假七日以鹵簿鼓吹導至永安陪葬永熙陵明道二年改封潞王又改魏王子三人允升允言允成神宗封王後以允言子宗說恭憲王長孫嗣封祁國公皇祐中坐帷薄不修除名又坐坑殺女僕鎖閉宮室外宅其子仲旻官右武衞大將軍道州刺史後因朝叩頭殿下泣訴云父老且病願納身官以贖神宗亦愍之而未命其請出就馬氣塞不能言及家而卒贈同州觀察使馮翊侯宗說幽死熙寧三年以允升子宗惠襲封魏國公中書言宗惠不應封以恭憲庶長孫允言子宗立嗣宗立從張揆學春秋大清樓侍宴預坐悉賦禖玉詩宗立詩先成仁宗稱善屢賜飛白書旌其文雅至是襲封終武寧軍節度觀察留後贈昭信軍節度使同中書門下平章事南康郡王子仲來嗣終金州刺史子不儻嗣徽宗立改封魏王爲漢王不儻卒子彥清乞襲父爵奉漢王祀詔從之允升字吉先初免乳養明德太后宮太后親撫視之元佐有疾允升始出第眞宗賜名元中授右監門衞將軍更賜今名累遷澶州觀察使封延安郡公進武寧軍節度觀察留後歷安德建雄安國軍節度使景祐二年卒贈太尉平陽郡王謚懿恭子十三人宗禮宗旦宗悌宗惠知名宗禮嘗侍宴大清樓仁宗賦詩命屬和侍射苑中復獻詩終虔州觀察使成國公贈安遠軍節度使同中書門下平章事韓國公子仲翹仲髦宗旦字子文七歲如成人選爲仁宗伴讀帝卽位獲超選爲羣從所詆上書言狀帝曰宗旦陪朕幼學勤勞居多此出朕意豈應訴以常格所生母死請別擇葬域歲時奠祀後遂著爲法治平中同知大宗正事神宗卽位拜崇信軍節度使同中書門下平章事爲大宗正賜方團金帶非朝會得乘肩輿元豐三年封華陰郡王加開府儀同三司長屬疾十六年宗子有過優游誨導一善必以聞異時赴朝請者率以私丁給侍宗旦建請始得從官給薨贈太尉滕王謚恭孝聽旗節印綬從葬宗悌字元發輕財好施故相王氏子持父所服帶求質錢宗悌惻然曰宰相子亦至是乎歸帶而與之錢所親用詐取藏鏹得其狀曰吾不以小故傷骨肉恩竟不問所生母早世宗悌不識也聞父婢語平生輒掩泣繼得其肖貌繪而奉之如生終明州觀察使贈保寧軍節度使同中書門下平章事東陽郡王謚曰孝憲宗惠封魏國公尋以旁支黜終武昌軍節度觀察留後江夏郡王贈鄭王允言累官左屯衞將軍嘗託疾不朝降太子左衞率府率歲中復官又坐笞侍婢而兄允升勸止悖慢無禮貶副率絕朝謁出之別第以祀汾陰恩復率府率還宮久之復朝謁歷左監門衞大將軍黃州刺史天聖七年卒贈明州觀察使奉化侯明道二年贈安遠軍節度使追封密國公子宗說宗正事並見上宗育終右屯衞將軍贈穎州防禦使汝陰侯允成終右神武將軍濮州防禦使贈安化軍節度使郇國公明道二年加贈鎭江軍節度使兼侍中子宗顏宗訥宗鼎宗嚴宗

魯宗儒宗兗皆爲環衞刺史

昭成太子元僖初名德明太平興國七年出閤授檢校太保同平章事封廣平郡王與兄衞王德崇同日受封八年進封陳王改名元佑詔自今宰相班宜在親王上宰相宋琪李昉請遵舊制不允宋琪等懇請久之上曰宰相之任實總百揆與羣司禮絕藩邸之設止奉朝請而已元佐等尙幼欲其知謙遜之道卿等無固讓也雍熙二年元佐被疾以元僖爲開封尹兼侍中改今名進封許王加中書令上爲娶隰州團練使李謙溥女爲夫人因謂宰相曰朕嘗語諸子今姻偶皆將相大臣之家六禮具備得不自重乎淳化元年宰相呂蒙正復上言乞班諸王下詔不允三年十一月己亥元僖早入朝方坐殿廬中覺體中不佳徑歸府車駕遽臨視疾已亟上呼之猶能應少頃遂薨上哭之慟廢朝五日贈皇太子謚恭孝元僖姿貌雄毅沉靜寡言尹京五年政事無失及薨上追念不已悲泣達旦不寐作思亡子詩示近臣未幾人有言元僖爲嬖妾張氏所惑張頗專恣捶婢僕有至死者而元僖不知張又於都城西佛寺招魂葬其父母僭差踰制上怒遣昭宣使王繼恩驗問張縊死左右親吏悉決杖停免毀張氏父母冢墓親屬皆配流開封府判官右諫議大夫呂端推官職方員外郎陳載並坐禅贊有失端黜爲衞尉少卿載爲殿中侍御史許王府諮議工部郎中趙令圖侍講庫部員外郎閻象並坐輔道無狀削兩任免詔停冊禮以一品鹵簿葬眞宗卽位始詔中外稱太子之號焉乾興初改謚無子仁宗時詔以允成子宗保出後昭成太子爲孫宗保生二歲母抱以入見章獻后后留與處宗保七歲授左侍禁帝親爲巾其首久之歸本宮詔朔望出入禁省累官代州防禦使襲封燕國公性仁恕主藏吏盜米至千斛貫不問嘗書忍字於座右以爲戒熙寧七年卒神宗臨奠其子仲鞠泣曰先臣幼養宮中終身不自言帝感悼遂優贈靜難軍節度使新平郡王謚恭靜仲鞠亦好學能詩事親居喪以孝聞宗保卒子仲恕嗣官至忠州團練使謚純僖子士盉嗣

商恭靖王元份初名德嚴太平興國八年出閤改名元俊拜同平章事封冀王雍熙三年改今名加兼侍中威武軍節度使進封越王淳化中兼領建寧軍改鎭寧海鎭東眞宗卽位加中書令徙鎭永興鳳翔改雍王永熙復土爲山陵使拜太傅眞宗北征爲東京留守薨年三十七贈太師尚書令鄆王改陳王又改潤王治平中封魯王元份寬厚言動中禮標望偉如娶崇儀使李漢斌之女李悍妬慘酷宮中女婢小不如意必加鞭杖或致死上每有恩賜詔令均給李盡取之及元份臥病上親臨問見左右無侍者因輟宮人爲主湯劑初太宗崩戚里皆赴禁中朝哺臨李多稱疾不至元份生日李以衣服器用爲壽皆飾以龍鳳居元份喪無戚容而有謗上之語上盡知其所爲以元份故優容之及是復不欲顯究其罪狀止削國封置之別所元份子三人長允寧次允懷改允中早卒次則濮王允讓也允讓薨以允寧子宗諤襲號國公至熙寧三年以宗肅嗣封魯國公宗肅亦允寧子也子仲先嗣徽宗卽位改封魯王爲商王詔曰宗室諸王追封大國其世襲子孫尙仍舊國甚未稱正名之意如魯王改封商王其子尙襲魯國之類其令大宗正司改正制以寧遠軍節度使魯國公仲先改封商國公允寧字德之性至孝因父感疾恍惚失常旣而嗜學尤喜讀唐史通知近朝典故工虞世南楷法眞宗賜詩激賞之又善射嘗侍射後苑屢破的賜金帶器幣初授右千牛衞將軍四遷右武衞歷唐州團練潁州防禦同州觀察使進彰信軍節度觀察留後武定軍節度使景祐元年卒贈太尉信安郡王謚僖簡子宗諤宗敏宗孟宗肅宗諤封虢國公官累集慶軍節度使同中書門下平章事進封豫章郡王乞比外使相給奉仁宗以非兼侍中令詰主吏宗諤上章自陳於是御史張商英劾其招權立威等罪坐落平章事英宗卽位還所奪元豐五年薨贈太尉韓王太常謚榮孝上省集議駁之改榮恭僕射王珪復駁之遂謚榮恩宗肅封魯國公兄宗諤嘗亡寶器意宗肅家人子竊之宗肅曰吾廉不足取信兄弟如此乎立償其直宗諤愧不取乃施諸僧久之器得宗肅不復言元豐五年終安化軍留後以嘗從英宗入慶寧優贈鎭海軍節度使開府儀同三司北海郡王宗敏終右千牛衞大將軍文州刺史贈越州觀察使會稽侯頗涉書傳緣郊恩建請封所生母范氏宗室子得封所生母自宗敏始

越文惠王元傑字明哲初名德和太平興國八年出閤改名授檢校太保同平章事封益王端拱初加兼侍中成都尹劍南東西川節度淳化中徙封吳王領揚潤大都督府長史淮南鎭江軍節度使至道二年改揚州大都督淮南忠正軍節度眞宗卽位授檢校太尉兼中書令徐州大都督武寧泰寧等軍節度使改封兗王咸平中再郊祀皆爲終獻加守太保六年七月暴薨年三十二元傑頴悟好學善屬詞工草隸飛白建樓貯書二萬卷及爲亭榭遊息之所嘗作假山旣成置酒召僚屬觀之翊善姚坦獨頫首不視元傑強之坦曰坦見血山安得假山言州縣鞭撻微民以取租稅假山實租稅所爲耳語見姚坦傳中及薨眞宗聞之震悼不俟且步及中禁門乃乘輦臨視哀動左右廢朝五日贈太尉尙書令追封安王謚文惠後改邢王後改陳王無子仁宗以恭憲王之孫允言子宗望爲之後宗望字子國終右武衞大將軍舒州防禦使贈安化軍節度使觀察留後高密郡公仁宗嘗御延和殿試宗子書以宗望爲第一又常獻所爲文賜國子監書及以塗金紋羅御書好學樂善四字賜之卽所居建御書閣帝爲題其榜子仲郃嗣熙寧三年與商恭靖王孫宗肅等同日封陳國公官至陳州觀察使卒謚良僖子士關嗣父卒徒行護喪數百里路人嗟惻卒贈陳州觀察使徽宗卽位改封陳王爲越王

鎭恭懿王元偓字希道端拱元年出閤授檢校太保左衞上將軍封徐國公至道二年拜洪州都督鎭南軍節度使眞宗卽位加同平章事封彭城郡王俄加檢校太傅改鎭靜難彰化進封寧王郊祀東封悉爲亞獻禮成授檢校太尉兼侍中護國鎭國等軍節度三年文武官詣闕請祠后土元偓以領節帥亦奏章以請詔許之將行命爲河華管內橋道頓遞使明年車駕入境元偓奏方物酒餼金帛茗藥爲貢儀物甚盛至河中與判府陳堯叟分導乘輿度蒲津橋上登鄈邱亭目元偓曰橋道頓置嚴謹卿之力也元偓頓首謝及還加中書令領成德安國等軍節度改封相王五年加守太傅眞宗自卽位以來屢以學術勗宗子元偓首冠藩戚益自修勵上每製篇什必令屬和一日謂宰相曰朕每戒宗子作詩習射如聞頗精習將臨觀焉因幸元偓邸第宴從官宮僚畢會試七言詩元偓奉觴上壽賜襲衣金帶器幣緡錢又與宗室射于西南亭日晡從官退上獨以中官從幸元偁元儼宮復宴元偓宮如家人禮夜二鼓而罷六年進位太尉八年七月以榮王宮火徙元偓宮於景龍門外車駕臨幸是冬加兼尙書令天禧元年二月換成德鎭寧二鎭進封徐王二年春宮邸遺燼燔舍數區元偓驚悸暴中風眩薨年四十二帝臨哭廢朝五日贈太師尙書令鄧王賜謚恭懿元偓姿表偉異厚重寡言曉音律後改封密王又改蘇王治平中追封韓王子允弼八歲召入禁中令皇子致拜允弼不敢當御樓觀酺得與王子並坐皇子卽位是爲仁宗允弼累遷武寧軍節度使兼侍中判大宗正事封北海郡王英宗時拜中書令徙王東平神宗卽位拜太保鳳翔雄武軍節度使朝朔望熙寧二年丁母憂悲痛不勝喪固辭起復母葬有日而允弼病篤顧諸子以不得終大事爲恨薨帝臨哭之慟輟朝三日贈太師尙書令兼中書令追封相王謚孝定允弼性端重時然後言諸宮增學官員允弼已貴猶日至講席延伴讀官讀孟子一節領宗正三十年與濮安懿王共事相友愛爲宗屬推敬子宗績襲祖恭懿王封爲韓國公卒贈南康郡王謚良孝宗績弟宗景以相州觀察使同知大宗正事神宗以其父允弼司宗久故復選用之宗景事母孝居喪如不能勝居第火冒急赴家廟不恤其他火亦不爲害元祐中累遷彰德軍節度開府儀同三司檢校司空封濟陰郡王宗景喪其夫人將以妾繼室先出之於外而託爲良家女且納焉坐奪開府旣而還之紹聖四年薨年六十六贈太師循王謚曰思宗績旣卒子仲靡嗣自平川節度使徙劍南西川徽宗改封韓王爲鎭王

楚恭惠王元偁字令聞七歲授檢校太保右衞上將軍涇國公久之領鄂州都督武昌軍節度使眞宗卽位加同平章事安定郡王進檢校太傅景德二年郊祀遷宣德保寧兩鎭進封舒王大中祥符初封泰山加檢校太尉兼侍中移平江鎭江軍從祀汾陰加兼中書令改鎭南寧國軍節度使五年拜太保自景德後每有大事皆爲終獻元偁體素羸多病上幸眞源時已被疾懇求扈從至鹿邑疾甚肩輿先歸車駕還臨問數四七年薨年三十四廢朝五日贈太尉尙書令追封曹王謚恭惠後改封華王蔡王有集三卷筆札一卷上爲製序藏之秘閣子允則官至右千牛衞大將軍卒先是諸王子授官卽爲諸衞將軍餘以父官及族屬親疏差等天禧元年令宗正卿趙安仁議爲定制安仁請以宣祖太祖太宗孫初廕授將軍曾孫授右侍禁元孫授右班殿直內父爵高者聽從高廕其事緣特旨者不以爲例詔中書門下樞密院參定行之允則無子以平陽懿恭王之子宗達爲後熙寧三年襲封蔡國公鄰家失火盜因爲奸竊宗達所服帶旣而得之且知其主名貸不問浚井得鏹復投之官累武信軍留後薨贈安化軍節度使開府儀同三司高密郡王子仲約嗣徽宗卽位改封蔡王爲楚王

周恭肅王元儼少奇頴太宗特愛之每朝會宴集多侍

左右帝不欲元儼早出宮期以年二十始就封故宮中稱爲二十八太保蓋元儼於兄弟中行第八也眞宗卽位授檢校太保左衞上將軍封曹國公明年爲平海軍節度使拜同中書門下平章事加檢校太傅封廣陵郡王封泰山改昭武安德軍節度使進封榮王祀汾陰加兼侍中改鎭安靜武信加檢校太尉祠太淸宮加兼中書令坐侍婢縱火延燔禁中奪武信節降封端王出居故駙馬都尉石保吉第每見帝痛自引過帝憫憐之尋加鎭海安化軍節度使封彭王進太保仁宗爲皇子加太傅歷橫海永清保平定國節度陝州大都督改通王涇王仁宗卽位拜太尉尚書令兼中書令徙節鎭安忠武封定王賜贊拜不名又賜詔書不名天聖七年封鎭王又賜劒履上殿明道初拜太師換河陽三城武成節度封孟王改永興鳳翔京兆尹封荊王遷雍州鳳翔牧景祐二年大封拜宗室授荊南淮王節度大使行荊州揚州牧仍賜入朝不趨元儼廣顙豐頤嚴毅不可犯天下崇憚之名聞外夷事母王德妃孝妃每有疾躬侍藥晨夕盥潔焚香以禱至憂念不食母喪哀戚過人平生寡嗜慾惟喜聚書好爲文詞頗善二王書工飛白仁宗冲年卽位章獻皇后臨朝自以屬尊望重恐爲太后所忌深自沉晦因闔門卻絕人事故謬語陽狂不復預朝謁及太后崩仁宗親政益加尊寵凡有請報可必手書謝牘方陝西用兵上所給公用錢歲五十萬以助邊費帝不欲拒之聽入其半嘗問翊善王渙曰元昊平未對曰未也曰如此安用宰相爲聞者畏其言慶歷三年冬大雨雪木冰陳楚之地尤甚占者曰憂在大臣旣而元儼病甚上憂形于色親至臥內手調藥屏人與語久之所對多忠言賜白金五千兩固辭不受曰臣羸憊且死將重費家國矣帝爲嗟泣明年正月薨贈天策上將軍徐兗二州牧燕王諡恭肅比葬三臨其喪詔以元儼墨跡及所爲詩分賜宰臣餘藏秘閣子十三人允熙允良允迪允初餘皆早卒熙寧中以允良子宗絳嗣封吳國公徽宗改封吳王爲周王允熙終右監門衞將軍滁州刺史贈博州防禦使博平侯允良歷五節度領寧海平江兩軍封華原郡王改襄陽由同中書門下平章事兼侍中至太保中書令好酣寢以日爲夜由是一宮之人皆晝睡夕興薨贈定王有司以其反易晦明諡曰榮易允迪累官耀州觀察使居父喪不哀又嘗宮中爲優戲爲妻昭國夫人錢氏所告制降右監門衞大將軍絕朝謁錢氏亦度爲洞眞道士允初初名允宗勤於朝會雖風雨不廢未嘗問財物厚薄惟誦佛書人以爲不慧累遷寧國軍節度使同中書門下平章事治平元年卒贈中書令博平郡王無子英宗臨奠以允初後事屬其兄允良乃以允成孫仲連爲之後

崇王元億早亡追賜名封代國公治平中封安定郡王徽宗卽位加封崇王

眞宗六子長溫王禔次悼獻太子祐次昌王祇次信王祉次欽王祈次仁宗禔祇祈皆蚤亡徽宗賜名追封

悼獻太子祐母曰章穆皇后咸平初封信國公生九年而薨追封周王賜諡悼獻仁宗卽位贈太尉中書令明道二年追冊皇太子

仁宗三子長楊王昉次雍王昕次荊王曦皆早亡徽宗時改封

濮安懿王允讓字益之商王元份子也天資渾厚外莊內寬喜慍不見于色始爲右千牛衞將軍周王祐薨眞宗以綠車旄節迎養于禁中仁宗生用簫韶部樂送還邸官衞州刺史仁宗卽位授汝州防禦使累拜寧江軍節度使上建睦親宅命知大宗正寺宗子有好學勉進之以善若不率教則勸戒之至不變始正其罪故人莫不畏服焉慶歷四年封汝南郡王拜同平章事改判大宗正司嘉祐四年薨年六十五贈太尉中書令追封濮王諡安懿仁宗在位久無子乃以王第十三子宗實爲皇子仁宗崩皇子卽位是爲英宗治平元年宰相韓琦等奏請下有司議濮安懿王及譙國夫人王氏襄國夫人韓氏仙遊縣君任氏合行典禮詔須大祥後議之二年乃詔禮官與待制以上議翰林學士王珪等奏曰謹按儀禮喪服爲人後者傳曰何以三年也受重者必以尊服服之爲所後者之祖父母妻妻之父母昆弟昆弟之子若子謂皆如親子也又爲人後者爲其父母傳曰何以期不二斬持重於大宗降其小宗也爲人後者爲其昆弟傳曰何以大功爲人後者降其昆弟也先王制禮尊無二上若恭愛之心分於彼則不得專於此故也是以秦漢以來帝王有自旁支入承大統者或推尊其父母以爲帝后皆見非當時取議後世臣等不敢引以爲聖朝法況前代入繼者多宮車晏駕之後援立之策或出臣下非如仁宗皇帝年齡未衰深惟宗廟之重祇承天地之意於宗室衆多之中簡推聖明授以大業陛下親爲先帝之子然後繼體承祧光有天下濮安懿王雖於陛下有天性之親顧復之恩然陛下所以負扆端冕富有四海子子孫孫萬世相承皆先帝德也臣等竊以爲濮王宜準先朝封贈期親尊屬故事尊以高官大國譙國襄國仙遊並封太夫人攷之古今爲宜稱於是中書奏王珪等所議未見詳定濮王當稱何親名與不名珪等議濮安懿王於仁宗爲兄於皇帝宜稱皇伯而不名如楚王涇王故事中書又奏禮與令及五服年月敕出繼之子於所繼所生皆稱父母又漢宣帝光武皆稱父爲皇考今珪等議稱濮王爲皇伯於典禮未有明據請下尚書省集三省御史臺議奏方議而皇太后手詔詰責執政於是詔曰如聞集議不一權宜罷議令有司博求典故以聞禮官范鎭等又奏漢之稱皇考稱帝稱皇立寢廟序昭穆皆非陛下聖明之所法宜如前議爲便自是御史呂誨等彈奏歐陽修首建邪議韓琦曾公亮趙槩附會不正之罪固請如王珪等議旣而內出皇太后手詔曰吾聞羣臣議請皇帝封崇濮安懿王至今未見施行吾載閱前史乃知自有故事濮安懿王譙國夫人王氏襄國夫人韓氏仙遊縣君任氏可令皇帝稱親濮安懿王稱皇王氏韓氏任氏並稱后事方施行而英宗卽日手詔曰稱親之禮謹遵慈訓追崇之典豈易克當且欲以塋爲園卽園立廟俾王子孫主奉祠事翌日誨等以所論列彈奏不見聽用繳納御史勑誥家居待罪誨等所列大抵以爲前詔稱權罷集議後詔又稱且欲以塋爲園卽追崇之意未已英宗命閤門以誥還之誨等力辭臺職誨等旣出而濮議亦寢至神宗元豐二年詔以濮安懿王三夫人可並稱王夫人云王二十八子長宗懿英宗時爲宿州團練使封和國公神宗以宗懿濮安懿王元子追封舒王子仲鸞常州防禦使父薨諸子皆進官獨不忍受喜翰墨樂施與九族稱賢卒贈武康軍節度使洋國公諡曰良仲鸞弟仲汾幼喜書史一讀成誦居父喪鄰於毀瘠卒官萊州防禦使贈昭化軍節度使榮國公次宗樸爲隴州防禦使封岐國公宗樸與英宗友愛初詔英宗入居慶寧宮固辭宗樸率近屬敦勸乃入治平中建濮王園廟宗樸遂拜彰德軍節度使封濮國公奉王後神宗卽位加同平章事兼侍中進封濮陽郡王薨贈太師中書令追封定王諡僖穆子仲佺父歿不食者數日母葬時天大雪步泥中扶翼道路歎惻以潤州觀察使卒贈開府儀同三司宗樸旣薨宗誼襲封官至昭化軍節度使同中書門下平章事薨贈太師中書令廣陵郡王諡莊孝宗暉元豐中以淮康軍節度使襲濮國公安懿王及三夫人改祔命爲誌幷題神主加同中書門下平章事開府儀同三司進嗣濮王哲宗立改鎭南節度使檢校司徒紹聖元年薨年六十七贈太師追封懷王諡榮穆子仲璲先是濮國嗣王四孟詣洛享園廟以河南府縣官克亞終獻宗暉之襲封也神宗始命以其子爲之仲璲遂以終獻侍祠凡十餘年父喪哀痛不能勝纔服除而卒官右監門衞大將軍合州刺史宗晟紹聖元年六月以武安軍節度使判大宗正事加檢校司徒嗣濮王明年三月薨年六十五贈太師昌王諡端孝宗晟好古學藏書數萬卷仁宗嘉之益以國子監書治平將郊而雨或議改祫享英宗訪諸宗晟對曰陛下初郊見上帝盛禮也豈宜改卜至誠感神在陛下精意而已帝嘉納及郊雨霽帝數被疾密請早建儲貳以係天下之望世稱其忠宗晟薨哲宗紹聖二年四月宗愈以鎭安節度使開府儀同三司檢校司徒嗣封故事嗣王以四時詣祠所宗愈方屬疾或曰不可以暑行曰吾身主祀而不往非禮也强輿以行疾遂亟是年八月薨年六十五贈太師追封襄王諡恭憲宗綽嗣官至河陽三城節度使檢校司徒紹聖三年二月薨年六十二贈太師追封榮王諡孝靖宗楚累拜武勝軍節度使開府儀同三司封南陽郡王紹聖三年三月以檢校司徒改武昌節度使嗣濮王旣嗣爵當詣園薦獻會疾以弟宗漢代行歎曰不能親奉籩豆饗我先王而浮食厚祿安乎請以爵授弟不許四年六月薨贈太師惠王諡僖節宗祐克己自約蕭然若寒士好讀書尤喜學易嘉祐中從父允初未立嗣咸推其賢詔以宗祐爲後泣曰臣不幸幼失怙恃將終身悲慕忍爲人後乎敢以死請仁宗憐而從之累遷淸海軍節度使開府儀同三司封乘城郡王紹聖四年八月加檢校司徒嗣濮王時以病當祠園廟不肯移疾自秋涉冬連往來元符元年春又亟往遂薨于祠下贈太師追封欽王諡穆恪宗漢英宗幼弟也累拜保寧軍留後鄆國公東陽安康郡王元符初以彰德軍節度使開府儀同三司檢校司空嗣濮王徽宗卽位徙寧江保平泰寧三鎭判大宗正事加檢校司徒太保太尉帝幸濮邸遷其子孫官時安懿王諸子獨宗漢在恩禮隆腆大觀三年八月薨贈太師追封景王諡孝簡宗漢善畫嘗作八鴈圖人稱其工仲增嗣仲增濮王孫於屬爲長故封官至彰德軍節度使開府儀同三司政和五年九月薨贈少師追封簡王諡穆孝仲御自幼不羣通經史多識朝廷典故居父宗晟喪哲宗起知宗正力辭詔虛位以須終制累遷鎭寧保寧昭信武安節度使封汝南華原郡王政和中以

檢校少傅泰寧軍節度使開府儀同三司嗣封天寧節遂使在廷宰相適謁告仲御攝事率百僚上壽若素習者帝每見必加優禮稱爲嗣王宣和四年五月薨年七十一贈太傅追封郇王謚康孝仲爰嗣徽宗即位拜建武節度使爲大宗正加開府儀同三司封江夏郡王徙節泰寧定武檢校少保少傅宣和五年六月薨年七十贈太保追封恭王仲理嗣靖康初爲安國軍節度使加檢校少保開府儀同三司嗣濮王者英宗本生父後也治平三年立濮王園廟元豐七年封王子宗暉爲嗣濮王世世不絕封高宗南遷奉濮王神主于紹興府光孝寺仲湜字巨源楚榮王宗輔之子安懿王孫也初名仲沮熙寧十年授右內率府副率累遷密州觀察使知西外宗正事保大軍承宣使欽宗嗣位授靖海節度使更今名召知大宗正事未行汴京失守康王即帝位于南京仲湜由漢上率衆徑謁時嗣濮王仲理北遷乃詔仲湜襲封加開府儀同三司歷檢校少保少傅紹興元年充明堂亞獻七年薨帝爲輟朝賜其家銀帛追封儀王謚恭孝仲湜事母以孝聞喜親圖史性酷嗜珊瑚每把玩不去手大者一株至以數百千售之高宗嘗問壁地則何如仲湜對曰碎矣帝曰以民膏血易無用之物朕所不忍仲湜慚不能對子士從士衎士籛士術士歆士從靖康末爲洺州防禦使建炎二年同知西外宗正事主管高郵軍宗子士從招潰卒置屯奏假江淮制置使許之賊李在犯楚州士從遣部將乘虛掩襲狃於小勝軍無紀律敗績士從移司衢溫二州臣僚以其弟士籛撓州縣士從不能制遂罷紹興四年遷涇洪二州觀察使權知濮王園令士從乞擇利便地奉安神位從之六年士衎授象州防禦使遷華州觀察使同知大宗正事安慶軍承宣使主奉濮王祠事初以軍興南班宗子權罷歲賜至有身歿而不能殮者士衎言于朝詔復舊制三十年拜安德軍節度使典宗司凡十四年士籛官至安慶軍節度使同知大宗正事隆興元年上言宗司文移視官叙高下令諶臣兄也位反居臣下失尊卑叙乞易置之詔可其奏士術官至崇慶軍節度使知西外宗正事右諫議何溥論士術强市海舟罷官已而詔歸南班奉朝請隆興中以邊事未寧與士籛奏減奉給恩賞之半以助軍興詔加獎諭仲偪景王宗漢子也初授右內率府副率轉右監門衛大將軍建炎末授武功大夫忠州防禦使紹興中遷濟州知南外宗正事八年加檢校少保向德軍節度使襲封嗣濮王仲偪生而不慧以次得封入見楊前慟哭帝驚問故荅語狂謬帝優容之九年薨上輟朝三日追封瓊王謚恭惠士俴安懿王曾孫也紹興二十五年十一月襲封除崇慶軍節度使初仲偪薨秦檜專政罷襲檜死始封士俴踰年薨贈少師追封思王謚溫靖士輵士俴弟也紹興二十八年由建州觀察使襲封授昭化軍節度使初懿王神貌奉安報恩寺西挾屋居隘陋士輵請別營祠堂許之久之加檢校少保累加開府儀同三司賜嗣濮王居爲世業除知大宗正事累加三少充醴泉觀使淳熙七年薨贈太傅追封安王士歆仲湜第十一子也由保康軍節度使襲封加開府儀同三司累陞三少慶元二年薨贈太傅追封韶王不袪安懿王元孫也年七十六累轉武功郎士歆既薨不袪年最高得襲封除福州觀察使由庶官襲封自不袪始慶元五年轉武安軍承宣使俄薨贈開府儀同三司追封蔣國公不壆由武經大夫授利州觀察使襲封開禧初遷寧遠軍承宣使薨贈開府儀同三司追封安國公不儔開禧二年由安遠軍承宣使襲封除昭慶軍節度使遷檢校少保嘉定十年薨贈少師追封高平郡王不嫖由武翼大夫襲封授福州觀察使時嘉定十一年也踰年而薨贈開府儀同三司追封惠國公臣僚上言嗣濮王元降指揮雖有擇高年行尊之文然高宗朝儀王仲湜以德望俱隆越仲悰而選拜武德郎黼次當襲封以官卑乃命士儴權奉祠事越十六年始正士俴之封是亦不拘定制也乞自今應封者命大宗司銓量都堂審察閤門引見然後奏取進止寧宗然之不淩父士稴不嫖既薨不淩由右千牛衛將軍授福州觀察使襲封嘉定十五年遷奉國軍承宣使十七年薨贈開府儀同三司追封惠國公

宋史卷二百四十五考證

周恭肅王元儼傳賜白金五千兩固辭不受○臣宗楷按邵氏聞見錄周恭肅王數取金錢於有司積數百萬有司以聞詔除之御史沈邈言其不可帝慘然曰御史誤矣太宗之子八人惟王一人在耳朕當以天下爲養數百萬錢不足計也據此與本傳所載不同

宋史卷二百四十六

元　中　書　右　丞　相　總　裁　脫　脫　等　修

列傳第五

宗室三

吳王顥　益王頵　吳王佖
燕王俁　楚王似　獻愍太子茂
鄆王楷　肅王樞　景王杞
濟王栩　徐王棣　沂王㮙
和王栻　信王榛　太子諶弟訓
元懿太子旉　信王璩　莊文太子愭
魏王愷　景獻太子詢　鎮王竑

英宗四子長神宗次吳榮王顥次潤王顏次益端獻王頵皆宣仁聖烈高皇后出也顏早亡徽宗賜名追封

吳榮王顥字仲明初名仲糺自右內率府副率爲和州防禦使封安樂郡公轉明州觀察使進祁國公治平元年加檢校太傅保寧軍節度使同中書門下平章事封東陽郡王三年出閤神宗立進封昌王官制行冊拜司空徙王雍哲宗嗣位加太保換成德橫海二鎮徙封揚王賜贊拜不名五日一謁禁中帝致恭如家人禮神宗祔廟拜太傅移鎮京兆鳳翔自熙寧以來顥屢請居外章上輒卻至元祐初乃賜咸宜坊第一區榜曰親賢與弟頵對邸車駕皆三宮臨幸留宴終日拜太尉諸子皆命賜官制曰先皇帝篤兄弟之好以恩勝義不許二叔出居於外蓋武王待周公之意太皇太后嚴朝廷之禮以義制恩始從其請出就外宅得孔子遠其子之意二聖不同同歸於道皆可以爲萬世法朕承侍兩宮按行新第顧瞻懷思潸然出涕昔漢明帝問東平王在家何以爲樂王言爲善最樂帝大其言因送列侯印十九枚諸子五歲以上悉佩之著之簡策天下不以爲私今王諸子性於忠孝漸於禮義自勝衣以上頎然皆有成人之風朕甚嘉之其各進一官以助其爲善之樂尚勉之哉毋忝父祖以爲邦家光徙封徐王詔書不名宣仁有疾顥旦旦入問因亦被病宣仁祔廟拜太師徙王冀賜入朝不趨改淮南荊南節度使徙封楚王病益篤帝親挾醫視診令晝夜具起居狀聞小愈則喜既而薨年四十七帝卽臨哭輟朝五日成服苑中贈尚書令兼中書令揚荊冀三州牧燕王謚曰榮陪葬永厚陵徽宗卽位改封吳王顥天資穎異尤嗜學始就外傅每一經終卽遺講讀官以器幣服馬工飛白善射好圖書博求善本神宗嘉其志尚每得異書亟馳使以示嘗賜方團玉帶俾服而朝顥辭乃爲製玉魚以別之是後親王遂踵爲故實初居英宗喪丐解官終制以厭於至尊不克遂服慈聖光獻太后之服易月當除顥曰身爲孫而情文缺然若是可乎請如心喪禮須上禫除卽吉詔可子孝騫嗣終寧國軍節度使晉康郡王孝錫終嘉州團練使贈永國公

益端獻王頵初名仲格封大寧郡公進鄠國公樂安郡王嘉王所歷官賜略與兄顥同更武勝山南西保信保靜武昌武安武寧鎮海成德荊南十節度徙王曹荊位至太尉元祐三年七月薨年三十三贈太師尚書令荊徐二州牧魏王謚端獻徽宗改封益王頵端重明粹少好學長博通羣書工飛白篆籀賓接宮僚歲滿當去輒奏留久者至十餘年頗好醫書手著普惠集効方且儲藥以救病者子九人孝哲右驍衞將軍早亡孝奕彰化軍節度觀察留後贈司空平原郡王孝參奉國軍節度使改寧武武勝封豫章郡王孝永邢州觀察使贈司空廣陵郡王孝詒孝隲孝悅孝穎孝愿皆至節度使

神宗十四子長成王佾次惠王僅次唐哀獻王俊次褒王伸次冀王僩次哲宗次豫悼惠王价次徐沖惠王倜次吳榮穆王佖次儀王偉次徽宗次燕王俁次楚榮憲王似次越王偲八王皆早薨佾僅伸偉徽宗賜名追封俊僩倜价徽宗改封

吳榮穆王佖帝第九子初授南山東道節度使封儀國公哲宗立加開府儀同三司大寧郡王進申王拜司空帝崩佖於諸弟爲最長有目疾不得立徽宗嗣位以帝兄拜太傅加殊禮旋拜太師歷京兆眞定尹荊揚太原興元牧徙國陳崇寧五年薨輟視朝七日贈尚書令兼中書令徐州牧燕王謚榮穆又加贈侍中改封吳王子有奕武信軍節度使和義郡王

燕王俁帝第十子越王偲帝第十二子母曰林婕妤俁初授武定軍節度使檢校太尉封成國公偲初授武成軍節度使檢校太尉祁國公哲宗朝俁加開府儀同三司封咸寧郡王偲加開府儀同三司封永寧郡王是後累換節鉞歷任尹牧俁進封莘王偲封睦王徽宗朝俱歷太保太傅俁進封衞王魏王燕王偲進封定王鄧王越王靖康元年同遷太師俁授河東劍南西川節度使成都牧偲授永興成德軍節度使雍州眞定牧二年上皇幸青城父老邀之不及道遇二王哭曰願與王俱死徐秉哲捕爲首者戮之益兵衞送二王於金營北行至慶源境上俁乏食薨偲至韓州而薨紹興初有崔紹祖

者至壽春府稱越王次子受上皇蠟詔爲天下兵馬大元帥興師恢復鎮撫使趙霖以聞召赴行在事敗送臺獄伏罪斬於越州市

楚榮憲王似帝第十三子初爲集慶軍節度使和國公進普寧郡王元符元年出閤封簡王似於哲宗爲母弟哲宗崩皇太后議所立宰相章惇以似對后曰均是神宗子何必然乃立端王徽宗定位加司徒改鎮武昌武成徙封蔡拜太保移鎮保平鎮安又改鳳翔雄武以王府史語言指斥送大理寺驗治似上表待罪左司諫江公望上疏以爲親隙不可開開則言可離貳疑迹不可顯顯則事難磨滅陛下之得天下也章惇嘗持異議已有隙迹矣蔡王出於無心年尚幼小未達禍亂之萌恬不以爲恤陛下一切包容已開之隙復塗已顯之迹復泯矣恩意渥縟懽然不失兄弟之情若以曖昧無根之語加諸至親骨肉之間則有魏文相煎太急之譏而忘大舜親愛之道豈治世之美事邪臣願陛下密詔有司凡無根之言勿形案牘倘有瑕可指一入胸次則終身不忘迹不可泯隙不可塗則骨肉離矣一有浸淫旁及蔡王之語不識陛下將何以處之陛下何顏見神考於太廟乎疏入公望罷知淮陽軍徽宗雖出公望然頗思其言止治其左右崇寧中徙鎮荊南武寧崇寧五年薨贈太師尚書令兼中書令冀州牧韓王改封楚王謚榮憲子有恭定國軍節度使永寧郡王

哲宗一子獻愍太子茂昭懷劉皇后爲賢妃時所生帝未有子而中宮虛位后因是得立然纔三月而夭追封越王謚沖獻崇寧元年改謚獻愍后之立也鄒浩凡三上疏諫隨削其藁至是或謂浩有殺卓氏而奪其子欺人可也詎可以欺天乎之語徽宗昭暴其事復竄浩昭州而峻茂典冊后上表謝然浩蓋無是言也

徽宗三十一子長欽宗次兗王檉次鄆王楷次荊王楫次肅王樞次景王杞次濟王栩次益王棫次高宗次邠王材次祁王模次莘王植次儀王朴次徐王棣次沂王㮙次鄆王棋次和王栻次信王榛次漢王椿次安康郡王楃次廣平郡王楗次陳國公機次相國公梴次瀛國公樾次建安郡王楧次嘉國公椅次溫國公棟次英國公檍次儀國公桐次昌國公柄次潤國公樅檉楫材棋椿機六王早薨

鄆王楷帝第三子初名煥始封魏國公進高密郡王嘉王歷奉寧鎮安鎮東武寧保平荊南寧江劒南西川鎮南河東寧海十一節度使政和八年廷策進士唱名第一母王妃方有寵遂超拜太傅改王鄆仍提舉皇城司出入禁省不復限朝暮於外第作飛橋複道以通往來北伐之役且將以爲元帥會白溝失利而止欽宗立改鎮鳳翔彰德軍靖康初與諸王皆北遷

肅王樞帝第五子初封吳國公進建安郡王肅王歷節度六鎮靖康初金人圍京城要帝子弟爲質且求輸兩河於是遣宰臣張邦昌從樞使斡離不軍爲金人所留約俟割地畢遣還而挾以北去

景王杞初授武安軍節度使檢校太尉封冀國公大觀二年改授山南東道節度使加開府儀同三司封文安郡王政和中授檢校太保尋遷太保改授護國武昌軍節度使追封景王靖康元年授荊南鎮東軍節度使遷太傅二年遣詣金營充賀正旦使既歸又從上幸青城及上皇出郊杞日侍左右衣不解帶食不食肉上皇製發願文述祈天請命之意以授杞杞頓首泣及北行鬚髮盡白

濟王栩初授鎮洮軍節度使檢校太尉封魯國公大觀二年改授彰武軍節度使加開府儀同三司封安康郡王政和中授檢校太保改荊南清海軍節度使進封濟王靖康元年授護國寧海軍節度使遷太傅同景王杞爲賀金人正旦使既還又與何㮚爲請命使金帥紿栩曰自古有南即有北不可相無今所欲割地而已栩回以白上且言金帥請與上皇相見上曰豈可使上皇蒙塵遂自出以栩從行及索諸王家屬栩夫人曹氏避難他出徐秉哲捕而拘之遂同北去

徐王棣初授鎮江軍節度使檢校太尉封徐國公政和中授檢校太保宣和中改鎮南軍節度使加開府儀同三司封高平郡王尋改山南東道河陽三城節度使進封徐王後從淵聖北去紹興二年有萬州李勃者僞稱祁王內侍楊公謹與言徐王起居狀勃遂改稱徐王宣撫使張浚遣赴行在上命王府故吏驗視言非眞詔送大理情得棄市

沂王㮙初授橫海軍節度使檢校太尉冀國公政和中授檢校太保宣和中改劒南西川節度使加開府儀同三司封河間郡王尋改劒南東川威武軍節度使遷太保進封沂王後從淵聖出郊至北方與駙馬劉彥文告上皇左右謀變金遣人按問上皇遣莘王植駙馬蔡鞗等對辯凡三日㮙彥文氣折金人誅之

和王栻初授靜江軍節度使檢校太尉廣國公三年授檢校太保尋改定武軍節度使加開府儀同三司封南康郡王靖康元年授瀛海安化軍節度使檢校太傅追封和王後從淵聖出郊有遺女一人高宗朝封樂平縣主出適杜安石命太宗正司主婚

信王榛初授建雄軍節度使檢校太尉封福國公三年授檢校太保宣和末改安遠軍節度使加開府儀同三司封平陽郡王靖康元年授慶陽昭化軍節度使遷檢校太傅進封信王後從淵聖出郊北行至慶源亡匿眞定境中時馬廣與趙邦傑聚兵保五馬山砦陰迎榛歸奉以爲主兩河遺民聞風響應榛遣廣詣行在奏之其略曰邦傑與廣忠義之心堅若金石臣自陷賊中頗知其虛實賊今稍惰皆懷歸心且累敗於西夏而契丹亦出攻之今山西諸砦鄉兵約十餘萬力與賊抗但皆苦窘兼闕戎器臣多方存恤惟望朝廷遣兵來援不然久之恐反爲賊用臣於陛下以禮言則君臣以義言則兄弟其憂國念親之心無異願委臣總大軍與諸砦鄉兵約日大舉決見成功廣既至黃潛善汪伯彥疑其非眞上識榛手書遂除河外兵馬都元帥潛善伯彥終疑之廣將行密授朝旨使幾察榛復令廣聽諸路節制廣知事不成遂留於大名府不進會有言榛將渡河入京朝廷因詔擇日還京以伐其謀金人恐廣以援兵至急發兵攻諸砦斷其汲道諸砦遂陷榛亡不知所在或曰後與上皇同居五國城紹興元年鄧州有楊其姓者聚千餘人自稱信王榛撫使翟興覺詐遣將斬之以聞

欽宗皇太子諶朱皇后子也政和七年生爲嫡皇孫祖宗以來所未有徽宗喜蔡京奏除檢校少保常德軍節度使封崇國公從之會王黼得政謀傾京言其以東宮比人主遂降爲高州防禦使靖康元年遷檢校少保昭慶軍節度使大寧郡王尋進檢校少傅寧國軍節度使四月詔立爲皇太子二年上幸青城命密院同知孫傅兼太子少傅吏部侍郎謝克家兼太子賓客輔太子監國稱制行事未幾金人請二帝諭太子出城統制吳革力請留欲以所募士微服衞太子潰圍以出傅不許乃謀匿民間別求狀類太子者幷宦者二人殺之送金人給以宦者竊太子欲投獻都人爭之併傷太子遲疑不決者五日吳幵莫儔督脅甚急范瓊恐變生以危言讋衞士遂擁太子與皇后共車以出百官軍吏奔隨號哭太學諸生擁拜車前太子呼云百姓救我哭聲震天已而北去弟訓

訓乃北地所生有錫山人留遇僧者金人見之曰全似趙家少帝遇僧竊喜紹興十年三京路通詔求宗室遇僧自言少帝第二子守臣遣赴行在過泗州州官孫守信疑之白其守請於朝閤門言淵聖無第二子乃詔守信劾治遇僧伏罪黥隸瓊州後有自北至者曰淵聖小大王訓見居五國城

元懿太子諱旉高宗子也母潘賢妃建炎元年六月生於南京拜檢校少保集慶軍節度使封魏國公金人侵淮南帝幸臨安會苗傅劉正彥作亂逼帝禪位於旉改元明受既而傅等伏誅帝復位乃以旉爲皇太子從幸建康太子立屬疾宮人誤蹴地上金鑪有聲太子驚悸疾轉劇薨謚元懿

信王璩字潤夫初名伯玖藝祖七世孫秉義郎子彥之子也生而聰慧初伯琮以宗子被選入宮高宗命鞠于婕妤張氏吳才人亦請於帝遂以伯玖命才人母之賜名璩除和州防禦使時生七歲矣伯琮以建國公就傅璩獨居禁中俄拜節度使封吳國公宰執趙鼎劉大中王庶等堅持之命不果行會秦檜專政遂除保大軍節度使封崇國公尋詔赴資善堂聽讀紹興十五年加檢校少保進封恩平郡王出就外第時伯琮已封普安郡王璩官屬禮制相等夷號東西府踰年改武昌軍節度使二十二年子彥卒璩去官持服終喪還舊官顯仁太后崩普安郡王始立爲皇太子璩因加恩稱皇姪名位始定遷開府儀同三司判大宗正事置司紹興府孝宗卽位璩表請入賀許之特授少保改靜江軍節度使頃之省紹興府宗正事改判西外宗正司璩累章乞閑改醴泉觀使淳熙中除少傅高宗崩奔赴得疾踰年而薨年五十九追封信王累贈太保太師始璩之入宮也儲位未定者垂三十年中外頗以爲疑孝宗既立天性友愛璩入朝屢召宴內殿呼以官不名也賜予無算子四人師淳歷忠州團練使永州防禦使師瀕師淪師路並補武翼大夫孫希楙特補保義郎

莊文太子諱愭孝宗嫡長子也母郭皇后初名愉補右內率府副率尋賜名愭除右監門衞大將軍榮州刺史孝宗爲皇子時愭拜蘄州防禦使及受禪除少保永興軍節度使封鄧王故事皇子出閤封王兼兩鎮然後加司空愭自防禦使躐拜少保章異數也乾道元年立爲皇太子冊廣國夫人錢氏爲妃詔增東宮從衞太子謙讓及奏損月給雜物從之三年秋太子病瞯醫誤投藥病劇上皇與帝親視疾爲赦天下越三日薨年二十四謚莊文太子賢厚上皇與帝皆愛之帝從禮官議服期以日易月文武百官服衰服一日而除東宮臣僚齊衰

三月臨七日而除比葬帝再至東宮命宰臣奉謚冊大小祥皆以執政官行禮子挺錢氏所生也甫晬除福州觀察使封榮國公乾道九年卒贈武當軍節度使追封豫國公寧宗時命宗子希瑊爲太子後希瑊藝祖九世孫也賜名搢補右千牛衛將軍置教授于府開禧二年除忠州防禦使嘉定八年更名思正

魏惠憲王諱愷莊文同母弟也初補右內率府副率轉右監門衞大將軍貴州團練使孝宗受禪拜雄武軍節度使開府儀同三司封慶王莊文太子薨愷次當立帝意未決既而以恭王英武類己竟立之加愷雄武保寧軍節度使追封魏王判寧國府妻華國夫人韋氏特封韓魏兩國夫人以示優禮賜黃金三千兩白金一萬兩命宰執設祖于玉津園王登車顧謂虞允文曰更望相公保全比至鎮奏朝天申節許之府長史上言欲與司馬分治郡俾王受成愷奏曰臣被命判府今專委長史司馬是處臣無用之地況一郡置三判府臣恐吏民紛競不一徒見其擾長史司馬宜主錢穀訟牒俾擬呈臣臣依而判之庶上下安事益易治又請增士人貢額朝廷悉從之愷究心民事築圩田之隤圮者帝手詔嘉勞之淳熙元年徙判明州蠲屬邑田租以贍學得兩岐麥圖以獻帝復賜手詔曰汝勸課藝植農不游惰宜獲瑞麥之應加愷荊南集慶軍節度使行江陵尹尋改永興成德軍節度使揚州牧七年薨于明州年三十五帝素服發哀於別殿贈淮南武寧軍節度使揚州牧兼徐州牧謚惠寧王性寬慈上皇雅愛之雖以宗社大計出王於外然心每念之賜賚不絕訃聞帝泣然曰向所以越次建儲者正爲此子福氣差薄耳治二郡有仁聲薨之日四明父老乞建祠立碑以紀遺愛子二人攄早卒柄生於明州母卜氏信安郡夫人王薨還居行在柄性早慧帝愛之將內禪升耀州觀察使封嘉國公慶元間封吳興郡王領昭慶軍節度使開禧三年薨贈太保封沂王謚靖惠子垓三歲而夭詔立宗室希瞿子爲其後賜名均領右千牛衛將軍置教授于府尋加福州觀察使後更名貴和即鎮王竑也

景獻太子諱詢燕懿王後藝祖十一世孫也初名與愿寧宗既失兖王從宰執京鏜等請取與愿養于宮中年六歲賜名曮除福州觀察使嘉泰二年拜威武軍節度使封衞國公聽讀資善堂開禧元年時邊事益急金人請誅首謀用兵者曮用翊善史彌遠計奏韓侂冑輕起兵端上危宗社宜賜黜罷以安邊境從之曮立爲皇太子拜開府儀同三司封榮王更名幬詔御朝太子侍立宰執日赴資善堂會議尋用天禧故事宰輔大臣並兼師傅賓客太子出居東宮更名詢嘉定十三年薨年二十九謚景獻

鎮王竑希瞿之子也初沂靖惠王薨無嗣以竑爲之後賜名均尋改賜名貴和太子詢薨迺立貴和爲皇子賜名竑授寧武軍節度使封祁國公嘉定十五年五月加檢校少保封濟國公十七年六月辛未竑生子詔告天地宗廟社稷宮觀八月癸未賜竑子名銓授左千牛衞大將軍丁亥銓薨贈復州防禦使追封永寧侯竑上表稱謝竑好鼓琴丞相史彌遠買美人善鼓琴者納諸御而厚廩其家使美人瞯竑動息必以告美人知書慧黠竑嬖之宮壁有輿地圖竑指瓊厓曰吾他日得志置史彌遠於此又嘗呼彌遠爲新恩以他日非新州則恩州也彌遠聞之嘗因七月七日進乞巧奇玩以覘之竑乘酒碎於地彌遠大懼日夕思以處竑而竑不知也時沂王猶未有後方選宗室希瓐子昀繼之一日彌遠爲其父飯僧淨慈寺獨與國子學錄鄭清之登慧日閣屏人語曰皇子不堪負荷聞後沂邸者甚賢今欲擇講官君其善訓迪之事成彌遠之坐即君坐也然言出於彌遠之口入於君之耳若一語洩者吾與君皆族矣清之拱手曰不敢乃以清之兼魏忠憲王府教授清之日教昀爲文又購高宗書俾習焉清之上謁彌遠即以昀詩文翰墨以示彌遠譽之不容口彌遠嘗問清之吾聞其賢已熟大要竟何如清之曰其人之賢更僕不能數然一言以斷之曰不凡彌遠頷之再三策立之意益堅清之始以小官兼教授其後累遷兼如故寧宗崩彌遠始遣清之往告昀以將立之之意再三言之昀默然不應最後清之乃言曰丞相以清之從遊之久故使布腹心於足下今足下不答一語則清之將何以復命于丞相昀始拱手徐答曰紹興老母在清之以告彌遠益相與嘆其不凡竑跂足以需宣召久而不至彌遠在禁中遣快行宣皇子令之曰今所宣是沂靖惠王府皇子非萬歲巷皇子苟誤則汝曹皆處斬竑不能自已屬目墻壁間見快行過其府而不入疑焉已而擁一人徑過天已暝不知其爲誰甚惑昀既至彌遠引入柩前舉哀畢然後召竑竑聞命亟赴至則每過宮門禁衞拒其從者彌遠亦引入柩前舉哀畢引出帷殿帥夏震守之既而召百官立班聽遺制則引竑仍就舊班竑愕然曰今日之事我豈當仍在此班震紿之曰未宣制以前當在此宣制後乃即位耳竑以爲然未幾遙見燭影中一人已在御坐宣制畢閤門贊呼百官拜舞賀新皇帝即位竑不肯拜震捽其首下拜皇后矯遺詔竑開府儀同三司進封濟陽郡王判寧國府帝因加竑少保進封濟王九月丁丑以竑充醴泉觀使令就賜第寶慶元年正月庚午湖州人潘壬與其弟丙謀立竑竑聞變匿水竇中壬等得之擁至州治以黃袍加身竑號泣不從不獲已與之約曰汝能勿傷太后官家乎衆許諾遂發軍資庫金帛會子犒軍命守臣謝周卿率官屬入賀僞爲李全榜揭于門數彌遠廢立罪云今領精兵二十萬水陸進討比明視之皆太湖漁人及巡尉兵卒不滿百人耳竑知其謀不成率州兵討之遣王元春告于朝彌遠命殿司將彭任討之至則事平彌遠令客秦天錫託召醫治竑疾竑本無疾丙戌天錫詣竑諭旨逼竑縊于州治帝輟朝賻銀絹各一千會子萬貫贈少師保靜鎮潼軍節度使給事中盛章權直舍人院王塈一再繳奏詔從之右正言李知孝累奏追奪王爵降封巴陵縣公于是在廷之臣眞德秀魏了翁洪咨夔胡夢昱等每以竑爲言彌遠輒惡而斥遠之端平元年詔復官爵妻吳氏爲比邱尼賜惠淨法空大師月給鉢錢百貫景定五年度宗降詔追復元贈節度使德祐元年提領戶部財用兼修國史常楙請立竑後試禮部侍郎兼中書舍人王應麟請更封大國表墓賜謚命大宗正司議選擇立後迎善氣銷惡運莫先於此下禮部議贈太師尚書令依舊節度使陞封鎮王謚昭肅以田萬畝賜其家遺應麟致祭

宋史卷二百四十六考證

鎮王竑傳客秦天錫○宋通鑑作余天錫

宋史卷二百四十七

元　中書右丞相總裁脫脫等　修

列傳第六

宗室四

子淔　子崧　子櫟　子砥
子晝　子潚　師羿　希言
希懌　士晤　士儴　士崿
士晴　不羣　不棄　不尤
不息　善俊　善譽　汝述
叔近　叔向　彥倓　彥橚
彥逾

子淔字正之燕王五世孫父令鑠官至寶文閣待制子淔以蔭補承務郎累遷少府監主簿改河南少尹時治西內子淔有幹才漕使宋昇器之或事有未便子淔輒力爭昇每改容謝之除蔡河撥發綱運官會夏旱河水涸轉餉後期貶秩一級提舉三門白波輦運事除直祕閣丁內艱起復累進龍圖閣祕閣脩撰除陝西轉運副使初蔡京鑄夾錫錢民病壅滯子淔請鑄小鐵錢以權之因範格以進徽宗大說御書宣和通寶四字爲錢文既成子淔奏令民以舊銅錢入官易新鐵錢旬日易得百餘萬緡帝手札以新錢百萬緡付五路均糴細麥命子淔領其事民苦限迫詣子淔訴者日數百人子淔奏請寬其期民便之會蔡京再相言者希京意論子淔亂錢法落職奉祠靖康初復祕閣脩撰金人侵洛子淔奔荊南潰兵覘靖盛德破荊南城子淔匿民家靖等知之來謁言京城已破子淔泣說之曰君輩宜亟還都城護社稷取功名無貪財擾州縣也皆應曰諾子淔因草檄趣之翌日靖等遂北行紹興元年召見復徽猷閣直學士知西外宗正司改江西都轉運使時建督府軍須浩繁子淔運餉不絕以功進寶文閣直學士再知西外宗正司三京新復除京畿都轉運使以疾辭卒於家年六十七子淔幼警悟蘇軾過其家抱置膝上謂其父曰此公家千里駒也及長善談論工詩然崇寧大觀間土木繁興子淔每董其役識者鄙之

子崧字伯山燕懿王後五世孫登崇寧五年進士第宣和間官至宗正少卿除徽猷閣直學士知淮寧府汴京失守起兵勤王道阻未得進聞張邦昌僭位以書白康王宜遣師邀金人河上迎請兩宮問罪僭逆若議渡江恐誤大計遂與知潁昌府何志同等盟傳檄中外已而聞金人退引兵襄邑遣范塤徐文中詣濟王請王進兵南京且言國家之制無親王在外者主上特付大王以元帥之權此殆天意亟宜承制號召四方豪傑則中原可傳檄而定王命子崧充大元帥府參議官東南道都總管邦昌家在廬州子崧檄通守趙令僬幾察之且請捕誅其母子以絕姦心又言自圍城以來朝命隔絕乞下諸路凡有事宜並取大元帥府裁決僞檄毋輒行宣撫使范訥逗撓營私所宜加罪宜蠲被兵州縣租經理淮南荊浙形勢之地毋爲羣盜所據檄止諸路毋受邦昌僞赦移書責邦昌曰人臣當見危致命今議者籍籍謂劫請傾危之計實由閣下不然金人何堅拒孫傅之

請而卒歸於闕下也。敵既遠去，宜速反正，若少遲疑，則天下共誅逆節，雖悔無及矣。又遺書王時雍曰：「諸公相與亡人之國，方且以爲佐命功臣，不知平日所學何事。」會邦昌遣使迎王，次第白子崧，子崧卽貽王書曰：「似聞謂以京師殘破不可復入，止欲卽位軍中，便圖遷徙，臣竊惑焉。夫欲致中興，當謹舉措，宜先謁宗廟，覲母后，明正誅賞，降霈四方。若京師果不可都，然後徐議所向。」遂傳檄京師，奏於隆祐太后曰：「諸路先聞二聖北遷，易姓改國，恐聞有假討逆之名以竊據州郡者，乞速下明詔，諭四方以迎立康王之意，庶幾人心慰安，奸宄自消矣。」尋以所部兵會濟州。康王卽位，子崧請放諸路常平積欠錢。又言：「臺諫爲人主耳目，近年用非其人，率取旨言事。請遵舊制，聽學士、中丞互舉。范祖禹、常安民、上官均先朝言事盡忠，請錄其子。」帝皆可其奏。因建三屯之議：一屯澶淵，一屯河中、陝華，一屯青鄆間，以張聲勢，萬一敵騎南侵，則三道並進，可成大功。除延康殿學士、知鎮江府、兩浙路兵馬鈐轄。上章論王時雍、徐秉哲、吳开、莫儔、范瓊、胡思、王紹、王及之、顏博文、余大均等逼遷上皇，取太子，辱六宮，捕宗室，竊禁物，都人指爲國賊，伏望肆諸市朝，以爲臣子之戒。時滑州兩經殘破，子崧薦傅亮可任，除亮滑州通判，黃潛善沮之，命遂寢。賊趙萬犯鎮江，子崧遣將擊萬於丹徒，調鄉兵乘城爲備。頃之，官軍敗歸，鄉兵驚潰，子崧率親兵保焦山寺，賊據鎮江。初，昌陵復土，司天監苗昌裔謂人曰：「太祖後當再有天下。」子崧習聞其說，靖康末起兵，檄文頗涉不遜。子崧與御營統制辛道宗有隙，道宗求得其文上之，詔御史往案其獄，情得，帝震怒，不欲暴其罪，坐以前擅棄城，降單州團練副使，謫居南雄州。紹興二年，赦復集英殿脩撰，而子崧已卒於貶所。

子櫟，燕懿王後五世孫。登元祐六年進士第。靖康中，爲汝州太守。金人再渝盟，破荊湖諸州，獨子櫟能保境土。李綱言於朝，遷寶文閣直學士，尋提舉萬壽觀。紹興七年卒。

子砥，藝祖後令琙之子也。仕至鴻臚丞，北遷至燕山，久之欲遁歸，乃遣其徒朱國寶、王孝安至中京求得上皇宸翰，懷之以歸。建炎二年六月，至行在，帝命輔臣召問於都堂。子砥言：「金人講和以用兵，我國斂兵以待和。往者契丹主和議，女眞主用兵，十餘年間竟滅契丹。今復蹈其轍，譬人畏虎，啗虎以肉，食盡終必食人，若設阱穽待之，庶能制虎。」因復故官。已而賜對稱旨，命知台州，卒。

子晝字叔問，燕王五世孫。少警敏，強記，工書翰。累官憲州通判。宣和初，究詳定九域圖志編修官，出知澤州，改密州，詔爲刑部員外郞，以憂去。建炎四年，遷吏部員外郞，尋用大宗正士㒟薦，遷尚書左司員外郞、兼權貨務，歲收茶鹽香錢六百九萬餘緡，以功進秩一階。試太常少卿，集太常因革禮八十篇爲二十七卷。上言復春分祀高禖禮。除權禮部侍郞，遷徽猷待制、樞密都承旨。以公族爲侍從，及改官制後，都承旨用文臣，皆自子晝始。衢、嚴、信、饒之民生子多不舉，子晝請禁絕之。累求補外，遷徽猷閣直學士、知秀州，既而奉祠以歸，寓於衢。紹興十二年卒，年五十四。

子瀟字清卿，秦康惠王後孝靖公令奥之子也。七歲而孤，家貧力學，登宣和中進士第。調眞州刑曹掾，與守爭獄事，解官去。改衢州推官，胡唐老奇其才，任之。屬時多故，子瀟佐唐老繕完城具，苗、劉兵至城下，不能攻，以功進一秩。累官吏部郞中，求補外，遷戶部郞中、總領江淮軍馬錢糧。諸司饋禮月以千緡，悉歸之公帑。除直秘閣、兩淮轉運副使。朝廷遣人檢沙田蘆場，欲槩增租額，子瀟以承買異冒占力止之。時議者言田之並太湖者被水患，宜分道諸浦注之江，詔子瀟往案視，還言：「太湖當數州巨浸，豈淞江一川所能獨泄？昔人於常熟北開浦二十四以達大江，又開浦十於崑山東南以入海，今皆湮塞，宜加疏浚。」從之。遂浚常熟東栅至雉浦，入於涇谷，又疏鑿福山塘至尚市橋，北注大江，分殺其勢，水患用息。明州守趙善繼治郡殘酷，子瀟率諸監司劾罷之。除直敷文閣、知臨安府，吏不能欺，禁權家僦人子女爲僕妾者。詔權戶部侍郞，陞華文閣待制，復知臨安府。調三衙卒修築都城，不擾而辦。金主亮渝盟，子瀟獻助軍錢十五萬緡，特遷一秩。帝幸建康，充行宮留守參謀官，扈蹕還，復知臨安府。金人來議和，子瀟謂事情叵測，宜以軍禮待之。孝宗嗣位，志圖恢復，子瀟練兵習爲鵝鸛魚麗陣，上觀於便殿，嘉之，賜金帶，擢敷文閣直學士、移知明州、沿海制置使。臺諫王十朋、王大寶抗疏留之，帝曰：「朕委以防海，行召還矣。」初，海寇以賂通郡胥，吏反爲之用，匿其蹤跡，賊遂大熾，商舶不通。子瀟以禮延土豪，俾率郡胥分道入海，告之曰：「用命者有厚賞，不則殺無貸。」胥衆震恐，爭指賊處，悉禽獲。凡豪猾爲賊囊橐者，窮治之，海道遂平。陞龍圖閣直學士、知福州。歲饑，告糴旁郡，米價頓平，民賴以濟。進龍圖閣學士、移知泉州。吏有掠民女爲妾者，其妻妬悍，殺而磔之，貯以缶，抵其兄典化掾安靡中。宮父詣郡訴，吏不決，子瀟訪知狀，亟遣人往典化，果得缶以歸，獄遂決。其發擿槩類此。乾道二年，卒於官，年六十六。

師𢍰字從善，系出燕懿王。王生彰化軍節度使惟忠，惟忠生宣城侯從謹，從謹生崇國公世恬，世恬生嘉國公令畯。中興初，韓世清挾令畯爲變，裂黃旗被其身，固拒獲免。令畯生朝奉郞子笈，子笈生和州防禦使伯驌。伯驌少從高宗於康邸，以文藝侍左右。師𢍰，伯驌之子也。舉進士第，除司農簿，遷金部郞中，孝宗奇其才，顧遇頗厚。師𢍰奏左右曹度支倉部宜立總計司，歸併財物之數，以絕吏奸。制可。知吉州，卽山鍊銅，足冶欠額二十萬。進戶部郞官、淮東總領。光宗初，擢大府少卿、知秀州，改淮南運判。時郡鐵錢不行，鹽商弗至，師𢍰請發度牒，出倉粟以收鐵錢，鹽利遂通。累遷司農卿、知臨安府。有僧號散聖者，以妖術惑衆，師𢍰捕治黥之。韓侂胄用事，師𢍰附之，遂得尹京。侂胄生日，百官爭貢珍異，師𢍰最後至，出小合曰：「願獻少果核侑觴。」啟之，乃粟金蒲萄小架，上綴大珠百餘，衆慚沮。侂胄有愛妾十四人，或獻北珠冠四枚於侂胄，以遺四妾，其十人亦欲之，侂胄未有以應也。師𢍰聞之，亟出錢十萬緡市北珠，製十冠以獻，妾爲求遷官，得轉工部侍郞。侂胄嘗飲南園，過山莊，顧竹籬茅舍，謂師𢍰曰：「此眞田舍間氣象，但欠犬吠雞鳴耳。」俄聞犬嗥叢薄間，視之，乃師𢍰也，侂胄大笑久之。以工部尚書知臨安府。侂胄將用兵，師𢍰度侂胄材疎意廣，必召禍，乃持異論，侍御史鄧友龍劾罷之。侂胄死，其黨多坐謫，以師𢍰嘗與侂胄異，故獲用，除寶謨閣直學士、知鎭江府。會荊湖始置制閫，以命師𢍰，給事中蔡幼學繳其命，遂罷歸。未幾，詔爲兵部尚書、知臨安府，幼學時爲學士，亦不草詔，留元剛草之。時楮輕糴貴，師𢍰尹京未數月，楮價衰昂，糴亦稍平，執政愈益賢之。會武學士柯子沖、盧宜德以事至府，師𢍰擅撻遣之，衆盡譴，文武二學之士交投牒，師𢍰乃罷，免與祠。卒於家，年七十。師𢍰四尹臨安，有能聲，嘗鈎致民罪，沒其家貲，詔事權貴人，以是鄙之。

希言字若訥，惠王令廣元孫也。淳熙十四年登第，調衢州司戶，合郡民以計，表其坊里，標其戶數，爲圖獻於守，守才之。西安令不職，守檄希言攝邑，漕善令，會嚴州請復烏龍嶺稅場，檄希言往訪之，俾令得復職。希言力陳烏龍場不當復，漕怒曰：「衢已復孔步、章戴二場，何烏龍獨不可復？」希言謂二場當併罷去，漕不能奪，二場竟亦廢。改吉州司理。屬邑有誣人以殺人罪者，吏治之急，囚誣服。希言鞫得實，檄縣他捕，乃得眞盜。用楊萬里、周必大薦，授臨安府司法，改淮西總所幹辦，移書約諸郡綱必時發，至卽受納無滯留。始至，軍庫見錢不滿千緡，比去，庫錢克溢。知臨安仁和縣，闢學宮四百餘畝。適大旱，蝗集御前蘆場中，亘數里，希言欲去蘆以除害，中使沮其策，希言驅卒燔之。臨平塘隄決，希言督役，親捧土投石，兵民爭奮，堤成，因築重隄，後不復決。民病和買絹折錢重，希言節公費代其輸。除大社令，遷樞密院編脩官、兼右司，上言：「諸將但務城守，敵來不拒，去不復追，異時之憂殆不止保江而已。宜諭諸將，一軍受圍，諸軍共守，敵不渡淮則均受賞，以戰爲守，毋以守爲守。」遷宗正丞，請南班得與輪對，許之。累遷秘書丞、著作郞、軍器少監，皆兼右司，又兗密院檢詳，爲宰屬樞掾凡六年，奉祠去。嘉定十七年卒，年六十一，贈資政殿大學士，封越國公，諡忠憲。子與權，登進士第，再中刑法科，官至開府儀同三司。

希懌字伯和，燕王八世孫。登淳熙十四年進士第。趙汝愚帥福建，希懌爲屬吏，嘗言：「治人如修身，治政如理家，愛民如處昆弟。」取古今官著惠愛者，緝爲一編，曰：「是吾師矣。」汝愚嘉之，薦於憲辛棄疾。棄疾尚氣，傲吏不敢與可否，希懌獨盡言無所避。屬邑候官苦稅重，每不登額，希懌稽核公帑羨錢以足之，棄疾亦薦其能。汝愚當國，調江東運司幹辦。同寅有坐侂胄黨者，諸司莫敢薦，希懌賢其人，請以薦己者薦之。改太平州通判。先是，盜黥而逃者，捕得處死，希懌言：「強盜特貸命，而輒逃者斬，今黥罪致死，非法之平也。」自是皆減死論。遷江西茶鹽提舉。歲饑，惡少聚劫，希懌將自臨按，幕屬力止之，不聽，曰：「希懌不出，饑民終不得食，且召亂矣。」遂行，發粟賑給，禽首謀者治之，其黨遂散。陞本路帥，兼漕事。黑風峒羅世傳寇郴陽，奸民潛通賊，陰濟以糧，希懌捕治之，賊乏食乃去。未幾，李元礪寇郴，陳廷佐寇南安，復誘羅世傳與合，劫掠至龍泉。有何光世者，能知賊動息，希懌授光世計，俾誘世傳誅元礪以自贖，功未竟，移知平江府。其後世傳果縛元礪以獻，廷佐勢孤亦降。移知太平州，希懌爲倅日，習知其民利病，遂損折市價，減榷酤額，以蘇民力。已而乞祠，遷端明殿學士，換昭信軍節度使、開府儀同三司致仕。嘉定五年卒，年五十八，贈少保，封成國公。

士晤字公美，濮安懿王曾孫也。天資警敏，兒時儼如成人。比弱冠，爲右監門衛大將軍、貴州團練使，從上皇北遷次洺州東與諸宗室議欲遁還據城謀未就而金人圍合皆散走士晤乘驢西亡夜半盜斂驢去徒步疾趨邏明抵武安酒家語人曰我皇叔也邑官聞之來謁資以衣冠鞍馬因募得少壯百餘人從至磁州招集義兵以解洺圍旬日間得勝兵五千人歸附者數萬時洺州守臣王麟欲叛降敵軍民怒殺之推統制韓一爲主士晤夜半薄城下力戰破圍翌日入城部分守禦敵治壕塹樹鹿角示以持久士晤礪將士死守飛火砲碎其攻具以計生得其首領敵乃解圍去以功遷權知洺州仍兼防禦使建炎二年金人再犯洺糧盡援絕衆不能守乃擁士晤出城由白家灘抵大名府詔赴行在紹興五年遷泉州觀察使再遷平海軍承宣使知南外宗正事時泉邸新建向學者少士晤奏宗子善軫文藝卓絕衆所推譽乞免文解由是人知激勸遷節度使未拜而卒年四十六贈少師追封和義郡王淳熙中謚忠靖子不流歷臨安紹興帥治有聲

士㒟字立之鄆康孝王仲御第四子有大志好學善屬文初補右班殿直累遷忠州防禦使鄆州觀察使由寧遠軍承宣使轉權同知大宗正事時康王建大元帥府士㒟請於孟太后乞命帥府得承制便宜行事又請奉王承大統太后從之王遂即位除光山軍節度使扈蹕南幸黃潛善等用事士㒟論其誤國潛善斥之出知南外宗正事會苗傅劉正彥作亂士㒟易服入杭以蠟書遺張浚趣其勤王復遺呂頤浩書勉其與浚同濟國難苗傅等怒浚浚坐謫復遺浚書謂朝廷無他意俾賊勿疑耳事平加檢校少保除同知大宗正事丁母憂起復除大宗正事請序位安定郡王下從之累乞祠不許以定策功詔其子不議改文秩不恤易環衛官加士㒟檢校少師尋加開府儀同三司判大宗正事入覲勸帝留意恤民金人既歸河南陝西地命士㒟謁陵寢遂入栢城披歷榛莽隨宜葺治禮畢而還特封齊安郡王以旌其勞尋權主奉濮安懿王祠事軍興能宗室賜予至有喪不能歛者士㒟以聞詔緦麻袒免親任環衛官而身亡者賜錢有差士㒟數言事忤秦檜及岳飛被誣士㒟力辨曰中原未靖禍及忠義是忘二聖不欲復中原也臣以百口保飛無他檜大怒諷言者論士㒟交通飛蹤迹詭秘事切聖躬遂奪官中丞万俟卨復希旨連擊之謫居於建凡十二年而薨年七十帝哀之贈太傅追封循王六子皆進官二階長子不凡方苗傅之亂封股納蠟書持告張浚以功轉兩官易文資從趙哲收復建州殺葉濃以功賜爵二級

士崪字仰夫太宗五世孫初以廕補官累轉太子率府副率建炎初隆祐太后幸洪州敵奄至百司散走士崪至一大船中見二帝御容負以走遇潰兵數百同行至山中衆欲聚爲盜士崪出御容示之曰盜不過求食爲朝夕計耳孰若仰給州縣士崪以近屬諭之必從如此則今日不饑餓後日不失賞是一舉而兩得也衆聽命乃走謁太后虔州會虔民作亂鄉兵在外爲應與官軍相持士崪詣執政謂當請太后急肆赦人知免死庶可安集又宜急諭城中城中定則外寇可弭譬如服藥心腹已安外禦風濕乃餘事耳赦既下城中遂定遷右監門衛大將軍惠州防禦使紹興二十一年卒贈建寧軍承宣使追封建安郡王

士晴太宗之後商濮王之裔也從上皇俱北遷乘間變姓名入僧寺中落髮衣僧衣以行抵會稽扈駕循幸以覃恩轉千牛衛將軍奉朝請而卒

不羣字介然太宗六世孫宣和中量試授承事郎靖康初宰濟南章邱縣縣當山東河北之衝不羣募勁用五千人增城浚濠爲戰守備敵攻圍兩月不能下遷維州通判陞直秘閣通判鎮江府辟充兩浙宣撫司主管機宜文字高宗在越詔改郴州時羣盜出沒湖湘間不羣嚴備禦盜不能犯進直顯謨閣移知鼎州充湖北兵馬副鈐轄既而朝廷慮郴失守復留不羣於郴會岳飛破曹成成遁因犯郴不羣乘城固守拒卻之進直寶文閣移知宣州軍需以時辦而民不擾進秩二階知廬州酈瓊叛擁不羣北去尋釋之以歸帝召見問瓊叛故不羣曰由劉錡除制置瓊等以爲圖己兼撫諭後時故叛帝悔之除知荊南府累遷兩浙路轉運副使卒於官

不棄字德夫太宗之裔紹興中爲江東轉運判官秦檜忌四川宣撫使鄭剛中以不棄能制之除太府少卿四川宣撫司總領官初趙開總蜀賦宣撫司文移率用申狀不棄至官用張憲成故事以平牒見剛中剛中愕然久之始悟其不隸已遂有隙不棄欲盡取宣撫司所儲剛中不與不棄怒剛中辟利州轉運使王陟兼本司參議不棄劾罷之二人愈不相能檜併召還剛中在蜀服用頗踰制不棄復文致其事檜乃罷剛中陞不棄敷文閣待制知臨安府踰年改工部侍郎尋除敷文閣直學士知紹興府時浙東旱饑民多流亡提舉秦昌時檜兄子也不棄言其悉心振恤全活甚衆昌時得遷秩其媚檜如此未幾卒

不尤有武力靖康之難與王明募義兵與金人戰雄張河南北盜皆避其鋒曰此小使軍也高宗即位引衆歸補武翼郎從岳飛平湖寇飛死檜奪其兵遣守橫州而卒子善悉進士登第累官敷文閣直學士兩浙轉運副使

不息字仁仲嗣濮王宗暉曾孫也父士圖從上皇北遷遂拜集慶軍節度使不息初補保義郎紹興二十七年登第易左宣義郎調婺州金華丞治縣豪何汝翼械請於郡編隸他州邑人慴服除永州通判郡歲輸米倍收其贏民病之不息言於守損其數帥司檄不息錄靖州獄辯出冤者數十百人靖人德之繪其像以祠除知開州開在巴東俗鄙陋不息爲興學俾民知孝義郡有鹽井舊長吏必遣所親監之私其利不息罷遣鹽利倍入郡計用饒以羨餘代民輸夏秋兩稅及天申節銀絹在開二年民絕鬭爭夜戶不閉諸司交薦以比古循吏轉夔州轉運判官開人數千遮城門不得行至夔民病上供銀特部使者以親故攝大寧鹽場專其利不息斥去而鹽獲羨餘乃出錢市美鹽數十萬斤易米得三萬餘斛運抵湖北市銀以歸代諸郡納上供銀省緡錢十五餘萬改成都路轉運判官適歲饑不息行抵瀘南貸官錢五萬緡遣吏分糴比至下令曰米至矣富民爭發粟米價遂平雙流朱氏獨閉糴邑民羣聚發其廩不息抵朱氏法籍其米糶盜米者民遂定永康軍歲治都江堰籠石蛇絕江遏水以灌數郡田吏盜金減役夫堰不固而圮田失水故歲屢饑不息躬視操板築繩吏以法乃出令民業耕者田主貸之事末作者富民振之老幼疾患者官爲粥視全活數百萬黎州青羌奴結兒反制司調兵往戍屬不息給餉故事富人出糧而下戶以力致于邊不息曰民饑不可擾也以糴餘米發卒運之已而朝廷命不息攝制司初官兵敗前制使遣人賂奴結兒以和不息曰奴結兒吐蕃小種也今且和若大族何不聽會酋豪蔓東畜列率數千人入漢地二百餘里成都大恐不息靜以鎮之召僚屬飲夜遣步將領飛山軍徑赴沉黎又徙綿州兵戍邛州爲後援戒之曰堅守勿動密檄諸蕃部生獲吐蕃一人賞十縑殺一人二縑於是邛部川首領崖襪合諸部落大破吐蕃於漢源斬蔓東畜列首來獻凡十有六日而平嘉州虛恨蠻入寇不息標吐蕃首境上蠻懼一夕遁去不息乃令緣邊家出丁夫一人分戍諸堡復其家不息罷歸蜀人送者沿成都至雙流遮道不得行未幾除成都提刑改四西路轉運判官廷臣薦其賢詔授右監門衛大將軍惠州防禦使知大宗正事非常制也吏白承受奏請須用中貴人不息曰有司不存乎罷不用中貴人或請見輒謝出之進明州觀察使俄陞招慶軍承宣使金人完顏烈來聘充館伴副使金使從者舊見館使皆對揖不息不爲禮宴玉津園不息連射皆中使者驚服不息以文行訓勉族屬薦其秀傑者奏新學宮增廣弟子員倣大學校定法置自訟齋使有過者讀書其中人人感勵淳熙十四年卒年六十七贈開府儀同三司封崇國公不息性篤孝生七歲遭父北遷每思慕涕泣長力學母曹氏止之答曰君父讎未報非敢志富貴也登第時已入仕法當超兩秩請回授其母母封法止令人高宗嘉其志特封郡夫人居官所至有聲立朝好言天下事蜀中武帥操重權不息請復置安撫司相維而治其論王抃不宜揀選諸路軍王友直不可爲副都指揮使尤人所難言者遇大旱一日九疏勸上求直言通下情退而燔其藁時布衣上書狂悖多抵罪不息謂太上皇帝不罪言者此宜書之御座右帝悚然可之既嘉其忠諒每宴禁中帝飲之酒顧謂皇太子曰此賢宗室也一日坐待漏院有給事中白英國公借擊毬馬不息正色曰上惟一皇孫萬一馬驚墮斬汝輩無益也馬竟不可得所敬者朱熹張栻栻死爲請謚又請用熹其好尚如此

善俊字俊臣太宗七世孫父不衰閩路兵馬鈐轄善俊初補承節郎紹興二十七年登第換左承務郎調南城丞改昭信軍簽判奇之虞允文亦薦其有邊帥才除幹辦諸司審計司知郴州數奏稱旨留爲大府寺丞尋攝帥知廬州會歲旱江浙饑民廩至善俊括境內官田均給之貸牛種飭屋以居死者爲給槥人至如歸州城舊毀於兵善俊葺完之因言異時恃焦湖以通饋餉今既堙涸宜募鄉兵保孤姥二山治屋以儲粟敵或敗盟則吾城守有餘餉道無乏矣又增築學舍新包拯祠春秋祀之人感其化累遷龍圖閣直學士移知建州建俗生子往往不舉善俊痛繩之給金穀捐己俸以助其費再知廬州首言和好不可恃當高城浚池以爲備復芍陂七門堰農政用修免責屬邑坊場河渡羨錢百姓德之以父憂去服闋起知鄂州適南市火善俊亟往視事弛竹木稅發粟振民開古溝創火巷以絕後患僚屬爭言用度將不足善俊曰吾將瘠己肥人乃省燕游車騎皷吹之費郡計用饒代輸民役錢再知建州歲饑民羣趨富家發其廩監司議調兵掩捕善俊曰是趣亂也諭許

自新平米價民乃定邑尉入盜十三人死罪以希賞善俊辯其寃徙知隆興府移江西轉運副使時朝廷議減月樁錢善俊言及州不及縣則縣仍迫取於民猶不減也宜一路通裁其額下之漕臣科郡縣輕重均減之又奏和買己是白科從而折變益加糜費其數反重於正絹併乞蠲減黜卒遇赦還者剌克鋪兵可除民害所言多見用轉湖南帥郴桂地絕遠守多非才善俊謂宜精其選代輸潭州經總制錢停醴陵渌水渡錢加秘閣修撰移知鎮江府丁母憂終喪而卒年六十四善俊風儀秀整喜功名尤好論事孝宗時日中有黑子地屢震每以飭邊備為戒孝宗英武獨運鈌相者累年善俊極言相位不可無人尤人所難言者

善譽字靜之父不倚太宗之後也善譽幼敏慧力學乾道五年試禮部第一初調昌國簿攝邑事勸編戶裒金買田以助嫁娶喪葬捕得海盜全黨守欲上其功善譽曰奈何以人命希賞守益賢之薦于朝授兩浙運幹改知撫州臨川縣縣嘗預借民賦善譽閱籍發逋負按籍征催卒以時辦集遂罷預借改常州添差通判史浩言其賢詔赴部堂審察累遷大理丞湖北常平茶鹽提舉會大旱善譽通融諸郡常平計戶振貸嗣歲麥禾倍收民爭負以償奏罷稅場十餘渡四十五民便之俾諸郡售田委郡文學董其入以給計偕者移潼川路提刑轉運判官遂寧守徐詡乏廉聲部使者以其故御史寬假之善譽過遂寧詡出迎善譽抑使循廊詡大沮郡人聞之爭訟其過善譽劾諸朝宰相王淮善詡寢其章善與徑以聞罷詡又以羨貲給諸郡置莊民生子及娠者俱給米威惠並孚宗子寓蜀者少業儒善譽即郡庠立學以教之人始感勵引年乞祠歸處一室以圖書自娛無疾而卒年四十七時淳熙十六年也善譽早失怙恃撫育諸季備至居官廉靖自將多所著述郭雍朱熹嘗取其易說云

汝述字明可太宗八世孫曾祖士說從二帝北遷臨河罵敵而死汝述登淳熙十一年進士第調南劍州順昌尉嘉定六年詔主管官告院自是常兼宰士累遷將作少監權侍立修注官八年除起居郎兼密院都承旨俄遷兵部侍郎以母憂去服闋改刑部侍郎遷尚書知平江府卒汝述為尉應詔上封事論議懇惻立朝薦引多知名之士然為時相所親蹤跡通顯人亦以此少之

叔近悼王元孫榮國公克類之子也建炎元年為秀州守杭卒陳通反詔辛道宗將西兵討之兵潰為亂抵秀州城下叔近乘城諭以禍福亂兵乃去未幾差權兩浙提刑叔近招通通聽命叔近以素隊數十人入賊城衆猶不解甲叔近置酒推誠待之遂皆感服城中稍定叔近奏通初無叛心止緣葉夢得賞不時給遂至紛爭今已就招請赦其徒二百餘人帝許之臺諫皆言不可遂寢叔近還秀州已而王淵兵至杭詐傳呼云趙秀州來通郊迎淵遂誅之初淵在汴京狎娼周氏周氏後歸叔近淵銜之乃誣叔近通賊奪職拘於州以朱芾代之芾肆殘虐軍民怨憤小卒徐明率衆囚芾迎叔近領郡事叔近不得辭因撫定之請擇守於朝奏未達朝廷命張俊致討俊淵部曲也辭行淵謂之曰叔近在彼俊喻意領兵至郡叔近出迎俊叱令置對方操筆羣刀遽前斷其右臂叔近呼曰我宗室也俊曰汝既從賊何云宗室語未竟已折首於地徐明等見叔近死遂反戈嬰城縱火驅掠翌日俊斬關入捕明等誅之取周氏歸於淵紹興九年御史言叔近之寃贈集英殿脩撰

叔向魏王之系也方汴京破時叔向潛出之京西金人退引衆屯青城入至都堂叱王時雍等速歸政置救駕義兵其後為部將于渙上變告叔向謀為亂詔劉光世捕誅之

彥倓字安卿彭城侯叔褧曾孫也父公廣饒州太守彥倓初調溧陽尉邑民潘氏兄弟橫邑中號三虎畜僮僕數百邑官莫敢誰何彥倓白其守治之縛潘氏昆弟正其罪改揚州司戶攝獄掾有告主藏吏盜錢餘千萬治之急吏泣請死彥倓察其情屏人問則諸吏共貸也乃許自首免罪一日而畢改平江府推官攝宜興縣縣自中興後預借民明年稅民挾此得慢其令彥倓請禁預借邑遂易治知臨安於潛縣胥往往通臺省吏得肆其奸彥倓執其黠者械送府臺省吏從中救之彥倓力爭竟抵胥罪浮橋屢以水敗彥倓梁以石民免溺死陞臨安府通判開禧初知興國軍歲旱蝗而軍需益急屬邑令吳格負上供銀尤多彥倓半累貶秩格愧謝彥倓曰屬時多艱宜寬民力以崇根本何謝為潰卒據外城為變彥倓募能斬捕者賞之既而各斬首以獻散其餘黨累遷湖南運判猺人羅孟傳反累歲不能平彥倓謂帥臣曰猺人讐殺乃其常情況主斷不平是激之使叛也能遣諜者離其黨與俾還自相讐破之易矣帥從其計遂降孟傳尋知紹興府楮價輕彥倓權以法民便之復鹿鳴禮置興賢莊以資其費築捍海石塘亦置莊以備增築會旱饑民聚昄湖中彥倓取死囚幕首刖足徇於衆曰此劫蔆藕者也遂散其衆乃第民高下損其稅有差免輸湖籍田米皐緡錢四十萬以助荒政民賴以濟詔改大府少卿遷顯謨閣知太平州調江西轉運使嘉定十一年卒於官年六十四

彥橚字文長悼王七世孫祖訓之在忠義傳彥橚登乾道二年進士第尉樂清會大旱令循故事禱雨而責租益急彥橚曰損歛己責所以招和氣何禱為已而果雨累官福建路運幹屬邑負振鹽本錢數千萬累歲不能償彥橚白其長蠲之慶元初知晉陵縣歲饑彥橚振恤有方所活幾二十萬又以羨錢為五等戶代輸擢監登聞檢院時韓侂胄方柄用朝士悉趨其門彥橚切歎惋出知汀州州民葉姓者嘯聚汀贛間彥橚遣將捕戮之遷廣西提刑諸郡鬻官鹽取息之六以奉漕司後增至八分彥橚復其舊以蘇民力朝廷從之侂胄死詔戶部侍郎兼樞密院檢詳士大夫前與兵議者坐侂胄黨將併逐之彥橚歎曰士方以偽學廢今又以兵端斥去苟欲錮士何患無名每見帝必言才難遷湖廣總領舊士卒物故大將不落其籍而私其月請彥橚置別籍稽核之或傳軍中有怨言彥橚曰不樂者主帥耳何損士卒持之三年掛虛籍者贏三萬額減錢百萬緡用度以饒比去餘七百萬而諸路累積逋負猶四百萬盡蠲之知平江府郡之昆山並大海盜出沒莫可蹤迹彥橚奏分其半置嘉定縣屯兵以守轉寶謨閣待制卒於官年七十一

彥逾字德先魏悼王後崇簡國公叔寓曾孫也紹興三十年登第淳熙五年知秀州累遷大府少卿四川總領將入境利西帥吳挺遣屬吏安丙來逆彥逾見即喜其人從容問之曰太尉統衆六萬得無虛籍乎丙以情告彥逾遺挺書俾損虛籍數千以寬四川之賦挺不敢隱改知鎮江府郡適旱饑彥逾節浮費發粟振糴民賴以濟遷戶部侍郎工部尚書孝宗崩光宗疾不能持喪樞密趙汝愚議請立嘉王為皇帝欲倚殿帥郭杲為用遣中郎將范任告之杲不應時中外洶洶彥逾見汝愚對泣汝愚密告以翌戴之議彥逾大喜力贊其決郭杲嘗被誣彥逾為白於帝杲德之遂馳告杲曰彥逾與樞密第能謀之耳太尉為國虎臣當任其責杲未及對彥逾急責之杲許諾遂領兵為衞寧宗即位汝愚謂彥逾曰我輩宗臣不當言功會留正免相汝愚登右揆彥逾以端明殿學士出知建康兼江東安撫使未行改四川安撫制置使兼知成都府彥逾為政不擾蜀人便之以定策勳累遷資政殿大學士嘉泰間知明州兼沿海制置使嘉定間乞祠以歸尋卒彥逾始與汝愚協濟大計冀汝愚引己共政及外除頗觖望乃疏當時名臣上之目為汝愚黨帝由是疑汝愚其兩入蜀皆有聲然吳氏世守武興兼利西安撫操重權吳挺卒朝廷用邱崈議併利西安撫於東路以革世將之弊而彥逾奏復利西安撫乃領以武帥其後吳曦因之以生變人以是咎彥逾云

宋史卷二百四十八

元 中 書 右 丞 相 總 裁 脫 脫 等 修

列傳第七

公主

泰國大長公主	太祖六女
太宗七女	眞宗二女
仁宗十三女	英宗四女
神宗十女	哲宗四女
徽宗三十四女	孝宗二女
光宗三女	魏惠獻王一女
寧宗一女	理宗一女

秦國大長公主太祖同母妹也初適米福德福德卒太祖即位建隆元年封燕國長公主再適忠武軍節度使高懷德賜第興寧坊開寶六年十月薨太祖臨哭廢朝五日賜諡恭懿眞宗追封大長公主元符三年改秦國政和四年改封恭懿大長帝姬有姊一人未笄而夭建隆三年追封陳國長公主元符改封荊國大長公主政和改封恭獻大長帝姬

太祖六女申國成國永國三公主皆早亡

魏國大長公主開寶三年封昭慶公主下嫁左衞將軍王承衍賜第景龍門外太宗即位進封鄭國淳化元年改封秦國眞宗至道三年進長公主大中祥符元年薨賜諡賢肅元符改封魏國大長公主政和改賢肅大長帝姬

魯國大長公主開寶五年封延慶公主下嫁左衞將軍石保吉太宗即位進封許國淳化元年改晉國眞宗初進長公主大中祥符二年進大長公主薨賜諡賢靖元符改封魯國政和改賢肅大長帝姬

陳國大長公主開寶五年封永慶公主下嫁右衞將軍魏咸信太宗即位進封虢國淳化元年改齊國眞宗初

進許國長公主咸平二年薨諡貞惠後改恭惠景祐三年追封大長公主元符改封陳國政和改賢惠大長帝姬

太宗七女長滕國公主早亡

徐國大長公主太平興國九年封蔡國下嫁左衞將軍吳元扆淳化元年改魏國薨諡英惠至道三年追封燕國長公主景祐三年進大長公主元符改徐國政和改英惠大長帝姬

邠國大長公主太平興國七年爲尼號員明大師八年卒至道三年追封曹國長公主景祐三年進大長公主元符改邠國

揚國大長公主至道三年封宣慈長公主咸平五年進魯國下嫁左衞將軍柴宗慶賜第普寧坊宗慶禹錫之孫帝命主以婦禮謁禹錫第歷徙韓魏徐福四國仁宗立進鄧國大長公主明道二年薨進封晉國諡和靖元符封揚國政和改和靖大長帝姬主性妬宗慶無子以兄子爲後

雍國大長公主至道三年封賢懿長公主咸平六年下嫁右衞將軍王貽永進封鄭國賜第景德元年薨諡懿順景祐三年追封大長公主皇祐三年改韓國徽宗改封雍國政和改懿順大長帝姬

衞國大長公主至道三年封壽昌長公主大中祥符二年進封陳國改吳國號報慈正覺大師改楚國又改邠國天禧二年改建國乾興元年封申國大長公主天聖二年薨賜諡慈明徽宗改衞國政和改慈明大長帝姬

荆國大長公主幼不好弄未嘗出房闥太宗嘗發寶藏令諸女擇取之欲以觀其志主獨無所取眞宗卽位封萬壽長公主改隨國下嫁駙馬都尉李遵勗舊制選尚者降其父爲兄弟行時遵勗父繼昌亡恙主因繼昌生日以舅禮謁之帝聞密以兼衣寶帶器幣助其爲壽遵勗賓客皆一時賢士每燕集主必親視饌膳嘗有盜入主第帝命有司訊捕主請出所逮繫人以私錢募告者果得眞盜法當死復請貰之歷封越宿鄂冀四國明道元年進魏國初遵勗出守許州暴得疾主亟欲馳視之左右白須奏得報乃可行主不待報而往從者纔五六人帝聞遽命內侍督諸縣邏兵以衞主車其後居夫喪衰麻未嘗去身服除不復御華麗嘗燕禁中帝親爲簪花辭曰自誓不復爲此久矣嘗因浴仆地傷右肱帝遣內侍責侍者主曰年衰力弱不任步趨非左右之過由是悉得免主善筆札喜圖史能爲歌詩尤善女工之事嘗誡諸子以忠義自守無恃吾以速悔尤視他子與已出均及病目帝挾醫診視自后妃以下皆至第候問帝親舐其目左右皆感泣帝亦悲慟曰先帝伯仲之籍十有四人今獨存大主柰何嬰斯疾復顧問子孫所欲主曰豈可以母病邀賞邪賚白金三千兩辭不受帝因謂從臣曰大主之疾倘可移於朕亦所不避也主雖喪明平居隱几沖淡自若誡諸子曰汝父遺令柩中無藏金玉時衣數襲而已吾歿後當亦如是皇祐三年薨年六十四帝臨奠輟視朝五日追封齊國大長公主諡獻穆徽宗改封荆國政和改獻穆大長帝姬

眞宗二女長惠國公主早亡

昇國大長公主初入道明道二年封衞國長公主號清虛靈照大師慶歷七年追封魯國諡昭懷徽宗改封昇國大長公主政和改昭懷大長帝姬

仁宗十三女徐國鄧國鄆國楚國商國魯國唐國陳國豫國九公主皆早亡

周陳國大長公主帝長女也寶元二年封福康嘉祐二年進封兖國主幼警慧性純孝帝嘗不豫主侍左右徒跣露天乞以身代帝隆愛之帝念章懿太后不及享天下養故擇其兄子李瑋使尚主瑋朴陋與主積不相能主中夜扣皇城門入訴瑋皇懼自劾諫官王陶論宮門夜開乞繩治護衞御史又共論主第內臣多不謹帝爲黜都監梁懷一輩十餘人後數年不復協詔出瑋於外主降封沂國居內廷久之復召瑋使爲駙馬都尉如初英宗立進越國長公主神宗治平四年進楚國大長公主熙寧三年薨年三十三以瑋奉主無狀貶陳州輔臣議諡帝以主事仁祖孝命曰莊孝追封秦國徽宗加周陳國政和改封莊孝明懿大長帝姬

秦魯國賢穆明懿大長公主仁宗第十女也母曰周貴妃嘉祐五年封慶壽進惠國治平四年進魯國大長公主下嫁吳越忠懿王之曾孫右領軍衞大將軍錢景臻改韓周燕國徽宗朝進秦魏兩國政和三年更封令德景行大長帝姬靖康二年諸帝姬北徙姬以先朝女金人不知留於汴建炎初復公主號改封秦魯國避地南渡賊張遇掠其家中子愕被害公主至揚州朝謁復避地之閩紹興三年自閩至會稽請入見因留居焉後徙台州上以公主行尊年高甚敬之每入內見必先揖靖康中戚里例納節至是公主爲其子忱請還舊官上以忱爲瀘州節度使仍詔戚里不得援例久之又爲忱請優賜推恩上重違之加忱開府儀同三司時主有三子偘愷非已所出故獨厚於忱上戒之曰長主壽考如此乃仁宗皇帝四十二年深仁厚澤是以鍾慶於長主長主待遇諸子宜法仁宗用心之均一主感服薨年八十六上輟朝五日幸其第臨奠詔子孫皆進官一等諡曰賢穆二十九年加諡明懿

兖國大長公主帝第十一女也嘉祐六年封永壽進榮國長公主治平四年進祁國大長公主熙寧九年改魯國下嫁左領軍衞大將軍曹詩主性儉節於池臺苑囿一無所增飭十年夏旱曹族以主生日將盛具爲壽主曰上方損膳徹樂吾何心能安悉屏之元豐六年薨年二十四追封荆國諡賢懿遷其二子曕敀皆領團練使徽宗追封兖國又改賢懿恭穆大長帝姬

燕舒國大長公主帝第十二女也嘉祐六年封寶壽八年進封順國長公主治平四年進冀國大長公主元豐五年改魏國下嫁開州團練使郭獻卿八年進楚國徽宗改吳國進吳越國改秦兖國政和二年薨追封燕舒國諡懿穆復改懿穆大長帝姬

英宗四女舒國公主早亡

魏楚國大長公主帝長女嘉祐八年封德寧治平三年進封徐國下嫁左衞將軍王師約四年進陳國長公主元豐八年薨追封燕國大長公主諡惠和元祐四年追封秦國徽宗追封魏國加韓魏國改魏楚國又改惠和大長帝姬

魏國大長公主帝第二女母曰宣仁聖烈皇后嘉祐八年封寶安公主神宗立進舒國長公主改蜀國下嫁左衞將軍王詵詵母盧寡居主處之近舍日致膳羞盧病自和湯劑以進帝厚於姊妹故主第池籞服玩極其華縟主以不得日侍宣仁於寶慈宮居常悒然間遇旱暵帝降損以禱主亦如之曰我奉賜皆出公上固應同其休戚帝居慈聖光獻皇后喪毀甚主曰吾與上同體視此亦復何聊立散遣歌舞三十輩元豐三年病篤主性不妬忌王詵以是自恣嘗貶官至是帝命還詵官以慰主意太后臨問已不省后慟哭久稍能言自訴必不起相持而泣帝繼至自爲診脈親持粥食之主强爲帝進食賜金帛六千且問所須但謝復詵官而已明日薨年三十帝未上食卽駕往望第門而哭輟朝五日追封越國諡賢惠後進封大長公主累改秦荆魏三國主好讀古文章喜筆札賙恤族黨中外稱賢詵不矜細行至與妾姦主旁妾數抵戾主薨後乳母訴之帝命窮治杖八妾以配兵旣葬謫詵均州子彥弼生三歲卒

韓魏國大長公主帝第三女與魏國同生始封壽康公主改祁國衞國下嫁張敦禮進冀國大長公主改秦越楚國加今封政和三年改賢德懿行帝姬宣和五年薨

神宗十女楚國鄆國潞國邢國邠國兖國六公主皆早薨

周國長公主帝長女也母曰欽聖憲肅皇后封延禧公主生而警悟自髫卝習嗜宛如成人年十二卒帝后皆變服哀送追贈燕國元符末改封周國

唐國長公主帝第三女也始封淑壽公主初帝念韓琦功德欲與爲婚姻故哲宗緣先帝意以主降琦之子嘉彥歷封溫曹冀雍越燕六國政和元年薨追封唐國長公主

潭國賢孝長公主帝第四女也母曰宋貴妃始封康國紹聖四年下嫁王遇歷韓魯陳鄆四國大觀二年薨追加封諡

徐國長公主帝幼女也母曰欽成皇后始封慶國進益冀蜀徐四國年及笄猶處聖瑞宮侍母疾晝夜不暫去藥餌非經手弗以進迨疾革號慟屢絕左右不忍視崇寧三年下嫁鄭王潘美之曾孫意事姑修婦道潘故大族夫黨數千百人賓接皆盡禮無裏外言志向沖淡服玩不爲紛華歲時簡嬉遊十年間惟一適西池而已再生子不成而死媵妾得女拊視如已出政和三年改稱柔惠帝姬五年薨年三十一追封賢靜長帝姬

哲宗四女鄧國揚國二公主早亡

陳國公主始封德康公主進瀛國榮國大觀四年下嫁石端禮徙陳國改淑和帝姬政和七年薨

秦國康懿長公主帝第三女也始封康懿進嘉國慶國政和二年改韓國公主出降潘正夫改淑愼帝姬靖康末與賢德懿行大長公主俱以先朝女留於汴建炎初復公主號改封吳國覲上於越以玉管筆小玉山奇畫爲獻上溫辭郤之避地至婺州紹興四年入見其子堯卿等五人各進官一等主奏言祖宗以來駙馬都尉石保吉魏咸信柴宗慶皆除使相今正夫歷事四朝在汴京曾建議迎陛下至杭州又言禁衞未集預宜防變乞除開府上不許八年再入見留宮中三日時極暑上每正衣冠對之飲食又爲正夫求恩數上曰官爵豈可私與人況今日多事未暇及此時趙鼎當國方論羣臣紹述之奸頗抑正夫鼎去位正夫始得開府之命給事中劉一正言其非舊制恐援例者多乃詔哲宗惟正夫爲近親餘人毋得援例顯仁太后歸主同秦魯國大長公

主迎於道十九年又入朝子長卿粹卿端卿皆自團練使陞觀察使從所請也孝宗卽位進封秦國大長公主隆興二年薨謚康懿主在日正夫官至少傅封和國公溫卿寧國軍承宣使長卿寧江軍承宣使端卿昭信軍承宣使淸卿容州觀察使墨卿才卿並帶團練使其盛如此正夫薨於紹興二十二年贈太傅

徽宗三十四女政和三年改公主號爲帝姬國號易以美名二字

嘉德帝姬建中靖國元年六月封德慶公主改封嘉福尋改號帝姬再封嘉德下嫁左衞將軍曾夤

榮德帝姬初封永慶公主改封榮福尋改號帝姬再封榮德下嫁左衞將軍曹晟

順淑帝姬初封順慶公主薨追謚益國及改帝姬號追封順淑

安德帝姬初封淑慶公主改封安福尋改號帝姬再封安德下嫁左衞將軍宋邦光

茂德帝姬初封延慶公主改封康福尋改號帝姬再封茂德下嫁宣和殿待制蔡鞗

壽淑帝姬初封壽慶公主薨追封豫國及改帝姬號追封壽淑

惠淑帝姬初封惠慶公主薨追封鄧國及改帝姬號追封惠淑

安淑帝姬初封安慶公主改封隆福薨追封蜀國及改帝姬號追封安淑

崇德帝姬初封和慶公主改封崇福尋改帝姬號下嫁左衞將軍曹湜再封崇德宣和二年薨

康淑帝姬初封康慶公主改封承福薨追封商國及改帝姬號追封康淑

榮淑帝姬初封崇慶公主改封懿福薨追封蔡國及改帝姬號追封榮淑

保淑帝姬初封保慶公主薨追封魯國及改帝姬號追封保淑

成德帝姬初封昌福公主改號帝姬再封成德下嫁向子房

洵德帝姬初封衍國公主改號帝姬尋改封洵德下嫁田丕

悼穆帝姬初封徽福公主改號帝姬薨追封悼穆

顯德帝姬初封顯福公主改號帝姬尋改封顯德下嫁劉文彥

熙淑帝姬初封熙福公主薨追封華國及改帝姬追封熙淑

敦淑帝姬初封壽福公主薨追封涇國及改帝姬追封敦淑

順德帝姬初封順德公主改號帝姬尋改封順德下嫁向子扆

柔福帝姬初封柔福公主後改帝姬

申福帝姬初封薨追封沖慧

寧福帝姬政和四年封

保福帝姬追封莊懿

賢福帝姬追封沖懿

仁福帝姬追封順穆

和福帝姬

永福帝姬

惠福帝姬

令福帝姬

華福帝姬

慶福帝姬

儀福帝姬

純福帝姬

恭福帝姬

右三十四帝姬早亡者十四人餘皆北遷獨恭福帝姬生纔周晬金人不知故不行建炎三年薨封隋國公主安德帝姬有遺女一人後適嗣秀王伯圭封秦國夫人榮德帝姬至燕京駙馬曹晟卒改適習古國王紹興中有商人妻易氏者在劉超軍中見內人言宮禁事遂自稱榮德帝姬鎭撫使解潛送至行在遣內夫人驗之詐付大理寺獄成詔杖死又有開封尼李靜善者內人言其貌似柔福靜善卽自稱柔福蘄州兵馬鈐轄韓世淸送至行在遣內侍馮益等驗視遂封福國長公主適永州防禦使高世榮其後內人從顯仁太后歸言其妄送法寺治之內侍李愕自北還又言柔福在五國城適徐還而薨靜善遂伏誅柔福薨在紹興十一年從梓宮來者以其骨至葬之追封和國長公主

孝宗二女長嘉國公主紹興二十四年封碩人進永嘉郡主三十二年卒詔以醫官李師克等屬吏孝宗時居東宮奏臣女幼而多疾不宜罪醫遂寢乾道三年贈嘉國公主次女生五月而夭未及封

文安郡主光宗長女也次女封和政郡主季女封齊安郡主皆早卒紹熙元年並追贈公主

安康郡主魏惠獻王女也初封永寧郡主改封通義以父遺表遂升安康歸殿前司前軍統領羅忠信子良臣詔王府主管鄧從義諭旨皇女孫郡主宜執婦道務成肅雍之德毋敢或違賜甲第居之良臣以恩轉秉義郎除閤門祗候官開禧元年郡主薨年三十九

祁國公主寧宗女也生六月而薨追封祁國

周漢國公主理宗女也母賈貴妃早薨帝無子公主生而甚鍾愛初封瑞國公主改昇國開慶初公主年及笄詔議選尚宰臣請用唐太宗下降士人故事欲以進士第一人尚主遂取周震炎廷謝日公主適從屏內窺見意頗不懌帝微知之景定二年四月帝以楊太后擁立功乃選太后姪孫鎭尚主擢鎭右領軍衞將軍駙馬都統進封公主爲周國公主帝欲時時見之乃爲主起第嘉會門飛樓閣道密邇宮苑帝常御小輦從宮人過公主第特賜董役官減三年磨勘工匠犒賞有差明年進封周漢國公主拜鎭慶遠軍承宣使鎭宗族姊姒皆推官加封寵異甚渥七月主病有鳥九首大如箕集主家搗衣石上是夕薨年二十二無子帝哭之甚哀謚端孝鎭官節度使云

宋史卷二百四十九

元中書右丞相總裁脫脫等修

列傳第八

范質 子旻 兄子杲　王溥 父祚
魏仁浦 子咸信 孫昭亮

范質字文素大名宗城人父守遇鄭州防禦判官質生之夕母夢神人授以五色筆九歲能屬文十三治尚書教授生徒後唐長興四年舉進士爲忠武軍節度推官遷封邱令晉天福中以文章干宰相桑維翰深器之卽奏爲監察御史及維翰出鎭相州歷泰寧晉昌二節度皆請質爲從事維翰再相質遷主客員外郎直史館歲餘召入爲翰林學士加比部郎中知制誥契丹侵邊少帝命漢祖等十五將出征是夜質入直少帝令召諸學士分草制質曰宮城已閉恐泄機事獨具草以進辭理優贍當時稱之漢初加中書舍人戶部侍郎周祖征叛每朝廷遣使齎詔處分軍事皆合機宜周祖問誰爲此辭使者以質對歎曰宰相器也周祖自鄴起兵向闕京城擾亂質匿民間物色得之喜甚時大雪解袍衣之且令草太后誥及議迎湘陰公儀注質蒼黃論撰稱旨遒白太后以質爲兵部侍郎樞密副使周廣順初加拜中書侍郎平章事集賢殿大學士翌日兼參知樞密院事郊祀畢進位左僕射兼門下侍郎平章事監修國史從征高平還加司徒弘文館大學士顯德四年夏從征壽州還加爵邑質建議以律條繁冗輕重無據吏得因緣爲奸世宗特命詳定是爲刑統六年夏世宗北征質病留京師賜錢百萬俾市醫藥及平關南至瀛州質見於路左師還以樞密使魏仁浦爲相命質與王溥並參知樞密院事世宗不豫入受顧命恭帝嗣位加開府儀同三司封蕭國公及太祖北征爲六師推戴自陳橋還府署時質方就食閣中太祖入率王溥魏仁浦就府謁見太祖對之嗚咽流涕具言擁逼之狀質等未及對軍校羅彥瓌舉刃擬質曰我輩無主今日須得天子太祖叱彥瓌不退質不知所措乃與溥等降階受命宋初加兼侍中罷參知樞密俄被疾太祖征澤潞幸其第賜黃金器二百兩銀器千兩絹二千匹錢二百萬太祖初卽位庶事謙抑至於藩戚尚未崇建幕府賓佐未列於位質因上奏曰自古帝王開基創業封建子弟樹立磐維宗戚既隆社稷永固伏見皇弟泰寧軍節度使光義自居戎職特負將材及領藩維尤積時望嘉州防禦使光美雄俊老成修身樂善嘉譽日聞乞並行封冊申錫命書皇子皇女雖在襁褓者亦乞下有司許行恩制此臣之願也臣又聞爲宰相者當舉賢能以輔佐天子竊以端明殿學士呂餘慶樞密副使趙普精通治道經事霸府歷歲滋深覩其公忠誠甚暱倚乞授以台司俾申才用帝嘉納之先是宰相見天子議大政事必命坐面議之從容賜茶而退唐及五代猶遵此制及質等憚帝英睿每事輒具劄子進呈具言曰如此庶盡稟承之方免妄庸之失帝從之由是奏御寖多始廢坐論之禮乾德初帝將有事圜丘以質爲大禮使質與鹵簿使張昭儀仗使劉溫叟討論舊典定南郊行禮圖上之帝尤嘉獎由是禮文始備質自爲序禮畢進封魯國公質奉表固辭不允二年正月罷爲太子太傅九月卒年五十四將終戒其子旻勿請謚勿刻墓碑太祖聞之爲悲惋罷朝贈中書令賜絹五百匹粟麥各百石質力學強記性明悟舉進士時和凝以翰林學士典貢部覽質所試文字重之自以登第名在十三亦以其數處之貢闈中謂之傳衣鉢其後質登相位爲太子太傅封魯國公皆與凝同云初質既登朝猶手不釋卷人或勞之質曰有善相者謂我異日位宰輔誠如其言不學何術以處之後從世宗征淮南詔令多出其手吳中文士莫不驚伏質每下

制敕未嘗破律命刺史縣令必以戶口版籍爲急朝廷遣使視民田按獄訟皆延見爲述天子憂勤之意然後遣之世宗初征淮南駐壽濠銳意攻取且議行幸揚州質以師老與王溥泣諫乃止及再駕揚州因事怒竇儀罪在不測質入謁請見世宗意其救儀起避之質趨前曰儀近臣也過小不當誅因免冠叩頭泣下曰臣備位宰相豈可使人主暴怒致近臣於死地耶願寬儀罪世宗意遂解復坐卽遣赦儀質性卞急好面折人以廉介自持未嘗受四方饋遺前後所得祿賜多給孤遺閨門之中食不異品身沒家無餘貲太祖因論輔相謂侍臣曰朕聞范質止有居第不事生產眞宰相也太宗亦嘗稱之曰宰輔中能循規矩愼名器持廉節無出質右者但欠世宗一死爲可惜爾從子校書郎杲求奏遷秩質作詩曉之時人傳誦以爲勸戒有集三十卷又述朱梁至周五代爲通錄六十五卷行於世子旻

旻字貴參十歲能屬文以父任右千牛備身太子司議郎累遷著作佐郎宋初爲度支員外郎判大理正事俄知開封縣太宗時領京尹數召與語頗器重之嶺南平選知邕州兼水陸轉運使俗好淫祀輕醫藥重鬼神旻下令禁之且割己奉市藥以給病者愈者千計復以方書刻石置廳壁民感化之會南漢知廣州官鄧存忠劫土人二萬衆攻州城七十餘日旻屢出親戰矢集於胸猶激勵將卒殊死戰賊遂少却病創日篤堅壁固守遣使十五輩求援廣州救兵至圍解賜璽書獎之旻病甚詔令有司以肩輿載歸闕下疾愈通判鎭州有能聲賜錢二百萬遷庫部員外郎開寶九年知淮南轉運事太祖謂旻曰朕今委卿以方面之重凡除民隱急軍須之務悉以便宜從事無庸一一中覆也歲運米百餘萬石給京師當時稱有心計太平興國初召爲水部郎中錢俶獻地以旻爲考功郎中權知兩浙諸州軍事旻上言俶在國日徭賦繁苛凡薪粒蔬菓箕帚之屬悉收算欲盡釋不取以蠲其弊從之車駕征晉陽上書求從召爲右諫議大夫三司副使判行在三司又兼吏部選事師還加給事中坐受人請求擅市竹木入官爲王仁贍所發貶房州司戶語在仁贍傳量移唐州六年卒年四十六有集一十卷邕管記三卷其後子貽孫上言詔復舊官貽孫官至主客員外郎

杲字師回父正青州從事杲少孤質視如己子刻志於學與姑臧李均汾陽郭昱齊名爲文深僻難曉後生多慕效之以蔭補太廟齋郎再遷國子四門博士嘗携文謁陶穀竇儀咸大稱賞謂杲曰若舉進士當待汝以甲科及秋試有上書言伐閱之家不當與寒士爭科第杲遂不應舉稍遷著作佐郎出爲許鄧二州從事坐事免太平興國初遷著作郎直史館歷右拾遺左補闕雍熙二年同知貢舉俄上書自言其才比東方朔求顯用以觀其效太宗壯之擢知制誥杲家貧貸人錢數百萬母兄睎性嗇嘗爲興元少尹居京兆殖貨鉅萬親故有自長安來者紿杲曰少尹不復靳財物已揮金無算矣杲聞之喜因上言兄老求典京兆以便養太宗從其請改工部郎中罷知制誥杲旣至而睎吝如故且常以不法事干公府杲大悔杲視事踰年境內不治會賊帥劉渥剽掠屬縣吏卒解散遂驚悸成疾移知壽州上言家世史官願秉直筆成國朝大典召爲史館修撰固求掌誥詞帝從之時翰林學士宋白左遷鄜州賈黃中李沆參知政事蘇易簡轉承旨杲連致書相府求爲學士且言於宰相李昉曰先公嘗授以制誥一編謂杲才堪此職因出示昉昉屢開解之未幾太宗飛白書玉堂額以賜翰林杲又上玉堂記因請備職太宗惡其躁競改右諫議大夫知濠州復召爲史館修撰初太宗以太祖朝典策未備乃議召杲杲聞命喜甚以爲將加優擢晨夜趨進至宋州遇湖州通判錢熙杲問以朝議將任僕何官熙言重修太祖實錄爾杲默然久之感疾至京師旬月卒年五十六太祖閱之錄其二子杲性虛誕與人交好面譽背非惟與柳開善更相引重始終無間不善治生家益貧杲端坐終日不知計所出人皆笑之子坦亦登進士第

王溥字齊物并州祁人父祚爲郡小吏有心計從晉祖入洛掌鹽鐵案以母老辭職歸漢祖鎭并門統行營兵拒契丹委祚經度芻粟卽位擢爲三司副使歷周爲隨州刺史漢法禁牛革輦送京師遇暑雨多腐壞祚請班鎧甲之式於諸州令裁之以輸民甚便之移刺商州以奉錢募人開大秦山岩梯路行旅感其惠顯德初置華州節度以祚爲刺史未幾改鎭潁州均部內租稅補實流徙以出舊籍州境舊有通商渠距淮三百里歲久湮塞祚疏導之遂通舟楫郡無水患歷鄭州團練使宋初升宿州爲防禦以祚爲使課民鑿井修火備築城北隄以禦水災因求致政至闕下拜左領軍衞上將軍致仕

溥漢乾祐中舉進士甲科爲秘書郎時李守貞據河中趙思綰反京兆王景崇反鳳翔周祖將兵討之辟溥爲從事河中平得賊中文書多朝貴及藩鎭相交結語周祖籍其名將按之溥諫曰魑魅之形伺夜而出日月旣照氛沴自消願一切焚之以安反側周祖從之師還遷太常丞從周祖鎭鄴廣順初授左諫議大夫樞密直學士二年遷中書舍人翰林學士三年加戶部侍郎改端明殿學士周祖疾革召學士草制以溥爲中書侍郎平章事宣制畢周祖曰吾無憂矣卽日崩世宗將親征澤潞馮道力諫止溥獨贊成之凱還加兼禮部尚書監修國史世宗嘗從容問溥曰漢相李崧以蠟書與契丹猶有記其詞者信有之耶溥曰崧爲大臣設有此謀肯輕示外人蓋蘇逢吉誣之耳世宗始悟詔贈其官世宗將討秦鳳求帥於溥溥薦向拱事平世宗因宴酌酒賜溥曰爲吾擇帥成邊功者卿也從平壽春制加階爵顯德四年丁外艱起復表四上乞終喪世宗大怒宰相范質奏解之溥懼入謝六年夏命參知樞密院事恭帝嗣位加右僕射是冬表請修世宗實錄遂奏史館修撰都官郎中知制誥扈蒙右司員外郎知制誥張淡左拾遺王格直史館左拾遺董淳同加修纂從之宋初進位司空罷參知樞密院乾德二年罷爲太子太保舊制一品班於臺省之後太祖因見溥謂左右曰溥舊相當寵異之卽令分臺省班於東西遂爲定制五年丁內艱服闋加太子太傅開寶二年遷太子太師中謝日太祖顧左右曰溥十年作相三遷一品福履之盛近世未見其比太平興國初封祁國公七年八月卒年六十一輟朝二日贈侍中謚文獻溥性寬厚美風度好汲引後進其所薦至顯位者甚衆頗吝嗇祚頻領牧守能殖貨所至有田宅家累萬金溥在相位祚以宿州防禦使家居每公卿至必首謁祚置酒上壽溥朝服趨侍左右坐客不安席輒引避祚曰此豚犬爾勿煩諸君起溥諷祚求致政祚意朝廷未之許也旣得請祚大罵溥曰我筋力未衰汝欲自固名位而幽囚我舉大梃將擊之親戚勸諭乃止溥好學手不釋卷嘗集蘇冕會要及崔鉉續會要補其闕漏爲百卷曰唐會要又采朱梁至周爲三十卷曰五代會要有集二十卷子貽孫貽正貽慶貽序貽正至國子博士貽慶比部郎中貽序景德二年進士後改名貽矩至司封員外郎貽正子克明尚太宗女鄭國長公主改名貽永令與其父同行見外戚傳貽孫字象賢少隨周祖典商潁二州署衙內都指揮使顯德中以父在中書改朝散大夫著作佐郎宋初遷金部員外郎賜紫累遷右司郎中淳化中卒太祖平吳蜀所獲文史副本分賜大臣溥好聚書至萬餘卷貽孫遍覽之又多藏法書名畫太祖嘗問趙普拜禮何以男子跪而婦人否普問禮官不能對貽孫曰古詩云長跪問故夫是婦人亦跪也唐太后朝婦人始拜而不跪普問所出對云大和中有幽州從事張建章著渤海國記備言其事普大稱賞之端拱中右僕射李昉求郡省百官集議舊儀貽孫具以對事見禮志時論許其諳練云

魏仁浦字道濟衞州汲人幼孤貧母爲假黃縑製暑服仁浦年十三嘆曰爲人子不克供養乃使慈母求貸以衣我我能安乎因慷慨泣下辭母詣洛陽濟河沉衣中流誓曰不貴達不復渡此晉末隸樞密院爲小史任職端謹儕輩不能及契丹入中原仁浦隨衆北遷會契丹主殂於眞定仁浦得脫歸魏帥杜重威素知仁浦謹厚善書計欲留補牙職仁浦以重威降將不願事之遂遁去重威遣騎追之不及漢祖起太原次鞏縣仁浦迎謁道左卽補舊職時周祖掌樞密召仁浦問闕下兵數仁浦悉能記之手疏六萬人周祖喜曰天下事不足憂也遷兵房主事從周祖鎭鄴乾祐末隱帝用武德使李鄴等謀誅大臣楊邠史弘肇等密詔澶帥李洪義殺騎將王殷令郭崇害周祖洪義知事不濟與殷謀遣副使陳光穗齎詔示周祖周祖懼召仁浦入計且示以詔曰朝廷將殺我我死不懼獨不念麾下將士乎仁浦曰侍中握強兵臨重鎭有功朝廷君上信讒圖害忠良雖欲剖心自明奚可得也事將奈何今詔始下外無知者莫若易詔以盡誅將士爲名激其怒心非徒自免亦可爲楊史雪冤周祖納其言倒用留守印易詔書以示諸將衆懼且怒遂長驅渡河及卽位以仁浦爲樞密副承旨俄遷右羽林將軍充承旨周祖嘗問仁浦諸州屯兵之數及將校名氏令檢簿視之仁浦曰臣能記之遂手疏於紙校簿無差周祖尤倚重焉廣順末太原劉崇寇晉州仁浦居母喪而宅邇宮城周祖步登寬仁門密遣小黃門召仁浦計事明日起復舊職周祖大漸謂世宗曰李洪義長與節鎭魏仁浦無遣違禁密世宗卽位授右監門衞大將軍樞密副使從征高平周師不利東偏已潰仁浦勸世宗出陣西殊死戰遂克之師還拜檢校太保樞密使故事惟宰相生辰賜器幣鞍馬世宗特以賜仁浦從平壽春加檢校太傅進爵邑遷中書侍郎平章事集賢殿大學士兼樞密使世宗欲命仁浦爲相議者以其不由科第世宗曰古人爲宰相者豈盡由科第耶遂決意用之恭帝嗣位加刑部尚書宋初進位右僕射以疾在告太祖幸其第賜黃金器二百兩錢二百萬再上

表乞骸骨不許乾德初罷守本官開寶二年春宴太祖笑謂仁浦曰何不勸我一杯酒仁浦奉觴上壽帝密謂之曰朕欲親征太原如何仁浦曰欲速不達惟陛下愼之宴罷就第復賜上尊酒十石御膳羊百口從征太原中途遇疾還至梁侯驛卒年五十九贈侍中仁浦性寬厚接士大夫有禮務以德報怨漢乾祐中有鄭元昭者開封浚儀人爲安邑解縣兩池榷鹽使遷解州刺史會詔以仁浦婦翁李溫玉爲榷鹽使管兩池元昭不得專其利仁浦方爲樞密院主事元昭意仁浦必庇溫玉會李守貞以河中叛溫玉子在城中元昭卽繫溫玉以變聞時周祖總樞務知其有間置而不問顯德中仁浦爲樞密使元昭不自安及代歸闕道洛都以情告仁浦弟仁滌仁滌曰公第去可無憂我兄素寬仁有度雖公事不欲傷於人豈念私隙乎元昭至京師仁浦果不介意白周祖授元昭慶州刺史漢隱帝寵作坊使賈延徽延徽與仁浦並居欲併其第屢譖仁浦幾至不測及周祖入汴有擒延徽授仁浦者仁浦謝曰因兵戈以報怨不忍爲也力保全之當時稱其長者世宗朝近侍有忤上至死者仁浦力救之全活者衆淮南之役獲賊兵數千人仁浦從容上言俾隸諸軍軍中無濫殺者景德四年其子咸信請謚曰宣懿子咸美咸熙咸信咸美以左司禦率府率致仕咸熙性仁孝嘗會賓客家童數輩覆案碎器客皆驚愕咸熙色不變止令更設饌具其寬厚若此以父任累遷屯田郎中後至太僕少卿卒年四十九子昭慶駕部員外郎昭文西染院使昭素供奉官閤門祗候

咸信字國寶建隆初授朝散大夫太子右坊通事舍人改供奉官初太祖在潛邸昭憲太后嘗至仁浦第咸信方幼侍母側儼如成人太后奇之欲結姻好開寶中太宗尹京成昭憲之意延見咸信於便殿命與御帶党進等較射稱善遂選尚永慶公主授右衛將軍駙馬都尉踰年出領吉州刺史太平興國初眞拜本州防禦使四年詔用奉外賜錢十萬五年坐遣親吏市木西邊矯制免所過稅算罰一季奉俄遷愼州觀察使雍熙三年冬契丹擾邊王師出討悉命諸主壻鎭要地王承衍知大名石保吉知河陽咸信知澶州四年本郡黃河清咸信以聞詔褒答之籍田畢就拜彰德軍節度八月遣歸治所淳化四年河決澶淵昭北城再命知州事太宗親諭方略傳置而往時遣閤承翰修河橋咸信請及流水未下造舟爲使承翰入奏方冬難成請權罷其役咸信因其去乃集工成之奏至上大悅河平遣還役兵俄詔留築隄咸信以爲天寒地凋無決溢之患復奏罷之眞宗卽位改定國軍節度咸平中大閱東郊以爲舊城內都巡檢車駕北征爲貝冀路行營都統署詔督師至貝州敵人退召還行在所景德初從幸澶州石保吉與李繼隆爲排陣使契丹請和帝置酒行宮面賞繼隆保吉咸信避席自愧無功上笑而撫慰之二年改武成軍節度知曹州秋霖積潦咸信決廣濟河隄以導之民田無害扈駕朝陵還上言先塋在洛欲立碑求泣盟津以便其事卽改知河陽大中祥符初從東封加檢校太尉將祀汾陰命知澶州令入內副都知張繼能諭旨移領忠武軍節度未幾召還年已昏眊見上希旨求寵渥七年表乞任用上出示中書向敏中曰咸信聯榮戚里位居節制復何望耶是冬以新建南京獎太祖舊臣加同平章事俄判天雄軍天禧初改陝州大都督府長史保平軍節度有感風疾苦歸眞宗嘗謂宰相曰咸信老病諸子不克承順身後復能保守其家業耶未幾卒年六十九贈中書令錄其諸子孫姪遷官者七人咸信頗知書善待士然性吝嗇利仁浦所營邸舍悉擅有之既卒爲諸姪所訟時人恥之子昭易昭亮昭侃昭易西京作坊使知隰州昭侃改名昭昞爲崇儀使

昭亮字克明公主所生幼未名太宗召入禁中命賦賞花詩詩成上之太宗大悅酌以上尊酒命筆題從訓昭亮二名令自擇之拜如京副使遷如京洛苑使掌翰林司丁公主憂起復授六宅使領富州刺史遷內藏庫副使未幾拜西上閤門使進秩東上上言閤門舊儀制未當乃詔龍圖閣學士陳彭年待制張知白引進使白文肇與昭亮同加詳定既成賜白金千兩又建議設儀石於內殿加領恩州團練使時咸信在大名屬生日命昭亮就賜禮物是日告命至軍府榮之父卒遷四方館使仍兼掌客省多糾擧官之失儀者昭亮多病在告詔給其奉天禧二年卒昭亮未死日數遣人入謁求進用加兼端州防禦使未及拜命死仍以制書賜其家贈貝州觀察使以弟昭侃爲供備庫使子餘慶爲內殿崇班昭亮與陳彭年款昵彭年嘗稱其才昭亮居官務皦察多遣人偵伺僚輩樞密承旨尹德潤嘗少之會閤門副使焦守節內殿崇班郭盛以役卒與德潤治第昭亮廉知發其事皆坐黜削李維卽王曾妻之叔父同在翰林曾受詔試擧人以家事屬維昭亮意曾受祈請奏其竊語遣中使參問無他狀曾始得釋昭亮陰險多此類時人惡之餘慶改名成德爲供備庫副使

贊曰五季至周之世宗天下將定之時也范質王溥魏仁浦世宗之所拔擢而皆有宰相之器焉宋祖受命遂爲佐命元臣天之所置果非人之所能測歟質以儒者曉暢軍事及其爲相廉愼守法溥刀筆家子而好學終始不倦仁浦嘗爲小史而與溥皆以寬厚長者著稱豈非絕人之資乎質臨終戒其後勿請謚立碑自悔深矣太宗評質惜其欠世宗一死嗚呼春秋之法責備賢者質可得免乎

宋史卷二百五十

元 中 書 右 丞 相 總 裁 脫 脫 等 修

列傳第九

石守信子保興保吉孫元孫　王審琦子承衍承衎孫克臣等

高懷德　韓重贇子崇訓崇業

張令鐸　羅彥瓌

王彥昇

石守信開封浚儀人事周祖得隸帳下廣順初累遷親衛都虞候從世宗征晉陽遇敵高平力戰遷親衛左第一軍都校師還遷鐵騎左右都校從征淮南爲先鋒下六合入渦口克揚州遂領嘉州防禦使充鐵騎控鶴四廂都指揮使從征關南爲陸路副都部署以功遷殿前都虞候轉都指揮使領洪州防禦使恭帝卽位加領義成軍節度太祖卽位遷侍衛馬步軍副都指揮使改領歸德軍節度李筠叛守信與高懷德率前軍進討破筠衆于長平斬首三千級又敗其衆三萬于澤州獲僞河陽節度范守圖降太原援軍數千皆殺之澤潞平以功加同平章事李重進反揚州以守信爲行營都部署兼知揚州行府事帝親征至大儀頓守信馳奏城破在朝夕大駕親臨一鼓可平帝亟赴之果克其城建隆二年移鎭鄆州兼侍衛親軍馬步軍都指揮使詔賜本州宅一區乾德初帝因晚朝與守信等飲酒酒酣帝曰我非爾曹不及此然吾爲天子殊不若爲節度使之樂吾終夕未嘗安枕而臥守信等頓首曰今天命已定誰復敢有異心陛下何爲出此言耶帝曰人孰不欲富貴一旦有以黃袍加汝之身雖欲不爲其可得乎守信等謝曰臣愚不及此惟陛下哀矜之帝曰人生駒過隙爾不如多積金帛田宅以遺子孫歌兒舞女以終天年君臣之間無所猜嫌不亦善乎守信謝曰陛下念及此所謂生死而肉骨也明日皆稱病乞解兵權帝從之皆以散官就第賞賚甚厚已而太祖欲使符彥卿管軍趙普屢諫以爲彥卿名位已盛不可復委以兵權太祖不從宣已出普復懷之太祖迎謂之曰豈非符彥卿事耶對曰非也因奏他事既罷乃出彥卿宣進之太祖曰果然宣何以復在卿所普曰臣託以處分之語有侏儒者復留之惟陛下深思利害勿復悔太祖曰卿苦疑彥卿何也朕待彥卿厚彥卿豈負朕耶普對曰陛下何以能負周世宗太祖默然事遂中止開寶六年秋加守信兼侍中太平興國初加兼中書令二年拜中書令行河南尹充西京留守三年加檢校太師四年從征范陽督前軍失律責授崇信軍節度兼中書令俄進封衞國公七年徙鎭陳州復守中書令九年卒年五十七贈尚書令追封威武郡王謚武烈守信累任節鎭專務聚斂積財鉅萬尤信奉釋氏在西京建崇德寺募民輦瓦木驅迫甚急而傭直不給人多苦之子保興保吉

保興字光裔本名保正太祖取與宗之義改之建隆初年十四以蔭補供奉官明年遷尚食副使太祖嘗召功臣子弟詢以時事保興年最少應對明白太祖奇之拜如京使開寶中領順州刺史太宗征河東爲御砦四面都巡檢太平興國八年出爲高陽關監軍守信卒起復領本州團練使雍熙初契丹擾邊與戴興楊守一並爲澶州前軍駐泊李繼遷入鈔從銀夏綏府都巡檢使嘗巡按砦子砦並黑水河趣谷中夏人知之以數千騎據險渡河求戰保興所部不滿二千人乃分短兵伏於河滸俟其半渡急擊之斬首百餘級追北數十里優詔褒美端拱中知平戎軍徙莫州俄爲西京都巡檢使淳化五年眞拜蘄州團練使爲永興軍鈐轄改夏綏麟府州鈐轄至道二年徙延州都巡檢使兼署州事改本路副都部署與范重召等五路討賊有岌伽羅膩數族率衆來拒保興選敢死士數百人銜枚夜擊殲之自是吳移越移諸族歸降還至烏白池賊又爲方陣來拒保興麾衆出入陣中會乘馬中流矢挺身持滿易騎奮呼且行且鬬凡三日四十二戰賊遂引去咸平二年知威虜軍會夏人入鈔保興發官帑錢數萬緡分給戰士主者固執不可保興曰城危如此安暇中覆事定覆而不允願以家財償之夏人退驛置以聞眞宗貸而不問三年就拜棣州防禦使徙知邢州改澶州在郡頗峻刑罰每捶人令緩施其杖移晷方畢五年以疾求歸京師未幾卒年五十八子元孫保興世豪貴累財鉅萬悉爲季弟保從之子所廢

保吉字祐之初以蔭補天平軍衙內都指揮使開寶四年召見賜襲衣玉帶金鞍勒馬選尚太祖第二女延慶公主拜左衞將軍駙馬都尉俄領愛州刺史太平興國初還本州防禦使五年坐遣親吏市竹木秦隴間矯制渡關爲王仁贍所發罰一季奉七年改朔州觀察使守信卒起復爲威塞軍節度雍熙三年出知河陽四年召入復命知大名府兼兵馬都部署連改橫海安國二鎭節度眞宗卽位加檢校太尉保平軍節度車駕北巡命爲河北諸路行營都部署屯定州景德初改武寧軍節度同平章事冬幸澶淵命與李繼隆分爲駕前東西面都排陣使軍于北門外遼騎數萬縣至城下保吉不介馬而馳當其鋒遼人引去俄而請盟錫宴射於行宮後苑帝謂繼隆等曰自古北邊爲患今其畏威服義息戰安民卿等力也保吉進曰臣受命禦患上稟成算至於布列行陣指授方畧皆出於繼隆繼隆曰宣力用心躬率將士臣不及保吉帝曰卿等協和共致太平軍旅之事朕復何憂歎甚賜以襲衣金帶鞍勒馬二年改鎭安軍節度未幾自治所來朝願奉朝請從之四年部民上治狀乞還鎭所詔獎諭之仍從其請大中祥符初從東封攝司徒封祀壇奉俎加檢校太師還鎭冬公主疾詔歸視主薨明年保吉卒年五十七贈中書令謚莊武保吉姿貌瓌碩頗有武幹累世將相家多財所在有邸舍別墅雖饌品亦飾以綵繢好治生射利性尤驕倨所至峻暴好殺待屬吏不以禮鎭大名也葉齊查道皆知名士嘗械以運糧初程能爲京西轉運保吉託治其私負能不從至是其子宿爲屬邑吏將辱之會有辟召乃止又染家貸錢息不盡入質其女其父上訴眞宗亟命遣還嘗有僕侵盜私積不時求對懇請配隸帝曰是有常法不可保吉請不已帝戒勗之善弋獵畜鷙禽獸數百令官健羅鳥雀飼之人有規勸者輒怒之在陳州盛飾廨舍以逆貴主因完葺城壘疏漏于上以甎衞路如箭窓狀未嘗上聞賓佐諫之不聽頗涉衆議初守信鎭陳五十七年卒及保吉繼是鎭壽亦止是談者異之保吉子貽孫任崇儀使帶御器械坐事免官孝孫西京左藏庫使

元孫字善長始名慶孫避章獻太后祖諱易之以守信蔭爲東頭供奉官閤門祗候累遷如京副使仁宗卽位改文思副使勾當法酒庫吏盜酒坐失察追二官復如京副使爲澶州巡檢徙知莫州有治迹以禮賓使再任又徙保州領廉州刺史兼廣信安肅軍緣邊都巡檢時開屯田鑿塘水有訟元孫擅汚民田者遣官按視訟者以誣服卽賜白金五百兩詔褒諭之再遷西上閤門使幷代州兵馬鈐轄歷侍衞親軍步軍殿前都虞候鄜延副都總管緣邊安撫使遷邕州觀察使康定初夏人寇延州元孫與戰于三川口軍敗見執傳者以爲已死贈中正軍節度使兼太傅錄其子孫七人及元昊納款縱元孫歸諫官御史奏元孫軍敗不死辱國請斬塞下賈昌朝獨言曰在春秋時晉獲楚將穀臣楚獲晉將知罃亦還其國不誅因入對探袖出魏志于禁傳以奏曰前代將臣敗覆而還多不加罪帝乃貸元孫安置全州以升祔赦內徙襄州侍御史劉湜言元孫失軍辱命朝廷貸而不誅若例從量移無以勸用命之士元孫遂不徙後徙許州還京師卒

王審琦字仲寶其先遼西人後徙家洛陽漢乾祐初隸周祖帳下性純謹甚親任之從平李守貞以功署廳直左番副將廣順中歷東西班行首內殿直都知鐵騎指揮使從世宗征劉崇力戰有功遷東西班都虞候改鐵騎都虞候轉本軍右第二軍都校世宗召禁軍諸校宴射苑中審琦連中的世宗嘉之賞賚有加俄領勤州刺史親征淮南舒州堅壁未下詔以郭令圖領刺史命審琦及司超以精騎攻其城一夕拔之擒其刺史獲鎧仗軍儲數十萬計令圖既入城審琦等遂救黃州數日令圖爲舒人所逐審琦選輕騎銜枚夜發信宿至城下大敗舒人令圖得復還治所世宗嘉之授散員都指揮使又破南唐軍于紫金山先登中流矢轉控鶴右廂都校領虔州團練使世宗圍豪州審琦率敢死士數千人拔其水砦奪月城濠州遂降及攻楚州爲南面巡檢城將陷審琦意淮人必遁設伏待之少頃城中兵果鑿南門而潰伏兵擊之斬數千級繫五千餘人獻于行在賜名馬玉帶錦綵數百匹淮南平改鐵騎右廂都校又從平瓦橋關恭帝卽位遷殿前都虞候領睦州防禦使宋初擢爲殿前都指揮使領泰寧軍節度從征李筠爲御營前洞屋都部署爲飛石所傷車駕臨視澤路平改領武成軍節度李重進叛副石守信爲前軍部署討之建隆二年出爲中正軍節度在鎭八年爲政寬簡所部邑令以罪停其錄事吏幕僚白令不先咨府請按之審琦曰五代以來諸侯强橫令宰不得專縣事今天下治平我忝守藩維而部內宰能斥去黠吏誠可嘉爾何按之有聞者歎服開寶二年從征太原爲御營四面都巡檢三年改鎭許州賜甲第留京師太祖嘗召審琦宴射苑中連中的賜御馬黃金鞍勒六年與高懷德並加同平章事七年卒年五十初審琦暴疾不能語帝親臨視及卒又幸其第哭之慟賜中書令追封琅邪郡王賻贈加等葬日又爲廢朝審琦重厚有方略尤善騎射鎭壽春歲得租課量入爲出未嘗有所誅求素不能飲嘗侍宴太祖酒酣仰祝曰酒天之美祿審琦朕布衣交也方與朕共享富貴何靳之不令飲邪祝畢顧謂審琦曰天必賜卿酒量試飲之勿憚也審琦受詔飲十杯無苦自此侍宴常引滿及歸私家卽不能飲或强飲輒病子承衍承衎承德承祐承俊承偓承僎承僅承休承德西上閤門使會州刺史承祐至如京使承俊承僎至內殿崇班承偓至閤門祗候承僅至左神武將軍致仕承休至內殿承制

承衍字希甫幼端謹審琦鎭兗海壽春皆署以牙職開寶初補內殿供奉官都知三年尚太祖女昭慶公主授右衞將軍駙馬都尉仍兗都知踰年領恩州刺史加本州防禦使太平興國初遷應州觀察使二年春太宗幸其第賜宴承衍以金器名馬爲壽詔賜銀萬兩錦綵五千匹三年加檢校太保坐市竹木秦隴矯制免稅算罰一季奉七年授彰國軍節度雍熙中出知天雄軍府兼都部署時契丹擾鎭陽候騎至冀州去魏二百餘里鄰境戒嚴城中大恐屬上元節承衍下令市中及佛寺然燈設樂與賓佐宴遊達旦人賴以安明年召還復爲貝冀都部署端拱初換永清軍節度再知天雄軍吏民千餘詣監軍請爲本道節帥詔褒之眞宗卽位改河中尹護國軍節度加檢校太尉咸平六年以疾求罷節鉞三抗表不許帝自臨問至卧內慰勉久之賜予甚厚擇尚醫數人迭宿其第卒年五十二車駕親臨贈中書令給鹵簿葬謚恭肅其後公主請置守冢五戶從之承衍善騎射曉音律頗涉學藝好吟咏以功臣子尚主貴顯擁富貲自奉甚厚子世安世隆世雄世融世安至崇儀副使通事舍人世隆字本支以公主子爲如京副使歷洛苑六宅二使領平州刺史性驕恣每坐諸叔之上人皆嗤之景德初卒特贈泰州防禦使召見其三子賜名克基克緒克忠皆面授供奉官世雄至內殿崇班世融爲內殿承制世安子克正殿中丞克基克忠並爲西染院副使兼閤門通事舍人克緒至內殿承制世隆幼子克明爲西上閤門副使

承衎字希悅開寶中授閑廄使面賜紫袍金帶纔十二歲太平興國中出監徐州軍又爲西京水南巡檢使改如京使表求治郡自效命知潭州遷六宅使領昭州刺史俄知澶州加莊宅使咸平中兩賜川峽傳詔慰撫官吏經畧蠻峒連知延代幷三州皆兼兵馬鈐轄改尚食使鳳翔張雍病命承衎代之徙涇州授西上閤門使改領永州刺史景德中眞宗以天水近邊蕃漢雜處擇守臣撫治擢承衎知秦州徙知天雄軍大中祥符初進秩東上閤門使承衎病足在大名不能騎政多廢弛及代賜告家居表求解職不允以久不朝請求近郡改左武衞大將軍知壽州二年卒年四十九詔遣其弟承僎馳往護喪承衎頗涉學喜爲詩所至爲一集聽音律多與士大夫遊意豁如也初審琦鎭壽春承衎生于郡廨至卒亦於其地人咸異之子世京爲閤門祗候世文內殿崇班

克臣字子難祖承衍尚秦國賢穆公主克臣第景祐進士仁宗閱其文顧侍臣曰賢穆有孫登科可喜也仕累通判壽州鼓角卒夜入州廨擊郡將旣就擒而監兵使所部被甲操刃立庭中官吏駭觀克臣徐言曰此不過爲盜耳立遣甲者去戒兕卒勿妄引他人衆讙服是日天聖節率掾屬朝謁如常儀人賴以安猶坐貶監潭州稅熙寧中爲開封度支二判官遷鹽鐵副使時鄭俠以上書竄嶺表克臣嘗薦俠且餽之白金又坐奪官復爲戶部副使以集賢殿脩撰知鄆州京東多盜克臣請以便宜處決遂下諸郡使械送尤桀者斬以徇盜爲少衰河決曹村克臣亟築隄城下或曰河決澶淵去鄆爲遠且州徙於高八十年不知有水患安事此克臣不聽役愈急隄成水大至不沒者才尺餘復起甬道屬之東平王陵埽人得趨以避水事寧皆繪像祀之進天章閣待制徙知瀛州有告外間入境密旨趣具獄株連甚衆克臣陰緩之已而得爲間者於他道徙知太原王中正西討罔功而誣克臣姑息士卒使無固志黜爲單州明年拜工部侍郎至是神宗幸尚書省至部舍止輦獎其治力以爲雖少者不及顧其子駙馬都尉師約使入覲元祐四年以龍圖閣直學士太中大夫卒年七十六

師約字君授少習進士業英宗欲求儒生爲主壻命宰相召克臣諭旨令師約持所爲文至第明日獻賦一編卽坐中賦大人繼明詩遂賜對選爲駙馬都尉尚徐國公主授左衞將軍面賜玉帶又賜九經筆硯勉之進學神宗卽位拜嘉州刺史遷成州團練使國朝故事主壻未嘗居職帝始令師約同管當三班院試其才明年主就館乃罷遷汝州防禦使始制駙馬都尉七年考績法

轉晉州觀察使。哲宗立，遷鎭安軍節度觀察留後。宣仁后臨朝，師約屢上書言事。元符初，議者以爲臧不當上言，黜其秩。徽宗卽位，乃復保平軍留後，又爲樞密都承旨。未幾，復罷。崇寧元年卒，年五十九。師約善射，嘗陪遼使燕射玉津園，一發中鵠，發必破的，屢受金帶及鞍勒馬之賜。子殊，主所生，至閬州觀察使。

高懷德字藏用，眞定常山人，周天平節度、齊王行周之子。懷德忠厚倜儻，有武勇。行周歷延、潞二鎭及留守洛都，節制宋、亳，皆署以牙職。晉開運初，遼人侵邊，以行周爲北面前軍都部署。懷德始冠，白行周願從北征，行周壯之，許其行。至戚城，遇遼軍，被圍數重，援兵不至，危甚。懷德左右射，縱橫馳突，衆皆披靡，挾父而出。以功領羅州刺史，賜珍裘、寶帶、名馬以寵異之。及行周移鎭鄆州，改集州刺史，仍領牙校。又遷信州刺史，從行周再鎭宋州。晉末，契丹南侵，以行周爲邢趙路都部署禦之，留懷德守睢陽。會杜重威降契丹，京東諸州羣盜大起，懷德堅壁清野，敵不能入。行周率兵歸鎭，敵遂解去。漢初，行周移鎭魏博，及再領天平，以懷德爲忠州刺史，領職如故。周祖征慕容彥超，還過汶上，寵賜行周甚厚，并賜懷德衣帶、綵繒、鞍勒馬。行周卒，召懷德爲東西班都指揮使，領吉州刺史，改鐵騎都指揮使。太原劉崇入寇，世宗討之，以懷德爲先鋒都虞候。高平克捷，以功遷鐵騎右廂都指揮使，領果州團練使。從征淮南，知廬州行府事，充招安使。戰廬州城下，斬首七百餘級。尋遷龍捷左廂都指揮使，領岳州防禦使，賜駿馬七匹。南唐將劉仁贍據壽春，舒元據紫金山，置連珠砦爲援，以抗周師。世宗命懷德率帳下親信數十騎覘其營壘。懷德夜涉淮，遲明，賊始覺，來戰。懷德以少擊衆，擒其裨將以還，盡偵知其形勢强弱以白世宗。世宗大喜，賜襲衣、金帶、器幣、銀鞍勒馬。世宗一日因按轡淮壖以觀賊勢，見一將追擊賊衆，奪槊以還，令左右問之，乃懷德也。召至行在慰勞，許以節鉞。世宗北征，命與韓通率兵先抵滄州。初得關南，又命副陳思讓爲雄州兵馬都部署，克瓦橋關，降姚內斌以歸。恭帝嗣位，擢爲侍衛馬軍都指揮使，領江寧軍節度，又爲北面行營馬軍都指揮使。太祖卽位，拜殿前副都點檢，移鎭滑州，充關南副都部署。尚宣祖女燕國長公主，加駙馬都尉。李筠叛上黨，帝將親征，先令懷德率所部與石守信進攻，破筠衆於澤州南。事平，以功遷忠武軍節度、檢校太尉。從平揚州。建隆二年，改歸德軍節度。開寶六年秋，加同平章事。冬，長公主薨，去駙馬都尉號。太宗卽位，加兼侍中，又加檢校太師。太平興國三年春，被病，詔太醫王元祐、道士馬志就第療之。四年，從平太原，改鎭曹州，封冀國公。七年，改武勝軍節度。是年七月卒，年五十七。贈中書令，追封渤海郡王，謚武穆。

懷德將家子，練習戎事，不喜讀書，性簡率，不拘小節。善音律，自爲新聲，度曲極精妙。好射獵，嘗三五日露宿野次，獲狐兔累數百。或對客不揖而起，由別門引數十騎從禽於郊。子處恭，歷莊宅使，至右監門衛大將軍致仕；處俊，至西京作坊使。

韓重贇，磁州武安人。少以武勇隸周太祖麾下。廣順初，補左班殿直副都知。從世宗戰高平，以功遷鐵騎指揮使。從征淮南，先登，中流矢，轉都虞候，俄遷控鶴軍都指揮使，領虔州刺史。宋初，以翊戴功擢爲龍捷左廂都校，領永州防禦使。從征澤潞，還，命代張光翰爲侍衛馬步軍都指揮使，領江寧軍節度。討李重進，爲行營馬步軍都虞候。建隆二年，改殿前都指揮使，領義成軍節度。三年，發京畿丁壯數千築皇城東北隅，且令有司繪洛陽宮殿，按圖修之，命重贇董其役。乾德三年秋，河決澶州，命重贇督丁壯數十萬塞之。四年，太祖郊祀，以爲儀仗都部署。時有譖重贇私取親兵爲腹心者，太祖怒，欲誅之。趙普諫曰：「親兵，陛下必不自將，須擇人付之。若重贇以讒誅，卽人人懼罪，誰復爲陛下將親兵者。」太祖納其言，重贇得不誅。後聞普嘗救己，卽詣普謝，普拒不見。五年二月，出爲彰德軍節度。開寶二年，太祖征太原，過其郡，重贇迎謁於王橋頓。召赴燕飲，帝曰：「契丹知我是行，必率衆來援。彼意鎭定無備，必由此路入。卿爲我領兵倍道兼行，出其不意，破之必矣。」乃命爲北面都部署。重贇令軍士銜枚夜發，果遇契丹兵于定州。見重贇旗幟，大駭，欲引去，重贇乘之，大破其衆，獲馬數百匹。太祖大喜，優詔褒美。七年，卒，贈侍中。重贇信奉釋氏，在安陽六七年，課民採木爲寺，郡內苦之。子崇訓、崇業。重贇與張光翰、趙彥徽分領諸軍節度，嘉其翊戴功也。光翰，後唐山南節度使虔釗兄子，及卒，贈侍中。彥徽，眞定安喜人，與太祖同事世宗，太祖兄事之，及卒，贈侍中。

崇訓字知禮。乾德中，以蔭補供奉官，遷西京作坊副使，出爲澶州河南北都巡檢使。從太宗征河東，還，以貝冀等州都巡檢使權知麟州。雍熙中，李繼遷寇夏州，崇訓領兵赴援，大敗之。徙監夏州軍，歷知越、泉、登、莫四州，從知威虜軍，改如京使。咸平初，出知石州，屬繼遷犯境，崇訓追襲之，至賀蘭山而還。二年，再知麟州，又敗繼遷於城下。崇訓由河西從闔越，再移北邊，凡二十五年，以勞擢西上閤門使、邠寧環慶清遠軍都巡檢使，徙鎭定高陽關行營鈐轄，屯鎭州，兼河北都轉運使事。契丹兵至方順河，將寇威虜軍，崇訓陳兵唐河，扼其要路。敵遣別騎寇赤垠驛，崇訓分兵擒戮之。既而値霖雨，敵兵饑乏，不敢進，遂遁去。移并代鈐轄，權知并州。從部署張進領兵由土門會大將王超，襲破契丹于定州。六年，授四方館使、樞密都承旨，又命爲鎭定高陽馬步軍都鈐轄，屯定州。景德初，契丹入寇，至唐河，崇訓陳兵河南。翌日，又與王超追襲至鎭州。既而都部署桑贊逗留不進，崇訓帥兵獨往。時車駕幸澶州，召崇訓，乃還。三年春，拜檢校太傅。大中祥符二年，授右龍武軍大將軍，領詔防禦使，以本官分司西京。卒，年五十六。崇訓爲人長厚謙畏，未嘗忤物。子允恭，禮賓副使，有謀略，好學，人以爲能世其家云。

崇業字繼源，以蔭補供奉官，選尚秦王廷美女雲陽公主，授左監門衛將軍、駙馬都尉。廷美得罪，降爲右千牛衛率府率，分司西京，俄削秩，去駙馬之號，從貶房陵。廷美卒，起爲靜難軍行軍司馬。雍熙三年，授寧州刺史。公主卒，葬州境。眞宗初，始得入朝。咸平四年，改左屯衛大將軍，領高州團練使，追封公主爲虢國長公主。五年十月卒，年四十一。子允升，爲內殿承制、閤門祗候。

張令鐸，棣州厭次人。少以勇力隸軍伍。後唐清泰中，補寧衛小校。晉初，改隸奉國軍。漢乾祐中，從周太祖平河中，以功遷奉國軍指揮使。廣順初，遷控鶴指揮使，累遷本軍左廂都指揮使，領虔州團練使。從世宗征淮南，移領虎捷左廂，加常州防禦使。再征壽春，命與龍捷右廂柴貴分爲京城左右廂巡檢。世宗將北征，命與韓通、高懷德領兵先赴滄州，又副韓令坤爲霸州部署，率兵戍守。恭帝卽位，授侍衛親軍步軍都指揮使，領武信軍節度使。令鐸本名鐸，以與河中張鐸同姓名，故賜今名。宋初，遷馬步軍都虞候，領陳州節制。太祖征李筠，以令鐸爲東京舊城內都巡檢。建隆二年，出爲鎭寧軍節度。帝爲皇弟興元尹光美娶其第三女。開寶二年，來朝，被病，車駕臨問，賜帛五千匹、銀五千兩，并賜其家人甚厚。明年春，卒於京師，年六十。帝甚悲悼，贈侍中。令鐸性仁恕，嘗語人曰：「我從軍三十年，大小四十餘戰，多摧堅陷敵，未嘗妄殺一人。」及卒，人多惜之。子守正，至內園使；守恩，淳化中，累至崇儀副使，稍遷崇儀使，領綿州刺史。景德初，知原州，就加西上閤門使，知秦州，卒。錄其子奉禮郎承安爲大理評事，後至殿中丞。

羅彥瓌，并州太原人。父全德，晉泌州刺史。彥瓌得補內殿直。少帝在澶州，欲命使宣慰大名府，時河北契丹騎充斥，遂募軍中驍勇士十人從行。彥瓌備還衛校，夜發，往返如期，繇是補興順指揮使。開運末，契丹主至汴，遣彥瓌送廐馬千匹赴幽薊。彥瓌至元氏，聞漢祖建號太原，以馬歸漢。漢祖嘉之，及入汴，擢爲護聖指揮使。周初，遷散員都虞候。坐樞密使王浚黨，出爲鄧州教練使。世宗嗣位，召爲伴飲指揮使，改馬步軍都軍頭。從向訓收秦鳳，有功，遷散指揮都虞候。顯德末，太祖自陳橋入歸公署，見宰相范質等，未及言，彥瓌挺劍而前曰：「我輩無主，今日須得天子。」質等由是降階聽命。擢爲控鶴左廂都指揮使，改內外馬軍都軍頭，領眉州防禦使。從平澤潞，還，命代趙彥徽爲侍衛步軍都指揮使，領武信軍節度。建隆二年，出爲彰德軍節度。乾德二年，改安國軍節度，與昭義軍節度李繼勳大破契丹。四年春，又與閤門使田欽祚殺太原軍千餘人于靜陽，禽其將鹿英等，獲馬三百匹。明年，移鎭華州。開寶三年卒，年四十七。

王彥昇字光烈，性殘忍，多力，善擊劍，號「王劍兒」。本蜀人，後唐同光中，蜀平，從家洛陽。初事宦官驃騎大將軍孟漢瓊，漢瓊以其趫勇，言於明宗，補東班承旨。晉天福中，轉內殿直。開運初，契丹圍大名，少帝幸澶淵，募勇敢士齎詔納城中，彥昇與羅彥瓌應之，一夕突圍而入，以功遷護聖指揮使。周廣順中，從向拱破太原兵虒亭南，斬敵帥王璋於陣，以功遷龍捷右第九軍都虞候，累轉鐵騎右第二軍都校，領合州刺史。世宗征淮南，從劉崇進、宋偓破金牛水砦，禽僞軍校閻承旺、范橫，又從李重進拌吳兵于盛唐，斬二千餘級，又從張永德攻瀛州，下束城，改散員都指揮使。太祖北征，至陳橋，爲衆推戴，彥昇以所部先入京，遇韓通於路，逐至第殺之。初，太祖誓軍入京不得有秋毫犯，及聞通死，意甚不樂，以建國之始，不及罪。彥昇拜恩州團練使，領鐵騎左廂都指揮使。後爲京城巡檢，中夜詣王溥第，溥驚悸而出。既坐，乃曰：「此夕巡警甚困，聊就公一醉耳。」彥昇意在求賄，溥佯不悟，置酒數行而罷。翌日，溥密奏其事，乃出爲唐州刺史。乾德初，遷申州團練使。開寶二年，改防州防禦使。是冬，又移原州。西人有犯漢法者，彥昇不加刑，召僚屬飲宴，引所犯以手捽斷其耳，大嚼，卮酒下之。其人流血被體，股慄不敢動。前後啗者數百人，西人畏之，不敢犯塞。七年，以病代還，次乾州卒，年五十八。太祖以其專殺韓通，終

身不授節鉞

論曰石守信而下皆顯德舊臣太祖開懷信任獲其忠力一日以黃袍之喻使自解其兵柄以保其富貴以遺其子孫漢光武之於功臣豈過是哉然守信之貨殖鉅萬懷德之馳逐敗度豈非亦因以自晦者邪至於審琦之政成下蔡重贇之功宣廣陵卓乎可稱令鐸身四十餘戰未嘗妄殺可謂勇者之仁矣彥環於革命之日首挺劒以語范質於宋則未必功在衆先於周則其過不在人后矣王彥昇殺韓通太祖雖不加罪而終身不授節鉞是足垂訓後人矣保吉承衍咸以帝壻致位藩鎮其被驅策著戎功則保吉爲優況推功李繼隆尤爲不伐而有讓然械役名士縱意禽荒累德多矣

宋史卷二百五十一

元 中 書 右 丞 相 總 裁 脫 脫 等 修

列傳第十

韓令坤 父倫　慕容延釗 子德豐 從子德琛

符彥卿 子昭愿 昭壽

韓令坤磁州武安人父倫少以勇敢隸成德軍兵籍累遷徐州下邳鎮將兼守禦指揮使世宗以令坤貴擢陳州行軍司馬及令坤領陳州徙倫許州罷職復居宛邱多以不法干郡政私酤求市利掊斂民財公私患之項城民武鄩詣闕訴其事命殿中侍御史率汀按之倫詐報汀云被詔赴闕汀奏之世宗怒追劾具狀法當棄市令坤泣請於世宗遂免死流海島顯德六年爲左驍衛中郎將遷左監門衛將軍宋初拜磁州刺史轉亳州團練使乾德四年改本州防禦使卒令坤少隸周祖帳下廣順初歷鐵騎散員都虞候控鶴右第一軍都校領和州刺史世宗即位授殿前都虞候俄賞高平之功爲龍捷左廂都虞候領容州團練使進本廂都指揮使領泗州防禦使征太原爲行營前軍馬軍都校未幾爲侍衛馬軍都指揮使領定武軍節度世宗命宰相李穀將兵征淮南俾令坤等十二將以從穀退保正陽爲吳人所乘令坤與宣祖李重進合兵擊之大敗吳人世宗親征問揚州無備遣令坤及宣祖白延遇趙晁等襲之令坤先令延遇以精騎數百遲明馳入城中不之覺令坤繼至撫之民皆按堵南唐東都副留守馬延魯爲僧匿寺中令坤求獲之送行在遂以令坤知州事由是泰州懼以城降時錢俶受詔攻常潤圍毗陵反爲南唐所敗南唐乘勝遣將陸孟俊逼泰州周師不能守孟俊遂進軍蜀岡逼揚州令坤棄其城世宗怒命太祖與張永德領兵趨六合援之令坤聞援至復入城守與孟俊兵戰大敗之擒孟俊斬其將馬貴于楚州灣頭堰擒漣州刺史秦進崇俄命向拱爲緣江招討使以令坤副之下壽州歸朝加檢校太尉領鎭安軍節度使世宗乃復幸淮右次楚州遣令坤率兵先入揚州命權知軍府事揚州城爲吳人所毀詔發丁壯別築新城命令坤爲修城都部署六年春命令坤以汴亳民導汴水入于蔡三月世宗將北征命率龍捷虎捷驍武兵先赴大名又副王晏爲益津關一路都部署俄爲霸州都部署率所部兵戍之恭帝即位加檢校太尉侍衛馬步軍都虞候冬詔防北邊宋初移領天平軍加侍衛馬步軍都指揮使同平章事太祖親征李筠詔令坤率兵屯河陽及澤潞平還京錫宴令坤等于禮賢講武殿賜襲衣器幣鞍勒馬有差以功加兼侍中又從討李重進建隆二年改成德軍節度充北面緣邊兵馬都部署將赴鎭上於別殿置酒餞之因勗其爲治乾德六年疽發背卒年四十六太祖素服發哀于講武殿錄其子慶朝爲閑廐使慶雄爲閑廐副使令坤有才略識治道與太祖同事周室情好親密鎭常山凡七年北邊以寧聞其卒甚悼惜之初南唐遣邊鎬破湖南以馬希崇分司揚州及令坤克取之希崇以妓楊氏獻令坤甚嬖之會擒陸孟俊將械送行在所楊氏於簾間窺見之即拊膺慟哭令坤怪問之楊氏曰孟俊往年入潭州殺我家二百口惟妾爲希崇所匿得免願甘心焉令坤以詰孟俊孟俊具狀令坤乃殺之

慕容延釗太原人父章襄州馬步軍都校領開州刺史延釗少以勇幹聞漢祖之興也周祖爲其佐命以延釗隸帳下周廣順初補西頭供奉官歷尚食副使鐵騎都虞候世宗即位爲殿前散指揮使都校領溪州刺史高平之戰督左先鋒以功授虎捷左廂都指揮使領本州團練使遷殿前都虞候領睦州防禦使從征淮南改龍捷左廂都校沿江馬軍都部署歸朝復爲殿前都虞候出爲鎭淮軍都部署顯德五年世宗在迎鑾江口聞吳人舟數百艘泊東沛洲即命延釗與左神武統軍宋延偓討之延釗以驍騎由陸進延偓督舟師沿江繼進大破之淮南平遷殿前副都指揮使領淮南節度恭帝即位改鎭寧軍節度充殿前副都點檢復爲北面行營馬步軍都虞候太祖即位延釗方握重兵屯眞定帝遣使諭旨許以便宜從事延釗與韓令坤率所部兵按治邊境以鎭靜聞太祖嘉之加殿前都點檢同中書門下三品避其父名故也李筠叛初命與王全斌由東路會兵進討俄爲行營都部署知潞州行府事及平加兼侍中詔還澶州建隆二年長春節來朝賜宅一區表解軍職徙爲山南東道節度西南面兵馬都部署是冬大寒遣中使賜貂裘百子氈帳四年春命師南征以延釗爲湖南道行營前軍都部署時延釗被病詔令肩輿即戎事賊將汪端與衆數千擾朗州延釗擒之磔于市荊湘既平加檢校太尉是冬卒年五十一初延釗與太祖友善顯德末太祖任殿前都點檢延釗爲副常兄事延釗及即位每遣使勞問猶以兄呼之洎寢疾御封藥以賜聞其卒慟哭久之贈中書令追封河南郡王錄其子弟授官者四人子德業德豐德鈞德業至衞州刺史德鈞至尚食副使延釗弟延忠歷內殿直供奉西頭官都知至磁州刺史延卿至虎捷軍都指揮使延卿子德琛

德豐字日新幼聰悟延釗愛之嘗曰興吾門者必此子八歲補山南東道衙內指揮使延釗卒授如京使開寶中從征太原領御砦南面巡檢又爲揚州都監征南唐爲洞子都監城既下命爲昇州都監市廛安靜澤國富饒使者多裒聚金帛德豐獨以廉潔聞俄領蔚州刺史太平興國二年知慶州兼邠寧都巡檢嘗破小遇族奪名馬數十匹詔書褒諭居任九年以簡靜爲治邊鎭安之雍熙四年使登萊閱强壯及還拜西上閤門使是冬出爲定遠軍鈐轄命領後陣中隊別將萬騎以禦邊害淳化二年進秩東上知邢州三年改判四方館事出知延州時侯延廣知靈武或言其得西夏情偪强難制命德豐代之就賜白金三千兩會建使名改爲四方館使未幾以所部不治徙知慶州俄又改靈州兼部署穀價湧貴德豐出私廩賑饑民全活者衆轉引進使賊入境德豐率兵擊走獲羊馬甚衆咸平二年遷客省使知鎭州召對便坐撫慰甚至是冬遼人南侵德豐繕兵固守餉饋不絕詔獎之三年改滄州德豐輕財好施厚享將士在西邊時母留京師妻孥寓長安貧甚眞宗憫之特詔給團練使奉踰年進潁州團練使知貝瀛二州五年卒年五十五家無餘財談者善之子惟素至殿內承制

德琛以延釗蔭補供奉官累遷內殿崇班知夔州李順之亂賊酋張餘領衆十萬餘舟千艘來寇與順戰龍山斬首千餘級又與白繼贇擊賊斬二萬餘悉焚其舟賊剽開州圍雲安德琛往援之又斬百餘級累詔褒諭歷西京作坊左藏二副使咸平二年轉崇儀副使荊湖北路鈐轄蠻擾澧鼎境上德琛戰於北汊奪耕牛鎧甲斬馘以歸徙峽路鈐轄未至復知夔州景德中領梧州刺史復任峽路再遷莊宅使又爲幷代鈐轄知憲州天禧初改右監門衞大將軍

符彥卿字冠侯陳州宛邱人父存審後唐宣武軍節度蕃漢馬步軍都總管兼中書令彥卿年十三能騎射事莊宗於太原以謹愿稱出入臥內及長以爲親從指揮使入汴遷散員指揮使郭從謙之亂莊宗左右皆引去惟彥卿力戰射殺十數人俄矢集乘輿遂慟哭而去天成三年以龍武都虞候吉州刺史討王都于定州大破契丹于嘉山明年克其城授耀州團練使改慶州刺史奉詔築堡方渠北烏崙山口以招党項淸泰初改易州兼領北面騎軍賜戎服介胄戰馬嘗射獵遂城鹽臺淀一日射麋鹿狼狐兔四十二觀者神之晉天福初授同州節度兄彥饒亦鎭滑臺俄而彥饒叛彥卿上表待罪乞歸田里晉祖釋不問改左羽林統軍俄兼領右羽林改鎭鄜延少帝幼與彥卿狎即位召還出鎭河陽三城遼人南侵詔彥卿率所部拒戰澶淵契丹騎兵數萬圍高行周于鐵丘諸將莫敢當其鋒彥卿獨引數百騎擊之遼人遁去行周得免又副李守貞討平靑州楊光遠移鎭許州封祁國公開運二年與杜重威李守貞經略北鄙契丹主率衆十餘萬圍晉師于陽城軍中乏水鑿井輒壞爭絞泥吮之人馬多渴死時晉師居下風將戰弓弩莫施彥卿謂張彥澤皇甫遇曰與其束手就擒曷若死戰然未必死彥澤等然之遂潛兵尾其後順風擊之契丹大敗其主乘橐駝以遁獲其器甲旗仗數萬以歸少帝嘉之改武寧軍節度同平章事爲左右所間會再出師河朔彥卿不預易其行伍配以羸師數千戍荊州口及杜重威以大軍降於滹水急詔彥卿與高行周領禁兵屯澶淵會彥澤引遼兵入汴彥卿與行周遂歸遼遼主以陽城之敗詰彥卿彥卿對曰臣事晉王不敢愛死今日之事死生唯命遼主笑而釋之會徐宋寇盜蠭起遼主即遣彥卿歸鎭行次甬橋賊魁李仁恕擁衆數萬攻徐州彥卿領數十騎遽至城下仁恕遣其徒執

彥卿馬請隨入城俄項彥卿子昭序自城中遣軍校陳守習縋而出大呼賊中曰相公當爲國討賊何故自入虎口乃助賊攻城我雖父子今爲讎敵當死戰城不可入賊惶愧羅拜彥卿前乞免罪彥卿爲設誓乃解去漢祖入汴彥卿自徐州來朝改鎭兗州加兼侍中乾祐中加兼中書令封魏國公拜守太保移鎭青州及殺楊邠輩召促赴闕下周祖卽位封淮陽王劉銖誅以其京城第宅賜彥卿及征兗州彥卿朝行在獻馬及錦綵軍糧萬石連被賜賚俄移鎭鄆州會召魏府王殷欲以彥卿代鎭俄遼人起兵留殷捍扼故彥卿不入朝殷得罪卽以彥卿爲大名尹天雄軍節度進封衞王世宗初并人援潞州潞兵敗命彥卿領兵從磁州固鎭路壓其背及帝親征命爲行營一行都部署兼知太原行府事領步騎二萬進討初彥卿之行也世宗以并人雖敗朝廷饋運不繼未議攻擊且令觀兵城下徐圖進取及周師入境汾晉吏民望風款接皆以久罹虐政願輸軍須以資兵力世宗從之而連下數州彥卿等皆以芻糧未備欲旋軍世宗不之省乃調山東近郡輓軍食濟之及世宗至城下命與郭從義向訓白重贊史彥超率萬騎屯忻口以拒北援又下盂縣遼人駐忻北遊騎及近郊史彥超以二千騎當其鋒左右馳擊彥超死之敗遼衆二千餘遼騎遁走先鋒爲遼人所掩重傷數百人諸將論議矛盾師故不振世宗乃班師數賜彥卿繒綵鞍勒馬遣歸本鎭還京拜彥卿太傅改封魏王恭帝卽位加守太尉太祖卽位加守太師建隆四年春來朝賜襲衣玉帶宴射于金鳳園太祖七發皆中的彥卿貢名馬稱賀開寶二年六月移鳳翔節度被病肩輿赴鎭至西京上言疾亟請就醫洛陽從之假滿百日猶請其奉爲御史所劾下留司御史臺太祖以姻舊特免推鞫止罷其節制八年六月卒年七十八喪事官給彥卿將家子勇略有謀善用兵存審之第四子軍中謂之符第四前後賞賜鉅萬悉分給帳下故士卒樂爲效死遼人自陽城之敗尤畏彥卿或馬病不飲齕必唾而呪曰此中豈有符王邪晉少主既陷契丹德光之母問左右曰彥卿安在或對曰聞其已遣歸徐州矣德光母曰留此人中原何失策之甚其威名如此鎭大名餘十年政委牙校劉思遇思遇貪黠怙勢斂貨財公府之利多入其家彥卿不之覺時藩鎭率遣親吏受民租槩量增溢公取其餘羨而魏郡尤甚太祖聞之遣常參官主其事由是斛量始平詔以羨餘粟賜彥卿以愧其心彥卿酷好鷹犬吏卒有過求名鷹犬以獻雖盛怒必貰之性不飲酒頗謙恭下士對賓容終日談笑不及世務不伐戰功居洛陽七八年每春月乘小駟從家僮一二遊僧寺名園優游自適周世宗宣懿皇后太宗懿德皇后皆彥卿女也自恭帝及太祖兩朝賜詔書不名子昭信昭愿昭壽昭信天雄軍衙內都指揮使領賀州刺史周顯德初卒贈檢校太保閬州防禦使

昭愿字致恭謹厚謙約頗讀書好事周廣順中以蔭補大雄軍牙職俄領興州刺史開寶中改領恩州彥卿養疾居洛入補供奉官四年改領羅州刺史七年遷西京作坊副使俄授尚食使出護陳許蔡潁等州巡兵從征太原爲御營四面巡檢使及攻幽州命與定國軍節度宋偓率兵萬餘壁岩城南師還眞拜蔡州刺史知并澶二州不踰月復移并門兼副部署丁內艱起復爲本州團練使連知永興軍梓滑二州咸平初又爲天雄軍邢州二鈐轄三年以疾求歸京師詔遣中使尚醫馳傳診視既還帝賜以名方御藥拜本州防禦使四年卒年五十七車駕臨哭贈鎭東軍節度子承煦爲左千牛衞將軍

昭壽初補供奉官開寶七年改西京作坊副使歷還六宅副使領蘭州刺史雍熙二年冬命與劉知信護鎭州屯兵會遣將北征又與知信爲押隊都監轉尚食使眞拜光州刺史端拱二年知洪州淳化四年改定州咸平初遷鳳州團練使益州鈐轄昭壽以貴家子日事遊宴簡倨自恣常紗帽素氅衣偃息後圃不理戎務有所裁決卽令家人傳道多集錦工就廨舍織纖麗綺帛每有所須取給於市餘半歲方給其直又令部曲私邀取之廣羅黍稻未及成熟者亦取之悉貯寺觀中久之損敗卽勒道釋償之縱其下凌忽軍校劒南自李順平後人心洶洶知州牛冕緩弛無政昭壽又不能御軍人皆怨憤神衞卒趙延順等八人謀欲害昭壽未敢發三年正旦中使自峨眉山還京昭壽戒馭吏具鞍馬將送之延順等悉解廐中馬韁奔逸庭下陽逐讙呼登廳執昭壽殺之并殺二僕據甲仗庫取兵器都監王澤聞之急召本軍都虞候王均率兵擒捕延順左執昭壽首右操劒彷徨無所適卒見均至卽與衆推均爲帥合驍猛威武兵爲亂牛冕洎轉運使張適奔漢州是秋官兵討平之見雷有終傳昭壽子承諒娶齊王女嘉興縣主至內殿承制

論曰五季之亂內則權臣擅命外則藩鎭握兵宋興內外廓清若天去其疾或納節以備宿衞或請老以奉朝請雖太祖善御諸臣知幾要亦否極而泰之象也彥卿一門二后累朝襲寵有謀善戰聲振殊俗與時進退其名將之賢者歟令坤延釗素與太祖親善平荆湘則南服底定鎭常山則北邊載寧未嘗恃舊與功以啓嫌隙創業君臣有過人者類如是夫

宋史卷二百五十一考證

符彥卿傳建隆四年○臣浩按建隆止有三年次年改元乾德此云建隆四年誤

宋史卷二百五十二

元中書右丞相總裁脫脫等修

列傳第十一

王景子廷義　王晏
郭從義曾孫承祐　李洪信弟洪義
武行德　楊承信
侯章

王景萊州掖人家世力田景少倜儻善騎射不事生業結里中惡少爲羣盜梁大將王檀鎭滑臺以景隸麾下與後唐莊宗戰河上檀有功景嘗左右之莊宗入汴景來降累遷奉聖都虞候清泰末從張敬達圍晉陽會契丹來援景以所部歸晉祖天福初授相州刺史范延光據鄴叛屬郡多爲所脅從景獨分兵拒守晉祖嘉之遷耀州團練使及代會晉祖幸鄴留爲京城巡檢使改洺州團練使開運初授侍衞馬軍左廂都校二年契丹南侵少帝幸澶淵景與高行周等大破契丹衆于戚城還侍衞馬軍都指揮使領鄭州防禦使出爲晉州巡檢使知州事拜橫海軍節度契丹至汴以其黨代景景歸次常山聞契丹主殂欒城卽間道歸鎭斬關而入契丹遁去漢乾祐初加同平章事會契丹饑幽州民多度關求食至滄州境者五千餘人景善懷撫詔給田處之周祖徵時與景善及卽位加兼侍中景起身行伍素無智略然臨政不尚刻削民有訟必面詰之不至大過卽論而釋去不爲胥吏所搖由是部民便之廣順初入朝民周環等數百人遮道留之不獲有截景馬鐙者俄以景爲護國軍節度歲餘還鎭鳳翔顯德初封褒國公加開府階世宗卽位加兼中書令先是秦鳳陷蜀州旁藩漢戶詣闕請收復世宗命景與向拱率兵出大散關進討連陷砦柵遂命景爲西面行營都部署大破蜀軍于上邽斬首數萬級是秋秦州降逾年從景鎭秦州兼西面緣邊都部署恭帝卽位進封涼國公宋初加守太保封太原郡王建隆二年春來朝太祖宴賜加等復以爲鳳翔節度西面緣邊都部署四年卒年七十五贈太傅追封岐王謚元靖初景之奔晉也妻坐戮二子逃獲免晉祖待之厚賞賜萬計嘗問景所欲對曰臣自歸國受恩隆厚誠無所欲固問之景稽顙再拜曰臣昔爲卒嘗負胡牀從隊長出入屢過官妓侯小師家意甚慕之今妻被誅誠得小師爲妻足矣晉祖大笑卽以小師賜景景甚寵嬖之後累封楚國夫人侯氏嘗盜景金數百兩私遺舊人景知而不責性謙退折節下士每朝廷使至雖卑位必降階送迎周旋盡禮左右或曰王位尊崇無自謙抑景曰人臣重君命固當如是我惟恐不謹耳初封郡王朝廷以吏部尚書張昭將命景尤加禮重以萬餘緡遺昭左右或言其過厚景曰我在行伍間卽聞張尚書名今使於我是朝廷厚我也豈可以往例爲限耶景子廷義廷睿廷訓廷訓至驍衞大將軍致仕廷義起家供奉官改如京副使以善騎射周世宗擢爲虎捷都虞候遷龍捷右第二軍都校領珍州刺史宋初改內外馬步軍副都軍頭乾德四年與韓重贇率師護治滑州靈河新堤六年增治京城又命廷義董其役開寶二年加領橫州團練使從征太原廷義性勇敢親鼓士乘城獨免冑矢中其腦而顚經宿卒年四十七太祖甚惜之優詔贈建雄軍節度廷睿性驕傲好夸誕每言我當代王景之子聞者咸笑之因目爲王當代

王晏徐州滕人家世力田晏少壯勇無賴嘗率羣寇行攻劫梁末徐方大亂屬邑皆爲他盜所剽惟晏鄉里恃晏獲全後唐同光中應募隸禁軍累遷奉國小校晉開運末與本軍都校趙暉忠衞都校侯章等戍陝州會契丹至汴遣其將劉愿據陝恣行暴虐晏與暉等謀曰今契丹南侵天下洶洶英雄豪傑固當乘時自奮且聞太原劉公威德遠被人心歸服若殺愿送款河東爲天下唱首則取富貴如反掌耳暉等然之晏乃率敢死士數人夜踰城入府署劫庫兵給其徒遲明斬愿首懸府門外衆請暉爲帥章爲本城副指揮使內外巡檢使兼都虞候遣其子漢倫奉表晉陽時漢祖雖建號威聲未振得晏等來歸甚喜卽日以暉爲保平軍節度章爲鎭國軍節度晏爲絳州防禦使乃領舊職既而暉等表晏始謀功爲第一遷建雄軍節度漢祖入汴加同平章事周祖卽位加兼侍中廣順元年劉崇侵晉州晏閉關不出設伏城上并人以爲怯競攀堞而登晏麾伏兵擊之顚

死者甚衆遂焚橋遁遣漢倫追北數十里斬首百餘級擢漢倫濱州刺史八月來朝周祖以晏家彭城授武寧軍節度俾榮其鄉里三年周祖征兗州以張康鎭晏來朝獻馬七匹賜襲衣金帶親郊畢封滕國公加開府階世宗卽位加兼中書令初晏至鎭悉召故時同爲盜者遺以金帛從容置酒語之曰吾鄉素多盜我與諸君昔嘗爲之後來者固當出諸君之下爲我告諭令不復爲若不能改吾必盡滅其族由是境內安靜吏民詣闕率留請爲晏立衣錦碑世宗初復請立德政碑世宗命比部郎中知制誥張正撰文賜之詔改其鄉里爲使相鄉勳德里私門立戟未幾改河南尹西京留守顯德三年移鳳翔節度六年從世宗北征爲益津關一路馬軍都部署韓令坤副焉遂平三關太祖卽位進封趙國公從征李筠師還改安遠軍節度乾德元年進封韓國公上章請老拜太子太師致仕每朝會令綴中書門下班俄歸洛陽別墅四年冬卒年七十七廢朝三日贈中書令初晏爲軍校與平陸人王興善其妻亦相爲娣姒晏既貴乃薄興興不能平晏妻病興語人曰吾能治之晏遽訪興興曰我非能醫但以公在陝時止一妻今妓妾甚衆得非待糟糠之薄致夫人怏怏成疾耶若能斥去女侍夫人之疾可立愈晏以爲謗己乃誣以他事悉案誅其夫妻守西洛日白重贊鎭河陽時世宗征淮南重贊慮幷人乘間爲寇因葺城壘且約晏爲援晏意欲兼有三城卽與漢倫同率兵赴之重贊聞其來拒不納遣人語之曰公在陝州已立大功河陽小城不煩枉駕慙不能對遂引兵還

郭從義其先沙陁部人父紹古事後唐武皇忠謹特見信任賜姓李氏紹古卒從義纔丱角莊宗畜於宮中與諸子齒明宗與紹古同事武皇情好欵狎卽位以從義補內職累遷內園使晉天福初始復姓郭氏坐事出爲宿州團練副使丁內艱北歸遂家太原漢祖在鎭表爲馬步軍都虞候屢率師破契丹于代北及建大號從義首贊其謀擢鄭州防禦使充東南道行營都虞候領首軍自太行路渡河漢祖入汴以爲河北都巡檢使杜重威據大名叛以爲行營諸軍都虞候重威降爲鎭寧軍節度趙思綰之叛爲行營都部署賜戎裝器仗金帶師至永興圍其城卽以從義爲永興軍節度思綰糧盡城中人相食從義繫書矢上射入城中說思綰令降仍表於朝廷許以華州節制隱帝從其計卽遣使諭思綰思綰開門納款翊日從義具軍容入城憇候館中思綰入謁卽令武士執之幷其黨三百餘人悉斬於市以功加同平章事周廣順初加兼侍中移鎭許州顯德初親郊加檢校太師世宗將征劉崇從義適來朝因請扈從世宗甚悅改天平軍節度卽令從符彥卿破契丹于忻口師還以功加兼中書令四年從征淮南移鎭徐州及世宗自迎鑾至泗州見於行在恭帝卽位加開府階宋初加守中書令太祖征揚州從義迎謁於路願扈從不允乾德二年又爲河中尹護國軍節度六年以疾歸京師開寶二年改左金吾衞上將軍逾年上章請老拜太子太師致仕四年卒年六十三贈中書令從義性重厚有謀略多技藝尤善飛白書初思綰之叛也巡檢使喬守溫遁去姬妾悉入思綰思綰敗從義盡取之守溫詣從義求其愛妾雖不敢拒而心銜焉遂發守溫逃遁事坐棄市人皆寃之從義善擊毬嘗侍太祖於便殿命擊之從義易衣跨驢馳驟殿庭周旋擊拂曲盡其妙旣罷上賜坐謂之曰卿技固精矣然非將相所爲從義大慙子守忠守信守忠至閑廐副使守信字寶臣頗知書與士大夫游至東上閤門使知邢州卒子世隆爲比部員外郎世隆子昭祐承祐昭祐爲閤門祗候

承祐字天錫娶舒王元偁女授西頭供奉官仁宗爲皇太子承祐補左淸道率府率春坊左謁者眞宗爲玉石小牌二勒銘以戒飭之帝卽位遷西染院副使兼閤道通事舍人勾當翰林司遷西上閤門副使坐盜御酒及用尚方金器除名岳州編管徙許州別駕起爲率府率遷西京作坊使勾當右騏驥院之大校試路馬者前鳴鞭擁御蓋承祐代試之其狂僭如此進六宅使象州團練使承祐性狡獪緣東宮恩又憑藉王邸親旣廢復用遹僭言事或指切人過失同列謂之武諫官眞授衞州刺史知相州入爲羣牧副使改濰州團練使歷知曹鄭澶鄆貝州從澶州兵馬總管役卒有異謀者廉得不待奏捕斬之再知澶州會中使過遽延入問管軍闕補何人使者曰聞朝廷方擇才武者承祐起挽彊自衒左右皆笑入爲龍神衞四廂都指揮使以父喪起復眞定府定州等路副都總管諫官歐陽脩余靖論其非才改知相州尋從大名府副都總管樞密使杜衍惡承祐驕恣奏罷軍權爲相州觀察使永興軍副都總管改知邢州徙河陽兵馬總管衍去位復進爲殿前都虞候幷代州副都總管兼知代州徙邢州諫官錢明逸言承祐無廉守邢民素厭苦之改相州徙秦鳳路副總管累遷建武軍節度使殿前副都指揮使尋以宣徽南院使判應天府府壁壘不完盜至卒無以禦承祐始城南關浚沙灘盟三河徙亳州諫官言承祐在應天府給糧不以次且擅留糧綱批宣頭不發戍還兵越法杖配輕罪借用翰林器出入擁旗槍以禁兵擬周衞體涉狂僭無人臣禮罷宣徽南院使許州都總管徙節保靜軍知許州轉運使蘇舜元薦承祐有將帥才政事如龔黃帝謂輔臣曰彼庸人監司乃龔黃比之何所取信哉改知鄭州未行暴疾卒贈太尉諡曰密承祐所至多興作爲煩擾百姓苦之

李洪信幷州晉陽人漢昭聖太后弟也后弟六人洪信居長少善騎射後唐明宗在藩時隸帳下及卽位愛將朱弘實總領捧聖軍弘實擢洪信爲爪牙漸遷小校應順中潞王舉兵少帝殺弘實而東奔捧聖軍數百騎從行洪信預焉及次衞州少帝與晉高祖遇因有疑貳謀害晉祖其從兵皆亂時漢祖方護晉祖洪信以兵應之獲免淸泰中又爲雍王重美牙校晉初爲興順左廂都指揮使漢祖總禁軍遷鎭太原奏隸麾下漢祖領陳州刺史左護聖左廂都指揮使俄加岳州防禦使從漢祖降鄴以警扈之勞授侍衞馬軍都指揮使領武信軍節度乾祐中以羣小用事心懷憂懼白太后求解軍職出爲鎭寧軍節度歲餘遷保義軍節度初楊邠以元從功臣爲方鎭者不諳政務令三司擇軍將分補諸鎭都押牙孔目官或恃以朝選藩帥難制洪信聞內難卽召馬步軍都校聶召奉國軍校楊德王建黃全武楊進翟本右牙都校任溫武德護聖都校康審澄及判官路濤掌書記張洞都押牙楊昭勍孔目官魏守恭悉殺之誣奏謀逆周廣順初加同平章事洪信常以此妄殺自歉及革命內不自安周祖猶以漢太后之故移鎭京兆本城兵不滿千王峻西征至陝州以援晉州爲辭又取去數百人及劉崇北遁遣禁兵千餘屯京兆洪信益懼卽請入朝懇辭藩鎭拜左武衞上將軍世宗卽位遷左驍衞上將軍顯德五年改右龍武軍統軍從世宗北征爲合流口部署乾德五年改左驍衞上將軍開寶五年請老以本官致仕八年卒年七十四洪信無他才術徙以外戚致位將相斂財累鉅萬而吝嗇尤甚時節鎭皆廣置帳下親兵惟洪信最寡少弟洪義

洪義本名洪威避周祖名改焉漢祖鎭太原補親校開國授護聖左廂都校領岳州防禦使遷侍衞馬軍都指揮使領武信軍節度少帝卽位改鎭寧軍節度會誅楊邠史弘肇等時侍衞步軍都指揮使王殷屯澶州卽遣供奉官孟業齎密詔令洪義殺之又令護聖都指揮使郭崇等害周祖於鄴洪義素怯懦慮殷覺遷延不敢發遽引業見殷殷乃錮業送密詔於周祖洎周祖起兵少帝又詔洪義扼河橋及周祖兵至洪義就降漢室之亡由洪義也廣順初權知宋州節度未幾眞拜歸德軍節度加同平章事權知許州歲餘改鎭安州顯德初加檢校太師世宗卽位加兼侍中未幾徙靑州六年夏遷京兆尹永興軍節度恭帝嗣位加開府階宋初加兼中書令移鄜州乾德五年代歸卒年五十九贈太師

武行德幷州榆次人身長九尺餘材貌奇偉家甚貧常採樵鬻之自給晉祖鎭幷門暇日從禽郊外値行德負薪趨拱於道左晉祖見其魁岸又所負薪異常令力士更舉之俱不能舉頗奇之因留帳下晉天福初授奉國都頭遷指揮使改控鶴指揮使寧國軍都虞候開運中契丹至汴行德被獲乃僞請於契丹以自効契丹信之方具舟數十艘載鎧甲令行德率將校軍卒送歸其國沂汴至河陰行德謂諸將曰我輩受國厚恩而受制於契丹與其離鄉井投邊塞爲異域之鬼曷若與諸君驅逐兇黨共守河陽姑俟契丹兵退視天命所屬歸之建功業定禍亂以圖富貴可乎衆素服行德威名皆曰所向惟命不敢愛死行德卽殺契丹監使分授器甲由汜水倍道抵河陽契丹節度使崔廷勳出兵來拒行德麾衆逆擊自旦及午殊死戰廷勳大敗棄城走行德遂據河陽盡以府庫分給將士因推行德知州事時契丹兵尚充斥行德厲士卒繕甲兵據上游士氣益奮人望歸之聞漢祖起太原卽自稱河陽都部署遣其弟行友間道奉表勸進漢祖覽奏喜甚卽授行德河陽三城節度漢祖由晉絳至洛行德迎候境上以所部兵翼至京師還河陽乾祐中加同平章事移眞定尹成德軍節度廣順初加兼侍中俄改忠武軍節度遷河南尹西京留守時禁鹽入城犯者法至死告者給厚賞洛陽民家嫗將入城鬻蔬俄有僧從嫗買蔬就筥翻視密寘鹽筥中少答其直不買而去嫗持入城抱關者搜得鹽擒以詣府行德見盛鹽襆非村嫗所有疑而詰之嫗言適有僧自城外買蔬取視久之而去卽捕僧訊治之具狀與關吏同誣嫗以希賞行德釋嫗斬僧及抱關吏數輩人畏之若神明部下凜然三年丁外艱起復顯德初加開府階進封譙國公世宗卽位兼中書令初世宗自河東還次河陽以洛陽城頭鋪令葺之行德率部民萬餘完其城封邢國公是秋代王晏爲武寧軍節度與晏兩換其任

先是唐末楊氏據淮甸自甬橋東南決汴匯爲汙澤二年將議南征遣行德率所部丁壯于古堤疏導之東達于泗上及親征以行德爲濠州行營都部署破淮軍二千餘人於郡境俄遣率師屯定遠以逼其城爲吳人所敗死者數百人行德以身免左授右衞上將軍五年下淮南復授行德保大軍節度兼中書令恭帝嗣位進封宋國公宋初加中書令進封韓國公再授忠武軍節度改封魏國公乾德二年冬移鎭安州加開府儀同三司開寶二年入爲太子太傅太平興國三年以本官致仕四年卒年七十二贈太師

楊承信字守眞其先沙陁部人父光遠仕晉至太師壽王承信光遠第三子幼以父任自義武軍節院使領藺州刺史歷宣武平盧二軍牙校開運初光遠以青州叛少帝遣李守貞等討之食盡勢窮承信兄承勳劫其父以降青州平光遠死承信與弟承祚詣闕請死詔釋之以承信爲右羽林將軍承祚爲右驍衞將軍放歸服喪私第尋安置鄭州初光遠送欵契丹求援兵未至而光遠降及契丹來寇承勳時爲鄭州防禦使召數其罪殺之以承信爲平盧軍節度繼父職仕漢歷安鄜二州節度累加檢校太師周廣順初加同平章事諸將西討劉崇承信表求預行以郊祀恩加開府階封杞國公世宗卽位進韓國公顯德初征淮南爲濠州攻城副都部署改壽州北砦都部署兼知行府事壽州平累戰功擢忠正軍節度同平章事時徙州治下蔡承信旣增廣其城又遣監軍薛友柔敗淮人六百餘于盧州北恭帝卽位進封魯國公宋初加兼侍中來朝會征李筠命爲澤州西面都部署筠平移鎭河中乾德元年進封趙國公二年卒年四十四贈中書令承信身長八尺美儀表善持論且多藝能雖叛臣之子然累歷藩鎭刻勵爲政而不苛故能始終富貴其卒也蒲民表乞祠之則其遺愛之在人者可知矣景德四年錄其孫松爲奉職

侯章并州榆次人初在并門事後唐莊宗爲隊長明宗朝遷小校晉開運末爲忠衞指揮使屯兵陝州爲內外馬步軍都指揮使兼三城巡檢使會契丹入中原與趙暉王晏謀斬契丹將劉愿送欵於漢祖漢祖入汴擢爲鎭國軍節度乾祐初加同平章事尋移鎭邠州章居鎭無善政傲上剝下以貪猥聞用見戶爲逃擅其租賦乃矯奏貧民數千戶負稅租久禁縶不能輸願以己俸代時方姑息詔褒之副使趙彥鐸有良馬章欲之不與誣彥鐸謀逆殺之亦置而不問俄加檢校太師周初加兼侍中廣順二年入朝獻銀帛請開宴周祖謂左右曰諸侯來朝天子自當錫宴以申愷樂豈俟其貢奉爲之耶命復賜之仍令有司自今藩鎭有進奉者勿受俄賜宴廣政殿章又獻銀千兩馬七匹上壽復不納三年授鄧州節度周祖親郊加開府階封申國公世宗卽位加兼中書令世宗親征壽陽命章爲攻城水砦都部署右衞大將軍王璨副之俄徙西北水砦都部署再爲武勝軍節度建隆元年八月授太子太師封楚國公旣罷節鎭居常怏怏一日於朝堂與故舊言晉漢間事時有輕忽章者章厲聲曰當遼主疾作謀歸有上書請避暑嵩山者我麤人以戰鬭取富貴若此諛佞未嘗爲之坐中有慚者乾德五年卒

論曰王景輩徼時或至爲盜負薪遭五代之亂奮身戎功重據邊要宋興稽顙北嚮太祖待以誠信宜無不自安者景趨利改圖乃至滅族王晏郭從義遷怒肆忿誣人以死侯章在藩邸有剝下之名李洪義狃於肺腑之戚而無外禦之志咎孰甚焉斯皆亂世之習有不能盡去之者武行德守洛邑辯究欺罔民用畏服顧不優於諸人耶

宋史卷二百五十二考證

王景傳景爲西面行營都部署○資治通鑑節要景爲西面行營都招討使

斬首數萬級○資治通鑑節要王景敗蜀兵獲將卒三百與傳不同

宋史卷二百五十三

元　中書右丞相總裁脫脫等修

列傳第十二

折德扆子御勳 御卿 曾孫克行　馮繼業　王承美
李繼周　孫行友子全照

折德扆世居雲中爲大族父從阮自晉漢以來獨據府州控扼西北中國賴之仕周至靜難軍節度使其鎭府州時署德扆爲馬步軍都校廣順間周世宗建府州爲永安軍以德扆爲節度使時從阮鎭邠寧父子俱領節鎭時人榮之顯德中德扆率師攻下河市鎭斬并軍五百餘級入朝以其弟德愿權總州事時世宗南征還次通許橋德扆迎謁且請遷內地世宗以其素得蕃情不許厚加賜賚而遣之德扆未至德愿又破并軍五百餘于沙谷砦斬其將郝章張釗宋初德扆又破河東沙谷砦斬首五百級建隆二年來朝待遇有加遣歸鎭乾德元年敗太原軍于城下擒其將楊璘二年卒年四十八贈侍中子御勳御卿

御勳字世隆德扆鎭府州日表爲右職德扆卒以御勳領汾州團練使權知府州事開寶二年太祖征太原御勳詣行在謁見以爲永安軍留後四年以郊祀來朝禮畢歸鎭九年郊祀西洛復來朝道病後期改泰寧軍節度使留京師太平興國二年卒年四十贈侍中

御卿幼補節院使御勳知州事署爲兵馬都尉御勳徙鎭召爲閑廄副使知府州太宗征河東命御卿與尹憲領屯兵同攻嵐州又破岢嵐軍擒其軍使折令圖以獻遂下嵐州又殺其憲州刺史霍翊又擒其將馬延忠等七人遷崇儀使淳化三年凡四遷而爲府州觀察使五年拜永安軍節度使旣而契丹衆萬餘入寇御卿大敗之於子河汊斬首五千級獲馬千匹契丹將號突厥太尉司徒舍利死者二十餘人擒其吐渾一人自是契丹知所畏太宗因遣使問御卿曰西北要害皆屯勁兵戎人何自而至御卿對曰敵緣山峽小徑入謀剽略臣諜知之遣人邀其歸路因縱兵大擊敗走之人馬墜崖谷死者相枕其大將韓德威僅以身免皆聖靈所及非臣之功也上嘉之歲餘御卿被病德威諜知之且爲李繼遷所誘率衆來侵以報子河汊之役御卿力疾出戰德威聞其至不敢進會疾甚其母密遣人召歸御卿曰世受國恩邊寇未滅御卿罪也今臨敵棄士卒自便不可死於軍中乃其分也爲白太夫人無念我忠孝豈兩全言訖泣下翌日卒年三十八上聞悼惜久之贈侍中以其子惟正爲洛苑使知州事惟正歸朝以其弟惟昌繼之咸平二年河西黃女族長蒙異保及惟昌所部嚩訛引趙保吉之衆入寇麟州萬戶谷進至松花砦惟昌與從叔同巡檢使海超弟供奉官惟信率兵赴戰會保吉兵衆官軍不敵惟昌臂中流矢墜馬攝弓起得裨將馬突圍出海超惟信沒焉九月保吉黨萬私保移埋復來寇惟昌與宋思恭劉文質合戰于埋井峯敗走之又破言泥族拔黃砦焚其器甲車帳俘斬甚衆以功領富州刺史改文思使景德元年與王萬海等破賊砦護芻糧抵麟州秋入朔州界破狼水砦時契丹方圍岢嵐軍闘敗遁去明年拜興州刺史大中祥符二年表求赴闕眞宗命近臣與射於苑中宴賜甚厚上言先臣御卿蒙賜旗三十竿以壯軍容請別給賜許之七年命河東民運糧赴麟州當出兵爲援惟昌力疾領步騎屯寧遠砦冒風沙而行時疾已亟猶與賓佐宴飲談笑自若焉明日卒年三十七以其弟惟忠繼之惟忠字蓋臣初以兄惟信戰沒補西頭供奉官擢閤門祗候及惟昌卒以惟忠爲六宅使知府州兼麟府路都巡檢使領普州刺史再遷左藏庫使眞拜嘉州刺史改賓州進簡州團練使喪母起復雲麾將軍卒惟忠知兵事天聖中契丹與夏國會兵境上聲言嫁娶惟忠覘得其實率麾下往備之戒士卒毋輕動一夕風霾有騎走營中以爲寇至惟忠堅臥不動徐命擒之得數諜馬蓋虜所縱也旣卒錄其弟姪子孫七人以其子繼宣嗣州事久之特贈惟忠耀州觀察使寶元中繼宣坐苛虐掊刻種落嗟怨絀爲左監門衞將軍楚州都監擢其弟右侍禁繼閔爲西京作坊使嗣州事繼閔字廣孝慶曆中元昊兵攻麟州不克進圍州城城險且堅東南有水門厓壁峭絕阻河賊緣厓腹微徑魚貫而前城中矢石亂下賊轉攻城北士卒復力戰賊死傷甚衆遂引去圍豐州豐州遂陷繼閔以城守勞特遷宮苑使普州刺史未幾護送麟州戍卒冬服賊伏兵邀擊之盡掠所齎繼閔脫身繇間道歸會赦止奪官苑使後復官領果州團練使自元昊反繼閔招輯歸業者三千餘戶皇祐二年卒以其弟繼祖嗣州事繼祖字應之由右侍禁遷西染院使累轉皇城使成州團練使臨政二十餘年奏乞書籍仁宗賜以九經韓絳發河東兵城囉兀繼祖爲先鋒深入敵帳降部落戶八百加解州防禦使卒繼祖有子當襲州事請以授兄之子克柔詔從之而進其三子官錄二孫爲借職弟繼世少從軍爲延州東路巡檢嵬名山之內附繼世先知之遣其子克懃報种諤諤用是取綏州繼世以騎步萬軍于懷寧砦入晉祠谷往銀川分名山之衆萬五千戶居於大理河夏人來攻再戰皆捷諤抵罪逮繫獄以兵付之而行遂同名山守綏州錄功領忠州刺史說韓絳城囉兀以撫橫山因畫取河南之策絳以爲然以左騏驥使果州團練使卒諸司使無賻禮詔以繼世蕃官捍邊有績特給之從子克行

克行字遵道繼閔子也初仕軍府無所知名夏人寇環慶种諤拒之詔河東出師爲援克行請往諤使以兵三千護餉道戰于葭蘆川先登斬級四百降戶千馬畜萬

計諸老將矍然曰眞折大尉子也擢知府州秦兵討夏國張世矩將河外軍民克行與俱廷議謂守臣難自行詔克行選兵隸世矩克行抗章願率部落先驅未報卽委管鑰而西大酋咩保吳良以萬騎來躡克行爲後拒度賊半度隘縱擊大破之殺咩保吳良師還自劾釋不問王中正出塞克行先拔宥州每出必勝夏人畏之益左廂兵專以當折氏太原孫覽議城葭蘆諸將論多不合召克行問策卽頓兵吐渾河約勒部伍爲深入窮討之狀敵疑不敢動旣訖役又入津慶龍橫川斬級三千詔河東進築八砦通道鄜延延帥遣秦希甫來共議克行請兩路併力以遠者爲先希甫曰由近及遠法也克行曰不然事有奇正今乘士氣之銳所利在速故先遠役以出其不意若徐圖之士心且怠矣希甫持不可并上二議卒用克行策城成諜言寇至軍中皆戒嚴克行止之曰彼自擾耳已而果然克行在邊三十年善拊士卒戰功最多羌人呼爲折家父官至秦州觀察使卒贈武安軍節度使子可大爲榮州團練使知府州從子可適可適未冠有勇馳射不習而能鄜延郭逵見之歎曰眞將種也薦試廷中補殿侍隸延州從种諤出塞遇敵馬以少年易之可適索與鬭斬其首取馬而還益知名米脂之役與夏人戰三角嶺得級多又敗之於蒲桃谷東兵久不得食千人成聚籍籍于軍門或欲掩殺以爲功可適曰此以饑而逃耳非叛也單馬出詰之曰爾輩何至是不爲父母妻子念而甘心爲異域鬼耶皆回面聲喏流涕謝再生各遣歸羌夏人十萬入寇可適先得其守烽卒姓名詐爲首領行視呼出盡斬之烽不傳因卷甲疾趨大破之于尾丁磑回次俚楊溝正午駐營分騎據西山曰彼若躡吾後腹背受敵必敗果舉軍來可適所部纔八千轉戰至高嶺適從間道趣洪德設伏邀其歸路敵至伏發衝之其國母踰山而遁焚棄輜重雖帷帳首飾之屬亦不返衆相蹈藉赴厓澗死者如積論前後功至皇城使成州團練使知岷蘭州鎭戎軍渭帥章楶合熙秦慶三道兵築好水川命總管王文振統之而可適將軍爲副熙州兵十人失道盡死文振歸罪於可適楶卽下之吏宰相章惇欲按軍法哲宗不許猶削十三官而罷楶請留以責效乃以權第十二將嵬名阿埋昧勒都逋皆夏人桀黠用事者詔可適密圖之會二酋以畜牧爲名會境上可適諜知之遣兵夜往襲并俘其族屬三千人遂取天都山帝爲御文德殿受賀以其地爲西安州遷可適東上閤門使洺州防禦使涇原鈐轄知州事眞拜和州防禦使進明州觀察使爲副都總管帥鍾傳行邊爲敵所隔以輕騎拔之得歸傳議取靈武環慶亦請出師命可適將萬騎往卽薄靈州川夏人扶老挾稚中夜入州城明日俘獲甚夥而慶兵不至乃引還詔使入覲帝以傳策訪焉對曰得之易守之難當先侵弱其地待吾藩籬旣固然後可圖帝曰卿言是也進武安軍節度觀察留後步軍都虞候大城蕭關與傳議齟齬會覆師數百于踏口傳劾之貶鄭州觀察使俄知衞州拜淮康軍節度使轉運使請於平夏通峽鎭戍西安四砦分築塲圍置芻粟五百萬可適以費大難之又欲借車牛以運及致十萬斛於熙河皆戾其意乃中以疑謗召爲佑神觀使明年復以爲渭州命其子彥質直祕閣參軍事數月而卒年六十一彥質紹興中簽書樞密院別有傳

馮繼業字嗣宗大名人父暉朔方節度封衞王繼業幼敏慧有度量以父任補朔方軍節度院使隨父歷邠孟及再領朔方皆補牙職周廣順初暉疾繼業圖殺其兄繼勳暉卒遂代其父爲朔方軍留後以郊祀恩加靈州大都督府長史遷朔方節度靈環觀察處置度支溫池榷稅等使恭帝時繼業旣殺兄代父領鎭頗驕恣時出兵劫畧羌夷羌夷不附又撫士卒少恩繼業慮其爲變以太祖居鎭日嘗得給事乃豫從其拏闕下建隆初來朝連以驄馬寶器爲獻開寶二年賜詔奬諭拜靜難軍節度使三年改鎭定國軍吏民立碑頌其遺愛太平興國初來朝封梁國公留京師明年卒年五十一贈侍中

王承美豐州人本河西藏才族都首領其父事契丹爲左千牛衞將軍開寶二年率衆來歸承美授豐州牙內指揮使父卒改天德軍蕃漢都指揮使知州事移豐州刺史遣軍校詣闕言願誘退渾突厥內附上嘉其意太平興國七年與契丹戰斬獲以萬計禽其天德軍節度使韋太以獻明年契丹來寇又擊敗其衆萬餘追北至青冢百餘里斬獲益衆以功授本州團練使以乞黨族次首領弗香克浪買爲歸德郞將沒細大首領越移爲懷化大將軍瓦窰爲歸德大將軍淳化二年冬來朝令歸所部控子河汊自是諸蕃歲修貢禮頗效忠順景德初來朝以其守邊歲久遷本州防禦使以還自承美內屬給奉同蕃官例至是特詔月增五萬壽請於州城置孔子廟詔可之未幾被疾遣中使挾醫視之大中祥符五年卒贈恩州觀察使六年錄其子文寶孫懷筠以官初承美養其長孫文玉爲子奏署殿直及卒其本族首領上言文玉曉達軍政請令襲承美任下蕃漢議議同以爲侍禁知州事文玉父文恭時爲侍禁在沂州表訴其事詔改文恭爲供奉官九年承美葬詔以縑帛米麴羊酒賜其家

李繼周延州金明人祖計都父孝順皆爲金明鎭使繼周嗣掌本族太平興國三年東山蕃落集衆寇淸化砦繼周率衆敗之殺三千餘人補殿前承旨雍熙中又與侯延廣敗未藏末腋等族於渾州西山淳化四年遷殿直賜介冑戎器茶綵明年討李繼遷命開治塞門鴉兒兩路又招降族帳首領二十餘人率所部入夏州敗蕃將數千於石堡砦以功轉供奉官復加恩賞仍賜官第繼周以阿都關塞門盧關等砦最居邊要遂規修築砦城有磨盧家媚咩拽藏等族居近盧關未嘗內順繼周夜率所部往襲焚之斬首俘獲甚衆至道二年授西京作坊副使賜袍帶銀綵雕戈以寵之大軍討西夏命爲延州路踏白先鋒會繼遷邀戰於路繼周戰却之咸平初改西京左藏庫副使三年復爲先鋒入賊境焚積聚殺人畜獲器甲凡六十餘萬授供備庫使領金明縣兵馬都監新砦解家河盧關路都巡檢五年授西京作坊使蕃騎入鈔繼周逐之出境景德元年夏人圍麟州繼周受詔率兵會李繼福掩擊之加領誠州刺史大中祥符二年卒年六十七詔邊臣擇其子可襲職者以名聞邊臣言其子殿直士彬遜愞從子士用朴忠練邊事且爲部落所伏乃詔士彬管勾部族事士用爲巡檢都監以左右之士彬後至供備庫副使金明縣都監新砦解家河盧關路巡檢康定元年元昊反攻保安軍而潛兵襲金明士彬父子俱被禽士彬兄士紹至內殿崇班士用至供奉官閤門祗候李繼福者亦與繼周同時歸順授永平砦麥村軍主以戰功歷歸德將軍領順州刺史至內殿崇班新歸明諸族都巡檢

孫行友莫州淸苑人世業農初定州西二百里有狼山者當易州中路舊有城堡邊人賴之以避寇山中蘭若有尼姓孫氏名深意有術惑衆行友兄子方諫名之爲姑師事之甚謹及尼坐亡行友益神其事因以其術然香燈聚民漸衆自晉少帝與契丹絕好邊州困於轉輸逋民往往依方諫推以爲帥方諫僞主帥捕逐乃表歸朝因署爲東北西招收指揮使且賜院額曰勝福每契丹軍來必率其徒襲擊之鎧仗畜產所得漸多人益依以避難焉易定帥聞于朝因以方諫爲邊界遊奕使行友副之自是捍禦侵軼多所殺獲乘勝入祁溝關平鹵城破飛狐砦契丹頗畏之邊民千餘家賴以無患然亦陰持兩端以圖自固己而晉師失律薊人導契丹陷中原方諫之密搆也契丹授方諫定州節度行友易州刺史尋以蕃將耶律忠代方諫於雲州方諫不受命歸保狼山契丹北歸焚劫山中方諫自狼山率衆復保定州歸命於漢授行友易州刺史行義泰州刺史弟兄犄角以居寇每入諸軍鎭閉壘坐視一無所得行友嘗遣都校王友遇巡警於石河與契丹遇殺百餘騎又嘗獲其刺史蔡福順淸苑令王璉乾祐中契丹復犯塞行友禦之俘殺數百人周太祖北征行友道獻俘馘人馬以求見且請自効迺厚加賜予留之軍門及周祖受命行友屢上言偵得契丹離合願得勁兵三千乘間平定幽州乃移方諫鎭華州以行友爲定州留後顯德初正授節鉞世宗自河東還加檢校太傅六年世宗北征行友攻下契丹之易州擒其刺史任欽以獻宋初加同平章事狼山佛舍妖妄愈甚衆趨之不可禁行友不自安累表乞解官歸山詔不允建隆二年乃徙其帑廩召集丁壯繕治兵甲欲還狼山以自固兵馬都監藥繼能密表其事太祖遣閤門副使武懷節馳騎會鎭趙之兵稱巡邊直入其城行友不之覺旣而出詔示之令舉族赴闕行友倉皇聽命旣至命侍御史李維岳就第鞫之得實下詔切責削奪從前官爵勒歸私第仍戮其部下數人遣使馳詣狼山輦其尼師之屍焚之行友弟易州刺史方進兄子保塞軍使全暉皆詣闕待罪詔釋之四年秋詔免行友禁錮未幾以郊祀恩起爲右龍武軍將軍乾德二年遷右監門衞大將軍又改左龍武軍大將軍太平興國六年卒年八十贈左衞上將軍方進德州刺史子全照

全照字繼明以蔭補殿直雍熙中授京南巡檢俄隸幽州部署曹彬麾下遷供奉官閤門祗候歷靜戎威虜二軍監軍從田重進擊賊有功就加西京作坊使兼知威虜軍連爲廣鄜延二路都巡檢使淳化五年率兵與李繼隆克綏州因與張崇貴等同戍守之俄護屯兵於夏州兼知州事召還爲登萊路都巡檢使遷左藏庫使延州監軍兼阿都關盧關路都巡檢事咸平初入掌軍頭引見司二年加如京使爲涇原路鈐轄兼安撫都監是冬徙并汾等州都巡檢使三年改知順安軍代還復爲環慶路鈐轄與李繼和規度靈州道路四年加西上閤門使復爲環慶路鈐轄五年將城綏州以慕與爲綏州路部署全照爲鈐轄旣又慮全照素剛執與與不協

乃以曹璨代之。既調兵夫二萬餘，全照言其非便，乃罷。又嘗命度地河北，全照言沿河高阜可分置城堡屯戍者，寧邊軍南武强縣側凡二處，上重於興役，止命營安平南，徙置祁州。俄知天雄軍府。六年夏，上裁定防秋禦戎之要，命爲平邊軍部署，領兵八千扼要害之路，以全照好陵人，取其嘗所保薦者王德鈞、裴自榮共事焉。景德元年，上幸澶淵，命爲駕前西面邢洺路馬步軍鈐轄，兼天雄軍駐泊，兼管勾東南貝冀等州鈐轄。全照言若敵騎南逼魏城，但得騎兵千百，必能設奇取勝。上賞其忠果，乃傳詔都部署周瑩，若全照欲擊賊，卽分兵給之。既而邊騎果逼府城，全照拒退之，眞宗遣使勞慰。時契丹請和，朝廷遣曹利用就其行帳議事，全照疑非誠懇，勸判府王欽若留不遣，故德淸軍不能守，吏民多爲賊所害。及契丹出境，北面將帥還師，併至府城，全照令以次雙行入門，魏能不從其約，率兵馬坌入，全照坐城樓引弓射之。欽若入朝，就命全照知軍府事。以城守勞，加檢校工部尚書，增食邑三百戶，徙鎭州，召還，進東上閤門使、領英州刺史。全照形短精悍，知兵，以嚴毅整衆，然性剛使氣，專任刑罰。中書初進擬嚴州刺史，上曰：「全照深刻，常慮人以嚴察議己，今授此州，似涉譏誚。」乃改焉。三年，爲邠寧環慶都部署。趙德明納欵，朝議減西鄙戍兵，令屯近地，全照以邊防不可無備，未卽奉詔。上曰：「全照是好勇多言者，德明使已至闕，復何慮焉。」因從全照知永興軍府，仍拜四方館使。西師移屯者至府，命全照兼駐泊鈐轄。全照許州有別墅，求典是州，可之。大中祥符中，遷引進使。踰歲，表求歸朝，命掌閤門、客省、四方館事。四年，車駕西幸，留爲新城都巡檢。未幾，卒，年六十。

論曰：五代之季，邊圉之不靖也久矣。太祖之興，雖不勤遠略，而向之陸梁跋扈而不可制者，莫不竭忠効節，雖奔走僵仆而不避，豈人心之有異哉？良由威德之並用，控御之有道也。折氏據有谷府，與李彝興之居夏州，初無以異，太祖嘉其嚮化，許以世襲，雖不無世卿之嫌，自從阮而下，繼生名將，世篤忠貞，足爲西北之捍，可謂無負於宋者矣。承美繼周，分盜種落，亦能世其職者也。繼業雖出賊叛之族，而有循良之風。方諫、行友介遼晉間，持兩端以取將相，終以首鼠獲咎，其諸異端之害歟！全照職親禁衞，素稱嚴果，而昧於弭兵之利，君子所不予也。

宋史卷二百五十四

元　中　書　右　丞　相　總　裁　脫　脫　等　修

列傳第十三

侯益子仁矩　仁寶　孫延廣　張從恩　扈彥珂

薛懷讓　趙贊　李繼勳

藥元福　趙晁子延溥

侯益，汾州平遙人。祖父以農爲業。唐光化中，李克用據太原，益以拳勇隸麾下。從莊宗攻大名，先登，擒軍校，擢爲馬前直副兵馬使。征劉守光，先登，遷軍使。破洺州，爲機石傷足，莊宗親以藥傅其瘡。及愈，改護衞指揮使。梁小將李立、李建以驍勇聞，軍中憚之。會莊宗與梁人戰河上，益挺身出鬭，擒其二將，遷馬前直指揮使。莊宗入汴，爲本直副都校。從明宗討趙在禮於鄴，會諸軍推戴明宗，益脫身歸洛，莊宗撫其背出涕。明宗立，益面縛請罪，明宗曰：「爾盡忠節，又何罪也。」改本直左廂都校。天成初，朱守殷據夷門叛，益率所部斬關先入，轉左右馬前從馬直都校，領潘州刺史。王都據定州叛，益從王晏球攻討，會契丹來援，益逆擊之，破其衆唐河北，克其城，授寧州刺史。入爲羽林軍五十指揮都校，領費州刺史。時夏帥李仁福卒，子彝超擅命自立，以邀節鉞，命益帥師討之，明宗不豫，遽追還。應順初，潞王舉兵鳳翔，以益爲西面行營都虞候。益知軍情必變，稱疾不奉詔，執政怒，出爲商州刺史。蜀軍寇金州，益率鎭兵襲擊，大破之。詔賜襲衣、名馬，加西面行營都巡檢使。晉初，召爲奉國都校，領光州防禦使。范延光反大名，張從賓據河陽爲聲援，晉祖召益謂曰：「宗社危若綴旒，卿能爲朕死耶？」益曰：「願假銳卒五千人，破賊必矣。」以益爲西面行營副都部署，率禁兵數千人次虎牢。從賓軍萬餘人夾汜水而陣，益親鼓士乘之，大敗其衆，擊殺殆盡，汜水爲之不流。從賓乘馬入水溺死。築京觀，刻石紀功。晉祖大喜，拜河陽三城節度，充鄴都行營都虞候。會延光以城降，移鎭潞州。天福四年，晉祖追念虎牢之功，遷武寧軍節度、同平章事。遣中使謂益曰：「朕思卿前年七月九日大立戰功，故復以此月此日從卿鎭彭門。」領相印，仍賜門戟，改鄉里爲將相鄉勳賢里。九月，徐州大火，益出金粟賑之。明年，徙鎭秦州，充西面都部署。階州義軍校王君懷苦其刺史暴虐，率衆數千投蜀，請爲先鋒下秦、成諸州。益聞之懼，請援於朝，又潛遣書於蜀將以達誠意。少帝聞之，疑爲邊患，議從於內地。會蒲帥安審琦移鎭許下，以益爲河中尹、護國軍節度。契丹入汴，益率僚屬歸京師，詣契丹主自陳不預北伐之謀，契丹授以鳳翔節度。漢祖卽位，加兼侍中。益自以嘗受契丹命，聞漢兵入洛，憂之，浚城隍爲備。孟昶遣益所親掌樞密王回齎書招益，復遣綿州刺史吳崇惲厚遺之。崇惲本秦州押衙，益故吏也。及何重建爲師，遣崇惲奉表以階、秦歸蜀，授刺史，故昶遣之。益遂與其子歸蜀，昶令重建率川兵數萬出大散關以應之。漢祖知其事，遣客省使王景崇率禁軍數千倍道趨岐下，召益入朝。時漢祖已不豫，召至臥內，謂之曰：「侯益貌順朝廷，心懷攜貳，爾往至彼，如益來，卽置勿問；苟遲疑不決，卽以便宜從事。」景崇至京兆，合岐、雍、邠、涇之師以破蜀軍。益懼，卽謀入朝。會聞漢祖崩，景崇欲誅益，慮隱帝不知先朝密旨。從事程遲，景崇里人也，益因遣之說景崇曰：「君致位通顯，亦可少知止足，何必懷禍人之心，爲己甚之事乎？況侯君親戚爪牙甚衆，事若妄發，禍亦旋踵至矣。」景崇怒曰：「子去，勿爲游說，吾將族爾。」益知不用遲言，卽率數十騎奔入朝。隱帝遣侍臣問益結連蜀軍之由，益對曰：「臣欲誘之出關，掩殺之耳。」隱帝笑之。益厚賂史弘肇輩，言景崇之橫，怒諸權貴，深庇護之，乃授以開封尹，兼中書令，俄封魯國公。景崇聞之，遂據城叛，益親屬在城中餘七十口，悉爲景崇所害。及周祖起兵，隱帝議出師禦之，益獻計曰：「王者無敵於天下，兵不宜輕出。況大名戍卒家屬盡在京城，不如閉關以挫其銳，遣其母妻發降以招之，可不戰而定。」慕容彥超以爲益衰老作懦夫計，沮之。隱帝遣益與彥超及張彥超、閻進卿、吳虔裕守澶州，至赤岡，周師奄至，戰留子陂，漢軍不利。益臨陣見士卒無鬭志，又占候不祥，乃與焦繼勳等夜謁周祖，周祖慰勞遣還。廣順初，封楚國公，改太子太師，俄又改封齊國公。顯德元年冬，告老，以本官致仕，歸洛，遣使賜茶藥錢帛，就撫問之。太祖卽位，遣賜器幣，歲一來朝，太祖以耆舊厚待之。乾德初，郊祀，詔綴中書門下班，禮與丞相等。三年，卒，年八十，贈中書令。五子：仁愿、仁矩、仁寶、仁遇、仁興。仁愿至左金吾衞大將軍、蓬州刺史；仁遇，西京內園使；仁興，右屯衞將軍。仁愿子延濟，西京作坊使、康州刺史。

仁矩從益爲商州牙校。益之討張從賓也，仁矩首犯賊鋒，以功領蓬州刺史，充河南牙職。從益歷潞、徐、秦三鎭。開運初，入爲氈毯使，出爲天平行軍司馬。漢初，授隰州刺史，至郡決滯訟，一日釋繫囚百餘，獄爲之空，民情悅服。仕周，歷左羽林將軍，出爲泗州刺史，改通州兼屯田鹽鐵監使。宋初，歷祁、雄二州刺史，治軍有方略，歷數郡咸有善政。開寶二年，卒，年五十六。太祖甚惜之，特命中使護喪。子延廣、延之。咸平二年，進士及第。

仁寶以蔭遷太子中允。趙普妹壻盧多遜與普有隙，普罷相，卽以仁寶知邕州。之右江生毒藥樹，宣化縣人常採貨之，仁寶以聞，詔盡伐去。九年不代。太平興國中，上言陳取交州之策，太宗大喜，令馳驛召歸。多遜遽奏曰：「若召仁寶，其謀必泄，蠻夷增備，未易取也。不如授仁寶飛輓之任，且經度之，別遣偏將發荊湖士卒一二萬人長驅而往，勢必萬全。」帝以爲然，遂以仁寶爲交州水陸計度轉運使。前軍發，遇賊鋒甚盛，援兵不繼，遇害，死江中。太宗聞之甚悼惜，特贈工部侍郎，錄其子延齡、延世並爲齋郎。延齡至殿中丞，延世至太子中舍。

延廣初在襁褓中，遭王景崇之難，乳母劉氏以己子代延廣死，劉氏行丐，抱持延廣至京師，還益。延廣父歷通、祁、雄三州刺史，悉以補牙職。仁矩在雄州日，方飮宴，虜數十騎白晝入州城，居民驚擾，延廣引親信數騎馳出衙門，射殺其酋長一人，斬首數級，悉禽其餘黨。延廣持首級以獻，仁矩喜，拊其背曰：「興吾門者必汝也。」監軍李漢超以其事聞，詔書褒美，賜錦袍、銀帶。仁矩卒，補西頭供奉官。從党進討太原。太平興國初，預脩永昌陵，出護延州軍，兼緣邊巡檢，善撫士卒，下樂爲用，戎人畏服。遷閤門祇候。會西北戎入寇，邊人擾亂，求可使徼巡者，近臣言延廣將家子，習邊事，無出其右。延廣時被病，强起之，遷崇儀副使，充同鄜坊延丹緣邊都巡檢使。延廣力疾入辭，太宗賜以名藥及方，遣太醫隨侍，其疾亦尋愈。戎人聞延廣之至，不敢復爲寇亂。叛卒劉渥嘯聚亡命數百人，寇耀州富平縣，謀入京兆，其勢甚盛，所過殺居民，奪財物，縱火而去，關右騷然。延廣率兵數百間道追之，會渥於富平西十五里，渥衆已千餘人，相持久之。渥素憚延廣，傳言：「我草間求活，觀死如鴻毛耳。侯公家世富貴，奈何不思保守，而與亡卒爭一旦之命於鋒鏑之下。」延廣怒，因擊之，挺身與渥鬭大樹下，斷渥右臂，渥脫走，乘勢大破其衆。渥創甚，止谷中，後數日爲追兵所獲。渥素號驍勇無敵，至是爲延廣所殺，羣盜喪氣，餘黨稍稍自歸，關右以定。上嘉之，擢拜崇儀使。淳化二年，李繼遷始擾夏臺，卽命延廣領獎州刺史、知靈州，賜金帶、名馬。會趙保忠陰結繼遷，朝廷命騎將李繼隆率兵問罪，以延廣護其軍。既而夏臺平，保忠就縛，手詔褒美，錫賚甚厚。師還，留爲延州鈐轄。會節帥田重進老耄，郡中不治，以延廣同知州事，兼緣邊都巡檢使。先是延廣知靈州部下嚴整戎人悅服李繼遷素被其鋒監軍康贊元害其功誣奏延廣得虜情恐後倔强難制遽詔還以慕容德豐代之部內甚不治至道間繼遷寇靈州朝廷謀帥同知樞密院事錢若水稱延廣可使就拜寧州團練使知靈州兼兵馬都部署賜白金二千兩歲增給錢二百萬戎人塞道郵傳餉餫皆不通延廣獨引數十騎之鎮戎人素服其威名皆相率引避二年春被病上遣御醫馳驛視之醫至疾已亟延廣謂中使李知信曰延廣自度必不起家世受國恩今日得死所矣但恨未立尺寸功以報上耳言訖而卒年五十上聞之爲出涕賵賻甚厚以其子爲六品正員官子紹隆東染院使帶御器械紹隆子宗亮右侍禁閤門祗候

張從恩并州太原人父存信振武軍節度後唐明宗微時嘗隸存信麾下時從恩尚幼頗無賴明宗甚薄之及卽位止授散秩從恩不得志乃退歸太原晉祖鎮河東爲少帝娶從恩女晉初以外戚擢爲右金吾衞將軍未幾改刺貝州遷北京副留守移授澶州防禦使歷樞密副使宣徽南院使權西京留守俄判三司安從進叛于襄陽以從恩爲行營兵馬都監少帝嗣位襄陽平遷檢校太尉開封尹充東京留守少帝自鄴歸汴改鄴都留守錫賚加等仍賜銀裝肩輿二俾迎其家明年契丹擾河朔從恩僅能完守尋加同中書門下平章事是歲契丹將趙延昭據甘陵命從恩爲貝州行營都部署從恩至延昭遁去詔與杜重威合兵三萬北伐開運初改天平軍節度契丹復擾邊命十五將北征以從恩充北面行營都監二年移鎮晉州又改潞州及契丹入汴從恩欲降從事高防諫曰公晉室之親宜盡臣節從恩不聽乃棄城而去巡檢使王守恩悉取其家財以城歸漢祖漢祖至汴從恩惶懼不敢出漢祖召賜襲衣金帶鞍勒馬器幣以安慰之尋拜右衞上將軍奉朝請周初遷左金吾衞上將軍周祖征兗州從恩從行世宗嗣位加檢校太師封褒國公宋初改封許國公久之以病免乾德四年卒年六十九

扈彥珂代州鴈門人幼事王建立以謹厚稱晉天福中建立節制潞州卒遺表薦彥珂得補河東節度左都押衙會漢祖自太原建號擢爲宣徽南院使未幾授鎭國軍節度華商等州觀察處置等使乾祐初河中李守貞永興趙思綰鳳翔王景崇並據城叛周祖爲樞密使總兵出征道出華州時議多以先討景崇思綰爲便周祖意未決彥珂曰三叛連衡推守貞爲主宜先擊河中河中平則永興鳳翔失勢矣今捨近圖遠若景崇思綰逆戰于前守貞兵其後腹背受敵爲之奈何周祖從其言及平河中以功遷護國軍節度時蒲人彫弊思得良帥鎭撫彥珂暗弱朝議少之廣順初就加同平章事移鎭滑州歲餘代歸與鳳翔趙暉俱獻緡帛請開宴不納以滑州李守貞宅賜之世宗嗣位授左衞上將軍顯德三年以老疾上章求退授開府儀同三司太子太師致仕歸西京太祖卽位遣使就賜器幣數月卒年七十五

薛懷讓其先戎人徙居太原少勇敢喜戰鬭後唐莊宗在鎭得隸帳下累歷軍職明宗時改神武右廂都校領獎州刺史東川董璋遣懷讓率本軍從晉祖討賊賊平遷絳州刺史淸泰初移申州明年表乞罷郡赴代北軍力陳不允晉天福中范延光叛於鄴以懷讓爲招收使及戰中流矢詔賜湯藥存問又歷沂遼密懷四州刺史所至無善政頗事誅斂楊光遠反青州召懷讓至闕賜襲衣玉帶爲行營先鋒都指揮使以功改宿州團練使會契丹南侵少帝幸澶州遣懷讓與李守貞皇甫遇梁漢璋率兵萬人緣河而下以守汶陽時契丹歲擾邊陲朝廷擇驍將守要郡命懷讓爲洺州團練使會符彥卿北討契丹以懷讓爲馬軍左廂排陣使又從北面都招討杜重威爲先鋒都指揮使及重威降契丹於中渡橋懷讓亦在籍中非其志也契丹主北歸留麻答守鎭州麻答遣步健督洺州供運懷讓聞漢祖舉義晉陽卽殺步健奉表歸漢漢祖遣郭從義分兵萬餘與懷讓取邢州時僞帥劉鐸守邢臺堅壁拒之不克而還麻答遣副將楊安以八百騎攻懷讓又命剛鐵將三百騎繼之懷讓戰不勝退保本州契丹大掠其封內及麻答爲鎭軍所逐楊安亟遁鐸又納款漢祖懷讓乘其不虞遣人紿鐸云我奉詔爲邢州帥今率衆襲契丹請置頓于郡鐸無拒心輒開門迎之懷讓殺鐸奪其城漢祖卽授以安國軍節度隱帝卽位移鎭同州及殺楊邠等急召懷讓至闕會北郊兵敗懷讓降于周祖周祖登位賜襲衣金帶鞍勒馬遣還任加同平章事劉崇入寇懷讓表求西征詔褒之夏陽富人張廷徽誣告趙隱等五人爲盜殺人且厚賂懷讓子有光懷讓知之卽諷吏掠治隱等强伏之遺掌書記李炳親校賈進蒙追判官劉震等鍛成其獄隱等皆棄市家人詣闕訴寃懷讓亦自入朝遽獻錢百萬請開宴不納俄捕獲本賊下御史臺鞫問懷讓懼獻馬十匹復不納有司請逮懷讓繫獄周祖以宿將釋不問杖流劉震等俄以懷讓爲左屯衞上將軍世宗卽位加左武衞上將軍顯德五年請老拜太子太師致仕恭帝卽位封杞國公建隆元年卒年六十九贈侍中懷讓好畜馬駞馬有大烏小烏者尤奇駿漢隱帝使求之吝而不獻及罷節鎭環衞祿薄猶有馬百匹橐駝三十頭傾貲以給芻粟朝夕閱視爲娛家人屢勸鬻以供費懷讓不聽及死童僕皆剺面以哭蓋其俗也

趙贊字元輔本名美後改焉幽州薊人祖德鈞後唐盧龍節度封北平王父延壽尚明宗女興平公主至樞密使忠武軍節度贊幼聰慧明宗甚愛之與諸子外孫石氏並育於六宅暇日因遍閱諸孫數十人目贊曰是兒令器也贊七歲誦書二十七卷應神童舉明宗詔曰都尉之子太尉之孫幼能誦書弱不好弄克彰庭訓宜錫科名可特賜童子及第仍附長興三年禮部春牓久之延壽出鎭宣武軍因奏署牙內都校淸泰末晉祖起并門命延壽以樞密使將兵屯上黨德鈞將本軍自幽州來會時晉祖以契丹之援引兵南下德鈞父子降晉契丹主盡錮之北去贊獨與母公主留西洛天福三年晉祖命贊奉母歸薊門契丹署爲金吾將軍數年契丹以延壽爲范陽節度又署贊爲牙內都校開運末契丹主將謀南侵委政延壽及平原陷贊復受契丹署爲河中節度延壽從契丹北歸贊得留鎭河中未幾漢祖起晉陽贊奉表勸進漢祖加檢校太尉仍鎭河中改京兆尹晉昌軍節度贊懼漢疑己潛遣親吏趙仙奉表歸蜀判官李恕者本延壽賓佐深所委賴至家事亦參之及贊出鎭從爲上介至是恕語贊曰燕王入遼非所願也漢方建國必務懷柔公若泥首歸朝必保富貴狼狽入蜀理難萬全儻復不容後悔無及公能聽納請先入朝爲公申理贊卽遣恕詣闕漢祖見恕問贊何以附蜀恕曰贊家在燕薊身受契丹之命自懷憂恐謂陛下終不能容招引西軍蓋圖苟免臣意國家甫定務安臣民所以令臣乞哀求覲漢祖曰贊之父子亦吾人也事契丹出於不幸今聞延壽落于陷穽吾忍不容贊耶恕未還贊已離鎭入朝卽命爲左驍衞上將軍從恕邠州判官贊仕周歷左右羽林左龍武三統軍世宗南征初遣贊率師巡警壽州城外俄命爲淮南道行營左廂排陣使世宗歸京留贊與諸將分兵圍壽春贊獨當東面諸將職多不利贊獨持重自秋涉冬未嘗挫衄及受詔移軍尺椽片瓦悉輦而行城中人無敢睥睨者會吳遣驍將魯公綰帥十餘萬衆泝淮奄至跨山爲柵阻肥水俯瞰城中時大軍已解圍贊與大將楊承信將輕騎斷吳人饟路又獨以所部襲破公綰軍爲流矢所中世宗再征壽春命造橋渦口以通濠泗令騎帥韓令坤董其役俾贊副之屬霖雨淮水漲溢濠人謀乘輕舟奄焚其橋贊覘知之設伏橋下濠人果至贊令强弩亂發殺獲甚衆及世宗移兵趣濠以牛革蒙大盾攻城贊親督役矢集于胄雖被重傷猶力戰遂拔其羊馬城刺史唐景思死焉團練使郭延請以城降世宗詔褒美之又以所部兵巡撫滁和之間破吳人五百于石潭橋淮南平以戰功多授保信軍節度贊入視事盡去苛政務從寬簡居民便之恭帝卽位加開府階宋初加檢校太師移忠正軍節度預平維揚歲餘改鎭延州受密旨許以便宜行事將及州境乃前後分置步騎綿綿不絕林莽之際遠見旌旗所部羌渾來迎無不懾服乾德六年移建雄軍節度秋命將征太原以贊爲邠州路部署開寶二年太祖將討晉陽又以爲河東道行營前軍馬步軍都虞候車駕薄城下分軍四面贊扼其西偏并人乘晦日突門潛犯贊壘贊率衆擊之久而方退弩矢貫足太祖勞問數四賜良藥傳之四年改鎭鄜州太宗卽位進封衞國公太平興國二年來朝未見而卒年五十五贈侍中贊頗知書喜爲詩容止閑雅接士大夫以禮馭衆有方略其爲政雖無異跡而吏民畏服亦近代賢帥也

李繼勳大名元城人周祖領鎭選隸帳下廣順初補禁軍列校累遷至虎捷左廂都指揮使領永州防禦使顯德初遷侍衞步軍都指揮使領昭武軍節度歲餘改領曹州世宗親征淮上令繼勳領兵屯壽州城南進洞屋雲梯以攻其城繼勳怠於守禦爲其所敗死者數萬梯屋悉皆被焚召歸闕出爲河陽三城節度議者以爲失責帥之義及再幸壽春回左授繼勳右武衞大將軍又以其掌書記陳南金裨贊無狀并黜之顯德四年冬復從世宗南征及次迎鑾卽命繼勳帥黑龍船三十艘於江口灘敗吳兵數百獲戰船二艘以功遷左領軍衞上將軍七月改右羽林統軍六年春世宗幸滄州以繼勳爲戰櫂左廂都部署前澤州刺史劉洪副之俄權知邢州恭帝卽位授安國軍節度加檢校太傅宋初加檢校太尉太祖平澤潞繼勳朝于行在卽以爲昭義軍節度是秋率師入河東燔平遙縣俘獲甚衆建隆二年冬又敗并軍千餘人斬首百餘級獲其遼州刺史傅延彥及弟延勳來獻乾德二年詔與康延沼尹訓率步騎萬餘攻遼州太原將郝貴超領兵來援戰于城下繼勳大敗之州將杜延韜危蹙與拱衞都指揮使冀進兵馬都監

供奉官侯美籍部下兵三千送欵於繼勳卽遣內供奉官都知慕容延忠入奏詔褒之未幾并人誘契丹步騎六萬人來取遼州復遣繼勳與羅彥瓌郭進曹彬等領六萬衆赴之大破契丹及太原軍於城下五年加同平章事開寶初將征河東以繼勳爲行營前軍都部署敗并人於渦河二年太祖親征河東命繼勳爲行營前軍都部署駕至城下分軍四面繼勳柵其南三年春移鎭大名太平興國初加兼侍中俄以疾求歸洛陽許之賜錢千萬白金萬兩是秋上表乞骸骨拜太子太師致仕朝會許綴中書門下班尋卒年六十二贈中書令繼勳累歷藩鎭所至無善政然以質直稱信奉釋氏與太祖有舊故特承寵遇弟繼偓亦有武勇周顯德末補內殿直宋初累歷軍職開寶中爲步軍副都軍頭太平興國三年遷內外馬步軍副都軍頭坐事改右衞率府率六年加本衞將軍領奬州刺史累至龍衞右廂都指揮使領本州團練使繼勳子守恩至如京使守元至北作坊使守徽爲崇儀副使

藥元福并州晉陽人幼有膽氣善騎射初事邢帥王檀爲廳頭軍使以勇敢聞事後唐爲拱衞威和親從馬闕軍都校天平軍內外馬軍都指揮使晉天福中爲深州刺史開運初契丹陷甘陵圍魏郡師次於河少帝駐軍澶淵契丹陣於城北東西連亘掩城兩隅登陴望之不見其際元福以左千牛衞將軍領兵居陣東偏遼民有馬破龍者告契丹曰先攻其東卽浮梁可奪契丹信之盡銳來戰元福與慕容鄴各領二百騎爲一隊躍出而鬬元福奮鐵撾擊契丹斃者數人左右馳突無不披靡契丹兵潰少帝登城見元福力戰召撫之曰汝奮不顧命雖古之忠烈無以過之元福三馬皆中流矢少帝擇名馬賜之明日將戰面授元福鄭州刺史爲權臣所沮止刺原州俄改泰州明年契丹復入命元福與李守貞符彥卿皇甫遇張彥澤等禦之於陽城爲右廂副排陣使晉師列方陣設拒馬爲行砦契丹以奇兵出陣後斷糧道晉人乏水士馬饑渴鑿井未及泉土輒壞塞契丹順風揚塵諸將皆曰彼勢甚銳俟風反與戰破之必矣守貞與元福謀曰軍中饑渴已甚若俟風反出戰吾屬爲虜矣彼謂我不能逆風以戰宜出其不意以擊之此兵家之奇也元福乃率麾下騎開拒馬出戰諸將繼至契丹大敗追北二十餘里殺獲甚衆敵帥與百餘騎遁去以元福爲威州刺史會靈武節度王令溫以漢法治蕃部西人苦之共謀爲亂三族酋長拓跋彥超石存也廝褒率衆攻靈州令溫遣人間道入奏乃以河陽節度馮暉鎭朔方召關右兵進討以元福將行營騎兵元福與暉出威州土橋西遇彥超兵七千餘邀暉行李元福轉戰五十里殺千級禽三十餘人又遣部校援出令溫護送洛下朔方距威州七百里無水草號旱海師須齎糧以行至耀德食盡比明行四十里彥超等衆數萬布爲三陣扼要路據水泉以待暉軍軍中大懼暉遣人賂以金帛求和解彥超許之使者往復數四至日中列陣如故元福曰彼知我軍饑渴邀我於險既許和解而日中未決此豈可信哉欲困我耳遷延至暮則吾黨成禽矣暉驚曰奈何元福曰彼雖衆而精兵絕少依西山爲陣者是也餘不足患元福請以麾下騎先擊西山兵公但嚴陣不動俟敵少却當舉黃旗爲號旗舉則合勢進擊敗之必矣暉然其策遂率衆進擊敵衆果潰元福卽舉黃旗以招暉暉軍繼進彥超大敗橫尸蔽野是夕入淸邊軍明日至靈州元福還郡詔賜暉元福衣帶繒帛銀器漢乾祐中從趙暉討王景崇於鳳翔時兵力寡弱不滿萬人蜀兵數萬來援景崇至寶雞依山列柵都監李彥從以數千人擊蜀軍衆寡不敵漢軍少却元福領數百騎自後驅之下令還顧者斬衆皆殊死戰大敗蜀兵追至大散關殺二千餘人餘皆棄甲遁去鳳翔平以功遷淄州刺史周廣順初王彥超討徐州叛將楊溫以元福爲行營兵馬都監數月克之率師還京改陳州防禦使未幾劉崇引契丹擾晉州命樞密使王峻率兵拒之以元福爲西北面都排陣使軍過蒙坑崇夜燒營遁峻令元福與仇超陳思讓追至霍邑旣行又遣止之元福謂思讓等曰劉崇召契丹援邊志在疲弊中國今兵未交而遁宜追奔深入以挫其勢諸將畏懦遂止周祖知其事明年因調兵戍晉州謂左右曰去年劉崇之遁若從藥元福之言則無邊患矣俄與曹英向訓討慕容彥超於兗州元福爲行營馬步軍都虞候詔元福自晉州率所部入朝卽遣東行賜六銖袍帶鞍馬器仗周祖謂曰比用曹州防禦使鄭璋我度彥超凶狡多計謀恐璋不能集事選爾代之已敕曹英向訓不令以軍禮見汝及至軍中英訓皆尊禮之當時有爲宿將築連城以圍兗彥超晝夜出兵元福屢擊敗之遂閉壁不敢出十餘日元福營柵皆就又穴地及築土山百道攻其城會周祖親征元福以所部先入羊馬城諸軍鼓譟角進拔之以功授建雄軍節度世宗高平之戰劉崇敗走太原遂縱兵圍其城以元福爲同州節度充太原四面濠砦都部署時攻具悉備城中危急以糧運不繼詔令班師元福上言曰進軍甚易退軍甚難世宗曰一以委卿遂部分卒伍爲方陣而南元福以麾下爲後殿崇果出兵來追元福擊走之師還加檢校太尉移鎭陝州又歷定盧曹三鎭宋初加檢校太師九月卒年七十七贈侍中元福雖老筋骨不衰人或言其氣貌益壯當復領兵必大喜曲致禮待或加以贈遺時稱驍將

趙晁眞定人初事杜重威爲列校重威誅屬周祖鎭鄴中晁因委質麾下周祖開國擢爲作坊副使慕容彥超據兗州叛以晁爲行營步軍都監兗州平轉作坊使晁自以逮事霸府復有軍功而遷拜不滿所望居常怏怏時樞密使王峻秉政晁疑其軋己一日使酒詣其第毀峻峻不之責世宗嗣位改控鶴左廂都指揮使領賀州刺史從征劉崇轉虎捷右廂都指揮使領本州團練使兼行營步軍都指揮使軍至河內世宗意在速戰令晁倍道兼行晁私語通事舍人鄭好謙曰賊勢方盛未易敵也宜持重以挫其銳好謙以所言入白世宗怒曰汝安得此言必他人所教言其人則舍爾不言當死好謙懼遂以實對世宗卽命并晁械於州獄軍迴始赦之及征淮南改虎捷左廂領閬州防禦使充前軍行營步軍都指揮使又爲緣江步軍都指揮使時李重進敗吳人于正陽以降卒三千人付晁晁一夕盡殺之世宗不之罪壽春平拜檢校太保河陽三城節度孟懷等州觀察措置等使恭帝卽位加檢校太傅宋初加檢校太尉未幾以疾歸京師卒年五十二太祖甚悼之贈太子太師再贈侍中晁身長七尺儀貌雄偉好聚斂處方鎭以賄聞以周初與宣祖分掌禁軍有宗盟之分故太祖常優禮之再加贈典焉子延溥

延溥周顯德中以父任補左班殿直宋初爲鐵騎指揮使開寶初太祖親征晉陽太宗守京邑延溥以所部爲帳下牙軍轉殿前散員指揮使九年改鐵騎都虞候太宗卽位遷散指揮都虞候領思州刺史太平興國二年轉內殿直都虞候三年改馬步軍都虞候從平太原略地燕薊六軍扈從有後期至者帝怒欲寘于法延溥遂進曰陛下巡行邊陲以防禦外侮今契丹未殄而誅譴將士若舉後圖誰爲陛下戮力乎帝嘉納之師還遷內外馬步軍都軍頭領本州防禦使五年殿前白進超卒卽日以延溥爲日騎天武左右廂都指揮使兼權殿前都虞候事坐遣親吏市竹木所過關渡矯稱制免算責授登州團練使令赴任是冬帝北巡至大名復以延溥爲本州防禦使卽命爲幽州東路行營壕砦都監詔修緣邊城壘逾年加涼州觀察使仍判登州又爲鎭州兵馬都部署俄判霸州雍熙二年改蔚州觀察使判冀州會命曹彬等北征又與內衣庫使張紹勍引進副使董愿爲幽州西北道行營都監師還命知貝州改滑州部署四年再知貝州以疾求代代未至卒年五十贈天德軍節度子承彬至內殿崇班承彬子咸一爲虞部員外郞知宗正丞事咸熙天聖八年進士及第

論曰侯益在晉漢時數爲反覆觀其受命契丹私交僞蜀赤岡之戰復夜謁周祖宗屬長幼遭景崇鯨鯢殆無噍類推其心迹豈懷貳之罰歟薛懷讓趙晁爲將皆忍於殺降晁子延溥能救後至之誅雖父子之親仁暴相戾有若是者餘皆逢時奮武致身榮顯扈彥珂講擊河中卒用其策愚者之一慮云

宋史卷二百五十五

元 中書右丞相總裁脫脫等修

列傳第十四

郭崇 楊廷璋 宋偓 向拱

王彥超 張永德 王全斌曾孫凱

康延澤 王繼濤 高彥暉附

郭崇應州金城人重厚寡言有方略初名崇威避周祖名止稱崇父祖俱代北酋長崇弱冠以勇力應募爲卒後唐淸泰中爲應州騎軍都校晉祖割雲應地入于契丹崇恥事之奮身南歸歷鄆河中潞三鎭騎軍都校開運中戍太原會漢祖起義以崇爲前鋒入汴改護聖左第六軍都校領鄆州刺史改領富州從周祖平河中以功遷果州防禦使領護聖右廂都指揮使周祖鎭鄴以崇領行營騎軍兼天雄軍都巡檢使乾祐三年冬崇從周祖平國難與李筠拒慕容彥超於留子陂走之以崇補侍衞馬軍都指揮使遣馮道等迎湘陰公贇於徐州將立之會契丹南侵周祖北征次于澶州爲六軍推戴樞密使王峻在京師聞變遣崇率七百騎東拒贇遇於睢陽崇陣于牙門外贇懼登門樓呼崇曰汝等何遽至此崇曰澶州軍變遣崇等來衞乘輿非有他也贇召崇

升樓崇未敢登卽遣道下與語崇乃登具言軍情有屬天命已定贇執崇手泣俛首久之俄而贇所領衞兵都校張令超以衆歸崇贇親將賈王等數怒目視道將害之贇曰汝輩勿草草此非關令公事崇卽送贇就館舍廣順初領定武軍節度又爲京城都巡檢使修城都部署兼知步軍公事未幾復升陳州爲節鎮以潁州隸焉命崇爲節度周祖親郊加同平章事出鎮澶州周祖不豫促還鎮所世宗立并人侵潞州命崇與符彥卿出固鎮以禦之世宗親征又副彥卿爲行營都部署師還加兼侍中冬移眞定尹成德軍節度四年世宗征淮南契丹出騎萬乘餘掠邊崇率師攻下束鹿縣斬數百級俘獲甚衆五年天淸節崇來朝表求致政不允賜襲衣金帶器幣鞍勒馬遣之世宗平關南至靜安軍崇來朝恭帝嗣位加檢校太師宋初加兼中書令崇追感周室恩遇時復泣下監軍陳思誨密奏其狀因言常山近邊崇有異心宜謹備之太祖曰我素知崇篤於恩義蓋有所激發爾遣人覘之還言崇方對賓屬坐池潭小亭飲博城中晏然太祖笑曰果如朕言未幾來朝時命李重進爲平盧軍節度重進叛改命崇爲節制乾德三年卒年五十八太祖聞之震悼贈太師子守璘至洛苑副使妻卽明德皇后之姊也子允恭以父任授殿直至崇儀副使知常州卒次女爲仁宗皇后天聖三年詔贈崇尚書令兼中書令守璘太尉寧國軍節度允恭太傅安德軍節度六年又詔追封崇英國公加贈守璘永清軍節度兼中書令允恭忠武軍節度兼侍中允恭子中庸左侍禁閤門祗候副使中和娶潁川郡王德彝女爲西染院副使

楊廷璋字溫玉眞定人家世素微賤有姊寡居京師周祖微時欲聘之姊不從令媒氏傳言恐逼姊以告廷璋廷璋往見周祖歸謂姊曰此人姿貌異常不可拒姊乃從之周祖從漢祖鎮太原廷璋屢省其姊周祖愛其純謹姊卒留廷璋給事左右及出討三叛入平國難廷璋數獻奇計卽位追冊廷璋姊爲淑妃擢廷璋爲右飛龍使廷璋固辭不拜願推恩其父洪裕卽令召洪裕赴闕以老病辭就拜金紫光祿大夫眞定少尹廷璋歷皇城使昭義兵馬都監澶州巡檢使世宗自澶淵還京言廷璋有幹材遷客省使俄爲河陽巡檢知州事涇帥史懿稱疾不朝周祖命廷璋往代之將行謂之曰懿不就命卽圖之廷璋至屏左右以詔書示懿諭以禍福懿卽日載路俄聞周主崩廷璋嘔血不食者數日世宗立拜左驍衞大將軍充宣徽北院使征劉崇以爲建雄軍節度在鎮數年頗有惠愛前後率兵入太原境拔仁義高壁等砦獲刺史軍校數十人俘其民數千戶獲兵器羊馬數萬計并人棄沁州二百里退保新城廷璋遂置保安與同白壁等十餘砦會隰州刺史孫議卒廷璋遣監軍李謙溥領州事謙溥至并人來攻其城議者以爲宜速救之廷璋曰隰州城壁堅完并人奄至未能爲攻城具當出奇以破之乃募敢死士百餘人許以重賞由間道遣人約謙溥爲內應旣至卽銜枚夜擊城中鼓譟以出并人大潰追北數十里斬首千餘級獲器甲萬計奏至世宗喜曰吾舅眞能禦寇詔褒之世宗自河東還加檢校太保顯德六年夏率所部入河東界下堡砦十三降巡檢使靳漢晁等三人恭帝卽位加檢校太傅宋初加檢校太尉吏民詣闕請立碑頌功德太祖命盧多遜撰文賜之李筠叛潛遣親信使齎蠟書求援鄰境廷璋獲之械送京師因上攻取之策卽下詔委以經略及車駕親征詔廷璋率所部入陰地分賊勢賊平歸鎮是秋來朝改鎮邠州乾德四年移鄜州開寶二年召爲右千牛衞上將軍四年卒年六十賻帛二百匹廷璋美鬚長上短下好修容儀雖見小吏未嘗懈惰善待士幕府多知名人在晉州日太祖命荊罕儒爲鈐轄罕儒以廷璋周朝近親疑有異志每入府中從者皆持刀劒欲圖廷璋廷璋推誠待之殊不設備罕儒亦不敢發終亦無患議者以廷璋在涇州保全史懿陰德之報也洪裕少時嘗漁於貂裘陂忽有驍騎至者以二石鷹授洪裕一翼掩左一翼掩右曰吾北嶽使者也言訖忽不見是年生淑妃明年生廷璋家遂昌盛廷璋子七人皆不爲求官惟表其孤甥安崇勳得西頭供奉官崇勳後唐樞密使重誨子也廷璋子坦塤皆進士及第坦至屯田員外郎鹽鐵副使判官塤爲都官郎中

宋偓河南洛陽人謙恭下士祖瑤唐天德軍節度兼中書令父廷浩尚後唐莊宗女義寧公主生偓廷浩歷石原房三州刺史晉初爲汜水關使張從賓之叛力戰死之偓年十一以父死事補殿直還供奉官晉祖嘗事莊宗每偓母入見詔令勿拜因從容謂之曰朕於主家誠無所靳但朝廷多事府庫空竭主所知也今主居輦下薪米爲憂當奉主居西洛以就豐泰命偓分司就養敕有司供給至於醯醢率有加等漢祖在晉陽遣其子承訓至洛奉書偓母與偓結昏卽永寧公主也累授北京皇城使漢乾祐初拜右金吾衞大將軍駙馬都尉隱帝卽位授昭武軍節度移鎮滑州周祖舉兵向闕時偓在鎮開門迎謁周祖深德之偓率所部兵從周祖至留子陂隱帝衞兵悉走投周祖周祖謂偓曰至尊危矣公近親可亟去擁衞無令驚動偓策馬及御營軍已亂矣廣順初丁內艱服除授左監門衞上將軍世宗征淮南令偓與左龍武統軍趙贇右神武統軍張彥超前景州刺史劉建於壽州四面巡檢師還以偓爲右神武統軍充行營右廂都排陣使又爲廬州城下副部署吳人大發舟師次東沛洲斷蘇杭之路世宗遣偓領戰艦數百艘襲之又遣大將慕容延釗率步騎而進水陸合勢大破之世宗嘗次于野有虎逼乘輿偓引弓射之一發而斃及江北諸州悉平畫江爲界世宗駐迎鑾命偓率舟師三千泝江而上巡警諸郡師還復授滑州節制又移鎮鄧州恭帝卽位加開府儀同三司宋初加檢校太師遣領舟師巡撫江徼舒州團練使司超副之李重進謀以揚州叛偓察其狀飛章以聞太祖令偓屯海陵以觀重進去就遂從征揚州爲行營排陣使及平以功改保信軍節度來朝從鎮華州會鑿池都城南命偓率舟師數千以習水戰車駕數臨觀焉五年改忠武軍節度開寶初太祖納偓長女爲后偓本名延渥以父名下字從水開寶初上言改爲偓三年徙邠州太平興國初加同平章事二年移定國軍節度四年從平太原又從征幽州詔偓與尚食使侯昭愿領兵萬餘攻城南面師還歸鎮五年冬車駕幸大名召偓詣行在詔知滄州六年封邢國公俄遷同州九年又爲右衞上將軍雍熙中曹彬等北伐班師命偓知霸州歸闕端拱二年卒年六十四廢朝贈侍中謚莊惠中使護葬偓莊宗之外孫漢祖之壻女卽孝章皇后近代貴盛鮮有其比子元靖至供備庫使元度至供備庫副使元載元亨並至左侍禁閤門祗侯初孝章寢疾語晉國長公主曰我瞑目無他憂惟慮族屬不敦睦貽笑於人景德中偓幼子元翰果詣京府求析家財眞宗聞之詔釋勿問仍諭其族屬務遵先后遺戒焉元度子惟簡爲殿直惟易爲奉職

向拱字星民懷州河內人始名訓避周恭帝諱改焉少倜儻負氣弱冠聞漢祖在晉陽招致天下士將往依之中途遇盜見拱狀貌雄偉意爲富家子驅之將劫其財拱覺行至石會關殺所乘驢市酒會里中豪傑告其故咸出丁壯護拱至太原以策干漢祖漢祖不納客于周祖門下及周祖領節鎮署拱知客押牙周祖卽位授宮苑使廣順中遷皇城使出監昭義屯軍并人領馬步十五都來侵拱與巡檢陳思讓逆戰於虒亭南殺三百餘人擒百人獲其帥王璠曹海金又敗其軍於壺關師還會征慕容彥超命爲都監賜以六銖袍帶鞍勒馬器仗卽日遣行賊平命爲陝州巡檢未幾改客省使知陝州會延州高允權卒其子紹基欲求繼襲卽自領使務朝廷益禁兵戍守命拱權知州事俄遷內客省使嘗請禁州民賣軍裝兵器於西人從之所屬部落有侵盜漢戶者拱招其酋帥犒之令誓不敢侵犯召拜左神武大將軍宣徽南院使劉崇入寇遣馬軍樊愛能步軍何徽赴澤州令拱監護之世宗親征拱以精騎居陣中高平之捷以功兼義成軍節度河東行營前軍都監師還出鎮陳州先是晉末秦州節度何建以秦成階三州入蜀蜀人又取鳳州至是宰相王溥薦拱討之乃召拱與鳳翔王景並率兵出大散關連下城砦復命拱爲西南面行營都監蜀人聞鳳州急發卒五千餘出鳳州北堂倉鎮路行至黃花谷將絕周師糧道拱與王景偵知之命排陣使張建雄領兵二千直抵黃花谷又遣別將領勁卒千人出敵後截其歸路敵果爲建雄所敗奔堂倉又爲勁卒所遏合勢掩擊擒其監軍王巒孫韜等千五百餘由是劍門之下州邑營砦望風宵遁秦鳳階成平召歸宴於金祥殿賜襲衣金帶銀器繒帛鞍勒馬顯德二年世宗親征淮南以拱權東京留守兼判開封府事時揚州初平南唐令境上出師謀收復韓令坤有棄城之意卽驛召拱赴行在拜淮南節度依前宣徽使兼緣江招討使以令坤爲副時周師久駐淮陽都將趙晁白延遇等驕恣橫暴不相禀從惟務貪濫至有劫人妻女者及拱至戮其不奉法者數輩軍中肅然六月追敍秦鳳功加檢校太尉時周師圍壽春經年未下江淮草寇充斥吳援兵柵於紫金山與城中烽火相應而舒蘄和泰復爲吳人所據拱上言欲且從揚州之師併力攻壽春俟其城下然後改圖進取世宗從之拱乃封庫付揚州主者復遣本府牙將分部按巡城中秋毫不犯軍民感悅及師行吳人有負糗糧以送者至壽春與李重進合勢以攻其城改淮南道招討都監敗淮南軍二千于黃蓍砦世宗再幸壽州召拱宴賜甚厚以爲武寧軍節度命領其屬駐鎮淮軍及克壽州以功加同平章事領武寧軍節度四年徙歸德軍節度淮南平改山南東道節度俄克西南面水陸發運招討使恭帝卽位加檢校太師河南尹西京留守宋初加兼侍中太祖征李筠拱迎謁至汜水言於上曰筠逆節久著兵力已盛陛下宜急濟

大河踰太行乘其未集而誅之緩則勢張難爲力矣帝從其言卷甲倍道趣之筠果率兵南向聞車駕至惶駭走澤州城守遂見擒乾德初從郊祀畢封譙國公拱尹河南十餘年專治園林第舍好聲妓縱酒爲樂府政廢弛羣盜晝劫太祖聞之怒移鎭安州命左武衞上將軍焦繼勳代之謂繼勳曰洛久不治選卿代之無復效拱爲也太平興國初進封秦國公來朝授左衞上將軍八年代王彥超判左金吾衞仗事表獻西京長夏門北園詔以銀五千兩償之雍熙三年卒年七十五贈中書令咸平初眞宗聞拱之後有寒餒流離者錄其孫惲爲國子助教拱子德明至洛苑使昱大中祥符八年進士出身德明子悅爲虞部郎中

王彥超大名臨淸人性溫和恭謹能禮下士少事後唐魏王繼岌從繼岌討蜀還至渭南會明宗卽位繼岌遇害左右遁去彥超乃依鳳翔重雲山僧舍暉道人爲徒暉善觀人謂彥超曰子富貴人也安能久居此給資帛遣之時晉祖帥陝乃召至帳下委以心腹及移鎭太原將引兵南下遣從事桑維翰求援契丹以彥超從行天福初累遷奉德軍校再轉殿前散指揮都虞候領蒙州刺史漢初領岳州防禦使兼護聖左廂都校出爲復州防禦使周祖平內難後北征契丹以彥超爲行營馬步左廂都排陣使從周祖入汴時自彭門迎湘陰公入纘位會軍變周祖革命卽命彥超權知徐州節度未行湘陰公舊校鞏廷美據州叛眞拜彥超武寧軍節度命討之彥超督戰艦破其水砦乘勝拔之又與樞密使王峻拒劉崇於晉州彥超以騎兵進崇遁去授建雄軍節度復以所部追賊至霍邑賊步騎墮崖谷死者甚衆彥超歸鎭所俄改河陽三城節度移鎭河中顯德初加同平章事劉崇南寇命彥超領兵取晉州路東向邀擊從戰高平彥超自陰地關與符彥卿會兵圍汾州諸將請急攻彥超曰城已危矣旦暮將降我士卒精銳儻驅以先登必死傷者衆少待之翌日州將董希顏果降遂引兵趣石州彥超親鼓士乘城躬冒矢石數日下之擒其守將安彥進獻行在師還改忠武軍節度加兼侍中詔率所部浚胡盧河城李晏口工未畢遼人萬餘騎來侵彥超擊敗之殺傷甚衆宰相李穀征淮南以彥超爲前軍行營副部署敗淮南軍二千于壽州城下吳兵水陸來援穀退保正陽吳人躡其後會李重進兵至合勢急擊大敗吳人三萬餘衆追北二十餘里還改京兆尹永興軍節度六年夏移鎭鳳翔恭帝嗣位加檢校太師西面緣邊副都部署宋初加兼中書令代還太祖與彥超有舊因幸作坊召從臣宴射酒酣謂彥超曰卿昔在復州朕往依卿何不納我彥超降階頓首曰勺水豈能止神龍耶當日陛下不留滯於小郡者蓋天使然爾帝大笑彥超翌日奉表待罪帝遣中使慰諭令赴朝謁未幾復以爲永興軍節度又以其父光祿卿致仕重霸爲太子少傅致仕乾德二年復鎭鳳翔三年丁外艱起復開寶二年爲右金吾衞上將軍判衞仗事太平興國六年封邠國公七年彥超語人曰人臣七十致仕古之制也我年六十九當自知止明年表求致仕加太子太師給金吾上將軍祿彥超旣得請盡斥去僕妾之冗食者居處服用咸遵儉約雍熙三年卒年七十三贈尚書令開寶初彥超自鳳翔來朝與武行德郭從義白重贊楊廷璋俱侍曲宴太祖從容謂曰卿等皆國家舊臣久臨劇鎭王事鞅掌非朕所以優賢之意彥超知旨卽前奏曰臣無勳勞久冒榮寵今已衰朽願乞骸骨歸邱園臣之願也行德等竟自陳夙昔戰功及履歷艱苦帝曰此異代事何足論翌日皆罷行德等節鎭時議以此許彥超初彥超將致政每戒諸子曰吾屢爲統帥殺人多矣身死得免爲幸必無陰德以及後汝曹勉爲善事以自庇及卒諸子果無達者宣化門內有大第園林甚盛不十餘年其家已鬻之矣孫克從咸平元年進士及第亦止於州縣

張永德字抱一并州陽曲人家世饒財曾祖丕尚氣節後唐武皇鎭太原急於用度多嚴選富家子掌帑庫或調度不給卽坐誅沒入貲產丕爲之滿歲府財有餘宗人攻當次補其任率族屬泣拜請丕濟其急丕又爲代掌一年鄕里服其義父穎事晉至安州防禦使永德生四歲母馬氏被出育於祖母事繼母劉氏以孝聞周祖初爲侍衞吏與穎善乃以女妻永德永德迎其母妻詣宋州時寇賊充斥乃易弊衣毀容儀居委巷中有賊過卽邀乞焉紿曰此悲田院耳賊卽舍去繇是免禍周祖爲樞密使表永德授供奉官押班乾祐中命賜潞帥常遇生辰禮幣遇周祖之外兄弟也時周祖鎭鄴被讒族其家永德在潞州聞有密詔授遇永德探知其意謂遇曰得非澁殺永德耶永德卽死無恐恐累君侯家耳遇愕然曰何謂也永德曰姦邪蠹政郭公誓淸君側願且以永德屬吏事成足以爲德不成死未晚遇以爲然止令壯士嚴衞然所以餽之甚厚親問之曰君視丈人事得成否永德曰殆必成未幾周祖使至遇賀且謝曰老夫幾誤大事初魏人柴翁以經義教里中有女後唐莊宗時備掖庭明宗入洛遣出宮柴翁夫妻往迎之至鴻溝遇雨甚踰旬不能前女悉取裝具計直千萬分其半以與父母令歸魏曰兒見溝旁郵舍隊長項黳黑爲雀形者極貴人也願事之問之乃周祖也父母大恚然終不能奪他日語周祖曰君貴不可言妾有緡錢五百萬資君時不可失周祖因其資得爲軍司柴翁好獨寢人傳其能司冥間事一日晨起大笑不已妻問之不對翁好飲其妻逼令飲極醉因漏言曰花項漢作天子矣其妻頗露之遇亦微有聞未深言至是永德故以此諷遇遇送永德歸周祖周祖登位封永德妻爲晉國公主授永德左衞將軍內殿直小底四班都知加駙馬都尉領和州刺史踰年擢爲殿前都虞候領恩州團練使俄遷殿前都指揮使泗州防禦使時年二十四顯德元年并州劉崇引契丹來侵世宗親征戰于高平大將樊愛能何徽方戰退衄時太祖與永德各領牙兵二千永德部下善左射太祖與永德屬兵分進大捷降崇軍七千餘衆及駐上黨世宗晝臥帳中召永德語曰前日高平之戰主將殊不用命樊愛能而下吾將案之以法永德曰陛下欲固守封疆則已必欲開拓疆宇威加四海宜痛懲其失世宗擲枕於地大呼稱善翌日誅二將以徇軍威大振進攻太原師薄城下永德與符彥卿史彥超北控忻口以斷契丹援路太原城四十里周師去城三百步圍之三匝自四月至六月攻之不克契丹援兵果至彥超戰沒繼敗其衆二千餘衆遁去以永德領武信軍節度師還從義成軍節度時永德父穎爲隸人曹澄等所害因奔南唐會議南征永德請行自効許之師至壽春劉仁贍堅壁不下永德出疲兵誘之傍伏精騎每戰陽不利北退三十里伏兵突起夾攻大敗之仁贍僅以身免三年世宗親征至壽州城下仁贍執澄等三人檻送行在意求緩師詔賜永德俾其甘心太祖與永德領前軍至紫金山吳人列十八砦戰備嚴整敵壘西偏有高壟下瞰其營中永德選勁弓强弩伏壟旁太祖麾兵直攻第一砦戰陽不勝淮人果空砦出鬬永德亟登壟發伏馳入據之敵衆散走翌日又攻第二砦鼓譟而進始攻北門淮人開南門而遁時韓令坤在揚州復爲吳人所逼欲退師世宗怒遣永德率師援之又敗泗州軍千餘于曲溪堰俄屯下蔡時吳人以周師在壽春攻圍日急又恃水戰乃大發樓船蔽江而下泊于濠泗周師頗不利吳將林仁肇帥衆千餘水陸齊進又以船數艘載薪乘風縱火將焚周浮梁周人憂之俄而風反吳人稍却永德進兵敗之又夜使習水者沒其船下縻以鐵鏁引輕舠急擊吳人旣不得進溺者甚衆奪其巨艦數十艘永德解金帶賞習水者乃距浮梁十餘步以鐵索千餘尺橫截長淮又維巨木自是備禦益堅矣俄又敗千餘衆於淮北岸獲戰船數十艘吳人多溺死詔褒美之冬擢爲殿前都點檢四年從克壽州還制授檢校太尉領鎭寧軍節度五年夏契丹擾邊命永德率步騎二萬拒之從世宗北伐還駐澶淵解兵柄加檢校太尉同中書門下平章事恭帝嗣位移忠武軍節度太祖卽位加兼侍中永德入朝授武勝軍節度入覲召對後苑道舊故飲以巨觥每呼駙馬不名時并汾未下太祖密訪其策永德曰太原兵少而悍加以契丹爲援未易取也臣以每歲多設游兵擾其農事仍發間使以諜契丹絕其援然後可下也帝然之俄歸本鎭會出師討金陵永德以己資造戰船數十艘運糧萬斛自順陽沿漢水而下富民高進者豪橫莫能禁永德乃發其姦寘于法進潛詣闕誣永德緣險固置十餘砦圖爲不軌太祖命樞密都承旨曹翰領騎兵察之詰其砦所進曰張侍中誅我宗黨殆盡希中以法報私憤爾翰以進授永德永德遽解縛就市笞而釋之時稱其長者太平興國二年來朝拜左衞上將軍五年坐市秦隴竹木所過矯制免關市算降爲本衞大將軍數月復舊秩六年進封鄧國公雍熙中連知滄雄定三州端拱元年拜安化軍節度召還爲河北兩路排陣使屯定州嘗與契丹戰斬獲甚衆二年丁內艱起服淳化初又代田重進知鎭州二年改泰寧軍節度兼侍中出判并州兼并代都部署永德明天文術嘗與僚佐會食有報遼兵寇州境者永德用太白萬勝訣占之語坐客曰彼雖以年月便利乘金而來反值歲星對逆兵家大忌必敗未幾折御卿捷報至衆始歎伏自五代用兵多姑息藩鎭頗恣部下販鬻宋初功臣猶習舊事太宗初卽位詔羣臣乘傳出入不得賫貨邀利及令人諸處圖回與民爭利永德在太原嘗令親吏販茶規利闌出徼外市羊爲轉運使王嗣宗所發罷爲左衞上將軍眞宗卽位進封衞國公未幾判左金吾街仗事咸平初屢表請老授太子太師分司西京仍以其孫大理寺丞文蔚監務洛下以便就養二年冬契丹入邊帝將北巡以永德宿將召入對便殿賜坐訪以邊要以老不可從行留爲東京內外都巡檢使三年制授檢校太師彰德軍節度知天雄軍俄以衰耄命還本

鎮。是秋卒，年七十三。遣內園使馮守規護柩還京師，贈中書令，諸孫遷秩者五人。永德出母後適安邑劉祚，及永德鎮南陽，祚已卒，迎母歸州廨，起二堂，與繼母劉並居。劉卒，馬預中參，時年八十一，太宗勞之，賜冠帔，封莒國大夫人。同母弟劉再思，署子城使，於市西里起大第，聚劉族。初，永德寓睢陽，有書生隣居臥疾，永德療之獲愈。生一日就永德求汞五兩，既得，卽置鼎中煮之，成中金。自是日與永德游。一日，告適淮上，語永德曰：「後當相遇于彼。」永德曰：「吳境不通，子何可去？」生曰：「吾自有術。」永德送行數舍，懇求藥法，生曰：「君當大貴，吾不吝此，慮損君福。」言訖而去。及永德屯下蔡，牙帳前後隊部曲八百人，皆金銀刀槊，繡旗幟。永德善騎射，左右分掛十的，握十矢疾馳，互發發必中。淮民環觀，有一僧睥睨，永德遽召之，乃睢陽書生也。夜宿帳中，復求汞法。僧曰：「始語君貴，今不謬矣。終能謹節，當保五十年富貴，安用此爲。然能降志禮賢，當別有授公藥法者。」永德由此益罄家貲，延致方士，故太祖以方外待之。初，睢陽書生嘗言太祖受命之兆，以故永德潛意拱嚮。太祖將聘孝明皇后也，永德出緡錢金帛數千以助之，故盡太祖朝而恩遇不替。孫文蔚，虞部員外郎；文炳，殿中丞。

王全斌，并州太原人。其父事莊宗，爲岢嵐軍使，私畜勇士百餘人。莊宗疑其有異志，召之，懼不敢行。全斌時年十二，謂其父曰：「此蓋疑大人有他圖，願以全斌爲質，必得釋。」父從其計，果獲全。因以隸帳下。及莊宗入洛，累歷內職。同光末，國有內難，兵入宮城，近臣宿將皆棄甲遁去，惟全斌與符彥卿等十數人居中拒戰。莊宗中流矢，扶掖至絳霄殿，全斌慟哭而去。明宗卽位，補禁軍列校。晉初，從侯益破張從賓於汜水，以功遷護聖指揮使。周廣順初，改護聖爲龍捷，以全斌爲右廂都指揮使。及討慕容彥超于兗州，爲行營馬步都校。顯德中，從向訓平秦鳳，遂領恩州團練使，俄遷領泗州防禦使。從世宗平淮南，復瓦橋關，改相州留後。宋初，李筠以潞州叛，全斌與慕容延釗由東路會大軍進討，以功拜安國軍節度。詔令完葺西山堡砦，不踰時而就。建隆四年，與洺州防禦使郭進等率兵入太原境，俘數千人以歸，進克樂平。乾德二年冬，又爲忠武軍節度。卽日下詔伐蜀，命全斌爲西川行營前軍都部署，率禁軍步騎二萬、諸州兵萬人，由鳳州路進討。召示川陝地圖，授以方略。十二月，率兵拔乾渠渡、萬仞、燕子二砦，遂下興州，蜀刺史藍思綰退保西縣。敗蜀軍七千人，獲軍糧四十餘萬斛。進拔石圖、魚關、白水二十餘砦。先鋒史延德進軍三泉，敗蜀軍數萬，擒招討使韓保正、副使李進，獲糧三十餘萬斛。既而崔彥進、康延澤等逐蜀軍過三泉，遂至嘉陵，殺虜甚衆。蜀人斷閣道，軍不能進。全斌議取羅川路以入，延澤潛謂彥進曰：「羅川路險，軍難並進，不如分兵治閣道，進與大軍會於深渡。」彥進以白全斌，全斌然之，命彥進、延澤督治閣道，數日成，遂進擊金山砦，破小漫天砦。全斌由羅川趣深渡，與彥進會。蜀人依江列陣以待，彥進遣張萬友等奪其橋，會暮夜，蜀人退保大漫天砦。詰朝，彥進、延澤、萬友分三道擊之，蜀人悉其精銳來逆戰，又大破之，乘勝拔其砦。蜀將王審超、監軍趙崇渥遁去，復與三泉監軍劉延祚、大將王昭遠、趙彥韜引兵來戰，三戰三敗，追至利州北。昭遠遁去，渡桔栢江，焚梁，退守劍門。遂克利州，得軍糧八十萬斛。自利州趨劍門，次益光，全斌會諸將議曰：「劍門天險，古稱一夫荷戈，萬夫莫前，諸君宜各陳進取之策。」侍衞軍頭向韜曰：「降卒牟進言：『益光江東越大山數重，有狹徑名來蘇，蜀人於江西置砦，對岸有渡，自此出劍關南二十里，至清強店，與大路合。』可於此進兵，卽劍門不足恃也。」全斌等卽欲卷甲赴之，康延澤曰：「來蘇細徑，不須主帥親往。且蜀人屢敗，倂兵退守劍門，莫若諸帥協力進攻，命一偏將趨來蘇，若達清強，北擊劍關，與大軍夾攻，破之必矣。」全斌納其策，命史延德分兵趨來蘇，造浮梁於江上，蜀人見梁成，棄砦而遁。昭遠聞延德兵趨來蘇，至清強，卽引兵退陣於漢源坡，留其偏將守劍門。全斌等擊破之，昭遠、崇韜皆遁走，遣輕騎進獲，傳送闕下。遂克劍州，殺蜀軍萬餘人。四年正月十三日，師次魏城，孟昶遣使奉表來降。全斌等入成都旬餘，劉延讓等始自峽路至，昶饋遺延讓等及犒師，並同全斌之至，及詔書頒賞諸軍，亦無差降，由是兩路兵相嫉，蜀人亦搆主帥，遂不協。全斌等先受詔，每制置必須諸將僉議，至是雖小事不能卽決。俄詔發蜀兵赴闕，人給錢十千，未行者加兩月廩食。全斌等不卽奉命，由是蜀軍憤怨，人人思亂。兩路隨軍使臣常數十百人，全斌、彥進及王仁贍等各保庇之，不令部送蜀兵，但分遣諸州牙校。蜀軍至綿州果叛，劫屬邑，衆至十餘萬，自號興國軍。有蜀文州刺史全師雄者，嘗爲將有威惠，士卒畏服，適以其族赴闕下，綿州遇亂，師雄恐爲所脅，乃匿其家於江曲民舍，後數日爲亂兵所獲，推爲主帥。全斌遣都監米光緒往招撫之，光緒盡滅師雄之族，納其愛女及橐裝。師雄聞之，遂無歸志，率衆急攻綿州，爲橫海指揮使劉福、龍捷指揮使田紹斌所敗。遂攻彭州，逐刺史王繼濤，殺都監李德榮，據其城。成都十縣皆起兵應師雄。師雄自號興蜀大王，開幕府，置僚屬，署節帥二十餘人，令分據灌口、導江、郫、新繁、青城等縣。彥進與張萬友、高彥暉、田欽祚同討之，爲師雄所敗，彥暉戰死，欽祚僅免。賊衆益盛，全斌又遣張延翰、張煦往擊之，不利，退入成都。師雄分兵綿、漢間，斷閣道，緣江置砦，聲言欲攻成都。自是邛、蜀、眉、雅、東川、果、遂、渝、合、資、簡、昌、普、嘉、戎、榮、陵十七州並隨師雄爲亂，郵傳不通者月餘。全斌等甚懼。時城中蜀兵尚餘二萬，全斌慮其應賊，與諸將謀，誘致夾城中，盡殺之。未幾，劉延讓、曹彬破師雄之衆於新繁，俘萬餘人，師雄退保郫縣，全斌、仁贍又攻破之，師雄走保灌口砦，賊勢旣衄，餘黨散保州縣。有陵州指揮使元裕者，師雄署爲刺史，衆萬餘，仁贍生擒之，磔于成都市。俄虎捷指揮使呂翰爲主將所不禮，因殺知嘉州客省使武懷節、戰櫂都監劉漢卿，與師雄黨劉澤合，衆至五萬。逐普州刺史劉楚信，殺通判劉沂。及虎捷都校馮紹、又果州指揮使宋德威殺知州八作使王永昌及通判劉渙、都監鄭光弼，逐州牙校王可璙率州民爲亂。仁贍等討呂翰於嘉州，翰敗走入雅州。師雄病死於金堂，推謝行本爲主，羅七君爲佐國令公，與賊將宋德威、唐陶鼇據銅山，旋爲康延澤所破。仁贍又敗呂翰於雅州，翰走黎州，爲下所殺，棄屍水中。後丁德裕等分兵招輯，賊衆始息。全斌之入蜀也，適屬冬暮，京城大雪，太祖設氈帷於講武殿，衣紫貂裘帽以視事，忽謂左右曰：「我被服若此，體尚覺寒，念西征將衝犯霜雪，何以堪處！」卽解裘帽，遣中黃門馳賜全斌，仍諭諸將以不徧及也。全斌拜賜感泣。初，成都平，命參知政事呂餘慶知府事，全斌但典軍旅。全斌嘗語所親曰：「我聞古之將帥，多不能保全功名。今西蜀既平，欲稱疾東歸，庶免悔吝。」或曰：「今寇盜尚多，非有詔旨，不可輕去。」全斌猶豫未決。會有訴全斌及彥進破蜀日奪民家子女玉帛不法等事，與諸將同時召還。太祖以全斌等初立功，雖犯法，不欲辱以獄吏，但令中書問狀，全斌等具狀。詔曰：「王全斌、王仁贍、崔彥進等，被堅執銳，出征全蜀，彼畏威而納款，尋馳詔以申恩，用示哀矜，務敦綏撫，應孟昶宗族官吏將卒士民，悉令安存，無或驚擾。而乃違戾約束，侵侮憲章，專殺降兵，擅開公帑，豪奪婦女，廣納貨財，斂萬民之怨嗟，致羣盜之充斥，以至再勞調發，方獲平寧。洎命旋歸，尚欲含忍，而銜寃之訴，日擁國門，稱其隱沒金銀犀玉錢帛十六萬七百餘貫，又擅開豐德庫，致失錢二十八萬一千餘貫。」遂令中書門下召與訟者質證其事，而全斌等皆引伏。其令御史臺於朝堂集文武百官議其罪。於是百官定議全斌等罪當大辟，請準律處分。乃下詔曰：「有征無戰，雖擧於王師；禁暴戢兵，當崇於武德。蠢茲庸蜀，自敗姦謀，爰伐罪以宣威，俄望風而歸命。遠令按堵，勿犯秋毫，庶德澤之涵濡，俾生聚之寧息。而忠武軍節度王全斌、武信軍節度崔彥進，董茲銳旅，奉我成謀，既居克定之全功，宜體輯柔之深意。比謂不日清謐，卽時凱旋，懋賞策勳，抑有彝典。而罔思寅畏，速此悔尤，貪殘無厭，殺戮非罪，稽于偃革，職爾玩兵。尚念前勞，特從寬貸，止停旄鉞，猶委藩宣。我非無恩，爾當自省。全斌可責授崇義軍節度觀察留後，彥進可責授昭化軍節度觀察留後。」特建隨州爲崇義軍，金州爲昭化軍以處之。仁贍責授右衞大將軍。開寶末，車駕幸洛陽郊祀，召全斌侍祠，以爲武寧軍節度，謂之曰：「朕以江左未平，慮征南諸將不遵紀律，故抑卿數年，爲朕立法。今已克金陵，還卿節鉞。」仍以銀器萬兩、帛萬匹、錢千萬賜之。全斌至鎭數月卒，年六十九，贈中書令。天禧二年，錄其孫永昌爲三班奉職。全斌輕財重士，不求聲譽，寬厚容衆，軍旅樂爲之用。黜居山郡十餘年，怡然自得，識者稱之。子審鈞，崇儀使、富州刺史、廣州兵馬鈐轄；審銳，供奉官、閤門祗候。曾孫凱。

凱字勝之。祖審鈞，嘗爲永興軍駐泊都監，以擊賊死，遂家京兆。饒於財，凱散施結客，日馳獵南山下，以踐蹂民田捕至府。將寇準守長安，見其狀貌，奇之，爲言全斌取蜀有勞，而審鈞以忠義死，當錄其孤，遂以爲三班奉職，監鳳翔盩厔稅，歷左右班殿直，監益州市買院、慶州合水鎭兵馬監押，監在京草場。先是，守卒掃遺秤自入，凱禁絕，而衆欲害之，事覺，他監官皆坐故縱，凱獨得免。自右侍禁、雄州兵馬監押擢閤門祗候、定邢趙都巡檢使。元昊反，徙麟州都監。嘗出雙烽橋染枝谷，遇夏人，破之；又破麗青、黃羅部；再戰于伺候烽，前後斬首三百餘級，獲區落馬牛橐駝器械以數千計。夏人圍麟州，乘城拒鬬，晝夜三十一日始解去，特遷西頭供奉官。代還，邊寇猶鈔掠，以爲內殿崇班、麟州路緣邊都巡檢使，與同巡檢張岊護糧道于青眉浪。寇猝大至，與岊相失，乃分兵出其後夾擊之，復與岊合，斬首百餘級。又入兔毛川，賊衆三萬，凱以兵六千陷圍，流矢中面，鬬不解，又斬首百餘級，賊自蹂踐死者以千數。遷南作坊副使。後爲并代州鈐轄管勾麟府軍馬事夏人二萬寇青塞堡凱出韃邪谷轉戰四十里至杜胋川大敗之復得所掠馬牛以還經略使明鎬言凱在河外九年有功遂領資州刺史久之召還未及見會甘陵盜起卽命領兵赴城下賊平拜澤州刺史知邠州未幾爲神龍衛四廂都指揮使澤州團練使歷環慶幷代定州路副都總管捧日天武四廂綿州防禦使累遷侍衛親軍步軍副都指揮使涇州觀察使又徙秦鳳路辭日帝諭以唃氏木征交易阻絕頗有入寇之萌宜安靜以處之凱至與主帥以恩信撫接遂復常貢召拜武勝軍節度觀察留後侍衛親軍馬軍副都指揮使卒年六十六贈彰武軍節度使謚莊恪凱治軍有紀律善撫循士卒平居與均飲食至臨陣援枹鼓毅然不少假故士卒畏信戰無不力前後與敵遇未嘗挫衂兎毛川之戰內侍宋永誠哭于軍中凱劾罷之尤篤好於故舊子緘緘子詵字晉卿能詩善畫尚蜀國長公主官至留後

康延澤父福晉護國軍節度兼侍中延澤天福中以蔭補供奉官周廣順二年永興李洪信入覲遣延澤往巡檢遷內染院副使宋初從慕容延釗李處耘平湖湘時荆南高保融卒其子繼沖嗣領軍事命延澤齎書幣先往撫之且察其情僞及還盡得其機事因前導大軍入境遂下荆峽以勞授正使乾德中征蜀爲鳳州路馬軍都監破白水閣子二砦進擊西縣三泉獲韓保正由來蘇路會大軍克劍門及孟昶降延澤以百騎先入成都安撫軍民盡封府庫而還就命爲成都府都監會全師雄復亂徙爲晉州刺史時有降兵二萬七千諸將懼爲內應欲盡殺之延澤請簡老幼疾病七千人釋之餘以兵衞還浮江而下賊若來劫奪卽殺之未晚諸將不能用俄出兵敗賊黨劉澤三萬人復有王可璙率數郡賊兵來戰延澤擊走之追北至合州又破可璙餘黨謝行本等擒羅七君事平優詔嘉獎就命爲東川七州招安巡檢使全斌等得罪延澤亦坐貶唐州教練使開寶中起爲供奉官遷左藏庫副使坐與諸姪爭家財失官居西洛卒兄延沼幼隸後唐明宗帳下仕晉祖爲尚食使改散指揮使都虞候興聖軍都指揮使出爲隰澤二州刺史周祖北征延沼與白文遇李彥崇曹奉金幷從廣順中爲侍衞馬步軍都軍頭領信州刺史從世宗征劉崇率兵攻遼州轉龍捷右廂都校領岳州防禦使眞拜蔡齊鄭楚四州防禦使晉路二州兵馬鈐轄宋初李重進叛以延沼爲前軍馬軍都指揮使建隆四年改懷州防禦使乾德六年命李繼勳等征河東以延沼爲先鋒都監太祖親征太原以延沼宿將熟練邊事詔領兵屯潞州會以疾歸郡開寶二年卒年五十八

王繼濤河朔人少給事漢祖左右乾祐初補供奉官歷諸司副使仕周爲右武衞大將軍淮南平爲天長軍使顯德五年遷和州刺史宋初爲左驍騎大將軍再遷左神武大將軍乾德二年命護徒治安陵隧道大軍伐蜀爲鳳州路壕砦使興元降王全斌命繼濤權府事孟昶降全斌又遣繼濤與供奉官王守訥部送昶歸闕守訥白全斌言繼濤問昶求宮妓金帛全斌遂留繼濤止令守訥送昶俄詔以繼濤爲彭州刺史綿州軍亂劫全師雄爲帥率衆攻彭州繼濤與都監李德榮拒之德榮戰死繼濤身被八槍單騎走至成都素與通事舍人田欽祚有隙會欽祚入朝乃誣奏繼濤以他事太祖驛召繼濤將面質之道病卒詔曰故彭州刺史王繼濤先登擊賊身被重創優典未加齎志而歿故階州刺史高彥暉帥師討賊奮不顧命垂老之年殞身鋒鏑永言痛悼不忘于懷宜各賜其家粟帛

高彥暉薊州漁陽人仕契丹爲瀛州守將世宗北征以城來降遷耀階二州刺史王師伐蜀爲歸州路先鋒都指揮使全師雄之亂崔彥進遣彥暉與田欽祚共討之至導江與賊遇賊據隘路設伏竹箐中官軍至遇伏發遂不利彥暉謂欽祚曰賊勢張大日將暮請收兵詰朝與戰欽祚欲遁慮賊曳其後乃紿之曰公食厚祿遇賊畏縮何也彥暉復麾兵進欽祚潛遁去彥暉獨與部下十餘騎力戰皆死之時年七十餘彥暉老將練習邊事上聞其沒甚痛惜故並命優恤之

論曰郭崇感激昔遇發於垂涕太祖察其忠厚亟焚思誨之奏雖魏文不覊於楊彪宋武無猜於徐廣何以加之廷璋開懷以待罕儒宋偓抗章以察重進向拱獻謀以平上黨乘時建功各奮所長有足尚者王彥超起自戎昭歷典藩服引年高蹈武夫之貞至於自悔多殺垂戒後裔近乎仁人之用心張永德前朝勳伐夙識太祖潛懷尊奉雖有橋公祖之知而非人臣之不二心者矣乾德伐蜀之師未七旬而降款至諸將之功何可泯也王全斌驕貨殺降尋啓禍變太祖罪之而從八議之貸斯得馭功臣之道延澤能相地險豫謀屯備繼濤彥暉先登重傷殞沒無避咸可稱焉

宋史卷二百五十六

元中書右丞相總裁脫脫等修

列傳第十五

趙普 弟安易

趙普字則平幽州薊人後唐幽帥趙德鈞連年用兵民力疲弊普父迥舉族徙常山又徙河南洛陽普沈厚寡言鎭陽豪族魏氏以女妻之周顯德初永興軍節度劉詞辟爲從事詞卒遺表薦普於朝世宗用兵淮上太祖拔滁州宰相范質奏普爲軍事判官宣祖臥疾滁州普朝夕奉藥餌宣祖由是待以宗分太祖嘗與語奇之時獲盜百餘當棄市普疑有無辜者啓太祖訊鞫之獲全活者衆淮南平調補渭州軍事判官太祖領同州節度辟爲推官移鎭宋州表爲掌書記太祖北征至陳橋被酒臥帳中衆軍推戴普與太宗排闥入告太祖欠伸徐起而衆軍擐甲露刃諠擁麾下及受禪以佐命功授右諫議大夫充樞密直學士車駕征李筠命普與呂餘慶留京師普願扈從太祖笑曰若勝冑介乎從平上黨遷兵部侍郎樞密副使賜第一區建隆三年拜樞密使檢校太保乾德二年范質等三相同日罷以普爲門下侍郎平章事集賢殿大學士中書無宰相署敕普以爲言上曰卿但進敕朕爲卿署之可乎普曰此有司職爾非帝王事也令翰林學士講求故實竇儀曰今皇弟尹開封同平章事卽宰相任也令署以賜普既拜相上視如左右手事無大小悉咨決焉是日普兼監修國史命薛居正呂餘慶參知政事以副之不宣制班在宰相後不知印不預奏事不押班但奉行制書而已先是宰相兼敕皆用內制普相止用敕非舊典也太祖數微行過功臣家普每退朝不敢便衣冠一日大雪向夜普意帝不出久之聞叩門聲普亟出帝立風雪中普惶懼迎拜帝曰已約晉王矣已而太宗至設重裀地坐堂中熾炭燒肉普妻行酒帝以嫂呼之因與普計下太原普曰太原當西北二面太原既下則我獨當之不如姑俟削平諸國則彈丸黑子之地將安逃乎帝笑曰吾意正如此特試卿爾五年春加右僕射昭文館大學士俄丁內艱詔起復視事遂勸帝遣使分詣諸道徵丁壯籍名送京師以備守衞諸州置通判使主錢穀由是兵甲精銳府庫充實開寶二年冬普嘗病車駕幸中書三年春又幸其第撫問之賜賚加等六年帝又幸其第時錢王俶遣使致書於普及海物十瓶置於廡下會車駕至倉卒不及屏帝顧問何物普以實對上曰海物必佳卽命啓之皆瓜子金也普惶恐頓首謝曰臣未發書實不知帝歎曰受之無妨彼謂國家事皆由汝書生爾普爲政頗專廷臣多忌之時官禁私販秦隴大木普嘗遣親吏詣市屋材聯巨筏至京師治第吏因之竊貨大木冒稱普市貨鬻都下權三司使趙玭廉得之以聞太祖大怒促令追班將下制逐普賴王溥奏解之故事宰相樞密使每候對長春殿同止廬中上聞普子承宗娶樞密使李崇矩女卽令分異之普又以隙地私易尚食蔬圃以廣其居又營邸店規利盧多遜爲翰林學士因召對屢攻其短會雷有鄰擊登聞鼓訟堂後官胡贊李可度受賕骫法及劉偉僞作攝牒得官王洞嘗納賂可度趙孚授西川官稱疾不上皆普庇之太祖怒下御史府按問悉抵罪以有鄰爲秘書省正字普恩益替始詔參知政事與普更知印押班奏事以分其權未幾出爲河陽三城節度檢校太傅同平章事太平興國初入朝改太子少保遷太子太保頗爲盧多遜所毀奉朝請數年鬱鬱不得志會柴禹錫趙鎔等告秦王廷美驕恣將有陰謀竊發帝召問普言願備樞軸以察姦變退又上書自陳預聞太祖昭憲皇太后顧託之事辭甚切至太宗感悟召見慰諭俄拜司徒兼侍中封梁國公先是秦王廷美班在宰相上至是以普勳舊再登元輔表乞居其下從之及涪陵事敗多遜南遷皆普之力也八年出爲武勝軍節度檢校太尉兼侍中帝作詩以餞之普奉而泣曰陛下賜臣詩當刻石與臣朽骨同葬泉下帝爲之動容翌日謂宰相曰普有功國家朕昔與游今齒髮衰矣不容煩以樞務擇善地處之因詩什以導意普感激泣下朕亦爲之墮淚宋琪對曰昨日普至中書執御詩涕泣謂臣曰此生餘年無階上答庶希來世得效犬馬力臣昨聞普言今復聞宣諭君臣始終之分可謂兩全雍熙三年春大軍出討幽薊久未班師普手疏諫曰伏覩今春出師將以收復關外屢聞克捷深快輿情然晦朔屢更薦臻炎夏飛輓日繁戰鬬未息老師費財誠無益也伏念陛下自翦平太原懷徠閩浙混一諸夏大振英聲十年之間遂臻廣濟遠人不服自古聖王置之度外何足介意竊慮邪諂之輩蒙蔽睿聰致興無名之師深蹈不測之地臣載披典籍頗識前言竊見漢武時主父偃徐樂嚴安所上書及唐相姚元崇獻明皇十事忠言至論可舉而行伏望萬機之暇一賜觀覽其失未遠雖悔可追臣竊念大發驍雄動搖百萬之衆所得者少所喪者多又聞戰者危事難保其必勝兵者凶器深戒於不虞所繫

甚大不可不思臣又聞上古聖人心無固必事不凝滯理貴變通前書有兵久生變之言深爲可慮苟或更圖稽緩轉失機宜旬朔之間時涉秋序邊庭早涼弓勁馬肥我軍久困切慮此際或誤指蹤臣方冒寵以守藩閫敢興言而沮衆蓋臣已日薄西山餘光無幾酬恩報國正在斯時伏望速詔班師無容玩敵臣復有全策願達聖聰望陛下精調御膳保養聖躬挈彼疲氓轉之富庶將見邊烽不警外戶不扃率土歸仁殊方異俗相率嚮化契丹獨將焉往陛下計不出此乃信邪諂之徒謂契丹主少事多所以用武以中陛下之意陛下樂禍求功以爲萬全臣竊以爲不可伏願陛下審其虛實究其妄謬正姦臣誤國之罪罷將士伐燕之師非特多難興王抑亦從諫則聖也古之人尚聞尸諫老臣未死豈敢面諛爲安身之計而不言哉帝賜手詔曰朕昨者興師選將直令曹彬米信等頓於雄霸裹糧坐甲以張軍聲俟一兩月間山後平安潘美田重進等會兵以進直抵幽州然後控扼險固恢復舊疆此朕之志也奈何將帥等不遵成算各騁所見領十萬甲士出塞遠鬭速取其郡縣更還師以援輜重往復勞弊爲遼人所襲此責在主將也況朕踵百王之末粗致承平蓋念彼民陷于邊患將救焚而拯溺匪黷武以佳兵卿當悉之也疆埸之事已爲之備卿勿爲憂卿社稷元臣忠言苦口三復來奏嘉愧實深普表謝曰昨以天兵久駐塞外未克恢復漸及炎蒸事危勢迫輙陳狂狷甘俟憲章陛下特鑑衷誠親紆宸翰密諭聖謀臣竊審命師討罪信爲上策將帥能遵成算必可平定惟其不副天心由茲敗事今既邊鄙有備更復何虞況陛下登極十年坐隆大業無一物之失所見萬國之咸寧所宜端拱穆清嗇神和志自可遠繼九皇俯觀五帝豈必窮邊極武與契丹較勝負哉臣素虧壯志矧在衰齡雖無功伐願竭忠純觀者咸嘉其忠四年移山南東道節度自梁國公改封許國公會詔下親耕耤田普表求入覲辭甚懇切上惻然謂宰相曰普開國元臣朕所尊禮宜從其請既至慰撫數四普嗚咽流涕陳王元僖上言曰臣伏見唐太宗有魏玄成房玄齡杜如晦明皇有姚崇宋璟魏知古皆任以輔弼委之心膂財成帝道康濟九區宗祀延洪史策昭煥良由登用得其人也今陛下君臨萬方焦勞庶政宵衣旰食以民爲心歷考前王誠無所讓而輔相之重未偕曩賢況爲邦在於任人任人在乎公正公正之道莫先於賞罰斯爲政之大柄也苟賞罰匪當淑慝莫分朝廷紀綱漸致隳紊必須公正之人典掌衡軸直躬敢言以辨得失然後彝倫式序庶務用康伏見山南東道節度使趙普開國元老參謀締構厚重有識不妄希求恩顧以全祿位不私徇人情以邀名望此眞聖朝之良臣也竊聞憸巧之輩朋黨比周衆口嗷嗷惡直醜正恨不斥逐遐徼以快其心何者蓋慮陛下之再用普也然公讜之人咸願陛下復委以政啓沃君心羽翼聖化國有大事使之謀之朝有宏綱使之舉之四目未察使之明之四聰未至使之達之官人以材則無竊祿致君以道則無苟容賢愚洞分玉石殊致當使結朋黨以馳騖聲勢者氣索縱巧佞以援引儕類者道消沈冥廢滯得以進名儒懿行得以顯大政何患乎不舉生民何患乎不康匪踰期月之間可臻清靜之治臣知慮庸淺發言魯直伏望陛下旁采羣議俯察物情苟用不失實邦國大幸耤田禮畢太宗欲相呂蒙正以其新進藉普舊德爲之表率冊拜太保兼侍中帝謂之曰卿國之勳舊朕所毗倚古人恥其君不及堯舜卿其念哉普頓首謝時樞密副使趙昌言與胡旦陳象輿董儼梁顥厚善會旦令翟馬周上封事排毀時政普深嫉之奏流馬周黜昌言等鄭州團練使侯莫陳利用驕肆僭侈大爲不法普廉得之盡以條奏利用坐流商州普固請誅之其嫉惡彊直皆此類李繼遷之擾邊普建議以趙保忠復領夏臺故地因令圖之保忠反與繼遷同謀爲邊患時論歸咎於普頗爲同列所窺不得專決舊制宰相以未時歸第是歲大熱特許普夏中至午時歸私第明年免朝謁止日赴中書視事有大政則召對冬被疾請告車駕屢幸其第省之賜予加等普遂稱疾篤三上表求致仕上勉從之以普爲西京留守河南尹依前守太保兼中書令普三表懇讓手詔曰開國舊勳惟卿一人不同他等無至固讓俟首塗有日當就第與卿爲別普捧詔涕泣因力疾請對賜坐移晷頗言及國家事上嘉納之普將發車駕幸其第淳化三年春以老衰久病令留守通判劉昌言奉表求致政中使馳傳撫問凡三上表乞骸骨拜太師封魏國公給宰相奉料令養疾俟損日赴闕仍遣其弟宗正少卿安易齎詔書賜之又特遣使賜普詔曰卿頃屬微痾懇求致政朕以居守之重慮煩耆耋維師之命用表尊賢佇聞有瘳與朕相見今賜羊酒如別錄卿宜愛精神近醫藥強飲食以副朕眷遇之意七月卒年七十一卒之先一歲普生日上遣其子承宗齎器幣鞍馬就賜之承宗復命未幾卒次歲普已罷中書令故事無生辰之賜特遣普姪婿左正言直昭文館張秉賜之禮物普聞之因追悼承宗秉未至而普疾篤先是普遣親吏甄潛詣上清太平宮致禱神爲降語曰趙普宋朝忠臣久被病亦有寃累耳潛還普力疾冠帶出中庭受神言涕泗感咽是夕卒上聞之震悼謂近臣曰普事先帝與朕故舊能斷大事嚮與朕嘗有不足衆所知也朕君臨以來每優禮之普亦傾竭自效盡忠國家眞社稷臣也朕甚惜之因出涕左右感動廢朝五日爲出次發哀贈尚書令追封眞定王賜謚忠獻上撰神道碑銘親八分書以賜之遣右諫議大夫范杲攝鴻臚卿護喪事賻絹布各五百匹米麪各五百石葬日有司設鹵簿鼓吹如式二女皆笄普妻和氏言願爲尼太宗再三諭之不能奪賜長女名志願號智果大師次女名志英號智圓大師初太祖側微普從之游既有天下普屢以微時所不足者言之太祖豁達謂普曰若塵埃中可識天子宰相則人皆物色之矣自是不復言普少習吏事寡學術及爲相太祖常勸以讀書晚年手不釋卷每歸私第闔戶啓篋取書讀之竟日及次日臨政處決如流既薨家人發篋視之則論語二十篇也普性深沈有岸谷雖多忌克而能以天下事爲己任宋初在相位者多齷齪循默普剛毅果斷未有其比嘗奏薦某人爲某官太祖不用普明日復奏其人亦不用明日普又以其人奏太祖怒碎裂奏牘擲地普顏色不變跪而拾之以歸他日補綴舊紙復奏如初太祖乃悟卒用其人又有羣臣當遷官太祖素惡其人不與普堅以爲請太祖怒曰朕固不爲遷官卿若之何普曰刑以懲惡賞以酬功古今通道也且刑賞天下之刑賞非陛下之刑賞豈得以喜怒專之太祖怒甚起普亦隨之太祖入宮普立於宮門久之不去竟得俞允太宗入弭德超之讒疑曹彬不軌屬普再相爲彬辨雪保證事狀明白太宗嘆曰朕聽斷不明幾誤國事卽日竄逐德超遇彬如舊祖吉守郡爲姦利事覺下獄案劾爰書未具郊禮將近太宗疾其貪墨遣中使諭旨執政曰郊祀可特勿貸祖吉普奏曰敗官抵罪宜正刑辟然國家卜郊肆類對越天地告于神明奈何以吉而隳陛下赦令哉太宗善其言乃止眞宗咸平初追封韓王二年詔曰故太師贈尚書令追封韓王趙普識冠人彝才高王佐翊戴興運光啓鴻圖雖呂望肆伐之勳蕭何指縱之効始無以過也自輔弼兩朝周旋三紀茂巖廊之碩望分屏翰之劇權正直不回始終無玷謀猷可復風烈如生宜預享於大烝永同休於宗祏茲爲茂典以答舊勳其以普配饗太祖廟庭普子承宗羽林大將軍知潭鄆二州皆有聲承煦成州團練使弟固安易固至都官郎中

安易字季和建隆初攝府州錄事參軍節度使折德扆言其清幹遂命即眞再遷河南府推官會普居相位十年不赴調太平興國中歷華邢二鎭掌書記部芻糧至太原城下拜監察御史知興元府轉殿中賜緋魚袋先是兩川民輸稅者以鐵錢易銅錢安易言其非便請許納鐵錢詔從之九年起拜宗正少卿知定州會以曹璨知州徙安易爲通判未幾代歸又表求外任命知耀州留不遣命按視北邊事淳化中嘗建議以蜀地用鐵錢準銅錢數倍小民市易頗爲不便請如劉備時令西川鑄大錢以十當百下都省集議吏部尚書宋琪等言劉備時蓋患錢少因而改作今安易之請反患錢多非經久計也而安易論請不已仍募工鑄大錢百餘進之極其精好俄墜殿階皆碎蓋鎔鑠盡其精液矣太宗不之詰猶嘉其用心賜以金紫且遣其典鑄既而大有虧耗歲中裁得三千餘緡衆議喧然遂罷之事具食貨志歷知襄盧二州就遷宗正卿歸朝復領卿職時屬籍未備奏請纂錄咸平初乃命梁周翰與安易同修安易畧涉書傳性強狠好談世務而疏闊不可用初太宗嘗問農政安易請復井田之制又以其家本燕薊多訪以邊事景德初禮官詳定明德皇太后靈駕發引於京師壬地權攢依禮埋懸重升祔神主安易上言禮云既虞作主虞者已葬設吉祭也明未葬則未立虞主及神主所以周制但鑿木爲懸重以神主靈王后七月而葬則埋懸重掩元堂凶仗轀輬車龍輴之屬焚於柏城訖始可立虞主吉仗還京備九祭復埋虞主然後立神主升廟室自曠古至皇朝上奉祖宗陵廟行此禮何以今日乃違典章苟且升祔方權攢妄立神主未大葬輒埋懸重且棺柩未歸園陵則神靈豈入太廟柰柏城未焚凶仗則凶穢唐突祖宗望約孝章近例但於壬地權攢未立神主升祔凶儀一切祗奉俟丙午年靈駕西去園陵東回祔廟如此則免於顚倒不利國家乃詔有司再加詳定判禮院孫何等上言按晉書羊太后崩廢一時之祀天地明堂去樂不作又按禮王后崩五祀之祭不行既殯而祭所言五祀不行則天地之祭不廢遂議以園陵年月不便須至變禮從宜又緣先準禮文候神主升祔畢方行享祀若俟丙午歲則三年不祭宗廟禮文有闕況明德皇太后德配先朝禮合升祔遂與史館檢討同共

參詳以爲廟未祔則神靈不至伏恐祭祀難行攢既畢則梓宮在郊可以葬禮比附遂按禮云葬者藏也欲人不得而見也既不欲穿壙動土則龍輴攢木題湊幪槨上四柱如屋以覆盡塗之所合埋重一依近例便可升祔神主安易妄言以凶仗爲凶穢目羣官爲顛倒指梓宮爲棺柩令百司分析園陵寖瀆聖聽誣罔臣下安易又云昔日覲羣官盡公奉二帝諸后並先山陵後祔廟今日覲羣官顛倒奉明德皇太后獨先祔廟後園陵者今詳當時先山陵後祔廟正爲年月便順別無陰陽拘忌今則年月未便理合從宜未埋重則禮文不備未升祔則廟祭猶闕須從變禮以合聖情兼明德皇太后將赴權攢而安易所稱栢城未焚凶仗則凶穢唐突祖宗按檀弓云喪之朝也順死者之孝心也鄭玄注云謂遷柩於廟又云其哀離其室也故至於祖考之廟而後行商朝而殯於祖周朝而遂葬今亦遙辭宗廟而後行豈可以禮經所出目爲顛倒吉凶具儀謂之唐突哉又云孝章皇后至道元年崩亦緣有所嫌避未赴園陵出京權攢之時不立神主入廟直至至道三年西去園陵禮畢然後奉虞主還京易神主祔廟以合典禮今詳當時文籍緣孝章爲太宗嫂氏上僊之時止輟五日視朝百官不曾成服與今不同從初亦無詔命令住廟享今明德皇太后母儀天下主上孝極曾顏況上僊之初卽有遺命權停享祀今按禮文固合如此安易荒唐庸昧妄有援引以大功之親比三年之制欺罔君上乃至於斯況安易以訐直自負所詆者無非良善以淸要自高所尚者無非鄙俗名宦之志老而益堅詩書之文懵而不習本院所議並明稱典故旁考時宜雖曰從權粗亦稽古請依元議施行從之安易又屢言陵廟事詞多鄙俚晚歲進趍不已時論嗤之二年卒年七十六贈工部尚書錄其子承慶爲國子博士孫從政爲太常寺奉禮郎

論曰自古創業之君其居潛舊臣定策佐命樹事建功一代有一代之才未嘗乏也求其始終一心休戚同體貴爲國卿親若家相若宋太祖之於趙普可謂難矣陳橋之事人謂普及太宗先知其謀理勢或然事定之後普以一樞密直學士立於新朝數年范王魏三人罷相始繼其位太祖不亟於酬功普不亟於得政及其當揆獻可替否惟義之從未嘗以勳舊自伐偃武而修文愼罰而薄斂三百餘年之宏規若平昔素定一旦舉而措之太原幽州之役終身以輕動爲戒後皆如其言家人見其斷國大議閉門觀書取決方册他日竊視乃魯論耳昔傅說告商高宗曰學于古訓乃有獲事不師古以克永世匪說攸聞普爲謀國元臣乃能矜式往哲蓍龜聖模宋之爲治氣象醇正茲豈無助乎晚年廷美多遜之獄大爲太宗盛德之累而普與有力焉豈其學力之有限而猶有患失之心歟君子惜之

宋史卷二百五十七

元　中　書　右　丞　相　總　裁　脫　脫　等　修

列傳第十六

吳延祚子元輔　元載　元扆　李崇矩子繼昌

王仁贍　楚昭輔　李處耘子繼隆　繼和

吳延祚字慶之并州太原人少頗讀書事周祖爲親校廣順初授莊宅副使遷內軍器庫使知懷州入爲皇城使會天平符彥卿移鎮大名以延祚權知鄆州世宗卽位遷右羽林將軍克內客省使未幾拜宣徽北院使世宗征劉崇爲北面都巡檢使師還權判澶州歸闕加右監門衞大將軍俄遷宣徽南院使判河南府知西京留守事汴河決命延祚督丁壯數萬塞之因增築堤防自京城至臨淮數旬訖工世宗北征權東京留守是夏河決鄭州原武縣命延祚發近縣丁壯二萬餘塞之師還以延祚爲左驍衞上將軍檢校太傅充樞密使恭帝卽位加檢校太尉宋初加同中書門下三品以其父名璋故避之會李筠叛延祚白太祖曰潞城嵒險且阻太行賊據之未易破也筠素勇而輕若速擊之必離上黨來邀我戰猶獸亾其藪魚脫於淵因可擒矣太祖遂親征以延祚留守東京兼判開封府筠果領兵來戰澤州南其衆敗走及討李重進又爲東京留守建隆二年夏帝謂之曰卿掌樞務有年于茲與卿秦州以均勞逸明日制出恐卿以離朕左右爲憂故先告卿卽以爲雄武軍節度先是秦州夕陽鎮西北接大藪多材植古伏羌縣之地高防知州日建議就置采造務調軍卒分番取其材以給京師西夏酋長尚波于率衆爭奪頗傷役卒防捕繫其黨以狀聞上令延祚代防賫詔赦尚波于等夏人咸悅是年秋以伏羌地來獻乾德二年來朝改鎮京兆開寶四年長春節來朝俄遇疾車駕臨問命爇艾灸其腹遣中使王繼恩監視之未幾卒年五十四贈侍中官給葬事延祚謹厚寡言性至孝居母喪絶水漿累日好學聚書萬餘卷治家嚴肅尤崇奉釋氏子元輔元載元範元扆元吉元慶元範元慶仕皆至禮賓副使元吉閤門祗候元吉子昭允太子中舍元慶子守仁內殿崇班

元輔字正臣頗好學善筆札周廣順中以父任補供事官世宗嗣位遷洛苑使宋初授左驍衞將軍澶州巡檢累官至定州鈐轄卒年四十八子昭德昭遜昭普並閤門祗候

元載建隆初授太子右春坊通事舍人賜緋魚袋延祚出鎮秦雍並補衙門都校延祚卒授供奉官太平興國三年加閤門祗候與太祝母賓古使契丹九年擢爲西上閤門副使出知陝州雍熙三年徙知秦州州民李益者爲長道縣酒務官家饒於財僮奴數千指恣橫持郡吏短長長吏而下皆畏之民負息錢者數百家郡爲督理如公家租調獨推官馮伉不從益遣奴數輩伺伉按行市中捽之下馬因毆辱之先是益厚賂朝中權貴爲庇護故累年不敗及伉屢表其事又爲邸吏所匿不得達後因市馬譯者附表以聞譯因入見上其表帝大怒詔元載逮捕之詔書未至京師權貴已報益益懼亾命元載以聞帝愈怒詔州郡物色急捕之獲於河中府民郝氏家鞫于御史府具得其狀斬之盡沒其家益子仕衡先舉進士任光祿寺丞詔除籍終身不齒益之伏法民皆飯僧相慶端拱初遷西上閤門使淳化二年加領富州刺史俄徙知成都府蜀俗奢侈好遊蕩民無贏餘悉市酒肉爲聲妓樂元載禁止之吏民細罪又不少貸人多怨咎及王小波亂元載不能捕滅受代歸闕而成都不守時李仕衡通判華州常銜元載因事殺其父伺元載至闕遣人閱行裝收其關市之稅元載拒之仕衡抗章疏其罪坐責郢州團練副使移單州以疾授左衞將軍致政卒年五十三子昭明爲內殿崇班昭矩太子中舍

元扆字君華太平興國八年選尚太宗第四女蔡國公主授左衞將軍駙馬都尉明年正月領愛州刺史是冬領本州團練使雍熙三年有事北邊元扆表求試劇郡命知鄆州逾年召入尋知河陽還朝改鄜州觀察使特詔朝會序班次節度使奉祿賜予悉增之再知河陽淳化元年以主疾召還主薨復遣之任五年秋霖河溢奔注溝洫城壘將壞元扆躬涉泥滓督工補塞民多構木樹杪以避水元扆命濟以舟楫設餅餌以食時澶陝悉罹水災元扆所部賴以獲安眞宗卽位換安州觀察使俄知澶州咸平三年轉運使劉錫上其治狀詔書嘉獎遷寧國軍留後知定州時王超王繼忠領兵踰唐河與遼人戰元扆度其必敗乃急發州兵護河橋既而超輩果敗遼人乘之至橋見陣兵甚盛遂引去考滿吏民詣闕貢馬疏其善政十事願借留樹碑表其德政詔褒之屬歲旱吏白召巫以土龍請雨元扆曰巫本妖民龍止獸也安能格天惟精誠可以動天乃集道人設壇潔齋三日百拜祈禱澍雨沾洽景德二年代歸拜武勝軍節度三年以陵域積水議堙掘溝澗命爲修諸陵都部署以內侍副都知閻承翰副之出知潞州初并代澤潞皆分轄戍卒後并於太原至是以元扆臨鎮遂分領澤潞晉絳磁隰威勝七州軍戎事委元扆專總之東封表求扈從命祀青帝禮畢加檢校太傅知徐州大中祥符四年以祀汾陰恩改領山南東道五月制書下元扆被疾卒年五十贈中書令謚忠惠子弟進秩者五人五年葬元扆時上元欲觀燈帝爲移次夕元扆性謹讓在藩鎮有憂民心待賓佐以禮喜讀春秋左氏聲色狗馬一不介意所得祿賜卽給親族孤貧者將赴徐州請對言臣族屬至多其堪祿仕者皆爲表薦餘皆均奉贍之公主有乳媼得入參宮禁元扆慮其去後妄有請託白上拒之眞宗深所嘉歎於帝壻中獨稱其賢及歿甚悼惜之且以元扆得疾本州不以聞詔劾其官屬子守禮至六宅使澄州刺史以帝甥特贈和州防禦使守嚴至內殿崇班天禧中錄守嚴子承嗣承緒並爲殿直守良爲內殿崇班守讓閤門祗候

李崇矩字守則潞州上黨人幼孤貧有至行鄉里推服漢祖起晉陽次上黨史弘肇時爲先鋒都校聞崇矩名召署親吏乾祐初弘肇總禁兵兼京城巡檢多殘殺軍民左右懼稍稍引去惟崇矩事之益謹及弘肇被誅獨得免周祖與弘肇素厚善卽位訪求弘肇親舊得崇矩謂之曰我與史公受漢厚恩戮力同心共奬王室爲姦邪所搆史公卒罹大禍我亦僅免汝史氏家故吏也爲我求其近屬吾將卹之崇矩上其母弟福崇矩素主其家盡籍財産以付福周祖嘉之以崇矩隸世宗帳下顯德初補供奉官從征高平以功轉供備庫副使改作坊使恭帝嗣位命崇矩告哀於南唐還判四方館事宋初李筠叛命崇矩率龍捷驍武左右射禁軍數千人屯河陽以所部攻大會砦拔之斬首五百級改澤潞南面行營前軍都監與石守信高懷德羅彥瓌同破筠衆於碾

子谷及平澤潞遣崇矩先入城收圖籍視府庫因上言曰上黨臣鄉里也臣父尚稾葬願護櫬歸京師許之賜予甚厚師還會判三司張美出鎮拜右監門衞大將軍充三司使從征李重進還爲宣徽北院使仍判三司乾德二年代趙普拜樞密使五年加檢校太傅時劍南初平禁軍校呂翰聚衆構亂軍多亾命在其黨中言者請誅其妻子太祖疑之以語崇矩崇矩曰叛亾之徒固當孥戮然案籍合誅者萬餘人太祖曰朕恐有被其驅率非本心者乃令盡釋之翰衆聞之亦稍稍自歸未幾翰敗滅開寶初從征太原會班師命崇矩爲後殿次常山被病帝遣太醫診視命乘涼車還京師崇矩叩頭言涼車乃至尊所御是速臣死爾固辭得免時趙普爲相崇矩以女妻普子承宗相厚善帝聞之不悅有鄭伸者客崇矩門下僅十年性險詖無行崇矩待之漸薄伸銜之因上書告崇矩陰事崇矩不能自明太祖釋不問出爲鎭國軍節度賜伸同進士出身以爲酸棗主簿仍賜器幣襲衣銀帶六年崇矩入爲左衞大將軍太平興國二年夏河防多決詔崇矩乘傳自陝至滄棣按行河堤是秋出爲邕貴潯賓橫欽六州都巡檢使未幾移瓊崖儋萬四州都巡檢使麾下軍士咸憚於行崇矩盡出器皿金帛凡直數百萬悉分給之衆乃感悅時黎賊擾動崇矩悉抵其洞穴撫慰以己財遺其酋長衆皆懷附代還拜右千牛衞上將軍雍熙三年命代宋偓判右金吾街仗兼六軍司事端拱元年卒年六十五贈太尉謚元靖崇矩性純厚寡言尤重然諾嘗事史弘肇及卒見其子孫必厚禮之振其乏絕在嶺海四五年恬不以炎荒嬰慮舊涉海者多艤舟以俟便風或旬餘或彌月崇矩往來皆一日而渡未嘗留滯士卒僮僕隨者皆無恙信奉釋氏飯僧至七十萬造像建寺尤多又喜黃白術自遠迎其人館於家以師之雖知其詐猶以爲神仙試己終無悔恨子繼昌

繼昌字世長初崇矩與太祖同府厚善每太祖誕辰必遣繼昌奉幣爲壽嘗畀弱弓輕矢教以射法建隆三年蔭補西頭供奉官太祖欲選尚公主崇矩謙讓不敢當繼昌亦自言不願崇矩亟爲繼昌聘婦太祖聞之頗不悅開寶五年選魏咸信爲駙馬都尉繼昌同日遷如京副使崇矩出華州補鎭國軍牙職入爲右班殿直東頭供奉官監大名府商稅歲課增羨會詔擇廷臣有勞者府以名聞丁外艱服闋授西京作坊副使淳化中齊饑多盜命爲登萊沂密七州都巡檢使至道二年蜀賊平餘黨頗嘯聚拜西京作坊使峽路二十五州軍捉賊招安都巡檢使旋改兵馬鈐轄賊酋諭雷燒者久爲民患以金帶遺繼昌繼昌僞納之賊懈不設備因掩殺之進西京左藏庫使咸平三年王均亂蜀與雷有終上官正石普同受詔進討砦于城西門賊忽開城僞遁有終等各以所部徑入繼昌覺亟止之不聽因獨還砦賊果閉關發伏悉陷之有終等僅以身免繼昌按堵如故所部諸校聞城中戰聲泣請引去繼昌曰吾位最下當俟主帥命是夕有終馳報至徙繼昌屯鴈橋門三月破彌牟砦斬首千級大獲器仗進逼魚橋門均脫走繼昌入城嚴戒部下無擾民者獲婦女童幼置空寺中俟事平遣還其家繼昌急領兵追賊至資州聞均梟首乃還以功領獎州刺史俄知青州入掌軍頭引見司景德二年將幸澶州遣先赴河上給諸軍鎧甲遼人請和欲近臣克使乃令繼昌與其使姚東之偕詣遼部俄與韓杞同至行在及遼人聘至又命至境首接伴等擢爲西上閤門使三年又副任中正使契丹是冬將朝陵寢以汝州近洛衞兵所駐命知州事兼兵馬鈐轄駕還召歸出知延州兼鄜延路鈐轄大中祥符元年進秩東上閤門使俄以目疾求歸京師入對勞問再三遣尚醫診視假滿仍給以奉少愈令樞密院傳旨將真拜刺史復任延安繼昌以疾表求休致未幾改右驍衞大將軍領郡如故祀汾陰爲京師新城巡檢鈐轄改左神武軍大將軍權判右金吾街仗其子遵勗尚萬壽長公主天禧初主誕日邀繼昌過其家迎拜爲壽帝知之密以襲衣金帶器幣珍果美饌賜之翌日主入對帝問繼昌彊健能飲食拜連州刺史出知涇州表求兩朝御書及謁拜諸陵皆許之二年冬卒年七十二遣中使護櫬以歸錄其子贊善大夫文晟爲殿中丞殿直文旦爲侍禁繼昌性謹厚士大夫樂與之遊爲治尚寬所至民懷之任峽路時與上官正聯職正殘忍好殺嘗有縣胥護芻糧地遠後期正令斬之繼昌徐爲解貸焉鄭伸者早死其母貧餓嘗詣繼昌乞丐家人競前詬逐繼昌召見與白金百兩時人稱之遵勗初尚主詔升爲崇矩子授昭德軍留後駙馬都尉

王仁贍唐州方城人少倜儻不事生產委質刺史劉詞詞遷永興節度署爲牙校詞將卒遺表薦仁贍材可用太祖素知其名請於世宗以隸帳下宋初授武德使出知秦州改左飛龍使建隆二年遷右領軍衞將軍充樞密承旨高繼沖請命以仁贍爲荆南巡檢使繼沖入朝命知軍府乾德初遷左千牛衞大將軍不踰月加內客省使二年春召赴闕擢爲樞密副使七月加左衞大將軍與師討蜀命仁贍爲鳳州路行營前軍都監蜀平坐沒入生口財貨殺降兵致蜀土擾亂責授右衞大將軍初劍南之役大將王全斌等貪財軍政廢弛寇盜充斥太祖知之每使蜀來者令陳全斌等所入賄賂子女及發官庫分取珠金等事盡得其狀及全斌等歸帝詰仁贍仁贍歷詆諸將過失欲自解帝曰納李廷珪妓女開豐德庫取金寶豈全斌輩邪仁贍不能對廷珪故蜀將也帝怒令送中書鞫全斌等罪仁贍以新立功第行降黜而已帝幸洛以仁贍判留守司三司兼知開封府事及召沈倫赴行在以仁贍爲東京留守兼大內都部署駕還遂判三司俄命權宣徽北院事太平興國初拜北院使兼判如故加檢校太保四年親征太原克大內部署仍判留守司三司總裏外巡檢司公事師還加檢校太傅五年仁贍廉得近臣戚里遣人市竹木秦隴間聯巨筏至京師所過關渡矯稱制免算既至厚結有司悉官市之倍收其直仁贍密奏之帝怒以三司副使范旻戶部判官杜載開封府判官呂端屬吏旻載具伏罔上爲市竹木入官端爲秦府親吏喬瓘請託執事者貶旻爲房州司戶載均州司戶端商州司戶判四方館事程德元武德使劉知信翰林使杜彥圭日騎天武四廂都指揮使趙延溥武德副使竇神興左衞上將軍張永德左領軍衞上將軍祁廷訓駙馬都尉王承衎石保吉魏咸信並坐販竹木入官責降罰奉是歲車駕北巡命仁贍爲大內部署七年春以政事與僚屬相矛盾爭辯帝前仁贍辭屈責授右衞大將軍翌日改唐州防禦使月給奉錢三十萬仁贍之獲罪也兵部郎中判勾院宋琪及三司判官並降秩先是仁贍掌計司殆十年恣下吏爲奸怙恩寵無敢發者前者發范旻等事中外益畏其口會屬吏陳恕等數人率以皦察不畏彊禦自任因議本司事有不協者朝參日恕獨出班持狀奏其事帝詰之仁贍屈伏帝怒甚故及於譴而恕等悉獎擢琪與恕等聯事始合謀同奏至帝前而宋琪猶附會仁贍故亦左降仁贍既失權勢因怏怏成疾數日卒年六十六後帝因言及三司財賦謂宰相趙普等曰王仁贍領邦計積年恣吏爲姦諸場院官皆隱沒官錢以千萬計朕悉令罷之命使分掌仁贍再三言恐虧舊數朕拒之未踰年舊獲千緡者爲一二萬緡萬緡者爲六七萬緡其利數倍用度既足儻遇水旱卽可免民租稅仁贍心知其非頗亦慙悸朕優容之子昭雍爲崇儀副使

楚昭輔字拱辰宋州宋城人少事華帥劉詞詞卒事太祖隸麾下以才幹稱甚信任之陳橋師還昭憲太后在城中太祖憂之遣昭輔問起居昭輔具言士衆推戴之狀太后乃安宋初爲軍器庫使太祖親討澤潞及征淮揚並以昭輔爲京城巡檢建隆四年權知揚州使江表還命鈞校左藏庫金帛數日而畢條對稱旨開寶四年帝以其能心計拜左驍衞大將軍權判三司六年遷樞密副使九年命權宣徽南院事太平興國初拜樞密使三年加檢校太傅從征太原加檢校太尉俄以足疾請告帝親臨問以所居湫隘命有司廣之昭輔慮侵民地固讓不願治帝嘉其意賜白金萬兩令別市第昭輔被疾家居近一歲始以石熙載代之昭輔不求解職上亦不忍罷會郊祀畢罷爲驍騎衞上將軍逾年卒年六十九廢朝贈侍中命中使護其喪歸葬鄉里無子錄其兄子吉爲供奉官敏爲殿直昭輔性勤介人不敢干以私然頗吝嗇前後賜予萬計悉聚而蓄之嘗引賓客故舊至藏中縱觀且曰吾無汗馬勞徒以際會得此吾爲國家守爾後當獻于上及罷機務悉以市善田宅時論鄙之初詞卒昭輔來京師問卜於瞽者劉悟悟爲筮卦曰汝遇貴人見奇表豐下者卽汝主也宜謹事之汝當貴矣及見太祖狀貌如悟言遂委質焉咸平三年錄弟之子諒爲借職大中祥符八年又錄從孫鼎爲右班殿直吉至內殿崇班吉子隨敏子咸並進士及第隨爲太常博士咸屯田員外郎

李處耘潞州上黨人父肇仕後唐歷軍校至檢校司徒從討王都定州契丹來援唐師不利肇力戰死之晉末處耘尚幼隨兄處疇至京師遇張彥澤斬關而入縱士卒剽略處耘年猶未冠獨當里門射殺十數人衆無敢當者會暮夜遂退迨曉復鬭又殺數人鬭未解有所親握兵聞難來赴遂得釋里中賴之漢初折從阮帥府州名置門下委以軍務從阮後歷鄧滑陝邠四節度處耘皆從之在新平日折氏甥詣闕誣告處耘之罪周祖信之黜爲宜祿鎭將從阮表雪其寃詔復隸麾下顯德中從阮遺表稱處耘可用會李繼勳鎭河陽詔署以右職繼勳初不爲禮因會將吏宴射處耘連四發中的繼勳大奇之令升堂拜母稍委郡務俾掌河津處耘白繼勳曰此津往來者懼有姦焉不可不察也居數月果得契丹諜者索之有與西川江南蠟書卽遣處耘部送闕下太祖時領殿前親軍繼勳罷鎭世宗以處耘隸太祖帳

下補都押衙會太祖出征駐軍陳橋處耘見軍中謀欲推戴遽白太宗與王彥昇謀召馬仁瑀李漢超等定議始入白太祖太祖拒之俄而諸軍大譟入驛門太祖不能卻處耘臨機決事謀無不中太祖嘉之授客省使兼樞密承旨右衛將軍從平澤潞遷羽林大將軍宣徽北院使討李重進爲行營兵馬都監賊平以處耘知揚州大兵之後境內凋弊處耘勤於綏撫奏減城中居民屋稅民皆悅服建隆三年詔歸京師老幼遮道涕泣累日不得去拜宣徽南院使兼樞密副使賜甲第一區朗州軍亂詔慕容延釗率師討之以處耘爲都監入辭帝親授方略令會兵漢上先是朝廷遣內酒坊副使盧懷忠使荊南覘勢強弱使還具言可取之狀遂命處耘圖之處耘至襄州先遣閤門使丁德裕假道荊南請具薪水給軍荊人辭以民庶恐懼願供芻餼於百里外處耘又遣德裕諭之乃聽命遂令軍中曰入江陵城有不由路及擅入民舍者斬師次荊門高繼沖遣其叔保寅及軍校梁延嗣奉牛酒犒師且來覘也處耘待之有加諭令翌日先還延嗣大喜令報繼沖以無虞荊門距江陵百餘里是夕召保寅等飲宴延釗之帳處耘密遣輕騎數千倍道前進繼沖但俟保寅延嗣之還遽聞大軍奄至卽惶怖出迎遇處耘於江陵北十五里處耘揖繼沖令待延釗遂率親兵先入登北門比繼沖還則兵已分據城中荊人束手聽命卽調發江陵卒萬餘人幷其師晨夜趨朗州又先遣別將分麾下及江陵兵趨岳州大破賊於三江口獲船七百餘艘斬首四千級又遇賊師張從富於澧江擊敗之遂北至敖山砦賊棄砦走俘獲甚衆處耘釋所俘體肥者數十人令左右分啗之黥其少健者令先入朗州會暮宿砦中遲明延釗大軍繼至黥者先入城言被擒者悉爲大軍所啗朗人大懼縱火焚城而潰會朗帥周保權年尚幼爲大將汪端刼匿於江南砦僧寺中處耘遣麾下將田守奇帥師渡江獲之遂入潭州盡得荊湖之地初師至襄州衞肆鬻餅者率減少倍取軍人之直處耘捕得其尤者二人送延釗延釗怒不受往復三四處耘遂命斬於市以徇延釗所部小校司義舍於荊州客將王氏家使酒凶恣王氏愬於處耘處耘召義呵責義又譖處耘於延釗至白湖處耘望見軍人入民舍良久舍中人大呼求救遣捕之卽延釗圉人也乃鞭其背延釗怒斬之由是大不協更相論奏朝議以延釗宿將貰其過謫處耘爲淄州刺史處耘懼不敢自明在州數年乾德四年卒年四十七廢朝贈宣德軍節度檢校太傅賜地葬於洛陽偏橋村處耘有度量善談當世之務居常以功名爲己任荊湖之役處耘以近臣護軍自以受太祖之遇思有以報故臨事專制不顧羣議遂至於貶後太祖頗追念之及開寶中爲太宗納其次女爲妃卽明德皇后也子繼隆繼和自有傳繼恂官至洛苑使順州刺史贈左神武大將軍繼恂子昭遜爲供備庫使處疇官至作坊使子繼凝

繼隆字霸圖幼養於伯父處疇及長以父蔭補供奉官處耘貶淄州繼隆亦除籍會長春節與其母入貢復舊官時權臣與處耘有宿憾者忌繼隆有才繼隆因落魄不治產以游獵爲娛乾德中平蜀選爲果閬監軍年方弱冠母憂其未更事將輔以處耘左右繼隆曰是行兒自有立豈須此輩願不以爲慮母慰而遣之代還夜涉棧道雨滑與馬偕墜絕澗深十餘丈絓於大樹騎卒馳數十里外取火引綆以出之會征江南領雄武卒三百戍邵州止給刀盾蠻賊數千陣長沙南截其道繼隆率衆力戰賊遁去手足俱中毒矢得良藥而愈部卒死傷者三之一太祖聞其勇敢而器重之又與石曦率兵襲袁州破桃田砦追賊二十里入潭富砦焚其梯衝芻積復從李符督荊湖漕運給征南諸軍吳人以王師不便水戰多出舟師斷餉道繼隆屢與鬬糧悉善達日馳四五百里常令往來覘候一日中途遇虎射殺之嘗獲吳將部送赴闕至項縣而病斬其首以獻太祖益嘉之與吳人戰流矢中額以所冠胄堅厚得不傷太祖察其才且追念其父欲拔用之謂曰昇州平可持捷書來當厚賞汝時內侍使軍中者十數輩皆伺城陷獻捷會有機事當入奏皆不願行而繼隆獨請赴闕太宗見其來時城尚未下甚訝之繼隆度金陵破在旦夕因言在途遇大風晦暝城破之兆也翌日捷奏至太祖召謂曰如汝所料矣吳將盧絳聚衆萬餘攻掠州縣命繼隆招來之江南平錄功遷莊宅副使從幸西洛改御營前後巡檢使太平興國二年改六宅使嘗詔與王文寶李神祐劉承珪同護浚京西河又與梁迥竇神寶治決河迥體肥碩所乘舟弊不能濟繼隆易以己舟已而繼隆舟果覆棲枯桑杪賴他舟以度從征太原爲四面提舉都監與李漢瓊領梯衝地道攻城西面機石過其旁從卒仆死繼隆督戰無怠討幽州與郭守文領先鋒破契丹數千衆及圍范陽又與守文爲先鋒大敗其衆于湖翟河南後爲鎭州都監契丹犯邊與崔翰諸將禦之初太宗授以陣圖及臨陣有不便衆以上命不可違繼隆曰事有應變安可預定設獲違詔之罪請獨當也卽從宜而行敗之于徐河四年遷宮苑使領嬀州刺史護三交屯兵與潘美出征北邊破靈邱縣盡畧其人以歸改定州駐泊都監嘗領兵出土鐙砦與賊戰獲牛羊車帳甚衆詔書褒美李繼遷叛命繼隆與田仁朗王侁率兵擊之四月出銀州北破悉利諸族追奔數十里斬三千餘級俘蕃漢老幼千餘梟代州刺史折羅遇及其弟埋乞首牛馬鎧仗所獲尤多又出開光谷西杏子坪破保寺保香族斬其副首領埋乜已五十七人降銀三族首領折八軍等三千餘衆復破沒邵浪悉訛諸族及濁輪川東兎頭川西生擒七十八人斬首五十九級俘獲數千計引師至監城吳移越移四族來降惟岌伽羅膩十四族怙其衆不下廼與尹憲襲擊之夷其帳千餘俘斬七千餘級俄改領環州團練使又護高陽關屯兵從曹彬征幽州率兵助先鋒薛繼昭破其衆數千於固安南下固安新城進克涿州矢中左股血流至踵獲契丹貴臣一人彬欲上其功繼隆止之俄而傅潛米信軍敗衆潰獨繼隆所部振旅而還卽命繼隆知定州尋詔分屯諸軍繼隆令書吏盡錄其詔旬餘有敗卒集城下不知所向繼隆按詔給券俾各持詣所部太宗益嘉其有謀三年遷侍衞馬軍都虞候領武州防禦使契丹大入邊出爲滄州都部署劉廷讓與敵戰君子館先約繼隆以精卒後殿緩急爲援既而敵圍廷讓數重繼隆引麾下兵退保樂壽廷讓力不敵全軍陷沒裁以單騎遁免上怒追繼隆赴闕令中書問狀既而得釋逾年加領本州觀察使端拱初制授侍衞馬軍都指揮使領保順節度九月出爲定州都部署初朝議有寇至令堅壁淸野勿與戰一日契丹驟至攻蒲城至唐河護軍袁繼忠慷慨請出師中黃門林延壽等五人以詔書止之繼隆曰閫外之事將帥得專乃與繼忠出兵戰數合擊走之二年冬送芻粟入威虜軍蕃將于越率騎八萬來邀王師繼隆所領步騎裁一萬先命千人設伏城北十里而與尹繼倫列陣以待敵衆方食繼倫出其不意擊走之繼隆追奔過徐河俘獲甚衆嘗有詔廢威虜軍繼隆言梁門爲北面保障不可廢遂城守如故訖爲要地淳化初上遣使至定州密諭繼隆若契丹復入寇朕當親討繼隆上奏曰自北邊肆孽邊邑多虞陛下不知臣不材任以疆事臣敢不講求軍實震耀戎容奉揚天聲以遏外侮然臣奉辭之日曾瀝愚衷誠以蜂蠆之妖必就鯨鯢之戮臣子之分死生以之望不議於親巡庶靡勞於天步今聆聖誨將決親征且一人既行百司景從夾舍驅馳郡縣供饋勞費滋甚殄此微妖當責將帥臣雖駑弱誓死爲期是歲契丹不入邊議遂止四年夏召還太宗面獎之改領靜難軍節度復遣還屯所時夏州趙保忠與繼遷連謀朝廷患之又綏州牙校高文岯舉城效順河外蕃漢大擾以繼隆爲河西行營都部署尚食使尹繼倫爲都監以討之既而繼遷遁去擒保忠以獻初禪將侯延廣監軍秦翰議請誅保忠及出兵追之繼隆曰保忠杌上肉爾當請於天子今繼遷遁去千里窮磧艱於轉餉宜養威持重未易輕舉延廣等服其言會密詔廢夏州隳其城繼隆命秦翰與弟繼和及高繼勳同入奏以爲朔方古鎭賊所窺覦之地存之可依以破賊幷請於銀夏兩州南界山中增置保戍以扼其衝且爲內屬蕃部之障蔽而斷賊糧運皆不報至道二年白守宗守榮馬紹忠等送糧靈州爲繼遷所邀敗於浦洛河上聞之怒亟命繼隆爲靈環十州都部署是秋五路討繼遷以繼隆出環州取東關鎭由赤檉苦井路赴之繼隆以所出道回遠乏水請由橐駝路徑趨賊之巢穴且遣繼和入奏太宗召詰之知其必敗因遣周瑩齎手詔切責督其進軍赤檉瑩至繼隆以便宜發兵不俟報與丁罕行十餘日果不見賊而還諸將失期士卒困乏繼隆素剛因慙憤肆殺戮乃奏轉運使陳緯梁鼎軍儲不繼並坐削秩三年春繼遷以蕃部從順者衆遣其軍主史乢遇率兵屯橐駝口西北雙塠以遏絕之執倉族蕃官乢遇來告繼隆遣劉承蘊田敏會乢遇討之斬首數千級獲牛馬橐駝萬計先是受詔送軍糧赴靈州必由旱海路自冬至春而芻粟始集繼隆請由古原州蔚茹河路便衆議不一繼隆固執論其事太宗許焉遂率師以進壁古原州令如京使胡守澄城之是爲鎭戎軍眞宗卽位改領鎭安軍節度檢校太傅踰月召還加同中書門下平章事解兵柄歸本鎭咸平二年丁內艱起復會秋潦暴集蔡水壞岸繼隆乘危督士卒補塞自辰訖午衝波稍息四年加檢校太師王師失利於望都繼隆累表求詣闕面陳邊事因乞自效俄召還延見詢訪因言醜類侵擾蓋亦常事願委將帥討伐不煩親征眞宗慰諭之改山南東道節度判許州景德初明德皇太后不豫召入省疾九月復許會葬是冬契丹大入踰魏郡至河上眞宗幸澶淵繼隆表求扈從命爲駕前東西排陣使先赴澶州陳師於北城外毀車爲營敵數萬騎急攻繼隆與石保吉率衆禦之追奔數里及上至幸北門觀兵召問慰

勞見其所部整肅歎賞久之翌日幸營中召從臣飲宴二年春還京加開府儀同三司食邑實封詔始下會疾作上親臨問繼和時爲并代鈐轄詔省視卒年五十六車駕臨哭之慟爲制服發哀贈中書令謚忠武以其子昭慶爲洛苑使從子昭　昭遜並爲內殿崇班又錄其門下二十餘人乾興初詔與李沆王旦同配享眞宗廟庭繼隆出貴冑善騎射曉音律感慨自樹深沉有城府嚴於御下好讀春秋左氏傳喜名譽賓禮儒士在太宗朝特被親信每征行必委以機要眞宗以元舅之親不欲煩以軍旅優游近藩恩禮甚篤然多智用能謙謹保身明德寢疾欲面見之上促其徙繼隆但詣萬安宮門拜牋終不入又嘗命諸王詣第候謁繼隆不設湯茗第假王府從行茶爐烹飲焉昭慶改名昭亮至東上閤門使高州刺史

繼和字周叔少以蔭補供奉官三遷洛苑使淳化後繼隆多在邊任繼和常從行友愛尤至每令入奏機事繼隆罷兵柄手錄唐李勣遺戒授繼和曰吾門不墜者在爾矣初繼隆之請城鎭戎軍也朝廷不果於行繼和面奏曰平凉舊地山川險阻旁扼夷落爲中華襟帶城之爲便太宗乃許焉後復不守咸平中繼和又以爲言乃命版築以繼和知其軍兼原渭儀都巡檢使城畢加領平州刺史建議募貧民及弓箭手墾田積粟又屢請益兵朝議未許上曰苟緩急部署不爲濟師則或至失援矣命繼和兼涇原儀渭鈐轄時繼遷未弭命張齊賢梁顥經畧因訪繼和邊事繼和上言鎭戎軍爲涇原儀渭北面扞蔽又爲環慶原渭儀秦熟戶所依正當回鶻西凉六谷吐蕃咩逋賤遇馬臧梁家諸族之路自置軍已來克張邊備方於至道中所葺今已數倍誠能常用步騎五千守之涇原渭州苟有緩急會于此軍并力戰守則賊必不敢過此軍而緣邊民戶不廢耕織熟戶老幼有所歸宿此軍苟廢則過此新城止皆廢壘有數路來寇若自隴山下南去則由三百堡入儀州制勝關自瓦亭路南去則由彈箏峽入渭州安國鎭自淸石嶺東南去則由小盧大盧潘谷入潘原縣若至潘原而西則入渭州東則入涇州若自東石嶺東公主泉南去則由東山砦故彭陽城西並入原州其餘細路不可盡數如以五千步騎令四州各爲備禦不相會合則兵勢分而力不足禦矣故置此城以扼要路卽令自靈環慶鄜延石隰麟府等州以外河曲之地皆屬於賊若更攻陷靈州西取回鶻則吐蕃震懼皆爲吞噬西北邊民將受驅劫若以可惜之地甘受賊攻便思委棄以爲良策是則有盡之地不能供無已之求也臣慮議者以調發芻糧擾民爲言則此軍所費上出四川地里非遙輸送甚易又劉琮方輿屯田屯田若成積中有備則四州稅物亦不須得況今繼遷强盛有踰曩日從靈州至原渭儀州界次更取鍬子山以西接環州山內及平夏次并黃河以東以南隴山內外接儀州界及靈州以北河外蕃部約數十萬帳賊來足以鬬敵賊遷未盛不敢深入今則靈州北河外鎭戎軍環州並北徹靈武平夏及山外黃河以東族帳悉爲繼遷所吞縱有一二十族殘破奔迸事力十無一二自官軍瀚海失利賊愈猖狂羣蕃震懼絕無鬬志兼以咸平二年棄鎭戎後繼遷徑來侵掠軍界蕃族南至渭州安國鎭北一二十里西至南市界三百餘里便於蕭關屯聚萬子米逋西鼠等三千以脅原渭靈環熟戶常時族帳謀歸賊者甚多賴聖謨深遠不惑羣議復置此軍一年以來蕃部咸以安集邊民無復愁苦以此較之則存廢之說相失萬倍矣又靈州遠絕居常非有尺布斗粟以供王府今關西老幼疲苦轉餉所以不可棄者誠恐滋大賊勢使繼遷西取秦成之羣蕃北掠回鶻之健馬長驅南牧何以枝梧昨朝廷訪問臣送芻糧道路臣欲自蕭關至鎭戎城砦西就胡盧河川運送但恐靈州食盡或至不守淸遠固亦難保靑岡白馬曷足禦扞則環州便爲極邊若賊從蕭關武延石門路入鎭戎縱有五七千兵亦恐不敵卽回鶻西涼路亦斷絕伏見咸平三年詔書緣邊不得出兵生事蕃夷蓋謂賊如猛獸不怫其心必且不動臣愚慮此賊他日愈熾不若聽驍將銳旅屢入其境彼或聚兵自固則勿與鬬妖黨纔散則令掩擊如此則王師逸而賊兵勞賊心內離然後大舉及靈州孤壘戍守最苦望比他州尤加存恤且守邊之臣內憂家屬之窘匱外憂姦邪之憎毀憂家則思爲不廉憂身則思爲退迹思不廉則官局不治思退迹則庶事無心欲其奮不顧身令出惟行不可得已良由賞未厚恩未深也賞厚則人無顧內之憂恩深則士有效死之志古之帝王皆懸爵賞以拔英俊卒能成大功大凡君子求名小人狥利臣爲兒童時嘗聞齊州防禦使李漢超守關南齊州屬州城錢七八萬貫悉以給與非次賞賚動及千萬漢超猶私販榷場規免商算當時有以此事達于太祖者卽詔漢超私物所在悉免關征故漢超居則營生戰則誓死貲產厚則心有所繫必死戰則動有成績故畢太祖之世一方爲之安靜今如漢超之材固亦不少苟能用皇祖之遺法選擇英傑使守靈武高官厚賞不吝先與往日留半奉給其家半奉賚其用然後可以責潔廉之節保必勝之功也又戎事內制或失權宜漢時渤海盜起龔遂爲太守尚聽便宜從事且渤海漢之內地盜賊國之饑民況靈武絕塞西鄙强戎又非渤海之比苟許其專制則無失事機縱有營私冒利民政不舉亦乞不問用將之術異於他官貪勇智愚無不皆錄但使法寬而人有所慕則入居者安心展體竭材盡慮何患靈州之不可守哉又朝廷比禁靑鹽甚爲允愜或聞議者欲開其禁且鹽之不入中土困賊之良策也今若謂糧食自蕃界來雖鹽禁不能困賊此鬻鹽行賄者之妄談也蕃粟不入賊境而入于邊廩其利甚明況漢地不食靑鹽熟戶亦不入蕃界博易所禁者非徒糧食也至於兵甲皮榦之物其名益多以朝廷雄富猶言摘山煮海一年商利不入則或闕軍須況蕃戎所賴止在靑鹽禁之則彼自困矣望固守前詔爲便五年繼和領兵殺衞埋族於天麻川自是壠山外諸族皆恐懼內附願於要害處置族帳砦柵以爲戍守繼和因請移涇原部署於鎭戎以壯軍勢又請開道環延爲應援眞宗以其精心戎事甚嘉之戎人伺警巡弛備一夕塞長壕越古長城抵城下繼和與都監史重貴出兵禦之賊據險再突城隍列陣接戰重貴中重創敗走之大獲甲騎有詔嘉獎別出良藥縑帛牢酒以賜繼和習武藝好談方畧頗知書所至幹治然性剛忍御下少恩部兵終日擐甲常如寇至及較閱之際杖罰過當人多怨焉眞宗屢加易勵且爲覆護之嘗上言保捷軍新到屯所多亾命者請優賜緡錢苟有亾逸卽按軍法舊制凡賜軍中雖緣奏請者亦以特旨給之上以繼和峻酷欲軍士感其惠特令以所奏著詔書中而加賜之且以計情定罪自有常制不許其請終以邊防之地處人不爲用遣張志言代還旣卽路軍中皆恐其復來六年又出爲并代鈐轄將行請對欲領兵去按度邊壘上曰河東巖險兵甲甚衆賊若入寇但邀其歸路自可致勝不必率兵而徃也景德初北邊入寇徙北平砦車駕駐澶淵繼和受詔與魏能張凝領兵赴趙州躡敵後契丹請和邊民猶未寧又命副將張凝爲緣邊巡檢安撫使事平復還并代時朝廷每詔書約束邊事或有當行極斷之語官吏不詳深意卽處大辟繼和言其事乃詔自今有云重斷極斷處斬決配之類悉須裁奏先是繼隆卒繼和以遺奏得官久之遷西上閤門使未幾擢殿前都虞候領端州防禦使大中祥符元年卒年四十六贈鎭國軍節度遣諸王率宗室素服赴弔二子早卒帝以其族盛大諸姪皆幼令三班選使臣爲主家事弟繼恂至洛苑使順州刺史贈左神武大將軍子昭遜爲供備庫使

論曰夫乘風雲之會依日月之光感慨發憤效忠騁奔居備要任出握重兵如是而令名克終斯固可偉也吳延祚策李筠之破如目覩其事誠有將畧李崇矩秉純厚之德感史弘肇之恩保其叛亾之孥然交鄭伸不知其傾險坐謫炎海固無先見之明矣其子繼昌忘父仇以恤仲母之貧雖非中道亦人所難王仁贍征蜀殺降附之卒肆貪矯之行譽譽而斃自貽伊戚尚何尤乎楚昭輔當陳橋推戴太祖遣之入安母后亦必可託以事者及爲三司善於心計人不可干以私然終以訐直取寡信之名何歟處耘於創業之始功參締構克荆山靖衡湘勢如拉枯而志昧在和勳業弗究良可惜也幸聯戚畹之貴秉旄繼世抑造物之報嗇此而豐彼歟

宋史卷二百五十八

宋史卷二百五十八

元中書右丞相總裁脫脫等修

列傳第十七

曹彬 子璨 瑋 琮　潘美 李超附

曹彬字國華眞定靈壽人父芸成德軍節度都知兵馬使彬始生周歲父母以百玩之具羅於席觀其所取彬左手持干戈右手持俎豆斯須取一印他無所視人皆異之及長氣質淳厚漢乾祐中爲成德軍牙將節帥武行德見其端慤指謂左右曰此遠大器非常流也周太祖貴妃張氏彬從母也周祖受禪召彬歸京師隸世宗帳下從鎭澶淵補供奉官擢河中都監蒲帥王仁鎬以彬帝戚尤加禮遇彬執禮益恭公府讌集端簡終日未嘗旁視仁鎬謂從事曰老夫自謂夙夜匪懈及見監軍矜嚴始覺己之散率也顯德三年改潼關監軍遷西上閤門使五年使吳越致命訖卽還私覿之禮一無所受吳越人以輕舟追遺之至於數四彬猶不受旣而曰吾終拒之是近名也遂受而籍之以歸悉上送官世宗强還之彬始拜賜悉以分遺親舊而不留一錢出爲晉州兵馬都監一日與主帥暨賓從環坐於野會鄰道守將走价馳書來詣使者素不識彬潛問人曰孰爲曹監軍

有指彬以示之使人以爲紿己笑曰豈有國戚近臣而衣弋綈袍坐素胡床者乎審視之方信遷引進使初太祖典禁旅彬中立不倚非公事未嘗造門羣居讌會亦所罕預由是器重焉建隆二年自平陽歸召謂曰我疇昔常欲親汝汝何敢疎我彬頓首謝曰臣爲周室近親復忝內職靖恭守位猶恐獲過安敢妄有交結遷客省使與王全斌郭進領騎兵攻河東平樂縣降其將王超侯霸榮等千八百人俘獲千餘人既而賊將張進率兵來援三戰皆敗之遂建平樂爲平晉軍乾德初改左神武將軍時初克遼州河東召契丹兵六萬騎來攻平晉彬與李繼勳等大敗之於城下俄兼樞密承旨二年冬伐蜀詔以劉光毅爲歸州行營前軍副部署彬爲都監峽中郡縣悉下諸將咸欲屠城以逞其欲彬獨申令戢下所至悅服上聞降詔褒之兩川平全斌等晝夜宴飲不恤軍士部下漁奪無已蜀人苦之彬屢請旋師全斌等不從俄而全師雄等搆亂擁衆十萬彬復與光毅破之于新繁卒平蜀亂時諸將多取子女玉帛彬橐中唯圖書衣衾而已及還上盡得其狀以全斌等屬吏謂彬清介廉謹授宣徽南院使義成軍節度使彬入見辭曰征西將士俱得罪臣獨受賞恐無以示勸上曰卿有茂功又不矜伐設有微累仁贍等豈惜言哉懲勸國之常典可無讓六年遣李繼勳党進率師征太原命爲前軍都監戰洞渦河斬二千餘級俘獲甚衆開寶二年議親征太原復命爲前軍都監率兵先往次團柏谷降賊將陳廷山又戰城南薄于濠橋奪馬千餘及太祖至則已分砦四面而自主其北六年進檢校太傅七年將伐江南九月彬奉詔與李漢瓊田欽祚先赴荊南發戰艦潘美帥步兵繼進十月詔以彬爲昇州西南路行營馬步軍戰櫂都部署分兵由荊南順流而東破峽口砦進克池州連克當塗蕪湖二縣駐軍采石磯十一月作浮梁跨大江以濟師十二月大破其軍於白鷺洲八年正月又破其軍於新林港二月師進次秦淮江南水陸十餘萬陳於城下大敗之俘斬數萬計及浮梁成吳人出兵來禦破之於白鷺洲自三月至八月連破之進克潤州金陵受圍至是凡三時吳人樵采路絕頻經敗衄李煜危急遣其臣徐鉉奉表詣闕乞緩師上不之省先是大軍列三砦美居守北偏圖其形勢來上太祖指北砦謂使者曰吳人必夜出兵來寇爾亟去令曹彬速成深溝以自固無墮其計中既成吳兵果夜來襲美率所部依新溝拒之吳人大敗奏至上笑曰果如此長圍中彬每緩師冀煜歸服十一月彬又使人諭之曰事勢如此所惜者一城生聚若能歸命策之上也城垂克彬忽稱疾不視事諸將皆來問疾彬曰余之疾非藥石所能愈惟須諸公誠心自誓以克城之日不妄殺一人則自愈矣諸將許諾共焚香爲誓明日稍愈又明日城陷煜與其臣百餘人詣軍門請罪彬慰安之待以賓禮請煜入宮治裝彬以數騎待宮門外左右密謂彬曰煜入或不測奈何彬笑曰煜素懦無斷既已降必不能自引決煜之君臣卒賴保全自出師至凱旋士衆畏服無輕肆者及入見刺稱奉敕江南幹事回其謙恭不伐如此初彬之總師也太祖謂曰俟克李煜當以卿爲使相副帥潘美預以爲賀彬曰不然夫是行也仗天威遵廟謨乃能成事吾何功哉況使相極品乎美曰何謂也彬曰太原未平爾及還獻俘上謂曰本授卿使相然劉繼元未下姑少待之既聞此語美竊視彬微笑上覺遽詰所以美不敢隱遂以實對上亦大笑乃賜彬錢二十萬彬退曰人生何必使相好官亦不過多得錢爾未幾拜樞密使檢校太尉忠武軍節度使太宗卽位加同平章事議征太原召彬問曰周世宗及太祖皆親征何以不能克彬曰世宗時史彥超敗于石嶺關人情驚擾故班師太祖頓兵甘草地會歲暑雨軍士多疾因是中止太宗曰今吾欲北征卿以爲何如彬曰以國家兵甲精銳翦太原之孤壘如摧枯拉朽爾何爲而不可太宗意遂決太平興國三年進檢校太師從征太原加兼侍中八年爲弭德超所誣罷爲天平軍節度使旬餘上悟其譖進封魯國公待之愈厚雍熙三年詔彬將幽州行營前軍馬步水陸之師與潘美等北伐分路進討三月敗契丹于固安破涿州戎人來援大破之于城南四月又與米信破契丹于新城斬首二百級五月戰于岐溝關諸軍敗績退屯易州臨易水而營上聞亟令分屯邊城追諸將歸闕先是賀令圖等言於上曰契丹主少母后專政寵倖用事請乘其釁以取幽薊遂遣彬與崔彥進米信自雄州田重進趣飛狐潘美出鴈門約期齊舉將發上謂之曰潘美之師但先趣雲應卿等以十萬衆聲言取幽州且持重緩行不得貪利彼聞大兵至必悉衆救范陽不暇援山後矣既而美之師先下寰朔雲應等州重進又取飛狐靈邱蔚州多得山後要害地彬亦連下州縣勢大振每奏至上已訝彬進軍之速及彬次涿州旬日食盡因退師雄州以援餉餽上聞之曰豈有敵人在前反退軍以援芻粟失策之甚也亟遣使止彬勿前急引師緣白溝河與米信軍會按兵養銳以張西師之勢俟美等盡畧山後地會重進之師而東合勢以取幽州時彬部下諸將聞美及重進累建功而已握重兵不能有所攻取謀議蜂起彬不得已乃復裹糧再往攻涿州契丹大衆當前時方炎暑軍士乏困糧且盡彬退軍無復行伍遂爲所躡而敗彬等至詔鞫於尚書省令翰林學士賈黃中等雜治之彬等具伏違詔失律之罪彬責授右驍衞上將軍彥進右武衞上將軍信右屯衞上將軍餘以次黜四年起彬爲侍中武寧軍節度使淳化五年徙平盧軍節度眞宗卽位復檢校太師同平章事數月召拜樞密使咸平二年被疾上趣駕臨問手爲和藥仍賜白金萬兩問以後事對曰臣無事可言臣二子材器可取臣若內舉皆堪爲將上問其優劣對曰璨不如瑋六月薨年六十九上臨哭之慟對輔臣語及彬必流涕贈中書令追封濟陽郡王諡武惠且贈其妻高氏韓國夫人官其親族門客親校十餘人八月詔彬與趙普配饗太祖廟庭彬性仁敬和厚在朝廷未嘗忤旨亦未嘗言人過失伐二國秋毫無所取位兼將相不以等威自異遇士夫於塗必引車避之不名下吏每白事必冠而後見居官奉入給宗族無餘積平蜀回太祖從容問官吏善否對曰軍政之外非臣所聞也固問之唯薦隨軍轉運使沈倫廉謹可任爲師知徐州日有吏犯罪既具案逾年而後杖之人莫知其故彬曰吾聞此人新娶婦若杖之其舅姑必以婦爲不利而朝夕笞詈之使不能自存吾故緩其事然法亦未嘗屈焉北征之失律也趙昌言表請行軍法及昌言自延安還被劾不得入見彬在右府爲請於上乃許朝謁子璨珝瑋玹玘珣琮珝娶秦王女興平郡主至昭宣使玹左藏庫副使玘尚書虞部員外郎珣東上閤門使琮西上閤門副使玘之女卽慈聖光獻皇后也芸累贈魏王彬韓王玘吳王諡曰安禧玘之子佾傳佾見外戚傳傅后兄也榮州刺史諡恭懷

璨字韜光性沉毅善射以蔭補供奉官常從彬征討得與計議彬以爲類已特鍾愛焉遷官苑副使出爲高陽關及鎭魏并代趙五州都監雍熙中命知定州改尚食使淳化二年領富州刺史徙知代州明年擢爲鎭州行營鈐轄從綏銀夏麟府等州鈐轄契丹入寇屢戰有功諸將多欲窮追璨慮有伏力止之至道初遷四方館使知靈州徙河西鈐轄改引進使范廷召將兵出塞命璨爲之副丁外艱起復爲鄜延路副都部署拜趙州刺史領武州團練使充麟府濁輪副部署出蕃兵邀繼遷俘馘甚衆入爲樞密都承旨改領亳州團練使契丹入寇命爲鎭定高陽關三路行營都鈐轄領康州防禦使再知定州明年冬拜侍衞馬軍副都指揮使天德軍節度入爲東京舊城都巡檢使連拜彰國保靜武寧忠武等軍節度使在禁衞十餘年未嘗忤旨天禧三年春以足疾授河陽節度使同平章事卒年七十贈中書令諡武懿璨起貴胄以孝謹稱能自奮厲以世其家習知韜畧好讀左氏春秋善撫士卒兼著威愛雖輕財不逮其父而敬人和厚亦有父風子儀官至耀州觀察使

瑋字寶臣父彬歷武寧太平軍節度使皆以瑋爲牙內都虞候補西頭供奉官閤門祗候沉勇有謀喜讀書通春秋三傳於左氏尤深李繼遷叛諸將數出無功太宗問彬誰可將者彬曰臣少子瑋可任卽召見以本官同知渭州時年十九眞宗卽位改內殿崇班知渭州馭軍嚴明有部分賞罰立決犯令者無所貸善用間周知虜動靜舉措如老將彬卒請持喪不允改閤門通事舍人遷西上閤門副使徙知鎭戎軍李繼遷虐用其國人瑋知其下多怨卽移書諸部諭以朝廷恩信撫養無所問以動諸羌由是康奴等族請內附繼遷畧西蕃還瑋邀擊于石門川俘獲甚衆以鎭戎軍據平地便於騎戰非中國之利請自隴山以東循古長城塹以爲限又以弓箭手皆土人習障塞蹊隧曉羌語耐寒苦官未嘗與兵械資糧而每戰輒使先拒賊恐無以責死力遂給以境內閒田春秋耕斂州爲出兵護作而蠲其租繼遷死其子德明請命于朝瑋言繼遷擅河南地二十年兵不解甲使中國有西顧之憂今國危子弱不卽捕滅後更強盛不可制願假臣精兵出其不意禽德明送闕下復河西爲郡縣此其時也帝方以恩致德明不報既而西延家妙俄熟魏數大族請拔帳自歸諸將猶豫不敢應瑋曰德明野心不急折其翮後必颺去卽日將其士薄大都山受降者內徙德明不敢拒遷西上閤門使爲環慶路兵馬都鈐轄兼知汾州封泰山進東上閤門使帝以瑋習知河北事迺以爲眞定路都鈐轄領高州刺史瑋嘗上涇原環慶兩道圖至是帝以示左右曰華夷山川城郭險固出入戰守之要舉在是矣因敕別繪二圖以一留樞密院一付本道俾諸將得按圖計事復爲涇原路都鈐轄兼知渭州與秦翰破章埋族于武延川分兵滅撥臧于平涼於是隴山諸族皆來獻地瑋築堡山外爲籠竿城募士兵守之曰異時秦渭有警此必爭之地也祀汾陰進四方館使踰年上表還州事願專督軍旅

帝不欲遽更守臣以密詔敦諭之改引進使英州團練使復知秦州兼涇原儀渭鎮戎緣邊安撫使時唃厮囉强盛立遵佐之立遵乃上書求號贊普瑋言贊普可汗號也立遵一言得之何以處唃厮囉邪且復有求漸不可制逎以立遵爲保順軍節度使恩如厮鐸督西羌將舉事必先定約束號爲立文法唃厮囉使其舅賞樣丹與厮敦立文法於離王族謀內寇瑋陰結厮敦解寶帶予之厮敦感激求自效間謂瑋曰吾父何所使欲吾首猶可斷以獻瑋曰我知賞樣丹時至汝帳下汝能爲我取賞樣丹首乎厮敦愕然應之後十餘日果斷其首來厮敦因獻南市地南市者秦渭之阨也瑋城之表厮敦爲順州刺史初張佶知秦州置四門砦侵奪羌地羌人多叛去畏得罪不敢出瑋招出之令入馬贖罪還故地至者數千人每送馬六十匹給采一端築弓門冶方床穰靜戎三陽定西伏羌永寧小洛門威遠十砦浚壕三百八十里皆役屬羌廂兵工費不出民伏羌首領厮鷄波李磨論私立文法瑋潛兵滅其帳其年唃厮囉率衆數萬大入寇瑋迎戰二都谷追奔三十里斬首千餘級獲馬牛雜畜器仗三萬餘遷客省使康州防禦使馬波叱臈立柵野吳谷瑋選募神武軍二百人斬柵獲生口孳畜甚衆宗哥大首領甘遵治兵于任奴川瑋遣間殺遵及破魚角蟬所立文法于吹麻城既而河州洮蘭安江妙敦邈川黨逋諸城皆納質爲熟戶時瑋作塹抵捋囉嚨捋囉嚨西蕃要害地也先是瑋遣小吏楊知進護賜物通甘州可汗王還過宗哥界立遵邀知進語曰秦州大人直以兵入捋囉嚨來幸爲我言願罷兵歲入貢約蕃漢爲一家因使種人黨失畢廢從知進來獻馬自是唃厮囉勢蹙退保磧中不出秦人請刻石紀功有詔褒之天禧三年德明寇柔遠砦都巡檢楊承吉與戰不利以瑋爲華州觀察使鄜延路副都總管環慶秦等州緣邊巡檢安撫使委乞骨咩大門等族聞瑋至歸附者甚衆拜宣徽北院使鎭國軍節度觀察留後簽書樞密院事宰相丁謂逐寇準惡瑋不附己指爲準黨除南院使環慶路都總管安撫使乾興初謫左衞大將軍容州觀察使知萊州瑋以宿將爲謂所忌即日上道從弱卒十餘人不以弓韔矢箙自隨謂敗復華州觀察使知青州徙天雄軍以彰化軍節度觀察留後知永興軍拜昭武軍節度使知天雄軍以疾守河陽數月爲眞定府定州都總管改彰武軍節度使卒贈侍中謚武穆瑋用士得其死力平居甚閒暇及師出多奇計出入神速不可測一日張樂飲僚吏中坐失瑋所在明日徐出視事而賊首已擲庭下矣嘗稱疾加砭艾臥閤內不出會賊至瑋奮起裹創被甲跨馬賊望見皆遯去將兵幾四十年未嘗少失利唃厮囉聞瑋名即望瑋所在東嚮合手加顙契丹使過天雄部勒其下曰曹公在此毋縱騎馳驅也眞宗愼兵事凡邊事必手詔詰難至十數反而瑋守初議卒無以奪後雖他將論邊事者往往密付瑋處之渭州有告戍卒叛入夏國者瑋方對客奕棋遽曰吾使之行也夏人聞之即斬叛者投其首境上羌殺邊民入羊馬贖罪瑋下令曰羌自相犯從其俗犯邊民者論如律自是無敢犯環慶屬羌田多爲邊人所市致單弱不能自存因沒彼中瑋盡令還其故田後有犯者遷其家內地所募弓箭手使馳射較强弱勝者與田二頃再更秋獲課市一馬馬必勝甲然後官籍之則加五十畝至三百人以上團爲一指揮要害處爲築堡使自塹其地爲方田環之立馬社一馬死衆出錢市馬降者既多因制屬羌百帳以上其首領爲本族軍主次爲指揮使又其次爲副指揮使不及百帳爲本族指揮使其蕃落將校止於本軍敍進以其習知羌情與地利不可徙他軍也開邊壕率令深廣丈五尺山險不可塹者因其峭絕治之使足以限敵後皆以爲法天雄卒有犯盜者衆謂獄具必殺之瑋乃處以常法人或以爲疑瑋笑曰臨邊對敵斬不用命者所以令衆吾非好殺也治內郡安事此乎初守邊時山東知名士賈同造瑋客外舍瑋欲按邊即同舍邀與俱同問從兵安在曰已具既出就騎見甲士三千環列初不聞人馬聲同歸語人曰瑋殆名將也瑋爲將不如其父寬然自爲一家嘉祐八年詔配享仁宗廟庭

琮字寶章兄玹娶秦王女興平郡主琮幼時從主入禁中太宗置膝上拊其背曰曹氏有功我家此亦佳兒也及彬領鎭海軍節度使補衙內都指揮使彬卒時遷西頭供奉官閤門祗候勾當騏驥院羣牧估馬司市馬課有羨再遷西上閤門副使與曹利用連姻利用貶出爲河陽兵馬都監領內軍器庫遷東上閤門使榮州刺史仁宗冊琮兄女爲后禮皆琮主辦除衞州團練使琮因奏曰陛下方以至公屬天下臣既備后族不宜冒恩澤亂朝廷法族人敢因緣請託願致于理時論稱之出爲環慶路馬步軍總管知邠州遷秦州防禦使秦鳳路副都總管兼知秦州度美材爲倉廩大積穀古渭冀城生羌屢入鈔邊琮懷以恩信擊牛釃酒犒之多請內屬寶元初南郊召入侍祠會元昊反拜同州觀察使復知秦州上攻守禦三策久之兼同管勾涇原路兵馬定國軍節度觀察留後劉平石元孫敗關輔震恐琮請籍民爲義軍以張兵勢於是料簡鄉弓手數萬人賊寇山外還天都劫儀秦屬戶琮發騎士設伏以待之賊遂引去琮欲誘吐蕃犄角圖賊得西川舊賈使諭意而沙州鎭王子遣使奉書曰我本唐甥天子實吾舅也自党項破甘涼遂與漢隔今願率首領爲朝廷擊賊帝善琮策改陝西副都總管經略安撫招討副使拜步軍副都指揮使與夏竦屯鄜州還爲馬軍副都指揮使以疾卒帝臨奠后幷出臨喪就第成服贈安化軍節度使兼侍中謚忠恪琮小心謹畏善贊謁御軍整嚴死時家無餘貲子佺皇城使嘉州防禦使佺子詩尚魯國大長公主

潘美字仲詢大名人父璘以軍校戍常山美少倜儻隸府中典謁嘗語其里人王密曰漢代將終兇臣肆虐四海有改卜之兆大丈夫不以此時立功名取富貴碌碌與萬物共盡可羞也會周世宗爲開封府尹美以中涓事世宗及即位補供奉官高平之戰美以功遷西上閤門副使出監陝州軍改引進使世宗將用師隴蜀命護永興屯兵經度西事先是太祖遇美素厚及受禪命美先往見執政論旨中外陝帥袁彥兇悍信任羣小嗜殺黷貨且繕甲兵太祖慮其爲變遣美監其軍以圖之美單騎往諭以天命既歸宜修臣職彥遂入朝上喜曰潘美不殺袁彥能令來覲成我志矣李重進叛太祖親征命石守信爲招討使美爲行營都監以副之揚州平留爲巡檢以任鎭撫以功授秦州團練使時湖南叛將汪端既平人心未寧乃授美潭州防禦使嶺南劉鋹數寇桂陽江華美擊走之溪峒蠻獠自唐以來不時侵略頗爲民患美窮其巢穴多所殺獲餘加慰撫夷落遂定乾德二年又從兵馬都監丁德裕等率兵克郴州開寶三年征嶺南以美爲行營諸軍都部署朗州團練使尹崇珂副之進克富川鋹遣將率衆萬餘來援遇戰大破之遂克賀州十月又下昭桂連三州西江諸州以次降美以功移南面都部署進次韶州韶廣之北門也賊衆十餘萬聚焉美揮兵進乘之韶州遂拔斬獲數萬計鋹窮蹙四年二月遣其臣王珪詣軍門求通好又遣其左僕射蕭漼中書舍人卓惟休奉表乞降美因諭以上意以爲彼能戰則與之戰不能戰則勸之守不能守則諭之降不能降則死不能死則亾非此五者他不得受美即令殿直冉彥袞部送漼等赴闕鋹復遣其弟保興率衆拒戰美即率厲士卒倍道趨柵頭距廣州百二十里鋹兵十五萬依山谷堅壁以待美因築壘休士與諸將計曰彼編竹木爲柵若攻之以火彼必潰亂因以銳師夾擊之萬全策也遂分遣丁夫數千人人持二炬間道造其柵及夜萬炬俱發會天大風火勢甚熾鋹衆驚擾來犯美揮兵急擊之鋹衆大敗斬數萬計長驅至廣州鋹盡焚其府庫遂克之擒鋹送京師露布以聞即日命美與尹崇珂同知廣州兼市舶使五月拜山南東道節度五年兼嶺南道轉運使土豪周思瓊聚衆負海爲亂美討平之嶺表遂安八年議征江南九月遣美與劉遇等率兵先赴江陵十月命美爲昇州道行營都監與曹彬偕往進次秦淮時舟楫未具美下令曰美受詔提驍果數萬人期於必勝豈限此一衣帶水而不徑度乎遂麾以涉大軍隨之吳師大敗及采石磯浮梁成吳人以戰艦二十餘鳴鼓泝流來趨利美麾兵奮擊奪其戰艦擒其將鄭賓等七人又破其城南水砦分舟師守之奏至太祖遣使令亟徙置戰櫂以防他變美聞詔即徙軍是夜吳人果來攻砦不能克進薄金陵江南水陸十萬陳於城下美率兵襲擊大敗之李煜危甚遣徐鉉來乞緩師上不之省仍詔諸將促令歸附煜遷延未能決夜遣兵數千持炬鼓譟來犯我師美率精銳以短兵接戰因與大將曹彬率士晨夜攻城百道俱進金陵平以功拜宣徽北院使秋命副党進攻太原戰于汾上破之且多擒獲太平興國初改南院使三年加開府儀同三司四年命將征太原美爲北路都招討判太原行府事部分諸將進討并州遂平繼征范陽以美知幽州行府事及班師命兼三交都部署留屯以捍北邊三交西北三百里地名固軍其地險阻爲北邊咽喉美潛師襲之遂據有其地因積粟屯兵以守之自是北邊以寧美嘗巡撫至代州既秣馬蓐食俄而遼兵萬騎來寇近塞美誓衆銜枚奮擊大破之封代國公八年改忠武軍節度進封韓國公雍熙三年詔美及曹彬崔彥進等北伐美獨拔寰朔雲應等州詔內徙其民會遼兵奄至戰於陳家谷口不利驍將楊業死之美坐削秩三等責授檢校太保明年復檢校太師知眞定府未幾改都部署判并州加同平章事數月卒年六十七贈中書令謚武惠咸平二年配饗太宗廟庭子惟德至宮苑使惟固西上閤門使惟正西京作坊使惟清崇儀使惟熙娶秦王女平州刺史惟熙女即章懷皇后也美後追封鄭王以章懷故也惟吉美從子累資爲天雄軍駐泊都監璧連戚里能以

禮法自飭歷中外人咸稱其勤敏云

李超者冀州信都人爲禁卒常從潘美軍中主刑刀美好乘怒殺人超每潛緩之美怒解輒得釋以是全者甚衆人謂其有陰德子濬字德淵中進士累擢祕書知康州咸平中入爲刑部詳覆御史臺推直官屢上書言事遷開封府推官賜緋魚景德初拜虞部員外郎兼侍御史知雜事賜金紫從幸澶淵頗上疏言便宜師還命與陳堯咨安撫河北踰年判吏部銓濬居憲府未再歲帝寵待之擢樞密直學士宰相王旦言濬雖有剸劇才然驟歷清切時望未允眞宗曰朕業已許之矣尋知開封能檢察隱微京師稱之累遷至右司郎中出知秦州暴疾卒濬與李宗諤同歲同月後一日生其卒也亦後一日衆以爲異

論曰曹彬以器識受知太祖遂膺柄用平居於百蟲之蟄猶不忍傷出使吳越籍上私餽悉用施予而不留一錢則其總戎專征而秋毫無犯不妄戮一人者益可信矣潘美素厚太祖信任於得位之初遂受征伐之託劉鋹遣使乞降覩美所喻辭義嚴正得奉辭伐罪之體則其威名之重豈待平嶺表定江南征太原鎭北門而後見哉二人皆謚武惠皆與配饗兩家子孫皆能樹立享富貴而光獻章懷皆稱賢后非偶然也君子謂仁恕清愼能保功名守法度唯彬爲宋良將第一豈無意哉若李濬者亦以材幹自結主知遂歷清顯謂爲陰德所致理或然也

宋史卷二百五十九

元中書右丞相總裁脫脫等修

列傳第十八

張美　郭守文　尹崇珂　劉廷讓
袁繼忠　崔彥進　張廷翰　皇甫繼明
張瓊附

張美字元珪貝州清河人少善書計初爲左藏小吏以彊幹聞三司薦奏特補本庫專知出爲澶州糧料使周世宗鎭澶淵每有求取美必曲爲供給周祖聞之怒將譴責之而恐傷世宗意徙美爲濮州馬步軍都虞候世宗卽位召爲樞密承旨時宰相景範判三司被疾世宗命美爲右領軍衞大將軍權判三司世宗征淮南留美爲大內部署一日方假寐忽覺心動遽驚起行視宮城中少頃內醞署火起旣有備卽撲滅之俄眞授三司使四年世宗再幸淮上皆爲大內都點檢北征又爲大內都部署師還爲左監門衞上將軍充宣徽北院使判三司美彊力有心計周知其利病每有所條奏釐革上多可之常以幹敏稱世宗連歲征討糧餽不乏深委賴焉然以澶淵有所求假頗薄之美亦自愧恭帝嗣位加檢校太傅宋初加檢校太尉初李筠鎭上黨募亡命多爲不法漸倔彊難制美度筠必叛陰積粟於懷孟間後筠果叛太祖親討之大軍十萬出太行經費無闕美有力焉拜定國軍節度縣官市木關中同州歲出緡錢數十萬以假民長吏十取其一謂之率分錢歲至數百萬美獨不取未幾他郡有詣闕訴長吏受率分錢者皆命償之乾德五年移鎭滄州太平興國初來朝改左驍衞上將軍美獻都城西河曲灣果園二蔬圃六亭舍六十餘區八年請老以本官致仕雍熙二年卒年六十八淳化初謚恭惠子守瑛至供備庫使孫士宗至內殿承制士宗卒士禹爲崇班士安至閤門祇候士宣爲禮殿副使

郭守文并州太原人父暉仕漢爲護聖軍使從周祖征河中戰死守文年十四居喪哀毀周祖憐之召隸帳下廣順初補左班殿直再遷東第二班副都知宋初遷西頭供奉官蜀平選知簡州時劒外多寇守文悉招來集附從潘美征嶺南會擒劉鋹遣守文馳傳告捷遷翰林副使從曹彬等平金陵護送李煜歸闕下時煜以拒命頗自歉不欲生見太祖守文察知之因謂煜曰國家止務恢復疆土以致太平豈復有後至之責耶煜心遂安改西京作坊使領翰林司事俄從党進破并寇於團柏谷太平興國初秦州內附蕃部騷動命守文乘傳撫諭西夏悅伏三年遷西上閤門使是夏汴水決于寧陵發宋亳丁壯四千五百塞之命守文董其役是冬又與閤門副使王侁西八作副使石全振護塞靈河縣決河及征太原守文與判四方館事梁迥分護行營馬步軍會劉繼元降其弟繼文據代州依遼人之援以拒命遣守文討平之俄受詔護定州屯兵大破遼人於蒲城以功遷東上閤門使領澶州刺史召還擢拜內客省使八年滑州房村河決發卒塞之命守文董其役遼人擾雄州命守文率禁兵數萬人赴援旣至遼人遁去雍熙二年詔守文率兵屯三交俄加領武州團練使屬夏人擾攘命守文帥師討之破夏州鹽城鎭岌羅膩等十四族斬首數千級俘獲生畜萬計又破咩嵬族殲焉諸部畏懼相率來降凡銀麟夏三州歸附者百二十五族萬六千餘戶西鄙遂寧五年春大舉北伐爲幽州道行營前軍步軍水陸都監卒與遼人遇爲流矢所中氣色不撓督戰益急軍中服其量會大軍不利坐違詔逗遛退軍左遷右屯衞大將軍事具曹彬傳明年復舊職裁三月拜宣徽北院使又與田欽祚並爲北面排陣使屯鎭州端拱初改南院使鎭州路都部署又爲北面行營都部署兼鎭定高陽關兩路排陣使是冬遼騎南侵大破之唐河端拱三年十月卒年五十五太宗悼惜之贈侍中謚忠武追封譙王遣中使護喪歸葬京師守文沈厚有謀略頗知書每朝退習書百行出言溫雅未嘗忤人意先是將臣戍邊者多致寇以邀戰功河朔諸州殆無寧歲旣敗岐溝關乃命守文以內職總兵鎭常山以經略之守文旣喪月餘中使自北邊來言守文死軍士皆流涕帝問何以得此對曰守文得俸祿賜賚悉犒勞士卒死之日家無餘財帝嗟嘆久之賜其家錢五百萬爲眞宗納其女爲夫人卽章穆皇后也子崇德至太子中舍崇信至西京左藏庫使同知皇城司贈福州觀察使崇儀至崇儀使全州刺史贈潤州觀察使諸司使無磨朝贈官之例崇信崇儀咸以后兄故特示優禮崇德子承壽至虞部員外郎天禧五年錄承壽子若水爲太常寺奉禮郎崇仁爲解州團練使

尹崇珂秦州天水人後徙居大名父延勛歷磁同隰三州刺史崇珂初事周世宗於藩邸以謹厚稱及卽位補東西班都知從戰高平有勞績遷本班副點檢從征淮南遷都虞候轉都指揮使改前殿都指揮使宋初出爲淄州刺史有善政民詣闕請刻石頌德太祖命殿中侍御史李穆撰文賜之討湖南爲行營前軍馬軍都指揮使荆湘平授朗州團練使又與潘美丁德裕克郴州乾德中征嶺表以崇珂爲行營馬步軍副部署克廣州擒劉鋹卽日詔與潘美同知廣州兼市舶轉運等使錄功遷保信軍節度未幾南漢開府樂範容州都指揮使鄧存忠韶州賊帥周思瓊春恩道都指揮使麥漢瓊等據五州之地以叛崇珂討之太祖遣中使李神祐督戰數月盡平其黨還治所六年卒年四十二贈侍中遣中使護其喪歸葬洛陽以其子昭吉弟崇珪並爲西京作坊使昭吉領會州刺史崇珪領歙州刺史初太宗在周朝娶崇珂妹追謚淑德皇后昭吉至洛苑使次子昭輯至供奉官閤門祇候

劉廷讓字光乂其先涿州范陽人曾祖仁恭唐盧龍軍節度祖守文襲滄州盧彥威遂據其城昭宗授以節鉞後其弟守光囚父仁恭守文舉兵討之軍敗爲守光所殺廷讓與其父延進避難南奔少有膂力周祖鎭鄴以隸帳下廣順初補內殿直押班累遷龍捷都校從世宗征淮南以功領雷州刺史再遷浩州團練使領鐵騎右廂宋初轉江州防禦使領龍捷右廂從征李筠爲行營先鋒使建隆二年改侍衞馬軍都指揮使領江寧軍節度乾德二年春詔領兵赴潞州以備并寇冬與師伐蜀爲四川行營前軍兵馬副都部署率禁兵步騎萬人諸州兵萬人由歸州進討入其境連破松木三會巫山等砦獲蜀將南光海等五千餘人擒戰棹都指揮使袁德宏等千二百人奪戰艦二百餘艘又獲水軍三千人因度南岸斬三千餘級初夔州有鎖江爲浮梁上設敵棚三重夾江列礮具廷讓等將行太祖以地圖示之指鎖江曰我軍至此泝流而上愼勿以舟師爭勝當先以步騎陸行出其不意擊之俟其勢却卽以戰棹夾攻取之必矣及師至距鎖江三十里舍舟步進先奪其橋復牽舟而上破州城守將高彥儔自焚悉如太祖計遂進克萬施開忠四州峽中郡縣悉下明年正月次遂州州將陳愈率吏民來降盡出府庫金帛以給將士初出師也太祖命之曰所得郡縣當傾帑藏爲朕賞戰士國家所收唯土疆爾故人皆效命所至成功蜀平王全斌等皆坐縱部下掠奪子女玉帛及納賄賂左降惟延讓秋毫無犯及全師雄等作亂郡縣相應寇盜蠭起廷讓又與曹彬破之以功改領鎭安軍節度從征太原開寶六年出爲鎭寧軍節度太平興國二年入爲右驍衞上將軍雍熙三年曹彬敗於岐溝關諸將失律多坐黜免旣而契丹擾邊時議遣將無愜上意者時廷讓與宋偓張永德並罷節鎭在環列帝欲令擊契丹自效乃遣分守邊郡以廷讓知雄州又徙瀛州兵馬都部署是冬契丹數萬騎來侵廷讓與戰君子館時天大寒兵士弓弩皆不能彀契丹圍廷讓數重廷讓先分精兵屬李繼隆爲後殿緩急爲援至是繼隆退保樂壽廷讓一軍皆沒死者數萬人僅以數騎獲免先鋒將賀令圖楊重進皆陷於契丹自是河朔戍兵無鬭志又科鄉民爲兵以守城皆未習戰鬭契丹遂長驅而入陷深祁德數州殺官吏俘士民所在輦金帛而去博魏之北民尤苦焉太宗聞之下哀痛之詔初廷讓詣闕待罪太宗知爲李繼隆所誤

不之責四年復命代張永德知雄州兼兵馬部署是秋以疾聞帝遣內醫診視因上言求歸京師不俟報遁離屯所帝怒下御史按問獄具下詔曰右驍衞上將軍劉廷讓朕以其宿舊曾董軍政擢自環尹付之戎師俾控邊關式防寇鈔而乃以病爲解不俟報命委棄戎重傲裝上道知萬旅所集實制於中權列燧相望或虞於外侮事機一失咎責安歸有司議刑當在不赦錄其素效特從寬典可削奪在身官爵配隸商州又黜其子如京使永德爲濠州團練副使崇儀副使永和爲唐州刺史廷讓既黜怏怏不食行至華州卒年五十九帝錄其舊勳贈太師子永德至內殿崇班永恭至西京作坊副使永和爲內殿承制永錫至崇班永保永昌永規並至閤門祗候永崇爲崇班永寧及孫允忠並爲閤門祗候

袁繼忠其先振武人後徙幷州父進仕周爲階州防禦使繼忠以父任補右班殿直太祖平澤潞討幷汾悉預攻戰乾德中征蜀隸大將劉廷讓麾下旣克蜀知雲安軍歷嘉蜀二州監軍開寶中伐廣南爲先鋒壕砦廣南平以功遷供奉官護隰州白壁關屯兵時河東拒命繼忠累入其境破三砦擒將校二人得生口馬牛羊鎧仗踰萬計近戍主將懼無功受譴以誠告繼忠繼忠以所獲分與之遂與都巡檢郭進略地忻代州改天平軍巡檢太宗卽位以爲閤門祗候令擊梅山洞賊破之又巡遏邊部於唐龍鎮太宗征太原繼忠預破鷹揚軍先登護高陽關屯兵與崔彥進破契丹長城口殺獲數萬衆璽書褒美時有勸繼忠自論其功者繼忠不荅會趙保忠來朝獻其地綏州刺史李克憲偃蹇不奉詔遣繼忠諭旨竟率克憲入朝遷西上閤門副使詔與田仁朗率兵定河西諸州大破西人於葭蘆州遷引進副使護定州屯兵雍熙二年遷西上閤門使三年大將田重進征契丹命繼忠爲定州路行營馬步軍都監領師取飛狐下靈邱平蔚州擒其帥大鵬翼以獻事見重進傳師還繼忠爲後殿行列甚整至定州重進欲斬降卒後期至者繼忠論以殺降不祥皆救免之遷判四方館事領播州刺史護屯兵如故大將李繼隆以易州靜塞騎兵尤驍果取隸麾下留其妻子城中繼忠言於繼隆曰此精卒止可守城萬一敵至城中誰與捍者繼隆不從旣而契丹入寇城陷卒妻子皆爲所俘繼隆疑此卒怨已欲分隸諸軍繼忠曰不可但奏升其軍額優以廩給使之盡節可也從之衆皆感悅繼忠因自請以隸麾下會契丹騎大至駐唐河北諸將欲堅壁待之繼忠曰今彊敵在近城中屯重兵不能剪滅令長驅深入侵略他郡雖欲謀自安之計豈折衝禦侮之用乎我將身先士卒死於寇矣辭氣慷慨衆壯之靜塞軍摧鋒先入契丹兵大潰太宗聞之降璽書獎諭賜予甚厚淳化初遷引進使護鎭定高陽關兩路屯兵三年被病召赴闕卒年五十五繼忠長厚忠謹士大夫多與遊前後賜賚鉅萬計悉以犒賞士卒身死之日家無餘財搢紳稱之子用成雍熙初登進士第至太常博士

崔彥進大名人純質有膽略善騎射漢乾祐中隸周祖帳下廣順初補衞士世宗鎭澶淵令領禁兵以從顯德初爲控鶴指揮使後征淮南以功遷散員都虞候從平瓦橋關改東西班指揮使領昭州刺史宋初改控鶴右廂指揮使領果州團練使征李筠爲先鋒部署以功遷常州防禦使從平李重進改虎捷右廂建隆二年遷侍衞步軍都指揮使領武信軍節度大舉伐蜀爲鳳州路行營前軍副都部署蜀平坐縱部下略玉帛子女及諸不法事左遷昭化軍節度觀察留後太祖郊祀西洛彥進來朝授彰信軍節度太平興國二年移鎭河陽四年正月遣將征太原分命攻城以彥進與鄆州防禦使尹勳攻其東彰德軍節度李漢瓊冀州刺史牛思進攻其南桂州觀察使曹翰翰林使杜彥圭攻其西彰信軍節度劉遇光州刺史史珪攻其北彥進督戰甚急太祖嘉之晉陽平從征幽州又與內供奉官江守鈞率兵攻城之西北及班師詔彥進與西上閤門副使薛繼興閤門祗候李守斌領兵屯關南以功加檢校太尉是秋契丹侵遂城彥進與劉廷翰崔翰等擊破之斬首萬級五年車駕北巡以彥進爲關南都部署敗契丹於唐興口雍熙三年正月命將北伐分兵三路詔彥進爲幽州道行營馬步軍水陸副都部署與曹彬米信出雄州大軍失利彥進坐違彬節制別道回軍爲敵所敗召還貶右武衞上將軍事具彬傳四年春授保靜軍節度端拱元年被病召歸闕卒年六十七贈侍中彥進頻立戰功然好聚財貨所至無善政沒後諸子爭家財有司擿治太宗召見爲決之謂左右曰此細務朕不宜親臨但以彥進嘗任節制不欲令其子辱於父耳子懷遵至內殿崇班懷淸至崇儀副使懷遵子上賢娶鎭王女崇安縣主懷淸子從湜娶岐王女永壽縣主爲西京左藏庫副使後坐事除名

張廷翰澤州陵川人初爲漢祖親校漢祖入汴補內殿直還東西班軍使周初改護聖指揮使從世宗平淮甸以功遷鐵騎右第二軍都虞候顯德末改殿前散都頭都虞候宋初權爲鐵騎左第二軍都校領開州刺史從平揚州又以功遷控鶴左廂都指揮使領果州團練使未幾轉龍捷左廂都指揮使領春州團練使乾德中興師伐蜀以廷翰爲歸州路行營馬軍都指揮使隨劉廷讓由歸州路進討師次夔州廷讓頓兵白帝廟西俄而夔州監軍武守謙率所部來拒戰廷翰引兵逆擊敗之於猪頭鋪乘勝拔其城蜀平授侍衞馬步軍都虞候領彰國軍節度開寶二年寢疾太祖親臨問未幾卒年五十三贈侍中

皇甫繼明冀州蓨人父濟汾川令繼明身長七尺善騎射以膂力聞郡中刺史張廷翰以隸左右薦於太祖補殿前指揮使歷左右番押班都知太宗卽位累遷至捧日軍都指揮使領檀州刺史太平興國七年坐秦王廷美事出爲汝州馬步軍都指揮使雍熙三年召入爲馬步軍副都軍頭四年復爲捧日右廂第三軍都指揮使領澶州刺史田重進北征繼明爲前鋒以功加馬步軍都軍頭端拱二年轉龍神衞四廂都指揮使領羅州防禦使卽日命副高瓊爲并代部署淳化二年又副范廷召爲平虜橋砦兵馬都部署改高陽關部署至道元年御下嚴肅士卒頗畏憚之二年受詔護送輜重赴靈州繼明已先約靈州部署田紹斌率軍迎援適被病裨將白守榮謂繼明曰君疾甚不可行恐失期會守榮當率兵先往繼明宿將慮守榮等輕佻與戎人接戰因謂之曰我疾少間遂擐鎧被甲上馬强行至淸遠軍卒年六十三詔贈彰武軍節度遷其子懷信爲供奉官

張瓊大名館陶人世爲牙中軍瓊少有勇力善射隸太祖帳下周顯德中太祖從世宗南征擊十八里灘砦爲戰艦所圍一人甲盾鼓譟而前衆莫敢當太祖命瓊射之一發而踣淮人遂却及攻壽春太祖乘皮船入城濠城上車弩遽發矢大如椽瓊亟以身蔽太祖矢中瓊股死而復蘇鏃著髀骨堅不可拔瓊索杯酒滿飲破骨出之血流數升神色自若太祖壯之及卽位擢典禁軍累遷內外馬步軍都軍頭領愛州刺史數日太宗自殿前都虞候尹開封太祖曰殿前衞士如狼虎者不啻萬人非瓊不能統制卽命瓊代爲都虞候遷嘉州防禦使瓊性暴無機多所凌轢時史珪石漢卿方用事瓊輕侮之目爲巫媼二人銜之切齒發瓊擅乘官馬納李筠隸僕畜部曲百餘人恣作威福禁軍皆懼又誣毀太宗爲殿前都虞候時事建隆四年秋郊禋制下方欲肅靜京師乃召訊瓊瓊不伏太祖怒令擊之漢卿卽奮鐵撾亂下氣垂絕曳出遂下御史案鞫之瓊知不免行至明德門解所繫帶以遺母獄具賜死於城西井亭太祖旋聞家無餘財止有僕三人甚悔之因責漢卿曰汝言瓊有僕百人今何在漢卿曰瓊所養者一敵百耳太祖遂優恤其家以其子尚幼乃擢其兄進爲龍捷副指揮使

論曰崔彥進與王全斌征蜀黷貨殺降以致蜀亂惟劉廷讓一軍秋毫無犯紀律嚴否於斯別矣尹崇珂斤斤謹厚臨淄攻守之績嶺嶠廓淸之勞至於瘁事皇甫繼明力疾以護軍行純誠勇節皆足嘉尚張廷翰西征未覯奇效張美雖稱幹敏而初有自愧之行郭守文敦詩閱禮輕財好施愼保封疆士卒樂用終以勳舊蒙眷聯姻戚里宋初諸將要終而論臧否與趣何昭昭若是哉

宋史卷二百六十

元中書右丞相總裁脫脫等修

列傳第十九

曹翰　楊信弟嗣贊　党進　李漢瓊　劉遇

李懷忠　米信　田重進　劉廷翰　崔翰

曹翰大名人少爲郡小吏好使氣陵人不爲鄉里所譽乾祐初周太祖鎭鄴與語奇之以隸世宗帳下世宗鎭澶淵署爲牙校入尹開府留翰在鎭會太祖寢疾翰不俟召歸見世宗密謂曰主上不豫王爲冢嗣不侍醫藥而決事於外廷失天下望世宗悟卽入侍以府事屬翰總決及世宗卽位補供奉官從征高平參豫謀畫尋遷樞密承旨護塞決河世宗征淮南留鎧甲千數在正陽旣而得降卒八百部送歸京師時翰適從京師來詣過正陽十數里許遇之慮劫兵器爲叛矯殺之及見世宗具言其事世宗不悅翰曰賊以困歸我非心服也所得器甲盡在正陽苟爲所劫是復生一淮南矣因不之罪從征瓦橋關會班師留知雄州世宗大漸論范質等以王著爲相翰爲宣徽使質以著嗜酒翰飾詐而專並寢之改德州刺史宋初從征澤潞還改濟州刺史乾德二年太祖親征西蜀移刺均州澗谷深險翰令鑿石通道

師旋，以濟詔兼西南諸州轉運使，自石門徑趨歸州，餉運不乏。由夔、萬入，會王全斌軍成都。以平時全師雄擁衆十萬餘據郫縣叛，謀窺成都，翰率兵會劉光毅、曹彬等討平之。未幾，軍校呂翰殺武懷節，據嘉州以叛，翰及諸將奪其城。謀知賊約三鼓復來攻，翰戒知更使緩，向晨猶二鼓，賊衆不集而潰，因而破之，劒南遂平。師還，遷蔡州團練使。開寶二年，從征太原，復爲行營部壕砦使。既班師，會河決澶州，令翰董其役，翰出銀器助役，沉所乘白馬以祭；復決陽武，再護役，皆有成績。將征江南，命翰率兵先赴荆南，改行營先鋒使，進克池州。金陵平，江州軍校胡德、牙將宋德明據城拒命，翰率兵攻之，凡五月而陷，屠城無噍類，殺兵八百，所略金帛以億萬計。僞言欲致廬山東林寺鐵羅漢像五百頭於京師，因調巨艦百艘載所得以歸。錄功，遷桂州觀察使、判潁州。太平興國四年，從征太原，爲攻城南面都部署，與崔彥進、李漢瓊、劉遇三節度分部攻城。翰攻東北，而劉遇攻西北，與劉繼元直，城尤險固，遇欲與翰易處，翰言觀察使班次下，當部東北，遇堅欲易之，數日不決。上慮諸將不協，遣諭翰曰：「卿智勇無雙，西北面非卿不能當也。」翰乃奉詔。築土山瞰城中，數日而就，繼元甚恐。軍中乏水，城西十餘里谷中有娘子廟，翰往禱之，穿渠得水，人馬以給。又從征幽州，率所部攻城東南隅，卒掘土得蟹以獻，翰謂諸將曰：「蟹，水物而陸居，失所也；且多足，彼援將至，不可進拔之象。況蟹者，解也，其班師乎？」已而果驗。五年，從幸大名，拜威塞軍節度，仍判潁州，復命爲幽州行營都部署。詔督役開南河，自雄達莫以通漕運，議築大堤以捍之。翰遣徒數萬伐巨木於漢境，遣騎五，授五色旗爲斥候，前遇邱陵、水澤、寇賊、烟火，則各舉其旗以爲應；又起烽燧于境上，敵疑不敢近塞，得巨木數萬以濟用。訖事歸鎭。翰在郡歲久，征斂苛酷，政因以弛，上以其有功，每優容之。會汝陰令孫崇望詣闕訴翰私市兵器，所爲多不法，詔遣御史滕中正乘傳鞫之，獄具，當棄市。上貸其罪，削官爵，流錮登州。雍熙二年，起爲右千牛衞大將軍、分司西京。四年，召入爲左千牛衞上將軍，賜錢五百萬、白金五千兩。淳化三年卒，年六十九，贈太尉。上命遷其四子守謙、守能、守節、守貴官，其六子守讓、守贇、守澄、守恩、守英、守吉皆補殿直。翰陰狡多智數，好夸誕，貪冒貨賂，飲酒至數斗不亂。每奏事上前，雖數十條皆默識不少差。嘗作退將詩曰：「曾因國難披金甲，恥爲家貧賣寶刀。」翰直禁日，因語及之，上惻其意，故有銀錢之賜。咸平元年，賜謚武毅。

楊信，瀛州人，初名義。顯德中，隸太祖麾下爲裨校。宋初，權內外馬步軍副都軍頭。建隆二年，領賀州刺史，改鐵騎控鶴都指揮使，遷殿前都虞候、領漢州防禦使。乾德初，親郊，爲儀仗都部署。四年，信病瘖，上幸其第，賜錢二百萬。五年，改靜江軍節度。開寶二年，散指揮都知杜廷進等將爲不軌，謀泄，夜啟元武門召信逮捕，遲明，十九人皆獲，上親訊而誅之。六年，遷殿前都指揮使，改領建武軍節度。太祖嘗令御龍直習水戰於後池，有鼓譟聲，信居元武門外，聞之，遽入，服皂綈袍以見。上謂曰：「吾教水戰爾，非有他也。」出，上目送之，謂左右曰：「眞忠臣也。」九年，授義成軍節度。太平興國二年，改鎭寧軍，並領殿前都指揮使。三年春，以瘍疾在告，俄卒，贈侍中。信雖瘖疾，而質實自將，善部分士卒，指顧申儆，動有紀律，故見信任而終始無疑焉。有童奴田玉者，能揣度其意，每上前奏事及與賓客談論，或指揮部下，必迴顧玉，書掌爲字，玉因直達其意，無失。信未死前一日，瘖疾忽愈，上聞而駭之，遽幸其第，信自言遭遇兩朝恩寵隆厚，敍謝感慨，涕泗橫集。上加慰勉，錫賚有差。信弟嗣。

嗣，建隆初以信薦爲殿直，三遷崇儀副使、大山軍監軍。雍熙四年，就命知軍事，代還，以吏民借留，再任。俄遷高陽關戰櫂都監。淳化二年，改知保州，門無私謁，轉運使言其治狀，優遷威虜軍。改崇儀使，與曹思進同爲靜戎軍、保州、長城、蒲城緣邊都巡檢使。改如京使，再知保州，有戰功。眞宗卽位，加洛苑使。咸平初，領奬州刺史。三年，與敵人戰於廉良，斬首二千級，獲戰馬輜重甚衆，以功眞拜保州刺史。召還，授本州團練使。時楊延昭方爲刺史，嗣言嘗與延昭同官，驟居其上，不可，願守舊官。上嘉其讓，乃遷延昭官。嗣與延昭久居北邊，俱以善戰聞，時謂之「二楊」。嗣以武人治郡，不屑細務，又兼領巡徼，在郡日少，城堞圮壞有未葺者，詔供備庫副使趙彬代之。改深州團練、都巡檢使，兼保州鈐轄。五年，邊人寇保州，嗣與楊延昭禦之，部伍不整，爲所襲，士馬多亾失，代還，特宥其罪。明年，與防秋之策，條陳北面利害，以其練達邊事，出爲鎭定高陽關三路後陣鈐轄，移定州副都部署，留其家京師，假官第以居。景德初，改鎭州路副都部署。上以嗣耄年總軍政，慮有廢闕，旋命代之。連爲趙、貝、深三州部署。大中祥符五年，復出爲天雄軍副都部署。六年，以左龍武大將軍致仕，明年卒，年八十一。錄其子承憲爲侍禁。贊稍知書，無異能，以兄故得掌禁旅，累貢朝著，至牧守焉。

党進，朔州馬邑人。幼給事魏帥杜重威，重威愛其淳謹，及壯，猶令與姬妾雜侍。重威敗，進以膂力隸軍伍。周廣順初，補散指揮使，累遷鐵騎都虞候。宋初，轉本軍都校、領欽州刺史，遷馬步軍副都軍頭、領虔州團練使，改虎捷右廂都指揮使、領睦州防禦使。建隆二年，改領閬州。乾德初，改龍捷左廂都虞候、領利州觀察使。後四年，權步軍杜審瓊卒，命進代領其務。五年，領彰信軍節度，兼侍衞步軍都指揮使。開寶元年，將征太原，以進將河東行營前軍。開寶二年，太祖師臨晉陽，置砦四面，命進主其東偏。師未成列，太原驍將楊業領突騎數百來犯，進奮身從數人逐業，業急入隍中，會援兵至，緣縋入城獲免。上激賞之。六年，改侍衞馬軍都指揮使、領鎭安軍節度。九年，又命將河東行營兵征太原，入其境，敗太原軍于城北。太祖崩，召還。太平興國二年，出爲忠武軍節度。在鎭歲餘，一日自外歸，有大蛇臥榻上寢衣中，進怒，烹食之，遇疾卒，年五十一，贈侍中。進出戎行，形貌魁岸，居常恂恂，每擐甲冑，毛髮皆豎。進名進，自稱曰暉，人問之，則曰：「吾欲從吾便耳。」先是，禁中軍校自都虞候已上，悉書所掌兵數於梃上，如笏記焉。太祖一日問進所掌幾何，進不識字，但舉梃以示於上曰：「盡在是矣。」上以其朴直，益厚之。嘗受詔巡京師，閭里間有畜養禽獸者，見必取而縱之，罵曰：「買肉不將供父母，反以飼禽獸乎！」太宗嘗令親吏臂鷹雛于市，進亟欲放之，吏曰：「此晉王鷹也。」進乃戒之曰：「汝謹養視。」小民傳以爲笑。其變詐又如此。杜重威子孫有貧困者，進分月俸給之，士大夫或有愧焉。子崇義，閑廐使；崇貴，閤門祗候。

李漢瓊，河南洛陽人。曾祖裕，祁州刺史。漢瓊體質魁岸，有膂力。晉末，補西班衞士，遷內殿直。周顯德中，從征淮南，先登，遷龍旗直副都知，改左射指揮使。宋初，再遷鐵騎第二軍都校、領饒州刺史，遷控鶴左廂都校、領瀘州刺史，改澄州團練使，轉虎捷左廂都指揮使、領融州防禦使，遷侍衞馬軍都虞候、領洮州觀察使。王師征江南，命領行營騎軍兼戰櫂左廂都指揮使，自蘄春攻峽口砦，斬首數千級，獲樓船數百艘，沿流拔池州，破銅陵，取當塗，作浮梁於牛渚以濟大軍，分圍金陵。率所部度秦淮，取巨艦實葦其中，縱火攻其水砦，拔之。江南平，以功領振武軍節度。太平興國二年，出爲彰德軍節度。四年，太宗親征太原，改攻城都部署。漢瓊與牛思進主攻城南偏，漢瓊先登，矢集其腦，併中指，傷甚，猶力疾戰。上召至幄，歎，賜良藥以慰勞之。先是，攻城者以牛革冐木上，士卒蒙之而進，謂之洞子。上欲幸其中以勞士卒，漢瓊極諫，以爲矢石之下，非萬乘之尊所宜輕往，上乃止。太原平，改鎭州兵馬鈐轄。契丹數萬騎寇中山，漢瓊與戰于蒲城，大敗之，逐至遂城，俘斬萬計，加檢校太尉。車駕幸大名，漢瓊上謁，陳邊事稱旨，命爲滄州都部署，加賜戰馬、金甲、寶劒、戎具以寵之。六年，以病還京，賜白金萬兩。月餘卒，年五十五，贈中書令。漢瓊性木强，使酒難近，然善戰有功。無子。弟漢贇、漢彬。太平興國初，漢贇補供奉官，嘗監高陽關平戎軍，乘傳衞發二州，捕劇賊程白眉數十人，悉殲焉，累仕崇儀使、知寧州。大中祥符七年卒。漢彬至禮賓副使。

劉遇，滄州清池人。少魁梧，有膂力。周祖鎭大名，隸帳下。廣順初，補控鶴都頭，改副指揮使。宋初，遷御馬直指揮使，俄領漢州刺史，改領眉州，累遷控鶴右廂都指揮使、領瓊州團練使。從征太原，以功遷虎捷右廂，改領蔚州防禦使。開寶六年，轉侍衞步軍都虞候、領洮州觀察使。征江南，領步軍戰櫂都指揮使。時吳兵二萬屯皖口，遇會諸路兵破之，擒其將朱令贇、王暉等，獲戎器數萬。金陵以平，錄功，加領大同軍節度。車駕雩祀西洛，命率禁衞以從。太平興國二年，出爲彰信軍節度。四年，征太原，與史珪攻城北面。平之，進攻范陽，師還，坐所部失律，責授宿州觀察使。五年，從幸大名，復保靜軍節度、幽州行營都部署，護築保州、威虜、靜戎、平塞、長城五城。八年，徙鎭滑州。晨興方對客，足有炙瘡，痛甚，醫謂火毒不去，故痛不止。遇卽解衣取刀割瘡至骨，曰：「火毒去矣。」談笑如常時。旬餘乃差。遇性淳謹，待士有禮，尤善射，太宗待之甚厚。雍熙二年卒，年六十六，贈侍中，歸葬京師。

李懷忠，涿州范陽人，初名懷義。太祖掌禁兵時，隸帳下爲散都頭，累遷殿前都指揮使都虞候、領開州刺史。乾德中，授東西班都指揮使，改領富州。開寶中，從太祖征晉陽，累月未下，會盛暑，欲班師以休息士卒。懷忠謂：「賊嬰孤城，內無儲峙，外無援兵，其勢危困，若急攻之，破在旦夕，臣願奮銳爲士卒先。」會大熱，戰不利，懷忠中流矢，力疾戰益奮。還，授散指揮使，遷富州團練使，改日騎左右廂都指揮使。上幸西京，愛其地形勢得天下中正，有留都之意。懷忠乘間進曰：「東京有汴渠之漕，歲致江淮米數百萬斛，禁衞數十萬人仰給於此，帑藏重兵皆在焉。根本安固已久，一旦遽欲遷徙，臣實未見其利。」上嘉納之。太宗卽位，改領本州防禦使，稍遷侍衞步軍都虞候、領大同軍節度。三年，改步軍都指揮使。五月卒，贈侍

中錄其子紹宗等三人爲供奉官大中祥符三年又錄其子德鈞爲借職

米信舊名海進本奚族少勇悍以善射聞周祖卽位隸護聖軍從世宗征高平以功遷龍捷散都頭太祖總禁兵以信隸麾下得給使左右遂委心焉改名信署牙校及卽位補殿前指揮使遷直長平揚州日信執弓矢侍上側有游騎將迫乘輿射之一發而斃遷內殿直指揮使開寶元年改殿前指揮使領郴州刺史太宗卽位轉散都頭指揮使繼領高州團練使太平興國三年遷領洮州觀察使四年征太原命爲行營馬步軍指揮使與田重進分督行營諸軍幷人潛師來犯信擊敗之殺其將裴正幷州平遂移兵攻范陽師還以功擢保順軍節度使時信族屬多在塞外會其兄子全自朔州奮身來歸召見俾乘傳詣代州伺間迎致其親屬發勁卒護送之旣而全宿留踰年邊境斥候嚴竟不能致信慷慨歎曰吾聞忠孝不兩立方思以身徇國安能復顧親戚哉北望號慟戒子姪勿復言五年命與郭守贇等同護定州屯兵六年秋遷定州駐泊部署八年改領彰化軍節度使雍熙三年征幽薊命信爲幽州西北道行營馬步軍都部署敗契丹于新城契丹率衆復來戰王師稍却信獨以麾下龍衛卒三百禦敵敵圍之數重矢下如雨信射中數人麾下士多死會暮信持大刀率從騎大呼殺數十人敵遂小却信以百餘騎突圍得免坐失律議當死詔特原之責授右屯衛大將軍明年復授彰武軍節度端拱初詔置方田以信爲邢州兵馬都部署以監之二年改鎭橫海軍信不知書所爲多暴橫上命何承矩爲之副以決州事及承矩領護屯田信遂專恣不法軍入宴犒甚薄嘗私市絹附上計吏稱官物以免關征上廉知之四年召爲右武衛上將軍明年判左右金吾街仗事未踰月吏卒以無罪被捶撻者甚衆強市人物妻死買地營葬妄發居民冢墓家奴陳贇老病箠之致死爲其家人所告下御史鞫之信具伏獄未上而卒年六十七贈橫海軍節度子繼豐內殿崇班閤門祗候

田重進幽州人形質奇偉有武力周顯德中應募爲卒隸太祖麾下從征契丹至陳橋還遷御馬軍使積功至瀼州刺史太平興國四年從征太原還錄功擢爲天德軍節度使六年改侍衛步軍指揮使八年改領靜難軍節度使九年河決滑州韓房村重進總護其役以劉吉爲之副河遂塞雍熙中出師北征重進率兵傅飛狐城下用袁繼忠計伏兵飛狐南口擒契丹驍將大鵬翼及其監軍馬贇副將何萬通幷渤海軍三千餘人斬首數千級俘獲以萬計逐北四十里連下飛狐靈州等城進攻蔚州其牙校李存璋等殺酋帥蕭啜理執耿紹忠率吏民來附會曹彬之師不利乃命重進董師駐定州遷定州駐泊兵馬都部署三年率師入遼境攻下岐溝關殺守城兵千餘及獲牛馬輜重以還四年春改彰信軍節度淳化三年改眞定尹成德軍節度未幾移京兆尹永興軍節度五年改知延州復還鎭至道三年卒年六十九贈侍中重進不事學太宗居藩邸時愛其忠勇嘗遺以酒炙不受使者曰此晉王賜也何爲不受重進曰爲我謝晉王我知有天子爾卒不受上知其忠朴故終始委遇焉子守信六宅使守吉閤門祗候

劉廷翰開封浚儀人父紹隱後唐末隸兵籍晉天福中以隊長戍魏博范延光反紹隱力戰死焉周世宗鎭澶淵廷翰以膂力隸帳下卽位補殿前指揮使累從征伐以戰功再遷至散指揮第一直都知宋初預平上黨維揚遷鐵騎都指揮使領廉州刺史太宗卽位遷右廂都指揮使領本州團練使遷雲州觀察使太平興國四年從征太原領鎭州駐泊都鈐轄太宗北伐旣班師上以邊備在於得人乃命廷翰李漢瓊率兵屯眞定崔彥進屯關南崔翰屯定州冬契丹果縱兵南侵廷翰先陣於徐河彥進率師出黑蘆堤北銜枚躡契丹後崔翰漢瓊兵繼至合擊之大敗其衆於蒲城廷翰以功領大同軍節度殿前都虞候八年改領彰信軍節度雍熙四年春改鎭滑邢端拱中鎭州駐泊馬步軍都部署郭守文卒上特命廷翰代之淳化三年改大名尹天雄軍節度三年以病求解官還闕上親臨問賜賚有加未幾卒年七十贈侍中廷翰自衛士至上將頗以武勇自任寬厚容衆雖不事威嚴而長於御下爲殿前都指揮使入朝常行衆中每歷宮殿門少識之者嘗與郊祀恩當追封三世廷翰少孤其大父以上皆不逮事忘其家諱上爲撰名親書賜之子贊元宮苑使登州刺史贊明皇城使勤州團練使

崔翰字仲文京兆萬年人少有大志風姿偉秀太祖見而奇之以隸麾下從周世宗征淮南平壽春取關南以功補軍使宋初遷御馬直副指揮使從征澤潞開寶初遷河東降民以實陝西地晉人勇悍多習武藝命翰差擇之及閱試河北鎭兵取其驍果者以分配天武兩軍九年領端州刺史太宗卽位進本州團練使太平興國二年秋議武於西郊時殿前都指揮使楊信病瘖命翰代之翰分布士伍南北綿亘二十里建五色旗號令將卒望其所舉以爲進退六師周旋如一上御臺臨觀大悅以藩邸時金帶賜之謂左右曰晉朝之將必無如崔翰者四年從征太原命總侍衛馬步諸軍率先攻城流矢中其頰神色不變督戰益急上卽軍帳撫問之太原平時上將有事幽薊諸將以爲晉陽之役師罷餉匱劉繼元降賞賚且未給遽有平燕之議不敢言翰獨奏曰所當乘者勢也不可失者時也取之易上謂然定議北伐旣而班師命諸將整衆以還至金臺驛大軍南向而潰上令翰率衛兵千餘止之翰請單騎往至則諭以師律衆徐以定不戮一人旣復命上喜因命知定州得以便宜從事緣邊諸軍並受節制軍市租儲得以專用冬契丹兵數萬寇蒲城翰會李漢瓊兵於徐河陽節度崔彥進兵自高陽關繼至因合擊之契丹投西山坑谷中死者不可勝計俘馘數萬所獲他物又十倍焉以功擢武泰軍節度使初劉繼元降上令翰往撫慰俘畧無得出城時秦王廷美以數十騎將冒禁出翰呵止之至是構於上明年夏出爲感德軍節度使至鎭時盜賊充斥翰誘其渠魁戒以禍福羣盜感悟散歸農畝境內肅然雍熙二年移知滑州三年北伐不利上追念徐河之功召翰爲威虜軍行營兵馬都部署四年春改鎭定國軍二年移鎭鎭安軍淳化三年召還以疾留京師稍間入見上曰臣旣以身許國不願死於家得以馬革裹尸足矣上壯之復令赴鎭月餘卒年六十三贈侍中翰驍勇有謀所至多立功輕財好施死之日家無餘貲晚年酷信釋氏子繼顒虞部員外郎孫承業內殿承制閤門祗候承祐內殿崇班

論曰自曹翰而下嘗任將帥居節鎭者凡十人其初率由拳勇起家戎行雖不事問學而皆精白一心以立事功始終匹休而無韓彭之禍者由制御保全之有道也楊信以篤實重進以忠朴劉遇以淳謹廷翰以武勇稱故皆終始委遇而不替漢瓊雖木彊使酒米信所爲雖多暴橫党進恂恂類懷姦詐懷忠論遷似昧大體然以征太原平江南戰徐河觀之皆不害其爲驍果也至於好謀善戰輕財好施所至立功則未有優於曹翰崔翰者也然不可與古之良將同日而語者崔之論奏平燕未免出於率爾而曹之殺降卒屠江州則又過於忍者也君子謂功莫優於二子而過亦莫先於二子信矣

宋史卷二百六十考證

曹翰傳江州軍校胡德牙將宋德明據城拒命翰卒兵攻之凡五月而陷屠城無噍類○臣宗楷按夢溪筆談翰圍江州三年城將陷太宗嘉其盡節於所事遣使喻翰城下拒命之人盡赦之使人至獨木渡大風數日不可濟及風定而濟則翰已屠江州無遺類適一日矣

宋史卷二百六十一

元　中書右丞相總裁脫脫等修

列傳第二十

李瓊　郭瓊　陳承昭　李萬超
白重贊　王仁鎬　陳思讓 孫若拙
焦繼勳 子守節　劉重進　袁彥
祁廷訓　張鐸　李萬全 田景咸 王暉附

李瓊字子玉幽州人祖傳正涿州刺史父英涿州從事瓊幼好學涉獵史傳挾策詣太原會唐莊宗募勇士卽應募與周祖等十人約爲兄弟一日會飲瓊熟視周祖知非常人因舉酒祝曰凡我十人龍蛇混合異日富貴無相忘苟渝此言神降之罰皆刺臂出血爲誓周祖與瓊情好尤密嘗造瓊見其危坐讀書因問所讀何書瓊曰此閫外春秋所謂以正守國以奇用兵較存亡治亂記賢愚成敗皆在此也周祖令讀之謂瓊曰兄當教我自是周祖出入常袖以自隨遇暇輒讀每問難瓊謂瓊爲師及討河中乃解瓊兵籍令參西征軍事賊平表於朝授朝散大夫大理司直歲中遷太子洗馬周祖鎭鄴表爲大名少尹廣順初拜將作監充內作坊使賜金紫連知亳陜二州改濟州刺史世宗初遷洺州團練使改安州防禦使治郡寬簡民請立碑頌德詔中書舍人竇儀撰文賜之宋初召爲太子賓客建隆三年上章請老改右驍衛上將軍致仕瓊信釋氏明年四月八日詣佛寺遇疾歸至暮卒年七十三贈太子少師

郭瓊平州盧龍人祖海本州兩冶使父令奇盧臺軍使瓊少以勇力聞事契丹爲蕃漢都指揮使後唐天成中挈其族來歸明宗以爲亳州團練使改刺商州遷原州清泰初移階州城壘未葺蜀人屢寇瓊患之因徙城保險民乃無患受詔攻文州拔二十餘砦生擒數百人晉天福中移刺警州屬羌渾騷動朔方節度張希崇表瓊

爲部署將兵共討平之連領滑坊虢衛四州開運初爲北面騎軍排陣使陽城之役戰功居多改沂州刺史充荆口砦主兼東面行營都虞候擒莫州刺史趙思以獻改刺懷州俄爲北面先鋒都監契丹陷中原盜賊蠭起山東爲甚契丹主命瓊復刺沂州以禦盜瓊卽日單騎赴郡盜聞瓊威名相率遁去漢乾祐中淮人攻密州以爲行營都部署未至淮人解去會平盧節度劉銖恃佐命之舊稱疾不朝將相大臣懼其難制先遣瓊與衞州刺史郭超以所部兵屯青州銖不自安置酒召瓊伏壯士幕下欲害瓊瓊知其謀屏去從者從容就席略無懼色銖不敢發瓊因爲陳禍福銖感其言遂治裝俄詔至卽日上道瓊改潁州團練使又加防禦使時郞州結荆淮廣南合兵攻湖南詔瓊以州兵合王令溫大軍攻光州尋以內難不果罷歸朝遣詣河北計度兵甲芻糧周祖祀南郊召權知宗正卿事世宗征劉崇爲北面行營都監歷絳蔡齊三州防禦使在齊州民饑瓊以己俸賑之人懷其惠相率詣闕頌其德政詔許立碑宋建隆三年告老加右領軍衞上將軍致仕歸洛陽乾德二年卒年七十二瓊雖起卒伍而所至有惠政尊禮儒士孜孜樂善蓋武臣之賢者也

陳承昭江表人始事李景爲保義軍節度周世宗征淮南景以承昭爲濠泗楚海水陸都應援使世宗旣拔泗州引兵東下命太祖領甲士數千爲先鋒遇承昭於淮上擊敗之追至山陽北太祖親禽承昭以獻世宗釋之授右監門衞上將軍賜錦袍銀帶改右領軍衞上將軍分司西京宋初入朝太祖以承昭習知水利督治惠民五丈二河以通漕運都人利之建隆二年河成賜錢三十萬承昭言其壻王仁表在南唐帝爲致書於李景令遣歸闕歷左右神武統軍四年春大發近甸丁壯數萬修畿內河堤命承昭董其役又令督諸軍子弟數千鑿池於朱明門外以習水戰從征太原承昭獻計請壅汾水灌城城危甚會班師功不克就乾德五年遷右龍武軍統軍開寶二年卒年七十四贈太子太師中使護喪大中祥符元年錄其孫宗義爲三班借職

李萬超幷州太原人幼孤貧負販以養母晉祖起幷門萬超應募隸軍籍戰累捷稍遷軍校從李守貞討楊光遠於青州奮勇先登飛石中其腦氣不屬者久之開運中從杜重威拒契丹於陽城流矢貫手萬超拔矢復戰神色自若以功遷肅銳指揮使契丹入中原時萬超以本部屯潞州主帥張從恩將棄城歸契丹會前驍衞將軍王守恩服喪私第從恩卽委以後事遁去及契丹使至專領郡務守恩遂無所預萬超奮然謂其部下曰我輩垂餌虎口苟延旦夕之命今欲殺使保其城非止逃生亦足建勳業汝曹能乎衆皆躍然喜曰敢不唯命遂率所部大譟入府署殺其使推守恩爲帥列狀以聞漢祖從其請仍命史弘肇統兵先渡河至潞見萬超語之曰得復此州公之力也吾欲殺守恩以公爲帥可乎萬超對曰殺契丹使以推守恩蓋爲社稷計爾今若賊害於人自取其利非宿心也弘肇大奇之表爲先鋒馬步軍都指揮使路經澤州刺史翟令奇堅壁拒命萬超馳至城下諭之曰今契丹北遁天下無主幷州劉公仗大義定中土所向風靡後服者族盍早圖之令奇乃開門迎納弘肇卽留萬超權州事漢祖遂以爲刺史及征李守貞以萬超爲行營壕砦使河中平拜懷州刺史周祖開國從征慕容彥超又爲都壕砦使以功授洛州團練使預收秦鳳改萊州從平淮南連移蘄登二州所至有善政屬有詔重均田租前牟平令馬陶籍隸文登縣隱苗不通命繫之將斬而後聞陶懼遁去由是境內肅然宋初入爲右武衞大將軍遷左驍衞大將軍開寶八年卒年七十二

白重贊憲州樓煩人其先沙陀部族重贊少從軍有武勇漢初自散員都虞候三遷護聖都指揮使乾祐中李守貞據河中叛隱帝以重贊爲行營先鋒都指揮使河中平以功領端州刺史周初轉護聖左廂都指揮使未幾出爲鄭州防禦使改相州留後廣順中授義成軍節度在鎭日河屢決重贊親部丁壯塞大程六合二堤詔書褒美世宗征劉崇以重贊爲河東道行營馬軍都指揮使重贊與李重進居陣西偏樊愛能何徽居陣東偏旣合戰愛能與徽皆遁走惟重贊與重進率所部力戰世宗自督親軍合勢薄之幷人大敗旣誅愛能等重贊以功授保大軍節度使及世宗征太原以河陽劉詞爲隨駕都部署命重贊副之其忻州監軍殺刺史趙皐及契丹大將楊耨姑以城降而契丹兵猶盛命重贊及符彥卿擊走之世宗還京改河陽三城節度檢校太尉及征淮南命重贊率親兵三千軍于潁上未幾改淮南道行營馬步軍都虞候俄遷彰義軍節度宋初加檢校太師改鎭涇州有馬步軍教練使李玉本燕人兇狡與重贊有隙遂與部下閻承恕謀害重贊密遣人市馬纓僞造制書云重贊構逆令夷其族乃自持僞制幷馬纓以告都校陳延正曰使者致而去矣延正具白重贊重贊封其書以聞太祖大駭令驗視之率皆誕謬遂命六宅使陳思誨馳赴涇州禽玉及承恕鞫問伏罪棄市延正擢領刺史以賞之仍詔諸州凡被制書有關機密則詳驗印文筆迹俄改泰寧軍節度乾德四年又爲定國軍節度開寶二年改左千牛衞上將軍奉朝請三年卒年六十二

王仁鎬邢州龍岡人後唐明宗鎭邢臺署爲牙校卽位擢爲作坊副使累遷西上閤門使淸泰中改右領軍衞將軍晉天福中青州楊光遠將圖不軌以仁鎬爲節度副使伺其動靜歷二年或譖仁鎬于朝改護國軍行軍司馬仁鎬至河中數月光遠反書聞漢乾祐中歷昭義天雄二軍節度副使周祖鎭鄴表仁鎬爲副留守及起兵仁鎬預其謀周祖卽位仁鎬爲王峻所忌出爲唐州刺史遷棣州團練使入爲右衞大將軍充宣徽北院使兼樞密副使顯德初出爲永興軍節度使世宗嗣位移河中會殿中丞上官瓚使河中還言河中民多匿田租遂遣瓚按視均定百姓苦之多逃亡他郡仁鎬抗論其事迺止丁繼母憂去官五年拜安國軍節度制曰眷惟襄國實卿故鄉分子龍節之權成爾錦衣之美郡民扶老携幼迎於境上有獻錦袍者四仁鎬皆重衣之厚酬以金帛視事翌日省其父祖之墓周視松檟涕泗嗚咽謂所親曰仲由以爲不如負米之樂信矣時人美之郡有羣盜仁鎬遣使遺以束帛諭之悉遁去不復爲盜恭帝嗣位移山南東道節度宋初加檢校太師建隆二年以疾召還次唐州卒於傳舍年六十九仁鎬性端謹儉約崇信釋氏所得俸祿多奉佛飯僧每晨誦佛經五卷或至日旰方出視事從事劉謙責仁鎬曰公貴爲藩侯不能勤恤百姓孜孜事佛何也仁鎬歛容遜謝無愠色當時稱其長者

陳思讓字後已幽州盧龍人父審確仕後唐至晉歷檀順涿均沁唐祁城八州刺史預征蜀權利州節度終金州防禦使思讓初隸莊宗帳下卽位補右班殿直晉天福中轉東頭供奉官再遷作坊使安從進叛於襄陽以思讓爲先鋒右廂都監從武德使焦繼勳領兵進討遇從進之師於唐州花山下急擊大破之從進僅以身免以功領獎州刺史從進平授坊州刺史八年冬契丹謀入寇以思讓監澶州軍賜鞍勒馬器帛討楊光遠於青州也又爲行營右廂兵馬都監兵罷改磁州刺史會符彥卿北征契丹思讓表求預行未幾改衞州連丁內外艱時武臣罕有執喪禮者思讓不俟詔去郡奔喪聞者嘉之起復隨州刺史漢初移淄州罷任歸朝會淮南與朗州馬希萼合兵淮南攻湖南馬希廣來乞師旋屬內難又周祖北征乃分兵令思讓往郢州赴援兵未渡而希廣敗思讓留於郢周祖卽位遣供奉官邢思進召思讓及所部兵還劉崇僭號太原周祖思得方略之士以備邊遣思讓率兵詣磁州控扼澤潞未幾授磁州刺史充北面兵馬巡檢未行陞磁州爲團練卽以思讓充使廣順元年九月劉崇遣大將李瓌領馬步軍各五都鄉兵十都自團柏軍於鵶子店思讓與都監向訓張仁謙等率龍捷吐渾軍至虒亭西與瓌軍遇殺二百餘人生禽百人獲崇偏將王璠曹海金馬五十匹俄遣王峻援晉州以思讓與康延昭分爲左右廂排陣使令率軍自烏嶺路至絳州與大軍合崇燒營遁去思讓又與藥元福襲之俄命權知絳州明年春還絳州防禦使顯德元年九月改亳州防禦使充昭義軍兵馬鈐轄屢敗幷人及契丹援兵遷安國軍節度觀察留後充北面行營馬步軍排陣使五年敗幷軍千餘於西山下斬五百級是秋邢州官吏耆艾邢銖等四十人詣闕求借留思讓詔褒之十二月改義成軍節度觀察留後六年春世宗將北征命先赴冀州以俟命及得瓦橋關爲雄州命思讓爲都部署率兵戍守世宗不豫還京留思讓爲關南兵馬都部署恭帝嗣位授廣海軍節度宋初加檢校太傅乾德二年又爲保信軍節度時皇子興元尹德昭納思讓女爲夫人開寶二年夏改護國軍節度河中尹七年卒年七十二贈侍中思讓累歷方鎭無敗政然酷信釋氏所至多禁屠宰奉祿悉以飯僧人目爲陳佛子身沒之後家無餘財弟思誨至六宅使子欽祚累遷至香藥庫使長州刺史欽祚子若拙

若拙字敏之幼嗜學思讓嘗令持書詣晉邸太宗嘉其應對詳雅將縻以軍職若拙懇辭太平興國五年進士甲科解褐將作監丞通判鄂州改太子右贊善大夫知單州以能政就改太常丞遷監察御史充鹽鐵判官益州繫囚甚衆太宗覽奏訝之召若拙面諭委以疏決遷殿中侍御史通判益州淳化三年就命爲西川轉運副使未幾改正使召歸會李至守洛都表若拙佐治改度支員外郞通判西京留司久之柴禹錫鎭涇州復奏爲通判遷司封員外郞部送芻糧至塞外優詔獎之入爲鹽鐵判官轉工部郞中與三司使陳恕不協求徙他局改主判開拆司車駕北巡命李沆留守東京以若拙爲判官河決鄆州朝議徙城以避水患命若拙與閻承翰

往規度尋命權京東轉運使因發卒塞王陵口又於齊州浚導水勢設巨隄於采金山奏免六州所科梢木五百萬民甚便之河平眞授轉運使召還拜刑部郎中知潭州時三司使缺若拙自謂得之及是大失望因請對言父母年老不願遠適求納制命上怒謂宰相曰士子操修必須名實相副頗聞若拙有能幹特遷秩委以藩任而貪進擇祿如此往有黃觀者或稱其能選爲西川轉運使輒訴免當時黜守遠郡今若拙復爾亦須譴降凡用人豈以親疎爲間苟能盡瘁奉公有所樹立何患名位之不至也乃追若拙所授告敕黜知處州徙溫州代還復授刑部郎中再爲鹽鐵判官改兵部郎中河東轉運使賜金紫會親祀汾陰若拙以所部緡帛芻粟十萬輸河中以助費經度制置使陳堯叟言其幹職擢拜右諫議大夫徙知永興軍府時鄰郡歲饑前政拒其市糴若拙至則許貿易民賴以濟又移知鳳翔府入拜給事中知澶州蝗旱之餘勤于政治郡民列狀乞留天禧二年卒年六十四錄其子映爲奉禮郎若拙多誕妄寡學術當時以第二人及第者爲牓眼若拙素無文故目爲瞎牓云

焦繼勳字成績許州長社人少讀書有大志嘗謂人曰大丈夫當立功異域取萬戶侯豈能孜孜事筆硯哉遂棄其業游三晉間爲輕俠以飲博爲務晉祖鎭太原繼勳以儒服謁見晉祖與語悅之留帳下天福初授皇城兼宮苑使遷武德使安重榮反鎭州安從進自襄陽舉兵爲應晉祖命繼勳督諸將進討至唐州南遇從進軍萬餘設伏擊敗之禽其牙將安洪義鮑洪等五十餘人得山南東道印從進單騎奔還從進弟從貴率兵千餘人援均州刺史蔡行遇繼勳殺其衆七百生禽百獲從貴斷腕放入城中從進自此不能復鎭繼勳以功就拜齊州防禦使少帝卽位從進平藉繼勳威名鎭之徙襄陽防禦使歲餘入爲右千牛衞大將軍拜宣徽北院使遷南院使西人寇邊朝議發師致討繼勳抗疏請行拜泰州觀察使兼諸蕃水陸轉運使旣至推恩信設方略招誘諸郡酋長相率奉玉帛牛酒乞盟邊境以安俄從知陝州就遷保義軍兵馬留後漢初鳳翔軍校陽彥昭據城叛命繼勳率師討之以功授保大軍節度召入會漢祖幸大名留爲京城右廂巡檢使俄改右羽林統軍隱帝末命繼勳領兵北征及周祖舉兵向闕繼勳奉隱帝逆戰于留子陂戰不利遂歸周祖廣順初改右龍武統軍世宗征淮南爲左廂排陣使又改右羽林統軍將軍左屯衞上將軍以戰功拜彰武軍節度宋初召爲右金吾衞上將軍改右武衞上將軍乾德三年權知延州四年判右街仗杜審瓊卒命繼勳代之時向拱爲西京留守多飲燕不省府事羣盜白日入都市劫財拱被酒不出捕逐太祖選繼勳代之月餘京城肅然太祖將幸洛遣莊宅使王仁珪內供奉官李仁祚部修洛陽宮命繼勳董其役車駕還嘉其幹力召見褒賞以爲彰德軍節度仍知留府事仁珪領義州刺史仁祚爲八作副使繼勳以太平興國三年卒年七十八贈太尉繼勳獵涉史傳頗達治道所至有善政然性吝嗇多省公府用度時論少之子守節

守節字秉直初補左班殿直選爲江淮南路採訪還奏稱旨擢閤門祗候李順餘黨擾西川令與上官正討平之高溪州蠻內寇又命往圖方略守節言山川回險非我師之利詔許招納咸平中置江淮南荊湖路兵馬都監首被選擢又討施夔州叛蠻以大義諭其酋長皆悔過內附因爲之畫界定約還遷閤門通事舍人監香藥榷易院三司言歲課增八十餘萬時守節已爲衣庫副使當遷閤門副使眞宗謂輔臣曰守節緣財利羨餘而遷橫行何以勸邊陲效命者止以爲宮苑副使奉使契丹館伴丁求說指遠山謂曰此黃龍府也守節應聲曰燕然山距此幾許求說慙服入之遷皇城副使管勾軍頭引見司坐以白直假樞密院副承旨尹德潤治第免所居官三遷東上閤門使加榮州刺史數請補外歷知襄鄧汝三州遷四方館使以右神武大將軍致仕卒

劉重進幽州人本名晏僧梁末隸軍籍晉初以習契丹語應募使北邊改右班殿直因賜是名遷西頭供奉官再使契丹契丹主以其敏慧留爲帳前通事俄南侵署重進忠武軍節度漢初移鎭鄧州漢法禁牛革甚嚴州民崔彥陳寶選八人自本鎭持革詣漢祖廟鞔鼓重進杖遣之判官史在德謂重進不善用法宜置極典及大理刑部詳覆重進所斷爲是在德坐故入杖死之乾祐末罷鎭來朝周祖起兵至封邱詔重進與左神武統軍袁義率兵拒之重進望塵退走周廣順初從征兗州未幾封薛國公俄召爲右神武統軍累加檢校太師世宗南征爲右廂排陣使顯德三年世宗聞揚州無備遣宣祖韓令坤與重進等往襲取之又爲先鋒都部署進克泰州初楊行密子孫居海陵號永寧宮周師渡淮盡爲李景所殺重進入其家得玉硯玉杯盤水晶盞碼磂盌翡翠瓶以獻俄命判廬州行府事兼行營都部署敗淮人千餘于州境又敗五百衆于白城湖及世宗再巡吳師潰于紫金山有至東山口者重進殺三千餘衆及下壽州以功授武勝軍節度淮南平改鎭邠州世宗北征爲先鋒都指揮使恭帝卽位封開府宋初進封燕國公建隆二年秋授右羽林統軍乾德五年改左領軍衞上將軍重進徒善譯語無他才能值契丹入中原遂至方鎭及在環衞嘗從幸玉津園太祖召與語旣退謂左右曰觀重進應對不逮常人前朝以爲將帥何足重耶六年卒年七十

袁彥河中河東人少以趫勇應募從事隸奉國營漢乾祐中周祖領軍討李守貞以彥置麾下及鎭鄴以爲部直小將周廣順中世宗在澶淵遷爲親事都校世宗尹京改開封府步直指揮使顯德初授內外步軍都軍頭領泉州刺史未幾改岳州防禦使從征壽州爲城北造竹龍都部署竹龍者以竹數十萬竿圍而相屬上設版屋載甲士數百人以攻其城又命於渦口修橋橋成世宗幸焉因立爲鎭淮軍李繼勳以淮上失律罷軍職命彥爲武信軍節度權侍衞步軍都指揮使又命爲淮南道行營馬步軍副都指揮使賜衣服金帶鞍勒馬鎧甲器仗遣赴軍前太祖下滁陽禽皇甫暉姚鳳彥皆有勞績詔褒之又令率師屯下蔡以逼壽春及劉仁贍降從世宗攻濠泗又禽南唐將許文績邊鎬等以獻師還眞授步軍都指揮使領彰信軍節度六年春發近畿丁壯浚五丈河命彥董其役恭帝嗣位移保義軍節度宋初加檢校太尉是秋來朝改鎭曹州乾德六年爲靜難軍節度開寶二年移鄜州五年罷鎭歸闕卒年六十六景德四年特詔錄其孫昭慶爲借職大中祥符八年昭慶上彥周朝所授告敕有二聖名諱者特遷殿直

祁廷訓本名廷義避太宗舊名改焉河南洛陽人父珪梁左監門衞大將軍廷訓善書計騎射隸周祖帳下廣順中歷東西班右蕃行首鐵騎都虞候世宗卽位改東西班都指揮使遷內殿直都指揮使繼領蘭睦二州刺史從征淮南賜以明光細甲令董舟師巡江界吳人伏兵三江口葭菼中掩擊廷訓廷訓力戰大破之俘馘千人餘黨遁去江北平以功遷吉州團練使領鐵騎左廂都指揮使月餘遷嵐州防禦使領龍捷右廂都指揮使宋初爲安遠軍節度觀察留後是秋改河陽乾德二年又改彰德軍節度留後俄權知鄧州五年就拜義武軍節度開寶二年太祖征太原以廷訓爲北面副都部署太平興國元年來朝二年冬改左領軍衞上將軍五年坐私販竹木貴鬻入官責本衞大將軍未幾復舊官六年卒年五十八廷訓形質魁岸無才略臨事多規避時人目爲祁橐駞以其麗大而無所取也

張鐸河朔人少以才武應募隸軍籍漢初爲奉國右第六軍都指揮使領澧州刺史周祖以樞密使鎭鄴鐸以所部從行及起兵鐸預焉廣順初鐸爲奉國左廂都指揮使韓通爲右廂都指揮使俄並兼防禦使鐸領永州通領睦州會改奉國爲虎捷鐸仍領其職是冬出爲密州防禦使改亳州三年授鎭國節度郊祀畢加檢校太傅世宗初移彰義軍未幾加檢校太尉顯德三年又移河中尹護國軍節度宋初加檢校太師俄復鎭涇州州官歲市馬鐸厚增其直而私取之累至十六萬貫及擅借公帑錢萬餘緡侵用官麴六十四百餅事發召歸京師本州械繫其子保常及親吏宋習太祖以鐸宿舊釋不問罷鎭爲左屯衞上將軍奉朝請而已其所盜用仍蠲除之保常習亦得釋鐸又嘗假晉邸錢百六十萬太宗卽位詔貰之俄命判左金吾街仗及駕征河東以鐸爲京城內外都巡檢鄜州刺史高繼充閑廄副使張守明分爲裏城左右廂巡檢雍熙三年卒年七十二贈太傅子熙載至左千牛衞大將軍熙載子禹珪字天錫粗知書有方略劾事太宗藩邸卽位補東西班承旨改殿直帶御器械以材勇擢居禁衞殿前散祗候都虞候咸平初授內殿直都虞候領恩州刺史三年出爲滁州刺史知洺瀛霸三州並兼兵馬鈐轄徙嵐州西人勒厥麻誘衆叛禹珪率衆討之俘六千餘人獲名馬孳畜甚衆景德初授高陽關行營副都部署契丹旣請和帝思守臣有武幹能鎭靜邊郡者親錄十餘人名付中書禹珪預焉遂知石州徙代兗州又移澶州頗勤政治以瑞麥生獄空連詔嘉奬會河堤決溢禹珪率徒塞之宰相王旦使兗州還言其狀優詔褒之就拜洺州團練使尋知廣信軍天禧初復爲高陽關副都部署兼知瀛州明年召還將授四廂之職卒年五十九錄其二子

李萬全吐谷渾部人善左右射隸護聖軍爲騎士累遷至本軍都校與田景咸王暉等從周祖入汴號十軍主顯德中爲彰武軍節度宋初加檢校太尉橫海軍節度乾德中代歸太祖數召於苑中宴射萬全無將略惟挽强弓老而不衰帝亦以此賞之

田景咸王暉皆太原人景咸仕漢爲奉國右廂都校從周祖入汴爲龍捷左廂都校改安國軍留後俄眞拜陛本軍節度世宗時拜武勝軍節度宋初爲左驍衞上將

單開寶三年卒景咸性鄙吝務聚斂每使命至惟設肉一器賓主共食後罷鎭常忽忽不樂妻識其意引景咸徧閱囊儲景咸方自釋在邢州日使者王班至景咸勸班酒曰王班請滿飲典客曰是使者姓名也景咸悟曰我意王班是官爾何不早諭我聞者笑之暉性亦吝嗇貲甚富而妻子飯疏糲縱部曲誅求民甚苦之世宗以先朝功臣知而弗問焉至右神武統軍建隆四年終右領軍上將軍

論曰太祖事漢周同時將校多聯事兵間及分藩立朝位或相亞宋園建皆折其猛悍不可屈之氣俛首改事且爲盡力焉揚雄有言御之得其道則狙詐咸作使此太祖之英武而爲創業之君也歟

宋史卷二百六十二

元　中書右丞相總裁　脫脫　等修

列傳第二十一

李穀字惟珍潁州汝陰人身長八尺容貌魁偉少勇力善射以任俠爲事頗爲鄉人所困發憤從學所覽如宿習年二十七擧進士連辟華泰二州從事晉天福中擢監察御史少帝領開封尹以穀爲太常丞充推官晉祖幸鄴少帝居守加穀虞部員外郎仍舊職少帝爲廣晉尹穀又爲府推官及卽位拜職方郎中俄充度支判官轉吏部郎中罷職天福九年春少帝親征契丹詔許扈從充樞密直學士加給事中爲馮玉李彥韜所排會帝再幸河北改三司副使權判留司三司事開運二年秋出爲磁州刺史北面水陸轉運使契丹入汴少帝蒙塵而北舊臣無敢候謁者穀獨拜迎於路君臣相對泣下穀曰臣無狀負陛下因傾囊以獻會契丹主發使至州穀禽斬之密送欵於漢祖潛遣河朔酋豪梁暉入據安陽契丹主患之卽議北旋會有告契丹以城中虛弱者契丹還攻安陽陷其城穀自郡候契丹遂見獲契丹主先設刑具謂之曰爾何背我歸太原穀曰無之契丹主因引手車中似取所獲文字而穀知其詐因請曰如實有此事乞顯示之契丹國制人未伏者不卽寘死自後凡詰穀者六次穀詞不屈契丹主病且曰我南行時人云爾謂我必不得北還爾何術知之今我疾甚如能救我則致爾富貴穀曰實無術蓋爲人所陷耳穀氣色不撓卒寬之俄而德光道殂永康繼立署穀給事中時契丹將麻荅守眞定而李崧和凝與家屬皆在城中會李筠何福進率兵逐麻荅推護聖指揮使白再榮權知留後再榮利崧等家財令甲士圍其居以求賂旣得之復欲殺崧等滅口穀遽見再榮謂之曰今國亡主辱公輩握勁兵不能死節雖逐一契丹將城中戰死者數千人非獨公之力也一朝殺宰相卽日中原有主責公以專殺其將何辭以對再榮甚懼崧等獲免漢初入拜左散騎常侍舊制罷外郡歸本官至是進秩奬之也俄權判開封府時京畿多盜中牟尤甚穀誘邑人發其巢穴有劉德輿者梁時屢攝畿佐居中牟素有幹材穀卽署攝本邑主簿浹旬穀請侍衞兵數千佐德輿悉禽賊黨其魁一卽縣佐史一御史臺吏捜其家得金玉財貨甚衆自是行者無患俄遷工部侍郎周祖西征爲西南面行營水陸轉運使關右平改陳州刺史會有內難急召赴闕周祖兵入汴命權判三司廣順初加戶部侍郎未幾拜中書侍郎平章事仍判三司初漢乾祐中周祖討河中穀掌轉運時周祖已有人望屬漢政紊亂潛貯異志屢以諷穀穀但對以人臣當盡節奉上而已故開國之初倚以爲相是歲淮陽吏民數千詣闕請立生祠許之穀懇讓得止先是禁牛革法甚峻犯者抵死穀乃校每歲用革之數凡田十頃歲出一革餘聽民私用又奏罷屯田務以民隸州縣課役盡除宿弊穀父祖本居河南洛陽經巢之亂園廬蕩盡穀生於外旣貴訪得舊地建蘭若又立垣屋凡族人之不可仕者分田居之詔改清風鄉高陽里爲賢相鄉勳德里二年晨起仆階下傷右臂在告旬中三上表辭相位周祖不允免朝參視事本司賜白藤肩輿召至便殿勉諭穀不得已起視事征兖州爲東京留守判開封府事顯德初加右僕射集賢殿大學士從世宗征太原遇賊於高平匿山谷中信宿而出追及乘輿世宗慰撫之世宗將趨太原命穀先調兵食又代符彥卿判太原行府事師還進位司空門下侍郎監修國史穀以史氏所述本於起居注喪亂以來遂廢其職上言請令端明樞密直學士編記言動爲內廷日歷以付史官是歲河大決齊鄆發十數州丁壯塞之命穀領護刻期就功二年冬議伐南唐以穀爲淮南道行營前軍都部署兼知廬壽等州行府事忠武軍節度王彥副之韓令坤以下十二將率從穀領兵自正陽渡淮先鋒都將白延遇敗吳軍數千于來遠又破千餘人于山口鎭進攻上窰又敗千餘衆獲其小校數十人長圍壽春南唐遣大將劉彥貞來援穀召將佐謀曰今援軍已過來遠距壽陽二百里舟檝將及正陽我師無水戰之備萬一斷橋梁隔絕王師則腹背受敵矣不如退守浮梁以待戎輅之至初世宗至圉鎭已聞此謀亟走內侍乘驛止之穀已退保正陽仍焚芻糧回軍之際遞相掠奪淮北役夫數百悉陷于壽春世宗聞之怒亟命李重進率師伐之以穀判壽州行府是秋詔歸闕得風痺疾告滿百日累表請致仕優詔不允每軍國大事令中使就第問之四年春吳人壁紫金山築甬道以援壽春不及留數年師老無功時請罷兵爲便世宗令范質王溥就穀謀之穀手疏請親征有必勝之利者三世宗大悅用其策及淮南平賞賜甚厚出穀疏令翰林學士承旨陶穀爲贊以賜之是夏世宗還穀扶疾見便殿詔令不拜命坐御坐側以抱疾旣久請辭相位世宗怡然勉之謂曰譬如家有四子一人有疾棄而不養非父之道也朕君臨萬方卿處輔相之位君臣之間分義斯在柰何以祿奉爲言穀愧謝而退俄以平壽州敘功加爵邑是秋穀抗表乞骸骨罷相守司空加邑封令每月肩輿一詣便殿訪以政事五年夏世宗平淮南回賜穀錢百萬米麥五百斛芻粟薪炭等恭帝卽位加開府儀同三司進封趙國公求歸洛邑賜錢三十萬從其請太祖卽位遣使就賜器幣建隆元年卒年五十八太祖聞之震悼贈侍中穀爲人厚重剛毅深沉有城府雅善談論議政事能近取譬言多詣理辭氣明暢人主爲之聳聽人有難必救有恩必報好汲引寒士多至顯位與韓熙載善熙載將南渡密告穀曰若江東相我我當長驅以定中原穀笑曰若中原相我下江南探囊中物耳穀後果如其言李昉嘗爲穀記室在淮上被病求先歸穀視之曰子他日官祿當如我昉後至宰相司空周顯德中扈載以文章馳名樞密使王朴薦令知制誥除書未下朴詣中書言之穀曰斯人命薄慮不克享耳朴曰公在衡石之地當以材進人何得言命而遺才載遂知制誥遷翰林學士未幾卒世謂朴能薦士穀能知人穀歸洛中昭義李筠以穀周朝名相遺錢五十萬他物稱是穀受之旣而筠叛穀憂恚而終子吉至補闕拱至太子中允

昝居潤博州高唐人善書計後唐長興中隸樞密院爲小吏以謹愿稱晉初出掌滑州廩庾遂補牙職會景延廣留守西洛署爲右職延廣卒居潤往依陝帥白文珂文珂致仕乃表薦居潤於周祖時世宗尹京詔以補府中要職卽位擢爲軍器庫使從征高平以功遷客省使知青州從向拱西征爲行營都監秦鳳平以居潤爲秦州歷知鳳陽河中府顯德三年秩還內客省使代王朴知開封府四年再幸壽州命爲副留守十月幸淮上以居潤爲宣徽北院使兼副留守五年夏南征還復判開封府六年征關南爲東京副留守及吳廷祚出塞河命居潤權知開封府事廷祚爲樞密使眞判開封府改左領軍衛上將軍恭帝嗣位加檢校太傅太祖立加檢校太尉及征澤潞命赴澶州巡警師還權知鎭州加左領軍衛上將軍建隆二年又權知澶州八月拜義武軍節度在鎭數年得風痺詔還京師乾德四年卒年五十九贈太師居潤性明敏有節槩篤於行義初晉室將亡景延廣委其族自洛赴難至則爲遼人所執遼人在洛者遠欲恣摽掠延廣僚吏部曲悉遁獨居潤力保護其家以安居潤與太祖同事世宗情好欵洽嘗薦沈倫於太祖以爲純謹可用後至宰相世稱其知人子惟質至內園使弟居濟至水部員外郎大中祥符三年錄其孫建中爲三班借職

竇貞固字體仁同州白水人父專後唐左諫議大夫貞固初能屬文同光中擧進士補萬全主簿丁內艱去官服除授河東節度推官時晉祖在藩以貞固廉介甚重之及卽位擢爲戶部員外郎翰林學士就拜中書舍人天福三年詔百僚各上封事貞固疏曰臣聞擧善爲明知人則哲聖君在位藪澤豈有隱淪昭代用材政理因無紊亂求賢若渴從諫如流鄭所以譽子皮闕

魯所以譏文仲爲國之要進賢是先陛下方樹丕基宜求多士乞降詔百僚令各司議定一人有何能識堪何職官朝廷依奏用之若能符薦引果謂當才所奏之官望加奬賞如乖其擧或涉徇私所奏之官宜加黜罰自然官由德序位以才升三人同行尚聞擇善十目所視必不濫知臣職在論思敢陳狂狷書奏帝深嘉之命所司著爲令典明年改御史中丞與太常卿崔

稅刑部侍郎呂琦禮部侍郎張允同詳定正冬朝會禮節樂章及二舞行列歷刑部門下二侍郎少帝卽位拜工部尚書遷禮部尚書知貢舉舊制進士夜試繼以三燭長興二年改令晝試貞固以晝晷短難盡士材奏復夜試擇士平允時論稱之改刑部尚書出爲潁州團練使歲餘復拜刑部尚書漢祖入汴貞固與禮部尚書王松率百官見于榮陽西漢祖駐馬勞問久之初營宗廟帝以姓自漢出遂襲國號尊光武爲始祖幷親廟爲五詔羣臣議貞固上言曰按王制天子七廟諸侯五大夫三士一正義曰周之制七廟者太祖及文王武王之祧與親廟四也又曰七廟者據周也有其人則七無其人則五至光武中興及魏晉宋齊隋唐或立六廟或立四廟蓋建國之始未盈其數也禮曰德厚者流光此天子可以祀六世之義也今陛下大定寰區重興漢祚旁求典禮用正宗祧伏請立高曾祖禰四親廟及自古聖王祖有功宗有德更立始祖在四廟之外不拘定數所以或五廟或七廟今請尊高皇帝光武皇帝爲始祖法文王武王不遷之制用歷代六廟之規庶合典禮漢祖從之論者以天子建國各從其所起堯自唐侯禹生大夏是也立廟皆祖其有功商之契周之后稷魏之武帝晉之三廟是也高祖起於晉陽而追嗣兩漢徙以同姓爲遠祖甚非其義貞固又以四親匹庶上合高光失之彌遠矣但援立親廟可也餘皆非禮俄遷吏部尚書初帝與貞固同事晉祖甚相得時蘇逢吉蘇禹珪自霸府僚佐驟居相位思得舊臣冠首以貞固持重寡言有時望乃拜司空門下侍郎平章事弘文館大學士貞固少時中蠱若贅在喉中常鯁悶及爲相日因大吐有物狀蜥蜴落銀盤中毒氣衝盤焚於中衢臭聞百步外人皆異之隱帝卽位加司徒改本貫永安鄉爲賢相鄉班瑞里爲勳貴里楊邠史弘肇王章樹黨恣橫專權凌上貞固但端莊自持不能規救周祖兵起貞固與蘇逢吉奉隱帝兵次于野敗逢吉倉黃自殺貞固遂詣周祖周祖稱太后制委貞固與蘇禹珪王峻同掌軍國政事周祖登位加兼侍中會以馮道爲首相改監修國史俄罷相守司徒封沂國公世宗卽位以范質爲司徒貞固遂歸洛陽輸課役齒爲編民貞固不能堪愬於留守向拱拱不聽宋初以前三公赴闕陪位詣范質求任東宮三少預朝請質不爲奏乃還洛放曠山水與布衣輩携妓載酒以自適開寶二年病困自爲墓誌卒年七十八

李濤字信臣京兆萬年人唐敬宗子郇王瑋十世孫祖鎭臨濮令父元將作監朱梁革命元以宗室懼禍挈濤避地湖南依馬殷署濤衡陽令濤從父兄郁仕梁爲閤門使上言濤父子旅湖湘詔殷遣歸京師補河陽令後唐天成初舉進士甲科自晉州從事拜監察御史遷右補闕宋王從厚鎭鄴以濤爲魏博觀察判官歲餘入爲起居舍人晉天福初改考功員外郎史館修撰晉祖幸大梁張從賓以盟津叛陷洛陽扼虎牢故齊王全義子張繼祚者實黨之晉祖將族其家濤上疏曰全義歷事累朝頗著功効當巢蔡之亂京師爲墟全義手披荊棘再造都邑垂五十年洛民賴之乞以全義之故止罪繼祚妻子從之嘗奉詔爲宋州括田使前雄州刺史袁正辭齎東帛遺濤以田園爲託濤表其事晉祖嘉之正辭坐降一階濤遷浚儀令改比部郎中鹽判官改刑部郎中涇帥張彥澤殺記室張式奪其妻式家人詣闕上訴晉祖以彥澤有軍功釋其罪濤伏閤抗疏請寘於法晉祖召見諭之濤植笏叩階聲色俱厲晉祖怒叱之濤執笏如初晉祖曰吾與彥澤有誓約恕其死濤厲聲曰彥澤私誓陛下不忍食其言范延光嘗賜鐵券今復安在晉祖不能荅卽拂衣起濤隨之諫不已晉祖不得已召式父鐸弟守貞子希範等皆拜以官罷彥澤節制濤歸洛下賦詩自悼有三諫不從歸去來之句先是范延光據鄴叛晉祖賜鐵券許以不死終亦不免故濤引之晉祖崩濤坐不赴臨停未幾起爲洛陽令遷屯田職方郎中中書舍人會契丹入汴彥澤領突騎入京城恣行殺害人皆爲濤危之濤詣其帳通刺謁見彥澤曰舍人懼乎濤曰今日之懼亦猶足下昔年之懼也向使先皇聽僕言寧有今日之事彥澤大笑命酒對酌濤神氣自若漢祖起義至洛濤自汴奉百官表入對漢祖問京師財賦從契丹去後所存幾何濤具對稱旨漢祖嘉之至汴以爲翰林學士杜重威據鄴叛高祖命高行周慕容彥超討之二帥不協濤密疏請親征高祖覽奏以濤堪任宰輔卽拜中書侍郎兼戶部尚書平章事隱帝卽位楊邠周祖共掌機密史弘肇握兵柄與武德使李鄴等中外爭權互作威福濤疏請出邠等藩鎭以清朝政隱帝不能決白于太后太后召邠等諭之反爲所構免相歸第時中書廚釜鳴者數四濤晝寢閤中夢嚴飾廳事羣吏趨走云迎新宰相帶諸司使旣寤心異之歎曰濤罷以邠爲相兼樞密使及周祖舉兵太后倉皇涕泣曰不用李濤之言宜其亡也周初起爲太子賓客歷刑部戶部二尚書世宗宴駕爲山陵副使恭帝卽位封莒國公宋初拜兵部尚書建隆二年濤被病有軍校尹勳董浚五丈河陳留丁壯夜潰勳擅斬隊長陳琲等十八人丁夫七十人皆杖一百刵其左耳濤聞之力疾草奏請斬勳以謝百姓家人謂濤曰公久病宜自愛養朝廷事且置之濤憤言曰人孰無死但我爲兵部尚書坐視軍校無辜殺人烏得不奏太祖覽奏嘉之詔削奪勳官爵配隸許州濤卒年六十四贈右僕射濤慷慨有大志以經綸爲己任工爲詩筆札遒媚性滑稽善諧謔亦未嘗忤物居家以孝友聞景德二年其孫惟勤詣闕自陳詔授許州司士參軍子承休至尚書水部郎中承休子仲容

濤弟澣字日新幼聰敏慕王楊盧駱爲文章後唐長興初吳越王錢鏐卒詔兵部侍郎楊凝式撰神道碑令澣代草凡萬餘言文彩遒麗時輩稱之秦王從榮召至幕中從榮敗勒歸田里久之起爲校書郎集賢校理晉天福中拜右拾遺俄召爲翰林學士會廢學士院出爲吏部員外郎遷禮部郎中知制誥復置翰林遷中書舍人再爲學士時濤在西掖縉紳榮之契丹入汴澣與同職徐台符俱陷塞北永康王兀欲襲位置澣宣政學士殿兀欲死述律立以其妻族蕭海貞爲幽州節度使海貞與澣相善澣乘間諷海貞以南歸之計海貞納之周廣順二年澣因定州孫方諫密表言契丹衰微之勢周祖嘉焉遣諜者田重霸賫詔慰撫仍命澣通信澣復表述契丹主幼弱多寵好擊鞠大臣離貳若出師討伐因與通好乃其時也請速行之屬中原多事不能用其言澣在契丹嘗逃歸爲其所獲防禦彌謹契丹應曆十二年六月卒時建隆三年也濤收澣文章編之爲丁年集澣二子承確主客郎中承續職方郎中

仲容字儀父舉進士甲科除大理評事知三原縣累擢監察御史爲殿試進士考官眞宗問題義對稱旨詔試中書擢左司諫直史館天聖中以起居郎爲知制誥累遷右諫議大夫在西掖八年次當補學士而不爲宰相張士遜所喜罷爲給事中集賢院學士判史館司農寺復知制誥及石中立張觀補學士始以爲翰林侍讀學士久之兼龍圖閣學士至戶部侍郎卒仲容性醇易喜飲酒不與物忤與人言未嘗及勢利三弟早卒字其諸孤十餘人如己子當世稱其長者然於吏事非所長自集制草爲冠鳳集十二卷

王易簡字國寶京兆萬年人性介特寡合曾祖胐唐劒州刺史祖遠連州刺史父貫唐州刺史易簡少好學工詩會僖宗幸蜀長安兵亂避地山谷梁乾化中邵王友誨鎭陝易簡舉進士詣府拔解友誨贈錢二十萬明年遂擢第復隱華山邠帥韓恭辟觀察支使府罷華帥李保衡復辟從事踰年尹皓代保衡易簡仍在幕府會朱友謙以河中叛歸莊宗攻華州甚急城中危懼咸請築月城以自固皓恃勇不聽下令曰有敢復言者斬易簡固請迺許板築始畢外城果壞軍民賴之會夜不能攻友謙遂遁去皓卒易簡歸田里久之召爲著作郎數月棄去復召爲右拾遺上書忤旨出爲鄧州節度推官後唐同光中遣魏王繼岌伐蜀以宰相郭崇韜爲招討使辟易簡爲巡官改魏王都督府記室參軍明宗卽位周帥羅周恭辟爲掌書記府罷退居華陰作小隱詩二十首并序以見志好事者多傳誦秦王從榮聞而重之謂宰相馮道李愚曰易簡有才豈宜久居外地卽召爲祠部員外郎改水部郎中知制誥府中書舍人晉初賜金紫判弘文館史館事晉祖爲治務求速效易簡上漸治論以諫之詔書褒荅以論付史館及廢翰林學士易簡兼知內制又拜御史中丞歷右丞吏部侍郎左丞判吏部銓嘗上言選門格敕條件具存藩府官僚習熟者少凡給文解未曉規程以致選人詣都親求解樣往來跋踄重可傷閔傳寫少差旋復駮放乞自今委南曹詳定解樣兼錄長定格取解條下諸州板置州院門每取解時準條式遵行從之晉祖在大梁臺省湫隘易簡奏舉故事一歲得元省錢二百萬繕治省署及造器物號爲舉職周朝諱簡易止名易廣順初遷禮部尚書是冬合三銓爲一令易簡權判俄改刑部尚書周祖將親郊命判兵部會冊四廟命爲副使周祖晏駕爲山陵副使顯德四年告老以太子少保致仕歸鄉里宋初召加少傅所居華陰構一鳴堂二品樓優遊自適建隆四年四月無疾卒年七十九子景讓進士及第至尚書郎

趙上交涿州范陽人本名遠字上交避漢祖諱遂以字稱祖光鄴鄂州錄事參軍父簡章涿州司馬上交身長七尺黑色美風儀善談論負才任氣爲鄉里所推後唐同光中嘗詣中山干王都有和少微者亦在都門下忌之頗毀訾上交都遂不爲禮上交不得志因南游洛陽與中官驃騎大將軍馬紹宏善紹宏領北面轉運制置大使表爲判官遷殿中丞秦王從榮開府兼判軍衞以上交爲虞部員外郎充六軍諸衞推官李澣張沆魚崇遠皆白衣在秦府悉與上交友善累遷司封郎中充判官從榮素豪邁不遵禮法好暱羣小上交從容言曰王位尊嚴當修令德以慰民望王忍爲此獨不見恭世子

戾太子之事乎從榮怒出之歷涇秦二鎭州節度判官從榮及禍僚屬皆坐斥上交由是知名晉初召爲左司郎中度支判官歷右諫議大夫會廢翰林學士以上交爲中書舍人知內外制遷刑部侍郎嘗上言伏覩長興中詔書州縣官在任詳讞刑獄昭雪人命者不限歲月赴選許令超資注官仍賜章服諸道州府給付公驗躬赴行部投狀隨給優牒庶絕欺罔以存激勸載詳元詔止言州縣未該內外職司乞自今但能雪活冤獄不限中外官並加旌賞諸道州縣委長吏抄案以聞俟本人考滿卽詣刑部投狀毋得隔越年歲庶使內外同律詔從之俄遷戶部侍郎拜御史中丞彈舉無所阿避契丹入汴立明宗幼子許王從益爲帝以禮部尚書王崧爲左丞相上交爲右丞相契丹去上交請去僞號稱梁王漢祖將至從益遣上交馳表獻欵授檢校禮部尚書太僕卿遷祕書監周祖監國命太師馮道迎湘陰公于徐州以上交副之廣順初拜禮部侍郎會將試貢士上交申明條制頗爲精密始復糊名考校擢扈載甲科及取梁周翰董淳之流時稱得士轉戶部侍郎明年再知舉誘議紛然時樞密使王峻用事常薦童子上交拒之峻怒奏上交選士失實貶商州司馬朝議以爲太重會峻貶乃止但坐所取士李觀侯璨賦落韻改太子詹事顯德初遷賓客二年拜吏部侍郎多請告不朝時出游別墅世宗因問陶穀曰上交豈衰老乎穀對曰上交昔掌貢舉放鬻市家子李觀及第受所獻名園多植花卉優游自適世宗怒免其官宋初起爲尚書右丞建隆二年正月卒年六十七上交所蒞官以幹聞當時稱有公輔器尤好吟詠有集二十卷張昭爲序子曬字可畏七歲喪母過哀十二能屬文與兄駁同舉進士未成名而兄夭遂以蔭補千牛備身歷祕書郎殿中丞著作郎卒年二十六有集十卷太宗嘗取以入內

張錫福州閩縣人梁末劉君鐸任棣州刺史辟爲軍事判官棣爲鄆之屬郡郡有麴務鄆以牙將主之頗橫恣民有犯麴三斤牙將欲寘于死君鐸力不能救既而牙將盜麥百斛私造麴事覺錫判曰麴犯三斤求生不克麥盜百斛免死誠難時郡吏以使府牙將乞免錫不允固寘于法同光末趙在禮舉兵於鄴瀕河諸州多構亂錫權知州事卽出省錢賞軍皆大悅一郡獨全棣人賴之後爲淄州令不畏强禦專務愛民刺史有所徵不荅由是銜之及代白其事於宰相馮道道知錫介直卽奏召爲監察御史出爲陝虢觀察判官晉開運二年拜右補闕歷起居郎刑部員外郎開封府判官浚儀令司門駕部二郎中並以清節聞周顯德中以老疾求解官授右諫議大夫致政宋初改給事中錫無子宰相范質嘗兄事之館於別墅錫以執政之門不欲久處往依鄉人鄧州觀察判官黃保緒建隆二年六月卒于穰下

張鑄字司化河南洛陽人性淸介不事生產曾祖居卿祖裼父文蔚在唐俱舉進士裼至翰林學士承旨天平軍節度檢校吏部尚書文蔚中書侍郎平章事五代史有傳鑄梁貞明三年舉進士補福昌衞集賢校理拜監察御史遷殿侍御史仕後唐歷起居郎金部員外郎賜緋改右司員外郎明宗初轉金部郎中賜金紫嘗上言曰國家以務農爲本守令以勸課爲先廣闢田疇用實倉廩竊見所在鄉村浮戶方事墾闢甫成生計種田未至二頃植木未及十年縣司以定色役民畏責斂捨之而去殊乖撫恤之方徒設招攜之令望令諸州應有荒田縱民墾蒔俟及五頃已上三年外始聽差科從之使兩浙還遷考功郎中晉天福初福州王延羲奉表稱藩遣鑄持節冊爲閩國王少帝卽位改河南令開運二年召爲太常少卿避曾祖諱不拜改祕書少監判太常寺事踰年轉右庶子分司西京周廣順初入爲左諫議大夫給事中使朗州顯德三年授檢校禮部尚書光祿卿又以祖名請避改祕書監判光祿寺宋初加檢校刑部尚書建隆四年卒年七十二鑄美姿儀善筆札老能燈下細書如蠅頭由晉以來天地宗廟及上徽號封拜王公冊文皆詔鑄書之及卒身無兼衣家人鬻其服馬園圃得錢十萬以葬

邊歸讜字安正幽州薊人父退思檀州刺史歸讜弱冠以儒學名後唐末客游幷汾晉祖鎭太原召置門下表爲河東節度推官試祕書省校書郎改太原府推官試大理評事天福初拜監察御史歷殿中侍御史禮部員外郎充戶部判官遷水部郎中賜金紫拜比部郎中知制誥歷右諫議大夫給事中嘗上言使臣經過州縣券料外妄自徵需以豐傔從多索人驢用遞行李挾命爲勢凌下作威供億稍遲卽加鞭箠吏民受辱寧免怨嗟欲望察訪得情嚴示懲戒從之俄遷右散騎常侍漢初歷禮部刑部二侍郎時史弘肇怙權專殺閭里告訐成風歸讜言曰邇來有匿名書及言風聞事構害善良有傷風化遂使貪吏得以報復私怨讒夫得以肆其虛誕請明行條制禁遏誣罔凡顯有披論具陳姓名其匿名書及風聞事者並望止絕論者韙之周廣順初遷兵部戶部二侍郎世宗聞其亮直擢爲尚書右丞樞密直學士以備顧問就轉左丞世宗以累朝以來憲綱不振命爲御史中丞歸讜雖號廉直而性剛介言多忤物顯德三年冬大宴廣德殿歸讜酒酣揚袂言曰至於一栝而巳世宗命黃門扶出之歸讜回顧曰陛下何不決殺趙守微守微者本村民因獻策擢拾遺有妻復娶又言涉指斥坐決杖配流故歸讜語及之翌日伏閤請罪詔釋之仍於閤門復飲數爵以愧其心五年秋歸讜與百官班廣德殿門外忽厲聲聞於帝詔奪一季奉宋初遷刑部尚書建隆三年告老拜戶部尚書致仕乾德二年卒年五十七子定雍熙二年進士及第

劉溫叟字永齡河南洛陽人性重厚方正動遵禮法唐武德功臣政會之後叔祖崇望相昭宗父岳後唐太常卿溫叟七歲能屬文善楷隸岳時退居洛中語家人曰吾兒風骨秀異所未知者壽耳今世難未息得與老夫皆爲溫洛之叟足矣故名之溫叟以蔭補國子四門助教河南府文學淸泰中爲左拾遺內供奉以母老乞歸就養改監察御史分司時臺署廢弛溫叟作新之未幾召爲右補闕晉初王松權知靑州表爲判官加朝散階入爲主客員外郎少帝領開封尹奏爲巡官命典文翰又改廣晉府巡官少帝卽位拜刑部郎中賜金紫改都官郎中充翰林學士初岳仕後唐嘗居內署至是溫叟復居斯任時人榮之溫叟旣受命歸爲母壽候立堂下須臾聞樂聲兩靑衣舉箱出庭奉紫袍兼衣母命捲簾見溫叟曰此卽爾父在禁中日內庫所賜者溫叟拜受泣下退開影堂列祭以文告之母感愴累日不忍見溫叟歲滿加知制誥契丹入汴溫叟懼隨契丹北遷與承旨張允共上表求解職契丹主怒欲出允等爲縣令趙延壽曰若學士才不稱職求解者守本官可也不可加貶出遂得罷職出院漢祖南下溫叟自洛從至鄭州稱疾不行及入汴溫叟久之方至授駕部郎中周初拜左諫議大夫逾年改中書舍人加史館修撰判館事顯德初遷禮部侍郎知貢舉得進士十六人有譖于帝者帝怒黜十二人左遷太子詹事溫叟實無私後數年其被黜者相繼登第溫叟與張昭同修漢隱帝及周祖實錄恭帝卽位遷工部侍郎兼判國子祭酒事宋初改刑部建隆元年拜御史中丞丁內艱退居西洛旋復本官三年兼判吏部銓因上言曰伏見兩京百司漸乏舊人多褁故事雖檢閱具存於往冊而舉行須在於攸司蓋因年限得官歸司者例與減選冬集赴調授任者尋又出京兼有裁滿初官不還舊局但稱前資用圖免役又有嘗因停任切欲歸司而元敕不該無由復職遂使在司者失於致習歷事者難於追還伏望自今諸司職掌除官勒留及歸司者如理減外欠三選以下仍須在司執行公事及三十月卽許赴集如理選外欠三選以上及在官不成資考者卽准元敕處分若在任停官及在司停職者經恩後於刑部出給雪牒却勒歸司如無闕員卽令守闕餘依敕格處分一日晚歸由闕前太祖方與中黃門數人偶登明德門西闕前騶者潛知之以白溫叟溫叟令傳呼如常過闕翌日請對具言人主非時登樓則近制咸望恩宥輦下諸軍亦希賞給臣所以呵導而過者欲示衆以陛下非時不登樓也太祖善之憲府舊例月賞公用茶中丞受錢一萬公用不足則以贓罰物充溫叟惡其名不取任臺丞十二年屢求代太祖難其人不允開寶四年被疾太祖知其貧就賜器幣數月卒年六十三溫叟事繼母以孝聞雖盛暑非冠帶不敢見五代以來言執禮者惟溫叟焉立朝有德望精賞鑒門生中尤器楊徽之趙鄰幾後皆爲名士范杲幼時嘗以文贄溫叟大加稱奬以女妻之太祖在晉邸聞其淸介遣吏遺錢五百千溫叟受之貯廳西舍中令府吏封署而去明年重午又送角黍執扇所遣吏卽遣錢者視西舍封識宛然還以白太宗太宗曰我錢尚不用況他人乎昔日納之是不欲拒我也今周歲不啓封其苦節愈見命吏輦歸邸是秋太宗侍宴後苑因論當世名節士具道溫叟前事太祖再三賞歎雍熙初子炤罷徐州觀察推官待選以貧詣登聞求注官及引對太宗問誰氏子炤以溫叟對太宗愀然召宰相語其事且言當今大臣罕有其比因問炤當得何官宰相言免選以爲厚恩帝曰其父有淸操錄其子登朝庶足示勸擢炤太子右贊善大夫歷判三司理欠憑由司江南轉運司入朝爲司封郎中炳燁並進士及第

燁字耀卿進士及第積官祕書省著作郎知龍門縣羣盜殺人燁捕得之將械送府恐道亡去皆斬之衆服其果通判益州召還時王曙治蜀或言其政苛暴眞宗問曙治狀與凌策孰愈燁曰策在蜀歲豐事簡故得以寬假民比歲小歉盜賊竊發非誅殺不能禁然曙所行亦未嘗出陛下法外帝善之天禧元年始置諫官帝謂宰相曰諫官御史當識朝廷大體於是以燁爲右正言會歲荐饑河決滑州大興力役饑殍相望燁請策免宰相以應天變都城東南有泉出民爭傳可以巳疾詔卽其

地建祥源觀熾言其詭妄不經且亢旱不可興土木以營不急又請罷提點刑獄禁民棄父母事佛老者皆不報表請補外帝以熾屢言事乃以判三司戶部勾院出安撫京西還直集賢院同修起居注遷右司諫以尚書工部員外郎兼侍御史知雜事權判吏部流內銓請京朝官遭父母憂官司毋得奏留故事當起復者如舊因詔益梓利夔路長吏仍舊奏裁餘乞免持服者論其罪改三司戶部副使擢龍圖閣待制提舉諸司庫務權發遣開封府事累遷刑部郎中龍圖閣直學士知河南府徙河中府卒初王曙坐寇準貶官在朝無敢往見者熾歎曰友朋之義獨不行於今歟往餞之經宿而還嘗善河中處士李瀆瀆死爲陳其高行詔以著作郎贈之唐末五代亂衣冠舊族多離去鄉里或爵命中絕而世系無所考惟劉氏自十二代祖北齊中書侍郎環儁以下仕者相繼而世牒具存焉子几

几字伯壽以熾任爲將作監主簿生而豪儁長折節讀書第進士從范仲淹辟通判邠州邠地鹵民病遠汲几浚渠引水注城中役興客曰自郭汾陽城此州苟外水可隳何待今日無爲虛費勞人也几不荅未幾水果至鑿五池于通逵民大便利孫沔薦其才老將帥換如京使知寧州俗喜巫軍校仗妖法結其徒亂有日几使他兵伏壘門以伺夜半盡禽之加本路兵馬鈐轄知邠州儂智高犯嶺南几上書願自効以爲廣東西捉殺道聞蔣偕張忠戰沒疾馳至長沙見狄青曰賊若退守巢穴瘴毒方興當班師以俟再舉若恃勝求戰此成擒耳賊果悉衆來大戰于歸仁舖前鋒孫節死几以右軍搏鬬自辰至巳勝負未決几言於青出勁騎五千張左右翼擣其中堅賊駭潰進皇城使知涇州陛見辭以母老丐復文階歸養仁宗諭之曰涇內地也將母莫便焉命特賜冠帔領循州刺史遷西上閤門使再歸郎中班曾公亮薦之復以嘉州團練使爲太原涇原路總管夏人寇用堯堡轉運使陳述古擁渭帥几移文索援兵不聽率諸將借請又不聽乃趣以手書述古怒移几爲鳳翔且劾生事朝廷以總管非轉運使所得從置遣御史出按述古黜几亦改鄜州召判三班院邊吏告夏人趣大順英宗問几几曰大順天險非夏人可得近正恐與趙明爲讎爾帝曰明之子奔馬入城幾爲所掩卿料敵一何神也以爲秦鳳總管神宗即位轉四方館使知保州治狀爲河北第一踰六年即請老還爲祕書監致仕元豐三年祀明堂大臣言几知音詔詣太常定雅樂几日古樂備四清聲沿五季亂離廢請增之樂成予一子官几得謝二十年放曠嵩少間遇唐末異人靖長官者得養生訣故益老不衰間與人語邊事謂張耒曰比見詔書禁邊吏夜飲此曹一旦有急將使輸其肝腦此平日禁其爲樂爲今役者不亦難乎夫椎牛釃酒豐犒而休養之非欲以醉飽爲德所以增士氣也耒敬識其語再加通議大夫卒年八十一几篤於風義推父遺恩官從兄已得任子必先兄弟子之孤者其議樂律最善以爲律主於人聲不以尺度求合古今異時聲亦隨變猶以古冠服加於今人安得而稱儒者泥古致詳於形名度數間而不知清濁輕重之用故求於器雖合而考於聲則不諧嘗游佛寺聞鐘聲曰聲斷而悲主者且不利是夕主僧死在保州聞角聲曰宮徵而商離至秋守臣憂之及期几遇疾然所學頗雜鄭衞云

劉濤字德潤徐州彭城人後唐天成中舉進士釋褐爲鳳翔掌書記拜右拾遺賜緋時太常丞史在德上章詞理鄙俗仍犯廟諱濤上言請正其罪雖不允時論是之出爲山南東道節度判官召爲左補闕遷起居舍人晉天福初改司勳員外郎史館修撰遷工部郎中賜金紫歷度支職方二郎中掌左藏庫時少帝奢侈常以銀易金廣其器皿李崧判三司令上庫金之數及崧以元簿較之少數千鎰崧責曰帑庫通式一日不受虛數毫釐則有重典濤曰帑司常有報不盡數以備宣索崧令有司劾濤濤事迫以情告樞密使桑維翰乃止罰一月奉漢初宰相蘇禹珪薦爲中書舍人周廣順中坐令子監察御史頊代草誥命左遷少府少監分司西京頊亦貶復州司戶顯德初就改太常少卿俄拜右諫議大夫四年再知貢舉樞密使王朴嘗薦童子劉譜於濤濤不納朴銜之時世宗南征在迎鑾濤引新及第人赴行在朴時留守上都飛章言濤取士不精世宗命翰林學士李昉覆試黜者七人濤坐責授太子右贊善大夫恭帝即位遷右詹事濤性剛毅不撓素與宰相范質不協常鬱鬱不得志遂退居洛陽之清化里杜門以書史自娛太祖素知濤履行開寶二年召赴闕以老病求退授祕書監致仕年七十二卒淸泰初中書舍人盧導受詔主文將鎭宿濤力薦薛居正以爲文章器業必至台輔導取之後果爲相世稱其知人項子歲晟子訥譚並進士及第至屯田員外郎訥爲殿中侍御史

邊光範字子儀幷州陽曲人性謙退和雅有吏材父仁嗣忠武軍節度副使光範後唐天成二年起家楡次令召爲殿中丞賜緋長興四年改太常丞丁內艱晉天福初服闋授檢校戶部員外郎北京留守判官兼侍御史二年拜太府少卿上書曰臣聞唐太宗有言朕居深宮之中視聽不能及遠所委者惟都督刺史則知此官實繫治亂必須得人今則刺史或因緣世祿或貢奉家財或徼立軍功或但循官序實恐撫民無術御吏無方以此牧民而民受其賜鮮矣望選能吏以蘇民瘼用致升平奏入留中不出俄爲冊秦王李從曮副使張從恩以外戚爲河南尹奏授判官遷祕書監兼御史中丞入拜大理少卿少帝尹京改衞尉少卿充開封府判官又改光祿少卿廣晉府判官賜金紫少帝即位拜右諫議大夫權知開封府事遷給事中會蝗災遣使亳州括借軍糧稱爲平允時與契丹失歡河朔連兵命光範出使修好會契丹復南入光範行至趙州召還開運元年權知鄭州拜左散騎常侍二年入爲樞密直學士少帝以光範藩邸舊僚待遇尤厚因游宴見光範位翰林學士下即日拜尚書禮部侍郎知制誥充翰林學士仍直樞密院漢初改檢校刑部尚書衞尉卿上言伏見朝廷除刺史不限年月或未及期年又聞除代往來跋涉豈暇撫懷望愼選良牧立定年限以責輯綏之効疏入不報乾祐二年連使宋州虞城汝州襄城按視民田之傷稼者是冬爲吳越加恩使周廣順初出知陳州遷祕書監俄召拜御史中丞賜襲衣銀器繒綵鞍勒馬復爲禮部侍郎時禮部侍郎於貢部或掌或否光範拜官將及秋試乃言於執政曰畢門偶進何言名第若他曹公事光範不敢辭若處文衡校閱名賢品藻優劣非下走所能執政曰公晉末爲翰林樞密直學士勿避事也及期光範辭疾不出乃以翰林學士承旨徐台符掌之時論多其自知世宗即位改刑部侍郎權知開封府俄遷戶部顯德三年命往大名檢民田五年遣使普均租稅光範詣宋州時韓通掌禁兵領宋師修汴堤訪郡民皆言光範均平之狀乃具以聞世宗嘉之宋初征澤潞命光範爲前軍轉運計度鄭洛汝孟懷芻粮秋拜太常卿時張昭爲吏部尚書朝議以其耆老令光範簽判選事建隆四年襄州節度慕容延釗征湖南以光範權知州事路當衝會餉饋無闕是冬郊祀召還會延釗卒復知襄州大軍數萬由陝路討蜀出漢上光範復當供億人不知勞嘗舉本鎭判官李樴爲殿中侍御史樴後坐事除籍光範左遷太子賓客仍知襄州五年兼橋道使朝廷遣使督治道常六七輩一使所調發民皆數百人吏緣爲姦多私取民課所發不克數而道益不修光範計其工以州卒代民官給器用役不淹久人以無擾詔書褒美開寶四年復判吏部銓曹御史中丞劉溫叟卒以光範判御史臺事數月眞拜中丞六年以疾解銓曹任卒年七十三光範性至孝謙退和易雅有吏幹母病疽光範嘗吮之景德中錄其孫易從同學究出身

劉載字德輿涿州范陽人唐盧龍節度濟之六世宗父昭下蔡令載後唐淸泰中舉進士晉初解褐校書郎遷著作佐郎賜緋拜左拾遺集賢殿直學士漢初爲殿中侍御史丁內艱服闋復拜舊官判西京留臺改倉部員外郎嘗著五論曰爲君爲相爲將去讒納諫頗爲文士所稱周世宗初擢知制誥顯德三年拜右諫議大夫與右拾遺鄭起尚書博士李寧同校道書遷給事中使許州定田租俄賜金紫爲魏王符彥卿加恩國信使宋初浚五丈河自陳橋達曹州之西境命護其役建隆四年貝州節度使張光翰來朝遣載權知州事光翰歸鎭載還知貢舉乾德初掌建安榷貨務六年就爲江南國主生辰使召還令知鎭州開寶四年坐與何繼筠不協改山南東道行軍司馬十年不召嘗受詔權點檢州事太平興國初復入爲給事中三年出知襄州六年代還告老改工部侍郎致仕乃賜一子出身八年卒年七十一載尤好學博通史傳善屬文嘗受詔撰明憲皇后謚冊文又作弔戰國賦萬餘言行於世雅信釋典敦尚名節子宗言至比部郎中宗望景德二年進士及第大中祥符四年其孫介以載文集來獻以爲試將作主簿

程羽字沖遠深州陸澤人少好學能屬文晉天福中擢進士第授陽穀主簿歷虞鄉醴泉新都令皆有政績開寶中選爲兩使判官入對太祖詢以時事數奏稱旨擢著作郎出知興州踰年改知興元府闕　八年詔歸闕以本官領開封府判官羽性淳厚范事恪謹時太宗尹京頗以長者待之及即位拜給事中知開封府未幾出知成都府爲政寬簡蜀人便之入朝拜禮部侍郎上欲優以淸職故事端明殿設學士二員居翰林學士上專備顧問馮道趙鳳始居是職累朝因之及是即殿名以羽爲文明殿學士位在樞密副使下且即泰寧坊營第以賜之太平興國五年典試貢士御試得人居多六年以老疾求解職拜兵部侍郎未幾致仕仍給全奉雍熙元年卒年七十二贈禮部尚書子帝振以蔭至尚書虞部員外郎大中祥符元年卒其子適賜同學究出身從孫琳別傳

論曰：五季爲國不四三傳輒易姓其臣子視事君猶傭者焉主易則他役習以爲常故唐方滅卽北面于晉漢甫稱禪已相率下拜于周矣君子傷之此雜臣傳所繇立也李穀邊歸讜竇貞固李濤輩或在廟堂或侍帷幄世主之所寵任社稷之所倚賴而更事異姓不能以名節生死倫義廢矣且穀以籌策自名乃不能料藝祖有容人之量及受李筠餽遺懼其見殺遂以憂死又何繆邪嗚呼魏范參齊顏見遠宜見褒於前史也

宋史卷二百六十三

元 中 書 右 丞 相 總 裁 脫 脫 等 修

列傳第二十二

張昭　竇儀弟儼傳　呂餘慶

劉熙古子蒙正 蒙叟　石熙載子中立　李穆弟肅

張昭字潛夫本名昭遠避漢祖諱止稱昭自言漢常山王耳之後世居濮州范縣祖楚平壽張令楚平生直卽昭父也初楚平赴調長安值巢寇亂不知所終直幼避地河朔既冠以父失所在時盜賊蠭起道路榛梗乃自秦抵蜀徒行丐食求父所在積十年不能得乃發哀行服躬耕海濱青州王師範開學館延置儒士再以書幣招直署賓職師範降梁直脫難北歸以周易春秋教授學者自遠而至時號逍遙先生昭始十歲能誦古樂府詠史詩百餘篇未冠徧讀九經盡通其義處儕類中緩步闊視以爲馬鄭不已若也後至贊皇遇程生者專史學以爲專究經旨不通今古率多拘滯繁而寡要若極談王霸經緯治亂非史不可因出班范漢書十餘義商榷乃授昭荀紀國志等後又盡得十三史五七年間能馳騁上下數千百年事又注十代興亡論處亂世躬耕負米以養親後唐莊宗入魏河朔游士多自効軍門昭因至魏攜文數十軸謁興唐尹張憲憲家富文籍每與昭燕語講論經史要事悵相見之晚卽署府推官同光初奏授眞秩加監察御史裏行憲爲北京留守昭亦從至晉陽莊宗及難聞鄴中兵士推戴明宗憲部將符彥超合戍將應之昭謂憲曰得無奉表勸進爲自安之計乎憲曰我本書生見知主上位至保釐乃布衣之極苟靦顏求生何面目見主於地下昭曰此古人之志也公能行之死且不朽矣相泣而去憲遂死之時論重昭能成憲之節時有害昭者昭曰明誠所至期不再生主辱臣亡死而無悔衆執之以送彥超彥超曰推官正人無得害之又逼昭爲牓安撫軍民事寧以昭爲北京留守推官加殿中侍御史內供奉官賜緋天成三年改安義軍節度掌書記時以武王莊宗實錄未修詔正國節度盧質西川節度副使何瓚秘書監韓彥輝纘錄事迹瓚上言昭有史材嘗私撰同光實錄十二卷又聞其欲撰三祖志并藏昭宗朝賜武皇制誥詔九十餘篇請以昭所撰送史館拜昭爲左補闕史館修撰委之撰錄昭以懿祖獻祖太祖並不踐帝位仍補爲紀年錄二十卷又撰莊宗實錄三十卷上之優詔褒美遷都官員外郎時皇子競尚奢侈昭疏諫曰帝王之子長於深宮安於逸樂紛華之玩綵竹之音日接於耳目不與驕期而驕自至儻非天資英敏識本清明以此蕩心焉能無惑苟不豫爲教道何以置之盤牙臣見先帝時皇子皇弟盡喜無藉玩物之言厭聞致治經邦之論入則務飾姬姜出則廣增僕馬親賓滿坐食客盈門箴規者少諂諛者多以此而欲託以主治不亦難乎臣請諸皇子各置師傅陛下令皇子屈身師事之講論道德使一日之中止記一事一歲之內所記漸多每月終令師傅具錄奏聞或皇子上謁之時陛下更令侍臣面問十中得五爲益良多博識安危之理深知成敗之由臣又聞古之人君卽位而封太子拜諸王究其所由蓋有深旨使庶不亂嫡疏不問親禮秩有常邪慝不作近代人君失於此道以至邦家構患釁隙萌生昔隋祖聰明煬帝亦傾楊勇太宗齊聖魏王終覆承乾臣每讀古書深悲其事願於聖代杜此厲階其於卜貳封宗在臣未敢輕議臣請諸王子於恩澤賜與之間婚姻省侍之際依庶嫡而爲禮秩據親疏而定節文示以等威絕其徼幸保宗之道莫大於斯明宗覽疏而不用四年上武王以來功臣列傳三十卷以本官知制誥明宗好畋獵昭疏諫曰太祖初鎮太原每年打鹿於北鄙先帝在位暇日射鴈於近郊此蓋軍務之餘畋遊自適自先帝因圖啓祚嚮明御宇則宜易彼諸侯之事肅乎萬乘之儀而猶因襲舊風失其威重驅逐原獸殆無虛日臣愚以爲事有可畏者四焉洛都舊制宮城與秦苑相連人君宴遊不離苑囿御馬來往輦路坦夷不涉荒郊何憂蹶失今則驅馳驂服涉歷榛蕪此後節氣嚴凝徑途凍滑萬一有銜橜之變陛下縱自輕奈宗廟社稷何所可畏者一也又陛下新有四海宜以德服萬邦今則江嶺未平淮夷尚梗彼初聞陛下革先朝之失政還太古之淳風御物以慈節財以儉有典有則不矜不驕彼必有三苗率服之心七旬來格之意如聞陛下暫遊近甸彼卽以爲復好畋遊所可畏者二也臣又聞作法於涼其弊猶貪作法於貪弊將如何且打鹿射鴈之事新敗軌傾輈之轍在常宜取鑒不可因循所可畏者三也臣又聞作事可法貽厥孫謀若陛下以齊聖廣淵之機聰明神武之量其可以宴遊蒐狩之事少累聖明所謂城中好廣眉城外加半額爲法之弊靡不由茲所可畏者四也伏望陛下居高慮遠慎始圖終思創業之艱難知守成之不易念老氏馳騁之戒樹文王忠厚之基約三驅之舊章定四時之遊幸始出有節後不敢違疏奏明宗嘉納之長興二年丁內艱賻絹布五十匹米麥五十石昭性至孝明宗聞其居喪哀毀復賜以錢幣服除改職方員外郎知制誥充史館修撰上言乞復本朝故事置觀察使察民疾苦御史彈事諫官月給諫紙並從之又奏請勸農耕及置常平倉等數事明宗方務聽納昭復上疏曰臣聞安不忘危治不忘亂者先儒之丕訓靡不有初鮮克有終者前經之至戒究觀列辟莫不以驕矜怠惰有虧聖德恭惟太宗貞觀之初元宗開元之際焦勞庶政以致太平及國富兵消年高志逸乃忘守約之道或貽執簡之譏陛下以慈儉化天下以禮法檢臣隣紬姦邪之黨延正直之論務遵純儉以節浮費信賞必罰至公無私其創業垂統之基如貞觀開元之始然陛下有始有終無荒無怠臣又伏念保邦之道有八審焉願爲陛下陳之夫委任審於材器聽受審於忠邪出令審於煩苛興師審於德力賞罰審於喜怒毀譽審於愛憎議論審於賢愚嬖寵審於姦佞推是八審以決萬機庶可以臻至治明宗覽之稱善清泰中改駕部郎中知制誥撰皇后冊文遷中書舍人賜金紫二年召判史館兼點閱三館書籍校正添補預修明宗實錄成三十卷以獻三年遷禮部侍郎改御史中丞晉天福初從幸汴州昭請創宮闕名額及振舉朝綱條疏百司廨舍二年改戶部侍郎宰相桑維翰薦爲翰林學士內署故事以先後入爲次不繫官序特詔昭立位次承旨崔棁晉祖常幸內署與昭語及并魏舊事甚重之錫賚頗厚直以昭故授著作佐郎致仕至是卒歸西洛賻賜加等五年服闋召爲戶部侍郎以唐史未成詔與呂琦崔棁等續成之別置史館命昭兼判院事昭又撰唐朝君臣正論二十五卷上之改兵部侍郎八年遷吏部判東銓兼史館修撰判館事開運二年秋唐書成二百卷加金紫階進爵邑三年拜尚書右丞判流內銓權知貢舉漢初復爲吏部侍郎時追尊六廟定謚號樂章武曲命昭權判太常卿事月餘卽眞乾祐二年加檢校禮部尚書少帝年十九猶有童心昵比羣小昭上言請聽政之暇數召儒臣講論經義周廣順初拜戶部尚書子秉陽爲翟陽主簿抵罪昭自以失教奉表引咎左遷太子賓客歲餘復舊官嘗奏請與制舉設賢良方正能直言極諫經學優深可爲師法詳閑吏治達於教化三科職官士流黃衣草澤並許應詔諸州依貢舉體式量試策論三道共以三千字以上爲准考其文理俱優解送尚書吏部其登朝之官亦聽自舉從之顯德元年遷兵部尚書世宗以昭舊德甚重焉二年表求致仕優詔不允促其入謁嘗詔撰制旨兵法十卷又撰周祖實錄三十卷及梁郢王均帝後唐閔帝廢帝漢隱帝五朝實錄梁二主年祀寖遠事皆遺失遂不克修餘三帝實錄皆藏史閣世宗好拔英俊有自布衣及下位上書言事者多不次進用昭疏諫曰昔唐初劉洎馬周起於徒步太宗擢用爲相其後柳璨朱朴方居下僚昭宗亦加大用此四士者受知於明主然太宗用之而國興昭宗用之而國亡士之難知如此臣願陛下存舊法而用人當以此四士爲鑒戒世宗善之詔令詳定經典釋文九經文字制科條式及問六璽所出并議三禮圖祭玉文鼎釜等昭援引經據時稱其該博恭帝卽位封舒國公宋初拜吏部尚書乾德元年郊祀昭爲鹵簿使奏復宮闕廟門郊壇夜警晨嚴之制禮畢進封鄭國公與翰林承旨陶穀同掌選穀嘗誣奏事引昭爲證昭免冠抗論太祖不說遂三拜章告老以本官致仕改封陳國公開寶五年卒年七十九昭博通學術書無不覽兼善天文風角太一卜相兵法釋老之說藏書數萬卷尤好纂述自唐晉至宋專筆削典章之任嶺南平擒劉鋹將獻俘莫能知其禮時昭以致政太祖遣近臣就其家問之昭方臥病口占以授使者著嘉善集五十卷名臣事迹五卷子秉圖進士及第秉謙至尚書郎

竇儀字可象薊州漁陽人曾祖遜玉田令祖思恭嬀州司馬父禹鈞與兄禹錫皆以詞學名禹鈞唐天祐末起家幽州掾歷沂鄧安同鄭華宋澶州支使判官周初爲戶部郎中賜金紫顯德中遷太常少卿右諫議大夫致仕儀十五能屬文晉天福中舉進士侍衞軍帥景延廣領夔州節度表爲記室延廣後歷滑陝孟鄆四鎮儀並爲從事開運中楊光遠以青州叛時契丹南侵博州刺史周儒以城降光遠與儒遣人引契丹輕騎於馬家渡渡河時延廣掌衞兵頗銜知州事卽遣儀入奏儀謂執

政曰昨與衍論事勢有所預慮所以乘驛晝夜不息而來國家若不以良將重兵控博州渡必恐儒引契丹踰東岸與光遠兵合則河南危矣俄而儒果導契丹渡河增置壘柵少帝軍河上即遣李守貞等率兵萬人水陸並進守汶陽據要害契丹果大至擊走之漢初召爲左補闕禮部員外郎周廣順初改倉部員外郎知制誥未幾召爲翰林學士周祖幸南御莊宴射坐中賜金紫歷駕部郎中給事中並充職劉溫叟知貢舉所取生有覆落者加儀禮部侍郎權知貢舉儀上言請依晉天福五年制廢明經童子科進士省卷令納五軸以上不得有神道碑誌之類帖經對義有三通爲合格却復盡試其落第者分爲五等以詞理紕繆之甚者爲第五等殿五舉其次爲第四殿三舉以次稍可者爲第三第二第一等並許次年赴舉其學究請併周易尚書爲一科各對墨義三十道毛詩依舊爲一科亦對墨義六十道及第後並減爲七選集諸科舉人第一場十否殿五舉第二第三場十否三舉二場內有九否殿一舉解試之官坐其罪進士請解加試論一首以五百言以上爲準奏可俄以父病上表解官世宗親加慰撫手封金丹俾賜其父父卒歸葬洛陽詔賜錢三十萬米麥三百斛終喪召拜端明殿學士從征淮南判行在三司世宗以其餉饋不繼將罪之宰相范質救解得免淮南平判河南府兼知西京留守事恭帝即位遷兵部侍郎充職俄使南唐既至將宣詔會雨雪李景請於廡下拜受儀曰儀獲將國命不敢失舊禮儻以霑服失容請俟他日景即拜命於庭建隆元年秋遷工部尚書罷學士兼判大理寺奉詔重定刑統爲三十卷會翰林學士王著以酒失貶官太祖謂宰相曰深嚴之地當得宿儒處之范質等對曰竇儀清介重厚然已自翰林遷端明矣太祖曰非斯人不可處禁中卿當諭以朕意勉令就職即日再入翰林爲學士乾德二年范質等三相並罷越三日始命趙普平章事制書既下太祖問翰林學士曰質等已罷普敕何官當署承旨陶穀時任尚書乃建議相位不可以久虛今尚書乃南省六官之長可以署敕儀曰穀所陳非承平之制皇弟開封尹同平章事即宰相之任太祖曰儀言是也即命太宗署敕賜之俄加禮部尚書時御史臺議欲以左右僕射合爲表首太常禮院以東宮三師爲表首儀援典故以僕射合爲表首者六而謂三師無所據朝議是之四年秋知貢舉是冬卒年五十三贈右僕射儀學問優博風度峻整弟儼侃偁僖皆相繼登科馮道與禹鈞有舊嘗贈詩有靈椿一株老丹桂五枝芳之句縉紳多諷誦之當時號爲竇氏五龍初周祖平兗州議將盡誅脅從者儀白馮道范質同請於周祖皆得全活顯德中太祖克滁州世宗遣儀籍其府庫太祖復令親吏取藏中絹給麾下儀曰太尉初下城雖傾藏以給軍士誰敢言者今既著籍乃公帑物也非詔不可取後太祖屢對大臣稱儀有執守欲相之趙普忌儀剛直乃引薛居正參知政事及儀卒太祖閔然謂左右曰天何奪我竇儀之速耶蓋惜其未大用也侃漢乾祐初及第至起居郎偁周廣順初及第至左補闕子譔諤誥俱登進士第譔至都官員外郎諤至祕書丞

儼字望之幼能屬文既冠舉晉天福六年進士辟滑州從事府罷授著作佐郎集賢校理出爲天平軍掌書記以母憂去職服除拜左拾遺開運中諸鎮恣用酷刑儼上疏曰案名例律死刑二絞斬之謂也絞者筋骨相連斬者頭頸異處大辟之目不出兩端淫刑之興近聞數等蓋緣外地不守通規或以長釘貫人手足或以短刀臠人肌膚遷延信宿不令就死冤聲上達和氣有傷望加禁止上從之儼仕漢爲史館修撰周廣順初遷右補闕與賈緯王伸同修晉高祖少帝漢祖三朝實錄改主客員外郎知制誥時儀自閤下入翰林兄弟同日拜命分居兩制時人榮之俄加金部郎中拜中書舍人顯德元年加集賢殿學士判院事父憂去職服闋復舊官時世宗方切於治道儼上疏曰歷代致理六綱爲首一曰明禮禮不明則彝倫不敘二曰崇樂樂不崇則二儀不和三曰熙政政不熙則羣務不整四曰正刑刑不正則巨姦不懾五曰勸農農不勸則資澤不流六曰經武武不經則軍功不盛故禮有紀若人之衣冠樂有章若人之喉舌政有統若人之性情刑有制若人之呼吸農爲本若人之飲食武爲用若人之手足斯六者不可斯須而去身也陛下思服帝猷寤寐獻納亟下方正之詔廓開藝能之路士有一技必得自効故小臣不揆輒陳禮樂刑政勸農經武之言世宗多見聽納南征還詔儼考正雅樂俄權知貢舉未幾拜翰林學士判太常寺儼校鐘磬筦籥之數辨清濁上下之節復舉律呂旋相爲宮之法迄今遵用會詔中外臣僚有所聞見並許上章論議儼疏曰設官分職授政任功欲爲政之有倫在位官之無曠今朝廷多士省寺華資無事有員十乃六七止於計月待奉計年待遷其中廉幹之人不無愧恥之意如非歷試何展公才請改兩畿諸縣令及外府州五千戶以上縣令爲縣大夫陞爲從五品下畿大夫見府尹如赤令之儀其諸州府縣大夫見本部長如賓從之禮郎中員外郎起居補闕拾遺侍御史監察御史殿中侍御史光祿少卿以下四品太常丞以下五品等並得衣朱紫滿日准在朝一任約舊官遷二等自拾遺監察除授回日即爲起居侍御史中行員外郎若前官不是三署即罷後一年方得求仕如此則士大夫足以陳力賢不肖無以駕肩各繫否臧明行黜陟利民益國斯實良規又以爲國家之方守穀帛而已二者不出國而出於民其道在天其利在地得其理者蕃阜失其理者耗嗇民之顓蒙宜有勸教請於齊民要術及四時纂要韋氏月錄中采其關於田蠶園囿之事集爲一卷鏤板頒行使之流布疏奏不報宋初就轉禮部侍郎代儀知貢舉當是時祀事樂章宗廟謚號多儼撰定議者服其該博車駕征澤潞以疾不從卒年四十二儼性夷曠好賢樂善優游策府凡十餘年所撰周正樂成一百二十卷詔藏於史閣其通禮未及編纂而卒有文集七十卷儼於儀尤爲才俊對景覽古皆形諷詠更迭倡和至三百篇多以道義相敦厲並著集儼顯德中奉使荊南荊南自唐季以來高氏據有其地雖名藩臣車服多僭侈踰制以至司賓隸候館小胥皆盛服彯纓與王人亢禮儼諷以天子在上諸侯當各守法度悉令去之然後宣達君命尤善推步星歷逆知吉凶盧多遜楊徽之同任諫官儼嘗謂之曰丁卯歲五星聚奎自此天下太平二拾遺見之儼不與也又曰儼家昆弟五人皆登進士第可謂盛矣然無及相輔者惟偁稍近之亦不久居其位卒如其言儼有子早卒以姪說爲嗣

偁字曰章漢乾祐二年舉進士周廣順初補單州軍事判官遷秘書郎出爲絳州防禦判官宋初歷武寧軍掌書記西京留守判官天雄歸德軍節度判官開寶六年拜右補闕知宋州嘗作遂命賦以自悼太宗領開封府尹選偁判官府賈琰爲推官偁不樂其爲人太宗嘗宴諸王偁琰與會琰言矯誕偁叱之曰巧言令色心獨不愧乎上愕然因罷會出偁爲彰義軍節度判官太平興國五年車駕幸大名府召至行在所拜比部郎中時議北征偁請休兵牧馬以徐圖之上從其言歸以偁爲樞密直學士賜第一區六年遷左諫議大夫充職七年參知政事上謂偁曰汝何能臻此偁曰陛下不忘舊臣太宗曰非也卿能以公正責賈琰朕旌直臣爾是秋卒年五十八車駕臨哭贈工部尚書初偁在涇州與丁顒同官顒子謂方幼偁見之曰此兒必遠到以女妻之後爲宰相三公太祖嘗謂宰相曰近朝卿士竇儀質重嚴整有家法閨門敦睦人無讕語諸弟不能及偁亦中人材爾偁有操尚可嘉也

呂餘慶幽州安次人本名胤犯太祖偏諱因以字行祖兗橫海軍節度判官父琦晉兵部侍郎餘慶以蔭補千牛備身歷開封府參軍遷戶曹掾晉少帝弟重睿領忠武軍節度以餘慶爲推官仕漢歷周遷濮州錄事參軍太祖領同州節制聞餘慶有材奏爲從事世宗問曰得非嘗爲濮州糾曹者乎即以爲定國軍掌書記世宗嘗鎮澶淵濮爲屬郡故知其爲人也太宗歷滑許宋三鎮餘慶並爲賓佐及即位自宋亳觀察判官召拜給事中充端明殿學士清泰中琦亦居是職官秩皆同時人榮之未幾知開封府太祖征潞及揚並領上都副留守建隆三年遷戶部侍郎丁母憂荊湖平出知潭州改襄州遷兵部侍郎知江陵府召還以本官參知政事蜀平命知成都府時盜賊四起軍士恃功驕恣大將王全斌等不能戢下一日藥市始集街吏馳報有軍校被酒持刃奪賚人物餘慶立捕斬之以徇軍中畏伏民用按堵就加吏部侍郎歸朝兼劒南荊南等道都提舉三司水陸發運等使開寶六年與宰相更知政事印旋以疾上表求解機務拜尚書左丞九年卒年五十贈鎮南節度餘慶重厚簡易自太祖繼領藩鎮餘慶爲元僚及受禪趙普李處耘皆先進用餘慶恬不爲意未幾處耘黜守淄州餘慶自江陵還太祖委曲問處耘事餘慶以理辨釋上以爲實遂命參知政事會趙普忤旨左右爭傾普餘慶獨辨明之太祖意稍解時稱其長者至道中以弟端爲宰相特詔贈侍中

劉熙古字義淳宋州寧陵人唐左僕射仁軌十一世孫祖寶進嘗爲汝陰令熙古年十五通易詩書十九通春秋子史避祖諱不舉進士後唐長興中以三傳舉時翰林學士和凝掌貢舉熙古獻春秋極論二篇演論三篇凝甚加賞召與進士試擢第遂館於門下清泰中驍將孫鐸以戰功授金州防禦使表熙古爲從事晉天福初鐸移汝州又辟以隨熙古善騎射一日有鸛集戟門槐于樹鐸喜令勿拔矢以旌其能後二歲鐸卒調補下邑令俄爲三司戶部出使巡官領永興渭橋華州諸倉制置發運仕漢爲盧氏令周廣順中改亳州防禦推官歷澶州支使秦鳳平以爲泰州觀察判官太祖領宋州爲

節度判官即位召爲左諫議大夫知青州車駕征維揚追赴行在建隆二年受詔制置晉州榷礬增課八十餘萬緡乾德初遷刑部侍郎知鳳翔府未幾移秦州州境所接多寇患熙古至諭以朝廷恩信取蕃部酋豪子弟爲質邊鄙以寧轉兵部侍郎從知成都府六年就拜端明殿學士丁母憂開寶五年詔以本官參知政事選名馬銀鞍以賜歲餘以足疾求解拜戶部尚書致仕九年卒年七十四贈右僕射熙古兼通陰陽象緯之術作續聿斯歌一卷六壬釋卦序例一卷性淳謹雖顯貴不改寒素歷官十八登朝三十餘年未嘗有過嘗集古今事迹爲歷代紀要十五卷頗精小學作切韻拾玉二篇摹刻以獻詔付國子監頒行之子蒙正蒙叟

蒙正字頤正善騎射乾德中以蔭補殿直遷供奉官王師征江南命乘傳軍中事承事盧絳以舟師來援潤州蒙正白部署丁德裕請分精甲百人出與絳戰矢中左脅戰愈力及下潤州獲知州劉澄監軍崔亮部送闕下嶺南陸運香藥入京詔蒙正往規畫蒙正請自廣韶江泝流至南雄由大庾嶺步運至南安軍凡三鋪鋪給卒三十人復由水路輸送又掌朝服法物庫會重製繡衣鹵簿多其規式太平興國四年轉內藏庫副使進崇義使自創內藏庫即詔蒙正典領凡二十餘年眞宗初改如京使出知滄冀磁三州戎人犯境蒙正調丁男乘城固守有勞未幾以擅乘驛馬責授亳州團練副使咸平四年卒年七十二

蒙叟字道民乾德中進士甲科歷岳宿二州推官以所知論薦授太子中允知乾興拜監察御史從知濟州俄以秦王子德恭判州事就命爲通判郡事皆決於蒙叟遷右補闕轉起居舍人戶部鹽鐵判官再遷屯田郎中歷知廬濠滁汝四州遷都官咸平中上疏曰陛下已周諒闇方勤萬務望崇儉德遵守前規無自矜能無作奢縱厚三軍之賜輕萬姓之徭使化育被於生靈聲教加於中外且萬國已觀其始惟陛下慎守其終思鮮克之言戒性習之漸則天下幸甚上嘉之以本官直史館車駕北巡令知中宮名表獻宋都賦述國家受命建號之地宜建都立宗廟時雖未遑後卒從之會詔直史館各獻舊文以蒙叟所著爲嘉改職方郎中景德中以足疾拜太常少卿致仕卒年七十三蒙叟好學善屬辭著五運甲子編年歷三卷子宗儒太子中書宗弼宗誨並進士及第

石熙載字凝績河南洛陽人周顯德中進士登第疎儁有量居家嚴謹有禮法宋初太宗以殿前都虞候領泰寧軍節制辟爲掌書記及尹京邑表爲開封府推官授左拾遺遷左補闕丁外艱將起復以讒出爲忠武崇義二軍掌書記太宗即位復以左補闕召同知貢舉時梅山洞蠻屢爲寇以熙載知潭州召還擢爲兵部員外郎領樞密直學士未幾僉書樞密院事詔賜官第一區太平興國四年親征河東以給事中充樞密副使從行還遷刑部侍郎五年拜戶部尚書樞密事以病足在告寢疾久之未愈八年上表求解職詔加慰撫授尚書右僕射九年卒年五十七贈侍中謚元懿上爲悲嘆累日且謂其事君之心純正無他適當委用而奄忽至此深爲可惜國朝大臣謝事而卒車駕臨視者惟熙載焉熙載性忠實遇事盡言是非好惡無所顧避人有善即推薦之時論稱其長者初微時爲養負未嘗行嵩陽道中遇一叟熟視熙載曰眞人將與子當居輔弼之位言訖不見及居太宗幙下頗盡誠節典樞務日上眷注甚篤方將倚以爲相俄遘疾不起熙載事繼母牛氏以孝聞弟熙導牛氏前夫子隨母歸石氏以熙載故奏補殿直從弟熙古幼弟熙正皆登進士第熙載撫之如一熙載卒時子中孚中立皆幼熙正患熙導以異姓居己上乃詐傳上旨令已籍熙導家財由是交訟有司歸罪熙導上召問中孚中立令有司再鞫得實熙導還本姓中孚亦養子勿問熙正坐除名上素知熙載以母故育熙導甚厚雖令還宗而不奪其官復以財產量給之咸平二年八月熙載配饗太宗廟庭熙正後至供備庫副使中孚至尚書虞部員外郎子行簡大中祥符進士

中立字表臣年十三而孤性疎曠好諧謔人不以爲怒初補西頭供奉官後五年改光祿寺丞家財悉推與諸父無所受擢直集賢院與李宗諤楊億劉筠陳越相厚善校讐秘書凡更中立者人皆傳之判三司理欠憑由司帝幸亳命修所過國經爲鹽鐵判官累遷尚書禮部侍郎判吏部南曹注釋御集爲檢閱官改判戶部勾院遷戶部郎中史館修撰糾察在京刑獄以吏部郎中知制誥領審官院又同知禮部貢舉判集賢院坐舉官不當落史館修撰罷審官院頃之復糾察刑獄領三班院歷右諫議大夫給事中入爲翰林學士判秘閣知制誥並知貢舉詔中立與張觀兼行外制遷尚書禮部侍郎爲學士承旨兼龍圖閣學士景祐四年拜參知政事明年災異數見諫官韓琦言中立在位喜詼笑非大臣體與王隨陳堯佐韓億皆罷以戶部侍郎爲資政殿學士領通進銀臺司判尚書都省進大學士遷吏部侍郎提舉祥源觀以太子少傅致仕遷少師卒贈太子太傅謚文定中立練習臺閣故事不汲汲近名喜賓客客至必與飲酒醉乃得去初家產歲入百萬錢末年費幾盡帝聞其病賜白金三百兩既死其家至不能辦喪子居簡至太子中允集賢校理

李穆字孟雍開封府陽武人父咸秩陝西大都督府司馬穆幼能屬文有至行路得遺物必訪主歸之從酸棗王昭素受易及莊老書盡究其義昭素謂曰子所能得精理往往出吾意表且語人曰李生異日必爲廊廟器以所著易論三十三篇授之周顯德初以進士爲郢汝二州從事遷右拾遺宋初以殿中侍御史選爲洋州通判既至剖決滯訟無留獄爲移陝州通判有司調郡租輸河南穆以本鎮軍食闕不即應命坐免又坐舉官削前資時弟肅爲博州從事穆將母就肅居雖貧甚兄弟相與講學意泊如也開寶五年以太子中允召明年拜左拾遺知制誥五代以還詞令尚華靡至穆而獨用雅正悉矯其弊穆與盧多遜爲同門生太祖嘗謂多遜李穆性仁善辭學之外無所豫對曰穆操行端直臨事不以死生易節仁而有勇者也上曰誠如是吾當用之時將有事江南已部分諸將而未有發兵之端乃先召李煜入朝以穆爲使穆至諭旨煜辭以疾且言事大朝以望全濟今若此有死而已穆曰朝與否國王自處之然朝廷甲兵精銳物力雄富恐不易當其鋒宜熟思之無自貽後悔使還具言狀上以爲所諭要切江南亦謂其言誠實太平興國初轉左補闕三年冬加史館修撰判館事面賜金紫四年從征太原還拜中書舍人預修太祖實錄賜衣帶銀器繒綵七年以與盧多遜款狎又爲秦王廷美草朝辭笏記爲言者所劾責授司封員外郎八年春與宋白等同知貢舉及侍上御崇政殿親試進士上憫其顏貌癯瘁即日復拜中書舍人史館修撰判館事五月召爲翰林學士六月知開封府剖判精敏猾姦無所貸假由是豪右屏迹權貴無敢干以私上益知其才十一月擢拜左諫議大夫參知政事月餘丁母憂未幾起復本官穆三上表乞終制詔彊起之穆益哀毀盡禮九年正月晨起將朝風眩暴卒年五十七穆自責授員外郎復中書舍人入翰林參知政事以至于卒不及周歲上聞其死哭謂近臣曰穆國之良臣朕方倚用遽茲淪沒非斯人之不幸乃朕之不幸也贈工部尚書穆性至孝母嘗臥疾每動止轉側皆親自扶掖乃稱母意後穆坐秦王事屬吏其子惟簡紿祖母以穆奉詔鞫獄臺中及責授爲省郎還家亦不以白母每隔日陽爲入直即訪親友或游僧寺免歸暨于卒復母終弗之知及居喪思慕以至滅性穆善篆隸又工畫常晦其事質厚忠恪謹言慎行所爲純至無有矯飾深信釋典善談名理接引後進多所薦達尤寬厚家人未嘗見其喜慍所著文章隨即毀之多不留槀子惟簡以父任將作監丞多才藝性沖澹不樂仕進去官家居三十餘年人多稱之眞宗素聞其有履行景德三年詔授惟簡子郯將作監主簿大中祥符七年冬召惟簡入對特拜太子中允致仕後加太常丞天禧四年卒賜其家錢十萬仍給郯月奉終制郯後爲太子中舍

肅字季雍七歲讀書知大義十歲爲詩往往有警語舉進士登甲科性嗜酒歷濮博二州從事遷保靜軍節度推官詔方下一夕與親友會飲酣寢而卒年三十三嘗作大宋樂章九首取九成九夏之義以頌國家盛德其文甚工又作代周顒答北山移文弔幽憂子文病鷄賦意皆有所規焉

論曰張昭居五季之末專以典章譔述爲事博洽文史旁通治亂君違必諫時君雖尚之而不能從宋興敦奬碩儒多所詢訪庶幾獲稽古之效矣竇氏弟昆以儒學進並馳時望儀之剛方清介有應務之材將試大用而遽淪亡儼優游文藝修起禮樂太宗尹京偁實元僚沖淡回翔晚著忠讜若其門族宦業之盛世或以爲陰德之報其亦義方之効也餘慶當太祖居潛歷幕府名亞趙普李處耘及二人登用一不介意其後相繼爲衆所傾乃能爲之辨釋熙古居大任自處如寒素熙載立朝言無顧避喜薦善人穆以文學孝行見稱於時數賢雖當創業之始而進退之際藹然承平多士之風焉宜宋治之日進於盛也

宋史卷二百六十三考證

竇儀傳拜端明殿學士從征淮南判行在三司世宗以其餉饋不繼將罪之宰相范質救解得免○臣其曆按資治通鑑節要作世宗怒翰林學士竇儀本傳云端明殿學士是葢端明殿五代時亦可稱翰林耳

宋史卷二百六十四

元　中　書　右　丞　相　總　裁　脫　脫　等　修

列傳第二十三

薛居正 子惟吉　沈倫 子繼宗
盧多遜 父億　宋琪 宋雄

薛居正字子平開封浚儀人父仁謙周太祖賓客居正少好學有大志清泰初舉進士不第爲遣愁文以自解寓意倜儻識者以爲有公輔之量踰年登第晉天福中華帥劉遂凝辟爲從事遂凝兄遂清領邦計奏署鹽鐵判官開運初改度支推官宰相李崧領鹽鐵又奏署推官加大理寺直遷右拾遺桑維翰爲開封府尹奏署判官漢乾祐初史弘肇領侍衞親軍威權震主殘忍自恣無敢忤其意者其部下吏告民犯鹽禁法當死獄將決居正疑其不實召詰之乃吏與民有私憾因誣之逮吏鞫之具伏抵法弘肇雖怒甚亦無以屈周廣順初遷比部員外郎領三司推官旋知制誥周祖征兗州詔居正從行以勞加都官郎中顯德三年遷左諫議大夫擢弘文館學士判館事六年使滄州定民租未幾以材幹聞於朝擢刑部侍郎判吏部銓宋初遷戶部侍郎太祖親征李筠及李重進並留司三司俄出知許州建隆三年入爲樞密直學士權知貢舉初平湖湘以居正知朗州會亡卒數千人聚山澤爲盜監軍使疑城中僧千餘人皆其黨議欲盡捕誅之居正以計緩其事因率衆翦滅羣寇擒賊帥汪端詰之僧皆不預賴以全活乾德初加兵部侍郎車駕將親征太原大發民餽運時河南府饑逃亡者四萬家上憂之命居正馳傳招集浹旬間民盡復業以本官參知政事五年加吏部侍郎開寶五年兼淮南湖南嶺南等道都提舉三司水陸發運使又兼門下侍郎監修國史又監修五代史踰年畢錫以器幣六年拜門下侍郎平章事八年二月上謂居正等曰年穀方登庶物豐盛若非上天垂祐何以及斯所宜共思濟物或有闕政當與攻舉以成朕志居正等益修政事以副上意焉太平興國初加左僕射昭文館大學士從平晉陽還進位司空因服丹砂遇毒方奏事覺疾作遽出至殿門外飲水升餘堂吏掖歸中書已不能言但指廡間儲水器左右取水至不能飲偃閣中吐氣如煙焰輿歸私第卒六年六月也年七十贈太尉中書令謚文惠居正氣貌瓌偉飲酒至數斗不亂性孝行純居家儉約爲相任寬簡不好苛察士君子以此多之自參政至爲相凡十八年恩遇始終不替先是太祖嘗謂居正曰自古爲君者鮮克正己爲臣者多無遠略雖居顯位不能垂名後代而身陷不義子孫罹殃蓋君臣之道有所未盡吾觀唐太宗受人諫疏直詆其非而不恥以朕所見不若自不爲之使人無異詞又觀古今人臣多不終始能保全而享厚福者由忠正也開寶中居正與沈倫並爲相盧多遜參知政事九年冬多遜亦爲平章事及居正卒而沈倫責授多遜南流論者以居正守道蒙福果符太祖之言居正好讀書爲文落筆不能自休子惟吉集爲三十卷上之賜名文惠集咸平二年詔以居正配饗太祖廟庭

惟吉字世康居正假子也居正妻妬悍無子婢妾皆不得侍側故養惟吉愛之甚篤少有勇力形質魁岸與京師少年追逐角抵蹴鞠縱酒不謹雅好音樂嘗與伶人游居正不能知蔭補右千牛衞備身歷太子通奉舍人改西頭供奉太宗卽位三相子皆越次拔擢沈倫盧多遜子並爲尚書郎惟吉以不習文故爲右千牛衞大將軍及居正卒太宗親臨居正妻拜於喪所上存撫數四因問不肖子安在頗改行否恐不能負荷先業柰何惟吉伏喪側竊聞上語懼赧不敢起自是盡革故態謝絕所與游者居喪有禮既而多接賢士大夫頗涉獵書史時論翕然稱之上知其改行令知澶州改揚州上表自陳遷左千牛衞大將軍丁內艱卒哭起復本官懇求終制不許俄詔知河南府又知鳳翔府淳化五年秦州溫仲舒以伐木爲蕃戶攘奪驅其部落徙居渭北頗致騷動詔擇守臣安撫之乃命惟吉與仲舒對易其任未幾遷左領軍衞大將軍至道二年移知延州未行卒年四十二惟吉既知非改過能折節下士輕財好施所至有能聲然御家無法及其死家人爭財致訟妻子辨對於公庭云

沈倫字順儀開封太康人舊名義倫以與太宗名下字同止名倫少習三禮於嵩洛間以講學自給漢乾祐中白文珂鎭陝倫往依之周顯德初太祖領同州節度宣徽使昝居潤與倫厚善薦於太祖留幕府太祖繼領滑許宋三鎭皆署從事掌留後財貨以廉聞及受周禪自宋州觀察推官召爲戶部郎中奉使吳越歸奏便宜十數事皆從之道出揚泗屬歲飢民多死郡長吏白於倫曰郡中軍儲尚百餘萬斛儻貸於民至秋復收新粟如此則公私俱利非公言不可還具以白朝論沮之曰今以軍儲振饑民若荐饑無徵孰任其咎太祖以問倫曰國家以廩粟濟民自當召和氣致豐稔豈復有水旱耶此當決於宸衷太祖卽命發廩貸民建隆三年遷給事中明年春爲陝西轉運使王師伐蜀用爲隨軍水陸轉運使先是王全斌崔彥進之入成都也競取民家玉帛子女倫獨居佛寺飯蔬食有以珍異奇巧物爲獻者倫皆拒之東歸篋中所有纔圖書數卷而已太祖知之遂貶全斌等以倫爲戶部侍郎樞密副使親征太原領大內都部署判留司三司事先是倫第庳陋處之晏如時權要多冒禁市巨木秦隴間以營私宅及事敗露皆自啓於上前倫亦嘗爲母市木營佛舍因奏其事太祖笑謂曰爾非踰矩者知其未葺居第因遣中使按圖督工爲治之倫私告使者願得制度狹小使者以聞上亦不違其志開寶二年丁母憂起復視事六年拜中書侍郎平章事集賢殿大學士兼提舉荆南劍南水陸發運事雩祀西洛以倫留守東京兼大內都部署俄召赴行在令預大禮太平興國初加右僕射兼門下侍郎監修國史親征太原復以倫爲留守判開封府事師還加左僕射五年史官李昉扈蒙撰太祖實錄五十卷倫爲監修以獻賜襲衣金帶六年加開府儀同三司是歲疾作自是多請告盧多遜事將發倫已上表求致仕明年多遜敗以倫與之同列不能覺察詔加切責降授工部尚書其子都官員外郎繼宗本由父蔭不宜更在朝行可落班簿時倫病不能興上表謝未幾倫再奏章乞骸骨復授左僕射致仕上以倫國初舊臣遽復繼宗官以慰其心雍熙四年卒年七十九贈侍中倫清介醇謹車駕每出多令居守好釋氏信因果嘗盛夏坐室中恣蚊蚋噆其膚童子秉箑至輒叱之冀以徼福在相位日值歲饑鄉人假粟者皆與之殆至千斛歲餘盡焚其券微時娶閻氏無子妾田氏生繼宗及貴閻以封邑固讓田倫乃爲閻治第太康田遂爲正室縉紳非之初有司議謚倫曰恭惠繼宗上言曰亡父始從冠歲卽事儒業未遑從賊遽赴賓招叨遇明時陟於相位伏見國朝故相薛居正謚文惠王溥謚文獻此雖近制實爲典常若以臣父起家不由文學卽嘗歷集賢修史之職伏請改謚曰文判太常禮儀院趙昂判考功張洎駮曰沈倫逮事兩朝早升台弼有祗畏謹守之美有矜恤周濟之心案謚法不懈于位與夫謹事奉上執政堅固執禮御賓率事以信接下不驕能遠恥辱賢而不伐尊賢貴讓愛民長悌不懈爲德既過能改數者皆謂之恭又云慈民好與與夫柔質慈民愛民好柔寬裕不苛和質受諫數者皆謂之惠由漢以來皆爲美謚如唐相溫彥博之出納明允止謚曰恭實易直之公舉無避乃謚曰恭惠而沈倫備位台衡出於際會徒能謹飭以自保全以恭配惠厥美居多又按謚法道德博聞曰文忠信接禮曰文寬不慢廉不劌曰文堅強不暴曰文敏而好學不恥下問曰文德美才秀曰文修治班制曰文昔張說之謚文正楊綰之謚文簡人不謂然蓋行義有所未充雖蒙特賜誠非至公若夫大臣子孫許其爲父陳情則曲臺考功之司爲虛器而彰善癉惡之義微矣繼宗以其父曾任集賢殿學士及監修國史之職輒引薛居正王溥爲比則彼皆舊跡辭場歷典誥命以文爲謚允合國章至於集賢國史皆宰相兼領之任非必由文雅而登其沈倫謚伏望如故從之

繼宗字世卿倫爲樞密副使以蔭補西頭供奉官倫作相授水部員外郎加朝散大夫遷都官職方知浚儀縣轉屯田郎中出知單州代歸命使京東計度財賦濮州土貢銀課民織造不折省稅鄆州節度配屬縣納藥物皆爲民病繼宗歸歷言於上以除其弊至道末領淮南轉運使繼宗貴家子倦於從吏既因疾以將作少監致仕東封歲求扈從復授職方郎中禮畢改太僕少卿判吏部南曹遷光祿少卿判三司三勾院繼宗善營產業厚於養生不飲酒不嗜音律而喜接賓客終日宴集無倦大中祥符五年卒年五十五前後錄其子惟溫惟清惟恭並爲將作監主簿惟溫後至秘書丞惟清娶密王女宜都縣主至內殿承制

盧多遜懷州河內人曾祖得一祖貞啓皆爲邑宰父億字子元少篤學以孝悌聞舉明經調補新鄉主簿秩滿復試進士校書郎集賢校理晉天福中遷著作佐郎出爲鄆州觀察支使節帥杜重威驕蹇黷貨幕府賄賂公行唯億清介自持會景延廣鎭天平表億掌書記留守西洛又表爲判官時國用窘乏取民財以助軍河南府計出二十萬緡延廣欲並緣以圖美利增爲三十七萬緡億諫曰公位兼將相既富且貴今國帑空竭不得已而取貲於民公何忍利之乎延廣慚而止漢初以魏王承訓爲開封尹授億水部員外郎克推官時侍衞諸軍驕恣朝廷姑息之軍士成美以驢負鹽入都門闔者不敢執反擒平民孟柔送侍衞司柔自誣伏論當棄市億察其冤言於漢祖而釋之周初爲侍御史漢末兵亂法書亡失至是大理奏重寫律令格式統類編敕乃詔億與刑部員外曹匪躬大理正段濤同加議定舊本以京兆府改同五府開封大名府改同河南府長安萬年改

為大赤縣開封浚儀大名元城改為赤縣又定東京諸門薰風等為京城門明德等為皇城門啓運等為宮城門昇龍等為宮門崇元等為殿門廟諱書不成文凡改點畫及義理之誤字二百一十有四又以晉漢及周初事關刑法敕條者分為二卷附編敕自為大周續編敕詔行之俄以本官知雜事加左司員外郎遷主客度支郎中並兼弘文館直學士世宗晏駕為山陵判官出為河南令宋初遷少尹億性恬退聞其子多遜知制誥即上章求解乾德二年以少府監致仕多遜顯德初舉進士解褐秘書郎集賢校理遷左拾遺集賢殿修撰建隆三年以本官知制誥歷祠部員外郎乾德二年權知貢舉三年加兵部郎中四年復權知貢舉六年加史館修撰判館事開寶二年車駕征太原以多遜知太原行府事移幸常山又命權知鎮州師還直學士院三年春復知貢舉四年冬命為翰林學士六年使江南還因言江南衰弱可圖之狀受詔同修五代史遷中書舍人參知政事丁外艱數日起復視事會史館修撰扈蒙請復修時政記詔多遜專其事金陵平加吏部侍郎太平興國初拜中書侍郎平章事四年從平太原還加兵部尚書多遜博涉經史聰明強力文辭敏給好任數有謀略發多奇中太祖好讀書每取書史館多遜預戒吏令白已知所取書必通夕閱覽及太祖問書中事多遜應答無滯同列皆伏焉先是多遜知制誥與趙普不協及在翰林日每召對多攻普之短未幾普出鎮河陽太宗踐祚普入為少保數年普子承宗娶燕國長公主女承宗適知潭州受詔歸闕成婚禮未踰月多遜白遣歸任普由是憤怒初普出鎮河陽上言自愬云外人謂臣輕議皇弟開封尹皇弟忠孝全德豈有間然矧昭憲皇太后大漸之際臣實預聞顧命知臣者君願賜昭鑒太祖手封其書藏於宮中至是普復密奏臣開國舊臣為權幸所沮因言昭憲顧命及先朝自愬之事上於宮中訪得普前所上表因感悟即留承宗京師未幾復用普為相多遜益不自安普屢諷多遜令引退多遜貪固權位不能決會有以多遜嘗遣堂吏趙白交通秦王廷美事聞太宗怒下詔數其不忠之罪責授守兵部尚書明日以多遜屬吏命翰林學士承旨李昉學士扈蒙衞尉卿崔仁冀膳部郎中知雜事滕中正雜治之獄具召文武常參官集議朝堂太子太師王溥等七十四人奏議曰謹案兵部尚書盧多遜身處宰司心懷顧望密遣堂吏交結親王通達語言咒詛君父大逆不道干紀亂常上負國恩下虧臣節宜膏鈇鉞以正刑章其盧多遜請依有司所斷削奪在身官爵準法誅斬秦王廷美亦請同盧多遜處分其所緣坐望準律文裁遣遂下詔曰臣之事君貳則有辟下之謀上將而必誅兵部尚書盧多遜頃自先朝擢參大政洎予臨御俾正台衡職在燮調任當輔弼深負倚毗不思補報而乃包藏姦宄窺伺君親指斥乘輿交結藩邸大逆不道非所宜言爰遣近臣雜治其事醜迹盡露具獄以成有司定刑外廷集議僉以梟夷其族汚瀦其宮用正憲章以合經議尚念嘗居重位久事明廷特寬盡室之誅止用投荒之典實汝有負罪非我無恩其盧多遜在身官爵及三代封贈妻子官封並用削奪追毀一家親屬並配流崖州所在馳驛發遣縱經大赦不在量移之限朞周已上親屬並配隸邊遠州郡部曲奴婢縱之餘依百官所議中書吏趙白秦王府吏閻密王繼勳樊德明趙懷祿閻懷忠並斬都門外仍籍其家親屬流配海島閻密初給事廷美左右太宗即位補殿直仍隸秦邸恣橫不法王繼勳尤廷美所親信嘗使求訪聲妓繼勳因怙勢以取貨賄德明素與趙白遊處多遜因之傳達機事以結廷美又累遣懷祿私召同母弟軍器庫副使趙廷俊與語懷忠嘗謂廷美使詣淮海國王錢俶遺白金釦器絹扇等廷美又嘗遣懷忠齎銀器錦綵羊酒詣其妻父潘璘營宴軍校至是皆伏罪多遜累世墓在河南未敗前一夕震電盡焚其林木聞者異之多遜至海外因部送者還上表稱謝雍熙二年卒于流所年五十二詔徙其家於容州未幾復移置荊南端拱初錄其子雍為公安主簿還其懷州籍沒先塋雍卒諸弟皆特敕除州縣官初億性儉素自奉甚薄及多遜貴顯賜賚優厚服用漸侈愀然不樂謂親友曰家世儒素一旦富貴暴至吾未知稅駕之所後多遜果敗人服其識咸平五年又錄雍弟寬為襄州司士參軍寬弟察中景德進士將廷試特詔授以州掾大中祥符二年始改簿尉三年察奉多遜喪歸葬襄陽又詔本州賜察錢三十萬四年仍錄其孫又元為襄州司士

宋琪字俶寶幽州薊人少好學晉祖割燕地以奉契丹契丹歲開貢部琪舉進士中第署壽安王侍讀時天福六年也幽帥趙延壽辟琪為從事會契丹內侵隨延壽至京師延壽子贊領河中節度漢初改授晉昌軍皆署琪為記室周廣順中贊罷鎮補觀城令世宗征淮南贊自右龍武統軍為排陣使復辟琪從征及金陵歸款以贊鎮廬州表為觀察判官部有冤獄琪辨之免死者三人特加朝散大夫贊仕宋連移壽陽延安二鎮皆表為從事乾德四年召拜左補闕開封府推官太宗為府尹初甚加禮遇琪與宰相趙普樞密使李崇矩善出入門下遂惡之乃白太祖出琪知龍州移閬州開寶九年為護國軍節度判官太宗即位召赴闕時程羽賈琰皆自府邸攀附致顯要抑琪久不得調太平興國三年授太子洗馬召見詰責琪拜謝請悔過自新遷太常丞出知太通監五年召歸將加擢用為盧多遜所沮改都官郎中出知廣州將行復以藩邸舊僚留判三司勾院七年與三司使王仁贍廷辨事忤旨責授兵部員外郎俄通判開封府事京府置通判自琪始八年春正月擢拜右諫議大夫同判三司三月改左諫議大夫參知政事是秋上將以工部尚書李昉參預國政以其先入乃遷琪為刑部尚書十月趙普出鎮南陽琪遂與昉同拜平章自員外郎歲中四遷至尚書為相上謂曰世之治亂在賞當其功罰當其罪即無不治謂為飾喜怒之具即無不亂卿等慎之九年九月上幸景龍門外觀水磑因謂侍臣曰此水出於山源清冷甘美凡近河水味皆甘豈非餘潤之所及乎琪等對曰實因地脈潛通而然亦猶人之善惡以染習而成也其年冬郊祀禮畢加門下侍郎昭文館大學士一日上謂琪等曰在昔帝王多以崇高自處顏色嚴毅左右無敢質言者朕與卿等周旋欵曲商確時事蓋欲通上下之情無有壅蔽卿等但直道而行無得有所顧避琪謝曰臣等非才待罪相府陛下曲賜溫顏令盡愚懇敢不傾竭以副聖意會詔廣宮城宣徽使柴禹錫有別第在表識內上言願易官邸上覽奏不悅禹錫陰結琪欲因白請盧多遜舊第上益鄙之先是簡州軍事推官王瀚引對上嘉其雋爽面授朝官翼日琪奏瀚經學出身一任幕職例除七寺丞上曰吾已許之矣可與東宮官琪執不從擬大理丞告牒進入上批曰可右贊善大夫琪勉從命上滋不悅初上令琪娶馬仁瑀寡妻高繼冲之女厚加賜與以助采廣南轉運王延範高氏之親也知廣州徐休復密奏其不軌且言其依附大臣上因琪與禹錫入對問延範何如人琪未知其端盛言延範強明忠幹禹錫旁奏與琪同上意琪交通不欲暴其狀因以其素好詼諧無大臣體罷守本官禹錫授左驍衞大將軍琪將罷前數日有異鳥集琪待漏之所驅之不去及是罷人以為先兆云端拱初上親耕籍田以舊相進位吏部尚書二年將討幽薊詔羣臣各言邊事琪疏上謂大舉精甲以事討除靈旗所指燕城必降但徑路所趨不無險隘必若取雄霸路直進未免更有陽城之圍蓋界河之北陂淀坦平北路行師非我所便況軍行不離於輜重賊來莫測其淺深欲望回轅西適山路令大軍會於易州循孤山之北漆水以西挾山而行援糧而進涉涿水並大房抵桑乾河出安祖砦則東瞰燕城裁及一舍此是周德威收燕之路自易水距此二百餘里並是沿山村墅連延溪澗相接採薪汲水我占上游東則林麓平岡非戎馬奔衝之地內排槍弩步隊實王師備禦之方而於山上列白幟以望之戎馬之來二十里外可悉數也從安祖砦西北有盧師神祠是桑乾出山之口東及幽州四十餘里趙德君作鎮之時欲遏西衝曾塹此水況河次半有崖岸不可徑度其平處築城護之守以偏師此斷彼之右臂也仍慮步奚為寇可分雄勇兵士三五千人至青白軍以來山中防遏北是新州嬀川之間南出易州大路其桑乾河水屬燕城北隅遶西壁而轉大軍如至城下於燕丹陵東北橫堰此水灌入高梁河高梁岸狹桑水必溢可以駐蹕寺東引入郊亭淀三五日瀰漫百餘里即幽州隔在水南王師可於州北繫浮梁以通北路賊騎來援已隔水矣視此孤壘湫甸必克幽州管內洎山後八軍聞薊門不守必盡歸降蓋勢使然也然後國家命重臣以鎮之敷恩澤以懷之奚霫部落當劉仁恭及其男守光之時皆刺面為義兒服燕軍指使人馬疆土少劣於契丹自被脅從役屬以來常懷骨髓之恨渤海兵馬土地盛於奚帳雖勉事契丹俱懷殺主破國之怨其薊門洎山後雲朔等州沙陁吐渾元是割屬咸非叛黨此蕃漢諸部之衆如將來王師討伐雖臨陣擒獲必貸其死命置署存撫使之懷恩但以罪契丹為名如此則蕃部之心願報私憾契丹小醜剋日殄平其奚霫渤海之國各選重望親嫡封冊為王仍賜分器鼓旗軍服戈甲以優遣之必竭赤心永服皇化俟克平之後宣布守臣令於燕境及山後雲朔諸州厚給衣糧料錢別作禁軍名額召募三五萬人教以騎射隸於本州此人生長塞垣諳練戎事乘機戰鬭一以當十兼得奚霫渤海以為外臣乃守在四夷也然自阿保機時至於近日河朔戶口虜掠極多並在錦帳平盧亦邇柳城遼海編戶數十萬餘耕墾千里既殄異類悉為王民變其衣冠被以聲教願歸者俾復舊貫懷安者因而撫之申畫郊圻列為州縣則前代所建松漠饒落等郡未為開拓之盛也琪本燕人以故究知蕃部兵馬山川形勢俄又上奏曰

國家將平燕薊臣敢陳十策一契丹種族二料賊衆寡三賊來布置四備邊五命將六排陣討伐七和蕃八饋運九收幽州十滅契丹契丹蕃部之别種代居遼澤中南界潢水西距邪山疆土幅員千里而近其主自阿保機始彊盛因攻渤海死於遼陽妻述律氏生三男長曰東丹次曰德光德光南侵還死於殺胡林季曰自在太子東丹生永康永康代德光爲主謀起軍南侵被殺於大神淀德光之子述律代立號爲睡王二年爲永康子明記所篡明記死幼主代立明記妻蕭氏蕃將守興之女今幼主蕭氏所生也晉末契丹主頭下兵謂之大帳有皮室兵約三萬皆精甲也爲爪牙國母述律氏頭下謂之屬珊屬珊有衆二萬乃阿保機之牙將當是時半已老矣南來時量分借得三五千騎述律常留餘兵爲部族根本其諸大首領有太子偉王永康南北王于越麻荅五押等于越謂其國舅也大者千餘騎次者數百騎皆私甲也别族則有奚霫勝兵亦萬餘人少馬多步奚其王名阿保得者昔年犯關時令送劉晞崔廷勳屯河洛者也又有渤海首領大舍利高模翰步騎萬餘人並髡髮左衽竊爲契丹之飾復有近界尉厥黑室韋女眞党項亦被脅屬每郡不過千餘騎其三部落吐渾沙陀洎幽州管內鴈門以北十餘州軍部落漢兵合二萬餘衆此是石晉割以賂蕃之地也蕃輸諸族其數可見矣每蕃部南侵其衆不啻十萬契丹入界之時步騎車帳不從阡陌東西一槩而行大帳前及東西面差大首領三人各率萬騎支散遊奕百十里外亦交相偵邏謂之欄子馬契丹主吹角爲號衆卽頓舍環遶穹廬以近及遠折木梢屈之爲弓子鋪不設槍營塹柵之備每軍行聽鼓三伐不問昏晝一匝便行未逢大敵不乘戰馬俟近我師卽競乘之所以新羈戰蹄有餘力也且用軍之術成列而不戰俟退而乘之多伏兵斷糧道冒夜舉火土風曳柴饋餉自齎退敗無恥散而復聚寒而益堅此其所長也中原所長秋夏霖霪天時也山林河津地利也槍突劍弩兵勝也財豐士衆力强也乘時互用較然可知王師備邊破敵之計每秋冬時河朔州軍緣邊砦柵但專守境勿輒侵漁令彼尋戈其詞無措或戎馬旣肥長驅入寇契丹主行部落萃至寒雲翳日朔雪迷空鞍馬相持氊褐之利所宜守陴坐甲以逸待勞令騎士並屯於天雄軍貝磁相州以來若分在邊城緩急難於會合近邊州府只用步兵多屯弩手大者萬卒小者千人堅壁固守勿令出戰彼以全國之兵此以一郡之衆雖勇懦之有殊慮衆寡之不敵也國家必命大將總統前軍以遏侵軼只於天雄軍邢洺貝州以來設掎戎之備俟其陽春啓候虜計旣窮新草未生陳荄已朽蕃馬無力疲寇思歸逼而逐之必自奔北前軍行陣之法馬步精卒不過十萬自招討以下更命三五人藩侯充都監副戎排陣先鋒等職臨事分布所貴有權追戎之陣須列前後其前陣萬五千騎陣身萬人是四十指揮左右哨各十指揮是二十將每指揮作一隊自軍主都虞候指揮使押當每隊用馬突或刃子槍一百餘并弓劍骨朶其陣身解鐙排之俟與戎相搏之時無問厚薄十分作氣槍突交衝馳逐往來後陣更進彼若乘我深入陣身之後更有馬步人五千分爲十頭以撞竿鐙弩俱進爲同騎之舍陣哨不可輕動蓋防橫騎奔衝此陣以都監主之進退賞罰便可裁決後陣以馬步軍八萬招討董之與前陣不得過三五里展梢實心布常山之勢左右排陣分押之或前陣擊破寇兵後陣亦禁其馳驟輕進蓋師正之律也牧誓云四伐五伐乃止齊焉愼重之戒也是以開運中晉軍掎戎未嘗放散三四年間雖德光爲戎首多計桀黠而無勝晉軍之處蓋并力禦之厥後以任人不當爲彥澤之所誤如將來殺獲驅攘之後聖人務好生之德設息兵之謀雖降志難甘亦和戎爲便魏絳嘗陳五利奉春僅得中策歷觀載籍前王皆然易稱高宗用伐鬼方詩美宣王薄伐玁狁是知戎狄侵軼其來尚矣然則兵爲凶器聖人不得已而用之若精選使臣不辱君命通盟繼好弭戰息民此亦策之得也臣每見國朝發兵未至屯戍之所已於兩河諸郡調民運糧遠近騷然煩費十倍臣生居邊土習知其事況幽州爲國北門押蕃重鎭養兵數萬應敵乃其常事每逢調發惟作糗糧之備入蕃旬浹軍糧自齎每人給麨斗餘盛之於囊以自隨征馬每匹給生穀二斗作口袋飼秣日以一升爲限旬日之間人馬俱無飢色更以牙官子弟數力津擎裹送則一月之糧不煩饋運俟大軍旣至定議取捨然後圖轉饟亦未爲晚臣去年有平燕之策入燕之路具在此奏願加省覽疏奏頗采用之淳化二年詔百官轉對琪首應詔建明堂辟雍之議五年李繼遷寇靈武命侍衞馬軍都指揮使李繼隆爲河西兵馬都部署以討之西川賊帥李順攻刼州縣以昭宣使王繼恩爲劒南西川招安使琪又上書言邊事曰臣頃任延州節度判官經涉五年雖未嘗躬造夷落然常令蕃落將和斷公事歲無虛月蕃部之事熟於聞聽大約党項吐蕃風俗相類其帳族有生戶熟戶接連漢界入州城者謂之熟戶居深山僻遠橫過寇略者謂之生戶其俗多有世讎不相來往遇有戰鬬則同惡相濟傳箭相率其從如流雖各有鞍甲而無魁首統攝並皆散漫山川居常不以爲患党項界東自河西銀夏西至靈鹽南距鄜延北連豐會厥土多荒隙是前漢呼韓邪所處河南之地幅員千里從銀夏至青白兩池地惟沙磧俗謂平夏拓拔蓋蕃姓也自鄜延以北多土山柏林謂之南山野利蓋羌族之號也從延州入平夏有三路一東北自豐林縣葦子驛至延州縣接綏州入夏州界一正北從金明縣入蕃界至盧關四五百里方入平夏州南界一西北歷萬安鎭經永安城出洪門至宥州四五百里是夏州西境我師如入夏州之境宜先招致接界熟戶使爲鄉道其强壯有馬者令去官軍三十五里踏白先行緣此三路土山柏林溪谷相接而復隘陿不得成列躡此鄉道可使步卒多持弓弩槍鍤隨之以三二千人登山偵邏俟見坦途寧靜可傳號勾馬遵路而行我皆嚴備保無虞也長興四年夏州李仁福死有男彝超擅稱留後當時詔延州安從進與李彝超換鎭彝超據夏州固不奉詔朝廷命邠州藥彥稠總兵五萬送從進赴任時頓兵城下議欲攻取軍儲不繼遽命班師而振旅之時不能嚴整失伐棄甲遂爲邊人之利臣又聞党項號爲小蕃非是勍敵若得出山布陣止勞一戰便可盪除深入則饋運艱難窮追則窟穴幽隱莫若緣邊州鎭分屯重兵俟其入界侵漁方可隨時掩擊非惟養勇亦足安邊凡烏合之徒勢不能久利於速鬬以騁兵鋒莫若持重守疆以挫其銳彼無城守衆乏餱糧威賞不行部族分散然後密令覘其保聚之處預於鱗府鄜延寧慶靈武等州約期會兵四面齊進絕其奔走之路合勢擊之可以剪除無噍類矣仍先告語諸軍擊賊所獲生口資畜許爲已有彼爲利誘則人百其勇也靈武路自通遠軍入青崗峽五百里皆蕃部熟戶向來使人商旅經由並在部族安泊所求賂遺無幾謂之打當亦如漢界逆旅之家宿食之直也此時大軍或須入其境則鄉導踏白當如夏州之法況彼靈州便是吾土芻粟儲蓄率皆有備緣路五七程不煩供饋止令逐都兵騎裹糧輕齎便可足用諺所謂磨鎌殺馬刼一時之力也旬浹之餘固無闕乏矣又臣曾受任西川數年經歷江山備見形勢要害利州最是咽喉之地西過桔柏江去劍門百里東南去閬州水陸二百餘里西北通白水清川是龍州入川大路鄧艾於此破蜀至今廟貌存焉其外三泉西縣興鳳等州並爲要衝請選有武略重臣鎭守之奏入上密寫其奏令繼隆擇利而行至道元年春大宴於含光殿上問琪年對曰七十有九上因慰撫久之二年春拜右僕射特令月給實奉一百千又以其衰老詔許五日一朝是年九月被病令其子貽序秉筆授辭作多幸老民敘大抵謂洪範五福人所難全而已兼有之實天幸也又口占遺表數百字而卒贈司空謚惠安起復貽序爲右贊善大夫貽庥爲大理評事貽廣童子出身貽序上表乞終喪制從之天禧初錄貽孫宗諒試秘書郎琪素有文學頗諳捷在使府前後三十年周知人情尤通吏術在相位日百執事有所求請多面折之以是取怨於人貽序嘗預修冊府元龜筆札遒勁未幾坐事左遷復州副使爲殿中丞卒

宋雄者亦幽州人初與琪齊名燕薊間謂二宋雄仕契丹爲應州從事雍熙三年王師北伐雄與其節度副使艾正以城降授正本州觀察使以雄爲鴻臚少卿同知州事改光祿少卿歷知均唐二州未幾護河陰屯兵以知河渠利害因命領護汴口均節水勢以達轉漕京師賴之改太子詹事復爲光祿少卿遷將作監所至職務脩舉公私倚任焉雄涉獵文史善談論有氣節士流推許之景德元年卒年七十六錄其子可久爲太常寺奉禮郎賦祿終制

論曰自薛居正而下嘗居相位者凡四人其始終出處雖不同然觀於其行事槩可見矣初朗州亡卒嘯聚爲盜監軍事疑城中僧千餘人皆與謀欲盡殺之居正緩其事賊禽而僧不與卒賴以活沈倫使吳越還請以揚泗軍儲百萬餘斛貸饑民朝論難之倫曰國家以廩粟濟民自當召和氣致豐稔豈復有水旱得請乃已太祖每取書史館盧多遜預戒吏令白已知所取必通夕閱覽以是答問多中宋琪始爲程羽賈琰所抑繼爲多遜所忌其後自員外郎歲中四遷至尚書居相位卽此而觀則守道蒙福者非幸致而投荒竄死者非不幸也宋雄善持論有氣節雖與琪齊名而爵位不侔者所遇不同焉爾嗚呼自昔懷材抱藝而抑鬱下僚以終其身者多矣豈特宋雄爲然哉

宋史卷二百六十五

元　中　書　右　丞　相　總　裁　脫　脫　等　修

列傳第二十四

李昉子宗訥　宗諤　孫昭遘等　呂蒙正

張齊賢子宗誨　賈黄中

李昉字明遠深州饒陽人父超晉工部郎中集賢殿直學士從大父右資善大夫超無子以昉爲後蔭補齋郎選授太子校書漢乾祐舉進士爲祕書郎宰相馮道引之與呂端同直弘文館改右拾遺集賢殿修撰周顯德二年宰相李穀征淮南昉爲記室世宗覽軍中章奏愛其辭理明白已知爲昉所作及見相國寺文英院集乃昉與扈蒙崔頌劉衮竇儼趙逢及昉弟載所題益善昉詩而稱賞之曰吾久知有此人矣師還擢爲主客員外郎知制誥集賢殿直學士四年加史館修撰判館事是年冬世宗南征從至高郵會陶穀出使內署書詔填委乃命爲屯田郎中翰林學士六年春丁內艱恭帝嗣位賜金紫宋初加中書舍人建隆三年罷爲給事中四年平湖湘受詔祀南嶽就命知衡州踰年代歸陶穀誣奏昉爲所親求京畿令上怒召吏部尚書張昭面質其事昭老儒氣直免冠上前抗聲云穀罔上上疑之不釋出昉爲彰武軍行軍司馬居延州爲生業以老三歲當內徙昉不願宰相薦其可大用開寶二年召還復拜中書舍人未幾直學士院三年知貢舉五年復知貢舉秋預宴大明殿上見昉坐盧多遜下因問宰相對曰多遜學士昉直殿爾即令真拜學士令居多遜上昉之知貢舉也其鄉人武濟川預選既而奏對失次昉坐左遷太常少卿俄判國子監明年五月復拜中書舍人翰林學士冬判吏部銓時趙普爲多遜所搆數以其短聞於上上詢於昉對曰臣職司書詔普之所爲非臣所知普尋出鎮多遜遂參知政事太宗即位加昉戶部侍郎受詔與扈蒙李穆郭贄宋白同修太祖實錄從攻太原車駕次常山常山即昉之故里因賜羊酒俾召公侯相與宴飲盡歡里中父老及嘗與遊從者咸預焉七日而罷人以爲榮師還以勞拜工部尚書兼承旨太平興國中改文明殿學士時趙普宋琪居相位久求其能繼之者宿舊無踰於昉遂命參知政事十一月普出鎮昉與琪俱拜平章事未幾加監修國史復時政記先進御而後付有司自昉議始也雍熙元年郊祀命昉與琪並爲左右僕射昉固辭乃加中書侍郎王師討幽薊不利遣使分詣河南東籍民爲兵凡八丁取一昉等相率奏曰近者分遣使籍河南東四十餘郡之民以爲邊備非得已也然河南之民素習農桑罔知戰鬬一旦括集必致動搖若因而嘯聚更須剪除如此則河北閭閻既困於戎馬河南生聚復擾於萑蒲矧當春和有妨農作陛下若以明詔既頒難於反汗則當續遣使臣嚴加戒飭所至點募人情若有不安即須少緩密奏取裁庶免後患上嘉納之端拱初布衣翟馬周擊登聞鼓訟昉居宰相位當北方有事之時不爲邊備徒知賦詩宴樂屬籍田禮方畢乃詔學士賈黄中草制罷昉爲右僕射且加切責黄中言僕射百僚師長實宰相之任今自工部尚書而遷是職非黜責也若曰文昌務簡以均勞逸爲辭斯爲得體上然之會邊警益急詔文武羣臣各進策備禦昉又引漢唐故事深以屈己脩好弭兵息民爲言時論稱之淳化二年復以本官兼中書侍郎平章事監脩國史三年夏旱蝗既雨時昉與張齊賢賈黄中李沆同居宰輔以燮理非材上表待罪上不之罪四年昉以私門連遭憂戚求解機務詔不允遣齊賢等諭旨復起視事後數月罷爲右僕射先是上召張洎草制授昉左僕射罷相洎言昉居燮理之任而陰陽乖戾不能決意引退俾居百僚師長之任何以示勸上覽奏乃令罷守本官晉侍中崧者與昉同宗且同里時人謂崧爲東李家昉爲西李家漢末崧被誅至是其子璨自蘇州常熟縣令赴調昉爲訟其父冤且言周太祖已爲昭雪贈官還其田宅錄璨而官之然璨年幾五十尚淹州縣之職臣昔與之同難豈宜叨遇聖明儻推一視之仁澤及衰微之祚則已往之冤獲伸於下而繼絕之恩永光簡冊矣詔授璨著作佐郎後官至右贊善大夫明年昉年七十以特進司空致事朝會宴饗令綴宰相班歲時賜予益加厚焉至道元年正月望上觀燈乾元樓召昉賜坐於側酌御罇酒飲之自取果餌以賜上觀京師繁盛指前朝坊巷省署以諭近臣令拓爲通衢長廊因論晉漢君臣昏闇猜貳枉陷善良時人不聊生雖欲營繕其暇及乎昉謂晉漢之事臣所備經何可與聖朝同日而語若今日四海清晏民物阜康皆陛下恭勤所致也上曰勤政憂民帝王常事朕不以繁華爲樂蓋以民安爲樂爾因顧侍臣曰李昉事朕兩入中書未嘗有傷人害物之事宜其今日所享如此可謂善人君子矣二年陪祀南郊禮畢入賀因拜舞仆地臺吏掖之以出臥疾數日薨年七十二贈司徒謚文正昉和厚多恕不念舊惡在位小心循謹無赫赫稱爲文章慕白居易尤淺近易曉好接賓客江南平士大夫歸朝者多從之遊雅厚張洎而薄張佖及昉罷相洎草制深攻詆之而佖朔望必詣昉或謂佖曰李公待君素不厚何數詣之佖曰我爲廷尉日李公方秉政未嘗一有請求此吾所以重之也昉所居有園亭別墅之勝多召故人親友宴樂其中既致政欲尋洛中九老故事時吏部尚書宋琪年七十九左諫議大夫楊徽之年七十五郢州刺史魏丕年七十六太常少卿致仕李運年八十水部郎中朱昂年七十一盧州節度副使武允成年七十九太子中允致仕張好問年八十五吳僧贊寧年七十八議將集會蜀寇而罷昉素與盧多遜善待之不疑多遜屢譖昉於上或以告昉不之信及入相太宗言及多遜事昉頗爲解釋帝曰多遜居常毀卿一錢不直昉始信之上由此益重昉昉居中書日有求進用者雖知其材可取必正色拒絕之已而擢用或不足用必和顏溫語待之子弟問其故曰用賢人主之事若受其請是市私恩也故峻絕之使恩歸於上若不用者既失所望又無善辭取怨之道也初超未有子昉母謝方娠指腹謂叔母張曰生男當與叔母爲子故昉出繼於超昉再相因表其事求贈所生父母官詔贈其祖溫太子太傅祖母權氏莒國太夫人超太子太師謝氏鄭國太夫人昉素病心悸數歲一發發必彌年而後愈蓋典誥命三十餘年勞役思慮所致及居相位益加憂畏有文集五十卷子四人宗訥宗誨宗諤宗諒宗誨右贊善大夫宗諒主賓客員外郎

宗訥字大辨以蔭補太廟齋郎遷第四室長代謁吏部銓邊光範意其年少未能屬辭語之曰苟援筆成六韻詩雖不試書判可入等矣宗訥易之光範試詩賦立就明日遂擬授秘書省正字又明日上命擢國子監丞蓋上居藩邸時每有篇詠令昉屬和前後數百章皆宗訥繕寫上愛其楷麗問知爲宗訥所書故有是命太平興國初詔賈黄中集神醫普救方宗訥暨劉錫吳淑呂文仲杜鎬舒雅皆預焉雍熙初昉在相位上欲命宗訥爲尚書郎昉懇辭以爲非承平故事止改秘書丞歷太常博士宗訥頗習典禮淳化中呂端掌禮院引宗訥同判累遷比部郎中咸平六年卒年五十五子昭遘大中祥符五年獻文召試賜進士第後爲屯田員外郎昭遜太子中舍

宗諤字昌武七歲能屬文恥以父任得官獨由鄉舉第進士授校書郎明年獻文自薦遷秘書郎集賢校理同脩起居注先是後苑陪宴校理官不與京官乘馬不得入禁門至是皆因宗諤之請復之遂爲故事真宗即位拜起居舍人預重脩太祖實錄從幸大名上疏曰國家馭邊之術制勝之謀將帥之短長兵衛之衆寡宸筭廟謨盡在吾衡中矣今之言事者不過請陛下益兵貯粮分道掩殺言之甚易行之則難始受命則無不以攻堅陷陣爲壯圖及遇敵則惟以閉壘塞關爲上計孤君父之重委致生靈之重困興言及此誠可嘆息自古行軍出師無不首擇將帥夫將帥隨材任使守一郡控一城分領驍勇爭據要害又豈直三路主帥之名然後能制六師生死之命乎今陛下選任非不至也權位非不重也告戒非不丁寧也處置非不專一也而外敵犯塞車駕親征曾不聞出丁人一騎爲之救助不知深溝高壘秣馬厲兵欲安用哉臣以爲臨軍易帥拔卒爲將在此時也有功者拔於朝不用者戮於市亦此時也惟陛下圖之然後下哀痛之詔行蠲復之恩回鑾上都垂衣當宁豈不盛哉遷知制誥判集賢院纂西垣集制刻石記名氏嘗牒御史臺不平空中丞呂文仲移文詰之往復再三宗諤執言兩省故事與臺司不相統攝者凡八事聞卒如宗諤議景德二年召爲翰林學士是秋將郊命判太常大樂鼓吹二署先是樂工率以年勞遷補至有抱其器而不知聲者宗諤素曉音律遂加審定奏斥謬濫者五十人因修完器具吏署職名條上利病二十事帝省閱而賞歎之事具樂志又著樂纂以獻命付史館自是月再肄習焉時諸神祠壇多闕外壝之制因深塹列樹以表之營葺齋室舊典因以振起屬契丹遣使來賀承天節詔宗諤爲館伴使自郊勞至飲餞皆刊定其儀大中祥符初從封泰山改工部郎中二年始建昭應宮命副丁謂爲同修宮使三年知審官院屬祀汾陰后土命爲經度制置副使同權河中府事禮成優拜右諫議大夫嘗侍宴玉宸殿上謂曰聞卿至孝宗族頗多長幼雍睦朕嗣守二聖基業亦如卿之保守門戶也又曰翰林清華之地前賢敭歷多有故事卿父子爲之必周知也宗諤嘗著翰林雜記以紀國朝制度明日上之宗諤究心典禮凡創制損益靡不與聞修定皇親故事武舉武選入官資敘閤門儀制臣僚導從貢院條貫餘多裁正五年迎真州聖像副丁謂爲迎奉使五月以疾卒年四十九帝甚悼之謂宰相曰國朝將相家能以聲名自立不墜門閥唯昉與曹彬家爾宗諤方期大用不幸短命深可惜也既厚賻其家以白金賜其繼母又錄其子若弟以官焉初昉居三館兩制之職宗諤不數年皆

踐其地風流儒雅藏書萬卷內行淳至事繼母符氏以孝聞二兄早世奉嫂字孤恩禮兼盡與弟宗諒友愛尤至覃恩所及必先羣從及歿而已子有未仕者程宿早卒有弟無所依宗諤爲表請於朝而官之勸接士類無賢不肖恂恂盡禮獎拔後進唯恐不及以是士人皆歸仰之宗諤工隸書有文集六十卷內外制三十卷嘗預修續通典大中祥符封禪汾陰記諸路圖經又作家傳談錄並行於世子昭遹昭述昭適

昭述字仲祖以父蔭爲秘書省校書郎召試學士院賜進士出身爲刑部詳覆官累遷秘書丞羣牧制置使曹利用薦爲判官鄆州牧地侵於民者凡數千頃昭述悉復之以太常博士知開封縣特遷尚書屯田員外郎開封推官坐嘗被曹利用薦出知常州遷爲三司度支判官改河北轉運使江陵屯兵讙言倉粟陳腐欲以動衆昭述取以爲奉且以飯其僚屬衆遂定徙湖南潭州戍卒憤監軍酷暴欲構亂或指昭述謂曰如李公長者何可負其謀遂寢昭述聞之以戒監軍監軍自是不復爲暴比去衆遮道羅拜指妻子曰嚮非公無噍類矣徙淮南轉運使兼發運使加直史館徙陝西轉運使糾察在京刑獄爲三司戶部副使累遷刑部郎中陝西用兵提點陝西計置糧草還授度支鹽鐵副使以右諫議大夫爲河北都轉運使河決澶淵久未塞會契丹遣劉六符來乃命昭述城澶州以治隄爲名調兵農八萬逾旬而就初六符過之眞以爲隄也及還而城具甚駭愕初置義勇軍人情詾詾昭述乘疾置日行數舍開諭父老衆始安宣撫使表其能除龍圖閣直學士知澶州又爲樞密直學士陝西都轉運使河北始置四路以爲眞定府路安撫使知成德軍大水民多流亡籍僧舍積粟爲粥糜活飢民數萬計改龍圖閣學士知秦州諫官御史言昭述庸懦不可負重鎭留眞定府居四年入領三班院以翰林侍讀學士知鄭州未幾知通進銀臺司判太常寺復領三班累遷尚書右丞從祫享致齋於朝堂得暴疾卒贈禮部尚書謚恪李氏居京城北崇慶里凡七世不異爨至昭述稍自豐殖爲族人所望然家法亦不隳

昭遘字逢吉宗諤從子也以蔭爲將作監主簿幼時楊億嘗過其家出拜億命爲賦既成億曰桂林之下無雜木非虛言也其後薦之召試授館閣校勘改集賢院校理坐失誤落秩未幾復爲鹽鐵判官初議罷天下職田及公使錢昭遘以爲不可三司使姚仲孫惡其異已請詰所以興利之實昭遘爭不屈遂罷判官爲白波發運使因入奏事仁宗謂曰前所論罷職田等事卿言是也遷直史館知陝州諫官歐陽修言陝府關中要地昭遘無治劇材不宜遣改判三司理欠司徙度支判官使契丹還道除陝西轉運使坐家僮盜遼人銀酒盃降知澤州陽城冶鑄鐵錢民冐山險輸礦炭苦其役爲奏罷鑄錢又言河東鐵錢眞僞淆雜不可不革後復直史館知陝州城中舊無井唐武德中刺史長孫操始疏廣濟渠水入城衆賴其利昭遘至立廟祠之歸爲三司戶部判官糾察在京刑獄進直龍圖閣改集賢殿修撰累遷尚書工部郎中歷知鳳翔河中府晉州遷管勾登聞檢院擢天章閣待制知滄州用諫官吳及言復改知陝州徙鄭州卒昭遘性和易不忤物能守家法

呂蒙正字聖功河南人祖夢奇戶部侍郎父龜圖起居郎蒙正太平興國二年擢進士第一授將作監丞通判昇州陛辭有旨民事有不便者許騎置以聞賜錢二十萬代還會征太原召見行在授著作郎直史館加左拾遺五年親拜左補闕知制誥初龜圖多內寵與妻劉氏不睦幷蒙正出之頗淪躓窘乏劉誓不復嫁及蒙正登仕迎二親同堂異室奉養備至龜圖旋卒詔起復未幾遷都官郎中入爲翰林學士擢左諫議大夫參知政事賜第麗景門上謂之曰凡士未達見當世之務戾於理者則怏怏於心及列於位得以獻可替否當盡其所蘊雖言未必盡中亦當僉議而更之俾協於道朕固不以崇高自恃使人不敢言也蒙正初入朝堂有朝士指之曰此子亦參政耶蒙正陽爲不聞而過之同列不能平詰其姓名蒙正遽止之曰若一知其姓名則終身不能忘不若毋知之爲愈也時皆服其量李昉罷相蒙正拜中書侍郎兼戶部尚書平章事監修國史蒙正質厚寬簡有重望以正道自持遇事敢言每論時政有未允者必固稱不可上嘉其無隱趙普開國元老蒙正後進歷官一紀遂同相位普甚推許之俄丁內艱起復先是盧多遜爲相其子雍起家卽授水部員外郎後遂以爲常至是蒙正奏曰臣忝甲科及第釋褐止授九品京官況天下才能老於巖穴不霑寸祿者多矣今臣男始離襁褓膺此寵命恐罹陰譴乞以臣釋褐時官補之自是宰相子止授九品京官遂爲定制朝士有藏古鏡者自言能照二百里欲獻之蒙正以求知蒙正笑曰吾面不過楪子大安用照二百里哉聞者歎服淳化中右正言宋抗上疏忤旨抗蒙正妻族坐是罷爲吏部尚書復相李昉四年昉罷蒙正復以本官入相因對論及征伐上曰朕比來征討蓋爲民除暴苟好功黷武則天下之人燋亡盡矣蒙正對曰隋唐數十年中四征遼碣人不堪命煬帝全軍陷沒太宗自運土木攻城如此卒無所濟且治國之要在內修政事則遠人來歸自致安靜上韙之嘗燈夕設宴蒙正侍上語之曰五代之際生靈凋喪周太祖自鄴南歸士庶皆罹剽掠下則火災上則彗孛觀者恐懼當時謂無復太平之日矣朕躬覽庶政萬事粗理每念上天之貺致此繁盛乃知理亂在人蒙正避席曰乘輿所在士庶走集故繁盛如此臣嘗見都城外不數里饑寒而死者甚衆不必盡然願陛下視近以及遠蒼生之幸也上變色不言蒙正侃然復位同列多其直諒上嘗欲遣人使朔方諭中書選才而可責以事者蒙正退以名上上不許他日三問三以其人對上曰卿何執耶蒙正曰臣非執蓋陛下未諒爾固稱其人可使餘人不及臣不欲用媚道妄隨人主意以害國事同列悚息不敢動上退謂左右曰蒙正氣量我不如既而卒用蒙正所薦果稱職至道初以右僕射出判河南府兼西京留守蒙正至洛多引親舊歡宴政尚寬靜委任僚屬事多總裁而已眞宗卽位進左僕射會營奉熙陵蒙正追感先朝不次之遇奉家財三百餘萬以助用葬日伏哭盡哀人以爲得大臣體咸平四年以本官同平章事昭文館大學士國朝以來三入相者惟趙普與蒙正焉郊祀禮成加司空兼門下侍郎六年授太子太師封蔡國公改封隨又封許景德二年春表請歸洛陛辭日肩輿至東園門命二子掖以升殿因言遠人請和弭兵省財古今上策惟願陛下以百姓爲念上嘉納之因遷從簡太子洗馬知簡奉禮郎蒙正至洛有園亭花木日與親舊宴會子孫環列迭奉壽觴怡然自得大中祥符而後上朝永熙陵封泰山祠后土過洛兩幸其第錫賚有加上謂蒙正曰卿諸子孰可用對曰諸子皆不足用有姪夷簡任潁州推官宰相才也夷簡由是見知於上富言者蒙正客也一日白曰兒子十許歲欲令入書院事廷評太祝蒙正許之及見驚曰此兒他日名位與吾相似而勳業遠過於吾令與諸子同學供給甚厚言之子卽弼也後弼兩入相亦以司徒致仕其知人類如此許國之命甫下而卒年六十八贈中書令謚曰文穆蒙正初爲相時張紳知蔡州坐贓免或言於上曰紳家富不至此特蒙正貧時勾索不如意今報之爾上命卽復紳官蒙正不辨後考課院得紳實狀復黜爲絳州團練副使及蒙正再入相太宗謂曰張紳果有贓蒙正不辨亦不謝在西京日上數遣中貴人將命至蒙正待之如在相位時不少貶時人重焉子從簡再爲國子博士惟簡太子中舍承簡司門員外郎行簡比部員外郎務簡亦國子博士居簡殿中丞知簡太子右贊善大夫蒙正弟蒙休咸平進士至殿中丞龜圖弟龜祥殿中丞知壽州子蒙亨舉進士高等既廷試以蒙正居中書故報罷後歷下蔡武平主簿至道初考課州縣官蒙亨引對文學政事俱優命爲光祿寺丞改大理寺丞卒次子蒙巽虞部員外郎蒙周淳化進士及第蒙亨子卽夷簡也次子宗簡亦進士及第慶歷中居簡提點京東刑獄時夏竦有憾於石介介死竦言於上曰介未嘗死北走鄰國矣乃遣中使發棺驗之居簡謂曰萬一介果死則朝廷爲無故發人之墓奈何中使曰於君何如居簡曰介死當時必有內外親族及門生會葬問之可也中使乃令結狀保證以聞介事乃白居簡長者其行事多類此徐州妖人孔直溫挾左道誘軍士爲變或詣轉運使告不受詞居簡令易其牒盡捕究黨與貸詿誤者請於朝斬直溫等濮州復叛部民驚潰居簡馳往獲首惡誅之因大閱兵享勞姦不得發用二事遷秩鹽鐵判官拜集賢院學士知梓州應天府徙荆南進龍圖閣直學士知廣州陶甓甃城人以爲便以兵部侍郎判西京御史臺卒年七十二

張齊賢曹州冤句人生三歲値晉亂徙家洛陽孤貧力學有遠志慕唐李大亮之爲人故字師亮太祖幸西都齊賢以布衣獻策馬前召至行宮齊賢以手畫地條陳十事曰下幷汾曰富民曰封建曰敦孝曰舉賢曰太學曰籍田曰選良吏曰愼刑曰懲姦內四說稱旨齊賢堅執以爲皆善上怒令武士拽出之及還語太宗曰我幸西都唯得一張齊賢爾我不欲爵之以官異時可使輔汝爲相也太宗擢進士欲置齊賢高第有司偶失掄選上不悅一榜盡與京官於是齊賢以大理評事通判衡州時州鞫劫盜論皆死齊賢至活其失入者五人自荆渚至桂州水遞鋪夫數千戶困於郵役衣食多不給論奏減其半四年代還會親征晉陽齊賢上謁遷秘書丞忻州新下命知州事明年召還改著作佐郎直史館改左拾遺冬車駕北征議者皆言宜速取幽薊齊賢上疏曰方今海內一家朝野無事關聖慮者豈不以河東新平屯兵尚衆幽燕未下輦運爲勞臣愚以爲此不足慮也自河東初下臣知忻州捕得契丹納米典吏皆云自山後轉般以授河東以臣料契丹能自備軍食則於太

原非不盡力然終爲我有者力不足也河東初平人心未固嵐憲忻代未有軍砦入寇則田牧頻失擾邊則守備可虞及國家守要害增壁壘左控右扼疆事甚嚴恩信已行民心已定乃於鴈門陽武谷來爭小利此其智力可料而知也聖人舉事動在萬全百戰百勝不若不戰而勝若重之愼之則契丹不足吞燕薊不足取自古疆埸之難非盡由敵國亦多邊吏擾而致之若緣邊諸砦撫御得人但使峻壘深溝畜力養銳以逸自處寧我致人此李牧所以用趙也所謂擇卒不如擇將任力不如任人如是則邊鄙寧邊鄙寧則輦運減輦運減則河北之民獲休息矣民獲休息則田業增而蠶績廣務農積穀以實邊用且敵人之心固亦擇利避害安肯投諸死地而爲寇哉臣聞家六合者以天下爲心豈止爭尺寸之事角强弱之勢而已乎是故聖人先本而後末安內以養外人民本也疆土末也五帝三王未有不先根本者也堯舜之道無他在乎安民而利之爾民既安利則遠人歛衽而至矣陛下愛民人利天下之心眞堯舜也臣慮羣臣多以纖微之利尅下之術侵苦窮民以爲功能至於生民疾苦見之如不見聞之如不聞歛怨速尤無大於此伏望愼擇通儒分路採訪兩浙江南荆湖西川嶺南河東凡前日賦歛苛重者改而正之因而利之使賦稅課利通濟可經久而行爲聖朝定法除去舊弊天下諸州有不便於民者委長吏以聞敢循故常者重寘之法使天下耳目皆知陛下之心戴陛下之惠以德懷遠以惠刑民則遠人之歸可立而待也六年爲江南西路轉運副使冬改右補闕加正使齊賢至官詢知饒信虔州土產銅鐵鉛錫之所推求前代鑄法取饒州永平監所鑄以爲定式歲鑄五十萬貫凡用銅八十五萬斤鉛三十六萬斤錫十六萬斤詣闕面陳其事敷奏詳確議者不能奪先是諸州罪人多錮送闕下路死者十常五六齊賢道逢南劍建昌虔州所送索牒視之率非首犯悉伸其寃抑因力言於朝後凡送囚至京請委强明吏慮問不實則罪及原問官屬自是江南送罪人者爲減大半先是江南諸州小民居官地者有地房錢吉州緣江地雖淪沒猶納勾欄地錢編木而浮居者名水塲錢皆前代弊政齊賢悉論免之初李氏據有江南民戶稅錢三千已上者戶出丁一人黥面自備器甲輸官庫出卽給之日支糧二升名爲義軍旣內附皆放歸農至是言者以爲此輩久在行伍不樂耕農乞遣使選充軍伍幷其家屬送闕下齊賢上言江南義軍例皆良民横遭黥配無所逃避克復之後便放歸農久被皇風並皆樂業若逐戶搜索不無驚擾法貴有常政尚淸淨前敕旣放營農不若且仍舊貫齊賢居使職勤究民弊務行寬大江左人思之不忘召還拜樞密直學士擢右諫議大夫簽書樞密院事雍熙初遷左諫議大夫三年大舉北伐代州楊業戰沒上訪近臣以策齊賢請行郎授給事中知代州與部署潘美同領緣邊兵馬是時遼兵自湖谷入寇薄城下神衞都校馬正以所部列南門外衆寡不敵副部署盧漢贇畏懦保壁自固齊賢選廂軍二千出正之右誓衆慷慨一以當百遼兵遂却先是約潘美以幷師來會戰無何間使爲遼人所得齊賢以師期旣漏且虞美衆爲遼所乘旣而美使至云師出幷州至北井得密詔東師敗績於君子館幷之全軍不許出戰已還州矣於時遼兵塞川齊賢曰賊知美之來而不知美之退乃閉其使密室中夜發兵二百人持一幟負一束芻距州城西南三十里列幟然芻遼兵遥見火光中有旗幟意謂幷師至矣駭而北走齊賢先伏步兵二千於土磴砦掩擊大敗之擒其北大王之子一人帳前舍利一人斬數百級獲馬二千器甲甚衆捷奏且歸功漢贇端拱元年冬拜工部侍郎遼人又自大石路南侵齊賢預簡廂兵千人爲二部分屯繁畤崞縣下令曰代西有寇則崞縣之師應之代東有寇則繁畤之師應之比接戰則郡兵集矣至是果爲繁畤兵所敗二年置屯田領河東制置方田都部署入拜刑部侍郎樞密副使淳化二年夏參知政事數月拜吏部侍郎同中書門下平章事齊賢母孫氏年八十餘封晉國太夫人每入謁禁中上歎其福壽有令子多手詔存問加賜與縉紳榮之初王延德與朱貽業同掌京庾欲求補外貽業與參政李沆有姻婭託之以請於沆沆爲請於齊賢齊賢以聞太宗以延德嘗事晉邸怒其不自陳而干祈執政召見詰責延德貽業皆諱不以實對齊賢不欲累沆獨任其責四年六月罷爲尚書左丞十月命知定州以母老不願往未幾丁內艱水漿不入口者七日自是日啖粥一器終喪不食酒肉蔬菓尋復轉禮部尚書知河南府時獄有大辟將決齊賢至立辨而釋之三日徙知永興軍時閤門祗候趙贊以言事得幸提點關中芻糧所爲多豪横齊賢論列其罪卒抵於法俄徙襄州移荆南又徙安州踰年加刑部尚書眞宗卽位召拜兵部尚書同中書門下平章事嘗從容爲上言皇王之道而推本其所以然且言臣受陛下非常恩故以非常爲報上曰朕以爲皇王之道非有迹但庶事適治道則近之矣時戚里有分財不均者更相訟又入宮自訴齊賢曰是非臺府所能決臣請自治上俞之齊賢坐相府召訟者問曰汝非以彼所分財多汝所分少乎曰然命具欵乃召兩吏令甲家入乙舍乙家入甲舍貨財無得動分書則交易之明日奏聞上大悅曰朕固知非君莫能定者郊祀加門下侍郎與李沆同事不相得坐冬至朝會被酒失儀免相四年李繼遷陷淸遠軍命爲涇原等州軍安撫經畧使以右司諫梁顥爲之副齊賢上言謂淸遠軍陷沒以來靑岡砦燒棄之後靈武一郡援隔勢孤此繼遷之所覬覦而必至者也以事勢言之加討則不足防遏則有餘其計無他蕃部大族首領素與繼遷有隙者若能啗以官爵誘以貨利結之以恩信而激之以利害則山西之蕃部族帳靡不傾心朝廷矣臣所領十二州軍見二萬餘人若緣邊料東本城等軍更得五萬餘人招致蕃部其數又踰十數萬但彼出則我歸東備則西擊使之奔走不暇何能爲我患哉今靈武軍民不翅六七萬陷於危亡之地若繼遷來春於我兵未舉之前發兵救援盡驅其衆幷力攻圍則靈州孤城必難固守萬一失陷賊勢益增縱多聚甲兵廣積財貨亦難保必勝矣臣所以乞封潘羅支爲六谷王而厚以金帛者恐繼遷旦暮用兵斷彼賣馬之路也苟朝廷信使得達潘羅支則泥埋等族西南遠蕃不難招集西南旣稟命而緣邊之勢張則鄜延環慶之淺蕃原渭振戎之熟戶自然歸化然後使之與對替甲兵及駐泊軍馬互爲聲援則萬山聞之必不敢於靈州河西頓兵矣萬山旣退則賀蘭蕃部亦稍稍叛繼遷矣若曰名器不可以假人爵賞不可以濫及此乃聖人爲治之常道非隨時變易之義也齊賢又請調江淮荆湘丁壯八萬以益防禦朝議以爲動搖兼澤國人民遠戍西鄙亦非便計遂寢齊賢又言靈州斗絕一隅當城鎭完全磧路未梗之時中外已言合棄自繼遷爲患已來危困彌甚南去鎭戎約五百餘里東去環州僅六七日程如此畏途不須攻奪則城中之民何由而出城中之兵何由而歸欲全軍民理須應接爲今之計若能增益精兵以合兩邊屯駐對替之兵從以原渭鎭戎之師率山西熟戶從東界而八嚴約師期兩路交進設若繼遷分兵以應敵我則乘勢而易攻且奔命途道首尾難衞千里趍利不敗則禽臣謂兵鋒未交而靈州之圍自解然後取靈州軍民而置砦於蕭關武延川險要處以僑寓之如此則蕃漢土人之心有所依賴裁候平寧却歸舊貫然後縱蕃漢之兵乘時以爲進退則成功不難矣時不能用未幾靈武果陷閏十二月拜右僕射判汾州不行改判永興軍兼馬步軍部署時薛居正子惟吉妻柴氏無子早寡盡畜其貨產及書籍論告欲改適齊賢惟吉子安上訴其事上不欲寘於理命司門員外郎張正倫就訊柴氏所對與安上狀異下其事於御史乃齊賢子太子中舍宗誨教柴氏爲詞齊賢坐責太常卿分司西京宗誨貶海州別駕景德初起爲兵部尚書知靑州上幸澶淵命兼靑淄濰州安撫使二年改吏部尚書上疏言曰臣在先朝常憂靈夏兩鎭終爲繼遷幷吞言事者以臣所慮爲太過畧舉旣往之事以明本末當時臣下皆以繼遷只是懷戀父祖舊地別無他心先帝與以銀州廉察庶滿其意弭後攻刼不已直至降麟府州界八部族蕃酋又脇制賀蘭山下帳族言事者猶謂封奬未厚洎陛下賜以銀夏土壤寵以節旄自此姦威愈滋逆志尤暴屢斷靈州糧路復撓緣邊城池數年之間靈州終爲吞噬當靈池淸遠軍垂欲陷沒臣方受經畧之命臣思繼遷須是得一兩處强大蕃族與之爲敵此乃以蠻夷攻蠻夷古今之上策也遂請以六谷名目封潘羅支俾其展効其時近臣所見全與臣謀不同多爲沮撓及繼遷爲潘羅支射殺邊患謂可少息今其子德明依前攻刼析逋遊龍鉢等盡在部下其志又似不小臣慮德明乘大駕東幸之際去攻六谷則瓜沙甘肅於闐諸處漸爲控制矣向使潘羅支尚在則明德未足爲虞今潘羅支已亡廝鐸督恐非其敵望委大臣經制其事從東封還復拜右僕射時建玉淸昭應宮齊賢言繪畫符瑞有損謙德又違奉天之意屢請罷其役三年出判河陽從祀汾陰還進左僕射五年代還請老以司空致仕入辭便坐方拜而仆上遽止之許二子扶掖升殿命益坐茵爲三歸洛得裴度午橋莊有池榭松竹之盛日與親舊觴詠其間意甚曠適七年夏薨年七十二贈司徒謚文定齊賢姿儀豐碩議論慷慨有大略以致君自負留心刑獄多所全活喜提奬寒雋少時家貧父死無以爲葬河南縣吏爲辦其事齊賢深德之事以兄禮雖貴不替也仲兄昭度嘗授齊賢經及卒表贈光祿寺丞又嘗依太子少師李肅家肅死爲營葬事歲時祭之趙普嘗薦齊賢於太宗未用普卽具前列事以謂陛下若進齊賢則齊賢他日感恩更過於此上大悅遂大用种放之起齊賢所薦也齊賢四踐兩府九居八座以三公就第康寧福壽時罕

其比居相日數起大獄又與寇準相傾人或以此少之齊賢諸子皆能有立宗信內殿崇班宗理大理寺丞宗諒殿中丞宗簡閤門祗候宗誨太子中舍宗禮最賢雖累貲登朝而畏羈束故多居田里

宗誨字習之齊賢第二子也少喜學兵法陰陽象緯之書無不通究以父任爲秘書省正字遷至太子中舍貶海州別駕嘗通判河陽徙知富順監會夷人斗郎春叛羣獠皆騷動宗誨將郡兵攻破之擢開封府判官三司度支勾院宗誨在開封日御史王沿劾其嗜酒廢事及爲河北轉運使乃發沿居喪假官舟賈販朝論惡之會以調發擾民徙知徐州累遷太常少卿後爲永興軍兵馬鈐轄又徙鄜延路兼知鄜州元昊寇延安劉平石元孫敗沒鈐轄黃德和遁還延州不納又走鄜州宗誨曰軍奔將無所歸激之則爲亂矣乃納之拘德和以聞是時鄜城不完且無備傳言寇兵至人心不安宗誨乃嚴斥候籍入而禁出使老幼併力守禦之敵亦自引去領典州防禦使復徙永興鈐轄兼知邠州以秘書監致仕嘗事干謁其子曰昔賀秘監以道士服東歸會稽明皇賜以鑑湖以爲休老之地今洛下雖無鑑湖而嵩少伊瀍天下佳處雖非朝廷所賜皆閑逸之人所有爾大人盍衣羽服以優游何必更事請謁乎宗誨曰吾作白頭老監秘書而眠何以賀老流沙之服爲哉時以爲名言初齊賢守代州宗誨嘗預計畫其保任親族不問疏近以年爲先後然性貪雖謝事猶事貨殖以至於卒子二人子臯字叔謨少有才名而不自負人樂與之游最善尹洙洙曰吾交天下士多矣不以通否易意者子臯也舉進士試秘書郎知新鄭縣以齊賢相遷校書郎館閣獻頌擢著作佐郎進直史館累官至尚書司封員外郎子憲字彥章以蔭將作監主簿以獻文賜同進士出身累遷尚書刑部郎中知光化軍戍卒逐其帥韓綱餘黨作亂子憲招降之征稅重人多逋負子憲奏除之歷太常少卿三司鹽鐵判官直史館知洪州遷右諫議大夫知桂州不赴御史劾之降秘書監復爲光祿卿加直秘閣知廬州遷秘書監累職徙揚州卒

賈黃中字媧民滄州南皮人唐相耽四世孫父玭字仲寶晉天福三年進士解褐宋初爲刑部郎中終水部員外郎知浚儀縣年七十卒玭嚴毅善教子士大夫子弟來謁必諄諄誨誘之初通判鎮州葬鄉黨羣從之未葬者十五喪孤貧不自給者咸教育而婚嫁之黃中幼聰悟方五歲玭每旦令正立展書卷比之謂之等身書課其誦讀六歲舉童子科七歲能屬文觸類賦詠父常令蔬食曰俟業成乃得食肉十五舉進士授校書郎集賢校理遷著作佐郎直史館建隆三年遷左拾遺歷左補闕開寶八年通判定州判太常禮院黃中多識典故每詳定禮文損益得中號爲稱職嶺南平以黃中爲採訪使廉直平恕遠人便之還奏利害數十事皆稱旨會克江表選知宣州歲饑民多爲盜黃中出己奉造糜粥賴全活者以千數仍設法弭盜因悉解去太宗即位遷禮部員外郎太平興國二年知昇州時金陵初附黃中爲政簡易部內甚治一日案行府署中見一室扃鑰甚固命發視之得金寶數十匱計直數百萬乃李氏宮閣中遺物也即表上之上覽表謂侍臣曰非黃中廉恪則亡國之寶將汙法而害人矣賜錢三十萬丁父憂起復視事五年召歸闕有薦黃中文學高第召試中書拜駕部員外郎知制誥八年與宋白呂蒙正等同知貢舉遷司封郎中充翰林學士雍熙二年又知貢舉俄掌吏部選端拱初加中書舍人二年兼史館修撰凡再典貢部多束拔寒俊除擬官吏品藻精當淳化二年秋與李沆並拜給事中參知政事太宗召見其母王氏命坐謂曰教子如是眞孟母矣作詩以賜之頒賜甚厚黃中素重呂端爲人屬端出鎭襄陽黃中力薦於上因留爲樞密直學士遂參知政事當世文行之士多黃中所薦引而未嘗言人莫之知也然畏愼過甚中書政事頗留不決四年冬與沆並罷守本官明年知襄州上言母老乞留京改知澶州辭日上戒之曰夫小心翼翼君臣皆當然若太過則失大臣之體黃中頓首謝上因謂侍臣曰朕嘗念其母有賢德七十餘年未覺老每與之語甚明敏黃中終日憂畏必先其母老矣因目參知政事蘇易簡曰易簡之母亦知之自古賢母不可多得易簡前謝曰陛下以孝治天下獎及人親臣實何人膺茲榮遇至道初黃中遘疾詔令歸闕會建儲宮擇大臣有德望者爲賓友黃中在選中以久疾改命李至李沆兼賓客黃中亦特拜禮部侍郎代至兼秘書監黃中素嗜文籍既居內閣甚以爲慰二年以疾卒年五十六其母尚無恙卒如上言贈禮部尚書上聞其素貧別賜錢三十萬既葬其母入謝又賜白金三百兩上謂之曰勿以諸孫爲念朕當不忘也黃中端謹能守家法廉白無私多知臺閣故事談論亹亹聽者忘倦爲在翰林日太宗召見訪以時政得失黃中但言臣職典書詔思不出位軍國政事非臣所知上益重之以爲謹厚及知政事卒無所建明時論不之許有文集三十卷子守謙雍熙二年進士守正獻文召試賜進士第後爲虞部員外郎守約國子博士守文殿中丞守納右贊善大夫

論曰詩云允也天子降于卿士實爲阿衡實左右商王言有是君則有是臣有是臣則足以相是君也太宗勵精庶政注意輔相以昉舊德亟加進用繼擢蒙正齊賢迭居相位復進黃中俾參大政而四臣者將順德美脩明庶政以致承平之治可謂君臣各盡其道者矣君子謂李昉爲多遜所毀而不校蒙正爲張紳所汚而不辨齊賢爲同列所累而不言黃中多所薦引而不有其功此固人之所難也而況四臣者皆賢宰輔又能進退有禮皆以善終非盛德君子其孰能與於斯

宋史卷二百六十六

元　中　書　右　丞　相　總　裁　脫　脫　等　修

列傳第二十五

錢若水從弟若冲　蘇易簡　郭贄
李至　辛仲甫　王沔
溫仲舒　王化基子舉正 舉元 孫詔

錢若水字澹成一字長卿河南新安人父文敏漢青州帥劉銖辟爲錄事參軍歷長水鄭都尉扶風令相州錄事參軍先是府帥多以筆牘私取官庫錢韓重贇領節制頗仍其弊文敏不從重贇假他事廷責之文敏不爲屈太祖嘉其有守授右贊善大夫知瀘州召見講武殿謂曰瀘州近蠻境尤宜綏撫聞知州郭思齊監軍郭重遷掊斂不法恃其荒遠謂朝廷不知爾至爲朕鞫之苟一毫有侵於民朕必不赦至郡有政迹夷人詣闕借留詔改殿中丞許再任三遷司封員外郎又知洺州建昌軍卒年七十二若水幼聰悟十歲能屬文華山陳摶見之謂曰子神清可以學道不然當富貴但忌太速爾雍熙中舉進士釋褐同州觀察推官聽決明允郡治賴之淳化初寇準掌選薦若水洎王扶程肅陳克錢熙五人文學高第召試翰林若水最優擢秘書丞直史館歲餘遷右正言知制誥會置理檢院於乾元門外命若水領之俄同知貢舉加屯田員外郎詔諸原鹽等州制置邊事還奏合旨翊日改職方員外郎翰林學士與張洎並命俄知審官院銀臺通進封駁司嘗草賜趙保忠詔有云不斬繼遷開狡兔之三穴潛疑光嗣持首鼠之兩端太宗大以爲當至道初以右諫議大夫同知樞密院事眞宗即位加工部侍郎數月以母老上章求解機務詔不許若水請益堅遂以本官充集賢院學士判院事俄詔修太宗實錄若水引柴成務宗度吳淑楊億同修成八十卷眞宗覽書流涕錫賚有差初太宗有畜犬甚馴常在乘輿左右及崩嗚號不食因送永熙陵寢李至嘗詠其事欲若水書之以戒浮俗若水不從呂端雖爲監脩以不涖局不得署名至抉其事以爲專美若水稱詔旨及唐朝故事以折之時議不能奪既又重脩太宗實錄參以王禹偁李宗諤梁顥趙安仁未周歲畢安仁時爲宗正卿上言夔王於太宗屬當爲兄實錄所紀繆誤若水援國初詔令廷諍數四乃定俄判吏部流內銓從幸大名若水陳禦敵安邊之策有曰孫武著書以伐謀爲主漢高將將以用法爲先伐謀者以將帥能料敵制勝也用法者以朝廷能賞罰不私也今傅潛領雄師數萬閉門不出坐視邊寇俘掠生民上孤委注之恩下挫銳師之氣蓋潛輩不能制勝朝廷未能用法使然也軍法臨陣不用命者斬今若斬潛以徇然後擢如楊延朗楊嗣者五七人增其爵秩分授兵柄使將萬人間以強弩分路討除孰敢不用命哉敵人聞我將帥不用命退則有死豈獨思遁抑亦來歲不敢犯邊矣如此則可以坐清邊塞然後鑾輅還京天威懾於四海矣臣嘗讀前史周世宗即位之始劉崇結敵入寇敵遣其將楊袞領騎兵數萬隨崇至高平當時懦將樊愛能何徽等臨敵不戰世宗大陳宴會斬愛能等拔偏將十餘人分兵擊太原劉崇聞之股慄不敢出即日遁去自是兵威大振其後收淮甸下秦鳳平關南特席捲爾以陛下之神武豈讓世宗乎此今日禦敵之奇策也若將來安邊之術請以近事言之太祖朝制置最得其宜止以郭進在邢州李漢超在關南何繼筠在鎮定賀惟忠在易州李謙溥在隰州姚內斌在慶州董遵誨在通遠軍王彥昇在原州但授緣邊巡檢之名不加行營部署之號率皆十餘年不易其任立邊功者厚加賞賚其位皆不至觀察使蓋位不高則朝廷易制任不易則邊事諳知然後授以聖謀來則掩殺去則勿追所以十七年中北邊西蕃

不敢犯塞以至屢使乞和此皆陛下之所知也苟能遵太祖故事愼擇名臣分理邊郡罷部署之號使不相統轄置巡檢之名俾遞相救應如此則出必擊寇入則守城不數年間可致邊烽罷警矣俄知開封府埒北邊未寧內出手札訪若水以策若水陳備邊之要有五一曰擇郡守二曰募鄉兵三曰積芻粟四曰革將帥五曰明賞罰何謂擇郡守今之所患患在戰守不同心望陛下選沉厚有謀諳邊事者任爲邊郡刺史令兼緣邊巡檢許召勇敢之士爲隨身部曲廩賜不充則官爲支給然後嚴亭障明斥候毋得事宜密相報示寇來則互爲救應齊出討除寇去則不令遠追各務安靜苟無大過勿爲替移儻立微功就加爵賞如此則戰守必能同心敵人不敢近塞矣何謂募鄉兵今之所患患在不知敵情望詔逐州沿邊民爲招收軍給與糧賜蠲其賦租彼兩地之中各有親族使其懷惠來布腹心彼若舉兵此必預知苟能預知則百戰百勝矣何謂積芻粟今之所患患在困民力望陛下令緣邊各廣營田以州郡長官兼其使額每歲秋夏較其課程立鼓旗以齊之行賞罰以勸之仍縱商人入粟緣邊儻鎭戍有三年之備則敵人不敢動矣何謂革將帥今之所患患在重兵居外輕兵居內去歲傅潛以八萬騎屯中山魏博之間鎭兵全少非鑾輅親征則城邑危矣望陛下愼選將臣任河北近鎭仍依舊事節制邊兵未能剗部署之名望且減行營之號有警則暫巡邊徼無事則却復舊藩豈惟不啓戎心況復待勞以逸如此則不失備邊之要又無舉兵之名且使重兵不屯一處進退動靜無施不可矣何謂明賞罰今之所患患在戎卒驕惰臣自知府以來見侍衞殿前兩司送到邊上亡命軍卒人數甚多臣試訊之皆以思親爲言此蓋令之不嚴也平時尙敢如此況臨大敵乎望陛下以此言示將帥俾申嚴號令以警其下古人云賞不勸謂之止善罰不懲謂之縱惡又曰法不可移令不可違臣嘗聞郭進出鎭西山太祖每遣戍卒必諭之曰汝等謹奉法我猶赦汝郭進殺汝矣其假借如此故郭進所至未嘗少衄陛下能鑒前日之事卽今日之元龜也若水又言邊部用兵唯視太白與月爲進退者誠以太白者將軍也星辰者廷尉也合則有戰不合則無戰合於東則主勝合於西則客勝陛下能用臣言以謹邊備則邊部不召而自來矣太祖臨御十七年間未嘗生事疆場而敵人往往遣使乞和者以其任用得人而備禦有方也陛下苟思兵者凶器戰者危事而不倒持太阿授人以柄則守在四夷而常獲靜勝此備禦之上策也未幾出知天雄軍兼兵馬部署時言事者請城綏州屯兵積穀以備党項邊城互言利害前後遣使數輩按視不能決時已大發丁夫將興其役詔若水自大名馳往視之若水上言綏州頃爲內地民賦登集尙須旁郡轉餉自賜地趙保忠以來人戶凋殘若復城之卽須增戍芻糧之給全仰河東其地隔越黃河鐵碣二山無定河在其城下緩急用兵輸送艱阻且其地險若未葺未完邊寇奔衝難於固守況城邑焚毀片瓦不存所過山林材木匱乏城之甚勞未見其利復詣闕面陳其事上嘉納之遂罷役初若水率衆過河分布軍伍咸有節制深爲戍將推服上謂左右曰若水儒臣中知兵者也是秋又遣巡撫陝西緣邊諸郡令便宜制置邊事還拜鄧州觀察使知幷州事六年春因疾灸兩足創潰出血數斗自是體貌羸瘵手詔慰勞之俾歸京師數月始赴朝謁因與僚友會食佾舍假寢而卒年四十四贈戶部尙書賜其母白金五百兩子延年甫七歲錄爲太常奉禮郎若水美風神有器識能斷大事事繼母以孝聞雅善談論尤輕財好施所至推誠待物委任僚佐總其綱領無不稱治汲引後進推賢重士襟度豁如也精術數知年壽不永故懇避權位其死也士君子尤惜之有集二十卷兄若愚比部員外郎從弟若冲大中祥符中調河陽令有僕酗酒杖之百數僕挾刃夜潛室中斷其臂若冲大呼又害其幼子詔磔僕於其門眞宗念若水母老遣使存問賜緡綿羊酒且賜若冲帛三十端補孟州別駕延年後以獻文賜進士出身歷太常博士集賢校理

蘇易簡字太簡梓州銅山人父協舉蜀進士歸宋累任州縣以易簡居翰林任開封縣兵曹參軍俄遷光祿寺丞卒特贈秘書丞易簡少聰悟好學風度奇秀才思敏贍太平興國五年年踰弱冠舉進士太宗方留心儒術貢士皆臨軒覆試易簡所試三千餘言立就奏上覽之稱賞擢冠甲科解褐將作監丞通判昇州遷左贊善大夫八年以右拾遺知制誥雍熙初以郊祀恩進秩祠部員外郎二年與賈黃中同知貢舉有詔凡親屬就舉者籍名別試易簡妻弟崔範匿父喪充貢奏名在上第又王千里者水部員外郎孚之子協爲孚門生千里預薦上聞坐範及千里罪易簡緣是罷知制誥以本官奉朝請未幾復知制誥三年充翰林學士初易簡充貢宋白掌貢部至是裁七年易簡幼時隨父河南賈黃中來使嘗教之屬辭及是悉爲同列易簡連知貢舉陳堯叟孫何並甲廷試淳化元年丁外艱二年同知京朝官考課遷中書舍人充承旨先是曲宴將相翰林學士皆預坐梁迥啓太祖罷之又皇帝御丹鳳樓翰林承旨侍從升樓西南隅禮亦廢至是易簡請之皆復舊制易簡續唐李肇翰林志二卷以獻帝賜詩以嘉之帝嘗以輕綃飛白大書玉堂之署四字令易簡牓於廳額易簡會韓伾畢士安李至等往觀上聞遣中使賜宴甚盛至等各賦詩紀其事宰相李昉等亦作詩頌美之他日易簡直禁中以水試欹器上密聞之因晚朝問曰卿所玩得非欹器耶易簡曰然江南徐邈所作也命取試之易簡奏曰臣聞日中則昃月滿則虧器盈則覆物盛則衰願陛下持盈守成愼終如始以固丕基則天下幸甚會郊祀充禮儀使先是扈蒙建議以宣祖升配易簡引唐故事請以宣祖太祖同配從之知審官院言初任京朝官未嘗歷州縣不得擬知州通判詔可改知審刑院俄掌吏部選遷給事中參知政事時趙昌言亦參知政事與易簡不協至忿爭上前上皆優容之未幾昌言出使劒南中路命改知鳳翔府明年易簡亦以禮部侍郎出知鄧州移陳州至道二年卒年三十九贈禮部尙書易簡外雖坦率中有城府由知制誥入爲學士年未滿三十屬文初不達體要及掌誥命頗自刻勵在翰林八年眷遇夐絕倫等李沆後入在易簡下先參知政事故以易簡爲承旨錫賚均焉太宗遵舊制且欲稔其名望而後正台輔易簡以親老急於進用因亟言時政闕失遂參大政蜀人何光逢易簡之執友也嘗任縣令坐賂削籍流寓京師會易簡典貢部光逢代人充試以取貲易簡於稠人中屏出之光逢遂造謗書斥言朝廷事且譏易簡易簡得其書以聞逮捕光逢獄且坐棄市易簡以殺光逢非其意居常怏怏母薛氏以殺父執切責之易簡泣曰不謂及此易簡罪也及易簡參知政事召薛氏入禁中賜冠帔命坐問曰何以敎子成此令器對曰幼則束以禮讓長則敎以詩書上顧左右曰眞孟母也易簡性嗜酒初入翰林謝日飮已微醉餘日多沉湎上嘗戒約深切且草書勸酒二章以賜令對其母讀之自是每入直不敢飮及卒上曰易簡果以酒死可惜也易簡常居雅善筆札尤善談笑旁通釋典所著文房四譜續翰林志及文集二十卷藏於秘閣三子曰宿曰壽曰耆大中祥符間皆祿之以官云

郭贄字仲儀開封襄邑人乾德中舉進士中首薦太宗尹京因事藩邸太平興國初擢爲著作佐郎右贊善大夫俄兼皇子侍講賜緋魚太宗至東宮出戒子篇命贄注解且令委曲講說以喻諸王三年與劉兼張洎王克正同知貢舉遷右補闕與宋白並拜中書舍人賜金紫五年復與程羽侯陟宋白同知貢舉置京朝官差遣院凡將命出入受代歸闕官悉考校勞績銓量才品命贄洎滕中正雷德驤領之七年以本官參知政事曹彬爲弭德超所誣贄極言救解深爲宰相趙普所重嘗因論事奏曰臣受不次之遇誓以愚直上報太宗曰愚直何益於事贄言雖然猶勝姦邪無何以入對宿醒未解左遷秘書少監知荊南府府俗尙淫祀屬久旱盛陳禱雨之具贄始至命悉撤去投之江不數日大雨就加左諫議大夫入爲鹽鐵使時諸路積逋欠犯人雖死猶繫其子孫贄條陳其事多所蠲貸籍田超拜工部侍郎淳化中知澶州坐河決免所居官久之起爲給事中復工部侍郎知審官院通進銀臺封駁司眞宗卽位拜刑部出知天雄軍翌日贄入對懇辭上曰全魏之地所寄尤重卿宜亟去入判太常寺吏部流內銓加集賢院學士判院事知河南府歸朝獻詩自陳進秩吏部俄兼秘書監初眞宗未出閤贄已授經上嘗至其家後楊可法繼其任上以爲輔導不及贄嘗稱贄純厚長者至是在秘府屢賜對詢訪舊事且愍其已老特拜工部尙書翰林侍讀學士作詩賜之有啓發冲言曉典常語東封遷禮部尙書太宗在晉邸時凡製篇咏多令屬和眞宗嘗訪其賜本贄集爲四卷以獻詔獎之大中祥符三年卒年七十六上以舊學之故特親臨哭之贈左僕射謚文懿錄其子昭度爲大理寺丞昭升昭用並大理評事昭允左贊善大夫贄屬文敏速而不雕刻昭度集爲三十卷上之賜名文懿集性溫和頗能延譽時雋宋白以文學沉下位贄薦引之遂同掌誥命趙昌言兒時一見器之及掌貢部以爲奏名之首後卒貴顯贄初充賦有聲邑人同在籍中者忌之潛加構毀自是連上不中選洎贄再知貢舉邑人子以明經充薦詔下日悔泣而去贄聞之命其所親召還慰諭俾就舉遂預薦中第然吝嗇切於治生晚節不事事人頗以是少之

李至字言幾眞定人母張氏嘗夢八仙人自天降授字圖使吞之及寤猶若有物在胷中未幾生至七歲而孤鞠於飛龍使李知審家幼沉靜好學能屬文及長辭華典贍舉進士釋褐將作監丞通判鄂州旋擢著作郎直史館會征太原命督澤潞芻糧累遷右補闕知制誥太

平興國八年轉比部郎中爲翰林學士冬拜右諫議大夫參知政事雍熙初加給事中時議親征范陽至上疏以爲兵者凶器戰者危事用之之道必務萬全幽州爲敵右臂王師所嚮彼必拒張攻城數萬兵食倍之今日邊庚未充況范陽之傍坦無陵阜去山旣遠取石尤難金湯之堅必資機石儻有未備願且繕完畜威養銳觀釁以伐謀更縱彌年亦未爲晚必若聖心獨斷在於必行則京師天下之本陛下恭守宗廟不離京國示敵人以閒暇慰億兆之仰望策之上也大名河朔之咽喉或暫駐鑾輅揚言自將以壯軍威策之中也若乃遠提師旅親抵邊陲北有契丹之虞南有中原之慮則曳裾之懇切斷鞅之狂愚臣雖不肖恥在二賢後也至以目疾累表求解機政授禮部侍郎進秩吏部會建秘閣命兼秘書監選三館書置閣中俾至總之至每與李昉王化基等觀書閣下上必遣使賜宴且命三館學士皆與焉至是昇秘閣次於三館從至請也上嘗臨幸秘閣出草書千字文爲賜至勒石上曰千文乃梁武得破碑鍾繇書命周興嗣次韻而成理無足取若有資於教化莫孝經若也乃書以賜至薦潘愼修舒雅杜鎬吳淑等入充直館校理請購亡書間以新書奏御必便坐延見恩禮甚厚淳化五年兼判國子監至上言五經書疏已板行惟二傳二禮孝經論語爾雅七經疏未備豈副仁君垂訓之意今直講崔頤正孫奭崔偓佺皆勵精强學博通經義望令重加讎校以備刊刻從之後又引吳淑舒雅杜鎬檢正譌謬至與李沆總領而裁處之至道初眞宗初正儲位以至與李沆並兼賓客詔太子事以師傅禮眞宗每見必先拜至等上表不敢當禮詔荅曰朕旁稽古訓肇建承華用選端良資於輔導藉卿宿望委以護調蓋將勗以謙冲故乃異其禮數勿飾當仁之讓副予知子之心至等相率謝太宗謂曰太子賢明仁孝國本固矣卿等可盡心規誨若動皆由禮則宜贊助事有未當必須力言至於禮樂詩書義有可裨益者皆卿等素習不假朕之言諭也眞宗卽位拜工部尚書參知政事一日上訪以靈武事至上疏曰河湟之地夷夏雜居是以先王置之度外繼遷異類騷動疆埸然臍不足弭其患擢髮不足數其罪然聖人之道務屈已含垢以安億民蓋所損者小所益者大望陛下以元元爲念不以巨憝介意料彼脅從亦厭兵久矣苟朝廷舍之不問啖以厚利縻以重爵亦安肯迷而不復訖於淪胥哉昨鄭文寶絕青鹽使不入漢界禁粒食使不及羌夷致彼有詞而我無詞此之失策雖悔何追今若復禁止不許通糧恐非制敵懷遠不戰屈人之意昔唐代宗雖罪田承嗣而不禁魏鹽陛下宜行此事以安邊鄙使其族類有無交易售鹽以利之通糧以濟之彼雖遠夷必然向化互相詰諭一旦懷恩舍逆效順則繼遷豎子孤而無輔又安能爲我蜂蠆哉今靈州不可不棄非獨臣愚以爲當然若移朔方軍額於環州亦一時之權也或指靈州爲咽喉之地西北要衝安可棄之以爲敵有此不智之甚非臣之所敢知也後靈武卒不能守咸平元年以目疾求解政柄授武信軍節度入辭節制不允居二年徙知河南府四年以病求歸本鎭許之詔甫下卒年五十五贈侍中詔給其子惟良惟允惟熙等奉終制至嘗師徐鉉手寫鉉及其弟鍇集置於几案又賦五君詠爲鉉及李昉石熙載王祐李穆作也至剛嚴簡重人士罕登其門性吝嗇幼育於知審及貴卽逐其養子以利其資知審因至亦至右金吾衞大將軍

辛仲甫字之翰汾州孝義人曾祖實石州推官祖廸壽陽令父藩河東節度判官仲甫少好學及長能吏事偉姿儀器局沉厚周廣順中郭崇掌親軍領武定節制署仲甫掌書記顯德初出鎭澶淵仍署舊職崇所親吏爲廂虞候部民有被刧殺者訴陰識賊魁卽捕盜吏也官不敢詰仲甫請自捕逮鞫之吏故稽其獄仲甫曰民被寇害而使自誣服蠹政甚矣焉用僚佐爲請易吏以雪寃憤崇悟移鞫之乃得實狀崇移鎭眞定改深趙鎭觀察判官太祖受命以崇爲監軍陳思誨密奏崇有姦狀上怒且疑遣中使馳往驗之未至崇憂懣失據謂賓佐曰苟主人不察爲之柰何皆愕相視仲甫曰皇帝膺運公首效節軍民處置率循常度且何以加辭第遠偵使者率僚屬盡郊迎禮聽彼伺察久當自辨矣崇如其言使者至視崇無他意還奏上大喜歸罪於思誨仲甫又隨崇爲平盧軍節度判官崇卒改鄆齊觀察判官累雪寃枉乾德五年入拜右補闕出知光州州有橫河與城直會霖潦暴疾水溢潰廬舍仲甫集船數百艘軍資民儲皆賴以濟六年移知彭州州卒誘營兵及諸屯戍謀以長春節宴集日爲亂屬春初仲甫出城巡視見壕中草深意可藏伏命燒薙之凶黨疑謀泄有自首者擒百餘人盡斬之先是州少種樹暑無所休仲甫課民栽柳蔭行路郡人德之名爲補闕柳太祖問羣臣文武兼資者爲誰趙普以仲甫對徙益州兵馬都監代還選爲三司戶部判官太平興國初遷起居舍人奉使契丹遼主問党進何如人如進之比有幾仲甫曰國家名將輩出如進鷹大材耳何足道哉遼主欲留之仲甫曰信以成命義不可留有死而已遼主竟不能屈使還以刑部郎中知成都府旣命奏免歲輸銅錢罷榷酤政尙寬簡蜀人安之八年加右諫議大夫時彭州盜賊連結爲害詔捕未獲仲甫誘令自縛詣吏者凡百餘人餘因散去九年入知開封府拜御史中丞雍熙二年拜給事中參知政事端拱中進戶部侍郎時呂蒙正以長厚居相位王沔任事仲甫從容其間而已淳化二年以足疾罷爲工部尙書出知陳州代歸會蜀有寇以仲甫素著恩信將令輿疾招撫以疾未行無何以太子少保致仕眞宗卽位加太子少傅咸平三年卒年七十四贈太子太保子若冲若虛若蒙若濟若渝皆能其官孫有孚有鄰俱中進士

王沔字楚望齊州人太平興國初舉進士解褐大理評事四年太宗親征太原見於行在授著作郎直史館遷右拾遺出爲京西轉運副使明年加右補闕知懷州八年春與宋白賈黃中等同知貢舉擢膳部郎中樞密直學士遷右諫議大夫同簽書樞密院事賜第崇德坊雍熙元年加左諫議大夫樞密副使端拱初改戶部侍郎參知政事淳化初宰相趙普出守西洛呂蒙正以寬簡自任政事多決於沔沔與張齊賢同掌樞務頗不叶齊賢出知代州沔遂爲副使參預政事陳恕好苛察亦嘗與沔忤淳化二年齊賢洎恕參知政事沔不自安慮僚屬有以中書舊事告齊賢等會左司諫王禹偁上言自今宰相及樞密使不得於本廳見客許於都堂延接沔喜卽奏行之直史館謝泌以爲如此是疑大臣以私也疏駁之太宗追還前詔沔暨恕因是罷守本官翌日蒙正亦罷沔見上涕泣不願離左右未幾鬚髮皆白會省吏事發連中書因有奏毀者上語毀者曰呂蒙正有大臣體王沔甚明敏毀者暫而止三年上欲黜陟官吏命沔與謝泌王仲華同知京朝官考課沔上言應京朝官殿犯乞令刑部條報以贓及公私罪分三等以聞立法苛察欲因是以求再用受命甫旬日方視事以暴疾卒年四十三贈工部尙書沔聰察敏辯有適時之用上前言事能委曲敷繹每對御讀所試進士辭賦音吐明暢經讀者多中高第性苛刻少誠信掌機務日凡謁見者必啗以甘言皆喜過望旣而進退非允人胥怨之沔弟淮太平興國五年進士任殿中丞嘗掌香藥榷易院坐贓論當棄市以沔故詔杖一百降定遠主簿沔以是頻爲寇準所誣云

溫仲舒字秉陽河南人太平興國二年舉進士爲大理評事通判吉州再遷秘書丞知汾州坐事除名未幾復起爲右贊善大夫通判睦州端拱初拜右正言直史館判戶部憑由司三年拜工部郎中樞密直學士知三班院秋彗星見召對別殿仲舒以爲國家平太原以來燕代之交城守年深殺傷剽掠彼此迭見大河以北農桑廢業戶口減耗凋弊之餘極力奉邊丁壯備徭老弱供賦遺廬壞堵不亡卽死邪人媚上猶云樂輸加以兵卒踐更行者辛苦居者怨曠願推恩宥以綏民庶太宗嘉納之遂赦河北淳化二年拜右諫議大夫樞密副使改同知樞密院事四年罷知秦州先是俗雜羌戎有兩馬家朶藏梟波等部唐末以來居於渭河之南大洛小洛門砦多產良木爲其所據歲調卒采伐給京師必以貲假道於羌戶然不免攘奪甚至殺掠爲平民患仲舒至部兵歷按諸砦諭其酋以威信諸部獻地內屬旣而悉徙其部落於渭北立堡砦以限之民感其惠爲畫像祠之會有言仲舒生事者上謂近臣曰仲舒嘗總機密之職在吾左右當以綏懷爲務古者伊洛之間尙有羌渾雜居況此羌部內屬素居渭南上著已久一旦擅意斥逐或至騷動又煩吾關右之民乃命知鳳翔薛惟吉與仲舒對易其任連知興元江陵二府加給事中會內侍藍繼宗使秦州還言得地甚利乃召仲舒拜戶部侍郎尋參知政事二砦後爲內地歲獲巨木之利咸平初拜禮部尙書罷政出知河陽踰年知開封府五年以京府務劇求罷遂以本官兼御史中丞尋遷刑部尙書知天雄軍徙河南景德中幷州缺守上以北門重鎭須大臣鎭撫非張齊賢溫仲舒不可令宰相論旨皆不願往未幾復知審官院大中祥符中進秩戶部尙書三年判昭文館大學士命下卒年六十七贈左僕射謚恭肅仲舒敏於應務少與呂蒙正契厚又同登第仲舒黜廢累年蒙正居中書極力援引及被任用反攻蒙正士論薄之自爲正言至貳樞密皆與寇準同進時人謂之溫寇子嗣宗嗣良嗣先嗣立仲舒旣卒帝憫其孤弱並祿以官

王化基字永圖鎭定人太平興國二年舉進士爲大理評事通判常州遷太子右贊善大夫知嵐州時趙普爲相建議以驟用人無益于治改淮南節度判官入爲著作郎遷右拾遺抗疏自薦太宗覽奏曰化基自結人主慷慨之士也召試知制誥以右諫議大夫權御史中丞一日侍便殿問以邊事對曰治天下猶植木焉所患根

本末固固則枝幹不足憂朝廷治則邊鄙何患乎不安又嘗令薦士卽一疏數十人王嗣宗薛映耿望皆其人也化基嘗慕范滂爲人獻澄清略言時事有五其一復尚書省曰國家立制動必法天尚書省上應玄象對臨紫垣故六卿擬喉舌之官郎吏應星辰之位斯實乾文昭著故事具明方今省署名實未稱夫三司使額乃近代權制判官推官勾院開拆磨勘憑由理欠孔目勾押前後行皆州郡吏局之名請廢三司止於尚書省設六尚書分掌其事廢判官推官設郎官分掌二十四司及左右司公事使一人掌一司廢孔目勾押前後行爲都事主事令史廢勾院開拆磨勘憑由理欠等司歸比部及左右司如此卽事益精詳且盡去州郡吏局之名也六卿如闕卽選名品相近有才望者權之郎官如闕則於兩省三院選名幹有清望者依資除之其二十四司公事若繁簡不同望下本省府屬參酌其類均而行之其二愼公舉曰朝廷頻年下詔以類求人但聞例得舉官未見擇其舉主欲望自今先責朝官有聲望者各舉所知其舉到官員則置籍并舉主名姓籍之所舉之官實著廉能則特旌舉主若所舉貪冒敗事連坐舉主陛下自登寶位十年于茲七經選掄得人多矣然下僚遠官不無沉滯望令採訪司及州郡長吏廉察以聞籍以待用則下無遺材矣其三懲貪吏曰貪吏之於民其損甚大屈法煩刑徇私肆虐使民之受害甚於木之受蠹若乃用非其人而不繩以法雖夷齊顏閔不能自見蓋中人之性如水之在器方員不常顧用之者何如爾望令諸路轉運使副兼採訪之名責以覺察州府軍監長吏得失俟其澄清部內則待以不次之擢置於侍從之間所貴周知物理能備顧問且足爲外官之勸也其四省冗官曰古人建官初不必備者惟得其人也國家封疆雖踰前世而分設庶官實倍常數意欲盡籠天下之利而民物轉加凋弊二十年前江淮諸郡揚楚最居要衝務穰事衆地廣民繁然止設知州一人署領官事其餘通判官推官及州官等悉皆分筦榷務倉庫當時事無不集兼少獄訟其後十年臣任揚州時朝廷添置監臨使臣等職實踰本州官數諸州冗員似此非一今以朝官諸色使臣及縣令簿尉等高卑相折而計之一人月費不啻十千以千人約之歲計用十餘萬千更倍萬約之萬又過倍使皆廉吏止糜公帑設或貪夫參錯其間則取於民者又加倍焉望委各路轉運使副與知州同議裁減若縣令簿尉等官自前多不備置可兼者兼之如此則冗官汰矣其五擇遠官曰負罪之人多非良善貪殘凶暴無所不至若授以遠方牧民之官其或怙惡不悛恃遠肆毒小民罹殃卒莫上訴甚非撫綏遠人之意也若自今以往西川廣南長吏不任負罪之人則遠人受賜矣書奏太宗嘉納之初柴禹錫任樞密有奴受人金而禹錫實不知也參知政事陳恕欲因以中禹錫太宗怒引囚訊其事化基爲辨其誣太宗感悟以化基爲長者淳化中拜中丞俄知京朝官考課遷工部侍郎至道三年超拜參知政事咸平四年以工部尚書罷知揚州移知河南府進禮部尚書大中祥符三年卒年六十七贈右僕射謚惠獻化基寬厚有容喜慍不形僚佐有相凌慢者輒優容之在中書不以蔭補諸子官然善敎訓故其子舉正舉直舉善舉元皆有所立

舉正字伯仲幼嗜學厚重寡言化基以爲類已器愛異諸子以蔭補秘書省校書郎進士及第知伊闕任邱縣館閣校勘集賢校理眞宗實錄院檢討國史編修官三遷尚書度支員外郎直集賢院修三朝寶訓同修起居注擢知制誥其妻父陳堯佐爲相改龍圖閣待制堯佐罷以兵部郎中復知制誥爲翰林學士拜右諫議大夫參知政事前一日吏有馳報者舉正方燕居齋舍徐謂吏曰安得漏禁中語既入謝仁宗曰卿恬於進取未嘗干朝廷以私故不次用卿時陝西用兵呂夷簡以宰相判樞密院舉正曰判名重不可不避也乃改兼樞密使遷給事中御史臺舉李徽之爲御史舉正友壻也格不行徽之訟曰舉正妻悍不能制如謀國何歐陽修等亦論舉正懦默不任事舉正亦自求去遂以資政殿學士尚書禮部侍郎知許州光化軍叛卒轉寇傍境而州兵有謀起爲應者舉正潛捕首惡者斬之徙知應天府累遷左丞皇祐初拜御史中丞乃奏張堯佐庸人緣妃家一日領四使使賢士大夫無所勸不報舉正因留班廷諍乃奪宣徽景靈二使又曰先朝用人雖守邊累年者官止遙郡刺史今所用未盡得人而尅期待遷使後有功者何所勸耶且轉運使察官吏能否生民休戚賴焉命甫下而數更不終歲而再易恩澤所以未宣民疾所以未瘳者職此故也御史唐介坐言事貶春州舉正力言之介得徙英州居半歲堯佐復爲宣徽使家居凡七上疏及狄青爲樞密使又言青出兵伍不可爲執政力爭不能奪因請解言職帝稱其得風憲體遣賜就第賜白金三百兩除觀文殿學士禮部尚書知河南府入兼翰林侍讀學士每進讀及前代治亂之際必再三諷諭以太子少傅致仕卒贈太子太保謚安簡賜黃金百兩文章雅厚如其爲人有平山集中書制集內制集五十卷

舉元字懿臣以上文章賜進士出身知潮州江水敗隄盜乘間竊發舉元夜召里豪計事盜既獲乃治隄爲河陰發運判官或言大河決將犯京師舉元適入對具論地形證其妄已而果然歷郡牧戶部判官京東轉運使沙門島多流人守吏顧貨槖陰殺之舉元請立監以較賞罰自是全活者衆徙淮南河東夏人來爭屈野地舉元從數騎度河設幕與之議示以赤心夏人咸服治平中又徙成都邛井鹽歲入二百五十萬爲丹稜卓筒所侵積不售下令止之鹽登於舊召提舉在京脩造英宗勞之曰官廬舍害於水僅有存者卿究心公家毋憚其勞俄進鹽鐵副使拜天章閣待制知滄州改河北都轉運使知永興軍慶人夏人屯境上有窺我意舉元使二裨將以千騎扼其要害長安遣從事來會兵涇原戒勿輕舉大將竇舜卿銳意請行不聽舉元曰不過三日虜去矣至期果去神宗以細札諮攻守策舉元請省官減戍益備去兵勿營亭障輿論不合遂引疾求解徙陳州未行而卒官至給事中年六十二子詔

詔字景獻用蔭補官通判廣信軍事知博州魏俗尚椎剽姦盜相囊槖詔請開反告殺并贖罪法以攜其黨元祐初朝廷起回河之議未決而開河之役遽興詔言河朔秋潦水淫爲菑民人流徙賴發廩振贍思稍蘇其生謂宜安之未可以力役傷也從之擢開封府推官富民貸後絕償牒爲緡錢十三萬踰期復責倍輸身死貲籍又錮其妻子詔請免之出爲滑州州屬縣有退灘百餘頃歲調民刈草給河隄民病其役詔募人佃之而收其餘爲度支郎中使契丹時方討西夏迓者耶律誠欲嘗我言曰河西無禮大國能容之乎詔曰夏人侮邊既正其罪矣何預兩朝和好事入賀故事跪而飲葢有謑拜者乃彊詔詔曰南北百年所守者禮其可紛更耶卒跪飲之崇寧中由大理少卿爲卿徙司農御史論詔在滁日請蘇軾書醉翁亭碑罷主崇福宮旋知汝州鑄錢卒罵大校詔斬以徇而上章待罪除直秘閣言者復抉滁州事罷去起知深兗二州徙同州過闕留爲左司郎中遷衞尉太府卿刑部侍郎詳定敕令舊借緋紫者不佩魚詔言章服所以辨上下今與胥吏不異遂皆佩魚歷工兵戶三部侍郎轉開封尹時子璹使京西攝尹洛父子兩京相望人以爲榮進刑部尚書拜延康殿學士提舉上清寶籙宮復爲工部尚書徽宗閔其老命毋拜詔皇恐於是但朝朔望俄以銀青光祿大夫致仕卒年七十九

論曰自昔參大政贊機務非明敏特達之士不能勝其任若又飭以文雅濟以治具則盡善矣若水機鑒明敏儒而知兵李至剛嚴簡重好古博雅其於柄用宜矣王沔臨事精密能遠私謁而考課之議頗傷苛刻仲甫以吏事爲時用未免苟容之誚瑕瑜固不相掩也仲舒見舉於蒙正而反攻其短易簡不能周恤光逢而置之死地其不可與郭贄辨曹彬之誣化基伸禹錫之枉同日而語也明矣此純厚長者之稱所以獨歸於二子歟舉正繼踐台佐得風憲體舉元任職邊郡有持重稱矧詔之父子又並尹兩京克濟其美何王氏子孫之多賢也

宋史卷二百六十七

元　中書右丞相總裁脫脫等修

列傳第二十六

張宏　趙昌言　陳恕（魏羽 劉式附）
劉昌言　張洎　李惟清

張宏字巨卿青州益都人高祖茂昭唐益定節度使曾祖元易州刺史祖持蒲城令父峭業春秋一舉不第退居邱園後唐天成中以賢帥後補協律郎至平利令宏太平興國二年舉進士爲將作監丞通判宣州改太子中允直史館遷著作郎賜緋魚預修太平御覽歷左拾遺六年出爲峽路轉運副使就加左補闕會省副使知遂州以勤幹聞入爲度支員外郎雍熙中呂蒙正李至張齊賢王沔薦其文行改主客郎中史館修撰數日以本官充樞密直學士賜金紫太宗召對便殿謂曰成都重地卿爲朕鎭之因厚賜以遣至鄭州促召歸闕拜右諫議大夫樞密副使會太宗親試禮部不合格貢士令樞密院給牒因謂宏曰朕自御極以來親擇羣材大者爲棟梁小者爲榱桷卿與呂蒙正皆中朕選大臣頗有沮議非朕獨斷豈能及此乎宏頓首謝時河朔用兵宏居位無所建白御史中丞趙昌言多言邊事乃以昌言

副樞密宏爲中丞兩更其職端拱初改工部侍郎再爲樞密副使淳化二年以吏部侍郎罷俄判吏部銓權知開封府太宗御便殿慮囚以府獄多壅詔劾其官屬宏等頓首請罪乃釋之眞宗尹京宏罷奉朝請至道初出知潞州二年就轉右丞眞宗卽位加工部尚書咸平初還朝知審官院通進銀臺封駮司二年眞宗以上封者衆慮其稽留命宏與王旦知登聞鼓院再掌吏部選四年卒年六十三廢朝贈右僕射命中使涖葬事錄其子可久大理評事可道太祝可度奉禮郎宏循謹守位不求赫赫之譽歷踐通顯未嘗敗事可久至虞部員外郎可道國子博士可度太子中舍

趙昌言字仲謨汾州孝義人父諴從事使府太宗尹開封選爲雍邱太康二縣令後終安申觀察判官昌言少有大志趙逢高錫寇準皆稱許之太平興國三年舉進士文思甚敏有聲於場屋爲貢部首薦廷試日太宗見其辭氣俊辯又覩其父名謂左右曰是嘗爲東畿宰朕之生辰必獻詩百韻爲壽善訓其子亦爲可嘉也擢寘甲科爲將作監丞通判鄂州拜右拾遺直史館賜緋魚選爲荆湖轉運副使遷右補闕會省副職改知青州入拜職方員外郎知制誥預修文苑英華雍熙初加屯田郎中明年同知貢舉俄出知天雄軍時曹彬崔彥進米信失律于岐溝昌言遣觀察支使鄭蒙上疏請誅彬等優詔褒荅召拜御史中丞太宗宴金明池特召預焉憲官從宴自昌言始也河東用兵樞密副使張宏循默守位昌言多條上邊事太宗卽以昌言爲左諫議大夫代宏爲樞密副使遷工部侍郎時鹽鐵副使陳象輿與昌言善知制誥胡旦度支副使董儼皆昌言同年右正言梁顥嘗在大名幕下四人者日夕會昌言之第京師爲之語曰陳三更董半夜有傭書翟穎性險誕與旦狎旦爲作大言之辭使穎上之爲穎改姓名周馬以爲唐馬周復出也其言多毀時政自薦爲大臣及歷舉數十人皆公輔器期昌言爲內應陳王尹開封廉知以聞詔捕穎繫獄鞫之盡得其狀昌言坐貶崇信軍節度行軍司馬穎杖脊黥面流海島禁錮終身初太宗厚遇昌言垂欲相之趙普以勳舊復入惡昌言剛戾乃相呂蒙正裁數月會有穎獄普以昌言樹黨再勸太宗誅之太宗特寬焉淳化二年起昌言知蔡州逾年召拜右諫議大夫或議弛茶鹽禁以省轉漕命昌言爲江淮兩浙制置茶鹽使昌言極言非便太宗不納趣昌言往昌言固執如初卽以戶部副使雷有終代之卒以無利而罷昌言復知天雄軍賜錢二百萬大河貫府境豪民峙芻茭圖利誘姦人潛穴隄防歲仍決溢昌言知之一日隄吏告急命徑取豪家芻積以給用自是無敢爲姦利者屬澶州河決流入御河漲溢浸府城昌言籍府兵負土增隄數不及千乃索禁卒佐役皆偃蹇不進昌言怒曰府城將墊人民且溺汝輩食厚祿欲坐觀耶敢不從命斬衆股慄赴役不浹旬城完太宗手詔褒諭之召拜給事中參知政事俾乘疾置以入卽赴中書時京城連雨昌言請出廄馬分牧外郡或以盛秋備敵馬不可闕昌言曰塞下積水敵必不至太宗從之未幾王小波李順搆亂于蜀議遣大臣撫慰昌言獨請發兵無使滋蔓廷論未決會嘉眉連陷始命王繼恩等分路進討昌言攝祭太廟宿齋中因召對滋福殿復贊兵計遂遣使督繼恩戰繼恩御衆寡術餘寇未殄擁兵留成都士無鬭志郡縣復有陷者太宗意頗厭兵召昌言謂曰西川本自一國太祖平之訖今三十年矣昌言知意卽前指畫攻取之策太宗喜命昌言爲川峽五十二州招安行營馬步軍都部署昌言懇辭敦諭不許賜精鎧良馬白金五千兩別賜手札數幅皆討賊方畧自繼恩以下並受節度旣行有奏昌言無嗣鼻折山根頗有反相不宜遣握兵入蜀後旬日召宰相於北苑門曰昨令昌言入蜀朕思之有所未便且蜀賊小醜昌言大臣未易前進且令駐鳳翔止遣內侍衛紹欽齎手書指揮軍事亦可濟也詔書追及昌言已至鳳州留候館百餘日賊平改戶部侍郎罷政事知鳳翔府徙澶涇延三州眞宗卽位遷兵部侍郎知陝州表求還京不許未幾移知永興軍咸平三年與呂蒙正寇準同召以本官兼御史中丞知審官院有言門貲官不宜任親民昌言手疏以才不才在人豈以寒儁世家爲限遂罷其議加工部尚書仍兼中丞先時多遣臺吏巡察羣臣踰越法式者昌言建議請準故事令左右巡使分領之會知審刑院趙安仁判大理寺韓國華斷獄失中解職昌言因上言詳斷官宜加愼擇自今有議刑不當嚴示懲罰投以遠官若有罪被問不卽引伏者許令追攝又天下大辟斷訖皆錄欵聞奏付刑部詳覆用刑乖理者皆行按劾惟開封府未嘗奏案或斷獄有失止罪元勘官吏知府判官推官檢法官皆不及責則何以辯明枉濫表則方夏望自今如外州例施行從之會孟州民常德方訟臨津尉任懿以賄登第事下御史乃知舉王欽若受之昌言以聞欽若自訴詔邢昺覆案坐昌言故入奪官貶安遠軍行軍司馬移武勝軍景德初拜刑部侍郎求兼三館職命判尚書都省眞宗幸澶淵以盟津居要增屯兵命知河陽歷知天雄軍府境內有小盜昌言榜諭能告執者給賞牙吏卽還職樞密使王繼英以爲小盜不當擅爲賞格乃訪昌言易其榜有勞者俟朝旨未幾徙知鎭州遷戶部侍郎大中祥符二年卒年六十五贈吏部尚書謚曰景肅錄其子慶嗣爲國子監丞賦祿終喪姪孫允明同學究出身昌言喜推獎後進掌漕湖外時李沆通判潭州昌言謂有台輔之量表聞于朝王旦宰岳州平江昌言一見識其遠大以女妻之後皆爲賢相王禹偁自單秩擢詞職亦昌言所薦也昌言強力尚氣槩當官無所顧避所至以威斷立名雖屢經擯斥未嘗少自抑損然剛愎縱率對僚吏倨慢時論以此少之慶嗣至太子洗馬

陳恕字仲言洪州南昌人少爲縣吏折節讀書江南平禮部侍郎王明知洪州恕以儒服見明與語大奇之因資送令預計偕太平興國二年進士解褐大理評事通判洪州恕以鄉里辭改澧州澧自唐李爲節鎭兼領吏多緣簿書軋沒爲姦恕盡擿發其弊郡中稱爲強明以吏幹聞召入爲右贊善大夫同判三司勾院遷左拾遺充度支判官與判使王仁贍廷爭本司事仁贍屈伏坐貶秩擢恕爲度支員外郎仍舊職再遷工部郎中知大名府時契丹內寇受詔增浚城隍其器用取於民者不時集恕立擒府中大豪一人會將吏將斬之宗族號愬賓佐競前請救大豪叩頭流血請翌日集事違期甘死恕令械之以狗民皆恐慄無敢後期者數日功就會契丹引去召入爲戶部郎中戶部副使遷右諫議大夫知澶州驛召爲河北東路營田制置使太宗諭以農戰之旨恕對曰古者兵出於民無寇則耕寇至則戰今之戎士皆以募致衣食仰給縣官若使之冬持兵禦寇春執耒服田萬一生變悔無及矣太宗曰卿第行朕思之恕行數日果有詔止令修完城堡通導溝瀆而已營田之議遂寢俄知代州入判吏部選事拜鹽鐵使恕有心計釐去宿弊太宗深器之親題殿柱曰眞鹽鐵陳恕遷給事中參知政事數月太宗言及戶部使樊知古所部不治恕與知古聯事情好款洽密與語之欲知古修舉其職知古愬於太宗太宗怒恕泄禁中語罷守本官旋出知江陵府大發羣吏姦贓坐徙流停廢者甚衆郡內惕息淳化四年太宗從魏羽段惟一之請分三司爲十道置左右計使以魏羽董儼分主之召恕爲工部侍郎充總計使判左右計事左右計使分判十道事凡議論計度並令恕等參預恕以官司分隸政令互出難以經久極言其非便歲餘果罷復以恕爲鹽鐵使時太宗留意金穀召三司吏李溥等二十七人對於崇政殿詢以計司利害溥等言條目煩多不可以口占願給筆札以對太宗遣中黃門送詣相府限五日悉條上之溥等共上七十一事詔以四十四事付有司行之其十九事下恕等議可否遣知雜御史張秉中使張崇貴監議令中書籍其事專檢舉之無致廢格賜溥等白金緡錢悉補侍禁殿直領其職太宗謂宰相曰溥等條奏事頗有所長朕嘗語恕等若文章稽古此輩固不可望若錢穀利病頗自幼至長寢處其中必周知根本卿等但假以顏色引令剖陳必有所益恕等剛強終不肯降意詢問呂端對曰耕當問奴織當問婢寇準曰夫子入太廟每事問乃以貴下賤先有司之義後數日太宗又曰國家歲入財數倍於唐唐中葉以降藩鎭擅命征賦多不入公家下陵上替經制隳壞若前代爲得卽已致太平豈復煩朕心慮也因召恕等責以職事曠廢恕等對曰今土宇至廣庶務至繁國用軍須所費浩瀚又遇諸州凡有災沴必盡蠲其租臣等每舉權利朝廷必以侵民爲慮皆尼而不行縱使耿受昌桑弘羊復生亦所不逮臣等駑力惟盡心簿領終不足上裨聖治太宗曰卿等淸而不通專守繩墨終不能爲國家度長挈大剖煩析滯只如京城倉庫主吏當改職者簿領中壹處節目未備卽至十年五年不決以致貧無資給轉徙溝壑此卿等之過豈不傷和氣哉恕等頓首謝五年賜三司錢百萬募吏有能言本司不使者令恕等量事大小以錢賞之錢盡更給至道二年欲併三司命官總判其勾院磨勘理欠憑由支收行帳提點等司令恕條列其事以聞恕奏曰伏以封域寖廣財穀繁多三司之中簿牒塡委朝廷設法督責尤嚴官吏救過不暇若爲三部各設主司擇才非難辨事亦易事辦過鮮不撓上心此亦一時之良策也其勾院磨勘兩司出於舊制關防之要莫加於此理欠憑由二司雖非舊設自理欠失序憑由散落故設二司專令典掌綱目咸具制置有倫逋欠無失理之名憑由鮮流散之弊實亦要切不可廢除若兩司併委一官方及判官一員之事其主轄支收司先因從京支度財貨轉輸外地此除破附照驗稽滯若京城得賢主吏使居此司專行檢轄凡支撥官物便給除破文憑却於所司置簿記錄催到收附文記卽乃勾銷簿書取捷之門亦爲允當其行帳司近日權置了絕舊帳帳目告盡司

額自除提點司是中旨特置提振三司廢怠之事固非有司敢得擬議也詔三司都憑由理欠司宜令爲一處命官兼判應諸道逋負官物令三司逐部理約理欠司但總其所逋之數料督之餘悉從恕奏恕將立茶法召茶商數十人俾各條利害恕閱之第爲三等語副使宋大初曰吾觀下等固滅裂無取上等取利太深此可行於商賈不可行於朝廷惟中等公私皆濟吾裁損之可以經久於是始爲三法行之貨財流通峽路諸州承孟氏舊政賦稅輕重不均閬州稅錢千八百爲一絹果州六百爲一絹民前後擊登聞鼓陳訴歷二十年詔下本道官吏因循不理轉運副使張曄年少氣銳會受詔按覆卽便宜行之恕奏曄擅改法計果州一歲虧上供絹萬餘曄坐削一任免恕每便殿奏事太宗或未深察必形詰讓恕斂板蹙縮退至殿壁負立若無所容俟意稍解復進懇執前奏終不改易如是或至三四太宗以其忠多從之遷禮部侍郎眞宗卽位加戶部命條具中外錢穀以聞恕久不進屢趣之恕曰陛下富於春秋若知府庫充實恐生侈心臣是以不敢進眞宗嘉之咸平二年帝北巡充行在轉運使俄以母老求解拜吏部侍郎知通進銀臺封駮司審官院上言封駮之任實給事中之職隸於左曹雖別建官局不可失其故號請以門下封駮事隸銀臺司從之五年知貢舉恕自以洪人避嫌凡江南貢士悉被黜退又援貢舉非其人之條故所取甚少而所取以王曾爲首及廷試糊名考校曾復得甲科時議稱之恕每自歎曰吾得曾名世才也不愧於知人矣恕事母孝母亡哀慕過甚不食葷茹遂至羸瘠起復視事遷尚書左丞權知開封府恕已病猶勉強親職數月增劇表求舘殿之職獲奉以濟其貧眞宗曰卿求一人可代者聽卿去是時寇準罷樞密使恕卽薦以自代遂以準爲三司使恕爲集賢學士判院事準卽檢尋恕前後改革興立之事類以爲冊及以所出榜別用新板躬至恕第請判押恕亦不讓一一押之自是計使無不循其舊貫至李諮爲三司使始改茶法恕之規模漸革矣帝重恕詔太醫診療百日有司請停奉不許未幾卒年五十九恕將卒口占遺奏及約束後事送終之具無不周悉眞宗悼惜廢朝贈吏部尚書錄其子執中爲太常寺太祝執古爲奉禮郎恕頗涉史傳多識典故精於吏理深刻少恩人不敢干以私前後掌利柄十餘年強力幹事胥吏畏服有稱職之譽善談論聽者忘倦素不喜釋氏嘗請廢譯經院辭甚激切眞宗曰三教之興其來已久前代毀之者多矣但存而不論可也恕性吝怒子淳私用錢及寢疾上言淳不率教導多與非類遊常習武藝願出爲外州軍校眞宗曰戎校管鎭兵非丞郎家子弟所涖也以爲滁州司馬恕卒召復舊官後竟以賄敗執中至同中書門下平章事別有傳執古至虞部員外郎執方執禮並太子中舍

魏羽者字垂天歙州婺源人少能屬文上書李煜署弘文館校書郎時建當塗縣爲雄遠軍以羽爲判官宋師渡江出其境羽以城降太祖擢爲太子中舍仍舊職金陵平入朝出知興州太平興國初知棣州改京兆府六年受詔詣瀛州覆軍市租得隱漏數萬計因上言本州錄事參軍郭震十年未代河間令崔能前任卽墨未滿歲遷秩有司調選失平疏遠何由聞達請罪典司以肅欺弊上賜詔褒諭復命遷太常博士知宋州又徙閬州就改膳部員外郎丁外艱起復涖事入判大理寺歷度支戶部二判官召拜本曹郎中因上疏言三司職官頗衆願省其半可以責成仍條列利病凡二十事詔下有司詳議皆以爲便改鹽鐵判官時北邊多警朝議耕戰之術以羽爲河北東路營田副使改兩浙轉運使遷兵部郎中淳化初選爲秘書少監踰月遷左諫議大夫俄拜度支使改鹽鐵使四年併三部爲一司以羽判三司先是三司簿領堆積吏緣爲姦雖嘗更立新制未爲適中是冬羽上言依唐制天下郡縣爲十道兩京爲左右計各署判官領之制三司使二員以羽爲左計使董儼爲右計使中分諸道以隸焉未久以非便罷守本官出知滑州丁內艱起復加給事中徙澶州遣使諭旨眞宗卽位遷工部侍郎連從杭揚二州召權知開封府車駕北巡判留司三司再爲戶部度支使咸平四年以疾解職拜禮部侍郎謝日召升便殿從容問諭勉以醫藥月餘卒年五十八羽涉獵史傳好言事淳化中許王暴薨或有以宮府舊事上聞者太宗怒追捕僚吏將窮究之羽乘間上言曰漢戾太子竊弄父兵當時言者以其罪當笞耳今許王之過未甚於是太宗嘉納之繇是被劾者皆獲輕典嘗建議有唐以來凡制詔皆經門下省審有非便者許其封駮請遵故事擇名臣專領其職迄今不廢羽強力有吏幹尤小心謹事太宗嘗謂左右曰羽有心計亦明吏道但無執守與物推移耳歷劇職十年始踰四十鬢鬚盡白亦可憐也羽出入計司凡十八年習知金穀之事然頗傷煩急不達大體景德二年長子玠卒其妻自陳家貧無祿上憫之次子校書郎瓘爲奉禮郎後爲殿中丞球爲太子中舍孫平仲天禧三年同進士出身羽同時有劉式者亦久居計司掤端拱中三年磨勘之法首以式主之

式字叔度袁州人也李煜時舉三傳中第歸宋歷遷大理寺丞贊善大夫監通州豐利監及主三司都磨勘司仍賜緋式又建議置主轄支收司以謹財賦出納時以爲當遷祕書丞與陳靖使高麗至道中併三勾院爲一命式領之再轉工部員外郎賜金紫遷刑部式深究簿領之弊江淮間舊有橫賦逋積至多式奏免之人以爲便然多所條奏檢校過峻爲下吏所訟免官卒眞宗追錄前効賜其子立本學究出身次子立之後爲國子博士立德立禮並進士及第立禮爲殿中丞

劉昌言字禹謨泉州南安人少篤學文詞靡麗本道節度陳洪進辟功曹參軍掌牋奏洪進遣子文顥入貢令昌言偕行太祖親勞之太平興國二年洪進歸朝改鎭徐州又辟推官五年舉進士入格太宗初惜科第止授歸德軍掌書記八年復舉得第遷保信武信二鎭判官宰相趙普鎭南陽重昌言有吏幹錢俶帥鄧表薦之移泰寧軍節度判官入爲左司諫廣南安撫使淳化初趙普留守西京表爲通判委以府政普疾屬昌言後事普卒昌言感普知己經理其家事太宗以爲忠於所舉拜起居郎賜金紫錢五十萬連對三日皆至日旰昌言捷給詼詭能揣人主意無不稱旨太宗謂宰相曰昌言質狀非偉若以貌取失之子羽矣遷工部郎中踰月守本官充樞密直學士與錢若水同知審官院二十八日遷右諫議大夫同知樞密院事昌言驟用不爲時望所伏或短其閩語難曉太宗曰惟朕能曉之又短其委母妻鄉里十餘年不迎侍別娶旁妻太宗既寵之詔令迎歸京師本州給錢辦裝縣次續食時又有光祿丞何亮家果州秘書丞陳靖家泉州不迎其親下詔戒諭文武官父母在劍南峽路漳泉福建嶺南皆令迎侍敢有違者御史臺糾舉以聞昌言自以登擢非次懼人傾奪會誅凶人趙贊昌言與贊素善前在河南嘗保任之心不自安因太宗言及近侍有與贊交者昌言蹶然出位頓首稱死罪太宗慰勉之然自此惡其爲人以給事中罷出知襄州上言水旱民輸稅愆期舊制六月開倉臣令先一月許所在縣驛輸納以便民獲盜當部送闕下臣恐吏柔懦不能制再亡命配隸軍籍此二事臣從便宜不如詔書慮讒慝因而浸潤願陛下察之太宗下詔責其不循舊章斂怨於民自今敢背棄詔條譴責不復恕至道二年徙知荊南府眞宗卽位就拜工部侍郎咸平二年卒年五十八贈工部尚書子有方比部員外郎有政虞部員外郎

張洎滁州全椒人曾祖旼澄城尉祖蘊泗上轉運巡官父煦滁州司法掾洎少有俊才博通墳典江南舉進士解褐上元尉李景長子弘冀卒有司謚武宣洎議以爲世子之禮但當問安視膳不宜以武爲稱旋命改謚擢監察御史洎自以論事稱旨遂肆彈擊無所忌大臣游簡言等嫉之會景遷國豫章留煜居守卽薦洎爲煜記室不得從未幾景卒煜嗣擢工部員外郎試知制誥滿歲爲禮部員外郎知制誥遷中書舍人清輝殿學士參預機密恩寵第一洎舊字師黯改字偕仁清輝殿在後苑中煜寵洎不欲離左右授職內殿中外之務一以諮之每兄弟宴飲作妓樂洎獨得預爲建大第宮城東北隅及賜書萬餘卷煜嘗至其第召見妻子賜予甚厚洎尤好建議每上言未卽行必稱疾煜手札慰諭之始復視事及王師圍城踰年城危甚洎勸煜勿降每引符命云元象無變金湯之固未易取也北軍旦夕當自引退苟一旦不虞卽臣當先死既而城陷洎攜妻子及槖裝自便門入止宮中紿光政使陳喬同升閣欲與俱死喬自經氣絕洎反下見煜曰臣與喬同掌樞務國亡當俱死又念主在誰能爲主白其事不死將有以報也歸朝太祖召責之曰汝教煜不降使至今日因出帛書示之乃圍城日洎所草詔召上江救兵蠟丸書也洎頓首請罪曰實臣所爲也犬吠非其主此其一爾他尚多有今得死臣之分也辭色不變上奇之貸其死謂曰卿大有膽不加卿罪今之事我無替昔日之忠也拜太子中允歲餘判刑部太宗卽位以其文雅選直舍人院考試諸州進士未幾使高麗復命改戶部員外郎太平興國四年出知相州明年夏徙貝州是冬又知相州部內不治轉運使田錫言其狀代還洎求見廷辯上以其儒生不責以吏事詔不問令以本官知譯經院遷兵部員外郎禮戶二部郎中雍熙二年同知貢舉端拱初契丹寇邊詔羣臣言事洎上奏以練兵聚穀分屯塞下來則備禦去則勿追爲要畧會錢俶薨太常定謚忠懿洎時判考功爲覆狀經尚書省集議虞部郎中張佖奏駮曰按考功覆狀一句云亢龍無悔實非臣子宜言者況錢俶生長島夷夙爲荒服未嘗畧居尊位終是藩臣故名不可稱龍位不可爲亢其亢龍無悔四字請改正事下中書以詰洎對狀曰竊以故泰國王明德茂勳格於天壤處

崇高之富貴絕纖介之譏嫌太常禮院稽其功行定諡嘉諡考功詳覆之際率遵至公故其議狀云茲所謂受寵若驚居亢無悔者也謹按易乾之九三云君子乾乾夕惕若厲无咎王弼注云處下體之極居上體之下履重剛之險因時而惕不失其幾可以无咎處下卦之極愈於上九之亢易例云初九爲元士九二爲大夫九三爲諸侯正義云易之本理以二體爲君臣九三居下體之極是人臣之體也其免亢龍之咎者是人臣之極可以愼守免禍故云免亢極之禍也漢書梁商傳贊云地居亢滿而能以謹厚自終楊植許由碑云錙銖九有亢極一夫杜鴻漸讓元帥表云祿位亢極過踰涯量盧杞郭子儀碑云居亢無悔其心益降李翰書霍光傳云有伊周負荷之明無九三亢極之悔張說祁國公碑云一無目牛之全一無亢龍之悔也況考功狀內止稱云受寵若驚居亢無悔卽本無亢龍無悔之語斯蓋張佖擅改公奏罔冒天聰請以元狀看詳反坐其人以懲姦妄俄下詔曰張洎援引故實皆有依據張佖學識甚淺敷陳失實尚示矜容免其黜降可罰一月俸洎未幾選爲太僕少卿同知京朝官考課拜右諫議大夫判大理寺又充史館修撰判集賢院事淳化中上令史館修撰楊徽之等四人修正入閤舊圖洎同奉詔因討論故事獨草奏以聞洎又言按舊史中書門下御史臺爲三署謂侍從供奉之官今起居日侍從官先入殿庭東西立定俟正班入一時起居其侍從官東西列拜甚失北面朝謁之儀請準舊儀侍從官先入起居行畢分侍立於丹墀之下謂之蛾眉班然後宰相率正班入起居雅合於禮臣又聞古之王者躬勤庶務其臨朝之疏數視政事之繁簡唐初五日一朝景雲初始修貞觀故事自天寶兵興之後四方多故肅宗而下咸隻日臨朝雙日不坐其隻日或遇陰霾盛暑大寒泥濘亦放百官起居雙日宰相當奏事卽特開延英召對或夷蠻入貢勳臣歸朝亦特開紫宸殿引見陛下自臨大寶十有五年未嘗一日不雞鳴而起聽天下之政雖剛健不息固天德之常然而游焉息焉亦聖人之謨訓儻君父焦勞於上臣子緘默於下不能引大體以爭則忠良之心有所不至矣臣欲望陛下依前代舊規隻日視朝雙日不坐其隻日遇大寒盛暑陰霾泥濘亦放百官起居其雙日於崇德崇政兩殿召對宰臣常參官以下及非時蠻夷入貢勳臣歸朝亦特開上閤引見並請準前代故事處分奏入不報時上令以儒行篇刻於版印賜近臣及新第舉人洎得之上表稱謝上覽而嘉之翌日謂宰相曰羣臣上章獻文朕無不再三省覽如張洎一表援引古今甚不可得可召至中書宣諭朕意數月擢拜中書舍人充翰林學士上顧謂近臣曰學士之職清要貴重非他官可比朕常恨不得爲之故事赴上日設燕教坊以雜戲進久罷其事至是令盡設之仍詔樞密直學士呂端劉昌言及知制誥柴成務等預會時以爲榮俄判吏部銓嘗引對選人上顧之謂近臣曰張洎富有文藝至今尚苦學江東士人之冠也洎與錢若水同在翰林甚被寵顧時劉昌言驟擢樞要人望甚輕董儼方掌財賦欲以計傾之會楊徽之錢熙嘗言洎及若水旦夕當大用熙以語昌言昌言曰洎必參政柄若水後進年少豈遽及此時翰林小吏諮事在側昌言慮洎聞之卽對小吏盡述熙言令告洎洎方修飭邊幅以固恩寵疑徽之遣熙以構飛語中已遂白於上上怒召昌言質之以徽之爲鎭安軍行軍司馬熙罷職通判朗州會皇子益王元傑改封吳王行揚州潤州大都督府長史領淮南鎭江兩軍節制洎當草制因上疏議曰謹按前史皇子封王以郡爲國置傅相及內史中尉等佐王爲治自漢魏以降所封之王始不之國朝廷命卿大夫臨郡卽稱內史行郡事東晉永和泰元之際有瑯邪王會稽王臨川王故謝靈運王羲之等爲會稽臨川內史卽其事也唐有天下以揚益潞幽荆五郡爲大都督署長史司馬爲上佐卽前代內史之類也其大都督之號非親王不授其揚益等郡或有親王遙領朝廷命大臣臨郡者卽皆長史副大使知節度事也臣請質之前代段文昌出鎭揚州云淮南節度副大使知節度事兼揚州大都督府長史李載義鎭幽州云盧龍軍節度副大使知節度事兼幽州大都督府長史卽其例也今益王以揚潤二郡建社爲吳國王居大都督之任又已正領節度事豈宜却加長史之號乃是國王自爲上佐矣若或朝廷且以長史拜受其加銜內又無副大使知節度使之目儻或他日別命守將俾臨本郡卽不知以何名目而授除也臣草制之夕便欲上陳慮奏報往反有妨明日宣降茲事有關國體況吳王未領恩命尚可改正乞付中書門下商議施行宰相以制命已行難於追改洎又上表論列呂蒙正言越王領福州長史今吳王獨爲大都督居越王之上非便上令俟異日除授并改正之至明年上郊祀畢慶遂改爲俄奉詔與李至范果張佖同修國史又判史館洎博涉經史多知典故每上有著述或賜近臣詩什洎必上表援引經傳以將順其意上因賜詩褒美有翰長老儒臣之句與蘇易簡同在翰林尤不協及易簡參知政事洎多攻其失旣而易簡罷卽以洎爲給事中參知政事與寇準同列先是準知吏部選事洎掌考功爲吏部官屬準年少新進氣銳思欲老儒附已以自大洎夙夜坐曹視事每冠帶候準出入於省門揖而退不交一談準益重焉因延與語洎捷給善持論多爲準規畫準心伏乃兄事之極口談洎於上上欲進用又知其在江左日多譏毀良善李煜殺潘佑洎嘗預謀心疑之翰林待詔尹熙古吳郢皆江東人洎嘗善待之上一夕召熙古輩侍書禁中因問以佑得罪故熙古言煜忿佑諫說太直耳非洎謀也自是洗然遂加擢用蓋準推挽之也旣同秉政奉準愈謹政事一決於準無所參預專修時政記甘言善柔而已後因奏事異同準復忌之至道二年五月四方館使曹璨自河西馳騎入奏邊事言繼遷率萬餘衆寇靈州上詔宰相呂端知樞密院事趙鎔等各以所見畫策卽日具奏來上呂端相率詣長春殿見上言曰臣等若各述所見則非詢謀僉同之議望許共爲一狀陳其利害洎越次奏曰端等備位輔弼上有所詢問反緘默不言深失訏謨之體端曰洎欲有言不過揣摩陛下意耳必無鯁切之理上默然翌日洎上疏引賈捐之棄珠崖事願棄靈武以省關西饋運上嘗有此意旣而悔之洎果迎合覽奏不悅旣以疏付洎謂之曰卿所陳朕不曉一句洎惶恐而退上召同知樞密院事向敏中等謂曰張洎上言果爲呂端所料朕已還其疏矣洎旣議事不稱旨恐懼欲自固權位上已嫉準專恣恩寵衰替洎慮一旦同罷免因奏事大言寇準退後多誹謗準但色變不敢自辯上由是大怒準旬日罷未幾洎病在告滿百日力疾請對方拜踣於上前左右掖起之明日上章求解職優詔不允後月餘改刑部侍郎罷知政事奉詔嗚咽疾遂亟十餘日卒年六十四贈刑部尚書以其二子皆爲京官洎風儀灑落文采清麗博覽道釋書兼通禪寂虛無之理終日清談亹亹可聽尤險詖好攻人之短李煜旣歸朝貧甚洎猶丐索之煜以白金頮面器與洎洎尚未滿意時潘愼修掌煜記室洎疑愼脩教煜素與愼脩善自是亦稍踈之煜子仲寓雅好蒱博飲宴洎因切諫之仲寓謝過後數月人有言仲寓蒱博如故洎遂與之絕及仲寓死郢州葬京師洎亦不赴弔與張佖議事不協遂爲讎隙始以從父禮事佖旣而不拜尤善事內官在翰林日引唐故事奏內供奉官藍敏政爲學士使內侍裴愈副之上覽奏謂曰此唐室弊政朕安可蹈此覆轍卿言過也洎慙而退性鄙吝雖親戚無所霑及江表故舊亦罕登其門素與徐鉉厚善後因議事相忤遂絕交然手寫鉉文章訪求其筆札藏篋笥甚於珍玩洎有文集五十卷行于世子安期至國子博士方回後爲虞部員外郎方回子懷玉王欽若壻賜進士及第大理寺丞祕書校理

李惟清字直臣下邑人父仲行爲章邱簿因徙家焉惟清開寶中以三史解褐涪陵尉蜀民尚淫祀病不療治聽於巫覡惟清擒大巫笞之民以爲及禍他日又加箠爲民知不神然後教以醫藥稍變風俗時遣宦官督輸造船木縱恣不法惟清奏殺之由是知名秩滿遷大理寺丞太平興國三年遷爲京湖北路轉運判官五年改左贊善大夫充轉運副使升正使就改監察御史兼總南路嘗入奏事太宗問曰荆湖界年豐稔又無徭役民間蘇否惟清曰臣見官賣鹽斤爲錢六十四民以三數斗稻價方可買一斤遂詔斤減十錢徙京西轉運使入爲度支判官改主客員外郎雍熙三年大舉取幽州惟清以爲兵食未豐不可輕動朝廷業已興師奏入不報判度支許仲宣建議通鹽法以賣鹽歲課賦于鄉村與戶稅均納惟清奉詔往荆湖諸路詳定奏言以鹽配民非便遂罷使還上又問民間苦樂不均事惟清言前在荆湖民市清酒務官釀轉鬻者斗給耗二升今三司給一升民多他圖而歲課甚減詔復其舊未幾出爲京東轉運使會募丁壯爲義軍惟清曰若是天下不耕矣三上疏諫繇是獨選河北而餘路悉罷擢屯田郎中度支副使端拱初遷右諫議大夫歷戶部使改度支使會遣使河朔治方田大發兵惟清以盛春妨農懇求罷廢太宗曰兵夫已發矣止令完治邊城而已淳化三年遷給事中充鹽鐵使遂以帳式奏御太宗曰費用若此民力久何以堪如可減省卽便裁度惟清曰此開寶軍興之際其數倍多蓋以將帥未得其人邊事未寧屯兵至廣也臣聞漢有衞青霍去病唐有郭子儀李晟西北望而畏之如此則邊事息而支用減矣望愼擢將帥以有威名者俾安邊塞庶節費用上言彼一時此一時也今之西北變詐與古不同選用將帥亦須深體今之幾宜韓彭雖古之名將以彼時之見制今之敵亦恐不能成功今縱得人未可便如古委之此乃機事卿所未知也淮南榷貨務賣岳茶斤爲錢百五十主吏言陳惡者二十六萬六千餘斤惟清擅減斤五十錢不以聞滁泗濠楚

州漣水軍亦以岳茶陳惡減價市之計虧錢萬四千餘貫爲勾院吏盧守仁所發左授衞尉少卿黜判官李琯爲本曹員外郎賜守仁錢十五萬俄出知廣州至道初就拜右諫議大夫太宗聞其廉平詔獎之二年徙廣南東西路都轉運使尋召拜給事中踰月同知樞密院事惟清倜儻自任有鉤距臨事峻刻所至稱强幹然以俗吏進無人望纔數月眞宗卽位加刑部侍郎復除御史中丞既去樞要怫鬱尤甚肆情彈擊咸平元年卒年五十六贈戶部尚書子永錫蔭至光祿寺丞頗涉學屬辭尚氣少檢喜交結馮拯王濟皇甫選多與之遊日聚舉子於家談議時政眞宗將幸河朔永錫猶服父喪上章大言列詆近臣自謂有致太平滅敵之術選爲戶部判官因對袖表以獻又自薦揚眞宗駐蹕大名召赴行在試策不中貶瀧水縣主簿選爲南劍州團練副使俄復光祿寺丞六年又坐交遊非類監和州商稅後至右贊善大夫次子永德至殿中丞

論曰張宏爲樞副當用兵之際循默舊位趙昌言爲御史中丞屢上書言兵乃兩易之中丞可使循默者居之乎宋失政矣昌言識李沆器王旦陳恕取士得王曾舉代得寇準皆可謂知人之明然趙好獎拔而頗樹黨與終以取敗陳典貢舉務黜南士以避嫌疑皆非君子所爲也昌言尚氣敢言恕爲宋人能吏之首庶足稱矣劉昌言感趙普之遇身後經理其家然委親鄉里十年而不迎侍厚薄失措又何取乎張洎初勸李煜勿降既而不能死之犬吠非主之對徒以辯舌僥倖得免厥後揣摩百端譏毀正直利口之士鮮不爲反覆小人也李惟清居臺端恨失政柄恣情鷙擊舊史稱爲俗吏又奚責焉

宋史卷二百六十八

元　中書右丞相總裁脫脫等修

列傳第二十七

柴禹錫　張遜　楊守一　趙鎔

周瑩　王繼英　王顯

柴禹錫字元圭大名人少時有客見之曰子質不凡若輔以經術必致將相禹錫由是留心問學時太宗居晉邸以善應對獲給事焉太平興國初授供奉官三年改翰林副使遷如京使仍掌翰林司每夜直上以藩府舊僚多召訪外事遷宣徽北院使賜第寶積坊告秦王廷美陰謀擢樞密副使踰年轉南院使服勞既久益加勤敏雍熙中議廣宮城禹錫有別業在表識中請以易官邸上因是薄之又與宰相宋琪厚善會廣州徐休復密奏轉運王延範不軌狀且言倚附大臣無敢動搖者上因訪琪及禹錫曰延範何如人延範與琪妻爲疎屬甚言其忠勤禹錫亦傍贊之上意其交通滋不悅禹錫又爲琪請盧多遜故第上益惡其朋比坐琪以詼諧罷相不欲顯言之也下詔切責禹錫以驍衞大將軍出知滄州在任勤於政治部民詣闕列狀以聞改涪州觀察使徙澶鎮二州駐泊部署俄知潞州州民乞留三載詔獎之徙知永興軍府再召爲宣徽北院使知樞密院事至道初制受鎮寧軍節度知涇州入謝日上謂曰由宣徽罷者不過防禦使爾今委卿旌節兼之重鎮可謂優異矣禹錫流涕哽咽而已咸平中移知貝州是歲契丹兵奄至城下禹錫內嚴備禦寇尋引去明年徙陝州景德初子宗慶選尚召禹錫歸闕令公主就第謁見行舅姑禮固辭不許頃之還鎮未幾卒年六十二贈太尉子宗亮太子中允宗慶永清軍節度

張遜博州高唐人數歲喪父養於叔父職方員外郎幹後隨母歸魏仁浦家駙馬都尉咸信其異父弟也太宗在晉邸召隸帳下太平興國初補左班殿直從征太原還遷文思副使再遷香藥庫使嶺南平後交阯歲入貢通關市並海商人遂浮舶販易外國物闍婆三佛齊渤泥占城諸國亦歲至朝貢由是犀象香藥珍異充溢府庫遜請於京置榷易署稍增其價聽商人金帛市之恣其販鬻歲可獲錢五十萬緡以濟經費太宗允之一歲中果得三十萬緡自是歲有增羨至五十萬雍熙二年錄其勞遷領嬀州刺史三年與安忠並命爲東上閤門使數月會許仲宣罷判度支卽以遜爲度支使端拱初遷鹽鐵使二年授宣徽北院使簽署樞密院事未幾兼樞密副使知院事與同列寇準不協每奏事頗相矛盾一日遜等晚歸私第準與溫仲舒並轡有狂民迎馬首拜呼萬歲街使王賓舊與遜同事晉邸遜又嘗舉賓雅相厚善因奏民迎準拜呼萬歲準自辯實與仲舒同行蓋遜令賓獨奏斥臣辭意俱厲因互發其私太宗惡之下詔切責遜左降右領軍衞將軍準亦罷職會判右金吾街仗蔡玉冒奏富人子爲州大校黜官命遜代掌其事西蜀李順爲亂詔發兵水陸進討以荆渚居其要害命遜爲右驍衞大將軍知江陵府賜錢二百萬白金三千兩遜既至會峽路諸漕卒數千人聚江陵有告其謀變以應蜀寇府中議欲盡誅之遜止捕首惡楊承進等二十一人斬於市餘黨親加慰撫飛奏以聞太宗嘉之詔以其卒分配州郡數月遜卒年五十六時至道元年也贈桂州觀察使歸葬京師遜小心謹慎徒以攀附至貴顯其計謀獻替無聞焉子敏中初補供奉官遜在宣徽表言營業文願改秩卽換大理寺丞累至比部郎中次子虞中娶宗室申國公女至供奉官閤門祇候敏中子先進士及第

楊守一字象先其先河南洛陽人唐末避亂徙家宋鄭間守一稍通周易及左氏春秋事太宗於晉邸太宗卽位補右班殿直太平興國中出護登州兵召還監儀鸞司累遷西頭供奉官其下多貴族子弟頗豪縱徼幸始置三班院令守一專其事考覈授任漸有條制歲餘改翰林學士守一初名守素至是詔改之七年與趙鎔柴禹錫相里勳等告秦王廷美陰謀事擢東上閤門使兼樞密都承旨八年改判四方館事雍熙中詔護還雲朔歸附安慶兵屯于潞州三年轉內客省使仍兼都承旨端拱元年授宣徽北院使簽署樞密院事是秋卒年六十四贈太尉中使護葬守一性質直勤謹無他材術徒以肇自王府久事左右適會時機故歷職通顯飾終之禮率加常數焉子安期歷國子博士坐事貶卒安期子夢得進士及第

趙鎔字化鈞滄州樂陵人以刀筆事太宗於藩邸卽位補東頭供奉官因使吳越賜國信及錢俶納土遣檢校帑廩轉內酒坊副使以告秦王廷美陰事遷六宅使領羅州刺史掌翰林司擢東上閤門使郭贄參知政事鎔以同府之舊嘗有所請託贄不從鎔攄堂吏過失以聞贄見上白鎔私謁卽召鎔廷辯詞屈出爲梓遂州都巡檢使改左驍衞大將軍領郡如故代還知滄州兼兵馬部署鎔在郡完城塹嚴戰具寇嘗數百騎至境上聞有備引去遷左神武大將軍會崔翰知州改鎔爲本州鈐轄又知廬州因對自陳願留不許踰年召爲樞密都承旨同掌三班俄拜宣徽北院使同知樞密院事與柴禹錫並掌機務嘗遣吏卒變服散之京城察事卒乘醉與賣書人韓玉鬬毆不勝因誣玉言涉指斥禹錫等遽以聞玉坐抵法太宗尋知其寃自後廉事不復聽禹錫出鎭鎔加知院事眞宗卽位改南院使檢校太傅以心疾求解是秋授壽州觀察使咸平元年三月卒年五十五贈中正軍節度錄其三子官鎔少涉獵文史美書翰委質晉邸以勤謹被眷本名容太宗改爲鎔曰陶鎔所以成器也鎔性好佛多蓄古書畫三子忠輔西京左藏庫副使忠愿虞部員外郎忠厚內殿崇班

周瑩瀛州景城人右領軍衞上將軍景之子也景家富財好交結歷事唐漢周習水利嘗浚汴口導鄭州郭西水入中牟渠脩滑州河堤累遷至是官太宗潛邸時瑩得給事左右卽位補殿直領武騎卒巡警泉福州卒幾數百捕劇賊千餘還供奉官天雄軍節度孫永祐轉運使楊緘稱薦之又使綏銀州按邊事還奏稱旨擢鞍轡庫副使雍熙二年爲杭睦五州都巡檢使兼杭州都監會妖僧紹倫爲變瑩擒獲之逮捕就戮者三百餘人人以爲酷濫代還改崇儀使滄州都監召拜西上閤門使領鎭定高陽關都監加判四方館事與郝守濬護塞宋州決河俄改三路排陣鈐轄歷知天雄軍眞定二府就遷引進使至道二年代還會李繼隆討西夏詔瑩詣軍前授以機事還拜客省使簽書樞密院諸房公事俄兼提點宣徽諸房鼓司登聞院與劉承珪並任眞宗嗣位承珪分使河北告諭加領富州刺史上聞其母老病閔之特封武功郡太夫人秋拜宣徽北院使先是宣徽著位在樞密副使上瑩表請居下從之咸平二年大閱命爲隨駕部署從征河朔又爲駕前馬步都部署三年遷南院使知樞密院事會蜀平部送脅從者數十百人至闕下西川轉運使馬亮因入奏請赦其罪遣還瑩以爲當盡誅之令瑩亮廷議上是亮議悉原其罪五年高陽關都部署闕藩侯無足領之者宰相請輟宣徽使以居其任時王繼英任北院上以瑩練達軍事乃拜永清軍節度兼領其任爲三路排陣使瑩隸人有錢仁度者頗有軍功與虎翼小校劉斌相競爲殿直閻渥所發以瑩故詔勿問止徙斌隸他軍契丹入寇詔步兵赴寧邊軍爲援瑩至則寇兵已去卽日還屯所上聞曰瑩何不持重少留示以不測輕於舉措非將帥體也景德初丁內艱起復代王顯爲天雄軍都部署兼知軍府事嘗召洺州騎士千五百人赴大名道與寇直力戰有死傷者瑩猶謂其玩寇將悉誅之詔賜金帛諭瑩勿治其罪車駕北巡爲駕前東西貝冀路都部署明年改知陝州俄徙永興軍府又移邠州兼環慶路都部署時夏州內屬詔省戍兵還營以減饋餉之費仍手詔諭瑩瑩遽奏乞留以張邊威上謂瑩庸懦不智以曹瑋代之徙知澶州大中祥符初改天平軍節度明年爲鎭定都部署兼知定州轉運使奏其曠弛徙知澶州境內屢有寇盜宰相以瑩任居將帥不能以威望鎭靖請徙他郡上曰處之閑

僻適使其自偸爾遂下詔督責令其擒捕時發卒修河防而軍中所給糗糧多腐敗不可食又役使不均瑩不加恤以故亡命者衆七年入朝復遣還鎭又以澶淵當契丹之衝籍其廩給之厚復命知澶州九年被疾求還京師卒年六十六贈侍中初謚忠穆後改元惠錄其二子供奉官普顯爲內殿崇班二孫永昌永吉爲殿直瑩居樞近無他謀畧及涖軍旅歷藩鎭功業無大過人者故事大禮單慶外蕃無賜物例東封歲瑩鎭澶淵車駕所經故特有襲衣金帶器帛之賜祀汾陰瑩知定州乃預上言禮成所賜望於治所支給人咸笑之普後爲崇儀副使顯至內殿承制

王繼英開封祥符人少從趙普給筆札普自罷河陽爲少保從者皆去繼英趨事逾謹普再入相繼英隸名中書五房院時眞宗在藩邸選爲導吏兼內知客事太宗召見謂曰汝昔事趙普朕所備知今奉親賢尤宜盡節及建儲授左淸道率府副率兼左春坊謁者謁者本官職副率品秩頗崇非趨走左右者所宜爲俾兼領之執政之誤也眞宗卽位擢爲引進使咸平初領恩州刺史兼掌閤門使遷左神武大將軍樞密都承旨改客省使契丹入寇繼英密請車駕北巡上從之卽命繼英馳傳詣鎭定高陽關閱視行宮儲頓宣諭將士俄充澶州鈐轄會大將傅潛逗撓得罪令繼英卽軍中召還屬吏尋掌三班拜宣徽北院使與周瑩同知樞密院事瑩出鎭繼英遂冠樞宥小心慎靖以勤敏稱上倚賴之景德初授樞密使舊制樞密院使祖母及母止封郡太夫人有詔特加國封嘗因進補軍校白上曰疎外之人急於攀附者謂臣蒙蔽不爲薦引上曰此輩雖有夤緣亦須因事立功方許擢用不可過求僥倖卿勿復言也從幸澶州契丹請和諏訪經畧繼英預焉明年郊祀加特進檢校太傅三年卒年六十一上臨哭之賜白金五千兩贈太尉侍中謚恭懿且爲葬其祖父贈其妻賈長樂郡太夫人錄其子壻門下親吏數十人初繼英幼孤寄育外氏旣貴外王父諸舅有族殯者時方奏遣其子營葬會卒特詔有司給辦焉子遵式遵誨遵度遵範皆至顯宦

王顯字德明開封人初爲殿前司小吏太宗居藩嘗給事左右性謹介不好狎未嘗踐市肆卽位補殿直稍遷供奉官太平興國三年授軍器庫副使遷尚食使逾年與郭昭敏並爲東上閤門使八年春拜宣徽南院使兼樞密副使是夏制授樞密使上謂之曰卿世家本儒少遭亂失學今典朕機務無暇博覽羣書能熟軍戒三篇亦可免於面墻矣因取是書及道德坊宅一區賜之其後居位旣久機務益繁副使趙昌言寇準鋒氣皆銳慢顯顯或失誤護短終不肯改上每面戒之淳化三年八月詔加切責黜授隨州刺史充崇信軍節度觀察等使遣之任俄知永興軍徙延州時夏臺岔部寇擾顯上疏曰間歲以來戎事未息李繼遷負恩於靈夏王小波干紀於巴邛河右坤維並興師旅而繼遷翻然向化遣子入覲願脩職貢陛下曲加容納許其內附示以德信伸以恩錫所以綏懷之者至矣然而狠子野心未可深信所宜謹屯戍固城壘積芻糧然後遴選才勇付以邊任縱有緩急則備禦有素彼又奚能爲患哉至若蜀寇未平神人共憤謂宜申飭將帥速期蕩平旣免老師以費財且防事久則生變又況邛蜀物產殷富其間士卒驕怠遲留顧戀寇兼有之莫若勿憚往來潛爲更代旣可均其勞逸抑可免於遷延至於河北關防所當加謹者誠以國家方事西南密謀與舉若分中朝之勢力則長外寇之姦謀矣時制沿邊糧斛不許過河西河西靑鹽不得過界販鬻犯者不以多少處斬顯請犯多者依法自餘別爲科斷以差其罪章上未報移知秦州初溫仲舒知州日開拓山林諷藩部獻其地後朝廷雖嘗給還而採伐如故轉運使盧知翰請量給藩部茶綵以酬所獻詔遣張從式與顯同往規度顯言乃者朝命以趙保吉脩貢邊城務使安靜若令動衆開斥疆境非便議遂罷咸平初入朝改橫海軍節度出知鎭州二年曹彬卒復拜樞密使郊祀加檢校太師眞宗幸大名內樞惟顯與副使宋湜從言者多謂顯專司兵要謀畧非長會湜卒乃以參知政事向敏中權同知樞密院事三年春改授山南東道節度同中書門下平章事定州路行營都部署河北都轉運使兼知定州秋吏民詣駐泊都部署孔守正言顯治狀願借留守正以聞明年秋加鎭定高陽關三路都部署許便宜從事十月契丹入寇前軍過威虜軍比時方積雨契丹以皮爲弦濕緩不堪用顯因大破之梟獲名王貴將十五人及羽林印二鈕斬首二萬級顯上言先奉詔令於近邊布陣及應援北平控扼之路無何敵騎已越亭障顯之前陣雖有捷克終違詔命上章請罪上降手札以慰其憂悸明年求致仕不許改河陽三城節度將之鎭時議親征契丹顯言盛寒在序敵未犯塞鑾輿輕舉直抵窮邊寇若不逢師乃先老況今繼遷未滅西鄙不寧儻北邊部落與之結援則中國之患未可量也議者乃於此時請復幽薊非計之得也凡建議大事上下協力舉必成功今公卿士大夫以至庶人尚有異同未可謂爲萬全之舉若能選擇將帥訓練士卒堅城壘而繕甲兵亦足以待敵矣必欲復燕薊舊地則必脩文德養勇銳同時之利以奉行天罰而後可景德初徙知天雄軍府又言祖宗以來多命近臣統領軍旅今後宣徽使宜於文武羣臣中擇曉達邊事者爲之蓋位高則威名著識遠則勳勞立故也武臣以罪黜者宜加容貸不以一眚遂廢苟用之有恩必得其死力故曰使功不如使過也至若臨敵命將則貴專任出師應敵則約束將校使相應援全是數者則軍威倍壯人心增勇矣旣而上表請赴行在從之是年秋遣還鎭契丹入寇上議親征顯復陳三策謂大將軍方在鎭定契丹必不南侵車駕止駐澶淵詔鎭定出兵會河南軍合擊之可也若契丹母子虛張聲勢以抗我師潛遣銳兵南攻駕前諸軍則令鎭定之師直衝戎帳攻其營砦則沿河遊兵不戰而自屈矣否則遣騎兵千步兵三千於濮州渡河橫掠澶州繼以大軍追北掩擊亦可出其不意也已而契丹請盟趙德明遣使脩貢稱藩朝廷加賞錫且許通靑鹽以濟邊民從顯之請也三年冬被病詔中使偕尚醫療視明年正月許還京師時車駕上陵顯謂賓佐曰余年位偕極今天子道出虎牢不得一拜屬車之塵是遺恨也言訖涕下至京信宿卒年七十六車駕至鄭州聞之遣宮苑使鄧永遷馳還護喪贈中書令謚忠肅錄其二子顯自三班不數年正樞任獎擢之速時無儗之者顯吏軍司時張永德以滑州節制爲殿前都點檢及顯自樞密鎭孟津兼相帥永德由太子太師爲相帥同白宣制永德兼大夫反在顯下時人訝之顯居中執政矯情以厚胥吏齪齪自固而已在藩鎭頗縱部曲擾下論者非之子希逸字仲莊以蔭補供奉官好學尤熟唐史聚書萬餘卷換秩授朝奉大夫太子中允咸平初改殿中丞直史館預脩冊府元龜加祠部員外郎卒希範至如京副使

論曰自柴禹錫而下率因給事藩邸以攀附致通顯者凡七人若守一之質直趙鎔之勤謹服勞雖久而益脩乃職則其被眷遇也宜矣張遜優於理財而未免於媢嫉周瑩練習軍旅而頗傷於酷濫禹錫素稱勤敏而不能不涉於朋比王顯雖謹介自將而昧於學識故莫逃於齪齪之譏若以勤謹被信任者德冠樞宥而善終如始者其惟繼英乎易曰君子有終吉此之謂也

宋史卷二百六十九

元 中書右丞相總裁脫脫等修

列傳第二十八

陶穀 扈蒙 王著 王祜子旭 孫賈

楊昭儉 魚崇諒 張澹 高錫從子冕

陶穀字秀實邠州新平人本姓唐避晉祖諱改焉歷北齊隋唐爲名族祖彥謙歷慈絳澧三州刺史有詩名自號鹿門先生父渙領夷州刺史唐季之亂爲邠帥楊崇本所害時穀尚幼隨母柳氏育崇本家十餘歲能屬文起家校書郎單州軍事判官嘗以書干宰相李崧崧甚重其文時和凝亦爲相同奏爲著作佐郎集賢校理改監察御史分司西京遷虞部員外郎知制誥會晉祖廢翰林學士兼掌內外制詞目繁委穀言多委愜爲當時最少帝初賜緋袍靴笏黑銀帶天福九年加倉部郎中初崧從契丹以北高祖入京師以崧第賜蘇逢吉而崧別有田宅在西京逢吉皆取之崧自北還因以宅券獻逢吉逢吉不悅而崧子弟數出怨言其後逢吉乃誘告崧與弟嶼嶬等下獄崧懼移病不出崧族子昉爲祕書郎嘗往候崧崧語昉曰邇來朝廷於我有何議昉曰無他聞唯陶給事往往於稠人中厚誣叔父崧歎曰穀自單州判官吾取爲集賢校理不數年擢掌誥命吾何負於陶氏子哉及崧遇禍昉嘗因公事詣穀穀問昉識李侍中否昉斂衽應曰遠從叔爾穀曰李氏之禍穀出力焉昉聞之汗出穀性急率嘗與兗帥安審信集會杯酒相失爲審信所奏時方姑息武臣穀坐責授太常少卿嘗上言頃涖西臺每見臺司詳斷刑獄少有卽時決者至於閭閻夫婦小有爭訟淹滯卽時坊市死亡喪葬必俟臺司判狀奴婢病亡亦須檢驗吏因緣爲姦而邀求不已經旬不獲埋瘞望申條約以革其弊從之俄拜中書舍人嘗請教習樂工停二舞郎及禁民伐桑棗爲薪並從其請開運三年賜金紫契丹主北歸脅穀令從行穀逃匿僧舍中衣布褐陽爲行者狀軍士意其詐持刄陵脅者日數四穀頗工曆數謂同輩曰西南五星連珠漢地當有王者出契丹主必不得歸國及耶律德光死遂歸漢爲給事中乾祐中令常參官轉對穀上言曰五日上章會非舊制百官敘對且異昌言徒凂天聽無益時政欲乞停轉對在朝羣臣有所聞見卽許不時詣闕聞奏從之仕周爲右散騎常侍世宗卽位遷戶部侍郎從征太原時魚崇諒迎母後至穀乘間言曰崇諒宿留

不來有顧望意世宗頗疑之崇諒又表陳母病詔許歸陝州就養以穀爲翰林學士世宗謂宰相曰朕觀歷代君臣治平之道誠爲不易又念唐晉失德之後亂臣黠將僭竊者多今中原甫定吳蜀幽并尚未平附聲教未能遠被宜令近臣各爲論策宣導經濟之略乃命承旨徐台符以下二十餘人各撰爲君難爲臣不易論平邊策以進其策率以修文德來遠人爲意惟穀與竇儀楊昭儉王朴以封疆密邇江淮當用師取之世宗自克高平常訓兵講武思混一天下及覽其策忻然聽納由是平南之意益堅矣顯德三年遷兵部侍郎加承旨世宗留心稼穡命工刻木爲耕夫織婦蠶女之狀置於禁中思廣勸課之道穀爲贊辭以進顯德六年加吏部侍郎宋初轉禮部尚書依前翰林承旨穀在翰林與竇儀不協儀有公望慮其軋己嘗附宰相趙普與趙逢高錫輩共排儀儀終不至相位乾德二年判吏部銓兼知貢舉再爲南郊禮儀使法物制度多穀所定時范質爲大禮使以鹵簿清游隊有甲騎具裝莫知其制度以問於穀穀曰梁貞明丁丑歲河南尹張全義獻人甲三百副馬具裝二百副其人甲以布爲裹黃絁表之青綠畫爲甲文紅錦綠青絁爲下帬絳韋爲絡金銅玦長短至膝前膺爲人面二目背連膺纏以紅錦騰蛇馬具裝蓋尋常馬甲但加珂拂於前膺及後鞦爾莊宗入洛悉焚毀質命有司如穀說造以給用又乘輿大輦久亡其制穀創意造之後承用焉明德門成詔穀爲之記乾德中命庫部員外郎王貽孫周易博士奚嶼同考試品官子弟穀屬其子邴於嶼邴書不通以合格聞補殿中省進馬俄爲人所發下御史府案問嶼責授乾州司戶貽孫責授左贊善大夫奪穀奉兩月穀後累加刑部戶部二尚書開寶三年卒年六十八贈右僕射穀強記嗜學博通經史諸子佛老咸所總覽多蓄法書名畫善隸書爲人雋辨宏博然奔競務進見後學有文采者必極言以譽之聞達官有聞望者則巧詆以排之其多忌好名類此初太祖將受禪未有禪文穀在旁出諸懷中而進之曰已成矣太祖甚薄之嘗自曰吾頭骨法相非常當戴貂蟬冠爾蓋有意大用也人多笑之子邴至起居舍人天禧四年錄穀孫寔試秘書省校書郎

扈蒙字日用幽州安次人曾祖洋涿州別駕祖智周盧龍軍節度推官父曾內園使蒙少能文晉天福中舉進士入漢爲鄠縣主簿趙思綰叛遣郭從義討之郡縣吏供給皆戎服趨事蒙冠服褒博舉止舒緩從義頗訝之轉運使李穀謂曰蒙文學名流不習吏事遂不之問周廣順中從歸德軍節度趙暉爲掌書記召爲右拾遺直史館知制誥蒙從弟載時爲翰林學士兄弟並掌內外制時號二扈宋初由中書舍人遷翰林學士坐請託於同年仇華黜爲太子左贊善大夫稍遷左補闕掌大名市征六年復知制誥充史館修撰開寶中受詔與李穆等同修五代史詳定古今本草五年連知貢舉七年蒙上書言昔唐文宗每召大臣論事必命起居郎起居舍人執筆立於殿側以紀時政故文宗實錄稍爲詳備至後唐明宗亦命端明殿學士及樞密直學士輪修日曆送史官近來此事都廢每季雖有內殿日曆樞密院錄送史館然所記者不過臣下對見辭謝而已帝王言動莫得而書緣宰相以漏泄爲虞昧於宣播史官疏遠何得與聞望自今凡有裁制之優恤之言發自宸衷可書簡策者並委宰臣及參知政事每月輪知抄錄以備史官撰集從之即以參知政事盧多遜典其事九年正月受朝乾元殿降王在列聲明大備蒙上聖功頌以述太祖受禪平一天下之功其詞誇麗有詔褒之爲盧多遜所惡出知江陵府太宗即位召拜中書舍人旋復翰林學士與李昉同修太祖實錄太平興國四年從征太原還轉戶部侍郎加承旨雍熙三年被疾以工部尚書致仕未幾卒年七十二贈右僕射自張昭竇儀卒典章儀注多蒙所刊定初太祖受周禪追尊四廟親郊以宣祖配天及太宗即位禮官以爲舜郊嚳商郊冥周郊后稷王業所因也若漢高之太公光武之南頓君雖有帝父之尊而無預配天之祭故自太平興國三年六年再郊並以太祖配於禮爲允太宗將東封蒙定議曰嚴父莫大於配天請以宣祖配天自雍熙元年罷封禪爲郊祀遂行其禮識者非之蒙性沉厚不言人是非好釋典不喜殺縉紳稱善人有笑疾雖上前不自禁多著述有鼇山集二十卷行於世載字仲熙有傳見五代史

王著字成象單州單父人性豁達無城府幼能屬文漢乾祐中舉進士周祖鎮大名世宗侍行聞著名召置門下因得謁見周廣順中世宗鎮澶州辟觀察支使隨世宗入朝遷殿中丞即位拜度支員外郎顯德三年充翰林學士六年丁家艱起復南唐李景使其弟從善來貢會恭帝嗣位命著件送至睢陽加金部郎中知制誥賜金紫世宗靈駕赴慶陵符后從行公務悉資於著宋初加中書舍人建隆二年知貢舉時亳州獻紫芝鄆州獲白兔隴州貢黃鸚鵡著獻頌因以規諫太祖甚嘉其意下詔褒之四年春宿直禁中被酒髮倒垂被面夜扣滋德殿門求見帝怒發其醉宿倡家之過黜爲比部員外郎乾德初改兵部員外郎二年復知制誥數月加史館修撰判館事三年就轉戶部郎中六年復爲翰林學士加兵部郎中再知貢舉開寶二年冬暴卒年四十二著少有俊才世宗以幕府舊僚眷待尤厚常召見與語命皇子出拜每呼學士而不名屢欲相之以其嗜酒故遲留久之及世宗疾大漸太祖與范質入受顧命謂質等曰王著藩邸舊人我若不諱當命爲相世宗崩乃止著善與人交好延譽後進當世士大夫稱之有傳見五代史

王祜字景叔大名莘人祖言仕唐黎陽令父徹舉後唐進士至左拾遺祜少篤志詞學性倜儻有俊氣晉天福中以書見桑維翰稱其藻麗由是名聞京師鄴帥杜重威辟爲觀察支使漢初重威移鎮睢陽反側不自安祜嘗勸之使無反漢不聽祜坐是貶沁州司戶參軍因作書貽鄉友以見志辭氣俊邁人多稱之仕周歷魏縣南樂二令太祖受禪拜監察御史由魏縣移知光州遷殿中侍御史乾德三年知制誥六年加集賢院修撰轉戶部員外郎太祖征太原已濟河諸州饋集上黨城中車乘塞路上聞之將以稽留罪轉運使趙普曰六師方至而轉運使以獲罪聞敵必謂儲峙不充有以窺我矣非威遠之道也俾能治劇者往涖其州足矣即命祜知潞州及至饋餉無乏路亦無壅班師召還會符彥卿鎮大名頗不治太祖以祜代之俾察彥卿動靜謂曰此卿故鄉所謂晝錦者也祜以百口明彥卿無罪且曰五代之君多因猜忌殺無辜故享國不永願陛下以爲戒彥卿由是獲免故世謂祜有陰德繼以用兵嶺表徙知襄州湖湘平移知潭州召還攝判吏部銓時左司員外郎侯陟自揚州還復判銓祜判門下省陟所注擬祜多駁正盧多遜與陟善陟因訴之多遜素惡祜不比己遂出祜爲鎮國軍行軍司馬太平興國初移知河中府入爲左司員外郎拜中書舍人充史館修撰未幾知開封府以病請告太宗謂祜文章清節兼著特拜兵部侍郎月餘卒年六十四初祜掌誥會盧多遜爲學士陰傾趙普多遜累諷祜比己祜不從一日以宇文融排張說事勸釋之多遜滋不悅及普再入多遜果敗與宇文融事頗類識者服其先見祜子三人曰懿曰旦曰旭旦自有傳初祜知貢舉多拔擢寒俊畢士安柴成務皆其所取也後與其子旦同入兩制居中書懿字文德勵志爲學舉進士嘗知袁州有政績卒年四十九

旭字仲明嚴於治內恕以接物尤篤友義以蔭補太祝嘗知緱氏縣時官鄰邑者多貪猥民有永寧三鑁緱氏一鐮之謠又知雍邱縣眞宗尹京時素聞其能及踐阼三遷至殿中丞自旦居宰府旭以嫌不任職王矩嘗薦旭材堪治劇眞宗召旦謂曰前代弟兄同居要地者多矣朝廷任才豈以卿故屈之邪命授京府推官旦固辭改判南曹由判國子監出知潁州荒政修舉大中祥符間旦既薨敭歷中外早有政績由兵部郎中出知應天府卒年六十八懿子睦旭子質皆能其官

質字子野少謹厚淳約力學問師事楊億億歎以爲英妙伯父旦見其所爲文嗟賞之以蔭補太常寺奉禮郎後獻文召試賜進士及第被薦爲館閣校勘改集賢校理累遷尚書祠部員外郎丁父憂與諸弟飯脫粟茹蔬終喪通判蘇州州守黃宗旦少質嘗因爭事宗旦曰少年乃與丈人抗邪質曰事有當爭職也卒不爲屈宗旦得盜鑄錢者百餘人下獄治退告質曰吾以術鉤致得之喜見於色質曰以術鉤人寘之死而又喜仁者之政固如是乎宗旦慙沮爲薄其罪還判尚書刑部吏部南曹知蔡州州人歲時祀吳元濟廟質曰安有逆醜而廟食於民者毀之爲更立狄仁傑李愬像而祠之蔡人至今號雙廟以本曹郎中召爲開封府推官時兄雍爲三司判官質不欲兄弟並居省府懇辭得知壽州徙廬州盜殺其徒并貲而遁捕得之質論盜死大理以謂法不當死質曰盜殺其徒自首者原之所以疑懷其黨且許之自新此法意也今殺人取貲而捕獲貸之豈法意乎疏上不報降監舒州靈仙觀採古今鍊形攝生之術撰寶元總錄百卷逾年韓琦知審刑院請盜殺其徒非自首者勿原著爲令於是鄭戩葉清臣皆言質非罪且稱其材起知泰州遷度支郎中徙荊湖北路轉運使嘗攝江陵府事或訴民約婚後期民言貧無貲以辦故違約質問其費幾何出私錢予之吏捕盜人衣者盜叩頭曰平生不爲過迫饑寒而至於此質命取衣衣之遣去加史館修撰同判吏部流內銓擢天章閣待制出知陝州卒質家世富貴兄弟習爲驕侈而質克己好善自奉簡素如寒士不喜畜財至不能自給初旦爲中書舍人家貧與昆弟貸人息錢違期以所乘馬償之質閱書得故券召子弟示之曰此吾家素風爾曹當毋忘也范仲淹貶饒州治朋黨方急質獨載酒往餞或以誚質質曰范公賢者得爲之黨幸矣世以此益賢之

楊昭儉字仲寶，京兆長安人曾祖嗣復唐門下侍郎平章事吏部尚書祖授唐刑部尚書父景梁左諫義大夫昭儉少敏俊後唐長興中登進士第解褐成德軍節度推官歷鎭魏掌書記拜左拾遺直史館與中書舍人張昭遠等同修明宗實錄書成遷殿中侍御史天福初改禮部員外郎晉祖命宰相馮道爲契丹冊禮使以昭儉爲介授職方員外郎旋加虞部郎中俄以本官知制誥不踰月三拜命時人榮之又爲荆南高從誨生辰國信使賜金紫使回拜中書舍人又爲翰林學士時驕將張彥澤鎭涇原暴殺從事張式朝廷不加罪昭儉與刑部郎中李濤諫議大夫鄭受益抗疏論列請置之法疏奏不報會有詔令朝臣轉對或有對事亦許以不時條奏昭儉復上疏曰天子君臨四海日有萬機懋建諍臣彌縫其闕今則諫臣雖設言路不通藥石之論不達於聖聰而邪佞之徒取容於左右御史臺紀綱之府彈糾之司銜冤者固當昭雪爲蠹者難免放流陛下臨御以來寛仁太甚徒置兩司殆如虛器遂令節使慢侮朝章屠害幕吏始訴冤於丹闕反執送於本藩苟安跋扈之心莫恤冤抑之苦願回睿斷誅彥澤以謝軍吏由是權臣忌之會請告洛陽不赴晉祖喪爲有司所糾停官未幾起爲河南少尹改秘書少監尋復中書舍人時河決數郡大發丁夫以本部帥董其役旣而塞之晉少主喜詔立碑記其事昭儉表諫曰陛下刻石紀功不若降哀痛之詔摛翰頌美不若頒罪己之文言甚切至少主嗟賞之卒罷其事周世宗愛其才復召入翰林爲學士歲餘改御史中丞多振舉臺憲故事未幾以鞫獄之失與知雜御史趙礪侍御史張糺並出爲武勝軍節度行軍司馬開寶二年入爲太子詹事以眼疾求退六年以工部尚書致仕太宗卽位就加禮部尚書太平興國二年卒年七十六昭儉美風儀善談名理事晉有直聲然利口喜譏訾執政大臣懼其構謗多曲徇其意

魚崇諒字仲益其先楚州山陽人後從於陝崇諒初名崇遠後避漢祖諱改之幼能屬文弱冠相州刺史辟爲從事會魏帥楊師厚卒建相州爲昭德軍分魏郡州縣之半以隸之魏人不便裨校張彥及帳下囚節度使賀德倫歸欵莊宗崇諒奔歸陝明宗卽位秦王從榮表爲記室從榮誅坐除籍流慶州淸泰初移華州俄以從榮許歸葬放還陝三年起爲陝州司馬仕晉歷殿中侍御史鄜翔李儼表爲觀察支使奉方物入貢宰相薦爲屯田員外郎知制誥開運末契丹入汴契丹相張礪薦爲翰林學士契丹主北歸留崇諒京師漢祖之入盡索崇諒所受契丹詔敕焚於朝堂復令知制誥俄拜翰林學士就加中書舍人隱帝卽位崇諒以母老求就養除保義軍節度副使領合州刺史食郡奉會舉師討三叛節度使白文珂在軍前崇諒知後事凡供軍儲備調發皆促期而辦近鎭賴之崇諒親屬盡在鳳翔城中踰年城破李穀爲轉運使庇護崇諒家數十口皆無恙崇諒請告自岐迎居於陝未幾王仁裕罷內職朝議請召崇諒爲學士周祖踐祚書詔繁委皆崇諒爲之廣順初加工部侍郎充職會兗州慕容彥超加封邑彥超已懷反側遣崇諒充使賜官告仍慰撫之時多進策人命崇諒就樞密院引試考定升降崇諒以母老思鄉里求解官歸養詔給長告賜其母衣服繒帛茶藥緡錢假滿百日令本州月給錢三萬米麥十五斛俄拜禮部侍郎復爲學士詔令侍母歸闕崇諒再表以母老病乞終養優詔不允世宗征高平崇諒尚未至陶穀乘間言曰魚崇諒逗留不來有顧望意世宗頗疑之崇諒又表陳母病詔許歸陝州就養訖太祖朝不起太宗卽位詔授金紫光祿大夫尚書兵部侍郎致仕歲餘卒

張澹字成文其先南陽人從家河南澹幼而好學有才藻晉開運初登進士第宰相桑維翰器之妻以女解褐校書郎直昭文館再遷秘書郎充鹽鐵推官歷左拾遺禮部員外郎並充史館修撰出爲洛陽令秩滿授吏部員外復充史館修撰周恭帝初拜右司員外郎知制誥建隆二年加祠部郎中會秘書郎張去華上書自薦有文藝願與澹及祠部員外郎知制誥盧多遜殿中侍御史師頌並試覈定優劣太祖令並試於講武殿澹所對不應策問責授左司員外郎未幾通判泰州兼海陵鹽監副使蜀平通判梓州復拜祠部郎中開寶初就轉倉部郎中四年冬以本官知制誥六年會李昉責授盧多遜使江南內署闕學士太祖令澹權直學士院七年長春節攝殿中監祭酒命賜金紫六月權點檢三司事不逾旬疽發背卒年五十六太祖聞其無子甚愍之命中使護喪於洛陽澹美風儀善談論歷官釐務所至皆治初與詞臣校藝黜居郎署頗怏怏晚年附會盧多遜方再獲進用淳化中太宗論及文士曰澹典書命而試以策非其所長此蓋陶穀高錫黨張去華以沮澹爾若使穀輩出其不意而遽試之豈有不失律者邪

高錫字天福河中虞鄉人家世業儒幼穎悟能屬文漢乾祐中舉進士王晏鎭徐州辟掌書記留守西洛又辟河南府推官坐按獄失實奪官遷置涇州會赦得歸周顯德初劉崇入寇宰相請選將拒之世宗銳意親征破崇高平誅敗將樊愛能等由是政無大小悉親決之不復責成有司錫徒步詣招諫匭上書請擇賢任官分治衆職疏奏不報世宗嘗令翰林學士及兩省官分撰俳優詞付教坊肄習以奉游宴錫復上疏諫後爲蔡州防禦推官宋初棄官歸京師詣匭上疏請禁兵器疏入不報建隆五年又以書干宰相范質質奏用爲著作佐郎明年春遷監察御史秋拜左拾遺知制誥加屯田員外郎乾德初賜緋太宗尹京石熙載在幕中錫弟銑應進士舉干熙載望首薦銑辭藝淺薄熙載不許錫深銜之數於帝前言熙載禪贊無狀帝具以語太宗且曰當爲汝擇人代之太宗曰熙載勤於廼職聞高錫嘗求薦其弟熙載拒之慮爲錫所構帝大悟雖怒之未有以發會使淸州私受節帥郭崇賂遺又嘗致書澧州刺史爲僧求紫衣爲人所告事下御史府核實責貶萊州司馬遇赦改均州別駕移陳州太平興國八年卒兄子冕冕字子莊周顯德中詣闕上書稱旨擢爲諫議大夫宰相范質以爲超擢太過詔特受將仕郎守右補闕賜賚加等宋初由膳部都官員外郎累至膳部郎中出知益州雍熙二年卒年五十贈右諫議大夫錄其子垂休爲固始主簿

論曰自唐以來翰林直學士與中書舍人對掌訓辭頌宣功德箴諫闕失不專爲文墨之職也宋興亦釆詞藻以備斯選若穀之才雋著之敏達澹之治迹錫之策慮冕之敦質咸有可觀然豫成禪代之詔見薄時君終身不獲大用及夫險詖忌前酣醟少檢附勢希榮構讒謀己皆無取焉蒙博洽長厚繼寶儀裁定儀制惜乎南郊之議請去太祖以宣祖配天爲議者所非昭儉抗論跋扈志除驕將而多言歷詆自取惡名抑好訐爲直者與崇諒奉親篤至反罹間毀終身歸養而不復起後蒙旌賁之典則爲善者聳動矣祐以百口明符彥卿無他志且言以猜忌殺無辜者享國不長因以杜太宗之他疑又郤盧多遜之傾趙普以致被黜仁者有後宜乎子旦爲宋元臣焉

宋史卷二百七十

元中書右丞相總裁脫脫等修

列傳第二十九

顏衎　劇可久　趙逢　蘇曉　高防
馮瓚　邊珝　王明　許仲宣　楊克讓
段思恭　侯陟　李符　魏丕　董樞

顏衎字祖德兗州曲阜人自言兗國公四十五世孫少苦學治左氏春秋梁龍德中擢第解褐授北海主簿以治行聞再調臨濟令臨濟多淫祠有針姑廟者里人奉之尤篤衎至卽焚其廟後唐天成中爲鄒平令符習初鎭天平習武臣之廉愼者以書告屬邑毋聚歛爲獻賀衎未領書以故規行之尋爲吏所訟習遽召衎笞之幕客軍吏咸以爲辱及正人習甚悔焉卽表爲觀察推官且塞前事長興初召拜太常博士習力奏留之習致仕衎東歸養親未幾房知溫鎭靑州復辟置幕下知溫險愎厚歛多不法衎每極言之不避其患晉祖入洛知溫恃兵力偃蹇衎勸其入貢知溫以善終衎之力也知溫諸子不慧衎勸令以家財十萬餘上進晉祖嘉之歸功於衎知溫子彥儒授沂州刺史衎拜殿中侍御史俄遷都官員外郎充東都留守判官改河陽三城節度副使檢校左庶子知州事居半歲得家問父在靑州有風痺疾衎不奏棄官去侍疾不復有仕官意歲餘父疾不能起衎親自搦矢未嘗少倦晉祖聞之召爲工部郎中樞密直學士連使促召至闕辭曰臣無他才術未知何人誤有聞達望放臣還遂其私養晉祖曰朕自知卿非他人薦也俄廢樞密院以本官奉朝請踰年上表請還侍養授靑州行營司馬丁父憂哀毀甚俄召爲駕部郎中鹽鐵判官以母老懇辭有詔止守本官未幾復出爲天平軍節度副使開運末授左諫議大夫權判河南府召拜御史中丞喪亂之後朝綱不振衎執憲頗有風采嘗上言纔除御史者旋授外藩賓佐復有以私故細事求假外拜州郡無參謁之儀出入失風憲之體漸恐四方得以輕易百辟無所準繩請自今藩鎭幕僚勿得任臺官雖親王宰相出鎭亦不得奏充賓佐非奉制勘事勿得出京自餘不令釐雜務詔惟辟召入幕如故餘從其請復抗表求侍養改戶部侍郎衎又堅乞罷免詔書褒許卽與其母東歸漢乾祐末丁憂服除詔鄆州高行周津遣赴闕衎辭以足疾不至周廣順初起爲尚書右丞俄充端明殿學士太祖征兗州駐城下遣衎往曲阜祠文宣王廟城平以衎權知州事歸朝權知開封時王峻

持權衍與陳觀俱爲峻所引用會峻敗觀左遷衍罷職守兵部侍郎顯德初上表求解官授工部尚書致仕還鄉里臺閣縉紳祖餞都門外冠蓋相望時人榮之建隆三年春卒于家年七十四衍守章句無文藻然諒直孝悌爲時所推

劇可久字尚賢涿州范陽人沉毅方正明律令與馮道趙鳳爲友後唐同光初鳳薦於朝補徐州司法以幹職聞召爲大理評事賜緋踰年遷大理正坐誤治獄責授登州司戶遇赦召爲著作郎仕晉歷殿中少監太子右諭德大理少卿賜金紫晉祖崩可久方在病告有司糾以不赴國哀坐免未幾復官遷大理卿周廣順初改太僕卿復爲大理卿會鄭州民李思美妻詣御史臺訴夫私鬻鹽罪不至死判官楊瑛寘以大辟有司攝治瑛瑛具伏可久斷瑛失入減三等徒二年半宰相王峻欲殺瑛召可久謂之曰死者不可復生瑛枉殺人其可恕耶可久執議益堅瑛得免死由是忤峻改太僕卿分司西京顯德三年所舉官犯贓可久坐停任明年復起爲右庶子世宗以刑書深古條目繁細難於檢討又前後勅格重互亦難詳審於是中書門下奏曰伏以刑法者御人之銜勒救弊之斧斤有國家者不可一日而廢也雖堯舜之世亦不能捨此而致治今奉制旨刪定律令有以見明罰敕法之意也竊以朝廷之所用者律十二卷律疏三十卷式二十卷令三十卷開成格一十卷大中統類一十二卷後唐以來至漢末編勅三十二卷及國朝制勅等律令則文辭古質或難以詳明格勅則條目繁多或有所疑誤將救舞文之弊宜伸畫一之規所冀民不陷刑吏有所守臣等商議望準制旨施行仍命侍御史知雜事張湜太子右庶子劇可久殿中侍御史率汀職方郎中鄧守中倉部郎中王瑩司封員外郎賈玭太常博士趙礪國子博士李光贊大理正蘇曉太子中允王伸等十人編集新格勅成部秩律令之有難解者就文訓釋格勅之有繁雜者隨事刪削其有矛盾相違輕重失宜者盡從改正無或拘牽候畢日委御史臺尚書省四品以上及兩省五品以上官參詳可否送中書門下議定從之自是湜等於都省集議刪定仍令大官供膳五年書成凡三十卷目曰刑統宰相請頒天下與律疏令式並行可久復拜大理卿建隆三年告老改光祿卿致仕卒年七十七可久在廷尉四十年用法平允以仁恕稱

趙逢字常夫嬀州懷戎人性剛直有吏幹父崇事劉守光爲牙校後唐天祐中莊宗遣周德威平幽州因誅崇逢尚幼德威錄爲部曲令與諸子同就學及德威戰沒胡柳陂逢乃游學河朔間久之西游客鳳翔李從曮門下從曮卒侯益領節制逢又依之漢乾祐中益入爲開封尹表逢爲巡官逢不樂乃求舉進士是歲禮部侍郎集賢殿學士司徒詡典貢舉擢登甲科解褐授秘書郎直史館周廣順中歷左拾遺右補闕皆兼史職世宗嗣位遷禮部員外郎史館修撰顯德四年改膳部員外郎知制誥逾年轉水部郎中仍掌誥命恭帝卽位賜金紫宋初拜中書舍人太祖征澤潞逢從行次河內聞李筠擁兵入寇又慮太行艱險乃妄言墜馬傷足留於懷州駕還京有密旨除拜逢當草制又稱疾不入太祖謂宰相曰此人得非規避行役者耶對曰誠如聖言遂貶房州司戶會恩量移汝州司馬乾德初召赴闕授都官郎中知制誥充史館修撰判館事二年改判昭文館未幾充樞密直學士加左諫議大夫蜀平出知閬州時部內盜賊攻州城逢防禦有功賊既平誅滅者僅千家妻朱氏病死京師詔給葬事代還還給事中充職六年權知貢舉太祖征太原以逢爲隨軍轉運使鑄印賜之會發諸道丁壯數十萬築堤壅汾水灌晉陽城逢白太祖乞效用卽命督其版築時方盛暑逢於烈日中親課力役因而遘疾輿歸京師開寶八年卒逢歷清近所至有聲然傷慘酷又言多誑訐故縉紳目之爲鐵橛大中祥符三年特詔錄其子極爲三班借職

蘇曉字表東京兆武功人父瓚仕後唐歷秘書少監長興初曉辟鄧州從事漢祖鎮太原表爲觀察支使周廣順初由華州支使入爲大理正以讞獄有功遷少卿顯德中歷屯田郎中宋初詔與竇儀奚嶼張希讓等同詳定刑統爲三十卷及編敕四卷建隆四年權大理少卿事遷度支郎中乾德三年出爲淮南轉運使建議榷蘄黃舒盧壽五州茶置十四場規其利歲入百餘萬緡開寶三年遷司勳郎中改西川轉運使仍掌京城市征先是朝廷遣供備庫使李守信市木秦隴間守信盜官錢鉅萬既受代爲部下所發守信至中牟自剄於傳舍太祖命曉案之逮捕甚衆右拾遺通判秦州馬適妻李卽守信息女守信嘗用木爲筏以遺適曉得守信所送書以進太祖將捨之曉上章固請寘於法仍籍其家餘所連及者多致破產盡得所隱沒官錢擢拜曉右諫議大夫判大理寺賜金紫遷左諫議大夫七年監在京商稅九年六月卒年七十三曉深文少恩當時號爲酷吏及卒無子有一女甚鍾愛亦先曉卒人以爲深刻所致

高防字修己幷州壽陽人性沉厚守禮法累世將家父從慶戍天井關與梁軍戰死防年十六護柩以歸事母孝好學善爲詩初張從恩爲北京副留守奏攝太原府倉曹掾從恩移澶州防禦使表爲判官有親校段洪進盜官木造器市取其直從恩聞之怒將殺之洪進懼思緩其罪紿曰判官使爲之從恩召防詰之防卽引伏洪進得免從恩遺防錢十千馬一匹遣之防拜受而去終不自明既而悔之命騎追及防不得已而還賓主如初又居帳下歲餘稍稍有言防自誣以活人從恩益加禮重從恩入爲樞密副使防授國子監丞從恩留守西洛又爲推官召拜殿中丞充鹽鐵推官以母憂去官服除隨從恩歷鄆晉潞三鎮判官契丹入汴晉主北行從恩欲歸欸契丹召拜計議防爲陳逆順請固守臣節爲左右所搖從恩不用其言遂歸契丹既行命副使趙行遷知留後從恩所親王守恩爲巡檢與防同領郡事防與守恩謀誅行遷以城歸漢祖漢祖召防赴太原加檢校金部郎中乾祐初授屯田員外郎改浚儀令時楊邠用事與防有隙未幾免職居數月夢一吏以白帕裹印自門入授防防寤而思曰白主刑吾當爲主刑官乎俄而周祖卽位起爲刑部員外郎吏齎印至一如夢中所覩改開封令遷本府少尹除刑部郎中宿州民以刃殺妻妻族受賂僞言風狂病瘖吏引律不加拷掠具獄上請覆防云其人風不能言無醫驗狀以何爲證且禁繫踰旬亦當須索飲食願再劾必得其情周祖然之卒寘於法世宗尹京判官崔頌忤旨箚求僚佐宰相首以防薦周祖曰朕方欲用之乃以防代頌世宗卽位拜左諫議大夫賜金紫鞍勒馬顯德二年遷給事中從征淮南初下秦州卽命防權知州事兼判海陵監事會吳師至迺遷州民入牙城分兵固守以俟外援俄而揚帥韓令坤馳騎召防吳軍復至廣陵防與令坤敗之詔書嘉獎三年改左散騎常侍其秋召歸闕復歷知蔡宋二州再從世宗南征判行泗州及城降命防知州事復知蔡州五年遷戶部侍郎世宗謀取蜀以防爲西南面水陸轉運制置使屢發芻糧赴鳳州爲征討之備太祖還自陳橋防所居爲里民所略詔賜綾絹衣服衾裯鞍馬及征李筠防又爲潞州東北路計度轉運使澤潞平拜尚書左丞賜銀器綵帛鞍勒馬建隆二年出知秦州州與夏人雜處罔知教養防齊之以刑舊俗稍革州西北夕陽鎭連山谷多大木夏人利之防議建採造務闢地數百里築堡要地自渭而北夏人有之自渭而南秦州有之募卒三百歲獲木萬章夏部尚波千等率諸族千餘人涉渭奪木筏殺役兵防出與戰俘四十七人以獻太祖慮擾邊郡詔諭酋帥賜所獲之俘錦袍銀帶以遣之遂罷採木之役命吳廷祚爲節度以代防歸爲樞密直學士復出知鳳翔乾德元年卒年五十九太祖甚悼惜賜其子太府寺丞延緒詔曰爾父有幹蠱之才懷匪躬之節朕所毗倚遽茲淪亡聞之盡傷不能自已矧素尚清白諒無餘資殯斂所須特宜優恤今遣供奉官陳彥珣部署歸葬西洛凡所費用並從官給

馮瓚字禮臣齊州歷城人性便佞任數務巧進父知兆後唐司農卿瓚以蔭補解褐授秘書省校書郎遷著作佐郎出爲諸城令歲滿授太子右贊善大夫漢初改監察御史周廣順元年遷殿中侍御史河陽判官宋仁範與洛陽婺婦交訟詔瓚劾之獄成大理斷以官當徒追兩官告身刑部員外郎張處素覆核無異奏行仁範詣闕訴其事詔還一官瓚洎處素俱坐降一階顯德初遷刑部員外郎充三司判官歲餘改祠部郎中充集賢院直學士宋初轉兵部郎中加金紫階瓚風神俊爽善談論有吏材太祖甚寵之擢拜左諫議大夫出知舒州境內有菰蒲魚鱉之饒居民採以自給防禦使司超盡征之瓚奏奪民利請蠲除從之建隆四年春徙知廬州乾德三年以本官充樞密直學士時劍外初平卒有亡命者散匿爲盜命瓚知梓州無何蜀軍校上官進率亡命三千餘人掠民數萬夜攻州城瓚曰賊乘夜奄至此烏合之衆以箠梃相擊必無固志正可持重以鎭之旦自潰矣城中止有雲騎兵三百令分守城門瓚坐城樓密令促其更籌未夜分擊五鼓賊悉遁去因縱兵追之擒上官進斬於市誘其餘黨千餘人並釋其罪境內獲安初太祖欲任用瓚常與趙普言瓚有奇材普忌之乃遣詣蜀平寇潛令所親信從其行密察其過卽亡入京師擊登聞鼓訟瓚及監軍綾錦副使李美通判殿中侍御史李檝受賕爲姦事急召歸闕親問之詞理屢屈乃屬吏旣而普遣人至潼關閱其囊裝得金帶珍玩之物皆封題將以賂劉嶅嶅方在太宗幕府瓚具伏普言法當死太祖欲貸之普固執不可乃削去名籍瓚流登州沙門島美配隸通州海門島嶅免所居官李檝者嘗與王德裔佐王饒幕太祖納孝明皇后因識之德裔輕率而檝謹厚太祖薄德裔而厚檝至是檝特免配流未幾復爲御史瓚在海上凡十年不得召開寶末遇赦放還太

宗卽位授左贊善大夫太平興國元年冬與禮部員外郎賈黃中左補闕程能分掌左藏三庫先是貨泉與金帛通至是以帑藏充溢乃命分之二年復賜金紫明年判大理寺改度支判官遷秘書少監充職四年上親征太原以翊爲隨駕三司判官凱旋改大理卿兼判秘書省以足疾求解優詔免朝請令於本司視事翊抗章請退除給事中致仕復舊勳階五年卒年六十七子克忠至內殿崇班閤門祗候

邊翊字待價華州鄭人也曾祖頊石泉令祖操下邳令父蔚太常卿翊晉天福六年舉進士解褐秘書省校書郎直洪文館漢乾祐初爲右拾遺加朝散大夫澤州錢奉詔視民田周廣順元年遷右補闕三年轉起居舍人顯德二年改庫部員外郎丁外艱服闋授職方員外郎知通州翊課鬻鹽於狼山歲增萬餘石宋初詣衞州視秋稼及掌京倉建隆二年兄玗自河南令入爲吏部員外郎復以翊爲洛陽令兄弟迭尹赤邑時人榮之乾德初召爲倉部郎中蜀平命翊知三泉縣開寶初遷職方郎中監京兆麴務又掌永安軍榷貨奏徙務揚州有富民訴廣陵尉謝圖殺其父本部收尉囚之官吏推劾累三百日獄未具州以狀聞詔翊案鞫盡得其實乃富民以私憾誣告尉卽反坐之就命權知州事仍兼榷貨務罷郡又兼掌酒稅鹽礬務未幾丁母憂起復知州事會征江表兼領淮南轉運使金陵平知江北諸州轉運事太宗卽位遷吏部郎中召還賜金紫充廣南轉運使初至桂州守張頌卒頌濰州人藁葬城外舊制不許以旅行僕人乃分匿其家財翊召官吏悉追取之部送其柩歸濰州又屬郡守與護軍有忿隙者但奏令易地不致之於罪㢡太平興國五年代歸拜右諫議大夫領吏部選事七年移知開封府明年夏卒年六十三翊精力有吏材帝方欲倚用及聞其卒歎惜數四賻其家絹四百匹錢二十萬翊一子早卒以其從子俊爲尉氏主簿兄玗至金部郎中弟玢右贊善大夫從子傚至殿中丞侍爲比部員外郎

王明字如晦大名成安人晉天福中舉進士不第驍騎將藥元福爲原州刺史辟爲從事馮暉節制靈武表爲觀察巡官周廣順初元福領陳州防禦使奏署判官會劉崇寇晉州命元福將兵援之事多咨於明先是州縣吏部送丁壯餉糧一夕夫盡遁去元福怒盡驅官吏出軍門將就戮明馳往止之入白元福曰今軍儲無闕丁夫數萬人文吏懦不能制斬之何益不如寬以待之賊敗凱旋公無專殺之名不亦善乎元福感悟盡免其死旣而崇衆宵遁卽命元福爲建雄軍節度留鎭因奏署明爲書記賜緋魚顯德初元福移鎭陝恃功多驕恣明以直道規之忤其左右多毀明於元福元福亦稍疏之明以父病求歸省元福數召明明因謝絕之詣闕上書求任州縣歷清平鄄城二縣令宋初荆南高繼沖入覲授彭門節鉞以明爲武寧軍節度掌書記乾德初召公卿近臣各舉淸白有吏幹者一人給事中馬士元以明塞詔召爲左拾遺蜀平選知榮州代歸遷右補闕會用兵於嶺南選爲荆湖轉運使開寶三年大舉南征以明爲隨軍轉運使山路險絕舟車不通但以丁壯數萬人轉遞供億不闕每下一郡一城必先保其簿書守其倉庫旣而賀州未下明入與主帥計曰當急取之恐援兵至則我師勝負未可知諸將頗猶豫明乃擐甲冑率所部護送輜重卒百人擁丁夫數千畚鍤皆作堙其塹直抵城門城中懼開門納款遂據有之因抵廣州賊衆十餘萬拒戰是夕大風發屋折木衆乃驚懼明與都部署潘美等謀命丁夫數千人人持二炬間道先擣賊壘大軍蓐食陣以待之俄而萬炬皆發焚其柵賊驚果來犯大軍因迎擊之賊大敗斬首數萬劉鋹以城降廣州平爲本道轉運使太祖嘉其功擢授秘書少監領韶州刺史充轉運使俄以潘美尹崇珂爲嶺南轉運使以明爲副使明徧歷部內視民疾苦舊無名科歛悉條奏除之嶺表遂安七年代歸帝召見勞問賜襲衣金帶鞍勒馬是歲將用師南唐以明爲黃州刺史帝密授成算明旣視事卽完葺城壘訓練士卒衆莫解其意俄而王師自荆渚乘戰艦而下卽以明爲池州至岳州江路巡檢戰權都部署擊鄂州軍於江南斬首三百級又破萬餘人於武昌殺江南軍七百人拔樊山砦破江州軍斬首三千級又破江南軍三百人於江中獲船十餘艘又擊敗湖口軍萬餘衆奪戰艦五百艘時南唐將朱令贇自上江領衆十五萬連大艦沿流而下將焚采石浮梁抵金陵爲援明率所部舟師屯獨樹口遣其子馳奏請添造戰艦三百艘以襲令贇帝曰非應急策也令贇朝夕至金陵之圍解矣乃密遣人諭明令樹長木於洲浦間若帆檣之狀令贇望見之果疑大軍襲其後逗撓不敢進明移檄諸軍相爲犄角因督兵擢襲之至小孤山與諸軍合勢大破之擒令贇衆赴水死者十五六金陵平詔明安撫諸郡因命知洪州太宗卽位兼領江南諸路轉運使召爲右諫議大夫充三司副使太平興國七年與侯陟同判三司事八年召分三司各命使領之改左諫議大夫爲鹽鐵使遷給事中雍熙四年改光州刺史出知幷州端拱元年代還表求換秩改禮部侍郎會契丹擾邊詔以明知眞定府契丹遁去淳化初詔歸闕知京朝官差遣事二年卒年七十三子挺扶並進士及第歷臺省累爲轉運使皆知名挺至殿中侍御史扶嘗直集賢院至工部員外郎景德中錄幼子揆爲光祿寺主簿大中祥符八年又錄其孫師顏爲三班借職揆至殿中丞

許仲宣字希粲青州人漢乾祐中登進士第時年十八周顯德初解褐授濟陰主簿考功員外郎張乂薦爲淄州團練判官宋初赴調引對便殿仲宣氣貌雄偉太祖悅之擢授太子中允受詔知北海軍仲宣度其山川形勢地里廣袤可以爲州郡因畫圖上之遂升爲濰州初議建牧馬監令仲宣行視諸州頗得善地從征幷門掌給納四十餘州資糧悉能集事帝益知其彊幹開寶四年知荆南轉運事及征江南又兼南面隨軍轉運事兵數十萬供饋無闕南唐平以漕輓功拜刑部郎中謝日召升殿獎諭賜緋九年詔知永興軍府事太宗嗣位遷兵部郎中驛召赴闕賜金紫授西川轉運使屬西南夷寇鈔邊境仲宣親至大度河諭以逆順示以威福夷人率服會言事者云江表用兵時仲宣乾沒官錢召還令御史臺盡索財計簿鉤校凡數年而畢無有欺隱改廣南轉運使會征交州其地炎瘴士卒死者十二三大將孫全興等失律仲宣因奏罷其兵不待報卽以兵分屯諸州開庫賞賜草檄書以諭交州交州卽送款內附遣使修貢仲宣復上章待罪帝嘉之太平興國六年冬南郊畢遷吏部郎中八年與膳部郎中知雜滕中正兵部郎中劉保勳刑部郎中辛仲甫皆以久次郎署擢陞諫垣仲宣爲左諫議大夫未幾召還以本官權度支雍熙四年出知廣州未上移知江陵府俄改河南府端拱中遷給事中淳化元年卒年六十一仲宣性寬恕倜儻不檢有心計初爲濟陰主簿時令與簿分掌縣印令畜孌妾與其室爭寵令弗能禁孌欲陷其主竊取其印藏之封識如故以授仲宣翼日署事發匣則無其印因逮捕縣吏數輩及令簿家人下獄鞫問果得之於令舍竈突中令聞之倉皇失措仲宣處之晏然人服其量嘗從征江南都部署曹彬令取陶器數萬給士卒爲燈具仲宣已預料置奉之如其數其才幹類此子待用至國子博士待問再舉及第至殿中丞待旦至比部員外郎待用于巨源亦登進士第

楊克讓字慶孫同州馮翊人高祖公畧洪州都督晉末舉進士不第州將劉繼勳辟爲戶曹掾漢乾祐中本府節度張彥成表授掌書記周廣順初彥成移鎭安陽獲下克讓以舊職從行彥成入爲執金吾病篤奏稱其材可用克讓以彥成死未葬不忍就祿退居別墅俟張氏子外除時論稱之歷鎭寧軍掌書記顯德二年調授鳳翔府司錄參軍加兼監察御史以祖母老解官歸養未幾改延州觀察推官與通判宋琪並爲節度使趙贊所禮累加朝散大夫兼殿中侍御史連以家難去職太祖素知其名會贊入覲復稱其才卽起爲左補闕掌蘄口榷貨務乾德六年知果州上言願畢襄事特賜緡錢許葬畢赴任開寶三年就命爲西川轉運副使蜀民懷其善政璽書褒美代歸闕下疏民利病十事稱旨太祖召升殿賜坐勞問面賜金紫將大用爲侯陟所沮事見陟傳征南唐命克讓知昇州行府昇州平就知州事兼水陸計度轉運使事加兵部員外郎太平興國初就加刑部郎中知大名府會錢俶陳洪進來歸疆土以克讓爲兩浙西南路轉運使泉州民嘯聚爲盜克讓在福州卽率其屯兵至泉州與王明王文寶共討平之四年從知廣州俄兼轉運市舶使明年卒年六十九克讓少好學手寫經籍盈於篋笥多收圖書墨跡歷官廉謹幹局所至有聲每視事自旦至暮或通夕斷決如流無有疑滯當時稱爲能吏子希閔字無間生而失明令諸弟讀經史一歷耳輒不能忘屬文善緘尺趙普守西洛府中牋疏皆希閔所爲將奏署本府掾固辭不受普優加給贍張齊賢李沆薛惟吉張茂宗繼領府事皆優待之卒年三十九有集二十卷自敘三子曰華曰嚴曰休皆登進士第曰華都官員外郎曰嚴職方員外郎曰休殿中丞希閔弟希甫淳化三年進士至屯田員外郎從子曰宣亦登進士第

段思恭澤州晉城人曾祖約定州司戶祖昶神山令父希堯晉祖鎭太原辟爲從事與桑維翰同幕府晉有天下希堯累歷淸顯思恭以門蔭奏署鎭國軍節度使官天福中希堯任棣州刺史兼權鹽礬制置使思恭解官侍養奉章入貢改國子四門博士賜緋開運初出爲華商等州觀察支使劉繼勳節制同州辟爲掌書記繼勳入朝會契丹入汴軍士諠譟請立思恭爲州帥思恭諭以禍福拒而弗從乃止漢祖建國授左補闕隱帝時蝗詔徧祈山川思恭上言赦過宥罪議獄緩刑苟獄訟平

允則災害不生。望令諸州速決重刑，無致淹濫，必召和氣。從之。歷度支、駕部。周顯德中，定濱州田賦，世宗嘉之，賜金紫。丁外艱，服闋，拜左司員外郎。建隆二年，除開封令，遷金部郎中。乾德初，平蜀，通判眉州。時亡命集衆攻逼州城，刺史趙廷進懼不能敵，將弃嘉州，思恭止之，因率屯兵與賊戰彭山，軍人皆觀望無鬭志。思恭募軍士先登者厚賞，於是諸軍賈勇，大敗賊。思恭矯詔以上供錢帛給之，役度支請按其罪，太祖憐其果幹，不許，令知州事。丁母憂，起復，俄召爲考功郎中、知泗州。會馮繼業自靈州舉宗來朝，帝以思恭代知州事，仍語之曰：「馮繼業言靈州非衞霍名將鎮撫之不可，汝其往哉。」思恭曰：「臣奉詔而往，必能治之。」帝壯之，賜窄衣、金帶、錢二百萬，仍以塗涉諸部，令別齎金帛以遺之。思恭下車，矯繼業之失，綏撫夷落，訪求民病，悉條奏免之。俄而回鶻入貢，路出靈州，交易於市，思恭遣吏市硇砂，吏爭直與之競，思恭釋吏，械其使，數日貰之。使還，愬其主，復遣使齎牒詣靈州問故，思恭理屈不報，自是數年回鶻不復朝貢。久之，遷右諫議大夫、知揚州。朝廷方經略江表，命思恭兼沿江巡檢，每出巡，委州事於通判，以牌印鈹角金鈕自隨，驛書自京師來者，令齎至其所，事多稽滯，因與通判李岩相告訐，詔以屬吏，思恭辭不直，責授太常少卿，改知宿州。太宗即位，遷將作監、知秦州，坐擅借官庫銀造器，又妄以貢奉爲名，賤市狨毛、虎皮爲馬飾，爲通判王廷範所發，降授少府少監、知邢州。太平興國六年，遷少府監。雍熙元年，南郊畢，表乞復舊官，再爲右諫議大夫。二年，知壽州。端拱初，還給事中，尋知陝州。淳化三年卒，年七十三。思恭以門資歷顯官，不知書，無學術，然踐更吏事，所至亦著勤績。子惟一，至太常博士、三司度支判官。從子惟幾，第進士，仕至兵部員外郎。

侯陟，淄州長山人。漢末舉明經。周廣順初，試校書郎，爲西州回鶻國信使判官，還，補雷澤主簿。司門員外郎姚恕凡四薦，陟爲襄城令、汝州防禦判官、濮陽襄邑令。建隆初，爲冤句令，以清幹聞。二年，擢爲左拾遺，仍知縣事。節度袁彥頗爲不法，陟抗章言之，彥上表謝，自陳無罪，太祖亦不窮治。四年，令兼領本縣屯兵，俄改淮南轉運使，賜緋衣、黑銀帶，還右補闕。乾德三年，就改侍御史。明年，入爲左司員外郎、度支判官。朝議欲以本官領省事，改度支員外郎，依前充判官。開寶五年，復爲左司員外郎。六年，權判吏部銓，俄賜金紫。十二月，詔與戶部員外郎、知制誥王祐等同知貢舉，未鎖宿，出知揚州。會出師收金陵，陟以所部敗南唐軍千人於宣化城。俄爲部下所訟，追赴闕。陟度理窮，乃求哀盧多遜，多遜素與陟善，爲其畫計。時江表未拔，太祖厭兵，南土暑熾，軍卒疫死，方議休兵以爲後圖。陟適從揚州來，知金陵危甚，多遜令上急變求見。陟時被病，令掖入，即大言曰：「南唐平在朝夕，陛下柰何欲班師？願急取之。臣若誤陛下，願夷三族。」上屏左右，召升殿問狀，遂寢前議，並赦陟罪，復知吏部選事。太平興國初，遷戶部郎中。俄而選人有妄冒事發，詞涉於陟，南曹雷德驤將奏劾之，陟造便殿自首。出爲河北轉運使。征太原，爲太原東路轉運使。駕還，次鎮州，命先還上都供頓軍需，以功遷左諫議大夫、權御史中丞事。五年，同知貢舉。開寶末，趙普在中書，陟嘗上疏言其短，至是普再入相，陟頗憂恚。六年，南郊畢，加給事中。七年，三司使王仁贍左降，以陟與王明同判三司。八年，卒，贈工部尚書。陟有吏幹，性狡獪，好進，善事權貴，巧中傷人。太祖嘗召刑部郎中楊克讓，命坐與語，且諭以將大用。陟素忌克讓，偵知之，因奏事，上問識楊克讓否，陟曰：「臣與克讓甚善，知其人才，誠朝廷佳士也。近聞其自言上許以大用，多市白金作飲器以自奉，臣頗怪之。」上怒，亟令克讓出典郡。其險詖如此。

李符字德昌，大名內黃人。漢乾祐中，郭從義討趙思綰於京兆，辟符在幕府，表爲京兆府戶曹掾，歷鄠縣主簿、保義軍節度推官。丁內艱，服除，調汝州防禦判官，權知州事。右庶子楊恪薦爲大理正。乾德中，知歸州。轉運司制置歸朝，以京西諸州錢帛不登，選知京西南面轉運事，奏便宜百餘條，凡四十八事，命著爲令，賜緋魚。因奏對稱旨，遷起居郎。後荊湖轉運許仲宣隨軍討南唐，詔符赴荊湖調發芻糧，符領船數千艘順流而下，事畢，賜金紫。符又建議鑿橫江河以通漕運，發和州三縣丁壯給其役。太祖欲幸西京有事于南郊，符上書陳八難，曰：「京邑凋弊，一也；宮闕不備，二也；郊廟未修，三也；百司不具，四也；畿內民困，五也；軍食不充，六也；壁壘未設，七也；千乘萬騎，盛暑扈行，八也。」不從。禮畢還京，改比部員外郎、判刑部。太平興國初，遷駕部，轉祠部郎中、知廣州，兼轉運使。二年，符圖海外諸城及嶺外花木各一以獻。在任有善政，民爲立生祠。五年，召爲右諫議大夫、判吏部銓，兼大理寺。理三司副使范旻得罪，以符代之，賜白金三千兩。車駕幸大名，領行在三司。未幾，坐與官屬競課最，罷職，守本官。七年春，開封尹秦王廷美出守西京，以符知開封府。廷美事發，太宗令歸第省過，趙普令符上言廷美在西洛非便，恐有他變，宜遷遠郡以絕人望，遂有房陵之貶。普恐泄言，坐符用刑不當，貶寧國軍行軍司馬。盧多遜貶崖州也，符白普曰：「珠崖雖遠在海中，而水土頗善。春州稍近，瘴氣甚毒，至者必死。願徙多遜處之。」普不答。先是，太宗尹京，符因宋琪薦弭德超事藩邸，符貶，德超爲樞密副使，屢稱其寃。會德超以事貶，帝惡其朋黨，徙符嶺表。普移符知春州，至郡歲餘，卒，年五十九。符無文學，有吏幹，好希人主意以求進用，終以此敗。至道二年，郊祀，追復右諫議大夫。祥符五年，錄其子璜試將作監主簿。

魏丕字齊物，相州人。頗涉學問。周世宗鎮澶淵，辟司法參軍。有盜五人獄具，丕疑其寃，緩之，不數日果獲眞盜。世宗嘉其明愼。歷頓邱、冠氏、元城三縣令。世宗即位，改右班殿直。自陳本以儒進，願受本資官。世宗曰：「方今天下未一，用武之際，藉卿幹事，勿固辭也。」未幾，出監明靈砦軍。世宗征淮甸，丕獲江南諜者四人，部送行在，詔獎之，賜錢十萬，遷供奉官、供備庫副使。太祖即位，改作坊副使。時楊承信帥河中，或言其反側未安，命丕賜承信生辰禮物，陰察之。還，言其無狀。太祖嘗召對，語丕曰：「作坊久積弊，爾爲我修整之。」丕在職盡力，以久次轉正使。開寶九年，領代州刺史。凡典工作十餘年，討澤潞、維揚，下荊廣，收川峽，征河東，平江南，太祖皆先期諭旨令修剏器械，無不精辦。舊床子弩射止七百步，令丕增造至千步。及改繡衣鹵簿，亦專敕丕裁製。丕撤本坊舊屋爲舍，衙中牧儆直及驚死馬骨，歲得錢七千餘緡，工匠有喪者均給之。太祖幸洛郊祀，三司使王仁贍議雇民車牛運法物，太祖以勞民不悅，召丕議之。丕請揀本坊匠少壯者二千餘，分爲遞鋪輸之，時以爲便。雍熙四年，代郝正爲戶部使。端拱初，還度支使。是冬，出爲黃州刺史。還朝，召對便坐，賜御書急就章、朱邸集。丕退作歌以獻，因自述願授臺省之職。太宗面諭曰：「知卿本儒生，然清望官奉給不若刺史之優也。」淳化初，改汝州刺史，歷知鳳州，改襄州。境內久旱，丕以誠禱之，一夕雨沾足。明年，召還，屢求退居西洛，不許。四年，表求致仕，授左武衛大將軍，仍領汝州刺史，俄判金吾街仗。初，六街巡警皆用禁卒，至是，詔左右街各募卒千人，優以廩給，使傳呼備盜。丕以新募卒引對，遂分四營，營設五都，一如禁兵之制。五年，改領郢州刺史，俄改領復州，還左驍衛大將軍。咸平二年，卒，年八十一。丕好歌詩，頗與士大夫遊接，有時稱。南唐主李煜妻卒，遣丕充弔祭使，且使觀其意趣。煜邀丕登昇元閣賦詩，丕有「朝宗海浪拱星辰」之句以風動之。太宗嘗賜詩，令丕與柴禹錫和焉。

董樞，眞定元氏人。後唐太清中，以獻書授校書郎，累歷賓佐。晉天福中，爲左拾遺、知樞密院表奏。周廣順初，爲左補闕。世宗即位，詔常參官各奏封事，樞上平吳策。淮南平，遷浚儀令。恭帝即位，遷殿中侍御史。太祖乾德初，遷主客員外郎，上書請伐蜀。蜀平，通判劍州。會全師雄叛，攻劍，刺史張仁謙足疾不能戰，欲棄城走，樞固爭，戰，賊敗之。因招餘衆降，仁謙飲樞令醉，客殺降數百，誣奏樞與賊通。會中使自成都還，備言其事，太祖並召之庭辯曲直，仁謙遂屈，下御史臺鞫之，黜宋州教練使。以樞嘗貢西伐計，遷比部郎中。三年，出兼桂陽監使，上書請伐廣南，詔益桂陽戍卒三千，令樞統之。開寶二年，又上方略。會劉鋹命內侍曾居實侵桂陽，樞擊退之。三年，大舉伐鋹，令樞率兵趨連口，克之，改兵部郎中、權知連州，兼行營招撫使。嶺南平，賜錢三百萬。四年，移知襄州，又爲河北轉運使，改判西京留司御史臺。初，樞罷桂陽監，以左贊善大夫孔璘代之。璘通三禮，嘗講學於河朔，擢第，歷州縣，及升朝，涖桂陽，歲滿，以太子洗馬趙瑜代之。瑜，趙州人，家世豪右，自言諳練邊事，開寶中，命爲易州通判，歲滿，移桂陽。瑜至，即稱疾，遂以著作郎張侃代之。侃至月餘，奏瑜在任累月，得美銀數千斤，雖送官而不具數聞，計樞與璘隱沒可知矣。詔下御史案之，獄具，有司計盜贓法，俱當死。太祖曰：「趙瑜非自盜，但不能發擿耳。」樞、璘並坐死，瑜決杖流海島。擢侃爲屯田員外郎。

論曰：顏衎振舉風憲，不避彊禦。劇可久居廷尉之任，以平允聞。趙逢果斷之士，而獨尚嚴酷，處之要害之職則非所宜。蘇曉銳意深刻，樂致人罪，後嗣衰謝，厥報不誣。高防陳逆順以聳臣節，體明愼而究疑獄，治迹清操，沒而彌章，若其自誣以救人之死，古人何加焉。馮瓚省闥市之苛賦，設方略以擊賊，功若可稱，而巧宦任數，竟致傾敗，理固然矣。邊珝、王明、許仲宣、楊克讓當官效用，以清幹稱，然仲宣寬簡持重，造次不撓，蓋人之難能者。王明累參戎事，顯立戰功，至若開諭元福，止其暴誅，此赴蹈之仁也。段思恭遏亂兵，擊羣寇，便宜從事，以著奇績，斯亦可矣，然不能動遵規矩，速訟左降者再焉。侯陟吏才適用，患在忮刻。李符博通時務，乃事深文以致投荒，自弊遂爲口實。魏丕久典工效，以濟戎用，至於平反寃盜之獄，捄楊承信之誣，善尤可稱。董樞論平吳伐蜀，及取廣南，咸克舉之，且多戰功，而以貪墨取敗，惜哉！

宋史卷二百七十一

元中書右丞相總裁脫脫等修

列傳第三十

馬令琮 杜漢徽 張廷翰 吳虔裕
蔡審廷 周廣 張勳 石曦
張藏英 陸萬友 解暉 李韜
王晉卿 郭廷謂子延濟 從子延澤 趙延進
輔超

馬令琮本名令威，避周祖名改之，大名人。父全節，五代史有傳。全節歷橫海、定遠、昭義、彰德、定武、天雄六節度，皆署令琮爲牙校，累授彰德牙內都指揮使、檢校尚書左僕射、領勤州刺史。令琮少善騎射，嘗從其父平安州及與鎭州安重榮戰，皆有功，由是知名。晉開運二年，全節卒，令琮起復，拜隰州刺史。漢祖開國，爲西京巡檢使。周祖受命，改陳州刺史，征兗州，爲京城四門外巡檢。世宗嗣位，移隨州。顯德二年，入爲虎捷左第一軍都指揮使。六年，兼領建州刺史。太祖卽位，出刺懷州。李筠叛，將親征，召三司張美餉兵食，美言河內密邇上黨，令琮日夜儲蓄以俟王師，太祖善之，命授團練使，執政言令琮方供億大軍，不可移他郡，故升懷州爲團練，以令琮充使。又充先鋒都指揮使。澤潞平，爲昭義兵馬鈐轄。踰年被疾，詔許歸郡。乾德元年卒，年三十九。太祖甚憐之，錄其子延恩爲殿直。

杜漢徽，京兆長安人。父阿孫，爲太原威勝軍使。漢徽有膂力，善騎射，年十七仕後唐武皇，爲廳直隊長。天成中，累遷護聖軍使。晉天福六年，與慕容鄴等討安州李金全，生擒指揮使孫厚，以功遷興順指揮使。八年，從征鎭州安重榮，改護聖指揮使，贈阿孫爲左贊善大夫。開運二年，以所部戍深州，破契丹於樂壽，殺獲甚衆。漢初，從高行周討杜重威於鄴，屢爲流矢所中，身被重創，猶力戰，觀者壯之。又率所部戍鎭州，破契丹於靈壽，獲車馬甚衆。周世宗征劉崇，漢徽有戰功，補龍捷左第五軍都虞候，移所部屯安平縣，破契丹於縣南，獲器甲車帳，還本軍左第四軍都虞候。宋初，補本軍都校，領茂州刺史，改領潮州。從平李筠，又從平李重進，錄功居多。建隆三年，出爲天長軍使，移雄武軍使，知屯田事。是冬，被病，卽以符印授通判宋鸞，請告歸京。家人勸其求醫藥，漢徽笑曰：「我在戎行四十年，大小百餘戰，不死，幸矣，安用藥爲。」未幾，卒。

張廷翰，冀州信都人。父愼圖，仕周爲兵部郎中。廷翰少慷慨有智略，善騎射。晉天福中，冀州刺史張建武召補牙校。其後，刺史李沖署爲本州牢城軍校。契丹入中原，署其黨何行通爲刺史，契丹主道殂，州人共殺行通，推廷翰知州事。漢初，就拜刺史。廷翰盡捕殺行通者，戮於市。爲政寬厚簡易，民甚愛之。周廣順初，召赴闕，周祖見其貌魁偉，謂樞密使王峻曰：「冀州近邊，雖更擇人，亦無踰廷翰者。」卽日遣還。在郡八年，契丹將高牟翰數擾邊，皆爲廷翰擊走。廷翰家富於財，歲遣人齎金帛北入市善馬，常得數百匹，貢獻外悉遺貴近，甚獲美譽。顯德中，歷棣、海、沂三州團練使，屢率兵敗淮人，移萊州。宋初，又歷冀、亳二州。乾德二年，卒，年四十七。

吳虔裕，許州許田人。父巖，左屯衞將軍。虔裕少爲郡吏，漢祖鎭許，愛其精謹，署以右職。及移鎭太原，以虔裕從。開國，擢爲引進使，轉內客省使。時鎭州節度劉在明卒，遣虔裕率兵巡護。隱帝卽位，召爲宣徽北院使。周祖討三叛，以虔裕爲河中行營都監，率護聖諸軍五千以往。李守貞出兵五千餘，設梯橋，分五路，於長連城西北以禦周祖。周祖令虔裕率大軍橫擊之，蒲人敗走，奪其梯橋，殺傷大半。師還，賜襲衣、玉帶。會樞密使楊邠上言求解職，隱帝遣人諭邠曰：「樞機之任，非卿不可，卿何聽間離而爲此請耶。」使至，而虔裕在坐，卽颺言曰：「機要重地，非可久處，俾後來者迭居可也。」使還以白，帝怒，出虔裕爲鄭州防禦使。乾祐末，諸大臣急詔入朝，命將兵守澶州，及留子陂戰敗，遂降周祖。廣順初，遣還，賜以襲衣、玉帶、鞍勒馬。從周祖討慕容彥超，破之，改汝州防禦使，歷右衞、左金吾衞二大將軍，兼街仗使。太平興國六年，遷右千牛衞上將軍，仍判左街仗事。虔裕掌金吾三十餘年，端拱初卒，年八十八，贈太尉。虔裕性簡率，言多輕肆。右金吾上將軍王彥超告老，虔裕語人曰：「我縱僵仆殿階下，斷不學王彥超七十致仕。」人傳笑之。每朝會及從遊宴，太宗憐其壽高，常慰撫之。子延彬，至儀鸞副使。延彬子仁美，至內殿崇班。

蔡審廷，磁州武安人。曾祖凝，邢州別駕。祖縉，武安遠城三冶使。父顒，洺州長史。審廷少能騎射，晉初，應募補護聖散都頭。周顯德初，擢爲殿前散員，轉鐵騎副兵馬使。從世宗戰高平有功，遷軍使。太祖爲殿前都點檢，從世宗征淮南，審廷隸麾下，預戰紫金山，改副指揮使。宋初，授殿前散都頭指揮使。從征李筠，攻澤州，先登，爲飛石傷足，帝賜以良藥美酒，及車駕還京，幸其官署問之，賜賚甚厚。尋轉內殿直都虞候，俄改伴飯都指揮使。建隆中，領富州刺史，兼內外馬步軍副都軍頭。乾德初，授冀州刺史。征太原時，爲北面步軍都指揮使，屯兵易州。審廷訓練士卒甚整，太祖過鎭陽，見於行在所，賜名馬、寶劍，命爲鎭州兵馬都鈐轄。開寶八年卒，年六十九。

周廣字大均，其先應州神武川人。父密，事晉歷鄜、延、晉三鎭節度使。周廣順初，至太子太師致仕。廣幼從其父爲牙校，漢初授供奉官。未幾，擢左千牛衞將軍。周祖命將討慕容彥超於兗州，以廣爲行營都監，賊平，錄功遷右武衞將軍，俄改右神武將軍，充鎭淮軍兵馬都監。從世宗征淮南，既得江北數州，卽命廣勞來安集，民甚德之，因領常州刺史，兼內外馬步軍都軍頭。淮南平，改眘州刺史。宋初，授隰州刺史。乾德三年，遷潘州團練使，令訓練雄武諸營。開寶二年，從征太原，爲攻城樓櫓戰權都部署。師還，加內外馬步軍副都軍頭。六年，改右屯衞大將軍，領郡如故。太平興國二年卒。

張勳，河南洛陽人。晉開運中，事留守景延廣，爲典客。延廣表爲供奉官。周世宗將征淮南，以勳爲申州緣淮巡檢。因採光州機事，聞于朝廷，卽命勳率兵同討，平之，遂監光州軍，充內外巡檢。後攻黃州，敗吳人於麻城，復破栢業山砦，目中流矢，遷內園副使，及征瀛、莫，以爲霸州兵馬都監。初征李筠，勳從石守信、董前軍，拔大會砦，及敗筠衆於太行，破澤州，皆預有功。太祖還京，命權知許州。未幾，李重進叛，又詔與石守信、李處耘先率兵進討，拔揚州，以勳爲兵馬都監。遷氊毯使，討朗陵，充前軍兵馬都監。荆湖平，以功就拜衡州刺史。乾德初，克郴州及桂陽監，以勳爲刺史，兼監使。五年，代歸，至揚州卒，年六十八。太祖甚憐之，錄其子廷敏爲殿直。勳性殘忍好殺，每攻城邑，但揚言曰「且斬」，頗有橫罹鋒刃者，將赴衡州，州民皆涕泣相謂曰：「張且斬至矣，吾輩何以安乎。」

石曦，并州太原人，晉祖弟韓王暉之子。天福中，以曦爲右神武將軍，歷漢至周，爲右武衞、左神武二將軍。恭帝卽位，初爲左衞將軍，會高麗王昭加恩，命曦副左驍衞大將軍戴交充使。建隆三年，再使高麗，遷左驍衞大將軍，護秦州屯兵。西人犯邊，曦率所領擊破之，斬渠帥十三人。太祖征晉，曦領兵二千人自澤潞除道至太原，壅汾水灌其城，又益兵千人部攻遼州。俄知雄州，代爲潭州鈐轄。開寶八年，領兵敗南唐軍二千餘于袁州，平梅山板倉諸洞蠻寇，俘馘數千人。太平興國中，歷右神武、右羽林大將軍，連知孟、襄二州，遷領誠州刺史。雍熙四年，改知霸州，兼部署。會陳廷山謀以平戎軍叛入北邊，曦察知之，與侯延濟定計，禽廷山以獻，錄其功，加領本州團練使，同知鎭州。淳化二年，移原州，遷右龍武軍大將軍。被病，請告，詔特給全奉。四年卒，年七十四，賵賻加等。

張藏英，涿州范陽人，自言唐相嘉貞之後。唐末，舉族爲賊孫居道所害，藏英年十七，僅以身免。後逢居道於幽州市，引佩刀刺之，不死，爲吏所執，節帥趙德鈞壯之，釋而不問，以補牙職。藏英後聞居道避地關南，乃求爲關南都巡檢使。至則微服攜鐵楇，匿居道舍側，伺其出，擊之仆於地，齧其耳噉之，遂禽歸，設父母位，陳酒肴，縛居道於前，號泣鞭之，臠其肉，經三日，刳其心以祭，卽詣官首服。官爲上請而釋之，燕薊間目爲「報讐張孝子」。契丹用爲盧臺軍使，兼榷鹽制置使，領坊州刺史。周廣順三年，率內外親屬并所部兵千餘人，及煑鹽戶長幼七千餘口、牛馬萬計，舟數百艘，航海歸周，至滄州，刺史李暉以聞。周祖頗疑之，令館於封禪寺，俄賜襲衣、銀帶、錢十萬、絹百匹、銀器、鞍勒馬。數月，世宗卽位，授德州刺史。未幾，召歸對便殿，詢以備邊之策。藏英請於深州李晏口置砦，及誘境上亡命者以隸軍，願爲主將，得便宜討擊。世宗悉從之，以爲緣邊招收都指揮使，賜名馬、金帶。藏英遂築城李晏口，累月，募得勁兵數千人。會遣鳳翔節度王彥超巡邊，爲契丹所圍，藏英率新募兵馳往擊之，轉戰十餘里，契丹解去。改濮州刺史，仍領邊任。契丹將高牟翰以精騎數千擾邊，藏英逆擊於胡盧河北，自旦至晡，殺傷甚衆。值暮收兵，契丹遁去。後因領兵巡樂壽，契丹幽州驍將姚內斌偵知藏英兵少，以精騎二千陣於縣之北，藏英率麾下擊之，自辰及申，士皆殊死戰，內斌遂解去。世宗降璽書褒美。征瓦橋關，爲先鋒都指揮使，敗契丹騎數百於關北下固安縣，又改關南排陣使。宋初，遷瀛州團練使，并護關南軍。建隆三年，卒於治所，年六十九。孫鑑，自有傳。

陸萬友，蔚州靈丘人。少隸太原爲裨校。漢祖起義，擢爲護聖指揮使。隱帝卽位，出爲天雄軍馬軍都指揮使。周祖之起兵也，萬友預謀及踐阼，擢爲散員都指揮使，領獎州刺史。世宗嗣位，遷龍捷左第三軍都指揮使，轉控鶴右廂都校，領虔州團練使，改虎捷右廂，領閬州防禦使。恭帝嗣位，出爲安州防禦使。宋初，歷沂、蘄二州防禦使。乾德四年，改汝州。開寶中，討南唐，造舟于采石磯，以濟師，命萬友守之。江南平，爲和州防禦使。太宗嗣位，以萬友爲晉、絳等州都巡檢使。帝征太原，克汾、石二州，以萬友爲石州都巡檢使俄兼知石州移巡警鳳翔秦隴代歸詔知瀛州在郡二年政務苟簡雍熙二年改右監門衞大將軍充河陰兵馬都監逾年卒年七十三萬友始業圬鏝既貴達不忘本以銀爲圬鏝器數千事示子孫性猛暴以武勇自任所至無善政太宗以其勳舊恩遇不替聘其次女爲許王夫人

解暉洺州臨洺人父珪應募爲州兵後唐天成中西征至劍門没於陣暉少有勇力以父死戎事得隸兵籍戍鴈門與契丹接戰斬首七級獲酋長一人以功遷奉國軍隊長晉天福中安重榮反鎮州因舉兵向闕至宋城晉師逆戰大破之暉募軍中壯士百餘人夜擣賊壘殺獲甚衆暉頰中流矢而督戰自若顏色不撓以功遷本軍列校周廣順初劉崇與契丹侵晉州暉從都部署樞密使王峻等往援之暉率敢死士三十餘夜入契丹帳擊之殺獲甚衆遷本軍第五指揮使從世宗征淮南率所部下黃州禽刺史高弼遷虎捷第一軍都虞候宋初步軍都軍頭從征澤州力戰目中流矢師還策勳爲內外馬步軍副都軍頭建隆四年充湖廣道行營前軍戰櫂都指揮使潭州平降璽書獎諭僞統軍黃從志據岳州暉率舟師討平之生禽從志及將校十四人俘斬數千溺死者衆改控鶴右第二軍都指揮使領高州刺史乾德六年詔領所部軍屯上黨從李繼勳畧太原開寶九年破太原軍於境上斬首千餘級獲馬三十匹改均州刺史太平興國二年詔於潞州北亂柳石圍中築城名威勝軍以暉爲軍使從征幷州與尚食使石彥贇率所部先下隆州殺幷州三百餘禽招討使李詢等六人以獻于行在所賜予有加復命與彥贇督戰士隸城西行營分攻太原劉繼元降太宗以太原宮女三人賜暉俄以功遷本州團練使知霸州雍熙初充雲應寰朔忻代等州都巡檢使三年代歸本郡淳化二年被病上章告老改右千牛衞上將軍致仕詔未至而卒年八十暉鷙猛木強每受詔征伐常身先之人所憚者暉視之若甚易由是頻立戰功金創徧體時稱驍將子守顒至內殿崇班閤門祗候

李韜河朔人有勇力膽氣善用矟爲禁軍隊長周祖征三叛韜從白文珂攻河中兵傳其城文珂夜詣周祖議犒軍留韜城下時營柵未備李守貞乘虛來襲營中忽見火發知賊驟至惶怖失據客省使閻晉卿率左右數十人遇韜於月城側謂韜曰事急矣城中人悉被黃紙甲爲火光所照色俱白此殊易辨柰軍士無鬭志何韜憤怒曰豈有食君祿而不爲國致死耶卽援矟而進軍中死士十餘輩隨韜犯賊鋒蒲有猛將躍馬持戈擬韜韜刺之洞胸而墜又連殺數十人蒲軍遂潰因擊大破之守貞自是閉壘不敢出俄驍將王三鐵降城遂平韜由此知名累遷軍校出爲趙州刺史移慈州乾德六年卒

王晉卿河朔人少勇敢爲鄉里所推周世宗在澶淵晉卿以武藝求見得隸帳下及卽位補東頭供奉官從戰高平征淮甸每遣宣傳密旨甚親信之洎北征爲先鋒都監督戰有功詔權控鶴都虞候克關南授軍器庫使顯德四年爲龍捷右第一軍都指揮使領彭州刺史恭帝卽位出爲濱州刺史乾德中爲興州刺史四年移漢州時蜀初平寇盜充斥晉卿嚴武備設方畧禽捕剪滅靡有遺漏自是雖劇賊無敢窺其境然以賄聞太祖惜其才而不問秩滿歸闕以疾求頤養改左監門衞將軍奉朝請貢重錦十匹銀千兩以謝詔不納以其贖貨愧之也未幾詔戍北邊疆埸清肅開寶四年復授莫州刺史在郡謹斥候善撫循士卒皆樂爲之用邊民安堵六年八月卒年六十七

郭廷謂字信臣徐州彭城人父全義仕南唐爲濠州觀察使廷謂幼好學工書善騎射補殿前承旨改濠州中軍使李景每令偵中朝機事入奏全義卒擢莊宅使濠州監軍周世宗攻淮右南人屢敗城中甚恐廷尉與州將黃仁謙爲固禦之計周師遣諜以鐵券及其壘廷謂拒之城中負販之輩率不逞廷謂慮其亡逸籍置大寺遣兵守之給日食俾製防城具隨其所習以故周師卒不得覘城中虛實周師爲浮梁渦口命張從恩焦繼勳守之廷謂語仁謙曰此濠壽之患也彼以騎士勝故利於陸我以舟師銳故便於水今夏久雨淮流汎溢願假舟兵二千斷其橋畧其城直抵壽春仁謙初沮其議不得已從之卽輕櫂銜枚抵其橋麾兵斷笮悉焚之周師大衂死者不可計焚其資糧而還以功授武殿使周師退保定遠又募壯士爲負販狀入定遠偵軍多寡及守將之名還曰武行德周務勍也廷謂曰是可圖也又籍鄉兵萬餘洎卒五千日夕訓練依山銜枚設伏以破之周師大潰行德單騎脫走時有以玉帛子女餉廷謂者悉拒之唯取良馬二百匹以獻以功爲滁州刺史上淮巡檢應援兵馬都監及紫金山之戰南唐諸將多歸降者獨廷謂以全軍還守濠州追不能及時濠守欲棄城走廷謂止之俄加本州團練使繕戈甲治溝壘常若敵至是秋周師復至表于景請援且言周兵四臨乞早辭請和以固鄰好夜出敢死士千餘襲周營焚頭車洞屋周師蹂躪死者甚衆既而援兵不至周師急擊廷謂集諸軍壘門之外南望大慟而降于周至山陽見世宗特加宴勞賜金帶襲衣良馬器皿拜亳州防禦使以其弟本州馬步都校廷讃爲和州刺史命攻天長軍降其將馬贇又爲樓櫓戰櫂左右廂都監俄歸譙郡宋初從征上黨再知亳州乾德二年代還改絳州防禦使兩川平馮瓚知梓州爲僕夫所訟召廷謂爲靜江軍節度觀察留後以代之州承舊政有莊宅戶車脚戶皆隸州將鷹鷂戶日獻雉兎田獵戶歲入皮革又有鄉將都將鎭將輩互擾閭里廷謂悉除之開寶五年卒年五十四廷謂性恭謹事母以孝聞未嘗不束帶立侍子延濬延謂兄廷諭仕南唐爲太子洗馬致仕宋初至秘書監廷諭子延澤

延濬字利川幼謙和初廷謂爲靜江軍節度使延濬爲桂州牙內都指揮使廷謂卒太祖錄延濬爲供奉官屢使西北宣諭機事太平興國初以內庭宣索及殿前賜賚移文庫務未有專領之者乃置合同憑由司命延濬與內藏庫副使劉蒙正掌之又領八作司及督治汴河雍熙二年改崇儀使詔與翟守素田仁朗王繼恩往河北分路按行諸州城壘發鎭兵葺之端拱二年詔建河北方田命延濬等五人共往規畫會罷其務而止淳化四年李順亂改西京作坊使充成都十州都巡檢使時成都將陷延濬單騎入城與郭載議募亡卒退保劍門賊數千來躡其後擊破之王繼恩率兵至以延濬爲先鋒壕砦使卽領兵倍道先進賊出探騎數十延濬悉禽之盡得賊機事延濬易旗變號賊不知覺斬關掩入斬千餘級繼恩又請延濬知漢州州經兵燹解舍橋梁城砦悉毁延濬募軍民葺之又率州帑以應軍須錄功改洛苑使又命率兵屯遂州劍門鈐轄轉運使劉錫言其勞詔書嘉奬眞宗初改內園使代還會河朔用兵延濬馳往邊城按視砦壘咸平二年疾卒子有倫爲供奉官閤門祗候

延澤字德潤南唐試秘書省正字乾德中四遷著作佐郎轉殿中丞知建州淳化二年太宗聞延澤洎右贊善大夫董元亨皆好學博通典籍詔宰相召問經史大義皆條對稱旨命爲史館檢討歷國子周易博士國子博士咸平中求休退授虞部員外郎致仕居濠州城南有小園以自娛其詠牡丹千餘首聚圖籍萬餘卷手自刊校范杲韓丕皆與之游景德初卒元亨亦至虞部員外郎嘗纘玄門碑誌三十卷

趙延進澶州頓丘人父暉周太子太師暉爲偏將時趙在禮據鄴延進頗親學書與軍中少年入民家競取財賄延進獨持書數十編以歸同輩哂之漢末暉領鳳翔節度未赴鎭王景崇據城反命暉爲都招討使擊之延進年十八屢當軍鋒景崇平延進奉捷以入授鳳翔牙內指揮使領貴州刺史暉徙宋州亦從爲牙職改領榮州刺史睢陽有盜數百各立酋帥爲民患延進以父命領牙兵千餘悉禽戮之詔書褒美丁外艱表求持服旣終喪周世宗征淮南延進獻萬縑以助軍仍請對世宗召見之時延進有從兄爲虎捷都虞候帳前橫衝指揮使世宗指延進語之曰爾弟拳勇有謀將授以禁軍大校延進自陳好讀書不願也翼日授右千牛衞將軍濠州兵馬鈐轄從征瓦橋關爲隨駕金吾街仗使宋初遷右羽林軍將軍濠州都監會伐蜀以襄州當川路津要命爲鈐轄同知州務蜀平專領郡事漢江水歲壞隄害民田常興工修護延進累石爲岸遂絶其患入爲兩浙漳泉國信使開寶二年授右龍武將軍知靈州以母老願留得權判右金吾街仗使歷知河中府梓相青三州太平興國中大軍平幷州討幽薊皆爲攻城八作壕砦使嘗詔督造礮具八百期以半月延進八日成太宗親試之大悅又令主城北諸洞子及班師命與孟元喆藥可瓊留屯定州遼人擾邊命延進與崔翰李繼隆將兵八萬禦之賜陣圖分爲八陣俾以從事師次蒲城遼騎坌至延進乘高望之東西亘野不見其際翰等方按圖布陣陣去各百步士衆疑懼畧無鬭志延進謂翰等曰主上委吾等以邊事蓋期於克敵爾今敵衆若此而我師星布其勢懸絶彼若持我將何以濟不如合而擊之可以決勝違令而獲利不猶愈於辱國乎翰等曰萬一不捷則若之何延進曰儻有喪敗則延進獨當其責於是改爲二陣前後相副士衆皆喜三戰大破之獲人馬牛羊鎧甲數十萬以功遷右監門衞大將軍知鎭州及代吏民數千守闕借留詔許留一年俄改右領軍衞大將軍出爲高陽關平戎軍都監兼緣邊巡檢改鈐轄知揚州召入授右屯衞大將軍徙知相州遷右驍衞大將軍改知鄧州淳化初飛蝗不入境詔褒之還判右金吾街仗事至道二年拜右金吾衞大將軍咸平二年卒年七十三贈右武衞上將軍延進姿狀秀整涉獵經史好作詩什士流以此多之延進妻卽淑德皇后之妹故

在顥德興國中頗任以腹心子昂太平興國二年登進士第至戶部郎中直昭文館

輔超忻州秀容人家世業農超少勇悍有力晉開運中應募隸澶州軍籍漢乾祐中趙思綰據永興叛周祖護諸將討之督兵攻城超率驍勇十七人升雲梯斫北門樓樓壞而入士卒繼進城遂陷以功補小校顯德中從太祖征淮南常執銳前驅定滁泗破淮陰下揚州以功轉日騎副兵馬使宋初從平上黨再遷內直都知太宗即位以超爲馬軍都軍頭會親征太原冒矢石攀堞先登身被十三創帝嘉其勇賜錦袍銀帶帛五十段詰朝再乘城中流矢者八復加厚賜大舉襲范陽分兵三路超隸偏將米信爲田重進先鋒取飛狐蔚州遷馬步軍副都軍頭俄出補曹州馬步軍都指揮使領峯州刺史改樂州召歸轉都軍頭淳化三年出爲德州刺史坐誣奏使者毆殺驛吏責授右監門衞將軍領誠州刺史五年復加都軍頭領澄州刺史眞宗即位加領獎州團練使眞拜萊州團練使以年老願留京師從之景德元年卒年七十七

論曰太祖有天下凡五代之臣無不以恩信結之既以安其反側亦藉其威力以鎭撫四方故一時諸將吳虔裕蔡審廷之徒數從征討咸有勞績焉若馬令琮守河內儲兵食以迎王師解暉擊湖南冒鋒鏑以禽敵將此忠藎驍果尤可稱者漢徽之疾危辭藥藏英之爲親復讎亦皆一節之美惟張勳嗜殺晉卿冒貨雖立威著勸所不取也

宋史卷二百七十二

元中書右丞相總裁脫脫等修

列傳第三十一

楊業 子延昭等 王貴附　荊罕儒 從孫嗣

曹光實 從子克明　張暉　司超

楊業并州太原人父信爲漢麟州刺史業幼倜儻任俠善騎射好畋獵所獲倍於人嘗謂其徒曰我他日爲將用兵亦猶用鷹犬逐雉兎爾弱冠事劉崇爲保衞指揮使以驍勇聞累遷至建雄軍節度使屢立戰功所向克捷國人號爲無敵太宗征太原素聞其名嘗購求之既而孤壘甚危業勸其主繼元降以保生聚繼元既降帝遣中使召見業大喜以爲右領軍衞大將軍師還授鄭州刺史帝以業老於邊事復遷代州兼三交駐泊兵馬都部署帝密封橐裝賜予甚厚會契丹入鴈門業領麾下數千騎自西京而出由小陘至鴈門北口南嚮背擊之契丹大敗以功遷雲州觀察使仍判鄭州代州自是契丹望見業旌旗即引去主將戍邊者多忌之有潛上謗書斥言其短帝覽之皆不問封其奏以付業雍熙三年大兵北征以忠武軍節度使潘美爲雲應路行營都部署命業副之以西上閤門使蔚州刺史王侁軍器庫使順州團練使劉文裕護其軍諸軍連拔雲應寰朔四州師次桑乾河會曹彬之師不利諸路班師美等歸代州未幾詔遷四州之民於內地令美等以所部之兵護之時契丹國母蕭氏與其大臣耶律漢寧南北皮室及五押惕隱領衆十餘萬復陷寰州業謂美等曰今遼兵益盛不可與戰朝廷止令取數州之民但領兵出大石路先遣人密告雲朔州守將俟大軍離代州日令雲州之衆先出我師次應州契丹必來拒即令朔州民出城直入石碣谷遣強弩千人列於谷口以騎士援於中路則三州之衆保萬全矣侁沮其議曰領數萬精兵而畏懦如此但趨鴈門北川中鼓行而往文裕亦贊成之業曰不可此必敗之勢也侁曰君侯素號無敵今見敵逗撓不戰得非有他志乎業曰業非避死蓋時有未利徒令殺傷士卒而功不立今君責業以不死當爲諸公先將行泣謂美曰此行必不利業太原降將分當死上不殺寵以連帥授之兵柄非縱敵不擊蓋伺其便將立尺寸功以報國恩今諸君責業以避敵業當先死於敵因指陳家谷口曰諸君於此張步兵強弩爲左右翼以援俟業轉戰至此即以步兵夾擊救之不然無遺類矣美即與侁領麾下兵陣於谷口自寅至巳侁使人登托邏臺望之以爲契丹敗走欲爭其功即領兵離谷口美不能制乃緣交河西南行二十里俄聞業敗即麾兵却走業力戰自午至暮果至谷口望見無人即拊膺大慟再率帳下士力戰身被數十創士卒殆盡業猶手刃數十百人馬重傷不能進遂爲契丹所擒其子延玉亦沒焉業因太息曰上遇我厚期討賊捍邊以報而反爲奸臣所迫致王師敗績何面目求活耶乃不食三日死帝聞之痛惜甚俄下詔曰執干戈而衞社稷聞鼓鼙而思將帥盡力死敵立節邁倫不有追崇曷彰義烈故雲州觀察使楊業誠堅金石氣激風雲挺隴上之雄才本山西之茂族自委戎乘式賓戰功方提貔虎之師以効邊陲之用而羣帥敗約援兵不前獨以孤軍陷於沙漠勁果猋厲有死不回求之古人何以加此是用特舉徽典以旌遺忠魂而有靈知我深意可贈太尉大同軍節度賜其家布帛千匹粟千石大將軍潘美降三官監軍王侁除名隸金州劉文裕除名隸登州業不知書忠烈武勇有智謀練習攻戰與士卒同甘苦代北苦寒人多服氈罽業但挾纊露坐治軍事傍不設火侍者殆僵仆而業怡然無寒色爲政簡易御下有恩故士卒樂爲之用朔州之敗麾下尚百餘人業謂曰汝等各有父母妻子與我俱死無益也可走還報天子衆皆感泣不肯去淄州刺史王貴殺數十人矢盡遂死餘亦死無一生還者聞者皆流涕業既沒朝廷錄其子供奉官延朗爲崇儀副使次子殿直延浦延訓並爲供奉官延環延貴延彬並爲殿直

延昭本名延朗後改焉幼沉默寡言爲兒時多戲爲軍陣業嘗曰此兒類我每征行必以從太平興國中補供奉官業攻應朔延昭爲其軍先鋒戰朔州城下流矢貫臂鬭益急以崇儀副使出知景州時江淮凶歉命爲江淮南都巡檢使改崇儀使知定遠軍徙保州緣邊都巡檢使就加如京使咸平二年冬契丹擾邊延昭時在遂城城小無備契丹攻之甚急長圍數日契丹每督戰衆心危懼延昭悉集城中丁壯登陴賦器甲護守會大寒汲水灌城上旦悉爲冰堅滑不可上契丹遂潰去獲其鎧仗甚衆以功拜莫州刺史時眞宗駐大名傅潛握重兵頓中山延昭與楊嗣石普屢請益兵以戰潛不許及潛抵罪召延昭赴行在屢得對訪以邊要帝甚悅指示諸王曰延昭父業爲前朝名將延昭治兵護塞有父風深可嘉也厚賜遣還是冬契丹南侵延昭伏銳兵於羊山西自北掩擊且戰且退及山西伏發契丹衆大敗獲其將函首以獻進本州團練使與保州楊嗣並命帝謂宰相曰嗣及延昭並出疎外以忠勇自效朝中忌嫉者衆朕力爲保庇以及於此五年契丹侵保州延昭與嗣提兵援之未成列爲契丹所襲軍士多喪失命李繼宣王汀代還將治其罪帝曰嗣輩素以勇聞將收其後效即宥之六年夏契丹復侵望都繼宣逗遛不進坐削秩復用延昭爲都巡檢使時講防秋之策詔嗣及延昭條上利害又徙寧邊軍部署景德元年詔益延昭兵滿萬人如契丹騎入寇則屯靜安軍之東令莫州部署石普屯馬村西以護屯田斷黑盧口萬年橋敵騎奔衝之路仍會諸路兵掎角追襲令魏能張凝田敏奇兵牽制之時王超爲都部署聽不隸屬延昭上言契丹頓澶淵去北境千里人馬俱乏雖衆易敗凡有剽掠率在馬上願飭諸軍扼其要路衆可殲焉卽幽易數州可襲而取奏入不報乃率兵抵遼境破古城俘馘甚衆及請和眞宗選邊州守臣御筆錄以示宰相命延昭知保州兼緣邊都巡檢使二年追敘守禦之勞進本州防禦使俄徙高陽關副都部署在屯所九年延昭不達吏事軍中牒訴常遣小校周正治之頗爲正所罔因緣爲姦帝知之斥正還營而戒延昭焉大中祥符七年卒年五十七延昭智勇善戰所得奉賜悉犒軍未嘗問家事出入騎從如小校號令嚴明與士卒同甘苦遇敵必身先行陣克捷推功於下故人樂爲用在邊防二十餘年契丹憚之目爲楊六郎及卒帝嗟悼之遣中使護櫬以歸河朔之人多望柩而泣錄其三子官其常從門客亦試藝甄敍之子文廣

文廣字仲容以班行討賊張海有功授殿直范仲淹宣撫陝西與語奇之置麾下從狄青南征知德順軍爲廣西鈐轄知宜邕二州累遷左藏庫使帶御器械治平中議宿衞將英宗曰文廣名將後且有功擢成州團練使龍神衞四廂都指揮使遷興州防禦使秦鳳副都總管韓琦使築篳篥城文廣聲言城噴珠率衆急趨篳篥比暮至其所部分已定遲明敵騎大至知不可犯而去遺書曰當白國主以數萬精騎逐汝文廣遣將襲之斬獲甚衆或問其故文廣曰先人有奪人之氣此必爭之地彼若知而據之則未可圖也詔書褒諭賜襲衣帶馬知涇州鎭戎軍爲定州路副都總管遷步軍都虞候遼人爭代州地界文廣獻陣圖并取幽燕策未報而卒贈同州觀察使

王貴者并州太原人廣順初補衞士宋初累遷至散員都指揮使馬步軍都軍頭領勝州刺史太平興國二年出爲淄州刺史受詔從潘美北征攻沁州頗立戰功及從楊業爲遼兵所圍親射殺數十人矢盡張空弮又擊殺數人遂遇害年七十三擢其子文晟供奉官文昱殿直

荊罕儒冀州信都人父基王屋令罕儒少無賴與趙鳳張輦爲羣盜晉天福中相率詣范陽委質燕王趙延壽得掌親兵開運末延壽從契丹主德光入汴署罕儒密州刺史漢初改山南東道行軍司馬周廣順初爲率府率奉朝請貧不能振顯德初世宗戰高平發不用命者

因求驍勇士通事舍人李延傑以罕儒聞卽召赴行在命爲招收都指揮使會征太原命罕儒率步卒三千先入敵境罕儒令人負束芻徑趨太原城焚其東門擢爲控鶴弩手大劍直都指揮使從平淮南領光州刺史改泰州爲下蔡守禦都指揮使兼舒蘄二州招安巡檢使四年泰州初下眞拜刺史兼海陵鹽城兩監屯田使明年三月世宗幸泰州以罕儒爲團練使賜金帶銀器鞍勒馬六年春軍吏耆艾詣闕請留恭帝詔褒之建隆初升鄭州防禦以罕儒爲使改晉州兵馬鈐轄罕儒恃勇輕敵嘗率騎深入晉境人多閉壁不出虜獲甚衆是年冬復領千餘騎抵汾州城下焚其草市案兵以退夕次京土原劉鈞遣大將郝貴超領萬餘衆襲罕儒黎明及之罕儒遣都監氈毯副使閻彥進分兵以禦貴超罕儒錦袍裹甲據胡牀享士方割羊臂臑以啖聞彥進小却卽上馬麾兵徑犯賊鋒并人攢戈舂之罕儒猶格鬭手殺十數人遂遇害劉鈞素畏罕儒之勇常欲生致及聞其死求殺罕儒者戮之太祖痛惜不已擢其子守勳爲西京武德副使因索京土原之不效命者黜慈州團練使王繼勳爲率府率閻彥進爲殿直斬其部下龍捷指揮使石進德等二十九人罕儒輕財好施在泰州有煮海之利歲入鉅萬詔聽十收其八用猶不足家財入有籍出不問其數有供奉官張奉珪使泰州自言後唐張承業之子罕儒曰我生平聞張特進名幸而識其子厚加禮待遺錢五十萬米千斛罕儒雖不知書好禮接儒士進士趙保雍登科覆落客游海陵罕儒問其所欲保雍以將歸京師且言緣江榷務以絲易茗有厚利罕儒立召主藏奴令籍藏中絲得四千餘兩盡以與之然好勇善戰不顧勝負常欲刬平太原志未果而及於敗人皆惜之罕儒兄延福延福孫嗣

嗣乾德初應募爲控鶴卒從李繼勳討河東繼勳擇悍勇百人間道截洛陽砦嗣出行間請行手斬五十餘級賊焚砦宵遁進薄汾河賊將楊業扼橋路嗣與衆轉戰賊退踰橋殺業所部兵千計射中業從騎獲旗鼓鎧甲甚衆業退保城進焚南門奪羊馬城矢集于面賊數千夜來薄砦繼勳選勇敢五百人接戰而嗣爲冠及旦戰數合多所斬馘從太祖征太原賊來拒焚洞子遣殿前楊信領百人援之嗣預焉率先陷陣召見補御龍直太平興國初三遷至天武軍校太宗再征太原嗣自陳願率一隊先登命主城西洞子車駕巡師嗣登城手刃數賊足貫雙箭中手皴折二齒太宗見之亟召賜錦袍銀帶從征幽州隸殿前崔翰斬三十級補龍猛副指揮使五年契丹侵雄州據龍灣堤嗣隸袁繼忠繼忠令率千兵力戰奪路內侍有至州閱城壘者出郛外敵進圍之亟出兵接戰十數合斬騎卒七百餘嗣軍夜相失在古城莊外三鼓突敵圍壁于莫州城下又領百人斧敵望櫓斬五十級敵爲橋界河將遁嗣邀擊之殺獲甚衆六年從崔彥進捍契丹于靜戎北砦于愼與口彥進遣嗣率所部度河與契丹戰敗之追奔二十餘里八年李繼遷寇邊嗣從袁繼忠田欽祚戍三叉口爲前鋒斬賊千餘追之獲牛羊鎧甲弓矢數千計進至萬井口狐路谷餘賊復來請戰初以雄武千人爲後殿爲賊所掩繼忠命嗣援之凡數戰始與雄武合隊因列陣格鬭復奪人馬七百餘欽祚夜還依山爲營賊亦砦其下募勁卒五十往襲之嗣爲其帥抵賊所刺殺百餘人焚其砦而還詔賜錦袍銀帶雍熙三年從田重進譚延美率師入遼境疾戰飛狐口遼師不利重進引全師合擊遼騎引去進至飛狐城北遼將大鵬翼率衆復至重進陣壓東偏數戰不勝命嗣出西偏麾兵薄山崖以短兵接戰遼兵敗投崖而下手斬百餘級散卒千餘在野嗣呵止之悉斷弦折笴來降追至河槽復擊退餘衆屯土嶺裨將黃明與戰不勝將退嗣謂之曰汝且屯兵於此爲我聲援我當奪此嶺遂力戰追奔五十餘里抵倉頭而還又領招收卒千人克倉頭小治二砦黃明與戰克直谷砦命嗣屯焉數日遼人復致師重進與戰奔突往來大軍頗擾重進召嗣合戰悉走之奪轍具鎧冑賊乘夜復圍直谷石門二砦重進遣嗣以精兵五百濟之嗣曰敵二萬餘今援師甚寡難以解圍重進頗憂之嗣曰譚師屯小治綰兵二千願間道以往邀其策應中夜匹馬詣延美延美曰敵勢若此何可解也嗣曰請移全軍就平川植旗立隊別擇三二百人張白旗於道側彼見旗幟綿亘遠甚謂大軍繼至嗣自以所部五百疾驅往鬭必克其砦延美許焉一日凡五七戰遼兵遂引去咸如嗣所料蔚州之降也重進先命嗣率勇士數十人縋入見守將得其實狀翌日將受降而敵反拒大軍所出之路遂與鬭殺傷甚衆屢縋入城取守將之歸服者重進之壘糧運頗乏嗣遣降卒輦州廩濟之遼援兵大至副都指揮使江謙妄言惑衆嗣卽斬之悉收兵歛輜重還重進砦與遼人轉戰時軍校五人其四悉鬭死至大嶺嗣與戰敗走之師還太宗引見便殿重進言其有勞補本軍都虞候又從李繼隆禦敵於北平砦將赴蒲城道遇敵疾戰俘獲甚衆又戰于鸞女祠繼隆遣步卒二千伏定州古城爲敵所攻命嗣援之至唐河橋嗣扼橋路出戰解敵圍數重與伏兵合分爲三隊背水爲陣敵將于越率騎百餘隊臨烽臺求戰嗣整兵與戰數合得與繼隆會又陣於東偏大敗之繼隆以聞詔嘉奬之還本軍都指揮使領澄州刺史至道二年加御前忠佐馬步軍頭屯定州遼人入侵隸范廷召提偏師捍遼兵於嘉山廷召徙高陽命嗣以兵二千爲殿過平敵城遼衆十餘萬來嗣屢出戰及桑贊秦翰來援夜二鼓敵再至嗣曰彼不利夜戰我當破其砦以趣大軍卽與贊翰合勢戒所部望敵炬火多處并力衝之詰旦至瀛州咸平三年加領本州團練使出爲鄜山路都巡檢使破敵砦於蒲陰俘獲甚衆四年命嗣領萬人斷西山路會敵遽至大兵不及進而止五年眞拜蔡州團練使趙州部署踰年徙滄州是冬遼人入侵命率所部自齊州抵淄青警備景德初又命與劉漢凝田思明率兵至冀州防邊俄赴澶州行在所會遼人請和復遣還任歷鄆州鳳翔永興部署車駕幸亳州留爲舊城內同都巡檢使大中祥符七年改虢州防禦使邠州環慶副部署卒嗣起行間以勞居方面經百五十餘戰歿兄子信貴並爲左侍禁貴至內殿崇班

曹光實雅州百丈人父疇爲蜀靜南軍使控扼邛崍以捍蠻夷光實少武勇有膽氣輕財好施不事細行意豁如也疇卒光實嗣職遷永平軍節度管內捕盜遊奕使乾德中太祖命王全斌等平蜀俄而盜賊羣起夷人張忠樂者嘗羣行攻劫且憾光實殺其徒黨率衆數千中夜奄至環其居鼓譟並進光實負其母揮戈突圍以出賊衆辟易不敢近賊殺其族三百餘口又發冢墓壞其棺槨光實詣全斌具以事白誓雪冤憤時蜀中諸郡未下乃圖雅州地形要害兼陳用兵攻取之策請官軍先下之全斌壯其志令率兵先導果克其城獲忠樂而甘心焉全斌乃署光實爲義軍都指揮使殘寇猶據沈黎光實以所部盡平之遂以光實知黎雅二州兼都巡檢使安集勞來蠻族懷之六年秋全斌遣入貢京師遂言境內安又乞罷義軍歸農太祖喜謂左右曰此蜀中傑俊也詔升殿勞問久之以爲黎州刺史開寶三年改唐州刺史及平交廣羣盜未息以光實爲嶺南諸州都巡檢使既至捕逐羣盜海隅以寧太平興國二年就遷本州團練使車駕征河東以光實知威勝軍事令調軍食光實入告願提一旅奮銳先登帝曰資糧事重亦足宜力也河東平命爲汾遼石沁等州都巡檢使五年改汝州團練使大軍北征與潘美分道出鴈門光實爲前鋒遇敵迎擊敗之斬首數千級優詔嘉奬李繼捧之入朝也以光實爲銀夏綏麟府豐宥州都巡檢使繼捧弟繼遷逃入蕃落爲邊患光實乘間掩襲至地斤澤俘斬甚衆破其族帳獲繼遷母妻及牛羊萬計繼遷僅免使人給光實曰我數奔北勢窘不能自存矣公許我降乎因致情欵陳甥舅之禮期某日降於葭蘆川光實信之且欲專其功不與人謀及期繼遷先設伏兵令十數人近城迎致光實光實從數百騎往赴之繼遷前導北行將至其地舉手麾鞭而伏兵應之光實遂遇害卒年五十五帝聞之驚悼賻賵加等以其子大理評事克讓爲右贊善大夫克恭爲殿直淳化二年又錄克己爲奉職後至殿內承制克廣至閤門祗候從子克明

克明字堯卿既生會敵攻百丈縣父光遠遇害姆抱克明匿葦蒲中得免既長喜兵法善騎射從父光實奇之補爲衙內都虞候光實擊敵于葭蘆川戰歿克明時護輜重在後聞光實死懼軍亂秘不發喪陽令人西來傳光實令還軍銀州而潛與僕張貴入敵中獲光實尸以還葬京師繇是顯名初蜀人留京師者禁不得還鄉里克明以母老間道歸李順反聞克明將家子且有名欲脅以官克明擕母遁山谷夜止神祠中夢有人叱之起旣覺而去賊果至及賊陷雅州克明募衆數萬人以迎王師遂復名山火井夾門等九縣分兵嘉眉邛三州立七砦以邀賊復收雅州斬六十餘人賊將何承祿等走雲南蜀平擢西頭供奉官黎州兵馬監押以餘寇未息權邛州駐泊巡檢明年峽路潰卒鄧紹等復起攻雅州克明又平之還軍邛州遇賊王珂戰于延貢鎭擊以矛中左髁後又設伏山下以數十騎與賊接戰克明僞北而所部失期伏不發克明挺身走賊追急乃倚大石引弓三發斃三人由是獲免入朝改內殿崇班爲溫台等七州都巡檢使景德中蠻寇邕州改供備庫副使知邕州左右江蠻洞三十六克明召其酋長諭以恩信是歲承天節相率來集克明慰拊出衣服遺之感泣而去獨如洪峒恃險不至克明諭兩江防遏使黃衆盈引兵攻之斬其首領陸木前梟于市宜州澄海軍校陳進反時鬱江暴漲州城摧圮克明率丁夫伐木爲連舫維之水上狀如郛郭又多張旗幟浮巨栰陳兵其上爲守禦備募溪峒兵三千而黃衆盈亦濟兵千五百將趣象州會巡撫使曹利用約克明會兵行次貴州遇賊大敗之斬

首四百餘級賊平利用專其功代還眞宗問南方事對稱旨賜一子官遷供備庫使江淮兩浙都大提舉捉賊克明使人捕賊輒出私錢賚之以故人人盡力覘賊中趫勇者釋縛使還捕其黨前後獲千餘人知江寧府張詠以其事聞賜錢四十萬領平州刺史知辰州撫水蠻叛徙宜融桂昭柳象邕欽廉白十州都巡檢使兼安撫使旣至蠻酋獻藥一器曰谿峒藥箭中人以是解之可不死克明曰何以驗之曰請試以鷄犬克明曰當試以人乃取藥箭刺酋股而飮以藥卽死羣蠻慙懼而去是年冬安撫都監王文慶馬玉出天河砦東克明與中人楊守珍出環州樟嶺西磴道危絶林木深阻蠻多伏弩以待玉所向力戰屢敗蠻軍是時朝廷意在招附數詔諭克明而克明亦憚深入屢移文止玉玉至如門團爲蠻所扼不得進克明遷延顧望月餘乃至撫水州與知州蒙承貴等約盟而還未幾知桂州兼管勾溪峒公事始置溪峒司又奏閔廣南兩路土軍爲忠敢軍州人覆茅爲屋歲多火克明選北軍教以陶瓦又激江水入城以防火災代還知滁州徙鼎州會交阯李公蘊寇邕州以文思使復知邕州旣至遣人入交阯諭以利害公蘊拜表謝罪遷西上閤門使歷知登舒邵三州復徙鼎州卒

張暉幽州大城人後唐淸泰初隸控鶴軍累遷奉國弩手都頭晉開運末與武行德奪契丹甲船於河陰行德領河陽以暉爲弩手指揮使復令引兵趨懷州契丹將遁去因領州軍漢祖入汴暉迎於滎陽授懷州刺史乾祐初鄆州刺史慕容業治多不法以暉爲緣漢都巡檢使領唐州屯兵至鄆州卽代業還京改鄆州刺史周廣順初劉崇寇晉絳召暉爲步軍左廂排陣使師還改沂州刺史三年吏民詣闕舉留俄改冀州會詔築李晏口束鹿安平博野百八橋武強等城命暉護其役踰月而就從世宗征淮甸充壕砦都指揮使旣拔楚泗卽授泗州未幾改耀州俄爲西南面橋道使宋初從征澤潞爲行營壕砦使先登陷陣事平遷華州團練使在郡頗有治狀建隆二年太原未下詔入覲問計暉對曰澤潞經李筠之叛瘡痍未復軍旅一興恐人力重困不若戢兵育民俟富庶而後爲謀乃賜襲衣金帶鞍勒馬令還州朝廷方議伐蜀遷鳳州團練使兼緣邊巡檢壕砦橋道使暉盡得山川險易因密疏陳之太祖覽之大悅乾德二年大軍西下乃以暉充西川行營先鋒都指揮使督兵開大散關路躬撫士卒且役且戰人忘其勞十二月至青泥嶺卒天禧五年暉妻年百五歲家貧詣闕自陳詔賜束帛錄其孫永德爲三班借職

司超大名元城人初事邢帥安叔千漢祖在太原超往依之隸帳下爲小校漢祖將渡河遣超先領勁騎由晉絳趨河陽及入汴以超爲鄆州必敵指揮使時京東諸州寇盜充斥以超爲宋宿亳三州遊奕巡檢使改宿州西固鎭守禦都指揮使移屯潁州下蔡鎭屢與淮人戰有功周世宗命宰相李穀討淮南以超爲步軍先鋒副都指揮使又爲廬壽光黃等州巡檢使大敗淮人三千餘衆於盛唐縣獲糧船四十餘艘禽其監軍高弼果毅指揮使許萬以獻時黃州未下卽命超遙領刺史兼樓櫓戰櫂右廂都校師還改光州刺史敗吳軍千餘於麻城北顯德四年冬與王審琦攻舒州敗吳軍三千先禽刺史施仁望獻於行在卽以超爲舒州團練使宋初命副宋偓領舟師巡撫江徼月餘特詔升舒州爲防禦以超充使太祖討李重進以爲前軍步軍都指揮使及平遣歸治所建隆三年春遷蔡州防禦使乾德六年改絳州防禦使徙晉州兵馬鈐轄是秋又副趙贊爲邠州行營都部署進攻河東及太祖親征爲行營前軍步軍都指揮使改鄭州防禦使開寶七年朝廷將討江左以超久在淮右習知江山險易徙蘄州防禦使行至淮西卒年七十一天禧元年錄其孫文睿爲三班奉職

論曰昔許子卒於師葬之加等春秋書之所以褒臣節而儆官守也業罕儒光實咸當捍城之寄臨戎力戰殁于敵境雖罕儒恃勇不戒光實甘賊還之言失在輕敵然其忘軀徇節誠可嘉也業本太原驍將感太宗寵遇思有以報常勝之家千慮一失然其素得士心部卒不忍離去從之以殁則忠義之風槩可見矣嗣與延昭並克紹勳伐延昭久居邊圉總戎訓士威名方畧聞于敵人於嗣爲優暉於危時則有陷陣之功平日則獻息戎之諫超頻戰以淸淮海其忠誠勇果率有可尙者焉

宋史卷二百七十二考證

楊業傳○臣人龍按宋通鑑業本北漢建雄軍節度使劉繼業後復姓楊止名業又按續通鑑繼業本名楊重貴世祖賜今姓名

業勸其主繼元降○臣琦按宋通鑑繼業爲漢主扞太原城每殺傷王師及繼元降繼業猶據城苦戰與本傳不同

業因太息曰上遇我厚期討賊捍邊以報而反爲奸臣所迫致王師敗績何面目求活耶乃不食三日死○臣蕭封按遼史耶律斜軫傳繼業被擒斜軫責曰汝與我國角勝三十餘年今日何面目相見繼業但稱死罪而已與宋史本傳迥異蓋曲筆也

宋史卷二百七十三

元　中　書　右　丞　相　總　裁　脫　脫　等　修

列傳第三十二

李進卿幷州晉陽人少以驍勇隸護聖軍晉天福中杜重威帥師敗安重榮於宗城進卿力戰有功擢爲興順軍校周祖開國命領所部兵戍靈壽久之遷龍捷指揮使顯德初從世宗戰高平改鐵騎指揮使歷散員左射都校改鐵騎及內殿直都虞候宋初領貴州刺史三遷鐵騎左廂都指揮使領乾州團練使乾德初遷控鶴左廂都指揮使改漢州團練使三年轉虎捷左廂都指揮使領澄州團練使是歲冬伐蜀以進卿爲歸州路行營步軍都指揮使拔巫山砦下夔萬二州蜀平錄功拜侍衞親軍步軍都虞候領保順軍節度開寶二年太祖親征河東留進卿爲在京都巡檢潁州刺史常暉淄州刺史韓光愿分爲河南北巡檢及還改親軍馬軍都虞候六年遷步軍都指揮使領靜江軍節度卒年五十九贈侍中子延渥延信延信至內殿崇班

延渥以蔭補供奉官尋爲閤門祗候三遷至西京左藏庫使咸平初歷知平戎寧邊順安軍保州威虜軍鈐轄又知冀州六年徙瀛州景德初契丹大舉擾邊經胡盧河踰關南十月抵城下晝夜鼓譟四面夾攻旬日其勢益張唯擊鼓伐木之聲相聞驅奚人負板秉燭乘墉而上延渥率州兵強壯又集巡檢史普所部乘城發礧石巨木擊之皆纍纍而墜殺傷甚衆翌日契丹王與其母親鼓衆急擊發矢如雨延渥分兵拒守益堅契丹道去死者三萬餘傷者倍之獲鎧甲兵矢竿牌數百萬驛書以聞賜延渥錦袍金帶將士緡錢遷延渥本州團練使以通判太子中允陸元凱爲國子博士賜緋推官李翔爲太子中允錄事參軍蔡亨爲右贊善大夫侍禁兵馬監押王誨殿直貝翼同巡檢史普爲內殿崇班充職如故初戍棚垂板護城纔數寸許契丹射之矢集其上凡二百餘及請葺城詔取板視之眞宗頗稱其勞又聞城守之際陸元凱流矢中面史普勇敢不避敵復遷元凱屯田員外郞普尙食副使普尋卒又錄其子昭度爲右侍禁昭儉爲奉職二年延渥徙知邢州歷天雄軍貝州副都部署知冀貝博三州大中祥符八年入朝以疾連賜告換右領軍衞大將軍領演州團練使明年從其請以左武衞大將軍致仕天禧初卒子宗禹爲內殿崇班

楊美幷州文水人本名光美避太宗舊名改焉美狀貌雄偉武力絶人以豪俠自任漢乾祐中周祖征三叛美杖策詣軍門求見周祖召與語壯之留帳下廣順初累遷禁軍大校從世宗征淮南以功擢鐵騎都指揮使領白州刺史太祖與美有舊卽位以爲內殿直都知建隆三年升靑州北海縣爲軍以美爲軍使爲政尙簡易民皆德之乾德二年召還北海民數百詣闕乞留詔諭之不去笞爲首者始罷遷馬步軍都頭會討蜀以美爲歸州路戰櫂左右廂都指揮使蜀平遷內外馬步軍副都軍頭領恩州團練使開寶二年改領端州防禦使六年加都軍頭領宣州觀察使俄授虎捷左右廂都指揮使領河西軍節度會遣党進潘美征太原命美爲行營馬軍都虞候太平興國二年冬出爲保靜軍節度三年夏以疾求解官歸京師尋醫藥詔遣內侍與道士馬志視之未幾卒年四十八贈侍中命中使護葬美爲人任氣好施凡得予賜及奉祿盡賙給親戚故舊死之日家無餘財人多歎息之

何繼筠字化龍河南人父福進歷事後唐至周累官忠武成德天平三節度繼筠幼時與羣兒戲必分行伍爲戰陣之象晉初補殿直周祖討三叛表繼筠從行賊平改供奉官廣順初福進鎭眞定署衙內都校嘗領偏師出土門與幷人戰斬首數千級以功領欽州刺史契丹將高模翰率二千騎擾深冀以葦杙度胡盧河繼筠與虎捷都指揮使劉誠誨率兵拒之至武強獲老稚千餘人模翰遁去俄隨福進入朝爲內殿直都知福進卒起復爲濮州刺史領兵戍靜安軍契丹內侵繼筠逆擊敗之改棣州刺史世宗征瓦橋關命繼筠以所部兵出百井道破幷人數千衆恭帝卽位以爲西北面行營都監

建隆二年升棣州爲團練以繼筠充使三年命爲關南兵馬都監乾德四年加本州防禦使開寶元年秋命昭義節度李繼勳等征太原以繼筠爲先鋒部署至渦河與幷人遇擊走之奪汾河橋敗其衆於城下獲馬五百匹擒其將張環石贇以獻二年春太祖親征晉陽契丹來援繼筠時屯兵陽曲縣驛召至行在所授以方畧命將精騎數千赴石嶺關拒契丹謂之曰翌日亭午俟卿來奏捷也至期帝御北臺以俟見一騎自北來亟遣逆問之乃繼筠子承睿來獻捷生擒刺史二人獲生口百餘斬首千餘級馬七百餘匹器甲甚衆初幷人恃契丹爲聲援及捷奏太祖命以所獲首級鎧甲示城下幷人喪氣繼筠以功拜建武軍節度判棣州三年來朝詔賜鞍馬戎仗令戍邊四年秋來朝疽發背車駕幸其第錫賚甚厚未幾卒年五十一帝親臨之爲之流涕從容謂侍臣曰繼筠捍邊有功朕不早授方鎭者慮其數奇耳今纔領節制果至淪没良可惜也贈侍中賻絹五百匹中使護喪令以生平所佩劒及介胄同葬繼筠深沉有智畧前後備邊二十年與士卒同甘苦得其死力善揣邊情邊人畏伏多畫像祠之子承矩

承矩字正則幼爲棣州衙內指揮使從繼筠討劉崇擒其將胡澄以獻開寶四年授閑廐副使太平興國三年漳泉陳洪進納土詔承矩乘傳監泉州兵會仙遊莆田百丈寇賊嘯聚承矩與喬維岳王文寶討平之以功就遷閑廐使疏爲政之害民者數十事上之悉被容納會改使名卽爲崇儀使五年知河南府時調丁男百十輩轉送上供綱承矩以爲橫役奏罷其事徙知潭州凡六年囹圄屢空詔嘉獎之入爲六宅使端拱元年領潘州刺史命護河陽屯兵米信知滄州以其不習吏事命承矩知節度副使實專郡治時契丹撓邊承矩上疏曰臣幼侍先臣關南征行熟知北邊道路川源之勢若於順安砦西開易河蒲口導水東注于海東西三百餘里南北五七十里資其陂澤築隄貯水爲屯田可以遏敵騎之奔軼俟期歲間關南諸泊悉壅闐卽播爲稻田其緣邊州軍臨塘水者止留城守軍士不煩發兵廣戍收地利以實邊設險固以防塞春夏課農秋冬習武休息民力以助國經如此數年將見彼弱我強彼勞我逸此禦邊之要策也其順安軍以西抵西山百里許無水田處亦望選兵戍之簡其精銳去其冗緩夫兵不患寡患驕慢而不精將不患怯患偏見而無謀若兵精將賢則四境可以高枕而無憂太宗嘉納之屬霖雨爲災典者多議其非便承矩引援漢魏至唐屯田故事以折衆論務在必行乃以承矩爲制置河北緣邊屯田使俾董其役事具食貨志由是自順安以東瀕海廣袤數百里悉爲稻田而有莞蒲蜃蛤之饒民賴其利淳化四年擢爲西上閤門使知滄州踰年徙雄州御書印紙錄其功最仍賜以弓劒承矩推誠御衆同其甘苦邊民有告機事者屏左右與之欵接無所猜忌故契丹動息皆能前知至道元年契丹精騎數千夜襲城下伐鼓縱火以逼樓堞承矩整兵出拒遲明列陣酣戰久之斬馘甚衆擒其酋所謂鐵林相公者契丹遁去是年春府州嘗敗契丹衆承矩條殺獲以諭州民或揭於市契丹愧忿故有是役太宗意其輕率致寇復命與滄州安守忠兩換其任魏廷式使河北得雄州功狀抗表上言又遣內侍劉勍覈實及麾下士有功者千餘人皆進擢賚賜眞宗嗣位復遣知雄州賜承矩詔曰朕嗣守鴻業惟懷永圖思與華夷共臻富壽而契丹自太祖在位之日先帝繼統之初和好往來禮幣不絕其後尅復汾晉疆臣貪地爲國生事信好不通今者聖考上仙禮當訃告汝任居邊要洞曉詩書凡有事機必能詳究輕重之際務在得中承矩貽書契丹諭以懷來之旨然未得其要咸平二年契丹南侵屢遣內侍以密詔問禦遏之計密封以獻嘗詔聽邊民越拒馬河塞北市承矩上言曰緣邊戰櫂司自淘河至泥姑海口屈曲九百餘里此天險也太宗置砦二十六鋪百二十五廷臣十一人戍卒三千餘部舟百艘往來巡警以屏姦詐則緩急之備大爲要害今聽公私貿市則人馬交度深非便宜且砦鋪皆爲虛設矣疏奏卽停前詔屢被手札褒飭三年召還拜引進使州民百餘詣闕貢馬乞借留承矩詔書嘉獎復遣之承矩上言曰契丹輕而不整貪而無親勝不相讓敗不相救以馳騁爲容儀以弋獵爲耕釣櫛風沐雨不以爲勞露宿草行不以爲苦復恃騎戰之利故頻年犯塞臣聞兵有三陣日月風雲天陣也山陸水泉地陣也兵車士卒人陣也今用地陣而設險以水泉而作固建設陂塘綿亘滄海縱有敵騎安能折衝昨者契丹犯邊高陽一路東負海西抵順安士庶安居卽屯田之利也今順安西至西山地雖數軍路纔百里縱有邱陵岡阜亦多川瀆泉源因而廣之制爲塘埭自可息邊患矣今緣邊守將多非其才不悅詩書不習禮樂不可守疆界制御無方動誤國家雖提貔虎之師莫遏犬羊之衆臣按兵法凡用兵之道校之以計而索其情謂將孰有能天地孰得法令孰行兵衆孰強士卒孰練賞罰孰明此料敵制勝之道也知此而用戰者必勝否則必敗夫惟無慮而易敵者必擒於人也伏望愼擇疆吏出牧邊民厚之以奉祿使悅其心借之以威權使嚴其令然後深溝高壘秣馬厲兵爲戰守之備修仁立德布政行惠廣安輯之道訓士卒闢田疇勸農耕畜芻粟以備凶年完長戟修勁弩謹烽燧繕保戍以防外患來則禦之去則備之如此則邊城按堵矣臣又聞古之明王安集吏民順俗而教簡募良材以備不虞齊桓晉文皆募兵以服鄰敵故強國之君必料其民有膽勇者聚爲一卒樂進戰効力以顯忠勇者聚爲一卒能踰高赴遠輕足善鬭者聚爲一卒此三者兵之練銳內出可以決圍外出可以屠城況小大異形強弱異勢險易異備卑身以事強小國之形也以蠻夷伐蠻夷中國之形也故陳湯統西域而郅支滅常惠用烏孫而邊部寧且聚膽勇樂戰輕足之徒古稱良策請試行之且邊郡之人多負壯勇識外邦之情僞知山川之形勝望於邊郡置營召募不須品度人才止求少壯有武藝者萬人俟契丹有警令智勇將統而用之必顯成功乃中國之長算也又如榷場之設蓋先朝從權立制以惠契丹縱其渝信犯盟亦不之廢似全大體今緣邊榷場因其犯塞尋卽停罷去歲以臣上言於雄州置場賣茶雖貲貨並行而邊氓未有所濟乞延訪大臣議其可否或文武中有抗執獨議是必別有良謀請委之邊任使施方畧責以成功苟空陳浮議上惑聖聰秪如靈州足爲證驗況茲契丹又非夏州之比也四年十月建議選銳兵於乾寧軍挽刀魚船自界河直趨平州境以牽西面之勢五年詔兼領制置屯田使始建榷場或者謂承矩意在繼好然契丹無厭未足誠信徒使公行窺伺會契丹有殺斥候卒者復罷之時契丹數窺邊城大浚渠顚撓其役詔承矩握兵深入其境以分其勢承矩以無騎兵第遣數千卒出混泥城襲之而還景德元年入朝進領英州團練使眞宗謂宰相曰承矩讀書好名以才能自許宜擇善地處之冬出知澶州承矩自守邊以來嘗欲朝廷懷柔遠人爲息兵之計及是車駕按巡本部卒與契丹和益加歎賞韓杞之至也命郊勞之明年春復知雄州是歲契丹使遣使奉幣承矩以朝廷待邊人之禮悠久可行者悉疏以聞手詔嘉納仍聽事有未盡者便宜裁處三年眞拜雄州團練使時邊兵稍息農政未修又置緣邊安撫使命承矩爲之且詔邊民誘其復業承矩曰契丹聞之必謂誘其部屬也乃易詔文爲水旱流民之意王欽若時知樞密援漢蟲達周仲居改詔請罪承矩帝曰承矩任邊有功當優假之第詔自今朝旨未便者奏稟進止承矩頗有識鑒典長沙日李沆王旦爲佐承矩厚待之以爲有公輔器善推步自知冥數乃以老疾求僻郡詔自擇其代承矩以李允則爲請乃授承矩齊州團練使遣之任至郡裁七日卒年六十一特贈相州觀察使賻錢五十萬絹五百匹中使護葬以其子龜齡爲侍禁昌齡九齡爲殿直遐齡爲齋郎緣邊泊涿易州民聞承矩卒皆相率詣雄州發哀飯僧昌齡娶齊王女太和縣主至內殿崇班昌齡子象中爲閤門祗侯

李漢超雲州雲中人始事鄆帥范延光不爲所知又事鄆帥高行周亦不見親信會周世宗鎭澶淵漢超遂委質焉卽位補殿前指揮使三遷殿前都虞候宋初改散指揮都指揮使領綿州刺史累遷控鶴左廂都校領恩州團練使從平李重進尋遷齊州防禦使兼關南兵馬都監漢超仕關南人有訟漢超強取其女爲妾及貸而不償者太祖召而問之曰汝女可適何人曰農家也又問漢超未至關南契丹如何曰歲苦侵暴曰今復爾耶曰否太祖曰漢超朕之貴臣也爲其妾不猶愈於農婦乎使漢超不守關南尚能保汝家之所有乎責而遣之密諭漢超曰亟還其女幷所貸朕姑貰汝勿復爲也不足於用何不以告朕耶漢超感泣誓以死報在郡十七年政平訟理吏民愛之詣闕求立碑頌德太祖詔率更令徐鉉撰文賜之霸州監軍馬仁瑀嘗兒事漢超多自肆擅發麾下卒入遼境剽奪人口羊馬由是二將交惡太祖慮其生變遣中使賜漢超仁瑀金帛令和解之太平興國初遷應州觀察使判齊州仍爲關南巡檢二年八月卒於屯所太宗甚悼惜贈太尉忠武軍節度中使護葬漢超善撫士卒與之同甘苦死之日軍中皆流涕子守恩

守恩少驍果善戰有父風初補齊州牙職開寶二年太祖親征太原漢超爲北面行營都監守恩從父軍中會契丹遣兵援河東至定州西嘉山將入土門守恩領牙兵數千騎戰敗之斬首三千級獲戰馬器甲甚衆擒首領二十七人隨漢超見于行在賜戎服金帶器幣緡錢太祖謂左右曰此稚子能若是他日將帥才也漢超卒擢爲驍猛軍校累官至隴州刺史知靈州與轉運使陳緯部芻糧過瀚海爲賊所邀守恩及子廣文助敎象之隴州衙內指揮使望之弟寄班守忠皆没眞宗聞之震

悼特賜守恩洪州觀察使次子祜之順之用之潤之慶之成之藏之

郭進深州博野人少貧賤爲鉅鹿富家傭保有膂力倜儻任氣結豪俠嗜酒蒲博其家少年患之欲圖殺進婦竺氏陰知其謀以告進遂走晉陽依漢祖漢祖壯其材留帳下晉開運末契丹擾邊漢祖建號太原契丹主道殂漢祖將入汴進請以奇兵間道先趨洺州因定河北諸郡累遷乾坊二州刺史少帝卽位改磁州周廣順初移淄州二年吏民詣觀察使舉留是秋遷登州刺史會羣盜攻劫居民進率鎭兵平之部內淸肅民吏千餘人詣闕請立屛盜碑許之顯德初移衞州衞趙邢洺間多亡命者以汲郡依山帶河易爲出沒伺間椎剽吏捕之輙遁去故累歲不能絶其黨類進備知其情狀因設計發擿之數月間翦滅無餘郡民又請立碑記其事改洺州團練使有善政郡民復詣闕請立碑頌德詔左拾遺鄭起撰文賜之進嘗於城四面植柳壕中種荷芰蒲薍後益繁茂郡民見之有垂涕者曰此郭公所種也建隆初太祖親征澤潞遷本州防禦使充西山巡檢嘗與曹彬王全斌入太原境獲數千人開寶二年太祖親征河東以進爲行營前軍馬軍都指揮使九年命將征河東以進爲河東道忻代等州行營馬步軍都監招徠山後諸州民三萬七千餘口太平興國初領雲州觀察使判邢州仍兼西山巡檢賜京城道德坊第一區四年車駕將征太原先命進分兵控石嶺關爲都部署以防北邊契丹果犯關進大破之攻破西龍門砦俘馘來獻自是幷人喪氣時田欽祚護石嶺軍恣爲姦利諸不法事進雖力不能禁亦屢形於言進武人性剛烈戰功高欽祚以他事侵之心不能甘自經死年五十八欽祚以暴卒聞太宗悼惜久之贈安國軍節度中使護葬後頗聞其事因罷欽祚內職出爲房州團練使進有材幹輕財好施然性喜殺士卒小違令必寘於死居家御婢僕亦然進在西山太祖遣戍卒必諭之曰汝輩謹奉法我猶貸汝郭進殺汝矣其御下嚴毅若此然能以權道任人嘗有軍校自西山詣闕誣進者太祖詰知其情狀謂左右曰彼有過畏罰故誣進求免爾遣使送與進令殺之會幷人入寇進謂誣者曰汝敢論我信有膽氣今捨汝罪能掩殺幷寇卽薦汝於朝如敗可自投河東其人踊躍聽命果致克捷進卽以聞乞還其職太祖從之初開寶中太祖令有司造宅賜進悉用筩瓦有司言舊制非親王公主之第不可用帝怒曰進控扼西山十餘年使我無北顧憂我視進豈減兒女耶亟往督役無妄言太平興國初又賜宅一區

牛思進者祁州無極人少從軍以膂力聞嘗取強弓絓於耳以手引之令滿又負墻立力士二人撮其乳曳之嶷不動軍中咸異之太平興國四年知平定軍從征河東石嶺關部署郭進卒命思進代之師還以功改本州團練使七年授右千牛衞上將軍致仕卒

李謙溥字德明幷州盂人性慷慨重然諾父堯後唐淸泰中晉祖鎭幷門署爲參謀天福初爲開封府推官使契丹還上言屈節外國非久長策時晉祖方父事契丹不悅其言出爲汝州魯山令卒官謙溥少通左氏春秋從晉祖入汴補殿直奉使契丹少帝卽位改西頭供奉官漢初遷東頭周祖討三叛及守鄴都謙溥往來宣密命周祖愛之廣順初遷供備庫副使世宗征劉崇遼州刺史張乙堅壁不下遣謙溥單騎說之乙以城降以功改閑廏使師還留爲晉州兵馬都監以偏師入河東境頻致克捷世宗詔褒之會隰州刺史孫義卒時世宗親征淮南謙溥謂節帥楊廷璋曰大寧咽喉要地不可闕守且車駕出征若俟報則孤城陷矣廷璋卽署謙溥權隰州事至郡亟命浚城隍嚴兵備凡八日幷人果以數千騎來寇時盛暑謙溥單衣持扇從二小吏登城徐步按視戰具幷人退舍後旬餘大發衞車攻城謙溥募敢死士得百餘人短兵堅甲銜枚夜縋出城會廷璋兵至合勢夾攻掩其不及幷人大擾悉衆遁去追北數十里斬首十餘級時顯德四年也明年五月攻破孝義縣以功領衞州刺史監軍如故世宗北征召赴行在恭帝卽位爲潼州巡檢使詔城莫州數旬而就改丹州刺史建隆四年移慈州兼晉隰緣邊都巡檢行石州事以興同砦爲治所冬將有事于南郊太祖命四路進兵畧地太原鄭州刺史孫延進絳州刺史沈繼深通事舍人王睿等師出陰地以謙溥爲先鋒會霍邑謙溥因畫攻取之策繼深等共沮之延進不能用軍還出白壁關次谷口謙溥語諸將曰王師深入敵境今旣退軍彼必乘我諸君當備之諸將不答謙溥獨令所部擐甲俄追騎果至延進等倉皇走谷中獨謙溥麾兵拒之幷人引退未幾移隰州刺史開寶元年命李繼勳等征太原以謙溥爲汾州路都監太祖征晉陽爲東砦都監前軍副部署党進遣謙溥伐木西山以給軍用未至聞鼓聲乃幷人逼西砦大將趙贊禦之幷衆未退謙溥麾所部赴之太祖遽至觀戰怪其赴援者非精甲問之乃謙溥也帝甚喜謙溥在州十年敵人不敢犯境有招收將劉進者勇力絶人謙溥撫之厚藉其死力往來境上以少擊衆幷人患之爲蠟丸書以間進佯遺書道中晉帥趙贊得之以聞太祖令械進送闕下謙溥詰其事進伏請死謙溥曰我以舉宗四十口保汝矣卽上言進爲幷人所惡此乃反間也奏至帝悟遽令釋之賜以禁軍都校戎帳服具進感激願擊敵自効開寶三年召謙溥爲濟州團練使後邊將失律復爲晉隰緣邊巡檢使邊民聞之喜爭相迎勞於道左六年領兵入太原連拔七砦八年以疾求歸肩輿抵洛太祖遣中使領太醫就視之至京師疾篤累上章辭祿不許明年春卒年六十二太祖甚痛惜之賻贈有加葬事官給謙溥與宣祖同里閈弟謙昇與太祖爲布衣交其母閻嘗厚待太祖及卽位數迎入宮中使左右掖之不令拜命坐飲食話及舊故賜賚優厚雍熙中太宗爲許王納謙昇女爲夫人以謙昇爲如京副使謙溥子允則允正允則至寧州防禦使從子允恭爲內殿崇班閤門祗候

允正字修己以蔭補供奉官太平興國中掌左藏庫屢得升殿奏事太宗頗記憶其舊故雍熙中與張平同掌三班俄爲閤門祗候四年遷閤門通事舍人時女弟適許王以居第質于宋偓太宗詰之曰爾父守邊二十餘年止有此第耳何以質之允正具以奏卽遣內侍輦錢贖還縉紳咸賦詩頌美淳化中命討戎瀘州叛蠻還西上閤門副使太宗慮京城獄囚淹繫命允則提總之嘗請詔御史臺給開封府司錄司左右軍巡四排岸司印紙作囚簿署禁繫月日條其罪犯歲滿較其殿最詔從其請踰年開封府上言京師浩穰禁繫尤衆御史府考較之際胥吏奔命有妨推鞫況無欺隱不煩推校卒罷之允正又提點左右藏屢乘傳北面經度邊要五年爲衞州修河部署會建淸遠軍積石砦命詣瀚海畫分其役還拜西上閤門使幷州駐泊鈐轄俄代張永德知州事徙代州咸平初使西蜀詢訪民事還進秩東上閤門使歷知鎭莫二州又爲幷代馬步軍鈐轄契丹擾邊車駕駐大名允正與高瓊率太原軍出土門路來會召見便殿所部有廣銳騎士數百皆素練習命允正引以入賜緡錢遣屯邢州與石保吉逐遼人遼人遁去俄以兵會大名復還幷代五年合涇原儀渭邠寧環慶路爲一界命王漢忠爲都部署驛召允正爲鈐轄兼安撫都監卽日上道又命與錢若水同詣洪德懷安沿邊諸砦經度邊事加領誠州刺史七月罷兩路之職復任幷代鈐轄每錢若水按巡邊壘卽詔權涖州事進四方館使代馬知節爲鄜延部署兼知延州改客省使知定州兼鎭定都鈐轄大中祥符三年累表求還至京師將祀汾陰以疾難於扈從命爲河陽部署以便養會張從貴卒趙德明頗踰軼亟詔從允正爲鄜延部署內侍密詔存諭禮成領河州團練使允正頗知書性嚴毅疎財喜自修飭素病痔僂以是罕在要近累典邊任多殺戮是秋從知永興軍卒年五十一

姚內斌平州盧龍人仕契丹爲關西巡檢瓦橋關使周顯德六年太祖從世宗北征兵次瓦橋關內斌率衆五百人以城降世宗以爲汝州刺史吏民詣闕舉留恭帝詔褒之內斌本名犯宣祖諱下一字遂改今名從平李筠改虢州刺史西夏數犯西鄙以內斌爲慶州刺史兼青白兩池榷鹽制置使在郡十數年西夏畏伏不敢犯塞號內斌爲姚大蟲言其武猛也初內斌降其妻子皆在契丹乾德四年子承贇自幽州來歸五年幽州民田光嗣等又以內斌兒女六人間道來歸太祖並召見賜以衣服緡錢鞍馬令中使護送還內斌開寶四年召赴闕上待之甚厚遣歸治所七年春暴得疾卒年六十四遣中使護喪歸葬洛陽常賻外賜其子田三十頃承贇爲供奉官閤門祗候死于陣承鑒至殿中丞

董遵誨涿州范陽人父宗本善騎射隸契丹帥趙延壽麾下嘗以事說延壽不能用及延壽被執舉族南奔漢祖得之擢拜隨州刺史署遵誨隨州牙校周顯德初世宗北征大將高懷德遵誨之舅也表遵誨從行師次高平與晉人遇將接戰晉兵未成列懷德命遵誨先出奇兵擊之晉人潰大軍繼進遂敗之二年討秦鳳大將韓通又表遵誨自隨與賊戰于唐倉先登陷陣擒蜀招討使王鸞以獻克秦鳳二州師還錄其前後功補東西班押班又遷驍武指揮使四年從世宗征淮南攻合肥下之六年從韓通平雄霸二州太祖微時客遊至漢東依宗本而遵誨憑藉父勢太祖每避之遵誨嘗謂太祖曰每見城上紫雲如蓋又夢登高臺遇黑蛇約長百尺餘俄化龍飛騰東北去雷電隨之是何祥也太祖皆不對他日論兵戰事遵誨理多屈拂衣而起太祖乃辭宗本去自是紫雲漸散及卽位一日便殿召見遵誨伏地請死帝令左右扶起因諭之曰卿尚記往日紫雲及龍化之夢乎遵誨再拜呼萬歲俄而部下有軍卒擊登聞鼓訴其不法十餘事太祖釋不問遵誨益惶愧待罪太祖召而諭之曰朕方赦過賞功豈念舊惡耶汝可勿復憂

吾將錄用汝遵誨再拜感泣又問遵誨母安在遵誨奏曰母氏在幽州經患難睽隔太祖因令人賂邊民竊迎其母送與遵誨遵誨遣外弟劉綜貢馬以謝太祖解其所服眞珠盤龍衣命齎賜之綜曰遵誨人臣豈敢當此太祖曰吾方委以方面不此嫌也會李筠叛澤潞命遵誨從慕容延釗討之遷馬軍都軍頭因留之鎭守三年召歸再遷爲散員都虞候乾德六年以西夏近邊授通遠軍使遵誨旣至召諸族酋長諭以朝廷威德封羊釃酒宴犒甚至衆皆悅服後數月復來擾邊遵誨率兵深入其境擊走之俘斬甚衆獲牛馬數萬夷落以定太祖嘉其功就拜羅州刺史如故太宗卽位兼領靈州路巡檢遵誨不知書豁達無崖岸多方畧能挽強命中武藝皆絕人在通遠軍凡十四年安撫一面夏人悅服嘗有剽畧靈武進奉使鞍馬兵器者遵誨部署帳下欲討之夏人懼盡歸所畧拜伏請罪遵誨卽慰撫令去自是各謹封畧秋毫不敢犯歷太祖太宗朝委遇始終不替許以便宜制軍事太平興國六年卒年五十六帝軫悼久之遣中使護葬賵賻加等錄其子嗣宗嗣榮爲殿直

賀惟忠忻州定襄人少勇敢善騎射周祖將兵討三叛惟忠謁於道左自陳其有武藝周祖悅之卽留置所部洎開國得隸世宗帳下奏補供奉官不辭輒入朝世宗怒之及嗣位終不遷擢初授儀鸞副使令知易州捍邊有功尋遷正使開寶二年太祖駐常山以惟忠爲本州刺史兼易定祁等州都巡檢使嘗中流矢六年金瘡發而卒太祖聞之嗟悼卽以其子昭度爲供奉官惟忠性剛果知書洞曉兵法有方畧在易州繕完亭障撫士卒得其死力每乘塞用兵所向必克威名震北邊故十餘年間契丹不敢南牧昭度至西京作坊使淳化中知通遠軍有罪當棄市減死流商州

馬仁瑀大名夏津人十餘歲時其父令就學輒逃歸又遣於鄉校習孝經旬餘不識一字博士笞之仁瑀夜中獨往焚學堂博士僅以身免常集里中羣兒數十人與之戲爲行陣之狀自稱將軍日與之約鞭其後期者羣兒皆畏伏又市果均給之益相親附及長善射挽弓二百斤漢乾祐中周祖鎭鄴仁瑀年十六願隸帳下周祖素聞其勇旣見甚喜留置左右廣順初補內殿直世宗嗣位命衞士習射苑中仁瑀弓力最勁而所發多中賜錦袍銀帶會太原劉崇入寇世宗親征至高平周師不利諸將多引退仁瑀謂衆曰主辱臣死安用我輩乃控弦躍馬挺身出陣射賊斃者數十人士氣益振大軍乘之崇遂敗績世宗至上黨諸將坐失律誅者七十餘人擢仁瑀爲弓箭控鶴直指揮使及還京又遷散指揮使從征淮南至楚州攻水砦砦中建飛樓高百尺餘世宗觀之相去殆二百步樓上望卒厲聲嫚罵世宗怒甚命左右射之遠莫能及仁瑀引滿應弦而顚及淮南平身被數十創賜以良藥遷內殿直都虞候又從平三關恭帝嗣位詔從太祖北伐初以佐命功授散員都指揮使領貴州刺史俄遷鐵騎右廂都指揮使又爲虎捷左廂都指揮使領扶州團練使從平澤潞以功領常州防禦使龍捷左廂都指揮使建隆二年改領岳州防禦使俄又移領漢州初詔仁瑀等領荆湖諸郡不數歲復其地至是將征蜀又詔領川峽諸郡遂平之先是薛居正知貢舉仁瑀私囑所與者牓出無其人聞喜宴日仁瑀酒酣攜所囑者詣居正切責之爲御史中丞劉溫叟所劾帝優容之王繼勳以后族驕恣陵蔑將帥人皆引避獨仁瑀詞氣不相下嘗攘臂欲毆之會帝將講武郊外遂欲相圖各勒所部兵私市白梃太祖密知之詔罷講武出仁瑀爲密州防禦使太祖征晉陽命仁瑀率師巡邊至上谷漁陽契丹素聞仁瑀名不敢出因縱兵大掠俘生口牛羊數萬計駕還仁瑀歸治所明年羣盜起兗州賊首周弼毛襲甚勇悍材貌奇偉弼號曰長脚龍監軍討捕數不利詔仁瑀掩擊仁瑀率帳下十餘卒入泰山擒弼盡獲其黨魯郊遂寧開寶四年遷瀛州防禦使兄子嘗因醉誤殺平民繫獄當死民家自言非有宿憾但過誤爾願以過失殺傷論仁瑀曰我爲長吏而兄子殺人此怙勢爾非過失也豈敢以私親而亂國法哉遂論如律給民家布帛爲棺殮具太平興國初移知遼州四年車駕征太原命仁瑀與成州刺史慕容超飛龍使白重貴八作使李繼昇分兵攻城及征范陽命仁瑀率禁兵擊契丹於盧龍北契丹兵奔潰師還遷朔州觀察使判瀛州事七年卒年五十賵河西軍節度葬事官給

論曰宋初交廣劍南太原各稱大號荆湖江表止通貢奉契丹相抗西夏未服太祖常注意於謀帥命李漢超屯關南馬仁瑀守瀛州韓令坤領常州賀惟忠守易州何繼筠領棣州以拒北敵又以郭進控西山武守琪戍晉州李謙溥守隰州李繼勳鎭昭義以禦太原趙贊屯延州姚內斌守慶州董遵誨屯環州王彥昇守原州馮繼業鎭靈武以備西夏其族在京師者撫之甚厚郡中筦榷之利悉以與之恣其貿易免其所過征稅許其召募亡命以爲爪牙凡軍中事皆得便宜每來朝必召對命坐厚爲飲食錫賚以遣之由是邊臣富貴能養死士使爲間諜洞知敵情及其入侵設伏掩擊多致克捷二十年間無西北之憂以至命將出師平西蜀拓湖湘下嶺表克江南所向遂志蓋能推赤心以馭羣下之所致也若李進卿楊美亦專師西征而美居北海以樂易結民心誠得爲政之本延渥承矩守恩允正皆紹先業以勳名著承矩議屯田贊和好其謀甚遠守恩以果敢死事宋之武功於斯爲盛焉

宋史卷二百七十四

元中書右丞相總裁脫脫等修

列傳第三十三

王贊　張保續　趙玭　盧懷忠
王繼勳　丁德裕　張延通　梁迥
史珪　田欽祚　侯贇　王文寶
翟守素　王侁　劉審瓊

王贊澶州觀城人少爲小吏累遷本州馬步軍都虞候周世宗鎭澶淵每旬決囚贊引律令辨析中理問之知其嘗事學問卽署右職及卽位補東頭供奉官累遷右驍衞將軍三司副使時張美爲使世宗問京城衞兵歲廩幾何美不能對贊代奏甚悉美因是銜之及征關南言於世宗以贊爲客省使領河北諸州計度使五代以來姑息藩鎭有司不敢繩以法贊所至發擿姦伏無所畏忌振舉綱領號爲稱職由是邊臣切齒師還復爲三司副使建隆初始平李重進太祖素知贊材幹可委以完葺卽令知揚州旣行舟覆於閶橋下溺死親屬隨沒者三人上甚嘆悼謂左右曰溺吾樞密使矣蓋將大用也賻其家絹三百匹米麥各二百斛

張保續字嗣光京兆萬年人父洪唐左武衞上將軍保續以蔭補太廟齋郎梁貞明中調補臨濟尉選充四方館通事舍人後唐天成初領瓜州官告國信副使郊祀改右贊善大夫晉天福中歷太府光祿二少卿職同正領通事舍人開運二年契丹入寇杜重威李守貞符彥卿等率兵禦之命保續馳騎往來軍中諭機事旣而大破敵於陽城使還以本官充西上閤門副使明年使荆南復命轉東上閤門副使契丹犯闕被驅北徙留范陽歲餘逃歸漢乾祐初出爲隴州防禦使周祖革命召爲東上閤門副使從平慕容彥超累遷引進副使知閤門事世宗卽位授西上閤門使明年進秩東上閤門使從上征淮南會壽州納款遣保續先往慰撫及劉仁贍率將卒出降以功遷判四方館事就遷客省使從平瓦橋關奉使吳越宋初遷衞尉卿判四方館客省閤門事保續性介直好儉素在閤門前後四十年善宣贊辭令聽者傾聳累使藩國不辱命歷事六朝未嘗有過從征李筠以足疾留河內後歸京師建隆三年卒年六十四

趙玭澶州人家富於財晉天福中以納粟助邊用補集賢小史調濮州司戶參軍刺史白重進以其年少欲試以事因以滯獄授之玭爲平決悉能中理重進移刺虢成二州連辟爲從事會契丹構難秦帥何重建獻地於蜀孟知祥署高彥儔秦州節度成爲支郡因署玭秦成階等州觀察判官周顯德初命王景帥兵討秦鳳彥儔出兵救援未至聞軍敗因潰歸玭閉門不納召官屬諭之曰今中朝兵甲無敵於天下自用師西征戰無不勝蜀中所遣將皆武勇者卒皆驍銳者然殺戮逋逃之外幾無孑遺我輩安忍坐受其禍去危就安當在今日衆皆俯伏聽命玭遂以城歸朝世宗欲命以藩鎭宰相范質不可乃授郢州刺史歷汝密澤三州刺史建隆中入爲宗正卿乾德初出爲秦州刺史二年改左監門衞大將軍判三司玭狂躁婞直多忤上旨太祖頗優容之嘗廉得宰相趙普私市秦隴大木事潛以奏白然懼普知因稱足疾求解職五年春罷使守本官自是累獻密疏皆留中不出常疑普中傷六年詣闕納所授告命詔勒歸私第又請退居鄆州不許玭不勝忿踰年伺普入朝馬前揚言其短上聞之召玭及普於便殿面質其事玭大言詆普販木規利上怒促令集百官逐普且諭其事王溥等奏玭誣罔大臣普事得解上詰責玭命武士撾之令御史鞫於殿庭普爲營救得寬其罰黜爲汝州牙校太平興國三年卒年五十八

盧懷忠瀛州河間人少有膂力善騎射漢乾祐初寓居河中值李守貞之叛周祖圍其城懷忠夜踰城出見陳攻取便宜河中平奏補供奉官從征慕容彥超於兗州顯德初監沂州軍以所部破海州功居多世宗議北征先遣懷忠按視出師道路三關平遷如京副使宋初遷內酒坊副使會朗州軍亂太祖將出師致討遣懷忠使荆南因謂曰江陵人情去就山川向背我欲盡知之懷忠使還奏曰繼沖甲兵雖整而控弦不過三萬年穀雖登而民苦暴斂南邇長沙東距金陵西迫巴蜀北奉朝廷觀其形勢蓋日不暇給矣太祖召宰相范質等謂曰江陵四分五裂之國今出師湖南假道荆渚因而下之

萬全策也，卽以懷忠爲前軍步軍都監。荆湖平，以功遷內酒坊使。乾德二年，改判四方館事、知江陵府。四年，王師伐蜀，江陵當峽江會衝，以供億之勞遷客省使。又明年，使江南，還中途遇疾，肩輿歸京師，太祖遣醫允艾以賜之。未幾卒，年四十九。大中祥符四年，錄其子熙爲校書郎。

王繼勳，陝州平陸人。隸河中府爲牙校。李守貞之叛，令繼勳據潼關，爲郭從義所破，走還河中。俄白文珂、劉詞領兵至城下，守貞又遣繼勳與其愛將聶知遇夜出攻河西砦，復爲漢兵所敗，被創而遁。繼勳度守貞必敗，遂踰城出降。周祖奏補供奉官。廣順初，領汾州刺史，充晉磁隰等州緣邊巡檢，歷憲麟石磁四州刺史。宋初，遷磁州團練使，坐境上用兵失律，荆罕儒陷陣，責授右監門衞率。初平荆襄，命權知道州，未幾，授本州刺史。州境與廣南接，劉鋹屢引兵入寇，繼勳因上言嶺表可圖之狀。及王師南伐，以爲賀州道行營馬步軍都監。繼勳有武勇，在軍陣常用鐵鞭、鐵槊、鐵撾，軍中目爲王三鐵。

丁德裕，洺州臨洺人。父審琦，彰武軍節度。周廣順初，以蔭補供奉官。宋初，歷通事舍人、西上閤門副使。建隆三年，遷東上閤門使。從慕容延釗平荆湖，以功授引進使。又與潘美、尹崇珂克郴州，遷客省使。乾德五年，遷內客省使。時成都初平，羣寇大起，用爲西川都巡檢使，與閤門副使張延通同率師討之，擒賊帥康祚，磔於市。歲餘，盡平其黨。頗與延通不協，歸朝，告其陰事，延通坐棄市。又奏轉運使、禮部郎中李鉉嘗醉酒言涉指斥，上怒，驛召鉉下御史案之。鉉言德裕在蜀日屢以事請求，多拒之，皆有狀。御史以聞，太祖悟，止坐鉉酒失，責授左贊善大夫。未幾，德裕亦出知潞州。會征江南，遣德裕爲常州行營兵馬都監，領吳越兵助主帥進討。常州平，命權知州事，又改昇州東南路行營都監。敗潤州軍五千餘於城下，及拔潤州，移領常潤等州經署巡檢使。德裕以傾險爲衆所惡，恃勢剛狠，不恤士卒，黷貨無厭，越人苦之。錢俶奏其事，貶房州刺史，卒。

張延通，潞州潞城人。父彥成，周右金吾衞上將軍。延通性穎悟，有才幹。蔭補供奉官。宋初，歷通事舍人，遷東上閤門副使。開寶中，爲西川兵馬都監。太祖以蜀寇未平，命同內客省使丁德裕、引進副使王班、內臣張嶼領兵屯蜀部。德裕頗專恣，延通面質其短，德裕銜之。又與張嶼不協，延通亦爲和解之，德裕疑延通與嶼爲黨，益不悅。會太祖征太原，有使自行在至，備言太祖當盛暑躬冒矢石，勞頓萬狀。延通曰："主上勤勞若此，而吾輩口享安樂。"蓋言不自安也，德裕不答。會張嶼先歸闕，太祖賜予甚厚。延通、德裕繼至，則召延通顧問，而待德裕稍薄。德裕頗疑懼，遂奏延通嘗對衆言涉指斥，且多不法事，指嶼爲黨。太祖怒，卽收延通、張嶼及王班下御史臺鞫之。延通等引伏，太祖始欲捨之，及引問，延通抗對不遜，遂斬之。嶼、班幷內臣王仁吉並杖脊，嶼配流沙門島，班許州，仁吉西窰務。時開寶二年也。

梁迥，博州聊城人。少爲吏部小史。周世宗在藩邸日，得給事左右。及嗣位，補殿直，改供奉官，四遷至左藏庫使。太祖將討西蜀，以迥監秦州戍兵。蜀平，改監霸州兵，轉宮苑使。從征太原，還，會命蜀州刺史聶章爲沁州兵馬部署，以迥監其軍。無何，幷人入寇，迥與閻彥進同率兵擊敗之，以功遷東上閤門使。開寶五年，命爲廣南道兵馬都監兼諸州巡檢。八年，奉使江南。迥素貪冒，外務矯飾，初若嚴毅不可犯，雖饋食亦不受，江南人頗憚之。旣而奉以貲貨，殆直數萬緡，迥卽大喜過望，登舟縱酒，繼日宴樂，及歸，戀戀不發，人多笑之。暨王師伐金陵，命迥與潘美、劉遇率步兵先赴荆南，且以迥護行營步兵及左廂戰櫂，與吳人戰采石，殺獲甚衆。江南平，以功領順州團練使。太宗卽位，判四方館事，領禁軍戍澤州。太平興國三年，錢俶來朝，命往淮泗迎勞。夏，汴水大決，詔迥發畿內丁男三千護塞汴口。四年，征太原，以迥爲行營前軍馬步軍都監，督軍攻城，中流矢。四車駕還，命與孟元喆、崔翰率兵屯定州，以功遷引進使。五年，受詔與潘美城幷州於三交，及築緣邊保障。七年，李繼遷寇邊，以迥領兵護銀夏州。八年，召歸，授唐州防禦使，令赴職。雍熙二年，繼遷誘殺都巡檢使曹光實，乘勢數寇邊，復召迥爲銀夏都巡檢使，赴邊捍禦之。三年夏，卒於銀州官舍，年五十九。迥性麤率，尤不喜文士。故事，節帥出鎭及來朝，便殿宴勞，翰林學士皆預坐。開寶中，迥爲閤門使，白太祖曰："陛下宴犒將帥，安用此輩預坐。"自是罷之。至淳化中，翰林學士蘇易簡白於太宗，始復預焉。大中祥符八年，錄迥子延翰爲奉職。

史珪，河南洛陽人。父賥，晉嚴衞指揮使。珪少以武勇隸軍籍。周顯德中，遷小校。太祖領禁衞，以珪給事左右。及受禪，用爲御馬直隊長，四遷馬步軍副都軍頭兼控鶴弓弩大劍都指揮使。開寶六年，加都軍頭，領毅州刺史。太祖初臨御，欲周知外事，令珪博訪。珪廉得數事白於上，驗之皆實，由是信之。後乃漸肆威福，民有市官物不當價者，珪告其欺罔，當寘法，列肆無不側目。上聞之，因下詔曰："古人以獄市爲寄者，蓋知小民唯利是從，不可盡法而繩之也。況先甲之令，未嘗申明，苟陷人於刑，深非理道。將禁其二價，宜示以明文。自今應市易官物，有妄增價直欺罔官錢者，案鞫得實，並以枉法論。其犯在詔前者，一切不問。"自是珪不復敢言。時德州刺史郭貴知邢州，國子監丞梁夢昇知德州。貴族人親吏之在德州者頗爲姦利，夢昇以法繩之。貴素與珪善，遣人以其事告珪，圖去夢昇。珪悉記於紙，將伺便言之。一日，上因言爾來中外所任皆得其人，珪遽曰："今之文臣亦未必皆善。"乃探懷中所記以進曰："秖如知德州梁夢昇欺蔑刺史郭貴，幾至於死。"上曰："此必刺史所爲不法，夢昇眞淸強吏也。"因以所記紙付中書曰："卽以夢昇爲贊善大夫。"旣又曰："與左贊善。"珪以譖不行，居常怏怏。九年，坐漏洩禁中語，出爲光州刺史。會歲饑，淮蔡民流入州境，珪不待聞，卽開倉減價以糶，所全活甚衆，吏民詣闕請植碑頌德者數百人。太平興國初，以爲揚楚等九州都巡檢使。四年，征太原，命珪與彰信軍節度劉遇攻城北面。從征幽州，坐所部逗撓失律，責授定武行軍司馬。數月，召爲右衞將軍、領平州刺史，督浚惠民河，自尉氏達京九十里，數旬而畢，民咸便之。會江淮民麴謀首等數十百人聚爲盜，命珪率龍猛騎兵五百往捕，悉獲之。六年，遷嬀州刺史、知保州靜戎軍，上緣邊便宜十五事，皆從之。雍熙中，從曹彬征幽州，爲押陣部署，以所部下涿州。師還，卒，年六十一。珪多智數，好以甘言小惠取譽於人，故所至不忍其去云。

田欽祚，潁州汝陰人。父令方，漢虢州團練使。帳下伶人靖邊庭妻有美色，令方私之，邊庭不勝忿。會陝西三叛連衡，關輔間人情大擾，邊庭率其徒數人夜縋入州廨，害令方，因掠郡民投趙思綰，至潼關，與守關使者戰，遂敗散。朝廷錄欽祚爲殿直，改供奉官。周世宗征淮南，爲前軍都監。從征關南，還，會塞澶淵決河，命欽祚領禁兵護役，因令督治澶州城。淮人寇高密，刺史王萬威求濟師，命欽祚領州兵援之，旣至，圍解。宋初，遷閤門通事舍人。乾德二年冬，討蜀，爲北路先鋒都監，令乘傳往來宣達機事。孟昶降，奉捷書馳奏，還西上閤門副使。蜀土寇亂，又遣欽祚率師討平之。四年春，幷人寇樂平，從羅彥瓌拒之，獨以所部三千人破寇，擒副將一人，俘獲甚衆，以功遷西上閤門使。開寶二年，又與何繼筠破賊兵于石嶺關，領賀州刺史，判四方館使。三年，契丹寇中山，以欽祚爲定州路兵馬都部署，與戰遂城，自旦及晡，殺傷甚衆。欽祚馬中流矢踣，騎士王超授欽祚以馬，軍復振，敵解去。朝廷將議討江表，遣欽祚覘之，還奏合旨，江南所得寶貨直三千萬，悉以賜欽祚。會興師，首命欽祚與曹彬、李漢瓊率騎軍先赴江陵，就命爲昇州西南路行營馬軍兼左廂戰櫂都監，領兵敗吳軍萬餘于溧水，斬其主帥李雄等五人，擒裨將二人，進圍金陵，爲南面攻城部署。旣平，以功加領汾州防禦使。太平興國初，遷引進使，爲晉州都鈐轄。太原驍將楊業率衆寇洪洞縣，欽祚擊敗之，斬首千餘級，獲馬數百。太宗賜欽祚白金五千兩令市宅。四年，從征太原，護前鋒騎兵屯石嶺關以扞契丹。欽祚性剛戾負氣，多所忤犯，與主帥郭進不協。進戰功高，屢爲欽祚所陵，心不能甘，遂自縊死。初，賊兵奄至，進出戰，欽祚但閉壁自守，旣去，又不追。所受月奉芻粟多販鬻規利，爲部下所訴，責授睦州團練使。車駕北巡，以爲幽州西路行營壕砦都監。六年秋，改房州團練使，逾年，又改柳州。嶺外多瘴氣，因遘疾，累表乞生還闕下，上憐之，遷郢州團練使。在郡二年，入覲，欽祚見上涕泣不已，以爲銀夏綏宥都巡檢使。俄召還。會征幽州，命欽祚與宣徽南院使郭守文爲排陣使。時欽祚已被病，受詔不勝喜，一夕卒。欽祚性陰狡，尤不喜儒士，好狎侮同列，人多惡之。子承誨，仕至供奉官、閤門祗候；承說，至崇儀副使。

侯贇，幷州太原人。父義，漢遼州刺史。贇以蔭補殿前承旨。周顯德中，再遷至供奉官。江南復命領三門集津發運使。宋初，爲諸衞將軍。先是，朝廷歲仰關中穀麥以給用，贇掌其事，歷三十年，國用無闕。累遷至右武衞將軍。開寶中，歷知建安軍、揚徐二州，皆有善政。太宗卽位，移知福州，改右衞將軍。太平興國二年，錢俶初納土，詔贇馳往兩浙諸州閱視軍儲芻茭。累遷右衞大將軍。七年，知靈州，按視蕃落，宴犒以時，得邊士心，部內大治。遷左衞，在朔方凡十餘年。上念久次，求可代者而難其人。淳化二年，卒于官，年七十四。贈本衞上將軍。

王文寶，開封陽武人。以任子補殿直。太平興國初，累遷至軍器庫使，嘗使契丹。會陳洪進獻漳泉地，以文寶監泉州兵。羣盜大起，文寶與轉運使楊克讓、知州喬惟岳共討平之，以功領嬀州刺史，加內弓箭庫使。二年，京西轉運使程能議開新河，自襄漢至京師，引白河水注焉，以通湘潭之漕。詔發唐鄧汝潁許蔡陳鄭丁夫數萬赴其役，發諸州兵萬人助之，命文寶與六宅使李繼隆作坊副使李仁祐劉承珪分往護作既而地高水下不能通卒堙廢焉雍熙四年改東上閤門使歷知涇延二州會遼人寇通遠軍命文寶率師致討還遷判四方館事文寶歷內職三十年雅好言外事太祖太宗頗信任之中外咸畏其口出爲高陽關兵馬鈐轄淳化二年卒于官

翟守素濟州任城人父溥晉左司禦率府率守素以父任爲殿直歷漢周遷供奉官領承天軍使乾德中爲引進副使從王全斌伐蜀以往來馳告軍事爲職蜀平擢判四方館以兩川餘寇未殄慮致騷動再令守素入蜀經畧諸郡分兵以防遏之開寶中會麟府內屬戎人爭地不決因致擾亂命守素馳往撫喩守素辨其曲直戎人悅服從征太原命海州刺史孫方進圍汾州守素監其軍轉引進使開寶三年命爲劍南十州都巡檢使東上閤門使郭崇信副之賜守素錢五百萬入謝日復遣爲岐帥符彥卿官告使守素辭以錫賚優厚不敢更當奉使之詔上不許九年吳越國王錢俶來朝命守素護諸司供帳迎勞郊外幷壘未下詔與洺州防禦使郭進率兵深入其境蹈藉禾稼守素多所虜獲太宗卽位遷客省使領憲州刺史太平興國三年夏河決滎陽詔守素發鄭之丁夫千五百人與卒千人領護塞之是秋梅山洞蠻恃險叛命詔遣守素率諸州屯兵往擊之値霖雨彌旬弓弩解弛不堪用明日將接戰守素一夕令削木爲弩及旦賊奄至交射之賊遂敗乘勝逐北盡平其巢穴先是數郡大吏富人多與賊帥包漢陽交通既而得其書訊數百封守素並焚之反側以定俄而錢俶獻浙右之地詔守素爲兩浙諸州兵馬都監安撫諸郡人心甚悅卽以知杭州歲滿爲西京巡檢使秦王廷美以事勒歸私第以守素權知河南府兼留守司事屬洛陽歲旱艱食多盜上憂之守素旣至漸以寧息未幾遷商州團練使雍熙二年改知延州自劉廷讓敗于君子館河朔諸州城壘多圮四年詔守素與田仁朗王繼恩郭延濬分路按行發諸州鎭兵增築護其役賜白金三十兩留充天雄軍兵馬鈐轄知大名府改知潞州會建方田命爲代北方田都部署幷州兵馬鈐轄從屯夏州改知鳳翔府淳化中夏帥趙保忠上言其弟繼遷誘戎人爲寇且求援師詔守素率兵復屯夏州未幾又徙石州以老病上疏求歸本郡從之三年卒年七十一守素逮事四朝歷內職五十餘年性謹愼寬仁容衆所至有治績凡斷大辟獄雖罪狀明白仍徧詢僚案僉同而後決屬吏有過不面折必因公宴援往事之相類者言其獲咎以微警之新進後生多至節帥而守素久次不遷殊無隕穫意時論以此多之

王侁字祕權開封浚儀人父朴周樞密使侁以父任太僕寺丞朴卒世宗幸其第召見諸孤以侁爲東頭供奉官開寶中征江南命侁率師戍桐城王師渡江與樊若水同知池州領兵敗江南軍四千餘于宣州金陵平加閤門祇候太平興國初預討梅山洞蠻契丹使來貢詔侁送于境上還使靈州通遠軍及旋言主帥所留牙兵率與邊人交結頗桀黠難制歲久當慮請悉代之太宗因遣侁調內郡卒往代之戍者聞代多不願還侁察其中旅拒者斬之以徇衆皆悚息遂將以還一歲中數往來西邊多奏便宜上多聽用遷通事舍人四年從征太原以侁護陽曲塌地石嶺關諸屯賜廐馬介冑五月卽城下轉東上閤門副使晉陽平留爲嵐憲巡檢九年代還遷西上閤門使賜錢百萬河西三族首領折遇乜叛入李繼遷侁帥師討擒之以功領蔚州刺史王師北征命爲幷州駐泊都監又爲雲應等州兵馬都監侁性剛愎以語激楊業業因力戰陷於陣侁坐除名配隸金州事載楊業傳會赦移均州團練副使淳化五年召還道病至京師卒弟僎供奉官閤門祇候坐征交阯軍敗誅備偃並進士及第偃至太常博士朴弟格宋初爲右補闕直史館至都官員外郞廣南轉運使格子侗太平興國進士至都官員外郞

劉審瓊涿州范陽人家素貧漢乾祐中湘陰公鎭彭門審瓊始隸帳下周祖受命遁去依永興軍節度劉詞頗委任之詞卒屬太祖節鎭給事左右及受禪補殿直從平澤潞改供奉官開寶中累遷至軍器庫使會樞密使李崇矩門人鄭伸擊登聞鼓誣告崇矩受太原席義叟黃金私結翰林學士扈蒙以甲科私義叟引審瓊爲證上怒召審瓊詰問審瓊具言其誣枉得解遂出知鎭州七年太宗征河東駐蹕月餘儲偫無闕遷領檀州刺史知潭州州素多火日調民積水爲防民甚勞之審瓊至悉罷之以爲民便徙知河陽淳化三年受代歸陳衰老乞正受郡符上閔其舊人授坊州刺史至道三年卒于官審瓊嘗給事外諸侯雅善酒令博鞠年八十餘筋力不衰髭髮黳黑孫奭進士及第後爲祠部員外郞祕閣校理

論曰王贊奮迹小校有奉公之節繩姦列郡不畏強禦保績單車出使不辱君命懷忠識判諸之將危繼勳知番禺之可取侯贇久治邊郡文寶數護屯兵斯各一時之效也德裕梁迥欽祚王侁皆練習戎旅頗著勳勞然率彊戾而乏溫克以速於戾斯乃明哲之所戒玭以剛險蒙悔吝珪以發擿肆威福其不逞者歟守素不事蹊競審瓊克享期頤易曰視履考祥其旋元吉此之謂也

宋史卷二百七十五

元　中　書　右　丞　相　總　裁　脫　脫　等　修

列傳第三十四

劉福　安守忠　孔守正　譚延美
元達　常思德　尹繼倫　薛超（丁罕 趙琀附）
郭密（傅思讓 李斌附）　田仁朗　劉謙

劉福徐州下邳人少倜儻魁岸有膂力周顯德中世宗征淮南福徒步謁見于壽春世宗奇之因留麾下每出戰則令福率衞士爲先鋒與破紫金山砦淮南平錄功授懷德指揮使宋初遷橫海指揮使率所部隸步帥劉光毅由峽路征蜀比至成都孟昶已降大將王全斌部送降卒歸京師至綿州降卒盜庫兵劫蜀舊將全師雄以叛焚廬舍剽財貨以去刺史成彥饒以同華兵百餘人守其城全斌遣米光緒將七百騎及福所部以屯護之光緒盡殺師雄妻孥師雄領叛卒益聚村民十餘萬衆攻城益急會龍捷指揮使田紹斌率精銳百騎由東山西北行福領所部由山南行出賊不意夾擊之賊衆大潰斬首及溺江死者以萬計以功授虎捷都虞候繼隸曹彬麾下平江南還授指揮使領蔚州刺史從太宗克幷汾遷馬步都軍頭武州團練使端拱初出爲洺州防禦使二年改雄州防禦使兼本州兵馬部署雄州地控邊塞常屯重兵福至部按行城壘調鎭兵以給繕完出私錢以資宴犒寇雖大至而恃以無恐矣淳化初遷涼州觀察使判雄州事二年卒年六十四贈太傅福雖不學而御下有方略爲政簡易人甚德之領雄州五年郡境寧謐福旣貴諸子嘗勸起大第福怒曰我受祿厚足以僦舍以庇汝曹旣無尺寸功以報朝廷豈可營度居室爲自安計乎卒不許旣死上聞其言賜其子白金五千兩使市第宅

安守忠字信臣幷州晉陽人父審琦爲周平盧軍節度封陳王晉天福八年審琦出領山南東道以守忠爲牙內指揮使領繡州刺史周顯德四年春改鞍轡庫使會淮南初下命守忠馳往宣諭時藩臣驕蹇遇朝使多簡慠守忠抗以正禮無所辱命未幾改衞州刺史宋初入爲左衞將軍建隆四年湖南初平命爲永州刺史乾德中護河陰屯兵蜀平太祖知遠俗苦苛虐南鄭爲走集之地故特命守忠知興元府以撫綏之四年改漢州刺史時寇難甫平使車旁午公帑不足守忠出私錢以給用每遣使太祖必戒之曰安守忠在蜀能律已以正汝行見之當效其爲人也開寶初改濮州刺史會河決澶州命守忠副潁州團練使曹翰護役河決遂塞五年知遼州民有陰召幷寇謀內應者事泄守忠悉斬以狥九年命將征太原守忠受詔與孫晏宣由遼州入旣而與路羅砦監押馬繼恩遇乃相與會兵入賊境燔砦四十餘獲牛羊數千議將深入會上崩乃班師太平興國初移知靈州在官凡七年雍熙二年改知易州徙夏州每西戎犯邊戰無不捷錄功就拜濮州團練使端拱中知滄州改瀛州兼高陽關駐泊部署遷瀛州防禦使初守忠嘗夢一濮字方丈餘及領是郡幾二十年於是始悟淳化二年徙知雄州方與僚佐宴飲有軍校謀變擐甲及閤闥者倉卒入白守忠言笑自若徐顧坐客曰此輩酒狂爾擒之可也人服其量焉明年加耀州觀察使兼判雄州未幾召還條陳邊事敷奏稱旨賜錢五百萬五年又知滄州至道初移雄州三年復知滄州拜感德軍節度觀察留後徙宋州兼制置營田使威德兼著吏民不忍其去咸平三年入覲還未行暴卒年六十九贈太尉錄其子繼昌爲供備庫副使堦王世及爲光祿寺丞守忠謹慤淡薄爲治簡靜太祖居藩日素相厚善及受禪後每優任之守忠處之益謙從征太原多與謀畧人罕知之者所至藩郡樂施予豐宴犒且喜與士大夫遊從故時論多與之初審琦以愛妾故爲隸人所戕守忠終身不畜妓妾而喜佞佛蓋有所懲云

孔守正開封浚儀人幼事後唐明宗子許王從益漢初爲東西班承旨事魏王承訓周世宗征淮南以材勇選爲東班承旨宋初補內殿直兼領驍雄吐渾指揮從劉廷翰平蜀還遷驍雄副指揮使開寶中太祖征太原守正隸何繼筠麾下會契丹遣兵來援晉陽守正接戰於石嶺關大敗之斬首萬級獲其將王破得時宋師之陷敵者數百人守正以騎軍馳之盡奪以還太平興國中累遷日騎東西班指揮使太宗親征晉陽守正分主城

西洞屋領步卒大呼先登繼與內侍蔡守恩等率騎兵力戰晉軍遂潰從征范陽至金臺驛詔與劉仁蘊先趨岐溝關時城未下守正夜超垣度鹿角臨機橋以大軍將至說關使劉禹使降禹解懸橋守正遂入城撫諭其軍民以城守屬碁廷朗而已赴行在時契丹兵在涿州東守正與傅潛率御前東西班分兩陣馳擊之逐北二十餘里降其羽林兵數百人繼與高懷德劉廷翰合兵追之至桑乾河契丹自是不敢近塞以勞再遷日騎都指揮使領濡州刺史端拱初遷龍衞都指揮使領長州團練使出鎭眞定是年秋出爲潁州防禦使未幾太宗以其練習戎旅特置龍衞神衞四廂都指揮使以授之改領振州防禦使明年拜殿前都虞候領容州觀察使一日侍宴北苑上入元武門守正大醉與王榮論邊功于駕前忿爭失儀侍臣請以屬吏上弗許翼日俱詣殿廷請罪上曰朕亦大醉漫不復省遂釋不問俄命爲定州行營副部署受詔詣保州軍開道遇敵于曹河與戰數合梟首三十餘獲馬五十匹上聞而壯之淳化初擢高陽關副都部署軍中小將有詈其校長者守正械送闕下取裁於上未嘗專決爲明年護浚惠民河塞澶州決河就命知州軍改愼州觀察使還領代州部署連移幷代夏綏麟府三鎭與李繼遷戰大橫岡援范廷召出塞破賊于白池至行莊焚掠甚衆改代夏二州部署眞宗卽位復徙代州咸平初授昌化軍節度觀察留後守正上言四任鴈門邊亭久安願徙東北以自效會夏人入寇改定州行營副都部署四年移彰德軍留後以風疾妨政改安化軍留後景德初復以不任職代時議防秋北鄙守正猶屢表請行上閔之不許無何卒年六十六贈泰寧軍節度使

譚延美大名朝城人軀幹壯偉少不逞遇羣盜聚謀將行剽刧延美卽趨就之及就捕法皆抵死延美以與盜素不相識獲免自後往來澶魏間爲盜于鄉里鄉里患之周世宗鎭澶淵募置帳下卽位補殿前散都頭從征淮南以勞遷控鶴軍副指揮使又從克三關時太祖領禁兵留督牙隊建隆元年補控鶴指揮使稍遷都虞候馬步副都軍頭征湖南與解暉分領行營戰權都指揮使時汪端寇攻朗州甚急招討慕容延釗遣延美率兵赴之大敗賊衆擒端以還擢鐵騎副指揮使領睦州刺史四遷至內殿直都知太平興國初爲蘄州刺史連徙盧壽濠光州軍巡檢使劇賊之爲害者悉就捕六年徙知威虜軍雍熙三年舉兵北伐命延美爲幽州西面行營都監與田重進出飛狐北俄遇敵延美曰彼恃衆易我宜出其不意先攻之卽麾騎軍直進敵兵將潰大軍繼至遂敗之斬首五百獲其將大鵬翼以獻以功擢本州防禦使逾年改亳州出爲鎭州鈐轄端拱元年徙知寧遠軍一旦契丹兵抵城下延美開門以示之不敢入閉城數日開門如故民出取芻糧者無異平日契丹卒疑之遂引去二年進邕州觀察使判亳州兼知代州是時任邊郡者皆令兼領內地一州處其家屬徙知潞陝涇州咸平四年以左領軍衞上將軍致仕六年卒年八十三贈建武軍節度子繼倫至崇儀副使雍虞部員外郎

元達初名守旻洛州雞澤人身長八尺餘負膂力善射家業農不任作苦委耒耜慨歎而去之事任俠縱酒嘗醉見道旁槐樹拔劍斬之樹立斷達私喜曰吾聞李將軍射石虎飲羽今樹爲我斷豈神助歟嘗從少年數十百人欲起爲盜里中老父交戒之乃止時郡以戶籍調役達當送徒闕下行數舍乃悉縱之曰吾觀汝曹亦丈夫也豈樂爲是哉可善自爲計吾亦從此逝矣已而郡遣追捕至則達援弓引滿待之追者不敢近由是亡命山林間爲鄉里患太宗居晉邸時達求見得隸帳下嘗侍太宗習射園亭命之射達射四發不中的已而連中上喜爲更其名曰達及卽位補御龍直隊長雍熙初累遷嬀州刺史領本州團練使時州郡部送亡命者至闕左右諷殺之達奏曰此類竄匿者衆豈能盡殺之哉不如赦之以開其自新之路且以成好生之德上悅因悉原之端拱二年擢侍衞步軍都虞候領幽州刺史歷北面行營都部署由常山鎭入爲京城巡檢淳化四年卒年四十二贈昭化軍節度達雖奮自草野歷職戎署至交士夫能折節盡禮人以是稱之

常思德開封人周顯德初以材勇應募隸天武軍累遷神衞都虞候雍熙初從曹彬征幽州因署牙校尋鎭威虜軍端拱初以弓箭直都虞候領溪州刺史淳化中李順叛蜀命往夔峽招捕師次達州新寧縣調近州土兵掩殺賊徒三千餘人于梁山時雷有終領大軍抵合州境上賊衆二萬來拒思德與尹元裴莊等合擊之合州遂平賊帥田奉正蘇榮據果州思德因其遁而追捕之斬首八百果州旣定餘賊保渠州及走廣安梁山乃分兵爲二抵廣安梁山者思德領之趣渠州者元莊領之合力進討盡殲其黨自是川峽賴以安靜無復寇患以功眞授汝州刺史初曹彬北征不利至涿州左右皆潰散獨思德以所部護至易州語人曰旣備戎行則與主帥同死生可也若覘利害以爲去就將何面目以見君父乎太宗嘗聞其言至是陛辭深加慰勞且諭之曰爲臣以忠實爲本汝少仕時旣以驍勇自効且能盡心于主將事朕之日雖久而忠實如一今雖老亦當盡心乃職庶無負乎朕之委寄也未幾移慶州路副都部署屯邠州咸平初與李繼隆同部芻糧赴靈州以疾改陳留都監換左神武大將軍二年卒年六十五

尹繼倫開封浚儀人父勳鄆州防禦使嘗內舉繼倫以爲可用太祖以補殿直權領虎捷指揮預平嶺表下金陵太宗卽位改供奉官從征太原還遷洛苑使充北面緣邊都巡檢使端拱中威虜軍糧餽不繼契丹潛議入寇上聞遣李繼隆發鎭定兵萬餘護送輜重數千乘契丹將于越諜知之率精銳數萬騎將邀于路繼倫適領兵巡徼路與寇直于越徑趨大軍過繼倫軍不顧而去繼倫謂其麾下曰寇蔑視我爾彼南出而捷還則乘勝驅我而北不捷亦且洩怒於我將無遺類矣爲今日計但當卷甲銜枚以躡之彼銳氣前趣不虞我之至力戰而勝足以自樹縱死猶不失爲忠義豈可泯然而死爲胡地鬼乎衆皆憤激從命繼倫令軍中秣馬俟夜人將短兵潛躡其後行數十里至唐州徐河間天未明越去大軍四五里會食訖將戰繼隆方陣于前以待繼倫從後急擊殺其將皮室一人皮室者契丹相也皮室旣擒衆遂驚潰于越方食失箸爲短兵中其臂創甚乘善馬先遁寇兵隨之大潰相蹂踐死者無數餘黨悉引去契丹自是不敢窺邊其平居相戒則曰當避黑面大王以繼倫面黑故也以功領長州刺史仍兼巡檢淳化初著作佐郎孫崇諫自契丹逃歸太宗詢以邊事極言徐河之戰契丹爲之奪氣故每聞繼倫名則倉皇不知所措於是遷繼倫尙食使領長州團練使以勵邊將淳化五年李繼隆奉詔討夏州以繼倫爲河西兵馬都監未幾以深州團練使領本州駐泊兵馬部署至道二年分遣將帥爲五道以討李繼遷時大將李繼隆由靈環路往逗撓不進上怒急召繼倫至京師授靈慶兵馬副都部署欲以夾輔繼隆也時繼倫已被病强起受詔上素聞其嗜酒以上尊酒賜而遣之卽日乘驛赴行營至慶州卒年五十上聞之嗟悼賻賵加等遣中使護其喪而歸葬焉

薛超澶州平城人少有勇力乾德初應募爲虎捷卒從崔彥進伐蜀平錄功補虞候遷十將太平興國初四遷至天武指揮使從征太原領遊騎千人備禦鎭定境上以張軍勢及車駕還契丹頻寇鎭定侵掠無已超從大將劉廷翰率兵至徐河賊將領騎十餘出挑戰超躍馬直前連射數人斃敵勢遂却大軍乘之奮擊斬首萬餘級以功加步軍都軍頭遷神衞軍都校領敘州刺史雍熙三年從潘美北征至鴈門西陘路與契丹遇又戰敗之追至寰州斬首五百餘級其將趙彥辛以城降超連被創流血濡甲縷部分軍士自若乘勝抵應州其節度副使艾正以城降還加馬步軍都軍頭淳化初屯鎭州遷天武指揮使領澄州團練使至道元年卒年五十七

丁罕者潁州人應募補衞士累遷指揮使從劉廷翰戰徐河以奪橋功遷本軍都虞候累遷天武指揮使領獎州團練使淳化三年出爲澤州團練使知霸州會河溢壞城壘罕以私錢募築民感德之五年以容州觀察使領靈環路行營都部署與李繼遷戰斬首俘獲以數萬計至道中率兵從大將李繼隆出青岡峽賊聞先遁追十日程不見而返三年眞拜密州觀察使知威虜軍徙貝州咸平二年卒子守德能世其家

趙珝者貝州清河人由衞士累遷龍衞指揮使亦以徐河戰功加鎭州團練使至兵馬部署至道二年卒于官年七十贈歸義軍節度使

郭密貝州經城人軀幹雄偉膂力絕人幼孤隨母適同郡王乙因冒姓王氏以知瀛州馬仁瑀薦隸晉王帳下給事左右太宗卽位補指揮使復姓郭氏至淳化間凡八遷移貝州駐泊兵馬部署會夏人寇邊以密有武畧擢領安州觀察使充靈州兵馬都部署訓練士卒號令嚴肅夏人畏服邊境賴以寧謐至道二年卒年五十八贈保順軍節度

傅思讓者冀州信都人少無賴有勇力善騎射太宗居晉邸補親事都校卽位補衞士直長累遷至平州刺史奉詔破契丹兵于唐興口端拱中四遷爲容州觀察使知莫州移隴州上命殿中丞林特同判州事以夾輔之以思讓所爲多不法故也至道二年卒年七十四贈保順軍節度

李斌者靑州人太宗在晉邸聞其狀貌魁偉召置左右卽位補御龍直副指揮使太平興國中以天武指揮使領鄭州刺史七年坐嘗受秦王廷美饋遺貶曹州都校雍熙三年遷營州刺史四年領溪州團練使連爲貝冀二州駐泊都監淳化中繼領萊州洛州團練使勤於政理人服其淸愼轉運使陳緯以狀聞於朝至道初拜桂

州觀察使仍判洺州徙滄州及代吏民不忍其去鄰境亦上其善狀詔書褒美之咸平三年卒年六十一

田仁朗大名元城人父武仕晉昭義軍節度使仁朗以父任西頭供奉官太祖卽位從討李重進攻城有功還與右神武統軍陳承昭浚五丈河以通漕運乾德中討蜀命仁朗爲鳳州路壕砦都監伐木除道大軍以濟錄功遷染院副使太祖征太原與陳承昭壅汾水灌城城將陷會班師俄遷內染院使數日改左藏庫使爲中官所譖太祖怒立召詰之至殿門命去冠帶仁朗神色不撓從容曰臣嘗從破蜀秋毫無犯陛下固知之今主藏禁中豈復爲姦利以自汙太祖怒釋止停其職開寶六年起爲榷易使七年以西北邊內侵選知慶州仁朗至率麾下往擊之短兵將接前鋒稍卻仁朗斬指揮使二人軍中震恐爭乞効命遂大破之其酋長相率請和仁朗烹牛置酒與之約誓邊境乃寧璽書褒美太平興國初秦州羌爲寇命仁朗屯兵清水會李飛雄事敗召爲西上閤門使四年征太原命仁朗與閤門祗候劉緒按行太原城四面壕砦閱視攻城梯衝器械太原平留仁朗爲兵馬鈐轄閑廐使武再興軍器庫副使賈湜並爲巡檢俄命仁朗與再興役民築榆次新城從幸大名又命爲滄州鈐轄俄遷東上閤門使知秦州九年判四方館事會議東封命仁朗自京抵泰山督役治道李繼遷爲亂命仁朗率兵巡銀夏歲餘召還未幾繼遷攻麟州誘殺曹光實遂圍三族砦命仁朗與閤門使王侁副使董愿宮苑使李繼隆馳傳發邊兵數千擊之仁朗次綏州奏請益兵留月餘俟報會三族砦將折遇乜殺監軍使者與繼遷合太宗聞之大怒亟遣軍器庫使劉文裕自三交乘疾置代仁朗繼遷乘急攻撫寧砦仁朗不知爲文裕所代喜謂諸將曰敵人逐水草散保巖險常烏合爲寇勝則進敗則走無以窮其巢穴今繼遷嘯聚羌戎數萬盡銳以攻孤壘撫寧小而固兵少而精未可以旬浹破當留信宿俟其困以大兵臨之分强弩三百邀其歸路必成擒矣仁朗部署已定欲示閑暇日縱其摴博不恤軍事上知之遣使召仁朗赴闕下御史按問仁朗請益兵及陷三族狀仁朗對曰所召銀綏夏兵其州皆留防城不遣所部有千餘人皆曹光實舊卒器甲不完故請益兵況轉輸芻粟未備三族砦與綏相去道遠非元詔所救昨臣已定擒繼遷策會詔代臣其謀不果因言繼遷得部落情願降優詔懷來之或以厚利啗諸酋長密圖之不爾恐他日難制大爲邊患御史以其狀聞上大怒切責憲府官吏曰仁朗不恤軍政得爲過乎大理遂當仁朗之罪與及征人違期二十日以上坐死上特貸之下詔責授商州團練副使馳驛發遣是役也仁朗計已決爲王侁等所搆逗撓不進軍故及於貶後數月上知其無罪召拜右神武軍大將軍部修河北東路諸州城池數月而就留知雄州加領澄州刺史時河北用兵大藩多用節將朝議以通判權位不倫選諸司使有吏幹者佐之以仁朗知定州節度副使事俄召赴闕未閒命而卒年六十時端拱二年也仁朗性沉厚有謀畧頗涉書傳所至有善政雅好音律尤臻其妙時內職中咸以仁朗爲稱首故死之日人多惜之

劉謙博州堂邑人曾祖直以純厚聞于鄉黨里有盜其衣者置不問州將廉知俾人故竊其衣亦不訴理卽召詰前盜衣者俾還之直給云衣乃自以遺少年非竊也州將義之賜以金帛不受而去父仁罕輕俠自任五代末寇盜充斥仁罕率衆斷澶州浮橋以潰賊因誘獲數十人出芻粟給官軍補內黃鎭將嘗因事至酒家遇羣寇暴集以計悉梟其首攜詣西京留守向拱補汜水鎭將俄爲散都頭宋初遷許州龍衞副指揮使會王師征廣南爲前鋒還改同州都校卒謙少感槩不拘小節初詣嶺表省父仁罕資以金帛令北歸行商還堂邑舊墅嘗爲鄉里惡少所辱謙不勝怒毆殺之亡命京師遂應募從軍補衞士稍遷內殿直都知至道初眞宗升儲邸增補宮衞太宗御便坐親選諸校授謙西頭供奉官東宮親衞都知賜袍笏韡帶器幣眞宗卽位擢授洛苑使謙起行伍不樂禁職求換秩改殿前左班指揮使給諸司使奉料咸平初遷御前忠佐馬步軍都軍頭領勤州刺史加殿前右班都虞候上幸大名至北苑屬謙有疾遣歸將護謙懇請從行旣俾其二子隨侍仍挾尚醫以從御廚調膳以給之疾瘳毀所服鞍勒以還中使上聞賜白金二百兩駕還改捧日左廂都指揮使領本州團練使四年遷捧日天武四廂都指揮使領本州防禦使權殿前都虞候時高翰爲天武左廂都校有卒負債殺人瘞尸翰營中累日發土得之上怒翰失檢察執見于便殿謙卽前奏翰職在巡邏及閱教諸軍不時在營本營事宜責之軍頭上爲釋翰罪景德初加侍衞馬軍都虞候改領潯州防禦使俄權步軍都指揮使明年冬制授殿前副都指揮使振武軍節度先是謙久權殿前都虞候俄擢曹璨正授謙頗形慨嘆至是璨副馬軍而升謙領禁衞焉江北屯兵常以八月給冬衣謙上言邊城早寒請給以六月後以爲例無何以足疾求典郡上召見敦勉之大中祥符初從東封上升太山詔都總山下馬步諸軍與西京左藏庫副使趙守倫閱視山門設施有法著籍者乃得上焉禮成進授都指揮使移領保靜軍節度明年八月卒年六十贈侍中初謙將應募與同軍王仁德訊於日者日者指謙謂仁德曰爾當爲此人廐吏及謙帥殿前仁德果隸役廐中子懷懿後爲東染院副使懷詮內殿崇班閤門祗候

論曰宋初諸將率奮自草野出身戎行雖盜賊無賴亦廁其間與屠狗販繒者何以異哉及見於用皆能卓卓自樹由御之得其道也劉福御下有方畧所至著績受祿雖厚而不爲燕安之謀可謂國爾忘家者矣守忠練達邊事礪身謙愼弭卒校之變於談笑之頃非善於行權者不能也仁朗沈毅有謀累從征討綏州之役不惟無功而反坐逗撓豈其計之不善哉特爲讒邪所構爾自餘諸子皆積戰功以取通侯若延美之開門示敵思德之翼衞主帥繼倫之襲擊契丹薛超之累創赴戰元達之請赦亡命郭密之訓撫士卒斯皆忠義仁勇有足稱者罕瑫思讓若斌若謙雖乏奇功而亦克共乃職能寡過者也守正素練戎旅累任邊要而矜勞肆忿覩於勞謙之君子能無愧乎

宋史卷二百七十六

元　中　書　右　丞　相　總　裁　脫　脫　等　修

列傳第三十五

劉保勳　滕中正　劉　蟠　孔承恭

宋　璫　袁　廓　樊知古郭載附

臧　丙　徐休復　張　觀　陳從信

張　平子從吉　王繼升子昭遠

尹　憲　王　賓　安　忠

劉保勳字修業河南人父處讓仕後唐入晉拜樞密使出爲彰德軍節度保勳少好騎射後唐淸泰中裁十許歲攝潞州左司馬隨父署彰德軍衙內都校父卒補供奉官習刑名之學頗工詩因獻詩宰相桑維翰奇之奏擢爲太常丞歷漢爲祕書丞周廣順初有薦其詳練法律兼大理正遷工部員外郎歷掌鄆宋楚三州鹽麴商稅宋初拜戶部遭母喪起復出掌蘄口榷茶徙雲安監鹽制置使歲滿出羨餘百萬轉運使欲以狀聞保勳曰貪官物爲己功可乎乃止開寶初遷司封員外郎監左藏庫六年知宋州太平興國初遷祠部郎中通判晉州二年選爲江南西路轉運使賜錢百萬三年徙兩浙東北路太宗征晉陽改戶部郎中爲隨軍轉運使兼勾當北面轉運事又與侯陟同勾當軍前諸事會陝西北路轉運使雷德驤調發沁州軍糧後期詔劾德驤以保勳代之太原平命知并州逾年召入判大理寺出知昇州是冬召歸點檢三司開拆司會鹽鐵使闕又命權領其事遷兵部郎中兼判三司勾院八年拜右諫議大夫俄知開封府寡婦劉詣府訴夫主前妻子元吉寘堇食中毒已將死按驗獄成元吉妻撾登聞鼓訴寃事下御史臺其實劉有姦狀元吉知之劉慙悸成疾故誣告之保勳坐奪奉三月俄以辛仲甫代之未幾復判大理寺雍熙二年權御史中丞兼勾當差遣院是秋罷權中丞三年春命曹彬等征幽州保勳以本官知幽州行府事子利涉以開封府兵曹督芻粟隨軍常從其父會王師不利濟拒馬河更相蹂躪多死保勳馬陷淖中利涉自後掀出之力不勝人馬相擠壓遂俱死時年六十二上命恤其後保勳三子二子先保勳死季子隨沒以其孫巨川爲嗣授祕書正字端拱初特詔贈工部侍郎保勳性純謹少寐未嘗忤物精於吏事不憚繁劇嘗語人曰吾受君命未嘗辭避接同僚未嘗失意居家積貲未嘗至千錢及死聞者皆痛惜之至道三年又錄其次孫世長爲正字咸平初保勳妻卒詔賜錢十萬巨川累爲比部郎中

滕中正字普光青州北海人曾祖瑤高郵令祖煦卽墨令父保裔興平令中正弱冠舉進士不第周顯德中滑帥向拱奏辟爲掌書記拱移鎭彭門會中正丁外艱復表奪情仍署舊職加朝散大夫拱鎭襄陽以中正爲襄均房復觀察判官及留守西路又奏署河南府判官檢校戶部員外郎乾德五年度支員外郎侯陟表中正有材幹入爲殿中侍御史兩川平選知興元府判西京留臺俄通判河南府留守司事太祖雩祀西洛以祗事之勤轉倉部員外郎太宗卽位遷考功員外郎授四川東

路轉運使太平興國五年召爲膳部郎中兼侍御史知雜事六年命與中書舍人鄭贇戶部郎中雷德驤同知京朝官考課中正嘗薦舉監察御史張白知蔡州假貸官錢二百貫糴粟麥以射利坐棄市中正降爲本曹員外郎依舊知雜未幾又擢拜右諫議大夫權御史中丞雍熙元年春大宴上歡甚以虛盞示羣臣宰相言飲酒過度恐有失儀之責上顧謂中正曰今君臣相遇有失者勿彈劾也因是伶官盛言宴會之樂上曰朕樂在時平民安是冬乾明節羣臣上壽酒既三行上目中正曰三爵之飲實唯常禮朕欲與羣臣更舉一巵可乎中正曰陛下聖恩甚厚臣敢不奉詔殿上皆稱萬歲二年以年老辭出知河南府未幾被病罷分司西京淳化初判留司御史臺命其子元錫權河南司錄以便養二年卒年八十四中正性峻刻連鞫大獄時議以爲深文權中丞日振舉綱憲人以稱職許之二子並舉進士元錫至刑部郎中玄晏後名世寧至工部郎中

劉蟠字士龍濱州渤海人漢乾祐二年舉進士解褐益都主簿宋初歷安遠軍及河陽節度推官保義軍掌書記乾德五年召拜監察御史典染院事初蘇曉掌京城市征頗幹集及卒選蟠代之冬命爲太宗生辰使開寶七年與殿中丞劉德言同知淮南諸州轉運事太平興國初就遷倉部員外郎改轉運使歲漕江東米四百萬斛以給京師頗爲稱職秩滿部內僧道乞留詔許再任賜金紫改駕部員外郎八年丁內艱時以諸州綱運留滯起復知京城陸路發運司事會河決韓村大發丁夫塞之命蟠調給其餉未幾河塞朝廷方議封禪以蟠爲東封水陸計度轉運使會詔罷其禮俄遷工部郎中充河北水路轉運使改刑部郎中就充水陸轉運使入判本部事籍田畢遷左諫議大夫淳化初兼同考京朝官差遣二年暴中風眩上遣太醫視之賜以金丹卒年七十三賜錢十萬給其喪事蟠性清介寡合能攻苦食淡專事苛刻好設奇詐以售知人主典染作日太祖多臨視之蟠偵車駕至輒衣短後衣芒屩持梃以督役頭蓬不治遽出迎謁太祖以爲勤事賜錢二十萬嘗受詔巡茶淮南部民私販者衆蟠乘羸馬僞稱商人抵民家求市茶民家不疑出與之即擒寘於法子錯初以父廕爲大理評事咸平二年擢進士第嘗獻幸太學頌眞宗中夜觀書得錯頌頗嘉賞之出以示輔臣且言錯幼孤能自立召試命直史館累遷至戶部郎中鹽鐵副使

孔承恭字光祖京兆萬年人唐昭宗東遷舉族隨之遂占籍河南五世祖戡唐書有傳戡孫迥萊州刺史迥子昌庶虞部郎中昌庶子莊仕晉爲右諫議大夫由戡至莊皆登進士第承恭莊之子也以門蔭授祕書省正字歷温安豐二縣主簿時王審琦節制壽春以承恭名家子奏攝節度推官府罷調補鄭州錄事參軍入爲大理寺丞獻宮詞託意求進太祖怒其引喻非宜免所居官放歸田里太宗即位以赦復授舊官時初榷酒以承恭監西京酒麴歲增課六千萬遷大理正議獄平允擢庫部員外郎判大理少卿事遷屯田兵部二郎中同考校京朝官課第端拱三年下詔曰九寺三監國之羽儀制度聲名往往而在各有副貳率其司存品秩素高職任尤重郎吏遷授斯爲舊章比聞搢紳之流頗以臺閣自許目爲散地甚無謂焉朕將振之自我而始其以兵部郎中孔承恭爲太常少卿魏羽爲祕書少監戶部郎中柴成務爲光祿少卿魏庠爲衛尉少卿張洎爲太僕少卿呂端爲大理少卿臧丙爲司農少卿袁廓爲鴻臚少卿工部郎中張雍爲太府少卿又以屯田郎中雷有終爲少府少監虞部郎中索湘爲將作少監時裴祚愼從吉宋雍先爲少卿皆改授東宮官又詔承恭與左散騎常侍徐鉉刊正道書俄以疾求解官且言早遊嵩少間樂其風土願卜居焉上召見哀其羸瘠出御藥賜之授將作監致仕以其子玢同學究出身爲登封縣尉俾就祿養未果行而卒年六十二承恭少疎縱及長能折節自勵嘗上疏請令州縣長吏詢訪耆老求知民間疾苦吏治得失及舉令文賤避貴少避長輕避重去避來請詔京兆并諸州於要害處設木牌刻其字違者論如律上皆爲行之尤奉佛多蔬食所得奉祿大半以飯僧嘗勸上不殺人又請於征戰地修寺及普度僧尼人多言其迂闊云

宋璫字寶臣華州渭南人父鶚監察御史璫乾德中進士及第拔萃登科解褐青城主簿好寫書秩滿載數千卷以歸吳廷祚鎭永興辟掌書奏廷祚卒復調下邽主簿擢著作佐郎知綿州太宗即位改右贊善大夫爲峽路轉運副使代還召對賜緋魚復出知秦州有善政就拜監察御史充陝西轉運使以韋亶代知秦州璫去州未百日亶坐事繫獄上以璫前有治績賜錢五十萬再命知秦州安集諸戎部內清肅雍熙初轉比部員外郎在任凡六年召歸面賜金紫授度支判官俄遷屯田郎中知益州屬歲饑多盜璫始至以方略擒捕招輯盜皆首伏屏息下詔嘉獎端拱初就拜右諫議大夫時兩川轉運使副皆坐事免以璫爲西川轉運使加左諫議大夫改知陝州淳化中三吳歲饑疾病民多死擇長吏養治之命璫知蘇州璫體豐碩素病足至州地卑濕疾益甚人或勸其謝疾北歸璫曰天子以民病俾我綏撫我以身病而辭焉非臣子之義也既而太白犯南斗日斗爲吳分民方饑天象如此長吏得無咎乎四年卒年六十一上聞之嗟悼錄其子明遠爲蕭城主簿俾護其喪歸葬焉璫性清簡歷官三十年未嘗問家事唯聚書以貽子孫且曰使不忘本也明遠淳化三年進士後爲都官員外郎次子柔遠亦舉進士及第垂遠閤門祗候

袁廓劒州梓潼人在蜀舉進士及第入宋補雙流縣主簿又爲西平縣主簿勾稽漏籍得民丁萬餘州將薦其勤職就遷上蔡令又以課最擢太子右贊善大夫令於御史府分領推事掌榷貨務廓性夸誕敢大言好詆訐太祖以奇士待之太宗即位遷殿中丞出知楚州歸掌京師市征歲中增課數萬緡上嘉之賜緋魚賚錢百萬會錢俶盡籍土宇以獻命廓按籍浙中諸州軍倉庫之物悉輸京師得以便宜從事仍詔每公宴別席而坐以寵異之復命知鄆州會河決溢入城侵居人廬舍至冬月結爲冰廓大發民鑿取以竹輿舁出城散積之使者至謂其有略致水不入城乃以狀聞拜監察御史至春凍解州地下流澌溢入爲民患會秦王廷美遷置房州以崇儀副使閻彥進知州事廓通判州事並賜白金三百兩廓俄轉殿中侍御史召爲戶部判官命與陳恕李惟清專計度芻糧事改戶部員外郎又爲度支判官籍田轉本曹郎中判戶部勾院廓强項好爭數與判使等較曲直於上前聲氣俱厲上每優容之然勾稽精密由是部領擁積爲郡吏所訴詔御史辯問廓謁見宰相趙普自理屬鄆州團練使侯莫陳利用得罪廓嘗與利用書札往還稔昵普謂之曰職司常事此不足云與利用交結欵密於理可乎廓驚懟泣下不能對數日出知溫州就遷鴻臚少卿同郡袁仁甫掌州之關征素以宗盟之分頗相親善一旦不協互有論奏上遣光祿寺丞牛韶往按驗韶至並攝繫獄置對上疑廓被誣驛召赴闕廓性剛褊被詰治峻急詔書未至以憤死上聞甚追悼之復驗仁甫所訴多無實狀免韶官貶仁甫商州長史賻廓右諫議大夫錄其子邱賀爲奉禮郎始十歲上猶念廓不已又詔削仁甫名籍配隸商州

樊知古字仲師其先京兆長安人曾祖俱濮州司戶參軍祖知諭事吳爲金壇令父潛事李景任漢陽石埭二縣令因家池州知古嘗舉進士不第遂謀北歸迺漁釣采石江上數月乘小舟載絲繩維南岸疾棹抵北岸以度江之廣狹開寶三年詣闕上書言江南可取狀以求進用太祖令送學士院賜試本科及第解褐舒州軍事推官嘗啓於上言老母親屬數十口在江南恐爲李煜所害願迎至治所即詔煜令遣之煜方聞命即厚給齎裝護送至境上七年召拜太子右贊善大夫會王師征江表知古爲鄉導下池州八年以知古領州事先是州民保險爲寇知古擊之連拔二砦擒其魁以獻餘皆潰散方議南征命高品石全振往湖南造黃黑龍船以大艦載巨竹絙自荊南而下遣八作使郭守濬率丁匠營之議者以謂江濤險壯恐不能就乃於石碑口試造之移至采石三日橋成不差尺寸從知古之請也金陵平擢拜侍御史令乘傳按行江南諸州詢訪利民復命知江東南路轉運事數日改授江南轉運使賜錢一百萬先是江南諸州官市茶十分之八復征其餘分然後給符聽其所往商人苦之知古請蠲其稅仍差增所市之直以便於民江南舊用鐵錢十當銅錢之一物價翔踊民不便知古亦奏罷之先是李煜用兵權宜調歛知古悉奏爲常額豫章洪氏嘗掌昇州榷酤逋鐵錢數百萬至是知古挾微時常辱於洪氏責償銅錢以快意太宗即位授庫部員外郎召歸換金紫賜錢百萬命爲京西北路轉運使太平興國六年加虞部郎中就改知邠州移鳳翔府入爲鹽鐵判官出領荊湖轉運使雍熙初遷比部郎中會河朔用兵分諸郡爲兩路以給漕輓還知古爲東路轉運使遷駕部郎中賜錢五十萬知古本名若水字叔清因召見上問之曰卿名出何書對曰唐尚書右丞倪若水亮直臣竊慕之上笑曰可改名知古知古頓首奉詔倪若水實名若冰知古學淺妄引以對人皆笑之端拱初遷右諫議大夫河北東西路轉運使賜白金千兩兩路各置轉運副使都轉運使之名自知古始二年詔加河北西路招置營田使奏請修城木五百餘萬牛革三百萬上曰萬里長城豈在於此自古匈奴黃河互爲中國之患朕自即位以來或疆埸無事則有修築圩隄之役近者邊烽稍警則黃河安流無害此蓋天意更迭垂戒常令惕勵然而預備不虞古之善教深溝高壘亦王公設險之義也所請過當不亦重困吾民乎乃詔有司量以官物給之會度支使李惟清上言河北軍儲無備請發河南十七軍州轉粟以赴太宗謂農事方殷豈可更興此役惟清固以爲請上遣左正言

馮拯乘傳與知古計之知古即言河北軍儲可以均濟足俟農隙令民轉餉拯復命太宗曰不細籌之則民果受弊矣未幾入朝奏事稱旨拜給事中俄爲戶部使知古有才力累任轉運使甚得時譽及在戶部頗以職事不洽詔書切責名益減素與陳恕親善恕時參知政事太宗言及計司事有乖違者恕具以告後因奏事知古遂自解上問從何得知曰陳恕告臣上怒恕泄禁中語且嫉知古輕佻故兩罷之出知古知梓州未至改西川轉運使知古自以嘗任三司使一旦掌漕運劍外鬱鬱不得志嘗稱足疾未嘗按行郡縣蜀中富饒羅紈錦綺等物甲天下言事者競商榷功利又土狹民稠耕種不足給繇是兼并者益糴賤販貴以規利淳化中青城縣民王小波聚衆爲亂謂其衆曰吾疾貧富不均今爲汝輩均之附者益衆遂攻陷青城縣掠彭山殺其令齊元振巡檢使張玘與鬭于江源縣射小波中其額旋病創死玘亦被殺衆遂推小波妻弟李順爲帥初小波黨與裁百人州縣失於備禦故所在蠭起至萬餘人攻蜀州殺監軍王亮及官吏十餘人陷邛州害知州桑保紳通判王從式及諸僚吏逐都巡檢使郭允能允能率麾下與戰新津江口爲賊所殺同巡檢殿直毛儼徒步以身免賊勢益張衆至數萬人陷永康軍雙流新津溫江郫縣縱火大掠留其黨守之往攻成都燒西郭門不利引去陷漢州彭州旋陷成都時已詔知梓州右諫議大夫張雍代知古爲轉運使雍未至知古與知府郭載及屬官走東川詔復令掌兩川漕運知古具伏擅離所部制置無狀上特宥之以本官出知均州視事旬日憂悸卒年五十二上猶嗟憫賜其子漢公同學究出身知古明俊有吏幹辭辯捷給及在西川不能弭盜而逃難獲宥終以慙死云

郭載字咸熙開封浚儀人父暉右監門衞將軍義州刺史載蔭爲右班殿直累遷供奉官閤門祗候雍熙初提舉西川兵馬捕盜事太宗賜鞍馬器械銀錢以遣之四年以積勞加崇儀副使召還上言川峽富人俗多贅壻死則與其子均分其財故貧者多詔禁之端拱二年擢引進副使知天雄軍入同勾當三班出知秦州兼沿邊都巡檢使先是巡邊者多領兵騎以威戎人所至頗煩苦之載悉減去戎人感悅遷西上閤門使改知成都府載在天雄軍屢奏市糴朝臣段獻可馮侃等所市麤惡載奏同獻可等皆坐削官仍令塡償及載受代獻可等所市皆支畢復有羨數三司判勾馮拯以聞太宗召度支使魏羽詰之羽曰獻可等所市不至麤惡亦無欠數臣與侃親舊是以未敢白太宗曰此公事爾何用畏避因召宰相謂曰此乃郭載力奏朕累與卿等議皆云有實今支畢頗有羨餘軍士復無詞訴郭載朕向以誠純待之何爲矯誣及此然已委西川俟還日別當詰責於是獻可等悉復官載行至梓州時李順已構亂有日者潛告載曰益州必陷公往當受禍少留數日可免載怒曰吾受詔領方面阽危之際豈敢遷延邪卽日入成都順兵攻城益急不能拒守乃與樊知古率僚屬斬關出以餘衆由梓州趨劍門隨招安使王繼恩統兵討順平之復入成都月餘憂恚成病卒年四十載前在蜀頗能爲民除害故蜀民悅之再至成都卽值兵亂及隨繼恩平賊亦有所全濟故其死也成都人多歎惜之

臧丙字夢壽大名人弱冠好學太平興國初舉進士解褐大理評事通判大寧監官課民煑井爲鹽丙職兼總其事先是官給錢市薪吏多侵牟致歲課不充坐械繫者常數十百人丙至召井戶面付以錢既而市薪山積歲鹽致有羨數太宗平晉陽以丙爲右贊善大夫知遼州丙素剛果有吏幹會同年生馮汝士以祕書丞知石州與監軍不協一夕剸刃於腹而死事可疑丙上疏言汝士死非自殺乞按治上覽奏驚駭卽遣使鞫之召丙問狀丙曰汝士居牧守之任不聞有私罪而言自殺若使寃死不明不加宿直者以罪令後書生不能治邊郡矣上嘉其直改著作郎俄遷右拾遺直史館加工部員外郎充河東轉運使俄兼本路營田使代歸授戶部郎中同知審官院朝廷方以九等亞列爲重改司農少卿淳化二年拜右諫議大夫出知江陵府歲餘疾上聞之遣中使及尚醫馳往視之踰月卒年五十三上軫悼之以其子待用爲四門助教丙舊名愚字仲回旣孤常夢其父召丙偶立於庭向空指曰老人星見矣丙仰視之黃明潤大因望而拜旣寤私喜曰吉祥也以壽星出丙入丁乃改名焉至是無驗丙於禮不當更名古人戒數占夢無妄喜也待用歷金部郎中東染院使賀州刺史次子列進士及第至太常丞

徐休復字廣初濮州鄄城人太平興國初舉進士解褐大理評事通判轉運使薦其材代歸授太子右贊善大夫改著作郎直史館賜緋魚遷左拾遺六年加右補闕充兩浙東北路轉運副使移知明州七年秋被召赴闕明年授庫部員外郎知制誥九年出知廣州是歲加水部郎中雍熙二年就遷比部郎中充樞密直學士賜金紫依舊知州事休復與轉運使王延範不協乃奏延範私養術士厚待過客撫部下吏有恩發書與故人韋務昇作隱語偵朝廷事反狀已具詔遣內侍閣承翰與休復同按劾之遂抵於法端拱初加左諫議大夫召爲戶部使淳化元年罷使遷給事中連知青潞二州休復先上言以父母藁葬青社願得領州事因營卽壙至青州踰年但聚財殖貨終不言葬事至潞州數月瘍生於腦旣而疾甚若見王延範休復但號呼稱死罪後數日卒年五十三休復無他能掌誥命甚不稱職履行不見稱於搢紳云

張觀字仲賓常州毗陵人在江南登進士第歸宋爲彭原主簿太平興國初移興元府掾復舉進士不第調鷄澤主簿再求試特授忠武掌書記就改觀察判官上請復刺史及不遣武德卒詗外州偵事頗稱旨召拜監察御史充桂陽監使獻所業文賜進士及第會三司言劒外賦稅輕詔觀乘傳按行諸州因令稍增之觀上疏言遠民不宜輕動撓因而撫之猶慮其失所況增賦以擾之乎設使積粟流衍用輸京師愈煩漕輓之力固不可也或以分兵就食亦非安存之策徒歛怨於民未見國家之利太宗深以爲然因留不遣其後復上疏曰臣憑藉光寵備位風憲每遇百官起居日分立于庭司察不如儀者舉之因見陛下天慈優容多與近臣論政德音往復頗亦煩勞至於有司職官承意將順簿書叢脞咸以上聞豈徒褻黷至尊實亦輕紊國體況帝王之道言則左史書之動則右史書之列于緗素垂爲軌範不可不慎也若夫方今之急者遠人未服邊鄙不寧陰陽未序倉廩猶虛淳朴未還奢風尙熾縣道未治逋逃尙多刑法未措禁令猶密墜典未復封祀猶闕凡此數者皆朝廷之急務也誠願陛下聽斷之暇宴息之餘體貌大臣以之揚搉使沃心造膝極意論思則治體化源何所不至臣又嘗讀唐史見貞觀初始置崇文館命學士者儒更直互進聽朝之際則入內殿講論文義商搉時政或日旰忘倦或宵分始罷書諸信史垂爲不朽況陛下左右前後皆端士偉人伏望釋循常之務養浩然之氣深詔近臣闡揚元風上爲祖宗播無疆之休下爲子孫建不拔之業與夫較量金穀剖析毫釐以有限之光陰役無涯之細務者安可同年而語哉上覽而稱之召賜緋魚以爲度支判官歲餘遷左司改鹽鐵判官嘗因奏事白上曰陛下務敦淳化殿宇采飾皆徹去之惟尙朴素天下幸甚然於服御器用臣願亦從純儉上曰朕庶事簡約至於所服多用絁絹皆經澣濯爾卿言甚善觀頓首謝觀數在省署及長春殿次中諮事於其使李惟清辨說牴牾失禮容惟清不能甘因奏解其任觀抗章論列上亦察其無失故未幾復授舊職又諫罷治佛寺不報俄出爲諸路茶鹽制置副使上疏言更茶鹽之制於理非便不合旨改知黃州遷揚州皆有善政會三司改舊貫均州縣之籍以分其職召爲三司河東道判官有詔計司官屬不得越局言他事觀自以任諫官乃上書指陳拾遺補闕之職言事固當然不奉詔上怒謂宰相曰朕俾警三司僚屬各率其職非令諫官不言時務觀乃妄有援引以諷刺朕姑爲容忍不欲深責乃令出知道州移廣南西路轉運使坐奏交州黎桓爲亂兵所殺丁璿復位事不實被劾獄未具卒於桂州年五十三觀廣覽漢史雅好論事辭理切直有古人之風焉

論曰保勳從其子以死事宋瑫志其身以恤民臧丙信友誼以明枉其所履歷皆有足觀中正粗振風紀而峻深寡恕袁廓剛狷夸誕以徼寵任承恭平恕知止而好佞佛固皆未盡於善知古首獻征南之謀遂階試用而其攬轡舊都猶尋宿怨與昔人所謂不以私怨惡廢鄉黨之好者異矣郭載肆爲矯誣而懷恚以死休復虧愼終之孝而樂致人於禍庸何議焉若觀之獻納忠讜識達體要則又可嘉者也

陳從信字思齊亳州永城人恭謹彊心計精敏太宗在晉邸令典財用王宮事無大小悉委焉累官右知客押衙開寶三年秋三司言倉儲月給止及明年二月請分屯諸軍盡率民船以資江淮漕運太祖大怒責之曰國無九年之蓄曰不足爾不素計而使倉儲垂盡乃請屯兵括民船以運是可卒致乎今設汝安用苟有所闕當罪汝以謝衆三司使楚昭輔懼詣太宗求寬釋使得盡力太宗旣許召從信問之對曰從信嘗遊楚泗知糧運之患良以舟人之食日歷郡縣勘給是以凝滯若自發京復輦入倉宜宿備運卒令卽時出納如此每運可減舟計日往復併支可以責其程限又楚泗運米于舟至數十日楚泗至京千里舊八十日一運一歲三運若去淹留之虛日則歲可增一運焉今三司欲籍民舟若不許則無以責辦許之則冬中京師薪炭殆絕矣不若募舟之堅者漕糧其損敗者任載薪炭則公私俱濟今市米騰貴官價斗錢七十賈者失利無敢致於京師雖居商厚儲亦匿而不糶是以米益貴民將餓殍若聽民自

便卽四方奔湊米多而價自賤矣太宗明日具奏太祖可之其事果集焉太宗卽位還東上閤門使充樞密都承旨會八作副使綦廷珪因疾假滿不落籍愈日不朝參卽入班中宣徽使潘美王仁贍並坐奪奉一季從信與閤門使商鳳責授閑廄使閤門祗候餘抵罪有差太平興國三年改左衞將軍復爲樞密都承旨太宗征幷汾以爲大內副部署七年坐秦王廷美事以本官罷明年分使三部以從信爲度支使賜第于浚儀寶積坊加右衞大將軍九年卒年七十三贈太尉從信好方術有李八百者自言八百歲從信事之甚謹冀傳其術竟無所得又侯莫陳利用者所爲多不法始因從信推薦人以是少之

張平青州臨朐人弱冠寓單州依刺史羅金山金山移滁州署平馬步都虞候太宗尹京兆置其邸及秦王廷美領貴州復署爲親吏後數年有訴平匿府中錢物秦王白太宗鞫之無狀秦王益不喜遂遣去太宗憐其非罪以屬徐帥高繼冲繼冲署爲鎭將平歎曰吾命雖蹇後未必不爲福也太宗卽位召補右班殿直監市木秦隴平悉更新制建都務計水陸之費以春秋二時聯巨筏自渭達河歷砥柱以集于京期歲之間良材山積太宗嘉其功遷供奉官監陽平都木務兼造船場舊官造舟既成以河流湍悍備其漂失凡一舟調三戶守之歲役戶數千平遂穿池引水繫舟其中不復調民有寇陽拔華者往來關輔間爲患積年朝廷命內侍督數州兵討之不克平以好辭遣人說之遂來歸改崇儀副使仍領其務凡九年計省官錢八十萬緡雍熙初召還同知三班事遷如京使三年改西上閤門使纔三月又改客省使四年代王明爲鹽鐵使平掌陽平署積年是秋聞陝西轉運使李安發其舊爲陽平姦利憂恚成疾而卒年六十三廢朝贈右千牛衞上將軍官給葬具平好史傳徵時遇異書盡日耽玩或解衣易之及貴聚書數千卷在彭門日郡吏有侮平者數輩後悉被罪配京窯務平子從式適董其役見之以語平平召至第爲設酒饌勞之曰公等不幸偶罹斯患愼勿以前爲念給以緡錢且戒從式善視之未幾遇赦得原時人稱其寬厚從式事太宗藩邸累官文思使次子從吉以蔭補殿直轉供奉官知宜州屢破溪蠻轉運使堯叟上其狀累遷內殿崇班閤門祗候在任凡八年代還爲如京副使咸平中知環州嘗與宋沆率兵襲西夏小魛部署張凝表其專責授內殿崇班俄知澧州復舊秩景德四年宜州軍校陳進叛命副曹利用爲廣南東西路安撫使將兵討之次象州大烏砦與賊戰進爲先鋒郭志言所刺遂入城斬首六十級以平賊功改莊宅副使未還卒年四十九

王繼升冀州阜城人性純質謹愿事太宗於藩邸太宗信任之卽位補供奉官累遷軍器庫副使陳洪進來獻漳泉之地以繼升爲泉州兵馬都監會游洋洞民萬餘叛攻泉繼升潛率精騎二百夜擊破之擒其魁械送闕下餘黨悉平召還遷軍器庫使領順州刺史知諸道陸路發運事雍熙四年以諸道水陸發運併爲一司命繼升與刑部員外郎董儼同掌其事號爲稱職俄遷右神武軍將軍端拱初改領本州團練使三月卒年六十四太宗頗嗟悼贈洋州觀察使葬事官給子昭遠

昭遠形質魁偉色黑繼升名之鐵山有膂力善騎射少時入山捕鷹鸇值澗水暴漲十餘丈昭遠升大樹經宿得免嘗涉河冰陷二公傍共援出之昭遠神色自若喜與里中惡少遊處一日衆祀里神昭遠適至有以博投授之謂曰汝他日儻有節鉞試擲以卜之昭遠一擲六齒皆赤南遊京師事太宗於晉邸特被親遇常呼其小字及卽位補殿前指揮使稍遷都知從征太原先登爲流矢所中血漬甲縷戰益急會劉繼元降命守城門籍兵仗又從征范陽多所擒獲超散員指揮使涪王之遷房陵也禁衞諸校楊均王榮等以依附被譴獨昭遠無所預太宗以爲忠再遷東四班都虞候轉殿前班都指揮使領寰州刺史改馬步軍都軍頭命乘傳鎭定高陽關募兵以備契丹又爲冀州駐泊都監俄授澤州團練使洛州都部署太宗屢稱其能可備急使端拱初召爲殿前都虞候領勤州防禦使命有司治綾錦院爲公署掘地得闢鐵若山形或言此地卽鐵山故營又與昭遠幼名合聞者異之太宗嘗草書紈扇作古詩賜諸將意多比諷其賜昭遠尤加賞遇二年領沙州觀察使再爲幷代副都部署至道中李繼遷擾西鄙絕靈武糧道命昭遠爲靈州路都部署護二十五州芻粟竟達靈武繼遷不敢犯眞宗卽位徙定州行營都部署未幾拜保靜軍節度使充天雄軍都部署知府事咸平二年移知河陽數月卒年五十六時車駕在大名爲廢朝贈太尉謚惠和中使護葬昭遠頗知書性吝嗇所至無善政母弟昭懿亦事晉邸至捧日都虞候弟昭遜西京作坊使初祖母郭氏嘗對昭遠母指昭遠曰此兒有貴相他日必至公侯指昭懿曰此兒奉錢過二萬不能勝矣果皆如其言昭遠子懷普九歲事太宗左右至西京左藏庫使平州刺史懷一供備庫副使懷正內殿承制懷英內殿崇班

尹憲幷州晉陽人開寶中事太宗於藩邸太宗卽位擢爲殿直充延州保安軍使改供奉官太平興國四年護府州屯兵與鄜州三族會攻嵐州破敵千餘衆擒僞知嵐州事馬延忠拔緣河諸砦以功轉西京作坊副使入朔州界破寧武軍殺其軍使獲人馬器甲甚衆改護夏州兵轉供備庫使殺戮三汊醜奴莊岌伽羅膩葉十四族及誘其渠帥屢降詔書褒美雍熙初詔就知夏州攻破李繼遷之衆于地斤澤繼遷遁走俘獲四百餘帳奏請於所部抽移諸帳別置騎兵號曰平砦以備其用詔從之俄殺蘆關及南山野狸數族諸族遂擾代還爲洪州巡檢未幾命護莫州屯兵三年詔知瀛州兼兵馬鈐轄領富州刺史遷東上閤門使端拱二年知滄州移邢州皆兼鈐轄淳化初與王文寶並命爲四方館使連護鎭定州屯兵改知貝州移高陽關兵馬鈐轄五年知定州與兵馬部署王榮不協榮素粗暴因忿毆憲仆地憲怏怏致疾數日卒年六十三

王賓許州許田人小心謹愿年十餘事宣祖左右及長善騎射太宗領兗海節制太祖以署府中右職太平興國初補東頭供奉官亳州監軍賓妻妒悍賓不能制時監軍不許挈家至任所妻擅至亳賓具白上太宗召其妻俾衞士捽之杖百以妻忠靖卒一夕死還賓儀鸞副使領內酒坊從征太原又從征范陽與彰信節度劉遇攻城東面五年車駕北巡副王仁贍爲大內都部署七年改洛苑使會汴漕壅滯軍食不給詔別置水陸發運兩司以賓有心計會領演州刺史與儒州刺史許昌裔同掌其事凡四年儲積增美號爲稱職俄改右神武將軍黎陽當舟車交會禁兵常屯萬餘以度支使張遜薦命賓護黎陽軍兼領黃御兩河發運事俄領本州團練使以賓請黎陽建通利軍命就知軍事賓規起公署郵館供帳之器咸具加本軍大將軍歲別給錢二百萬俄兼河北水陸路轉運使貝州兵屯無壁壘分寓邸肆賓選隙地築舍千二百餘以處之優詔褒美召爲右羽林軍大將軍判左金吾兼六軍諸衞儀仗司事淳化四年出知揚州兼淮南發運使徙爲通許鎭都監至道元年卒年七十三賻贈加等賓事宣祖太祖太宗殆六十年最爲勤舊故恩寵尤異前後賜賚數千萬俱奉釋氏在黎陽日按見古寺基卽以奉錢修之掘地丈餘得數石佛及石碣有賓姓名賓異其事以聞詔名寺爲淳化賜新印經一藏錢三百萬以助之

安忠河南洛陽人祖叔于仕晉累任方鎭以太子太師致仕父延韜左淸道率府率忠形質魁岸不知書纔通姓名而已事太宗藩邸殆二十年太宗卽位授東頭供奉官掌弓箭庫遷內弓箭庫副使西京作坊使掌翰林司內衣庫提點醫官院掌屯兵于雍州會曹彬敗于拒馬河忠分砦兵布列緣邊以備游騎又鑿河葺城壁俄徙威虜軍又隸鎭定路大陣之左相就擢東上閤門使與大將李繼隆田重進崔翰追契丹兵祁州北詔書獎飭端拱元年移護高陽關屯兵契丹侵鎭定又與崔翰拒之備潛陣于瀛州忠當城之西面二年徙知壽州踰月移貝州有劇賊十二人久爲民患忠捕之悉獲淳化四年判左金吾街仗王賓出知揚州以忠代爲左龍武軍大將軍忠泣請諸衞將軍列在朝外不得迎左右廂復舊職上笑曰環列之官古官也大將軍三品汝終不知朝廷表著之位因從其請俄復東上閤門使充淮南諸州兵馬鈐轄至道三年以病求歸至泗州卒年六十四天禧元年錄其孫惟慶爲殿直

論曰太宗居潛左右必求忠厚彊幹之士及卽位修舊邸之功陳從信張平王繼升尹憲王賓安忠六人者咸備任使又皆畀以兵食之重寄而各振舉其職焉有足稱者矣然平不修舊怨庶幾進於士夫之度從信所進邪佞以術蠱惑上心猶不免於近侍之常態歟

宋史卷二百七十七

元 中 書 右 丞 相 總 裁 脫 脫 等 修

列傳第三十六

張鑑　姚坦　索湘　宋太初
盧之翰　鄭文寶　王子輿　劉綜
卞袞　許驤　裴莊　牛冕（張適附）
樂崇吉　袁逢吉　韓國華　何蒙
愼知禮（子從吉）

張鑑字德明瀛州團練使藏英之孫父裔以蔭補供奉官鑑本將家幼能嗜學入衞州霖落山肄業凡十餘年

太平興國三年擢進士第釋褐大理評事監泰州柴墟榷務升朝爲太子右贊善大夫知婺州就遷著作郎遷拜監察御史奉詔決獄江左頗雪冤滯歷殿中侍御史會命曹彬等進討幽州問羣臣以方略鑑上疏極言不可論者以鑑燕人沮議非忠也太宗置不問與趙延進同掌左藏延進恃恩踰規鑑延奏之有旨罷延進以鑑判三司度支憑由催欠司時三部各置憑由催欠鑑請併爲一從之王明李惟清薦其能用爲江南轉運使本部有大姓爲民患者鑑以名聞太宗盡令部送闕首及妻子赴闕以三班職名羈縻之江左震肅又建議割瑞州清江吉州新淦袁州新喻三縣置臨江軍時以爲便召還特被慰獎梓州符昭愿驕僭不法卽以鑑代之遷刑部員外郎判大理寺遷屯田郎中判三司都催欠司改都勾院擢拜樞密直學士知通進銀臺封駁司又掌三班上言供奉官以下不考校殿最恐無沮勸卽詔鑑兼磨勘職改三司爲左右計分天下爲十道鑑奏其非便未幾果復舊淳化中盜起西蜀王繼恩討平之而御軍無政其下恃功暴橫益州張詠密奏請命近臣分屯師旅卽遣鑑與西京作坊使馮守規偕往召對後苑門面授方略鑑曰益部新復軍旅不和若聞使命驟至易其戎伍慮或猜懼變生不測請假臣安撫之名太宗稱善鑑至蜀繼恩猶偃蹇不意朝廷聞其縱肆鑑之行付以空名宣頭及廷臣數人鑑與詠卽遣部戍卒出境繼恩麾下使臣亦多遣東還督繼恩輩分路討捕殘寇而鑑等招輯反側事平歸朝未至拜左諫議大夫戶部使會五路進兵討西夏令鑑乘傳往環州與李繼隆議護送芻糧入靈州及還上疏曰關輔之民數年以來併有科役畜產蕩盡室廬頓空加以浦洛之行曾經剽劫原州之役又至遷延非獨令之弗從實緣力所不逮況復先棄糧草見令逐處追科本戶稅租互遣他州送納往返千里費耗十倍愁苦怨嘆充塞路岐自春徂冬曾無暫息餱糧之絕力用殫窮頗此疲羸尤堪軫恤今若復有差率益致流亡縱令驅迫必恐撓潰願陛下特垂詔旨無使重勞因茲首春俾務東作況靈州一方僻居絕塞雖西陲之舊地實中夏之蠹區竭物力以供須困甲兵而援送蕭然空壘秪益外虞不若以賜繼遷使懷恩奉籍稍息飛輓之役事當深慮理要預防若待川決而後防火熾而方戢則焚溺之患深矣雖欲拯救其可得乎尋詔鑑專督軍糧以軍興法從事饋運頗集眞宗卽位遷給事中使如故咸平初改工部侍郎出知廣州居二年民條其政績上請刻石三年移知朗州溪洞羣蠻數寇擾鑑召會豪諭以威信皆俯伏聽命初鑑在南海李夷庚爲通判謝德權爲巡檢皆與之不協二人密言鑑以貲付海賈往來貿市故徙小郡至是鑑自陳有親故謫瓊州每以奉米附商舶寄贍之又言夷庚德權儉人貪凶之狀上意稍釋召還以疾徙知相州有芝草生於監牧之室鑑表其祥異以爲河朔弭兵歛附之兆優詔答之景德初卒年五十八子士廉爲殿中丞士宗太子洗馬士程屯田員外郎

姚坦字明白曹州濟陰人開寶中以尚書擢第調補將陵尉歷隰州推官將作監丞知潯州太平興國三年召還爲著作佐郎通判唐州八年諸王出閤詔給諫以上於朝班中舉年五十以上通經有文行者以備宮僚乃以戶部員外郎王適監察御史趙齊爲衞王府諮議左贊善大夫戴元爲本府翊善水部員外郎趙令圖爲廣平郡王府諮議國子博士閻象爲本府翊善又以起居舍人楊可法國子博士楊幼英左贊善大夫杜新及坦爲皇子翊善國子博士邢昺爲諸王府侍講坦仍賜緋魚太宗召王適等謂曰諸子生長深宮未知世務必資良士贊導使日聞忠孝之道汝等皆朕所愼簡各宜勉之坦歷殿中丞倉部員外郎賜金紫遷本曹郎中轉考功仍爲益王府翊善坦性木强固滯王嘗於邸中爲假山費數百萬旣成召賓僚樂飲置酒共觀之坦獨俛首王强使視之曰但見血山耳安得假山王驚問故坦曰在田舍時見州縣催科捕人父子兄弟送縣鞭笞流血被體此假山皆民租稅所爲非血山而何是時太宗亦爲假山聞而毀之王少佚豫坦卽飄詆王頗鄙其爲人自是坦每暴揚其事上嘗戒之曰元傑知書好學亦足爲賢王矣少不中節亦須婉辭規諷況無大故而訐許之豈裨贊之道邪頃之左右乃教王詐稱疾不朝太宗日使視疾逾月不瘳甚憂之召王乳母問狀乳母曰王本無疾徒以姚坦檢束居常不得自便王不樂故成疾上怒曰吾選端士輔王爲善王不能用其諫而又詐疾欲使朕去正人以自便何可得也且王年少必爾輩爲之謀耳因命捽至後苑杖之數十召坦慰諭曰卿居王宮能以正爲羣小所疾大爲不易卿但如是勿慮讒間朕必不聽王甍改衞尉少卿判吏部南曹他日因事得對上以其舊人召升殿與語坦言及故府意短諸王而稱己之敢言坦退上謂侍臣曰坦在宮邸不能以正理誨諭事有微失卽從而揚之此賣直取名耳景德初求補郡俾知鄧州轉運使表其治狀詔嘉奬之大中祥符初復知光州二年卒年七十五

索湘字巨川滄州鹽山人開寶六年進士釋褐鄆州司理參軍齊州有大獄連逮者千五百人有司不能決湘受詔推鞫事隨以白太平興國四年轉運使和峴薦其能遷太僕寺丞充度支巡官改太子右贊善大夫轉殿中丞充推官拜監察御史九年河決壞民田命與戶部推官元玘同按行會詔下東封與劉蟠同知泰山路轉運事又爲河北轉運副使湘經度供餽以能幹聞事集加屯田員外郎明年契丹入寇王師衂於君子館敵兵秉勝據中渡橋塞土門將趨鎭州諸將計議未定湘爲田重進畫謀結大陣東行聲言會高陽關兵敵以爲然卽擁衆邀我于平虜城夜二鼓率兵而南徑入鎭陽據唐河乘其無備破砦柵及敵兵覺悉遁走雍熙中召爲鹽鐵判官改駕部員外郎端拱二年河北治方田命副樊知古爲招置營田使會議罷復爲河北轉運使轉虞部郎中選爲將作少監居無何有訟其擅易庫縑以自用者坐授膳部員外郎知相州時有羣盜聚西山下謀斷澶州河橋入攻磁相州援旗伐鼓白晝抄劫鄰郡發兵千人捕逐無敢近湘擇州軍得精銳三百人偵其入境卽掩擊而盡擒之轉運使王嗣宗出狀聞詔復舊官命爲河東轉運使湘以忻州推官石宗道憲州錄事胡則爲幹職命以自隨所至州郡勾檢其簿領焉二人後皆歷淸要明年王超等率師趨烏白池抵無定河水源涸絕軍士渴乏時湘已輦大鍬千枝至令鑿井衆賴以濟眞宗卽位入爲右諫議大夫復充河北轉運使屬郡民有幹釀歲輸課甚微而不逞輩因之爲姦盜湘奏廢之德州舊賦民馬以給驛又役民爲步遞湘代以官馬兵卒人皆便之會內殿崇班閻自新建議請於靜戎威虜兩軍置場鬻茶收其利以資軍用湘言非便遂止又言事者請許榷場商旅以茶藥等物販易於北界北界商旅許於雄霸州市易貲其懋遷庶息邊患詔湘詳議以聞乃上言曰北邊自與置榷場商旅輻湊制置深得其宜今若許其交相販易則沿邊商人深入戎界竊爲非便又北界商人若至雄霸其中或雜姦僞何由辨明況邊民易動難安蕃戎之情宜爲羈制望且仍舊爲便會有詔規度復修定州新樂蒲陰兩縣湘以其地迫窄非屯兵之所遂奏罷之湘少文而長於吏事歷邊郡所至必廣儲畜爲備豫計出入軍旅間頗著能名先是邊州置榷場與蕃夷互市而自京輦物貨以充之其中茶茗最爲煩擾復道遠多損敗湘建議請許商賈緣江載茶詣邊郡入中旣免道途之耗復有征筭之益又威虜靜戎軍歲燒緣邊草地以廣南牧言事者又請於北砦山麓中興置銀冶湘以爲召寇亦奏罷之咸平二年入爲戶部使受詔詳定三司編敕坐與王扶交相請托擅易板籍責授將作少監三年出知許州徙荆南復爲右諫議大夫知廣州四年卒詔遣其子希顏護喪傳置歸鄉里

宋太初字永初澤州晉城人太平興國三年舉進士解褐大理評事通判戎州以善政聞有詔褒美遷將作監丞贊善大夫通判晉州轉太常丞雍熙三年通判成都府賜緋魚會詔求直言著守成箴以獻淳化初遷監察御史時北面用兵選爲雄州通判入判度支勾院二年爲京西轉運副使未幾移河東四年遷正使改殿中御史至道初遷兵部員外郎充鹽鐵副使賜金紫時陳恕爲使太初有所規畫必咨恕未嘗自用爲功恕甚德之會西鄙有警轉饋艱急改刑部郎中充陝西轉運使二年命白守榮馬紹忠護芻糧分三番抵靈州轉運副使盧之翰違旨併往爲戎人所剽上怒捕太初及副使祕書丞竇玭繫獄太初責懷州團練副使之翰玭悉除名之翰貶許州司馬玭商州司戶掾明年起太初爲祠部郎中知梓州俄復舊秩眞宗嗣位召還復命經度陝西餽運事咸平初拜右諫議大夫知江陵府蠻寇擾動太初以便宜制遏詔奬之三年再知梓州明年益州雷有終以母老求還詔太初就代時分川陝爲四路各置轉運使上以事有緩急難於均濟命太初爲四路都轉運使要切之務俾同規畫太初與鈐轄楊懷忠頗不協時蜀土始安上慮其臨事矛盾亟召太初還會御史中丞趙昌言等坐事被劾命權御史中丞先是按劾有罪必豫請朝旨太初以爲失風憲體獄成然後聞上時論韙之俄出知杭州太初有宿疾以浙右卑濕不便求近地得廬州疾久頗昏忘不能治大郡連徙汝光二州景德四年卒年六十二錄其弟繼讓試校書郎太初性周愼所至有幹職譽嘗著簡譚三十八篇自序略曰廣平生纂文史老釋之學嘗謂禮之中庸伯陽之自然釋氏之無爲其歸一也嘗以古聖道契當世之事而患未博也忽外物屬於耳目內機發於性情因筆而簡之以備闕忘耳子傳慶後爲太子中舍

盧之翰字維周祁州人曾祖元暉鴻臚卿祖知誨天雄軍掌書記父先蔡州防禦判官之翰少篤學家貧客遊

單州防禦使劉乙館於門下乙徙錢塘之翰隨寓其郡太平興國四年舉進士不得解詣登聞自陳詔聽附京兆府解試明年登第解褐大理評事知臨安縣三遷殿中丞通判洛州會契丹入寇之翰募城中丁壯決漳御河以固城壁虜不能攻吏民詣闕求借留召還遷太常博士爲河東轉運副使徙京西轉運副使改工部員外郎建議導淇河合于淮達許州以便漕運以勞加戶部員外郎又改陝西轉運使還吏部員外郎至道初李順亂蜀命兼西川安撫轉運使賊平還任之翰嘗薦李憲爲大理丞憲坐贓抵死之翰當削三任時副使鄭文寶議城清遠軍又禁蕃商貨鹽之翰心知其非使以文寶方任事不敢異其議及文寶得罪之翰併前愆左授國子博士領使如故尋復舊職會調發芻糧輸靈州詔分三道護送命洛苑使白守榮馬紹忠領其事之翰違旨擅併爲一爲李繼遷邀擊于浦洛河大失輜重詔國子博士王用和乘傳逮捕繫獄鞫問之翰坐除名貶許州司馬明年起爲工部員外郎同勾當陝西轉運使眞宗即位復吏部員外郎充轉運使以久次召拜禮部郎中賜金紫復遣之任咸平元年以疾命國子博士張志言代還未幾復出爲京西轉運使先是朝廷議城故原州以張守備之翰沮罷之其後西鄙不寧修葺爲鎭戎軍之翰坐横議非便黜知歸州便道之官限五日即發三年授廣南西路轉運使會廣州索湘卒就改太常少卿知州事之翰無廉稱又與轉運使凌策不協陰發其事五年徙知永州未行卒年五十七

鄭文寶字仲賢右千牛衞大將軍彥華之子彥華初事李煜文寶以蔭授奉禮郎掌煜子清源公仲寓書籍遷校書郎入宋煜以環衞奉朝請文寶欲一見慮衞者難之乃被簑荷笠以漁者見陳聖主寬宥之意宜謹節奉上勿爲他慮煜忠之後補廣文館生深爲李昉所知太平興國八年登進士第除修武主簿遷大理評事知梓州錄事參軍事州將表薦轉光祿寺丞留一歲代歸獻所著文召試翰林改著作佐郎通判頴州丁外艱起知州事召拜殿中丞使川陝均稅次渝涪閬夔州廣武卒謀亂乃乘舸泛江一夕數百里以計平之授陝西轉運副使許便宜從事會歲歉誘豪民出粟三萬斛活饑民八萬六千口既而李順亂西蜀秦隴賊趙包聚徒數千將趨劍閣以附之文寶移書蜀郡分兵討襲獲其渠魁餘黨殲焉文寶前後自環慶部糧越旱海入靈武者十二次曉達蕃情習其語經由部落每宿酋長帳中其人或呼爲父遷太常博士內侍方保吉出使陝右頗恣横且言文寶與陳堯叟交遊爲薦其弟堯佐驛召令辨對途中上書自明太宗察其事坐保吉罪厚賜文寶而遣之俄又召至闕下文寶奏對捷辨上深眷遇俄加工部員外郎時龍猛卒戍環慶七年不得代思歸謀亂文寶矯詔以庫金給將士且自劾請代償詔蠲其所費先是諸羌部落樹藝殊少但用池鹽與邊民交易穀麥會僞輓趨靈州爲繼遷所鈔文寶建議以爲銀夏之北千里不毛但以販青白鹽爲命爾請禁之許商人販安邑解縣兩池鹽於陝西以濟民食官獲其利而戎益困繼遷可不戰而屈乃詔自陝以西有敢私市者皆抵死募告者差定其罪行之數月犯者益衆戎人乏食相率寇邊屠小康堡內屬萬餘帳亦叛商人販兩池鹽少利多取他逕出唐鄧襄汝間邀善價吏不能禁關隴民無鹽以食境上騷擾上知其事遣知制誥錢若水馳傳視之悉除其禁召諸族撫諭之乃定朝廷議城古威州遣內侍馮從順訪于文寶文寶言威州在清遠軍西北八十里樂山之西唐大中時靈武朱叔明收長樂州邠寧張君緒收六關即其地也故壘未圮水甘土沃有良木薪秸之利約葫蘆臨洮二河壓明沙蕭關兩戍東控五原北固峽口足以襟帶西涼咽喉靈武城之便然環州至伯魚伯魚抵青岡青岡拒清遠皆兩舍而清遠當羣山之口扼塞門之要芻車野宿行旅頓絕威州隔城東隅堅石盤互不可浚池城中舊乏井脈又飛鳥泉去城尚千餘步一旦緣邊警急賊引平夏勝兵三千據清遠之衝乘高守險數百人守環州甜水谷獨家原傳箭野貍十族脇從山中熟戶党項孰敢不從又分千騎守積北清遠軍之口即自環至靈七百里之地非國家所有豈威州可禦哉請先建伯魚青岡清遠三城爲頓師歸重之地古人有言金城湯池非粟不能守俟二年間秦民息肩臣請建營田積粟實邊之策修五原故城專三池鹽利以金帛啖党項酋豪子弟使爲朝廷用不惟安朔方制豎子至於經營安西綏復河湟此其漸也詔從其議文寶至賀蘭山下見唐室營田舊制建議興復可得秔稻萬餘斛減歲運之費清遠據積石嶺在旱海中去靈環皆三四百里素無水泉文寶發民負水數百里外留屯數千人又募民以榆槐雜樹及猫狗鴉鳥至者厚給其直地舃鹵樹皆立枯西民甚苦其役而城之不能守卒爲山水所壞又令寧慶州爲水磑亦爲山水漂去繼遷酋長有嵬囉嵬悉俄者文寶以金帛誘之與手書要約留其長子爲質令陰圖繼遷即遣去謂之曰事成朝廷授汝以刺史文寶又預漆木爲函以備馳獻繼遷之首又發民曳古碑石詣清遠軍將圖紀功而嵬囉等盡以事告繼遷繼遷上表請罪上怒文寶猶含容之旣而文寶復請禁鹽邊民冒法抵罪者甚衆太常博士席羲叟決獄陝西廉知其事以語中丞李昌齡昌齡以聞文寶又奏減解州鹽價未滿歲虧課二十萬貫復爲三司所發乃命鹽鐵副使宋太初爲都轉運使代文寶還下御史臺鞫問具伏下詔切責貶藍山令未幾移枝江令眞宗即位徙京山咸平中召還授殿中丞掌京南榷貨時慶州發兵護芻糧詣靈州文寶素知山川險易上言必爲繼遷所敗未幾果如其奏轉運使陳緯沒於賊繼遷進陷清遠軍時文寶丁內艱服未闋即命相府召詢其策畧文寶因獻河西隴右圖叙其地利本末且言靈州可棄時方遣大將王超援靈武即復文寶工部員外郎爲隨軍轉運使至環州或言靈州已陷文寶乃易其服引單騎冒大雪間道抵清遠故城盡得其實遂奏班師就除本路轉運使上疏請再葺清遠軍都部署王漢忠言其好生事遂徙河東轉運使嘗上言管內廣銳兵萬餘難得資糧請徙置近南諸州又欲令强壯戶市馬備征役宰相李沆等以爲廣銳州兵皆本州守城置營必慮安土重遷徙之即致紛擾又强壯散處鄉落無所拘轄勤其市馬亦恐非便上復令文寶條對文寶固執前議且言土人久留恐或生事上曰前令團併軍伍改置營壁欲其互移本貫行之已久而文寶確陳其利因命錢若水詳度以聞若水所對與沆等同遂罷之先是麟府屯重兵皆河東輸餽雖地里甚邇而限河津之阻土人利於河東民罕至則芻粟增價上嘗訪使邊者言河裁闊數十步乃詔文寶於府州定羌軍經度置浮橋人以爲便會繼遷圍麟州令乘傳晨夜赴之圍解遷刑部員外郎賜金紫頃之寇準薦其熟西事可備驅策因復任陝西轉運使嘗出手劄密戒令邊事與僚屬計議勿得過有須索重擾于下後有言其張皇者詔徙京西以朱台符代之景德元年冬契丹犯邊又徙河東文寶安輯所部募鄉兵張邊備又領蕃漢兵赴河北手詔褒諭未幾復涖京西契丹請和文寶陳經久之策上嘉之三年召還未至遇疾表求藩郡散秩詔聽不除其籍續奉養疾以其子鄆州推官於陵爲大理寺丞知襄城縣以便其養大中祥符初改兵部員外郎車駕祠汾陰還文寶至鄭州請見上以其久疾除忠武軍行軍司馬文寶不就以前官歸襄城別墅六年卒年六十一文寶好談方畧以功名爲己任久在西邊參預兵計心有餘而識不足又不護細行所延薦屬吏至多而未嘗擇也晚年病廢從子爲邑多撓縣政能爲詩善篆書工鼓琴有集二十卷又撰談苑二十卷江表志三卷

王子輿字希孟密州莒人曾祖甲以義勇爲鄉人所推唐末淄青徐兗皆南給吳人以拒梁梁得三鎭吳人北侵益急沂密尤被其害州民聚爲八砦以扞寇遂署甲爲八砦都指揮使祖徽襲父職晉末闕帥趙重進掠高密徽戰沒父璉復嗣其事周世宗平淮陽始去兵即農厚自封殖子輿少業文辭太平興國八年舉進士解褐北海主簿歷大理評事知臨海縣改光祿寺丞使西蜀決獄還知興國軍淳化中雷有終爲江浙荆湖茶鹽制置使奏子輿爲判官轉太子中允改著作郎江淮兩浙制置茶鹽就轉太常博士眞宗即位遷殿中侍御史因入對與三司論列利害以子輿爲長轉度支員外郎子輿以每事上計司移報稽滯求兼省職乃命爲鹽鐵判官仍領制置增歲課五十餘萬貫咸平三年就命兼充淮南轉運使子輿精於吏事久掌茶鹽漕運周知利害裁量經制公私便之所至郡縣以公事申請者文牒紛委頃刻待報子輿皆即決遣曾無疑滯明年表求代詔許自擇子輿以卞袞劉師道名聞即命袞與師道爲轉運使召子輿拜右諫議大夫戶部使五年二月方奏事便殿俄疾作仆地命中使掖之以出至第卒以子道宗方幼命三司判官朱台符檢校其家子輿止一子而三女皆幼道宗尋卒家寓楚州子輿妻劉還父母家子輿旅櫬在京師景德中官借船移柩還葬其里鬻京師居第以錢寄楚州官庫以備三女資送從其弟之請也

劉綜字居正河中虞鄉人少依外兄通遠軍使董遵誨遵誨嘗遣貢馬太祖嘉其敏辨將授三班之職綜自陳素習詞業願應科舉及還上解眞珠盤龍衣以賜遵誨綜辭曰遵誨人臣安敢當此賜上曰吾委遵誨以方面不以此爲疑也雍熙二年舉進士第解褐邛州軍事推官就改永康軍判官遷大理評事通判眉州轉太僕寺丞代還對便殿因言蜀地富庶安寧已久益州長吏望愼擇其人上嘉之改太子中允未幾李順果爲亂復召見面賜緋魚尋爲三門發運司水陸轉運使通判大名府連丁家難起知建安軍先是天長軍及揚州六合縣民輸賦非便綜奏請降天長軍爲縣隸揚州以六合縣隸建安軍自是民力均濟時淮南轉運使王嗣宗兼發

運使規畫多迂滯綜因上言請復置都大發運司專幹其職至道二年遷太常丞職事修舉多稱薦之者咸平初命代王欽若判三司都理欠憑由司出爲河北轉運副使當言州縣幕職官以昏耄放罷者其間有實廉謹之士或幼累無託或居止無定全藉祿廩以濟朝夕一旦停罷則饑寒無依以傷和氣望自今並除致仕官又言法官斷獄皆引律令之文以定輕重之罪及其奏御復云慮未得中別取進止殊非一成不變之道且復煩於聖斷望自今降旨約束不得復然時河北承兵寇之後民戶凋弊吏部所銓幕職州縣官皆四方之人不習風俗且有懷土之思以是政事多因循不舉綜建議請自今並以河朔人充之冀其安居勤於職事夏人擾西邊環慶大屯士馬詔徙綜爲陝西轉運副使轉太常博士時梁鼎議禁解鹽官自貨鬻乃命綜與杜承睿制置青白鹽事綜條上利害力言非便卒罷其事時靈州孤危獻言者或請棄之綜上言曰國家財力雄富士卒精銳而未能剪除凶孽者誠以賞罰未行而所任非其材故也今或輕從羣議欲棄靈州是中賊之姦計矣且靈州民淳土沃爲西陲巨屏所宜固守以爲扞蔽然後於浦洛河遠軍城屯兵積糧爲之應援此暫勞永佚之勢也況鎭戎軍與靈州相接今若棄之則原渭等州益須設備較其勞費十倍而多則利害之理昭然可驗矣俄充轉運使四年又獻議於鎭戎軍置屯田務又錄唐安國鎭制置城壕鎭戎古記石本以進詔從其請俄詔閤奏事稱旨賜金紫緡錢五十萬復遣泣職又嘗言天下州郡長吏審官皆據資例而授未爲得人自今西川荆湖江浙福建廣南知州或地居津要或戶口繁庶之處望親加選任其執政舊臣及給舍以上知州處亦擇官通判又京朝官當任遠官者率以父母未葬爲辭意求規免謂自今父母委未葬者許請告營辦審官投狀並明言父母已葬方許依例考課違者並罷其官從之五年拜工部員外郎兼侍御史知雜事六年遷起居舍人再爲河北轉運使時兩河用兵邊事煩急轉漕之任尤所倚辦綜繼領其職號爲詳練至是眷矚甚厚警急之際輒資其奏處契丹請和乃遣近臣諭以擢用之意景德二年召拜戶部員外郎樞密直學士勾當三班院綜言御史員數至少每奉朝請劾制獄多以他官承之甚紊彝制望詔兩制以上各舉才堪御史者充三院共置十員若出使按獄所經州郡官吏能否生民利病刑獄枉濫悉得察舉四年西幸道出河陽境上時節度王顯被疾還京以綜權知孟州事未幾召還復出知幷州以政績聞州民乞留優詔嘉獎歸朝知審官院改吏禮二部郎中充職兼知通進銀臺封駁司大中祥符四年館伴契丹使因作大雪歌以獻卽命同知貢舉以李宗諤代爲館伴使俄權知開封府綜以貴要交結富民爲之請求或託爲親屬奏授試秩緣此謁見官司頗紊公政因建議請加抑止又文武官居遠任而家屬寓京師其子孫弟姪無賴者望嚴行約束幷其交游輩劾罪從之七年以老疾求典河中眞宗以太寧宮廟長吏奉祠綜艱於拜起慮不克恭事命知廬州明年罷學士授右諫議大夫八年卒年六十一綜强敏有吏材所至抑挫豪右振舉文法時稱幹治然尙氣好勝不爲物論所許子建中正中並贊善大夫弟緯淳化三年進士官刑部郎中

卞衮字垂象益州成都人父震工爲詩舉蜀進士渝州刺史南光海辟爲判官蜀平仍舊職會賊杜承褒率衆圍城援兵不至震躬率士卒且戰且拒爲流矢所中創甚不能臨軍而州兵重傷眷甲胄遁刺史陳文襲不能過賊遂入據郡城以僞官厚賂誘震震皆斬其使賊有東章者本州兵校也因遣人述朝廷威德諭以禍福章懼且信因伏兵擊其黨類承褒之衆素不爲備卽時大潰震與文襲分部餘卒夾攻之賊衆遂平文襲坐陷失州城削籍爲民震以前功得贖以虢州錄事參軍卒太平興國八年衮登進士第累遷大理評事知將樂縣改光祿寺丞通判泗州遷著作佐郎廣南轉運司承受公事俄通判宣州淳化中上命采庶僚中廉幹者給御書印紙俾書課最仍賜實奉以旌異之衮預焉改太常丞咸平初遷監察御史爲淮南轉運副使同判湖發運使以幹職聞就加殿中侍御史入判三司開拆司再爲淮南轉運使兼發運使咸平六年併三司使之職而分置副貳以衮爲刑部員外郎充鹽鐵副使景德初疽發於背卒年四十五錄其弟扆爲臨潁主簿子咸爲將作監主簿衮明敏有吏幹累掌財賦淸心治局號爲稱職然性慘毒掊克嚴峻專事捶楚至有大蟲之號眞宗嘗謂近臣曰衮公忠盡瘁無所畏避人罕能及然頃在外任頗傷殘酷所至州縣纖微之過無所容貸大凡督察部下糺愆違非有大故所宜矜恕官吏自當畏威懷恩不敢貳過公家之事亦無不濟乃知爲吏之方適中爲善也

許驤字允升世家薊州祖信父唐世以財雄邊郡後唐之季唐知契丹將擾邊白其父曰今國政廢弛狄人必乘釁而動則朔易之地民罹其災苟不卽去且爲所虜矣信以資產富殖不樂他徙唐遂潛齎百金而南未幾晉祖革命果以燕薊賂契丹唐歸路遂絕嘗擁商貲於汴洛間見進士綴行而出竊歎曰生子當令如此因不復行商卜居睢陽娶李氏女生驤風骨秀異唐曰成吾志矣郡人戚同文以經術聚徒唐攜驤詣之且曰唐頃者不辭父母死有餘恨今拜先生卽吾父矣又自念不學思教子以興宗緒此子雖幼願先生成之驤十三能屬文善詞賦唐不識字而罄家產爲驤交當時秀彥驤太平興國初詣貢部與呂蒙正齊名太宗尹京頗知之及廷試擢甲科解褐將作監丞通判益州賜錢二十萬遷右贊善大夫五年轉右拾遺直史館改右補闕六年出爲陝府西北路轉運副使會罷副使徙知鄆州召還爲比部員外郎歷知宣昇二州雍熙二年改江南轉運副使洪吉上供運船水損物主吏懼罪故覆舟鞫獄者按以欺盜當流死者數百人驤馳往訊問得其情實以聞多獲輕典優詔褒之又上言劫盜配流遇赦得原還本鄉讎告捕者多所殺害自今請以隸軍詔可遷正使端拱初拜主客郎中俄徙知福州累表求還不俟報入朝召對便殿延問良久改兵部郎中領西川轉運使以久處外任爲辭擢授右諫議大夫就命知益州召歸上言蜀民浮窳易搖宜擇忠厚者撫之爲預備旣而李順叛衆頗服其先見命知審官院遷御史中丞以疾固讓不許占謝日命坐勞問出良藥賜之曰此朕所服得驗者後驤以久病不能振職眞宗卽位改兵部侍郎屢求小郡養疾因入朝失儀爲御史所糾特詔不問命知單州咸平二年卒年五十七贈工部尚書賜其子宗壽出身驤雖無他才畧而人以儒厚長者稱之宗壽後爲殿中丞

裴莊字端已閬州閬中人曾祖琛後唐昭州刺史祖遠河東觀察支使父全福鄠縣令莊在蜀以明經登第歸宋歷虹縣尉高陵主簿本府召權司理掾轉運使雷德驤以威望自任嘗巡按至境官屬皆出迎候莊獨視事本局徐謁道周德驤稱其有守徙權忻州錄事參軍先是幷州倚積軍儲條制甚峻掌出納者嘗十餘人莊代之獨任其事擢授絳州防禦推官提點幷嵐二州緡帛芻糧改遼州判官仍泣舊局雍熙三年命將巡邊以莊掌隨軍糧料內客省使楊守一稱薦之授大理寺丞時遷雲朔降戶於汝洛遣莊安輯之俄通判忻州未上道會魏咸信出鎭澶州改命通判未踰年咸信表其能遷太子中允端拱初潘美鎭眞定又辟爲通判時契丹掠趙深邊將無功莊上書以爲周世宗誅樊愛能何徽二將遂取淮南克巴蜀願陛下申明紀律無使玩寇又言緣邊砦柵戍兵旣寡戎人易以襲取咸請廢罷以益州兵會詔建方田莊復上言大役兵師慮生事於邊鄙上善之淳化三年召訪以邊事稱旨面賜緋魚令授淸資官翊日拜監察御史荆湖南路轉運使未行改三司鹽鐵判官上疏請給兩省官諫紙又引故事禁屠月勿報重刑會劉式建議請廢緣江榷務莊力言其非便出爲荆湖北路轉運使五年李順亂蜀命與雷有終並兼陝路隨軍轉運同兵馬事或言莊本蜀人不宜任此上益以信之許以便宜事平轉殿中侍御史歷工部司封二員外郎特召問討賊方畧至道二年遣將五路出討李繼遷莊陰料師出無功因請加恩繼遷俟其倔强拒命則按甲塞外俘擒未晚旣而諸將果敗績俄遷祠部郎中眞宗卽位遷度支充河東轉運使上章言慶邠延州通遠軍咸處邊要請武幹如姚內斌董遵誨者任之又言田紹斌嘗陂疑韓崇業本秦王婿程德元始事晉邸初甚親近後疎遠外遷皆懷怨望不宜委以戎寄未幾移知蘇州咸平二年命巡撫江南使還言池州興國軍得良吏餘無足稱者且言朝廷所命知州通判率以資考而授至有因循偷安無政術而繼得親民者其素蘊公器有政績者偶緣公坐則黜司冗務眞僞莫辨僥倖滋甚自今望愼選其人勿以資格補授有政績者加以恩禮是年秋契丹犯塞命爲河北轉運使時傅潛統大軍駐定州北莊屢條奏其無謀畧慮或失機會王顯掌樞密顯與潛俱起攀附頗庇之莊奏至多不報徙知越州俄傅潛得罪莊因上言顯潛皆非材致誤邊事請行嚴誅以肅羣議未幾徙知宣州會詔百辟上封直言莊條列四事一曰去暴征二曰省煩刑三曰擇吏職四曰敦稼政疏奏詔令開陳其所宜行先後莊對甚悉改司封郎中景德初安撫兩浙奏能吏二十人慢官者五人多所升黜又知潞邢二州大中祥符初東封改鴻臚少卿入判登聞鼓院祀汾陰遷太僕少卿爲北嶽加號冊禮副使撰北行記三卷以獻六年出知襄州明年車駕幸南京莊以逮事太宗恩例授大府卿權判西京留司御史臺天禧二年入判刑部以疾分司西京郊祀改光祿卿求歸上都以便醫藥卒年八十一錄其孫慶孫試將作監主簿莊有吏幹頗無淸操慷慨敢言太宗奬其

忠讜多所聽納好爲規畫然寡學術嘗建議請置廣聽院西垣學士聞者嗤之晚年退居製棺櫝以自隨喜接賓客終日無倦子奐咸平二年進士屯田郎中稷左班殿直閤門祗候

牛冕字君儀徐州彭城人太平興國三年進士解褐將作監丞通判郴州徙和州加左贊善大夫遷太常丞知徐州以勤政聞召歸轉監察御史端拱元年召試文章遷左正言直史館出知潤州徙泉州未至就命爲福建轉運使加左司諫建議廢邵武軍歸化金坑土人便之至道初召入進秩兵部員外郎知潭州至郡才數日復召拜兼侍御史知雜事眞宗在東宮冕嘗奉使賜生辰禮幣即位尚記其名改工部郎中永熙陵復土會闕中丞命爲儀仗使時三司各設官局多不均濟冕請合爲一使分設其貳則事務不煩而辦其後卒用冕議咸平元年選知益州仍拜右諫議大夫兩川自李順平後民罹困苦未安其業朝廷綏於矜恤故戍卒乘符昭壽之虐嘯集爲亂冕與轉運使張適委城奔漢州詔遣赴闕至京兆劾其罪並削籍冕流儋州適爲連州參軍冕遇赦移欽英二州歷鄂海二州別駕淮南節度副使大中祥符初眞宗語宰相曰冕素純善黜棄久矣量宜甄敘即起知漣水軍俄復爲祠部員外郎卒年六十四子昭儉至殿中丞

張適者太平興國五年進士任藩郡有治績以廉敏稱爲水部員外郎知鄜州獲對太宗喜其詞氣俊邁賜緋魚旋改京東轉運副使加直集賢院一日三被寵渥時人榮之徙西川轉運使坐貶後起爲彰信軍節度副使知淮陽軍卒

欒崇吉字世昌開封封邱人少爲吏部令史上書言事調補臨淄主簿會令坐贓貶即命崇吉代之復以書判優等改舒州團練判官未行留爲中書刑房堂後官改太子右贊善大夫出掌揚州榷務未幾遷殿中丞復爲堂後官兼提點五房公事崇吉明習文法清白勤事至道初擢度支員外郎度支副使時以堂後官著作佐郎楊文質爲祕書丞提點五房事上召見謂曰汝見擢用欒崇吉否當自勗勵崇吉俄加祠部郎中眞宗時累擢爲江南轉運使代還判刑部兼鼓司登聞院後遷司農少卿知洪州有司歲斂民財造舟崇吉至奏罷之以疾徙濠州遷衞尉少卿以將作監致仕卒子二人源虞部員外郎沂殿中丞

袁逢吉字延之開封鄢陵人曾祖儀仕唐以軍功至黃州刺史祖光甫尉氏令父舜大理評事逢吉四歲能誦爾雅孝經七歲兼通論語尚書周太祖召見發篇試之賜束帛以賞其精習開寶八年擢三傳第釋褐清江尉知州王明薦其能就除豐城令明年又與轉運使張去華條上治狀以春秋博士召端拱初遷國子博士度支推官又判戶部勾院度支憑由理欠司淳化中改戶部判官歷水部司門員外郎出爲西京轉運使轉水部郎中宰相呂蒙正薦其有經術宜任學官會蜀叛方藉其吏資授西川轉運使至道初徙判湖北路時賊方平夔峽猶聚官軍供饋出於荆楚逢吉憚涉遠不赴軍前計度坐乏糧餉罷職知夔州會遣使川陝採訪因條上知州通判有治迹者七人逢吉與朱協李虛已薛顏邵曄查道劉檢預焉皆賜詔褒諭歷司門庫部二郎中咸平中復爲京東轉運使連知福江陳襄四州大中祥符中權西京留司御史臺徙知汝州以逮事太祖拜鴻臚少卿七年卒年六十九逢吉性修謹練達時務初鄆州牧馬草地侵民田數百頃牒訴連上凡五遣使按視不決逢吉受命往則悉還所侵田民咸德之兄及甫歷京東峽路轉運副使至駕部郎中逢吉子成務至比部員外郎京東轉運副使從子楚材至虞部員外郎

韓國華字光弼相州安陽人太平興國二年舉進士解褐大理評事通判瀘州就遷右贊善大夫代還除彰德軍節度判官遷著作佐郎監察御史雍熙中假太常少卿使高麗時太宗將北征以高麗接遼境屢爲其所侵命齎詔諭之且令發兵西會既至其俗頗獷鷙恃險遷延未即奉詔國華移檄諭以朝廷威德宜亟守臣節否則天兵東下無以逃責於是俯伏聽命使還賜緋魚雍熙三年改右拾遺直史館判鼓司登聞院俄充三司開拆推官四年判本司遷左司諫充鹽鐵判官淳化二年契丹請和朝議疑其非實遣國華使河朔以察之既至盡得其詐以聞每歲後苑賞花三館學士皆得預三年春國華與潘太初因對自言任兩省清官兼計司職不得侍曲宴願兼館職即日命並直昭文館後二日陪預苑宴三司屬官兼直館自國華等始未幾授刑部員外歷判三司勾院復爲鹽鐵判官又爲左計判官尋都判三勾賜金紫改兵部員外郎屯田郎中京東轉運使徙陝西路舊制川陝官奉緡悉支鐵錢資用多乏國華奏增其數加都官郎中入判大理寺改職方郎中以詳定失中命梁顥代之知河陽潞州轉運使言其善綏輯供億幹辦詔獎之景德中假祕書監使契丹又爲江南巡撫入權開封府判官眞宗朝陵魏咸信自曹州召入扈從命國華權州事俄改太常少卿出知泉州大中祥符初遷右諫議大夫四年代還至建州卒于傳舍年五十五賜其子琉出身國華偉儀觀性純直有時譽子琚瓌琦並進士及第琦相英宗神宗自有傳

何蒙字叔昭洪州人少精春秋左氏傳李煜時舉進士不第因獻書言事署錄事參軍入宋授洛州推官太平興國五年調遂寧令時太宗親征契丹還作詩以獻召見賞歎授右贊善大夫三遷至水部員外郎通判廬州時郡中火燔廨舍榷務俱盡蒙假民器貸鄰郡麴米爲酒旣而課增倍戶部使上其狀詔賚緡錢獎之稍遷司門巡撫使潘愼修薦其材敏驛召至京因面對訪以江淮茶法蒙條奏利害稱旨賜緋魚及錢十萬後二日復對又上淮南酒榷便宜特改庫部後賜錢二十萬因命至淮右提總其事自是歲有美利使還知溫州未行留提舉在京諸司庫務求外任復命知溫州坐舉人不當削一官眞宗即位復前資因上言請開淮南鹽禁時卞袞楊允恭輩方以禁鹽爲便共排抑之出知梧州頃之改水部郎中上所著兵機要類十卷時審官擬知漢陽軍及引對改知鄂州大中祥符初轉庫部四年加太府少卿未幾知太平州又知袁州州民多采金蒙建議請以代租稅上曰若此則農廢業矣不許俄徙濠州六年上表謝事授光祿少卿致仕命未下卒年七十七

愼知禮衢州信安人父溫其有詞學仕錢俶終元帥府判官知禮幼好學年十八獻書于俶署校書郎未幾命爲掌書記宋初介俶子惟濟入覲歸署營田副使太平興國三年從俶歸朝授鴻臚卿歷知陳州興元府知禮母年八十餘居宛邱懇求歸養退處十年縉紳稱其孝及母服除表請納祿至道三年以工部侍郎致仕知禮自幼至白首歲讀五經周而後止每開卷必正衣冠危坐未嘗少懈焉咸平初卒年七十七子從吉

從吉字慶之錢俶之婿也爲元帥府長史歸宋歷將作少監會擇朝士有望者補少列改太子右庶子眞宗升儲換衞尉少卿眞宗即位復爲右庶子遷詹事從吉自歸朝居散秩幾三十年頗以文酒自娛士大夫多與之游景德初上言求領事務判刑部頗留意法律條上便宜天下所奏成案率多糾駁取本司所積負犯人告身鬻之以市什器大中祥符初改授衞尉卿糾察在京刑獄拜右諫議大夫判吏部銓初選人試判多籍地而坐從吉以公錢市莞席給之臨事敏速勤心公家所至務覈察多請對陳事上謂其無隱八年改給事中權知開封府旣受命召戒之曰京府浩穰凡事太速則誤太緩則滯惟須酌中耳請屬一無所受才數月有咸平縣民張斌妻盧氏訴姪質被酒詬悖張素豪族質本養子而證左明白質賄于吏從吉子大理寺丞銳時督運石塘河往來咸平爲請于縣宰斷復質劉姓第令與盧同居質洎盧迭爲訟縣聞於府從吉命戶曹參軍呂楷就縣推問盧之從叔虢略尉昭一賂白金三百兩於楷楷久不決盧兄文質又納錢七十萬于從吉長子大理寺丞鈞鈞以其事白從吉而隱其所受盧又詣府列訴即下其事右軍巡院昭一兄澄嘗以手書達錢惟演云寄語從吉事逮鈞銳請緩之從吉頗疑懼密請付御史臺即詔御史王奇直史館梁固鞫之獄成從吉坐削給事勒停惟演罷翰林學士楷鈞免官配隸衡郢州銳文質皆削一官澄昭一並決杖配隸又高清者庫部郎中士寵之子景德中舉進士宰相寇準以弟之女妻之寇氏卒故相李沆家復婿之歷官以賄聞頗恃姻援驕縱被服如公侯家以是欺蠹小民知太康縣民有詣府訴家產者清納其賄晦已罷任即逃居他所銳嘗就清貸白金七十兩清以多納賄賂事將敗求以爲助時方鞫盧氏獄從吉請對發其事欲以自解逮清等繫獄命比部員外郎劉宗吉御史江仲甫劾之清枉法當死特杖脊黥面配沙門島銳又削衞尉寺丞從吉坐首露在已發當贖銅特削諫議大夫天禧三年起爲衞尉卿明年判登聞鼓院坐與寇準善以光祿卿致仕未幾卒年七十從吉喜爲詩時有警語兼工醫術子孫登仕者甚衆第進士升朝曳朱紱數人家富於財尤能治生多作負販器僦賃以至鬻棺櫝於市又善爲饌具分遺權要晚年進趨彌篤以至于敗物論鄙之子鏻金部度支員外郎祕閣校理楷太常博士

論曰八政之首食貨以國家之經費不可一日而無也然生之有道而用之有節則存乎其人焉爾張鑑將命西蜀處制得宜庶乎可與行權者也子輿裁損經制索湘議罷鬻茶許驤謹守備行知禮篤信經學國華不辱君命皆有足稱者焉太初自謂達性命之蘊而卒流於釋老之歸文寶久任邊郡而不免以生事蒙絀劉綜著勞朔易而短於經術從吉勤於公務而疎於訓子固未得爲盡善也自餘諸子之翰虧潔白之操卞袞乏仁恕之道冕之棄其城守坦之疎於輔導則君子所不取也

元中書右丞相總裁脫脫等修

列傳第三十七

馬全義子知節　雷德驤子有終　孫孝先
王超子德用

馬全義，幽州薊人。十餘歲學擊劍，善騎射。十五隸魏帥范延光帳下，延光叛晉祖，征之，以城降，悉籍所部來上，全義在籍中，因補禁軍。以不得志，遂遁去。漢乾祐中，李守貞鎮河中，召置帳下。及守貞叛，周祖討之，全義每率敢死士夜出攻周祖壘，多所殺傷。守貞貪而無謀，性多忌克，全義屢爲畫策，皆不能用。城陷，遂變姓名亡命。周廣順初，世宗鎮澶淵，全義往事之，從世宗入朝。周祖召見，補殿前指揮使，謂左右曰：「此人忠於所事，昔在河中屢挫吾軍，汝等宜效之。」世宗卽位，遷右番行省，從世宗戰高平，以功遷散員指揮使，從征淮南，以功遷殿前指揮使、右番都虞候。恭帝卽位，授鐵騎左第二軍都校，領播州刺史。宋初，歷內殿直都知、控鶴左廂都校，領果州團練使。從征李筠，筠退保澤州，城小而固，攻之未下。太祖患之，召全義賜食御榻前，問計，對曰：「筠守孤城，若併力急攻，立可殄滅；倘緩之，適足長其姦爾。」太祖曰：「此吾心也。」卽麾兵急擊之。全義率敢死士數十人乘城攀堞而上，爲飛矢貫臂，流血被體，全義拔鏃，臨敵士氣益奮，遂克其城。遷虎捷左廂都校，領睦州防禦使。又從征李重進，領控鶴虎捷兩軍爲後殿，賊平，班師，錄功居多，改龍捷左廂都校，領江州防禦使。俄被疾，太祖遣太醫診視，仍諭密旨曰：「俟疾間，當授以河陽節制。」全義疾已亟，但叩頭謝。數日卒，年三十八，特贈檢校太保、大同軍節度使。子知節。

知節字子元，幼孤。太宗時，以蔭補供奉官，賜今名。年十八，監彭州兵，以嚴涖衆，衆憚之，如老將。又監澶州兵。時何承矩爲守，鎮以文雅飾吏治，知節慕之，因折節讀書。雍熙間，護兵博州，契丹入邊，敗我師於君子館，先是知節完城繕甲，儲積芻粟，吏民以爲生事，既而契丹果至，以有備引去。從知定遠軍。時議調河南十三州之民輸餉河北，轉運使樊知古適至軍議事，知節曰：「軍少粟多，皺其紅腐，尚當得十之六七。」知古從之，果獲粟五十萬斛，分給諸屯，遂省河南之役。時部民入保避寇，卒有盜婦女首飾者，護軍止笞遣之，知節曰：「民避外患而來，反罹內寇，此而可恕，何以肅下？」卽命斬之。知深、慶二州，遷西京作坊使。旋知梓州，李順之叛，詔與劉繼恩同討賊。繼恩恃勢自任，惡知節不附己，遣守彭州，付以羸兵三百。彭之舊卒悉召還成都。知節累請益兵，不從。賊衆十萬攻城，知節力戰，自晨抵晡，士多死，慨然歎曰：「死，賊手非壯夫也。」卽橫槊潰圍，出遲明，援兵至，復鼓譟入賊，遂潰去。太宗聞而歎曰：「賊衆我寡，知節不易當也。」授益州鈐轄，加益、漢九州都巡檢使，遷內園使。會韓景祐帳下劉旰脅牙兵爲亂，連下州縣，衆踰二千，知節領兵三百追至蜀州，與戰，旰走卭州。知節曰：「賊破卭州，必乘勝渡江，薄我既息而後戰，官軍雖倍，制之亦勞，不如乘其弊急擊之，破之必矣。」遂行，次方井鎮，與旰遇，殺之無噍類。咸平初，領登州刺史，知秦州。州嘗質羌酋支屬餘二十人，踰二紀矣，知節曰：「羌亦人爾，豈不懷歸？」悉遣之。羌人感之，訖終更不犯塞。時州有銀坑，歲久鑛竭，課額弗除，主吏破產償之不足，知節請蠲之。章三上，乃允。遷西上閤門使、知益州，兼本路轉運使。自乾德後，歲漕蜀物，動踰萬計，時籍富民以部舟運，坐沉覆破產者衆，知節請代督以省校，而程其漕事，自是蜀人賴以免患。徙知延州，兼鄜延駐泊部署。邊寇將至，方上元節，遂命張燈啓關，累夕宴樂，寇不測，卽引去。會鎭州程德玄政事曠弛，徙知節代之。詔發澶、魏等六州糧輸定武，時兵交境上，知節曰：「糧之來，是資盜也。」止令於舟車所至收之，寇無所得而遁。車駕在澶淵，時王超擁兵數十萬屯眞定，逗留不進，知節移書誚讓之，超始出兵，猶以中渡無橋爲辭。知節預命度材，一夕而具。景德中，徙知定州，未幾，拜東上閤門使、樞密都承旨，擢拜簽書樞密院事。當是時，契丹已盟，中國無事，大臣方言符瑞，而知節每不然之，嘗言：「天下雖安，不可忘戰去兵。」以爲戒。自陳年齒未衰，五七年間尚可驅策，如邊方有警，願預其行，但得副都部署名及良馬數匹、輕甲一聯足矣。上以爲然，因命製銅鐵鎖子甲以賜焉。進宣徽北院使，加兼樞密副使。時王欽若爲樞密使，知節薄其爲人，遇事敢言，未嘗少屈，每廷議，得其不直，輒面詆之。時欽若寵顧方隆，知節愈不爲下。大中祥符七年，出爲潁州防禦使、知潞州。天禧初，移知天雄軍。召拜宣徽南院使、知樞密院事，以疾乞罷，除彰德軍留後、知貝州，兼部署。將行，眞宗閔其癯瘁，止命歸鎭。時上黨大名之民，已爭來迎謁。未幾，卒，年六十五。贈侍中，謚正惠。知節，將家子，慷慨以武力智謀自許，又能好書，賓友儒者，所與善，厚必一時豪傑，論事謇謇未嘗有所顧忌，故聞其風者亦知其爲正直云。

雷德驤字善行，同州郃陽人。周廣順三年，舉進士，解褐磁州軍事判官，召爲右拾遺，充三司判官，賜緋魚。顯德中，入受詔均定隨州諸縣民田屋稅，稱爲平允。宋初，拜殿中侍御史，改屯田員外郎，判大理寺。其官屬與堂吏附會宰相趙普，擅增刑名，因上言，欲求見太祖，以白其事，未引對，直詣講武殿奏辭，氣俱厲。太祖詰之，德驤對曰：「臣值陛下日旰未食，方震威嚴，爾帝怒，令左右曳出詔置極典。俄怒解，黜爲商州司戶參軍。刺史知德驤舊爲省郞，以客禮之。及奚嶼知州，希宰相旨，至則倨受庭參，德驤不能堪，出怨言。嶼銜之，適有言德驤至郡爲文訕上者，嶼召德驤與語，潛遣吏給其家人，取得之，卽械繫德驤，具狀以聞。太祖貸其罪，削籍徙靈武。數年，其子有鄰擊登聞鼓，訴中書不法事，趙普由是出鎭河陽，召德驤爲祕書丞，俄分判御史臺三院事，又兼判吏部南曹。開寶七年，同知貢舉。太祖崩，以德驤爲吳越國告哀使，還，遷戶部員外郎，兼御史知雜事，改職方員外郎，克陝西河北轉運使，歷禮部戶部郞中，入爲度支判官。太平興國四年，車駕征太原，爲太原西路轉運使。六年，同知京朝官考課，俄遷兵部郞中。七年，以公累降本曹員外郎，出知懷州，未幾，復舊官，又命爲兩浙轉運使。其子殿中丞有終亦爲淮南轉運使，父子同日受詔，搢紳榮之。俄遷右諫議大夫。雍熙二年，徵歸朝，同知京朝官考課。初，帝謂宰相曰：「朕前日閱班籍，擇官爲河北轉運使，所患不能周知羣臣履行。自今令德驤錄京朝官履歷功過之狀，引對，既得漸識羣臣，擇才委任，且使有官政者樂於召對，負瑕累者恥於顧問，可以爲懲勸矣。」端拱初，遷戶部侍郞。會趙普再入相，宣制之日，德驤方正班不覺墜笏，遽上疏乞歸田里。太宗召見，安諭之，賜白金三十兩，罷知考課，止以本官奉朝請。會議事尚書省，乘酒叱起居員外郎鄭構爲盜，御史奏劾，下御史臺案問，具狀，帝止令罰月奉而釋之，訖趙普出守西洛，帝終保全之。淳化二年，爲其壻如京副使衞濯訟，有鄰子秘書省校書郞孝先內亂，帝素憐德驤，忽暴揚其醜，不以孝先屬吏，止除名，配德均州。德驤坐失教，責授感德軍行軍司馬，并其子少府少監有終責授衡州團練副使。德驤因慚憤成疾，二年卒，年七十五。有終爲三司鹽鐵副使，表乞追復舊官，從之。德驤無文采，頗以強直自任，性褊躁多忤物，不爲士大夫所與。有鄰，開寶中舉進士不第，其父旣竄靈武，意宰相趙普擠抑之，時堂後吏胡贊、李可度經職歲久，或稱其請託受賕，而秘書丞王洞與德驤同年登第，有鄰每造謁，洞多以家事委之。一日，洞令有鄰市白金半鋌，因曰：「此令吾子知耍與胡將軍蓋謂贊也。」時又有招應攝官三任，詳由全者許投牒有司，卽得召試，錄用。有鄰素與前攝上蔡主簿劉偉交游，知偉雖嘗三攝而一任失其解由，偉造僞印，令其兄前進士侁書寫之，因是得試，遇銓，遂具章告其事，並下御史府按鞫，有鄰出入贊家，証其事多實，獄具，偉坐棄市，洞等並決杖除名，贊、可度仍籍其家。有鄰授祕書省正字，賜公服、靴笏、銀鞍勒馬、絹百疋。自是累上疏，密告人陰事。俄被病，白晝見偉入室，以杖箠其背，有鄰號呼，聞于外，數日而死。賜德驤錢十萬，以給喪事。

有終字道成，幼聰敏，以蔭補漢州司戶參軍，時侯陟典選，木彊難犯，選人聽署，於廷無敢譁者，有終獨抗言願爲大郡治獄掾，陟叱之曰：「年未三十，安可任此官？」有終不爲沮，署萊蕪尉，知監，左拾遺劉祺以有終年少，頗易之，有終發其姦贓，祺坐罪，杖流海島，以有終代知監事。先是三司補吏爲治官，率以貲進，多恣橫，至是受署者憚有終率，多避免。太宗卽位，聞其名，遣內侍伍守忠同掌監事，且察其治迹。守忠至，裁周月，卽還奏有終彊濟之狀，亟詔爲大理寺丞，會德驤任陝西轉運，奏爲解州通判，特許德驤不巡察是州。有終入奏鹽池利害，改贊善大夫，令還權知軍事，省通判。太平興國六年，遷殿中丞，知密州，徙淮南轉運副使，賜緋魚，改太常博士。時德驤主簿兩浙，往往省于境上，時人榮之。雍熙中，王師北征，命爲蔚州飛狐路隨軍轉運使，入爲鹽鐵判官，歷戶部、度支副使，賜金紫。出知昇州。淳化初，就遷少府少監，知廣州。二年，女弟壻衞濯訟其家法不謹，有終坐親累責授衡州團練副使，奪章服。俄丁外艱，行及許田，召歸入對，賜錢八十萬，起爲都官員外郎，歷度支、鹽鐵副使，復金紫。時以江南嶺外茶鹽價不一，細民冒禁私販，多陷重辟，詔有終領江淮兩浙荊湖福建廣南路茶鹽制置使，就出鹽產茶之地，以便宜裁制，使還，改工部郞中、知大名府。不踰月，復爲少府少監，徙知江陵。李順之亂，王師西征，命與裴莊爲峽路隨軍轉運使，同知兵馬事，調發兵食，規畫戎事，皆有節制。師行至峽中，遇盜格鬭，衆渴乏，會天雨，軍士以兜牟承水飲之，且行且戰，進至廣安軍。壘瀕江，三面樹柵，會夜陰晦，賊衆奄至，鼓譟舉火，士伍恐懼，有終安坐櫛髮自若。賊圍既合，有終引奇兵出其後擊之，賊衆驚擾，赴水死者無算，就拜右諫議大夫、知益州。次簡州，寓佛舍，度賊必至，命左右重閉，召土人嚴更警備。初夕，間道而出，賊圍守數重，及壞寺入惟擊析者在焉俄兼同招安使賊平改知許州三年改給事中知幷州眞宗嗣位加工部侍郎咸平二年代還知審刑院俄授戶部使三年將巡師大名遣有終乘驛先詣澶州督納糧草車駕還次德清軍會益州奏至神衞戍卒以正旦竊發害兵馬鈐轄符昭壽擁都虞候王均爲亂逐知州牛冕卽日拜有終瀘州觀察使知益州兼川峽兩路招安捉賊事御廚使李惠洛苑使石普供備庫副使李守倫並爲招安巡檢使給步騎八千命往招討又以洛州團練使上官正爲東川都鈐轄西作坊使李繼昌爲峽路都鈐轄崇儀副使高繼勳王阮並爲益州駐泊都監供奉官閤門祗候孫正辭爲諸州都巡檢使正月三日均率衆陷漢州進攻綿州旬日不能下趣劍門先是知劍州祕書丞李士衡度寇必至城不能守悉徙官帑保劍門焚其倉廩及署榜招軍卒之流逸者得數十人已而賊果至士衡與劍門都監左藏庫副使裴臻逆擊之時風雪連日均衆無所掠惟食敗糟臻與戰斬首數千級賊衆疲劇宵遁還保益州士衡卽馳騎入奏上嘉之拜士衡度支員外郎賜緋臻崇儀使領峯州刺史仍舊職知蜀州供奉官閤門祗候楊懷忠聞變卽調鄉丁會十一路巡檢兵刻期進討蜀民不從賊者相率抗禦儕伍謂之清壇衆擇清壇之魁七十餘人悉補巡檢將遣判官高本馳驛以聞十七日懷忠率衆入益州焚城北門至三井橋時均尚留劍門與賊將曾麻胡陣于江瀆廟前自晨至晡戰數合懷忠兵勢不敵退還所部懷忠部下多李順舊黨頗貪剽刧故敗績焉懷忠移文嘉眉七州調軍士丁男來會二月再攻益州時均方遣逆黨趙延順攻邛蜀懷忠逆與之戰賊稍退懷忠與轉運使陳緯麾兵由子城南門直入軍資庫與緯署其庫簷均衆皆銀槍繡衣爲數隊分列子城中賊兵出通遠門與懷忠戰數合會暮懷忠復退軍笮橋背水列陣砦樠木橋南以扞邛蜀之路賊故不復能南畧自淸水壩溫江金馬三道來攻樠木砦出官軍後焚江原神祠斷邛蜀援路懷忠三路分兵以抗之斬首五百餘級驅其餘衆入皁江獲甲弩甚衆乘勝逐賊至益州南十五里砦于鷄鳴原以俟王師均亦閉成都東門以自固是月有終等至令石普先與綿漢都巡檢張思鈞收復漢州進壁升僊橋賊出攻砦有終擊走之一日均開城僞爲遁狀有終與上官正石普率兵徑入官軍分剽民財部伍不肅賊閉關發伏布床榻於路口官軍不得出因爲所殺有終等緣堞而墜李惠死之退保漢州

益州城中民皆奔迸四出復爲賊黨分騎追殺或囚縶之支解族誅以恐衆又脅士民僧道之少壯者爲兵先刺手背次髡首次黥面給軍裝令乘城與舊賊黨相間有終署榜招之至則署其衣袂釋之日數百人三月進攻彌牟砦斬首千餘級復爲賊所拒四月賊由升僊橋分路來寇併軍於東偏有終率兵逆擊大敗之殺千餘人奪其繖蓋金槍等物均單騎還城有終遣其子奉禮郎孝若馳奏上召孝若問敗賊之由笑謂左右曰均鼠竊爾雖嬰城自守計日可擒矣孝若因言嘗習武藝願改秩以効卽補供奉官俄以刑部員外郎馬亮爲轉運使國子博士張志言副之供備庫副使張昫爲綿漢都巡檢使楊懷忠又分所部砦於合水尾浣花等處樹機石設笓籬以拒之賊自升僊之敗徹橋塞門官軍進至清遠江爲梁而度有終與石普屯於城北門之西依壕爲土山分設鹿角又得舊草場造梯衝洞車攻具普專主之高繼勳張昫孫正辭攻城東上官正李繼昌王阮攻城西楊懷忠與巡檢殿直閤門祗候馬貴攻城南賊將趙延順盡驅兇黨以拒既而延順中流矢死又遣其黨丁重萬立城門上官軍射之殪每攻城輒會雨城滑不能上官軍及丁夫爲洞屋以進賊又鑿地道出掩之溺濠中死者千餘軍勢小衂時方暑濕軍士多疾有終市藥他州療之是月詔洛苑使入內副都知秦翰爲兩川捉賊招安使有終與翰叶議於城北魚橋又築土山八月克城北羊馬城遂設鴈翅敵棚覆洞屋以進逼羅城九月城北洞屋成賊對設敵樓以抗官軍有終遣卒焚之賊自是銷沮築月城以自固有終募敢死士間道以入賊爲藥矢中者立死有終令卒蒙氊秉燧以入悉焚其望樓機石先遣東西南砦皷譟攻城有終與石普分主洞屋以進普穴城爲暗門成賊攢戟於前無敢進者有二卒請行許以厚賞乃麾戈直衝之賊鋒稍却遂入城有終登城樓下瞰賊之餘衆猶砦天長觀前於文翁坊密設礮架高繼勳白于馬亮請給稭秆油糏衆執長戟巨斧秉炬以進悉焚之楊懷忠焚其砦天長觀前追至大安門復敗焉是夕二鼓均與其黨二萬餘南出萬里橋門突圍而遁有終疑有伏遣人縱火城中詰朝與秦翰登門樓牙吏有受僞署官職者捕得立樓下傍積薪厝火其上索男子魁壯者令辨之曰某嘗受某職卽命左右捽投火中自晨至晡焚死者數百人時謂究酷均既走度合水尾由廣都畧陵榮趣富順監所過斷橋塞路焚倉庫而去初有終遣懷忠領虎翼軍追之

後二日石普繼往以全軍爲後援十月均至富順其將校以筏度江趨戎瀘邊境朝廷每歲孟冬朔詔富順監具酒肴犒內屬蠻酋是日裁設具而均黨適至皆食焉聞懷忠追騎將至均心易之謂其黨曰速降懷忠令其衆負擔以行懷忠距富順六十里於楊家市少憩賊衆在後者邀戰懷忠遣騎士歷高原覘賊且語其左右曰縱賊度江後悔無及聞石侯將至當以奇兵取之乃臨江列陣擊之餘黨散走有拏舟將度江而遁者懷忠合强弩射之溺死甚衆懷忠張旗鳴鼙入城均方在監署中其衆多醉均窮蹙縊死虎翼軍校魯斌斬其首詣懷忠獲僭僞法物旌旗甲馬甚衆擒其黨六千餘人逆徒殲焉懷忠旋軍出北門石普之衆方至奪均首馳歸成都梟于北市均本隸開封散從直後補軍校初神御軍之戍成都者以均及董福分二指揮以領之福御衆有法部下皆優足均縱其下飲博軍裝亦以給費是歲車駕幸河朔符昭壽與牛冕大閱於東郊蜀人邀視之二軍衣服鮮弊不等均衆因是懟憤益州知州與鈐轄二廝並禁旅爲牙隊歲除冕以酒肴犒部士而昭壽旣驕恣復肆侵虐冕亦寬弛無政故詰朝合起爲亂神衞卒旣殺昭壽是日成都官吏方相與賀正聞變皆奔竄牛冕與轉運張適縋城而出惟都巡檢使劉紹榮自刃格鬬旣而衆寡不敵叛卒尚未有主或欲奉紹榮爲帥者紹榮攝弓罵曰我燕人也比棄鄉土來歸本朝豈能與汝同逆汝亟殺我我肯負朝廷哉衆未敢動監軍王澤與均適至乃謂均曰汝所部爲亂盍自往招安均既往叛卒卽擁之爲王紹榮自經死均僭號大蜀改元化順署置官稱設貢舉以張鍇爲謀主鍇本名美太原舊卒後爲神衞小校狡獪嘗歷戰陣粗習陰陽以熒惑同惡故勸均爲亂均實戇懦無謀嘗言官軍若至我當先路出迎自陳被脅之狀鍇聞之擇軍中子弟署寄班以防守均令不與人接見官軍圍城每射箭招誘及令均子弟至城下均皆不之知得箭書鍇悉焚之自起至敗所守止一城而已均初署親軍爲天降虎翼後果爲虎翼軍所殺賊既平遣承受供奉官楊崇勳乘傳告捷賜崇勳錦袍銀帶器幣有終加保信軍節度觀察留後以秦翰爲內園使恩州刺史石普爲益州團練使高繼勳王阮並爲崇儀使孫正辭爲內殿崇班李繼昌爲獎州刺史張昫爲供備庫副使楊懷忠爲供備庫副使馬貴爲供奉官是役也懷忠之功居最爲石普所忌朝廷微聞之遣寄班安守忠按視戰所盡得其功狀以故懷忠復

遷崇儀使領恩州刺史四年有終代還命爲涇原儀渭鎭戎路都部署辭不拜改知永興軍府徙秦州景德初徙爲幷代副都部署賜黃金四百兩丁內艱起復契丹入寇上幸澶淵詔有終率所部由土門抵鎭州與大兵會既而王超桑贊逗撓無功惟有終赴援威聲甚振河北列城賴其雄張俄而契丹修好命還屯所就判幷州召拜宣徽北院使檢校太保二年七月暴疾卒年五十九贈侍中錄其子孝若爲內殿崇班閤門祗候孝傑爲內殿崇班孝緒爲供奉官孝恭爲侍禁親族門客給事董遷補者八人有終倜儻自任不拘小節有幹局洗敏善斷不畏强禦輕財好施歷典藩閫能撫士卒豐於宴犒官用不足則傾私帑及榷錢以給之家無餘財奉身甚薄常所御者銅鞍勒馬而已第在崇仁里者德驤所創有終在蜀嘗貸備用庫錢數百萬奏納其第償之優詔蠲免爲宣徽使特給廉鎭公用錢歲二千貫身沒之日宿負猶不啻千萬官爲償之王繼英在樞密頗忌有終進用屢言其在蜀及守邊厚費以收士卒心眞宗不之信卒保護焉

孝先字子思有鄰子也舉進士試祕書省校書郎知天長縣以衞濯訟其內亂除籍配均州後復知宛邱縣李繼隆判陳州薦其能加試大理評事契丹內寇眞宗幸大名孝先以部芻糧河北首至行在擢太常寺奉禮郎王均反益州隨季父有終進討孝先率先鋒與賊戰升僊橋斬首數百得均金槍黃繖以獻改將作監丞李繼遷陷靈州朝廷調兵軍費多出於民關內大擾孝先請益募商人入粟塞下償以茶鹽召對稱旨命馳驛陝西與轉運使鄭文寶議立規畫後多施行累遷尚書屯田員外郎嘗建置三司拘收司以檢天下財利出入之數詔如其請知興元府坐保任失實降通判華州徙知鄆州宰相寇準舉換內園使知貝州會慈州民張熙載詐稱黃河都總管籍並河州郡芻糧數至貝州孝先覺其姦捕繫獄孝先欲因爲此奇功以動朝廷迫司理參軍紀瑛敎熙載僞爲契丹諜者號景州刺史兼侍中司空大靈宮使部送京師樞密院按得孝先所敎狀謫澤州都監利號三州改環慶路兵馬鈐轄知邠州踰年領昭州刺史爲益州鈐轄再遷左藏庫使擢西上閤門使涇原路鈐轄兼知渭州復知邠州徙耀州以爲領軍衞大將軍昭州刺史分司西京卒子簡夫

簡夫字太簡隱居不仕康定中樞密使杜衍薦之召見以祕書省校書郎簽書秦州觀察判官公事既罷居長

安自以處士起不復肯隨衆調官多爲岐路求辟薦時三白渠久廢京兆府遂薦簡夫治渠事先時治渠歲役六縣民四十日用稍木數百萬而水不足簡夫用三十日稍木比舊三之一而水有餘知坊州徙簡州用張方平薦知雅州既而辰州蠻酋彭士羲內寇三司副使李參侍御史朱處約安撫不能定繼命簡夫往至則督諸將進兵築明溪上下二砦據其險要拓取故省地石馬崖五百餘里仕義內附擢三司鹽鐵判官以疾知虢同二州累遷尚書職方員外郎卒錄其子爵臣爲郊社齋郎簡夫始起隱者出入乘牛冠鐵冠自號山長關中用兵以口舌捭闔公卿既仕自奉稍驕侈騶御服飾頓忘其舊里閭指笑之曰牛及鐵冠安在

王超趙州人弱冠長七尺餘太宗尹京召置麾下及卽位以隸御龍直淳化二年累遷至河西軍節度使殿前都虞候眞宗嗣位以翊戴功加檢校太傅領天平軍節度咸平二年秋大閱禁兵二十萬于東郊超執五方旗以節進退上御戎幄觀之面賜褒獎從幸大名與都虞候張進並爲先鋒都大點檢傳潛逗撓得罪以超爲侍衞馬步軍都虞候鎭州行營都部署又帥鎭定高陽關三路契丹入邊與戰于遂城西俘馘二萬計斬其裨王騎將十五人手詔褒美李繼遷陷淸遠軍以超將西面行營之師禦之徙帥永興軍宰相言超材堪將帥遂以超帥定州路行營王繼忠副之尋加鎭定高陽關三路都部署密遣中使賜以御弓矢許便宜從事加開府儀同三司檢校太尉咸平六年遼師大入超召鎭州桑贊高陽關周瑩率兵會定州瑩以非詔旨不至遼兵圍望都超贊率兵赴之陣于縣南六里繼忠在陣東偏契丹出其背遮絕糧道人馬乏困繼忠馳前與契丹戰超贊遂旋師繼忠孤軍沒焉上卽遣劉承珪李允則馳往察退衄之狀且言鎭州副部署李福拱聖軍都指揮使王昇當戰先旋福坐削籍流封州昇決杖配隸瓊州景德初上親巡澶淵召超赴行在復緩師期契丹遂深入會南北通好故薄其責止罷超三路帥爲崇信軍節度使徙知河陽又移鎭建雄知青州卒贈侍中再贈尚書令追封魯國公謚武康超爲將善部分御下有恩與高瓊同典禁旅嘗休假他適過營壘軍校不時將迎瓊卽命箠罰超以爲非公行不當加罪人稱其恕然臨軍寡謀拙於戰鬬子德用

德用字元輔超爲懷州防禦使補衙內都指揮使至道二年分五路出兵擊李繼遷超帥兵六萬出綏夏德用年十七爲先鋒將萬人戰鐵門關斬首十三級俘掠畜產以數萬計進師烏白池他將多失道不至虜銳甚超按兵不進德用請乘之得精兵五千轉戰三日敵勢却德用曰歸師迫險必亂乃領兵距夏州五十里絕其歸路下令曰亂行者斬一軍肅然超亦爲之按轡繼遷躡其後左右望見隊伍甚嚴整莫敢近超撫其背曰王氏有子矣累遷內殿崇班以御前忠佐爲馬軍都軍頭出爲邢洺磁相巡檢盜張洪霸相聚界上吏不能捕德用以氈車載勇士詐爲婦人餙過邯鄲賊果來邀勇士奮出悉禽之徙督捕陝西東路盜賊相戒曰此禽張洪霸者皆相率逃去爲環慶路指揮使尋以奏事忤旨責授鄆州馬步軍都指揮使歷內殿直都虞候殿前左班都虞候柳州刺史遷捧日左廂都指揮使英州團練使天聖初以博州團練使知廣信軍城壞久不治德用率禁軍增築之有詔褒諭徙冀州歷龍神衞捧日天武四廂都指揮使康州防禦使侍衞親軍步軍馬軍都虞候召還又爲幷代州馬步軍副都總管遷殿前都虞候步軍副指揮使歷桂州福州觀察使章獻太后臨朝有求內降補軍吏者德用曰補吏軍政也不可與太后固欲畢之卒不奉詔乃止太后崩有司請衞士坐甲德用曰非故事也不奉詔仁宗閱太后閤中得德用前奏軍吏事奇之以爲可大用拜檢校太保簽書樞密院事德用謝曰臣武人幸得以馳驅自効賴陛下威靈待罪行間足矣且臣不學不足以當大事帝遣使者趣入院遂爲副使久之以奉國軍節度觀察留後同知院事遷知院歷安德軍加檢校太尉定國軍節度使宣徽南院事趙元昊反德用請自將討之不許德用狀貌雄毅面黑頸以下白皙人皆異之言者論德用貌類藝祖御史中丞孔道輔繼言之且謂德用得士心不宜久典機密遂罷爲武寧軍節度使徐州大都督府長史有言德用市馬於府州者上其券乃市於商人者言者猶不已降右千牛衞上將軍知隨州州置判官家人皆惶恐德用舉止言色如平時惟不接賓客而已徙知曹州或謂德用曰孔中丞害公今死矣德用曰中丞言官豈害我者朝廷亡一忠臣可惜也起爲保靜軍節度觀察留後知青州改澶州陝西用兵久無功契丹遣劉六符來求復關南地以兵壓境德用見帝流涕言臣前被罪陛下赦而不誅今不足辱命帝慰勞曰河北方警藉卿鎭撫之又賜手詔慰勉拜保靜軍節度使歲大熟六符見德用拜曰此公仁政所及也徙眞定府定州路都總管還奏事復以宣徽南院使判成德軍未行徙定州路都總管日訓練士卒久之士殊可用契丹使諜者來覘或請捕殺之德用曰第舍之彼得實以告是服人之兵以不戰也明日大閱援桴鼓之士皆踊躍進退坐作終日不戮一人乃下令具糗糧聽吾鼓聲視吾旗幟所向覘者歸告契丹謂漢兵將大入既而復議和遂徙陳州又徙河南不行入奉朝請出判相州拜同中書門下平章事判澶州徙鄭州封祁國公還爲會靈觀使德用素善射雖老不衰侍射瑞聖園辭曰臣老矣不能勝弓矢帝再三諭之持二矢未發帝顧之使必中乃收弓矢謝一發中的再發又中帝笑曰德用欲中卽中爾孰謂老且衰乎賜襲衣金帶加檢校太師復判鄭州徙澶州改集慶軍節度使封冀國公皇祐三年上疏乞骸骨以太子太師致仕大朝會綴中書門下班德用將家子習知軍中情僞善以恩撫下故多得士心雖屢臨邊境未嘗親矢石督攻戰而名聞四夷閭閻婦女小兒皆呼德用曰黑王相公帝嘗遣使問邊事德用曰咸平景德中賜諸將陣圖人皆死守戰法緩急不相救以至于屢敗誠願不以陣圖賜諸將使得應變出奇自立異效帝以爲然德用雖致仕乾元節上壽預班廷中契丹使語譯者曰黑王相公乃復起耶帝聞之起爲河陽三城節度使同中書門下平章事判鄭州至和元年遂以爲樞密使命入謁拜明年富弼相契丹使耶律防至德用與防射玉津園防曰天子以公典樞密而用富公爲相將相皆得人矣帝聞之賜弓一矢五十後封魯國公求去位至六七乃以爲忠武軍節度使景靈宮使又以爲同羣牧制置使有詔五日一會朝聽子孫一人扶掖卒年七十九贈太尉中書令謚武恭加賜其家黃金德用諸子中咸融最鍾愛晚年頗縱之多不法後更折節自飭官至左藏庫使眉州防禦使

論曰全義德驤遇知太祖太宗超復翊戴眞宗宜致崇顯然董董無踰人者而各有子勤動於國籍若知節生將家喜讀書立朝爭事以剛正稱天下其邦之司直歟有終起進士明幹知兵平蜀鉅賊振聲鄰敵可謂肇敏戎公矣至於精神折衝名聞四夷矯矯虎臣則德用其有爲

宋史卷二百七十九

元中書右丞相總裁脫脫等修

列傳第三十八

王繼忠開封人父珫爲武騎指揮使戍瓦橋關卒繼忠年六歲補東西班殿侍眞宗在藩邸得給事左右以謹厚被親信卽位補內殿崇班累遷至殿前都虞候領雲州觀察使出爲深州副都部署改鎭定高陽關三路鈐轄兼河北都轉運使遷高陽關副都部署俄徙定州咸平六年契丹數萬騎南侵至望都繼忠與大將王超及桑贊等領兵援之繼忠至康村與契丹戰自日昳至乙夜敵勢小却遲明復戰繼忠陣東偏爲敵所乘斷餉道超贊皆畏縮退師竟不赴援繼忠獨與麾下躍馬馳赴服飾稍異契丹識之圍數十重士皆重創殊死戰且戰且行旁西山而北至白城遂陷于契丹眞宗聞之震悼初謂已死優詔贈大同軍節度賙賻加等官其四子景德初契丹請和令繼忠奏章乃知其尚在朝廷從之自是南北戢兵繼忠有力焉歲遣使至契丹必以襲衣金帶器幣茶藥賜之繼忠對使者亦必泣下嘗附表懇請召還上以誓書約各無所求不欲渝之賜詔諭意契丹主遇繼忠甚厚更其姓名爲耶律顯忠又改名宗信封楚王後不知其所終子懷節懷敏懷德懷政眞宗宮邸攀附者繼忠之次有王守俊至濟州刺史蔚昭敏至殿前都指揮使保靜軍節度翟明至洛州團練使王遵度至磁州團練使楊保用至西上閤門使康州刺史鄭懷德至御前忠佐馬步軍都軍頭永州團練使張承易至禮賓使吳延昭至供備庫使白文肇至引進使昭州團練使彭睿至侍衞馬軍副都指揮使武昌軍節度靳忠至侍衞馬軍都虞候端州防禦使郝榮至安國軍節度觀察留後陳玉至冀州刺史崔美至濟州團練使高漢美至鄭州團練使楊謙至御前忠佐馬步軍副都軍頭河州刺史

傅潛冀州衡水人少事州將張廷翰太宗在藩邸召置左右卽位隸殿前左班三遷東西班指揮使征太原一日再中流矢又從征范陽先至涿州與契丹戰生擒五百餘人翌日上過其所見積尸及所遺器仗嘉歎之師旋擢爲內殿直都虞候上對樞密言潛從行有勞賞薄復加馬步都軍頭領雄州刺史改捧日右廂都指揮使

領富州團練使遷日騎天武左右廂都指揮使領雲州防禦使雍熙二年命大將曹彬北征以潛爲幽州道行營前軍馬步軍都指揮使師敗於拒馬河責授右領軍衞大將軍自檢校司徒降爲右僕射仍削功臣爵邑明年起爲內外馬步都軍頭領潘州防禦使尋拜殿前都虞候領容州觀察使端拱初加殿前副都指揮使領昭化軍節度出爲高陽關都部署淳化二年四月拜侍衞馬步軍都虞候領武成軍節度至道中出爲延州路都部署改鎭州眞宗卽位領忠武軍節度數月召還咸平二年復出爲鎭定高陽關三路行營都部署契丹大入緣邊城堡悉飛書告急潛麾下步騎凡八萬餘咸自置鐵撾鐵棰爭欲奮擊潛畏懦無方畧閉門自守將校請戰者則醜言罵之無何契丹破狼山砦悉銳攻威虜略寧邊軍及祁趙游騎出邢洺鎭定路不通者踰月朝廷屢間道遣使督其出師會諸路兵合擊范廷召桑贊秦翰亦屢促之皆不聽廷召等怒因詬潛曰公恇怯乃不如一嫗爾潛不能答都鈐轄張昭允又屢勸潛潛笑曰賊勢如此吾與之角適挫吾銳氣耳然不得已分騎八千步二千付廷召等於高陽關逆擊之仍許出兵爲援洎廷召等與契丹血戰而潛不至康保裔遂戰死及車駕將親征又命石保吉上官正自大名領前軍赴鎭定與潛會潛卒逗遛不發致敵騎犯德棣渡河湊淄齊刼人民焚廬舍上駐大名而邊捷未至且諸將屢請益兵潛不之與有戰勝者潛又抑而不聞上繇是大怒乃遣高瓊單騎卽軍中代之令潛詣行在至則下御史府命錢若水同劾按一夕獄具百官議法當斬從駕羣臣多上封請誅之上貸其死下詔削奪潛在身官爵幷其家屬長流房州潛子內殿崇班從範亦削籍隨父流所仍籍沒其貲產五年會赦徙汝州景德初起爲本州團練副使改左千牛衞上將軍分司西京大中祥符四年車駕西巡至洛因命從駕還京遷左監門大將軍還其宅久之判左金吾街仗天禧元年卒

張昭允者字仲孚衞州人以父秉蔭試大理評事潘美妻以女奏換右班殿直以久次遷通事舍人端拱初契丹內擾命爲雄州監軍敵騎乘秋掠境上昭允與知州田仁朗選銳卒襲其帳敗走之進西上閤門副使提總左右藏金銀錢帛昭允以諸州絹常度外長數尺請裂取付工官備他用歲獲羨餘旣而士卒受冬服度之不及程出怨言昭允坐免官俄起爲崇儀副使累遷西上閤門使河西馬步軍鈐轄屯石州會討李繼遷王超出夏綏州路領後陣超深入數百里踰白池道阻糧絕昭允以所部援之戎人大敗眞宗卽位以昭允章懷皇后姊壻頗被親信咸平二年命爲鎭定高陽關行營馬步都鈐轄時傅潛爲都部署畏愞城守昭允屢勸其出兵潛按兵不動潛旣得罪昭允亦削奪官爵長流道州景德二年起爲楚州團練副使改右神武將軍大中祥符元年卒昭允喜筆札習射曉音律子正中居中

戴興開封雍邱人年十餘歲以勇力聞里中及長身長七尺餘美鬚髯目如畫太宗在藩邸興詣府求見奇之留帳下卽位補御馬左直遷直長再遷御龍直副指揮使從征太原先登中流矢補御龍弓箭直指揮使遷都虞候一日帝問興曰汝頗有尊屬否對曰臣父延正兄進皆力田卽召延正爲諸衞將軍進爲天武軍使俄以興領嚴州刺史改天武左廂都指揮使領勝州團練使雍熙三年曹彬等北征失律諸將多坐黜免以興爲侍衞步軍都虞候領雲州防禦使契丹撓邊命興屯澶州以備非常改本州觀察使充天雄軍副都部署端拱初遷步軍都指揮使領鎭武軍節度賜襲衣金帶鞍勒馬歷澶州天雄軍都部署改殿前副都指揮使出帥鎭定二州時盜賊羣起會五巡檢兵討之踰月不能克興陰勒所部潛出擊之擒戮殆盡未幾徙高陽關遷殿前都指揮使領定國軍節度賜白金萬兩歲加給錢七百萬淳化五年出爲定武軍節度歲加給錢千萬西北未平從夏州路行營都部署知州事時五路討李繼遷興所部深入千餘里不見賊會太宗崩三上表求赴國哀不俟報上道及至京師以擅離所部左遷左領衞上將軍咸平初兼判左金吾街仗俄出知京兆府卒贈太尉遣中使護其喪歸葬鄕里錄其子永和永豐

王漢忠字希傑徐州彭城人少豪蕩有膂力形質魁岸善騎射節帥高繼冲欲召至帳下漢忠不往因毆殺里中少年遂亡經宿復蘇其父遣人追及於蕭縣漢忠不肯還西至京師太宗在藩邸召見奇其材力置左右卽位補殿前指揮使累遷內殿直都知從征太原先登流矢中眸戰益急上壯之遷東西班指揮使劉繼元降以所部安撫城中師還改殿前左班指揮使三遷右班都虞候領涿州刺史雍熙中改馬步軍都軍頭端拱初出爲賓州團練使歷冀貝二州部署徙天雄軍二年入爲侍衞馬軍都虞候領洮州觀察使高陽關副都部署契丹南侵漢忠合諸軍擊敗之斬馘甚衆淳化初徙定州五年遷殿前都虞候眞宗卽位自中山召歸俄復出爲高陽關都部署進領威塞軍節度咸平三年又爲涇原環慶兩路都部署兼安撫使遷侍衞馬軍都指揮使改鎭定高陽關都部署三路都排陣使契丹掠中山漢忠率諸將陣于野契丹遁追斬甚衆獲其貴將加殿前副都指揮使改領保靜軍節度五年罷西面經略使命漢忠爲邠寧環慶兩路都部署李允正宋沆爲鈐轄領戍兵二萬五千人委漢忠分道控制數月召還坐違詔無功責爲左屯衞上將軍出知襄州常奉外增歲給錢二百萬未上道暴得疾卒贈太尉以其長子內殿崇班從吉爲閤門祗候次子從政從益爲左右侍禁漢忠有識略軍政甚肅每行師詰旦必行香祝曰願軍民無犯吾令違者一毫不貸故所部無盜性剛果不務小節輕財樂施好讀書頗能詩喜儒士待賓佐有禮名稱甚茂以是自矜尚羣帥不悅漢忠沒後其子從吉詣闕上書訟父寃因歷詆羣臣有行賂樹黨及蒙蔽邊防屯戍艱苦之事眞宗命樞密王繼英等問狀從吉止誦狀中語他無所對上以從吉付御史具伏乃進士楊逢爲之辭從吉坐除名配隨州逢杖配春州

王能廣濟定陶人初事州將袁彥太宗在晉邸召置左右卽位補內殿直六遷至殿前左班指揮使進散員都虞候久之領潘州刺史再遷殿前右班都虞候兼御前忠佐馬步軍都軍頭咸平初自捧日右廂都指揮使出爲濟州團練使知靜戎軍建議決鮑河斷長城口北注雄州塘水爲戎馬限方舟通漕以實塞下又開方田畫靜戎順安之境北邊來寇能擊走之初眞宗詢軍校勤勇者委以方面因語宰相曰聞王能頗宜力公家陳興張禹珪亦有聲于時才固難全拔十得五亦有助也景德初擢本州防禦使與魏能張凝並命出爲邢洺路都部署俄改鎭定高陽關三路行營都部署押策先鋒護城祁州躬率丁夫旦暮不離役所宴犒周洽會詔使自北至者言之手詔襃飭連徙天雄軍高陽關二部署改定州副都部署大中祥符二年詔合鎭定兩路部署爲一命能領之明年召入拜侍衞步軍副都指揮使領曹州觀察使祀汾陰留爲京城巡檢兼留司殿前司事禮成加領振武軍節度復爲鎭定副都部署兼知定州八年表求入覲許之先是節帥陛見必飲於長春殿掌兵者則不預至是特令用藩臣例有司言能旣赴坐則殿前馬軍帥皆當侍立繇是特令諸帥預坐自是掌兵者率以爲例俄還屯所改領靜江軍節度天禧元年轉都指揮使領保靜軍節度是冬代還入見以足疾免舞蹈賜宴累表求解特與告醫療二年制授彰信軍節度罷軍職赴鎭以地近其鄕里寵之也明年卒年七十八贈太尉而錄其子守信等官

張凝滄州無棣人少有武勇倜儻自任鄕人趙氏子以材稱凝恥居其下因挾弓與角勝負約築土百步射之凝一發洞過矢激十許步抵大樹而止觀者歎服節帥張美壯之召置帳下太宗在藩邸聞其名以隸親衞卽位補殿前指揮使稍遷散祗候班都虞候淳化初以其有材幹與王斌王憲並授洛苑使凝領繡州刺史賜襲衣金帶每頒賚必異等出爲天雄軍駐泊都監移貝州改高陽關行營鈐轄六宅使眞宗踐祚加莊宅使還北作坊使咸平初契丹南侵凝率所部兵設伏於瀛州西出其不意腹背奮擊挺身陷敵凝子昭遠年十六從行卽單騎疾呼突入陣中掖凝出左右披靡不敢動明年契丹兵大至車駕幸大名凝與范廷召於莫州東分據要害斷其歸路契丹宵遁凝縱兵擊之盡奪所掠生口資畜徙鎭定高陽關路前陣鈐轄遷趙州刺史四年召還代潘璘爲邠寧環慶靈州路副部署兼安撫使時斥堠數擾轉運使劉綜懼飛輓不給問計於凝凝曰今當深入因敵資糧不足慮也乃自白豹鎭率兵入敵境生擒賊將燒蕩三日餘帳芻糧八萬斬首五千餘獲牛馬器甲二萬降九百餘人慶州蕃族胡家門等桀黠難制凝因襲破之又熟戶與生羌錯居頗爲誘脅凝引兵至八州原分水嶺柔遠鎭降砦酋嶅等百七十餘族合四千戶邊境獲安就加寧州團練使景德初還本州防禦使代楊嗣爲定州路行營副部署徙保州駐泊又兼北面安撫使時王超爲總帥以大兵頓中山朝議擇凝與魏能田敏楊延昭分握精騎俟契丹至則深入以牽其勢超嘗請四人悉隸所部上以本設奇兵撓敵之心腹若復取裁大將則無以責效乃令凝等不受超節度時魏能逗撓退保城堡衆皆憤悱責讓能凝獨默然或問之凝曰能麤材險愎旣不爲諸君所容吾復切言之使其心不自安非計也上聞而嘉其有識車駕觀兵澶淵凝率衆抵易州旣而契丹受盟北歸所過猶侵剽不已遂以凝爲緣邊安撫使提兵躡其後契丹乃不敢略奪改高陽關部署明年議勞就加殿前都虞候卒凝忠勇好功名累任西北善訓士卒繕完器仗前後賞賜多以犒師家無餘資京師無居第眞宗悼惜之贈彰德軍節度遣中使護喪還京官給葬事厚卹其家子昭遠

魏能鄆人也少應募隸雲騎軍後選補日騎左射又隸

殿前班七遷散員左班都知舊制諸軍辭見才器勇敢或迥異出羣者許將校交舉以任使毋枉其志能時戍外藩咸平未有舉者太宗曰能材勇過人朕可自保由是進用之端拱二年加御前忠佐馬軍副都軍頭歷殿前左班都虞候領溪州刺史加秩轉馬步軍都軍頭咸平三年眞拜黃州刺史明年爲鎮定高陽關三路前陣鈐轄五年知鄭州團練使復任威虜軍契丹入冦能當城西與諸將合戰無憚色大敗其衆斬首二萬級契丹統軍鐵林公來薄陣能發矢殪之并其將十五人奪甲馬兵械益衆契丹復入能率州軍逆戰南關門遣其子政與都監劉知訓間道絕敵行勢戰數十合退薄西山下破走之獲器甲十八萬契丹嘗謀入鈔能偵知卽發兵逆擊生擒酋帥殄滅殆盡六年改威虜軍部署知軍事士民詣闕下乞留能詔嘉之能建言戍卒逸邊境者請沒其妻與子爲奴婢上慮嚴迫聽緩期自新違以法坐會浚順安軍營田河道以扼冦徙莫州路部署石普屯兵順安之西境詔能與楊延昭田敏掎角爲備景德初破敵長城口追越陽山斬首級獲兵器益衆詔賜錦袍金帶復以所部禦冦于順安六月召拜防禦使復出爲寧邊軍路部署詔推能果略再任以威虜使副精兵伺敵動止邊人百餘掠居民樹蕃僧爲帥能與田敏楊勳合兵設伏擊之擒其帥賊來逼城能出兵拒之少卻卽卻陣入城張凝以兵擊卻之會詔能與凝領偏師分道入幽易牽制契丹之勢能畏懦不前且不戢所部多俘奪人馬俄徙屯定州及遣凝躡迹北行能蠶險自度無功心愧多怨辭以訕聞朝議謂能剛猾少檢不可專任乃命綦政敏爲鈐轄俾同職焉明年師還大名時王能曹璨各領兵歸闕卽城下鈐轄孫全照遣能璨之師由北門分道先入能師繼之能怒全照之後已卽疾驅競入全照射之能嘆嘖不堪奪全照弓以去翌日詣判府王欽若誣全照射傷押隊閤門楊凝詞頗紛競全照密疏能摧兵退縮師緩失期及師旋不整狀上初聞能逗遛徼怒會全照奏乃質實于張凝白守素等卽責授右羽林將軍出爲鞏縣都監明年以自陳特改官右驍衞大將軍虢州都監累遷加領康州團練使大中祥符八年卒錄其子正爲閤門祗候靖爲三班奉職

陳興澶州衞南人開寶中應募爲卒得隸御龍右直太宗征河東幸幽陵與常從特被賞賜累遷天武指揮使端拱中改御前忠佐步軍副都軍頭王超爲并代部署奏興隨軍遣戍汾州明年李繼隆行營河西興隸麾下部清朔龍衞諸軍克綏夏銀州繼隆命權知夏州尋還屯所受詔提轄河東緣邊城池器甲芻糧至道初繼隆薦其材幹召補御龍弩直都虞候咸平初爲馬軍都軍頭領蒙州刺史三年眞授憲州刺史知霸州從滄州副都部署移石隰駐泊會城綏州詔與錢若水往視利害事具若水傳又徙涇原儀渭鎮戎軍部署上言鎮戎軍去渭州瓦亭砦七十餘里中有二堡請留兵三百人戍之俄與曹瑋秦翰領兵抵鎮戎軍西北武延鹹泊川掩擊蕃冦章埋族帳斬二百餘級生擒三百餘人奪鎧甲牛羊駞馬三萬計詔書嘉獎賜金帶錦袍器幣繼遷所部康奴族往歲鈔劫靈州援糧恃險與衆尤桀黠難制復與秦翰等合衆進討窮其巢穴俘老幼獲器畜甚衆盡焚掘其窖藏復詔褒之仍加賜賚其年六合大首領潘羅支言欲率諸蕃擊賊請會兵靈州上以道遠難刻師期詔興候羅支報至卽勒所部過天都山以援勿須奏命會繼遷死事寢景德三年遷本州團練使知徐州興起行伍有武略所至頗著聲績眞宗言軍校之材必以興爲能大中祥符初召爲龍神衞四廂都指揮使領登州防禦使出爲邠寧環慶路副都部署兼知邠州坐擅釋刼盜罷軍職改徐州防禦使知懷州六年卒

許均開封人父遐太常博士均建隆中應募爲龍捷卒征遼州以功補武騎十將賜錦袍銀帶開寶中遷武騎副兵馬使從曹彬征金陵率衆陷水砦流矢貫手改本軍使從征河東攻隆州城先登陷之中八創遷副指揮使前後屢被賞賚出屯杭州妖僧紹倫結黨爲亂均從巡檢使周瑩悉擒殺之端拱初補指揮使從李繼隆秦翰赴夏州擒趙保忠令均率兵衞守改龍衞第四指揮使俄屯夏州賊來犯境一日十二戰走之又從石普擊賊于原州牛欄砦深入獲牛羊漢生口甚衆普表上其功遷第三軍指揮使咸平初以御前忠佐馬軍都軍頭戍秦州王均之亂遣乘傳之蜀隸雷有終麾下守魚橋門又從秦翰追殺賊黨於廣都降其衆七千餘驛召授東西班都虞候領順州刺史五年稍遷散員都虞候嘗召見訪以北面邊事翌日眞拜磁州刺史深州兵馬鈐轄六年改涇州駐泊部署數月知鎮戎軍嘗出巡警至隴山木峽口眞宗以其無故離城慮有狂冦奔突詔書戒敕俄以其不明吏治用曹瑋代之徙爲邠州駐泊部署改永興軍部署車駕將巡澶淵詔均與知府向敏中及鳳翔梁鼎同提總諸州巡檢捕盜事至河陽召赴行在時有王長壽者本亡命卒有勇力多計慮聚徒百餘是春抵陳留剽刼縣民捕之不獲朝廷遣使益兵逐之澶濮間會契丹南侵夾河民庶警擾長壽結黨愈衆入皆患之均至胙城長壽與其徒五千餘人入縣鈔掠均部下徒兵楊祖與鬬均以方略誘之生擒長壽斬獲惡黨皆盡上以方禦敵未欲因捕賊獎均但賞均部下卒被傷者賜帛遷級焉明年追叙前勞擢爲本州團練使尋出知代州四年秋均被疾以米鋭代還未至而均卒録其子懷忠爲奉禮郎懷信爲侍禁幼子懷德自有傳

張進兗州曲阜人拳勇善射挽彊及石餘應募曹州隸鎮兵太祖親選勇士奇進才力以補控鶴官積勞至御龍弩直都虞候領恩州刺史至道中兼御前忠佐步軍都軍頭太宗嘗幸內廐進以親校執鉞前導體質魁岸迥出儕輩太宗熟視異之擢爲天武右廂都指揮使領賀州團練使咸平初遷昭州防禦使充龍神衞四廂都指揮使京城左右廂巡檢未幾遷捧日天武四廂都指揮使二年秋閱武近郊進與殿前都指揮使王超親執金鼓節其進退軍容甚肅從上北征又與超管勾大陣及先鋒策應三年權殿前都虞候遷侍衞步軍都虞候鎮州副部署從天雄軍部署會河決鄆州王陵口發數州丁男塞之命進董其役凡月餘畢詔褒之移并代副都部署李繼遷冦麟州州將遣單介間道乞師太原諸將以無詔旨猶豫未決進獨抗議發兵赴援旣至而圍解手詔褒美契丹侵中山命進率廣鋭二萬騎由土門會兵鎮定未至而敵退復歸晉陽景德元年卒上遣中使護喪還京官給葬事子元晉至內殿崇班閤門祗候天禧末錄其次子元素爲三班借職

李重貴孟州河陽人姿狀雄偉善騎射少事壽帥王審琦頗見親信以甥妻之補合流鎮將鎮有羣盜以其尙少謀夜入刼鈔重貴知之卽築栅課民習射盜聞之潰去太宗在藩邸知其勇幹召隸帳下卽位補殿前指揮使累遷至龍衞左第四軍都指揮使領河州刺史改捧日右廂都指揮使領鸞州團練使至道二年出爲衞州團練使未行會命將五路討李繼遷以重貴爲麟府州濁輪砦路都部署得對便殿因言賊居沙磧中逐水草牧畜無定居便戰鬬利則進不利則走今五路齊入彼聞兵勢太盛不來接戰且謀遠遁欲追則人馬乏食將守則地無堅壘賊旣未平臣輩何顏以見陛下太宗善之出御劒以賜又累遣使撫勞旣而諸將果無大功及還命爲代并副都部署眞宗卽位加本州防禦使從高陽關行營副都部署咸平二年契丹南侵議屯兵楊疃張凝領先鋒遇敵重貴率策應兵酣戰全軍而還范廷召自定州至遇契丹兵交戰康保裔大陣爲敵所覆重貴與凝赴援腹背受敵自申至寅疾力戰敵乃退時諸將頗失部分獨重貴與凝全軍還屯凝議上將士功狀重貴喟然曰大將陷沒而吾曹計功何面目也上聞而嘉之明年春以勞進階及食邑徙知貝州召至勞問復遣入郡是冬徙滄州駐泊副都部署兼知州事以疾求還京就醫藥旣愈連爲邢州天雄軍二部署又知冀州景德初車駕幸澶淵召還爲大內都部署明年春出知鄭州以疾甚授左武衞大將軍領潘州防禦使改左羽林軍大將軍致仕大中祥符三年卒

呼延贊并州太原人父琮周淄州馬部都指揮使贊少爲驍騎卒太祖以其材勇補東班長入承旨遷驍雄軍使從王全斌討西川身當前鋒中數創以功補副指揮使太平興國初太宗親選軍校以贊爲鐵騎軍指揮使從征太原先登乘城及堞而墜者數四面賜金帛獎之七年從崔翰戍定州翰言其勇擢爲馬軍副都軍頭稍遷內員寮直都虞候雍熙四年加馬步軍副都軍頭嘗獻陣圖兵要及樹營砦之策求領邊任召見令之作武藝贊具裝執鞭馳騎揮鐵鞭棗槊旋繞廷中數四又引其四子必興必改必求必顯以入迭舞劒盤槊賜白金數百兩及四子衣帶端拱二年領富州刺史俄與輔超並加都軍頭淳化三年出爲保州刺史冀州副都部署至屯所以無統御材改遼州刺史又以不能治民復爲都軍頭領扶州刺史加康州團練使咸平二年從幸大名爲行宮內外都巡檢眞宗嘗補軍校皆叙已功或至讙譁贊獨進曰臣月奉百千所用不及半忝幸多矣自念無以報國不敢更求遷擢將恐福過災生再拜而退衆嘉其知分三年元德皇太后園陵命掌護儀衞及還而卒贊有膽勇鷙悍輕率常言願死於敵徧文其體爲赤心殺賊字至於妻孥僕使皆然諸子耳後別刺字曰出門忘家爲國臨陣忘死爲主及作破陣刀降魔杵鐵折上巾兩旁有刃皆重十數斤絳帕首乘騾馬服飾詭異性復鄙誕不近理盛冬以水沃孩幼冀其長能寒而勁健其子嘗病贊封股爲羹療之贊卒後擢必顯爲軍副都軍頭

劉用相州人祖萬進河中府馬步軍都指揮使父守忠左驍衞大將軍致仕用曉音律善騎射事太宗于晉邸卽位補軍職累遷散都頭都虞候端拱初爲馬步軍副都軍頭領京州刺史鎮定招安使轉捧日都指揮使李

順亂蜀爲西路行營鈐轄賊平遷祈州刺史至道初爲河西烏白池都鈐轄斬首千餘級奪馬五百疋改高陽關副都部署眞宗卽位加本州團練使并州副都部署咸平中徙貝州俄知瀛州復爲高陽關副都部署時烽堠數警用建議益邊兵俟其南牧卽率驍鋭出東路以牽制其勢因圖上地形上召宰相閱視可其奏且令轉運使於保州威虜靜戎順安軍預備資糧六年命將三路出師扞敵詔用與劉漢凝田思明領兵五千由東路會石普孫全照掎角攻之未幾換鎭州副部署景德初爲邢州部署車駕北征用以城守之勞進爵邑歷知齊陳路三州大中祥符二年卒

耿全斌冀州信都人父顥懷順軍校全斌少豐偉顥攜謁陳摶摶謂有藩侯相顥戍西蜀全斌往省乘舟泝江夜大風失纜漂七十里至曙風未止舟忽泊岸人頗異之後游京師屬太宗在藩邸全斌候拜于中衢自薦材幹得召試武藝以善左射隸帳下卽位補東班承旨稍遷驍猛副兵馬使從征太原還遇契丹于蒲陰追擊至徐河因據水口要害遷補日騎副兵馬使雲騎軍使屯瀛州與契丹戰所乘馬兩中流矢死凡三易乘戰不却契丹爲引去端拱初擊蕃部于宥州敗之歷雲騎指揮使御前忠佐馬軍副都軍頭改馬軍都軍頭戍深州累轉散直都虞候領順州刺史改殿前左班都虞候馬步軍都軍頭全斌在軍中有能名眞宗嘗召問邊事全斌口陳利害甚稱旨因謂輔臣曰元澄鄭誠耿全斌人多稱之觀其詞氣若有志操止在宿衞無以見其才宜以邊郡試之遂拜雄州刺史知深州徙石隰部署以備河西繼遷死全斌率兵入伏落關誘蕃部來歸者數千人俄知安肅軍嘗繪山川險易爲圖以獻契丹來侵自山北抵河滸全斌遣子從政焚橋砦分率精兵擊走之改冀州刺史高陽關鈐轄擢從政爲侍禁寄班祗候大中祥符初封禪泰山以爲濮州鈐轄其年還京師卒

周仁美深州人開寶中應募隸貝州驍捷軍關南李漢超選備給使屢捕獲契丹諜者從漢超戰于西嘉山身中重創補隊長漢超上其功隸殿前班賜衣帶鞍勒馬什物奴婢器械命王繼恩引入縱觀過祗候庫太祖問其力能負錢幾許仁美曰臣可勝七八萬太祖曰可惜壓死止命負四萬五千因賜之稍遷右班都知御前忠佐馬軍副都軍頭戍環州時牛耶泥族累歲爲寇仁美與陳德元宋思恭往擊之斬首三千級獲牛羊三百餘發戎族困窘以餉師又與思恭討募窟泉岌拖族格鬬斬八十餘級至道初石昌牛耶泥族復叛德玄令仁美提兵撫輯之仁美謂石昌鎭主和文顯曰此賊不除邊患未弭因厚設殽酒召酋長二十八人縛送州獄自是諸族慴畏二年又與馬紹忠白守榮田紹斌部芻糧趣淸遠軍仁美爲先鋒至岐子平與虜角走之明日又戰于浦洛河自巳至戌戰數十合進壁乾河紹忠守榮皆敗走紹斌退止浦洛獨仁美所部不滿三千身中八創護芻糧官吏直抵淸遠紹斌繼至深歎其勇幹表上其功時運糧民道路被傷者相繼仁美領徒援護悉抵環州又遇虜於橐駝路擊走之先是諸蕃每貢馬京師爲繼遷邀擊仁美領騎士爲援賊不敢犯補澶州龍衞軍都虞候部署李繼隆奏留麾下選軍中伉健者千人令仁美領之屢入敵境戰有功俄還澶州召見會令諸軍射仁美自陳筋力未衰願對殿廷發二矢上許之既而前奏曰臣老於戎門多戍外郡罕曾入覲京闕前後征行體被三十餘創今日得對萬乘千載之幸儻或備員宿衞立殿庭下一日足矣上顧傳潛而笑潛亦稱其武幹力留補馬步軍副都軍頭潛屯北面常以自隨契丹攻蒲陰仁美領萬騎解其圍又從王超屯鎭定儀渭累遷龍衞軍都指揮使領順州刺史復屯鎭定時州有亡命卒聚盜剽村閭爲患王超委仁美招捕仁美選勇敢卒詐亡命趣賊所得其要領卽自往諭以禍福留賊中一日超忽失仁美求之甚急詰旦仁美至具道其事乃出庫錢付仁美爲賞不數日賊悉降凡得二百餘人以隸軍籍景德中徙屯陳州入掌軍頭引見司大中祥符元年從駕泰山命檢視山下諸壇壝牲牢祭饌明年出爲磁州團練使知衞州俄改滄州部署移高陽關副部署八年擢爲龍神衞四廂都指揮領獎州防禦使遷捧日天武四廂都指揮使改領端州防禦使權京新城內都巡檢先是巡兵捕亡卒盜賊不獲皆有罰而獲者無賞仁美因差立賞格以聞詔從其請天禧二年卒

論曰繼忠臨陣赴敵以死自效其生也亦幸而免然在朔庭貴寵用事議者方之李陵而大節固已虧矣潛爲三路帥握兵八萬餘大敵在前逗撓畏縮致康保裔以無援戰沒此而不誅宋於是乎失刑矣輿均輩或由藩邸進或自行伍起一時際會出則書勳轅門入則拱扈巖陛求其如古名將則未之見也

宋史卷二百七十九考證

王繼忠傳後不知其所終○臣宗楷按遼史繼忠封瑯邪郡王進楚王賜國姓拜樞密使太平三年致仕卒

宋史卷二百八十

元 中 書 右 丞 相 總 裁 脫 脫 等 修

列傳第三十九

田紹斌　王榮　楊瓊　錢守俊
徐興　王杲　李重誨　白守素
張思鈞　李琪　王延範

田紹斌汾州人仕河東劉鈞爲佐聖軍使戍遼州周顯德四年領五十騎來歸鈞屠其父母家屬世宗召補驍武副指揮使宋初隨崔彥進征李筠攻大會砦破之以功遷龍捷指揮使又敗筠於澤州茶碾村筠退保澤州紹斌鑿濠圍守流矢中左目前軍部署韓令坤以其事聞及太祖召見于潞州紹斌殺晉軍益衆奪其鎧甲又從討李重進于揚州壁城南圍三日城潰斬首踰千級賜袍帶緡帛尋補馬軍副都軍頭龍衞指揮使下荆湖平嶺南率皆從行討蜀隸大將劉延讓麾下會全師雄寇神泉紹斌率所部敗其黨數千時漢劒道梗因賴以寧太祖遣使孫晏齎詔賜賚有加凡在蜀三歲剽盜殄除還改龍捷都虞候嘗盜官馬貿直盡償博進事發獄具有司引見講武殿繼斌稱死罪太祖知其驍勇欲宥之執於門外遣內侍私謂之曰爾今死有餘責紹斌曰若恩貸臣死當盡節以報俄復引見釋之且密賜白金會征江南擇諸軍借事得五百人爲步鬬軍令紹斌領之及率雲騎二千抵昇州城下克獲居多太祖親討河東命紹斌從何繼筠扼契丹兵于北百井奪賊鼓幟而還太平興國初擢龍衞軍指揮使領江州刺史二年梅山洞蠻叛命與翟守素分往擊之至邵州聞蠻酋符漢陽死去其居十里大潰其衆擒蠻二萬令軍中取利劒二百斬之餘五千遣歸諭諸洞自是其黨帖服太宗賜以金帛緡錢金帶鞍馬歷天武日騎軍指揮使改馬步都軍頭出戍鎭定高陽關曹彬之攻幽州也命爲先鋒指揮使遇契丹兵鬬奪牛羊器甲師還召見便殿加領溪州團練使復遣屯北面端拱元年拜冀州防禦使尋改解州淳化中爲河中同丹坊鄜延橫嶺蕃界都巡檢使會鄭文寶議城席雞城砦爲淸遠軍紹斌與文寶領其役城畢以文寶之請命爲知軍事至道元年拜會州觀察使仍判解州俄充靈州馬步軍部署領徒入蕃討賊斬首二千級獲羊馬橐駝二萬計馬以給諸軍之闕者捷聞手詔嘉諭之數部金粟帛詣靈武淸遠遠人讋服不擾未幾皇甫繼明白守榮等督轉餉於靈州紹斌率兵援接抵鹹井賊踰三千餘來薄陣且行且鬬至耀德凡殺千人寇復尾後紹斌爲方陣使被傷者居中自將騎三百步弩三百與敵兵遇于浦洛河大敗之初守榮與紹斌爲期旣而繼明卒故後一日遂爲賊所圍守榮等欲擊之紹斌曰蕃戎輕佻勿棄輜重與戰當按轡結陣徐行守榮等忿曰若但率兵來迎勿預吾事紹斌守榮等自欲邀功與戰賊先伏兵以羸騎挑戰已而伏發守榮等戰敗丁夫愕眙遁蹂踐至死者衆紹斌率所部徐還一無遺失至淸遠與張延州會食見濠中人裸而呼曰我白守榮也繩引而上解衣遺之遣內侍馬從順驛聞太宗益嘉之優詔襃美時命李繼隆范廷召討繼遷就命紹斌爲本州都部署兼內外都巡檢使繼隆以浦洛之敗上聞言紹斌握兵不顧自言靈武非我不能守欲圖方面有異志太宗怒曰此昔嘗背太原來投今又首鼠兩端眞賊臣也卽遣使捕繫詔獄鞫問貶右監門衞率府副率號州安置眞宗卽位召還授右監門衞大將軍領敍州刺史尋改萊州防禦使詔還其所籍居第賜良馬十匹調環慶靈州淸遠軍部署慶州有野雞族數爲寇掠道路患之嘗有驍捷卒二十餘往邠州爲其掠奪卽馳告紹斌紹斌召其酋帥三人斷臂馘劓放還寇感而化帖服紹斌素勇悍與同職頗不叶轉運使宋太初每按部靈州淸遠多貿市紹斌語發其私太初心銜之及還朝言紹斌之過尋赴召直其事咸平二年北面寇警復命爲鎭定高陽關路押先鋒隸傅潛潛遣與石普並戍保州普陰與知州楊嗣議出兵擊討之及夜普嗣未還紹斌疑其敗卽領兵援之普嗣果爲賊所困度嚴涼河頗喪師衆及紹斌至卽合兵疾戰獲一百四十餘人以勞遷邢州觀察使潛屯中山紹斌三馳書於潛且言邊衆太至但列兵唐河南背城與戰愼無窮追潛性巽懦聞之益不敢出賊衆益熾焚劫城砦

車駕駐大名召潛屬吏詞逮紹斌卽遣使械繫下御史臺鞫問免官黜爲左衞率府副率送往上都禁其出入五年授右千牛衞將軍致仕景德初起爲左龍武軍將軍永城兵馬都監三年遷左監門衞大將軍帝以紹斌久失職不宜在衝要乃徙考城都監大中祥符初領長州刺史從東封朝覲壇就班軍士建充庭旗旗倒壓紹斌仆地遽起無傷時紹斌已老其壯健若此遷左領軍衞大將軍領康州團練使肇縣都監二年卒年七十七紹斌長兵間習戰法其後累以格鬭立功然性暴戾故屢被黜子守信爲內殿崇班閤門祗候

王榮定州人父洪嗣仕晉爲本州十縣遊奕使榮少有膂力事瀛州馬仁瑀爲廝役太宗在藩邸得隸左右卽位補殿前指揮使稍遷本班都知員僚直都虞候盜發棣州州兵不能捕榮往討擒之加御前忠佐馬步軍都軍頭領懿州刺史坐受秦王廷美宴勞出爲濮州馬軍教練使未行馬仁瑀子告榮與秦王親吏善因狂言我不久當得節帥坐削籍流海島雍熙中召還爲副軍頭端拱初改員寮左右直都虞候兼都軍頭復領懿州刺史累遷龍衞都指揮使領羅州團練使率兵戍遂城邊騎來寇擊敗之擒千餘人召拜侍衞馬軍都虞候峰州觀察使出爲定州行營都部署榮麤率所爲不中理侵取官地蒔蔬吝惜公錢不以勞將士且母老不迎養供給甚薄太宗聞而怒曰忠臣出於孝子之門榮事親若此寘逐之餘兇行弗悛豈可復置左右效晉帝養成張彥澤邪卽詔罷督責授右驍衞大將軍寄班供奉官張明護定州兵覘榮不法間嘗規正榮護短每疾其攻已莊宅使王斌亦監軍是州素與榮善意明搆榮之罪因撫明以報怨下樞密院問狀皆不實上怒語左右曰張明起賤微中以蹴鞠事朕潔已小心見於輩流夫刑罰之加必當其罪今王斌以榮故而曲奏明罪欲致刑憲茍失其當適足以快榮之心而誣罔得以肆行矣且榮凌轢同類事君與親鮮竭其力國家賞罰之柄非所敢私將帥之職非裨校同朕豈黨張明而棄王榮哉柰何不求直於理之當也遂賜勞明緡錢束帛榮遷右羽林軍大將軍眞宗卽位領樊州刺史尋授濱州防禦使遷涇原儀渭駐泊部署咸平二年車駕北征召爲貝冀行營副都部署師旋復還涇原明年援送靈武芻糧疎於智略不嚴斥候至積石夜爲蕃寇所劫營部大亂衆亡殆盡法當誅恕死除名配均州六年起爲左衞將軍景德初權判左金吾街仗司事上觀兵澶淵契丹游騎涉河冰抵濮州境命爲黃河南岸都巡檢使與鄭懷德自行在領龍衞兵追襲時已詔滄州部署荊嗣先率所部屯淄青遣榮等合兵邀擊之二年遷左神武軍大將軍領恩州刺史郊祀改左龍武軍領達州團練使大中祥符中遷左衞大將軍領昌州防禦使六年朝太清宮命爲河南府駐泊都監九年卒年七十官其一子榮善射嘗引强注屋棟矢入木數寸時人目爲王硬弓

楊瓊汾州西河人幼事馮繼業以材勇稱太宗召置帳下卽位隸御龍直三遷神勇指揮使從征太原以勞補御龍直指揮使雍熙初改弩直都虞候兼御前忠佐馬步都軍頭領顯州刺史淳化中李順叛蜀瓊往夔峽擒賊招安領兵自峽上與賊遇累戰抵渝合與尹元裴莊分路進討克資普二州雲安軍斬首數千級詔書嘉獎遣使卽軍中眞拜單州刺史至道初召還共職明年徙知霸州兼鈐轄未幾改防禦使靈慶路副都部署河外都巡檢使賊累寇疆瓊固捍有功導黃河溉民田數千頃敗賊於合河鎭北擒獲人畜居多賊騎五百掠城下擊破之追北三十里並賜詔嘉諭咸平二年命爲涇原儀渭邠寧環慶淸遠軍靈州路副都部署尋徙鎭定高陽關三路押策先鋒屯定州之北明年副王超爲鎭州都部署再遷環慶徙定州四年召還以鄜州觀察使充靈環十州軍副都部署兼安撫副使嘗遣使諭旨賊若寇淸遠及靑岡白馬砦卽合兵與戰是秋果長圍淸遠頓積石河淸遠屢走間使詣瓊請濟師瓊將悉出兵爲援鈐轄內園使馮守規都監崇儀使張繼能曰敵近重兵在前繼無以進不可悉往乃止命副部署海州團練使藩璘都監西京左藏庫劉文質率兵六千赴之且曰伺我之繼至瓊逗遛不進頓慶州寇鼓兵攻南門其子阿移攻北門堙壕斷橋以戰瓊遣鈐轄李讓督精卒六百往援至則城陷矣賊泊靑岡城下瓊與守規繼能方緩行出師及聞淸遠之敗益恇怯不前順州刺史王懷普謂瓊曰靑岡地遠水泉非屯師計願棄之瓊合謀焚芻糧兵仗驅老幼以出瓊卻師退保洪德砦寇威浸熾未嘗交一鋒事聞于上傳召瓊輩悉繫御史獄治罪當死兵部尙書張齊賢等議請如律詔特貸命削官長流崖州繼能守規輩同坐籍其家業明年移道州景德初起爲右領軍衞將軍分司西京累遷左領軍衞大將軍領賀州團練使知兗州有州卒自言得神術能飛行空中州人頗惑瓊捕至折其足奏戮之五年卒年六十七錄其子舜臣爲奉職長子舜賓內殿崇班閤門祗候

錢守俊濮州雷澤人少勇鷙嘗爲盜陂澤中稱轉陂鶻周顯德中應募爲鐵騎卒早事太祖從征淮南戰紫金山下壽春獲戰艦千餘艘繼從克關南宋初補禁衞隸散員直乾德中轉殿前班都知尋征太原方戰矢中左足拔而復進格鬭不已還改東西班指揮使遷馬步軍副都軍頭太平興國四年命與張紹勍李神祐劉承珪率師屯定州以備北邊俄加秩領演州刺史移屯趙州又從征范陽師還道遇敵戰于徐河斬首千級奪馬百疋雍熙三年命將北征田重進出飛狐道守俊以偏師爲援邊騎雲集守俊按甲從容進戰大敗之連護屯兵于趙定代還掌軍頭引見司淳化三年出爲單州團練使又明年改遷齊州時河西蕃部內擾命以副都部署鎭其地既而徙屯石州數改官時有言守俊病且老握重兵不堪其職召還授左領軍衞大將軍領潘州防禦使權金吾街仗大中祥符三年卒年八十一守俊累從軍征討前後中三十六創景德中錄其子允慶爲奉職弟守信官崇儀副使守榮內園使

徐興靑州人以拳勇得隸兵籍周顯德中從太祖征淮右宋初隸御龍直會平澤潞上其功補控鶴軍使征晉陽部卒壅汾水灌幷州城益多其勞還遷本軍副指揮使太平興國初從潘美趣團柏谷與賊鬭有果敢氣人莫能勝生擒僞兵馬都監李美身被重創無所回撓加指揮使太宗征太原討幽薊與從戰屢中流矢以著積閏補天武都虞候累遷秩出爲洛州部署初議建方田命與董其事尋復輟端拱中脩鎭定城逾月訖工改莫州防禦使知靜戎軍歷祁博二州咸平中爲涇原環慶十州部署詔督轉靈武芻糧道積石率掠於寇與以步兵畏恧戰不利時王榮援兵不應遂敗走坐削籍流郢州會赦入爲右衞將軍遷左監門衞大將軍景德二年卒年六十八

王杲齊州人周顯德中應募爲卒從世宗收三關隸先鋒宋初征澤潞平揚州杲應選從行既獲戰功乃拔遷散指揮使累轉馬軍副都軍頭屯幷州雍熙中爲龍衞右第二軍都虞候會遣趙保忠還夏州命杲引兵護送及還保忠以方物贐杲拒不納太宗知之詔賜白金百兩遷右第一軍屯鎭州契丹入寇隸大將郭守文扞城杲守北關寇退命督餉橐趣威虜軍還抵徐河時尹繼倫與寇戰小峒杲適遇賊河上卽按兵拒之殺賊奪所乘馬守文上聞得召見問狀補部軍頭領勤州刺史命監河北有能聲尋命閱教定州諸軍騎射入掌軍頭引見司李順亂與尹元並爲西川招安使敗賊斬首萬級以功眞拜唐州刺史時賊雖平道路尙梗餘黨或保山林以肆姦杲與石普等追捕於彭州於是始平至道初乃還復遷靈州副部署道環州留改幷州徙知夏州會趙保吉歸欵召還次伏落津移知石州徙石隰副部署未幾以轉餉河西失期降右千牛衞大將軍咸平五年出爲亳州永城縣都監被召將入見以疾亟弗果卒年六十四

李重誨應州金城人祖高後唐莊宅使樊州刺史父彥榮仕契丹署環州刺史重誨嘗爲其應州馬步軍都指揮使太平興國五年潘美出師禦寇重誨從其節度使蕭咄李迎戰于代州北嶺大敗美斬咄李擒重誨以獻太宗召見補鄧州馬步軍都指揮使會趙普出鎭奏監州軍雍熙三年召還爲武州刺史出爲忻州都巡檢緣邊十八砦招安制置使賜服帶鞍馬北兵寇邊重誨以所部邀戰敗之獲羊馬鎧甲甚衆賜詔嘉美會嶺蠻叛改廣桂融宜柳州招安捉賊使聽便宜從事至道初累遷涇原儀渭鎭戎軍鈐轄咸平三年徙邠寧環慶路坐轉餉靈武不嚴斥候至積石爲虜騎掠於道營部大亂除名流光州五年起爲內殿崇班鄜延駐泊都監俄遷崇儀使景德中趙德明既納欵或言以麟府謀有他志上以涇原地要兵衆慮有緩急遂徙重誨爲鈐轄復還益州改皇城使大中祥符六年卒年六十八重誨純愨寡過眞宗悼其沒於遠土命其子乘傳往護柩歸聽止驛舍之別次子禹謨錄爲將作監主簿弟重睿歷官澄州團練使子禹偁閤門祗候

白守素開封人祖延遇仕周至鎭國軍節度父廷訓宋初爲龍捷都指揮使領博州刺史守素以蔭補東班承旨太平興國五年遷補右班殿直以善射授供奉官帶御器械三遷至供備庫使咸平三年春契丹犯邊命與王能戍邢州俄又與麥守恩石贇領先鋒禦之敵退復與荊嗣督河北京東捕賊四年命爲鎭州行營鈐轄領騎兵攝大陣西偏屢當格鬬俄改定州鈐轄復徙鎭州王繼忠之陷也宋師還渡河敵人乘之守素據橋有矢數百每發必中敵不敢近遂引去眞宗與輔臣議三路禦賊咸曰威虜扼北道要害尤甚請分騎兵六千屯之命魏能爲部署上曰能頗强愎尤難共事聞守素久練邊計張銳性頗和善參知戎務庶克相濟乃命守素銳爲鈐轄戍順安以貳之景德元年契丹侵長城口守素與能發兵破之追北過陽山斬首級獲器械甚衆賜錦

袍金帶俄徙屯冀州轉運使劉綜舉其智勇材任將帥加領康州刺史又提騎卒戍靜戎軍兼浤營田之役俄爲鎭定鈐轄是冬契丹復內侵守素敗其前鋒獲車重又入敵境俘擒甚衆及請和省邊戍之職與曹璨留任鎭定追叙前勞加合州團練使大中祥符三年命副李廸使契丹守素居邊歲久名聞北庭頗畏伏之上慮其不欲行密遣內侍詢於守素守素頓首感咽卽以崔可道代焉再遷南作坊使大中祥符五年卒上甚惜之常賻外別賚錢五十萬令護喪還京師錄其一子官

張思鈞邢州沙河人祖中正漢澤州刺史思鈞少善擊劍挽強善博奕初應募爲卒晉開運間遷廣銳軍使周廣順初從聶知遇攻河東破其衆三千餘從向訓東征爲捉生將擒小校張萬于江猪嶺又從符彥卿與幷人鬭代州留爲南北兩關巡檢宋初補龍衞指揮使李繼勳下遼州戰帶甲祠斬首萬餘級追奔至長城擒其將莫山鮑淑掠人騎二百餘俄屯潞州合戰三十餘乾德中以勞秩遷都虞候開寶三年郭進田欽祚戍三交嘗從戰於石嶺關斬首萬五千餘級閤門祇候齊延琛苗杲陷軍中思鈞皷勁騎突入奪還何繼筠入晉境思鈞隸麾下拔南橋徑度大將之出必辟爲先鋒大平興國初屯定州領兵援磁窑戰敗其衆身中五十創奮不顧乃逐賊薄軍城奪馬及鎧甲居多未幾邊人復攻逆戰城下斬首萬餘級上嘉之命賜服帶領河州刺史雍熙三年邊人冦河間劉廷讓會戰君子館命思鈞翼從時天大寒弓不得彀援兵不至於是敗績陷留軍中數年役役不得還端拱初自契丹始逃歸授澄州刺史知齊州思鈞以武進素不知民政僅踰月卽徙濮鄆濱棣州巡檢至道中改鄜延巡檢使會葺右堡砦擊冦走之未幾冦逼保安軍與曹璨往援進蹑五十餘里至木場冦乃遁去眞宗卽位徙益州鈐轄兼綿漢九州都巡檢使咸平中以王鈞之亂出兵保綿州賊陷漢州思鈞進攻克之斬僞刺史苗進又與石普敗賊彌牟砦巴西尉傅翺有善馬思鈞求之翺不與思鈞平賊心恃功居多召翺至責以轉餉後期斬之上聞其事傳召付御史臺鞫治罪當斬特貸之削籍流封州六年起爲左司禦率府率考城監軍車駕幸澶淵召詣行在命李繼隆石保吉同議兵事賜服御有加景德二年爲西京水北都巡檢使俄分司西京召對行在上憫其老授唐州防禦副使徙鄭州大中祥符二年再遷左千牛衞將軍四年七月卒年八十九子承恩爲三班奉職思鈞起行伍征討稍有功質狀小而精悍太宗嘗稱其樓羅自是人目爲小樓羅焉

李琪河南伊闕人幼生長兵家得給事宣祖左右太祖以材力稱進備執御及受禪命補鎭職太宗在京府復令事之由是累遷劾忠都虞候開封府馬步軍副都指揮使領富州刺史嘗請對自言經事太祖而京師無居宅太宗以官第假之琪性素鄙歷事三朝而行不加脩每分遣士卒守護關梁必覘其賄遺視所厚薄爲重輕太宗知之遂改授屯衞大將軍領郡如故乃顧曰吾欲置琪於無過之地爾加左武衞大將軍景德中以老且病表求五日一赴起居俄爲臺諫所糾令赴常參眞宗念其舊特賜給月奉以養大中祥符元年卒年八十四

王延範江陵人形貌奇偉喜任俠家富於財父保義爲荆南高氏行軍司馬兼領武泰軍留後高從誨奏署延範太子舍人後隨從誨孫繼冲入覲薦爲大理寺丞知泰州累遷司門員外郎太平興國九年爲廣南轉運使性豪率尚氣尤好術數嘗通判梓州有祉先生以左道惑衆謂延範曰汝意有所之我常陰爲之助延範心喜敢爲恣橫後爲江南轉運使有劉昴賣卜於吉州市其言多驗謂延範曰公當偏霸一方又有徐鑾爲延範推九宮筭法得八少一鑾驚起曰君侯大貴不可言當如江南李國主前戎城主籌田辨自言善相謂延範曰君是坐天王形頻伽眼仙人鼻雌龍耳虎望有大威德猛烈富貴之相也卽日當乘四門輦至是有豹入其公宇噬傷數吏從者皆恐慄不敢進延範獨披戟前逐刺殺之益以此自負與廣州掌務殿直趙延貴將作監丞雷說會宿觀天象延貴指西方一大星曰此所謂火星入南斗天子下殿走者也雷說出星經證之乃太白行度經南斗延貴謬爲火星也延範日夕與掌市舶陸坦議欲發兵會坦代歸延範寓書左拾遺韋務昇爲隱語偵朝廷機事延範奴祝保屬峽刑多怨會懷勇小將張霸給使轉運司延範因事杖之霸知延範與知廣州徐休復不協詣休復告延範將謀不軌及諸不法事休復馳奏之太宗遣高品閻承翰乘傳會轉運副使李琯暨休復雜治延範具伏與昴辨坦俱斬廣州市籍没延範家務昇除名配商州延貴等皆抵罪賜霸錢十萬

論曰紹斌從征討凡踰百戰未嘗以爲憚屢被廢斥未嘗以爲慊太祖宥益馬昇引見賜予屈法使過用能致其力也榮薄事親下詔督過瓊折州卒足以釋妖惑王杲辭贓于夏思鈞拔身自歸當斬而貸琪以鄙稱守俊興輩以勇得備給使守素久練邊計人頗畏伏重誨雖將略不足亦有可稱大抵武夫悍卒不能無過而亦各有所長略其過而用其長皆足以集事至於一勝一負兵家常勢顧其大節何如耳若榮也薄其所生大節虧矣屢以罪黜宜哉

宋史卷二百八十一

元　中書右丞相總裁脫脫等修

列傳第四十

呂端　畢士安 子仲衍 仲游　寇準

呂端字易直幽州安次人父琦晉兵部侍郎端少敏悟好學以蔭補千牛備身歷國子主簿太僕寺丞秘書郎直弘文館換著作佐郎直史館太祖卽位遷太常丞知浚儀縣同判定州開寶中西上閤門使郝崇信使契丹以端假太常少卿爲副八年知洪州未上改司門員外郎知成都府賜金紫爲政淸簡遠人便之會秦王廷美尹京召拜考功員外郎充開封府判官太宗征河東廷美將有居留之命端白廷美曰主上櫛風沐雨以申弔伐王地處親賢當表率扈從今主留務非所宜也廷美由是懇請從行尋坐王府親吏請托執事者違詔市竹木貶商州司戶參軍移汝州復爲太常丞判寺事出知蔡州以善政吏民列奏借留改祠部員外郎知開封縣遷考功員外郎兼侍御史知雜事使高麗暴風折檣舟人怖恐端讀書若在齋閣時遷戶部郎中判太常寺兼禮院選爲大理少卿俄拜右諫議大夫許王元僖尹開封又爲判官王薨有發其陰事者坐裨贊無狀遣御史武元穎內侍王繼恩就鞫于府端方決事徐起候之二使曰有詔推君端神色自若顧從者曰取帽來二使曰何遽至此端曰天子有制問卽罪人矣安可在堂上對制使卽下堂隨問而答左遷衞尉少卿會置考課院羣官有負譴眞散秩者引對皆泣涕以饑寒爲請至端卽奏曰臣前佐秦邸以不檢府吏謫掾商州陛下復擢官籍辱用今許王暴薨臣輔佐無狀陛下又不重譴俾亞少列臣罪大而幸深矣今有司進退善否苟得潁州副使臣之願也太宗曰朕自知卿無何復舊官爲樞密直學士逾月拜參知政事時趙普在中書嘗曰吾觀呂公奏事得嘉賞未嘗遇抑挫未嘗懼亦不形于言眞台輔之器也歲餘左諫議大夫寇準亦拜參知政事端請居準下太宗卽以端爲左諫議大夫立準上每獨召便殿語必移晷擢拜戶部侍郎平章事時呂蒙正爲相太宗欲相端或曰端爲人糊塗太宗曰端小事糊塗大事不糊塗決意相之會曲宴後苑太宗作釣魚詩有云欲餌金鉤深未達磻溪須問釣魚人意以屬端後數日罷蒙正而相端焉初端兄餘慶建隆中以藩府舊僚參預大政端復居相位時論榮之端歷官僅四十年至是驟被獎擢太宗猶恨任用之晚端爲相持重識大體以淸簡爲務慮與寇準同列先居相位恐準不平乃請參知政事與宰相分日押班知印同升政事堂太宗從之時同列奏對多有異議惟端罕所建明一日內出手札戒諭自今中書事必經呂端詳酌乃得聞奏端愈謙讓不自當初李繼遷擾西鄙保安軍奏獲其母至是太宗欲誅之以寇準居樞密副使獨召與謀準退過相幕端疑謀大事邀謂準曰上戒君勿言於端乎準曰否端曰邊鄙常事端不必與知若軍國大計端備位宰相不可不知也準遂告其故端曰何以處之準曰欲斬於保安軍北門外以戒凶逆端曰必若此非計之得也願少緩之端將覆奏入曰昔項羽得太公欲烹之高祖曰願分我一杯羹夫擧大事不顧其親況繼遷悖逆之人乎陛下今日殺之明日繼遷可擒乎若其不然徒結怨讎愈堅其叛心爾太宗曰然則何如端曰以臣之愚宜置於延州使善養視之以招來繼遷雖不能卽降終可以繫其心而母死生之命在我矣太宗撫髀稱善曰微卿幾誤我事卽用其策其母後病死延州繼遷尋亦死繼遷子竟納款請命端之力也進門下侍郎兼兵部尙書太宗不豫眞宗爲皇太子端日與太子問起居及疾大漸內侍王繼恩忌太子英明陰與參知政事李昌齡殿前都指揮使李繼勳知制誥胡旦謀立故楚王元佐太宗崩李皇后命繼恩召端端知有變鎖繼恩於閣內使人守之而入皇后曰宮車已晏駕立嗣以長順也今將如何端曰先帝立太子正爲今日今始棄天下豈可遽違命有異議邪乃奉太子至福寧庭中眞宗旣立垂簾引見羣臣端平立殿下不拜請卷簾升殿審視然後降階率羣臣拜呼萬歲以繼勳爲使相赴陳州貶昌齡忠武軍司馬繼恩右監門衞將軍均州安置旦除名流潯州籍其家貲眞宗每見輔臣入對惟於端肅然拱揖不以名呼又以端軀體洪大宮庭階戺稍峻特令梓人爲納陛

嘗召對便殿訪軍國大事經久之制端陳當世急務皆有條理眞宗嘉納加右僕射監脩國史明年夏被疾詔免常參就中書視事上疏求解不許十月以太子太保罷在告三百日有司言當罷奉詔賜如故車駕臨問端不能興撫慰甚至卒年六十六贈司空謚正惠追封妻李氏涇國夫人以其子藩爲太子中舍荀大理評事蔚千牛備身藹殿中省進馬端姿儀瓌秀有器量寬厚多恕善談諧意豁如也雖屢經擯退未嘗以得喪介懷善與人交輕財好施未嘗問家事李惟清自知樞密改御史中丞意端抑已及端免朝謁乃彈奏常參官疾告逾年受奉者又構人訟堂吏過失欲以中端端曰吾直道而行無所愧畏風波之言不足慮也端祖兗嘗事滄州節度劉守文爲判官守文之亂兗舉族被害時父琦方幼同郡趙玉冒鋒刃紿監者曰此予之弟非呂氏子也遂得免玉子文度爲耀帥文度孫紹宗十餘歲端視如已子表薦賜出身故相馮道鄉里世舊道子正之病廢端分奉給之端兩使絕域其國歎重之後有使往者每問端爲宰相否其名顯如此景德二年眞宗聞端後嗣不振又錄蔚爲奉禮郎藩後病足不任朝謁請告累年有司奏罷其奉眞宗特令復舊官分司西京給奉家居養病端不蓄貲産藩兄弟貧匱又迫婚嫁因質其居第眞宗時出內府錢五百萬贖還之又別賜金帛俾償宿負遣使檢校家事藩荀皆至國子博士蔚至太子中舍

畢士安字仁叟代州雲中人曾祖宗昱本縣令祖球本州別駕父乂林累辟使府終觀城令因家焉士安少好學事繼母祝氏以孝聞祝氏曰學必求良師友乃與如宋又如鄭得楊璞韓丕劉錫爲友因爲鄭人乾德四年舉進士邠帥楊廷璋辟幕府掌書奏開寶四年歷濟州團練推官專掌莞榷歲課增羨改兗州觀察推官太平興國初爲大理寺丞領三門發運事吳越錢俶納土選知台州言錢氏上圖籍有司皆張侈賦數令湖海新民始得天子命吏宜有安輯願一用舊籍詔從之明年遷左贊善大夫徙饒州改殿中丞召還爲監察御史復出知乾州以母老願降任就養改監汝州稻田務雍熙二年諸王出閤愼擇僚屬以虞部郎中王龜從兼陳王府記室參軍水部員外郎王素兼韓王府記室參軍祕書丞張茂直兼益王府記室參軍士安遷左拾遺兼冀王府記室參軍太宗召謂曰諸子生長宮庭未閑外事年漸成人必資良士贊導使日聞忠孝之道卿等勉之賜襲衣銀帶鞍勒馬士安本名士元以元犯王諱遂改焉遷考功員外郎端拱中詔王府僚屬各獻所著文太宗閱視累日問近臣曰其才已見矣其行孰優或以士安對上曰正恊朕意俄以本官知制誥王請對願留府邸不許淳化二年召入翰林爲學士大臣以張洎薦太宗曰洎視畢士安詞藝踐歷固不減但履行遠在下爾士安以父名乂林抗章引避朝議謂二名不偏諱不聽三年與蘇易簡同知貢舉加主客郎中以疾請外改右諫議大夫知潁州眞宗以壽王尹開封府召爲判官及爲皇太子以兼右庶子遷給事中登位命權知開封府事拜工部侍郎樞密直學士時近臣有怙勢彊取民間定婚女其家訴於府士安因對奏還之宮府常從爲廷職者每授任於外必令士安戒勗咸平初辭府職拜禮部侍郎復爲翰林學士詔選官校勘三國志晉唐書或有言兩晉事多鄙惡不可流行者眞宗以語宰相士安曰惡以戒世善以勸後善惡之事春秋備載眞宗然之遂命刊刻士安以目疾求解改兵部侍郎出知潞州特加月給之數入爲翰林侍讀學士景德初兼祕書監契丹謀入境士安首疏五事應詔陳選將餉兵理財之策眞宗嘉納李沆卒進士安吏部侍郎參知政事入謝眞宗曰未也行且相卿士安頓首眞宗曰朕倚卿以輔相豈特今日然時方多事求與卿同進者其誰可對曰宰相者必有其器乃可居其位臣駑朽實不足以勝任寇準兼資忠義善斷大事此宰相才也眞宗曰聞其好剛使氣又對曰準方正慷慨有大節忘身徇國秉道疾邪此其素所蓄積朝臣罕出其右者第不爲流俗所喜今天下之民雖蒙休德涵養安佚而西北跳梁爲邊境患若準者正所宜用也眞宗曰然當藉卿宿德鎭之未閱月以本官與準同拜平章事士安兼監脩國史居準上準爲相守正嫉惡小人日思所以傾之有布衣申宗古告準交通安王元傑準皇恐莫知所自明士安力辯其誣下宗古吏具得姦罔斬之準乃安景德元年九月契丹統軍撻覽引兵分掠威虜順安北平侵保州攻定武數爲諸軍所却益東駐陽城淀遂攻高陽不得逞轉窺貝冀天雄兵號二十萬眞宗坐便殿問策安出士安與寇準條所以禦備狀又合議請眞宗幸澶淵士安言澶淵之行當在仲冬準謂當亟往不可緩卒用士安議初咸平六年雲州觀察使王繼忠戰陷契丹至是爲契丹奏請議和大臣莫敢如何獨士安以爲可信力贊眞宗當羈縻不絕漸許其成眞宗謂敵悍如此恐不可保士安曰臣嘗得契丹降人言其雖深入屢挫不甚得志其陰欲引去而恥無名且彼寧不畏人乘虛覆其巢穴此請殆不妄繼忠之奏臣請任之眞宗喜手詔繼忠許其請和時已詔巡幸而議者猶鬨鬨二三大臣有進金陵及成都圖者士安亟同準請對力陳其不可惟堅定前計眞宗嚴兵將行太白晝見流星出上台北貫斗魁或言兵未宜北或言大臣應之士安適臥疾移書準曰屢請昇疾從行手詔不許今大計已定唯君勉之士安得以身當星變而就國事心所願也已而少間追至澶淵見于行在時已聚兵數十萬契丹大震猶乘衆掠德清至澶北鄙爲伏弩射撻覽死衆潰遁去會曹利用自契丹使還具得要領又與其使者姚東之俱來講和之議遂定歲遺契丹銀絹三十萬朝論皆以爲過士安曰不如此契丹所顧不重和事恐不能久及罷兵從還乃按邊要選良守將易置之雄州以李允則定州馬知節鎭州孫全照保州楊延昭它所擇用各得其任令塞上得境外牛馬類者悉還之通互市除鐵禁招流亡廣儲蓄未幾夏州趙德明亦款塞內附二方既定中外晏安量時制法次第施行復置賢良方正直言極諫等科以廣取士二年章七八上以求病免優詔不允遣使敦諭不得已復起視事十月晨朝至崇政殿廬疾暴作眞宗步出臨視已不能言詔內侍竇神寶以肩輿送歸第卒年六十八車駕臨哭廢朝五日贈太傅中書令謚文簡以皇城使衞紹欽治葬有司給鹵簿錄其子世長爲太子中舍慶長爲大理寺丞孫從古爲將作監主簿士安端方沉雅有清識醞藉美風采善談吐所至以嚴正稱年耆目眊讀書不輟手自讎校或親繕寫又精意詞翰有文集三十卷嘗謂人曰僕仕宦無赫赫之譽但力自規檢庶幾寡過爾凡交游無黨援唯王祐呂端見引重王旦寇準楊億相友善王禹偁陳彭年皆門人也禹偁濟州人幼時以事至士安官舍士安識其非常童留之教以學舉業日顯後遂登科進用更在士安前及士安知制誥其命乃禹偁詞也士安沒後眞宗謂寇準等曰畢士安善人也事朕南府東宮以至輔相飭躬愼行有古人之風遽此淪沒深可悼惜及王旦爲相面奏陛下前稱畢士安清愼如古人在位聞之感歎仕至輔相而四方無田園居第沒未終喪家用已屈眞不負陛下所知然使其家假貸爲生宜有以周之者竊謂當出上恩非臣敢爲私惠眞宗感歎賜白金五千兩子世長至衞尉卿慶長至大府卿孫從善光祿少卿從古駕部郎中從厚從誨檢校水部員外郎從簡傳羅令從道殿中丞從範山南西道節度推官從益太常寺太祝從周朝散郎知洋州曾孫仲達仲偃仕至郡守仲衍仲游仲愈

仲衍字夷仲以蔭爲陽翟主簿張昇縣人也方鎭許請於朝欲興鄉校旣具材計工又聽民自以其力輸助邑子馬宏以口舌橫閭里謾謂諸豪曰張公興學而縣令乃因以取諸民由十百而至千萬未已也君將不堪誠捐百金予我我能止役豪信其能予百金宏即詣府宣言縣吏盡私爲學之費又將賦於民昇果疑焉敕縣且止又揭其事於道令欲上疏辯仲衍曰亡益也不如取宏治之不辯自直矣會攝縣事即逮捕驗治五日得其姦言于昇流宏鄧州一縣相賀給事中張問居里中謂仲衍曰諺云鋤一惡長十善君之謂也舉進士中第調沈邱令歐陽脩呂公著薦之入司農爲主簿升丞吳充引爲中書檢正奉使契丹宴射連破的衆驚異之且偉其姿容密使人取其衣爲度製服以賜時預其元會盡能記其朝儀節奏圖畫歸獻後錢勰出使契丹主猶問畢少卿何官今安在王珪與充不相能以仲衍爲充所用數求罪過欲傷之卒無可乘但留滯不遷經四年乃以祕閣校理同知太常禮院爲官制局檢討官制文字千萬計區別分類損益刪補皆曲盡其當凡從中問其事必須仲衍然後報他人不知也撰中書備對三十卷士大夫家爭傳其書高麗使入貢詔館之上元夕與使者宴東闕下作詩誦聖德神宗次韻賜焉當時以爲寵官制行帝自擢起居郎王珪留除命謂爲太峻爭於前帝連稱曰是當得爾未幾暴得疾一夕卒年四十三帝遣中使唁其家賻錢五十萬

仲游字公叔與仲衍同登第調壽邱柘城主簿羅山令環慶轉運司幹辦公事從高遵裕西征運期迫遽陝西八十縣餽輓之夫三十萬一旦悉集轉運使范純粹李察度受其賦而給之食必曠日乃可會僚屬議皆不知所爲以諉仲游仲游集諸縣吏令先効金帛緡錢之最戒勿啓扃鐍共簿其名數以爲質預飭其斛量數千洞撤倉庾牆壁使嬴糧者至其所人自斛槩輸其半而以半自給不終朝霍然而散翊日大軍遂行純粹察歎且謝曰非君幾敗吾事元祐初爲軍器衞尉丞召試學士院同策問者九人乃黃庭堅張來晁補之輩蘇軾異其又擢爲第一加集賢校理開封府推官出提點河東路刑獄韓縝以故相在太原按視如列郡縝奴告有卒剽其衣於公堂之側縝怒將寘卒於理仲游曰奴衣服鮮薄而敢掠之於帥牙非人情也取以付獄治卒得免太

原銅器名天下獨不市一物懼人以爲矯也且行買二茶匕而去穎曰如公叔可謂眞淸矣召拜職方司勳二員外郎改祕閣校理知耀州是歲大旱仲游先民之未饑揭喻境內曰郡振施與平糴若干萬碩實虛張其數富室知有備亦相勸發廩凡民就食者十七萬九千口無一人去其鄉徽宗時歷知鄭鄆二州京南淮南轉運副使入爲吏部郎中言孔子廟自顏回以降皆爵命於朝冠冕居正而子鯉孫伋乃野服幅巾以祭爲不稱詔皆追侯之仲游早受知於司馬光呂公著不及用范純仁尤知之當國時又適居母喪故未嘗得尺寸進然亦墮黨籍坎壈散秩而終年七十五仲游爲文切於事理而有根柢不爲浮誇詭誕戲弄不莊之語蘇軾在館閣頗以言語文章規切時政仲游憂其及禍貽書戒之曰孟軻不得已而後辯孔子欲無言古人所以精謀極慮固功業而養壽命者未嘗不出乎此君自立朝以來禍福利害繫身者未嘗言顧直惜其言爾夫言語之累不特出口者爲言其形于詩歌贊于賦頌託于碑銘著于序記者亦語言也今知畏於口而未畏於文是其所是則見是者喜非其所非則蒙非者怨喜者未能濟君之謀而怨者或已敗君之事矣天下論君之文如孫臏之用兵扁鵲之醫疾固所指名者矣雖無是非之言猶有是非之疑又况其有耶官非諫臣職非御史而非是人所未是危身觸諱以游其間殆猶抱石而捄溺也司馬光爲政反王安石所爲仲游予之書曰昔安石以興作之說動先帝而患財之不足也故凡政之可以得民財者無不用蓋散靑苗置市易斂役錢變鹽法者事也而欲興作患不足者情也苟未能杜其興作之情而徒欲禁其散斂變置之事是以百說而百不行今遂廢靑苗罷市易蠲役錢去鹽法凡號爲利而傷民者一掃而更之則向來用事於新法者必不喜矣不喜之人必不但曰靑苗不可廢市易不可罷役錢不可蠲鹽法不可去必操不足之情言不足之事以動上意雖致石人而使聽之猶將動也如是則廢者可復散罷者可復置蠲者可復斂去者可復存矣則不足之情可不預治哉爲今之策當大舉天下之計深明出入之數以諸路所積之錢粟一歸地官使經費可支二十年之用數年之間又將十倍於今日使天子曉然知天下之餘於財也則不足之論不得陳於前然後所論新法者始可永罷而不可行矣昔安石之居位也中外莫非其人故其法能行今欲捄前日之敝而左右侍職司使者十有七八皆安石之徒雖起二三舊臣用六七君子然累百之中存其十數烏在其勢之可爲也勢未可爲而欲爲之則靑苗雖廢將復散况未廢乎市易雖罷且復置况未罷乎役錢鹽法亦莫不然以此捄前日之敝如人久病而少間其父子兄弟喜見顏色而未敢賀者以其病之猶在也光軾得書聳然竟如其慮仲愈歷國子監丞諸王府侍講知鳳翔府坐兄仲游陷黨籍例廢黜徽宗曰畢仲衍被遇先帝可除罪籍以仲愈爲都官郎中擢祕書少監卒

寇準字平仲華州下邽人也父相晉開運中應辟爲魏王府記室參軍準少英邁通春秋三傳年十九舉進士太宗取人多臨軒顧問年少者往往罷去或敎準增年答曰準方進取可欺君邪後中第授大理評事知歸州巴東大名府成安縣每期會賦役未嘗輒出符移唯具鄉里姓名揭縣門百姓莫敢後期累遷殿中丞通判鄆州召試學士院授右正言直史館爲三司度支推官轉鹽鐵判官會詔百官言事而準極陳利害帝益器重之擢尚書虞部郎中樞密院直學士判吏部東銓嘗奏事殿中語不合帝怒起準輒引帝衣令帝復坐事決乃退上由是嘉之曰朕得寇準猶文皇之得魏徵也淳化二年春大旱太宗延近臣問時政得失衆以天數對準對曰洪範天人之際應若影響大旱之證蓋刑有所不平也太宗怒起入禁中頃之召準問所以不平狀準曰願召二府至臣卽言之有詔召二府入準乃言曰頃者祖吉王淮皆侮法受賕吉贓少乃伏誅淮以參政沔之弟盜主守財至千萬止杖仍復其官非不平而何太宗以問沔沔頓首謝於是切責沔而知準爲可用矣卽拜準左諫議大夫樞密副使改同知院事準與知院張遜數爭事上前他日與溫仲舒偕行道逢狂人迎馬呼萬歲判左金吾王賓與遜雅相善遜嗾上其事準引仲舒爲證遜令賓獨奏其辭頗厲且互斥其短帝怒謫遜準亦罷知青州帝顧準厚旣行念之常不樂語左右曰寇準在青州樂乎對曰準得善藩當不苦也數日輒復問左右揣帝意且復召用準因對曰陛下思準不少忘聞準日縱酒未知亦念陛下乎帝默然明年召拜參知政事自唐末蕃戶有居渭南者溫仲舒知秦州驅之渭北立堡柵以限其往來太宗覽奏不懌曰古羌戎尙雜處伊洛彼蕃夷易動難安一有調發將重困吾關中矣準言唐宋璟不賞邊功卒致開元太平疆埸之臣邀功以稔禍深可戒也帝因命準使渭北安撫族帳而徙仲舒鳳翔至道元年加給事中時太宗在位久馮拯等上疏乞立儲貳帝怒斥之嶺南中外無敢言者準初自青州召還入見帝足創甚自褰衣以示準且曰卿來何緩耶準對曰臣非召不得至京師帝曰朕諸子孰可以付神器者準曰陛下爲天下擇君謀及婦人中官不可也謀及近臣不可也唯陛下擇所以副天下望者帝俛首久之屏左右曰襄王可乎準曰知子莫若父聖慮旣以爲可願卽決定帝遂以襄王爲開封尹改封壽王於是立爲皇太子廟見還京師之人擁道喜躍曰少年天子也帝聞之不懌召準謂曰人心遽屬太子欲置我何地準再拜賀曰此社稷之福也帝入語后嬪宮中皆前賀復出延準飲極醉而罷二年祠南郊中外官皆進秩準素所喜者多得臺省淸要官所惡不及知者退序進之彭惟節位素居馮拯下拯轉虞部員外郎惟節轉屯田員外郎章奏列銜惟節猶處其下準怒堂帖戒拯毋亂朝制拯憤極陳準擅權又條上嶺南官吏除拜不平數事廣東轉運使康戩亦言呂端張洎李昌齡皆準所引端德之洎能曲奉準而昌齡畏愞不敢與準抗故得以任胸臆亂經制太宗怒準適祀太廟攝事召責端等端曰準性剛自任臣等不欲數爭慮傷國體因再拜請罪及準入對帝語及馮拯事自辯帝曰若廷辯失執政體準猶力爭不已又持中書簿論曲直於帝前帝益不悅因歎曰鼠雀尙知人意况人乎遂罷準知鄧州眞宗卽位遷尙書工部侍郎咸平初徙河陽改同州三年朝京師行次閿鄉又徙鳳翔府帝幸大名詔赴行在所遷刑部權知開封府六年遷兵部爲三司使時合鹽鐵度支戶部爲一使眞宗命準裁定遂以六判官分掌之繁簡始適中帝久欲相準患其剛直難獨任景德元年以畢士安參知政事踰月並命同中書門下平章事準以集賢殿大學士位士安下是時契丹內寇縱游騎掠深祁間小不利輒引去徜徉無鬬意準曰是狃我也請練師命將簡驍銳據要害以備之是冬契丹果大入急書一夕凡五至準不發飲笑自如明日同列以聞帝大駭以問準準曰陛下欲了此不過五日爾因請帝幸澶州同列懼欲退準止之令候駕起帝難之欲還內準曰陛下入則臣不得見大事去矣請毋還而行帝乃議親征召羣臣問方略旣而契丹圍瀛州直犯貝魏中外震駭參知政事王欽若江南人也請幸金陵陳堯叟蜀人也請幸成都帝問準準心知二人謀乃陽若不知曰誰爲陛下畫此策者罪可誅也今陛下神武將臣協和若大駕親征賊自當遁去不然出奇以撓其謀堅守以老其師勞佚之勢我得勝算矣奈何棄廟社欲幸楚蜀遠地所在人心崩潰賊乘勢深入天下可復保邪遂請帝幸澶州及至南城契丹兵方盛衆請駐蹕以覘軍勢準固請曰陛下不過河則人心益危敵氣未懾非所以取威決勝也且王超領勁兵屯中山以扼其亢李繼隆石保吉分大陣以扼其左右肘四方征鎭赴援者日至何疑而不進衆議皆懼準力爭之不決出遇高瓊於屛間謂曰太尉受國恩今日有以報乎對曰瓊武人願效死準復入對瓊隨立庭下準厲聲曰陛下不以臣言爲然盍試問瓊等瓊卽仰奏曰寇準言是準曰機不可失宜趣駕瓊卽麾衞士進輦帝遂渡河御北城門樓遠近望見御蓋踴躍懽呼聲聞數十里契丹相視驚愕不能成列帝盡以軍事委準準承制專決號令明肅士卒喜悅敵數千騎乘勝薄城下詔士卒迎擊斬獲大半乃引去上還行宮留準居城上徐使人視準何爲準方與楊億飲博歌謔懽呼帝喜曰準如此吾復何憂相持十餘日其統軍撻覽出督戰時威虎軍頭張瓌守床子弩弩撼機發矢中撻覽額撻覽死乃密奉書請盟準不從而使者來請益堅帝將許之準欲邀使稱臣且獻幽州地帝厭兵欲羈縻不絕而已有譖準幸兵以自取重者準不得已許之帝遣曹利用如軍中議歲幣曰百萬以下皆可許也準召利用至幄語曰雖有敕汝所許毋過三十萬過三十萬吾斬汝矣利用至軍果以三十萬成約而還河北罷兵準之力也準在相位用人不以次同列頗不悅它日又除官同列因吏持例簿以進準曰宰相所以進賢退不肖也若用例一吏職爾二年加中書侍郎兼工部尙書準頗自矜澶淵之功雖帝亦以此待準甚厚王欽若深嫉之一日會朝準先退帝目送之欽若因進曰陛下敬寇準爲其有社稷功邪帝曰然欽若曰澶淵之役陛下不以爲恥而謂準有社稷功何也帝愕然曰何故欽若曰城下之盟春秋恥之澶淵之舉是城下之盟也以萬乘之貴而爲城下之盟其何恥如之帝愀然爲之不悅欽若曰陛下聞博乎博者輸錢欲盡乃罄所有出之謂之孤注陛下寇準之孤注也斯亦危矣由是帝顧準寖衰明年罷爲刑部尙書知陜州遂用王旦爲相帝謂旦曰寇準多許人官以爲己恩俟行當深戒之從封泰山遷戶部尙書知天雄軍祀汾陰命提舉貝德博召濱棣巡檢捉賊公事遷兵部尙書入判都省幸亳州權東京留守爲樞密院使同平章事林特爲三司使以河北

歲輸絹闕督之甚急而準素惡特頗助轉運使李士衡而沮特具言在魏時嘗進河北絹五萬而三司不納以至闕供請劾主吏以下然京師歲費絹百萬準所助纔五萬帝不悅謂王旦曰準剛忿如昔旦曰準好人懷惠又欲人畏威皆大臣所避而準乃爲己任此其短也未幾罷爲武勝軍節度使同平章事判河南府徙永興軍天禧元年改山南東道節度使時巡檢朱能挾內侍都知周懷政詐爲天書上以問王旦旦曰始不信天書者準也今天書降須命準上之準從上其書中外皆以爲非遂拜中書侍郎兼吏部尚書同平章事景靈宮使三年祀南郊進尚書右僕射集賢殿大學士時眞宗得風疾劉太后預政於內準請間曰皇太子人所屬望願陛下思宗廟之重傳以神器擇方正大臣爲羽翼丁謂錢惟演佞人也不可以輔少主帝然之準密令翰林學士楊億草表請太子監國且欲援億輔政已而謀洩罷爲太子太傅封萊國公時懷政反側不自安且憂得罪乃謀殺大臣請罷皇后預政奉帝爲太上皇而傳位太子復相準客省使楊崇勳等以告丁謂謂微服夜乘犢車詣曹利用計事明日以聞乃誅懷政降準爲太常卿知相州徙安州貶道州司馬帝初不知也他日問左右曰吾目中久不見寇準何也左右莫敢對帝崩時亦言惟準與李迪可託其見重如此乾興元年再貶雷州司戶參軍初丁謂出準門至參政事準甚謹嘗會食中書羹汚準鬚謂起徐拂之準笑曰參政國之大臣乃爲官長拂鬚邪謂甚愧之由是傾構日深及準貶未幾謂亦南竄道雷州準遣人以一蒸羊逆境上謂欲見準準拒絕之聞家僮謀欲報讎者乃杜門使縱博毋得出伺謂行遠乃罷天聖元年徙衡州司馬初太宗嘗得通天犀命工爲二帶一以賜準及是準遣人取自洛中旣至數日沐浴具朝服束帶北面再拜呼左右趣設臥具就榻而卒初張詠在成都聞準入相謂其僚屬曰寇公奇材惜學術不足爾及準出陝詠適自成都罷還準嚴供帳大爲具待詠將去準送之郊問曰何以教準詠徐曰霍光傳不可不讀也準莫諭其意歸取其傳讀之至不學無術笑曰此張公謂我矣準少年富貴性豪侈喜劇飮每宴賓客多闔扉脫驂家未嘗爇油燈雖庖匽所在必然炬燭在雷州踰年旣卒衡州之命乃至遂歸葬西京道出京南公安縣人皆設祭哭於路折竹植地挂紙錢逾月視之枯竹盡生筍衆因爲立廟歲時享之無子以從子隨爲嗣準歿後十一年復太子太傅贈中書令萊國公後又賜謚曰忠愍皇祐四年詔翰林學士孫抃撰神道碑帝爲篆其首曰旌忠

論曰呂端諫秦王居留表表已見大器與寇準同相而常讓之留李繼遷之母不誅眞宗之立閉王繼恩於室以折李后異謀而定大計旣立又請去簾升殿審視然後下拜太宗謂之大事不糊塗者知臣莫過君矣宰相不和不足以定大計畢士安薦寇準又爲之辨誣契丹大舉而入合辭以勸眞宗遂幸澶淵終却鉅敵及議歲幣因請重賄要其久盟由是西夏失牽制之謀隨亦內附景德咸平以來天下乂安二相協和之所致也準於太宗朝論建太子謂神器不可謀及婦人謀及中官謀及近臣此三言者可謂萬世龜鑑澶淵之幸力沮衆議竟成雋功古所謂大臣者於斯見之然挽衣留諫面詆同列雖有直言之風而少包荒之量定策禁中不愼所與致啓懷政邪謀坐竄南裔勳業如是而不令厥終所謂臣不密則失身豈不信哉

宋史卷二百八十二

元　中書右丞相總裁脫脫等修

列傳第四十一

李沆弟維　王旦　向敏中

李沆字太初洺州肥鄉人曾祖豐泰陵令祖滔洺州團練判官父炳從邢帥薛懷讓辟爲觀察支使懷讓徙同州又爲掌書記歷邠州鳳翔判官拜殿中侍御史知舒州太祖征金陵緣淮供億惟舒尤甚以勞加侍御史卒沆少好學器度宏遠炳嘗語人曰此兒異日必至公輔太平興國五年舉進士甲科爲將作監丞通判潭州遷右贊善大夫轉著作郎相府召試約束邊將詔書旣奏御太宗甚悅命直史館雍熙三年右拾遺王化基上書自薦太宗謂宰相曰李沆宋湜皆嘉士也卽命中書幷化基召試並除右補闕知制誥沆位最下特升于上各賜錢百萬又以沆素貧多負人錢別賜三十萬償之四年與翰林學士宋白同知貢舉謗議雖衆而不歸咎于沆遷職方員外郎召入翰林爲學士淳化二年判吏部銓嘗侍曲宴太宗目送之曰李沆風度端凝眞貴人也三年拜給事中參知政事四年以本官罷奉朝請未幾丁內艱起復遂出知昪州未行改知河南府眞宗升儲遷禮部侍郎兼太子賓客詔東宮待以師傅禮眞宗卽位遷戶部侍郎參知政事咸平初以本官平章事監脩國史改中書侍郎會契丹犯邊眞宗北幸命沆留守京師肅然眞宗還沆迎于郊命坐置酒慰勞久之累加門下侍郎尚書右僕射眞宗問治道所宜先沆曰不用浮薄新進喜事之人此最爲先問其人曰如梅詢曾致堯等是矣後致堯副溫仲舒安撫陝西於閤門疏言仲舒不足與共事輕銳之黨無不稱快沆不喜也因用他人副仲舒罷致堯帝嘗語及唐人樹黨難制遂使王室微弱蓋姦邪難辨爾沆對曰佞言似忠姦言似信至如盧杞蒙蔽德宗李勉以爲眞姦邪是也眞宗曰姦邪之迹雖曰難辨然久之自敗一夕遣使持手詔欲以劉氏爲貴妃沆對使者引燭焚詔附奏曰但道臣沆以爲不可其議遂寢駙馬都尉石保吉求爲使相復問沆沆曰賞典之行須有所自保吉因緣戚里無攻戰之勞台席之拜恐騰物議他日再三問之執議如初遂止帝以沆無密奏謂之曰人皆有密啓卿獨無何也對曰臣待罪宰相公事則公言之何用密啓夫人臣有密啓者非讒卽佞臣常惡之豈可效尤時李繼遷久叛兵衆日盛有圖取朔方之意朝廷因於飛輓中外咸以爲靈州乃必爭之地苟失之則緣邊諸郡皆不可保帝頗惑之因訪於沆沆曰繼遷不死靈州非朝廷有也莫若遣使密召州將使部分軍民空壘而歸如此則關右之民息肩矣方衆議各異未卽從沆言未幾而靈州陷帝由是益重之沆爲相王旦參政事以西北用兵或至旰食旦嘆曰我輩安能坐致太平得優游無事耶沆曰少有憂勤足爲警戒他日四方寧謐朝廷未必無事後契丹和親旦問何如沆曰善則善矣然邊患旣息恐人主漸生侈心耳旦未以爲然沆又日取四方水旱盜賊奏之旦以爲細事不足煩上聽沆曰人主少年當使知四方艱難不然血氣方剛不留意聲色犬馬則土木甲兵禱祠之事作矣吾老不及見此此參政他日之憂也沆沒後眞宗以契丹旣和西夏納款遂封岱祠汾大營宮觀蒐講墜典靡有暇日旦親見王欽若丁謂等所爲欲諫則業已同之欲去則上遇之厚乃以沆先識之遠嘆曰李文靖眞聖人也當時遂謂之聖相寇準與丁謂善屢以謂才薦於沆不用準問之沆曰顧其爲人可使之在人上乎準曰如謂者相公終能抑之使在人下乎沆笑曰他日後悔當思吾言也準後爲謂所傾始伏沆言沆爲相接賓客常寡言馬亮與沆同年生又與其弟維善語維曰外議以大兄爲無口匏維乘間達亮語沆曰吾非不知也然今之朝士得升殿言事上封論奏了無壅蔽多下有司皆見之矣若邦國大事北有契丹西有夏人日旰條議所以備禦之策非不詳究薦紳如李宗諤趙安仁皆時之英秀與之談猶不能啓發吾意自餘通籍之子坐起拜揖尙周章失次卽席必自論功最以希寵奬此有何策而與之接語哉苟屈意妄言卽世所謂籠罩籠罩之事僕病未能也沆又嘗言居重位實無補惟中外所陳利害一切報罷之此少以報國爾朝廷防制纖悉備具或狥所陳請施行一事卽所傷多矣陸象先曰庸人擾之是已憸人苟一時之進豈念厲民耶沆爲相常讀論語或問之沆曰沆爲宰相如論語中節用而愛人使民以時尙未能行聖人之言終身誦之可也景德元年七月沆待漏將朝疾作而歸詔太醫診視撫問之使相望於道明日駕往臨問賜白金五千兩方還宮而沆薨年五十八上聞之驚歎趣駕再往臨哭之慟謂左右曰沆爲大臣忠良純厚始終如一豈意不享遐壽言終又泣下廢朝五日贈太尉中書令謚文靖錄其弟國子博士贊爲虞部員外郎光祿寺丞源爲太子中舍屯田員外郎直集賢院維爲戶部員外郎子宗簡爲大理評事甥蘇昂妻兄之子朱濤並同進士出身乾興元年仁宗卽位詔配享眞宗廟庭沆性直諒內行脩謹言無枝葉識大體居位愼密不求聲譽動遵條制人莫能干以私公退終日危坐未嘗跛倚治第封丘門內廳事前僅容旋馬或言其太隘沆笑曰居第當傳子孫此爲宰相廳事誠隘爲太祝奉禮廳事已寬矣至於垣頹壁損不以屑慮堂前藥闌壞妻戒守舍者勿葺以試沆沆朝夕見之經月終不言妻以語沆沆曰豈可以此動吾一念哉家人勸治居第未嘗答弟維因語次及之沆曰身食厚祿時有橫賜計囊裝亦可以治第但念內典以此世界爲缺陷安得圓滿如意自求稱足今市新宅須一年繕完人生朝暮不可保又豈能久居巢林一枝聊自足耳安事豐屋哉沆與諸弟友愛尤器重維暇日相對宴飮清言未嘗及朝政亦未嘗問家事沆沒後或薦梅詢可用眞宗曰李沆嘗言其非君子其爲信倚如此

維字仲方第進士爲保信軍節度推官眞宗初獻聖德詩召試中書擢直集賢院以沆相避知歙州至郡興學舍歲時行鄉射之禮沆沒入爲戶部員外郎契丹請和以爲賀正旦使眞宗方幸西京維還詣行在具言其待遇禮厚必保盟好擢兵部員外郎知制誥自是每北使

至多命維主之擢爲翰林學士累遷中書舍人以疾辭出知許州復入翰林爲學士承旨加史館脩撰仁宗初再遷爲尚書左丞兼侍讀學士預脩眞宗實錄遷工部尚書會塞下傳契丹將絕盟復遣維往使其主隆緒重維名館勞加禮使賦兩朝悠久詩詩成大喜旣還帝欲用爲樞密副使或斥維賦詩自稱小臣乃寢遷刑部尚書辭不拜引李士衡故事求換官除柳州觀察使爲諫官劉隨所詆知亳州請赴本鎭改河陽久之還朝復出知陳州卒維博學少以文章知名至老手不廢書景德以後巡幸四方典章名物多維所參定嘗預定七經正義脩續通典冊府元龜性寬易喜慍不見於色獎借後進嗜酒善謔而好爲詩常曰人生觴詠自適餘何營哉旣沒家無餘貲景祐元年贈尚書右僕射子師錫虞部員外郎公謹太子中舍

王旦字子明大名莘人曾祖言黎陽令祖徹左拾遺父祐尚書兵部侍郎以文章顯于漢周之際事太祖太宗爲名臣嘗諭杜重威使無反漢拒盧多遜害趙普之謀以百口明符彥卿無罪世多稱其陰德祐手植三槐于庭曰吾之後世必有爲三公者此其所以志也旦幼沈默好學有文祐器之曰此兒當至公相太平興國五年進士及第爲大理評事知平江縣其廨舊傳有物怪憑戾居多不寧旦將至前夕守吏聞羣鬼嘯呼云相君至矣當避去自是遂絕就改將作監丞趙昌言爲轉運使以威望自任屬吏屏畏入旦境稱其善政以女妻之代還命監潭州銀場何承矩典郡薦入爲著作佐郎預編文苑英華詩類遷殿中丞通判鄭州表請天下建常平倉以塞兼并之路徙濠州淳化初王禹偁薦其才任轉運使驛召至京旦不樂吏職獻文召試命直史館二年拜右正言知制誥初祐以宿名久掌書命旦不十年繼其任時論美之錢若水有人倫鑒見旦曰眞宰相器也與之同列每曰王君凌霄聳壑棟梁之材貴不可涯非吾所及李沆以同年生亦推重爲遠大之器明年與蘇易簡同知貢舉加虞部員外郎同判吏部流內銓知考課院趙昌言參機務旦避嫌引唐獨孤郁權德輿故事辭職太宗嘉其識體改禮部郎中集賢殿脩撰昌言出知鳳翔卽日以旦知制誥仍兼脩撰判院事面賜金紫擇牯犀帶寵之又令冠西閣至道元年知理檢院二年進兵部郎中眞宗卽位拜中書舍人數月爲翰林學士兼知審官院通進銀臺封駁司帝素賢旦嘗奏事退目送之曰爲朕致太平者必斯人也錢若水罷樞務得對苑中訪近臣之可用者若水言旦有德望堪任大事帝曰此固朕心所屬也咸平三年又知貢舉鎖宿旬日拜給事中同知樞密院事踰年以工部侍郎參知政事契丹犯邊從幸澶州雍王元份留守東京遇暴疾命旦馳還權留守事旦曰願宣寇準臣有所陳準至旦奏曰十日之間未有捷報時當如何帝默然良久曰立皇太子旦旣至京直入禁中下令甚嚴使人不得傳播及駕還旦子弟及家人皆迎于郊忽聞後有騶訶聲驚視之乃旦也二年加尚書左丞三年拜工部尚書同中書門下平章事集賢殿大學士監脩兩朝國史契丹旣受盟寇準以爲功有自得之色眞宗亦自得也王欽若忌準欲傾之從容言曰此春秋城下之盟也諸侯猶恥之而陛下以爲功臣竊不取帝愀然曰爲之柰何欽若度帝厭兵卽謬曰陛下以兵取幽燕乃可滌恥帝曰河朔生靈始免兵革朕安能爲此可思其次欽若曰唯有封禪泰山可以鎭服四海誇示外國然自古封禪當得天瑞希世絕倫之事然後可爾旣而又曰天瑞安可必得前代蓋有以人力爲之者惟人主深信而崇之以明示天下則與天瑞無異也帝思久之乃可而心憚旦曰王旦得無不可乎欽若曰臣得以聖意喻之宜無不可乘間爲旦言旦黽勉而從帝猶尤豫莫與籌之者會幸祕閣驟問杜鎬曰古所謂河出圖洛出書果何事耶鎬老儒不測其旨漫應之曰此聖人以神道設教爾帝繇此意決遂召旦飲歡甚賜以尊酒曰此酒極佳歸與妻孥共之旣歸發之皆珠也由是凡天書封禪等事旦不復異議大中祥符初爲天書儀仗使從封泰山爲大禮使進中書侍郎兼刑部尚書受詔撰封祀壇頌加兵部尚書四年祀汾陰又爲大禮使遷右僕射昭文館大學士仍撰祠壇頌將復進秩懇辭得免止加功臣俄兼門下侍郎玉淸昭應宮使五年爲玉淸奉聖像大禮使景靈宮建又爲朝修使七年刻天書兼刻玉使還御廄三馬賜之玉淸昭應宮成拜司空京師賜酺旦以慘恤不赴會帝賜詩導意焉國史成遷司空旦爲天書使每有大禮輒奉天書以行恒邑邑不樂凡柄用十八年爲相僅一紀會契丹脩和西夏誓守故地二邊兵罷不用眞宗以無事治天下旦謂祖宗之法具在務行故事愼所變改帝久益信之言無不聽凡大臣有所請必曰王旦以爲如何旦與人寡言笑默坐終日及奏事羣臣異同旦徐一言以定歸家或不去冠帶入靜室獨坐家人莫敢見之旦弟以問趙安仁安仁曰方議事公不欲行而未決此必憂朝廷矣帝嘗示二府喜雨詩旦袖歸曰上詩有一字誤寫莫進入改却否王欽若曰此亦無害而密奏之帝愠謂旦曰昨日詩有誤字何不來奏旦曰臣得詩未暇再閱有失上陳惶懼再拜謝諸臣皆拜獨樞密馬知節不拜具以實奏且曰王旦畧不辯眞宰相器也帝顧旦而笑焉天下大蝗使人於野得死蝗帝以示大臣明日執政遂袖死蝗進曰蝗實死矣請示于朝率百官賀旦獨不可後數日方奏事飛蝗蔽天帝顧旦曰使百官方賀而蝗如此豈不爲天下笑耶宮禁火災旦馳入帝曰兩朝所積朕不妄費一朝殆盡誠可惜也旦對曰陛下富有天下財帛不足憂所慮者政令賞罰之不當臣備位宰府天災如此臣當罷免繼上表待罪帝乃降詔罪已許中外封事言得失後有言榮王宮火所延非天災請置獄劾當坐死者百餘人旦獨請曰始火時陛下已罪已詔天下臣等皆上章待罪今反歸咎於人何以示信且火雖有迹寧知非天譴耶當坐者皆免日者上書言宮禁事坐誅籍其家得朝士所與往還占問吉凶之說帝怒欲付御史問狀旦曰此人之常情且語不及朝廷不足罪眞宗怒不解旦因自取嘗所占問之書進曰臣少賤時不免爲此必以爲罪願并臣付獄眞宗曰此事已發何可免旦曰臣爲宰相執國法豈可自爲之幸於不法而以罪人帝意解旦至中書悉焚所得書旣而復悔馳取之而已焚之矣繇是皆免仁宗爲皇太子太子諭德見旦稱太子學書有法旦曰諭德之職止於是耶張士遜又稱太子書旦曰太子不在應舉選學士不在學書契丹奏請歲給外別假錢幣旦曰東封甚近車駕將出彼以此探朝廷之意耳帝曰何以答之旦曰止當以微物而輕之乃以歲給三十萬物內各借三萬仍諭次年額內除之契丹得之大慙次年復下有司契丹所借金幣六萬事屬微末今仍依常數與之後不爲比西夏趙德明言民饑求糧百萬斛大臣皆曰德明新納誓而敢違請以詔責之帝以問旦旦請敕有司具粟百萬于京師而詔德明來取之德明得詔慚且拜曰朝廷有人寇準數短旦旦專稱準帝謂旦曰卿雖稱其美彼專談卿惡旦曰理固當然臣在相位久政事闕失必多準對陛下無所隱益見其忠直此臣所以重準也帝以是愈賢旦中書有事送密院違詔格準在密院以事上聞旦被責第拜謝堂吏皆見罰不踰月密院有事送中書亦違詔格堂吏欣然呈旦旦令送還密院準大慙見旦曰同年甚得許大度量旦不答寇準罷樞密使託人私求爲使相旦驚曰將相之任豈可求耶吾不受私請準深憾之已而除準武勝軍節度使同中書門平章事準入見謝曰非陛下知臣安能至此帝具道旦所以薦者準媿歎以爲不可及準在藩鎭生辰造山棚大宴又服用僭侈爲人所奏帝怒謂旦曰寇準每事欲效朕可乎旦徐對曰準誠賢能無如騃何眞宗意遂解曰然此正是騃爾遂不問翰林學士陳彭年呈政府科場條目旦投之地曰內翰得官幾日乃欲隔截天下進士耶彭年皇恐而退時向敏中同在中書出彭年所留文字旦瞑目取紙封之敏中請一覽旦曰不過興建符瑞圖進爾後彭年與王曾張知白參預政事同謂旦曰每奏事其間有不經上覽者公批旨奉行恐人言之以爲不可旦遜謝而已一日奏對旦退曾等稍留帝驚曰有何事不與王旦來皆以前事對帝曰旦在朕左右多年朕察之無毫髮私自東封後朕諭以小事一面奉行卿等謹奉之曾等退而愧謝旦曰正賴諸公規益畧不介意帝欲相王欽若旦曰欽若遭逢陛下恩禮已隆且乞留之樞密兩府亦均臣見祖宗朝未嘗有南人當國者雖古稱立賢無方然須賢士乃可臣爲宰相不敢沮抑人此亦公議也眞宗遂止旦沒後欽若始大用語人曰爲王公遲我十年作宰相欽若與陳堯叟馬知節同在樞府因奏事忿爭眞宗召旦至欽若猶譁不已知節流涕曰願與欽若同下御史府旦叱欽若使退帝大怒命付獄旦從容曰欽若等恃陛下厚顧上煩譴訶當行朝典願且還內來日取旨明日召旦前問之旦曰欽若等當黜未知坐以何罪帝曰坐忿爭無禮旦曰陛下奄有天下使大臣坐忿爭無禮之罪或聞外國恐無以威遠帝曰卿意如何旦曰願至中書召欽若等宣示陛下含容之意且戒約之俟少間罷之未晚也帝曰非卿之言朕固難忍後月餘欽若等皆罷旦嘗與楊億評品人物億曰丁謂久遠當何如旦曰才則才矣語道則未他日在上位使有德者助之庶得終吉若獨當權必爲身累爾後謂果如言旦爲兗州景靈宮朝修使內臣周懷政偕行或乘間請見旦必俟從者盡至冠帶出見于堂皇白事而退後懷政以事敗方知旦遠慮內臣劉承規以忠謹得幸病且死求爲節度使帝語旦曰承規待此以瞑目旦執不可曰他日將有求爲樞密使者奈何遂止自是內臣官不過留後旦爲相賓客滿堂無敢以私請察可與言及素知名者數月後召與語詢訪四方利病或使疏其言而獻之觀才之所長密籍其名其人復來不

見也每有差除先密疏四三人姓名以請所用者帝以筆點之同列不知爭有所用惟旦所用奏入無不可丁謂以是數毀旦帝益厚之故參政李穆子行簡以將作監丞家居有賢行遷太子中允使者不知其宅眞宗命就中書問旦人始知行簡爲旦所薦旦凡所薦皆人未嘗知旦沒後史官脩眞宗實錄得內出奏章始知朝士多旦所薦云諫議大夫張師德兩詣旦門不得見意爲人所毀以告向敏中爲從容明之及議知制誥旦曰可惜張師德敏中問之旦曰累於上前言師德名家子有士行不意兩及吾門狀元及第榮進素定但當靜以待之爾若復奔競使無階而入者當如何也敏中啓以師德之意旦曰旦處安得有人敢輕毀人但師德後進待我薄爾敏中固稱適有闕望公弗遺旦曰第緩之使師德知聊以戒貪進激薄俗也石普知許州不法朝議欲就劾旦曰普武人不明典憲恐恃薄效妄有生事必須重行乞召歸置獄乃下御史按之一日而獄具議者以爲不屈國法而保全武臣眞國體也薛奎爲江淮發運使辭旦旦無他語但云東南民力竭矣奎退而曰眞宰相之言也張士遜爲江西轉運使辭旦求教旦曰朝廷榷利至矣士遜迭更是職思旦之言未嘗求利識者曰此運使識大體張詠知成都召還以任中正代之言者以爲不可帝問旦對曰非中正不能守詠之規他人往妄有變更矣李迪賀邊有時名舉進士迪以賦落韻邊以當仁不讓於師論以師爲衆與注疏異皆不預主文奏乞收試旦曰迪雖犯不考然出於不意其過可略邊特立異說將令後生務爲穿鑿漸不可長遂收迪而黜邊且任事久人有謗之者輒引咎不辨至人有過失雖人主盛怒可辨者辨之必得而後已素羸多疾自東魯復命連歲求解優詔褒答繼以面諭委任無貳天禧初進位太保爲兗州太極觀奉上寶冊使復加太尉兼侍中五日一赴起居入中書遇軍國重事不限時日入預參決旦愈畏避上疏懇辭又託同列奏白帝重違其意止加封邑一日獨對滋福殿帝曰朕方以大事託卿而卿疾如此因命皇太子出拜旦惶恐走避太子隨而拜之旦言太子盛德必任陛下事因薦可爲大臣者十餘人其後不至宰相惟李及凌策二人亦爲名臣旦復求避位帝覩其形瘁憫然許之以太尉領玉清昭應宮使給宰相半奉初旦以宰相兼使今罷相猶領之其專置使自旦始焉尋又命肩輿入禁使子雍與直省吏挾扶見于延和殿帝曰卿今疾亟萬一有不諱使朕以天下事付之誰乎旦曰知臣莫若君惟明主擇之再三問不對時張詠馬亮皆爲尚書帝歷問二人亦不對因曰試以卿意言之旦強起舉笏曰以臣之愚莫如寇準帝曰準性剛褊卿更思其次旦曰他人臣所不知也臣病困不能久侍遂辭退後旦沒歲餘竟用準爲相旦疾甚遣內侍問者日或三四帝手自和藥并薯蕷粥賜之旦與楊億素厚延至卧內請撰遺表且言忝爲宰輔不可以將盡之言爲宗親求官止叙生平遭遇願日親庶政進用賢士少減焦勞之意仍戒子弟我家盛名清德當務儉素保守門風不得事於泰侈勿爲厚葬以金寶置柩中表上眞宗歎之遂幸其第賜白金五千兩旦作奏辭之藁末自益四句云益懼多藏況無所用見欲散施以息咎殃卽舁至內闕詔不許還至門旦已薨年六十一帝臨其喪慟廢朝三日贈太師尚書令魏國公謚文正又別次發哀後數日張旻赴鎭河陽例宜飲餞以旦故不舉樂錄其子弟姪外孫門客常從授官者十數人諸子服除又各進一官已而聞旦奏藁自益四句取視泣下久之旦有文集二十卷乾興初詔配享眞宗廟廷及建碑仁宗篆其首曰全德元老之碑旦事寡嫂有禮與弟旭友愛甚篤婚姻不求門閥被服質素家人欲以繒錦飾氈席不許有貨王帶者弟以爲佳呈旦旦命繫之曰還見佳否弟曰繫之安得自見旦曰自負重而使觀者稱好無乃勞乎亟還之故所服止於賜帶家人未嘗見其怒飮食不精潔但不食而已嘗試以少埃墨投羹中旦惟啖飯問何不啜羹曰我偶不喜肉後又墨其飯則曰吾今日不喜飯可別具粥旦不置田宅曰子孫當各念自立何必田宅徒使爭財爲不義爾眞宗以其所居陋欲治之旦辭以先人舊廬乃止宅門壞主者徹新之暫于廡下啓側門出入旦至側門據鞍俯過門成復由之皆不問焉三子雍國子博士冲左贊善大夫素別有傳

向敏中字常之開封人父瑀仕漢符離令性嚴毅惟敏中一子躬自教督不假顏色嘗謂其母曰大吾門者此兒也敏中隨瑀赴調京師有書生過門見敏中謂鄰母曰此兒風骨秀異貴且壽鄰母入告其家比出已不見矣及冠繼丁內外憂能刻厲自立有大志不屑貧窶太平興國五年進士解褐將作監丞通判吉州就改右贊善大夫轉運使張齊賢薦其材代還爲著作郎召見便殿占對明暢太宗善之命爲戶部推官出爲淮南轉運副使時領外計者皆以權寵自尊所至畏憚敏中不尚威察待僚屬有禮勤於勸劭職務修舉或薦其有武幹者召入將授諸司副使敏中懇辭仍獻所著文加直史館遣還任以耕籍恩超左司諫入爲戶部判官知制誥未幾權判大理寺時沒入祖吉贓錢分賜法吏敏中引鍾離意委珠事獨不受妖尼道安搆獄事連開封判官張去華敏中妻父也以故得請不預決讞旣而法官皆貶猶以親累落職出知廣州入辭面敘其事太宗爲之感動許以不三歲召還翌日遷職方員外郎遣之是州兼掌市舶前守多涉譏議敏中至荆南預市藥物以往在任無所須以淸廉聞就擢廣南東路轉運使召爲工部郎中太宗飛白書敏中洎張詠二名付中書曰此二人名臣也朕將用之左右因稱其材並命爲樞密直學士時通進銀臺司主出納書奏領於樞密院頗多壅遏或至漏失敏中具奏其事恐遠方有失事機請別置局命官專莅校其簿籍詔命敏中與詠領其局太宗欲大任敏中當塗者忌之會有言敏中在法寺時皇甫侃監無爲軍榷務以賄敗發書歷詣朝貴求爲末減敏中亦受之事下御史按實嘗有書及門敏中覩其名不啟封遣去俄捕得侃私僮詰之云其書尋納筩中瘞臨江傳舍馳驛掘得封題如故太宗大驚異召見慰諭賞激遂決於登用未幾拜右諫議大夫同知樞密院事自郎中至是百餘日超擢如此時西北用兵樞機之任專主謀議敏中明辨有才略遇事敏速凡二邊道路斥堠走集之所莫不周知至道初遷給事中眞宗卽位敏中適在疾告力起見于東序卽遣視事進戶部侍郎會曹彬爲樞密使改爲副使咸平初拜兵部侍郎參知政事從幸大名屬宋湜病代兼知樞密院事時大兵之後議遣重臣慰撫邊郡命爲河北河東安撫大使以陳堯叟馮拯爲副發禁兵萬人翼從所至訪民疾苦宴犒官吏莫不感悅四年以本官同平章事充集賢殿大學士故相薛居正孫安上不肖其居第有詔無得貿易敏中違詔質之會居正子惟吉嫠婦柴將攜貲產適張齊賢安上訴其事柴遂言敏中嘗求娶己不許以是陰庇安上眞宗以問敏中敏中言近喪妻不復議婚未嘗求婚於柴眞宗因不復問柴又伐鼓訟益急遂下御史臺并得敏中質宅之狀時王嗣宗爲鹽鐵使素忌敏中因對言敏中議娶王承衍女弟密約已定而未納采眞宗詢于王氏得其實以敏中前言爲妄罷爲戶部侍郎出知永興軍景德初復兵部侍郎夏州李繼遷兵敗爲潘羅支射傷自度孤危且死屬其子德明必歸宋曰一表不聽則再請雖累百表不得請勿止也繼遷卒德明納欵就命敏中爲鄜延路緣邊安撫使俄還京兆是冬眞宗幸澶淵賜敏中密詔盡付西鄙許便宜從事敏中得詔藏之視政如常日會大儺有告禁卒欲倚儺爲亂者敏中密使麾兵被甲伏廡下幕中明日盡召賓僚兵官置酒縱閱無一人預知者命儺入先馳騁于中門外後召至階敏中振袂一揮伏出盡擒之果各懷短刃卽席斬焉旣屏其尸以灰沙掃庭張樂宴飲坐客皆股慄邊藩遂安時舊相出鎭不以軍事爲意寇準雖有重名所至終日游宴則以所愛伶人或付富室輒厚有得張齊賢倜儻任情獲刼盜或至縱遣帝聞之稱敏中曰大臣出臨四方惟敏中盡心於民事爾於是有復用之意二年又以德明誓約未定徙敏中爲鄜延路都部署兼知延州委以經畧改知河南府兼西京留守大中祥符初議封泰山以敏中舊德有人望召入權東京留守禮成拜尚書右丞時吏部選人多稽滯者命敏中與溫仲舒領其事俄兼祕書監又領工部尚書充資政殿大學士賜御詩褒寵祀汾陰復爲留守敏中以厚重鎭靜人情帖然帝作詩遣使馳賜之拜刑部尚書五年復拜同平章事充集賢殿大學士加中書侍郎尋充景靈宮使宮成進兵部尚書爲兗州景靈宮慶成使天禧初加吏部尚書又爲應天院奉安太祖聖容禮儀使進右僕射兼門下侍郎監脩國史是日翰林學士李宗諤當對帝曰朕自卽位未嘗除僕射今命敏中此殊命也敏中應甚喜又曰敏中今日賀客必多卿往觀之勿言朕意也宗諤旣至敏中謝客門闌寂然宗諤與其親徑入徐賀曰今日聞降麻士大夫莫不歡慰相慶敏中但唯唯又曰自上卽位未嘗除端揆非勳德隆重眷倚殊越何以至此敏中復唯唯又歷陳前世爲僕射者勳德禮命之重敏中亦唯唯卒無一言旣退使人問庖中今日有親賓飮宴否亦無一人明日具以所見對帝曰向敏中大耐官職徙玉淸昭應宮使以年老累請致政優詔不許三年重陽宴苑中暮歸中風眩郊祀不任陪從進左僕射昭文館大學士奉表懇讓又表求解皆不許明年三月卒年七十二帝親臨哭之慟廢朝三日贈太尉中書令謚文簡五子諸壻並遷官親校又官數人敏中姿表瓌碩有儀矩性端厚豈弟多智曉民政善處繁劇愼於采拔居大任三十年時以重德目之爲人主所優禮故雖衰疾終不得謝及追命制入帝特批曰敏中淳謹溫良宜益此意其恩顧如此有文集十五卷子傳正國子博士傳式龍

圖閣直學士傳亮駕部員外郎傳師殿中丞傳範娶南陽郡王惟吉女安福縣主爲密州觀察使諡惠節傳亮子經定國軍留後諡康懿經女即欽聖憲肅皇后也以后族贈敏中燕王傳亮周王經吳王敏中餘孫繹絳並官太子中書

論曰宋至眞宗之世號爲盛治而得人亦多李沆爲相正大光明其焚封妃之詔以格人主之私請遷靈州之民以奪西夏之謀無愧宰相之任矣沆嘗謂王旦邊患既息人主侈心必生而聲色土木神仙祠禱之事將作後王欽若丁謂之徒果售其佞又告眞宗不可用新進喜事之人中外所陳利害皆報罷之後神宗信用安石變更之言馴至棼擾世稱沆爲聖相其言雖過誠有先知者乎王旦當國最久事至不膠有謗不校薦賢而不市恩揉罪輒宥而不費辭澶淵之役請于眞宗曰十日不捷何以處之眞宗答之曰立太子契丹踰歲給而借幣西夏告民饑而假糧皆一語定之偉哉宰相才也惟受王欽若之說以遂天書之妄斯則不及李沆爾向敏中耻受贓物之賜以遠其汙頹避市舶之嫌以全其廉堅拒皇甫侃之書以免其累拜罷之際喜慍不形亦可謂有宰相之風焉

宋史卷二百八十二考證

向敏中傳天禧初進右僕射○臣人龍按夢溪筆談向文簡拜僕射年月未曾著于國史熙寧中因見中書題名記天禧元年八月敏中加右僕射然樞密院題名記天禧元年二月王欽若加右僕射

宋史卷二百八十三

元　中　書　右　丞　相　總　裁　脫　脫　等　修

列傳第四十二

王欽若 林特附　丁　謂　夏　竦 子安期

王欽若字定國臨江軍新喻人父仲華侍祖郁官鄂州會江水暴至徙家黃鶴樓漢陽人望見樓上若有光景是夕欽若生欽若早孤郁愛之太宗伐太原時欽若纔十八作平晉賦論獻行在郁爲濠州判官將死告家人曰吾歷官逾五十年愼於用刑活人多矣後必有興者其在吾孫乎欽若擢進士甲科爲亳州防禦推官遷祕書省祕書郎監廬州稅改太常丞判三司理欠憑由司時毋賓古爲度支判官嘗言曰天下逋負自五代迄今理督未已民病幾不能勝矣僕將啓蠲之欽若一夕命吏勾校成數翌日上之眞宗大驚曰先帝顧不知邪欽若徐曰先帝固知之殆留與陛下收人心爾即日放逋負一千餘萬釋繫囚三千餘人帝益器重欽若召試學士院拜右正言知制誥召爲翰林學士蜀寇王均始平爲西川安撫使所至問繫囚自死罪以下第降之凡列便宜多所施行還授左諫議大夫參知政事以郊祀恩加給事中河陰民常德方訟臨津縣尉任懿賂欽若得中第事下御史臺劾治初欽若咸平中嘗知貢舉懿舉諸科寓僧仁雅舍仁雅識僧惠秦者與欽若厚懿與惠秦約以銀三百五十兩賂欽若書其數於紙令惠秦持去會欽若已入院屬欽若客納所書于欽若妻李氏惠秦減所書銀百兩欲自取之李氏令奴祁睿書懿名於臂并以所約銀告欽若懿再入試第五場睿復持湯飲至貢院欽若密令奴索取銀懿未即與而登科去仁雅馳書河陰始歸之德方得其書以告御史中丞趙昌言昌言以聞既捕祁睿等亦請逮欽若屬吏祁睿本亳小吏雖從欽若久而名猶隸亳州欽若乃言嚮未有祁睿惠秦亦不及門帝方顧欽若厚命邢昺閻承翰等於太常寺別鞫之懿更云妻兄張駕識知舉官洪湛嘗俱造湛門始但以銀屬二僧不知達主司爲誰昺等遂誣湛受懿銀湛適使陝西還而獄已具時駕且死睿又悉遁去欽若因得固執祁睿休役後始傭于家它奴使多新募不識惠秦故皆無證驗湛坐削籍流儋州而欽若遂免方湛代王旦入知貢舉懿已試第三場及官收湛贓家無有也乃以湛假梁顥白金器輸官湛遂死貶所人知其冤而欽若恃勢人莫敢言者景德初契丹入寇帝將幸澶淵欽若自請北行以工部侍郎參知政事判天雄軍提舉河北轉運使眞宗親宴以遣之素與寇準不協及還累表願解政事罷爲刑部侍郎資政殿學士尋判尙書都省修冊府元龜或褒贊所及欽若自名表首以謝即繆誤有所遣問戒書吏但云楊億以下其所爲多此類也歲中改兵部升大學士知通進銀臺司兼門下封駮事初欽若罷爲置資政殿學士以寵之準定其班在翰林學士下欽若訴於帝復加大字班承旨上以尙書左丞知樞密院事脩國史大中祥符初爲封禪經度制置使兼判兗州爲天書儀衛副使先是眞宗嘗夢神人言賜天書於泰山即密諭欽若欽若因言六月甲午木工董祚於醴泉亭北見黃素曳草上有字不能識皇城吏王居正見其上有御名以告欽若既得之具威儀奉導至社首跪授中使馳奉以進眞宗至含芳園奉迎出所上天書再降祥瑞圖示百僚欽若又言至嶽下兩夢神人願增建廟庭及至威雄將軍廟其神像如夢中所見因請構亭廟中封禪禮成遷禮部尙書命作社首頌遷戶部尙書從祀汾陰復爲天書儀衛副使遷吏部尙書明年爲樞密使檢校太傅同中書門下平章事初學士晁迥草制誤削去官有詔仍帶吏部尙書聖祖降加檢校太尉欽若居第在太廟後壖自言出入呵導不自安因易賜官第於定安坊七年爲同天書刻玉使馬知節同在樞密素惡欽若議論不相下會廬州都巡檢王懷信等上平蠻功欽若久不決知節因面詆其短爭於帝前及趣論賞欽若遂擅除懷信等官坐是罷樞密使奉朝請改刻玉副使知通進銀臺司復拜樞密使同平章事上玉皇尊號遷尙書右僕射判禮儀院爲會靈觀使有龜蛇見拱聖營因其地建祥源觀命欽若總領之尋拜左僕射兼中書侍郎同平章事明年爲景靈使閱道藏得趙氏神仙事迹四十人繪于廊廡又明年商州捕得道士譙文易畜禁書能以術使六丁六甲神自言嘗出入欽若家得欽若所遺詩帝以問欽若謝不省遂以太子太保出判杭州仁宗爲皇太子自以東宮師保請歸朝復爲資政大學士詔日赴資善堂侍講皇太子會輔臣兼領三少欽若以品高求換秩拜司空尋除山南道節度使同平章事判河南府與宰相丁謂不相悅以疾請就醫京師不報令其子從益移文河南府輿疾而歸謂言欽若擅去官守命御史中丞薛映就第按問欽若惶恐伏罪降司農卿分司南京奪從益一官仁宗即位改祕書監起爲太常卿知濠州以刑部尙書知江寧府仁宗嘗爲飛白書適欽若有奏至因大書王欽若字是時馮拯病太后有再相欽若意即取字緘置湯藥合遣中人齎以賜且口宣召之至國門而人未有知者既朝復拜司空門下侍郎同平章事玉清昭應宮使昭文館大學士監修國史帝初臨政欽若謂平時百官敘進皆有常法爲遷敘圖以獻眞宗實錄成進司徒以郊祀恩封冀國知邵武軍吳植病求外徙因殿中丞余諤以黃金遺欽若未至而植復遣牙吏至欽若第問之欽若執以送官植諤皆坐貶初欽若安撫西川植爲新繁縣尉常薦舉之至是亦當以失舉坐罪詔勿問兼譯經使始赴傳法院感疾亟歸帝臨問賜白金五千兩既卒贈太師中書令諡文穆錄親屬及所親信二十餘人國朝以來宰相卹恩未有欽若比者欽若嘗言少時過圃田夜起視天中赤文成紫微字後使蜀至褒城道中遇異人告以他日位至宰相既去視其刺字則唐相裴度也及貴遂好神仙之事常用道家科儀建壇場以禮神朱書紫微二字陳於壇上表修裴度祠於圃田官其裔孫自撰文以紀其事眞宗封泰山祀汾陰而天下爭言符瑞皆欽若與丁謂倡之嘗建議躬謁元德皇太后別廟爲莊穆皇后行期服議者以爲天子當絕傍朞欽若所言不合禮又請置先蠶并壽星祠升天皇北極帝坐於郊壇第一龕增執法孫星位別制王公以下車輅鼓吹以備拜官婚葬所著書有鹵簿記彤管懿範天書儀制聖祖事跡翊聖眞君傳五嶽廣聞記列宿萬靈朝眞圖羅天大醮儀欽若自以深達道教多所建明領校道書凡增六百餘卷欽若狀貌短小項有附疣時人目爲瘿相然智數過人每朝廷有所興造委曲遷就以中帝意又性傾巧敢爲矯誕馬知節嘗斥其姦狀帝亦不之罪其後仁宗嘗謂輔臣曰欽若久在政府觀其所爲眞姦邪也王曾對曰欽若與丁謂林特陳彭年劉承珪時謂之五鬼姦邪險僞誠如聖諭欽若子從益終贊善大夫追賜進士及第後無子以叔之子爲後

林特字士奇祖揆仕閩爲南劍州順昌令因家順昌特少穎悟十歲謁江南李景獻所爲文景奇之命作賦頃頃而成授蘭臺校書郎江南平僞官皆入見特袖文以進太宗以爲長葛尉改遂州錄事參軍代還命中書引對授大理寺丞通判隴州有治狀田重進鎭永興太宗以重進武人選特與楊覃並爲通判人賜白金二百兩給實奉會出兵五路討李繼遷督所部轉芻粟先期以辦呂蒙正辟通判西京留守事蒙正入相薦之入判三司戶部勾院梁鼎制置陝西青白鹽前後上議異同眞宗選特與知永興軍張詠同商利害所奏合旨累遷尙書祠部員外郎爲戶部副使詔赴內朝三司副使預內朝自特始從鹽鐵副使眞宗北征命同知留司三司公事遷司封員外郎車駕謁陵爲行在三司副使詔與劉承珪李溥比較江淮茶法因裁定新制歲增課百餘萬特遷祠部郎中封泰山祀汾陰皆爲行在三司副使以右諫議大夫權三司使修玉清昭應宮副使將祀太清宮遣特儲供具爲行在三司使禮成進給事中爲修景靈宮副使兼修兗州景靈宮太極觀昭應宮成遷尙書工部侍郎眞拜三司使樞密使寇準言特姦邪又數與

爭事帝爲出準特在職如故後罷三司以戶部侍郎同玉清昭應宮副使兗州宮觀成遷吏部侍郎天禧元年爲修上聖祖寶冊副使轉尚書右丞時天下完富丁謂以符瑞土木迎帝意而以特有心計使幹財利佐之然特亦天性邪險善附會故謂始終善特當時與陳彭年等號五鬼語在王欽若傳仁宗在東宮以工部尚書兼太子賓客改詹事丁謂欲引爲樞密副使而李迪執不可仁宗即位進刑部尚書翰林侍讀學士謂貶特亦落職知許州還朝以戶部尚書知通進銀臺司判尚書都省勾當三班院特體素羸然未嘗一日謁告及得疾纔五日而卒贈尚書左僕射太后遣中使祀奠特精敏喜吏職据案終日不卷眞宗數訪以朝廷大事特因有所中傷人以此憚焉奉詔撰會計錄三十卷又爲東封西祀朝謁太清宮慶賜總例三十六卷子濰洙濰亦有吏能歷官至三司鹽鐵副使以祕書監致仕卒洙官至司農卿知壽州臨事苛急鼓角將夜入州解扱堂檻鐵鉤擊殺之

丁謂字謂之後更字公言蘇州長州人少與孫何友善同袖文謁王禹偁禹偁大驚重之以爲自唐韓愈柳宗元後三百年始有此作世謂之孫丁淳化三年登進士甲科爲大理評事通判饒州踰年直史館以太子中允爲福建路採訪還上茶鹽利害遂爲轉運使除三司戶部判官峽路蠻擾邊命往體量還奏稱旨領峽路轉運使累遷尚書工部員外郎會分川峽爲四路改夔州路初王均叛朝廷調施黔高溪州蠻子弟以捍賊既而反爲寇謂至召其種酋開諭之且言有詔赦不殺酋感泣願世奉貢乃作誓刻石柱立境上蠻地饒粟而常乏鹽謂聽以粟易鹽蠻人大悅先時屯兵施州而饋以夔萬州粟至是民無轉餉之勞施之諸砦積聚皆可給特遷刑部員外郎賜白金三百兩時溪蠻別種有入寇者謂遣高溪酋帥其徒討擊出兵援之擒生蠻八百六十得所掠漢口四百餘人復上言黔南蠻族多善馬請致館犒給緡帛歲收市之其後徙置夔州城砦皆謂所經畫也居五年不得代乃詔舉自代者於是入權三司鹽鐵副使未幾擢知制誥判吏部流內銓景德四年契丹犯河北眞宗幸澶淵以謂知鄆州兼齊濮等州安撫使提舉轉運兵馬巡檢事契丹深入民驚擾爭趣楊劉渡而舟人邀利不時濟謂取死罪給爲舟人斬河上舟人懼民得悉渡遂立部分使並河執旗幟擊刁斗呼聲聞百餘里契丹遂引去明年召爲右諫議大夫權三司使上會計錄以景德四年民賦戶口之籍較咸平六年之數具上史館請自今以咸平籍爲額歲較其數以聞詔奬之尋加樞密直學士大中祥符初議封禪未決帝問以經費謂對大計有餘議乃決因詔謂爲計度泰山路糧草使初議即宮城乾地營玉清昭應宮左右有諫者帝召問謂對曰陛下有天下之富建一宮奉上帝且所以祈皇嗣也羣臣有沮陛下者願以此論之王旦密疏諫帝如謂所對告之旦不復敢言迺以謂爲修玉清昭應宮使復爲天書扶侍使遷給事中眞拜三司使祀汾陰爲行在三司使建會靈觀謂復總領之遷尚書禮部侍郎進戶部叅知政事建安軍鑄玉皇像爲迎奉使朝謁太清宮爲奉祀經度制置使判亳州帝賜宴賦詩以寵其行命權管勾駕前兵馬事謂獻白鹿并靈芝九萬五千本還判禮儀院又爲修景靈宮使摹寫天書刻玉笈玉淸昭應宮副使大內火爲修葺使歷工刑兵三部尚書再爲天書儀衞副使拜平江軍節度使知昇州天禧初徙保信軍節度使三年以吏部尚書復叅知政事是歲祀南郊輔臣俱進官故事嘗爲宰相而除樞密使始得還僕射乃以謂檢校太尉兼本官爲樞密使時寇準爲相尤惡謂謂媒蘖其過遂罷準相既而拜謂同中書門下平章事昭文館大學士監修國史玉清昭應宮使周懷政事敗議再貶準帝意欲謫準江淮間謂退除道州司馬同列不敢言獨王曾以帝語質之謂顧曰居停主人勿復言蓋指曾以第舍假準也其後詔皇太子聽政皇后裁制於內以二府兼東宮官遂加謂門下侍郎兼太子少傅而李迪先兼少傅乃加中書侍郎兼尚書左丞故事左右丞非兩省侍郎所兼而謂意特以抑迪也謂所善林特自賓客改詹事謂欲引爲樞密副使兼賓客迪執不可因大詬之既入對斥謂姦邪不法事願與俱付御史雜治語在迪傳帝因格前制不下乃罷謂爲戶部尚書迪爲戶部侍郎尋以謂知河南府迪知鄆州明日入謝帝詰所爭狀謂對曰非臣敢爭乃迪忿詈臣爾願復留遂賜坐左右欲設墩謂顧曰有旨復平章事乃更以杌進即入中書視事如故仍進尚書左僕射門下侍郎平章事兼太子少師天章閣成拜司空乾興元年封晉國公仁宗即位進司徒兼侍郎爲山陵使寇準李迪再貶謂取制草改曰當醜徒干紀之際屬先王違豫之初罹此震驚遂至沈劇凡與準善者盡逐之是時二府定議太后與帝五日一御便殿聽政既得旨而謂潛結內侍雷允恭令密請太后降手書軍國事進入印畫學士草制辭允恭先持示謂閱訖乃進蓋謂欲獨任允恭傳達中旨而不欲同列與聞機政也允恭倚謂勢益橫無所憚允恭方爲山陵都監與判司天監邢中和擅易皇堂地夏守恩領工徒數萬穿地土石相半衆議日喧懼不能成功中作而罷奏請待命謂庇允恭依違不決內侍毛昌達自陵下還以其事奏詔問謂謂始請遣使按視既而咸謂復用舊地乃詔馮拯曹利用等就謂第議遣王曾覆視遂誅允恭後數日太后與帝坐承明殿召拯利用等諭曰丁謂爲宰輔乃與宦官交通因出謂嘗託允恭令後苑匠所造金酒器示之又出允恭嘗干謂求管勾皇城司及三司衙司狀因曰謂前附允恭奏事皆言已與卿等議定故皆可其奏且營奉先帝陵寢而擅有遷易幾誤大事拯等奏曰自先帝登遐政事皆謂與允恭同議稱得旨禁中臣等莫辨虛實賴聖神察其姦此宗社之福也乃降謂太子少保分司西京故事黜宰相皆降制時欲亟行止令拯等即殿廬召舍人草詞仍榜朝堂布諭天下追其子珙珝玘珷一官落珙館職先是女道士劉德妙者嘗以巫師出入謂家謂敗逮繫德妙內侍鞫之德妙通欵謂嘗教言若所爲不過巫事不若託言老君言禍福足以動人於是即謂家設神像夜醮于園中允恭數至請禱及帝崩引入禁中又因穿地得龜蛇令德妙持入內紿言出其家山洞中仍復教云上即問若所事何知爲老君第云相公非凡人當知之謂又作頌題曰混元皇帝賜德妙語涉妖誕遂貶崖州司戶參軍諸子竝勒停玘又坐與德妙姦除名配隸復州籍其家得四方賂遺不可勝紀其弟誦說諫悉降黜坐謂罷者自參知政事任中正而下十數人在崖州踰三年徙雷州又五年徙道州明道中授祕書監致仕居光州卒詔賜錢十萬絹百匹謂機敏有智謀憸狡過人文字累數千百言一覽輒誦在三司案牘繁委吏久難解者一言判之衆皆釋然善談笑尤喜爲詩至於圖畫博奕音律無不洞曉每休沐會賓客盡陳之聽人人自使而謂從容應接於其間莫能出其意者眞宗朝營造宮觀奏祥異之事多謂與王欽若發之初議營昭應宮料功須二十五年謂令以夜繼晝每繪一壁給二燭七年乃成眞宗崩議草遺制軍國事兼取皇太后處分謂乃增以權字及太后稱制又議月進錢充宮掖之用由是太后深惡之因雷允恭遂併錄謂前後欺罔事竄之在貶所專事浮屠因果之說其所著詩并文亦數萬言家寓洛陽嘗爲書自克責敘國厚恩戒家人毋輒怨望遣人致于洛守劉燁祈付其家戒使者伺燁會衆僚時達之燁得書不敢私即以聞帝見感惻遂徙雷州亦出於揣摩也謂初通判饒州遇異人曰君貌類李贊皇既而曰贊皇不及也

夏竦字子喬江州德安人父承皓太平興國初上平晉策補右侍禁大名府契丹內寇承皓繇間道發兵夜與契丹遇力戰死之贈崇儀使錄竦爲潤州丹陽縣主簿竦資性明敏好學自經史百家陰陽律歷外至佛老之書無不通曉爲文章典雅藻麗舉賢良方正擢光祿寺丞通判台州召直集賢院爲國史編修官判三司都磨勘司累遷右正言帝幸亳州爲東京留守推官仁宗初封慶國公王旦數言竦材命教書資善堂未幾同修起居注爲玉清昭應宮判官兼領景靈宮會眞觀事遷尚書禮部員外郎知制誥史成遷戶部景靈宮成遷禮部郎中竦娶楊氏楊亦工筆札有鉤距及竦顯多內寵寖與楊不諧楊悍妬即與弟媢疏竦陰事竊出訟之又竦母與楊母相訽詈偕訴開封府府以事聞下御史臺置劾左遷職方員外郎知黃州後二年徙鄧州又徙襄州屬歲饑大發公廩不足竦又勸率州大姓使出粟得二萬斛用全活者四十餘萬人仁宗即位遷戶部郎中徙壽安洪三州洪俗尚鬼多巫覡惑民竦索部中得千餘家敕還農業毀其淫祠以聞詔江浙以南悉禁絕之竦材術過人急於進取喜交結任數術傾側反覆世以爲姦邪當太后臨朝嘗上疏乞與修眞宗實錄不報既而丁母憂潛至京師依中人張懷德爲內助宰相王欽若雅善竦因左右之遂起復知制誥爲景靈判官判集賢院以左司郎中爲翰林學士勾當三班院兼侍讀學士龍圖閣學士又兼譯經潤文官遷諫議大夫爲樞密副使修國史遷給事中初武臣賞罰無法吏得高下爲姦竦爲集前比著爲定例事皆按比而行改參知政事祥源觀使增設賢良等六科復百官轉對置理檢使皆竦所發與宰相呂夷簡不相能復爲樞密副使遷刑部侍郎史成進兵部尋進尚書左丞太后崩罷爲禮部尚書知襄州改穎州京東荐饑徙青州兼安撫使踰年罷安撫遷刑部尚書徙應天府寶元初以戶部尚書入爲三司使趙元昊反拜奉寧軍節度使知永興軍聽便宜行事徙忠武軍節度使知涇州還判永興軍兼陝西經畧安撫招討進宣徽南院使與陳執中論兵事不合詔徙屯鄜州初竦在涇州朝廷遣龐籍就計事竦上奏曰頃者繼遷逃背屢寇朔方至道初洛苑使白守榮等率重

兵護糧四十萬遇寇洧洛河糧卒竝沒守榮僅以身免呂端始欲發兵繇麟府鄜延環慶三路趣平夏襲其巢穴太宗難之後命李繼隆丁罕范廷召王超張守恩五路入討繼隆與罕合兵行旬日不見賊守恩見賊不擊超及廷召至烏白池以諸將失期士卒困敝相繼引還時繼遷當繼捧入朝之後曹光實掩襲之餘逼逃窮壘而猶累歲不能勦滅先皇帝鑒追討之敝戒疆吏謹烽候嚴卒乘來卽驅逐之去無追捕也然拓跋之境自靈武陷沒之後銀綏割棄已來假朝廷威靈其所役屬者不過河外小羌爾況德明元昊相繼猖獗以繼遷窮蹙比元昊富實勢可知也以先朝累勝之士較當今關東之兵勇怯可知也以興國習戰之師方沿邊未試之將工拙可知也繼遷竄伏平夏元昊窟穴河外地勢可知也若分兵深入糗糧不支師行賊境利於速戰儻進則賊避其鋒退則敵躡其後老師費糧深可虞也若窮其巢穴須涉大河長舟巨艦非倉卒可具也若浮囊挽綆聯絡而進我師半渡賊乘勢掩擊未知何謀可以捍禦臣以爲不較主客之利不計攻守之便而議追討者非良策也因條上十事時邊臣多議征討朝廷鄉之而竦言出師非便既而詔以涇原鄜延兩路兵進討會元昊稍求納款范仲淹請留鄜延兵繇是涇原兵亦不行中國之師卒不出塞竦上十事一教習彊弩以爲奇兵二羈縻屬羌以爲藩籬三詔喻厮囉父子并力破賊四度地形險易遠近砦柵多少軍士勇怯而增減屯兵五詔諸路互相應援六募土人爲兵州各一二千人以代東兵七增置弓手壯丁獵戶以備城守八竝邊小砦毋積芻糧賊攻急則棄小砦入保大砦以完兵力九關中民坐累若過誤者許人入粟贖罪銅一斤爲粟五斗以贍邊計十損竝邊冗兵冗官及減騎軍以舒饋運當時頗採用之其募土人爲兵令下而楊偕奏言西兵比繼遷時十增七八縣官困於供億今州復益一二千人則歲費不貲若訓習士卒使之精銳選任將帥求之方畧自然以寡擊衆以一當百矣竦云土兵訓練可代東兵此虛言也自德明納款以來東兵猶不可代況今日乎朝廷下竦議竦奏陝西防秋之敝無甚東兵不慣登陟不耐寒暑驕懦相習廩給至厚土兵便習各護鄉土山川道路彼皆素知歲省芻糧鉅萬且收聚小民免饑餓爲盜代兵東歸以衛京師萬世利也偕欲以寡擊衆殆虛言也偕復奏云自古將帥深入殊庭霍去病止將輕騎八百直棄大將軍數百里赴利斬捕過當又將萬騎踰烏鞬討邀僕涉狐奴歷五王國過焉支山千有餘里合兵臯蘭下殺樓蘭王虜侯王執昆邪王子收休屠祭天金人趙充國亦以萬騎破先零李靖以驍騎三千破突厥又以精騎一萬至陰山斬首千餘級俘男女十餘萬擒頡利以獻自漢以來用少擊衆不可勝數竦在涇原守城壘據險阻來則禦之去則釋之不聞出師也竦懼戰或敗歸託以兵少爲辭爾竦言土兵各護鄉土自古有九地士卒近家謂之散地言其易離散也第以近事言之閤門祗候王文恩出師敗北而土兵皆竄走惟東兵僅二百人殺敵兵甚衆以此知兵之強弱不繫東西在將有謀與無謀爾今邊郡參用東兵土兵若盡罷東兵亦非計也古人有言非隴西之民有勇怯適將吏之制巧拙異也今防邊東兵人月受米七斗五升土兵二石五斗而竦乃言東兵廩給至厚又不知之甚也竦又言募土兵訓練以代東兵且土兵數萬須募足訓練雖二三歲未得成效兵精猶恐奔北豈有驟加訓練而能取勝哉竦議遂屈竦雅意在朝廷及任以西事頗依違顧避又數請解兵柄改判河中府徙蔡州慶歷中召爲樞密使諫官御史交章論竦在陝西畏懦不肯盡力每論邊事但列衆人之言至遣敕使臨督始陳十策嘗出巡邊置侍婢中軍帳下幾致軍變元昊嘗募得竦首者與錢三千爲賊輕侮如此今復用之邊將體解矣且竦挾詐任數姦邪傾險與呂夷簡不相能夷簡畏其爲人不肯引爲同列既退乃薦之以釋宿憾陛下孜孜政事首用懷詐不忠之臣何以求治會竦已至國門言者論不已請不令入見諫官余靖又言竦累表引疾及聞召用卽兼驛而馳若不早決竦必堅求面對敍恩感泣復有左右爲之地則聖聽惑矣章累上卽日詔竦歸鎭竦亦自請還節徙知亳州改授吏部尚書歲中加資政殿學士竦之及國門也帝封彈疏示之旣至亳州上書萬言自辯復拜宣徽南院使河陽三城節度使判幷州請復置宦者爲走馬承受明年拜同中書門下平章事判大名府又明年召入爲宰相制下而諫官御史復言大臣和則政事修竦前在關中與執中論議不合不可使共事遂改樞密使封英國公請析河北爲四路親事官夜入禁中欲爲亂領皇城司者皆坐逐獨楊懷敏降官領入內都知如故言者以爲竦結懷敏而曲庇之會京師同日無雲而震者五帝方坐便殿趣召翰林學士張方平至謂曰夏竦姦邪以致天變如此宜出之罷知河南府未幾赴本鎭加兼侍中饗明堂徙武寧軍節度使進鄭國公錫賚與輔臣等將相居外遇大禮有賜自竦始尋以病歸卒贈太史中書令賜謚文正劉敞言世謂竦姦邪而謚爲正不可改謚文莊竦以文學起家有名一時朝廷大典策累以屬之多識古文學奇字至夜以指畫膚文集一百卷其爲郡有治績喜作條教於閭里立保伍之法至盜賊不敢發然人苦煩擾治軍尤嚴敢誅殺卽疾病死喪拊循甚至嘗有龍騎卒戍邊郡剽州郡莫能止或密以告竦時竦在關中俟其至召詰之誅斬殆盡軍中大震其威畧多類此然性貪數商販部中在并州使其僕貿易爲所侵盜至杖殺之積家財累鉅萬自奉尤侈畜聲伎甚衆所在陰間僚屬使相猜阻以鉤致其事遇家人亦然子安期字清卿以父任爲將作監主簿召試賜進士出身累遷太常博士擢提點荆湖南道刑獄除開封府推官徙判官判三司鹽鐵勾院出爲京西轉運使盜起部中剽劫州縣而光化軍戍卒相繼叛勢且相合安期督將吏捕斬殆盡徙河東轉運使累遷尚書工部郎中徙江淮發運使入爲三司戶部副使會元昊納款西邊罷兵命往陝西與諸路經畧安撫司議損邊費頗奏省吏員及汰邊兵之不任役者五萬人擢天章閣侍制遂爲陝西都轉運使徙河北進兵部郎中時竦爲樞密使爲請還所遷官丐淮浙一郡復以爲工部郎中江淮發運使徙知永興軍進龍圖閣直學士吏部郎中知渭州簡弓箭手得驍勇萬人爲步兵騎又半之教以戰陣法繇是土兵勝他路又籍塞下閒田募人耕種歲得穀數萬斛以備振發名曰貸倉還右諫議大夫進樞密直學士徙延州未至丁父憂服除辭所進職復爲龍圖閣直學士兼侍讀提舉集禧觀以學士復知延州州東北阻山無城郭虜騎嘗乘之安期至卽大築城時方暑士卒有怨言安期益令廣袤計數百步令其下曰敢言者斬躬自督役不踰月而就元昊請畫疆界朝廷欲遣使以問安期安期對曰此不足煩王人衙校可辦也議遂決暴得疾卒詔遣中使護其喪以歸安期雖乘世資頗以才自厲朝廷數器使之然無學術而求入侍經筵爲世所譏其奉養聲伎不減其父云

論曰王欽若丁謂夏竦世皆指爲姦邪眞宗時海內乂安文治洽和羣臣將順不暇而封禪之議成於謂天書之誣造端於欽若所謂以道事君者固如是耶竦陰謀猜阻鉤致成事一居政府排斥相躡何其患得患失也欽若以贓賄干吏議其得免者幸矣然而黨惡醜正幾敗國家謂其尤者哉

宋史卷二百八十三考證

王欽若傳欽若自請北行以工部侍郎參知政事判天雄軍〇臣謙按宋通鑑上問寇準曰天雄軍重鎭孰可爲守準以王欽若薦欽若至未及有言準遽曰主上親征非臣子辭難之日參政爲國柄臣當體此意欽若驚懼不敢本傳乃云自請北行曲筆也

宋史卷二百八十四

元 中書右丞相總裁脫脫等修

列傳第四十三

陳堯佐 兄堯叟 弟堯咨 從子漸　宋庠 弟祁

陳堯佐字希元其先河朔人高祖翔爲蜀新井令因家焉遂爲閬州閬中人父省華字善則事孟昶爲西水尉蜀平授隴城主簿累遷櫟陽令縣之鄭白渠爲隣邑強族所據省華盡去壅遏水利均及民皆賴之徙樓煩令端拱三年太宗親試進士伯子堯叟登甲科占謝辭氣明辨太宗顧左右曰此誰子王沔以省華對卽召省華爲太子中允俄判三司都憑由司改鹽鐵判官遷殿中丞河決鄆州命省華領州事俄爲京東轉運使超拜祠部員外郎知蘇州賜金紫時遇水災省華復流民數千戶殍者悉瘞之詔書褒美歷戶部吏部二員外郎改知潭州省華智辨有吏幹入掌左藏庫判吏部南曹擢鴻臚少卿景德初判吏部銓權知開封府轉光祿卿舊制卿監坐朶殿太宗以省華權涖京府別設其位升於兩省五品之南省華以府事繁劇請禁賓友相過從之未幾因疾求解任拜左諫議大夫再表乞骸骨不許手詔存問親閱方藥賜之三年卒年六十八特贈太子少師

堯佐進士及第歷魏縣中牟尉爲海喻一篇人奇其志以試祕書省校書郎知朝邑縣會其兄堯叟使陝西發中人方保吉罪保吉怨之誣堯佐以事降本縣主簿徙下邽遷祕書郎知眞源縣開封府司錄參軍事遷府推官坐言事忤旨降通判潮州修孔子廟作韓吏部祠以風示潮人民張氏子與其母濯于江鱷魚尾而食之母弗能救堯佐聞而傷之命二吏拏小舟操網往捕鱷至暴非可網得至是鱷弭受網作文示諸市而烹之人皆驚異召還直史館知壽州歲大饑出奉米爲糜粥食餓者吏人悉獻米至振數萬人徙廬州以父疾請歸提點

開封府界事後爲兩浙轉運副使錢塘江篝石爲隄隄再歲輒壞堯佐請下薪實土乃堅久丁謂不以爲是徙京西轉運使後卒如堯佐議徙河東路以地寒民貧仰石炭以生奏除其稅又減澤州大廣冶鐵課數十萬徙河北母老祈就養召糾察在京刑獄爲御試編排官坐覆等誤降官監鄂州茶場天禧中河決起知滑州造木龍以殺水怒又築長堤人呼爲陳公堤初營永定陵復徙京西轉運使入爲三司戶部副使徙度支同修眞宗實錄不試中書特擢知制誥兼史館修撰知通進銀臺司進樞密直學士知河南府徙并州每汾水暴漲州民輒憂擾堯佐爲築堤植柳數萬本作柳溪民賴其利召同修三朝史代弟堯咨同知開封府累遷右諫議大夫爲翰林學士遂拜樞密副使祥符知縣陳詁治嚴急吏欲罪詁乃空縣逃去太后果怒而詁連呂夷簡親執政以嫌不敢辨事下樞密院堯佐獨曰罪詁則姦吏得計後誰敢復繩吏者詁由是得免以給事中參知政事遷尚書吏部侍郎太后崩執政多罷以戶部侍郎知永興軍過鄭爲郡人王文吉以變事告下御史中丞范諷劾治而事乃辨改知廬州徙同州復徙永興軍初太后遣宦者起浮圖京兆城中前守姜遵盡毀古碑碣充磚甓用堯佐奏曰唐賢人墓石今十亡七八矣子孫深刻大書欲傳之千載一旦與瓦礫等誠可惜也其未毀者願敕州縣完護之徙鄭州會作章惠太后園陵州供張甚嚴賜書褒諭既而拜同中書門下平章事集賢殿大學士以災異數見罷爲淮康軍節度使同中書門下平章事判鄭州以太子太師致仕卒贈司空兼侍中謚文惠堯佐少好學父授諸子經其兄未卒業堯佐竊聽已成誦初肄業錦屏山後從种放於終南山及貴讀書不輟善古隸八分爲方丈字筆力端勁老猶不衰尤工詩性儉約見動物必戒左右勿殺器服壞隨輒補之曰無使不全見棄也號知餘子自誌其墓曰壽八十二不爲天官一品不爲賤使相納祿不爲辱三者粗可歸息於父母棲神之域矣陳摶嘗謂其父曰君三子皆當將相惟中子貴且壽後如摶言有集三十卷又有潮陽編野廬編愚邱集遺典集

堯叟字唐夫解褐光祿寺丞直史館與省華同日賜緋遷祕書丞久之充三司河南東道判官時宋亳陳潁民饑命堯叟及趙況等分振之再遷工部員外郎廣南西路轉運使嶺南風俗病者禱神不服藥堯叟有集驗方刻石桂州驛又以地氣蒸暑爲植樹鑿井每三二十里置亭舍具飲器人免暍死會加恩黎桓爲交州國信使初將命者必獲贈遺數千緡桓責賦斂於民往往斷其手及足趾堯叟知之遂奏召桓子授以朝命而却其私覿又桓界先有亡命來奔者多匿不遣因是海賊頻年入寇堯叟悉捕亡命歸桓桓感恩併捕海賊爲謝先是歲調雷化高藤容白諸州兵使輦軍糧汎海給瓊州其兵不習水利率多沉溺咸苦之海北岸有遞角場正與瓊對伺風便一日可達與雷化高太平四州地水路接近堯叟因規度移四州民租米輸于場第令瓊州遣蜑兵具舟自取人以爲便咸平初詔諸路課民種桑棗堯叟上言曰臣所部諸州土風本異田多山石地少桑蠶昔云八蠶之綿諒非五嶺之俗度其所產恐在安南今其民除耕水田外地利之博者惟麻苧爾麻苧所種與桑柘不殊既成宿根旋擢新榦俟枝葉裁茂則刈穫之周歲之間三收其苧復一固其本十年不衰始離田疇卽可紡績然布之出每端止售百錢蓋織者衆市者少故地有遺利民艱資金臣以國家軍須所急布帛爲先因勸諭部民廣植麻苧以錢鹽折變收市之未及二年已得三十七萬餘匹自朝廷克平交廣布帛之供歲止及萬較今所得何止十倍今樹藝之民相率競勸杼軸之功日以滋廣欲望自今許以所種麻苧頃畝折桑棗之數諸縣令佐依例書歷爲課民以布赴官賣者免其算稅如此則布帛上供泉貨下流公私交濟其利甚博詔從之代還加刑部員外郎充度支判官未幾會撫水蠻酋蒙令國殺使臣擾動命堯叟爲廣南東西兩路安撫使賜金紫遣之事平還兵部拜主客郎中樞密直學士知三班兼銀臺通進封駁司制置羣牧使河決澶州王陵口詔往護塞之遂與馬拯同爲河北河東安撫副使時中外上封奏者甚衆命與拯詳定利害及與三司議減冗事俄與拯並拜右諫議大夫同知樞密院事有言三司官吏積習依違文牒有經五七歲不決者吏民抑塞水旱災沴多由此致請委逐部判官檢覆判決如復稽滯許本路轉運使聞奏命官推鞫以警弛慢乃詔堯叟與拯舉常參官幹敏者同三司使議減煩冗參決滯務堯叟請以祕書丞直史館孫冕同領其事凡省去煩冗文帳二十一萬五千餘道又減河北冗官七十五員五年郊祀進給事中會王繼英爲樞密使以堯叟簽署院事奉秩恩例悉同副使遷工部侍郎眞宗幸澶淵命乘傳先赴北砦按視戎事許以便宜景德中還刑部兵部二侍郎與王欽若並知樞密院事眞宗朝陵權東京留守每裁制刑禁雖大辟亦止面取狀亟決遣之以故獄無繫囚眞宗曰堯叟素有裁斷然重事宜付有司按鞫而詳察之因密加詔諭俄兼羣牧制置使始置使卽以堯叟爲之及掌樞密卽罷其任至是以國馬戎事之本宜得大臣總領故又委堯叟焉自是多立條約又著監牧議述馬政之重預修國史大中祥符初東封加尚書左丞詔撰朝覲壇碑進工部尚書獻封禪聖製頌帝作歌答之祀汾陰爲經度制置使判河中府禮成進戶部尚書時詔王欽若爲朝覲壇頌表讓堯叟不許別命堯叟撰親謁太寧廟頌加特進賜功臣又以堯叟善草隸詔寫途中御製歌詩刻石五年與欽若並以本官檢校太傅同平章事充樞密使加檢校太尉從幸太清宮加開府儀同三司未幾與欽若罷守本官仍領羣牧明年復與欽若以本官檢校太尉同平章事充樞密使堯叟素有足疾屢請告九年夏帝臨問勞賜加等疾甚表求避位遣閤門使楊崇勳至第撫慰以詢其意堯叟詞志頗確優拜右僕射知河陽肩輿入辭至便坐許二子扶掖升殿賜詩爲餞又賜仲子希古緋服天禧初病亟召其子執筆口占奏章求還輦下詔許之肩輿至京師卒年五十七廢朝二日贈侍中謚曰文忠錄其孫知言知章爲將作監主簿長子師古賜進士出身後爲都官員外郎希古至太子中舍坐事除籍堯叟偉姿貌強力奏對明辨多任知數久典機密軍馬之籍悉能周記所著請盟錄三集二十卷母馮氏性嚴堯叟事親孝謹怡聲侍側不敢以貴自處家本富饒賜且厚馮氏不許諸子事華侈景德中堯叟掌樞機弟堯佐直史館堯咨知制誥與省華同在北省諸孫任官者十數人宗親登科者又數人榮盛無比賓客至堯叟兄弟侍立省華側客不自安多引去舊制登樞近者母妻卽封郡夫人堯叟以父在朝母止從父封遂以妻封表讓于母朝廷援制不許父既卒帝欲褒封其母以問王旦旦曰雖私門禮制未聞公朝降命亦無嫌也乃封上黨郡太夫人進封滕國年八十餘無恙後堯叟數年卒

堯咨字嘉謨舉進士第一授將作監丞通判濟州召爲祕書省著作郎直史館判三司度支勾院始合三部勾院兼總之擢右正言知制誥崇政殿試進士堯咨爲考官三司使劉師道屬弟幾道以試卷爲識驗坐貶單州團練副使復著作郎知光州尋復右正言知制誥知荊南改起居舍人同判吏部流內銓舊格選人用舉者數遷官而寒士無以進堯咨進其可擢者帝特遷之改右諫議大夫集賢院學士以龍圖閣直學士尙書工部郎中知永興軍長安地斥鹵無甘泉堯咨疏龍首渠注城中民利之然豪侈不循法度敞武庫建視草堂開三門築甬道出入列禁兵自衞用刑慘急數有杖死者嘗以氣凌轉運使樂黃目黃目不能堪求解去遂徙堯咨知河南府既而有發堯咨守長安不法者帝不欲窮治止削職徙鄧州才數月復知制誥堯咨性剛戾數被挫忽忽不自樂堯叟進見帝問之對曰堯咨豈知上恩所以保佑者自謂遭讒以至此爾帝賜詔條其事切責乃皇恐稱謝還判登聞檢院復龍圖閣直學士坐失舉降兵部員外郎喪母起復工部郎中龍圖閣直學士會靈觀副使邊臣飛奏唃廝囉立文法召蕃部欲侵邊以爲陝西緣邊安撫使再遷右諫議大夫知秦州徙同州以尙書工部侍郎權知開封府入爲翰林學士以先朝初牓甲科特詔班舊學士蔡齊之上換宿州觀察使知天雄軍位丞郎上堯咨內不平上章固辭皇太后特以隻日召見敦諭之不得已拜命自契丹修好城壁器械久不治堯咨葺完之然須索煩擾多暴怒列軍士持大梃侍前吏民語不中意立至困仆以安國軍節度觀察留後知鄆州建請浚新河自魚山至下杷以導積水拜武信軍節度使知河陽徙澶州又徙天雄軍所居棟摧大星隕于庭散爲白氣已而卒贈太尉謚曰康肅堯咨於兄弟中最爲少文然以氣節自任工隸書善射嘗以錢爲的一發貫其中兄弟同時貴顯時推爲盛族子述古太子賓客致仕博古篤學能文爲館閣校勘早卒

從子漸字鴻漸少以文學知名於蜀淳化中與其父堯封皆以進士試廷中太宗擢漸第輒辭不就願擢其父許之至咸平初漸始仕爲天水縣尉時學者罕通揚雄太元經漸獨好之著書十五篇號演元奏之召試學士院授儀州軍事推官舉賢良方正科不中復調隴西防禦推官坐法免歸不復有仕進意蜀中學者多從之遊堯咨不學漸心薄之堯咨後貴顯與漸益不同因言漸罪戾之人聚徒太盛不宜久留遠方卽召漸至京師授潁州長史丁謂等知其無他得改鳳州團練推官遷耀州節度推官卒有文集十五卷自號金龜子

宋庠字公序安州安陸人後徙開封之雍邱父杞嘗爲九江掾與其妻鍾禱于廬阜鍾夢道士授以書曰以遺爾子視之小戴禮也已而庠生他日見許眞君像卽夢中見者庠天聖初舉進士開封試禮部皆第一擢大理評事同判襄州召試遷太子中允直史館歷三司戶部

判官同修起居注再遷左正言郭皇后廢庠與御史伏閤爭論坐罰金久之知制誥時親策賢良茂才等科而命與武舉人雜視庠言非所以待天下士宜如本朝故事命有司設次具飲膳斥武舉人令別試詔從之兼史館修撰知審刑院密州豪王澥私釀酒隣人往捕之澥給奴曰盜也盡使殺其父子四人州論奴以法澥獨不死宰相陳堯佐右澥庠力爭卒抵澥死改權判吏部流內銓遷尚書刑部員外郎仁宗欲以爲右諫議大夫同知樞密院事中書言故事無自知制誥除執政者乃詔爲翰林學士帝遇庠厚行且大用矣庠初名郊李淑恐其先已以奇中之言曰宋受命之號郊交也合姓名言之爲不祥帝弗爲意他日以諭之因改名庠寶元中以右諫議大夫參知政事庠爲相儒雅練習故事自執政遇事輒分別是非嘗從容論及唐入閤儀庠退而上奏曰入閤乃有唐隻日於紫宸殿受常朝之儀也唐有大內又有大明宮宮在大內之東北世謂之東內高宗以後天子多在大明宮之正南門曰丹鳳門門內第一殿曰含元殿大朝會則御之第二殿曰宣政殿謂之正衙朔望大冊拜則御之第三殿曰紫宸殿謂之上閤亦曰內衙隻日常朝則御之天子坐朝須立仗於正衙殿或乘輿止御紫宸即喚仗自宣政殿兩門入是謂東西上閤門也以本朝宮殿視之宣德門唐丹鳳門也大慶殿唐含元殿也文德殿唐宣政殿也紫宸殿唐紫宸殿也今欲求入閤本意施於儀典須先立仗文德庭如天子止御紫宸即喚仗自東西閤門入如此則差與舊儀合但今之諸殿比於唐制南北不相對爾又按唐自中葉以還雙日及非時大臣奏事別開延英殿若今假日御崇政延和是也乃知唐制每遇坐朝日即爲入閤其後正衙立仗因而遂廢甚非禮也庠與宰相呂夷簡論數不同凡庠與善者夷簡皆指爲朋黨如鄭戩葉清臣等悉出之乃以庠知揚州未幾以資政殿學士徙鄆州進給事中參知政事范仲淹去位帝問宰相章得象誰可代仲淹者得象薦宋祁帝雅意在庠復召爲參知政事慶曆七年春旱用漢災異策免三公故事罷宰相賈昌朝輔臣皆削一官以庠爲右諫議大夫帝嘗召二府對資政殿出手詔策以時事庠曰兩漢對策本延巖穴草萊之士今備位政府而比諸生非所以尊朝廷請至中書合議條奏時陳執中爲相不學少文故夏竦爲帝畫此謀意欲困執中也論者以庠爲知體明年除尚書工部侍郎充樞密使皇祐中拜兵部侍郎同中書門下平章事集賢殿大學士享明堂遷工部尚書嘗請復羣臣家廟曰慶曆元年赦書許文武官立家廟而有司終不能推述先典因循顧望使王公薦享下同委巷衣冠昭穆雜用家人絲偷襲弊甚可嗟也請下有司論定施行而議者不一卒不果復三年祁子與越國夫人曹氏客張彥方遊而彥方僞造敕牒爲人補官論死諫官包拯奏庠不戢子弟又言庠在政府無所建明庠亦請去乃以刑部尚書觀文殿大學士知河南府後徙許州又徙河陽再遷兵部尚書入覲詔綴中書門下班出入視其儀物以檢校太尉同平章事充樞密使封莒國公數言國家當慎固根本畿輔宿兵常盈四十萬羨則出補更戍祖宗初謀也不苟輕改既而與副使程戡不協戡罷而御史言庠昏惰乃以河陽三城節度同平章事判鄭州徙相州以疾召還英宗即位移鎮武軍改封鄭國公庠在相州即上章請老至是請猶未已帝以大臣故未忍遽從乃出判亳州庠前後所至以慎靜爲治及再登用遂沉浮自安晚愛信幼子多與小人遊不謹御史呂誨請敕庠不得以二子隨帝曰庠老矣柰何不使其子從之至亳請老益堅以司空致仕卒贈太尉兼侍中謚元獻帝爲篆其墓碑曰忠規德範之碑庠自應舉時與祁俱以文學名擅天下儉約不好聲色讀書至老不倦善正訛謬嘗校定國語撰補音三卷又輯紀年通譜區別正閏爲十二卷掖垣叢志三卷尊號錄一卷別集四十卷天資忠厚嘗曰逆詐恃明殘人矜才吾終身不爲也沈邈嘗爲京東轉運使數以事侵庠及庠在洛邈子監麴院因出借縣人負物杖之道死實以他疾而邈子爲府屬所惡欲痛治之以法庠獨不肯曰是安足罪也人以此益稱其長者弟祁

祁字子京與兄庠同時舉進士禮部奏祁第一庠第三章獻太后不欲以弟先兄乃擢庠第一而寘祁第十人呼曰二宋以大小別之釋褐復州軍事推官孫奭薦之改大理寺丞國子監直講召試授直史館再遷太常博士同知禮儀院有司言太常舊樂數增損其聲不和詔祁同按試李照定新樂胡瑗鑄鍾磬祁皆典之事見樂志預修廣業記成遷尚書工部員外郎同修起居注權三司度支判官方陝西用兵調費日蹙上疏曰兵以食爲本食以貨爲資聖人一天下之具也今左藏無積年之鏹太倉無三歲之粟尚方冶銅匱而不發承平如此已自彫困良由取之既殫用之無度也朝廷大有三冗小有三費以困天下之財財窮用褊而欲興師遠事誠無謀矣能去三冗節三費專備西北之屯可曠然高枕矣何謂三冗天下有定官無限員一冗也天下廂軍不任戰而耗衣食二冗也僧道日益多而無定數三冗也三冗不去不可爲國請斷自今僧道已受戒具者姑如舊其他悉罷還爲民可得耕夫織婦五十餘萬人一冗去矣天下廂軍不揀孱小尪弱而悉刺之纔圖供役本不知兵又且月支廩糧歲費庫帛數口之家不能自庇多去而爲盜賊雖廣募之無益也其已在籍者請勿論其他悉驅之南畝又得力耕者數十萬二冗去矣國家郡縣素有定官譬以十人爲額常以十二加之即遷代罪謫隨取之而有今一官未闕羣起而逐之州縣不廣於前而官五倍於舊吏何得不苟進官何得不濫除請詔三班審官院內諸司流內銓明立限員以爲定法其門廕流外貢舉等科實置選限稍務擇人俟有闕官計員補吏三冗去矣何謂三費一曰道場齋醮無有虛日且百司供億至不可貲計彼皆以祝帝壽奉先烈祈民福爲名臣愚以爲此主者爲欺盜之計爾陛下事天地宗廟社稷百神犧牲玉帛使有司端委奉之歲時薦之足以竦明德介多福矣何必希屑屑之報哉則一費節矣二曰京師寺觀或多設徒卒添置官府衣糧率三倍他處居大屋高廡不徭不役坐蠹齊民其尤者也而又自募民財營建祠廟雖曰不費官帑然國與民一也捨國取民其傷一焉請罷去之則二費節矣三曰使相節度不隸藩要夫節相之建或當邊鎮或臨師屯公用之設勞衆而饗賓也今大臣罷黜率叨恩除坐靡邦用莫此爲甚請自今地非邊要州無師屯者不得建節度已帶節度不得留近藩及京師則三費節矣臣又聞之人不率則不從身不先則不信陛下能躬服至儉風示四方衣服起居無踰舊規後宮錦綉珠玉不得妄費則天下嚮應民業日豐人心不搖師役可舉風行電照飲馬西河蠢爾戎首在吾掌中矣徙判鹽鐵勾院同脩禮書次當知制誥而庠方參知政事乃以爲天章閣待制判太常禮院國子監改判太常寺庠罷祁亦出知壽州徙陳州還知制誥權同判流內銓以龍圖閣直學士知杭州留爲翰林學士提舉諸司庫務數釐正弊事增置勾當公事官其屬言利害者皆使先稟度可否而後議於三司遂著爲令徙知審官院兼侍讀學士庠復知政事罷祁翰林學士改龍圖學士史館修撰修唐書累遷右諫議大夫充羣牧使庠爲樞密使祁復爲翰林學士景祐中詔求直言祁奏人主不斷是名亂春秋書隕霜不殺菽天威暫廢不能殺小草猶人主不斷不能制臣下又謂與賢人謀而與不肖者斷重選大臣而輕任之大事不圖而小事急是謂三患其意主於彊君威別邪正急先務皆切中時病會進溫成皇后爲貴妃故事命妃皆發冊妃辭則罷冊禮然告在有司必俟旨而後進又凡制詞既授閤門宣讀學士院受而書之送中書結三省衙官告院用印乃進內祁適當制不俟旨寫誥不送中書徑取官告院印用之丞封以進后方愛幸覬行冊禮得告大怒擲于地祁坐是出知許州甫數月復召爲侍讀學士史館脩撰祀明堂遷給事中兼龍圖閣學士坐其子從張彥方游出知亳州兼集賢殿脩撰歲餘徙知成德軍遷尚書禮部侍郎請弛河東陝西馬禁又請復唐駅幕之制居正月徙定州又上言天下根本在河北河北根本在鎮定以其扼賊衝爲國門戶也且契丹搖尾五十年狠態獮心不能無動令乖涎定鎮二軍不戰則博深趙邢洺直擣其虛血吻婪進無所顧藉臣竊慮欲兵之彊莫如多穀與財欲士訓練莫如善擇將帥欲人樂鬬莫如賞重罰嚴欲賊顧望不敢前莫如使鎮重而定彊夫耻怯尚勇好論事甘得而忘死河北之人殆天性然陛下少厲之不憂不戰以欲戰之士不得善將雖鬬猶負無穀與財雖金城湯池其勢必輕今朝廷擇將練卒制財積糧乃以陝西河東爲先河北爲後非策也西賊兵銳士寡不能深入河東天險彼憚爲寇若河北不然自蓟直視勢同建瓴賊鼓而前如行莞衽故謀契丹者當先河北謀河北者捨鎮定無議矣臣願先入穀鎮定鎮定既充可入穀餘州列將在陝西河東有功狀者得遷鎮定則鎮定重天下久平馬益少臣請多用步兵夫雲奔飈馳抄後掠前馬之長也彊弩巨梃長槍利刀什伍相聯大呼薄戰步之長也臣料朝廷與敵相攻必不深入窮追歐而去之及境則止此不待馬而步可用矣臣請損馬益步故馬少則騎精步多則鬬健我能用步所長雖契丹多馬無所用之夫鎮定一體也自先帝以來爲一道帥專而兵不分故定摭其胷則鎮擣其脅勢自然耳今判而爲二其顯顯有害者屯砦山川要險之地裂而有之平時號令文移不能一賊脫叩營壘則彼此不相謀尚肯任此責邪請合鎮定爲一路以將相大臣領之無事時以鎮爲治所有事則遷治定指授諸將權一而責有歸策之上也陛下當居安思危熟計所長必待事至而後圖之殆矣河東馬彊士習善馳突與鎮定若表裏然東下井陘不百里入鎮定矣賊

若深入以河東健馬佐鎭定兵掩其脩若歸者萬出萬全此一奇也臣聞事切於用者不可以文陳臣所論件目繁碎要待刀筆吏委曲可曉臣已便俗言之輒別上擇將畜財一封乞下樞密院三司裁制之又上禦戎論七篇加端明殿學士特遷吏部侍郎知益州尋除三司使右司諫吳及嘗言祁在定州不治縱家人貸公使錢數千緡在蜀奢侈過度既而御史中丞包拯亦言祁益部多游燕且其兄方執政不可任三司乃加龍圖閣學士知鄭州唐書成遷左丞進工部尙書以羸疾請便醫藥入判尙書都省踰月拜翰林學士承旨詔遇入直許一子主湯藥復爲羣牧使尋卒遺奏曰陛下享國四十年東宮虛位天下係望人心未安爲社稷深計莫若擇宗室賢材進爵親王爲匕鬯之主若六宮有就館之慶聖嗣蕃衍則宗子降封郡王以避正嫡此定人心防禍患之大計也又自爲誌銘及治戒以授其子三日歛三月葬愼無爲流俗陰陽拘忌也棺用雜木漆其四會三塗即止使數十年足以腊吾骸朽衣巾而已毋以金銅雜物置冢中且吾學不名家文章僅及中人不足垂後爲吏在良二千石下勿請謚勿受贈典冢上植五株栢墳高三尺石翁仲他獸不得用若等不可違命若等兄弟十四人惟二孺兒未仕以此誘莒公莒公在若等不孤矣後贈尙書祁兄弟皆以文學顯而祁尤能文善議論然清約莊重不及庠論者以祁不至公輔亦以此云修唐書十餘年自守亳州出入內外嘗以稾自隨爲列傳百五十卷預修籍田記集韻又撰大樂圖二卷文集百卷祁所至治事明峻好作條教其子遵治戒不請謚久之學士承旨張方平言祁法應得謚謚曰景文

論曰咸平天聖間父子兄弟以功名著聞于時者於陳堯佐宋庠見之省華聲聞由諸子而益著堯佐相業雖不多見世以寬厚長者稱之堯叟出典方州入爲侍從課布帛修馬政臧冗官有足稱者庠明練故實文藻雖不逮祁孤風雅操過祁遠矣君子以爲陳之家法宋之友愛有宋以來不多見也嗚呼賢哉

宋史卷二百八十五

元　中書右丞相總裁脫脫等修

列傳第四十四

陳執中　劉沆　馮拯子行已　伸已
賈昌朝弟昌衡　從子炎　伯祖父琰　梁適孫子美

陳執中字昭譽以父恕任爲祕書省正字累遷衞尉寺丞知梧州上復古要道三篇眞宗異而召之帝屬疾春秋高大臣莫敢言建儲者執中進演要三篇以蚤定天下根本爲說翌日帝以他疏示輔臣皆贊曰善帝指其袖中曰又有善於此者出之乃演要也因召對便殿勞問久之擢右正言逾月遂立皇太子明年坐考御史進士卷差謬貶衞尉寺丞監岳州酒務稍復殿中丞通判撫州復右正言曹利用婿盧士倫除福建運使憚遠不行利用爲請乃改京東執中嘗劾奏之利用挾私忿出執中知漢陽軍及利用得罪乃召爲羣牧判官權三司鹽鐵判官知諫院提舉諸司庫務以尙書工部員外郎兼御史知雜同判流內銓遷三司戶部副使明道中安撫京東進天章閣待制使還知應天府徙江寧府揚州再遷工部郎中改龍圖閣直學士知永興軍拜右諫議大夫同知樞密院事元昊寇延州手詔咨訪輔臣攻守方略執中旣上對退復奏疏曰元昊乘中國久不用兵竊發西垂以游兵困勁卒甘言悅守臣一旦連犯亭障延安幾至不保此蓋范雍納詭說失於戒嚴劉平輕躁喪其所部上下紛擾遠近震駭自金明李士彬族破而並邊籬落皆大壞塞門金明相距二百里宜列修三城城屯兵千人益募弓箭手寇大至則退保小至則出鬭選閤門祗候以上爲塞主都監以諸司使爲盧關一路都巡檢以兵二千屬之使爲三砦之援熟羌居漢地久者委邊臣拊存之反覆者破逐之至於新拊熟羌如涇原康奴滅臧大蟲族久居內地常有叛心不肆翦除恐終爲患今軍須之出民已愁嘆復欲徧修城池如河北之制及夏須成使神運之猶恐不能民力其堪此乎陝西地險非如河北惟涇州鎭戎軍勢稍平易若不責外守而勞內營非策之上也宜修並邊城池其次如延州之鄜同環慶之邠寧不過五七處量爲營葺則科率減民力蘇矣今賊勢方張宜靜守以驕其志蓄銳以挫其鋒增土兵以備守禦省騎卒以減轉饟然後徐議盪平改張節度更須主張將臣橫議不入則忠臣盡節而捐軀矣既而議刺土兵久不決罷知青州又以資政殿學士知河南府改尙書工部侍郎陝西同經畧安撫招討使與夏竦同知永興軍議邊事多異同詔令互出巡邊乃屯涇州令諸部曰寇藉吾水草鈔邊圖利不除且復至命悉焚之表解兵柄以爲兵尙神密千里稟命非所以制勝宜屬四路各保疆圉朝議善之就知陝州復徙青州於是請城傳海諸州朝廷重與役有詔不許執中不奉詔卒城之明年沂卒王倫叛趣淮南執中遣巡檢傅永吉追至采石磯捕殺之召拜參知政事諫官孫甫蔡襄極論不可帝遣使馳賜敕告踰年拜同中書門下平章事集賢殿大學士兼樞密使西夏納欵與宰相賈昌朝請解樞密七年春旱昌朝罷執中降給事中已而加昭文館大學士監修國史踰月復官皇祐初以足疾辭位自陳不願爲使相大學士學士孫抃當制遂以尙書左丞知陳州宰相文彥博宋庠以爲禮薄帖麻改兵部尙書遷吏部觀文殿大學士久之拜集慶軍節度使同平章事判大名府河決商胡走大名程琳欲爲堤不果成而去執中乘年豐調丁夫增築二十里以障橫潰以吏部尙書復拜同平章事昭文館大學士每朝退閉中書東便門以防漏泄三司勾當公事及監場務官權勢所引者皆奏罷之內外爲之肅然會張貴妃薨治喪皇儀殿追冊爲后王洙石全彬以非禮導帝意執中隨輒奉行至以洙爲員外翰林學士全彬領觀察使給留後奉久之嬖妾笞小婢出外舍死御史趙抃列八事奏劾執中歐陽修亦言之至和三年春旱諫官范鎭言執中爲相不病而家居陛下欲弭災變宜速退執中以快中外之望既而御史中丞孫抃與其屬郭申錫毋湜范師道趙抃請合班論奏詔令輪日入對卒罷執中爲鎭海軍節度使同平章事判亳州踰年辭節改尙書左僕射觀文殿大學士封英國公徙河南府又徙曹州皆不赴過都以疾賜告就第拜司徒岐國公致仕卒贈太師兼侍中執中在中書八年人莫敢干以私四方問遺不及門惟殿前都指揮使郭承祐數至其家爲御史所言遂詔中書樞密自今非聚廳無見賓客及議謚禮官韓維曰執中以公卿子遭世承平因緣一言遂至貴顯天子以後宮之喪問所以葬祭之禮執中位上相不能總率羣司考正儀典知治喪皇儀非嬪御之禮追冊位號於宮闈有嫌建廟用樂踰祖宗舊制皆白而行之此不忠之大者閨門之內禮分不明夫人正室疎薄自紬庶妾賤人悍逸不制其治家無足言者宰相不能秉道率禮正身齊家方杜門深居謝絕賓客曰我無私也我不黨也豈不陋哉謚法寵祿光大曰榮不勤成名曰靈執中出入將相以一品就第寵祿光大矣得位行政賢士大夫無述焉不勤成名矣請謚曰榮靈後改謚恭襄詔謚曰恭帝篆其墓碑曰褒忠之碑子世儒官至國子博士妻李與羣婢殺世儒所生母世儒與謀皆棄市

劉沆字沖之吉州永新人祖景洪始楊行密得江西衙將彭玕據州自稱太守屬景洪以兵欲脅衆附湖南景洪僞許之復以州歸行密退居不仕及徐溫建國以禮聘之不起官其子煦爲殿直都虞候父素不仕以財雄里中喜賓客景洪嘗告人曰我不從彭玕幾活萬人後世當有隆者因名所居北山曰後隆山山有牛僧孺讀書堂即故基築臺曰聰明臺沆母夢衣冠丈夫曰牛相公來已而有娠遂生沆及長倜儻任氣舉進士不中自稱退士不復出父力勉之天聖八年始擢進士第二爲大理評事通判舒州有大獄歷歲不決沆數日決之章獻太后建資聖浮圖內侍張懷信挾詔命督役嚴峻州將至移疾不敢出沆奏罷懷信再遷太常丞直集賢院出知衡州大姓尹氏欺鄰翁老子幼欲竊取其田乃僞作賣券及鄰翁死遂奪而有之其子訴于州縣二十年不得直沆至復訴之尹氏持積歲稅鈔爲驗沆曰若田千頃歲輸豈特此耶爾始爲券時嘗如敕問鄰乎其人固多在可訊也尹氏遂伏罪遷太常博士歷三司度支戶部判官同修起居注擢右正言知制誥判吏部流內銓奉使契丹館伴杜防強沆以酒沆沾醉拂袖起因罵之坐是出知潭州又降知和州改右諫議大夫知江州時湖南蠻猺數出寇至殺官吏以沆爲龍圖閣直學士知潭州兼安撫使許便宜從事沆大發兵至桂陽招降二千餘人使散居所部而蠻酋降者皆奏命以官又募土兵分捕餘黨破桃油平能家源斬馘甚衆已而賊復出殺裨將胡元坐降知鄂州徙京南遷給事中徙洪州還知審刑院除知永興軍頃之以龍圖閣學士權知開封府數發隱伏祀明堂遷尙書工部侍郎踰年拜參知政事初沆在府有張彥方者客越國夫人曹氏家受富民金爲僞告敕既敗繫獄沆抵彥方死辭不及曹氏曹氏張貴妃母也沆既用諫官御史皆謂沆於彥方獨不盡疑以此進爭論之帝不聽貴妃薨追冊皇后沆爲監護使數月拜同中書門下平章事集賢殿大學士改園陵使御史中丞孫抃御史范師道毋湜言宰相不當爲贈后典葬不報既葬賜后閤中金器數百兩力辭而請其子瑾試學士院遂帖職時中書可否多用例人或援例以訟而法有不行沆進言三弊曰近臣保薦辟請動

踰數十皆浮薄權豪之流交相薦舉有司以之貿易而遂使省府臺閣華資要職路分監司邊防寄任授非公選多出私門又職掌吏人遷補有常而或減選出官超資換職堂除便家先次差遣之類此近臣保薦之弊一也審官吏部銓三班當入川廣乃求近地當入近地又求在京及堂除升陟省府館職檢討之類此近臣陳匄親屬之弊二也其敘錢穀管庫之勞捕賊弭盜之賞常格雖存僥倖猶甚以法則輕以例則厚執政者不能持法多以例與之此敘勞干進之弊三也願詔中書樞密凡三事毋用例餘聽如舊事既施行而衆頗不悅尋如舊文彥博富弼復入爲相彥博爲昭文館大學士弼監修國史沆遷兵部侍郎位在弼下論者以爲非故事由學士楊察之誤乃帖麻改沆監修國史弼爲集賢殿大學士沆旣疾言事官因言自慶歷後臺諫官用事朝廷命令之出事無當否悉論之必勝而後已專務抉人陰私莫辨之事以中傷士大夫執政畏其言進擢尤速沆遂舉行御史遷次之格滿二歲者與知州御史范師道趙抃歲滿求補郡沆引格出之中丞張昪等言沆挾私出御史時樞密使狄青亦因御史言罷知陳州沆奏曰御史去陛下將相削陛下爪牙此曹所謀臣莫測也昪等益論辨不已罷沆爲觀文殿大學士工部尚書知應天府遷刑部尚書徙陳州沆長於吏事性豪率少儀矩然任數善刺探權近過失陰持之以軒輊取事論者以此少之卒贈左僕射兼侍中知制誥張瓌草詞詆沆其家不敢請謚帝爲篆墓碑曰思賢之碑子瑾嘗爲天章閣待制坐法免後以功復職

馮拯字道濟父俊事漢湘陰公劉贇贇死俊與從行千餘人繫侍衞獄周太祖赦出之授檢校太子賓客戍安遠軍馭馬鎭辭不行因徙居河陽拯以書生謁趙普普奇其狀曰子富貴壽考宜不下我舉進士補大理評事通判峽州權知澤州徙坊州遷太常丞江南旱命馳傳振貸貧乏察官吏能否還奏稱旨權知石州擢右正言歲餘代歸出使河北與轉運使樊知古計邊儲還判三司戶部理欠憑由司爲度支判官淳化中有上封請立皇太子者拯與尹黃裳王世則洪湛伏閤請立許王元僖太宗怒悉貶嶺外拯知端州既至上言請遣使括諸路隱丁更制版籍及議鹽法通商凡十餘事太宗欲召還參知政事寇準素不悅拯乃徙知鼎州改通判廣州郊祀畢覃恩拯與通判彭惟節皆遷尚書員外郎惟節以太常博士爲屯田員外而拯以左正言爲虞部員外拯書名舊在惟節上及奏事如故準切責之拯上書言準阿意不平準坐此罷拯以母喪請內徙命知江州眞宗卽位進比部員外郎御史中丞李惟清表爲推直官判三司度支勾院遷駕部咸平初坐試開封進士賦涉譏訕下拯御史臺未幾釋之明年兼侍御史知雜事時西北用兵王超傅潛將兵出定瀛間觀望玩寇拯極論之不報超等果逗撓覆軍命拯按傅獄抵潛罪竄流之擢祠部郎中樞密直學士權判吏部流內銓以審官及銓法未備建請凡蔭補京官試讀一經書家狀通習爲中格始得仕同勾當三班院向敏中宣撫河北河東拯及陳堯叟爲副宴餞長春殿明年以右諫議大夫同知樞密院事帝欲修綏州謀諸輔臣拯與宰相向敏中等皆曰便宰相呂蒙正參知政事王旦王欽若皆曰宜棄勿修帝遣洪湛馳驛往視還上七利二害卒修完之時上封者言三司多滯務州郡稟疑事吏民訴理冤獄依違不央者輒數歲水旱或由於此詔拯選幹強吏同三司使蓋冗事督舉稽留遂與判度支勾院孫冕省帳廩二十一萬五千本併廢冗官十五員遷尚書工部侍郎簽書樞密院事賜手札訪邊事拯謂備邊之要不扼險以制敵之衝未易勝也若於保州威虜間依徐鮑河爲陣其形勢可取勝矣前歲王顯違詔不趨要地契丹初壓境王師未行而契丹騎已入鈔頼霖雨乃遁去比王超奏敵已去而東路奏敵方來既聚軍中山以救望都而兵困糧匱將臣陷歿幾盡超等僅以身免今防秋宜於唐河增屯兵至六萬控定武之北爲大陣邢州置都總管爲中陣天雄軍置鈐轄爲後陣罷莫州狼山兩路兵從之景德中爲參知政事再遷兵部侍郎攝事享太廟有司供帳慢守奉人宿廟室前喧囂不肅拯以聞詔事爲廟享製帟幕什器藏宗正寺禁吏卒登廟階王濟上編敕帝以其煩簡不一語輔臣曰顯德敕尤煩蓋世宗嚴急出于一時之意臣下不敢言其失也王旦進曰詔敕宜簡近亦傷於煩拯對曰開寶間除諸州通判敕刑獄錢穀悉條列約束今則畧矣時契丹始盟拯言邊方騷動武臣幸之以爲利帝曰朝廷以信爲守然戒備不可廢也此外當靜治以安吾民爾爾其奉承之大中祥符初嚴貢舉糊名法拯與王旦論選舉帝前拯請兼攷策論不專以詩賦爲進退帝曰可以觀才識者文論也拯論事多合帝意如此封泰山爲儀仗使禮成進尚書左丞以疾在告數請罷帝以手詔諭旨又命宰相王旦就第勸拯起視事從祀汾陰爲儀仗使遷工部尚書復以疾求罷拜刑部尚書知河南府聽以府事委官屬七年除御史中丞又以疾辭除戶部尚書知陳州眞宗嘗謂王旦曰拯固求問郡何邪旦對曰馬知節嘗譏拯好富貴所欲節度使爾拯恐爲知節所量不敢請大藩殆爲此也再知河南府遷兵部尚書入判尚書都省以吏部尚書檢校太傅同中書門下平章事充樞密使其冬拜右僕射兼中書侍郎太子少傅同平章事集賢殿大學士進左僕射乾興元年進封魏國公遷司空兼侍中輔臣會食資善堂召議事丁謂獨不預謂知得罪頗哀請錢惟演遽曰當致力無大憂也拯熟視惟演惟演踧踖及對承明殿太后怒甚語欲誅謂拯進曰謂固有罪然帝新卽位亟誅大臣駭天下耳目謂豈有逆謀哉第失奏山陵事耳太后怒少解謂旣貶拯代謂爲司徒玉淸昭應宮使昭文館大學士監修國史又爲山陵使奉安眞宗御容于西京尋在病告帝賜白金五千兩拯叩頭稱謝五上表願罷相拜武勝軍節度使檢校太尉兼侍中判河南府卽臥內賜告及旌纛遣內司賓撫問還奏其家儉陋被服甚質太后賜以衾褥錦綺屏然拯平居自奉侈靡顧禁中不知也既卒贈太師中書令謚文懿拯氣貌嚴重宦者傳詔至中書不延坐工部尚書林特嘗詣第累日不得通白以咨事使詣中書旣至又遣堂吏謂之曰公事何不自達朝廷卒不見特大愧而去錢惟演營入相拯以太后姻家力言之遂出惟演河陽子行己伸己

行己字肅之以父任爲右侍禁涇原路駐泊都監知憲州因治狀增秩歷石保霸冀莫五州所至有能稱夏人旣納款疆候擒言契丹治兵幽燕大爲戰具議者欲解西備北行己言遼夏爲與國元昊入貢容懷詭計幽燕治兵或爲虛聲邊鄙之虞恐不在河朔也皇祐中知定州韓琦薦爲路鈐轄徙知代州管幹河東緣邊安撫事夏人掠麟州蕃部且盜耕屈野河西田遇官軍連邏者輒聚射詔行己計之行己言此姦民無忌憚非君長過不宜以細故啓大釁但加戒戢足矣五臺山寺調廂兵義勇繕葺爲除和糴穀三萬行己謂不可損歲入之儲以事不急之務進西上閤門使四遷客省使更高陽關秦鳳定州大名府路馬步總管以衞州防禦使致仕預洛陽耆英之集元祐中終金州觀察使年八十四

伸己字齊賢以蔭補右侍禁累遷西頭供奉官授閤門祗候桂州兵馬都監轉運使俞獻可辟知廉州久之安化蠻擾邊獻可又薦知宜州天聖中改桂宜融柳象沿邊兵馬都監遂專溪峒事以禮賓使復知宜州代還道改供備庫使知邕州治舍有井相傳不敢飲飲輒死伸己日汲自供終更無恙旁城數里有金花木土俗言花開卽瘴起人不敢近伸己故以花盛時酣燕其下亦復無害明道恭謝改東染院使領榮州刺史梓夔路兵馬鈐轄遷洛苑使知桂州兼廣西鈐轄道江陵會安化蠻犯邊官軍不利仁宗遣中人趣伸己討之伸己日夜疾馳至宜州繕器甲募丁壯轉糧餉由三路以進伸己臨軍單騎出陣語酋豪曰朝廷撫汝甚厚汝乃自取滅亡耶今我奉天子命來汝聽吾言則生不則無噍類矣衆仰泣羅拜曰不圖今日再見馮公也明日蠻渠棄兵械率衆降軍門初部卒以覆將畏匿伸己曰紀律不明主將也戰士何罪請於朝貸其死以勞遷西上閤門使知宜州樂善蠻寇武陽伸己遣諭禍福蠻大悅悉還所掠又莫世堪負險強黠抄劫邊戶爲疆場患伸己設伏擒捕皆寘于法遷果州團練使在宜二年徙桂州改右武衞大將軍守本官分司西京卒始安化蠻叛區希範應募擊賊賊平希範詣闕而言其功朝廷下宜州伸己謂希範無功妄要賞遂編管全州其後希範遁歸謀爲亂欲殺伸己嶺外騷然議者皆罪伸己焉

賈昌朝字子明眞定獲鹿人晉史官緯之從曾孫也天禧初眞宗嘗祈穀南郊昌朝獻頌道左召試賜同進士出身主晉陵簿賜對便殿除國子監說書孫奭判監獨稱昌朝講說有師法他日書路隨韋處厚傳示昌朝曰君當以經術進如二公爲潁川郡王院伴讀再遷殿中丞歷知宜興東明縣奭侍讀禁中以老辭薦昌朝自代詔試中書尋復國子監說書上言禮母之諱不出於宮令章獻太后易月制除猶諱父名非尊宗廟也詔從之景祐中置崇政殿說書以授昌朝誦說明白帝多所質問昌朝請記錄以進賜名邇英延義記注加直集賢院太平興國寺災是夕大雨震雷朝廷議修復昌朝上言易震之象曰洊雷震君子以恐懼修省近年寺觀屢災此殆天示警告可勿繕治以示畏天愛人之意西域僧獻佛骨銅像昌朝請加賜遣還毋以所獻示中外悉行其言天章閣置侍講亦首命昌朝累遷尚書禮部郎中史館修撰劉平爲元昊所執邊吏誣平降賊議收其家昌朝曰漢族殺李陵陵不得歸而漢悔之先帝厚撫王繼忠家終得繼忠用平事未可知使收其族雖平在亦不得還矣乃得不收擢知制誥權判吏部流內銓兼侍講初銓法縣令奉錢滿萬二千乃舉令昌朝曰法如此

則小縣終不得善令請槩舉令而與之奉如大縣進龍圖閣直學士權知開封府遷右諫議大夫權御史中丞兼判國子監議者欲以金繒啗契丹使攻元昊昌朝曰契丹許我有功則責報無窮矣力止之乃上言曰太祖初有天下監唐末五代方鎮武臣土兵牙校之盛盡收其威權當時以爲萬世之利及太宗時將帥率多舊人猶能仗威靈稟成算出師禦寇所向有功近歲恩倖子弟飾廚傳釣名譽多非勳勞坐取武爵折衝攻守彼何自而知哉然邊鄙無事尚得自容自西羌之叛士不練習將不得人以屢易之將馭不練之士故戰則必敗此削方鎮太過之弊也況親舊恩倖出卽爲將素不知兵一旦付以千萬人之命是驅之死地矣此用親舊恩倖之弊也今楊崇勳李昭亮尚任邊鄙望速選士代之方鎮守臣無數更易刺史以上宜愼所授以待有功此捄弊之一端也又上備邊六事其一曰馭將帥自古帝王以恩威馭將帥賞罸馭士卒用命則軍政行而戰功集太祖脫裘帽賜王全斌曰今日居此幄尚寒不可禦況伐蜀將士乎此馭之以恩也曹彬李漢瓊討江南太祖召彬至前立漢瓊等於後授以劍曰副將以下不用命者得專戮之漢瓊等股栗而退此馭之以威也太祖雖削武臣之權然一時賞罸及用財集事皆聽其專有功則賞有敗則誅今每命將帥必先疑貳非近倖不信非姻舊不委今陝西四路總管而下鈐轄都監巡檢之屬悉參軍政謀之未成事已先漏甲可乙否上行下戾主將不專號令故動則必敗請自今命將去疑貳推恩惠務責以大效得一切便宜從事偏裨有不聽令者以軍法論此馭將之道也其二曰復土兵今河北河東強壯陝西弓箭手之類土兵遺法也河北鄉兵其廢已久陝西土兵數爲賊破存者無幾臣以謂河北河東強壯已召近臣詳定法制每鄉爲軍其材能絕類者籍其姓名遞補之陝西蕃落弓箭手貪召募錢物利月入糧奉多就黥涅爲營兵宜優復田疇使力耕死戰世爲邊用可以減屯戍省供饋矣內地州縣增置弓手如鄉軍之法而閱試之其三曰訓營卒太祖朝令諸軍毋得食肉衣帛營舍有粥酒肴則逐去士卒有服綃綵者笞責之異時被鎧甲冒霜露戰勝攻取皆此曹也今營卒驕惰臨敵無勇舊例三年轉員謂之落權正授雖未能易此制卽不必一例使爲總管鈐轄擇有才勇可任將帥者授之況今之兵仗製造殊不適用宜按八陣五兵之法以時教習使啓殿有次序左右有形勢前郤相附上下相援令之曰失一隊長則斬一隊何慮衆不爲用乎其四曰制遠人今四夷蕩然與中國通在北則臣契丹其西則臣元昊二國合從有掎角中國之勢借使以歲幣羈縻之臣恐不可勝算古之備邊西有金城上郡北則雲中鴈門今自滄之秦緜亘數千里無山河之阻獨恃州縣鎮戍爾歲所供贍又不下數千萬一穀不熟或至狼狽契丹近歲兼用燕人治國建官一同中夏元昊據河南列郡而行賞罸此中國患也宜度西方諸國如沙州嗃厮明珠滅臧之族近北如黑水女眞高麗新羅之屬舊通中國募人往使誘之使歸我則勢分而釁生體解而瓦裂矣其五曰綏蕃部屬戶者邊垂之屏翰也延有金明府有豐州皆戎人內附之地朝廷恩威不立彊敵迫之塞上諸州藐焉孤壘蕃部既壞土兵亦衰破敵之日未可期也臣請陝西緣邊諸路守臣皆帶安撫蕃部之名擇其族大有勞者爲首帥如河東折氏之比庶可爲吾藩籬之固也其六曰謹覘候古者守封疆出師旅居則有行人之覘國戰則有前茅之慮無其謹如此太祖命李漢超鎮關南馬仁瑀守瀛州韓令坤鎮常山賀惟忠守易州何繼筠領棣州郭進控山西武守琪戍晉陽李謙溥守慶州董遵誨屯環州王彥昇守原州馮繼業鎮靈武筦榷之利悉輸之軍中聽其貿易而免其征稅邊臣富於財得以爲間諜羌夷情狀無不預知二十年間無外顧之憂今日西鄙任邊事者敵之情狀與山川道路險易之勢絕不通曉使蹈不測之淵入萬死之地肝腦塗地狼狽相藉何以破敵制勝耶願監藝祖任將帥之制邊城財用悉以委之募敢勇之士爲爪牙臨陣自衞無殺將之辱募死力爲覘候而望敵知來無陷兵之耻書奏多施行之昌朝請度經費罷不急詔與三司合議歲所省緡錢百萬又言朝臣七十筋力衰者宜依典故致仕有功狀可留者勿拘因疏耄昏不任事者八人令致仕慶歷三年拜參知政事上言用兵以來天下民力頗困請詔諸路轉運使毋得承例折變科率須科折者悉聽奏裁雖奉旨及三司文移於民不便者亦以上聞以工部侍郎充樞密使尋拜同中書門下平章事集賢殿大學士仍兼樞密使居兩月拜昭文館大學士監修國史元昊歸石元孫議賜死昌朝獨曰自古將帥被執歸者多不死元孫由是得免詔有司議升祔奉慈廟三后有司論不一昌朝曰章獻母儀天下章懿誕育聖躬宜如祥符升祔元德皇后故事章惠於陛下有慈保之恩當別享奉慈廟如故乃奉二后神主升祔眞宗廟密詔還中外官一等優賜諸軍昌朝與同列力疏乃止又詔遷二府官益固辭元昊既欵附請宰相罷兼樞密使六年日食帝謂昌朝等曰謫見于天願歸罪朕躬卿宜究民疾苦思所以利安之昌朝對曰陛下此言足以弭天變臣敢不夙夜孜孜以奉陛下帝又曰人主懼天而修德猶人臣畏法而自新也昌朝因頓首謝明年春旱帝避正寢減膳昌朝引漢災異冊免三公故事上表乞罷參知政事吳育數與昌朝爭議上前論者多不直昌朝有向綬者知永靜軍疑通判譖已誣以事迫令自殺高若訥知審刑院附昌朝議欲從輕坐吳育力爭綬卒減死一等未幾若訥爲御史中丞言大臣廷爭不肅故雨不時若遂罷育而除昌朝武勝軍節度使檢校太傅同中書門下平章事判大名府兼北京留守司河北安撫使帝賜銀飾肩輿尋以討貝州賊有功移山南東道節度使楊偕言賊發昌朝部中不當賞弗從契丹聚亡卒勇伉者號投來南軍邊法卒亡自歸者死昌朝除其法歸者輒還補於是來者稍衆因廉知契丹事契丹遂拒亡卒黜南軍不用邊人以地外質契丹故稍侵邊界昌朝爲立法質地而主不時贖人得贖而有之歲餘地悉復三司使葉清臣移用河北庫錢昌朝格詔不與清臣論列不已遂出清臣河陽徙昌朝判鄭州過闕入覲留爲祥源觀使拜尚書右僕射觀文殿大學士判尚書都省朝會班中書門下視其儀物歲中求外復除山南東道節度使右僕射檢校太師兼侍中判鄭州固辭僕射侍中改同中書門下平章事賜中謝自昌朝始也母喪去位服除判許州召對邇英閣帝問乾卦昌朝上奏曰乾之上九稱亢龍有悔悔者凶災之萌爻在亢極必有凶災不言凶而言悔者以悔有可凶可吉之義修德則免悔而獲吉矣用九見羣龍無首吉聖人用剛健之德乃可決萬機天下久盛柔不可以濟然亢而過剛又不能久獨聖人外以剛健決事內以謙恭應物不敢自矜爲天下首乃吉也手詔優答又言漢唐都雍置三輔內翼京師朝廷都汴而近京諸郡皆屬他道制度不稱王畿請析京東之曹州京西之陳許滑鄭皆隸開封府以四十二縣爲京畿帝納之將行命講讀官餞于資善堂復判大名府兼河北安撫使時河決商胡昌朝請復故道不從語在河渠志六塔功敗實棣德博民多水死昌朝振捄之甚力內侍劉恢往視還言河決趙征村與帝名嫌爲不祥時皆謂昌朝使之以搖當國者嘉祐元年進封許國公又兼侍中尋以同中書門下平章事爲樞密使三年宰相文彥博請罷諫官御史恐昌朝代彥博乃相與言昌朝建大第別栩客位以待宦官宦官有矯制者樞密院釋不治遂以鎭安軍節度使右僕射檢校太師侍中兼充景靈宮使出判許州又以保平軍節度陝州大都督府長史移大名府兼安撫使英宗卽位徙鳳翔節度使加左僕射鳳翔尹進封魏國公治平元年以侍中守許州力辭弗許明年以疾留京師迺以左僕射觀文殿大學士判尚書都省卒年六十八謚曰文元御書墓碑曰大儒元老之碑所著羣經音辨通紀時令奏議文集百二十二卷昌朝在侍從多得名譽及執政乃不爲正人所與而數有攻其結宦官宮人者初昌朝侍講時同王宗道編修資善堂書籍其實教授內侍諫官吳育奏罷之及張方平留唐詢而詢譖育世以爲昌朝指也然言者謂昌朝釋宦官矯制後驗問無事實云子章館閣校勘蚤世靑朝請大夫弟昌衡

昌衡字子平舉進士爲梓州路轉運判官賈人請富順井鹽吏視萠多寡爲先後昌衡一隨月日給之瀘州邊夷貿故時守以武吏昌衡請由東銓調選蠻驅馬來市官第其良駑爲二等上者送秦州下者輒輕估直而抑買昌衡請嚴禁之徙提點淮南刑獄廣東轉運使徙兩浙路熙寧更法度核吏治昌衡數以利害聞神宗獎其論奏忠益召爲戶部副使提舉市易司課羡增秩右諫議大夫加集賢殿修撰知河南府歷陳鄆應天府鄧州以正議大夫致仕卒從子炎

炎字長卿以昌朝蔭更歷倉庫積遷至工部侍郎政和中以顯謨閣待制知應天府徙鄆州永興初陝西行鐵錢久幣益輕蔡京設法盡歛之更鑄夾錫錢幣稍重京去相轉運使李譓陳敦復見所歛已多遽請罷鑄鐵錢既復行其輕加初自關以西皆罷市民不聊生炎獨一切弛禁聽從其便其後宣徽使童貫又以兩者重輕相形遂盡廢夾錫不得用民益以爲苦炎從知延安因表言錢法屢變人心愈惑今人以爲利者臣見其害以爲是者臣見其非中產之家不過畜夾錫錢一二萬旣棄不用則惟有守錢而死耳邊甿生理蕭條官又一再變法鄜延去敵迫近民殊不安民不安則邊不可守願得內郡以養母乃命爲潁州未行復留又與貫制疆事不合貫沮之改河陽又改鄧州加直學士知永興入對留爲工部侍郎貫簽書樞密院河西北兩房侍從邀炎俱往賀炎曰故事無簽書兩房者彼非執政何賀爲會以疾卒年五十八贈銀靑光祿大夫昌朝伯祖父琰

瑛字季華晉中書舍人給事中偉之子也以蔭授臨淄雍邱主簿歷通判澧州太宗尹京奏以爲開封府推官加左贊善大夫及卽位超拜左正議大夫樞密直學士未幾擢三司副使太平興國二年卒瑛風神峻整有吏幹佐太宗居幕府凡五年勤於所職昆弟五人瑛最幼及瑛歷官而諸兄相繼死瑛拊循孤幼聚族凡百口分給衣食庭無間言士大夫以此稱之瑛子湜汾湜至軍器庫使交阯黎桓之纂丁璿也朝廷以孫全興將兵討焉湜與王僎同掌軍事黎桓僞降全興信之軍遂北湜僎並坐失律誅汾至殿中丞湜子昌符賜同學究出身汾子昌齡第進士爲屯田員外郎

梁適字仲賢東平人翰林學士顥之子也少孤嘗輯父遺文及所自著以進眞宗曰梁顥有子矣授祕書省正字爲開封工曹知崑山縣徙梧州奏罷南漢時民間折稅更舉進士知淮陽軍又奏減京東預買紬百三十萬論景祐赦書不當錄朱梁後仁宗記其名尋召爲審刑詳議官梓州妖人白彥歡依鬼神以詛殺人獄具以無傷讞適駁曰殺人以刃或可拒而詛可拒乎是甚於刃也卒論死有鳥似鶴集端門稍下及庭中大臣或倡以爲瑞適曰此野鳥入官庭耳何瑞之云嘗與同院燕肅奏何次公案帝顧曰次公似是漢時人字肅不能對適進曰蓋寬饒黃霸皆字次公帝悅因詢適家世益器之他日宰相擬適提點刑獄帝曰姑留之俟諫官有闕可用也遂拜右正言林瑀由中旨侍講天章閣適疏其過又言夏守贇爲將無功不宜復典宥密會婦黨任中師執政以嫌改直史館修起居注奉使陝西與范仲淹條邊機十餘事進知制誥權發遣開封府歲餘出知兗州萊蕪冶鐵爲民病當役者率破產以償適募人爲之自是民不憂冶戶而鐵歲溢再遷樞密直學士知延州告歸治葬過京師得入見自言前爲朋黨擠逐留爲翰林學士御史交劾之以侍讀學士知澶州徙秦州入知審刑院擢樞密副使張堯佐一日除四使言者爭之力帝頗怒適曰臺諫論事職耳堯佐恩實過恐非所以全之遂奪二使儂智高入寇移嫚書求邕桂節度帝將受其降適曰若爾嶺外非朝廷有矣乃遣狄青討之賊平帝曰向非適言南方安危未可知也遷參知政事契丹欲易國書稱南北朝適曰宋之爲宋受之於天不可改也契丹亦其國名自古豈有無名之國哉遂止進同中書門下平章事集賢殿大學士大璫王守忠求爲節度使適持不可張貴妃治喪皇儀殿又以爲不可將以適爲囿林使適言國朝以來無此制由是寖與陳執中不合適曉暢法令臨事有膽力而多挾智數不爲清議所許御史馬遵吳中復極論其貪黷怙權罷知鄭州京師茶賈負公錢四十萬緡鹽鐵判官李虞卿案之急賈懼與吏爲市內交於適子弟適出虞卿提點陝西刑獄及罷帝卽還虞卿三司復加觀文殿大學士知秦州古渭初建砦間爲屬羌所鈔益兵拒守羌復驚疑適具牛酒召諭其種人且罷所益兵羌不爲患徙永興軍夏人盜耕屈野河西田累年朝廷欲正封以適爲定國軍節度使知并州至則悉復侵地六百里還知河陽領忠武昭德二鎮檢校太師復爲觀文殿大學士以太子太保致仕進太傅熙寧三年卒年七十贈司空兼侍中謚曰莊肅孫子美紹聖中提舉湖南常平時新復役法子美先諸路成役書就遷提點刑獄建中靖國初除尚書郎中中書舍人鄒浩封還之改京西轉運副使諫議大夫陳次升又言子美緣章惇姻家連使湖外承迎其旨意一時逐臣在封部者多被其虐不宜使在近畿及徙成都路累遷直龍圖閣河北都轉運使傾漕計以奉上至捐緡錢三百萬市北珠以進崇寧間諸路漕臣進羨餘自子美始北珠出女眞子美市於契丹契丹嗜其利虐女眞捕海東青以求珠兩國之禍蓋基於此子美用是致位光顯宣和四年以疾罷爲開府儀同三司提舉嵩山崇福宮卒贈少保子美爲郡縱侈殘虐然有幹才所至辦治云

論曰此五人者皆以文吏爲宰相執中建儲一言適契上意不然何超遷之驟也然與劉沆皆寡學少文希世用事馮拯議論多迎合主意昌朝明經術而尙阿私梁適曉法令而挾智術斯君子所不與也若執中不受私謁沆臨事强果拯從容一言免謂於誅死此又足稱者焉

宋史卷二百八十五考證

馮拯傳拯以書生謁趙普普奇其狀曰子富貴壽考宜不下我○臣蒲封按續資治通鑑補拯父爲趙普勾當家事一日普下簾獨坐拯方十餘歲彈雀簾下普熟視之召坐與語其父遽至惶恐謝過普曰吾視汝子異日當至吾位據此與本傳不同

宋史卷二百八十六

元　中書右丞相總裁脫脫等修

列傳第四十五

魯宗道　薛奎　王曙子益柔

蔡齊從子延慶

魯宗道字貫之亳州譙人少孤鞠于外家諸舅皆武人頗易宗道宗道益自奮勵讀書袖所著文謁戚綸綸器重之舉進士爲濠州定遠尉再調海鹽令縣東南舊有港導海水至邑下歲久湮塞宗道發鄉丁疏治之人號魯公浦改歙州軍事判官再遷祕書丞陳堯叟辟通判河陽天禧元年始詔兩省置諫官六員考所言爲殿最首擢宗道與劉燁爲右正言諫章由閤門始得進而不賜對宗道請面論事而上奏通進司遂爲故事嘗言守宰去民近而無以區別能否今除一守令雖貲材低下而考任應格則左司無擯斥故天下親民者黷貨害政十常二三欲裕民而美化不可得矣漢宣帝除刺史守相必親見而考察之今守佐雖未暇親見宜令大臣延之中書詢考以言察其應對設之以事觀其施爲才不肖皆得進退之吏部之擇縣令放此庶得良守宰宜助聖化矣眞宗納之宗道風聞多所論列帝意頗厭其數後因對自訟曰陛下用臣豈欲徒事納諫之虛名邪臣竊恥尸祿請得罷去帝撫諭良久他日書殿壁曰魯直蓋思念之也尋除戶部員外郎兼右諭德踰年遷左諭德直龍圖閣仁宗卽位遷戶部郎中龍圖閣直學士兼侍講判吏部流內銓宗道在選調久患銓格煩密及知吏所以爲奸狀多釐正之悉揭科條廡下人便之雷允恭擅易山陵詔與呂夷簡等按視還拜右諫議大夫參知政事章獻太后臨朝問宗道曰唐武后何如主對曰唐之罪人也幾危社稷后默然時有請立劉氏七廟者太后問輔臣衆不敢對宗道不可曰若立劉氏七廟如嗣君何帝太后將同幸慈孝寺欲以大安輦先帝行宗道曰夫死從子婦人之道也太后遽命輦後乘輿時執政多任子於館閣讀書宗道曰館閣育天下英才豈紈袴子弟得以恩澤處邪樞密使曹利用恃權驕橫宗道屢於帝前折之自貴戚用事者皆憚之目爲魚頭參政因其姓且言骨鯁如魚頭也再遷尙書禮部侍郎祥源觀使在政府七年務抑僥倖不以名器私人疾劇帝臨問賜白金三千兩既卒皇太后臨奠之贈兵部尙書宗道爲人剛正疾惡少容遇事敢言不爲小謹爲諭德時居近酒肆嘗微行就飲肆中偶眞宗亟召使者及門久之宗道方自酒肆來使者先入約曰卽上怪公來遲何以爲對宗道曰第以實言之使者曰然則公當得罪曰飲酒人之常情欺君臣子之大罪也眞宗果問使者具以宗道所言對帝詰之宗道謝曰有故人自鄕里來臣家貧無杯盤故就酒家飲帝以爲忠實可大用嘗以語太后太后臨朝遂大用之初太常議謚曰剛簡復改爲肅簡議者以爲肅不若剛爲得其實云

薛奎字宿藝絳州正平人父化光善數術嘗以平晉策干太宗行在召見不用罷歸適奎始生撫其首曰是子必至公輔奎舉進士爲州第一乃推與里人王嚴而處嚴下進士及第爲隰州軍事推官州民常聚博僧舍一日盜殺寺奴取財去博者適至血偶涴衣邏卒捕送州考訊誣伏奎獨疑之白州緩其獄後果得殺人者徙儀州推官嘗部丁夫運糧至鹽州會久雨粟麥漬腐奎白轉運盧之翰請縱民還州而償所失之翰怒欲劾奏之奎徐曰用兵久人疲轉餉今幸兵食有餘安用此陳腐以困民哉之翰意解凡民所失悉奏除之改大理寺丞知莆田縣請蠲南閩時稅鹹魚蒲草錢遷殿中丞知長水縣徙知永州州有錢監歲調兵三百人采鐵而歲入不償費奎奏聽民自采而所輸輒倍之遷太常博士向敏中薦爲殿中侍御史出爲陝西轉運使趙德明言延州蕃落侵其地黑林平下詔按驗奎閱郡籍德明嘗假道黑林平移文錄示之德明遂伏未幾坐失舉免數月起通判陝州改尙書戶部員外郎淮南轉運副使遷江淮制置發運使疏漕河廢三堰以便餉運進吏部員外郎父喪奪哀擢三司戶部副使與使李仕衡爭論事改戶部郎中直昭文館知延州趙元昊每遣使至京師請奉子吏因市禁物隱關算爲姦利奎廉得狀請留蜀道縑帛於關中轉致給之遷吏部權龍圖閣待制權知開封府爲政嚴敏擊斷無所貸帝益加重使契丹還遷右諫議大夫權御史中丞上疏論擇人求治崇節儉屏聲色凡十數事章獻太后稱制契丹使蕭從順請見太后且言南使至契丹者皆見太后而契丹使來乃不得見奎時館伴折之曰皇太后垂簾聽政雖本朝羣臣亦未嘗見也從順乃已或讒云奎漏禁中語改授集賢院學士知并州改秦州州宿重兵經費常不足奎務爲儉約教民水耕謹商算歲中積粟三百萬征算餘三千萬覈民隱田數千頃得芻粟十餘萬加樞密直學士知益州秦民與夷落數千人列奎治狀請留璽書褒諭不許成都民婦訟其子不孝詰之乃曰貧無以爲養奎出俸錢

與之戒曰若復失養吾不貸汝矣其母子遂如初嘗夜燕有戍卒殺人人皆奔走奎密遣捕殺之坐客莫有知者臨事持重明決多此類也召爲龍圖閣學士權三司使遂參知政事帝諭曰先帝嘗以爲卿可任今用卿先帝意也俄遷給事中帝嘗謂輔臣曰臣事君鮮有克終者奎曰保終之道匪獨臣不然也歷數唐開元天寶時事以對帝然之遷尚書禮部侍郎太后謁太廟欲被服天子袞冕奎曰必御此若何爲拜力陳其不可終不見聽及太后崩帝見左右泣曰太后疾不能言猶數引其衣若有所屬何也奎曰其在袞冕也服之豈可見先帝於地下帝悟卒以后服歛因上言請逐內侍羅崇勳等時二府大臣多罷去奎得喘疾數辭位罷爲戶部侍郎資政殿學士判尚書都省帝手書禁方賜之小間入見疾尋作卒贈兵部尚書謚簡肅奎性剛不苟合遇事敢言眞宗時數宴大臣至有霑醉者奎諫曰陛下即位之初勵精萬幾而簡宴幸今天下誠無事而宴樂無度大臣數被酒無威儀非所以重朝廷也眞宗善其言及參政事謀議無所避能知人范仲淹龐籍明鎬自爲吏部選人皆以公輔許之無子以從子爲嗣

王曙字晦叔隋東皐子績之後世居河汾後爲河南人中進士第再調定國軍節度推官咸平中舉賢良方正科策入等遷祕書省著作佐郎知定海縣還爲羣牧判官考集古今馬政爲羣牧故事六卷上之遷太常丞判三司憑由理欠司坐舉進士失實降監廬州茶稅再遷尚書工部員外郎龍圖閣待制以右諫議大夫爲河北轉運使坐部吏受賕降知壽州徙淮南轉運使勾當三班院權知開封府以樞密直學士知益州繩盜以峻法多致之死有卒夜告其軍將亂立辨其僞斬之蜀人比之張詠號前張後王入爲給事中仁宗爲皇太子與李迪同選兼賓客復坐貢舉失實黜官復爲給事中兼羣牧使其妻寇準女也準罷相且貶曙亦降知汝州準再貶曙亦貶郢州團練副使起爲光祿卿知襄州又徙汝州復給事中知潞州州有殺人者獄已具曙獨疑之既而提點刑獄杜衍至事果辨曙爲作辨獄記以戒官吏徙河南府永興軍召爲御史中丞兼理檢使理檢置使自此始玉清昭應宮災繫守衞者御史獄曙恐朝廷議修復上言昔魯桓僖宮災孔子以爲桓僖親盡當毀者也遼東高廟及高園便殿災董仲舒以爲高廟不當居陵旁故災魏崇華殿災高堂隆以臺榭宮室爲戒宜罷之勿治文帝不聽明年復災今所建宮非應經義災變之來若有警者願除其地罷諸禱祠以應天變仁宗與太后感悟遂減守衞者罪已而詔以不復繕脩諭天下又請三品以上立家廟復唐舊制以尚書工部侍郎參知政事以疾請罷改戶部侍郎資政殿學士知陝州徙河陽再知河南府遷吏部召爲樞密使拜同中書門下平章事踰月首發疽卒贈太保中書令謚文康曙方嚴簡重有大臣體居官深自抑損喜浮圖法齋居蔬食泊如也初錢惟演留守西京歐陽修尹洙爲官屬修等頗游宴曙後至嘗厲色戒修等曰諸君縱酒過度獨不知寇萊公晚年之禍邪修起對曰以脩聞之萊公正坐老而不知止爾曙默然終不怒及爲樞密使首薦脩等置之館閣有集四十卷周書音訓十二卷唐書備問三卷莊子旨歸三篇列子旨歸一篇載斗奉使錄二卷集兩漢詔議四十卷子益恭益柔益恭字達夫以廕爲衞尉寺丞性恬淡慕唐王龜之爲人數解官就養曙參知政事治第西京益恭勸曙引年謝事曙不果去終父喪遂以尚書司門員外郎致仕間與浮圖隱者出游洛陽名園山水無不至也以子登朝累遷司農少卿卒

益柔字勝之爲人伉直尙氣喜論天下事用廕至殿中丞元昊叛上備邊選將之策杜衍丁度宣撫河東益柔寓書言河外兵饟無法非易帥臣轉運使不可因條其可任者衍度使還以學術政事薦知介邱縣慶曆更用執政興意者指爲朋黨仁宗下詔戒敕益柔上書論辨言尤切直尹洙與劉滬爭城水洛事自涇原貶慶州益柔訟之曰水洛一障耳不足以拒賊滬裨將洙爲將軍以天子命呼之不至戮之不爲過顧不敢專執之以聽命是洙不伸將軍之職而上尊朝廷未見其有罪也不聽范仲淹未識面以館閣薦之除集賢校理預蘇舜欽奏邸會醉作傲歌時諸人欲遂傾正黨宰相章得象晏殊不可否參政賈昌朝陰主之張方平宋祁王拱辰攻排不遺力至列狀言益柔罪當誅韓琦爲帝言益柔狂語何足深計方平等皆陛下近臣今西陲用兵大事何限一不爲陛下論列而同狀攻一王益柔此其意可見矣帝感悟但黜監復州酒久之爲開封府推官鹽鐵判官凡中旨所需不應法式有司迎合以求進者悉論之不置出爲兩浙京東西轉運使上言令考課法區別長吏能否必明有顯狀顯狀必取其更置與作大利夫小政小善積而不已然後能成其大取其大而遺其細將競利圖功恐事之不舉者日多而虛名無實之風日起願參以唐四善兼取行實列爲三等不行熙寧元年入判度支審院詔百官轉對益柔言人君之難莫大於辨邪正邪正之辨莫大於置相相之忠邪百官之賢否也若唐高宗之李義甫明皇之李林甫德宗之盧杞憲宗之皇甫鎛帝王之鑑也高宗德宗之昏蒙固無足論明皇憲宗之聰明乃蔽於二人如此以二人之庸猶足以致禍況誦六藝挾才智以文致其姦說者哉意蓋指王安石也判吏部流內銓舊制選人當改京官滿十人乃引見由是士多困滯且遇舉者有故輒不用益柔請才二人即引見衆論翕然稱之直舍人院知制誥兼直學士院董氊遇明堂恩中書熟狀加光祿大夫而舊階已特進益柔以聞帝謂中書曰非翰林幾何不爲羌夷所笑宰相怒其不申堂用他事罷其兼直遷龍圖閣直學士祕書監知蔡揚亳州江寧應天府卒年七十二益柔少力學通羣書爲文日數千言尹洙見之曰贍而不流制而不窘語淳而厲氣壯而長未可量也時方以詩賦取士益柔去不爲范仲淹薦試館職以其不善詞賦乞試以策論特聽之司馬光嘗語人曰自吾爲資治通鑑人多欲求觀讀未終一紙已欠伸思睡能閱之終篇者惟王勝之耳其好學類此

蔡齊字子思其先洛陽人也曾祖綰爲萊州膠水令因家焉齊少孤依外家劉氏舉進士第一儀狀俊偉舉止端重眞宗見之顧宰相寇準曰得人矣詔金吾給七騶傳呼以寵之狀元給騶自齊始也除將作監丞通判兗州徙維州以祕書省著作郎直集賢院仁宗初爲司諫修起居注改尚書禮部員外郎兼侍御史知雜事錢惟演守河陽請曲賜鎭兵錢章獻太后將許之齊曰上新即位惟演外戚請偏賞以示私恩不可許遂劾奏惟演以起居舍人知制誥入爲翰林學士加侍讀學士太后大出金帛修景德寺遣內侍羅崇勳主之命齊爲文記之崇勳陰使人誘齊曰趣爲記當得參知政事矣齊久之不上崇勳讒之罷爲龍圖閣學士知河南府參知政事魯宗道固爭留之不能得以親老改密州徙應天府召爲右諫議大夫御史中丞太后崩遺誥以楊太妃爲皇太后同裁制軍國事閤門趣百官賀齊使臺吏毋追班乃入白執政曰上春秋富習知天下情僞今始親政事豈宜使女后相踵稱制乎遂罷預政復爲龍圖閣學士權三司使有飛語傳荆王元儼爲天下兵馬都元帥者捕得繫獄連逮甚衆帝怒使齊按問之齊曰此小人無知不足治且無以安荆王帝悟遽釋之拜樞密副使交阯虐其部人款宜州自歸者八百餘人議者謂不可內齊曰蠻人去暴而歸有德卻之不祥請給荆湖閑田使自營若縱去當不復還舊部必聚而爲盜賊矣不從後數年蠻果爲亂蜀大姓王齊雄坐殺人除名齊雄太后姻家未更赦復官齊曰果如此法撓矣明日入奏事曰齊雄恃勢殺人不死又亟授以官是以恩廢法也帝曰降一等與官可乎齊曰以恩廢法如朝廷何帝勉從之乃抵齊雄罪錢惟演附丁謂樞密題名輒削去寇準姓氏云逆準不書齊言於仁宗曰寇準忠義聞天下社稷之臣也豈可爲姦黨所誣哉仁宗遽令磨去郭皇后廢將立富人陳氏女爲后齊極論之拜禮部侍郎參知政事契丹祭天於幽州以兵屯境上輔臣欲調兵備邊與齊迭議帝前齊書三策料契丹必不敗盟王曾與齊善曾與夷簡不相能曾罷相齊亦以戶部侍郎歸班尋出知潁州卒年五十二贈兵部尚書謚曰文忠潁人見其故吏朱寀會喪猶號泣思之齊方重有風采性謙退不妄言有善未嘗自伐丁謂秉政欲齊附己齊終不往少與徐人劉顏善顏罪廢齊上其書數十萬言得復官顏卒又以女妻其子庠所薦龐籍楊偕劉隨段少連後率爲名臣始齊無子以從子延慶爲後既歿有遺腹子曰延嗣

延慶字仲遠中進士第通判明州歷福建路轉運判官提點京東陝西刑獄神宗初以集賢校理歷開封府推官有衞士告黃衣老卒筒火入直延慶察卒色辭疑焉詢之果爲所誣即反坐告者事聞帝重之加直史館知河中府明年同修起居注直舍人院判流內銓拜天章閣待制秦鳳等路都轉運使以應辦熙河軍須功進龍圖閣直學士王韶進師河州羌斷其歸路延慶曰兵事非吾所宜預然主帥在難不急援之恐敗國事遂檄兵赴救羌解去韶得全師還轉運判官蔡曚劾其擅興朝廷問知狀易曚他道韶入朝延慶攝熙帥元夕張燈羌乘隙伏兵扎關下遣其種二十九人僞請來屬將舉火內應延慶覘知悉斬以狥伏者宵潰蕃官詐稱木征欲降邀大將景思立來迎延慶命毋輒出即違節制雖有功亦誅思立不從卒敗死徙知成都府兼兵馬都鈐轄本道舊不制都鈐轄至是特命之茂州羈縻州蠻族九自推一人爲將統其衆將常在州聽要束州居羣蠻中無城塹惟樹鹿角爲固蠻屢夜入剽人畜儌貨來贖民患苦諸郡守李琪請築城琪上于朝詔延慶度其利便延慶下其事琪已去後守范百常以爲利築之蠻酋訴謂侵其土地乞罷築不許蠻數百奄至拒卻之明日又

大至盡焚廬舍引梯衝攻牙城百常扞禦殺二蠻酋及退然遊騎猶遠四山南北路皆爲所據城中不敢出百常募人間道告急於成都延慶命與之和奏乞遣近上內臣共經蠻事詔押班王中正往中正受旨凡軍事皆令與都鈐轄議將行言茂去成都遠一一與議慮失事機請得專決於是事無巨細皆自處延慶不復預監司附中正奏延慶區理失宜致生邊患徙知渭州仍降爲天章閣待制夏人禹臧死麻疑邊境有謀使人入塞賣馬吏執以告延慶曰彼疑故來覘執之是成其疑約馬直授之使去疆吏入敵境擭羊馬得而戮諸境上且告之曰兩境不相侵則相保以安故戮以戒若有之亦當爾也夏人悅服嘗得安南行軍法讀之倣其制部分正兵弓箭手人馬團爲九將合百隊分左右前後四部隊有駐戰拓戰之別步騎器械每將皆同以蕃兵人馬爲別隊各隨所近分隸爲諸將之數不及正兵之半乃所以制之處老弱於城砦較其遠近而爲區別使蕃漢無得相雜以防其變具爲書上之時鄜延呂惠卿亦分晝兵延慶條其不便神宗善其議召知開封府拜翰林學士以言者罷知滁州歷瀛洪州復龍圖閣待制帥高陽閱歲復直學士移定武元祐中入爲工部吏部侍郎卒年六十二賜錢三十萬官庀其葬延慶有學問平居簡嘿遇事能別白是非所至有惠政既爲伯父齊後齊晚得子乃歸其宗籍家所有付之無一毫自予萊人義焉

論曰章獻太后稱制時羣臣多希合用事魯宗道薛奎蔡齊參預其間正色孤立無所回撓宗道能沮劉氏七廟之議奎正母后袞冕爲非禮齊從容一言絕太后相踵稱制之患眞所謂以道事君者歟曙辨奸斷獄爲時良吏在位又多薦拔名臣若請羣臣立家廟以復古禮皆知爲政之本焉

宋史卷二百八十七

元中書右丞相總裁脫脫等修

列傳第四十六

楊礪　宋湜　王嗣宗　李昌齡從子紘

趙安仁父孚 子良規 孫君錫　陳彭年

楊礪字汝礪京兆鄠人曾祖守信唐山南西道節度同平章事本官復恭假子也祖知禮後唐均州刺史父仁儼入蜀仕王氏爲丹稜令蜀平補渭南主簿累遷永和令礪建隆中舉進士甲科父喪絕水漿數日服除以祿不足養母閑居無仕進意鄉舊移書敦諭礪乃赴官解褐鳳州團練推官歲餘又以母疾棄官開寶九年詣闕獻書詔試學士院授隴州防禦推官入遷光祿寺丞丁內艱起就職久之轉祕書丞改屯田員外郎知鄂州以善政聞端拱初眞宗在襄邸遷庫部充記室參軍賜金紫初廣順中周世宗節制澶州礪贄文見之館接數日世宗入朝礪處僧舍夢古衣冠者曰汝能從乎礪隨往覩宮衛若非人間殿上王者秉圭南向總三十餘礪升謁之最上者前有按置簿錄人姓名礪見己名居首因請示休咎王者曰我非汝師指一人曰此來和天尊異日汝主也當問之其人笑曰此去四十年汝功成予名亦顯矣礪再拜寤而志之礪初名勵以籍作礪遂改之至是受命謁見藩府歸謂子曰吾今見襄王儀貌卽所夢來和天尊也遷水部郎中眞宗尹開封礪爲推官眞宗嘗問礪何年及第礪唯唯不對後知其唱名第一自悔失問謂礪不以科名自伐甚重之儲宮建兼右諭德轉度支郎中卽位拜給事中判吏部銓未幾召入翰林爲學士咸平初知貢舉俄拜工部侍郎樞密副使二年卒年六十九眞宗軫悼謂宰相曰礪介直淸苦方當任用遽此淪謝卽冒雨臨其喪礪僦舍委巷中乘輿不能進步至其第嗟憫久之廢朝贈兵部尚書中使護葬礪爲文尚繁無師法每詩一題或數十篇在翰林制誥迂怪見者哂之有文集二十卷子嶠至祠部郎中嶧至太常博士峭至太子中舍少子嵎至道初與張庶凝刊校眞宗儲邸書籍眞宗卽位皆賜進士出身直史館嵎至祠部郎中庶凝至太常丞

宋湜字持正京兆長安人曾祖擇牟平令祖贊萬年令父溫故晉天福中進士至左補闕弟溫舒亦進士至職方員外郎兄弟皆有時名湜幼警悟早孤與兄泌勵志篤學事母以孝聞溫舒典耀州湜侍行代作牋奏詞敏而麗溫舒拊背曰此兒眞國器恨吾兄不及見也太平興國五年進士釋褐將作監丞通判梓州權鹽院就遷右贊善大夫宋準薦其文拜著作郎直史館賜緋雍熙三年以右補闕知制誥與王化基李沆並命仍賜白金五百兩錢五百萬加戶部員外郎與蘇易簡同知貢舉俄判刑部賜金紫淳化二年妖尼道安訟大理斷獄不當湜坐累降均州團練副使時母老湜留其室奉養移汝州與王禹偁並召入爲禮部員外郎直昭文館五年以職方員外郎再知制誥判集賢院知銀臺通進封駁司至道元年爲翰林學士知審官院三班又兼修國史判昭文史館事加兵部郎中眞宗卽位拜中書舍人丁內艱起復咸平元年冬改給事中充樞密副使眞宗北巡將次大名以扈從軍列爲行陣親御鎧甲於中諸王樞密介冑以從命湜與王顯分押後陣駐蹕數日常召見便殿方奏事疾作仆地內侍掖出太醫診視撫問相繼以疾亟聞明年正月眞宗臨視許以先歸賜衾褥曰此朕嘗御者雖故暗亦足禦道途之寒又遣內侍護送供帳至澶州卒年五十一廢朝贈吏部侍郎以子綸爲太祝純爲奉禮郎弟某爲光祿寺丞湛爲大理寺丞姪孫選同學究出身眞宗再幸河朔追悼之加贈刑部尚書謚曰忠定湜風貌秀整有醞藉器識沖遠好學美文詞善談論飲謔曉音律妙於奕棋筆法遒媚書帖之出人多傳倣喜引重後進有名者又好趨人之急當世士流翕然宗仰之有文集二十卷湜兄泌太平興國二年進士至起居郎直史館越王府記室參軍溫舒三子沆瀣濤沆剛率喜談兵太平興國五年進士歷左正言京西轉運使度支判官淳化二年呂蒙正罷相沆坐親黨貶宜州團練副使起爲太子中允攝如京副使咸平中遣與梅詢使西京爲安撫使未行罷爲環慶路都監與知環州張從古擅發兵襲敵不與部署叶謀又士卒有死傷者責授供奉官後爲文思副使京西提點刑獄卒瀣有淸節居長安不仕與种放魏野遊多篇什酬唱濤端拱二年進士歷殿中丞知襄城縣以政績聞賜緋魚歷鹽鐵判官累遷監察御史知虢州純及泌子緯皆至殿中丞

王嗣宗字希阮汾州人曾祖同節寶鼎令祖待價汾州防禦推官父夢證成州軍事判官嗣宗少力學自奮遊京師以文謁王祜頗見優待開寶八年登進士甲科補秦州司寇參軍侍御史路冲知州事爲政苛急盜賊羣起嗣宗乘間極言其闕失冲大怒繫嗣宗於獄又敎無賴民被罪者訟嗣宗治獄枉濫朝廷遣殿中丞王廷範按之具獲訟者誣罔狀嗣宗乃得釋太宗征河東嗣宗陳邊事召赴行在就大理寺丞通判睦州改右贊善大夫從河州太宗遣武德卒潛察遠方事嗣宗械送京師因奏曰陛下不委任天下賢俊猥信此輩以爲耳目臣竊不取太宗怒其橫遣使械嗣宗下吏削秩會赦復官尋以秘書丞通判澶州並河東西植樹萬株以固隄防上言本州榷酤斗量校以省斗不及七升民犯私釀者三石以上坐死有傷深峻臣恐諸道率如此制望詔自今並準省斗定罪從之入爲三司開拆推官以左正言充河北轉運副使時邊境用兵崔翰爲大將嗣宗每以苦言激其展効就賜緋魚太宗將議親征嗣宗上疏言契丹必不至之狀甚見嘉納改左司諫賜白金千兩入爲度支判官改駕部員外郎妻病夜抉本司署門取藥爲直官朱鎬所發坐罷職頃之出知興元府徙京西轉運使又移河北賜金紫貝州驍捷卒五十餘人謀竊發嗣宗率吏悉擒之優詔嘉獎遷虞部郎中賜錢百萬至道初移河東轉運使以爲政暴率聞徙知耀州又知同州加比部郎中淮南轉運使江浙荆湖發運使揚楚間有窄家神廟民有疾不餌藥但竭致祀以徼福嗣宗徹其廟選名方刻石州門自是民風稍變初漕運經泗州浮橋舟多覆壞嗣宗徙置城隅遂獲安濟又建議外任官奉薄貪猥者或致豐給廉謹者終嬰貧匱請以公田均賜之就改職方郎中咸平三年以漕運稱職就拜太常少卿踰年以右諫議大夫充三司戶部使改鹽鐵使嘗與度支使梁鼎戶部使梁顥同對言曰國家經費甚繁賦入漸少加以冗食者衆尤爲耗蠹所宜裁節若用度不足卽復重擾於民矣況西北二邊未平有饋運之煩臣等會議事可省者願條列以聞從之明年將郊祀嗣宗因條上應奉諸物以及工作凡減雜物十萬六千省工九萬九千又言計省條奏事有可紀者望令判使一員撰錄送史館詔以三司務繁不當日有纂錄可逐季錄送會罷三部使改左諫議大夫知通進銀臺司兼門下封駮事出知幷州兼幷代部署州境有卧龍王廟每歲冬闔境致祭值風雪寒甚老幼踣于道嗣宗亟毁之轉運使鄭文寶上其政績有詔褒美先是西邊市馬以給北邊戰士有瘠弱者卽送闕下暑月道遠多死嗣宗建議以汾州地涼接樓煩諸監美水草請就牧放從之詔拜御史中丞大中祥符間眞宗告謁太廟嗣宗立班失儀因自首眞宗謂憲官當守禮法以其性麤略不之責加兼工部侍郎權判吏部銓嗣宗剛果率易無所畏憚每進見極談時事或及人間細務頗輕險好進深詆參知政事馮拯之短遂結宰相王旦弟旭使達意於旦以爲助旦疾其醜行因力庇拯嗣宗大怒知制誥王曾從妹適孔冕家閨門不睦曾從東封至冕家啜茗中毒得良藥乃解事已暴露曾密疏方行大禮願罷推究宰相亦以冕先聖後將有襃擢乃隱其事嗣宗獨謂曾誣構冕懼反坐乃求寢息會愆雨嗣宗請對言孔冕爲王曾所訟儻朝旨鞫問加之鍛鍊則冕終負冤枉又侯德昭援赦敘緋年考未滿以欺詐得之非吏部令史自首亦無由知訟堂行首李承錫坐贓除名復引充舊職

尋送銓授令錄。眞宗亟召王旦等詰之，旦曰：「孔冕之罪，朝議特爲容隱，不令按問，誠非寃枉也。德昭據吏部奏驗乃行制命，及其首露，卽已追奪。永錫先爲縣吏，坐爲本部節度市羊不輸算除名，及訟堂闕人，李沆以其魁梧，因選擬官，復用爲副行首，在省祇事四年，陳牒乞班敘用，因復送銓。」眞宗曰：「止此乃致旱邪？」嗣宗理屈，復以他辭侵旦，旦不與抗，乃已。明年十月，嗣宗復請對，言：「去歲八月至今年十月不雨，宿麥不登，及秋，兗、鄆苦雨河溢害稼，刑政有失，致成災沴。孔冕寃枉，播在人口，王曾尚居近班，願示黜退，以正朝典。臣請露章以聞。」眞宗語王旦等曰：「曾實無罪，若嗣宗上章，亦須裁處。」旦曰：「冕不善之迹甚衆，但以宣聖之後，不欲窮究。謂其寃枉感傷和氣，恐未近理。」趙安仁曰：「今若再行按問，冕何能免罪？」王欽若曰：「臣請審問嗣宗，若再鞫冕不能自隱，如何區處？」明日，嗣宗復對，且謝前言之失，眞宗亦優容之。其强妄多此類。將祀汾陰，以永興重地，思得大臣才兼文武者鎭之，因謂宰相曰：「嗣宗嘗自言知武事，可授廉車以當此任，宜召問之。」嗣宗願奉詔，卽拜耀州觀察使、知永興軍府，眞宗作詩賜之。時种放得告歸山，嗣宗逆於傳舍，禮之甚厚。放旣醉稍倨，嗣宗怒，以語譏放，放曰：「君以手搏得狀元耳，何足道也。」初，嗣宗就試講武殿，搏趙昌言帽，擢首科，故放及之。嗣宗愧恨，因上疏言所部兼幷之家侵漁衆民，凌暴孤寡，凡十餘族，而放爲之首，放弟姪無賴，據林麓樵採，周回二百餘里，奪編甿厚利，願以臣疏下放。賜放終南田百畝，徙放嵩山。疏辭極于詬辱，至目放爲魑魅。眞宗方厚待放，令徙居嵩陽避之。四年，邠寧陳興擅釋劫盜，徙嗣宗知邠州，兼邠寧環慶路都部署。城東有靈應公廟，傍有山穴，羣狐處焉，妖巫挾之爲人禍福，民甚信向，水旱疾疫悉禱之，民語爲之諱狐音。前此長吏皆先謁廟，然後視事。嗣宗毀其廟，燻其穴，得數十狐，盡殺之，淫祀遂息。徙知鎭州，發邊肅姦贓，肅坐貶。嗣宗嘗言徙种放、掘邠狐、按邊肅爲去三害。居二歲，召還，授樞密副使、檢校太保。寇準爲使，嗣宗與之不叶，累表解職，授檢校太傅、大同軍節度、知許州。嗣宗嘗游是州，別墅在焉，時人以爲榮。移知河南府。天禧初，改感德軍節度。洛下訛言相驚，徙知陝州。再表請老，且求入覲，遣使召還。郊祀，改靜難軍節度。旣至闕下，病足不能朝謁，乃求再知許州，不復議休退。寇準爲相，素惡之，特命以左屯衞上將軍、檢校太尉致仕。表求面辭，以足疾艱於拜起，特免舞蹈，許其子扶掖之，對數刻，賜錢百萬，還許下。準貶，朝議以嗣宗藩輔舊臣，特令月給奉五十千。嗣宗尤睦宗族，撫諸姪如己子，著遺戒以訓子孫勿得析居，又令以孝經、弓劍、筆硯置壙中。五年，卒，年七十八。廢朝，贈侍中，謚曰景莊，錄其子二人、甥二人官。嗣宗事三朝，最爲宿舊，所至以嚴明御下，尤倣狠，務以醜言凌挫羣類。爲中丞日，常忿宋白、郭贄、邢昺七十不請老，屢請眞宗敕其休致，又遣親屬諷激之。及嗣宗晚歲疾甚，猶享厚祿，徘徊不去，嘗謂人曰：「僕惟此一事未能免物議。」衆皆嗤之。嗣宗好爲文而札尤甚，奉祀之歲，近臣皆爲頌記，宰相以嗣宗所撰不足發揮盛德，慮爲後所誚，乃不許刻石。所著有中陵子三十卷。子堯臣，內殿承制；唐臣，太子中舍。從子舜臣，供奉官、閤門祇候；禹臣，太子中舍。

李昌齡字天錫，宋州楚邱人。曾祖確，廖水令。祖譚，邯鄲令。父運，太常卿。昌齡，太平興國三年舉進士，大理評事、通判合州，歷將作監丞、右贊善大夫、通判銀州。京城開金明池，昌齡獻詩百韻，太宗嘉之，擢右拾遺、直史館，賜緋，改右補闕，出知滁州。丁內艱，起爲淮南轉運使，轉戶部員外郎、知廣州。廣有海舶之饒，昌齡不能以廉自守。淳化二年，代還。初，運嘗典許州，有第在城中，昌齡包苴輜重悉留貯焉，其至京城，但藥物藥器而已。會有言其貪者，太宗以爲誣，召賜金紫，擢禮部郎中，踰月，爲樞密直學士。昌齡上言：「廣州市舶，每歲商舶至，官盡增價買之，良苦相雜，少利。自今請擇其良者，官如價給之，苦者恣其賣，勿禁。雷、化、新、白、惠、恩等州山林有羣象，民能取其牙，官禁不得賣。自今宜令送官，以半價償之，有敢隱匿及私市與人者，論如法。」詔皆從之。是秋，初置審刑院於禁中，凡獄具上奏，先申審刑院印付大理、刑部斷覆以聞，又下審刑中覆裁決，以付中書，當者行之，否則宰相聞以論決。命昌齡知院事，月餘，又權判吏部流內銓。數日，授右諫議大夫，充戶部使。三年，改度支使，拜御史中丞。下詔御史臺合行故事，並條奏以聞，獄無大小，自中丞以下皆親臨鞫問，不得專責所司。李繼隆受命河朔征討，不赴臺辭，昌齡糾之，遣吏追還，罰奉。又劾陝西轉運使鄭文寶生事邊境，築城沙磧，輕變禁法，文寶坐貶湖外。至道二年，以本官叅知政事。占謝便殿，太宗謂曰：「中書政本，當進用善良，博詢衆議，以正道臨之，卽怨謗無由而生矣。」昌齡居位頗選愞，無所建明。眞宗卽位，加戶部侍郎，坐交結王繼恩，貶忠武軍節度行軍司馬。咸平二年，起爲殿中少監。會詔羣臣言邊事，昌齡求面陳事機，不報。王均之亂，命知梓州。知雜御史范正辭劾其廣舶宿犯，亟代還。知河陽，丁外艱，起復，奉朝請，以風恙求領小郡，復得光州，就改光祿卿。疾不能治事，轉運使以聞，命守本官分司西京，尋請致仕。眞宗曰：「昌齡素無淸譽。」乃授祕書監，遂其請。大中祥符元年，卒，年七十二。廢朝，錄子虞卿試將作監主簿。昌齡兄昌圖，至國子博士；弟昌言，至太子中舍。昌言子晉卿、仲卿、耀卿，並進士及第，晉卿爲祕書丞。從子紘。

紘字仲綱。父克明，仕至提點廣東刑獄。紘進士及第，試祕書省校書郞、知歙縣。地產黃金，民輸以代賦，後金竭，責其賦如故，紘奏罷之。歷知於潛、剡縣，治有惠愛。御史知雜呂夷簡薦之，改著作佐郞、監丹陽縣酒稅、知靈池縣。劉筠、蔡齊舉爲御史臺推直官，拜監察御史。時召成都府樂工許朝天等補教坊，紘言：「陛下卽位，尚未能顯巖穴之士，而首召伶人，非所以廣德美於天下。」朝天等遂罷歸。遷殿中侍御史。閤門使王遵度領皇城，遣卒刺事，告賈人有爲契丹間諜者，捕繫皇城司按劾，命紘覆訊，紘悉得其寃，抵卒罪，降遵度曹州兵馬都監。判三司開拆司。輔郡旱，流星墜西南有聲，會僧釀於文德殿，紘奏曰：「文德殿布政會朝之正位，每災異輒聚緇黃讚唄于其間，何以示中外？」改鹽鐵判官，歷梓州、陝西、河北路轉運使，遷侍御史。建言：「西北久通好，士習安佚，不知戰陣之法，宜擇良將，練精卒，去冗惰，實倉廩，豐財用，爲守禦備。」舉种世衡等數人，及奏罷貢餘物遺近臣。遷知雜事，權同判流內銓，爲三司度支副使。使契丹，故事，奉使者以皇城卒二人與偕，察其舉措，使者悉姑息以避中傷。前此劉隨爲所誣，坐貶久未復，紘使還，具言其枉，稍徙隨南京。除天章閣待制、河北都轉運使，還，刑部郎中。還同知通進銀臺司，進龍圖閣直學士、知秦州，卒。紘方介，有吏材，篤於交游，與劉顏爲友，顏死，移任子恩官其子弟。緯起家三班借職，杜衍薦爲閤門祇候、鎭戎軍瓦亭砦都監，積勞累遷至河北緣邊安撫副使。韓琦薦知保州，以左騏驥使、榮州刺史知雄州，治兵頗嚴，不事廚傳，數與宦者爭利害。積公使錢貯米三千斛爲常平倉，奏下其法他州。遷西上閤門使，留再任，卒。子師中，至天章閣待制。

趙安仁字樂道，河南洛陽人。曾祖武，唐虢州刺史。父孚，字大信，周顯德初舉進士，調補開封尉。乾德中，爲浦江令，持父喪，服闋，攝永寧令。會親征太原，部送本邑糧饋，民懷其惠，列狀以聞，卽眞授其任。擢宗正丞。開寶中，初置衣庫，令孚主之，俄坐事連逮抵罪，語見趙普傳。太宗卽位，起爲國子監丞、知袁州，還，知開封府司錄叅軍事。受詔與殿中侍御史柴成務、供奉官葛彥恭、殿直郭載行視黃河，分南北岸按行，復遙隄以紓湍決。孚言治遙隄不如分水勢，於是建議於澶、滑二州立分水之制。時決河未平，重惜民力而寢焉。朝廷議行封禪，孚上封禪頌，召拜祕書丞，賜緋魚。受詔鞫開封獄，得其非辜者，卽日授推官。遷監察御史，出知舒州，改殿中侍御史。雍熙中，詔詢文武禦戎之策，孚奏議曰：「臣愚以爲不用干戈，不勞飛輓，爲萬世之利者，敢獻其說，惟明主擇之。古者兵交，使在其間，雖飛矢在上，走驛在下，蓋信義不可廢也。昔苗民逆命，帝乃誕敷文德，而有苗格。又仲尼曰：『有能一日克己復禮，天下歸仁。』只如幷門一方，歷代難取，聖襟英斷，一舉成功。當其逆城危於累卵，生聚懷伏，而陛下猶遣通事舍人薛文寶入城諭之。日者北邊未賓，全燕猶梗，再興軍旅，將復土疆。臣竊計屯戍邊陲，故非獲已，暴露原野，豈是願爲。欲望朝廷通達國信，近鑒唐高祖之降禮，遠法周古公之讓地，聖人以百姓之心爲心，君子見幾而作，諭以禍福，示以恩威，議定邊疆，永息征戰，養民事天，濟時利物，莫過於此。臣又計彼雖嗜好不同，然去危就安，厭勞喜逸，亦人情之所同也。」上嘉之。雍熙中，廷策貢士，而安仁預焉，考會賜金紫，因顧安仁問孚年幾，安仁曰：「臣父年六十二。」上曰：「孚名士也。」亟召對，亦賜金紫。明年，卒。安仁生而穎悟，幼時執筆能大字，十三通經傳大旨，早以文藝稱，趙普、沈倫、李昉、石熙載咸推獎之。雍熙二年，登進士第，補梓州榷鹽院判官，以親老弗果往。會國子監刻五經正義板本，以安仁善楷隸，遂奏留書之。歷大理評事、光祿寺丞。召試翰林，以著作佐郞直集賢院，賜緋。時王侯內戚家多以銘誄爲託。太宗製九絃琴、五絃阮，時多獻賦頌，上嘉文物之盛，悉閱覽，訂其工拙，時稱安仁、李諤、楊億辭雅贍，召詣中書獎諭，翌日，改遷太常丞。眞宗卽位，拜右正言，預重修太祖實錄。上出師大名，安仁上疏曰：「臣以爲有急務者三，大要者五。急務三者：其一，激勵戎臣，舉勸懲之典；其二，振救邊民，行優恤之惠；其三，車駕還京，重神武之威。大要五者：其一選將略，其二持兵勢，其三求軍謀，其四修軍政，其五愛民力。」咸平三年，同知貢舉，未幾，知制誥，副夏侯嶠巡撫江南，還，知審刑院。嘗有將校笞所部卒死，罪議大辟，安仁以軍中之令非嚴不整，遂獲免死。繼判尚書刑部，兼制置羣牧使，同知三班審官院。景德初，翰林學士梁顥召對訽及當世臺閣人物上稱安仁文行尋顥卒即以安仁爲工部員外郎充翰林學士初孚極陳和好之利至是安仁從幸澶州會北邊請盟首命安仁撰答書又獨記太祖時聘問書式遼使韓杞至首命接伴凡覲見儀制多所裁定館舍夕飲杞舉橙子曰此果嘗見高麗貢安仁曰橙橘產吳楚朝廷職方掌天下圖經凡他國所產靡不知也今給事中呂祐之嘗使高麗未聞有橙柚杞失於誇誕有愧色杞既受襲衣之賜且以長爲解將辭復左衽安仁曰君將升殿受還書天顏咫尺如不衣所賜之衣可乎杞乃服以入及姚東之至又令安仁接伴東之談次頗矜兵强戰勝安仁曰老氏云佳兵者不祥之器聖人不得已而用之勝而不美而美之者是樂殺人也樂殺人者不得志於天下東之自是不敢復言王繼忠將兵陷没不能死節而反事之東之屢稱其材安仁曰繼忠早事藩邸聞其稍謹不知其他其敏於酬對切中事機類如此時論翕然稱其得體上益器之自是有意柄用安仁又集和好以來事宜及采古事作戴斗懷柔錄三卷以獻二年春又與晁迥等同知貢舉三年以右諫議大夫參知政事俄修國史大中祥符初議封禪與王欽若並爲泰山經制度置使判兗州禮畢優拜工部侍郎內外書詔有切要者必經其裁進秩刑部五年以兵部侍郎仍兼修史奉祀又同知禮儀院八年知貢舉三典春闈擇士平允是故獨無譏誚上再賜詩嘉之尋知兼宗正卿舊制宮闈令凡有議奏與寺連署上以安仁舊德俾知寺以次列狀取裁寺掌玉牒屬籍梁周翰始創其制而未備安仁重加詳定又爲仙源積慶圖皆統例精簡奏置修玉牒官事具職官志國史成遷右丞是夏又爲景靈宮副使屢得對言事嘗奏曰方今治定功成固軼前代陛下尚親庶政旰食忘倦然而君臨之大所宜分飭有司爲式於天下遂詔諸司掌常務有條例者毋或奏稟天禧二年改御史中丞請給御寶印歷書三院御史彈糾事五月暴疾卒年六十一廢朝贈吏部尚書謚文定以其子温瑜爲大理寺丞良規爲奉禮郎承裕爲正字安仁質直純慤無所矯飾寬恕謙退與物無競雖家人僕使未嘗見其喜慍女弟適董氏早寡取歸給養其甥董靈運尚幼躬自訓導爲畢婚娶幼少與宋元輿同學元輿門地貴盛待安仁甚厚元輿蚤卒家緒寖替安仁屢以金帛濟之善訓諸子各授一經尤嗜讀書所得祿賜多以購書雖至顯寵簡儉若平素時閱典籍手自讎校三館舊闕虞世南北堂書鈔惟安仁家有本眞宗命內侍取之嘉其好古手詔褒美尤知典故凡近世典章人物之盛悉能記之喜誨誘後進成其聲名當世推重之有集五十卷

温瑜後爲國子博士

良規字元甫父安仁奏爲祕書省正字同判太常寺張知白薦之召試賜進士及第用王曙舉擢集賢校理兼宗正丞預修會要坐宗正吏盜太廟神御物出通判蘄州徙河南府知泰滁二州歷京西陝西路提點刑獄荊湖南路轉運使奏罷馬氏時所賦丁口米數萬石權判三司開拆司度支勾院直集賢院知廬州積官至光祿卿罷職初與張憲掌禹錫齊廓張子思並爲太常少卿兼館職當進諫議大夫而執政靳之止遷卿故事卿不兼職故皆罷未幾皆還之改直祕閣同判宗正事遷祕書監知同陝相三州陝歲饑百姓請閣殘稅二分爲官伐芟以給河埽或以爲須報乃可行良規曰若爾無及矣檄縣遂行而以擅命自劾進太子賓客權判殿中省遷尙書工部侍郎判本部知濠州卒良規所至州郡爲政不甚力然善委任佐屬祿賜多分贍族人餘皆輸之酒家子君錫

君錫字無愧性至孝母亡事父良規不違左右夜則寢於傍凡衾裯薄厚衣服寒温藥石精粗飲食旨否櫛髮翦爪整冠結帶如內則所載者無不親之及登進士第以親故不願仕良規每出必扶掖上下至雜立僕御中嘗從謁文彥博彥博異其容止問而知之語諸子令視以爲法良規沒調知武强縣從韓琦大名幕府彥博及吳充在樞筦更薦之爲檢詳吏房文字徙知大宗正丞加祕閣校理改宗正丞時增諸宗院講書教授官而逐院自備緡錢爲月餽貧者或不能以時致宗師輒移文督取君錫言國家養天下士於太學尚不較其費安有教育宗室令自行束修之理詔悉從官給歷開封府推官元祐初遷司勳右司郎中太常少卿擢給事中論蔡確章惇有罪不宜復職大河不可輕議東回請亟罷修河司以省邦費寬民力蘇軾出知杭州君錫言軾之文追攀六經蹈藉班馬知無不言壬人畏憚爲之消縮公論倚重隱如長城今飄然去國邪黨必謂朝廷稍厭直臣且將乘隙復進實係消長之機不若留之在朝用其善言則天下蒙福聽其讜論則聖心開益行其詔令則四方風動爲利博矣進刑部侍郎樞密都承旨拜御史中丞即上疏勸哲宗親講學廣諮問爲躬政之漸君錫素有志行後隨人低昂無大建明初稱蘇軾之賢遇賈易劾軾題詩怨謗即繼言軾負恩懷逆無禮先帝願亟正其罪宣仁后覽之不悅曰君錫全無執守復以吏部侍郎天章閣待制知鄭陳澶三州河南府徙應天以清明出郊具贄謁杜衍張昪張方平趙槩王堯臣蔡抗蔡挺之塋邀七家子孫陪祭於側時人傳其風義紹聖中貶少府少監分司南京卒年七十二紹興六年贈徽猷閣直學士

陳彭年字永年撫州南城人父省躬鹿邑令彭年幼好學母惟一子愛之禁其夜讀書彭年篝燈密室不令母知年十三著皇綱論萬餘言爲江左名輩所賞唐主李煜聞之召入宮令子仲宣與之遊金陵平彭年師事徐鉉爲文太平興國中舉進士在場屋間頗有雋名嘗因京城大酺跨驢出游構賦自東華門至闕前已口占數千言然佻薄好嘲詠頻爲宋白所黜雍熙二年始中第調江陵府司理參軍因監決死囚悕之換江陵主簿歷澧懷二州推官在懷深爲知州喬惟岳倚任會樊知古爲河北轉運以親嫌徙澤州丁內艱免御史中丞王化基薦其才改衞尉寺丞遷祕書郎爲大理寺詳斷官坐事出監湖州鹽稅尋又停官彭年素貧窶居喪免職賴僕人傭販以濟眞宗即位復爲祕書郎喬惟岳刺史海州及知蘇壽二州並表彭年通判州事咸平三年屢上疏言事召試學士院遷祕書丞知閬州未行改金州四年上疏曰夫事有雖小而可以建大功理有雖近而可以爲遠計者其事有五一曰置諫官二曰擇法吏三曰簡格令四曰省冗員五曰行公舉此五者實經世之要道致治之坦塗也會詔舉賢良方正翰林學士朱昂以彭年聞召之辭以貧乏請終秩景德初代還直祕閣杜鎬刁衎薦其該博命直史館兼崇文院檢討又代潘愼修起居注賜緋魚獻大寶箴曰二儀之內最靈者人生民之中至大者君民既可畏天亦無親所輔者德所歸者仁恭己御下輝光益新載籍斯在謀猷備陳內綏萬姓外撫百蠻治亂所始言動之間觀之則易處之甚難由是先哲喻彼投艱苟能慮未乃可防閑審求逆耳無惡犯顏既庶而富教化乃施慈儉之政富庶之基鰥寡孤獨人之所悲發號施令宜先及之黃髮鮐背心實多知左右侍從何尙於茲瞻言百辟咸代天工儻無虛授可建大中克彰愼柬惟藉至公知人則哲聽德則聰才固難備道亦少同葑非罔捨杞梓乃充不扶自直惟蓬在麻非揀莫見惟金在沙參備顧問必辨忠邪獻替以正裨益無涯自匿草澤亦有國華訪此髦士可拒朋家三章之立庶民作程欽哉恤哉可以措刑七代之建姦孽是平本仁本義可以弭兵是爲齊禮亦曰好生有教無類自誠而明宗廟社稷饗之以恭宮室苑囿誡之在豐春蒐秋獮不廢三農擊石拊石用格神宗使人以悅乃克成功治國以政罔或不從濟濟多士用之有光砥礪小器謀之弗臧忠言致益豈讓膏粱六藝爲樂寧後笙簧任賢勿貳堯所以昌改過不吝湯所以王六合至廣萬彙攸多風俗靡一嗜欲相摩如馭朽索若防決河左契斯執六轡遂和導之以德民免嬰羅不懈于位俗乃偃戈先王之訓罔不咸然吾君之治亦取斯焉小心翼翼終日乾乾三靈降鑒百祿無愆由茲率土永戴先天巍巍洪業億萬斯年頊之預修冊府元龜三年遷右正言充龍圖閣待制賜金紫先是詔諫官御史舉職言事唯彭年與侍御史賈翔數有章奏建白彈射眞宗令中書置籍記之加刑部員外郎與晁迥同知貢舉請令有司詳定考試條式眞宗因命彭年與戚綸參定多革舊制專務防閑其所取者不復揀擇文行止較一日之藝雖杜絕請託然寘甲等者或非宿名之士大中祥符中議建封禪彭年預詳定儀注上言辨正包茅之用禮成進秩工部郎中加集賢殿修撰三年改兵部郎中龍圖閣直學士遷右諫議大夫兼祕書監詔就賜食廳編次太宗御集賜勳上柱國嘗因奏對眞宗謂之曰儒術汙隆其應實大國家崇替何莫由斯故秦衰則經籍道息漢盛則學校興行其後命歷迭改而風教一揆有唐文物最盛朱梁而下王風寖微太祖太宗丕變弊俗崇尙斯文朕獲紹先業謹導聖訓禮樂交舉儒術化成實二后垂裕之所致也又君之難由乎聽受臣之不易在乎忠直其君以寬大接下臣以誠明奉上君臣之心皆歸於正直道而行至公相遇此天下之達理先王之成憲猶指諸掌孰謂難哉彭年曰陛下聖言精詣足使天下知訓伏願躬演睿思著之篇翰眞宗爲製崇儒術爲君難爲臣不易二論示之彭年復請示輔臣刻石國子監焉六年召入翰林充學士兼龍圖閣學士同修國史彭年嘗謁王旦旦辭不見翌日見向敏中敏中以彭年所上文字示旦旦瞑目不覽曰是不過興建符瑞圖進取耳眞宗奉祀亳州太淸宮丁謂爲經度制置使以彭年副之又與謂同知禮儀院禮成加給事中時謂懇讓進秩彭年亦辭之不許又爲天書同刻玉副使國史成遷工部侍郎九年拜刑部侍郎參知政事判禮儀院充會靈觀使天禧大禮爲天書儀衞副使又爲參詳儀制

奉寶冊使正月九日侍真宗朝天書將詣太廟退就中書閣中如厠眩仆肩輿還家遣中使挾醫診療旦夕存問進兵部侍郎表求罷奉不許二月卒年五十七真宗親臨涕泗久之又覩所居陋敝歎息數四廢朝贈右僕射謚曰文僖錄子佺期大理寺丞孫彥先太常寺奉禮郎真宗前後賜彭年御製歌詩凡六篇彭年妻入謁出彭年像示之錫賚甚厚彭年性敏給博聞强記慕唐四子爲文體制繁靡貴至通顯奉養無異貧約所得奉賜惟市書籍大中祥符間附王欽若丁謂朝廷典禮無不叅預其儀制沿革刑名之學皆所詳練若前世所未有必推引依據以成就之故時政大小日有諸訪應答該辯一無凝滯皆與真宗意諧及升內閣李宗諤楊億皆在後宗諤卒億病退而彭年專任矣事務既叢形神皆耗遂舉止失措顛倒冠服家人有不記其名者奉詔同編景德朝陵地里封禪汾陰三記閤門客省御史臺儀制又受詔編御集及宸章集歷代婦人文集所著文集百卷唐紀四十卷

論曰楊礪遭遇龍飛致位崇顯自以夢協其兆而忠言善政一無可述惟棄官侍母不以科名自伐蓋有取焉宋湜懿文多識名動人主至與李沆同命雖去沆遠甚然樂善好施士類歸之亦可尚也王嗣宗治家能睦爲政可稱所致立徹淫祀亦人之所難至於剛復少文謀害王旦王曾與寇準相忤其餘不足觀也矣李昌齡累更劇任遂附大用黨邪狗貨遂貽終身之玷良可醜也趙安仁言事切中時弊及答契丹書不失祖宗規式又能以凶器之言折敵不使矜驕可謂才辯之臣矣其孫君錫於元祐反正論格蔡確章惇復官之命庶幾無忝所生陳彭年以辭藻被遇上表獻箴詳練儀制若可嘉尚乃附王欽若丁謂溺志爵祿甘爲小人之歸豈不重可嘆也哉

宋史卷二百八十八

元中書右丞相總裁脫脫等修

列傳第四十七

任中正弟中師　周起　程琳
姜遵　范雍孫子奇 曾孫坦　趙稹
任布　高若訥　孫沔

任中正字慶之曹州濟陰人父載右拾遺中正進士及第爲池州推官歷大理評事通判邵州改大府寺丞通判濮州以翰林學士錢若水薦遷秘書省著作佐郎通判大名府轉運使陳緯徙陝西舉中正自代太宗曰朕自知之召爲秘書丞江南轉運副使中正軀幹頎長帝擇大笏命內臣取緋衣之長者賜之至部歲大稔民出租賦平糴皆盈羨發運使王子輿欲悉調餉京師中正曰東南歲輸五百餘萬而江南所出過半今歲有餘或歲少歉則數不登患及吾民矣乃止擢監察御史兩浙轉運使民饑中正不俟詔發官廩振之按普州盛梁獄論如法遷殿中侍御史判三司憑由司既而有與梁善者密中之出爲荆湖轉運使遷左司諫直史館知梓州擢樞密直學士代張詠知益州在郡五載遵詠條教蜀人便之知審刑院出知幷州遷給事中權知開封府大中祥符九年拜尚書工部侍郎樞密副使馬知節知密院改同知院事明年曹利用爲樞密使復爲副使再進兵部侍郎叅知政事仁宗在東宮時以右丞兼賓客遷工部尚書帝既卽位乃拜兵部尚書中正素與丁謂善謂且貶左右莫敢言者中正獨營救謂降太子賓客知鄆州中正弟尚書兵部員外郎判三司鹽鐵勾院中行右正言中師皆坐貶頃之以母老徙曹州遷禮部尚書卒贈尚書左僕射謚康懿初中正母入謁禁中與陳彭年王曾張知白妻同見真宗命中正母爲班首且賜坐中正事親孝平居簡素而飲食極豐美

中師字祖聖進士及第試秘書省校書郎知平陸縣真宗將祀汾陰命陳堯叟判河中府以經制祀事辟掌牋奏累遷著作佐郎歷知千乘襄邑縣改秘書丞以張知白薦遷爲右正言中正貶中師亦降太常博士監宿州酒稅未幾通判應天府曹利用辟爲羣牧判官徙知滑州入爲開封府判官累遷尚書度支郎中直史館知澶州以太常少卿直昭文館知廣州視事之明日吏白故事當謁諸祠廟而廨有淫祠中師遽命撤去之兼市舶使市舶置使自此始還爲諫議大夫判尚書刑部加集賢院學士再知澶州未行進龍圖閣直學士知幷州許便宜從事改樞密直學士知益州先是轉運使韓瀆急於籠利自薪蔬果之屬皆有筭而中師盡奏蠲之康定中任布守河陽數上書論事帝欲用之呂夷簡薦中師才不在任布下遂並召爲樞密副使明年建北京令中師領修建進給事中宣撫河東不行求補郡以尚書禮部侍郎資政殿學士知永興軍求內徙得知陳州踰年上書言臣老矣家本曹人願得守曹遂以知曹州改戶部侍郎明年請老拜太子少傅致仕進少師卒贈太子太傅謚安惠中師性樂易平居自奉甚儉約晩知養生之術號大塊翁

周起字萬卿淄州鄒平人生而豐下父意異之曰此兒必起吾門因名起幼敏惠如成人意知衞州坐事削官起才十三詣京師訟父寃父遂得復故官舉進士授將作監丞通判齊州擢著作佐郎直史館累遷戶部度支判官真宗北征領隨軍糧草事以右正言知制誥權判吏部流內銓尋爲東京留守判官判登聞鼓院封泰山攝御史中丞考制度副使所過得採訪官吏能否及民利病以聞東封還近臣率頌功德起獨以居安爲戒進金部員外郎判集賢院初置糾察刑獄司因命起起遂請諸已決而事有所枉及官吏非理榜掠者並聽受訴從之擢樞密直學士權知開封府起聽斷明審舉無留事真宗嘗臨幸問勞起請曰陛下昔龍潛於此請避正寢居西廡詔從之名其堂曰繼照起嘗奏事殿中適仁宗始生帝曰卿知朕喜乎宜賀我有子矣卽入禁中懷金錢出探以賜起改勾當三班院兼判登聞檢院從祀汾陰留權知河中府徙永興天雄軍所至有風烈數賜書褒諭三遷右諫議大夫知幷州拜給事中同知樞密院事進禮部侍郎爲樞密副使嘗與寇準過同列曹瑋家飲酒既而客多引去者獨起與寇準盡醉夜漏上乃歸明日入見引咎伏謝真宗笑曰天下無事大臣相與飲酒何過之有起素善寇準準且貶起亦罷爲戶部郎中知青州又降太常少卿知光州稍遷秘書監從揚杭二州又從應天府復爲禮部侍郎判登聞鼓院以疾請知潁州徙陳州汝州卒贈禮部尚書謚安惠起性周密凡奏事及答禁中語隨輒焚草故其言外人無知者家藏書至萬餘卷起能書弟超亦能書集古今人書幷所更體法爲書苑十卷累官主客郎中起子延荷以孝友聞官殿中丞延雋頗雅厚官太常少卿

程琳字天球永寧軍博野人舉服勤辭學科補泰寧軍節度推官改秘書省著作佐郎知壽陽縣監左藏庫召試直集賢院改太常博士權三司戶部判官契丹館伴使契丹使者謂琳曰先皇帝嘗通使承天太后獨無使何也琳曰南北兄弟也先皇帝視承天猶從母故無嫌今皇太后嫡嫂也禮不通問契丹使者語屈後修真宗實錄而大中祥符以來起居注闕琳追述上之遂修起居注提舉在京諸司庫務知制誥判吏部流內銓權三司使范雍使契丹命琳發遣三司使太倉贍軍粟陳腐不可食歲且饑琳盡發以貸民凡六十萬斛饑民賴以全活而軍得善粟鹽鐵官任布請鑄大錢一當十度支判官許申請以銅鐵雜鑄下其議琳曰第五琦用大錢法卒不可行乞令申試之鑄卒不就契丹遣蕭蘊杜防來蘊出位圖示琳曰中國使者坐殿上高位今我位乃下請升之琳曰此真宗所定不可易防曰大國之卿可以當小國之君琳曰南北雖兩朝無大小之異卿嘗坐我殿上我顧小國耶防無以對宰相將許之琳曰許其小必啟其大以右諫議大夫權御史中丞宰相張知白尤器之當除命喜曰不辱吾筆矣時歲饑上疏請罷諸土木營造蠲被災郡縣租賦改樞密直學士知益州上元張燈州人夜聚遊嬉琳戒曰有火則隨救之毋白也已而果有火終宴人無知者或告振武軍變琳曰軍中動靜我自知之苟有謀不待告也遷給事中權知開封府王蒙正子齊雄捶老卒死貨妻子使以病告琳察其色辭異令有司驗得捶死狀蒙正連姻章獻太后家太后謂琳曰齊雄非殺人者乃其奴嘗捶之琳曰奴無自專理且使令與己犯同太后嘿然遂論如法外戚吳氏離其夫而挈其女歸夫訴於府琳命還女吳氏曰已納宮中矣琳請於帝曰臣恐天下人有竊議陛下奪人妻女者帝亟命出之笞而歸其妻遷工部侍郎龍圖閣學士復爲御史中丞不拜以翰林侍讀學士兼龍圖閣學士再知開封府改三司使出納尤謹禁中有所取輒奏罷之內侍言琳專琳曰三司財賦皆朝廷有也臣爲陛下惜於臣何有帝然之或請幷天下農田稅物名者琳曰合而爲一易於勾校可也後有興利之臣復用舊名增之是重困民無已時也再遷吏部侍郎遂叅知政事遷尚書左丞時元昊反猶遣使來朝衆請按誅之琳曰遣使常事也殺之不祥後使者益驕橫大臣患之琳曰始不殺無罪也今旣驕橫可暴其惡誅之國法也又何患耶又議重賄唃廝囉使討賊得地卽與之琳曰使唃廝囉得地是復生一元昊矣不若用間使二羌勢不合中國利也故樞密副使張遜第在武成坊其曾孫偕才七歲宗室女生也貧不自給乳媼擅出券鬻第琳欲得之使開封吏密諭媼以偕幼宜得御寶許鬻乃售乳媼以宗室女故入宮見章惠太后旣得御寶琳乃市取之又令吏市材木買婦女已而吏以贓敗御史按劾得狀降光祿卿知潁州頃之爲戶部侍郎尋復吏部知天雄軍又以左丞爲資政殿學士及建天雄軍爲北京內侍皇甫繼明主營宮室欲侈大以要賞琳以爲方事邊陲又事土木以困民不可旣而繼明數有論奏帝遣御史魚周詢按視遂罷繼明命琳獨主之遷工部尚書加大學士河北安撫使改武昌軍節度使知永興軍陜西

安撫使以宣徽北院使判延州仍爲陝西安撫使元昊死諒祚立方幼三大將分治其國議者謂可因此時以節度使啖三將使各有所部分以弱其勢可不戰而屈矣琳曰幸人之喪非所以柔遠人不如因而撫之議者惜其失幾既而遣使冊命夏人方圍慶陽琳曰彼若貪此可緩慶州之難矣具禮幣賜予之數移報之果喜卽日迎冊使慶陽之圍亦解嘗獲戎首不殺戒遣之夏人亦相告毋捕漢民久之以五百戶驅牛羊扣邊請降且言契丹兵至衙頭矣國中亂願自歸琳曰彼詐也契丹至帳下當舉國取之豈容有來降者聞夏人方捕叛者此其是邪不然誘我也拒不受已而賊果以騎三萬臨境上以捕降者爲辭琳諜知之閉壁倒旗戒諸將勿動賊疑有備遂引去拜同中書門下平章事判大名府琳持重不擾前後守魏十年度要害繕壁壘增守禦備植雜木數萬曰異時樓櫓之具可不出於民矣人愛之爲立生祠改武勝軍又換鎭安軍節度使上書曰臣雖老尚能爲國守邊未報得疾卒贈中書令謚文簡琳爲人敏厲深嚴長於政事辨議一出不肯下人然性嗇於財而厚自奉養章獻太后時嘗上武后臨朝圖人以此薄之

姜遵字從式淄州長山人進士及第爲蓬萊尉就辟登州司理參軍開封府右軍巡判官有疑獄將抵死遵辨出之遷太常博士王曾薦爲監察御史殿中侍御史開封府判官知吉州高惠連與遵有隙發遵在廬陵時贓事按驗無狀猶降通判延州復入爲侍御史判戶部勾院利州路饑以遵爲體量安撫遷知邢州仁宗卽位徙滑州爲京東轉運使徙京西未幾以刑部郎中兼侍御史知雜事建言三司開封府日接賓客廢事有詔禁止歷三司副使再遷右諫議大夫知永興軍奏罷咸陽富民元氏歲貢棃召拜樞密副使遷給事中卒贈吏部侍郎遵長於吏事爲治尚嚴猛所誅殘者甚衆在永興太后嘗詔營浮屠遵毀漢唐碑碣代磚甓旣成得召用

范雍字伯純世家太原曾祖仁恕仕蜀爲宰相祖從龜刑部侍郎入朝改右屯衛將軍後葬河南遂爲河南人雍中進士第爲洛陽縣主簿累官殿中丞知端州還太常博士寇準辟爲河南通判還判三司開拆司河決滑州選爲京東轉運副使歷河北陝西轉運使入爲三司戶部副使又徙度支以尚書工部郎中爲龍圖閣待制陝西都轉運使還提舉諸司庫務勾當三班院環原州屬羌擾邊以雍爲安撫使建言屬羌因罪罰羊者舊輸錢而比年責使出羊羌人頗以爲患請輸錢如舊罪輕者以漢法贖金從之遷右諫議大夫權三司使雍在京東時平滑州水患以勞加龍圖閣直學士明年拜樞密副使丁母憂起復遷給事中玉淸昭應宮災章獻太后泣對大臣曰先帝竭力成此宮一夕延燎幾盡惟一二小殿存爾雍抗言曰不若悉燔之也先朝以此竭天下之力遽爲灰燼非出人意如因其所存又將葺之則民不堪命非所以畏天戒也時王曾亦止之遂詔勿葺遷尚書禮部侍郎太后崩罷爲戶部侍郎知陝州改永興軍是歲饑疫關中爲甚雍爲振恤以疾請近郡遂知河陽進吏部侍郎徙應天府又改河南府進資政殿學士陳安邊六事又請於天雄軍聚甲兵以備河北於永興軍河中府益募土兵以備陝西卽涇原環慶有警河中援之旣而元昊反拜振武軍節度使知延州因言延州最當賊衝地闊而砦柵疏近者百里遠者二百里土兵寡弱又無宿將爲用而賊出入於此請益師不報元昊先遣人通款於雍雍信之不設備一日引兵數萬破金明砦乘勝至城下會大將石元孫領兵出境守城者纔數百人雍召劉平於慶州平帥師來援合元孫兵與賊夜戰三川口大敗平元孫皆爲賊所執雍閉門堅守會夜大雪賊解去城得不陷左遷戶部侍郎知安州居一歲復吏部侍郎知河中府又爲資政殿學士知永興軍兼轉運司事遷尚書左丞加大學士初完永興城或言其非便詔止其役雍匿詔而趣成之明年賊犯定川邠岐之間皆恐而永興獨不憂寇復徙河南府又遷禮部尚書卒贈太子太師謚忠獻雍爲治尚恕好謀而少成在陝西嘗請於商虢置監鑄鐵錢後不可行又括諸路牛以興營田亦隨廢頗知人喜薦士後多至公卿者狄青爲小校時坐法當斬雍貸之子宗傑爲兵部員外郎直史館歷陝西轉運使先雍卒宗傑子子奇

子奇字中濟階祖雍蔭簽書幷州判官以唐介薦神宗賜對提舉修在京倉三司使又薦按覆營繕匠吏積爲欺隱懼罪造飛語間之神宗遣大閹張茂則察其無私勞之曰爲吏當如是無恤人言授戶部判官爲湖南轉運副使建言梅山蠻恃險爲邊患宜拓取之後章惇開五溪議由此起入判將作監使於遼導者改路回遠子奇謂曰此去雲中有直道旬日可至何爲出此導者又欲沮子奇下馬館門外子奇曰異時於中門下馬今何以輒易導者計屈歷河東陝西河北京東四路轉運使工部左司二郎中加直龍圖閣使河北諸郡猶榷鹽奏罷之元祐初爲將作監司農卿復使陝西以病解起知鄭州加集賢殿修撰知河陽召權戶部侍郎剸酒戶苛禁及奴婢告主給賞法未幾出知慶州廣儲蓄繕城柵嚴守備羈黠羌推誠待下人樂爲用入爲吏部侍郎以待制致仕卒年六十三子坦

坦字伯履以父任爲開封府推官金部員外郎大理少卿改左司員外郎押伴夏國使應對合旨賜進士第權起居舍人使於遼復命具語錄以獻徽宗覽而善之付鴻臚令後奉使者視爲式遷殿中監知開封府再命使遼時與邊議非時遣使以覘釁坦以不宜始禍辭其行徽宗怒責舒州團練副使稍復集賢殿修撰知江寧府洪楊二州召爲戶部侍郎論當十及夾錫錢之弊以便親請外知河陽入辭徽宗曰夾錫錢之害甚於當十宜速正之爲一道率坦至卽奏罷之政和初復爲戶部遂改當十錢爲當三罷淮鹽入東北鬻諸州公田以實常平又上疏言戶部歲入有限用則無窮今節度使八十員留後至刺史數千員自非軍功得之宜減其半奉及他工技末作一切裁損時以爲當時張商英爲相坦多與之合及商英去言者論坦助爲匱竭之說以搖衆聽又言坦建議鬻田改常平法廢元符令及罷夾錫錢之罪貶黃州團練副使安置韶州以赦復徽猷閣待制卒年六十二

趙稹字表微其先單父人後徙宣城爲人誠質寬厚少好學與大府卿田霖退居郡中名有風鑒故以女妻稹擢進士第歷平定軍判官台州推官改大理寺丞知崑山縣通判楚州遷殿中丞知通州召還同判宗正寺樞密直學士李濬薦爲監察御史再遷侍御史判登聞鼓院開封府判官徙三司開拆憑由司帝祀汾陰爲留守推官遷尚書兵部員外郎益州路轉運使眞宗諭曰蜀遠而數亂其利害朕所欲聞卿至悉條上之秪附常奏毋著姓名稹至數言部中事至一日章數上蒲江縣捕刼盜不得反逮繫平民楚掠誣服稹適行部意其冤馳入縣獄問得狀悉縱之遷工部郎中召爲侍御史知雜事同判吏部流內銓糾察在京刑獄愼從吉知開封府其子鈞銳受賕事連錢惟演稹與王曾白其姦狀從吉坐免惟演亦罷去改三司鹽鐵副使擢右諫議大夫集賢院學士知益州度支市錦六千匹召工計歲織裁千餘疋止以歲所織數上供久之或言稹不達民情喜尊大降知同州徙鳳翔京兆府三遷工部侍郎復糾察在京刑獄加樞密直學士知幷州代還還刑部侍郎天聖八年擢樞密副使遷吏部侍郎時權出宮掖稹厚結劉美人家婢以故致位政府命未出人馳告稹稹問曰東頭西頭蓋意在中書也聞者皆以爲笑章獻太后崩罷爲尚書左丞知河中府遷禮部尚書旣病乞骸骨拜太子少傅致仕卒贈太子太保謚僖質

任布字應之河南人後唐宰相圜四世孫也力學家貧嘗從人借書以讀進士及第補安肅軍判官輙剸問虜中事上疏請飭邊備仍奏河北利害後契丹至澶淵眞宗識其名特改大理寺丞知安陽縣通判嘉州還知開封府司錄事通判大名府初置提點刑獄選布領荆湖南路入權三司鹽鐵判官度支勾院京城東南有泉涌出爲藥祥源觀男女徒跣奔走瞻拜布論之曰明朝不宜以神怪衒愚俗遂忤宰相意又與徐奭麻溫其試開封府進士而奭潛發封卷視之降監鄧州稅徙知宿州時越州守闕寇準曰越州有職分田歲入且厚今爭者頗衆非廉士莫可予乃徙布越州有祖訟其孫者醉酒詈我已而日悔哭於庭曰我老無子賴此孫以爲命也布聞知貸其死上書自劾朝廷亦不之責寇準貶布亦徙建州累遷尚書職方員外郎丁謂旣逐稍用爲白波發運使歲餘判三司開拆司出爲梓州路轉運使富順監鹽井歲久鹵薄而課存主者至破産或鬻子孫不能償布奏除之遷祠部郎中權戶部判官擢江淮制置發運使前使者多聚山海珍異之物以餉權要布一切罷去召爲三司度支副使奉使契丹還加直史館知荆南爲鹽鐵副使命管伴契丹使歷兵部刑部郎中拜右諫議大夫知眞定府或欲省河北兵布言契丹西夏方窺伺中國備未可弛也築甬道屬滹沱河跨絕泥潦徙滑州改天雄軍遷給事中集賢院學士知許州未幾爲龍圖閣直學士徙澶州黃德和誣劉平降賊欲收平家布力言平非降賊者復徙眞定又徙河南府未至召爲樞密副使布純約自守及秉政無所建明子遜嘗上書詆大臣及布皆爲不才御史魚周詢因奏疏曰布不才其子能知之乃以尚書工部侍郎罷知河陽議者以周詢引遜語逐其父爲不知體改蔡州授太子少保致仕進少傅皇祐間詔陪祠明堂稱疾不赴賜一子進士出身遷少師始布歸洛中作五知堂謂知恩知道知命知足知幸也卒贈太子太傅謚恭惠子達性亦恬遠尚釋氏學歷官爲司封郎中

高若訥字敏之本幷州榆次人徙家衛州進士及第補彰德軍節度推官改秘書省著作佐郎再遷太常博士

知商河縣縣有職分田而牛與種皆假於民若訥獨廢不耕御史知雜楊偕薦爲監察御史裏行遷尚書主客員外郎殿中侍御史裏行改左司諫同管勾國子監遷起居舍人知諫院時范仲淹坐言事奪職知睦州余靖尹洙論救仲淹相繼貶斥歐陽修乃移書責若訥曰仲淹剛正通古今班行中無比以非辜逐君爲諫官不能辨猶以面目見士大夫出入朝廷是不復知人間有羞恥事耳今而後決知足下非君子若訥忿以其書奏貶修夷陵令未幾加直史館以刑部員外郎兼侍御史知雜事王蒙正知蔡州若訥言蒙正起裨販因緣戚里得官向從郴州物論猶不平今予之大州可乎詔寢其命大慶殿設祈福道場若訥奏曰大慶殿非行禮不御非法服不坐國之路寢也豈可聚老釋爲瀆慢閻文應爲入內都知若訥言其肆橫不法請出之遂出文應爲相州兵馬鈐轄又奏三公坐而論道今二府對纔數刻何以盡萬幾宜賜坐從容如唐延英故事擢天章閣待制知永興軍留判吏部流內銓出爲河東路都轉運使召還兼侍讀權判尚書刑部丁母憂始許行服給實奉終喪服除加龍圖閣直學士史館修撰以右諫議大夫權御史中丞時宰相賈昌朝與參知政事吳育數爭事上前明年春大旱帝問所以然者若訥曰陰陽不和責在宰相洪範大臣不肅則雨不時若於是昌朝及育皆罷若訥遂代育爲樞密副使王則據貝州討之踰月未下或議招降若訥言河朔重兵所積今釋不討後且啟亂階及破城知州張得一送御史臺劾治有臣賊狀朝廷議貸死若訥謂守臣不死自當誅況爲賊屈得一遂棄市以工部侍郎參知政事爲樞密使凡內降恩若訥多覆奏不行入內都知王守忠欲得節度使固執爲不可若訥畏惕少過而前騶毆路人輒至死御史奏彈之皇祐五年罷爲觀文殿學士兼翰林侍讀學士尚書左丞同羣牧制置使判尚書都省止命舍人草詞卒贈右僕射諡文莊若訥彊學善記自秦漢以來諸傳記無不該通尤喜申韓管子之書頗明歷學因母病遂兼通醫書雖國醫皆屈伏張仲景傷寒論訣孫思邈方書及外臺秘要久不傳悉考校訛謬行之世始知有是書名醫多出衞州皆本高氏學焉皇祐中詔累黍定尺以制鐘律爭論連年不決若訥以漢貨泉度一寸依隋書定尺十五種上之幷損益祠祭服器悉施用有集二十卷

孫沔字元規越州會稽人中進士第補趙州司理參軍跌蕩自放不守士節然材猛過人後以秘書丞爲監察御史裏行景祐元年禮院奏用冬至日冊后沔奏喪未祥禫而行嘉禮非制也同安縣尉李安世上書指切朝政被劾沔奏加罪安世恐杜天下言者請勿治黜知衡山縣道上書言時事再貶永州監酒移通判潭州知處州復爲監察御史再知楚州所在皆著能迹召爲左正言論事益有直名遷尚書工部員外郎提舉兩浙刑獄遂以起居舍人爲陝西轉運使時宰相呂夷簡求罷仁宗優詔弗許沔上書言自夷簡當國黜忠言廢直道及以使相出鎮許昌乃薦王隨陳堯叟代已才庸負重謀議不協忿爭中堂取笑多士政事寢廢又以張士遜冠台席士遜本乏遠識致隳國事蓋夷簡不進賢爲社稷遠圖但引不若已者爲自固之計欲使陛下知輔相之位非已不可冀復思已而召用也陛下果召夷簡還自大名入秉朝政於茲三年不更一事以姑息爲安以避謗爲智西州將帥累以敗聞契丹無厭乘此求賂兵殲貨悖天下空竭刺史牧守十不得一法令變易士民怨嗟隆盛之基忽至於此今夷簡以病求退陛下手和御藥親寫德音乃謂恨不移卿之疾在於朕躬四方義士傳聞詔語有泣下者夷簡在中書二十年三冠輔相所言無不聽所請無不行有宋得君一人而已未知何以爲陛下報天下皆稱賢而陛下不用者左右毀之也皆謂憸邪而陛下不知者朋黨蔽之也比契丹復盟西夏欵塞公卿忻忻日望和平若因此振紀綱修廢墜選賢任能節用養兵則景德祥符之風復見於今矣若恬然不顧遂以爲安臣恐土崩瓦解不可復救而夷簡意謂四方已寧百度已正欲因病默默而去無一言啟沃上心別白賢不肖雖盡南山之竹不足書其罪也書聞帝不之罪議者喜其謇切居兩月以天章閣待制爲都轉運使又遷禮部郎中爲環慶路都總管安撫經畧使知慶州元昊死諸將欲乘其隙大舉滅之沔曰乘危伐喪非中國體三司所給特支物惡而估高軍士有語侵人因戲及之沔曰此朝廷特賜何敢妄言動衆命斬之狥將佐爭言此特戲爾不足深罪也沔徐呼還杖脊配嶺南謂之曰汝賴戲我前即私議動衆汝必死而告者超遷矣明日給特支士無敢譁者歷知陝州河東都轉運使又知慶州聚戰亡遺骸葬祭之軍中感泣凡三知慶州邊人服其能遷龍圖閣直學士又遷樞密直學士知成都府未至以母喪罷服除爲陝西都轉運使求知明州會京東多盜乃以知徐州明購賞嚴誅罰盜遂止徙秦州時儂智高反沔入見帝以秦事勉之對曰臣雖老然秦州不足煩聖慮陛下當以嶺南爲憂也臣覘賊勢方張官軍朝夕當有敗奏明日聞蔣偕死帝諭執政曰南事誠如沔所料宰相龐籍奏遣沔行以爲湖南江西路安撫使以便宜從事加廣南東西路安撫使沔請益發騎兵且增選偏裨二十八人求武庫精甲五千參知政事梁適折之曰毋張皇沔曰前日惟亡備故至此今指期滅賊非可以徼倖勝乃欲示鎮靜耶夫實備不至而貌爲鎮靜危亡之道也居二日促行才與兵七百沔憂賊渡嶺而北乃檄湖南北曰大兵且至其繕治營壘多具宴犒賊疑不敢北侵會遣狄青爲宣撫使沔與青會青與智高遇戰歸仁鋪智高敗走青還沔留治後事遷給事中及還帝問勞解御帶賜之以知杭州至南京召爲樞密副使張貴妃薨追冊爲皇后命沔讀冊故事正后翰林學士讀冊沔既陳不可用宰相護葬且曰陛下若以臣沔讀冊則可以樞密副使讀冊則不可遂求罷職以資政殿學士知杭州遷大學士徙知青州又遷觀文殿學士知并州而諫官吳及御史沈起奏沔淫縱無檢守杭及并所爲不法乃徙壽州詔按其迹而使者奏沔在處州時於遊人中見白牡丹者遂誘與姦及在杭州嘗從蕭山民鄭旻市紗旻高其直沔爲偎會旻貿紗有隱而不稅者事覺沔取其家簿記積計不稅者幾萬端配隸旻他州州人許明有大珠百沔妻弟邊珣以錢三萬三千强市之沔愛明所藏郭虔暉畫鷹圖明不以獻初明父禱水仙大王廟生明故幼名大王兒沔即捕按明僭稱王取其畫鷹刺配之及沔罷去明詣提點刑獄斷一臂自訟乃得釋杭州人金氏女沔白晝使吏卒輿致亂之有趙氏女已許嫁莘旦沔見西湖上遂設計取趙女至州宅與飲食臥起所刺配人以百數及罷盜其按去後有訴冤者多以無按不能自解在并州私役使吏卒往來青州麟州市貢紗絹綿紙藥物官庭列大梃或以暴怒擊訴事者嘗剔取盜足後筋斷之奏至乃責寧國節度副使監司坐失察皆被絀其後復光祿卿分司南京居宿州會恩知濠州以尚書禮部侍郎致仕英宗即位遷戶部帝與執政議守邊者難其人參知政事歐陽修奏孫沔向守環慶養練士卒招撫蕃夷恩信最著今雖七十心力不衰中間曾以罪廢然宜棄瑕使過遂起爲資政殿學士知河中府又以爲觀文殿學士知慶州徙延州道卒沔居官以才力聞彊直少所憚然喜宴遊女色故中間坐廢妻邊氏悍妬爲一時所傳初陝西用兵朝廷多假邊帥倚以集事近臣出帥或驕恣越法及沔廢後眞定路安撫使呂溱繼得罪自此守帥之權宜微矣

論曰君子惟能立身而後可以佐國中正起自陷朋黨遵稹憸邪沔頗知兵而以汚敗琳有才器能斷大事然獻武后臨朝圖於章獻君子鄙之雍任邊寄而覆軍敗將幾不自保若訥喜申韓管子之書中師布少所建明殆亦未足與議也

宋史卷二百八十九

元中書右丞相總裁脫脫等修

列傳第四十八

高瓊 子繼勳 繼宣　范廷召　葛霸 子懷敏

高瓊家世燕人祖霸父乾五代時李景據江南潛結契丹歲遣單使往復霸將契丹之命以乾從行使景方至江左諜聞北使與中夏搆隙以舒疆埸之難遂殺霸居乾濠州聲言爲汴人所殺乾在濠州生三子以江左蹙弱尋挈族歸中朝給田亳州之蒙城因土著焉瓊少勇鷙無賴爲盜事敗將磔於市暑雨創潰伺守者稍怠即掣釘而遁事王審琦太宗尹京邑知其材勇召置帳下太宗嘗侍宴禁中甚醉及退太祖送至苑門時瓊與戴興王超李斌桑贇從瓊左手執靮右手執鐙太宗乃能乘馬太祖顧瓊等壯之因賜以控鶴官衣帶及器帛且勗令盡心爲太宗即位擢御龍直指揮使從征太原命押弓弩兩班合圍攻城及討幽薊屬車駕倍道還留瓊與軍中鼓吹殿後六班扈從不及惟瓊首率所部見行在太宗大悅慰勞之太平興國四年遷天武都指揮使領西州刺史明年改爲神衞右廂都指揮使領本州團練使車駕巡師大名命瓊與日騎右廂都指揮使朱守節分爲京城內巡檢坐事出爲許州馬步軍都指揮使會有龍騎亡命卒數十人因知州臧丙出郊謀劫其導從以叛瓊聞即白丙趣還城因自率從卒數十人挾弓矢單騎追捕至榆林村及之賊入村後舍登墻以拒賊首青腳狠者注弩將射瓊瓊引弓一發斃之遂悉擒送于州丙上其事會將北伐召歸授馬步軍都軍頭領薊州刺史樓船戰櫂都指揮使步船千艘赴雄州又城易州師還爲天武右廂都指揮使領本州團練使端拱初遷左廂改領富州團練使是秋出爲單州防禦使改貝州部署其出守也與范廷召王超孔守正並命爲數月

廷召等皆復補兵職瓊頗悒悒時王承衍鎮貝邱公主每入禁中頗知上於瓊厚承衍每寬慰之二年召還故事廉察以上入朝始有茶藥之賜至是特賜瓊焉三月遷朔易帥臣制授瓊侍衞步軍都指揮使領歸義軍節度廷召輩始加觀察使不得與瓊比出爲幷州馬步軍都部署時潘美亦在太原舊制節度使領軍職者居上瓊以美舊臣表請居其下從之戍兵有以廩食陳腐譁言者瓊知之一日出巡諸營士卒方聚食因取其飯自啖之謂衆曰今邊鄙無警爾等坐飽甘豐宜知幸也衆言遂息改鎮州都部署至道中就改保大軍節度典軍如故眞宗卽位加彰信軍節度充太宗山陵部署復爲幷代都部署咸平中契丹犯塞其母車帳至狼山大夏上親巡河朔遣楊允恭馳往召瓊率所部出土門與石保吉會鎮定旣而傅潛以逗留得罪卽召瓊代之兵罷復還本任轉運使言其政績詔褒之咸平三年代還以手創不任持笏詔執梃入謁授殿前都指揮使先是范廷召桑贊所將邊兵臨敵退衂言者請罪之以問瓊瓊對曰兵違將令於法當誅然陛下去歲已釋其罪今復行之又方屯諸路非時代易臣恐衆心疑懼乃止景德中車駕北巡時前軍已與敵接戰上欲親臨營壘或勸南還瓊曰敵師已老陛下宜親往以督其成上悅卽日進幸澶淵明年以罷兵料簡兵卒諸班直十年者出補軍校年老者退爲本班剩員瓊進曰此非激勸之道宿衞豈不勞乎自是八年者皆得敘補焉馬軍都校葛霸權步軍司會以疾在告令瓊兼領二司瓊從容上言曰臣衰老儻又有犬馬之疾則須一將總此二職臣事先朝時侍衞都虞候以上常至十員職位相亞易於遷改且使軍伍熟其名望邊藩緩急亦可選用上深然之未幾以久疾求解兵柄授檢校太尉忠武軍節度三年冬疾甚上欲親臨問之宰相不可乃止卒年七十二贈侍中瓊不識字曉達軍政然頗自任罕與副將參議善訓諸子繼勳繼宣繼忠繼密繼和繼隆繼元繼勳繼宣最知名

繼勳字紹先初補右班殿直儀狀頎偉太宗見而異之召問其家世以瓊子對擢寄班祇候累遷內殿崇班咸平初王均據益州以崇儀副使爲益州兵馬都監提舉西川諸州軍巡檢公事招安使雷有終以兵五百授繼勳守東郭二門會賊攻彌牟砦繼勳引兵轉鬭至嘉州敗之獲黃繖金塗鎗以還有終益以勁兵復進攻二門克之乃建幟城上諸將知城拔有終乃引軍薄天長門賊復來拒戰會日暮有終欲少休繼勳曰賊窘矣急擊之無失也率十數騎鏖戰身被數創血濡甲馬死更馬以進會入內都知秦翰來援賊退保子城不敢出繼勳潛知賊欲夜遁開圍使得潰去均卒敗滅以功遷崇義使賊餘黨保山藪中時出剽刼乃徙綿漢劍門路都巡檢使繼勳募惡少年偵賊動靜窮躡巖穴掩其不備悉擒殺之又徙陝路鈐轄還朝遷洛苑使幷代州鈐轄徙屯岢嵐軍契丹聚兵五萬屯草城川繼勳登高望之謂軍使賈宗曰彼衆而陣不整將不才也我兵雖少可以奇取勝先伏兵山下敵見我弱必急攻我我誘之南走爾起乘之當大潰轉戰至寒光嶺伏發契丹果敗相蹂躪死者萬餘人獲馬牛橐駝甚衆遷弓箭庫使賜金帶錦袍領榮州刺史徙麟府州鈐轄時屯兵河外饋運不屬繼勳扼兔毛川援送軍食師乃濟徙知環州又徙瀛州時歲饑募富人出粟以給貧者明年大稔木生連理者四郡人上治狀請留遷內藏庫使以宮苑使奉使契丹還知定州遷西上閤門使昭州團練使徙鄜延路鈐轄坐市馬虧價失官已而復爲西上閤門使榮州刺史知冀州領果州團練使徙貝州復知瀛州仁宗卽位攺東上閤門使眞授隴州團練使知雄州其冬契丹獵燕薊候卒報有兵入鈔邊州皆警繼勳曰契丹歲賴漢金繒何敢損盟好邪居自若已乃知渤海人叛契丹行剽兩界也擢捧日天武四廂都指揮使連州防禦使又知瀛州歷步軍馬軍殿前都虞候步軍副都指揮使邕州觀察使涇原路副都總管兼知渭州入宿衞出爲天雄軍都總管願復護邊旣而留不遣後爲眞定府定州路都總管攺威武軍節度觀察留後遂拜保順軍節度使馬軍副都指揮使恭謝禮成徙昭信軍節度使爲莊獻明肅太后山陵莊懿太后園陵都總管以老病乞骸骨召見便殿許一子扶掖俾勿拜聽辭管軍授建雄軍節度使知滑州河水暴溢齧堤岸繼勳雖老躬自督役露坐河上暮夜猶不輟水乃殺怒滑人德之卒年七十八輟視朝一日贈太尉繼勳性謙有機略善撫御士卒臨戰輒勝在蜀有威名號神將子遵甫官至北作坊副使嘉祐八年遵甫女正位皇后神宗卽位册皇太后累贈繼勳太師尚書令兼中書令追封康王謚穆武熙寧九年帝詔宰相王珪爲神道碑御篆碑首曰克勤敏功鍾慶之碑遵甫亦贈太師尚書令兼中書令追封楚王

繼宣字舜舉幼善騎射頗工筆札知讀書以恩補西頭供奉官惠民河巡督漕船會歲饑多盜兼沿河巡檢捉賊還閤門祇候邠州兵馬都監曹璋守邠數與言兵爲其可用乾興初以內殿崇班爲益州都監蜀人富侈元夕大張燈知府薛奎戒以備盜繼宣籍惡少年飲犒之使夜中潛詰盜背明日皆獲歷磁相邢洺都巡檢使知安肅軍徙保州累遷禮賓使益州路兵馬鈐轄還爲西上閤門使涇原路鈐轄兼安撫使知渭州遷四方館使昭州刺史知雄州初元昊反聲言侵關隴繼宣請備麟府未幾羌兵果入寇河外陷豐州擢捧日天武四廂都指揮使恩州團練使知幷州俄寇麟府繼宣帥兵營陵井抵天門關是夕大雨及河師半濟黑凌暴合舟不得進乃具牲酒爲文以禱已而凌解師濟進屯府谷間遣勇士夜亂賊營又募黥面廂軍得二千餘人號清邊軍命偏將王凱主之軍次三松嶺賊數萬衆圍之淸邊軍奮起斬首千餘級其相躪藉死者不可勝計築寧遠砦相視地脈鑿石出泉已而城五砦遷眉州防禦使卒

范廷召冀州棗强人父鐸爲里中惡少年所害廷召年十八手刃父讐剖取其心以祭父墓弱冠身長七尺餘有膂力嘗爲盜以勇壯聞周廣順初應募爲北面招收指揮使世宗卽位入補衞士從征高平戰疾力遷殿前指揮使從征淮南戰紫金山流矢中左股宋初從平李筠李重進轉本班都知又從征太原再轉散都頭都虞候領費州刺史太平興國中以日騎軍都指揮使從平太原征范陽秦王廷美嘗遣親吏閻懷忠趙瓊犒禁軍列校廷召預焉坐出爲唐州馬步軍都指揮使雍熙三年議北征召入爲馬步軍都軍頭領平州刺史幽州道前軍先鋒都指揮使與賊遇固安南破其衆三千斬首千餘級克固安新城二縣乘勝下涿州廷召復與賊戰中流矢血漬甲纏神色自若督戰益急詔褒之師還遷日騎右廂都指揮使領本州團練使又遷左廂移領高州端拱初出爲齊州防禦使數月授捧日天武四廂都指揮使領澄州防禦使二年轉殿前都虞候領涼州觀察使鎮州副都部署大破契丹三萬衆於徐河斬首數千級淳化二年爲平虜橋砦都部署歷幷代環慶兩路副部署至道中遣將從五路討李繼遷命廷召副李繼隆爲環慶靈都部署廷召出延州路與賊遇白池獲米募軍主吃囉等兵器鎧甲數萬是役也諸將失期獨廷召與王超大小數十戰屢克捷上嘉之俄又爲幷代兩路都部署三年遷侍衞馬軍都指揮使領河西軍節度爲定州行營都部署咸平二年契丹入塞車駕北巡廷召與戰瀛州西斬首二萬級逐北至莫州東三十里又斬首萬餘奪其所掠老幼數萬口契丹遁去師還錄功加檢校太傅益賦邑又改殿前都指揮使四年正月被疾車駕臨問卒年七十五贈侍中廷召在軍四十餘年由顯德以來凡親征未嘗不從善騎射嘗出獵有群烏飛過廷召發矢並貫其三觀者駭異性惡飛禽所至處彈射殆絕尤不喜驢鳴聞必擊殺之子守均至散員都虞候演州刺史守信內殿承制閤門祇候守宣內殿崇班守慶更名珪後爲西京作坊副使淮南江浙荊湖制置發運副使

葛霸眞定人姿表雄毅善擊刺騎射始事太宗於藩邸踐阼補殿前指揮使稍遷本班都知三遷至散員都虞候雍熙中幽州之師失律大補軍校以霸爲驍騎軍都指揮使領檀州刺史戍定州嘗遇敵唐河與戰敗走之斬獲甚衆俄召爲御前忠佐馬步軍都軍頭端拱初出爲博州團練使歷潞代二州部署淳化元年擢殿前都虞候領潘州觀察使爲高陽關副都部署進都部署凡七戰召還制授保順軍節度典軍如故出爲鎮州都部署從天雄軍咸平三年車駕勞師於大名霸與石保吉同來覲時康保裔沒於河間卽日以霸爲貝冀高陽關前軍行營都部署二月就遷副都指揮使未幾改邠寧涇原環慶三路都部署四年遷侍衞馬軍都指揮使領感德軍節度景德元年河決澶州橫壠埽命爲修河都部署未行屬北邊有警眞宗議親征以霸爲駕前西面邢洺路都部署又副李繼隆爲駕前東面排陣使駐澶州明年召還以功特加封邑上言朝廷居明德心喪尙遏音樂請停迎授之制奏可是年冬以霸久典兵年且老罷軍職授昭德軍節度幷代都部署時廷臣有隸麾下者頗擾軍民霸昏耄爲所罔眞宗知之故有是召四年夏從知耀州霸雖懦然能謹直自持會東封表求扈蹕旣以疾不能從車駕還次衞南疾少間迎謁行在上嘉其意勞問久之未幾卒年七十五贈太尉子懷信懷正懷敏懷煦懷信至如京副使懷煦內殿承制懷正博州團練使知滄莫二州

懷敏以蔭授西頭供奉官加閤門祇候歷同提點益州路刑獄襄鄧都巡檢使契丹知隰莫保三州累遷東染院使康州刺史知雄州就遷西上閤門使上平燕策會歲旱塘水涸懷敏慮契丹使至測知其廣深乃擁界河水注之塘復如故召對邊事復還雄州改萊州團練使濁流砦兵叛殺官吏潰去懷敏發兵掩襲盡誅其黨在雄州五年徙滄州懷敏爲王德用妹婿德用貶亦降知

滁州陝西用兵起爲涇原路馬步軍副總管兼涇原秦鳳兩路經略安撫副使旣入對以曹瑋嘗所被介胄賜之令制置鄜延環慶兩路存廢砦柵擢龍神衞四廂都指揮眉州防禦使本路副都總管知涇原遷捧日天武四廂都指揮使鄜延路副都總管進殿前都虞候知延州范仲淹言其猾懦不知兵復徙涇原路兼招討經略安撫副使慶曆二年元昊寇鎭戎軍懷敏出瓦亭砦督砦主都監許忠純環慶路都監劉賀天聖砦主張貴及緣邊都巡檢使向進劉湛趙瑜等禦敵軍次安邊砦給芻秣未絕懷敏輒離軍夜至開遠堡北一里而合旣而自鎭戎軍西南又先引從騎百餘以前承受趙正曰敵近不可輕進懷敏乃少止日暮趨養馬城與知鎭戎軍曹英及涇原路都監李知和王保王文鎭戎軍都監李岳西路都巡檢使趙璘等會兵聞元昊徙軍新壕外懷敏議質明襲之乃命諸將分四路趨定州砦劉湛向進出西水口涇原路都監趙珣出蓮華堡曹英李知和出劉璠堡懷敏出定西堡知和與英督軍夜發翌日湛進行次趙福堡遇敵戰不勝保向家峽懷敏使珣英幷鎭戎軍西路巡檢李良臣孟淵援之俄報敵已拔柵踰邊壕懷敏入保定川砦敵毀板橋斷其歸路別爲二十四道以過軍環圍之又絕定川水泉上流以饑渴其衆劉賀率蕃兵鬭於河西不勝餘衆潰去懷敏爲中軍屯塞門東偏英等陣東北隅敵自褊江三葉燮會出四面環之先以銳兵衝中軍不動回擊英軍會黑風起東北部伍相失陣遂擾士卒攀城堞爭入英面被流矢仆壕中懷敏部兵見之亦奔駭懷敏爲衆蹂躪幾死輿致甕城久之乃蘇復選士據門橋揮手亦以拒入城者趙珣等以騎軍四合禦敵敵衆稍卻然大軍無鬭志珣馳入勸懷敏還軍中是夕敵聚火圍城四隅臨西北譟曰爾得非總管廳點陣圖者邪爾固能軍乃入我圍中今復何往夜四鼓懷敏召曹英趙珣李知和王保王文許思純劉賀李良臣趙瑜計議莫知所出遂謀結陣走鎭戎軍雞鳴懷敏自諭親軍左右及在後者皆毋得動平明從吾往安西堡以英珣爲先鋒賀思純爲左右翼知和爲殿聽中軍鼓乃得行至卯鼓未作懷敏先上馬而大軍按堵未動懷敏周麾者再將徑去有執鞚者勸不可懷敏不得已而還使叅謀郭京等取芻城中未至懷敏復上馬叱執轡者使去不聽拔劍且擊之士遂散懷敏驅馬東南馳二百里至長城壕路已斷敵周圍之遂與諸將皆遇害餘軍九千四百餘人馬六百餘匹爲敵所斷其子宗晟與趙正郭京承受王昭明等還保定川初懷敏令軍中步兵毋得動及前陣已去後軍多不知者故皆得存時韓質郝從政胡息以兵六千保蓮華堡劉湛向進兵一千保向家峽皆不赴援於是敵長驅抵渭州幅員六七百里焚蕩廬舍屠掠民畜而去奏至帝嗟悼久之贈懷敏鎭戎軍節度使兼太尉英知和珣保文質岳貴璘思純良臣及同時戰沒者及涇原巡檢楊遵籠竿城巡檢姚奭涇原都巡檢司監押董謙同巡檢唐斌指使霍達皆贈官有差復降向進等官落郝從政趙瑜職懷敏通時事善候人情故多以才薦之及用爲將而輕率昧於應變遂至覆軍帝念之賜諡忠隱子宗晟宗壽宗禮宗師皆遷官

論曰眞宗澶淵之役高瓊之功亦盛矣范廷召年十八能手刃父讐瓊將磔于市幸以逃免葛霸善擊刺馬射給事藩邸皆非素習韜略者也及其出身戎行迭居節鎭而卓有可觀由所遇之得其時也或謂瓊頗自用謀議不及叅佐而洞曉軍政霸雖失於巽懦而能謹直自持廷召性雖癖在軍中四十年累從征討所至有功皆不害其爲驍果也廷召諸子珪爲最賢霸子懷敏以戰死固皆足稱若繼宣繼勳之將業則過其父遠甚此克勤敏功鍾慶之碑所由以立歟夫以三子之自樹如此而不得與狄青郭逵同日而論者豈非拳勇之有餘而器識之不足也歟

宋史卷二百九十

元中書右丞相總裁脫脫等修

列傳第四十九

曹利用 孫繼鄆附　張耆 子希一等　楊崇勳
夏守恩 弟守贇 子隨　狄青 張玉 孫節附　郭逵

曹利用字用之趙州寧晉人父諫擢明經第仕至右補闕以武畧改崇儀使利用少喜談辯慷慨有志操諫卒補殿前承旨改右班殿直遷爲鄜延路走馬承受公事景德元年契丹寇河北眞宗幸澶州射殺契丹大將撻覽契丹欲收兵去使王繼忠議和擇可使契丹者利用適奏事行在樞密院以利用應選帝曰此重事也毋輕用人明日樞密使王繼英又薦利用遂授閤門祇候崇儀副使奉書詣契丹軍帝語利用曰契丹南來不求地則邀賂爾關南地歸中國已久不可許漢以玉帛賜單于有故事利用憤契丹色不平對曰彼若妄有所求臣不敢生還帝壯其言利用馳至軍中耶律隆緒母見利用車上軛設橫板布食器召與飲食其從臣重行坐飲食畢果議關南地利用拒之遣其臣韓杞來報命利用再使契丹契丹母曰晉德我畀我關南地周世宗取之今宜還我利用曰晉人以地畀契丹周人取之我朝不知也若歲求金帛以佐軍尚不知帝意可否割地之請利用不敢以聞其政事舍人高正始遽前曰我引衆以來圖復故地若止得金帛歸則愧吾國人矣利用曰子盍爲契丹熟計使契丹用子言恐連兵結釁不得而息非國利也契丹度不可屈和議遂定利用奉約書以歸擢東上閤門使忠州刺史賜第京師契丹遣使來聘遂命利用迎勞之知宜州劉永規馭下殘酷軍校乘衆怨殺永規叛陷柳城縣圍象州分兵掠廣州嶺南騷動帝謂輔臣曰向者司天占候當用兵朕固憂遠方守將非其人以起邊釁今果然曹利用曉方略盡心於事其以爲廣南安撫使利用至嶺外遇賊武仙縣賊持健標蒙采盾衣甲堅利鋒鏑不能入利用使士持巨斧長刀破盾遂斬首以狥嶺南平遷引進使歷客省使嘉州防禦使出爲鄜延路總管大中祥符七年拜樞密副使加宣徽北院使同知院事進知院事遂拜樞密使同中書門下平章事利用在位旣久頗恃功天禧二年輔臣丁謂李迪爭論帝前迪斥謂姦邪因言利用與之爲朋黨利用曰以片文遇主臣不如迪捐軀以入不測之虜迪不逮臣也迪坐是免而利用以檢校太師兼太子少保爲會靈觀使進尚書右僕射乾興初加左僕射兼侍中武寧軍節度使景靈宮使詔如曹彬給公使錢歲萬緡契丹使者肅從順桀驁稱疾留館下不時發朝廷遣使問勞相望於道利用請一切罷之從順乃引去加司空舊制樞密使雖檢校三司兼侍中尚書令猶班宰相下乾興中王曾由次相爲會靈觀使利用由樞密使領景靈宮使時重宮觀使詔利用班曾上議者非之未幾曾進昭文館大學士玉淸昭應宮使將告謝而利用猶欲班曾上閤門不敢裁帝與太后坐承明殿久之遣押班趣班閤門惶懼莫知所出曾抗聲目吏曰但奏宰臣王曾等告謝班旣定而利用怏怏不平帝使同列慰曉之仍詔宰臣樞密使序班如故事而利用益驕尚居次相張知白上尋召張旻於河陽爲樞密使利用疑代已始悔懼焉初章獻太后臨朝中人與貴戚稍能軒輊爲禍福而利用以勳舊自居不恤也凡內降恩力持不予左右多怨太后亦嚴憚利用稱曰侍中而不名利用奏事簾前或以指爪擊帶鞓左右指以示太后曰利用在先帝時何敢爾邪太后頷之利用奏抑內降恩難屢卻亦有不得已從之者人揣知之或紿太后曰蒙恩得內降輒不從今利用家媼陰諾臣請其必可得矣下之而驗太后始疑其私頗銜怒內侍羅崇勳得罪太后使利用召崇勳戒敕之利用去崇勳冠幘詬斥良久崇勳恨之會從子汭爲趙州兵馬監押而州民趙德崇詣闕告汭不法事奏上崇勳請往按治遂窮探其獄汭坐被酒衣黃衣令人呼萬歲杖死初汭事起卽罷利用樞密使加兼侍中判鄧州及汭誅謫左千牛衞將軍知隨州又坐私貸景靈宮錢貶崇信軍節度副使房州安置命內侍楊懷敏護送諸子各奪二官没所賜第籍其貲黜親屬十餘人宦者多惡利用行至襄陽驛懷敏不肯前以語逼之利用素剛遂投繯而絕以暴卒聞後其家請居鄧州帝側然許之命其子內殿崇班淵監本州稅明道二年追復節度兼侍中後贈太傅還諸子官賜諡襄悼命學士趙槩作神道碑帝爲篆其額曰旌功之碑詔歸所没舊產利用性悍梗少通力裁僥倖而其親舊或有因緣以進者故及於禍然在朝廷忠藎有守始終不爲屈死非其罪天下冤之

孫繼鄆字元嗣其先金陵人祖謙事李昪爲長劍都指揮使南伐閩援兵不至戰死父承睿時爲小校憤將兵者不如期致其父没乃刺殺之亡去轉徙淮楚間久之入京師以策上太宗授左班殿直終左藏庫使繼鄆初以三班奉職監涔陽酒稅會宜州陳進反曹利用辟以自隨爲前驅破賊于象州大烏嶺以功遷左侍禁端州兵馬監押徙泰州永寧砦總徙城洛門改西頭供奉官晁迥薦爲閤門祇候上禦戎策十數事又用曹瑋薦爲鄜延路兵馬都監徙知環州累遷崇儀副使會修築洪德砦與總兵者論事不協絀爲冀州兵馬都監起知保安軍徙涇州使契丹樞密使曹利用欲用之繼鄆惡其權盛陰知利用將有禍數以疾辭遂除左龍武軍統軍致仕利用貶復爲崇儀副使遷供備庫使知石州徙保州領恩州刺史知雄州累遷西上閤門使擢爲龍神衞四廂都指揮使端州防禦使出爲環慶路副都總管道

改涇原路兼知渭州建言蕭關故道前控大川善水草賊騎所從出也誠得屬羌與奉賜且羈其酋領使爲藩籬則可無西顧憂矣爲步軍都虞候徙眞定路卒

張耆字元弼開封人年十一給事眞宗藩邸及卽位授西頭供奉官嘗與石知顒侍射苑中連發中的擢供備庫副使帶御器械咸平中契丹犯邊以功遷南作坊使昭州刺史天雄軍兵馬鈐轄邊兵未解徙鎭州行營鈐轄又從定州契丹圍望都耆與諸將從間道往援比至城已陷矣耆與敵戰身被數創殺契丹梟將遲明復戰而王繼忠爲契丹所執耆還因言天道方利先舉者請大舉討之及上興師出境之日帝以問輔臣以爲不可遷昭州團練使幷代州鈐轄明年契丹兵復入帝欲親征耆奏邊事十餘條多論兵貴持重及所以取勝者召還入對帝曰卿嘗請北伐契丹入塞與卿所請興師之日同悔不用卿策今領守澶州而未得人如何耆請行帝喜命爲駕前西面鈐轄令至澶州候契丹遠近者馳騎往改東面排陣鈐轄事平會曹州趙諫告耆受金爲人求薦禮部貶供備庫使潞州都監久之事稍辨復官管勾皇城司帝以耆歷河東稔邊事召耆至宣和閤問地里險易狀耆因言雲應蔚朔四郡間道人以文移至幷代間非覘邊虛實卽欲熟道路宜密諭代州使自雲應蔚至者由大石谷入自朔至者由土墱入餘間道皆塞之以示險景德罷兵耆與曹瑋李神祐岑保正閱軍籍請汰罷癃者遷英州防禦使侍衞親軍馬軍都虞候從帝東封遷絳州防禦使殿前都虞候時建玉淸宮耆奏疏諫殫國財力非所以承天意遷相州觀察使馬軍副都指揮使從祀汾陰授威塞軍節度使進宣徽南院使兼樞密副使罷判河陽丁父母憂起復徙武寧軍節度使拜同中書門下平章事判陳州累遷鎭安軍淮南節度使判壽州遣中書舍人張師德就賜告敕尋召爲樞密使兼羣牧制置使會靈觀使先名旻至是表改名耆加尚書左僕射歷河陽泰寧山南東道昭德軍節度使進兼侍中封鄧國公章獻太后崩以左僕射護國軍節度出判許州移襄鄧孟許陳壽六州封徐國公耆爲人重密有智數眞宗在東宮嘗命授以論語左氏春秋及術數之學言象緯亂中章獻太后微時嘗寓其家耆事之甚謹及太后預政寵遇最厚賜第尙書省西凡七百楹安佚富盛踰四十年家居爲曲闌積百貨其中與羣婢相貿易有病者親爲診切以藥餌之欲錢不出也所歷藩鎭人頗以爲擾然御諸子嚴曰一見之卽出就外舍論者亦以此多之以太子太師致仕卒贈太師兼侍中謚榮僖子二十四人得一慶歷中守貝州妖人王則作亂不能死又與之草禮儀伏誅可一坐與羣婢賊殺其妻棄市利一團練使誠一客省使樞密都承旨希一字簡翁以父耆任累官引進使歷知冀邢等九州貝州叛希一先引兵至得其水門猶絓兒得一累監洪州鹽復爲河北緣邊安撫副使請徙邊兵內地以寬糴費每州歲爲市平以糴邊穀使人不能高下其價戍卒之孥給糧先軍士一日使其家爲伍保坐以逃亡之累皆著爲法從成都利州路鈐轄眞定府路總管累使遼及館客遼人嘗以雄州不當禁漁界河及役白溝兩屬民爲言希一曰界河之禁起於大國統和年今文移尚存白溝本輸中國田租我太宗特除之自是大國侵牟立稅故名兩屬惡有中國不役之理遼人詞塞以均州防禦使提舉集禧觀卒弟利一

利一字和叔以蔭補供奉官光州都監提點京東淮南刑獄知莫冀二州爲河北緣邊安撫都監兼閤門通事舍人知廣信軍諜告遼人宋元寇邊利一置酒高會於譙門元率衆遁去徙知保州雄州累遷西上閤門使嘉州團練使遼人刺兩屬民爲兵民不堪其辱利一綏來之有大姓舉族南徙慕而來者至二萬利一發廩振恤且移詰涿州自是不敢復刺巡檢趙用有罪坐不察舉改衞州鈐轄久之爲定州路鈐轄進馬部軍總管徙眞定大名府路歷知代滄澶鄭相州終雄州團練使

楊崇勳字寶臣蘄州人祖守斌事太祖爲龍捷指揮使父全美事太宗爲殿前指揮使崇勳以父任爲東西班承旨事眞宗於東宮帝嘗曰聞若嗜學吾授若書崇勳自是稍通兵法及前代興廢之事眞宗卽位遷左侍禁西頭供奉官寄班祗候雷有終討王均崇勳承受公事以奏捷擢內殿崇班累遷西上閤門使羣牧都監改副使以左衞大將軍恩州刺史爲樞密都承旨尋提舉樞密諸房通進銀臺司事以英州防禦使爲馬軍都虞候幷代州馬步軍副都總管留爲客省使領羣牧使眞宗久不豫寇準罷入內副都知周懷政謀奉帝爲太上皇傳位太子復相準嘗以謀訪崇勳崇勳以變告丁謂得其辭夜造曹利用共議發之翌日誅懷政擢崇勳鄆州觀察使不拜乃以內客省使領桂州觀察使復兼羣牧使初羣牧置使皆以文臣領之崇勳曰馬者戰備雖無事可去邪仁宗卽位以彰德軍節度觀察留後知陳州授殿前都虞候眞定府定州路副都總管知定州歷馬軍副都指揮使殿前都指揮使振武軍節度使拜宣徽南院使兼樞密副使宮中火爲修葺副使又歷鎭南定武軍山南東道節度使章獻與仁宗言先帝最稱崇勳質信可任大事乃進樞密使百官詣洪福院上章懿冊退而立班奉慰宰相張士遜過崇勳園飲日中期不至御史中丞范諷劾奏與士遜俱罷以同平章事河陽三城節度使判許州翌日改陳州景祐初懷政家人訟寃遂罷同平章事知壽州徙亳州復知陳州契丹將渝盟朝廷擇將備邊崇勳請行復拜同平章事判定州旣而老不任事徙成德軍又徙鄭州坐其子宗誨納賕枉法以左衞上將軍致仕改太子太保卒贈太尉謚恭密尋改謚恭毅崇勳性貪鄙久任軍職當眞宗時每對輒肆言中外事喜中傷人人以是畏之在藩鎭日嘗役兵工作木偶戲人塗以丹白舟載鬻於京師

夏守恩字君殊幷州榆次人父遇爲武騎軍校與契丹戰歿時守恩纔六歲補下班殿侍給事襄王宮累遷西頭供奉官眞宗卽位四遷至北作坊使普州刺史帝幸澶淵守恩從行數見任使遷博州刺史歷龍神衞捧日天武四廂都指揮使泰州防禦使帝不豫中宮預政以守恩領親兵倚用之擢殿前都虞候以安遠軍節度使觀察留後管勾殿前馬步軍都指揮使事天聖初加步軍副都指揮使威塞軍節度使爲永定陵總管雷允恭邢中和徙皇堂穿地得水泉土石相半人疫功不就守恩以聞允恭等伏誅徙節河陽三城歸本鎭知澶相曹三州幷代路馬步軍都總管歷天雄泰寧武寧節度使爲眞定府定州路都總管守恩所至恃寵驕恣不法其子元吉通賂遺市物多不予直定州通判李參發其贓命侍御史趙及與大名府通判李鈸鞫問得實法當死帝命貸之除名連州編管卒貶所

守贇字子美初守恩給事襄王邸王問其兄弟守恩言守贇四歲而孤日侍王邸不得時撫養心輒念之王爲動容卽日召入宮而憐其幼聽就外舍後二年復召入王乳母齊國夫人使傅婢拊視之稍長習通文字王爲太子守贇典工作事及卽位授右侍禁李繼遷叛命使綏夏伺邊釁遷西頭供奉官寄班祗候帝幸大名爲駕前走馬承受康保裔與賊戰沒部曲畏誅聲言保裔降賊密詔守贇往察之守贇變服入營中廉問得狀還奏稱旨詔恤保裔家以守贇爲眞定路走馬承受公事帝幸澶淵及祀汾陰皆爲駕前巡檢累遷東綾錦副使從幸亳州命修行宮轉崇儀使提舉倉草場帝甚親信之遣中使問守贇曰欲管軍乎爲橫行使乎守贇曰臣得日近冕旒足矣尋遷西上閤門使提舉諸司庫務以右千牛衞大將軍昭州刺史爲樞密都承旨兼領三班院每契丹使至與楊崇勳迭爲館伴副使凡十餘年擢侍衞親軍步軍都虞候改馬軍幷代州都總管累遷步軍馬軍殿前副都指揮使建武鎭東保大軍節度使俄以修大內勞除殿前都指揮使徙定國軍節度使守恩坐贓廢守贇亦以鎭海軍節度使罷管軍之本鎭踰年徙定州路都總管召知樞密院事旣入見帝問西事守贇言平時小障屯兵馬不及千餘賊兵盛至固守不暇安能出鬬邪宜併其兵以據衝要伺便邀擊功或可成帝然之劉平石元孫敗人有以降賊誣告者守贇頗辨其枉引康保裔事爲質自請將兵擊賊換宣徽南院使陝西馬步軍都總管兼經略安撫緣邊招討使命勾當御藥院張德明黎用信掌御劍以隨之然守贇性庸怯寡方略不爲士卒所服尋詔駐軍河中居數月徙屯鄜州其子隨爲陝西緣邊招討副使時晏殊宋綬知樞密院又召守贇同知院事隨卒守贇請罷以宣徽南院使天平軍節度使判澶州以疾徙相州疾稍平復爲眞定府定州等路都總管未至徙高陽關就判瀛州卒贈太尉謚忠僖

隨字君正頗好儒術多從士大夫游以父蔭爲茶酒班殿侍遷右班殿直仁宗在東宮爲率府副率兼春坊謁者及卽位除內殿承制閤門祗候累遷西上閤門使出爲天雄軍兵馬鈐轄以母疾召還領三班院再遷四方館使營州刺史出知衞州眞拜韶州團練使徙邠州遷泰州防禦使元昊反爲鄜延路副都總管隨本名元亨與元昊有嫌因奏改焉尋徙環慶路未幾復還鄜延元昊爲書及錦袍銀帶投境上以遺金明李士彬且約與同叛候人得之諸將皆疑士彬獨隨曰此行間爾士彬與羌世仇若有私約通贈遺豈使衆知邪乃召士彬與飲厚撫之士彬感泣後數日果擊賊斬首獲羊馬自效及守贇知樞密院事耀州觀察使知亳州劉平石元孫敗以隨知河中府守贇經略安撫陝西留領會靈觀事守贇還復爲陝西副都總管兼緣邊招討副使帝曰朝廷方以邊事委卿卿毋以父在機密爲嫌時隨已病欬陝州卒贈昭信軍節度使謚莊恪隨在邊陲無多戰功然慎重少過

論曰曹利用投身不測之淵以口舌啖契丹使河北七

十年無鋒鏑之虞動業固偉矣嶺南之戰亦豈可少哉恃功怙寵禍萌而弗悟可悲也已耆崇勳二夏奮闒茸位將相皆驕侈貪吝恃私恩違清議君子所不取也

狄青字漢臣汾州西河人善騎射初隸騎御馬直選爲散直寶元初趙元昊反詔擇衛士從邊以青爲三班差使殿侍延州指使時偏將屢爲賊敗士卒多畏怯青行常爲先鋒凡四年前後大小二十五戰中流矢者八破金湯城略宥州屠嚨咩歲香毛奴尚羅慶七家口等族燔積聚數萬收其帳二千三百生口五千七百又城橋子谷築招安豐林新砦大郎等堡皆扼賊要害嘗戰安遠被創甚聞寇至卽挺起馳赴衆爭前爲用臨敵被髮帶銅面具出入賊中皆披靡莫敢當尹洙爲經略判官青以指使見洙與談兵善之薦於經略使韓琦范仲淹曰此良將材也二人一見奇之待遇甚厚仲淹以左氏春秋授之曰將不知古今匹夫勇爾青折節讀書悉通秦漢以來將帥兵法由是益知名以功累遷西上閤門副使擢秦州刺史涇原路副都總管經略招討副使又加捧日天武四廂都指揮使惠州團練使仁宗以青數有戰功欲召見問以方略會賊寇渭州命圖形以進元昊稱臣徙眞定路副都總管歷侍衛步軍殿前都虞候眉州防禦使遷步軍副都指揮使保大安遠二軍節度觀察留後又遷馬軍副都指揮使青奮行伍十餘年而貴是時面涅猶存帝常敕青傅藥除字青指其面曰陛下以功擢臣不問門地臣所以有今日由此涅爾臣願留以勸軍中不敢奉詔以彰化軍節度使知延州擢樞密副使皇祐中廣源州蠻儂智高反陷邕州又破沿江九州圍廣州嶺外騷動楊畋等安撫經制蠻事師久無功又命孫沔余靖爲安撫使討賊仁宗猶以爲憂青上表請行翌日入對自言臣起行伍非戰伐無以報國願得蕃落騎數百益以禁兵羈賊首致闕下帝壯其言遂除宣徽南院使宣撫荆湖南北路經制廣南盜賊事置酒垂拱殿以遣之時智高還據邕州青合孫沔余靖兵次賓州先是蔣偕張忠皆輕敵敗死軍聲大沮青戒諸將毋妄與賊鬬聽吾所爲廣西鈐轄陳曙乘青未至輒以步卒八千犯賊潰于崑崙關殿直袁用等皆遁青曰令之不齊兵所以敗晨會諸將堂上揖曙起幷召用等三十人按以敗亡狀驅出軍門斬之沔靖相顧愕眙諸將股栗已而頓甲令軍中休十日覘者還以爲軍未卽進青明日乃整軍騎一晝夜絕崑崙關出歸仁鋪爲陣賊既失險悉出逆戰前鋒孫節搏賊死山下賊氣銳甚沔等懼失色青執白旗麾騎兵縱左右翼出賊不意大敗之追奔五十里斬首數千級其黨黃師宓儂建中智中及僞官屬死者五十七人生擒賊五百餘人智高夜縱火燒城遁去遲明青按兵入城獲金帛鉅萬雜畜數千招復老壯七千二百常爲賊所俘脅者慰遣之梟黃師宓等邕州城下斂屍築京觀於城北隅時賊屍有衣金龍衣者衆謂智高已死欲以上聞青曰安知非詐耶寧失智高不敢誣朝廷以貪功也初青之至邕也會瘴霧昏塞或謂賊毒水上流士飲者多死青殊憂之一夕有泉湧砦下汲之甘衆遂以濟復爲樞密副使遷護國軍節度使河中尹還至京師帝嘉其功拜樞密使賜第敦教坊優進諸子官秩初青既行帝每憂之曰青有威名賊當畏其來左右使令非青親信者不可雖飲食臥起皆宜防竊發乃馳使戒之及聞青已破賊顧宰相曰速議賞緩則不足以勸矣始交阯願出兵助討智高余靖言其可信具萬人糧于邕欽待之詔以緡錢三萬賜交阯爲兵費許賊平厚賞之青既至檄余靖無通使假兵卽上奏曰李德政聲言將步兵五萬騎一千赴援非其情實且假兵於外以除內寇非我利也以一智高而橫蹂二廣力不能討乃假兵蠻夷蠻夷貪得忘義因而啟亂何以禦之請罷交阯助兵從之賊平人服其有遠略青在樞密四年每出士卒輒指目以相矜誇又言者以青家狗生角且數有光怪請出青於外以保全之不報嘉祐中京師大水青避水徙家相國寺行止殿上人情頗疑趣罷青爲同中書門下平章事出判陳州明年二月疽發髭卒帝發哀贈中書令謚武襄青爲人愼密寡言其計事必審中機會而後發行師先正部伍明賞罰與士同饑寒勞苦雖敵猝犯之無一士敢後先者故其出常有功尤喜推功與將佐始與孫沔破賊謀一出青賊既平經制餘事悉以諉沔退若不用意者沔始歎其勇既而服其爲人自以爲不如也尹洙以貶死青悉力賙其家事子諮詠並爲閤門使詠數有戰功熙寧元年神宗考次近世將帥以青起行伍而名動夷夏深沈有智略能以畏愼保全終始慨然思之命取青畫像入禁中御製祭文遣使賚中牢祠其家

張玉字寶臣保定人以六班散直隸狄青麾下築青澗招安砦遇夏兵三萬有馳鐵騎挑戰者玉單持鐵簡出鬬取其首及馬軍中因號曰張鐵簡以狀聞仁宗曰眞勇將也以爲本路同巡檢從征儂智高抵歸仁驛賊列三銳陳以逆官軍軍小卻玉率右廂突騎橫貫賊壘賊大潰帝召見使作銳陳於殿廷下觀破賊之勢擢爲廣西鈐轄徙大名進龍神四廂都指揮使爲副都總管諒祚攻大順城玉以兵三千夜擊之驚潰而去累遷昭州防禦使徙涇原熙寧中慶州卒叛玉襲逐于石門卒窮蹙請降玉斬二百人坐奪職降爲陵州團練使居數月復之王韶開熙河玉遷宣州觀察使爲副都總管河北置三十七將以玉爲第一將入爲馬步軍都虞候卒贈建雄留後

孫節開封人少隸軍籍以才勇補右侍禁與狄青同在延州數攻破敵砦有功累遷西京左藏庫副使及青討智高辟隸麾下至歸仁鋪節爲前鋒直前搏戰賊銳甚節麾山下俄中槍而沒特贈忠武軍節度留後封其妻爲仁壽郡君官其子二人從子三人給諸司副使奉終其喪

郭逵字仲通其先自邢徙洛康定中兄遵死於敵錄逵爲三班奉職隸陝西范仲淹麾下仲淹勉以問學延安清剛社募兵誤殺熟羌將論死逵請而免之活壯士十三人方議取靈武逵曰地遠而食不繼城大而兵不多未見其利未幾涇原任福以全軍沒人服其先見陳執中安撫京東奏爲駐泊將執中與賓佐論當今名將共推葛懷敏逵曰懷敏易與爾他日必敗朝廷事執中始怒居數日問曰君何以知葛懷敏非名將而敗事邪曰喜功徼幸徒勇無謀可禽也執中歎曰君眞知兵懷敏既覆師矣爲眞定兵馬監押保州卒叛田況遣逵往招之逵與亂者侍其臻嘗同事范仲淹馳至城下示以舊所佩紫囊臻識之卽與其黨韋貴史克順皆再拜邀逵登城既見申諭禍福衆或疑不卽下曰若降恐不免逵請以身爲質於是開城降論功加閤門祗候環慶兵馬都監遭母憂不得解官凡三請乃許慶帥杜杞臨以錢四十萬謝弗受卒喪爲涇原都監扱古渭城轉通事舍人徙河北緣邊安撫都監副吳奎使契丹値其主受尊號入覲禮使還黜爲汾州都監龐籍鎭河東俾權忻州契丹來求天池廟地籍不能決以諉逵逵訪得太平興國中故牘證爲王土檄報之契丹愧伏湖北溪蠻彭仕羲叛加帶御器械爲路鈐轄兼知澧州得蠻親信爲鄕導盡平諸隘遂破其所居桃花州仕羲棄城走衆悉降遷禮賓使徙南路鈐轄知邵州武岡蠻反逵討平之累遷容州觀察使仁宗山陵以逵掌宿衛還殿前都虞候出爲涇原路副都部署治平二年以檢校太保同簽書樞密院旋出領陝西宣撫使判渭州逵雖立軍功而驟躋政地議者不厭諫官御史交論之不聽神宗卽位遷靜難軍留後召還言者復力爭乃改宣徽南院使判鄆州至鄆七日徙鎭鄜延种諤受嵬名山降取綏州夏人遂殺楊定朝論以邊釁方起欲棄綏逵曰虜既殺王官而又棄綏不守見弱已甚且名山舉族來歸當何以處既而夏人欲以塞門安遠二砦來易朝廷許之逵曰此正商於六百里之策也非先交二砦不可與遣其屬趙禼薛昌朝與夏使議唯言砦基禼曰二砦之北舊有三十六堡且以長城嶺爲界西至王祥符所移書固在也虜使驚不能對乃寢其請初詔焚棄綏州逵匿而不下至是帝問大臣皆莫知逵始自劾向者違詔旨之罪帝手詔褒答夏人又求以亡命景詢易名山逵曰詢庸人也於事何所輕重受之則不得不還名山恐自是蕃酋無復敢向化矣逵詗得殺楊定者首領姓名諜告將斬之於境以謝罪逵曰是且梟死囚以紿我報曰必執李崇貴韓道喜來夏人言殺之矣逵命以二人狀貌物色詰問虜情得乃執獻之加檢校太尉雄武軍留後韓絳主种諤計圖橫山與逵議出兵逵曰諤狂生爾朝廷徒以家世用之必誤大事絳怒以爲沮撓奏召逵還明年慶州亂出判永興徙秦州王韶開熙河逵案其不法朝廷遣蔡確鞫之謂逵誣罔落宣徽使知潞州徙太原復宣徽使交阯李乾德陷邕管召爲安南行營經略招討使兼荆湖廣南宣撫使請鄜延河東舊吏士自隨將行宴於便殿賜中軍旗章劍甲以示寵次長沙先遣將復邕廉至廣西討拔廣源州降守將劉應紀又拔決里隘乘勝取桄榔門州大戰富良江斬僞王子洪眞乾德窮蹙奉表歸命時兵夫三十萬人冒暑涉瘴地死者過半至是與賊隔一水不得進乃班師坐貶左衞將軍西京安置屏處十年哲宗立復左屯衞大將軍致仕起知潞州進廣州觀察使知河中辭歸洛改左武衞上將軍提舉崇福宮卒輟視朝一日贈雄武軍節度使逵忼慨喜兵學神宗嘗訪八陣遺法對曰兵無常形是特奇正相生之一法爾因爲帝論其詳在延安使以教兵久不就逵擇諸校習金鼓屯營者六十四人使人敎一隊頃刻而成尤善用偏裨每至所部令人自言所能暇日閱按之故臨陣皆盡其技李復圭治慶州之敗既斬李信劉甫又欲罪鄜延都巡檢使白玉玉見逵訖以後事且泣言不得終養母逵哀之不遣申救甚力得免已而玉大捷於新砦神宗謂逵曰白玉能以功補過卿之力也每戰先招懷後戰鬬愛惜士卒不妄加誅戮其殺賊婦女

老弱者皆不賞雖坐征南無功久廢猶隱然爲一時宿將云

論曰宋至仁宗時承平百年武夫驚卒遭時致位者雖有之起健卒至政府隱然爲時名將惟青與逵兩人爾青在邊境凡二十五戰無大勝亦無大敗最後崑崙一舉頗著奇雋攷其識量亦過人遠矣逵料葛懷敏之敗如燭照龜卜一時最爲知名雖南征無功用違其長又何尤焉

宋史卷二百九十一

元中書右丞相總裁脫脫等修

列傳第五十

吳育　宋綬子敏求 從子昌言　李若谷子淑 孫壽朋 復圭

王博文　王鬷

吳育字春卿建安人也父待問與楊億同州里每造億億厚禮之門下少年多易之億曰彼他日所享非若曹可望也累官光祿卿以禮部侍郎致仕育少奇穎博學舉進士試禮部第一中甲科除大理評事遷寺丞歷知臨安諸暨襄城三縣自秦悼王葬汝後子孫從葬皆出宦官典護歲時上冢者往來呼索擾州縣育在襄城請凡官所須具成數毋容使者妄索羊豕悉出大官由是民省供費殆半宦官過者銜之或中夜叩縣門索牛駕車育拒不應異時宗子所過縱鷹犬暴民田入襄城境輒相戒約毋敢縱者舉賢良方正擢著作郎直集賢院通判蘇州還知太常禮院奏定禮文名太常新禮慶曆祀儀改右正言歷三司鹽鐵戶部二判官尋以本官供諫職元昊僭號議出兵討之羣臣曰元昊小醜也旋卽誅滅矣育獨建言元昊雖稱蕃臣其尺賦斗租不入縣官且服叛不常請置之示不足責且已僭輿服勢必不能自削宜援國初江南故事稍易其名可以順拊而收之不報復上言宜先以文誥告諭之尚不賓姑嚴守禦不足同中國叛臣亟加征討且征討者貴在神速守禦者利於持重羌人剽悍多詐出沒不時我師乘銳見小利小勝必貪功輕進往往墮賊計中第嚴約束明烽候堅壁淸野以挫其鋒時方銳意討之旣而諸將多覆軍者久之無功卒封元昊爲夏國主如育所議育又上言天下久安務因循而厭生事政令紀綱邊防機要置不復脩一有邊警則倉皇莫知所爲迨稍安靜則又無敢輒言者若政令脩紀綱肅財用富恩信洽賞罰明將帥練習士卒精銳則四夷望風自無他志若一不備則乘間而起矣又曰漢通西域諸國斷匈奴右臂諸戎內附雖有桀黠不敢獨叛唐太宗嘗賜回鶻可汗幷其相手書納其貢奉厚以金帛眞宗命潘羅支攻殺李繼遷而德明迺降元昊第見朝廷比年與西域諸戎不通朝貢乃得以利啗隣境固其巢穴無肘腋之患跳梁猖獗彼得以肆而不顧矣請募士諭嗢厮囉及他蕃部離散其黨與使併力以攻而均其恩賜此伐謀之要也因錄上眞宗時通西域諸蕃事迹除同修起居注遂知制誥進翰林學士累遷禮部郎中契丹與元昊搆兵元昊求納欵契丹使來請勿納元昊朝廷未知所答育因上疏曰契丹受恩爲日已久不可納一叛羌失繼世兄弟之懽今二蕃自鬬鬬久不解可觀形勢乘機立功萬一過計亟納元昊臣恐契丹窺兵趙魏朝廷不得元昊毫髮之助而太行東西且有煙塵之警矣宜使人諭元昊曰契丹汝世姻一旦自絕力屈而歸我我所疑也若無他者當順契丹如故然後許汝歸欵告契丹曰已詔元昊如能投謝轅門卽聽內附若猶堅拒當爲討之如此則彼皆不能歸罪我矣於是召兩制出契丹書令兩制同上對不易育議尋知開封府居數日發大奸吏一人流嶺外又得巨盜積贓萬九千緡獄具而輒再變帝遣他吏按之卒伏法時歲饑多盜育嚴賞功之法嘗得盜而未賞者一切賞之以明不欺慶曆五年拜右諫議大夫樞密副使居數月改參知政事山東盜起帝遣中使按視還奏盜不足慮兗州杜衍鄆州富弼山東人尊愛之此可憂也帝欲徙二人於淮南育曰盜誠無足慮者小人乘時以傾大臣禍幾不可禦矣事遂寢章獻章懿太后升祔眞宗廟議者請覃恩且優賜軍士育曰無事而啟僥倖誰爲陛下建此議者請治之已而外人多惎執政者帝以語輔臣育曰此必建議者欲動搖上聽臣以身許國何憚此耶向綬知永靜軍爲不法疑通判江中立發其陰事因構獄以危法中之中立自經死綬宰相子大臣有營助欲傅輕法育曰不殺綬無以示天下卒減死一等流南方御史唐詢請罷制科帝刊其名付中書育奏疏駁議帝因諭輔臣曰彼上言者乞從內批行下今乃知欺罔也育曰非睿聽昭察則挾邪蠹國靡所不爲願出姓名按劾以明國法育在政府遇事敢言與宰相賈昌朝數爭議上前左右皆失色育論辨不已乃請曰臣所辨者職也顧力不勝願罷臣職乃復以爲樞密副使明年大旱御史中丞高若訥曰大臣喧爭爲不肅故雨不時若遂罷昌朝而育歸給事中班未幾出知許州徙蔡州設伍保法以檢制盜賊時京師有告妖人千數聚確山者詔遣中使往招捕者十人至則以巡檢兵往索之育曰使者欲得妖人還報邪曰然曰育在此雖不敏聚千人境內毋容不知此特鄉民用浮圖法相聚以利財錢爾一弓手召之可致也今以兵往人相驚疑請留毋往中使以爲然頃之召十人者至械送闕下皆無罪釋之而告者伏辜尋以資政殿學士知河南府徙陝州上書論詔獄曰先王凝旒黈纊不欲聞見人之過失也設有罪卽屬之有司楊儀嘗爲三司判官近自御史臺移劾都亭驛械縛過市人人不測爲何等大獄及聞案具乃止請求常事使道路衆口紛紛竊議朝廷之士人人皆自危豈養廉恥示敦厚之道哉遷禮部侍郎知永興軍召兼翰林侍讀學士以疾辭且請便郡帝語大臣曰吳育剛正可用第嫉惡太過耳因命知汝州遣內侍賜以禁中良藥會疾不已又請居散地以集賢院學士判西京留司御史臺舊不領民事時張堯佐知河陽民訟久不決多詣育訴育爲辨曲直判書狀尾堯佐畏懼奉行復爲資政殿學士兼翰林侍讀學士知陝州進資政殿大學士召還判尚書都省一日侍讀禁中帝因語及臣下毀譽多出愛憎卿所當愼也育曰知而形之言不若察而行之事聖主之行如日月之明進一人使人皆知其善出一人使人皆曉其惡則陰邪不能構害公正可以自立百王之要道也帝數欲大用爲諫官劉元瑜誣奏育在河南嘗貸民出息錢久之除宣徽南院使鄜延路經略安撫使判延州夏人旣稱臣而並邊種落數侵耕爲患龐籍守幷州欲築堡備之育謂要契未明而亟城則羌人必爭爭而受患者必麟府也移文河東又遺籍手書及疏於朝不報旣而夏人果犯河外陷驍將郭恩而太原將佐皆得罪去疾復作辭不任邊事求解宣徽使復以爲資政殿大學士尚書左丞知河中府徙河南病革視事如平日因閱囚辨非罪寘舞文吏二人已而卒年五十五贈吏部尚書諡正肅育性明果所至作條教簡疎易行而不可犯遇事不妄發發卽人不能撓辨論明白使人聽之不疑初尹開封范仲淹在政府因事與仲淹忤旣而仲淹安撫河東有奏請多爲任事者所沮育取可行者固行之其在二府待問以列卿奉朝請育不自安請罷去不聽及出帥永興時待問尚亡恙肩輿迎侍時人榮之晚年在西臺與宋庠相唱酬追裴白遺事至數百篇體素羸少時力學得心疾後得古方和丹砂餌之大醉一夕而愈後數發每發數十日乃已有集五十卷弟充爲宰相自有傳

宋綬字公垂趙州平棘人父皐尚書度支員外郎直集賢院綬幼聰警額有奇骨爲外祖楊徽之所器愛徽之無子家藏書悉與綬綬母亦知書每躬自訓教以故博通經史百家文章爲一時所尚初徽之卒遺奏補太常寺太祝年十五召試中書眞宗愛其文遷大理評事聽於祕閣讀書大中祥符元年復試學士院爲集賢校理與父皐同職後賜同進士出身遷大理寺丞及祀汾陰召赴行在與錢易陳越劉筠集所過地志風物故實每舍止卽以奏將祠亳州太淸宮以簽書亳州判官事又爲左正言同判太常禮院久之判三司憑由司建言比歲下赦令釋逋負後期未報者六十八州請於諸路選官考覈期半月以聞於是脫械繫三千二百人蠲積負數百萬擢知制誥判吏部流內銓兼史館修撰玉淸昭應宮判官累遷戶部郎中權直學士院同修眞宗實錄進左司郎中遂爲翰林學士兼侍讀學士勾當三班院始詔讀唐史固求解三班以顓進講同修國史遷中書舍人昭應宮災罷二學士踰年復翰林學士史成遷尚書工部侍郎兼侍讀學士時太后猶稱制五日一御承明殿垂簾決事而仁宗未嘗獨對羣臣也綬奏言唐先天中睿宗爲太上皇五日一受朝處分軍國重務除三品以下官決徒刑宜約先天制度令羣臣對前殿非軍國大事除拜皆前殿取旨書上忤太后意改龍圖閣學士出知應天府太后崩帝思綬言召還將大用而宰相張士遜沮止之復加翰林侍讀學士詔定章獻明肅章懿太后祔廟禮綬援春秋考仲子之宮唐坤儀廟故事請別築宮曰奉慈廟以安神主事多采用始置端明殿學士以命綬綬固辭又言帝王御天下在總攬威柄而一紀以來令出簾帷自陛下躬親萬務內外延首思見聖政宜懲違革弊以新百姓之耳目而賞罰號令未能有過於前日豈非三事大臣不能推心悉力以輔陛下之治耶頃太后朝多各除拜而邪幸或徑取升擢議者謂恩出太后今恩賞雖行又謂自大臣出非大臣朋黨罔上何以得此朋黨之爲朝廷患古今同之或竊測帝旨密令陳奏或附會己意以進退人大官市恩以招權小人趨利以售進此風寖長有蠹邦政太宗嘗曰國無外憂必有內患外憂不過邊事皆可預防奸邪共濟爲內患深可懼也眞宗亦曰唐朋黨尤盛王室遂卑願陛下思祖宗之訓念王業艱難整齊綱紀正在今日張士

遜罷乃拜綬參知政事初有詔罷修寺觀而章惠太后以舊宅爲道觀諫官御史言之帝曰此太后奩中物也諫官御史欲邀名邪綬進曰彼豈知太后所爲哉第見興土木爲違近詔卽論奏之且事有疑似彼猶指爲過或陛下有大闕失近臣雖不言然傳聞四方爲聖政之累何可忽也太祖常謂唐太宗爲諫官所詆不以爲愧何若動無過舉使無得而言哉郭皇后廢帝命綬作詔云當求德閥以稱坤儀既而左右引富人陳氏女入宮綬曰陛下乃欲以賤者正位中宮不亦與前日詔語戾乎後數日王曾入對又論奏之帝曰宋綬亦如此言時大臣繼有論者卒罷之帝春秋富天下久無事綬慮宴樂有漸乃言人心逸於久安而患害生於所忽故立防於無事銷變於未萌事至而應不亦殆歟臣願飭勵羣司不以承平自怠又上馭下之道有三臨事尚乎守當機貴乎斷兆謀先乎密能守則奸不能移能斷則邪不能惑能密則事不能撓願陛下念之至若深居燕閒聲味以調六氣節宣以順四時保養聖躬宗社之休也再遷吏部侍郎時宰相呂夷簡王曾論議數不同綬多是夷簡而參知政事蔡齊間有所異政事繇此依違不決於是四人者皆罷綬以尚書左丞資政殿學士留侍講筵權判尚書都省歲餘加資政殿大學士以禮部尚書知河南府元昊反劉平石元孫敗沒帝以手詔賜大臣居外者詢攻守之策綬畫十事以獻復召知樞密院事遷兵部尚書參知政事時綬母尚在綬既得疾不視事猶起居自力區處後事尋卒贈司徒兼侍中謚宣獻綬性孝謹清介言動有常爲兒童時手不執錢家藏書萬餘卷親自校讎博通經史百家其筆札尤精妙朝廷大議論多綬所財定楊億稱其文沈壯淳麗曰吾殆不及也及卒帝多取其書字藏禁中初郊祀綬攝太僕卿帝問儀物典故占對辨洽因上所撰鹵簿圖十卷子敏求

敏求字次道賜進士及第爲館閣校勘預蘇舜欽進奏院會出簽書集慶軍判官王堯臣修唐書以敏求習唐事奏爲編修官持祖母喪詔令居家修書卒喪同知太常禮院石中立薨子繼死無他子其孫祖仁疑所服下禮官議敏求謂宜爲服三年當解官斬衰同僚援据不一判寺宋祁是其議遂定爲令加集賢校理從宋庠辟通判西京爲羣牧度支判官墜馬傷足出知亳州治平中召爲仁宗實錄檢討官同修起居注知制誥判太常寺英宗在殯有言宗室服疎者可嫁娶敏求以爲大行未發引不可踰年又有言者敏求言宗室義服服降而練可嫁娶矣坐前後議異貶秩知絳州王珪范鎭乞留之使成實錄神宗曰典禮國之所重而誤謬如是安得無責然敏求議初不誤會公亮惡禮院劉瑾附敏求爲說故因是去之是歲卽詔還徐國公主以夫兄爲姪奏官敏求疏其亂天倫執正之王安石惡呂公著誣其言韓琦欲因人心如趙鞅興晉陽之甲以逐君側之惡出知潁州敏求當草制安石諭旨使明著罪狀敏求但言敷陳失實安石怒白於帝命陳升之改其語敏求請解職未聽會李定自秀州判官除御史敏求封還詞頭遂以本官右諫議大夫奉朝請策試賢良方正孔文仲對語切直擢寘優等安石愈怒罷文仲人爲敏求懼帝獨全護之除史館修撰集賢院學士鄧潤甫爲帝言比羣臣多尚告訐非國家之美宜登用敦厚之士以變薄俗乃加敏求龍圖閣直學士命修兩朝正史掌均國公牋奏元豐二年卒年六十一特贈禮部侍郎敏求家藏書三萬卷皆略誦習熟於朝廷典故士大夫疑議必就正焉補唐武宗以下六世實錄百四十八卷他所著書甚多學者多咨之嘗建言河北陝西河東舉子性朴茂而辭藻不工故登第者少請令轉運使擇薦有行藝材武者特官之使人材參用而士有可進之路又州郡有學舍而無學官故士輕去鄉里以求師請置學官後頗施行之族弟昌言

昌言字仲謨以蔭爲澤州司理參軍州有殺人獄昌言疑其冤堅請迹捕果得眞犯者稍遷河陰發運判官自濟源之官見道上棄屍若剮剝狀者甚衆竊歎郡縣之不治既至河陰得凶盜六輩殺人而鬻之如是十餘年掩其家猶得執縛未殺者七人縣吏與市井少年共爲胠橐昌言窮治其淵藪皆法外行之而流其家人擢都水監丞熙寧初河決棗彊而北昌言建議欲於二股河口西岸新灘立土約障水使之東流候稍深卽斷北流縱出葫蘆下流以除恩冀深瀛水患詔從之提舉河渠王亞以爲不可成不如修生隄朝廷遣翰林學士司馬光往視如昌言策不兩月決口塞光奏昌言獨有功若與同列均受賞恐不足以勸詔理提點刑獄資序遷開封府推官同判都水監汴水漲昌言請塞訾家口已而汴流絕監丞侯叔獻唱爲昌言罪昌言懼求知陝州歷濮冀二州河決曹村召判都水監往護河堤靈平埽成轉少府監卒贈絹二百匹

李若谷字子淵徐州豐人少孤游學依姻家趙況於洛下遂葬父母緱氏舉進士補長社縣尉州葺兵營課民輸木檄尉受之而吏以不中程多退斥欲苛苦輸者因以取賕若谷度材別其長短大小爲程置庭中使民自輸改大理寺丞知宜興縣官市湖洑茶歲約戶稅爲多少率取足貧下若谷始置籍備勾檢茶惡者舊没官若谷使歸之民許轉貿以償其數知連州眞宗將朝謁太清宮選通判亳州累遷度支員外郎權三司戶部判官出爲京東轉運使會河決白馬調取芻揵同列盧士倫協三司意趣刻擾州縣而若谷寬之士倫不悅構於朝徙知陝州盜聚青灰山久不散遣牙吏持榜招諭之盜殺其黨與自歸改梓州天聖初判三司戶部勾院使契丹陛辭不俟垂簾請對廼遽詣長春殿奏事罷知荊南士族元甲恃蔭屢犯法若谷杖之曰吾代若父兄訓之爾王蒙正爲駐泊都監挾太后姻橫肆若谷繩以法監司右蒙正奏徙若谷潭州洞庭賊數邀商人船殺人輒投屍水中嘗捕獲以屍無驗每貸死隸他州既而逃歸復攻刼若谷擒致之磔於市自是寇稍息累遷太常少卿集賢殿修撰知滑州河齧韓村堤夜馳往督兵爲大埽至旦堤完以右諫議大夫知延州州有東西兩城夾河秋夏水溢岸輒圮役費不可勝紀若谷乃制石版爲岸押以巨木後雖暴水不復壞官倉依山而貯穀少若谷使作露囷囷可貯二萬斛他郡多取法焉遷給事中知壽州豪右多分占芍陂陂皆美田夏雨溢壞田輒盜決若谷擿冒占田者逐之每決輒調瀕陂諸豪使塞堤盜決乃止加集賢院學士知江寧府卒挽舟過境寒瘠甚者留養視之須春溫遣去民匄於道者以分隸諸僧寺助給春糓還勾當三班院進龍圖閣直學士知河南府貴人多葬洛陽敕使須索煩擾若谷奏令鴻臚預約所調移府逆爲營辦改樞密直學士知幷州民貧失婚姻者若谷出私錢助其嫁娶贅婿亡賴委妻去爲立期不還許更嫁幷多降人喜盜竊籍累犯者以三人爲保有犯幷坐之悛者削去籍名進尚書工部侍郎龍圖閣直學士知開封府拜參知政事建言風俗媮惡在上之人作而新之君子小人各有其類今一目以朋黨恐正人無以自立矣帝悟爲下詔諭中外以耳疾累上章辭位罷爲資政殿大學士吏部侍郎提舉會靈觀事以太子少傅致仕卒年八十贈太子太傅謚康靖若谷性資端重在政府論議常近寬厚治民多智慮愷悌愛人其去多見思少時與韓億爲友及貴顯婚姻不絶焉子淑

淑字獻臣年十二眞宗幸亳獻文行在所眞宗奇之命賦詩賜童子出身試秘書省校書郎寇準薦之授校書郎館閣校勘乾興初遷大理評事修眞宗實錄爲檢討官書成改光祿寺丞集賢校理爲國史院編修官召試賜進士及第改秘書郎進太常丞直集賢院同判太常寺擢史館修撰再遷尚書禮部員外郎上時政十議改知制誥勾當三班院爲翰林學士進吏部員外郎會若谷參知政事改侍讀學士加端明殿學士若谷罷進本曹郎中典豫王府章奏以右諫議大夫知許州歲饑取民所食五種上之帝惻然爲蠲其賦權知開封府復爲翰林學士中書舍人言者指其在開封多褻近吏人改給事中知鄭州徙河陽轉尚書禮部侍郎復爲翰林學士罷端明殿學士判流內銓復加端明殿學士初在鄭州作周陵詩國子博士陳求古以私隙訟其譏訕朝廷除龍圖閣學士出知應天府累表論辨不報乃請侍養明年復端明侍讀二學士判太常寺父喪免官終喪起復再爲翰林學士諫官包拯吳奎等言淑性姦邪又嘗請侍養父而不及其母罷翰林學士以端明龍圖閣學士奉朝請丁母憂服除爲端明侍讀二學士遷戶部侍郎復爲翰林學士而御史中丞張昇等又論奏之不拜除兼龍圖閣學士由是壹鬱不得志出知河中府暴感風眩卒贈尚書右丞淑警慧過人博習諸書詳練朝廷典故凡有沿革帝多諮訪制作詔命爲時所稱其他文多裁取古語務爲奇險時人不許也初宋郊有學行淑恐其先用因密言曰宋國姓而郊者交非善應也又宋祁作張貴妃制故事妃當冊命祁疑進告身非是以淑明典故問之淑心知其誤謂祁曰君第進何疑邪祁遂得罪去其傾側險陂類此嘗修國朝會要三朝訓鑒圖閤門儀制康定行軍賞罰格又獻繫訓三篇所著別集百餘卷子壽朋復圭

壽朋字延老慶曆初與弟復圭同試學士院賜進士出身判吏部南曹使行諸陵奏言昭憲皇后誕育二聖爲國文母獨以合葬安陵不及時祭請更其禮從之遷羣牧判官擊斷敏甚皇城卒邏其縱遊無度出知汝州盡推職田之入歸前守楊畋畋死又經理其家以饑歲營州廨勞民降爲荊門軍歷開封府推官戶部判官知鳳翔府滄州滄地震壞城郭帑庾壽朋以席爲屋督吏宋緒葺未數月復其舊括蕪田三萬頃縱民耕擇其壯者使習兵河方北涌議塞之故道陿壽朋度必東潰諭居人徙避後三縣四鎭果墊焉司馬光出使薦其能加直史館入直舍人院同修起居注進戶部鹽鐵副使性踈儁任俠奉祠西太一宮飲酒食肉如常時暴得疾卒詔

中使撫其孥，賜白金三百兩。

復圭字審言通判澶州北使道澶民主驛率困償豪杜氏十八家詭言唐相如晦後每賦吏脫免復圭控籍役之知滑州兵匠相忿鬬揮所執鐵椎椎殺爭者於聽事立斬之徙知相州自太宗時聚夏人降者五指揮號聽子馬子弟相承百年無他役復圭斥不如格者選能騎射士補之爲度支判官知涇州始時二稅之入三司移折已重轉運使又覆折之復圭爲奏免民立生祠歷湖北兩浙淮南河東陝西成都六轉運使浙民以給衞前役多破產復圭悉罷遣歸農令出錢助長召人承募民便之瀕海人賴蛤沙地以生豪家量受稅於官而占爲己有復圭奏蠲其稅分以予民熙寧初進直龍圖閣知慶州夏人築壘於其境不犯漢地復圭貪邊功遣大將李信帥兵三千授信以陳圖使自荔原堡夜出襲擊敗還復圭斬信自解又欲澡前恥遣別將破其金湯白豹西和市斬首數千級後七日秉常舉國入寇御史謝景溫劾復圭擅興致士卒死傷邊民流離謫保靜軍節度副使歲餘知光化軍張商英言夏人謀犯塞之日久矣與破金湯適相值非復圭生事乃召判吏部流內銓知曹蔡滄州還爲鹽鐵副使以集賢殿修撰知荊南卒復圭臨事敏決稱健吏與人交不以利害避然輕率躁急無威重喜以語侵人獨爲王安石所知故既廢卽起

王博文字仲明曹州濟陰人祖諫給事太宗藩邸爲西京作坊副使博文年十六善屬文舉進士開封府以回文詩百篇爲公卷人謂之王回文淳化三年太宗親試進士以年少罷歸後諫卒官廬州州守劉蒙叟爲言召試舍人院爲安豐主簿歷南豐尉有能名調南劍州軍事推官改大理寺丞監荊南榷貨務遷殿中丞陳堯咨薦之試中書賜進士第擢知濠州歷眞州眞宗幸亳權江淮制置司事改監察御史梓州路轉運使以疾請出知海州徙密州負海有鹽場歲饑民多盜鬻吏捕之輒抵死博文請弛鹽禁候歲豐乃復從之除殿中侍御史天禧中朱能王先在長安僞爲乾祐天書事覺能旣敗死先與其徒就禽詔博文乘驛按劾博文唯治首惡脅從者七人得以減論還爲開封府判官丁母憂始博文幼喪父其母張氏改適韓氏及博文在朝謂子無絕母禮請得以恩封之母死又謂古之爲父後者不爲出母服以廢宗廟之祭也今喪者皆祭無害於行服乃請解官持服然議者以喪而祭爲非禮服除爲三司戶部判官出爲河北轉運使遷侍御史陝西轉運使屬羌撤遞渴以族落數千帳叛既又寇原州柳泉鎭環州鵓鴿泉砦梧州刺史杜澄內殿崇班趙世隆戰沒博文劾奏內侍都知周文質押班王懷信爲涇原環慶兩路鈐轄提重兵駐大拔砦玩寇逗留耗用邊費請用曹瑋田敏代既而文質懷信坐法遂以瑋知永興軍使節制邊事會瑋病不行又用敏爲涇原路總管寇遂平遷尚書兵部員外郎爲三司戶部副使再遷戶部郎中龍圖閣待制判吏部流內銓權發遣三司使事與監察御史崔暨內侍羅崇勳同鞫眞定府曹汭獄及還權知開封府進龍圖閣直學士知秦州爲走馬承受賈德昌所毀徙鳳翔府又徙永興軍明年德昌以贓敗改樞密直學士復知秦州初沿邊軍民之逃者必爲熟戶畜牧又或以遺遠羌易羊馬故常沒者數百人其禽生羌則以錦袍銀帶茶絹賞之間有自歸而中道爲夏人所得亦不能辨坐法皆斬博文乃遣習知邊事者密持信紙往招至則悉貸其罪由是歲減殊死甚衆朝廷下其法旁路又言河西回鶻多緣互市家秦隴間請悉遣出境戒守臣使譏察之再遷右諫議大夫以龍圖閣學士復知開封府都城豪右邸舍侵通衢博文製表木按籍命左右判官分撤之月餘畢出知大名府遷給事中召權三司使遂同知樞密院事踰月而卒帝臨奠贈尚書吏部侍郎博文以吏事進多任劇繁爲政務平恕常語諸子曰吾平生決罪至流刑未嘗不陰擇善水土處汝曹志之然治曹汭獄議者多謂博文希太后旨縱崇勳傅致其罪子疇

疇字景彝以父蔭補將作監主簿中進士第累遷太常博士翰林學士宋祁提舉諸司庫務薦疇勾當公事時有宦官同提舉者疇辭於中書曰翰林先進疇恐不得事也然以朝士大夫而爲閹人指使則疇實恥之用賈昌朝薦改編修唐書仁宗獵近郊疇引十事以諫皇祐中手詔禁貴戚近習私謁者疇獻聖政惟公頌召試直祕閣爲開封府推官宦者李允良訴其叔父死疑爲仇家所毒請發棺驗視衆欲許之疇獨不可曰苟無實是無故而暴屍且安知非允良有姦窮治果與其叔父家有怨歷三司度支判官修起居注知制誥權判吏部流內銓以右諫議大夫權御史中丞時陳升之拜樞密副使諫官御史唐介等奏彈升之不當大用朝廷持不行介等爭數月不已迺兩罷之而論者謂介等爲衆人遊談所誤疇疏言浮華險薄之徒往來諫官御史家揣摭人罪寖以成俗請出詔戒勵從之遷給事中英宗既卽位感疾皇太后垂簾聽政其後帝疾平猶未御正殿疇上疏請御朝聽政及永昭陵復上祭仁宗虞主於集英殿以宗正卿攝事疇奏曰人子之葬其親送形而往迎神而返故虞祭所以安神也位尊者禮重禮重者祭多故天子之虞數至於九今山陵嗣君不得親往則道路五虞理可命宗正攝事若神主既至則四虞之祭雖或聖躬未寧亦宜勉強況陛下在藩邸以好古知禮仁孝聰明聞於中外此先帝所以託天下也臣願始終令德以全美名帝既視朝前後殿而於聽事猶持謙抑疇復上疏曰廟社擁祐陛下起居安平臨朝以時僅踰半載而未聞開發聽斷德音過塞人情缺然伏望思太祖太宗艱難取天下之勞眞宗仁宗憂勤守太平之力勉於聽決大政以慰母后之慈勿爲疑貳謙抑自使盛德闇然不光未幾又上疏曰董仲舒爲武帝言天人之際曰事在勉彊而已勉彊學問則聞見廣而智益明勉彊行道則德日起而大有功陛下起自列邸光有天命然而祖宗基業之重天人顧享之際所以操心治身正家保國者尤在於勉彊力行也陛下昔在宗藩已能務德好學語言舉動未嘗越禮是天性有聖賢之質自疾平以來於茲半歲而臨朝高拱無所可否羣臣關白軍國之政者日益至其請人主財決者日益多然猶聖心盤桓無所是非者何也得非以初繼大統或慮未究朝廷之事故謙抑而未皇耶或者聖躬尚未寧而不欲自煩耶抑有所畏忌而不言耶苟爲謙抑而未皇則國家萬務日曠月廢其勢將趨於禍亂無疑也若聖躬未能寧則天下之名醫良工日可召於前而方技不試藥石不進養疾於身坐俟歲月非求全之道也苟有所畏忌而不言則又過計之甚也今中外之事無可疑畏臣嘗爲陛下力言之矣陛下何不坦心布誠廓開大明以照天下外則與執政大臣講求治體內則於母后請所未至延禮賢俊諮訪忠直廣所未見達所未聞若陛下朝行之則衆心夕安矣況陛下向居藩邸日夕於側者惟一二講學之師與左右給使之人耳修身行己德業日新而知者無幾則是爲善多而得名常少也然而終能德成行尊美名遠聞此先帝之所以屬心也今處億兆之上有一言動則天下知之簡冊書之比之於昔是善行易顯而美名易成也然而尚莫之聞者是不爲爾非不能也有始有終者賢聖之能事在陛下勉彊而已疇又上疏欲車駕行幸以安人心時大臣亦有請帝乃出禱雨都人瞻望驩呼數日皇太后還政疇又上疏請詔二府大臣講求所以尊崇母后之禮若朝廷嚴奉之體與歲時朔望之儀車服承衞之等威百司共擬之制度他時尊稱之美號外家延賞之恩典凡可以稱奉親之意者皆宜優異章大以發揚母后之功烈則孝德昭於天下矣時詔近臣議仁宗配祭故事冬夏至祀昊天上帝皇地祇以太祖配正月上辛祈穀孟夏雩祀孟冬祀神州地祇以太宗配正月上辛祀感生帝以宣祖配季秋大饗明堂祀昊天上帝以眞宗配而學士王珪等與禮官上議以謂季秋大饗宜以仁宗配爲嚴父之道知制誥錢公輔獨謂仁宗不當配祭疇以謂珪等議遺眞宗不得配公輔議遺宣祖眞宗仁宗俱不得配於禮意未安乃獻議曰請依王珪等議奉仁宗配饗明堂以符大易配考之說孝經嚴父之禮奉遷眞宗配孟夏雩祀以倣唐貞觀顯慶故事太宗依舊配正月上辛祈穀孟冬祀神州祇餘依本朝故事如此則列聖並侑對越昊穹厚澤流光聖裕萬祀必如公輔之議則陷四聖爲失禮導陛下爲不孝違經戾古莫此爲甚因此公輔不悅而朝廷以疇論事有補帝與執政大臣皆器異之遷翰林學士尙書禮部侍郎同提舉諸司庫務數月拜樞密副使於是公輔言疇望輕資淺在臺素餐不可大用又頗薦引近臣可爲輔弼者公輔坐貶疇在位五十五日卒帝甚悼惜之臨哭賜白金三千兩贈兵部尚書諡忠簡疇名臣子性介特勵風操喜言朝廷事好治容服坐立嶷然言必文未嘗慢戲吏治審密文辭嚴麗其執政未久終於位及所享壽類其父云

王鬷字總之趙州臨城人七歲喪父哀毀過人既長狀貌奇偉舉進士授婺州觀察推官代還眞宗見而異之特遷秘書省著作佐郎知祁縣通判湖州再遷太常博士提點梓州路刑獄權三司戶部判官使契丹還判都磨勘司以尙書度支員外郞兼侍御史知雜事上言方調兵塞決河而近郡災歉民力彫敝請罷土木之不急者三司節度副使樞密使曹利用得罪鬷以同里爲利用所逮黜知湖州徙蘇州還爲三司鹽鐵副使時龍圖閣學士馬季良方用事建言京師賈人常以賤價居茶鹽交引請官置務收市之季良挾章獻姻家衆莫敢迕其意鬷獨不可曰與民競利豈國體耶擢天章閣待制判大理寺提舉在京諸司庫務安撫淮南權判吏部流內銓累遷刑部益利路旱饑爲安撫使以左司郎中樞密直學士知益州戍卒有夜焚營殺馬脅軍校爲亂者鬷潛兵環營下令曰不亂者斂手出門無所問於是衆皆出命軍校指亂者得十餘人卽戮之及旦人莫知也

其爲政有大體不爲苛察蜀人愛之拜右諫議大夫同知樞密院事景祐五年參知政事明年遷尚書工部侍郎知樞密院事天聖中鬷嘗使河北過眞定見曹瑋瑋謂曰君異日當柄用願留意邊防鬷曰何以教之瑋曰吾聞趙德明嘗使人以馬榷易漢物不如意欲殺之少子元昊方十餘歲諫曰我戎人本從事鞍馬而以資鄰國易不急之物已非策又從而斬之失衆心矣德明從之吾嘗使人覘元昊狀貌異常他日必爲邊患鬷殊未以爲然也比再入樞密元昊反帝數問邊事鬷不能對及西征失利議刺鄉兵又久未決帝怒鬷與陳執中張觀同日罷鬷出知河南府始歎瑋之明識未幾得暴疾卒贈戶部尚書謚忠穆鬷少時館禮部尚書王化基之門樞密副使宋湜見而以女妻之宋氏親族或侮易之化基曰後三十年鬷富貴矣果如所言

論曰吳育剛毅不撓而設施無聞其才不逮志者與宋綬博洽明敏若谷務長厚博文習吏事當仁宗時先後與政僅能恭愼寡過保有祿位施及後嗣敏求淑俱練達典故傳以文采而淑以傾險敗德視嚋之介特數建忠謀則賢不肖之相去遠矣王鬷不留意曹瑋之言卒以昧於邊事見黜宜哉

宋史卷二百九十二

元中書右丞相總裁脫脫等修

列傳第五十一

李諮　程戡　夏侯嶠　盛度

丁度　張觀　鄭戩　明鎬

王堯臣　孫抃　田況

李諮字仲詢唐趙國公峘之後峘貶死袁州因家新喻遂爲新喻人諮幼有至性父文捷出其母諮日夜號泣食飲不入口父憐之而還其母遂以孝聞舉進士眞宗顧左右曰是能安其親者擢第三人除大理評事通判舒州召試中書爲太子中允直集賢院歷三司開封府判官再遷左正言出爲淮南轉運副使帝幸亳以勞遷尚書禮部員外郎會江南饑徙江東轉運副使爲度支判官擢知制誥寇準數改諮所擬制辭諮不樂以父留鄉里請外遂出知荊南會翰林學士闕宰相擬他官帝曰不如李諮遂爲學士仁宗卽位超遷本曹郎中權知開封府數月權三司使拜右諫議大夫嘗奏事兩宮曰天下賦調有定今西北寢兵且二十年而邊餽如故戍兵雖未可減其末作浮費非本務者宜一切裁損以厚下卽詔諮與御史中丞劉筠等同議冗費以景德較天禧計所減得十二之上時陝西緣邊數言軍食不給度支都內錢不足支月奉章獻太后憂之命呂夷簡魯宗道張士遜與諮等經度其事諮曰舊法商人入粟邊郡算茶與犀象緡錢爲虛實三估出錢十四文坐得三司錢百文諮請變法以實錢入粟實錢售茶三者不得相爲輕重旣行而商人果失厚利怨謗蠭起詔以疾累請郡改樞密直學士知洪州行數月而御史臺鞫吏王舉勾獻私商人多請慈州礬會計茶法不折虛費錢妄稱增課百萬緡以覬恩賞諮坐不察奪職久之進給事中知杭州復樞密直學士知永興軍衣冠子弟恃蔭無賴者諮悉杖之境內肅然還勾當三班院坐舉吏降左諫議大夫權三司使事是歲禁中火倉卒營造應辦舉集進尚書禮部侍郎拜樞密副使數月遭父喪起復還戶部侍郎知諫院事是時榷茶法寖壞乃詔諮蔡齊等更議之諮以前坐變法得罪固辭不許於是復用諮所變法語具食貨志卒贈右僕射謚憲成諮性明辨周知世務其處煩猝常若閒暇吏不敢欺在樞府專務革濫賞抑僥倖人以爲稱職無子以族子爲後

程戡字勝之許州陽翟人少力學舉進士甲科補涇州觀察推官再遷祕書丞通判許州曹利用貶戡以利用壻降通判蘄州徙虔州州人有殺母暮夜置尸他人之門以誣仇者獄已具戡獨辯之正其罪以尚書屯田員外郎知歸州召爲侍御史三司度支判官寶元初忻代地震壞城郭廬舍死傷甚衆命戡安撫頗以便宜從事改起居舍人知諫院遷兵部員外郎兼侍御史知雜事三司戶部副使擢天章閣待制陝西都轉運使未幾知渭州陝西有保毅軍人苦其役戡奏曰保毅在鄉兵外不黥而有籍所以佐邊備也已隸保捷而保毅籍如故州縣以供力役率困憊至破析財產售田者猶數戶出一夫民不勝苦因詔私役保毅者以計傭律坐之進樞密直學士知成都府坐常保任貝州張得一得一伏誅奪職出知鳳翔府尋徙河中御史中丞張觀辯之復爲樞密直學士知永興軍徙瀛州四遷給事中契丹使過稱疾求著帽見戡使謂曰有疾可毋相見見當如禮使者語屈冠而見人言歲在甲午蜀且有變孟知祥之割據李順之起而爲盜皆此時也仁宗自擇戡再知益州遷端明殿學士召見慰遣至彭州民妄言有兵變捕斬之守益州者以嫌多不治城堞戡獨完城浚池自固不以爲嫌也召拜參知政事奏禁蜀人妖言誣民者避宰相文彥博親改尚書戶部侍郎樞密副使數與宋庠爭議諫官御史皆論之戡亦自請罷除吏部侍郎觀文殿學士兼翰林侍讀學士同羣牧制置使尋拜宣徽南院使鄜延路經略安撫使判延州英宗卽位以安武軍節度使留再任初單恩蕃官例不序遷至是用戡奏始皆得遷又請首領有戰功材武皆得召見選補爲蕃官延州夾河爲兩城堆堞頗卑小敵登九州臺則下瞰城中戡調兵夫大增築之橫山酋豪怨諒祚欲率其屬叛取靈夏來求兵爲援戡言豺虎非自相搏則未易取也癰疽非其自潰則未易攻也諒祚久悖慢宜乘此許之所謂以蠻夷攻蠻夷中國之利也會英宗不豫大臣重生事不報言者請選大臣帥永興屯重兵以制五路救戡具利害以聞戡以爲四路距永興皆十數驛設有警使聽節制則不及事矣且關中財賦不贍宿軍多何以給之治平初命宦官王昭明等領四路蕃部事戡曰蕃部所以亡去苦邊吏苛暴爲西人誘略爾今昭明等徒能呼召首領犒以牛酒恐未足以結其心也而甚動邊聽宜更置路分鈐轄都監各部一將兵兼沿邊巡檢使無復專蕃部事從其奏夏人遣使入貢僭漢官移文于州稱其國中官曰樞密戡止令稱使副不以官稱樞密曰領盧方許之戡告老章累上終弗聽遣使以手詔問勞賜茶藥黃金乃再上章曰臣老疾劇矣高奴屯勁兵爲要地豈養病所耶召還道卒贈太尉謚康穆戡以在邊安重習事治不近名然不爲言者所與或傳戡交通宦官閻士良至令妻出見之

夏侯嶠字峻極其先幽州人高祖秀爲濟州鉅野鎭遏奕使因家焉父浦梁開平中以明經至棣州錄事參軍嶠幼好學弱冠以詞賦稱周相李穀延至門下又依西京留守向拱攝伊陽令拱移安州又令攝錄事參軍太平興國初舉進士甲科解褐大理評事通判興州累遷右贊善大夫從征太原督芻糧于河朔遷殿中丞通判邠州歲滿拜監察御史通判興元府進秩殿中丞雍熙二年代還對便殿太宗語有司曰此人朕自知其材行勿須奏擬卽日改左補闕直史館賜緋魚會王師護邊乘傳督河間餉道就命知莫州踰月徙洪州改起居郎眞宗在襄邸太宗擇朝士謹厚者爲官屬卽召入爲翊善賜金紫加直昭文館眞宗尹京府命兼推官加司封員外郎東宮建復兼中舍遷工部郎中及嗣位拜給事中知審刑院數月擢樞密院副使咸平元年以戶部郎中罷二年始建講讀之職命嶠爲翰林侍讀學士及楊徽之卒又命兼祕書監是秋江浙饑命爲江南巡撫使所過疏理刑訟存問耆老務從寬簡人以爲便使還采病民二十餘事上之亟詔釐革又判吏部選事嶠善鼓琴好讀莊老書淳厚謹愼居官無過失眞宗尤愛重之多所詢訪每以善人目之素好道留意養生少疾景德元年五月以選人侯對崇政殿暴中風眩亟詔取金丹上尊酒餌之肩輿還第遣內侍召外內名醫診視其夕卒年七十二詔贈兵部尚書賵賜外增賜白金三百兩給葬錄其子大理寺丞晟爲太子中舍孫恭爲奉禮郎姪孫蔚賜同學究出身嶠在近侍恩遇甚渥卒後數月畢士安爲相撫坐歎曰使夏侯君在吾豈先據此位有集十五卷大中祥符初晟上漢武封禪圖續金匱玉匱石藏石距之狀咸有注釋上覽而善之至駕部員外郎恭至太子中舍

盛度字公量世居應天府後徙杭州餘杭縣曾祖璫仕錢氏爲餘杭縣令父豫從錢俶入朝終尚書度支郎中度舉進士第補濟陰尉選爲封邱主簿改府倉曹參軍爲光祿寺丞御史臺推勘官改祕書省祕書郎試學士院爲直史館三司戶部判官累遷尚書屯田員外郎契丹寇邊從幸大名數上疏論邊事奉使陝西因覽疆域參質漢唐故地繪爲西域圖以獻改開封府判官坐決獄失實降監洪州稅起知建昌軍三司鹽鐵判官改起居舍人知制誥度嘗奏事便殿眞宗問其所上西域圖度因言酒泉張掖武威燉煌金城五郡之東南自秦築長城西起臨洮東至遼碣延袤萬里有郡有軍有守捉襟帶相屬烽火相望其爲形勢備禦之道至矣唐始置節度後以宰相兼領用非其人故有河山之險而不能固有甲兵之利而不能禦今復繪山川道路壁壘區聚爲河西隴右圖願備上覽眞宗稱其博學後遷右諫議大夫權知開封府以疾不拜改會靈觀判官入翰林爲學士加史館修撰歷兵部郎中景靈宮副使寇準罷相度以交通周懷政出知光州乾興初再謫和州團練副使丁謂貶起爲祠部郎中復兵部郎中遷太常少卿知筠州更虔滁蘇三州還知審刑院以右諫議大夫知揚州加集賢院學士初度謫洪州建請復賢良方正科又請建四科以取士曰博通墳典達於教化科才識兼茂明於體用科軍謀宏遠堪任將帥科明曉法律能按章覆問科旣而用夏竦議置六科其議亦自度始復爲翰林學士史館修撰遷給事中嘗受詔與御史中丞王隨議通解鹽聽商旅入錢算鹽語在食貨志尋進承旨以禮部侍郎兼端明殿學士召問邊計退而條十事上之

又兼侍讀學士景祐二年拜參知政事時王曾呂夷簡爲相度與宋綬蔡齊並參知政事曾與齊善而夷簡與綬善惟度不得志於二人及二人俱辭相仁宗問度曰王曾呂夷簡力求退何也度對曰二人腹心之事臣不得而知陛下詢二人以孰可代者則其情可察矣仁宗果以問曾曾薦齊又問夷簡夷簡薦綬於是四人俱罷而度獨留遷知樞密院事章得象旣相以度嘗位其上卽拜武寧軍節度使坐令開封府吏馮士元强取其鄰所賃官舍以尚書右丞罷復知揚州加資政殿學士知應天府暴感風眩以太子少傅致仕卒贈太子太保謚文肅度好學家居列圖書每歸未嘗釋手敏於爲文而汎濫不精嘗奉詔同編續通典文苑英華注釋御集眞宗祀汾陰仁宗在藩邸詔掌起居牋奏及留司章奏有愚谷銀臺中書樞中四集又有中書翰林二制集天禧三年詔許中書舍人給事中諫議大夫母封郡太君而學士不預時度官兵部郎中因請追封其母自是學士官未至諫議者其母皆得封郡君度體肥大艱於拜起賓客有拜之者則俯伏不能興往往瞪視而詬詈之性極猜險雖平居僚友不敢易語言所至下貧無賴多所縱捨稍有貲者一切繩之以法子申甫終尚書兵部郎中集賢校理嘗爲福建轉運使頗以修潔稱從兄京有吏能以尚書工部侍郎致仕卒

丁度字公雅其先恩州清河人祖顗後唐清泰初陷契丹逃歸徙居祥符父逢吉以醫術事眞宗藩邸然好聚書與儒者游度强力學問好讀尚書嘗擬爲書命十餘篇大中祥符中登服勤詞學科爲大理評事通判通州改太子中允直集賢院坐解送國子監進士失實監齊州稅還知太常禮院判吏部南曹上書論六事一增講讀官二增諫員三補廕用大功以上親四選河北河東役兵補禁軍五籍令佐墾田爲殿最六凡緣公事坐私罪杖者聽保任遷官章獻太后善之舊制監司及藩鎭辭謁皆賜對仁宗初卽位止令附中書樞密奏之度言附奏非所以防壅蔽也又嘗獻王鳳論於章獻太后以戒外戚歷三司磨勘司京西轉運使司天言永昌陵有白氣請增築以厭之有詔按視度奏神道貴靜不可輕繕治乃止入知制誥遷翰林學士糾察在京刑獄判太常禮院兼羣牧使劉平石元孫敗帝遣使問所以禦邊度奏曰今士氣傷沮若復追窮巢穴饋糧千里輕用人命以快一朝之意非計之得也唐都長安天寶後河湟覆沒涇州西門不開京師距寇境不及五百里屯重兵嚴烽火雖常有侵軼然卒無事太祖時疆場之任不用節將但審擢材器豐其廩賜信其賞罰方陲輯寧幾二十年爲今之策莫若謹亭障遠斥堠控扼要害爲制禦之全計因條上十策名曰備邊要覽時西疆未寧二府三司雖旬休不廢務度言符堅以百萬師寇晉謝安命駕出游以安人心請給假如故無使外夷窺朝廷淺深從之累遷中書舍人爲承旨時葉清臣請商州置監鑄大錢以一當十度奏曰漢之五銖唐之開元及國朝錢法輕重大小最爲折中歷代改更法雖精密不能朞年卽復改鑄議者欲繩以峻法革其盜鑄昔漢變錢幣盜鑄死者數十萬唐鑄乾元及重輪乾元錢錢輕幣重嚴刑不能禁止今禁旅戍邊月給百錢得大錢裁十不可畸用舊錢不出新錢愈輕則芻糧增價臣嘗知湖州民有抵茶禁者受千錢立契代鞭背在京西有强盜殺人取其弊衣直不過數百錢盜鑄之利不啻數倍復有湖山絕處兇魁嘯聚鑪冶日滋居則鑄錢急則爲盜民間銅鉛之器悉爲大錢何以禁止度又言祥符天聖間牧馬至十餘萬其後言者以天下無事不可虛費遂廢八監然猶秦渭環階麟府文州火山保德岢嵐軍歲市馬二萬二百匹補京畿塞下之闕自西鄙用兵四年所牧三萬而已馬少地閑坊監誠可罷若賊平馬歸則不可闕今河北河東京東西淮南皆籍丁壯爲兵請令民畜一戰馬者得免二丁仍不許貲產以升戶等則緩急有備而國馬蕃矣慶歷中副杜衍宣撫河東久之遷端明殿學士知審刑院時江西轉運使移屬州凡市米鹽鈔每百緡貼納錢三之一通判吉州李虞卿受財免貼納事覺大理將以枉法論度曰枉法謂於典憲有所阿曲虞卿所違者轉運使移文爾遂貸虞卿死帝嘗問用人以資與才孰先度對曰承平時用資邊事未平宜用才時度在翰林已七年而朝廷方用兵故對以此諫官孫甫論度所言蓋自求柄用帝諭輔臣曰度在侍從十五年數論天下事顧未嘗及私甫安從得是語未幾擢工部侍郎樞密副使因言周世宗募驍健有朝出羣盜夕備宿衞者太祖閱猛士實騎軍請擇河北河東陝西就糧馬軍以補禁旅之闕又言契丹嘗渝盟預備不可忽因上慶歷兵錄五卷贍邊錄一卷明年參知政事會春旱降秩中書舍人踰月復官後二年衞士爲變事連宦官楊懷敏樞密使夏竦請御史與宦官同於禁中鞫之不可滋蔓令反側者不自安度曰宿衞有變事關社稷此而可忍孰不可忍請付外臺窮治黨與爭於帝前仁宗從竦言度遂求解政事罷爲紫宸殿學士兼侍讀學士御史何郯言紫宸非官稱所宜改觀文殿學士知通進銀臺司判尚書都省再遷尚書左丞卒贈吏部尚書謚文簡度性淳質不爲威儀居一室十餘年左右無姬侍然喜論事在經筵歲久帝每以學士呼之而不名嘗問蓍龜占應之事乃對卜筮雖聖人所爲要之一技而已不若以古之治亂爲監又嘗示以欹器曰朕欲臨天下以中正之道度對曰臣等亦願無傾滿以事陛下因奏太宗嘗作此器眞宗亦嘗著論於是帝製後述以賜之度著邇英聖覽十卷龜鑑精義三卷編年總錄八卷奉詔領諸儒集武經總要四十卷子諷集賢校理

張觀字思正絳州絳縣人少謹愿好學有鄉曲名中服勤辭學科擢爲第一授將作監丞通判解州會鹽池吏以贓敗坐失舉劾降監河中府稅復通判果州改祕書省祕書郎仁宗卽位遷太常丞擢右正言直史館爲三司度支判官同修起居注改右司諫知制誥判登聞檢院出知杭州還判國子監權發遣開封府事進爲翰林學士知審官院累遷左司郎中以給事中權御史中丞時星流地震雷發正月詔求直言觀謂承平日久政寬法慢用度漸侈風俗漸薄以致災異因上四事一曰知人二曰嚴禁三曰尚質四曰節用河北大雨水又條七事曰導積水以廣播種緩催欠以省禁錮寬刑罰以振淹獄收逃田以募歸復罷工役以先急務止配率以阜民財通商旅以濟艱食復知審官院遂拜同知樞密院事康定中西兵失利因議點鄉兵久之不決遂與王鬷陳執中俱罷以資政殿學士尚書禮部侍郎知相州徙澶州河壞孫陳埽及浮梁州人大恐或請趍北原以避水患觀曰太守獨去如州民何乃躬率卒徒增築之隄完水亦退徙鄆州舊法京東通安邑鹽而瀕海之地禁私煮觀上言利之所在百姓趍之雖日殺于市恐不能止請弛禁以便民歲免黥配者不可勝計歷知應天府孟州河南府以吏部侍郎兼御史中丞以父居業高年多病請便郡以觀文殿學士知許州月餘拜左丞丁父憂哀毀過人旣練而卒贈吏部尚書謚文孝觀性至孝初爲祕書郎其父方爲州從事因上書願以官授父眞宗嘉之以居業爲京官及觀貴居業繇恩至太府卿居業嘗過洛嘉其山川風物曰吾得老于此足矣觀於是買田宅營林榭以適其意早起奉藥膳然後出視事未嘗一日廢也趣尚恬曠持廉少欲平生書必爲楷字無一行草類其爲人仁宗飛白書清字賜觀以賞其節然於吏事非所長知開封府民犯夜禁觀詰之曰有人見否衆傳以爲笑

鄭戩字天休蘇州吳縣人早孤力學客京師事楊億以屬辭知名後復還吳及億卒賓客弟子散去戩乃倍道會葬舉進士擢甲科授太常寺奉禮郎簽書寧國軍節度判官事召試學士院爲光祿寺丞集賢校理通判越州還改太子中允同知太常禮院注釋御製發願文三寶讚升直史館三司戶部判官同修起居注以右正言知制誥判國子監選明經生講解經義徙知審官院遷起居舍人龍圖閣直學士權知開封府吏馮士元爲姦利有告士元受賕藏禁書者戩窮治之辭連宰相呂夷簡知樞密院盛度參知政事程琳遂逮捕夷簡子公綽公弼參劾其狀旣而士元流海島度琳坐嘗交關士元罷去其餘絀罰者自御史中丞孔道輔天章閣待制龐籍又十餘人朝議畏其繳核戩敏彊善聽決喜出不意獨假貸細民卽豪宗大姓繩治益急政有能迹徙權三司使復轉運使考課格分別殿最又勾較三司出入得羨錢四百萬緡以右諫議大夫同知樞密院改樞密副使戩與參知政事宋庠爲宰相呂夷簡所忌與庠皆罷以資政殿學士知杭州錢塘湖溉民田數十頃錢氏置撩清軍以疏淤塡水患旣納國後不復治葑土堙塞爲豪族僧坊所占冒湖水益狹戩發屬縣丁夫數萬闢之民賴其利事聞詔本郡歲治如戩法遷給事中徙并州道改鄆州又徙永興軍建言凡軍行所須願下有司相緩急折爲三等非急罷去先是商吏輸木京師浮渭泛河多漂沒旣至則斥不中程往往破家不能償戩奏歲減二十餘萬又奏罷括糴以勸民積粟長安故都多豪惡戩治之尚嚴甚者至黥竄人皆惕息未幾爲陝西四路都總管兼經畧安撫招討使駐涇州聽便宜從事遷尚書禮部侍郎時知慶州滕宗諒知渭州張亢過用公使錢戩致于法行邊至鎭戎軍趣蓮花堡天寒與將佐置酒元昊擁兵近塞會暮塵起有報敵騎至者戩曰此必三川將按邊回非敵騎也已而果然及疆事少寧詔還知永興軍初靜邊砦主劉滬謀築水洛結公二城以通秦渭援兵招生羌大王族爲邊衞戩使滬與著作佐郎董士廉督其役會罷戩四路安撫使韓琦知渭州尹洙皆以爲不便召滬士廉罷役歸不聽乃使裨將狄青將兵以往械送德順軍獄戩力爭于朝卒城之進戶部侍郎資政殿大學士知并州契丹與元昊方交兵邊奏互上獨戩不以聞詔遣使問其故戩對曰敵自相攻中

國不足憂也鄜府間有棄地曰草城川戢募工人爲弓箭手計口給田初兵興用不足河東行鐵錢山多炭鐵鼓鑄利厚重辟不能止戢乃請三當一令既下兵民相扇動數千人邀走馬承受訴承受中貴人不能遏又羣譟州門守門者拒不得入戢聞悉召至庭下推首謀者數千人黥隸他州事乃定遷吏部侍郎改宣徽北院使拜奉國軍節度使卒贈太尉謚文肅戢遇事果敢必行然憑氣近俠用刑峻深士民多怨之

明鎬字化基密州安邱人中進士第補蘄州防禦推官眞宗崩上眞頌四十六篇改大理寺丞薛奎領泰州辟爲節度判官奎徙益州辟知錄事參軍程琳代奎奏爲簽書節度判官就通判州事遷太常博士還朝仁宗問鎬所能奎稱其沈鷙有謀能斷大事除開封推官獻六穴書進尚書禮部員外郎爲三司戶部判官改刑部員外郎京東轉運使遷兵部員外郎直史館益州路轉運使會歲饑民無積聚盜賊間發鎬爲平物價募民爲兵人賴以安知陵州楚應幾贓敗或告以先期奏之鎬曰獲罪則已安可欺朝廷耶卒坐失察降知同州未逾月會元昊寇延州起爲陝西轉運使虜破金明砦既去議修復其城帥臣擁兵不卽進而鎬止以百餘騎自督將士一月而成又常閱同州廂軍得材武者三百餘人教以强弩奏爲清邊軍號最驍悍其後陝西河東頗倣置之遷戶部郎中直昭文館知陝州從江淮制置發運使未行會賊破豐州擢天章閣待制河東都轉運使修建寧中候百勝砦鎮川清塞堡凡五城以勞遷左司郎中明年擢龍圖閣直學士知幷州鎬大巡邊以備賊時邊任多紈袴子弟鎬乃取尤不職者杖之疲軟者皆自解去遂奏擇習事者守堡砦軍行娼婦多從之鎬欲驅逐惡傷士卒心會有忿爭殺娼婦者吏執以白鎬曰彼來軍中何耶縱去不治娼婦聞皆散走以樞密直學士左諫議大夫知成德軍入知開封府王則叛命鎬爲體量安撫使則未下又命參知政事文彥博爲宣撫使以鎬副之貝州平遷端明殿學士給事中權三司使諸將悉超遷都虞候士卒八千四百八第其功爲五等每等遷一資彥博數推鎬功拜參知政事已而疽發背帝謂輔臣曰鎬忠亮有勞及其未亂思一見之臨問惻然曰方賴卿謀國事何遽被疾鎬氣憊猶能頓首謝翌日卒謚文烈鎬端挺寡言所至安靜有體而遇事不苟爲世所推重王則者本涿州人歲饑流至恩州自賣爲人牧羊後隸宣毅軍爲小校恩冀俗妖幻相與習五龍滴淚等經及圖讖諸書言釋迦佛衰謝彌勒佛當持世初則去涿母與之訣別刺福字於其背以爲記妖人因妄傳字隱起爭信事之而州吏張巒卜吉主其謀黨連德齊諸州約以慶歷八年正旦斷澶州浮梁亂河北會其黨潘方淨以書謁北京留守賈昌朝事覺被執故不待期亟以七年冬至叛時知州張得一方與官謁天慶觀則率其徒劫庫兵得一走保驍捷營賊焚門執得一囚之兵馬都監內殿承制田斌以從卒巷鬭不勝而出城扉闔提點刑獄田京任黃裳持印棄其家縋城出保南關賊從通判董元亨取軍資庫鑰元亨拒之殺元亨又出獄囚囚有憾司理參軍王奬者遂殺奬既而節度判官李浩淸河令齊開主簿王湊皆被害則僭號東平郡王以張巒爲宰相卜吉爲樞密使建國曰安陽牓所居門曰中京居室廐庫皆立名號改年曰得聖以十二月爲正月百姓年十二以上七十以下皆涅其面曰宜軍破趙得勝旗幟號令率以佛爲稱城以一樓爲一州書州名闕補其徒爲州每面置一總管然縋城下者日衆於是令守者伍伍爲保一人縋餘悉斬有州民汪文慶郭斌趙宗本汪順者自城上繫書射鎬帳約爲內應夜垂絙以引官軍既內數百人焚樓櫓賊覺率衆拒戰初官軍既登欲專其功斷絙以絕後來者及與賊戰兵寡不敵與文慶等復縋而下是夜城幾克則期正月十四日出要劫契丹使諜者以告鎬遣殿侍安素伏兵西門賊果以數百人夜出伏發皆就獲城峻不可攻乃爲距闉將成爲賊所焚遂卽南城爲地道日攻其北牽制之及文彥博至穴通城中選壯士中夜由地道入衆登城賊縱火牛官軍以槍中牛鼻牛還攻之賊大潰開東門遁闔門祗候張絪緣壕與戰死之總管王信捕得則其餘衆保村舍皆焚死檻送則京師支解以狥則叛凡六十六日

王堯臣字伯庸應天府虞城人舉進士第一授將作監丞通判湖州召試改祕書省著作郎直集賢院會從父冲坐事出堯臣知光州父喪服除爲三司度支判官再遷右司諫郭皇后薨議者歸罪內侍都知閻文應堯臣請窮治左右侍醫者不報時上元節有司張燈堯臣俟乘輿出卽上言后已復位號今方在殯不當遊幸帝爲罷張燈擢知制誥同知通進銀臺司提舉諸司庫務知審刑院入翰林爲學士知審官院陝西用兵爲體量安撫使將行請曰故事使者所至稱詔存問官吏將校而不及於民自元昊反三年于今關中之民凋弊爲甚請以詔勞來仍諭以賊平蠲租賦二年仁宗從之使還上言陝西兵二十萬分屯四路然可使戰者止十萬賊衆入寇常數倍官軍彼以十戰一我以一戰十故三至而三勝由衆寡不侔也涇原近賊巢穴最當要害宜先備之今防秋甚邇請益團土兵以二萬屯渭州爲鎮戎山外之援萬人屯涇州爲原渭聲勢二萬屯環慶萬人屯秦州以制其衝突且賊之犯邊不患不能入患不能出也並塞地形雖險易不同而兵行須由大川大川率有砦柵爲控扼賊來利在虜掠人自爲戰故所向無前若延州之金明塞門砦鎮戎之劉璠定川堡渭州山外之羊牧隆城靜邊砦皆不能扼其來故賊不患不能入也既入漢地分行鈔畧驅虜人畜劫掠財貨士馬疲困奔趍歸路無復鬭志若以精兵扼險强弩注射旁設奇伏斷其首尾且追且擊不敗何待故賊之患在不能出也賊屢乘戰勝重掠而歸諸將不能追擊者由兵寡而勢分也若尚循故轍必無可勝之理又論延州鎮戎軍渭州山外三敗之由皆爲賊先據勝地誘致我師將帥不能據險擊歸而多倍道趍利兵方疲頓乃與生羌合戰賊始從鐵騎衝我軍繼以步卒挽彊注射鋒不可當遂致掩覆此主帥不思應變以懲前失之咎也願敕邊吏常遠斥候遇賊至度遠近立營砦然後量敵奮擊毋得輕出詔以其言戒邊吏時韓琦坐好水川兵敗徙秦州范仲淹亦以擅復元昊書降耀州堯臣言二人者皆忠義智勇不當置之散地又薦种世衡狄青有將帥才明年賊果自鎮戎軍原州入寇敗葛懷敏乘勝掠平涼潘原關中震恐自邠涇以東皆閉壘自守仲淹自將慶州兵捍賊賊引去仁宗思其言乃復以琦仲淹爲招討使置府涇州益屯兵三萬人而使堯臣再安撫涇原初曹瑋開山外地置籠竿等四砦募弓箭手給田使耕戰自守其後將帥失撫御稍侵奪之衆怨怒遂劫德勝砦將姚貴閉城畔堯臣適過境上作書射城中諭以禍福衆遂出降乃爲申明約束如舊而去既還上言自陝西用兵夏竦陳執中並以兩府舊臣爲陝西經畧安撫招討使韓琦范仲淹止爲經畧安撫副使既而張存知延州王沿知渭州張奎知慶州俱是學士待制之職亦止管勾本路總管司事及竦執中罷四路置帥遂各帶都總管及經畧安撫招討等使因而武臣副總管亦爲副使今琦仲淹麗籍既爲陝西四路都總管緣邊經畧安撫招討等使四路當稟節制而尚帶經畧使名者九人各置司行事名號不異而所稟非一今請逐路都總管副總管並罷經畧只充緣邊安撫使既而滕宗諒亦以爲請遂罷之又言鄜延環慶路皆險固易守惟涇原自漢唐來爲衝要之地自鎮戎軍至渭州沿涇河大川直抵涇邠畧無險阻雖有城砦據平地賊徑交屬難以捍防如郭子儀渾瑊常宿重兵守之自元昊叛命數年由此三入寇朝廷置帥府於涇州爲控扼關陝之會誠合事機然頻經敗覆邊地空虛士氣不振願深監近弊精擇將佐其新集之兵未經訓練宜易以舊人儻一路兵力完實則賊不敢長驅入寇矣因論沿邊城砦控扼要害賊徑通屬及備禦輕重之策爲五事上之又請涇原五州營田益置弓箭手及請徹潼關樓櫓皆報可以戶部郎中權三司使辟張溫之杜杞十餘人爲副使判官時入內都知張永和建議收民僦舍錢十之三以助軍費堯臣入對曰此衰世之事召怨而攜民唐德宗所以致朱泚之亂也度支副使林維畏永和附會其說堯臣奏黜維議乃定夔州轉運使請增鹽井歲課十餘萬緡堯臣以爲上恩未嘗及遠人而反牟取厚利適足以歛怨罷之遷翰林學士承旨兼端明殿學士爲羣牧使丁母喪服除轉右諫議大夫初學士蘇易簡丁度皆自郎中進中書舍人充承旨及堯臣爲承旨不遷官意宰相賈昌朝所抑及是文彥博爲相因其歲滿遂優遷之闕大享明堂加給事中與三司更議茶法較天下每歲財賦出入上其數遂拜樞密副使會儂智高反請折廣西宜容邕州爲三路以融柳象隸宜州白高竇雷化鬱林儀藤梧龔瓊隸容州欽賓廉橫潯貴隸邕州遇蠻入寇三路會支郡兵掩擊令經畧安撫使守貴州以統制焉益募澄海忠敢土軍分屯邕全永道三州米以餉之罷遣北兵遠戍時狄青經制嶺南詔青審議以爲便居樞密三年務裁抑徼倖於是有鏤匿名書以布京城然仁宗不以爲疑也以戶部侍郎參知政事久之帝欲以爲樞密使而當制學士胡宿固抑之乃進吏部侍郎卒贈尚書左僕射謚文安堯臣以文學進典內外制十餘年其爲文詞溫麗執政時嘗與宰相文彥博富弼劉沆勸帝早立嗣且言英宗嘗養宮中宜爲後爲詔草挾以進未果立元豐三年子同老進遺稿論父功帝以訪文彥博具奏本末遂加贈太師中書令改謚文忠

孫抃字夢得眉山人六世祖長孺喜藏書號書樓孫氏子孫以田爲業至抃始讀書屬文中進士以大理評事直集賢院通判絳州召試學士院除太常丞直集賢院爲開封推官判三司開拆司同修起居注以右正言知

制誥遷起居舍人翰林學士兼侍讀學士史館修撰累遷尚書吏部郎中抃雖久處顯要罕所建明皇祐中以右諫議大夫權御史中丞制下諫官韓絳論奏抃非糾繩才不可任風憲即手疏曰臣觀方今士人趍進者多廉退者少以善求事爲精神以能訐人爲風采捷給若嗇夫者謂之有議論刻深若酷吏者謂之有政事諫官所謂才者無乃謂是乎若然臣誠不能也仁宗察其言趣視事且命知審官院抃辭以任言責不當兼事局乃止在臺數言事不爲矯激尤喜稱薦人才帝欲除入內都知王守忠領武寧軍節度使抃奏罷之溫成皇后葬以劉沆爲監護使抃奏沆爲宰相不當爲后妃護葬喪事時又議爲后建陵立廟抃率官屬言非禮因相與請對固爭不能得伏地不起帝爲改容遣之御史請罷宰相梁適未聽抃奏曰適在相位上不能持平權衡下不能篤訓子弟言事官數論奏未聞報可非罷適無以慰物論宰相陳執中婢爲嬖妾張氏捞殺置獄取證左執中弗遣有詔勿推抃復與官屬請對論列疏十上適執中卒皆罷改翰林學士承旨復兼侍讀學士帝讀史記龜筴傳問古人動作必繇此乎對曰古有大疑既決於己又詢於衆猶謂不有天命乎於是命龜以斷吉凶所謂謀及乃心謀及卿士謀及庶人謀及卜筮蓋聖人貴誠不專人謀黙與神契然後爲得也帝善其對諫官陳升之上還用責任考課轉運使三法命抃與御史中丞張昪典之卒亦無所進退焉再遷禮部侍郎抃久居侍從泊如也人以爲長者既而樞密副使程戡罷帝欲用舊人即以命抃歲中參知政事抃性篤厚寡言質畧無威儀居兩府年益耄無所可否又善忘語言舉止多可笑好事者至傳以爲口實御史韓縝彈奏之罷爲觀文殿學士同羣牧制置使復兼侍讀學士英宗即位進戶部侍郎告老以太子少傅就第卒贈太子太保謚文懿

田況字元均其先冀州信都人晉亂祖行周没于契丹父延昭景德中脫身南歸性沈鷙教子甚嚴累官至太子率府率況少卓犖有大志好讀書舉進士甲科補江陵府推官再調楚州判官遷祕書省著作佐郎舉賢良方正舉太常丞通判江寧府趙元昊反夏竦經畧陝西辟爲判官時竦與韓琦尹洙等畫上攻守二策朝廷將用攻策范仲淹議未可出師況上疏曰昔繼遷擾邊太宗部分諸將五路進討或遇賊不擊或戰衂而還又常令白守素馬紹忠護送糧餉於靈州諸將多違詔自奮浦洛之敗死者數萬人今將帥士卒素已怯懦未甚更練又知韓琦尹洙同建此策恐未審稟服臨事進退有誤大舉其不可一也計者以爲賊常併力而來我當分兵以禦衆寡不敵多貽敗衂今若全師大舉必有成功此思之未熟爾夫三軍之命係於將帥人之才有大小智有遠近以漢祖之善將不若淮陰之益辦況庸人乎今徒知大衆可以威敵而不思將帥之才否此禍之大者也兩路之人衆十餘萬庸將驅之若爲舒卷賊若據險設伏邀截衝擊首尾前後勢不相援一有不利則邊防莫守別貽後患安危之計決於一舉其不可二也自西賊叛命以來雖屢乘機會然終不敢深寇郡縣以饜其欲者非算之少也直以中國之大賢俊之盛甲兵之衆未易可測今師深入若無成功挫國威靈爲賊輕侮或別墮姦計以致他虞其不可三也計者又云將帥雖未足倚下流勇進或有其人自劉平石元孫陷没士氣挫怯未能振起今兵數雖多疲懦者衆以庸將驅怯兵入不測之地獨其下使臣數輩干賞蹈利欲邀其功未見其利其不可四也計者又云非欲深絕沙磧以窮妖巢但淺入山界以挫賊氣如襲白豹城之北臣謂乘虛襲掠既不能破戎首拉兇黨但殘戮孥弱以厚怨毒非王師弔伐招徠之體然士出無策爲彼之所爲亦當震發雷逝往來輕速以掩其不備今興師十萬鼓行而西賊已清野據險以待我師何襲挫之有其不可五也自元昊寇邊人皆知其誅賞明計數黠今未有間隙可窺而暴爲興舉計事者但欲決勝負於一戰幸其或有所成否則願自比王恢以待罪勇則勇矣如國事何其不可六也昨仲淹奏乞朝廷敦包荒之量存鄜延一路令諸將勒兵嚴備未行討伐容示以恩意歲時之間或可招納若使涇原一路獨入則孤軍進退憂患不淺傳聞賊謀誘我師諸路入界併兵以敵此正陷賊計中其不可七也以臣所見夏竦韓琦尹洙同獻此策今若奏乞中罷則是自相違異欲果決進討則又仲淹執議不同乞召兩府大臣定議但令嚴設邊備若有侵掠即出兵邀擊或賊界謹自守備不必先用輕舉如此則全威制勝有功而無患也於是罷出師議況又言治邊十四事遷右正言管勾國子監判三司理欠憑由司專供諫職權修起居注遂知制誥嘗面奏事論及政體帝頗以好名爲非意在遵守故常況退而著論上之其畧曰名者由實而生非徒好而自至也堯舜三代之君非好名者而鴻烈休德倬若日月不能纖晦者有實美而然也設或謙弱自守不爲恢閎睿明之事則名從而晦矣雖欲好之豈可得耶方今政令寬弛百職不修二虜熾結凌慢中國朝廷恫矜下民橫罹殺掠竭瀝膏血以資繕備而未免侵軼之憂故屈就講和爲翕張予奪之術自非君臣朝夕耻憤大有爲以遏後虞則勢可憂矣陛下若恐好名而不爲則非臣之所敢知也陛下倘奮乾剛明聽斷則有英睿之名行威令懾姦兇則有神武之名斥奢汰革風俗則有崇儉之名澄冗濫輕會斂則有廣愛之名悅亮直惡巧媚則有納諫之名務咨詢達壅蔽則有勤政之名責功實抑偷幸則有求治之名今皆非之不爲則天下何所望以平乎抑又聖賢之道曰名教忠誼之訓曰名節羣臣諸儒所以尊輔朝廷紀綱人倫之大本也陛下從而非之則教化微節義廢無耻之徒爭進而勸沮之方不行矣豈聖人率下之意耶時邊奏契丹修天德城及多葺堡砦況意其畜姦謀乃上疏曰朝廷予契丹金帛歲五十萬朘削生民輸將道路疲弊之勢漸不可久而近西羌通欵歲又予二十萬設或復肆貪瀆再有規求朝廷尚可從乎臣至愚不當大責每念至此則惋嘆不已竊兩府大臣皆宗廟社稷天下生民所望而繫安危者豈不爲陛下思之哉每旦垂拱之對不過目前政事數條而已非陛下所以待輔臣非輔臣所以憂朝廷之意也有唐故事肅宗以天下未乂除正衙奏事別開延英以詢訪宰相蓋旁無侍衞獻可替否曲盡討論今北敵桀慢而河朔將佐之良愚中兵之善窳道路之夷險城壘之堅弊軍政之是否財糧之多少在兩府輔臣實未有知之者萬一變發所忽制由中出少有差跌則事不測矣如前歲蕭英劉六符始來和議未決中外惶擾不知爲計此臣所目覩也和議既定又復恬然若無事者是豈得爲安哉願因燕閑召執政大臣於便殿從容賜坐訪逮時政專以慮患爲急則人人惟恐不知以誤應對事事惟恐不集以孤聖懷旦夕憂思不敢少懈同心協力必有所爲今不以此爲務而以以委瑣之事更相辨對議者羞之臣叨備近列實係朝廷休戚惟陛下不以人廢言尋爲陝西宣撫副使還領三班院保州雲翼軍殺州吏據 闕 城叛 闕 詔況處營田汰諸路宣毅廣捷等冗軍策元昊勢屈納款必令盡還延州侵地毋過許歲弊并入中青鹽請戮陝西陷殁主將隨行親兵其論甚偉然不盡行也有奏議二十卷始契丹寇瀛州畧得數百人以屬其父延昭延昭哀之悉縱去因自脫歸中國延昭生八男子多知名況長子也保州之役況阬殺降卒數百人朝廷壯其決後大用之然卒無子以兄子爲後

論曰時治平而文德用則士之負藝致位政府宜矣李諮程戡曉暢吏事諮變茶法雖浮議動搖乍行乍止卒無能易其說戡任邊寄守以安靜非必智謀抑所遇之時耳嶠尚莊老以善著稱張觀丁度孫抃世推其德性淳易而盛度每爲寮友猜憚心迹固何如也戩明偉宏放亦一時之俊堯臣議論鏗鏗正誼而不謀利其最優乎鎬堅正寡合馭軍嚴臨事果其安撫河東邊塞後來父老道其舉動措置輒嗟嘆追思況有文武才畧言事精暢然欲懲兵驕適阬降卒弗忌陰禍惜哉

宋史卷二百九十三

元中書右丞相總裁脫脫等修

列傳第五十二

田錫　王禹偁　張詠

田錫字表聖嘉州洪雅人幼聰悟好讀書屬文楊徽之宰峨眉宋白宰玉津皆厚遇之爲之延譽繇是聲稱翕然太平興國三年進士高等釋褐將作監丞通判宣州遷著作郎京西北路轉運判官改左拾遺直史館賜緋魚錫好言時務既居諫官即上疏獻軍國要機者一朝廷大體者四其畧曰頃歲王師平太原未賞軍功迄今二載幽燕竊據固當用兵雖稟宸謀必資武力願陛下因郊禋耕籍之禮議平戢之功則駕馭戎臣莫茲爲重此要機也今交州未下戰士無功春秋所謂老師費財者是也臣聞聖人不務廣疆土惟務廣德業聲教遠被自當來賓周成王時越裳九譯來貢且曰天無迅風疾雨海不揚波三年矣意者中國其有聖人乎盍往朝之交州瘴海得之如獲石田臣願陛下務修德以來遠無鈍兵以挫銳又何必以蕞爾蠻夷上勞震怒乎此大體之一也今諫官不聞廷爭給事中不聞封駁左右史不聞升陛軒記言動豈聖朝美事乎又御史不敢彈奏中書舍人未嘗訪以政事集賢院雖有書籍而無職官秘書省雖有職官而無圖籍臣願陛下擇才任人使各司其局苟職業修舉則威儀自嚴此大體之二也爾者寓縣平寧京師富庶軍營馬監靡不恢崇佛寺道宮悉皆輪奐加又闢西苑廣御池雖周之靈囿漢之昆明未足爲比而尚書省湫隘尤甚郎曹無本局尚書無廳事九寺三監寓天衢之兩廊貢院就武成王廟是豈太平之制度邪臣願陛下別修省寺用列職官此大體之三也案獄官令枷杻有短長鉗鎖有輕重尺寸斤兩並載刑書未聞以鐵爲枷者也昔唐太宗觀明堂圖見人之五

藏皆麗於背遂減徒刑況隆平之時將措刑不用於法所無去之可矣此大體之四也疏奏優詔褒答賜錢五十萬僚友謂錫曰今日之事鮮矣宜少晦以遠讒忌錫曰事君之誠惟恐不竭矧天植其性豈爲一賞奪邪時趙普爲相令有司受羣臣章奏必先白錫錫貽書於普以爲失至公之體普引咎謝之六年爲河北轉運副使驛書言邊事曰臣聞動靜之機不可妄舉安危之理不可輕言利害相生變易不定取舍無惑思慮必精夫動靜之機不可妄舉者動謂用兵靜謂持重應動而靜則養寇以生姦應靜而動則失時以敗事動靜中節乃得其宜今北鄙繹騷蓋亦有以居邊任者規羊馬細利爲捷矜捕斬小勝爲功賈怨結仇興戎致寇職此之由前歲邊陲俶擾親迂革輅戎騎旣退萬乘方歸是皆失我機先落其術內勞煩耗斁可勝言哉伏願申飭將帥愼固封守勿尚小功許通互市俘獲蕃口撫而還之如此不出五載河朔之民得務農業亭障之地可積軍儲然後待其亂而取之則克乘其衰而兵之則降旣心服而忘歸則力省而功倍誠願考古道務遠圖示綏懷萬國之心用駕馭四夷之策事戒輕發理貴深謀所謂安危之理不可輕言者國家務大體求至治則安舍近謀遠勞而無功則危爲君有常道爲臣有常職是務大體也上不拒諫下不隱情是求至治也漢武帝躬秉武節登單于之臺唐太宗手結雨衣伐遼東之國則是舍近謀遠也沙漠窮荒得之無用則是勞而無功也在位之臣敢言者少言而見聽未必蒙福言而不從方且虞禍欲下不隱情得乎惡在其務大體而求至治也臣又謂利害相生變易不定者兵書曰不能盡知用兵之害者則不能盡知用兵之利蓋事有可進而退則害成之事至焉可退而進則利用之事去焉可速而緩則利必從之而失可緩而速則害必由之而致可誅而赦則姦宄之心或有時而生害可赦而誅則忠勇之人或無心於利國可賞而罰則有以害勤勞之功可罰而賞則有以利僭踰之幸能審利害則爲聰明以天下之耳聽之則聰以天下之目視之則明故書曰明四目達四聰此之謂也臣又謂取舍不可以有惑者故曰孟賁之狐疑不如童子之必至思慮不可以不精者故曰差若毫釐繆以千里自國家圖燕以來連兵未解財用不得不耗人心不得不憂願陛下精思慮決取舍無使曠日持久窮兵極武焉書奏上嘉之七年徙知相州改右補闕復上章論事明年移睦州睦州人舊阻禮敎錫建孔子廟表請以經籍給諸生詔賜九經自是人知向學會文明殿災又拜章極言時政上嘉納焉轉起居舍人還判登聞鼓院上書請封禪以本官知制誥尋加兵部員外郎端拱二年京畿大旱錫上章有調燮倒置語忤宰相罷爲戶部郎中出知陳州坐稽留殺人獄責授海州團練副使後徙單州召爲工部員外郎復論時政闕失俄詔直集賢院至道中復舊官眞宗嗣位遷吏部出使秦隴還連上章言陝西數十州苦于靈夏之役生民重困上爲之戚然同知審官院兼通進銀臺封駁司賜金紫與魏廷式聯職以議論不協求罷出知泰州會彗星見拜疏請責躬以答天戒再召見便殿及行降中使撫諭仍加優賜咸平三年詔近臣舉賢良方正翰林學士承旨宋白以錫應詔還朝屢召對言事錫嘗奏曰陛下卽位以來治天下何道臣願以皇王之道治之舊有御覽但記分門事類臣請鈔略四部別爲御覽三百六十卷萬幾之暇日覽一卷經歲而畢又采經史要切之言爲御屛風十卷置扆座之側則治亂興亡之鑒常在目矣眞宗善其言詔史館以羣書借之每成書數卷卽先進內錫乃先上御覽三十卷御屛風五卷御覽序曰聖人之道布在方冊六經則言高旨遠非講求討論不可測其淵深諸史則迹異事殊非參會異同豈易記其繁雜子書則異端之說勝文集則宗經之辭寡非獵精義以爲鑒戒舉綱要以觀會通爲日覽之書資日新之德則雖白首未能窮經矧王者乎臣每讀書思以所得上補聖聰可以銘於座隅者書於御屛可以用於常道者錄爲御覽冀以涓埃之微上裨天地之德俾功業與堯舜比崇而生靈亦躋仁壽之域矣御屛風序曰古之帝王盤盂皆銘几杖有戒蓋起居必視而夙夜不忘也湯之盤銘曰德日新日日新又日新武王銘於几杖曰安不忘危存不忘亡熟惟二者後必無凶唐黃門侍郎趙智爲高宗講孝經舉其要切者言之曰天子有爭臣七人雖無道不失其天下憲宗采史漢三國已來經濟之要號前代君臣事迹書于屛間臣每覽經史子集因取其語要輒用進獻題之御屛寘之座右日夕觀省則聖德日新與湯武比隆矣五年再掌銀臺覽天下奏章有言民飢盜起及詔敕不便者悉條奏其事上對宰相稱錫得爭臣之體卽日以本官兼侍御史知雜事擢右諫議大夫史館修撰連上八疏皆直言時政得失六年冬病卒年六十四遺表勸上以慈儉守位以淸淨化人居安思危在治思亂上覽之惻然謂宰相李沆曰田錫直臣也朝廷少有闕失方在思慮錫之章奏已至矣若此諫官亦不可得嗟惜久之特贈工部侍郎錄其二子並爲大理評事給奉終喪錫耿介寡合未嘗趨權貴之門居公庭危坐終日無懈容慕魏徵李絳之爲人以盡規獻替爲已任嘗曰吾立朝以來章疏五十有二皆諫臣任職之常言苟獲從幸也豈可藏副示後謗時賣直邪悉命焚之然性凝執治郡無稱所著有咸平集五十卷

王禹偁字元之濟州鉅野人世爲農家九歲能文畢士安見而器之太平興國八年擢進士授成武主簿徙知長洲縣就改大理評事同年生羅處約時宰吳縣日相與賦詠人多傳誦端拱初太宗聞其名召試擢右拾遺直史館賜緋故事賜緋者給塗金銀帶上特命以文犀帶寵之卽日獻端拱箴以寓規諷時北庭未寧訪羣臣以邊事禹偁獻禦戎十策大畧假漢事以明之漢十二君言賢明者文景也言昏亂者哀平也然而文景之世軍臣單于最爲强盛肆行侵掠候騎至雍火照甘泉哀平之時呼韓邪單于每歲來朝委質稱臣邊烽罷警何邪蓋漢文當軍臣强盛之時而外任人內修政使不能爲深患者由乎德也哀平當呼韓衰弱之際雖外無良將內無賢臣而致其來朝者繫于時也今國家之廣大不下漢朝陛下之聖明豈讓文帝契丹之强盛不及軍臣單于至如撓邊侵塞豈有候騎至雍而火照甘泉之患乎亦在乎外任人內修德爾臣愚以爲外則合兵勢而重將權罷小臣詗邏邊事行間諜離其黨遣趙保忠折御卿率所部以犄角下詔感勵邊人使知取燕薊舊疆非貪其土地內則省官以寬經費抑文士以激武夫信用大臣以資其謀不貴虛名以戒無益禁游惰以厚民力帝深嘉之又與夏侯嘉正羅處約杜鎬表請同校三史書多所釐正二年親試貢士召禹偁賦詩立就上悅曰此不踰月遍天下矣卽拜左司諫知制誥是冬京城旱禹偁疏云一穀不收謂之饉五穀不收謂之饑饉則大夫以下皆損其祿饑則盡無祿廩食而已今旱雲未霑宿麥未茁旣無積蓄民飢可憂望下詔直云君臣之間政敎有闕自乘輿服御下至百官奉料非宿衞軍士邊庭將帥悉第減之上答天譴下厭人心俟雨足復故臣朝行中家最貧奉最薄亦願首減奉以贖耗蠹之咎外則停歲市之物內則罷工巧之伎近城掘土侵冢墓者瘞之外州配隸之衆非贓盗者釋之然後以古者猛虎渡河飛蝗越境之事戒敕州縣官吏其餘軍民刑政之弊非臣所知者望委宰臣裁議須行但感人心必召和氣未幾判大理寺廬州妖尼道安誣訟徐鉉道安當反坐有詔勿治禹偁抗疏雪鉉請論道安罪坐貶商州團練副使歲餘移解州四年召拜左正言上以其性剛直不容物命宰相戒之直弘文館求補郡以便奉養得知單州賜錢三十萬至郡十五日召爲禮部員外郎再知制誥屢獻討李繼遷便宜以爲繼遷不必勞力而誅自可用計而取謂宜明數繼遷罪惡曉諭蕃漢重立賞賜高與官資則繼遷身首不梟則擒矣其後潘羅支射死繼遷夏人款附卒如禹偁言至道元年召入翰林爲學士知審官院兼通進銀臺封駁司詔命有不便者多所論奏孝章皇后崩遷梓宮于故燕國長公主第羣臣不成服禹偁與客言后嘗母儀天下當遵用舊禮坐謗訕罷爲工部郎中知滁州初禹偁嘗草李繼遷制送馬五十匹爲潤筆禹偁却之及出滁閩人鄭褒徒步來謁禹偁愛其儒雅爲買一馬或言買馬虧價者太宗曰彼能却繼遷五十馬顧肯虧一馬價哉移知揚州眞宗卽位遷秩刑部會詔求直言禹偁上疏言五事一曰謹邊防通盟好使輦運之民有所休息方今北有契丹西有繼遷契丹雖不侵邊戍兵豈能減削繼遷旣未歸命餽餉固難寢停關輔之民倒懸尤甚臣愚以爲宜勅封疆之吏致書邊臣俾達其主請尋舊好下詔赦繼遷罪復與夏臺彼必感恩內附且使天下知陛下屈己而爲民也二曰減冗兵併冗吏使山澤之饒稍流於下當乾道開寶之時土地未廣財賦未豐然而擊河東備北鄙國用未足兵威亦强其義安在由所蓄之兵銳而不衆所用之將專而不疑故也自後盡取東南數國又平河東土地財賦可謂廣且豐矣而兵威不振國用轉急其義安在由所蓄之兵冗而不盡銳所用之將衆而不自專故也臣愚以爲宜經制兵賦如開寶中則可高枕而治矣且開寶中設官至少臣本魯人占籍濟上未及第時一州止有刺史一人司戶一人當時未嘗闕事自後有團練推官一人太平興國中增置通判副使判官推官而監酒榷稅算又增四員曹官之外更益司理問其租稅減於曩日也問其人民逃於昔時也一州旣爾天下可知冗吏耗于上冗兵耗於下此所以盡取山澤之利而不能足也夫山澤之利與民共之自漢以來取爲國用不可棄也然亦不可盡也只如茶法從古無稅唐元和中以用兵齊蔡始稅茶唐史稱是歲得錢四十萬貫今則數百萬矣民何以堪臣故曰減冗兵併冗吏使山澤之饒稍流於下者此也三曰艱難選舉使入官不

濫古者鄉舉里選爲官擇人士君子學行修于家然後薦之朝廷歷代雖有沿革未嘗遠去其道隋唐始有科試太祖之世每歲進士不過三十人經學五十人重以諸侯不得奏辟士大夫罕有資蔭故有終身不獲一第沒齒不獲一官者太宗毓德王藩覩其如此臨御之後不求備以取人舍短用長拔十得五在位將逾二紀登第殆近萬人雖有俊傑之才亦有容易而得臣愚以爲數百年之艱難故先帝濟之以泛取二十載之霈澤陛下宜科之以舊章望以舉場還有司如故事至於吏部銓官亦非帝王躬親之事自來五品已下謂之旨授官今幕職州縣而已京官雖有選限多不施行臣愚以爲宜以吏部還有司依格敕注擬可也四曰沙汰僧尼使疲民無耗夫古者惟有四民兵不在其數蓋古者耕田之法農卽兵也自秦以來戰士不服農業是四民之外又生一民故農益困然執干戈衞社稷理不可去漢明之後佛法流入中國度人修寺歷代增加不蠶而衣不耕而食是五民之外又益一而爲六矣假使天下有萬僧日食米一升歲用絹一匹是至儉也猶月費三千斛歲用萬縑何況五七萬輩哉不曰民蠹得乎臣愚以爲國家度人衆矣造寺多矣計其費耗何啻億萬先朝不豫捨施又多佛若有靈豈不蒙福事佛無效斷可知矣願陛下深鑒治本亟行沙汰如以嗣位之初未欲驚駭此輩且可以二十載不度人修寺使自銷鑠亦救弊之一端也五曰親大臣遠小人使忠良謇諤之士知進而不疑姦憸傾巧之徒知退而有懼夫君爲元首臣爲股肱言同體也得其人則勿疑非其人則不用凡議帝王之盛者豈不曰堯舜之時契作司徒咎繇作士伯夷典禮后夔典樂禹平水土益作虞官委任責成而堯有知人任賢之德雖然堯之道遠矣臣請以近事言之唐元和中憲宗嘗命裴洎銓品庶官洎曰天子擇宰相宰相擇諸司長官長官自擇僚屬則上下不疑而政成矣識者以洎爲知言願陛下遠取帝堯近鑒唐室既得宰相用而不疑使宰相擇諸司長官長官自取僚屬則垂拱而治矣古者刑人不在君側語曰放鄭聲遠佞人是以周文王左右無可結襪者言皆賢也夫小人巧言令色先意希旨事必害正心惟忌賢非聖明不能深察舊制南班三品尚書方得升殿比來三班奉職或因遣使亦許升殿惑亂天聽無甚於此願陛下振舉綱紀尊嚴視聽在此時矣臣愚又以爲今之所急在先議兵使衆寡得其宜措置得其道然後議吏使清濁殊塗品流不雜然後艱選舉以塞其源禁僧尼以去其耗自然國用足而王道行矣疏奏召還復知制誥咸平初預修太祖實錄直書其事時宰相張齊賢李沆不協意禹偁議論輕重其間出知黃州嘗作三黜賦以見志其卒章云屈于身而不屈于道兮雖百謫而何虧三年濮州盜夜入城畧知州王守信監軍王昭度禹偁聞而奏疏畧曰伏以體國經野王者保邦之制也易曰王公設險以守其國自五季亂離各據城壘豆分瓜剖七十餘年太祖太宗削平僭僞天下一家當時議者乃令江淮諸郡毀城隍收兵甲徹武備者二十餘年書生領州大郡給二十人小郡減五人以充常從號曰長吏實同旅人名爲郡城蕩若平地雖則尊京師而抑郡縣爲強幹弱枝之術亦匪得其中道也臣比在滁州值發兵挽漕關城無人守禦止以白直代主開閉城池頹圮鎧仗不完及徙維揚稱爲重鎭乃與滁州無異嘗出鎧甲三十副與巡警使臣彀弩張弓十損四五蓋不敢擅有修治上下因循遂至于此今黃州城雉器甲復不及滁揚萬一水旱爲災盜賊竊發雖思禦備何以枝梧蓋太祖削諸侯跋扈之勢太宗杜僭僞覬望之心不得不爾其如設法救世久則弊生救弊之道在乎從宜疾若轉規固不可膠柱而鼓瑟也今江淮諸州大患有三城池墮圮一也兵仗不完二也軍不服習三也濮賊之興慢防可見望陛下特紆宸斷許江淮諸郡酌民戶衆寡城池大小並置守捉軍士多不過五百人閱習弓劒然後漸葺城壁繕完甲冑則郡國有禦侮之備長吏免剽畧之虞矣疏奏上嘉納之四年州境二虎鬭其一死食之殆半羣雞夜鳴經月不止冬雷暴作禹偁手疏引洪範傳陳戒且自劾上遣內侍乘驛勞問醮禳之詢日官云守土者當其咎上惜禹偁才是日命徙蘄州禹偁上表謝有宣室鬼神之問不望生還茂陵封禪之書止期身後之語上異之果至郡未踰月而卒年四十八訃聞甚悼之厚賻其家賜一子出身禹偁詞學敏贍遇事敢言喜臧否人物以直躬行道爲己任嘗云吾若生元和時從事於李絳崔羣間斯無媿矣其爲文著書多涉規諷以是頗爲流俗所不容故屢見擯斥所與游必儒雅後進有詞藝者極意稱揚之如孫何丁謂輩多游其門有小畜集二十卷承明集十卷集議十卷詩三卷子嘉祐嘉言俱知名嘉祐爲館職寇準曰吾尹京外議云何對曰人言丈人且入相準曰於吾子意何如嘉祐曰以愚觀之不若不爲相之善也相則譽望損矣自古賢相所以能建功業澤生民者其君臣相得如魚之有水故言聽計從而臣主俱榮今丈人負天下重望中外有太平之責焉丈人於明主能若魚之有水乎準大喜執其手曰元之雖文章冠天下至於深識遠慮或不逮吾子也嘉祐官不顯嘉言以進士第爲江都簿眞宗嘗覽禹偁奏章嗟美切直因訪其後宰相以嘉言聞卽召對擢大理評事至殿中侍御史曾孫汾舉進士甲科仕至工部侍郎入元祐黨籍

張詠字復之濮州鄄城人少負氣不拘小節雖貧賤客遊未嘗下人太平興國五年郡舉進士議以詠首薦有夙儒張覃者未第詠與寇準致書郡將薦覃爲首衆許其能讓是歲詠登進士乙科大理評事知鄂州崇陽縣再遷著作佐郎以蘇易簡薦入爲太子中允遷祕書丞通判麟相二州乞掌濮州市征以便養俄召還賜緋魚知浚儀縣會李沆宋湜寇準連薦其才以爲荆湖北路轉運使奏罷歸峽二州水遞夫就轉太常博士太宗聞其強幹召還超拜虞部郎中賜金紫旬日與向敏中並擢爲樞密直學士同知銀臺通進封駁司兼掌三班院張永德爲并代部署有小校犯法笞之至死詔案其罪詠封還詔書且言陛下方委永德邊任若以一部校故摧辱主帥臣恐下有輕上之心太宗不從未幾果有營兵脅訴軍校者詠引前事爲言太宗改容勞之出知益州時李順搆亂王繼恩上官正總兵攻討緩師不進詠以言激正勉其親行仍盛爲供帳餞之酒酣舉爵屬軍校曰汝曹蒙國厚恩無以塞責此行當直抵寇壘平蕩醜類若老師曠日卽此地還爲爾死所矣正由是決行深入大致克捷繼恩帳下卒縋城夜遁吏執以告詠不欲與繼恩失懽卽命縶投眢井人無知者時寇畧之際民多脅從詠移文諭以朝廷恩信使各歸田里且曰前日李順脅民爲賊今日吾化賊爲民不亦可乎時民間訛言有白頭翁午後食人兒女一郡囂然至暮路無行人既而得造訛者戮之民遂帖息詠曰妖訛之興沴氣乘之妖則有形訛則有聲止訛之術在乎識斷不在乎厭勝也初蜀士知向學而不樂仕宦詠察郡人張及李畋張逵者皆有學行爲鄉里所稱遂敦勉就舉而三人者悉登科士由是知勸民有諜訴者詠灼見情僞立爲判決人皆厭服好事者編集其辭鏤板傳布詠嘗曰詢君子得君子詢小人得小人各就其黨詢之則無不審矣其爲政恩威並用蜀民畏而愛之丁外艱起復改兵部郎中會詔川陝諸州參用銅鐵錢每銅錢一當鐵錢十詠上言昨經利州以銅錢一換鐵錢五綿州銅錢一換鐵錢六益州銅錢一換鐵錢八若一其法公私非便望依旬估折納銅錢眞宗卽位加左諫議大夫咸平初入拜給事中戶部使改御史中丞承天節齋會丞相大僚有酒失者詠奏彈之二年同知貢舉是夏以工部侍郎出知杭州屬歲歉民多私鬻鹽以自給捕獲犯者數百人詠悉寬其罰而遣之官屬請曰不痛繩之恐無以禁詠曰錢塘十萬家飢者八九苟不以鹽自活一旦蜂聚爲盜則爲患深矣俟秋成當仍舊法有民家子與姊壻訟家財壻言妻父臨終此子裁三歲故見命掌貲產且有遺書令異日以十之三與子餘七與壻詠覽之索酒酹地曰汝妻父智人也以子幼故託汝苟以七與子則子死汝手矣亟命以七給其子餘三給壻人皆服其明斷知永興軍府五年馬知節自益徙延州朝議擇可代者眞宗以詠前在蜀治行優異復命知益州仍加刑部侍郎樞密直學士就遷吏部侍郎轉運使黃觀上其治狀有詔褒美會遣謝濤巡撫西蜀上因令傳諭詠曰得卿在蜀朕無西顧之憂矣歸朝復掌三班領登聞檢院詠中歲瘍生腦頻妨巾櫛求知潁州眞宗以其公直有時望再任益部皆以政績聞不當蒞小郡令中書召問將委以青社或眞定令其自擇詠辭不就遂命知昇州大中祥符初加左丞三年春州民以詠秩滿借留就轉工部尚書令再任是秋以江左旱歉命充昇宣等十州安撫使進禮部上聞詠腦瘍甚憫之令薛映馳驛代還以疾未見恨不得面陳所蘊乃抗論言近年虛國帑藏竭生民膏血以奉無用之土木皆賊臣丁謂王欽若啓上侈心之爲也不誅死無以謝天下章三上出知陳州初詠與青州傅霖少同學霖隱不仕詠既顯求霖者三十年不可得至是來謁闔吏曰傅霖請見詠責之曰傅先生天下賢士吾尚不得爲友汝何人敢名之霖笑曰別子一世尚爾邪是豈知世間有傅霖者乎詠問昔何隱今何出霖曰子將去矣來報子爾詠曰詠亦自知之霖曰知復何言翌日別去後一月而詠卒年七十贈左僕射謚忠定詠剛方自任爲治尚嚴猛嘗有小吏忤詠詠械其頸吏恚曰非斬某此枷終不脫詠怒其悖卽斬之少學擊劒慷慨好大言樂爲奇節有士人遊宦遠郡爲僕夫所持且欲得其女爲妻士人者不能制詠遇於傳舍知其事卽陽假此僕爲馭單騎出近郊至林麓中斬之而還嘗謂其友人曰張詠幸生明時讀典墳以自律不爾則爲何人邪故其言曰事君者廉不言貧勸不言苦忠不言己效公不言己能斯可以事君矣性躁

果卞急病創甚飲食則痛楚增劇御下益峻尤不喜人拜跪命典客預戒止有違者詠即連拜不止或倨坐罵之眞宗嘗稱其材任將帥以疾不盡其用自號乖崖以爲乖則違衆崖不利物有集十卷弟詵爲虞部員外郎

論曰傳云邦有道危言危行三人者躬骨鯁謇諤之節蔚爲名臣所遇之時然也禹偁制戎之策厥後果符其言而醇文奧學爲世宗仰錫身沒之後特降褒命以賁直操與夫容容嘿嘿以持祿固位者異矣詠所至以政績聞天子嘗曰詠在蜀吾無西顧之憂其被獎與如此然皆骯髒自信道不諧偶故不極於用云

宋史卷二百九十四

元中書右丞相總裁脫脫等修

列傳第五十三

掌禹錫　蘇紳　王洙子欽臣　胥偃
柳植　聶冠卿　馮元　趙師民
張錫　張揆　楊安國

掌禹錫字唐卿許州郾城人中進士第爲道州司理參軍試身言書判第一改大理寺丞累遷尚書屯田員外郎通判并州擢知廬州未行丁度薦爲侍御史上疏請嚴備西羌時議舉兵禹錫引周宣薄伐爲得漢武遠討爲失且建畫增步卒省騎兵舊法薦舉邊吏貪贓皆同坐禹錫奏謂使貪使愚用兵之法也若舉邊吏必兼責士節則莫敢薦矣材武者孰從而進哉後遂更其法出提點河東刑獄杜衍薦召試爲集賢校理改直集賢院兼崇文院檢討歷三司度支判官判理欠司同管勾國子監歷判司農太常寺數考試開封國學進士命題皆奇奧士子憚之目爲難題掌公遷光祿卿改直秘閣英宗卽位自秘書監遷太子賓客御史劾禹錫老疾不任事帝憐其博學多記令召至中書示以彈文禹錫惶怖自請遂以尚書工部侍郎致仕卒禹錫矜愼畏法居家勤儉至自舉几案嘗預修皇祐方域圖志地理新書奏對帝前王洙推其稽考有勞賜三品服及校正類篇神農本草載藥石之名狀爲圖經喜命術自推直生日年庚寅日乙酉時壬午當易之歸妹困震初中末三卦以世應飛伏納五甲行軌析數推之卦得二十五少分三卦合七十五年約半祿秩筭數盡于此矣著郡國手鑑一卷周易集解十卷好儲書所記極博然迂漫不能達其要常乘駑馬衣冠汙垢言語舉止多可笑僚屬或慢侮之過閭巷人指以爲戲云

蘇紳字儀甫泉州晉江人進士及第歷宜復安三州推官改大理寺丞母喪寓揚州州將盛度以文學自負見其文大驚自以爲不及由是知名再遷太常博士舉賢良方正科擢尚書祠部員外郎通判洪州徙揚州歸上十議進直史館爲開封府推官三司鹽鐵判官時衆星西流并代地大震方春而雷詔求直言紳上疏極言時事安化蠻蒙光月率衆寇宜州敗官軍殺鈐轄張懷志等六人紳上言曰國家比以西北二邊爲意而鮮復留意南方故有今日之患誠不可不慮也臣頃從事宜州粗知本末安化地幅員數百里持兵之衆不過三四千人然而敢肆侵擾非特恃其險絕亦由往者守將失計而國家姑息之太過也向聞宜州吏民言祥符中蠻人騷動朝廷興兵討伐是時唯安撫都監馬玉勤兵深入多所殺獲知桂州曹克明害其功累移文止之故玉志不得逞蠻人畏伏其名至今言者猶惜之使當時領兵者皆如玉則蠻當殄滅無今日之患矣至使乘隙跳邊屠殺將吏其損國威無甚於此朝廷儻不以此時加兵則無以創艾將來而蠻疊荒裔彼六臣者雖不善爲馭自致喪敗然銜冤負恥當有以刷除臣觀蠻情所恃者地形險阨據高臨下大軍難以並進然其壤土磽确資蓄虛乏刀耕火種以爲餱糧其勢可以緩圖不可以速取可以計覆不可以力爭今廣東西教閱忠敢澄海湖南北雄武等軍皆慣涉險阻又所習兵器與蠻人畧同請速發詣宜州策應而以他兵代之仍命轉運使備數年軍食今秋冬之交嵐氣已息進軍據其出路轉粟補卒爲曠日持久之計伺得便利卽圖深入可以傾蕩巢穴杜絕蹊逕縱使奔迸林莽亦且壞其室廬焚其積聚使進無鈔畧之獲退無攻守之備然後諭以國恩許以送款而徙之內郡收其土地募民耕種異時足以拓外夷爲屏蔽也仍詔旁近諸蠻諭以朝廷討叛之意毋得相爲聲援如獲首級卽優償以金帛計若出此則不越一年逆寇必就殄滅況廣西溪峒荊湖川峽蠻落甚多大抵好爲騷動因此一役必皆震讋可保數十年無叚擾之虞矣朝廷施用其策遣馮仲已守桂州經制之蠻遂平又陳便宜八事一曰重爵賞先王爵以褒德祿以賞功名以定流品位以居才實未有無德而據高爵無功而食厚祿非其人而受美名非其才而在顯位者不妄與人官非惜寵也蓋官非其人則不肖者逞不妄賞人非愛財也蓋賞非其人則徼幸者衆非特如此而已則又敗國傷政納侮詒患上干天氣下戾人心災異既興妖孽乃見故漢世五侯同日封天氣赤黃及丁傅封而其變亦然楊宣以爲爵土過制傷亂土氣之祥也二曰愼選擇今內外之臣序年遷改以爲官濫而復有論述徼劾援此希進者朝臣則有升監司使臣則有授橫行不問人材物望可與不可並甄錄之不三數年坐致淸顯如此不止則異日必以將相爲賞矣三曰明薦舉今有位多援親舊或迫於權貴甚非薦賢助國爲官擇人之道若要官闕人宜如祖宗故事取班簿親擇五品以上淸望官各令舉一二人述其才能德業陛下與執政大臣參驗而擢之試而有效則先賞舉者否則黜責之如此則人人得以自勸又選人條約太嚴舊制三人保者得選京官今則五人舊轉運使提點刑獄率當三人今止當一人舊大兩省官歲舉五人今才舉三人升朝官舉三人今則舉一人舊不以在任及所統屬皆得奏舉今則須在任及統屬方許論薦驅馳下僚未免有賢愚同滯之歎也四曰異服章朝班中執技之人與丞郎淸望同佩金魚內侍班行與學士同服金帶豈朝廷待賢才加禮遇之意宜加裁定使采章有別則人品定而朝儀正矣五曰適才宜古者自黃散而下及隋之六品唐之五品皆吏部得專去留今審官院流內銓則古之吏部三班院古之兵部不問官職之閑劇才能之長短惟以資歷深淺爲先後有司但主簿籍而已欲賢不肖有別不可得也太宗皇帝始用趙普議置考課院以分中書之權今審官是也其職任豈輕也哉宜擇主判官付之以事權責成其選事若以爲格例之設久不可遽更或有異才高行許別論奏如寇準判銓薦選人錢若水等三人並遷朝官爲直館其非才亦許奏駁如唐盧從愿爲吏部非才實者並令罷選十不取一是也六曰擇將帥漢制邊防有警左右之臣皆將帥也唐室文臣自員外郎中以上爲刺史團練防禦觀察節度等使皆是養將帥之道豈嘗限以文武比年設武舉所得人不過授以三班官使之監臨欲圖其建功立事何可得也臣僚舉換右職者必人才弓馬兼書算策畧亦責之太備宜使有材武者居統領之任有謀畫者任邊防之寄士若素養之不慮不爲用也七曰辨忠邪夫忠賢之嫉姦邪謂之去惡惡不去則害政而傷國姦邪陷忠良謂之蔽明明不蔽則無以稔其慝而肆其毒矣忠邪之端惟人主深辨之自古稱帝之聖者莫如唐堯然而四凶在朝圮毀善類好賢之甚者莫如漢文然而絳灌在列不容賢臣願監此而不使譽毀之說得行愛憎之徒逞志則忠賢進而邪慝消矣八曰修預備國家承平天下無事將八十載民食宜足而不足國用宜豐而未豐甚可怖也往者明道初蟲蝗水旱幾徧天下始之以饑饉繼之以疾疫民之轉流死亡不可勝數幸而比年稍稔流亡稍復而在位未嘗留意於備預之道莫若安民而厚利富國而足食欲民之安則爲之擇守宰明教化欲民之利則必去兼并禁游末恤其疾苦寬其徭役則民安而利矣欲國之富則必崇節儉敦質素蠲浮費欲食之足則省官吏之冗去兵釋之蠹絕奢靡之弊塞凋僞之原則國食足矣民足於下國富於上雖有災沴不足憂也書奏帝嘉納之進史館修撰擢知制誥入翰林爲學士再遷尚書禮部郎中王素歐陽修爲諫官數言事紳忌之會京師閔雨紳請對言洪範五事言之不從是謂不乂厥咎僭厥罰常暘蓋言國之號令不專於上威福之柄或移臣下虛譁憒亂故其咎僭又曰庶位踰節茲謂僭刑賞妄加羣陰不附則陽氣勝故其罰常暘今朝廷號令有不一者庶位有踰節而陵上者刑賞有妄加於下者下人有謀而僭上者此而不思雖禱于上下神祇殆非天意紳意以指諫官亦言紳舉御史馬端非其人改龍圖閣學士知揚州復爲翰林學士史館修撰權判尚書省紳銳於進取善中傷人陰中王德用其疏至有宅枕乾岡貌類藝祖之語帝惡之匿其疏不下遂出紳以吏部郎中改侍讀學士集賢殿修撰知河陽徙河中未行感疾爲醫者藥所悞猶力疾答之已而卒紳博學多知喜言事嘗請罷連日視朝復唐制朔望喚仗入閤間開便殿延對輔臣寬制舉科格以收才傑選命諫員勿侵御史職事趙元昊反請詔邊帥爲入討之計且曰以十年防守之費爲一歲攻取之資不爾則防守之備不止於十年矣又曰今邊兵止備陝西恐賊出不意窺河東卽麟府不可不慮宜稍移兵備之麟延與原州鎭戎軍皆當賊衝而兵屯衆寡不均或寇原州鎭戎軍則鄜延能應援陝西屯卒太多永興爲關隴根本而戍者不及三千宜留西戍之兵壯關中形勢緩急便於調發郡縣備盜不謹請增尉員益弓手籍其論利害甚多紳與梁適同在兩禁人以爲險詖故語曰草頭木脚陷人倒卓子頌別有傳

王洙字原叔應天宋城人少聰悟博學記問過人初舉進士與郭稹同保人有告稹冒祖母禫主司欲脫洙連坐之法召謂曰不保可易也洙曰保之不願易遂與稹俱罷再舉中甲科補舒城縣尉坐覆縣民鍾元殺妻不實免官後調富川縣主簿晏殊留守南京厚遇之薦爲

府學教授召爲國子監說書改直講校史記漢書擢史館檢討同知太常禮院爲天章閣侍講專讀寶訓要言於邇英閣累遷太常博士同管勾國子監預修崇文總目成遷尚書工部員外郎修國朝會要加直龍圖閣擢同判太常寺坐赴進奏院賽神與女妓雜坐爲御史劾奏黜知濠州徙襄州會貝卒叛州郡皆恟恟襄佐史請罷教閱士不聽又請毋給眞兵洙曰此正使人不安也命給庫兵教閱如常日人無敢譁者徙徐州時京東饑朝廷議塞商胡賦揵薪輸半而罷塞洙命更其餘爲穀粟誘願輸者以餔流民因募其壯者爲兵得千餘人盜賊衰息有司上其最爲京東第一徙亳州復爲天章閣侍講史館檢討帝將祀明堂宋祁言明堂制度久不講洙有禮學願得同具其儀詔還洙太常再遷兵部員外郎命撰大饗明堂記除史館修撰遷知制誥詔諸儒定雅樂久未決洙與胡瑗更造鐘磬而無形制容受之別皇祐五年有事于南郊勸上用新樂旣而議者多非之卒不復用夏竦卒賜諡文獻洙當草制封還其目曰臣下不當與僖祖同諡因言前有司諡王溥爲文獻章得象爲文憲字雖異而音同皆當改於是太常更諡竦文莊而溥得象皆易諡嘗使契丹至韡淀契丹令劉六符來伴宴且言耶律防善畫向持禮南朝寫聖容以歸欲持至館中洙曰此非瞻拜之地也六符言恐未得其眞欲遣防再往傳繪洙力拒之嘗言天下田稅不均請用郭諮孫琳千步開方法頒州縣以均其稅貴妃張氏薨治喪皇儀殿追冊溫成皇后洙鈎摭非禮陰與內侍石全彬附會時事陳執中劉沆在中書喜其助已擢洙爲翰林學士旣而溫成卽園立廟且欲用樂詔禮院議禮官論未一洙令禮直官塡印紙上議請用樂朝廷從其說禮官吳充鞫直卿移文開封府治禮直官擅發印紙罪知府蔡襄釋不問而諫官范鎭疏禮院議園陵前後不一請詰所以御史繼論之不已宰相意充等風言者皆罷斥旣而洙以兄子堯臣參知政事改侍讀學士兼侍講學士罷一學士換二學士且兼講讀前此未嘗有也是歲京東河北秋大稔洙言近年邊糴增虛價數倍雖復稍延日月之期而終償以實錢及山澤之物以致三司財用之蹙請借內藏庫禁錢乘時和糴京東河北之粟以供邊食可以坐紓便糴之急又言近時選諫官御史凡執政之臣嘗所薦者皆不與選且士之飭身勵行稍爲大臣所知反置而不用甚可惜也及得疾踰月帝遣使問疾少間否能起侍經席乎時不能起矣洙汎覽傳記至圖緯方技陰陽五行算數音律詁訓篆隸之學無所不通及卒賜諡曰文御史吳中復言官不應得諡乃止預脩集韻祖宗故事三朝經武聖畧鄉兵制度著易傳十卷雜文千有餘篇子欽臣

欽臣字仲至淸亮有志操以文贄歐陽修修器重之用蔭入官文彥博薦試學士院賜進士及第歷陝西轉運副使元祐初爲工部員外郎奉使高麗還進太僕少卿遷祕書少監開封尹錢勰入對哲宗言比閱書詔殊不滿人意誰可爲學士者勰以欽臣對哲宗曰章惇不喜乃以勰爲學士欽臣領開封改集賢殿修撰知和州徙饒州斥提舉太平觀徽宗立復待制知成德軍卒年六十七欽臣平生爲文至多所交盡名士性嗜古藏書數萬卷手自讐正世稱善本

胥偃字安道潭州長沙人少力學河東柳開見其所爲文曰異日必得名天下舉進士甲科授大理評事通判湖舒二州直集賢院同判吏部南曹知太常禮院再遷太常丞知開封縣與御史高升試府進士旣封彌卷首輒發視擇有名者居上降祕書省著作佐郎監光化軍酒起通判鄧州復太常丞林特知許州辟通判州事徙知漢陽軍還判三司度支勾院修起居注累遷尚書刑部員外郎遂知制誥遷工部郎中入翰林爲學士權知開封府忻州地震偃以爲地震陰之盛今朝廷政令不專上出而後宮外戚恩澤日蕃此陽不勝陰之效也宜選將練師以防邊塞趙元昊朝貢不至偃曰遽討之太暴宜遣使問其不臣狀待其辭屈而後加兵則其不直者在彼而王師之出有名矣又奏戍兵代還宜如祖宗制閱其藝後殿次進之會有衞卒賂庫吏求揀冬衣坐繫者三十餘人時八月霜雪暴至偃推洪範急恒寒若之咎請從末減奏可西塞用兵士卒妻子留京師者犯法當死帝不忍用刑或欲以毒置飲食中令得善死偃極言其不可帝亦悔而止宦人程智誠與三班使臣馮文顯八人抵罪帝使赦智誠三人而文顯五人坐如法偃曰恤近遺遠非政也況同罪異罰乎詔并釋之未幾卒偃未仕時家有良田數十頃旣貴悉以予族人初天下職田無日月之限而赴官者多以前後爲斷偃請水陸田各限以月因著爲令嘗與謝絳受詔試中書吏而大臣有以簡屬偃者偃不敢發視亟焚之歐陽修始見偃偃愛其文召置門下妻以女偃糾察刑獄范仲淹尹京偃數糾其立異不循法者修方善仲淹因與偃有隙子元衡有學行能自立爲尚書都官員外郎并其子茂諶咸早卒偃妻直史館力約之妹與元衡婦韓茂諶婦謝皆寡居丹陽閨門有法江淮人至今稱之

柳植字子春眞州人少貧自奮爲學從祖開頗器之舉進士甲科爲大理評事通判滁州遷著作郎直集賢院知秀州除三司度支判官出知宣州擢修起居注知制誥求知蘇州徙杭州累遷尚書工部員外郎中召還爲翰林學士遷諫議大夫御史中丞旣而以疾辭改侍讀學士知鄧州遷給事中移穎州先是張海郭邈山叛京西攻掠縣鎭而光化卒邵興亦率其徒作亂逐官吏取庫兵而去時植領京西安撫使坐賊發部中不能察降右諫議大夫知黃州久之復其官坐薦張得一落職未幾復其職如故歷知壽亳蔡揚四州分司西京遂致仕累遷吏部侍郎卒植平居畏愼寡言笑所至官舍蔬果不輒採家無長物時稱其廉

聶冠卿字長孺歙州新安人五世祖師道楊行密版奏號問政先生鴻臚卿冠卿舉進士授連州軍事推官楊億愛其文章於是大臣交薦召試學士院校勘館閣書籍遷大理寺丞爲集賢校理通判蘄州坐嘗校十代興亡論謬誤落職再遷太常博士復集賢校理言天下旬奏獄雖笞杖並覆而徒流不繫獄者迺不以聞非所以矜愼刑罰之意請自今罷覆笞杖罪自徒以上雖不繫獄亦奏覆從之判登聞鼓院歷開封府判官三司鹽鐵度支判官同修起居注累遷尚書工部郎中初翰林侍講學士馮元脩大樂命冠卿檢閱事迹又預撰景祐廣樂記特遷刑部郎中直集賢院以兵部郎中知制誥判太常禮院糾察刑獄奉使契丹其主謂曰君家先世奉道子孫固有昌者嘗觀所著蘄春集詞極淸麗因自擊毬縱飲命冠卿賦詩禮遇甚厚還同知通進銀臺司審刑院入翰林爲學士毋亡起復判昭文館未幾兼侍讀學士冠卿每進讀左氏春秋必引尊王黜霸之義以諷一日墜笏上前帝憫冠卿喪毀羸瘠旣退賜禁中湯劑未幾告歸葬親至揚州卒詔以其弟太常博士世卿通判宣州初世卿監延豐倉掘地得古磚有隸書字半漫滅其可辯者云公先世餌霞棲雲高尚不仕累石於江濆又云昭王大丞相聶又云水龍夜號夕雞駭飛其年九月十二日卒年五十有五冠卿始見而惡之至是校所卒歲月及其享年無少異者冠卿嗜學好古手未嘗釋卷尤工詩有蘄春集十卷

論曰學士大夫異於衆人者以操行修爾詩曰靡不有初鮮克有終君子不可不愼也禹錫迂陋不知止足之戒取譏當世紳急進喜傾洙阿諛附會晚節汙變卒忘平生之學偃之恬正植之廉介冠卿之雅尚其列侍從庶亡愧焉

馮元字道宗高祖禧唐末官廣州以術數仕劉氏傳三世至父邴廣南平入朝爲保章正元幼從崔頤正孫奭爲五經大義與樂安孫質吳陸參譙夏侯圭善羣居講學或達旦不寢號四友進士中第授江陰尉時詔流內銓取明經者補學官元自薦通五經謝泌笑曰古治一經或至皓首子尚少能盡通邪對曰達者一以貫之更問疑義辨析無滯補國子監講書遷大理評事擢崇文院檢討兼國子監直講王旦聞其名嘗令說論語老子羣子弟侍聽因薦之眞宗試進士殿中召元講易元進說曰地天爲泰者以天地之氣交也君道至尊臣道至卑惟上下相與則可以輔相天地財成萬化帝悅未幾遷太子中允直龍圖閣詔預內朝直龍圖閣預內朝自此始天禧初數與查道李虛已李行簡入講易於宣和門北閣遷太常丞兼判禮部吏部南曹皇子爲壽春郡王王旦又薦元宜講經資善堂帝以元少更用崔遵度會遵度卒擢左正言兼太子右諭德仁宗卽位遷戶部員外郎爲直學士兼侍講與孫奭以經術並進講論自是仁宗益嚮學歷會靈觀副使知通進銀臺司判登聞檢院同判國子監故事國子監多宿儒典領後頗用公卿子弟任均管庫及奭元並命士議悅服同知貢舉進龍圖閣學士預脩三朝正史爲翰林學士判都省三班院史館脩撰判流內銓兼羣牧使四遷給事中明道元年當監護宸妃葬事及帝親政追冊宸妃爲莊懿皇后改葬永定陵旣發壙而流泉沮洳言者以監護不職罷翰林學士知河陽王曾爲言元東朝舊臣不宜以細故棄外卽召爲翰林侍講學士遷禮部侍郎知審官院復判禮院國子監上金華五箴賜書褒答脩景祐廣樂記書成遷戶部侍郎足疾氣悴屬李淑宋祁爲銘志卒贈本部尚書諡章靖元性僴厚不治聲名非慶弔未嘗過謁二府執親喪自括髮至祥練皆案禮變服不爲世俗齋薦遇祭日與門生對坐誦說孝經而已多識古今臺閣品式之事尤精易初七歲方讀易母夜夢異人以紺蓮華與元吞之且曰善讀此後必貴顯元且老率三日一誦易無子以兄之子譓爲後

趙師民字周翰青州臨淄人九歲能屬文舉進士第孫奭辟兗州說書領諸城主簿師民學問精博奭自以爲不及夏竦尤所奇重稱爲盛德君子論其文行顯回兩

子恩授以京秩除齊州推官青州教授更天平軍節度推官年五十來京師近臣張觀宋郊王堯臣龐籍韓琦明鎬列薦爲國子監直講兼潤冀二王宮教授改著作佐郎宗正寺主簿加崇文院檢討崇正殿說書遷宗正丞會趙元昊反罷進講師民上書陳十五事一曰咨輔相二曰命將帥三曰柬侍從四曰擇守宰五曰治軍旅六曰脩邊防七曰求諫諍八曰延講誦九曰革貢舉十曰久官政十一曰謹財用十二曰不遺年十三曰容誹謗十四曰除忌諱十五曰慎出令因獻勸講箴明年春帝遂御迎陽門召近臣觀圖書復命講讀經史師民見朝廷厭兵屈意以招元昊內不能平乃上言請任方面以圖報効遷天章閣侍講同知貢舉進待制同判宗正寺嘗講詩如彼泉流曰水之初出喻王政之發順行則通通故清潔逆亂則壅壅故濁敗賢人用則王政通而世清平邪人進則王澤壅而世濁敗幽王失道用邪絀正正不勝邪雖有善人不能爲治亦將相牽而淪于汙濁也帝曰水何以喻政對曰水者順行而潤下利萬物故以喻政此于比興義最大後講論語問脩文德曰文者經天緯地之總稱君人之道撫之以仁制之以義接之以禮講之以信皆是帝曰然其所先者無若信也曰信者天下之大本仁義禮樂皆必由之此實至道之要復問鑽燧改火曰古之聖王舉動必順天時所以四時變火隨木色近世漸務苟簡以爲非治具而遂廢之至其萬事皆不如古又問子夏子張所言交道孰勝曰聖哲之道含覆廣大與天地參善者有以進德惡者俾之改行子張之言爲優他日讀漢記問長安城衆莫能知共推師民因陳自古都雍年世舊址所在若畫諸掌帝悅曰何其所記如此在經筵十餘年甚見器異嘗盛夏屬疾家居帝飛白書團扇爲和平字賜以寄意累請補郡除龍圖閣直學士知耀州帝自寫詩寵行且以儒林舊德將行上疏曰近覩太陽食于正朔此雖陰陽之事亦慮是天意欲以感動聖心臣非瞽史不知天道但率愚意言之其月在亥亥爲水水爲正陰其日在丙丙爲正陽月掩日陰侵陽下蔽上之象也詩曰十月之交朔日辛卯又曰彼月而微此日而微謂以陰奸陽失其敘也又曰百川沸騰山冢崒崩高岸爲谷深谷爲陵謂下陵上侵其權也又曰皇父卿士番惟司徒家伯冢宰中允膳夫棸子內史蹶維趣馬楀維師氏謂大小之臣有不得其人者也宗周之間時王失德今而引喻蓋事有所譬固當不諱凡天之示象由人君有失不然則下蔽其上古人君之失不過暴虐怠慢奢侈縱放不師古始捨是何失道之有今聖心慈仁恭勤儉約自檢動循典禮如此自非下掌上邪撓正使主恩不下究而誰之咎欵望陛下朝夕咨于丞弼心膂之臣洎左右近侍耳目之官其忠而純者與之慎柬內外百執事及州縣牧宰使主恩究于下不爲羣邪所蔽塞則億兆之幸也三遷刑部郎中復領宗正卒師民淳靜剛敏舉止凝重幼喪父哀感不畜婢妾年四十四始婚志尚清遠專以讀書爲事性極慈恕勤於吏治政有惠愛嘗奏蠲陝西旱租又欲論榷酤諸弊會仁宗不豫而止嘗患近世官失其守作正官名議多不載有集三十卷子彥若試中書舍人

張錫字貺之其先京兆人曾祖山甫嘗從唐僖宗入蜀蜀平從家漢陽錫進士甲科爲試秘書省校書郎知南昌縣遷著作郎知新州初建學于州自是人始知學再遷太常博士監染院詔選能吏治畿縣乃以錫知東明始至令其下曰吾所治者三恃力恃富恃贓者吾所先也歲中以治迹聞樞密直學士李及薦爲監察御史丁謂貶崖州議還內地錫疏謂姦邪弄國本與天下共棄之今復還是違天下意由是止徙雷州玉清昭應宮災連繫甚衆錫言天災反以罪人恐重天怒願脩德以應之會論者衆獄遂解遷殿中侍御史權三司鹽鐵判官出爲荊湖北路轉運使改尚書兵部員外郎還判度支勾院爲京東轉運使淄青齊濮鄆諸州人冒耕河壖地數起爭訟錫命籍其地收租緡歲二十餘萬訟者亦息判鹽鐵勾院爲河北轉運使改江淮制置發運使召兼侍御史知雜事判大理寺權知諫院安撫利夔路歷度支鹽鐵副使喪母起復擢天章閣待制知河中府累遷右司郎中以龍圖閣直學士知滑州遷右諫議大夫知審官院進翰林侍讀學士判太常寺國子監卒贈尚書工部侍郎錫淳重清約雖貴奉養如少賤時讀書老而彌篤初舉廣文館進士考官任隨以爲第一及隨死無子錫屢賙其家

張揆字貫之其先范陽人後徙齊州擢進士第歷北海縣尉改大理寺丞以疾解官十年不出戶讀易因通揚雄太元經陳執中安撫京東薦揆經明行淳召爲國子監直講從諸王府侍講以尚書度支員外郎直史館判王府記室參軍府罷權三司戶部判官上所著太元集解數萬言詔對邇英閣令揲蓍得斷首且言斷首準易之夬蓋以陽剛決陰柔君子進小人退之象仁宗悅擢天章閣待制兼侍讀累遷右諫議大夫進龍圖閣直學士給事中判太常寺一日進讀漢馬后傳至服大練抑止外家因言今妃族太盛不可不裁損使保其家帝嘉納之詔改王溥謚有議欲爲文忠者揆曰溥周之宰相國亡不能死安得爲忠乃謚爲文康加翰林侍讀學士知審刑院出知齊州卒贈尚書禮部侍郎揆性剛狷少容闊於世務然好讀書老而不倦與弟掞相友愛掞爲龍圖閣直學士

楊安國字君倚密州安邱人父光輔居馬耆山學者多從受經州守王溥文薦爲太學助教孫奭知兗州又薦爲太常寺奉禮郎州學講書既而奭與馮元薦安國爲國子監直講并召光輔至仁宗命說尚書光輔曰堯舜之事遠而未易行願講無逸一篇時年七十餘矣而論說明暢帝悅欲留爲學官固辭以國子監丞老于家安國五經及第爲枝江縣尉後遷大理寺丞光輔教授兗州請監兗州酒稅徙監益州糧料院入爲國子監直講景祐初置崇政殿說書安國以國子博士預選久之進天章閣侍講直龍圖閣遂爲天章閣侍制龍圖閣直學士皆兼侍講進翰林侍講學士歷判尚書刑部太常寺糾察在京刑獄累遷給事中年七十餘卒贈尚書禮部侍郎安國講說一以注疏爲主無他發明引喻鄙俚世或傳以爲笑尤喜緯書及注疏所引緯書則尊之與經等在經筵二十七年仁宗稱其行義淳質以比先朝崔遵度嘗講易至鼎卦帝問九四象如何安國對九四上承至尊下應初爻任重非據故折足覆餗亦猶任得其人則雖重可勝非其人必有顛覆之患帝稱善又嘗講周官至大荒大札則薄征緩刑因進言曰古所謂緩刑乃貰過誤之民爾今衆持兵仗取民廩食一切寬之恐無以禁姦帝曰不然天下皆吾赤子迫於饑莩至起爲盜州縣既不能振恤乃捕而殺之不亦甚乎嘗請書無逸篇於邇英閣之後屏帝曰朕不欲背聖人之言命蔡襄書無逸王洙書孝經四章列置左右

論曰馮元質直博雅有古君子之風歐陽脩稱師民醇儒碩學在仁宗時並繇宿望先後執經勸講庶有所補益矣張錫清慎斂晦晚始見知揆及安國父子俱侍經幄考求其說亡過人者夫博習脩潔之士潛德隱行不聞於世者多矣繇是言之士遇不遇豈非命哉

宋史卷二百九十五

元　中　書　右　丞　相　總　裁　脫　脫　等　修

列傳第五十四

尹洙　孫甫　謝絳子景溫
葉清臣　楊察

尹洙字師魯河南人少與兄源俱以儒學知名舉進士調正平縣主簿歷河南府戶曹參軍安國軍節度推官知光澤縣舉書判拔萃改山南東道節度掌書記知伊陽縣有能名用大臣薦召試爲館閣校勘遷太子中允會范仲淹貶勑牓朝堂戒百官爲朋黨洙上奏曰仲淹忠亮有素臣與之義兼師友則是仲淹之黨也今仲淹以朋黨被罪臣不可苟免宰相怒落校勘復爲掌書記監唐州酒稅西北久安洙作敘燕息戍二篇以爲武備不可弛敘燕曰戰國世燕最弱二漢叛臣持燕挾虜蔑能自固以公孫伯珪之强卒制於袁氏獨慕容乘石虎亂乃并趙雖勝敗異術大槩論其强弱燕不能加趙趙魏一則燕固不敵唐三盜連衡百餘年虜未嘗越燕侵趙魏是燕獨能支虜也自燕入於契丹勢日熾大顯德世雖復三關尚未盡燕南地國初始與并合勢益張然止命偏師備禦王師伐蜀伐吳泰然不以兩河爲顧是趙魏足以制之明矣并寇既平悉天下銳專力契丹不能攘尺寸地頃嘗以百萬衆駐趙魏訖敵退莫敢抗世多咎其不戰然我衆負城有內顧心戰不必勝不勝則事亟矣故不戰未嘗咎也原其弊在兵不分設兵爲三壁于爭地掎角以疑其勢設覆以待其進邊壁素固驅民以守之俾其兵頓堅城之下乘間夾擊無不勝矣蓋兵不分有六弊使敵蓄勇以待戰無他枝梧一也我衆則士怠二也前世善將兵者必問幾何今以中才盡主之二也大衆儻北彼遂長驅無復顧忌四也重兵一屬根本虛弱識人易以干說五也雖委大柄不無疑貳復命貴臣監督進退皆由中御失於應變六也兵分則盡易其弊是有六利也勝敗兵家常勢悉內以擊外失則舉所有以棄之符堅淝水哥舒翰潼關是也是則制敵在謀不在衆以趙魏燕南益以山西民足以守兵足以繫國安危哉故師覆于外而本根不搖者善敗也昔者戰分而帥之將得專制就使偏師挫衄他衆尚奮詎能六國各有地千里師敗於秦散而復振幾百戰猶未及其都守國之固也陳勝項梁舉關東之衆朝敗而夕滅新造之勢也以天下之廣謀其國不若十里之固而襲新造之勢微幸於一戰庸非惑哉兵旣久弭士大夫誦

習謂百世不復用非甚妄者不誅然兵果廢則已儻後世復用之鑒此少以悟世主故迹其勝敗云息戍曰國家割棄朔方西師不出三十年而亭徼千里環重兵以戍之雖種落屢擾卽時輯定然屯戍之費亦已甚矣西戎爲寇遠自周世西漢先零東漢燒當晉氐羌唐禿髮歷朝侵軼爲國劇患興師定律皆有成功而勞弊中國東漢尤甚費用常以億計孝安世羌叛十四年用二百四十億永和末復經七年用八十餘億及叚紀明用裁五十四億而剪滅殆盡今西北涇原邠寧秦鳳鄜延四帥戍卒十餘萬一卒歲給無慮二萬騎卒與冗卒較其中者總廩給之數恩賞不在焉以十萬較之歲用二十億自靈武罷兵計費六百餘億方前世數倍矣平世屯戍且猶若是後雖有他警不可一日輟去是十萬衆有增而無損期也國家厚利募人入粟傾四方之貨然無水漕之運所輓致亦不過被邊數郡爾歲不常登廩有常給頃年亦嘗稍匱矣儻其乘我薦饑我必濟師饋饟當出於關中則未戰而西垂已困可不慮哉按唐府兵上府千二百人中府千人下府八百人爲今之計莫若籍丁民爲兵擬唐置府頗損其數又今邊鄙雖有鄉兵之制然止極塞數郡民籍寡少不足備敵料京兆西北數郡上戶可十餘萬中家半之當得兵六七萬實其賦無他易賦以帛名者不易以五穀畜馬者又蠲其雜傜民幸於庇宗樂然隸籍農隙講事登材武者爲什長隊正盛秋旬閱當若寇至以關內河東勁兵傳之盡罷京師禁旅愼簡守帥分其統專其任分統則兵不重專任則將益勵堅其守衛習其形勢積粟多致士銳使虜衆無隙可窺不戰而懾兵志所謂無恃其不來恃吾有以待之其廟勝之策乎又爲迷亨審斷原刑敎學矯察考續廣課凡雜議共九篇上之趙元昊反大將葛懷敏辟爲經略判官洙雖用懷敏辟尤爲韓琦所深知頃之劉平石元孫戰敗朝廷以夏竦爲經略安撫使范仲淹韓琦副之復以洙爲判官洙數上疏論兵請便殿召對二府大臣議邊事及講求開寶以前用兵故實特出睿斷以重邊計又請減併柵壘召募土兵省騎軍增步卒又上鬻爵令時詔問攻守之計竦具二策令琦與洙詣闕奏之帝取攻策以洙爲集賢校理洙遂趣延州謀出兵而仲淹持不可還至慶州會任福敗于好水川因發慶州部將劉政銳卒數千趨鎭戎軍赴救未至賊引去夏竦奏洙擅發兵降通判濠州當時言者謂福之敗由參軍耿傳督戰太急後得傳書乃戒福使持重毋輕進洙以傳文吏無軍責而死乎行陣又爲時所誣遂作憫忠辨誣二篇未幾韓琦知秦州辟洙通判州事加直集賢院上奏曰漢文帝盛德之主賈誼論當時事勢猶云可爲慟哭孝武帝外制四夷以彊主威徐樂嚴安尚以陳勝亡秦六卿篡晉爲戒二帝不以危亂滅亡爲諱故子孫保有天下者十餘世秦二世時關東盜起或以反者聞二世怒下吏或曰逐捕今盡不足憂乃悅隋煬帝時四方兵起左右近臣皆隱賊數不以實聞或言賊多者輒被詰二帝以危亂滅亡爲諱故秦隋宗社數年爲邱墟陛下視今日天下之治孰與漢文威制四夷孰與漢武國家基本仁德陛下慈孝愛民誠萬萬於秦隋矣至於西有不臣之虜北有彊大之鄰非特閭巷盜賊之勢也自西夏叛命四年並塞苦數擾內地疲遠輸兵久于外而休息無期卒有乘弊而起兵法所謂雖有智者不能善其後當此之時陛下宜夙夜憂懼所以慮事變而塞禍源也陛下延訪邊事容納直言前世人主勤勞寬大未有能遠過者然未聞以宗廟爲憂危亡爲懼此賤臣所以感憤於邑而不已也何者今命令數更恩寵過濫賜與不節此三者戒之愼之在陛下所行爾非有難動之勢也而因循不革弊壞日甚臣謂陛下不以宗廟爲憂危亡爲懼者以此夫命令者人主所以取信於下也異時民間朝廷降一命令皆竦視之今則不然相與竊語以爲不久當更既而信然此命令日輕於下也命令輕則朝廷不尊矣又聞羣臣有獻忠謀者陛下始甚聽之後復一人沮之則意移矣忠言者以信之不能終頗自詘其謀以爲無益此命令數更之弊也夫爵賞陛下所持之柄也近時外戚內臣以及士人或因緣以求恩澤從中而下謂之內降臣聞唐氏政衰或母后專制或妃主擅朝樹恩私黨名爲斜封今陛下威柄自出外戚內臣賢而才者當與大臣公議而進之何必襲斜封之弊哉且使大臣從之則壞陛下綱紀不從則沮陛下德音壞綱紀忠臣所不忍爲沮德音則威柄輕於上且盡公不阿朝廷所以責大臣今乃自以私昵撓之而欲責大臣之不私難矣此恩寵過濫之弊也夫賜予者國家所以勸功也比年以來嬪御及伶官太醫之屬賜予過厚民間傳言內帑金帛皆祖宗累朝積聚陛下用之不甚愛惜今之所存無幾疏遠之人誠不能知內府豐匱之數但見取於民者日煩卽知畜於公帑者不厚臣亦知國家自西方宿兵用度寖廣帑藏之積未必悉爲賜予所費然下民不可家至而戶曉獨見陛下行事感動凾往歲聞邊將王珪以力戰賜金則無不悅服或見優人所得過厚則往往憤歎人情不可不察此賜予不節之弊也臣所論三事皆人人所共知近臣從諛而不言以至今日方今非獨四夷之爲患朝政日弊而陛下不寤人心日危而陛下不知故臣願先正於內以正於外然後忠謀漸進綱紀漸舉國用漸足士心漸奮邊境之患庶乎息矣惟深察秦隋惡聞忠言所以亡遠法漢王不諱危亂所以存日親盛德與民更始則天下幸甚仁宗嘉納之改太常丞知涇州以右司諫知渭州兼領涇原路經畧公事會鄭戩爲陝西四路都總管遣劉滬董士廉城水洛以通秦渭援兵洙以爲前此屢困于賊者正由城砦多而兵勢分也今又益城不可奏罷之時戩已解四路而奏滬等督役如故洙不平遣人再召滬不至命張忠往代之又不受於是諭狄青械滬士廉下吏戩論奏不已卒從洙慶州而城水洛又徙晉州遷起居舍人直龍圖閣知潞州會士廉詣闕上書訟洙詔遣御史劉湜就鞫不得他罪而洙以部將孫用由軍校補邊自京師貸息錢到官亡以償洙惜其才可用恐以犯法罷去嘗假公使錢爲償之又以爲嘗自貸坐貶崇信軍節度副使天下莫不以爲湜文致之也徙監均州酒稅感疾沿牒至南陽訪醫卒年四十七嘉祐中宰相韓琦爲洙言乃追復故官及官其子構洙內剛外和博學有識度尤深於春秋自唐末歷五代文格卑弱至宋初柳開始爲古文洙與穆修復振起之其爲文簡而有法有集二十七卷自元昊不庭洙未嘗不在兵間故於西事尤練習其爲兵制之說述戰守勝敗盡當時利害又欲訓土兵代戍卒以減邊費爲禦戎長久之策皆未及施爲而元昊臣洙亦去而得罪矣

孫甫字之翰許州陽翟人少好學日誦數千言慕孫何爲古文章初舉進士得同學究出身爲蔡州汝陽縣主簿再舉進士及第爲華州推官轉運使李紘薦其材遷大理寺丞知絳州翼城縣杜衍辟爲永興司錄凡吏職纖末皆倚辦甫甫曰待我以此可以去矣衍聞之不復以小事屬甫衍與議語甫必引經以對言天下賢俊歷評其才性所長衍曰吾辟屬官得益友諸生亦多從甫學問徙知永昌縣監益州交子務再遷太常博士蜀用鐵錢民苦轉貿重故設法書紙代錢以便市易轉運使以爲造交子多犯法欲廢不用甫曰交子可以　造錢亦可以私鑄私鑄有犯錢可廢乎但嚴治之不當以小仁廢大利後卒不能廢衍爲樞密副使薦于朝授秘閣校理是歲詔三館臣僚言事甫進十二事按祖宗故實校當世之治有所不逮者論述以爲諷諫名三聖政範改右正言時河北降赤雪河東地震五六年不止甫推洪範五行傳及前代變驗上疏曰赤雪者赤眚也人君舒緩之應舒緩則政事弛賞罰差百官廢職所以召亂也晉太康中河陰降赤雪時武帝怠於政事荒宴後宮每見臣下多道常事不及經國遠圖故招赤眚之怪終致晉亂地震者陰之盛也陰之象臣也後宮也四夷也三者不可過盛過盛則陰爲變而動矣忻州趙分地震六年每震則有聲如雷前代地震未有如此之久者惟唐高宗本封于晉及卽位晉州經歲地震宰相張行成言恐女謁用事大臣陰謀宜制於未萌其後武昭儀專恣幾移唐祚天地災變固不虛應陛下救紓緩之失莫若自主威福時出英斷以懾姦邪以肅天下救陰盛之變莫若外謹戎備內制後宮謹戎備則切責大臣使之預圖兵防熟計成敗制後宮則凡掖庭非典掌御幸者盡出之且裁節其恩使無過分此應天之實也時契丹西夏稍強後宮張修媛寵幸大臣專政甫以此諫焉又言修媛寵恣市恩禍漸已萌夫后者正嫡也其餘皆婢妾爾貴賤有等用物不宜過僭自古寵女色初不制而後不能制者其禍不可悔帝曰用物在有司朕恨不知爾甫曰世謂諫臣耳目官所以達不知也若所謂前世女禍者載在書史陛下可自知也夏國乞盟甫上一利四害曰宿兵以來國用空耗今若與之約和則邊兵可減科斂可省其爲利一也始契丹聲言嘗遣使諭西人使臣中國今和議既成必恃其功去歲有割地之請朝廷已增歲賂若更有求將安拒之其爲害一也自承平四十年武事不飭及邊鄙有警而用不習之將不練之兵故久無成功然比來邊臣中材謀勇健者往往復出方在講訓不懈以張中國之威一旦因議和弛備復如曩日緩急必不可用其爲害二也自元昊拒命終不敢深入關中者以唃廝囉等族不附慮爲後患也今中國與之和獲歲遺之厚彼必專力以制二蕃强大之勢自茲爲始其爲害三也且朝廷恃久安之勢法令紀綱弛而不葺及西戎累敗王師始議更張以救前弊今見戎人請和苟貪無事他時之患不可救矣其爲害四也凡利害之機願陛下熟圖之又言張子奭使夏州回元昊復稱臣然乞歲賣靑鹽十萬石兼欲就京師互市諸物仍求增歲給之數臣以謂西鹽數萬石其直不下錢十餘萬緡况朝廷已許歲賜二十五萬若又許其賣鹽則

與遺契丹物數相當使契丹聞之則貪得之心生矣況自德明之時累乞放行青鹽先帝以其亂法不聽及請之不已追德明弟入質而許之是則以彼難從之事杜其意也蓋鹽中國之大利又西戎之鹽味勝解池所出而出產無窮既開其禁則流于民間無以隄防矣兼聞張子奭言元昊自拒命以來收結人心鈔掠所得旋給其衆兵力雖勝用度闕窘當此之時尤宜以計困之安得汲汲與和曲狥其請乎時陝西經畧招討副使韓琦判官尹洙還朝甫建議請詔琦等條四路將官能否爲上中下三等黜其最下者保州兵變前有告者大臣不時發之甫因言樞密副使當得罪使乃杜衍也邊將劉滬城水洛于渭州總管尹洙以滬違節度將斬之大臣稍主洙議甫以謂水洛通秦渭於國家爲利滬不可罪由是罷洙而釋滬衍屢薦甫洙與甫素善者而甫不少假借其鯁亮不私如此甫嘗言參知政事陳執中不學亡術不可用帝難之由是求補外不許其後奏丁度因對求進用帝曰度未嘗請也度乞與甫辯且指甫爲宰相杜衍門人乃以右司諫出知鄧州徙安州歷江東兩浙轉運使范仲淹知杭州多以便宜從事甫曰范公大臣也吾屈於此則不得伸於彼矣一切繩之以法然退未嘗不稱其賢再遷尚書兵部員外郎改直史館知陝州徙晉州爲江東轉運使三司度支副使遷刑部郎中天章閣待制河北都轉運使留爲侍讀卒特贈右諫議大夫甫性勁果善持論有文集七卷著唐史記七十五卷每言唐君臣行事以推見當時治亂若身履其間而聽者曉然如目見之時人言終日讀史不如一日聽孫論也唐史藏祕閣

謝絳字希深其先陽夏人祖懿文爲杭州鹽官縣令葬富陽遂爲富陽人父濤以文行稱進士起家爲梓州榷鹽院判官李順反成都攻陷州縣濤嘗畫守禦之計賊平以功遷觀察推官權知華陽縣亂亡之後田廬荒廢詔有能占田而倍入租者與之於是腴田悉爲豪右所占流民至無所歸濤收詔書悉以田還主改秘書省著作佐郎知興國軍還以治行召對長春殿命試學士院會契丹入寇眞宗議親征時曹濮多盜而契丹聲言趨齊鄆以濤知曹州屬縣賦稅多輸睢陽助兵食是歲霖潦百姓苦於轉送濤悉留不遣奏曰江淮漕運日過睢陽可取以餉軍願留曹賦緣廣濟河以饋京師轉運使論以爲不可詔從濤奏嘗使蜀還舉所部官三十餘人宰相疑以爲多濤曰有罪願連坐之奉使舉官連坐自濤始久之用馮拯薦復召試以尚書兵部員外郎直史館遂兼侍御史知雜事眞宗山陵靈駕所經道路有司請悉壞城門廬舍以過車輿象物濤言先帝車駕封祀儀物大備猶不聞有所毀撤且遺詔從儉薄今有司治明器侈大以勞州縣非先帝意願下少府裁損之進直昭文館累官至太子賓客絳以父任試祕書省校書郎舉進士甲科授太常寺奉禮郎知汝陰縣善議論喜談時事嘗論四民失業累數千言天禧中上疏謂宋當以土德王天下時大理寺丞董行父請用天爲統以金爲德詔兩制議皆言用土德則當越唐上承於隋用金德則當越五代紹唐而太祖實受終周室豈可弗遵傳繼之序絳行父議皆黜不用楊億薦絳文章召試擢祕閣校理同判太常禮院丁母憂服除仁宗即位遷太常博士用鄭氏經唐故事議宣祖非受命祖不宜配享感生帝請以眞宗配之翰林學士承旨李維以爲不可尋出通判常州天聖中天下水旱蝗起河決滑州絳上疏曰去年京師大水敗民廬舍河渠暴溢幾冒城郭今年苦旱百姓疫死田穀焦稿秋成絕望此皆大異也按洪範京房易傳皆以爲簡祭祀逆天時則水不順下政令逆時水失其性則壞國邑傷稼穡顯事者知誅罰絕理則大水殺人欲德不用茲謂張厥災荒上下皆蔽茲謂隔其咎旱天道指類示戒大要如此陛下夙夜勤苦思有以上塞時變固宜策告殃咎變更理化下罪己之詔修順時之令宣羣言以導壅斥近倖以損陰而聖心優柔重在改作號令所發未聞有以當天心者夫風雨寒暑之於天時爲大信也信不及於物澤不究於下則水旱爲沴近日制命有信宿輒改適行遽止而欲風雨以信其可得乎天下之廣萬機之衆不出房闥豈能盡知而在廷之臣未聞被數刻之召吐片言之善朝夕左右非恩澤即佞倖上下皆蔽其應不虛昔兩漢日食地震水旱之變則策免三公以示戒懼陛下進用丞弼極一時之選而政道未茂天時未順豈大臣輔佐不明邪陛下信任不篤邪必若使之宜推心責成以極其效謂之不然則更選賢者比來奸邪者易進守道者數窮政出多門俗喜由徑聖心固欲盡得天下之賢能分職受業而宰相方考賢進吏無敢建白欲德不用之應又可驗矣今陽驕莫解蟲孽漸熾河水妄行循故道之迹行尋常之政臣恐不足回靈意塞至戒古者穀不登則虧膳災屢至則降服凶年不塗壁願下詔引咎損大宮之膳避路寢之朝許士大夫斥諱上聞譏切時病罷不急之役省無名之歛勿崇私恩更進直道宣德流化以休息天下至誠動乎上大惠浹于下豈有時澤之艱哉仁宗嘉納之會修國史以絳爲編修官史成遷祠部員外郎直集賢院時濤官兩京且老矣因請便養通判河南府又論唐室麗正史官之局並在大明華清宮內太宗皇帝肇修三館更立祕閣于昇龍門左親爲飛白書額作贊刻石閣下景德中國書寖廣眞宗皇帝益以內帑四庫二聖數嘗臨幸親加勞問遷宿廣內者有不待之召人人力道術究藝文知天子尊禮甚勤而名臣高位繇此其選也往者遭罹延燔未遑中葺或引兩省故事別建外館直舍卑喧民櫛叢接太官衛尉供儗滋削虧體傷風莫茲爲甚陛下未嘗迂翠華降玉趾寥寥冊府不聞輿馬之音曠有日矣議者以謂慕道不篤於古待士少損於前士無延訪之勤而因循相尚不自激策文雅漸弊竊爲聖朝惜之願闢內館以恢景德之制詔可絳雖在外猶數論事奏言近歲不逞之徒託言數術以先生處士自名禿巾短褐內結權倖外走州邑甚者矯誣詔書傲忽官吏請嚴禁止嘗以墨敕賜封號者追還之還權開封府判官言蝗亘田野坌入郛郭蹤擲官寺井偃皆滿魯三書螽穀梁以爲哀公用田賦虐取於民朝廷歛馳之法近於廉平以臣愚所聞似吏不甚稱而召其變凡今典城牧民有顓方面之勢才者掠功取名以嚴急爲術或辯僞無實數蒙獎錄愚者期會簿書畏首與尾二者政殊而同歸於弊夫爲國在養民養民在擇吏吏循則民安氣和而災息願先取大州邑數十百詔公卿以下舉任州守者使得自辟屬縣令長務求術畧不限資考然後寬以約束許便宜從事朞年條上理狀或從或留必有功化風迹異乎有司以資而任之者焉漢時詔問京房災異可息之術房對以考功課吏臣願陛下博訪理官除煩苛之命申敕計臣損聚歛之役勿起大獄勿用躁人務靜安守淵默傳曰大祲之禮百官備而不制言省事也如此而沴氣不弭嘉休不至是靈意譎譎而聖言罔或歟會郭皇后廢絳詩白陳華引申后褒姒事以諷辭甚切至徙三司度支判官再遷兵部員外郎上言邇來用物滋侈賜予過制禁中須索去年計爲緡錢四十五萬自今春至四月已及二十餘萬比詔裁節費用而有司移文但求咸平景德簿書簿書不存則無所措置臣以謂不若推近及遠遞考歲用而裁節之不必咸平景德爲準也初詔罷織密花透背禁人服用且云自掖庭始既而內人賜衣復取於有司又後苑作製飛罥器索龜筒於市龜筒禁物也民間不得有而索不已絳皆論罷之又言號令數變則虧國體利害偏聽則惑聰明請者務欲各行而守者患於不一請罷內降凡詔令皆由中書樞密然後施行因進聖治箴五篇以父憂去服除擢知制誥判吏部流內銓太常禮院吏部擬官舊視職田有無不問多寡以是不均絳爲覈其實以多寡爲差其有名而無實者皆不用人以爲便初改判禮院爲知禮儀事自絳建請使契丹還請知鄧州距州百二十里有美陽堰引湍水溉公田水來遠而少利不及民瀕堰築新土爲防俗謂之墩者大小又十數歲數壞輒調民增築奸人蓄薪茭以時其急往往盜決堰故百姓苦之絳按召信臣六門堰故迹距城三里壅水注鉗盧陂溉田至三萬頃請復修之可罷州人歲役以水與民未就而卒年四十六絳以文學知名一時爲人脩潔醞藉所至大興學舍嘗請諸郡立學在河南修國子學教諸生自遠而至者數百人好施宗族喜賓客以故卒之日家無餘貲有文集五十卷子景初景溫景平景回景平好學著詩書傳說數十篇終秘書丞景回早卒

景溫字師直中進士第通判汝莫二州江東轉運判官興宣城百丈圩議者以爲罪降通判知漣水軍神宗初知諫院邵亢直其前事徙眞州提點江西刑獄歷京西淮南轉運使景溫平生未嘗仕中朝王安石與之善又景溫妹嫁其弟安禮乃驟擢爲侍御史知雜事安石方惡蘇軾景溫劾軾向丁憂歸蜀乘舟商販朝廷下六路捕逮篙工水師窮其事訖無一實蘇頌等論李定不持母服景溫察安石指爲辨於前已而事下臺景溫難違衆議始云定當進服又言薛向不當得侍從王韶邊奏誣罔寖失安石意然猶以嘗助已但改直史館兼侍讀不敢拜出知鄧州踰年進陝西都轉運使以不奉司農約束改知鄧襄潭三州加直龍圖閣判將作監轉右諫議大夫知潭州章惇開五溪景溫協力招築論功進官召拜禮部侍郎復出知洪州應天府瀛州元祐初進寶文閣直學士知開封府未滿歲御史中丞劉摯言其非撥煩吏右司諫王覿言瀛州妖婦李自稱事九仙聖母能與人通語言談禍福景溫在郡爲所惑禮餉甚厚遣十兵挈之入京數遣子慥至其處補李壻爲小史使出入官府崇大聲勢至縱孌妾之弟醉毆市人爲政若此尚何惜而不加譴於是罷知蔡州三年初置權六曹尚書以爲刑部劉安世復論之改知鄆州再歷永興軍時

章惇爲相景溫言元祐大臣改先帝之政并西夏人假寨終未順命宜罷分畫以馬跡所至爲境惇用其說徙知河陽卒年七十七

葉清臣字道卿蘇州長洲人父參終光祿卿清臣幼敏異好學善屬文天聖二年舉進士知舉劉筠奇所對策擢第二宋進士以策擢高第自清臣始授太常寺奉禮郎簽書蘇州觀察判官事還爲光祿寺丞集賢校理通判太平州知秀州入判三司戶部勾院改鹽鐵判官上言九事請遣使循行天下知民疾苦察吏能否與太學選置博士許公卿大臣子弟補學生重縣令諸科舉入取名大義責以策問省流外官無得入仕聽武臣終三年之喪罷度僧廢譯經一業訓兵練將愼出令簡條約詞多不載出知宣州累遷太常丞同修起居注判三司鹽鐵勾院進直史館是冬京師地震上疏曰天以陽動君之道也地以陰靜臣之道也天動地靜主尊臣卑易此則亂地爲之震乃十二月二日丙夜京師地震移刻而止定襄同日震至五日不止壞廬寺殺人畜凡十之六大河之東彌千五百里而及都下誠大異也屬者熒或犯南斗治歷者相顧而駭陛下憂勤庶政方夏泰寧而一歲之中災變仍見必有下失民望上戾天意者故垂戒以啓迪清衷而陛下泰然不以爲異徒使內侍走四方治佛事修道科非所謂消復之實也頃范仲淹余靖以言事被黜天下之人齰舌不敢議朝政者行將二年願陛下深自咎責許延忠直敢言之士庶幾明威降鑒而善應來集也書奏數日仲淹等皆得近徙會詔求直言清臣復上疏言大臣專政仁宗嘉納之清臣請外爲兩浙轉運副使兼太湖有民田豪右據上游水不得泄而民不敢訴嘗建請疏盤龍匯滬瀆港入于海民賴其利以右正言知制誥知審官院判國子監時陝西用兵上言當今將不素蓄兵不素練財無久積小有邊警外無驍將內無重兵舉西北二垂觀之若濩落大瓠外示雄壯其中空洞了無一物脫不幸戎馬猖突腹內諸城非可以計術守也自元昊僭竊因循至于延州之寇中間一歲矣而屯戍無術資糧不充窮年畜兵了不足用連監牧馬未幾已虛使蚩蚩之甿無所倚而安者此臣所以孜孜憂大瓠之穿也今羌戎稍却變詐亡窮豈宜乘卽時之小安忘前日之大辱又將泰然自處則後日視今猶今之視前也元昊圍延州既解去鈐轄內侍盧守勤與通判計用章更訟丁朝時內侍用事者多爲守勤游說朝廷議薄守勤罪而流用章嶺南清臣上疏曰臣聞衆議延州之圍盧守勤首對范雍號泣謀遣李康伯見元昊爲偷生之計計用章以爲事急不若退保鄜州李康伯遂有死難不可出城見賊之語自元昊退守勤懼金明之失二將之沒朝廷歸罪邊將又思倉卒之言一旦爲人所發則禍在不測遂反覆前議移過於人先爲奏陳冀望取信正如黃德和誣奏劉平欲免退定之罪尋聞計用章亦疏斥守勤事狀詔文彥博置劾未分曲直而遽罪用章康伯特赦守勤此必有議者結中人或聖聽以爲方當用師邊陲不可輕起大獄臣觀前史魏尙陳湯雖有功尙不免削爵罰作案驗吏士何況擁兵自固觀望不出恣縱羌賊破一縣擒二將大罪未戮又自蔽其過矯誣上奏此而不按何罪不容設用章有退保之言止坐畏懦而守勤謀見賊之行乃是歸欵二者之責孰重孰輕望詔彥博鞫正其獄苟用章之狀果虛守勤之罪果白用章更寘重科物論亦允無容偏聽一辭以虧王道無黨之義其後獄具守勤纔降湖北兵馬都監時西師未解急於經費中書進擬三司使清臣初不在選中帝曰葉清臣才可用擢爲起居舍人龍圖閣學士權三司使公事始奏編前後詔敕使吏不能欺簿帳之叢冗者一切删去內東門御廚皆內侍領之凡所呼索有司不敢問乃爲合同以檢其出入清臣與宋庠鄭戩雅相善爲呂夷簡所惡出知江寧府踰年入翰林爲學士知通進銀臺司勾當三班院丁父憂言者以清臣爲知兵請起守邊及服除宰相陳執中素不悅之卽除翰林侍讀學士知邠州道由京師因請對改澶州進尙書戶部郎中知青州徙知永興軍浚三白渠溉田踰六千頃仁宗御天章閣召公卿出手詔問當世急務清臣聞之爲條對極論時政闕失其言多劘切權貴且曰陛下欲息奔競此繫中書若宰相裁抑奔競之流則風俗惇厚人知止足宰相用憸佞之士則貪榮冒進激成渾波向有職在管庫日趨走時相之門入則取街談巷言以資耳目出則竊廟謨朝論以驚流輩一旦皆擢職司以酬所任比日人士競踵此風出入權要之家時有三尸五鬼之號乃列館職或置省曹且臺諫官爲天子耳目今則不然盡爲宰相肘腋宰相所惡則捃以微瑕公行擊搏宰相所善則從而唱和爲之先容中書政令不平賞罰不當則鉗口結舌未嘗敢言人主纖微過差或宮闈小事卽極言過當用爲訐直供職未逾歲時遷擢已加常等宋禧爲御史勸陛下宮中畜犬設棘以爲守衛削弱朝體取笑四夷不加訶譴擢爲諫官王逵兩爲湖南江西轉運使所至苛虐誅剝百姓徙配無辜特以宰相故舊不次授擢遂有河北之行如此是長奔競也其他所列利害甚衆會河決商湖北道艱食復以爲翰林學士權三司使舊制有三司使權使公事而清臣所除止言權使自是分三等焉以戶部副使向傳式不職奏請出之皇祐元年春帝御便殿訪近臣以備邊之策清臣上對略曰陛下臨御天下二十八年未嘗一日自暇自逸而西夏契丹頻歲爲患者豈非將相大臣不得其人不能爲陛下張威德而攘四夷乎昔王商在廷單于不敢仰視郅都臨代匈奴不敢犯邊今內則輔相寡謀綱紀不振外則兵不素練將不素蓄此外寇得以內侮也慶歷初劉六符來執政無術略不能折衝罇俎以破其謀六符初亦疑大國之有人藏奸計而未發既見表裏遂肆陸梁只煩一介之使坐致二十萬物永匱膏血以奉腥羶此有識之士所以爲國長太息也今詔問北使詣闕以代西戎爲名卽有邀求何以答之臣聞誓書所載彼此無求況元昊叛邊累年致討契丹坐觀金鼓之出豈有毫髮之助今彼國出師輒求我助奸盟違約不亦甚乎若使辯捷之人判其曲直要之一戰以破其謀我直彼曲豈不憚服苟不知咎或肆侵陵方河朔災傷之餘野無廬舍我堅壁自守縱令深入其能久居既無所因之糧則亟當遁去然後選擇驍勇遏絕歸師設伏出奇邀擊首尾若不就禽亦且大敗矣詔問輔翊之能方面之才與夫帥領偏裨當今孰可以任此者臣以爲不患無人患有人而不能用爾今輔翊之臣抱忠義之深者莫如富弼爲社稷之固者莫如范仲淹諳古今故事者莫如夏竦議論之敏者莫如鄭戩方面之才嚴重有紀律者莫如韓琦臨大事能斷者莫如田況剛果無顧避者莫如劉渙宏達有方略者莫如孫沔至於帥領偏裨貴能坐運籌策不必親當矢石王德用素有威名范仲淹深練軍政龐籍久經邊任皆其選也狄青范全頗能馭衆蔣偕沉毅有術略張亢倜儻有膽勇劉貽孫材武剛斷王德基純慤勁勇此可補偏裨者也詔謂朔方災傷軍儲缺乏此則三司失計置轉運使不擧職固非一日旣往固已不咎來者又復不追臣未見其可也且如施昌言承久弊之政方欲竭思慮辦職事一與賈昌朝違戾遂被移徙軍儲何由不乏自去年秋八月計度市糴而昌朝執異議仲春尙未與奪財賦何緣得豐先朝置內帑本備非常今爲主者之吝自分彼我緩急不以爲備則臣不知其所爲也至如粒食之重轉徙爲難莫若重立爵等少均萬數豪民誑誤使得入粟以免杖笞必能速辦夫能儉嗇以省費漸致於從容德音及此天下之福也比日多以卑官職請厚奉或身爲內供奉而有遇刺之給或爲觀察使便占留後之封倖門日開賜予無藝若令有司執守率循舊規庶幾物力亦獲寬弛詔問戰馬之絕何策可使足用臣前在三司嘗陳監牧之弊占良田九萬餘頃歲費錢百萬緡天閑之數纔三四萬急有征調一不可用今欲不費而馬立辦莫若賦馬於河北河東陝西京東西五路上戶一馬中戶二戶一馬養馬者復其一丁如此則坐致戰馬二十萬匹不爲難矣時清臣以河北乏兵食自汴漕米繇河陰輸北道者七十餘萬又請發大名庫錢以佐邊糴而安撫使賈昌朝格詔不從清臣固爭且疏其跋扈不臣宰相方欲兩中之乃徙昌朝鄭州罷清臣爲侍讀學士知河陽卒贈左諫議大夫清臣天資英邁遇事敢行奏對無所屈郭承祐妻舒王元偁女封郡主給奉及承祐爲殿前副都指揮使妻以不加封請增月給清臣執奏不可仁宗曰承祐管軍妻又諸王女當優之清臣曰是終爲徼幸遂卷其奏置懷中不行數上書論天下事陳九議十要五利皆當世可行者有文集一百六十卷子均爲集賢校理

楊察字隱甫其先晉人從唐僖宗入蜀家于城都至其祖鈞始從孟昶歸朝鈞生居簡仕眞宗時至尙書都官員外郎嘗官廬州遂爲合肥人居簡生察景祐元年舉進士甲科除將作監丞通判宿州遷祕書省著作郎直集賢院出知潁壽二州入爲開封府推官判三司鹽鐵度支勾院脩起居注歷江南東路轉運使屬吏以察年少易之及行部數擿姦隱衆始畏伏察在部專以擧官爲急務人或議之察曰此按察職也苟擿拾羨餘則俗吏之能何必我哉召爲右正言知制誥權判禮部貢院時上封者請罷有司糊名考士及變文格使爲放軼以襲唐體察以謂防禁一潰則奔競復起且文無今昔惟以體要爲宗若肆其澶漫亦非唐氏科選之法前議遂寢晏殊執政以妻父嫌換龍圖閣待制母憂去職服除復爲知制誥拜翰林學士權知開封府擢右諫議大夫權御史中丞論事無所避會詔擧御史建言臺屬供奉殿中巡糾不法必得通古今治亂良直之臣今擧格太密坐細故皆置不取恐英偉之士或有所遺御史何郯以論事不得實中書問狀察又言御史故事許風聞縱所言不當自繫朝廷采擇今以疑似之間遽被詰問臣

恐臺諫官畏罪緘默非所以廣言路也又數以言事忤宰相陳執中未幾三司戶部判官楊儀以請求貶官察坐前在府失出笞罪雖去官猶罷知信州徙揚州復爲翰林侍讀學士又兼龍圖閣學士知永興軍加端明殿學士知益州再遷禮部侍郎復權知開封府復兼翰林學士權三司使內侍楊永德毀察於帝三司有獄辭連衞士皇城司不卽遣而有詔移開封府鞫之察由是乞罷三司乃遷戶部侍郎兼三學士提舉集禧觀進承旨踰年復以本官充三司使餌鍾乳過劑病癰卒贈禮部尚書謚宣懿察美風儀幼孤七歲始能言母頗知書嘗自敎之敏於屬文其爲制誥初若不用意及藁成皆雅致有體當世稱之遇事明決勤於吏職雖多益喜不厭癰方作猶入對商畫財利歸而大頓人以爲用神太竭云有文集二十卷無子以兄子庶爲嗣弟賓舉進士第一通判潤州以母憂不赴毀瘠而卒時人傷之

論曰當仁宗在位時宋興且百年海內嘉靖上下安佚然法制日以玩弛徼倖之弊多自西陲用兵關中困擾天子憫勞元元奮然欲用羣材以更內外之治于時俊傑輩出尹洙崎嶇兵間亦頗論天下之事孫甫馳騁言路咸以文學方正知名繹文詞議論尤爲儒林所宗朝廷方欲倚用之不幸死矣最後淸臣察繇進士高等不數年致位侍從立朝謇謇無所附麗爲一時名臣豈非出於上之所自擢故奮厲不撓以圖報稱哉

宋史卷二百九十六

元中書右丞相總裁脫脫等修

列傳第五十五

韓丕　師頏　張茂直　梁顥子固

楊徽之楊澈　呂文仲　王著　呂祐之

潘愼修　杜鎬　查道從兄陶

韓丕字太簡華州鄭人父杲晉開運中爲曲陽主簿契丹攻城陷沒焉母改適他氏丕幼孤貧有志操讀書于驪山嵩陽通周易禮記爲人講說常有山林之志家雖甚貧處之晏如年長始學文開寶中鄭牧知文州與之借行遂薄遊兩川及牧知成都劉熙古延置門下掌書奏以孫女妻之太平興國三年舉進士聲名藉甚公卿多薦之者嘗著孟母碑返魯頌人多諷誦之解褐大理評事通判衡州石熙載薦其文行代還以文學試中書擢著作佐郎直史館賜緋魚未幾改左拾遺八年遷職方員外郎知制誥雍熙初加虞部郎中二年與賈黃中徐鉉同知貢舉丕屬思艱澁及典書命傷於稽緩宰相宋琪性褊急常加督責或申以譏誚丕不能平又舍人王祜以前輩負氣每陵轢面折之丕乃表求外郡出知虢州就改職方郎中端拱初拜右諫議大夫賜金紫知河陽濠州丕起寒素以冲澹自處不奔競於名宦太宗甚嘉重之淳化二年召入爲翰林學士終以遲鈍不敏於用復罷職充集賢殿修撰知均州就遷給事中工部侍郎徙金州召還充史館修撰又出知滁州就加禮部大中祥符二年卒丕鈍厚畏愼似不能言者歷典州郡雖不優於吏事能以淸介自持時稱其長者云

師頏字霄遠大名內黃人父均後唐長興二年進士終永興節度判官因家關右頏少篤學與兄頌齊名建隆二年舉進士竇儀典貢舉擢之上第釋褐耀州軍事推官以疾解久不赴調開寶中復爲解州推官太平興國初召還遷大理寺丞陝西河北轉運判官就改著作佐郎秩滿遷監察御史通判永興軍府坐秦王廷美假公帑緡錢左授乾州團練副使尋復舊官六年改殿中侍御史通判邠州徙知簡州轉起居舍人以公累去官復爲殿中侍御史知資昌二州頏所至以簡靜爲治蜀人便之代還遷侍御史知安州賜緡錢二十萬移朗州超拜工部郎中命知陝州賜金紫時西鄙用兵餽道所出軍士多亡命嘯聚山林爲盜頏嚴其巡捕盜越他境改刑部郎中未幾召還眞宗以其舊人素負才望而久次于外累召對詢其文章頏謙遜自晦上益嘉之翌日命以本官知制誥兼史館修撰咸平二年與溫仲舒張詠同知貢舉明年召入翰林爲學士五年復與陳恕同典貢部又知審官院通進銀臺封駁司俄卒年六十七詔遣官護葬給其子仲回秘書丞奉終喪頏曠達夷雅搢紳多慕其操尚有集十卷子三人仲回端拱元年進士及第至太常博士仲宰國子博士仲說殿中丞

張茂直字林宗兗州瑕邱人父延昇以經術敎授鄉里茂直方弱冠慕容彥超據州城驅之守陴及周師破敵擁城守者列坐將斬之有卒挾刃謂茂直曰汝髮甚黰惜爲頸血所汚可先斷之茂直許焉刃未及髮會得釋後勵志於學開寶中州將器其爲人首薦之且給錢五萬以助其裝二年登進士第解褐海州推官進司農寺丞通判泰州爲轉運使韋務昇誣奏徙監梓州富國監代還自陳得雪復通判靜安軍軍不領縣城闉之外卽深州之下博茂直奏割下博隸焉進秩著作佐郎扈蒙薦其才改秘書丞會福州民訟田命茂直按之將行留不遣參知政事李至稱其端實命入益王元傑府爲記室參軍王好學多爲詩什遇茂直甚厚雖受時果之賜亦分餉焉王嘗遣使徵詩茂直援筆而就甚稱賞之端拱元年召對賜金紫數日改度支員外郎三遷本曹郎中眞宗居藩時茂直與朱昂並在諸王府每預宴集屢因酬唱識其名卽位選用舊臣得茂直及昂與梁周翰師頏輩相繼知制誥茂直旣入西閣會元傑生日遣持禮幣爲賜復至舊府時人榮之茂直淳至寡言晚年多疾才思梗澀不稱職改秘書少監出知潁州咸平四年卒年七十五子成列端拱二年進士及第成務比部員外郎

梁顥字太素鄆州須城人曾祖涓成武主簿祖惟忠以明經歷佐使府至天平軍節度判官父文度早世顥養於叔父王禹偁始與鄉貢顥依以爲學嘗以疑義質于禹偁禹偁拒之不答顥發憤讀書不期月復有所質禹偁大加器賞初舉進士不中第留闕下獻疏曰臣歷觀史籍唐氏之御天下也列聖間出人文闡燿尚且渴於共治旁求多彥設科之選逾四十等當時秉筆之士彬彬翔集表著所以左右前後有忠有良導化原樹治本者享三百年得人之由也五代不競茲制日淪國家興儒追風三代方今科名之設俊造畢臻秉筆者如林趨選者如雲貢於諸侯考於春官陛下躬臨愼擇必盡至公柰何所取不出於詩賦策論簡於心者援而陟之咈於心者推而黜之寧無濫陟枉黜之失耶其間闒茸妄進濫廁科場者間亦有之若曰陛下嘉惠孤寒沉滯之士罔討賢否悉拔而登之一視同仁臣竊謂此非確論蓋聖人在上則內君子而外小人若薰蕕同器甚非所以正人倫淳風俗也況邱園之下豈無宏才茂德之士陛下誠能設科以擢異等之士俾陳古人之治亂君臣之得失民生之休戚賢愚之用舍庶幾有益於治不特詩賦論策之小技以應有司之求而已疏上不報雍熙二年復舉進士廷試方禹中獻賦太宗詔升殿詢其門第賜甲科解褐大名府觀察推官四年與梁湛並召爲右拾遺直史館賜緋判鼓門登聞院顥在大名佐趙昌言昌言入掌樞密會翟馬周事顥坐貶虢州司戶參軍起知魚臺縣就加大理評事召還遷殿中丞頃之復直史館歷開封府推官三司關西道判官轉太常博士丁內艱起令赴職改右司諫眞宗初詔羣臣言事顥時使陝西途中作聽政箴以獻還爲度支判官咸平元年與楊勵李若拙朱台符同知貢舉時詔錢若水重修太祖實錄表顥參其事又同修起居注扈蹕大名詔訪羣臣邊事顥上疏曰臣聞自古用兵之道在乎明賞罰而已然而賞不可以獨任罰不可以少失故兵法曰罰之不行譬如驕子之不可用又曰善爲將者威振敵國令行三軍盡忠益時者雖讐必賞犯法敗事者雖親必罰故孫武斬隊長而兵皆整穰苴斬監軍而敵遂退以此言之兵法不可不正也昨者命將出師乘秋備塞而傅潛奉明詔握重兵逗撓無謀守陴翫寇老精兵於不用以至蕃馬南牧邊塵晝驚河朔之民流移失所魏博以北蹂踐一空遂至殘妖未殄鑾輅親征此所謂以賊遺君父者也乃或赦而不問則何以謝橫死之民或黜而不戮則何以懲用兵之罪以軍法論之固合斬潛以徇軍中降詔以示天下如此則協前古之典章戒後來之將帥然後擇邊臣之可用者就委用之臣嘗讀漢史李廣之屯兵行師也無部伍行陣就善水草人人自便不擊刁斗以自衞遠於斥候未嘗遇害而廣終爲名將士卒樂用又唐高祖之備北邊也選勁兵爲游騎不齎軍糧隨逐水草遇敵則殺當時以爲得策願於邊將中不以名位高卑但擇其武勇謀畧素爲衆所推服者取十人爲人付騎士五十器甲完備輕齎糧糗逐水草以爲利往復扞禦不令入郡邑不許聚處遇有寇兵隨時掩捕仍令烽候相望交相救應緣邊州郡守城兵帥卽堅壁以待之遇游騎近城掩殺邊寇內量出兵甲援救如此則乘城者不堅閉壘門免坐觀於勝負捍邊者不苟依郡郭可行備於寇攘雖匪良籌且殊膠柱時論頗稱之三年與李宗諤趙安仁並命知制誥賜金紫是年冬王均平命爲峽路安撫使歸掌三班韓國華判大理以斷刑失中乃選顥以代之四年張齊賢使關右安撫以顥爲之副顥有吏才每進對詞辯明敏眞宗嘉賞之凡羣臣上封者悉付顥洎薛暎詳閱可否冬以河北饑盜命與暎分爲東西路巡檢使還拜右諫議大夫充戶部使會罷三部使以顥爲翰林學士同知審官院三班景德元年權知開封顥美風姿强力少疾闔門雍睦與人交久而無改士大夫多之六月暴病卒年九十二上甚軫

惻賜賻加等所著文集十五卷子固遞適適相仁宗別有傳

固字仲堅幼有志節常著漢春秋顥器賞之初以顥遺蔭賜進士出身服闋詣登聞院讓前命願赴鄉舉許之大中祥符元年舉服勤詞學科擢甲第解褐將作監丞同判密州就遷著作佐郎歸朝改著作郎直史館賜緋歷戶部判官判戶部勾院爲人氣調俊爽善與人交踈財慷慨尚氣義明於吏道馬元方領三司臨事彊率固撫其曠闕之狀屢請對條奏嘗詔鞫獄時稱平審天禧大禮成奏頌甚工無幾卒年三十三有集十卷

楊徽之字仲猷建州浦城人祖郜仕閩爲義軍校家世尚武父澄獨折節爲儒終浦城令徽之幼刻苦爲學邑人江文蔚善賦江爲能詩徽之與之遊從遂與齊名嘗肄業於潯陽廬山時李氏據有江表乃潛服至汴洛以文投竇儀王朴深賞遇之周顯德中舉進士劉溫叟知貢部中甲科同時登第者十六人世宗命覆試惟徽之與李覃何曮趙鄰幾中選解褐校書郎集賢校理宰相范質深器重之歷著作佐郎右拾遺竇儼纂禮樂書徽之預焉乾德初與鄭玘並出爲天興令府帥王彥超素知其名待以賓禮蜀平移峨眉令時宋白宰玉津多以吟詠酬答復爲著作佐郎知全州就遷左拾遺右補闕太平興國初代還太宗素聞其詩名因索所著徽之以數百篇奏御且獻詩爲謝其卒章有十年流落今何幸叨遇君王問姓名語太宗覽之稱賞自是聖製多以別本爲賜遷侍御史權判刑部嘗屬疾遣尚醫診療賜錢三十萬轉庫部員外郎賜金紫判南曹同知京朝官差遣會詔李昉等采緝前代文字類爲文苑英華以徽之精於風雅分命編詩爲百八十卷歷遷刑兵二部郎中獻雍熙詞上賡其韻以賜端拱初拜左諫議大夫出知許州入判史館事加修撰因次對上言曰自陛下嗣統鴻圖闡揚文治廢墜修舉儒學響臻乃至周巖野以聘隱淪盛科選以來才彥取士之道亦已至矣然擅文章者多超遷明經業者罕殊用向非振舉曷勸專勤師法不傳祖述安在且京師四方之會太學首善之地今五經博士並闕其員非所以崇教化奬人材繇內及外之道也伏望濬發明詔博求通經之士簡之朝著拔首草萊增置員數分教胄子隨其所業授以本官廩稍且優旌別斯在淹貫之士既蒙厚賞則天下善類知所勸矣無使唐漢專稱得人太宗嘉納之顧謂宰相曰徽之儒雅操履無玷置於館閣宜矣未幾改判集賢院嘗詔預觀燈乾元樓上嘉其精力不衰時劉昌言拔自下位不踰時參掌機務懼無以厭人望常求自安之計童僊爲右計使欲傾昌言代之嘗謂徽之曰上遇張洎錢若水甚厚旦夕將大用有直史館錢熙者與昌言厚善詣徽之徽之語次及之熙遽以告昌言昌言以告洎洎方固寵謂徽之遺熙構飛語中傷已遂白上上怒召昌言質其語出徽之爲山南東道行軍司馬熙落職通判朗州徽之未行改鎭安軍行軍司馬眞宗尹京妙選僚佐驛召爲左諫議大夫與畢士安並充開封府判官召對便殿諭以輔導意東宮建屬以徽之兼左庶子嘗出巡田眞宗作詩言懷因以寄之遷給事中即位拜工部侍郎樞密直學士俄兼秘書監咸平初加禮部侍郎二年春以衰疾求解近職改兵部仍兼秘書監入謝命坐勞之曰圖書之府清淨無事俾卿得以養性也是秋特置翰林侍讀學士命與夏侯嶠呂文仲並爲之賜宴秘閣且褒以詩未幾以足疾請告上取名藥以賜郊祀不及扈從錫賚如侍祠之例車駕北巡徽之力疾辭於苑中上顧謂曰卿勉進醫藥比見當不久也及駐蹕大名特降手詔存諭明年春正月車駕還又遣使臨問卒年八十贈兵部尚書賜其家錢五十萬絹五百匹錄其外孫宋綬太常寺太祝姪孫偓集並同學究出身徽之純厚清介守規矩尚名敎尤疾非道以干進者嘗言溫仲舒寇準用搏擊取貴位使後輩務習趨競禮俗寖薄世謂其知言徽之寡諾於俗雅李昉王祐深所推服與石熙載李穆賈黃中爲文義友自爲郎官御史朝廷即待以舊德善談論多識典故唐室以來士族人物悉能詳記酷好吟詠每對客論詩終日忘倦既沒有集二十卷留於家上令夏侯嶠取之以進徽之無子後徽之妻王卒及葬復以縑帛賜其家

澈字晏如徽之宗人也世家建陽父思進晉天福中北渡海因家於青州之北海累佐使幕澈幼聰警七歲讀春秋左氏傳即曉大義周宰相李穀召令默誦一無遺誤穀甚異之年十六思進爲鎭趙從事會昭慶令缺使府命澈假其任時河決鄆郡府督役甚急澈部徒數千徑大澤中多蘆葦令采刈爲筏順流而下既至執事者訝以後期俄而筏繼至駭而問之澈以狀對乃更嗟賞建隆初舉進士時竇儀典貢部謂澈文詞敏速可當書檄之任調補河內主簿再遷青州司戶參軍知州張全操多不法澈鞫獄平允無所阿畏太祖知其名召試禁中改著佐作郎出知渠州江南平改通判虔州令就大將曹彬分兵以行既入境僞帥郭再興擁兵自固澈單騎直趨其壘諭以朝廷威信再興即奉符以代澈悉料城中軍士之勇壯者凡五百人爲一綱部送京師土豪黎羅二姓聚衆依山謀亂澈率兵平之擒二豪械送闕下遷右贊善大夫知淄州事親以孝聞求便侍養徙同判青州三遷祠部員外郎復知淄州又知舒州累轉祠部郎中咸平初遴選王府僚佐以澈爲雍王府記室參軍賜金紫加度支郎中景德初車駕幸澶淵王爲東京留守澈遷兵部郎中充留守判官軍巡囚逸王驚而感疾及薨又得閨門殘忍之狀坐輔導不善免官未幾起爲祠部郎中卒年七十四子嶠淳化進士職方員外郎

呂文仲字子臧歙州新安人父裕僞唐歙州錄事參軍文仲在江左舉進士調補臨川尉再遷大理評事掌宗室書奏入朝授太常寺太祝稍遷少府監丞預修太平御覽廣記文苑英華改著作佐郎太平興國中上每御便殿觀古碑刻輒召文仲與舒雅杜鎬吳淑讀之嘗令文仲讀文選繼又令讀江海賦皆有賜賚以本官充翰林侍讀寓直御書院與侍書王著更宿侍書學葛湍亦直禁中太宗暇日每從容問文仲以書史著以筆法湍以字學雍熙初文仲遷著作佐郎副王著使高麗復命改左正言巡撫福建未幾賜金紫加左諫議大夫淳化中與陳堯叟並兼關西巡撫使時內品方保吉專幹榷酤威制郡縣民疲吏擾變易舊法訟其掊克者甚衆文仲等具奏其實太宗怒甚亟召保吉將劾之反爲保吉所訟下御史驗問文仲所坐皆細事而素巽懦且恥與保吉辯對因自誣伏遂罷職既而太宗知其由復令直秘閣踰月再爲侍讀一日召於崇政殿讀上草書經史故實數十軸詔模刻于石遷起居舍人兵部員外郎同判吏部銓知銀臺通進封駮司審官院咸平三年拜工部郎中充翰林侍讀學士受詔集太宗歌詩爲三十卷詔書加奬又知審刑院六年授御史中丞景德中鞫曹州奸民趙諫獄諫多與士大夫交遊內出姓名七十餘人令悉窮治文仲請對言逮捕者衆或在外郡苟悉索之慮動人聽上曰卿執憲當嫉惡如讎豈公行黨庇邪文仲頓首曰中司之職非徒繩糾愆違亦當顧國家大體今縱七十人悉得奸狀以陛下之慈仁必不盡戮不過廢棄而已但籍其名吏察其爲人置於冗散或舉選對敭之日擯斥之未爲晚也上從其言三年遷工部侍郎復爲翰林侍讀學士文仲久居禁近頗周密兢愼一日早朝暴得風疾請告踰百日詔續其奉明年改刑部侍郎充集賢院學士未幾卒錄其子永爲奉禮郎文仲富詞學器韻淹雅其使高麗也善於應對清淨無所求遠俗悅之後有使高麗者必詢其出處然性頗齷齪不爲時論所許有集十卷

王著字知微文仲同時人自言唐相石泉公方慶之後世家京兆渭南祖賁廣明中從僖宗入蜀遂爲成都人賁仕王建爲雅州刺史父景環萬州別駕著僞蜀明經及第歷平泉百丈永康主簿蜀平赴闕授隆平主簿凡十一年不代著善攻書筆迹甚媚頗有家法太宗以字書訛舛欲令學士刪定少通習者太平興國三年轉運使侯陟以著名聞改衞寺丞史館祗候委以詳定篇韻六年召見賜緋加著作佐郎翰林侍書與侍讀更直于御書院太宗聽政之暇嘗以觀書文筆法爲意諸家字體洞臻精妙嘗令中使王仁睿持御札示著著曰未盡善也太宗臨學益勤又以示著著答如前仁睿詰其故著曰帝王始攻書或驟稱善則不復留心矣久之復以示著著曰功已至矣非臣所能及其後眞宗嘗對宰相語其事且嘉著之善於規益於侍書待詔中亦無其比雍熙二年遷左拾遺使高麗端拱初加殿中侍御史二年與文仲同賜金紫明年卒特加賻賜錄其子嗣復爲奉禮郎

呂祐之字元吉濟州鉅野人父文贊本州錄事參軍祐之太平興國初舉進士解褐大理評事通判洋州改右贊善大夫出爲泰寧軍節度判官移天雄軍召拜殿中侍御史決獄西蜀還知貝州換右補闕直史館通判吏部南曹遷起居舍人端拱中副呂端使高麗假內庫錢五十萬以辦裝還遇風濤舟欲覆祐之悉取所得貨沉之即止復獻海外覃皇澤詩十九首太宗嘉之仍蠲其所貸淳化初判戶部勾院會分備三館職以祐之與趙昂安德裕並直昭文館俄以本官知制誥賜金紫同知貢舉有東野日宣者祐之以妻族嘗薦舉之坐鞫獄陳州不實貶官祐之亦降授殿中丞再直史館未幾復知制誥太宗嘗閱班簿擇近臣舉官覩祐之姓名宰相因言其前坐舉無狀上曰此正可令贖過矣即取祐之焉至道初拜右諫議大夫賜金紫知審官院出知襄州徙壽州眞宗即位轉給事中復知襄州移昇州歲餘又典襄陽歸掌吏部選事知通進銀臺司與呂文仲並拜工部侍郎翰林侍讀學士自置侍讀侍講甚艱其選至是裁七人祐之第其名氏刻石于秘閣祐之純謹長者不

喜趨競所至無顯譽備顧問不能有所啓發會文仲以疾罷近職祐之亦出爲集賢院學士仍並遷刑部侍郞景德四年卒年六十一有集三十卷

潘愼修字成德泉州莆田縣人父承祐仕閩後歸江南仕李景至刑部尚書致仕愼修少以父任爲秘書省正字累遷至水部郞中兼起居舍人開寶末王師征江南李煜遣隨其弟從鎰入貢買宴錢求緩兵留館懷信驛旦夕捷書至邸吏督從鎰入賀愼修以爲國且亡當待罪何賀也自是每羣臣稱賀從鎰卽奉表請罪太祖嘉其得體遣中使慰諭供帳牢餼悉加優給煜歸朝以愼修爲太子右贊善大夫煜表求愼修掌記室許之煜卒改太常博士歷膳部倉部考功三員外通判壽州知開封縣又知湖梓二州淳化中秘書監李至薦之命以本官知直秘閣愼修善弈棊太宗屢召對弈因作棊說以獻大抵謂棊之道在乎恬默而取舍爲急仁則能全義則能守禮則從變智則能兼信則能克君子知斯五者庶幾可以言棊矣因擧十要以明其義太宗覽而稱善俄與直昭文館韓援使淮南巡撫累遷倉部考功二部郞中咸平中又副邢昺爲兩浙巡撫使俄同修起居注景德初上言衰老求外任眞宗以儒雅宜留秘府止聽解記注之職數月擢爲右諫議大夫翰林侍讀學士從幸澶州遘寒疾詔令肩輿先歸明年正月卒年六十九賻錢二十萬絹一百匹愼修疾雖亟精爽不亂託陳彭年草遺奏不爲諸子干澤但以主恩未報爲恨上憫之錄其子汝士爲大理評事汝礪爲奉禮郞令有司給舟載其柩歸洪州愼修風度醞籍博涉文史多讀道書善清談先是江南舊臣多言李煜闇懦事多過實眞宗一日以問愼修對曰煜或懵理若此何享國十餘年他日對宰相語及之且言愼修溫雅不忘本得臣子之操深喜獎之當時士大夫與之遊者咸推其素尚然頗恃前輩待後進倨慢人以此少之有集五卷汝士至工部員外郞直集賢院

杜鎬字文周常州無錫人父昌業南唐虞部員外郞鎬幼好學博貫經史兄爲法官嘗有子毀父畫像爲旁親所訟疑其法不能決鎬曰僧道毀天尊佛像可比也兄甚奇之擧明經解褐集賢校理入直澄心堂江南平授千乘縣主簿太宗卽位江左舊儒多薦其能改國子監丞崇文院檢討會將祀南郊彗星見宰相趙普召鎬問之鎬曰當祭而日食猶廢況謫見如此乎普言于上卽罷其禮翌日遷著作佐郞改太子左贊善大夫賜緋魚歷殿中丞國子博士加秘閣校理太宗觀書秘閣詢鎬經義進對稱旨卽日改虞部員外郞加賜金帛又問西漢賜與悉用黃金而近代爲難得之貨何也鎬曰當是時佛事未興故金價甚賤又嘗召問天寶梨園事數奏詳悉再遷駕部員外郞判太常禮院與朱昻劉承珪編次館閣書籍虞部郞中事畢賜金紫改直秘閣會修太祖實錄命鎬檢討故事以備訪問景德初置龍圖閣待制因以命鎬鎬加都官郞中從幸澶淵遇懿德皇后忌日疑軍中鼓吹之禮時鎬先還備儀仗命馳騎問之鎬以武王載木主伐紂前歌後舞爲對預修冊府元龜改司封郞中四年拜右諫議大夫龍圖閣直學士賜襲衣金帶班在樞密直學士下時特置此職儒者榮之大中祥符中同詳定東封儀注遷給事中三年又置本閣學士遷鎬工部侍郞充其職上日賜宴秘閣上作詩賜之進秩禮部侍郞六年冬卒年七十六錄其子渥爲大理寺丞及三孫官鎬博聞強記凡所檢閱必戒書吏云某事某書在某卷幾行覆之一無差誤每得異書多召問之鎬必手疏本末以聞顧遇甚厚士大夫有所著撰多訪以古事雖晚輩卑品請益應答無倦年踰五十猶日治經史數十卷或寓直館中四鼓則起誦春秋所居僻陋僅庇風雨處之二十載不遷徙燕居暇日多挈醪饌以待賓友性和易清素有懿行士類推重之

査道字湛然歙州休寧人祖文徽仕南唐至工部尚書父元方亦仕李煜爲建州觀察判官王師平金陵盧絳據歙州遣使傳檄至郡元方斬其使及絳擒太祖聞元方所爲優獎之拜殿中侍御史知泉州卒道幼沉嶷不羣卒言笑喜親筆硯文徽特愛之未冠以詞業稱侍母渡江奉養以孝聞母嘗病思鱖羹方冬苦寒市之不獲道泣禱于河鑿冰取之得鱖尺許以饋又刲臂血寫佛經母疾尋愈後數年母卒絕意名宦遊五臺將落髮爲僧一夕震雷破柱道坐其下了無怖色寺僧異之咸勸以仕端拱初擧進士高第解褐館陶尉曹彬鎭徐州辟爲從事深被禮遇改興元觀察推官寇準薦其才授著作佐郞淳化中蜀寇叛命道通判遂州召對出御書歷俾錄其課給以實奉至道三年有使兩川者得道公正清潔之狀以聞優詔嘉獎遷秘書丞俄從知果州時寇黨尚有伏巖谷依險爲柵者其酋何彥惠集其徒二百餘止西充之大木槽彀弓露刃詔書招諭之未下咸請發兵殄之道曰彼愚人也以懼罪欲延命須臾爾其黨豈無詿誤邪遂微服單馬數僕不持尺刃間關林壑百里許直趨賊所初悉驚畏持滿外嚮道神色自若踞胡牀而坐諭以詔意或識之曰郡守也嘗聞其仁是寧害我者卽相率投順羅拜號呼請罪悉給券歸農加賜袍帶驛奏璽書褒諭咸平四年代歸賜緋魚上言曰朝廷命轉運使副不惟審度金穀蓋以察廉郡縣庶臻治平以召和氣今觀所至或匪盡公蓋無懲勸之科致有因循之弊望自今每使回日先令具任內曾薦擧才識者若干奏紏貪猥者若干朝廷議其否臧以爲賞罰從之俄出知寧州會擧賢良方正之士李宗諤以道名聞策入第四等拜左正言直史館未幾出爲西京轉運副使六年始令三司使分部置副召入拜工部員外郞充度支副使賜金紫道儒雅迂緩治劇非所長卞衮爲鹽鐵副使與道同候對將升殿遽出奏牘請道同署及上詢問事本道素未省也不能對遂以本官罷出知襄州卒不能自辯亦無慍色大中祥符元年歸直史館遷刑部員外郞預修冊府元龜三年進秩兵部爲龍圖閣待制與張知白孫奭王曙並命爲加刑部郞中判吏部選事糾察在京刑獄奉使契丹以久次進右司郞中眞宗退朝之暇召馮元講易使坐惟道與李虛己李行簡預焉天禧元年以耳瞶難於對問表求外任得知虢州將行上御龍圖閣飲餞之秋蝗災民歉道不俟報出官廩米賑之又設粥糜以救餓者給州麥四千斛爲種於民民賴以濟所全活萬餘人二年五月卒訃聞眞宗軫惜之詔其子奉禮郞循之乘傳往治喪事遷大理評事賦祿終制道性淳厚有犯不較所至務寬恕胥吏有過未嘗笞罰民訟遁負者或出己錢償之以是頗不治嘗出按部路側有佳棗從者摘以獻道卽計直掛錢於樹而去兒時嘗戲畫地爲大第曰此當分贍孤遺及居京師家甚貧多聚親族之惸獨者祿賜所得散施隨盡不以屑意與人交情分切至廢棄孤露者待之愈厚多所周給初赴擧貧不能上親族裒錢三萬遺之道出滑臺過父友呂翁家翁喪貧窶無以葬其母兄將鬻女以襄事道傾褚中錢與之且爲其女擇壻別加資遣又故人卒貧甚質女婢於人道爲贖之嫁士族搢紳服其履行好學嗜弈棊深信內典平居多茹蔬或止一食默坐終日服玩極於卑儉嘗夢神人謂曰汝位至正郞壽五十七而享年六十四論者以爲積善所延也有集二十卷從兄陶

陶字大均初事李煜以明法登科補常州錄事參軍歸朝詔大理評事試律學除本寺丞遷大理正歷侍御史權判大理寺賜緋斷官仲禹錫訟陶用法非當陶抗辯得雪遷工部郞中俄知台州累遷兵部咸平五年宋博爲大理議趙文海罪不當宰相請以陶代眞宗曰聞陶亦深文當加戒勗卽遷秘書少監判寺事時楊億知審刑陶屢攻其失又命代之賜金紫陶持法深刻用刑多失中前後坐罰金百餘斤皆以失入無誤出者景德三年卒年七十子拱之淳化三年進士後爲都官郞中慶之太子中舍

論曰典誥命者以詞章典雅爲先侍講讀者以道德洽聞爲貴自昔皆難其人至宋尤重其選太宗崇尚儒術聽政之暇以觀書爲樂置翰林侍讀學士以備顧問眞宗克紹先志兼置侍講學士且因內閣以設職名俾鴻碩之士更直迭宿相與從容講論以丕之清介頑之和豫顯之明敏茂直之淳厚俾領詞職固無忝矣若文仲之器韻淹雅愼修之醞藉該貫杜鎬之博聞強識査道之純孝篤義置諸左右啓沃尤多豈直講論文義而已哉若祐之不喜趨競徽之深疾幸進風采凝峻又其卓然者也徽之嘗謂溫仲舒寇準以搏擊取貴位使後輩務習趨競禮俗寖薄君子以爲名言云

宋史卷二百九十七

元 中 書 右 丞 相 總 裁 脫 脫 等 修

列傳第五十六

孔道輔 子宗翰　鞠詠　劉隨
曹脩古　郭勸　段少連

孔道輔字原魯初名延魯孔子四十五代孫也父勗進士及第爲太平州推官以殿中丞通判廣州會眞宗東封躬詣孔子祠帝問宰相孔氏今孰爲名者或言勗有治行卽召對以爲太常博士知曲阜縣初勗在廣州以淸潔聞及被召蕃酋爭持寶貨以獻皆慰遣之後爲御史臺推直官累遷秘書監分司南京管勾祖廟以尚書工部侍郞致仕後道輔卒年八十九道輔幼端重擧進士第爲寧州軍事推官數與州將爭事有蛇出天慶觀眞武殿中一郡以爲神州將帥官屬往奠拜之欲上其事道輔徑前以笏擊蛇碎其首觀者初驚後莫不歎服遷大理寺丞知仙源縣主孔子祠事孔氏故多放縱者道輔一繩以法上言廟制卑陋請加脩崇詔可再遷太常博士章獻太后臨朝召爲左正言受命日論奏樞密使曹利用尚御藥羅崇勳竊弄威柄宜早斥去以淸朝廷立對移刻太后可其言乃退未幾爲直史館判三司

理欠憑由司奉使契丹道除右司諫龍圖閣待制契丹宴使者優人以文宣王爲戲道輔艴然徑出契丹使主客者邀道輔還坐且令謝之道輔正色曰中國與北朝通好以禮文相接今俳優之徒慢侮先聖而不之禁北朝之過也道輔何謝契丹君臣默然又酌大巵謂曰方天寒飲此可以致和氣道輔曰不和固無害旣還言者以爲生事且開爭端仁宗問其故對曰契丹比爲黑水所破勢甚蹙平時漢使至契丹輒爲所侮若不較恐益慢中國帝然之歷判吏部流內銓糾察在京刑獄坐糾事不當出知鄆州徙靑州還判流內銓遷尚書兵部員外郎復出知徐許二州徙應天府明道二年召爲右諫議大夫權御史中丞會郭皇后廢道輔率諫官孫祖德范仲淹宋郊劉渙御史蔣堂郭勸楊偕馬絳段少連十人詣垂拱殿伏奏皇后天下之母不當輕議絀廢願賜對盡所言帝使內侍諭道輔等至中書令宰相呂夷簡以皇后當廢狀告之道輔語夷簡曰大臣之於帝后猶子事父母也父母不和可以諫止奈何順父出母乎夷簡曰廢后有漢唐故事道輔復曰人臣當道君以堯舜豈得引漢唐失德爲法邪夷簡不答卽奏言伏閤請對非太平美事於是出道輔知泰州明日晨入至待漏閤有詔亟馳出城頃之徙徐州又徙兗州進龍圖閣直學士遷給事中在兗三年復入爲御史中丞道輔性鯁挺特達遇事彈劾無所避出入風采肅然及再執憲權貴益忌之初道輔與其父里中皦郭贄舊宅居之有言於帝者曰道輔家近太廟出入傳呼非所以尊神明卽詔道輔他徙集賢校理張宗古上言漢內史府在太廟壖垣中國朝以來廟垣下皆有官私第舍謂不須避帝出宗古通判萊州道輔歎曰憸人之言入矣會受詔鞫馮士元獄事連參知政事程琳宰相張士遜素惡琳而疾道輔不附已將逐之察帝有不悅琳意卽謂道輔上顧程公厚今爲小人所誣見上爲辨之道輔入對言琳罪薄不足深治帝果怒以道輔朋黨大臣出知鄆州已而道輔知爲士遜所賣頗憤惋時大寒上道行至韋城發病卒天下莫不以直道許之皇祐三年王素因對語及道輔仁宗思其忠特贈尚書工部侍郎子宗翰

宗翰字周翰登進士第知仙源縣而爲治有條理遇族人有恩不以私故骫法王珪司馬光皆上章論薦由通判陵州爲夔峽轉運判官提點京東刑獄知虔州城濱章貢兩江歲爲水齧宗翰伐石爲址冶鐵錮之由是屹然詔書褒美歷陝揚洪兗州皆以治聞哲宗初立求言吏民上書以千數詔司馬光采閱其可用者十五人獨稱奬其二乃宗翰與王鞏也元祐初召爲司農少卿遷鴻臚卿言孔子之後自漢以來有褒成奉聖宗聖之號皆賜實封或縑帛以奉先祀至于國朝益加崇禮眞宗東封臨幸賜子孫世襲公爵然兼領他官不在故郡於名爲不正請自今襲封之人使終身在鄉里詔改衍聖公爲奉聖公不領他職給廟學田萬畝賜國子監書立學官以誨其子弟進刑部侍郎屬疾求去以寶文閣待制知徐州未拜而卒

鞫詠字詠之開封人父勵尚書膳部員外郎廣南轉運使詠十歲而孤好學自立舉進士試祕書省校書郎知錢塘縣改著作郎知山陰縣仁宗卽位以太常博士召爲監察御史錢惟演自亳州來朝圖入相詠言惟演憸險嘗與丁謂爲婚姻緣此大用後揣知謂奸狀已萌懼牽連得禍因此力攻謂今若遂以爲相必大失天下望太后遣內侍持奏示之惟演猶顧望不行詠語諫官劉隨曰若相惟演當取白麻廷毀之惟演聞乃亟去大安殿柱生芝草召羣臣就觀詠言陛下新卽位河決未塞霖雨害稼宜思所以應灾變臣願陛下以援進忠良退斥邪佞爲國寶以訓勸兵農豐積倉廩爲天瑞草木之怪何足尙哉時王欽若復相詠嫉欽若阿倚數睥睨其短欽若心忌之會詠兼左巡使率府率崇俊入朝失儀詠言崇俊少在邊今老矣此不足罪欽若奏詠廢朝廷儀出通判信州又坐鞫陳絳獄失實徙邵州欽若卒御史中丞王臻奏還詠殿中侍御史爲三司鹽鐵判官曹利用貶死利用嘗所薦擢者多領兵守邊朝廷欲罷去之詠請一切毋治天聖六年夏大星晝隕有聲如雷詠條五事上之因言太子少保致仕晁迥雖老而有器識宜蒙訪對其必有補又言三司使胡則丁謂黨也性貪巧不可任利權河北京師旱饑奏請出太倉米十萬石振饑民江淮制置使鍾離瑾因奏計多致東南物以賂權貴詠請御史臺劾狀帝面諭瑾亟還所部以尙書禮部員外郎兼侍御史知雜事權同判吏部流內銓爲三司鹽鐵副使八年特置天章閣待制以詠及范諷爲之判登聞檢院定國軍節度使張士遜入覲冀得再用詠奏曰曹利用擅威福士遜與之共事相親厚援薦以至相位陛下以東宮僚屬用之臣願割舊恩伸公義趣使之藩士遜乃赴鎭明年詠卒嘗著道釋雜言數十篇別搆淨室以居自號深寧子

劉隨字仲豫開封考城人以進士及第爲永康軍判官軍無城堞每伐巨木爲柵壞輒以他木易之頗用民力隨因令環植楊柳數十萬株使相連屬以爲限界民遂得不擾屬縣令受賕鬻獄轉運使李士衡託令於隨不從士衡憤怒乃奏隨苛刻不堪從政罷歸不得調初西南夷市馬入官苦吏誅索隨爲繩按之既罷夷人數百訴於轉運使曰吾父何在事聞乃得調復改大理寺丞爲詳斷官李溥以贓敗事連權貴有司希旨不窮治隨請再劾之卒抵溥罪晁迥薦通判益州呂夷簡安撫川陝又言其材以太常博士改右正言數月坐嘗爲開封府發解巡捕官而不察舉人私以策辭相授降監濟州稅稍徙通判晉州還朝遷右司諫爲三司戶部判官隨在諫職數言事嘗言今之所切在於納諫其餘守常安靖而已又奏頻年水旱咎在執事大臣忿爭不和請察王欽若等所爭爲辨曲直又因星變言國家本支蕃衍而安定王之外封策未行望擇賢者用唐故事增廣嗣王郡王之封以慰祖宗意時下詔蜀中選優人補教坊隨以爲賤工不足辱詔書又劾奏江淮發運使鍾離瑾載奇花怪石數十艘納禁中及賂權貴累疏論丁謂姦邪不宜還之內地胡則謂之黨既以罪出陳州不當復進職王欽若既死詔塑其像茅山列於仙官隨言欽若贓汚無忌憚考其行豈神仙耶宜察其妄又言李維以詞臣求換武職非所以勵廉節前後所論甚衆帝旣益習天下事而太后猶未歸政隨請軍國常務專稟帝旨又諫太后不宜數幸外家太后不悅會隨請外出知濟州改起居郎久之遷尙書刑部員外郎入兼侍御史知雜事上言比年庶官僥倖請託或對見之際涕泗祈恩或績效甚微衒鬻要賞亦有藩翰之臣位尊職重表章不遜請求靡厭按察之司燕安顧望以容奸爲大體以舉職爲近名以巧詐爲賢以恬退爲拙以至貪殘者濱于貨財老疾者不知止足請行申儆之法朝廷爲下詔戒中外未幾權同判吏部流內銓以長定格從事吏不得爲奸改三司鹽鐵副使使契丹以病足痺辭不能拜及還爲有司劾奏奪一官出知信州徙宜州再遷工部郎中知應天府召爲戶部副使改天章閣待制不旬日卒隨與孔道輔曹脩古同時爲言事官皆以淸直聞隨臨事明銳敢行在蜀人號爲水晶燈籠初使契丹還會貶而官收所得馬十五乘旣卒帝憐其家貧賜錢六十萬

曹脩古字述之建州建安人進士起家累遷祕書丞同判饒州宋綬薦其材召還以太常博士爲監察御史上四事曰行法令審故事惜材力辨忠邪辭甚切至又奏唐貞觀中嘗下詔令致仕官班本品見任上欲其知恥而勇退也比有年餘八十尙任班行心力旣衰官事何補請下有司敎文武官年及七十上書自言特與遷官致仕仍從貞觀舊制卽宿德勳賢自如故事因著爲令脩古嘗偕三院御史十二人晨朝將至朝堂黃門一人行馬不避呵者止之反爲所詈脩古奏前史稱御史臺尊則天子尊故事三院同行與知雜事同今黃門侮慢若此請付所司劾治帝聞立命笞之晏殊以笏擊人折齒脩古奏殊身任輔弼百僚所法而忿躁亡大臣體古者三公不按吏先朝陳恕於中書榜人卽時罷黜請正典刑以允公議司天監主簿苗舜臣等嘗言土宿留參太白晝見詔日官同考定及奏以謂土宿留參順不相犯太白晝見日未過午舜臣等坐妄言灾變被罰脩古奏言日官所定希旨悅上未足爲信今罰舜臣等其事甚小然恐人人自此畏避佞媚取容以灾爲福天變不告所損至大禁中以翡翠羽爲服玩詔市於南越脩古以謂重傷物命且眞宗時嘗禁採狨毛故事未遠命罷之時頗崇建塔廟議營金閣費不可勝計脩古極陳其不可久之出知歙州徙南劍州復爲開封府判官歷殿中侍御史擢尚書刑部員外郎知雜司事權同判吏部流內銓未踰月會太后兄子劉從德死錄其姻戚至於廝役幾八十人龍圖閣直學士馬季良集賢校理錢曖皆緣遺奏超授官秩脩古與楊偕郭勸段少連交章論列太后怒下其章中書大臣請黜脩古知衢州餘以次貶太后以爲責輕命皆削一官以脩古爲工部員外郎同判杭州未行改知興化軍會赦復官卒脩古立朝慷慨有風節當太后臨朝權倖用事人人顧望畏忌而脩古遇事敢言無所回撓旣沒人多惜之家貧不能歸葬賓佐賻錢五十萬季女泣白其母曰奈何以是累吾先人也卒拒不納太后崩帝思脩古忠特贈右諫議大夫賜其家錢二十萬錄其壻劉勳爲試將作監主簿脩古無子以兄子覲爲後覲知封州儂智高亂死之見忠義傳弟脩睦性廉介自立與脩古同時舉進士有聲鄉里累官尙書都官員外郎知邵武軍御史中丞杜衍薦以爲侍御史歲餘改司封員外郎出知壽州徙泉州坐失舉奪一官罷去後以知吉州不行上書請老不聽分司南京未幾致仕年五十一章得象表其高詔還所奪官卒曹氏自脩古以直諒聞其女子亦能不累於利至覲又能死其官而脩睦亦恬於仕進不待老而歸世以是

賢之

郭勸字仲褒鄆州須城人舉進士授寧化軍判官累遷太常博士通判密州特遷尚書屯田員外郎梓州路轉運判官以母老固辭復爲博士通判萊州州民霍亮爲仇人誣罪死吏受賕傅致之勸爲辨理得免擢殿中侍御史時宋綬出知應天府杜衍在荆南勸言綬有辭學衍清直不宜處外又言武勝軍節度使錢惟演遷延不赴陳州覬望相位弟惟濟任觀察使定州總管自請就遷留後胡則以罪罷三司使乃遷工部侍郎集賢院學士請趣惟演上道罷惟濟兵權追則除命又論劉從德遺奏恩濫貶太常博士監維州稅改祠部員外郎知萊州月餘復爲侍御史判三司鹽鐵勾院郭皇后廢議還納陳氏勸進諫曰正家以正天下自后妃始郭氏非有大故不當廢陳氏非世閥不可以儷宸極疏入后已廢而陳氏議遂寢遷兵部員外郎兼起居舍人同知諫院馬季良自貶所求致仕朝廷從之勸言致仕所以待賢者豈負罪貶黜之人可得請追還敕誥又言發運使劉承德獻輪扇洛器大率以媚上也請付外毀以戒邪佞趙元昊襲父位以勸爲官告使所遺百萬悉拒不受還兼侍御史知雜事權判流內銓遷工部郎中度支副使拜天章閣待制知延州元昊將山遇率其族來歸且言元昊將反勸與兵馬鈐轄李渭議自德明納貢四十年有內附者未嘗留乃奏卻之是冬元昊果反遣其使稱僞官來勸視其表函猶稱臣因上奏曰元昊雖僭中國名號然尚稱臣可漸以禮屈之願與大臣熟議遂落職知齊州改淄州數月移磁州元昊益侵邊關陜擾攘言者猶指勸不當絕山遇事又降兵部員外郎丁母憂起復知鳳翔府尋復待制召權戶部副使以龍圖閣直學士知滑州再遷兵部郎中徙滄州又徙成德軍盜起甘陵徙鄆州既而知成德軍韓琦言勸所遣將張忠劉遵平賊功皆第一特詔獎諭未幾召爲翰林侍讀學士復判流內銓改左諫議大夫權御史中丞遷給事中辭不受而請贈其祖萊陽令寧遂以爲尚書祠部員外郎衛士有相惡者陰置刃衣篋中從勾當皇城司楊景宗入禁門既而爲閽者所得景宗輒隱不以聞勸請先治景宗罪章再上不聽又廷爭累日卒貶景宗祀明堂將加恩中外官勸就齋次帥羣御史求對不許又極論之是年復爲侍讀學士同知通進銀臺司勸性廉儉居無長物嘗謂諸子曰顏魯公云生得五品服章綠任子爲齋郎足矣及再爲侍讀曰吾起諸生志不過郡守今年七十列侍從可以歸矣遂用元日拜章三上不得謝賜銀使市田宅後二年卒子源明治平中爲太常博士會御史知雜事呂誨等奏彈中書議追崇濮安懿王典禮非是被黜以源明補監察御史裏行源明乞免除命請追誨等遂聽免後以職方員外郎知單州卒

段少連字希逸開封人其母嘗夢鳳集家庭寤而生少連及長美姿表倜儻有識度舉服勤詞學爲試祕書省校書郎知崇陽縣崇陽劇邑自張詠爲令有治狀其後惟少連能繼其風迹權杭州觀察判官預校道經改祕書省著作佐郎歷知蒙城名山金華三縣以本省丞爲審刑院詳議官張士遜守江寧辟通判府事還爲御史臺推直官遷太常博士論劉從德遺奏恩濫降祕書丞監漣水軍酒稅復爲博士通判天雄軍太后崩召爲殿中侍御史與孔道輔等伏閤言郭皇后不當廢少連坐贖復上疏曰陛下親政以來進用直臣開闢言路天下無不歡欣一旦以諫官御史伏閤遽行黜責中外皆以爲非陛下意蓋執政大臣假天威以出道輔仲淹而斷來者之說也竊覩戒諭自今有章宜如故事密上毋得羣詣殿門請對且伏閤上疏豈非故事今遽絕之則國家復有大事誰敢旅進而言者昔唐陽城王仲舒伏閤雪陸贄崔元亮叩殿陛理宋申錫前史以爲美事今陛下未忍廢黜皇后而兩府列狀議降爲妃諫官御史安敢緘默陛下深惟道輔等所言爲阿黨乎爲忠亮乎疏入不報又上疏曰高明粹清凝德無累者天之道也氛祲蔽翳晦明偶差乃陰陽之沴爾象天德者君之體也治陰陽者臣之職也陛下秉一德臨萬方有生之類莫不浸涵德澤而氛祲蔽翳偶差晦明以累聖德者由大臣懷祿而不諫小臣畏罪而不言臣獨何人敢貢狂瞽竊痛陛下履仁聖之具美乏骨鯁之良輔因成不忍之忿又稽不遠之復臣是以瀝肝膽披情愫爲陛下廓清氛祲蔽翳之累易曰夫夫婦婦而家道正正家而天下定詩云刑于寡妻以御于家邦若然則君天下脩化本者莫不自內而刑外也況聞入道降妃之議出自臣下且后妃有罪黜則告宗廟廢則爲庶人安有不示之於天下不告之於祖宗而陰行臣下之議乎且皇后以小過降爲妃則臣下之婦有小過者亦當降爲妾矣比抗章請對不蒙賜召豈非奸邪之臣離間陛下耶臣等赴中書時執政之臣謂后有妬忌之行始議入道終降爲妃兼云有上封者慮后不利於聖躬故築高垣置在別館臣等備言中外之議以爲未可願速降明詔復中宮位號以安民心翌日詔出乃云中宮有過掖庭具知特示涵容未行遽黜置之別館俾自省脩供給之間一切如故臣未審黜置別館爲后爲妃詔書不言安所取信況皇后事陛下一紀有餘而輔臣倉卒以降黜之議惑於宸聽搢紳循默無敢爲陛下言者臣所謂氛祲蔽翳以累聖德者蓋臣職有曠爾臣竊恐奸邪之人引漢武幽陳皇后故事以諂惑陛下且漢武驕奢淫縱之主固不足踵其行事而爲人臣者思致君如堯舜豈致君如漢武哉今皇后置於別館必恐懼脩省陛下仁恕之德施於天下而獨不加於中宮乎願詔復中宮位號杜絕非間待之如初天地以正陰陽以和人神共懽豈不美哉陛下苟爲邪臣所蔽不加省察臣恐高宗王后之枉必見於他日宮闈不正之亂未測於將來惟聖神慮焉未幾除開封府判官改尚書刑部員外郎直集賢院爲三司度支判官出爲兩浙轉運副使舊使者所至郡縣索簿書不暇殫閱往往委之吏胥吏胥持以爲貨少連命郡縣上簿書悉纖識過事問指取一二自閱擿其非是者按之餘不及閱者全緘識以還由是吏不能爲奸而州縣簿書莫敢不治矣部吏有過召詰曰聞子所爲若此有之乎有當告我我容汝自新苟以爲無吾不使善人被謗即爲汝辨明矣吏不敢欺皆以實對少連每得其情諄諄戒飭使去後有能自改過者猶保任之秀州獄死無罪人時少連在杭吏畏恐聚謀僞爲死者服罪欵未及綴屬少連已挐舟入城訊獄吏具服請罪以爲神明是時鄭向守杭無治才訟者不服往往自州出徑趨少連少連一言處決莫不盡其理徙使淮南兼發運司事加兵部員外郎又徙陝西駙馬都尉柴宗慶知陝州縱其下撓民少連入境劾奏之入兼侍御史知雜事踰月爲度支三司副使河東地震奉使安撫還擢工部郎中天章閣待制知廣州時元昊反范仲淹薦少連才堪將帥遷龍圖閣直學士知涇州改渭州命未至而卒少連通敏有才遇事無大小決遣如流不爲權勢所屈既卒仁宗歎息之

論曰古人有言山有猛獸藜藿爲之不採當天聖明道間天子富於春秋母后稱制而內外肅然紀綱具舉朝政亡大闕失奸人不得以自肆者繇言路得人故也是時孔道輔鞠詠劉隨曹脩古迭爲諫官御史郭勸段少連繼之皆侃侃正色遇事輒言雖被斥逐不更其守及帝既親政道輔勸少連復任言責郭后之廢引議慷慨犯人主責大臣其氣益壯遺風餘烈天下至今稱之詩所謂邦之司直其庶幾歟

宋史卷二百九十八

元中書右丞相總裁脫脫等修

列傳第五十七

彭乘　稽穎　梅摯　司馬池 子旦 從子里 曾孫朴

李及　燕肅 子度 孫瑛　蔣堂　劉夔　馬亮

陳希亮

彭乘字利建益州華陽人少以好學稱州里進士及第嘗與同年生登相國寺閣皆矚顧鄉關有從宦之樂乘獨西望悵然曰親老矣安敢舍晨昏之奉而圖一身之榮乎翌日奏乞侍養居數日授漢陽軍判官遂得請以歸久之有薦其文行者召試爲館閣校勘固辭還家後復除鳳州團練推官天禧初用寇準薦爲館閣校勘改天平軍節度推官預校正南北史隋書改祕書省著作佐郎遷本省丞集賢校理懇求便親得知普州蜀人得守鄉郡自乘始普人鮮知學乘爲興學召其子弟爲生員教育之乘父卒既葬有甘露降于墓栢人以爲孝感服除知荆門軍改太常博士召還同判尚書刑部出知安州徙提點京西刑獄改夔州路轉運司會土賊田忠霸誘下溪州蠻將內寇乘適按部至境大集邊吏勒兵下山以備賊賊遁去因遣人間之其黨斬忠霸夷其家召脩起居注擢知制誥累遷工部郎中入翰林爲學士領吏部流內銓三班院爲羣牧使既病仁宗敕太醫診視賜以禁中珍劑卒賜白金三百兩御史知雜何郯論請贈官不許詔一子給奉終喪初脩起居注缺中書舍人而乘在選中帝指乘曰此老儒也雅有恬退名無以易之及召見諭曰卿先朝舊臣久補外而未嘗自言對曰臣生孤遠自量其分安敢過有所望帝頗嘉之乘質重寡言性純孝不喜事生業聚書萬餘卷皆手自刊校蜀中所傳書多出於乘晚歲歷典贊命而文辭少工云

稽穎字公實應天宋城人父適嘗爲石首主簿民有父

子坐重繫府檄適按之抵其父於法而子獲免父死假人言曰主簿仁人也行且生賢子後必大明年穎生天聖中進士及第授蔡州團練判官王曾知青州徙天雄軍皆辟爲從事後用曾薦遷太子中允爲集賢校理歷開封府推官三司度支判官同脩起居注擢知制誥累遷尚書兵部員外郎召入翰林爲學士未及謝卒詔以誥敕襲衣金帶鞍勒馬賜其家穎舉進士時王曾張知白相繼爲南京留守見穎謹厚篤學謂其子弟曰若曹師表也張堯封嘗從穎學所爲文多留穎家其後堯封女入禁中爲脩媛甚被寵幸令其弟化基詣穎求編次其父槀爲序以獻之穎不答亦不以獻

梅摯字公儀成都新繁人進士起家大理評事知藍田上元縣徙知昭州通判蘇州二浙饑官貸種食已而督償頗急摯言借貸本以行惠乃重困民詔緩輸期慶歷中擢殿中侍御史時數有災異引洪範上變戒曰王省惟歲謂王總羣吏如歲四時有不順則省其職今日食于春地震于夏雨水于秋一歲而變及三時此天意以陛下省職未至而丁寧戒告也伊洛暴漲漂廬舍海水入台州殺人民浙江潰防黃河溢埽所謂水不潤下陛下宜躬責脩德以回上帝之眷佑陰不勝陽則災異衰止而盛德日起矣徙開封府推官遷判官僧常瑩以簡札達宮人輦官鄭玉醉呼殿徼巡卒皆釋不問摯請悉杖配之改度支判官進侍御史論石元孫不死行陳繫縲以還國之辱也不斬無以厲邊臣再奏不報李用和除宣徽使加同中書門下平章事摯言國初杜審瓊亦帝舅也官止大將軍李繼隆累有戰功晚年始升使相祖宗愼名器如此今不宜急授無功以戶部員外郎兼侍御史知雜事權判大理寺言權陝西轉運使張堯佐非才繇宮掖以進恐上累聖德及奏減資政殿學士員召待制官同議政復百官轉對帝謂大臣曰梅摯言事有體以爲戶部副使會宴契丹使紫宸殿三司副使當坐殿東廡下同列有謂典宴例坐殿上而大宴當止殿門外爾因不即坐與劉湜陳洎趨出降知海州徙蘇州入爲度支副使初河北歲饑三司益漕江淮米餉河北後江淮饑有司尙責其數摯奏減之擢天章閣待制陝西都轉運使還判吏部流內銓進龍圖閣學士知滑州州歲備河調丁壯伐灘葦摯以疲民奏用州兵代之河大漲將決夜率官屬督工徙完隄水不爲患詔獎其勞勾當三班院同知貢舉請知杭州帝賜詩寵行累遷右諫議大夫徙江寧府又徙河中卒摯性淳靜不爲矯厲之行政迹如其爲人平居未嘗問生業喜爲詩多警句有奏議四十餘篇

司馬池字和中自言晉安平獻王孚後征東大將軍陽葬安邑瀆澗曲後魏析安邑置夏縣遂爲縣人池少喪父家貲數十萬悉推諸父而自力讀書時議者以蒲阪竇津大陽路官運鹽回遠聞乃開峪口道自聞喜逾山而抵垣曲咸以爲便池謂人曰昔人何爲捨邇而就迂殆必有未便者衆不以爲然未幾山水暴至鹽車人牛盡沒入河衆乃服舉進士當試殿庭而報母亡友匿其書池心動夜不能寐曰吾母素多疾家豈無有異乎行至宮城門徘徊不能入因語其友而友止以母疾告遂號慟而歸後中第授永寧主簿出入乘驢與令相惡池以公事謁令令南向踞坐不起池挽令西向偶坐論事不爲少屈歷建德郫縣尉蜀人妄言戍兵叛蠻將入寇富人爭瘞金銀逃山谷間令閭邱夢松假他事上府主簿稱疾不出池攝縣事會上元張燈乃縱民遊觀凡三夕民心遂安調鄭州防禦判官知光山縣禁中營造詔諸州調竹木州符期三日畢輸池以土不產大竹轉市蘄黃非三日可致乃更與民自爲期約過不輸者罪之既而輸竹先諸縣盛度薦於朝改祕書省著作佐郎監安豐酒稅徙知小溪縣劉燁知河南府辟知司錄參軍事歲餘通判留守司樞密使曹利用奏爲羣牧判官辭不就朝廷固授之利用嘗委括大臣所負進馬價池曰令之不行由上犯之公所負尙多不先輸何以趣他人利用驚曰吏給我已輸矣亟命送官數日而諸負者皆入利用貶其黨畏罪從而毀短者甚衆池獨颺言于朝稱利用枉朝廷卒不問會詔百官轉對池言唐制門下省詔書之出有不便者得以封還今門下雖有封駁之名而詔書一切自中書以下非所以防過舉也內侍皇甫繼明給事章獻太后閤兼領估馬司自言估馬有羨利乞遷官事下羣牧司閱無羨利繼明方用事自制置使以下皆欲附會爲奏池獨不可除開封府推官敕至閤門爲繼明黨所沮罷知耀州擢利州路轉運使知鳳翔府召知諫院上表懇辭仁宗謂宰相曰人皆嗜進而池獨嗜退亦難能也加直史館復知鳳翔有疑獄上讞大理輒復下掾屬惶遽引咎池曰長吏者政事所繇非諸君過乃獨承其罪有詔勿劾岐陽鎭巡檢夜飲富民家所部卒執之俾爲約不敢復督士卒而後釋其縛池捕首惡誅之巡檢亦坐廢累遷尙書兵部員外郎遂兼侍御史知雜事嘗言陝西用兵無宿將劉平好自用而少智謀必誤大事後平果敗更戶部度支鹽鐵副使歲滿中書進名帝曰是固辭諫官者擢天章閣待制知河中府徙同州又徙杭州池性質易不飾廚傳剸劇非所長又不知吳俗以是謗議聞朝廷轉運使江鈞張從革劾池決事不當十餘條及稽留德音降知虢州初轉運使旣奏池會吏有盜官銀器械州獄自陳爲鈞掌私廚出所賣過半又越州通判載私物盜稅乃從革之姻遺人私請或謂池可舉劾以報仇池曰吾不爲也人稱其長者徙知晉州卒子旦光光自有傳從子里

旦字伯康淸直敏强雖小事必審思度不中不釋以父任爲祕書省校書郎歷鄭縣主簿鄭有婦蘭訟奪人田者家多金錢市黨買吏合爲奸謾十年不決旦取案一閱情僞立見黜吏十數輩冤者以直又井元慶豪欺鄉里莫敢誰何旦擒致于法時旦年尙少上下易之自是驚服吏捕蝗因緣擾民旦言蝗民之仇宜聽自捕輸之官後著爲令丁內外艱服除監饒州永平鑄錢監知祁縣天大旱人乏食羣盜剽斂富家巨室至以兵自備旦召富者開以禍福於是爭出粟減直以糶猶不失其贏饑者獲濟盜患亦弭舉監在京百萬倉時祁隸太原以太原留不召通判乾州未行舉監在京雜物庫知宜興縣其民囂訟旦每獄必窮根株痛繩之校繫縣門民稍以詆冒爲耻市貫大溪賈昌朝所作長橋壞廢歲久旦勸民葺復不勞而成時王安石守常州開運河調夫諸縣旦言役大而亟民有不勝則其患并徙不可就而已請令諸縣歲遞一役雖緩必成安石不聽秋大霖雨民苦之多自經死役竟罷歷知梁山軍安州旦治郡有大體所施設取於適理便事再監鳳翔太平宮以熙寧八年致仕歷官十七遷至大中大夫元祐二年卒年八十二旦澹薄無欲奉養苟完人不見其貴與弟光尤友愛終始人無間言光居洛旦居夏縣皆有園沼勝槩光歲一往省旦旦亦間至洛視光凡光平時所與論天下事旦有助焉及光被門下侍郎召固辭不拜旦引大義語之曰生平誦堯舜之道思致其君今時可而違非進退之正也光幡然就位方是時天下懼光之終不出及聞此皆欣然稱旦曰長者之言也英宗即位例以親屬入賀得官時旦在梁山諸孫未仕者皆不遺惟遺其從兄子稟旦與人交以信義喜周其急嘗有以罪免官貧不能存者月分俸濟之其人無以報願以女爲妾旦驚謝之亟出妻奩中物使嫁之旦生於丙午與文彥博程公珦席汝言爲同年會賦詩繪像世以爲盛事比唐九老三子良試將作監主簿富永承議郎陝州通判宏陳留令宏子朴

里字昭遠進士釋褐授威勝軍判官改大理寺丞龐籍爲鄜延經略使奏通判鄜州州將武人不法里平居與之驩甚臨事正色力爭不少假借性廉靜質直所至有惠政每罷官至京師未嘗有所謁視審官榜久闕人所不取者乃受之而去後知乾州爲太常少卿而卒

朴字文季少育于外祖范純仁紹聖黨事起父宏上書論辨得罪純仁責永州疾失明客至必令朴導以見時方七歲進揖應對如成人客皆驚嘆以純仁遺恩爲官宏死徒跣負柩還調晉寧軍士曹參軍通判不法轉運使王似諷朴伺其過朴不可曰下吏而陷長官不唯亂常人且不食吾餘矣死不敢奉敎似賢而薦之靖康初入爲虞部右司員外郎金人次汴郊命朴使之二酋問朴家世具以告喜曰賢者之後也待之加禮乃吐腹心諭以亟求講解朴復命任事者疑不決都城陷欽宗思朴之言以爲兵部侍郎二帝將北遷又貽書請存立趙氏金人憚之挾以北去且悉取其孥開封儀曹趙鼎爲匿其長子倬於蜀故得免建炎登極赦至燕朴私令齎詣徽宗爲人所告金主憐其忠釋之徽宗崩朴與奉使朱弁在燕共議制服弁欲先請朴曰爲臣子聞君父喪當致其哀尙何請設請而不許奈何遂服斬衰朝夕哭金人亦義而不問又遣朱松年間行以金人情實歸報宋因王倫出使持黃金賜朴倫還言金命朴爲行臺左丞朴辭而止益重之後卒於眞定訃聞詔稱其忠節顯著贈兵部尙書謚曰忠潔

李及字幼幾其先范陽人後徙鄭州父覃左拾遺及舉進士再調昇州觀察推官寇準薦其才擢大理寺丞知興化軍以殿中丞通判曹州州民趙諫者素無賴持郡短長縱爲奸利及受命諫在京師乃謁及及不之見慢罵而去投匿名書誣及因以毀朝政會上封者發諫事命轉運使與及察其狀及條上諫前後所爲不道詔御史劾得其實斬於都市及由是知名擢知隴州初置提點刑獄內出及與陳綱二人名付中書明日以綱使河北及使陝西特遷一官還判三司磨勘司出知鳳翔府徙延州除三司戶部副使爲淮南轉運使累遷太常少卿知秦州議者以及謹厚非守邊才及至秦州州將吏亦頗易之會有禁卒白晝攫婦人金釵於市吏執以來及方坐觀書召之使前略加詰問其人服罪及亟命斬之觀書如故於是將士皆驚服改左司郎中樞密直學

士以右諫議大夫召還句當三班院再遷尚書工部侍郎歷知杭州鄆州應天河南府召拜御史中丞卒年七十特贈禮部尚書謚恭惠及資質清介所治簡嚴喜慰薦下吏而樂道人之善在杭州惡其風俗輕靡不事宴游一日雪出郊衆謂當置酒召客乃獨造林逋淸談至暮而歸居官數年未嘗市吳中物比去唯市白樂天集在河南杜衍爲提點刑獄間與衍會而具甚疎薄他日中貴人用事者至亦無加品衍歎其淸德娶張氏性嫉悍及嘗生子鞠之外舍張固請歸保養之乃會親屬以子擊堂柱碎其首及遂無子以弟之子爲後

燕肅字穆之青州益都人父峻慷慨任俠楊光遠反時率其屬迎符彥卿遂家曹州肅少孤貧游學舉進士補鳳翔府觀察推官寇準知府事薦改秘書省著作佐郎知臨邛縣縣民嘗苦吏追擾肅削木爲牘民訟有連逮者書其姓名使自召之皆如期至知考城縣通判河南府召爲監察御史準方知河南奏留之遷中侍御史提點廣南西路刑獄遷侍御史徙廣南東路還爲丁謂所惡出知越州徙明州俗輕悍喜鬭肅下令獨罪先毆者於是鬭者爲息直昭文館爲定王府記室參軍判尚書刑部建言京師大辟一覆奏而州郡之獄有疑及情可憫者上請多爲法司所駁乃得不應奏之罪願如京師死許覆奏遂詔疑獄及情可憫者上請語在刑法志其後大辟上請者多得貸議自肅始擢龍圖閣待制權知審刑院知梓州還同糾察在京刑獄再判刑部累遷左諫議大夫知亳州徙青州屬歲歉命兼京東安撫使入判太常寺兼大理寺復知審刑肅言舊太常鐘磬皆設色每三歲親祠則重飾之歲既久所塗積厚聲益不協乃詔與李照宋祁同按王朴律即劃滌考擊合以律準試於後苑聲皆協又詔與章得象馮元詳刻漏進龍圖閣直學士知潁州徙鄧州官至禮部侍郎致仕卒肅喜爲詩其多至數千篇性精巧能畫入妙品圖山水罨布濃淡意象微遠尤善爲古木折竹嘗造指南記里鼓二車及欹器以獻又上蓮花漏法詔司天臺考於鐘鼓樓下云不與崇天歷合然肅所至皆刻石以記其法州郡用之以候昏曉世推其精密在明州爲海潮圖著海潮論二篇子度孫瑛

度字唐卿登進士第知陳留縣京東蝗年饑盜發度勸邑豪出粟六萬以濟民又行保伍法以察盜善狀日聞通判永興軍三司使王堯臣舉爲戶部判官以伐閱淺始命權發遣遂爲故事出知滑滑與黎陽對境河埽下臨魏都霖潦暴至薪芻不屬度曰魏實爲河朔根本不可坐視成敗悉以所儲茭楗禦之埽賴以不潰復爲戶部判官歲皇祐甲午益州言歲在甲午蜀再亂今又值之民爲感戚乃命度出使備不虞還奏無足慮權河北轉運副使六塔河決坐貶秩知蔡州徙福州閩故多盜度請假事權制攝一道遂加兵馬鈐轄入爲戶部副使以右諫議大夫知潭州卒年七十度有心計凡六佐大農慶歷中三司請權河北鹽度言川陝不權酒河北不禁鹽此祖宗順民俗不易之制也權之非是會張方平亦論之議遂寢

瑛字仁叔以蔭爲瑕邱尉縣人習爲盜瑛榜諭曰今平民或呼以盜必怒見詞色顧乃舍耕稼本業爲人所不肯爲者及陷於罪則終身不齒於鄉閭尉不忍以是待汝盜感悟爲稍弭累遷太府丞開封少尹歷廣東轉運判官進副使加直秘閣時方尚老氏教瑛言守臣任滿考課乞以與崇教法拯葺道宮爲善最從之連進直龍圖閣時瑛在嶺嶠七年括南海犀珠香藥奉宰相內侍人目之爲香燕遂以徽猷閣待制提舉醴泉觀拜戶部侍郎徽宗賜書仁人義士之家以表之蓋取王安石頌其曾大父肅詩語也轉開封尹賜進士出身兼侍讀且將大用後以御史言瑛不能撥煩戢奸吏致賊殺不辜罷爲龍圖閣直學士未數月爲戶部尚書靖康初以龍圖閣學士知河陽金兵入寇三城當兵衝瑛至未及備而兵騎大集乘銳攻城瑛不能禦將出奔爲亂兵所害年五十建炎初賜端明殿學士

蔣堂字希魯常州宜興人擢進士第爲楚州團練推官滿歲吏部引對眞宗覽所試判善之特授大理寺丞知臨川縣縣富人李甲多爲不法前令莫能制堂戒諭不悛白州以兵索其家得僭乘輿物置于死歷通判眉許吉楚州以太常博士知泗州召爲監察御史禁中火有司請究所起多引宮人屬吏堂言火起無迹安知非天意也陛下宜脩德應變有司乃欲歸咎宮人以之屬吏何求不可而遂賜之死是重天譴也詔原之論奏郭皇后不當廢坐贖再遷侍御史判三司度支句院出爲江南東路轉運使徙淮南兼江南發運事時廢發運使上封者屢以爲非便堂言唐裴耀卿劉晏第五琦李巽裴休皆嘗爲江淮河南轉運使不聞別置使名國朝卞袞王嗣宗劉師道亦止爲轉運兼領發運司事而歲輸京師常足時雖用其議後卒復在江淮歲薦部吏二百人或謂曰一有謬舉且得罪何以多爲堂曰十得二三亦足報國坐失按蘄州王蒙正故入部吏死罪降知越州之鑑湖馬臻所爲溉田八千頃食利者萬家前守建言聽民自占多爲豪右所侵堂奏復之徙蘇州入判刑部徙戶部句院歷戶部度支鹽鐵副使安撫梓夔路權天章閣待制江淮制置發運使先是發運使上計造大舟數十載江湖物入遺京師權貴堂曰吾豈爲此哉入自可附驛奏也前後五年未嘗一至京師就除河東路都轉運使未行知洪州改應天府累遷左司郎中知杭州以樞密直學士知益州慶歷初詔天下建學漢文翁石室在孔子廟中堂因廣其舍爲學宮選屬官以教諸生士人翕然稱之楊日嚴在蜀有能名堂素不樂之於是節遊宴減廚傳專尚寬縱頗變日嚴之政又建銅壺閣其制宏敞而材不預具功既半乃伐喬木于蜀先主惠陵江瀆祠又毀后土及劉禪祠蜀人浸不悅獄訟滋多久之或以爲私官妓徙河中府又徙杭州蘇州以尙書禮部侍郎致仕卒特贈吏部侍郎堂爲人淸修純飭遇事毅然不屈貧而樂施好學工文辭延譽晚進至老不倦尤嗜作詩有吳門集二十卷

劉夔字道元建州崇安人進士中第補廣德軍判官累遷尙書屯田員外郎權侍御史李照改製大樂鐘磬夔以爲樂之大本與政化通不當輕易其器願擇博學之士以補卿丞凡四方妄獻說以要進者請一切罷之帝善其言歷三司戶部判官判度支句院江西兩浙淮南轉運使加直史館知陝州改太常少卿知廣州所至有廉名權三司度支副使桂陽監蠻唐和寇邊以右諫議大夫龍圖閣直學士知潭州兼湖南安撫使初至遣人諭蠻酋使降不從乃舉兵擊敗和于銀江源進破其巢穴蠻逃遁遠去前將以帛購蠻首至是有持首取購者按問乃輒殺平民誅之而罷購州境獲安還權判吏部流內銓知審刑院河北大水民流入京東爲盜詔增京東守備帝問誰可守鄆者宰相以夔對進給事中樞密直學士以往至鄆發廩振饑民賴全活者甚衆盜賊衰息賜書褒諭大臣議欲脩復河故道夔極言其不可遂罷遷工部侍郎知福州請解官入武夷山爲道士弗許知建州尋告老遂以戶部侍郎致仕英宗即位遷吏部卒年八十三夔嘗過江東見二囚繫累年矣問之曰前此殺吉州掾徐咸疑二人者夔爲言於朝釋之後果得眞盜嘗遇隱者得養生術遂蔬食及獨居退處一閤家人罕見其面至老手足耳目強明如少壯時不治財產所收私田有餘穀則以振鄉里貧人前死數日自作遺表以祿賜所餘分親族告其家人曰某日吾死矣如期而死無子

馬亮字叔明廬州合肥人舉進士爲大理評事知蕪湖縣再遷殿中丞通判常州吏民有因緣亡失官錢籍其貲猶不足以償妻子連逮者至數百人亮縱去緩與之期不踰月盡輸所負羅處約使江東以亮治行聞擢知濮州會諸路轉運司置糾察刑獄官以福建路命亮覆訊冤獄全活者數十人遷太常博士知福州蘇易簡薦亮才任繁劇召還同提點三司都勾院磨勘憑由司久之出知饒州州豪白氏多執吏短長嘗殺人以赦免愈驁橫爲閭里患亮發其奸誅之部中畏懾州有鑄錢監匠多而銅錫不給亮請分其工之半別置監于池州歲增鑄緡錢十萬遷殿中侍御史眞宗即位上書言陛下初政軍賞宜速而所在不時給請遣使分督之又赦書蠲除州縣逋負而有司趣責愈急宜如赦推恩以寬民故事以親王尹開封地尊勢重嫌隙易生願鑒其繇以示保全親愛之道契丹仍歲南侵河朔蕭然請脩好以息邊民帝善其言以亮爲可用王均反以爲西川轉運副使賊平主將邀功誅殺不已亮全活千餘人城中米斗千錢亮出廩米裁其價人賴以濟召問蜀事會械送賊詿誤者八十九人至闕下執政欲盡誅之亮曰愚民脅從此特百之一二餘竄伏山林者衆今不貸之反側之人聞風疑懼一唱再起是滅一均生一均也帝悟悉宥之加直史館復遣還部時諸州鹽井歲久泉涸而官督所負課繫捕者州數百人亮盡釋繫者而奏廢其井又除屬部舊逋官物二百餘萬還知潭州屬縣有亡命卒剽攻爲鄉閭患人共謀殺之事覺法當死者四人亮咸貸之曰爲民去害而反坐以死罪非法意也徙昇州行次江州屬歲旱民饑湖湘漕米數十舟適至亮移文守將發以振貧民因奏瀕江諸郡皆大歉而吏不之救願罷官糴令民轉粟以相賙以右諫議大夫知廣州時宜州陳進初平而澄海兵從進反者家屬二百餘人法當配隸亮悉置不問鹽戶逋課質其妻子於富室悉取以還其家海舶久不至使招來之明年至者倍其初珍貨大集朝廷遣中使賜宴以勞之是歲東封亮敦諭大食陀婆離蒲含沙貢方物泰山下歷知虔洪二州江陵府再遷尙書工部侍郎復知昇州徙杭州加集賢院學士先是江濤大溢調兵築堤而工未就詔問所以捍江之策亮褒詔禱伍員祠下明日潮爲之却出橫沙數里隄遂成入爲御史中丞建言士民父祖未葬而析居請

自今未葬者毋得輒析明年改兵部侍郎知廬州徙江陵又徙江寧府仁宗初拜尚書右丞復知廬州召判尚書都省兼知審刑院遷工部尚書知亳州又遷江寧府以太子少保致仕卒贈尚書右僕射亮有智略敏於政事然其所至無廉稱呂夷簡少時從其父蒙亨爲縣福州亮見而奇之妻以女妻劉恚曰嫁女當與縣令兒邪亮曰非爾所知也陳執中梁適爲京官田況宋庠及其弟祁爲童子時亮皆厚遇之曰是後必大顯世以亮爲知人亮卒時夷簡在相位有司謚曰忠肅人不以爲是也子仲甫爲天章閣待制

陳希亮字公弼其先京兆人唐廣明中避難遷眉州青神之東山希亮幼孤好學年十六將從師其兄難之使治錢息三十餘萬希亮悉召取錢者焚其券而去業成乃召兄子庸諭使學遂俱中天聖八年進士第里人表其閭曰三儁初爲大理評事知長沙縣有僧海印國師出入章獻皇后家與諸貴人交通恃勢據民地人莫敢正視希亮捕治寘諸法一縣大聳郴州竹場有僞爲券給輸戶送官者事覺輸戶當死希亮察其非辜出之已而果得其造僞者再遷殿中丞徙知鄠縣老吏曹腆侮法以希亮年少易之希亮視事首得其罪腆叩頭出血願自新希亮戒而捨之卒爲善吏巫覡歲斂民財祭鬼謂之春齋否則有火災民訛言有緋衣三老人行火希亮禁之民不敢犯火亦不作毀淫祠數百區勒巫爲農者七十餘家及罷去父老送之出境泣曰公去我緋衣老人復出矣遷太常博士有言郴獄活人死罪賜五品服初蜀人官蜀不得通判州事希亮以母老願折資爲縣侍親於是知臨津縣母終服除爲開封府司錄司事福勝塔火官欲更造度用錢三萬希亮言陝西用兵願以此餽軍詔罷之青州民趙禹上書言趙元昊必反宰相以禹狂言徙建州元昊果反禹訟所部不受亡至京自理宰相怒下開封獄希亮言禹可賞不可罪爭不已上釋禹賞爲徐州推官且欲以希亮爲御史會外戚沈元吉以奸盜殺人希亮一問得實自驚仆死沈氏訴之詔御史劾希亮及諸掾吏希亮曰殺此賊者獨我耳遂引罪坐廢朞年盜起京西殺守令富弼薦希亮可用起知房州州素無兵備民凜凜欲亡去希亮以牢城卒雜山河戶得數百人日夜部勒聲振山南民恃以安殿侍雷甲以兵百餘人逐盜竹山甲不能戢所至爲暴或疑爲盜告希亮盜入境且及門希亮卽勒兵阻水拒之命持滿無得發士皆植立如偶人甲射之不動乃下馬拜請死曰初不知公官軍也吏士皆欲斬甲以狥希亮獨治爲暴者十餘人使甲以捕盜自贖時劇賊党軍子方張轉運使使供奉官崔德贇捕之德贇既失党軍子遂圍竹山民賊所嘗舍者曰向氏殺父子三人梟首南陽市曰此党軍子也希亮察其寃下德贇獄未服党軍子獲於商州詔賜向氏帛復其家流德贇通州或言華陰人張元走夏州爲元昊謀臣詔徙其族百餘口於房議察出入饑寒且死希亮曰元事虛實不可知使誠有之爲國者終不顧家徒堅其爲賊耳此又皆其疏屬無罪乃密以聞詔釋之老幼哭希亮庭下曰今當還故鄉然奈何去父母乎遂畫希亮像祠焉代還執政欲以爲大理少卿希亮曰法吏守文非所願願得一郡以自效乃以爲宿州州跨汴爲橋水與橋爭常壞舟希亮始作飛橋無柱以便往來詔賜縑以褒之仍下其法自畿邑至于泗州皆爲飛橋皇祐元年移滑州奏事殿上仁宗勞之曰知卿疾惡無懲沈氏子事未行詔提舉河北便糴都轉運使魏瓘劾希亮擅增損物價已而瓘除龍圖閣學士知開封府希亮乞廷辨既對仁宗直希亮奪瓘職知越州且欲用希亮希亮言臣與轉運使不和不得爲無罪力請還滑會河溢魚池埽且決希亮悉召河上使者發禁兵捍之廬於所當決吏民涕泣更諫希亮堅臥不動水亦去人比之王尊是歲盜起宛句晝刼張郭鎮執濮州通判井淵仁宗以爲憂問執政可用者未及對仁宗曰朕得之矣乃以希亮爲曹州不逾月悉擒其黨淮南饑安撫轉運使皆言壽春守王正民不任職正民坐免詔希亮乘傳代之轉運使調里胥米而蠲其役凡十三萬石謂之折役米米翔貴民益饑希亮至除之且表其事旁郡皆得除又言正民無罪職事辦治詔復以正民爲鄂州久之徙知廬州虎翼軍士屯壽春者以謀反誅遷其餘不反者數百人於廬皆自疑不安一日有竊入府舍將爲不利者希亮笑曰此必醉耳貸而流之盡以其餘給左右使令且以守倉庫人爲之懼希亮益加親信皆感德指心誓爲希亮死改提點刑獄江東還度支郎中徙河北嘉祐二年入爲開封府判官改判三司戶部句院朝廷以三司事冗簿書留滯乃命希亮又兼開拆司榮州鬻鹽凡十八井歲久澹竭有司責課如初民破產籍沒者三百餘家希亮爲言還其所籍歲蠲三十餘萬斤三司簿書滯留者自天禧以來末帳六百有四明道以來生事二百一十二萬希亮日夜課吏凡九月去其三之二度支吏不時勾希亮杖之副使以希亮擅決罰由是事復滯會接伴契丹使還自請補外乃以爲京西轉運使賜三品服石塘河役兵叛其首周元自稱周大王震動汝洛間希亮聞之卽日輕騎出按吏請以兵從希亮不許其賊二十四人道遇希亮以希亮輕出意色閑和不能測遂相與列訴道周希亮徐問其所苦命一老兵押之曰以是付葉縣聽吾命既至令曰汝以自首皆無罪然必有首謀者衆不敢隱乃斬元以狥流軍校一人餘悉遣赴役如初遷京東轉運使維州參軍王康赴官道博平大猾有號截道虎者毆康及其女幾死吏不敢問希亮移捕甚急卒流海島又劾吏故縱坐免者數人徐州守暴苛以細過籍民產數十家獲小盜使必自誣抵死希亮言其狀卒以廢去數上章請老不允移知鳳翔倉粟支十二年主者以腐敗爲憂歲饑希亮發十二萬石貸民有司懼爲擅發希亮身任之是秋大熟以新易舊官民皆便于闐使者入朝過秦州經略使以客禮享之使者驕甚留月餘壞傳舍什器縱其徒入市掠飲食民戶皆晝閉希亮聞之曰吾嘗主契丹使得其情使者初不敢暴橫皆譯者教之吾痛繩以法譯者懼其使不敢動矣況此小國乎乃使教練使持符告譯者曰入吾境有秋毫不如法吾且斬若取軍令狀以還使者至羅拜庭下希亮命坐兩廊飲食之護出其境無一人譁者英宗卽位遷太常少卿獄有盜法當死僚官持不可久之盜殺守吏遁去希亮以前議劾于朝而希亮之議是僚官懼欲以事中希亮希亮自顧無有其事始州郡以酒相餉例皆私有之而法不可希亮以遺游士之貧者既而曰此亦私也以家財償之遂借此上書自劾求去不已坐是分司西京未幾致仕卒年六十四希亮嘗夢異人按圖而告之年至是果然贈工部侍郎希亮爲人清勁寡欲不假人以色自王公貴人皆嚴憚之見義勇發不計禍福所至奸民猾吏易心改行不改者必誅然出於仁恕故嚴而不殘少與蜀人宋輔游輔卒於京母老子端平幼希亮養其母終身以女妻端平使同諸子學卒登進士第四子忱度支郎中恪滑州推官恂大理寺丞慥字季常少時使酒好劍用財如糞土慕朱家郭解爲人閭里之俠皆宗之在岐下嘗從兩騎挾二矢與蘇軾遊西山鵲起於前使騎逐而射之不獲乃怒馬獨出一發得之因與軾馬上論用兵及古今成敗自謂一世豪士稍壯折節讀書欲以此馳騁當世然終不遇洛陽園宅壯麗與公侯等河北有田歲得帛千匹晚年皆棄不取遯於光黃間曰岐亭庵居蔬食徒步往來山中妻子奴婢皆有自得之意不與世相聞人莫識也見其所著帽方屋而高曰此豈古方山冠之遺像乎因謂之方山子及蘇軾謫黃過岐亭識之人始知爲慥云

論曰秉雅恬退頵不阿貴戚有儒者之風摯淳靜而不矯池質易而長厚肅議法平恕及堂燮淸脩自守蓋侍從之選也希亮爲政嚴而不殘其良吏與馬亮饒才智而寡廉稱士論以此惜之

宋史卷二百九十九

元 中 書 右 丞 相 總 裁 脫 脫 等 修

列傳第五十八

狄棐 子遵度 郎簡 孫祖德 張若谷 石揚休
祖士衡 李垂 張洞 李仕衡 李溥
胡則 薛顏 許元 鍾離瑾 孫沖
崔嶧 田瑜 施昌言

狄棐字輔之潭州長沙人少隨父官徐州以文謁路振振器愛之妻以女舉進士甲科以大理評事知分宜縣歷開封府司錄知壁州道長安爲寇準所厚準復入相乃薦通判益州擢開封府判官歷京西益州路轉運江淮制置發運使累遷太常少卿知廣州加直昭文館代還不以南海物自隨人稱其廉拜右諫議大夫龍圖閣直學士權判吏部流內銓出知滑州進給事中徙天雄軍會給郊賞帛不善士卒譁譟趣府門棐不能治事聞命侍御史劉夔按視未及境衆不自安棐馳白夔請給以行河事變至與轉運使李絳誅首惡數人棐坐罷懦降知隨州徙同州勾當三班院進樞密直學士歷知陝鄆州河中河南府復判流內銓出知揚州未行卒有狄國賓者仁傑之後分仁傑告身與棐棐奏錄國賓一官而自稱仁傑十四世孫棐在河中時有中貴人過郡言將援棐於上前棐荅以他語退謂所親曰吾湘潭一寒士今官侍從可以老而自汚耶其爲政愷悌不爲表暴死之日家無餘貲子遵度字元規少頴悟篤志於學每讀書意有所得卽仰屋瞪視人呼之弗聞也少舉進士一斥於有司恥不復爲以父任爲襄縣主簿居數月棄去好爲古文著春秋雜說多所發明嘗患時學靡敝作擬皇太子冊文除侍御史制裴晉公傳人多稱之尤嗜杜甫詩嘗讚其集一夕夢見甫爲誦世所未見詩及覺纔記十餘字遵度足成之爲佳城篇後數月卒有集十

二卷

郎簡字叔廉杭州臨安人幼孤貧借書錄之多至成誦進士及第補試祕書省校書郎知寧國縣徙福清令縣有石塘陂歲久湮塞募民浚築溉廢田百餘頃邑人爲立生祠調隨州推官及引對眞宗曰簡歷官無過而無一人薦是必恬於進者特改祕書省著作佐郎知分宜縣徙知竇州縣吏死子幼贅婿僞爲券冐有其貲及子長屢訴不得直乃訟于朝下簡劾治簡示以舊牘曰此爾翁書耶曰然又取僞券示之弗類也始伏罪徙藤州興學養士一變其俗藤自是始有舉進士者通判海州提點利州路刑獄官罷知泉州累遷尚書度支員外郎廣南東路轉運使擢祕書少監知廣州捕斬賊馮佐臣入判大理寺出知越州復歸判尚書刑部出知江寧府歷右諫議大夫給事中知揚州徙明州以尚書工部侍郎致仕祀明堂遷刑部卒年八十有九特贈吏部侍郎簡性和易喜賓客即錢塘城北治園廬自號武林居士道引服餌晚歲顏如丹尤好醫術人有疾多自處方以療之有集驗方數十行于世一日謂其子絜曰吾退居十五年未嘗小不懌今意倦豈不逝歟就寢而絕幼從學四明朱頔長學文於沈天錫既仕均奉資之後二人亡又訪其子孫爲主婚嫁平居宴語惟以宜上德救民患爲意孫沔知杭州榜其里門曰德壽坊然在廣州無廉稱蓋爲絜所累絜終尚書都官員外郎

孫祖德字延仲濰州北海人父航監察御史淮南轉運祖德進士及第調濠州推官校勘館閣書籍時校勘官不爲常職滿歲而去改大理寺丞知榆次縣上書言刑法重輕以尚書屯田員外郎通判西京留守司方冬苦寒詔罷內外工作而錢惟演督脩天津橋格詔不下祖德曰詔書可稽留耶卒白罷役入爲殿中侍御史遷侍御史章獻太后春秋高疾加劇祖德請還政已而疾少間祖德大恐及太后崩諸嘗言還政者多進用遂擢尚書兵部員外郎兼起居舍人知諫院言郭皇后不當廢獲罪以贖論久之遷天章閣待制時三司判官許申因宦官閻文應獻計以藥化鐵成銅可鑄錢裨國用祖德言僞銅法所禁而官自爲是教民欺也固爭之出知兗徐蔡州永興軍徙鳳翔府請置鄉兵改龍圖閣直學士知梓州累遷右諫議大夫知河中府歷陳許蔡潞鄆亳州應天府以疾得潁州除吏部侍郎致仕卒有論事七卷祖德少清約及致仕娶富人妻以規有其財已而妻悍反資以財而出之子珪江東轉運使

張若谷字德繇南劍沙縣人進士及第爲巴州軍事推官會蜀寇掠鄰郡若谷攝州事率衆爲守禦備賊乃引去調全州軍事推官入見眞宗識其名顧曰是嘗在巴州禦賊者耶特改大理寺丞知濛陽縣三司言廣寧監歲鑄緡錢四十萬其主監宜擇人乃以命若谷歲餘所鑄贏三十萬緡擢知處州歷江湖淮南益州路轉運江淮制置發運使入爲三司度支鹽鐵副使累遷右諫議大夫知并州先是麟府歲以繒錦市蕃部馬前守輒罷之若谷以爲互市所以利戎落而通邊情且中國得戰馬亟罷之則猜阻不安奏復市如故而馬入歲增提舉諸司庫務權判大理寺進樞密直學士歷知潭州成德軍揚州江寧府入知審官院糾察在京刑獄知通進銀臺司應天府改龍圖閣學士徙杭州會歲饑斥餘廩爲糜粥賑救之權判吏部流內銓知洪州累官至尚書左丞致仕若谷素爲宰相張士遜引拔然所至亦自有循良跡不激訐取名云

石揚休字昌言其先江都人唐兵部郎中仲覽之後後徙京兆七代祖藏用右羽林大將軍明於歷數嘗召家人謂曰天下將有變而蜀爲最安處乃去依其親眉州刺史李滈遂爲眉州人揚休少孤力學進士高第爲同州觀察推官遷著作佐郎知中牟縣縣當國西門衣冠往來之衝也地瘠民貧賦役煩重富人隸太常爲樂工僥倖免役者凡六十餘家揚休請悉罷之改祕書丞爲祕閣校理開封府推官累遷尚書祠部員外郎歷三司度支鹽鐵判官坐前在開封嘗失盜出知宿州頃之召入爲度支判官脩起居注初記注官與講讀諸儒皆得侍坐邇英閣揚休奏史官記言動當立以侍從其言判鹽鐵勾院以刑部員外郎知制誥同判太常寺初內出香祠溫成廟帝誤書名稱臣揚休言此奉宗廟禮有司承誤不以聞帝嘉之兼勾當三班院爲宗正寺脩玉牒官遷工部郎中未及謝卒揚休喜閑放平居養猿鶴玩圖書吟詠自適與家人言未嘗及朝廷事及卒發楮中所得上封事十餘章其大略請增諫官以廣言路置五經博士使學者專其業出御史按察諸道以防壅蔽復齒胄之禮以强宗室擇守令重農桑禁奢侈皆有補於時者然揚休爲人慎默世未常以能言待之也至於誥命尤非所長平生好殖財因使契丹道感寒毒得風痺謁告歸鄉別墳墓揚休初在鄉時衣食不足徒步去家十八年後以從官還鄉里疇昔同貧窶之人尚在皆曰昌言來必賙我矣揚休卒不揮一金反遍受里中富人金以去

祖士衡字平叔蔡州上蔡人少孤博學有文爲李宗諤所知妻以兄子楊億謂劉筠曰祖士衡辭學日新後生可畏也舉進士甲科授大理評事通判蘄州再遷殿中丞直集賢院改右正言戶部判官未幾提舉在京諸司庫務遷起居舍人注釋御集檢閱官遂知制誥爲史館脩撰糾察在京刑獄同知通進銀臺司天聖初以附丁謂落職知吉州言者又以在郡不脩飭復降監江州稅士衡兒時過外家有僧善相見之語人曰是兒神骨秀異他日有名于時若年過四十當位極人臣年三十九卒于官

李垂字舜工聊城人咸平中登進士第上兵制將制書自湖州錄事參軍召爲崇文校勘累遷著作郎館閣校理上導河形勝書三卷欲復九河故道時論重之又累脩起居注丁謂執政垂未嘗往謁或問其故垂曰謂爲宰相不以公道副天下望而恃權怙勢觀其所爲必遊朱崖吾不欲在其黨中謂聞而惡之罷知亳州遷穎晉絳三州明道中還朝閤門祗候李康伯謂曰舜工文學議論稱於天下諸公欲用爲知制誥但宰相以舜工未嘗相識盍一往見之垂曰我若昔謁丁崖州則乾興初已爲翰林學士矣今已老大見大臣不公常欲面折之焉能趨炎附熱看人眉睫以冀推輓乎道之不行命也執政知之出知均州卒年六十九五子仲昌最知名鋭於進取嘗獻計脩六塔河無功自殿中丞責英州文學參軍

張洞字仲通開封祥符人父惟簡太常少卿洞爲人長大眉目如畫自幼開悟卓犖不羣惟簡異之抱以訪里之卜者曰郎君生甚奇必在策名後當以文學政事顯既誦書日數千言爲文甚敏未冠嶄然有聲遇事慷慨自許以有爲時趙元昊叛擾邊關隴蕭然困於飛輓且屢喪師仁宗太息思聞中外之謀洞以布衣求上方略召試舍人院擢試將作監主簿尋舉進士中第調漣水軍判官遭親喪去再調潁州推官民劉甲者强弟柳使鞭其婦既而投杖夫婦相持而泣甲怒逼柳使再鞭之婦以無罪死吏當夫極法知州歐陽脩欲從之洞曰律以教令者爲首夫爲從且非其意不當死衆不聽洞即稱疾不出不得已讞於朝果如洞言脩甚重之晏殊知永興軍奏管勾機宜文字殊儒臣喜客游其門者皆名士尤深敬洞改大理丞知鞏縣會殊留守西京復奏知司錄殊晚節驟用刑幕府無敢言洞平居與殊賦詩飲酒傾倒無不至當事有官責持議甚堅殊爲沮止洞亦自以不負其知樞密副使高若訥參知政事吳育薦其文學宜爲館職召試學士院充祕閣校理判祠部時天下戶口日蕃民去爲僧者衆洞奏至和元年敕增歲度僧舊敕諸路三百人度一人後率百人度一人又文武官內臣墳墓得置寺撥放近歲滋廣若以勤勞宜假之者當依古給戶守冢禁樵採而已今祠部帳至三十餘萬僧失不裁損後不勝其弊朝廷用其言始三分減一知太常禮院宰相陳執中將葬洞與同列謚爲榮靈其孫訴之詔孫抃等復議改曰恭洞駮奏執中位宰相無功德而罪戾多生不能正法以黜之死猶當正名以誅之竟從抃等議初皇后郭氏忤旨得罪廢沒後仁宗悔之詔追復其號二十餘年矣至是有司請祔於廟知制誥劉敞以謂春秋書禘于太廟用致夫人致者不宜致也且古者不二嫡當許其號不許其禮洞奏后嘗母天下無大過惡中外所知陛下既察其偶失恭順洗之於既沒猶曰不許其禮於義無當且廢后立后何嫌於嫡此當時大臣護已然之失乖正名之典而敞復引春秋用致夫人按左氏哀姜之惡所不忍道而二傳有非嫡之辭敞議非是若從變禮尚當別立廟不行轉太常博士判登聞鼓院仁宗方嚮儒術洞在館閣久數有建明仁宗以爲知經會覆攷進士崇政殿因賜飛白善經字寵之洞獻詩謝復賜詔奬諭出知棣州轉尚書祠部員外郎河北地當六塔之衝者歲決溢病民田水退强者遂冐占弱者耕居無所洞奏一切官爲標給蠲其租以綏新集河北東路民富蠶桑契丹謂之綾絹州朝廷以爲內地不慮洞奏今滄景契丹可入之道兵守多缺契丹時以販鹽爲名舟往來境上此不可不察顧度形勢置帥增屯戍以控扼之時天下久安薦紳崇尚虛名以寬厚沉默爲德於事無所補洞以謂非朝廷福又謂諫官持諫以震人主不數年至顯仕此何爲者當重其任而緩其遷使端良之士不亟易而浮躁者絕意致書歐陽脩極論之召權開封府推官英宗即位轉度支員外郎英宗哀疢或經旬不御正殿洞上言陛下春秋鼎盛初嗣大統豈宜久屈剛徤自比冲幼之主當躬萬機攬羣材以稱先帝付畀之意厭元元之望大臣亦以爲言遂聽政命攷試開封進士既罷進賦題曰孝慈則忠時方議濮安懿王稱皇事英宗曰張洞意諷朕宰相韓琦進曰言之者無罪聞之者足以戒英宗意解詔訊祁國公宗說獄宗說恃近屬貴驕不道獄具英宗以爲辱

固不欲暴其惡洞曰宗說罪在不宥雖然陛下將懲惡而難暴之獨以其坑不辜數人置諸法可矣英宗喜曰卿知大體洞因言唐宗室多賢宰相名士蓋其知學問使然國家本支蕃衍無親疏一切厚廩之不使知辛苦婣妾聲伎無多寡之限至滅禮義極嗜欲貸之則亂公共之法刑之則傷骨肉之愛宜因秩品立制度更選老成教授之宗室緣是怨洞痛詆訾言上亦起藩邸頗察之不罪也轉司封員外郎權三司度支判官對便殿稱旨英宗遂欲進用大臣忌之出爲江西轉運使江西荐饑徵民積歲賦洞爲奏免之又民輸油絹不中度者舊責以滿匹洞命計尺寸輸錢民便之移淮南轉運使轉工部郎中淮南地不宜麥民艱於所輸洞復命輸錢官爲糴麥不踰時而足洞在棣時夢人稱敕召者既出如拜官然顧視旌旗吏卒羅于庭至是夢之如初自以年不能永教諸子部分家事未幾卒年四十九

李仕衡字天均秦州成紀人後家京兆府進士及第調鄠縣主簿田重進守京兆命仕衡鞫死四五人活者四人重進即其家謂曰子有陰施此門當高大之徙知彭山縣就加大理評事遷光祿寺丞父益以不法誅仕衡亦坐除名後會赦寇準薦其材盡復其官領渭橋輦運通判邠州再遷秘書丞徙知劍州王均反仕衡度州兵不足守即棄城焚芻粟輦金帛東守劍門既而賊陷漢州攻劍州州空無所資即趨劍門仕衡預招賊衆得千餘人待之不疑賊將至與鈐轄裴臻迎擊之斬首數千級乃乘驛入奏擢尚書度支員外郎賜服緋魚已而使者言仕衡嘗棄城降黜虔州稅召還判三司鹽鐵勾院度支使梁鼎言商人入粟于邊率高其直而售以解鹽商利益博國用日耗請調丁夫轉粟而輦鹽諸州官自鬻之歲可得緡錢三十萬仕衡曰安邊無大於息民今不得已而調斂之又增以轉粟輓鹽之役欲其不困何可得哉不聽遂行鼎議而關中大擾乃罷鼎度支使以仕衡爲荆湖北路轉運使徙陝西初歲出內帑緡錢三十萬助陝西軍費仕衡言歲計可自辦遂罷給眞宗謁陵寢因幸洛仕衡獻粟五十萬斛又以三十萬斛餽京西朝廷以爲材召爲度支副使上言關右既弛鹽禁而永興同華耀四州猶率賣鹽年額錢請減十之四詔悉除之累遷司封郎中爲河北轉運使又奏罷內帑所助緡錢百萬建言河北歲給諸軍帛七十萬而民艱於得錢悉預假於里豪出倍償之息以是工機之利愈薄方春民不足請戶給錢至夏輸帛則民獲利而官用足矣詔優其直仍推其法于天下封泰山獻錢帛芻糧各十萬見于行宮還右諫議大夫祀汾陰又助錢帛三十萬乃命同林特提舉西京陝西轉運事權知永興軍進給事中踰月以樞密院直學士知益州頃之河北闕軍儲議者以謂仕衡前過助封祀費眞宗聞之以爲河北都轉運使駕如亳州又貢絲綿縑帛各二十萬後集粟塞下至鉅萬斛或言粟腐不可食朝廷遣使取視之而粟不腐也棣州汙下苦水患仕衡奏徙州西北七十里既而大水没故城丈餘南郊復進錢帛八十萬先是每有大禮仕衡必以所部供軍物爲貢言者以爲不實仕衡乃條析進六十萬皆上供者二十萬即其美餘帝不之罪謂王旦曰仕衡應猝有材人欲以此中之然朝廷所須隨大小即辦亦其所長也明年旱蝗發積粟賑民又移五萬斛濟京西遷尚書工部侍郎權知天雄軍民有盜瓜傷主者法當死仕衡以歲饑奏貸之盜起淄青間遷刑部侍郎知青州前守捕羣盜妻子寘棘圍中仕衡至悉縱罷之使去未幾其徒有梟賊首至者入爲三司使帝作寬財利論以賜之乃更陝西入粟法使民得受錢與茶售市羊及木責吏送京師而羊多道死木至湍險處往往漂失吏至破產不能償仕衡乃許吏私附羊免其算使得補死者聽民自採木輸官用入粟法償其直遷吏部侍郎仁宗即位拜尚書左丞以足疾改同州觀察使知陳州州大水築大隄以障水患徙潁州復知陳州曹利用仕衡婿也利用被罪降仕衡左龍武軍大將軍分司西京歲餘改左衞大將軍卒其後諸子訴其父有勞於國非意左遷詔追復同州觀察使仕衡前後筦計事二十年雖才智過人然素貪家貲至累鉅萬建大第長安里中嚴若官府子丕緒蔭補將作監主簿及仕衡歸老丕緒時爲尚書虞部員外郎請解官就養朝廷以爲郎故事不許請削一官乃聽未幾還之居十餘年仕衡死服除久之不出大臣爲言起簽書永興軍節度判官事歷通判永興軍同州知解州興元府華州累遷司農卿致仕卒丕緒居官廉靜不爲矯激家多圖書集歷代石刻爲數百卷藏之

李溥河南人初爲三司小吏陰狡多智數時天下新定太宗厲精政事嘗論及財賦欲有所更革引三司吏二十七人對便殿問以職事溥詢其目請退而條上命至中書列七十一事以聞四十四事即日行之餘下三司議可否於是帝以溥等爲能語輔臣曰朕嘗諭陳恕等如溥輩雖無學至於金穀利害必能究知本末宜假以色辭誘令開陳而恕等強愎自用莫肯詢問呂端對曰耕當問奴織當問婢寇準曰孔子入太廟每事問蓋以貴下賤先有司之義也帝以爲然悉擢溥等以官賜錢幣有差溥爲左侍禁提點三司孔目官請著內外百官諸軍奉祿爲定式加閤門祗候催運陝西糧草赴清遠軍還提舉在京倉草場勾當北作坊齊州大水壞民廬舍欲徙州城未決命溥往視遂徙城而還又與李仕衡使陝西增酒榷緡錢歲二十五萬三遷崇儀使景德中茶法既弊命與林特劉承珪更定法募人入金帛京師入芻粟塞下與東南茶皆倍其數即以溥制置江淮等路茶鹽礬稅兼發運事使推行之歲課緡錢果增其舊特等皆受賞溥時已爲發運副使遷爲使仍改西京作坊使然茶法行之數年課復損於舊江淮歲運米輸京師舊止五百餘萬斛至溥乃增至六百萬而諸路猶有餘畜高郵軍新開湖水散漫多風濤溥令漕舟東下者還過泗州因載石輸湖中積爲長隄自是舟行無患累遷北作坊使時營建玉清昭應宮溥與丁謂相表裏盡括東南巧匠遣詣京且多致奇木怪石以傅會帝意建安軍鑄玉皇聖祖溥典其事丁謂言溥蔬食者周歲而溥亦數奏祥應遂以爲迎奉聖像都監領順州刺史遷獎州團練使溥自言江淮歲入茶視舊額增五百七十餘萬斤幷言漕舟舊以使臣若軍大將人掌一綱多侵盜自溥併三綱爲一以三人共主之使更相司察大中祥符九年初運米一百二十五萬石纔失二百石會溥當代詔留再任特遷宮苑使初蕪縣尉陳齊論榷茶法溥薦齊任京官御史中丞王嗣宗方判吏部銓言齊豪民子不可用眞宗以問執政馮拯對曰若用有材豈限貧富帝曰卿言是也因稱溥畏愼小心言事未嘗不中利害以故任之益不疑然溥久專利權內倚丁謂所言輒聽帝嘗語執政曰羣臣上書論事法官輒沮之云非有大益無改舊章然則何以廣言路王旦對曰法制數更則詔令牴牾故重於變易因言溥嘗請盜販茶鹽者贓仗皆没官已可之矣帝曰此特畏溥之強不敢退卻自今雖小吏言亦宜詳究行之溥既專且貪恣是寖爲不法發運使黃震條其罪狀以聞罷知潭州命御史鞫治得溥私役兵爲姻家林特起第附官舟販竹木奸贓十數事未論決會赦貶忠武軍節度副使仁宗即位起知淮陽軍歷光黃二州復以贓敗貶蔡州團練副使久之監徐州利國監以千牛衞將軍致仕卒

胡則字子正婺州永康人果敢有材氣以進士起家補許田縣尉再調憲州錄事參軍時靈夏用兵轉運使索湘命則部送芻糧爲一月計則曰爲百日備尙恐不支奈何爲一月邪湘懼無以給遣則遂入奏太宗因問以邊策對稱旨顧左右曰州縣豈乏人命記姓名中書後李繼隆討賊久不解湘語則曰微子幾敗我事一日繼隆移文轉運司曰兵且深入糧有繼乎則告湘曰彼師老將歸欲以糧乏爲辭耳姑以有餘報之已而果爲則所料湘爲河北轉運使奏改秘書省著作佐郎簽書貝州觀察判官事後以太常博士提舉兩浙榷茶就知睦州徙溫州歲餘提舉江南路銀銅場鑄錢監得吏所匿銅數萬斤吏懼且死則曰馬伏波哀重囚而縱之吾豈重貨而輕數人之生乎籍爲羨餘不之罪改江淮制置發運使累遷尚書戶部員外郎眞宗幸亳還擢三司度支副使初丁謂舉進士客許田則厚遇之謂貴顯故則驟進用至是謂罷政事出則爲京西轉運使遷禮部郎中部內民訛言相驚至遣使安撫乃定坐是徙廣西路轉運使有番舶遭風至瓊州且告食乏不能去則命貸錢三百萬吏白夷人狡詐又風波不可期則曰彼以急難投我可拒而不與邪已而償所貸如期又按宜州重辟十九人爲辨活者九人復爲發運使累遷太常少卿乾寧初坐丁謂黨降知信州徙福州以右諫議大夫知杭州入權吏部流內銓坐失舉復爲太常少卿知池州未行復諫議大夫知永興軍徙河北都轉運使以給事中權三司使通京東西陝西鹽法人便之初則在河北殿中侍御史王沿嘗就則假官舟販鹽又以其子爲名祈買酒場至是張宗誨擿發之按驗得實出則知陳州踰月授工部侍郎集賢院學士劉隨上疏言則奸邪貪濫聞天下比命知池州不肯行今以罪去驟加美職何以風勸在位後徙杭州再遷兵部侍郎致仕卒則無廉名喜交結尙風義丁謂貶崖州賓客散落獨則問遺人至海上饋問如平日在福州時前守陳絳嘗延蜀人龍昌期爲衆人講易得錢十萬絳既坐罪遂自成都械昌期至則破械館以賓禮出俸錢爲償之昌期者嘗註易詩書論語孝經陰符經老子其說詭誕穿鑿至詆斥周公初用薦者補國子四門助教文彥博守成都召置府學奏改秘書省校書郎後以殿中丞致仕著書百餘卷嘉祐中詔取其書昌期時年八十餘野服自詣京師賜緋魚絹百匹歐陽脩言其異端害道不當推奬奪所賜服罷歸卒

薛顏字彥回河中萬泉人舉三禮中第爲嘉州司戶參

軍代還，引見太宗顧問之對稱旨改將作監丞監華州酒稅以秘書省著作佐郎使夔峽疏決刑獄還改太子左贊善大夫知雲安軍徙渝閬二州擢三司鹽鐵判官河北計置糧草初丁謂招撫溪蠻有威惠部人愛之留五年詔謂自舉代謂薦顏爲峽路轉運使累遷尚書虞部員外郎始孟氏據蜀徙夔州于東山據峽以拒王師而民居不便也顏爲復其故城宜州陳進反命勾當廣南東西路轉運司事賊平遷金部員外郎改河東轉運使祀汾陰徙陝西河中浮橋歲爲水所敗顏即北岸釃上流爲支渠以殺水怒因取渠水漑其旁田民頗利之坊州募人鍊礬歲久課益重至有破產被繫不能償者顏奏罷坊礬則晉礬當大售後如其策徙河北歷知河陽杭徐州累遷光祿少卿以少府監知江寧府邏者晝劫人反執平人以告顏視其色動曰若眞盜也械之果引伏轉右諫議大夫知河南府仁宗即位遷給事中丁謂分司西京以顏雅與善徙知應天府又徙耀州部有豪姓李甲結客數十人號沒命社少不如意則推一人以死鬭之積數年爲鄉人患莫敢發顏至大索其黨會赦當免特杖甲流海上餘悉籍于軍以光祿卿分司西京卒于家嘗屬杜衍爲墓誌衍却之仁宗聞其事他日謂衍曰薛顏有醜行卿不欲誌其墓誠淸識也孫向自有傳

許元字子春宣州宣城人以父蔭爲太廟齋郎改大理寺丞累遷國子博士監在京榷貨務三門發運判官元爲吏强敏尤能商財利慶曆中江淮歲漕不給京師乏軍儲參知政事范仲淹薦元可獨倚辦擢江淮制置發運判官至則悉發瀕江州縣藏粟所在留三月食遠近以次相補引千餘艘轉漕而西未幾京師足食朝廷以爲任職就遷副使遂以尙書主客員外郎爲使進金部特賜進士出身還侍御史嘗欲與施昌言分行二浙江南調發軍食仁宗聞之語輔臣曰東南歲比不登民力匱乏嘗詔損歲漕百萬石而元與昌言乃更欲分道而出是必誅求疲民以自爲功非朕志也下詔戒飭既而元欲專六路財賦收羨餘以媚三司憚諸部不從請以六路轉運司自隸既可之矣而轉運使多論其非事遂寢擢天章閣待制再遷郎中以疾請還歷知揚越秦州卒元在江淮十三年以聚斂刻剝爲能急於進取多聚珍奇以賂遺京師權貴尤爲王堯臣所知發運使治所在眞州衣冠之求官舟者日數十輩元視勢家貴族立推巨艦與之卽小官惸獨伺候歲月有不能得人以是憤怨而元自以爲當然無所愧憚

鍾離瑾字公瑜廬州合肥人舉進士爲簡州推官以殿中丞通判益州建言州郡旣上雨後雖凶旱多隱之以成前奏請令監司劾其不實者擢開封府推官出提點兩浙刑獄衞潤州饑聚餓者食之頗廢農作請發米二萬斛賑給家毋過一斛後徙淮南轉運副使歷京西河東河北轉運使改江淮制置發運使殿直王乙者請自揚州召伯埭東至瓜州濬河百二十里以廢二埭詔瑾規度以工大不可就止置閘召伯埭旁人以爲利屢遷尚書刑部郎中爲三司戶部副使除龍圖閣待制權知開封府未踰月得疾仁宗封藥賜之使未及門而卒

孫冲字升伯趙州平棘人舉明經歷古田靑陽尉鹽山麗水主簿嘗併喪父母去官有司循五代故事必六年乃聽調冲援古制以書干宰相不納後舉進士登甲科授將作監丞歷通判晉絳保州坐與保州守爭事降監吉州酒累遷太常博士河決棣州知天雄軍寇準請徙州治河命冲往按視還言徙州動民亦未免治堤不若塞河爲便遂以冲知棣州自秋至春凡四決冲皆塞之就除殿中侍御史準爲樞密使卒徙州信陽而冲坐守護河堤過嚴民輸送往來堤上者輒榜之爲使者論奏徙知襄州冲復上疏論徙州非便著河書以獻會京西蝗眞宗遣中使督捕至襄怒冲不出迎乃奏蝗唯襄爲甚而州將日置酒無䘏民意帝怒命即州置獄冲得屬縣言歲稔狀馳驛上之將使者猶未還帝悟爲追使者笞之以侍御史爲京西轉運塞滑州決河權知滑州參知政事魯宗道總河事用太常博士李渭策欲盛夏興役冲言徒費薪楗困人力雖塞必決遂罷知河陽累遷刑部郎中歷湖北河東轉運使會南郊賞賜軍士而汾州廣勇軍所得帛不逮他軍一軍大譟捽守佐堂下劫之約與善帛乃免城中戒備遣兵圍廣勇營冲適至命解圍弛備置酒張樂推首惡十六人斬之遂定初守佐以亂軍所約者上聞詔給善帛使者至潞冲促之還曰以亂而得所欲是愈誘之亂也卒留不與入判登聞鼓院以目疾改兵部郎中直史館知河中府徙潞州復爲河東轉運使遷太常少卿擢右諫議大夫復知潞州還翰林院學士及徙同州權西京留司御史臺遷給事中喪明卒冲爲吏所至以强幹稱能任鉤距多得事情然無家法晚節尤寡廉隅孫永自有傳

崔嶧字之才京兆長安人進士及第累官尚書職方員外郎知遂州建議瞿塘峽置關如劍門以察奸人事旣施行徙提點刑獄嘉陵江歲調民丁治堤堨嶧更用州兵代其役文州蕃卒數剽攻邊戶守臣慮生事多以牛酒和遺嶧請守臣歲時得行邊益募勇壯伺其發一切捕擊之後無復內寇就除轉運使歷三司戶部判官河東轉運使會更錢法潞州民大擾推其首惡誅之人心遂定後爲戶部副使以右諫議大夫爲河東都轉運使還給事中還糾察在京刑獄諫官御史言宰相陳執中縱嬖妾殺婢命按治嶧以爲執中自以婢不恪笞之死非妾殺之頗左右執中即授龍圖閣待制知慶州羌井坑族亂潛兵討平歷知同州鳳翔府改工部侍郎集賢院學士知河中府嶧所至貪奸比老益甚在鳳翔轉運使薛向按之急不得已至河中請老以刑部侍郎致仕卒

田瑜字資忠河南壽安人舉進士歷袁郢合三州軍事推官遷大理寺丞知鹿邑建陽縣徙知棠江二州累遷尚書司封員外郎提點廣南西路刑獄慶歷中區希範誘溪洞環州蠻叛上以瑜習知南方事就除荊湖北路轉運使瑜檄屬郡募民擊賊又督轉粟以守要害故兵所至皆不乏食賊勢大挫徙兩浙轉運按察使杭州龍山堤歲決水冒民居輒賦芻塞之瑜與民約每芻十束便輸石一尺率五歲得石百萬爲石堤堤固而歲不調民加直史館益州路轉運使改江淮制置發運使擢天章閣待制知廣州累遷諫議大夫權三司戶部副使儂智高犯邕瑜條上用兵禦賊十事智高平召對便殿具言南方山川險要所以備守之策乃以爲廣南東路體量安撫使還糾察刑獄同判吏部流內銓除龍圖閣直學士知青州城中有殺人投屍井中者吏以其無主名不以聞瑜廉得之大出金帛購賊後數日鄰州民執賊以告屬歲凶多盜瑜立賞罰設方略捕格之境中肅然徙知澶州背發疽卒瑜謹厚少文而於吏事頗盡心然御下急無廉稱

施昌言字正臣通州靜海人舉進士高第授將作監丞通判滁州後以太常博士召試館職不中選遷尙書屯田員外郎知太平州上政論三十篇入爲殿中侍御史開封府判官安撫淮南還以禮部員外郎兼侍御史知雜事遷三司度支副使除天章閣待制河北都轉運使言事者以爲濱棣等六州河可涉宜有城守如邊以待契丹詔昌言與宦官楊懷敏往視懷敏以爲當城如邊昌言曰六州地千里又河數移徙城之甚難而無利契丹未渝盟先自困非便也或請於麟府立十二砦以拓境又詔昌言與明鎬張亢度可否昌言獨以爲麟府在河外於國家無毫髮入而至今倔守者徒以畏蹙國之虛名今不當又事無利之砦以重困財力就除知慶州在州所爲不法語徹朝廷昌言疑通判陳湜言之追發湜罪湜坐廢昌言亦降知華州歷知滄州河陽移河北都轉運使議塞商胡埽決河令復故道與北京留守賈昌朝累論徙江淮發運使加龍圖閣直學士知應天府又知延州召還會塞六塔河以爲都大修河制置使辭弗許加樞密直學士知澶州以便役事河決奪一官知滑州又知杭州加龍圖閣學士復知滑州以老求罷乃以知越州至京師卒昌言爲發運使時召范仲淹後堂出婢子爲優雜男子慢戲無所不言仲淹怪問之則皆昌言子也仲淹大不懌而去其治家如此

論曰狄棐郎簡孫祖德張若谷石揚休祖士衡並以文辭高第累侍從歷方州始爲名臣終鮮大過考其行事可見也李垂寧去華近不肯見宰相張洞以直言正論爲大臣所忌則其抱負從可知矣若李仕衡而下十人皆能任劇繁然或寡廉稱或有醜行君子恥之

宋史卷三百

元 中書右丞相總裁脫脫等修

列傳第五十九

楊偕 王沿子鼎 杜杞 楊畋 周湛
徐的 姚仲孫 陳太素馬尋杜曾附 李虛己
張傅 俞獻卿 陳從易 楊大雅

楊偕字次公坊州中部人唐左僕射於陵六世孫父守慶仕廣南劉氏歸朝爲坊州司馬因家焉偕少從种放學於終南山舉進士釋褐坊州軍事推官知汧源縣再調漢州軍事判官道遇術士曰君知世有化瓦石爲黃金者乎就偕試之旣驗欲授以方偕曰吾從吏祿安事化金哉術士曰子志若此非吾所及也出戶失所之在官數上書論時政又上所著文論召試學士院不中改永興軍節度推官又上書論陝西邊事復召試不赴卽遷秘書省著作佐郎爲審刑院詳議官再遷太常博士宋綬薦爲監察御史改殿中侍御史與曹脩古連疏言劉從德遺奏恩太濫貶太常博士監舒州稅以尚書祠部員外郎知光州改侍御史爲三司度支判官時郭皇后廢偕與孔道輔范仲淹力爭道輔仲淹旣出偕止罰金乃言願得與道輔等皆貶不報富民陳氏女選入宮

將以爲后偕復上疏諫上以尚書戶部員外郎兼侍御史知雜事馬季良以罪斥罷滁州自言得致仕偕以謂致仕用優賢者不當以寵罪人又數論陛降之弊仁宗嘉納之判吏部流內銓徙三司度支副使擢天章閣待制河北轉運使按知定州夏守恩贓數萬守恩流嶺南明年丁母憂願終制不許進龍圖閣直學士知河中府元昊反劉平石元孫戰沒偕間乃僞爲書馳告延州曰朝廷遣救兵十萬至矣命傍郡縣大具芻糧什器以俟比書至賊已解去夏竦爲陝西經略使請增置土兵易戍兵歸衞京師偕言方關中財用乏復增土兵徒耗國用今賊勢方盛雖大增土兵亦未能減戍兵東歸第竦懼敗事欲以兵少爲解爾竦復奏偕不忠沮邊計偕爭愈力時陝西議立五保偕又以爲擾民疏請罷之徙陝州又徙河東都轉運使詔大選三路之民募爲兵偕復言方今兵不爲少苟多而不練則其勢易以敗又困國而難供時論者惟務多兵而偕論常如此進樞密直學士知幷州及元昊入寇密詔偕選强壯萬人策應麟府偕奏出師臨陣無紀律則士不用命今發農卒赴邊慮在路逃逸及臨陣退縮不稟號令請以軍法從事詔如所請幷人大驚畏都轉運使文彥博奏罷之有中官預軍事素橫前帥優遇之偕至一繩以法命率所部兵從副總管赴河外戒曰遇賊將戰一稟副總管節度中人不服捧檄訴偕叱曰汝知違主帥命卽斬首乎監軍怖汗不覺墮笏翌日告疾未幾遂卒於是軍政肅然元昊大掠河北詔脩寧遠砦偕言寧遠砦在河外介麟豐二州之間無水泉可守請建新麟州於嵐州有白塔地可建砦屯兵謂遷有五利不遷有三害省國用惜民力利一也內禦寇嵐石府州沿河一帶賊所出路利二也我據其要則河冰雖合賊不敢逾河而東利三也商旅往來以通貨財利四也方河凍時得所屯兵馬五七千人以張軍勢利五也今麟州轉輸束芻斗粟費直千錢若因循不遷則河東之民困於調發無已時害一也以孤壘餌敵害二也道路艱阻援兵難繼害三也且州之四面屬羌遺賊驅脅蕩然一空止存孤壘猶四支盡廢首面心腹獨存也今契丹又與西賊共謀待冰合來攻河東若朝廷不思禦捍之計而脩寧遠砦是求虛名而忽大患也況靈夏二州皆漢唐郡一旦棄之一麟州何足惜哉書奏帝謂輔臣曰麟州古郡也咸平中嘗經寇兵攻圍非不可守今遽欲棄之是將退而以河爲界也宜諭偕速脩復寧遠以援麟州明年改左司郎中本路經略安撫招討使賜錢五十萬偕列六事于朝一罷中人預軍事二徙麟州三以便宜從事四出冗師五募武士六專捕援且曰能用臣言則受命不然則已朝廷不從偕累奏不已乃罷知邢州徙滄州求面論兵事召還合間日入對偕在幷州日嘗論八陣圖及進神楯劈陣刀其法外環以車內比以楯至是帝命以步卒五百如其法布陣於庭善之乃下其法於諸路其後王吉果用偕刀楯法敗元昊於兔毛川久之遷翰林侍讀學士知審官院復以爲左司郎中元昊乞和而不稱臣偕以謂連年出師國力日蹙宜權許之徐圖誅滅之計諫官王素歐陽脩蔡襄累章劾奏偕職爲從官不思爲國討賊而助元昊不臣之請罪當誅陛下未忍加戮請出之不宜留處京師帝以其章示偕偕不自安乃求知越州道改杭州時襄謁告過杭而輕遊里市或謂偕合言於朝對曰襄嘗緣公事抵我我豈可以私報耶又上太平可致十象圖遷判太常司農寺改右諫議大夫請老以尚書工部侍郎致仕於其歸特賜宴嘗召問賜不拜卒遺奏兵論一篇帝憐之特贈兵部侍郎偕性剛而忠朴敢爲大言數上書論天下事議者以爲迂闊難用與人少合尤喜古今兵法有兵書十五卷集十卷子忱慥皆有儁才早卒

王沿字聖源大名館陶人少治春秋中進士第試祕書省校書郎歷知彭城新昌二縣改相州觀察推官知宗城縣張知白薦其才擢著作佐郎入爲審刑院詳議官再遷太常博士上書論漢唐之初兵革纔定未暇治邊圉則屈意以講和承平之後武力有餘而外侮不已則以兵治之孝武之於匈奴太宗之於突厥頡利是也宋興七十年而契丹數侵深趙貝魏之間先朝患征調之不已也故屈已與之盟然彼以戈矛爲耒耜以剽虜爲商賈而我壘不堅兵不練而規規于盟歃之間豈久安之策哉夫善禦敵者必思所以務農實邊之計河北爲天下根本其民儉嗇勤苦地方數千里古號豐實今其地十三爲契丹所有餘出征賦者七分而已魏史起鑿十二渠引漳水溉斥鹵之田而河內饒足唐至德後渠廢而相魏磁洺之地並漳水者累遭決溢今皆斥鹵不可耕故沿邊郡縣數蠲租稅而又牧監芻地占民田數百千頃是河北之地雖十有其七而得賦之實者四分而已以四分之力給十萬防秋之師生民不得不困也且牧監養馬數萬徒耗芻豢未嘗獲其用請擇壯者配軍衰者徙之河南孳息者養之民間罷諸坰牧以其地爲屯田發役卒刑徒田之歲可用獲穀數十萬斛夫漳水一石其泥數斗古人以爲利今人以爲害繫乎用與不用者爾願募民復十二渠渠復則水分水分則無奔決之患以之灌溉可使數郡瘠鹵之田變爲膏腴如是則民富十倍而帑廩有餘矣以此馭敵何求不可詔河北轉運使規度而通判洺州王軫言漳河岸高水下未易疏導又其流濁不可溉田沿方遷監察御史卽上書駁軫說帝雖嘉之而不卽行語在河渠志時樞密副使晏殊以笏擊從者折齒知開封府陳堯咨判官張宗誨日嗜酒惰事沿皆彈奏之天聖五年安撫關陝減諸縣秋稅十二三還爲開封府推官又體量河朔饑民所至不俟詔發官廩濟之就除轉運副使上言本朝制兵刑未幾於古自契丹通好三十年二邊常屯重兵坐耗國用而未知所以處之請教河北强壯以代就糧禁卒之闕罷招廂軍以其冗者隸作屯田行之數年禁卒當漸銷減而强壯悉爲精兵矣古者刑平國用中典而比者以赦處罪多重於律以絹估罪者赦以繙直代之律坐髡鈦而役者赦黥竄以爲卒比諸州上言謫卒太多衣食不足願勿復謫者七十餘州以律言之皆不至是是以繁文罔之而寘于理也誠願削深文而用正律以錢定罪者悉從絹估黥竄爲卒者止從髡鈦此所謂勝殘去殺無待百年者也被詔鞫曹汭獄于眞定府遷殿中侍御史母喪服除改尚書工部員外郎知邢州復起爲河北轉運使奏罷二牧監以地賦民導相衞邢趙水下天平景祐諸渠溉田數萬頃因詣闕奏事上所著春秋集傳十六卷復上書以春秋論時事授直昭文館爲三司戶部副使徙鹽鐵遷兵部員外郎天章閣待制陝西都轉運使時朝廷將減卒戍就食內地詔與知州總管鈐轄等議沿卽奏減卒數萬知樞密院李諮以爲不可復下沿邊都監議沿上疏曰兵機當在廊廟之上豈可取責小人哉諮惡其言奏罷之降知滑州徙成德軍建學校行鄉飲酒禮遷刑部郎中河東都轉運使加龍圖閣直學士知幷州時元昊數寇河東建議徙豐州不報已而州果陷進樞密直學士右司郎中爲涇原路經略安撫招討使兼知渭州增屯兵城中隘甚乃築西關城五里改涇州觀察使元昊入寇副都總管葛懷敏率兵出捍沿教懷敏率兵據瓦亭待之懷敏進兵鎭戎沿以書戒勿入第背城爲砦以羸師誘賊賊至發兵擊之可有功懷敏不聽進至定川果爲所敗賊乘勝犯渭州沿率州人乘城多張旗幟爲疑兵賊遂引去坐懷敏敗復爲龍圖閣直學士刑部郎中知虢州尋降天章閣待制而爲權御史中丞賈昌朝所奏落待制未幾徙知成德軍復待制又徙河中府卒沿好建明當世事而其論多齟齬初興河北水利導諸渠溉民田論者以爲無益已而邢州民有爭渠水至殺人者然後人知沿所建爲利嘗論以春秋法斷事然眞定之獄人以爲沿傳致之有文集二十卷唐志二十一卷子鼎

鼎字鼎臣以進士第累遷太常博士王堯臣領三司舉勾當公事數上書論時政得失時天子患吏治多弛監司不舉職而范仲淹等方執政擇諸路使者令按舉不法以鼎提點江東刑獄與轉運使楊紘判官王綽競擿發吏至微隱罪無所貸於是所部官吏怨之目爲三虎仁宗聞之不說後傳惟幾奉使江東戒以毋效三虎爲也仲淹等罷鼎與紘綽皆爲人所言時鼎提點兩浙刑獄降知深州王則以貝州反深卒龐旦以其徒謀以元日殺軍校劫庫兵應之前一日有告者鼎夜出檄遣軍校攝事外邑而陰爲之備翌日會僚吏置酒如常叛黨愕不敢動鼎刺得實徐捕首謀十八人送獄獄具候轉運使至審決未至軍中恟恟謀劫囚鼎因謂僚吏曰吾不以累諸君獨命取囚桀驁者數人斬于市衆皆失色一郡帖然轉運使至囚未決者半訊之皆伏誅明年河北大饑人相食鼎經營賑救頗盡力徙建州其俗生子多不舉鼎爲條教禁止時盜販茶鹽者衆一切杖遣之監司數以爲言鼎弗爲變徙提點河北刑獄治奸贓益急所劾舉不避貴勢召爲開封府判官改鹽鐵判官累遷司封員外郎淮南兩浙荊湖制置發運副使內侍楊永德奏請沿汴置鋪挽漕舟歲可省卒六萬鼎議以爲不可永德橫猾執政重違其奏乃命三司判官一員將永德就鼎議發八難永德不能復鼎因疏言陛下幸察用臣不宜過聽小人妄有所改以誤國計於是永德言不用居二年遂以爲使前使者多漁市南物因奏計京師持遺權貴鼎一無所市獨悉意精吏事事無大小必出於己凡調發綱吏度漕路遠近定先後爲成法於是勞逸均吏不能爲重輕官舟禁私載舟兵無以自給則盡盜官米爲奸有能居販自贍者市人持以法不肯償所逋鼎爲移州縣督償之舟人有以自給不爲奸而所運米未嘗不足也入爲三司鹽鐵副使數與包拯爭議不少屈拯素强然無如之何遷刑部郎中天章閣待制河北都轉運使徙使河東卒鼎性廉不欺嘗任其子族人欲增年以圖速仕鼎不可父死分諸子以財鼎悉推

與其弟嘗知臨邛縣轉運使遴攝新繁新繁多職田斗粟不以自入奉使契丹得千縑散之族人一日盡所至不擾唯市飲食日用物增直以償事繼母孝教育孤姪甚至自奉養儉約當官明敏强直不可撓所薦士多知名有終身不識者然性猜忌其行部至于藥餌皆手自扃鐍至路州八義館疾作不知人事左右遑遽發藥奩悉無題識莫敢進以迄於卒初鼎與弟豫皆有才氣好上書言事仁宗稱之以爲豫孟浪鼎所言多可用豫爲人不事羈檢以大理事丞知伊闕縣有異政棄官浮游江湖間殖貨自給以卒

杜杞字偉長父鎬蔭補將作監主簿知建陽縣强敏有才閩俗老而生子輒不舉杞使五保相察犯者得重罪累遷尚書虞部員外郎知橫州時安化蠻寇邊殺知宜州王世寧出兵討之杞言嶺南諸郡無城郭甲兵之備牧守非才橫爲邕欽廉三郡咽喉地勢險阻可屯兵爲援邕管內制廣源外控交阯願擇文臣識權變練達嶺外事者以爲牧守使經制邊事改通判真州徙知解州權發遣度支判官盜起京西掠商鄧均房焚光化軍授京西轉運按察使居數月賊平會廣西區希範誘白崖山蠻蒙趕反有衆數千襲破環州帶溪普義鎮寧砦嶺外騷然擢刑部員外郎直集賢院廣南西路轉運按察安撫使行次真州先遣急遞以書諭蠻聽其自新次宜州蠻無至者杞得州校出獄囚脫其械使入洞說賊不聽乃勒兵攻破白崖黃泥九居山砦及五峒焚毀積聚斬首百餘級復環州賊散走希範走荔波洞杞遣使誘之趣來降杞謂將佐曰賊以窮蹙降我威不足制則恩不能懷所以數叛不如盡殺之乃擊牛馬爲曼陀羅酒大會環州伏兵發誅七十餘人後三日又得希範醢之以遺諸蠻因老病而釋者纔百餘人御史梅摯劾杞殺降失信詔戒諭之爲兩浙轉運使明年徙河北拜天章閣待制環慶路經略安撫使知慶州杞上言殺降者臣也得罪不敢辭將吏勞未錄臣未敢受命因爲行賞蕃酋率衆千餘內附夏人以兵索酋而劫邊戶掠馬牛有詔責杞杞言彼違誓舉兵酋不可與因移檄夏人不償所掠則酋不可得既而兵亦罷去杞性强記博覽書傳通陰陽數術之學自言吾年四十六死矣一日據廁見希範與趕在前訴冤叱曰爾狂僭叛命法當誅尚敢訴邪未幾卒有奏議十二卷兄植以文雅知名累任監司終少府監弟樞亦强敏爲比部員外郎有張彥方者温成皇后母越國夫人客也坐奸利論死語連越國夫人開封不敢窮治執政以后故亦不復詰獄上中書遣樞慮問樞揚言將駮正亟改用諫官陳升之權倖切齒於樞前此御史中丞王舉正留百官班論張堯佐除宣徽使樞嘗出班問其故至是蓋累月矣坐是罪樞紬監衡州稅卒

楊畋字樂道保靜軍節度使重勳之曾孫進士及第授祕書省校書郎并州錄事參軍再遷大理寺丞知岳州慶曆三年湖南猺人唐和等劫掠州縣擢殿中丞提點本路刑獄專治盜賊事乃募才勇深入峒討擊然南方久不識兵士卒多畏懦及戰孤漿峒前軍衂大兵悉潰畋踣巖下藉淺草得不死卒厲衆平六峒以功遷太常博士未幾坐部將胡元戰死降知太平州歲餘賊益肆帝遣御史按視還言畋嘗戰山下人樂爲用今欲殄賊非畋不可乃授東染院使荊湖南路兵馬鈐轄賊聞畋至皆恐畏踰嶺南遁又詔往韶連等州招安之乃約賊使出峒授田爲民而轉運使欲授以官與貲納質使還畋曰賊剽攻湖廣七年所殺不可勝計今使飽貲糧據峒穴其勢不久必復亂明年春賊果復出陽山畋即領衆出嶺外涉夏秋凡十五戰賊潰畋感瘴疾歸蠻平願還舊官改尚書屯田員外郎直史館知隨州召還爲三司戶部判官奉使河東丁父憂會儂智高陷邕州召至都門外辭以喪服不敢見仁宗賜以服飾御巾入對便殿即日除起居舍人知諫院廣南東西路體量安撫經制賊盜畋至韶州會張忠戰死智高自廣州回軍沙頭將濟畋令蘇緘棄英州蔣偕焚糧儲及召开贇岑宗閔王從政退保韶州賊勢愈熾畋不能抗遂殺蔣偕王正倫敗陳曙復據邕州畋坐是落知諫院知鄂州再降爲屯田員外郎知光化軍明年又降爲太常博士歲終徙邠州復起居舍人爲河東轉運使入爲三司戶部副使遷吏部員外郎奉使契丹以曾伯祖業嘗陷虜辭不行河北舊以土絹給軍裝三司使張方平易以他州絹畋既同書奏聞外議籍籍又密陳其不可久之擢天章閣待制兼侍讀判吏部流內銓上言願擇宗室之賢者使侍膳禁中爲宗廟計嘉祐三年冬河北地震明年日食正旦復上疏曰漢成帝時日食地震哀平之世嫡嗣屢絕此天所以示戒也陛下宜早立皇嗣以答天意改知制誥李珣自防禦使遷觀察劉永年自團練使遷防禦畋當草制封還詞頭因言祖宗故事郭進戍西山董遵誨姚內斌守環慶與强寇對壘各十餘年未嘗轉官移鎮重名器也今珣等無尺寸功特以外戚故除之恐非祖宗意不報詔他舍人草制而范鎮言朝廷如以畋言爲是當罷珣等所遷官倘以爲非乞復令畋命詞不允進龍圖閣直學士復知諫院嘉祐六年京師大水畋上言洪範五行傳簡宗廟則水不潤下又曰聽之不聰厥罰常水去年夏秋之交久雨傷稼澶州河決東南數路大水爲沴陛下臨御以來容受直諫非聽之不聰也以孝事親非簡於宗廟也然而災異數見臣愚殆以爲萬機之聽必有失於審者七廟之享必有失於順者惟陛下積思而矯正之乃下其章禮官幷兩制考議咸言南郊三聖並侑溫成皇后立廟皆違經禮於是詔自今南郊以太祖皇帝定配改溫成廟爲祠殿舊制內侍十年一遷官樞密院以爲僥倖乃更定歲數倍之畋言文臣七遷而內侍始得一磨勘爲不均宜如文武官僚例增其歲考遂詔南班以上仍舊制無勞而嘗坐罪徙者即倍其年議者謂畋以士人比閹寺爲失卒贈右諫議大夫畋出於將家折節喜學問爲士大夫所稱在山下討蠻家問至即焚之與士卒同甘苦破諸峒及用之嶺南以無功斥名稱遂衰性淸介謹畏每奏事必發封數四而後上之自奉甚約爲郡待客雖監司菜果數器而已及卒家無餘貲特賜黃金二百兩其後端平贈講讀官御飛白書扇遣使特賜置其柩

周湛字文淵鄧州穰人進士甲科爲開州推官中身言書判改祕書省著作佐郎通判戎州俗不知醫病者以祈禳巫祝爲事湛取古方書刻石教之禁爲巫者自是人始用醫藥累遷尚書都官員外郎知虔州提點廣南東路刑獄初江湖民略良人鬻嶺外爲奴婢湛至設方略搜捕又聽其自陳得男女二千六百人給飲食還其家徙京西路鄧州美陽堰歲役工數十萬瀕州縣職田而利不及民湛奏罷之爲鹽鐵判官三司帳籍浩煩吏胥離析爲弊欺湛爲立勘同法歲減天下計帳七千爲江南西路轉運使州縣簿領案牘淆混無紀次且多亡失民訴訟無所質至久不能決湛爲立號以月日比次之詔下其法諸路又以徭賦不均百姓巧于避匿因條其詭名挾佃之類十二事且許民自言凡括隱戶三十萬還爲戶部判官又爲夔州路轉運使雲安鹽井歲賦民薪茅至破產責不已湛爲蠲鹽課而省輸薪茅判鹽鐵勾院以太常少卿直昭文館爲江淮制置發運使陛辭仁宗誡以毋納苞苴于京師湛惶恐對曰臣蒙聖訓不敢苟附權要以謀進身湛治煩劇能得其要所至喜條上利害前後至數十百事天資强記吏胥滿前一見輒識其姓名大江歷舒州長風沙其地最險謂之石牌灣湛役三千萬工鑿河十里以避之人以爲利除度支副使舊制發運司保任軍將至三司不得考覆而皆遷之至是以名上者三十五人湛盡覆其濫者拜右諫議大夫使契丹辭不行知襄州襄人不善陶瓦率爲竹屋歲久侵據官道簷廡相逼火數爲害湛至度其所侵悉毀徹之自是無火患然豪姓不便提點刑獄李穆奏湛擾人徙知相州右司諫吳及疏曰湛裁損居民第爲官也百姓侵官而主司禁之其職然也況聞湛明著律令約民以信乃奉法行事百姓自知罪不敢訴郡從事高直溫夏竦子壻也竦邸店最廣故加譖於穆且謂湛伐木若于株昔之民居侵越官道木在道側既正其侵地則木在中衢固宜翦去又湛種楸桐千餘本課戶貯水以嚴火禁又于民居得衆汲舊井四廢而復興人得其利道傍之井反在民居之下其侵越豈不白乎望詔執政大臣辨正湛穆是非明垂獎黜若謂湛已行之命憚於追改是傷風敗俗貽患于後不若追改之愈也湛守大郡於湛不爲重輕但國家舉錯有所未安奉職者將何以勸邪未幾卒湛爲人脫易少威儀然善射弩雖隱屋亦中的云

徐的字公準建州建安人擢進士第補欽州軍事推官欽土煩鬱人多死瘴癘的見轉運使鄭天監請曰徙州瀕水可無患請轉而上聞從之天監因奏留的使辦役的短衣持梃與役夫同勞苦築城郭立樓櫓以備戰守畫地居軍民爲府舍倉庫溝渠廛肆之類民皆便之遷大理寺丞知吳縣移梁山軍通判常州屬歲饑出米爲糜粥以食餓者累遷尚書屯田員外郎知臨江軍擢廣南西路提點刑獄安化州蠻攻殺將吏所部卒畏誅謀欲叛的馳騎至宜州慰曉之曰爾曹亡懼能出力討賊猶可立功以自贖若朝叛則夕死非計也衆皆斂手聽命奏復澄海忠敢軍後皆獲其用改知舒州徙荊湖北路轉運使辰州蠻彭士義爲寇的開示恩信蠻黨悔過自歸攝江陵府事城中多惡少年欲爲盜輒夜縱火火一夜十數發的籍其惡少年姓名使相保任曰爾輩遞相察不然皆爾罪也火遂息太子洗馬歐陽景猾橫不法爲里人害的發其奸竄之嶺外以兵部員外郎爲淮南江浙荊湖制置發運副使奏通泰州海安如皋縣漕河詔未下的以便宜調兵夫濬治之出滯鹽三百萬計得錢八百萬緡遂爲制置發運使軍賊王倫起山東轉掠淮南的圖兵待之會靑州改遣裨將傅永吉追殺之

歷陽畋與賞遷工部郎中復治秦州西溪河發積鹽加直昭文館區希範蒙趕寇衡湘命畋招撫之既至再宿會蠻酋相繼出降三司以郊祠近宜召還計事既還蠻復叛除度支副使荊湖南路安撫使至桂陽降者復衆其欽景石硤華陰水頭諸洞不降者畋皆討平之斬其酋熊可清等千餘級卒於桂陽

論曰宋承平時書生知兵者蓋寡偕治數上書言邊事策畫論議有得有失固皆一時之俊畋由將家子力學第進士再討猺賊前勝後敗兵家之常也杞畋俱以征宜州蠻立功杞則殺降失信畋則招徠以恩其優劣槩可見矣湛强敏所至有治績史稱善射抑亦文臣之習武事者歟鼎性孝友自奉甚約而疎於財居官清辨士俗有生子不舉者輒禁之獨發摘吏奸貽衆怒或以虎目之豈其然乎

姚仲孫字茂宗本曹南著姓曾祖仁嗣陳州商水令因家焉父曄舉進士第一官至著作佐郎仲孫早孤事母孝擢進士第補許州司理參軍民婦馬氏夫被殺指里胥嘗有求而其夫不應以爲里胥殺之官捕繫辭服仲孫疑其枉知州王嗣宗怒曰若敢以身任之耶仲孫曰幸毋遽決異得徐辨後兩月果得殺人者調邢州推官徙資州轉運使檄仲孫詰富順監按疑獄全活數十人資州更二守皆惛老事多決於仲孫改大理寺丞知建昌縣初建昌運茶抵南康或露積于道間爲霖潦所敗主吏至破產不能償仲孫爲券吏民輸山木即高阜爲倉邑人利之徙通判彭州嘗以天下久無事不可以弛兵備因上前世禦戎料敵之策名防邊龜鑑通判睦州徙滁州歲旱饑有詔發官粟以賑民而主吏不時給仲孫旣至州立劾主吏夜索丁籍盡給之累遷尚書屯田員外郎王嘏守益州辟通判州事召爲右司諫入內都知閻文應求爲都知仲孫數其罪白上曰方帝齋宿太廟而文應叱醫官聲聞行在郭皇后暴薨中外莫不疑文應寘毒者出文應爲泰州兵馬鈐轄又稱疾留復論奏乃亟去以起居舍人知諫院管勾國子監以尚書戶部員外郎兼侍御史知雜事時諫議大夫十二員仲孫曰諫議大夫蓋朝廷之選不宜以歲月序進今諸寺卿至前行郎中三十五員貼近職者猶不在數若以年勞授則數年之外諫議大夫員益多請覈其選以處材望之臣餘悉以補卿監乃詔當選者奏聽旨先是諸路復提點刑獄還朝多擢爲省府官仲孫請第其課爲三等升黜之即詔仲孫司考課之法歷三司戶部度支鹽鐵副使進天章閣待制河北都轉運使大修城壘兵備仁宗賜詔褒之權知澶州河壞明公埽絕浮橋仲孫親總役堤上埽一夕復完權知大名府夜領禁兵塞金堤決河是歲澶魏雖大水民不及患進禮部郎中龍圖閣學士徙陝西都轉運使未行權三司使事屬西北備邊募兵益屯及賞賜聘問之費不可勝計仲孫悉心經度雖病未嘗輒廢事坐小吏詐爲文符出知蔡州因母憂喪一目卒

陳太素字仲華河南緱氏人中進士第嘗爲大理評斷官入審刑爲詳議官權大理少卿又判大理事任刑法二十餘年朝廷有大獄疑必召與議太素爲推原人情以傅法意衆皆釋然自以爲不及雖號明習法令然所論建亦或有不中每臨案牘至忘寢食大寒暑不變子弟或止之荅曰囹圄之苦豈不甚于我也歷知江陰軍兗州明州有治迹在大理耳疾數求罷執政以爲任職弗許累官至尚書兵部郎中卒太素家行修治尤善論刑名常以爲有司議法當據文直斷不可求曲當法求曲當法所以亂也同時有馬尋者須城人舉毛詩學究累判大理寺以明習法律稱歷提點兩浙陝西刑獄廣東淮南兩浙轉運使知湖撫汝襄洪宣鄧滑八州襄州饑人或羣入富家掠囷粟獄吏鞫以强盜尋曰此脫死爾其情與强盜異奏得減死論著爲例終司農卿又有杜曾者濮州人爲吏號知法嘗言國朝因唐大中制故殺人雖已傷未死已死更生皆論如已殺夫殺人者死傷人者刑先王不易之典律雖謀殺已傷則絞蓋甚其處心積慮陰致賊害爾至於故殺初無殺意須其已死乃有殺名苟無殺名而用殺法則與謀殺孰辨自大中之制行不知殺幾何人矣請格勿用又言近世赦令殺人已傷未死者皆得原減非律意請傷者從律保辜法死限內者論如已殺勿赦皆著爲令

李虛己字公受五世祖盈自光州從王潮徙閩遂家建安父寅有清節仕江南李氏至諸司使江南國除授殿前承旨辭不拜時僞官皆入留京師而寅母獨在江南乃遣其長子歸養舉進士起家爲衢州司理參軍母老棄官以歸虛己亦中進士第歷沈邱縣尉知城固縣改大理評事累遷殿中丞提舉淮南茶場召知榮州未行改遂州時太宗勵精政事嘗手書累二十餘紙曰公勤潔己奉法除奸惠愛臨民者乃可書爲勞績月給奉以實錢命有司擇羣臣以治最聞者賜之仍諭曰除奸之要在乎奉法不可因以生事時虛己被賜因獻詩自陳父子遭遇榮及祖母帝悅爲批其紙尾曰虛己學古入官榮親事生奉書爲郡欲布新覲朕得良二千石矣遂賜五品服又賜其祖母錢五十萬命翰林學士張洎會兩制三館儒臣徧閱所批詔其後以南郊恩封羣臣母妻虛己又請罷其妻封以授祖母詔悉封之世以爲榮會遣使察川峽吏能否而州多不治唯虛己與薛顏邵曄查道數人以能任職稱再遷尚書屯田員外郎以便親請通判洪州是時寅已謝歸春秋高寅母尚無恙虛己雙舉迎侍寅至豫章樂其山水曰此可以終吾身也遂臨州之東湖築第宇以居虛己爲侍御史出提點荊湖南路刑獄徙淮南轉運副使累遷兵部郎中爲龍圖閣待制歷判大理寺久之求補外眞宗稱其儒雅循謹特遷右諫議大夫數月出知河中府召權御史中丞未幾以疾辭進給事中知洪州遷尚書工部侍郎徙池州求分司南京卒初寅之請老年未六十虛己分司而歸年六十九其季虛舟仕至餘干縣令坐法免官不復言仕初太宗既賜虛己錢翌日以語宰相曰虛己詩思可嘉予錢五十緡矣宰相對以所予乃五十萬帝知其誤由是詔羣臣以章獻者閤門勿受皆由中書門下閱而上之然論者謂虛己父子篤行家甚貧雖人主一時之誤殆天賜也寅事親孝治家有法閨門之內肅如也虛己虛舟又以孝友清愼世其家虛舟之子寬爲尚書金部郎中定爲司農少卿爲吏頗有能名虛己喜爲詩數與同年進士曾致堯及其壻晏殊唱和初致堯謂曰子之詞詩雖工而音韻猶啞虛己未悟後得沈休文所謂前有浮聲則後須切響遂精於格律有雅正集十卷

張傳字巖卿唐初功臣公謹之裔祖播爲亳州團練副使子孫因爲譙人傳進士及第稍遷祕書省著作佐郎知奉符縣時方脩會眞宮天書觀及增治岳祠以辦事稱賜錢二十萬宰相向敏中冊東岳帝號還薦之知楚州會歲饑貽書發運使求貸糧不報因歎曰民轉死溝壑矣報可待邪乃發上供倉粟賑貸所活以萬計因拜章待罪詔獎之提點江西刑獄徙江東就除轉運使入權三司鹽鐵判官會河決濟北民多被害命安撫京東累遷工部郎中出爲兩浙轉運使改荊湖北路復爲鹽鐵判官再遷兵部爲陝西轉運使徙江淮發運使未至召還屬西京奏兵食乏因言馮翊華陰積粟多可運二十萬石繇三門下濟之遂留爲侍御史知雜事判吏部流內銓進三司度支副使以疾請外遷太常少卿知應天府逾月爲右諫議大夫徙青州遷給事中知鄆州復知應天府遂以工部侍郎致仕卒傳强力治事七爲監司所至審覈簿書勾擿奸隱州縣憚之傳曰奚爲我憚哉吾所以事事致察者正所以愛州縣也吏不敢慢則州縣不復犯法矣人亦以爲然天禧中有術士自言數百歲少時嘗游秦悼王家歷見唐肅宗代宗朝由是出入禁中見尊重人無敢詰其僞傳見之訊以唐事術士語屈

俞獻卿字諫臣歙人少與兄獻可以文學知名皆中進士第獻可有吏稱歷吏部郎中龍圖閣待制獻卿起家補安豐縣尉有僧貴寧積財甚厚其徒殺之詣縣紿言師出遊矣獻卿曰吾與寧善不告而去豈有異乎其徒色動因執之得其所瘞尸一縣大驚再調昭州軍事推官會宜州陳進亂象州守不任事轉運使檄獻卿往佐之及至守謀棄城獻卿曰臨難苟免可乎賊至尚當力擊不勝有死而已奈何棄去初昭州積緡錢鉅萬獻卿盡用平糴至積穀數萬及是大兵至賴以饋軍改大理寺寺丞爲本寺詳斷官歷知愼仁和二縣再遷太常博士知南雄州徙潮州除殿中侍御史爲三司鹽鐵判官上言天下穀帛日益耗物價日益高欲民力之不屈不可得也今天下穀帛之直比祥符初增數倍矣人皆謂稻苗未立而和糴桑葉未吐而和買自荊湖江淮間民愁無聊轉運使務刻剝以增其數歲益一歲又非時調率營造一切費用皆出於民是以物價積高而民力積困也陛下誠以景德中西北二邊通好最盛之時一歲之用較之天禧五年凡官吏之要冗財用之盈縮力役之多寡賊盜之增減較然可知其利害也況自天禧以來日侈一日又甚于前夫危不盈者漏在下木不茂者蠹在內陛下宜知其有損於彼無益於此與公卿大臣朝夕圖議而救正之帝納其言爲罷諸宮觀兵衞又命官除無名之費以鉅萬計淮浙鹽利不登命獻卿往經度之更立新法歲增鹽課緡錢甚衆會其兄爲鹽鐵副使徙開封府判官朝廷擇陝西轉運使宰相連進數人不稱旨他日獻卿在所擬中帝曰此可以除陝西轉運使時邊吏多因事邀功涇原路鈐轄擅於武英州鑿邊壕置堡砦獻卿度必招寇患亟檄罷之未幾賊果至殺將士塞所鑿壕而去徙京西因入對甚言趙振堪將帥范仲淹明鎬可大用及條上邊策甚備除福建轉運使還判三司鹽鐵勾院累遷尚書刑部郎中直史館知荊南歷戶部度支鹽鐵副使以右諫議大夫集賢院學士知杭州暴風江潮溢決堤獻卿大發卒鑿西山作堤數

十里民以爲便還勾當三班院知通進銀臺司最後知應天府以刑部侍郎致仕卒

陳從易字簡夫泉州晉江人進士及第爲嵐州團練推官再調彭州軍事推官王均盜據成都連陷綿漢諸郡彭人謀殺兵馬都監以應之時從易攝州事斬其首謀者召餘黨曉以禍福貰之衆皆呼悅乃率厲將吏脩嚴守械戒其家僮積薪舍後曰吾力不足以守當死於此賊聞其有備不敢入境賊平安撫使王欽若以狀聞召爲祕書省著作佐郎大理寺詳斷官遷太常博士出知邵武軍預脩册府元龜改監察御史眞宗宴近臣崇和殿召從易預賦詩稱旨遷侍御史改刑部員外郎直史館知虔州會歲大饑有持杖盜取民穀者請一切減死論凡生者千餘人天禧中坐薦送別頭進士失實降工部員外郎以父老求鄉郡宰相寇準惡其疎已除吉州從易因對自言改福州未行遭父喪服除糾察在京刑獄出爲湖南轉運使從知荆南擢太常少卿直昭文館知廣州又坐嘗課校太清樓書字非僞誤而從易妄判竄之降直史館明年復職在廣三年以清德聞入爲左司郎中知制誥初景德後文士以雕靡相尚一時學者鄉之而從易獨守不變與楊大雅相厚善皆好古篤行時朝廷矯文章之弊故並進二人以風天下兼史館脩撰遷左諫議大夫命使契丹以年老辭不行又辭職請補郡進龍圖閣直學士知杭州卒從易好學強記爲人激直少容喜別白是非多面折人或尤其過從易終不變王欽若最善之嘗謂人曰數日不見簡夫輒忽忽不懌及廢居南京時丁謂方用事人畏謂無敢往見欽若者從易將使湖南欲過之遇汴水旱涸遂告謂曰從易願使湖外者非獨爲貧也亦以王公在宋故就省之爾今汴涸義不可從他道進幸公許少留謂即大喜曰王公之門獨君爲知我者留權糾察刑獄從易不敢當乃聽歸舘須汴通乃行時寇準貶道州謂又謂從易曰盧陵之事可以釋憾矣從易對曰當以故相事之爾謂有愧色其行志多類此所著泉山集二十卷中書制稾五卷西清奏議三卷

楊大雅字子正唐靖恭諸楊虞卿之後虞卿孫承休唐天祐初以尚書刑部員外郎爲吳越國册禮副使楊行密據江淮道阻不克歸遂家錢塘大雅承休四世孫也錢俶歸朝挈其族寓宋州大雅素好學日誦數萬言雖飲食不釋卷進士及第歷新息鄢陵縣主簿改光祿寺丞知新昌縣徙知潯州監在京商稅再遷祕書丞咸平中交阯獻犀因奏賦召試遷太常博士久之又上書自薦獻所爲文復召試直集賢院出知筠袁二州提舉開封府界諸縣鎮事爲三司鹽鐵判官知越州提點淮南路刑獄還考試國子監生坐失薦送降監陳州酒徙知常州判三司都磨勘司戶部勾院遷集賢殿脩撰知應天府還糾察在京刑獄以兵部郎中知制誥大雅初名侃至是避眞宗藩邸諱詔改之居二歲拜右諫議大夫集賢院學士知亳州卒大雅朴學自信無所阿附直集賢院二十五年不遷有出其後者往往致榮顯或笑其違世自守大雅嘆曰吾不學乎世而學乎聖人由是以至此吾之所有不敢以薦於人而嘗自獻乎天子矣天禧中使淮南循江按部過金陵境上遇風覆舟得榜卒拯之及岸冠服盡喪時丁謂鎭金陵遺人遺衣一襲大雅辭不受謂以爲歉宰相王欽若亦不悅之晚與陳從易並命知制誥大雅嘗因轉對上原治十七篇所著大隱集三十卷西垣集五卷職林二十卷兩漢博聞十二卷

論曰仲孫以才力自奮於時論事著效號爲能吏太素尋曾能知法意理官之良也虛已獻卿立朝雖微卓犖大節及爲他官所至有吏稱若從易拒釋憾之言大雅辭襲衣之遺卒使權奸愧歉抑又可尚哉

宋史卷三百一

元　中書右丞相總裁脫脫等修

列傳第六十

邊肅　梅詢　馬元方　薛田　寇瑊
楊日嚴　李行簡　章頻　陳琰　李宥
張秉　張擇行　鄭向　郭稹　趙賀
高覿　袁抗　徐起　張吉　齊廓
鄭驤

邊肅字安國應天府楚邱人進士及第除大理評事知於潛縣累遷太常博士三司使魏羽薦爲戶部判官祀南郊超薦尙書度支員外郎帝以三司鉤取無法至道初置行帳司以會財用之數命肅主之帳成遷工部郎中眞宗幸大名府命肅經度行在糧草改判開拆司出知曹州徙邢州會契丹大入先是地屢震城堞摧圮無守備帝在澶州密詔肅若州不可守聽便宜南保他城肅匿詔不發督丁壯乘城而闔諸門悉所部兵陣以代之騎傳城下肅與戰小勝契丹莫測也居三日引去時鎭魏深趙磁洺六州閉壁不出老幼趨城者肅悉開門納之擢樞密直學士徙宣州車駕朝陵徙河南府還勾當三班院出知天雄軍徙眞定府累遷給事中以王嗣宗代肅嗣宗與肅有舊隙諷通判東方慶訟肅前在州私以公錢貿易規利遣吏彊市民羊買女口自入嗣宗上其事帝以肅近臣不欲屬吏遣劉綜任中正以章示之肅引伏以守城功止奪三官貶岳州團練副使久之徙武昌安遠軍節度副使起知光州以泰寧軍節度副使徙泗州又徙泰州卒子調終尙書兵部員外郎福建路轉運使

梅詢字昌言宣州宣城人少好學有辭辯進士及第爲利豐監判官後以秘書省著作佐郎御史臺推勘官預考進士於崇政殿眞宗過殿廬奇其占對詳敏召試中書除集賢院李繼遷攻靈州急吳淑上書請遣使諭秦隴以西諸戎使攻繼遷詢亦請以朔方授潘羅支使自攻取帝問誰可使羅支者詢請行未至而靈州陷還爲三司戶部判官詢自以爲遇主知屢上書陳論西北事時契丹數侵河北詢請遣大臣臨邊督戰募遊手擊賊又論曹瑋馬知節才可用傅潛楊瓊敗當誅田紹斌王榮等可責其效以贖過凡數十事其言甚壯帝欲命知制誥李沆力言其險薄望輕不可用後斷田訟失實降通判杭州知蘇州就徙兩浙轉運副使判三司開拆司坐議天書出知濠州爲湖北轉運使擅假驛馬與邵曄子省親疾而馬死奪官一級降通判襄州知鄂州徙蘇州爲陝西轉運使坐薦舉朱能貶懷州團練副使又以善寇準徙池州起知廣德軍歷楚壽陝州復直集賢院改直昭文館知荆南擢龍圖閣待制糾察在京刑獄歷龍圖閣直學士樞密直學士知通進銀臺司判流內銓爲翰林侍讀學士羣牧使累遷給事中知審官院仁宗御邇英閣讀正說養民篇覽歷代戶口登耗之數顧謂侍臣曰今天下民籍幾何詢對曰先帝所作蓋述前代帝王恭儉有節則戶口充羨賦斂無藝則版圖衰減炳然在目作鑒後王自五代之季生齒彫耗太祖受命而太宗眞宗休養百姓天下戶口之數蓋倍於前矣因詔三司及編脩院檢閱以聞病足出知許州卒故事侍讀學士無出外者天禧中張知白罷參知政事領此職始出知大名府非歷二府而出者自詢始詢性卞急好進而侈於奉養至老不衰然數爲朝廷言兵在濠州夢人告曰呂丞相至矣既而呂夷簡通判州事故待之甚厚其後援詢於廢斥中以至貴顯夷簡力也

馬元方字景山濮州鄄城人父應圖嘗知頓邱縣太宗攻幽州應圖部芻糧沒虜中元方去髮爲浮屠間行求父尸不得訴於朝上哀之爲官其兄元吉元方淳化三年進士及第爲韋城縣主簿改大理寺評事知萬年縣諸將討李繼遷關輔轉餉踰瀚海多失亡獨元方所部全十九以勞遷本寺丞爲御史臺推勘官遷殿中丞戶部使陳恕奏爲判官元方言方春民貧請預貸庫錢至夏秋令以絹輸官行之公私果便因下其法諸路知徐州改太常博士梓州路轉運使後知鄆州量括牧地數千頃爲京東轉運副使遷轉運使按部至濮州被酒毆知州蔣信降知宿州下詔切責之徙滑州爲京西轉運使知應天府累遷太常少卿擢右諫議大夫權三司使公事衆論不以爲允眞宗謂宰臣曰元方在三司何多謗也王旦曰元方盡心營職然其性卞急且不納僚屬議而飄言詆之所以賈怨帝曰僚屬顧不有賢俊邪歲餘以煩苛罷進給事中權知開封府以樞密直學士知幷州留再任賜白金五百兩詔中書諭以委屬之意官至兵部侍郎卒

薛田字希稷河中河東人少師事种放與魏野友善進士起家丹州推官李允正知延州辟爲從事向敏中至亦薦其材改著作佐郎知中江縣眞宗祀汾陰田時居父喪經度制置使陳堯叟奏起通判陝州還拜監察御史以母憂去會祀太清宮又用丁謂奏起通判亳州遷殿中侍御史權三司度支判官改侍御史益州路轉運使民間以鐵錢重私爲券以便交易謂之交子而富家專之數致爭訟田請置交子務以榷其出入未報及寇瑊守益州卒奏用其議蜀人便之就除陝西轉運使進直昭文館知河南府復入度支爲副使使契丹還擢龍圖閣待制知天雄軍未幾擢知開封府以樞密直學士知益州累遷左司郎中代還知審刑院羌人內寇特遷右諫議大夫知延州久之以疾徙同州又徙永興軍辭不行卒田性頗和厚初以幹敏數爲大臣所稱後屢更任使所治無赫赫名

寇瑊字次公，汝州臨汝人。初，母夢神人授珠吞之而娠，生而眉目美秀。擢進士，授蓬州軍事推官。李順餘黨謝才盛等復起爲盜，瑊設方略擒送京師。徙開封推官。會施州蠻叛，轉運使移瑊權領施州。先是，戍兵仰他州餽糧，瑊至，請募人入米，償以鹽，軍食遂足而民力紓。復招諭高州刺史田彥伊子承寶入朝，得給印紙爲高州官族。未幾，溪南蠻復內寇，瑊率衆擒其酋領戮之，以白芀子弟數百人築柵守其險要。就除大理寺丞、知開州，遷殿中丞、通判河南府。坐解送諸料失實，降監晉州稅。以太常博士通判幷州，改監察御史。眞宗祀汾陰，王嗣宗知永興，辟權通判，專領祠事。遷殿中侍御史，爲開封府判官。嘗奏事，帝詢施州備禦之術，因諭之曰：「東川控蠻夷，備功已試，其爲朕鎭撫之。」命爲梓州路轉運使。晏州多剛縣酋斗望劫瀘州，燒淯井監，殺官吏。瑊趨富順監，命部兵多張旗幟，踰山西北趨戎州，盡取公私舟載糧甲，具音樂，合兩路兵至江安，誘溪監順史箇松、南廣移悅等州刺史及八姓烏蠻首領，使斷賊徑，用夷法植竹爲誓門，橫竹繫貓、犬、鷄各一於其上，老夷人執刀劍，謂之打誓，呼曰：「誓與漢家同心擊賊。」卽刺牲血和酒而飲。瑊給鹽及酒食、針梳、衣服等，付以大榜，約大軍至揭榜以別逆順，不殺汝老少，不燒汝欄柵，夷人大喜。帝遣內殿崇班王懷信議攻討招輯之宜，瑊奏：「夷人嘗於二年春燒淯井監，殺吏民，旣赦貸其罪，復來寇邊，聲言朝廷且招安得酒食衣服矣。若不討除，則戎、瀘、資、榮、富順監諸夷競起爲邊害矣。」詔發陝西兵，益以白芀子弟，合六千三百人，緣淯井溪轉鬬，凡十一陣，破之。夷人相率來附，納牛羊、銅鼓、器械甚衆，而斗望猶旅拒不從。瑊命懷信分兵扳其柵，與都巡檢使符承順進戰思晏江口，斗望等始驚遁，勢稍挫。明日，復分三道來拒王師，懷信等格戰，瑊乘其後，大破之。斗望衆萬餘斷不能軍，溺死者衆，遂降。因籍軍之勇悍千人，分五都，以隸禁軍，爲寧遠指揮使，守淯井監。更建砦柵，濬三壕以環之。就加侍御史，召爲三司鹽鐵判官。逾月，出爲河北轉運使。天禧中，河決澶淵，瑊視役河上，隄埽數里，衆皆奔潰，而瑊獨留自若，須臾水爲折去，衆頗異之。遷工部郎中。上言：「契丹約和以來，河北減戍卒之半，而復刺土兵，其實益三分之一，而塞下軍儲不給。」請行入中鑿頭便糴三說之法。入爲三司度支副使。未幾，以右諫議大夫、集賢院學士知益州。仁宗卽位，遷給事中。瑊與丁謂厚善，帝謂輔臣曰：「瑊有吏幹，毋深譴也。」徙鄧州。坐失舉，降少府監、知金州。復右諫議大夫。會河決，徙知滑州，總領脩河。旣而以歲饑罷役，瑊言：「病民者特揵芻耳，幸調率已集，若積之經年則朽腐爲棄物，後復興工斂之，是重困也。」乃再詔塞河。河平，擢樞密直學士。明年，復給事中、知秦州。又坐失舉奪一官。召權三司使，復其官如故。時有議茶法者，帝訪以利害，瑊曰：「議者未知其要爾。河北入中兵食，皆仰給於商旅，若官盡其利，則商旅不行，而邊民困於餽運。茶法豈可以數更？」帝然之。權知開封府。戚里有毆妻至死更赦事發者，太后怒曰：「夫婦齊體，奈何毆致死邪？」瑊對曰：「傷居限外，事在赦前，有司不敢亂天下法。」卒免死。天聖末，再使契丹，未行而卒。瑊少孤，鞠於祖母王氏，及登朝，以妻封邑回授之，朝臣得回封祖母，自瑊始。性頗疎財，通音律，知術數。初附丁謂，故少達，及謂敗，左遷，欝欝不自得。祕書丞彭齊賦喪家狗以刺之。

楊日嚴字垂訓，河南人。進士及第，試祕書省校書郎、知安邱縣。三司辟爲檢法官，遷大理寺丞，又爲本寺檢法官，監都進奏院，通判亳、陳二州，判吏部南曹兼登聞鼓院。出知襄州，徙廬、鄆二州，入爲開封府判官。使契丹還，爲兩浙轉運副使，未行，會靑、徐饑，改京東轉運使。因請江淮、陝西轉粟五十萬以賑貧民，又開淸河八十里抵暖水河，並堤起倉廩以便漕運。加直史館，徙益州轉運使，又徙江淮制置發運使，還，歷三司戶部、度支、鹽鐵副使。累遷太常少卿，以右諫議大夫、集賢院學士知河中府，加樞密直學士、知益州。時用兵伐元昊，三司急財用，有詔析戶版爲十等第賦役民，以歲租占佃官田廬者高其估，募輸錢就市爲已業，人苦其擾。又陝西奏收市益、梓、利路溪洞馬，而不知其實無馬也，日嚴皆奏罷之。遷勾當三班院、知通進銀臺司。閤後爲守者其政不便蜀人，因進對，猶從容言遠方所宜撫安之，無容變法以生事。遷給事中，以龍圖閣學士知澶州，召權知開封府。吏械囚不謹，囚自殺，坐是罷府事，判太常、司農寺，同知審官院，卒。日嚴初爲益州轉運使，無他治能，及知益州，頗爲蜀人所信愛。兄日華，歷官至太常少卿、三司副使。

李行簡字易從，同州馮翊人。家貧，刻志於學，讀六經，每至夜分，寒暑不易。又聚木葉學書，筆法遒勁。與里中富人楊士元同學，旣而同時中進士第，士元賚遺行簡，謝不取。起家隴州司理參軍，徙彭州軍事推官。陵州富民陳子美父死，繼母詐爲文書逐出之，累訴不得直，轉運使檄行簡劾正其獄。改祕書省著作郞，再遷太常博士、知坊州。御史中丞王嗣宗薦爲監察御史，王旦數稱其才，眞宗雅亦知之。再遷侍御史。陝西旱蝗，命往安撫，發倉粟救乏絶，又蠲耀州積年逋租。還，擢龍圖閣待制，歷尙書刑部郎中。帝數幸龍圖閣，命講周易，問訪大臣能否，行簡所對無怨昵，各道其所長，人以爲長者。久之，拜右諫議大夫、集賢院學士。乾興初，改給事中，以足疾請外，得知河中府，徙虢州，卒。

章頻字簡之，建州浦城人。與弟頔皆以進士試禮部，預選，會詔兄弟毋並舉，頻卽推其弟，棄去。後六年乃擢第，自試祕書省校書郎、知南昌縣，改大理寺丞、知九隴縣。遷殿中丞。眉州大姓孫延世僞爲券奪族人田，久不能辨，轉運使使按治之。頻視券，墨浮朱上，曰：「是必先盜印然後書。」旣引伏，獄未上，而其家人復訴于轉運使，更命知華陽縣黃夢松覆按，無所異。夢松用此入爲監察御史，頻坐不時具獄，降監慶州酒，徙知長洲縣。天禧初，增置諫官、御史十二人，頻以選得召對，稱旨，擢監察御史。陳、亳間民訛言兵起，老幼皆奔，命安撫京西。還，爲三司度支判官。靑州麻士瑤殺從子温裕，幷其財，遣往按治，士瑤伏誅。又詔鞫邛州牙校訟鹽井事。皇城使劉美依倚后家受賕，使人市其獄，頻請捕繫，眞宗以后故不問，忤旨，出知宣州。改殿中侍御史，遷侍御史。頻雅善丁謂，謂貶，左遷尙書比部員外郎、監饒州酒。起知信州，進刑部員外郎、知福州。王氏時賦民官田，歲輸租稅而已，至是或謂鬻之可得緡錢二十餘萬，頻疏以爲不可。徙知潭州，改廣西轉運使。擿宜州守貪暴不法，旣罷去，反訟頻子許嘗被刑而冒奏爲祕書省校書郎，頻坐謫知饒州。復入爲度支判官，累遷刑部郎中。使契丹，至紫濛館卒。契丹遣內侍就館奠祭，命接伴副使吳克荷護其喪，以錦車駕橐駝載至中京，斂以銀飾棺，又具鼓吹羽葆，吏士持甲兵衞送至白溝。詔遣其子訪乘傳護其柩以歸。訪官三班奉職，卽許也。

陳琰字伯玉，澶州臨河人。進士及第，歷溧陽樂城縣主簿，遷大理寺丞，監眞定府稅，知金堂、夏津二縣。再遷太常博士。轉運使盧士倫，曹利用婿也，怙勢聽獄不以直，訟者不已，付琰評決，琰直之。御史知雜韓億聞其事，奏爲監察御史。丁父喪，哀毀，墳木連理。憂除，遷殿中侍御史。天聖五年，祀南郊，中外以爲丁謂復還，琰上疏曰：「亂常肆逆，將而必誅；陰懷姦惡，有殺無赦。丁謂因緣險佞，據竊公台，賄賂包苴盈於私室，威權請謁行彼公朝，引巫師妖術厭魅宮闈，易神寢龍岡輿消王氣。今禋柴展禮，渙汗推恩，必慮謂潛輸琛貨，私結要權，假息遐荒，冀移善地。李德裕止因朋黨，不獲生還；盧多遜曲事王藩，卒無牽復。請不原赦。」帝然之。爲三司度支判官，遷侍御史，歷京西、河東、河北轉運副使，三司戶部、度支、鹽鐵副使。汴倉納糧綱，槩量不實，操舟者坐亡失所載，或杖背徒重役，琰始奏選官監視，謂之定計斗面。積遷至尙書工部郎中，卒。

李宥字仲嚴，唐之後裔，自吳徙靑，遂爲靑人。祖成，五代末以詩酒遊公卿間，善摹寫山水，至得意處，疑非筆墨所成，人欲求者，先爲置酒，酣落筆，烟景萬狀，世傳以爲寶。父覺，見儒林傳。宥幼孤，不好弄，長讀書屬文，不雜交游。舉進士，調火山軍判官，入館校勘書籍，遷集賢校理，遂直院。知蘄州，歲凶，人散，委嬰孩而去者相屬于道，宥令吏收取，計口給穀，俾營婦均養之，每旬閱視，所活甚衆。或殺人，以米十石給傭者使就獄，曰：「我重賂吏，爾必不死。」宥得其情，論如法。提點荆湖刑獄，權戶部判官，利州轉運使，判戶部勾院，知制誥，糾察在京刑獄，同判太常寺。舊宗廟五饗，輔臣攝事，中廢且久，止差從官，宥因對力言，遂復故事。以諫議大夫知江寧府。民有告人殺其子者，曰：「吾子去家時巾若巾，今巾是矣。」民自誣服。宥疑，召問，卒伸其枉。府舍火，宥畏兵亂，閤門不救，降祕書監致仕。起分司南京，改太子賓客、判留司御史臺，卒。宥性淸介，然與物無忤，好奬拔士人。外族甚貧，宥有別業，以券畀之。旣死，家無餘財，官賜錢十萬。

張秉字孟節，歙州新安人。父諤字昌言，南唐祕書丞、通判鄂州。宋師南伐，與州將許昌裔叶議歸款，太祖召見，勞賜良厚，授右贊善大夫。蜀平，選知閬州。太平興國中，卽除西川轉運副使。先是，土人罕習舟楫，取峽江中競渡者給漕運役，覆溺常十四五，諤建議置威權軍，分隸管勾，自是無覆舟之患。累遷荆湖、江浙等道制置茶鹽副使，卒。秉舉進士，儀狀豐麗，屬詞敏速，善書翰，太宗喜之，擢寘甲科，解褐將作監丞、通判宣州，遷監察御史。深爲宰相趙普所器，以弟之子妻之。會有薦其才，得知鄭州。召還，直昭文館，遷右司諫。會以趙昌言爲制置茶鹽使，秉與薛映副之。入爲右計司河南西道判官，俄換鹽鐵判官、度支員外郎、知制誥，判吏部銓，知審官院。唐朝故事，南省首曹罕兼掌誥，多退爲行內諸曹郎，至是用此制，其後進改多優遷首曹，遂隳舊制矣。遷工部郎中，依前知制誥。眞宗嗣位，進秩兵部郎中，判昭文館。時草赦用官制，有頃因微累謫於遐荒之語，上覽之曰：「若此，則是先朝失刑矣。」遂除秉左諫議大夫，連知潁、襄二州。

徙鳳翔府訴以母老貧窶詔給裝錢未行改江陵丁母憂起復知河南府景德初徙河陽換澶州車駕將幸河上又徙知滑州道出韋城秉迎謁境上俾預從官侍食遣與齊州馬應昌濮州張晟往來河上部丁夫鑿凌以防契丹南渡召歸闕復拜吏部銓拜工部侍郎同知審官院通進銀臺司糾察在京刑獄復與周起同試東封路服勤辭學經明行脩舉人出知永興軍府會祀汾陰爲東京留守判官轉禮部侍郎加樞密直學士復知幷州將行懇求御詩爲餞上爲作五言賜之徙相州九年復糾察在京刑獄暴疾卒秉典藩府無顯赫譽及再至太原臨事少斷多與賓佐博奕雖久踐中外然無儀檢好諧戲人不以宿素稱之好飭衣服潔饌具每公宴及朋友家集會多自挈肴膳而往家甚貧常質衣以給費焉

張擇行字行先青州益都人進士起家歷北海臨沂主簿自宣州觀察推官爲大理寺丞初石亭縣掾檄將陵塞決河衆或登舟以濟擇行獨以爲不可皆笑其怯既而舟果覆擇行坐堤上董役埽卒不潰除監察御史殿中侍御史改言事御史右司諫與唐介包拯共論張堯佐除節度宣撫兩使不當語甚切又論河北兵多財不足願分兵就食內地不報遷侍御史知雜事擢天章閣待制知諫院累遷吏部員外郎御史皆言宰相陳執中嬖妾笞小婢死外舍擇行以爲主命妾笞婢於律不當坐御史固迫之因中風不能語除戶部郎中集賢殿脩撰提舉兗州仙源縣景靈宮踰年而卒

鄭向字公明開封陳留人舉進士中甲科爲大理評事通判蔡州累遷尚書屯田員外郎知濠州徙蔡州召試集賢院未幾除三司戶部判官脩起居注遷度支員外郎爲鹽鐵判官出爲兩浙轉運副使疏潤州蒜山漕河抵于江人以爲便復爲鹽鐵判官擢知制誥同勾當三班院使契丹再遷兵部郎中提點諸司庫務以龍圖閣直學士知杭州卒五代亂亡史冊多漏失向著開皇紀三十卷摭拾遺事頗有補焉

郭稹字仲微開封祥符人世寓鄭州舉進士中甲科爲河南縣主簿除國子監直講議者以其資淺罷還河南時孫奭馮元判監事因奏稹學問通博他選莫能及乃得留居二歲陳堯咨知大名辟簽書府判官事改大理寺丞奭等復薦爲直講奭出知兗州又薦稹與賈昌朝赴中書試講說而稹固辭召試學士院爲集賢校理馮元知河陽辟爲通判徙通判河南府入爲三司度支戶部判官累遷尚書刑部員外郎同脩起居注康定元年使契丹告用兵西鄙契丹厚禮之與同出觀獵延稹射稹一發中走兔衆皆愕視契丹主遺以所乘馬及他物甚厚既還轉兵部知制誥判吏部流內銓擢龍圖閣直學士權知開封府暴感風眩卒稹性和易文思敏贍尤刻意於賦好用經語對頗近於諸聚古書畫不計其貲購求之婦張悍嫉無子初稹幼孤母邊更嫁王氏既而母亡稹解官服喪知禮院宋郊言稹服喪爲過禮詔下有司博議用馮元等奏聽解官申心喪語在禮志

論曰肅之守邢以羸兵却敵開門納避難之民功在王府元方爲幷州有勤留之命其宜民可知宥在靳則活饑氓在江寧則直冤獄吏之良者歟然皆不能無小累也日嚴行簡臨政視秉擇行向稹雖無瑕可指亦皆無赫赫名詢以厚呂夷簡復致貴顯瑊頻坐善丁謂並遭斥譴固無足議者琰言謂奸邪不當用南郊恩牽復與唐袁高論執盧杞正相類識者韙之

趙賀字餘慶開封封邱人少時嘗喪明久之遇異醫輒愈喜飲酒至終日不亂事繼母至孝舉毛詩及第補臨朐縣主簿賀有幹才知州寇準具知賀淳化中調丁壯塞澶州決河衆多逸去獨賀全所部而歸臨朐父老張樂迎賀準使由譙門過曰旌賀之能也改大理評事鹽池吏欺緡錢選賀往解州鉤校出入賀悉得其奸契丹入寇眞宗決策澶淵遣使八人省州縣賀以太子中舍安撫京東改殿中丞歷通判明州宿州徙知漢州蜀吏喜弄法而賀精明吏不敢欺事更被賀多所究詰人目爲趙家關謂如關梁不可越也召權三司戶部判官眞補度支判官出爲京東轉運副使徙京西又徙益州路轉運使尋糾察在京刑獄累遷尚書工部郎中提舉諸司庫務爲江淮制置發運使發運司占隸三司軍將分部漕船舊皆由主吏自遣受賕不平或數得詣富饒郡因以商販貧者至不能堪其役賀乃籍諸州物產厚薄分劇易爲三等視其功過自裁定由是吏巧不能得施歲漕米溢常數一百七十萬蘇州太湖塘岸壞及並海支渠多湮廢水侵民田詔賀與兩浙轉運使徐奭兼領其事伐石築堤浚積潦自吳江東赴海流民歸占者二萬六千戶歲出苗租三十萬遷刑部郎中歷三司戶部度支鹽鐵副使知延同秦三州江陵府累遷光祿卿入判大理寺以右諫議大夫知永興軍徙鄧州歲餘判宗正寺出知越州坐失舉降知濠州改廬州還給事中復判宗正寺知鄭蔡壽三州卒在臨朐時用轉運使李中庸薦改官中庸沒無子賀爲主葬圖其象歲時祀于家子宗道終集賢校理

高覿字會之宿州蘄人進士起家爲嘉興縣主簿後以孫奭薦改祕書省著作佐郎累遷尚書屯田員外郎通判泗州詔定淮南場茶法覿陳說利害不報擢提點利州路刑獄召爲三司戶部判官安撫河北還爲京西轉運使徙益州彭州廣碕麗水二峽地出金宦者挾富人請置場募人夫採取之覿曰聚衆山谷間與夷獠雜處非遠方所宜且得不償失奏罷之王蒙正恃章獻太后親多占田嘉州詔勿收賦覿又極論其不可坐失察嘉州守張約受賕貶通判杭州徙知福州入爲三司鹽鐵判官歷陝西河北轉運使累遷兵部郎中復入戶部爲鹽鐵副使遷右諫議大夫河東都轉運使加集賢院學士判尚書刑部進給事中知單州卒子秉常爲梓州路轉運使

袁抗字立之洪州南昌人舉進士得同學究出身調陽朔縣主簿薦補桂州司法參軍撫水蠻寇融州轉運使俞獻可檄抗權融州推官督兵糧與謀軍事蠻治舟且至抗即楊梅石門兩隘建水柵二據其衝賊不得入後因置戍不廢事平特遷衡州推官改大理寺丞累遷國子博士知南安軍擢提點廣南東路刑獄浙東叛卒鄂鄰鈔閩越轉南海與廣州兵逆戰海中值大風有告鄰溺死者抗獨曰是日風勢趣占城鄰未必死後果得鄰於占城還爲度支三司判官以尚書金部員外郎爲梓州路轉運使徙益州路時三司歲市上供綾錦鹿胎萬三千匹抗言蜀民困憊願少紓其力以備秦中他日之用是年郊祀蠲其數之半黎州歲售蠻馬詔擇不任戰者卻之抗奏朝廷與蠻夷互市非所以取利也金山前後五部落仰此爲衣食一旦失利侵侮不知費直幾馬也臣念蜀久安不敢奉詔尋知舊制除江淮發運使召爲三司鹽鐵副使時抗老矣爲御史所劾罷知宣州累遷光祿少卿分司南京明堂覃恩改少府監卒抗喜藏書至萬卷江西士大夫家鮮及也抗子陟少刻厲好學善爲詩終殿中丞

徐起字豫之濮州鄄城人舉進士試祕書省校書郎知隰川縣積官尚書都官員外知楚州樞密直學士張宗象薦之擢提點廣南西路刑獄入判三司開拆司歷開封三司度支判官館伴契丹使還奏所過州縣使官旣去官吏將校皆出郊旅賀燕飲久之城邑爲之空乃下約束禁止之出爲荊湖北路轉運使部有戍卒殺人繫獄其徒欲劫之起聞亟往按誅之分其徒隸他州徙江西知徐州就爲轉運使募富室得米十七萬斛賑饑殍又移粟以贍河北京西者凡三百萬與安撫使劉夔不相能徙京西又徙江東起請開長淮舊浦以便漕運知洪州徙兗州有都巡檢虐所部而部兵百餘人持兵至庭下州人大恐起不爲動以禍福開諭之衆感泣聽命因按致其首奏罷都巡檢復爲度支判官累遷祕書監知湖州卒

張旨字仲微懷州河內人父延嘉頗讀書不願仕州上其行賜號嵩山處士旨進保定軍司法參軍上書轉運使鍾離瑾願補一縣尉捕劇賊以自効瑾壯其請爲奏徙安平尉前後捕盜三百餘人嘗與賊鬭流矢中臂不顧猶手殺數十人擢試祕書省校書郎知遂城縣遷著作佐郎明道中淮南饑自詣宰相陳捄荒之策命知安豐縣大募富民輸粟以給餓者既而浚渒河三十里疏泄支流注芍陂爲斗門溉田數萬頃外築堤以備水患再遷太常博士知尉氏縣徙通判忻州元昊反特遷尚書屯田員外郎通判府州州依山無外城旨將築之州將曰吾州據險敵必不來旨不聽城垂就寇大至乃聯巨木補其罅守以強弩中外不相聞者累日人心震恐庫有雜綵數千段旨矯詔賜築城卒卒皆東望呼萬歲賊疑以救至也州無井民取河水以飲賊斷其路旨夜開門率兵擊賊小郤以官軍壁兩傍使民出汲復以渠泥覆積草賊望見以爲水有餘督居民乘城力戰賊死傷者衆隨解去以功遷都官員外郎徙知萊州葉淸臣舉材堪將帥召對改知邢州擢提點河東路刑獄范仲淹歐陽脩復言其驍武有謀略除閤門使固辭進工部郎中知鳳翔府加直史館知梓州以直龍圖閣知荊南入判尚書刑部累遷光祿卿知潞晉二州以老疾權判西京御史臺尋卒

齊廓字公闢越州會稽人舉進士第自梧州推官累遷太常博士知審刑詳議官知通泰州提點荊湖南路刑獄潭州鞫繫四七人爲強盜當論死廓訊得其狀非強付州使劾正乃悉免死平陽縣自馬氏時稅民丁錢歲輸銀三萬八千兩民生子至壯不敢束髮廓奏蠲除之歷三司度支開封府判官出爲江淮西南轉運使時初兼按察同時奉使者競爲苛刻邀聲名獨廓奉法如平時人以爲長厚入判鹽鐵勾院加史館知荊南府徙明舒湖三州積官光祿卿直祕閣以疾分司南京改祕書監卒廓寬柔恭謹人犯之不校弟唐爲吉州司理參軍

博覽強記嘗舉賢良方正對策入等越州蔣堂奏廓及唐父母垂老窮居鄉里二子委而之官唐復久不歸省於是罷唐令歸侍養廓方使湖南雖置不問然士論薄之

鄭驤字士龍河南人登進士第更慶汝鄭秦州推官改秘書省著作郎知垣曲縣康繼英辟僉書衛州判官事劉從德代繼英又表驤有善狀進一官尋監左藏庫遷太常博士知乾州提點益州路刑獄爲三司度支判官建言蜀人引江水溉田率有禁歲旱利不均宜弛其禁又言京西旱舊禁粟無出國門可且勿禁慶歷中與魚周詢刺陝西民兵十餘萬除陝西轉運按察使兼三門發運使加直史館河北轉運使入爲度支副使河決德州入王紀口議欲徙州詔驤往視之還言州不當徙已而州果無患又爲河北轉運使王則反討平之除天章閣待制知鳳翔府先是皇甫泌夏安期皆爲轉運使泌先謫去安期後至不及賞驤固辭不受願命推功與二人復爲河北都轉運使累遷尚書工部郎中以疾知華州卒

論曰歷觀數子風跡雖不同其爲政愛民謙巳利物有古道焉若旨浚淠河覲罷採金抗論互市起賑窮戢暴驤推功與人皆無所愧矣趙賀不忘李中庸而齊廓兄弟棄親以徇榮用心何其不同哉

宋史卷三百二

元中書右丞相總裁脫脫等修

列傳第六十一

王臻　魚周詢　賈黯
李京（吳鼎臣附）　呂景初（馬遵附）　吳及
范師道　李絢　何中立
沈邈

王臻字及之潁州汝陰人始就學能文辭曾致堯知壽州有詩名臻以文數十篇往見致堯覽之歎曰潁汝固多奇士舉進士第爲大理評事歷知舒城與會昌縣通判徐定二州以殿中丞知兗州特遷監察御史中使就營景靈宮太極觀臻佐助工費有勞遷殿中侍御史擢淮南轉運副使時發運司建議濬淮南漕渠廢諸堰臻言揚州召伯堰實謝安爲之人思其功以比召伯不可廢也濬渠亦無所益召爲三司度支判官而發運司卒濬渠以通漕臻坐前異議降監察御史知睦州道復官徙福州閩人欲報仇或先食野葛而後趨仇家求鬭即死其處以誣仇人臻辨察格鬭狀被誣者往往釋去俗爲之少變又民間數以火訛相驚悉捕首惡杖之流海上民乃定仁宗即位遷提舉在京諸司庫務歷三司戶部度支副使擢龍圖閣待制權知開封府累遷尚書工部郎中姦人僞爲皇城司刺事卒嚇良民以取賕臻購得其主名黥竄三十餘人都下肅然以右諫議大夫權御史中丞建言三司開封府諸曹參軍及赤縣丞尉率用貴游子弟驕惰不習事請易以孤寒登第更仕宦書考無過者爲之又言在京百司吏人入官請如長定格歸司三年皆可其奏未幾卒臻剛嚴善決事所至有風跡

魚周詢字裕之開封雍邱人早孤好學舉進士中第爲大理評事歷知南華分宜靜海三縣遷太常博士通判漢州城中夜有火部衆救之植劍於前曰攘一物者斬火止民無所失亡以尚書屯田員外郎知眞州徙提點荊湖南路刑獄求便郡知安州徙蔡州召爲侍御史陝西用兵科歛煩數命安撫京西路還賜緋衣銀魚爲開封府判官又使陝西刺民兵判三司理欠憑由司進起居舍人知諫院固辭乃以尚書戶部員外郎兼侍御史知雜事爲三司鹽鐵副使時渭州城水洛尹洙鄭戩爭未決詔周詢與都轉運使程戡相利害周詢是戩議遂城之遷吏部員外郎擢天章閣待制知成德軍徙河北都轉運使拜右諫議大夫權御史中丞慶歷八年手詔近臣訪天下之務周詢對曰陛下患西陲禦備天下繹騷趣募兵士急調軍食雖常賦有增而經用不足臣以謂唐季及五代彊臣專地中國所制疆域非廣及祖宗有天下俘吳楚蜀晉北捍獯鬻中服羌戎所用甲兵所入租賦比之于今其數尚寡然而摧堅震敵庫府無空虛之弊縣官無煩費之勞蓋賞信罰必將選兵精之效也近元昊背惠西方宿師朝廷用空疏闒茸者爲偏裨以游惰怯懦者備行伍故大舉即大敗小戰輒小奔徒日費千金度支不給賣官鬻爵淆雜仕流以鐵爲錢暴壞國法而又官立鹽禁驅民齎輦蕩析恆產怨咨盈路去秋水旱繼作今春饑饉相屬生靈重困於茲爲劇今元昊幼子新立乃朝廷寬財用惜民力之時也速宜經度以紓匱乏願委安撫使與本路守邊掌計臣僚同議裁減冗兵節抑浮費禁止橫歛稟假貧民去武臣之庸懦出守宰之貪殘仍冀特發宸衷出內帑錢助關陝費使通鹽商之利改錢幣之法宣布德澤與民休息然後勸勉農桑隱括稅籍收遺利抑兼并則公有美財私有餘力矣陛下患承平寖久仕進多門人汙政濫員多闕少滋長奔競縻費廩祿臣以爲國家於制舉進士明經之外復有任子流外之補負瑕釁服輿臺者亦寘班列歷年既久紛猥塞路求人任事適用者鮮而又亟更數易交錯道塗額置有常詔除無限凡守一闕動踰再期預闒籍服武弁者坐費水衡之給虛計歲攷之期赴銓調守選格者居多困乏之歎行寡廉耻之風官冗之弊一至於此願陛下特詔進士先取策論諸科兼通經義中第解褐無令過多其文武班奏薦幷流外出官者權停五七年自然名器不濫奔競衰息矣陛下患牧守之職罕聞奏最臣聞漢宣帝勉厲二千石其有治效者增秩賜金或爵至關內侯公卿缺則以次用之故良吏爲盛國家鑒諸侯專地之患一切用郡守治之而班行寖冗序遷者衆乃有地處蕃宣秩爲卿監而未歷省府提轉則爲沉抑內重外輕何以求治改絃易轍正在此時願詔兩府大臣選委兩制臺諫官叅舉如兩任通判可克知州軍京朝官依次除補若治狀尤異即升省府提轉其常例入知州者一切停罷則進擢得人牧守重矣陛下患將帥之任艱於稱職臣聞晏子薦司馬穰苴曰文能附衆武能威敵是知將帥之材非文武兼備則不可爲我朝自二邊款附久不用兵近歲有西北之警補授帥臣出於遽猝非自卒伍即恩澤侯無信義以結士心無莊嚴以正師律退則奔北進則被擒虧損威靈取侮夷狄命將之失未有若今之甚也願擇名臣選舉深博有謀知兵練武之士不限資級試以邊任臨軒敦遣假以威權如祖宗朝任郭進李漢超輩閫外之事俾得專之無以謗讒輕有遷徙使其足以取重則安有不稱職之憂乎陛下患西北多故邊情罔測獻奇譎空言者多陳悠久實效者少備豫不虞理當先物臣聞國家和約北戎爵命西夏偃革止戈踰四十載而守邊多任庸人不嚴武備因循姑息爲敵所窺致元昊悖逆耶律張皇未免屈已爲民息兵講好皆用苟安之謀而無經遠之策此班固所謂不選武略之臣恃吾所以待寇而行貨賂割剝百姓以奉寇讎者也願陛下特議減三路兵馬之駑冗者以紓經費以息科歛然後選將帥擇偏裨使戢肅驕兵飭利戎器識山川形勝用兵奇正河朔曠平可施車陣亦宜講求其法雖二邊異時侵軼恃吾有以待之庶幾無患矣時執政及近臣所對多疏闊仁宗頗嘉周詢詳敏知恩州張得一誅坐失舉出知永興軍數日改知成德軍未行卒帝嗟悼之特贈尚書工部侍郎周詢性和易聞見該洽明吏事在安州時閽吏見大蛇垂闌楯即視之乃周詢醉而假寐世傳其異

賈黯字直孺鄧州穰人擢進士第一起家將作監丞通判襄州還爲秘書省著作佐郎直集賢院遷左正言判三司開拆司黯自以年少遭遇備位諫官果於言事首論韓琦富弼范仲淹可大用杜樞覆張彥方獄將駮正忤執政意執政以他罪絀樞黯言樞無罪且旨從中出不因臣下彈奏恐自此貴幸近習言一得入則將陰肆讒毀害及善良不可不察時言者或論事亡狀輒戒勵窮詰黯奏諫官御史跡既疏遠未嘗預聞時政不免採於傳聞一有失言而詰難沮辱隨之非所以開廣言路請如唐太宗用王珪魏徵故事每執政奏事聽諫官一人隨入執政又患言事官旅進論議上前不肯止乃詔凡欲合班上殿者皆稟中書俟旨黯論以爲今得進見言事者獨諫官御史若然言路將壅陛下不得聞外事矣請如故便皆弗許儂智高反余靖知桂州楊畋安撫廣南東西路皆許便宜行事黯言二人臨事指蹤不一則下將無所適從又靖專節制西路若賊東嚮則非靖所統無以使衆不若幷付靖經制兩路從之皇祐四年同脩起居注徙判鹽鐵勾院遷左司諫建言天下復置義倉下其說諸路而論者不一黯亦反復辨析卒不果行宰相劉沆請中外薦舉陳乞一切以詔令從事毋用例論者以爲非便黯奏罷之狄青除樞密副使黯言國初武臣宿將扶建大業平定列國有忠勛者不可勝數然未有以卒伍登帷幄不報會靈觀災又言天之意所欲廢當罷營繕敕守衛者罪以示儆懼脩省之意擢知制誥初仁宗視事退御邇英閣召侍臣講讀而脩起居注官獨先出黯言君臣訪對動關政體而史臣不得預聞請幷召侍經筵許之初邇英延義二閣講讀官自有記注至是乃罷焉直龍圖閣錢延年擢天章閣待制黯當命辭即詆延年不才不宜汙侍從封詞目還中書命遂寢判吏部流內銓益州推官乘澤父留鄉里死三年矣澤爲弗知者而調京師既覺而去黯奏劾廢終身福

州推官劉抃挾數術言人禍福多遊公卿門黷奏以爲靈臺郎時詔兩制兩省官唯公事許至中書樞密院見執政羣臣心知其非而嫌於自言後黷知許州乃言他官皆得見執政而侍從近臣反疏斥疑間如此嘗聞先朝用王禹偁請百官候謁宰相並於政事堂樞密使亦須聚坐接見以防請託今下左正言謝泌上書以謂非人主推赤心待大臣大臣展四體報人主之誼即時追寢前詔從襄州迎父之官而父有故人在部中遺直廳卒致問黷輒笞卒父恚一夕歸鄉里他日疾且亟黷內懷不自安請從郡及解官就養不報乃棄官去而御史吳中復等劾黷輒委州印撓朝廷法絀知郢州未及任父死服除勾當三班院爲翰林學士唐介等坐言陳升之不當柄用皆外補黷奏介等敢言請寬之以疾請郡改侍讀學士知鄧州未行疾愈復以爲翰林學士知審官院時官吏有以祖父嫌名援律爲請投他官黷言禮不諱嫌名二名不偏諱律府號官稱犯祖父名而冒榮居之又上書若奏事犯祖廟諱罪皆有差又曰若嫌名及二名偏犯者不坐今官吏許避嫌名則或有如此而不自言者可坐以冒榮之律乎國朝雍熙中嘗詔除官犯私諱者三省御史臺五品文班四品以上許用式奏改餘不在此制請約雍熙詔書自某品而上以禮律從事詔非嫌名及二名不以品秩高下皆聽避累遷尚書左司郎中權知開封府兩軍獄囚歲瘐死者衆而吏不任其責黷言吏或怠於視囚饑渴疾病因以致死請歲計死者多少而賞罰之府吏額七百人以罪廢復叙者皆數外補之黷請叙者須有闕乃補然所斷治或出已見人不以爲允御史中丞王疇與其屬陳經呂誨傳堯俞諫官司馬光龔鼎臣王陶皆言黷剛愎自任赦書下府罪應釋者反重刑之罷爲同提舉在京諸司庫務英宗即位遷中書舍人受詔撰仁宗實錄權知審刑院爲羣牧使時拜皇子並除檢校太傅黷言太師太傅太保是爲三師天子之所師法子爲父師於義不可蓋前世因循弗思之過請自今皇子及宗室屬卑者皆毋兼師傅官隨其遷序改投三公下兩制議請如黷奏而中書亦謂自唐以來親王無兼師傅者國朝以三師三公皆虛名故因而授之宜正其失詔可遷給事中權御史中丞未幾以呂誨知雜事誨嘗彈治黷遂廵引避黷言嘗薦誨爲御史知其方正謹厚一時公言非有嫌怨願終與共事誨乃就職時帝初即位王廣淵周孟陽以藩邸之舊數召對黷言俊乂滿朝未有一被召者獨親近一二舊人示天下以不廣請如太宗故事召侍從館閣之臣以備顧問帝嘗從容謂黷曰朕欲用人少可任者黷對天下未嘗乏人顧所用如何爾退而上五事一知人之明二養育以漸三材不求備四以類薦舉五擇取自代後與兩制合議請以濮王爲皇伯執政弗從數詰中書爭論會大雨水時黷已被疾疏言簡宗室逆天時則水不潤下今二三執政知陛下爲先帝後乃阿諛容說違背經義建兩統貳父之說故七廟神靈震怒天降雨水流殺人民既病求出以翰林侍讀學士知陳州未行卒年四十四口占遺奏數百言猶以濮王議爲請贈尚書禮部侍郎初黷母陳歸宗繼母史在堂後迎陳歸二母不相善黷能安以事之黷脩潔自喜在朝數言事或從或否人稱其介直然卞急初通判襄州疑優人戲已以人菌啖之在開封爲罪人所詈又啖以人菌言者亦以是詆之

李京字伯升趙州人進士中第歷平定軍判官冀州推官改大理寺丞知魏縣奉法嚴正吏不便欲以奇中京遂相率遁去監司果議以苛刻斥京知府任布曰如此適墮吏計中京賴以免徙永昌縣通判趙州王拱辰薦爲監察御史裏行遷監察御史時太史言月當食不食羣臣皆賀京上疏曰陛下因天之戒恐懼脩省避正殿減常膳故精意感格日當食而陰雲蔽虧雖宋景公之熒惑退舍商大戊之桑穀並枯無以異也然臣區區竊有所疑者自寶元初定襄地震壞城郭覆廬舍壓死者以數萬人殆今十年震動不已豈非西北二邊有窺中國之意乎二月雷發聲在易爲豫言萬物出地皆悅豫也八月收聲在易爲歸妹言雷聲入地避羣陰之害也今孟夏雷未發聲豈非號令不信乎願陛下飭邊臣備夷狄戒輔臣慎出命以厭禍于未形又尚美人棄外館多年比聞復召入臣慮假媚道以爲蠱惑宜亟絕之苗繼宗嬪御子弟乃緣恩私爲府界提點宜割帷薄之愛重名器之分庶幾不累聖政仁宗嘉納授右正言直集賢院同管勾國子監加史館修撰數上書論事宰相賈昌朝不悅京嘗屬侍御史吳鼎臣薦推直官李寶鼎臣希昌朝意以告中丞高若訥若訥爲鼎臣上京簡謫京太常博士監鄂州稅既至引令狐亘錢徵事言臣爲御史諫官首尾五年凡六上章四親對自陳疾故懇求外補臣之出處粗有本末向者在臺見入閤圖三院御史立班各異閤元日將入閤而御史王贄何郯皆謁告歸會推直官李寶歲將滿因簡鼎臣宜留寶補御史鼎臣亦謂議協公望不意逾兩月乃誣臣與寶爲朋黨臣初被黜閱諸橐中鼎臣所遺私書別紙故在臣令男諶亟悉焚毀臣與寶僚友鼎臣鄉曲之舊鼎臣爲御史臣延譽推引寶有力焉待之不疑因以誠告豈謂傾險包藏甘爲鷹犬惟陛下察之未幾卒官詔錄諶爲郊社齋郎鼎臣棣州人既逐京會昌朝罷夏竦自北京召爲相鼎臣先論竦在幷州杖殺私僕復與諫官御史言竦論議與陳執中異不可共事竦既罷遂以刑部員外郎知諫院上言朝廷方與契丹保誓約而揚懷敏增廣塘水輒生事民或怨叛雖斬懷敏無及矣遂爲河北體量安撫令經度塘水利害而鼎臣更顧望依違不能决昌朝與都轉運使施昌言議河事不合鼎臣自度支副使拜天章閣待制代昌言數月卒

呂景初字冲之開封酸棗人以父蔭試秘書省校書郎舉進士歷汝州推官改著作佐郎知夏陽縣僉書河南府判官通判幷州高若訥薦爲殿中侍御史張貴妃薨有司請依荊王故事輟視朝五日或欲更增日聽上裁乃增至七日景初言妃一品當輟朝三日禮官希旨使恩禮過荊王不可以示天下妃既追冊爲皇后又詔立忌景初力爭乃罷時兵冗用度乏景初奏疏曰聖人在上不能無災而有救災之術今百姓困窮國用虛竭利源已盡惟有减用度爾用度之廣無如養兵比年招置太多未加揀汰若兵皆勇健能捍寇敵竭民膏血以啗之猶爲不可況羸疾老怯者又常過半徒費粟帛戰則先奔致勇者亦相牽以敗當祖宗時四方割據中國纔百餘州民力未完耕植未廣然用度克足者兵少故也而所征皆克自數十年來用數倍之兵所嚮必敗以此知兵在精不在衆也議者屢以爲言陛下不即更者由大臣媮安避怨論事之臣又復緘默則此弊何時而息望詔中書樞密院議罷招補而汰冗濫又言坐而論道者三公也今輔臣奏事非留身求罷免未嘗從容獨見以評講治道雖願治如堯舜得賢如稷契而未至於治者抑由此也願陛下於輔臣侍從臺諫之列擇其忠信通治道者屢詔而數訪之幸甚又與言事御史馬遵吳中復奏彈梁適與劉宗孟連姻而宗孟與冀州富人共商販下開封府劾治所言不實皆坐謫景初通判江寧府徙知衡州復召還臺嘉祐初大雨水景初曰此陰盛陽微之誡也乃上疏稱商周之盛並建同姓兩漢皇子多封大國有唐宗室出爲刺史國朝二宗相繼尹京是欲本支盛强有磐石之安則奸雄不敢內窺而天下有所倚望矣願擇宗子之賢者使得問安侍膳於宮中以消奸萌或尹京典郡爲夾輔之勢時狄青爲樞密使得士卒心議者憂其爲變景初奏疏曰天象謫見妖人訛言權臣有虛聲爲兵衆所附中外爲之恟恟此機會之際間不容髮蓋以未立皇子社稷有此大憂惟陛下蚤爲之計則人心不搖國本固矣數請中書白執政請出青文彥博以青忠謹有素外言皆小人爲之不足置意景初曰青雖忠如衆心何蓋爲小人無識則或以致變大臣宜爲朝廷慮毋牽閭里恩也知制誥劉敞亦論之甚力卒出青知陳州李仲昌以河事敗內遣中人置獄景初意賈昌朝爲之即言事無根原不出政府恐陰邪用此以中傷善良乃更遣御史同訊遷右司諫安撫河北還奏比部員外郎鄭平占籍眞定有田七百餘頃因請均其徭役著限田令以戶部員外郎兼侍御史知雜事判都水監改度支副使遷吏部員外郎擢天章閣待制知諫院以病未入謝而卒

馬遵者字仲塗饒州樂平人嘗以監察御史爲江淮發運判官就遷殿中侍御史爲副使入爲言事御史論知宣州後復爲右司諫以禮部員外郎兼侍御史知雜事改吏部直龍圖閣卒性樂易善議論其言事不爲激訐故多見推行杜衍范仲淹皆稱道之

吳及字幾道通州靜海人年十七以進士起家爲侯官尉閩俗多自毒死以誣仇家官司莫能辨及悉爲讞正前後活五十三人提點刑獄移其法於一路辟大理寺檢法官從審刑院詳議累遷太常博士是時仁宗春秋既高無子及因推言閹寺以及繼嗣事至和元年上疏曰臣聞官師相規工執藝事以諫臣幸得待罪法吏輒原刑法之本以効愚忠切惟前世肉刑之設斷支體刻肌膚使終身不息漢文感緹縈之言易之鞭箠然已死而笞未止外有輕刑之意其實殺人祖宗鑒既往之弊蠲除煩苛始用折杖之法新天下耳目茲蓋曠古聖賢思所未至陛下深惻民隱親覽庶獄歷世用刑無如本朝之平恕宜乎天降之祥而方當隆盛之時未享繼嗣之慶臣竊惑焉或者宦官太多而陛下未悟也何則肉刑之五一曰宮古人除之重絕人之世今則宦官之家競求他子動絕人理希求爵命童幼何罪陷於刀鋸因而夭死者未易悉數夫有疾而夭治世所羞況無疾乎有罪而宮前王不忍況無罪乎臣聞漢永平之際中常侍四員小黃門十人爾唐太宗定制無得踰百員且以祖宗近事較之祖宗時宦官凡幾何人今凡幾何人臣

愚以謂胎卵傷而鳳凰不至宦官多而繼嗣未育也伏望順陽春生育之令濬發德音詳爲條禁進獻宦官一切權罷擅宮童幼寘以重法若然則天心必應聖嗣必廣召福祥安宗廟之策無先於此書奏帝異其言欲用爲諫官而及以父憂去嘉祐三年始擢秘閣校理踰月改右正言復上疏曰帝王之治必敦骨肉之愛而以至親夾輔王室詩曰懷德惟寧宗子惟城故同姓者國家之屏翰儲副者天下之根本陛下以海宇之廣宗廟之重而根本未立四方無所係心上下之憂無大於此謂宜發自聖斷擇宗室子以備儲副以服屬議之則莫如親以人望言之則莫如賢既兼親賢然後優封爵以寵異之選重厚樸茂之臣以教導之聽入侍禁中示欲爲後使中外之人悚然瞻望曰宮中有子矣陛下他日有嫡嗣則異其恩禮復令歸邸於理無嫌於義爲順弭覬覦之心屬天下之望宗廟長久之策也既而又言開寶詔書內侍臣年三十無養父者聽養一子爲嗣并以名上宣徽院違者抵死比年此禁益弛天絕人理陰累聖嗣願詔大臣明示舊制上順天意以綏福祐明年遂權罷內臣進養子管勾登聞檢院又上書論政事謂倉廩空虛內外匱乏其弊在於官多兵冗請汰冗兵省冗官然後除民之疾苦因條上十餘事多施用之建請擇館職分校館閣書并求遺書於天下語在藝文志明年日食三朝及言日食者陰侵陽之戒在人事則臣陵君妻乘夫四夷侵中國今大臣無姑息之政非所謂臣陵君失在陛下淵默臨朝使陰邪未盡屏也后妃無權橫之家非所謂妻乘夫失在左右親倖驕縱亡節也疆埸無虞非所謂四夷侵中國失在將帥非其人爲敵所輕也因言孫沔在并州苛暴不法燕飲無度罷籍前在并州輕動寡謀輒與堡砦屈野之衂爲國深耻沔繇此坐廢又言春秋有告糴陛下恩施動植視人如傷然州郡官司各專其民擅造閉糴之令一路饑則鄰路爲之閉糴一郡饑則鄰郡爲之閉糴夫二千石以上所宜同國休戚而坐視流離豈聖朝子育兆民之意哉遂詔鄰州鄰路災傷而輒閉糴論如違制律久之還右司諫管勾國子監在職數年以勁正稱遇事無小大輒言嘗請毋納羣臣上尊號出後宮私身及非執事人毋以御寶白劄子賜近倖家人冠帔及比邱尼紫衣并責執政大臣因循苟簡畏避怨謗宜用唐李吉甫故事選拔賢俊約杜預遣法旌擢守令復置將作監官屬專領營造論入內都知任守忠陵轢駙馬都尉李瑋及干求內降會諫官陳升之建請裁節班行補授下兩制臺諫官集議主鐵冶者舊得補班行至是議罷之既定藁及與御史沈起輒增注典國軍磁湖鐵冶如舊制主磁湖冶者大姓程叔良也翰林學士胡宿等即劾及與起職在臺諫而爲程氏經營占錮恩例請詔問狀皆引伏及出爲工部員外郎知廬州進戶部直昭文館知桂州卒錄其弟齊爲大廟齋郎及當官有守初爲檢法官三司請重鑄鐵錢法至死下有司議及爭不可主者恚曰立天下法當由一檢法邪及曰義理爲先安有高下卒不爲詘

范師道字貫之蘇州長洲人進士及第爲撫州判官後知廣德縣縣有張王廟民歲祠神殺牛數千師道禁絕之通判許州累遷都官員外郎吳育舉爲御史奏請罷內降推恩擇宰相久其任選宗室賢者養宮中備儲貳初皇祐中賈昌朝上議置五輔郡設京畿轉運使提點刑獄號爲拱輔京師而論者謂宦官謀廣親事親從兵欲取京畿財賦贍之因以收事柄師道力奏非便遂復舊制又以四年貢舉士苦淹久請易爲三年宰相劉沆護葬溫成皇后禮官議祔陵師道以爲非典制數疏爭沆惡之引著令臺官滿二年當補外出知常州臺諫官共言師道不當去不報徙廣南東路轉運使舊補攝官皆委吏胥無先後遠近之差師道爲置籍次第之召爲鹽鐵判官道改兩浙轉運使遷起居舍人同知諫院管勾國子監後宮周氏董氏生公主諸閤女御多遷擢師道上疏曰禮以制情義以奪愛常人之所難惟聰明睿哲之主然後能之近以宮人數多而出之此盛德事也然而事有係風化治亂之大而未以留意臣敢爲陛下言之竊聞諸閤女御以周董育公主御寶白劄並爲才人不自中書出誥而掖庭覬覦遷拜者甚多周董之遷可矣女御何名而遷乎才人品秩既高古有定員唐制止七人而已祖宗朝宮闈給侍不過二三百居五品之列者無幾若使諸閤皆遷則不復更有員數矣外人下能詳知止謂陛下於寵幸太過恩澤不節耳夫婦人女子與小人之性同寵幸太過則瀆慢之心生恩澤不節則無厭之怨起御之不可不以其道也且用度太煩須索太廣一才人之奉月直中戶百家之賦歲時賜予不在焉況誥命之出不自有司豈盛時之事耶恐斜封墨勑復見於今日矣時大星隕東南有聲如雷又上疏曰漢晉天文志天狗所下爲破軍殺將伏尸流血甘氏圖天狗移大賊起今朝廷非無爲之時也而備邊防盜未見其至雖有將帥不老則愚士卒雖多勁勇者少小人思亂伺隙乃作必有包藏滌心投隙而動者宜揀拔將帥訓練卒伍詔天下預爲備禦仁宗晚年尤恭儉而四方無事師道言雖過每優容之遷兵部員外郎兼侍御史知雜事判都水監與諫官御史數奏樞密副使陳升之不當用升之罷師道亦出知福州頃之以工部郎中入爲三司鹽鐵副使感風眩遷戶部直龍圖閣知明州卒師道勵風操前後在言責有聞即言或獨爭或列奏如陳執中家人殺婢卒坐免奪王拱辰宣徽使李淑翰林學士及王德用程戡領樞密宦官石全彬閤士良升進皆嘗奏數其罪焉

李絢字公素邛州依政人少放蕩亡檢兄絢教之書嚴其課業而出絢遨自若比暮絢歸絢徐取書視之一過輒誦數千言絢奇之稍長能屬文尤工歌詩嘗以事被繫既而逸去擢進士第再授大理評事通判邠州元昊犯延州並邊皆恐邠城陴不完絢方攝守即發民治城僚吏皆謂當言上還報絢不聽帝聞之喜因詔他州悉治守備還爲太子中允直集賢院歷開封府推官三司度支判官爲京西轉運使是時范雍知河南王舉正知許州任中師知陳州任布知河陽並二府舊臣絢皆以不才奏之未幾召修起居注糾察在京刑獄時宰相杜衍各拔知名士寘臺省惡衍者指絢爲其黨絢嘗舉陸經經坐贓貶而任布又言絢在京西苛察出知潤州改太常丞徙洪州時五溪蠻寇湖南擇轉運使帝曰有館職善飲酒者爲誰今安在輔臣未論帝曰是往歲城邠州者其人才可用輔臣以絢對遂除湖南轉運使絢乘驛至邵州戒諸部按兵毋得動使人諭蠻以禍福蠻罷兵受約束復修起居注權判三司鹽鐵勾院復糾察在京刑獄以右正言知制誥奉使契丹知審官院遷龍圖閣直學士起居舍人權知開封府治有能名絢夜醉晨奏事酒未解帝曰開封府事劇豈可沉湎於酒邪改提舉在京諸司庫務權判吏部流內銓初慈孝寺亡章獻太后神御物盜得而絢誤釋之謫知蘇州未行卒絢疏明樂易少周遊四方頗練世務數上書言便宜仁宗春秋高未有繼嗣絢因祀高禖還獻賦大旨言宜遠嬖寵近賢良則神降之福子孫繁衍帝嘉納之性嗜酒終以疾死

何中立字公南許州長社人幼警邁與狄遵度遊遵度曰美才也其父棐遂以女妻之進士及第授大理評事歷僉書鎮安武勝二鎮節度判官遷殿中丞召試學士院爲集賢校理改太常博士修起居注遷祠部員外郎知制誥權發遣開封府事初有盜慈孝寺章獻皇太后神御服器者既就縶李絢以屬吏考掠不得其情輒釋去中立至人復執以來中立曰此眞盜也窮治之卒伏罪遷兵部員外郎糾察在京刑獄除龍圖閣直學士知秦州言者以爲非治邊才改慶州奏曰臣不堪於秦則不堪於慶矣願守汝不報戍卒有告大校受賕者中立曰是必挾他怨也鞭卒竄之或曰貸姦可乎中立曰部曲得持短長以制其上則人不自安矣還判太常寺遷刑部郎中進樞密直學士知許州改陳州訛言大水至居人皆恐中立捕誅之又徙杭州暴中風卒中立頗以文詞自喜然嗜酒無行慶曆中集賢校理蘇舜欽監進奏院爲賽神會預者皆一時知名士中立亦在召中已而辭不往後舜欽等得罪中立有力焉

沈邈字子山信州弋陽人進士及第起家補大理評事知侯官縣通判廣州累遷都官員外郎歷知眞州福州慶曆初爲侍御史時呂夷簡罷相輔臣皆進官邈言爵祿所以勸臣下非功而授則爲濫今邊鄙屢警未聞廟堂之謀有以折外侮無名進秩臣下何勸焉又論夏竦除樞密使而竦陰交內侍劉從愿使從愿內濟狡譎竦外專機務姦黨得計人主之權去矣其言甚切權鹽鐵判官轉兵部員外郎時選諸路轉運加按察使邈與張昷之王素首被選邈加直史館使京東歲餘入爲侍御史知雜事未幾擢天章閣待制知澶州徙河北都轉運使又徙陝西歲中加刑部郎中知延州卒邈疎爽有治才然性少檢在廣州時歲遊劉王山會賓友縱酒而與閭里婦女笑言無間

論曰慶曆以來任諫官御史名有風采見推於時者繇臻京之輩凡數十人觀其所陳蓋不虛得及之論閹宦眞仁人之言其最優乎絢中立邈亦有美才致位通顯然皆以酒失自累故不能無貶焉

宋史卷三百三

元中書右丞相總裁脫脫等修

列傳第六十二

張昷之　魏瓘弟琰　滕宗諒劉越附
李防　趙湘　唐肅子詢
張述　黃震　胡順之
陳貫子安石　范祥子育　田京

張昷之字景山父秘自有傳昷之進士及第補樂清尉潤州觀察推官校勘館閣書籍遷集賢校理通判常州知溫州蔡齊薦其材可用擢提點淮南路刑獄楊崇勳

知亳州恃恩爲不法誣蒙城知縣王申罪械送獄昷之廉得冤狀乃出申配姦吏若干人徙廣南東路轉運使夷人有犯其酋長得自治而多慘酷請一以漢法從事權度支判官爲京西轉運使加直史館徙河北被邊諸州發卒斬西山木卒逃入契丹者歲數百人敵既利其所開地又得亡卒故不爭昷之戒斬伐毋得深入北地卒亦不敢逃還爲鹽鐵副使擢天章閣待制河北都轉運按察使保州廣信安肅軍自五代以來別領兵萬人號緣邊都巡檢司亦曰策先鋒以知州軍爲使置副二人分所領卒爲三部使援隣道太祖嘗用之有功詔每出巡別給糧錢以優之其後州將不復出內侍爲副數出巡部卒偏得稟賜軍中以爲不均通判保州石待舉言於昷之請合三部兵更出入季一出即別給錢糧餘悉罷仍請以武臣代內侍時楊懷敏方任邊事尤不悅巡檢司雲翼卒惡石待舉遂殺之以作亂昷之自魏馳至城下召諸將部分攻城使人請懷敏曰不即來當以軍法從事既至又以兵自衞昷之曰諸將方集獨敢以兵隨將欲反邪叱去衞者城開田況潛殺降兵數百人昷之預知其謀除戶部副使既而坐前事奪職知虢州王則反貝州有言昷之在河北捕得妖人李教不殺使得逸去今乃爲則主謀事平無其人會冀州人段得政詣闕自言嘗爲叔父屯田郎中曇賕免緣坐且言曇以書屬昷之乃下御史按劾雖不得書猶奪三官監鄂州稅知漢陽軍稍遷刑部郎中復待制知湖州徙揚州以光祿卿致仕卒昷之喜吏事所至有聲退居築家廟率子弟歲時奉祠

魏瓘字用之父羽奏補秘書省校書郎監廣積倉知開封府倉曹參軍持法精審明吏事上元起綵山闕前張燈與宦者護作宦者挾氣視瓘年少輒誅索侵擾瓘密以聞詔杖宦者遣之瓘門人魏綱上疏詆天書流海島瓘亦坐是停官復監鄂州稅鄂州茶以大理寺丞知衡山縣通判壽州歷知循隨安州提點廣南西路刑獄邕州獠戶緣逋負沒婦女爲傭者一千餘人悉奏還其家就除轉運使劉鋹時計口以稅雖舟居皆不免至是而雷化欽廉高州猶未除瓘爲除之減柳州無名役四百人召權度支判官尋以罪降知洪州徙梓州路轉運使還知蔡州潭州爲京西轉運使江淮制置發運使自主客郎中遷太常少卿知廣州築州城環五里疏東江門鑿東西澳爲水閘以時啓閉焉拜右諫議大夫再任臨江軍判官史沆性險詖嘗爲瓘所劾免會廣州封送貢餘柳子煎等餉京師輒邀留之飛奏指以爲珍貨詔遣內侍發驗無有沆坐不實廢瓘亦降知鄂州未踰年復爲陝西轉運使徙河北以給事中知開封府政事嚴明吏民憚之內東門索命婦車得賂遺掖庭物付府驗治獄未上內降釋罪諫官吳奎言法當執奏而瓘不即奏行請以廢法論降知越州儂智高寇廣東西獨廣州城堅守不能下於是論築城功遷工部侍郎集賢院學士復知廣州兼廣東經略安撫使給禁卒五千聽以便宜從事屬狄青已破賊召還糾察在京刑獄議者請開六塔河塞商胡北流宰相主其說命瓘按視還奏以爲不可塞下溪州彭士羲叛將發兵討除進龍圖閣直學士知荊南瓘以爲五溪之險師行鳥道諸將貪功生事於國家何所利因條上三策以招徠爲上守禦爲下攻取爲失不報後卒如瓘議徙澶州滑州又徙鄧州不行請老以吏部侍郎致仕卒瓘所至整辦與人置對未嘗屈史沆王逵以善訟名天下瓘既廢沆又嘗奏抵逵罪專任機數不稱循吏弟琰

琰字子浩以父恩授秘書省正字爲吏強敏名齊于瓘嘗通判陳州適歲饑百姓相率強取人粟坐死者甚衆琰曰此迫於窮餓豈得已者坐其首黥之歷知壽潤滁安州壽州盜殺寺童子有司執僧笞服琰憫其非罪命脫械縱去一府爭以爲不可後數日得眞盜富人犯法當死而死獄中琰曰是嘗欺匿異籍孤弱者財所以自斃覬不可窮治爾其吏受賕而爲之謀乎後有告者如琰所料累官司農卿知福州徙廣州以疾告得知江寧府晚昏眊縱私人亂法日笞扑無罪吏卒監司劾奏召判刑部仍致仕進衞尉卿卒

滕宗諒字子京河南人與范仲淹同年舉進士其後仲淹稱其才乃以泰州軍事推官召試學士院改大理寺丞知當塗邵武二縣遷殿中丞代還會禁中火詔劾火所從起宗諒與秘書丞劉越皆上疏諫宗諒曰伏見掖庭遺燼延燔宮闈雖沿人事實繫天時詔書亟下引咎滌瑕中外莫不感動然而詔獄未釋鞫訊尚嚴恐違上天垂戒之意累兩宮好生之德且婦人柔弱箠楚之下何求不可萬一懷冤足累和氣祥符中宮掖火先帝嘗索其類寘之法矣若防患以刑而止豈復有今日之虞哉況變警之來近在禁掖誠願修政以禳之思患以防之凡逮繫者特從原免庶災變可銷而福祥來格也疏奏仁宗爲罷詔獄時章獻太后猶臨朝宗諒言國家以火德王天下火失其性由政失其本因請太后還政而越亦上疏太后崩擢嘗言還政者越已卒贈右司諫而除宗諒左正言

劉越者字子長大名人少孤貧有學行亦宗諒同年進士嘗知襄城固始二縣有能名既贈官又官其一子賜其家錢十萬宗諒後遷左司諫坐言宮禁事不實降尚書祠部員外郎知信州與范諷雅相善及諷貶宗諒降監池州酒久之通判江寧府徙知湖州元昊反除刑部員外郎直集賢院知涇州葛懷敏軍敗於定州諸郡震恐宗諒顧城中兵少乃集農民數千戎服乘城又募勇敢諜知寇遠近及其形勢檄報旁郡使爲備會范仲淹自環慶引蕃漢兵來援時天陰晦十餘日人情憂沮宗諒乃大設牛酒迎犒士卒又籍定州戰沒者於佛寺祭酹之厚撫其孥使各得所於是邊民稍安仲淹薦以自代擢天章閣待制徙慶州上言朝廷既授范仲淹韓琦四路馬步軍都總管經略安撫招討使而諸路亦帶招討稱號非所宜詔罷之御史梁堅劾奏宗諒前在涇州費公錢十六萬貫及遣中使檢視乃始至部日以故事犒賚諸部屬羌又間以饋遺遊士故人宗諒恐連逮者衆因焚其籍以滅姓名仲淹時參知政事力救之止降一官知虢州御史中丞王拱辰論奏不已復徙岳州稍遷蘇州卒宗諒尚氣倜儻自任好施與及卒無餘財所蒞州喜建學而湖州最盛學者傾江淮間有諫疏二十餘篇

李防字智周大名內黃人舉進士爲莫州軍事推官隨曹彬入契丹授忠武軍節度推官括磁相二州逃戶田增租賦十餘萬因請均定田稅又請縣有破逃五十戶者令佐降下考百戶殿三選二百戶停所居官能招攜者旌賞之改秘書省著作佐郎通判潞州遷秘書丞體量二浙民饑建言逃戶田宜即召人耕種使人不敢輕去畎畝而官賦常在又請京師置折中倉聽人入粟以江浙荊湖物償之擢開封府推官請與判官間三五日即府司軍巡院察冤獄出爲陝路轉運副使先是沿江水遞歲役民丁甚衆頗廢農作防悉以城卒代之會分川陝爲四路徙防梓州路轉運使累遷尚書工部員外郎爲三司戶部判官景德初江南旱詔與張知白分東西路安撫上言秦羲嘗增江淮兩浙荊湖榷酤錢民頗煩擾江南以歲饑權罷而淮南荊湖未被德音詔悉罷之仍詔羲等毋得復增榷酤之利遂爲江南轉運淮南舊不禁鹽制置司請禁鹽而官自鬻之使兵夫輦載江上且多漂失之患防請令商人入錢帛京師或輸芻粮西北邊而給以鹽則公私皆利後采用之徙知應天府鑿府西障口爲斗門洩汴水淤旁田數百畝民甚利之又徙興元府入爲三司鹽鐵判官失舉免官後起通判河南府徙知宿延亳三州爲利州路轉運使累遷兵部郎中糾察刑獄擢右諫議大夫知永興軍進給事中復知延州更權潞二州卒防好建明利害所至必有論奏朝廷頗施行之其精力過人防在江南晏殊以童子謁見防命賦詩使還薦之後至宰相

趙湘字巨源華州人進士甲科歷彰武永興昭武三軍節度推官遷秘書省著作佐郎知新繁縣以吏最命知商州徙隴州興元府再遷太常博士上補政忠言十篇召判宗正寺賜白金二百兩久之上書言元德李太后母育聖躬請祔太宗廟室後用其說冊趙德明假尚書禮部員外郎爲官告副使擢殿中侍御史權判三司勾院上言漢章帝以月令冬至之後有順陽助生之文而無鞫獄斷刑之政遂定令毋以十一月十二月報囚今季冬誕聖之月而決大辟不廢願詔有司自仲冬留大辟弗決俟孟春臨軒閱視情可矜惻者貸之他論如法眞宗曰此固善矣然慮繫囚益淹久吏或因緣爲姦爾湘又上書請封禪未幾命管勾南宮北宅事東封泰山爲東京留守推官禮成遷侍御史昇州火命湘往致祠兼問民疾苦還言轉運使劉焯弛職不按部知洪州馬景病不任事皆罷黜之糾察刑獄改尚書刑部員外郎兼侍御史知雜事湘又言舊制文武常參官日趨朝並赴待漏院俟禁門闢今則辰漏上始放外朝故朝者多後時乃入望赦正衙門主者察晚至以懲其慢若風雨寒暑託病不朝者罪之時帝親製五箴以自儆湘因言宗室風化所本宜有以訓厲願特製銘以賜南北邸帝悅爲製宗室座右銘賜寧王元偓以下并及湘且論之曰卿宗姓也故賜卿祀汾陰爲考制度副使請如周官置土訓錄所過州縣山川與俗好惡日上奏御兼判宗正寺歷三司戶部度支副使祀太清宮管勾留司三司事爲鹽鐵副使再遷工部郎中直昭文館出知河南府徙河中府爲京西轉運使又徙鳳翔府延州遷太常少卿知襄州又知應天府進右諫議大夫復知河南爲集賢院學士以疾徙虢州卒

唐肅字叔元杭州錢塘人當錢俶時始七歲能誦五經名聞其國中後與孫何丁謂曹商游學者慕之舉進士調郿縣主簿徙泰州司理參軍有商人寓逆旅而同宿者殺人亡去商人夜聞人聲往視之血沾商人衣爲捕

吏所執州趣獄具肅採知其寃持之役數日得殺人者役守雷有終就辟爲觀察推官遷秘書省著作佐郎歷知閬喜福昌縣通判陝州召拜監察御史或薦肅爲羣牧判官眞宗曰朕欲別用肅遂提點梓州路刑獄遷殿中侍御史入爲三司戶部判官出知舒州遷侍御史爲福建路轉運使判三司開拆司再遷工部郎中知洪州尋爲江南東路轉運使擢三司度支副使奉使契丹還遷刑部爲龍圖閣待制登聞檢院知審刑院卒子詢

詢字彥猷以父任爲將作監主簿天聖中詔許天下士獻文章應詔者百數有司第其善者詢數人而已詔賜進士及第知長興縣以太常博士知歸州用翰林學士吳育薦爲御史未至喪母服除育方參政事宰相賈昌朝與詢有親嫌育數與昌朝言詢用故事當罷御史昌朝欲留詢不得已以知盧州凡官外徙者皆放朝辭而詢獨不用比入見中丞張方平乃奏留詢育爭不能得詢由是德育而附昌朝昌朝雅不善育詢希其旨上奏曰賢良方正直言極諫茂才異等科漢唐皆不常置若天見災異政有闕失則詔在位薦之不可與進士同時設科若因災異非時舉擢宜如漢故事親策當世要務罷秘閣之試育亦奏言三代以來取士之盛莫如漢唐漢詔舉賢良文學直言極諫之士非有災異而舉唐制科之盛固不專於災異也況災異之出或彌年所無則此舉奚設或頻歲而有則於事太煩令禮部進士數年一舉因以制科隨之則事與時宜又從而更張之使遺材絕望非所以廣賢路也仁宗是育言詔禮部自今制科隨進士貢舉其著爲令時育由制科進帝以爲得人故詢力肆排詆意在育不在制科也育弟婦故駙馬都尉李遵勗妹有六子而寡詢又奏育弟婦久寡不使更嫁欲用此附李氏自進後詢終以故事罷御史除尚書工部員外郎直史館知湖州徙江西轉運使會詔淮南江浙荆湖六路轉運司移文發運使如所屬詢爭以爲不可乃移福建路還爲三司戶部判官又判磨勘司出爲江東轉運使上言執政純取科名顯者修起居注非故事未幾起居注闕人帝特用詢遂知制誥以參知政事會公亮親嫌出知蘇州徙杭青二州進翰林侍讀學士累遷右諫議大夫召還勾當三班院判太常寺進給事中卒贈禮部侍郎有集三十卷詢少刻勵自修已而不固所守及知湖州悅官妓取以爲妾好畜硯客至輒出而玩之有硯錄三卷子坰附王安石爲監察御史裏行自有傳

論曰宋承平日久吏多以嚴刻爲治昷之辨寃獄配姦吏瓘奏還婦女爲傭者若干人玠吏事不下於瓘脫械縱囚審知姦弊何其明且決也宗諒劉越以孤生立朝請太后還政越年不逮用聲名與宗諒同矣防請罷榷酤興水利湘廉問疾苦按不稱職者肅明於獄訟皆不多見也然昷之以殺降而奪官瓘以能置對而興謗詢傳會喜進竊非其據雖列侍從君子所不與也

張述字紹明遂州小溪人舉進士調咸陽縣主簿改大理寺丞遷太常博士皇祐中仁宗未有嗣述上書曰生民之命繫於宗廟社稷而繼嗣爲之本匹夫有百金之產猶能定謀託後事出于素況有天下者哉陛下承三聖之業傳之千萬年斯爲孝矣宗廟社稷未有託焉此臣所以夙夜彷徨而爲陛下憂也謂宜慎擇宗親才而賢者異其禮秩試以職務俾內外知聖心有所屬則天下大幸至和元年復上疏曰臣聞明兩作離大人以繼明照四方離爲日君象也二明相繼故能久照東昇西没晝夜迭運數之常也陛下御天下且三紀矣是日之正中也而未聞以繼照爲慮臣竊疑之歷觀前世或令出宮闈或謀起閹寺或姦臣首議利幼主以專政假後宮以盜權安危之機發於頃刻朝議恬然曾不爲計此臣拳拳爲陛下言也述前後七上疏最後語尤激仁宗終不以爲罪述慷慨喜論事歷通判延州知泗州皆有政跡後以尚書職方員外郎爲江浙荆湖福建廣南路提點坑冶鑄錢事行至萬州道病卒

黃震字伯起建州浦城人進士及第累遷著作佐郎通判遂州嘗給兩川軍士緡錢詔至西川而東川獨不及軍士謀爲變震白主者曰朝廷豈忘東川邪殆詔書稽留爾卽開州帑給錢如西川衆乃定明日詔至累遷尚書都官員外郎提點湖北路刑獄還判三司磨勘司擢江淮發運使先是李溥自三司小吏爲發運使十餘年姦贓狼藉丁謂黨之無敢言者震將行上書自陳辭頗憤激眞宗知其意在溥也諭之曰卿當與人和震對曰廉正公忠臣職也負陛下任使者臣不敢與之和既至發溥姦贓數十事溥坐廢而震亦爲溥訟奪一官罷畏謂權不敢自直及謂貶乃復官知饒州徙廣東轉運使廣南歲進異花數千本至都下枯死者十八九道路苦其煩擾震奏罷之震在眞宗朝數論事既卒詔進其官一等

胡順之字孝先原州臨涇人登進士第試秘書省校書郎知休寧縣民有汪姓者豪橫縣不能制歲租賦常不入適以訟逮捕不肯出順之曰令不行何以爲政命積薪環而焚之豪大駭少長趨出叩頭伏辜推其長械送州致之法爲青州從事高麗入貢中貴人挾以爲重使州官旅拜於郊順之曰青大鎭也在唐押新羅渤海奈何畢屈如此獨不拜大姓麻士瑤陰結貴侍匿兵械服用擬尚方親黨僕使甚多州縣被陵蔑莫敢發其姦會士瑤殺兄子溫裕其母訴于州衆相視曰孰敢往捕者順之持檄徑去盡得其黨有詔鞫問士瑤論死其子弟坐流放者百餘人改著作佐郎知常熟縣遷秘書丞分司南京仁宗卽位遷太常博士天聖明道間再上宰相書乞太后還政宰相匿不以聞太后崩順之附疾置自言求其書出宰相家仁宗嘉其忠特遷尚書屯田員外郎其後數論朝廷事仲淹愛其才然挾術尚權喜縱橫捭闔以目失明廢州里皆憚焉

陳貫字仲通其先相州安陽人後葬其父河陽因家焉少倜儻數上疏言邊事舉進士眞宗識貫名擢寘高第爲臨安縣主簿以秘書省著作佐郎爲刑部詳覆官改秘書丞爲審刑院詳議官歷知衞州涇州督察盜賊禁戢不肖子弟簿書筦庫賦租出入皆自檢覈嘗謂僚屬曰視縣官物如己物容有姦乎州人憚其嚴擢利州路轉運使歲饑出職田粟賑饑者又帥富民令計口占粟悉發其餘徙陝西累遷尚書度支員外郎入爲三司鹽鐵判官領河北轉運使請疏徐鮑曹易四水興屯田徙河東歷三司戶部鹽鐵副使以刑部郎中直昭文館知相州還朝卒貫喜言兵咸平中大將楊瓊王榮喪師而歸貫上書曰前日不斬傅潛張昭允使瓊輩畏死不畏法請自今合戰而奔者主校皆斬大將戰死裨校無傷而還與奔軍同軍郇城團別部力足救而不至者以逗留論眞宗嘉納之又嘗上形勢選將練兵論三篇大畧言地有六害今北邊既失古北之險然自威虜城東距海三百里沮澤磽确所謂天設地造非敵所能輕入由威虜西極狼山不百里地廣平利馳突此必爭之地凡爭地之利先居則佚後起則勞宜有以待之昔李漢超守瀛州契丹不敢視關南尺寸地今將帥大抵用恩澤進雖謹重可信卒與敵遇方畧何從而出邪故敵勢益張兵折於外者二十年方國家收天下材勇以備禁旅賴廩給賜予而已恬于休息久不識戰可以衞京師不可以戍邊境請募土人隸本軍籍丁民爲府兵使北捍契丹西捍夏人敵之情僞地勢之險易彼皆素知可不戰而屈人之兵矣後以疾卒著兵畧世頗稱之子安石

安石字子堅以蔭鎖廳及第嘉祐中爲夔峽轉運判官民蓄蠱毒殺人捕誅其魁并得良藥圖由是遇毒者得不死提點陝西刑獄攝帥鄜延能用諜者敵動靜輒先聞嘗敕邊民戒嚴既而數萬騎奄至無所獲而去璽書嘉之歷使京西河東淮南京東知蘇州邠州河中府戶部副使韓絳鎭太原議行鹽法與監司多不合加安石集賢殿修撰爲河東都轉運使議始定謂其僚曰興事當有漸急則擾乃出鹽付民而俾之券使隨所得貿易鬻畢而歸券私販爲減進天章閣待制官軍西征時遣縣令佐督餉安石謂文吏畏怯武人邀功乃但取敢行者申約束以防衆潰曰事不豫警俟其犯而誅之是罔民也王中正帥東師而西報安石持四十日糧而師駐白草平彌月安石深念曰吾頓兵益久而秦甲未至倘不足於食將以乏軍興罪我卽擅發民再餉乃以聞李舜舉劾其專詔置獄於潞安石自麟州會逮俟而他路餽糧多不繼神宗察其無罪赦之尚書省初建召爲戶部侍郎嘗與右曹李定同奏事帝目留之曰卿豈非在淮南日不肯保李定持服者乎對曰詔問臣臣不敢不以實奏帝曰以實事君朕所與也進吏部侍郎選人將改京官須次久臨當引對率困於刑寺審問或沮以微文則一跌不復安石請罷再問以絕曩弊遂爲後法出知永興軍鄧襄陳鄭州河陽至龍圖閣直學士紹聖元年卒年八十一

范祥字晉公邠州三水人進士及第自乾州推官稍遷殿中丞通判鎭戎軍元昊圍城急祥帥將士拒退之請築劉璠堡定川砦從之歷知慶汝華三州提舉陝西銀銅坑冶鑄錢祥曉達財利建議變鹽法後人不敢易稍加損益人輒不便語在食貨志提點本路刑獄制置解鹽累遷度支員外郎權轉運副使古渭州距秦州三百里道經啞兒峽邊城數請城之朝廷以餽餉之艱不許祥權領州事驟請修築未報輒自興役蕃部驚擾青唐族羌攻破廣吳嶺堡圍啞兒峽砦官軍戰死者千餘人坐削一官知唐州後復官提舉陝西緣邊青白鹽改制置解鹽使卒嘉祐中包拯言祥通陝西鹽法行之十年歲減榷貨務使緡錢數百萬其勞可錄官其子孫景郊社齋郎熙寧中平洮岷疊宕河州數千里置郡縣以古渭爲通遠軍權陝西轉運副使張詵奏朝廷復洮隴故地自將帥至裨佐悉有功賞臣見洮渭父老言皇祐中轉運使祥因熟羌數被寇掠其部族願輸土置城以爲守禦乃卽古渭爲砦祥此舉足以消沮邊隙可謂知攻

守之利矣兵出少挫身黜謀廢臣竊悲之冀推原舊功少賜褒卹使天下知詳死猶被恩且紓詳忠義之氣詔贈秘書錄一子未官者子育

育字巽之舉進士爲涇陽令以養親謁歸從張載學有薦之者召見授崇文校書監察御史裏行神宗諭之曰書稱堲讒說殄行此朕任御史之意也育請用大學誠意正心以治天下國家因薦載等數人西夏入環慶詔育行邊還言寶元康定間王師與夏人三大戰而三北今再舉亦然豈中國之大不足以支夏人數郡乎由不察彼已妄舉而驟用之爾昨荔原之役夏人聲言我自修壘不與漢爭三犯之然後掩殺雖追奔亦不至境由是觀之其情大可見矣又使河東諭韓絳築囉兀二砦始調外郡稍遠邊城前後三十萬夫遼州最爲窮僻然猶上戶配夫四百三十四僦直計三千緡下者十六人其直十萬輦運所經二十二驛宣撫司不先告期轉運使臨時督辦致民皆破產上下莫敢言獨遼守李宏能約民力所勝而餽不失期顧以訴其實劾令鞫罪願貸被劾官吏其芻糧在道者隨所至受之使已困之民咸蒙德澤神宗皆從之坐劾李定親喪匿服罷御史檢正中書戶房固辭乃知韓城縣詔在鄜延議畫地界育言保疆不如持約持約不如敦信前日疆埸嘗嚴矣一旦約敗兵拏鬬者趺於前耕者侵於後是封溝不足恃也使人左去而兵革右興金繒朝委而烽烟夕舉是持約不足恃也今我見利而加兵當講好之後復自立界不亦愧乎安南行營郭逵趙卨以兵十萬伐交阯行及長沙病死相屬逵卨又不輯睦育疏其不便不從久之知河中府加直集賢院徙鳳翔以直龍圖閣鎭秦州元祐初召爲太常少卿改光祿卿樞密都承旨劉安世暴其閨門不肅出知熙州時又議棄質孤勝如兩堡育爭之曰熙河以蘭州爲要塞此兩堡者蘭州之蔽也棄之則蘭州危蘭州危則熙河有腰膂之憂矣又請城李諾平汝遮川曰此趙充國屯田古榆塞之地也不報入爲給事中戶部侍郎卒高宗紹興中採其抗論棄地及進築之策贈寶文閣學士

田京字簡之世居滄州其後徙亳州鹿邑舉進士調蜀州司法參軍自秦州觀察推官改秘書省著作佐郎爲大理寺詳斷官趙元昊反侍讀學士李仲容薦京知兵法召試中書擢通判鎭戎軍夏守贇爲陝西經畧使奏兼管勾隨軍糧料入對陳方畧賜五品服尋爲經畧安撫判官守贇既罷以武畧應運籌决勝科及試秘閣與他科偕試六論京自以記誦非所長引去又參夏竦軍事會遣翰林學士晁宗慤即軍中問攻守孰便衆欲大舉入討京曰夏人之不道久矣未易破也今欲驅不習之師深入敵境與之角勝負此兵家所忌師出必敗或曰不如講和京曰敵兵未嘗挫安肯降我哉未幾元昊使黃延德叩延州乞降以奇兵出原渭敗大將任福夏竦素不悅京坐是改通判廬州徙知邵武軍提點河北路刑獄事乃上言請擇要官守滄衛鑿西山石臼廢道以限戎馬義勇聚教復給糧置卒守烽燧用奇正法訓兵從戰馬內地以息邊費凡十餘事仁宗頗嘉納之入爲開封府判官坐械囚送獄道死出知蔡州徙相州二州復提點河北刑獄事王則據恩州反京縋城趣南關入驍健營撫士卒保州振武兵焚民居欲應賊京捕斬之乃定賊遣其黨崔象僞出降京以其持妖言惑衆又斬以徇由是營兵二十六指揮在外者皆懾服不敢叛州之南關民衆多如城中得不陷賊京有功焉京督士攻城甚力賊係京妻子乘城迫使呼曰毋亟攻城中將屠我輩矣京叱諸軍益進攻注矢仰射殺其家四人賊知京無所顧乃牽妻子去恩州平以不能預察賊降監鄆州稅先是駐泊都監田斌亦以賊發不能捕待罪兵間及城破從諸將入以功遷宮苑副使而京獨被謫御史言失察賊過輕忘家爲國義獨重不宜左遷乃徙通判兗州又徙知江陰軍知滄州歷提點淮南刑獄事京西轉運使累遷兵部員外郎直史館知滄州轉運使京能招輯流民爲之給田除稅租凡增戶萬七千特遷工部郎中然傳者謂流民之數多不實又強爲人田非其所樂侵民稅地倣古屯田法其後法不成所給種錢牛價民多不償鞭笞督責至累年不能平公私皆患之擢天章閣待制陝西都轉運使改兵部郎中復知滄州拜右諫議大夫卒京喜論議然語繁而迂頗通兵戰歷筭雜家之術爲人尚氣節少時與常山董士廉汾陰郭京相友善俱以倜儻聞著天人流術通儒子十數書又有奏議十卷

論曰人臣之職當奮不顧身而庸人怯夫於國事則噤喑而不言若胡越肥瘠之不相干如張述者其亦忠且果矣黃震指李溥忤權臣胡順之擊強宗爲衆人所不敢爲陳貫論兵事范祥畫邊計皆一時雋士妖盜竊發京出孤力保城南置妻孥之憂先登示賊其勇蓋可壯也

宋史卷三百四

元 中書右丞相總裁脫脫等修

列傳第六十三

周渭　梁鼎　范正辭子諷　劉師道
王濟　方偕　曹穎叔　劉元瑜
楊告　趙及　劉湜　王彬
仲簡

周渭字得臣昭州恭城人幼孤養于諸父力學工爲詩劉鋹據五嶺昭州皆其地也政繁賦重民不聊生渭率鄉人六百踰嶺將避地零陵未至賊起斷道絕糧復還恭城則廬舍煨燼遂奔道州爲盜所蘡渭脫身北上建隆初至京師爲薛居正所禮上書言時務召試賜同進士出身解褐白馬主簿縣大吏犯法渭即斬之上奇其才擢右贊善大夫時魏帥符彥卿專恣朝廷選常參官強幹者莅其屬邑以渭知永濟縣彥卿郊迎渭揖于馬上就館始與相見畧不降屈縣有盜傷人而逃渭捕獲并暴慶匿者按誅之不以送府乾德中通判興州州領嵓口砦多戍兵監軍敖很縱其下爲暴居人苦之渭馳往諭以禍福斬其軍校衆皆懾服詔書嘉奬命兼本砦鈐轄開寶元年鳳州七房冶主吏盜隱官銀擇渭往代周歲羨課數倍賜緋魚又遷知棣州殿直傅延翰爲監軍謀作亂走契丹爲部下所告渭擒之以聞命械至闕下鞫得實斬於西市渭在郡以簡肅稱及還吏民遮道泣留俄詔賜錢百萬太平興國二年爲廣南諸州轉運副使初渭之入中原妻子留恭城開寶三年平廣南詔昭州訪求賜錢米存卹之及是渭始還故里鄉人以爲榮渭奏去劉鋹時稅筭之繁者重定田賦興學校遷殿中丞屬有事交阯主將逗撓無功有二敗卒擐甲先至邕州中奪民錢渭捕斬之後至者悉令解甲以入訖無敢犯移書交阯諭朝廷威信將刻日再舉黎桓懼即遣使入貢就加監察御史在嶺南凡六年徙知揚州進殿中侍御史改兩浙東西路轉運使入爲鹽鐵判官遷侍御史歷判戶部度支二勾院出知亳州賜金紫俄授宋州加職方員外郎爲益州轉運使坐從子違詔市馬黜爲彰信軍節度副使咸平二年眞宗聞其清節召還將復用詔下而卒年七十七上閔其貧不克葬賻錢十萬以其子建中爲乘氏主簿渭妻莫荃賢婦人也渭北走時不暇與荃訣二子孩幼荃尚少父母欲嫁之荃泣誓曰渭非久困者今違難遠適必能自奮於是親蠶績碓春以給朝夕二子皆畢婚娶凡二十六年復見渭時人異之朱昻著莫節婦傳紀其事

梁鼎字凝正益州華陽人祖鉞仕蜀爲劒門關使父文獻乘氏令鼎太平興國八年進士甲科解褐大理評事知秭歸縣再遷著作佐郎端拱初獻聖德徽號頌萬餘言試文選殿中丞通判歙州以能聲聞有詔嘉奬徙知吉州民有蕭甲者豪猾爲民患鼎暴其凶狀杖脊黥面徙遠郡太宗尤賞其強幹代還賜緋魚舊例當給銀寶瓶帶太宗特以犀帶賜之記其名於御屛淳化中上言曰書云三載考績三考黜陟幽明此乃堯舜氏所以得賢人治天下也三代而下典章尚存兩漢以還沿革可見至於唐室此道尤精有考功之司明考課之令下自簿尉上至宰臣皆歲計功過較定優劣故人思激厲績効著聞五代兵革相繼禮法陵夷顧惟考課之文祇拘州縣之輩黜陟既異名存實亡且夫今之知州即古之刺史治狀顯著者朝廷不知方畧蔑聞者任用如故大失勸懲之理寖成苟且之風是致水旱荐臻獄訟塡溢欲望天下承平豈可得也伏惟陛下繼二聖之丕圖爲億兆之司牧念百官之未乂思四海之未康特詔有司申明考績之法庶幾官得其人民受其賜矣俄爲開封府判官遷太常博士三司右計判官又爲總計判官會復三部換度支判官至道初鼎洎陳堯叟建議與三白渠及陳許鄧潁蔡宿亳數州用水利墾田事具食貨志遷都官員外郎江南轉運副使就改起居舍人徙陝西二年五將分道擊李繼遷李繼隆擅出赤檉路無功還奏軍儲失期鼎坐削三任復爲殿中丞領職如故以母老求郡歷知徐密二州眞宗踐位復舊官咸平四年還兵部員外郎知制誥賜金紫時三司督逋負嚴急有久被留繫者命鼎與薛映按籍詳定多所蠲免踰月拜右諫議大夫度支使時西鄙未寧建議陝西禁解池鹽所在官鬻詔從之以鼎爲制置使楊覃爲轉運使張賀副之又以內殿崇班杜承睿同制置鹽事議者多言邊民舊食靑鹽其價甚賤洎禁靑鹽以困賊令商賈入粟運解鹽於緣邊價直與蕃鹽不相遠故蕃部齎鹽至者不能貨鬻今若禁解池鹽與內地同價則民必目禁復市靑鹽乃資盜糧也時劉綜爲陝西轉運使鼎奏罷之綜歸朝亦密陳其非便鼎既行即移文禁止鹽商所在約束乖當延州劉廷偉慶州鄭惟吉皆不從覘畫又鼎奏運咸陽倉粟以實邊粟已陳腐鼎即與民俟秋收易新粟朝廷聞而止之上封章密陳其煩擾者甚衆鼎始謀多沮遂令林特乘傳與永興張詠會鼎等同議可否於

是依舊通鹽商鼎坐首議改作非是詔罷度支使守本官未幾丁內艱起復景德初知三班院通進銀臺司兼門下封駁事出知鳳翔府以居憂哭泣傷目表求判西京留司御史臺三年卒年五十二賜二子出身鼎偉姿貌磊落尚氣有介節居官峻厲名稱甚茂好學工篆籀八分嘗著隱書三卷史論二十篇學古詩五十篇子申甫吉甫

范正辭字直道齊州人父勞謙獲嘉令正辭治春秋公羊穀梁登第調補安陽主簿開寶中判入等遷國子監丞知戎州改著作佐郎代還治逋欠於淄州轉運使稱其能轉左贊善大夫就知淄州太宗征河東諸州部糧多不及期正辭所部長山縣吏張秀督民輸受錢二千即杖殺之郡中畏服太平興國中改殿中丞通判棣深二州遷國子博士御史中丞劉保勳奏克臺直會有言饒州多滯訟選正辭知州事至則宿繫皆決遣之胥吏坐淹獄停職者六十三人會詔令料州兵送京師有王興者懷土憚行以刃故傷其足正辭斬之興妻詣登聞上訴太宗召見正辭廷辨其事正辭曰東南諸郡饒實繁盛人心易動興敢扇搖苟失控馭則臣無待罪之地矣上壯其敢斷特遷膳部員外郎充江南轉運副使賜錢五十萬饒州民甘紹者積財鉅萬爲羣盜所掠州捕繫十四人獄具當死正辭按部至引問之因皆泣下察其非實命從他所訊鞫既而民有告羣盜所在者正辭潛召監軍王愿掩捕之愿未至盜遁去正辭即單騎出郭二十里追及之賊控弦持矟來逼正辭大呼以鞭擊之中賊雙目執之賊自刃不殊餘賊渡江散走追之不獲旁得所棄贓賊尚有餘息正辭即載歸令醫傅藥創既愈按其姦狀伏法而前十四人皆得釋端拱二年代歸與洛苑副使蔡仁擇西京作坊副使尹宗諤同監折中倉先是令商人輸米豆而以茶鹽酬其直謂之折中復有言其弊罷之至是復置爲遷倉部員外郎同知幕府州縣官考課改判刑部歷戶部鹽鐵二判官遷考功員外郎通判定揚杭三州真宗即位遷膳部郎中召判三司勾院俄復爲鹽鐵判官咸平二年出爲河東轉運使三年以本官兼侍御史知雜事時李昌齡自忠武行軍起知梓州董儼知壽州王德裔楊緘皆任轉運使後失官宰畿邑正辭上言昌齡輩貪墨著聞願陛下罷其民政詔追還儼敕餘悉代之又言治民之官牧宰爲急舉吳奮等五人堪任大郡復請令奮等各舉知縣縣令從之坐鞫任懿獄貶滁州團練副使會赦復爲倉部考功員外郎通判鄆州知淮陽軍復膳部郎中以年老求監兖州商稅大中祥符三年四月卒年七十五子識諷並進士及第

諷字補之以蔭補將作監主簿獻東封賦遷太常寺奉禮郎又獻所爲文召試入等出知平陰縣會河決王陵埽水去而土肥失阡陌田訟不能決諷分別疆畔書爲券民持去不復爭諷辨數激昂喜爲名聲然亦操持在已吏不敢欺爲縣存視貧弱至豪猾大家峻法治之舉進士第遷大理評事通判淄州歲旱蝗他穀皆不立民以蝗不食菽猶可藝而患無種諷行縣至鄒平發官廩貸民縣令爭不可諷曰有責令無預也即出貸三萬斛比秋民皆先期而輸徙知梁山軍以母老不行得通判鄆州時知州李迪貶衡州副使宰相丁謂戒使者持詔書促上道諷輒留迪數日爲治裝祖行詔塞決河州募民入芻楗而城邑與農戶等諷曰貧富不同而輕重相若農民必大困且詔書使度民力今則均取之此有司慢也即改符使富人輸三之二因請下諸州以鄆爲率朝廷從其言徙知廣濟軍民避水堤居凡給徭於官者諷悉縱使護其家奏除其租賦累遷太常博士以疾監舒州靈仙觀尚御藥張懷德至觀齋祠諷頗要結之懷德薦于章獻太后遂召還問所欲言對曰今權臣驕悍將不可制蓋指曹利用也利用貶拜右司諫三司度支判官百官轉對敕近臣閱視其可行者類次以聞諷奏曰非上親覽決可否則誰肯爲陛下極言者玉清昭應宮災下有司治火所起諷曰此天之戒告乃復置獄以窮治之非所以應天也獄由是得解議者疑復修諷上書諫山木已盡人力已竭宮必不成臣知朝廷亦不爲此其如疑天下何宜詔示四方使明知之於是下詔罷修改尚書禮部員外郎兼侍御史知雜事錢惟演自許州來朝圖相位諷奏惟演嘗爲樞密使以皇太后姻屬罷之示天下以不私固不可復用遂以惟演守河南使契丹道過幽州北見原野平曠慨然曰此爲戰地不亦信哉遼人相目不敢對擢天章閣待制知審刑院出知青州再遷戶部郎中時山東饑宰相王曾青人家積粟多諷發取數千斛濟饑民因請遣使安撫京東入爲右諫議大夫權御史中丞又請益漕江淮米百萬自河陽河陰東下以賑貸之錢惟演倡議獻懿二太后宜祔真宗廟室諷彈奏之及言其在太后時權寵甚盛且與后族連姻請絀去仁宗不聽諷袖告身以對曰陛下不聽臣言臣今奉使山陵而惟演守河南臣早暮憂刺客願納此不敢復爲御史中丞矣帝不得已可之諷乃趨出遂貶惟演隨州陳堯佐罷參知政事有王文吉者告堯佐謀反仁宗遣中官訊問復以屬諷夜中被旨究詰旦得其誣狀奏之時上章懿皇后謚宰相張士遜樞密使楊崇勳日中不赴慰班諷彈士遜與崇勳俱罷諷嘗侍對帝語及郭后亡子諷言亡子大義當廢陰合帝旨以龍圖閣直學士權三司使時狄棐爲直學士已久諷盛氣凌棐宰相李迪右之遂特詔班棐上論者非之尋轉閣學士以疾免三司使改翰林侍讀學士管勾祥源觀徙會靈觀復改閣學士給事中知兖州既至郡而龐籍爲廣南東路轉運使未行上言籍爲侍御史嘗奏彈諷以三司使曲爲左藏監庫吳守則奏課還官尚美人同父弟娶守則女諷以銀鞍勒遺守則相結納既出兖州乃給言貧假翰林白金器數千兩自隨而增產於齊州市官田虧平估置獄于南京劾之諷坐方聽旨擅馳驛還兖州當贖籍所奏有不實當免官宰相呂夷簡嫉諷詭激特貶諷武昌軍節度行軍司馬貸籍止降官知臨江軍由是宰相李迪等坐親善諷皆斥歲中徙保信軍聽居舒州持母喪又許歸齊州日飲酒自縱爲時所譏服除改將作少監知淮陽軍遷光祿卿知陝州道改潞州入見帝言元昊不可擊獨以兵守要害捍侵掠久當自服倘內修百度躬節儉如祖宗故事則疆事不足憂復給事中卒諷嘗建議朝廷當差擇能臣留以代大臣之不稱職者大臣聞而惡之又數短參知政事王隨于帝前因奏外人謂臣逐隨將取其位願先出臣爲陛下引姦邪去而朝廷清矣又嘗與張士遜議事不合諷曰世謂大事未易可議小事不足爲所爲終何事邪及爲龐籍訟人謂大臣陰諷籍焉諷類曠達然捭闔圖進不守名檢所與游者輒慕其所爲時號東州逸黨山東人顏太初作逸黨詩刺之而姜潛者又嘗貽書以疏其過云子寬之終尚書刑部郎中知濠州

劉師道字損之一字宗聖開封東明人父澤右補闕師道雍熙二年舉進士初命和州防禦推官歷保寧鎮海二鎮從事凡十年王化基呂祐之樂史薦于朝擢著作佐郎纔一月會考課又遷殿中丞出知彭州就加監察御史轉運使劉錫馬襄上其治跡召歸會蒲洛之敗奉詔劾白守榮輦獄成太宗獎其勤面賜緋魚川陝豪民多旁戶以小民役屬者爲佃客使之如奴隸家或數十戶凡租調庸斂悉佃客承之時有言李順之亂皆旁戶鳩集請釋旁戶爲三耆長迭主之晴歲勞則授以官詔師道使兩川議其事師道以爲迭使主領則爭忿滋多署以名級又重增擾害廷奏非便卒罷之改祠部員外郎出爲京東轉運使真宗嗣位進秩度支咸平初范正辭薦其材堪長民徙知潤州三年改淮南轉運副使兼淮南江浙荊湖發運使四年以漕事入奏特遷司封俄爲正使改工部郎中代查道爲三司度支副使七月擢樞密直學士掌三班俄擢三司使從幸澶淵判隨駕三司充都轉運使師道弟幾道舉進士禮部奏名將廷試近制悉糊名較等陳堯咨當爲考官教幾道於卷中密爲識號幾道既擢第事泄詔落其籍永不預舉師道固求辨理詔曹利用邊肅閻承翰詰御史府推治之坐論奏誣罔責爲忠武軍行軍司馬堯咨免所居官爲鄆州團練副使一年以郊祀恩起爲工部郎中知復州換秀州大中祥符二年以兵部郎中知潭州遷太常少卿師道敏於吏事所至有聲吏民畏愛長沙當湖嶺都會剖煩析滯案無留事歲滿復加樞密直學士換左司郎中留一任七年李應機代還應機未至郡六月師道暴病卒年五十四錄幾道爲試秘書省校書郎師道性慷慨尚氣善談世務與人交敦篤工爲詩多與楊億輩酬唱當時稱之

王濟字巨川其先真定人祖卿有詞辨趙王鎔召置幕府鎔政衰卿懼禍避地深州饒陽遂爲縣人父恕後唐時童子及第開寶中知秀州會盜起城陷爲盜所殺將并害濟濟伏柩號慟謂賊曰吾父已死吾安用生爲但恨力不能殺汝以報父讎爾賊義之捨去濟攜父骨匿山谷間既而官軍大集濟脫身謁其帥朱乙陳討賊之計乙嘉之遣以束帛奏假驛置遣歸先是濟母終於岳陽權窆佛舍至是乃併護二喪還饒陽州將以聞太祖召見以其尚少且俾就學雍熙中上書自陳死事之孤得試學士院補龍溪主簿時調福建輸鶴翎爲箭羽鶴非常有物有司督責急一羽至直數百錢民甚苦之濟諭民取鵝翎代輸仍驛奏其事因詔旁郡悉如濟所陳縣有陂塘數百頃爲鄉豪幹其利會歲旱濟悉導之分溉民田汀州以銀冶構訟十年不決逮繫數百人轉運使使濟鞫之纔七日情得止坐數人再調胙城尉徙臨河主簿轉運使王嗣宗被詔舉法官以濟名聞遷光祿寺丞權大理丞改刑部詳覆官通判鎮州牧守多勳舊武臣倨貴陵下濟未嘗撓屈戍卒頗恣暴不法夜或焚民舍爲盜一夕報有火濟部壯士數十潛往偵伺果得數輩并所盜物即斬之馳奏其事太宗大悅都校孫進

使酒無賴毆折人齒濟不俟奏杖脊送闕下繇是軍城畏肅就遷太子中舍詔書獎勞召判登聞鼓院拜監察御史上疏陳統天下之術節民物之道大者有十擇左右別賢愚正名器去冗食加奉祿謹政教選良將分兵戍修民事開仕進其言切於時詞多不載咸平初濟以刑網尚繁建議請刪定制敕乃命張齊賢領其事濟預焉刑統舊條持仗行劫不以贓有無悉抵死齊賢議貸不得財者濟曰刑期於無刑以死懼之尚不畏況緩其死乎因與齊賢廷爭數四濟詞氣甚厲目齊賢爲腐儒然卒從齊賢議人以濟爲刻改鹽鐵判官車駕巡師大名調丁夫十五萬修黃汴河濟以爲勞民詔濟馳往經度還奏省十六七齊賢時爲相以河決爲憂因對幷召濟見齊賢請令濟署狀保河不決濟曰河決亦陰陽災沴宰相苟能和陰陽弭災沴爲國家致太平河之不決臣亦可保齊賢曰若是則今非太平邪濟曰北有契丹西有繼遷兩河關右歲被侵擾以陛下神武英略苟用得其人可以馴致今則未也上動容獨留濟問邊事濟曰陛下承二聖之基擁百萬之衆蠢茲醜虜敢爾憑陵蓋謀謨當國之人未有如昔之比臣謂國家所恃獨一洪河耳此誠急賢之秋不然臣懼敵人將飲馬於河渚矣又著備邊策十五條以獻三年選官判大理寺上曰法寺宜擇當官不回者苟非其人或有寃濫即感傷和氣王濟近數言事似有操持可試之遂令濟權判大理寺事福津尉劉瑩集僧舍屠狗羣飲杖一伶官致死濟論以大辟遇赦從流時王欽若知審刑與濟素不相得又以濟嘗忤齊賢乃奏瑩當以德音原釋齊賢王欽若議濟坐故入停官逾年復爲監察御史通判河南府景德初徙知河中府契丹南侵上幸澶淵詔緣河斷橋梁毀船舫稽緩者論以軍法濟曰陝西有關防隔閡舳艫遠屬軍儲數萬一旦沉之可惜又動搖民心因密奏寢其事上深嘉歎遣使褒諭未幾召拜工部員外郎兼侍御史知雜事三年判司農寺時周伯星見濟乘間言曰昔唐太宗以豐年爲上瑞臣願陛下日慎一日居安慮危則天下幸甚受詔與劉綜改定茶法頗易舊制由是忤丁謂林特劉承規輩因與欽若迭詆訾之四年拜本曹郎中出知杭州上面加慰諭仍戒以朝廷闕失許密上言遷刑部郎中郡城西有錢塘湖溉田千餘頃歲久湮塞濟命工濬治增置斗門以備潰溢之患仍以白居易舊記刻石湖側民頗利之睦州有狂僧突入州廨出妖言與轉運使陳堯佐按其實斬之上嘉其能斷大中祥符三年徙知洪州兼江南西路安撫使屬歲旱民饑躬督官吏爲糜粥日親嘗而給之錄饑民爲州兵全活甚衆是歲卒年五十九遺奏大旨以進賢退諛佞罷土木不急之費爲言濟頗涉經史好讀左氏春秋性剛直無所畏避少時深州刺史念金鎖一見器之且託後於濟金鎖没濟撫其孤援實祿仕素與內臣裴愈有隙愈坐事上怒甚命憲府鞫之濟適知雜事力爲辨理遂獲輕典子孝傑國子博士

論曰渭有清節臨事多從便文鼎好規畫師道喜論世務正辭按貪吏辨冤獄濟議論挺特無所畏避五臣者仕不過監司郡守而名稱甚茂可尚哉

方偕字齊古興化莆田人年二十及進士第爲溫州軍事推官歲饑民欲隸軍就廩食州不敢擅募偕乃詣提點刑獄呂夷簡曰民迫流亡不早募之將聚而爲盜矣夷簡從之籍爲軍者七千人後遷汀州判官權知建安縣縣產茶每歲先社日調民數千鼓譟山旁以達陽氣偕以爲害農奏罷之遷秘書省著作佐郎歷知福清資陽縣累遷尚書屯田員外郎爲御史臺推直官澧州逃卒傭民家自給一日誣告民事摩駝神歲殺十二人以祭州逮其族三百人繫獄久不決偕被詔就劾令卒疏所殺主名按驗皆亡狀事遂辨卒以誣告論死知雜事龐籍薦爲御史裏行再遷侍御史南京鴻慶宮災偕引漢罷原廟故事請勿復脩元昊寇塞門鄜延副總管趙振逗撓不出救詔偕往按之法當斬偕奏兵寡不敵苟出以餌賊無益也振由是得不死爲開封府判官江南安撫三司歲出乳香綿綺下州郡配民偕奏罷之更鹽鐵判官遷兵部員外郎兼御史知雜事言以罪謫監當者監司勿得差權親民官判大理寺改度支副使擢天章閣待制江淮制置發運使知杭州遷刑部郎中偕以吏事進治杭州有能聲喜飲酒至酣宴無節數月暴中風以太常少卿分司西京遷光祿卿卒

曹穎叔字秀之亳州譙人初名熙嘗夢之官府見穎叔名遂更名穎叔進士及第歷威勝軍判官渭州軍事推官御史中丞蔡齊薦爲臺主簿改大理寺丞韓億知亳州辟僉書節度判官事通判儀州韓琦文彥博薦其才徙夔州路轉運判官夔峽尚淫祠人有疾不事醫而專事神穎叔悉禁絕之乃教以醫藥提點陝西路刑獄夏人納款詔與戶部副使夏安期轉運使柳灝減戍卒吏員之冗者爲開封府判官時御史宋禧鞫衞士獄于內侍省禧不能辨及獄具內侍使禧自爲牒穎叔言禧爲制使辱命請寘之法元昊死爲夏國祭奠使除直史館知鳳翔府徙益州路轉運使權度支副使儂智高寇嶺南朝議以閩中久弛兵備擢天章閣待制知福州累遷右司郎中爲陝西都轉運使自慶曆鑄大鐵錢行陝西民盜鑄不已三司上榷鐵之議穎叔曰鐵錢輕而貨重不可久行況官自榷鐵乎請罷鑄諸郡鐵錢以三鐵錢當銅錢之一從之兩川和買絹給陝西兵而蜀人苦於煩斂穎叔爲歲出本路緡錢五十萬以易軍衣之餘者兩川之民始無擾焉進龍圖閣直學士知永興軍踰年老漸昏耄事頗壅積人或嘲誚之卒于官

劉元瑜字君玉河南人進士及第補舞陽縣主簿改秘書省著作佐郎知雍丘縣通判隰并二州知鄆州以太常博士爲監察御史上言考課之法自朝廷至員外郎郎中少卿須清望官五人保任始得遷故浮薄輩日趨權門非所以養廉恥也詔罷之提舉河北便糴會永寧雲翼軍士謀爲變吏窮捕黨與謀劫囚以反百姓竊知多逃避元瑜馳至斬爲首者其餘皆釋去不問歷京西河東轉運使遷右司諫劾奏集賢校理陸經諭官在河南日杖死爭田寡婦且貸民鏹監司列薦其才投託權要遂復館職請重寘於法幷坐保薦者詔屬吏遂竄經袁州又疏李用和曹琮李昭亮不可典軍梁適不當除翰林學士范仲淹以非罪貶既復天章閣待制宜在左右尹洙余靖歐陽脩皆以朋黨斥逐此小人惡直醜正者也既而與靖等相失反言前除夏竦爲樞密使諫臣數人撼其舊過召至都門而罷之自此以進退大臣爲己任激訐陰私爲忠直薦延輕薄列之館閣以唱和爲朋比近除兩府出自聖斷獨黨人以進用不出於己議論紛然臣恐復被疏罷矣前曰孫甫薦葉清臣毀丁度效此也因論靖知制誥不宜兼領諫職且奉使契丹對契丹主倣六國語辱國命請加罪脩靖深惡之繇是論者以元瑜爲奸邪後除三司鹽鐵副使以天章閣待制知潭州猺人數爲寇元瑜使州人楊謂入梅山說酋長四百餘人出聽命因厚犒之籍以爲民凡千二百戶徙桂州固辭降鄧州坐在潭州擅補畫工易元吉爲畫助教降知隨州又失保任改信州徙襄州富人子張銳少孤弱同里車氏規取其財乃取銳父棄妾他姓子養之比長使自訴陰賕吏爲助州斷使歸張氏銳莫敢辨既同居踰年車卽導令求析居元瑜察知窮治得奸狀繇車竄之人伏其明歷河中府以左諫議大夫知青州卒元瑜性貪至竊販禁物親與小人爭權時論鄙之

楊告字道之其先漢州綿竹人父允恭西京左藏庫使數任事有功既死賜告同學究出身調廬江尉時張景笞吏死而吏捕急逃歸告懼告不見納告曰君勿憂也吾死生以之景卒免改豐城主簿邑有賊殺人投屍于江人知主名而畏不敢言告聞親往擒賊有言賊欲報怨者告不爲動既而果乘夜欲刺告又捕得致於法境內肅然再調南劒州判官知南安六合錢塘寧國縣改大理寺丞通判江寧州盜殺商人鑿舟沉屍江中有被誣告者笞服獄具告疑其無狀後數日果得眞盜徙知池州累遷尚書司封員外郎開封府推官開拆司爲趙元昊旌節官告使元昊專席自尊大告徙坐卽賓位莫之屈也除京西轉運副使屬部歲饑所至發公廩又募富室出粟賑之民伐桑易粟不能售告命高其估以給酒官民獲濟者甚衆以疾權管勾西京留臺頃之判三司憑由理欠司爲淮南轉運使徙制置發運使除三司戶部副使更度支安撫河東改鹽鐵副使歷祠部度支司封郎中以少府監復爲制置發運使拜右諫議大夫知鄭州徙江寧府壽州告曉法令頗知財利而不務苛刻時號能吏然喜事權貴以要進一子力學有文數爲近臣薦召試賜同進士出身未幾卒告悲傷之尋卒

趙及字希之其先幽州良鄉人父的事契丹爲蔚州靈邱令雍熙中王師北征乃歸授偃師令因家焉及舉進士爲慈州軍事推官徙廣信軍判官改秘書省著作佐郎知魏縣徙九隴以母老監葉縣稅歷黃河御河催綱通判青州大名府累遷尚書屯田員外郎被舉爲殿中侍御史權宗正丞詔劾夏守恩獄內侍岑守中用賄撓法及劾正其罪遷侍御史夏守贇經略西鄙還及言其無功不可復樞府又疏罷郭承祐團練使未幾請知懷州徙徐州還爲三司戶部判官遷兵部員外郎京東轉運按察使知萊州張周物貪暴及劾奏貶周物嶺外擢兼侍御史知雜事數論時政權判吏部流內銓初銓吏匿員闕與選人爲市及奏闕至卽牓之吏部牓闕自及始遷戶部副使以疾改刑部郎中直昭文館知衞州召爲鹽鐵副使又以疾請知汝州歲餘復召爲副使不赴徙知河中府特拜天章閣待制右司郎中祀明堂遷右諫議大夫還判大理寺流內銓出知徐州疾甚求解近職還州事乃以本官管勾南京留司御史臺未赴卒及和厚謙退內行尤篤所治有聲民吏愛之

劉湜字子正徐州彭城人舉進士爲澶州觀察推官再調湖南節度推官改秘書省著作佐郎知益都縣徙陰

平再遷太常博士通判劍州審閱州獄活死四七人王堯臣安撫陝西薦之擢知耀州富平有盜掠人子女者既就擒陽死伺間逸去捕得復陽死守者以報湜趣焚其屍拜監察御史王德用自隨州詔還近臣言其有反相湜保右之歷開封府推官三司鹽鐵判官遷殿中侍御史上言轉運使掎摭郡縣苛束官吏人不得騁其材宜稍寬假不爲改者繩治之詔詣渭州劾尹洙私用公使錢頗傅致重法以故洙坐廢還爲尚書禮部員外郎兼侍御史知雜事同判吏部流內銓除鹽鐵副使議者謂湜探宰相意深致洙罪故得優擢焉明年宴紫宸殿副使當坐殿東廡湜不卽坐趣出閤門奏之坐謫知沂州徙兗州又坐沂州誤出囚死罪降知海州起爲河東轉運使遷戶部員外郎復爲鹽鐵副使兼領河渠事汴水絕鑿河陰新渠通漕運如故會江南饑擢天章閣待制知江寧府奏運蘇州米五十萬斛以貸饑民除戶部郎中知廣州儂智高初平湜練士兵葺械器作鐵鎖斷江路有盜據山敕貸罪招之不肯降湜知並山民貧之食卽徙民絕餉盜困蹙乞降民安之居二年母老求內徙遂徙徐州湜喜曰昔布衣隨計今以侍從官三品復典鄉郡過始望矣又以左司郎中知鄆州遷龍圖閣直學士知慶州湜少賤母更嫁營卒既登第具袍笏趨卒舍迎母里人觀歎然嗜酒持法少恕改知密州以病卒

王彬光州固始人祖彥英父仁偘從其族人潮入閩潮有閩土彥英頗用事潮惡其逼陰欲圖之彥英覺之挈家浮海奔新羅新羅長愛其材用之父子相繼執國政彬年十八以賓貢入太學淳化三年進士及第歷雍邱尉皇城司陰遣人下畿縣刺史多厲民令佐至與爲賓主彬至捕鞫之得所受賂致之法自是詔親事官毋得出都城易右班殿直辭不受後以秘書省著作佐郎通判筠州歷知撫州撫州民李甲饒英恃財武斷鄉曲縣莫能制甲從子詈縣令人告甲語斥乘輿彬按治之索其家得所藏兵械又得服器有龍鳳飾甲坐大逆棄市并按英嘗强取人孥配嶺南州里肅然擢提點荊湖南路刑獄徙知潭州入判三司戶部勾院出爲京西轉運使徙河北部吏馬崇正倚章獻太后姻家豪橫不法彬發其姦贓下吏忤太后意徙京東又徙河東陝西復爲三司鹽鐵判官判都理欠憑由司累遷太常少卿卒

仲簡字畏之揚州江都人以貧傭書楊億門下億教以詩賦遂舉進士歷通判鄭州河南府推官改秘書省著作佐郎知蕪湖縣通判楚州累遷尚書都官員外郎改侍御史安撫京東還知眞州入爲三司度支判官經制陝西糧草就遷兵部員外郎直史館知陝州徙江東轉運使除侍御史知雜事爲三司鹽鐵副使工部郎中奉使陝西多任喜怒以馬箠擊軍士流血仁宗面詰之不能對出爲河東轉運使逾年復爲鹽鐵副使再遷兵部擢天章閣待制知廣州儂智高犯邕州沿江而下人告急簡輒囚之仍牓于道敢妄言惑衆者斬以是人不復爲避賊計比智高至始令民入城民爭道競以金帛遺閽者相蹂踐至死者甚多其不得入者皆附賊賊既去以其能守城徙知荊南既而言者論之遂落職又降刑部郎中知筠州復爲兵部郎中徙洪州卒

論曰士抱一藝者思奮厲以功名自效況其設施見於政事者乎方偕曹頴叔楊告趙及王彬之流皆文吏能推恩行利剗煩去蠹其治不下古人劉元瑜劉湜輩亦不減此數人然而元瑜譏詆余靖湜文致尹洙公議所不與也仲簡小才所謂斗筲之器也何足道哉

宋史卷三百五

元　中　書　右　丞　相　總　裁　脫　脫　等　修

列傳第六十四

楊億弟偉　從子紘　晁迥子宗慤　劉筠　薛映

楊億字大年建州浦城人祖文逸南唐玉山令億將生文逸夢一道士自稱懷玉山人來謁未幾億生有毛被體長尺餘經月乃落能言母以小經口授隨卽成誦七歲能屬文對客談論有老成風雍熙初年十一太宗聞其名詔江南轉運使張去華就試詞藝送闕下連三日得對試詩賦五篇下筆立成太宗深加賞異命內侍都知王仁睿送至中書又賦詩一章宰相驚其俊異削章爲賀翌日下制曰汝方髫齓不由師訓精爽神助文字生知越景絕塵一日千里予有望于汝也卽授秘書省正字特賜袍笏俄丁外艱服除會從祖徽之知許州億往依焉務學晝夜不息徽之間與語歎曰興吾門者在汝矣淳化中詣闕獻文改太常寺奉禮郎仍令讀書秘閣獻二京賦命試翰林賜進士第遷光祿寺丞屬後苑賞花曲宴太宗召命賦詩于坐側又上金明池頌太宗誦其警句于宰相明年三月苑中曲宴億復以詩獻太宗詰有司不時召宰相言舊制未貼職者不預卽以億直集賢院表求歸鄉里賜錢十五萬至道初太宗親製九絃琴五絃阮文士奏頌者衆獨稱億爲優賜緋魚二年春遷著作佐郎帝知其貧屢有霑賚嘗命爲越王生辰使時公卿表䟽多假文於億名稱益著眞宗在京府徽之爲首僚邸中書䟽悉億草定卽位初超拜左正言詔錢若水脩太宗實錄奏億參預凡八十卷而億獨草五十六卷書成乞外補就養知處州眞宗稱其才長於史學留不遣固請乃許之任郡人周啓明篤學有文深加禮待召還拜左司諫知制誥賜金紫咸平中西鄙未寧詔近臣議靈州棄守之事億上䟽曰臣嘗讀史見漢武北築朔方之郡平津侯諫以爲罷弊中國以奉無用之地願罷之上使辯士朱買臣等發十策以難平津平津不能對臣以爲平津爲賢相非不能折買臣之舌蓋所以將順人君之意爾舊稱朔方地在要荒之外聲教不及元朔中大將軍衞青兵掠地列置郡縣今靈州蓋朔方之故墟僻介西鄙數百里間無有水草烽火亭障不相望當其道路不壅饋餉無虞猶足以張大國之威聲爲中原之扞蔽自邊境屢驚兇黨猖熾爵賞之而不恭討罰之而無獲自曹光實白守榮馬紹忠及王榮之敗資糧扉屨所失至多將士丁夫相枕而死以致募商人輸帛入穀償價數倍孤壘築城邊民繹騷國帑匱乏不能制邊人之命及濟靈武之急數年之間兇黨逾盛靈武危堞巋然僅存河外五城繼聞陷沒但堅壁清野坐食糗糧閉壘枕戈苟度朝夕未嘗出一兵馳一騎敢與之角此靈武之存無益明矣平津所言罷弊中國以奉無用之地正今日謂也臣以爲存有大害棄有大利國家輓粟之勞士卒流離之苦悉皆免焉堯舜禹聖之盛者也地不過數千里而明德格天四門穆穆武丁成王商周之明主也然地東不過江黃西不過氐羌南不過蠻荊北不過太原而頌聲並作號爲至治及秦漢窮兵拓土肝腦塗地校其功德豈可同年而語哉昔西漢賈捐之建議棄朱崖當時公卿亦有異論元帝力排衆說奮乎獨見下詔廢之人頌其德故其詔曰議者以棄朱崖羞威不行夫通於時變卽憂萬民之饑餓危孰大焉且宗廟之祭凶年不備況乎避不嫌之辱哉臣以爲類於靈武也必以失地爲言卽燕薊八州河湟五郡所失多矣何必此爲臣竊惟太祖命姚內斌領慶州董遵誨領環州統兵裁五六千悉付以閫外之事士卒効命疆場晏然朝廷無旰食之憂疆場無羽書之警臣乞選將臨邊賜給廩賦資以策略許便宜而行倘寇擾內屬撓之以勁兵示之以大信懷荒振遠諭以賞格彼則奔潰衆叛安能與大邦爲敵哉若欲謀成廟堂功在漏刻臣以爲彼衆方熾積財猶豐未可以歲月破也直須棄靈州保環慶然後以計困之爾如臣之策得驍將數人提銳兵一二萬給數縣賦以資所用令分守邊城則寇可就擒而朝廷得以無虞矣景德初以家貧乞典郡江左詔令知通進銀臺司兼門下封駮事時以吏部銓主事前宜黃簿王太冲爲大理評事億以丞吏之賤不宜任清秩卽封詔還未幾太冲補外俄判史館會脩册府元龜億與王欽若同總其事其序次體制皆億所定羣寮分撰篇序詔經億竄定方用之三年召爲翰林學士又同脩國史凡變例多出億手大中祥符初加兵部員外郎戶部郎中五年以疾在告遣中使致太醫視之億拜章謝上作詩批紙尾有副予前席待名賢之句以久疾求解近職優詔不許但權免朝直億剛介寡合在書局唯與李維路振刁衎陳越劉筠輩厚善當時文士咸賴其題品或被貶議者退多怨誹王欽若驟貴億素薄其人欽若銜之屢抉其失陳彭年方以文史售進忌億名出其右相與毀訾上素重億皆不惑其說億有別墅在陽翟億母往視之因得疾請歸省不待報而行上親緘藥劑加金帛以賜億素體羸至是以病聞請解官有嫉憲官劾億不俟命而去授太常少卿分司西京許就所居養療嘗作君可思賦以抒忠憤册府元龜成進秩秘書監七年病愈起知汝州會加上玉皇聖號表求陪預卽代還以爲參詳儀制副使知禮儀院判秘閣太常寺天禧二年冬拜工部侍郎明年權同知貢舉坐考較差謬降授秘書監丁內艱屬行郊禮以億典司禮樂未卒哭起復工部侍郎令視事四年復爲翰林學士受詔注釋御集又兼史館脩撰判館事權景靈宮副使十二月卒年五十七錄其子紘爲太常寺奉禮郎億天性頴悟自幼及終不離翰墨文格雄健才思敏捷略不凝滯對客談笑揮翰不輟精密有規裁善細字起草一幅數千言不加點竄當時學者翕然宗之而博覽强記尤長典章制度時多取正喜誨誘後進以成名者甚衆人有片辭可紀必爲諷誦手集當世之述作爲筆苑時文錄數千篇重交游性耿介尚名節多周給親友故廩祿亦隨而盡留心釋典禪觀之學所著括蒼武夷穎陰韓城退居汝陽蓬山冠鼇等集內外制刀筆共一百九十四卷弟偉景德中舉進士得第三等及第以億故升爲

第二等億無子以從子紘爲後弟偉

偉字子奇幼學于億天禧元年獻頌召試學士院賜進士及第以試秘書省校書郎知衢州龍游縣再補蘄州錄事參軍國子監薦爲直講駙馬都尉李遵勗守澶州辟僉書鎭寧軍節度判官事遷大理寺丞知河間縣再遷太常博士用近臣薦爲集賢校理通判單州會巡檢部卒李素合州卒二百餘人謀殺巡檢使入鼓角門州將不敢出偉挺身往問曰若屬何爲而反俱曰將有訴于州非反也偉曰持兵來非反而何若屬皆有父母妻子以一朝忿而欲魚肉之乎悉令投兵坐籍首惡得十餘人斬之徙知祥符縣提點開封府界諸縣鎭公事權開封府判官又判三司開拆司累遷尚書兵部員外郎同脩起居注偉淸愼無治劇才常秉小笏以朝知制誥缺中書以偉名進仁宗曰此非秉小笏者邪遂命知制誥權諫院嘗曰諫臣宜陳列大事細故何足論然當時議其亡補遷刑部郎中爲翰林學士祀明堂還右司郎中判太常寺爲羣牧使兼侍讀學士進中書舍人卒贈尚書禮部侍郎

紘字望之以蔭歷官知鄞縣鄞濱海惡少販魚鹽者羣居洲島或掠商人財物入海吏不能禁紘至設方略使譏者質惡少船及歸始給還且戒諭之由是不敢爲盜以億文獻賜進士出身通判越州知筠州提點江東刑獄除轉運按察使江東饑紘開義倉賑之吏持不可紘曰義倉爲民也稍稽人將殍矣紘御下急常曰不法之人不可貸去之止不利一家爾豈可使郡邑千萬家俱受害邪聞者望風解去或過期不敢之官與王鼎王綽號江東三虎坐降知衡州徙越州爲荊南轉運使徙福建不赴知湖州復爲江東轉運使官至太常少卿卒紘性嚴雖家居見女不敢妄言笑聚書數萬卷手抄事實名類豹篇

晁迥字明遠世爲澶州淸豐人自其父佺始徙家彭門迥舉進士爲大理評事歷知岳州錄事參軍改將作監丞稍遷殿中丞坐失入囚死罪奪二官復將作丞監徐婺二州稅遷太常丞眞宗卽位用宰相呂端參知政事李沆薦擢右正言直史館獻咸平新書五十篇又獻理樞一篇召試除右司諫知制誥判尚書刑部帝北征雍王元份留守京師加右諫議大夫爲判官進翰林學士未幾知審官院爲明德章穆二園陵禮儀使同修國史知大中祥符元年貢舉封泰山祀汾陰司太常詳定儀注累遷尚書工部侍郎使契丹還奏北庭記加史館修撰知通進銀臺司獻玉淸昭應宮頌其子宗操繼上景靈宮慶成歌帝曰迥父子同獻歌頌搢紳間美事也史成擢刑部侍郎進承旨時朝廷方脩禮文之事詔令多出迥手嘗夜召對帝令內侍持燭送歸院方盛暑爲鑷宿直令三五日一至院迥辭以非故事乃聽俟秋還直遷兵部侍郎請分司西京特拜工部尚書集賢院學士判西京留司御史臺賜一子官河南以就養仁宗卽位遷禮部尚書居臺六年累請老以太子少保致仕給全俸歲時賜賚如學士天聖中迥年八十一召宴太淸樓免舞蹈子宗愨爲知制誥侍從同預宴迥坐御史中丞之南與宰相同賜御飛白大字旣罷所以寵賚者甚厚進太子少傅後復召對延和殿帝訪以洪範雨暘之應對曰比年變災荐臻此天所以警陛下願陛下修飭王事以當天心庶幾轉亂而爲祥也旣而獻斧扆愼刑箴大順審刑無盡燈頌凡五篇及感疾絕人事屏醫藥具冠服而卒年八十四罷朝一日贈太子太保謚文元迥善吐納養生之術通釋老書以經傳傅致爲一家之說性樂易寬簡服道履正雖貴勢無所屈歷官臨事未嘗挾情害物眞宗數稱其好學長者楊億嘗謂迥所作書命無過褒得代言之體喜質正經史疑義標括字類有以術命語迥迥曰自然之分天命也樂天不憂知命也推理安常委命也何必逆計未然乎所著翰林集三十卷道院集十五卷法藏碎金錄十卷耆智餘書隨因紀述昭德新編各三卷子宗愨

宗愨字世良以父蔭爲秘書省校書郎屢獻歌頌召試賜進士及第又除館閣校勘三遷大理寺丞集賢校理兼注釋御集檢閱官迥領西臺宗愨求便養通判許州仁宗卽位遷殿中丞同修起居注天聖中百官轉對宗愨請減上供墾閑田擇獄官令監司舉縣令累遷尚書祠部員外郎知制誥宋綬嘗謂自唐以來唯楊於陵身見其子嗣復繼掌書命今始有晁氏焉父憂奪喪管勾會靈觀入翰林爲學士母亡又起復兼龍圖閣學士權發遣開封府事辨雪疑獄有能名元昊反關中久宿師以宗愨安撫陝西與夏竦議攻守策未還道拜右諫議大夫參知政事會朝廷以金飾胡床及金抹器賜唃廝囉宗愨曰仲叔于奚辭邑請繁纓孔子曰不如多與之邑繁纓諸侯之馬飾猶不可與陪臣況以乘輿之器賜外臣乎必欲優其禮不若加賜金帛後從帝郊祠感疾數求罷除資政殿學士給事中數日卒贈工部尚書謚文莊宗愨性敦厚事父母孝篤於故舊凡任子恩皆先其族人在翰林一夕草將相五制褒揚訓戒人得所宜嘗寄詔訪邊策陳七事頗施用之

劉筠字子儀大名人舉進士爲館陶縣尉還會詔知制誥楊億試選人校太淸樓書擢筠第一以大理評事爲秘閣校理眞宗北巡命知大名府觀察判官事自邊鄙罷兵國家閒暇帝垂意篇籍始集諸儒考論文章爲一代之典筠預脩圖經及策府元龜推爲精敏眞宗將祀汾脽屢得嘉獎召筠及監察御史陳從易崇和殿賦歌詩帝數稱善車駕西巡又命筠纂士訓是時四方獻符瑞天子方興禮文之事筠數上賦頌及冊府元龜成進左正言直史館脩起居注嘗屬病予告滿輒再予積二百日每詔續其奉遷左司諫知制誥加史館脩撰出知鄧州徙陳州還糾察在京刑獄知貢舉遷尚書兵部員外郎復請鄧州未行進翰林學士初筠嘗草丁謂與李迪罷相制旣而謂復留令別草制筠不奉詔乃更召晏殊筠自院出遇殊樞密院南門殊側面而過不敢揖蓋內有所愧也帝久疾謂浸擅權筠曰姦人用事安可一日居此請補外以右諫議大夫知廬州仁宗卽位遷給事中復召爲翰林學士踰月拜御史中丞先是三院御史言事皆先白中丞筠牓臺中御史自言事毋白丞雜知天聖二年貢舉數以疾告進尚書禮部侍郎樞密直學士知潁州召還復知貢舉進翰林學士承旨兼龍圖閣直學士同修國史判尚書都省祀南郊爲禮儀使請宿齋太廟日罷朝饗玉淸昭應宮俟禮成備鑾駕恭謝從之筠素愛廬江遂築室城中構閣藏前後所賜書帝飛白書曰眞宗聖文秘奉之閣再知廬州營冢墓作棺自爲銘刻之旣病徙于書閣卒筠景德以來居文翰之選其文辭善對偶尤工爲詩初爲楊億所識拔後遂與齊名時號楊劉凡三入禁林又三典貢部以策論升降天下士自筠始性不苟合遇事明達而其治尚簡嚴然晚爲陽翟同姓富人奏求恩澤淸議少之著冊府應言榮遇禁林肥川中司汝陰三人玉堂凡七集一子蚤卒田廬沒官包拯少時頗爲筠所知及拯顯奏其族子爲後又請還所沒田廬云

薛映字景陽唐中書令元超八世孫後家于蜀父允中事孟氏爲給事中歸朝爲尚書都官郎中映進士及第授大理評事歷通判綿宋昇州累遷太常丞王化基薦爲監察御史知開封縣太宗召對爲江南轉運使改左正言直昭文館爲江淮兩浙茶鹽制置副使改京東轉運使徙河東兼河西隨軍求便親知相州再領漕京東積遷尚書禮部郎中擢知制誥權判吏部流內銓兼制置羣牧使司梁顥安撫河北還權判度支映以右諫議大夫知杭州映臨決蠲銳庭無留事轉運使姚鉉移屬州當直司毋得輒斷徙以上罪映卽奏徙流笞杖自有科條苟情狀明白何必繫獄以累和氣請詔天下凡徒流罪於長吏前對辨無所異聽遣決之朝廷施用其言與鉉旣不協遂發鉉納部內女口及鬻銅器抑取其直又廣市綾羅不輸稅眞宗遣御史臺推劾官儲映劾鉉得實貶連州文學映坐常召人取告鉉狀當贖金帝特貰之在杭五年入知通進銀臺司兼門下封駁事封泰山爲東京留守判官遷給事中勾當三班院出知河南府祀汾陰還駐驛西京以映有治狀賜御書嘉獎遷工部尚書侍郎集賢院學士判尚書都省進樞密直學士知昇州建言州以牛賦民出租牛死租不得蠲帝覽章矍然曰此朝廷豈知邪因令諸州條奏悉蠲之頃之糾察在京刑獄再判都省歷尚書左丞知揚州徙并州又徙永興軍拜工部尚書兼御史中丞仁宗卽位遷禮部再爲集賢院學士判院事知曹州分司南京卒贈右僕射謚文恭映好學有文該覽強記善筆札章奏尺牘下筆立成爲治嚴明吏不能欺每五鼓冠帶黎明據案決事雖寒暑無一日異也子耀卿秘閣校理孫紳直龍圖閣

論曰自唐末詞氣浸弊迄于五季甚矣先民有言政厖土裂大音不完必混一而後振宋一海內文治日起楊億首以辭章擅天下爲時所宗蓋其淸忠鯁亮之氣未卒大施悉發於言宜乎雄偉而浩博也劉筠後出能與齊名氣象似爾至於文體之今古時習使然遽瑕議是哉晁迥寬易與物無忤父子先後典書命稱爲名臣薛映學藝吏術俱優而挾忿以快人之私君子病之

宋史卷三百六

元中書右丞相總裁脫脫等修

列傳第六十五

謝泌 孫何弟僅 朱台符 戚綸
張去華子師德 樂黃目 柴成務

謝泌字宗源歙州歙人自言晉太傅安二十七世孫少好學有志操貢黃中知宣州一見奇之太平興國五年進士解褐大理評事知淸川縣徙彰明遷著作佐郎端拱初爲殿中丞獻所著文十篇古今類要三十卷召試中書以直史館賜緋時言事者衆詔閤門非涉僥望乃

許受之辭，是言路稍壅。泌抗疏陳其不可，且言邊鄙有事，民政未乂，任夫之言，聖人擇焉，苟詰而拒之，四聰之明將有所蔽，願采其可者，拒其不可者，庶顒顒之情得以上達。復言國家圖書多失次序，唐景龍中嘗分經史子集爲四庫，命薛稷、沈佺期、武平一、馬懷素分掌，望遵復故事。遂令直館分典四部，以泌知集庫。改左正言，使嶺南採訪。淳化二年，久旱，復上言時政得失。時王禹偁上言，請自今庶官候謁宰相，並須朝罷於政事堂，樞密使預坐接見，將以杜私請。詔從之。泌上言曰：「伏覩明詔，不許宰相、樞密使見賓客，是疑大臣以私也。書曰：『任賢勿貳，去邪勿疑。』張說謂姚元崇曰：『外則疎而接物，內則謹以事君。』此眞大臣之體。今天下至廣，萬機至繁，陛下以聰明寄於輔臣，自非接下，何以悉知外事？若令都堂候見，則庶官請見咨事，略無解衣之暇。今陛下囊括宇宙，總攬英豪，朝廷無巧言之士，方面無姑息之臣，柰何疑執政爲衰世之事乎？王禹偁昧於大體，妄有陳述。」太宗覽奏，即追還前詔，仍以泌所上表送史館。會修正殿，頗施采繪，泌復上疏，亟命代以丹堊，且嘉其忠藎，拜左司諫，賜金紫、錢三十萬。一日，得對便殿，太宗稱其任直敢言。泌奏曰：「陛下從諫如流，故臣得以竭誠。昔唐季孟昌圖者，朝疏諫而夕去位，鑒於前代，取亂宜矣。」太宗動色久之。時羣臣升殿言事者，既可其奏，得專達於有司，頗容巧妄。泌請自今凡政事送中書，機事送樞密，金穀送三司，覆奏而行。從之。俄判三司鹽鐵勾院。奉詔解送國學舉人，黜落既多，羣聚喧詬，懷甓以伺泌出。泌知之，潛由他塗入史館，數宿不敢出。請對自陳，太宗問何官騶導嚴肅，都人畏避，有以臺雜對者，即授泌虞部員外郎兼侍御史知雜事。上元觀燈，泌特預召，自是爲例。轉金部員外郎、充鹽鐵副使。頃之，魏羽爲使，即泌之外舅，以親嫌改度支副使。因郊祀條上軍士賞給之數，太宗曰：「朕惜金帛，止備賞賜爾。」泌因曰：「唐德宗朱泚之亂，後唐莊宗馬射之禍，皆賞軍不豐之致。今陛下薄於躬御，賞賜特優，實歷代之所難也。」俄與王沔同磨勘京朝官。太宗孜孜爲治，每御長春殿視事罷，復御崇政殿臨決，日旰未進御膳，泌言請自今長春罷政，既膳後御便坐。不報。俄知三班、通進銀臺司，出知湖州，再遷主客郎中、知虢州。眞宗初，邊人屢寇，泌上疏曰：「臣竊惟聖心所切者，欲天下朝夕太平爾。雍熙末，趙普錄唐姚崇太平十事以獻，未幾普復相，時稱致治之策無出於此。尋普病，又邀騎擾邊，因循未行。今北邊謐寧，繼遷請命，則可行於今日矣。臣以爲先朝未盡行者，俟陛下爾。陛下自臨大寶，邊不加兵，西北肅然，民安歲登，則太平之象復何遠哉。至於省不急之務，削煩苛之政，抑奔競，來直言，斯皆致太平之術，又豈讓唐開元之治也。議者或謂方今用兵，異於開元，且開元邊戎孔熾，明皇卒與之和；至如漢高祖亦然，此皆屈己以寧天下，豈以輕大國而競小忿乎？請以近事言，往歲討交阯，三師一動，南方幾搖，先皇以爲得之無用，棄之實便，及授官爲藩屏，則至今竄伏。石晉之末，恥講和契丹，遂致天下橫流，豈得爲强？或者有言，敵所嗜者禽色，所貪者財利，餘無他智計。先朝平晉之後，若不舉兵臨之，但與財帛，則幽薊不日納土矣。察此乃知其情古猶今也，漢祖、明皇所用之計，正可以餌其心矣。臣伏覩近詔，以不逞之徒所陳述皆闒闒事。臣聞古先哲王詢于芻蕘，察於邇言者，蓋慮視聽之蔽，故採此以達物情，亦罕行其事也。先朝有侯莫陳利用、陳廷山、鄭昌嗣、趙贊之徒，喋喋利口，賴先帝聖聰，尋翦除之，然爲患已深矣。臣又聞輔時佐主，建萬世之基，立不拔之策者，必倚老成之人。至如成康刑措，由任周召；文景清靜，不易蕭曹；明皇太平，亦資姚宋。夫精鍊國政，酌斟王度，未聞市井之胥、走遽之吏可當其任也。惟陛下察往古用賢致治之道，則賢者亦必盡忠竭力，以輔成太平之治矣。」咸平二年，徙知同州，代還，知鼓司、登聞院。五年，與陳恕同知貢舉，復知通進銀臺司，加刑部，出爲兩浙轉運使。近制，文武官告老，皆遷秩，令錄授朝官，並給半俸。泌言請自今七十以上求退者許致仕，因疾及歷任犯贓者聽從便。詔可。徙知福州，代還，民懷其愛，刻石以紀去思。轉兵部郎中，復知審官院、直昭文館、知荊南府，改襄州，遷太常少卿、右諫議大夫、判吏部銓。大中祥符五年卒，年六十三。泌性端直，然好方外之學，疾革，服道士服，端坐死。帝聞而歎異，遣使臨問，恤賜，錄其子衍爲太常寺奉禮郎。衍將作監主簿，衍爲太子中舍。

孫何字漢公，蔡州汝陽人。祖鎰，唐末秦宗權據州，强以賓佐起之，鎰僞疾不應，還家以講授爲業。父庸字鼎臣，顯德中獻贊聖策九篇，引唐貞觀所行事，以魏元成自況。得對，言曰：「武不可黷，欲不可厚，奢不可放，欲不可極。」世宗奇其言，命中書試，補開封兵曹掾。建隆初，爲河南簿。太平興國六年，鴻臚少卿劉章薦其材，改左贊善大夫，歷殿中丞，知龍州而卒。何十歲識音韻，十五能屬文，篤學嗜古，爲文必本經義。在貢籍中甚有聲，與丁謂齊名友善，時輩號爲「孫丁」。王禹偁尤雅重之。嘗作兩晉名臣贊、宋詩二十篇、春秋意、尊儒教議，聞於時。淳化三年，舉進士，開封府、禮部俱首薦，及第，又得甲科。解褐將作監丞、通判陳州，召入直史館，賜緋，遷秘書丞、京西轉運副使，歷右正言，改右司諫。眞宗初，何獻五議：其一，請擇儒臣有方略者統兵；其二，請世祿之家肄業太學，寒儁之士州郡推薦，而禁投贄自媒者；其三，請復制舉；其四，請行鄉飲酒禮；其五，請以能授官，勿以恩慶例遷。上覽而善之。咸平二年，舉入閤故事，何次當待制，獻疏曰：「六卿分職，邦家之大柄也。有吏部辨考績而育人材，有兵部簡車徒而治戎備，有戶部正版圖而阜貨財，有刑部謹紀律而誅暴强，有禮部祀神祇而選賢俊，有工部繕宮室而脩隄防，六職舉而天下之事備矣。故周之會府，漢之尚書，立庶政之根本，提百司之綱紀，令僕率其屬，丞郎分其行，二十四司粲焉星拱，郎中、員外判其曹，主事、令史承其事，四海九州之大，若綱在綱。唐之盛時，亦不聞別分利權，剏使額，而軍須取足。及元宗侈心既萌，召發既廣，租調不充，於是蕭景、楊釗始以地官判度支，而宇文融爲租調地稅使，始開利孔，以構禍階。至于肅、代，則有司之職盡廢，而言利之臣攘臂於其間矣。於是叛亂相仍，經費不充，迫於軍期，切於國計，用救當時之急，卒以權宜裁之。五代短促，曾莫是思。今國家三聖相承，五兵不試，太平之業，垂統立制，在此時也。所宜三部使額還之六卿，愼擇戶部尚書一人，專掌鹽鐵使事，俾金部郎中、員外郎判之；又擇本行侍郎二人，分掌度支、戶部使事，各以本曹郎中、員外郎分判之，則三使洎判官雖省猶不省也。仍命左右司郎中、員外總知帳目，分勾稽違，職守有常，規程既定，則進無掊克之慮，退有詳練之名，周官唐式，可以復矣。茲事非艱，在陛下行之爾。」是冬，從幸大名，詔訪邊事，何疏曰：「陛下嗣位以來，訓師擇將，可謂至多。以高祖之大度，兼蕭王之赤心，神武冠於百王，精兵倍於前代。分閫仗鉞者，固當以身先士卒爲心，賊遺君父爲耻。而列城相望，堅壁自全，手握强兵，坐違成筭，遂使腥羶得計，蛇豕肆行，焚劫我郡縣，係累我黎庶。陛下攄人神之忿怒，憫河朔之生靈，爰御六師，親幸澶魏，天聲一振，敵騎四逃，雖鎮定道路已通，而德棣烽塵未息。此殆將帥或未得人，邊奏或有壅關，鄙境不相救援，糗糧須俟轉輸之所致也。將帥者何？或恃勇無謀，或忌功玩寇，但全城堡，不卹人民。邊奏者何？護塞之臣，固祿守位，城池焚劫，不以實聞，老幼殺傷，託言他盜。不救援者何？緣邊州縣，城壘參錯，如輔車脣齒之相依，若頭目手足之相衞，託稱兵少不出，或待奏可乃行。俟輦輸者何？敵騎往還，猋馳鳥逝，羸糧景從，萬兩方行，迨乎我來，寇已遁去。此四者當今急務。擇將帥，則莫若文武之內參用謀臣；防壅關，則莫若凡奏邊防陛見庭問；合救援，則莫若督以軍令，聽其便宜；運糗糧，則莫若輕齎疾驅，角彼趨捷。今大駕既駐鄴下，契丹終不敢萌心南牧。所慮荐食者，惟東北無備之城，繕完周防，不可不愼。且蜂蠆有毒，豺狼無厭，今契丹西畏大兵，北無歸路，獸窮則搏，物不可輕，餘孽尚或稽誅，奔突亦宜預備。大河津濟，處處有之，亦望量屯禁兵，扼其要害，則請和之使，不日可待。」眞宗覽而嘉之。及傅潛逗撓無功，何又請斬潛以徇。俄權戶部判官，出爲京東轉運副使，又獻疏請擇州縣守宰，省三司冗員，遴選法官，增秩益奉。未幾，徙兩浙轉運使，加起居舍人。景德初，代還，判太常禮院，俄與晁迥、陳堯咨並命知制誥，賜金紫，掌三班院。何先以被疾，勉强親職，一日奏事上前，墜奏牘於地，俯而取之，復墜笏，有司劾以失儀，詔釋之。何慚，上章求改少卿監、分司西京養疾。上不許，第賜告，遣醫診視，醫勉其然艾，何答曰：「死生有命。」卒不聽。是冬卒，年四十四。上在澶淵聞之，憫惜，錄其子言爲大理評事。何樂名教，勤接士類，後進之有詞藝者，必爲稱揚。然性褊急，不能容物，在浙右專務峻刻，州郡病焉。好學，著駁史通十餘篇，有集四十卷。弟僅。

僅字鄰幾，少勤學，與何俱有名于時。咸平元年進士甲科，兄弟連冠貢籍，時人榮之。解褐舒州團練推官。會詔舉賢良方正之士，趙安仁以僅名聞，策入第四等，擢光祿寺丞、直集賢院，俄知浚儀縣。景德初，拜太子中允、開封府推官，賜緋。北邊請盟，遣使交聘，僅首爲國母生辰使。改本府判官，遷右正言、知制誥，賜金紫，同知審官院。是冬，永興孫全照求代，眞宗思擇循良任之，御書邊肅、洎僅二名示宰相，或言僅嘗倅京府，諳民政，乃命知永興軍府。僅純厚長者，爲政頗寬，嘗詔戒焉。大中祥符元年，加比部員外郎，代還，知審刑院。頃之，拜右諫議大夫、集賢院學士、權知開封府，改左諫議大夫，出知河中府。歸朝，復領審刑院，久次，進給事中。天禧元年正月卒，年四十九。錄其子大理評事和爲衞尉寺丞。僅性端愨，中立無競，篤於儒學，士大夫推其履尚。有集五十卷。僅弟侑，亦登進士第，至殿中丞。

朱台符字拱正，眉州眉山人。父賦，舉拔萃，歷度支判官卒于殿中丞台符少聰穎十歲能屬辭嘗作黃山樓記士友稱之及長善詞賦時太宗廷試貢士多擢敏速者台符與同輩課試以尺晷成一賦淳化三年進士登甲科解褐將作監丞通判青州召入直史館賜緋魚再遷秘書丞知浚儀縣咸平元年與楊礪李若拙梁顥同知貢舉俄以京府舊僚擢太常博士出爲京西轉運副使時北邊爲梗台符上言曰臣聞蠻夷猾夏帝典所載商周而下數爲邊害或振旅薄伐或和親脩好歷代經營斯爲良策至於秦築長城而黔首叛漢絕大漠而海內虛逞志一時貽笑萬代此商鑒不遠也頃者晉氏失御中原亂離太祖深鑒往古酌取中道與民休息遣使往來二十年間罕聞入寇大省戍邊之卒不興出塞之兵關防寧謐府庫充溢信深得制禦之道也幽薊之地實維我疆尚隔混同所宜開拓太宗平晉之後因其兵勢將遂取之人雖協謀天未厭亂螳斧拒轍用稽靈誅重興弔伐之師又作邊延之役自茲厥後大肆兇鋒殺略軍民攻拔城砦長驅深入莫可禁止當是時也以河爲塞而趙魏之間幾非國家所有既阻歡盟乃爲備禦屯士馬益將帥芻粟之飛輓金帛之委輸贍給賞賜不可勝數繇是國家之食貨匱於河朔矣陛下自天受命與物更始繼遷受節黎桓加爵咸命使者鎮撫其邦惟彼契丹未加溼澤非所以柔遠能邇昭王道之無偏也今祥禪將終中外引頸觀聽德音臣愚以爲宜於此時赦契丹罪擇文武才略習知邊境辯說之士爲一介使以嗣位服除脩好鄰國往告諭之彼十年以來不復犯塞以臣計之力有不足志欲歸嚮而未得其間也今若垂天覆之仁假來王之便必歡悅慕義遣使朝貢因與之盡捐前惡復尋舊盟利以貨財許以關市如太祖故事使之懷恩畏威則兩國既和無北顧之憂可以專力西鄙繼遷自當革心而束手矣是一舉而兩得也台符又自請往使時論韙之咸平二年春旱詔求直言台符上疏請重農積穀任將選兵慎擇守令考課黜陟輕徭節用均賦慎刑責任大臣與圖治道奏入優詔褒答入爲鹽鐵判官改判戶部勾院拜工部員外郎換度支判官景德初鄭文寶爲陝西轉運或言其張皇生事徙台符代之仍賜金紫台符俊爽好謀然頗以刻碎爲舉職與楊覃聯事覃頗欲因仍舊貫台符則更革煩擾議事違戾交相掎奏以不協聞命御史視其狀九月徙台符知鄆州罷知徐州三年召還會執政有不喜者復出知洪州卒於舟次年四十二賜其子公佐同學究出身賜錢二十萬台符好學敏於屬辭喜延譽後進有集三十卷公佐及台符弟昌符大中祥符中舉進士廷試並得第五人初昌符登科宰相言昌符即台符弟上因言台符有文學及著述可採甚嗟悼之公佐卒又以次子壽隆試將作監主簿昌符爲屯田員外郎

戚綸字仲言應天楚邱人父同文字文約自有傳綸少與兄維以文行知名篤於古學喜談名教太平興國八年舉進士解褐沂水主簿按版籍得逋戶脫口漏租者甚衆徙知大和縣同文卒於隨州綸徒步奔訃千里餘俄詔起復莅職就加大理評事江外民險悍多構訟爲論民詩五十篇因時俗耳目之事以申規誨老幼多傳誦之每歲時必與獄囚約遣歸祀其先皆如期而還遷光祿丞坐鞫獄陳州失實免官著理道評十二篇錢若水王禹偁深所賞重久之復授大理評事知永嘉縣境有陂塘之利浚治以備水旱復爲光祿寺丞轉運使又上其政績連詔褒之眞宗即位轉著作佐郎通判泰州將行秘書監楊徽之薦其文學純謹宜在館閣命爲秘閣校理受詔考校司天臺職官定州縣職田條制詔館閣官以舊文獻上嘉綸所著特改太常丞俄判鼓司登聞院出內府繒帛市邊粮詔綸乘傳往均市之景德元年判三司開拆賜緋魚改鹽鐵判官上疏言邊事甚被嘉獎十月拜右正言龍圖閣待制賜金紫時初建是職與杜鎬並命人皆榮之綸久次州縣留意吏事每便殿請對語必移晷或夜中召見多所敷啓俄上奏曰夫出納獻替王臣之任章疏奏議諫者之職臣屢蒙召對皆延數刻屈萬乘之尊接一介之士聖德淵深包納荒穢體其至愚不罪觸犯安敢循默不言謹摭十事該治本者附于章左一曰王畿關輔二曰五等封建三曰復制科四曰崇國學五曰闢曠土六曰脩貢舉七曰任大臣八曰置平糴九曰益廂軍裁禁兵十曰脩六典令式詞頗深切上爲嘉獎二年與趙安仁晁迥陳克朱巽同知貢舉綸上言取士之法多所規制並納用焉預脩冊府元龜會置官總在京諸司之務凡百三十司命綸與劉承珪同領其事判鴻臚寺先是羣臣詔葬公私所費無定式綸言其事詔同晁迥朱巽劉承珪校品秩之差定爲制度遂遵行之綸以三公尚書九列之任唐末以來有司漸繁綱目不一謂宜采通禮六典令式比類沿革著爲大典時論稱之進秩右司諫兵部員外郎時詔禁羣臣匿名上封及非次升殿奏事綸謂忠讜之入當開獎言路若疏遠之士尤艱請對上頗嘉之大中祥符元年掌吏部選事上初受靈文綸上疏曰臣遐稽載籍歷考秘文驗靈應之垂祥顧天人之相接陛下紹二聖丕業啓萬世洪基勤行企道恭默思元上天降鑒瑞牒昭錫聿示臨民之戒用恢奕葉之祥乞詔有司速脩大祀載命侍從摹寫祥符勒於嘉玉藏之太廟別以副本秘於中禁傳示萬葉無敢怠荒然臣恐流俗幻惑狂謀以人鬼之妖辭亂天書之眞旨伏望端守元符凝神正道以荅天貺以惠烝黎是冬封泰山命綸同計度發運事禮成遷戶部郎中直昭文館待制如故被詔同編東封祥瑞封禪記會峻待制之秩又兼集賢殿脩撰建議脩釋奠儀頒于天下立常平倉隸司農寺以平民糴皆從之嘗宴餞种放于龍圖閣詔近臣爲序上覽綸所作稱其有史才三年擢樞密直學士上作詩寵之祀汾陰復領發運之職居無何出知杭州就加左司郎中屬江潮爲患乃立埽岸以易柱石之制雖免水患而衆頗非其變法胡則時領發運嘗居杭州肆縱不檢厚結李溥綸素惡之通判吳耀卿則之黨也伺綸動靜密以報則則時爲當塗者所昵因共捃摭綸過徙知揚州惟揚亦溥則巡內持之益急求改僻郡徙徐州八年與劉綜並罷學士授左諫議大夫代還復知青州歲饑發公廩以救餓殍全安甚衆徙鄆州王遵誨爲勸農副使嘗任西邊寓家永興閨門不肅事將發知府寇準爲平之綸因戲謔語及準遵誨恚怒以爲汚己遂奏綸謗訕坐左遷岳州團練副使易和州天禧四年改保靜軍副使是冬以疾求歸故里改太常少卿分司南京五年卒年六十八

綸篤於古學善談名理喜言民政頗近迂濶事兄維友愛甚厚維卒訃聞哀慟不食者數日與交游故舊以信義著稱士子謁見者必詢其所業訪其志尚隨才誘誨之嘗云歸老後得十年在鄉閭講習亦可以恢道濟世大中祥符中繼脩禮文之事綸悉參其議與陳彭年並職屢召對多建條式恩寵甚盛樂於薦士每一奏十數人皆當時知名士曉節爲權倖所排遂不復振善訓子弟雖至淸顯不改其純儉既沒家無餘貲張知白時知府事輟奉以助其喪家人於几閣間得遺戒一篇大率皆誘勸爲學有集二十卷又前後奏議有機務利害備邊均田之策別爲論思集十卷分上下篇天聖中其子舜賓獻之詔贈左諫議大夫舜賓官太子中書

張去華字信臣開封襄邑人父誼字希賈好學不事產業旣孤諸父使督耕隴上他日往視之見閱書于樹下怒其不親穡事詬辱之誼謂其兄曰若不就學於外素志無成矣遂潛詣洛陽龍門書院與宗人沆鑾湜結友故名聞都下長興中和凝掌貢舉誼舉進士調補耀州團練推官晉天福初代還會凝由內署拜端明殿學士署門不接賓客誼聞之即日致書于凝以爲切近之職實當顧問四方利害所宜詢訪若不接賓客聾瞽耳目坐虧職業雖爲自安計其可得乎凝大奇之他日薦于宰相桑維翰曰凝門生中有張誼者性介直頗涉詞藝可備諫職未幾超拜左拾遺誼以晉室新造典禮未完數上章請復有唐故事又言契丹有援立之助所宜敦信謹備不可自逸以啓釁端改右補闕充集賢殿脩撰歷禮部員外郎侍御史改倉部知制誥加禮部郎中乾祐初眞拜中書舍人時蘇逢吉楊邠王章輩攀附漢祖驟得大用縉紳多附之誼不爲屈故共嫉之遣誼爲吳越宣諭使與兵部郎中馬承翰同往賜官誥浙人每迓朝使必列步騎以自誇詫誼與承翰竊笑之又乘酒言詞有輕發者錢俶甚恥之乃奏誼擅箠防援官又夜集與承翰使酒語相侵坐貶均州司戶改房州司馬歲餘卒去華幼勵學敏於屬辭以蔭補太廟齋郎周世宗平淮南去華時年十八慨然歎曰兵戰未息民事不脩非馭國持久之術因著南征賦治民論獻于行在召試授御史臺主簿屬三院議事不得預坐謂所親曰簿領之職非壯夫所爲即棄官歸鄭州杜門不出者三載建隆初始攜文遊京師大爲李昉所稱明年舉進士甲科即拜秘書郎直史館以歲滿不遷上章自訴因言制誥張澹盧多遜殿中侍御史蘇頌文學膚淺願得校其優劣太祖立召澹輩與去華臨軒策試命陶穀等考之澹以所對不應問降秩即擢去華爲右補闕賜襲衣銀帶鞍勒馬朝議薄其躁進以是不遷秩者十六年嘗得對便殿詢及家世遂訴父始忤權貴因罹重貶宰相薛居正亦爲言之太祖爲之動容且曰漢室不道姦臣擅權此朕所親見也荊湖平命通判道州去華上言桂管爲五嶺衝要今劉鋹保境固守賴之爲扞蔽若大軍先克其城以趣番禺如踐無人之境且言桂州可取之狀有詔嘉獎代還知磁乾二州選爲益州通判遷起居舍人知鳳翔府從太祖征太原監隨駕左藏庫就命爲京東轉運使歷左司員外郎禮部郎中太平興國七年爲江南轉運使雍熙中王師討幽州去華督宋州饋運至拒馬河就命掌河北轉運事三年加陝州未行著大政要錄三十篇以獻上覽而嘉之詔書褒美賜采五十匹因留不遣會許王尹京命爲開封府判官殿中侍御史陳載

爲推官並賜金紫謂曰卿等皆朝之端士特加選用其善佐吾子各賜錢百萬踰歲就拜左諫議大夫又令樞密使王顯傳旨諭以輔成之意未幾有廬州尼道安訟弟婦不實府不爲治械繫送本州弟婦卽徐鉉妻之甥道安伐登聞鼓言鉉以尺牘求請去華故不爲治上怒去華坐前一任貶安州司馬歲餘召授將作少監知興元府未行改晉州遷秘書少監知許州眞宗嗣位復拜左諫議大夫未幾遷給事中知杭州兩浙自錢氏賦民丁錢有死而不免者去華建議請除之有司以經費所仰固執不許咸平二年徙蘇州頃之以疾求分司西京在洛葺園廬作中隱亭以見志景德元年改工部侍郎致仕三年卒年六十九去華美姿貌善談論有蘊藉頗尚氣節在營道得父同門生何氏二子教其學問受代携之京師慰薦館穀並登仕籍嘗獻元元論大旨以養民務穡爲急眞宗深所嘉賞命以縑素寫其論爲十八軸列置龍圖閣之四壁然不飭邊幅頗爲清議所貶以是不登顯用有集十五卷子師古至國子博士師錫殿中丞師顏國子博士

師德字尚賢去華十子最器師德嘗欲任以官辭不就去華曰此兒必繼吾志眞宗祀汾陰知河南府薛映薦其學行又獻汾陰大禮頌于行在是歲舉進士亦爲第一時人榮之除將作監丞通判耀州遷秘書省著作郎集賢校理判三司都理欠憑由司建言有逋負官物而被繫本非侵盜若惸獨貧病無以自償願特蠲之帝用其言嘗奏事殿中帝訪以時事而條對甚備帝喜曰朕藩邸知卿父名今又知卿才其後每遣使帝輒曰張師德可用契丹高麗使來多以師德主之天禧初安撫淮南苦風眩改判司農寺權右正言知制誥判尚書刑部頃之出知潁州遷刑部員外郎判大理寺爲羣牧使景靈宮判官再遷吏部郎中以疾知鄧州徙汝州拜左諫議大夫罷知制誥師德孝謹有家法不交權貴時相頗不悅之然亦多病在西掖九年不遷卒于官有文集十卷子景憲爲太中大夫

樂黃目字公禮撫州宜黃人世仕江左李氏父史字子正齊王景達鎭臨川召奏牋授秘書郎入朝爲平原主簿太平興國五年與顏明遠劉昌言張觀並以見任官舉進士太宗惜科第不與但授諸道掌書記史得佐武成軍旣而復賜及第上書言事擢爲著作佐郎知陵州獻金明池賦召爲三館編修雍熙三年獻所著貢舉事二十卷登科記三十卷題解二十卷唐登科文選五十卷孝弟錄二十卷續卓異記三卷太宗嘉其勤遷著作郎直史館轉太常博士知舒州遷水部員外郎淳化四年春與司封員外郎直昭文館李𧳜同使兩浙巡撫加都官知黃州又獻廣孝傳五十卷總仙記一百四十一卷詔秘閣寫本進內史好著述然博而寡要以五帝三王皆云仙去論者嗤其詭誕咸平初遷職方復獻廣孝新書五十卷上清文苑四十卷出知商州史前後臨民頗以賄聞俄以老疾爲言聽解職分司西京五年郊祀畢奉留守司表入賀因得召對上見其矍鑠不衰又知篤學盡取所著書藏秘府復授舊職與黃目同在文館人以爲榮出掌西京磨勘司黃目爲京西轉運改判留司御史臺車駕幸洛召對賜金紫史久在洛因卜居有亭榭竹樹之勝優游自得未幾卒年七十八所撰又有太平寰宇記二百卷總記傳百三十卷坐知天下記四十卷商顏雜錄廣卓異記各二十卷諸仙傳二十五卷宋齊邱文傳十三卷杏園集李白別集神仙宮殿窟宅記各十卷掌上華夷圖一卷又編已所著爲仙洞集百卷黃目淳化三年舉進士補伊闕尉遷大理寺丞知壽安縣咸平中徙知壁州未行上章言邊事召對拜殿中丞久之直史館知浚儀縣俄上言曰伏以從政之原州縣爲急親民之任牧宰居先今朝官以數任除知州簿尉以兩任入縣令雖功過易見而能否難明伏見唐開元二年選羣官有宏才通識堪致理化者授刺史都督又引新授縣令於宣政殿試理人策一道惟鄄城令袁濟及格擢授醴泉令餘二百人且令赴任十餘人並放令習學臣欲望自今審官院差知州銓曹注縣令候各及三二十人一次引見於御前試時務策一道察言觀行取其才識明於吏治達於教化者克選其有不分曲直罔辨是非者或黜之釐務或退守舊資如此則官得其人事無不治上頗嘉其好古歷度支鹽鐵判官遷太常博士京西轉運使丁內艱時眞宗將幸洛以供億務繁起令蒞職史尋卒上復詔權奪大中祥符中使契丹還改工部員外郎廣南西路轉運使就拜起居郎改陝西轉運使賜金紫陳堯咨知永興好以氣凌黃目因表求解職不許堯咨多縱恣不法有密言其事者詔黃目察之得實以聞堯咨坐罷龍圖閣職徙知鄧州八年黃目入判三司三勾院天禧初馬元方奏黃目職事不舉遂分三勾院以三人掌之黃目罷任奉朝請踰月拜兵部員外郎知制誥充會靈觀判官黃目屬辭淹緩朝議以爲不稱職時以盛度知京府辭不拜卽遷黃目右諫議大夫權知開封府度爲會靈觀判官兩換其任仁宗升儲拜給事中兼左庶子入內副都知張繼能嘗以公事請託黃目至是未申謝事敗降左諫議大夫知荊南府明年復爲給事中徙潭州長沙月給減於諸州特詔增之又論以兵賦繁綜寄任之意五年代還知審官院黃目以風疾題品乖當改知通進銀臺司兼門下封駁事數月求外任得知亳州俄而幼子死聞訃絕慟所疾加甚卒年五十六錄其子理國爲衞尉寺丞定國爲大理評事黃目面柔簡默爲吏處劇亦無敗事有集五十卷又撰學海搜奇錄四十卷聖朝郡國志二十卷黃目兄黃裳弟黃庭黃裳孫滋並進士及第黃裳黃庭皆至太常博士

柴成務字寶臣曹州濟陰人也父自牧舉進士能詩至兵部員外郎成務乾德中京府拔解太宗素知其名首薦之遂中進士甲科解褐陝州軍事推官改曹單觀察推官遷大理寺丞太平興國五年轉太常丞充陝西轉運副使賜緋再遷殿中侍御史八年與供奉官葛彥恭使河南案行遙隄歷知果蘇二州就爲兩浙轉運使改戶部員外郎直史館賜金紫入爲戶部判官遷本曹郎中太宗選郎官爲少卿監以成務爲光祿少卿俄奉使高麗遠俗尚拘忌以月日未利拜恩稽留朝使成務貽書往反開諭大體國人信服事具高麗傳淳化二年爲京東轉運使會宋州河決成務上言河水所經地肥澱願免其租稅勸民種藝從之召拜司封郎中知制誥賜錢三十萬時呂蒙正爲宰相嘗與之聯外姻避嫌辭職不許俄與魏庠同知京朝官考課四年又與庠同知給事中事凡制敕有所不便者許封駁以聞蜀寇平使峽路安撫改左諫議大夫知河中府時銀夏未寧蒲津當餽輓之衝事皆辦集得脫戶八百家以附籍府城街陌頗隘狹成務曰國家承平已久如車駕臨幸何以駐千乘萬騎邪乃奏撤民廬以廣之其後祀汾陰果留蹕河中衢路顯敞咸以爲便眞宗卽位遷給事中知梓州未幾代還又遣知青州表求候永熙陵復土畢之任旋受詔與錢若水等同脩太宗實錄書成知揚州入判尚書刑部本司小吏倨慢成務怒而笞之吏擊登聞鼓訴冤有詔問狀成務歎曰忝爲長官杖一胥而被劾何面目據堂決事邪乃求解職景德初卒年七十一成務有詞學博聞稽古善談論好諧笑士人重其文雅然爲郡乏廉稱時論惜之文集二十卷成務年六十六始有子比卒裁六歲授奉禮郎名貽範後爲國子博士

論曰泌述唐漢之治台符陳商周之鑒歷布腹心奏議反覆論當世事盡言無隱何建五議綸摭十事皆切於輔治何勤接士類綸樂於薦士皆足以儀表當世者也去華頗尚氣節而能作成後進黃目屬辭淹緩而著述浩瀚成務寡清白之操而專對不辱俱有足稱者焉

宋史卷三百七

元 中書右丞相總裁脫脫等修

列傳第六十六

喬維岳附王陟 張雍 董儼 魏廷式
盧琰 宋摶 凌策 楊覃
陳世卿 李若拙子釋 陳知微

喬維岳字伯周陳州南頓人治三傳周顯德初登第授太湖主簿四年遷平輿令開寶中右拾遺劉稹薦其才擢爲太子中舍知高郵軍通判揚州徙常州金陵平又移昇州改殿中丞太平興國初徙襄州俄丁內艱三年陳洪進表納疆土以其子文顯爲泉州留後朝廷議擇能臣關掌郡事卽起維岳爲通判會盜起仙遊莆田縣百丈鎭衆十餘萬攻城城中兵裁三千勢甚危急監軍何承矩王文寶欲盡屠其民燔府庫而遁維岳挺然抗議以爲朝廷寄以綏遠今惠澤未布盜賊連結反欲屠城豈詔意哉承矩等因復監守旣而轉運使楊克讓率福州兵破賊圍遂解詔褒之歸朝爲淮南轉運副使遷右補闕進爲使淮河西流三十里曰山陽灣水勢湍悍運舟多罹覆溺維岳規度開故沙河自末口至淮陰磨盤口凡四十里又建安北至淮澨總五堰運舟所至十經上下其重載者皆卸糧而過舟時壞失糧綱卒緣此爲姦潛有侵盜維岳始命創二斗門于西河第三堰二門相距踰五十步覆以厦屋設縣門積水俟潮平乃泄之建橫橋岸上築土累石以牢其址自是弊盡革而運舟往來無滯矣嘗按部至泗州慮獄法掾誤斷囚至死維岳詰之法掾俯伏且泣曰有母年八十餘今獲罪則母不能活矣維岳憫之因謂曰他日朝制按問第云轉運使令處茲罪卒如其言獲免維岳坐贖金百二十斤罷使職權知楚州還戶部員外郎代還爲度支判官轉本曹郎中出爲兩浙轉運使歷知懷州滄州會考課京

朝官召還屬眞宗以壽王尹京精擇府僚留爲開封府推官或言維岳在淮南決獄不平允左右有知其事者辯之太宗特加賞異儲闈建兼左諭德轉太常少卿京府事繁維岳評處詳敏有王陟爲司錄眞宗亦稱其明幹及踐祚卽命維岳與畢士安權知開封府拜給事中知審官院維岳體肥年衰艱於拜趨陳乞外遷小州上嘉其靜退特授海州刺史咸平初知蘇州素病風上以吳中多食魚蟹乃徙壽州仍命太醫馳療之四年卒年七十六贈兵部侍郎官給其葬大中祥符中錄其孫世昌獻之並賜同學究出身維岳明習吏事有治劇才在懷州王欽若始舉進士維岳知其貴又善待陳彭年自刺郡連奏爲通判皆稱薦之

王陟者潞州上黨人淳化三年舉進士補嵐州團練推官內侍羅懷嗣言其督運有勞遷晉州觀察推官至道初度支判官李擇言薦爲著作佐郎同判大名府留知開封府司錄參軍前司錄閭仲卿喜云爲屢升殿奏事眞宗尹京時頗不悅及陟代之以謹幹聞尤被待遇卽位召賜緋魚袋改著作郎開封府推官乘傳陝西與轉運使督饋靈武芻糧咸平初遷太常博士出爲河東轉運使賜金紫時趙保吉納欵屢遣與內侍張崇貴裁度邊事正其經界又副崇貴使夏州賜誥命代歸會溫仲舒知貢舉命陟與刑部員外郎董龜正同考試及封印卷首俄改工部員外郎知棣州五年召歸判三司鹽鐵勾院初上以京府之舊頗隆眷遇將加擢用會有言其在貢部舉子有納賄成名者恃恩寵希顯要觖大第以居事遂寢六年卒上甚憫之錄其子若拙爲奉禮郎若谷爲太廟齋郎後陟妻卒又命給其子奉使終喪制若拙官國子博士

張雍德州安德縣人治毛氏詩開寶六年中第釋褐東關尉太平興國初有薦其材者召歸改將作監丞知南雄州遷太子右贊善大夫知開封府司錄參軍事俄爲秘書丞充推官京城民王元吉者母劉早寡有姦狀爲姻族所知憂悸成疾又懼元吉告之遂遣侍婢訴元吉寘堇食中以毒已病將死事下右軍巡按之未得實移左軍巡推吏受劉賄掠治元吉自誣伏俄而劉死府慮囚元吉始以實對又移付司錄盡捕元推吏稍見誣構之跡且以逮捕者衆又獄已累月未能決府中懼其淹刻狀引見詔免死決徙元吉大呼曰府中官吏悉受我賂反使我受刑手府不敢決元吉歷陳所受賂主名又令妻張擊登聞鼓訴之上召張臨軒顧問盡得其枉狀立遣中使捕元推官吏付御史鞫治時滕中正爲中丞雍妻父也詔供奉官蔚進別鞫之雍坐與知府劉保勳判官李繼凝初慮問元吉稱冤徙左軍巡雍戒吏止令鞫其毒母狀致吏訊掠慘暴上怒雍及左右軍巡判官韓昭裔宋廷煦悉坐免所居官保勳繼凝各奪一等奉左右軍巡使殿直麗則王榮並降爲殿前承旨雍熙初雍復爲祕書丞御史臺推直官改鹽鐵推官遷右補闕充判官端拱初轉工部郎中判度支勾院未幾又爲鹽鐵判官兼判勾院逾年以本官兼侍御史知雜事月餘出爲淮南轉運使淳化初遷爲太府少卿二年加右諫議大夫徙兩浙轉運使入知審刑院三年充戶部使臥知梓州就命爲西川轉運使俄復知梓州五年蜀州青城民王小波李順作亂衆至萬人雍訓練士卒得城中兵三千餘人又募彊勇千餘守城輦綿州金帛以實帑藏推官陳世卿治戎器掌書記施謂榷鹽院判官謝濤伐山木爲竿銷銅鐵爲箭鏑紐布爲索守械悉備遣推官盛梁請兵于朝未幾益綿邛彭漢州永康軍悉陷于賊順入成都僭號大蜀王勢甚盛遣其黨楊廣將十萬衆寇劍門相里貴帥衆十萬圍梓潼雍與監軍盧斌登堞望之賊所出兵皆老弱疲憊無鎧甲斌笑請開北門擊之雍曰不可賊或詐見老弱設伏伺我又城中吏民心未定脫爲伏兵所突則墮其姦計非良策也言未畢果有卒依敵樓呼噪與外應和雍亟斬以徇賊大設梯衝火車晝夜鼓譟攻城益急城中大恐雍命發機石碎之火箭雜下賊稍退復治攻具城西北隅雍紿曰軍士趣治裝吾將開東門擊賊陽遣步騎五百臨東門賊升牛頭山瞰城內信然伏精兵萬餘山之東隅以待我雍卽召敢死士百輩縋而下盡焚其攻具自午達申殆盡賊以爲神凶黨數來城進戰皆不利一日北風晝晦賊乘風縱火急攻北門雍與盧斌等領兵據門立矢石間固守不動賊爲之少却長圍八十餘日會王繼恩遣石知顒來援賊始潰去遣施謂入奏上手詔褒美擢雍給事中斌西京作坊使領誠州刺史世卿掌書記謂節度判官濤觀察推官又以通判將作監丞趙賀爲太子中舍監軍供奉官辛規爲內殿崇班至道二年改工部侍郎明年召歸復知永興軍轉禮部侍郎改刑部充度支使咸平四年還鹽鐵使上以雍齷齪小心三司事重宜有裁制乃用王嗣宗代之又以其無過特拜戶部侍郎復知審刑院出知秦州徙鳳翔府景德初權知開封府事上覽奏獄京府囚二百餘人以爲淹繫遣給事中董儼直昭文館韓國華同慮問決遣之三年改兵部侍郎同知審官院明年車駕朝陵判留司尚書省出知鄆州大中祥符元年請老以尚書右丞致仕誥命未至而卒年七十雍性鄙吝涖事勤恪善爲米鹽苛察以肅下恃其清幹受遇於時益矯厲以取名譽所至藩鎭宴犒率皆裁節聚公錢爲羨餘以輸官帑集會賓佐糲食而已在三司置簿籍有按前急馬前急中急之目頗爲時論所誚雍姿貌魯朴始登科爲滕中正壻中正子錫世寧咸笑之中正曰此人異日必顯達壽考非汝曹所及錫兄弟雖有名然終不越郎署亦無耆年者子太冲官殿中丞

董儼字望之河南洛陽人太平興國三年進士解褐大理評事通判饒州加著作佐郎五年授左拾遺直史館轉右補闕充淮南西路轉運副使會罷使就命知光州儼狂躁務進不樂外郡上書乞還京師太宗怒降爲秘書丞削史館職徙知忠州復爲右補闕俄復直史館會併水陸發運爲一儼與王繼昇同領其事就轉刑部員外郎端拱初進郎中三司度支副使坐翟馬周事左授海州團練副使移知泰州踰年以戶部員外郎知泉州召爲京東轉運使時三司改易制度置三計使因留拜右諫議大夫充右計使使罷出知揚州遷右諫議大夫徙潭州轉給事中歷知廣岳洪三州江陵府景德中歸朝會開封府繫囚三百餘人朝議以其稽滯命儼與韓國華張雍同慮問裁決之俄判吏部銓加工部侍郎時黃觀罷西川轉運歸闕儼與知雜御史王濟姻家因託濟言於觀求薦己知益州未幾觀復領陝西轉運得對便殿儼謂其必薦己他日面陳自以孤直不爲權要所容況黃觀庸淺無操持恐爲執政所使妄有論薦俾臣遠適惟陛下察之眞宗不之詰數日王濟得對因述儼嘗有私託且言儼性本矯詐臣語觀不可許之眞宗不欲暴其事乃出儼知青州儼復請對言爲權臣所擯上慰遣之久而不去乃謂之曰爾自告黃觀求知益州復有何人排斥乎儼卽憂然且言觀濟嘗議益州須得臣往彈壓之上以其詞不類因令條析以聞復遣使陝西質問黃觀觀具述儼託王濟求薦之事且言儼素待臣非厚初淳化中儼爲計使觀爲判官儼知觀不飲酒一日聚食親酌以勸觀觀爲强飮之有頃都監趙贊召觀議事觀卽往贊曰飮酒耶觀以實對翌日儼與贊密奏觀嗜酒廢職故觀因是及之乃詔樞密直學士劉綜與御史雜治之儼方引伏坐責授山南東道節度行軍司馬不署州事大中祥符初會赦起知鄆州病疽卒年五十四儼佞辯有材幹不學無操行所至厚納貨賂嘗令引贊吏改製朱衣每夕納儼第而潛以輕帛製衣易之在銓司命胥吏市物及請其直則呵責之其鄙屑如此又廣畜姬媵頗事豪侈用傾狡圖位終以是敗士大夫醜之東封恩復其官子仲容仲宗並爲太子中舍兄偉至殿中丞致仕

魏廷式字君憲大名宗城人少明法學嘗客遊趙州舍于監軍魏咸美之廨廨有西堂素凶咸美知廷式有膽氣命居之卒無恙來京師咸美弟咸信延置館舍以同宗善待之太平興國五年中第釋褐朗州法曹掾轉運使李惟清以其吏材奏知桃源縣遷將作監丞端拱初改著作佐郎通判潁州淳化二年始命李昌齡判審刑院以廷式明練刑章奏爲詳議官屢進對太宗悅其明辯遷太子左贊善大夫時初較廷臣殿最命廷式與樞密都承旨趙鎔李著同勾當三班多所規制越王生日令持禮物賜之超拜主客員外郎判三司都勾院換河南東道判官改戶部員外郎知利州李順爲盜就命充陝西至益州路轉運使後入奏事太宗謂曰有事當白中書廷式曰臣三千七百里外乘驛而至以機事上聞願取斷宸衷非爲宰相來也卽不時召對問方略稱旨賜錢五十萬令還任賊平知寧州未至召入判大里寺至道初乘傳河朔決獄復出知宋潭二州湖南地土衍沃民喜訟產有根柢巧僞難辯者廷式立裁之吏民咸服轉吏部員外郎知桂州歷工部郎中眞宗卽位改刑部會王繼恩有罪下吏命廷式同按之踰宿而獄具俄知審官院通進銀臺封駁司拜右諫議大夫知審刑院出知涇州咸平二年卒年四十九錄其子攝太常寺太祝舜卿爲太祝禹卿同學究出身廷式所至以嚴明稱剛果敢言爲人主厚遇然性傾險喜中傷人士君子憚其口而鄙其行

盧琰字錫圭淄州淄川人父浚右諫議大夫琰太平興國八年進士舉解褐歷城主簿歷大理評事知安吉縣三遷太常丞通判并州至道中就加太常博士咸平二年選爲開封府判官與推官李防並命眞宗謂宰相曰人之有材難得盡知但歷試而後可見占謝日特升殿諭以天府事繁愼選之意仍賜緡錢會獄空有詔獎之遷工部員外郎爲河北轉運副使時北鄙未寧調發軍儲糧道不絕以職務脩舉召入遷秩刑部賜金紫復遣之任會城祁州命專董其役契丹入邊車駕幸澶州琰

自定州隨軍至大名，卽單騎赴行在，召對勞問。久之，其子士宗時爲隰州推官，特遷大理寺丞。契丹請和，琰上言願職六年，求歸闕，許之。以使勞優拜吏部員外郎、判三司三勾院。會宋摶使契丹，命權戶部副使。時議東封，又權京東轉運使，往營頓置，加戶部郎中，復判三勾院。大中祥符二年，以本官兼侍御史知雜事。數月，授三司度支副使。祀汾陰歲，命與鮑中和同判留守司三司，加吏部郎中。俄拜右諫議大夫、知永興軍府。五年，再爲河北轉運使。琰勤吏職，所至以幹集聞，頗知命，嘗語親舊曰：「官五品，服三品，天不與者壽爾。」明年，被疾，詔遣中使將太醫診視。六年，卒，年五十九。時琰母八十餘無恙，上憫之，以士宗爲太常博士，特命知懷州；又以次子祕書丞士倫爲太常博士，給祿終喪。士倫至工部郎中、度支副使。士宗自有傳。

宋摶字鵬舉，萊州掖人。治毛氏詩。開寶八年，宋準典貢部，得第，調補遂寧尉，歷濰州司理參軍，改白虎令。膳部員外郎鞠礪薦其能，遷右贊善大夫、知利豐監，徙知藤州，改殿中丞、通判洪州。復有薦者，召還，命提點河北西路刑獄，未行，改監左藏庫。遷國子博士、通判西京留守司，得對便坐，賜錢三十萬。久之，徙江南轉運使，就遷度支員外郎。眞宗嗣位，遷司封員外郎、河東轉運使。上言大通監冶鐵盈積，可備諸州軍數十年鼓鑄，願權罷採以紓民。又請科諸州丁壯爲兵，以增戎備。在任凡十一年。河東接西北境，時邊事未息，屯師甚廣，摶經制漕運，以幹治稱。連徙他州郡，輒乞留，有詔褒飭，兩至夏州界部發居民數詣闕奏事稱旨。屢以秩滿請代，朝議以摶善職，就加祠部郎中，賜金紫。嘗薦代州承受使臣王白，上以本置此職止於視軍政、察邊事，摶不應保奏，因詔諸路自今勿得舉承受使臣。景德四年，入判三司勾院。踰月，爲戶部副使。大中祥符初，進秩刑部郎中。俄使契丹，會疾，契丹主以車迎之。二年，卒，年六十六。子可法，至太子中舍；舜元，登進士第。摶卒，舜元自筠州判官改著作佐郎，又賜其孫出身。

凌策字子奇，宣州涇人。世給事州縣。策幼孤，獨厲志好學，宗族初不加禮，因決意渡江，與姚鉉同學於廬州。雍熙二年，舉進士，起家廣安軍判官，改西川節度推官，以彊幹聞。淳化三年，就命爲光祿寺丞、簽書兩使判官。代還，拜左贊善大夫、通判定州，賜朱衣銀章、御書，歷給以實奉。李順之亂，川陝選官多憚行，策自陳三莅蜀境，諳其民俗，卽命知蜀州。又以巴西當益之僻道，徙綿州，加太常博士。還朝，會命爲廣南西路轉運使，進屯田員外郎，入爲戶部判官，遷都官。先是，嶺南輸香藥，以郵置卒萬人，分鋪二百，負擔抵京師，且以煩役爲患。詔策規制之，策請陸運至南安，汎舟而北，止役卒八百，大省轉送之費。盧之翰任廣州，無廉稱，以策有幹名，拜職方員外郎、直史館，命代之，賜金紫。廣英路自吉河趣板步二百里，當盛夏時，瘴起，行旅死者十八九。策請由英州大源洞伐山開道，直抵曲江，人以爲便。代還，知青州。東封，以供億之勤，超拜都官郎中，入判三司三勾院，出知揚州。屬江淮歲儉，頗有盜賊，以策領淮南東路安撫使。駕旋，使停，進秩司封。時洪州水，知州李元病，上與宰相歷選朝士將徙策代之，上曰：「南昌水潦艱殆，長吏當便宜從事，不必稟於外計也。」王旦言策莅事和平，可寄方面，望卽以江南轉運使授之，仍詔諭差選之意。饒州產金，嘗禁商市鬻，或有論告，逮繫滿獄，策請縱民販市，官責其算，人甚便之。五年，召拜右諫議大夫、集賢殿學士、知益州。初，策登第，夢人以六印加劍上遺之，其後往劍外凡六任，時以爲異。策勤吏職，處事精審，所至有治迹。九年，自蜀代還，上頗有意擢用，會已病，命知通進銀臺司兼門下封駮事、糾察在京刑獄。眞宗嘗對王旦言：「策有才用，治蜀敏而有斷。」旦曰：「策性淳質，和臨事彊濟。」上深然之。是秋，拜給事中、權御史中丞。時榷茶之法弊甚，詔與翰林學士李迪、知雜御史呂夷簡同議經制，稍寬其舊。明年，疾甚，不能朝謁，累遣中使挾醫存問，賜名藥。復表求典益壽，遷工部侍郎，從其請。天禧二年三月，卒，年六十二。錄其子將作監主簿華、琬並爲奉禮郞，續給其奉。策兄簡，官國子博士、分司南京。

楊覃字申錫，漢太尉震之後。唐有京兆尹憑居履道坊，僕射於陵居新昌坊，刑部尚書汝士居靖恭坊，時稱三楊，皆爲盛門，而靖恭尤著。汝士弟虞卿、漢公、魯士皆顯名。虞卿至工部侍郎、京兆尹，生堪，爲太子少師。堪生承休，昭宗朝以兵部員外郎使吳越，會楊行密據淮甸，絕其歸路，因留浙中。承休生巖，卽覃祖也，署爲鎭海軍節度副使，奏領春州刺史。巖生郁，早卒。覃少獻書於嗣王俶，俶私署著作佐郎，從俶歸朝，爲禹城尉。太平興國八年，舉進士，擢第，授徐州觀察推官，改著作佐郎、知戎州，再遷太常博士。使陝西，蠲逋負。覃本名蟫，至是太宗爲改焉。淳化中，轉屯田員外郎、同判壽州。巡撫使潘愼脩上其政績，有詔嘉獎，就命知州事。數月，召還，未上道，會丁內艱，州民列狀乞留，轉運使以聞，有詔奪情。時田重進爲永興節度，選覃與林特同判軍府事，賜覃緋魚，仍賜御書，歷給以實奉。重進不法，覃事多抗執，重進頗不悅，形於辭色。覃表求徙任，不許，就轉都官員外郎。時討李繼遷，調發芻糧，覃、特皆以急促辦爲務，覃令鉗手，特令卽械頸，雖衣冠舊族不免，人用怨嗟。改職方員外郎。咸平初，遷屯田郎中。三門發運使呂蒙正在河南，薦其材，詔入判三司磨勘憑由理欠司。四年春，旱，覃上言：「古之用刑，皆避三統之月。漢舊章，斷獄報重，盡三冬之月。又唐太宗凡斷重刑日，勑減膳徹樂。今春物方盛，時雨尚愆，輦轂之下，獄繫甚繁，望詔有司，死罪未得論決，俟雨降乃復常典。仍望自今凡決重刑日，依唐故事，以彰至仁之德。」嘗獻時務策五篇：一曰禦戎，二曰用兵，三曰爲政，四曰選賢，五曰刑罰，文多不載。明年，權同知貢舉，出爲陝西轉運使，賜金紫。會邊臣言繼遷死，願乘此時深入致討，覃建議伐喪非禮，且其子尚在，當爲之備，請詔邊臣謹守疆候，毋得輕舉，俟其衆叛親離，則亡無日矣。時西鄙屯兵，調役甚繁，副使朱台符務有爲，而覃務循舊，且言邊事不宜更張。初，寇準知青州，台符爲通判，至是準作相，覃意台符憑恃僚舊，密以上聞，坐不協，徙知隨州。王超節制漢東，覃移唐州。景德二年，召歸。屬河北兵革之後，命覃詣澶、濱、棣、德、博州巡撫振給之。出知潭州。王師討宜賊，軍須多出長沙，曹利用以聞，詔書褒勞，加刑部郎中。大中祥符二年，代馮亮爲淮南江浙荊湖制置發運使。月餘，改太常少卿、直昭文館、知廣州。覃勤於吏事，所至以幹濟稱。南海有蕃舶之利，前後牧守或致謗議，惟覃以廉著，遠人便之。加右諫議大夫。四年，卒，年五十四。遣其長子奉禮郎文友乘傳赴喪，詔本州護柩還其家，官給所費。錄其次子敏爲揚州司士參軍。覃從弟蛻及從子侃，傳並登進士第。蛻官司封員外郎。侃後名大雅，自有傳。

陳世卿字光遠，南劍人。雍熙二年，登進士第，解褐衡州推官，再調東川節度推官。會李順寇兩川，知州張雍以州兵馬爲數部，使官分領。世卿素善射，當城一面，親射中數百人。賊寖盛，同幕皆謀圖全計，世卿正色曰：「食君祿，當委身報國，柰何欲避難爲他圖耶？」亟出白雍曰：「此徒皆懦，懦存之，適足惑衆，不若遣出求援。」雍從之。賊旣引去，世卿適丁外艱，雍表其材，詔追出視事，就改掌書記。凡七年，歸朝，爲祕書郎，遷太常丞、知新安縣。或薦其堪任憲臺，卽召歸。會張鑑出知廣州，表爲通判。將行，召見，賜緋，加太常博士。景德初，徙知建州。眞宗知其材幹，踰月，授福建轉運使。規畫南劍州安仁等銀場，歲增課羨，詔獎之。俄代姚鉉爲兩浙路轉運使，歷祠部員外郎、判三司三勾院。大中祥符四年，改度支員外郎，出爲荊湖北路轉運使。屬澧州慈利縣下溪等四州蠻人侵縣境地四百餘里，朝命世卿與閤門祗候史方、知澧州劉仁霸同領兵討之，遂還所侵地，標正經界，取其要領，又令納所掠漢口千餘，復置澧州武口等砦以控制之，自是平定。有詔嘉獎。還朝，屢述溪洞利害，召對，眞宗器其材。復自言願効用於煩劇，會邵曄知廣州被疾，乃授世卿祕書少監代之，加賜金紫。郡有計口買鹽之制，人多不便，至卽奏除之。九年，卒，年六十四。錄其子南安主簿儼爲太祝。

李若拙字藏用，京兆萬年人。父光贊，貝冀觀察判官。若拙初以蔭補太廟齋郎，復舉拔萃，授大名府戶曹參軍。時符彥卿在鎭，光贊居幕下，若拙得以就養。俄又舉進士，王祜典貢舉，擢上第，授密州防禦推官。登賢良方正直言極諫科，太祖嘉其敏贍，改著作佐郎。故事，制策中選者除拾遺、補闕，若拙以恩例不及，上書自陳，執政惡之，出監商州阬冶。遷太子左贊善大夫，以官稱與父名同，辭，不許。太平興國二年，知乾州。會李飛雄詐乘驛稱詔使，事敗伏法，太宗以若拙與飛雄父若愚連名，疑其昆弟，命殿直盧令珣卽捕繫州獄。乃與若愚同宗通家，非親，不知其謀，猶坐削籍流海島。歲餘，起授衞尉寺丞、知隴州。四年，復舊官。以政聞，超授監察御史、通判泰州。同帥宋偓年老政弛，又徙若拙通判焉。未幾，御史中丞滕中正薦之，召歸臺。頃之，改右補闕。時諸王出閤，若拙獻頌稱旨，召見，賜緋魚，同勾當河東轉運兼雲、應等八州事。嘗詣闕言邊事，太宗嘉之，又同掌水陸發運司。雍熙三年，假祕書監，使交州。先是，黎桓制度踰僭，若拙旣入境，卽遣左右戒以臣禮，繇是桓聽命，拜詔盡恭。燕饗日，以奇貨異物列于前，若拙一不留，賄取先陷蠻使鄧君辨以歸，禮幣外不受其私覿。使還，上謂其不辱命，遷起居舍人，充鹽鐵判官。淳化二年，出爲兩浙轉運使。契丹寇邊，改職方員外郎，從河北路，賜金紫。五年，直昭文館，遷主客郎中、江南轉運使。若拙質狀魁偉，尚氣有幹才，然臨事太緩，宰相以爲言，罷使，知涇州。至道二年，黎桓復侵南鄙，又詔若拙充使，至則桓復稟命。使還，眞宗嗣位，召見慰問，進秩金部郎中。召試學士院，改兵部郎中，充史館脩撰，俄知制誥。咸平初，同知貢舉，被疾，改右諫議大夫。車駕北巡，判留司御史臺。明年，使河朔按邊

事知昇貝二州四年卒年五十八子繹

繹字縱之幼謹愿自脩初以父使交阯有勞補太廟齋郎改太常寺太祝舉進士中第除將作監丞累遷尚書屯田員外郎知華州蒲城民李蘊訴人盜其從子亡去繹問曰若有仇耶曰無有曰有失亡耶曰無有繹揣蘊去田密刺蘊蘊有陰罪姪覺之懼事暴殺之以滅口遂收蘊致法擢提點河北刑獄權知貝州歲旱繹爲酒務市民薪草溢常數饑者皆以樵採自給得不死官入亦數倍邊民歲輸防城火牛草十餘萬委積久輒腐敗繹奏罷之三遷本曹郎中爲利州路轉運使河北經費不支仁宗問誰可任者參知政事薛奎薦繹遂徙河北進刑部郎中直史館知延州改兵部爲江淮制置發運使內出絹五十萬匹責貿於東南繹曰百姓饑不宜重擾輒奏罷之甫半年漕課視常歲增五之一遷太常少卿再知延州繹所至頗稱治自以久宦在外意不自得作五知先生傳謂知時知難知命知退知足也嘗兩知鳳翔府至是又徙鳳翔尋爲右諫議大夫卒

陳知微字希顏高郵人咸平五年進士甲科解褐將作監丞通判歙州擢爲著作佐郎直史館俄充三司戶部判官奉使契丹還太常博士判三司都磨勘司再爲戶部判官出爲京東轉運副使奏還東平監所侵民田六百八十家又決古廣濟河通運路罷夾黃河歲減夫役數萬計還右司諫徙荊湖南路轉運使召還拜比部員外郎知制誥淮南饑遣知微巡撫所至按視儲糧察諸官吏能否使還判吏部銓兼刑部知微詞藻雖無奇采而平雅適用一日進改羣官除目紛委適當知微次直思亦敏速又判司農寺糾察在京刑獄天禧二年加玉清昭應宮判官俄以疾聞眞宗遣中貴挾太醫往視之卒年五十錄其子舜卿爲太常寺奉禮郎給奉終喪又假官船載其柩還鄉里知微儀狀甚偉沉厚有材幹不務皦察時人許其處劇惜其母老不克終養有集三十卷子堯卿大中祥符五年進士及第

論曰維岳明習吏事才足以治劇而能曲全法掾其仁恕藹然雍雖素稱鄙吝而勤恪清幹觀其捍守亦可見矣儼務進黷貨廷式傾險忌刻自不容於清議若琰博經制漕運有方策之處事精詳治迹昭著覃之律身廉潔兼勤吏事世卿之安遠若拙之專對皆爲時論所許繹以謹愿克世其家知微敦實有材幹不辱其職亦可尚也至若王陟以謹幹稱而取士以謗致汙惜哉

宋史卷三百八

元　中書右丞相總裁脫脫等修

列傳第六十七

上官正　盧斌　周審玉　裴濟
李繼宣　張旦　張煦　張佶

上官正字常清開封人少舉三傳後爲鄜州攝官雍熙中召授殿前承旨屢遣鞫獄邊供奉官閤門祗候天雄監軍淳化中轉作坊副使劍門都監李順之亂分其黨趨劍門時疲兵數百人正奮勵士氣以禦之會成都監軍宿翰領兵投劍門與正兵合因迎擊大破賊數千衆斬馘殆盡奏至太宗嘉之詔書獎飭僉賜襲衣金帶超正爲六宅使劍州刺史充劍門部署翰自供奉官擢崇儀使領昭州刺史數月正被疾請尋醫至闕疾愈入對上勞問久之復遣還任所賜以金丹良藥衣帶白金十兩馬三匹授以方略令招撫殘孽慰勉遣之初川賊甚盛朝議深以棧路爲憂正以孤軍力戰挫賊鋒自是閣道無壅王師得以長驅而入賊衆三百餘敗歸成都順怒其驚衆盡斬之然自此沮氣矣後賊旣誅餘寇匿山谷恃險結集剽劫爲患王繼恩百計召誘不至正諭以朝廷恩信皆相率出降未幾加峰州團練使與雷有終僉爲西川招安使代王繼恩正木彊好凌人自謂平賊有勞受人主知無所顧忌數面攻兩川官吏之短而暴揚之衆積怨怒多上章訴其不法者太宗謂近臣曰人臣可任用者朕常欲保全正婞直而失於謙和每謗書至朕雖力與明辨然衆怒難犯恐其不能自全乃賜手札戒諭曰言者君子之樞機樞機之發榮辱之主不可不愼也夫遇事輒發悔不可及儻自恃無瑕而好面攻人之短豈謂喜怒不形於色耶當以和輯遠民爲念斯盡善矣正上表謝眞宗卽位改莊宅使是秋廣武叛卒劉旴嘯聚數千輩逐都巡檢使韓景祐略漢蜀邛州懷安永康軍正與鈐轄馬知節領兵趨新漢抵方井擊敗之斬旴平其黨還南作坊使賜錦袍金帶咸平初召還擢拜東上閤門使勾當軍頭引見司俄權戶部使二年出知滄州徙高陽關副都署眞拜洺州團練使車駕北巡以爲行營先鋒鈐轄尋知青州未行會王均叛屬命爲峽路都鈐轄移知梓州又歷滄瀛鎭貝四州高陽關部署以足疾求知磁州手詔慰勉會邢州地震民居不安徙正典之移潞州景德中以河北新經兵革愼擇守臣以正知貝州還洺州防禦使復知滄州移同州再表引年授左龍武軍大將軍平州防禦使分司西京尋以本官致仕賜全俸仍以見緡給之四年卒年七十五子彙至內殿崇班

盧斌開封人以筆札事晉邸太宗卽位補殿直雍熙中領兵屯霸州會大舉北伐令以五千騎隨曹彬抵祁溝時契丹據河王師乏水斌請以千弩斫砦契丹遁去遂移軍夾河旣克涿州令斌以萬人戍守會食盡大兵將還斌因懇言涿州深在北境外無援兵內無資糧丁籍殘失守之無利今若還師必須結陣而去以一陣之役比於固守其利百矣復慮遼人乘便剽襲宜爲之備彬以爲然遂令斌擁城中老幼並狼山南還易州彬之旋也無復行伍果爲契丹所乘諸將皆以失律被譴斌亦下樞密院問狀太宗聞其嘗建議棄涿州遂釋不問以爲霸州破虜軍緣邊巡檢端拱中又爲永興軍華州巡檢時大賊侯和尚劉渥劫興平櫟陽殺捕賊官二人斌率兵掩襲且追且鬬薄南山渡渭水抵鳳翔復至耀州擒斬並盡以勞改供奉官召還面加獎慰授閤門祗候又賜白金緡錢衣帶尋爲梓遂十二州都巡檢使太宗諭之曰川陝人情易搖設有寇攘雖他境亦當襲逐仍許便宜從事不須中覆淳化二年賊任誘等寇昌合州斌率兵頓昌州南牛鬬山偵知賊在龍水鎭値大雨斌馳馬四十里騎從數十人遂斬誘等百餘級賊衆悉平三年富順監蠻掠榮州斌晨夜倍道以赴得州兵千八署隨軍糧料以張其勢蠻乃遁追至地頭鎭東南八十里樹柵招其酋甫羌一阿奴綢諭以朝旨歃血刻石爲盟而遣之俄而榮戎資州富順監賊十五隊鈔鄉邑斌擒三百人部送闕下餘悉臨敵斬戮四年賊王晝復起榮資斌擊滅之盡縛以獻還內殿崇班是冬李順爲亂斌卽率兵六百抵成都關戰連月殺數萬人明年成都不守斌還梓州集十州兵赴援知州張雍委以監護之任會江水泛溢毀子城斌勸諭州民翌日畚鍤大集自城西大濠中掘塹深丈決西河水注之以環城二月賊渠相里貴衆二十一萬傅城下城中兵裁三千斌曰軍法倍兵不戰然狂醜烏合非訓練之師以吾仗天子威靈必可殲蕩卽感厲士伍負土塞南北門爲固守之計又突出與賊戰擊刺三十餘合賊稍卻俄復大設機石連弩衝車雲梯四面鼓譟乘城矢石亂下斌與州將隨機設備長圍八十日會王繼恩令石知顒率兵來援斌出東門迎勞王師賊不戰而潰斌乘勝追斬及納降二萬餘五月賊數萬圍閬州斌領千兵赴之斬首五千圍遂解又至蓬州老雅山賊衆三千爲陣拒斌斌擊敗之至城下賊復大集斬三千級蓬州平斌傳詔安撫蓬閬渠達四州擢授西京作坊使領誠州刺史斌在川陝六年以孤軍禦寇累立戰功表求入奏太宗遣使諭之曰侯妖孽盡殄當召汝旣而賊黨集梓綿漢三州境上斌往平之未幾代還太宗親加勞問拜東上閤門使檢校左僕射加食邑三百戶賜白金千兩袍笏金帶上言葭萌路出師討賊可直入利州若寇焚棧道劍門之險不足固也請置砦柵從之尋命爲銀夏兵馬鈐轄遣與李繼隆等五路出師討李繼遷斌求對懇言曰羌夷之族馬驕兵悍往來無定敗則走他境疾戰沙漠非天兵所利不若堅保靈州於內地多積芻糧以師援送苟其至也會兵首尾擊之庶幾無枉費而不失固圉之策矣時業已出師不從其議改授靈環路鈐轄領兵二萬爲前鋒令於烏白池與諸軍會斌謂李繼隆曰靈州抵烏白池月餘方至若自環州橐駝路裁十日程卽不俟詔而往與諸將失期不見賊而還俄徙屯寧州以疾召歸勾當軍頭引見司咸平初卒年五十子文質殿中丞

周審玉開封人父勳以親校事唐明宗累立戰功太平興國中至隰州團練使周顯德初審玉蔭補殿直從世宗平瓦橋關甚見親信太祖受禪爲供奉官未幾加閤門祗候累遷崇儀洛苑副使西京作坊使雍熙中契丹犯塞潘美屯師定州審玉爲監軍嘗與敵戰而先鋒劉緒陷賊審玉躍馬趣擊拔緒而還以勇敢聞淳化中知貝州有驍捷卒戍州者三十七人同謀殺審玉刼庫兵而叛推虞侯趙咸雍爲首審玉覺之與轉運使王嗣宗率兵悉擒其黨斬十五級磔咸雍於市先是咸雍父鏻晉天福中嘗誘契丹屠州城至是五十年而其子戮於都市舊老猶記其事咸異之審玉以功領順州刺史至道初徙幷州鈐轄咸平初知鳳翔府有桑門乘傳而西以市木爲名威動府縣審玉曰此有所倚而爲也因按詰之盡得其姦狀杖其背械送闕下以目疾代還奉朝請俄丁內艱旣而謂親友曰僕齒髮遲暮而未能辭祿仕者良以慰母心爾今可行其志矣乃拜章請老得千牛衛大將軍致仕三年卒年七十四審玉晚年好讀神農本草留意方術少長兵間習知攻守之法眞宗嘗召至便坐示以攻戰器方奏對疾作詔遣使就第賜白金慰恤之子允迪爲虞部員外郎

裴濟字仲溥絳州聞喜人唐相耀卿八世孫後徙家河中濟少事晉邸同輩有忮悍者濟屢糾其過失被譖出補太康鎭將未幾譖濟者坐法太宗知濟可任會卽位

補殿直，爲天威軍兵馬監押。及平太原，征幽薊，濟迎謁陷匿令監軍易州契丹攻城不能下以勞遷西頭供奉官太平興國末江表盜起命爲巡檢還崇儀副使召還遷崇儀使監戍兵於威虜軍塗次鎮州夜有賊騎扣城門太呼曰官軍至矣州將然之促守吏開關濟遽止之曰此必妄也及旦果有敵兵遯去太宗嘉之遷西上閤門使定州都監就加行營鈐轄尋知定州契丹三萬騎來攻濟逆擊於徐河斬數千級獲牛馬鎧仗甚衆淳化初與周瑩同判四方館未幾爲鎮州行營鈐轄又與李繼隆擊賊於唐河濟短兵陷陣賊大敗走優詔褒美初繼隆以濟性剛不悅之及是役撫濟恨相知之晚改四方館使復知定州徙天雄軍鈐轄遷客省使復知定州至道二年改內客省使知鎮州立春日出土牛以祭酌奠始畢有卒挾牛去濟察其舉止知欲爲變亟命擒之果有竊發者數十人已劫鄽闠矣悉蒐捕腰斬之軍民肅然濟在鎮定凡十五年威績甚著召還知天雄軍咸平初李繼遷叛以濟領順州團練使知靈州兼都部署至州二年謀緝八鎮興屯田之利民甚賴之其年清遠軍陷夏人大集斷饟道孤軍絕援濟刺指血染奏求救甚急兵不至城陷死之上聞嗟悼特贈鎮江軍節度三子並優進秩濟在諸使中甚有聲望及沒夏人皆惜之景德中濟妻永泰郡君景氏卒特詔追封平陽郡夫人諸子給奉終喪子德谷虞部郎中德基至如京使德豐殿中丞濟兄麗澤弟麗正並進士及第麗澤至右補闕麗正至金部員外郎麗正子德輿爲殿中丞

李繼宣開封浚儀人乾德中補右班殿直令與御帶更直裁十七歲命往陝州捕虎殺二十餘生致二虎一豹以獻太平興國初掌南作坊使改供奉官出爲邠寧慶三州巡檢都監繼宣本名繼隆與明德皇后兄同姓名至是太宗爲改焉五年召還承受定州路奏事奉詔脩長城口平塞威虜靜戎軍保州又領兵入敵境獲老幼千餘牛畜數百又率兵扞契丹于乾寧泥姑海口契丹寇靜戎軍從崔彥進過拒馬河接戰自午至申大敗之又爲貝州監軍雍熙三年曹彬北征繼宣從先鋒李繼隆至方城力戰三日大軍繼至遂克固州進壁涿州東又與敵鬬乘勝攻北門克之日領輕騎渡涿河覘敵勢又將五千騎援米信因率勁騎追至新城北大敗之斬其酋賀思相公繼宣亦中流矢大軍還雄州取芻糧遇契丹新城疾戰至暮繼宣中十創劒及兜鍪明日復戰繼隆爲敵所邀繼宣以所部拔之且戰且行奪涿河數日乃至涿州及棄州保岐溝關又戰拒馬上追奔至孤山契丹乃引去留屯滿城俄還貝州召入以功超授崇儀使代王繼恩爲易州駐泊都監賜錢五十萬白金五百兩又領騎兵五千戍北平押大陣東偏受田重進節度屯長城口敵至大溝繼宣進滿城敵至定州奪唐河橋重進召繼宣泊田紹斌赴援紹斌爲敵所敗繼宣獨拔部轉鬬入定州敵兵北去重進命將五千騎躡其後抵拒馬河及敵據楊疃繼宣徑掩擊之遂焚廬舍而遁雍熙四年爲高陽關行營都監端拱初契丹騎至瀛鎮繼宣率步騎萬人入敵境抵勝務焚聚落獲生口契丹乃引還時易州候騎不至繼宣於易州平塞軍長城口威虜靜戎順安軍至高陽爲望櫓七所舉烽以候警急二年爲鎮定高陽關三路排陣都監押大陣西偏與李繼隆部芻糧抵威虜還度徐河爲敵追襲繼宣駐軍與鬬殺獲甚衆又領騎二千敗契丹於保州西射城追薄西山有詔褒美淳化三年徙知保州又轉莊宅使築關城浚外濠葺營舍千五百區造船一百艘入雞距泉以運糧人咸便之數月徙定州行營都監戍深州改高陽關行營都監課軍中勁弩爲入陣之備五年領高州刺史會契丹泛海劫千乘縣繼宣請於海口置砦以禦之至道三年遷北作坊使俄召還加南作坊使出爲鎮州行營鈐轄契丹寇定州命主無地分馬敵至懷德橋繼宣領兵三千掩襲之至則契丹已壞橋繼宣橫木而度追奔五十餘里契丹焚鎮州中渡常山二橋繼宣領兵趣之契丹保豐隆山砦繼宣伐木治常山橋契丹聞之大懼拔砦遁走繼宣銳於追襲傅潛爲部署繼宣詣潛請行頗爲所抑及召潛屬吏詔繼宣與高瓊同主軍事逐敵越拒馬河復爲鎮州鈐轄受詔按視緣邊城砦權知威虜軍敵騎至城下屢出兵設伏斬獲甚衆俄還鎮州咸平四年拜西上閤門使領康州刺史爲前陣鈐轄與秦翰楊延昭楊嗣分屯靜戎威虜敵至會師于威虜延昭嗣輕騎先赴羊山繼宣與翰分左右隊各整所部翰全軍亦往繼宣留壁赤虜止以二騎繼進至則延昭嗣適爲敵所乘繼宣即召赤虜之師與翰師合勢大戰敵走上羊山繼宣逐之環山麓至其陰繼宣馬連中矢斃凡三易騎進至牟山谷大克捷延昭嗣翰之師初頓赤虜既而退保威虜繼宣以所部獨與敵角薄暮始至威虜詔書稱獎特加檢校官及食邑明年徙定州鈐轄扞契丹于唐河會緣邊都巡檢使楊延昭楊嗣禦敵師敗詔繼宣與內殿崇班王汀代之望都之敗敵騎剽郡縣繼宣壁徐河契丹數十隊薄威虜威虜魏能與戰走之久而繼宣始至又寇靜戎汀請分兵自將襲契丹繼宣拒之雖日出遊騎偵敵勢屢徙砦而未嘗出戰爲能汀所發召還令樞密院問狀降爲如京副使景德初加如京使鎮州鈐轄契丹乘秋來攻時桑贊病足鄭誠赴定州繼宣獨主鎮州全師歷屯邢趙及與契丹和命爲高陽關鈐轄是冬復爲西上閤門使領康州刺史三年兼知瀛州繼宣罕識字上以河間郡事繁慮獄訟有枉命高繼勳代之止爲鈐轄大中祥符初徙鎮定兩路鈐轄進秩東上閤門使召還改鄆州部署加四方館使以疾授西京水南都巡檢使每夕罕巡警爲留司所舉特詔增巡檢一員專主夜巡六年疾甚求至京師尋醫卒年六十四子守忠左侍禁閤門祗候

張旦趙州人勇敢善射以經學中第至國子博士淳化中知陵州時李順搆亂連下城邑賊黨數萬攻陵州州兵不滿三百舊不設城塹旦修完戰具置鹿角砦驅市人進戰大敗之殺五千餘人獲器械萬計詔書褒之特遷水部員外郎賜緋魚由是知名數月西川招安使上官正言雅州密邇蠻蜑在於鎮撫須得其人伏見水部員外郎張旦前守陵州以孤軍抗羣寇保全壁壘至今劒外伏其威名望改授諸司使令知州事上以省郎之重不欲換他職乃授刑部員外郎賜金紫乘傳之任寇不敢犯眞宗即位遷兵部員外郎改尚食使知德清軍景德中契丹入寇陷軍壁旦與其子利涉率衆奮擊並戰沒上聞之驚悼特贈左衛大將軍深州團練使利涉崇儀副使錄其四子官時有上封事者言朝廷宜優加恩典以勸忠臣詔以恤旦事告諭天下又虎翼都虞候胡福戍軍城率兵力戰金創徧體猶奮劒轉鬬矢無虛發麾下已盡獨挺刃殺數十人副指揮使尚祚能運大撾所斬首拉脅者亦百餘人衆寡不敵遂與指揮使張睿劉福都頭輔能等四人並死之眞宗嘉歎其忠勇遣使訪遺骸唯得福尸命其子厚葬之贈福洺州團練使祚濱州刺史睿演州刺史劉福臨州刺史能等並贈諸衞率府副率又邯鄲令李晦辭赴任值道梗留德清同拒敵侍禁夏承皓部兵至大名界遇敵皆戰沒贈晦辭工部員外郎承皓崇儀使時又贈受事河朔而沒者殿直劉超供備庫使入內高班內品李知順爲六宅副使奉職胡度等三人爲內殿崇班仍各錄其子及賜其家金帛

張煦字輔陽開封人開寶末補府中牙職雍熙二年自陳太宗尹京嘗事左右命爲殿前承旨遷殿直欽州監軍兗人黃行達弟坐法抵死行達誣州將故入其罪詔宣州通判姚鉉與煦鞫之即日決遣還擢供奉官閤門祗候占謝日又改內殿崇班鎮定邢趙山西土門路都巡檢使契丹騎兵剽境上煦以所部斬首數十走之葛霸周瑩李繼宣稱其幹舉有詔嘉獎代還拜供備庫副使權知環州數月改岢嵐軍使又知保安軍咸平中王均亂蜀以煦爲緜漢劒門路都巡檢使又與雷有終進攻成都煦主東砦焚其郛及樓堞均突圍而遁賊平以功就遷正使徙益州都監與知州宋太初同提總本路諸軍事有戰艦卒將謀擾動煦即日斬之夏人寇邊改涇原儀渭都鈐轄又爲邠寧環慶路鈐轄兼巡檢安撫都監累躡寇入賊中掩殺甚衆有詔嘉獎會遣王超張凝秦翰援靈武命煦爲西路行營都監至鎮戎聞靈武已陷復還本任與張凝入西夏境出白豹鎮至柔遠川夏人七百餘邀戰煦與慶州監軍張綸擊殺甚衆淸遠故城有酋長請以甲騎三萬來降煦與凝曰此詐也亟嚴兵以待之果然凝按部歸環州道爲敵所邀煦聞之領所部銳兵自慶州赴之一夕與凝會射殺其大將與凝同還景德元年加領賀州刺史復爲涇原儀渭鎮戎軍鈐轄再知環州四年宜州戍卒陳進反命副曹利用爲廣東西路安撫使賊衆擁判官宜州盧均僭號南平王圍象州煦以兵會利用斬之初與利用同署紙人持百枚備給立功將士及破賊利用在前軍無所給煦在後而所給過半眞宗謂其太過賊平改如京使知懷州東封歲權河陽鈐轄還文思使知曹州會江淮災歉分命大藩長吏綏撫以煦爲江南西路安撫都監俄還濟陰加北作坊使又徙滄州就轉宮苑使領康州刺史大中祥符九年加領昭州團練使知鄜州未幾復知滄州天禧三年拜西上閤門使徙并代鈐轄以老疾求近郡得知磁州四年卒年七十三煦明術數善相宅時稱其妙

張佶字仲雅本燕人後徙華州渭南初名志言後改焉父昉殿中少監佶少有志節始用蔭補殿前承旨以習儒業獻文求試換國子監丞遷著作佐郎監三白渠知涇陽縣端拱初爲太子右贊善大夫曹州民有被誣殺人者詔往按之發擿姦伏寃人得雪尋通判忻州遷殿中丞兼御河督運至道中通判陝州再部送芻糧赴靈武就改國子博士咸平初擢爲陝西轉運副使賜緋魚至延安遇夏人入寇親督兵擊敗之三年徙西川轉運

副使時詔討王均以餽餉之勞遷虞部員外郎賊平分川陝爲四路以佶爲利州路轉運使有薦其武幹者召還授如京使涇原鈐轄兼知鎮戎軍徙麟府路鈐轄夏人來寇佶率兵與戰親射殺酋帥俘獲甚衆餘黨遁去詔書褒之賜錦袍金帶景德中徙益州鈐轄加宜州刺史遷文思使佶御軍撫民甚有威惠蜀人久猶懷之大中祥符四年車駕祀汾陰以爲西京舊城巡檢鈐轄禮成加授北作坊使充趙德明官告使又爲鄜延鈐轄會秦州李濬暴卒上語近臣曰天水邊要宜速得人馬知節稱佶可任上然之遂改騏驥使就命知秦州至州置四門砦開拓疆境邊部頗怨又臨渭置采木場戎人不之爭移帳而去佶不甚存撫亦不奏加賚賜邊人追悔引衆刼掠佶深入掩擊敗走之議者又欲加恩宗哥立遵等族以扼平夏佶請拒絕之事具吐蕃傳朝廷始務寧邊以佶輕信易事徙邠寧路鈐轄天禧初召爲契丹國信副使再任邠寧兼知邠州還宮苑使未逾月擢拜西上閤門使復爲涇原鈐轄四年卒年六十九佶涉獵書史好吟詠勇敢善射有方略其總戎護塞以威名自任子宗象兵部員外郎直史館度支判官

論曰自古盛德之世未嘗無邊圉之患要在得果毅之臣以扞禦之昔人有言誰能去兵漢祖亦云安得猛士蓋爲此也李順叛蜀攻陷郡邑正扞刼門弒守梓潼其績最多契丹入寇審玉繼宣拔陷將於重圍之中固有餘勇佶煦宣力西南勤幹威惠亦皆可取濟旦以孤城扞強寇援絕戰死一代死事之表表者其可泯諸

宋史卷三百九

元　中　書　右　丞　相　總　裁　脫　脫　等　修

列傳第六十八

王延德　常延信　程德玄　王延德
魏　震　張　質　楊允恭　秦　義
謝德權　閻日新　靳懷德

王延德開封東明人曾祖芝濮陽令祖璋相州錄事參軍父溫晉末契丹內寇溫率鄉豪捍蔽境內里人德之宣祖掌畿甸兵與溫厚善延德方總角宣祖愛其謹重名置左右太宗尹京署爲親校專主庖膳尤被倚信太平興國初授御厨副使數月遷正使從征太原未幾加尚食使賜浚儀縣壽昌坊宅一區俄領薊州刺史兼掌武德司改皇城使掌御輦院左藏庫延德所領凡五印因對懇讓遂罷左藏御厨八年兼充親王諸宮使延德素謹愼以舊恩每延訪外事端拱初領本州團練使淳化中當進秩延德與王繼恩杜彥鈞使額已極特置昭宣使以延德等爲之至道二年加領平州防禦使眞宗嗣位改領懷州永熙復土提點繇路供頓咸平初出知華州占謝日面請罷昭宣使從之實以禦侮正秩奉給優厚故也上幸大名爲東京舊城都巡檢使明年以風痺請告遣還本郡是冬卒年六十四贈邕州觀察使延德所至好撰集近事掌御厨則爲司膳錄掌皇城司則爲皇城紀事錄從郊祀爲行宮使則爲南郊錄奉詔修內則爲版築記從靈駕則爲永熙皇堂錄山陵提轄諸司記及治郡則爲下車奏報錄先是詔史官修太祖太宗實錄多以國初事訪延德又上太宗南宮事迹三卷子應昌莊宅使端州團練使

常延信并州平晉人祖思仕周歷昭義歸德平盧三鎭節度延信皆補牙職領和州刺史思卒入爲六宅使領郡如故建隆初改領平州坐與妻族相訟左授右監門衞副率領護滑州黃河隄開寶中爲京新城外汴河南巡檢出爲潼關監軍延信以關路巖險奏易道路及塡禁阬役工四十餘萬又監通許鎭兵改梓遂十二州都巡檢使賜袍帶錢百萬太平興國初秩滿留再任賜錢四十萬時亡命卒多以山林爲寇延信嘗領徒捕殺三百餘人又爲唐鄧都巡檢使代還繼改右清道右司禦二副率雍熙三年命督鎭州以北至軍前芻糧是冬爲全邵六州都巡檢使令疾置之任就充羊狀六砦都鈐轄還右衞副率會誠州蠻歸欵命延信馳入溪洞索其要領又逐蠻直趣古鎭過西延大木諸洞蠻人慴伏淳化中歷襄鄧宋曹等州都巡檢使改左監門衞將軍屢部徒修護河防改左領軍左屯衞二將軍充西京水南都巡檢使有盜掠彭婆鎭及甲馬營延信馳以往悉擒之咸平中歷太康鞏縣二監軍景德二年卒年六十四

程德玄字禹錫鄭州滎澤人善醫術太宗尹京邑名置左右署押衙頗親信用事太祖大漸之夕德玄宿信陵坊夜有扣關疾呼趣赴宮邸者德玄遽起不暇盥櫛詣府府門尚關方三鼓德玄不自悟盤桓久之俄頃見內侍王繼恩馳至稱遺詔迎太宗卽位德玄因從以入拜翰林使太平興國二年陳洪進來朝命德玄迎勞之船艦度淮暴風起衆恐皆請勿進德玄曰吾將君命豈避險以酒祝而行風浪遽止三年遷東上閤門使兼翰林司事是秋領代州刺史從征太原爲行宮使師還以功改判四方館事俄遷領本州團練使又加領本州防禦使五年坐市秦隴竹木聯筏入京師所過矯制免算又高其估以入官爲王仁贍所發責授東上閤門使領本州刺史陝府西南轉運使左拾遺韋務昇京西轉運使起居舍人程能判官右贊善大夫時載坐縱德玄等於部下私販鬻務昇洎能並責授右贊善大夫載將作監丞是冬車駕幸魏府命總御營四面巡檢掌給諸軍資糧德玄攀附至近列上頗信其言繇是趨附者甚衆或言其交游太盛遂出爲崇信軍節度行軍司馬踰年復拜慈州刺史移知環州時西鄙酋豪相繼內附詔以空名告敕百道付德玄得便宜補授頃之以疾求致仕優詔不許淳化三年改本州團練使知邠州未半歲復典環州李順之寇西蜀移知鳳州兼領鳳城階文等州駐泊兵馬事徙慶州咸平中入朝眞宗命坐撫勞訪以邊事俄出知并州兼并代副都部署移鎭州受代歸闕景德初卒年六十五大中祥符中其子繼宗上章懇祈贈典上憫之特贈鄭州防禦使兄德元同仕王府至內酒坊副使繼宗東頭供奉官閤門祗候次子繼忠內殿崇班德元子貢大中祥符五年舉進士累遷太常博士

王延德大名人少給事晉邸太平興國初補殿前承旨再遷供奉官六年會高昌國遣使朝貢太宗以遠人輸誠遣延德與殿前承旨白勳使焉自夏州渡河經沙磧歷伊州望北庭萬五千里雍熙二年使還撰西州程記以獻授崇儀副使掌御厨明年拜正使出知慶州淳化二年代還監折博倉延德與張齊賢善因國子博士朱貽業通言齊賢求免掌庾希進用齊賢爲言之上怒曰延德願掌倉以自效未踰月又藉宰相求免何也因召延德詰責自言未嘗遣貽業詣相府有所求請上疑齊賢不實召貽業至貽業又諱之齊賢恥自辨因頓首稱罪上怒卽以延德領懿州刺史以寵之五年提點三司衙司磨勘憑由司未幾拜左屯衞大將軍樞密都承旨俄授度支使眞宗卽位轉左千牛衞上將軍充使如故延德前使西域冒寒不汗得風痺疾艱於步履咸平初出爲舒州團練使知鄆州徙青州坐市物有剩利降授左武衞將軍久病落籍遣家人代詣登聞鼓院求休致上以其久事先帝復授左千牛衞上將軍致仕景德三年卒年六十八延德以攀附得官頗險好進時人惡之兄延之乾德六年進士至屯田郎中致仕

魏震不知何許人祖浩贈國軍榷鹽制置使父鉞蒲臺令震初用祖蔭當補廷職自以習詞業不屑就姚恕嘗與鉞蒲臺交代及爲皇子教授太宗在藩邸恕嘗稱震之材因召寘邸中卽位補殿直廬壽八州巡檢從征河東掌行在左藏庫改供奉官雍熙初溫州進瑞木成文震作詩賦以獻拜崇儀副使賜白金二千兩掌內弓箭庫出知保州會諸將北伐爲幽州西北路鈐轄下飛狐蔚州以功就遷崇儀使知蔚州復知保州移秦州鈐轄端拱中召拜西上閤門使俄知廬州徙澶州淳化二年進東上閤門使知鳳州坐事免至道初起爲洛苑使知洪州二年復爲東上閤門使知定代二州並兼行營鈐轄咸平元年卒子致恭殿中丞

張質字守朴博州高唐人少孤養于兄贊贊爲樞密院典謁質因得隸兵房頗爲趙普曹彬所知太宗征河東還駐鎭陽彬方典樞務一夕議調發屯兵將軍載簿領阻留在道質潛計兵數部分軍馬及得兵籍較之悉無差謬淳化中累遷本房副都承旨咸平初授左監門衞將軍樞密副都承旨先是樞密吏皆以年勞次補有至主事而僭其職者景德三年夏內出公事三條令主事以下詳決之命質與禮房副承旨尹德潤宿御書院考第翌日上親臨閱視凡選補四十餘人不中式除崇班供奉官奉職者十餘人以質爲左屯衞大將軍加給月奉歷右神武軍右衞二大將軍大中祥符七年轉都承旨在樞要僅五十年練習事程精敏端慤未嘗有過舊本院吏罕有遷至都承旨者上素知質廉謹故以授之嘗召問五代以降洎國初軍籍更易之制且命條具利害質纂爲三篇目曰兵要以進上覽而稱善好養生之術老而不衰以是多接隱人方士然語不及公家事每大祀巡幸質多爲行宮使或領巡檢提點供頓之務天禧元年九月方候對承明殿暴中風眩輿歸卒年七十四錄其子大理評事純爲衞尉寺丞孫思道爲三班奉職

楊允恭漢州綿竹人家世豪富允恭少倜儻任俠乾德中王師平蜀羣盜竊發允恭裁弱冠率鄉里子弟砦于清泉鄉爲賊所獲將殺之允恭曰苟活我當助爾賊素聞其豪宗乃釋之陰結賊帥子日與飲博陽不勝償以貲使伺賊將害允恭其子以告因遁去內客省使丁德裕討賊至州允恭以策干之署綿漢招收巡檢賊平補殿前承旨太平興國中以殿直掌廣州市舶自南漢之

後海賊子孫相襲大者及數百人州縣苦之允恭因部運入奏其事太宗即命爲廣連都巡檢使又以海鹽盜入嶺北民犯者衆請建大庾縣爲軍官鬻鹽市之詔建爲南安軍自是冒禁者少賊有葉氏者衆五百餘往來海上允恭集水軍造輕舠掩襲其首斬之餘黨棄船走伏匿山谷允恭伐木開道悉殲焉賊寇每遇風濤則遯止洲島間允恭領衆涉海捕之殆盡賊皆望風奔潰又抵漳泉賊所止處盡奪先所刼男女六十餘口還其家詔書嘉奬賜錢十萬轉供奉官詔歸改內殿崇班時緣江多賊命督江南水運因捕寇黨行及臨江軍擇驍卒挐輕舟伺下江賊所止夜發軍城三鼓遇賊百餘拒敵久之悉梟其首又趣通州境上躡海賊賊係衆舟張幕發勁弩短畷允恭兵刃所向多爲幕所縈礙中允恭左肩流血及袖容色彌壯徐遣善泅者以繩連鐵鈎散擲之壞其幕士卒爭進賊赴水死者大半擒數百人自是江路無剽掠之患以功轉洛苑副使江淮兩浙都大發運擘畫茶鹽捕賊事賜紫袍金帶錢五十萬先是三路轉運使各領其職或廩庾多積而軍士舟楫不給雖以官錢雇丁男挽舟而土人憚其役以是歲上供米不過三百萬允恭盡籍三路舟卒與所運物數令諸州擇牙吏悉集允恭乃辦數授之江浙所運止于淮泗由淮泗輸京師行之一歲上供者六百萬淳化五年轉西京作坊使初產茶之地民輸賦者悉計其直官售之精麤不校咸輸榷務商人弗肯售久即焚之允恭曰竭民利而取之積腐而棄之非善計也至道初劉氏建議請廢緣江榷務許商人過江聽私貨鬻允恭以爲諸州新陳相採兩河諸州風土各有所宜非雜以數品即商人少利請依舊江北置務均色號以年次給之事下三司鹽鐵使陳恕等以允恭議爲是詔從之即命允恭爲發運使始改擘畫爲制置以西京作坊副使李延遂著作佐郎王子輿並爲同發運使巢廬江二縣舊隸廬州道遠多寇民輸勞費允恭請以二縣建軍詔許之以無爲爲額淮南十八州軍其九禁鹽地則上下其直民利商鹽之賤故販者益衆至有持兵器往來爲盜者允恭以爲行法宜一即奏請悉禁而官遣吏主之事下三司三司言其不可允恭再三爲請太宗始從之是歲收利巨萬允恭與王子輿秦羲同主茶鹽之任多作條制遂變新法眞宗即位改西京左藏庫使又言川峽鐵錢之弊曰凡民出之稅昔輸銅錢之一今輸鐵錢亦一而吏卒奉舊給銅錢之一今給鐵錢五及行用交易則鐵錢之十爲銅錢之一且民入田稅以一爲十官失其九矣吏卒奉給增一爲五官又失其四矣吏卒得五用十復失其半矣臣在先朝嘗陳其事願變法以革其弊先帝方議行之會賊順叛擾而止今陛下繼成先烈可遂建其法使民不失所且饒信之銅積數千萬若遣運于荆達于蜀蜀素多銅俾夔益遂各置監鼓錢歲用均給不十年悉用銅錢矣議雖未用然自是吏卒奉給始改用十鐵錢易銅錢之一俄知通利軍兼黃御河發運使會議減西鄙屯兵以息轉餉召允恭與崇儀副使竇神寶閤門祗候李允則馳往經度圖上郡縣山川之形勝允恭因建議曰自環州入積石抵靈武七日程芻粟之運其策有三然以人以驢其費頗煩而所載數尠莫若用諸葛亮木牛之制以小車發卒分鋪運之每一車四人挽之旁設兵衞加戈刃于其上寇至則聚車於中合士卒之力禦寇于外尋爲議者所沮而止復遣之任又議江淮鹽鐵使陳恕力爭詔從允恭之議加領康州刺史咸平初以北邊賣馬未有定直命允恭主平其估乃置估馬司鑄印以爲常制王均之亂上慮南方有聚寇命允恭爲荆湖江浙都巡檢使內殿崇班楊守遵副之賜與甚厚二年夏以疾聞遣其子大理評事可乘傳侍疾七月卒于昇州年五十六賜其次子告同學究出身賻錢二十萬絹百匹又以錢五萬帛五十匹給其家命揚州官造第一區賜之允恭有膽幹能以方略捕賊王小波之亂也李順之兄自榮據綿竹土人多被脅從允恭兄允升弟允元率鄉里子弟併力破之又爲王師鄉導執自榮詣劍門以獻王繼恩表其事詔賜允升學究出身授本縣令允元什邡令明年召赴闕授允升右贊善大夫允元大理評事可咸平元年進士喜屬文有吏幹累召試歷戶部鹽鐵判官知洪宣潤壽潭州至都官員外郎告虞部員外郎

秦羲字致堯江寧人世仕江左曾祖本岳州刺史祖進遠寧國軍節度副使父承裕建州監軍使知州事李煜之歸朝也承裕遣羲詣闕上符印太祖召見悅其趨對詳謹補殿直令督廣濟漕船太平興國中有南唐軍校馬光璉等亡命荆楚結徒爲盜羲受詔縛光璉以獻太宗壯之積勞改西頭供奉官決獄于淮南諸州淳化中又督洛南採銅雷有終稱其有心計遣監興國軍茶務會楊允恭改茶鹽法薦羲掌眞州榷務尋提點淮南西路茶鹽得羨餘十餘萬遂與允恭同爲江淮制置擢授閤門祗候兼制置茶稅咸平初入奏眞宗面加慰勞淮南榷鹽二歲增錢八十三萬餘貫以勞改內殿崇班又兼制置荆湖路江南羣盜入爲民患羲討捕皆盡四年領發運使事改供備庫副使獻議增榷酤歲十八萬緡所增既多尤爲刻下會歲旱詔罷之景德初遷供備庫使知江陵府坐舉官不如狀削秩大中祥符初起授供備庫副使宿州監軍稍遷東染院副使明年廣州言澄海兵嘗捕宜賊頗希恩榮驁軍中不能制部送闕下上以遠方大鎮宜得材幹之臣鎮撫之宰相歷言數人皆不稱旨上曰秦羲可當此任復授供備庫使充廣州鈐轄歷東染院使知蘇州改崇儀使提舉在京諸司庫務因對求典藩郡遷內園使知泉州天禧四年代還道病卒年六十四羲知書好爲詩喜賓客頗有士風歷財貨之任凡十餘年精勤練習號爲稱職

謝德權字士衡福州人父文節初仕王氏爲侯官令後入南唐爲忠烈都虞候饒州團練使以驍勇聞周世宗南征文節獨擐甲度大江潛覘敵壘吳人號爲鐵龍後守鄂州拒宋師戰沒德權初以父死事李煜署莊宅副使歸宋詣登聞檢院自薦補殿前承旨遷殿直陝西巡檢以勞就改右侍禁咸陽浮橋壞轉運使宋大初命德權規畫乃築土實岸聚石爲倉用河中鐵牛之制繫以竹索繇是無患咸平二年宜州溪蠻叛命陳堯叟往經度之德權預其行以單騎入蠻境諭以朝旨衆咸聽命堯叟以聞加閤門祗候廣韶英雄連賀六州都巡檢使代歸提點京城倉草場先是廥積多患地下濕德權累甓爲臺以藉之遂無敗腐京城衢巷狹隘命德權廣之旣受詔則先撤貴要邸舍羣議紛然有詔止之德權面請曰臣已受命不可中止今沮事者皆權豪輩吝屋室僦資耳非有他也上從之因條上衢巷廣袤及禁鼓昏曉之制會有兗人劉曄僧澄雅訟執政與許州民陰搆西夏爲叛者詔溫仲舒謝泌鞫問令德權監之旣而按驗無狀翌日對便殿具奏其妄泌獨曰追攝大臣獄狀乃具德權曰泌欲陷大臣耶若使大臣無罪受辱則人君何以使臣臣下何以事君仲舒曰德權所奏甚善上乃可之六年命城新樂縣還供奉官又命浚北平砦濠葺蒲陰城一日遽乘傳詣闕求對且言邊民多挈族入城居止前歲契丹入塞傳潛閉壘自固康保裔被擒王師未有勝捷臣以爲今歲契丹必寇內地令邊兵聚屯一處尤非便利願速分戍鎮定高陽三路天雄城壘闕遠請急詔甃之仍葺澶州城北治德淸軍城塹以爲豫備臣實慮蒲陰工作未訖寇必暴至上慰遣之旣而契丹果圍蒲陰及聞有詔脩河北行宮德權又驛奏請車駕毋渡河及至澶州德權單馬間道赴行在未幾遷內殿崇班提轄三司衙司德權爲設條制均其差使有大將隸內侍主藏內侍爲奏留覘免煩重之役德權携奏白上極言僥倖上稱其有守又命提總京城四排岸領護汴河兼督輦運前是歲役浚河夫三十萬而主者因循隄防不固但挑沙擁岸址或河流汎濫即中流復塡淤矣德權須以沙盡至土爲垠棄沙隄外遣三班使者分地以主其役又爲大錐以試築隄之虛實或引錐可入者卽坐所轄官吏多被譴免者植樹數十萬以固岸建議廢京師鑄錢監徙西窰務于河陰大省勞費改崇儀副使兼領東西八作司先時每營造患工少至終歲不成德權按其役皆尅日而就大中祥符元年議東封命與劉承珪咸綸同計度發運還供備庫使預修玉淸昭應宮時累徙民舍以廣宮地劉承珪議掘地及丈加築以壯基址德權患其勞役過甚曰與忿爭不能奪遂求罷復領京城倉草場導金水河自皇城西環太廟凡十餘里三年出知泗州占謝日自陳臣久領京務頗慮中外觀聽謂臣負譴外遷願稍進其秩詔改西染院使遣之至任踰月卒年五十八以其子平爲定遠主簿給奉終喪德權淸苦幹事好興功利多所經畫見官吏徇私者必面斥之所至整肅然喜采察纖微以聞于上朝論惡之

閻日新宿州臨渙人少爲本州牙職補三司使役吏淳化中選隸壽王府主邸中記簿眞宗卽位擢爲供奉官提點雄霸靜戎軍榷場咸平元年遷內殿崇班承典軍駐泊都監從劍門關兼知劍門縣就加供備庫副使慶州都監景德初命管勾邠寧環州駐泊兵馬時部署張凝屢入邊界焚族帳日新皆提兵應援俄知涇州未幾移慶州上言野溪三門等族恃嶮隘桀黠難制請開古川道東至樂業鎭西出府城從之就轉供備庫使知環州兼邠寧環慶路鈐轄緣邊都巡檢使安撫都監俄擿涇原儀渭路二年遷如京使領萬州刺史上朝陵東封皆命爲行宮使大中祥符初改文思使日新起胥史好云爲以進取嘗上言羣臣子弟以蔭得官往往未童齓以受奉望自今年二十以上乃給廩又京城百官早朝而學士丞郎舍人以上導從呵止太盛難於趨避望令裁減又屢請對多所建白且自陳筋力尙壯願正授刺郡守邊城以効用俄眞拜坊州刺史知渭州兼涇原路駐泊鈐轄將祀汾陰故改知同州事儲偫頓卽日新所

部車駕至迎謁獻方物勞問久之遂從祀脽上賜以襲衣金帶還過新市鎭又設綵樓樂伎以迎駕明年徙知徐州代還以足疾改右領軍衛大將軍昭州團練使知單州疾益甚許還京師天禧初卒年六十八

靳懷德博州高唐人祖昌範殿中丞父隱禹城令懷德太平興國中明法解褐廣安軍判官秩滿授鴻臚寺丞歷著作佐郎太子左贊善大夫通判相州改殿中丞通判廣州還國子博士通判滄州歷虞部比部員外郎又通判莫州知德州咸平中契丹入寇懷德固守城壁又轉運使劉通言其善政連有詔褒之徙知密州會留後孔守正之鎭代還鹽鐵使陳恕判官王濟薦其武幹換如京使知邛州懷德本名湘素遊寇準之門準父名湘景德中準方爲相懷德乃改名焉俄知滄州大中祥符初召還復遣之任吏民詣轉運使李士衡借留懷德士衡以聞未幾遷文思使三年秋以江左旱歉命爲洪虔十州安撫都監未至任改知曹州明年春還爲益州鈐轄加領長州刺史懷德歷官以强幹稱然酗酒多失將行別詔戒勗眞宗又面諭之就遷北作坊使在劍外軍民甚畏愛之復以善職入拜西上閤門使改領昭州刺史知澶州是州居水陸之要懷德悉心撫治頗著政績使車往復多稱譽焉又知陝州踰年歸闕而卒時天禧元年年七十三

論曰世乏全材則各錄其所長而用焉亦皆可以集事功允恭有心計好言事是時摘山煑海方舟之漕規制未備故因其建白而從之利甚博焉義亦精心斂職士大夫許其醖藉德權淸廉强悍矯名好威然其斥謝泌以大臣非可受辱議堂陛之分長者之言哉延德而下遴會進陟迭居事任其指使治迹各有可取者焉

宋史卷三百九考證

王延德傳再遷供奉官會高昌國遣使朝貢遣延德使焉雍熙二年使還○臣浩按此卷中有兩王延德同傳宋史新編兩人亦類叙而加一又字今考宋會要云雍熙中供奉官于延德使高昌則此王延德或于延德之訛也

宋史卷三百十

元　中書右丞相總裁脫脫等修

列傳第六十九

李迪 子柬之 肅之 承之 及之 孫孝基 孝壽 孝稱　王曾 弟子融

張知白　杜衍

李迪字復古其先趙郡人後徙幽州曾祖在欽避五代亂又徙家濮迪深厚有器局嘗携其所爲文見柳開開奇之曰公輔材也舉進士第一授將作監丞歷通判徐兗州改秘書省著作郎直史館爲三司鹽鐵判官東封泰山復通判兗州坐嘗解開封府進士失當謫監海州稅改右司諫起知鄆州詔糾察在京刑獄遷起居舍人安撫江淮以尙書吏部員外郎爲三司鹽鐵副使擢知制誥眞宗幸亳爲留守判官遂知亳州亡卒羣剽城邑發兵捕之久不得迪至悉罷所發兵陰聽察知賊區處部勒驍銳士擒賊斬以狥代歸會唃厮囉叛帝憂關中召對長春殿進右諫議大夫集賢院學士知永興軍城中多無賴子弟喜犯法迪奏取其甚者部送闕下徙陝西都轉運使入爲翰林學士嘗歸沐忽傳詔對內東門出三司使馬元方所上歲出入材用數以示迪時頻歲蝗旱問何以濟迪請發內藏庫以佐國用則賦歛寬民不勞矣帝曰朕欲用李士衡代元方俟其至當出金帛數百萬借三司迪曰天子於財無內外願下詔賜三司以示恩德何必曰借帝悅又言陛下東封時敕所過毋伐木除道卽驛舍或州治爲行宮裁令加塗壁而已及幸汾亳土木之役過往時幾百倍今蝗旱之災殆天意所以儆陛下也帝深然之他日又召對龍圖閣命迪草詔徐謂迪曰曹瑋在秦州屢請益兵未及遣遽辭州事第怯耳誰可代瑋者迪對曰瑋知唃厮囉欲入寇且闚關中故請益兵爲備非怯也且瑋有謀略諸將皆非其比何可代陛下重發兵豈非將上玉皇聖號惡兵出宜秋門邪今關右兵多可分兵赴瑋帝因問關右兵幾何對曰臣向在陝西以方寸小冊書兵糧數備調發今猶置佩囊中帝令自探取目黃門取紙筆具疏某處當留兵若干餘悉赴塞下帝顧曰眞所謂頗牧在禁中矣未久唃厮囉果犯邊秦州方出兵復召迪問曰瑋此舉勝乎對曰必勝居數日奏至瑋與敵戰三都谷果大勝帝曰卿何以知瑋必勝迪曰唃厮囉兵遠來使諜者聲言以某日下秦州會食以激怒瑋瑋勒兵不動坐待敵至是以逸待勞也臣用此知其勝帝益重之自是欲大用矣初上將立章獻后迪屢上疏諫以章獻起於寒微不可母天下章獻深銜之天禧中拜給事中參知政事周懷政之誅帝怒甚欲責及太子羣臣莫敢言迪從容奏曰陛下有幾子乃欲爲此計上大寤由是獨誅懷政等仁宗爲皇太子除太子太傅迪辭以太宗時未嘗立保傅止兼太子賓客詔皇太子禮賓客如師傅加禮部侍郎寇準罷帝欲相迪迪固辭一日對滋福殿有頃皇太子出拜曰陛下用賓客爲宰相敢以謝帝顧謂迪曰尙可辭邪拜吏部侍郎兼太子少傅同中書門下平章事景靈宮使集賢殿大學士初眞宗不豫寇準議皇太子總軍國事迪贊其策丁謂以爲不便曰卽日上體平朝廷何以處此迪曰太子監國非古制邪力爭不已於是皇太子於資善堂聽常事他皆聽旨準旣貶謂寖擅權用事至除吏不以聞迪憤然語同列曰迪起布衣至宰相有以報國死猶不恨安能附權倖爲自安計邪自此不協時議二府皆進秩兼東宮官迪以爲不可謂又欲引林特爲樞密副使而遷迪中書侍郎兼尙書左丞故事宰相無爲左丞者旣而帝御長春殿內出制書置榻前謂輔臣曰此卿等兼東宮官制書也迪進曰東宮官屬不當增置臣不敢受此命宰相丁謂罔上弄權私林特錢惟演而嫉寇準特子殺人事寢不治準無罪罷斥惟演姻家使預政曹利用馮拯相爲朋黨臣願與謂俱罷付御史臺劾正帝怒留制不下左遷迪戶部侍郎謂再對傳口詔入中書復視事出迪知鄆州仁宗卽位太后預政貶準雷州以迪朋黨傳會貶衡州團練副使謂使人迫之或諷謂曰迪若貶死公如士論何謂曰異日諸生記事不過曰天下惜之而已謂敗起爲祕書監知舒州歷江寧府兗州青州復兵部侍郎知河南府來朝京師時太后垂簾語迪曰卿向不欲吾預國事殆過矣今日吾保養天子至此卿以爲何如迪對曰臣受先帝厚恩今日見天子明聖臣不知皇太后盛德乃至于此太后亦喜以尙書左丞知河陽遷工部尙書太后崩召爲資政殿學士判尙書都省未幾復拜同中書門下平章事集賢殿大學士景祐中范諷得罪迪坐姻黨罷爲刑部尙書知亳州改相州旣而爲資政殿大學士翰林侍讀學士留京師迪素惡呂夷簡因奏夷簡私交荊王元儼嘗爲補門下僧惠淸爲守闕鑒義夷簡請辨詔諷之乃迪在中書所行事夷簡以齋祠不預降太常卿知岳州復刑部尙書知徐州迪奏所部鄰兗州欲行縣因祠岳爲上祈年禱皇子仁宗語輔臣曰大臣當爲百姓訪疾苦祈禱非迪所宜其毋令往久之改戶部尙書知兗州復拜資政殿大學士元昊攻延州武事久弛守將或爲他名以避兵迪願守邊詔不許然甚壯其意除彰信軍節度使知天雄軍徙青州踰年之本鎭請老以太子太傅致仕歸濮州後其子柬之爲侍御史知雜事奉迪來京師帝數遣使問勞欲召見以疾辭薨年七十七贈司空侍中謚文定帝篆其墓碑曰遺直之碑又改所葬鄧侯鄉曰遺直鄉子柬之肅之承之及之孫孝壽孝基孝稱

柬之字公明曉國朝典故獻文召試賜進士出身爲館閣校勘宣化軍使境上有廢河故道官收行者稅謂之乾渡錢奏除之進直集賢院判吏部南曹開封府推官鹽鐵判官歷知邢漢廬州鳳翔府京東陝西轉運使擢侍御史知雜事柬之自少受知於寇準至是論準保護之功仁宗惻然卽賜其碑曰旌忠拜天章閣待制河北都轉運使加龍圖閣直學士建言補蔭之門太廣遂詔裁定自二府而下通三歲減入仕者一千人知荊南河陽澶州改集賢院學士判西京留司御史臺英宗卽位富弼薦其學行以舊職兼侍讀帝勞之曰卿通議者儒方咨訪以輔不逮豈止經術而已帝頗欲肅正宮省柬之諫曰陛下長君也立自宗藩衆方觀望願曲爲容覆賜潁王生日禮物故事王拜賜竟卽退帝諭王令留柬之食冀其從容也王卽位未幾柬之請老自工部尙書拜太子太保致仕舊無閤門謝辭式特賜對延和命之坐仍置宴資善堂遣使諭之曰以先帝梓宮在殯朕不得爲詩令講讀官皆賦詩勸勞甚渥又敕王珪敍其事柬之出都門卽幅巾白衣以見客再遷少師熙寧六年卒年七十八有李受者字益之長沙之瀏陽人也仕於治平中至右諫議大夫天章閣待制兼侍讀屢以老乞骸骨不聽神宗立進給事中龍圖閣直學士復言臣在先帝時年已七十不敢竊祿以自安今又加數年筋力憊矣惟陛下哀之於是拜刑部侍郎致仕賜宴賦詩及序如柬之禮相去數月故時稱二李卒年八十贈工部尙書

肅之字公儀迪弟子也以迪蔭監大名府軍資庫大河溢府檄修冠氏隄工就弗擾民悅之請爲宰邑多盜時出害人肅之令比戶置鼓有盜輒擊鼓遠近皆應盜爲之衰止爲御河催綱橫隴之決使者檄護金隄滿歲無河患通判澶州契丹泛使將過郡而樓堞壞圮肅之謂郡守曰吾州爲景德破敵之地當示雄疆今保障若是且奈何遂鳩工構城屋凡千區已而中貴人銜命來視

規制一新驚賞嗟異聞之朝擢知德州提點開封府界內縣鎭夔路湖南刑獄儂蠻暴嶺外肅之親扞諸境會蔣偕失利亟率兵往躡于臨賀賊引去狄青孫沔交薦之徙湖北轉運使辰陽彭士義叛討平之猶以過左遷知齊州改江東兩浙河北轉運使進度支副使江淮發運使神宗初卽位諒祚寇大順城肅之入奏帝訪以西夏事奏對稱旨以爲右諫議大夫知慶州數日徙瀛州大雨地震官舍民廬推陷肅之出入泥潦中結草囷以儲庾粟之暴露者爲茇舍以居民啟廩振給嚴儆盜竊一以軍法從事天子聞而嘉之遣使勞賜遷天章閣待制知開封府出知定州還遷三司使又出爲永興軍青齊二州元豐二年復知開封爲樞密都承旨加龍圖閣直學士知鄆州四年提舉太極觀卒年八十二肅之內行修飭母喪廬墓三年不入城郭季弟承之生而孤鞠育誨道至於成人遂相繼爲侍從帝稱其一門忠孝云

承之字奉世性嚴重有忠節從兄東之將仕以官辭不受而中進士第調明州司法參軍郡守任情骫法人莫敢忤承之獨毅然力爭之守怒曰曹掾敢如是耶承之曰事始至公自爲之則已既下有司則當循三尺之法矣守憚其言嘗建免役議王安石見而稱之熙寧初以爲條例司檢詳文字得召見神宗語執政曰承之言制置司事甚詳非他人所及也改京官他日謂之曰朕卽位以來不輕與人改秩今以命汝異恩也檢正中書刑房察訪淮浙常平農田水利差役事還奏役書二十篇加集賢校理又察訪陝西時郡縣昧於奉法斂羨餘過制承之曰是豈朝廷意耶悉裁正其數遷集賢殿修撰擢寶文閣待制爲同羣牧使糾察在京刑獄兼樞密都承旨出知延州入權三司使蔡確治相州獄多引朝士皆望風自折服承之爲帝言其險詖之狀帝意始悟趣使詰竟遷龍圖閣直學士懇辭乞授兄肅之曰臣少鞠於兄且兄爲待制十年矣帝曰卿兄弟孝友足厲風俗肅之亦當遷也卽並命焉商人犯禁貨北珠乃爲公主售三司久不敢決承之曰朝廷法令畏王姬乎亟索之帝聞之曰有司當如此矣進樞密直學士坐稱吏不當降待制知汝州未幾爲陝西都轉運使名拜給事中吏部侍郎戶部侍郎復以樞密直學士知青州歷應天府河陽陳鄆揚州而卒

及之字公達亦迪弟之子由蔭登第通判安肅軍康定中夏人犯邊契丹復發兵並塞疆候戒嚴及之言契丹以與夏人甥舅之故特此慰其心且姑張虛勢以疑我必不失誓好願毋過虞已而果然徙通判河南府亡卒張海倚山嘯聚白晝掠城市及之督捕單騎與海語諭使歸命當奏貸其死海感動弛備奏方上而衆兵集悉獲之知信州靈鷲山浮屠犯法者衆及之治其姦流數十人乃自劾朝廷嘉之釋不問入判刑部嘗撰大唐史有益治體者爲君臣龜鑑八十卷王堯臣上其書并表其學行韓琦亦以館職薦之名試除直秘閣歷開封府判官知涇晉陝三州及之吏事精明所居官皆稱職以太中大夫致仕再轉正議大夫卒年八十五東之子孝基及之子孝壽孝稱

孝基字伯始進士高第唱名至墀下仁宗顧侍臣此李迪孫邪能世其家可尚也晏殊富弼薦其材任館閣欲一見之孝基曰名器可私謁邪竟不往知汝陰雍丘縣通判閬州舒州知隨州所治雖劇然事來亟斷不爲證左囘枉甫日中庭已空矣或問其術曰無他省事耳閬中江水齧城幾沒郡吏多引避孝基率其下決水歸旁谷城賴以全舒吏受賂鬻獄以殺人罪加平民孝基劾治三日得其情逮抵吏罪以親須養求監崇福宮判西京國子監凡就閑十年累官光祿卿與父東之同謝事纔年五十士大夫美之以比三疏孝基爲人冲澹善養生平居輕安弟孝稱進對帝問起居狀歎曰度越常人遠矣後十一年無疾卒

孝壽字景山爲開封府戶曹參軍元符中呂嘉問知府事受章惇蔡卞指鍛鍊上書人命孝壽攝司錄事成其獄徽宗卽位嘉問先已得罪孝壽亦削秩蔡京爲政以爲府推官遷大理太僕卿擢顯謨閣待制爲開封尹前此閭里亡賴子自斷截臂腕託廢疾凌良民無所憚畏孝壽悉捜出之部付旁郡一切治理加直學士出知興仁開德府京起蘇州章綖獄還孝壽開封使往卽訊至蘇州窮治鑄錢逮繫踰千數方冬慘掠四墮指脫足不可計死則投于垣外日夜鍛鍊疑未就京猶嫌其緩召使還其後綖兄弟竟用此竄又知虢兗二州坐守與仁日與巡檢戲射狂人張立死除名居無何起知蘇州政和初拜刑部侍郎復改開封尹奉宸庫吏呂壽盜金繫獄而逃孝壽盡執守兵論爲故縱非任事之吏與不上直者亦以不卽追掩繩之凡配隸四十八陰賂杖者使加重六七人纔出關而死帝聞之命悉還餘人于是諫議大夫毛注論其殘忍苛虐乞加譴不聽孝壽猶以獄空上表賀孝壽雖亡狀亦時有可觀有舉子爲僕所凌忿甚具牒欲送府同舍生勸解久乃釋戲取牒效孝壽花書判云不勘案決杖二十僕明日持詣府告其主倣尹書判私用刑孝壽卽追至備言本末孝壽幡然曰所判正合我意如數與僕杖而謝舉子時都下數千人無一僕敢肆者時以此稱之明年以疾罷爲龍圖閣學士提舉醴泉觀卒贈正奉大夫

孝稱字彥聞以蔭登朝值郊恩得封父及之巳官通議大夫有司限以格孝稱言恐非朝廷所以推恩優老之意詔特許之遂爲著令崇寧中提舉湖北京西常平提點京西南路刑獄蔡京之姻宋喬年爲京畿轉運使有囚逸捕得之孝稱上其功喬年受賞而孝稱用是得工部員外郎不閱月遷大理少卿連奏獄空進爲卿且數增秩擢工部戶部二侍郎爲開封尹陳瓘之子正彙在杭州上書告京不利社稷郡守蔡薿執送京師併逮瓘詣獄孝稱脅使證其子瓘不可暨獄上竟寘正彙海島京愈德之進刑部尚書而以其兄孝壽代爲尹孝稱請班兄下不許避親嫌徙工部卒贈光祿大夫

王曾字孝先青州益都人少孤鞠於仲父宗元從學於里人張震善爲文辭咸平中由鄉貢試禮部廷對皆第一楊億見其賦歎曰王佐器也以將作監丞通判濟州代還當召試學士院宰相寇準奇之特試政事堂授秘書省著作郎直史館三司戶部判官景德初始通和契丹歲遣使致書稱南朝以契丹爲北朝曾曰從其國號足矣業已遣使弗果易遷右正言知制誥兼史館修撰時瑞應沓至曾嘗入對帝語及之曾奏曰此誠國家承平所致然願推而弗居異日或有災沴則免輿議及帝旣受符命大建玉清昭應宮下莫敢言者曾陳五害以諫舊用郎中官判大理寺帝欲重之特命曾且謂曾曰獄重典也今以屈卿曾頓首謝仍賜錢三十萬因請自辟僚屬著爲令還翰林學士帝嘗晚坐承明殿召對久之旣退使內侍諭曰嚮思卿甚故不及朝服見卿卿勿以我爲慢也其見尊禮如此知審刑院舊違制無故失率坐徒二年曾請須親被旨乃坐旣而有犯者曾乃以失論帝曰如卿言是無復有違制者曾曰天下至廣豈人人盡曉制書如陛下言亦無復有失者帝悟卒從曾議再遷尚書主客郎中知審官院通進銀臺司勾管三班院遂以右諫議大夫參知政事時宮觀皆以輔臣爲使王欽若方挾符瑞傳會帝意又陰欲排異已者曾當使會靈因以推欽若帝始疑曾自異及欽若相會曾市賀皇后家舊第其家未徙去而曾令人舁土置門外賀氏訴禁中明日帝以語欽若乃罷曾爲尚書禮部侍郎判都省出知應天府天禧中民間訛言有妖起若飛帽夜搏人自京師以南人皆恐曾令夜開里門敢倡言者卽捕之卒無妖徙天雄軍復參知政事遷吏部侍郎兼太子賓客眞宗不豫皇后居中預政太子雖聽事資善堂然事皆決於后中外以爲憂錢惟演后戚也曾密語惟演曰太子幼非宮中不能立加恩太子則太子安太子安所以安劉氏也惟演以爲然因以白后帝崩曾奉命入殿廬草遺詔以明肅皇后輔立皇太子權聽斷軍國大事丁謂入去權字曾曰皇帝沖年太后臨朝斯已國家否運稱權猶足示後且增減制書有法表則之地先欲亂之邪遂不敢去仁宗立遷禮部尚書羣臣議太后臨朝儀曾請如東漢故事太后坐帝右垂簾奏事丁謂獨欲帝朔望見羣臣大事則太后召對輔臣決之非大事令入內押班雷允恭傳奏禁中畫可以下曾曰兩宮異處而柄歸宦官禍端兆矣謂不聽旣而允恭坐誅謂亦得罪自是兩宮垂簾輔臣奏事如曾議謂初敗任中正言謂被先帝顧託雖有罪請如律議功曾曰謂以不忠得罪宗廟尙何議邪時眞宗初崩內外洶洶曾正色獨立朝廷倚以爲重拜中書侍郎兼本官同中書門下平章事集賢殿大學士會靈觀使王欽若卒曾以門下侍郎兼戶部尚書爲昭文館大學士監修國史玉清昭應宮使曾以帝初卽位宜近師儒卽名孫奭馮元勸講崇政殿天聖四年夏大雨傳言汴口決水且大至都人恐欲東奔帝問曾曾曰河決奏未至第民間妖言爾不足慮也已而果然陝西轉運使置醋務以榷其利且請推其法天下曾請罷之曾方嚴持重每進見言利害事審而中理多所薦拔尤惡僥倖帝問曾曰比臣僚請對多求進者曾對曰惟陛下抑奔競而崇恬靜庶幾有難進易退之人矣曹利用惡曾班已上嘗怏怏不悅語在利用傳及利用坐事太后大怒曾爲之解太后曰卿嘗言利用強橫今何解也曾曰利用素恃恩臣故嘗以理折之今加以大惡則非臣所知也太后意少釋卒從輕議始太后受冊將御大安殿曾執以爲不可及長寧節上壽止共張便殿太后左右姻家稍通請謁曾多所裁抑太后滋不悅會玉清昭應宮災乃出知青州以彰信軍節度使復知天雄軍契丹使者往還斂車徒而後過無敢譁者人樂其政爲畫像而生祠之改天平軍節度使同中書門下平章事判河南府景祐元年爲樞密使明年拜右僕射兼門下侍郎平章事集賢殿大學士封沂國公曾進退士人莫有知者范仲淹嘗問曾曰明

揚士類宰相之任也公之盛德獨少此耳曾曰夫執政者恩欲歸己怨使誰歸仲淹服其言初呂夷簡參知政事事曾謹甚曾力薦爲相及夷簡位曾上任事久多所專決曾不能堪議論間有異同遂求罷仁宗疑以問曾曰卿亦有所不足邪時外傳知秦州王繼明納賂夷簡曾因及之帝以問夷簡曾與夷簡交論帝前曾言亦有過者遂與夷簡俱罷以左僕射資政殿大學士判鄆州寶元元年冬大星晨墜其寢左右驚告曾曰後一月當知之如期而薨年六十一贈侍中謚文正曾資質端厚眉目如畫在朝廷進止皆有常處平居寡言笑人莫敢干以私少與楊億同在侍從億喜談謔凡寮友無不狎侮至與曾言則曰余不敢以戲也平生自奉甚儉有故人子孫京來告別曾留之具饌食後合中送數軸簡紙啟視之皆它人書簡後裁取者也皇祐中仁宗爲篆其碑曰旌賢之碑後又改其鄉曰旌賢鄉大臣賜碑篆自曾始仁宗既祔廟詔擇將相配享以曾爲第一曾無子養子曰繹又以弟子融之子繹爲後尚書兵部郎中秘閣校理致仕卒

子融字熙仲初以曾奏爲將作監主簿祥符進士及第累遷太常丞同知禮院獻所爲文召試直集賢院嘗論次國朝以來典禮因革爲禮閣新編上之以其書藏太常權三司度支鹽鐵判官任布請鑄大錢行之京城三司使程琳集官議子融曰今軍營半在城外獨行大錢城中可乎事遂寢權同糾察刑獄知河陽又集五代事爲唐餘錄六十卷以獻進直龍圖閣累遷太常少卿權判大理寺迺取讞獄輕重可爲準者類次以爲斷例拜天章閣待制尚書吏部郎中知荆南盜張海縱掠襄鄧至荆門子融閱州兵將迎擊之賊引去遷右諫議大夫知陝州徙河中府既而勾當三班院遷給事中以尚書工部侍郎集賢院學士知兗州不赴改刑部侍郎致仕英宗即位進兵部卒本名皥字子融元昊反請以字爲名性儉嗇街道卒除道侵子融邸店尺寸地至自詣開封府訴之然教飭子孫嚴厲有家法晚學佛氏從僧懷璉遊

張知白字用晦滄州清池人幼篤學中進士第累遷河陽節度判官咸平中疏言當今要務真宗異之召試舍人院權右正言獻鳳扆箴出知劍州逾年召試中書加直史館面賜五品服判三司開拆司江南旱與李防分路安撫及還權管勾京東轉運使事周伯星見司天以瑞奏羣臣伏閤稱賀知白以爲人君當修德應天而星之見伏無所繫因陳治道之要帝謂宰臣曰知白可謂乃心朝廷矣東封進右司諫又言咸平中河湟未平臣嘗請罷郡國所上祥瑞今天下無事靈貺並至望以泰山諸瑞圖置玉清昭應宮其副藏秘閣陝西饑命按巡之尋知鄧州會關內流傭至境知白既發倉廩又募民出粟以濟擢龍圖閣待制知審官院再遷尚書工部郎中使契丹知白以朝廷制官重內輕外爲引唐李嶠議遷臺閣典藩郡乃自請補外不許遂命糾察在京刑獄固請知青州還京師求領國子監帝曰知白豈倦於處劇邪宰相言知白更踐中外未嘗爲身謀乃遷右諫議大夫權御史中丞拜給事中參知政事郊禮成遷尚書工部侍郎時同列王曾遷給事中猶班知白上知白心不能平累表辭之曾亦固請列知白下乃加知白金紫光祿大夫復爲給事中判禮儀院會罷還所辭官時王欽若爲相知白論議多相失因稱疾辭位罷爲刑部侍郎翰林侍讀學士知大名府及欽若分司南京宰相丁謂素惡欽若徙知白南京留守意其報怨既至待欽若加厚謂怒復徙知白亳州遷兵部仁宗即位進尚書右丞爲樞密副使以工部尚書同中書門下平章事會靈觀使集賢殿大學士時進士唱第賜中庸篇中書上其本乃命知白進讀至修身治家之道必反復陳之知白在相位愼名器無毫髮私常以盛滿爲戒雖顯貴其清約如寒士然體素羸憂畏日侵在中書忽感風眩輿歸第帝親問疾不能語薨爲罷上巳宴贈太傅中書令禮官謝絳議謚文節御史王嘉言知白守道狥公當官不撓可謂正矣謚文正王曾曰文節美謚矣遂不改知白九歲其父終邢州殯於佛寺及契丹寇河北寺宇多頽廢殯不可辨知白既登第徒行訪之得佛寺殿基恍然識其處既發其衣衾皆可驗衆歎其誠孝嘗過陝州與通判孫何遇讀道旁古碑凡數千言及還知白略無所遺天聖中契丹大閱聲言獵幽州朝廷患之帝以問二府衆曰備粟練師以備不虞知白曰不然契丹修好未遠今其舉者以上初政試觀朝廷耳豈可自生釁耶若終以爲疑莫如因今河決發兵以防河爲名彼亦不虞也未幾契丹果罷去無子以兄子子思爲後仕至尚書工部侍郎致仕

杜衍字世昌越州山陰人父遂良仕至尚書度支員外郎衍總髮苦志厲操尤篤於學擢進士甲科補揚州觀察推官改秘書省著作佐郎知平遙縣使者薦之通判晉州詔舉良吏擢知乾州陳堯咨安撫陝西有詔藩府乃賜宴堯咨至乾州以衍賢特賜宴仍從衍權知鳳翔府及罷歸二州民邀留境上曰何奪我賢太守也以太常博士提點河東路刑獄遷尚書祠部員外郎按行潞州折寃獄知州王曙爲作辨獄記高繼昇知石州人告繼昇連蕃族謀變逮捕繫治久不決衍辨其誣抵告者罪寧化軍守將鞫人死罪不以實衍覆正之守將不伏訴之詔爲置獄果不當死徙京西路又徙知揚州有司奏衍辨獄法當賞遷刑部章獻太后遣使安撫淮南使還未及他語問杜衍安否使者以治狀對太后歎曰吾知之久矣徙河東轉運副使陝西轉運使召爲三司戶部副使擢天章閣待制知江陵府未行會河北乏軍費選爲都轉運使遷工部郎中不增賦於民而用足還爲樞密直學士求補外以右諫議大夫知天雄軍始衍爲治謹密不以威刑督吏然吏民亦憚其清整仁宗特召爲御史中丞奏言中書樞密古之三事大臣所謂坐而論道者也止隻日對前殿何以盡天下之事宜迭召見賜坐便殿以極獻替可否其他不必親煩陛下也又議常平法曰歲有豐凶穀有貴賤官以法平之則農有餘利矣今豪商大賈乘時賤收水旱則稽伏而不出冀其翔踴以圖厚利而困吾民也請量州郡遠近戶口衆寡嚴賞罰課責官吏出納無壅增損有宜公糴未充則禁爭糴以規利者糴畢而儲之則察其以供軍爲名而假借者州郡闕母錢願出官帑助之否則勸課之官家至日見亦奚益於事哉兼判吏部流內銓選補科格繁長主判不能悉閱吏多受賕出縮爲姦衍既視事即敕吏函銓法問曰盡乎曰盡矣力閱視具得本末曲折明日令諸吏無得升堂各坐曹聽行文書銓事悉自予奪由是吏不能爲姦利數月聲動京師改知審官院其裁制如判銓時遷尚書工部侍郎知永興軍民有晝亡其婦者爲設方略捕立得殺人賊發所瘞屍幷得賊殺他婦人屍二秦人大驚徙幷州元昊反以太原要衝加龍圖閣學士寶元二年遷刑部侍郎復知永興軍時方用兵民苦調發吏因緣爲姦衍區處計畫量道里遠近寬其期會使民得次第輸官比他州費省錢過半召還權知開封府遠近聞衍名莫敢干以私拜同知樞密院事改樞密副使夏竦上攻守策宰相欲用出師衍曰僥倖成功非萬全計爭議久之求罷不許賜手詔敦勉爲河東宣撫使拜吏部侍郎樞密使每內降恩率寢格不行積詔旨至十數輒納帝前諫官歐陽修入對帝曰外人知杜衍封還內降邪凡有求於朕每以衍不可告之而止者多於所封還也契丹與元昊戰黃河外參知政事范仲淹宣撫河東欲以兵自從衍曰二國方交鬭勢必不來我兵不可妄出仲淹爭議帝前詆衍語甚切仲淹嘗父行事衍衍不以爲恨契丹壻劉三嘏避罪來歸輔臣議厚館之以詰契丹陰事諫官歐陽修亦請留三嘏帝以問衍衍曰中國主忠信若自違誓約納叛亡則不直在我且三嘏爲契丹近親而逋逃來歸其謀身若此尚足與謀國乎納之何益不如還之乃還三嘏拜同平章事集賢殿大學士兼樞密使衍好薦引賢士而沮止僥倖小人多不悅其壻蘇舜欽少年能文章論議稍侵權貴監進奏院循前例祠神以伎樂娛賓集賢校理王益柔爲衍所知或言益柔嘗戲作傲歌御史皆劾奏之欲因以危衍諫官孫甫言丁度因對求大用請屬吏度知甫所奏諛力求置對衍以甫方奉使契丹寢甫奏度深銜之及衍罷度草制指衍爲朋比時范仲淹富弼欲更理天下事與用事者不合仲淹弼既出宣撫言者附會益攻二人之短帝欲罷仲淹弼政事衍獨左右之然衍平日議論實非朋比也以尚書左丞出知兗州慶曆七年衍甫七十上表請還印綬乃以太子少師致仕衍爲宰相賈昌朝不喜議者謂故相一上章得請以三少致仕皆非故事蓋昌朝抑之也皇祐元年特遷太子太保召陪祀明堂仍詔應天府敦遣就道都亭驛設帳具几杖待之稱疾固辭進太子太傅賜其子同進士出身又進太子太師知制誥王洙諭告歸應天府有詔撫問封祁國公衍清介不殖私產既退寓南都凡十年第室卑陋才數十楹居之裕如也出入從者十許人烏帽皂履綈袍革帶或勸衍爲居士服衍曰老而謝事尚可竊高士名邪善爲詩正書行草皆有法病革帝遣中使賜藥挾太醫往視不及卒年八十贈司徒兼侍中謚正獻戒其子努力忠孝斂以一枕一席小壙庳冢以葬自作遺疏其略曰無以久安而忽邊防無以既富而輕財用宜早建儲副以安人心語不及私

論曰李迪王曾張知白杜衍皆賢相也四人風烈往往相似方仁宗初立章獻臨朝頗挾其才將有專制之患迪曾正色危言能使宦官近習不敢窺覦而仁宗君德日就章獻亦全令名古人所謂社稷臣於斯見之知白衍勁正清約皆能斬惜名器裁抑僥倖凜然有大臣之槩焉宋之賢相莫盛於眞仁之世漢魏相唐宋璟楊綰豈得專美哉

宋史卷三百十一

元　中　書　右　丞　相　總　裁　脫　脫　等　修

列傳第七十

晏殊　龐籍孫恭孫　王隨　章得象
呂夷簡子公綽　公弼　公孺　張士遜

晏殊字同叔撫州臨川人七歲能屬文景德初張知白
安撫江南以神童薦之帝召殊與進士千餘人並試廷
中殊神氣不懾援筆立成帝嘉賞賜同進士出身宰相
寇準曰殊江外人帝顧曰張九齡非江外人邪後二日
復試詩賦論殊奏臣嘗私習此賦請試他題帝愛其不
欺既成數稱善擢祕書省正字祕閣讀書命直史館陳
彭年察其所與遊處者每稱許之明年召試中書遷太
常寺奉禮郎東封恩遷光祿寺丞爲集賢校理喪父歸
臨川奪服起之從祀太淸宮詔修寶訓同判太常禮院
喪母求終服不許再遷太常寺丞擢左正言直史館爲
昇王府記室參軍歲中遷尙書戶部員外郎爲太子舍
人尋知制誥判集賢院久之爲翰林學士遷左庶子帝
每訪殊以事率用方寸小紙細書已答奏輒并稾封上
帝重其愼密仁宗卽位章獻明肅太后奉遺詔權聽政
宰相丁謂樞密使曹利用各欲獨見奏事無敢決其議
者殊建言羣臣奏事太后者垂簾聽之皆毋得見議遂
定遷右諫議大夫兼侍讀學士太后謂東宮舊臣恩不
稱加給事中預修眞宗實錄進禮部侍郎拜樞密副使
上疏論張耆不可爲樞密使忤太后旨坐從幸玉淸昭
應宮從者持笏後至殊怒以笏撞之折齒御史彈奏罷
知宣州數月改應天府延范仲淹以教生徒自五代以
來天下學校廢興學自殊始召拜御史中丞改資政殿
學士兼翰林侍讀學士兵部侍郎兼祕書監爲三司使
復爲樞密副使未拜改參知政事加尙書左丞太后謁
太廟有請服袞冕者太后以問殊以周官后服對太后
崩以禮部尙書罷知亳州徙陳州遷刑部尙書以本官
兼御史中丞復爲三司使陝西方用兵殊請罷內臣監
兵不以陣圖授諸將使得應敵爲攻守及募弓箭手教
之以備戰鬬又請出宮中長物助邊費凡他司之領財
利者悉罷還度支悉爲施行康定初知樞密院事遂爲
樞密使進同中書門下平章事慶曆中拜集賢殿學士
同平章事兼樞密使殊平居好賢當世知名之士如范
仲淹孔道輔皆出其門及爲相益務進賢材而仲淹與
韓琦富弼皆進用至於臺閣多一時之賢帝亦奮然有
意欲因羣材以更治而小人權倖皆不便殊出歐陽修
爲河北都轉運諫官奏留不許孫甫蔡襄上言宸妃生
聖躬爲天下主而殊嘗被詔誌宸妃墓沒而不言又奏
論殊役官兵治僦舍以規利坐是降工部尙書知潁州
然殊以章獻太后方臨朝故誌不敢斥言而所役兵乃
輔臣例宣借者時以謂非殊罪徙陳州又徙許州稍復
禮部刑部尙書祀明堂遷戶部以觀文殿大學士知永
興軍徙河南府遷兵部以疾請歸京師訪醫藥既平復
求出守特留侍經筵詔五日一與起居儀從如宰相踰
年病寖劇乘輿將往視之殊卽馳奏曰臣老疾行愈矣
不足爲陛下憂也已而薨帝雖臨奠以不視疾爲恨特
罷朝二日贈司空兼侍中謚元獻篆其碑首曰舊學之
碑殊性剛簡奉養淸儉累典州吏民頗畏其悁急善知
人富弼楊察皆其壻也殊爲宰相兼樞密使而弼爲副
使辭所兼詔不許其信遇如此文章贍麗應用不窮尤
工詩閑雅有情思晚歲篤學不倦文集二百四十卷及
刪次梁陳以後名臣述作爲集選一百卷子知止爲朝
請大夫

龐籍字醇之單州武成人及進士第爲黃州司理參軍
知州夏竦以爲有宰相器調開封府兵曹參軍知府薛
奎薦爲法曹遷大理寺丞知襄邑縣預修天聖編敕爲
刑部詳覆官擢羣牧判官因轉對言舊制不以國馬假
臣下重武備也樞密院以帶甲馬借內侍楊懷敏羣牧
覆奏乃賜一馬三日還復借之數日而覆罷樞密掌機
命反覆乃如此平時百官奏事上前不自批章止送中
書樞密院近歲璽書內降寖多於舊無以防偏請杜倖
門矣往者王世融以公主子毆府吏法當贖金特停任
近作坊料物庫主吏盜官物輒自逃避以宮掖之親三
司遽罷追究今日聖斷乃異於昔臣竊惑焉祥符令檢
下稍嚴胥吏相率空縣而去令坐罷免若是則淸彊者
沮矣久之出知秀州召爲殿中侍御史章獻太后遺誥
章惠太后議軍國事籍請下閤門取垂簾儀制盡燔之
又奏陛下躬親萬機用人宜辯邪正防朋黨擢進近列
願採公論毋令出於執政孔道輔謂人曰言事官多觀
望宰相意獨龐醇之天子御史也爲開封府判官尙美
人遣內侍稱教旨免工人市租籍言祖宗以來未有美
人稱教旨下府者當杖內侍詔有司自今宮中傳命毋
得輒受數劾范諷罪諷善李迪皆寢不報反坐言宮禁
事不得實以祠部員外郎罷爲廣南東路轉運使又言
范諷事有不盡如奏諷坐貶籍亦降太常博士知臨江
軍尋復官徙福建轉運使景祐三年爲侍御史改刑部
員外郎知雜事判大理寺進天章閣待制元昊反爲陝
西體量安撫使坐令開府府吏馮士元市女口降知汝
州徙同州就除陝西都轉運使文彥博鞫黃德和獄未
上詔籍同案籍言曰德和退怯當誅劉平力戰而沒宜
加恤其子孫又建言頻歲災異天久不雨宮中費用奢
靡出納不嚴須索煩多有司無從鉤校虛實臣竊謂凡
乘輿所費宮中所用宜務加裁抑取則先帝修德弭災
之道也今宿兵西鄙將士力戰弗獲功賞而內官醫官
樂官無功勞享豐賜天下指目謂之三官願少裁損無
厚賚予專勵戰功寇不足平也進龍圖閣直學士知延
州俄兼鄜延都總管經略安撫緣邊招討使明年改延
州觀察使力辭換左諫議大夫自元昊陷金明承平塞
門安遠栲栳砦破五龍川邊民焚掠殆盡籍至稍葺治
之戍兵十萬無壁壘皆散處城中畏籍莫敢犯法金明
西北有渾州川土沃衍川尾曰橋子谷寇出入之隘道
使部將狄靑將萬餘人築招安砦於谷旁數募民耕種
收粟以贍軍周美襲取承平砦王信築龍安砦悉復所
亡地築十二城及開乩名平戎道逼永和烏仁關更東
西陣法爲方陣頗損益兵械元昊遣李文貴齎野利旺
榮書來送款籍曰此詐也乃屯兵靑澗城後數月果大
寇定川籍名文貴開諭之遣去既而元昊又以旺榮書
來會帝厭兵因招懷之遣籍報書使呼旺榮爲太尉籍
曰太尉三公非陪臣所得稱使旺榮當之則元昊不得
臣矣今其書自稱寧令或謨寧令皆其官名也於義無
嫌朝廷從之會敵新破涇原城砦方議修復使者往返
踰年又遣賀從勖來改名曰曩霄稱男不稱臣籍不敢
聞從勖曰子事父猶臣事君也若得至京師天子不許
更歸議之籍送使者闕下因陳便宜言羌久不通和市
國人愁怨今辭理寖順必有改事中國之心請遣使者
申諭之朝廷采用其策元昊既臣名籍爲樞密副使籍
言自陝西用兵公私俱困請併省官屬退近塞之兵就
食內地從之於是頗省邊費改參知政事拜工部侍郎
樞密使遷戶部拜同中書門下平章事昭文館大學士
監修國史籍初入相且獨員而遽爲昭文館大學士出
殊拜也儂智高反師數不利遣狄靑爲宣撫使諫官韓
絳謂武人不宜專任帝以問籍籍曰靑起行伍若以文
臣副之則號令不專不如不遣詔嶺南諸軍皆受靑節
度既而捷書至帝喜曰靑破賊卿之力也遂欲以靑爲
樞密使同平章事籍力爭之不聽嶺南平二廣舉人推
恩者六百九十一人論者以爲過頃之齊州學究皇甫
淵以捕賊功法當賞錢數上書求用道士趙淸貺與籍
娣家親給爲淵白籍趣與堂吏共受淵賂小吏訴之下
開封府捕淸貺刺配遠州道死韓絳言籍陰諷府杖殺
淸貺以滅口覆之無狀言不已乃罷知鄆州居數月加
觀文殿大學士拜昭德軍節度使知永興軍改幷州仁
宗不豫籍嘗密疏請擇宗室之賢者爲皇子其言甚切
坐擅聽麟州築堡白草平而州將武戡等爲夏人所敗
復爲觀文殿大學士戶部侍郎知靑州遷尙書左丞不
拜徙定州名還京師上章告老尋以太子太保致仕封
潁國公薨年七十六時仁宗不豫廢朝臨奠皆不果第
遣使弔賻其家贈司空加侍中謚莊敏籍曉律令長於
吏事持法深峭軍中有犯或斷斬刳磔或累笞至死以
故士卒畏服治民頗有惠愛及爲相聲望減於治郡時
子元英朝散大夫孫恭孫

恭孫字德孺以蔭補通判施州崇寧中部蠻向文疆叛
詔轉運使王蘧領州事致討恭孫說降文疆而斬之蘧
上其功進三秩知涪州遂以開邊爲已任誘珍州駱文
貴承州駱世華納土費不貲轉運判官朱師古劾恭孫
生事詔黜師古而以恭孫代於是溱播溪思費等州相
繼降每開一城輒褒遷五年間至徽猷閣待制威州守
乞通保霸二州進恭孫直學士知成都府委以招納未
幾其酋董舜咨董彥博來納土詔遣赴闕皆拜承宣使
賜第京師更名保州祺州霸州亨州使恭孫進築之言
者論其貪縱究治如章謫保靜軍節度副使才踰月起
知陳州復待制帥瀘州又以築思州進學士前後在西
南二十年所得州縣多張名簿實瘠鹵不毛地繕治轉
餉爲蜀人病無幾時皆廢宣和中卒

王隨字子正河南人登進士甲科爲將作監丞通判同
州遷祕書省著作郞直史館判三司磨勘司爲京西轉
運副使陛辭且言曰臣父母家洛中乃在所部得奉湯
藥聖主之澤也眞宗因賜詩寵行以羊酒束帛令過家
爲壽遷淮南轉運使父憂起復時歲比饑隨敕屬部出
庫錢貸民市種糧歲中約輸絹以償流庸多復業徙河
東轉運使三遷刑部員外郎兼侍御史知雜事擢知制
誥以不善制辭出知應天府一日帝謂宰相曰隨治南
京太寬王旦曰南京都會之地隨臨事汙漫無以彈壓
改知揚州再加右諫議大夫權知開封府仁宗爲太子
拜右庶子仍領府事周懷政誅隨自陳嘗假懷政白金
五十兩奪知制誥改給事中知杭州乾興初復降祕書
少監徙通州以州少學者徙孔子廟起學舍州人熹遣

子弟就學毋喪起復光祿卿知泗州徙江寧府歲大饑轉運使移府發常平倉米計口日給一升隨置不聽曰民所以饑者由兼并閉糴以邀高價也乃大出官粟平其價復給事中爲龍圖閣直學士知秦州秦卒有負罪逃入蕃部者戎人輒奴畜之小不如意復執出求賞前此坐法多死隨下教能自歸者免死聽復隸軍籍由是多來歸者又建請增蕃落卒給廢田馬地募民耕種坐事徙河南府入爲御史中丞同知禮部貢舉遷尙書禮部侍郎翰林侍讀學士明道中爲江淮安撫使還拜戶部侍郎參知政事請與同列日獻前代名臣規諫一事議者謂非輔弼之職其事遂寢加吏部侍郎知樞密院事爲莊惠皇太后園陵監護使拜門下侍郎同中書門下平章事昭文館大學士監修國史自薛居正後故事初相無越遷門下侍郎者學士丁度之失也頃之以疾在告詔五日一朝入中書視事爲相一年無所建明與陳堯佐韓億石中立同執政數爭事會災異屢發諫官韓琦言之四人懼罷隨以彰信軍節度使同中書門下平章事判河陽甍贈中書令謚章惠後改文惠隨外若方嚴而治失於寬晚更卞急輒嫚罵人性喜佛慕裴休之爲人然風跡弗逮也

章得象字希言世居泉州高祖仔鈞事閩爲建州刺史逐家浦城得象母方娠夢登山遇神人授以玉像及生父奐復夢家庭積笏如山長而好學美姿表爲人莊重進士及第爲大理評事知玉山縣遷本寺丞眞宗將東封泰山以殿中丞簽書兗州觀察判官事知台州歷南雄州徙洪州楊億以爲有公輔器薦之或問之億曰閩士輕狹而章公深厚有容此其貴也得象嘗與億戲博李宗諤家一夕負錢三十萬而酣寢自如他日博勝得宗諤金一奩數日博又負卽反奩與宗諤封識未嘗發也其度量宏廓如此未幾召試爲直史館安撫京東權三司度支判官累遷尙書刑部郎中使契丹遂以兵部郎中知制誥踰年爲翰林學士遷右諫議大夫以給事中爲羣牧使遷禮部侍郎兼龍圖閣學士進承旨兼侍講學士擢同知樞密院事遷戶部侍郎遂拜同中書門下平章事集賢殿大學士帝謂得象曰向者太后臨朝羣臣邪正朕皆默識之卿淸忠無所附且未嘗有所干請今日用卿職此也陝西用兵加中書侍郎兼工部尙書兼樞密使辭所加官明年以工部尙書爲昭文館大學士慶曆五年拜鎭安軍節度使同平章事封郇國公徙判河南府守司空致仕甍故事致仕官乘輿不臨奠帝特往焉贈太尉兼侍中謚文憲皇祐中改謚文簡得象在翰林十二年章獻太后臨朝宦官方熾太后每遣內侍至學士院得象必正色待之或不交一言在中書凡八年宗黨親戚一切抑而不進仁宗銳意天下事進用韓琦范仲淹富弼使同得象經畫當世急務得象無所建明御史孫抗數言之得象居位自若既而章十上請罷帝不得已許之初閩人謠曰南臺江合出宰相至得象相時沙湧可涉云

論曰殊籍隨得象皆起孤生致位宰相籍通曉法令隨練習民事皆能用其所長然籍終至絀免隨數遭譴斥何其才之難得也得象渾厚有容殊喜薦拔人物樂善不倦方之諸人殊其最優乎

呂夷簡字坦夫先世萊州人祖龜祥知壽州子孫遂爲壽州人夷簡進士及第補絳州軍事推官稍遷大理寺丞祥符中試材識兼茂明於體用科或言六科所以求闕政今封禪告成何闕政之求罷之通判通州徙濠州再遷太常博士河北水選知濱州代還奏農器有算非所以勸力本也遂詔天下農器皆勿算擢提點兩浙刑獄遷尙書祠部員外郎時京師大建宮觀伐材木于南方有司責期會工徒至有死者誣以亡命收繫妻子夷簡請緩其役從之又言盛冬挽運艱苦須河流漸通以卒番送眞宗曰觀卿奏有爲國愛民之心矣擢刑部員外郎兼侍御史知雜事蜀賊李順叛執送闕下左右稱賀旣而屬御史臺按之非是賀者趣具順獄夷簡曰是可欺朝廷邪卒以實奏忤大臣意歲蝗旱夷簡請責躬修政嚴飭輔相思所以共順天意及奏彈李溥專利罔上寇準判永興黥有罪者徙湖南道由京師上準變事夷簡曰準治下急是欲中傷準爾宜勿問益徙之遠方從之趙安仁爲御史中丞夷簡以親嫌改起居舍人同勾當通進司兼銀臺封駁事使契丹還知制誥兩川饑爲安撫使進龍圖閣直學士再遷刑部郎中權知開封府治嚴辦有聲帝識姓名于屏風將大用之仁宗卽位進右諫議大夫雷允恭擅徙永定陵地夷簡與魯宗道驗治允恭誅以給事中參知政事因請以祥符天書內之方中眞宗祔廟太后欲具平生服玩如宮中以銀罩覆神主夷簡言此未足以報先帝今天下之政在兩宮惟太后遠姦邪獎忠直輔成聖德所以報先帝者宜莫若此也故事郊祠畢輔臣遷官夷簡與同列皆辭之後爲例遷尙書禮部侍郎修國史進戶部拜同中書門下平章事集賢殿大學士景靈宮使玉淸昭應宮災太后泣謂大臣曰先帝尊道奉天而爲此今何以稱遺旨哉夷簡意其將復營構也乃推洪範災異以諫太后默然因奏罷二府兼宮觀使進吏部拜昭文館大學士監修國史史成辭進官天聖末加中書侍郎章懿太后爲順容甍宮中未治喪夷簡朝奏事因曰聞有宮嬪亡者太后矍然曰宰相亦預宮中事邪引帝偕起有頃獨出曰卿何間我母子也夷簡曰太后他日不欲全劉氏乎太后意稍解有司希太后旨言歲月葬未利夷簡請發哀成服備儀仗葬之大內火百官晨朝而宮門不開輔臣請對帝御拱辰門百官拜樓下夷簡獨不拜帝使人問其故曰宮庭有變羣臣願一望淸光帝舉簾見之乃拜詔以爲修大內使內成進尙書右僕射兼門下侍郎辭僕射乃兼吏部尙書初荆王子養禁中旣長夷簡請出之太后欲留使從帝誦讀夷簡曰上富春秋所親非儒學之臣恐無益聖德卽日命還邸中太后崩帝始親政事夷簡手疏陳八事曰正朝綱塞邪徑禁貨賂辨佞壬絕女謁疏近習罷力役節冗費其勸帝語甚切帝始與夷簡謀以張耆夏竦皆太后所任用者也悉罷之退告郭皇后后曰夷簡獨不附太后邪但多機巧善應變耳由是夷簡亦罷爲武勝軍節度使檢校太傅同中書門下平章事判陳州及宣制夷簡方押班聞唱名大駭不知其故而夷簡素厚內侍副都知閻文應因使爲中詗久之乃知事由皇后也歲中而夷簡復相初劉渙上疏請太后還政太后怒使投嶺外屬太后疾革夷簡請留之至是渙以前疏自言帝擢渙右正言顧謂夷簡向者樞密院亟欲投渙賴卿以免夷簡謝因曰渙由疏外故敢言大臣或及此則太后必疑風旨自陛下使子母不相安矣帝以夷簡爲忠郭后以怒尙美人批其頰誤傷帝頸帝以爪痕示執政大臣夷簡以前罷相故遂主廢后議仁宗疑之夷簡曰光武漢之明主也郭后止以怨懟坐廢況傷陛下頸乎夷簡將廢后先敕有司無得受臺諫章奏於是御史中丞孔道輔右司諫范仲淹率臺諫詣閤門請對有旨令臺諫詣中書夷簡乃貶出道輔等后遂廢宗室子益衆爲置大宗正糾率增教授員加右僕射封申國公王曾與夷簡數爭事不平曾斥夷簡納賂市恩夷簡乞置對帝問曾曾語屈於是二人皆罷夷簡以鎭安軍節度使同平章事判許州徙天雄軍未幾以右僕射復入相逾年進位司空辭不拜徙許國公時方飭兵備以判樞密院事而諫官田況言總判名太重改兼樞密使契丹聚兵幽薊聲言將入寇議者請城洛陽夷簡謂契丹畏壯侮怯遽城洛陽亡以示威景德之役非乘輿濟河則契丹未易服也宜建都大名示將親征以伐其謀或曰此虛聲爾不若修洛陽夷簡曰此子囊城郢計也使契丹得渡河雖高城深池何可恃耶乃建北京未幾感風眩詔拜司空平章軍國重事疾稍間命數日一至中書裁決可否夷簡方辭復降手詔曰古謂髭可療疾今翦以賜卿三年春帝御延和殿召見敕乘馬至殿門命內侍取兀子輿以前夷簡引避久之詔給扶毋拜乃授司徒監修國史軍國大事與中書樞密同議固請老以太尉致仕朝朔望旣甍帝見羣臣涕下曰安得憂國忘身如夷簡者贈太師中書令謚文靖自仁宗初立太后臨朝十餘年天下晏然夷簡之力爲多其後元昊反四方久不用兵師出數敗契丹乘之遣使求關南地頗賴夷簡計畫選一時名臣報使契丹經略西夏二邊以寧然建募萬勝軍雜市井小人浮脆不任戰鬬用宗室補環衞官驟增奉賜又加遺契丹歲繒金二十萬當時不深計之其後費大而不可止郭后廢孔道輔等伏閤進諫而夷簡謂伏閤非太平事且逐道輔其後范仲淹屢言事獻百官圖論遷除之敝夷簡指爲任肆斥于外時論以此少之夷簡當國柄最久雖數爲言者所詆帝眷倚不衰然所斥士旋復收用亦不終廢其於天下事屈伸舒卷動有操術後配食仁宗廟爲世名相始王旦奇夷簡謂王曾曰君其善交之卒與曾並相後曾家請御篆墓碑帝因慘然思夷簡書懷忠之碑四字以賜之有集二十卷子公綽公弼公著公孺公著自有傳

公綽字仲裕蔭補將作監丞知陳留縣天聖中爲館閣對讀名試直集賢院辭改校理遷太子中允夷簡罷相復爲直集賢院同管勾國子監出知鄭州嘗問民疾苦父老曰官籍民產第賦役重輕至不敢多畜牛田疇久蕪穢公綽爲奏之自是牛不入籍還判吏部南曹累遷太常博士同判太常寺請復太醫局及請設令丞府史如天官醫師鈎容直假太常旌纛羽籥爲優人戲公綽執不可遂罷之糾察在京刑獄虎翼卒劉慶告變下吏案驗乃慶始謀衆不從慶反誣衆以邀賞因言京師衞兵百萬不痛懲之則衆心搖遂斬慶以狥遷尙書工部員外郎爲史館修撰時夷簡雖謝事猶領國史公綽辭修撰夷簡甍還兵部員外郎復爲修撰服除復同判太常寺兼提舉修祭器公綽以郊廟祭器未完制度多違禮請悉更造故事薦新諸物禮官議定廼薦或後時陳

敗公綽採月令諸書以四時新物及所當薦者配合爲圖又以歲大中小祠凡六十一禘祫二祼獻與俯玉帛尊彝菁茆醓醢鐘石歌奏集爲郊祀總儀上之又言古者天地宗廟日月五方百神之祀咸有尊罍五齊三酒分實其中加明水明酒以達陰陽之氣今有司徒設尊罍而酌用一尊非禮神之意宜按周禮實齊酒取火於日取水於月因天地之潔氣又言祖宗配郊當正位今側鄉之非所以示尊嚴也初謚諸后皆繫祖宗謚而眞宗五后獨曰莊公綽曰婦人從夫之謚眞宗謚章聖而后曰莊非禮也願更爲章多施行之歷知制誥龍圖閣直學士集賢殿修撰知永興軍改樞密直學士知秦州安遠砦古渭州諸羌來獻地公綽顧其屬曰天下之大豈利區落尺寸地以爲廣邪卻之弓箭手馬多闕公綽論諸砦戶爲三等凡十丁爲社至秋成募出金帛市馬馬少則先後給之祀明堂遷刑部郎中名爲龍圖閣學士權知開封府歲餘願罷府事進翰林侍讀學士知審刑院兼判太常寺初公綽在開封府宰相龐籍外屬道士趙清貺受賂杖脊道死至是御史以爲公綽受籍旨杖殺清貺以滅口左遷龍圖閣學士知徐州方杖清貺時實非公綽所臨頃之公綽亦自辨復侍讀學士徙河陽留侍經筵時久不雨帝顧問何以致雨曰獄久不決卽有寃者故多旱帝親慮囚已而大雨遷右司郎中未拜卒贈左諫議大夫公綽通敏有才父知政時多涉干請喜名好進者趨之嘗漏洩除拜以市恩時人比之竇申

公弼字寶臣賜進士出身積遷直史館河北轉運使自寶元慶歷以來宿師備邊旣西北撤警而將屯如故民疲餽餉公弼始通御河漕粟實塞下冶鐵以助經費移近邊屯兵就食京東增城卒給板築蠲冗賦及民逋數百萬夷簡之亡也仁宗思之問知公弼名識于殿柱至是益材其爲擢都轉運使加龍圖閣直學士知瀛州入權開封府嘗奏事退帝目送之謂宰相曰公弼甚似其父改同羣牧使以樞密直學士知渭延二州徙成都府其治尙寬人疑少威斷營卒犯法當杖扞不受曰寧以劒死公弼曰杖者國法劒汝自請杖而後斬之軍府肅然英宗罷三司使蔡襄名公弼代之初公弼在羣牧時帝居藩得賜馬頗劣欲易不可至是帝謂曰卿曩歲不與朕馬是時固已知卿矣蔡襄主計訴訟不時決故多留事卿繼其後將何以處之公弼頓首謝對曰襄勤於事未嘗有曠失恐言之者妄耳帝以爲長者拜樞密副使時言事者數與大臣異議去公弼諫曰諫官御史爲陛下耳目執政爲股肱股肱耳目必相爲用然後身安而元首尊宜考言觀事視其所以而進退之尋出營室帝憂之同列請飭邊備公弼曰彗非小變陛下宜側身修德以應天戒臣恐患不在邊也神宗立司馬光劾內侍高居簡帝未決公弼曰光與居簡勢不兩立居簡內臣耳而光中執法願陛下擇其重者帝曰然則當柰何公弼曰還居簡一官而解其近職光當無爭從之進樞密使議欲併環慶鄜延爲一路公弼曰自白草西抵定遠中間相去千里若合爲一路猝有緩急將何以應又欲下邊臣使議之公弼曰廟堂之上不處決而諉邊吏可乎乃止王安石知政事嗛公弼不附己白用其弟公著爲御史中丞以偪之公弼不自安立上章避位不許陳升之建議衞兵年四十以上稍不中程者減其牢廩徙之淮南公弼以爲非人情帝曰是當退爲剩員者今故爲優假何所害對曰臣不敢生事邀名正恐誤國耳旣使去本土又削其廩儻二十萬衆皆反側爲之柰何韓絳議復肉刑公弼力陳不可帝皆爲之止安石立新法公弼數言宜務安靜又將疏論之從孫嘉問竊其槀示安石安石先白之帝不樂遂罷爲觀文殿學士知太原府韓絳宣撫秦晉將取囉兀城令河東發兵二萬趣神堂新路公弼曰虜必設伏以待我永和關雖回遠可安行無患乃由永和旣而新路援兵果遇伏詔褒之麟州無井唯沙泉在城外欲拓城包之而土善陷夏人每至圍城人皆憂渴死公弼用其僚鄧子喬計倣古拔軸法去其沙實以末炭墐土於其上板築立遂包泉於中自是城堅不陷而州得以守俄以疾請知鄭州王韶取熙河朝廷謀秦鳳師帝曰公弼在河東方出師倉卒時有緩御之能宜使往乃拜宣徽西院使判秦州帝疑其不肯行公弼聞命卽治裝帝喜名之入對慰勞而遣之旣赴鎭羌董氊輒治書稱敕公弼卻之曰藩臣安得妄稱敕董氊懼自是不復敢幾旬月復以疾求解爲西太一宮使薨年六十七贈太尉謚曰惠穆

公孺字稚卿任爲奉禮郎賜進士出身判吏部南曹占對詳敏仁宗以爲可用知澤潁盧常四州提點福建河北路刑獄入爲開封府推官民鬻薪爲盜所奪逐之遭傷尹包拯命笞盜公孺曰盜而傷主法不止笞執不從拯善其守及使三司而公孺爲判官事皆咨決之判都水監未幾改陝西轉運使神宗得綏州遣使議守棄之便久未決命公孺往與郭逵議合遂存綏州常平法行公孺請以青苗免役歸提刑司徙知渭州再徙鄆州坐失入死刑責知蔡州元豐初帝名公孺慰之曰長安謀帥無以易卿命知永興軍徙河陽洛口兵千人以久役思歸奮斧鍤排關不得入西走河橋觀聽洶洶諸將請出兵掩擊公孺曰此皆亡命急之變且生卽乘馬東去遣牙兵數人迎諭之曰汝輩誠勞苦然豈得擅還一度橋則罪不赦矣太守在此願自首者止道左皆竚立以俟公孺索倡首者黥一人餘復送役所語其校曰若復偃蹇者斬而後報衆帖息乃自劾專命詔釋之知審官東院出知秦州李憲以詔出兵欲盡駐原渭公孺不可與憲相論奏坐徙相州更陳杭鄆瀛四州元祐初加龍圖閣直學士復以爲秦州固辭改祕書監遷刑部侍郎知開封府爲政明恕幕人遷黼坐設毀其角法當徒公孺請罪數十人皆以杖免原廟亡珠繫治典吏久公孺曰主者皆代不一局嘗以珠數相授受歲時諱日宮嬪狎至柰何顓指吏卒乎請之得釋擢戶部尙書以病提舉醴泉觀卒年七十贈右光祿大夫公孺廉儉與人寡合嘗護曹佾喪得厚餉辭不受談者淸其節焉

張士遜字順之祖裕嘗主陰城鹽院因家陰城士遜生百日始啼淳化中舉進士調鄖鄉主簿遷射洪令轉運使檄移士遜治郪民遮馬首不得去因聽還射洪安撫使至梓州問屬吏能否知州張雍曰射洪令第一也改襄陽令爲祕書省著作佐郎知邵武縣以寬厚得民前治射洪以旱禱雨白崖山陸史君祠尋大雨士遜立廷中須雨足乃去至是邵武旱禱歐陽太守廟廟去城過一舍士遜徹蓋雨霑足始歸改祕書丞監折中倉歷御史臺推直官翰林學士楊億薦爲監察御史貢舉初用糊名法士遜爲諸科巡鋪官以進士有姻黨士遜請避去眞宗記名于御屏自是有親嫌者皆移試著爲令中書擬人充江南轉運使再擬輒見卻帝獨用士遜再遷侍御史徙廣東又徙河北河侵棣州詔徙州陽信議者患糧多不可遷士遜視瀕河數州方艱食卽計餘以貸貧者期來歲輸陽信公私利之仁宗出閤帝選僚佐謂宰臣曰翊善記室府屬也王皆受拜今王尙少宜以士遜爲友令王答拜於是以戶部郎中直昭文館爲壽春郡王友改昇王府諮議參軍遷右諫議大夫兼太子右庶子改左庶子士遜言詣資善堂升階列拜而皇太子猶跪受宜詔皇太子坐受之帝不許詔士遜等遇太子侍駕出入許陪從判史館知審刑院以太子賓客樞密直學士判集賢院旣而二府大臣皆領東宮官遂換太子詹事擢樞密副使遷給事中兼詹事累遷尙書左丞遂拜禮部尙書同中書門下平章事集賢殿大學士曹汭獄事起宦者羅崇勳江德明方用事因譖利用帝疑之問執政衆顧望未有對者士遜徐曰此獨不肖子爲之利用大臣宜不知狀太后怒將罷士遜帝以其東宮舊臣加刑部尙書知江寧府解逼犀帶賜之後領定國軍節度使知許州明道初復入相進中書侍郞兼兵部尙書明年進門下侍郎昭文館大學士監修國史是歲旱蝗士遜請如漢故事冊免不許及帝自損尊號士遜又請降官一等以答天變帝慰勉之羣臣上章懿謚冊退而入慰士遜與同列過楊崇勳園飲日中不至御史中丞范諷劾士遜以尙書左僕射判河南府崇勳亦以使相判許州翊日入謝班崇勳下帝問其故士遜曰崇勳爲使相臣官僕射位當下遂爲山南東道節度使同中書門下平章事判許州以崇勳知陳州時士遜罷已累日制猶用宰相銜有司但奉行制書不復追改徙河南府寶元初復以門下侍郎兵部尙書入相封郢國公士遜與輔臣奏事帝從容曰朕昨放宮人不獨閔幽閉亦省浮費也近復有獻孌女者朕卻而弗受士遜曰此盛德事也帝徐曰近言者至有毁大臣揭君過者士遜曰陛下審察邪正則憸訐之人宜自戒懼矣馮士元獄旣具帝以決獄問士遜士遜曰臺獄阿徇非出自宸斷何以懲中外之論邪帝曰君子小人有黨乎士遜曰有之第公私不同爾帝曰法令必行邪正有別則朝綱舉矣康定初士遜言禁兵久戍邊其家在京師有不能自存者帝命內侍條指揮使以下爲差等出內藏緡錢十萬賜之士遜又請遣使安撫陝西帝命遣知制誥韓琦以行於是詔樞密院自今邊事並與士遜等參議及簡輦官爲禁軍輦官攜妻子遮宰相樞密院喧訴士遜方朝馬驚墮地時朝廷多事士遜亡所建明諫官韓琦論曰政事府豈養病之地邪士遜不自安累上章請老迺拜太傅封鄧國公致仕詔朔望朝見及大朝會綴中書門下班與一子五品服士遜辭朝朔望聞遣中使勞問御書飛白千歲字賜之士遜因建千歲堂嘗請買城南官園帝以賜士遜宰相得謝蓋自士遜始就第凡十年卒年八十六帝臨奠贈太師中書令謚文懿御篆其墓碑曰舊德之碑士遜生七日喪母其姑育養之旣長事姑孝謹姑亡爲行服徒跣扶柩以葬追封南陽縣太君初陳堯佐罷參知政事入有挾怨告堯佐謀反復有誣諫官陰附宗室者士遜曰憸人構陷善良以搖朝廷姦

爲一開亦不能自保矣帝悟抵告者以罪謫諫官事亦不下然曹利用在樞府籍寵肆威士遜居其間無所可否時人以和鼓目之士遜嘗納女口宮中爲御史楊偕所劾子友直字益之初補將作監主簿再遷爲丞士遜爲請館閣校勘仁宗曰館閣所以待英俊不可乃令館閣讀書詔校勘毋得增員後編三館書籍遷祕閣校理同知禮院賜進士出身知襄州坐軍賊張海剽劫不能制罷歸後除史館修撰御史何郯言史館修撰故事皆試知制誥友直不當得改集賢殿修撰以天章閣待制知陝州同勾當三班院侍宴集賢殿猶衣緋衣仁宗顧見之遽賜金紫累遷工部郎中知越州州民每春斂財大集僧道士女謂之祭天友直下令禁絕取所斂財建學以延諸生卒官士遜嘗記帝東宮舊事而史官未之見友直纂爲資善錄上之幼子友正字義祖杜門不治家事居小閣學書積三十年不輟遂以書名神宗詳其草書爲本朝第一

論曰呂夷簡張士遜皆以儒學起家列位輔弼仁宗之世天下承平因時制宜濟以寬厚相臣預有力焉士遜練習民事風績可紀而依違曹利用以取譏方夷簡在下僚諸父蒙正以宰相才期之及其爲相深謀遠慮有古大臣之度焉在位日久頗務收恩避怨以固權利郭后之廢遂成其君之過舉咎莫大焉雖然呂氏更執國政三世四人世家之盛則未之有也

宋史卷三百十一考證

王隨傳河南人○宋通鑑東都事畧俱作河陽人

同知禮部貢舉遷禮部侍郎○遷監本譌選今從南監本改

呂夷簡傳因請以祥符天書內之方中○方中二字疑東都事畧作納之陵中

夷簡子公綽鈞容直○此三字疑

父知政時○南本作父執政時

夷簡子公弼扳轄法○監本作扳轉法今從閣本及南本改

張士遜傳爲諸科巡鋪官○此句有疑

宋史卷三百十二

元　中書右丞相總裁脫脫等修

列傳第七十一

韓琦子忠彥　曾公亮子孝寬　孝蘊　孝廣　陳升之

吳充　王珪從父罕　從兄琪

韓琦字稚圭相州安陽人父國華自有傳琦風骨秀異弱冠舉進士名在第二方唱名太史奏日下五色雲見左右皆賀授將作監丞通判淄州入直集賢院監左藏庫時方貴高科多徑去爲顯職琦獨滯筦庫衆以爲非宜琦處之自若禁中需金帛皆內臣直批旨取之無印可驗琦請復舊制置傳宣合同司以相防察又每綱運至必俟內臣監涖始得受往往數日不至暴露廡下衙校以爲病琦奏罷之歷開封府推官三司度支判官拜右司諫時宰相王隨陳堯佐參知政事韓億石中立在中書罕所建明琦連疏其過四人同日罷又請停內降抑僥倖凡事有不便未嘗不言每以明得失正紀綱親忠直遠邪佞爲急前後七十餘疏王曾爲相謂之曰今言者不激則多畏顧何補上德如君言可謂切而不迂矣曾聞望方崇罕所奬與琦聞其語益自信權知制誥益利歲饑爲體量安撫使異時郡縣督賦調繁急市上供綺繡諸物不予直琦爲緩調蠲給之逐貪殘不職吏汰冗役數百活饑民百九十萬趙元昊反琦適自蜀歸論西師形勢甚悉即命爲陝西安撫使劉平與賊戰敗爲所執時宰入他誣收繫平子弟琦辨直其冤進樞密直學士副夏竦爲經略安撫招討使詔遣使督出兵琦亦欲先發以制賊而合府固爭元昊遂寇鎮戎琦畫攻守二策馳入奏仁宗欲用攻策執政者難之琦言元昊雖傾國入寇衆不過四五萬人吾逐路重兵自爲守勢分力弱遇敵輒不支若併出一道鼓行而前乘賊驕惰破之必矣乃詔鄜延涇原同出征既還營元昊來求盟琦曰無約而請和者謀也命諸將戒嚴賊果犯山外琦悉兵付大將任福令自懷遠城趨德勝砦出賊後如未可戰即據險置伏要其歸及行戒之至再又移檄申約苟違節度雖有功亦斬福竟爲賊誘沒于好水川竦使人收散兵得琦檄於福衣帶間言罪不在琦琦亦上章自劾奪一官知秦州尋復之會四路置帥以琦兼秦鳳經略招討安撫使慶曆二年與三帥皆換觀察使范仲淹龐籍王沿不肯拜琦獨受不辭未幾還舊職爲陝西四路經略安撫招討使屯涇州琦與范仲淹在兵間久名重一時人心歸之朝廷倚以爲重故天下稱爲韓范東兵從宿衛來不習勞苦琦奏增土兵以代戍建德順軍以蔽蕭關鳴沙之道方謀取橫山規河南而元昊稱臣名爲樞密副使元昊介契丹爲援强邀索無厭宰相晏殊等厭兵將一切從之琦陳其不便條所宜先行者七事一曰清政本二曰念邊計三曰擢材賢四曰備河北五曰固河東六曰收民心七曰營洛邑繼又陳救弊八事欲選將帥明按察豐財利遏僥倖進能吏退不才謹入官去冗食謂數者之舉謗必隨之願委計輔臣聽其注措帝悉嘉納遂宣撫陝西討平羣盜張海郭邈山禁卒羸老不任用者悉汰之晝修鄜延城障須敵悉歸所侵地乃許和歸陳西北四策以爲今當以和好爲權宜戰守爲實務請繕甲厲兵營修都城密定討伐之計時二府合班奏事琦必盡言雖事屬中書亦指陳其實同列或不悅帝獨識之曰韓琦性直琦與范仲淹富弼皆以海內人望同時登用中外跂想其勛業仲淹等亦以天下爲己任羣小不便之毀言日聞仲淹弼繼罷琦爲辨析不報尹洙與劉滬爭城水洛事琦右洙朝論不謂然乃請外以資政殿學士知揚州徙鄆州成德軍定州兼安撫使進大學士又加觀文殿學士初定州兵狃平貝州功需賞賚出怨語至欲謀城下琦聞之以爲不治且亂用軍制勒習誅其尤無良者士死攻戰則賞賙其家籍其孤嫠旣稟之威恩並行又倣古三陣法日月訓齊之由是中山兵精勁冠河朔京師發龍猛卒戍保州在道爲人害至定琦悉留不遣易素教者使之北又振活饑民數百萬璽書褒激鄰道視以爲準拜武康軍節度使知幷州承受廖浩然怙中貴勢貪恣旣謫逐前帥李昭亮所爲益不法琦奏還之帝命鞭諸本省契丹冒占天池廟地琦名其酋豪示以曩日彼所求修廟檄無以對遂歸我斥地既又侵耕陽武砦地琦鑿塹立石以限之始潘美鎭河東患寇鈔令民悉內徙而空塞下不耕於是忻代寧化大山之北多廢壤琦以爲此皆良田今棄不耕適足以資敵將皆爲所有矣遂請距北界十里爲禁地其南則募弓箭手居之墾田至九千六百頃久之求知相州嘉祐元年召爲三司使未至迎拜樞密使三年六月拜同中書門下平章事集賢殿大學士六年閏八月遷昭文館大學士監修國史封儀國公帝既連失三王自至和中得病不能御殿中外惴恐臣下爭以立嗣固根本爲言包拯范鎮尤激切積五六歲依違未之行言者亦稍怠至是琦乘間進曰皇嗣者天下安危之所係自昔禍亂之起皆由策不早定陛下春秋高未有建立何不擇宗室之賢者以爲宗廟社稷計帝曰後宮將有就館者姑待之已又生女一日琦懷漢書孔光傳以進曰成帝無嗣立弟之子彼中材之主猶能如是況陛下乎願以太祖之心爲心則無不可者又與曾公亮張昇歐陽修極言之會司馬光呂誨皆有請琦進讀二疏未及有所啟帝遽曰朕有意久矣誰可者琦皇恐對曰此非臣輩所可議當出自聖擇帝曰宮中嘗養二子小者甚純近不慧大者可也琦請其名帝以宗實告宗實英宗舊名也琦等遂力贊之議乃定英宗居濮王喪議起知宗正琦曰事若行不可中止陛下斷自不疑乞內中批出帝意不欲宮人知曰只中書行足矣命下英宗固辭帝復問琦琦對曰陛下旣知其賢而選之今不敢遽當蓋器識遠大所以爲賢也願固起之英宗旣終喪猶堅臥不起琦言宗正之命初出外人皆知必爲皇子不若遂正其名乃下詔立爲皇子明年英宗嗣位以琦爲仁宗山陵使加門下侍郎進封衛國公琦旣輔立英宗門人親客或從容語及定策事琦必正色曰此仁宗聖德神斷爲天下計皇太后內助之力臣子何與焉英宗暴得疾太后垂簾聽政帝疾甚舉措或改常度遇宦官尤少恩左右多不悅者乃共爲讒間兩宮遂成隙琦與歐陽修奏事簾前太后嗚咽流涕具道所以琦曰此病固爾病已必不然子疾母可不容之乎修亦委曲進言太后意稍和久之而罷後數日琦獨見上上曰太后待我無恩琦對曰自古聖帝明王不爲少矣然獨稱舜爲大孝豈其餘盡不孝耶父母慈愛而子孝此常事不足道惟父母不慈而子不失孝乃爲可稱但恐陛下事之未至爾父母豈有不慈者哉帝大感悟及疾愈琦請乘輿因禱雨具素服以出人情乃安太后還政拜琦右僕射封魏國公夏人寇大順琦議停歲賜絕和市遣使問罪樞密使文彥博難之或舉寶元康定事琦曰諒祚狂童也非有元昊智計而邊備過當時遠甚亟詰之必服旣而諒祚上表謝帝顧琦曰一如所料帝寢疾琦入問起居言曰陛下久不視朝願早建儲以安社稷帝頷之即召學士草制立穎王神宗立拜司空兼侍中爲英宗山陵使琦執政三世或病其專御史中丞王陶劾琦不赴文德殿押班爲跋扈琦請去帝爲黜陶永厚陵復土琦不復入中書堅辭位除鎭安武勝軍節度使司徒兼侍中判相州入對帝泣曰侍中必欲去今日已降制矣賜興道坊宅一區擢其子忠彥祕閣校理琦辭兩鎭乃但領淮南會种諤擅取綏州西邊傲擾

改判永興軍經略陝西琦言邊臣肆意妄作棄約基亂願名二府亟決之琦入辭曾公亮等方奏事乞與琦同議帝名之琦曰臣前日備員政府所當共議今日藩臣也不敢預聞又言王陶指臣爲跋扈今陛下乃舉陝西兵柄授臣復有劾臣如陶者則臣赤族矣帝曰侍中猶未知朕意邪琦初言綏州不當取已而夏人誘殺楊定琦復言賊既如此綏今不可棄樞密院以初議詰之琦具論其故卒存之熙寧元年七月復請相州以歸河北地震河決徙判大名府充安撫使得便宜從事王安石用事出常平使者散青苗錢琦亟言之帝懷其疏以示宰臣曰琦眞忠臣雖在外不忘王室朕始謂可以利民今乃害民如此且坊郭安得青苗而亦強與之乎安石勃然進曰苟從其欲雖坊郭何害明日稱疾不出當是時新法幾罷安石復出持前議益堅琦又懇奏安石下之條例司令其屬疏駁刊石頒天下琦請辨愈切不克從於是請解四路安撫使止領一路安石欲沮琦卽從之六年還判相州契丹來求代北地帝手詔訪琦琦奏言臣觀近年以來朝廷舉事似不以大敵爲恤彼見形生疑必謂我有圖復燕南意故引先發制人之說造爲釁端所以致疑其事有七高麗臣屬北方久絕朝貢乃因商舶誘之使來契丹知之必謂將以圖我一也強取吐蕃之地以建熙河契丹聞之必謂行將及我二也遍植榆柳於西山冀其成長以制蕃騎三也剏團保甲四也諸州築城鑿池五也置都作院頒弓刀新式大作戰車六也置河北三十七將七也契丹素爲敵國因事起疑不得不然臣昔年論靑苗錢事言者輒肆厚誣非陛下之明幾及大戮自此聞新法日下不敢復言今親被詔問事係安危言及而隱死有餘罪臣嘗竊計始爲陛下謀者必曰治國之本當先聚財積穀募兵於民則可以鞭笞四夷故散青苗錢使民出利爲免役之法次第取錢追置市易務而小商細民無所措手新制日下更改無常官吏茫然不能詳記監司督責以刻爲明今農怨於畎畝商歎於道路長吏不安其職陛下不盡知也夫欲攘斥四夷以興太平而先使邦本困搖衆心離怨此則爲陛下始謀者大誤也臣今爲陛下計謂宜遣使報聘具言向來興作乃修備之常豈有他意疆土素定悉如舊境不可持此造端以隳累世之好以可疑之形如將官之類因而罷去益養民愛力選賢任能疏遠奸諛進用忠鯁使天下悅服邊備日充若其果自敗盟則可一振威武恢復故疆攄累朝之宿憤矣疏上會安石再入相悉以所爭地與契丹東西七百里論者惜之八年換節永興軍再任未拜而薨年六十八前一夕大星隕于治所櫪馬皆驚帝發哀苑中哭之慟輟朝三日賜銀三千兩絹三千匹發兩河卒爲治冢篆其碑曰兩朝顧命定策元勳贈尚書令謚曰忠獻配享英宗廟庭常令其子若孫一人官于相以護丘墓故事三省長官惟尚書令爲尤重贈者必兼他官至琦乃單贈後又詔雖當追策不復更加師保蓋貴之也琦蚤有盛名識量英偉臨事喜慍不見于色論者以重厚比周勃政事比姚崇其爲學士臨邊年甫三十天下已稱爲韓公嘉祐治平間再決大策以安社稷當是時朝廷多故琦處危疑之際知無不爲或諫曰公所爲誠善萬一蹉跌豈惟身不自保恐家無處所琦歎曰是何言也今臣盡力事君死生以之至於成敗天也豈可豫憂其不濟遂輟不爲哉聞者愧服在魏都久遼使每過移牒必書名曰以韓公在此故也忠彥使遼遼主問知其貌類父卽命工圖之其見重於外國也如此琦天資朴忠折節下士無賤貴禮之如一尤以獎拔人材爲急儻公論所與雖意所不悅亦收用之故得人爲多選飭羣司皆使奉法循理其所建請第顧義所在無適莫心在相位時王安石有盛名或以爲可用琦獨不然之及守相陛辭神宗曰卿去誰可屬國者王安石何如琦曰安石爲翰林學士則有餘處輔弼之地則不可上不答其鎮大名也魏人爲立生祠相人愛之如父母有鬭訟傳相勸止曰勿撓吾侍中也與富弼齊名號稱賢相人謂之富韓云徽宗追論琦定策勳贈魏郡王子五人忠彥端彥純彥粹彥嘉彥端彥右贊善大夫純彥官至徽猷閣直學士粹彥爲吏部侍郎終龍圖閣學士嘉彥尙神宗女齊國公主拜駙馬都尉終瀛海軍承宣使

忠彥字師朴少以父任爲將作監簿復舉進士琦罷政忠彥以祕書丞名試館職除校理同知太常禮院爲開封府判官三司鹽鐵判官出通判永寧軍召還爲戶部判官琦薨服除爲直龍圖閣擢天章閣待制知瀛州朝廷以夏人囚廢其主秉常用兵西方旣下米脂等城砦數十夏人求救于遼遼人移書繼至會遣使賀遼主生辰神宗以命忠彥遂以給事中奉使遼遣趙資睦迓之語及西事忠彥曰此小役也何問爲遼王使其臣王言敷燕于館言敷問夏國胡罪而中國兵不解無失兩朝之懽則善矣忠彥曰問罪西夏於二國之好何預乎使還時官制行章惇爲門下侍郎奏給事中東省屬官封駁宜先稟而後上忠彥奏朝廷之事執政之所行也事當封駁則與執政固已異矣尙何稟議之有詔從其請左僕射王珪爲南郊大禮使事之當下者自從其所畫旨忠彥以官制駁之曰今事于南郊者大禮使旣不從中書旨處分出一時者又不從中書奏審官制之行曾未期月而廟堂自渝之後將若之何乃詔事無鉅細必經三省而後行拜禮部尙書以樞密直學士知定州元祐中召爲戶部尙書擢尙書左丞弟嘉彥尙主改同知樞密院事遷知院事哲宗親政更用大臣言者觀望爭言垂簾時事忠彥言昔仁宗始政當時亦多譏斥章獻時事仁宗惡其持情近薄下詔戒飭陛下能法仁祖用心則善矣以觀文殿學士知眞定府移定州忠彥在西府以用兵西方非是願以所取之地棄還之以息民力至是言者以爲言降資政殿學士改知大名府徽宗卽位以吏部尙書召拜門下侍郎忠彥陳四事一曰廣仁恩二曰開言路三曰去疑似四曰戒用兵踰月拜尙書右僕射兼中書侍郎上用忠彥言數下詔蠲天下逋負盡還流人而甄敘之忠直敢言若知名之士稍見收用進左僕射兼門下侍郎封儀國公而曾布爲右相多不協言事者助布排忠彥以觀文殿大學士知大名府又以欽聖欲復廢后爲忠彥罪再降大中大夫懷州居住又論忠彥在相位不應棄湟州謫崇信軍節度副使濟州居住逮復湟鄯又謫磁州團練副使復大中大夫遂以宣奉大夫致仕卒年七十二子治徽宗時爲太僕少卿出知相州以疾丐祠命其子肖胄代之別有傳

論曰琦相三朝立二帝厥功大矣當治平危疑之際兩宮幾成嫌隙琦處之裕如卒安社稷人服其量歐陽修稱其臨大事決大議垂紳正笏不動聲色措天下於太山之安可謂社稷之臣豈不信哉忠彥世濟其美繼登相位宜矣

曾公亮字明仲泉州晉江人舉進士甲科知會稽縣民田鏡湖旁每患湖溢公亮立斗門泄水入曹娥江民受其利坐父買田境中謫監湖州酒久之爲國子監直講改諸王府侍講歲滿當用故事試館職獨獻所爲文授集賢校理天章閣侍講修起居注擢天章閣待制賜金紫先是待制不改服仁宗面錫之曰朕自講席賜卿所以尊寵儒臣也遂知制誥兼史館修撰爲翰林學士判三班院三班吏叢猥非賕謝不行貴游子弟多倚勢請謁公亮擬前後章程視以從事吏不能舉手以端明殿學士知鄭州爲政有能聲盜悉竄他境至夜戶不閉嘗有使客亡橐中物移書詰盜公亮報吾境不藏盜殆從者之廋耳索之果然復入爲翰林學士知開封府未幾擢給事中參知政事加禮部侍郎除樞密使嘉祐六年拜吏部侍郎同中書門下平章事集賢殿大學士公亮明練文法更踐久習知朝廷臺閣典憲首相韓琦每咨訪焉仁宗末年琦請建儲與公亮等共定大議密州民田產銀或盜取之大理當以彊公亮曰此禁物也取之雖彊與盜物民家有間矣固爭之遂下有司議比劫禁物法盜得不死初東州人多用此抵法自是無死者契丹縱人漁界河又數通鹽舟吏不敢禁皆謂與之校且生事公亮言萌芽不禁後將柰何雄州趙滋勇而有謀可任也使諭以指意邊害訖息英宗卽位加中書侍郎兼禮部尙書尋知戶部尙書帝不豫遼使至不能見命公亮宴于館使者不肯赴公亮質之曰錫宴不赴是不虔君命也人主有疾而必使親臨處之安乎使者卽就席神宗卽位加門下侍郎兼吏部尙書熙寧二年進昭文館大學士累封魯國公以老避位三年九月拜司空兼侍中河陽三城節度使集禧觀使明年起判永興軍先是慶卒叛旣伏誅而餘黨越佚自陝以西皆警備關義勇益邊兵移內地租賦人情騷然公亮一鎭以靜大第奏罷之專務裁抑冗費長安豪喜造飛語聲言營卒怨減削謀以上元夜結外兵爲亂邦人大恐或勸毋出游公亮不爲動張燈縱觀與賓佐竟夕乃歸居一歲還京師旋以太保致仕元豐元年卒年八十帝臨哭輟朝三日贈太師中書令謚曰宣靖配享英宗廟庭及葬御篆其碑首曰兩朝顧命定策亞勳之碑公亮方厚莊重沈深周密平居謹繩墨蹈規矩然性吝嗇殖貨至鉅萬帝嘗以方張安世初薦王安石及同輔政知上方向之陰爲子孫計凡更張庶事一切聽順而外若不與之者嘗遣子孝寬參其謀至上前略無所異於是帝益信任安石安石德其助已故引擢孝寬至樞密以報之蘇軾嘗從容責公亮不能救正公亮曰上與介甫如一人此乃天也世譏其持祿固寵云子孝寬從子孝廣孝蘊

孝寬字令綽以蔭知桐城縣選知咸平縣民詣府訴雨傷麥府以妄杖之孝寬躬行田辨其實得蠲賦除祕閣修撰提點開封府界鎭縣保甲法行民相驚言且籍爲兵知府韓維上言乞候農隙行之孝寬牓十七縣揭賞告捕扇惑者民兵不敢訴維之言不得行入知審官東院判刑部熙寧五年遷樞密都承旨承旨用文臣自孝寬始擢拜樞密直學士簽書樞密院丁父憂除喪以端

明殿學士知河陽徙鄆鄆有孟子廟孝寬請於朝得封鄒國公配享孔子遷徙鎭以吏部尚書名道卒年六十六贈右光祿大夫

孝廣字仲錫元豐末爲北外都水丞元祐中大臣議復河故道名孝廣問之言不可出通判保州久之復爲都水丞前此班行使臣部木栰至者須校驗無所失亡乃得送銓監吏領賕謝不時遣孝廣治籍疏姓名謹其去留一歲中歸選者百輩除京西轉運判官入爲水部員外郎河決內黃詔孝廣行視遂疏蘇村鑿鉅野導河北流紓澶滑深瀛之害遷都水使者洛水頻歲溢漏浸齧北岸孝廣按河隄得廢渡口遺迹曰此昔人所以殺水勢也卽日濬決之累石爲防自是無水患出提點永興路刑獄陝西京西轉運副使還爲左司郎中擢戶部侍郎進尚書坐錢帛不給費罷爲天章閣待制知杭州又以前聘契丹失奉使體奪職尋復之移知潭州加顯謨閣直學士知鄆州孝廣與胡安國鄒浩善皆大觀中忤時相御史論之復奪職知饒州踰年徙廣州歷成德軍太原府得故職以卒年六十贈正議大夫孝廣蒞官以嚴稱獲盜輙碎其手焉

孝蘊字處善紹聖中管幹發運司糶糴事建言揚之瓜洲潤之京口常之犇牛易堰爲牐以便漕運商賈旣成公私便之提舉兩浙常平改轉運判官知臨江軍名爲左司員外郞遷起居舍人時京邑有盜徽宗怒期三日不獲坐尹罪孝蘊奏求盜急則遁益遠小緩當自出從其言得盜崇寧建殿中省擢爲監居數月言者論其與張商英善以集賢殿修撰出知襄州徙江浙荆淮發運泗州議開直河以避漲溢沙石之害孝蘊以淮汴不相接不可成旣而工役大集竟成之策勳第賞辭不受未幾河果塞名爲戶部侍郎帝嘗問右曹儲物幾何疾作不能對徙工部以顯謨閣待制知杭州其後坐累連削黜至貶安遠軍節度副使宣和二年始復天章閣待制知歙州方臘起靑溪孝蘊約敕郡內無得奔擾分兵守阨塞有避賊來歸者獲罪使出境人稍恃以安會移靑州旣行而歙陷道改杭州時賊已破杭孝蘊單車至城下城旣克復軍士多殺人孝蘊下令從者得自首無輙殺皆束手不敢驚論功進顯謨閣直學士又加龍圖閣學士卒年六十五贈通議大夫

陳升之字暘叔建州建陽人舉進士歷知封州漢陽軍入爲監察御史右司諫改起居舍人知諫院時俗好藏去交親尺牘有訟則轉相告言有司據以推詰升之謂此告訐之習也請禁止之又言三館爲搢紳華途近者用人益輕遂爲貴游進取之階請嚴其選詔自今臣僚乞子孫恩者毋得除館閣著作佐郞王璀遇殿帥郭承祐於道訶怒不下馬執送府升之言京官不宜爲節度使下馬因劾承祐驕恣解其任張堯佐緣後宮親爲三司使尋爲宣徽使內侍王守忠領兩鎭留後求升正班御史張昪補郡久不召彭思永論事令窮問所從來唐介擊宰相斥嶺南升之皆極諫還侍御史知雜事凡任言責五年所上數十百事然持論不堅以故不盡施用擢天章閣待制河北都轉運使知瀛州眞定府加龍圖閣直學士復知諫院上言天下州縣治否朝廷不能周知悉付之轉運使今選用不精又無考課非闒茸罷懦則凌肆刻薄所以疾苦愁歎壅於上聞必欲垂意元元宜從此始乃詔翰林學士承旨孫抃權御史中丞張昪與升之同領磨勘轉運使及提點刑獄功務升之初爲諫官時嘗請抑絕內降詔許有司執奏勿下至是申言之詔委三省劾正其罪仍揭於朝堂文彥博乞罷相升之慮樞密使賈昌朝復用疏論其邪昌朝卒罷去遷樞密直學士知開封府歲餘拜樞密副使於是諫官御史唐介范師道呂誨趙抃王陶交章論升之陰結宦者故得大用仁宗以示升之升之丐去帝謂輔臣曰朕選用執政豈容內臣預議邪乃兩罷之以升之爲資政殿學士知定州徙太原府治平二年復拜樞密副使神宗立以母老請郡爲觀文殿學士知越州熙寧元年徙許中道改大名府過闕留知樞密院故事樞密使與知院事不並置時文彥博呂公著旣爲使帝以升之三輔政欲稍異其禮故特命之明年同制置三司條例司與王安石共事數月拜中書門下平章事集賢殿大學士升之旣相遂請免條例司其說以爲宰相無所不統所領職事豈可稱司安石曰古之六卿卽今之執政有司馬司徒司空各名一職何害於理升之曰若制置百司條例則可但今制置三司一官則不可由是忤安石稱疾歸臥踰十旬帝數敦諭乃出會母喪去位終制召爲樞密使足疾不能立朝七年冬祀又不能相禮拜鎭江軍節度使同平章事判揚州封秀國公卒年六十九贈太保中書令諡曰成肅升之深狡多數善傳會以取富貴王安石用事患正論盈庭引升之自助升之心知其不可而竭力爲之用安石德之故使先已爲相甫得志卽求解條例司又時爲小異陽若不與之同者世以是譏之謂之筌相升之初名旭避神宗嫌名改焉

吳充字沖卿建州浦城人未冠舉進士與兄育京方皆高第調穀熟主簿入爲國子監直講吳王宮教授等輩多與宗室狎充齒最少獨以嚴見憚相率設席受經充作六箴以獻曰視曰聽曰好曰學曰進德曰崇儉仁宗命繕寫賜皇族英宗在藩邸書之坐右除集賢校理判吏部南曹選人胡宗堯者翰林學士宿之子坐小累不得改京官判銓歐陽修爲之請仇家譖修以爲黨宿詔出修同州充言修以忠直擢侍從不宜用讒逐若以爲私則臣願與修同貶於是修復留而充改知太常禮院張貴妃薨治喪越式判寺王洙命吏以印紙行文書不令同僚知充移開封治吏罪忤執政意出知高郵軍還爲羣牧判官開封府推官歷知陝州京西淮南河東轉運使英宗立數問充所在會入覲語其爲吳王宮教授時事嘉勞之尋權鹽鐵副使熙寧元年知制誥神宗諭以任用意曰先帝知卿久矣遂同知諫院言士大夫親沒或藁殯數十年傷敗風化宜限期使葬詔著爲令河北水災地震爲安撫使使還王安石參知政事充子安持其壻也引嫌解諫職知審刑院權三司使爲翰林學士三年拜樞密副使王韶取洮州蕃酋木征遁去充請招還故地縻以爵秩使自領所部永爲外臣無庸列置郡縣殫財屈力時方以開拓付韶充言不用八年進檢校太傅樞密使充雖與安石連姻而心不善其所爲數爲帝言政事不便帝察其中立無與欲相之安石去遂代爲同中書門下平章事監修國史充欲有所變革乞召還司馬光呂公著韓維蘇頌乃薦孫覺李常程顥等數十人光亦以充可告語與之書曰自新法之行中外洶洶民困於煩苛迫於誅斂愁怨流離轉死溝壑日夜引領冀朝廷覺悟一變敝法幾年于茲矣今日救天下之急苟不罷靑苗免役保甲市易息征伐之謀而欲朞成效猶惡湯之沸而益薪鼓橐也欲去此五者必先別利害以悟人主之心欲悟人主之心必先開言路今病雖已深猶未至膏肓失今不治遂爲痼疾矣充不能用王珪與充並相忌充陰掣其肘而充素惡蔡確確治相州獄捕安持及親戚官屬考治欲鉤致充語帝獨明其亡他及確預政充與議變法於前數爲所詘安南師出無功知諫院張璪又謂充與郭逵書止其進兵復置獄充旣數遭同列困毀素病瘤積憂畏疾益侵元豐三年三月輿歸第罷爲觀文殿大學士西太一宮使踰月卒年六十贈司空兼侍中諡曰正憲充內行修飭事兄甚謹爲相務安靜性沉密對家人語未嘗及國家事所言於上人莫知者將終戒妻子勿以私事干朝廷帝益悲之世謂充心正而力不足議其知不可而弗能勇退也子安詩安持安詩在元祐時爲諫官起居郞安持爲都水使者遷工部侍郞終天章閣待制安詩子儲安持子侔官皆員外郞坐與妖人張懷素通謀誅死

王珪字禹玉成都華陽人後徙舒曾祖永事太宗爲右補闕吳越納土受命往均賦至則悉除無名之算民皆感泣使還或言其多弛賦租帝詰之對曰使新附之邦蒙天子仁恩臣雖得罪死不恨帝大悅珪弱歲奇警出語驚人從兄琪讀其所賦喟曰騏驥方生已有千里之志但蘭筋未就耳舉進士甲科通判揚州吏民皆少珪有大校嫚不謹捽置之法王倫犯淮南珪議出郊掩擊之賊遁去名直集賢院爲鹽鐵判官修起居注接伴契丹使北使過魏舊皆盛服入至是欲便服妄云衣冠在後乘珪命取授之使者愧謝遂爲賀正旦使進知制誥知審官院爲翰林學士知開封府遭母憂除喪復爲學士兼侍讀學士先是三聖並侑南郊而溫成廟享獻同太室珪言三后並配所以致孝也而瀆乎饗帝後宮有廟所以廣恩也而僭乎饗親於是專以太祖侑于郊而改溫成廟爲祠殿嘉祐立皇子中書召珪作詔珪曰此大事也非面受旨不可明日請對曰海內望此舉久矣果出自聖意乎仁宗曰朕意決矣珪再拜賀始退而草詔歐陽修聞而歎曰眞學士也帝宴寶文閣作飛白書分侍臣命珪識歲月姓名再宴羣王又使爲序以所御筆墨牋硯賜之英宗立當撰先帝諡珪言古者賤不誄貴幼不誄長故天子稱天以誄之制諡於郊若云受之於天者近制唯詞臣撰議庶僚不得參聞頗違稱天之義請令兩制共議從之濮王追崇典禮珪與侍從禮官合議宜稱皇伯三夫人改封大國執政不以爲然其後三夫人之稱卒如初議始珪之請對而作詔也有密譖之者英宗在位之四年忽召至蘂珠殿傳詔令兼端明殿學士錫之盤龍金盆諭之曰祕殿之職非直器卿于翰墨閒二府員缺卽出命矣曩有讒口朕今釋然無疑珪謝曰非陛下至明臣死無日矣神宗卽位遷學士承旨珪典內外制十八年最爲久次嘗因展事齋宮賦詩有所感帝見而憐之熙寧三年拜參知政事九年進同中書門下平章事集賢殿大學士元豐官制行由禮部侍郞超授銀靑光祿大夫五年正三省官名拜尚書左僕射兼門下侍郞以蔡確爲右僕射先是神宗謂執政曰官制將行欲新舊人兩用之又曰御史大夫非司馬

光不可珪確相顧失色珪憂甚不知所出確曰陛下久欲收靈武公能任責則相位可保也珪喜謝確帝嘗欲召司馬光珪薦俞充帥慶使上平西夏策珪意以爲旣用兵深入必不召光雖召將不至已而光果不召永樂之敗死者十餘萬人實珪啟之八年帝有疾珪白皇太后請立延安郡王爲太子太子立是爲哲宗進珪金紫光祿大夫封岐國公五月卒於位年六十七特輟朝五日賻金帛五千贈太師謚曰文公賜壽昌甲第珪以文學進流輩咸共推許其文閎侈瓌麗自成一家朝廷大典策多出其手詞林稱之然自執政至宰相凡十六年無所建明率道諛將順當時目爲三旨相公以其上殿進呈云取聖旨上可否訖云領聖旨退諭禀事者云已得聖旨也紹聖中邢恕謗起黃履葉祖洽劉拯交論珪元豐末命事以爲當時兩府大臣嘗議奏請建儲珪輒語李清臣云他自家事外庭不當管恕又誘教高道裕子士京上奏言珪欲立雍王遣士京故兄士充傳道言語於禁中珪由是得罪追貶萬安軍司戶參軍削子籍徽宗卽位還其官封蔡京秉政復奪贈謚政和中又復之珪季父罕從兄其

罕字師言以蔭知宜興縣縣多湖田歲訴水輕重失其平罕躬至田處列高下爲圖明年訴牒至按圖示之某戶可免某戶不可免衆皆服范仲淹在潤奏下其式于諸道西方用兵仍年科箭羽于東南價踊貴富室至豫貯以待需罕白郡守倍其直市之而令民輸錢旁州聞之皆願如常州法累遷戶部判官修太宗別廟中貴人大慮材將一新之罕白是特歲久丹漆黯闇但當致飾耳榱櫨皆如故惟易一楹省緡錢十萬出爲廣東轉運使儂智高入寇罕行部在潮廣州守仲簡自圍中遣書邀罕罕報曰吾家亦受困非不欲歸顧獨歸無益當求所以相濟者遂還惠州州之惡少年正相率爲盜里落驚擾惠人要罕出城及郊遮道求救護者數千計罕擇父老可語者問以策曰吾屬皆有田客欲給以兵使相保聚罕曰有田客者如是得矣無者柰何乃呼耆長發里民補壯丁每長二百人又令邑尉增弓手二千巳時下令約申而集募有方略者許以官秩金帛使爲甲首久之無至者有婦人訴爲僕奪釵耳捕得之并執奪攘者十八輩皆梟首決口置道左傳曰此耆長發爲壯丁不肯行者也觀者始有怖色至期得六百人尉所部亦至於是染庫帛爲旗授之割牛革爲楯形柔之湯中每楯削竹籤十六穿于革以木爲鼻使持之自蔽斷苦竹數千銛其末使操爲兵悉出公私戎器徼告屬城倣而行之數日衆大振向之惡少年皆隸行伍無敢動乃簡卒三千方舟建旗伐鼓作樂順流而下將至廣悉衆登岸斬木爲鹿角積高數仞營于南門智高戴黃蓋臨觀相去三十步見已嚴備不敢犯罕徐開門而入智高遂解去時南道郵驛斷絕罕上事不得通而提點刑獄鮑軻遁處南雄數具奏及賊平軻受賞罕謫監信州酒安撫使孫沔言罕實有功復以爲西路轉運使或傳智高不死走火峒儂宗旦據險聚衆邑守蕭注謀擊之罕呼宗旦子日新謂之曰汝父內爲交阯所仇外爲邊將希賞之餌非計也汝歸報擇利而爲之於是父子俱降徙知潭州擢戶部度支副使復爲潭州爲政務適人情不加威罰有妊婦數訴事出言無章郤之則勃罵前守每叱逐之罕獨引至前委曲徐問久稍可曉乃本爲人妻無子父死妾有子遂逐婦而據家貲屢訴不得直因憤恚發狂罕爲治妾而反其貲婦良愈郡人傳爲神明監司上治狀敕書褒諭賜絹三百徙知明州以光祿卿卒年八十兄之子珪少孤罕教養有恩後珪貴每予書必以盛滿爲戒云

琪字君玉兒童時已能爲歌詩起進士調江都主簿上時務十二事請建義倉置營田減度僧罷鬻爵禁錦綺珠貝行鄉飲籍田復制科興學校仁宗嘉之除館閣校勘集賢校理帝宴太清樓命館閣臣作山水石歌琪獨蒙褒賞詔通判舒州歲饑奏發廩救民未報先振以公租守以下皆不聽琪挺身任之知復州民毆佃客死吏論如律琪疑之留未決已而新制下凡如是者聽減死歷開封府推官直集賢院兩浙淮南轉運使修起居注鹽鐵判官判戶部勾院知制誥嘗入對便殿帝從容謂曰卿雅有心計若三司缺使當無以易卿會奉使契丹因感疾還上介誣其詐責信州團練副使久之以龍圖閣待制知潤州轉運使欲浚常潤漕河琪陳其不便詔寢役而後議者卒請廢古城埭破古函管而浚之河反狹舟不得方行公私交病徙知江寧先是府多火災或託以鬼神人不敢救琪召令廂邏具爲作賞捕之法未幾得姦人誅之火患遂息復知制誥加樞密直學士知鄧州徙揚州入判太常寺又出知杭州復爲揚州潤州以禮部侍郎致仕卒年七十二琪性孤介不與時合數臨東南名鎭政尚簡靜每疾俗吏飾廚傳以沽名譽故待賓客頗闊略間造飛語起謗終不自恤葬于眞州詔眞揚二州發卒護其窆蓋異數也

論曰公亮靜重鎭浮練達典憲與韓琦並相號稱老成升之自爲言官卽著直聲然皆挾術任數公亮疾琦專任薦王安石以間之升之陰助安石陽爲異同以避淸議二人措慮如此豈誠心謀國者乎新法之行何望其能正捄也及安石去位充珪實代之天下喁喁思有所休息充力不逮心同僚左掣右伺至鞅鞅以死傷哉其不足與有行也珪容身固位於勢何所重輕而陰忌正人以濟其患失之謀鄙夫可與事君也與哉

宋史卷三百十二考證

曾公亮傳子孝蘊皆束手不敢鶩○鶩南本作騖

吳充傳作六箴以獻○六監本誤大今從南本改

王珪傳恕又誘教高遵裕子士京上奏○南北本俱作道裕今從宋通鑑及東都事畧改

宋史卷三百十三

元中書右丞相總裁脫脫等修

列傳第七十二

富弼子紹庭　文彥博

富弼字彥國河南人初母韓有娠夢旌旗鶴鴈降其庭云有天赦已而生弼少篤學有大度范仲淹見而奇之曰王佐才也以其文示王曾晏殊殊妻以女仁宗復制科仲淹謂弼子當以是進舉茂材異等授將作監丞簽書河陽判官仲淹坐爭廢后事貶弼上言是一舉而二失也縱未能復后宜還仲淹不聽通判絳州遷直集賢院趙元昊反弼疏陳八事乞斬其使者召爲開封府推官知諫院康定元年日食正旦弼請罷宴徹樂就館賜北使酒食執政不可弼曰萬一契丹行之爲朝廷羞後聞契丹果罷宴帝深悔之時禁臣僚越職言事弼因論日食極言應天變莫若通下情遂除其禁元昊寇鄜延破金明鈐轄盧守懃不救內侍黃德和引兵走大將劉平戰死德和誣其降賊弼請按竟其獄德和坐要斬夏守斌爲陝西都部署又以入內都知王守忠爲鈐轄弼言用守斌既爲天下笑今益以守忠殆與唐監軍無異守懃德和覆車之轍可復蹈乎詔罷守忠又請令宰相兼領樞密院時西夏首領二人來降但補借奉職弼言當厚賞以勸來者事下中書宰相初不知也弼歎曰此豈小事而宰相不知邪更極論之於是從弼言除鹽鐵判官史館修撰奉使契丹慶曆二年爲知制誥糾察在京刑獄堂吏有僞爲僧牒者開封不敢治弼白執政請以吏付獄呂夷簡不悅會契丹屯兵境上遣其臣蕭英劉六符來求關南地朝廷擇報聘者皆以其情叵測莫敢行夷簡因是薦弼歐陽修引顏眞卿使李希烈事請留之不報弼卽入對叩頭曰主憂臣辱臣不敢愛其死帝爲動色先以爲接伴英等入境中使迎勞之英託疾不拜弼曰昔使北病臥車中聞命輒起今中使至而君不拜何也英矍然起拜弼開懷與語英感悅亦不復隱其情遂密以其主所欲得者告曰可從從之不然以一事塞之足矣弼具以聞帝唯許增歲幣仍以宗室女嫁其子進弼樞密直學士辭曰國家有急義不憚勞柰何逆以官爵賂之遂爲使報聘既至六符來館客弼見契丹主問故契丹主曰南朝違約塞鴈門增塘水治城隍籍民兵將以何爲羣臣請舉兵而南吾以謂不若遣使求地求而不獲舉兵未晚也弼曰北朝忘章聖皇帝之大德乎澶淵之役苟從諸將言北兵無得脫者且北朝與中國通好則人主專其利而臣下無獲若用兵則利歸臣下而人主任其禍故勸用兵者皆爲身謀耳契丹主驚曰何謂也弼曰晉高祖欺天叛君末帝昏亂土宇狹小上下離叛故契丹全師獨克然壯士健馬物故大半今中國提封萬里精兵百萬法令修明上下一心北朝欲用兵能保其必勝乎就使其勝所亡士馬羣臣當之歟抑人主當之歟若通好不絕歲幣盡歸人主羣臣何利焉契丹主大悟首肯者久之弼又曰塞鴈門者以備元昊也塘水始於何承矩事在通好前城隍皆修舊民兵亦補闕非違約也契丹主曰微卿言吾不知其詳然所欲得者祖宗故地耳弼曰晉以盧龍賂契丹周世宗復取關南皆異代事若各求地豈北朝之利哉既退六符曰吾主恥受金帛堅欲十縣何如弼曰本朝皇帝言朕爲祖宗守國豈敢妄以土地與人北朝所欲不過租賦爾朕不忍多殺兩朝赤子故屈己增幣以代之若必欲得地是志在敗盟假此爲詞耳澶淵之盟天地鬼神實臨之今北朝首發兵端過不在我天地鬼神其可欺乎明日契丹主召弼同獵引弼馬自近又言得地則歡好可久弼反覆陳必不可狀且言北朝既以得地爲榮南朝必以失地爲辱兄弟之國豈可使一榮一辱哉

獵罷六符曰吾主聞公榮辱之言意甚感悟今惟有結昏可議耳弼曰婚姻易生嫌隙本朝長公主出降齎送不過十萬緡豈若歲幣無窮之利哉契丹主諭弼使歸曰俟卿再至當擇一受之卿其遂以誓書來弼歸復命復持二議及受口傳之詞于政府以往行次樂壽謂副使張茂實曰吾爲使者而不見國書脫書詞與口傳異吾事敗矣啓視果不同卽馳還都以晡時入見易書而行及至契丹不復求婚專欲增幣曰南朝遺我之辭當曰獻否則曰納弼爭之契丹主曰南朝旣懼我矣於二字何有若我擁兵而南得無悔乎弼曰本朝兼愛南北故不憚更成何名爲懼或不得已至於用兵則當以曲直爲勝負非使臣之所知也契丹主曰卿勿固執古亦有之弼曰自古唯唐高祖借兵於突厥當時贈遺或稱獻納其後頡利爲太宗所擒豈復有此禮哉弼聲色俱厲契丹知不可奪乃曰吾當自遣人議之復使劉六符來弼歸奏曰臣以死拒之彼氣折矣可勿許也朝廷竟以納字與之始受命聞一女卒再命聞一子生皆不顧又除樞密直學士遷翰林學士皆懇辭曰增歲幣非臣本志特以方討元昊未暇與角故不敢以死爭其敢受乎三年拜樞密副使辭之愈力改授資政殿學士兼侍讀學士七月復拜樞密副使弼言契丹旣結好議者便謂無事萬一敗盟臣死且有罪願陛下思其輕侮之恥坐薪嘗膽不忘修政以誥納上前而罷踰月復申前命使宰相諭之曰此朝廷特用非以使遼故也弼乃受帝銳以太平責成宰輔數下詔督弼與范仲淹等又開天章閣給筆札使書其所欲爲者且命仲淹主西事弼主北事弼上當世之務十餘條及安邊十三策大略以進賢退不肖止僥倖去宿弊爲本欲漸易監司之不才者使澄汰所部吏於是小人始不悅矣元昊遣使以書來稱男不稱臣弼言契丹臣元昊而我不臣則契丹爲無敵於天下不可許乃却其使卒臣之四年契丹受禮雲中且發兵會元昊伐呆兒族於河東爲近帝疑二邊同謀弼曰兵出無名契丹不爲也元昊本與契丹約相左右今契丹獨獲重幣元昊有怨言故城威塞以備之呆兒屢寇威塞契丹疑元昊使之故爲是役安能合而寇我哉或請調發爲備弼曰如此正墮其計臣請任之帝乃止契丹卒不動夏竦不得志中弼以飛語弼懼求宣撫河北還以資政殿學士出知鄆州歲餘讒不驗加給事中移青州兼京東路安撫使河朔大水民流就食弼勸所部民出粟益以官廩得公私廬舍十餘萬區散處其人以便薪水官吏自前資待缺寄居者皆賦以祿使卽民所聚選老弱病瘠者廩之仍書其勞約他日爲奏請受賞率五日輒遣人持酒肉飯糗慰藉出於至誠人人爲盡力山林陂澤之利可資以生者聽流民擅取死者爲大冢葬之目曰叢冢明年麥大熟民各以遠近受糧歸凡活五十餘萬人募爲兵者萬計帝聞之遣使褒勞拜禮部侍郎弼曰此守臣職也辭不受前此救災者皆聚民城郭中爲粥食之蒸爲疾疫及相蹈藉或待哺數日不得粥而仆名爲救之而實殺之自弼立法簡便周盡天下傳以爲式王則叛齊州禁兵欲應之或詣弼告齊非弼所部恐事泄變生適中貴人張從訓銜命至青弼度其可用密付以事使馳至齊發吏卒取之無得脫者卽自劾顓擅之罪帝益嘉之復以爲禮部侍郎又辭不受遷大學士徙知鄭蔡河陽加觀文殿學士改宣徽南院使判并州至和二年召拜同中書門下平章事集賢殿大學士與文彥博並命宣制之日士大夫相慶於朝帝微覘知之以語學士歐陽修曰古之命相或得諸夢卜豈若今日人情如此哉修頓首賀帝弗豫大臣不得見中外憂懼弼彥博入問疾因託禳禬事止宿連夕每事皆關白乃行宮內肅然語在彥博傳嘉祐三年進昭文館大學士監修國史弼爲相守典故行故事而傅以公議無容心於其間當是時百官任職天下無事六年三月以母憂去位詔爲罷春宴故事執政遭喪皆起復帝虛位五起之弼謂此金革變禮不可施於平世卒不從命英宗立召爲樞密使居二年以足疾求解拜鎭海軍節度使同中書門下平章事判揚州封祁國公進封鄭熙寧元年徙判汝州詔入覲許肩輿至殿門神宗御內東門小殿令其子掖以進且命毋拜坐語從容訪以治道弼知帝果於有爲對曰人主好惡不可令人窺測可測則姦人得以傅會當如天之監人善惡皆所自取然後誅賞隨之則功罪無不得其實矣又問邊事對曰陛下臨御未久當布德行惠願二十年口不言兵帝默然至日昃乃退欲以集禧觀使留之力辭赴郡明年二月召拜司空兼侍中賜甲第悉辭之以左僕射門下侍郎同平章事時有爲帝言災異皆天數非關人事得失所致者弼聞而歎曰人君所畏惟天若不畏天何事不可爲者此必姦人欲進邪說以搖上心使輔拂諫爭之臣無所施其力是治亂之機不可以不速救卽上書數千言力論之又言君子小人之進退繫王道之消長願深加辨察勿以同異爲喜怒喜怒爲用捨陛下好使人伺察外事故姦險得志又多出親批若事事皆中亦非爲君之道脫十中七八積日累月所失亦多今中外之務漸有更張大抵小人惟喜生事願深燭其然無使有悔是時久旱羣臣請上尊號及用樂帝不許而以同天節契丹使當上壽故未斷其請弼言此盛德事正當以此示之乞并罷上壽帝從之卽日雨弼又上疏願益畏天戒遠姦佞近忠良帝手詔褒荅之王安石用事雅不與弼合弼度不能爭多稱疾求退章數十上神宗將許之問曰卿卽去誰可代卿者弼薦文彥博神宗默然良久曰王安石何如弼亦默然拜武寧節度使同中書門下平章事判河南改亳州青苗法出弼以謂如是則財聚於上人散於下持不行提舉官趙濟劾弼格詔旨侍御史鄧綰又乞付有司鞫治乃以僕射判汝州安石曰弼雖責猶不失富貴昔鯀以方命殛共工以象恭流弼兼此二罪止奪使相何由沮姦帝不荅弼言新法臣所不曉不可以治郡願歸洛養疾許之遂請老加拜司空進封韓國公致仕弼雖家居朝廷有大利害知無不言郭逵討安南乞詔逵擇利進退以全王師契丹爭河東地界言其不可許星文有變乞開廣言路又請速改新法以解倒懸之急帝雖不盡用而眷禮不衰嘗因安石有所建明却之曰富弼手疏稱老臣無所告訴但仰屋竊歎者卽當至矣其敬之如此元豐三年王堯臣之子同老上言故父參知政事時當仁宗服藥嘗與弼及文彥博議立儲嗣會翊日有瘳其事遂寢帝以問彥博對與同老合帝始知至和時事嘉弼不自言以爲司徒六年八月薨年八十手封遺奏使其子紹庭上之其大畧云陛下卽位之初邪臣納說圖任之際聽受失宜上誤聰明浸成禍患今上自輔臣下及多士畏禍圖利習成敝風忠詞讜論無復上達臣老病將死尚何顧求特以不忍上負聖明輒傾肝膽冀哀憐愚忠曲垂采納去年永樂之役兵民死亡者數十萬今久戍未解百姓困窮豈諱過恥敗不思救禍之時乎天地至仁寧與羌夷校曲直勝負願歸其侵地休兵息民使關陝之間稍遂生理兼陝西再團保甲又葺教場州縣奉行勢侔星火人情惶駭難以復用不若寢罷以綏懷之臣之所陳急於濟事若夫要道則在聖人所存與所用之人君子小人之辨耳陛下審觀天下之勢豈以爲無足慮邪帝覽奏震悼輟朝三日內出祭文致奠贈太尉謚曰文忠弼性至孝恭儉好修與人言必盡敬雖微官及布衣謁見皆與之亢禮氣色穆然不見喜慍其好善嫉惡出於天資常言君子與小人並處其勢必不勝君子不勝則奉身而退樂道無悶小人不勝則交結搆扇千岐萬轍必勝而後已迨其得志遂肆毒於善良求天下不亂不可得也其終身皆出於此云元祐初配享神宗廟庭哲宗篆其碑首曰顯忠尚德命學士蘇軾撰文刻之紹聖中章惇執政謂弼得罪先帝罷配享至靖康初詔復舊典焉

紹庭字德先性靖重能守家法弼薨兩女與婿及甥皆同居紹庭待之與父時不殊一家之事毫髮不敢變族里稱焉歷宗正丞提舉三門白波輦運通判絳州建中靖國初除提舉河北西路常平辭曰熙寧變法之初先臣以不行青苗被罪臣不敢爲此官徽宗嘉之擢祠部員外郎未幾出知宿州卒年六十八子直柔紹興中同知樞密院事別有傳

文彥博字寬夫汾州介休人其先本敬氏以避晉高祖及宋翼祖諱改焉少與張昪高若訥從潁昌史炤學炤母異之曰貴人也待之甚厚及進士第知翼城縣通判絳州爲監察御史轉殿中侍御史西方用兵偏校有臨陳先退望敵不進者大將守著令皆中覆彥博言此可施之平居無事時爾今擁兵數十萬而將權不專兵法不峻將何以濟仁宗嘉納之黃德和之誣劉平降虜也以金帶賂平奴使附己說以證平家二百口皆械繫詔彥博置獄于河中鞫治得實德和黨援盛謀翻其獄至遣他御史來彥博拒不納曰朝廷慮獄不就故遣君今案具矣宜亟還事或弗成彥博執其咎德和并奴卒就誅以直史館爲河東轉運副使鄜州餉道回遠銀城河外有唐時故道廢弗治彥博父洎爲轉運使日將復之未及而卒彥博嗣成父志益儲粟元昊來寇圍城十日知有備解去遷天章閣待制都轉運使連進龍圖閣樞密直學士知泰州改益州嘗擊毬鈐轄廨聞外喧甚乃卒長杖一卒不伏呼入問狀令引出與杖又不受復呼入斬之竟毬乃歸召拜樞密副使參知政事貝州王則反明鎬討之久不克彥博請行命爲宣撫使旬日賊潰檻則送京師拜同中書門下平章事集賢殿大學士薦張瓌韓維王安石等恬退守道乞褒勸以厲風俗與樞密使龐籍議省兵凡汰爲民及給半廩者合八萬論者紛然謂必聚爲盜帝亦疑焉彥博曰今公私困竭正坐兵冗脫有難臣請死之其策訖行歸兵亦無事進昭文館大學士御史唐介劾其在蜀日以奇錦結宮掖因之登用介旣貶彥博亦罷爲觀文殿大學士知許州改忠

武軍節度使知永興軍至和二年復以吏部尚書同中書門下平章事昭文館大學士與富弼同拜士大夫皆以得人爲慶語見弼傳三年正月帝方受朝疾暴作扶入禁中彥博呼內侍史志聰問狀對曰禁密不敢漏言彥博叱之曰爾曹出入禁闥不令宰相知天子起居欲何爲邪自今疾勢增損必以告不爾當行軍法又與同列劉沆富弼謀啓醮大慶殿因留宿殿廬志聰曰無故事彥博曰此豈論故事時邪知開封府王素夜叩宮門上變不使入明旦言有禁卒告都虞候欲爲亂沆欲捕治彥博召都指揮使許懷德問都虞候何如人懷德稱其愿可保彥博曰然則卒有怨誣之耳當亟誅之以靖衆乃請沆判狀尾斬於軍門先是弼用朝士李仲昌策自澶州商湖河穿六漯渠入橫壠故道北京留守賈昌朝素惡弼陰約內侍武繼隆令司天官二人俟執政聚時於殿庭抗言國家不當穿河于北方致上體不安彥博知其意有所在然未有以制之後數日二人又上言請皇后同聽政亦繼隆所教也史志聰以其狀白執政彥博視而懷之不以示同列而有喜色徐召二人詰之曰汝今日有所言乎曰然彥博曰天文變異汝職所當言也何得輒預國家大事汝罪當族二人懼色變彥博曰觀汝直狂愚耳未忍治汝罪自今無得復然二人退乃出狀示同列同列皆憤怒曰奴敢爾僭言何不斬之彥博曰斬之則事彰灼於中宮不安衆皆曰善既而議遣司天官定六漯方位復使二人往繼隆白請留之彥博曰彼本不敢妄言有教之者耳繼隆默不敢對二人至六漯恐治前罪更言六漯在東北非正北也帝疾愈彥博等始歸第當是時京師業業賴彥博獨持重衆心以安沆密白帝曰陛下違豫時彥博擅斬告反者彥博聞之以沆判呈帝意乃解御史吳中復乞召還唐介彥博因言介頃爲御史言臣事多中臣病其間雖有風聞之誤然當時責之太深請如中復奏時以彥博爲厚德久之以河陽三城節度使同平章事判河南府封潞國公改鎭保平判大名府又改鎭成德遷尚書左僕射判太原府俄復鎭保平判河南丁母憂英宗卽位起復成德軍節度使三上表乞終喪許之初仁宗之不豫也彥博與富弼等乞立儲嗣仁宗許焉而後宮將有就館者故其事緩已而彥博去位其後弼亦以憂去彥博既服闋復以故官判河南有詔入覲英宗曰朕之立卿之力也彥博竦然對曰陛下入繼大統乃先帝聖意皇太后協贊之力臣何力之有兼陛下登儲纂極之時臣方在外皆韓琦等承聖志受顧命臣無與焉帝曰備聞始議卿於朕有恩彥博遜避不敢當帝曰暫煩西行卽召還矣尋除侍中徙鎭淮南判永興軍入爲樞密使劍南西川節度使熙寧二年相陳升之詔彥博朝廷宗臣其令升之位彥博下以稱遇賢之意彥博曰國朝樞密使無位宰相上者獨曹利用嘗在王曾張知白上臣忝知禮義不敢效利用所爲以紊朝著固辭乃止夏人犯大順慶帥李復圭以陳圖方略授鈐轄李信等趣使出戰及敗乃妄奏信罪彥博暴其非宰相王安石曲誅信等秦人冤之慶州兵亂彥博言於帝曰朝廷行事務合人心宜兼采衆論以靜重爲先陛下厲精求治而人心未安蓋更張之過也祖宗法未必皆不可行但有偏而不舉之敝爾安石知爲己發奮然排之曰求去民害何爲不可若萬事隳脞乃西晉之風何益於治御史張商英欲附安石摭樞密使他事以搖彥博坐不實貶彥博在樞府九年又以極論市易司監賣果實損國體斂民怨爲安石所惡力引去拜司空河東節度使判河陽徙大名府身雖在外而帝眷有加時監司多新進少年轉運判官汪輔之輒奏彥博不事事帝批其奏以付彥博曰以侍中舊德故煩卧護北門細務不必勞心輔之小臣敢爾無禮將別有處置未幾罷去初選人有李公義者請以鐵龍爪治河宦者黃懷信沿其制爲濬川杷天下指笑以爲兒戲安石獨信之遣都水丞范子淵行其法子淵奏用杷之功水悉歸故道退出民田數萬頃詔大名核實彥博言河非杷可濬雖甚愚之人皆知無益臣不敢雷同罔上疏至帝不悅復遣知制誥熊本等行視如彥博言子淵乃請覲言本等見安石罷意彥博復相故傅會其說御史蔡確亦論本奉使無狀本等皆得罪獨彥博勿問尋加司徒元豐三年拜太尉復判河南於是王同老言至和中議儲嗣事彥博適入朝神宗問之彥博以前對英宗者復于帝曰先帝天命所在神器有歸實仁祖知子之明慈聖擁佑之力臣等何功帝曰雖云天命亦繫人謀卿深厚不伐善陰德如丙吉眞定策社稷臣也彥博曰如周勃霍光是爲定策自至和以來中外之臣獻言甚衆臣等雖嘗有請弗果行其後韓琦等訖就大事蓋琦功也帝曰發端爲難是時仁祖意已定嘉祐之末止申前詔爾正如丙吉霍光不相揜也遂加彥博兩鎭節度使辭不拜將行賜宴瓊林苑兩遣中謁者遺詩祖道當世榮之王中正經制邊事所過稱受密旨募禁兵將之而西彥博以無詔拒之中正亦不敢募而去久之請老以太師致仕居洛陽元祐初司馬光薦彥博宿德元老宜起以自輔宣仁后將用爲三省長官而言事者以爲不可乃命平章軍國重事六日一朝一月兩赴經筵恩禮甚渥然彥博無歲不求退居五年復致仕紹聖初章惇秉政言者論彥博朋附司馬光詆毀先烈降太子少保卒年九十二崇寧中預元祐黨籍後特命出籍追復太師謚曰忠烈彥博逮事四朝任將相五十年名聞四夷元祐間契丹使耶律永昌劉霄來聘蘇軾館客與使入覲望見彥博於殿門外却立改容曰此潞公也邪問其年曰何壯也軾曰使者見其容未聞其語其綜理庶務雖精練少年有不如其貫穿古今雖專門名家有不逮使者拱手曰天下異人也旣歸洛西羌首領溫溪心有名馬請於邊吏願以餽彥博詔許之其爲外國所敬如此彥博雖窮貴極富而平居接物謙下尊德樂善如恐不及其在洛也洛人邵雍程顥兄弟皆以道自重賓接之如布衣交與富弼司馬光等十三人用白居易九老會故事置酒賦詩相樂序齒不序官爲堂繪像其中謂之洛陽耆英會好事者莫不慕之神宗導洛通汴而主者遏絕洛水不使入城中洛人頗患苦之彥博因中使劉惟簡至洛語其故惟簡以聞詔令通行如初遂爲洛城無窮之利彥博八子皆歷要官第六子及甫初以大理評事直史館與邢恕相善元祐初爲吏部員外郎以直龍圖閣知同州彥博平章軍國及甫由右司員外郞引嫌改衞尉光祿少卿彥博再致仕及甫知河陽召爲太僕卿權工部侍郎罷爲集賢殿修撰提舉明道宮蔡渭邢恕持及甫私書造梁燾劉摯之謗逮詣詔獄及甫有憾於元祐從而實之亦坐奪職未幾復之卒

論曰國家當隆盛之時其大臣必有耆艾之福推其有餘足芘當世富弼再盟契丹能使南北之民數十年不見兵革仁人之言其利博哉文彥博立朝端重顧盼有威遠人來朝仰望風采其德望固足以折衝禦侮於千里之表矣至於公忠直亮臨事果斷皆有大臣之風又皆享高壽於承平之秋至和以來建是大計功成退居朝野倚重熙豐而降弼彥博相繼衰老憸人無忌善類淪胥而宋業衰矣書曰番番良士膂力既愆我尚有之豈不信然哉

宋史卷三百十三考證

富弼傳本朝兼愛南北故不憚更成何名爲懼○臣蒲封按更成二字文義近晦宋通鑑東都事畧俱作故屈已增幣

拜鎭海軍節度使判揚州○東都事略作判河陽又復判河陽彼此互異

君子與小人並處其勢必不勝○南本作其勢必爭

文彥博傳知翼城縣○山堂肆考文彥博爲榆次令

兵法不峻○南本作兵法不肅

史臣論仁人之言其利博○此引左傳應作溥

建是大計○南本作共定大計

相繼衰老○衰南本作以

宋史卷三百十四

元　中　書　右　丞　相　總　裁　脫　脫　等　修

列傳第七十三

范仲淹子純祐　純禮　純粹　范純仁子正平

范仲淹字希文唐宰相履冰之後其先邠州人也後徙家江南遂爲蘇州吳縣人仲淹二歲而孤母更適長山朱氏從其姓名說少有志操旣長知其世家迺感泣辭母去之應天府依戚同文學晝夜不息冬月憊甚以水沃面食不給至以糜粥繼之人不能堪仲淹不苦也舉進士第爲廣德軍司理參軍迎其母歸養改集慶軍節度推官始還姓更其名監泰州西溪鹽稅遷大理寺丞徙監楚州糧料院母喪去官晏殊知應天府聞仲淹名召寘府學上書請擇郡守舉縣令斥游惰去冗僭愼選舉撫將帥凡萬餘言服除以殊薦爲祕閣校理仲淹汎通六經長於易學者多從質問爲執經講解亡所倦嘗推其奉以食四方遊士諸子至易衣而出仲淹晏如也每感激論天下事奮不顧身一時士大夫矯厲尚風節自仲淹倡之天聖七年章獻太后將以冬至受朝天子率百官上壽仲淹極言之且曰奉親于內自有家人禮顧與百官同列南面而朝之不可爲後世法且上疏請太后還政不報尋通判河中府徙陳州時方建太一宮及洪福院市材木陝西仲淹言昭應壽寧天戒不遠今又侈土木破民產非所以順人心合天意也宜罷修寺觀減常歲市木之數以蠲除積負又言恩倖多以內降除官非太平之政事雖不行仁宗以爲忠太后崩召爲右司諫言事者多暴太后時事仲淹曰太后受遺先帝調護陛下者十餘年宜掩其小故以全后德帝爲詔中外毋輒論太后時事初太后遺誥以太妃楊氏爲皇太后參決軍國事仲淹曰太后母號也自古無因保育而代立者今一太后崩又立一太后天下且疑陛下不可

一日無母后之助矣歲大蝗旱江淮京東滋甚仲淹請遣使循行未報乃請間曰宮掖中半日不食當何如帝惻然迺命仲淹安撫江淮所至開倉振之且禁民淫祀奏蠲廬舒折役茶江東丁口鹽錢且條上捄敝十事會郭皇后廢率諫官御史伏閤爭之不能得明日將留百官揖宰相廷爭方至待漏院有詔出知睦州歲餘徙蘇州州大水民田不得耕仲淹疏五河導大湖注之海募人興作未就尋徙明州轉運使奏留仲淹以畢其役許之拜尚書禮部員外郎天章閣待制召還判國子監遷吏部員外郎權知開封府時呂夷簡執政進用者多出其門仲淹上百官圖指其次第曰如此爲序遷如此爲不次如此則公如此則私況進退近臣凡超格者不宜全委之宰相夷簡不悅他日論建都之事仲淹曰洛陽險固而汴爲四戰之地太平宜居汴卽有事必居洛陽當漸廣儲蓄繕宮室帝問夷簡夷簡曰此仲淹迂闊之論也仲淹迺爲四論以獻大抵譏切時政且曰漢成帝信張禹不疑舅家故有新莽之禍臣恐今日亦有張禹壞陛下家法夷簡怒訴曰仲淹離間陛下君臣所引用皆朋黨也仲淹對益切由是罷知饒州殿中侍御史韓瀆希宰相旨請書仲淹朋黨揭之朝堂於是祕書丞余靖上言曰仲淹以一言忤宰相遽加貶竄況前所言者在陛下母子夫婦之間乎陛下旣優容之矣臣請追改前命太子中允尹洙自訟與仲淹師友且嘗薦己願從降黜館閣校勘歐陽修以高若訥在諫官坐視而不言移書責之由是三人者偕坐貶明年夷簡亦罷自是朋黨之論興矣仲淹旣去士大夫爲論薦者不已仁宗謂宰相張士遜曰向貶仲淹爲其密請建立皇太弟故也今朋黨稱薦如此柰何再下詔戒敕仲淹在饒州歲餘徙潤州又徙越州元昊反召爲天章閣待制知永興軍改陝西都轉運使會夏竦爲陝西經略安撫招討使進仲淹龍圖閣直學士以副之夷簡再入相帝諭仲淹使釋前憾仲淹頓首謝曰臣鄉論蓋國家事於夷簡無憾也延州諸砦多失守仲淹自請行遷戶部郎中兼知延州先是詔分邊兵總管領萬人鈐轄領五千人都監領三千人寇至禦之則官卑者先出仲淹曰將不擇人以官爲先後取敗之道也於是大閱州兵得萬八千人分爲六各將三千人分部教之量賊衆寡使更出禦賊時塞門承平諸砦旣廢用种世衡策城靑澗以據賊衝大興營田且聽民得互市以通有無又以民遠輸勞苦請建鄜城爲軍以河中同華中下戶稅租就輸之春夏徙兵就食可省糴十之三他所減不與詔以爲康定軍明年正月詔諸路入討仲淹曰正月塞外大寒我師暴露不如俟春深入賊馬瘦人饑勢易制也況邊備漸修師出有紀賊雖猖獗固已懾其氣矣鄜延密邇靈夏西羌必由之地也第按兵不動以觀其舋許臣稍以恩信招來之不然情意阻絕臣恐偃兵無期矣若臣策不効當擧兵先取綏宥據要害屯兵營田爲持久計則茶山橫山之民必挈族來歸矣拓疆禦寇策之上也帝皆用其議仲淹又請修承平永平等砦稍招還流亡定堡障通斥候城十二砦於是羌漢之民相踵歸業久之元昊歸陷將高延德因與仲淹約和仲淹爲書戒喻之會任福敗於好水川元昊答書語不遜仲淹對來使焚之大臣以爲不當輒通書又不當輒焚之宋庠請斬仲淹帝不聽降本曹員外郎知耀州徙慶州遷左司郎中爲環慶路經略安撫緣邊招討使初元昊反陰誘屬羌爲助而環慶酋長六百餘人約爲鄉道事尋露仲淹以其反復不常也至部卽奏行邊以詔書犒賞諸羌閱其人馬爲立條約若讎已和斷輒私報之及傷人者罰羊百馬二已殺者斬負債爭訟聽告官爲理輒質縛平人者罰羊五十馬一賊馬入界追集不赴隨本族每戶罰羊二質其首領賊大入老幼入保本砦官爲給食卽不入砦本家罰羊二全族不至質其首領諸羌皆受命自是始爲漢用矣改邠州觀察使仲淹表言觀察使班待制下臣守邊數年羌人頗親愛臣呼臣爲龍圖老子今退而與王興朱觀爲伍第恐爲賊輕矣辭不拜慶之西北馬鋪砦當後橋川口在賊腹中仲淹欲城之度賊必爭密遣子純祐與蕃將趙明先據其地引兵隨之諸將不知所向行至柔遠始號令之版築皆具旬日而城成卽大順城是也賊覺以騎三萬來戰佯北仲淹戒勿追已而果有伏大順旣城而白豹金湯皆不敢犯環慶自此寇益少明珠滅臧勁兵數萬仲淹聞涇原欲襲討之上言曰二族道險不可攻前日高繼嵩已喪師平時且懷反側今討之必與賊表裏南入原州西擾鎭戎東侵環州邊患未艾也若北取細腰胡蘆衆泉爲堡障以斷賊路則二族安而環州鎭戎徑道通徹可無憂矣其後遂築細腰胡蘆諸砦葛懷敏敗於定川賊大掠至潘原關中震恐民多竄山谷間仲淹率衆六千由邠涇援之聞賊已出塞乃還始定川事聞帝按圖謂左右曰若仲淹出援吾無憂矣奏至帝大喜曰吾固知仲淹可用也進樞密直學士右諫議大夫仲淹以軍出無功辭不敢受命詔不聽時已命文彥博經略涇原帝以涇原傷夷欲對徙仲淹遣王懷德喻之仲淹謝曰涇原地重第恐臣不足當此路與韓琦同經略涇原並駐涇州琦兼秦鳳臣兼環慶涇原有警臣與韓琦合秦鳳環慶之兵掎角而進若秦鳳環慶有警亦可率涇原之師爲援臣當與琦練兵選將漸復橫山以斷賊臂不數年間可期平定矣願詔龐籍兼領環慶以成首尾之勢秦州委文彥博慶州用滕宗諒總之孫沔亦可辦集渭州一武臣足矣帝采用其言復置陝西路安撫經略招討使以仲淹韓琦龐籍分領之仲淹與琦開府涇州而徙彥博帥秦宗諒帥慶張亢帥渭仲淹爲將號令明白愛撫士卒諸羌來者推心接之不疑故賊亦不敢輒犯其境元昊請和召拜樞密副使王擧正懦默不任事諫官歐陽修等言仲淹有相材請罷擧正用仲淹遂改參知政事仲淹曰執政可由諫官而得乎固辭不拜願與韓琦出行邊命爲陝西宣撫使未行復除參知政事會王倫寇淮南州縣官有不能守者朝廷欲按誅之仲淹曰平時諱言武備寇至而專責守臣死事可乎守令皆不得誅帝方銳意太平數問當世事仲淹語人曰上用我至矣事有先後久安之弊非朝夕可革也帝再賜手詔又爲之開天章閣召二府條對仲淹皇恐退而上十事一曰明黜陟二府非有大功大善者不遷內外須在職滿三年在京百司非選擧而授須通滿五年乃得磨勘庶幾考績之法矣二曰抑僥倖罷少卿監以上乾元節恩澤正郎以下若監司邊任須在職滿三年始得蔭子大臣不得薦子弟任館閣職任子之法無冗濫矣三曰精貢擧進士諸科請罷糊名法參考履行無闕者以名聞進士先策論後詩賦諸科取兼通經義者賜第以上皆取詔裁餘優等免選注官次第人守本科選進士之法可以循名而責實矣四曰擇長官委中書樞密院先選轉運使提點刑獄大藩知州次委兩制三司御史臺開封府官諸路監司擧知州通判知州通判擧知縣令限其人數以擧主多者從中書選除刺史縣令可以得人矣五曰均公田外官廩給不均何以求其爲善耶請均其入第給之使有以自養然後可以責廉節而不法者可誅廢矣六曰厚農桑每歲預下諸路風吏民言農田利害堤堰渠塘州縣選官治之定勸課之法以興農利減漕運江南之圩田浙西之河塘隳廢者可興矣七曰修武備約府兵法募畿輔彊壯爲衞士以助正兵三時務農一時敎戰省給贍之費畿輔有成法則諸道皆可擧行矣八曰推恩信赦令有所施行主司稽違者重寘於法別遣使按視其所當行者所在無廢格上恩者矣九曰重命令法度所以示信也行之未幾旋卽釐改請政事之臣參議可以久行者刪去煩冗裁爲制敕行下命令不至於數變更矣十曰減徭役戶口耗少而供億滋多省縣邑戶少者爲鎭併使州兩院爲一職官白直給以州兵其不應受役者悉歸之農民無重困之憂矣天子方信嚮仲淹悉采用之宜著令者皆以詔書畫一頒下獨府兵法衆以爲不可而止又建言周制三公分兼六官之職漢以三公分部六卿唐以宰相分判六曹今中書古天官冢宰也樞密院古夏官司馬也四官散於羣有司無三公兼領之重而二府惟進擢差除循資級議賞罰檢用條例而已上非三公論道之任下無六卿佐王之職非治法也臣請倣前代以三司司農審官流內銓三班院國子監太常刑部審刑大理羣牧殿前馬步軍司各委輔臣兼判其事凡官吏黜陟刑罰重輕事有利害者並從輔臣予奪其體大者二府僉議奏裁臣請自領兵賦之職如其無補請先黜降章得象等皆曰不可久之乃命參知政事賈昌朝領農田仲淹領刑法然卒不果行

初仲淹以忤呂夷簡放逐者數年士大夫持二人曲直交指爲朋黨及陝西用兵天子以仲淹士望所屬拔用之及夷簡罷召還倚以爲治中外想望其功業而仲淹以天下爲己任裁削倖濫考覈官吏日夜謀慮興致太平然更張無漸規摹闊大論者以爲不可行及按察使出多所擧劾人心不悅自任子之恩薄磨勘之法密僥倖者不便於是謗毀稍行而朋黨之論浸聞上矣會邊陲有警因與樞密副使富弼請行邊於是以仲淹爲河東陝西宣撫使賜黃金百兩悉分遺邊將麟州新罹入寇言者多請棄之仲淹爲修故砦招還流亡三千餘戶蠲其稅罷榷酤予民又奏免府州商稅河外遂安比去攻者益急仲淹亦自請罷政事迺以爲資政殿學士陝西四路宣撫使知邠州其在中書所施爲亦稍稍沮罷以疾請鄧州進給事中徙荊南鄧人遮使者請留仲淹亦願留鄧許之尋徙杭州再遷戶部侍郎徙靑州會病甚請潁州未至而卒年六十四贈兵部尚書謚文正初仲淹病帝常遣使賜藥存問旣卒嗟悼久之又遣使就問其家旣葬帝親書其碑曰褒賢之碑仲淹內剛外和性至孝以母在時方貧其後雖貴非賓客不重肉妻子衣食僅能自充而好施予置義莊里中以贍族人汎愛樂善士多出其門下雖里巷之人皆能道其名字死之

日四方聞者皆爲歎息。爲政尚忠厚，所至有恩，邠、慶二州之民與屬羌皆畫像立生祠事之。及其卒也，羌酋數百人哭之如父，齋三日而去。四子：純祐、純仁、純禮、純粹。

純祐字天成，性英悟自得，尚節行。方十歲，能讀諸書；爲文章，籍籍有稱。父仲淹守蘇州，首建郡學，聘胡瑗爲師。瑗立學規良密，生徒數百，多不率敎。仲淹患之，純祐尚未冠，輒白入學，齒諸生之末，盡行其規，諸生隨之，遂不敢犯。自是蘇學爲諸郡倡。寶元中，西夏叛，仲淹連官關陝，皆將兵。純祐與將卒錯處，鈎深擿隱，得其才否。由是仲淹任人無失，而屢有功。仲淹帥環慶，議城馬鋪砦。砦偪夏境，夏懼扼其衝，侵撓其役。純祐率兵馳據其地，夏衆大至，且戰且役，數日而成，一路恃之以安。純祐事父母孝，未嘗違左右，不應科第。及仲淹以讒罷，純祐不得已蔭守將作院主簿，又爲司竹監，以非所好，卽解去。從仲淹之鄧，得疾昏廢，臥許昌。富弼守淮西，過省之，猶能感慨道忠義，問弼之來，公耶私耶？弼曰公，純祐曰：「公則可。」凡病十九年，卒，年四十九。子正臣，守太常寺太祝。

純禮字彝叟，以父仲淹蔭，爲祕書省正字，簽書河南府判官，知陵臺令兼永安縣。永昭陵建，京西轉運使配木石塼甓及工徒於一路，獨永安不受令。使者以白陵使韓琦，琦曰：「范純禮豈不知此，將必有說。」他日，衆質之，純禮曰：「陵寢皆在邑境，歲時繕治無虛日，今乃與百縣均賦，曷若置此，使之奉常時用乎？」琦是其對。還朝，用爲三司鹽鐵判官，以比部員外郎出知遂州。瀘南有邊事，調度苛棘，純禮一以靜待之，辨其可具者，不取於民，民圖像于廬而奉之如神，名曰「范公庵」。草場火，民情疑怖，守吏惕息俟誅。純禮曰：「草濕則生火，何足怪！」但使密償之。庫吏盜絲，多罪至死，純禮曰：「以棼然之絲而殺之，吾不忍也。」聽其家趣買以贖，命釋其株連者。除戶部郎中、京西轉運副使。元祐初，入爲吏部郎中，遷左司，又遷太常少卿、江淮荆浙發運使，以光祿卿召，遷刑部侍郎，進給事中。純禮凡所封駮，正名分紀綱，皆國體之大者。張耒除起居舍人，病未能朝，而令先供職，純禮批敕曰：「臣僚未有以疾謁告，不赴朝參，先視事者。耒能供職，豈不能見君？壞禮亂法，所不當爲。」聞者皆悚動。御史中丞擊執政，將遂代其位，先以諷純禮，純禮曰：「論人而奪之位，寧不避嫌邪？命果下，吾必還之。」宰相卽從純禮刑部侍郎，而後出命。轉吏部，改天章閣待制、樞密都承旨，去知亳州，提舉明道宮。徽宗立，以龍圖閣直學士知開封府。前尹以刻深爲治，純禮曰：「寬猛相濟，聖人之訓。今處深文之後，若益以猛，是以火濟火也。方務去前之苛，猶慮未盡，豈有寬爲患也？」由是一切以寬處之。中旨鞫享澤村民謀逆，純禮審其故，此民入戲場觀優，歸途見匠者作桶，取而戴於首曰：「與劉先主如何？」遂爲匠擒。明日入對，徽宗問何以處之，對曰：「愚人村野無所知，若以叛逆蔽罪，恐辜好生之德，以不應爲杖之足矣。」曰：「何以戒後人？」曰：「正欲外間知陛下刑憲不濫，足以爲訓爾。」徽宗從之。

拜禮部尚書，擢尚書右丞。侍御史陳次升乞除罷言官並自內批，不由三省進擬，右相曾布力爭，不能得，乞降黜次升。純禮徐進曰：「次升何罪？不過防柄臣各引所親，且去不附己者爾。」徽宗曰：「然。」乃寢布議。呂惠卿告老，徽宗問執政，執政欲許之，純禮曰：「惠卿嘗輔政，其人固不足重，然當存國體。」曾布奏議者多憂財用不足，此非所急也，願陛下勿以爲慮。純禮曰：「古者無三年之蓄，曰國非其國。今大農告匱，帑庾枵空，而曰不足慮，非面謾邪？」因從容諫曰：「邇者朝廷命令，莫不是元豐而非元祐。以臣觀之，神宗立法之意固善，吏推行之，或有失當，以致病民。宣仁聽斷，一時小有潤色，蓋大臣識見異同，非必盡懷邪爲私也。今議論之臣，有不得志，故挾此藉口，以元豐爲是，則欲賢元豐之人，以元祐爲非，則欲斥元祐之士，其心豈恤國事，直欲快私忿以售其姦，不可不深察也。」又曰：「自古天下汨亂，繫於用人。祖宗於此最得其要，太祖用呂餘慶，太宗用王禹偁，眞宗用張知白，皆從下列寘諸要途。人君欲得英傑之心，固當不次篩拔，必待薦而後用，則守正特立之士，將終身晦迹矣。」左司諫江公望論繼述事，當執中道，不可拘一偏，徽宗出示其疏，純禮贊之曰：「願陛下以曉中外，使知聖意所嚮，亦足以革小人徇利之情。乞褒遷公望，以勸來者。」純禮沉毅剛正，曾布憚之，激駙馬都尉王詵曰：「上欲除君承旨，范右丞不可。」詵怒。會詵館遼使，純禮主宴，詵誣其輒斥御名，罷爲端明殿學士、知潁昌府，提舉崇福宮。崇寧中，啓黨禁，貶試少府監，分司南京，又貶靜江軍節度副使，徐州安置，徙單州。五年，復左朝議大夫，提舉鴻慶宮。卒，年六十七。

純粹字德孺，以蔭遷至贊善大夫、檢正中書刑房，與同列有爭，出知滕縣。遷提舉成都諸路茶場。元豐中，爲陝西轉運判官。時五路出師伐西夏，高遵裕出環慶，劉昌祚出涇原，李憲出熙河，种諤出鄜延，王中正出河東。遵裕怒昌祚後期，欲按誅之，昌祚憂恚病臥，其麾下皆憤焉。純粹恐兩軍不協，致生他變，勸遵裕往問昌祚疾，其難遂解。神宗責諸將無功，謀欲再舉，純粹奏：「關陝事力單竭，公私大困，若復加騷動，根本可憂。異時言者必職臣是咎，臣寧受盡言之罪于今日，不忍默默以貽後悔。」神宗納之。進爲副使。吳居厚爲京東轉運使，數獻羨賦，神宗將以徐州大錢二十萬緡助陝西，純粹語其僚曰：「吾部雖急，忍復取此膏血之餘。」卽奏：「本路得錢誠爲利，自徐至邊，勞費甚矣。」懇辭弗受。入爲右司郎中。哲宗立，居厚敗，命純粹以直龍圖閣往代之，盡革其苛政。時蘇軾自登州召還，純粹與軾同建募役之議，軾謂純粹講此事尤爲精詳。復代兄純仁知慶州。時與夏議分畫界，純粹請棄所取夏地，曰：「爭地未棄，則邊隙無時可除。如河東之葭蘆、吳堡，鄜延之米脂、義合、浮圖，環慶之安疆，深在夏境，於漢界地利形勢略無所益。而蘭會之地，耗蠹尤深，不可不棄。」所言皆略施行。純粹又言：「諸路策應，舊制也。自徐禧罷策應，若夏兵大舉，一路攻圍，力有不勝，而鄰路拱手坐觀，其不拔者幸爾。今宜修明戰守救援之法。」朝廷是之。及夏侵涇原，純粹遣將曲珍救之，曰：「本道首建應援牽制之策，臣子之義，忘軀徇國，無謂鄰路被寇，非我職也。」珍卽日疾馳三百里，破之於曲律，擒橫山，夏衆遁去。元祐中，除寶文閣待制，再任。召爲戶部侍郎，又出知延州。紹聖初，哲宗親政，用事者欲開邊釁，御史郭知章遂論純粹元祐棄地事，降直龍圖閣。明年，復以寶文閣待制知熙州。章惇、蔡卞經略西夏，疑純粹不與共事，改知鄧州，歷河南府、滑州。旋以元祐黨人奪職，知均州。徽宗立，起知信州，復故職，知太原，加龍圖閣直學士，再臨延州，改知永興軍。尋以言者落職，知金州，提舉鴻慶宮。又責常州別駕，鄂州安置，錮子弟不得擅入都。會赦，復領祠。久之，以右文殿修撰提舉太淸宮。黨禁解，復徽猷閣待制致仕，卒，年七十餘。純粹沉毅有幹略，才應時須。嘗論賣官之濫，以爲：「國法固許進納取官，然未嘗聽其理選。今西北三路許納三千二百緡買齋郎，四千六百緡買供奉職，並免試注官。夫天下士大夫服勤至于垂死，不霑世恩，其富民猾商，捐錢千萬，則可任三子，切爲朝廷惜之。」疏上，不聽。凡論事剴切類此。

純仁字堯夫，其始生之夕，母李氏夢兒墮月中，承以衣裾得之，遂生純仁。資警悟，八歲，能講所授書。以父任爲太常寺太祝。中皇祐元年進士第，調知武進縣，以遠親不赴；易長葛，又不往。仲淹曰：「汝昔日以遠爲言，今近矣，復何辭？」純仁曰：「豈可重於祿食而輕去父母邪？雖近亦不能遂養焉。」仲淹門下多賢士，如胡瑗、孫復、石介、李覯之徒，純仁皆與從游，晝夜肄業，至夜分不寢，置燈帳中，帳頂如墨色。仲淹沒，始出仕，以著作佐郎知襄城縣。兄純祐有心疾，奉之如父，藥膳居服，皆躬親時節之。賈昌朝守北都，請參幕府，以兄辭。宋庠薦試館職，謝曰：「輦轂之下，非兄養疾地也。」富弼責之曰：「臺閣之任，豈易得？何庸如是。」卒不就。襄城民不蠶織，勸使植桑，有罪而情輕者，視所植多寡除其罰，民益賴，慕後呼爲「著作林」。兄死，葬洛陽，韓琦、富弼貽書洛尹，使助其葬。旣葬，尹訝不先聞，純仁曰：「私室力足辦，豈宜慁公爲哉？」簽書許州觀察判官，知襄邑縣。縣有牧地，衞士牧馬，以踐民稼，純仁捕一人杖之。牧地初不隸縣，主者怒曰：「天子宿衞，令敢爾邪？」白其事于上，劾治甚急。純仁言：「養兵出於稅畝，若使暴民田而不得問，稅安所出？」詔釋之，且聽牧地隸縣。凡牧地隸縣，自純仁始。時旱久不雨，純仁籍境內賈舟，諭之曰：「民將無食，爾所販五穀，貯之佛寺，候食闕時，吾爲糶之。」衆賈從命，所蓄十數萬斛，至春，諸縣皆饑，獨境內民不知也。治平中，擢江東轉運判官，召爲殿中侍御史，遷侍御史。時方議濮王典禮，宰相韓琦、參知政事歐陽修等議尊崇之，翰林學士王珪等議宜如先朝追贈期親尊屬故事，純仁言：「陛下受命仁宗而爲之子，與前代定策入繼之主異，宜如王珪等議。」繼與御史呂誨等更論奏，不聽，純仁還所授告敕，家居待罪。旣而皇太后手書尊王爲皇，夫人爲后，純仁復言：「陛下以長君臨御，柰何使命出房闥，異日或爲權臣矯託之地，非人主自安計。」尋詔罷追尊，起純仁就職。純仁請出不已，遂通判安州，改知蘄州，歷京西提點刑獄、京西陝西轉運副使。召還，神宗問陝西城郭、甲兵、糧儲如何，對曰：「城郭粗全，甲兵粗修，糧儲粗備。」神宗愕然曰：「卿之才，朕所倚信，何爲皆言粗？」對曰：「粗者未精之辭，如是足矣。願陛下且無留意邊功，若邊臣觀望，將爲他日意外之患。」拜兵部員外郎，兼起居舍人、同知諫院。奏言王安石變祖宗法度，掊克財利，民心不寧。書曰：「怨豈在明，不見是圖。」願陛下圖不見之怨。神宗曰：「何謂不見之怨？」對曰：「杜牧所謂『天下之人，不敢言而敢怒』是也。」神宗嘉納之，曰：「卿善論事，宜爲朕條古今治亂可爲監戒者。」乃作尚書解以進，曰：「其言皆堯、舜、禹、湯、文、武之事也。治天下無以易此，願深究而力行之。」加直集賢院、同修起居注。神宗切於求治，多延見疏逖小臣，咨訪闕失。純仁言：「小人之言，聽之若可采，行之必有累。蓋知小忘大，貪近昧遠，願加深察。」富弼在相位，稱疾家居，純仁言：「弼受三朝眷倚，當自任天下之重而恤已深於恤物憂疾過於憂邦致主處身二者胥失溺與先臣素厚臣在諫省不敢私謁以致忠告願示以此章使之自省又論呂誨不當罷御史中丞李師中不可守邊及薛向任發運使行均輸法於六路純仁言臣嘗親奉德音欲修先王補助之政今乃効桑羊均輸之法而使小人爲之掊克生靈斂怨基禍安石以富國强兵之術啓廸上心欲求近功忘其舊學尚法令則稱商鞅言財利則背孟軻鄙老成爲因循棄公論爲流俗異已者爲不肖合意者爲賢人劉琦錢顗等一言便蒙降黜在廷之臣方大半趨附陛下又從而驅之其將何所不至道遠者理當馴致事大者不可速成人材不可急求積敝不可頓革儻欲事功亟就必爲憸佞所乘宜速還言者而退安石答中外之望不聽遂求罷諫職改判國子監去意愈確執政使諭之曰毋輕去已議除知制誥矣純仁曰此言何爲至於我哉言不用萬鍾非所顧也其所上章疏語多激切神宗悉不付外純仁盡錄申中書安石大怒乞加重貶神宗曰彼無罪姑與一善地命知河中府徙成都路轉運使以新法不便戒州縣未得遽行安石怒純仁沮格因讒者遣使欲捃摭私事不能得使者以他事鞭傷傳言者屬官喜謂純仁曰此一事足以塞其謗請聞于朝純仁既不奏使者之過亦不折言者之非後竟坐失察僚佐燕游左遷知和州徙邢州未至加直龍圖閣知慶州過闕入對神宗曰卿父在慶著威名今可謂世職卿隨父既久兵法必精邊事必熟純仁揣神宗有功名心卽對曰臣儒家未嘗學兵先臣守邊時臣尚幼不復記憶且今日事勢宜有不同陛下使臣繕治城壘愛養百姓不敢辭若開拓侵攘願別謀帥臣神宗曰卿之才何所不能顧不肯爲朕悉心爾遂行秦中方饑擅發常平粟振貸僚屬請奏而須報純仁曰報至無及矣吾當獨任其責或謗其所全活不實詔遣使按視會秋大稔民讙曰公實活我忍累公邪晝夜爭輸還之使者至已無所負邠寧間有叢冢使者曰全活不實之罪於此得矣發冢籍骸上之詔本路監司窮治適前帥楚建中所封也朝廷治建中罪純仁上疏言建中守法申請間不免有殍死者已坐罪罷去今緣按臣而及建中是一罪再刑也建中猶贖銅三十斤環州种古執熟羌爲盜流南方過慶呼冤純仁以屬吏非盜也古避罪譖訟詔御史治于寧州純仁就逮民萬數遮馬涕泗不得行至有自投于河者獄成古以誣告謫亦加純仁以他過黜知信陽軍移齊州齊俗兇悍

人輕爲盜刼或謂此嚴治之猶不能戢公一以寬恐不勝其治矣純仁曰寬出於性若强以猛則不能持久猛而不久以治凶民取玩之道也有西司理院繫囚常滿皆屠販盜竊而督償者純仁曰此何不保外使輸納邪通判曰此釋之復紊官司往往待其以疾斃於獄中是與民除害爾純仁曰法不至死以情殺之豈理也邪盡呼至庭下訓使自新卽釋去期歲盜減比年大半丐罷提舉西京留司御史臺時耆賢多在洛純仁及司馬光皆好客而家貧相約爲眞率會脫粟一飯酒數行洛中以爲勝事復知河中諸路閱保甲妨農論救甚力錄事叅軍宋儋年暴死純仁使子弟視喪小殮口鼻血出純仁疑其非命按得其妾與小吏姦因會寘毒鼈肉中純仁問食肉在第幾巡曰豈有旣中毒而尚能終席者乎再訊之則儋年素不食鼈其曰毒鼈肉者蓋妾與吏欲爲變獄張本以逃死爾實儋年醉歸毒於酒而殺之遂正其罪哲宗立復直龍圖閣知慶州召爲右諫議大夫以親嫌辭改天章閣待制兼侍講除給事中時宣仁后垂簾司馬光爲政將盡改熙寧元豐法度純仁謂光去其太甚者可也差役一事尤當熟講而緩行不然滋爲民病願公虛心以延衆論不必謀自己出謀自己出則謟諛得乘間迎合矣役議或難回則可先行之一路以觀其究竟光不從持之益堅純仁曰是使人不得言爾若欲媚公以爲容悅何如少年合安石以速富貴哉又云熙寧按問自首之法旣已行之有司立文太深四方死者視舊數倍殆非先王寧失不經之意純仁素與光同志及臨事規正類如此初种古因誣純仁停任至是純仁薦爲永興軍路鈐轄又薦知隰州每自咎曰先人與种氏上世有契義純仁不肖爲其子孫所訟寧論曲直哉元祐初進吏部尚書數日同知樞密院事初純仁與議西夏請罷兵棄地使歸所掠漢人執政持之未決至是乃申前議又請歸一漢人予十縑事皆施行邊俘鬼章以獻純仁請誅之塞上以謝邊人不聽議者欲致其子收河南故地故赦不殺後又欲官之純仁復固爭然鬼章子卒不至三年拜尚書右僕射兼中書侍郎純仁在位務以博大開上意忠篤革士風章惇得罪去朝廷以其父老欲畀便郡旣而中止純仁請置往咎而念其私情鄧綰帥淮東言者斥之不已純仁言臣嘗爲綰誣奏坐黜今日所陳爲綰也左降不宜錄人之過太深宣仁后嘉納因下詔前日希合附會之人一無所問學士蘇軾以發策問爲言者所攻韓維無名罷門下侍郎

補外純仁奏軾無罪維盡心國家不可因譖黜官及王覿言事忤旨純仁慮朋黨將熾與文彥博呂公著辨於簾前未解純仁曰朝臣本無黨但善惡邪正各以類分彥博公著皆累朝舊人豈容雷同罔上昔先臣與韓琦富弼同慶曆柄任各舉所知當時飛語指爲朋黨三人相繼補外造謗者公相慶曰一網打盡此事未遠願陛下戒之因極言前世朋黨之禍并錄歐陽修朋黨論以進知漢陽軍吳處厚傳致蔡確安州車蓋亭詩以爲謗宣仁后上之諫官欲寘於典憲執政右其說唯純仁與左丞王存以爲不可爭之未定聞太師文彥博欲貶於嶺嶠純仁謂左相呂大防曰此路自乾興以來荊棘近七十年吾輩開之恐自不免大防遂不敢言及確新州命下純仁於宣仁后簾前言聖朝宜務寬厚不可以語言文字之間曖昧不明之過誅竄大臣今舉動宜與將來爲法此事甚不可開端也且以重刑除惡如以猛藥治病其過也不能無損焉又與王存諫於哲宗退而上疏其略云蓋如父母之有逆子雖天地鬼神不能容貸父子至親主於恕而已若處之必死之地則恐傷恩確卒貶新州大防奏確黨人甚盛不可不問純仁面諫朋黨難辨恐誤及善人遂上疏曰朋黨之起蓋因趣向異同同我者謂之正人異我者疑爲邪黨旣惡其異我則逆耳之言難至旣喜其同我則迎合之佞日親以至眞僞莫知賢愚倒置國家之患率由此也至如王安石正因喜同惡異遂至黑白不分至今風俗猶以觀望爲能後來柄臣固合永爲商鑑今蔡確不必推治黨人旁及枝葉臣聞孔子曰舉直錯諸枉能使枉者直則是舉用正直而可以化枉邪爲善人不仁者自當屏迹矣何煩分辨黨人或恐有傷仁化司諫吳安詩正言劉安世交章擊純仁黨確純仁亦力求罷明年以觀文殿學士知潁昌府踰年加大學士知太原府其境土狹民衆惜地不葬純仁遣僚屬收無主燼骨別男女異穴葬者三千餘又推之一路葬以萬數計夏人犯境朝廷欲罪將吏純仁自引咎求貶秩有詔貶官一等徙河南府再徙潁昌召還復拜右僕射因入謝宣仁后簾中諭曰或謂卿必先引用王覿彭汝礪卿宜與呂大防一心對曰此二人實有士望臣終不敢保位蔽賢望陛下加察純仁將再入也楊畏不悅嘗有言純仁不知至是大防約畏爲助欲引爲諫議大夫純仁曰諫官當用正人畏不可用大防曰豈以畏嘗言公邪純仁始知之後畏叛大防凡有以害大防者無所不至宣仁后寢疾召純仁曰卿父

仲淹可謂忠臣在明肅皇后垂簾時唯勸明肅盡母道明肅上賓唯勸仁宗盡子道卿當似之純仁泣曰敢不盡忠宣仁后崩哲宗親政純仁乞避位哲宗語呂大防曰純仁有時望不宜去可爲朕留之且趣入見問先朝行青苗法如何對曰先帝愛民之意本深但王安石立法過甚激以賞罰故官吏急切以致害民退而上疏其要以爲青苗非所當行行之終不免擾民也是時用二三大臣皆從中出侍從臺諫官亦多不由進擬純仁言陛下初親政四方拭目以觀天下治亂實本於此舜舉皐陶湯舉伊尹不仁者遠縱未能如古人亦須極天下之選又羣小力排宣仁后垂簾時事純仁奏曰太皇保佑聖躬功烈誠心幽明共監議者不恤國事一何薄哉遂以仁宗禁言明肅垂簾事詔書上之曰望陛下稽倣而行以戒薄俗蘇轍論殿試策問引漢昭變武帝法度事哲宗震怒曰安得以漢武比先帝轍下殿待罪衆不敢仰視純仁從容言武帝雄才大略史無貶辭轍以比先帝非謗也陛下親事之始進退大臣不當如訶叱奴僕右丞鄧潤甫越次曰先帝法度爲司馬光蘇轍壞盡純仁曰不然法本無弊弊則當改哲宗曰人謂秦皇漢武純仁曰轍所論事與時也非人也哲宗爲之少霽轍平日與純仁多異至是乃服謝純仁曰公佛地位中人也轍竟落職知汝州全臺言蘇軾行呂惠卿告詞訕謗先帝黜知英州純仁上疏曰熙寧法度皆惠卿附會王安石建議不副先帝愛民求治之意至垂簾之際始用言者特行貶竄今已八年矣言者多當時御史何故畏避不卽納忠今乃有是奏豈非觀望邪御史來之邵言高士敦任成都鈐轄日不法事及蘇轍所謫太近純仁言之邵爲成都監司士敦有犯自當按發轍與政累年之邵已作御史亦無糾正今乃繼有二奏其情可知純仁凡薦引人材必以天下公議其人不知自純仁所出或曰爲宰相豈可不牢籠天下士使知出於門下純仁曰但朝廷進用不失正人何必知出於我邪哲宗旣召章惇爲相純仁堅請去遂以觀文殿大學士加右正議大夫知潁昌府入辭哲宗曰卿不肯爲朕留雖在外於時政有見宜悉以聞毋事形迹徙河南府又徙陳州初哲宗嘗言貶謫之人殆似永廢純仁前賀曰陛下念及此堯舜用心也旣而呂大防等竄嶺表會明堂肆赦章惇先期言此數十人當終身勿徙純仁聞而憂憤欲齋戒上疏申理之所親勸以勿爲觸怒萬一遠斥非高年所宜純仁曰事至於此無一人敢言若上心遂回所繫

大矣不然死亦何憾乃疏曰大防等年老疾病不習水土炎荒非久處之地又憂虞不測何以自存臣曾與大防等共事多被排斥陛下之所親見臣之激切止是仰報聖德向來章惇呂惠卿雖爲貶謫不出里居臣向曾有言深蒙陛下開納陛下以一蔡確之故常軫聖念今趙彥若已死貶所將不止一蔡確矣願陛下斷自淵衷將大防等引赦原放疏奏忤惇意詆爲同罪落職知隨州明年又貶武安軍節度副使永州安置時疾失明聞命怡然就道或謂近名純仁曰七十之年兩目俱喪萬里之行豈其欲哉但區區之愛君有懷不盡若避好名之嫌則無爲善之路矣每戒子弟毋得小有不平聞諸子怨章惇純仁必怒止之江行赴貶所舟覆扶純仁出衣盡濕顧諸子曰此豈章惇爲之哉既至永韓維責均州其子訴維執政日與司馬光不合得免行純仁之子欲以純仁與光議役法不同爲請純仁曰吾用君實薦以至宰相昔同朝論事不合則可汝輩以爲今日之言則不可也有愧心而生者不若無愧心而死其子乃止居三年徽宗即位欽聖顯肅后同聽政即日授純仁光祿卿分司南京鄧州居住遣中使至永賜茶藥諭曰皇帝在藩邸太皇太后在宮中知公先朝言事忠直今虛相位以待不知目疾如何用何人醫之純仁頓首謝道除右正議大夫提舉崇福宮不數月以觀文殿大學士中太一宮使詔之有曰豈唯尊德尚齒昭示寵優庶幾鯁論嘉謀日聞忠告純仁以疾捧詔而泣曰上果用我矣死有餘責徽宗又遣中使賜茶藥促入覲仍宣渴見之意純仁乞歸許養疾徽宗不得已許之每見輔臣問安否乃曰范純仁得一識面足矣遂遣上醫視疾疾小愈丐以所得冠帔改服色酬醫詔賜醫章服令以冠帔與族姪疾革以宣仁后誣謗未明爲恨呼諸子口占遺表命門生李之儀次第之其略云蓋嘗先天下而憂期不負聖人之學此先臣所以教子而微臣資以事君又云惟宣仁之誣謗未明致保佑之憂勤不顯又云未解疆埸之嚴幾空帑藏之積有城必守得地難耕凡八事建中靖國改元之旦受家人賀明日熟寐而卒年七十五詔賻白金三十兩敕許洛官給其葬贈開府儀同三司謚曰忠宣御書碑額曰世濟忠直之碑純仁性夷易寬簡不以聲色加人誼之所在則挺然不少屈自爲布衣至宰相廉儉如一所得俸賜皆以廣義莊前後任子恩多先疏族沒之日幼子五孫猶未官嘗曰吾平生所學得之忠恕二字一生用不盡以至立朝事君接待僚友親睦宗族未嘗須臾離此也每戒子弟曰人雖至愚責人則明雖有聰明恕己則昏苟能以責人之心責己恕己之心恕人不患不至聖賢地位也又戒曰六經聖人之事也知一字則行一字要須造次顛沛必於是則所謂有爲者亦若是爾豈不在人邪弟純粹在關陜純仁慮其於西夏有立功意與之書曰大輅與柴車爭逐明珠與瓦礫相觸君子與小人鬭力中國與外邦校勝負非唯不可勝兼亦不足勝不惟不足勝雖勝亦非也親族有請教者純仁曰惟儉可以助廉惟恕可以成德其人書於坐隅有文集五十卷行于世子正平正思

正平字子夷學行甚高雖庸言必援孝經論語父純仁卒詔特增遺澤官其子孫正平推與幼弟紹聖中爲開封尉有向氏於其墳造慈雲寺戶部尚書蔡京以向氏后戚觀欲自結奏拓四鄰田廬民有訴者正平按視以爲所拓皆民業不可奪民又撾鼓上訴京坐罰金二十斤用是蓄恨正平及當國乃言正平矯撰父遺表又謂李之儀所述純仁行狀妄載中使蔡克明傳二聖虛佇之意遂以正平逮之儀克明同詣御史府正平將行其弟正思曰議行狀時兄方營窀穸之事參預筆削者正思也兄何爲哉正平曰時相意屬我且我居長我不往兄弟俱將不免不若身任之遂就獄捶楚甚苦皆欲誣服獨克明曰舊制凡傳聖語受本於御前請寶印出注籍於內東門使從其家得永州傳宣聖語本有御寶又驗內東門籍皆同其遺表八事諸子以朝廷大事防後患不敢上之繳申潁昌府印寄軍資庫自潁昌取至亦實獄遂解正平羈管象州之儀羈管太平州正平家屬死者十數人會赦得歸潁昌唐君益爲守表其所居爲忠直坊取所賜世濟忠直碑額也正平告之曰此朝廷所賜施於金石揭於墓隧假寵於范氏子孫則可若於通途廣陌中爲往來之觀以聳動庸俗不可也君益曰此有司之事君家何預焉正平曰先祖先君功名人所知也十室之邑必有忠信異時不獨吾家詒笑君亦受其責矣竟撤去之正平退閑久益工詩尤長五言著荀里退居編以壽終

論曰自古一代帝王之興必有一代名世之臣宋有仲淹諸賢無愧乎此仲淹初在制中遺宰相書極論天下事他日爲政盡行其言諸葛孔明草廬始見昭烈數語生平事業備見於是豪傑自知之審類如是乎攷其當朝雖不能久然先憂後樂之志海內固已信其有弘毅之器足任斯責使究其所欲爲豈讓古人哉純仁位過其父而幾有父風元祐建議攻熙豐太急純仁救蔡確一事所謂謀國甚遠當世若從其言元祐黨錮之禍不至若是烈也仲淹謂諸子純仁得其忠純禮得其靜純粹得其略知子孰與父哉

宋史卷三百十四考證

范仲淹傳平時諱言武備寇至而專責守臣死事可乎守令皆不得誅○推尋文義當云皆得不誅

仲淹子純禮張來除起居舍人○來東都事略作耒南北本誤

仲淹子純仁召爲殿中侍御史遷侍御史○東都事略無遷侍御史四字 臣宗楷按韓億傳尋爲殿中侍御史遷侍御史則殿中與侍御史應是二官

韓維無名○無名二字有疑

維盡心國家○南本作日思國家東都事略作盡心爲是

宋史卷三百十五

元 中書右丞相總裁脫脫等修

列傳第七十四

韓億 子綜 韓絳 子宗師 韓維 韓縝 子宗武

韓億字宗魏其先眞定靈壽人徙開封之雍丘舉進士爲大理評事知永城縣有治聲他邑訟不決者郡守皇甫選輒屬億治之通判陳州會河決治隄費萬計億不賦民而營築之眞宗嘗欲召試而與王旦有親嫌特召見改一官知洋州州豪李甲兄死迫嫂使嫁因誣其子爲他姓以專其貲嫂訴於官甲輒賂吏掠服之積十餘年訴不已億視舊牘未嘗引乳醫爲證召甲出乳醫示之甲亡以爲辭冤遂辨累遷尚書屯田員外郎知相州河北旱轉運使不以實聞億獨言歲饑願貸民租有詔其子綱請求受金者億請自置獄按之事雖辨猶降通判大名府尋爲殿中侍御史遷侍御史安撫淮浙除開封府判官出爲河北轉運使仁宗初進直史館知青州以司封員外郎兼侍御史知雜事判大理寺丞吳植知臨江軍使人納金於宰相王欽若因牙吏至京師審之語頗洩欽若知不可掩執吏以聞詔付臺治而植自言未嘗納金反誣吏誤以問所親語達欽若億窮治之蓋植以病懼廢金未達而事已露也植乃除名并按欽若詔釋不問三司更茶法歲課不登億承詔劾之由丞相而下皆坐失當之罰其不撓如此自薛奎後億獨掌臺務者踰年除龍圖閣待制奉使契丹時副使者章獻外姻也妄傳皇太后旨於契丹諭以南北歡好傳示子孫之意億初不知也契丹主問億曰皇太后即有旨大使何獨不言億對曰本朝每遣使皇太后必以此戒之非欲達於北朝也契丹主大喜曰此兩朝生靈之福也人謂副使既失辭而億更以爲恩意甚推美之知亳州召知審刑院再遷兵部郎中同判吏部流內銓以右諫議大夫樞密直學士知益州故事益州歲出官粟六萬石振糶貧民是歲大旱億倍數出粟先期予民民坐是不饑又疏九升江口下溉民田數千頃維茂州地接羌夷蕃部歲至永康官場鬻馬億慮其覘兩川奏徙場黎州境上拜御史中丞請如唐制置御史裏行景祐二年以尚書工部侍郎同知樞密院事時承平久武備不戒乃請二府各列上才任將帥者數十人稍試用之又言武臣宜知兵而書禁不傳請纂其要授之於是帝親集神武祕略以賜邊臣唃厮囉與趙元昊相攻來獻捷朝廷議加唃厮囉節制億曰彼皆蕃臣也今不能諭令解仇乃因而加賞非所以綏御四方也議遂寢元昊歲遣人至京師出入民間無他禁億請下詔爲除館舍禮之官主貿易外雖若煩擾實羈防之知開封府范仲淹獻百官圖指宰相呂夷簡差除不平而陰薦億可用仲淹既貶帝以諭億億曰仲淹舉臣以公臣之愚陛下所知舉臣以私則臣委質以來未嘗交託於人遂除戶部參知政事會忻州地大震諫官韓琦言宰相王隨陳堯佐非輔弼才又言億子綜爲羣牧判官不當自請以兄綱代之遂與宰相皆罷知應天府尋加資政殿學士知成德軍改澶州復知亳州官至尚書左丞以太子少傅致仕卒贈太子太保謚忠獻億性方重治家嚴飭雖燕居未嘗有惰容見親舊之孤貧者常給其昏葬每見天下諸路有奏攟拾官吏小過者輒顏色不懌曰天下太平聖主之心雖昆蟲草木皆欲使之得所今仕者大則望爲公卿次亦望爲侍從職司一千石其下亦望京朝幕職奈何錮之於盛世八子綱綜絳繹維縝緯緬綱尚書水部員外郎慶曆中知光化軍性苛急不能撫循士卒會盜張海剽劫至境上綱師禁兵乘城給餠餌多不時民具酒食犒軍輒收其羊豕市錢製兵器士皆憤怒又嘗命軍校作陣圖不成將斬之衆益駭一日士方食軍校

邠與叱衆起勿食綱怒執數人繫獄輿懼帥衆劫庫兵爲亂欲殺綱綱携妻子縋城由漢江而下輿等遂縱火掠城中引衆趨蜀道爲官軍所敗遂斬之餘黨坐誅綱坐棄城除名編管英州

綜字仲文蔭補將作監主簿遷大理評事舉進士中第通判鄧州天雄軍會河溢金堤民依丘塚者數百家綜令曰能濟一人予千錢民爭操舟栰以救已而丘塚多潰呂夷簡自北京入相薦爲集賢校理同知太常院歷開封府推官數月遷三司戶部判官同修起居注使契丹契丹主問其家世綜言億在先朝嘗持禮來契丹主喜曰與中國通好久父子俱使我宜酌我酒綜率同使者五人起爲壽契丹主亦離席酧之歡甚既還陳執中以爲生事出知滑州徙許州殿前指揮使許懷德從妹亡有別産在陽翟以無子籍于官懷德欲私有之訟未决因楊儀爲書屬綜書至而轉運使已徙獄他州矣綜坐得書不以聞奪集賢校理知袁州未幾復爲江東轉運使還再修起居注累遷刑部員外郎知制誥卒綜嘗爲契丹館伴使使者欲爲書稱北朝而去契丹號綜曰自古未有建國而無號者使慙遂不復言其後朝廷擇館伴契丹使者帝曰孰有如韓綜者乎子宗道爲戶部侍郎寶文閣待制綱子宗彥字欽聖蔭補將作監主簿舉進士甲科累遷太常博士以大臣薦召試爲集賢校理歷提點京西京東刑獄應天府失入平民死罪獄成未決通判孫世寧辨正之獄吏當坐法而尹劉沆縱弗治宗彥往按舉沆復沮止之宗彥疏沆于朝抵吏罪仁宗春秋高未有嗣宗彥上書曰漢章帝詔諸懷妊者賜胎養穀人三斗復其夫勿筭一歲著爲令臣考尋世次帝八子長則和帝而質安以下諸帝皆其係胄請修胎養之令且曰人君務蕃毓其民則天亦昌衍其子孫矣以尚書兵部員外郎判三司鹽鐵勾院卒綜子宗道歷官至戶部侍郎寶文閣待制

韓絳字子華舉進士甲科通判陳州直集賢院爲開封府推官有男子冷青妄稱其母頃在掖庭得幸有娠而出生已府以爲狂奏流汝州絳言留之在外將惑衆追責窮治蓋其母嘗執役宮禁嫁民冷緒生一女乃生青遂論棄市歷戶部判官江南饑爲體量安撫使行便民事數十條宣州守廖詢貪暴不法下吏寘諸理民大悅使還同修起居注擢右正言仁宗謂絳曰用卿出自朕卿凡論事不宜過激當存朝廷大體要令可行毋使朕爲不聽諫者入內都知王守中兼判內行省絳言判名太重且國朝以來未有兼判兩省者詔自今勿復除道士趙清貺出入宰相龎籍家以賂敗開封杖流之道死絳言籍諷府殺之籍與尹俱謫去未幾復進絳力爭不得遂解言職明年知制誥乞守河陽召判流內銓河決商胡用李仲昌議開六塔河而患茲甚命絳宣撫河北時宰主仲昌人莫敢異絳劾其蠹國害民罪不可貸仲昌遂竄嶺表遷龍圖閣學士知瀛州歐陽修率同列言絳宜在朝廷瀛非所處也留知諫院糾察在京刑獄爲翰林學士御史中丞帝禱茅山求嗣絳草祝辭因勸帝汰出宮人及限內臣養子以重絕人之世皆從之掖庭劉氏通請謁爲姦絳以告帝帝曰非卿言朕無由知不數日出劉氏及他不謹者眞定守呂溱犯法從官通章請貰之絳曰法行當自貴者始更相請援則公道廢矣幷劾諸請者溱遂絀富弼用張茂實掌禁兵絳言人謂茂實爲先帝子豈宜用典宿衞不報闔門待罪自言不敢復稱御史中丞詔召之及出不秉笏穿朝堂諫官論之罷知蔡州數月以翰林侍讀學士知慶州熟羌據堡爲亂卽日討平之加端明殿學士知成都府張詠鎭蜀日春糶米秋糶鹽官給券以惠貧弱歷歲久權歸豪右中人奉使至蜀使酒吏主貿易因附益以取悅絳悉奏罷之召知開封府爲三司使請以川陝職田穀輸常平倉而隨其事任道里差次給直帝歎曰衆方姑息卿獨不能徇時邪卽行之內諸司吏數干恩澤絳輒執不可爲帝言身犯衆怒懼有飛語帝曰朕在藩邸日頗聞有司以國事爲人情卿所守固善何憚於讒神宗立韓琦薦絳有公輔器拜樞密副使始請建審官西院掌武臣升朝者以息吏姦神宗嘗問天下遺利絳請盡地力因言差役之弊願更定其法役議自此始矣代陳升之同制置三司條例王安石每奏事必曰臣見安石所陳非一皆至當可用陛下宜省察安石恃以爲助熙寧三年參知政事夏人犯塞絳請行邊安石亦請往絳曰朝廷方賴安石臣宜行乃以爲陝西宣撫使既又兼河東幾事不可待報者聽便宜施行授以空名告敕得自除吏十二月卽軍中拜同中書門下平章事昭文館大學士開幕府於延安絳素不習兵事注措乖方選蕃兵爲七軍用知青澗城种諤策欲取橫山令諸將聽命於諤厚賞犒蕃兵衆皆怨望又奪騎兵馬以與之有抱馬首以泣者旣城囉兀又冒雪築撫寧堡調發騷然已而二城陷趣諸道兵出援慶卒遂作亂議者罪絳罷知鄧州明年以觀文殿學士徙許州進大學士徙大名府七年復代王安石相旣顓處中書事多稽留不決且數與呂惠卿爭論乃密請帝再用安石安石至頗與絳異有劉佐者坐法免安石欲拔用佐絳不可議帝前未決卽再拜求去帝驚曰此小事何必爾對曰小事尚不伸況大事乎帝爲逐佐未幾絳亦出知許州元豐元年拜建雄軍節度使知定州入爲西太一宮使六年知河南府夏大雨伊洛閒民被溺者十五六絳發廩振恤環城築隄數月水復至民賴以免哲宗立更鎭江軍節度使開府儀同三司封康國公爲北京留守河決小吳都水議傍魏城鑿渠東趨金隄役甚棘絳言功必不成徒耗費國力而使魏人流徙非計也三奏訖罷之元祐二年請老以司空檢校太尉致仕明年卒年七十七贈太傅諡曰獻肅絳臨事果敢不爲後慮好延接士大夫數薦司馬光可用終以黨王安石復得政是以清議少之子宗師字傳道以父任歷州縣職既登第王安石薦爲度支判官提舉河北常平累官至集賢殿修撰知河中府卒初宗師在神宗朝數賜對常弗忍去親側屢辭官不拜世以孝與之

韓維字持國以進士奏名禮部方億輔政不肯試大廷受蔭入官父沒後閉門不仕宰相薦其好古嗜學安於靜退召試學士院辭不就富弼辟河東幕府史館修撰歐陽修薦爲檢討知太常禮院禮官議祫享東向位維請虛室以待太祖溫成后立廟用樂維以爲不如禮請一切裁去議陳執中謚以爲張貴妃治喪皇儀殿追冊位號皆執中所建宜曰榮靈詔謚曰恭維曰責難於君謂之恭執中何以得此議訖不行乞罷禮院以祕閣校理通判涇州神宗封淮陽郡王潁王維皆爲記室參軍王每事咨訪維悉心以對至拜起進趨之容皆陳其節嘗與論天下事語及功名維曰聖人功名因事始見不可有功名心王拱手稱善聞維引疾請郡上章留之時禁中遣使迭至諸臣家爲王擇妃維上疏曰王孝友聰明動履法度方嚮經學以觀成德今卜族授室宜歷選勳望之家謹擇淑媛考古納采問名之義以禮成之不宜苟取華色而已左右史闕英宗訪除授例執政曰用館閣久次及進士高第者帝曰第擇人不必專取高科執政以維對遂同修起居注侍邇英講帝初免喪簡默不言維上疏曰邇英閣者陛下燕閒之所也侍於側者皆獻納論思之臣陳於前者非經則史可以博咨訪之義窮仁義之道究成敗之原今體制終畢臣下傾耳以聽玉音陛下之言此其時也臣請執筆以俟進知制誥知通進銀臺司御史呂誨等以濮議得罪維諫曰誨等審議守職不過欲陛下盡如先王之法而止爾請追還前詔令百官詳議以盡人情復誨等職任以全政體旣而責命不由門下維又言罷黜御史事關政體而不使有司與聞紀綱之失無甚於此乞解銀臺司不從遂闔門待罪有詔舉臺官二人維言呂誨范純仁有已試之效願復其職翰林學士范鎭作批荅不合旨出補郡維言鎭所失只在文字當涵容之前黜錢公輔中外以爲太重連退二近臣而衆莫知其所謂自此誰敢盡忠者潁王爲皇太子兼右庶子神宗卽位維進言百執事各有職位當責任若代之行事最爲安體天下大事不可猝爲人君設施自有先後因釋滕文公問孟子居喪之禮推後世禮文之變以伸規諷帝皆嘉納除龍圖閣直學士御史中丞王陶彈宰相韓琦爲跋扈罷爲翰林學士維言中丞之言是宰相安得無罪若其非是安得止罷臺職今爲學士是遷也參知政事吳奎論陶事出知青州維言進退大臣不當如是詔還奎官維又言執政罷免則爲降黜今復遷官則爲褒進二者理難並行此與王陶罷中丞而加學士何以異章上奎還就職維援前言求去知汝州數月召兼侍講判太常寺初僖祖主已遷及英宗祔廟中書以爲僖祖與稷契等不應毀其廟維言太祖戡定大亂子孫遵業爲宋太祖無可議者僖祖雖爲高祖然仰迹功業非有所因若以所事稷契事之懼有所未安宜如故便王安石方主初議持不行熙寧二年遷翰林學士知開封府明年爲御史中丞以兄絳在樞府力辭之安石亦惡其言保甲事復使爲開封始分置八廂決輕刑轂下清肅時吳充爲三司使帝曰維充以文學進及任煩劇而皆稱職可謂得人矣兼侍讀學士充羣牧使考試制舉人孔文仲對策入等以切直罷歸維言陛下毋謂文仲爲一賤士黜之何損臣恐賢俊解體忠良結舌阿諛苟合者將窺隙而進爲禍不細安石益惡之樞密使文彥博求去帝曰密院事劇當除韓維佐卿明日維奏事殿中以言不用請郡帝曰卿東宮舊人當留以輔政對曰使臣言得行賢於富貴若緣攀附舊恩以進非臣之願也遂出知襄州改許州七年二月召爲學士承旨入對帝曰天久不雨朕日夜焦勞奈何維曰陛下憂閔旱災損膳避殿此乃舉行故事恐不足以應天變當痛自責己廣求直言退又上疏曰近畿內諸縣督索青苗錢甚急往往鞭撻取足至伐桑爲薪以易錢貨旱災之際重罹此苦若夫動甲兵危

士民匱財用於荒夷之地朝廷處之不疑行之甚銳至於蠲除租稅寬裕逋負以救愁苦之民則遲遲而不肯發望陛下奮自英斷行之過於養人猶愈過於殺人也上感悟即命維草詔求直言其略曰意者聽納不得於理與獄訟非其情與賦斂失其節與忠言讜論鬱於上聞而阿諛壅蔽以成其私者衆與詔出人情大悅有旨體量市易免行利病權罷方出保甲是日乃雨王安石罷會絳入相加端明殿學士知河陽復知許州帝幸舊邸進資政殿學士曾鞏當制稱其純明亮直帝令改命詞維知帝意請提舉嵩山崇福宮帝崩赴臨闕庭宣仁后手詔勞問維對曰人情貧則思富苦則思樂困則思息鬱則思通誠能常以利民爲本則民富常以憂民爲心則民樂賦役非人力所堪者去之則勞困息法禁非人情所便者蠲之則鬱塞通推此而廣之盡誠而行之則子孫觀陛下之德不待教而成矣未幾起知陳州未行召兼侍讀加大學士常言先帝以夏國主秉常廢故興問罪之師今旣復位有蕃臣禮宜還其故地因陳兵不可不息者三地不可不棄者五又言仁宗選建儲嗣一時忠勳皆被寵祿范鎮首開此議賞獨不及願褒顯其功鎮於是復起用元祐更役法命維詳定時四方書疏多言其便維謂司馬光曰小人議論希意迎合不可不察成都轉運判官蔡蒙附會定差維惡而劾之執政欲廢王安石新經義維以當與先儒之說並行論者服其平拜門下侍郎御史張舜民以言事罷王巖叟救之折簡密詢上官均語泄詔巖叟分析維曰臣下折簡聚談更相督責乃是相率爲善何害於理若瑣瑣責善懼於國事無益也維處東省踰年有忌之者密爲讒愬詔分司南京尚書右司王存抗聲簾前曰韓維得罪莫知其端臣竊爲朝廷惜乃還大學士知鄧州兄絳爲之請改汝州久之以太子少傅致仕轉少師紹聖中坐元祐黨降左朝議大夫再謫崇信軍節度副使均州安置諸子乞納官爵聽父里居哲宗覽奏惻然許之元符元年以幸睿成宮復左朝議大夫是歲卒年八十二徽宗初悉追復舊官

韓縝字玉汝登進士第簽書南京判官仁宗以水災求直言縝上疏曰今國本未立無以繫天下心此陰盛陽微之應詞極剴切劉沆薦其才命編修三班敕前此武臣不執親喪縝建言三年之服古今通制晉襄衰墨從戎事出一時遂著令自崇班以上聽持服爲殿中侍御史參知政事孫抃持祿充位權陝西轉運副使薛向赴闕樞密院輒畫旨除爲眞劉永年以外戚除防禦使內侍史志聰私役皇城親從縝皆極論之帝爲罷抃寢向與永年之命而正志聰罪遷侍御史度支判官出爲兩浙淮南轉運使移河北夏諒祚死子秉常嗣遣使求封冊朝廷方責夏人不修職貢欲擇人詰其使縝適陛辭神宗命之往縝至驛問罪使者引服迫夜奏上帝喜改使陝西入知審官西院直舍人院以兄絳執政改集賢殿修撰鹽鐵副使以天章閣待制知秦州嘗宴客夜歸指使傅勍被酒誤隨入州宅與侍妾遇縝怒令軍校以鐵裹杖箠殺之勍妻持血衣撾登聞鼓以訴坐落職分司南京秦人語曰寧逢乳虎莫逢玉汝其暴酷如此久之還待制知瀛州熙寧七年遼使蕭禧來議代北地界召縝館客遂報聘令持圖牒致遼主不克見而還知開封府禧再至復館之詔乘驛詣河東與禧分畫以分水嶺爲界復命賜襲衣金帶爲樞密都承旨還龍圖閣直學士元豐五年官制行易大中大夫同知樞密進知院事哲宗立拜尚書右僕射兼中書侍郎首相蔡確與章惇謀誣東朝及確爲山陵使縝暴其姦狀由是東朝及外廷悉知之確使還欲以其屬高遵惠張璪韓宗文爲美官宣仁后以訪縝縝曰遵惠爲太后從父璪者中書郎璪之弟宗文臣姪也今擢用非次則是君臣各私其親何以示天下乃止元祐元年御史中丞劉摯諫官孫覺蘇轍王覿論縝才鄙望輕在先朝爲奉使割地六百里以遺契丹邊人怨之切骨不可使居相位章數十上罷爲觀文殿大學士知潁昌府移永興河南拜安武軍節度使知太原府易節奉寧軍請老爲西太一宮使以太子太保致仕紹聖四年卒年七十九贈司空謚曰莊敏縝外事莊重所至以嚴稱雖出入將相而寂無功烈厚自奉養世以比晉何曾云子宗武

宗武第進士韓忠彥鎮瀛州辟爲河間令值河溢增隄護城吏率兵五百伐材近郊雖墓木亦不免父老遮道泣宗武入府白罷之徽宗即位爲祕書丞因日食上疏言近世事有微漸而不可不察者五大臣不畏公論小臣趨利附下一也人主怠於政事威柄下移怨讟歸上二也左右無輔拂之士守邊無禦侮之臣三也開境土以速邊患耗賦財以弊民力四也歲穀不登倉庾空竭民人流亡盜賊數起五也根治朋黨追復私怨正士黜廢耆老殲亡旋起大獄害及善類文章號令衰於前世大河決溢饑饉荐臻執政大臣人懷異意排去舊怨以立新黨徒爲紛紛無憂國忘家之慮誠願躬攬權綱收還威柄數言奏功考察名實不以侍御之好鍾鼓之娛爲樂仁祖惻怛至誠以收天下之心神宗厲精不息以舉天下之事皆所宜法不報哲宗將祔廟中旨索省中書畫甚急宗武言先帝祔廟陛下哀慕方深而丹青之玩取索不已播之于外懼損聖德陛下踐祚如日初升當講劘典訓開廣聖學好玩易志正古人所戒也疏入皇太后見之怒曰是皆內侍數輩所爲爾欲盡加罰帝委曲申救乃已明日太后對宰相獎歎令俟諫官員闕即用之尋除都官員外郎改開封府推官丐外爲淮南轉運判官前使者貸上供錢禁庭遣使來索宗武奏其狀詞極懇切坐貶秩罷歸久之蔡京欲以知潁州帝語祕書事京不敢復言遂致仕官累大中大夫年八十二卒

論曰王偁曰昔袁安未嘗以贓罪鞫人史氏以其仁心足以覃乎後昆韓億不悅擿人小過而君子知其後必大皆盛德事也億有子位公府而行各有適絳適於同維適於正縝適於嚴嗚呼維其賢哉

宋史卷三百十五考證

韓億傳職司一千石○東都事略作二千石

韓絳傳入內都知○都字下南北本俱空一格按文義無缺字

韓維傳今體制終畢○東都事略作禮制終畢按禮字爲是

史臣論王偁曰○臣人龍按此引東都事略之論東都事略乃王稱所撰傳一作稱

宋史卷三百十六

元中書右丞相總裁脫脫等修

列傳第七十五

包拯 吳奎 趙抃子岏 唐介子淑問 義問 孫恕

包拯字希仁廬州合肥人也始舉進士除大理評事出知建昌縣以父母皆老辭不就得監和州稅父母又不欲行拯即解官歸養後數年親繼亡拯廬墓終喪猶徘徊不忍去里中父老數來勸勉久之赴調知天長縣有盜割人牛舌者主來訴拯曰第歸殺而鬻之尋復有來告私殺牛者拯曰何爲割牛舌而又告之盜驚服徙知端州遷殿中丞端土產硯前守緣貢率取數十倍以遺權貴拯命製者才足貢數歲滿不持一硯歸尋拜監察御史裏行改監察御史時張堯佐除節度宣撫兩使右司諫張擇行唐介與拯共論之語甚切又嘗建言曰國家歲賂契丹非禦戎之策宜練兵選將務實邊備又請重門下封駁之制及廢錮贓吏選守宰行考試補蔭弟子之法當時諸道轉運加按察使其奏劾官吏多摭細故務苛察相高尚吏不自安拯於是請罷按察使去使契丹契丹令典客謂拯曰雄州新開便門乃欲誘我叛人以刺疆事耶拯曰涿州亦嘗開門矣刺疆事何必開便門哉其人遂無以對歷三司戶部判官出爲京東轉運使改尚書工部員外郎直集賢院徙陝西又徙河北入爲三司戶部副使秦隴斜谷務造船材木率課取於民又七州出賦河橋竹索恒數十萬拯皆奏罷之契丹聚兵近塞邊郡稍警命拯往河北調發軍食拯曰漳河沃壤人不得耕邢洛趙三州民田萬五千頃率用牧馬請悉以賦民從之解州鹽法率病民拯往經度之請一切通商販除天章閣待制知諫院數論斥權倖大臣請罷一切內除曲恩又列上唐魏鄭公三疏願置之坐右以爲龜鑒又上言天子當明聽納辨朋黨惜人才不主先入之說凡七事請去刻薄抑僥倖正刑明禁戒輿作禁妖妄朝廷多施行之除龍圖閣直學士河北都轉運使嘗建議無事時徙兵內地不報至是請罷河北屯兵分之河南兗鄆齊濮曹濟諸郡設有警無後期之憂借曰戍兵不可遽減請訓練義勇少給糇糧每歲之費不當屯兵一月之用一州之賦則所給者多矣不報徙知瀛州諸州以公錢貿易積歲所負十餘萬悉奏除之以喪子乞便郡知揚州徙廬州遷刑部郎中坐失保任左授兵部員外郎知池州復官徙江寧府召權知開封府遷右司郎中拯立朝剛毅貴戚宦官爲之斂手聞者皆憚之人以包拯笑比黃河清童稚婦女亦知其名呼曰包待制京師爲之語曰關節不到有閻羅包老舊制凡訟訴不得徑造庭下拯開正門使得至前陳曲直吏不敢欺中官勢族築園榭侵惠民河以故河塞不通適京師大水拯乃悉毀去或持地券自言有僞增步數者皆審驗劾奏之遷諫議大夫權御史中丞奏曰東宮虛位日久天下以爲憂陛下持久不決何也仁宗曰卿欲誰立拯曰臣不才備位乞豫建太子者爲宗廟萬世計也陛下問臣欲誰立是疑臣也臣年七十且無子非邀福者帝喜曰徐當議之請裁抑內侍減節冗費條責諸路

監司御史府得自舉屬官減一歲休暇日事皆施行張方平爲三司使坐買豪民產拯劾奏罷之而宋祁代方平拯又論之祁罷而拯以樞密直學士權三司使歐陽脩言拯所謂牽牛蹊田而奪之牛罰已重矣又貪其富不亦甚乎拯因家居避命久之乃出其在三司凡諸筦庫供上物舊皆科率外郡積以困民拯特爲置場和市民得無擾吏負錢帛多縲繫間輒逃去并械其妻子者類皆釋之遷給事中爲三司使數日拜樞密副使頃之遷禮部侍郎辭不受尋以疾卒年六十四贈禮部尚書諡孝肅拯性峭直惡吏苛刻務敦厚雖甚嫉惡而未嘗不推以忠恕也與人不苟合不僞辭色悅人平居無私書故人親黨皆絕之雖貴衣服器用飲食如布衣時嘗曰後世子孫仕宦有犯贓者不得放歸本家死不得葬大塋中不從吾志非吾子若孫也初有子名繶娶崔氏通判潭州卒崔守死不更嫁拯嘗出其媵在父母家生子崔密撫其母使謹視之繶死後取媵子歸名曰綖有奏議十五卷

吳奎字長文濰州北海人性强記於書無所不讀舉五經至大理丞監京東排岸慶曆宿衞之變奎上疏曰涉春以來連陰不解洪範所謂皇之不極時則有下伐上者今衞士之變起於肘腋流傳四方驚駭羣聽聞皇城司官六人其五已受責獨楊懷敏尚留人謂陛下私近幸而屈公法且獲賊之際傳令勿殺而左右輒屠之此必其黨欲以滅口不然何以不奉詔遂乞召對面論仁宗深器之再遷殿中丞策賢良方正入等擢太常博士通判陳州入爲右司諫改起居舍人同知諫院每進言惟勸帝禁束左右姦倖內東門關得賂遺物下吏研治而開封用內降釋之奎劾尹魏瓘出瓘越州彭思永論事詔詰所從受奎言御史法許風聞若窮核主名則後誰敢來告以事是自塗其耳目也上爲罷不問郭承祐張堯佐爲宣徽使奎連疏其不當承祐罷使出堯佐河中皇祐中頗多災異奎極言其徵曰今冬令反燠春候反寒太陽虧明五星失度水旱作沴饑饉荐臻此天道之不順也自東徂西地震爲患大河橫流堆阜或出此地道之不順也邪曲害政陰柔蔽明羣小紛爭衆情壅塞西北戎敵求欲無厭此人事之不和也夫帝王之美莫大於進賢退不肖今天下皆謂之賢陛下知之而不能進天下皆謂之不肖陛下知之而不能退內寵驕恣近習回撓陰盛如此寧不致大異乎又十數年來下令及所行事或有名而無實或始是而終非或橫議所移或姦謀所破故羣臣百姓多不甚信以謂陛下言之雖切而不能行行之雖銳而不能久臣願謹守前詔堅如金石或敢私撓必加之罪毋爲人所測度而取輕於天下唐介論文彥博指奎爲黨出知密州加直集賢院徙兩浙轉運使入判登聞檢院同脩起居注知制誥奉使契丹會其主加稱號要入賀奎以使事有職不爲往歸遇契丹使於塗契丹以金冠爲重紗冠次之故事使者相見其衣服重輕必相當至是使者服紗冠而要奎盛服奎殺其儀以見坐是出知壽州至和三年大水詔中外言得失奎上疏曰陛下在位二十四年而儲嗣未立在禮大宗無嗣則擇支子之賢者以昭穆言則太祖太宗之曾孫所宜建立以繫四海之望俟有皇子則退之而優其禮於宗室誰曰不然陛下勿聽姦人邪謀以誤大事若倉卒之際柄有所歸書之史冊爲萬世歎憤臣不願以聖明之資當危亡之比此事不宜優游願蚤裁定定之不速致宗祀無本鬱結羣望推之咎罰無大于此帝感其言拜翰林學士權開封府奎達於從政應事敏捷吏不敢欺富人孫氏辜榷財利負其息者至評取物產及婦女奎發孫宿惡徙其兄弟於淮閩豪猾畏斂居三月治聲赫然除端明殿學士知成都府以親辭改鄆州復還翰林拜樞密副使治平中丁父憂居喪毀瘠廬於墓側歲時潔嚴祭祀不爲浮屠事神宗初立奎適終制以故職還朝踰月參知政事時已召王安石辭不至帝顧輔臣曰安石歷先帝朝召不赴頗以爲不恭今又不至果病耶有所要耶曾公亮曰安石文學器業不敢爲欺奎曰臣嘗與安石同領郡牧見其護短自用所爲迂闊萬一用之必紊亂綱紀乃命知江寧奎嘗進言陛下在推誠應天天意無他合人心而已若以至誠格物物莫不以至誠應則和氣之感自然而致今民力困極國用窘乏必俟順成乃可及他事帝王所職惟在於判正邪使君子常居要近小人不得以害之則自治矣帝因言堯時四凶猶在朝奎曰四凶雖在不能惑堯之聰明聖人以天下爲度未有顯過固宜包容但不可使居要近地爾帝然之御史中丞王陶以論文德不押班事詆韓琦奎狀其過詔除陶翰林學士奎執不可陶又疏奎阿附陶既出奎亦以資政殿大學士知青州司馬光諫曰奎名望清重今爲陶絀奎恐大臣皆不自安各求引去陛下新即位於四方觀聽非宜帝乃召奎歸中書及琦罷相竟出知青州明年薨年五十八贈兵部尚書諡曰文肅奎喜獎廉善有所知輒言之之不從不止也少時甚貧旣通貴買田爲義莊以賙族黨朋友沒之日家無餘貲諸子至無屋以居當時稱之

趙抃字閱道衢州西安人進士及第爲武安軍節度推官人有赦前僞造印更赦而用者法吏當以死抃曰赦前不用赦後不造不當死讞而生之知崇安海陵江原三縣通判泗州濠守給士卒廩賜不如法聲欲變守懼日未入輒閉門不出轉運使檄抃攝治之抃至從容如平時州以無事翰林學士曾公亮未之識薦爲殿中侍御史彈劾不避權倖聲稱凜然京師目爲鐵面御史其言務欲朝廷別白君子小人以謂小人雖小過當力過而絕之君子不幸詿誤當保全愛惜以成就其德溫成皇后之喪劉沆以參知政事監護及爲相領事如初抃論其當罷以全國體又言宰相陳執中不學無術且多過失宣徽使王拱辰平生所爲及奉使不法樞密使王德用翰林學士李淑不稱職皆罷去吳充鞠眞卿刁約以治禮院吏馬遵呂景初吳中復以論梁適相繼被逐抃言其故悉召還呂溱蔡襄吳奎韓絳旣出守歐陽脩賈黯復求郡抃言近日正人端士紛紛引去侍從之賢如脩輩無幾今皆欲去者以正色立朝不能諂事權要傷之者衆耳脩黯由是得留一時名臣賴以安焉請知睦州移梓州路轉運使改益州蜀地遠民弱吏肆爲不法州郡公相餽餉抃以身帥之蜀風爲變窮城小邑民或生而不識使者抃行部無不至父老喜相慰姦吏竦服召爲右司諫內侍鄧保信引退兵董吉燒煉禁中抃引文成五利鄭注爲比力論之陳升之副樞密抃與唐介呂誨范師道言升之姦邪交結宦官進不以道章二十餘上升之去位抃與言者亦罷出知虔州虔素難治抃御之嚴而不苛召戒諸縣令使人自爲治令皆喜爭盡力獄以屢空嶺外仕者死多無以爲歸抃造舟百艘移告諸郡曰仕宦之家有不能歸者皆於我乎出於是至者相繼悉授以舟并給其道里費召爲侍御史知雜事改度支副使進天章閣待制河北都轉運使時賈昌朝以故相守魏抃將按視府庫昌朝使來告曰前此監司未有按視吾藏者恐事無比若何抃曰舍是則他郡不服竟往焉昌朝不悅初有詔募義勇過期不能辨官吏當坐者八百餘人抃被旨督之奏言河朔頻歲豐故應募者少請寬其罪以俟農隙從之坐者獲免而募亦隨足昌朝始愧服加龍圖閣直學士知成都以寬爲治抃向使蜀日有聚爲妖祀者治以峻法及是復有此獄皆謂不免抃察其亡他曰是特酒食過耳刑首惡而釋餘人蜀民大悅會榮諲除轉運使英宗論諲曰趙抃爲成都中和之政也神宗立召知諫院故事近臣還自成都者將大用必更省府不爲諫官大臣以爲疑帝曰吾賴其言耳苟欲用之無傷也及謝帝曰聞卿匹馬入蜀以一琴一鶴自隨爲政簡易亦稱是乎未幾擢參知政事抃感顧知遇朝政有未協者必密啓聞帝手詔褒答王安石用事抃屢斥其不便韓琦上疏極論青苗法帝語執政令罷之時安石家居求去抃曰新法皆安石所建不若俟其出旣出安石持之愈堅抃大悔恨卽上言制置條例司建使者四十輩騷動天下安石强辯自用詆天下公論以爲流俗違衆罔民順非文過近者臺諫侍從多以言不聽而去司馬光除樞密不肯拜且事有輕重體有大小財利於事爲輕而民心得失爲重青苗使者於體爲小而禁近耳目之臣用舍爲大今去重而取輕失大而得小懼非宗廟社稷之福也奏入懇乞去位拜資政殿學士知杭州改青州時京東旱蝗青獨多麥蝗來及境遇風退飛盡墮水死成都以戍卒爲憂遂以大學士復知成都召見勞之曰前此未有自政府往者能爲朕行乎對曰陛下有言卽法也奚例之問因乞以便宜從事旣至蜀治益尚寬有卒長立堂下呼諭之曰吾與汝年相若吾以一身入蜀爲天子撫一方汝亦宜清謹畏戢以率衆比戍還得餘貲持歸爲室家計可也人喜轉相告莫敢爲惡蜀郡晏然劍州民私作僧度牒或以爲謀逆告抃不畀獄吏以意決之悉從輕比謗者謂其縱逆黨朝廷取具獄閱之皆與法合茂州夷剽境上懼討乞降乃縛奴將殺之取血以受盟抃使易用牲皆讙呼聽命乞歸知越州吳越大饑疫死者過半抃盡救荒之術療病埋死而生者以全下令脩城使得食其力復徙杭以太子少保致仕而官其子岏提舉兩浙常平以便養岏奉抃遍遊諸名山吳人以爲榮元豐七年薨年七十七贈太子少師諡曰清獻抃長厚清脩人不見其喜慍平生不治貲業不畜聲伎嫁兄弟之女十數他孤女二十餘人施德惸貧蓋不可勝數日所爲事入夜必衣冠露香以告于天不可告則不敢爲也其爲政善因俗施設猛寬不同在虔與成都尤爲世所稱道神宗每詔二郡守必以抃爲言要之以惠利爲本晚學道有得將終與岏訣詞氣不亂安坐而沒宰相韓琦嘗稱抃眞世人標表蓋以爲不可及云

岏字景仁由蔭登第通判江州改溫州代還得見時抃已謝事神宗命爲太僕丞擢監察御史以父老請外提

舉兩浙常平元祐中復爲御史上疏言治平以前大臣不敢援置親黨於要塗子弟多處筦庫甚者不使應科舉與寒士爭進自王安石柄國持內舉不避親之說始以子雱列侍從由是循習爲常資望淺者或居事權繁重之地無出身者或預文字清切之職今宜杜絕其源又言臺諫之臣或稍遷其位而陰奪言責或略行其言而退與善地或兩全並立苟從講解或置而不問外示包容使忠鯁之士蒙羞難退皆朝廷所宜深察也傳堯俞王巖叟梁燾孫升以事去疏言諸人才能學術爲世推稱忠言嘉謨見於已試宜悉召還朝所言皆切時務避執政親嫌改都官員外郎出提點京東刑獄元符中歷鴻臚太僕少卿會布知樞密院將白爲都承旨蔡卞摭其救傳堯俞事遂不用未幾卒初抃廬母墓三年縣榜其里曰孝弟處士孫侔爲作孝子傳及疏執父喪而甘露降墓木疏卒子雲又以毀死人稱其世孝

唐介字子方江陵人父拱卒漳州州人知其貧合錢以賻介年尚幼謝不取擢第爲武陵尉調平江令民李氏貲而吝吏有求不厭誣爲殺人祭鬼岳守捕其家無少長楚掠不肯承更屬介訊之無他驗守怒白于朝遣御史方偕徙獄別鞫之其究與介同守以下得罪偕受賞介未嘗自言知莫州任邱縣當遼使往來道驛吏以誅索破家爲苦介坐驛門令曰非法所應給一切勿與稍毀吾什器者必執之皆帖伏以去沿邊塘水歲溢害民田中人楊懷敏主之欲割邑西十一村地瀦潦介築堤闌之民以爲利通判德州轉運使崔嶧取庫絹配民而重其估介留牒不下且移安撫司責數之嶧怒數馳檄按詰介不爲動既而果不能行入爲監察御史裏行轉殿中侍御史啓聖院造龍鳳車內出珠玉爲之飾介言此太宗神御所在不可喧瀆後宮奇靡之器不宜過制詔亟毀去張堯佐驟除宣徽節度景靈羣牧四使介與包拯吳奎等力爭之又請中丞王舉正留百官班庭論奪其二使無何復除宣徽使知河陽介謂同列曰是欲與宣徽而假河陽爲名耳不可但已也而同列依違介獨抗言之仁宗謂曰除擬本出中書介遂劾宰相文彥博守蜀日造間金奇錦緣閹侍通宮掖以得執政今顯用堯佐益自固結請罷之而相富弼又言諫官吳奎表裏觀望語甚切直帝怒卻其奏不視且言將遠竄介徐讀畢曰臣忠憤所激鼎鑊不避何辭於謫帝急召執政示之曰介論事是其職至謂彥博由妃嬪致宰相此何言也進用冢司豈應得預時彥博在前介責之曰彥博宜自省卽有之不可隱彥博拜謝不已帝怒益甚梁適叱介使下殿脩起居注蔡襄趨進救之貶春州別駕王舉正言以爲太重帝旋悟明日取其疏入改置英州而罷彥博相吳奎亦出又慮介或道死有殺直臣名命中使護之梅堯臣李師中皆賦詩激美由是直聲動天下士大夫稱眞御史必曰唐子方而不敢名數月起監郴州稅通判潭州知復州召爲殿中侍御史遣使賜告趣詣闕下入對帝勞之曰卿遷謫以來未嘗以私書至京師可謂不易所守矣介頓首謝言事益無所顧他日請曰臣既任言責言之不行將固爭爭之重以累陛下願得解職換工部員外郎直集賢院爲開封府判官出知揚州徙江東轉運使御史吳中復言介不宜久居外文彥博再當國奏介向所言誠中臣病願如中復言然但徙河東久之入爲度支副使進天章閣待制復知諫院帝自至和後臨朝淵默介言君臣如天地以交泰爲理願時延羣下發德音可否萬幾以幸天下又論宮禁于丐恩澤出命不由中書宜有以抑絕賜予嬪御之費多先朝時十數倍日加無窮宜有所朘損監司薦舉多得文法小吏請令精擇端良敦朴之士毋使與儉薄者同進諸路走馬承受夌擾郡縣可罷勿遣以權歸監司兗國公主夜開禁門宜劾宿衞主吏以嚴宮省帝悉開納之御史中丞韓絳劾宰相富弼弼家居求罷絳亦待罪介與王陶論絳以危法中傷大臣絳罷介嫌於右宰相請外以知荆南敕過門下知銀臺司何郯封還之留權開封府旋以論罷陳升之亦出知洪州加龍圖閣直學士河北都轉運使樞密直學士知瀛州治平元年召爲御史中丞英宗謂曰卿在先朝有直聲故用卿非繇左右言也介曰臣無狀陛下過聽願獻愚忠自古欲治之主亦非求絕世俗之術要在順人情而已祖宗遺德餘烈在人未遠願覽已成之業以爲監則天下蒙福矣明年以龍圖閣學士知太原府帝曰朕視河東不在中執法下暫煩卿往耳夏人數擾代州邊多築堡境上介遣兵悉撤之移諭以利害遂不敢動神宗立以三司使召熙寧元年拜參知政事先時宰相省閱所進文書於待漏舍同列不得聞介謂曾公亮曰身在政府而文書弗與知上或有所問何辭以對乃與同視後遂爲常帝欲用王安石公亮因薦之介言其難大任帝曰文學不可任耶吏事不可任耶經術不可任耶對曰安石好學而泥古故論議迂闊若使爲政必多所變更退謂公亮曰安石果用天下必困擾諸公當自知之中書嘗進除目數日不決帝曰當問王安石介曰陛下以安石可大用卽用之豈可使中書政事決於翰林學士臣近每聞宣諭某事問安石可卽行之不可不行如此則執政何所用恐非信任大臣之體也必以臣爲不才願先罷免安石既執政奏言中書處分劄子皆稱聖旨不中理者十八九宜止令中書出牒帝愕然介曰昔寇準用劄子遷馮拯官不當拯訴之太宗謂前代中書用堂牒乃權臣假此爲威福太祖時以堂帖重於敕命遂削去之今復用劄子何異堂牒張洎因言廢劄子則中書行事別無公式太宗曰大事則降敕其當用劄子亦須奏裁此所以稱聖旨也如安石言則是政不自天子出使輔臣皆忠賢猶爲擅命苟非其人豈不害國帝以爲然乃止介自是數與安石爭論安石强辯而帝主其說介不勝憤疽發于背薨年六十介爲人簡伉以敢言見憚每言官缺衆皆望介處之觀其風采神宗謂其先朝遺直故大用之然居政府遭時有爲而扼於安石少所建明聲名減於諫官御史時比疾亟帝臨問流涕復幸其第弔哭以畫像不類命取禁中舊藏本賜其家贈禮部尚書謚曰質肅子淑問義問孫恕

淑問字士憲第進士至殿中丞神宗以其家世擢監察御史裏行諭以謹家法務大體淑問見帝初卽位銳於治因言中旨數下一出特斷當謹出納別枉直使命令必行今詔書求直言而久無所施用必欲屈羣策以起治道願行其言初詔侍臣講讀淑問言王者之學不必分章句飾文辭稽古聖人治天下之道歷代致興亡之由延登正人博訪世務以求合先王則天下幸甚河北饑流人就食京師官振廩給食來者不止淑問曰出粟不繼是誘之失業而就死地也條三策上之滕甫爲中丞淑問力數其短帝以爲邀名乃詔避其父三司使出通判復州久之知眞州提點湖北刑獄言新法不便乞解使事黜知信陽軍以病免數年起知宣州徙湖州入爲吏部員外郎又引疾求外帝以爲避事降監撫州酒稅哲宗立司馬光薦其行已有恥難進召爲左司諫以病致仕數月卒

義問字士宣善文辭鎖廳試禮部用舉者召試祕閣父介引嫌罷之熙寧中辟京西轉運司管勾文字神宗覽本道章奏知義問所爲以其名訪輔臣因黃好謙領使事諭之曰唐義問風力强敏行且用矣可面詔之尋以爲司農管當公事方行手實法所在騷然義問言今造簿甫二歲民不堪命不宜復改爲從曾孝寬使河東還奏事記利害綱目於笏帝取而熟視之歷舉以問應析如流帝喜曰欲見卿非今日也擢湖南轉運判官一路敷免役錢又分戶五等儲其羨爲別賦號家力錢義問奏除之移使京西文彥博守西都義問求罷去彥博告以再入相時嘗薦其父晩同爲執政相得甚驩故義問乃止時陝西大舉兵多亡卒所至成聚義問請令詣官自陳給券續食人以爲便會有不悅之者免歸元祐中起知齊州提點京東刑獄河北轉運副使屬邑尉因捕盜誤遺火盜逸去民家被焚訟尉故縱火郡守執尉抑使服義問辨出之方旱而雨用彥博薦加集賢脩撰帥荆南請廢渠陽諸砦蠻楊晟秀斷之以叛卽拜湖北轉運使討降之復砦爲州進直龍圖閣以集賢殿脩撰知廣州章惇秉政治棄渠陽罪貶舒州團練副使後七年復故官知潁昌府卒

恕崇寧初爲華陽令以不能奉行茶法忤使者謝病免歸其弟意方爲南陵令亦以病自免兄弟杜門躬耕恕尋以宣教郎致仕靖康元年御史中丞許翰言其高行詔起爲監察御史意亦以宰相吳敏薦召對而貧不能行竟餓死江陵山中

論曰拯爲開封其政嚴明人到于今稱之而不尚苛刻推本忠厚非孔子所謂剛者乎奎博學清重君子人也抃所至善治民思不忘猶古遺愛介敢言聲動天下斯古遺直也夫聽諫者明君所難以唐文皇猶弗終於魏徵觀四臣面諍鯁吭逆心或不能堪而仁宗容之無咈誠盛德之主哉疏世孝淑問難進義問强敏恕高行不隕家聲有足美云

宋史卷三百十六考證

吳奎傳不爲徃○監本作爲不往從南本及東都事略改

趙抃傳陛下有言○監本作自言今從南本

在虔與成都○南北本虔俱作處臣蕭封按抃論陳升之出知虔州今從東都事略改虔

唐介傳知莫州任邱縣○莫應作鄚

梁適叱介使下殿修起居注蔡襄趨進救之貶春州別駕王舉正言以爲太重○臣宗楷按東都事略樞密副使梁適叱介下殿無蔡襄趨救事又云卽貶介春州別駕御史中丞王舉正修起居注蔡襄皆言貶介太重則與宋史小異

宋史卷三百十七

元 中書右丞相總裁脫脫等修

列傳第七十六

邵亢從父必 馮京 錢惟演從弟易 易子彥遠 明逸 諸孫景諶 勰 即

邵亢字興宗丹陽人幼聰發過人方十歲日誦書五千言賦詩豪縱鄉先生見者皆驚偉之再試開封當第一以賦失韻弗取范仲淹舉亢茂才異等時布衣被召者十四人試崇政殿獨亢策入等除建康軍節度推官或言所對策字少不應式宰相張士遜與之姻家故得預選遂報罷而士遜子實娶它邵與亢同姓耳士遜既不能與直亢亦不自言趙元昊叛亢言用兵在於擇將今天下久不知戰而所任多儒臣未必能應變武人得長一軍又已老詎能身先矢石哉間起故家恩倖子弟彼安識攻守之計況將與卒素不相附又亡堅甲利兵之禦此不待兩軍相當而勝敗之機固已形矣因獻兵說十篇召試祕閣授潁州團練推官晏殊爲首一以事諉之民稅舊輸陳蔡轉運使又欲覆折緡錢且多取之亢言民之移輸勞費已甚方仍歲水旱又從而加取無乃不可乎遂止入爲國子監直講館閣校勘同知太常禮院張貴妃薨立園陵禁京城樂一月亢累疏罷之進集賢校理仁宗繼嗣未立亢言國之外患在邊圉然禦之之術不過羈縻勿絕而已內患則不然繫社稷之安危不可不蚤定也提點開封縣鎮公事比有縱火者一不獲則主吏坐罪民或自燔其居以中吏亢請非延及旁舍者雖失捕得勿坐徙爲府推官改度支判官契丹遣使賀乾元節未至仁宗崩議者謂宜卻或欲俟其及國門而諭使之還亢請令奉書至柩前使見嗣君從之還爲潁王府翊善加直史館召對羣玉殿英宗訪以世事稱之曰學士眞國器也擢同脩起居注建言陛下初政欲治國者先齊家潁王且授室願采用古昏禮公主下降不宜厭舅姑之尊帝深納之他日諭王曰以翊善端直朴厚輟爲諫官矣王出道帝語遂以知制誥知諫院東宮建爲右庶子神宗立遷龍圖閣直學士有譖之者曰先帝大漸時亢嘗建垂簾之議御史吳申即論之帝知其妄置不問亢自訴曰方先帝不豫羣臣莫得進見臣無由面陳必有章奏乞索之禁中若得之臣當伏誅不然則讒臣者豈宜但已願下獄考實帝不許時待制以上爲帥守每他徙必遷職秩亢請未滿兩歲者勿推恩王陶劾韓琦吳奎與之辨亢詆奎所言顛倒失大臣體蓋欲併撼琦琦與奎竟同日去進樞密直學士知開封府亢遇事敏密吏操辭牘至前皆反覆閱之人或以爲勞亢曰決是非於須臾正當爾初雖煩後乃省也籍里閭惡年少與吏之廢停者一有所犯皆遷處之畿下閭訟爲之衰止拜樞密副使夏人誘殺知保安軍楊定朝廷謀西討亢曰天下財力殫屈未宜用兵唯當降意撫納俟不順命則師出有名矣因條上其事詔報之曰中國民力大事也兵興之後不無犒率人心一搖安危所係今動自我始先違信誓契丹聞之將不期而自合茲朕所深憂者當悉如卿計未幾夏主諒祚死國人執殺定者來請和或欲乘此更取塞門地亢以爲幸人之喪非義也乃止亢在樞密踰年無大補益帝頗厭之嘗與諫官孫覺言欲以陳升之代亢而使守長安覺遽劾亢薦升之帝怒其希指黜覺亢亦引疾辭以資政殿學士知越州歷鄭鄆亳三州薨年六十一贈吏部尚書即其鄉賜以居宅謚曰安簡從父必

必字不疑舉進士爲上元主簿國子監立石經必善篆隸召充直講選爲唐書編脩官必以史出衆手非古人撰述之體辭不就進集賢校理同知太常禮院天子且親祠執事者習禮壇下必言周官大宗伯凡王之禱祠肄儀爲位鄭康成釋云若今肄司徒府古禮如此今即祠所習之爲不敬乃徙於尚書省張貴妃受冊禮官議命婦入賀儀未決或曰妃爲脩媛時命婦已不敢亢禮況今日乎必曰宮省事祕不可知既下有司議惟有外一品南省上事百官班見之儀然禮無不答衆議乃定出知常州召爲開封府推官坐在常州日杖人至死責監邵武稅然杖者實不死久之知高郵軍提點淮南刑獄爲京西轉運使必居官震厲風采始至郡惟一赴宴集行部但一受酒食之餽以爲數會聚則人情狎多受餽則不能行事非使者體也入脩起居注知制誥雄州種木道上契丹遣人夜伐去又數漁界河中事聞命必往使必以理折契丹屈之還知諫院編仁宗御集成遷寶文閣直學士權三司使加龍圖閣學士知成都卒於道年六十四遣中使護其喪歸

馮京字當世鄂州江夏人少儁邁不羣舉進士自鄉舉禮部以至廷試皆第一時猶未娶張堯佐方負宮掖勢欲妻以女擁至其家束之以金帶曰此上意也頃之宮中持酒殽來直出奩具目示之京笑不視力辭出守將作監丞通判荊南軍府事還直集賢院判吏部南曹同脩起居注吳充以論溫成皇后追冊事出知高郵京疏充言是不當黜劉沆請併斥京仁宗曰京亦何罪但解其記注旋復之試知制誥避婦父富弼當國嫌拜龍圖閣待制知揚州改江寧府以翰林侍讀學士召還糾察在京刑獄爲翰林學士知開封府數月不詣丞相府韓琦語弼以京爲傲弼使往見琦京曰公爲宰相從官不妄造請乃所以爲公重非傲也出安撫陝西請城古渭通西羌唃氏畀木征官以斷夏人右臂除端明殿學士知太原府神宗立復爲翰林學士改御史中丞王安石爲政京論其更張失當累數千百言安石指爲邪說請黜之帝以爲可用擢樞密副使河東麟府豐三州城壘兵械不治官吏皆受譴京以先帥本道上章自劾曰使諸路帥臣知其雖一時脫去後能僥竊名位者猶必行法將不敢復媮惰曠職優詔不聽進參知政事數與安石論辨又薦劉攽蘇軾掌外制安石令保甲養馬京謂必不可行會選人鄭俠上書言時政薦京可相呂惠卿因是譖京與俠通罷知亳州未幾以資政殿學士知渭州茂州夷叛徙知成都府蕃部何丹方寇雞粽關聞京兵至請降議者遂欲蕩其巢窟京請于朝爲禁侵掠給稼器餉糧食使之歸夷人喜爭出犬豕割血受盟願世世爲漢藩惠卿告安石罪發其私書有曰勿令齊年知齊年謂京也與安石同年生帝以安石爲欺復召京知樞密院京以疾未至帝中夕呼左右語曰適夢馮京入朝甚慰人意乃賜京詔有渴想儀刑不忘夢寐之語及入見首以所夢告焉頃之以觀文殿學士知河陽哲宗即位拜保寧軍節度使知大名府又改鎮彰德於是范祖禹言京再執政初與王安石不合後爲呂惠卿所傾其中立不倚之操爲先帝稱挹且昭陵學士獨京一人存若付以樞密必允公論時京已老乃以爲中太一宮使兼侍講改宣徽南院使拜太子少師致仕紹聖元年薨年七十四帝臨奠于第贈司徒謚曰文簡始京鄉居受恩通判南宮成洎貴以郊恩官其子嘗過外兄朱适出侍妾詢知爲同年進士妻亟請而嫁之其爲郡守諸縣公事至即歷究之苟與縣牘合而處斷麗於法者呼法吏決罪不以付獄報下捷疾一無壅滯人服其敏云

錢惟演字希聖吳越王俶之子也少補牙門將從俶歸朝爲右屯衞將軍歷右神武軍將軍博學能文辭召試學士院以笏起草立就眞宗稱善改太僕少卿獻咸平聖政錄命直祕閣預脩冊府元龜詔與楊億分爲之序除尚書司封郎中知制誥再遷給事中知審官院大中祥符八年爲翰林學士坐私謁事罷之尋遷尚書工部侍郎再爲學士會靈觀副使又坐貢舉失實降給事中復工部侍郎擢樞密副使會靈觀使兼太子賓客更領祥源觀累遷工部尚書仁宗即位進兵部王曾爲相以惟演嘗位曾上因拜樞密使故事樞密使必加檢校官惟演止以尚書充使有司之失也初惟演見丁謂權盛附之與爲婚謂逐寇準惟演與有力焉及序樞密題名獨刊去準名曰逆準削而不書謂禍既萌惟演慮并得罪遂擠謂以自解宰相馮拯惡其爲人因言惟演以妹妻劉美乃太后姻家不可與機政請出之乃罷爲鎮國軍節度觀察留後即日改保大軍節度使知河陽踰年請入朝加同中書門下平章事判許州未即行冀復用侍御史鞠詠奏劾之惟演乃亟去天聖七年改武勝軍節度使明年來朝上言先壠在洛陽願守宮鑰即以判河南府再改泰寧軍節度使惟演雅意柄用抑鬱不得志及帝耕籍田求侍祠因留爲景靈宮使太后崩詔還河南惟演不自安請以莊獻明肅太后莊懿太后並配眞宗廟室以希帝意惟演既與劉美親又爲其子曖娶郭后妹至是又欲與莊懿太后族爲婚御史中丞范諷劾惟演擅議宗廟且與后家通婚姻落平章事爲崇信軍節度使歸本鎮未幾卒特贈侍中太常張瓌按謚法敏而好學曰文貪而敗官曰墨請謚文墨其家訴于朝詔章得象等覆議以惟演無貪黷狀而晚節率職自新有惶懼可憐之意取謚法追悔前過曰思改謚曰思慶曆間二太后始升祔眞宗廟室子曖復訴前議乃改謚曰文僖惟演出于勳貴文辭清麗名與楊億劉筠相上下於書無所不讀家儲文籍侔祕府尤喜獎厲後進初眞宗謚號稱文惟演曰眞宗幸澶淵禦契丹盟而服之宜兼謚武下有司議乃加謚武定所著典懿集三十卷又著金坡遺事飛白書敘錄逢辰錄奉藩書事惟演嘗語人曰吾平生不足者惟不得於黃紙上押字爾蓋未嘗歷中書故也子曖晦暄從弟易晦字明叔以大理評事娶獻穆大長公主女累遷東上閤門使貴州團練使王守忠領兩使留後移閤門定朝立燕坐位晦因言天子大朝會令宦者齒士大夫坐殿上必爲外夷所笑守忠更欲以禮服進酒晦又以爲不可勾當三班院羣牧都監授忠州防禦使知河中府帝因戒曰陝西方罷兵民困久矣卿爲朕愛撫毋縱酒樂使人呼爲貴戚子弟也晦頓首謝改潁州防禦使爲秦鳳路馬步軍總管復還三班院同提舉集禧觀歷霸州防禦使爲羣牧副使卒暄字載陽以父蔭累官駕部郎中知撫州移台州合城惡地下秋潦暴集輒圮溺人多即山爲居暄爲增治

城堞壘石爲臺作大覘扞之進少府監權鹽鐵副使暄鈎考諸路逋租兩浙轉運使負課當坐暄上言浙部仍歲饑故租賦不登籍今使者獲罪必亟斂於民民不堪矣神宗卽詔釋之官制行爲光祿卿出知鄆州拜寶文閣待制卒子景臻尚秦魯國大長公主景臻子忱在外戚傳

易字希白始父倧嗣吳越王爲大將胡進思所廢而立其弟俶俶歸朝羣從悉補官易與兄昆不見錄遂刻志讀書昆字裕之舉進士爲治寬簡便民能詩善草隸書累官右諫議大夫以祕書監于家易年十七舉進士試崇政殿三篇日未中而就言者惡其輕俊特罷之然自此以才藻知名太宗嘗與蘇易簡論唐世文人歎時無李白易簡曰今進士錢易爲歌詩殆不下白太宗驚喜曰誠然吾當自布衣召置翰林值盜起劍南遂寢眞宗在東宮圖山水扇會易作歌賞愛之易再舉進士就開封府試第二自謂當第一爲有司所屈乃上書言試朽索之馭六馬賦意涉譏諷眞宗惡其無行降第三明年第二人中第補濠州團練推官召試中書改光祿寺丞通判蘄州奏疏曰堯放四罪而不言殺彼四者之凶尚惡言殺非堯仁之至乎古之肉刑者劓椓黥刖皆非死尚以爲虐近代以來斷人手足鈎背烙筋身見白骨而猶視息四體分落乃方絕命以此示人非平世事也今四方長吏競爲殘暴婺州先斷賊手足然後斬之以聞壽州巡檢使磔賊於闤闠之中其旁猶有盜物者使嚴刑可誡於衆則秦之天下無叛民矣臣以謂非法之刑非所以助治惟陛下除之帝嘉納其言景德中舉賢良方正科策入等除祕書丞通判信州東封泰山獻殊祥錄改太常博士直集賢院祀汾陰幸亳州命修車駕所過圖經獻宋雅一篇遷尚書祠部員外郎坐發國子監諸科非其人降監潁州稅數月召還久之判三司磨勘司上言官物在籍而三司移文釐正或其數細微亂歷年不得報徒擾州縣自今官錢百穀斗帛二尺以下非欺紿者除之眞宗雅眷詞臣其典掌誥命皆躬自柬拔擢知制誥判登聞鼓院糾察在京刑獄累遷左司郎中爲翰林學士儤直未滿卒仁宗憐之召其妻盛氏至禁中賜以冠帔易才學贍敏過人數千百言援筆立就又善尋尺大書行草及喜觀佛書嘗校道藏經著殺生戒有金閨瀛州西垣制集一百五十卷青雲總錄青雲新錄南部新書洞微志一百三十卷子彥遠明逸相繼皆以賢良方正應詔宋興以來父子兄弟制策登科者錢氏一家而已

彥遠字子高以父蔭補太廟齋郎累遷大理寺丞舉進士第以殿中丞爲御史臺推直官通判明州遷太常博士舉賢良方正能直言極諫科擢尚書祠部員外郎知潤州上疏曰陛下卽位以來內無聲色之娛外無畋漁之樂而前歲地震雄霸滄登旁及荆湖幅員數千里雖往昔定襄之異未甚於此今復大旱人心嗷嗷天其或者以陛下備寇之術未至牧民之吏未良天下之民未安故出譴告以示之苟能順天之戒增修德業宗社之福也今契丹據山後諸鎭元昊盜靈武銀夏衣冠車服子女玉帛莫不有之往時元昊內冠出入五載天下騷然及納款賜命則被邊長吏不復銓擇高冠大裾耻言軍旅一日契丹負恩乘利入塞豈特元昊之比耶湖廣蠻獠劫掠生民調發督斂軍須百出三年于今未聞分寸之效惟陛下念此三方之急講長久之計以上答天戒時旱蝗民乏食彥遠發常平倉賑救之部使者詰其專且擁價彥遠不爲屈召爲右司諫請勿數赦擇牧守增奉入以養廉吏息土木以省功費遷起居舍人直集賢院知諫院會諸路奏大水彥遠言陰氣過盛在五行傳下有謀上之象請嚴宮省宿衞未幾有挾刃犯諸門者特賜五品服又上疏曰農爲國家急務所以順天養財禦水旱制蠻夷之原本也唐開元戶八百九十餘萬而墾田一千四百三十餘萬頃今國家戶七百三十餘萬而墾田一百一十五萬餘頃其間逃廢之田不下三十餘萬是田疇不闢而游手者多也勸課其可不與乎本朝轉運使提點刑獄知州通判皆帶勸農之職而徒有虛文無勸導之實宜置勸農司以知州爲長官通判爲佐舉清强幕職州縣官爲判官先以墾田頃畝及戶口數屋塘山澤溝洫桑柘著之於籍然後設法勸課除害興利歲終農隙轉運司考校之第其賞罰楊懷敏妄言契丹主宗眞死乃除入內副都知內侍黎用信以罪竄海島赦歸遂得環衞官致仕許懷德愼鏞高年未謝事楊景宗郭承祐闒冗小人宜廢不用歷舉劾之多見聽納彥遠性豪邁其任言職數有建明卒于官

明逸字子飛繇殿中丞策制科轉太常博士爲呂夷簡所知擢右正言首劾范仲淹富弼更張綱紀紛擾國經凡所推薦多挾朋黨乞早罷免使姦詐不敢效尤忠實得以自立疏奏二人皆罷其夕杜衍亦免相明逸蓋希章得象陳執中意也石元孫與夏人戰沒以死事褒贈既而生歸朝廷釋不問明逸請正其僨軍之罪乃竄之遠方而奪其恩進同脩起居注知制誥擢知諫院爲翰林學士自登科至是纔五年加史館脩撰知開封府妄人冷青自稱皇子捕至府明逸方正坐青叱曰明逸安得不起明逸爲起坐尹京無威望又獄吏撈婦人鄭氏墮足死罷爲龍圖閣學士知蔡州歷揚青鄆曹州應天府還判流內銓知通進銀臺司復出知成德軍渭州加端明殿學士知秦州先是于闐入貢道邈川嗃廝羅留不遣會其妻亡前帥張方平請因而郵之且誘其般次入貢詔賻絹千匹明逸言朝廷撫嗃氏至厚頃以招馬爲名賂縮綿邀請六事旣徇其五而猶觖望今壅遏荒服之貢固有罪矣豈可復加賜以辱國體從之而于闐使與般次亦皆至廝囉有子質于秦別子木征居河州殿侍程從簡私與之盟令過洮河許以官且歸其質子事不驗木征怒留貢使明逸械從簡往詰因斬之木征惶懼悉遣所留者治平初復爲翰林學士神宗立御史論其傾險憸薄頃附賈昌朝夏竦以陷正人文辭淺繆豈應冒居翰院乃罷學士久之知永興軍熙寧四年卒年五十七贈禮部尚書謚曰脩懿藻字醇老明逸之從子也幼孤刻厲爲學第進士又中賢良方正科爲祕閣校理慈聖后臨朝藻三上書乞還政同脩起居注知制誥加樞密直學士知開封府平居樂易無崖岸而居官獨立守繩墨爲政簡靜有條理不肯徇私取顯數求退改翰林侍讀學士知審官東院卒年六十一神宗知其貧賻錢五十萬贈大中大夫

景諶景臻之從兄也繇殿直巡轄兩京馬遞中進士第初赴開封解試時王安石得其文以爲知道者旣薦送之又推譽於公卿間自是執弟子禮安石提點府界景諶爲屬主簿又以文薦之執喪居許聞安石得政喜因事來京師謁之方盛夏安石與僧智緣臥於地一最親者袒坐其側顧景諶褫服脫帽未及它語卒然問曰青苗助役如何景諶曰利少害多異日必爲民患又問孰爲可用之人曰居喪不交人事而知人尤難事也遂辭出後調官復來安石已作相又往詣之安石令先與弟安國相見安國亦與之善謂景諶曰相君欲以館閣相處而任以事景諶曰百事皆可爲所不知者新書役法耳及見安石安石欲令治峽路役書且委以戎瀘蠻事景諶曰峽路民情僕固不能知而戎瀘用兵繫朝廷舉動一路生靈休戚顧擇知兵愛人者安石大怒坐上客數十人皆爲之懼退就謁舍賞激之輿誠以爲矯者參半景諶笑曰自古以來好利者衆而顧義者寡故天下萬事皆由人而不在於己苟爲利所動而由於人則盜亦可爲也夫盜之所以爲盜者利勝於義而不知所以爲之者耳吾又何憾焉遂與安石絕熙寧末從張景憲辟知瀛州終身爲外官僅至朝請郎而卒

勰字穆父彥遠之子也生五歲日誦千言十三歲制舉之業成熙寧三年試應旣中祕閣選廷對入等矣會王安石惡孔文仲策遷怒罷其科遂不得第以蔭知尉氏縣授流內銓主簿判銓陳襄嘗登進班簿神宗稱之襄曰此非臣所能主簿錢勰爲之耳明日召對將任以清要官安石使弟安禮來見許用爲御史勰謝曰家貧母老不能爲萬里行安石知不附己命權鹽鐵判官歷提點京西河北京東刑獄元豐定官制勰方居喪帝於左司郎中格自書其姓名須終制日授之奉使弔高麗外重士大夫家世所以選卿無他也乃求呂端故事以行意頗謂欲結之以北伐勰入請使指帝曰高麗好文又凡饋餉非故所有者皆弗納歸次紫燕島王遣二吏追餉金銀器四千兩勰曰在館時旣辭之矣今何爲者吏泣曰王有命徒歸則死且左番已受勰曰左右番各有職吾唯例是視汝可死吾不可受竟却之還拜中書舍人元祐初遷給事中以龍圖閣待制知開封府老吏畏其敏欲困以事導人訴牒至七百勰隨卽剖決簡不中理者緘而識之戒無復來閱月聽訟一人又至呼詰之曰吾固戒汝矣安得欺我其人譌曰無有勰曰汝前訴云云吾識以某字啓緘示之信然上下皆驚咤宗室貴戚爲之斂手雖丞相府謁吏干請亦械治之積爲衆所憾出知越州徙瀛州召拜工部戶部侍郎進尚書加龍圖閣直學士復知開封臨事益精蘇軾乘其據案時遺之詩勰操筆立就以報軾曰電掃庭訟響答詩筒近所未見也哲宗涖政翰林缺學士章惇三薦林希帝以命勰仍兼侍讀以嘗行惇誥詞懼而求去帝曰豈非鞅鞅非少主之臣硜硜無大臣之節者乎朕固知之毋庸避也嘗侍經幄帝留與之語曰臺臣論徐邸事其辭及鄭雍小人離間骨肉如此若雍有請當付卿以美詔慰安之旣而雍章至勰答詔云弗容羣枉規欲動搖朕察其厚誣力加明辨夫何異趣乃爾乞身帝見之謂能道所欲言者惇因是極意排詆諷全臺攻之言不已罷知池州卒于官年六十四訃未至帝猶卽其從弟景臻問安否元符末追復龍圖閣學士

郎字中道吳越王諸孫也第進士爲睦州推官部使者有獄在衢啖郎以薦牘使往治郎曰吾寧老冗選中豈

忍以數十人易一薦乎至則平反之辟鄜延幕府崇寧中爲陝西轉運判官王師復銀州轉餉最徽宗召對問曰靈武可取乎對曰夏人去來飄忽不能持久是其所短然其民皆兵居不糜飲食動不勤轉餉顧敕邊臣先爲不可勝以待釁庶可得志帝曰大砦泉可取否對曰是所謂瀚海也臣聞其地皆舄鹵無水泉或以飲馬口鼻皆裂正得之無所用帝然之除直龍圖閣知慶州至鎭築安邊城歸德堡包地萬頃縱耕其中歲得粟數十萬徙知延安府加集賢殿脩撰又進徽猷閣待制顯謨閣直學士在延五年童貫宣撫陝西得便宜行事時長安百物踴貴錢幣益輕貫欲力平之計司承望風旨取市價率減什四違者重寘于法民至罷市徐處仁爭之得罪又行均糴法賤入民粟而高金帛估以賞下至募兵射士之授田者咸被抑配關內騷然幾於生變郎亦屢抗章極陳其害貶永州團練副使然糴害亦寢數月還待制知興仁府徙太原以童貫宣撫本道辭不許居二年以疾提舉洞霄宮復直學士睦寇作起知宣州郎自力上道至則悉意應軍須貫上其功進龍圖閣學士貫遂引爲河北河東參謀以老固辭乃轉正奉大夫致仕卒贈金紫光祿大夫諡曰忠定

論曰進士自鄕舉至廷試皆第一者纔三人王曾宋庠爲名宰相馮京爲名執政風節相映不愧其科名焉邵亢知太常裁損張貴妃卹典頴王授室公主下嫁請用古典可謂不愧其官守矣邵必亦習禮者也預脩唐書而能力辭以爲史出衆手非古人撰述之體豈非名言乎錢惟演敏思淸才著稱當時然急於柄用阿附希進遂喪名節錢氏三世制科易明逸皆掌書命時人榮之惜乎易以輕儁明逸以傾險並爲時論所慽云

宋史卷三百十七考證

邵亢傳因條上其事詔報之曰云云○臣宗楷按東都事畧曰朕承五聖大器日懼不克永爲受寄之重故前者咨詢羣公欲求良畫且休此役又內有所惕懼者卿奏困賦之計甚爲得策已悉如卿奏與宋史所載詔語全異

錢惟演傳歷右神武將軍○東都事畧右作左

遷尚書工部侍郎○東都事畧作刑部侍郎

子景臻尚秦魯國大長公主○東都事畧景臻尚仁宗女許國大長公主臣宗楷按此賢穆明懿大長公主也初封魯國改韓周燕國進秦魏兩國後改封秦魯國秦魯之稱本傳與景臻傳同無封許國事東都事畧誤也

惟演從弟易字希白○南本作錢易臣蒲封按易傳接錢惟演傳後不應復書姓監本爲是

易孫景諶且委以戎瀘蠻事○監本委譌以從南本改正

易孫郎至募兵○南本作蕃兵

宋史卷三百十八

元中書右丞相總裁脫脫等修

列傳第七十七

張方平　王拱辰　張昪　趙槩

胡宿子宗炎　從子宗愈　宗回

張方平字安道南京人少頴悟絕倫家貧無書從人假三史旬日即歸之曰吾已得其詳矣凡書皆一閱不再讀宋綬蔡齊以爲天下奇才舉茂材異等爲校書郎知崐山縣又中賢良方正選遷著作佐郎通判睦州趙元昊且叛爲嫚書來覘得譴絕以激使其衆方平請順適其意使未有以發得歲月之頃以其間選將厲士堅城除器爲不可勝以待之雖終於必叛而兵出無名吏士不直其上難以決勝小國用兵三年而不見勝負不折則破我以全制其後必勝之道也時天下全盛皆謂其論出姑息決計用兵方平上平戎十策以爲入寇當自延渭巢穴之守必虛宜屯兵河東卷甲而趨之所謂攻其所必救形格勢禁之道也宰相呂夷簡善其策而不果行當召試館職仁宗曰是非兩策制科者乎何試也命直集賢院俄知諫院夏人寇邊方平首乞合樞密之職于中書以通謀議帝然之遂以宰相兼樞密使時調諸道弓手刺其壯者爲宣毅保捷方平連疏爭之弗聽既而兩軍驕甚合二十餘萬皆市人不可用如方平言夏竦節制陝西并護諸將四路以稟復失事機且詔使出師逗遛不行及豐州陷劉平等覆師主師皆坐譴竦獨不預方平劾罷之而請四路帥臣各自任戰守西師久未解元昊亦困敝方平言陛下猶天地父母也豈與犬豕豺狼較乎願因郊赦引咎示信開其自新之路帝喜曰是吾心也是歲改慶曆赦書敕邊吏通其善意元昊竟降既以脩起居注使契丹契丹主顧左右曰有臣如此佳哉騎而擊毬於前酌玉卮飲之且贈以所乘馬還知制誥權知開封府府事叢集前尹率書板議之方平獨默記決遣無少差忘進翰林學士元昊既臣而與契丹有隙來請絕其使議者不可方平曰得新附之小羌失久和之強敵非計也宜賜元昊詔使之審處但嫌隙朝除則封冊暮下如此於西北爲兩得矣時韙其謀拜御史中丞改三司使初王拱辰議榷河北鹽方平見曰河北再榷鹽何也帝曰始立法耳方平曰昔周世宗以鹽課均之稅中今兩稅鹽錢是也豈非再榷乎帝驚悟方平請直降手詔罷之河朔父老迎拜於澶州爲佛老會七日以報上恩事具食貨志加端明殿學士判太常寺禁中衞卒夜變帝旦語二府獎張貴妃扈蹕功夏竦即倡言當求所以尊異之禮方平聞之謂陳執中曰漢馮倢伃身當猛獸不聞有所尊異且皇后在而尊貴妃古無是事果行之天下之責將萃於公矣執中瞿然而罷帝以豐財省費訪羣臣方平既條對又獨上數千言大略以爲祥符以來務爲姑息漸失祖宗之舊取士任子磨勘遷補之法壞命將養兵皆非舊律國用既窘則政出多門大商豪民乘隙射利而茶鹽香礬之法亂此治忽盛衰之本不可以不急帝覽對甚悅且大用會判官楊儀得罪坐與交出知滁州頃之知江寧府入判流內銓以侍講學士知滑州徙益州未至或扇言儂智高在南詔將入寇攝守亟調兵築城日夜不得息民大驚擾朝廷聞之發陝西步騎兵仗絡繹往戍蜀詔趣方平行許以便宜從事方平曰此必妄也道遇戍卒皆遣歸他役盡罷適上元張燈城門三夕不閉得邛部川譯人始造此語者梟首境上而流其餘黨蜀人遂安復以三司使召方西鄙用兵兩蜀多所調發方平爲奏免橫賦四十萬減鑄鐵錢十餘萬緡又建言國家都陳留當四通五達之道非若雍洛有山川足恃特倚重兵以立國耳兵恃食食恃漕運以汴爲主汴帶引淮江利盡南海天聖已前歲調民浚之故水行地中其後淺妄者爭以裁減役費爲功汴日以塞今仰而望焉是利尺寸而喪丘山也乃畫上十四策富弼讀其奏漏盡十刻帝稱善弼曰此國計大本非常奏也悉如其說行之遷尚書左丞知南京未幾以工部尚書帥秦州諜告夏人將壓境方平料簡士馬聲言出塞已而寇不至言者論其輕舉曾公亮曰兵不出塞何名輕舉寇之不得至者有備故也倘罪之後之邊臣將不敢爲先事之備矣方平不自安請知南京英宗立遷禮部尚書請知鄆州還爲學士承旨帝不豫召至福寧殿帝馮几言言不可辨方平進筆請乃書云明日降詔立皇太子方平抗聲曰必潁王也嫡長而賢請書其名帝力疾書之乃退草制神宗即位召見請約山陵費帝曰奉先可損乎對曰遺制固云以先志行之可謂孝矣又請差減錫賚以乾興爲準費省什七八方平進詔草帝親批之曰卿文章典雅煥然有三代風又善以豐爲約意博而辭寡雖書之訓誥殆無加也其見稱重如此拜參知政事御史中丞司馬光疏其不當用不聽光解中丞曾公亮議用王安石方平以爲不可數日遭父憂服闋以觀文殿學士留守西京入覲留判尚書都省力請知陳州安石行新法方平陛辭極論其害曰民猶水也可以載舟亦可以覆舟兵猶火也弗戢必自焚若新法卒行必有覆舟自焚之禍帝憮然韓絳主西師慶卒亂京西轉運使令一路各會兵于州民大駭方平持檄不下而奏之帝曰守臣不當爾邪命罷諸郡兵召爲宣徽北院使留京師王安石深沮之以爲靑州未行帝問祖宗禦戎之要對曰太祖不勤遠略如靈夏河西皆因其酋豪許之世襲環州董遵誨西山郭進關南李漢超皆優其祿賜寬其文法諸將財力豐而威令行間諜精審吏士用命故能以十五萬人而獲百萬之用及太宗謀取燕薊又內徙李彝興馮暉於是朝廷始旰食矣眞宗澶淵之克與契丹盟至今人不識兵革三朝之事如此近歲疆埸之臣乃欲試天下於一擲事成徼利不成詒患不可聽也帝曰慶曆以來卿知之乎元昊初臣何以待之對曰臣時爲學士誓詔封冊皆出臣手帝曰卿時已爲學士可謂舊德矣契丹泛使蕭禧來議疆事臨當辭臥驛中不起方平謂樞密使吳充曰但令主者日致饋勿問且使邊郡檄其國可也充啓從之禧即行除中太一宮使王安石弛銅禁姦民日銷錢爲器邊關海舶不復譏錢出錢日耗方平極論其害詰安石舉累朝之令典一旦削除之其意安在帝頗采其言而方平求去進使南院判應天府帝曰朕欲卿與韓絳共事而卿論政不同欲寘卿樞密而卿論兵復異卿受先帝末命訖無以副朕意乎遂行高麗使過府長吏當送迎方平言臣班視二府不可爲陪臣屈詔但遣少尹王師征安南方平言舉西北壯士健馬棄之炎荒其患有不可勝言者若師老費財無功而還社稷之福也後皆如其言新法鬻河渡坊場司農并及祠廟宋閼伯微子廟皆爲賈區方平言宋王業所基閼伯封於商丘以主大火微子爲始封之君是二祠者亦不得免乎帝震怒批牘尾曰慢神辱國無甚於斯於

是天下祠廟皆得不竊數請老以太子少師致仕官制行廢宣徽使獨命領之如故哲宗立加太子太保元祐六年薨年八十五贈司空遺令毋請謚尚書右丞蘇轍為請乃謚曰文定方平慷慨有氣節既告老論事益切至於用兵起獄尤反覆言之且曰臣且死見先帝地下有以藉口矣平居未嘗以言徇物以色假人守蜀日得眉山蘇洵與其二子軾轍深器異之嘗薦軾為諫官軾下制獄又抗章為請故軾終身敬事之敍其文以比孔融諸葛亮晚受知神宗王安石方用事嶷然不少屈以是望高一時守宋都日富弼自亳移汝過見之曰人固難知也方平曰謂王安石乎亦豈難知者方平頃知皇祐貢舉或稱其文學辟以考校既入院凡院中之事皆欲紛更方平惡其人檄使出自是未嘗與語也弼有愧色蓋弼素亦善安石云

王拱辰字君貺開封咸平人元名拱壽年十九舉進士第一仁宗賜以今名通判懷州入直集賢院歷鹽鐵判官脩起居注知制誥慶曆元年為翰林學士契丹使劉六符嘗謂賈昌朝曰塘濼何為者一葦可杭投箠可平不然決其堤十萬土囊卽可路矣仁宗以問拱辰對曰兵事尚詭彼誠有謀不應以語我此夸言爾設險守國先王不廢而祖宗所以限敵人也至是又使六符來求關南十縣斥太宗伐燕為無名舉朝莫知所答拱辰曰王師征河東契丹既通使而寇石嶺關以援賊太宗怒遂回軍伐之豈謂無名乃作報書曰既交石嶺之鋒遂起衡門之役契丹得報遂繼好如初帝喜謂輔臣曰非拱辰深練故實殆難答也權知開封府拜御史中丞夏竦除樞密使拱辰言竦經略西師無功稱而歸今置諸二府何以厲世因對極論之帝未省遽起拱辰前引裾乃納其說竦遂罷又言滕宗諒在慶州所為不度而但降秩守虢懼邊臣則效宜施重責未聽卽家居求自貶乃徙宗諒岳州敕拱辰赴臺入見帝曰言事官第自舉職勿以朝廷未行為沮已而輕去以沽名自今有當言者宜力陳毋避僧紹宗以鑄佛像惑衆都人競投金治中宮掖亦出貲佐之拱辰言西師宿邊而財費於不急動士心起民怨詔亟禁之蘇舜欽會賓客於進奏院王益柔醉作傲歌拱辰風其僚魯周詢劉元瑜舉劾之兩人既黜廢同席者俱逐時杜衍范仲淹為政多所更張拱辰之黨不便舜欽益柔皆仲淹所薦而舜欽衍壻也故因是傾之由此為公議所薄復以翰林學士權三司使坐舉富民鄭旭出知鄭州徙澶瀛并三州數歲還為學士承旨兼侍讀帝於邇英閣置太玄經著草顧曰朕每閱此卿亦知其說乎拱辰具以對且曰願陛下垂意六經旁采史策此不足學也至和三年復拜三司使聘契丹見其主混同江設宴垂釣每得魚必酌拱辰酒親鼓琵琶以侑飲謂其相曰此南朝少年狀元也入翰林十五年故吾厚待之使還御史趙抃論其輒當非正之禮異時北使援此以請將何辭拒之湖南轉運判官李章知潭州任顓市死商眞珠事敗具獄上拱辰悉入珠掖庭抃并劾之除宣徽北院使抃言宣徽之職本以待勛勞者雖前執政及節度使得為之拱辰安得汙此選乃以端明殿學士知永興軍歷泰定二州河南大名府積官至吏部尚書神宗登極恩當轉僕射歐陽脩以為此宰相官不應序進但遷太子少保熙寧元年復以北院使召還王安石參知政事惡其異已乘二相有故出為應天府八年入朝為中太一宮使元豐初轉南院使賜金方團帶再判大名改武安軍節度使三路籍民為保甲日聚而教之禁令苛急往往去為盜郡縣不敢以聞拱辰抗言其害曰非止困其財力奪其農時是以法驅之使陷於罪罟也浸淫為大盜其兆已見縱未能盡罷願財損下戶以紓之主者指拱辰為沮法拱辰曰此老臣所以報國也上章不已帝悟於是第五等戶得免哲宗立徙節彰德加檢校太師是年薨年七十四贈開府儀同三司謚懿恪

論曰方平拱辰之才皆較然有過人者而不免司馬光趙抃之論豈其英發之氣勇於見得一時趨鄉未能盡適於正與及新法行方平痛陳其弊拱辰爭保甲言尤剴切皆諤諤不少貶為國老成望始重矣若方平識王安石於辟校貢舉之時而知其後必亂政其先見之明無忝呂誨云

張昇字杲卿韓城人舉進士為楚邱主簿南京留守王曾稱其有公輔器累官度支員外郎夏竦經略陝西薦其才換六宅使涇原秦鳳安撫都監未幾以母老求歸故官得知絳州改京西轉運使知鄧州又以母辭或指為避事范仲淹言於朝曰張昇豈避事者乃許歸養歷戶部判官開封府推官至知雜御史張堯佐緣恩驟用知開封府內侍楊懷敏夜直禁中而衞士為變皆極論之昇性質樸不善擇言至斥張貴妃為一婦人謂懷敏得志將不減劉季述仁宗讀之不懌以語陳升之升之曰此忠直之言不激切則聖意不可回矣帝乃解以天章閣待制知慶州改龍圖閣直學士知秦州初青唐蕃部蘭氊世居古渭積與夏人有隙懼而獻其地攝帥范祥無遠慮亟城之諸族畏其偪舉兵叛昇至請棄勿城詔戶部副使傅求審視之以為不可棄與昇議殊先是副總管劉渙討叛羌逗撓不時進昇命佗將郭恩代之羌乃潰去渙黜其功譖訟恩多殺老稚以撼昇朝廷命張方平守秦徙渙涇原亦徙昇青州將罪昇方平辭曰渙昇有階級今互言而兩罷帥不可為也昇乃復留至和二年召兼侍讀拜御史中丞劉沆在相位以御史范師道趙抃嘗攻其惡陰欲出之昇曰天子耳目之官奈何用宰相怒而斥上章力爭之沆竟罷去帝見昇指切時事無所避謂曰卿孤立乃能如是對曰臣仰託聖主致位侍從是為不孤今陛下之臣持祿養望者多而赤心謀國者少竊以為如陛下乃孤立爾帝為之感動契丹主宗眞遣使齎其畫像來求帝畫像未報而死子洪基立以為請詔昇報聘論使更致新王像契丹欲先得之昇曰昔文成以弟為兄屈尚先致敬況今為伯父哉遂無以奪乃復以洪基像來嘉祐三年擢樞密副使遷參知政事樞密使昇愛惜官資凡內降所與多持不下見帝春秋高前後屢進言儲嗣事卒與韓琦同決策英帝立請老帝曰太尉勤勞王家詎可遽去但命五日一至院進見無蹈舞司馬光上疏言近歲以來大臣年高者皆不敢自安其位言事者欲以為名又從而攻之使其人無可取雖少壯何為果有益於時雖老何傷昇為人忠謹清直不可干以私若使且居其位於事亦未有曠廢也昇請不已始賜告令養疾遂以彰信軍節度使同中書門下平章事判許州改鎭河陽三城拜太子太師致仕熙寧十年薨年八十六贈司徒兼侍中謚曰康節

趙槩字叔平南京虞城人少篤學自力器識宏遠為一時名輩稱許中進士第通判海州為集賢校理開封府推官奏事殿中仁宗面賜銀緋出知洪州州城西南薄章江有泛溢之虞槩作石隄二百丈高五丈以障其衝水不為患僚吏鄭陶饒奭挾持郡事為不法前守莫能制州之歸化卒皆故時羣盜奭造飛語曰卒得廩米陳惡有怨言不更給善米且生變槩不答卒有自容州戍逃歸而犯夜者斬之以徇因收陶奭抵罪闔府股栗加直集賢院知青州坐失舉澠池令張誥免久乃起監密州酒知滁州山東有寇李二過境上告人曰我東人也公嘗為青州民愛之如父母我不忍犯率衆去召脩起居注歐陽脩後至朝廷欲驟用之難於越次槩聞請郡除天章閣待制糾察在京刑獄脩遂知制誥踰歲槩始代之郊祀當任子進階爵乞回其恩封母郡太君宰相謂曰君卽為學士擬封不久矣槩曰母年八十二願及今拜君賜以為榮乃許之後遂為例蘇舜欽等以羣飲逐槩言預會者皆館閣名士舉而棄之觖士大夫望非國之福也不報求知蘇州終母喪入為翰林學士聘契丹契丹主會獵請賦信誓如山河詩詩成親酌玉杯為槩勸且授侍臣劉六符素扇寫之納袖中其禮重如此還兼侍讀學士諫官郭申錫論事忤旨帝欲加罪槩曰陛下始面諭申錫毋面從今黜之何以示天下乃止以龍圖閣學士知鄆州應天府代韓絳為御史中丞絳論張茂實不宜典宿衞罷槩至首言之茂實竟去御藥院內臣有寄資至團練使者謂之暗轉槩請明限以年詔俟出院優遷之毋得累寄擢樞密使參知政事數以老求去熙寧初拜觀文殿學士知徐州自左丞轉吏部尚書前此執政遷官未有也以太子少師致仕退居十五年嘗集古今諫爭事為諫林百二十卷上之神宗賜詔曰請老而去者類以聲問不至朝廷為高唯卿有志愛君雖退處山林未嘗一日忘也當置于坐右時用省閱元豐六年薨年八十八贈太子太師謚曰康靖槩秉心和平與人無怨怒雖在事如不言然陰以利物者為不少議者以比劉寬婁師德坐張誥貶六年念之終不衰誥死卹其家備至歐陽脩遇槩素薄又躐知制誥及脩有獄槩獨抗章明其罪言為仇者所中傷不可以天下法為人報怨脩得解始服其長者為鄆州時吏按前守馮浩侵公使錢三十萬當以職田租償槩知其貧為代以己奉其平生所為類此槩初名禋嘗夢神人金書名簿有趙槩遂更云

胡宿字武平常州晉陵人登第為揚子尉縣大水民被溺令不能救宿率公私船活數千人以薦為館閣校勘進集賢校理通判宣州囚有殺人者將抵死宿疑而訊之囚憚箠楚不敢言辟左右復問久乃云旦將之田縣吏縛以赴官莫知其故宿取具獄繙閱探其本辭蓋婦人與所私者殺其夫而執平民以告也知湖州前守滕宗諒大興學校費錢數十萬宗諒去通判僚吏皆疑以為欺不肯書曆宿誚之曰君輩佐滕侯久矣苟有過盍不早正乃陰拱以觀侯其去而非之豈昔人分謗之意乎坐者大慙謝其後湖學為東南最宿之力為多築石塘百里捍水患民號曰胡公塘而學者為立生祠久之為兩浙轉運使召脩起居注知制誥入內都知楊懷敏

坐衛士之變升為和州都監未幾召入復故職宿封還詞頭且言懷敏得不窮治誅死已幸豈宜復在左右命遂寢慶曆六年京東兩河地震登萊尤甚宿兼通陰陽五行災異之學乃上疏曰明年丁亥歲之刑德皆在北宮陰生於午而極於亥然陰猶強而未即伏陽猶微而不能勝此所以震也是謂龍戰之會其位在乾若西北二邊不動恐有內盜起於河朔又登萊視京師為東北少陽之位今二州置金坑多聚民鑿山谷陽氣耗洩故陰乘而動宜即禁止以寧地道時以為迂闊明年王則果以貝州叛皇祐五年正月會靈宮災是歲冬至郊以二帝並配明年大旱宿言五行火禮也去歲火而今又旱其應在禮此殆郊丘並配之失也即建言並配非古宜用迭配如初時議者謂士大夫言七十當致仕其不知止者請令有司按籍舉行之宿以為非優老之義當少緩其期法武吏察其任事與否勿斷以年文吏使得自陳而全其節及言皇祐新樂與舊樂難並用禮部間歲一貢士不便當用三年之制皆如其言唐介貶嶺南帝遣中使護以往宿言事有不可測介如不幸道死陛下受殺直臣之名帝悟追還使者遷翰林學士知審官制院李仲昌開六塔河民被害詔獄薄其罪宿請斬以謝河北仲昌由是南竄兗國公主下降將行冊禮宿諫曰陛下昔封兩長主未嘗冊命今施之愛女殆非漢明帝所謂我子豈得與先帝子等之義也涇州卒以折支不時給出惡言且欲相扇為亂既寘于法乃命劾三司吏三司使包拯護弗遣宿曰涇卒固悖慢然當給之物越八十五日而不與計吏安得為無罪拯不知自省公拒制命紀綱益廢矣拯懼立遣吏韓琦守并州請復其節鎮宿言參商為仇讎之星國家受命於商丘而參為晉地今欲崇晉非國之利也宋興削平四方并最後服故太宗不使列于方鎮八十年矣宜如故便議遂止後琦秉政卒復之拜樞密副使曾公亮任雄州趙滋顓治界河事宿言於英宗曰憂患之來多藏於隱微而生於所忽自滋守邊北人捕魚伐葦一切禁絕由此常與鬬爭南北通好六十載內外無患近年邊遽來上不過侵誣尺寸此城砦之吏移文足以辨詰何至於興甲兵哉今搢紳中有恥燕薊外屬者天時人事未至而妄意難成之福願守兩朝法度以惠養元元天下幸甚宿以老數乞謝事治平三年罷為觀文殿學士知杭州明年以太子少師致仕未拜而薨年七十二贈太子太傅謚曰文恭宿為人清謹忠實內剛外和羣居不譁笑與人言必思而後對故臨事重慎不輒發發亦不可回止居母喪三年不至私室其當重任尤顧惜大體在審官刑院擇詳議官有在選中者嘗監征榷以水災負課同列謂小累不足白宿竟白之而薦其才足用仁宗聽納同列退而誚曰公固欲白上倘緣是不用柰何宿曰彼之得否不過一詳議官宿平生以誠事主今白首矣忍以毫髮欺乎為之開陳聽吾君自擇爾少與一僧善僧有祕術能化瓦石為黃金且死將以授宿使葬之宿曰後事當盡力他非吾所冀也僧歎曰子之志未可量也其篤行自勵至於貴達常如布衣時子宗炎從子宗愈宗回

宗炎字彥聖由將作監主簿鎖廳登第為國子大宗正丞開封府推官考功吏部郎中舊制選人改京官舉將小絓吏議輒尼不行宗炎請先引見俟舉者罪即追止從之哲宗崩遼使來弔祭宗炎以鴻臚少卿迓境上使者不易服宗炎以禮折之須其聽命乃相見暨還升為卿初父宿使遼遼人重之其後宗炎堦鄧忠臣迓客客問中外嘗有充使者否忠臣以宿告且言前使鴻臚其子也客歎胡氏世不乏人俄以直龍圖閣知潁昌府歷密州而卒宗炎善為詩藻思清婉歐陽脩守亳與客游郡圃或誦其詩脩賞味不已以為有鮑謝風致其重之如此

宗愈字完夫舉進士甲科為光祿丞宿得請杭州英宗問子弟誰可繼者以宗愈對召試學士院神宗立以為集賢校理久之兼史館檢討遂同知諫院殿內卒盜皇城器物宗愈言唐長孫無忌不解佩刀入東上閤門校尉論當死今禁卒為盜而入內都知不能覺察顧正其罪殿帥直廬在長慶門內久而自置隸圉宗愈曰嚴禁旅所以杜姦宄也奈何令私人得為之萬一凶黠者竄名其間將不可悔請易募老卒王安石用李定為御史宗愈言御史當用學士及丞雜論薦又須官博士員外郎今定以幕職不因薦得之是殆一出執政意即大臣不法誰復言之蘇頌李大臨不草制坐絀宗愈又爭之安石怒出通判真州歷提點河東刑獄開封府推官吏部右司郎中元祐初進起居郎中書舍人給事中御史中丞時更定役法書成喬校募不足者聽差入等戶宗愈言法貴均一若持兩端則於文有害是乃差法非募法也請刪之哲宗嘗問朋黨之弊對曰君子指小人為姦則小人指君子為黨君子蓋義之與比者陛下能擇中立之士而用之則黨禍熄矣明日具君子無黨論以進拜尚書右丞於是諫議大夫王覲論其不當而劉安世韓川孫覺等合攻之朝廷依違踰年出觀潤州而言者愈力乃罷為資政殿學士知陳州徙成都府蜀人安其政召為禮部尚書遷吏部卒年六十六贈左銀青光祿大夫

宗回字醇夫用蔭登第為編脩敕令官司農寺幹當公事京西轉運判官提點刑獄京東陝西轉運使吏部郎中紹聖初以直龍圖閣知桂州進寶文閣待制坐繫平民死降集賢殿脩撰知隴州改秦州慶州復為待制先是熙河將王贍下邈川有功帥孫路不樂贍奪其兵與王愍朝廷知之以宗回代路加直學士時青唐瞎征內附而心牟欽氊勒兵立別會隴拶還其地勢復張瞎征大懼自髡為僧以祈免王贍怨孫路因言青唐不煩兵可下至則駐宗哥城不進宗回怒日夜檄趣之且戒贍曰青唐兵甚弱隴拶稚子何能為而怯懦逗遛吾將以軍法從事又遣王愍復至邈川聲言代贍贍懼乃率步騎掩青唐據之隴拶降詔以青唐為鄯州邈川為湟州未幾屬羌郎阿章叛拒官軍宗回遣將王吉魏釗討之皆敗死又遣鈐轄种朴往朴言賊鋒方銳且盛寒宜少緩師宗回不聽督之急朴不得已行亦敗死於是轉運判官秦希甫言湟鄯難守以為棄之便事下宗回宗回持不可希甫罷去會徽宗棄鄯州於是任伯雨再疏其罪奪職知蘄州還為待制歷慶渭陳延澶州兄宗愈入黨籍宗回亦罷郡居亡何錄其堅守湟鄯之議起知秦州進樞密直學士徙永興鄭州成德軍復坐事去大觀中卒贈銀青光祿大夫胡氏自宿始大及宗愈仍世執政其後子孫至侍從九卿者十數遂為晉陵名族

論曰張昇清忠諒直趙槩雅量過人胡宿學通天人之奧攷其立朝大節皆磊落為良執政宗愈仍居右轄而學術視宿則有間矣宗回非邊將材其守河湟之議蓋以趣种朴於死蘄合上意以解其責爾若胡氏之世大也殆脫萬人于水死而陰德之所致與

宋史卷三百十八考證

張方平傳南京人○東都事畧作宋城人

何名輕舉○監本名譌多今從南本

王拱辰傳著草○南本作書草

中太一宮使○東都事畧中作西

張昇傳○東都事畧作張昇

胡宿傳升為和州都監○東都事畧作出為出字是

舉將小絓○舉將二字疑誤

宿從子宗愈殿內卒○南北本俱譌殿為修從東都事畧改

宋史卷三百十九

元中書右丞相總裁脫脫等修

列傳第七十八

歐陽脩 子發 棐　劉敞 弟攽 子奉世　曾鞏 弟肇

歐陽脩字永叔廬陵人四歲而孤母鄭守節自誓親誨之學家貧至以荻畫地學書幼敏悟過人讀書輒成誦及冠嶷然有聲宋興且百年而文章體裁猶仍五季餘習鎪刻駢偶淟涊弗振士因陋守舊論卑氣弱蘇舜元舜欽柳開穆脩輩咸有意作而張之而力不足脩游隨得唐韓愈遺稿於廢書簏中讀而心慕焉苦志探賾至忘寢食必欲并轡絕馳而追與之並舉進士試南宮第一擢甲科調西京推官始從尹洙游為古文議論當世事迭相師友與梅堯臣游為歌詩相倡和遂以文章名冠天下入朝為館閣校勘范仲淹以言事貶在廷多論救司諫高若訥獨以為當黜脩貽書責之謂其不復知人間有羞恥事若訥上其書坐貶夷陵令稍徙乾德令武成節度判官仲淹使陝西辟掌書記脩笑而辭曰昔者之舉豈以為己利哉同其退不同其進可也久之復校勘進集賢校理慶曆三年知諫院時仁宗更用大臣杜衍富弼韓琦范仲淹皆在位增諫官員用天下名士脩首在選中每進見帝延問執政咨所宜行既多所張弛小人翕翕不便脩慮善人必不勝數為帝分別言之初范仲淹之貶饒州也脩與尹洙余靖皆以直仲淹見逐目之曰黨人自是朋黨之論起脩乃為朋黨論以進其略曰君子以同道為朋小人以同利為朋此自然之理也臣謂小人無朋惟君子則有之小人所好者利祿所貪者財貨當其同利之時暫相黨引以為朋者偽也及其見利而爭先或利盡而反相賊害雖兄弟親戚不能相保故曰小人無朋君子則不然所守者道義所行者忠信所惜者名節以之脩身則同道而相益以之事

國則同心而共濟終始如一故曰惟君子則有朋紂有臣億萬惟億萬心可謂無朋矣而紂用以亡武王有臣三千惟一心可謂大朋矣而周用以興蓋君子之朋雖多而不厭故也故爲君但當退小人之僞朋用君子之眞朋則天下治矣修論事切直人視之如讎帝獨奬其敢言面賜五品服顧侍臣曰如歐陽修者何處得來同修起居注遂知制誥故事必試而后命帝知修詔特除之奉使河東自西方用兵議者欲廢麟州以省餽餉修曰麟州天險不可廢廢之則河內郡縣民皆不安居矣不若分其兵駐並河內諸堡緩急得以應援而平時可省轉輸於策爲便由是州得存又言忻代岢嵐多禁地廢田願令民得耕之不然將爲敵有朝廷下其議久乃行歲得粟數百萬斛凡河東賦斂過重民所不堪者奏罷十數事使還會保州兵亂以爲龍圖閣直學士河北都轉運使陛辭帝曰勿爲久留計有所欲言言之對曰臣在諫職得論事今越職而言罪也帝曰第言之毋以中外爲間賊平大將李昭亮通判馮博文私納婦女修捕博文繫獄昭亮懼立出所納婦兵之始亂也招以不死既而皆殺之脅從二千人分隸諸郡富弼爲宣撫使恐後生變將使同日誅之與修遇於內黃夜半屏人告之故修曰禍莫大於殺已降況脅從乎既非朝命脫一郡不從爲變不細弼悟而止方是時杜衍等相繼以黨議罷去修慨然上疏曰杜衍韓琦范仲淹富弼天下皆知其有可用之賢而不聞其有可罷之罪自古小人讒害忠賢其說不遠欲廣陷良善不過指爲朋黨欲動搖大臣必須誣以顓權其故何也去一善人而衆善人尚在則未爲小人之利欲盡去之則善人少過難爲一一求瑕唯指以爲黨則可一時盡逐至如自古大臣已被主知而蒙信任則難以他事動搖唯有顓權是上之所惡必須此說方可傾之正士在朝羣邪所忌謀臣不用敵國之福也今此四人一旦罷去而使羣邪相賀於內四夷相賀於外臣爲朝廷惜之於是邪黨益忌修因其孤甥張氏獄傳致以罪左遷知制誥知滁州居二年徙揚州潁州復學士留守南京以母憂去服除召判流內銓時在外十二年矣帝見其髮白問勞甚至小人畏修復用有詐爲修奏乞澄汰內侍爲姦利者其羣皆怨怒譖之出知同州帝納吳充言而止遷翰林學士俾修唐書奉使契丹其主命貴臣四人押宴曰此非常制以卿名重故爾知嘉祐二年貢舉時士子尚爲險怪奇澀之文號太學體修痛排抑之凡如是者輒黜畢事向之囂薄者伺修出聚譟於馬首街邏不能制然場屋之習從是遂變加龍圖閣學士知開封府承包拯威嚴之後簡易循理不求赫赫名京師亦治旬月改羣牧使唐書成拜禮部侍郎兼翰林侍讀學士修在翰林八年知無不言河決商胡北京留守賈昌朝欲開橫壠故道回河使東流有李仲昌者欲導入六塔河議者莫知所從修以爲河水重濁理無不淤下流既淤上流必決以近事驗之決河非不能力塞故道非不能力復但勢不能久耳橫壠功大難成雖成將復決六塔狹小而以全河注之濵棣德博必被其害不若因水所趨增堤峻防疏其下流縱使入海此數十年之利也宰相陳執中主昌朝文彥博主仲昌竟爲河北患臺諫論執中過惡而執中猶遷延固位修上疏以爲陛下拒忠言庇愚相爲聖德之累未幾執中罷狄靑爲樞密使有威名帝不豫訛言籍籍修請出之於外以保其終遂罷知陳州修嘗因水災上疏曰陛下臨御三紀而儲宮未建昔漢文帝初卽位以羣臣之言卽立太子而享國長久爲漢太宗唐明宗惡人言儲嗣事不肯早定致秦王之亂宗社遂覆陛下何疑而久不定乎其後建立英宗蓋原於此五年拜樞密副使六年參知政事修在兵府與曾公亮考天下兵數及三路屯戍多少地理遠近更爲圖籍凡邊防久缺屯戍者必加蒐補其在政府與韓琦同心輔政凡兵民官吏財利之要中書所當知者集爲總目遇事不復求之有司時東宮猶未定與韓琦等協定大議語在琦傳英宗以疾未親政皇太后垂簾左右交搆幾成嫌隙韓琦奏事太后泣語之故琦以帝疾爲解太后意不釋修進曰太后事仁宗數十年仁德著於天下昔溫成之寵太后處之裕如今母子之間反不能容邪太后意稍和修復曰仁宗在位久德澤在人故一日晏駕天下奉戴嗣君無一人敢異同者今太后一婦人臣等五六書生耳非仁宗遺意天下誰肯聽從太后默然久之而罷修平生與人盡言無所隱及執政士大夫有所干請輒面諭可否雖臺諫官論事亦必以是非詰之以是怨誹益衆帝將追崇濮王命有司議皆謂當稱皇伯改封大國修引喪服記以爲爲人後者爲其父母服降三年爲期而不沒父母之名以見服可降而名不可沒也若本生之親改稱皇伯歷考前世皆無典據進封大國則又禮無加爵之道故中書之議不與衆同太后出手書許帝稱親尊王爲皇王夫人爲后帝不敢當於是御史呂誨等詆修主此議爭論不已皆被逐惟蔣之奇之說合修意修薦爲御史衆目爲姦邪之奇患之則思所以自解修婦弟薛宗孺有憾於修造帷薄不根之謗摧辱之展轉達於中丞彭思永思永以告之奇之奇卽上章劾修神宗初卽位欲深護修訪故宮臣孫思恭思恭爲辨釋修杜門請推治帝使詰思永之奇問所從來辭窮皆坐黜修亦力求退罷爲觀文殿學士刑部尚書知亳州明年遷兵部尚書知青州改宣徽南院使判太原府辭不拜徙蔡州修以風節自持既數被汙蔑年六十卽連乞謝事帝輒優詔弗許及守青州又以請止散靑苗錢爲安石所詆故求歸愈切熙寧四年以太子少師致仕五年卒贈太子太師謚曰文忠修始在滁州號醉翁晚更號六一居士天資剛勁見義勇爲雖機穽在前觸發之不顧放逐流離至于再三志氣自若也方貶夷陵時無以自遣因取舊案反覆觀之見其枉直乖錯不可勝數於是仰天歎曰以荒遠小邑且如此天下固可知自爾遇事不敢忽也學者求見所與言未嘗及文章惟談吏事謂文章止於潤身政事可以及物凡歷數郡不見治跡不求聲譽寬簡而不擾故所至民便之或問爲政寬簡而事不弛廢何也曰以縱爲寬以略爲簡則政事弛廢而民受其弊吾所謂寬者不爲苛急簡者不爲繁碎耳修幼失父母嘗謂曰汝父爲吏常夜燭治官書屢廢而歎吾問之則曰死獄也我求其生不得爾吾曰生可求乎曰求其生而不得則死者與我皆無恨夫常求其生猶失之死而世常求其死也其平居教他子弟常用此語吾耳熟焉修聞而服之終身爲文天才自然豐約中度其言簡而明信而通引物連類折之於至理以服人心超然獨騖衆莫能及故天下翕然師尊之獎引後進如恐不及賞識之下率爲聞人曾鞏王安石蘇洵洵子軾轍布衣屏處未爲人知修卽游其聲譽謂必顯於世篤於朋友生則振掖之死則調護其家好古嗜學凡周漢以降金石遺文斷編殘簡一切掇拾研稽異同立說於左的的可表證謂之集古錄奉詔修唐書紀志表自撰五代史記法嚴詞約多取春秋遺旨蘇軾叙其文曰論大道似韓愈論事似陸贄記事似司馬遷詩賦似李白識者以爲知言

子發字伯和少好學師事安定胡瑗得古樂鍾律之說不治科舉文詞獨探古始立論議自書契來君臣世系制度文物旁及天文地理靡不悉究以父恩補將作監主簿賜進士出身累遷殿中丞卒年四十六蘇軾哭之以謂發得文忠公之學漢伯喈晉茂先之流也

中子棐字叔弼廣覽强記能文辭年十三時見修著鳴蟬賦侍側不去修撫之曰兒異日能爲吾此賦否因書以遺之用蔭爲祕書省正字登進士乙科調陳州判官以親老不仕修卒代草遺表神宗讀而愛之意修自作也服除始爲審官主簿累遷職方員外郎知襄州曾布執政其婦兄魏泰倚聲勢來居襄規占公私田園强市民貨郡縣莫敢誰何至是指州門東偏官邸廢址爲天荒請之吏具成牘至棐曰孰謂州門之東偏而有天荒乎郤之衆共白曰泰橫於漢南久今求地而緩與之且不可而又可郤耶棐竟持不與泰怒譖於布徙知潞州旋又罷去元符末還朝歷吏部右司二郎中以直祕閣知蔡州蔡地薄賦重轉運使又爲覆折之令多取於民民不堪命會有詔禁止而佐吏憚使者不敢以詔旨從事棐曰州郡之於民詔令苟有未便猶將建請今天子詔意深厚知覆折之病民手詔止之若有憚而不行何以爲長吏命卽日行之未幾坐黨籍廢十餘年卒

論曰三代而降薄乎秦漢文章雖與時盛衰而藹如其言曄如其光皦如其音蓋均有先王之遺烈涉晉魏而弊至唐韓愈氏振起之唐之文涉五季而弊至宋歐陽修又振起之挽百川之頹波息千古之邪說使斯文之正氣可以羽翼大道扶持人心此兩人之力也愈不獲用修用矣亦弗克究其所爲可爲世道惜也哉

劉敞字原父臨江新喻人舉慶曆進士廷試第一編排官王堯臣其內兄也以親嫌自列乃以爲第二通判蔡州直集賢院判尚書考功夏竦薨賜謚文正敞言謚者有司之事竦行不應法今百司各得守其職而陛下侵臣官疏三上改謚文莊方議定大樂使中貴人參其間敞諫曰王事莫重於樂今儒學滿朝辨論有餘而使若趙談者參之臣懼爲袁盎笑也權度支判官徙三司使秦州與羌人爭古渭地仁宗問敞棄守孰便敞曰若新城可以蔽秦州長無羌人之虞傾國守焉可也或地形險利賊乘之以擾我邊鄙傾國爭焉可也今何所重輕而殫財困民損士卒之命以規小利使曲在中國非計也議者多不同秦州自是多事矣溫成后追冊有佞人獻議求立忌敞曰豈可以私昵之故變古越禮乎乃止吳充以典禮得罪馮京救之亦罷近職敞因對極論之帝曰充能官京亦亡它中書惡其太直不相容耳敞曰陛下寬仁好諫而中書乃排逐言者是蔽君之明止君之善也臣恐感動陰陽有日食地震風霾之異已而果然因勸帝收攬威權無使聰明蔽塞以消災咎帝深納

之以同脩起居注未一月擢知制誥宰相陳執中惡其斥己沮止之帝不聽宦者石全彬領觀察使意不慊有慍言居三日爲眞敞封還除書不草制奉使契丹素習知山川道徑契丹導之行自古北口至柳河回屈殆千里欲夸示險遠敞質譯人曰自松亭趨柳河甚徑且易不數日可抵中京何爲故道此譯相顧駭愧曰實然但通好以來置驛如是不敢變也順州山中有異獸如馬而食虎豹契丹不能識問敞敞曰此所謂駮也爲說其音聲形狀且誦山海經管子書曉之契丹益歎服使還求知揚州狄青起行伍爲樞密使每出入小民輒聚觀至相與推誦其拳勇至壅馬足不得行帝不豫人心動搖青益不自安敞辭赴郡爲帝言陛下幸愛青不如出之以全其終帝頷之使出諭中書青乃去位揚之雷塘漢雷陂也舊爲民田其後官取瀦水而不償以宅田主皆失業然塘亦破決不可漕州復用爲田敞據唐舊券悉用還民發運使爭之敞卒以予民天長縣鞫王甲殺人既具獄敞見而察其冤甲畏吏不敢自直敞以委戶曹杜誘誘不能有所平反而傅致益牢將論囚敞曰冤也親按問之甲知能爲己直乃敢告蓋殺人者富人陳氏也相傳以爲神明徙鄆州鄆比易守政不治市邑攘敓公行敞決獄訟明賞罰境內肅然客行壽張道中遺一囊錢人莫敢取以告里長里長爲守視客還取得之又有暮遺物市中者旦往訪之故在先是久旱地多蝗敞至而雨蝗出境召糾察在京刑獄營卒桑達等醉鬬指斥乘輿皇城使捕送開封棄達市敞移府問何以不經審訊府報曰近例凡聖旨及中書樞密所鞫獄皆不慮問敞奏請一准近格樞密院不肯行敞力爭之詔以其章下府著爲令嘉祐祫享羣臣上尊號宰相請撰表敞說止不得乃上疏曰陛下不受徽號且二十年今復加數字不足盡聖德而前美並棄誠可惜也今歲來頗有災異正當寅畏天命深自抑損豈可於此時乃以虛名爲累帝覽奏顧侍臣曰我意本謂當爾遂不受蜀人龍昌期著書傳經以詭僻惑衆文彥博薦諸朝賜五品服敞與歐陽脩俱曰昌期違古畔道學非而博王制之所必誅未使即少正卯之刑已幸矣又何賞焉乞追還詔書毋使有識之士窺朝廷深淺昌期聞之懼不敢受賜敞以議論與衆忤求知永興軍拜翰林侍讀學士大姓范偉爲姦利冒同姓戶籍五十年持府縣短長數犯法敞窮治其事偉伏罪長安中讙喜未及受刑敞召還判三班院偉卽變前獄至于四五卒之付御史決敞侍英宗講讀每指事據經因以諷諫時兩宮方有小人間言諫者或訐而過直敞進讀史記至堯授舜以天下拱而言曰舜至側微也堯禪之以位天地享之百姓戴之非有他道惟孝友之德光于上下耳帝竦體改容知其以義理諷也皇太后聞之亦大喜積苦眩瞀屢予告帝固重其才每燕見他學士必問敞安否帝食新橙命賜之疾少間復求外以爲汝州旋改集賢院學士判南京御史臺熙寧元年卒年五十敞學問淵博自佛老卜筮天文方藥山經地志皆究知大略嘗夜視鎭星謂人曰此於法當得土不然則生女後數月兩公主生又曰歲星往來虛危間色甚明盛當有興於齊者歲餘而英宗以齊州防禦使入承大統嘗得先秦彝鼎數十銘識奇奧皆案而讀之因以考知三代制度尤珍惜之每曰我死子孫以此蒸嘗我朝廷每有禮樂之事必就其家以取決焉爲文尤贍敏掌外制時將下直會追封王主九人立馬却坐頃之九制成歐陽脩每於書有疑折簡來問對其使揮筆答之不停手脩服其博長於春秋爲書四十卷行於時弟攽子奉世

攽字貢父與敞同登科仕州縣二十年始爲國子監直講歐陽脩趙槩薦試館職御史中丞王陶有夙憾率侍御史蘇寀共排之攽官已員外郞纔得館閣校勘熙寧中判尚書考功同知太常禮院詔封太祖諸孫行尊者爲主奉太祖後攽言禮諸侯不得祖天子當自奉其國之祖宜崇德昭德芳之後世世勿降爵宗廟祭祀使之在位則所以褒揚藝祖者著矣後二王紹封如攽議方史學校貢舉法攽曰本朝選士之制行之百年累代將相名卿皆由此出而以爲未嘗得人不亦誣哉顧因舊貫毋輕議改法夫士脩於家足以成德亦何待於學官程課督趣之哉王安石在經筵乞講者坐攽曰侍臣講論於前不可安坐避席立語乃古今常禮君使之坐所以示人主尊德樂道也若不命而請則異矣禮官皆同其議至今仍之考試開封舉人與同院王介爭詈爲監察御史所劾罷禮院廷試始用策初考官呂惠卿列阿時者在高等訐直者反居下攽覆考悉反之又嘗貽安石書論新法不便安石怒摭前過斥通判泰州以集賢校理判登聞檢院戶部判官知曹州曹爲盜區重法不能止攽曰民不畏死奈何以死懼之至則治尚寬平盜亦衰息爲開封府判官復出爲京東轉運使部吏罷軟不逮者務全貴之徙知兗亳二州吳居厚代爲轉運使能奉行法令致財賦乃追坐攽廢弛黜監衡州鹽倉哲宗初起知襄州入爲祕書少監以疾求去加直龍圖閣知蔡州於是給事中孫覺胡宗愈中書舍人蘇軾范百祿言攽博記能文章政事侔古循吏身兼數器守道不回宜優賜之告使留京師至蔡數月召拜中書舍人請復舊制建紫薇閣於西省竟以疾不起年六十七攽所著書百卷尤邃史學作東漢刊誤爲人所稱頌司馬光脩資治通鑑專職漢史爲人疎儁不脩威儀喜諧謔數用以招怨悔終不能改

奉世字仲馮天資簡重有法度中進士第熙寧三年初置樞密院諸房檢詳文字以太子中允居吏房先是進奏院每五日具定本報狀上樞密院然後傳之四方而邸吏輒先期報下或矯爲家書以入郵置奉世乞革定本去實封但以通函騰報從之神宗稱其奉職不苟加集賢校理檢正中書戶房公事改刑房進直史館國史院編脩官大理治相州獄詳斷官竇華以白奉世奉世曰君自以法從事毋庸白後蔡確以是文致奉世罪謫降蔡州糧料院久之爲吏部員外郞元祐初歷度支左司郞中起居郞天章閣待制樞密都承旨戶部吏部侍郞權戶部尚書七年拜樞密直學士僉書院事哲宗親政用二內侍爲押班中書舍人呂希純封還之帝謂有近例奉世曰雖有近例奈人不可戶曉願以率先施行爲非耳帝爲反命既而章惇當國奉世乞免去　紹聖元年以端明殿學士知成德軍改定州踰年知成都府過都入覲欲述朋黨傾邪之狀帝將聽其來會布曰元祐變先朝法無一當者奉世有力焉最爲漏網恐不足見遂不許明年責光祿少卿分司南京居郴州御史中丞邢恕劾奉世合劉摯傾害大臣附呂大防蘊藉遂登政府再貶隰州團練副使徽宗立盡還其官職知定州大名府鄆州崇寧初再奪職責居沂兗以赦得歸政和三年復端明殿學士薨年七十三奉世優於吏治尚安靜文詞雅贍最精漢書學常云家世唯知事君內省不愧怍士大夫公論而已得喪常理也譬如寒暑加人雖善攝生者不能無病正須安以處之

曾鞏字子固建昌南豐人生而警敏讀書數百言脫口輒誦年十二試作六論援筆而成辭甚偉甫冠名聞四方歐陽脩見其文奇之中嘉祐二年進士第調太平州司法參軍召編校史館書籍遷館閣校勘集賢校理爲實錄檢討官出通判越州州舊取酒場錢給募牙前錢不足賦諸鄉戶期七年止期盡募者志於多入猶責賦如初鞏訪得其狀立罷之歲饑度常平不足贍而田野之民不能皆至城邑諭告屬縣諷富人自實粟總十五萬石視常平價稍增以予民民得從便受粟不出田里而食有餘又貸之種糧使隨秋賦以償農事不乏知齊州其治以疾姦急盜爲本曲堤周氏擁貲雄里中子高橫縱賊良民汙婦女服器上僭力能動權豪州縣吏莫敢詰鞏取寘於法章邱民聚黨村落間號霸王社椎剽奪囚無不如志鞏配三十一人又屬民爲保伍使譏察其出入有盜則鳴鼓相援每發輒得盜有葛友者名在捕中一日自出首鞏飲食冠裳之假以騎從輦所購金帛隨之夸徇四境盜聞多出自首鞏外視章顯實欲攜貳其徒使之不能復合也自是外戶不閉河北發民濬河調及它路齊當給夫二萬縣初按籍三丁出夫一鞏括其隱漏至於九而取一省費數倍又弛無名渡錢爲橋以濟往來徙傳舍自長淸抵博州以達于魏凡省六驛人皆以爲利徙襄州洪州會江西歲大疫鞏命縣鎭亭傳悉儲藥待求軍民不能自養者來食息官舍資其食飮衣衾之具分醫視診書其全失多寡爲殿最師征安南所過州爲萬人備他吏暴誅亟斂民不堪鞏先期區處猝集師去市里不知加直龍圖閣知福州劍將樂盜廖恩既赦罪出降餘衆潰復合陰相結附旁連數州尤桀者呼之不至居人慴恐鞏以計羅致之繼自歸者二百輩福多佛寺僧利其富饒爭欲爲主守賕請公行鞏俾其徒相推擇識諸籍以次補之授帖於府庭却其私謝以絕左右徼求之弊福州無職田歲鬻園蔬收其直自入常三四十萬鞏曰太守與民爭利可乎罷之後至者亦不復取也徙明亳滄三州鞏負才名久外徙世頗謂偃蹇不偶一時後生輩鋒出鞏視之泊如也過闕神宗召見勞問甚寵遂留判三班院上疏議經費帝曰鞏以節用爲理財之要世之言理財者未有及此帝以三朝兩朝國史各自爲書將合而爲一加鞏史館脩撰專典之不以大臣監總既而不克成會官制行拜中書舍人時自三省百職事選授一新除書日至十數人人舉其職於訓辭典約而盡尋掌延安郡王牋奏故事命翰林學士至是特屬之甫數月丁母艱去又數月而卒年六十五鞏性孝友父亡奉繼母益至撫四弟九妹於委廢單弱之中宦學婚嫁一出其力爲文章上下馳騁愈出而愈工本原六經斟酌於司馬遷韓愈一時工作文詞者鮮能過也少與王安石游安石聲譽未振鞏導之於歐陽脩及安石得志遂與之異神宗嘗問安石何如人對曰安石文學行義不減揚雄以吝故不及帝曰

安石輕富貴何吝也曰臣所謂吝者謂其勇於有爲吝於改過耳帝然之呂公著嘗告神宗以鞏爲人行義不如政事政事不如文章以是不大用云弟布自有傳幼弟肇

肇字子開舉進士調黄巖簿用薦爲鄭州教授擢崇文校書館閣校勘兼國子監直講同知太常禮院太常自秦以來禮文殘缺先儒各以臆說無所稽據肇在職多所釐正親祠皇地祇於北郊蓋自肇發之異論莫能奪其議兄布以論市易事被責亦奪肇主判滯於館下又多希旨窺伺者衆皆危之肇恬然無慍曾公亮薨肇狀其行神宗覽而嘉之遷國史編脩官進吏部郎中遷右司爲神宗實錄檢討元祐初擢起居舍人未幾爲中書舍人論葉康直知秦州不當執政訝不先白御史因攻之肇求去范純仁語於朝曰若善人不見容吾輩不可居此矣力爲之言乃得釋門下侍郎韓維奏范百祿事太皇太后以爲讒毀出守鄧肇言維爲朝廷辨邪正是非不可以疑似逐不草制諫議大夫王覿以論胡宗愈出守潤肇言陛下寄腹心於大臣寄耳目於臺諫二者相須闕一不可今覿論執政卽去之是愛腹心而塗耳目也帝悟加覿直龍圖閣太皇受冊詔遵章獻故事御文德殿肇言天聖初兩制定議受冊崇政仁宗特改爲此蓋一時之制今帝述仁宗故事以極崇奉孝敬之誠可謂至矣臣竊謂太皇當於此時特下詔揚帝孝敬之誠而固執謙德屈從天聖兩制之議止於崇政則帝孝愈顯太皇之德愈尊矣坤成節上壽議令百官班崇政肇又言天聖三年近臣班殿廷百官止請內東門拜表至九年始御會慶今太皇盛德不肯自同章獻宜如三年之制並從之四年春旱有司猶講春宴肇同彭汝礪上疏曰天菑方作正君臣側身畏懼之時乃相與飲食燕樂恐無以消復天變翌日有旨罷宴蔡確貶新州肇先與汝礪相約極論會除給事中汝礪獨封還制書言者謂肇賣友略不自辨以寶文閣待制知潁州徙鄧齊陳州應天府七年入爲吏部侍郎肇在禮院時啟親祠北郊之議是歲當郊肇堅抗前說旣而合祭天地乃自劾改刑部請不已出知徐州徙江寧府帝親政更用舊臣數稱肇議禮趣入對肇言人主雖有自然之聖質必賴左右前後得人以爲立政之本宜於此時選忠信端良之士寘諸近班以參謀議備顧問與夫深處法官親近暬御其損益相去萬萬矣貴近惡其語出知瀛州與兄布易地時方治實錄議詘罪降爲滁州稍復集賢殿脩撰歷泰州海州徽宗卽位復召爲中書舍人日食四月朔當降詔求言肇具述帝旨詔下投匭者如織章惇惡之欲因事去肇帝不聽元祐臣僚被譴者咸以赦思甄叙肇請併錄死者作訓詞哀厚惻怛讀者爲之感愴遷翰林學士兼侍讀諫官陳瓘給事中龔原以言得罪無敢救肇極力論解時論者謂元祐紹聖均爲有失兄布傳帝命使肇作詔諭天下肇見帝言陛下思建皇極以消弭朋黨須先分別君子小人賞善罰惡不可偏廢開說備至已而詔從中出布之拜相肇適當制國朝學士弟草兄制唯韓維與肇爲衣冠榮建中靖國元年太史奏日又當食四月肇請對言比歲日食正陽咎異章著陛下簡儉淸淨之化或衰於前聲色服玩之好或萌於心忠邪賢不肖或有未辨賞慶刑威或有未當左右阿諛壅蔽矯舉民冤失職鬱不得伸此宜反覆循省痛自克責以塞天變言發涕下帝悚然順納兄布在相位引故事避禁職拜龍圖閣學士提舉中太一宮未幾出知陳州歷太原應天府揚定二州崇寧初落職謫知和州徙岳州繼貶濮州團練副使安置汀州四年歸潤而卒年六十一自熙寧以來四十年大臣更用事邪正相軋黨論屢起肇身更其間數不合兄布與韓忠彥並相日夕傾危之肇旣居外移書告之曰兄方得君當引用善人翊正道以杜惇卞復起之萌而數月以來所謂端人吉士繼跡去朝所進以爲輔佐侍從臺諫往往皆前日事惇卞者一旦勢異今日必首引之以爲固位計思之可爲慟哭比來主意已移小人道長進則必論元祐人於帝前退則盡排元祐者於要路異時惇卞縱未至一蔡京足以兼二人可不深慮布不能從未幾京得政布與肇俱不免肇天資仁厚而容貌端嚴自少力學博覽經傳爲文溫潤有法更十一州類多善政紹興初諡曰文昭子統至左諫議大夫

論曰劉敞博學雄文鄰於邃古其爲考功仁宗賜夏竦諡上疏爭之以爲人主不可侵臣下之官及奉詔定樂中貴預列又諫曰臣懼爲袁盎所笑此豈事君爲容悅者哉攽雖疎儁文埒於敞奉世克肖世稱三劉曾鞏立言於歐陽脩王安石間紆徐而不煩簡奧而不晦卓然自成一家可謂難矣肇以儒者而有能吏之才宋之中葉文學法理咸精其能若劉氏曾氏之家學蓋有兩漢之風焉

宋史卷三百二十

元中書右丞相總裁脫脫等修

列傳第七十九

蔡襄 呂溱 王素從子靖 從孫震 余靖

彭思永 張存

蔡襄字君謨興化仙遊人舉進士爲西京留守推官館閣校勘范仲淹以言事去國余靖論救之尹洙請與同貶歐陽修移書責司諫高若訥由是三人者皆坐譴襄作四賢一不肖詩都人士爭相傳寫鬻書者市之得厚利契丹使適至買以歸張於幽州館慶曆三年仁宗更用輔相親擢靖修及王素爲諫官襄又以詩賀三人列薦之帝亦命襄知諫院襄喜言路開而慮正人難久立也乃上疏曰朝廷增用諫臣修靖素一日並命朝野相慶然任諫非難聽諫爲難聽諫非難用諫爲難三人忠誠剛正必能盡言臣恐邪人不利必造爲禦之之說其禦之之說不過有三臣請爲陛下辨之一曰好名夫忠臣引君當道論事雅恐不至若避好名之嫌無所陳則土木之人皆可爲矣二曰好進前世諫者之難激於忠憤遭世昏亂死猶不辭何好進之有近世獎拔太速但久而勿遷雖死是官猶無悔也三曰彰君過諫爭之臣蓋以司過舉耳人主聽而行之足以致從諫之譽何過之能彰至於巧者亦然事難言則喑而不言擇其無所忤者時一發焉猶或不行則退而曰吾嘗論某事矣此之謂好名默默容容無所愧恥躡資累級以挹顯仕此之謂好進君有過失不救之於未然傳之天下後世其事愈不可掩此之謂彰君過願陛下察之毋使有好諫之名而無其實時有旱蝗日食地震之變襄以爲災害之來皆由人事數年以來天戒屢至原其所以致之由君臣上下皆闕失也不顓聽斷不攬威權使號令不信於人恩澤不及於下此陛下之失也持天下之柄司生民之命無嘉謀異畫以矯時弊不盡忠竭節以副任使此大臣之失也朝有弊政而不能正民有疾苦而不能去陛下寬仁少斷而不能規大臣循默避事而不能斥此臣等之罪也陛下旣有引過之言達於天地神祇矣願思其實以應之疏出聞者皆悚然進直史館兼修起居注襄益任職論事無所回撓開寶浮圖災下有舊瘞佛舍利詔取以入宮人多灼臂落髮者方議復營之襄諫曰非理之福不可徼幸今生民困苦四夷驕慢陛下當修人事奈何事信佛法或以舍利有光推爲神異彼其所居尚不能護何有於威靈天之降災以示儆戒顧大興工役是將以人力排天意也呂夷簡平章國事宰相以下就其第議政事襄奏請使之元昊納欵始自稱兀卒旣又譯爲吾祖襄言吾祖猶云我翁慢侮甚矣使朝廷賜之詔而亦曰吾祖是何等語邪夏竦罷樞密使韓琦范仲淹在位襄言陛下罷竦而用琦仲淹士大夫賀於朝庶民歌於路至飲酒叫號以爲歡且退一邪進一賢豈遂能關天下輕重哉蓋一邪退則其類退一賢進則其類進衆邪並退衆賢並進海內有不泰乎雖然臣切憂之天下之勢譬猶病者陛下旣得良醫矣信任不疑非徒愈病而又壽民醫雖良術不得盡用則病且日深雖有和扁難責効矣保州卒作亂推懦兵十餘輩爲首惡殺之以求招撫襄曰天下兵百萬苟無誅殺決行之令必開驕慢暴亂之源今州兵戕官吏閉城門不能討從而招之豈不爲四方笑乞將兵入城盡誅之詔從其議以母老求知福州改福建路轉運使開古五塘溉民田奏減五代時丁口稅之半復脩起居注唐介擊宰相觸盛怒襄趨進曰介誠狂愚然出於進忠必望全貸旣貶春州又上疏以爲此必死之謫得改英州溫成后追冊請勿立忌而罷監護園陵官進知制誥三御史論梁適解職襄不草制後每除授非當職輒封還之帝遇之益厚賜其母冠帔以示寵又親書君謨兩字遣使持詔予之遷龍圖閣直學士知開封府襄精吏事談笑剖決破姦發隱吏不能欺以樞密直學士再知福州郡士周希孟陳烈陳襄鄭穆以行義著襄備禮招延誨諸生以經學俗重凶儀親亡或秘不舉至破產飯僧下令禁止之徙知泉州距州二十里萬安渡絕海而濟往來畏其險襄立石爲梁其長三百六十丈種蠣於礎以爲固至今賴焉又植松七百里以庇道路閩人刻碑紀德召爲翰林學士三司使較天下盈虛出入量力以制用劃剔蠹弊簿書紀綱纖悉皆可法英宗不豫皇太后聽政爲輔臣言先帝旣立皇子宦妾更加熒惑而近臣知名者亦然幾敗大事近已焚其章矣已而外人遂云襄有論議帝聞而疑之會襄數謁告因命擇人代襄襄乞爲杭州拜端明殿學士以往治平三年丁母憂明年卒年五十六贈吏部侍郎襄工於書爲當時第一仁宗尤愛之製元舅隴西王碑文命書之及令書溫成后父碑則曰此待詔職耳不奉詔於朋友尚信義聞其喪則不御酒肉爲位而哭嘗飲會靈東園坐客誤射矢傷人遽指襄他日帝問之再拜愧謝終不自辨蔡京與同郡而晚出欲附名閥自謂爲族弟政和初襄孫佃廷試唱名

居舉首京侍殿上以族孫引嫌降爲第二佃終身恨之乾道中賜襄謚曰忠惠

呂溱字濟叔揚州人進士第一通判亳州直集賢院同脩起居注坐預進奏院宴飲出知蘄楚舒三州復脩起居注儂智高寇嶺南詔奏邸毋得輙報溱言一方有警使諸道聞之共得爲備今欲人不知此何意也進知制誥又出知杭州入爲翰林學士疏論宰相陳執中姦邪仁宗還其疏溱曰以口舌論人是陰中大臣也願出以示執中使得自辨未幾執中去溱亦以侍讀學士知徐州賜宴資善堂遣使諭曰此特爲卿設宜盡醉也詔自今由經筵出者視爲例徙成德軍時方開六塔河宰相主其議會地震溱請罷之以荅天戒溱豪侈自放簡忽於事與都轉運使李參不相能還判流內銓參劾其借官麴作酒以私貨往河東貿易及違式受餽驢事下大理議溱乃未嘗受而外廷紛然謂溱有死罪帝知其過輕但貶秩知和州御史以爲未抵罪分司南京起知池州江寧府復集賢院學士加龍圖閣直學士知開封府時爲京尹者比不稱職溱精識過人辨訟立斷豪惡斂跡嘗以職事對神宗察其有疾色勉以近醫藥已而果病改樞密直學士提舉醴泉觀遂卒年五十五贈禮部侍郎帝悼念之詔中書曰溱立朝最孤知事君之節絕跡權貴故中廢十餘年人無言者方擢領要劇而奄忽淪亡家貧子幼遭此大禍必至狼狽宜優給賻禮官庀其葬以厲臣節敕其婦兄護喪歸溱開敏善議論一時名輩皆推許然自貴重在杭州接賓客不過數語時目爲七字舍人云

王素字仲儀太尉旦季子也賜進士出身至屯田員外郎御史中丞孔道輔薦爲侍御史道輔貶出知鄂州仁宗思其賢擢知諫院素方壯年遇事感發嘗言今中外無名之費倍蓰於前請省其非急者適皇子生將進百僚以官惠諸軍以賞素爭曰今西夏畔渙契丹要求縣官之須且日急矣宜留爵秩以賞戰功儲金繒以佐邊費議遂已京師旱素請帝禱于郊帝曰太史言月二日當雨今將以旦日出禱素曰臣非太史然度是日必不雨帝問故曰陛下知其且雨而禱之應天不以誠故臣知不雨帝曰然則明日詣醴泉觀素曰醴泉之近猶外朝耳豈憚暑不遠出邪帝悚然更詔詣西太一宮諫官故不在屬車間乃命素扈從日甚熾埃氛翳空比輿駕還未薄城天大雷電而雨王德用進二女子素論之帝曰朕眞宗皇帝之子卿王旦之子有世舊非他人比也德用實進女然已事朕左右奈何素曰臣之憂正恐在左右爾帝動容立命遣二女出賜素銀緋擢天章閣待制淮南郡轉運按察使時新置按察類多以苛爲明素獨不擿細故郎有貪刻必繩治窮竟以故下吏愛而畏之改知渭州坐市木河東有擾民狀降華州又奪職徙汝俄悉還其故遷龍圖閣直學士初原州蔣偕建議築大蟲嶮堡宣撫使聽之役未具敵伺間要擊不得成偕懼來歸死素曰若罪偕乃是墮敵計責偕使畢力自効總管狄青曰偕往益敗不可遣素曰偕敗則總管行總管敗素卽行矣青不敢復言偕卒城而還以樞密直學士知開封府至和秋大雨蔡河裂水入城詔軍吏障朱雀門素曰皇上不豫兵民廬舍多覆壓衆心忷忷然奈何更塞門以動衆遣詔止其役水亦不害出知定州成都府先是牙校歲輸酒坊錢以供廚傳日加厚輸者轉困素一切裁約之鐵錢布滿兩蜀而鼓鑄不止弊益輕商賈不行命罷鑄十年以權物價凡爲政務合人情蜀人紀其目號曰王公異斷復知開封素以三公子少知名出入侍從將帥久頗鞅鞅厭倦劇煩事多鹵莽不治盜賊數發御史糾其過出知許州治平初夏人寇靜邊砦略拜端明殿學士復知渭州於是三鎭涇原蕃夷故老皆歡賀比至敵解去拓渭西南城濬隍三周積粟支十年屬羌奉土地來獻悉增募弓箭手行陳出入之法身自督訓其居舊穿土爲室寇至老幼多焚死爲築八堡使居之其衆領於兩巡檢人莫得自便素曰是豈募民兵意邪聽散耕田里有警則聚故士氣感奮精悍他道莫及嘗宴堂上邊民傳寇至驚入城諸將曰使姦人亦從而入將必爲內應合拒勿內素曰若拒之東去關中必搖吾在此敵必不敢犯我此當有姦言乃下令敢稱寇至者斬有頃候騎從西來人傳果妄諸將皆服其明擿澶州觀察使知成德軍改青州觀察使熙寧初還以學士知太原府汾河大溢素曰若壞平晉遂灌州城矣亟命具舟楫築堤以捍之一夕水聚至人賴以安入知通進銀臺司轉工部尚書仍故職致仕故事雖三公致仕亦不帶職朝廷方新法制素首以學士就第卒年六十七謚曰懿敏子鞏從子靖從孫震鞏有雋才長於詩從蘇軾游軾守滁州鞏往訪之與客遊泗水登魋山吹笛飲酒乘月而歸軾待之於黃樓上謂鞏曰李太白死世無此樂三百年矣軾得罪鞏亦竄賓州數歲得還豪氣不少挫後歷宗正丞以跌蕩傲世每除官輙爲言者所議故終不顯

靖字詹叔蚤孤自力於學好講切天下利害以祖蔭歷通判閬州知滁州主管北京御史臺契丹數遣橫使來靖疏言彼利中國賜遺挾虛聲以濟其欲漸不可長宜有以折之又請復明經科加試貢士以策觀其所學稍變聲律之習擢利州路轉運判官提點陝西刑獄鄜戶役于州縣者優則願久留勞則欲亟去吏得權其遲速靖以一歲月遣代遂爲令徙河東長子縣賊殺人捕治十數輩不得實皆釋去靖閱其牘曰此眞盜也教吏曲折訊囚果服罪爲開封府推官曹濮盜害官吏久不獲靖受詔督捕成擒者十八九因言盜之不戢由大姓爲囊橐請并坐之著爲令徙廣南轉運使熙寧初廣人訛言交阯且至老幼入保事聞中外以爲憂神宗曰王靖在彼可無念卽拜太常少卿直昭文館知廣州居二年入爲度支副使卒子古字敏仲第進士熙寧中爲司農主簿使行淮浙賑旱菑究張若濟獄劾轉運使王廷老張覲失職皆罷之遷提舉四路常平王安禮欲用爲太常丞神宗謂古好異論止以爲博士加上仁宗英宗謚因升祔四后初議不發冊古言發冊之禮雖爲祔廟節文而升祔之重乃由冊而後顯今旣行升祔則禮不可廢乃詔用竹冊又定諸神祠封額爵號之序出爲湖南轉運判官提點淮東刑獄歷工部吏部右司員外郎太府少卿奉使契丹與時北使所過凡供張悉貸於民古請出公錢爲之民得不擾紹聖初遷戶部侍郎詳定役法與尚書蔡京多不合京言臣欲用元豐人額雇直而古乃用司馬光法詔從古兵部尋以集賢殿脩撰爲江淮發運使進寶文閣待制知廣州言者論其常指平歲爲凶年妄散邦財奪職知袁州徽宗立復拜戶部侍郎遷尚書與御史中丞趙挺之偕領放欠挺之言古蠲除太多欲盡傾天下之財不可用遂改刑部攻不已以寶文閣直學士知成都墮崇寧黨籍責衡州別駕安置溫州復朝散郎卒

震字子發以父任試銓優等賜及第上諸路學制神宗稱其才以習學中書刑房公事遂爲檢正預脩條例加館閣校勘檢正孔目吏房元豐官制行震與吳雍從輔臣執筆入記上語面授尚書右司員外郎使自書除目舉朝榮之兼脩市易敕帝諭之曰朝廷造法皆本先王之制推行非人故不能善後且以錢貸民有不能償輙籍其家豈善政也宜計其負幾何悉捐之震頓首奉詔進起居舍人使行西邊還爲中書舍人元祐初遷給事中御史王巖叟劾之以龍圖閣待制知蔡州歷五郡紹聖初復爲給事中權吏部尚書拜龍圖閣直學士知開封府震與章惇皆呂惠卿所薦而素不相能府奏獄空哲宗疑不實震謂惇抑巳於是穎昌蓋漸有訟許將惇子弟震捕漸掠治頗得蹤跡惇懼以獄付大理而徙震爲樞密都承旨遂坐折獄滋蔓傾搖大臣奪職知岳州卒

余靖字安道韶州曲江人少不事羈檢以文學稱鄉里舉進士起家爲贛縣尉試書判拔萃改將作監丞知新建縣遷祕書丞數上書論事建言班固漢書舛謬命與王洙并校司馬遷范曄二史書奏擢集賢校理范仲淹貶饒州諫官御史莫敢言靖言仲淹以刺譏大臣重加譴謫倘其言未合聖慮在陛下聽與不聽耳安可以爲罪乎汲黯在廷以平津爲多詐張昭論將以魯肅爲粗踈漢皇與主孰聞訾毀兩用無猜豈損令德陛下自親政以來屢逐言事者恐鉗天下口不可疏入落職監筠州酒稅尹洙歐陽脩亦以仲淹故相繼貶逐靖繇是益知名徙監泰州稅知英州遷太常博士復爲校理同知禮院慶曆中仁宗銳意欲更天下弊事增諫官員使論得失以靖爲右正言時四方盜賊竊發州郡不能制靖言朝廷威制天下在賞罰今官吏弛事羣盜蜂起大臣齷齪守常不立法禁可爲國家憂也請嚴捕賊賞罰及定爲賊劫質亡失器甲除名追官之法司天言太白犯歲星又犯執法靖上疏請責躬脩德以謝天變使契丹辭日以所奏事書笏各舉一字爲目凡數十事帝顧見之命悉條奏日幾昃乃罷進脩起居注開寶寺靈感塔災復上疏言五行之占本是災變朝廷所宜誠懼以答天意聞嘗詔取舊瘞舍利入禁中閱視道路傳言舍利在內廷有光恠竊恐巧佞之人推爲靈異惑亂視聽再圖營造臣聞帝王之道能勤儉厥德感動人心則雖有危難後必安濟今自西陲用兵國帑虛竭民亡儲蓄十室九空陛下若勤勞罪巳憂人之憂則四民安居海內蒙福如不恤民病廣事浮費奉佛求福非天下所望也若以舍利經火不壞遽爲神異卽本在土中火所不及若言舍利皆能出光恠必有神靈憑之此妄言也且一塔不能自衛爲火所毀況藉其福以庇民哉靖在職數言事嘗論夏竦姦邪不可爲樞密使王舉正不才不宜在政府狄青武人使之獨守渭州恐敗邊事張堯佐以脩媛故除提點府界公事非政事之美且郭后之禍起於楊尚不可不監太常博士王翼西京治獄還賜五品服靖曰治獄而錫服外人不知必以爲翼深文重法能

希陛下意以取此寵所損非細事也嘗有工部郎中呂覺以治獄賜對祈易章綬陛下諭之曰朕不欲因鞫囚與人恩澤覺退以告臣臣嘗書之起居注陛下前日諭覺是則今日賜翼非矣是非與奪之間貴乎一體小人望風希進無所不至幸陛下每於事端抑其奔競其說多見納用會西鄙厭兵元昊請和議增歲賜靖言景德中契丹舉國興師直抵澶淵先帝北征渡河止捐金繒三十萬與之今元昊戰雖累勝皆由將帥輕敵易動之故數年選將練兵始知守戰之備而銳意解仇所予至二十六萬且戎事有機國力有限失之於始雖悔何追夫以景德之患近在封域之內而歲賜如彼今日之警遠在邊鄙之外而歲賜如此若元昊使還益有所許契丹聞之寧不生心無厭之求自此始矣儻移西而備北爲禍更深但思和與不和皆有後患則不必曲意俯狥以貽國羞擢知制誥元昊既歸欵朝廷欲加封冊而契丹以兵臨西境遣使言爲中國討賊請止毋和朝議難之會靖數言契丹挾詐不可輕許卽遣靖往報而留夏國封策不發靖至契丹卒屈其議而還朝廷遂發夏冊臣元昊西師既解嚴北邊亦無事靖三使契丹亦習外國語嘗爲蕃語詩御史王平等劾靖失使者體出知吉州靖爲諫官時嘗劾奏太常博士茹孝標不孝匿母喪坐廢靖既失勢孝標詣闕言靖少遊廣州犯法受搒靖聞之不自得求侍養去改將作少監分司南京居曲江已而授左神武軍大將軍雅州刺史壽州兵馬鈐轄辭不就再遷衛尉卿知虔州丁父憂去儂智高反邕州乘勝掠九郡以兵圍廣州朝廷方顧南事就喪次起靖爲秘書監知潭州改桂州詔以廣南西路委靖經制智高西走邕州靖策其必結援交阯而脅諸峒以自固乃約李德政會兵擊賊於邕州備萬人糧以待之而詔亦給緡錢二萬助德政興師且約賊平更賞以緡錢二萬又募儂黃諸姓酋長皆縻以職使不與智高合既而朝廷遣狄青孫沔將兵共討賊青卻交阯援兵不用賊平就遷靖給事中御史梁蒨言賞薄又遷尚書工部侍郎初青兵未至前戒部將勿戰靖迫鈐轄陳曙出鬬敗走青至按軍法斬曙及指使袁用等於坐靖瞿然起拜及諸將班師獨留靖廣西遣人入特磨道擒智高母子弟三人生致之闕下加集賢院學士徙知潭州又徙青州交阯蠻申紹泰寇邕州殺五巡檢以靖安撫廣西至則召交阯用事臣費嘉祐詰問之嘉祐至紿以近邊種落相侵報誤犯官軍願悉推治還所掠及械罪人以自贖靖信之厚謝遣去嘉祐遂歸不復出知廣州官至工部尚書代歸卒三司使蔡襄爲靖言特贈刑部尚書諡曰襄靖嘗夢神人告以所終官而死秦亭故靖常畏西行及卒則江寧府秦淮亭也

彭思永字季長廬陵人第進士知南海分寧縣通判睦州台州大水敗城人多溺往攝治焉盡葬死者作文祭之民貧不能葺居爲伐木以助之數月公私之舍皆具城築高於前而堅亦如之知潮州常州入爲侍御史論內降授官賞之弊謂斜封非盛世所當有仁宗深然之皇祐祀明堂前一日有傳百姓皆進秩者思永言不宜濫恩以益僥倖時張堯佐已貴而猶覬執政王守忠已受寵而求旄節思永率同列言之或曰俟命出未晚也思永曰先事而言第得罪爾命一出不可止矣遂獨抗疏曰陛下覃此謬恩豈爲天下孤寒哉不過爲堯佐守忠取悅衆人耳外戚秉政宦侍用權非社稷之福也帝怒中丞郭勸諫官吳奎爲之請乃以汎恩轉司封員外郎而解臺職爲湖北轉運使下溪蠻彭仕義作亂先移書激罵辰州守將討之思永按部適至仕義懼遣使迎謝寢其謀加直史館爲益州路轉運使成都府吏盜公錢付獄已三歲出入自如思永攝府事甫一日卽具獄民以楮劵爲市藏衣帶中盜置刃於爪提取之鮮敗者思永得一人詰之悉黥其黨隸兵間中使歲祠峨眉率留成都掊珍玩價直數百萬錢悉出於民思永朘其三之一使怒去而不能有所中傷也第爲戶部副使擢天章閣待制河北都轉運使知瀛州北俗以麻桑爲產籍民懼賦不敢藝曰益貧思永始奏更之徙知江寧府治平中召爲御史中丞濮王有稱親之議言事者爭之皆斥去思永更上疏極論曰濮王生陛下而仁宗以陛下爲嗣是仁宗爲皇考而濮王於屬爲伯此天地大義生人大倫如乾坤定位不可得而變也陛下爲仁廟子曰考曰親乃仁廟也若更施於濮王是有二親矣使王與諸父夷等無有殊別則於大孝之心亦爲難安臣以爲當尊爲濮國大王祭告之辭則曰姪嗣皇帝書名昭告于皇伯父在王則極尊崇之道而於仁廟亦無所嫌矣此萬世之法也疏入英宗感其切至垂欲施行而中書持之甚力卒不果神宗卽位御史蔣之奇糾歐陽脩陰事挽思永自助思永以爲帷薄之私非外人所知但其首建濮議違典禮以犯衆怒不宜更在政府詔問語所從來思永不肯對而極陳大臣專恣朋黨乃出知黃州改太平州熙寧三年以戶部侍郎致仕卒年七十一思永仁厚廉恕爲兒時旦起就學得金釵於門外默坐其處須臾亡釵者來物色審之良是卽付之其人欲謝以錢思永笑曰使我欲之則匿金矣始就舉持數釧爲資同舉者過之出而玩或墜其一於袖間衆相爲求索思永曰數止此耳客去舉手揖釧墜于地衆皆服其量居母喪毀甚鄉人愧之無所受子衛亦孝謹以父老棄官家居十餘年族里稱之

張存字誠之冀州人舉進士爲安肅軍判官天禧中詔銓司以身言書判取士才得二人存預其選改著作佐郎知大名府朝城縣寇準爲守異待之御史中丞王曙屢薦爲殿中侍御史遷侍御史仁宗初親政罷百官轉對存請復之又言前者曹脩古輩同忤旨廢黜布衣林獻可因上封事竄惡地恐自今忠直之言與夫理亂安危之機蔽而不達因歷引周月朱雲辛慶忌辛毗事以開帝意歷京東陝西河北轉運使戶部度支副使西邊動兵以天章閣待制爲陝西都轉運使黃德和之誣劉平也存奏言平與敵接戰自旦至暮殺傷相當因德和引卻以致潰敗方賊勢甚張非平博戰其勢必不沮延州孤壘非平解圍其城必不守身既陷沒而不幸又爲讒狡所困邊臣自此無復死節矣朝廷采其說始遣文彥博按治由是平得直而德和誅元昊求欵附議者猶執攻討之策存建言兵役不息生民疲弊敵既有悛心雖名號未正頗羈縻之遷龍圖閣直學士知延州以母老憚行徙澤州還爲待制踰年知成德軍復學士契丹與元昊結昏陰謀相首尾聚兵塞上而求關南存言河北城久不治宜留意乃以爲都運使盡城諸州入知開封府復使河北王則反坐失察降知汀州存壻李敭之弟李教因醉爲妖言事覺自縊死或言教不死在貝州父母私屬以存故得免御史案驗無狀猶奪職知池州又徙郴久之乃復職以吏部侍郎致仕凡十五年積遷禮部尚書存性孝友嘗爲蜀郡得奇繒文錦以歸悉布於堂上恣兄弟擇取常曰兄弟手足也妻妾外舍人耳奈何先外人而後手足乎收恤宗屬嫁聘窮嫠不使一人失所家居矜莊子孫非正衣冠不見與賓友燕接垂足危坐終日未嘗傾倚棗彊河決勢逼冀城或勸使他徙曰吾家衆所望也苟輕舉動使一州吏民何以自安訖不徙卒年八十八諡恭安

論曰蔡襄王素余靖皆昭陵賢御史也襄數論治體推韓琦范仲淹之賢素請罷不急之賞論仁宗納二女子爲非靖黜夏竦王舉正爲不可用蓋仁宗銳於求治數君子提綱振紀而扶持之卒成慶曆之治良有以也夫襄精於民事吏不敢欺靖用兵蠻徼卒收功名素在西邊多惠政其尹開封雖頗厭煩劇再爲渭州邊民老幼至相率稱賀其惠之在民者深矣哉若呂溱論陳執中則不欲以口舌中人彭思永名士能識程顥之賢而不能容歐陽脩之剛蔣之奇之誣竟坐是黜士論慽之劉平之死衆莫敢言張存獨奏而明之使忠義之氣死而復生較之諸人亦無忝焉

宋史卷三百二十考證

呂溱傳分司南京○東都事畧作西京

王素傳賜進士出身至屯田員外郎○臣浩按東都事畧以父遺恩授太常寺太祝不言進士屯田員外與太常太祝官亦異

余靖傳西師既解嚴○監本西師譌西歸從東都事畧改

彭思永傳有傳百姓皆進秩者○姓字疑官字之譌

宋史卷三百二十一

元 中 書 右 丞 相 總 裁 脫 脫 等 修

列傳第八十

鄭獬 陳襄 錢公輔 孫洙
豐稷 呂誨 劉述 劉琦
錢顗 鄭俠

鄭獬字毅夫安州安陸人少負俊材詞章豪偉峭整流輩莫敢望進士第一通判陳州入直集賢院度支判官脩起居注知制誥英宗卽位治永昭山陵悉用乾興制度獬言今國用空乏近者賞軍已見橫斂富室嗟怨流聞京師先帝節儉愛民蓋出天性凡服用器玩極於朴陋此天下所共知也而山陵制度乃欲效乾興最盛之時獨不傷儉德乎願飭有司損其名數又言天子初卽位郡國馳表稱賀例官其人此出五代餘習因仍未改今庶官猥衆克濫銓曹況前日羣臣進官已布維新之澤不須復行此恩以開僥倖皆不報又上疏言陛下初臨御恭默不言所與共政者七八大臣而已焉能盡天下之聰明哉願申詔中外許令盡言有可采錄召與之對至於臣下進見訪以得失虛心求之必能有益治道帝嘉納之時詔諸郡敦遣遺逸之士至則試之秘閣命

以官頗有謬舉者衆論喧譁旋卽廢罷獬言古之薦士以謂拔十得五猶得其半況今所失未至十五而遽以浮言廢之可乎願復此科使豪俊無遺滯之歎未及行出知荊南治平中大水求言獬上疏曰陛下側身思咎念有以消復之不知求忠言者將欲用之邪抑但舉故事邪觀前世之君因變異以求諫者甚衆及考其實則能用其言而載於行事者蓋亦鮮矣今詔發天下忠義之士必有極其所蘊以薦諸朝一日萬機勢未能盡覽不過如平時下之中書密院至於無所行而後止如是則與前世之爲空言者等爾謂宜選官置屬掌所上章與兩府近臣從容講貫可則行之否則罷之有疑焉則廣詢而決之羣臣得而衆事舉此應天之實也天下之進言也甚難而上之受言也常忽願陛下采羣臣之章疏容而聽之史冊大書以爲某年大水詔求直言用某人之辭而求某事以出夫前世之爲空言者無介徒掛墻壁爲虛文而已還判三班院神宗初召獬夕對內東門命草吳奎知青州及張方平趙抃參政事三制賜雙燭送歸舍人院外廷無知者遂拜翰林學士朝廷議納橫山獬曰兵禍必起於此已而种諤取綏州獬言臣竊見手詔深戒邊臣無得生事今乃特尊用變詐之士務爲掩襲如戰國暴君之所尚豈帝王大略哉諤擅興當誅又請因諒祚告哀遣使立其嗣子識者韙之權發遣開封府民喻興與妻謀殺一婦人獬不肯用按問新法爲王安石所惡出爲侍讀學士知杭州御史中丞呂誨乞還之不聽未幾徙青州方散青苗錢獬言但見其害不忍民無罪而陷憲網引疾祈閑提舉鴻慶宮卒年五十一家貧子弱其柩藁殯僧屋十餘年滕甫爲安州乃克葬

陳襄字述古福州侯官人少孤能自立出遊鄉校與陳烈周希孟鄭穆爲友時學者沉溺於雕琢之文所謂知天盡性之說皆指爲迂闊而莫之講四人者始相與倡道於海濱聞者皆笑以驚守之不爲變卒從而化謂之四先生襄舉進士調浦城主簿攝令事縣多世族以請託脅持爲常令不能制襄欲稍革其俗每聽訟必使數吏環立於前私謁者不得發老姦束手民有失物者賊曹捕偷兒至數輩相撐拄襄語之曰某廟鐘能辨盜犯者捫之輒有聲餘則否乃遣吏先引以行自率同列詣鐘所祭禱陰塗以墨而以帷蔽之命羣盜往捫少焉呼出獨一人手無所污扣之乃爲盜者蓋畏鐘有聲故不敢觸遂服罪知河陽縣始教民種稻富弼爲郡守一見卽禮遇之襄留意教化進縣子弟於學或議之於弼謂其誘邑子以資過客弼疑焉人勸毀學舍以塞謗不聽久之弼以語襄襄曰自反而縮雖千萬人往矣公苟有惑志何名知己益講說不少懈弼由是愈益奇之及入相薦爲祕閣校理判祠部譯經僧死遺表度十僧列子廟三年度一道士皆抑不行知常州運渠橫遏震澤積水不得北入江爲常蘇二州病襄度渠之丈尺與民田步畝定其數授以浚法未幾遂削望亭古堰水不復積入爲開封府推官鹽鐵判官神宗立奉使契丹以設席小異於常不卽坐契丹移檄疆吏坐出知明州明年同脩起居注知諫院改侍御史知雜事論青苗法不便曰臣觀制置司所議莫非引經以爲言而其實則稱貸以取利事體卑削貽中外譏笑是特管夷吾商鞅之術非聖世所宜行望貶斥王安石呂惠卿以謝天下又乞罷韓絳政府以杜大臣爭利而進者且言韓維不當爲中丞劉述范純仁等無罪宜復官皆不聽而召試知制誥襄以言不行辭不肯試願補外安石欲以爲陝西轉運使帝惜其去留脩起居注襄懇辭手詔諭之乃就職踰年爲知制誥安石又欲出之帝不許尋直學士院安石益忌之擿其書詔小失出知陳州徙杭州以樞密直學士知通進銀臺司兼侍讀判尚書都省卒年六十四贈給事中襄莅官所至必務興學校平居存心以講求民間利病爲急旣亡友人劉彝視其篋得手書累數十幅盈紙細書大抵皆民事也在經筵時神宗顧之甚厚嘗訪人材之可用者襄以司馬光韓維呂公著蘇頌范純仁蘇軾至于鄭俠三十三人對謂光維公著皆股肱心膂之臣不當久外謂俠愚直敢言發於忠義投竄瘴癘朝不謀夕願使得生還帝不能盡用

錢公輔字君倚常州武進人少從胡翼之學有名吳中第進士甲科通判越州爲集賢校理同判吏部南曹歷開封府推官戶部判官知明州裔前法以三等差次勞勤應格者聽指酒場以自補富者足欲而貧者日困克募益鮮額有不足至役鄉民破產不供費公輔取酒場官鬻之分輕重以給役者不復調民同脩起居注進知制誥英宗卽位陳治平十議大要言釆民政分吏課擇守宰置二府官屬又作帝問一篇上之王疇爲翰林學士未久擢副樞密公輔謂疇素望淺不草制帝以初政用大臣而公輔格詔謫爲滁州團練使議者以爲重呂誨等上章救之不得踰年起知廣德軍神宗立拜天章閣待制知鄧州復知制誥入見帝勞苦之使錄十議以進命知諫院嘗至中書白事富弼謂曰上求治如饑渴正賴君輩同心以濟公輔曰朝廷所爲是天下誰敢不同所爲非公輔欲同之不可得已王安石雅與之善旣得志排異己者出滕甫鄆州公輔數於帝前言甫不當去薛向更鹽法安石主其議而公輔謂向當黜遂拂安石意罷諫職旋出知江寧府明年帝欲召還安石言其助小人爲異議不宜在左右但徙揚州以病乞越改提舉崇福觀卒年五十二

孫洙字巨源廣陵人羈丱能文未冠擢進士包拯歐陽脩吳奎舉應制科進策五十篇指陳政體明白剴切韓琦讀之太息曰慟哭流涕極論天下事今之賈誼也再遷集賢校理知太常禮院治平中求言以洙應詔疏時弊要務十七事後多施行兼史館檢討同知諫院乞增諫員以廣言路凡有章奏輒焚其藁雖親子弟不得聞王安石主新法多逐諫官御史洙知不可而鬱鬱不能有所言但力求補外得知海州免役法行常平使者欲加歛緡錢以取贏爲功洙力爭之方春旱發運使調民濬漕渠以通鹽舸洙持之不下三上奏乞止其役旱蝗爲害致禱於朐山徹奠大雨蝗赴海死尋幹當三班院三班員過萬數功罪籍不明前後牴牾吏左右出入公爲欺姦洙革其甚者八事定爲令同脩起居注進知制誥先是百官遷敍用一定之詞洙建言羣臣進秩事理各異而同用一詞至或一門之內數人拜恩名體散殊而格以一律苟從簡便非所以暢王言重命令也詔自今封贈蔭補每大禮一易他皆隨等撰定元豐初兼直學士院澶州河平作靈津廟詔洙爲之碑神宗獎其文擢翰林學士纔踰月得疾時參知政事闕帝將用之數遣中使尚醫勞問入朝期日洙小愈在家習肄拜跽僨不能興於是竟卒年四十九帝臨朝嗟惜常賻外賜錢五十萬洙博聞強識明練典故道古今事甚有條理出語皆成章雖對親狎者未嘗發一鄙語文詞典麗有西漢之風士大夫共以丞輔期之不幸早世一時憫傷焉

豐稷字相之明州鄞人登第爲穀城令以廉明稱從安燾使高麗海中大風檣折舟幾覆衆惶擾莫知所爲稷獨神色自若燾歎曰豐君未易量也知封丘縣神宗召對問卿昔在海中遭風波何以不畏對曰巨浸連天風濤固其常耳憑仗威靈尚何畏帝悅擢監察御史治參知政事章惇請託事無所移撓出惇陳州從著作佐郎吏部員外郎提點利州成都路刑獄入爲殿中侍御史上疏哲宗曰陛下明足以察萬事之統而不可用其明智足以應變曲當而不可用其智願考古道二帝所以聖儀刑文王成王所以賢願以洪範爲元龜祖訓爲寶鑑一動一言思所以爲則於四海爲法於千載則教化行習俗美而中國安矣劉奉世冊立夏國嗣子乾順而乾順來賀坤成節奉世遽出境稷劾之奉世以贖論還右司諫揚荊二王爲天子叔父尊寵莫並密令蜀道織錦茵稷於正衙論曰二聖以儉先天下而宗王僭侈官吏奉承皆宜糾正旣退御史趙屼謂曰聞君言使屼汗流浹背改國子司業起居舍人歷太常少卿國子祭酒車駕幸太學命講書無逸篇賜四品服除刑部侍郎兼侍講元祐八年春多雪稷言今嘉祥未臻沴氣交作豈應天之實未克事天之禮未備畏天之誠未孚歟宮掖之臣有關預政事如天聖之羅崇勳江德明治平之任守忠者歟願陛下昭聖德祇天戒總正萬事以消災祥帝親政召內侍居外者樂士宣等數人稷言陛下初親萬機未聞登進忠良而首召近幸恐上累大德以集賢院學士知潁州江寧府拜吏部侍郎又出知河南府加龍圖閣待制章惇欲困以道路連歲亟徙六州徽宗立以左諫議大夫召道除御史中丞入對與蔡京遇京越班揖曰天子自外服召公中執法今日必有高論稷正色答曰行自知之是日論京姦狀旣而陳瓘江公望皆言之未能動稷語陳師錫等曰京在朝吾屬何面目居此擊之不已京遂去翰林又乞辨宣仁誣謗之禍且言史臣以王安石日錄亂神宗實錄今方脩哲宗實錄願申飭之時宦官漸盛稷懷唐書仇士良傳讀於帝前讀數行帝曰已諭稷爲若不聞者讀畢乃止曾布得助發驅將拜相稷約其僚共論之俄轉工部尚書兼侍讀布遂相稷謝表有佞臣之語帝問爲誰對曰曾布也陛下斥之外郡則天下事定矣改禮部論宋用臣不當賜美謚不爲書勅哲宗升祔議功臣配享稷以爲當用司馬光呂公著或謂二人常得罪不可用稷曰止論其有功於時爾如唐五王豈非得罪於中宗何嫌於配享又言陛下以建中靖國紀元臣謂尊賢納諫舍已從人是謂建中不作奇技淫巧毋使近習招權是謂靖國以副體元謹始之義禁內織錦緣宮簾爲地衣稷言仁宗衾褥用黃絁服御用縑紬宜守家法詔罷之稷盡言守正帝待之厚將處之尚書左丞而積忤貴近不得留竟以樞密直學士守越蔡京得政修故怨貶海州團練副使道州別駕安置台州除名徙建州稍復朝請郎卒年七十五建炎中追復學士謚曰清敏初文彥博嘗品稷爲人

似趙抃及賜謚皆以清得名稷三任言責每草疏必密室子弟亦不得見退多焚稾未嘗以時政語人所薦士如張庭堅馬涓陳瓘陳師錫鄒浩蔡肇皆知名當世云

論曰熙寧行新法輕進少年爭趨競進老成知務者逡巡引退何其見幾之明耶獬議論剴切精練民事青苗法行獬獨皤然求去至窘迫不堪弗卹也襄奮起海隅屢折不變學者卒從而化乃心民事死猶不已公輔以忤安石見黜洙爲諫官不能言至免役取贏洙方力爭所謂不揣其本者歟稷劾蔡京論司馬光呂公著當配享廟庭蓋亦名侍從也

呂誨字獻可開封人祖端相太宗眞宗誨性純厚家居力學不妄與人交進士登第由屯田員外郎爲殿中侍御史時廷臣多上章訐人罪誨言臺諫官許風聞言事蓋欲廣采納以補闕政苟非職分是爲侵官今乃訐斥平生暴揚曖昧刻薄之態浸以成風請下詔懲革樞密副使程戡結貴倖致位政地誨疏其過以宣徽使判延州復上言戡以非才罷不宜更委邊任宣徽使地高位重非戡所當得也兗國公主薄其夫夜開禁門入訴誨請并劾閤吏且治主第官者罪悉逐之御藥供奉官四人遙領團練使御前忠佐當汰復留誨劾樞密使宋庠陰求援助徇私紊法詔罷庠而用陳升之爲副使誨又論之升之旣去誨亦出知江州時嘉祐六年也上疏請蚤建皇嗣曰竊聞中外臣僚以聖嗣未立屢有密疏請擇宗人唯陛下思忠言奮獨斷以遏未然之亂又聞太史奏彗躔心宿請備西北按天文志心爲天王正位前星爲太子直則失勢明則見祥今旣直且暗而彗乘之臣恐咎證不獨在西北也自夏及秋雨淫地震陰盛之沴固有冥符近者宗室之中訛言事露流傳四方人心駭惑窺覦之志可不防其漸哉願爲社稷宗廟計審擇親賢稽合天意宸謀已定當使天下共知萬一有奸臣附會其間陽爲忠實以緩上心此爲患最大不可不察也仁宗以誨章付中書韓琦由此定議召爲侍御史改同知諫院英宗不豫誨請皇太后日命大臣一員與淮陽王視進藥餌都知任守忠用事久帝之立非守忠意數間諜東朝播爲惡言內外洶懼誨上兩宮書開陳大義詞旨深切多人所難言者帝疾小愈屢言乞親萬幾太后歸政誨言於帝曰后輔佐先帝歷年閱天下事多矣事之大者宜關白咨訪然後行示弗敢專遂論守忠平生罪惡幷其黨史昭錫竄之南方內臣王昭明等爲陝西四路鈐轄專主蕃部誨言自唐以來舉兵不利未有不自監軍者今走馬承受官品至卑一路已不勝其害況鈐轄乎卒罷之治平二年遷兵部員外郎兼侍御史知雜事上言臺諫者人主之耳目期補益聰明以防壅蔽舊三院御史常有二十員而後益衰減蓋執政者不欲主上聞中外之闕失今臺闕中丞御史五員惟三人在職封章十上報聞者八九諫官二人一他遷一出使言路壅塞未有如今日之甚者竊爲陛下羞之帝覽奏卽命邵必知諫院於是濮議起侍從請稱王爲皇伯中書不以爲然誨引義固爭會秋大水誨言陛下有過舉而災沴遽作惟濮王一事失中此簡宗廟之罰也郊廟禮畢復申前議七上章不聽乞解臺職亦不聽遂劾宰相韓琦不忠五罪曰昭陵之土未乾遽欲追崇濮王使陛下厚所生而薄所繼隆小宗而絕大宗言者論辨累月琦猶遂非不爲改正中外憤鬱萬口一詞願黜居外藩以慰士論又與御史范純仁呂大防共劾歐陽脩首開邪議以枉道說人主以近利負先帝陷陛下於過舉皆不報已而詔濮王稱親誨等知言不用卽上還告勑居家待罪且言與輔臣勢不兩立帝以問執政脩曰御史以爲理難並立若臣等有罪當留御史帝猶豫久之命出御史旣而曰不宜責之太重乃下遷誨工部員外郎知蘄州神宗立徙晉州加集賢殿脩撰知河中府召爲鹽鐵副使擢天章閣待制復知諫院拜御史中丞初中旨下京東買金數萬兩又令廣東市眞珠傳云將備宮中十閤用度誨言陛下春秋富盛然聰明睿知以天下爲心必不留神於此願亟罷之王安石執政時多謂得人誨言其不通時事大用之則非所宜著作佐郎章辟光上言岐王顥宜遷居外邸皇太后怒帝令治其離間之罪安石謂無罪誨請下辟光吏不從遂上疏劾安石曰大姦似忠大佞似信安石外示朴野中藏巧詐陛下悅其才辨而委任之安石初無遠略惟務改作立異罔上欺下文言飾非誤天下蒼生必斯人也如久居廟堂必無安靜之理辟光之謀本安石及呂惠卿所導辟光揚言朝廷若深罪我我終不置此二人故力加營救願察於隱伏質之士論然後知臣言之當否帝方注倚安石還其章誨求去帝謂曾公亮曰若出誨恐安石不自安安石曰臣以身許國陛下處之有義臣何敢以形迹自嫌苟爲去就乃出誨知鄧州蘇頌當制公亮謂之曰辟光治平四年上書時安石在金陵惠卿監杭州酒稅安得而教之故制詞云黨小人交譖之言肆罔上無根之語制出帝以咎頌以公亮之言告乃知辟光治平時自言他事非此也誨之將有言也司馬光勸止之誨曰安石雖有時名然好執偏見輕信姦回喜人佞已聽其言則美施於用則疏置諸宰輔天下必受其禍且上新嗣位所與朝夕圖議者二三執政而已苟非其人將敗國事此乃心腹之疾救之惟恐不逮顧可緩耶誨旣斥安石益橫光由是服誨之先見自以爲不及也明年改知河南命未下而寢疾矣旋提舉崇福宮以疾表求致仕曰臣本無宿疾醫者用術乖方妄投湯劑率任情意差之指下禍延四支一身之微固無足卹奈九族之託何蓋以身疾諭朝政也誨三居言責皆以彈奏大臣而去一時推其鯁直居病困猶且夕憤歎以天下事爲憂旣革司馬光往省之至則目已瞑聞光哭蹷然而起張目強視曰天下事尚可爲君實勉之光曰更有以見屬乎曰無有遂卒年五十八海內聞者痛惜之元祐初呂大防范純仁劉摯表其忠詔贈通議大夫以其子由庚爲太常寺太祝自誨罷去御史劉述劉琦錢顗皆以言安石被黜

劉述字孝叔湖州人舉進士爲御史臺主簿知溫耀眞三州提點江西刑獄累官都官員外郎六年不奏考功課知審官院胡宿言其沉靜有守特遷兵部員外郎改荊湖南北京西路轉運使再以覃恩遷刑部郎中神宗立召爲侍御史知雜事又十一年不奏課帝知其久次授吏部郎中嘗言去奢當自後宮始章辟光宜誅高居簡宜黜張方平不當參大政王拱辰不當除宣徽使皆不報滕甫爲中丞述將論之甫聞先請對甫退述乃言甫爲言官無所發明且擿其隱慝帝曰甫遇事輒爭裨益甚多但外人不知耳甫談卿美不輟口卿無言也王安石參知政事帝下詔專令中丞舉御史不限官高卑趙抃爭之弗得述言舊制舉御史官須中行員外郎至太常博士資任須實歷通判又必翰林衆學士與本臺丞雜互舉蓋衆議僉舉則各務盡心不容有偏蔽私愛之患今專委中丞則愛憎在於一已若一得人猶不至生事萬一非其人將受權臣屬託自立黨援不附已者得以中傷媒櫱誣陷其蔽不一夫變更法度其事不輕而止是參知政事二人同書劄子且宰相富弼暫謁告曾公亮已入朝臺官今不闕人何至急疾如此願收還前旨俟弼出與公亮同議然後行之弗聽述兼判刑部安石爭謀殺刑名述不以爲是及勑下述封還中書奏執不已安石白帝詔開封府推官王克臣劾述罪於是述率御史劉琦錢顗共上疏曰安石執政以來未踰數月中外人情囂然胥動蓋以專肆胸臆輕易憲度無忌憚之心故也陛下任賢求治常若饑渴故置安石政府必欲致時如唐虞而反操管商權詐之術規以取媚遂與陳升之合謀侵三司利柄取爲已功開局設官用八人者分行天下驚駭物聽動搖人心去年因許遵文過飾非妄議自首按問之法安石任一偏之見改立新議以害天下大公章辟光獻岐邸遷外之說疎間骨肉罪不容誅呂誨等連章論奏乞加竄逐陛下雖許其請安石獨進瞽言熒惑聖聽陛下以爲愛已隱忍不行先朝所立制度自宜世世子孫守而勿失乃欲事事更張廢而不用安石自應舉歷官尊尚堯舜之道以倡率學者故士人之心靡不歸向謂之爲賢陛下亦聞而知之遂正位公府遭時得君如此之專乃首建財利之議務爲容悅言行乖戾一至於此剛狠自任則又甚焉姦詐專權之人豈宜處之廟堂以亂國紀願早罷逐以慰安天下元元之心曾公亮位居丞弼不能竭忠許國反有畏避之意陰自結援以固寵久妨賢路亦宜斥免趙抃則括囊拱手但務依違大臣事君豈當如是疏上安石奏先貶琦顗監處衢州鹽務公亮疑太重安石曰蔣之奇亦降監當從之司馬光乃上疏曰臣聞孔子曰守道不如守官孟子曰有言責者不得其言則去此古今通義人臣之大節也彼謀殺已傷自首刑名天下皆知其非朝廷旣違衆議而行之又以守官之臣而罪之臣恐失天下之心也夫食鷹鸇者求其鷙也鷙而烹之將安用哉今琦顗所坐不過疏直乃以迕犯大臣猥加譴謫恐臣下自此以言爲諱乞還其本資以靖羣聽不報開封獄具述三問不承安石欲置之獄光又與范純仁爭之乃議貶爲通判帝不許以知江州踰歲提舉崇禧觀卒年七十二紹興初贈秘閣脩撰

劉琦字公玉宣城人博學強覽立志峻潔以都官員外郎通判歙州召爲侍御史建言自城綏州數致羌寇宜棄之浙西開漕渠役甚小使者張大其事以功遷官言者論其非詔琦就劾官吏八人惴恐琦但按首謀二人而已旣貶通判鄂州而卒年六十一

錢顗字安道常州無錫人初爲寧海軍節度推官守孫沔用威嚴爲治屬吏奔走聽命顗當官而行無所容撓遇不可必爭之由是獨見器重知贛烏程二縣皆以治行聞治平末以金部員外郎爲殿中侍御史裏行許遵議謀殺案問刑名未定而入判大理顗以爲一人偏詞不可以汨天下之法遵所見迂執不可以當刑法之任

不從二年而貶將出臺於衆中責同列孫昌齡曰平日士大夫未嘗知君名徒以昔官金陵媚事王安石宛轉薦君得爲御史亦當少思報國柰何專欲附會以求美官顗今當遠竄君自謂得策邪我視君犬彘之不如也即拂衣上馬去後自衢徙秀州家貧母老至丐貸親舊以給朝晡而怡然無譴官之色蘇軾遺以詩有烏府先生鐵作肝之句世因目爲鐵肝御史卒年五十三

鄭俠字介夫福州福清人治平中隨父官江寧閉戶苦學王安石知其名邀與相見稱奬之進士高第調光州司法參軍安石居政府凡所施行民間不以爲便光有疑獄俠讞議傳奏安石悉如其請俠感爲知己思欲盡忠秩滿徑入都時初行試法之令選人中式者超京官安石欲使以是進俠以未嘗習法辭三往見之問以所聞對曰青苗免役保甲市易數事與邊鄙用兵在俠心不能無區區也安石不荅俠退不復見但數以書言法之爲民害者久之監安上門安石雖不悅猶使其子雱來語以試法方置脩經局又欲辟爲檢討更命其客黎東美諭意俠曰讀書無幾不足以辱檢討所以求執經相君門下耳而相君發言持論無非以官爵爲先所以待士者亦淺矣果欲援俠而成就之取其所獻利民便物之事行其一二使進而無愧不亦善乎是時免役法出民商咸以爲苦雖負水捨髮擔粥提茶之屬非納錢者不得販鬻稅務索市利錢其末或重於本商人至以死爭如是者不一俠因東美列其事未幾詔小夫裨販者免征商之重者十損其七他皆無所行是時自熙寧六年七月不雨至于七年之三月人無生意東北流民每風沙霾曀扶攜塞道羸瘠愁苦身無完衣並城民買麻秝麥麩合米爲糜或茹木實草根至身被鎖械而負瓦揭木賣以償官累累不絕俠知安石不可諫悉繪所見爲圖奏疏詣閤門不納乃假稱密急發馬遞上之銀臺司其略云去年大蝗秋冬亢旱麥苗焦枯五種不入羣情懼死方春斬伐竭澤而漁草木魚鼈亦莫生遂災患之來莫之或禦願陛下開倉廩賑貧乏取有司掊克不道之政一切罷去冀下召和氣上應天心延萬姓垂死之命今臺諫充位左右輔弼又皆貪猥近利使夫抱道懷識之士皆不欲與之言陛下以爵祿名器駕馭天下忠賢而使人如此甚非宗廟社稷之福也竊聞南征北伐者皆以其勝捷之勢山川之形爲圖來獻料無一人以天下之民質妻鬻子斬桑壞舍流離逃散遑遑不給之狀上聞者臣謹以逐日所見繪一圖但經眼目已可涕泣而況有甚於此者乎如陛下行臣之言十日不雨即乞斬臣宣德門外以正欺君之罪疏奏神宗反覆觀圖長吁數四袖以入是夕寢不能寐翌日命開封體放免行錢三司察市易司農發常平倉三衞具熙河所用兵諸路上民物流散之故青苗免役權息追呼方田保甲並罷凡十有八事民間讙呌相賀又下責躬詔求言越三日大雨遠近沾洽輔臣入賀帝示以俠所進圖狀且責之皆再拜謝安石上章求去外間始知所行之由羣姦切齒遂以俠付御史治其擅發馬遞罪呂惠卿鄧綰言於帝曰陛下數年以來忘寐與食成此美政天下方被其賜一旦用狂夫之言罷廢殆盡豈不惜哉相與環泣於帝前於是新法一切如故安石去惠卿執政俠又上疏論之仍取唐魏徵姚崇宋璟李林甫盧杞傳爲兩軸題曰正直君子邪曲小人事業圖跡在位之臣暗合林甫輩而反於崇璟者各以其類復爲書獻之并言禁中有被甲登殿等事惠卿奏爲謗訕編管汀州御史臺吏楊忠信謁之曰御史緘默不言而君上書不已是言責在監門而臺中無人也取懷中名臣諫疏二帙授俠曰以此爲正人助惠卿暴其事且嗾御史張琥并劾馮京爲黨與俠行至太康還對獄獄成惠卿議致之死帝曰俠所言非爲身也忠誠亦可嘉豈宜深罪但徙英州既至得僧屋將壓者居之英人無貧富貴賤皆加敬爭遣子弟從學爲築室以遷哲宗立始得歸蘇軾孫覺表言之以爲泉州教授元符七年再竄于英徽宗立赦之仍還故官又爲蔡京所奪自是不復出布衣糲食屏處田野然一言一話未嘗忘君宣和元年卒年七十九里人揭其閭爲鄭公坊州縣皆祀之於學紹熙初詔贈朝奉郎官其孫嘉正爲山陰尉

論曰譓以言三黜述琦頗窮厄至死皆克然無悔身雖不偶而聲名則昭著於天下後世矣俠以區區小官雖未信而諫能以片言悟主殃民之法幾於一舉而空之功雖不成而此心亦足以白於天下後世呂惠卿鄧綰之罪可勝誅哉

宋史卷三百二十一考證

鄭獬傳權發遣開封府民喻興與妻謀殺一婦人獬不肯用按問新法爲王安石所惡○臣宗楷按數句文義不順東都事畧鄭獬除翰林學士知開封府王安石參知政事不悅獬疑是權開封府或是權知開封府民喻興與妻謀殺一婦人獬不肯用新法按問爲王安石所惡也發遣二字疑有誤

鄭俠傳泉州教授○臣人龍按西塘集哲宗立放還除泉州錄事參軍非泉州教授也與本傳不同

仍還故官又爲蔡京所奪自是不復出○臣人龍按西塘集建中靖國時放還復前職崇寧監衡山廟旋追毀前命勒停五年降旨復將侍郎敘用亦與本傳不同

宋史卷三百二十二

元　中書右丞相總裁脫脫等修

列傳第八十一

何郯　吳中復從孫擇仁　陳薦
王獵　孫思恭　周孟陽
齊恢　楊繪　劉庠
朱京

何郯字聖從本陵州人徙成都第進士由太常博士爲監察御史轉殿中侍御史言事無所避王拱辰罷三司使守亳已而留經筵郯乞正其營求之罪石介死樞密使夏竦譏其詐朝廷下京東體實郯與張昇極陳竦姦狀事得寢楊懷敏以衞卒之亂猶爲副都知郯又與昇及魚周詢論之仁宗召諭云懷敏實先覺變宜有所寬假郯等皆言不可卒出之郯爭辨尤力帝曰古有碎首諫者卿能之乎對曰古者君不從諫則臣有碎首今陛下受諫如流臣何敢掠美而歸過君父帝欣納之夏竦倡張貴妃之功諫官王贄遂言賊根本起於皇后閤請究其事冀搖動中宮而陰爲妃地帝以語郯郯曰此姦人之謀也乃止不究竦負罪不去郯等奏出知河南竦乞留京師郯言佞人在君側爲善政累願勿革前命竦遂行時詔羣臣陳左右朋邪中外險詐久而無所行郯請閱實其是否因言曰誠以待物物必應以誠誠與疑治亂之本也不可以一臣詐而疑衆臣一士詐而疑衆士且擇官者宰相之職今用一吏則疑其從私故細務或勞於親決分閫者將帥之任今專一事則疑其異圖故多端而加羈制博訪者大臣之體今見一士則疑其請託相先後者士之常今進其類則疑爲朋黨君臣交疑而欲天下無否塞之患不可得矣都知任守忠以修祭器勞遷景福殿使給兩使留後奉郯曰守忠勞薄賞重舊制內臣遙領止於廉察今雖不授留後而先給其祿既得其祿必得其官若又從之則何求不可既又詔許如正班守忠移閤門欲綴本品坐宴郯又言祖宗之制未有內臣坐殿上者此弊一開所損不細守忠聞之不敢赴知雜御史闕執政欲進其黨帝以郯不阿權勢越次用之郯遍歷三院有直聲晚節頗回畏因地震言陰盛臣強以譏切韓琦又乞召還王陶以迎合上意由是聲名損於御史時也以母老求西歸加直龍圖閣知漢州將行上疏言張堯佐緣後宮親叨竊非據外庭竊議謂將處以二府若此命一出言事之臣必以死爭之倘罷堯佐則傷恩黜言者則累德累德傷恩皆爲不可臣謂莫若富貴堯佐而不假之以權如李用和可也其後卒罷堯佐宣徽之命進集賢殿修撰知梓州擢天章閣待制還判銀臺司時封駁之職廢郯乞準故事凡詔勅並由門下從之唐介出判南勅過門下郯封還之介適帥太原病不能事內臣蘇安靜鈐轄兵馬怙寵不法皆劾奏之歷知永興河南治平末再知梓州居三年老而病猶乞進用神宗薄之詔提舉成都玉局觀從臣外祠自此始遂以尚書右丞致仕卒年六十九

吳中復字仲庶興國永興人父仲舉仕李煜爲池陽令曹彬平江南仲舉嘗殺彬所招使者城陷彬執之仲舉曰世祿李氏國亡而死職也彬義而不殺中復進士及第知峨眉縣邊夷民事淫祠太盛中復悉廢之廉於居官代還不載一物通判潭州御史中丞孫抃薦爲監察御史初不相識也或問之抃曰昔人恥爲呈身御史今豈有識面臺官耶遷殿中侍御史彈宰相梁適仁宗曰馬遵亦言之矣且問中復曰唐自天寶後治亂分何也中復歷引姚宋九齡林甫國忠用舍以對適罷中復亦通判虔州未至復還臺富弼主李仲昌開六漯河內臣劉恢密告所斷岡與國姓上名同賈昌朝陰助之欲以搖弼詔中復往治促行甚急中復言獄起姦臣非盛世所宜有馳至較其名乃趙征村也亦無岡勢獄以故得止又彈宰相劉沆沆罷改右司諫同知諫院遷御史知雜事戶部副使擢天章閣待制知澤州瀛州移河東都轉運使進龍圖閣直學士知江寧府鄆兵苦巡轄官苛刻繫而鞭之獄具法不至死中復以便宜戮首惡流其餘入奏爲令歷成德軍成都府永興軍河北行青苗法使者至將先下州縣中復檄之曰斂散自有期今先事擾之何也拒不聽且以報安撫司韓琦方疏諫青苗錄其語以上熙寧併省郡邑以永康爲縣中復言永康控

威茂不可廢其後因夷竟復之關內大旱民多流亡中復請加賑郵執政惡之遣使往視謂爲不實削一階提舉玉隆觀起知荆南坐過用公使酒免卒年六十八中復樂易簡約好周人之急士大夫稱之從孫擇仁

擇仁字智夫以父任爲開封雍丘主簿元祐中金水河隄壞十六縣皆選屬吏役得詣朝堂白事宰相范純仁獨異之曰簿領中乃有是人耶建中靖國初畿內饑多盜以擇仁知大鹿縣始至召令賊曹曰民窮而盜非天性也我以靜鎮之若亡命椎埋故犯我一切誅之毋得貸輦盜相戒不入境中貴人譚稹奴犯法按致於理稹羞恚造譖徽宗召戶部郎中宋喬年往鞫喬年伉吏也疾驅至候者惶遽入白擇仁著衣冠坐廡下喬年慮囚擿隱剔抉帑庾出入不能得毫毛罪乃歸傳舍擇仁上謁喬年迎笑曰所以來爲察君罪顧乃得一奇士吾今薦君矣居數日召詣闕方有事靑唐擢熙河路轉運判官卽以直祕閣爲副使從招討使王厚領兵深入克蘭廓城糒十三加龍圖進集賢殿修撰爲京畿都轉運使鄭州城惡受命更築之或譏於帝曰新城雜以沙土反不如故且速圮帝怒窬遣取塊城上緘以來命衞卒三投之堅緻如削鐵讒不能售遂拜戶部侍郎兼知開封府故事尹以三日聽訟右曹吏十輩列庭下自占姓名一人云某人逆某獄某人當杖某人去而尹無所可否有寶鑑者以捕盜寵官諸司使服金帶擇仁視事狃舊態來前叱而械諸獄一府大驚賈珠人居民貨久不返度事急匿宦官楊戩第擇仁跡取之寘于遠識中以事出爲顯謨閣直學士知熙州從永興軍走馬承受藍從熙言其擅改茶法奪職免再閱歲以徽猷閣待制領江淮發運還直學士知渭州以病提舉崇福宮起知靑州不克拜卒年六十六

陳薦字彥升邢州沙河人舉進士爲華陽尉盜殺人棄尸民田薦出驗有以移尸告者田主又殺其母縣欲聞致殺二人以追薦失盜之責薦不可曰焉有誣人以自貰者邪已而獲盜從韓琦定州河東幕府性木彊簡澹獨琦知之最深每語人曰廉於進勇於退嫌疑間毫髮不處與人交久而不變如彥升者無幾也琦輔政薦爲祕閣校理判登聞檢院知太常禮院英宗諸王出閤選爲記室參軍直集賢院潁王爲皇太子加右諭德王卽位拜天章閣待制進知制誥知諫院薛向首謀取橫山功不成薦請以漢王恢之罪罪向楊繪論曾公亮用人不當言既行而遷侍讀罷諫職薦曰此乃宰相欲杜繪言爾所言是宜責宰相疏入不報除龍圖閣直學士河北都轉運使河決棗彊水官議於恩冀深瀛之間築堤三百六十里期一月就功役丁夫八萬薦曰河未能爲數州害民力方困願以歲月爲之還判流內銓太常寺議學校貢舉法請會三年貢士數均之諸路計口察孝廉如漢制權主管御史臺言李定匿所生母喪不宜爲御史罷臺事又以議典禮不合出知蔡州召爲寶文閣學士兼侍讀進資政殿學士屢求退以爲本州命兩省燕餞資善堂擢其子厚御史臺主簿未幾提舉崇福宮卒年六十九贈光祿大夫

王獵字得之長垣人累應進士不第乃治生積錢既而歎曰此敗吾志也悉以班諸親族慶曆用兵詔求遺逸范仲淹薦之得出身爲永興藍田主簿府使之掌學諸生有犯法者獵自責數以爲敎之不至屏出之府帥意其私捕生下獄獵前白曰此特年少不率敎爾致于理不足以益美化恐適貽士類辱帥悟而喜曰吾慮初不及此卽釋生而待獵加敬從林慮令縣依山俗以蒐田爲生不知學獵立孔子廟擇秀民誨之漢杜喬墓在境中往奠謁建祠其旁居官無絲髮擾吏民愛信共目爲淸長官入爲吳王潭王宮敎授睦親廣親宅講書諸王侍講凡在京藩十二年宗室無高卑少長各得其歡如一日英宗在邸尊禮之入爲皇子卽拜說書及卽位拜天章閣待制兼侍講方議濮王稱以問獵獵不可帝曰王待侍講厚亦持此說邪對曰臣荷皇恩厚不敢以非禮名號加於王所以報王也帝大悟自是不復議以疾請謝事不許疾愈入見帝喜曰侍講乃欲捨朕去乎神宗立進龍圖閣直學士求知襄州未行改滑州自工部郞中爲本曹侍郞致仕給全奉後八年卒年八十詔賻絹千匹官其二孫賜家人冠帔人以爲寵

孫思恭字彥先登州人擢第後卽遭父喪不肯復從官二十年間纔三書吏考爲宛丘令轉運使以水災時調春夫爭弗得乃棄官去吳奎薦其學行補國子直講加祕閣校理事神宗藩邸爲說書又爲侍講直集賢院以居中都久力請補外王奏留之及卽位擢天章閣待制思恭性不忤物犯而不校篤於事上有所見必密疏以聞帝亦間訪以政歐陽修初不知思恭修出政府思恭盡力救解出知江寧府鄧州以疾移單州管幹南京留司御史臺卒年六十一思恭精關氏易尤妙於大衍嘗修天文院渾儀著堯年至熙寧長曆近世曆數之學未有能及之者

周孟陽字春卿其先成都人徙海陵醇謹夷緩第進士爲潭王宮敎授諸王府記室英宗居環列以其質厚禮重之會除知宗正寺力辭凡上十八表皆孟陽爲文又從容陳古事以諷英宗悚然起拜及爲皇子愈堅臥不出孟陽入見臥內勸之曰天子知太尉賢參以天人之助乃發德音何爲堅拒如此英宗曰非敢徼福以避禍也孟陽曰今已有此跡設固辭不拜使中人別有所奉遂得燕安無患乎時中使趣召十輩又命宗諤傾一宮往請不能動及是意乃決帝卽位命爲皇子位說書以嘗侍藩邸固辭加直祕閣同知太常禮院數引對訪以時務最後召至隆儒殿在邇英苑中羣臣未嘗至人疑且大用帝亦諭以不次進擢意孟陽稱他人使代已乃遷集賢殿修撰同判太常寺兼侍讀神宗初立入奏事方升殿帝望見慟哭左右皆泣下拜天章閣待制卒年六十九詔特官其壻及子孫二人除其家負官緡錢數萬

齊恢字熙業蒲陰人唐宰相映之裔也第進士歷通判陳州提點成都府路刑獄三年徙河東凡公帑格外餽餉之物一無所受單車而東入爲戶部判官神宗出閤精簡宮僚韓琦薦其賢以直昭文館爲潁王府翊善進太子左諭德帝卽位拜天章閣待制知通進銀臺司出知相州召知審官西院糾察在京刑獄卒年六十六恢居鄉里恂恂稱君子臨政府明白簡約不苟擾所至人愛之帝念舊僚自諫議大夫特贈工部侍郞

楊繪字元素綿竹人少而奇警讀書五行俱下名聞西州進士上第通判荆南以集賢校理爲開封推官遇事迎刃而解諸吏惟日不足繪未午率沛然仁宗愛其才欲超寘侍從執政見其年少不用以母老請知眉州徙興元府吏請攝穿窬盜庫縑者繪就視之蹤跡不類人所出入則曰我知之矣呼戲沐猴者詰於庭一訊具伏府中服其明在郡獄無繫囚神宗立召修起居注知制誥知諫院詔遣內侍王中正李舜舉等使陝西繪言陛下新卽位天下拭目以觀初政館閣臺省之士朝廷所素養者不之遣顧獨遣中人乎向傳範安撫京東西路繪請易之以杜外戚干進之漸執政曰不然傳範久領郡有政聲故使守鄆非由外戚也帝曰諫官言是斯可窒異日妄求矣曾公亮請以其子判登聞鼓院用所厚曾鞏爲史官繪爭曰公亮持國名器視如己物向者公亮官越占民田爲郡守繩治鞏父易占亦官越深庇之用鞏私也帝爲寢其命繪亦解諫職改兼侍讀繪固辭滕甫言於帝帝詔甫曰繪抗跡孤遠立朝寡援不畏彊禦知無不爲朕一見許其忠盡擢寘言職信之亦篤矣今日之除蓋難與宰相並立於輕重之間姑令少避爾卿其諭朕意繪曰諫官不得其言則去經筵非姑息之地卒不拜未閱月復知諫院擢翰林學士爲御史中丞時安石用事賢士多謝去繪言老成之人不可不惜當今舊臣多引疾求去范鎭年六十有三呂誨五十有八歐陽修六十有五而致仕富弼六十有八而引疾司馬光王陶皆五十而求散地陛下可不思其故乎又言方今以經術取士獨不用春秋宜令學者以三傳解經免役法行繪陳十害安石使曾布疏其說詔繪分析固執前議遂罷爲侍讀學士知亳州歷應天府杭州再爲翰林學士議者欲加孔子帝號繪以爲非禮又言不宜用遼曆改置閏悉從之繪常薦屬吏王永年御史蔡承禧言其私通饋賂坐貶荆南節度副使詳在竇卞傳數月分司南京改提舉太平觀起知興國軍元祐初復天章閣待制再知杭州卒年六十二繪爲吏敏彊主愛利而受性疏曠訖以是見廢斥然表裏洞達一出於誠爲范祖禹所咨重爲文立就有集八十卷

劉庠字希道彭城人八歲能詩蔡齊妻以子用齊遺奏補將作監主簿復中進士第爲高密廣平院敎授英宗求直言庠上書論時事帝以示韓琦琦對之未識帝益嘉重除監察御史裏行日食甫數日苑中張具待幸庠言非所以祈天戒詔罷之會聖宮修仁宗神御殿甚宏麗庠言天子之孝在繼先志隆大業不在宗廟之靡宜損其制以昭先帝儉德奉宸庫被盜治守藏吏庠言皇城幾察厲禁實近侍主之當并按仁宗外家李珣犯銷金法庠奏言法行當自貴近始帝不豫儲嗣未正庠拜疏謂太子天下本漢文帝於初元卽爲無窮計潁王長且賢宜亟立使日侍禁中閱四方章奏帝皆行之神宗立遷殿中侍御史爲右司諫言中國禦戎之策守信爲上昔元昊之叛五來五得志海內爲之困弊今莫若示大信捨近功爲國家長利奉使契丹故事兩國忌日不相避契丹張晏白溝日當英宗祥祭庠丐免契丹義而聽之除集賢殿修撰河東轉運使庠計一路之產鐵利爲饒請復舊冶鼓鑄通隰州鹽礬博易以濟用又請募民入粟塞下豫爲足食進天章閣待制河北都轉運使契丹侵霸州土場或言河北不可不備庠上五策料其必不動已而果然大河東流議者欲徙而北內侍程昉希功請益兵濟役庠請遲以歲月徐觀其勢而順導之

朝廷是其議移知眞定府又爲河東都轉運使召知開封府庠不肯屈事王安石安石欲見之戒典謁者曰今日客至勿納惟劉尹來則告我有語庠者曰王公意如此盍一往見庠謂見之何所言自彼執政未嘗一事合人情脫問靑苗免役將何辭以對竟不往奏論新法神宗諭之曰奈何不與大臣協心濟治乎庠曰臣子於君父各伸其志臣知事陛下不敢附安石會與蔡確爭廷參禮遂以爲龍圖閣直學士知太原府請復憲州募民子弟剽銳工技擊者籍爲勇敢倣漢謫戍法貲流以下罪徙實河外契丹遣牙雲中遣騎涉內地邊吏執之契丹檄取紛然又遣使議疆事衆疑其造兵端欲大爲備庠奏言雲朔歲儉軍無見糧契丹張形示彊造端首禍曲在彼不在我願勿聽宜先諭以理然後飭兵觀釁帝嘉使者辭順訖以黃嵬山分水嶺立新疆遭母喪服終知成都府乞禁西山六州與漢人婚姻勿蹈吐蕃取維州之害徙泰州坐失舉降知虢州移江寧府滁州徙永興軍時西征無功關內騷動庠過闕力言虛內事外恐搖根本帝感納其忠元祐初加樞密直學士知渭州卒年六十四宣仁聞之曰帥臣極難得劉庠可惜也庠有吏能淹通歷代史王安石稱其博卒後蘇頌論庠治平建儲之功詔褒錄其子

朱京字世昌南豐人父軾有隱德京博學淹貫登進士甲科敎授亳州應天府入爲太學錄神宗數召見論事擢監察御史時中丞及同僚多罷去京抗疏曰御史假之則重畧之則輕今耳目之官屢進屢卻則言者不若靜默爲賢直者不若柔從爲智偷安取容雖得此百數亦何益國邪他日入見帝勞之曰昨覽奏疏所補多矣京風神峻整見者憚之目爲眞御史初臺臣奏事必先移閤門得班乃入京嘗以名聞翌旦既入會有先之者不及對而退帝問京安在左右以告詔趣之入辰漏且盡爲留班以須未幾論大臣除擬有愛憎之私中書言其失實謫監興國軍鹽稅歷太常博士湖北京西江東轉運判官提點淮西刑獄司封員外郎元符初遷國子司業京在元祐時嘗爲幸太學頌或摘其語有及先朝者京亦固辭不拜徽宗初立復命之踰月而卒

論曰何郯與中復皆良御史也郯出夏竦阻王守忠姦人庶幾少戢矣中復恥識面臺官其所守可見矣薦之論李定思恭之右歐陽修繪請惜老成庠不附新法數子所見何其同也巘爲令而興孔子廟孟陽以敎授而參決大計此其卓然者乎恢臨政簡約無可議者京持論端確竟以去位君子惜之

宋史卷三百二十二考證

何郯傳體實郯與張昇極陳竦姦狀事○體實二字疑誤南北本俱同

宋史卷三百二十三

元　中書右丞相總裁脫脫等修

列傳第八十二

蔚昭敏　高化　周美　閻守恭

孟元　劉謙　趙振　張忠

范恪　馬懷德　安俊　向寶

蔚昭敏字仲明開封祥符人父興事周世宗數戰伐有功又從太宗平太原終龍尉都虞候眞宗爲襄王昭敏自東班殿侍選隸襄王府帝卽位授西頭供奉官累遷崇儀使冀貝行營兵馬都監契丹以五千騎突至冀州城南昭敏帥部兵與戰敗之得其器甲賊遁去而師不失一人咸平四年領順州刺史定州行營鈐轄兼押大陣又爲鎭定高陽關三路先鋒契丹入寇帝北巡至大名契丹退趨莫州昭敏與范廷召追至莫州東三十里斬首萬餘級擒生口甚衆契丹委器甲遁去拜唐州團練使累遷至殿前副都指揮使遷都指揮使保靜軍節度使以足疾命入謁無拜卒贈侍中

高化字仲熙眞定人少沉勇有力不事耕稼學擊劍善射契丹犯河北應募轉餉飛狐口楊業留戲下使捕賊酋大鵬翼獲之會契丹又犯眞定乃辭業還家家屬盡爲契丹所掠去從州將入京師遂隸禁軍選爲襄王牽籠官王尹京命巡內外八廂積獲姦盜甚衆盜有遺化金帛者化弗受一日王趣急召出府門馬驚墮化掖之而起王曰微爾吾幾殆益親信之眞宗卽位擢御龍弩直雙員都頭累遷御龍骨朶直都虞候乾興初授天武右第二軍都指揮使榮州刺史遷天武右廂都指揮使蜀州團練使天聖六年夏大雨命護汴堤夜馳至城西堤欲壞督守兵負土不能過特夏守恩方典軍積材木城隅化盡取以塞堤乃得無患仁宗嘉之進神龍衞四廂都指揮使冀州防禦使爲鄜延路馬步軍副都總管徙涇原路權知渭州遷捧日天武四廂都指揮使發兵襲明珠族不利降滑州總管改冀州防禦使眞定路副都總管徙高陽關路脩護章惠太后園陵累拜殿前副都指揮使歷建武軍節度使以老辭管軍詔入朝化又固請改武安軍節度使知滄州未行改相州部有大獄巳具皆當論死化疑之遣移訊果出無罪者三人踰年復告老以右屯衞上將軍致仕卒年八十贈太尉謚曰恭莊化謹質少過馭軍有法雖起身行伍然頗知民事焉

周美字之純靈州回樂人少隸朔方軍以材武稱趙保吉陷靈州美棄其族間走歸京師天子召見隸禁軍契丹犯邊眞宗幸澶州禦城北門美慷慨自陳願假數騎縛契丹將至闕下帝壯之常令宿衞天聖初德明部落寇平涼方渠美以軍候戍邊與州將追戰破之于九井原烏崙河斬首甚衆累遷天武都虞候元昊反陝西用兵經畧使夏竦薦其材擢供備庫使延州兵馬都監夏人旣破金明諸砦美請于經畧使范仲淹曰夏人新得志其勢必復來金明當邊衝我之蔽也今不亟完將遂失之仲淹因屬美復城如故數日賊果來其衆數萬薄金明陣于延安城北三十里美領衆二千力戰抵暮援兵不至乃徙軍山北多設疑兵夏人望見以爲救至卽引去旣而復出艾蒿砦遂至郭北平夜鬭不解美率衆使人持一炬從間道上山益張旗幟四面大譟賊懼走獲牛羊橐駝鎧甲數千計遂募兵築萬安城而還敵復寇金明美引兵由虞家堡並北山而下敵卽引卻遷文思使徙知保定軍經畧使龐籍表留之改東路都巡檢使敗敵于金湯城焚其族部二十一元昊大入據承平砦諸將會兵議攻討洛苑副使种世衡請齋三日糧直擣敵穴美曰彼知吾來必設伏待我不如間道掩其不意世衡不聽美獨以西兵出芙蓉谷大破敵世衡等果無功未幾敵復畧土埋砦美迎擊于野家店追北至拓跋谷大敗其衆以功遷右騏驥使軍還築柵于葱梅官道谷以據敵路令士卒益種營田歲收穀六千斛復率衆繇厖子部西濟大理河屠劉萬多移二百帳焚其積聚以歸籍仲淹交薦之除鄜延路兵馬都監遷賀州刺史初美自靈武來上其所服精甲詔藏軍器庫至是加飭黃金遣使卽軍中賜之又破敵于無定河乘勝至綏州殺其酋豪焚廬帳獲牛馬羊駝器械三百計因城龍卩平砦敵以精騎數千來襲美從百餘騎馳擊破之加本路鈐轄遂爲副總管遷龍神衞四廂都指揮使通州刺史進捧日天武四廂都指揮使陵州團練使慶曆中又城淸水安定黑水佛堂北橫山乾谷土明柳谷雕巢盧兒原安砦十一堡安定之役諜報敵數萬將大至經畧使遣管勾機宜楚建中分諸將兵趣城黑水以待諸將憚敵且至不肯與兵美曰兵嘗以寡擊衆何自怯也卒以兵二千與建中而敵亦引去每邊書至諸將各擇便利獨美未嘗辭難然所向輒克諸將以此服之歷侍衞親軍馬軍殿前都虞候眉州防禦使步軍副都指揮使遂州觀察使鄜延副都總管召還授耀州觀察使又進馬軍副都指揮使卒贈忠武軍節度使謚忠毅自陝西用兵諸將多不利美前後十餘戰平族帳二百焚二十一招種落內附者十一族復城堡甚多在軍中所得祿賜多分其戲下有餘悉饗勞之及死家無餘貲子蚤卒以孫永淸爲子官至引進副使

閻守恭并州楡次人父榮倜儻有志畧劉繼元欲召至帳下辭以母老不就守恭生而體貌奇偉榮曰是必當事太平天子無不恨矣後十七年劉氏平徙太原民於大名府因家焉往來負販於并汾間過西山聞郭進爲都巡檢使太宗甚寵遇之乃慨然曰進不遇主亦行伍爾吾自度豈不及進邪遂應募隸拱聖軍擢殿前押班咸平中從幸河北以功爲捧日副指揮使歷拱聖龍衞捧日指揮使累遷左第二軍指揮使乾州刺史明道中落軍職以德州刺史爲永興軍兵馬鈐轄徙并代路守恭性沉勇御軍嚴雖家居如對賓客常訪求士大夫取郭進事而師法之所得奉祿悉散子人在并州因春社會賓客曰守恭太原一貧民爾徒步位刺史老復官鄉里踰分多矣今日與卿輩訣後十日卒

孟元字善長洛州人性謹愿少過頗喜讀書少隸禁軍以挽彊選補殿侍累遷散都頭班指揮使擢如京使并代州兵馬都監改鈐轄徙高陽關路又徙眞定路王則據貝州反元赴城下攻戰被數十創又中機石墜濠中旣出戰愈力更募死士由永濟渠穴地以進賊平改右騏驥使徙大名府路鈐轄河朔饑權知滄州民鬻鹽爲生歲荒鹽多不售民無以自給元度軍食有餘悉用易鹽繇是民不轉徙御史中丞郭勸言其貝州功而賞未當乃擢晉州刺史遷宮苑使專管勾麟府軍馬事護築永寧堡敵不敢動爲龍神衞四廂都指揮使忠州團練使高陽關馬步軍總管遷天武捧日四廂都指揮使又遷步軍都虞候眉州防禦使并代路副都總管判北京賈昌朝奏爲大名府路副都總管徙定州路遷馬軍都

虞候徙鄜延路行至鄭州卒贈遂州觀察使

劉謙字漢宗開封人少補衞士數遷至捧日右廂都指揮使領嘉州團練使兼京城巡檢元昊反改博州團練使環慶路馬步軍總管兼知邠州謙不讀書然闊訟曲直皆區處當理前守者多强市民物以飾廚傳謙獨無所撓邠人頗愛之夏竦奏爲涇原路總管徙知涇州未行會賊寇鎭戎軍謙引兵深入賊境破其聚落而還以功擢龍神衞四廂都指揮使象州防禦使暴疾卒贈永清軍節度觀察留後

趙振字仲威雄州歸信人景德中從石普于順安軍獲契丹諜圖授三班借職後數年爲隰州兵馬監押捕盜于靑厎山殺獲甚衆高平蠻叛從湖北都巡檢使兼制置南路以南方暑濕弓弩不利别創小矢激三百步中輒洞穿蠻遂駭散歲中遷慶州沿邊都巡檢使時金湯李欽白豹神木馬兒高羅跛臧三族尤悍難制振募降羌陷以利令相攻破十餘堡欽等詣振自歸振爲置酒先酹取細仗圖財數分植百步外共射欽等百發不中振十矢皆貫欽等皆驚訾不復敢犯明年涇原屬羌胡薩逋歌等叛鈐轄王懷信以兵數千屬振游奕屢捷從數十騎詣懷信遇賊十倍射殪數十餘悉退散數月賊數萬圍平遠砦都監趙士龍戰沒振出别道力戰抵砦奪取水泉率敢死士破圍賊走追斬數千級徙涇原都監歷知順安保安廣信軍霸州改京東都大提舉捉賊明年知環州累遷象州防禦使元昊將反爲金銀冠珮隱飾甲騎遣屬羌振潛以金帛誘取之以破其勢得冠珮銀鞍三千甲騎數百告隣部俾以環爲法不聽於是東芟金明萬劉諸族勝兵數萬悉爲賊所有及劉平等皆敗惟環慶無患自本路馬步軍副總管擢龍神衞四廂都指揮使鄜延路副都總管知延州代范雍奏改捧日天武四廂振謂將吏曰今賊以我夷傷必乘勝以進勢宜固守尚慮諸城不能皆如吾謀苟延州弗支則陝西未可測此天下安危之機也未幾賊寇塞門砦振有兵幾八千按甲不動砦中兵幾千人屢告急被圍五月才遣百餘人赴之砦遂陷砦主高延德監押王繼元皆沒于賊振坐擁兵不救爲都轉運使龐籍所奏貶白州團練使知絳州未行會延德繼元家復訴於朝勅御史方偕就劾振法當斬再貶太子左淸道率府率潭州安置踰年復右武衞將軍惠州團練使并代路兵馬鈐轄就遷副總管祁州團練使元昊既破豐州將襲近砦振率鈐轄張亢麥允言出麟州深栢堰擊破之兼領嵐憲六州軍事河外饑振設法通砦外商得米數十萬斛軍民以濟進博州防禦使改解州致仕復起爲左神武軍大將軍卒振剛强自負有武力便弓馬喜謀畫輕財尚氣衆樂爲用子珣瑜皆工騎射珣年十六仁宗召試便殿授三班借職景祐中有言珣藝益進且習書史復召見閱武伎又試策畧於中書條對數千言自殿直進閤門祗候未幾除濠州兵馬都監初珣隨父在西邊訪得五路徼外形勝利害作聚米圖經五卷詔取其書并召珣至又上五陣圖兵事十餘篇帝給步騎使按陣既成臨觀之陳執中招討陝西薦爲緣邊巡檢使呂夷簡宋庠爲奏曰用兵以來策士之言以萬計無如珣者卽擢通事舍人招討都監珣自以年少新進辭都監授兵萬人御賜鎧仗令自擇偏裨參佐居涇原兼治籠竿城麻氈党留百餘帳處近塞爲暴珣白府引兵二萬自靜邊歷捺吳抵木寧襲賊俘獲數千計靜邊將劉滬殿後爲賊所掩珣登阪望見從騎數百復入拔滬之衆以出士皆歎服聽氈居龕谷無所屬珣與書招之遺以綈綿聽氈聽命改本路都監詔追入朝將行適元昊大入府檄留珣會葛懷敏於瓦亭懷敏已屯五谷口西至馬欄城聞夏人徙軍新壕外議欲質明掩襲珣謂懷敏曰敵遠來衆倍鋒銳莫若依馬欄城布柵以扼其路守鎭戎城以便餉道俟其衰擊之此必勝之道也不然必爲賊所屠懷敏不聽兵遂逼鎭戎城越界壕抵定川未及陣夏人引鐵騎來犯珣居陣西北瑜亦在軍中戰甚力東壁兵輒潰中軍大擾珣擁刀斧手前鬬夏衆稍却我軍復陣懷敏詰朝退走就食鎭戎俄夏騎四合珣被擒瑜以身免珣美風儀性勁特好學恂恂類儒者既沒人多惜之贈莫州刺史後卒賊中瑜弟璞亦知名

張忠字聖叟開封人先世業農忠慷慨不事生產初隸禁軍累遷龍神衞左第二軍指揮使仁宗卽位遷天武左第三指揮使融州刺史改天武右廂指揮使潮州團練使未幾眞拜齊州團練使擢知滄州本路鈐轄楊懷敏以忠御下急因奏對言之徙澶州總管會河決商胡詔留戍滿卒以助隄役輒羣謀將劫庫兵爲亂州將恐召忠議忠潛捕倡首者數人斬以徇明年以疾求醫京師卒

范恪字許國開封人初名全少隸軍籍於許州選入捧日軍又選爲殿前指揮使歷行門龍旗直散原押班康定元年元昊數寇邊試武伎擢內殿崇班慶州北路都巡檢使與攻白豹城破之既還夏人遣騎襲其後恪設伏崖險敵半度邀擊之斬首四百級生獲七十餘人以功遷內殿承制嘗會諸道兵攻十二盤既咄當迷子砦中流矢督戰愈力覘砲石中有火爨者恪取號於衆曰賊矢石盡用竈下甓矣於是士卒爭奮果先得城遷供備庫副使恪有弓勝一石七斗其箭鏃如鏵名曰鏵弓又於羽間識其官稱姓氏凡所發必中至一箭貫二人他日取焦蒿砦歸恪獨殿後爲數千騎所襲恪覘矢箙止有二鏵卽爲引滿之勢賊遽卻嘗與總管杜惟序鈐轄高繼隆將兵分討漢乞薛馬都嵬等三砦恪先破都嵬而繼隆圍薛馬不能下恪馳往取之既又援惟序下漢乞砦改左騏驥副使虜犯大順城諸將皆閉城自守恪率兵二千餘戰克之改宮苑副使環慶路兵馬都監因特召見仁宗謂曰適有邊奏賊犯高平軍劉璠堡可乘驛亟往遂遷禮賓使榮州刺史環慶路鈐轄手詔令趣范仲淹麾下起兵赴援恪晝夜兼行比至平涼賊已解項之遷洛苑使權秦鳳路兵馬總管恪驍勇善射臨難敢前故數有戰功自龍神衞四廂都指揮使累遷至侍衞親軍馬步軍副都指揮使歷坊州刺史解州防禦宣州觀察使保信軍節度觀察留後以疾出爲永興軍路副都總管數月卒贈昭化軍節度使

馬懷德字得之開封祥符人父玉東頭供奉官言懷德可試引弓擊劒角紙補三班奉職爲延州南安砦主東路巡檢數以少擊西賊敗其衆范仲淹知延州脩靑澗城奏懷德爲兵馬監押以所部兵入賊境破遮鹿要冊二砦親射殺其酋狗兒廂主遷左班殿直又率蕃漢燒蕩賊海溝茶山龍栢安化十七砦三百餘帳斬首數百級虜馬駝牛羊萬數遷右侍禁以范仲淹韓琦薦授閤門祗候延州龐籍入奏爲東路都巡檢使夷黑神厥保等十八砦賊以四萬騎犯邊趨儀射谷懷德以兵數千據谷旁高原待之斬首二百級得畜產器械以千數遷內殿崇班又以兵脩龍安城虜不敢犯遂以鄜延路都監又城綏平破賊青化押班吃當三砦殺獲甚衆元昊爲夏國主命國子博士高良夫與懷德會西人畫界龐籍具論其前後功遷供備庫副使兼閤門通事舍人時用兵久民多亡散懷德招輯有方經畧使梁適奏請推其法諸路歷知保安軍環州環慶益利路鈐轄累遷至四方館使舒州團練使從鄜延路副都總管坐違法賂宦官閻士良爲安撫呂景初奏降四方館使英州刺史大名府路總管侍衞親軍步軍都虞候象州防禦使鄜延路副都總管遷馬軍都虞候徙環慶路環州蕃官蘇恩以其屬叛往降之又遷殿前都虞候步軍副指揮使隨州觀察使英宗卽位遷靜難軍節度觀察留後召還卒贈安遠軍節度使嘗因戰流矢中其頰鏃入於骨以弩弦繫鏃發機而出之

安俊字智周其先太原人祖贇高州團練使仁宗爲皇太子俊以將家子謹厚選爲資善堂祗候及卽位補右班殿直累遷東頭供奉官閤門祗候爲環州都監破趙元昊吃啞井那等諸砦安撫使韓琦上其功遷內殿崇班環慶路都監從涇原契丹欲渝盟與狄青范恪同召至京師將使備北邊擢內園副使翌日改禮賓使會葛懷敏敗命爲秦鳳路鈐轄復徙涇原因條上禦戎十三事改原州徙麟州遷六宅使貴州刺史知忻州徙代州爲帥臣誣奏降京東路鈐轄富弼知青州爲之辯理眞除虢州刺史徙高陽關路又徙原州刺史知滄涇冀三州秦州築古渭城蕃部大擾徙秦鳳路總管歷龍神衞捧日天武四廂都指揮使果州團練使環慶路副總管遷侍衞步軍都虞候陵州防禦使卒贈閬州觀察使俊久在邊羌人識之環州得俘虜知州种世衡問之曰若屬於吾將孰畏曰畏安大保指俊于坐曰此長髯將軍是也

向寶鎭戎軍人爲御前忠佐換禮賓使涇原秦鳳鈐轄積勞自皇城使帶御器械歷眞定鄜延副總管遷龍神衞四廂都指揮使嘉州團練使卒寶善騎射年十四與敵戰斬首二級及壯以勇聞有虎踞五原卑邪州東西百里斷人跡寶一矢殪之道過潼關巨盜郭邈山多藏關中金帛子女寶射走之盡得其所掠嘗至太原梁適射弩再中的授寶矢射之四發三中適曰今之飛將也神宗稱其勇以比薛仁貴及死厚恤其家

論曰蔚昭敏高化周美蓋皆有功於邊鄙者化在蜀州取軍中積材以塞水患又能平反寃獄脫人於死蓋武人之知民事者美敗夏人焚族部城堡砦未嘗擇便利而所向輒勝所得祿賜悉分與麾下士亦樂爲之用推古良將何以加此閻守恭慕郭進爲人而慷慨自效起徒步至刺史其志亦豈小哉孟元劉謙馬懷德范恪皆經畧西鄙數戰有功其初起自卒伍而能練習民事招輯散亡不獨一武夫而已趙振挽彊命中精曉兵機塞門之敗振擁兵不救何獨暗於此邪子珣年少習書史閱武伎用兵以來人以爲無如珣者籠竿一戰西人奔走不暇從容而拔劉滬於死英風義烈何可少哉葛懷敏以不用珣計而取敗珣亦力戰而沒惜哉安俊向寶

無多戰功夏人皆識其名而畏之張忠區區較之諸人未可同日語也

宋史卷三百二十三考證

高化傳謚曰恭莊○南本作恭壯按化歷官軍職應從壯

馬懷德傳西賊敗其衆○監本西譌因今從南本

宋史卷三百二十四

元 中書右丞相總裁脫脫等修

列傳第八十三

石普 張孜 許懷德 李允則

張亢兄奎 劉文質子渙 趙滋

石普其先幽州人自言唐河中節度雄之後徙居太原祖全事周爲鐵騎軍使父通事太宗於晉邸普十歲給事邸中以謹信見親補寄班祗候再遷東頭供奉官賊邢棗驍賈禿指數百人寇掠永興諸縣命普督兵往捕悉獲之遷內殿崇班帶御器械李順叛普爲西川行營先鋒與韓守英馬知節誅斬之遷西京作坊使欽州刺史順餘黨復寇邛蜀僞稱邛南王又爲西川都提舉捉賊使時蜀民疑不自安多欲爲盜者普因馳入對面陳蜀亂由賦斂苛急農民失業宜稍蠲減之使自爲生則不討而自平矣帝許之普卽日還蜀揭牓諭之莫不悅服賊平賜白金三千兩襲衣金帶鞍勒馬累遷洛苑使富州團練使延州緣邊都巡檢使羌酋乜羽內寇普追殺之從眞宗幸大名會王均叛以爲川峽路招安巡檢使佐雷有終率諸將進討至天回鎭賊出拒戰普領前陣力擊破之賊退保益州王師圍城數月不下普繕軍砲又爲地道攻城城破均夜半突圍由南門遁普引兵追擊于富順監均自殺餘黨皆平遷冀州團練使賜黃金三百兩白金三千兩故事正任不兼帶御器械帝特以命普契丹犯邊爲保州兵馬鈐轄北面行營押策先鋒與契丹戰廉良城又戰長城口獲俘馘器甲甚衆徙定州路副都總管靈州失守益兵備關中徙永興軍副都總管時軍制疏略凡號令進退及呼召將佐會合別屯皆遣人馳告普上請曰臣嘗將兵輒破一錢與別將各持半用相合爲信帝爲制傳信牌漆木長六寸濶三寸腹背刻字而中分之置鑿枘令可合又穿二竅容筆墨上施紙札每臨陣則分持或傳令則書其言繫軍令之頸至彼爲合契又獻禦戎圖請設塹以陷敵馬并上所置戰械甚衆徙爲莫州總管初契丹南侵敗我兵于望都旣而諜者言復欲大入寇帝自畫軍事以手詔示輔臣曰鎭定高陽三路兵宜會定州夾唐河爲大陣立柵以守量寇遠近出軍俟敵疲則先鋒出致師用騎卒居中環以步卒接短兵而已無遠離隊伍又分兵出三路以六千騎屯威虜軍魏能白守素張銳領之五千騎屯保州楊延昭張禧李懷昆領之五千騎屯北平寨田敏楊凝石延福領之以當賊鋒始至勿輕鬭待其氣衰背城以戰若南越保州與大軍遇則令威虜之師與延昭會使腹背受敵若不攻定州縱軼南侵則復會北平田敏合勢入契丹界邀其輜重令雄霸破虜已來互爲聲援又命孫全照王德鈞裴自榮將兵八千屯寧邊軍李重貴趙守倫張繼旻將兵五千屯邢州扼東西路契丹將遁則令定州大軍與三路騎兵會擊之令普統軍一萬于莫州盧文壽王守俊監之敵騎北去則西趨順軍襲擊斷西山之路如河冰已合敵由東路則劉用劉漢凝田思明以兵五千會普全照爲掎角仍命石保吉將萬兵鎭大名以張軍勢繪圖以授諸將後數月勑輔臣曰北邊已屯大兵而邊奏至敵未有釁且聚軍虛費民力何以給之宜有制畫以爲控遏且靜戎順安軍界先開營田河道可以扼黑盧口三臺小李路亦可通漕運至邊宜乘此用衆浚治使及軍城彼或撓吾役卽合兵擊之李沆等曰設險以制敵守邊之利也遂詔內侍閻文慶與靜戎順安知軍事王能馬濟督其事而徙普屯順安之西與威虜魏能保州楊延昭北平田敏爲掎角內侍馮仁俊掌御劒于莫州與普不叶帝曰勿窮治以驕將帥第召仁俊還又令普率所部屯乾寧軍復遷普冀州團練使從本州總管車駕幸澶淵時王繼忠已陷契丹契丹欲請和因繼忠遣人持信箭爲書遺普且通密表事平遷容州觀察使向敏中爲鄜延路都總管以普副之趙德明納款詔降制命普言不宜授以押蕃落使使之總制屬羌則彊橫不可制矣乃止兼管內蕃落使未幾徙并代路給公使錢二千五百緡普援例歲給錢三千緡樞密院言無此例又言李漢超守河朔時歲給以萬計今并代屯軍多不足以犒軍帝不納改桂州觀察使鎭州路總管遷保平軍節度觀察留後赴本鎭帝祀汾陰還至陝西普請駐蹕城中因賜詩令扈從至西京拜河西軍節度使知河陽徙許州築大流堰引河通漕京師上軍議條目二卷用將機宜要訣二圖時方崇尚符瑞而普請罷天下醮設歲可省緡錢七十餘萬以贍國用繇是忤帝意大中祥符九年上言九月下旬日食者三又言商賈自秦州來言唃廝囉欲陰報曹瑋請以臣所獻陣圖付瑋可使瑋必勝帝以普言踰分而樞密使王欽若言普欲以邊事動朝廷帝怒命知雜御史呂夷簡劾之獄具集百官參驗九月下旬日不食坐普私藏天文下百官雜議罪當死議以官當詔除名貶賀州遣使縶送流所帝謂輔臣曰普出微賤性輕躁干求不已旣情文藝而假手撰述以揣摩時事聞在繫所思其幼子時時泣下可聽挈家以行甫至賀州授太子左淸道率府副率房州安置增房州屯兵百人護守稍復爲左千牛衞將軍其妻表求普領小郡遷左領軍衞大將軍仁宗卽位徙安州遷左屯衞大將軍徙蔡州坐失保任降本衞將軍歷遷左千牛左領軍衞大將軍起知信陽軍徙光州以私用孔子廟錢貶太子左監門率府副率滁州安置以左衞將軍分司西京給官第居蔡州遷大將軍卒普倜儻有膽略凡預討伐鬬敵所在卽馳赴之兩平蜀盜大小數十戰摧鋒與賊角衆推其勇頗通兵書陰陽六甲星曆推步之術太宗嘗曰普性剛驁與諸將少合然藉其善戰每厚遇之後以罪廢每太宗忌日必盡室詣佛寺齋薦率以爲常

張孜開封人母微時生孜後入宮乳悼獻太子孜方在襁褓眞宗以付內侍張景宗曰此兒貌厚汝謹視之景宗遂養以爲子蔭補三班奉職給事春坊司轉殿直皇太子卽位遷供奉官閤門祗候爲陳州兵馬都監築堤袁家曲捍水陳以無患五遷至供備庫使領恩州團練使眞定路兵馬鈐轄歷知莫貝瀛三州轉運使張昷之奏冀貝驍捷軍士上闕銀鞵錢事下孜議孜言此界河策先鋒兵有戰必先登故平時賜予異諸軍不可罷昷之猶執不已遂奏罷保州雲翼別給錢糧軍怨果叛契丹欲背盟富弼往使命孜爲副議論雖出弼然孜亦安重習事以勞遷西上閤門使知瀛州拜單州團練使龍神衞四廂都指揮使并代副總管河東更鐵錢法人情疑貳兵相率扣府欲訴閉門不納是日幾亂孜策馬從數卒往諭之皆散還營遷濟州防禦使侍衞馬軍都虞候又遷殿前都虞候加桂州管內觀察使遷侍衞步軍副都指揮使虎翼兵教不中程指揮使問狀屈彊不肯對乘夜十餘人大譟趣往將害人孜擒首惡斬之然後聞遷昭信軍節度觀察留後馬軍副都指揮使孜長於宮禁中內外頗涉疑似言者請罷孜兵柄乃出爲寧遠軍節度使知潞州徙陳州仁宗以其無他復召爲馬軍副都指揮使御史中丞韓絳又言孜不當典兵而宰相富弼薦引之請黜弼弼引咎求罷政事諫官御史皆言進擬不自弼絳家居待罪曰不敢復稱御史矣坐此謫知蔡州而孜尋以罪罷知曹州卒贈太尉謚勤惠孜初名茂實避英宗舊名改孜云

許懷德字師古開封祥符人父均磁州團練使懷德長六尺餘善騎射擊刺少以父任爲東西班殿侍累擢至殿前指揮使左班都虞候元昊寇邊遷爲儀州刺史鄜延路兵馬鈐轄選副總管夏人三萬騎圍承平砦懷德時在城中率勁兵千餘人突圍破之夏人復陣有出陣前據鞍嫚罵者懷德引弓一發而踣敵乃去居金明縣復進圍延州懷德遽還夜遣裨將以步騎千餘人出不意擊之斬首二百級遂解延州遷鳳州團練使專領延州東路茭村一帶公事徙秦鳳路未行坐夏人破塞門砦不赴援降寧州刺史頃之擢龍神衞四廂都指揮使陵州團練使本路副都總管遷康州防禦使又坐當出討賊逗留不進所部兵夫棄隨軍芻糧更赦徙秦鳳路副都總管改捧日天武四廂又以賊侵掠屬羌亡十餘帳徙永興軍又徙高陽關并代路歷殿前都虞候遂州觀察使侍衞親軍馬軍副都指揮使武信軍節度觀察留後殿前副都指揮使寧遠軍節度使會從妹亡無子懷德欲冒有其田事覺罷管軍知亳州徙徐州歲餘復爲殿前副都指揮使祀明堂進都指揮使更保寧進雄二節度年八十猶生子筋力過人在宿衞十四年數乞身帝不許懷德曰臣年過矣倘爲御史所彈且不得善罷卽詔爲減數歲卒贈侍中謚榮毅懷德自初擢守邊連以畏愞被謫已而與功臣並進典軍及坐請託得罪去而復還時遺承平保寵終祿故事節度使移鎭加恩皆別上表再辭每降批荅遣內侍齎賜必有所遺懷德以給享加恩旣又移鎭乃共爲一表以辭翰林學士歐陽脩劾其慢朝命詔以脩章示之懷德謝罪而已不復別進表其鄙吝如此

李允則字垂範濟州團練使謙溥子也少以材畧聞蔭補衞內指揮使改左班殿直太平興國七年幽薊還師始置榷場于靜戎軍允則典其事還使河東路決繫囚原治逋欠又使荆湖察官吏與轉運使檢視錢帛器甲刑獄遂擢閤門祗候濬治京師諸河捌水門鄭州水磴西川賊劉旴平上官正議脩城未決命允則與王承衎

閻承翰往視還言西川以無城難守宜如正議又言兵分則緩急不爲用請併屯要害以便餽餉高溪州蠻田彥尹入寇遣詣辰州與轉運使張素荊南劉昌言計事允則以蠻徼不足加兵恐招輯之累遷供備庫副使知潭州將行眞宗謂曰朕在南衙畢士安嘗道卿家世今以湖南屬卿初馬氏暴歛州人出絹謂之地稅潘美定湖南計屋輸絹謂之屋稅營田戶給牛歲輸米四斛牛死猶輸謂之枯骨稅民輸茶初以九斤爲一大斤後益至三十五斤允則請除三稅茶以十三斤半爲定制民皆便之湖湘多山田可以藝粟而民惰不耕乃下令月所給馬芻皆輸本色繇是山田悉墾湖南饑欲發官廩先賑而後奏轉運使執不可允則曰須報踰月則饑者無及矣明年荐饑復欲先賑轉運使又執不可允則請以家資爲質乃得發廩賤糴因募饑民堪役者隸軍籍得萬人轉運使請發所募兵禦邵州蠻允則曰今蠻不擾無名益戍是長邊患也且兵皆新募饑瘠未任出戍乃奏罷之陳堯叟安撫湖南民列允則治狀請留堯叟以聞召還連對三日帝曰畢士安不謬知人者遷洛苑副使知滄州允則巡視州境濬浮陽湖葺營壘官舍間穿井未幾契丹來攻老幼皆入保而水不乏斲冰代砲契丹遂解去眞宗復召謂曰頃有言卿濬井葺屋爲勞民者及契丹至始見善爲備也轉西上閤門副使鎭定高陽三路行營兵馬都監押大陣東面請對自陳武藝非所長不可以當邊劇帝曰卿爲我運籌策不必當矢石也賜白金二千兩副以幃幄什器凡下諸路宜勅必先屬允則省而後行及王超敗人心震搖允則勸超衰經向師哭以解衆忿眞宗知允則始屢趣超進兵手詔褒厲契丹通好徙知瀛州上言朝廷已許契丹和議但擇邊將謹誓約有言和好非利者請一切斥去眞宗曰玆朕意也遷西上閤門副使何承矩爲河北緣邊安撫提點榷場及承矩疾詔自擇代乃請允則知雄州初禁榷場通異物而邏者得所易珉玉帶允則曰此以我無用易彼有用也縱不治遷東上閤門使樊州刺史河北既罷兵允則治城壘不輟契丹主曰南朝尚脩城備得無違誓約乎其相張儉曰李雄州爲安撫使其人長者不足疑既而有詔詰之允則奏曰初通好不卽完治恐他日頹圮因此廢守邊患不可測也帝以爲然城北舊有甕城允則欲合大城爲一先建東嶽祠出黃金百兩爲供器道以鼓吹居人爭獻金銀久之密自徹去聲言盜自北至遂下令捕盜三移文北界乃興販築揚言以護祠而卒就關城浚壕起月隄自此甕城之人悉內城中始州民多以草覆屋允則取材木西山大爲倉廩營舍始教民陶瓦甓標里閈置廊市邸舍水磑城上悉累甓下環以溝塹蒔麻植榆柳廣闔承翰所脩屯田架石橋構亭榭列隄道以通安肅廣信順安軍歲脩禊事召界河戰棹爲競渡縱北人遊觀潛寓水戰州北舊多設陷馬阬城上起樓爲斥堠望十里自罷兵人莫敢登允則曰南北既講和矣安用此爲命徹樓夷阬爲諸軍蔬圃浚井疏渠列畦隴築短垣縱橫其中植以荊棘而其地益阻隘因治坊巷徙浮圖北原上州民旦夕登望三十里下令安撫司所治境有隙地悉種榆久之榆滿塞下顧謂僚佐曰此步兵之地不利騎戰豈獨資屋材耶上元舊不燃燈允則結綵山聚優樂使夜縱遊明日偵知北酋欲間入城中覘允則與同僚伺郊外果有紫衣人至遂與俱入傳舍不交一言出奴女羅侍左右劇飲而罷且置其所乘騾廡下使遁去卽幽州統軍也後數日爲契丹所誅嘗宴軍中而甲仗庫火允則作樂行酒不輟副使請救不荅少頃火熄命悉瘞所焚物密遣吏持檄瀛州以茗籠運器甲不浹旬兵數已完人無知者樞密院請劾不救火狀眞宗曰允則必有謂姑詰之對曰兵械所藏儆火甚嚴方宴而焚必姦人所爲舍宴而救事或不測又得諜釋縛厚遇之諜言燕京大王遣來因出所刺緣邊金穀兵馬之數允則曰若所得謬矣呼主吏按籍書實數與之諜請加緘印因厚賜以金縱還未幾諜遽至還所與數緘印如故反出彼中兵金財力地里委曲以爲報一日民有訴爲契丹民毆傷而遁者允則不治與傷者錢二千衆以爲怯踰月幽州以其事來詰荅以無有蓋他諜欲以毆人爲質驗比得報以爲妄乃殺諜雲翼卒亡入契丹允則移文督還契丹報以不知所在允則曰在某所契丹駭不敢隱卽歸卒乃斬以徇歷四方館引進使高州團練使天禧二年以客省使知鎭州徙潞州仁宗卽位領康州防禦使天聖六年卒允則不事威儀間或步出遇民有可語者延坐與語以是洞知人情訟至無大小面訊立斷善撫士卒皆得其用盜發輒獲人亦莫知所由身無兼衣食無重羞不畜貲財在河北二十餘年事功最多其方畧設施雖寓於遊觀亭傳間後人亦莫敢隳至於國信往來費用儀式多所裁定晚年居京師有自契丹亡歸者皆命舍允則家允則死始寓樞密院大程官營

張亢字公壽自言後唐河南尹全義七世孫家于臨濮少豪邁有奇節事兄奎甚謹進士及第爲廣平軍判官應天府推官治白沙石梁二渠民無水患改大理寺丞僉書西京判官事通判鎭戎軍上言趙德明死其子元昊喜誅殺勢必難制宜亟防邊因論西北攻守之計章數十上仁宗欲用之會丁母憂既而契丹聚兵幽涿間河北增備遂起爲如京使知安肅軍因入對曰契丹歲享金帛甚厚今其主孱而歲歉懼中國見伐特張言耳非其實也萬一倍約臣請擐甲爲諸軍先元昊反爲涇原路兵馬鈐轄知渭州累遷右騏驥使忠州刺史徙鄜延路知鄜州上疏曰舊制諸路總管鈐轄都監各不過三兩員餘官雖高止不過一路總管鈐轄不預本路事今每路多至十四五員少亦不減十員皆兼本路分事不相統制凡有論議互報不同按唐總管統軍都統處置制置使各有副貳國朝亦有經畧排陣使請約故事別置使名每路軍馬事止以三兩員領之又涇原一路自總管鈐轄都監巡檢及城砦所部六十餘所兵多者數千人少者才千人兵勢既分不足以當大敵若敵以萬人爲二十隊多張聲勢以綴我軍後以三五萬人大入奔突則何以支又比來主將與軍伍移易不定人馬强弱配屬未均今涇原正兵五萬弓箭手二萬鄜延正兵不減六七萬若能預爲團結明定節制迭爲應援以逸待勞則烏合饑餒之衆豈能窺我淺深乎請下韓琦范仲淹分按逐路以馬步軍八千已上至萬人擇才位兼高者爲總領其下分爲三將一爲前鋒一爲策前鋒一爲後陣每將以使臣佐三兩人分屯要害之地敵小入則一將出大入則大將出又量敵數多少使隣路出兵應接此所謂常山蛇勢也今萬人已上爲一大將一路又有主師延州領三大將鄜州一大將保安軍及西路巡檢德靖砦共爲一大將則鄜延路兵五萬人矣原渭州鎭戎軍各一大將渭州山外及瓦亭各一大將則涇原路五萬人矣弓箭手熟戶不在焉昨延州之敗蓋由諸將自守不相應援請令邊臣預定其法敵寇某所則某將爲先鋒某將出某所爲奇兵某將出某所爲聲援某城砦相近出敢戰死士某所設覆都同巡檢則各扼要害又令隣路取某路出應仍潛用旗幟爲號昨劉平救延州前鋒陷賊者已二千騎平猶不知趙瑜部馬軍間道先進而趙振與王逵趨塞門至高頭平路白馬報敵張青蓋駐山東振麾兵掩襲乃瑜也臣在山外策應未嘗用本指揮旗號自以五行支干別爲引旗若甲子日本軍相遇則先見者張青旗後見者以緋旗應之此是干相生其干相尅及支相生尅亦如之蓋兵馬出入晝則百步之外不能相知若不預爲之號必誤軍事國家承平日久失於訓練今每指揮藝精者不過百餘人餘皆瘦弱不可用且官軍所持者步軍與强弩爾臣知渭州日見廣勇軍彍弩者三百五十人引一石二斗者僅百人餘僅及七八斗正欲閱習時易爲力爾臣以跳鐙弩試皆不能張閱習十餘日裁得百餘人又教以小坐法亦十餘日又教以帶甲小坐法五十餘日始能服熟若安前弊以應新敵其有必勝之理乎又兵官務張邊事以媒進邀賞劉平之敗正繇貪功輕進鎭戎軍最近賊境每報賊騎至不問多寡凡主兵者皆出至邊壕則賊已去矣蓋權均勢埒各不相下若不出則恐得怯懦之罪且諸路騎兵不能馳險計其芻粟一馬之費可養步軍五人馬高不及格宜悉還坊監止留十之三餘以步兵代之又比來禁衞隊長繇年勞換前班者或爲諸司使副白丁試武技亦命以官而諸路弓箭手生長邊陲父祖效命累世捍賊乃無進擢之路何以激勸邊民竊聞大帥議五路進師且用兵以來屢出無功若一旦深入臣切以爲未可也山界諸州城砦距邊止二三百里夏兵器甲雖精利其鬭戰不及山界部族而財糧又盡出山界若十月後令諸將分番出界使夏人不得耕牧然後出步兵負十日糧人日給米一升馬日給粟四升草五分賊界有草地以半資放牧亦可減輓運之半王師既行使唃廝囉及九姓回紇分制其後必蕩覆巢穴又言陝西民調發之苦數倍常歲宜一切權罷令安撫司與逐州長吏減省他役顧應邊須及選殿侍軍將各三十人以驢騾各二百留其半河中以運鄜延保安軍軍須其半留乾州或永興軍以運環慶原渭鎭戎軍軍須分一轉運使專董其事又鄜州四路半當衝要嘗以閑慢路遞鋪兵卒之半貼衝要二路驛百人每三人挽小車載二百五十斤至三百斤若團併輦運邊計亦未至夫備而民力可以寬矣初亢請乘驛入對詔令手疏上之後多施用進西上閤門使改都鈐轄屯延州又奏邊機軍政措置失宜者十事言王師每出不利豈非節制不立號令不明訓練不至器械不精或中敵詭計或自我貪功或左右前後自不相救或進退出入未知其便或兵多而不能用或兵少而不能避或爲持權者所逼或因懦將所牽或人馬困饑而不能奮或山川險阻而不能通此皆將不知兵之弊也未聞深究致敗之由而爲之措置徒益兵馬未見勝術一也去春

敵至延州諸路發援兵而河東秦鳳各踰千里涇原環慶不減十程去秋賊出鎮戎遠自鄜延發兵千里遠鬬鋭氣已衰如賊已退乃是空勞師徒異時更寇別路必又如此是謂不戰而自弊二也今鄜延副都總管許懷德兼管勾環慶軍馬環慶副總管王仲寶復兼鄜延其涇原秦鳳總管等亦兼鄰路雖令互相策應然環州至延州十四五驛徑赴亦不下十驛涇原至秦鳳千里若發兵互援而山路險惡人馬之力已竭三也四路軍馬各不下五六萬朝廷罄力供億而邊臣但言兵少每路欲更增十萬人亦未見功効且兵無節制一弊無奇正二弊無應援三弊主將不一四弊兵分勢弱五弊有此五弊如驅市人而戰雖有百萬亦無益於事四也古人教習須三年而後成今之用兵已三年矣將帥之材孰賢孰愚攻守之術孰得孰失累年敗衂而居邊要者未知何謀使更數年未罷兵國用民力何以克堪若因之以饑饉加之以他寇則安危之策未知如何五也今言邊事者甚衆朝廷或即奏可或再詳究以聞或付有司前條方行後令即變胥吏有鈔錄之勞官吏無商畧之暇邊防軍政一無定制六也夏竦陳執中皆朝廷大臣凡有邊事當付之不疑令但主文書守詔令每有宣命則翻錄行下如諸處申稟則令候朝旨如是則何必以大臣主事七也前河北用兵減冗官以省費今陝西日以增員如制置青白鹽使副招撫蕃部使臣十餘員所占兵士千餘人請給歲約萬緡復有都大提舉馬鋪器甲之類諸州並募克敵致勝保捷廣鋭宣毅等兵久未曾團結訓練但費軍廪無益邊備八也今軍有手藝者管兵之官每一指揮抽占三之一如延州諸將不出師有兵二萬除五千守城之外其餘止一萬五千若有警急三日內不能團集況四十里外便是敵境一有奔突何以備之九也陝西教集鄉兵共十餘萬人市井無賴名挂尺籍必簿田夫豈無姦盜雜於其中苟無措置他日爲患不細十也既而復請面陳利害不報會元昊益熾以兵闚河外康德輿無守禦才屬戶豪也曜叛去導夏人自後河川襲府州兵至近道纔覺而蕃漢民被殺掠已衆攻城不能下引兵屯琉璃堡縱遊騎鈔麟府間二州閉壁不出民乏飲黃金一兩易水一桮時豐州已爲夏人所破麟州勢孤朝廷議棄河外守保德軍未果徙亢爲并代都鈐轄管勾麟府軍馬事單騎叩城出所授勑示城上門啟既入即縱民出采薪芻汲澗谷然夏人猶時出鈔掠亢以州東焦山有石炭穴爲築東勝堡下城旁有蔬畦爲築金城堡州北沙阬有水泉爲築安定堡置兵守之募人獲于外腰鏁與偷送者均得其賕禁兵皆敗北無鬭志乃募役兵敢戰者夜伏險道邀擊夏人遊騎比明有持首級來獻者亢以錦袍賜之禁兵始慚奮曰我顧不若彼乎又縱使飲博方窘乏幸利咸願一戰亢知可用始謀擊琉璃堡使諜伏敵砦旁草中見老羌方炙羊髀占吉凶驚曰明當有急兵且趣避之皆笑曰漢兒皆藏頭膝間何敢亢知無備夜引兵襲擊大破之夏人棄堡去乃築宣威砦于步鞔捍寇路時麟州饋路猶未通勑亢自護賞物送麟州敵既不得鈔遂以兵數萬趨栢子砦來邀亢所將才三千人亢激怒之曰若等已陷死地前鬭則生不然爲賊所屠無餘也士皆感厲會天大風順風擊之斬首六百餘級相蹂踐赴崖谷死者不可勝計奪馬千餘匹乃脩建寧砦夏人數出爭遂戰于兔毛川亢自抗以大陣而使驍將孫罡伏短兵強弩數千于山後亢以萬勝軍皆京師新募市井無賴子弟罷耎不能戰敵目曰東軍素易之而怯虎翼軍勇悍亢陰易其旗以誤敵敵果趣東軍而值虎翼卒搏戰良久伏發敵大潰斬首二千級不踰月築清塞百勝中候建寧鎮川五堡麟府之路始通亢復奏今所通特一徑爾請更增並邊諸柵以相維持則可以廣田牧壯河外之勢議未下會契丹欲渝盟領果州團練使知瀛州葛懷敏敗遷四方館使涇原路經畧安撫招討使知渭州亢聞詔即行及至敵已去鄭戩統四路亢與議不合遷引進使徙并代副都總管御史梁堅劾亢出庫銀給牙吏往成都市易以利自入奪引進使爲本路鈐轄及夏人與契丹戰河外復引進使副都總管知代州兼河東沿邊安撫事范仲淹宣撫河東復奏亢前所增廣堡砦宜使就總其事詔既下明鎬以爲不可屢牒止之亢曰受詔置堡砦豈可得經畧牒而止耶坐違節度死所甘心堡砦必爲也每得牒置案上督役愈急及堡成乃發封自劾朝廷置不問蕃漢歸者數千戶歲減戍兵萬人河外遂爲并汾屏蔽復知瀛州因言州小而人衆緩急無所容若廣東南關則民居皆在城中夏竦前在陝西惡亢不附已特沮其役然卒城之加領眉州防禦使復爲涇原路總管知渭州會給郊賞州庫物良而估賤三司所給物下而估高亢命均其直以便軍人轉運使奏亢擅減三司所估會竦爲樞密使奪防禦使降知磁州御史宋禧繼言亢嘗以庫銀市易復奪引進使爲右領衞大將軍知壽州後陝西轉運使言亢所易庫銀非自入者改將作監知和州坐失舉徙筠州久之復爲引進使果州團練使又復眉州防禦使眞定府路副都總管遷客省使以足疾知衞州徙懷州坐與鄰郡守議河事會境上經夕而還降曹州鈐轄改河陽總管以疾辭爲秘書監未幾復客省使眉州防禦使徐州總管卒亢好施輕財凡燕犒餽遺類皆過厚至遣人貿易助其費猶不足以此人樂爲之用同學生爲吏部亢憐其老薦爲縣令後既爲所累出筠州還所薦者復求濟亢又贈金帛終不以屑意馭軍嚴明所至有風跡民圖像祠之

奎字仲野先亢中進士歷并秀州推官監衞州酒徐生者毆人至死繫婺州獄再問輒言冤轉運使命奎復治奎視因籍印窾僞深探之乃獄吏竄易卒釋徐生抵吏罪衆驚伏同時薦者三十九人改大理寺丞知合淝縣徙南克縣以殿中丞通判瀘州罷歸會秦州鹽課虧緡錢數十萬事連十一州詔奎往按還奏三司發鈔稽緩非諸州罪因言鹽法所以足軍費非仁政所宜行若不得已令商人轉貿流通獨關市收其征上下皆利孰與設重禁壅閼之爲民病於是悉除所負未幾知江州徙楚州遷太常博士召爲殿中侍御史知滑州徙邢州母病輒割股肉和藥以進母遂愈其後母卒廬于墓自負土植松柏服終授度支判官出爲京東轉運使以侍御史爲河東轉運使進刑部員外郎知御史雜事安撫京東募民克軍凡十二萬奏州縣吏能否數十人還爲戶部副使及分陝西爲四路擢天章閣待制環慶路經畧安撫招討使知慶州以父名餘慶辭不許歷陝西都轉運使知永興軍河東都轉運使加龍圖閣直學士知澶青徐揚等州再遷吏部郎中時李宥知江寧府府廨盡焚諫官言金陵始封之地守臣視火不謹宜擇才臣繕治之遷右諫議大夫知江寧府奎簡材料工一循舊制不踰時復完還判吏部流內銓從審官院知河南府河南宮闕歲久頗摧圮奎大加興葺又按唐街陌分牓諸坊初全義守洛四十年洛人德之有生祠及見奎偉儀觀曰眞齊王孫也因復興齊王祠歲餘以能政聞遷給事中歸朝京東盜起加樞密直學士知鄆州數月捕諸盜悉平奎治身有法度風力精彊所至有治跡吏不敢欺第傷苛細亢豪放喜功名不事小謹兄弟所爲不同如此然皆知名一時子燾龍圖閣直學士

劉文質字士彬保州保塞人簡穆皇后從孫也父審琦虎牢關使從討李重進戰死文質幼從母入禁中太宗授以左班殿直遷西頭供奉官寄班祗候帝頗親信之數訪以外事嘗謂內侍竇神興曰文質朕之近親又忠謹其賜白金百斤出爲兩浙走馬承受公事擢西京左藏庫副使岢嵐軍使賜金帶名馬徙知麟州改麟府濁輪砦兵馬鈐轄擊蕃酋萬保移走之越河破契丹拔黃太尉砦殺獲萬計賜錦袍金帶徙知慶州李繼遷入寇文質將出兵而官吏不敢發庫錢乃以私錢二百萬給軍士皆感奮遂大破賊徙涇州克麟州清遠軍都監又破敵于枝子平咸平中清遠軍陷坐逗撓奪官雷州安置久之起爲太子率府率杭州駐泊都監封泰山以內殿崇班爲青齊淄濰州巡檢進禮賓副使石隰緣邊同都巡檢使徙秦州鈐轄建小落門砦親率士版築會李濬知秦州因就賜白金五百兩天禧中知代州先是蕃部獲逃卒給絹二匹茶五斤卒皆論死時捕得百三十九人文質取二十九人以赦後論如法餘悉配隸他州再遷內園使知邠州數從曹瑋出戰築堡障復徙秦州鈐轄領連州刺史再知代州卒厚賻其家官子三人文質以簡穆親又父死事故前後賜予異諸將眞宗嘗問保塞之舊文質上宣祖太祖賜書五函仁宗亦以書賜之然性剛喜訐刺短長於貴近無所避故不大顯子十六人渙滬皆知名

渙字仲章以父任爲將作監主簿監并州倉天聖中章獻太后臨朝久渙謂天子年加長上書請還政后震怒將黥隸白州呂夷簡薛奎力諫得免仁宗親政擢爲右正言郭后廢渙與孔道輔范仲淹等伏闕爭之皆罰金會河東走馬承受奏渙頃官并州與營妓游黜通判磁州辭知遼州夏人叛朝廷議遣使通河西唃氏渙請行間道走青唐諭以恩信唃氏大集族帳誓死扞邊遣騎護出境得其誓書與西州地圖以獻加直昭文館遷陝西轉運使由工部郎中知滄州改吉州刺史知保州州自戍卒叛後兵益驕渙至虎翼軍謀舉城叛民大恐渙單騎徐叩營械首惡者歸斬之一軍帖服徙登州益治刀魚船備海寇寇不敢犯詔嘉獎之歷知邢恩冀涇澶五州恩承賊蹂踐後渙經理繕葺有叙兵民犯法一切用重典威令大振治平中河北地震民乏粟率賤賣耕牛以苟朝夕渙在澶盡發公錢買之明年民無牛耕價增十倍渙復出所市牛以元直與民澶民賴不失業歷秦鳳涇原眞定定州路總管四遷至鎭寧軍節度觀察留後熙寧中還爲工部尚書致仕渙有才畧尚氣不羈臨事無所避然鋭於進取方開拓洮岷討安南渙既老

辭露章請自效不報卒年八十一

滬字子濟原知書傳深沉寡言有知略以蔭補三班奉職累遷右侍禁康定中爲渭州瓦亭砦監押權靜邊砦擊破党留等族斬一驍將獲馬牛橐駝萬計時任福敗邊城晝閉居民畜產多爲賊所掠滬獨開門納之遷左侍禁韓琦范仲淹薦授閤門祗候又破穆寧生氐西南去洛陽二百里中有城曰水洛川平土沃又有水輪銀銅之利環城數萬帳漢民之逋逃者歸之教其百工商賈自成完國曹瑋在秦州嘗經營不能得滬進城章川收善田數百頃以益屯兵密使人說城主鐸廝那令內附會鄭戩行邊滬遂召鐸廝那及其酋屬來獻結公水洛路羅甘地願爲屬戶戩即令滬將兵往受地既至而氐情中變聚兵數萬合圍夜縱火呼嘯期盡殺官軍滬兵才千人前後數百里無援滬堅臥因令晨炊緩食坐胡床指揮進退一戰氐潰追奔至石門酋皆稽顙請服因盡驅其衆隸麾下以通秦渭之路又敗臨洮氐于城下遷內殿崇班戩以三將兵遣董士廉助築城功未半會戩罷四路招討使而涇原路尹洙以爲不便令罷築且召滬不聽日增版趣役洙怒使狄青械滬士廉下獄氐衆驚收積聚殺吏民爲亂朝廷遣魚周詢程戡往視氐衆詣周詢請以牛羊及丁壯助工役復以滬權水洛城砦主城成終以違本路安撫使節制黜一官爲鎭戎軍西路都巡檢復內殿崇班瘍發首卒弟淵將以其柩東歸居人遮道號泣請留葬水洛立祠城隅歲時祀之經略司言得熟戶蕃官牛裝等狀願得滬子弟主其城乃命其弟淳爲水洛城兵馬監押城中有碑記滬事

趙滋字子深開封人父士隆天聖中以閤門祗候爲邠寧環慶路都監戰沒錄滋三班奉職滋少果敢任氣有智略康定初以右侍禁選捕京西叛卒有功遷左侍禁後爲涇原儀渭鎭戎軍都巡檢會渭州得勝砦主姚貴殺監押崔絢劫宣武神騎卒千餘人叛攻羊牧隆城滋馳至諭降八百餘人貴窮走出砦招討使令滋給賜降卒及遷補將吏滋以爲如是是誘其爲亂藏其牒不用還爲招討使所怒故賞弗行范仲淹韓琦經略陝西舉滋可將領得閤門祗候爲鎭戎軍西路都巡檢時京西軍賊張海久未伏誅命滋都大提舉陝西京西路捉賊數月賊平後爲京東東路都巡檢富弼爲安撫使舉再任登州乳山砦兵叛殺巡檢州將誅首惡數人不窮按滋承檄驗治馳入其壘次第推問得黨與百餘人付獄衆莫敢動在京東五年數獲盜不自言弼爲言乃自東頭供奉官超授供備庫副使定州路駐泊都監嘗因給軍食同列言粟不善滋叱之曰爾欲以是怒衆邪使衆有一言當先斬爾以徇韓琦聞而壯之以爲眞將帥材及琦在河東又奏滋權并代路鈐轄改管勾河東經略司公事建言代州寧化軍有地萬頃皆肥美可募人田作教戰射爲堡砦人以爲利累遷西上閤門副使歷知安肅軍保州滋彊力精悍有吏能所至稱治會契丹民數違約乘小舟漁界河中吏憚生事累歲莫敢禁後又遣大舟十餘自海口運鹽入界河朝廷患之以滋可任徙知雄州滋戒巡兵舟至輒捕其人殺之聾其舟移文還涿州漁者遂絕契丹因使人以爲言而知瀛州彭思永河北轉運使唐介燕度皆以滋生事請罷之朝廷更以爲能擢龍神衞四廂都指揮使嘉州團練使遷天武捧日四廂都指揮使英宗即位領端州防禦使步軍都虞候賜白金五百兩留再任未幾卒贈遂州觀察使滋在雄州六年契丹憚之契丹嘗大饑舊米出塞不得過三斗滋曰彼亦吾民也令出米無所禁邊人德之馭軍嚴戢卒舊不服役滋役之如廂兵莫敢有言繕治城壁樓櫓至於簿書米鹽皆有條法性尤廉謹月得公使酒不以入家然傲慢自譽此其短也

論曰石普曉暢軍事習知民庸然揣摩時政終以罪廢張孜雖稱持重跡其所長無足取者許懷德以愞不任事數遭貶斥其不及普遠矣劉文質以私錢給軍且脫人於死仕雖偃蹇聲名俱章章矣渙以小官能抗疏母后輯暴弭姦則其餘事也滬水洛之戰從容退師滬之才略其最優者歟趙滋有吏能出米塞下以振契丹亦仁人之用心李允則在河北二十年設施方略不動聲氣契丹至以長者稱之張亢起儒生曉韜略琉璃堡兔毛川之捷亘快人意區區書生功名如此何其壯哉奎以治跡著稱其視亢蓋所謂難爲兄難爲弟者歟

宋史卷三百二十四考證

張孜傳上聞銀鞍錢事○此句有疑

策先鋒○南本策作爲

宋史卷三百二十五

元 中書右丞相總裁脫脫等修

列傳第八十四

劉平 弟兼濟 郭遵附　任福 王珪 武英 桑懌 耿傅 王仲寶附

劉平字士衡開封祥符人父漢凝從太宗征河東嵒嵐憲州累遷崇儀使平剛直任俠善弓馬讀書彊記進士及第補無錫尉擊賊殺五人擢大理評事知鄢陵縣徙南充夷人寇淯井監轉運使以平權瀘州事平率土丁三千擊走之祠汾陰遷本寺丞還路由安州遇賊十數人平發矢斃三賊餘駭散以寇準薦爲殿中丞知瀘州夷人懲前敗不敢擾邊召拜監察御史數上疏論事爲丁謂所忌久之除三司鹽鐵判官河北安撫改殿中侍御史陝西轉運使與副使論事不合徙知襄州仁宗即位遷侍御史初眞宗知其才將用之丁謂乘間曰平將家子素知兵若使將西北可以制敵後章獻太后思謂言特改衣庫使知汾州屬戶明珠磨氊族數反覆平潛兵殺數千人以功領賓州刺史鄜延路兵馬鈐轄徙涇原路兼知渭州胡則爲陝西都轉運使平奏曰則丁謂黨今隸則部慮掎摭致罪徙汝州改淮南江浙荊湖制置發運副使行數驛召還眞拜信州刺史知雄州居四年遷忻州團練使知成德軍景祐元年拜龍神衞四廂都指揮使永州防禦使知定州徙環慶路副都總管進侍衞親步軍都虞候奏言元昊勢且叛宜嚴備之尋坐被酒破鎖入甲仗庫爲轉運使蘇耆所劾落管軍知同州上疏自列召入問狀復爲步軍都虞候知澶州時議塞河而平言不知河事乃徙滄州副都總管時呂夷簡爲宰相臺諫官數言政事闕失平奏書曰臣見范仲淹等毀訾大臣此必有要人授旨仲淹輩欲逐大臣而代其位者臣於眞宗朝爲御史顧當時同列未聞有姦邪黨與詐忠賣直所爲若此臣慮小臣以淺文薄伎偶致顯用不識朝廷典故而論事浸淫遂及管軍將校且武人進退與儒臣異路若掎摭短長妄有舉劾則心搖而怨結矣願明諭臺諫官毋令越職仍不許更相引薦或闕員則朝廷自擇忠純耆德用之論者以謂希夷簡意也改高陽關副總管寶元元年以殿前都虞候爲環慶路馬步軍副總管會元昊反遷邕州觀察使爲鄜延路副總管兼鄜延環慶路同安撫使頃之兼管勾涇原路兵馬進步軍副都指揮使靜江軍節度觀察留後獻攻守之策曰五代之末中國多事唯制西戎爲得之中國未嘗遣一騎一卒遠屯塞上但任土豪爲衆所伏者封以州邑征賦所入足以贍兵養士由是無邊鄙之虞太祖定天下懲唐末藩鎭之盛削其兵柄收其賦入自節度以下第坐給奉祿或方面有警則總師出討事已則兵歸宿衞將還本鎭彼邊方世襲宜異於此而誤以朔方李彝興靈武馮繼業一切亦徙內地自此靈夏仰中國戍守千里運糧兵民並困其後靈武失守而趙德明懼王師問罪願爲藩臣于時若止棄靈夏綏銀與之限山爲界則無今日之患矣而以靈夏兩州及山界蕃漢戶并授德明故蓄甲治兵漸窺邊隙鄜延環慶涇原秦隴所以不能弛備也今元昊嗣國政刑慘酷衆叛親離復與唃廝囉搆怨此乃天亡之時臣聞寇不可玩敵不可縱或元昊不能自立別有酋豪代之西與唃廝囉復平北約契丹爲表裏則何以制其侵軼今元昊國勢未彊若乘此用鄜延環慶涇原秦隴四路兵馬分兩道益以蕃漢弓箭手精兵可得二十萬三倍元昊之衆轉糧二百里不出一月可收山界洪宥等州招集土豪縻之以職自防禦使以下刺史以上第封之給以衣祿金帛又以土人補將校使勇者貪於祿富者安於家不期月而人心自定及遣使諭唃廝囉授以靈武節度使撓河外族帳以窘元昊復出麟府石州蕃漢步騎獵取河西部族招其酋帥離其部衆然後以大軍繼之元昊不過鼠竄爲窮寇爾何所爲哉且靈夏綏銀地不產五穀人不習險阻每歲資糧取足洪宥而洪宥州羌戶勁勇善戰夏人恃此以爲肘腋我苟得之以山爲界憑高據險下瞰沙漠各列堡障量以戎兵鎭守此天險也曩朝之謀不知出此而爭靈夏綏銀連年調發老師費財以致中國疲弊小醜猖獗此議臣之罪也今朝廷或貸元昊罪更示含容不惟宿兵轉多經費尤甚萬一元昊潛結契丹互爲掎角則我一身二疾不可並治必輕者爲先重者爲後如何減兵以應河北請召邊臣與二府定守禦長策疏奏未報屬元昊盛兵攻保安軍時平屯慶州范雍以書召平平率兵與石元孫合軍趨土門既有告敵兵破金明圍延州者雍復召平與元孫救延州平素輕敵督騎兵晝夜倍道行明日至萬安鎭平先發步軍繼進夜至三川口西十里止營遣騎兵先趨延州爭門時鄜延路駐泊都監黃德和將二千餘人屯保安北碎金谷巡檢万俟政郭遵各將所部分屯范雍皆召之爲外援平亦使人趣其行詰旦步兵未至平與元孫還逆之行二十里乃遇步兵及德和万俟政郭遵所將兵悉至將步騎萬餘結陣東行五里與敵遇時平地雪數寸

平與敵皆爲偃月陣相嚮有頃敵兵涉水爲橫陣郭遵及忠佐王信薄之不能入官軍並進殺數百人乃退敵復蔽盾爲陣官軍復擊卻之奪盾殺獲及溺水死者幾千人平左耳右頸中流矢日暮戰士上首功及所獲馬平曰戰方急爾各誌之皆當重賞汝語未已敵以輕兵薄戰官軍引卻二十步黃德和居陣後望見軍卻率麾下走保西南山衆從之皆潰平遣其子宜孫馳追德和執轡語曰當勒兵還併力抗敵奈何先奔德和不從馳馬遁赴甘泉平遣軍校杖劍遮留士卒得千餘人轉鬬三日賊退還水東平率餘衆保西南山立七柵自固敵夜使人叩柵問大將安在士不應復使人僞爲戍卒遞文移平平殺之夜四鼓敵環營譟曰如許殘兵不降何待平旦敵酋舉鞭麾騎自山四出合擊絕官軍爲二遂與元孫皆被執初德和言平降賊朝廷發禁兵圍其家及命殿中侍御史文彥博即河中府置獄遣龐籍往訊焉具得其實遂釋其家德和坐腰斬而延州吏民亦詣闕訴平戰沒狀遂贈朔方軍節度使兼侍中諡壯武賜信陵坊第封其妻趙氏爲南陽郡太夫人子孫及諸弟皆優遷未官者錄之其後降羌多言平在興州未死生子于賊中及石元孫歸乃知平戰時被執後沒于興州

弟兼濟

兼濟字寶臣以父蔭補三班奉職善騎射讀兵書知大旨爲襄州兵馬監押漢江暴漲兼濟解衣涉水率衆捍城州賴以完擢閤門祗候雄霸州界河巡檢徙晉絳澤潞都巡檢使歲饑太行多盜禽二百餘人改左侍禁鄜延路兵馬都監權知保安軍歷同提點陝西河東刑獄徙知籠竿城夏人寇邊衆號數萬兼濟將兵千餘轉戰至黑松林敗之屬其兄平戰沒于三川口特授內殿崇班知原州入辭仁宗慰勉之曰國憂未弭家讎未報不可不力也屬戶明珠族叛諸將欲亟討兼濟第日縱飲擊鞠繆爲不知以疑其意既而叛者自潰乃追襲之射殺其酋長收餘衆以歸徙寧州破斬斷蕺砦徙鄜州元昊既稱藩徙梓夔路鈐轄又徙知鎮戎軍兼濟御下嚴急轉運使言士心多怨請徙諸內地改涇原路鈐轄復知寧州又知原州徙冀州廣信軍累遷文思使惠州刺史河北緣邊安撫副使擢西上閤門使同管勾三班院出知雄州先是邊民避罪逃者契丹輒納之守將畏事不敢詰兼濟悉移檄責還徙冀州踰月改忻州復管勾三班院卒

郭遵者開封人也家世以武功稱遵少隸軍籍稍遷殿前指揮使乾興中改左班殿直并代路巡檢遷右侍禁慶州柔遠砦兵馬監押召試騎射優等遷左侍禁閤門祗候爲泰州三陽砦主徙延州西路都巡檢使元昊寇延州遵以裨將屬劉平遇敵馳馬入敵陣殺傷數十人敵出驍將揚言當遵遵揮鐵杵破其腦兩軍皆大呼復持鐵槍進所向披靡會黃德和引兵先潰敵戰益急遵奮擊期必死獨出入行間軍稍卻即復馬以殿又持大矟橫突之敵知不可敵使人持大絙索立高處迎遵馬輒爲遵所斷因縱遵使深入攢兵注射之中馬馬踠仆地被殺特贈果州團練使以其父斌爲太子右清道率府副率母賀封仁壽郡君妻尹安康郡君弟青右侍禁逵三班奉職四子尚幼仁宗悉爲賜名忠嗣西頭供奉官忠紹左侍禁忠裔右侍禁忠緒左班殿直女舊爲尼亦賜紫方袍遵用鐵杵槍矟共九十斤其後耕者得其器于戰處皇祐中乃併與其衣冠葬之河南逵自有傳

任福字祐之其先河東人後徙開封咸平中補衞士由殿前諸班累遷至遙郡刺史元昊反除莫州刺史嵐石隰州緣邊都巡檢使既辭奏曰河東地介大河斥堠疏闊願嚴守備以戒不虞仁宗善之命知隴州擢秦鳳路馬步軍副總管詔陝西增城壘器械福受命四十日而戰守之備皆具以忻州團練使爲鄜延路副總管管勾延州東路蕃部事尋知慶州復兼環慶路副總管上言慶州去蕃族不遠願勒兵境上按亭堡謹斥堠因經度所過山川道路以爲緩急攻守之備帝益善之聽便宜從事夏人寇保安鎮戎軍福與子懷亮姪墒成蟲自華池鳳川鎮聲言巡邊召諸將牽制敵勢行至柔遠砦犒蕃部即席部分諸將攻白豹城夜漏未盡抵城下四面合擊平明破其城縱兵大掠焚巢穴獲牛馬橐駝七千有餘委聚方四十里平骨咩等四十一族以功拜龍神衞四廂都指揮使賀州防禦使改侍衞馬軍都虞候康定二年春朝廷欲發涇原鄜延兩路兵西討詔福詣涇原計事會安撫副使韓琦行邊趨涇原聞元昊謀寇渭州琦亟趨鎮戎軍盡出其兵又募敢勇得萬八千人使福將之以耿傅參軍事涇原路駐泊都監桑懌爲先鋒鈐轄朱觀都監武英涇州都監王珪各以所部從福節制琦戒福等併兵自懷遠城趨得勝砦至羊牧隆城出敵之後諸砦相距纔四十里道近糧餉便度勢未可戰則據險設伏待其歸邀擊之福引輕騎數千趨懷遠城捺龍川遇鎮戎軍西路巡檢常鼎劉肅與敵戰于張家堡南斬首數百夏人棄馬羊橐駝佯北懌引騎趨之福踵其後諜傳敵兵少福等頗易之薄暮與懌合軍屯好水川觀英屯籠落川相距隔山五里約翌日會兵川口路既遠芻餉不繼士馬乏食已三日追奔至籠竿城北遇夏軍循川行出六盤山下距羊牧隆城五里結陣諸將方知墮敵計勢不可留遂前格戰懌馳犯其鋒福陣未成列賊縱鐵騎突之自辰至午陣動衆傅山欲據勝地俄伏發自山背下擊士卒多墜崖塹相覆壓懌肅戰死敵分兵數千斷官軍後福力戰身被十餘矢有小校劉進者勸福自免福曰吾爲大將兵敗以死報國爾揮四刃鐵簡挺身決鬬槍中左頰絕其喉而死乃併兵攻觀英戰既合王珪自羊牧隆城引兵四千陣于觀軍之西渭州駐泊都監趙津將瓦亭騎兵二千繼至珪屢出略陣陣堅不可破英重傷不能視軍敵兵益至官軍遂大潰英津珪傅皆死內殿崇班貲贇西頭供奉官王慶侍禁李簡李禹亨劉鈞亦戰沒軍校死者數十人士死者六千餘人唯觀以兵千餘保民垣四嚮縱射會暮敵引去與福戰處相距五里然其敗不相聞也福子懷亮亦死之方元昊傾國入寇福臨敵受命所統皆非素撫之兵既又分出趨利故至於甚敗奏至帝震悼贈福武勝軍節度使兼侍中賜第一區月給其家錢三萬粟麥四十斛追封母爲隴西郡太夫人妻爲瑯琊郡夫人錄其子及從子凡六人

王珪開封人也少拳勇善騎射能用鐵杵鐵鞭年十九隸親從官累遷殿前第一班押班擢禮賓副使涇州駐泊都監康定初元昊寇鎮戎軍珪將三千騎爲策先鋒自瓦亭至師子堡敵圍之數重珪奮擊披靡獲首級爲多叩鎮戎城請益兵不許城中惟縋糗糧予之師既飽因語其下曰兵法以寡擊衆必在暮我兵少乘其暮擊之可得志也復馳入有驍將持白幟植槍以詈曰誰敢與吾敵者槍直珪胸而傷右臂珪左手以杵碎其腦繼又一將復以槍進珪挾其槍以鞭擊殺之一軍大驚遂引去珪亦以馬中箭而還仁宗特遣使撫諭之然以其下死傷亦多止賜名馬二匹黃金三十兩裹創絹百匹復下詔暴其功塞下以厲諸將是歲改涇原路都監明年爲本路行營都監勒金字處置牌賜之使得專誅殺尋至黑山焚敵族帳獲首級馬駝甚衆會敵大入以兵五千從任福屯好水川連戰三日諸將皆敗任福陷圍中望見麾幟猶在珪欲援出之軍校有顧望不進者斬以徇乃東望再拜曰非臣負國臣力不能也獨有死報爾乃復入戰殺數十百人鞭鐵撓曲手掌盡裂奮擊自若馬中鏃凡三易猶馳擊殺數十人矢中目乃還夜中卒珪少通陰陽數術之學始出戰謂其家人曰我前後大小二十餘戰殺敵多矣今恐不得還我死可速去此無爲敵所讐也及敵攻瓦亭購甚急果如所料鎮戎之戰以所得二槍植山上其後邊人即其處爲立祠贈金州觀察使追封其妻安康郡君錄其子光祖爲西頭供奉官閤門祗候後爲東上閤門使光世西頭供奉官光嗣左侍禁

武英字漢傑太原人父密隨劉繼元歸朝仕至侍禁鎮定同巡檢與契丹戰沒于望都贈西京左坊使錄英爲三班借職以右班殿直爲忻代州同巡檢會州將出獵因留帳飲英曰今空郡而來萬一敵乘間入城奈何既而敵百餘騎果入寇英領衆左右馳射悉禽獲之以功遷左班殿直監雄州榷場改右侍禁閤門祗候爲環州都巡檢使徙洪德砦主又徙慶州柔遠砦元昊寇延州英主兵攻後橋以分敵勢擢內殿承制環慶路駐泊都監破黨平族又從任福破白豹城遷禮賓副使尋兼涇原行營都監與任福合諸將戰張家堡斬首數十百敵棄羊馬僞遁諸將皆趨利爭進英以爲前必有伏衆不聽已而伏發福等既敗英猶力戰自辰至申矢盡遇害贈邢州觀察使錄其子三班奉職永符爲東頭供奉官閤門祗候永孚西頭供奉官永昌左侍禁姪永保右班殿直永錫三班奉職

桑懌開封雍丘人勇力過人善用劍及鐵簡有謀略其爲人不甚長大與人接常祗畏若不自足語言如不出其口卒遇之不知其勇且健也兄慥舉進士有名懌以再舉進士不中常遭大水有粟二廩將以舟載之見百姓走避水者遂棄其粟而載之得皆不死歲饑聚人共食其粟盡而止後徙居汝潁間耕龍城廢田數頃以自給諸縣多盜懌自請補耆長得往來察姦因召里中惡少年戒曰盜不可爲吾不汝容也有頃里老父子死未斂盜夜脫其衣去父不敢告縣懌疑少年王生者夜入其家得其衣不使之知也明日見而問之曰爾許我不爲盜今里中盜屍衣者非爾邪少年色動即推仆地縛之詰共盜者姓名盡送縣皆伏辜嘗之郟城遇尉出捕盜招懌飲酒與俱行至賊所藏尉怯甚陽爲不知將去懌曰賊在此欲何之乃下馬獨格殺數人因盡縛之又聞襄城有盜十許人獨提一劍以往殺數人盡縛其餘汝旁縣爲之無盜京西轉運使奏其事補郟城尉天聖中河南諸縣多盜轉運使奏移澠池尉羣盜保青灰山

時出懷剽有宿盜王伯者尤爲民害朝廷每授巡檢使必疏姓名使捕之懌至官巡檢僞爲宣頭以示懌牒招致之懌不知其僞也因挺身入賊中與伯同卧起十餘日伯遂與懌出至山口爲巡檢伏兵所執懌幾不免懌曰巡檢懼無功爾卽以伯與巡檢使自爲功巡檢俘獻京師而懌不復自言朝廷知之爲黜巡檢擢懌右班殿直永安縣巡檢明道末京西旱蝗有惡賊二十三人樞密院召懌至京師授以賊名姓使往捕懌曰盜畏吾名必潰潰則難得矣宜先示之以怯至則閉柵戒軍吏不得一人輒出居數日軍吏不知所爲數請出自效輒不許夜與數卒變爲盜服以出跡盜所嘗行處入民家民皆走獨一媪留爲具飯食如事羣盜懌歸閉柵三日復往自攜具就媪饌而以餘遺媪媪以爲眞盜乃稍就媪與語及羣盜一媪曰彼聞桑殿直來皆遁去近聞閉營不出知其不足畏今皆還矣某在某處懌又三日往厚遺之遂以實告曰我桑殿直也爲我察其實而愼勿泄後三日復來於是媪盡得居處之實以告懌明日部分軍士盡擒諸盜其尤强梁者懌自馳馬以往士卒不及從惟四騎追之遂與賊遇手殺三人凡二十三人者一日皆獲還京師樞密吏求銀爲致閤門祗候懌曰用賂得官非我欲況貧無銀有固不可也吏怒匿其功狀止免其短使而已除兵馬監押未行會宜州蠻叛殺海上巡檢官軍不能制因命懌往盡手殺之還乃授閤門祗候懌曰是行也非獨吾功位有居吾上者吾乃其佐也今彼留而我還我賞厚而彼輕得不疑我蓋其功而自伐乎受之徒慚吾心將讓其賞以歸己上者或譏以好名懌歎曰士顧其心如何爾當自信其心以行若欲避名則善皆不可爲也益辭之不許寶元初遷西頭供奉官廣西駐泊都監元昊反參知政事宋庠薦其有勇略遷內殿崇班鄜延路兵馬都監踰月徙涇原路屯鎭戎軍與任福遇敵于好水川力戰而死贈解州防禦使子湜皇城使

耿傅字公弼河南人祖昭化爲蜀州司戶參軍盜據城欲協以官昭化大罵至斷手足不屈而死傅少喜俠高氣初以父蔭爲三班奉職換伊陽縣尉歷明州司理參軍遷將作監丞知永寧縣河南守宋綬薦其材遷通判儀州徙慶州時議進兵西討以傅督一道糧饋會元昊入寇參任福行營軍事遇敵姚家川諸將失利敵騎益至武英勸傅避去傅不答英歎曰英當死君文吏無軍責奈何與英俱死朱觀亦謂傅少避賊鋒而傅愈前指顧自若被數創乃死始傅與觀管籠落川夜作書遺福以其戒小勝前與敵大軍遇深以持重戒之自寫題觀名以致福軍中傅死後韓琦得其書於隨軍孔目官彭忠奏上之詔贈傅右諫議大夫官其子瑗爲太常寺太祝璩爲太常寺奉禮郎璋爲將作監主簿珪試祕書省校書郎琬同學究出身

王仲寶字器之密州高密人初爲刑部史補齊州章丘尉以捕羣盜六十餘人有功用開封府判官鞠仲謀薦召對改右班殿直爲鎭定保深永寧天雄六州軍巡檢又以捕賊功遷左班徙河北西路提舉捉賊擒磁州名賊王遇仙博州孫流油輩凡四十人夜有盜叩戶外乞降左右欲殺之爲首級論功仲寶不可納舍中使寢擢閤門祗候命乘驛捕登州海賊百餘人獲之還爲河北提舉捉賊又捕斬百餘人知信安軍復爲河北提舉捉賊有盜百餘依西山官軍不能捕仲寶悉招出隸軍籍奏以自隨徙澤潞晉絳慈隰威勝軍巡檢使至官才八日獲太行山宿賊八十人累賜金帛緡錢使契丹積遷內殿承制天聖初知鎭戎軍改供備庫副使破康奴族獲首領百五十羊馬七千詔獎其功凡五年還巡護惠民河堤岸遷供備庫使麟府路兵馬鈐轄知麟州會鎭戎軍蕃族內寇徙涇原路鈐轄復知鎭戎軍又徙原環二州以西京左藏庫使惠州刺史知利州徙并代州鈐轄改西上閤門使建言緣邊博羅羌若之數逃去請寬其法使得復業以捍邊境久之遷東上閤門使元昊寇延州仲寶將兵至賀蘭谷以分兵勢敗蕃將羅逋于長雞嶺遷四方館使領濮州團練使爲涇原路總管安撫副使兼管勾秦鳳路軍馬事與西羌戰六盤山俘馘數百人時任福大敗好水川別將朱觀被圍于姚家堡仲寶以兵救之拔觀出圍乘以從馬時諸將皆沒獨仲寶與觀得還徙環慶路副都總管知慶州未幾兼本路經略安撫招討副使破金湯城復賜詔獎諭徙澶州副總管安撫使范仲淹以仲寶武幹未衰奏留之明年以磁州防禦使知代州除左屯衛大將軍致仕卒

論曰元昊乘中國弛備悉衆寇邊王師大衂者三夫豈天時不利哉亦人謀而已好水之敗諸將力戰以死噫趨利以違節度固失計矣然秉義不屈庶幾烈士者哉

宋史卷三百二十六

元　中書右丞相總裁脫脫等修

列傳第八十五

景泰　王信　蔣偕　張忠　郭恩
張岊　張君平　史方　盧鑑　李渭
王果　郭諮　田敏　侍其曙　康德輿
張昭遠

景泰字周卿普州人進士起家補莇州軍事推官後以尚書屯田員外郎通判慶州卽上言元昊雖稱臣誠恐包藏禍心當選主將練士卒修城池儲貲糧以備不虞三疏不報俄元昊反又上邊臣要畧二十卷遷都官知滅州奏平戎策十有五篇會有薦泰知兵者召對稱旨換左藏庫使知寧州任福敗徙原州元昊衆十萬分二道一出劉璠堡一出彭陽城入攻渭州葛懷敏援劉璠戰崆峒北敗接敵騎逾平凉至潘原泰率兵五千從間道趨原而先鋒左班殿直張迥逗遛不進泰斬以狥遇敵彭陽西禪將夏侯觀欲退守彭陽泰弗許乃依山而陣未成列敵騎來犯泰陰遣三百騎分左右翼張旗幟爲疑兵敵欲遁去將校請進擊泰止之遣士搜山果得伏兵與戰斬首千餘級以功遷西上閤門使知鎭戎軍兼兵馬鈐轄久之領忠州刺史徙秦鳳路馬步軍總管卒子思立熙寧中屢有戰功爲引進使忠州防禦使知河州與董氊部兵戰沒後思忠以左藏庫副使遂州駐泊都監擊瀘州夷人陷於羅箇暮山下兄弟繼死王事人皆憐其忠

王信字公亮太原人家故饒財少勇悍大中祥符中盜起晉絳澤潞數州信應募籍軍與其徒生擒賊七十人累以功補龍神衛指揮使部使者表薦召閱其藝遷御前忠佐領河中府同幹鄜延丹坊州慶成軍管界捉賊又遷龍衛都虞候兼鄜延巡檢康定初劉平石元孫戰于三川信以所部兵薄賊斬首數十級遷捧日都虞候改西京作坊使知鎭戎軍徙保安軍兼鄜延路兵馬都監始至之夕敵衆號數萬傅城軍吏氣懾信領勁兵二千夜出南門與戰失其前鋒因按軍不動遲明潛上東山整軍乘勢而下擊走之獲首級馬牛居多遷鈐轄兼經畧安撫招討都監領貴州刺史葛懷敏戰敗信出兵拒敵俘斬甚衆進保州刺史就遷馬步軍都總管四路置招討使遂爲本路招討副使累遷馬步軍都虞候象州防禦使徙高陽關路王則反貝州用安撫使明鎬奏爲貝州城下都總管城破則遁信率兵執則而還餘黨自焚死拜感德軍節度觀察留後召爲少軍副都指揮使未至卒贈武密軍節度兼侍中

蔣偕字齊賢華州鄭縣人幼貧有立志父病嘗刲股以療父愈詰之曰此豈孝邪曰情之所感實不自知也舉進士補韶州司理參軍以祕書省著作佐郞爲大理寺詳斷官密州豪人王澥使奴殺一家四人偕當澥及奴皆大辟宰相陳堯佐欲寬澥判審刑院宋庠與偕持之不從偕以是知名陝西用兵數上書論邊事遷祕書丞通判同州計置陝西錢糧逾年爲沿邊計置青白鹽使用龐籍范仲淹薦改北作坊副使環慶路兵馬都監歷知汾涇二州徙原州邊民苦屬戶爲鈔盜偕得數輩腰斬境上盜爲息遷北作坊使兼本路鈐轄明珠康奴諸族數爲寇偕潛兵伺之斬首四百擒酋豪焚帳落獲馬牛羊千計所俘皆刳割磔裂于庭下坐客爲廢飲食而偕語笑自若徙華州兵馬鈐轄湖南蠻唐和內寇徙潭州鈐轄賊平知忻州徙冀州坐擅率糧草降知霸州踰年徙恩州領韶州刺史屬兵糧乏絕朝廷方募民入粟增虛直給券詣京師射取錢貨謂之交鈔患未有應令者偕使州倉謬爲入粟數輒作鈔遣屬官持至京師轉貿得緡錢以補軍食爲御史彈奏降知坊州儂智高反除宮苑使韶州團練使爲廣南東西路鈐轄賊方圍廣州偕馳傳十七日至城下戰士未集會儂智高徙軍沙頭安撫楊畋檄偕焚糧儲退保韶州坐此降潭州駐泊都監再降北作坊使忠州刺史命未至軍次賀州太平場賊夜入營襲殺之贈武信軍節度觀察留後初偕入廣州卽數知州仲簡曰君留兵自守不襲賊又縱步兵馘平民以幸賞可斬也簡曰安有團練使欲斬侍從官偕曰斬諸侯劒在吾手何論侍從左右解之乃止卒以輕肆敗

張忠開封人初隸龍騎備征選爲教駿有軍校恣掊斂忠毆殺之坐配鼎州既遁去爲盜復招出隸龍猛軍以材武補三班借職陝西總管司指使數攻破堡砦殺劇賊張海郭邈山從平恩州功第一累遷如京使貧州刺史歷眞定府定州高陽關京東西路兵馬鈐轄儂智高反就移廣東領英州團練使初智高圍廣州時洪州駐泊都監蔡保恭及知英州蘇緘以兵八千人據邊渡村扼賊歸路忠奪而將之謂其下曰我十年前一健兒以戰功爲團練使若曹勉之於是不介騎而前會先鋒遇賊奔忠手拉賊帥二人馬陷濘不能奮遂中標槍死焉其父率府副率致仕餘慶爲左監門衛大將軍賜第一

區給半俸終身封其母爲河內郡夫人弟愿遷右班殿直閤門祗候官其子永壽永吉永德及其壻劉鐏凡四人封長女爲清河縣君

郭恩開封人初隸諸班出爲左侍禁閤門祗候歷延州四路都巡檢環州肅遠砦主累遷內殿承制泰鳳路兵馬都監開古渭州路爲前鋒斬首九百餘級擢崇儀副使會掌烏族叛又率兵攻討斬首八十五級遷六宅副使累勞補崇儀使爲秦隴路兵馬鈐轄徙并代州鈐轄管勾麟府軍馬事夏人歲侵屈野河西地至耕穫時輒屯兵河西以誘官軍經略使龐籍每戒邊將歛兵河東毋與戰嘉祐二年自正月出屯至三月然後去通判并州司馬光行邊至河西白草平數十里無寇跡是時知麟州武戡通判夏倚已築一堡爲候望又與光議曰乘敵去出不意可更增二堡以據其地請遠白經略使益禁兵三千役兵五百不過二旬壁壘可城然後廢橫戎臨砦二堡徹其樓櫓從其甲兵以實新堡列烽燧以通警急從衙城紅樓之上俯瞰其地猶指掌也有急則州及橫陽堡出兵救之敵來耕則驅之種則蹂踐之敵盛則入堡以避如是則堡外必不敢耕種州西五六十里之內晏然矣籍遂檄麟州如其議五月恩及武戡走馬承受公事內侍黃道元等以巡邊爲名往按視之會詗者言敵兵盛屯沙黍浪恩欲止不行道元怒以言脅恩夜率步騎六千四百餘人不甲者半循屈野河北而行無復部伍夏人舉火臥牛峯戡指以謂恩曰敵已知吾軍至矣道元曰此爾曹故欲沮我師及聞鼓聲道元猶不信行至砦口恩欲休軍須曉乃登山道元奮衣起曰幾年聞郭恩名今日懦怯與賈逵何殊恩亦慍曰不過死耳乃行比明至忽里堆敵數十人皆西走相去數十步止恩等踞胡床遣使騎呼之敵不應亦不動俄而起火敵騎張左右翼自南北交至堆東有塹其中有梁謂之斷道堰恩等東據梁口與力戰自旦至食時敵自兩旁塹中攀緣而上四面合擊恩衆大潰夏倚方在紅樓見敵騎自西山大下與推官劉公弼率城中諸軍閉門乘城武戡走東山趣城東抉門以入恩道元及府州寧府砦兵馬都監劉慶皆被執使臣死者五人軍士三百八十七人已馘耳鼻得還者百餘人亡失器甲甚衆恩不肯降遁自殺贈同州觀察使封其妻爲京兆郡君錄其子弟有差給舊俸二年武戡坐棄軍除名編管江州

張岊字子雲府州府谷人以貲爲牙將有膽略善騎射天聖中西夏觀察使阿遇有子來歸阿遇寇麟州虜邊戶約還子然後歸所虜麟州還其子而阿遇諷背約安撫使遣岊詰問岊徑造帳中以逆順諭阿遇阿遇語屈留岊共食阿遇袖佩刀貫大臠啗岊岊引吻就刀食肉無所憚阿遇復弦弓張鏃指岊腹而發岊食不輟神色自若阿遇撫岊背曰眞男子也翌日又與岊縱獵雙兎起馬前岊發兩矢連斃二兎阿遇驚服遺岊馬橐駝悉歸所虜州將補爲來遠砦主手殺僞首領奪其甲馬時年十八名動一軍元昊犯鄜延詔麟府進兵岊以都教練使從忻繼閔破浪黃党兒兩族射殺數十人斬僞軍主敖保以功補下班殿侍三班差使時敵騎方熾中人促賜軍衣至麟州不得前康德輿管勾軍馬司事遣岊驍騎五十往護之至者眉浪遇賊接戰流矢貫雙頰岊拔矢鬬愈力奪馬十二匹而還賊兵攻府州甚急城西南隅庫下賊將登衆囂曰城破矣岊乘陴大呼搏賊賊稍却飛矢中右目下身被三創晝夜督守又帥死士開關護州人汲于河苑圍解城中水不通以勞遷右班殿直然賊嘗往來邀奪饋運以岊爲麟府州道路巡檢至深柏堰遇賊數千分兵追擊斬首百餘級奪兵械馬牛數百近郊民田比秋成未敢穫岊以計于張亢得步卒九百人護之大敗賊於龍門川從諸將通麟州糧道破賊於柏子砦改左班殿直內侍宋永誠傳詔砦下岊護永誠遇賊三松嶺賊以精騎挑戰矢中岊臂猶躍馬左右馳射諸將乘勝而進賊皆棄潰特改西頭供奉官又遷內殿崇班賊破豐州岊與諸將一日數戰破容州刺史耶布移守貴叅砦俘獲萬計遷禮賓副使明鎬在河東以岢嵐軍當雲朔路奏岊爲麟府路駐泊都監兼沿邊都巡檢使駐岢嵐張亢修並砦堡障初議置安豐砦於石臺神岊以爲非要害之地遂砦徙於生地骨堆以扼賊左右視信咸曰擅易砦地可乎岊曰苟利國家得罪無憾也卒易之已而本道上言左遷絳州兵馬都監二州未解嚴復麟府駐泊都監屯安豐累遷洛苑使嘗從數騎夜入羌中俱機事既還羌覺追之岊隨羌疾馳効羌語與羌俱數里乃得脫前後數中流矢創發臂間卒

張君平字士衡磁州滏陽人以父承訓與契丹戰死補三班差使殿侍黔州指揮使獠兵屢入寇君平引兵擊破之以功遷奉職除駐泊監押徙容白等州巡檢又以捕賊功遷右班殿直謝德權薦君平河陰窖務擢閤門祗候管勾汴口建言歲開汴口當擇其地得其地則水湍駛而無留沙歲可省功百餘萬又請沿河縣植榆柳爲令佐使臣課最及瘞汴河流屍悉從其言天聖初議塞滑州決河以君平習知河事命以左侍禁簽書滑州事兼修河都監既而河未塞召同提點開封府界縣鎮公事以營護滑州隄有功特遷內殿崇班君平以京師數罹水災請委官疏鑿近畿諸州古溝洫久之稍完遂詔畿內及近畿州縣長吏皆兼管勾溝洫河道自畿至泗州道路多羣寇君平謂兩驛增置使臣專主捕盜而罷夾河巡檢於是行者無患復爲滑州修河都監遷供備庫副使河平改西作坊使就遷鈐轄卒君平有吏材尤明於水利自議塞河朝廷每訪以利害河平君平且死論者惜之錄三子官子䇓皇祐中以尚書虞部員外郎爲河陰發運判官管勾汴口嗣其父職云

論曰孔子謂暴虎馮河死而無悔者不與也老氏曰佳兵者不祥景泰輩或起書生或奮行伍或出亡命非有將率之材也泰信以區區之卒嘗摧西夏之彊鋒頗知持重以制敵耳蔣張輕肆自用竟殞于烏合之寇恩怵道元之勢身陷虎口守義不屈猶足尚也岊之驍勇固非臨事而懼者君平死職之子迺明習水利以吏材稱亦可謂善變矣

史方字正臣開封人應周易學究不中補西第二班殿侍再遷三班奉職爲潭澧鼎沿邊同巡檢改右班殿直閤門祗候會澧州民訴下溪州蠻侵其土地遣乘驛往視自竹疎驛至申文崖復地四百餘里得所掠五百餘人又置澧州武口楊泉索溪四砦以扼賊衝就知鄜州徙澧州遷右侍禁天禧中下溪州蠻彭仕漢寇辰州殺巡檢王文慶方勒兵入溪洞討捕降其黨李順同等八百餘人誅其尤惡者社忽等十九人遷西頭供奉官知辰州兼沿邊溪洞都巡檢使修南北江五砦徙夔州時富順州蠻田彥晏寇施州焚瞎利砦方領兵直抵富順蕩其巢穴窮追彥晏至七女柵降之遷內殿崇班改內殿承制奉使契丹以供備庫副使知環州環慶路兵馬都監先是磨媚浪壹托校投新兀二兀三六族內寇方諭以恩信乃傳箭牽羊乞和減禁兵五千徙內地以省邊費從慶州遷禮賓使兼環慶路兵馬鈐轄復知環州歲餘遷愛州刺史爲益州鈐轄徙秦鳳路遷西京作坊使卒

盧鑑字正臣金陵人累舉進士不中授三班奉職監坊州酒稅以右班殿直爲鄜延路走馬承受公事李繼遷寇邊與總管王榮敗走之又與鈐轄張崇貴擊賊焚其積聚斬首級而還擢閤門祗候爲本路兵馬都監復出蕩族帳獲羊牛萬計徙鳳翔秦隴階成等州提點賊盜公事尋爲都巡檢使徙利州都監初繼遷聲言石隰帳前有文曰天誡爾勿爲中國患鑑時爲承受入奏事眞宗問之鑑曰此詐爲之以欺朝廷也宜益爲備至是繼遷陷靈武帝思其言特遷右侍禁知儀州州有制勝關最號險要繼遷欲乘虛襲取之放言將由此大入諜者以告有詔徙老幼芻粟于內地鑑曰此姦謀也且示虜弱搖民心臣不敢奉詔卒不徙已而賊亦不至再遷西頭供奉官知利州會歲饑以便宜發倉粟振民秩滿民請留詔留一年提點河東路刑獄歷知保州廣信軍原州就爲環慶路都監兼知慶州徙環州平磨媚族于合道鎭坐事徙知丹州累遷西京左藏庫使恩州刺史爲環慶路鈐轄兼知環州改西上閤門使秦州卒

李渭字師望其先西河人後家河陽進士起家爲臨潁縣主簿累官至太常博士會河決滑州天聖初上治河十策參知政事魯宗道奉詔行河奏渭換北作坊副使與張君平並爲修河都監未幾皆罷以渭爲鄆州兵馬都監徙知憲州又知鳳州兼階成州鈐轄初屬戶寇陷階州沙灘砦渭至詰所以然者乃都校趙釗擾之奏流釗道州以恩信諭酋帥復其砦遷軍器庫副使歷知原環慶三州時詔舉勇略任邊者李諮以渭應詔徙益利路兵馬鈐轄領惠州刺史遷東八作使擢西上閤門使徙鄜延路再遷四方館使寶元元年元昊將山遇率其族來歸且言元昊反狀渭與知州郭勸謀郤之既而元昊果反又與勸奏以爲元昊表至猶稱臣可漸屈以禮朝廷初以渭兼知鄜州坐是貶爲尚食使知汝州徙磁州元昊犯邊言者益歸罪于渭復降右監門衛將軍白波兵馬都監卒

王果字仲武深州饒陽人舉明法歷大理寺詳斷官遷光祿寺丞以太子右贊善大夫爲審刑院詳議官遷殿寺丞奏邊策試舍人院改衣庫副使知永寧軍更尚食使知保州契丹謀致書求關南地使未至果購諜者先得其藁奏之擢領賀州刺史兼高陽關路兵馬鈐轄中官楊懷敏領沿邊屯田事大廣塘水邊臣莫敢言果獨抗辨水侵民田無益邊備懷敏怒訴果以不法左遷青州兵馬都監歷永興軍兵馬鈐轄知隴州俄詔還遷皇城使河北沿邊安撫副使徙知定州兼眞定路兵馬鈐轄叛卒據保州果坐多傷士衆徙知密州又知忻州鄜州權秦鳳路兵馬總管遷西上閤門使徙知滄州卒

郭諮字仲謀趙州平棘人八歲始能言聰敏過人舉進

士歷通利軍司理參軍中牟縣主簿改大理寺丞知濟陰縣建言澶滑堤狹無以殺大河之怒故漢以來河決多在澶滑且黎陽九河之原今若引河出汲子山下穿金堤與橫壠合以達于海則害可息詔本道使者共議弗合部夫坐小法監通利軍稅洺州肥鄉縣田賦不平歲久莫治轉運使楊偕遣諳攝令以往旣至閉閤數日以千步方田法四出量括遂得其數除無地之租者四百家正無租之地者百家收逋賦八十萬流民乃復偕奏其才遷殿中丞知館陶縣康定西征詣上戰畧獻拒馬搶陣法其制利山川險隘以騎士試上前擢通判鎭戎軍募兵教習會三司議均稅法知諫院歐陽修言惟諳方田法簡而易行詔諳與孫琳均蔡州上蔡縣稅以母憂免官用宰相呂夷簡薦起爲崇儀副使提舉黃御河堤岸時富弼使契丹諳入對陳大水禦戎之要詔與楊懷敏鄧保信行河其議決黎陽大河下與胡盧滹沱後唐河以注塘泊混界河使東北抵于海上溢鸛鵲陂下注北當城南視塘泊界截虜疆東至海口西接保塞惟保塞正西四十里水不可到請立堡砦以兵戍之詔儲用與役會契丹約和而止知丹利二州王則叛文彥博薦諳知冀州運糧助攻討賊平徙忻州開渭渠導汾水興水利置屯田轉運使任顓言諳有巧思自爲兵械皆可用詔以所作刻漏圓楯獨轅弩生皮甲來上帝頗嘉之除益州路兵馬鈐轄累遷英州刺史後爲契丹祭奠副使知汾州未行言獨轅弩可試改鄜延路兵馬鈐轄許置弩五百募土兵教之旣成經畧使夏安期言其便詔立獨轅弩軍以西上閤門使知潞州言懷保二郡旁山可以植稻定武唐河抵瀛 間可興水田又作鹿角車陷馬槍請廣獨轅弩於他道詔諳置弩千分給并潞諳因上疏曰臣自冠武弁未嘗一日不思禦戎之計頃使契丹觀幽燕地方不及三百里無十萬人一年之費且烏合之衆非二十萬不敢舉若以術制之使舉不得利居無以給不踰數年必棄幽州而遁臣慶曆初經畫河北大水界斷敵疆乃其術也臣所創車弩可以破堅甲制奔衝若多設之助以大水取幽薊如探囊中物爾時三司議均田租召還諳陳均括之法四十條復上平燕議曰契丹之地自尾橋至古北口地狹民少自古北口至中原屬奚契丹自中原至慶州道旁纔七百餘家蓋契丹彊土雖廣人馬至少儻或南牧必率高麗渤海黑水宮眞室韋等國會戰其來旣遠其糧匱乏臣聞以近待遠以佚待勞以飽待饑用兵之善計又聞得敵自至者勝先據便地者佚以臣所見請舉慶曆之策合衆河於塘泊之北界以限戎馬然後以景德故事頓兵自守步卒十二萬騎卒三萬彊壯三萬歲計糧餉百八十三萬六千斛又傍河郡邑可以水運以給保州應援以拒馬軍三十萬陷馬槍千五百獨轅弩三萬分選 將臣可以備其一來則戰去則勿追幽州糧儲旣少敵不可久留不半年間當遁沙漠則進兵斷古北口砦松亭關傳檄幽薊燕南自定且彼之所恃者惟馬而已但能多方致力使馬不獲伸用則敵可破幽燕可取帝壯其言詔置獨轅弩二萬同提舉百司及南北作坊以完軍器諳嘗謂作汴乘素河三十六陂之流危京師請自鞏西山七里店孤株嶺下鑿七十里導洛入汴可以四時行運詔都水監楊佐同往討度歸未及論功而卒

田敏字子俊本易州牙吏雍熙中王師討幽薊曹彬進兵涿州敵斷其後王繼恩募勇士持書抵彬敏應募間行由祁溝關達相州彬得詔選壯士五十人衞敏還道遇賊力戰四十八人死敏與兩人者僅以身免彬上其事太宗召見復令齎詔諭彬師還補敏易州靜砦指揮使端拱初以所部兵屯定州契丹攻北唐河大將李繼隆遣部將逆戰爲敵所乘奄至水南敏以百騎奮擊敵懼退水北遂引去又出狼山襲契丹至滿城獲首級甚衆旣而敵陷易州敏失其家所在帝擢敏本軍都虞候賜白金三百兩使間行求其父母得之以歸徙屯鎭州而升其指揮爲內員僚直李繼隆討夏州奏隸麾下敏率兵至靈州橐駞口雙堆西遇敵斬首三千級獲羊馬橐駞鎧仗數萬計繼隆上其功遷御前忠佐馬步軍副都軍頭旣而又從傅潛于定州時契丹斷蒲陰路城中有神勇軍士千餘人屬敵兵盛不敢戰敏率輕銳復出之眞宗幸天雄軍詔敏隸高瓊使追賊至寧遠軍以功領涿州刺史王均亂西川從招安使雷有終敗賊於靈池山賊平遷馬步軍都軍頭咸平中契丹復入寇敏從王顯爲鎭定先鋒大敗契丹於遂城西羊山斬其酋長眞授單州刺史後爲邢州兵馬鈐轄未幾從王超屯定州遇契丹于望都逆戰斬首二千餘級徙北平砦兵馬鈐轄領騎兵五千以當其衝先是兩地供輸民多爲契丹鄉導敏自魚臺北悉驅南徙凡七百餘戶送定州遷北平砦總管賜御劍聽以便宜從事至是契丹復入寇復與敵戰楊村敗之敏諜知契丹主去北平十里蒲陰駐砦敏夜率銳兵襲破其營帳契丹主大驚問撻覽曰今日戰者誰撻覽曰所謂田廂使者契丹主曰其鋒銳不可當遂引衆去敵攻瀛州不下欲乘虛犯貝魏詔敏與魏能張凝三路兵入敵境縱擊以牽其勢敏出西路抵易州南十里屯師石村虜獲人畜鎧仗以萬計尋詔三路兵還定州敏遇敵于鎭州之北馬頭嶺復大破之契丹請和乃徙敏鎭定路都鈐轄遷本州團練使充鎭定路總管徙永興軍陝州歷鄜延環慶鳳翔三路久之爲環慶路都總管時後橋屬羌數擾邊敏誅違命者十八族又敗羅骨於三店川遷鄭州防禦使涇原路總管後徙環慶坐與部豪往還納賂爲不法降左屯衞大將軍昭州防禦使旣而以虢州團練使知隰州復 環慶路都總管儀州防禦使卒敏在邊二十餘年凡遷授多以功伐雖悅不自飭而朝亦優容之

侍其曙字景升父稹左監門衞大將軍曙少舉進士不第以父任爲殿前承旨改右班殿直咸平中以閤門祗候爲蘇杭湖秀等州都巡檢使遷左侍禁領東西排岸司與謝德權提舉在京倉草場嘗於倉隙地牧牛羊爲德權所訟眞宗以問德權曰牛羊食倉粟耶曙聞而自劾帝勉諭之它日召曙問汝才孰與德權對曰德權畏法愼事臣乃敢於官倉牧牛羊是不及也人多稱之鄂州男子聞人若拙告其徒永興民李琰將作亂命曙同度支判官李應機往按之至則設方畧捕琰黨三十餘人皆伏法琰辭連已所不快者數十人一切不問青州卒龐德訟其校李緒謀以衆叛帝疑其誣又命曙至青州與通判魏德昇同至劾無驗遂棄德市知青州張齊賢奏曙擅戮人帝曰不爾無以安被告者曙還奏德憚緒治軍嚴故誣之帝擢緒本軍虞候而進曙東頭供奉官初太宗平河東建塔于太原故城塔毀帝欲新之遣內侍經度計工二百萬帝疑命曙往減費十九改內殿崇班祥符二年黎州夷人爲亂詔曙乘驛往招撫其酋首納款殺牲爲誓曙按行鹽井夷人復叛曙率部兵百餘生擒首領三人斬首數十級因上言蠻阻險拒命請必加討詔知慶州孫正辭環慶駐泊都監張繼勳領陝西兵同曙俱進所至皆降曙又言王師已至而方出請誅之眞宗謂王旦曰已降而殺之何以信四夷不許夷人平遷內殿承制再遷如京副使知登州會歲饑請漕江淮米以振貧乏活者甚衆累遷西京作坊使惠州刺史知桂州徙滑州遷西上閤門使徙鄆州提舉在京諸司庫務卒曙爲人沈敏有幹畧善論利害事朝廷數任使之

康德輿字世基河南洛陽人父贊元嘗以作坊使從曹光實襲李繼遷獲其母妻擢崇儀使武州刺史贊元死眞宗追其功錄德輿三班奉職遷右班殿直涇原路走馬承受擢閤門祗候河齧陽武埽詔遣德輿完築歷開封府西路都巡檢勾當榷貨務皆兼領埽事改巡護開封府等六州黃河隄岸天聖中使夏州賜趙德明冬服夏人謂曰前康將軍戰靈武者非先世邪德輿懼其復讐紿曰非也還勾當汴口改西頭供奉官用樞密使曹利用薦遷內殿崇班河陰兵馬都監建汴斗門以節水會積雨汴水將溢德輿請自京西導水入護龍河水得不溢歷知原州慶州益州路兵馬鈐轄久之領昭州刺史徙并代兵馬鈐轄管勾麟府路軍馬事有蕃部乜羅爲殿侍求錦袍驛料德輿不與乜羅頗出怨言後有譖乜羅與賊通戰則反射漢人乜羅無以自明乃謀附賊指揮張岊聞之召乜羅與飲乜羅泣曰我豈附賊者邪蓋逃死耳岊以告德輿乜羅叛信矣不可不殺元昊方屢入寇德輿不聽曰今日豈殺蕃部時邪岊曰叛者特乜羅非衆所欲也請爲君召與飲仆崖谷中聲言墮馬死安知漢殺之德輿猶豫不決以問所親所親惡岊短毀之岊計不得行知府州折繼閔聞賊將至以告德輿德輿怒曰君不召之何以知其來也賊果以乜羅爲鄉導自後河川入襲府州蕃漢欲入城德輿閉門不納或降賊或爲賊所殺不可勝計賊旣圍府州德輿與馬步軍副總管王元兵馬鈐轄楊懷忠按兵不出戰但移文轉運司調軍食轉運副使文彥博籍民輦運至境以俟而德輿等終不出及陷豐州纔出屯州城數里三日而還居民望見以謂寇復至皆棄其所齎入保城郭然朝廷不悉聞德輿止坐不出戰降爲東染院使河陽兵馬都監尋復昭州刺史知保州徙眞定府定州路總管歷知代石儀三州大名府路鈐轄提舉金堤累遷西上閤門使至和中河決小吳埽破東堤頓丘口居民避水者趨堤上而水至不得達德輿以巨船五十順流以濟之遂免墊溺復領果州團練使知冀州徙趙州有告雲翼卒謀以上元夜劫庫兵爲亂德輿會賓屬燕飲自若陰遣人捕首謀誅之徙陳州鈐轄卒

張昭遠字持正滄州無棣人父凝殿前都虞候寧州防禦使契丹內寇凝與康保裔伏兵瀛州陷圍中昭遠年十八挺身被出之擢左班殿直寄班祗候每出使還奏利害多稱旨爲忻州都巡檢改閤門祗候知狄山軍管勾河東緣邊安撫司再遷內殿崇班天禧初閤門副使缺員樞密院方奏擬人眞宗曰朕有人矣張昭遠知邊

畧曹儀習朝儀可並除西上閤門副使俄爲河北緣邊安撫副使尋知瀛州改東上閤門副使知定州以引進副使復知瀛州遷西上閤門使知雄州伏言歲會四榷場入中銀帝謂輔臣曰先朝置榷場所以通貨非所以計貿易之利也會大雨陂塘大溢昭遠勒兵築長堤以捍其衝徙鄜延路兵馬鈐轄進都鈐轄築堡成平川領忠州刺史知成德軍遷四方館使滹沱河決壞城郭乃修五關城外環以堤民至今爲利擢捧日天武四廂都指揮使新州防禦使歷步軍馬軍都虞候嘉州防禦使知代州召還改莫州防禦使罷管軍授左龍武軍大將軍昭州防禦使卒特贈應州觀察使

論曰郭諮以其智巧材畧自見於功利之間有足稱者曙抑其次也餘皆碌碌者矣如方之禦寇鑑之料敵王果持法峭深治軍嚴辦茲其長也田敏屢有戰功而貪墨敗度幸容於時李渭治無遠畧一失機會關中兵禍數年不解德輿閉城以棄其民昭遠計榷場所入爲知聖人懷柔之意哉

宋史卷三百二十七

元　中書右丞相總裁脫脫等修

列傳第八十六

王安石子雱唐坰附　王安禮

王安石字介甫撫州臨川人父益都官員外郎安石少好讀書一過目終身不忘其屬文動筆如飛初若不經意既成見者皆服其精妙友生曾鞏攜以示歐陽修修爲之延譽擢進士上第簽書淮南判官舊制秩滿許獻文求試館職安石獨否再調知鄞縣起堤堰決陂塘爲水陸之利貸穀與民立息以償俾新陳相易邑人便之通判舒州文彥博爲相薦安石恬退乞不次進用以激奔競之風尋召試館職不就修薦爲諫官以祖母年高辭修以其須祿養言於朝用爲羣牧判官請知常州移提點江東刑獄入爲度支判官時嘉祐三年也安石議論高奇能以辯博濟其說果於自用慨然有矯世變俗之志於是上萬言書以爲今天下之財力日以困窮風俗日以衰壞患在不知法度不法先王之政故也法先王之政者法其意而已法其意則吾所改易更革不至乎傾駭天下之耳目囂天下之口而固已合先王之政矣因天下之力以生天下之財取天下之財以供天下之費自古治世未嘗以財不足爲公患也患在治財無其道爾在位之人才既不足而閭巷草野之間亦少可用之才社稷之託封疆之守陛下其能久以天幸爲常而無一旦之憂乎願監苟且因循之弊明詔大臣爲之以漸期合於當世之變臣之所稱流俗之所不講而議者以爲迂闊而熟爛者也後安石當國其所注措大抵皆祖此書俄直集賢院先是館閣之命屢下安石屢辭士大夫謂其無意於世恨不識其面朝廷每欲俾以美官惟患其不就也明年同修起居注辭之累日閤門吏齎勑就付之拒不受吏隨而拜之則避於廁吏置勑於案而去又追還之上章至八九乃受遂知制誥糾察在京刑獄自是不復辭官矣有少年得鬭鶉其儕求之不與恃與之昵輒持去少年追殺之開封當此人死安石駮曰按律公取竊取皆爲盜此不與而彼攜以去是盜也追而殺之是捕盜也雖死當勿論遂劾府司失入府官不伏事下審刑大理皆以府斷爲是詔放安石罪當詣閤門謝安石言我無罪不肯謝御史舉奏之置不問時有詔舍人院無得申請除改文字安石爭之曰審如是則舍人不得復行其職而一聽大臣所爲自非大臣欲傾側而爲私則立法不當如此今大臣之弱者不敢爲陛下守法而彊者則挾上旨以造令諫官御史無敢逆其意者臣實懼焉語皆侵執政由是益與之忤以母憂去終英宗世召不赴安石本楚士未知名於中朝以韓呂二族爲巨室欲借以取重故深與韓絳絳弟維及呂公著交三人更游揚之名始盛神宗在藩邸維爲記室每講說見稱輒曰此非維之說維之友王安石之說也及爲太子庶子又薦自代帝由是想見其人甫即位命知江寧府數月召爲翰林學士兼侍講熙寧元年四月始造朝入對帝問爲治所先對曰擇術爲先帝曰唐太宗何如曰陛下當法堯舜何以太宗爲哉堯舜之道至簡而不煩至要而不迂至易而不難但末世學者不能通知以爲高不可及爾帝曰卿可謂責難於君朕自惟眇躬恐無以副卿此意可悉意輔朕庶同濟此道一日講席羣臣退帝留安石坐曰有欲與卿從容論議者因言唐太宗必得魏徵劉備必得諸葛亮然後可以有爲二子誠不世出之人也安石曰陛下誠能爲堯舜則必有皐夔稷卨誠能爲高宗則必有傅說彼二子皆有道者所羞何足道哉以天下之大人民之衆百年承平學者不爲不多然常患無人可以助治者以陛下擇術未明推誠未至雖有皐夔稷卨傅說之賢亦將爲小人所蔽卷懷而去爾帝曰何世無小人雖堯舜之時不能無四凶安石曰惟能辨四凶而誅之此其所以爲堯舜也若使四凶得肆其讒慝則皐夔稷卨亦安肯苟食其祿以終身乎登州婦人惡其夫寢陋夜以刃斮之傷而不死獄上朝議皆當之死安石獨以律辨證之爲合從謀殺傷減二等論帝從安石說遂著爲令二年二月拜參知政事上謂曰人皆不能知卿以爲卿但知經術不曉世務安石對曰經術正所以經世務但後世所謂儒者大抵皆庸人故世俗皆以爲經術不可施於世務爾上問然則卿所施設以何先安石曰變風俗立法度正方今之所急也上以爲然於是設制置三司條例司令判知樞密院事陳升之同領之安石令其黨呂惠卿預其事而農田水利青苗均輸保甲免役市易保馬方田諸役相繼並興號爲新法遣提舉官四十餘輩頒行天下青苗法者以常平糴本作青苗錢散與人戶令出息二分春散秋斂均輸法者以發運之職改爲均輸假以錢貨凡上供之物皆得徙貴就賤用近易遠預知在京倉庫所當辦者得以便宜蓄買保甲之法籍鄉村之民二丁取一十家爲保保丁皆授以弓弩教之戰陣免役之法據家貲高下各令出錢顧人充役下至單丁女戶本來無役者亦一槩輸錢謂之助役錢市易之法聽人賒貸縣官財貨以田宅或金帛爲抵當出息十分之二過期不輸息外每月更加罰錢百分之二保馬之法凡五路義保願養馬者戶一匹以監牧見馬給之或官與其直使自市歲一閱其肥瘠死病者補償方田之法以東西南北各千步當四十一頃六十六畝一百六十步爲一方歲以九月令佐分地計量驗地土肥瘠定其色號分爲五等以地之等均定稅數又有免行錢者約京師百物諸行利入厚薄皆令納錢與免行戶祗應自是四方爭言農田水利古陂廢堰悉務興復又令民封狀增價以買坊場又增茶鹽之額又設措置河北糴便司廣積糧穀于臨流州縣以備饋運由是賦斂愈重而天下騷然矣御史中丞呂誨論安石過失十事帝爲出誨安石薦呂公著代之韓琦諫疏至帝感悟欲從之安石求去司馬光荅詔有士夫沸騰黎民騷動之語安石怒抗章自辨帝爲巽辭謝令呂惠卿諭旨韓絳又勸帝留之安石入謝因爲上言中外大臣從官臺諫朝士朋比之情且曰陛下欲以先王之正道勝天下流俗故與天下流俗相爲重輕流俗權重則天下之人歸流俗陛下權重則天下之人歸陛下權者與物相爲重輕雖千鈞之物所加損不過銖兩而移今姦人欲敗先王之正道以沮陛下之所爲於是陛下與流俗之權適爭輕重之時加銖兩之力則用力至微而天下之權已歸于流俗矣此所以紛紛也上以爲然安石乃視事琦說不得行安石與光素厚光援朋友責善之義三詒書反覆勸之安石不樂帝用光副樞密光辭未拜而安石出命遂寢公著雖爲所引亦以請罷新法出潁州刺史劉述劉琦錢顗孫昌齡王子韶程顥張戩陳襄陳薦謝景溫楊繪劉摯諫官范純仁李常孫覺胡宗愈皆不得其言相繼去驟用秀州推官李定爲御史知制誥宋敏求李大臨蘇頌封還詞頭御史林旦薛昌朝范育論定不孝皆罷逐翰林學士范鎮三疏言青苗奪職致仕惠卿遭喪去安石未知所託得曾布信任之亞於惠卿三年十二月拜同中書門下平章事明年春京東河北有烈風之異民大恐帝批付中書令省事安靜以應天變放遣兩路募夫責有司郡守不以上聞者安石執不下開封民避保甲有截指斷腕者知府韓維言之帝問安石安石曰此固未可知就令有之亦不足怪今士大夫睹新政尚或紛然驚異況於二十萬戶百姓固有蠢愚爲人所惑動者豈應爲此遂不敢一有所爲邪帝曰民言合而聽之則勝亦不可不畏也東明民或遮宰相馬訴助役錢安石白帝曰知縣賈蕃乃范仲淹之壻好附流俗致民如是又曰治民當知其情僞利病不可示姑息若縱之便妄經省臺鳴鼓邀駕恃衆僥倖則非所以爲政其彊辯背理率類此帝用韓維爲中丞安石憾曩言指爲善附流俗以非上所建立因維辭而止歐陽修乞致仕馮京請留之安石曰修附麗韓琦以琦爲社稷臣如此人在一郡則壞一郡在朝廷則壞朝廷留之安用乃聽之富弼以格青苗解使相安石謂不足以阻姦至比之共鯀靈臺郎尤瑛言天久陰星失度宜退安石即黥隸英州唐坰本以安石引薦爲諫官因請對極論其罪謫死文彥博言市易與下爭利致華嶽山崩安石曰華山之變殆天意爲小人發市易之起自爲細民久困以抑兼并爾於官何利焉閼其奏出彥博守魏於是呂公著韓維安石藉以立聲譽者也歐陽修文彥博薦己者也富弼韓琦用爲侍從者也司馬光范鎮交友之善者也悉排斥不遺力禮官議正太廟太祖東嚮之位安石獨定議還僖祖於祧廟議者合爭之弗得上元夕從駕乘馬入宣德門衞士訶止之策其馬安石怒上章請逮治御史蔡確言宿衞之士拱扈至尊而已宰相下馬非其處

所應訶止帝卒爲杖衞士斥內侍安石猶不平王韶開熙河奏功帝以安石主議解所服玉帶賜之七年春天下久旱饑民流離帝憂形於色對朝嗟嘆欲盡罷法度之不善者安石曰水旱常數堯湯所不免此不足招聖慮但當修人事以應之帝曰此豈細事朕所以恐懼者正爲人事之未修爾今取免行錢太重人情咨怨至出不遜語自近臣以至后族無不言其害兩宮泣下憂京師亂起以爲天旱更失人心安石曰近臣不知爲誰若兩宮有言乃向經曹佾所爲爾馮京曰臣亦聞之安石曰士大夫不逞者以京爲歸故京獨聞其言臣未之聞也監安上門鄭俠上疏繪所見流民扶老攜幼困苦之狀爲圖以獻曰旱由安石所致去安石天必雨俠又坐竄嶺南慈聖宣仁二太后流涕謂帝曰安石亂天下帝亦疑之遂罷爲觀文殿大學士知江陵府自禮部侍郎超九轉爲吏部尚書呂惠卿服闋安石朝夕汲引之至是白爲參知政事又乞召韓絳代己二人守其成謨不少失時號絳爲傳法沙門惠卿爲護法善神而惠卿實欲自得政忌安石復來因鄭俠獄陷其弟安國又起李士寧獄以傾安石絳覺其意密白帝請召之八年二月復拜相安石承命卽倍道來三經義成加尚書左僕射兼門下侍郎以子雱爲龍圖閣直學士雱辭惠卿勸帝允其請由是嫌隙愈著惠卿爲蔡承禧所擊居家俟命雱風御史中丞鄧綰復彈惠卿與知華亭縣張若濟爲姦利事置獄鞫之惠卿出守陳十月彗出東方詔求直言及詢政事之未協於民者安石率同列疏言晉武帝五年彗出軫十年又有孛而其在位二十八年與乙巳占所期不合蓋天道遠先王雖有官占而所信者人事而已天文之變無窮上下傅會豈無偶合周公召公豈欺成王哉其言中宗享國日久則曰嚴恭寅畏天命自度治民不敢荒寧其言夏商多歷年所亦曰德而已裨竈言火而驗欲禳之國僑不聽則曰不用吾言鄭又將火僑終不聽鄭亦不火有如裨竈未免妄誕況今星工哉所傳占書又世所禁謄寫譌誤尤不可知陛下盛德至善非特賢於中宗周召所言則旣閱而盡之矣豈須愚瞽復有所陳竊聞兩宮以此爲憂望以臣等所言力行開慰帝曰聞民間殊苦新法安石曰祁寒暑雨民猶怨咨此無庸恤帝曰豈若并祁寒暑雨之怨亦無邪安石不悅退而屬疾臥帝慰勉起之其黨謀曰今不取上素所不喜者暴進用之則權輕將有窺人間隙者安石是其策帝喜其出悉從之時出師安南諜得其露布言中國行青苗助役之法窮困生民我今出兵欲相拯濟安石怒自草敕牓詆之華亭獄久不成雱以屬門下客呂嘉問練亨甫共議取鄧綰所列惠卿事雜他書下制獄安石不知也省吏告惠卿于陳惠卿以狀聞且訟安石曰安石盡棄所學隆尚縱橫之末數方命矯令罔上要君此數惡力行於年歲之間雖古之失志倒行而逆施者殆不如此又發安石私書曰無使上知者帝以示安石安石謝無有歸以問雱雱言其情安石咎之雱憤恚疽發背死安石暴綰罪云爲臣子弟求官及薦臣壻蔡卞遂與亨甫皆得罪綰始以附安石居言職及安石與呂惠卿相傾綰極力助攻惠卿上頗厭安石所爲綰懼失勢屢留之於上其言無所顧忌亨甫險薄諂事雱以進至是皆斥安石之再相也屢謝病求去及子雱死尤悲傷不堪力請解幾務上益厭之罷爲鎭南軍節度使同平章事判江寧府明年改集禧觀使封舒國公屢乞還將相印元豐三年復拜左僕射觀文殿大學士換特進改封荊哲宗立加司空元祐元年卒年六十八贈太傅紹聖中諡曰文配享神宗廟庭崇寧三年又配食文宣王廟列于顏孟之次追封舒王欽宗時楊時以爲言詔停之高宗用趙鼎呂聰問言停宗廟配享削其王封初安石訓釋詩書周禮旣成頒之學官天下號曰新義晚居金陵又作字說多穿鑿傅會其流入於佛老一時學者無敢不傳習主司純用以取士士莫得自名一說先儒傳註一切廢不用黜春秋之書不使列於學官至戲目爲斷爛朝報安石未貴時名震京師性不好華腴自奉至儉或衣垢不澣面垢不洗世多稱其賢蜀人蘇洵獨曰是不近人情者鮮不爲大姦慝作辯姦論以刺之謂王衍盧杞合爲一人安石性彊忮遇事無可否自信所見執意不回至議變法而在廷交執不可安石傳經義出己意辯論輒數百言衆不能詘甚者謂天變不足畏祖宗不足法人言不足恤罷黜中外老成人幾盡多用門下儇慧少年久之以旱引去洎復相歲餘罷終神宗世不復召凡八年子雱

雱字元澤爲人慓悍陰刻無所顧忌性敏甚未冠已著書數萬言年十三得秦卒言洮河事歎曰此可撫而有也使西夏得之則吾敵彊而邊患博矣其後王韶開熙河安石力主其議蓋兆於此舉進士調旌德尉雱氣豪睥睨一世不能作小官作策二十餘篇極論天下事又作老子訓傳及佛書義解亦數萬言時安石執政所用多少年雱亦欲預選乃與父謀曰執政子雖不可預事而經筵可處安石欲上知而自用乃以雱所作策及注道德經鏤板鬻于市遂傳達於上鄧綰曾布又力薦之召見除太子中允崇政殿說書神宗數留與語受詔註詩書義擢天章閣待制兼侍講書成遷龍圖閣直學士以病辭不拜安石更張政事雱實導之常稱商鞅爲豪傑之士言不誅異議者法不行安石與程顥語雱囚首跣足攜婦人冠以出問父所言何事曰以新法數爲人所沮故與程君議雱大言曰梟韓琦富弼之頭于市則法行矣安石遽曰兒誤矣卒時纔三十三特贈左諫議大夫

唐坰者以父任得官熙寧初上書云秦二世制於趙高乃失之弱非失之彊神宗悅其言又云青苗法不行宜斬大臣異議如韓琦者數人安石尤喜之薦使對賜進士出身爲崇文校書上薄其人除知錢塘縣安石欲留之乃令鄧綰薦爲御史遂除太子中允數月將用爲諫官安石疑其輕脫將背己立名不除職以本官同知諫院非故事也坰果怒安石易己凡奏二十疏論時事皆留中不出乃因百官起居日扣陛請對上令諭以他日坰伏地不起遂召升殿坰至御坐前進曰臣所言皆大臣不法請對陛下一一陳之乃搢笏展疏目安石曰王安石近御坐聽劄子安石遲遲坰訶曰陛下前猶敢如此在外可知安石悚然而進坰大聲宣讀凡六十條大略以安石專作威福曾布等表裏擅權天下但知憚安石威權不復知有陛下文彥博馮京知而不敢言王珪曲事安石無異廝僕且讀且目珪珪慚懼俛首元絳薛向陳繹安石頤指氣使無異家奴張琥李定爲安石爪牙臺官張商英乃安石鷹犬逆意者雖賢爲不肖附己者雖不肖爲賢至詆爲李林甫盧杞上屢止之坰慷慨自若略不退懾讀已下殿再拜而退侍臣衞士相顧失色安石爲之請去閤門糾其瀆亂朝儀貶潮州別駕鄧綰申救之且自劾繆舉安石曰此素狂不足責改監廣州軍資庫後徙吉州酒稅卒官

論曰朱熹嘗論安石以文章節行高一世而尤以道德經濟爲己任被遇神宗致位宰相世方仰其有爲庶幾復見二帝三王之盛而安石乃汲汲以財利兵革爲先務引用凶邪排擯忠直躁迫強戾使天下之人囂然喪其樂生之心卒之羣姦嗣虐流毒四海至於崇寧宣和之際而禍亂極矣此天下之公言也昔神宗欲命相問韓琦曰安石何如對曰安石爲翰林學士則有餘處輔弼之地則不可神宗不聽遂相安石嗚呼此雖宋氏之不幸亦安石之不幸也

王安禮字和甫安石之弟也早登科從河東唐介辟熙寧中鄜延路城囉兀河東發民四萬負餉宣撫使韓絳檄使佐役後帥呂公弼將從之安禮爭曰民兵不習武事今歐之深入此不爲寇所乘則凍餓而死爾宜亟罷遣公弼用其言民得歸而他路遇敵者全軍皆覆公弼執安禮手言曰四萬之衆豈偶然哉果有陰德相與共之初絳專爵賞旣上最多失實公弼以狀聞詔卽河東議功公弼將受之安禮曰宣撫使以宰相節制諸道且許便宜封授一有不韙人猶得非之公藩臣乃欲踰進功狀于非其任邪公弼遽辭遂薦安禮于朝神宗召對欲驟用之安石當國辭以爲著作佐郎崇文院校書他日得見命之坐有司言八品官無賜坐者特命之遷直集賢院出知潤州湖州召爲開封府判官嘗借尹奏事旣退獨留訪以天下事帝甚鄉納直舍人院同修起居注蘇軾下御史獄勢危甚無敢救者安禮從容言自古大度之主不以言語罪人軾以才自奮謂爵位可立取顧錄錄如此其心不能無觖望今一旦致於理恐後世謂陛下不能容才帝曰朕固不深譴也行爲卿貰之卿第去勿漏言軾方賈怨於衆恐言者緣以害卿也李定張璪皆擿使勿救安禮不荅軾以故得輕比進知制誥彗星見詔求直言安禮上疏曰人事失於下變象見於上陛下有仁民愛物之心而澤不下究意者左右大臣不均不直謂忠者爲不忠不賢者爲賢乘權射利者用力殫於溝瘠取利究於園夫足以干陰陽而召星變願察親近之行杜邪枉之門至於祁禳小數貶損舊章恐非所以應天者帝覽數嘉歎諭之曰王珪欲使卿條具朕嘗謂不應沮格人言以自壅障今以一指蔽目雖泰華在前弗之見近習蔽其君何以異此卿當益自信以翰林學士知開封府事至立斷前滯訟不得其情及具按而未論者幾萬人安禮剖決未三月三獄院及畿赤十九邑囚繫皆空書揭於府前遼使過而見之歎息誇異帝聞之喜曰昔秦內史廖從容俎豆以奪由余之謀今安禮能勤吏事駭動殊鄰於古無愧矣特升一階帝數失皇子太史言民墓多迫京城故不利國嗣詔悉改卜無慮數十萬計衆洶懼安禮諫曰文王卜世三十其政先於掩骼埋胔未聞遷人之冢以利其嗣者帝惻然而罷遷者連得匿名書告人不軌所涉百餘家帝付安禮曰亟治之安禮驗所指皆略同最後一書加三人有姓薛者安禮喜曰吾得之矣呼問薛曰若豈有素不快

者耶曰有持筆來售者拒之鞅鞅去其意似見銜卽命捕訊果其所爲也卽梟其首于市不逮一人京師謂爲神明宗室令騂以數十萬錢買妾久而斥歸之訴府督元直安禮視妾旣炙敗其面矣卽奏言妾之所以直數十萬者以姿首也今炙敗之則不復可鬻此與炮烙之刑何異請勿理其直而加厚譴以爲戒詔從之仍奪令騂俸後宮造油箔約三年損者反其價纔一年有損者中官持詣府請如約詞氣甚厲安禮曰庸詎非買之不得其地爲風雨燥濕所壞耶苟如是民將無復得直約不可用也卒不追以是宗室中貴人皆憚之元豐四年初分三省置執政拜中大夫尚書右丞轉左丞王師問罪夏國經原承受梁同奏轉運使葉康直餉米惡不可食帝大怒曰貴羅遠餉反不可用徒弊民力於道路康直可斬也安禮曰此一梁同之言疑未必實當按之乃遣判官張大寧與同參覈且械繫康直以俟旣而不可用者什八九帝意解赦康直是時伐夏不得志李憲又欲再舉帝以訪輔臣王珪曰向所患者用不足朝廷今捐錢鈔五百萬緡以供軍食有餘矣安禮曰鈔不可敷必變而爲錢錢又變爲芻糧今距西征之期纔兩月安能集事帝曰李憲以爲已有備彼宦者能如是卿等獨無意乎唐平淮蔡唯裴度謀議與王同今乃不出公卿而出於閹寺朕甚恥之安禮曰淮西三州爾有裴度之謀李光顏李愬之將然猶引天下之兵力歷歲而後定今夏氏之疆非淮蔡比憲材非度匹諸將非有光顏愬輩臣懼無以副聖意也帝悟而止後欲除憲節度使安禮又以爲不可御史中丞舒亶上章詆執政且言尚書不置錄目有旨按吏罪安禮請取臺錄以爲式乃與省中同遂幷劾亶他事亶坐廢徐禧計議邊事安禮曰禧志大才疎必誤國及永樂敗書聞帝曰安禮每勸朕勿用兵少置獄蓋爲是也久之御史張汝賢論其過以端明殿學士知江寧府汝賢亦罷元祐中加資政殿學士歷揚青蔡三州又爲御史言失學士移舒州紹聖初還職知永興軍二年知太原府苦風痺臥帳中決事下不敢欺卒年六十二贈右銀青光祿大夫安禮偉風儀論明辯常以經綸自任而闊略細謹以故數詘口語云

王安國字平甫安禮之弟也幼敏悟未嘗從學而文詞天成年十二出所作詩銘論賦數十篇示人語皆警拔遂以文章聞于世士大夫交口譽之於書無所不通數舉進士又舉茂材異等有司考其所獻序言爲第一以母喪不試廬于墓三年熙寧初韓絳薦其材行召試賜及第除西京國子教授官滿至京師上以安石故賜對帝曰卿學問通古今以漢文帝爲何如主對曰三代以後未有也帝曰但恨其才不能立法更制爾對曰文帝自代來入未央宮定變故俄頃呼吸間恐無才者不能至用賈誼言待羣臣有節專務以德化民海內興於禮義幾致刑措則文帝加有才一等矣帝曰王猛佐苻堅以蕞爾國而令必行今朕以天下之大不能使人何也曰猛教堅以峻刑法殺人致秦祚不傳世今刻薄小人必有以是誤陛下者願顓以堯舜三代爲法則下豈有不從者乎又問卿兄秉政外論謂何曰恨知人不明聚歛太急爾帝默然不悅由是別無恩命止授崇文院校書後改秘閣校理屢以新法力諫安石又質責曾布誤其兄深惡呂惠卿之姦先是安國教授西京頗溺於聲色安石在相位以書戒之曰宜放鄭聲安國復書曰亦願兄遠佞人惠卿銜之及安石罷相惠卿遂因鄭俠事陷安國坐奪官放歸田里詔以諭安石安石對使者泣下旣而復其官命下而安國卒年四十七

論曰安石惡蘇軾而安禮救之昵惠卿而安國折之議者不以咎二弟也惟其當而已矣安禮爲政有足稱者安國早卒故不見於用云

宋史卷三百二十八

元 中書右丞相總裁脫脫等修

列傳第八十七

李清臣 安燾 張璪 蒲宗孟

黃履 蔡挺兄抗 王韶子厚 寀 薛向子嗣昌

章楶

李清臣字邦直魏人也七歲知讀書日數千言暫經目輒誦稍能戲爲文章客有從京師來者與其兄談佛寺火清臣從傍應曰此所謂災也或者其蠹民已甚天固儆之邪因作浮圖災解兄驚曰是必大吾門韓琦聞其名以兄之子妻之舉進士調邢州司戶參軍和川令歲滿薦者踰十數應得京官適舉將薛向有公事未竟閣銓格判銓張掞擿使自陳勿用清臣曰人以家保己而已捨之薄矣須待之掞離席曰君能如是未可量也應材識兼茂科歐陽修壯其文以比蘇軾治平二年試秘閣考官韓維曰荀卿氏筆力也試文至中書修迎語曰不置李清臣於第一則謬矣啓視如言時大雨霖災異數見論者歸咎濮議及廷對或謂曰宜以五行傳簡宗廟水不潤下爲證必擢上第清臣曰此漢儒附會之說也吾不之信民間豈無疾痛可上者乎卽條對言天地之大譬如人一身腹心肺腑有所攻塞則五官爲之不寧民人生聚天地之腹心肺腑也日月星辰天地之五官也善止天地之異者不止其異止民之疾痛而已策入等以秘書郎簽書平江軍判官名聲籍甚英宗知之語王廣淵曰韓琦固忠臣但避嫌太審如李清臣者公議皆謂可用顧以親抑之可乎旣而詔舉館閣歐陽修薦之得集賢校理同知太常禮院使韓絳使陝西慶卒亂家屬九指揮應誅清臣請於絳配與爲奴婢絳坐貶清臣亦通判海州久之還故官出提點京東刑獄齊魯盜賊爲天下劇設耳目方略名捕且盡作韓琦行狀神宗讀之曰良史才也召爲兩朝國史編修官撰河渠律曆選舉諸志文直事詳人以爲不減史漢同修起居注進知制誥翰林學士元豐新官制拜吏部尚書清臣官右正言當易承議郎帝曰安有尚書而猶承議郎者乃授朝奉大夫六年拜尚書右丞哲宗卽位轉左丞時熙豐法度一切釐正清臣固爭之罷爲資政殿學士知河陽徙河南永興召爲吏部尚書給事中姚勔駁之改知眞定府班行有王宗正者致憾於故帥使其妻詣使者告前後饋餉過制因繫數百人清臣至立奏解其獄而竄宗正帝親政拜中書侍郎勔復駁之不聽紹聖元年廷試進士清臣發策曰今復詞賦之選而士不知勸罷常平之官而農不加富可差可募之說紛而役法病或東或北之論異而河患滋賜土以柔遠也而羌夷之患未弭弛利以便民也而商賈之路不通夫可則因否則革惟當之爲貴聖人亦何有必焉主意皆絀元祐之政策言悟其指於是紹述之論大興國是遂變范純仁去位清臣獨顓中書亟復青苗免役法除諸路提舉官顓爲相顧蘇轍軾已逐擿轍嘗以漢武比先帝激上怒轍罷時召章惇未至清臣心益覬之已而惇入相復與爲異惇旣逐諸臣幷籍文彥博呂公著以下三十人將悉竄嶺表清臣曰更先帝法度不爲無過然皆累朝元老若從惇言必大駭物聽帝曰是豈無中道耶合揭榜朝堂置餘人不問鄜延路金明砦主將張輿戰沒惇怒議盡戮全軍四千人清臣曰將死亦多端或先登爭利或輕身入敵今悉誅吏士異時亡將必舉軍降虜矣於是但誅牙兵十六輩上幸楚王第有狂婦人遮道叫呼告清臣謀反御史捕治本澶州娼而爲清臣姑子田氏外婦者清臣不能引去用御史言以大學士知河南尋落職知眞定府初蔡確子渭上書訴父冤造奇譖以陷劉摯罪清臣心知其誣弗之省坐奪學士徽宗立入爲門下侍郎僕射韓忠彥與之有連惟其言是聽出范純禮張舜民不使呂希純劉安世入朝皆其謀也尋爲曾布所陷出知大名府而卒年七十一贈金紫光祿大夫清臣蚤以詞藻受知神宗建大理寺築都城皆命作記簡重宏放文體各成一家爲人寬洪不忮害嘗爲舒亶所劾及在尚書亶以贓抵罪獨申救之曰亶信亡狀然謂之贓則不可再爲姚勔所駁當紹聖議貶或激使甘心清臣爲之言曰勔以議事所見或不同豈應以臣故而加重帝悟薄勔罪起身窮約以儉自持至富貴不改居官奉法毋敢撓以私然志在利祿不公於謀國一意欲取宰相故操持悖謬竟不如願以死後朝議以復孟后罪追貶武安軍節度副使再貶雷州司戶參軍

安燾字厚卿開封人幼警悟年十一從學里中羞與羣兒伍聞有老先生聚徒往師之先生曰汝方爲誦數之學未可從吾游當羣試省題一詩中選乃置汝燾無難色詩成出諸生上由是知名登第調蔡州觀察推官至太常丞主管大名府路機宜文字用歐陽修薦爲秘閣校理判吏部南曹荊湖北路轉運判官提點刑獄兼常平農田水利差役事時方興新法奉行之吏或迎合求進司農符檄日夜下如免役增寬賸造簿供手實青苗責保任追胥苛切其類旁午燾平心奉法列其泰甚於朝移使京東路過闕入見神宗違其儀觀留檢正中書孔目房修起居注元豐初高麗新通使假燾左諫議大夫往報之高麗迎勞館餼加契丹禮數等使近臣言王遇使者甚敬出誠心非若奉契丹苟免邊患而已燾笑答曰尊中華事大國禮一也特以罕至有加爾朝廷與遼國通好久豈復於此較厚薄哉使還帝以爲知禮卽授所假官兼直學士院知審刑院決部滯訟五百餘案因言每蔽獄上省輕重有疑則必至駁勢旣不敵故法官顧避稽停請自今以疑獄讞者皆得輕論從之求知陳州還爲龍圖閣直學士判軍器監命館遼使方宴近郊使者不令其徒分坐廡下力爭之使無以奪至肆儀將見又不使綴行分班使者入餘皆坐門外燾請令門見而出衆始愧悔逮辭日悉如儀或謂細故無足較燾曰契丹喜嘗試人其漸不可長也俄權三司使改戶部尚書六年同知樞密院夏人欵塞乞還侵疆燾言地有非要害者固宜予然羌情無厭常使知吾宥過而息兵不應示以厭兵之意哲宗立復仍前議二府遂欲幷棄熙河燾固爭之曰自靈武而東皆中國故地先帝有此武功今無故棄之豈不取輕於外夷於是但以葭蘆等

四砦歸之蔡確輩更用事燾循循其間不能有所建明元祐二年進知院事時復洮河擒鬼章言宜結二邊少靖而董氊猶若寇掠燾言爲國者不可好用兵亦不可畏用兵好則疲民畏則遺患今朝廷每戒疆吏非舉國入寇毋得應之則固畏用兵矣雖僅保障戍實墮其計中願復講攻擾之策且乾順幼豎梁氏擅權族黨酋渠多反側顧望若有以離間之未必不回戈而復怨此一奇也其後夏人自相攜貳使來修貢悉如燾策宣仁太后患國用不足頗裁冗費宗室奉亦在議中燾諫曰陛下雖痛抑外家以示至公然此舉不可不深思而熟計太后悟遂止大河北流宰相主水官議必欲回之東注燾以河流入濼淀久必於淺恐河朔無以禦敵遂上言曰自小吳未決之前河雖屢徙而盡在中國故京師得以爲北限今決而西則河尾益北如此不已將南岸遂屬敵界彼若建橋梁守以州郡窺兵河外可爲寒心今水官之議不過論地形較功費而獻納之臣不考利害輕重徒便於治河而以設險爲緩非至計也帝雖然之而回河之議紛起東北蕭然煩費功亦不就三年同列皆序遷且新用執政燾獨如初詔增其兩秩燾懇辭曰是雖有故事竊意以一時同列超升之故特用是以慰安其心爾今日願自臣革之使朝廷不爲姑息而大臣稍敦廉恥之風庶或有補竟不受以母憂去卒喪拜觀文殿學士知鄭州徙潁昌及河南府入爲門下侍郎宣仁之喪宗室既爲三年服才越歲章惇拜相欲革爲期燾爭之曰上以先后保佑之久追崇如恐不盡茲用明道故實耳遽改之播諸天下非佳聲也乃止燾與惇布衣交親其助己燾不肯少下之陽翟民蓋漸有財訟而與諫官來之邵交通開封得其事惇右之邵欲薄其罪燾不可復欲并劾開封燾又不可遂與惇隙明堂齋祠爲儀仗使後官有絕馳道穿仗而過者燾方舉劾諫官常安民又言教坊不當於相國寺作樂帝怒欲逐安民燾爲救釋惇遂譖其相表裏出知鄭州徙大名父日華本三班院吏以燾恩封光祿大夫至是卒年九十餘燾免喪徽宗立復知樞密院舊制內侍出使以所得旨言於院審實乃得行後多輒去燾請按治之都知閻守懃領他職斬罷不以告亦劾之帝敕守懃詣燾謝郝隨得罪或揣上意且起用欲援赦爲階亦爭之以老避位帝將寵以觀文殿大學士有間之者曰是宰相恩典也但以學士知河南將行上疏曰自紹聖元符以來用事之臣持紹述之名誑惑君父上則固寵位而快恩讐下則希進用而肆朋附彼自爲謀則善矣未嘗有毫髮爲公家計者也夫聽言之道必以其事觀之臣不敢高談遠引獨以神考之事切於今者爲證熙寧元豐之間中外府庫無不充衍小邑所積錢米亦不減二十萬紹聖以還傾竭以供邊費使軍無見糧吏無月俸公私虛耗未有甚於此時而反謂紹述豈不爲厚誣哉願陛下監之勿使飾偏辭而爲身謀者復得行其說又言東京黨禍已萌願戒履霜之漸語尤激切初建青唐邈川爲湟州戍守困於供億燾在樞府因議者以爲可棄奏還之崇寧元年議其罪降端明殿學士再貶寧國軍節度副使漢陽軍安置湟州復又降祁州團練副使鄯州之復又移建昌軍然棄鄯州時燾居憂不預也終不敢自明閱再歲始復通議大夫還洛卒年七十五後五歲悉還其官職子扶靖康時爲給事中金人入京師責取金帛扶與梅執禮陳知質程振皆見殺

張璪初名琥字邃明滁州全椒人洎之孫也早孤鞠於兄環欲任以官辭不就未冠登第歷鳳翔法曹縉雲令王安石與環善既得政將用之而環已老乃引璪同編修中書條例授集賢校理知諫院直舍人院楊繪劉摯論助役安石使璪爲文詰之辭曾布請爲之由是忤安石意神宗欲命璪知制誥安石薦用布以璪伺修起居注自縣令至是不歲餘坐奏事不實解三職已而復之時建議武學璪言古之太學舞干習射受成獻功莫不在焉文武之才皆自此出未聞偏習其一者也請無問文武之士一養于太學朝廷既復河隴欲因勢截定夔蜀荊廣諸夷璪言先王務治中國而已今生財未盡有道用財未盡有禮不宜遽及徂征之事皆不聽以集賢殿修撰知蔡州復知諫院兼侍御史知雜事盧秉行鹽法於東南操持峻急一人抵禁數家爲黥徙且破產以償告捕二年中犯者萬人璪條列其狀又言行役法以來最下戶亦每歲納錢乞度寬美數均損之以惠貧弱後皆施行鄭俠事起璪媚呂惠卿劾馮京與俠交通有迹深其辭致京等於罪判司農寺出知河陽元豐初入權度支副使遂知制誥知諫院判國子監薦蔡卞可爲直講建增博士弟子員月書季攷歲校以行藝式升略倣周官鄉比之法立齋舍八十二學官之盛近代莫比其議多自璪發之蘇軾下臺獄璪與李定雜治謀傅致軾於死卒不免詳定郊廟奉祀禮文議者多以國朝未嘗躬行方澤之禮爲非正詔議更制璪請於夏至之日備禮容樂舞以冢宰攝事帝曰在今所宜無以易此事行其說爲翰林學士詳定官制以寄祿二十四階易前日省寺虛名而職事名始正四年拜參知政事改中書侍郎哲宗立諫官御史合攻之謂璪姦邪便佞善窺主意隨勢所在而依附之往往以危機陷人深交舒亶數起大獄天下共知其爲大姦小人而在高位德之賊也疏入皆不報最後劉摯言璪初奉安石旋附惠卿隨王珪黨章惇諂蔡確數人之性不同而能探情變節左右從順各得其歡心今過惡既章不可不速去如是踰歲乃以資政殿學士知鄭州徙河南定州大名府進大學士知揚州以卒贈右銀青光祿大夫謚曰簡翼

蒲宗孟字傳正閬州新井人第進士調夔州觀察推官治平中水災地震宗孟上書斥大臣及宮禁宦寺熙寧元年改著作佐郎神宗見其名曰是嘗言水災地震者邪召試學士院以爲館閣校勘檢正中書戶房兼修條例進集賢校理時三司新置提舉帳司官祿豐地要人人欲得之執政上其員帝命與宗孟命察訪荊湖兩路奏罷辰沅役錢及湖南丁賦遠人賴之呂惠卿制手實法然猶許災傷五分以上不預宗孟言民以手實上其家之物產而官爲注籍以正百年無用不明之版圖而均齊其力役天下良法也然災傷五分不預爲臣以爲使民自供初無所擾何待豐歲願詔有司勿以豐凶弛張其法從之民於是益病矣俄同修起居注直舍人院知制誥帝又稱其有史才命同修兩朝國史爲翰林學士兼侍讀舊制學士唯服金帶宗孟入謝帝曰學士職清地近非他官比而官儀未寵遂加佩魚遂著爲令樞密都承旨張誠一預書局事頗肆橫挾中旨以脅同列宗孟持其語質帝前皆非是因叩頭白其姦帝察其不阿欲大用拜尚書左丞帝嘗語輔臣有無人才之歎宗孟率爾對曰人才半爲司馬光邪說所壞帝不語直視久之曰蒲宗孟乃不取司馬光邪未論別事只辭樞密一節朕自卽位以來唯見此一人他人則雖迫之使去亦不肯矣宗孟慚懼至無以爲容僅一歲御史論其荒于酒色及繕治府舍過制罷知汝州踰年加資政殿學士徙亳杭鄆三州鄆介梁山濼素多盜宗孟痛治之雖小偷微罪亦斷其足筋盜雖爲衰止而所殺亦不可勝計矣方徙河中御史以慘酷劾奪職知虢州明年復知河中還其職帥永興移大名宗孟厭苦易地頗默默不樂復求河中卒年六十六宗孟趣尚嚴整而性侈汰藏帑豐每旦刲羊十豕十然燭三百入郡舍或請損之慍曰君欲使我坐暗室忍饑邪常日盥絜有小洗面大洗面小濯足大濯足小大澡浴之別每用婢十數人一浴至湯五斛他奉養率稱是嘗以書抵蘇軾云晚年學道有所得軾答之曰聞所得甚高然有二事相勸一曰慈二曰儉也蓋箴其失云

黃履字安中邵武人少游太學舉進士調南京法曹又爲高密廣平王二宮教授館閣校勘同知禮院擢監察御史裏行辭御史改崇政殿說書兼知諫院神宗嘗詢天地合祭是非對曰國朝之制冬至祭天圜丘夏至祭地方澤每歲行之皆合於古猶以有司攝事未足以盡於是三歲一郊而親行之所謂因時制宜者也雖施之方今爲不可易惟合祭之非在所當正然今日禮文之失非獨此也願敕有司正羣祀爲一代損益之制詔置局詳定命履董之北郊之議遂定同修起居注進知制誥同修國史遭母憂去服除以禮部尚書召對闕中閩省鹽法苦言者衆神宗謂履自閩來將以爲決履乃陳法甚便遂不復革鄉論鄙之遷御史中丞履以大臣多因細故罰金遂言賈誼有云遇之以禮則羣臣自喜羣臣且然況大臣乎使罪在可議黜之可也可恕釋之可也豈可罰以示辱哉時又制侍郎以下不許獨對履言陛下博訪萬務雖遠外微官猶令獨對顧於侍從乃弗得願也遂刊其制御史翟忠言事有旨詰所自來履諫曰御史以言爲職非有所聞則無以言今乃究其自來則人將懲之臺諫不復有聞矣恐失開言路之意事乃寢哲宗卽位徙爲翰林學士履素與蔡確章惇邢恕相交結每確惇有所嫌惡則使恕道風旨於履履卽排擊之至是更自謂有定策功劉安世發其罪以龍圖閣直學士知越州坐舉御史不當降天章閣待制歷舒洪蘇鄆青州江寧應天潁昌府紹聖初復龍圖閣直學士爲御史中丞極論呂大防劉摯梁燾垂簾時事乞正典刑又言司馬光變更先朝已行之法爲罪先是北郊之論雖定猶不果行履又建言陽復陰消各因其時上圜下方各順其體是以聖人因天祀天因地祀地三代至漢其儀不易及王莽諂事元后遂躋地位同席共牢歷世襲行不能全革逮神宗考古揆今以正大典嘗有意於茲矣今承先志當在陛下及二三執政哲宗詢諸朝章惇以爲北郊止可謂之社履曰天子祭天地蓋郊者交於神明之義所以天地皆稱郊故詩序云郊祀天地若夫社者土之神而已豈有祭大祇亦謂之社乎哲宗可之遂定郊議拜尚書右丞會正言鄒浩以言事貶新州履曰浩以親被拔擢之故敢犯顏納忠陛下遠斥之死

地人臣將覦以爲戒誰復敢爲陛下論得失乎乞徙善地坐罷知亳州徽宗立召爲資政殿學士兼侍讀復拜右丞未踰年求去加大學士提舉中太一宮卒

論曰哲宗親政之初見慮未定范呂諸賢在廷左右弼諛俾日邇忠讜疏絕回適以端其志嚮元祐之治業庶可守也清臣怙才躁進陰覘柄用首發紹述之說以隳國是擘姦洞之衡決莫障重爲薦紳之禍焉至於輿大獄以傾馮京蘇軾者璪也助成手實之法以壞人材讕司馬光者宗孟也訐垂簾之事挐呂大防劉摯等去之者履也清臣與小人之靡三子抑其亞乎燾論議趣有可稱述雖立朝無附而依違蔡確章惇間無所匡建非大臣之道也

蔡挺字子政宋城人第進士調虔州推官秩滿以父希言當官蜀乞民行遂授陵州團練推官王堯臣安撫陝西辟管勾文字富弼使遼奏挺從至雄州警書有所更易遣挺還白仁宗欲知契丹事召對便殿挺時有父喪聽以衫帽入范仲淹宣撫陝西河東奏挺通判涇州徙鄜州河北多盜精擇諸郡守以挺知博州申飭屬縣嚴保伍得居停姦盜者數人弛其宿負補爲吏使之察警盜每發輒得均博平聊城二縣稅歲衍鉅萬三司下其法於四方然大抵增賦也爲開封府推官提點府界公事部修六漯河用李仲昌議塞北流入于六漯一夕復決兵夫芟揵漂溺不可計降知滁州言者以爲輕乃貶秩停官越數歲稍起知南安軍提點江西刑獄提舉虔州監自大庾嶺下南至廣驛路荒遠室廬稀疏往來無所芘挺兄抗時爲廣東轉運使適相與謀課民植松夾道以休行者江閩鹽賊率十百爲州縣害挺論所部與期使首納器甲原其罪得兵械萬計官鹽惡而價貴盜鹽善而價且下故私販日滋挺簡僚吏至淮轉新鹽明殿賞以官數之餘界之於是賊黨破散宿弊遂絕歲增賣鹽四十萬改陝西轉運副使進直龍圖閣知慶州因上書論攻守大計夏人大入挺盡斂邊戶入保戒諸砦無出戰諒祚親帥軍數萬攻大順挺料城堅不可破而柔遠城惡亟遣總管張玉將銳師守之先布鐵蒺藜大順城旁水中騎渡水多躓驚言有神過三日不克諒祚督帳下決戰挺伏強弩壕外飛矢貫其鎧遂引卻移寇柔遠玉夜斫營夏人驚擾潰去環州熟羌思順舉族投諒祚倚爲鄉導挺宣言思順且復來命葺其舊舍出兵西爲迎候之舉諒祚果疑思順毒之死挺築城馬練平爲荔原堡分屬羌三千人守之神宗卽位加天章閣待制知渭州舉籍禁兵悉還府不使有隱占建勤武堂五日一訓之偏伍鎮鼓之法甚備儲勁卒於行間遇用奇則別爲一隊甲兵整習常若寇至又分義勇爲伍番三千人參正兵防秋與春以八月正月集四十五日而罷歲省粟帛錢緡十三萬有奇括並邊生地冒耕田千八百頃募人佃種以益邊儲取邊民鬭市蕃部田八千頃以給弓箭手又築城定戎軍爲熙寧砦開地二千頃募卒三千人耕守之諜告夏人侯胡盧河挺出奇兵迎擊之夏人潰分諸將躡而討之蕩其七族進右諫議大夫賜金帛三千夏人復犯諸砦環慶兵不能禦挺遣張玉以萬人往解其圍慶州軍變挺討平之進龍圖閣直學士廣銳卒從營衆憚遷欲爲亂城中震擾挺推斬首惡十九人訖徙營蕃部歲饑以田質於弓箭手過期輒沒挺爲貣官錢歲息什一後遂推爲蕃漢青苗助役法又自以意製渡河大索及兵械鎌寧槍皆獲其用熙寧五年拜樞密副使帝問挺涇原訓兵之法召部將按于崇政殿善之下以爲諸郡法河州景思立戰死帝開天章閣訪執政挺請行帝曰此小事不足煩卿河朔有警卿當行矣契丹議雲中地挺請罷沿邊戍人示以無事因乞置三十七將皆行其策七年冬奏事殿中疾作而仆帝親臨賜藥罷爲資政殿學士判南京留司御史臺元豐二年薨年六十六贈工部尚書謚曰敏肅挺譎而多知人莫能窺其城府初爲富弼范仲淹客頗泄其幾事於呂夷簡以自售在渭久鬱鬱不自聊寓意詞曲有玉關人老之歎中使至則使優伶歌之以達于禁掖神宗愍焉遂有樞密之拜云

抗字子直中進士調太平州推官聞父疾委官去稍遷睦親宅講書英宗在官邸器重之請於安懿王願得與游每見必衣冠盡禮義兼師友再遷太常博士通判秦州爲秘閣校理乞知蘇州州並江湖民田苦風潮害抗築長堤自城屬崑山亘八十里民得立塍堨大以爲利徙廣東轉運使岑水銅冶廢官給虛券爲市久不償人無所取貲衆而私鑄抗盡給之人得直以止番禺歲運鹽英部道遠多侵竊雜惡抗命十綱爲一運擇攝官主之歲終會其殿最增十五萬緡英宗立召爲三司判官廣部去京師遠不卽至帝見南來者必問之及入對諭曰卿乃吾故人朕望於卿者厚勿以常禮自疏也以史館修撰同知諫院方議安懿王典禮抗引禮爲人後之誼指陳切至涕淚被面帝亦感泣都城大水抗請見帝邇問之抗推原變異守前說以對大臣畏其諫列白爲知制誥遷龍圖閣直學士知定州帝惜其去曰第行且召矣郡兵番戍室家留營多不謹大歸輒首原抗下令悉按以法戍者感焉帝不豫趣命爲太子詹事未至而神宗立改樞密直學士知秦州過闕帝見之悲慟不自勝曰先帝疾大漸猶不忘卿遂赴鎮秦有質院質諸羌百餘人自少至老扃繫之非死不出抗皆縱釋約毋得擅相仇殺已而有犯者斬以徇莫敢奸令居數日夔英宗召語眷如平生欲退復留覺爲家人言感念歔欷及靈駕發引之旦東望號慟見僚佐于便室驟得疾卒年六十特贈禮部侍郎又欲賜謚吳垂曰抗以舊恩自雜學士贈官已踰常制遂止

王韶字子純江州德安人第進士調新安主簿建昌軍司理參軍試制科不中客游陝西訪采邊事熙寧元年詣闕上平戎策三篇其畧以爲西夏可取欲取西夏當先復河湟則夏人有腹背受敵之憂夏人比年攻青唐不得克萬一克之必并兵南向大掠秦渭之間牧馬于蘭會斷古渭境盡服南山生羌西築武勝遣兵時掠洮河則隴蜀諸郡當盡驚擾瞎征兄弟其能自保邪今唃氏子孫唯董氈粗能自立瞎征欺巴溫之徒文法所及各不過一二百里其勢豈能與西人抗哉武威之南至于洮河蘭鄯皆故漢郡縣所謂湟中浩亹大小榆枹罕土地肥美宜五種者在焉幸今諸羌瓜分莫相統一此正可并合而兼撫之時也諸種既服唃氏敢不歸唃氏歸則河西李氏在吾股掌中矣且唃氏子孫瞎征差盛爲諸羌所畏若招諭之使居武勝或渭源城使糾合宗黨制其部族習用漢法異時族類雖盛不過一延州李士彬環州慕恩耳爲漢有肘腋之助且使夏人無所連結策之上也神宗異其言召問方畧以韶管幹秦鳳經畧司機宜文字蕃部俞龍珂在青唐最大渭源羌與夏人皆欲羈屬之諸將議先致討韶因按邊引數騎直抵其帳諭其成敗遂留宿明旦兩種皆遣其豪隨以東久之龍珂率屬十二萬口內附所謂包順者也韶又言渭源至秦州良田不耕者萬頃願置市易司頗籠商賈之利取其贏以治田帝從其言改著作佐郎仍命韶提舉經畧使李師中言韶乃欲指古極邊弓箭手地耳又將移市易司於古渭恐秦州自此益多事所得不補所亡王安石主韶議爲罷師中以竇舜卿代且遣李若愚按實若愚至問田所在韶不能對舜卿檢索僅得地一頃既地主有訟又歸之矣若愚奏其欺安石又爲罷舜卿而命韓縝縝遂附會實其事師中舜卿皆坐謫而韶爲太子中允秘閣校理後帥郭逵上韶盜貸市易錢安石以爲不足校徙逵涇源帝志復河隴築古渭爲通遠軍以韶知軍事五年七月引兵城渭源堡及乞神平破蒙羅角抹耳水巴等族初羌保險諸將謀置陣平地韶曰賊不舍險來鬭則我師必徒歸今已入險地當使險爲吾有乃徑趣抹邦山壓敵軍壓而陣令曰敢言退者斬賊乘高下鬭師小卻韶躬披甲胄麾帳下兵逆擊之羌大潰焚其廬帳而還洮西大震會瞎征渡洮爲之援餘黨復集韶命別將由竹牛嶺路張軍聲而潛師越武勝遇瞎征首領瞎藥等與戰破之遂城武勝建爲鎮洮軍進右正言集賢殿修撰復擊走瞎征降其部落二萬更名鎮洮爲熙州以熙河洮岷通遠爲一路韶以龍圖閣待制知熙州六年三月取河州遷樞密直學士降羌叛韶回軍擊之瞎征以其間據河州韶進破訶諾木藏城穿露骨山南入洮州境道隘險釋馬徒行或日至六七瞎征留其黨守河州自將尾官軍韶力戰破走之河州復平連拔宕岷二州疊洮羌酋皆以城附軍行五十有四日涉千八百里得州五斬首數千級獲牛羊馬以萬計進左諫議大夫端明殿學士七年入朝又加資政殿學士賜第崇仁坊還至興平聞景思立敗於踏白城賊圍河州日夜馳至熙熙方城守命撤之選兵得二萬議所向諸將欲趨河州韶曰賊所以圍城者恃有外援也今知救至必設伏待我且新勝氣銳未可與爭當出其不意以攻其所恃此所謂批亢擣虛形格勢禁則自爲解者也乃直扣定羌城破結河族斷夏國通路進臨寧河分命偏將入南山瞎征知援絕拔柵去初思立之覆師也羌勢復熾朝廷議棄熙河帝爲之旰食數下詔戒韶持重勿出及是帝大喜韶還熙州以兵循西山繞出踏白後焚八千帳瞎征窮蹙丐降俘以獻拜韶觀文殿學士禮部侍郎資政觀文學士非嘗執政而除者皆自韶始官其兄弟及兩子前後賜絹八千匹未幾召爲樞密副使熙河雖名一路而實無租入軍食皆仰給他道轉運判官馬瑊捃官吏細故韶欲罷瑊王安石右瑊韶始沮於是與安石異數以母老乞歸帝語安石勉留之安南之役韶言決里廣源之建臣以爲貪虛名而忘實禍執政乃疑臣爲刺議方舉事之初臣力爭極論欲寬民力而省財用但同列莫肯聽至以熙河事折臣臣本意不費朝廷而可以至伊吾盧甘初不欲令熙河作路河岷作州也今與衆異論儻不求退必致不容韶本鑿空開邊驟躋政地乃以勤兵費財歸曲朝廷帝由是不

悅以故罷黜知洪州又坐謝表怨慢落職知鄂州元豐二年還其職復知洪州四年病疽卒年五十二贈金紫光祿大夫謚曰襄敏韶起孤生用兵有機畧臨出師召諸將授以指不復更問每戰必捷嘗夜臥帳中前部遇敵矢石已交呼聲震山谷侍者往往股栗而韶鼻息自如在鄂宴客出家姬奏樂客張績醉挽一姬不前將擁之姬泣以告韶徐曰本出汝曹娛客而令失歡如此命酌大盃罰之談笑如故人亦服其量韶交親多楚人依韶求仕乃分屬諸將或殺降羌老弱予以首爲功級韶晚節言動不常頗若病狂狀既病疽洞見五臟蓋亦多殺徵云子十人厚寀最顯厚字處道少從父兵間暢習羌事官累通直郎元祐棄河湟厚上疏陳不可且詣政事堂言之不聽紹聖中用薦者換禮賓副使幹當熙河公事會羌酋瞎征隴拶爭國河州守將王贍與厚同獻議復故地元符元年六月師出塞七月下邈川降瞎征九月次青唐隴拶出迎遂定湟鄯詔賜隴拶姓名曰趙懷德進厚東上閤門副使知湟州既而他種叛合兵來攻厚不能支朝廷度二州不可守乃以畀懷德而貶厚右內府率再貶賀州別駕崇寧初蔡京復開邊還厚前秩於是羌人多羅巴奉懷德之弟溪賒羅撒謀復國懷德畏偪奔河南種落更挾之以令諸部朝廷患衆羌扇結命厚安撫洮西遣內客省使童貫偕往多羅巴知王師且至集衆以拒厚聲言駐兵而陰戒行羌備益弛乃與偏將高永年異道出多羅巴三子以數萬人分據險厚進擊破殺之唯少子阿蒙中流矢去道遇多羅巴與俱遁遂拔湟州以功進威州團練使熙河經畧安撫三年四月厚帥大軍次于湟命永年將左軍循宗水而北別將張誡將右軍出宗谷而南自將中軍趨綏遠期會宗哥川羌置陳臨宗水倚北山谿賒羅撒張黃屋建大旆乘高指呼望中軍旗鼓爭赴之厚麾游騎登山攻其背親帥強弩迎射羌退走右軍濟水擊之大風從東南來揚沙翳羌目不得視遂大敗斬首四千三百餘級俘三千餘人羅撒以一騎馳去其母龜茲公主與諸酋開鄯州降厚計羅撒必且走青唐將夜追之童貫以爲不能及遂止師下青唐知羅撒留一宿去貫始悔之厚將大軍趣廓州酋落施軍令結以衆降遂入廓州超拜厚武勝軍節度觀察留後明年羅撒復入寇永年戰死羌焚大通河橋以叛新疆大震厚坐逗遛降郢州防禦使已而趙懷德約降未決厚以書諭之懷德卽納款還厚舊官入朝提舉醴泉觀卒贈寧遠軍節度使謚曰莊敏

寀字輔道好學工詞章登第至校書郎忽若有所覩遂感心疾唯好延道流談丹砂神仙事得鄭州書生託左道自言天神可祈而下下則聲容與人接因習行其術纔能什七八須兩人共爲乃驗外間讙傳浸淫徹禁庭徽宗方崇道教侍晨林靈素自度技不如願與之游拒弗許戶部尚書劉昺寀外兄也久以爭進絕還往神降寀家使因昺以達寀言其故神曰第往與之言汝某年月日在蔡京後堂談某事有之否昺驚駭汗浹不能對蓋所言皆陰中傷人者乃言之帝卽召寀風儀既高又善談論應對合上指帝大喜約某日卽內殿致天神靈素求與共事又弗許或謂靈素但勿令鄭書生偕寀當立敗卽白帝曰寀父兄昔在西邊密與夏人謀反國逞至尊候神且圖不軌帝疑焉及是日寀與書生至東華門靈素戒閽卒獨聽寀入帝齋待敬絜越三夕無所聞乃下寀大理獄成棄市昺竄瓊州

薛向字師正以祖顏任太廟齋郎爲永壽主簿權京兆戶曹有商胡齎銀二篋出樞密使王德用書云以與其弟向適監稅疑之曰烏有大臣寄家問而誘胡人者鞫之果妄爲邠州司法參軍夏人叛秦中治城侍御史陳洎行邊向詣洎陳三敝言令板築暴與吏持斧四出伐木無問井閭丘隴民不敢訴必不得已宜且葺邊城函關秦東塞今西鄉設守是爲棄關內乎三司貸龍門富人錢以百年全盛之天下一方有警卽稱貸於民非義也洎上其說悉從之邠守貪沓欲因事爲邪弁治于城立表於市以撤屋冀得賂免向力爭罷之監在京權貨務連歲羨緡錢當遷秩移與其兄三司判官董沔議改河北便糴行鈔法向曰如此則都內之錢不繼茶鹽香象將益不售矣有司主沔議既而邊糴滯不行沔坐黜以向知鄜州大水冒城郭沉室廬死者相枕郡卒戍延安詣主將求歸覘弗得皆亡奔至則家人無存者聚謀爲盜民大恐向遣吏曉之曰冒法以赴急人之常情而不聽若輩歸此武將不知變之過也亟往收溺尸貰汝擅還之罪衆入庭下泣謝一境乃安又論河北糴法之弊以爲度支歲費錢緡五百萬所得半直其贏皆入賈販家今當有以權之遇穀貴則官糴於澶魏載以給邊新陳未交則散糴價以救民乏軍食有餘則坐倉收之此策一行穀將不可勝食矣朝廷是向計始置便糴司於大名以向爲提點刑獄兼其事武彊有盜殺人而逸尉捕平民抑使承向覆其冤脫六囚於死入爲開封度支判官權陝西轉運副使制置解鹽鹽足支十年而歲調畦夫數千向奏損其數兼提舉買馬監牧沙苑養馬歲得駒三百而費錢四千萬占田千頃向請斥閒田予民收租入以市之乃置場於原渭以羨鹽之直市馬於是馬一歲至萬匹昭陵復土計用錢糧五十萬貫石三司不能供億將移陝西緣邊入鹽中于永安縣向陳五不可以爲失信商旅遂舉所闕之數以獻嘗夜至靈寶縣先驅入驛與客崔令孫爭舍令孫正病臥驚而死罷知汝州甫數月復以爲陝西轉運副使進爲使厚陵役費其助如永昭時凡將漕八年所入鹽馬芻粟數累萬民不益賦其課爲最夏將嵬名山以綏州來歸青澗城主种諤將往迎詔向與議諤不俟命亟率所部出塞遂城之廷議劾諤擅興將致法向言諤今者之舉蓋忘身以狥國有如不稱臣請坐之諤既貶向亦罷知絳州再貶信州移潞州張靖使陝西還陳向制置鹽馬之失詔向詣闕與辯靖辭窮卽罪之神宗知向材以爲江浙荆淮發運使綱舟歷歲久篙工利於盜貨嘗假風水沉溺以滅迹向募客舟分載以相督察官舟有定數多爲主者冒占悉奪畀屬州諸運皆詣本曹受遣以地有美惡利有重輕爲立等式用所漕物爲誅賞遷天章閣待制環慶有警事帝以向習知地形召詣中書舊制發運使上計毋得出入唯止都門達章奏至是弛其禁熙寧四年權三司使明堂禮成有司誤遷向右諫議大夫詔罰吏而向官不奪河洮用兵縣官費不可計向未嘗乏供給及解嚴上疏乞戒將帥裁溢員汰冗卒省浮費節橫賦手敕褒納進龍圖閣直學士遼人求代北地北邊擇牧加樞密直學士給事中知定州高陽關募兵敵陰遣人應選向諜知之主者覺縱使亡去向遣邏捕取之械送瀛州戮於市北使久留都亭數出不遜語而雲應點兵涿易治道僉謂必渝盟向曰彼欲彊議速成故多張虛勢以撼我使者懼不如其請故肆嫚言以儌倖取成兵來不除道其亦無能爲也已後皆如向言遷工部侍郞向控辭賜詔弗允故事前兩府辭官乃降詔兩省得詔自向始元豐元年召同知樞密院向幹局絕人尤善商財討算無遺策用心至到然甚者不能無病民所上課間失實時方尚功利王安石從中主之御史數有言不聽也向以是益得展奮其材業至於論兵帝所通暢明決遂由文俗吏得大用及在政地同列質以西北事則養威持重未嘗啓其端非常所以屬望意會詔民畜馬向既奉命旋知民不便議欲改爲於是舒亶論向反覆無大臣體斥知潁州又改隨州卒年六十六元祐中錄其言謚曰恭敏子紹彭有翰墨名中子嗣昌

嗣昌亦以吏材奮崇寧中歷熙河轉運判官梓州陝西轉運副使直龍圖閣集賢殿脩撰入爲左司郎中擢徽猷閣待制陝西都轉運使知渭州改慶州監公使庫皇冀坐獄嗣昌奏請之遂以監臨自盜責安化軍節度副使安置郢州起知相州復待制知太原府論築涇原三倉勞加顯謨閣直學士又以撫納西羌功進延康宣和殿學士拜禮部刑部尚書坐啓擬反覆罷提舉崇福宮久之還延康殿學士知延安府賜第京師當遷官丐回授其子昶京秩嗣昌前後因事六七貶多以欺罔獲罪至是言者倂論之降爲待制卒先是徽宗有意圖北方遣譚稹嚮命訪諸帥韓粹彥洪中孚皆力云不可嗣昌乃潤飾謀詞以開邊隙及論事帝前語至興師或感激流涕造亂之咎人皆歸責焉

章楶字質夫建州浦城人祖頻爲侍御史忤章獻后旨黜官仁宗欲用之而卒楶以叔得集蔭爲孟州司戶參軍應舉入京聞父封對于魏棄不就試馳往直其冤還試禮部第一擢知陳留縣歷提舉陝西常平京東轉運判官提點湖北刑獄成都路轉運使入爲考功吏部右司員外郎元祐初以直龍圖閣知慶州時朝廷戢兵戒邊吏勿妄動且捐葭蘆安彊等四砦予夏使歸其永樂之人夏得砦益驕楶言夏嗜利畏威不有懲艾邊不得休息宜稍取其土彊如古削地之制以固吾圉然使諸路出兵擣其要害不一再舉勢將自釁矣遂乘便出討以致其師夏果入圍環州楶先用間知之遣驍將折可適伏兵洪德城夏師過之伏兵識其母梁氏旗幟鼓譟而出斬獲甚衆又預毒於牛圈瀦水夏人馬飲者多死召權戶部侍郎明年除知同州紹聖初知應天府加集賢殿脩撰知廣州徙江淮發運使哲宗訪以邊事對合旨命知渭州至卽上言城胡蘆河川據形勝以偪夏乃以三月及熙河秦鳳環慶四路之師陽繕理他堡壁數十所自示其怯或以楶怯請曰此夏必爭之地夏方營石門峽去我三十里能奪而有之乎楶又陽謝之陰具板築守戰之備帥四路師出胡蘆河川築二城于石門峽江口好水河之陰二旬有二日成賜名平夏城靈平砦方興役時夏以其衆來乘楶迎擊敗之既而環慶鄜延河東熙河皆相繼築城進拓其境夏人睥睨不敢動夏主遂奉其母合將數十萬兵圍平夏疾攻十餘日建高車臨城塡塹而進不能克一夕遁去夏統軍嵬名阿埋西壽監軍妹勒都逋皆勇悍善戰楶謀其弛備遣折

可適郭成輕騎夜襲直入其帳執之盡俘其家虜馘三十餘牛羊十萬夏主震駭哲宗親御紫宸殿受賀累擢棨樞密直學士龍圖閣端明殿學士進階大中大夫棨在涇原四年凡創州一城砦九薦拔偏裨不間廝役至於夏降人折可適李忠傑朱智用咸受其馭夏自平夏之敗不復能軍屢請命乞和哲宗亦爲之寢兵棨立邊功爲西方最時章惇用事棨與惇同宗其得興事頗爲世所疑徽宗立請老徙知河南入見留拜同知樞密院事俾其子緈爲開封推官以便養踰年力謝事罷授資政殿學士中太一宮使未幾卒徽宗悼之贈右銀青光祿大夫諡曰莊簡賻恤甚厚棨七子緈綜縮縱纘

緈綜最知名緈繇推官爲戶部員外郎提點淮南東路刑獄權知揚州兼提舉香鹽事時方鑄崇寧大錢令下市區晝閉人持錢買物至日旰皇皇無肯售緈飾市易務致百貨以小錢收之且檄倉吏糶米以大錢予之盡十日止民心遂安未幾新鈔法行舊鈔盡廢一時商賈束手或自殺緈得訴者所持舊鈔爲錢以千計者三十萬上疏言鈔法誤民請如約以示大信上怒罷緈降兩官綜第進士歷陝西轉運判官入爲戶部員外郎中書侍郎劉逵之妻綜姊也逵漸復元祐之政綜多贊之蔡京欲擠逵且惎綜不附己使其黨攻之出綜湖州論者不已差主管西京崇福宮綜歷通判常州縮知丹徒縣縱簽判西安州纘簽判蘇州棨孫芟承奉郎蓋監蘇州稅俱列士顯及京復相遂興制獄傾章氏縱居蘇州或得私鑄錢數巨罌京風言者誣縱與州人郁寶所鑄詔遣李孝壽張茂直沈畸蕭服更往鞫之連繫數百人累月卒無實獄多死者京大怒別遣孫傑鞫之傳致如章縱刺面配沙門島追毀出身以來文字除名勒停籍入其家竄緈台州綜秀州縮睦州纘永州芟處州蓋均州官司降罷除名者十餘人時論冤之孫傑擢龍圖閣直學士知蘇州張商英入相始辯前獄移縱常州綜復朝奉郎通判秀州頃之縱改授內殿崇班綜祕書省校書郎遷戶部員外郎出提點兩浙刑獄以龍圖閣直學士知越州譚稹宣撫燕山請綜爲參謀加右文殿修撰金人破蔚州背歸山後議稹以錯置乖方罷綜落職送吏部會赦恩上書告老復龍圖閣直學士致仕卒

論曰神宗奮英特之資乘財力之富銳然欲復河湟平靈夏而蔡挺王韶章棨輩起諸生委褒衣樹勳戎馬間世非無材顧上趣尚磨厲奚如耳觀挺之治兵韶之策敵棨之制勝亦一時良將薛向雖無三子勞而董漕邊餉不乏仰給持重樞府不啓事端又其善也若厚之降隴拶臨征取湟鄯廓州功足繼韶而嗣昌造釁北伐迺惇於向可勝誅邪雖然佳兵好還道家所戒卒之宋以左道殺縱以鑄錢陷此非其驗也與

宋史卷三百二十九

元 中書右丞相總裁脫脫等修

列傳第八十八

常秩 鄧綰子洵武 李定 舒亶
蹇周輔子序辰 徐鐸 王廣淵弟臨
王陶 王子韶 何正臣 陳繹

常秩字夷甫潁州汝陰人舉進士不中廢居里巷以經術著稱嘉祐中賜束帛爲潁州教授除國子直講又以爲大理評事治平中授忠武軍節度推官知長葛縣皆不受神宗卽位三使往聘辭熙寧三年詔郡以禮敦遣母聽秩辭明年始詣闕帝曰先朝累命何爲不起對曰先帝亮臣之愚故得安閭巷今陛下嚴詔趣迫是以不敢不來非有所決擇去就也帝悅徐問之今何道免民於凍餒對曰法制不立庶民食侯食服侯服此今日大患也臣才不適用願得辭歸帝曰既來安得不少留異日不能用卿乃當去耳卽拜右正言直集賢院管幹國子監俄兼直舍人院遷天章閣侍講同修起居注仍使供諫職復乞歸改判太常寺七年進寶文閣待制兼侍讀命其子立校書崇文院九年病不能朝提舉中太一宮判西京留司御史臺還潁十年卒年五十九贈右諫議大夫秩平居爲學求自得王回里中名士也每見秩與語輒歆然自以爲不及歐陽修胡宿呂公著王陶沈遘王安石皆稱薦之翕然名重一時初秩隱居既不肯仕世以爲必退者也後安石爲相更法天下沸騰以爲不便秩在閭閻見所下令獨以爲是一召遂起在朝廷任諫爭爲侍從低首抑氣無所建明聞望日損爲時譏笑秩長於春秋至斥孫復所學爲不近人情著講解數十篇自謂聖人之道皆在於是及安石廢春秋遂盡諱其學立始命爲天平軍推官秩死使門人趙冲狀其行云自秩與安石去位天下官吏陰變其法民受塗炭上下循默敗端內萌莫覺莫悟秩知其必敗紹聖中蔡卞薦立爲祕書省正字諸王府說書侍講請用爲崇政殿說書得召對又請以爲諫官卞方與章惇比曾布欲傾之乘間爲哲宗言立附兩人因暴其行狀事以爲詆毀先帝亟下史院取視言其不遜以責惇卞惇卞懼請貶立乃黜監永州酒稅

鄧綰字文約成都雙流人舉進士爲禮部第一稍遷職方員外郎熙寧三年冬通判寧州時王安石得君專政條上時政數十事以爲宋興百年習安玩治當事更化又上書言陛下得伊呂之佐作青苗免役等法民莫不歌舞聖澤以臣所見寧州觀之知一路皆然以一路觀之知天下皆然誠不世之良法願勿移於浮議而堅行之其辭蓋媚王安石又貽以書頌極其佞諛安石薦於神宗驛召對方慶州有夏寇綰敷陳甚悉帝問安石及呂惠卿以不識對帝曰安石今之古人惠卿賢人也退見安石欣然如素交宰相陳升之馮京以綰練邊事屬安石致齋復使知寧州綰聞之不樂誦言惠召我來乃使還邪或問君今當作何官曰不失爲館職得無爲諫官乎曰正自當爾明日果除集賢校理檢正中書孔目房鄉人在都者皆笑且罵綰曰笑罵從汝好官須我爲之尋同知諫院獻所著洪範建極錫福論帝曰洪範天人自然之大法朕方欲舉而措諸天下矯革衆敝卿當堲淫朋比德之人規以助朕綰頓首曰敢不力行所學以奉聖訓明年遷侍御史知雜事判司農寺時常平水利免役保甲之政皆出司農故安石藉綰以威衆綰請先行免役於府界次及諸道利州路歲用錢九萬六千緡而轉運使李瑜率三十萬綰言均役本以裕民今乃務聚斂積寬餘宜加重黜富弼在亳不散青苗錢綰請付吏究治畿縣民訴助役詔詢其便否兩行之綰與曾布輒上還堂帖中丞楊繪言未聞司農得繳奏者不報凡呂公著謝景溫所置推直官主簿悉罷去之而引蔡確唐坰爲御史五年春擢御史中丞國朝故事未有臺雜爲中丞者帝特命之又加龍圖閣待制建言頃時御史罷免猶除省府職司蓋厭初選用既審則議論雖不合人材亦不可遺願籍前後諫官御史得罪者姓名以次甄錄使於進退間與凡僚稍異則人思竭盡矣遼人來理邊地屯兵境上聲言將用師於是兩河戒嚴且令河北修城守之具綰曰非徒無益且大擾費帝從其言而止又言遼妄爲地訟意在窺我去冬聚兵累月逡巡自罷其情僞可見今當禦之以堅強則不渝二國之平則彼不我疑而我得以遠慮苟先之以畏屈彼或將力爭則大爲中國之恥帝覽疏嘉之安石去位綰頗附呂惠卿及安石復相綰欲彌前迹乃發惠卿置田華亭事出知陳州又論三司使章惇協濟其姦出知湖州初惠卿弟和卿創手實法綰曰凡民養生之具日用而家有之今欲盡令疏實則家有告訐之憂人懷隱匿之慮無所措手足矣商賈通殖貨財交易有無不過服食器用米粟絲麻布帛之類或春有之而夏以蕩析或秋貯之而冬已散亡公家簿書何由拘錄其勢安得不犯徒便囂訟者趍賞報怨以相告訐畏怯者守死忍困而已詔罷其法遷翰林學士仍爲中丞綰慮安石去失勢乃上言宜錄安石子及壻仍賜第京師帝以語安石安石曰綰爲國司直而爲宰臣乞恩澤極傷國體當黜又薦彭汝礪爲御史安石不悅遽自劾失舉帝謂綰操心頗僻賦性姦回論事薦人不循分守斥知虢州踰歲爲集賢院學士知河陽元豐中以待制知荊南陝徙永興軍改青州奏言歲大稔斗粟五七錢帝知其佞令提舉官酌市價以聞進龍圖閣直學士知鄧州元祐初徙揚州言者論其姦改滁州未去鄧而卒年五十九子洵仁洵武洵仁大觀中爲尚書右丞

洵武字子常第進士爲汝陽簿紹聖中哲宗召對爲祕書省正字校書郎國史院編修官撰神宗史議論專右蔡卞詆誣宣仁后尤切史禍之作其力居多遷起居舍人徽宗初改祕書少監既而用蔡京薦復史職御史陳次升陳師錫言洵武父綰在熙寧時以曲媚王安石神宗數其邪僻姦回今置洵武太史豈能公心直筆發揚神考之盛德而不掩其父之惡乎且其人材凡近學問荒繆不足以汙此選不聽遷起居郎時韓忠彥曾布爲相洵武因對言陛下乃先帝子今相忠彥乃琦之子先帝行新法以利民琦嘗論其非今忠彥爲相更先帝之法是忠彥能繼父志陛下爲不能也必欲繼志述事非用蔡京不可京出居外鎭帝未有意復用也洵武爲帝言陛下方紹述先志羣臣無助者乃作愛莫助之圖以獻其圖如史記年表列旁行七重別爲左右左曰元豐右曰元祐自宰相執政侍從臺諫郎官館閣學校各爲一重左序助紹述者執政中唯溫益一人餘不過三四若趙挺之范致虛王能甫錢適之屬而已右序舉朝輔相公卿百執事咸在以百數帝出示曾布而揭去左方一姓名布請之帝曰蔡京也洵武謂非相此人不可以與卿不同故去之布曰洵武既與臣所見異臣安敢豫

議明日改付溫益益欣然奉行請籍異論者於是決意相京進洵武中書舍人給事中兼侍講修撰哲宗實錄遷吏部侍郞洵武疏言神宗稽古建官旣正省臺寺監之職而以寄祿階易空名矣今在選七階自兩使判官至主簿尉有帶知安州雲夢縣而爲河東幹當公事者有河中司錄叅軍而監楚州鹽場者有瀛州軍事推官知大名府元城縣充濮州敎授者殽亂紛錯莫甚於此謂宜造爲新名因而制祿詔悉更之遷刑部尚書又請初出官人兼用刑法試俾知爲吏之方崇寧三年拜尚書右丞轉左丞中書侍郞妖人張懷素獄興其黨有與洵武連昏者坐出知隨州提舉明道宮復端明殿學士知亳州河南府召爲中太一宮使連進觀文殿學士爲大名尹政和中夏祭入侍祠以右神觀使兼侍讀留修國史改保大軍節度使未幾知樞密院五谿蠻擾邊郎倣陝西弓箭手列募邊民習知溪洞險易者置所司教以戰陣勸以耕牧得勝兵幾萬人以鎭撫之遷特進拜少保封莘國公恩典如宰相宣和元年薨年六十五贈太傅謚曰文簡鄧氏自綰以來世濟其姦而洵武阿二蔡尤力京之敗亂天下禍源自洵武起焉

李定字資深揚州人少受學於王安石登進士第爲定遠尉秀州判官熙寧二年孫覺薦之召至京師謁諫官李常常問曰君從南方來民謂青苗法何如定曰民便之無不喜者常曰舉朝方共爭是事君勿爲此言定卽往白安石且曰定但知据實以言不知京師乃不許安石大喜謂曰君且得見盡爲上道之立薦對神宗問青苗事其對如囊言於是諸言新法不便者帝皆不聽命定知諫院宰相言前無選人除諫官之比遂拜太子中允監察御史裏行知制誥宋敏求蘇頌李大臨封還制書皆罷去御史陳薦疏定頃爲涇縣主簿聞庶母仇氏死匿不爲服詔下江東淮浙轉運使問狀奏云定嘗以父年老求歸侍養不云持所生母服定自辯言實不知爲仇所生故疑不敢服而以侍養解官曾公亮謂定當追行服安石力主之改爲崇政殿說書御史林旦薛昌朝言不宜以不孝之人居勸講之地併論安石章六七上安石又白罷兩人定亦不自安蘄解職以集賢校理檢正中書吏房直舍人院同判太常寺八年加集賢殿修撰知明州元豐初召拜寶文閣待制同知諫院進知制誥爲御史中丞劾蘇軾湖州謝上表擿其語以爲侮慢因論軾自熙寧以來作爲文章怨謗君父交通戚里逮赴臺獄窮治當會赦論不已竄之黃州方定自鞫軾獄勢不可回一日於崇政殿門外語同列曰蘇軾乃奇才也俱不敢對請復六案糾察之職幷諸路監司皆得鉤考從之書出東方求直言太史謂有兵變帝命官者視衞士飮食定言一飯不足市恩適起小人之心乃止或議廢明堂祀帝以訪定定曰三歲一郊或明堂祖宗以來未之有改誰爲此言願治其妄帝曰聽卿言足矣遷翰林學士坐論府界養馬事失實罷知河陽留守南京召爲戶部侍郞哲宗立以龍圖閣學士知青州移汝寧府言者爭暴其前過又謫居滁州元祐二年卒定於宗族有恩分財振贍家無餘貲得任子先及兄息死之日諸子皆布衣徒以附王安石驟得美官又陷蘇軾於罪是以公論惡之而不孝之名遂著

舒亶字信道明州慈谿人試禮部第一調臨海尉民使酒詈逐後母至亶前命斬之不服卽自起斬之投劾去王安石當國聞而異之御史張商英亦稱其材用爲審官院主簿使熙河括田有績遷奉禮郎鄭俠旣貶復被逮亶承命往捕遇諸陳搜俠篋得所錄名臣諫草有言新法事及親朋書盡悉按姓名治之竄俠嶺南馮京王安國諸人皆得罪擢亶太子中允提舉兩浙常平元豐初權監察御史裏行太學官受賂事聞亶奉詔驗治凡辭語微及者輒株連考竟以多爲功加集賢校理同李定劾蘇軾作爲歌詩譏訕時事亶又言王詵輩公爲朋比如盛僑周邠固不足論若司馬光張方平范鎭陳襄劉摯皆略能誦說先王之言而所懷如此可置而不誅乎帝覺其言爲過但貶軾詵而光等罰金未幾同修起居注改知諫院張商英爲中書檢正遺亶手帖示以子壻所爲文亶具以白云商英爲宰屬而干請言路坐責監江陵稅始亶以商英薦得用及是反陷之進知雜御史判司農寺超拜給事中權直學士院踰月爲御史中丞舉劾多私氣焰熏灼見者側目獨憚王安禮亶在翰林受廚錢越法三省以聞命下大理初亶言尚書省凡奏鈔法當置籍錄其數目今違法不錄旣案奏乃讓以發放歷爲錄目之籍亶以爲大臣欺罔而尚書省取臺中受事籍驗之亦無錄目亶遽雜他文書送省於是執政復發其欺大理鞫廚錢事謂亶爲誤法官吳處厚駮之御史楊畏言亶所受文籍具在無不承之理帝曰亶自盜爲贓情輕而法重詐爲錄目情重而法輕身爲執法而詐妄若是安可置也命追兩秩勒停亶比歲起獄好以疑似排抵士大夫雖坐微罪廢斥然遠近稱快十餘年始復通直郞崇寧初知南康軍辰溪蠻叛蔡京使知荊南以開邊功由直龍圖閣進待制明年卒贈直學士

蹇周輔字嶓翁成都雙流人少與范鎭何郯爲布衣交年未冠試大廷不第鎭郯旣貴達周輔始特奏名再舉進士知宜賓石門二縣通判安肅軍爲御史臺推直官善於訊鞫鉤索微隱皆用智得情嘗有詔獄事連掖庭掌寶侍史宅司累月不能決乃命周輔度不可追逮奏請以要辭示主者詰服之府以爲知體及治李逢獄竟臺臣雜治無異辭神宗稱其能擢開封府推官出爲淮南轉運副使盜廖恩聚黨閩中多害兵吏改使福建護諸將以討之恩遂降元豐初循唐制歸百司獄于大理寺選爲少卿遷三司度支副使先是湖南例食淮鹽周輔始請運廣鹽數百萬石分鬻郴全道州又以淮鹽增配潭衡諸郡湘中民愁困法旣行遂領於度支以集賢殿修撰爲河北都轉運使進寶文閣待制召爲戶部侍郞知開封府事多不決授中書舍人不拜改刑部侍郞元祐初言者暴其立江西福建鹽法掊克欺誕負公擾民罷知利州徙廬州卒年六十六周輔彊學善屬文神宗嘗命作荅高麗書屢稱善爲吏深文刻覈故老而獲戾子序辰

序辰字授之登第後數年以泗州推官主管江西常平周輔方使閩上言父子僉祇命遠方家無所託蘄改一近地乃易京西旋提舉江西常平繼父行鹽法爲監察御史遷殿中侍御史右司諫哲宗立改司封員外郞周輔得罪以序辰成其惡降簽書廬州判官起知楚州提點江東刑獄紹聖中遷左司員外郞進起居郞中書舍人同修國史疏言朝廷前日正司馬光等姦惡明其罪罰以告中外惟變亂典刑改廢法度訕讟宗廟睥睨兩宮觀事考言實狀彰著然蹤跡深祕包藏禍心相去八年之間蓋已不可究質其章疏案牘散在有司若不彙緝而藏之歲久必致淪棄願悉討姦臣所言所行選官編類人爲一帙置之二府以示天下後世大戒遂命序辰及徐鐸編類由是搢紳之禍無一得脫者遷禮部尚書與安惇看詳訴理事以奉使遼國無狀黜知黃州閱四月除龍圖閣待制知揚州徽宗立中書言序辰類元祐章牘傳致語言指爲謗訕詔與惇並除名勒停放歸田里蔡京爲相復拜刑部禮部侍郞爲翰林學士進承旨有言其在先帝遐密中以音樂自娛者黜知汝州二年徙蘇州坐縱部民盜鑄錢謫單州團練副使江州安置又坐守蘇時以天寧節同其父忌日輒於前一日設宴及節日不張樂移永州會赦復官中奉大夫遂卒序辰亦有文善傳會深文刻覈似其父云

徐鐸字振文興化莆田人熙寧進士第一簽書鎭東軍判官紹聖末以給事中直學士院蹇序辰建議編類元祐諸臣章牘事狀詔鐸同主之凡一時施行文書擿拾附著纖悉不遺遷禮部侍郞鐸雖云封駮而是時凡給事中不肯書讀者輒命代行之貢院獲舉人挾書開封尹蔣之奇將以徒定罪鐸爭不可之奇爲從輕比旣上省章惇怒罰府吏舉人竟坐刑鐸不復敢有言衆傳以爲笑後議除御史中丞或摭此事以爲無所執持乃止徽宗立以龍圖閣待制知青州御史中丞豐稷論鐸編類事狀率視章惇好惡爲輕重存殁名臣橫罹竄斥序辰旣放歸田里鐸之罪不在其下詔落職知湖州崇寧中拜禮部尚書方議廟制鐸請增爲九室議者疑已祧之主不可復祔鐸言唐之獻祖中宗代宗與本朝之僖祖皆嘗祧而復今宜存宣祖於當祧復翼祖於已祧禮無不稱從之進吏部尚書卒

論曰士學不爲已而俯仰隨時如摯皇居井上求其立朝不撓不可得已常秩在嘉祐治平時三辭羔鴈之聘若能隱居以求其志者及王安石用事一召卽至容容歷年曾無一嘉謨而竊顯位至定之黨附亶之凶德宜爲世所指名綰及周輔二家父子僉同惡相濟而序辰與鐸編類事狀流毒元祐名臣忠義之士爲之一空馴致靖康之禍可勝嘆哉

王廣淵字才叔大名成安人慶曆中上曾祖明家集詔官其後廣淵推與弟廣廉而以進士爲大理法直官編排中書文字裁定祖宗御書十卷仁宗嘉之以知舒州留不行英宗居藩邸廣淵因見昵獻所爲文及卽位除直集賢院諫官司馬光言漢衞綰不從太子故景帝待之後周張美私以公錢給世宗故世宗薄之廣淵交結奔競世無與比當仁宗之世私自託於陛下豈忠臣哉今當治其罪而更賞之何以厲人臣之節帝不聽用爲羣牧三司戶部判官從容謂曰朕於洪範得高明沉潛之義剛內以自強柔外以應物人君之體無出於是卿爲朕書之於欽明殿屏以備觀省非特開元無逸圖也加直龍圖閣帝有疾中外憂疑不能寢食帝自爲詔諭之曰朕疾少間矣廣淵宣言於衆神宗立言者劾其漏泄禁中語出知齊州改京東轉運使得於內省傳達章奏曾公亮王安石持不可乃止廣淵以方春農事興而民苦乏兼并之家得以乘急要利乞留本道錢帛五

十萬貸之貧民歲可獲息二十五萬從之其事與青苗錢法合安石始以爲可用召至京師御史中丞呂公著擿其舊惡還故官程顥李常又論其抑配掊克迎朝廷旨意以困百姓會河北轉運使劉庠不散青苗錢奏適至安石曰廣淵力主新法而遭劾劉庠故壞新法而不問舉事如此安得人無向背故顥與常言不行徙使河東擢寶文閣待制知慶州宣撫使與師入夏境檄慶會兵方授甲卒長吳逵以衆亂廣淵亟召五營兵禦之逵率二千人斬關出廣淵遣部將姚兕林廣追擊降其衆兵間道邀襲盡戮之猶以盜發所部削兩秩二年進龍圖閣直學士知渭州廣淵小有才而善附會所辟置類非其人帝謂執政曰廣淵奏辟將佐非貴游子弟即胥史輩至於濮宮書吏亦預選蓋其人與時君卿善一路官吏不少置而不取乃用此輩豈不誤朝廷事已下詔切責卿等宜貽書申戒之卒年六十贈右諫議大夫元豐初詔以其被遇先帝之故弟臨自皇城使擢爲兵部郎中直昭文館子得君賜進士出身

臨字大觀亦起進士簽書雄州判官嘉祐初契丹泛使至朝論疑所應臨言契丹方饑困何能爲然春秋許與之義不可以不謹彼嘗求馴象可拒而不拒嘗求樂章可與而不與兩失之矣今橫使之來或謂其求聖像聖像果可與哉朝廷善其議治平中詔求武略用近臣薦自屯田員外郎換崇儀使知順安軍改河北沿邊安撫都監上備禦數十策大略皆自治而已契丹刺兩輸人爲義軍來歸者數萬或請遣還臨曰彼歸我而遣之必爲亂不如因而撫之詔從其請自是來者益多契丹悔失計進安撫副使歷知涇鄜州廣信安肅軍召對還文階知齊州滄州荆南入爲戶部副使以寶文閣待制知廣州府河中卒

王陶字樂道京兆萬年人第進士至太常丞而丁父憂陶以登朝在郊祀後恩不及親乞還所遷官丐追贈詔特聽之仍俟服闋除太子中允嘉祐初爲監察御史裏行衛卒入延福宮爲盜有司引疎決恩降其罪陶曰禁省之嚴不應用外間會降爲比於是流諸海島主者皆論罰中貴人導煉丹者入禁廷陶言漢唐方士名爲化黃金益年壽以惑人主者後皆就戮請出之陳升之爲樞密副使論其不當升之去陶亦知衛州改蔡州明年復以右正言召陶言臣與四人同補郡人獨兩人召請并還唐介呂誨等英宗知宗正寺踰年不就職陶上疏曰自至和中聖躬違豫之後天下顒顒無所寄命交章抗疏請早擇宗室親賢以建儲嗣危言切語動天感人夫爲是議者豈皆懷不忠孝爲姦利附託之人哉發於至誠念宗廟社稷無窮大計而已陛下順民欲而安人心故親發德音銳爲此舉中外搖搖之心一旦定矣厭後浸潤稽緩豈免憂疑流言或云事由嬪御宦侍姑息之語聖意因而惑焉婦人近幸詎識遠圖臣恐海內民無謂陛下紿者順天意民心命之今者聽左右姑息之言而疑之使遠近姦邪得以窺間伺隙可不惜哉因請對仁宗曰今當別與一名目既而韓琦決策遂立爲皇子英宗即位加直史館修起居注皇子位伴讀淮陽郡王府翊善知制誥進龍圖閣學士知永興軍召爲太子詹事神宗立遷樞密直學士拜御史中丞郭逵以簽書樞密宣撫陝西詔令還都陶言韓琦置逵二府至用太祖故事出師刼制人主琦必有姦言惑亂聖德願罷逵爲渭州帝曰逵先帝所用今無罪黜之是章先帝用人之失也不可陶既不得逞遂以琦不押文德常朝班奏劾之陶始受知於琦驟加奬拔帝初臨御頗不悅執政之專陶料必易置大臣欲自規重位故視琦如仇力攻之琦閉門待罪帝徙陶爲翰林學士旋出知陳州入權三司使呂公著言其反覆不可近又以侍讀學士知蔡州歷河南府許汝陳三州以東宮舊臣加觀文殿學士帝終薄其爲人不復用元豐三年卒年六十一贈吏部尚書謚曰文恪陶微時苦貧寓京師教小學其友姜愚氣豪樂施一日大雪念陶奉母寒餒荷一鋪剗雪行二十里訪之陶母子凍坐日高無炊烟愚亟出解所衣錦裘貿錢買酒肉薪炭與附火飲食又捐數百千爲之娶陶既貴尹洛愚老而喪明自衞州新鄉往謁之意陶必念舊哀已陶對之邈然但出尊酒而已愚大失望歸而病死聞者益薄陶之爲人

王子韶字聖美太原人中進士第以年未冠守選復游太學久之乃得調王安石引入條例司擢監察御史裏行出按明州留振獄安石惡祖無擇子韶迎其意發無擇在杭州時事自京師逮對而以振獄付張載無擇遂廢中丞呂公著等論新法一臺盡罷子韶出知上元縣遷湖南轉運判官御史張商英劾其不葬父母貶知高郵縣由司農丞提舉兩浙常平入對神宗與論字學留爲資善堂修定說文官官制行爲禮部員外郎以入省後期改庫部元祐中歷吏部郎中衞尉少卿遷太常諫官劉安世言熙寧初士大夫有十鑽之目子韶爲衙內鑽指其交結要人子弟如刁鑽之利又陷祖無擇於深文縉紳所共鄙薄豈宜汙禮樂之地改衞尉卿安世復言七寺正卿班少常上因彈擊而獲超遷是啓僥倖也乃出知滄州入爲祕書少監迎伴遼使御下苛刻軍吏因被酒毆傷子韶及其子又出知濟州建言乞追復先烈以貽後法復以太常少卿召進祕書監拜集賢殿修撰知明州卒崇寧二年子相錄元祐中所上疏稾聞于朝詔贈顯謨閣待制

何正臣字君表臨江新淦人九歲舉童子賜出身復中進士第元豐中用蔡確薦爲御史裏行遂與李定舒亶論蘇軾得五品服領三班院會正御史專六察正臣言幸得備言路以激濁揚淸爲職不宜兼治宅曹神宗善之爲悉罷御史兼局而正臣解三班加直集賢院擢侍御史知雜事韓存寶討瀘夷無功命治其獄被以逗撓罪誅之還除寶文閣待制知審官東院尚書省建爲吏部侍郎踰年嫚於奉職銓擬多抵牾事聞以制法未善爲解王安禮曰法未善有司所當請豈得歸罪於法乃出知潭州時詔州縣聽民以家貲易鹽吏或推行失指正臣條上其害謂無益於民亦不足以佐國用遂寢之民以爲便後歷刑部侍郎知宣州卒

陳繹字和叔開封人中進士第爲館閣校勘集賢校理刊定前漢書居母喪詔即家讎校英宗臨政淵嘿繹獻五箴曰主斷明微廣度省變稽古同判刑部獄訟有情法相忤者讞之或言刑曹唯知正是否不當有所輕重繹曰持法者貴審允心知失刑惡得坐視由是多所平反帝稱其文學以爲實錄檢討官神宗立爲陝西轉運副使入直舍人院修起居注知制誥拜翰林學士以侍講學士知郡州繹不能肅閨門子與婦一夕俱殞於卒伍之手傲然無慚色召知通進銀臺司帝語輔臣曰繹論事不避權貴命權開封府時獄有小疑輒從中覆至繹特聽便宜處決久之還翰林仍領府治司農吏盜庫錢獄未竟中書檢正張諤判寺事懼失察以帖詰稽留繹遣吏示以成牘言者論其徇宰屬縱有罪出知滁州郊祀恩復知制誥言者再論之得祕書監集賢院學士元豐初知廣州庫有檀香佛像繹以木易之事覺有司常爲官物有剩利帝曰是以事佛屢重典矣時繹已加龍圖閣待制知江寧府乃貶建昌軍奪其職後復大中大夫以卒年六十八繹爲政務摧豪黨而行與貌違暮年繆爲敦朴之狀好事者目爲熱熟顏回

論曰王廣淵在仁宗時因近昵獻文於英宗潛邸固已有竊取功名之心蓋爲臣之不忠者雖列侍從烏足道哉王陶始爲韓琦所知在御史時頗能譏切時政及爲中丞則承望風旨攻琦如仇讎欲自取重位其忘姜愚布衣之義又不足責矣王子韶之陷祖無擇何正臣之論蘇軾皆小人之盜名陳繹希合用事固無足道然於獄事多所平反惜乎閨門不肅廉恥僉喪雖明曉吏事亦何取焉

宋史卷三百三十

元　中書右丞相總裁脫脫等修

列傳第八十九

任顓　李參　郭申錫　傅求
張景憲　竇卞　張瓌　孫瑜
許遵　盧士宗　錢象先　韓璹
杜純弟紘　杜常　謝麟　王宗望
王吉甫

任顓字誠之青州壽光人舉進士得同學究出身至衞尉丞上其文乃賜第擢鹽鐵判官陝西鑄康定大銅錢顓曰壞五爲一以一當十恐犯者衆卒如其言夏人納款遣使要請十一事甚者欲去臣稱男顓押伴一切曉以義辭折而去又再遣使來欲自買賣且通靑鹽增歲賜詔許置榷場其議多顓所發出爲京西轉運使奏計京師元昊爲下所殺遣楊守素來告哀守素乃始爲元昊謀不稱臣納賜節者也仁宗記嘗屈其使者復使押伴顓問守素其主所以死不能對訖去不敢肆改知鳳翔府帝語輔臣顓宜備朝廷委任留判三司憑由司爲諒祚冊禮使采摭西夏風物山川道里出入攻取之要爲治戎精要三篇上之進直史館遷河東轉運使帝嘗以禁絡金帛賜河北亦欲與河東顓辭曰受委制財用而先有求不敢顓爲使者每行部必擇僚佐之賢者一人與俱凡事必與議未嘗以胥吏自隨人安其政入爲鹽鐵副使擢天章閣待制儂賊犯嶺外以知潭州宣撫司以宣毅卒有功檄補軍校顓察其色動曰必有異志執按之具服爲賊內應蒐其家得所記潭事甚悉梟首以徇詔書褒激賜白金五百兩進龍圖閣直學士知渭州坐在潭日賤市死商珠降爲待制時四路以邊警聞渭獨無所上朝廷疑斥候不密顓力言無他虞帝使覘之信乃還學士徙徐州以太子賓客致仕積官戶部侍

郎卒年七十八

李參字清臣鄆州須城人以蔭知鹽山縣歲饑諭富室出粟平其直予民不能糴者給以糟粃所活數萬通判定州都部署夏守恩貪濫不法轉運使使參按之得其事守恩謫死知荊門軍荊門歲以夏伐竹并稅簿輸荊南造舟積日久多蠹惡不可用牙校破產不償責參請冬伐竹度其費以給餘募商人與爲市遂除其害歷知興元府淮南京西陝西轉運使部多戍兵苦食求參審訂其闕令民自隱度麥粟之贏先貸以錢俟穀熟還之官號靑苗錢經數年廩有羨糧熙寧靑苗法蓋萌於此矣朝廷患邊費益廣參建議輦錢邊郡以平估糴權罷入中法比其去省榷貨錢千萬計召爲鹽鐵副使以右諫議大夫爲河北都轉運使與安撫使郭申錫相視決河議不協又與眞定呂溱相惡二人皆得罪參移使河東知荊南嘉祐七年召爲三司使參知政事孫抃曰參爲主計外臺將承風刻剝天下天下之民困矣乃改羣牧使詔王安石王陶置局經度國計參言官各有職臣若不任事當從廢黜不然乞罷此局從之治平初加集賢院學士知瀛州賜黃金百兩帥臣有賜自參始再遷樞密直學士知秦州蕃酋藥家族作亂討平之得良田五百頃以募弓箭手居鎭閱歲未嘗以邊事聞英宗遣使問故對曰將在邊期於無事而已不敢妄以寇貽主憂以疾解邊任判西京御史臺起知曹濮二州神宗久知其才書姓名於殿柱以知永興軍不行卒年七十四參無學術然剛果嚴深喜發擿姦伏不假貸事至卽決雖簿書纖悉不遺時稱能吏

郭申錫字延之魏人自言唐代公元振之後第進士爲晉陵尉民訴弟爲人所殺申錫察其色懼而哭不哀曰吾得賊矣非汝乎執而訊之果然久之知博州州兵出戍有欲脅衆爲亂者申錫戮一人黥二人乃定奏至仁宗曰小官臨事如此豈易得耶爲御史臺推直官數上疏論事大臣不便鞫獄慶州京東盜執濮州通判井淵遷知州事未閱月悉擒凶黨斬以徇召爲侍御史遂知雜事張貴妃追册起園陵張堯佐爲使相陳執中嬖妾殺婢余靖引胡恢有醜行高若訥引范祥啓邊釁申錫皆奏劾之屢詆權倖無所避帝謂之曰近世士大夫方未達時好指陳時事及被進用則不然是貴言以進耳鄉勿爲也諜稱契丹遣泛使命體量安撫河北還爲鹽鐵副使相視決河坐訟李參失實黜知濠州帝明榜朝堂稱其欺誣以儆在位旋加直史館知江寧府再副鹽鐵進天章閣待制知鄧州河中种諤取綏州申錫曰邊患將自此始及諒祚死請捐前故聽其子襲爵且言曰二虜頼歲幣甚厚渝平豈其所利必有以致之但得重將守邊不要功生事則善矣著邊鄙守禦策以給事中致仕卒年七十七

傅求字命之考城人進士甲科通判泗州淮水溢毀城朝廷遣中使護築絕淮取土道遠度用兵六十萬求相汴堤旁有高埠夷之得土載以回舟省工費殆半徙大名府府守呂夷簡委以事夷簡入相薦其才擢知宿州提點江西益州刑獄爲梓州路轉運使夷獠寇合江鈐轄司會兵掩擊求馳往按所以狀乃縣吏冒取播州田獠故恐而叛卽黥吏置領南夷人聞之散去益州文彥博上其狀進秩徙陝西關中行當十鐵錢盜鑄不可計求請變法時州縣已散二百八十萬緡亟下令更爲當三民出不意蕩產失業多自經死然盜鑄遂止自康定用兵移稅輸邊民力大困求令輸本州而轉錢以供邊糴民受其惠而兵食亦足召爲戶部副使隴右蕃酋蘭氊獻古渭州地秦州范祥納之請繕城屯兵又括蕃戶田諸羌靳之相率叛夏人欲得渭地又移文來索後帥張昇以祥貪利生事請棄之詔求往視求以爲城已訖役且已得而棄非所以強國威乃詔諭羌衆反其田報夏人以渭非其有不應索正其封疆而還兵遂解進天章閣待制陝西都轉運使加龍圖閣直學士知慶州環之定邊砦蕃官蘇恩以小過疑懼而遁將佐議致討涇原旣出師境上求謂恩非素攜二者乘以兵必起邊患但遣裨將從十數卒扣其帳開以禍福恩感泣還砦如初入判大常寺權發遣開封府遷樞密直學士知定州復以龍圖閣學士權開封求本有吏能幹局至是春秋浸高且病曠三司大將錢告密殺妹爲隣所告求不能決反坐告者又斷獄數差失御史言其不勝任出知兗州卒年七十一

張景憲字正國河南人以父師德任淮南轉運副使山陽令鄭昉贓累巨萬親戚多要人景憲首案治流之嶺外貪吏望風引去徙京西東轉運使王逵居鄆專持吏短長求請賄謝如所欲景憲上其惡編置宿州熙寧初爲戶部副使韓絳築撫寧羅兀兩城帝命景憲往視始受詔卽言城不可守固不待到而後知也未幾撫寧陷至延安又言囉兀邈然孤城鑿井無水將何以守臣在道所見師勞民困之狀非一願罷徙勞之役廢無用之城嚴飭邊將爲守計令邊郡召生羌與之金帛官爵恐黠羌多詐緩急或爲內應宜亟止之陝西轉運司議欲限半歲令民悉納錢於官而易以交子景憲言此法可行於蜀耳若施之陝西民將無以爲命其後卒不行加集賢殿修撰爲河東都轉運使議者欲分河東爲兩路景憲言本道地肥磽相雜州縣貧富亦異正宜有無相通分之不便議遂寢改知瀛州上言比歲多不登民債逋欠今方小稔而官督使併償道路流言其禍乃甚於凶歲願以寬假帝從之仍下其事元豐初年知河陽時方討西南蠻景憲入辭因言小醜跳梁殆邊吏擾之耳且其巢穴險阻若動兵遠征萬一餽餉不繼則我師坐困矣帝曰卿言是也然朝廷有不得已者明年徙同州以大中大夫卒年七十七景憲在仁宗朝爲部使者時吏治尚寬獨多深刺及熙寧以來吏治峻急景憲反濟以寬方新法之行不劾一人居官不畏強禦非公事不及執政之門自負所守於人少許可母卒一夕鬚髮盡白世以此稱之

竇卞字彥法曹州冤句人進士第二通判汝州秦悼王葬汝宗室來汝者衆得兵三千郡守林繼以汝與其鄉近因使輦薪芻鐵石致其家衆怨憤謀殺繼會日暮門閉不果遂挾大校叛卞啓關招諭之曰汝曹特醉酒狂呼爾毋恐衆少定乃密推首惡羈之請於朝詔繼致仕悉配從亂者加集賢校理知太常院知絳州開封府推官方禁銷金爲衣皇城卒捕得之屬卞治以中禁爲言奏曰眞宗行此制自掖廷始命不正以法無以示天下且非祖宗立法意英宗曰然文王刑于寡妻至于兄弟以御于家邦正謂是也從其請出知深州熙寧初河決滹沱水及郡城地大震流民自恩冀來踵相接卞發常平粟食之吏白擅發且獲罪卞曰俟請而得報民死矣吾寧以一身活數萬人尋以請詔許之外間訛言水大至卞下令敢言者斬一日復報大水且至吏請閉門卞不可旣而果妄時發六州卒築武彊陳卒惰主者笞之不服卞曰廂兵犯將校法不至重然興役聚工不可拘以常法命斬之以聞有詔嘉獎還爲戶部判官同修起居注進天章閣待制判昭文館將作監始卞官汝時與殿直王永年者相接頗厚及在京師永年求監金耀門庫卞爲禱提舉楊繪繪薦爲之永年置酒于家延繪卞至出其妻侑飲且時致薄餉永年以事繫獄死御史發其私卞坐奪職提舉靈仙觀卒年四十五

張瓌字唐公洎之孫也舉進士以婦父王欽若嫌召試學士院賜第除秘閣校理同知太常禮院謚錢惟演曰文墨其子揭登聞鼓上訴仁宗使問狀瓌條奏甚切朝廷不能奪乃賜謚曰思溫成廟祠享如神御請殺其禮判吏部南曹爲開封府推官知洪州營校督役苛急其徒三百人將以夜殺之求不獲持甲譟于門請易校瓌召問諭遣明日推治黠十人不爲易校積閥當遷十年不會課文彥博爲言特遷之徙兩浙轉運使加直史館知潁州揚州卽拜淮南轉運使三司下諸道貴羨財淮南獨上金九錢三司使怒移文譙切瓌以賦數民貧對入修起居注知制誥草故相劉沆贈官制頗言其附會取顯位沆子瑾帥子弟婦女衰絰詣闕哭訴瓌挾私怨且醜詆其人執政以褒贈乃恩典瓌不當爲貶詞出知黃州然瑾亦竟不敢請父謚還判流內銓英宗時論第在先朝乞蚤定儲副者進左諫議大夫翰林侍讀學士劉瑾又訟其判銓日調其子不應法復出濠州歷應天府河南河陽請爲太平州瓌平生薦士後雖不如所舉未嘗以令自首故再坐削階當官遇事輒言觸忤勢要至屢黜終不悔卒年七十

孫瑜字叔禮博平人以父任爲將作監主簿賈昌朝薦爲崇文檢討同知禮院開封府判官使契丹適西討捷書至館伴要入賀啗以厚餉瑜辭以奉使有指不肯賀加秘閣校理兩浙轉運使入辭仁宗訪其家世謂曰卿孫奭子邪奭大儒也久以道輔朕因面賜金紫先是郡縣倉庾以斗斛大小爲姦瑜奏均其制黜吏之亡狀者民大喜有言其變新器非便下遷知曹州尋有言瑜所作量法均一誠便者乃還其元資徙知蔡州毀吳元濟像以其祠事裴度大水緣城隙入瑜使囊沙數千扞其衝城得弗壞更相兗鄆單四州累官工部侍郎卒年七十九始奭之亡朝廷錄其子孫時瑜之子爲諸孫長瑜曰吾恐因父喪而官吾子乎以兄之孤上之瑜天資整敏齊家以嚴稱善與人交一受知終身不易所薦上有過或教使自言曰已知之而復擠之吾不爲也

論曰宋至神宗承平百餘年風行政成士皆守官稱職雖上之化亦下之氣習使然也當時仕於朝廷出守方岳持節一道專對四方者各有其人其政蹟且多可紀自顓至瑜是已顓能折夏人屈元昊使者參擊貪除害乃心邊事申錫除凶黨詆權倖求黥黠吏禁盜鑄卞以身活人瓌不貢羨財景憲因母死而髮白孫瑜不忍以父喪而得官此其行尤昭昭者歟

許遵字仲塗泗州人第進士又中明法擢大理寺詳斷官知長興縣水災民多流徙遵募民出米振濟竟以無

患益與水利溉田甚博邑人便利立石紀之爲審刑院詳議官知宿州登州遵累典刑獄强敏明恕及爲登州執政許以判大理遵欲立奇以自鬻會婦人阿云獄起初云許嫁未行嫌壻陋伺其寢田舍懷刀斫之十餘創不能殺斷其一指吏求盜弗得疑云所爲執而詰之欲加訊掠乃吐實遵按云納采之日母服未除應以凡人論讞于朝有司當爲謀殺已傷遵駮言云被問卽承應爲按問審州大理當絞刑非是事下刑部以遵爲妄詔以贖論未幾果判大理耻用議法坐劾復言刑部定議非直云合免所因之罪今棄敕不用但引斷例一切按而殺之塞其自守之路殆非罪疑惟輕之義詔司馬光王安石議光以爲不可安石主遵御史中丞滕甫侍御史錢顗皆言遵所爭戾法意自是廷論紛然安石旣執政悉罪異已者遂從遵議雖累問不承者亦得爲按問或兩人同爲盜劫吏先問左則按問在左先問右則按問在右獄之生死在問之先後而非盜之情天下益厭其說熙寧間出知壽州再判大理寺請知潤州又請提舉崇福宮尋致仕累官中散大夫卒年八十一

盧士宗字公彥濰州昌樂人舉五經歷審刑院詳議編敕刪定官提點江西刑獄侍講楊安國以經術薦之仁宗御延和殿詔講官悉升殿聽其講易明日復命講泰卦又召經延官及僕射賈昌朝聽之授天章閣侍講賜三品服加直龍圖閣天章閣待制判流內銓李參郭申錫有決河訟詔士宗劾之士宗言兩人皆爲時用有罪當驗問不宜逮鞫於是但黜申錫爲州進龍圖閣直學士知審刑院通進銀臺司仁宗神主祔廟禮院請以太祖太宗爲一世而增一室以備天子事七世之禮兩制與禮官考議孫抃等欲如之士宗以爲在禮太祖之廟萬世不毀其餘昭穆親盡卽毀示有終也自漢以來天子受命之初太祖尚在三昭三穆之次祀四世或六世其以上之主屬雖尊於太祖親盡則遷故漢元帝之世毀太上廟主於國魏明帝遷處士主於國邑晉武惠祔廟遷征西豫州府君大抵過六世則遷其主蓋太祖已正東向之位則并三昭三穆爲七世矣唐高祖初祀四世太宗增祀六世太宗祔廟則遷洪農府君高宗祔廟又遷宣宗皆前世成法惟明皇之廟祀八世於事爲不經今大行祔廟僖祖親盡當遷於典禮爲合不當添展一室詔抃等再議卒從入室之說議者咎之出知青州入辭英宗曰學士忠純之操朕所素知豈當久處外命再對及見論知人安民之要勸帝守祖宗法御史言其罕通吏事且衰病改沂州熙寧初以禮部侍郎致仕卒年七十一士宗以儒者長刑名之學而主於仁恕故在刑部審刑前後十數年

錢象先字資元蘇州人進士高第呂夷簡薦爲國子監直講歷權大理少卿度支判官河北江東轉運使召兼天章閣侍講詳定一路敕成當進勳爵仁宗以象先母老欲慰之獨賜紫章服進待制知審刑院加龍圖閣直學士出知蔡州象先長於經行侍邇英十餘年有所顧問必依經以對反復諷諭遂及當世之務帝禮遇甚渥故事講讀官分日送進象先已得蔡帝猶諭之曰大夫行有日矣宜講徹一編於是同列罷進者浹日從知河南府陳州復兼侍講知審刑院象先旁通法家說故屢爲刑官條令多所裁定嘗以爲犯敕者重犯令者輕請移敕文入令者甚衆又議告捕法以爲罪有可去有可捕苟皆許捕則姦人將倚法以害善良因削去許捕百餘事其持心平恕類此復知許潁陳三州以吏部侍郎致仕卒年八十一

韓璹字君玉衞州汲人登進士第知定州安喜縣爲政彊力能使吏不敢守韓琦稱其才爲開封司錄嘉祐寬恤諸道分遣使者璹曰京師諸夏本願獨不蒙惠乎乃具徭役利害上之詔司馬光陳洙詳定條式遂革大姓漁幷之弊提點利州路河北刑獄以開封府判官迎契丹使使問南朝不聞打圍何也璹曰我后仁及昆蟲非時不爲耳熙寧初爲梓州路轉運使朝廷命諸道議更役法璹首建倂綱減役之制剛以數計者百二十有八衙前以人計者二百八十有三省役人五百又請裁定諸州衙簿於是王安石言璹所言皆久爲公私病監司背公邀譽莫之或恤而獨能體上意宜加賞乃下褒詔璹賜帛二百入爲鹽鐵副使以右諫議大夫知澶州坐失舉降太常少卿河決晝夜扞禦神宗念其勞復改官大中大夫判將作監轉正議大夫致仕卒年七十七璹吏事絕人閱按牘終身不忘澶州民懷思之他日郡守或欲有所爲民必曰此已經韓大中矣以故輒止

杜純字孝錫濮州甄城人少有成人之操伯父沒官南海上其孤弱柩不能還純白父請往如期而喪至以蔭爲泉州司法參軍泉有蕃舶之饒雜貨山積時官於州者私與爲市價十不償一惟知州關詠與純無私買人亦莫知後事敗獄治多相牽繫獨兩人無與詠猶以不察免且檄參對純憤懣陳書使者爲訟冤詠得不坐熙寧初以河西令上書言政王安石異之引寘條例司數與論事薦于朝充審刑詳議官或議復肉刑先以刖代死刑之輕者純言今盜抵死歲不減五十以死懼民民常不畏而況於刖乎人知不死犯者益衆是爲名輕而實重也事遂寢秦帥郭逵與其屬王韶成訟純受詔推鞫得韶罪安石主韶變其獄免純官韓絳爲相以檢詳三司會計安石再來乃請監池州酒久之爲大理正上言朝廷非不惡告訐而有覘事者以擿抉隱微蓋京師聚萬姓易以宿奸於計當然非擾人也比來或徒隸緐望或民相怨仇或意冒告賞但泛云某有罪某知狀官不識所逮之因囚不省見逮之故若許有司先計其實而坐爲欺者以誣告當無不竟矣隰州商尹奇貿溫泉礬有美數云官潤之寺欲械訊河東純曰奇情止爾若傳致其罪恐自是民無復敢貨礬則數百萬之儲皆爲土石請姑沒其羨而釋其人曹州民王坦避水患以車載貨入京征商者以爲匿稅將議黥坦純復爭之卿楊汲奏爲立異又廢于家元祐元年范純仁韓維王存孫永交薦之除河北轉運判官初更役書司馬光稱其論議詳盡予之書曰足下在彼朝廷無河北憂純因建言河防舊隸轉運今乃領屬都水外丞計其決溢之變前日不加多今日不加少然出財之司則常憂費而緩不急用財之官則寧過計而無不及不如使之歸一後如其言召爲刑部員外郎大理少卿權侍御史言者詆其不由科第改右司郎中尋知相州徙徐州陝西轉運使還拜鴻臚光祿卿權兵部侍郎謝病以集賢院學士提舉崇福宮改修撰卒年六十四弟紘

紘字君章起進士爲永年令歲荒民將他往召諭父老曰令不能使汝必無行若留能使汝無饑皆喜聽命乃官給印劵使稱貸於大家約歲豐爲督償於是咸得食無徙者明年稔償不愆素神宗聞其材用爲大理評斷官檢詳樞密刑房修武經要畧以職事對帝翊日語宰相嘉其論奏明白未果用紘每議獄必傅經誼民間有女幼許嫁未行而養於壻氏壻氏殺以誣人吏當如昏法紘曰禮婦三月而廟見未廟見而死則歸葬于家示未成婦也律定昏而夫犯論同凡人養婦雖非禮律然未成婦則一也議乃定又論天下囚應死吏憚不行法輒以疑讞夫殺人而有疑讞是縱民爲殺之道也請治妄讞者不從擢刑部郎中元祐初爲夏國母祭奠使時夏人方修貢入其國禮猶倨迓者至衣毛裘設下人坐蒙以黲且不跪受詔紘責之曰天王弔禮甚厚今不可以加禮夏人畏懼加敬他日夏使至請歸復侵疆紘逆之至館使欲入見有所陳紘止之荅語頗不遜紘曰國主設有請必具表中此大事也朝廷肯以使人口語爲可否乎隨語連扯之乃不敢言遷右司郎中大理卿以直秘閣知齊鄧二州復爲大理卿權刑部侍郎加集賢殿修撰爲江淮發運使知鄆州獄繫囚三百人紘至之旬日處決立盡又以刑部召未至還之鄆嘗有揭幟城隅著妖言其上期爲變州民皆震俄而草場白晝火蓋所揭一事也民又益恐或請大索城中紘笑曰奸計正在是冀因吾膠擾而發柰何墮其術中彼無能爲也居無何獲盜乃奸民爲妖如所揣遂按誅之徙知應天府卒年六十二紘事兄純禮甚備在鄆州聞訃泣曰兄教我成立今亡不得臨死不瞑矣適諸闕迎其柩於都門哀動行路悉以奉錢給寡嫂推其子恩官其子若孫一人官京師時里人馬隨調選病臥逆旅紘載與歸醫視之隨竟死爲治喪第中或以爲嫌不自恤其風義蓋天性云

杜常字正甫衞州人昭憲皇后族孫也折節學問無戚里氣習嘗跨驢讀書驢嗜草失道不之覺觸桑木而墮額爲之傷中進士第調河陽司法參軍事富弼禮重之積遷河東轉運判官提點河北刑獄歷兵部左司郎中太常少卿太僕太府卿戶工刑吏部侍郎出知梓州靑鄆徐州成德軍崇寧中至工部尚書以龍圖閣學士知河陽軍若旱及境而雨大河決直州西上埽勢危甚常親護役徙處埽上埽潰水溢及常坐而止於是役人盡力河流遂退郡賴以安卒年七十九

謝麟字應之建州甌寧人登第調會昌令民被酒夜與仇鬭旣歸而所親殺之因誣仇麟知死者無子所親利其財一訊得實再調石首令縣苦江水爲患隄不可禦麟疊石障之自是人得安堵號謝公隄通判辰州章惇使湖湘拓沅州薦麟爲守由太常博士改西上閤門副使猺賊犯辰溪麟且捕且招一方以寧詔使經制宜州猺降其種落四千八百人納思廣洞民千四百室得鎧甲二萬襃賜甚渥加果州刺史知荆南涇邠二州元祐初復以朝議大夫直秘閣知潭州加直龍圖閣歷徙江寧鳳翔府渭桂二州融江有夷警將吏議致討麟以計平之戌兵從北來不能水土麟部土人使極南而北兵止屯近郡賴以全者甚衆卒于官

王宗望字磻叟光州固始人以蔭累擢夔州路轉運副使哲宗卽位行赦賞軍萬州彌旬不給庖卒朱明因衆怒白晝入府宅傷守臣左右驚散他兵籍籍謀兆亂宗

望聞變自夔疾驅至先命給賞然後斬明以徇且竄配守傷而不救者乃自劾朝廷嘉之歷倉部郎中司農少卿江淮發運使楚州沿淮至漣州風濤險舟多溺議者謂開支氏渠引水入運河歲久不決宗望始成之爲公私利代吳安持爲都水使者自大河有東北流之異紛爭十年水官無所適從宗望謂回河有創立金隄七十里索緡錢百萬詔從之右正言張商英論其誕謾而宗望奏已有成績遂增秩三等加直龍圖閣河北都轉運使擢工部侍郎以集賢殿修撰知鄆州卒年七十九元符中治其導河東流事以爲附會元祐追所得恩典云

王吉甫字邦憲同州人舉明經練習法律試斷刑入等爲大理評事累遷丞正刑部員外郎大理少卿舒亶以官燭引至第執政欲坐以自盜吉甫謂不可執政怒移獄他所吉甫亦就辨亶乃用飲食論罪不以燭也南郊起幔城役卒急於畢事董役者責之曰此殆類白露屋耳卒訴之吏當非所宜言論死吉甫謂非咒詛不應死遂求對神宗怒曰得非爲白露屋事來邪吉甫從容數陳不少慴帝爲霽怒其人得釋蘇軾南遷所過郡守有延館之者走馬使正聞詔鞫之吉甫議當笞宰相章惇不悅吉甫曰法如是難以增加成罪卒從笞太倉火議誅守者十餘人亦爭之皆得不死其持論寬平大抵類此請知齊州梓州梓在東州爲壯藩戶口最盛轉運使欲增折配以取羨餘吉甫謂其僚曰民力竭矣一增之後不可復減吾寧貽使者怒恐爲國斂怨爲民基禍哉竟却之歷提點梓州路京畿刑獄開封少尹知同邢漢三州以中大夫卒年七十吉甫老於爲吏廉介不回但一於用法士恨其少緣飾云

論曰宋取士兼習律令故儒者以經術潤飾吏事舉能其官遵惠政及民而緩登州婦獄君子謂之失刑士宗彖先皆執經勸講其爲刑官論法平恕宜哉璹吏事絕人民懷其德純以徽官能著清節紘議獄必傅經誼風義藹然常坐護危掃驎定猺獠宗望弭萬州之變皆靖至難之事於談笑間吉甫一於用法而廉介不回有足稱云

宋史卷三百三十一

元　中　書　右　丞　相　總　裁　脫　脫　等　修

列傳第九十

孫長卿　周沆　李中師　羅拯
馬仲甫　王居卿　孫構　張詵
蘇寀　馬從先　沈遘弟遼 從弟括　李大臨
呂夏卿　祖無擇　程師孟　張問陳舜俞樂京劉蒙附
苗時中　韓贄　楚建中
張頡　盧革子秉

孫長卿字次公揚州人以外祖朱巽任爲秘書省校書郎天禧中巽守雍命隨所取浮圖像入見仁宗方權聽天下事嘉其年少敏占對欲留侍東宮辭以毋疾詔還官知楚州糧料院郡倉積米五十萬陳腐不可食主吏皆懼法毋敢輕去長卿爲酌新舊均渫之吏罪得免通判河南府秋大雨軍營壞或言某衆將叛洛中讙然長卿馳諭之曰天雨敗屋廬未能葺汝輩豈有欲叛意得無有乘此動吾軍者邪推首惡一人誅之留宿其所衆遂定詔汰三陵奉先卒汰者羣譟府下長卿矯制使還而具言不可汰之故朝廷爲止知和州民訴人殺弟長卿察所言無理問其貲曰上等也家幾人曰惟此弟爾曰然則汝殺弟也鞫之服郡人神明之提點益州路刑獄歷開封鹽鐵判官江東淮南河北轉運使江浙荊淮發運使歲漕米至八百萬或疑其多長卿曰吾非欲事羨贏以備饑歲爾議者謂楚水多風波請開盱眙河自淮趣高郵長卿言地阻山回繞役大難就事下都水調工數百萬卒以不可成罷之時又將弛茶禁而收其征召長卿議長卿曰本祖宗榷茶蓋將備二邊之糴且不出都內錢公私以爲便今之所行不足助邊糴什一國用耗矣乃條所不便十五事不從改陝西都轉運使踰年知慶州州據險高患無水蓋嘗疏引澗谷汲城中未幾復絕長卿鑿百井皆及泉泥陽有羅川馬嶺上構危棧下臨不測之淵過者惴恐長卿訪得唐故道闢爲通塗加集賢院學士河東都轉運使拜龍圖閣直學士知定州熙寧元年河北地大震城郭倉庾皆隤長卿盡力繕補神宗知其能轉兵部侍郎留再任明年卒年六十六長卿無文學而長於政事爲能臣性潔廉不以一毫取諸人定州當得園利八十萬悉歸之公旣沒詔中使護其喪歸葬

周沆字子眞青州益都人第進士知渤海縣歲滿縣人請留旣報可而以親老求監州稅通判鳳翔初置轉運判官沆使江西求葬親改知沂州歷開封府推官湖南蠻唐盤二族寇暴殺居民官軍數不利以沆爲轉運使沆言蠻驟勝方驕未易鬬力宜須秋冬進兵且其地險氣毒人驍悍善用鎩盾北軍不能確請選邕宜融三州卒三千人習知山川技藝者徑擣其巢布餘兵絡山足出則獵取之俟其勢窮力屈乃可順撫朝廷用其策二族皆降加直史館知潭州他道兵來戍者率兩期乃代多死瘴癘沆請以期爲斷戍人便之徙河東轉運使民盜鑄鐵錢法不能禁沆高估錢價鑄者以無利自息入爲度支副使儂智高亂定仁宗命安撫廣西論之曰嶺外地惡非賊所至處毋庸行對曰君命仁也然遠民罹塗炭當布宣天子德澤遂往遍行郡邑民避寇棄業吏用常法滿半歲則聽人革佃沆曰是豈與凶年詭征役者同科奏申其期擢天章閣待制陝西都轉運使改河北李仲昌建六塔河之議以爲費省而功倍詔沆行視沆言近計塞商胡本度五百八十萬工用薪芻千六百萬今纔用功一萬薪芻三百萬均一河也而功力不相侔如是蓋仲昌先爲小計以來興役爾況所規新渠視河廣不能五之一安能容受此役若成河必汎溢齊博濱棣之民其魚矣旣而從初議河塞復決如沆言又徙河東轉運使遷龍圖閣直學士知慶州召知通進銀臺司判太常寺英宗旣卽位契丹賀乾元節使至沆館客欲取書柩前使者以非典故不可沆折之曰昔貴國有喪吾使至柳河卽反今聽於几筵達命恩禮厚矣尚何云使者立授書朝廷未知契丹主年沆乘間雜他語以問得其實使者悔之曰今復應兄弟南朝矣進樞密直學士知成德軍俗方棄親事佛沆閱按斥數千人還其家以戶部侍郎致仕卒年六十九

李中師字君錫開封人舉進士陳執中薦爲集賢校理提點開封府界境多盜中師立賞格督吏分捕盡得之進秩辭不受乃擢度支判官爲淮南轉運使兩浙饑移淮粟振贍僚屬議勿與中師曰朝廷視民淮浙等爾卒與之徙河東入爲度支副使拜天章閣待制陝西都轉運使知澶州河南府召權三司使龍圖閣直學士復爲河南前此多大臣居守委事掾幕吏習弛緩中師一以嚴整齊之號爲治辦然用法刻深煩碎無大體唯厚結中人初神宗嘗對宰相稱其治狀富弼曰陛下何從知之帝默然中師銜弼沮已及再至弼已老乃籍其戶令出免役錢與富民等又希司農指多取餘視他處爲重洛人怨之朝廷以中師率先推行召爲羣牧使乞廢河南北監牧省國費而養馬於民不報後竟行其說民不堪命權發遣開封府卒年六十一有女嫁陳執中子世儒坐夫事誅死

羅拯字道濟祥符人第進士歷官知榮州州介兩江間每江漲輒犯城郭拯作東西二隄除其患選知秀州爲江西轉運判官提點福建刑獄泉州興化軍水壞廬舍拯請勿征海運竹木經一年民居皆復其舊遷轉運使邵武之光澤不榷酒以課賦民號黃麴錢拯均之他三邑人以爲便改江淮發運副使江淮故無積倉漕船繫岸下俟糴入乃得行蓋官吏以淮南不受陳粟爲逃譴計拯始請凡米至而不可上供者以廩軍又貯浙西米於潤倉以時運自是漕增而費省轉爲使拯使閩時泉商黃謹往高麗館之禮賓省其王云自天聖後職貢絕欲令使與謹俱來至是拯以聞神宗許之遂遣金悌入貢高麗復通中國自玆始加天章閣待制居職七年徙知永興軍青潁秦三州卒年六十五拯性和柔不與人校曲直爲發運使時與副皮公弼不協公弼徙他道御史劾其貸官錢拯力爲辨理錢公輔爲諫官嘗論拯短而公輔姻黨多在拯部內往往薦進之或譏以德報怨拯曰同僚不協所見異也諫官所言職也又何怨乎時論服其長者

馬仲甫字子山廬江人太子少保亮之子也舉進士知登封縣轘轅道險阨遂傭民鑿平爲坦塗人便其行爲刻石頌美通判趙州知台州爲度支判官內侍楊永德言漕舟淮汴間惟水遞鋪爲便詔仲甫偕往訂可否還言其害十餘條議遂格出爲夔路轉運使歲饑盜粟者當論死仲甫請罪減一等詔須奏裁復言饑羸拘囚比得報死矣請決而後奏從使淮南眞揚諸州地狹出米少官糴之多價常踊登濱江米狠戾而農無所售仲甫請移糴以舒其患兩益於民從之遂繇戶部判官爲發運使自淮陰徑泗上浮長淮風波覆舟歲羅其患仲甫建議鑿洪澤渠六十里漕者便之拜天章閣待制知瀛州秦州古渭介有唐之南夏人在其北中通一徑小警則路絕仲甫得葺粟城故趾自鷄川砦築堡北抵南谷環數百里爲內地詔賜名甘谷堡故時羌人入城貿易皆僦邸仲甫設館處之賜示禮厚實閑之也熙寧初守亳許揚三州糾察在京刑獄知通進銀臺司復爲揚州提舉崇禧觀卒

王居卿字壽明登州蓬萊人以進士至知齊州提舉夔路京東刑獄鹽鐵判官建言商賈轉百貨市塞上者聽

以家貲抵於官爲給長券至賣所倂輸征稅直公私便之出知揚州改京東轉運使青州河貫城中苦泛溢爲病居卿即城立飛梁上設樓櫓下建門以時閉啓人誦其智徙河北路河決曹村居卿立軟橫二埽以遏怒流而不與水爭朝廷賞其功建以爲都水法召拜戶部副使提舉市易擢天章閣待制河北都轉運使知秦州太原府卒年六十二居卿俗吏特以言利至從官

孫構字紹先博平人中進士第爲廣濟軍判官歲入圭田粟六百石構止受百石餘以畀學官久之知黎州夷年墨數擾邊用間殺之蜀帥呂公弼上其事擢知眞州凶歲得盜令名指黨伍悉寘諸法境內爲清遷度支判官夔州部夷梁承秀李光吉王兗導生獠入寇轉運判官張詵請誅之選構爲使倍道之官至則遣涪州豪社安募千人往襲自督官軍及黔中兵擊其後斬承秀入討二族火其居餘衆保黑崖嶺黔兵從間道夜譟而進光吉墜崖死兗自縛降以其地建南平軍錄功加直昭文館徙湖北轉運使章惇與南北江蠻事構論降懿治二州納歸附州十四初渡辰溪舟毀而溺得援者僅免神宗憫之賜帛三百北江酋彭師晏常持向背構知向水酋彭儒武與有隙檄使攻之師晏降得其下溪州地五溪皆平進集賢殿脩撰賜三品服交阯入寇拜右諫議大夫知桂州聲言將掎角擣其巢穴寇聞引去以疾提舉崇福宮換太中大夫卒年六十四構喜功名勇於建立西南邊事自此始云

張詵字樞言建州浦城人第進士通判越州民患苦衙前役詵科別人戶籍其當役者以差人錢爲雇人充皆以爲便知襄邑縣擢夔路轉運判官錄辟土之功加直集賢院改陝西轉運副使召對帝曰朕未識卿每閱章奏獨卿與蔡挺有所論請使人了然尋當以帥事相屬及入辭賜服金紫明年直龍圖閣知秦州前此將吏貪功多從羌地徼射因起邊患詵至申令毋得犯得一人斬諸境上羣羌感悅遷天章閣待制知熙州董氈遣兒章逼岷州詵往討董氈迎戰破之於錯鑿城斬首萬級元豐初加龍圖閣直學士知成都府徙杭州將行復命權經畧熙河事趣使倍道行時倉卒治戎有司討產調夫戶至累首民多流亡詵中塗訴其狀乞敕劍外招攜之不報會靈武師罷乃赴杭道過京師帝訪以西事對曰彼勢雖弱而我師未銳邊備未飾願以歲月圖功累官正議大夫卒年七十二詵性孝友廉於財平生不殖田業既建拓瀘夷地被進用後雖有善言可紀終不逭淸議云

蘇寀字公佐磁州滏陽人擢第調兗州觀察推官受知於守杜衍爲大理詳斷官民有母改嫁而死既葬輒盜其柩歸祔法當死寀曰子取母祔父豈與發冢取財等請而生之遷審刑院詳議御史臺推直官知單州提點梓州益州路刑獄利路轉運使文州歲市羌馬羌轉買蜀貨猾駔上下物價肆爲姦漁寀議置折博務平貨直以易馬宿弊頓絕入判大理寺爲湖北淮南成都路轉運使擢侍御史知雜事判刑部使契丹還及半道聞英宗晏駕契丹置宴仍用樂寀謂送者曰兩朝兄弟國家君臣之義吾與君等一也此而可忍孰不可忍遂爲之徹樂進度支副使以集賢殿脩撰知鳳翔還糾察在京刑獄又出知潭州廣州累轉給事中知河南府無留訟入知審刑院卒寀長於刑名故屢爲法官數以讞議受詔獎焉

馬從先字子野祥符人少盡力於學父當任子推以與其弟由進士累官太常少卿知宿州宿在淮汴間素難治從先取囊博者重坐者厚賞以求盜禁屠牛鑄錢嚴甚大水發廩振流亡全活數十萬代還知壽州以老辭英宗論遺之曰聞卿治行籍甚壽尤重於宿姑爲朕往既至治如曩時由太子賓客轉工部侍郎致仕從先性整嚴雖盛夏不袒跣曉學佛預言其終時年七十六而卒

論曰長卿性務廉潔以能臣稱中師用法刻深以治辦稱雖均爲材吏而優劣自見拯及仲甫俱能爲國興利除害構始開西南邊詵遂拓瀘夷被進用雖有他善而不能逭淸議至於沆決河議綏遠民折鄰使歷有可稱述者其最優歟

沈遘字文通錢塘人以蔭爲郊社齋郎舉進士廷唱第一大臣謂已官者不得先多士乃以遘爲第二通判江寧府歸奏本治論仁宗曰近獻文者率以詩賦豈若此十篇之書爲可用也除集賢校理頃之脩起居注遂知制誥以父扶坐事免求知越州徙杭州爲人疏儁博達明於吏治令行禁止民或貧不能葬給以公錢嫁孤女數百人倡優養良家子者奪歸其父母善遇僚寀皆甘樂傾盡爲之耳目刺閭巷長短纖悉必知事來立斷禁捕西湖魚鼈故人居湖上蟹夜入其籬間適有客會宿相與食之旦詣府遘迎語曰昨夜食蟹美乎客笑而謝之小民有犯法情稍不善者不問法輕重輒刺爲兵姦猾屏息提點刑獄鞫眞卿將按其狀遘爲稍弛而刺者復爲民嘉祐遺詔至爲攻於外不飲酒食肉者三十七日召知開封府遷龍圖閣直學士治如在杭州蚤作視事逮午而畢出與親舊還往從容燕笑沛然有餘暇士大夫交稱其能拜翰林學士判流內銓丁母憂英宗閔其去賚黃金百兩仍命扶喪歸蘇州既葬廬墓下服未竟而卒年四十世咨惜之弟遼從弟括

遼字叡達幼挺拔不羣長而好學尚友傲睨一世讀左氏班固書小摹倣之輒近似酒組植縱舍自成一家趣操高爽縹縹然有物外意絕不喜進取用兄任監壽州酒稅吳充使三司薦監內藏庫熙寧初分審官建西院以爲主簿時方重此官出則奉使持節遼故受知於王安石安石嘗與詩有風流謝安石瀟灑陶淵明之稱至是當國更張法令遼與之議論寖咈意日益見疏於是坐與其長不相能罷去久之以太常寺奉禮郎監杭州軍資庫轉運使使攝華亭縣他使者適有夙慽思中以文法因縣民忿爭相牽告辭語連及遂文致其罪下獄引服奪官流永州遭父憂不得釋更赦始從池州留連江湖間累年益偃蹇傲世既至池得九華秋浦間翫其林泉喜曰使我自擇不過爾耳即築室於齊山之上名曰雲巢好事者多往游遼追悔平生不自貴重悉謝棄少習杜門隱几雖筆硯亦埃塵竟日間作爲文章雄奇峭麗尤長於歌詩曾鞏蘇軾黃庭堅皆與唱酬相往來然竟不復起元豐末卒年五十四

括字存中以父任爲沭陽主簿縣依沭水乃職方氏所書浸曰沂沭者故跡漫爲汙澤括新其二坊疏水爲百渠九堰以播節原委得上田七千頃擢進士第編校昭文書籍爲館閣校勘刪定三司條例故事三歲郊丘之制有司按籍而行藏其副吏沿以干利壇下張幔距城數里爲園囿植采木刻鳥獸綿絡其間將事之夕法駕臨觀御端門陳仗衞以閱嚴警遊幸登賞類非齋祠所宜乘輿一器而百工侍役者六七十輩括考禮沿革爲書曰南郊式即詔令點檢事務執新式從事所省萬計神宗稱善遷太子中允檢正中書刑房提舉司天監日官皆市井庸販法象圖器大抵漫不知括始置渾儀景表五壺浮漏招衞朴造新曆募天下上太史占書雜用士人分方技科爲五後皆施用加史館檢討淮南饑遣括察訪發常平錢粟疏溝瀆治廢田以救水患遷集賢校理察訪兩浙農田水利遷太常丞同脩起居注時大籍民車人未論縣官意相挺爲憂又市易司患蜀鹽之不禁欲盡實私井而輦解池鹽給之言者論二事如織皆不省括侍帝側帝顧曰卿知籍車乎曰知之帝曰何如對曰敢問欲何用帝曰北邊以馬取勝非車不足以當之括曰車戰之利見於歷世然古人所謂兵車者輕車也五御折旋利於捷速今之民間輜車重大日不能三十里故世謂之太平車但可施於無事之日爾帝喜曰人言無及此者朕當思之遂問蜀鹽事對曰一切實私井而運解鹽使一出於官售誠善然患萬戎瀘間夷界小井尤多不可猝絕也勢須列候加警臣恐得不足償費帝頷之明日二事俱寢擢知制誥兼通進銀臺司自中允至是纔三月爲河北西路察訪使先是銀冶轉運司置官收其利括言近寶則國貧其勢必然人衆則囊橐姦僞何以檢頤朝廷歲遣契丹銀數千萬以其非北方所有故重而利之昔日銀城縣銀坊城皆沒於彼使其知鑿山之利則中國之幣益輕何賴歲餉鄰釁將自茲始矣時賦近畿戶出馬備邊民以爲病括言北地多馬而人習騎戰猶中國之工彊弩也今舍我之長技强所不能何以取勝又邊人習兵唯以挽彊定最而未必能貫革謂宜以射遠入堅爲法如是者三十一事詔皆可之遼蕭禧來理河東黃嵬地留館不肯辭曰必得請而後反帝遣括往聘括詣樞密院閱故牘得頃歲所議疆地書指古長城爲境今所爭蓋三十里遠表論之帝以休日開天章閣召對喜曰大臣殊不究本末幾誤國事命以畫圖示禧議始屈賜括白金千兩使行至契丹庭契丹相楊益戒來就議括得地訟之籍數十預使吏士誦之益戒有所問則顧吏舉以答他日復問亦如之益戒無以應謾曰數里之地不忍而輕絕好乎括曰師直爲壯曲爲老今北朝棄先君之大信以威用其民非我朝之不利也凡六會契丹知不可奪遂舍黃嵬而以天池請括乃還在道圖其山川險易迂直風俗之純龐人情之向背爲使契丹圖抄上之拜翰林學士權三司使嘗白事丞相府吳充問曰自免役令下民之詆訾者今未衰也是果於民何如括曰以爲不便者特士大夫與邑居之人習於復除者爾無足恤也獨微戶本無力役而亦使出錢則爲可念若悉弛之使一無所預則善矣充然其說表行之蔡確論括首鼠乖刺陰害司農法以集賢院學士知宣州明年復龍圖閣待制知審官院又出知青州未行改延州至鎭悉以別賜錢爲酒命廛市良家子馳射角勝有軼羣之能者自起酌酒以勞之邊人驩激執弓傳矢唯恐不得進越歲得徹札超乘者千餘皆補中軍義從威聲雄地府以副總管种諤

西討援銀宥功加龍圖閣學士朝廷出宿衞之師來戍賞賚至再而不及鎮兵括以爲衞兵雖重而無歲不戰者鎮兵也今不均若是且召亂乃藏敕書而矯制賜緡錢數萬以驛聞詔報之曰此右府須行之失非卿察事機必擾軍政自是事不暇請者皆得專之蕃漢將士自皇城使以降許承制捕授諤師次五原値大雪糧餉不繼殿直劉歸仁率衆南奔士卒二萬人皆潰入塞居民怖駭括出東郊餞可東歸師得奔者數千問曰副都總管遣汝歸取糧主者爲何人曰在後卽諭令各歸屯及暮至者八百未旬日潰卒盡還括出按兵歸仁至括曰汝歸取糧何以不持軍符歸仁不能對斬以狥經數日帝使內侍劉惟簡來詰叛者具以對大將景思誼曲珍拔夏人磨崖葭蘆浮圖城括議築石堡以臨西夏而給事中徐禧來禧欲先城永樂詔禧護諸將往築令括移府並塞以濟軍用已而禧敗沒括以夏人襲綏德先往救之不能援永樂坐謫均州團練副使元祐初徙秀州繼以光祿少卿分司居潤八年卒年六十五括博學善文於天文方志律曆音樂醫藥卜算無所不通皆有所論著又紀平日與賓客言者爲筆談多載朝廷故實耆舊出處傳於世

李大臨字才元成都華陽人登進士第爲絳州推官杜衍安撫河東薦爲國子監直講睦親宅講書文彥博薦爲祕閣校理考試舉人誤收失聲韻者責監滁州稅未幾還故職仁宗嘗遣使賜館閣官御書至大臨家大臨貧無皁隸方自秣馬使者還奏帝曰眞廉士也以親老請知廣安軍從邛州還爲羣牧判官開封府推官神宗雅知其名擢脩起居注進知制誥糾察在京刑獄言靑苗法有害無益王安石怒會李定除御史宋敏求蘇頌相繼封還詞命次至大臨大臨亦還之帝批去歲詔書臺官不拘官職奏舉後未審更制也頌大臨合言故事臺官必以員外郎博士近制但不限此非謂選人亦許之也定以初等職官超朝籍躐憲臺國朝未有倖門一開名器有限安得人人滿其意哉復詔諭數四頌大臨故爭不已乃以累格詔命皆歸班大臨以工部郎中出知汝州辰溪貢丹砂道葉縣其二篋化爲雙雉關山谷間耕者獲之人疑爲盜械送於府大臨識其異訊得實釋耕者徙知梓州加集賢殿脩撰復天章閣待制甫七十致仕七年而卒大臨淸整有守論議識大體因爭李定後名益重世并宋敏求蘇頌稱爲熙寧三舍人云

呂夏卿字縉叔泉州晉江人舉進士爲江寧尉編脩唐書成直祕閣同知禮院仁宗選任大臣求治道夏卿陳時務五事且言天下之勢不能常安當於未然之前救其弊事至而圖之恐無及已朝廷頗采其策英宗世歷史館檢討同脩起居注知制誥帝嘗訪以政對曰兩朝不惜金帛以和二邊脫民鋒鏑之禍古未有也願勿失前好出知潁州得奇疾身體日縮卒時纔如小兒年五十三夏卿學長於史貫穿唐事博采傳記雜說數百家折衷整比又通譜學創爲世系諸表於新唐書最有功云

祖無擇字擇之上蔡人進士高第歷知南康軍海州提點淮南廣東刑獄廣南轉運使入直集賢院時封孔子後爲文宣公無擇言前代所封曰宗聖曰奉聖曰崇聖曰恭聖曰褒聖唐開元中尊孔子爲文宣王遂以祖謚而加後嗣非禮也於是下近臣議改爲衍聖公出知袁州自慶曆詔天下立學十年間其敝徒文具無命教之實無擇首建學官置生徒郡國弦誦之風由此始盛同脩起居注知制誥加龍圖閣直學士權知開封府進學士知鄭杭二州神宗立知通進銀臺司初詞臣作誥命許受潤筆物王安石與無擇同知制誥安石辭一家所饋不獲義不欲取置諸院梁上安石憂去無擇用爲公費安石聞而惡之熙寧初安石得政乃諷監司求無擇罪知明州苗振以貪聞御史王子韶使兩浙廉其狀事連無擇子韶小人也請遣內侍自京師逮赴秀州獄蘇頌言無擇列侍從不當與故吏對曲直御史張戩亦救之皆不聽及獄成無貪狀但得其貸官錢接部民坐及乘船過制而已遂謫忠正軍節度副使安石猶爲帝言陛下遣一御史出卽得無擇罪乃知朝廷於事但不爲未有爲之而無効者尋復光祿卿祕書監集賢院學士主管西京御史臺移知信陽軍卒無擇爲人好義篤於師友少從孫明復學經術又從穆修爲文章兩人死力求其遺文彙次之傳於世以言語政事爲時名卿用小累鍛鍊放棄訖不復振士論惜之

論曰沈遘以文學致身而長於治才沈括博物洽聞貫乎幽深措諸政事又極開敏呂夏卿號稱史才尤精譜諜之學宋之縉紳士各精其能學不苟且故能然也李大臨官居繳駁克舉其職祖無擇治郡所至能脩校官是皆班班可紀者然大臨以論李定絀無擇以忤安石廢棄終身卽是亦足以知二人之賢矣

程師孟字公闢吳人進士甲科累知南康軍楚州提點夔路刑獄瀘戎數犯渝州邊使者治所在萬州相去遠有警率浹日乃至師孟奏徙於渝夔部無常平粟建請置倉適凶歲振民不足卽矯發他儲不俟報吏懼白不可師孟曰必俟報餓者盡死矣竟發之徙河東路晉地多土山旁接川谷春夏大雨水濁如黃河俗謂之天河可漑灌師孟出錢開渠築堰淤良田萬八千頃裒其事爲水利圖經頒之州縣爲度支判官知洪州積石爲江隄浚章溝揭北閘以節水升降後無水患判三司都磨勘司接伴契丹使蕭惟輔曰白溝之地當兩屬今南朝植柳數里而以北人漁界河爲罪豈理也哉師孟曰兩朝當守誓約涿郡有案牘可覆視君舍文書騰口說遂欲生事耶惟輔愧謝出爲江西轉運使盜發袁州州吏爲耳目久不獲師孟械吏數輩送獄盜卽成擒加直昭文館知福州築子城建學舍治行最東南徙廣州州城爲儂寇所毀他日有警民駭竄方伯相踵至皆言土疏惡不可築師孟在廣六年作西城及交阯陷邕管聞廣守備固不敢東時師孟已召還朝廷念前功以爲給事中集賢殿脩撰判都水監賀契丹生辰至涿州契丹命席迎者正南向涿州官西向宋使介東向師孟曰是卑我也不就列自日昃爭至暮從者失色師孟辭氣益厲叱儐者易之於是更與迎者東西向明日涿人餞於郊疾馳過不顧涿人移雄州以爲言坐罷歸班復起知越州靑州遂致仕以光祿大夫卒年七十八師孟累領劇鎭爲政簡而嚴罪非死者不以屬吏發隱擿伏如神得豪惡不逞跌宕者必痛懲艾之至勦絕乃已所部肅然洪福廣越爲立生祠

張問字昌言襄陽人也進士起家通判大名府羣牧地在魏歲久冒入於民有司按舊籍括之地數易主券不明吏苟趣辦持詔書奪人田至毀室廬發丘墓問至則曰是豈朝廷意耶其上以聞仁宗諭大臣曰吏用心悉如問何患赤子之不安也立罷之擢提點河北刑獄大河決議築小吳問言曹村小吳南北相直而曹村當水衝賴小吳隄薄水溢北出故南隄無患若築小吳則左彊而右傷南岸且決水並京畿爲害獨可於孫陳兩埽間起隄以備之耳詔付水官議久不決小吳卒潰徙江東淮南轉運使加直集賢院戶部判官復爲河北轉運使所部地震河再決議者欲調京東民三十萬自澶築隄抵乾寧問言隄未能爲益災傷之餘力役勞民非計也神宗從之問十年不奏考課詔特遷其官入爲度支副使拜集賢殿脩撰河東轉運使坐誤軍須貶知光化軍未幾復使河北諸葛公權之亂郡縣株蔓連逮至數百千人問上疏申理止誅首惡熙寧末知滄州自新法行問獨不阿時好歲饑爲帝言民苟免常平助役之苦反以得流亡爲幸語切直驚人元豐定官制王安禮薦問可任六曹侍郎帝以其好異論不用歷知河陽潞州元祐初爲祕書監給事中累官正議大夫卒年七十五問處已廉潔嘗仕鄜延幕府與种世衡善父喪世衡遺汝州田十頃辭弗受使歸未至而世衡卒其子古用父治命亦不納田蕪穢者三十年後汝守請以給學朝廷命反諸种氏熙寧時有陳舜俞樂京劉蒙亦以役法廢黜

舜俞字令舉湖州烏程人博學強記舉進士又舉制科第一熙寧三年以屯田員外郎知山陰縣詔俟代還試館職舜俞辭曰爵祿名器砥礪多士宜示以至神烏可要期如付劑契徼中書帖上之靑苗法行舜俞不奉令上疏自劾曰民間出舉財物取息重止一倍約償緡錢而穀粟布縷魚鹽薪蔌耰鉏釜錡之屬得雜取之朝廷募民貸取有司約中熟爲價而必償緡錢欲如私家雜償他物不可得故愚民多至賣田宅質妻孥有識耆老戒其鄉黨子弟未嘗不以貴貸爲苦祖宗著令以才物相出舉任從書契官不爲理其保全元元之意深遠如此今誘之以便利督之以威刑方之舊法異矣詔謂振民乏絕而抑兼并然使十戶爲甲浮浪無根者毋得給俵則乏絕者已不蒙其惠此法終行愈爲兼并地爾何以言之天下之有常平非能人人計口受餉但權穀價貴賤之柄使積貯者不得深藏以邀利爾今散爲靑苗唯恐不盡萬一饑饉荐至必有乘時貴糴者未知將何法以制之官制旣放錢取息富室藏鏹坐待鄰里逋欠之時田宅妻孥隨欲而得是豈不爲兼并利哉雖分爲夏秋二科而秋放之月與夏斂之期等夏放之月與秋斂之期等不過展轉計息以給爲納使吾民終身以及世世每歲兩輸息錢無有窮已是別爲一賦以敝海內非王道之舉也奏上責監南康軍鹽酒稅五年而卒舜俞始嘗棄官歸居秀之白牛村自號白牛居士已而復出遂貶死蘇軾爲文哭之稱其學術才能兼百人之器慨然將以身任天下之事而人之所以周旋委曲輔成其天者不至一斥不復士大夫識與不識皆深悲之云

京荆南人爲布衣時鄉里稱其行義事母至孝妻張氏家絕挾女弟自隨京未嘗見其面妻死京寢食於外爲嫁之嘉祐初詔訪遺逸以薦聞得校書郎爲潮陽赤水二縣令神宗求言京上疏以畏天保民爲請知長葛縣

助役法行京曰提舉常平官言不便使之條析又不報且不肯治縣事自列丐去提舉官劾之詔奪著作佐郎經十年乃復官監黃州酒稅以承議郎致仕元祐初召赴闕不至終於家

蒙字子明渤海人恥爲詞賦不肯舉進士習茂才異等又不欲自售都轉運使劉庠舉遺逸召試第一知湖陽縣常平使者召會諸縣令議免役法蒙爲不便不肯與議退而條上其害卽投劾去亦奪官歸鄉教授養親講學從游甚衆元豐二年卒纔年四十門人朋友誄其行號曰正思先生元祐初賜其家帛五十匹

苗時中字子居其先自壺關徙宿州以蔭主寧陵簿邑有古河久堙請開導以溉田爲利甚博人謂之苗公河調潞州司法參軍郡守欲入一囚於死執不可守怒責甚峻時中曰寧歸田里法不可奪守悟而聽之熙寧中以司農丞使梓州路密薦能吏十人後皆進用人卒莫之知交人犯邊擢廣西轉運副使師討交人罪次富良江久不進時中曰師無進討意賊必從間道來乘我不備冀萬一之勝勢窮然後降耳密備之既而果從上流來戰敗始納欵從梓州轉運副使韓存寶討蠻乞弟逗遛不行時中曰師老矣將士暴露非討之善者存寶不聽卒坐誅林廣代存寶乞弟既降復逸去將士相視失色及暮刁斗不鳴時中問廣廣曰既失賊故縱兵追之不暇恤爾時中曰天子以十萬衆相付豈以一死爲勇耶今入異境變且不測廣悟亟止追者整軍以進會得詔班師軍行時中以糧道遠創爲擺運法食以不乏遷兩階爲發運副使河東轉運使加直龍圖閣知桂州進寶文閣待制至戶部侍郎卒

韓贄字獻臣齊州長山人登進士第至殿中侍御史坐微累黜監江州稅道除知睦州復爲侍御史荆湖災出持節安撫湘中自馬氏擅國計丁輸米身死產竭不得免贄奏除之改知諫院進天章閣待制宰相梁適以私容姦狄青起卒伍位樞密內侍王守忠遷官不次皆舉劾無所諱出知滄瀛二州還龍圖閣直學士河北都轉運使河決商胡而北議者欲復之役將興贄言北流既安定驟更之未必能成功不若開魏金隄使分注故道支爲兩河或可紓水患詔遣使相視如其策才役三千人幾月而畢入判都水監權開封府政簡而治知河南府建永厚陵費省而不擾神宗稱之還知審刑院糾察在京刑獄知徐州以吏部侍郎致仕贄性行淑均平居自奉至約推所得祿賜買田贍族黨賴以活者殆百數退休十五年謝絕人事讀書賦詩以自娛年八十五卒

楚建中字正叔洛陽人第進士知滎河縣民苦鹽稅不平建中約田多寡以爲輕重主管鄜延經略機宜文字夏人來正土疆往莅其事衆暴至兩騎傳矢引蒲向之建中披腹使射曰吾不憚死騎卽去衆服其量元昊歸款建中白府請築安定黑水八堡以控東道夏人果來鬪有備不敢入累遷提點京東刑獄鹽鐵判官昭陵建命裁定調度省數十萬計歷夔路淮南京西轉運使進度支副使神宗用事西鄙以建中嘗爲邊臣所薦召欲用之言不合旨出知滄州久之爲天章閣待制陝西都轉運使知慶州江寧成德軍以正議大夫致仕元祐初文彥博薦爲戶部侍郎不拜卒年八十一

張頡字仲舉其先金陵人徙鼎州桃源第進士調江陵推官歲旱饑朝廷遣使安撫頡條獻十事活數萬人知益陽縣縣接梅山溪峒多蠻獠出沒頡按禁地約束召傜人耕墾上其事不報累遷開封府判官提點江西刑獄廣東轉運使熙寧中章惇取南江地建沅懿等州克梅山與楊光僣爲敵頡居憂於鼎移書朝貴言南江殺戮過甚無辜者十八九浮屍蔽江民不食魚者數月惇疾其說欲分功啖之乃言曰頡昔令益陽首建梅山之議今日成功權輿於頡詔賜絹三百匹尋擢江淮制置發運副使改知荆南復從廣西轉運使時建廣源爲順州將城之頡謂無益朝廷從其議坐捽罵參軍沈竦罷歸未幾以直集賢院知齊滄二州進直龍圖閣知桂州入覲帝首言鄉者論順州不可守信然時有獻言者謂海南黎人陳被蓋五洞酋領異時盛強且爲中國患今請出兵自効宜有以撫納之命頡處其事頡使一介往呼之出補以牙校喜而去詔問何賞之薄對曰荒徼蠻蜑無他覬得是足矣尋罷兵海外訖無事久之轉運使馬默劾其經理宜州蠻事失宜罷職知均州哲宗立還故職知鳳翔廣州召爲戶部侍郎頡所歷以嚴致理而深文狡獪右司諫蘇轍論其九罪執政以頡雖無德而才可用不報踰年以寶文閣待制出爲河北都轉運使徙知瀛州湖北溪猺畔朝廷託頡素望復從知荆南至都門暴卒

盧革字仲辛湖州德清人少舉童子知杭州馬亮見所爲詩嗟異之秋貢士密戒主司勿遺革革聞語人曰以私得薦吾恥之去弗就後二年遂首選至登第年才十六慶曆中知龔州蠻入寇桂管騷動革經畫軍須先事而集移書安撫使杜杞請治諸郡城及易長吏之不才者又言嶺外小郡合四五不當中州一大縣無城池甲兵之備將爲賊困宜度遠近并省之後儂智高來九郡相繼不守皆如革慮知婺泉二州提點廣東刑獄福建湖南轉運使復請外神宗謂宰相曰革廉退如是宜與嘉郡遂爲宣州以光祿卿致仕用子秉恩轉通議大夫退居於吳十五年秉爲發運使得請歲一歸覲後帥渭乞解官終養帝數賜詔慰勉時以爲榮卒年八十二

秉字仲甫未冠有儁譽嘗謁蔣堂坐池亭堂曰亭沼粗適恨林木未就爾秉曰亭沼如爵位時來或有之林木非培植根株弗成大以士大夫立名節也堂賞味其言曰吾子必爲佳器中進士甲科調吉州推官青州掌書記知開封府倉曹參軍浮湛州縣二十年人無知者王安石得其壁間詩識其靜退方置條例司預選中奉使淮浙治鹽法與薛向究索利病出本錢業鬻海之民戒不得私鬻還奏遂爲定制檢正吏房公事提點兩浙淮東刑獄顓提舉鹽事持法苛嚴追胥連保罪及妻孥一歲中犯者以千萬數進制置發運副使東南饑詔損上供米價以糴秉言價雖賤貧者終艱得錢請但償糴本而以其餘振贍是歲上計神宗問曰聞滁和民捕蝗充食有諸對曰有之民饑甚殍死相枕籍帝惻然曰前此獨趙抃爲朕言之耳先是發運使多獻餘羨以希恩寵秉言職在董督六路財賦以時上之安得羨今稱羨者率正數也請自是罷獻獨以七十萬緡償三司逋加集賢殿脩撰知渭州五路大出西討唯涇原有功進寶文閣待制夏境胡盧川距塞二百里恃險遠不設備秉遣將姚麟彭孫襲擊之俘斬萬計遷龍圖閣直學士夏酋仁多嵬丁舉國入寇犯熙河定西城秉治兵瓦亭分兩將駐靜邊砦指夏人來路曰吾遲明坐待捷報矣及明果至見宋師驚曰天降也縱擊之皆奔潰或言嵬丁已死有識其衣服者諸將請以聞秉曰幕府上功患不實吾敢以疑似成欺乎他日物色之嵬丁果死詔褒賜服馬金幣且使上所獲器甲秉守邊久表父革年老乞歸移知湖州行三驛復詔還渭慰藉優渥革聞亦以義止其議已而革疾亟乃得歸元祐中知荆南劉安世論其行鹽法虐民降待制提舉洞霄宮卒

論曰宋室之人才亦盛矣青苗法始行滿朝耆壽故臣法家拂士引古今通誼盡力爭之而不能止往往多自引去及數年之後憲命既成天下亦莫如之何已而間守遠郡尚能懇懇爲民有言舜俞京蒙俱以區區一縣令力抗部使者視棄其官如弊屣類非畏威懷祿者能之師孟活饑羸興水利擿姦誅惡所歷可稱逮使契丹正坐席禮毅然不少屈時中止林廣縱兵追蠻深達兵家之變贄居諫省舉劾無所避允有直臣之風建中雅量卻敵辭嚴氣正亢爲奇偉頡雖有才而深文狡獪豈其天性然革始終廉退秉不免於阿狥時好行鹽法以虐民父子之習相遠哉

宋史卷三百三十二

元中書右丞相總裁脫脫等修

列傳第九十一

滕元發　李師中　陸詵子師閔　趙卨
孫路　游師雄　穆衍

滕元發初名甫字元發以避高魯王諱改字爲名而字達道東陽人將生之夕母夢虎行月中墮其室性豪儁慷慨不拘小節九歲能賦詩范仲淹見而奇之舉進士廷試第三因聲韻不中程罷再舉復第三授大理評事通判湖州孫沔守杭見而異之曰奇才也後當爲賢將授以治劇守邊之略召試爲集賢校理開封府推官鹽鐵戶部判官同修起居注英宗書其姓名藏禁中未及用神宗卽位召問治亂之道對曰治亂之道如黑白東西所以變色易位者朋黨汨之也神宗曰卿知君子小人之黨乎曰君子無黨辟之草木綢繆相附者必蔓草非松柏也朝廷無朋黨雖中主可以濟不然雖上聖亦殆神宗以爲名言太息久之進知制誥知諫院御史中丞王陶論宰相不押班爲跋扈神宗以問元發元發曰宰相固有罪然以爲跋扈則臣以爲欺天陷人矣拜御史中丞种諤擅築綏州且與薛向發諸路兵環慶保安皆出剽掠夏人誘殺將官楊定元發上疏極言諒祚已納欵不當失信邊隙一開兵連民疲必爲內憂又中書樞密制邊事多不合中書賞戰功而樞密降約束樞密詰修堡而中書降褒詔元發言戰守大事也而異同如是願敕二府必同而後下宰相以其子判鼓院諫官謂不可神宗曰鼓院傳達而已何與於事元發曰人有訴宰相使其子達之可乎神宗悟爲罷之京師郡國地震元發上疏指陳致災之由大臣不悅出知秦州神宗曰秦州非朕意也留不遣館伴契丹使楊興公開懷與之語興公感動將去泣之而別河北地大震命元發爲安

撫使時城舍多圮吏民懼壓皆幄寢茇舍元發獨處屋下曰屋摧民死吾當以身同之瘞死食饑除田租修隄障察貪殘督盜賊北道遂安除翰林學士知開封府民王頴有金爲隣婦所隱閱數尹不獲直頴憤而致傴扶杖訴于庭元發一問得實反其金頴投杖仰謝失傴所在夏國主秉常被篡元發言繼遷死時李氏幾不立矣當時大臣不能分建諸豪乃以全地王之至今爲患今秉常失位諸將爭權天以此遺陛下若再失此時悔將無及請擇立一賢將假以重權使經營分裂之可不勞而定百年之計也神宗奇其策然不果用元發在神宗前論事如家人父子言無文飾洞見肝鬲神宗知其誠藎事無巨細人無親疎輒皆問之元發隨事解答不少嫌隱王安石方立新法天下詾詾然元發有言神宗信之也因事以翰林侍讀學士出知鄆州徙定州初入郡言新法之害且曰臣始以意度其不可耳既爲郡乃親見之歲旱求言又疏奏新法害民者陛下既知之矣但下一手詔應熙寧三年以求所行有不便者悉罷之則民心悅而天意解矣皆不聽歷青州應天府齊鄧二州會婦黨李逢爲逆或因以擠之黜爲池州未行改安州流落且十歲猶以前過貶居筠州或以爲復有後命元發談笑自若曰天知吾直上知吾忠吾何憂哉遂上章自訟有曰樂羊無功謗書滿篋卽墨何罪毀言日聞神宗覽之惻然卽以爲湖州哲宗登位徙蘇揚二州除龍圖閣直學士復知鄆州學生食不給民有爭公田二十年不決者元發曰學無食而以良田飽頑民乎乃請以爲學田遂絕其訟時淮南京東饑元發慮流民且至將蒸爲癘疫先度城外廢營地召諭富室使出力爲席屋一夕成二千五百間井竈器用皆具民至如歸所全活五萬從眞定又徙太原元發治邊凜然威行西北號稱名帥河東十二將其八以備西邊分半番休元發至之八月邊遽來告請八將皆防秋元發曰夏若併兵犯我雖八將不敵若其不來四將足矣卒遣更休防秋將懼扣閤爭之元發指其頸曰吾已舍此矣頭可斬兵不可出是歲塞上無風塵警詔以四砦賜夏人葭蘆在河東元發請先畫境而後棄且曰取城易棄城難命部將訾虎領兵護邊夏不敢近夏旣得砦又欲以綏德城爲說畫境出二十里外元發曰是一舉而失百里必不可九上章爭之以老力求淮南乃爲龍圖閣學士復知揚州未至而卒年七十一贈左銀青光祿大夫謚曰章敏

李師中字誠之楚丘人年十五上封事言時政父緯爲涇原都監夏人十餘萬犯鎮戎緯帥兵出戰而帥司所遣別將郭志高逗遛不進諸將以衆寡不敵不敢復出緯坐責降師中詣宰相辯父無罪時呂夷簡爲相詰問不屈夷簡怒以爲非布衣所宜言對曰師中所言父事也由是知名舉進士鄜延龐籍辟知洛川縣民有罪妨其農時者必遣歸令農隙自詣吏令當下者榜于民或召父老諭之租稅皆先期而集民負官茶直十萬緡追繫甚衆師中爲脫桎梏語之曰公錢無不償之理寬與汝期可乎皆感泣聽命乃令鄉置一匱籍其名許日輸所負一錢以上輒投之書簿而去比終歲逋者盡足官移諸郡粟於邊己而反之盛冬大雪勞且費至賤售予兼并家師中令過縣願輸者聽躬坐庾門執契以須數日得萬斛使下其法於他縣嘗出鄉亭見戎人雜耕皆兵與時入中國人藉其力往往結爲婚姻久而不歸師中言若輩不可雜處言之經略使并索旁郡者徙諸絕塞龐籍爲樞密副使薦其才召對轉太子中允知敷政縣權主管經略司文字夏人以歲賜緩移邊曰願勿逾歲暮詔吏報許師中更牒曰如故事樞密院劾爲擅改制書師中曰所改者郡牒耳非制也朝廷是之薦其過提點廣西刑獄桂州靈渠故通漕歲久石窒舟滯師中卽焚石鑿而通之邕管有馬軍五百馬不能夏多死師中請地皆險阻無所事騎奏罷之士人補攝官銓授無法權在吏悉記其名使待除于家初邕州蕭注宜州張師正謀啓邊釁注欲以所管蠻峒酋豪往討交阯云不用朝廷兵食詔下經略使蕭固轉運使宋咸二人爲注所餌合詞稱便而師中至詔以注奏付之師中邀注來難之曰君以酋豪伐交阯能保必勝乎曰不能師中曰既不能保必勝脫有敗衄奈何注知不可遂罷議會蠻猺申紹泰入追亡者害巡檢宋士堯注又張皇爲駭奏仁宗爲之旰食師中言無足憂因劾注邀功生事掊斂失衆心卒致將率敗覆按法當斬於是注責泰州安置井按固咸皆坐貶師中攝帥事交阯耀兵於邊聲言將入寇師中方宴客飲酒自若草六榜揭境上披以其情得不敢動卽日貢方物紹泰懼委巢穴遁去儂智高子宗旦保火峒衆無所屬前將規討以幸賞遂固守師中徼諭禍福立率其族以地降邊人化其德多畫象立祠以事稱爲桂州李大夫不敢名還知濟兗二州濟水堙塞久師中訪故道自兗城西南啓鑿之功未半而去遷直史館知鳳翔府种諤取綏州師中言西夏方入貢叛狀未明恐彼得以藉口徒啓其釁端也鄜延路覘知西夏駐兵綏銀州檄諸路當牽制師中疏論牽制之害時諸將皆請行師中曰不出兵罪獨在帥非諸將憂也既而此舉卒罷熙寧初拜天章閣待制河東都轉運使西人入寇以師中知秦州詔賜以班超傳師中亦以持重總大體自處前此多屯重兵於境寇至則戰嬰其鋭鋒而內無以遏其入師中簡善守者列塞上而使善戰者中居令諸城曰卽寇至堅壁固守須其去出戰士尾襲之約束既熟常以取勝王韶築渭涇上下兩城屯兵以脅武勝軍撫納洮河諸部下師中議遂言今修築必廣發兵大張聲勢及令蕃部納土招弓箭手恐西蕃及洮河武勝軍部族生疑今不若先招撫青唐武勝及洮河諸族則西蕃族必乞修城砦因其所欲量發兵築城堡以示斷絕夏人鈔略之患部人必歸心唐於西域每得地則建爲州其後皆陷失以清水爲界大抵根本之計未實腹心之患未除而勤遠略貪土地者未有不如此者詔師中罷師事詔又請置市易募人耕緣邊曠土師中奏阻其謀王安石方主韶坐以奏報反覆罪削職知舒州徙洪登齊復待制知瀛州又乞召司馬光蘇軾等置左右師中言時政得失又自稱薦曰天生微臣蓋爲聖世有臣如此陛下其舍諸呂惠卿數其語以爲罔上遂貶和州團練副使安置還右司郎中卒年六十六師中始事州縣邸狀報包拯參知政事或云朝廷自此多事矣師中曰包公何能爲今鄞縣王安石者眼多白甚似王敦他日亂天下必斯人也後二十年言乃信其志尚甚高每進見多陳天人之際君臣大節請以進賢退不肖爲宰相考課法在官不貴威罰務以信服人至明而怨去之日民擁道遮泣馬不得行杜衍范仲淹富弼皆薦其有王佐才然好爲大言以故不容于時而屢黜氣未嘗少衰

陸詵字介夫餘杭人進士起家簽書北京判官貝州亂給事不乏典賦平又條治其獄無濫者加集賢校理通判秦州范祥城古渭詵主餽餉具言非中國所恃而勞師屯戍且生事既而諸羌果怒爭塞下大擾經二歲乃定判太常禮院吏部南曹提點開封縣鎮咸平龍騎軍皆故羣盜牢廩不時得毆泣給官還營不自安大校柴元熇使亂詔詵往視許元以不死命取始禍者自贖衆皆帖然提點陝西刑獄時鑄錢法壞議者欲變大錢當一詵言民間素重小銅錢而賤大鐵錢他日以一當三猶輕之今減令均直大錢必廢請以一當二則公私所損亡幾而商賈可以通行兼盜鑄者計其直無贏將必自止從之徙詵南北轉運使直集英院進集賢殿修撰知貴州奏言邕去桂十八驛異時經畧使未嘗行飭武備臣願得一往使羣蠻知省大將號令因以聲震南交詔可自儂傜定後交人浸驕守帥嘗姑息詵至部其使者黎順宗來偃蹇如故態詵絀其禮召問折諭導以所當爲懾伏而去詵遂至邕州集左右江四十五峒首詣麾下閱簡工丁五萬補置將吏更鑄印給之軍聲益張交人滋益恭遣使入貢召爲天章閣待制知諫院命張田代之英宗戒以毋得改詵法道除知延州趣入覲帝勞之曰卿在嶺外施設無不當者鄜延最當敵要今將何先對曰邊事難以踰度未審陛下欲安靜也將威之也帝曰大抵邊陲當安靜昨王素爲朕言惟朝廷與帥臣意如此至如諸將無不貪功生事者卿謂何如詵曰素言是也諒祚寇慶州以敗還聲言益發人騎且出嫚辭復攻圍大順城詵謂由積習致然不稍加折誚則國威不立乃留止請時服使者及歲賜而移宥州問故帝喜曰固知詵能辦此諒祚聞之大沮盤旋不敢入乃報言邊吏擅興兵今誅之矣朝廷遣何次公持詔書諭告詵以爲未可明年又乞留賜冬服及大行遺留二使而自以帥牒告之故諒祚始因詵謝罪共貢職銀州監軍嵬名山與其國隙抑青澗城主种諤求內附諤以狀聞遂欲因取河南地詵曰數萬之衆納土容可受若但以衆來情僞未可知且安所置之戒諤毋妄動諤持之力詔詵召諤問狀與轉運使薛向議撫納詵向言名山誠能據橫山以扞敵我以刺史世封之使自爲守故爲中國之利今無益我而輕啓西疊非計也乃共畫三策令幕府張穆之入奏而穆之陰受向指詭言必可成神宗意詵不協力徙知秦鳳諤遂發兵取綏州詵欲理諤不稟節制之狀未及而徙詵馳見帝請棄綏州而上諤罪帝愈不懌罷知晉州既諤抵罪向穆之皆坐貶以詵知眞定改龍圖閣學士知成都青苗法出詵言蜀峽力耕火種民常不足今省稅科折已重其民輕侈不爲儲積脫歲儉不能償逋適陷之死地願罷四路使者詔獨置成都府一路熙寧三年卒年五十九子師閔

師閔以父任爲官熙寧末李稷提舉成都路茶場辟幹當公事不三年提舉本路常平遂居稷職在蜀茶額三十萬稷既增而五之師閔又衍爲百萬稷死師閔訟其前功乞賜之土田詔賜稷十頃進師閔都大提舉成都永興路榷茶位視轉運使又兼買馬監牧事權震川建請無不遂志所行職事他司莫預聞茶禍既被於秦蜀

又欲延荆楚兩河神宗不許元祐初用御史中丞劉摯言遣黄廉入蜀訪察右司諫蘇轍論其六害謂李稷引師閔共事增額置場以金銀貨拘民間物折博賤取而貴出之其害過於市易自法始行至今四變利益深民益困立法之虐未有甚於此者廉奏至如轍所陳乃貶師閔主管東嶽廟久之起知蘄州會復置常平官李清臣在中書卽以師閔使河北尋加直秘閣復領秦蜀茶事於是一切如初又使掾屬詣闕奏券馬事安壽韓忠彥議頗異獨曾布以爲然曰但行之一年而以較綱馬利害卽可見矣師閔遂請令蕃漢商人願持馬受券者於熙秦兩路印驗價給之而請直於太僕若此券盛行則買馬場可罷既用其策明年太僕會綱馬之籍死者至什二而券馬所損纔百分一詔獎之賜以金帛改陝西轉運使加集賢殿修撰知秦州諸道方進築被爵賞師閔在秦無所事怏怏不釋曾布議使督本部兵赴熙河共攻師閔承命踊躍集兵四萬以待而章惇陰諷熙帥鍾傳先出塞救師閔聽傳節制築淺井又築乩囉皆不成而還傳吏檄會兵於顛耳關未至復卻秦鳳之師再出再返勞且弊言者乞加責不聽旋進寶文閣待制召爲戶部侍郎未及拜坐秦州詐增首虜事落職知鄆未幾還之歷河南永興軍延安府卒

趙卨字公才邛州依政人第進士爲汾州司法參軍郭逵宣撫陝西辟掌機宜文字种諤擅納綏州降人數萬朝廷以其生事議誅諤反故地歸降人以解仇釋兵卨上疏曰諤無名興舉死有餘責若將改而還之彼能聽順而亡絕約之心乎不若諭以彼衆餓莩投死中國邊臣雖擅納實無所利特以往年俘我蘇立景詢輩爾可遣詢等來與降人交歸各遵紀律而疆場寧矣如其蔽而不遣則我留橫山之衆未爲失也又從逵帥鄜延爲逵移書執政請存綏州以張兵勢先規度大理河川建堡砦畫稼穡之地三十里以處降者若棄綏不守則無以安新附之衆援种世衡招蕃兵部敵屯青澗城故事朝廷從之活降人數萬爲東路捍蔽熙寧初夏人誘殺知保安軍楊定等既而以李崇貴韓道喜來獻且請和朝廷欲官其任事之酋鐫歲賜以爲俸給因使納塞門安遠二砦而還綏州卨言綏實形勢之地宜增廣邊障乃無窮之利若存綏以覦其變計之得也神宗召問狀對曰綏之存亡皆不免用兵降二萬人入吾肝脾釁隙已深不可亡備神宗然之除集賢校理夏人犯環慶後復來賀正卨請邊吏雖其心腹因以招橫山之衆此不戰而屈人兵也遷提點陝西刑獄韓絳宣撫陝西河東兵西討卨爲絳言大兵過山界皆砂磧乏善木草又亡險隘可以控扼今切危之若乘兵威招誘山界人戶處之生地當先經畫山界控扼之地然後招降不爾勞師遠攻未見其利絳欲取橫山納种諤之策遂城囉兀以卨權宣撫判官諤趣河東兵會銀川規以後期斬將卨白絳令諤自往中路迎東兵諤懼違節制乃不敢逞加直龍圖閣知延州夏人屢欲款塞每以虛聲摇邊詔問方畧卨審計形勢爲破敵之策以獻遣神將曲珍呂眞以兵千人分巡東西路夏人方以四萬衆自間道欲取綏道遇珍皇駭亟戰眞繼至夏衆敗走夏自失綏意未能已卨揣知其情奏言夏使請和必欲畫綏界願聽本路經畧司分畫歲賜則俟通和之日復焉明年遂用卨策以綏爲綏德城初鄜延地皆荒瘠占田者不出租賦倚爲藩蔽寶元用兵後凋耗殆盡其曠土爲諸酋所有卨因招問曰往時汝族戶若干今皆安在對大兵之後死亡流散其所存止此卨曰其地存乎酋無以對卨曰聽汝自募丁家使占田充兵若何吾所得者人爾田則吾不問也諸酋皆感服歸募悉補亡籍又檢括境內公私間田得七千五百餘頃募騎兵萬七千卨以異時蕃兵提空簿漫不可攷因議涅其手屬歲饑卨分蕃兵願刺手者貸常平穀一斛於是人人願刺因訓練以時精銳過於正兵神宗聞而嘉之擢天章閣待制交阯叛詔爲安南行營經畧招討使總九將軍討之以中官李憲爲貳卨與議不合請罷憲神宗問可代者卨以郭逵老邊事願爲裨贊於是以逵爲宣撫使卨副之逵至輒與卨異卨欲乘兵形未動先撫輯兩江峒丁擇壯勇啖以利使招徠攜貳隳其腹心然後以大兵繼之逵不聽卨又欲使人齎敕榜入賊中招納又不聽逵命燕達先破廣源復還永平卨以爲廣源間道距交州十二驛趣利掩擊出其不意川途並進三路致討勢必分須固爭不能得賊乘緩遂據江列戰艦數百艘官軍不能濟卨分遣將吏伐木治攻具機石如雨其艦被擊皆廢徐以罷卒致賊設伏擊之斬首數千級馘其渠酋遂皆降逵怍於玩寇乃移疾先逵既坐貶卨亦以不卽平賊降爲直龍圖閣知桂州後復天章閣待制權三司使將西師大舉五路並進以卨爲河東轉運使領降卒赴鄜延餉种諤軍諤抵罪卨又坐餽輓不給黜知相州既而鐫職知淮陽軍居數月盡復故職知慶州羌啾名昌詭稱送幣將入寇卨知蕃主白信可使信適以罪係獄破械出之告以其故約期日使往果縛取以歸明年夏人欲襲取新壘大治攻械卨具上撓夏計及夏侵蘭州卨遣曲珍將兵直抵鹽韋俘馘千驅孳畜五千其酋槐厥嵬名宿兵於賀蘭原時出攻邊卨遣將李照甫蕃官歸仁各將兵三千左右分擊耿端彥兵四千趨賀蘭原戒端彥曰賀蘭險要過嶺則砂磧也使敵入平夏無繇破之又選三蕃官各輕兵五百取間道出敵砦後邀其歸路端彥與戰賀羅平敵敗果趨平夏千兵伏發敵駭潰斬馘甚衆生擒嵬名領六穫戰馬七百牛羊老幼三萬餘遷龍圖閣直學士復帥延安元祐初梁乙埋數擾邊卨知夏將入侵檄西路將劉安李儀曰夏卽犯塞門汝徑以輕兵擣其腹心後果來犯安等襲洪州俘斬甚衆夏遂入貢既而以重兵壓境諸將亟請益戍兵爲備卨徐諭之曰第謹斥堠整戍甲無爲寇先戍兵不可益也因遣人詰夏夏兵遂去遷樞密直學士乙埋終不悛使問以善意問乙埋何苦與漢爲仇必欲寇第數來恐汝所得不能償所亡洪州是也能改之吾善遇汝遺之戰袍錦綵自是乙埋不復窺塞卨乃縱間國中疑而殺之五年拜端明殿學士遷大中大夫夏遣使以地界爲請朝廷許還葭蘆米脂浮屠安疆四砦以卨領分畫之議夏既得四砦猶未有恭順意未幾復犯涇原會卨卒年六十五贈右光祿大夫紹聖四年以卨與元祐棄地議係其名于黨籍

孫路字正甫開封人進士及第元豐中爲司農丞鄧潤甫薦爲御史召對其言不合新政神宗語輔臣以爲不可用下遷主簿路鞅鞅不釋求通判河州從蘭州夏人入寇論扞禦功進五階除陝西轉運判官元祐初爲吏部禮部員外郎侍講徐王府司馬光將棄河湟邢恕謂光曰此非細事當訪之邊人孫路在彼四年其行止足信可問也光亟召問路挾輿地圖示光曰自通遠至熙州纔通一徑熙之北已接夏境今自北關辟土百八十里瀕大河城蘭州然後可以扞蔽若捐以予敵一道危矣光幡然曰頼以訪君不然幾誤國事議遂止遷右司郎中以直龍圖閣知慶州章惇柄國復議取棄地時諸道相視未進路聲言修舊壘載器甲樓鹵頓大順城下夜半趍安疆遲明據之六日而城完加寶文閣待制遂築興平橫山進龍圖閣直學士徙知熙州涇源城西安詔出師牽制其勢路卽將衆臨會州遂建取青唐之策大將王愍王贍擣邈州贍先至下之愍與爭功路右愍顓屬以兵贍有請輒弗應贍訴諸朝召拜路兵部尚書以龍圖閣學士知成都未行坐他事削職知興國軍徽宗立歷太原河南永興軍河中府卒

游師雄字景叔京兆武功人學於張載第進士爲儀州司戶參軍遷德順軍判官鄜延將劉琯與主帥議戰守策欲自延安入安定黑水師雄以地薄賊境懼有伏請由他道既而諜者言夏伏精騎於黑水傍琯謝曰微君言吾不返矣趙卨帥延安辟爲屬時夏人擾邊戍兵在別堡龍安以北諸城兵力咸弱卨患之師雄請發義勇以守多聚石城上待其至夏人知有備不敢入但襲荒堆三泉而還歲饑行諸壘振貸計口賦糧人無殍亡運石甃甲深溝繕城邊備益固元祐初爲宗正寺主簿執政將棄四砦訪於師雄師雄曰此先帝所立以控制夏人者也若何棄之不惟示中國之怯將起敵人無厭之求儻瀘戎荆粵視以爲請亦將與之乎萬一燕人遣一乘之使來求關南十縣爲之奈何不聽因著分疆錄還軍器監丞吐蕃寇邊其酋鬼章青宜結乘間脅屬羌構夏人爲亂謀分據熙河朝廷擇可使者與邊臣措置詔師雄行聽便宜從事既至諜知夏人聚兵天都山前鋒屯通遠境吐蕃將攻河州師雄欲先發以制之請於帥劉舜卿舜卿曰彼衆我寡奈何師雄曰在謀不在衆脫事不濟甘受首戮議三日乃定遂分兵爲二姚兕將而左种誼將而右兕破六逋宗城斬首千五百級攻講朱城斷黃河飛梁青唐十萬衆不得度誼破洮州擒鬼章及大首領九人斬首千七百級捷書聞百僚表賀遣使告永裕陵將厚賞師雄言者猶以爲邀功生事止遷一官爲陝西轉運判官提點秦鳳路刑獄夏人侵涇原復入熙河師雄言蘭州距賊一舍通遠不百里非有重山複嶺之阻宜於定西通渭之間建安遮納迷結珠三柵及護耕七聖以固藩籬此無窮之利也詔付范育皆如初議入拜祠部員外郎加集賢校理爲陝西轉運使內地移粟於邊民以輦輓爲病師雄言往者邊土不耕仰給於內今積粟已多軍食自足宜令內地量轉輸致之直以免大費報可召詣闕哲宗勞之曰洮州之役可謂雋功但恨賞太薄耳對曰皆上稟廟算臣何力之有焉唯當時將士勳勞未錄此爲欠也因陳其本末拜衛尉少卿哲宗數訪邊防利病師雄具慶曆以來邊臣施置之臧否朝廷謀議之得失及方今禦敵之要凡六十事名曰紹聖安邊策上之出知邠州改河中府進直龍圖閣知秦州未至詔攝熙州以夏人擾邊詔使者與熙帥秦帥共謀之使者銳於討擊師雄謂進築城壘以自蔽

席捲之師未應深入也上章爭之不報既而使者知攻取之難卒用師雄策自復洮州之後于闐太食物林邈黎諸國皆懼悉遣使入貢朝廷令熙河限其二歲一進師雄曰如此非所以來遠人也未幾還秦從知陝州卒年六十師雄慷慨豪邁有志事功議者以用不盡其材爲恨

穆衍字昌叔河內人從河中第進士調華池令民牛爲機家斷舌而不知何人訟于縣衍命殺之明日仇以私殺告衍曰斷牛舌者乃汝耶訊之具服後知淳化耀之屬縣衍從韓絳宣撫陝西遇慶卒潰亂衍念母在耀亟謁歸信宿走七驛比至慶卒嘗戍華池知衍名不敢近時諸郡捕賊兵糧糒無以給遂擅發常平倉且懼得罪衍曰饑之不恤則吾兵將爲慶卒矣衍考課爲一路最元豐中种諤西征叅其軍事諤第賞以死事爲下衍曰此非所以勸忠也力爭之諤還入塞詔往靈武援渭慶兩軍將行衍曰吾兵惰歸未及解甲安能犯不測於十里外哉諤乃止同幕畏罪陽謝衍曰師不再舉君之力也衍識其意曰全萬衆之命以一身塞責衍無憾焉元祐初大臣議棄熙蘭衍與孫路論疆事以爲蘭棄則熙危熙棄則關中震唐自失河湟西邊一有不順則警及京都今二百餘年非先帝英武孰能克復若一旦委之恐後患益前悔將無及矣議遂止改陝西轉運判官金部戶部員外郎熙河分畫未決詔衍視之還言質孤勝如據兩川美田實彼我必爭之地自西關失利遂廢不守請界二壘之間城李諾平以控要害及他城堡皆起亭障以通涇原明年遂城李諾名曰定遠三遷左司郎中紹聖初以直秘閣爲陝西轉運使加直龍圖閣知慶州徙延安又徙秦州未行而卒年六十三敕河中官庀其葬後追錄不棄蘭州議官其一子

論曰自熙寧至於紹聖四方之事多矣夏人乍服乍叛其地或予或奪廟堂之上論靡有定相爲短長元發師中輩七八人一時謀謨蓋可考也元發論君子小人言簡而盡足動人主而神宗惑安石之言竟弗之悟師中豫識安石於鄞令以爲目肖王敦將亂天下蓋又先於呂誨矣詵能鎮撫西夏又能靖交阯之難誠有禦邊之才其子師閔爲時寵利無足取者趙卨狃於西陲之勝取敗南裔後獲嵬名庶足自贖朝臣議棄河湟孫路以一言止之使司馬光自悔幾於誤國及取青唐下邈川可驗其能然右王愍而困王贍非大將之器也游師雄之禽鬼章復洮州以致諸國入貢校之諸將其功獨爲雋偉衍爲政得民心既去而亂兵不忍驚其母德之足以感人有如是夫

宋史卷三百三十三

元　中書右丞相總裁脫脫等修

列傳第九十二

楊佐　李兌從弟先　沈立　張掞　張燾
俞充　劉瑾　閻詢　葛宮子書思　張田
榮諲　李載　姚渙　朱景子光庭　李琮
朱壽隆　盧士宏　單煦　楊仲元　余良肱
潘夙

楊佐字公儀本唐靖恭諸楊後至佐家于宣及進士第爲陵州推官州有鹽井深五十丈皆石也底用柏木爲榦上出井口垂綆而下方能及水歲久榦摧敗欲易之而陰氣騰上入者輒死惟天有雨則氣隨以下稍能施工晴則亟止佐教工人以木盤貯水穴竅灑之如雨滴然謂之雨盤如是累月井榦一新利復其舊累遷河陰發運判官幹當河渠司皇祐中汴水殺溢不常漕舟不能屬佐度地鑿瀆以通河流於是置都水監命佐以鹽鐵判官同判京城地勢南下涉夏秋則苦霖潦佐開永通河疏溝澮出野外自是水患息又議治孟陽河議者謂不便佐言國初歲轉京東粟數十萬今所致亡幾儻不濬復舊跡後將廢矣乃從其策出爲江淮發運使孟陽之役調民七八千夷丘墓百數怨聲盈塞詔開封鞫治官吏獨捨佐不問糾察刑獄劉敞請加貶黜不聽召爲鹽鐵副使拜天章閣待制復判都水知審官院權發遣開封府嘗使契丹虜餽以方物書獨稱名英宗升遐奏遺留物再往使卒于道年六十一詔護喪歸賻以黃金恤其家

李兌字子西許州臨潁人登進士第由屯田員外郎爲殿中侍御史按齊州叛卒獄成有欲夜篡四者兌以便宜斬之人服其略張堯佐判河陽兌言堯佐素無行能不宜以戚里故用改同知諫院狄青宣撫廣西入內都知任守忠爲副兌言以宦者觀軍容致主將掣肘非計仁宗爲罷守忠太常新樂成王拱辰以爲十二鍾磬一以黃鍾爲律與古異胡瑗及阮逸亦言聲不能諧詔近臣集議久而不決兌言樂之道廣大微妙非知音入神詎容輕議願參新舊但取諧和近雅者合而用之進侍御史知雜事擢天章閣待制知諫院轉運使制祿與郡守殊時有用彈劾奪節及老疾請郡者一切得仍奉稍兌言非所以勸沮乃詔悉依所居官格兌在言職十年凡所論諫不自表襮故鮮傳世出知杭州帝書安民二字以寵從越州加龍圖閣直學士知廣州南人謂自劉氏納土後獨兌著清節還知河陽帝又寵以詩從鄧州富人榜僕死係頸投井中而以縊爲解兌曰既赴井復自縊有是理乎必吏受賕教之爾訊之果然兌歷守名郡爲政簡嚴老益精明自鄧歸泊然無仕宦意對便殿力丐退英宗命無拜以爲集賢院學士判西京御史臺積官尚書右丞轉工部尚書致仕卒年七十六謚曰莊

從弟先

先字淵宗起進士爲虔州觀察推官攝吉州永新令兩州俗尚訟先爲辨枉直皆得其平知信州南安軍撫楚州歷利梓江東淮南轉運使壽春民陳氏施僧田其後貧弱往丐食僧所而僧逐之取僧園中筍遂執以爲盜先詰其由奪田之半以還之所至治官如家人目以俚語在信爲錯安頭謂其無貌而有材也在楚爲照天燭稱其明也楚有民迫於輸賦殺牛鬻之里胥白于官先愍焉但令與杖通判孫龍舒以爲徒刑毀其按明日龍舒來先引囚曰汝罪應杖以通判貸汝矣遣之出積官至祕書監致仕兄兌尚無恙事之彌篤以子叙封得太中大夫閑居一紀卒年八十三子庭玉年六十即棄官歸養人賢其家法云

沈立字立之歷陽人舉進士簽書益州判官提舉商胡埽采摭大河事迹古今利病爲書曰河防通議治河者悉守爲法遷兩浙轉運使蘇湖水民艱食縣戒强豪民發粟以振立亟命還之而勸使自稱貸須歲稔官爲責償茶禁害民山場榷場多在部內歲抵罪者輒數萬而官僅得錢四萬立著茶法要覽乞行通商法三司使張方平上其議後罷榷法如所請立召爲戶部判官奉使契丹適行冊禮欲令從其國服不則見於門立折之曰往年北使講見儀未嘗令北使易冠服況門見耶契丹愧而止還京西北轉運使都水方與六塔河召與議立請止修五股等河及漳河分殺水勢以省役從之加集賢修撰知滄州進右諫議大夫判都水監出爲江淮發運使居職辦治加賜金數詔嘉之知越州杭州審官西院江寧府初立在蜀悉以公粟售書積卷數萬神宗問所藏立上其目及所著名山水記三百卷從宣州提舉崇禧觀卒年七十二

張掞字文裕齊州歷城人父蘊咸平初監淄州兵契丹入寇遊騎至淄青間州人將棄城蘊拔刀遮止於門力治守備遊騎爲之引去郡守嫉始謀掠爲己功及陷以罪蘊受而不校掞幼篤孝蘊病刲股肉以療舉進士知益都縣當督賦租置里胥弗用而民皆以時入石介獻息民論請以益都爲天下法丁內艱時隆寒徒跣舉柩叩首流血與兄揆廬墓左明道中京東饑盜起以御史中丞范諷薦知萊州掖縣民訴旱于州拒之掞自薦奏聞詔除登萊稅通判永興軍爲集賢校理四遷爲龍圖閣直學士知成德軍宦者閻士良爲鈐轄多撓帥權用危法中軍校掞直之而劾士良英宗登極朝廷使來告士良辭疾居家宴客自若奏抵其罪入判太常司農寺累官戶部侍郎致仕熙寧七年卒年八十掞忠篤誠愨既老益康寧少從劉潛李冠遊及其死率里人葬之置田贍其孥事揆如父理家必諸而行爲鄉黨矜式

張燾字景元樞密直學士奎之子也舉進士通判軍州州卒謀亂期有日燾得告者徐詰營取首惡寘諸法知沂濰二州沂產布濰產絹而有司科賦相反燾始革之濰多圭田率計畝徵絹而蠲河役燾不肯踵例廢法還其役入損於舊五之四且命吏曰吾知守已而已無妨後人毋勿著爲式提點河北刑獄攝領澶州七日而商胡決燾拯溺捄饑所全活者十餘萬猶坐免數年復提點河東陝西京西刑獄爲鹽鐵判官淮南轉運使江淮發運副使泗州水城且壞燾悉力營護詔寵其勞入爲戶部副使京師賦麴於酒人有常籍毋問售不售或曆產以償燾請罷歲額嚴禁令隨所用麴多寡以售自是課增溢官脩睦親宅議取民居燾言芳林園有餘地宗室足自處無庸起民居從之孝嚴殿成請圖乾興以來文武大臣像於壁遷天章閣待制陝西都轉運使蒲津浮橋壞鐵牛皆沒水中燾以策列巨木於岸以爲衡縋石其杪挽出之橋復其初保安二土豪善騎射爲邊人所憚故縱善馬誘使取之而彊以漢法燾按得其狀俱以隸軍加龍圖閣直學士知成都府蜀人苦多盜燾嚴保五使不得隱而申其捕限南蠻寇黎雅討走之罷磨刀崖戍卒改知瀛州母喪服闋故事起執政以詔近臣

以堂帖神宗特命賜詔判太常寺知鄧許二州復判太常知通進銀臺司提舉崇福宮由給事中易通議大夫卒年七十齊才智敏給常從范仲淹使河東至汾州民遮道數百趨訴仲淹以付齊方與客奕局未終處決已竟英宗時三司前奏事帝詰鑄錢本末皆不能對齊悉論無隱帝是之顧左右識其姓名後欲以爲觀察使守邊曰卿家世事也齊對曰臣叔父亢有大才臣愚不可繼遂止

俞充字公達明州鄞人登進士第熙寧中爲都水丞提舉沿汴淤泥溉田爲上腴者八萬頃檢正中書戶房加集賢校理淮南轉運副使遷成都路轉運使茂州羌寇邊充上十策禦戎神宗遣內侍王中正經制建三堡復永康爲軍因詐殺羌衆以爲中正功與深相結至出妻拜之中正還闕舉充可任召判都水監進直史館中書都檢正御史彭汝礪論其媚事中正命遂寢河決曹村充往救護還陳河防十餘事槩論水衡之政不修因循苟且浸以成習方曹村決時兵之在役者僅十餘人有司自取敗事恐未可以罪歲也加集賢殿脩撰提舉市易歲登課百四十萬故事當賜錢充曰奏課職也願自今罷賜詔聽之擢天章閣待制知慶州慶陽兵驕小繩治輒肆悖充嚴約束斬妄言者五人於軍門聞有疾苦則巡撫勞餉死不能舉者出私財以周其喪以故莫不畏威而懷惠環州田與夏境犬牙交錯每穫必遣掠多棄弗理充檄所部復以時耕植募家族山夷叛舉戶亡入西者且三百充遣將張守約耀兵塞上夏人亟反之充之帥邊實王珪薦欲以遏司馬光之入充亦知帝有用兵意屢倡請西征役言夏酋秉常爲母梁所戕或云雖存而囚不得與國政其母宣淫凶恣國人怨嗟實爲興師問罪之秋也秉常亡將有桀黠者起必爲吾患今師出有名天亡其國度如破竹之易願得乘傳入覲面陳攻討之畧詔令掾屬入議未及行充暴卒年四十九

劉瑾字元忠吉州人沆之子也第進士爲館閣校勘沆亡得褒贈知制誥張瓌草詞語涉譏貶瑾泣涕不能食闔門衰絰邀宰相自言朝廷爲改書命黜瓌爲州瑾亦坐衰服入公門罷職沒喪不就官丐守墳墓王素爲請以伸孝子之志詔復職遷集校理通判睦州爲淮南轉運副使召修起居注加史館脩撰河北轉運使拜天章閣待制知瀛州坐與世居通問徙明州未行改鎭廣州與樞密院論戍兵不合改虔州戰櫂都監楊從先奉旨募兵不至擅遣其子懋糾諸縣巡檢兵集郡下瑾怒責之遽發悖謬語懋訴瑾于朝遂廢于家踰年復待制知江州歷福州秦州成德軍卒瑾素有操尙所涖以能稱然御下苛嚴少縱舍好面折人短以故多致訾怨

閻詢字議道鳳翔天興人少時以學問著聞擢進士第又中書判拔萃科累遷秘書丞爲監察御史裏行詔治王素獄坐有姻嫌不以聞降監河陽酒稅累遷爲鹽鐵判官使契丹詢頗諳北方疆理時契丹在靴淀迓者王惠導詢由松亭往詢曰此松亭路也胡不徑葱嶺而迂枉若是豈非夸大國地廣以相欺邪惠慚不能對加直龍圖閣知梓州徙河東轉運使言三路土兵疲老者聽其族以强壯者代從之進集賢殿修撰知河中府大河漲壞浮橋詢易爲長橋拜天章閣待制知廣州不卽赴罷職知商州神宗轉右諫議大夫改邠同二州提舉上清太平宮卒年七十九

葛宮字公雅江陰人舉進士授中正軍掌書記善屬文上太平雅頌十篇眞宗嘉之召試學士院進兩階又獻寶符閣頌爲楊億所稱知南充縣東川饑民艱食部使者檄守資昌兩州以惠政聞知南劒州土豪彭孫聚黨數百憑依山澤爲盜出害吏民不可捕宮遣沙縣尉許抗諭降之並溪山多產銅銀吏挾姦罔利課歲不登宮一變其法歲羨餘六百萬三司使聞於朝論當賞宮曰天地所產吾固盜之又可爲功乎卒不言徙知滁秀二州秀介江湖間吏爲關涇瀆上以征往來間有昏葬趨期者多不克宮命悉毀之積官秘書監太子賓客治平中轉工部侍郎熙寧五年卒年八十一宮性敦厚恤錄宗黨撫孤孳賴以存者甚衆宮弟密亦以進士爲光州推官豪民李新殺人嫁其罪於邑民葛華且用華之子爲證獄具密得其情出之法當賞密白州使勿言仕至太常博士天性恬靖年五十忽上章致仕姻黨交止之笑曰俟罪疾老死不已而休官者安得有餘裕哉卽退居號草堂逸老年八十四乃終平生爲詩慕李商隱有西崑高致子書思踵登第調建德主簿時密已老欲迎以之官密難之書思曰曾子不肯一日去親側豈以五斗移素志哉遂投劾歸養十年餘近臣表其志行以爲泗州教授弗就密不得已許以他日偕行始乞監新市鎭居父喪哀毀骨立盛暑不釋苴麻終禫不忍去冢舍累年乃出仕歷封丘主簿漣水時兄書元爲望江令同隸淮南監司有捨兄而薦己者移書乞改薦兄不許則封檄還之其篤行類皆若此仕至朝奉郎亦告老父子歸休皆不待年卒年七十三特謚曰清孝子勝仲孫立方皆以學業至侍從世爲儒家勝仲自有傳

論曰佐立擅水衡之政爲時所稱兌居官論諫無所表襮先克承之揆之孝齊之智瑾之苛嚴詢之辭令皆著一時自致顯官俞充制軍禁暴足爲能臣而希時相之意倡請西征使其不死邊陲之禍其可旣乎葛氏自宮以下簪纓相繼盛哉

張田字公載澶淵人登進士第知應天府司錄歐陽脩薦其才通判廣信軍夏竦楊懷敏建策增七郡塘水詔通判集議田曰此非禦敵策也壞良田浸冢墓民被其害不爲便因奏疏極論調監鄆州稅久之通判冀州內侍張宗禮使經部酣酒自恣守貳無敢白者田發其事詔配西陵酒掃攝度支判官祫享太廟又請自執政下差減賚費唐介論其虧損上恩出知蘄州俄提點湖南刑獄介與司馬光又狀其傾險改知湖州徙廬州治有善迹移桂州異時蠻使朝貢假道與方伯抗禮田獨坐堂上使引入拜於庭而犒賄加腆土豪劉紀盧豹素爲邊患訖田去不敢肆京師禁兵來戍不習風土往往病於瘴癘田以兵法訓峒丁而奏罷戍或告交阯李日尊兵九萬謀襲特磨道諸將請益兵田曰交阯兵不滿三萬必其國有故長虛聲以懾我耳諜旣得實果其兄弟內相殘懼邊將乘之也宜州人魏利安負罪亡命西南龍蕃從其使入貢凡十反至是龍以烈來復從之田因其入謁詰責之梟其首欲并斬以烈叩頭流血請命田曰汝罪當死然事幸在新天子卽位赦前汝自從朝廷乞恩乃密請貸其死熙寧初加直龍圖閣知廣州廣舊無外郭民悉野處田始築東城環七里賦功五十萬兩旬而成初役人相驚以白虎夜出田迹知其僞召戒邏者曰今夕有白衣人出入林間者謹捕之如言而獲城旣就東南徼陷往視之暴卒年五十四田爲人伉直自喜好嫚罵氣陵其下故死無哀者然臨政以淸女弟聘馬軍帥王凱欲售珠犀于廣顧曰南海富諸物但身爲市舶使不欲自汙爾作欽賢堂繪古昔清刺史像日夕師拜之蘇軾嘗讀其書以侔古廉吏

榮諲字仲思濟州任城人父宗範知信州鉛山縣詔罷縣募民采銅民散爲盜宗範請復如故眞宗嘉異擢提點江浙諸路銀銅坑冶歷官九年諲舉進士至鹽鐵判官晉州產礬京城大豪歲輸錢五萬緡顓其利諲請榷于官自是數入四倍爲廣東轉運使廣有板步古河路絕險林箐瘴毒諲開眞陽峽至洸口古徑作棧道七十間抵清遠趨廣州遂爲夷塗復入爲開封府判官太康民事浮屠法相聚祈禳號白衣會縣捕數十人送府尹賈黯疑有妖請殺其爲首者而流其餘諲持不從各具議上之中書是諲議但流其首而杖餘人加直史館知澶州改京東轉運使萊陽產銀砂民有私採者露安撫使欲論以劫盜諲曰山澤之利人得有之所盜者豈民財耶貸免甚衆又使成都府路召爲戶部副使以集賢殿脩撰知洪州以疾徙舒州未至而卒累官秘書監年六十五

李載字伯熙黎陽人少苦學隆暑讀書置足于水甕得疾不舍去登進士第調冀州推官知大名冠氏縣府守呂夷簡入相薦其材知齊州鈐轄趙瑜使酒毆載乃爲戶避逸瑜得罪載坐不舉劾黜爲信陽軍安撫使錢明逸等爲之申理改常州知祥符縣有巫以井泉飲人云可愈疾趨者旁午載杖巫堙其井歷知虢州漣水軍載性篤孝侍母病不解帶至病亟不能食載亦不食母知之爲强食六爲州一以寬厚稱以光祿卿提舉仙源觀卒年七十四

姚渙字虛州世家長安隋開皇中有景徽者以討平盧夷策功爲普州刺史卒子孫遂家普州渙第進士監益州交子務發姦隱萬緡主吏皆當死渙曰戮人以千萬非吾志也義不蔽姦而已請於使者願不受賞於是全活者衆知峽州宜都民爲盜所殘縣執因訊服以獄上渙移劾於他有司居亡何眞盜獲大江漲溢渙前戒民徙儲積遷高阜及城沒無溺者因相地形築子城埽臺爲木岸七十丈繚以長隄楗以薪石厥後江漲不爲害氏德之徙知涪州賓化夷多犯境渙施恩信拊納酋豪爭羅拜廷下訖渙去無警終光祿卿年六十七

朱景字伯晦河南偃師人舉進士調滎澤簿西方用兵詔侍從館閣舉縣令景預選知隴州汧源縣累遷知汝州葉驛道遠隸囚爲送者所虐多死俗傳爲莫家關景重禁以絕其患擢知壽州秩祿視提點刑獄始至亟發廩振給以勸富者出積穀所活數萬城西居民三千室建請築外郭環入之公私稱便再遷光祿卿熙寧初病革自占遺表呼其子光庭操筆書之其畧云切聞河北水災地震陛下當減膳避殿齋居加省召二府大臣朝夕諮訪闕失思所以弭咎凡數百言無一語求恩卒年七十一詔加賻贈錄其子以官

光庭字公掞十歲能屬文辭父蔭擢第調萬年主簿數攝邑人以明鏡稱歷四縣令曾孝寬以才薦神宗召見

問欲再舉安南之師光庭對曰願陛下勿以人類畜之蓋得其地不可居得其民不可使何益於廣土鬬地也又問治何經對曰少從孫復學春秋又問今中外有所聞乎對曰陛下更張法度臣下奉行或非聖意故有便有不便誠能去其不便則天下受福矣帝以其言爲疎闊不用簽書河陽判官從呂大防於長安幕府五路出師討西夏雍爲都會事倚以辦調發期會甚急光庭每執不從使者怒將加以乏興罪光庭求免去大防爲之解哲宗卽位司馬光薦爲左正言首乞罷提舉常平官保甲青苗等法論蔡確爲山陵使而乃先靈駕而行爲臣不恭又言章惇欺罔肆辨韓縝挾邪冒寵言甚切宣仁后喜其守正論令盡言毋有所畏避遷左司諫又論蘇軾試館職發策云今欲師仁祖之忠厚而患百官有司不舉其職或至於媮欲法神考之厲精而恐監司守令不識其意流入於刻臣謂仁宗難名之盛德神考有爲之善志而不當以媮刻爲議論望正其罪以戒人臣之不忠者未幾中丞傅堯俞侍御史王巖叟相繼論列宣仁后曰詳覽文意是指今日百官有司監司守令言之非所以諷祖宗也遂止河北饑遣持節行視卽發廩振民而議者以耗先帝積年兵食之蓄改左司員外郎遷太常少卿拜侍御史論蔡確怨謗之罪確貶新州拜右諫議大夫給事中乞補外除集賢殿修撰知亳州數月召還復爲給事中坐封還劉摯免相制復落職守亳歲餘徙潞州加集賢院學士鄰境旱饑流民入境者踵接光庭日爲食以食之常至暮自不暇食遂感疾猶自力視事出禱雨拜不能興再宿而卒年五十八紹聖中追貶柳州別駕元符初又停錮其諸子光庭始學於胡瑗瑗告以爲學之本在於忠信故終身行之徽宗立復其官

李琮字獻甫江寧人登進士第調寧國軍推官州庾積穀腐敗轉運使移州散於民俾至秋償新者守將行之琮曰穀不可食强與民責而償之將何以堪持不下守愧謝而止呂公著尹開封薦知陽武縣役法初行琮處畫盡理旁近民相率撾登聞鼓願視以爲則徽宗召對擢利州路江東轉運判官行部至宣城按民田詭稱逃絕者九千戶他縣皆然言於朝命以戶部判官使江浙選彊明吏立賞剔抉吏幸賞以多爲功琮亦因是希進民患苦之得緡錢百餘萬進度支判官頒職式於諸道淮南賦入甲它部以爲轉運副使徙梓州路元祐初言者論其括隱稅之害黜知吉州御史呂陶又言巴蜀科折已重琮復強民輸稅且無得以奇數倂合人尤咨怨於是凡以括田受賞者悉奪之歷相洪潞三州潞有謀亂者爲書期日揭道上部使者聞之懼檄索姦甚亟琮置不問以是日置酒高會訖無他入爲太府卿遷戶部侍郎以寶文閣待制知杭州永興軍河南瀛州卒年七十五琮長於吏治而所至主於掊克爲士論嗤鄙子回紹興初參知政事

朱壽隆字仲山密州諸城人以蔭知九隴縣吏告民一家七人以火死壽隆曰寧有盡室就焚無一脫者殆必有姦適月獲盜果殺其人而縱火也知宿州宿多劇盜至白晝被甲剽攻郡縣不能制壽隆設方略耳目捕斬千餘人擢提點廣西刑獄嶺外新經儂寇脩營城障貴州虐用其人不能聊生壽隆馳詣州械守送獄奏黜之老稚婦女遭亂流轉不能自還者檄所在贅送其還舊制溪蠻侵暴羈縻州雖殺人無得讐報壽隆請聽相償蠻始畏戢歷鹽鐵度支判官夔路轉運使巴峽地隘民困於役免其不應法者千五百人復爲鹽鐵判官京東轉運使賜三品服歲惡民移壽隆論大姓富室畜爲田僕舉貸立息官爲置籍索之貧富交利以少府監知楊州卒年六十八壽隆爲人和厚接談怡怡必當於理而不屈於權貴狄青討賊欲殺裨將不用命者數人壽隆極論罪不當死孫沔在坐曰儂賊害民萬計此何足惜壽隆曰王師之來以除民害顧可效賊爲暴耶青感其言而止

盧士宏字子高新鄭人以父任屢更州縣所至著清名知信陽軍官捕爲妖術者餘黨懼及羣聚山谷間士宏請減其罪招之卽相率歸命徙知漢州校實民產使力役不濫人德之又知洋州先是圭田多虛籍士宏考覈令隨實以輸自部使者而下皆十損七八文彥博包拯以廉能薦由三司開折司擢夔州路轉運使遂知廣州或傳安南舟數百泊海中將爲寇嶺徼驚搖士宏灼其非是日從賓客宴遊爲樂民賴以安受代還引疾丐便郡知鄭州未幾以光祿卿致仕卒年七十三凡衣衾棺槨之制皆有遺命戒諸子勿爲銘誌

單煦字孟陽平原人舉進士知洛陽縣民以妖幻轉相教授煦迹捕戮三十餘人當得上賞不肯言轉知昌州時詔城蜀治煦以蜀地負山帶江一旦毀籬垣而興板築其費巨萬非民力所堪請但築子城轉運使卽移諸郡如其議徙淸平軍使有二盜殺人捕治不承煦縱使之食甲食之旣乙不下咽執而訊之果殺人者爲御史臺推直官江南人誣轉運使呂昌齡以賄中丞張昇訊而論之鞫未就敕煦往治煦不肯阿其長卒直昌齡乞外遷知濮合二州合居涪漢間夏秋患於淫潦煦築東隄以禦之赤水縣鹽井涸奏蠲其賦累官光祿卿卒年七十七煦友愛兄熙嘗毆人至死未有知者煦曰家貧親老仰兄以養義當代之死卽趨詣闕所以待捕已而死者甦驚問之煦以情告其人感歎遂輟訟

楊仲元字舜明管城人第進士調宛丘主簿民訴旱守拒之曰邑未嘗旱校吏導民而然仲元白之曰野無靑草公日宴黃堂宜不能知但一出郊可見矣校吏非他實仲元也竟免其稅知澤州沁水縣民持物來輸者視其價稍增之餘則下其估官有所須不强賦民聽以所有與官爲入度相當則止率常先辦河外用兵督餫轉西界夕宿洪谷口仲元相其地乃寇所由徑路亟命去之民以困乏爲辭不聽寇果夜出刼諸部沁水獨免後二十年其子過縣父老拜泣曰河西之役非公無今日矣初軍期尙緩而仲元督行甚急至則芻糧有不集者皆可賤市後期者物數倍其價民始知其爲利州買羊斂民差出錢帛滋蔓病民爲甚仲元更其令戶纔費錢百又遣吏市羔於他所明年以供州不科一錢徙知鄖鄉縣宰相張士遜先塋隸境內將屬之召不往至則按籍均役之雖堂帖求免不爲減歷知光虔虢三州官光祿卿致中散大夫戒諸子曰吾入官五十年未嘗以私怒加人雖杖刑之微苟有兩比不敢與輕法以是爲報國耳卒年七十五

余良肱字康臣洪州分寧人第進士調荆南司理參軍屬縣捕得殺人者旣自誣服良肱視驗屍與刃疑之曰豈有刃盈尺而傷不及寸乎白府請自捕逮未幾吏獲眞殺人者民有失財物逾十萬逮平民數十人方著搒掠號呼聞于外或有附吏耳語良肱陰知其爲盜亟捕詰之贓盡得改大理寺丞出知湘陰縣縣遣麥數千石歲責里胥代輸良肱論列之遂蠲其籍通判杭州江潮善溢漂官民廬舍良肱壘石隄二十里障之潮不爲害時王陶爲屬官常以氣犯府帥吏或訴陶帥挾憾欲按之良肱不可曰使陶以罪去是以直不容也帥遂已後陶官于朝果以直聞知虔州士大夫死嶺外者喪車自虔出多弱子寡婦良肱悉力振護孤女無所依者出俸錢嫁之以母老得知南康軍丁母憂服除爲三司使判官方鬬陝用兵朝議貸在京民錢良肱力爭之會大臣亦以爲言議遂格內府出腐幣售三司三司吏將受之良肱獨曰若賦諸軍軍且怨不則貸諸民民且病請付文思以奉帷幄改知明州朝廷方治汴渠留提舉汴河司汴水澱淤流且緩執政主挾河議良肱謂善治水者不與水爭地方冬水涸宜自京左浚治以及畿右三年可使水復行地中弗聽又議伐汴隄木以資挾河良肱言自泗至京千餘里江淮漕卒接踵者行多病暍藉蔭以休又其根盤錯與隄爲固伐之不便屢爭不能得迺請不與其事執政雖怒竟不爲屈改太常少卿知潤州遷光祿卿知宣州治爲江東最請老提舉洪州玉隆觀卒年八十一七子卞爽最知名卞字洪範爽字荀龍皆以任子恩試校書郎爽博學多大畧累爲唐州判官湖北安撫司勾當機宜文字討叛蠻有功知沅州蠻殺沿邊巡檢卞設方略復平之加奉議郎先是良肱爲鼎州推官五溪蠻叛良肱運糧境上周知其利害上書言此彈丸地不足煩朝廷費不如棄與而就撫之當時是其議未果棄也及蠻叛斷渠陽道扼官軍不得進卞適使湖北帥唐義問卽授卞節制諸將陰選死士三千人夜銜枚繞出賊背伐山開道漏未盡數刻入渠陽黎明整衆出賊大駭盡銳來戰奮擊大破之皷行度險賊七遇七敗斬首數千級蠻遂降尋有詔廢渠陽軍爲砦盡拔居人護出之紹聖初治棄渠陽罪免歸徽宗卽位復奉議郎管勾玉隆觀未幾復渠陽爲靖州又論前事免終於家爽尙氣自信不少貶以合世應元豐詔上便宜十五事言過訐切元祐末爽復極言請太皇太后還政事章惇憾爽不附已乃摘其言爲謗訕以瀛州防禦推官除名竄封州久之起知明州未行以言者罷監東嶽廟崇寧中與卞俱入黨籍

潘夙字伯恭鄭王美從孫也天聖中上書論時政授仁壽主簿久之知韶州擢江西轉運判官提點廣西湖北刑獄邵州蠻叛湖南騷動遷轉運使專制蠻事親督兵破其團峒九十徙知滑州改湖北轉運使知桂州坐在湖北時匿名書誣判官韓繹謫監隨州酒稅起知光化軍大臣以將帥才舉之易端州刺史再遷徙鄜州召對訪交廣事稱旨還司封郎中直昭文館復知桂州交人敗於占城僞表稱賀以爲大捷神宗詔之曰智高之難方二十年中人之情燕安忽事直謂山僻蠻獠無可慮之理殊不思禍生於所忽唐六詔爲中國患此前事之師也卿本將家子寄要蕃宜體朕意悉心經度夙遂上書陳交阯可取狀且將廢兵未報而徙河北轉運使歷度支鹽鐵副使知河中府章惇察訪荆湖討南北江蠻

孫陳夙憂邊狀以知潭州再遷光祿卿知荆南鄂州卒年七十

論曰士之官斯世有一善可稱致生民咸被其澤於無窮者故州郡之寄爲尤重張田免禁兵毒於瘴癘士宏考圭田出於實輸朱景父子讞獄澳士宏壽隆輩皆有德在民仲元不以私怒加人昆肱明於折獄夙以將家子而能留心邊務用當其材舉能其官若琮也雖長於吏治而所至掊尅君子奚取焉

宋史卷三百三十四

元 中書右丞相總裁脫脫等修

列傳第九十三

徐禧 李稷附 高永能 沈起 劉彝
熊本 蕭注 陶弼 林廣

徐禧字德占洪州分寧人少有志度博覽周游以求知古今事變風俗利疢不事科舉熙寧初王安石行新法禧作治策二十四篇以獻時呂惠卿領脩撰經義局遂以布衣充檢討神宗見其所上策曰禧言朝廷用經術變士十已八九然竊襲人之語不求心通者相半此言是也宜試於有用之地即授鎮安軍節度推官中書戸房習學公事歲餘召對顧問久之曰朕多鋭人未見有如卿者擢太子中允館閣校勘監察御史裏行與中丞鄧綰知諫院范百祿雜治趙世居獄李士寧者挾術出入貴人間嘗見世居母康以仁宗御製詩贈之又許世居以寶刀且曰非公不可當此世居與其黨皆神之曰士寧二三百歲人也解釋其詩以爲至寶之祥及鞫世居得之逮捕士寧而宰相王安石故與士寧善百祿劾士寧以妖妄惑世居致不軌禧奏士寧遺康詩實仁宗製今獄官以爲反臣不敢同百祿言士寧有可死之狀禧故出之以媚大臣朝廷以御史雜知樞密承旨參治而百祿坐報上不實貶進禧集賢校理檢正禮房安石與惠卿交惡鄧綰言惠卿昔居父喪嘗貸華亭富人錢五百萬買田事詔禧參鞫禧陰右惠卿綰劾之會綰貶官獄亦解禧出爲荆湖北路轉運副使元豐初召知諫院惠卿在鄜延欲更蕃漢兵戰守條約諸老將不謂然帝頗采聽將推其法於他路遣禧往經畫禧是惠卿議渭帥蔡延慶亦以爲不然帝召延慶還加禧直龍圖閣使往代以母憂不行服除召試知制誥兼御史中丞官制行罷知制誥專爲中丞鄧綰守長安禧疏其過帝知其以惠卿故雖改綰青州亦左遷禧給事中种諤西討得銀夏宥三州而不能守延帥沈括欲盡城橫山瞰平夏城永樂詔禧與內侍李舜舉往相其事令括總兵以從李稷主餽餉禧言銀州雖據明堂川無定河之會而故城東南已爲河水所吞其西北又阻天塹實不如永樂之形勢險阸竊惟銀夏宥三州陷沒百年一日興復於邊將事功實爲俊偉軍鋒士氣固已百倍但建州之始煩費不貲若選擇要會建置堡柵名雖非州實有其地舊來疆塞乃在腹心已與沈括議築砦各六砦之大有周九百步小者五百步堡之大者二百步小者百步用工二十三萬遂城永樂十四日而成禧括舜舉還米脂明日夏兵數千騎趨新城禧亟往視之或說禧曰初被詔相城禦寇非職也禧不聽與舜舉稷俱行括獨守米脂先是种諤還自京師極言城永樂非計禧怒變色謂諤曰君獨不畏死乎敢誤成事諤曰城之必敗敗則死拒節制亦死死於此猶愈於喪國師而淪異域也禧度不可屈奏諤跋扈異議詔諤守延州夏兵二十萬屯涇原北聞城永樂即來爭邊人馳告者十數禧等皆不之信曰彼若即來是吾立功取富貴之秋也禧亟赴之大將高永亨曰城小人寡又無水不可守禧以爲沮衆欲斬之既而械送延獄比至夏兵傾國而至永亨兄永能請及其未陳擊之禧曰爾何知王師不鼓不成列禧執刀自率士卒拒戰夏人益衆分陣迭攻抵城下曲珍兵陳於水際官軍不利將士皆有懼色珍白禧曰今衆心已搖不可戰戰必敗請收兵入城禧曰君爲大將奈何遇敵不戰先自退邪俄夏騎卒度水犯陳鄜延選鋒軍最爲驍鋭皆一當百銀槍錦襖光彩耀日先接戰而敗奔入城蹂後陳夏人乘之師大潰死及棄甲南奔者幾半珍與殘兵入城崖峻徑窄騎卒緣崖而上喪馬八千匹遂受圍水砦爲夏人所據掘井不及泉士卒渴死者太半夏人蟻附登城尚扶創拒鬬珍度不可敵又白禧請突圍而南永能亦勸李稷盡捐金帛募死士力戰以出皆不聽戊戌夜大雨城陷四將走免禧舜舉稷死之永能没於陳初括奏夏兵來逼城見官兵整故還帝曰括料敵踈矣彼來未出戰豈肯遽退邪必有大兵在後已而果然帝聞禧等死涕泣悲憤爲之不食贈禧金紫光祿大夫吏部尚書謚曰忠愍官其家二十人稷工部侍郎官其家十二人禧疎曠有膽畧好談兵每云西北可嚼手取恨將帥怯爾呂惠卿力引之故不次用自靈武之敗秦晉困棘天下企望息兵而沈括种諤陳進取之策禧素以邊事自任狂謀輕敵猝與強虜遇至於覆没自是之後帝始知邊臣不可信倚深自悔咎遂不復用兵無意於西伐矣子俯自有傳

李稷字長卿邛州人父絢龍圖閣直學士稷用蔭歷管庫權河北西路轉運判官脩拓深趙邢三州城役無愆素然陗刻嚴恐察訪使者以爲言都水丞程昉亦訴其越職詔令件析御史周尹又論稷父死二十年不葬僅從東路俄提舉蜀部茶場甫兩歲羨課七十六萬緡擢鹽鐵判官詔推揚其功以勸在位遂爲陝西轉運使制置解鹽秦民作舍道傍者創使納侵街錢一路擾怨與李察皆以苛暴著稱時人語曰寧逢黑殺莫逢稷察种諤起興靈議稷聞之亦上言可令邊面諸將各出兵撓之使不得耕種則其國必困國困衆離取可決也及出境稷督餉民苦摺運多散逸稷令騎士執之斷其足筋宛轉山谷間凡數十人累日乃得死始稷受旨得斬郡守以下於是上下相臨以峻法雖小吏護丁夫亦顓戮不請軍食竟不繼諤謀斬稷客呂大鈞引義責之復使還取糧既集諤猶宣言稷乏軍興致大功不就至削兩秩貶爲判官永樂既城稷輦金銀鈔帛充牣其中欲夸示徐禧以爲城甫就而中已實積金既多故受圍愈急而稷守之不敢去以及於難李舜舉別有傳

高永能字君舉世爲綏州人初伯祖文岯舉州來歸即拜團練使已而棄之北遷其祖父王獨留居延州至永能始家青澗少有勇力善騎射由行伍補殿侍稍遷供奉官种諤取綏州發永能兵六千先驅入囉兀五戰皆捷轉供備庫副使治綏德城闢地四千頃增戸千三百即知城事元豐初爲鄜延都監秋大稔夏人屯一千騎於大會平將取稼永能簡精騎突過其營騎卒驚潰獲鈐轄二人轉六宅使夏人患之令曰有得高六宅者賞金等其身經畧使呂惠卿行邊永能伏騎谷中以備侵軼邊騎果至馳出擊走之夏兵二萬犯當川堡永能以千騎與相遇度不能支依險設疑兵且鬬且御而令後騎揚塵若援兵至者奮而前遂解去擢本路鈐轄四年西討永能爲前鋒圍米脂城邊人十萬來援永能謂弟永亨曰彼恃衆集易吾軍營當大川宜嚴陳待其至張左右翼擊之可破也詰旦鏖戰於無定河斬首數千級得馬三千橐駞牛羊萬計城猶未下密遣諜說降其東壁守將衣以文錦導以鼓吹耀諸城下酋令介訛遇乃出降進東上閤門使寧州刺史以年請老不許又進四方館使榮州團練使永樂之役獻謀皆不用城既陷其孫昌裔欲援之從間道出永能歎曰吾結髮從事西羌戰未嘗挫今年已七十受國大恩恨無以報此吾死所也顧易一卒敝衣戰而死其子世亮與昌裔求得尸以歸詔贈房州觀察使錄其子世亮爲忠州刺史諸孫皆侍禁殿直永能家世州將所領多故部曲拊之有恩惠遇敵則身先之下有傷者載以己副馬故能得士死力遠近喜言其事稱之曰老高及死邊人無不痛惜嘗遇其遠祖唐綏州刺史思祥洵沙川廟得畫像及神道碑上之詔即所在賜田三十頃以奉祭祀永能之亡延州將皇城使寇偉亦力戰而没贈均州防禦使

沈起字興宗明州鄞人進士高第調滁州判官與監眞州轉般倉聞父病委官歸侍以喪免有司劾其擅去終喪薦書應格當遷用帝謂輔臣曰觀過知仁今由父疾而致罪何以厚風教而勸天下之爲人子者乃特遷之知海門縣縣負海地卑間歲海潮至冒民田舍民徙以避棄其業起爲築隄百里引江水灌溉其中田益闢民相率以歸至立祠以報御史中丞包拯舉爲監察御史吏部格選吏以贓私絓法無輕重終身不遷起論其情可矜者可限年敘用遂著爲令立縣令考課法設河渠司領諸道水政乞采漢故事擇卿大夫子弟入宿衞選賢良文學高第給事宮省勿專任宦官宗室袒免親令補外官復府兵汰冗卒書數十上以論興國鐵官事不合出通判越州改知蘄楚二州京東歲饑盜起除提點刑獄至則開首贖法擒其伍盜內自睽疑轉相束縛唯恐後改開封府判官爲湖南轉運使凡羽毛筋革舟楫竹箭之材多出所部取於民無制吏挾爲姦起會其當用自與商人貿易所省什六七召爲三司鹽鐵副使直舍人院熙寧三年韓絳使陝西加起集賢殿脩撰陝西都轉運使慶州軍變將寇長安起率兵討平之會韓絳城綏州不利起亦罷知江寧府入知吏部流內銓奉使契丹至王庭其位著乃與夏使等起曰彼陪臣爾不當與王人齒辭不就列遂升東朝使者自是爲定制六年拜天章閣待制知桂州自王安石用事始求邊功王韶以熙河進章惇熊本亦因此求奮是時議者言交阯可取朝廷命蕭注守桂經畧之注蓋造謀者也至是復以爲難起言南交小醜無不可取之理乃以起代注遂一意事攻討妄言密受旨擅令疆吏入溪峒點集土丁爲保伍授以陣圖使歲時建習繼命指使因督餉鹽之海濱集舟師寓教水戰故時交人與州縣貿易悉禁止之於是交阯益貳大集兵丁謀入寇蘇緘知邕州以書抵

起請止保甲罷水運通互市起不聽劾緘沮議起坐邊議罷命劉彝代之以守廣日遏絕其表疏於是交人疑懼率衆犯境連陷廉白欽邕四州死者數十萬人事聞貶起團練使安置郢州徙越又徙秀而卒起生平喜談兵嘗以兵法謁范仲淹仲淹器其材註孫武書以自見卒用此敗

劉彝字執中福州人幼介特居鄉以行義稱從胡瑗學瑗稱其善治水凡所立綱紀規式彝力居多第進士爲邵武尉調高郵簿移朐山令治簿書恤孤寡作陂池教種藝平賦役抑姦猾凡所以惠民者無不至邑人紀其事目曰治範熙寧初爲制置三司條例官屬以言新法非便罷神宗擇水官以彝悉東南水利除都水丞久雨汴漲議開長城口彝請但啟楊橋斗門水即退爲兩浙轉運判官知處州俗尚巫鬼不事醫藥彝著正俗方以訓斥淫巫三千七百家使以醫易業俗遂變加直史館知桂州禁與交人互市交阯陷欽廉邕三州坐貶均州團練副使安置隨州又除名爲民編隸涪州徙襄州元祐初復以都水丞召還病卒於道年七十著七經中議百七十卷明善集三十卷居陽集三十卷

論曰兵凶器也雖聖人猶曰未學輕敵寡謀鮮有不自焚者永樂之陷安南之衅死者百萬罹禍甚慘良由數人者不自量度以開邊釁禧稷永能之死宜矣起執議益堅妄意輕舉雖貶官莫贖其責彝不能行所學而規規然蹈前車之轍以濟其過爲得無罪

熊本字伯通番陽人見時知學邵守范仲淹異其文進士上第爲撫州軍事判官稍遷祕書丞知建德縣縣令項包魚池爲圭田本弛以與民熙寧初上書言陛下師用賢傑改修法度得稷卨皋夔之佐由是提舉淮南常平檢正中書禮房事六年瀘川羅晏夷叛詔察訪梓夔得以便宜治夷事本官通判戎州習其俗謂彼能擾邊者介十二村豪爲鄉導爾以計致百餘人梟之瀘川其徒股栗願矢死自贖本請于朝寵以刺史巡檢之秩明示勸賞皆踊躍順命獨柯陰一酋不至本合晏州十九姓之衆發黔南義軍強弩追大將王宣賈昌言率以進討賊悉力旅拒敗之黃葛下追奔深入柯陰窘乞降盡籍丁口土田及其重寶善馬歸之公上受貢職於是烏蠻羅氏鬼主諸夷皆從風而靡願世爲漢官奴還刑部員外郎集賢殿修撰同判司農寺神宗勞之曰卿不傷財不害民一旦去百年之患至於檄奏詳明近時鮮儷焉賜三品服西南用兵蠻中始此蔡京時爲秀州判官本言其學行純茂練習新法薦爲幹當公事河湟初復本爲秦鳳路都轉運使熙河法禁闊略蓄積不支歲月本奏省冗官百四十員歲減浮費數十萬渝州南川獠木斗叛詔本安撫本進營銅佛壩抗其尤焚積聚以破其黨木斗氣索舉秦州地五百里來歸爲四砦九堡建銅佛壩爲南平軍初熟獠王仁貴以木斗親繫獄本釋其縛置麾下至是推鋒先登大臣議加本天章閣待制帝曰本之文朕所自知當典書命遂知制誥帝數稱其文有體命院吏別錄以進又上疏云天下之治有因有革期於趨時適治而已議者猥用持盈守成之說文苟簡因循之治天下之吏因以安常習故爲俗奮言納忠者悠悠之徒相與蹙額盱衡而詆罵之陛下出大號發大政可謂極因革之理然改制之始安常習故之羣圜視四起交譁而合譟或諍於廷或謗於市或投劾引去者不可勝數陛下獨見至理獨立不奪今雖少定彼將伺隙而逞願陛下深念之勿使譟譁之衆有以窺其間而終萬世難就之業天下幸甚本之意專以媚王安石也范子淵創浚河之役文彥博爭之命本行視議如彥博安石白出本分司西京居三年起知滁州改廣州召爲工部侍郎宜州蠻擾邊道除龍圖閣待制知桂州至則論溪洞酋長戒邊吏勿生事請選將練兵代戍益市馬以足騎兵宜州遂無事民蔡寶詮扇龍蕃與峒戶相仇殺欲引兵致討以爲功本質之色動縛而投之海蠻夷以爲神諜告交人明年將入寇使者實其言詔訪本曰使者在道安得此藉使有謀何自先知之已而果妄是時既以順州賜李乾德疆畫未正交人緣是輒暴勿陽地而逐儂智會智會來乞師本檄問狀乾德歛兵謝本因請以宿桑八洞不毛之地賜之南荒遂安轉運判官許彥先議通湖南鹽於西廣計口授民度可得息三十萬本言桂管民貧地瘠恐不堪命議遂格入爲吏部侍郎踰年力請外仍待制知洪州言者謂本棄八洞爲失謀奪一官徙杭州江寧府再知洪州召還卒於道有文集奏議共八十卷

蕭注字巖夫臨江新喻人磊落有大志尤喜言兵常言四方有事吾將兵數萬鼓行其間戰必勝攻必取豈不快哉舉進士攝廣州番禺令儂智高圍州數月方舟數百攻城南勢危甚注自圍中出募海濱壯士得二千人乘大舶集上流因颶風起縱火焚賊舟破其衆即日發縣門納援兵民持牛酒芻糧相繼入城中人始有生意自是每戰以勝歸蔣偕上其功擢禮賓副使廣南駐泊都監賊還據邕管余靖患其嘯誘諸洞以屬注注挺身入蠻中施結恩信狄青師次賓州召會諸將疑注倚賊聲勢爲姦利欲誅之注覺託爲游辭不肯往賊破青始聞注前功以知邕州智高走大理國母與三弟寓特磨道注帥師往討獲一裨將引致臥內與之語具得賊情悉擒送闕下拜西上閤門副使募死士使入大理取智高至則已爲其國所殺函首歸獻轉爲使居邕數年陰以利啗廣源羣蠻密繕兵甲乃上疏曰交阯雖奉朝貢實包禍心常以蠶食王土爲事往天聖中鄭天益爲轉運使嘗責其擅賦雲河洞今雲河乃落蠻數百里蓋年侵歲吞馴致於是臣已盡得其要領周知其要害今不取異日必爲中國憂願馳至京師面陳方畧未報而甲洞申紹泰犯西平五將被害諫官論注不法致寇罷爲荆南鈐轄提點刑獄李師中又劾其沮威嗜利畧智高閤民爲奴發洞丁采黃金無帳籍可考中使按驗頗有實貶泰州團練副使淮南轉運使言注椎牛屠狗招集游士部勒爲兵教之騎射請從大州以縻之詔改鎭南軍節度副使近臣有訟注廣州功者起爲右監門將軍邠州都監熙寧初以禮賓使知寧州環慶李信之敗列城皆堅壁注獨啓關夜宴如平時復閤門使管幹麟府軍馬辭云身本書生差長拊納不閑戰鬬懼無以集事時有言交人挫於占城衆不滿萬可取也遂以注知桂州入覲神宗問攻取之策對曰昔者臣有是言是時溪洞之兵一可當十器甲堅利親信之人皆可指呼而使今兩者不如昔交人生聚教訓十五年矣謂之兵不滿萬妄也既至桂種酋皆來謁注延訪山川曲折老幼安否均得其驩心故李乾德動息必知之然有獻征南策者輒不聽會沈起以平蠻自任帝使代注而罷注歸卒于道年六十一詔優錄其子賻絹三百注有膽氣嗜殺而能相人自陝西還帝問注韓絳爲安撫使施設何如對曰廟筭深遠臣不能窺然知絳當位極將相帝喜曰果如卿言絳必成功問王安石曰安石牛目虎顧視物如射意行直前敢當天下大事然不如絳得和氣爲多惟氣和能養萬物爾王韶爲建昌參軍注曰君他日類孫沔但壽不及後皆如其言

陶弼字商翁永州人少倜儻放宕吳中行山間有雙鯉戲溪水上弼觀之傍一老父顧曰此龍也行且鬬君宜亟去去百步許雷大震而兩岸圮木拔又出大雲倉卒遇風暴怒二十七艘同時溺獨弼舟得濟人以是異之一見丁謂謂妻以宗女因從學兵法能持論縱橫慶歷中楊畋討湖南徭弼上謁畋授之兵使往襲大破之以功得陽朔主簿儂智高犯南海畋爲安撫使辟參軍謀使下英江會諸將議擊未至智高解去弼舍舟從其徒數十人間關步山赴畋次臨賀大將蔣偕適戰死餘衆畏亡將被誅多降賊弼數與之遇亟矯畋命揭榜道上諭使歸許以不死凡得千五百人府罷調陽朔令課民植木官道旁夾數百里自是行者無夏秋暑暍之苦它郡縣悉效之攝興安令移書說桂守蕭固浚靈渠以通漕不聽至李師中卒浚之師征安南餽餉於是乎出大爲民利知賓客欽三州換崇儀副使遷爲使知邕州邕經儂寇井隧蕩然人不樂其生弼綏輯惠養至忘其勤諸洞獻土物求內附弼降意撫答謝其贄皆感悅無犯邊者邕地卑下水易集夏大雨彌月弼登城以望三邊皆浸爲陂澤亟窒垠江三門諭兵民即高避害俄而水大至弼身先版甬召僚吏賦役爲土囊千餘置道上水果從竇入隨塞之城雖不壞而人皆乏食則爲發廩以振於內方舟以饁於外水不及女墻者三板旬有五日乃退公私一無所失亡自橫以東數州皆沒弼久於邕請便郡徙鼎州章惇經理五溪蠻事薦爲辰州遷皇城使降北江彭師宴授忠州刺史郭逵南征轉弼康州團練使復知邕州民再罹禍亂散匿山谷弼率百騎深入左江峒民知其至扶老攜幼以歸逵帥官軍臨富良江使弼殿交人納款逵欲班師恐爲所襲乃以計夜起軍不整騎步相蹈藉亂行賊隔江陵伺覘知弼殿弗敢追弼申令帳下毋動逕明結隊徐行逵賴以善還建所得廣源峒爲順州桄榔爲縣進弼西上閤門使留知順州州去邕二千里多毒草瘴霧戍卒死者什七八弼亦疾甚然蚤莫勞軍視其艱苦意氣激揚士莫不感泣蠻奮起爲用交人襲取桄榔揚聲欲圖州獨難弼素得人心賊動息皆先知獲間諜不殺諭以逆順縱之去恩威兩施以是終弼在不敢犯加東上閤門使未拜而卒詔錄其家五人弼能爲詩好士樂施所得俸祿悉以與人家至貧不恤也既死妻在鄉里僦屋以居

林廣萊州人以捧日軍卒爲行門授內殿崇班從環慶蔡挺麾下李諒祚寇大順城廣射中之李信敗於荔原廣引兵西入破十二盤攻白豹金湯皆先登夜過洛河夏人來襲廣揚聲選強弩列岸側實捲甲疾趨夏人疑不敢渡嘗護中使臨邊將及烏鷄川遽率衆循山行道遇熟羌以險告廣不答夏人果伏兵於川計不行而去告者乃諜也夏人圍桑遠城廣止守戒士卒即有變毋

得輕動火夜起積薪中衆屯守自若明日敵至馬平川大持攻具來廣破甲啓他門鼓而出若將奪其馬敵舍城救馬廣復入益脩守備夜募死士斫其營夏人數失利始引退累遷禮賓使韓絳奏爲本道將慶兵据此城叛廣在南城望其衆進退不一曰是不舉軍亂也挺身縋城出其後諭以逆順皆投兵聽命出者才三百人廣語餘衆曰亂者去矣汝曹事我久能聽命不唯得活仍有功得百餘人激厲要束使反攻城下兵禽戮皆盡遂平此城出追亂者至石門山與之遇諭之不肯降縱兵尾擊敵知不得免始請命廣曰不從吾言今窘而就死非降也悉斬之遷本路都監詔入對神宗奬金湯石門之功慰賜甚厚將使開熙河辭以不習洮隴事乃遷鈐轄使還從鄜延攻踏白城功最遷皇城使進討洮羌加帝御器械環慶副都總管安南用師詣闕請行帝曰南方卑濕知卿病足西邊方開拓宜復歸擢龍神衛四廂都指揮使英州刺史邊臣或言往者劉平因救鄜道戰没今宜罷援兵廣曰此乃制賊長計也使賊悉力寇一路而他道不救雖古名將亦無能爲已平之所以敗非出援罪乃止再轉步軍都虞候韓存寶討瀘蠻乞弟逗橈不進詔廣代之廣至閱兵合將蒐人材勇怯三分之日夕肄習問椎牛享犒士心皆奮遣使開曉乞弟仍索所亡卒乞弟歸卒七人奏書降而身不至乃決策深入陳師瀘水率將吏東鄉再拜誓之曰朝廷以存寶用兵亡狀使我代之要以必禽渠魁令孤軍遠略久駐賊境退則爲戮冒死一戰勝負未可知縱死猶有賞愈於退而死也與汝等戮力而進可乎衆皆踊躍廣挾所得渠帥及質子在軍而令以次酋護餉以是入箐道而無鈔畧之患師行有二途從納溪抵江門近而險從寧遠抵樂共壩遠而平蠻意官軍必出江門盛兵阻隘而師趨樂共蠻不能支皆遁去廣分兵繞帽溪掩江門後破其險水陸皆通行益前進毎戰必捷次落婆遠乞弟遣叔父阿汝約降求退舍又約不解甲廣策其有異除阜爲壇距中軍五十步且設伏明日乞弟擁千人出降匿弩士氈裘猶豫不前謝恩廣發伏擊之蠻奔潰斬阿汝及大酋二十八人乞弟以所乘馬授弟阿字大將王光祖追斬之軍中爭其尸乞弟得隨江橋下脫走得其種落三萬進次歸徠州窮探巢穴發故酋甫望箇恕塚天寒士多墮指而乞弟意不可得監軍先受密詔聽引兵還遂班師拜衛州防禦使馬軍都虞侯西兵未解上疏求面陳方略及入見言韓存寶雖有罪功亦多以今日朝廷待諸將存寶不至死廣還部至閿鄉疽發斷頸卒年四十八廣爲人有風義輕財好施學通左氏春秋臨事持重長於料敵以智損益八陣圖又撰約束百餘條列上邊地頗推行之其名聞於西夏秉常母梁氏將內侮論中國將帥獨畏廣聞其南征乃舉兵然在瀘以赦書招蠻既降而殺之此其短也遂被惡疾死或以爲殺降之報云

論曰宋太宗既厭兵一意安邊息民海內大洽眞宗仁宗深仁厚澤涵煦生民然仁文有餘義武不足蓋是時中國之人不見兵革之日久矣於是契丹西夏起爲邊患乃不吝繒帛以成和好神宗撫承平之運銳焉有爲積財練兵志在刷耻故一時材智之士各得暴其所長以興立事功若熊本蕭注陶弼林廣實然本注起身科第弼能詩好士廣學通左氏春秋昔孫權勸呂蒙學文武豈二致哉本上書以媚時相廣之征蠻發塚殺降君子疵之

宋史卷三百三十五

元 中書右丞相總裁脫脫等修

列傳第九十四

种世衡 子古 諤 誼 孫朴 師道 師中

种世衡字仲平放之兄子也少尚氣節昆弟有欲析其貲者悉推與之惟取圖書而已以放蔭補將作監主簿累遷太子中舍嘗知涇陽縣里胥王知謙以姦利事敗法當從遁去比郊赦輒出世衡曰送府則會赦杖其脊而請罪于府知府李諮奏釋之後通判鳳州州將王蒙正章獻后姻家也所爲不法嘗干世衡以私不聽蒙正怒乃誘知謙訟寃而陰助之世衡坐流竇州徙汝州弟世材上一官以贖爲孟州司馬久之龍圖閣直學士李紘爲辨其誣宋綬狄棐繼言之除衛尉寺丞監隨州酒簽書同州鄜州判官事西邊用兵守備不足世衡建言延安東北二百里有故寬州請因其廢壘而興之以當寇衝右可固延安之勢左可致河東之粟北可圖銀夏之舊朝廷從之命董其役夏人屢出爭世衡且戰且城之然處險無泉議不可守鑿地百五十尺始至于石石工辭不可穿世衡命屑石一畚酬百錢卒得泉城成賜名青澗城遷內殿崇班知城事開營田二千頃募商賈貸以本錢使通貨贏其利城遂富實間出行部族慰勞酋長或解與所服帶嘗會客飲有得敵情來告者即以飲器予之繇是屬羌皆樂爲用再遷洛苑副使知環州蕃部有牛家族奴訛者素屈彊未嘗出謁郡守聞世衡至遽郊迎世衡與約明日當至其帳往勞部落是夕大雪深三尺左右曰地險不可往世衡曰吾方結諸羌以信不可失期遂緣險而進奴訛方臥帳中謂世衡必不能至世衡蹵而起奴訛大驚曰前此未嘗有官至吾部者公乃不疑我耶率其族羅拜聽命羌酋慕恩部落最强世衡嘗夜與飲出侍姬以佐酒既而世衡起入內潛於壁隙中窺之慕恩竊與侍姬戲世衡遽出掩之慕恩慙懼請罪世衡笑曰君欲之耶即以遺之由是得其死力諸部有貳者使討之無不克有兀二族世衡招之不至即命慕恩出兵誅之其後百餘帳皆自歸莫敢貳因令諸族置烽火有急則舉燧介馬以待葛懷敏敗率羌兵數千人以援涇原無敢後者嘗課吏民射有過失射中則釋其罪有辭某事請某事輒因中否而與奪之人人自厲皆精於射繇是數年敵不敢近環境遷東染院使環慶路兵馬鈐轄范仲淹檄令與蔣偕築細腰城世衡時臥病即起將所部甲士晝夜興築城成而卒初世衡在青澗城元昊未臣其貴人野利剛浪㖫遇乞兄弟有材謀皆號大王親信用事邊臣欲以謀間之慶曆二年鄜延經略使龐籍兩爲保安軍守劉拯書賂蕃部破丑以達野利兄弟而涇原路王沿葛懷敏亦遣人持書及金寶以遺遇乞會剛浪㖫令浪理賞乞媚娘等三人詣世衡請降世衡知其詐曰與其殺之不若因以爲間留使監商稅出入騎從甚寵有僧王光信者趫勇善騎射習知蕃部山川道路世衡出兵常使爲鄉導數盪族帳奏以爲三班借職改名嵩世衡爲蠟書遺嵩遺剛浪㖫言浪理等已至朝廷知王有向漢心命爲夏州節度使奉錢月萬緡旌節已至趣其歸附以棗綴畫龜喻其早歸之意剛浪㖫得書大懼自所治執嵩歸元昊元昊疑剛浪㖫貳已不得還所治且錮嵩穽中使其臣李文貴以剛浪㖫旨報世衡且言不達所遺書意或許通和願賜一言世衡以白籍時朝廷已欲招拊籍召文貴至諭以國家寬大開納意縱使還報元昊得報出嵩禮之甚厚使與文貴偕來自是繼遣使者請降遂稱臣如舊世衡聞野利兄弟已誅爲文越境祭之籍疏嵩勞具言元昊未通時世衡畫策遣嵩冒艱險間其君臣遂成猜貳因此與中國通請優進嵩官遷三班奉職後嵩因對自陳又進侍禁閤門祗候世衡死籍爲樞密使世衡子古上書訟父功爲籍所抑古復上書遂贈世衡成州團練使詔流內銓授古大縣簿尉押還本貫籍既罷古復辯理下御史考驗以籍前奏王嵩疏爲定詔以其事付史官聽古從官便郡世衡在邊數年積穀通貨所至不煩縣官益兵增饋善撫養士卒病者遣一子專視其食飲湯劑以故得人死力及卒羌酋朝夕臨者數日青澗及環人皆畫象祠之子古諤診皆有將材關中號曰三种誼其幼子也孫朴師道師中

古字大質少慕從祖放爲人不事科舉當任官辭以與弟時稱小隱君世衡卒錄古爲天興尉累轉西京左藏庫副使涇源路都監知原州羌人犯塞古禦之斬級數百築城鎭戎之北以據要害神宗召對遷通事舍人官其三弟與弟診破環州折薑會斬首二千級遷西上閤門副使民有損直鬻田於熟羌以避役者古按其狀得良田三千頃丁四千悉刺爲民兵歷環慶永興軍路鈐轄坐訟范純仁不當奪一官知寧州徙鎭戎軍熙河師十萬道境上須芻糧僚佐以他路爲言古曰均王師也命給之又從鄜隰二州卒年七十古明達孝義弟諤坐擅興繫獄乞納官贖其罪世衡遺張問田千畝問返之而世衡死古終不復受然世衡受知於范仲淹因立青澗功而古以私憾訟純仁士論少之

諤字子正以父任累官左藏庫副使延帥陸詵薦知青澗城夏酋令㖫內附詵恐生事欲弗納諤請納之夏人來索詵問所以報諤曰必欲令㖫當以景詢來易乃止詢者中國亡命至彼者也夏將嵬名山部落在故綏州其弟夷山先降諤使人因夷山以誘之賂以金盂名山小吏李文喜受而許降而名山未之知也諤即以聞詔轉運使薛向及陸詵委諤招納諤不待報悉起所部兵長驅而前圍其帳名山驚援槍欲鬬夷山呼曰兄已約降何爲如是文喜因出所受金盂示之名山投槍哭遂舉衆從諤而南得酋領三百戶萬五千兵萬人將築城而詵以無詔出師召諤還軍次懷遠晨起方櫛敵四萬衆坌集傳城而陳諤開門以待使名山帥新附百餘人挑戰諤兵繼之鼓行而出至晉祠據險使偏將燕達劉甫爲兩翼身爲中軍乃閉壘悉老弱乘城鼓譟以疑賊已而合戰追擊二十里俘馘甚衆遂城綏州詵劾諤擅興且不稟節制欲捕治未果而詵從秦言者交攻之遂下吏貶秩四等安置隨州會侯可以言水利入見神宗問其事對曰种諤奉密旨取綏而獲罪後何以使人帝亦

悔復其官。韓絳宣撫陝西，用爲鄜延鈐轄。絳城囉兀，規橫山，令諤將兵二萬出無定川，命諸將皆受節度，起河東兵會銀州。城成而慶卒叛，詔罷師，棄囉兀，責授汝州團練副使，再貶賀州別駕，移單州，又移華州。絳再相，訟其前功，復禮賓副使、知岷州。董氈將鬼章聚兵于洮岷，新羌多叛，諤討襲誅之。從李憲出塞，收洮州，下迺宗講珠東宜諸城，掩擊至大河，斬首七千級。遷東上閤門使、文州刺史、知涇州，徙鄜延副總管。上言夏主秉常爲其母所囚，可急因本路官擣其巢穴，遂入對，大言曰：「夏國無人，秉常孺子，臣往持其臂以來耳。」帝壯之，決意西討，以爲經略安撫副使，諸將悉聽節制。諤即次境上，帝以諤先期輕出，使聽命於王中正。敵屯兵夏州，諤率本路并畿內七將兵攻米脂，三日未下。夏兵八萬來援，諤禦之無定川，伏兵發，斷其首尾，大破之，降守將令介訛遇。捷書聞，帝大喜，羣臣稱賀，遣中使諭獎，而罷中正。諤留千人守米脂，進次銀石夏州，不見敵。始被詔當會靈武，諤迂枉不進，士卒饑憊，欲以糧運不繼歸罪轉運使李稷。駐軍麻家平，大校劉歸仁以衆潰，詔令班師，猶遷鳳州團練使、龍神衞四廂都指揮使。諤謀據橫山之志未已，遣子朴上其策，帝召朴問狀，擢爲閤門祗候。將進城橫山，命徐禧、李舜舉使鄜延計議。諤言：「橫山延袤千里，多馬宜稼，人物勁悍善戰，且有鹽鐵之利，夏人恃以爲生。其城壘皆控險，足以守禦。今之興功，當自銀州始，其次遷宥州，又其次脩夏州，三郡鼎峙，則橫山之地已囊括其中。又其次脩鹽州，則橫山彊兵戰馬、山澤之利，盡歸中國。其勢居高，俯視興靈，可以直覆巢穴。」而禧與沈括定議移銀州城永樂，與諤始謀異，乃奏留諤守延。旣而永樂受圍，諤觀望不救。帝冀其後效，置不問。且虞賊至，就命知延州。疽發背卒，年五十七。諤善馭士卒，臨敵出奇，戰必勝，然詐誕殘忍，左右有犯立斬，或先刳肺肝，坐者掩面，諤飲食自若，敵亦畏其敢戰，故數有功。李稷之餽軍也，旦入諤營，軍吏鳴鼓聲喏，諤呼問吏曰：「軍有幾帥？要當借汝頭以代運使。」即叱斬之，稷惶怖遽出。嘗渡河猝遇敵，紿門下客曰：「事急矣，可衣我衣，乘我馬，從旗鼓千騎亟趨大軍。」客信之，敵以爲諤，追之，幾不免。自熙寧首開綏州，後再舉西征，皆其兆謀，卒致永樂之禍。議者謂諤不死，邊事不已。

誼字壽翁。熙寧中，古入對，神宗問其家世，命誼以官。從高遵裕復洮岷，又平山後羌，至熙河副將。使青唐，董氈遣鬼章迎候境上，取道故爲回枉，以誇險遠。誼固習其地里，誚之曰：「爾跳梁坎井間，謂我不知遠近邪？」命趙便道。鬼章怒，脅以兵，誼聲氣不動，卒改塗。外爲路都監，自蘭州渡河討賊，斬首六百，累轉西京使。元祐初，知岷州。鬼章誘殺景思立後，益自矜大，有窺故土之心，使其子詣宗哥請益兵入寇，且結屬羌爲內應。誼刺得其情，上疏請除之。詔遣游師雄就商利害，遂與姚兕合兵出討。羌迎戰，擊走之，追奔至洮州。誼亟進攻，晨霧蔽野，跬步不可辨，誼曰：「吾軍遠來，彼固不知厚薄，乘此可一鼓而下也。」遂親鼓之。有頃霧霽，先登者已得城，鬼章就執。誼戲問之曰：「別後安否？」不能對。衆謂人曰：「我生惡种，使今日果爲所擒，天不使我復有故土，命也。」遂俘以歸。拜西上閤門使、康州刺史，從知鄜州。夏人犯延安，趙卨使誼統諸將，敵聞誼至，皆潰去，延人謂得誼勝精兵二十萬。進熙河鈐轄、知蘭州。蘭與通遠皆絕塞，中間保陪不相接，腴田多棄不耕，誼請城李諾平以扼衝要。會遷東上閤門使、保州團練使，卒，年五十五。誼倜儻有氣節，喜讀書，莅軍整嚴，令一下，死不敢避，遇敵度不勝不出，故每戰未嘗負敗。岷羌酋包順、包誠恃功驕恣，前守務姑息，誼至，厚待之。適有小過，叱下吏，將寘法，順、誠叩頭伏罪，願效命以贖，乃使輸金出之，羣羌畏惕。及洮州之役，二人功最多。

朴以父任右班殿直，積勞遷至皇城使、昌州刺史，從熙河蘭會鈐轄兼知河州、安撫洮西沿邊公事。河南蕃部叛，屬羌阿章率他族拒官軍，熙帥胡宗回使朴出討。時朴至州才二日，以賊鋒方銳，且盛寒，欲姑徐之，而宗回馳檄至六七，不得已遂出兵。羌知朴來，伏以待，朴遇伏，首尾不相應，朴殊死戰，爲賊所殺，以馬負其尸去。羌乘勝追北，師還遇隘，壅迮不得行。偏將王舜臣者善射，以弓掛臂，獨立敗軍後。羌來可萬騎，有七人介馬而先，舜臣念此必羌酋之尤桀黠者，不先殪之，吾軍必盡，乃宣言曰：「吾令最先行者眉間揷花。」引弓三發，隕三人，皆中面，餘四人反走，矢貫其背。萬騎愕眙莫敢前，舜臣因得整衆。須臾羌復來，舜臣自申及酉，抽矢千餘發，無虛者，指裂血流至肘。薄暮，乃得踰隘，將士氣奪，無敢復言戰。當是時，微舜臣則師殲矣。事聞，贈朴雄州防禦使，官其後十人。

師道字彝叔，少從張載學，以蔭補三班奉職，試法易文階，爲熙州推官、權同谷縣。縣吏有田訟，彌二年不決，師道繙閱案牘，窮日力不竟，然所訟止母及兄而已。引吏詰之曰：「母兄法可訟乎？汝再期擾鄉里，足未？」吏叩頭服罪。通判原州，提舉秦鳳常平。議役法忤蔡京旨，換莊宅使、知德順軍，又謂其詆毀先烈，罷入黨籍，屏廢十年。以武功大夫、忠州刺史、涇原都鈐轄知懷德軍。夏國畫境，其人焦彥堅必欲得故地，師道曰：「如言故地，當以漢唐爲正，則君家疆土益蹙矣。」彥堅無以對。童貫握兵柄而西，翕張威福，見者皆旅拜，師道長揖而已。召詣闕，徽宗訪以邊事，對曰：「先爲不可勝，來則應之，妄動生事，非計也。」貫議從內郡弓箭手實邊，而指爲新邊所募，帝復訪之，對曰：「臣恐動遠之功未立，而近擾先及矣。」帝善其言，賜襲衣金帶，以爲提舉秦鳳弓箭手。時五路並置官，帝謂曰：「卿，吾所親擢也。」貫滋不悅。師道不敢拜，以請得提舉崇福宮。久之，知西安州。夏人侵定邊，築佛口城，率師往夷之。始至渴甚，師道指山之西麓曰：「是當有水。」命工求之，果得水滿谷。累遷龍神衞四廂都指揮使、洺州防禦使、知渭州。督諸道兵城席葦，土賦工，敵至，堅壁葫蘆河。師道陳于河滸，若將決戰者，陰遣偏將曲克徑出橫嶺，揚言援兵至，敵方駭顧，楊可世潛軍軍其後，姚平仲以精甲衷擊之，敵大潰，斬首五十級，獲橐駝馬牛萬計，其酋僅以身免，卒城而還。又詔帥陝西河東七路兵征臧底城，期以旬日必克。旣薄城下，敵守備甚固，官軍小怠，列校有據胡床自休者，立斬之，屍于軍門，令曰：「今日城不下，視此。」衆股栗，譟而登城，城即潰，時兵至纔八日。帝得捷書，喜，進侍衞親軍馬軍副都指揮使、應道軍承宣使。從童貫爲都統制，拜保靜軍節度使。貫謀伐燕，使師道盡護諸將，師道諫曰：「今日之舉，譬如盜入鄰家，不能救，又乘之而分其室焉，無乃不可乎？」貫不聽。旣次白溝，遼人譟而前，士卒多傷，師道先令人持一巨挺自防，賴以不大敗。遼使來請曰：「女眞之叛本朝，亦南朝之所甚惡也。今射一時之利，棄百年之好，結豺狼之鄰，基他日之禍，謂爲得計，可乎？救災卹鄰，古今通義，惟大國圖之。」貫不能對。師道復諫宜許之，又不聽，密劾其助賊。王黼怒，責爲右衞將軍致仕，而用劉延慶代之。延慶敗績于盧溝，帝思其言，起爲憲州刺史、知環州，俄還保靜軍節度使，復致仕。金人南下，趣召之，加檢校少保、靜難軍節度使、京畿河北制置使，聽便宜檄兵食。師道方居南山豹林谷，聞命即東，過姚平仲，有步騎七千，與之俱北。至洛陽，聞斡離不已屯京城下，或止勿行，曰：「賊勢方銳，願少駐汜水，以謀萬全。」師道曰：「吾兵少，若遲回不進，形見情露，祇取辱焉。今鼓行而前，彼安能測我虛實？都人知吾來，士氣自振，何憂賊哉？」揭榜沿道，言种少保領兩兵百萬來。遂抵城西，趨汴水南，徑逼敵營。金人懼，徙砦稍北，斂游騎，但守牟駝岡，增壘自衞。時師道春秋高，天下稱爲老种。欽宗聞其至，喜甚，開安上門，命尚書右丞李綱迎勞。時已議和，入見，帝問曰：「今日之事，卿意如何？」對曰：「女眞不知兵，豈有孤軍深入人境而能善其歸乎？」帝曰：「業已講好矣。」對曰：「臣以軍旅之事事陛下，餘非所敢知也。」拜檢校少傅、同知樞密院、京畿兩河宣撫使，諸道兵悉隸焉。以平仲爲都統制。師道時被病，命毋拜，許肩輿入朝。金使王汭在廷頡頏，望見師道，拜跪稍如禮。帝顧笑曰：「彼爲卿故也。」京城自受圍，諸門盡閉，市無薪菜，師道請啓西南壁，聽民出入如常。金人有擅過偏將馬忠軍者，忠斬其六人。金人來訴，師道付以界旗，使自爲制，後無有敢越佚者。又請緩給金幣，使彼惰歸，扼而殲諸河。執政不可。种氏、姚氏皆爲山西巨室，平仲父古方以熙河兵入援，平仲慮功名獨歸种氏，乃以士不得速戰爲言，達于上。李綱主其議，令城下兵緩急聽平仲節度。帝曰遣使趣師道戰，師道欲俟其弟秦鳳經略使師中至，奏言過春分乃可擊。時相距纔八日，帝以爲緩，竟用平仲斫營，以及于敗。旣敗，李邦彥議割三鎭，師道爭之不得。李綱罷，大學諸生、都人伏闕，願見种、李，詔趣使彈壓，師道乘車而來，衆褰簾視之，曰：「果我公也。」相率聲喏而散。金師退，乃罷爲中太一宮使。御史中丞許翰見帝，以爲不宜解師道兵柄，上曰：「師道老矣，難用，當使卿見之。」令相見於殿門外。師道不語，翰曰：「國家有急，詔許訪所疑，公勿以書生之故，不肯談。」師道始言：「我衆彼寡，但分兵結營，控守要地，使彼糧道不通，坐以持久，可破也。」翰嘆味其言，復上奏謂師道智慮未衰，尚可用。於是加檢校少師，進太尉，換節鎭洮軍，爲河北河東宣撫使，屯滑州，實無兵自隨。師道請合關河卒屯滄、衞、孟、滑，備金兵再至。朝論以大敵甫退，不宜勞師以示弱，格不用。旣而師中戰死，姚古敗，朝廷震悚，召師道還。大原陷，又使巡邊，次河陽，遇王汭，揣敵必大舉，亟上疏請幸長安以避其鋒。大臣以爲怯，復召還。旣至，病不能見。十月，卒，年六十七。帝臨奠，哭之慟，贈開府儀同三司。京師失守，帝搏膺曰：「不用种師道言，以至于此。」金兵之始退也，師道申前議，勸帝乘半濟擊之，不從，曰：「異日必爲國患。」故追痛其語。建炎中，加贈少保，謚曰忠憲。

師中字端孺，歷知環、濱、邠州、慶陽府、秦州，侍衞步軍馬軍副都指揮使，房州觀察使，奉寧軍承宣使。金人內侵，詔提秦鳳兵入援，未至而敵退，乃以二萬人守滑，遣副姚古爲河北制置使，古援太原，師中援中山、河間。或謂師中自磁、相而北，金人若下太行，則勢不能自還，此叚疑師于河上比也。時大臣立議矛盾，樞密主破敵，而三省令護出之。師中渡河，卽上言黏罕已至澤州，臣欲由邢、相間捷出上黨，擣其不意，當可以逞。朝廷疑不用。斡離不還，師中逐出境。黏罕至大原，悉破諸縣，爲鎖城法困之，內外不相通。姚古雖復隆德、威勝，扼南北關，而不能解圍。於是詔師中由井陘道出師，與古掎角。進次平定軍，乘勝復壽陽、榆次，留屯眞定。時黏罕避暑雲中，留兵分就畜牧，覘者以爲將遁，告諸朝。知樞密院許翰信之，數遣使督師中出戰，且責以逗撓。師中歎曰：「逗撓，兵家大戮也。吾結髮從軍，今老矣，忍受此爲罪乎？」卽日辨嚴，約古及張灝俱進，輜重賞犒之物皆不暇從行。五月，抵壽陽之石坑，爲金人所襲，五戰三勝。回趨榆次，去大原百里，而古、灝失期不至，兵饑甚，敵知之，悉衆攻右軍，右軍潰而前軍亦奔。師中獨以麾下死戰，自卯至巳，士卒發神臂弓射退金兵，而賞賚不及，皆憤怨散去，所留者纔百人。師中身被四創，力疾鬭死。師中老成持重，爲時名將，諸軍自是氣奪。劉鞈言：「師中聞命卽行，奮不顧身，雖古忠臣不過也。請加優贈，以勸死國者。」詔贈少師，謚曰莊愍。

論曰：宋懲五季藩鎭之弊，稍用逢掖治邊，隳頹介胄。然兵勢國之大事，非素明習而欲應變決策於急遽危難之際，豈不殆哉！种氏自世衡立功靑澗，撫循士卒，威動羌夏，諸子俱有將材，至師道、師中，已三世，號山西名將。徽宗任宦豎，起邊釁，師道之言不售，卒基南北之禍。金以孤軍深入，師道請遲西師之至而擊之；長驅上黨，師中欲出其背以擠之，可謂至計矣。李綱、許翰顧以爲怯緩逗撓，動失機會，遂至大衂，而國隨以敗，惜哉！

宋史卷三百三十六

元　中　書　右　丞　相　總　裁　脫　脫　等　修

列傳第九十五

司馬光 子康　呂公著 子希哲 希純

司馬光

司馬光字君實，陝州夏縣人也。父池，天章閣待制。光生七歲，凜然如成人，聞講左氏春秋，愛之，退爲家人講，卽了其大指。自是手不釋書，至不知饑渴寒暑。群兒戲于庭，一兒登甕，足跌沒水中，衆皆棄去，光持石擊甕破之，水迸，兒得活。其後京、洛間畫以爲圖。仁宗寶元初，中進士甲科。年甫冠，性不喜華靡，聞喜宴獨不戴花，同列語之曰：「君賜不可違。」乃簪一枝。除奉禮郎，時池在杭，求簽蘇州判官事以便親，許之。丁內外艱，執喪累年，毀瘠如禮。服除，簽書武成軍判官事，改大理評事，補國子直講。樞密副使龐籍薦爲館閣校勘，同知禮院。中官麥允言死，給鹵簿。光言：「繁纓以朝，孔子且猶不可。允言近習之臣，非有元勳大勞而贈以三公官，給一品鹵簿，其視繁纓，不亦大乎。」夏竦賜謚文正，光言：「此謚之至美者，竦何人，可以當之？」改文莊。加集賢校理。

從龐籍辟，通判并州。麟州屈野河西多良田，夏人蠶食其地，爲河東患。籍命光按視，光建：「築二堡以制夏人，募民耕之，耕者衆則糴賤，亦可漸紓河東貴糴遠輸之憂。」籍從其策；而麟將郭恩勇且狂，引兵夜渡河，不設備，沒於敵，籍得罪去。光三上書自引咎，不報。籍沒，光升堂拜其妻如母，撫其子如昆弟，時人賢之。

改直祕閣、開封府推官。交阯貢異獸，謂之麟，光言：「眞僞不可知，使其眞，非自至不足爲瑞，願還其獻。」又奏賦以風。脩起居注，判禮部。有司奏日當食，故事食不滿分，或京師不見，皆表賀。光言：「四方見，京師不見，此人君爲陰邪所蔽；天下皆知而朝廷獨不知，其爲災當益甚，不當賀。」從之。

同知諫院。蘇轍答制策切直，考官胡宿將黜之，光言：「轍有愛君憂國之心，不宜黜。」詔寘末級。

仁宗始不豫，國嗣未立，天下寒心而莫敢言。諫官范鎭首發其議，光在并州聞而繼之，且貽書勸鎭以死爭。至是，復面言：「臣昔通判并州，所上三章，願陛下果斷力行。」帝沉思久之，曰：「得非欲選宗室爲繼嗣者乎？此忠臣之言，但人不敢及耳。」光曰：「臣言此，自謂必死，不意陛下開納。」帝曰：「此何害，古今皆有之。」光退未聞命，復上疏曰：「臣向者進說，意謂卽行，今寂無所聞，此必有小人言陛下春秋鼎盛，何遽爲不祥之事。小人無遠慮，特欲倉卒之際，援立其所厚善者耳。『定策國老』、『門生天子』之禍，可勝言哉？」帝大感動曰：「送中書。」光見韓琦等曰：「諸公不及今定議，異日禁中夜半出寸紙，以某人爲嗣，則天下莫敢違。」琦等拱手曰：「敢不盡力。」未幾，詔英宗判宗正，辭不就，遂立爲皇子，又稱疾不入。光言：「皇子辭不貲之富，至于旬月，其賢于人遠矣。然父召無諾，君命召不俟駕，願以臣子大義責皇子，宜必入。」英宗遂受命。

兗國公主嫁李瑋，不相能，詔出瑋衞州，母楊歸其兄璋，主入居禁中。光言：「陛下追念章懿太后，故使瑋尙主。今乃母子離析，家事流落，獨無雨露之感乎？瑋旣黜，主安得無罪？」帝悟，降主沂國，待李氏恩不衰。

進知制誥，固辭，改天章閣待制兼侍講、知諫院。時朝政頗姑息，胥史諠譁則逐中執法，輦官悖慢則退宰相，衞士凶逆而獄不窮治，軍卒詈三司使而以爲非犯階級。光言皆陵遲之漸，不可以不正。

充媛董氏薨，贈淑妃，輟朝成服，百官奉慰，定謚，行冊禮，葬給鹵簿。光言：「董氏秩本微，病革方拜充媛。古者婦人無謚，近制惟皇后有之。鹵簿本以賞軍功，未嘗施於婦人。唐平陽公主有舉兵佐高祖定天下功，乃得給。至韋庶人始令妃主葬日皆給鼓吹，非令典，不足法。」時有司定後宮封贈法，后與妃俱贈三代，光論：「妃不當與后同，袁盎引却愼夫人席，正爲此耳。天聖親郊，太妃止贈二代，而況妃乎？」

英宗立，遇疾，慈聖光獻后同聽政。光上疏曰：「昔章獻明肅有保佑先帝之功，特以親用外戚小人，負謗海內。今攝政之際，大臣忠厚如王曾，淸純如張知白，剛正如魯宗道，質直如薛奎者，當信用之；猥鄙如馬季良，讒諂如羅崇勳者，當疏遠之，則天下服。」帝疾愈，光料必有追隆本生事，卽奏言：「漢宣帝爲孝昭後，終不追尊衞太子、史皇孫；光武上繼元帝，亦不追尊鉅鹿、南頓君，此萬世法也。」後詔兩制集議濮王典禮，學士王珪等相視莫敢先，光獨奮筆書曰：「爲人後者爲之子，不得顧私親。王宜準封贈期親尊屬故事，稱爲皇伯，高官大國，極其尊榮。」議成，珪卽命吏其以手稾爲按。旣上，與大臣意殊，御史六人爭之力，皆斥去。光乞留之，不可，遂請與俱貶。

初，西夏遣使致祭，延州指使高宜押伴，傲其使者，侮其國主，使者訴於朝。光與呂誨乞加宜罪，不從。明年，夏人犯邊，殺略吏士。趙滋爲雄州，專以猛悍治邊，光論其不可。至是，契丹之民捕魚界河，伐柳白溝之南，朝廷以知雄州李中祐爲不材，將伐之。光謂：「國家當戎夷附順時，好與之計較末節，及其桀驁，又從而姑息之。近者西禍生於高宜，北禍起於趙滋，時方賢此二人，故邊臣皆以生事爲能，漸不可長。宜勑邊吏，疆埸細故輒以矢刃相加者，罪之。」

仁宗遺賜直百餘萬，光率同列三上章，謂：「國有大憂，中外窘乏，不可專用乾興故事。若遺賜不可辭，宜許侍從上進金錢佐山陵。」不許。光乃以所得珠爲諫院公使錢，金以遺舅氏，義不藏于家。后還政，有司立式，凡后有所取用，當覆奏乃供。光云：「當移所屬使立供，已乃具數白后，以防矯僞。」

曹佾無功除使相，兩府皆遷官。光言：「陛下欲以慰母心，而遷除無名，則宿衞將帥、內侍小臣，必有覬望。」已而遷都知任守忠等官，光復爭之，因論：「守忠大姦，陛下爲皇子，非守忠意，沮壞大策，離間百端，賴先帝不聽；及陛下嗣位，反覆交構，國之大賊。乞斬於都市，以謝天下。」責守忠爲節度副使，蘄州安置，天下快之。

詔刺陝西義勇二十萬，民情驚撓，而紀律疏略不可用。光抗言其非，持白韓琦。琦曰：「兵貴先聲，諒祚方桀驁，使驟聞益兵二十萬，豈不震慴？」光曰：「兵之貴先聲，爲無其實也，獨可欺之於一日之間耳。今吾雖益兵，實不可用，不過十日，彼將知其詳，尙何懼？」琦曰：「君但見慶歷間鄉兵刺爲保捷，憂今復然，已降勑榜與民約，永不充軍戍邊矣。」光曰：「朝廷嘗失信，民未敢以爲然，雖光亦不能不疑也。」琦曰：「吾在此，君無憂。」光曰：「公長在此地，可也；異日他人當位，因公見兵，用之運糧戍邊，反掌間事耳。」琦嘿然，而訖不爲止。不十年，皆如光慮。

王廣淵除直集賢院，光論其姦邪不可近：「昔漢景帝重衞綰，周世宗薄張美。廣淵當仁宗之世私自結於陛下，豈忠臣哉？宜黜之以厲天下。」進龍圖閣直學士。

神宗卽位，擢爲翰林學士，光力辭。帝曰：「古之君子，或學而不文，或文而不學，惟董仲舒、揚雄兼之。卿有文學，何辭爲？」對曰：「臣不能爲四六。」帝曰：「如兩漢制詔可也。且卿能進士取高第，而云不能四六，何邪？」竟不獲辭。

御史中丞王陶以論宰相不押班罷，光代之，光言：「陶由論宰相罷，則中丞不可復爲。臣願俟旣押班，然後就職。」許之。遂上疏論脩心之要三：曰仁，曰明，曰武；治國之要三：曰官人，曰信賞，曰必罰。其說甚備。且曰：「臣獲事三朝，皆以此六言獻，平生力學所得，盡在是矣。」御藥院內臣，國朝常用供奉官以下，至內殿崇班則出；近歲暗理官資，非祖宗本意。因論高居簡姦邪，乞加遠竄。章五上，帝爲出居簡，盡罷寄資者。旣而復留二人，光又力爭之。張方平參知政事，光論其不叶物望，帝不從。還光翰林兼侍讀學士。

光常患歷代史繁，人主不能遍覽，遂爲通志八卷以獻。英宗悅之，命置局祕閣，續其書。至是，神宗名之曰資治通鑑，自製序授之，俾日進讀。

詔錄潁邸直省官四人爲閤內祗候，光曰：「國初草創，天步尙艱，故御極之初，必以左右舊人爲腹心耳目，謂之隨龍，非平日法也。閤門祗候在文臣爲館職，豈可使厮役爲之。」

西戎部將嵬名山欲以橫山之衆取諒祚以降，詔邊臣招納其衆。光上疏極論，以爲：「名山之衆，未必能制諒祚。幸而勝之，滅一諒祚，生一諒祚，何利之有；若其不勝，必引衆歸我，不知何以待之。臣恐朝廷不獨失信諒祚，又將失信於名山矣。若名山餘衆尙多，還北不可，入南不受，窮無所歸，必將突據邊城以救其命。陛下不見侯景之事乎？」上不聽，遣將种諤發兵迎之，取綏州，費六十萬，西方用兵，蓋自此始矣。

百官上尊號，光當答詔，言：「先帝親郊，不受尊號。末年有獻議者謂國家與契丹往來通信彼有尊號我獨無於是復以非時奉冊昔匈奴冒頓自稱天地所生日月所置匈奴大單于不聞漢文帝復爲大名以加之也願追述先帝本意不受此名帝大悅手詔獎光使善爲荅辭以示中外執政以河朔旱傷國用不足乞南郊勿賜金帛詔學士議光與王珪王安石同見光曰救災節用宜自貴近始可聽也安石曰帝衮辭堂饌時以爲衮自知不能當辭位不當辭祿且國用不足非當世急務所以不足者以未得善理財者故也光曰善理財者不過頭會箕歛爾安石曰不然善理財者不加賦而國用足光曰天下安有此理天地所生財貨百物不在民則在官彼設法奪民其害乃甚於加賦此蓋桑羊欺武帝之言太史公書之以見其不明耳爭議不已帝曰朕意與光同然姑以不允荅之會安石草詔引常衮事責兩府兩府不敢復辭安石得政行新法光逆疏其利害邇英進讀至曹參代蕭何事帝曰漢常守蕭何之法不變可乎對曰寧獨漢也使三代之君常守禹湯文武之法雖至今存可也漢武取高帝約束紛更盜賊半天下元帝改孝宣之政漢業遂衰由此言之祖宗之法不可變也呂惠卿言先王之法有一年一變者正月始和布法象魏是也有五年一變者巡守考制度是也有三十年一變者刑罰世輕世重是也光言非是其意以風朝廷耳帝問光光曰布法象魏布舊法也諸侯變禮易樂者王巡守則誅之不自變也刑新國用輕典亂國用重典是爲世輕世重非變也且治天下譬如居室敝則脩之非大壞不更造也公卿侍從皆在此願陛下問之三司使掌天下財不才而黜可也不可使執政侵其事今爲制置三司條例司何也宰相以道佐人主安用例苟用例則胥吏矣今爲看詳中書條例司何也惠卿不能對則以他語詆光帝曰相與論是非耳何至是光曰平民舉錢出息尙能蠶食下戶況縣官督責之威乎惠卿曰青苗法願取則與之不願不強也光曰愚民知取債之利不知還債之害非獨縣官不強富民亦不強也昔太宗平河東立糴法時米斗十錢民樂與官爲市其後物貴而和糴不解遂爲河東世世患臣恐異日之青苗亦猶是也帝曰坐倉糴米何如坐者皆起光曰不便惠卿曰糴米百萬斛則省東南之漕以其錢供京師光曰東南錢荒而粒米狼戾今不糴米而漕錢棄其有餘取其所無農末皆病矣侍講吳申起曰光言至論也它日留對帝曰今天下洶洶者孫叔敖所謂國之有是衆之所惡也光曰然陛下當論其是非今條例司所爲獨安石韓絳惠卿以爲是耳陛下豈能獨與此三人共爲天下邪帝欲用光訪之安石安石曰光外託劘上之名內懷附下之實所言盡害政之事所與盡害政之人而欲寘之左右使與國論此消長之大機也光才豈能害政但在高位則異論之人倚以爲重韓信立漢赤幟趙卒氣奪今用光是與異論者立赤幟也安石以韓琦上疏臥家求退帝乃拜光樞密副使光辭之曰陛下所以用臣蓋察其狂直庶有補於國家若徒以祿位榮之而不取其言是以天官私非其人也臣徒以祿位自榮而不能救生民之患是盜竊名器以私其身也陛下誠能罷制置條例司追還提舉官不行青苗助役等法雖不用臣臣受賜多矣今言青苗之害者不過謂使者騷動州縣爲今日之患耳而臣之所憂乃在十年之外非今日也夫民之貧富由勤惰不同惰者常乏故必資於人今出錢貸民而歛其息富者不願取使者以多散爲功一切抑配恐其逋負必令貧富相保貧者無可償則散而之四方富者不能去必責使代償數家之負春筭秋計展轉日滋貧者旣盡富者亦貧十年之外百姓無復存者矣又盡散常平錢穀專行青苗它日若思復之將何所取富室旣盡常平已廢加之以師旅因之以饑饉民之羸者必委死溝壑壯者必聚而爲盜賊此事之必至者也抗章至七八帝使謂曰樞密兵事也官各有職不當以他事爲辭對曰臣未受命則猶侍從也於事無不可言者安石起視事光乃得請遂求去以端明殿學士知永興軍宣撫使下令分義勇戍邊選諸軍驍勇士募市井惡少年爲奇兵調民造乾糒悉脩城池樓櫓關輔騷然光極言公私困敝不可舉事而京兆一路皆內郡繕治非急宜撫之令皆未敢從若乏軍興臣當任其責於是一路獨得免徙知許州趣入覲不赴請判西京御史臺歸洛自是絕口不論事而求言詔下光讀之感泣欲嘿不忍乃復陳六事又移書責宰相吳充事見充傳蔡天申爲察訪妄作威福河南尹轉運使敬事之如上官嘗朝謁應天院神御殿府獨爲設一班示不敢與抗光顧謂臺吏曰引蔡寺丞歸本班吏卽引天申立監竹木務官富贊善之下天申窘沮卽日行元豐五年忽得語澀疾疑且死豫作遺表置臥內卽有緩急當以畀所善者上之官制行帝指御史大夫曰非司馬光不可又將以爲東宮師傅蔡確曰國是方定願少遲之資治通鑑未就帝尤重之以爲賢於荀悅漢紀數促使終篇賜以潁邸舊書二千四百卷及書成加資政殿學士凡居洛陽十五年天下以爲眞宰相田夫野老皆號爲司馬相公婦人孺子亦知其爲君實也帝崩赴闕臨衞士望見皆以手加額曰此司馬相公也所至民遮道聚觀馬至不得行曰公無歸洛留相天子活百姓哲宗幼冲太皇太后臨政遣使問所當先光謂開言路詔榜朝堂而大臣有不悅者設六語云若陰有所懷犯非其分或扇搖機事之重或迎合已行之令上以徼倖希進下以眩惑流俗若此者罰無赦后復命示光光曰此非求諫乃拒諫也人臣惟不言言則入六事矣乃具論其情改詔行之於是上封者以千數起光知陳州過闕留爲門下侍郎蘇軾自登州召還緣道人相聚號呼曰寄謝司馬相公毋去朝廷厚自愛以活我是時天下之民引領拭目以觀新政而議者猶謂三年無改於父之道但毛舉細事稍塞人言光曰先帝之法其善者雖百世不可變也若安石惠卿所建爲天下害者改之當如救焚拯溺況太皇太后以母改子非子改父衆議甫定遂罷保甲團教不復置保馬廢市易法所儲物皆鬻之不取息除民所欠錢京東鐵錢及茶鹽之法皆復其舊或謂光曰熙豐舊臣多憸巧小人他日有以父子義間上則禍作矣光正色曰天若祚宗社必無此事於是天下釋然曰此先帝本意也元祐元年復得疾詔朝會再拜勿舞蹈時青苗免役將官之法猶在而西戎之議未決光嘆曰四患未除吾死不瞑目矣折簡與呂公著云光以身付醫以家事付愚子惟國事未有所託今以屬公乃論免役五害乞直降敕罷之諸將兵皆隸州縣軍政委守令通決廢提舉常平司以其事歸之轉運提點刑獄邊計以和戎爲便謂監司多新進少年務爲刻急令近臣於郡守中選舉而於通判中舉轉運判官又立十科薦士法皆從之拜尙書左僕射兼門下侍郎免朝覲許乘肩輿三日一入省光不敢當曰不見君不可以視事詔令子康扶入對且曰毋拜遂罷青苗錢復常平糶糴法兩宮虛己以聽遼夏使至必問光起居敕其邊吏曰中國相司馬矣毋輕生事開邊隙光自見言行計從欲以身狥社稷躬親庶務不舍晝夜賓客見其體羸舉諸葛亮食少事煩以爲戒光曰死生命也爲之益力病革不復自覺諄諄如夢中語然皆朝廷天下事也是年九月薨年六十八太皇太后聞之慟與帝卽臨其喪明堂禮成不賀贈太師溫國公襚以一品禮服賻銀絹七千詔戶部侍郎趙瞻內侍省押班馮宗道護其喪歸葬陝州諡曰文正賜碑曰忠清粹德京師人罷市往弔鬻衣以致奠巷哭以過車及葬哭者如哭其私親嶺南封州父老亦相率具祭都中及四方皆畫像以祀飲食必祝光孝友忠信恭儉正直居處有法動作有禮在洛時每往夏縣展墓必過其兄旦旦年將八十奉之如嚴父保之如嬰兒自少至老語未嘗妄自言吾無過人者但平生所爲未嘗有不可對人言者耳誠心自然天下敬信陝洛間皆化其德有不善曰君實得無知之乎光於物澹然無所好於學無所不通惟不喜釋老曰其微言不能出吾書其誕吾不信也洛中有田三頃喪妻賣田以葬惡衣菲食以終其身紹聖初御史周秩首論光誣謗先帝盡廢其法章惇蔡卞請發冢斲棺帝不許乃令奪贈諡仆所立碑而惇言不已追貶清遠軍節度副使又貶崖州司戶參軍徽宗立復太子太保蔡京擅政復降正議大夫京撰姦黨碑令郡國皆刻石長安石工安民當鐫字辭曰民愚人固不知立碑之意但如司馬相公者海內稱其正直今謂之姦邪民不忍刻也府官怒欲加罪泣曰被役不敢辭乞免鐫安民二字於石末恐得罪於後世聞者愧之靖康元年還贈諡建炎中配饗哲宗廟廷

康字公休幼端謹不妄言笑事父母至孝敏學過人博通古書以明經上第光脩資治通鑑奏檢閱文字丁母憂勺飲不入口三日毀幾滅性光居洛士之從學者退與康語未嘗不有得塗之人見其容止雖不識皆知其爲司馬氏子也以韓絳薦爲祕書省正字遷校書郎光薨治喪皆用禮經家法不爲世俗事得遺恩悉以與族人服除召爲著作佐郎兼侍講上疏言比年以來旱暵爲虐民多艱食若復一不稔則公私困竭盜賊可乘自古聖賢之君非無水旱惟有以待之則不爲甚害願及今秋熟令州縣廣糴民食所餘悉歸於官今冬來春令流民就食候鄉里豐穰乃還本土凡爲國者一絲一毫皆當愛惜惟於濟民則不宜吝誠能捐數十萬金帛以爲天下大本則天下幸甚拜右正言以親嫌未就職爲哲宗言前世治少亂多祖宗創業之艱難積累之勤勞勸帝及時嚮學守天下大器且勸太皇太后每於禁中訓迪其言切至邇英進講又言孟子於書最醇正陳王道尤明白所宜觀覽帝曰方讀其書尋詔講官節以進康自居父喪居廬疏食寢於地遂得腹疾至是不能朝謁賜優告疾且殆猶具疏所當言者以待日得一見天子極言而死無恨使召醫李積于兗積老矣鄉民聞之往告曰百姓受司馬公恩深今其子病願速往也來者

日夜不絕積遂行至則不可爲矣年四十一而卒公卿嗟痛于朝士大夫相弔於家市井之人無不哀之詔贈右諫議大夫康爲人廉潔口不言財初光立神道碑帝遣使賜白金二千兩康以費皆官給辭不受不聽遣家吏如京師納之乃止

論曰熙寧新法病民海內騷動忠言讜論沮抑不行正人端士擯棄不用聚斂之臣日進民被其虐者將二十年方是時光退居於洛若將終身焉而世之賢人君子以及庸夫愚婦日夕引領望其爲相至或號呼道路願其毋去朝廷是豈以區區材智所能得此於人人哉德之盛而誠之著也一旦起而爲政毅然以天下自任開言路進賢才凡新法之爲民害者次第取而更張之不數月之間劃革略盡海內之民如寒極而春旱極而雨如解倒懸如脫桎梏如出之水火之中也相與咨嗟歎息驩欣鼓舞甚若更生一變而爲嘉祐治平之治君子稱其有旋乾轉坤之功而光於是亦老且病矣天若祚宋憖遺一老則姦邪之勢未遽張紹述之說未遽行元祐之臣固無恙也人衆能勝天靖康之變或者其可少緩乎借曰有之當不至如是其酷也詩曰哲人云亡邦國殄瘁嗚呼悲夫康濟美象賢不幸短命而死世尤惜之然康不死亦將不免於紹聖之禍矣

呂公著字晦叔幼嗜學至忘寢食父夷簡器異之曰他日必爲公輔恩補奉禮郎登進士第召試館職不就通判潁州郡守歐陽脩與爲講學之友後脩使契丹契丹主問中國學行之士首以公著對判吏部南曹仁宗獎其恬退賜五品服除崇文院檢討同判太常寺壽星觀營眞宗神御殿公著言先帝已有三神御而建立不已殆非祀無豐昵之義進知制誥三辭不拜改天章閣待制兼侍讀英宗親政加龍圖閣直學士方議追崇濮王或欲稱皇伯考公著曰此眞宗所以稱太祖豈可施於王及下詔稱親且班諱又言稱親則有二父之嫌王諱但可避於上前不應與七廟同諱呂晦等坐論濮王去公著言陛下卽位以來納諫之風未彰而屢絀言者何以風示天下不聽遂乞補外帝曰學士朕所重其可以去朝廷請不已出知蔡州神宗立召爲翰林學士知通進銀臺司司馬光以論事罷中丞還經帷公著封還其命曰光以舉職賜罷是爲有言責者不得盡其言也詔以告直付閤門公著又言制命不由門下則封駁之職因臣而廢願理臣之罪以正紀綱帝諭之曰所以徙光者賴其勸學耳非以言事故也公著請不已竟解銀臺司熙寧初知開封府時夏秋淫雨京師地震公著上疏曰自昔人君遇災者或恐懼以致福或簡誣以致禍上以至誠待下則下思盡誠以應之上下盡誠而變異不消者未之有也惟君人者去偏聽獨任之弊而不主先入之語則不爲邪說所亂顏淵問爲邦孔子以遠佞人爲戒蓋佞人惟恐不合於君則其勢易親正人惟恐不合於義則其勢易疏惟先格王正厥事未有事正而世不治者也禮官用唐故事請以五月御大慶殿受朝因上尊號公著曰陛下方度越漢唐追復三代何必於陰長之日爲非禮之會受無益之名從之二年爲御史中丞時王安石方行青苗法公著極言曰自古有爲之君未有失人心而能圖治亦未有能脅之以威勝之以辯而能得人心者也昔日之所謂賢者今皆以此舉爲非而生議者一切詆爲流俗浮論豈昔皆賢而今皆不肖乎安石怒其深切帝使舉呂惠卿爲御史公著曰惠卿固有才然姦邪不可用帝以語安石安石益怒誣以惡語出知潁州八年彗星見詔求直言公著上疏曰陛下臨朝願治爲日已久而左右前後莫敢正言使陛下有欲治之心而無致治之實此任事之臣負陛下也夫士之邪正賢不肖既素定矣今則不然前日所舉以爲天下之至賢而後日逐之以爲天下至不肖其於人材既反覆不常則於政事亦乖戾不審矣古之爲政初不信於民者有之若子產治鄭一年而人怨之三年而人歌之陛下垂拱仰成七年于此然輿人之誦亦未有異於前日陛下獨不察乎起知河陽召還提舉中太一宮遷翰林學士承旨改端明殿學士知審官院帝從容與論治道遂及釋老公著問曰堯舜知此道乎帝曰堯舜豈不知公著曰堯舜雖知此而惟以知人安民爲難所以爲堯舜也帝又言唐太宗能以權智御臣下對曰太宗之德以能屈己從諫爾帝善其言未幾同知樞密院事有欲復肉刑者議取死囚試劓刖公著曰試之不死則肉刑遂行矣乃止夏人幽其主將大舉討之公著曰問罪之師當先擇帥苟未得人不如勿舉及兵興秦晉民力大困大臣不敢言公著數白其害元豐五年以疾丐去位除資政殿學士定州安撫使俄永樂城陷帝臨朝嘆曰邊民疲弊如此獨呂公著爲朕言之耳徙揚州加大學士將立太子帝謂輔臣當以呂公著司馬光爲師傅哲宗卽位以侍讀還朝太皇太后遣使迎問所欲言公著曰先帝本意以寬省民力爲先而建議者以變法侵民爲務與己異者一切斥去故日久而弊愈深法行而民愈困誠得中正之士講求天下利病協力而爲之宜不難矣至則上言曰人君初卽位當正始以示天下脩德以安百姓脩德之要莫先於學學有緝熙於光明則日新以底至治者學之力也謹昧死陳十事曰畏天愛民脩身講學任賢納諫薄斂省刑去奢無逸又乞備置諫員以開言路拜尙書左丞門下侍郎元祐元年拜尙書右僕射兼中書侍郎三省並建中書獨爲取旨之地乃請事于三省者與執政同進呈取旨而各行之又執政官率數日一聚政事堂事多決於其長同列莫得預至是始命日集遂爲定制與司馬光同心輔政推本先帝之志凡欲革而未暇與革而未定者一二舉行之民讙呼鼓舞咸以爲便光薨獨當國除吏皆一時之選科舉罷詞賦專用王安石經義且雜以釋氏之說凡士子自一語上非新義不得用學者至不誦正經唯竊安石之書以干進精熟者轉上第故科舉益弊公著始令禁主司不得出題老莊書舉子不得以申韓佛書爲學經義參用古今諸儒說毋得專取王氏復賢良方正科右司諫賈易以言事訐直詆大臣將峻責公著以爲言止罷知懷州退謂同列曰諫官所論得失未足言顧主上春秋方盛慮異時有進諛說惑亂者正賴左右爭臣耳不可豫使人主輕厭言者也衆莫不歎服吐蕃首領鬼章靑宜結久爲洮河患聞朝廷彌兵省戍陰與夏人合謀復取熙岷公著白遣軍器丞游師雄以便宜諭諸將不逾月生致於闕下帝宴近臣於資善堂出所書唐人詩分賜公著乃集所講書要語明白切於治道者凡百篇進之以備游意翰墨爲聖學之助三年四月懇辭位拜司空同平章軍國事宋興以來宰相以三公平章重事者四人而公著與父居其二士豔其榮詔建第於東府之南啓北扉以便執政會議凡三省樞密院之職皆得總理間日一朝因至都堂其出不以時蓋異禮也

明年二月薨年七十二太皇太后見輔臣泣曰邦國不幸司馬相公既亡呂司空復逝痛閔久之帝亦悲感卽詣其家臨奠賜金帛萬贈太師申國公謚曰正獻御書碑首曰純誠厚德公著自少講學卽以治心養性爲本平居無疾言遽色於聲利紛華泊然無所好暑不揮扇寒不親火簡重淸靜蓋天稟然其識慮深敏量閎而學粹遇事善決苟便於國不以私利害動其心與人交出於至誠好德樂善見士大夫以人物爲意者必問其所知與其所聞參互考實以達于上每議政事博取衆善以爲善至所當守則毅然不回奪神宗嘗言其於人材不欺如權衡之稱物尤能避遠聲跡不以知人自處始與王安石善安石兄事之安石博辯騁辭人莫敢與亢公著獨以精識約言服之安石嘗曰疵吝每不自勝一詣長者卽廢然而反所謂使人之意消者於晦叔見之又謂人曰晦叔爲相吾輩可以言仕矣後安石得志意其必助己而數用公議列其過失以故交情不終於講說尤精語約而理盡司馬光曰每聞晦叔講便覺己語爲煩其爲名流所敬如此紹聖元年章惇爲相以翟恩張商英周秩居言路論公著更熙豐法度削贈謚毀所賜碑再貶建武軍節度副使昌化軍司戶參軍徽宗立追復太子太保蔡京擅政復降左光祿大夫入黨籍尋復銀靑光祿大夫紹興初悉還贈謚子希哲希純

希哲字原明少從焦千之孫復石介胡瑗學復從程顥程頤張載游聞見由是益廣以蔭入官父友王安石勸其勿事科舉以僥倖利祿遂絕意進取安石爲政將寘其子雱於講官以希哲有賢名欲先用之希哲辭曰辱公相知久萬一從仕將不免異同則疇昔相與之意盡矣安石乃止公著作相二弟已官省寺希哲獨滯管庫久乃判登聞鼓院力辭公著歎曰當世善士吾收拾略盡爾獨以吾故置不試命也夫希哲母賢明有法度聞公著言笑曰是亦未知其子矣終公著喪始爲兵部員外郎范祖禹其妹婿也言於哲宗曰希哲經術操行宜備勸講其父常稱爲不欺暗室臣以婦兄之故不敢稱薦今方將引去竊謂無嫌詔以爲崇政殿說書其勸導人主以脩身爲本脩身以正心誠意爲主其言曰心正意誠則身脩而天下化若身不能脩雖左右之人且不能諭況天下乎擢右司諫辭未聽私語祖禹曰若不得請當以揚畏來之邵爲首既而不拜會紹聖黨論起御史劉拯論其進不由科第以秘閣校理知懷州中書舍人林希又言呂大防由公著援引故進希哲以酬私恩凡大防輩欺君賣國皆公著爲之倡而公著之惡則希哲導成之豈宜汙華職於是但守本秩俄分司南京居和州徽宗初召爲秘書少監或以爲太峻改光祿少卿希哲力請外以直秘閣知曹州旋遭崇寧黨禍奪職知相州徙邢州罷爲宮祠羇寓淮泗間十餘年卒希哲樂易簡儉有至行晚年名益重遠近皆師尊之子好問有傳

希純字子進登第爲太常博士元祐祀明堂將用皇祐故事並饗天地百神皆以祖宗配希純言皇祐之禮事不經見嘉祐既已釐正至元豐中但以英宗配上帝悉

罷從祀羣神得嚴父之義請循其式從之歷宗正太常秘書丞哲宗議納后希純請考三代昏禮參祖宗之制博訪令族參求德配凡世俗所謂勘婚之書淺陋不經且一切屏絕以防附會遷著作郎以父諱不拜擢起居舍人權太常少卿宣仁太后崩希純慮姦人乘間進說搖主聽卽上疏曰自元祐初年太皇聽斷所用之人皆宿有時望所行之事皆人所願行唯是過惡得罪之徒日伺變故押闔規利今必以更改神宗法度爲說臣以爲先帝之功烈萬世莫掩間有數事爲小人所誤勢雖頗有損益在於聖德固無所虧且英宗神宗何嘗不改眞宗仁宗之政亦豈盡用太祖太宗之法乎小人旣誤先帝復欲誤陛下不可不察未幾拜中書舍人同脩國史內侍梁從政劉惟簡除內省押班希純以親政之始首錄二人無以示天下持不行由是閹寺側目或於庭中指以相示曰此繳還二押班詞頭者也章惇旣相出爲寶文閣待制知亳州諫官張商英劾希純攻之尤又以外親嫌連徙睦州歸州自京東而之浙西自浙西而上三峽名爲易地實困之也公著追貶希純亦以屯田員外郎分司南京居金州又責舒州團練副使道州安置建中靖國元年還爲待制知瀛州徽宗聞其名數稱之曾布忌希純因其請覲未及見亟以邊遽趣遣之俄改潁州入崇寧黨籍卒年六十

論曰公著父子俱位至宰相俱以司空平章軍國事雖漢之韋平唐之蘇李榮盛孰加焉夷簡多智數公著則一切持正以應天下之務嗚呼賢哉其論人才如權衡之稱物故一時賢士收拾略盡司馬光疾甚諄諄焉以國事爲託當時廷臣莫公著若也審矣追考其平生事業蓋守成之良相也然知子之賢而不能薦殆猶未免於避嫌而有愧於從祖云希哲希純世濟其美然皆陷於崇寧黨禍何君子之不幸歟

宋史卷三百三十七

宋史卷三百三十七

元 中 書 右 丞 相 總 裁 脫 脫 等 修

列傳第九十六

范鎭 從子百祿 從孫祖禹

范鎭字景仁成都華陽人薛奎守蜀一見愛之館於府舍俾與子弟講學鎭益自謙退每步行趨府門踰年人不知其爲帥客也及還朝載以俱有問奎入蜀何所得曰得一偉人當以文學名世宋庠兄弟見其文自謂弗及與爲布衣交舉進士禮部奏名第一故事殿廷唱第過三人則首禮部選者必越次抗聲自陳率得寘上列吳育歐陽脩號稱耿介亦從衆鎭獨不然同列屢趣之不爲動至第七十九人乃從呼出應退就列無一言廷中皆異之自是舊風遂革調新安主簿西京留守宋綬延置國子監薦爲東監直講召試學士院當得館閣校理主司妄以爲失韻補校勘人爲忿鬱而鎭處之晏如經四年當遷宰相龐籍言鎭有異材不汲汲於進取超授直祕閣判吏部南曹開封府推官擢起居舍人知諫院上疏論民田困敝請約祖宗以來官吏兵數酌取其中爲定制以今賦入之數什七爲經費儲其三以備水旱非常又言周以冢宰制國用唐以宰相判鹽鐵度支今中書主民樞密主兵三司主財各不相知財已匱樞密益兵無窮民已困三司取財不已請使二府通知兵民大計與三司同制國用契丹使至虛聲示彊大臣益募兵以塞責歲費百千萬鎭言備契丹莫若寬三晉之民備靈夏莫若寬秦民備西南莫若寬越蜀之民備天下莫若寬天下之民夫兵所以衞民而反殘民臣恐異日之憂不在四夷而在冗兵與窮民也商人輸粟河北取償京師而權貨不卽予鈔久而鬻之十才得其六或建議出內帑錢稍增價與市歲可得羨息五十萬鎭謂外府內帑均爲有司今使外府滯商人而內帑乘急以牟利至傷國體仁宗遽止之葬溫成后太常議禮前謂之園後謂之陵宰相劉沆前爲監護使後爲園陵使鎭曰嘗聞法吏舞法矣未聞禮官舞禮也請詰前後議禮異同狀集賢校理刁約論壙中物侈麗吳充鞫眞卿爭論禮並補外皆上章留之石全彬護葬轉觀察使他吏悉優遷兩官鎭言章獻章懿章惠三后之葬推恩皆無此比乞追還全彬等告敕副都知任守忠鄧保吉同日除官內臣無故改官者又五六人時有敕凡內降非準律令者並許執奏曾未一月大臣輒廢不行鎭乞正中書樞密之罪以示天下帝天性寬仁言事者競爲激訐至汙人以帷箔不可明之事鎭獨務引大體非關朝廷安危生民利疚則闊略不言陳執中爲相鎭論其無學術非宰相器及嬖妾笞殺婢御史劾奏欲逐去之鎭言今陰陽不和財匱民困盜賊滋熾獄犴充斥執中當任其咎御史捨大責細暴揚燕私若用此爲進退是因一婢逐宰相非所以明等級辨堂陛識者韙之文彥博富弼入相詔百官郊迎鎭曰隆之以虛禮不若推之以至誠陛下用兩人爲相舉朝皆謂得人然近制兩制不得詣宰相居第百官不得間見是不推之以誠也願罷郊迎除謁禁則於御臣之術爲兩得矣議減任子及每歲取士皆自鎭發之又乞令宗室疏屬補外官帝曰卿言是也顧恐天下謂朕不能睦族耳鎭曰陛下甄别其賢者用之不沒其能乃所以睦族也雖不行至熙寧初卒如其言帝在位三十五年未有繼嗣嘉祐初暴得疾中外大小之臣無不寒心莫敢先言者鎭獨奮曰天下事尚有大於此者乎卽拜疏曰罷諫官者爲宗廟社稷計諫官而不以宗廟社稷計事陛下是愛死嗜利之人臣不爲也方陛下不豫海內皇皇莫知所爲陛下獨以祖宗後裔爲念是爲宗廟之慮至深且明也昔太祖舍其子而立太宗天下之大公也眞宗以周王薨養宗子於宮中天下之大慮也願以太祖之心行眞宗故事拔近屬之尤賢者優其禮秩置之左右與圖天下事以繫億兆人心疏奏文彥博使客問何所言以實告客曰如是何不與執政謀鎭曰自分必死故敢言若謀於執政或以爲不可豈得中輟乎章累上不報執政諭之曰奈何效希名干進之人鎭貽以書曰比天象見變當有急兵鎭義當死職不可死亂兵之下此乃鎭擇死之時尙何顧希名干進之嫌哉又言陛下得臣疏不以留中而付中書是欲使大臣奉行也臣兩至中書大臣皆設辭拒臣是陛下欲爲宗廟社稷計而大臣不欲也臣竊原大臣畏避之意恐行之而陛下中變耳中變之禍不過一死國本不立萬一有如天象所告急兵之變死且有罪其爲計亦已疏矣願以臣章示大臣使其自擇死所聞者股栗除兼侍御史知雜事鎭以言不從固辭執政諭鎭曰今間言已入爲之甚難鎭復書執政曰事當論其是非不當問其難易諸公謂今日難於前日安知異日不難於今日乎凡見上面陳者三言益懇切鎭泣帝亦泣曰朕知卿忠卿言是也當更俟三二年章十九上待命百餘日鬚髮爲白朝廷知不能奪乃罷知諫院改集賢殿脩撰糾察在京刑獄同修起居注遂知制誥鎭雖解言職無歲不申前議見帝春秋益高每因事及之冀感動帝意至是因入謝首言陛下許臣今復三年矣願早定大計又因祫享獻賦以諷其後韓琦遂定策立英宗遷翰林學士中書議追尊濮王兩制臺諫與之異詔禮官檢詳典禮鎭判太常寺率其屬言漢宣帝於昭帝爲孫光武於平帝爲祖其父容可稱皇考議者猶非之謂其以小宗合大宗之統也今陛下旣以仁宗爲考又加於濮王則其失非特漢二帝比凡稱帝若考若寢廟皆非是執政怒召鎭責曰方今檢詳何遽列上鎭曰有司得詔不敢稽留卽以聞乃其職也奈何更以爲罪乎會草制誤遷宰相官改侍讀學士明年還翰林出知陳州陳方饑視事三日擅發錢粟以貸監司繩之急卽自劾詔原之是歲大熟所貸悉還神宗卽位復爲翰林學士兼侍讀知通進銀臺司故事門下封駁制旨省審章奏糾擿違滯皆著所授敕後乃刊去鎭始請復之使知所守王安石改常平爲青苗鎭言常平之法起於漢盛時視穀貴賤發斂以便農末最爲近古不可改而青苗行於唐之衰世不足法且陛下疾富民之多取而少取之此正百步五十步之間耳今有兩人坐市貿易一人故下其直以相傾則人皆知惡之可以朝廷而行市道之所惡乎呂惠卿在邇英言今預買紬絹亦青苗之比鎭曰預買亦敝法也若府庫有餘當并去之豈應援以爲比韓琦極論新法之害送條例司疏駁李常乞罷青苗錢詔命分析鎭皆封還詔五下鎭執如初司馬光辭樞密副使詔許之鎭再封還帝以詔直付光不由門下鎭奏曰由臣不才使陛下廢法有司失職乞解銀臺司舉蘇軾諫官御史謝景溫奏罷之舉孔文仲制科文仲對策論新法不便罷歸故官鎭皆力爭之不報卽上疏曰臣言不行無顏復立於朝請謝事臣言青苗不見聽一宜去薦蘇軾孔文仲不見用二宜去李定避持服遂不認母壞人倫逆天理而欲以爲御史御史臺爲之罷陳薦舍人院爲之罷宋敏求呂大臨蘇頌諫院爲之罷胡宗愈王韶上書肆意欺罔以興造邊事事敗則置而不問反爲之罪帥臣李師中及御史一言蘇軾則下七路掎摭其過孔文仲則遣之歸任以此二人况彼二人事理孰是孰非孰得孰失其能逃聖鑒乎言青苗有見効者不過歲得什百萬緡錢緡錢什百萬非出於天非出於地非出於建議者之家蓋一出於民耳民猶魚也財猶水也養民而盡其財譬猶養魚而竭其水也疏五上其後指安石用喜怒爲賞罰曰陛下有納諫之資大臣進拒諫之計陛下有愛民之性大臣用殘民之術臣知言入觸大臣之怒罪且不測然臣職獻替而無一言則負陛下矣疏入安石大怒持其疏至手顫自草制極詆之以戶部侍郎致仕凡所得恩典悉不與鎭表謝略曰願陛下集羣議爲耳目以除壅蔽之姦任老成爲腹心以養和平之福天下聞而壯之安石雖詆之深切人更以爲榮旣退蘇軾往賀曰公雖退而名益重矣鎭愀然曰君子言聽計從消患於未萌使天下陰受其賜無智名無勇功吾獨不得爲政使天下受其害而吾享其名吾何心哉日與賓客賦詩飲酒或勸使稱疾杜門鎭

曰死生禍福天也吾其如天何同天節乞隨班上壽許之遂爲令軾得罪下臺獄索與鎭往來書文甚急猶上書論救久之徙居許哲宗立韓維言鎭在仁宗時有啓建儲之議未嘗以語人人亦莫爲言者具以十九疏上之拜端明殿學士起提舉中太一宮兼侍讀且欲以爲門下侍郎鎭雅不欲起從孫祖禹亦勸止之遂固辭改提舉崇福宮祖禹謁告歸省詔賜以龍茶存勞甚渥復告老以銀青光祿大夫再致仕累封蜀郡公鎭於樂尤注意自謂得古法獨主房庶以律生尺之說司馬光謂不然往復論難凡數萬言初仁宗命李照改定大樂下王朴樂三律皇祐中又詔胡瑗等考正神宗時詔鎭與劉几定之鎭曰定樂當先正律神宗曰然雖有師曠之聰不以六律不能正五音鎭作律尺龠合升斗豆區鬴斛欲圖上之又乞訪求眞黍以定黃鍾而劉几卽用李照樂加用四淸聲而奏樂成詔罷局賜賚有加鎭曰此劉几樂也臣何與焉至是乃請太府銅爲之逾年而成比李照樂下一律有奇帝及太皇太后御延和殿召執政同閱視賜詔嘉奬下之太常詔三省侍從臺閣之臣皆往觀焉鎭時已屬疾樂奏三日而薨年八十一贈金紫光祿大夫謚曰忠文鎭平生與司馬光相得甚驩議論如出一口且約生則互爲傳死則作銘光生爲鎭傳服其勇決鎭復銘光墓云熙寧姦朋淫縱險詖憸猾頼神宗洞察于中其辭峭峻光子康屬蘇軾書之軾曰軾不辭書懼非三家福乃易他銘鎭淸白坦夷遇人必以誠恭儉愼默口不言人過臨大節決大議色和而語壯常欲繼之以死雖在萬乘前無所屈篤於行義奏補先族人而後子孫鄕人有不克婚葬者輒爲主之兄鎡卒于隴城無子聞其有遺腹子在外鎭時未仕徒步求之兩蜀間二年乃得之曰吾兄異於人體有四乳是兒亦必然已而果然名曰百常少受學於鄕先生龐直溫直溫子昉卒於京師鎭娶其女爲孫婦養其妻子終身其學本六經口不道佛老申韓之說契丹高麗皆傳誦其文少時賦長嘯却胡騎晚使遼人相目曰此長嘯公也兄子百祿亦使遼遼人首問鎭安否

百祿字子功鎭兄鍇之子也第進士又舉才識兼茂科時治平水災大臣方議濮禮百祿對策曰簡宗廟廢祭祀則水不潤下昔漢哀尊共皇河南潁川大水孝安尊德皇京師郡國二十九大水蓋大宗隆小宗殺宗廟重私祀輕今宜殺而隆宜輕而重是悖先王之禮禮一悖則人心失而天意睽變異所由起也對入三等熙寧中鄧綰舉爲御史辭不就提點江東利梓路刑獄加直集賢院利州武守周永懿以賄敗百祿請復至道故事用文吏領兵以轄邊界從之熊本治瀘蠻事夷酋力屈請降裨將賈昌言欲殺以爲功百祿諭之不聽往謂本曰殺降不祥活千人者封子孫奈何容驕將橫境內乎本矍然卽檄止之七年召知諫院屬歲旱請講求急務收還法令之未便者以救將死之民論手實法曰造簿手實許令告匿戶令雖有手實之文而未嘗行蓋謂使人自占必不以實告而明許告訐人將爲仇然則禮義廉恥之風衰矣五路置三十七將專督所部兵至許辟置布衣參軍謀百祿察其中或以恩澤市或以瘝敗收或未歷邊方或起於羣盜疏列其亡狀者十四人請仍舊制將佐顓教閱餘付之州縣事多施行與徐禧治李士寧獄奏士寧熒惑童婦致不軌坐罪死不赦禧右士寧以爲無罪執政主禧貶百祿監宿州酒元豐末入爲司門吏部郎中起居郎哲宗立遷中書舍人司馬光復差役法患吏受賕欲加流配百祿固爭曰民今日執事受謝於人明日罷役則以財賂人苟繩以重典黥面赭衣必將充塞道路光悟曰微君言吾不悉也遂已元祐元年爲刑部侍郎諸郡以故鬬殺情可矜者請讞法官曰宜貸光曰殺人不死法廢矣百祿曰謂之殺人則可若制刑以爲無足疑原情以爲無足憫則不可今槩之死則二殺之科自是遂無足疑憫者矣時又詔天下獄不當讞而輒讞者抵罪有司重於請至枉情以求合法百祿曰熙寧之法非可疑可憫而讞者免駁劾元豐則刋之近則有奏劾之詔故官吏畏避不憚論殺因條五年死貸之數以聞門下省猶駁正當貸者又劾在有司者還中書百祿又爭之後悉從其請改吏部侍郎議者欲汰胥吏呂大防趣廢其半百祿曰不可廢半則失職者衆不若以漸消之自今闕吏勿補不數歲減斯過半矣不聽都水王孝先議回河故道大防意向之命百祿行視百祿以東流高仰而河勢順下不可回卽馳奏所以然之狀且取神宗詔令勿塞故道者倂上之大防猶謂大河東流中國之險限今塘濼旣壞界河淤淺河且北注矣百祿言塘濼有限寇之名無禦寇之實借使河徙而北敵始有下流之憂乃吾之利也先帝明詔具在柰何妄動搖之乃止俄兼侍讀進翰林學士爲帝言分別邪正之目凡導人主以某事者爲公正某事者爲姦邪以類相反凡二十餘條願槩斯事以觀其情則邪正分矣以龍圖閣學士知開封府勤於民事獄無繫囚僚吏欲以圜空聞百祿曰千里之畿無一人之獄此至尊之仁非尹功也不許經數月復爲翰林學士拜中書侍郎是歲郊祀議合祭天地禮官以昊天有成命爲言百祿曰此三代之禮奈何復欲合祭乎成命之頌祀天祭地均歌此詩亦如春夏祈穀而歌噫嘻亦豈爲一祭哉爭久不決質於帝前宰相曰百祿之言禮經也今日之用權制也陛下始郊見宜以竝事天地爲恭於是合祭熙河范育言阿里骨酷暴且病溫溪心八族皆思內附可以計納百祿曰中國以信撫四夷阿里骨未有過溪心虛實未可知無釁而動非策也又請進築納迷等三城百祿曰是皆良田爲必爭之地我旣城之若賊騎時出我何以耕後雖欲棄之爲費已甚亦不能矣帝皆從之右僕射蘇頌坐稽留除書免百祿以同省罷爲資政殿學士知河中徙河陽河南薨年六十五贈銀青光祿大夫子祖述監潁州酒稅攝獄掾閱具獄活兩死囚州人以爲神知鞏縣鑿南山導水入洛縣無水患文彥博稱其能以父墮黨籍監中岳廟久之通判涇州知台州奏罷黃甘葛蕈之貢主管西京御史臺靖康多難避地至汝州汝守趙子櫟邀與共守於是旁郡盡陷汝獨全累官朝議大夫卒從弟祖禹

祖禹字淳甫一字夢得其生也母夢一偉丈夫被金甲入寢室曰吾漢將軍鄧禹旣寤猶見之遂以爲名幼孤叔祖鎭撫育如己子祖禹自以旣孤每歲時親賓慶集慘怛若無所容閉門讀書未嘗預人事旣至京師所與交游皆一時聞人鎭器之曰此兒天下士也進士甲科從司馬光編修資治通鑑在洛十五年不事進取書成光薦爲祕書省正字時王安石當國尤愛重之王安國與祖禹友善嘗諭安石意竟不往謁富弼致仕居洛素嚴毅杜門罕與人接待祖禹獨厚疾篤召授以密疏大抵論安石誤國及新法之害言極憤切弼薨人皆以爲不可奏祖禹卒上之神宗崩祖禹上疏論喪服之制曰先王制禮君服同於父皆斬衰三年蓋恐爲人臣者不以父事其君自漢以來不惟人臣無服人君遂不爲三年之喪國朝自祖宗以來外廷雖用易月之制宮中實行三年服君服如古典而臣下猶依漢制故十二日而小祥朞而又小祥二十四日而大祥再朞而又大祥既以日爲之又以月爲之此禮之無據者也古者再朞而大祥中月而禫禫祭之名非服之色今乃爲之慘服三日然後禫此禮之不經者也服既除至葬又服之祔廟後卽吉纔八月而遽純吉無所不佩此又禮之無漸者也朔望羣臣朝服以造殯宮是以吉服臨喪人主衰服在上是以先帝之服爲人主之私喪此二者皆禮之所不安也哲宗立擢右正言呂公著執政祖禹以婿嫌辭改祠部員外郎又辭除著作佐郎脩神宗實錄檢討遷著作郎兼侍講神宗既祥祖禹上疏宣仁后曰今卽吉方始服御一新奢儉之端皆由此起凡可以蕩心悅目者不宜有加於舊皇帝聖性未定覩儉則儉覩奢則奢所以訓導成德者動宜有法今聞奉宸庫取珠戶部用金其數至多恐增加無已願止於未然崇儉敦朴輔養聖性使目不視靡曼之色耳不聽淫哇之聲非禮勿言非禮勿動則學問日益聖德日隆此宗社無疆之福故事服除當開樂置宴祖禹以爲因除服而開樂設宴則似除服而慶賀非君子不得已而除之之意不可夏暑權罷講祖禹言陛下今日之學與不學係他日治亂如好學則天下君子欣慕願立於朝以直道事陛下輔佐德業而致太平不學則小人皆動其心務爲邪諂以竊富貴且凡人之進學莫不於少時今聖質日長數年之後恐不得如今日之專竊爲陛下惜也遷起居郎又召試中書舍人皆不拜呂公著薨召拜右諫議大夫首上疏論人主正心脩身之要乞太皇太后日以天下之勤勞萬民之疾苦羣臣之邪正政事之得失開導上心曉然存之於中使異日衆說不能惑小人不能進蔡確旣得罪祖禹言自乾興以來不竄逐大臣六十餘年一旦行之流傳四方無不震聳確去相已久朝廷多非其黨間有偏見異論者若一切以爲黨確去之懼刑罰失中而人情不安也蔡京鎭蜀祖禹言京小有才非端良之士如使守成都其還當使執政不宜崇長時大臣欲於新舊法中有所創立祖禹以爲朝廷旣察王安石之法爲非但當復祖宗之舊若出於新舊之間兩用而兼存之紀綱壞矣遷給事中吳中大水詔出米百萬斛緡錢二十萬振救諫官謂訴災者爲妄乞加驗考祖禹封還其章云國家根本仰給東南今一方赤子呼天赴愬開口仰哺以脫朝夕之急奏災雖小過實正當略而不問若稍施懲譴恐後無復敢言者矣兼國史院脩撰爲禮部侍郎論擇監司守令曰祖宗分天下爲十八路置轉運使提點刑獄收鄉長鎭將之權悉歸於縣收縣之權歸於州州之權歸於監司監司之權歸於朝廷上下相維輕重相制建置之道最爲合宜監司付以一路守臣付以一州令宰付以一縣皆與天子分土而治其可不擇乎祖宗嘗有考課之法專察諸路監司置簿於中書

以稽其要今宜委吏部尚書取當爲州者條別功狀以上三省三省召而察之苟其人可任則以次表用之至官則令監司考其課績終歲之後可以校優劣而施黜陟焉如此則得人必多監司郡守得人縣令不才非所患也聞禁中覓乳媼祖禹以帝年十四非近女色之時上疏勸進德愛身又乞宣仁后保護上躬言甚切至既而宣仁諭祖禹以外議皆虛傳祖禹復上疏曰臣言皇帝進德愛身宜常以爲戒太皇太后保護上躬亦願因而勿忘今外議雖虛亦足爲先事之戒臣侍經左右有聞於道路實懷私憂是以不敢避妄言之罪凡事言於未然則誠爲過及其已然則又無所及言之何益陛下寧受未然之言勿使臣等有無及之悔拜翰林學士以叔百祿在中書改侍講學士百祿去復爲之范氏自鎭至祖禹比三世居禁林士論榮慕宣仁太后崩中外議論洶洶人懷顧望在位者畏懼莫敢發言祖禹慮小人乘間害政乃奏曰陛下方攬庶政延見羣臣此國家隆替之本社稷安危之機生民休戚之端君子小人進退消長之際天命人心去就離合之時也可不畏哉先后有大功於宗社有大德於生靈九年之間始終如一然羣小怨恨亦爲不少必將以改先帝之政逐先帝之臣爲言以事離間不可不察也先后因天下人心變而更化既改其法則作法之人有罪當退亦順衆言而逐之是皆上負先帝下負萬民天下之所讐疾而欲去之者也豈有憎惡於其間哉惟辨析是非深拒邪說有以姦言惑聽者付之典刑痛懲一人以警羣慝則帖然無事矣此等既誤先帝又欲誤陛下天下之事豈堪小人再破壞邪初蘇軾約俱上章論列諫草已具見祖禹疏遂附名同奏曰公之文經世之文也竟不復出其藁祖禹又言陛下承六世之遺烈當思天下者祖宗之天下人民者祖宗之人民百官者祖宗之百官府庫者祖宗之府庫一言一動如臨之在上質之在傍則可以長享天下之奉先后以大公至正爲心罷安石惠卿所造新法而行祖宗舊政故社稷危而復安人心離而復合乃至遼主亦戒其臣勿生事曰南朝專行仁宗之政矣外夷之情如此中國之人心可知先后日夜苦心勞力爲陛下立太平之基願守之以靜恭己以臨之虛心以處之則羣臣邪正萬事是非皆了然於聖心矣小人之情專爲私故不便於公專爲邪故不便於正專好動故不便於靜惟陛下痛心疾首以爲刻骨之戒章累上不報忽有旨召內臣十餘人祖禹言陛下親政以來四海傾耳未聞訪一賢臣而所召者乃先內侍必謂陛下私於近習望卽賜追改因請對曰熙寧之初王安石呂惠卿造立新法悉變祖宗之政多引小人以誤國勳舊之臣屛棄不用忠正之士相繼遠引又用兵開邊結怨外夷天下愁苦百姓流徙賴先帝覺悟罷逐兩人而所引羣小已布滿中外不可復去蔡確連起大獄王韶創取熙河章惇開五溪沈起擾交廣沈括徐禧俞充种諤興造西事兵民死傷皆不下二十萬先帝臨朝悼悔以謂朝廷不得不任其咎以至吳居厚行鐵冶之法於京東王子京行茶法於福建蹇周輔行鹽法於江西李稷陸師閔行茶法市易於西川劉定教保甲於河北民皆愁痛嗟怨比屋思亂賴陛下與先后起而救之天下之民如解倒縣惟是向來所斥逐之人窺伺事變妄意陛下不以脩改法度爲是如得至左右必進姦言萬一過聽而復用之臣恐國家自此陵遲不復振矣又論漢唐之亡皆由宦官自熙寧元豐間李憲王中正宋用臣輩用事總兵權勢震灼中正兼幹四路口敕募兵州郡不敢違師徒凍餒死亡最多憲陳再舉之策致永樂摧陷用臣興土木之工無時休息罔市井之微利爲國斂怨此三人者雖加誅戮未足以謝百姓憲雖已亡而中正用臣尚在今召內臣十人而憲中正之子皆在其中二人旣入則中正用臣必將復用願陛下念之時紹述之論已興有相章惇意祖禹力言惇不可用不見從遂請外上且欲大用而內外梗之者甚衆乃以龍圖閣學士知陝州言者論祖禹脩實錄詆誣又摭其諫禁中僱乳媼事連貶武安軍節度副使昭州別駕安置永州賀州又徙賓化而卒年五十八祖禹平居恂恂口不言人過至遇事則別白是非不少借隱在邇英守經據正獻納尤多嘗講尚書至內作色荒外作禽荒六語拱手再誦却立云願陛下留聽帝首肯再三乃退每當講前夕必正衣冠儼如在上側命子弟侍先按講其說開列古義參之時事言簡而當無一長語義理明白粲然成文蘇軾稱爲講官第一祖禹嘗進唐鑑十二卷帝學八卷仁宗政典六卷而唐鑑深明唐三百年治亂學者尊之目爲唐鑑公云建炎二年追復龍圖閣學士子冲紹興中仕至翰林侍讀學士儒林有傳

論曰熙寧元豐之際天下賢士大夫望以爲相者鎭與司馬光二人至稱之曰君實景仁不敢有所軒輊光思濟斯民卒任天下之重鎭巋然如山確乎其不可拔君子之道或出或處易地則皆然未易以功名優劣論也百祿受學於鎭故其議論操脩粹然一出於正祖禹長於勸講平生論諫不啻數十萬言其開陳治道區別邪正辨釋事宜平易明白洞見底蘊雖賈誼陸贄不是過云

宋史卷三百三十八

元　中　書　右　丞　相　總　裁　脫　脫　等　修

列傳第九十七

蘇軾 子過 邁迨

蘇軾字子瞻眉州眉山人生十年父洵游學四方母程氏親授以書聞古今成敗輒能語其要程氏讀東漢范滂傳慨然太息軾請曰軾若爲滂母許之否乎程氏曰汝能爲滂吾顧不能爲滂母邪比冠博通經史屬文日數千言好賈誼陸贄書旣而讀莊子歎曰吾昔有見口未能言今見是書得吾心矣嘉祐二年試禮部方時文磔裂詭異之弊勝主司歐陽脩思有以救之得軾刑賞忠厚論驚喜欲擢冠多士猶疑其客曾鞏所爲但寘第二復以春秋對義居第一殿試中乙科後以書見脩脩語梅聖俞曰吾當避此人出一頭地聞者始譁不厭久乃信服丁母憂五年調福昌主簿歐陽脩以才識兼茂薦之秘閣試六論舊不起草以故文多不工軾始具草文義粲然復對制策入三等自宋初以來制策入三等惟吳育與軾而已除大理評事簽書鳳翔府判官關中自元昊叛民貧役重岐下歲輸南山木栰自渭入河經砥柱之險衙吏踵破家軾訪其利害爲脩衙規使自擇水工以時進止自是害減半治平二年入判登聞鼓院英宗自藩邸聞其名欲以唐故事召入翰林知制誥宰相韓琦曰軾之才遠大器也他日自當爲天下用要在朝廷培養之使天下之士莫不畏慕降伏皆欲朝廷進用然後取而用之則人人無復異辭矣今驟用之則天下之士未必以爲然適足以累之也英宗曰且與脩注如何琦曰記注與制誥爲鄰未可遽授不若於館閣中近上帖職與之且請召試英宗曰試之未知其能否如軾有不能邪琦猶不可及試二論復入三等得直史館軾聞琦語曰公可謂愛人以德矣會洵卒賻以金帛辭之求贈一官於是贈光祿丞洵將終以兄太白早亡子孫未立妹嫁杜氏卒未葬屬軾軾旣除喪卽葬姑後官可蔭推與太白曾孫彭熙寧二年還朝王安石執政素惡其議論異己以判官告院四年安石欲變科舉興學校詔兩制三館議軾上議曰得人之道在於知人知人之法在於責實使君相有知人之明朝廷有責實之政則胥史皁隸未嘗無人而況於學校貢舉乎雖因今之法臣以爲有餘使君相不知人朝廷不責實則公卿侍從常患無人而況學校貢舉乎雖復古之制臣以爲不足夫時有可否物有廢興方其所安雖暴君不能廢及其旣厭雖聖人不能復故風俗之變法制隨之譬如江河之徙移彊而復之則難爲力慶曆固嘗立學矣至于今日惟有空名僅存今將變今之禮易今之俗又當發民力以治宮室斂民財以食游士百里之內置官立師獄訟聽于是軍旅謀于是又簡不率教者屛之遠方則無乃徒爲紛亂以患苦天下邪若乃無大更革而望有益於時則與慶曆之際何異故臣謂今之學校特可因仍舊制使先王之舊物不廢於吾世足矣至於貢舉之法行之百年治亂盛衰初不由此陛下視祖宗之世貢舉之法與今爲孰精言語文章與今爲孰優所得人才與今爲孰多天下之士與今爲孰辨較此四者之長短其議決矣今所欲變改不過數端或曰鄉舉德行而略文詞或曰專取策論而罷詩賦或欲兼采譽望而罷封彌或欲經生不帖墨而考大義此皆知其一不知其二者也願陛下留意於遠者大者區區之法何預焉臣又切有私憂過計者夫性命之說自子貢不得聞而今之學者恥不言性命讀其文浩然無當而不可窮觀其貌超然無著而不可挹此豈眞能然哉蓋中人之性安於放而樂於誕耳陛下亦安用之議上神宗悟曰吾固疑此得軾議意釋然矣卽日召見問方今政令得失安在雖朕過失指陳可也對曰陛下生知之性天縱文武不患不明不患不勤不患不斷但患求治太急聽言太廣進人太銳願鎭以安靜待物之來然後應之神宗悚然曰卿三言朕當熟思之凡在館閣皆當爲朕深思治亂無有所隱軾退言於同列安石不悅命權開封府推官將困之以事軾決斷精敏聲聞益遠會上元敕府市浙燈且令損價軾疏言陛下豈以燈爲悅此不過以奉二宮之歡耳然百姓不可戶曉皆謂以耳目不急之玩奪其口體必用之資此事至小體則甚大願追還前命卽詔罷之時安石創行新法軾上書論其不便曰臣之所

欲言者三言而已願陛下結人心厚風俗存紀綱人主之所恃者人心而已如木之有根燈之有膏魚之有水農夫之有田商賈之有財失之則亡此理之必然也自古及今未有和易同衆而不安剛果自用而不危者陛下亦知人心之不悅矣祖宗以來治財用者不過三司今陛下不以財用付三司無故又創制置三司條例一司使六七少年日夜講求於內使者四十餘輩分行營幹於外夫制置三司條例司求利之名也六七少年與使者四十餘輩求利之器也造端宏大民實驚疑創法新奇吏皆惶惑以萬乘之主而言利以天子之宰而治財論說百端喧傳萬口然而莫之顧者徒曰我無其事何恤於人言操網罟而入江海語人曰我非漁也不如捐網罟而人自信驅鷹犬而赴林藪語人曰我非獵也不如放鷹犬而獸自馴故臣以爲欲消讒慝而召和氣則莫若罷條例司今君臣宵旰幾一年矣而富國之功茫如捕風徒聞內帑出數百萬緡祠部度五千餘人耳以此爲術其誰不能而所行之事道路皆知其難汴水濁流自生民以來不以種稻今欲陂而清之萬頃之稻必用千頃之陂一歲一淤三歲而滿矣陛下遂信其說即使相視地形所在鑿空訪尋水利妄庸輕剽率意爭言官司雖知其疎不敢便行抑退追集老少相視可否若非灼然難行必須且爲興役官吏苟且順從眞謂陛下有意興作上糜帑廩下奪農時隄防一開水失故道雖食議者之肉何補於民臣不知朝廷何苦而爲此哉自古役人必用鄉戶今者徒聞江浙之間數郡顧役而欲措之天下單丁女戶蓋天民之窮者也而陛下首欲役之富有四海忍不加恤自楊炎爲兩稅租調與庸既兼之矣奈何復欲取庸萬一後世不幸有聚斂之臣庸錢不除差役仍舊推所從來則必有任其咎者矣青苗放錢自昔有禁今陛下始立成法每歲常行雖云不許抑配而數世之後暴君汙吏陛下能保之與計願請之戶必皆孤貧不濟之人鞭撻已急則繼之逃亡不還則均及鄰保勢有必至異日天下恨之國史記之曰青苗錢自陛下始豈不惜哉且常平之法可謂至矣今欲變爲青苗壞彼成此所喪逾多虧官害民雖悔何及昔漢武帝以財力匱竭用賈人桑羊之說買賤賣貴謂之均輸于時商賈不行盜賊滋熾幾至於亂孝昭既立霍光順民所欲而與之天下歸心遂以無事不意今日此論復興立法之初其費已厚縱使薄有所獲而征商之額所損必多譬之有人爲其主畜牧以一牛易五羊一牛之失則隱而不言五羊之獲則指爲勞績今壞常平而言青苗之功虧商稅而取均輸之利何以異此臣竊以爲過矣議者必謂民可與樂成難與慮始故陛下堅執不顧期於必行此乃戰國貪功之人行險僥倖之說未及樂成而怨已起矣臣之所願陛下結人心者此也國家之所以存亡者在道德之淺深不在乎强與弱曆數之所以長短者在風俗之薄厚不在乎富與貧人主知此則知所輕重矣故臣願陛下務崇道德而厚風俗不願陛下急於有功而貪富强愛惜風俗如護元氣聖人非不知深刻之法可以齊衆勇悍之夫可以集事忠厚近於迂闊老成初若遲鈍然終不肯以彼易此者知其所得小而所喪大也仁祖持法至寬用人有叙事務掩覆過失未嘗輕改舊章考其成功則曰未至以言乎用兵則十出而九敗以言乎府庫則僅足而無餘徒以德澤在人風俗知義故升遐之日天下歸仁焉議者見其末年吏多因循事不振舉乃欲矯之以苛察齊之以智能招來新進勇銳之人以圖一切速成之效未享其利澆風已成多開驟進之門使有意外之得公卿侍從跬步可圖俾常調之人舉生非望欲望風俗之厚豈可得哉近歲樸拙之人愈少巧進之士益多惟陛下哀之救之以簡易爲法以清淨爲心而民德歸厚臣之所願陛下厚風俗者此也祖宗委任臺諫未嘗罪一言者縱有薄責旋即超升許以風聞而無官長言及乘輿則天子改容事關廊廟則宰相待罪臺諫固未必皆賢所言亦未必皆是然須養其銳氣而借之重權者豈徒然哉將以折姦臣之萌也今法令嚴密朝廷清明所謂姦臣萬無此理然養猫以去鼠不可以無鼠而養不捕之猫畜狗以防盜不可以無盜而畜不吠之狗陛下得不上念祖宗設此官之意下爲子孫萬世之防臣聞長老之談皆謂臺諫所言常隨天下公議公議所與臺諫亦與之公議所擊臺諫亦擊之今者物論沸騰怨讟交至公議所在亦知之矣臣恐自茲以往習慣成風盡爲執政私人以致人主孤立紀綱一廢何事不生臣之所願陛下存紀綱者此也軾見安石贊神宗以獨斷專任因試進士發策以晉武平吳以獨斷而克符堅伐晉以獨斷而亡齊桓專任管仲而霸燕噲專任子之而敗事同而功異爲問安石滋怒使御史謝景溫論奏其過窮治無所得軾遂請外通判杭州高麗入貢使者發幣於官吏書稱甲子軾却之曰高麗於本朝稱臣而不稟正朔吾安敢受使者易書稱熙寧然後受之時新政日下軾於其間每因法以便民民賴以安徙知密州司農行手實法不時施行者以違制論軾謂提舉官曰違制之坐若自朝廷誰敢不從今出於司農是擅造律也提舉官驚曰公姑徐之未幾朝廷知法害民罷之有盜竊發安撫司遣三班使臣領悍卒來捕卒凶暴恣行至以禁物誣民入其家爭鬬殺人且畏罪驚潰將爲亂民奔訴軾軾投其書不視曰必不至此散卒聞之少安徐使人招出戮之徙知徐州河決曹村泛于梁山泊溢于南淸河匯于城下漲不時洩城將敗富民爭出避水軾曰富民出民皆動搖吾誰與守吾在是水決不能敗城驅使復入軾詣武衞營呼卒長曰河將害城事急矣雖禁軍且爲我盡力卒長曰太守猶不避塗潦吾儕小人當效命率其徒持畚鍤以出築東南長堤首起戲馬臺尾屬于城雨日夜不止城不沈者三版軾廬於其上過家不入使官吏分堵以守卒全其城復請調來歲夫增築故城爲木岸以虞水之再至朝廷從之徙知湖州上表以謝又以事不便民者不敢言以詩託諷庶有補於國御史李定舒亶何正臣摭其表語並媒糵所爲詩以爲訕謗逮赴臺獄欲寘之死鍛鍊久之不決神宗獨憐之以黃州團練副使安置軾與田父野老相從溪山間築室於東坡自號東坡居士三年神宗數有意復用輒爲當路者沮之神宗嘗語宰相王珪蔡確曰國史至重可命蘇軾成之珪有難色神宗曰軾不可姑用曾鞏鞏進太祖總論神宗意不允遂手札移軾汝州有曰蘇軾黜居思咎閱歲滋深人材實難不忍終棄軾未至汝上書自言饑寒有田在常願得居之朝奏入夕報可道過金陵見王安石曰大兵大獄漢唐滅亡之兆祖宗以仁厚治天下正欲革此今西方用兵連年不解東南數起大獄公獨無一言以救之乎安石曰二事皆惠卿啓之安石在外安敢言軾曰在朝則言在外則不言事君之常禮耳上所以待公者非常禮公所以待上者豈可以常禮乎安石厲聲曰安石須說又曰出在安石口入在子瞻耳又曰人須是知行一不義殺一不辜得天下弗爲乃可軾戲曰今之君子爭減半年磨勘雖殺人亦爲之安石笑而不言至常神宗崩哲宗立復朝奉郎知登州召爲禮部郎中軾舊善司馬光章惇時光爲門下侍郎惇知樞密院二人不相合惇每以謔侮困光光苦之軾謂惇曰司馬君實時望甚重昔許靖以虛名無實見鄙於蜀先主法正曰靖之浮譽播流四海若不加禮必以賤賢爲累先主納之乃以靖爲司徒許靖且不可慢況君實乎惇以爲然光賴以少安遷起居舍人軾起於憂患不欲驟履要地辭於宰相蔡確確曰公徊翔久矣朝中無出公右者軾曰昔林希同在館中年且長確曰希固當先公邪卒不許元祐元年軾以七品服入侍延和即賜銀緋遷中書舍人初祖宗時差役行久生弊編戶充役者不習其役又虐使之多致破產狹鄉民至有終歲不得息者王安石相神宗改爲免役使戶差高下出錢顧役行法者過取以爲民病司馬光爲相知免役之害不知其利欲復差役差官置局軾與其選軾曰差役免役各有利害免役之害掊斂民財十室九空斂聚於上而下有錢荒之患差役之害民常在官不得專力於農而貪吏猾胥得緣爲姦此二害輕重蓋略等矣光曰於君何如軾曰法相因則事易成事有漸則民不驚三代之法兵農爲一至秦始分爲二及唐中葉盡變府兵爲長征之卒自爾以來民不知兵兵不知農農出穀帛以養兵兵出性命以衞農天下便之雖聖人復起不能易也今免役之法實大類此公欲驟罷免役而行差役正如罷長征而復民兵蓋未易也光不以爲然軾又陳於政事堂光忿然軾曰昔韓魏公刺陝西義勇公爲諫官爭之甚力韓公不樂公亦不顧軾昔聞公道其詳豈今日作相不許軾盡言耶光笑之尋除翰林學士二年兼侍讀每進讀至治亂興衰邪正得失之際未嘗不反覆開導覬有所啓悟哲宗雖恭默不言輒首肯之嘗讀祖宗寶訓因及時事軾歷言今賞罰不明善惡無所勸沮又黃河勢方北流而彊之使東夏人入鎭戎殺掠數萬人帥臣不以聞每事如此恐寖成衰亂之漸軾嘗鎖宿禁中召入對便殿宣仁后問曰卿前年爲何官曰臣爲常州團練副使曰今爲何官曰臣今待罪翰林學士曰何以遽至此曰遭遇太皇太后皇帝陛下曰非也曰豈大臣論薦乎曰亦非也軾驚曰臣雖無狀不敢自他途以進曰此先帝意也先帝每誦卿文章必歎曰奇才奇才但未及進用卿耳軾不覺哭失聲宣仁后與哲宗亦泣左右皆感涕已而命坐賜茶徹御前金蓮燭送歸院三年權知禮部貢舉會大雪苦寒士坐庭中噤未能言軾寬其禁約使得盡技巡鋪內侍每摧辱舉子且持暧昧單詞誣以爲罪軾盡奏逐之四年積以論事爲當軸者所恨軾恐不見容請外拜龍圖閣學士知杭州未行諫官言前相蔡確知安州作詩借郝處俊事以譏太皇太后大臣議遷之嶺南軾密疏朝廷若薄確之罪則於皇帝孝治爲不足若深罪確則於太皇太后仁政爲小累謂宜

皇帝赦罝獄逮治太皇太后出手詔赦之則於仁孝兩得矣宣仁后心善軾言而不能用軾出郊用前執政恩例遣內侍賜龍茶銀合慰勞甚厚既至杭大旱饑疫並作軾請於朝免本路上供米三之一復得賜度僧牒易米以救饑者明年春又減價糶常平米多作饘粥藥劑遣使挾醫分坊治病活者甚衆軾曰杭水陸之會疫死比他處常多乃裒羨緡得二千復發橐中黃金五十兩以作病坊稍畜錢糧待之杭本近海地泉鹹苦居民稀少唐刺史李泌始引西湖水作六井民足於水白居易又浚西湖水入漕河自河入田所溉至千頃民以殷富湖水多葑自唐及錢氏歲輒浚治宋興廢之葑積爲田水無幾矣漕河失利取給江潮舟行市中潮又多淤三年一淘爲民大患六井亦幾於廢軾見茅山一河專受江潮鹽橋一河專受湖水遂浚二河以通漕復造堰牐以爲湖水畜洩之限江潮不復入市以餘力復完六井又取葑田積湖中南北徑三十里爲長堤以通行者吳人種菱春輒芟除不遺寸草且募人種菱湖中葑不復生收其利以備脩湖取救荒餘錢萬緡糧萬石及請得百僧度牒以募役者堤成植芙蓉楊柳其上望之如畫圖杭人名爲蘇公堤杭僧淨源舊居海濱與舶客交通舶至高麗交譽之元豐末其王子義天來朝因往拜焉至是淨源死其徒竊持其像附舶往告義天亦使其徒來祭因持其國母二金塔云祝兩宮壽軾不納奏之曰高麗久不入貢失賜予厚利意欲求朝未測吾所以待之厚薄故因祭亡僧而行祝壽之禮若受而不荅將生怨心受而厚賜之正墮其計今宜勿與知從州郡自以理却之彼庸僧猾商爲國生事漸不可長宜痛加懲創朝廷皆從之未幾貢使果至舊例使所至吳越七州費二萬四千餘緡軾乃令諸州量事裁損民獲交易之利無復侵撓之害矣浙江潮自海門東來勢如雷霆而浮山峙於江中與漁浦諸山犬牙相錯洄洑激射歲敗公私船不可勝計軾議自浙江上流地名石門並山而東鑿爲漕河引浙江及谿谷諸水二十餘里以達于江又並山爲岸不能十里以達龍山大慈浦自浦北折抵小嶺鑿嶺六十五丈以達嶺東古河浚古河數里達于龍山漕河以避浮山之險人以爲便奏聞有惡軾者力沮之功以故不成軾復言三吳之水瀦爲大湖太湖之水溢爲松江以入海海日兩潮潮濁而江清潮水常欲淤塞江路而江水清駛隨輒滌去海口常通則吳中少水患昔蘇州以東公私船皆以篙行無陸挽者自慶曆以來松江大築挽路建長橋以扼塞江路故今三吳多水欲鑿挽路爲十橋以迅江勢亦不果用人皆以爲恨軾二十年間再莅杭有德於民家有畫像飲食必祝又生作祠以報六年召爲吏部尚書未至以弟轍除右丞改翰林承旨轍辭右丞欲與兄同備從官不聽軾在翰林數月復以讒請外乃以龍圖閣學士出知潁州先是開封諸縣多水患吏不究本末決其陂澤注之惠民河河不能勝致陳亦多水又將鑿鄧艾溝與潁河並且鑿黃堆欲注之於淮軾始至潁遣吏以水平準之淮之漲水高於新溝幾一丈若鑿黃堆淮水顧流潁地爲患軾言於朝從之郡有宿賊尹遇等數劫殺人又殺捕盜吏兵朝廷以名捕不獲被殺家復懼其害匿不敢言軾召汝陰尉李直方曰君能禽此當力言於朝乞行優賞不獲亦以不職奏免君矣直方有母且老與母訣而後行迺緝知盜所分捕其黨與手戟刺遇獲之朝廷以小不應格推賞不及軾請以己之年勞當改朝散郎階爲直方賞不從其後吏部爲軾當遷以符會其考軾謂已許直方又不報七年徙揚州舊發運司主東南漕法聽操舟者私載物貨征商不得留難故操舟者輒富厚以官舟爲家補其弊漏且周船夫之乏故所載率皆速達無虞近歲一切禁而不許故舟弊人困多盜所載以濟饑寒公私皆病軾請復舊從之未閱歲以兵部尚書召兼侍讀是歲哲宗親祀南郊軾爲鹵簿使導駕入太廟有赭繖犢車并青蓋犢車十餘爭道不避儀仗軾使御營巡檢使問之乃皇后及大長公主時御史中丞李之純爲儀仗使軾曰中丞職當肅政不可不以聞之純不敢言軾於車中奏之哲宗遣使齎疏馳白太皇太后明日詔整肅儀衞自皇后而下皆毋得迎謁尋遷禮部兼端明殿翰林侍讀兩學士爲禮部尚書高麗遣使請書朝廷以故事盡許之軾曰漢東平王請諸子及太史公書猶不肯予今高麗所請有甚於此其可予乎不聽八年宣仁后崩哲宗親政軾乞補外以兩學士出知定州時國事將變軾不得入辭既行上書言天下治亂出於下情之通塞至治之極小民皆能自通迨於大亂雖近臣不能自達陛下臨御九年除執政臺諫外未嘗與羣臣接今聽政之初當以通下情除壅蔽爲急務臣日侍帷幄方當戍邊顧不得一見而行況疏遠小臣欲求自通難矣然臣不敢以不得對之故不效愚忠古之聖人將有爲也必先處晦而觀明處靜而觀動則萬物之情畢陳于前陛下聖智絕人春秋鼎盛臣願虛心循理一切未有所爲默觀庶事之利害與羣臣之邪正以三年爲期俟得其實然後應物而作使既作之後天下無恨陛下亦無悔由此觀之陛下之有爲惟憂太蚤不患稍遲亦已明矣臣恐急進好利之臣輒勸陛下輕有改變故進此說敢望陛下留神社稷宗廟之福天下幸甚定州軍政壞弛諸衞卒驕惰不教軍校蠶食其廩賜前守不敢誰何軾取貪汙者配隸遠惡繕脩營房禁止飲博軍中衣食稍足乃部勒戰法衆皆畏伏然諸校業業不安有卒史以贓訴其長軾曰此事吾自治則可聽汝告軍中亂矣立決配之衆乃定會春大閱將吏久廢上下之分軾命舉舊典帥常服出帳中將吏戎服執事副總管王光祖自謂老將耻之稱疾不至軾召書吏使爲奏光祖懼而出訖事無一慢者定人言自韓琦去後不見此禮至今矣契丹久和邊兵不可用惟沿邊弓箭社與寇爲隣以戰射自衞猶號精銳故相龐籍守邊因俗立法歲久法弛又爲保甲所撓軾奏免保甲及兩稅折變科配不報紹聖初御史論軾掌內外制日所作詞命以爲譏斥先朝遂以本官知英州尋降一官未至貶寧遠軍節度副使惠州安置居三年泊然無所帶芥人無賢愚皆得其歡心又貶瓊州別駕居昌化昌化故儋耳地非人所居藥餌皆無有初僦官屋以居有司猶謂不可軾遂買地築室儋人運甓畚土以助之獨與幼子過處著書以爲樂時時從其父老游若將終身徽宗立移廉州改舒州團練副使徙永州更三大赦還提舉玉局觀復朝奉郎軾自元祐以來未嘗以歲課乞遷故官止於此建中靖國元年卒于常州年六十六軾與弟轍師父洵爲文既而得之於天嘗自謂作文如行雲流水初無定質但常行於所當行止於所不可不止雖嬉笑怒罵之辭皆可書而誦之其體渾涵光芒雄視百代有文章以來蓋亦鮮矣洵晚讀易作易傳未究命軾述其志軾成易傳復作論語說後居海南作書傳又有東坡集四十卷後集二十卷奏議十五卷內制十卷外制三卷和陶詩四卷一時文人如黃庭堅晁補之秦觀張耒陳師道舉世未之識軾待之如朋儕未嘗以師資自予也自爲舉子至出入侍從必以愛君爲本忠規讜論挺挺大節羣臣無出其右但爲小人忌惡擠排不使安於朝廷之上高宗即位贈資政殿學士以其孫符爲禮部尚書又以其文寘左右讀之終日忘倦謂爲文章之宗親製集贊賜其曾孫嶠遂崇贈太師謚文忠軾三子邁迨過俱善爲文邁駕部員外郎迨承務郎

過字叔黨軾知杭州過年十九以詩賦解兩浙路禮部試下及軾爲兵部尚書任右承務郎軾帥定武謫知英州貶惠州遷儋耳漸徙廉永獨過侍之凡生理晝夜寒暑所須者一身百爲不知其難初至海上爲文曰志隱軾覽之曰吾可以安於島夷矣因命作孔子弟子別傳軾卒于常州過葬軾汝州郟城小峨眉山遂家潁昌營湖陰水竹數畝名曰小斜川自號斜川居士卒年五十二初監太原府稅次知潁昌府郾城縣皆以法令罷晚權通判中山府有斜川集二十卷其思子臺賦颶風賦早行於世時稱爲小坡蓋以軾爲大坡也其叔轍每稱過孝以訓宗族且言吾兄遠居海上惟成就此兒能文也七子籥籍節笈簞遂箾

論曰蘇軾自爲童子時士有傳石介慶曆聖德詩至蜀中者軾歷舉詩中所言韓富杜范諸賢以問其師師怪而語之則曰正欲識是諸人耳蓋已有頡頏當世賢哲之意弱冠父子兄弟至京師一日而聲名赫然動於四方既而登上第擢詞科入掌書命出典方州器識之閎偉議論之卓犖文章之雄儁政事之精明四者皆能以特立之志爲之主而以邁往之氣輔之故意之所向言足以達其有猷行足以遂其有爲至於禍患之來節義足以固其有守皆志與氣所爲也仁宗初讀軾轍制策退而喜曰朕今日爲子孫得兩宰相矣神宗尤愛其文宮中讀之膳進忘食稱爲天下奇才二君皆有以知軾而軾卒不得大用一歐陽脩先識之其名遂與之齊豈非軾之所長不可掩抑者天下之至公也相不相有命焉嗚呼軾不得相又豈非幸歟或謂軾稍自韜戢雖不獲柄用亦當免禍雖然假令軾以是而易其所爲尚得爲軾哉

宋史卷三百三十九

元 中 書 右 丞 相 總 裁 脫 脫 等 修

列傳第九十八

蘇轍 族孫元老

蘇轍字子由年十九與兄軾同登進士科又同策制舉仁宗春秋高轍慮或倦於勤因極言得失而於禁廷之事尤爲切至曰陛下即位三十餘年矣平居靜慮亦嘗有憂於此乎無憂於此乎臣伏讀制策陛下既有憂懼之言矣然臣愚不敢竊意陛下有其言耳未有其實也往者寶元慶曆之間西夏作難陛下晝不安坐夜不安

席天下皆謂陛下憂懼小心如周文王然自西方解兵陛下棄置憂懼之心二十年矣古之聖人無事則深憂有事則不懼夫無事而深憂者所以爲有事之不懼也今陛下無事則不憂有事則大懼臣以爲憂樂之節易矣臣疎遠小臣聞之道路不知信否近歲以來宮中貴姬至以千數歌舞飲酒優笑無度坐朝不聞咨謨便殿無所顧問三代之衰漢唐之季女寵之害陛下亦知之矣久而不止百蠹將由之而出內則蠱惑之所汙以傷和伐性外則私謁之所亂以敗政害事陛下無謂好色於內不害外事也今海內窮困生民怨苦而宮中好賜不爲限極所欲則給不問有無司會不敢爭大臣不敢諫執契持敕迅若兵火國家內有養士養兵之費外有契丹西夏之奉陛下又自爲一阱以耗其遺餘臣恐陛下以此得謗而民心不歸也策入轍自謂必見黜考官司馬光第以三等范鎮難之蔡襄曰吾三司使也司會之言吾愧之而不敢怨惟考官胡宿以爲不遜請黜之仁宗曰以直言召人而以直言棄之天下其謂我何宰相不得已寘之下等授商州軍事推官時父洵被命修禮書兄軾簽書鳳翔判官轍乞養親京師三年軾還轍爲大名推官逾年丁父憂服除神宗立已二年轍上書言事召對延和殿時王安石以執政與陳升之領三司條例命轍爲之屬呂惠卿附安石轍與論多相牾安石出青苗書使轍熟議曰有不便以告勿疑轍曰以錢貸民使出息二分本以救民非爲利也然出納之際吏緣爲姦雖有法不能禁錢入民手雖良民不免妄用及其納錢雖富民不免踰限如此則恐鞭箠必用州縣之事不勝煩矣唐劉晏掌國計未嘗有所假貸有尤之者晏曰使民僥倖得錢非國之福使吏倚法督責非民之便吾雖未嘗假貸而四方豐凶貴賤知之未嘗逾時有賤必糴有貴必糶以此四方無甚貴甚賤之病安用貸爲晏之所言則常平法耳今此法見在而患不脩公誠能有意於民擧而行之則晏之功可立俟也安石曰君言誠有理當徐思之自此逾月不言青苗會河北轉運判官王廣廉奏乞度僧牒數千爲本錢於陝西漕司私行青苗法春散秋斂與安石意合於是青苗法遂行安石因遣八使之四方訪求遺利中外知其必迎合生事皆莫敢言轍往見陳升之曰昔嘉祐末遣使寬恤諸路名務生事還奏多不可行爲天下笑今何以異此又以書抵安石力陳其不可安石怒將加以罪升之止之以爲河南推官會張方平知陳州辟爲教授三年授齊州掌書記又三年改著作佐郎復從方平簽書南京判官居二年坐兄軾以詩得罪謫監筠州鹽酒稅五年不得調移知績溪縣哲宗立以秘書省校書郎召元祐元年爲右司諫宣仁后臨朝用司馬光呂公著欲革弊事而舊相蔡確韓縝樞密使章惇皆在位窺伺得失轍皆論去之呂惠卿始諂事王安石倡行虐政以害天下及勢鈞力敵則傾陷安石甚於仇讎世尤惡之至是自知不免乞宮觀以避貶竄轍具疏其姦以散官安置建州司馬光以王安石雇役之害欲復差役不知其害相半於雇役轍言自罷差役僅二十年吏民皆未習慣況役法關涉衆事根芽盤錯行之徐緩乃得審詳若不窮究首尾忽遽便行恐既行之後別生諸弊今州縣役錢例有積年寬剩大約足支數年且依舊雇役盡今年而止催督有司審議差役趣令冬成法來年役使鄉戶但使既行之後無復人言則進退皆便光又以安石私設詩書新義考試天下士欲改科擧別爲新格轍言進士來年秋試日月無幾而議不時決詩賦雖小技比次聲律用功不淺至於治經誦讀講解尤不輕易要之來年皆未可施行乞來年科場一切如舊惟經義兼取注疏及諸家論議或出己見不專用王氏學仍罷律義令擧人知有定論一意爲學以待選試然後徐議元祐五年以後科擧格式未爲晚也光皆不能從初神宗以夏國內亂用兵攻討乃於熙河增蘭州於延安增安疆米脂等五砦二年夏遣使賀登位使還未出境又遣使入境朝廷知其有請蘭州五砦地意大臣議棄守未決轍言曰頃者西人雖至疆埸之事初不自言度其狡心蓋知朝廷厭兵確然不請欲使此議發自朝廷得以爲重朝廷深覺其意忍而不予情得勢窮始來請命一失此機必爲後悔彼若黠集兵馬屯聚境上許之則畏兵而予不復爲恩不予則邊釁一開禍難無已間不容髮正在此時不可失也況今日之事主上妙年母后聽斷將帥吏士恩情未接兵交之日誰使效命若其羽書沓至勝負紛然臨機決斷誰任其責惟乞聖心以此反覆思慮早賜裁斷無使西人別致猖狂於是朝廷許還五砦夏人遂服遷起居郎中書舍人朝廷議回河故道轍爲公著言河決而北自先帝不能回今不因其舊而脩其未至乃欲取而回之其爲力也難而爲責也重是謂智勇勢力過先帝也公著悟覺未能用進戶部侍郎轍因轉對言曰財賦之原出於四方而委於中都故善爲國者藏之於民其次藏之州郡州郡有餘則轉運司常足轉運司既足則戶部不困唐制天下賦稅其一上供其一送使其一留州比之於今上供之數可謂少矣然每有緩急王命一出舟車相銜大事以濟祖宗以來法制雖殊而諸道蓄藏之計猶極豐厚是以斂散及時縱舍由己利柄所在所爲必成自熙寧以來言利之臣不知本末之術欲求富國而先困轉運司轉運司既困則上供不繼上供不繼而戶部亦憊矣兩司既困故內帑別藏雖積如丘山而委爲朽壤無益於筭也尋又言臣以祖宗故事考之今日本部所行體例不同利害相遠宜隨事措置以塞弊原謹具三弊以聞其一曰分河渠案以爲都水監其二曰分胄案以爲軍器監其三曰分脩造案以爲將作監三監皆隸工部則本部所專其餘無幾出納損益制在他司頃者司馬光秉政知其爲害嘗使本部收攬諸司利權當時所收不得其要至今三案猶爲他司所擅深可惜也蓋國之有財猶人之有飲食飲食之道當使口司出納而腹制多寡然後分布氣血以養百骸耳目賴之以爲聰明手足賴之以爲力若不專任口腹而使手足耳目得分治之則雖欲求一飽不可得矣而況於安且壽乎今戶部之在朝廷猶口腹也而使他司分治其事何以異此自數十年以來羣臣每因一事不擧輒入建他司利權一分用財無藝他司以辦事爲效則不恤財之有無戶部以給財爲功則不問事之當否彼此各營一職其勢不復相知雖使戶部得材智之臣終亦無益能否同病府庫卒空今不早救後患必甚昔嘉祐中京師頻歲大水大臣始取河渠案置都水監置監以來比之舊案所補何事而大不便者河北有外監丞侵奪轉運司職事轉運司之領河事也郡之諸埽埽之吏兵儲蓄無事則分有事則合水之所向諸埽趨之吏兵得以併功儲蓄得以併用故事作之日無暴斂傷財之患事定之後徐補其闕兩無所妨自有監丞據法責成緩急之際諸埽不相爲用而轉運司不勝其弊矣此工部都水監爲戶部之害一也先帝一新官制並建六曹隨曹付事故三司故事多隸工曹名雖近正而實非利昔胄案所掌今內爲軍器監而上隸工部外爲都作院而上隸提刑司欲有興作戶部不得與議訪聞河北道近歲爲羊渾脫動以千計渾脫之用必軍行之水過渡無船然後須之而其爲物稍經歲月必至蠹敗朝廷無出兵之計而有司營戢不顧利害至使公私應副虧財害物若專在轉運司必不至此此工部都作院爲戶部之害二也昔脩造案掌百工之事事有緩急物有利害皆得專之今工部以辦職爲事則緩急利害誰當議之朝廷近以箔場竹箔積久損爛創令出賣上下皆以爲當指揮未幾復以諸處營造歲有科制遂令般運堆積以破出賣之計臣不知將作見工幾何一歲所用幾何取此積彼未用之間有無損敗而遂爲此計本部雖知不便而以工部之事不敢復言此工部將作監爲戶部之害三也凡事之類此者多矣臣不能遍擧也故願明詔有司罷外水監丞擧北河事及諸路都作院河皆歸轉運司至於都水軍器將作三監皆兼隸戶部使定其事之可否裁其費之多少而工部任其功之良苦程其作之遲速苟可否多少在戶部則傷財害民戶部無所逃其責矣苟良苦遲速在工部則敗事乏用工部無所辭其譴矣制出于一而後天下貧富可責之戶部矣哲宗從之惟都水仍舊朝廷以吏部元豐所定吏額比舊額數倍命轍量事裁減吏有白中孚曰吏額不難定也昔之流內銓今侍郎左選也事之煩劇莫過此矣昔銓吏止十數而今左選吏至數十事不加舊而用吏至數倍何也昔無重法重祿吏通賕賂則不欲人多以分所得今行重法給重祿賕賂比舊爲少則不忌人多而幸於少事此吏額多少之大情也舊法日生事以難易分七等重者至一分輕者至一釐以下積若干分而爲一人今若取逐司兩月事定其分數則吏額多少之限無所逃矣轍曰此羣吏身計所係也若以分數爲人數必大有所損將大致紛訴雖朝廷亦不能守乃具以白宰執請據實立額俟吏之年滿轉出或事故死亡者勿補及額而止不過十年羨額當盡功雖稍緩而見吏知非身患不復怨矣呂大防命諸司吏任永壽與省吏數人典之遂背轍議以立額日裁損吏員復以好惡改易諸局次永壽復以贓刺配大防畧依轍議行之代軾爲翰林學士尋權吏部尚書使契丹館客者侍讀學士王師儒能誦洵軾之文及轍茯苓賦恨不得見全集使還爲御史中丞自元祐初一新庶政至是五年矣人心已定惟元豐舊黨分布中外多起邪說以搖撼在位呂大防劉摯患之欲稍引用以平夙怨謂之調停宣仁后疑不決轍面斥其非復上疏曰臣近面論君子小人不可並處聖意似不以臣言爲非者然天威咫尺言詞迫遽有所不盡臣而不言誰當救其失者親君子遠小人則主尊國安疏君子任小人則主憂國殆此理之必然未聞以小人在外憂其不悅而引之於內以自遺患也故臣謂小人雖不可任以腹心至於牧守四方奔走庶

務無所偏廢可也若遂引之於內是猶患盜賊之欲得財而導之於寢室知虎豹之欲食肉而開之以坰牧無是理也且君子小人勢同氷炭同處必爭一爭之後小人必勝君子必敗何者小人貪利忍恥擊之則難去君子潔身重義沮之則引退古語曰一薰一蕕十年尚猶有臭蓋謂此矣先帝聰明聖智疾頹靡之俗將以綱紀四方比隆三代而臣下不能將順造作諸法上逆天意下失民心二聖因民所願取而更之上下忻慰則前者用事之臣今朝廷雖不加斥逐其勢亦不能復留矣尚賴二聖慈仁宥之於外蓋已厚矣而議者惑於說乃欲招而納之與之共事謂之調停此輩若返豈肯但已哉必將戕害正人漸復舊事以快私忿人臣被禍蓋不足言臣所惜者祖宗朝廷也惟陛下斷自聖心勿爲流言所惑勿使小人一進後有噬臍之悔則天下幸甚疏入宣仁后命宰執讀於簾前曰轍疑吾君臣兼用邪正其言極中理諸臣從而和之調停之說遂已轍又奏曰竊見方今天下雖未大治而祖宗綱紀具在州郡民物粗安若大臣正己平心無生事要功之意因弊修法爲安民靖國之術則人心自定雖有異黨誰不歸心向者異同反覆之心蓋亦不足慮矣但患朝廷舉事類不審詳曩者黃河北流正得水性而水官穿鑿欲導之使東移下就高汨五行之理及陛下遣使按視知不可爲猶或固執不從經今累歲回河雖罷減水尚存遂使河朔生靈財力俱困今者西夏青唐外皆臣順朝廷招來之厚惟恐失之而熙河將吏創築二堡以侵其膏腴議納醇忠以奪其節鉞功未可覬爭已先形朝廷雖知其非終不明白處置若遂養成邊釁關陝豈復安居如此二事則臣所謂宜正己平心無生事要功者也昔嘉祐以前鄉差衙前民間常有破產之患熙寧以役出賣坊場以雇衙前民間不復知有衙前之苦及元祐之初務於復舊一例復差官收坊場之錢民出衙前之費四方驚顧衆議洶騰尋知不可旋又復雇去年之秋又復差法又熙寧雇役之法三等人戶並出役錢上戶以家產高強出錢無藝下戶昔不充役亦遣出錢故此二等人戶不免咨怨至於中等昔既已自差役今又出錢不多雇法之行最爲其便罷行雇法上下二等欣躍可知唯是中等則反爲害且如畿縣中等之家例出役錢三貫若經十年爲錢三十貫而已今差役既行諸役手力最爲輕役農民在官日使百錢最爲輕費然一歲之用已爲三十六貫二年役滿爲費七千餘貫罷役而歸寬鄉得閑三年狹鄉不及一歲以此較之則差役五年之費倍於雇役十年賦役所出多在中等如此條目不便非一故天下皆思雇役而厭差役今五年矣如此二事則臣所謂宜因弊脩法爲安民靖國之術者也臣以闇見淺狹不能盡知當今得失然四事不去如臣等輩猶知其非而況於心懷異同志在反覆幸國之失有以藉口者乎臣恐如此四事彼已默識於心多造謗議待時而發以搖撼衆聽矣伏乞宣諭宰執事有失當改之勿疑法或未完脩之無倦苟民心既得則異議自消陛下端拱以享承平大臣逡巡以安富貴海內蒙福上下攸同豈不休哉大臣耻過終莫肯改六年拜尚書右丞進門下侍郎初夏人來賀登極相繼求和且議地界朝廷許約地界已定付以歲賜久之議不決明年夏人以兵襲涇原殺掠弓箭手數千人朝廷忍之不問遣使往賜策命夏人受禮倨慢以地界爲辭不復入謝再犯涇原四年來賀坤成節且議地界朝廷先以歲賜予之地界又未決夏人乃以疆事多方侵求熙河將佐范育种誼等遂背約侵築買孤勝如二堡夏人卽平盪之育等又欲以兵納趙醇忠及擅招其部人千餘朝廷却而不受西邊騷然轍乞罷育誼別擇老將以守熙河宣仁后以爲然大臣竟主育誼不從轍又面奏人君與人臣事體不同人臣雖明見是非而力所不加須至且止人君於事不知則已知而不能行則事權去矣臣今言此蓋欲陛下收攬威柄以正君臣之分而已若專聽所謂不以漸制之及其太甚必加之罪不免逐去事至如此豈朝廷美事故臣欲保全大臣非欲害之也六年熙河奏夏人十萬騎壓通遠軍境挑掘所爭崖巉殺人三日而退乞因其退急移近裏堡砦於界乘利而往不須復守誠信下大臣會議轍曰當先定議欲用兵耶不用耶呂大防曰如合用兵亦不得不用轍曰凡用兵先論理之曲直我若不直兵決不當用朝廷須與夏人議地界欲用慶曆舊例以彼此見今住處當中爲直此理最簡直夏人不從朝廷遂不固執蓋朝廷臨事常患先易後難此所謂先易者也既而許於非所賜城砦依綏州例以二十里爲界十里爲堡鋪十里爲草地要約纔定朝廷又要兩砦界首侵夏地一抹取直夏人見從又要夏界更留草地十里夏人亦許凡此所謂後難者也今欲於定西城與隴諾堡一抹取直所侵夏地凡百數十里隴諾祖宗舊疆豈所謂非所賜城砦耶此則不直致寇之大者也劉摯曰不用兵雖美然事有須用兵者亦不可不用也轍奏曰夏兵十萬壓熙河境上不於他處專於所爭處殺人掘崖巉此意可見此非西人之罪皆朝廷不直之故熙河輒敢生事不守誠信臣欲詰責帥臣耳後屢因邊兵深入夏地宣仁后遂從轍議時三省除李清臣吏部尚書給事中范祖禹封還詔書且言姚靦亦言之三省復除蒲宗孟兵部尚書轍奏前除清臣給諫紛然爭之未定今又用宗孟恐不便宣仁后曰奈闕官何轍曰尚書闕官已數年何嘗闕事今日用此二人正與去年用鄧溫伯無異此三人者非有大惡但昔與王珪蔡確輩並進意思與今日聖政不合見今尚書共闕四人若並用似此四人使黨類互進恐朝廷自是不安靜矣議遂止紹聖初哲宗起李清臣爲中書舍人鄧潤甫爲尚書左丞二人久在外不得志稍復言熙豐事以激怒哲宗意會廷試進士清臣撰策題卽爲邪說轍諫曰伏見御試策題歷詆近歲行事有紹復熙寧元豐之意臣謂先帝以天縱之才行大有爲之志其所設施度越前古蓋有百世不可改者在位近二十年而終身不受尊號裁損宗室恩止袒免減朝廷無窮之費出賣坊場顧募衙前免民間破家之患黜罷諸科誦數之學訓練諸將慵惰之兵置寄祿之官復六曹之舊嚴重祿之法禁交謁之私行淺攻之策以制西夏收六色之錢以寬雜役凡如此類皆先帝之睿算有利無害而元祐以來上下奉行未嘗失墜也至於其他事有失當何世無之父作之於前子救之於後前後相濟此則聖人之孝也漢武帝外事四征內興宮室財用匱竭於是脩鹽鐵榷酤均輸之政民不堪命幾至大亂昭帝委任霍光罷去煩苛漢室乃定光武顯宗以察爲明以讖決事上下恐懼人懷不安章帝卽位深鑒其失代之以寬厚愷悌之政後世稱焉本朝眞宗右文偃武號稱太平而羣臣因其極盛爲天書之說章獻臨御攬大臣之議藏書梓宮以泯其迹及仁宗聽政絕口不言英宗自藩邸入繼大臣創濮廟之議及先帝嗣位或請復舉其事寢而不答遂以安靜夫以漢昭章之賢與吾仁宗神宗之聖豈其薄於孝敬而輕事變易也哉臣不勝區區願陛下反覆臣言愼勿輕事改易若輕變九年已行之事擢任累歲不用之人人懷私忿而以先帝爲辭大事去矣哲宗覽奏以爲引漢武方先朝不悅落職知汝州居數月元豐諸臣皆會於朝再責知袁州未至降朝議大夫試少府監分司南京筠州居住三年又責化州別駕雷州安置移循州徽宗卽位徙永州岳州已而復大中大夫提舉鳳翔上清太平宮崇寧中蔡京當國又降朝請大夫罷祠居許州再復大中大夫致仕築室于許號潁濱遺老自作傳萬餘言不復與人相見終日默坐如是者幾十年政和二年卒年七十四追復端明殿學士淳熙中謚文定轍性沈靜簡潔爲文汪洋澹泊似其爲人不願人知之而秀傑之氣終不可掩其高處殆與兄軾相迫所著詩傳春秋傳古史老子解欒城文集並行於世三子遲适遜族孫元老

元老字子廷幼孤力學長於春秋善屬文軾謫居海上數以書往來軾喜其爲學有功轍亦愛獎之黃庭堅見而奇之曰此蘇氏之秀也舉進士調廣都簿歷漢州教授西京國子博士通判彭州政和間宰相喜開邊西南帥臣多誘近界諸族使納土分置郡縣以爲功致茂州蠻叛帥司遽下令招降元老歎曰威不足以服則恩不足以懷乃移書成都帥周燾曰此蠻跳梁山谷間伺間竊發彼之所長我之所短惟黔兩州兵可與爲敵若檄數千人使倍道往赴賢於官軍十萬也其次以爲夔陝兵大集先以夔兵誘其前陝兵從其後不十日賊必破彼降而我受焉則威懷之道得今不討賊既招而還必復叛不免重用兵矣燾得書卽召與計事元老又策茂有兩道正道自濕山趨長平絕嶺而上其路險以高間道自青崖關趨刁溪循江而行其路夷以徑當使正兵陣濕山而陰出奇兵擣刁溪與石泉并力合攻賊腹背受敵擒之必矣燾皆不能用竟得罪後帥至如元老策蠻勢蹙乃降除國子博士歷祕書正字將作少監比部考功員外郎尋除成都路轉運副使爲軍器監司農衞尉太常少卿元老外和內勁不妄與人交梁師成方用事自言爲軾外子因緣欲見之且求其文拒不荅言者遂論元老蘇軾從孫且爲元祐邪說其學術議論頗倣軾轍不宜在中朝罷爲提點明道宮元老歎曰昔顏子附驥尾而名顯吾今以家世坐累榮矣未幾卒年四十七有詩文行于時

論曰蘇轍論事精確脩辭簡嚴未必劣於其兄王安石初議青苗轍數語柅之安石自是不復及此後非王廣兼傅會則此議息矣轍寡言鮮慾素有以得安石之敬心故能爾也若是者軾宜若不及然至論軾英邁之氣閎肆之文轍爲軾弟可謂難矣元祐秉政力斥章蔡不主調停及議回河雇役與文彥博司馬光異同西邊之謀又與呂大防劉摯不合君子不黨於轍見之轍與兄進退出處無不相同患難之中友愛彌篤無少怨尤近

古罕見獨其齒爵皆優於兄意者造物之所賦與亦有乘除於其間哉

宋史卷三百四十

元　中　書　右　丞　相　總　裁　脫　脫　等　修

列傳第九十九

呂大防兄大忠 弟大鈞 大臨　劉摯　蘇頌

呂大防字微仲其先汲郡人祖通太常博士父蕡比部郎中通葬京兆藍田遂家焉大防進士及第調馮翊主簿永壽令縣無井遠汲於澗大防行近境得二泉欲導而入縣地勢高下衆疑無成理大防用考工水地置臬之法以準之不旬日果疏爲渠民賴之號曰呂公泉遷著作佐郎知青城縣故時圭田粟入以大斗而出以公斗獲利三倍民雖病不敢訴大防始均出納以平其直事轉聞詔立法禁命一路悉輸租于官槩給之青城外控汶川與敵相接大防據要置邏密爲之防禁山之樵采以嚴障蔽韓絳鎭蜀稱其有王佐才入權鹽鐵判官英宗卽位改太常博士御史闕內出大防與范純仁姓名命爲監察御史裏行首言紀綱賞罰未厭四方之望者有五進用大臣而權不歸上大臣疲老而不得時退外國驕蹇而不擇將帥議論之臣裨益闕失而大臣沮之疆埸左右之臣有敗事而被賞舉職而獲罪者又言富弼病足請解機務章十餘上而不納張昪年幾八十聰明已耗哀乞骸骨而不從吳奎有三年之喪以其子名之者再遣使名之者又再程戡辭老不能守邊恐死塞上免以尸柩還家爲請亦不許陛下欲盡君臣之分使病者得休喪者得終老者得盡其餘年則進退盡禮亦何必過爲虛飾使四人之誠不得自達邪是歲京師大水大防曰雨水之患至入宮城廬舍殺人害物此陰陽之沴也卽陳八事曰主威不立臣權太盛邪議干正私恩害公遼夏連謀盜賊恣行羣情失職刑罰失平會執政議濮王稱考大防上言先帝起陛下爲皇子館於宮中憑几之命緒言在耳皇天后土實知所託設使先帝萬壽陛下猶爲皇子則安懿之稱伯於理不疑豈可生以爲子沒而背之哉夫人君臨御之始宜有至公大義厭服天下以結其心今大臣首欲加王以非正之號使陛下顧私恩而違公義非所以結天下之心也章累十數上出知休寧縣神宗立通判淄州熙寧元年知泗州爲河北轉運副使名直舍人院韓絳宣撫陝西命爲判官又兼河東宣撫判官除知制誥四年知延州大防防欲城河外荒堆砦衆謂不可守大防留戍兵修堡障有不從者斬以徇會環慶兵亂絳坐黜大防亦落知制誥以太常博士知臨江軍數月徙知華州華嶽摧自山屬渭河被害者衆大防奏疏援經質史以驗時事其略曰畏天之威于時保之先王所以興也我生不有命在天後王所以壞也書云惟先格王正厥事願仰承天威俯酌時變爲社稷至計除龍圖閣待制知秦州元豐初徙永興神宗以彗星求言大防陳三說九宜曰治本曰緩末曰納言養民教士重穀治本之宜三也治邊治兵緩末之宜二也廣受言之路寬侵官之罰恕誹謗之罪容異同之論此納言之宜四也累數千言時用兵西夏調度百出有不便者輒上聞務在寬民及兵罷民力比他路爲饒供億軍須亦無乏絕進直學士居數年知成都府哲宗卽位召爲翰林學士權開封府有僧誑民取財因訟至廷下驗治得情命抱具獄卽其所杖之他挾姦者皆遁去館伴契丹使其使黠語頗及朝廷大防密擿其隱事詰之曰北朝試進士至心獨運賦不知此題於書何出使錯愕不能對自是不敢復出嫚詞遷吏部尚書夏使來詔訪以待遇之計且曰向者所得邊地雖建立城堡終慮孤絕難保棄之則弱國守之又有後悔爲當奈何大防言夏本無能爲然屢遣使而不布誠欵者蓋料我急於議和耳今使者到闕宜令押伴臣僚扣其不賀登極以觀厥意足以測情僞矣新收疆土議者多言可棄此慮之不熟也至於守禦之策惟擇將帥爲先太祖用姚內斌董遵誨守環慶西人不敢入侵昔以二州之力禦敵而有餘今以九州之大奉邊而不足由是言之在於得人而已元祐元年拜尚書右丞進中書侍郎封汲郡公西方息兵青唐羌以爲中國怯使大將鬼章青宜結犯邊大防命洮州諸將乘間致討生擒之三年呂公著告老宣仁后欲留之京師手札密訪至于四五超拜大防尚書左僕射兼門下侍郎提舉修神宗實錄大防見哲宗年益壯日以進學爲急請敕講讀官取仁宗邇英御書解釋上之寘于坐右又摭乾興以來四十一事足以爲勸戒者分上下篇標曰仁祖聖學使人主有欣慕不足之意哲宗御邇英閣召宰執講讀官讀寶訓至漢武帝籍南山提封爲上林苑仁宗曰山澤之利當與衆共之何用此也丁度曰臣事陛下二十年每奉德音未始不及於憂勤此蓋祖宗家法爾大防因推廣祖宗家法以進曰自三代以後唯本朝百二十年中外無事蓋由祖宗所立家法最善臣請舉其略自古人主事母后朝見有時如漢武帝五日一朝長樂宮祖宗以來事母后皆朝夕見此事親之法也前代大長公主用臣妾之禮本朝必先致恭仁宗以姪事姑之禮見獻穆大長公主此事長之法也前代宮闈多不肅宮人或與廷臣相見唐入閣圖有昭容位本朝宮禁嚴密內外整肅此治內之法也前代外戚多預政事常致敗亂本朝母后之族皆不預此待外戚之法也前代宮室多尚華侈本朝宮殿止用赤白此尚儉之法也前代人君雖在宮禁出輿入輦祖宗皆步自內庭出御後殿豈乏人力哉亦欲涉歷廣庭稍冒寒暑此勤身之法也前代人主在禁中冠服苟簡祖宗以來燕居必以禮竊聞陛下昨郊禮畢具禮謝太皇太后此尚禮之法也前代多深於用刑大者誅戮小者遠竄惟本朝用法最輕臣下有罪止於罷黜此寬仁之法也至於虛己納諫不好畋獵不尚奢靡不用玉器不貴異味此皆祖宗家法所以致太平者陛下不須遠法前代但盡行家法足以爲天下哲宗甚然之大防朴厚惷直不植黨朋與范純仁竝位同心戮力以相王室立朝挺挺進退百官不可干以私不市恩嫁怨以邀聲譽凡八年始終如一懇乞避位宣仁后曰上方富於春秋公未可卽去少須歲月吾亦就東朝矣未果而后崩爲山陵使復命以觀文殿大學士左光祿大夫知潁昌府尋改永興軍使便其鄉社入辭哲宗勞慰甚渥曰卿暫歸故鄉行卽召矣未幾左正言上官均論其隳壞役法右正言張商英御史周秩劉拯相繼攻之奪學士知隨州貶祕書監分司南京居郢州言者又以脩神宗實錄直書其事爲誣詆徙安州兄大忠自渭入對哲宗詢大防安否且曰執政欲遷諸嶺南朕獨令處安陸爲朕寄聲問之大防朴直爲人所賣三二年可復相見也大忠泄其語於章惇惇懼繩之愈力紹聖四年遂貶舒州團練副使安置循州至虔州信豐而病語其子景山曰吾不復南矣吾死汝歸呂氏尚有遺種遂薨年七十一大忠請歸葬許之大防身長七尺眉目秀發聲音如鐘自少持重無嗜好過市不左右游目燕居如對賓客每朝會威儀翼如神宗常目送之與大忠及弟大臨同居相切磋論道考禮冠昏喪祭一本於古關中言禮學者推呂氏嘗爲鄉約曰凡同約者德業相勸過失相規禮俗相交患難相卹有善則書于籍有過若違約者亦書之三犯而行罰不悛者絕之徽宗卽位復其官高宗紹興初又復大學士贈大師宣國公謚曰正愍

大忠字進伯登第爲華陰尉晉城令韓絳宣撫陝西以大忠提舉永興路義勇改祕書丞檢詳樞密院吏兵房文字令條義勇利害大忠言養兵猥衆國用日屈漢之屯田唐之府兵善法也弓箭手近於屯田義勇近於府兵擇用一焉兵屯可省矣爲簽書定國軍判官熙寧中王安石議遣使諸道立緣邊封溝大忠與范育被命俱辭行大忠陳五不可以爲懷撫外國恩信不洽必致生患罷不遣令與劉忱使契丹議代北地會遭父喪起復知代州契丹使蕭素梁潁至代設次據主席大忠與之爭乃移次於長城北換西上閤門使知石州大忠數與素潁會凡議屢以理折之素潁稍屈已而復使蕭禧來求代北地神宗召執政與大忠忱議將從其請大忠曰彼遣一使來卽與地五百里若使魏王英弼來求關南則何如神宗曰卿是何言也對曰陛下既以臣言爲不然恐不可啓其漸忱曰大忠之言社稷大計願陛下熟思之執政知不可奪議卒不決罷忱還三司大忠亦終喪制其後竟以分水嶺爲界焉元豐中爲河北轉運判官言古者理財視天下猶一家朝廷者家外計者兄弟居雖異而財無不同今有司惟知出納之名有餘不足未嘗以實告上故有餘則取之不足莫之與甚大患也乃上生財養民十二事徙提點淮南刑獄時河決飛蝗爲災大忠入對極論之詔歸故官元祐初歷工部郎中陝西轉運副使知陝州以直龍圖閣知秦州進寶文閣待制夏人自犯麟府環慶後遂絕歲賜欲遣使謝罪神宗將許之大忠言夏人彊則縱困則服今陽爲恭順實懼討伐宜且命邊臣詰其所以來之辭若惟請是從彼將有以窺我矣時郡糴民粟豪家因之制操縱之柄大忠選僚寀自旦入倉雖斗升亦受不使有所壅閼民喜爭運粟于倉負錢而去得百餘萬斛馬涓以進士舉首入幕府自稱狀元大忠謂曰狀元云者及第未除官之稱也既爲判官則不可今科舉之習既無用脩身爲己之學不可不勉又教以臨政治民之要涓自以爲得師爲謝良佐教授州學大忠每過之聽講論語必正襟斂

容曰聖人言行在焉吾不敢不書嘗獻言夏人戍守之外戰士不過十萬吾三路之衆足以當之矣彼屢犯王略一不與校臣竊羞之紹聖三年加寶文閣直學士知渭州付以秦渭之事奏言關陝民力未裕士氣沮喪非假之歲月未易枝梧因請以職事對大抵欲以計徐取橫山自汝遮殘井迤邐進築不求近功既而鍾傳城安西王文郁亦用事章惇曾布主之大忠議不合又乞以所進職爲大防量移惇布陳其所言與元祐時異徙知同州旋降待制致仕卒詔復學士官佐其葬

大鈞字和叔父蕡六子其五登科大鈞第三子也中乙科調秦州右司理參軍監延州折博務改光祿寺丞知三原縣請代蕡入蜀移巴西縣蕡致仕大鈞亦移疾不行韓絳宣撫陝西河東辟書寫機密文字府罷移知候官縣故相曾公亮鎮京兆薦知涇陽縣皆不赴丁外艱家居講道數年起爲諸王宮教授求監鳳翔船務制改宣義郎會伐西夏鄜延轉運司檄爲從事既出塞轉運使李稷餽餉不繼欲還安定取糧使大鈞請於种諤諤曰吾受命將兵安知糧道萬一不繼召稷來與一劍耳大鈞性剛直即曰朝廷出師去塞未遠遂斬轉運使無君父乎諤意折彊謂大鈞曰君欲以此報稷先稷受禍矣大鈞怒曰公將以此言見恐邪吾委身事主死無所辭正恐公過耳諤見其直乃好謂曰子乃爾邪今聽汝矣始許稷還是時微大鈞盛氣誚諤稷且不免未幾道得疾卒年五十二大鈞從張載學能守其師說而踐履之居父喪衰麻葬祭一本於禮後乃行於冠昏膳飲慶弔之間節文粲然可觀關中化之尤喜講明井田兵制謂治道必自此始悉撰次爲圖籍可見於用雖皆本於載而能自信力行載每歎其勇爲不可及

大臨字與叔學于程頤與謝良佐游酢楊時在程門號四先生通六經尤邃於禮每欲掇習三代遺文舊制令可行不爲空言以拂世駭俗其論選舉曰古之長育人才者以士衆多爲樂今之主選舉者以多爲患古以禮聘士常恐士之不至今以法待士常恐士之競進古今豈有異哉蓋未之思爾夫爲國之要不過得人以治其事如爲治必欲得人惟恐人才之不足而何患於多如治事皆任其責惟恐士之不至不憂其競進也今取人而用不問其可任何事任人以事不問其才之所堪故入流之路不勝其多然爲官擇士則常患乏才待次之吏歷歲不調然考其職事則常患不治是所謂名實不稱本末交戾如此而欲得人而事治未之有也今欲立士規以養德厲行更學制以量才進藝定試法以區別能否脩辟法以興能備用嚴舉法以覈實得人制考法以責任考功庶幾可以漸復古矣富弼致政于家爲佛氏之學大臨與之書曰古者三公無職事惟有德者居之內則論道于朝外則主教于鄉古之大人當是任者必將以斯道覺斯民成己以成物豈以爵位進退體力盛衰爲之變哉今大道未明人趨異學不入于莊則入于釋疑聖人爲未盡善輕禮義爲不足學人倫不明萬物憔悴此老成大人惻隱存心之時以道自任振起壞俗在公之力宜無難矣若夫移精變氣務求長年此山谷避世之士獨善其身者之所好豈世之所以望於公者哉弼謝之元祐中爲太學博士遷祕書省正字范祖禹薦其好學脩身如古人可備勸學未及用而卒

劉摯字莘老永靜東光人兒時父居正課以書朝夕不少閒或謂君止一子獨不可少寬邪居正曰正以一子不可縱也十歲而孤鞠於外氏就學東平因家焉嘉祐中擢甲科歷冀州南宮令縣比不得人俗化凋敝其賦甚重輸絹匹折稅錢五百綿兩折錢三十民多破產摯援例旁郡條請裁以中價轉運使怒將劾之摯固請曰獨一州六邑被此苦決非法意但朝廷不知耳遂告於朝三司使包拯奏從其議自是絹爲錢千三百綿七十有六民歡呼至泣下曰劉長官活我是時摯與信都令李沖清河令黃莘皆以治行聞人稱爲河朔三令徙江陵觀察推官用韓琦薦得館閣校勘王安石一見器異之擢檢正中書禮房默默非所好也才月餘爲監察御史裏行欣然就職歸語家人曰趣裝毋爲安居計未及陛對即奏論亳州獄起正小人意在傾富弼以市進今弼已得罪願少寬之又言程昉開漳河調發猝迫人不堪命趙子幾擅升畿縣等使納役錢縣民日數千人遮訴宰相京師喧然何以示四方張靚王廷老擅增兩浙役錢督賦嚴急人情嗟怨此皆欲以羨餘希賞願行顯責明朝廷本無聚斂之意及入見神宗面賜褒諭因問卿從學王安石邪安石極稱卿器識對曰臣東北人少孤獨學不識安石也退而上疏曰君子小人之分在義利而已小人才非不足用特心之所向不在乎義故希賞之志每在事先奉公之心每在私後陛下有勸農之意今變而爲煩擾陛下有均役之意今倚以爲聚斂其有愛君之心憂國之言者皆無以容於其間今天下有喜於敢爲有樂於無事彼以此爲流俗此以彼爲亂常畏義者以進取爲可恥嗜利者以守道爲無能此風浸成漢唐黨禍必起矣惟君子爲能通天下之志臣願陛下虛心平聽審察好惡前日意以爲是者今更察其非前日意以爲短者今更用其長稍抑虛譁輕僞志近忘遠幸於苟合之人漸察忠厚慎重難進易退可與有爲之士收過與不及之俗使會於大中之道則施設變化惟陛下號令之而已又論率錢助役官自雇人有十害其略曰天下州縣戶役虛實重輕不同今等以爲率則非一法所能齊隨其所宜各自立法則紛擾散殊何以統率一也新法謂版籍不實故令別立等第且舊籍既不可信今何以得其無失不獨搔擾生事患將使富輸少貧輸多二也天下上戶少中戶多上戶役數而重故以助錢爲幸中戶役簡而輕下戶役所不及今槩使輸錢則爲不幸三也有司欲多得雇錢而患上戶之寡故不用舊籍臨時升降使民何以堪命四也歲有豐凶而役人有定數助錢不可闕非若稅賦有倚閣減放之期五也穀麥布帛歲有所出而助法必輸見錢六也二稅科買色目已多又槩率錢以竭其所有斯民無有悅而願爲農者戶口當日耗失七也僥倖者又將緣法生姦如近日兩浙倍科錢數自以爲功八也差法近者十餘年遠或二十年乃一克役民安習之久矣今官自雇人直重則民不堪輕則人不願不免以力毆之就役九也且役人必用鄉戶家有常產則必知自愛性既愚實則罕有盜欺今一切雇募但得輕猾浮僞之人巧詐相資何所不至十也會御史中丞楊繪亦言其非安石使張琥作十難以詰之琥辭不爲司農曾布請爲之既作十難且劾摯繪欺誕懷向背詔問狀繪惶謝罪摯奮曰爲人臣豈可壓於權勢使天子不知利害之實即條對所難以伸其說且曰臣待罪言責采士民之說以聞於上職也今有司違令分析是使之較是非爭勝負交口相直無乃辱陛下耳目之任哉所謂向背則臣所向者義所背者利所向者君父所背者權臣願以臣章并司農奏宣示百官考定當否如臣言有取幸早施行若稍涉欺罔甘就竄逐不報摯明日復上疏曰陛下起居言動躬蹈德禮夙夜厲精以親庶政天下未至於安且治者誰致之邪陛下注意以望太平而自以太平爲己任得君專政者是也二三年間開闔動搖舉天下無一物得安其所者蓋自青苗之議起而天下始有聚斂之疑青苗之議未允而均輸之法行均輸之法方擾而邊鄙之謀動邊鄙之禍未艾而助役之事興至於求水利行淤田併州縣興事起新難以徧舉其議財則市井屠販之人皆召至政事堂其征利則下至歷日而官自鬻之推此而往不可究言輕用名器淆混賢否忠厚老成者擯之爲無能狹少儇辯者取之爲可用守道憂國者謂之流俗敗常害民者謂之通變凡政府謀議經畫除用進退獨與一掾屬決之然後落筆同列預聞反在其後故奔走乞丐之人其門如市今西夏之款未入反側之兵未安三邊瘡痍流潰未定河北大旱諸路大水民勞財乏縣官減耗聖上憂勤念治之時而政事如此皆大臣誤陛下而大臣所用者誤大臣也疏奏安石欲竄之嶺外神宗不聽但謫監衡州鹽倉繪出知鄭州琥亦落職摯乞詣鄆遷葬然後奔赴貶所許之先是倉吏與綱兵姦利相市鹽中雜以僞惡遠人未嘗食善鹽摯悉意核視且儲其美以爲賞弊減什七父老目爲學士鹽久之簽書南京判官會司農新令盡斥賣天下祠廟依坊場河渡法收淨利南京閼伯廟歲錢四十六貫微子廟十三貫摯歎曰一至於此往見留守張方平曰獨不能爲朝廷言之邪方平瞿然托摯爲奏曰閼伯遷商丘主祀大火火爲國家盛德所乘歷世尊爲大祀微子宋始封之君開國此地本朝受命建號所因又有雙廟者唐張巡許遠孤城死賊能捍大患今若令承買小人規利冗褻瀆慢何所不爲歲收微細實損大體欲望留此三廟以慰邦人崇奉之意從之又見方平傳入同知太常禮院元豐初改集賢校理知太宗正寺丞爲開封府推官神宗開天章閣議新官制除至禮部郎中曰此南宮舍人非他曹比無出劉摯者即命之俄遷右司郎中初宰掾每於執政分廳時請間白事多持兩端伺意指摯始請以公禮聚見共決可否或不便摯所請坐以開封不置曆事罷歸明年起知滑州哲宗即位宣仁后同聽政召爲吏部郎中改祕書少監擢侍御史上疏曰昔者周成王幼冲踐祚師保之臣周公太公其人也仁宗皇帝盛年嗣服用李維晏殊爲侍讀孫奭馮元爲侍講聽斷之暇召使入侍陛下春秋鼎盛在所資養願選忠信孝悌惇茂老成之人以充勸講進讀之任便殿燕坐時賜延對執經誦說以廣睿智仰副善繼求治之志他日講筵進讀至仁宗不避庚戌臨奠張士遜侍讀曰國朝故事多避國音國朝角音木也故畏庚辛哲宗問果當避否摯進曰陰陽拘忌聖人不取如正月祈穀必用上辛此豈可改也漢章帝以反支日受章奏唐太宗以辰日哭張公謹仁宗不避庚戌日皆陛下所宜取法哲宗然之摯又言諫官御史員鈌未補監察雖滿六員專以察

治官司公事而不預言責臣請增補臺諫並許言事時蔡確章惇在政地與司馬光不相能摯因久旱上言洪範庶徵肅時雨若五行傳政緩則冬旱今廟堂大臣情志乖睽議政之際依違排很語播於外可謂不肅政令二三舒緩不振比日青無光風霾昏曀上天警告皆非小變願進忠良通壅塞以荅天戒蔡確爲山陵使神宗靈駕發引前夕不入宿摯劾之不報及使回旣朝卽視事摯又奏確不引咎自劾無何確上表自陳嘗請收拔當世之耆艾以陪輔王室竊省有司之煩碎以慰安民心摯謂使確誠有是請不言於先朝爲不忠之罪言於今日爲取容之計誠無是請則欺君莫大於此又疏確過惡大略有十論章惇凶悍輕侮無大臣體皆罷去

初神宗更新學制養士以千數有司立爲約束過於煩密摯上疏曰學校爲育材首善之地教化所從出非行法之所雖羣居衆聚帥而齊之不可無法亦有禮義存焉先帝體道制法超漢軼唐養士之盛比隆三代然而比以太學屢起獄訟有司緣此造爲法禁煩苛愈於治獄條目多於防盜上下疑貳以求苟免甚可惟者博士諸生禁不相見教諭無所施質問無所從月巡所隸之齋而已齋舍旣不一隨經分隸則又易博士兼巡禮齋詩博士兼巡書齋所至備禮請問相與揖諾亦或不交一言而退以防私請以杜賄賂學校如此豈先帝所以造士之意哉治天下者遇人以君子長者之道則下必有君子長者之行而應乎上若以小人犬彘遇之彼將以小人犬彘自爲而況以此行於學校之間乎願罷其制又請雜用經義詩賦取士復賢良方正科罷常平免役引朱光庭王巖叟爲言官執憲數月正色彈劾多所貶出百僚敬憚時人以比包拯呂晦元祐元年擢御史中丞摯上疏曰上之所好下必有甚朝廷意在總覈下必有刻薄之行朝廷務在寬大下必有苟簡之事習俗懷利迎意趨和所爲近似而非上之意本然也今因革之政本殊而觀望之俗故在昨差役初行監司已有迎合爭先不校利害一槩定差一路爲之騷動者朝廷察其如此固已黜之矣以是觀之大約類此向來黜責數人者皆以非法掊克市進害民然非欲使之漫不省事昧者不達矯枉過正顧可不爲之禁哉請立監司考績之制拜尚書右丞遷左丞中書侍郎遷門下侍郎胡宗愈除右丞諫議大夫王覿疏其非是宣仁后怒將加深譴摯開救甚力簾中厲聲曰若有人以門下侍郎爲姦邪甘受之否摯曰陛下審察毀譽每如此天下幸甚然願顧大體宗愈進用自有公議必致貶諫官而後進恐宗愈亦所未安宣仁后意解覿得補郡守摯與同列奏事論人才摯曰人才難得能否不一性忠實而才識有餘上也才識不逮而忠實有餘次也有才而難保可藉以集事又其次也懷邪觀望隨時勢改變此小人也終不可用哲宗及宣仁后曰卿常能如此用人國家何憂六年拜尚書右僕射摯性峭直有氣節通達明銳觸機輒發不爲利怵威誘自初輔政至爲相修嚴憲法辨白邪正專以人物處心孤立一意不受謁請子弟親戚入官皆令赴銓部以格調選未嘗以干朝廷與呂大防同位國家大事多決於大防惟進退士大夫實執其柄然持心少恕勇於去惡竟爲朋讒奇中先是邢恕謫官永州以書抵處摯故與恕善荅其書有永州佳處第往以俟休復之語排岸官茹東濟傾險人也有求於摯不得見其書陰錄以示御史中丞鄭雍侍御史楊畏二人方交章擊摯遂箋釋其語上之曰休復者語出周易以俟休復者俟他日太皇太后復子明辟也又章惇諸子故與摯之子游摯亦間與之接雍畏謂延見接納爲牢籠之計以覬後福宣仁后於是面喻摯曰言者謂卿交通匪人爲異日地卿當一心王室若章惇者雖以宰相處之未必樂也摯皇懼退上章自辨執政亦爲之言宣仁后曰垂簾之初摯排斥姦邪實爲忠直但此二事非所當爲也以觀文殿學士罷知鄆州給事中朱光庭駁云摯忠義自奮朝廷擢之大位一旦以疑而罷天下不見其過光庭亦罷七年徙大名又爲雍等所遏徙知青州紹聖初來之邵周秩論摯變法棄地罪奪職知黃州再貶光祿卿分司南京蘄州居住將行語諸子曰上用章惇吾且得罪若惇顧國事不遷怒百姓但責吾曹死無所恨正慮意在報復法令益峻奈天下何憂形於色無一言及遷謫意四年陷邢恕之謗貶鼎州團練副使新州安置惟一子從家人涕泣願侍皆不聽至數月以疾卒年六十八初摯與呂大防爲相文及甫居喪在洛怨望服除恐不得京官抵書邢恕曰改月遂除入朝之計未可必當塗猜怨於鷹揚者益深其徒實繁司馬昭之心路人所知也濟之以粉昆必欲以眇躬爲甘心快意之地可爲寒心其謂司馬昭者指呂大防獨當國久粉昆者世以駙馬都尉爲粉侯韓嘉彥尚主以兄忠彥爲粉昆也恕以書示蔡碩蔡渭渭上書訟摯及大防等十餘人陷其父確謀危宗社引及甫書爲證時章惇蔡卞誣造元祐諸人事不已因是欲殺摯及梁燾王巖叟等以爲摯有廢立之意遂起同文館獄用蔡京安惇雜治逮問及甫及甫元祐末復怨大防除權侍郎又忠彥雖罷哲宗眷之未衰乃託其亡父嘗說司馬昭指劉摯粉謂王巖叟面白如粉昆謂梁燾字況之況猶兄也又問實狀但云疑其事勢如此會摯卒京奏不及考驗遂免其子官與家屬徙英州凡三年死於瘴者十人徽宗立詔反其家屬用子跂請得歸葬跂又伏闕訴及甫之誣遂貶及甫并渭於湖外復摯中大夫蔡京爲相降朝散大夫後又復觀文殿大學士大中大夫紹興初贈少師謚曰忠肅摯嗜書自幼至老未嘗釋卷家藏書多自讐校得善本或手抄錄孜孜無倦少好禮學其究三禮視諸經尤粹晚好春秋考諸儒異同辨其得失通聖人經意爲多其教子孫先行實後文藝每曰士當以器識爲先一號爲文人無足觀矣跂能爲文章遭黨事爲官拓落家居避禍以壽終

蘇頌字子容泉州南安人父紳葬潤州丹陽因徙居之第進士歷宿州觀察推官知江寧縣時建業承李氏後稅賦圖籍一皆無藝每發斂高下出吏手頌因治訊他事互問民鄰里丁產識其詳及定戶籍民或自占不悉頌警之曰汝有某丁某產何不言民駭懼皆不敢隱遂剗剔夙蠹成賦一邑簡而易行諸令視以爲法至領其民拜庭下以謝凡民有忿爭頌喻以鄉黨宜相親善若以小忿而失歡心一旦緩急將何賴焉民往往謝去或半途思其言而止時監司王鼎王綽楊紘於部吏少許可及觀頌施設則曰非吾所及也調南京留守推官留守歐陽脩委以政曰子容處事精審一經閱覽則修不復省矣時杜衍老居睢陽見頌深器之曰如君眞所謂不可得而親疏者衍又自謂平生人罕見其用心處遂自小官以至爲侍從宰相所以施設出處悉以語頌曰以子相知且知子異日必爲此官老父非以自矜也故頌後歷政略似衍云皇祐五年召試館閣校勘同知太常禮院至和中文彥博爲相請建家廟事下太常頌議以爲禮大夫士有田則祭無田則薦是有土者乃爲廟祭也有田則有爵無土無爵則子孫無以繼承宗祀是有廟者止於其躬子孫無爵祭乃廢也若參合古今之制依約封爵之令爲之等差錫以土田然後廟制可議若猶未也卽請考案唐賢寢堂祠饗儀止用燕器常食而已嘉祐中詔禮院議立故郭皇后神御殿于景靈宮頌謂勑書云向因忿鬱偶失謙恭此則無可廢之事又云朕念其自歷長秋僅周一紀逮事先后祗奉寢園此則有不當廢之悔又云可追復皇后其祔廟謚冊並停此則有合祔廟及謚冊之義請祔郭皇后於后廟以成追復之道衆論未定宰相曾公亮問曰郭后上元妃若祔廟則事體重矣頌曰國朝三聖賀尹潘皆元妃事體正相類今止祔后廟則豈得有同異之言公亮曰議者以謂陰逼母后是恐萬歲後配祔之意頌曰若加一懷哀愍之謚則不爲逼矣公亮歎重遷集賢校理編定書籍頌在館下九年奉祖母及母養姑姊妹與外族數十人甘旨融怡昏嫁以時妻子衣食常不及而處之晏如富弼嘗稱頌爲古君子及與韓琦爲相同表其廉退以知潁州通判趙至忠本邊徼降者所至與守競頌待之以禮具盡誠意至忠感泣曰身雖夷人然見義則服平生誠服者唯公與韓魏公耳仁宗崩建山陵有司以不時難得之物厲諸郡頌曰遺詔務從儉約豈有土不產而可強賦乎量其有無事亦隨集英宗卽位召提點開封府界諸縣鎭公事頌言周制六軍出於六鄉在三畿四郊之地唐設十二衞亦散布畿內郡縣又以關內諸府分隸之皆所以臨制四方爲國藩衞國朝禁兵多屯京師及畿內東南諸縣雖饋運爲使而西邊武備殊闕今中牟長垣都門要衝二邑驛置皆由此而舊不屯兵聞無防守請置營益兵以備非常明年饑民果乘虛犯長垣戕官吏如頌慮頌又請以獲盜多寡爲縣令殿最法以謂巡檢縣尉但能捕盜而不能使人不爲盜能使其不爲盜者縣令也且民罹剽刼之害而長官不任其責可乎遷度支判官送契丹使宿恩州驛舍火左右請出避頌不動州兵欲入救閉門不納徐使防卒撲滅之初火時郡人洶洶唱使者有變救兵亦欲因而生事賴頌安靜而止遂聞京師神宗疑焉頌使還入奏稱善久之命爲淮南轉運使召起居注擢知制誥知通進銀臺司知審刑院時知金州張仲宣坐枉法贓罪至死法官援李希輔例杖脊黥配海島頌奏曰希輔仲宣均爲枉法情有輕重希輔知台受賕數百千額外度僧仲宣所部金坑發檄巡檢體究其利甚微土人憚興作以金八兩屬仲容不差官比校止係違令可比恐喝條視希輔有間矣神宗曰免杖而黥之可乎頌曰古者刑不上大夫仲宣官五品今貸死而黥之使與徒隸爲伍雖其人無可矜所重者汙辱衣冠耳遂免杖黥流海外遂爲定法又言提舉青苗官不能體朝廷之意邀功爭利務爲煩擾且與諸司不相臨統文移同異州縣莫知適從乞與常平衆役一切付之監司改提舉爲之屬則事有統

一而於更張之政無所損也不從大臣薦秀州判官李定召見擢太子中允除監察御史裏行宋敏求知制誥封還詞頭復下頌當制頌奏祖宗朝天下初定故不起孤遠而登顯要者眞宗以來雖有幽人異行亦不至超越資品今定不由銓考擢授朝列不緣御史薦寘憲臺雖朝廷急於用才度越常格然隳紊法制所益者小所損者大未敢具草次至李大臨亦封還神宗曰去年詔臺官有闕委御史臺奏舉不拘官職高下頌與大臨對曰從前臺官於太常博士以上中行員外郎以下舉充後爲難得資敘相當故朝廷特開此制止是不限博士員郎非謂選人亦許奏舉若不拘官職高下并選人在其間則是秀州判官亦可爲裏行不必更改中允也今定改京官已是優恩更處之憲臺先朝以來未有此比倖門一啓則士塗奔競之人希望不次之擢朝廷名器有限焉得人人滿其意哉執奏不已於是並落知制誥歸工部郎中班天下謂頌及敏求大臨爲三舍人餘歲知婺州方泝桐廬江水暴迅舟橫欲覆母在舟中幾溺矣頌哀號赴水救之舟忽自正母甫及岸舟乃覆人以爲純孝所感徙亳州有豪婦罪當杖而病每旬檢之未愈譙簿鄧元孚謂頌子曰尊公高明以政稱豈可爲一婦所紿但諭醫如法檢自不誣矣頌曰萬事付公議何容心焉若言語輕重則人有觀望或致有悔既而婦死元孚慙曰我輩狹小豈可測公之用心也加集賢院學士知應天府呂惠卿嘗語人曰子容吾鄉里先進苟一詣我執政可得也頌聞之笑而不應凡更三赦大臨還侍從頌纔授祕書監知通進銀臺司吳越饑選知杭州一日出遇百餘人哀訴曰某以轉運司責逋市易緡錢夜囚晝繫雖死無以償頌曰吾釋汝使汝營生奉衣食之餘悉以償官期以歲月而足可乎皆謝不敢負果如期而足頌宴客有美堂或告將兵欲亂頌密使捕渠領十輩荷杖付獄中迨夕會散坐客不知也及脩兩朝正史轉右諫議大夫使契丹遇冬至其國曆後宋曆一日北人問孰爲是頌曰曆家筭術小異遲速不同如亥時節氣交猶是今夕若踰數刻則屬子時爲明日矣或先或後各從其曆可也北人以爲然使還以奏神宗嘉曰朕嘗思之此最難處卿所對殊善因問其山川人情向背對曰彼講和日久頗竊中國典章禮義以維持其政上下相安未有離貳之意昔漢武帝自謂高皇帝遺朕平城之憂雖久勤征討而匈奴終不服至宣帝呼韓單于稽首稱藩唐自中葉以後河湟陷于吐蕃憲宗每讀貞觀政要慨然有收復意至宣宗時乃以三關七州歸于有司由此觀之外國之叛服不常不繫中國之盛衰也頌意蓋有所諷神宗然之元豐初權知開封府頗嚴鞭朴謂京師浩穰須彈壓當以柱後惠文治之非亳穎臥治之比有僧犯法事連祥符令李純頌置不治御史舒亶糾其故縱貶祕書監知濠州初頌在開封國子博士陳世儒妻李惡世儒庶母欲其死語羣婢曰博士一日持喪當厚餉汝輩既而母爲婢所殺開封治獄法吏謂李不明言使殺姑法不至死或譖頌欲寬世儒夫婦帝召頌曰此人倫大惡當窮竟對曰事在有司臣固不敢言寬亦不敢諭之使重獄久不決至是移之大理意頌前次請求移御史臺逮頌對御史曰公速自言毋重困辱頌曰誣人死不可爲已若自誣以獲罪何傷乎卽手書數百言伏其咎帝覽奏牘以爲疑反覆究實乃大理丞賈種民增減其文傳致也由是事得白同列猶以嘗因人語及世儒帷薄事頌應曰然以是爲泄獄情罷郡未幾知河陽改知滄州入辭帝曰朕知卿久然每欲用輒爲事奪命也夫卿直道久而自明頌頓首謝召糾尚書吏部兼詳定官制唐制吏部主文選兵部主武選神宗謂三代兩漢本無文武之別議者不知所處頌言唐制吏部有三銓之法分品秩而掌選事今欲文武一歸吏部則宜分左右曹掌之每選更以品秩分治於是吏部始有四選法因陛對神宗謂頌曰欲脩一書非卿不可契丹通好八十餘年盟誓聘使禮幣儀式皆無所考據但患脩書者遷延不早成耳然以卿度此書何時可就頌曰須一二年曰果然非卿不能如是之敏也及書成帝讀序引喜曰正類序卦之文賜名魯衛信錄帝嘗問宗子主祭承重之義頌對曰古者貴賤不同禮諸侯大夫世有爵祿故有大宗小宗主祭承重之義則喪服從而異制匹夫庶人亦何預焉近代不世爵宗廟因而不立尊卑亦無所統其長子孫與衆子孫無以異也今五服敕嫡孫爲祖父爲長子猶斬衰三年生而情禮則一死而喪服獨異恐非先王制禮之本意世俗之論乃以三年之喪爲承重不知爲承大宗之重也臣聞慶曆中朝廷議百僚應任子者長子與長孫差優與官餘皆降殺亦近古立宗之法乞詔禮官博士參議禮律合承重者酌古今收族主祭之禮立爲宗子繼祖者以異於衆子孫之法士庶人不當同用一律使人知尊祖不違禮教也除吏部侍郎遷光祿大夫遭母喪帝遣中貴人唁勞賜白金千兩元祐初拜刑部尚書遷吏部兼侍讀奏國朝典章沿襲唐舊乞詔史官采新舊唐書中君臣所行日進數事以備聖覽遂詔經筵官遇非講讀日進漢唐故事二條頌每進可爲規戒有補時事者必述己意反復言之又謂人主聰明不可有所嚮有則偏偏則爲患大矣今守成之際應之以無心則無不治每進讀至彌兵息民必援引古今以動人主之意既又請別製渾儀因命頌提舉頌既邃於律曆以吏部令史韓公廉曉筭術有巧思奏用之授以古法爲臺三層上設渾儀中設渾象下設司辰貫以一機激水轉輪不假人力時至刻臨則司辰出告星辰躔度所次占候則驗不差晷刻晝夜晦明皆可推見前此未有也頌前後掌四選五年每選人改官吏求垢瑕故爲稽滯頌敕吏曰某官緣某事當會某處仍引合用條格具委無漏落狀同上自是吏不得逞每訴者至必取按牘使自省閱訴者服乃退其不服頌必往復詰難度可行之苟有疑則爲奏請或建白都堂故選官多感德其不得所欲者亦心服而去遷翰林學士承旨五年擢尚書左丞嘗行樞密事邊帥遣种朴入奏得諜言阿里骨已死國人未知所立契丹官趙純忠者謹信可任願乘其未定以勁兵數千擁純忠入其國立之衆議如其請頌曰事未可知其越境立君使彼拒而不納得無損威重乎徐觀其變俟其定而撫輯之未晚也已而阿里骨果無恙七年拜右僕射兼中書門下侍郎頌爲相務在奉行故事使百官守法遵職量能授任杜絕僥倖之原深戒疆場之臣邀功生事論議有未安者毅然力爭之賈易除知蘇州頌言易在御史名敢言既爲監司矣今因赦令反下遷爲州不可爭論未決諫官楊畏來之邵謂稽留詔命頌遂上章辭位罷爲觀文殿大學士集禧觀使繼出知揚州徙河南辭不行告老以中太一宮使居京口紹聖四年拜太子少師致仕方頌執政時見哲宗年幼諸臣太紛紜常曰君長誰任其咎耶每大臣奏事但取決於宣仁后哲宗有言或無對者惟頌奏宣仁后必再稟哲宗有宣諭必告諸臣以聽聖語及貶元祐故臣御史周秩劾頌哲宗曰頌知君臣之義無輕議此老徽宗立進太子太保爵累趙郡公建中靖國元年夏至自草遺表明日卒年八十二詔輟視朝二日贈司空頌器局閎遠不與人校短長以禮法自持雖貴奉養如寒士自書契以來經史九流百家之說至於圖緯律呂星官筭法山經本草無所不通尤明典故喜爲人言亹亹不絕朝廷有所制作必就而正焉嘗議學校欲博士分經課試諸生以行藝爲升俊之路議貢舉欲先行實而後文藝去封彌謄錄之法使有司參考其素行之自州縣始庶幾復鄉貢里選之遺範論者韙之

論曰大防重厚摯骨鯁頌有德量三人者皆相於母后垂簾聽政之秋而能使元祐之治比隆嘉祐其功豈易致哉大防疏宋家法八事言非溢美是爲萬世矜式摯正邪之辨甚嚴終以直道齟於羣小遂與大防並死於貶士論冤之頌獨巋然高年未嘗爲姦邪所汙世稱其明哲保身然觀其論知州張仲宣受金事犯顏辨其情罪重輕又陳刑不上大夫之義卒免仲宣於黥自是宋世命官犯贓抵死者例不加刑豈非所爲多雅德君子之事造物者自有以相之歟

宋史卷三百四十一

元　中書右丞相總裁脫脫等修

列傳第一百

王存　孫固　趙瞻　傅堯俞

王存字正仲潤州丹陽人幼善讀書年十二辭親從師于江西五年始歸時學者方尚雕篆獨爲古文數十篇鄉老先生見之自以爲不及慶曆六年登進士第調嘉興主簿擢上虞令豪姓殺人久莫敢問存至按以州吏受賕豪賂他官變其獄存反爲罷去久之除密州推官修潔自重爲歐陽修呂公著趙槩所知治平中入爲國子監直講遷祕書省著作佐郎歷館閣校勘集賢校理史館檢討知太常禮院存故與王安石厚安石執政數引與論事不合卽謝不往存在三館歷年不少貶以干進嘗召見便殿累上書陳時政因及大臣無所附麗皆時人難言者元豐元年神宗察其忠實無黨以爲國史編修官修起居注時起居注雖日侍而奏事必稟中書俟旨存乞復唐貞觀左右史執筆隨宰相入殿故事神宗聽其言聽直前奏事自存始也明年以右正言知制誥同修國史兼判太常寺論圜丘合祭天地爲非古當親祠北郊如周禮官制行神宗切於用人存請自熙寧

以來羣臣緣論事得罪或詿誤被斥而情實納忠非大過者隨材召擢以備官使語合神宗意收拔者甚衆又言赦令出上恩而比歲議法治獄者多乞不以赦降原減官司禁謁本防請託而弔死問疾一切杜絕皆非便也執政不悅五年遷龍圖閣直學士知開封府京師並河居人盜鑿汴隄以自廣或請令培築復故又按民廬侵官道者使撤之二謀出自中人既有詔矣存曰此吾職也入言之即日弛其役都人讙呼相慶進樞密直學士改兵部尚書轉戶部神宗崩哲宗立永裕陵財費不踰時告備宰相乘間復徙之兵部太僕寺請內外馬事得專達毋隸駕部存言如此官制壞矣先帝正省臺寺監之職使相臨制不可徇有司自便而隳已成之法元祐初還戶部固辭不受二年拜中大夫尚書右丞三年遷左丞有建議罷教畿內保甲者存言今京師兵籍益削又廢保甲不教非國家根本久長之計且先帝不憚艱難而爲之既已就緒無故而廢之不可門下侍郎韓維罷存言去一正人天下失望忠讜沮氣讒邪之人爭進矣又論杜純不當罷侍御史王覿不當罷諫官四方奏讞大辟刑部援比請貸都省屢以無可矜恕却之存曰此祖宗制也有司欲生之而朝廷破例殺之可乎又言比廢進士專經一科參以詩賦失先帝黜詞律崇經術之意河決而北幾十年水官議還故道存爭之曰故道已高水性趨下徒費財力恐無成功卒輟其役蔡確以詩怨訕存與范純仁欲薄其罪確再貶新州存亦罷以端明殿學士知蔡州始存之徙兵部確力也至是爲確罷士大夫善其能損怨歲餘加資政殿學士知揚州揚潤相去一水用故相例得歲時過家上冢出賜錢給鄰里又具酒食召會父老親與酬酢鄉黨傳爲美談召爲吏部尚書時在廷朋黨之論寖熾存爲哲宗言人臣朋黨誠不可長然或不察則濫及善人慶曆中或指韓琦富弼范仲淹歐陽修爲黨賴仁宗聖明不爲所惑今日果有進此說者願陛下察之由是復與任事者戾除知大名府改知杭州紹聖初請老提舉崇禧觀遷右正議大夫致仕舊制當得東宮保傅議者指存嘗議還西夏侵地故殺其恩典既而降通議大夫存嘗悼近世學者貴爲公卿而祭祀其先但備庶人之制及歸老築居首營家廟建中靖國元年卒年七十九贈左銀青光祿大夫存性寬厚平居恂恂不爲詭激之行至其所守確不可奪司馬光嘗曰並馳萬馬中能駐足者其王存乎

孫固字和父鄭州管城人幼有立志九歲讀論語曰吾能行此徂徠石介一見以公輔期之擢進士第調磁州司戶參軍從平貝州爲文彥博言脅從罔治之義與彥博意協故但誅首惡餘無所及轉霍邑令遷祕書丞爲審刑詳議官宰相韓琦知其賢論使來見固不肯往琦益器重之引爲編修中書諸房文字治平中神宗爲潁王以固侍講及爲皇太子又爲侍讀至即位擢工部郎中天章閣待制知通進銀臺司种諤取綏州固知神宗志欲經畧西夏欲先事以戒即上言待遠人宜示之信今無名舉兵非計之得願以漢韓安國魏相唐魏徵論兵之畧參校同異則是非炳然矣兵凶器也動不可妄妄動將有悔大臣惡其說出知澶州還知審刑院復領銀臺封駁兼侍讀判少府監神宗問王安石可相否對曰安石文行甚高處侍從獻納之職可矣宰相自有其度安石狷狹少容必欲求賢相呂公著司馬光韓維其人也凡四問皆以此對及安石當國更法度固數議事不合青苗法出又極陳其不便及韓琦疏至神宗感動謂固曰朕熟計之誠不便固出語執政曰及上有意宜亟圖之以福天下既而竟從安石固復領銀臺司孔文仲對制策忤時政報罷固言陛下以名求士而士以實應今反遏之何哉今謂文仲之言以惑天下臣恐天下不惑文仲之言以文仲之黜爲惑也胡宗愈坐言事逐蘇頌陳薦以論李定罷固皆引誼爭之時議尊僖祖爲始祖固議曰漢高以得天下與商周異故太上皇不得爲始封光武中興不敢祖舂陵而祖高帝宋有天下傳之萬世太祖功也不當替其祀請以爲始祖而爲僖祖別立廟禘祫之日奉其祧主東向以伸其尊合所謂祖以孫尊孫以祖屈之意韓琦見而歎曰孫公此議足以不朽矣加龍圖閣直學士知眞定府遼人盜耕解子平地歲且久吏爭弗能還固徵得其要領折愧之正疆地二百里熙寧末以樞密直學士知開封府元豐初同知樞密院事時征安南建順州其地瘴癘不堪守固請棄之內徙者二萬戶諜者告夏人幽其主神宗欲西討固數言舉兵易解禍難神宗曰夏有釁不取則爲遼人所有不可失也固曰必不得已請聲其罪薄伐之分裂其地使其酋長自守焉神宗笑曰此眞酈生之說爾時執政有言便當直度河不可留行固曰然則孰爲陛下任此者神宗曰朕已屬李憲固曰伐國大事也豈可使宦官爲之今陛下任李憲則士大夫孰肯爲用乎神宗不悅他日固又曰今五路進師而無大帥就使成功兵必爲亂神宗曰大帥誠難其人呂公著曰既無其人曷若已之固曰公著言是也初議五路入討會于靈州李憲由熙河入輒不赴靈州乃自開蘭會欲以弭責固曰兵法期而後至者斬今諸路皆進而憲獨不行雖得蘭會罪不可赦神宗不聽其後師果無功神宗曰朕始以孫固言爲迂今悔無及矣改大中大夫樞密副使進知院事以疾避位拜觀文殿學士知河陽尋提舉嵩山崇禧宮哲宗即位以正議大夫知河南府徙鄭州元祐二年召除侍讀提舉中太一宮遂拜門下侍郎哲宗與太皇太后矜其年高每朝會豫節拜儀聽休於幄次固數乞骸骨太皇太后曰卿先帝在東宮時舊臣今帝新聽政勉留輔導或體中未安取文書於家治之可也固感激強起視事復知樞密院事累官右光祿大夫五年卒年七十五哲宗太皇太后皆出聲泣時文彥博致仕歸洛將宴餞崇政殿以固在殯罷之輟視朝二日贈開府儀同三司謚曰溫靖固宅心誠粹不喜嬌亢與人居久而益信故更歷夷險而不爲人所疾害嘗曰人當以聖賢爲師一節之士不足學也又曰以愛親之心愛其君則無不盡矣司馬光退處固每勸神宗召歸及光爲陳州過鄭固與論天下大事至數十日公行且相宜視先後緩急審處之傳堯俞銘其墓曰司馬公之清節孫公之淳德蓋所謂不言而信者也世以爲確論紹聖時奪遺澤元符二年奪所贈官列元祐黨籍政和中徽宗以固嘗爲神宗宮僚特出籍悉還所奪

趙瞻字大觀其先亳州永城人父剛太子賓客徙鳳翔之盩厔瞻舉進士第調孟州司戶參軍移萬泉令捐圭田修學宮士自遠而至改知夏縣作八監堂書古賢令長治迹以自監又以祕書丞知永昌縣築六堰灌田歲省科斂數十萬木訟咸息民以比召杜升太常博士知威州瞻以威茂雜羣獠險而難守不若合之而建郡於文川條著其詳爲因山別錄後熙寧中朝廷經理西南就瞻取其書考焉遷尚書屯田員外郎英宗治平初自都官員外郎除侍御史上疏曰英斷獨化人主至權也審至權者當主以天下之大公揆以天下之正論如是而後權可一也若夫積久之敝陛下其思焉刑賞施設之失可革則革號令言動之過可止則止輔相賴其用宜責其効臺諫知其才宜信其說兵柄宜創諸宦官邊議宜付宿將蓋權不可矯而爲也以從天下之望耳英宗稱善久之詔遣內侍王昭明等四人爲陝西諸路鈐轄招撫諸部瞻以唐用宦者爲觀軍容宣慰等使後世以爲至戒宜追還內侍責成守臣章三上言甚激切會文彥博孫沔經畧西夏別遣馮京安撫諸路瞻又請罷京使專委宿將夏人入侵王官慶師孫長卿不能禦加長卿集賢院學士瞻言長卿當黜不宜賞賞罰倒置京東盜賊數起瞻請易置曹濮守臣之不才者未報乃求退力言追還昭明等英宗改容納其言二年秋京師大水詔百官言事多留中瞻請悉出章疏付兩省詳擇以聞從之時議追崇濮安懿王瞻引漢師丹董宏事謂其屬薛溫其曰事將類此吾必以死爭固吾所也中書請安懿王稱親瞻爭曰仁宗既下明詔子陛下議者顧惑禮律所生所養之名妄相訾難彼明知禮無兩父貳斬之義敢裂一字之詞以亂厥眞且文有去婦出母者去已非婦出不爲母辭窮直書豈足援以斷大議哉臣請與之廷辨以定邪正已而皇太后手書尊王爲皇瞻歎曰向者太后切責大臣議乃得罷今邪臣與中官交締歸過至尊而自爲之地吾與首議之臣不並生矣因復力陳會假太常少卿接契丹賀正使入對英宗問前事對曰陛下爲仁宗子而濮王又稱皇考則是二父二父非禮英宗曰御史嘗見朕欲皇考濮王乎瞻曰此乃大臣之議陛下未嘗自言英宗曰是中書過耳朕自數歲時先帝養爲子豈敢稱濮考瞻曰臣請退諭中書作詔以曉天下時連日陰冥英宗指天示瞻曰天道如此安敢妄爲褒尊朕意已決無庸宣告瞻曰陛下祗畏天戒不以私妨公甚盛德也及使遼聞呂誨等諫濮議皆罷去乞與同貶不報趣入對英宗曰卿欲就龍逢比干之名孰若效伊尹傅說哉瞻皇懼言臣不敢奉詔使朝廷有同罪異罰之議遂通判汾州神宗即位遷司封員外郎知商州又除提點陝西刑獄熙寧三年爲開封府判官神宗問卿知青苗法便乎對曰青苗法唐行之於季世擾擾中掊民財誠便今欲爲長久計愛養百姓誠不便初王安石欲瞻助已使其黨餌以知雜御史瞻不應由是不得留京師出爲陝西轉運副使改永興軍轉運使以親老請知同州七年朝廷患錢重議以交子權之命瞻制置瞻曰有本錢足恃法乃可行如多出空券是罔民也議不合移京西轉運使又以親老不行徙陝州請還鄉里除提舉鳳翔太平宮丁外艱服除易朝請大夫知滄州哲宗立轉朝議大夫召爲太常少卿遷戶部侍郎元祐三年擢樞密直學士簽書樞密院事明年以中大夫同知院事因進對言機政所急人才而已今臣選武臣難遽盡知請詔諸路安撫轉運使舉使臣科別其才第爲三等籍之以備選注初元豐中河決小吳北

注界河東入于海神宗詔東流故道淤高理不可回其勿復塞乃開大吳以護北都至是都水王令圖請還河故道下執政議贍曰自河決已八年未有定論今遽興大役役夫三十萬用木二千萬臣竊憂焉朝廷方遣使相視若以東流未便宜亟從之若以爲可回宜爲數歲之計以緩民力議者又謂河入界河而北則失中國之險昔澶淵之役非河爲限則北兵不止贍曰王者恃德不恃險昔堯舜都蒲冀周漢都咸鎬皆歷年數百不聞以河障外國澶淵之役蓋廟社之靈章聖之德將相之智勇故敵帥授首豈獨河之力哉役使者以東流非便水官復請塞北流贍固爭之卒詔罷役如贍所議洮河諸族以青唐首領寖弱可制欲倚中國兵威以廢之邊臣亟請興師贍曰不可御外國以大信爲本且既爵命之彼雖失衆心無犯王畧之罪何辭而伐之若其不克則兵端自此復起矣乃止遣又奏廢渠陽軍以紓荆湖之力乞詔諭西夏使歸永樂遺民夏人聽命五年卒年七十二太皇太后語輔臣曰惜哉忠厚君子也車駕親臨輟視朝二日贈銀青光祿大夫諡曰懿簡紹聖中言者以傅會元祐諸臣追奪所贈官列于黨籍贍著春秋論二十卷史記牴牾論五卷唐春秋五十卷奏議十卷文集二十卷西山別錄一卷四子孝諶瀛州錄事參軍獻誠唐城令某蚤卒彥詒太康主簿

傅堯俞字欽之本鄆州須城人徙孟州濟源十歲能爲文及登第猶未冠石介每過之堯俞未嘗不在介曰君少年決科不以游戲爲娛何也堯俞曰性不喜囂雜非有他爾介歎息奇之嘗監西京稅院事留守晏殊夏竦皆謂曰子有清識雅度文約而理盡卿相才也知新息縣累遷太常博士嘉祐末爲監察御史兗國公主下嫁李瑋爲家監梁懷吉張承照所間與夫不相中仁宗斥二人於外未幾復還主家出瑋知衞州堯俞言主恃愛薄其夫陛下爲逐瑋而還隷臣甚悖禮爲四方笑後何以誨諸女乎皇城邏卒吳清誣奏富民殺人鞫治無狀有司須清辨內侍主者不遣堯俞言陛下惜淸恐不復聞外事矣臣以爲不若使付外暴其是非而行賞罰焉則事之上聞者皆實乃所以廣視聽也縱而不問則讒者肆行民無所措手足尚欲求治得乎內侍李允恭朱晦屈法任其子趙繼寵越次管當天章閣蔡世寧掌內藏而以殊私示內人堯俞以爲嬖寵恩倖過失當防之於漸悉劾之時乏國用言利者爭獻富國計堯俞奏曰今度支歲用不足誠不可忽然欲救其弊在陛下宜自儉刻身先天下無奪農時勿害商旅如是可矣不然徒欲紛更爲之無益聚斂者用則天下殆矣仁宗春秋高皇嗣未立堯俞請建宗室之賢以慰天下望及英宗爲皇子有司闕供餽仁宗未知堯俞言陛下既以宗社之重建皇嗣宜以家人禮使皇子朝夕侍膳左右以通慈孝之誠今禮遇有闕非所以隆親親重國本也於是詔有司供具甚厚英宗即位轉殿中侍御史遷起居舍人皇太后與英宗同聽政英宗有疾既平堯俞上書皇太后請還政久之聞內侍任守忠有讒間語堯俞諫皇太后曰外間物論紛惑兩宮之情未通臣謂天下之可信者無大於以天下與人亦無大於受天下以公允皇帝以明睿之資貫通古今而受人之天下乎如誅竄讒人則慈孝之聲並隆矣於是皇太后還政逐守忠堯俞言於英宗曰皇太后給事左右之人宜頗錄其勤勞少加恩惠上慰母后下安反側且守忠已去其餘不問可也遷右司諫同知諫院英宗眷遇堯俞嘗雪中賜對堯俞自東廡升英宗傾身東向以待每奏事退多目送之嘗問曰多士盈廷孰忠孰邪堯俞曰大忠大佞固不可移中人之性繫上所化英宗納其言時英宗初躬庶政猶謙讓任大臣堯俞言大臣之言是陛下偶以爲然而行之可也審其非矣從而徇之則人主之柄安在願君臣之際是是非非毋相面從總覽衆議無所適莫則威柄歸陛下矣嘗因論事英宗曰卿何不言蔡襄對曰若襄有罪何不自正典刑安用臣言英宗曰欲使臺諫言以公議出之對曰若付之公議臣但見襄辨出陵事有功不見其罪臣身爲諫官使臣受旨言事臣不敢陝西言近邊熟戶頗逃失詔以內侍李若愚等爲陝西四路鈐轄轉運使招納歲一入奏事堯俞言此安撫經畧使職也且若愚等陛下不信其言則如不用言必見從則邊帥之權移於四人矣尋罷之大臣建言濮安懿王宜稱皇考堯俞曰此於人情禮文皆大謬戾與侍御史呂誨同上十餘疏其言極切主議者知恂恂不可遏遂易考稱親堯俞又言親非父母而何亦不可也夫恩義存亡一也先帝既以陛下爲子當是時設濮王尚無恙陛下得以父名之乎又因水災言簡宗廟則水不潤下今以濮王爲皇考於仁宗之廟簡孰甚焉俄命堯俞與趙瞻使契丹比還呂誨呂大防范純仁皆以諫濮議罷復除堯俞侍御史知雜事堯俞拜疏必求罷去英宗面留之堯俞言誨等已逐臣義不當止因再拜辭英宗愕然曰是果不可留也遂出知和州通判楊洙乘間問曰公以直言斥居此何爲未嘗言及御史時事堯俞曰前日言職也豈得已哉今日爲郡守當宣朝廷美意而反呫呫追言前日之闕政與誹謗何異神宗卽位徙知廬州熙寧三年至京師王安石素與之善方行新法謂之曰舉朝紛紛俟君來久矣將以待制諫院處君堯俞曰新法世以爲不便誠如是當極論之平生未嘗好欺敢以爲告安石慍之但授直昭文館權鹽鐵副使俄出爲河北轉運使改知江寧府陛辭言仁廟一室與藝祖太宗並爲百代不遷之主徙許州河陽徐州再歲六移官困於道路知不爲時所容請提舉崇福宮先是徐人告有談天文休咎者堯俞以事未白不受辭讞者後伏誅堯俞坐不卽捕劾官職稍起監黎陽縣倉草場郡檄行縣堯俞從衆出迎盡禮守爲遣他吏代主出納堯俞不可曰居其官安得曠其職雖寒暑必日至庾中治事凡十年哲宗立自知明州召爲祕書少監兼侍講擢給事中吏部侍郎御史中丞奏言人才有能有不能如使臣補闕拾遺以輔盛德明善攻失以平庶政舉直措枉以正大臣臣雖不才敢不盡力若使窺人陰私抉人細故則非臣所能亦非臣之志也御史張舜民以言事罷詔堯俞更舉御史堯俞封還詔書請留舜民不聽卽以堯俞爲吏部侍郎堯俞不可遂以龍圖閣待制知陳州未幾復爲吏部侍郎御史中丞前宰相蔡確坐詩誹謗貶新州宰執侍從以下罷者七八人御史府爲之一空堯俞曰確之黨其尤者固宜逐其餘可以一切置之且言以陛下盛德而乃於此不能平願聽之如蚊虻之過耳無使有纖微之忤以奸太和之氣事至以無心應之聖人所以養至誠而御遐福也水官李偉議大河可從孫村導之還故道堯俞言河事雖不可喻度然比遣使按之皆言非便而偉又繆悠不肯任責豈可以遽興大役朝廷遂蠲偉議進吏部尚書兼侍讀元祐四年拜中書侍郎六年卒年六十八神宗與太皇太后哭臨之太皇太后語輔臣曰傅侍郎淸直一節終始不變金玉君子也方倚以相遽至是乎贈銀青光祿大夫諡曰獻簡紹聖中以元祐黨人奪贈諡著名黨籍後黨錮解下詔褒贈錄其子堯俞厚重言寡遇人不設城府人自不忍欺論事君前畧無回隱退與人言不復有矜異色初自諫官補郡衆疑法令有未安者必有所不從堯俞一切遵之曰君子素其位而行諫官有言責也郡知守法而已徐前守侵用公錢堯俞至爲償之未足而去後守移文堯俞使償入之攷實非堯俞所用卒不辯司馬光嘗謂河南邵雍曰清直勇之德人所難兼吾於欽之見焉雍曰欽之淸而不耀直而不激勇而能溫是爲難爾從孫察見忠義傳

論曰存固贍堯俞初皆善王安石及其秉政未嘗受所誘餌與論新法終不詭隨及元祐區別正邪其論蔡確詩謗之罪恐爲已甚將啓朋黨之禍豈非先知之明乎他有更張隨事諫止不少循默然無矯枉過中之失故能不亟不徐進退有道在元祐諸臣中身名俱全亦難矣哉

宋史卷三百四十二

元中書右丞相總裁脫脫等修

列傳第一百一

梁燾　王巖叟　鄭雍　孫永

梁燾字況之鄆州須城人父蒨兵部員外郎直史館燾以蒨任爲太廟齋郎舉進士中第編校祕閣書籍遷集賢校理通判明州檢詳樞密五房文字元豐時久旱上書論時政曰陛下日者閔雨靖惟政事之闕惕然自責丁卯發詔癸酉而雨是上天顧聽陛下之德言而喜其有及民之意也當四方仰雨十月之久民刻於新法嗷嗷如焦而京師尤甚閭閻細民罔不失職智愚相視日有大變之憂陛下既惠以詔旨又施之行事講除刻文蠲損緡錢等一日之間歡聲四起距誕節三日而膏澤降是天以雨壽陛下之萬年感聖心於大寤有以遂其仁政也然法令乖戾爲毒於民者所變纔能萬一人心之不解故天意亦未釋而雨不再施陛下亦以此爲戒而夙夜應之乎今陛下之所知者市易事耳法之爲害豈特此耶曰靑苗錢也助役錢也方田也保甲也淤田也兼是數者而天下之民被其害靑苗之錢未一及償而責以免役免役之錢未暇入而重以淤田淤田方下而復有方田方田未息而迫以保甲是徒擾百姓使不得少休於聖澤其爲害之實雖一有言之者必以下主吏主吏妄報以無是則從而信之恬不復問而反坐言者雖間遣使循行而苟且寵祿巧爲妄誕成就其事至請遍行其法上下相隱習以成風臣謂天下之患不患禍亂之不可去患朋黨蔽蒙之俗成使上不得聞所當聞故政日以敝而禍亂卒至也陛下可不深思其故乎疏入不報內侍王中正將兵出强干賞不以法燾爭之不得請外出知宜州入辭神宗曰樞臣云卿不肯安職何也對曰臣居官五年非敢不安職恐不勝任使故去

耳神宗曰王中正功賞文書何爲獨不可曰中正罔冒僥覬臣不敢屈法以負陛下未幾提點京西刑獄哲宗立召爲工部郎中遷太常少卿右諫議大夫有請宣仁后御文德殿服袞冕受冊者燾率同列諫引薛奎諫章獻明肅皇后不當以王服見太廟事宣仁后欣納又論市易已廢乞錫中下戶逋負又乞欠青苗下戶不得令保人備償文彥博議遣劉奉世使夏國御史張舜民論其不當遣降通判虢州燾言御史持紀綱之官得以犯顏正論況臣下過失安得畏忌不言哉今御史敢言大臣者天下之公議大臣不快御史者一夫之私心罪天下敢言之公議使一夫不快之私心非公朝盛事也時同論者傅堯俞王巖叟朱光庭王覿孫升韓川凡七人悉召至都堂勅諭以事當權其輕重故不惜一新進御史以慰老臣燾又言若論年齡爵祿則老臣爲重若論法度綱紀則老臣爲輕御史者天子之法官也不可以大臣鞅鞅而斥去願還舜民以正國體章十上不聽燾又面責給事中張問不能駁還舜民制命以爲失職坐訴同列出爲集賢殿修撰知潞州辭不拜曰臣本論張舜民不當罷如以爲非卽應用此受斥今乃得以微罪冒美職守劇郡如此則朝廷命令不能明辨曲直以好惡示天下矣不報至潞値歲饑不待命發常平粟振民流人聞之來者不絕燾處之有條人不告病明年以左諫議大夫召甫就道民攀轅不得行踰太行抵河內乃已旣到上書言帝富於春秋未專宸斷太皇保佑聖主制政簾帷姦人易爲欺蔽願正綱紀明法度采用忠言講求仁術兩宮嘉納焉前宰相蔡確作詩怨謗燾與劉安世交攻之燾又言方今忠於確者多於忠朝廷之士敢爲奸言者多於敢正論之人以此見確之氣燄亟赫根株牽連賊化害政爲患滋大確卒竄新州燾進御史中丞鄧潤甫除吏部尚書燾論潤甫柔佞不立巧爲進取不聽改權戶部尚書不拜以龍圖閣直學士知鄭州旬日入權禮部尚書爲翰林學士元祐七年拜尚書右丞轉左丞蔡京帥蜀燾曰元豐侍從可用者多惟京輕險貪愎不可用又與同列議夏國地界不能合遂丐去哲宗遣近臣問所以去意且令密訪人才燾曰信任不篤言不見聽而詢問人才非臣所敢當也使者再至乃言人才可大任者陛下自知之但須識別邪正公天下之善惡圖任舊人中堅正純厚有人望者不牽左右好惡之言以移聖意天下幸甚以疾罷爲資政殿學士同醴泉觀使故事非宰相不除使遂置同使以寵之力辭改知潁昌府旣出京師哲宗遣中貴諭以復用之旨紹聖元年知鄆州朋黨論起哲宗曰梁燾每起中正之論其開陳排擊盡出公議朕皆記之以故最後責竟以司馬光黨黜知鄂州三年再貶少府監分司南京明年三貶雷州別駕化州安置三年卒年六十四從其子於昭州徽宗立始得歸燾自立朝一以引援人物爲意在鄂作薦士錄具載姓名客或見其書曰公所植桃李乘時而發但不向人開耳燾笑曰燾出入侍從致位執政八年之間所薦用之不盡負愧多矣其好賢樂善如此

王巖叟字彥霖大名淸平人幼時語未正已知文字仁宗患詞賦致經術不明初置明經科巖叟十八鄉舉省試廷對皆第一調欒城簿涇州推官甫兩月聞弟喪棄官歸養熙寧中韓琦留守北京以爲賢辟管勾國子監又辟管勾安撫司機宜文字監晉州折博煉鹽務韓絳代琦復欲留用巖叟謝曰巖叟魏公之客不願出他門也士君子稱之後知定州安喜縣有法吏罷居鄉里導人爲訟巖叟捕撻於市衆皆竦然定守呂公著歎曰此古良吏也有詔近臣舉御史舉者意屬巖叟而未及識或謂可一往見巖叟笑曰是所謂呈身御史也卒不見哲宗卽位用劉摯薦爲監察御史時六察尚未言事巖叟入臺之明日卽上書論社稷安危之計在從諫用賢不可以小利失民心遂言役錢斂法太重民力不勝願復差法如嘉祐時又言河北榷鹽法尚行民受其弊貧者不復食鹽大名刻石仁宗詔書以進又以河北天下根本自祖宗以來推此爲惠願復其舊江西鹽害民詔遣使者往視巖叟言一方病矣必待使還而後改爲恐有不及被德澤而死者願亟罷之又極陳時事以爲不絕害本百姓無由樂生不屏羣邪太平終是難致時下詔求民疾苦四方爭以其情赴愬所司憚於省錄頗成壅滯巖叟言不問則已言則必行之不然天下之人必謂陛下以空言詤之後有詔命孰肯取信李定不持所生母仇氏服巖叟論其不孝定遂分司宰相蔡確爲裕陵復土使還朝以定策自居巖叟言陛下之立以子繼父百王不易之道且太皇太后先定於中而確敢貪天自伐章惇譊賊狠戾罔上蔽明不忠之罪蓋與確等近簾前爭役法詞氣不遜無事上之禮今聖政不出房闥豈宜容此大姦猶在廊廟於是二人相繼退斥遷左司諫兼權給事中時並命執政其間有不協時望者巖叟卽繳錄黃上疏諫旣而命不由門下省以出巖叟請對言之益切退就閤上疏曰臣爲諫官旣當言承乏給事又當駁非臣好爲高論喜忤大臣恐命令斜出尤損紀綱疏凡八上命竟寢又言三省胥吏月饗厚奉歲累優秩而朝廷每舉一事輒計功論賞不知平日祿賜將焉用之姑息相承流弊已極望飭勵大臣事爲之制卽詔裁抑僥倖定爲十七條遷侍御史兩省正言久闕巖叟上疏曰國朝倣近古之制諫臣纔至六員方之先王已爲至少今復虛而不除臣所未諭豈以爲治道已淸而無事於言邪人材難稱不若虛其位邪二者皆非臣所望於今日也願趣補其闕多進正人以壯本朝正人進小人自消矣諸路水災朝廷行振貸戶部限以災傷過七分民戶降四等始許之巖叟言中戶以上蓋亦艱食乞毋問分數等級皆得貸庶幾王澤無間以召至和矣坐張舜民事改起居舍人不拜以直集賢院知齊州請河北所言鹽法行之京東明年復以起居舍人召嘗侍邇英講進讀寶訓至節費巖叟曰凡言節用非偶節一事便能有濟當每事以節儉爲意則積久累日國用自饒讀仁宗知人事巖叟曰人主常欲虛心平意無所偏係觀事以理則事之是非人之邪正自然可見司馬康講洪範至乂用三德哲宗曰止此三德爲更有德蓋哲宗自臨御淵默不言巖叟喜聞之因欲風諫退而上疏曰三德者人君之大本得之則治失之則亂不可須臾去者也臣請別而言之夫明是非於朝廷之上判忠邪於多士之間不以順己而忘其惡不以逆己而遺其善私求不徇於所愛公議不遷於所憎竭誠盡節者任之當勿二罔上盜寵者棄之當勿疑惜紀綱謹法度重典刑戒姑息此人主之正直也遠聲色之好絕盤遊之樂勇於救天下之弊果於斷天下之疑邪說不能移非道不能說此人主剛德也居萬乘之尊而不驕享四海之富而不溢聰明有餘而處之若不足俊傑並用而求之如不及虛心以訪道屈己以從諫懼若臨淵怯若履薄此人主之柔德也三者足以盡天下之要在陛下力行何如耳巖叟日侍講奏曰陛下退朝無事不知何以消日哲宗曰看文字對曰陛下以讀書爲樂天下幸甚聖賢之學非造次可成須在積累積累之要在專與勤屏絕它好始可謂之專久而不倦始可謂之勤願陛下特留聖意哲宗然之巖叟館伴遼賀正旦使耶律寬寬求觀元會儀巖叟曰此非外國所宜知止錄笏記與之寬不敢求進權吏部侍郎天章閣待制樞密都承旨湖北諸蠻互出擾邊無有寧歲巖叟請事以彊事委荊南唐義問遂自草檄文喻義問以朝廷方敦尚恩信勿爲徼倖功賞之意後遂安輯初夏人遣使入貢及爲境上之議故爲此去彼來牽致勞苦每違期日巖叟請預戒邊臣夏違期一不至則勿復應自後不復敢違質孤勝如二堡漢趙充國留屯之所自元祐講和在蘭州界內夏以爲形勝膏腴之地力爭之二堡若失則蘭州熙河遂危延帥欲以二堡與夏蘇轍主其議及熙河延安二捷同報轍奏曰近邊奏稍頻西人意在得二堡今盛夏猶如此入秋可虞不若早定議意在與之也巖叟曰形勢之地豈可輕棄不知旣與還不更求否太皇太后曰然議遂止夏人數萬侵定西之東通遠之北壞七厓巉堡掠居人轉侵涇原及河外鄜府州衆遂至十萬熙帥范育偵何夏右廂種落大抵趣河外三疏請乘此進堡砦築龕谷勝如相照定西而東徑隴諾城朝議未一或欲以七巉經毀之地皆以與夏巖叟力言不可與彼計得行後患未已因請遣官諭熙帥卽以戶部員外郎穆衍行視築定遠以據要害其調兵貲費一從便宜不必中覆定遠遂城皆巖叟之力拜中書舍人滕甫帥太原爲走馬承受所撼徙潁昌巖叟封還詞頭言進退帥臣理宜重愼今以小臣一言易之使後人畏憚不自保此風浸長非委任安邊之福乃止復爲樞密都承旨權知開封府舊以推判官二人分左右廳共治一事多爲異同或累日不竟吏疲於咨禀巖叟創立逐官分治之法自是署爲令都城羣偷所聚謂之大房每區容數十百人淵藪詭僻不可勝究巖叟令掩捕撤毀隨輕重決之根株一空供備庫使曹續以產貿萬緡市儈逾年負其半續盡力不可取一日啓戶則所負皆在焉驚扣其故儈曰王公今日知府矣初曹氏之隸韓絢與同隸訟事連其主逮之曹氏者慈聖后之族也巖叟言部曲相訟不當論其主今不惟長告訐之風且傷孝治慈聖仙遊未遠一旦因厮役之過使其子孫對吏殆聖情有所不恐詔竄絢而絕其獄巖叟嘗謂天下積欠多名催免不一公私費擾乞隨等第立多寡爲催法朝廷乃定五年十科之令元祐六年拜樞密直學士簽書院事入謝太皇太后曰知卿才望不大超用巖叟又再拜謝進曰太后聽政以來納諫從善務合人心所以朝廷清明天下安靜願信之勿疑守之勿失復少進而西奏哲宗曰陛下今日聖學當深辨邪正正人在朝則朝廷安邪人一進便有不安之象非謂一夫能然蓋其類應之者衆上下蔽蒙不覺養成禍胎爾又進曰或聞有以君子小人參用之說告陛下者不知果有之否此乃深誤陛下也

自古君子小人無參用之理聖人但云君子在內小人在外則泰小人在內君子在外則否小人既進君子必引類而去若君子與小人競進則危亡之基也此際不可不察兩宮深然之上清儲祥宮成太皇太后謂輔臣曰此與皇帝皆出閤中物營之以成先帝之志巖叟曰陛下不煩公不勞民眞盛德事然願自今以土木爲戒又以宮成將肆赦巖叟曰昔天禧中祥源成治平中醴泉成皆未嘗赦古人有垂死諫君無赦者此可見赦無益於聖治也哲宗方選后太皇太后曰今得狄諮女年命似便然爲是庶出過房事須評議巖叟進曰按禮經問名篇女家荅曰臣女夫婦所生及外氏官諱不識今者狄氏將何辭以進議遂寢哲宗選后既定太皇太后曰帝得賢后有內助功不是小事巖叟對曰內助雖后事其正家須在皇帝聖人言正家而天下定當愼之於始太皇太后以是語哲宗者再巖叟退取歷代后事可爲法者類爲中宮懿範上之宰相劉摯右丞蘇轍以人言求避位巖叟曰元祐之初排斥姦邪緝熙聖治摯與轍之功居多願深察讒毀之意重惜腹心之人無輕其去就兩宮然之後摯竟爲御史鄭雍所擊巖叟連上疏論救摯去位御史遂指爲黨罷爲端明殿學士知鄭州言者猶未厭太皇太后曰巖叟有大功今日之命出不獲已耳明年徙河陽數月卒年五十一贈左正議大夫紹聖初追貶雷州別駕司馬光以其進諫無隱稱之曰吾寒心栗齒憂在不測公處之自如至于再三或累十數章必行其言而後已爲文語省理該深得制誥體有易詩春秋傳行于世

鄭雍字公肅襄邑人進士甲科調兗州推官韓琦上其文召試祕閣校理知太常禮院英宗之喪論宗室不當嫁娶與時相忤通判峽州知池州復還太常禮院歷開封府判官熙寧元豐間更制變令士大夫多違已以求合雍獨靜默自守改嘉王岐王府記室參軍神宗末年二王既長猶居禁中雍獻四箴規戒且諷使求出外邸凡在邸七年用久次以轉運使秩留宣仁后知其賢及臨政擢爲起居郎進中書舍人鄧潤甫除翰林承旨雍當制制未出言事者五人交章攻之換爲侍讀學士雍言二職皆天下精選以潤甫之過薄不當革前命以爲姦邪不當在經幄今中外咸謂朝廷姑以是塞言者如此則邪正何由可辨善惡何由可明若每事必待人言是賞罰之柄不得已而行非所以示信天下之道潤甫仍爲承旨周種乞以王安石配享神宗廟雍言安石持國政不能上副屬任非先帝神明遠而弗用則其所敗壞可勝言哉今種以小臣輒肆橫議願正其罪從之使契丹還徙右諫議大夫言朝廷重內輕外選用牧伯罕輟從班以閥閱輕淺者充員不復爲來日慮須自今稍積資望以漸試之吳中大饑方議振恤以民習欺誕敕本部料檢家至戶到雍言此令一布吏專料民而不救災民皆死於飢今富有四海奈何謹圭撮之濫而輕比屋之死乎哲宗悟追止之侍御史賈易訐激自喜中丞趙彥若懦不自立雍并論之遂罷易左轉彥若以雍爲中丞雍辭中丞以臣言去而身承其乏非所以厚風俗也不許時二府禁謁加嚴雍歎曰旁招俊乂列于庶位宅百揆職也彼有足不及公卿之門者猶當物色致之奈何設禁若是且二府皆天子所改容而體貌之者乃復防閑其私如此乎於是援賈誼廉恥節行之說以諫詔弛其禁刑部讞囚宰執論殺之有司以爲可生不奉詔得罪雍言是固可罪然究其用心在外廣好生之德耳若遽以爲罪臣恐鄰於嗜殺今使有司欲殺而朝廷生之猶恐仁恩德意不白於天下而況反是者哉哲宗嘉納因遂得生初邢恕以書抵宰相劉摯摯荅曰有自愛以俟休復之語排岸司茹東濟錄書示雍與殿中侍御史楊畏雍畏釋其語曰俟休復者俟他日太后復辟也遂並以此事論摯威福自恣乞罷之以收主柄又論王巖叟朱光庭梁燾等三十人皆爲摯黨以閉其援及摯出知鄆州光庭方爲給事中繳還摯麻詞巖叟燾力救之哲宗以先入之言不納雍之攻摯人以爲附左相呂大防也又有請暴摯陰事者雍曰吾爲國擊宰相非仇摯也彼之陰事何有於國哉置不以聞拜尚書右丞改左丞雍在政地哲宗稱其事上有禮紹聖初治元祐衆臣雍頓首自列哲宗明其亡他心諭使勿去周秩乘隙抵之謂雍初爲侍從時因徐王私於權臣以進哲宗怒曰此是何言也使徐王聞之豈能自安黜秩知廣德軍敕銀臺毋受雍辭去奏章東府吏毋聽雍妻子輒出且令學士錢勰善爲留詔二年始以資政殿學士知陳州徙北京留守初章惇以白帖貶謫元祐臣僚安燾爭論不已哲宗疑之雍欲爲自安計謂惇曰熙寧初王安石作相常用白帖行事惇大喜取其案牘懷之以白哲宗遂其姦雍雖以此結惇然卒罷政坐元祐黨奪職知鄭州數日改成都府元符元年提舉崇福宮歸未至而卒年六十八政和中復資政殿學士

孫永字曼叔世爲趙人徙長社年十歲而孤祖給事中沖列爲子行蔭將作監主簿肄業西學郡試常第一沖戒之曰洛陽英雋所萃汝年少不宜多上人自是不復試沖卒喪除復列爲孫換試御擢進士第調襄城尉宜城令至太常博士御史中丞賈黯薦爲御史以母老不就韓琦讀其詩歎譽之引爲諸王府侍讀神宗爲潁王出新錄韓非子畀宮僚讎定永曰非險薄刻核其書背六經之旨願毋留意王曰廣藏書之數耳非所好也及爲皇太子進舍人即位擢天章閣待制安撫陝西民景詢外叛詔捕送其孥勿以赦原永言陛下新御極曠澤流行惡逆者猶得虧除今緣坐者弗宥非所以示信也歷河北陝西都轉運使時邊用不足以解鹽市馬別爲一司外臺不得與永奏曰鹽馬國之大計使主者專其柄既無以統隸苟爲非法孰從而制之加龍圖閣直學士知秦州王韶以布衣入幕府建取熙河策永折之曰邊陲方安靜無故騷動恐變生不測會新築劉家堡失利衆請戮偏裨以塞責永曰居敵必爭之地軍孤援絕兵法所謂不得而守者也尤人以自免於我安乎竟用是降天章閣待制知和州以詳定編敕知審官東院召還神宗問青苗助役之法於民便否對曰法誠善然彊民出息輸錢代徭不能無重斂之患若用以資經費非臣所知也時倉法峻密庾吏受百錢則黥爲卒府史亦如之神宗又問此法既下吏尚爲姦乎對曰彊盜罪死犯者猶衆況配隸邪使人畏法而不革心雖在府史臣亦不敢必其無犯也議復肉刑事下永永奏曰刻人肌膚深害仁政漢文帝所不忍陛下忍之乎神宗曰事固未決待卿始定耳不果行復學士知瀛州河決于貝瀛冀尤甚民租以災免者州縣懼常平法徵催如故永連章論止神宗從之仍命發廩粟以振白溝巡檢趙用以遼人漁界河擅引兵北度蕩其族帳遼持此兆釁數暴邊上神宗遣使問故永請正用罪以謝未報遼屯兵連營亘四十里永好論之曰彊吏冒禁已寘之獄矣今何爲者敵意解但求繆精偏師而旋進樞密直學士知開封府呂嘉問言吏欲使都人列肆輸錢以免直下府詢究曹掾以爲便永占書紙尾不暇省既乃行市易抵當法貸民錢而爲之期有不能償而死者神宗頗知之嘉問妄變其名以罔聽神宗慮立法未盡詔永及韓維究實永奏言市算下逮錐刀爲人患苦御史張琥劾永棄即異罷爲提舉中太一宮元豐中判軍器監有司病皮革不給嚴隱匿之科亡賴輩肆情爲訐至婦人冠飾亦不免永請聽人以所藏之善者售于官得貸其餘訐訟既息國用亦濟出知太原且行神宗訪以時務永言近者造戎器倍常外間謂將有事於征討兵非輕用之物願軫不戢自焚之戒神宗曰此備豫不虞若四方安平豈有輕用之理卿言是也忻代產鹽苦惡不堪食轉運使必欲理之以盜販闌越之罪罪兵吏永言鹽民食也不可禁兵武備也不可闕顧以惡鹽累防兵非計也詔弛其禁入判將作進端明殿學士病不能朝神宗遣上醫調視六命近侍問安否至虛樞密位以待辭去益力提舉崇福宮踰年起知陳州徙潁昌永裕起陵許汝當運粟數十萬斛於陵下調民牛數萬永請而免哲宗召拜工部尚書太皇太后下詔求言永陳保馬保甲免役三事最敝願一切罷去復修監牧保伍差徭之法太皇太后皆納之元祐元年遷吏部又屬疾改資政殿學士兼侍讀提舉中太一宮未拜而卒年六十八贈銀青光祿大夫賻金帛二千謚曰康簡永外和內勁論議常持平不求詭異事或悖于理雖逼以勢亦不爲屈未嘗以矯亢形于色辭與人交終身無怨仇范純仁蘇頌皆稱之爲國器

論曰宋之衰也人才尚多梁燾王巖叟盡忠事上凡有過舉知無不言雖或從或違而隱然有虎豹在山之勢矣第以新州之舉於是爲過故他日紹聖復以藉口使元祐衆賢皆罹其禍由是再變而爲宣政之姦臣國日危矣鄭雍易其所守肆擊劉摯被及者三十人欲結章惇以取容然而終亦不免小人反覆專務自全竟何益哉孫永之爲人庶得其中焉

宋史卷三百四十三

元中書右丞相總裁脫脫等修

列傳第一百二

元絳 許將 鄧潤甫 林希弟旦
蔣之奇 陸佃 吳居厚 溫益

元絳字厚之其先臨川危氏唐末曾祖仔倡聚衆保鄉里進據信州爲楊氏所敗奔杭州易姓曰元祖德昭仕吳越至丞相遂爲錢塘人絳生而敏悟五歲能作詩九歲謁荊南太守試以三題上諸朝貧不能行長舉進士以廷試誤賦韻得學究出身再舉登第調江寧推官攝

上元令民有號王豹子者豪占人田略男女爲僕妾有欲告者則殺以滅口絳捕寘于法甲與乙被酒相毆擊甲歸臥夜爲盜斷足妻稱乙告里長執乙詣縣而甲已死絳敕其妻曰歸治而夫喪乙已伏矣陰使信謹吏迹其後望一僧迎笑切切私語絳命取僧繫廡下詰妻姦狀卽吐實人問其故絳曰吾見妻哭不哀且與傷者共席而褥無血汚是以知之安撫使范仲淹表其材知永新縣豪子龍聿誘少年周整飲博以技勝之計其貲折取上腴田立券久而整母始知之訟于縣縣索券爲證則母手印存弗受又訟于州于使者擊登聞鼓皆不得直絳至母又來訴絳視券呼謂聿曰券年月居印上是必得周母他牘尾印而撰僞券續之耳聿駭謝卽日歸整田知通州海門縣淮民多盜販鹽制置使建言滿二十斤者皆坐徒絳曰海濱之人恃鹽以爲命非羣販比也笞而縱之擢江西轉運判官知台州州大水冒城民廬蕩析絳出庫錢卽其處作室數千區命人自占與期三歲償費流者皆復業又甃其城因門爲閘以禦湍漲後人守其法入爲度支判官儂智高叛嶺南宿軍邕州而歲漕不足絳以直集賢院爲廣東轉運使建瀕江水砦數十以待逋寇繕治十五處樓堞械器皆備軍食有餘以功遷工部郎中歷兩浙河北轉運使召拜鹽鐵副使擢天章閣待制知福州進龍圖閣直學士徙廣越荆南爲翰林學士知開封府拜三司使參知政事數請老神宗命其子耆寧校書崇文院慰留之會大學虞蕃訟博士受賕事連耆寧當下獄絳請上還職祿而容耆寧卽訊於外從之於是御史至第薄責絳絳一不自辨罷知亳州入辭帝謂曰朕知卿一歲卽召矣卿意欲陳訴乎絳謝罪願得潁卽以爲潁州明年加資政殿學士知靑州過都留提舉中太一宮力疾入謁曰臣疾憊子弱儻一旦不幸死則遺骸不得近先人丘墓帝惻然曰朕爲卿辦襄雖百子何以加詔毋多拜乘輿行幸勿扈從又明年以太子少保致仕絳所至有威名而無特操少儀矩仕已顯猶謂遲晚在翰林謟事王安石及其子弟時論鄙之然工於文辭爲流輩推許景靈宮作神御十一殿夜傳詔草上梁文遲明上之雖在中書而蕃夷書詔猶多出其手旣得謝帝眷眷命之曰卿可營居京師朕當賚幣金且便耆寧仕進絳曰臣有田廬在吳乞歸鬻之卽築室都城得望屬車之塵幸矣敢冀賜邪旣行追賚白金千兩敕以蚤還絳至吳踰歲以老病奏恐不能奉詔三年而薨年七十六贈太子少師謚曰章簡

許將字沖元福州閩人舉進士第一歐陽修讀其賦謂曰君辭氣似沂公未可量也簽書昭慶軍判官代還當試館職辭曰起家爲官本代耕爾願以守選餘日讀所未見書宰相善其志以通判明州神宗召對除集賢校理同知禮院編修中書條例自太常丞當轉博士超改右正言明日直舍人院又明日判流內銓皆神宗特命舉朝榮之初選人調擬先南曹次考功綜核無法吏得緣文爲姦選者又不得訴長吏將奏罷南曹闢公舍以待來訴者士無留難進知制誥特敕不試而命之契丹以兵二十萬壓代州境遣使請代地歲聘之使不敢行以命將將入對曰臣備位侍從朝廷大議不容不知萬一北人言及代州事不有以折之則傷國體遂命將詣樞密院閱文書及至北境居人跨屋棟聚觀曰看南朝狀元及肆射將先破的契丹使蕭禧館客禧果以代州爲問將隨問隨荅禧又曰界渠未定顧和好體重吾且往大國分畫矣將曰此事申飭邊臣豈不可何以使爲禧慙不能對歸報神宗善之以將知審官西院直學士院判尚書兵部時河北保甲陝西河東弓箭社閱楚槍仗手雖有名籍其多少與年月不均以致閱按無法將一切整攝之進翰林學士權知開封府爲同進所忌會治太學虞蕃訟釋諸生無罪者蔡確舒亶因陷之逮其父子入御史府踰月得解黜知蘄州明年以龍圖閣待制起知秦州改楊州又改鄆州上元張燈吏籍爲盜者繫獄將曰是絕其自新之路也悉縱遣之自是民無一人犯法三圄皆空父老歎曰自王沂公後五十六年始再見獄空耳鄆俗士子喜聚肄以謗官政將雖弗禁其俗自息召爲兵部侍郎上疏言兵指於形勢之內最彰而易知隱於權用之表最微而難能此天下之至機也是以治兵有制名雖不同從而橫之方而圖之使萬衆猶一人車馬有數用雖不同合而分之散而歛之取西方猶跬步制器有度工雖不同左而右之近而遠之運衆算猶掌握非天下之至神孰能與此又條奏八事以爲兵之事有三曰禁兵曰廂兵曰民兵馬之事有三曰養馬曰市馬曰牧馬兵器之事有二曰繕作曰給用及西方用兵神宗遣近侍問兵馬之數將立具上之明日訪樞臣不能對也以龍圖閣直學士知成都府元祐三年再爲翰林學士四年拜尚書右丞將自以在先朝爲侍從每討熙豐舊章以聞中旨用王文郁姚兕領軍執政復議用張利一張守約將始與執政同議復密疏利一不可用言者論其窺伺主意衒直賣友罷爲資政殿學士知定州移楊州又移大名府會黃河東北二議未決將曰度今之利謂宜因梁村之口以行東因內黃之口以行北而盡閉諸口以絕大名諸州之患俟水大至觀故道足以受之則內黃之口可塞不足以受之則梁村之口可以止兩不能相奪則各因其自流以待之紹聖初入爲吏部尚書上疏乞依元豐詔定北郊夏至親祀拜尚書左丞中書侍郎章惇爲相與蔡卞同肆羅織貶謫元祐諸臣奏發司馬光墓哲宗以問將對曰發人之墓非盛德事方黨禍作或舉漢唐誅戮故事帝復問將對曰二代固有之但祖宗以來未之有本朝治道所以遠過漢唐者以未嘗輒戮大臣也哲宗皆納之將嘗議正夏人罪以涇原近夏而地廣謀帥尤難乞用章楶楶果有功崇寧元年進門下侍郎累官金紫光祿大夫撫定鄯廓州邊臣欲舉師渡河朝議難之將獨謂外國不可以爽信而兵機有不可失旣已戒具願遂從之未幾捷書至將以復河湟功轉特進凡居政地十年御史中丞朱諤取將舊謝章表析文句以爲謗且謂將左顧右視見利則回幡然改圖初無定論元祐間嘗爲丞轄則盡更元豐之所守紹聖初復秉鈞軸則陰匿元祐之所爲逮至建中尚此目居則紹聖之所爲已皆非矣彊顏今日亦復偷安則建中之所爲亦隨改焉遂以資政殿大學士知河南府言者不已降資政殿學士知潁昌府移大名加觀文殿學士奉國軍節度使在大名六年數告老召爲祐神觀使政和初卒年七十五贈開府儀同三司謚曰文定子份龍圖閣學士

鄧潤甫字溫伯建昌人嘗避高魯王諱以字爲名别字聖求後皆復之第進士爲上饒尉武昌令舉賢良方正召試不應熙寧中王安石以潤甫爲編修中書戶房事神宗覽其文除集賢校理直舍人院改知諫院知制誥同鄧綰張琥治鄭俠獄深致其文入馮京王安國丁諷王堯臣罪擢御史中丞上疏曰向者陛下登用儁賢更易百度士狃於見聞蔽於俗學競起而萃非之故陛下排斥異論以圖治功然言責之路反爲壅抑非徒抑之又或疑之論鄙民力則疑其違道干譽論補法度則疑其同乎流俗論斥人物則疑其訐以爲直故敢言之氣日以折而天下事變有不得盡聞曩變法之初勢自當爾今法度已就緒宜有以來天下論議至於淫辭詖行有挾而發自當屏棄如此則善言不伏而致大治也李憲措置熙河邊事潤甫奏其屬周尹蔡承禧彭汝礪上書切諫其略云自唐開元以來用楊思勗魚朝恩程元振吐突承璀爲將有功則負勢驕恣陵轢公卿無功則挫損國威爲四國笑今陛下使憲將兵功之成否非臣等所能預料然以往事監之其有害必矣陛下仁聖神武駕御豪傑雖憲百輩顧何能爲獨不長念邵慮爲萬世之計乎豈可使國史所書以中人將兵自陛下始後世沿襲故迹視以爲常進用其徒握兵柄則天下之患將有不可勝言者矣不聽又言興利之臣議前代帝王陵寢許民請射耕墾而司農可之唐之諸陵因此悉見芟刈昭陵喬木翦伐無遺熙寧著令本禁樵采遇郊祀則敕吏致祭德意可謂遠矣小人掊克不顧大體願紬創議之人而一切如令從之遷翰林學士因論奏相州獄爲蔡確所陷落職知撫州移杭州以龍圖閣直學士知成都府召復翰林學士兼掌皇子閤牋記一時制作獨倚潤甫焉哲宗立惟潤甫在院一夕草制二十有二進承旨修撰神宗實錄以母喪去終制爲吏部尚書梁燾論其草蔡確制妄稱有定策功乃以龍圖閣學士知亳州閱歲復以承旨召數月除端明殿學士禮部尚書請郡得知蔡州移永興軍元祐末以兵部尚書召紹聖初哲宗親政潤甫首陳武王能廣文王之聲成王能嗣文武之道以開紹述遂拜尚書左丞章惇議重譴呂大防劉摯潤甫不以爲然曰俟見上當力爭無何暴卒年六十八輟視朝二日以嘗掌均邸牋奏優贈開府儀同三司謚曰安惠

林希字子中福州人舉進士調涇縣主簿爲館閣校勘集賢校理神宗朝同知太常禮院皇后父喪太常議服淺素希奏禮后爲父降服朞今服淺素不經及遣使高麗希聞命懼形於色辭行神宗怒責監杭州樓店務歲餘通判秀州復知太常禮院遷著作佐郎禮部郎中元豐六年詔修兩朝寶訓上之元祐初歷祕書少監起居舍人起居郎進中書舍人言者疏其行誼浮僞士論羞薄不足以玷從列以集賢殿修撰知蘇州更宣湖潤杭亳五州加天章閣待制紹聖初進寶文閣直學士知成都府道闕下會哲宗親政章惇用事嘗曰元祐初司馬光作相用蘇軾掌制所以能鼓動四方安得斯人而用之或曰希可惇欲使希典書命逞毒於元祐諸臣且許以爲執政希亦以久不得志將甘心焉遂留行復爲中書舍人修神宗實錄兼侍讀哲宗問神宗殿曰宣光前代有此名乎希對曰此石勒殿名也乃更爲顯承時方推明紹述盡黜元祐羣臣希皆密豫其議自司馬光呂公著大防劉摯蘇軾轍等數十人之制皆希爲之詞極

其醜詆至以老姦擅國之語陰斥宣仁讀者無不憤歎一日希草制罷擲筆于地曰壞了名節矣遷禮部吏部尚書翰林學士擢同知樞密院始惇疑曾布在樞府間已使希爲貳以相伺察希日爲布所誘且怨惇不引爲執政遂叛惇會邢恕論希罪惇因并去之罷知亳州移杭州布不能救也旋以端明殿學士知太原府徽宗立徙大名上河東邊計三策朝廷以其詞命醜正之罪奪職知揚州徙舒州未幾卒年六十七追贈資政殿學士謚曰文節弟旦

旦第進士熙寧中由著作佐郎主管淮南常平擢太子中允監察御史裏行居臺五月以論李定事罷守故官久之幹當奏院陳繹領門下封駁又摭其前論罷之累年乃簽書淮南判官入爲太常博士工部考功員外郎元祐元年拜殿中侍御史甫莅職卽上疏曰廣言路然後知得失達民情然後知利病竊見去歲五月詔求讜言士民爭欲自獻及詳觀詔語名雖求諫實欲拒言約束丁寧使不得觀望迎合犯令干譽終之必行黜罰以恐懼之於是人人知戒言將出而復止至於再申論告方達天聰聞初詔乃蔡確章惇造端其詞盡出於惇今二人既去其餘黨常懷醜正惡直之心願深留宸慮以折邪謀遂論呂惠卿鄧綰雖罷楊州猶莅小郡小郡之民奚罪焉乞投之散地以謝天下又言近彈王中正石得一等雖已薄責得一所任肘腋小人如翟勍之徒亦宜編削詔並降支郡嘗校又論崔台符賈種民舞文深酷之罪皆逐之出爲淮南轉運副使歷右司郎中祕書少監太僕卿終河東轉運使子膚坐元符上書陷於黨籍

蔣之奇字穎叔常州宜興人以伯父樞密直學士堂蔭得官擢進士第中春秋三傳科至太常博士又舉賢良方正試六論中選及對策失書問目報罷英宗覽而善之擢監察御史神宗立轉殿中侍御史上謹始五事一曰進忠賢二曰退姦邪三曰納諫諍四曰遠近習五曰閉女謁神宗顧之曰斜封墨敕必無有至於近習之戒孟子所謂觀遠臣以其所主者也之奇對曰陛下之言及此天下何憂不治初之奇爲歐陽修所厚制科既黜乃詣修盛言濮議之善以得御史復懼不爲衆所容因修妻弟薛良孺得罪怨修誣修及婦吳氏事遂劾修神宗批付中書問狀無實貶監道州酒稅仍榜朝堂至州上表哀謝神宗憐其有母改監宣州酒稅新法行爲福建轉運判官時諸道免役推行失平之奇約儆庸費隨算錢高下均取之民以爲便遷淮東轉運副使歲惡民流之奇募使修水利以食流者如揚之天長三十六陂宿之臨渙橫斜三溝尤其大也用工至百萬溉田九千頃活民八萬四千歷江西河北陝西副使之奇在陝西經賦入以給用度公私用足比其去庫緡八十餘萬邊粟皆支二年移淮南擢江淮荆浙發運副使元豐六年漕粟至京比常歲溢六百二十萬石錫服三品請鑿龜山左肘至洪澤爲新河以避淮險自是無覆溺之患詔增二秩加直龍圖閣升發運使凡六年其所經度皆爲一司故事元祐初進天章閣待制知潭州御史韓川孫升諫官朱光庭皆言之奇小人不足當斯選改集賢殿修撰知廣州妖人岑深善幻聚黨二千人謀取新興略番禺包据嶺表羣不逞借之爲虐其勢張甚之奇遣鈐轄楊從先致討生擒之加寶文閣待制南海饒寶貨爲吏者多貪聲之奇取前世牧守有清節者吳隱之宋璟盧奐李勉等繪其象建十賢堂以祀冀變其習徙河北都轉運使知瀛州邊使耶律迪道死所過郡守皆再拜致祭之奇曰天子方伯奈何爲之屈膝邪奠而不拜入爲戶部侍郎未幾復出知熙州夏人論和請畫封境之奇揣其非誠心務守備謹斥候常若敵至終之奇去夏人不敢犯塞紹聖中召爲中書舍人改知開封府進龍圖閣直學士拜翰林學士兼侍讀元符末鄒浩以言事得罪之奇折簡別之責守汝州閱月徙慶州徽宗立復爲翰林學士拜同知樞密院明年知院事沅州蠻擾邊之奇請遣將討之以其地爲徽靖二州崇寧元年除觀文殿學士知杭州以棄河湟事奪職由正議大夫降中大夫以疾告歸提舉靈仙觀三年卒年七十四後錄其嘗陳紹述之言盡復官職之奇爲部使者十二任六典會府以治辦稱且孜孜以人物爲己任在閩薦士陳烈在淮南薦孝子徐積每行部至必造之特以畔歐陽修之故爲清議所薄子堦至侍從曾孫芾別有傳

陸佃字農師越州山陰人居貧苦學夜無燈映月光讀書躡屩從師不遠千里過金陵受經於王安石熙寧三年應舉入京適安石當國首問新政佃曰法非不善但推行不能如初意還爲擾民如青苗是也安石驚曰何爲乃爾吾與呂惠卿議之又訪外議佃曰公樂聞善古所未有然外間頗以爲拒諫安石笑曰吾豈拒諫者但邪說營營顧無足聽佃曰是乃所以致人言也明日安石召謂之曰惠卿云私家取債亦須一雞半豚已遣李承之使淮南質究矣既而承之還詭言於民無不便佃說不行禮部奏名爲舉首方廷試賦遽發策題士皆愕然佃從容條對擢甲科授蔡州推官初置五路學選爲鄆州教授召補國子監直講安石以佃不附己專付之經術不復咨以政安石子雱用事好進者坌集其門至崇以師禮佃待之如常同王子韶修定說文入見神宗問大裘襲袞佃考禮以對神宗悅用爲詳定郊廟禮文官時同列皆侍從佃獨以光祿丞居其間每有所議神宗輒曰自王鄭以來言禮未有如佃者加集賢校理崇政殿說書進講周官神宗稱善始命先一夕進藁同修起居注元豐定官制擢中書舍人給事中哲宗立太常請復太廟牙盤食博士呂希純少卿趙令鑠皆以爲當復佃言太廟用先王之禮於用俎豆爲稱景靈宮原廟用時王之禮於用牙盤爲稱不可易也卒從佃議是時更先朝法度去安石之黨士多諱變所從安石卒佃率諸生供佛哭而祭之識者嘉其無向背遷吏部侍郎以修撰神宗實錄徙禮部數與史官范祖禹黃庭堅爭辨大要多是安石爲之晦隱庭堅曰如公言蓋佞史也佃曰盡用君意豈非謗書乎進權禮部尚書鄭雍論其穿鑿附會改龍圖閣待制知潁州佃以歐陽修守潁有遺愛爲建祠宇實錄成加直學士又爲韓川朱光庭所議詔止增秩徙知鄧州未幾知江寧府甫至祭安石墓句容人盜嫂害其兄別誣三人同謀既皆誣服一囚父以實三人皆得生紹聖初治實錄罪坐落職知秦州改海州朝論灼其情復集賢殿修撰移知蔡徽宗卽位召爲禮部侍郎上疏曰人君踐祚要在正始正始之道本於朝廷近時學士大夫相傾競進以善求事爲精神以能訐人爲風采以忠厚爲重遲以靜退爲卑弱相師成風莫之或止正而救之實在今日神宗延登眞儒立法制治而元祐之際悉肆紛更紹聖以來又皆稱頌夫善續前人者不必因所爲否者廢之善者揚焉元祐紛更是知廢之而不知揚之之罪也紹聖稱頌是知揚之而不知廢之之過也願咨謀人賢詢考政事惟其當之爲貴大中之期亦在今日也徽宗遂命修哲宗實錄遷吏部尚書報聘于遼歸半道聞遼主洪基喪送伴者赴臨而返詢佃曰國哀如是漢使殊無弔唁之儀何也佃徐應曰始意君匍匐哭踊而相見卽行弔禮今偃然如常時尚何所弔伴者不能荅拜尚書右丞將祀南郊有司欲飾大裘匣度用黃金多佃請易以銀徽宗曰匣必用飾邪對曰大裘尚質後世加飾焉非禮也徽宗曰然則罷之可乎數日來豐稷屢言之矣佃因贊曰陛下及此盛德之舉也徽宗欲親祀北郊大臣以爲盛暑不可徽宗意甚確朝退皆曰上不以爲勞當遂行之李清臣不以爲然佃曰元豐非合祭而是北郊公之議也今反以爲不可耶清臣乃止御史中丞趙挺之以論事不當罰金佃曰中丞不可罰罰則不可爲中丞諫官陳瓘上書曾布怒其尊私史而壓宗廟佃曰瓘上書雖無取不必深怒若不能容是成其名也佃執政與曾布比而持論多近恕每欲參用元祐人才尤惡奔競嘗曰天下多事須不次用人苟安寧時人之才無大相遠當以資歷序進少緩之則士知自重矣又曰今天下之勢如人大病向愈當以藥餌輔養之須其安平苟爲輕事改作是使之騎射也轉左丞御史論呂希純劉安世復職太驟請加鐫抑且欲更懲元祐餘黨佃爲徽宗言不宜窮治乃下詔申論揭之朝堂議者用是詆佃曰佃名在黨籍不欲窮治正恐自及耳遂罷爲中大夫知亳州數月卒年六十一追復資政殿學士佃著書二百四十二卷於禮家名數之說尤精如埤雅禮象春秋後傳皆傳於世

吳居厚字敦老洪州人第嘉祐進士熙寧初爲武安節度推官奉行新法盡力核閑田以均給梅山猺計勞得大理丞轉補司農屬元豐間提舉河北常平增損役法五十一條賜銀緋爲京東轉運判官升副使天子方興鹽鐵居厚精心計籠絡鉤稽收羨息錢數百萬卽萊蕪利國二冶官自鑄錢歲得十萬緡詔褒揭其能擢天章閣待制都轉運使前使者皆以不任職蒙譴居厚與河北蹇周輔李南公會境上議鹽法搜剔無遺居厚起州縣凡流無閥閱勳舊徒以言利得幸不數歲至侍從嗜進之士從風美美又請以鹽息買絹貸河東直發大鐵錢二十萬貫佐陝西軍興且募民養保馬當時商功利之臣所在成聚居厚最爲掊克劇盜王冲因民不忍聚衆數千欲乘其行部至徐篡取投諸冶居厚聞知間道遁去元祐治其罪責成州團練副使安置黃州章惇用事起爲江淮發運使疏支家河通漕楚海之間賴其利召拜戶部侍郎尚書以龍圖閣學士知開封府爲永泰陵橋道頓遞使坐積雨留滯罷知和州崇寧初復尹開封拜尚書右丞進中書門下侍郎以老避位爲資政殿學士東太一宮使恩許仍服方團金毬文帶自是前執政在京師者視此出爲亳州洪州徙太原道都門留使佑神觀復還政府遷知樞密院政和三年以武寧軍節度使知洪州卒年七十九贈開封府儀同三司居厚在

政地久以周謹自媢無赫顯惡唯一時聚斂推爲稱首

溫益字禹弼泉州人第進士歷大宗正丞利州路湖南轉運判官工部員外郎紹聖中由諸王府記室出知福州徙潭州鄒浩南遷過潭暮投宿村寺益即遣州都監將數卒夜出城逼使登舟竟凌風絕江而去他逐臣在其境內若范純仁劉奉世韓川呂希純呂陶率爲所侵困用事者悅之未及用而徽宗以藩邸恩召爲太常少卿遷給事中兼侍讀陳瓘指言其過謂不宜列侍從處經帷不報改龍圖閣待制知開封府猶兼侍讀時執政倡言帝當爲哲宗服兄弟之服曾肇在邇英讀史記舜記因言昔堯舜同出黃帝世數已遠然舜爲堯喪三年者以嘗臣堯故也益意附執政進曰史記世次不足信堯舜非同出遷吏部尚書建中靖國元年拜尚書左丞鄧洵武獻愛莫助之圖帝初付曾布布辭改付益益得籍手以爲宜相蔡京天下之善士一切指爲異論時人惡之布與京爭事帝前辭頗厲益叱曰曾布安得無禮帝不樂布由是得罪而京遂爲相進益中書侍郎益仕宦從微至著無片善可紀至其狡譎傳合蓋天禀然及是乃府有立異京一日除監司郡守十人益稍不謂然京知中書舍人鄭居中與益厚使居中自從其所問之居中以告益曰君在西掖每見所論事舍人得舉職侍郎顧不許耶今丞相所擬錢穌而下十人皆其姻黨耳欲不逆其意得乎京聞而頗憚焉踰年卒年六十六子萬石至尚書

論曰王安石爲政一時士大夫之素知名者變其所守而從之比比皆然元絳所涖咸有異政亦諂事之陋矣許將嘗力止發司馬光墓此爲可稱而言者謂其仕於元祐紹聖以至建中左右覘利幡然改圖初無定論鄧潤甫初掌箋記盛有文名而首贊紹述之謀又表章蔡確定策之功雖有他長無足觀矣林希草制務醜詆正人自知隳壞名節擲筆而悔之何晚也弟旦反其所爲糾劾巨姦善惡豈相掩哉蔣之奇始從慫濮議睨摭飛語擊舉主以自文小人之魁傑者也吳居厚奉行新法剗下媚上溫益阿附二蔡物議不容陸佃雖受經安石而不主新法元祐黨人之罪請一施薄罰而已猶差賢於衆人焉

宋史卷三百四十四

元中書右丞相總裁脫脫等修

列傳第一百三

孫覺 弟覽　李常　孔文仲 弟武仲 平仲
李周　鮮于侁　顧臨
李之純 從弟之儀　王覿 子俊義　馬默

孫覺字莘老高郵人甫冠從胡瑗受學瑗之弟子千數別其老成者爲經社覺年最少儼然居其間衆皆推服登進士第調合肥主簿歲旱州課民捕蝗輸之官覺言民方艱食難督以威若以米易之必盡力是爲除害而享利也守悅推其說下之他縣嘉祐中擇名士編校昭文書籍覺首預選進館閣校勘神宗即位直集賢院爲昌王記室王問終身之戒爲陳諸侯之孝作富貴二箴推右正言神宗將大革積弊覺言弊政固不可不革革而當其悔乃亡神宗稱其知理嘗從容語及知人之難覺曰堯以知人爲難終享其易蓋知人之要在於知言人主用臣之道任賢使能而已賢能之分旣殊任使之方亦異至於所知有限量所能有彼此是功用之士也可以處外而不可以處內可以責之事而不可責之言陛下欲興太平之治而所擢數十人者多有口才而無實行臣恐日浸月長彙征牆進充滿朝廷之上則賢人日遠其爲患禍尚可以一二言之哉願觀詩書之所任使無速於小利近功則王道可成矣邵亢在樞府無所建明神宗語覺欲出之用陳升之以代覺退即奏疏如所言神宗以爲希旨奪官兩級執政曰諫官有出外無降官之理神宗曰但降官自不能住覺連章丐去云去歲有罰金御史今茲有貶秩諫官未聞罰金貶秩而猶可居位者乃通判越州復右正言徙知通州熙寧二年詔知諫院同修起居注知審官院王安石早與覺善驟引用之將援以爲助時呂惠卿用事神宗詢於覺對曰惠卿即辯而有才過於人數等特以爲利之故屈身於安石安石不悟臣竊以爲憂神宗曰朕亦疑之其後王呂果交惡青苗法行首議者謂周官泉府民之貸者至輸息二十而五國事之財用取具焉覺奏條其妄曰成周賒貸特以備民之緩急不可徒與也故以國服爲之息然國服之息說者不明鄭康成釋經乃引王莽計贏受息無過歲什一爲據不應周公取息重於莽時況載師所任地漆林之征特重所以抑末作也今以農民乏絕將補耕助斂顧比末作而征之可乎國事取具蓋謂泉府所領若市之不售貨之滯於民用有買有予并賒貸之法而舉之儻專取具於泉府則冢宰九賦將安用邪聖世宜講求先王之法不當取疑文虛說以圖治令老臣疎外而不見聽輔臣遷延而不就職門下執正而不行諫官請罪而求去臣誠恐姦邪之人結黨連伍乘衆情之洶洶動搖朝廷釣直干譽非國家之福也安石覽之怒覺適以事詣中書安石以語動之曰不意學士亦如此始有逐覺意會曾公亮言畿縣散常平錢有追呼抑配之擾安石因請遣覺行視虛實覺旣受命復奏疏辭行且言如陳留一縣前後牓示情願請錢卒無一人至者故陳留不散一錢以此見民實不願與官中相交所有體量望賜寢罷遂以覺爲反覆出知廣德軍徙湖州松江隄沒水爲民患覺易以石高丈餘長百里隄下化爲良田徙廬州改右司諫以祖母喪求解官下太常議不可詔知潤州覺已持喪矣服除知蘇州徙福州閩俗厚於婚喪其費無藝覺裁爲中法使資裝無得過百千令下嫁娶以百數葬埋之費亦率減什伍連徙亳揚徐州徐多盜捕得殺人者五其一僅勝衣疑而訊之曰我耕於野與甲遇彊以挺與我半夜挾我東使候諸門不知其他也問吏法何如曰死覺止誅其首後遂爲例知應天府入爲太常少卿易祕書少監哲宗即位兼侍講遷右諫議大夫時諫官御史論事有限毋得越職覺請申唐六典及天禧詔書凡發令造事之未便皆得奏陳論宰相蔡確韓縝進不以德確自訟有功無罪覺隨所言折之確竟去縝白遷覺給事中辭曰間者執政畏人議已則遷官以餌之願與縝俱罷踰月縝去進吏部侍郎領右選在選萬五千員闕纔五之二至有三年不得調者覺請自軍功保甲進者補指使宗室祖免從員外置一日得闕數千改主左選請磨勘歲以百人爲限擢御史中丞數月以疾請罷除龍圖閣學士兼侍講提舉醴泉觀求舒州靈仙觀以歸哲宗遣使存勞賜白金五百兩卒年六十三覺有德量爲王安石所逐安石退居鍾山覺枉駕道舊爲從容累夕迨其死又作文以誄談者稱之紹聖中以覺爲元祐黨奪職追兩官徽宗即位復官職有文集奏議六十卷春秋傳十五卷弟覽

覽字傳師擢第知尉氏縣有屯將遇下虐士卒謀因大閱殺之以叛覽聞之馳往士猶羣語不顧覽呼諭之曰將誠無狀然天子何負汝輩乃欲致族滅邪皆感謝去就列屯將徐至覽命吏趣具奏衆意遂安神宗壯其材以爲司農主簿舒亶判寺且兼諫院欲引覽自助覽拒不荅亶怒用帳籍違事劾之出提舉利州湖南常平改京西轉運判官入爲右司員外郎荆湖開疆命往相其便覽言沅州所招溪洞百三十宜從本郡隨事要束勿建官置戍以爲民困自誠州至融江口可通西廣鹽以省北道餉餽悉從之使還爲河東河北轉運副使加直龍圖閣歷知河中應天府江淮發運使進寶文閣待制由桂徙廣又改渭州夏人入邊檄大將苗履禦之履稱疾移告立按正其罪竄諸房陵轅門肅然召知開封府至則拜戶部侍郎與蔡京論役法不合以龍圖閣直學士知太原夏人據橫山並河爲寨秦晉之路皆塞覽謀復取葭蘆戍阻險不得前夏人數萬屯境上覽下令吾兵少須滿五萬及西夏人聞而濟師覽不爲動相持益久忽令具糗糧嚴兵械曰敵至矣居數日果大入覽奮擊敗之遂城葭蘆而還策勳加樞密直學士覽雖立邊功議論多觸執政屢遭絀削歷知河南永興從成都辭不行降爲寶文閣待制卒年五十九

李常字公擇南康建昌人少讀書廬山白石僧舍旣擢第留所抄書九千卷名舍曰李氏山房調江州判官宣州觀察推官發運使楊佐將薦改秩常推其友劉琦佐曰世無此風久矣并薦之熙寧初爲祕閣校理王安石與之善以爲三司條例檢詳官改右正言知諫院安石立新法常預議不欲青苗收息至是疏言條例司始建已致中外之議至於均輸青苗斂散取息傳會經義人且大駭何異王莽猥析周官片言以流毒天下安石見之遣所親密論意常不爲止又言州縣散常平錢實不出本勒民出息神宗詰安石安石請令常具官吏主名常以非諫官體落校理通判滑州歲餘復職知鄂州徙湖齊二州齊多盜論報無虛日常得黠盜刺爲兵使在麾下盡知囊括處悉發屋破柱拔其根株半歲間誅七百人姦無所匿徙淮南西路提點刑獄元豐六年召爲太常少卿遷禮部侍郎哲宗立改吏部進戶部尚書或疑其少幹局慮不勝任質於司馬光光曰用常主邦計則人知朝廷不急於征利聚斂少息矣常轉對上七事曰崇廉耻存鄉舉別守宰廢貪贓審疑獄擇儒師修役法時役法差免二科未定常謂法無新陳便民者良論無彼己可久者確今使民俱出賦則貧者難辦俱出力則富者難堪各從其願則可久爾乃折衷條上之赦恩鐍市易逋負不滿二百緡者常請息過其數亦勿取拜御史中丞兼侍讀加龍圖閣直學士論取士請分詩賦經義爲兩科以盡所長初河決小吳議者欲自孫村口導還故處及是役興常言京東河北饑困不宜導河詔

罷之諫官劉安世以吳處厚繳蔡確詩爲謗訕因力攻確常上疏論以詩罪確非所以厚風俗安世併劾常徙兵部尚書辭不拜出知鄧州徙成都行次陝暴卒年六十四有文集奏議六十卷詩傳十卷元祐會計錄三十卷常長孫覺一歲始與覺齊名俱受知於呂公著其論議趣舍大略多同所終官職又同其死先後一夕云

孔文仲字經父臨江新喻人性狷直寡言笑少刻苦問學號博洽舉進士南省考官呂夏卿稱其詞賦贍麗策論深博文勢似荀卿揚雄白主司擢第一調餘杭尉恬介自守不事請謁轉運使在杭召與議事事已馳歸不詣府人問之曰吾於府無事也再轉台州推官熙寧初翰林學士范鎭以制舉薦對策九千餘言力論王安石所建理財訓兵之法爲非是宋敏求第爲異等安石怒啟神宗御批罷歸故官齊恢孫固封還御批韓維陳薦孫永皆力言文仲不當黜五上章不聽范鎭又言文仲草茅疏遠不識忌諱且以直言求之而又罪之恐爲聖明之累亦不聽蘇頌歎曰方朝廷求賢如飢渴有如此人而不見錄豈其論太高而難合邪言太激而取惡邪吳充爲相欲寘之館閣又有忌之者僅得國子直講學者方用王氏經義進取文仲不習其書換爲三班主簿出通判保德軍時征西夏衆數十萬皆道境上久不解邊人厭苦文仲陳三不便曰大兵未出而丁夫預集河東顧夫勞民而損費諸路出兵首尾不相應虞夏商周之盛未嘗無外侮然懷柔制禦之要不在彼而在此也元祐初哲宗召爲祕書省校書郎進禮部員外郎有言皇族唯楊荊二王得稱皇叔餘宜各系其祖若唐人稱諸王孫之比文仲曰上新卽位宜廣敦睦之義不應疎間骨肉議遂寢遷起居舍人擢左諫議大夫日食七月朔上疏修五事曰邪說亂正道小人乘君子遠服侮中國斜封奪公論人臣輕國命宜察此以消厭兆祥論青苗免役首困天下保甲保馬茶鹽之法爲遺螫留蠹改中書舍人三年同知貢舉文仲先有寒疾及是晝夜不廢職同院以其形瘵勸之先出或居別寢謝曰居官則任其責敢以疾自便乎於是疾益甚還家而卒年五十一士大夫哭之皆失聲蘇軾拊其柩曰世方嘉軟熟而惡崢嶸求勁直如吾經父者今無有矣詔厚恤其家命弟平仲爲江東轉運判官視其葬初文仲與弟武仲平仲皆以文聲起江西時號三孔後追貶梅州別駕元符末復其官有文集五十卷

武仲字常父幼力學舉進士中甲科調穀城主簿選教授齊州爲國子直講喪二親毀瘠特甚右肱爲不舉元祐初歷祕書省正字校書集賢校理著作郎國子司業嘗論科舉之弊詆王氏學請復詩賦取士又欲罷大義而益以諸經策御試仍用三題進起居郎兼侍講邇英殿除起居舍人數月拜中書舍人直學士院初罷侍從轉對專責以論思武仲言苟不待之以法則言與不言將各從其意願輪二人次對時議祠北郊久不決武仲建用純陰之月親祠如神州地祇擢給事中遷禮部侍郎以寶文閣待制知洪州請從臣爲州者杖以下公坐止劾官屬俟獄成聽大理約法庶幾刑不逮貴近又全朝廷體貌之意遂著爲令徙宣州坐元祐黨奪職居池州卒年五十七元符末追復之所著詩書論語金華講義內外制雜文共百餘卷

平仲字義甫登進士第又應制科用呂公著薦爲祕書丞集賢校理文仲卒歸葬南康詔以平仲爲江東轉運判官護葬事提點江淛鑄錢京西刑獄紹聖中言者詆其元祐時附會當路議毀先烈削校理知衡州提舉董必劾其不推行常平法陷失官米之直六十萬置獄潭州平仲疏言米貯倉五年半陳不堪食若非乘民闕食隨宜泄之將成棄物矣儻以爲非臣不敢逃罪乃徙韶州又坐前上書之故責惠州別駕安置英州徽宗立復朝散大夫召爲戶部金部郎中出提舉永興路刑獄帥鄜延環慶黨論再起罷主管兗州景靈宮卒平仲長史學工文詞著續世說繹解稗詩戲諸書傳於世

李周字純之馮翊人登進士第調長安尉歲饑官爲粥以食餓者民坌集不可禁縣以屬周周設梐枑間老少男女無一亂者都巡檢趙瑜詰盜南山諸尉皆屬焉瑜悍急多行無禮獨於周不敢肆轉洪洞令民有世絕而官錄其產者其族晚得遺券周取以還之郡吏咎周周曰利民所以利國也縣之南有澗支流溢入歲賦菑樾調徒過之周始築新隄民不告病改知雲安縣鹽井之征且百萬通判施州州介羣獠不習服牛之利爲辟田數千畝選謫戍知田者市牛使耕軍食賴以足司馬光將薦爲御史欲使來見周曰司馬公之賢吾固願見但聞薦而往所謂呈身御史也卒不往神宗詔近臣舉士孫固以周聞神宗召對謂曰知卿不游權門識今執政乎對曰不識也識司馬光乎曰不識也訪禦邊之術曰四邊手足爾若疲中國以勤遠略致百姓窮困聚爲盜賊懼成腹心之憂神宗頷之翌日語固曰李周樸忠之士也朕且以爲御史執政意其異己請試以事除提點京西刑獄時方興水利或請釃湍河爲六渠以益鉗盧陂水度用工八十萬周曰湍河原高委下捍以隄猶患決溢若又導之必致爲害乃疏言渠成未可必而費已不貲盍姑鑿其一而試之儻可以足用行之渠卒無功明年河溢鄧城幾沒始思其議竟以直道罷判西京國子監慈聖后復土庀職陵下中貴人至者旁午次舍帟幕競爲華靡周曰臣子執喪不能寢苫枕塊奈何又從而侈乎訖役山陵使第功載人人自言周獨否哲宗立召爲職方郎中朝廷議和西夏畀以侵地至欲棄蘭州周曰隴右故爲唃氏所有常爲吾藩籬今唃氏破滅若棄之必歸夏人彼以區區河南百年爲勍敵苟益以河湟是盡得吐蕃之地非秦蜀之利也遂不果棄遷太常少卿祕書少監以直龍圖閣爲陝西轉運使復入爲太常少卿進權工部侍郎旋以集賢院學士知邠州恩禮如待制徙鳳翔府河中府陝州提舉崇福宮改集賢殿修撰卒年八十紹聖中追貶賀州別駕後復舊職周自爲小官沉晦自匿未嘗私謁執政有公事公詣中書白之薛向使三司欲辟爲屬及相見卒不敢言退而歎曰若人未易屈也以是不偶於世

鮮于侁字子駿閬州人唐劍南節度使叔明裔孫也性莊重力學舉進士爲江陵右司理參軍慶曆中天下旱詔求言侁推災變所由與又條當世之失有四其語剴切唐介與同鄉里稱其名於上官交章論薦侁盛言左參軍李景陽枝江令高汝士之美乞移與之介益以爲賢調黔令攝治婺源姦民汪氏富而狠橫里中因事抵法羣吏羅拜曰汪族敗前令不少今不舍後當詒患侁怒立杖之惡類屏跡通判綿州綿處蜀左吏狃貪成風至課卒伍供薪炭芻豆薦果蔬多取羸直侁一切弗取郡守以下效之趙抃使蜀薦於朝未及用從何郯辟簽書永興軍判官萬年令不任職繫囚累百府使往治數日空其獄神宗詔求直言侁爲蔡河撥發應詔陳十六事神宗愛其文詔近臣舉所知范鎭以侁應選除利州路轉運判官初王安石居金陵有重名士大夫期以爲相侁惡其沽激要君語人曰是人若用必壞亂天下至是乃上書論時政曰可爲憂患者一可爲太息者二其他逆治體而召民怨者不可槩舉其意專指安石安石怒毀短之神宗曰侁有文學可用安石曰陛下何以知之神宗曰有章奏在安石乃不敢言初助役法行詔諸路各定所役緡錢利州轉運使李瑜定四十萬侁爭之曰利州民貧地瘠半此可矣瑜不從各以其事聞時諸路役書皆未就神宗是侁議論司農曾布使須以爲式因黜瑜而升侁副使仍兼提舉常平部民不請青苗錢安石遣吏廉按且詰侁不散之故侁曰青苗之法願取則與民自不願豈能彊之哉左藏庫使周永懿守利州貪虐不法前使者畏其兇莫敢問侁捕械于獄流之衡湘因請更以文臣爲守併易班行領縣事凡居部九年治所去閬中近姻戚旁午待之無所私各得其歡心蘇軾稱侁上不害法中不廢親下不傷民以爲三難二稅輸絹綿侁奏聽民以畸零納直其役有李元輔者輒變而多取之父老流涕曰老運使之法何可改蓋侁之姪師中亦居是職故稱老以別之徙京東西路河決澶淵議欲勿塞侁言東州滙澤惟兩濼夏秋雨淫瀦溢而害若縱大河注其中民爲魚矣作議河書上之神宗嘉納後兩路合爲一以侁爲轉運使時王安石呂惠卿當路正人多不容侁曰吾有薦舉之權而所列非賢恥也故凡所薦如劉摯李常蘇軾蘇轍劉攽范祖禹皆守道背時之士元豐二年召對命知揚州神宗曰廣陵重鎭久不得人今朕自選卿往宜善治之蘇軾自湖州赴獄親朋皆絕交道揚侁往見臺吏不許通或曰公與軾相知久其所往來書文宜焚之勿留不然且獲罪侁曰欺君負友吾不忍爲以忠義分譴則所願也爲舉吏所累罷主管西京御史臺哲宗立念東國困於役吳居厚掊斂虐害竄之復以侁使京東司馬光言於朝曰以侁之賢不宜使居外顧齊魯之區凋敝已甚須侁往救之安得如侁百輩布列天下乎士民聞其重臨如見慈父母召爲太常少卿侍從議神宗廟配享有欲用王安石吳充者侁曰先朝宰相之賢誰出富弼右乃用弼拜左諫議大夫侁見哲宗幼沖首言君子小人消長之理甚備又言制舉誠取士之要國朝尤爲得人王安石用事諱人詆訾新政遂廢其科今方搜羅俊賢廓通言路宜復六科之舊又乞罷大理獄許兩省諫官相往來減特奏言舉人嚴出官之法京東鹽得通商復三路義勇以寬保甲罷戎瀘保甲以寬民力事多施行在職三月以疾求去除集賢殿修撰知陳州詔滿歲進待制居無何卒年六十九侁刻意經術著詩傳易斷爲范鎭孫甫推許孫復與論春秋謂今學者不能如之作詩平澹淵粹尤長於楚辭蘇軾讀九誦謂近屈原宋玉自以爲不可及也

顧臨字子敦會稽人通經學長於訓詁皇祐中舉說書科爲國子監直講遷館閣校勘同知禮院熙寧初神宗以臨喜論兵詔編武經要略初命都副承旨提舉神宗

謂臨館職改提舉日館幹且召臨問兵對曰兵以仁義爲本動靜之機安危所繫不可輕也因條十事以獻出權湖南轉運判官提舉常平議事戾執政意罷歸改同判武學進集賢校理開封府推官請知潁州入爲吏部郎中祕書少監以直龍圖閣爲河東轉運使元祐二年擢給事中朝廷方事回河拜臨天章閣待制河北都轉運使於是翰林學士蘇軾與李常王古鄧溫伯孫覺胡宗愈言臨資性方正學有根本慷慨中立無所回撓自處東省封駮論議稟然有古人之風僥倖之流側目畏憚忽去朝廷衆所嗟惜宜留寘左右以補闕遺別選深知河事者往使河北諫議大夫梁燾亦言都漕之職在外豈無其人在朝求如臨者恐不易得皆不報臨至部請因河勢回使東流復以給事中召還歷刑兵吏三部侍郎兼侍讀爲翰林學士紹聖初以龍圖閣學士知定州徙應天河南府中人梁惟簡坐嘗事宣仁太后得罪過洛轉運使郭茂恂狥時宰意劾臨與之宴集奪職知歙州又以附會黨人斥饒州居住卒年七十二徽宗立追復之

李之純字端伯滄州無棣人登進士第熙寧中爲度支判官江西轉運副使御史周尹劾廣西提點刑獄許彥先受邑吏金命之純往究其端乃起於出婢之口之純以爲蕪俚之言不治彥先得免徙成都路轉運使成都歲發官米六千石損直與民言者謂惠民損上詔下其議之純曰蜀郡人恃此爲生百年柰何一旦奪之事遂已秩滿復留凡數歲始還朝神宗勞之曰遐方不欲數易大吏使綏外安靖年穀屢豐以彰朝廷綏遠之意汝知之乎以爲右司郎中轉太僕卿元祐初加直龍圖閣知滄州召爲戶部侍郎未至改集賢殿修撰河北都轉運使進寶文閣待制知瀛州俄以直學士知成都府還爲戶部三遷御史中丞建言朝廷事下六部但隨省吏視其前後批以制緩急之序是爲胥吏顓處命令也若大臣不暇省宜令列曹長貳隨其所承當行即行當止即止必稟而後決毋拘於文則吏不得舞權而下情達矣又言衆賢和於朝則萬物和於野燮理陰陽輔相之職間者國論稍駁雍睦語言播傳動係觀望不可以不謹董敦逸黃慶基論蘇軾託詞命以毀先帝蘇轍以名器私所親皆以監司罷之純疏其誣罔乃更黜之以疾改工部尚書紹聖中劉拯劾其阿附轍出知單州卒年七十五從弟之儀

之儀字端叔登第幾三十年乃從蘇軾於定州幕府歷樞密院編修官通判原州元符中監內香藥庫御史石豫言其嘗從蘇軾辟不可以任京官詔勒停徽宗初提舉河東常平坐爲范純仁遺表作行狀編管太平遂居姑熟久之徙唐州終朝請大夫之儀能爲文尤工尺牘軾謂入刀筆三昧

王覿字明叟泰州如皋人第進士熙寧中爲編修三司令式刪定官不樂久居職求潤州推官二浙旱郡遣吏視苗傷承監司風旨不敢多除稅覿受檄覆按歎曰旱勢如是民食已絕倒廩贍之猶懼不克濟尚可責以賦邪行數日盡除之監司怒捃摭百出會朝廷遣使振貸覿請見爲言民間利病使者喜歸薦之除司農寺主簿轉爲丞司農時爲要官進用者多由此選覿拜命一日即求外韓絳高其節留檢詳三司會計絳出穎昌辟簽書判官坐在潤公闕免屏居累年起爲太僕丞徙太常哲宗立呂公著范純仁薦其可大任擢右正言進司諫上疏言國家安危治亂係於大臣今執政八人而姦邪居半使一二元老何以行其志哉因極論蔡確章惇韓縝張璪朋邪害正章數十上相繼斥去又劾竄呂惠卿朝論以大姦既黜慮人情不安將下詔慰釋之且戒止言者覿言誠出於此恐海內有識之士得以輕議朝廷舜罪四凶而天下服孔子誅少正卯而魯國治當是之時不聞人情不安亦不聞出命令以悅其黨也蓋人君之所以御下者黜陟之柄而已陟一善而天下之爲善者勸黜一惡而天下之爲惡者懼豈以爲惡者懼而朝廷亦爲之懼哉誠爲陛下惜之覿言雖切然不能止也夏主新立有輕中國心覿曰小羌窺我厭兵故桀驁若是然所當憂者不在今秋而在異日所當謹者不在邊備而在廟謨翕張取予之權必持重而後可洮東擒鬼章檻至闕下覿曰老羌雖就擒其子統衆如故疆土種落未滅於前安可遽戮以賈怨宜處之洮岷秦雍間以示含容好生之德離其石交而壞其死黨又言今民力凋瘵邊費亡極不可不深爲之計於是疏將帥非其人者請易之茶鹽之害民者請革之至逋債振贍賦斂科須皆指陳其故差役法復行覿以爲朝廷意在便民而議者遂謂免役法無一事可用夫法無新舊惟善之從因采掇數十事於差法有助可以通行者上之遂論靑苗之害乞盡罷新令而復常平舊法曰聚斂之臣惟知罔利自媒不顧後害以國家之尊而與民爭錐刀之利何以示天下又言刑罰世輕世重熙寧大臣謂刑罰不重則人無所憚今法令已行可以適輕之時願擇質厚通練之士載加芟正於是置局編彙俾覿預焉大抵皆用中典元祐敕是也神宗復唐制諫官分列兩省至是大臣議徙之外門而以其直舍爲制敕院名防漏泄實不欲使與給舍相通覿爭之曰制敕院吏舍也奪諫省以廣吏舍信胥吏而疑諍臣何示不廣也乃不果從覿在言路欲深破朋黨之說朱光庭訐蘇軾館職策問呂陶辯其不然遂起洛蜀二黨之說覿言軾之辭不過失輕重之體爾若悉考同異深究嫌疑則兩岐遂分黨論滋熾夫學士命詞失指其事尚小使士大夫有朋黨之名大患也帝深然之置不問尋改右司員外郎未幾拜侍御史右諫議大夫坐論尚書右丞胡宗愈出知潤州加直龍圖閣知蘇州有狡吏善刺守將意以撓權前守用是得譏議覿窮其姦狀寘于法一郡肅然民歌詠其政有吏行水上人在鏡心之語從江淮發運使入拜刑戶二部侍郎與豐稷偕使遼爲遼人禮重紹聖初以寶文閣直學士知成都府蜀地膏腴畝千金無閑田以葬覿索侵耕官地表爲墓田江水貫城中爲渠歲久湮塞積苦霖潦而多水災覿疏治復故民德之號王公渠徙河陽貶少府少監分司南京又貶鼎州團練副使徽宗即位還故職知永興軍過闕留爲工部侍郎遷御史中丞改元詔下覿言建中之名雖取皇極然重襲前代紀號非是宜以德宗爲戒時任事者多乖異不同覿言堯舜禹相授一道堯不去四凶而舜去之堯不舉元凱而舜舉之事未必盡同文王作邑于豐而武王治鎬文王關市不征澤梁無禁周公征而禁之不害其爲善繼善述神宗作法于前子孫當守于後至於時異事殊須損益者損益之於理固未爲有失也當國者忿其言遂改爲翰林學士日食四月朔帝下詔責躬覿當制有惟德弗類未足以當天心之語宰相去之乃力請外以龍圖閣學士知潤州徙海州罷主管太平觀遂安置臨江軍覿淸修簡澹人莫見其喜慍持正論始終再罹譴逐不少變無疾而卒年六十八紹興初追復龍圖閣學士從子俊義

俊義字堯明游學京師資用乏或薦之童貫欲厚聘之拒不荅林靈素設講席寶籙宮詔兩學選士問道車駕將臨覘推恩可成以俊義及曹偉應詔俊義辭焉人曰此顯仕捷逕也不可失俊義曰使辭不獲命至彼亦不拜倘見困辱則以死繼之逮至講所去御幄跬步內侍呼姓名至再俊義但望幄致敬不肯出次呼曹偉偉回首俊義目之亦不出既罷皆爲之懼俊義處之恬然以太學上舍選奏名列其下徽宗親程其文擢爲第一及賜第望見容貌甚偉大說顧侍臣曰此朕所親擢也眞所謂俊義矣自古未有人主自爲主司者宜即超用蔡京邀使來見曰一見我左右史可立得俊義不往僅拜國子博士居二年乃得改太學博士鄆王謁先聖有司議諸生門迎俊義曰此豈可施於人臣哉禮如見宰相足矣乃序立敦化堂下及王至猶辭不敢當進吏部員外郎嘗入對帝問卿知前所以親擢乎蓋主司之意不一是以天子自提文衡也衞膚敏吳安國今安在具以對即召爲館職而遷俊義右司員外郎爲王黼所惡以直祕閣知岳州卒年四十七俊義與李邴友善首建正論於宣和間當是時諸公卿稍知分別善惡邪正兩人力也邴字肅遠亦知名士官不顯

馬默字處厚單州成武人家貧徒步詣徂徠從石介學諸生時以百數一旦出其上既而將歸介語諸生曰馬君他日必爲名臣宜送之山下登進士第調臨濮尉知須城縣縣爲鄆治所鄆吏犯法不可捕默邀府取而杖之客次閤府皆驚曹佾守鄆心不善也默亦不爲屈後守張方平素貴掾屬來前多閉目不與語見默白事忽開目熟視久之盡行其言自是諉以事治平中方平還翰林薦爲監察御史裏行遇事輒言無顧方平間遣所親儆之曰言太直得無累舉者乎默謝曰辱知之深不敢爲身謀所以報也時議尊崇濮安懿王臺諫呂誨等力爭以爲不可悉出補外默請還之不報遂上言濮王生育聖躬人誰不知若稱之爲親義無可據名之不正失莫大焉願蔽自宸心明詔寢罷以感召和氣安七廟之神靈是一舉而衆善隨之也又言致治之要求賢爲本仁宗以官人之權盡委輔相數十年間賢而公者無幾官之進也不由實績不自實聲但趨權門必得顯仕今待制以上數倍祖宗之時至謀一帥臣則協於公議者十無三四庶僚之衆不知幾人一有難事則曰無人可使豈非不才者在上而賢不肖混淆乎願陛下明目達聰務旣其實歷試而超升之以幸天下刑部郎中張師顏提舉諸司庫務繩治不法衆吏懼搖飛語讒去之默力陳其故以爲惡直醜正實繁有徒今將去積年之弊以興太平必先官舉其職宜崇獎師顏厲以忠勤則尸素括囊之徒知所勸矣西京會聖宮將創仁宗神御殿默言事不師古前典所戒漢以諸帝所幸郡國立廟知禮者非之況先帝未嘗幸洛而創建廟祀實乖典則願以禮爲之節義爲之制亟止此役以章淸靜奉先之

意會地震河東陝西郡默以爲陰盛慮爲邊患宜備之後數月西夏果來侵神宗卽位以論歐陽修事通判懷州上疏陳十事一曰攬威權二曰察姦佞三曰近正人四曰明功罪五曰息大費六曰備凶年七曰崇儉素八曰久任使九曰擇守宰十曰禦邊患攬威權則天子勢重而大臣安矣察姦佞則忠臣用而小人不能幸進矣近正人則諫諍日聞而聖性開明矣明功罪則朝廷無私而天下服矣息大費則公私富而軍旅有積矣備凶年則大恩常施而禍亂不起矣崇儉素則自上化下而民樸素矣久任使則官不虛授而職事舉矣擇守宰則庶績有成而民受賜矣禦邊患則四遠畏服而中國彊矣除知登州沙門島囚衆官給糧者纔三百人每益數則投諸海砦主李慶以二年殺七百人默責之曰人命至重恩旣貸其生又從而殺之不若卽時死鄉里也汝胡不以乏糧告而顓殺之如此欲按其罪慶懼自縊死默爲奏請更定配島法凡二十條溢數而年深無過者移登州自是多全活者其後蘇軾知登州父老迎於路曰公爲政愛民得如馬使君乎徙知曹州召爲三司鹽鐵判官以默與富弼善且論新法不便出知濟兗二州還提舉三司帳司爲神宗言用兵形勢及指畫河北山川道里應對如流神宗喜將用之大臣滋不悅以提點京東刑獄默性剛嚴疾惡部吏有望風投檄去者金鄉令以賄著其父方執政詒書曰馬公素剛汝有過將不免令懼悉取不義之物焚徹之改廣西轉運使會安化等蠻歲饑內寇默上平蠻方略以爲勝負不在兵而在將富良宵遁郭逵怯懦邕城陷沒蘇緘老謬歸仁鋪覆軍陳曙先走崑崙關喪師張守節不戰僨智高破亡因狄青之智勇歐希範之誅滅乃杜杞之方略此足驗矣以疾求歸知徐州屬城利國監苦吳居厚之虐默皆革之召爲司農少卿司馬光爲相欲盡修祖宗法問默以復鄉差衙前法如何默曰不可如常平自漢爲良法豈宜盡廢去其害民者可也其役人立爲一州一縣法常平提舉官省歸提刑司頗自默發之除河東轉運使時議棄葭蘆吳堡二砦默奏控扼險阻敵不可攻棄之不便由是二砦得不棄移兗州請褒錄石介後詔官其孫東州薦饑流民大集所振活數萬計入拜衞尉卿權工部侍郎轉戶部告老以寶文閣待制復知徐州改河北都轉運使初元豐間河決小吳因不復塞縱之北流元祐議臣以爲東流便水官遂與之合默與同時監司上議以北流爲便御史郭知章復請從東流於是作東西馬頭約水復故道爲長堤壅河之北流者勞費甚大明年復決而北竟不能使之東久之告老提舉鴻慶宮紹聖時坐附司馬光落待制致仕元符三年復之卒年八十紹興中以其子純請贈開府儀同三司加贈太保

論曰詩云時靡有爭王心載寧王安石之爲相可謂致天下之爭而君心不寧矣孫覺李常力諍新法寧失故人之意毅然去之而無悔賢哉孔文仲之策制科以微官慷慨論事言雖不聽而名徹上聰安石旣斥其人又廢其科何遷怒之甚耶鮮于侁早識安石敗事與呂誨同見幾先馬默用張方平薦爲御史至於盡言而不諱方平止之而不聽斯爲不負知己矣李周之耿介顧臨之用兵李之純王覿再黜而不改其正亦足以見一時之多賢焉

宋史卷三百四十五

元中書右丞相總裁脫脫等修

列傳第一百四

劉安世　鄒浩田晝王回曾誕附　陳瓘　任伯雨

劉安世字器之魏人父航第進士歷知虞城犀浦縣虞城多姦猾喜寇盜犀浦民弱而馴航爲政寬猛急緩不同兩縣皆治知宿州押伴夏使使者多所要請執禮不遜且欲服毬文金帶入見航皆折正之以羣牧判官爲河南監牧使持節冊夏主秉常凡例所遺寶帶名馬却弗受還上禦戎書大略云辨士好爲可喜之說武夫徼冀不貲之寵或爲所誤不可不戒爲河北西路轉運使熙寧大旱求言航論新政不便者五又上書言人主不可輕失天下心宜乘時有所改爲則人心悅而天意得矣不報乃請提舉崇禧宮起知涇相二州王師西征徙知陝府時倉卒軍興餽餉切急縣令佐至荷校督民民多棄田廬或至自盡航獨期會如平日事更以辦終太僕卿安世少時持論已有識航使監牧時文彥博在樞府有所聞每呼安世告之安世從容言王介甫求去外議謂公且代其任彥博曰安石壞天下至此後之人何可爲安世拱手曰安世雖晚進竊以爲未然今日新政果順人所欲而爲人利乎若不然公當去所害興所利反掌間耳彥博默不應他日見航歎獎其堅正登進士第不就選從學於司馬光咨盡心行己之要光教之以誠且令自不妄語始調洺州司法參軍司戶以貪聞轉運使吳守禮將按之問於安世安世云無之守禮爲止然安世心常不自安曰司戶實貪而吾不以誠對吾其違司馬公教乎後讀揚雄法言君子避礙則通諸理意乃釋光入相薦爲祕書省正字光薨宣仁太后問可爲臺諫于呂公著公著以安世對擢右正言時執政頗與親戚官安世言祖宗以來大臣子弟不敢受內外華要之職自王安石秉政務快私意累聖之制埽地不存今廟堂之上猶習故態因歷疏文彥博以下七人皆耆德魁舊不少假借章惇以强市崑山民田罰金安世言惇與蔡確黃履邢恕素相交結自謂社稷之臣貪天之功徼幸異日天下之人指爲四凶今惇父尚在而別籍異財絕滅義理止從薄罰何以示懲會吳處厚解釋確安州詩以進安世謂其指斥乘輿犯大不敬與梁燾等極論之竄之新州宰相范純仁至于御史十人皆緣是去遷起居舍人兼左司諫進左諫議大夫有旨暫罷講筵民間譁傳宮中求乳婢安世上疏諫曰陛下富於春秋未納后而親女色願太皇太后保祐聖躬爲宗廟社稷大計淸閒之燕頻御經帷仍引近臣與論前古治亂之要以益聖學無溺於所愛而忘其可戒哲宗俛首不語后曰無此事卿誤聽耳明日后留呂大防告之故大防退召給事中范祖禹使達旨祖禹固嘗以諫於是兩人合辭申言之甚切鄧溫伯爲翰林承旨安世言其出入王呂黨中始終反覆今之進用實係君子小人消長之機乞行免黜不報遂請外改中書舍人辭不就以集賢殿修撰提舉崇福宮才六月召爲寶文閣待制樞密都承旨范純仁復相呂大防白后欲令安世少避后曰今旣不居言職自無所嫌又語韓忠彥曰如此正人宜且留朝廷乃止呂惠卿復光祿卿分司安世爭以爲不可不聽出知成德軍章惇用事尤忌惡之初黜知南安軍再貶少府少監三貶新州別駕安置英州同文館獄起蔡京乞誅滅安世等家議雖不行猶徙梅州惇與蔡卞將必寘之死因使者入海島誅陳衍諷使者過安世脅使自裁又擢一土豪爲轉運判官使殺之判官疾馳將至梅梅守遣客來勸安世自爲計安世色不動對客飲酒談笑徐書數紙付其僕曰我卽死依此行之顧客曰死不難矣客密從僕所視皆經紀同貶當死者之家事甚悉判官未至二十里嘔血而斃危得免昭懷后正位中宮惇卞發前諫乳婢事以爲爲后設時鄒浩旣貶詔應天少尹孫鼛以檻車收二人赴京師行數驛而徽宗卽位赦至鼛乃還凡投荒七年甲令所載遠惡地無不歷之移衡及鼎然後以集賢殿修撰知鄆州眞定府曾布又忌之不使入朝蔡京旣相連七謫至峽州羈管稍復承議郎卜居宋都宣和六年復待制中書舍人沈思封還之明年卒年七十八安世儀狀魁碩音吐如鐘初除諫官未拜命入白母曰朝廷不以安世不肖使在言路倘居其官須明目張膽以身任責脫有觸忤禍譴立至主上方以孝治天下若以老母辭當可免母曰不然吾聞諫官爲天子諍臣汝父平生欲爲之而弗得汝幸居此地當捐身以報國恩正得罪流放無問遠近吾當從汝所之於是受命在職累歲正色立朝扶持公道其面折廷爭或帝盛怒則執簡却立伺怒稍解復前抗辭旁侍者遠觀蓄縮悚汗目之曰殿上虎一時無不敬懾家居未嘗有惰容久坐身不傾倚作字不草書不好聲色貨利其忠孝正直皆則象司馬光年旣老羣賢凋喪略盡巋然獨存而名望益重梁師成用事能生死人心服其賢求得小吏吳默嘗趨走前後者使持書來啖以卽大用默因勸爲子孫計安世笑謝曰吾若爲子孫計不至是矣吾欲爲元祐全人見司馬光于地下還其書不荅死葬祥符縣後二年金人發其冢貌如生相驚語曰異人也爲之蓋棺乃去

鄒浩字志完常州晉陵人第進士調揚州潁昌府教授呂公著范純仁爲守皆禮遇之純仁屬撰樂語浩辭純仁曰翰林學士亦爲之浩曰翰林學士則可祭酒司業則不可純仁敬謝元祐中上疏論事其略曰人材不振無以成天下之務陛下視今日人材果有餘邪果不足邪以爲不足則中外之百執事未嘗不備以爲有餘則自任以天下之重者幾人正色昌言不承望風旨者幾人持刺舉之權以肅淸所部者幾人承流宣化而使民安田里者幾人民貧所當富也則曰水旱如之何官冗所當澄也則曰民情不可擾人物所當求也則曰從古不乏材風俗所當厚也則曰不切於時變是皆不明義理之過也蘇頌用爲太常博士來之邵論罷之後累歲哲宗親擢爲右正言有請以王安石三經義發題試舉人者浩論其不可而止陝西奏邊功中外皆賀浩言先帝之志而陛下成之善矣然兵家之事未戰則以決勝爲難旣勝則以持勝爲難惟其時而已苟爲不然將棄

前功而招後患願申敕將帥毋狃屢勝圖惟厥終京東大水浩言頻年水異繼作雖盈虛之數所不可逃而消復之方尤宜致謹書曰惟先格王正厥事不以爲數之當然此消復之實也蹇序辰看詳元祐章奏公肆詆欺輕重不平浩言初旨但分兩等謂語及先帝并語言過差而已而今所施行混然莫辨以其近似難分之迹而典刑輕重隨以上下是乃陛下之威福操柄下移於近臣願加省察以爲來事之監章惇獨相用事威虐震赫浩所言每觸惇忌仍上章露劾數其不忠侵上之罪未報而賢妃劉氏立浩言立后以配天子安得不審今爲天下擇母而所立乃賢妃一時公議莫不疑惑誠以國家自有仁祖故事不可不遵用之爾蓋郭后與尚美人爭寵仁祖既廢后幷斥美人所以示公也及立后則不選于妃嬪而卜于貴族所以遠嫌所以爲天下萬世法也陛下之廢孟氏與郭后無以異果與賢妃爭寵而致罪乎抑其不然也二者必居一於此矣孟氏罪廢之初天下孰不疑立賢妃爲后及讀詔書有別選賢族之語又聞陛下臨朝慨嘆以爲國家不幸至於宗景立妾怒而罪之於是天下始釋然不疑今竟立之豈不上累聖德臣觀白麻所言不過稱其有子及引永平祥符事以爲證臣請論其所以然若曰有子可以爲后則永平貴人未嘗有子也所以立者以德冠後宮故也祥符德妃亦未嘗有子所以立者以鍾英甲族故也又況貴人實馬援之女德妃無廢后之嫌迥與今日事體不同頃年冬妃從享景靈宮是日雷變甚異今宣制之後霖雨飛雹自奏告天地宗廟以來陰淫不止上天之意豈不昭然考之人事既如彼求之天意又如此望不以一時改命爲難而以萬世公議爲可畏追停冊禮如初詔行之帝謂此亦祖宗故事豈獨朕邪對曰祖宗大德可法者多矣陛下不之取而効其小疵臣恐後世之責人無已者紛紛也帝變色猶不怒持其章躊躇四顧凝然若有所思付外明日章惇詆其狂妄乃削官覊管新州蔡卞安惇左膚繼請治其祖送者王回等語在他傳徽宗立亟召還復爲右正言遷左司諫上疏謂孟子曰左右諸大夫皆曰賢未可也國人皆曰賢然後察之見賢焉然後用之左右諸大夫皆曰不可勿聽國人皆曰不可然後察之見不可焉然後去之於是知公議不可不恤獨斷不可不謹蓋左右非不親也然不能無交結之私諸大夫非不貴也然不能無恩讐之異至於國人皆曰賢皆曰不可則所謂公議也公議之所在槩已察之必待見賢然後用見不可然後去則所謂獨斷也惟恤公議於獨斷未形之前謹獨斷於公議已聞之後則人君所以致治者又安有不善乎伏見朝廷之事頗異於卽位之初相去半年遽已如是自今以往將如之何願陛下深思之改起居舍人進中書舍人又言陛下善繼神宗之志善述神宗之事孝德至矣尚有五朝聖政盛德願稽考而繼述之以揚七廟之光貽福萬世遷兵吏二部侍郎以寶文閣待制知江寧府徙杭越州初浩還朝帝首及諫立后事獎歎再三詢諫草安在對曰焚之矣退告陳瓘瓘曰禍其在此乎異時姦人妄出一緘則不可辨矣蔡京用事素忌浩乃使其黨爲僞疏言劉后殺卓氏而奪其子遂再責衡州別駕語在獻愍太子傳尋竄昭州五年始得歸初浩除諫官恐貽親憂欲固辭母張氏曰汝能報國無愧於公論吾顧何憂及浩兩謫嶺表母不易初意稍復直龍圖閣瘴疾作危甚楊時過常往省之薾然僅存餘息猶眷眷以國事爲問語不及私卒年五十二高宗卽位詔曰浩在元符間任諫爭危言讜論朝野推仰復其待制又贈寶文閣直學士賜諡忠浩所與游田晝王回曾誕皆良士也

晝字承君陽翟人樞密使況之從子以任爲校書郎調磁州錄事參軍知西河縣有善政民甚德之議論慨慷有前輩風與鄒浩以氣節相激勵元符中浩爲諫官晝監京城門往見浩曰平生與君相許者何如今君爲何官浩曰上遇羣臣未嘗假以辭色獨於浩差若相喜天下事固不勝言意欲待深相信而後發冀有益也晝然之旣而以病歸許邸狀報立后晝謂人曰志完不言可以絕交矣浩得罪晝迎諸塗浩出涕晝正色責曰使志完隱默官京師遇寒疾不汗五日死矣豈獨嶺海之外能死人哉願君毋以此舉自滿士所當爲者未止此也浩茫然自失歎謝曰君之贈我厚矣建中靖國初入爲大宗正丞曾布數羅致之不爲屈欲與提舉常平官亦辭請知淮陽軍歲大疫日挾醫問病者藥之遇疾卒淮陽人祀以爲土神云

回字景深仙遊人第進士調松滋令荆沔俗用人祭鬼回捕治甚嚴其風遂革知鹿邑縣入爲宗正寺簿元符中葉祖洽薦爲睦親宅講書與鄒浩友善皇后劉氏立浩將論之密告回回曰事寧有大於此者乎子雖有親然移孝爲忠亦太夫人素志也浩南遷人莫敢顧回斂交游錢與治裝往來經理且慰安其母邏者以聞逮詣詔獄衆爲之懼回居之晏然御史詰之對曰實嘗預議不敢欺也因誦浩所上章幾二千言獄上除名停廢即徙步出都門行數十里其子追及問以家事不答祖洽亦坐黜徽宗立召還舊官擢監察御史數日卒年五十三岑象求王覿賈易上章乞錄其子恤其家以獎勸忠義詔除子渙老郊社齋郎蔡京爲相奪之仍列名黨籍

誕公亮從孫也孟后之廢誕三與浩書勸力請復后浩不報及浩以言南遷誕著玉山主人對客問以譏之其略曰客問鄒浩可以爲有道之士乎主人曰浩安得爲知道雖然予於此時議浩是天下無全人也言之尚足爲來世戒易曰知幾其神乎又曰知進退存亡而不失其正者其惟聖人乎方孟后之廢人莫不知劉氏之將立至四年之後而冊命未行是天子知淸議之足畏也使當其時浩力言復后能感悟天子則無今日劉氏之事貽朝廷於過舉再三言而不聽則義亦當矣使是時得罪必不若是酷以貽老母之憂矣嗚呼若浩者雖不得爲知幾之士然百世之下頑夫廉懦夫有立志尚不失爲聖人之淸也其書旣出識者或以比韓愈諫臣論誕任亦不顯

陳瓘字瑩中南劍州沙縣人少好讀書不喜爲進取學父母勉以門戶事乃應舉一出中甲科調湖州掌書記簽書越州判官守蔡卞察其賢每事加禮而瓘測知其心術常欲遠之屢引疾求歸章不得上檄攝通判明州卞素敬道人張懷素謂非世間人時且來越卞留瓘小須之瓘不肯止曰子不語怪力亂神斯近怪矣州牧旣信重民將從風而靡不識之未爲不幸也後二十年而懷素誅明州職田之入厚瓘不取盡棄於官以歸章惇入相瓘從衆道謁惇聞其名獨邀與同載詢當世之務瓘曰請以所乘舟爲喻偏重可行乎移左置右其偏一也明此則可行矣天子待公爲政敢問將何先惇曰司馬光姦邪所當先辨勢無急於此瓘曰公誤矣此猶欲平舟勢而移左以置右果然將失天下之望惇厲色曰光不務纘述先烈而大改成緒誤國如此非姦邪而何瓘曰不察其心而疑其迹則不爲無罪若指爲姦邪又復改作則誤國益甚矣爲今之計唯消朋黨持中道庶可以救弊意雖忤惇然亦驚異頗有兼收之語至都用爲太學博士會卞與惇合志正論遂絀卞黨薛昂林自官學省議毀資治通鑑瓘因策士題引神宗所製序文以問昂自意沮遷祕書省校書郎紹述之說盛瓘奏哲宗言堯舜禹皆以若稽古爲訓若者順而行之稽者考其當否必使合於民情所以成帝王之治天子之孝與士大夫之孝不同帝反復究問意感悅約瓘再入見執政聞而憾之出通判滄州知衛州徽宗卽位召爲右正言遷左司諫瓘論議持平務存大體不以細故藉口未嘗及人晻昧之過嘗云人主託言者以耳目誠不當以淺近見聞惑其聰明惟極論蔡卞章惇安惇邢恕之罪御史龔夬擊蔡京朝廷將逐夬瓘言紹聖以來七年五逐言者常安民孫諤董敦逸陳次升鄒浩五人者皆與京異議而去今又罷夬將若公道何遂草疏論京未及上時皇太后已歸政瓘言外戚向宗良兄弟與侍從希寵之士交通使物議籍籍謂皇太后今猶預政由是罷監揚州糧料院瓘出都門繳四章奏之幷明宣仁誣謗事帝密遣使賜以黃金百兩后亦命勿遽去畀十僧牒爲行裝改知無爲軍明年還爲著作郎遷右司員外郎兼權給事中宰相曾布使客告以將卽眞瓘語子正彙曰吾與丞相議事多不合今若此是欲以官爵相餌也若受其薦進復有異同則公議私恩兩有愧矣吾有一書論其過將投之以決去就汝其書之但郊祀不遠彼不相容則澤不及汝矣能不介於心乎正彙願得書旦持入省布使數人邀相見甫就席遽出書布大怒爭辯移時至箕踞誶語瓘色不爲動徐起白曰適所論者國事是非有公議公未可失待士禮布矍然改容信宿出知泰州崇寧中除名竄袁州廉州移郴州稍復宣德郎正彙在杭告蔡京有動搖東宮迹杭守蔡薿執送京師先飛書告京俾爲計事下開封府制獄併逮瓘尹李孝稱逼使證其妄瓘曰正彙聞京將不利社稷傳於道路瓘豈得預知以所不知忘父子之恩而指其爲妄則情有所不忍挾私情以符合其說又義所不爲京之姦邪必爲國禍瓘固嘗論之於諫省亦不待今日語言間也內侍黃經臣莅鞫聞其辭失聲歎息謂曰主上正欲得實但如言以對可也獄具正彙猶以所告失實流海上瓘亦安置通州瓘嘗著尊堯集謂紹聖史官專據王安石日錄改修神宗史變亂是非不可傳信深明誣妄以正君臣之義張商英爲相取其書旣上而商英罷瓘又徙台州宰相徧令所過州出兵甲護送至台每十日一徙告且命凶人石悈知州事執至庭大陳獄具將脅以死瓘揣知其意大呼曰今日之事豈被制旨邪悈失措始告之曰朝廷令取尊堯集爾瓘曰然則何用許使君知尊堯所以立名乎蓋以神考爲堯主上爲舜助舜尊堯何得爲罪時相學術淺短爲人所愚君所得幾何乃亦不畏公議干犯名分乎悈慚揖使退所以窘辱之百

端終不能害宰相猶以愀爲怯而罷之在台五年乃得自便纔復承事郎帝批進目以爲所擬未當令再敍一官仍與差遣執政持不行卜居江州復有譖之者至不許輒出城旋令居南康纔至又移楚瓘平生論京卞皆披擿其處心發露其情慝最所忌恨故得禍最酷不使一日少安宣和六年卒年六十五瓘謙和不與物競閑居矜莊自持語不苟發通於易數言國家大事後多驗靖康初詔贈諫議大夫召官正彙紹興二十六年高宗謂輔臣曰陳瓘昔爲諫官甚有讜議近覽所著尊堯集明君臣之大分合於易天尊地卑及春秋尊王之法王安石號通經術而其言乃謂道隆德駿者天子當北面而問焉其背經悖理甚矣瓘宜特賜謚以表之謚曰忠肅

任伯雨字德翁眉州眉山人父孜字遵聖以學問氣節推重鄉里名與蘇洵埒仕至光祿寺丞其弟汲字師中亦知名嘗通判黃州後知瀘州當時稱大任小任伯雨自幼已矯然不羣邃經術文力雄健中進士第調施州清江主簿郡守檄使沿公庫笑曰里名勝母曾子不入此職何爲至我哉拒不受知雍丘縣御史如東濕撫民如傷縣枕汴流漕運不絕舊苦多盜然未嘗有獲者人莫知其故伯雨下令綱舟無得宿境內始猶不從則命東下者斧斷其纜趣京師者護以出自是外戶不閉使者上其狀召爲大宗正丞甫至擢右正言時徽宗初政納用讜論伯雨首擊章惇曰惇久竊朝柄迷國罔上毒流搢紳乘先帝變故倉卒輒逞異意睥睨萬乘不復有臣子之恭向使其計得行將寘陛下與太皇后於何地若貸而不誅則天下大義不明大法不立矣臣聞北使言去年遼主方食聞中國黜惇放箸而起稱甚善者再謂南朝錯用此人北使又問何爲只若是行遣以此觀之不獨孟子所謂國人皆曰可殺雖蠻貊之邦莫不以爲可殺也章八上貶惇雷州繼論蔡卞六大罪語在卞傳建中靖國改元當國者欲和調元祐紹聖之人故以中爲名伯雨言人才固不當分黨與然自古未有君子小人雜然並進可以致治者蓋君子易退小人難退二者並用終於君子盡去小人獨留唐德宗坐此致播遷之禍建中乃其紀號不可以不戒時議者欲西北典郡專用武臣伯雨謂李林甫致祿山之亂者此也又論鍾傳王贍生湟鄯邊事失與國心宜棄其地以安邊息民張耒黃庭堅晁補之歐陽棐劉唐老等宜在朝廷上書皇太后乞暴蔡京之惡召還陳瓘以全定策之勳時以正月朔旦有赤氣之異詣火星觀以禳之伯雨上疏言嘗聞修德以弭災未有禳祈以消變洪範以五事配五行說者謂視之不明則有赤眚赤祥乞攬權綱以信賞罰專威福以殊功罪使皇明赫赫事至必斷則乖氣異象轉爲休祥矣又言比日內降寖多或恐矯傳制命漢之鴻都賣爵唐之墨敕斜封此近監也王覿除御史中丞仍兼史官伯雨謂史院宰相監修今中丞爲屬非所以重風憲遠嫌疑已而覿除翰林伯雨復論曰學士爵秩位序皆在中丞上今覿爲之是諫官論事非特朝廷不行適足以爲人遷官爾伯雨居諫省半歲所上一百八疏大臣畏其多言俾權給事中密諭以少默卽爲眞伯雨不聽抗論愈力且將劾曾布布覺之徙爲度支員外郎尋知虢州崇寧黨事作削籍編管通州爲蔡卞所陷與陳瓘龔夬張庭堅等十三人皆南遷獨伯雨徙昌化姦人猶未甘心用匿名書復逮其仲子申先赴獄妻適死于淮報訃俱至伯雨處之如平常曰死者已矣生者有負于朝廷亦當從此訣如其不然天豈殺無辜耶申先在獄鍛鍊無所傳致乃得釋居海上三年而歸宣和初卒年七十三長子象先登世科又中詞學兼茂舉有司啓封見爲黨人子不奏名調秦州戶曹掾聞父謫棄官歸養王安中辟燕山宣撫幕勉應之道引疾還終身不復仕申先以布衣特起至中書舍人紹興初高宗詔贈伯雨直龍圖閣又加諫議大夫采其諫章追貶章惇蔡卞邢恕黃履明著誣宣仁事以告天下淳熙中賜謚忠敏

論曰劉安世復文彥博之言時年尚少然其言卽元祐之初政而司馬光之用心也鄒浩諫立劉后反復曲折極人所難言二人除言官俱入白其母母俱免以盡忠報國無分毫顧慮後患意嗚呼賢哉陳瓘任伯雨抗迹疏遠立朝寡援而力發章惇曾布蔡京蔡卞羣姦之罪無少畏忌古所謂剛正不撓者歟

宋史卷三百四十六

元中書右丞相總裁脫脫等修

列傳第一百五

陳次升　陳師錫　彭汝礪弟汝霖　汝方　呂陶
張庭堅　龔夬　孫諤　陳軒
江公望　陳祐　常安民

陳次升字當時興化仙游人入太學時學官始得王安石字說招諸生訓之次升作而曰丞相豈秦學邪美商鞅之能行仁政而爲李斯解事非秦學而何坐屏斥旣而第進士知安丘縣轉運使吳居厚以聚斂進徽尉罔征稅於遠郊得農家敗絮捕送縣次升縱遣之居厚怒將被以文法會御史中丞黃履薦爲監察御史哲宗立使察訪江湖先是蹇周輔父子經畫江右鹽法爲民害次升舉劾之還言額外上供之數未除異日必有非法之斂願從熙寧以來創行封樁名錢悉賜蠲免又役法未定人情熒惑乞速定差雇及均數之等先爲之節而審行之提點淮南河東刑獄紹聖中復爲御史轉殿中論章惇蔡卞植黨爲姦乞收還威福之柄禁中火彗出西方次升請修德求言以弭天變掖庭鞫厭魅獄次升言事關中宮宜付外參治今屬於閹寺之手萬一有冤濫貽後世譏濟陽郡王宗景請以妾爲妻論其以宗藩廢禮爲聖朝累初惇卞以次升在元祐間外遷意其不能無怨望卞又與同鄉里故延寘憲府欲使出力爲助擠排衆賢而一無所附時方編元祐章疏毒流搢紳次升言陛下初卽位首下詔令導人使諫親政以來又揭敕牓許其自新今若考一言之失致於譴累則前之詔令適所以誤天下後之敕牓適所以誑天下非所以示大信也又論卞客周種貪鄙鄭居中憸佞由是惇卞交惡之使所善太府少卿林顏致己意嘗以美官次升曰吾知守官而已君爲天子卿士而爲宰相傳風旨邪惇卞益不樂乘間白爲河北轉運使帝曰漕臣易得耳次升敢言不當去更進左司諫宣仁有追廢之議次升密言先太后保佑聖躬始終無間願勿聽小人銷骨之謗帝曰卿安所聞對曰臣職許風聞陛下毋詰其所從來可也呂升卿察訪廣南次升言陛下無殺流人之意而遣升卿出使升卿資性慘刻喜求人過今使遲志釋憾則亦何所不至哉乃止不遣次升累章劾章惇皆留中帝嘗謂曰章惇文字勿令絕次升退告王鞏鞏曰君胡不云諫臣耳目也帝王心也心所不知則耳目爲之傳達旣知之何以耳目爲居數日復入見帝申前旨乃以鞏語對帝曰然顧未有代之者爾訖不克去京師富家乳婢怨其主坐見於上而嵩呼者邏騶獄次升乞戒有司無得觀望帝問大臣何謂蔡卞曰正謂觀望陛下爾誣其毀先烈擬謫監全州酒稅帝以爲遠改南安軍徽宗立召爲侍御史極論惇卞曾布蔡京之惡竄惇於雷居卞於池出京於江寧遷右諫議大夫獻體道稽古修身仁民崇儉節用六事言多規切崇寧初以寶文閣待制知潁昌府降集賢殿修撰繼又落修撰除名徙建昌編管循州皆以論京卞故政和中用赦恩復舊職卒年七十六次升三居言責建議不苟合劉安世稱其有功於元祐人謂能遏呂升卿之行也它所言曾肇王覿張庭堅賈易李昭玘呂希哲范純禮蘇軾等公議或不謂然

陳師錫字伯修建州建陽人熙寧中游太學有雋聲神宗知其材及廷試奏名在甲乙間帝偶閱其文屢讀屢歎賞顧侍臣曰此必陳師錫也啟封果然擢爲第三調昭慶軍掌書記郡守蘇軾器之倚以爲政軾得罪捕詣臺獄親朋多畏避不相見師錫獨出餞之又安輯其家知臨安縣爲監察御史上言宋興享國長久號稱太平者莫如仁宗切考致治之本不過延直言御羣下進善退邪而已明道中親覽萬幾見政事之多辟輔佐之失職自呂夷簡張耆夏竦陳堯佐范雍晏殊等一日罷去寶元初冬雷地震用諫官韓琦之言王隨陳堯佐韓億石中立同時見黜其後不次擢用杜衍范仲淹富弼韓琦以成慶曆嘉祐之治願稽皇祖納諫御臣之意以典治功帝善其言時詔進士習律師錫言陛下方大闢學校用經術訓迪士類不應以刑名之學亂之夫道德本也刑名末也教之大本人猶趨末况教之以末乎望追寢其制使得悉意本業用事者謂倡爲詖說出知宿遷縣元祐初蘇軾三上章薦其學術淵源行已潔素議論剛正器識靖深德行追蹤於古人文章冠絕於當世乃入爲祕書自校書郎遷工部員外郎加祕閣校理提點開封縣鎭建言銓法選人用舉者遷升而歲有定額今請託者溢數而寒畯有不足之患請爲之限約畿內將官苛慘失士心方大閱羣卒譁譟將吏莫知所爲師錫馳至軍推首惡者致諸法按閱如初而劾斥其將縣人歎服樞密院猶以事不先白爲罪罷知解州歷考功員外郎知宣州蘇州徽宗立召拜殿中侍御史疏言元豐之末中外洶洶矣宣仁聖后再安天下委國而治者司馬光呂公著爾章惇誣其包藏禍心至於追貶天相陛

下發潛繼統而惇猶據高位光等贈謚未還墓碑未復願早攄宸略以慰中外之望蔡京爲翰林學士師錫言京與弟卞同惡迷國誤朝而京好大喜功銳於改作日夜交結內侍戚里以覬大用若果用之天下治亂自是而分祖宗基業自是而隳矣京援引死黨至數百人鄧洵武內行汚惡搢紳不齒豈可滓穢史筆向宗回宗良亦陰爲京助是皆國之深患爲陛下憂爲宗廟憂爲賢人君子憂若出之于外社稷之福也帝曰此於東朝有礙卿爲我處之對曰壽爾臣當具白太后遂上封事言自昔母后臨朝危亂天下載在史冊可考而知至於手書還政未有如聖母退抑謙遜眞可爲萬世法而蔡京陰通二向妄言宮禁預政以誣聖德不可不察也詔索祕閣圖畫師錫言六經載道諸子言理歷代延籍祖宗圖畫天人之蘊性命之妙治亂安危之機善惡邪正之迹在焉望留意於此以唐山水圖代無逸爲監俄改考功郎中師錫抗章言曰臣在職數月所言皆當今急務若以爲非陛下方開納褒獎若以爲是則不應遽解言職如蔡京典刑未正願受竄貶於是出知潁盧滑三州坐黨論監衡州酒又削官置郴州卒年六十九師錫始與陳瓘同論京卞時號二陳紹聖中贈直龍圖閣

彭汝礪字器資饒州鄱陽人治平二年舉進士第一歷保信軍推官武安軍掌書記彰州軍事推官王安石見其詩義補國子直講改大理寺丞擢太子中允既而惡之御史中丞鄧綰將舉爲御史召之不往既上章復以失舉自列神宗怒逐綰用汝礪爲監察御史裏行首陳十事一正己二任人三守令四理財五養民六振救七興事八變法九靑苗十鹽事指擿利害多人所難言者又論呂嘉問市易聚斂非法當罷俞充謟中人王中正至使妻拜之不當檢正中書五房事神宗爲罷充詰其語所從汝礪曰如此非所以廣聰明也卒不奉詔及中正與李憲主西師汝礪言不當以兵付中人因及漢唐禍亂之事神宗不懌語折之汝礪拱立不動伺間復言神宗爲改容在廷者皆歎服宗室以女賣婚民間有司奏罷之汝礪言此雖疏屬皆天家子孫不可使閭閻之賤得以貨取願更著婚法元豐初以館閣校勘爲江西轉運判官陛辭復言今不患無將順之臣患無諫諍之臣不患無敢爲之臣患無敢言之臣神宗嘉其忠蓋代還提點京西刑獄元祐二年超爲起居舍人時相問新舊之政對曰政無彼此一於是而已今所更大者取士及差役法行之而士民皆怨未見其可踰年進中書舍人賜金紫詞命雅正有古人風其論詩體四韻事尤力大臣有持平者頗相左右一時進取者疾之欲盡去其類未有以發會知漢陽事吳處厚得蔡確安州詩上之傳會解釋以爲怨謗諫官交章請治之又造爲危言以激怒宣仁后欲寘之法汝礪謂此羅織之漸也數以白執政不能救遂上疏論列不聽方居家待罪得確謫命除目草詞曰我不出誰任其責者卽入省封還除目辨論愈切諫官指汝礪爲朋黨宣仁后曰汝礪豈黨確者亦爲朝廷論事爾及確貶新州又須汝礪草詞遂落職知徐州初汝礪在臺時論呂嘉問事與確異趣徙外十年確爲有力後治嘉問宅獄以不阿執政坐奪二官至是又爲確得罪人以此益賢之加集賢殿修撰入權兵刑二部侍郎有獄當貸執政以特旨殺之汝礪持不下執政怒罰其屬汝礪言制書有不便許奏論汝礪屬又何罪遂自劾請去章四上詔免屬罰徙汝礪禮部眞拜吏部侍郎哲宗躬聽斷修熙寧元豐政事人皆爭獻所聞汝礪獨無建白或問之答曰在前日則無敢言於今則人人能言之矣進權吏部尚書言者謂嘗附會劉摯以寶文閣直學士知成都府未行章數上又降待制知江州府行哲宗問所欲言對曰陛下今所復者其政不能無是非其人不能無賢否政惟其是則無不善人惟其賢則無不得矣至郡數月而病去其遺表略云土地已有餘願撫以仁財用非不饒願節以禮佞人初若可悅而其患在後忠言初若可惡而其利甚博至於恤河北流移察江南水旱凡數百言朝廷方以樞密都丞旨命之而已卒乃以告賜其家年五十四汝礪讀書爲文志於大者言動取舍必合於義與人交必盡誠敬兄無子爲立後官之少時師事桐廬倪天隱旣死幷其母妻葬之且衣食其女同年生宋渙死經理其後不啻如子所著易義詩義詩文凡五十卷弟汝霖汝方

汝霖字巖老第進士以曾布薦爲祕書丞擢殿中侍御史由是附布時紹述之論復興都水丞李夷行乞復詩賦汝霖劾之韓忠彥議權合祭汝霖言其非禮遷侍御史門下侍郎李清臣與布異布先諷江公望使擊之將處以諫議大夫公望弗聽汝霖竟逐清臣果得諫議鞫趙諗反獄窮其黨與元祐禍再興吳材王能甫排斥不已汝霖言諸人罪狀已經紹聖出削案籍具在但可據以行不必俟指名彈擊於是司馬光以下復貶布失位汝霖罷知泰州又謫濮州團練副使後以顯謨閣待制卒

汝方字宜老以汝礪蔭爲榮陽尉臨城主簿汝礪卒棄官歸葬豐稷留守南京辟司錄宣和初通判衢州使者疏其治狀擢知州事方臘起睦之靑溪與衢接境寇至無兵可禦衆望風奔潰汝方獨與其僚段約介守孤城三日而陷罵賊以死年六十六徽宗褒歎之超贈龍圖閣直學士通議大夫謚曰忠毅官其家七人

呂陶字元鈞成都人蔣堂守蜀延多士入學親程其文嘗得陶論集諸生誦之曰此賈誼之文也陶時年十三一坐皆驚由是禮諸賓筵一日同遊僧舍共讀寺碑酒闌堂索筆書碑十紙行斷句闕以示陶曰老夫不能盡憶子爲我足之陶書以獻不謬一字中進士第調銅梁令民龐氏姊妹三人冒隱幼弟田弟壯愬官不得直貧至庸奴於人及是又愬陶一問三人服罪弟泣拜願以田半作佛事以報陶曉之曰三姊皆汝同氣方汝幼時適爲汝主之爾不然盡爲他人所欺與其捐半供佛曷若遺姊復爲兄弟顧不美乎弟又拜聽命知太原壽陽縣府帥唐介辟簽書判每暇日促膝晤語告以立朝事君大節曰君廊廟人也以介薦應熙寧制科時王安石從政用新法陶對策枚數其過大略謂賢良之旨貴犯不貴隱臣愚敢忘斯義陛下初卽位願不惑理財之說不問老成之謀不興邊場之事陛下措意立法自謂庶幾堯舜顧陛下之心如此天下之論如彼獨不反而思之乎及奏第神宗顧安石取卷讀讀未半神色喪阻神宗覺之使馮京竟讀謂其言有理司馬光范鎭見陶皆曰自安石用事吾輩言不復效不意君及此平生聞望在茲一舉矣安石旣怒孔文仲科亦隨罷陶雖入等纔通判蜀州張商英爲御史請廢永康軍下旁郡議陶以爲不可及知彭州威茂夷入寇陶召大姓潛具守備城門啟閉如平時因以永康前議上于朝軍遂不廢王中正爲將蜀道畏事之甚謹而其所施悉謬盭陶奏召還之李杞蒲宗閔來榷茶西州騷動陶言川蜀產茶視東南十不及一諸路旣皆通商兩川獨蒙禁榷茶園本是稅地均出賦租自來敷賣以供衣食蓋與解鹽晉礬不同今立法太嚴取息太重遂使良民枉陷刑辟非陛下仁民愛物之意也宗閔怒劾其沮敗新法責監懷安商稅或往弔之陶曰吾欲假外郡之虛名救蜀民百萬之實禍幸而言行所濟多矣敢有榮辱進退之念哉起知廣安軍召爲司門郎中元祐初擢殿中侍御史首獻邪正之辨曰君子小人之分辨則王道可成雜處於朝則政體不純今蔡確韓縝張璪章惇在先朝則與小人表裏爲賊民害物之政使人主德澤不能下流在今日則觀望反覆爲異時子孫之計安燾李清臣又依阿其間以伺勢之所在而歸之昔者負先帝今日負陛下願亟加斥逐以淸朝廷於是數人相繼罷去時議行差役陶言郡縣風俗異制民之貧富不均當此更法之際若不預設防禁則民間雖無納錢之勞反有偏頗之害莫若以新舊二法裁量厭中會陶謁告歸詔於本道定議陶考究精密民以爲便還朝遂正兩路轉運使李琮蒲宗閔之罪又奏十事皆利害切於蜀者蘇軾策館職爲朱光庭所論軾亦乞補郡爭辨不已陶言臺諫當徇至公不可假借事權以報私隙議者皆謂軾嘗戲薄程頤光庭乃其門人故爲報怨夫欲加軾罪何所不可必指其策問以爲譏謗恐朋黨之敝自此起矣由是兩置之陶與同列論張舜民事不合傳堯俞王巖叟攻之太皇太后不納遷陶左諫議繼出爲梓州淮西成都路轉運副使入拜右司郎中起居舍人大臣上殿有乞屏左右及史官者陶曰屏左右已不可況史官乎大臣奏事而史官不得聞是所言私也詔定爲令遷中書舍人奉使契丹歸乞修邊備哲宗喜曰臣僚言邊事惟及陝西不及河北殊不知河北有驚則十倍陝西矣卿言甚善進給事中哲宗始親政陶言太皇保祐九年陛下所深知尊而報之惟恐不盡然臣猶以無可疑爲疑不必言而言萬一有姦邪不正之謀上惑淵聽謂某人宜復用某事宜復行此乃治亂安危之機不可不察也俄以集賢院學士知陳州徙河陽潞州俄奪職再貶庫部員外郎分司徽宗立復集賢殿修撰知梓州致仕卒年七十七

張庭堅字才叔廣安軍人進士高第調成都觀察推官爲太學春秋博士紹聖經廢通判漢州入爲樞密院編修文字坐折簡別鄒浩免徽宗召對除著作佐郎擢右正言帝方銳意圖治進延忠鯁庭堅與鄒浩龔夬江公望常安民任伯雨皆在諫列一時翕然稱得人庭堅在職逾月數上封事其大要言世之論孝必曰紹復神考然後謂孝夫前後異宜法亦隨變而欲纖悉必復然則將敝於一偏久必有不便於民而招怨者如此而謂之孝可乎司馬光因時變革以便百姓人心所歸不爲無補於國家陳瓘執義論諍將以去小人士論所推不爲無益於宮禁乞盡復光贈典以悅人心召還瓘言職以慰士論又士大夫多以繼志述事勸陛下者臣恐必有營私之人欲主其言以自售謂復紹先烈非其徒不可將假名繼述而實自肆焉今遠略之耗於內者棄不以

爲守則兵可息特旨之重於法者删不以爲例則刑可省近以青唐反叛棄鄯守湟既以鄯爲可棄則區區之湟亦安足守臣謂并棄湟州便庭堅言論深切退輒焚槀是時議者往往指元祐舊臣在廷者太多庭堅爲帝言司馬光呂公著之賢且曰陛下踐阼以來合人心事甚衆惟夫邪正殊未差別如光公著甄敍但用赦恩初未嘗別其無罪也又薦蘇軾蘇轍可用頗忤旨曾布因稱其所論不常帝命徙爲郎俄出爲京東轉運使判官任伯雨言庭堅立身有本末不應罷言職庭堅亦辭新命改知汝州又送吏部伯雨復爭之乞以庭堅章付外考其所言毋使言者爲三省所脅李清臣從而擠之改通判陳州初蔡京守蜀庭堅在幕府與相好及京還朝欲引以爲己用先令鄉人諭意庭堅不肯往京大恨後遂刻諸黨籍又坐嘗談瑤華非辜事編管虢州再徙鼎州象州久之復故官卒年五十七紹興初詔贈直徽猷閣

龔夬字彥和瀛州人清介自守有重名進士第三簽書河陽判官從曾布於瀛紹聖初擢監察御史以親老求通判相州知洺州徽宗立召拜殿中侍御史始上殿卽抗疏請辨忠邪曰好惡未明則人迷所向忠邪未判則衆必疑今聖政日新遠近忻悅進退人材皆出睿斷此甚盛之舉也然姦黨既破必將早夜熟計廣爲身謀或動朝廷或託言祖宗以脅人主巧事貴戚陰結左右變遽革面以求自文或申邪說以拒正論或詭稱禍福以亂是非姦計百出幸其旣敗復用已去復留君子直道而行則必墮其術中然則天下治忽未可知也故宜洞察忠邪行之以決若小不忍則害大政臣願陛下明好惡以示之使遠近知進賢退姦之意太平之治不難致也又言朝廷累下赦令洗滌元祐愆負被坐之人至於官職貲廕多未給還願申詔有司亟爲施行以伸先帝寬仁之意時章惇蔡卞用事夬首論其惡大略以爲昔日丁謂當國號爲恣睢然不過陷一寇準而已及至於惇而故老元輔侍從臺省之臣凡天下之所謂賢者一日之間布滿嶺海自有宋以來未之聞也當是時惇之威勢震於海內此陛下所親見蓋其立進不根之語文致惇逆之罪是以人人危懼莫能自保俾其朽骨銜冤於地下子孫禁錮於炎荒忠臣義士憤悶而不敢言海內之人得以歸怨先帝其罪如此尚何俟而不正典刑哉卞事上不忠懷姦深理凡惇所爲皆卞發之爲力居多望采之至公昭示譴黜又論蔡京治文及甫獄本以憤報私仇始則上誣宣仁終則歸咎先帝必將族滅無辜以逞其欲臣料當時必有案牘章疏可以見其鍛煉附會如方天若之凶邪而京收寘門下賴其傾險以爲腹心立起犴獄多斥善士天下冤之皆京與天若爲之也願考證其實以正姦臣之罪於是三人者皆去又上疏乞正元祐后冊位號及元符后不當並立書報聞已而元祐后冊再廢言者論夬首尾建言詔削籍編管房州繼徙象又徙化徙步適貶所持扇乞錢以自給逢赦令得歸政和元年卒年五十五紹興元年贈直龍圖閣六年再贈右諫議大夫官其後二人弟大壯少有重名清介自立從兄官河陽曾布欲見之不可得乃往謁夬邀之出從容竟日題詩壁間有得見兩龔之語夬爲御史大壯勸使早去夬以爲畏友不幸早卒

孫諤字元忠睢陽人父文用以信厚稱鄉里死謚慈靜居士諤少挺特不羣爲張方平所器登進士第調哲信主簿選爲國子直講陷虞蕃獄免元祐初起爲太常博士遷丞哲宗卜后太史惑陰陽拘忌之說諤上疏太皇太后言家人委巷之語不足以定大計願斷自聖慮出爲利梓路轉運判官召拜禮部員外郎左正言紹聖治元祐黨諤言漢唐朋黨之禍其監不遠蹇序辰編類章疏諤又言朝廷當示信以靜安天下請如前詔書一切勿問嘗侍對論星文變咎願修省消復罷幸西池及寢內降除授帝每患臺諫乏人諤曰士豈乏於世顧陛下不知爾立疏可用者二十二人章惇惡其拂已出知廣德軍徙唐州提點湖南刑獄徽宗立復爲右司諫首論大臣邪正政事可廢置因革者帝稱其鯁直議者欲以羣臣封事付外詳定諤言君不密則失臣是將速忠臣之禍矣不宜宣泄乃止遷左司諫俄以疾卒諤與彭汝礪以氣節相尚汝礪亡諤語所知曰吾居言責不愧器資於地下矣及再入諫省不能旬月時論惜之

陳軒字元輿建州建陽人進士第二授平江軍節度推官元祐中爲禮部郎中徐王翊善再遷中書舍人上疏言祖宗舊制諸道帥守使者辭見之日並召對便殿非特可以周知利害亦可觀閱人才今視朝數刻而退惟執政大臣得在帝所或經旬閱月臺諫官乃得覲餘皆無因而前殆非所謂廣覽兼聽之道願詔有司使如故事又言所在巡檢招惰游惡少以隸工軍習暴橫爲田野患請使以廂卒代皆從之高麗入貢軒館客其使求布歷代史策府元龜抄鄭衞曲譜皆爲上聞禮部尚書蘇軾劾其失體以龍圖閣待制知廬州徙杭州江寧潁昌府徽宗立爲兵部侍郎兼侍讀論監司守臣數易之弊如江淮發運使十五年間至更三十二人願稍久其任又言比更定役法欲以寬民力而有司生事急切苟營贏羨散青苗以抑兼并拯難困不當以散多予賞入侍經閣每勸帝以治貴清淨願法文景之恭儉帝頗聽行之加龍圖閣直學士知成都府不行改杭州福州卒年八十四

江公望字民表睦州人舉進士建中靖國元年由太常博士拜左司諫時御史中丞趙挺之與戶部尚書王古用赦恩理逋欠古多所蠲釋挺之劾古傾天下之財以爲私惠公望以爲天子登極大赦將與天下更始故一切與民豈容古行私惠於其間乃上疏曰人君所以知時政之利病人臣之忠邪無若諫官御史之爲可信若飾情肆誣快私忿以罔上聽不可不察也臣聞挺之與古論事每不相合屢見於辭氣懷不平之心有待而發俚語有之私事官讎此小人之所不爲而挺之安爲之豈忠臣乎又上疏曰自哲宗有紹述之意輔政非其人以媚於己爲同忠於君爲異一語不合時學必目爲流俗一談不倖時事必指爲橫議借威柄以快私隙必以亂君臣父子之名分感動人主使天下騷然泰陵不得盡繼述之美元祐人才皆出於熙寧元豐培養之餘遭紹聖竄逐之後存者無幾矣神考與元祐之臣其先非有射鉤斬袪之隙也先帝信仇人而黜之陛下若立元祐爲名必有元豐紹聖爲之對有對則爭興爭興則黨復立矣陛下改元詔旨亦稱思建皇極蓋嘗端好惡以示人本中和而立政皇天后土實聞斯言今若欲渝之奈皇天后土何內苑稍畜珍禽奇獸公望力言非初政所宜它日入對帝曰已縱遣之矣唯一白鷴畜之久終不肯去先是帝以柱杖逐鷴鷴不去乃刻公望姓名於杖頭以識其諫蔡王似府史以語言疑似成獄公望極言論救出知淮陽軍未幾召爲左司員外郎以直龍圖閣知壽州蔡京爲政編管南安軍遇赦還家卒建炎中與陳瓘同贈右諫議大夫

陳祐字純益仙井人第進士元符末以吏部員外郎拜右正言上疏徽宗曰有旨令臣與任伯雨論韓忠彥援引元祐臣寮事按賈易岑象求豐稷張耒黃庭堅龔原晁補之劉唐老李昭玘人才均可用特迹近嫌疑而已今若分別黨類天下之人必且妄意陛下逐去元祐之臣復興紹聖政事今紹聖人才比肩於朝一切不問元祐之人數十輒攻擊不已是朝廷之上公然立黨也還右司諫言林希紹聖初掌書命草呂大防劉摯蘇轍梁燾等制皆務求合章惇之意陛下頃用臣言褫其職自大名移揚州而希謝表具言皆出於先朝大抵姦人詆毀善類事成則攘己所憤事敗則歸過於君至如過失未形而訓辭先具安得爲責人之實歷辨詆誣而上侵聖烈安得爲臣子之誼不一二年致位樞近而希尚敢忿躁不平謝章慢上不敬此而可忍孰可不忍希再降知舒州又論章惇蔡京蔡卞郝隨鄧洵武忤旨通判滁州卞乞貶伯雨等祐在數中編管澧州徙歸州復承議郎卒

常安民字希古邛州人年十四入大學有俊名熙寧以經取士學者翕然宗王氏安民獨不爲變春試考第一主司啟封見其年少欲下之判監常秩不可曰糊名較藝豈容輒易具以白王安石安石稱其文命學者視以爲準由是名益盛安石欲見之不肯往登六年進士舉神宗愛其策將使魁多士執政謂其不熟經學列之第十授應天府軍巡判官選成都府教授與安惇爲同僚惇深刻姦詐嘗倡謁府帥輒毀素所厚善者安民退謂惇曰若人不厚於君乎何詆之深也惇曰吾心實惡之姑以爲面交爾安民曰君所謂匿怨而友其人乃李林甫也惇笑曰直道還君富貴輸我安民應之曰處厚貴天下事可知我當歸山林豈復與君校是非邪第恐累陰德爾後惇貴遂陷安民而惇子坐法誅死如安民言秩滿寓京師妻孫氏與蔡確之妻兄弟也確時爲相安民惡其人絕不相聞確夫人使招其妻亦不往調知長洲縣以主信爲治人不忍欺縣故多盜安民籍嘗有犯者書其衣揭其門約能得它盜乃除盜爲之息追科不下吏使民自輸先它邑以辦轉運使許懋孫昌齡入境邑民頌其政皆稱爲古良吏元祐初李常孫覺范百祿蘇軾鮮于侁連章論薦擢大理鴻臚丞是時元豐用事之臣雖去朝廷然其黨分布中外起私說以搖時政安民竊憂之貽書呂公著曰善觀天下之勢猶良醫之視疾方安寧無事之時語人曰其後必將有大憂則衆必駭笑惟識微見幾之士然後能逆知其漸故不憂於可憂而憂之於無足憂者至憂也今日天下之勢可爲大憂雖登進忠良而不能搜致海內之英才使皆萃于朝以勝小人恐端人正士未得安枕而臥也故去小人不爲難而勝小人爲難陳蕃竇武協心同力選用名賢天下相望太平然卒死曹節之手遂成黨錮之禍張柬之五王中興唐室以謂慶流萬世及武三思一得志至於

寵移淪没凡此者皆前世已然之禍也今用賢如倚孤棟拔士如轉巨石雖有奇特瓌卓之才不得一行其志甚可歎也猛虎負嵎莫之敢攖而卒爲人所勝者人衆而虎寡也故以十人而制一虎則人勝以一人而制十虎則虎勝奈何以數十人而制千虎乎今怨忿已積一發其害必大可不謂大憂乎及章惇作相其言遂驗歷太常博士轉爲丞與少卿朱光庭論不合出爲江西轉運判官不行改宗正丞蘇轍薦爲御史宰相不樂除開封府推官紹聖初召對爲哲宗言今日之患莫大於士不知恥願陛下獎進廉潔有守之士以厲風俗元祐進言者以熙豐爲非今之進言者反是皆爲偏論願公聽並觀擇其中而歸於當拜監察御史論章惇顓國植黨乞收主柄而抑其相反復曲折言之不置惇遣所親信語之曰君本以文學聞於時奈何以言語自任與人爲怨少安靜當以左右相處安民正色斥之曰爾乃爲時相游說邪惇益怒中官裴彥臣建慈雲院戶部尚書蔡京深結之彊毀人居室訴於朝詔御史劾治安民言事有情重而法輕者中官豪橫與侍從官相交結同爲欺罔此之姦狀恐非法之所能盡願重爲降責以肅百官獄具惇主之甚力止罰金安民因論京姦足以惑衆辯足以飾非巧足以移奪人主之視聽力足以顛倒天下之是否內結中官外連朝士一不附己則誣以黨於元祐非先帝法必擠之而後已今在朝之臣京黨過半陛下不可不早覺悟而逐去之他日羽翼成就悔無及矣是時京之姦始萌芽人多未測獨安民首發之又言今大臣爲紹述之說皆借此名以報復私怨朋附之流遂從而和之張商英在元祐時上呂公著詩求進諂佞無恥近乞毀司馬光及公著神道碑周秩爲博士親定光謚爲文正近乃乞斲棺鞭尸陛下察此輩之言果出於公論乎章疏前後至數十百上度終不能回遂丐外帝慰勉而已大饗明堂劉賢妃從侍齋宮安民以爲萬衆觀瞻虧損聖德語頗切直帝微怒曾布始以安民數譏章惇意其附己屢稱之於朝其後併論曾布布亦恨於是與惇比而排之乃取其所貽呂公著書白于帝它日帝謂安民曰卿所上宰相書比朕爲漢靈帝何也安民曰姦臣指擿臣言推其世以文致臣爾雖辨之何益董敦逸再爲御史欲劾蘇軾兄弟安民謂二蘇負天下文章重望恐不當爾至是敦逸奏之詔與知軍惇徑擬監滁州酒稅至滁日親細務郡守曾肇約爲山林之游曰讁官例不治事安民謝曰食焉而怠其事不可滿三歲通判溫州徽宗立朝論欲起爲諫官曾布沮之以提點永興軍路刑獄蔡京用事入黨籍流落二十年政和末卒年七十建炎四年贈右諫議大夫子同爲御史中丞自有傳

論曰次升從容一言止呂升卿之使嶺南大有功於元祐諸臣師錫謂蔡京若用天下治亂自是而分惜其言不行於當時而徒有驗於其後汝礪辨球蔡確以直報怨陶言榷茶爲西南害毅然觸蒲李之鋒庭堅論紹復未足以盡孝道謂言世非乏士患上不知乃薦可用者二十有二人號稱鯁直裨益尤多軒力陳青苗貽害願以清淨爲治祐擊林希且論惇京卞輩斥死弗悔公望謂神宗於元祐諸臣非有射鉤斬袪之隙而終不能移姦邪先入之言夫擊逐章惇蔡京蔡卞于外亦足少泄四海臣民之憤然京卞既仆即起已去復來至於阽危不悟也庸暗之主可與言哉安民人虎多少之喻惴惴焉懼不足以勝小人不幸而羣姦相繼用事在廷忠直之臣動因事而斥去之馴致靖康之禍其所由來遠矣小人之得政可畏夫

宋史卷三百四十七

元中書右丞相總裁脫脫等修

列傳第一百六

孫諤　吳時　李昭玘　吳師禮
王漢之弟渙之　黃廉　朱服
張舜民　盛陶　章衡　顏復
孫升　韓川　龔鼎臣　鄭穆
席旦　喬執中

孫諤字叔詣錢塘人父直官徙揚之江都諤年十五游太學蘇洵滕甫稱之用父任調武平尉捕獲名盜數十謝賞不受再調越州司法參軍守趙抃薦其材知偃師縣蒲中優人詭僧服隱民間以不語惑衆相傳有異法奔湊其門諤收按姦狀立伏辜韓縝鎮長安辟入府縝去後來者仍挽之使留居五年簽書西川判官或薦於朝召對擢提舉廣東常平徽宗初徙兩浙由福建轉運判官召爲屯田員外諤微時與蔡京善常曰蔡子貴人也然才不勝德恐貽天下憂至是京還朝遇諸塗既見京逆謂曰我若用於天子願助我諤曰公誠能謹守祖宗之法以正論輔人主示節儉以先百吏而絕口不言兵天下幸甚諤何爲者京默然既相出提點江東刑獄未幾入爲少府少監戶部郎中縣官用度無藝諤與尚書曾孝廣侍郎許幾謀曰日增一日歲增一歲天下之財豈能給哉其疏論之當國者不樂孝廣幾由是罷徙諤開封遷太僕卿殿中少監四輔建以顯謨閣待制知曹州論經始規畫之勞轉大中大夫徙鄆州邑人子爲草祭之謠指切蔡京諤以聞京怒使言者誣以它謗提舉鴻慶宮起知單州遂致仕靖康二年卒年八十六贈銀青光祿大夫謚曰通靖諤篤於行義在廣東時蘇軾謫居惠州極意與周旋二子娶晁補之黃庭堅女黨事起家人危懼諤一無所顧時人稱之

吳時字伸道邛州人初舉進士得學究出身再試中甲科知華州鄭縣轉運使檄州餫米五萬輸長安鄭獨當三萬時貽書使者曰會三萬斛之費以車則千五百乘以卒則五萬夫縣民可役者纔二百五十八戶耳古者用師則贏糧以養兵無事則移兵以就食誠能移兵於華則前費可免華雍相去百六十里一旦欲用朝發而夕至矣使者從其言陸師閔幹秦蜀茶馬辟爲屬章楶欲以御史薦力辭之徽宗求言遠臣上章封識多不能如式有司悉卻之時建言乃得達爲睦親宅教授提舉永興軍路學事華州諸生有觸忌諱者教授欲上之曰是間言語皆臣子所不忍聞時即火其書曰臣子不忍聞而令君父聞乎召爲工部員外郎改禮部兼辟雍司業大觀興算學議以黃帝爲先師時言今祠祀聖祖祝板書臣名亦釋奠孔子但例中祀數學六藝之一耳當以何禮事之乃止遷太僕少卿張商英罷相言者指時爲黨出知耀州又降通判鼎州未赴提舉河東常平歲饑發公粟以振民童貫經略北方每訪以邊事輒不答還爲大晟典樂擢中書舍人給事中內侍何訢譖監衛州酒猶領節度使時奏奪之又因進對及取燕事曰祖宗盟血未乾渝之必速亂蔡攸聞之以告王黼黼怒斥爲腐儒時求去以徽猷閣待制兼侍讀俄提舉上清太平宮西歸遇其里人趙雍爲言取燕必召禍吾老得不遭其變幸矣果歲而卒年七十八時敏於爲文未嘗屬稾落筆已就兩學目之曰立地書廚

李昭玘字成季濟南人少與晁補之齊名爲蘇軾所知擢進士第徐州教授守孫覺深禮之每從容講學及古人行已處世之要相得驩甚用李清臣薦爲祕書省正字校書郎加祕閣校理通判潞州潞民死多不葬昭玘斥官地畫兆竁具棺衾作文風曉之俗爲一變入爲祕書丞開封推官俄提點永興京西京東路刑獄坐元符黨奪官徽宗立召爲右司員外郎遷太常少卿韓忠彥欲用爲起居舍人曾布持之布使山陵命始下爲陳大升所論出知滄州崇寧初詔以昭玘嘗傾搖先烈每改元豐敕條倡從寬之邪說罷主管鴻慶宮遂入黨籍中居閑十五年自號樂靜先生寓意法書圖畫貯於十囊命曰燕游十友爲之序以爲與今之人友或趨附而陷於禍吾寧與十者友久益有味也初昭玘校試高密得侯蒙蒙執政思顧舊恩使人致己意昭玘唯求祕閣法帖而已使陝西時延安小將車吉者被誣爲盜昭玘察知無它吉後立戰功至皇城使遇昭玘京師拜于前曰感公生存之恩願以名馬爲獻笑却之晚知歙州辭不行靖康初復以起居舍人召而已卒紹興初追復直徽猷閣

吳師禮字安仲杭州錢塘人太學上舍賜第調涇縣主簿知天長縣召太學博士祕書省正字預餞鄒浩免徽宗初爲開封府推官蔡王似宮吏有不順語下之府師禮主治獄成不使一詞及王吏雖有死者亦不被以指斥罪擢右司諫改右司員外郎師禮工翰墨帝嘗訪以字學對曰陛下御極之初當志其大者臣不敢以末伎對聞者獎其得體以直祕閣知宿州卒師禮游太學時兄師仁爲正守春秋學它學官有惡之者條其疑問諸生師禮悉以兄說對學官怒鳴鼓坐堂上衆質之師禮引據三傳意氣自如江公望時在旁心竊喜後相遇於泌陽公望謂曰子異日得志當如何曰但爲人作豐年耳遂定交師仁字坦求篤學厲志不事科舉衰親廬墓下日倩旁寺僧造飯一鉢以充饑不復置庖爨及蓄僮僕郡守陳襄鄧潤甫蒲宗孟皆以遺逸薦于朝元祐初召爲太學正遷博士十年無它除後爲潁川吳王宮教授卒

王漢之字彥昭衢州常山人父介舉制科以直閣至祕閣校理漢之進士甲科調秀州司戶參軍知金華澠池二縣爲鴻臚丞知眞州時詔諸道經畫財用上諸朝漢之言所在無都籍是以不能周知而校其登耗以待用願令郡縣先置籍總之諸道則天下如指諸掌矣從之入爲開封府推官歷工吏禮三部員外郎太常少卿蔡京置講議司漢之其客也引爲參詳官擢禮部侍郎轉戶部以顯謨閣待制知瀛州言自何承矩規塘濼之地屯田東達于海其後又修保塞五州爲隄道備種所宜木至三百萬本此中國萬世之利也今寖失其道願講行之雄州歸信容城災兩輸戶請蠲稅吏不聽漢之言

雄州規小利失大體萬一契丹購之爲朝廷羞徙江寧河南府不至而爲蘇潭洪三州召拜兵部侍郎復以顯謨閣直學士知成都又不至連徙五州入爲工部侍郎奉使契丹還言其主不恤民政而掊克荒淫亡可跂而待也徽宗悅以知定州久之徙江寧方臘之亂錄奏報禦捕功加龍圖閣直學士又進延康殿學士卒年七十

弟渙之

渙之字彥舟未冠擢上第有司疑年未及銓格特補武勝軍節度推官方新置學官以爲杭州教授知潁上縣元祐中爲太學博士校對黃本祕書通判衢州入編修兩朝魯衞信錄徽宗立以日食求言渙之用大臣交薦召對因言求言非難聽之難聽之非難察而用之難今國家每下求言之詔而下之報上乃或不然以指陳闕失爲訕上以阿諛佞諂爲尊君以論議趨時爲國是以可否相濟爲邪說志士仁人知言之無益也不復有言而小人肆爲詭譎可駭之論苟容偷合願陛下虛心公聽言無逆遜唯是之從事無今昔唯當爲貴人無同異唯正是用則人心說治道成天意得矣帝欣然延納欲任以諫官御史辭曰臣由大臣薦不可以居是官乃拜吏部員外郞遷左司員外郞起居舍人擢中書舍人趙省之日詞頭三十三下筆卽就崇寧初進給事中吏部侍郞以寶文閣待制知廣州言者論渙之當元祐之末與陳瓘龔夬張庭堅游旣棄於紹聖而今復之有害初政解職知舒州入黨籍尋知福州未至復徙廣州蕃客殺奴市舶使据舊比止送其長杖笞渙之不可論如法召詣闕言者復拾故語以阻之罷爲洪州改滁州歷潭杭揚三州張商英相爲給事中吏部侍郞商英去亦出守越八年知中山府加寶文閣直學士朝廷議北伐渙之以疾提舉明道宮又四年卒年四十五渙之性淡泊恬於仕進每云乘車常以顚墜處之乘舟常以覆溺處之仕宦常以不遇處之則無事矣其歸趣如此

黃廉字夷仲洪州分寧人第進士歷州縣熙寧初或薦之王安石安石與之言問免役事廉据舊法以對甚悉安石曰是必能辨新法白神宗召訪時務對曰陛下意在便民法非不良也而吏非其人朝廷立法之意則一而四方推奉紛然不同所以法行而民病陛下不盡察也河朔被水河南齊晉旱淮浙飛蝗江南疫癘陛下不盡知也帝卽命廉體量振濟東道除司農丞還報合旨權利州路轉運判官復丞司農爲監察御史裏行建言成天下之務莫急於人才願令兩制近臣及轉運使各得舉士詔各薦一人繼言異遠下僚旣得名聞於上願令中書審其能而表用則急才之詔不虛行於天下矣又言比年水旱民蒙支貸倚閣之恩今幸歲豐有司悉當舉催久饑初穌累給併償是使民遇豐年而思歉歲也請令諸道以漸督取之論俞克結王中正致宰屬井言中正任使太重帝曰人才葢無類顧駕御之何如耳對曰雖然臣慮漸不可長也河決曹村壞田三十萬頃民廬舍三十八萬家受詔安撫京東發廩振饑遠不能至者分遣吏移給擇高地作舍以居民流民過所毋征算轉行者賦糧質私牛而與之錢養男女棄於道者丁壯則役其力凡所活二十五萬相州獄起鄧伯溫上官均論其寃得譴去詔廉詰之竟不能正未幾獄成始悔之加集賢校理提點河東刑獄遼人求代北地廉言分水畫境失中國險固啓豺狼心其後契丹果包取兩不耕地下臨鴈門父老以爲恨王中正發西兵用一而調二轉運使又附益之廉曰民朘剝至骨斟酌不乏興足矣忍自竭根本邪卽奏云師必無功盍有以善其後旣大軍潰歸中正嫁罪於轉餉廉詣上黨對理坐貶秩元祐元年召爲戶部郞中陸師閔茶法爲川陝害遣廉使蜀按察至則奏罷其太甚者且言前所爲誠病民若悉以予之則邊計不集蜀貨不通國計將受其敝請榷熙秦茶勿罷而許東路通商禁南茶毋入陝西以利蜀貨定僥馬歲額爲萬八千匹朝廷可其議使以直祕閣提舉明年進爲左司郞中遷起居郞集賢殿修撰樞密都承旨上官均論其往附蔡確爲獄改陝西都轉運使拜給事中卒年五十九

朱服字行中湖州烏程人熙寧進士甲科以淮南節度推官充修撰經義局檢討歷國子直講祕閣校理元豐中擢監察御史裏行叅知政事章惇遣所善袁默周之道見服道薦引意以市恩服舉劾之惇補郡免默之道官受詔治朱明之獄故事制獄許上殿非本章所云者皆取旨服論其非是罷之俄知諫院遷國子司業起居舍人以直龍圖閣知潤州徙泉婺寧廬壽五州廬人饑守便宜振護全活十餘萬口明年大疫又課醫持善藥分拯之賴以安者甚衆當元祐時未嘗一日在朝廷不能無少望值紹聖初政因表賀乃力詆變亂法度之故召爲中書舍人使遼未反而母死詔以其家貧賜帛二百喪除拜禮部侍郞湖州守馬城言其居喪疏几筵而獨處它室謫知萊州徽宗卽位加集賢殿修撰再爲廬州越兩月徙廣州哲宗旣祥服賦詩有孤臣正泣龍髯草之語爲部使者所上黜知袁州又坐與蘇軾游貶海州團練副使蘄州安置改興國軍卒

張舜民字芸叟邠州人中進士第爲襄樂令王安石倡新法舜民上書言便民所以窮民彊內所以弱內富國所以蹙國以堂堂之天下而與小民爭利可恥也時人壯之元豐中朝廷討西夏陳留縣五路出兵環慶帥高遵裕辟掌機密文字王師無功舜民在靈武詩有白骨似沙沙似雪及官軍斫受降城柳爲薪之句坐謫監邕州鹽米倉又追赴鄜延詔獄改監郴州酒稅會赦北還司馬光薦其才氣秀異剛直敢言以館閣校勘爲監察御史上疏論西夏彊臣爭權不宜加以爵命當興師問罪因及文彥博左遷監登聞鼓院臺諫交章乞還職不聽通判虢州提點秦鳳刑獄召拜殿中侍御史固辭改金部員外郞進祕書少監使遼加直祕閣陝西轉運使知陝潭青三州元符中罷職付東銓以爲坊州鳳翔皆不赴徽宗立擢右諫議大夫居職才七日所上事已六十章陳陝西之弊曰以庸將而御老師役饑民而爭曠土極論河朔之困言多剴峭徙吏部侍郞旋以龍圖閣待制知定州改同州坐元祐黨謫楚州團練副使商州安置復集賢殿修撰卒舜民慷慨喜論事善爲文自號浮休居士其使遼也見其太孫禧好音樂美妹名茶古畫以爲他日必有如唐張義潮挈十三州來歸者不四十年當見之後如其言紹興中追贈寶文閣直學士

盛陶字仲叔鄭州人第進士熙寧中爲監察御史神宗問河北事對曰朝廷以便民省役議廢郡縣誠便然沿邊地相屬如北平至海不過五百里其間列城十五祖宗之意固有所在願仍舊貫慶州李復圭輕敵敗國程昉開河無功籍水政以擾州縣皆疏其過二人實王安石所主陶不少屈出簽書隨州判官久之入爲太常博士考功員外郞工部右司郞中至侍御史陳官冗之敝謂恩澤舉人宜取嘉祐治平之制選人改官宜準熙寧元豐之法諫官劉安世等攻蔡確爲謗詩陶曰確以弟碩有罪但坐罷職不應懷恨注釋詩語近於捃摭不可以長告訐之風安世疏言陶居風憲地目覩無禮於君親之人而附會觀望紀綱何賴出知汝州徙晉州召爲太常少卿議合祭天地請從先帝北郊之旨旣而合祭陶卽奉行亦不復辨執也進權禮部侍郞中書舍人以龍圖閣待制知應天府順昌府瀛州元符中剟奪職卒年六十七

論曰王氏章蔡之當國也士大夫知拂之必斥附之必進也而孫謩正言蔡京不肯爲之助吳時却童貫忤王黼乃幸於罷歸昭玘辭侯蒙之延致朱服發章惇之薦引舜民詆新法而盛陶不屈於安石其大節皆可取獨漢之爲京客黃廉附蔡確獄有媿謩等多矣易曰介于石不終日貞吉故君子貴乎知幾

章衡字子平浦城人嘉祐二年進士第一通判湖州直集賢院改鹽鐵判官同修起居注物有掛空籍者奏請蠲之又言三司經費取領而無多寡率不預知急則斂於民倉卒趣迫故苦其難供願敕三部判官簿正其數卽有所賦先期下之使公私皆濟三司使忌其能出知汝州潁州熙寧初還判太常寺建言自唐開元纂修禮書以國恤一章爲豫凶事刪而去之故不幸遇事則捃摭墜殘茫無所据今宜爲厚陵集禮以貽萬世從之出知鄭州奏罷原武監弛牧地四千二百頃以予民復判太常知審官西院使遼燕射連發破的遼以爲文武兼備待之異于他使歸復命言遼境無備因此時可復山後八州不聽衡患學者不知古今纂歷代帝系名曰編年通載神宗覽而善之謂可冠冕諸史且念其嘗先多士進用獨後面賜三品服判吏部流內銓嘗有員闕旣擬注而三班院輒用之反訟吏部宰相主其說衡連奏疏與之辨或曰宰相之勢恐不可深校衡不爲止至訴於御前神宗命內侍偕至中書宰相見之怒衡曰衡爲朝廷法耳以狀上請而視之相悟曰若爾吏部是矣乃罪三班未幾知通進銀臺司直舍人院拜寶文閣待制知澶州神宗曰卿爲仁宗朝魁甲寶文藏御集之處未始除人今以之處卿衡拜謝至都會官立法禁民販鹽衡言民恃鹽以生生之所在雖犯法不顧空令犴獄日繁請如故便徙知成德軍坐事免元祐中歷秀襄河陽曹蘇州加集賢院學士復以待制知楊廬宣潁州卒年七十五

顏復字長道魯人顏子四十八世孫也父太初以名儒爲國子監直講出爲臨晉簿嘉祐中詔郡國敦訪遺逸京東以復言凡試於中書者二十有二人考官歐陽修奏復第一賜進士爲校書郞知永寧縣熙寧中爲國子直講王安石更學法取士率以己意使常秩等校諸直講所出題及所考卷定其優劣復等五人皆罷元祐初召爲太常博士建言士民禮制不立下無矜式請令禮官會萃古今典範爲五禮書又請攷正祀典凡干讖緯曲學汚條陋制道流醮謝術家厭勝之法一切芟去俾大小羣祀盡合聖人之經爲後世法遷禮部員外郞孔

宗翰請尊奉孔子祠復因上五議欲專其祠饗優其田祿蠲其廟幹司其法則訓其子孫朝廷多從之兼崇正殿說書進起居舍人兼侍講轉起居郎請擇經行之儒補諸縣教官凡學者攷其志業不由教官薦不得與貢舉升太學拜中書舍人兼國子監祭酒言太學諸生有誘進之法獨教官未嘗旌別似非嚴師勸士之道未踰年以疾改天章閣待制未拜而卒年五十七王巖叟等言復學行超特宜加優賻詔賜錢五十萬子岐建炎中爲門下侍郎

孫升字君孚高郵人第進士簽書泰州判官哲宗立爲監察御史朝廷更法度逐姦邪升多所建明嘗上疏曰自二聖臨御登用正人天下所謂忠信端良之士豪傑俊偉之材俱收並用近世得賢之盛未有如今日者君子日進而小人日退正道日長而邪慝日消在廷濟濟有成周之風此首開言路之効也願於耳目之臣論議之際置黨附之疑杜小人之隙疑間一開則言者不安其職矣言者不安其職則循默之風熾而壅蔽之患生非朝廷之福也遷殿中侍御史梁燾責張問升從而擊之執政指爲附和出知濟州踰年提點京西刑獄召爲金部員外郎尋拜殿中侍御史進侍御史時翰林承旨鄧溫伯爲臺臣所攻升與賈易論之尤力謂草蔡確制稱其定策功比漢周勃欺天負國豈宜親承密命不報由起居郎擢中書舍人直學士院以天章閣待制知應天府董敦逸黃廷基摭升過改集賢院學士紹聖初翟思張商英又劾之削職知房州歸州貶水部員外郎分司又貶果州團練副使汀州安置卒年六十二升在元祐初嘗言王安石擅名世之學爲一代文宗及進居大位出其私智以蓋天下之聰明遂爲大害今蘇軾文章學問中外所服然德業器識有所不足爲翰林學士已極其任矣若使輔佐經綸願以安石爲戒世譏其失言

韓川字元伯陝人進士上第歷開封府推官元祐初用劉摯薦爲監察御史極論市易之害以爲雖日平均物直而其實不免貨交以取利就使有獲尚不可爲況所獲不如所亡果何事也願量留官吏與之期使趣罷此法從之遷殿中侍御史疏言朝廷於人才常欲推至公以博采及其弊也則幾於利權勢而抑孤寒常欲收勤績以赴用要其終也則莫不收虛名而廢實效近制太中大夫以上歲舉守臣遇大州闕則選諸所表他雖考課上等皆莫得預推原旨意固欲得人然所謂大中大夫以上率在京師諸驕驁請求者得之爲易至於淹歷郡縣治狀應法者顧出其下則是謹身修潔之人不若營求一章之速化也於是詔吏部更立法張舜民論西夏事乞停封冊朝廷以爲開邊隙罷其御史梁燾張舜民爭之川與呂陶上官均謂舜民之言實不可行燾等去川亦改太常少卿不拜加集賢校理知潁州進爲侍御史樞密都承旨進中書舍人吏禮二部侍郎以龍圖閣待制復守潁徙虢州與孫升同受責由坊州鄆州貶屯田員外郎分司岷州團練副使道州安置徽宗立得故官知青襄二州卒

龔鼎臣字輔之鄆之須城人父誘吏武陵令鼎臣幼孤自立景祐元年第進士爲平陰主簿疏泄瀦水得良田數百千頃調孟州司法參軍以薦爲泰寧軍節度掌書記徂徠石介死讒者謂介北走遼詔兗州劾狀郡守杜衍會問掾屬莫對鼎臣獨曰介寧有是願以闔門證其死衍探懷出奏槀示之曰吾既保介矣君年少見義如是未可量也舉爲祕書省著作佐郎知萊蕪縣大臣薦試館職坐與石介善不召徙知濛陽縣轉祕書丞丁母憂服除知安丘縣以賢良方正召試祕閣轉太常博士賜五品服知渠州渠故僻陋無學者鼎臣請於朝建廟學選邑子爲生日講說立課肄法人大勸始有登科者郡人繪像事之召入編校史館書籍轉都官擢起居舍人同知諫院歲冬旱將錫春宴鼎臣曰旱甾太甚非君臣同樂之時請罷宴以荅天戒日當食陰雲不見鼎臣曰陽精既虧四方必見爲異益大願精思力行進賢遠佞以應皇極又論內侍都知鄧保信罪狀不應出入禁中蘇安靜年未五十不應超押班妃嬪贈三代僭后禮董淑妃賜謚非是凡大禮赦請準太平興國詔書前期下禁約後有犯不原以杜指赦爲姦者宜著爲令開封三司於法外斷獄朝廷多曲徇其請願先付中書審畫仁宗悉從之尋兼管勾國子監判登聞檢院詳定寬恤民力奏議淮南災以鼎臣體量安撫蠲逋振貸全活甚衆爲遼正旦使鼎臣奏景德中遼犯淄青臣祖母兄姊皆見畧義不忍往許之仍詔後子孫並免行爲俄拜戶部員外郎兼侍御史知雜事賜三品服轉吏禮二部郎中論宗室宜歲試補外官請汰濫官冗兵蕃財用禁奢靡連劾薛向姦暴鬻鹽市馬皆罔上英宗登位屢乞延訪臣下親決國事上疏勸皇太后早還政及卷簾而御璽未復又極論謂昭陵宜儉葬景靈神御殿不宜增侈以彰先帝恭德鼎臣在言路累歲闊略細故至大事無所顧忌然其言優游和平不爲峻激使人主易聽退亦未嘗語人故其事多施行改集賢殿修撰知應天府徙江寧召還判太常寺兼禮儀事神宗即位判吏部流內銓太常寺選人得官待班謝辭率皆留滯鼎臣奏易爲門謝辭甚便之明堂議侑帝或云以眞宗或云以仁宗鼎臣曰嚴父莫大於配天未聞以祖也乃奉英宗配王安石侍講欲賜坐事下禮官鼎臣言不可安石不悅求補外知兗州是時諸道方田使者希功賞槩取稅虛額及嘗所蠲者加舊籍以病民鼎臣獨按籍差次爲十等一無所增兗人德之改吏部提舉西京崇福宮復判太常寺留守南京陛辭神宗顧語移晷喜曰人言卿老不任事精明乃爾行且用卿矣時河決曹村流殍滿野鼎臣勞來振拊歸者不勝計拜諫議大夫京東東路安撫使知青州改大中大夫請老提舉亳州太清宮尋以正議大夫致仕年七十七元祐元年卒

鄭穆字閎中福州侯官人性醇謹好學讀書至忘櫛沐進退容止必以禮門人千數與陳襄陳烈周希孟友號四先生舉進士四冠鄉書遂登第爲壽安主簿召爲國子監直講除編校集賢院書籍歲滿爲館閣校勘積官太常博士乞納一秩先南郊追封考妣從之改集賢校理求外補通判汾州熙寧三年召爲岐王侍講嘉王出閣改諸王侍講府僚闕員御史陳襄請擇人神宗曰如鄭穆德行乃宜左右王者凡居館閣三十年而在王邸一紀非公事不及執政之門講說有法可爲勸戒者必反覆謳誦岐嘉二王咸敬禮焉元豐三年出知越州加朝散大夫先是鑑湖旱乾民因田其中延袤百里官籍而稅之既而連年水溢民逋官租積萬緡穆奏免之未滿告老管勾杭州洞霄宮元祐初召拜國子祭酒每講益無問寒暑雖童子必朝服延接以禮送迎諸生皆尊其經術服其教訓故人張景晟者死遺白金五百兩託其孤穆曰恤孤吾事也金於何有反金而收其子長之三年楊王荊王請爲侍講罷祭酒除直集賢院復入王府荊王薨爲揚王翊善太學生乞爲師復除祭酒兼徐王翊善四年拜給事中兼祭酒五年除寶文閣待制仍祭酒六年請老提舉洞霄宮敕過門下給事中范祖禹言穆雖年出七十精力尚強古者大夫七十而致仕有不得謝則賜之几杖祭酒居師資之地正宜處老成願母輕聽其去不報太學之士數千人以狀詣司業又詣宰相請留亦不從於是公卿大夫各爲詩贈其行空學出祖汴東門外都人觀者如堵歎未嘗見明年卒年七十五子璆軍事推官

席旦字晉仲河南人七歲能詩嘗登沉黎嶺得句警拔觀者驚異元豐中舉進士禮部不奏名時方求邊功旦詣闕上書言戰勝易守勝難知所以得之必知所以守之神宗嘉納令廷試賜第歷齊州司法參軍鄭州河陽教授敕令所刪定官徽宗召對擢右正言遷右司諫御史中丞錢遹率同列請廢元祐皇后而冊劉氏爲太后旦面質爲不可遹劾旦陰佐元祐之政左轉吏部員外郎改太常少卿遷中書舍人給事中新建殿中省命爲監俄拜御史中丞兼侍講內侍郝隨驕橫旦劾罷之都人誦其直帝以其章有媚惑先帝之語嫌爲指斥旋改吏部侍郎以顯謨閣待制知宣州召爲戶部侍郎還吏部郝隨復入侍乃以顯謨閣直學士知成都府自趙諗以狂謀誅後蜀數有妖言議者遂言蜀土習亂或導旦治以峻猛旦政和平徙鄭州入見言蜀人性善柔自古稱兵背叛皆非其土俗願勿爲慮遂言蜀用鐵錢以其艱於轉移故權以楮券而有司冀贏羨爲之益多使民不敢信帝曰朕爲卿損數百萬虛券而別給緡錢與本業可乎對曰陛下幸加惠遠民不愛重費以救敝法此古聖王用心也自是錢引稍仍故坐進對淹留黜知滁州久之帝思其治蜀功復知成都朝廷開西南夷黎州守詣幕府白事言雲南大理國求入朝獻旦引唐南詔爲蜀患拒却之已而威州守焦才叔言欲誘保霸二州內附旦上章劾才叔爲姦利斂困諸蕃之狀宰相不悅代以龐恭孫而徙旦永興恭孫俄罪去加旦述古殿直學士復知成都時郅永壽陽延俊納土樞密院用以試旦旦曰吾以爲朝廷悔開疆之禍今猶自若邪力辭之卒於長安年六十二贈大中大夫旦立朝無所附殉第爲中丞時蔡王似方以疑就第旦糾其私出府請推治官吏議者哂之子益字大光紹興初參知政事

喬執中字希聖高郵人入太學補五經講書五年不謁告王安石爲羣牧判官見而器之命子弟與之游擢進士調須城主簿時河役大興部役者不得人一夕譟而潰因致大獄執中往代終帖然富民賂吏將刱橋所居以罔市利執中疏其害使者入吏言使成之執中曰官可去橋不可刱也卒不能奪王安石爲政引執中編修熙寧條例選提舉湖南常平章惇討五溪檄執中取大田離子二峒峒路險絕期迫執中但走一校論其酋郎相率歸命錄功當遷秩辭以及父母就從轉運判官召爲司農丞提點開封縣鎭諸縣牧地民耕歲久議者將取之當夷丘墓伐桑柘萬家相聚而泣執中請於朝神

宗詔復予民改提點京西北路刑獄時河決廣武埽危甚相聚莫敢登執中不顧立其上衆隨之如蟻附不日埽成元祐初爲吏部郎中請選人由縣令錄事參軍致仕者升朝籍得封其親兼徐王府侍講翊善遷起居舍人起居郎權給事中有司以天下讞獄失出入者同坐執中駁之曰先王重入而輕出恤刑之至也今一旦均之恐自是法吏不復肯與生比非好生洽民之意也進中書舍人邢恕遇赦甄復執中言恕深結蔡確鼓唱扇搖今復其官懼疑中外遷給事中刑部侍郎紹聖初上官均摭執中爲呂大防所用以寶文閣待制知鄆州執中寬厚有仁心屢典刑獄雪活以百數明年夢神人畀以騶都尉誥旦爲客言之少焉談笑而逝年六十三

論曰宋之人才自祖宗涵養至於中葉盛矣顏復鄭穆醇然儒者官居師表龔鼎臣喬執中始終不渝厥守豈易得哉章衡欲復山後八州爲國啟釁孫升以蘇軾比王安石爲人韓川詆張舜民之言不可行席旦以蔡王見疑因而擠之然瑕不掩瑜它善蓋亦有可稱者古稱才難不其然者其斯之謂歟

宋史卷三百四十八

元　中書右丞相總裁脫脫等修

列傳第一百七

傅楫　沈畸蕭服附　徐勣　張汝明
黃葆光　石公弼張克公附　毛注　洪彥升
鍾傳　陶節夫　毛漸　王祖道
張莊　趙遹

傅楫字元通興化軍仙遊人少自刻厲從孫覺陳襄學第進士調揚州司戶參軍攝天長令發擿隱伏姦猾屏跡轉福清丞知龍泉縣孫覺爲御史中丞語之曰朝廷欲用君盍少留楫曰仕宦所樂居中者免外臺督責耳令俯首權門與外臺奚擇且外官己所當得也遂去不顧道除太學博士居四年未嘗一跡大臣門既滿徑赴銓曹楫丞福清時受知郡守曾鞏鞏弟布方執政由是薦爲太常博士徽宗以端王就資善堂學擇師傅爲說書升楫記室參軍進侍講翊善中人游事于府者多與宮僚狎楫獨漠然不可親一府嚴憚之五年不遷鄒浩得罪貶楫以贐行免官徽宗卽位召爲司封員外郎歷監察御史國子監司業起居郎拜中書舍人時曾布當國自以於楫有汲引恩冀爲之用楫略無所傾下凡命令有不當用人有未厭悉極論之雖屢却不爲奪布大失望帝以舊學故多所延訪楫每以遵祖宗法度安靜自然爲言他日李清臣勸帝清心省事帝曰近臣中唯傅楫嘗道此楫在朝歲餘見事寖異竊歎曰禍其始此乎聞者甚之楫笑曰後當信吾言遂上疏丐去以龍圖待制知博州卒年六十一帝念其藩邸舊臣賜絹三百四

沈畸字德侔湖州德清人第進士歷官州縣崇寧中爲尙書議禮編脩官召對擢監察御史畸至臺欲有所論建而六察無言事法乃詣屬上十事言花石擾民土木弊國冗費多恩澤濫議論異同下情睽隔其論當十夾錫錢最爲剴當略曰小錢之便於民久矣古者軍興用之或以一當百至于當十此權時之術非可行於無事之世今當十之議固足紓目前然使游手鼓鑄無故有倍稱之息何憚而不爲雖日加斷斬勢不可止恐未能期歲東南小錢輕錢輕則物重物重則民愈困此盜賊所由起也陝西舊無銅錢故以夾錫爲貴一切改鑄則由前日鐵錢耳今東南方鑄又將使西北效之是導民犯法也進殿中侍御史嘗經國子監門有小內侍從數騎絕道突過騶卒追問不爲止臺檄諸司捕之不獲畸曰風憲之地可但已乎入言之徽宗下內省跡治竟抵罪蔡京興蘇州錢獄欲陷章綖兄弟遣開封尹令孝壽御史張茂直鞫之株逮至千百彊抑使承盜鑄罪死者甚衆京猶以爲緩帝獨意其非辜遣畸及御史蕭服往代京將啖以顯仕白爲左正言及擢侍御史畸至蘇卽日決釋無佐証者七百人嘆曰爲天子耳目司而可傅會權要殺人以苟富貴乎遂閱實平反以聞京大怒削畸三秩貶監信州酒稅未幾卒既而獄事竟復罷管明州使者持勑至家將發棺驗實畸子濬泣訴乃止建炎初贈龍圖閣直學士濬官至右正言

蕭服字昭甫廬陵人第進士調望江令治以教化爲本訪古跡得王祥臥冰池孟宗泣筍臺皆爲築亭又刻唐縣令鞠信陵文于石俾民知所嚮已而邑人朱氏女刲股愈母疾人頌傳之以爲治化所致知高安縣尉獲凶盜獄具矣服審其辭疑之且視其刀室不與刃合頃之而殺人者得囚蓋平民也徙知康州未行改親賢宅敎授提舉淮西常平召爲將作少監以使事得入對論人主聽言之要以謂唐虞盛世猶畏巧言而堲讒說纖纖數百言徽宗謂有爭臣風擢監察御史奉詔作崇寧備官記帝稱善詔輔臣曰服文辭勁麗宜居翰苑朕愛其鯁謂領臺諫中何可闕此人俄偕沈畸使鞫獄坐羈管處州踰歲得歸張商英當國引爲吏部員外郎送遼使得疾於道遂致仕既愈還舊職以父老得請知蘄州卒年五十六

徐勣字元功宣州南陵人舉進士調吳江尉遷桂州敎授王師討交趾轉運使檄勣從軍餉路嶂險民當役者多避匿捕得千餘人使者使勣杖之勣曰是固有罪然皆肌羸病乏不足勝杖姑涅臂以戒亦可已使者怒欲幷劾勣勣力爭不變使者不能奪郭逵宿留不進勣謂副使趙卨曰師出淹時而主帥無討賊意何由成功因具蠻人情狀疏于朝謂斷者人主之利器今諸將首鼠不進惟斷自上意而已既而逵卨果皆以無功貶舒亶聞其名將以御史薦勣惡亶爲人辭不答求知建平縣入爲諸王宮教授通判通州瀕海有捍隄廢不治歲苦漂溺勣躬督防卒護築之隄成民賴其利復教授廣陵申王院改諸王府記室參軍哲宗見其文諭獎之欲俟滿歲以爲左右史未及用徽宗立擢寶文閣待制兼侍講遷中書舍人脩神宗史時紹聖黨與尙在朝人懷異意以沮新政帝謂勣曰朕每聽臣僚進對非詐則諛惟卿鯁直朕所倚賴因論擇相之難云已召范純仁韓忠彥勣頓首賀曰得人矣詔與蔡京同校五朝寶訓勣不肯與京聯職固辭奏京之惡引盧杞爲喻遷給事中翰林學士上疏陳六事曰時要曰任賢曰求諫曰選用曰破朋黨曰明功罪國史久不成勣言神宗正史今更五閏矣未能成書蓋由元祐紹聖史臣好惡不同范祖禹等專主司馬光家藏記事蔡京兄弟純用王安石日錄各爲之說故論議紛然當時輔相之家家藏記錄何得無之臣謂宜盡取用參討是非勒成大典帝然之命勣草詔戒史官俾盡心去取毋使失實帝之初政銳欲損革新法之害民曾布始以爲然已乃密陳紹述之說帝不能決以問勣勣曰聖意得非欲兩存乎今是非未定政事未一若不考其實姑務兩存臣未見其可也又因論棄湟州請自今勿妄興邊事無邊事則朝廷之福有邊事則臣下之利自古失於輕舉以貽後悔皆此類也勣與何執中偕事帝於王邸蔡京以宮僚之舊每曲意事二人勣不少降節謁歸覲親病或言翰林學士未有出外者帝曰勣謁告歸爾非去朝廷也柰何輕欲奪之俄而遭憂京入輔執中亦預政擿勣行章惇詞以爲詆先烈服闋以主管靈仙觀入黨籍中起知江寧府言者復論爲元祐姦朋必不能推行學政罷歸大觀三年知太平州召入覲極論茶鹽法爲民病帝曰以用度不足故也對曰生財有道理財有義用財有法今國用不足在陛下明詔有司推講而力行之耳帝曰不見卿久今日乃聞嘉言加龍圖閣直學士留守南京蔡京自錢塘召還過宋見勣微言撼之曰元功遭遇在伯通右伯通旣相矣勣笑曰人各有志吾豈以利祿易之哉京慙不能對勣亦終不復用以疾除顯謨閣學士致仕卒年七十九贈資政殿學士正奉大夫勣挺挺持正尤爲帝所禮重而不至大用時議惜之

張汝明字舜文世爲廬陵人徙居眞州兄侍御史汝賢元豐中以論尙書左丞王安禮與之俱罷未幾卒汝明少嗜學刻意屬文下筆輒千百言入太學有聲一時國子司業黃隱將以子妻之汝明約無飾華侈協力承親歡然後受室登進士第歷衢眞江陰宜黃華陰四縣主簿杭州司理參軍亳州鹿邑丞母病疽更數醫不効汝明刺血調藥傅之而愈江陰尉貧且病市物不時予直部使者欲繩以法汝明爲罄槖中裝代償之華陰修嶽廟費鉅財窘令以屬汝明汝明嚴與爲期民德其不擾相與出力佐役如期而成他廟非典祀妖巫憑以惑衆者則毀而懲其人滯州縣二十年未嘗出一語干進故無薦者大觀中或言其名召實學制局預考貢士去取皆有題品值不悅者誣以背王氏學詔究其事得所謂去取錄徽宗覽之曰考校盡心寧復有此特改宣教郎擢監察御史嘗攝殿中侍御史即日具疏劾政府市恩招權以蔡京爲首帝奬其介直京頗憚之徙司門員外郞稍虞其復用力排之出通判寧化軍地界遼文移數往來汝明名犯其諱遼以檄暴於朝安撫使問故衆欲委罪於吏汝明曰詭辭欺君吾不爲也坐責監壽州麻步場遇赦簽書漢陽判官田法行受牒按境內時主者多不親行汝明使四隅日具官吏所至而躬臨以閱實雖雨雪不渝以故吏不得通賄謝而稅均於一路最晚知岳州屬邑得古編鐘求上獻汝明曰天子命我以千里懼不能仰承德意敢越職以幸賞乎卒於官年五十四汝明事親孝執喪水漿不入口三日日飯脫粟飲水無醯鹽草木之滋浸病羸行輒踣夢父授以服天南星法用之驗人以爲孝感汝明學精微研象數貫穿經史百家所著書不蹈襲前人語有易索書張子巵言大究經傳於世

黃葆光字元暉徽州黟人應舉不第以從使高麗得官試吏部銓第一賜進士出身由徐州司理參軍爲太學

博士遷祕書省校書郎擢監察御史左司諫始涖職卽言三省吏猥多如遷補升轉奉入賞勞之類非元豐舊制者其大弊有十願一切革去徽宗卽命釐正之一時士論翕然而蔡京怒其異己密白帝請降御筆云當豐亨豫大之時爲衰亂減損之計徙葆光符寶郎省吏醵錢入寶籙宮作十道齋報上恩帝思其忠明年復拜侍御史遼人李良嗣來歸上平夷書規進用擢祕書丞葆光論其五不可大槩言良嗣凶黠忿鷙犯不赦之罪於鄰國逃命追死妄作平夷等書萬一露泄爲患不細中祕圖書之府豈宜以罪人爲之宜厚其祿賜寘諸畿甸之外又言君尊如天臣卑如地剛健者君之德而其道不可屈柔順者臣之常而其分不可亢苟致屈以求合則是傷仁非所以馭下也苟矯亢以求伸則是犯分非所以尊君也帝感悟命近臣讀其奏於殿中自崇寧後增朝士兼局多葆光以爲言乃命蔡京裁定京陽請一切廢罷以激怒士大夫葆光言如禮制局詳議官至七員檢討官至十六員製造局至三十餘員豈不能省去一二上副明天子之意時皆壯之政和末歲旱帝以爲念葆光上疏曰陛下德足以動天恩足以感人檢身治事常若不及而不能感召和氣臣所以不能無疑也蓋人君有屈己逮下之心而人臣無歸美報上之意者能致陰陽之變人君有慈惠惻怛之心而人臣無將順奉承之意者能致陰陽之變陛下恭儉敦朴以先天下而太師蔡京侈大過制非所以明君臣之分陛下以紹述爲心而京所行乃背元豐之法彊悍自專不肯上承德意太宰鄭居中少宰余深依違畏避不能任天下之責此天氣下而地不應大臣不能尙德以應陛下之所求者如此疏入不報且欲再上章京權勢震赫舉朝結舌葆光獨出力攻之京擢中以他事貶知昭州立山縣又使言官論其附會交結泄漏密語詔以章揭示朝堂安置昭州京致仕召爲職方員外郎改知處州州當方臘殘亂之後盡心牧養民列上其狀加直祕閣再任卒年五十八州人祠之葆光善論事會文切理不爲橫議所移時頗推重本出鄭居中門故極論蔡京無所顧然其他不能不迎時好方作神霄萬壽宮溫州郭敦實泗州州傳惟蕭祁門令葛長卿不卽奉行制書存留僧寺形勝佛象及決罰道流乞第行竄黜遂悉坐停廢識者尤之

石公弼字國佐越州新昌人登進士第調衞州司法參軍淇水監牧馬逸食人稻爲田主所傷圉者訟至密郡守韓宗哲欲坐以重辟公弼謂此人無罪宗哲曰人傷官馬柰何無罪公弼曰禽獸食人食主者安得不禦之豈能無傷使上林虎豹出而食人可無殺乎今但當懲圉者民不可罪宗哲委以屬吏旣而使者來慮囚如公弼議獲嘉民甲與乙鬭傷指病小愈復與丙鬭病指流血死郡吏具獄兩人以他物傷人當死公弼以爲疑駁而鞫之乃甲指血流傷因而中風死非由擊傷也兩人皆得免章惇求太學官或薦公弼使往見謝曰丞相素侮人見者何意苟容所不忍也再調漣水丞供奉高公備綱舟行淮以溺告公弼曰數日無風安有是使尉核其所載錢失百萬呼舟人物色之乃公備與寓客妻通殺其夫畏事覺所至竊官錢賂其下故詭爲此說卽收捕窮治皆服辜知廣德縣召爲宗正寺主簿入見言朝廷比日所爲直詞罕聞頌聲交至未有爲陛下廷爭可否者願崇忠正以銷諛佞通諫諍以除壅蔽徽宗善之擢監察御史進殿中侍御史三舍法行士子計等第頗事告訐公弼言設學校者將以仁義漸摩欲人有士君子之行顧使之相告訐非所以建學本意也又言删定敕令官寺監丞簿等皆以執政近臣子弟爲之未有貲考不習政事請一切汰遣以開寒畯之路從之由右正言改左司諫言東南軍政之敝以有兵之籍爲無兵之收以太平之賦養無用之兵異日懼有未然之患其後睦盜起如其言太史保章正朱汝楫入奉得罪而內侍失察者皆不坐公弼言是皆矯稱詔旨安得勿論請自今中旨雖不當覆看亦令有司審奏遷御史蘇杭造作局工成公弼陳擾民之害請革技巧之靡麗者稍罷進奉帝納之蔡京始與公弼有連故因得進用至是意寖異京恚焉從太常少卿遷起居郎兼定王嘉王記室故事初至宮例得金繒之數二百萬公弼辭不受大觀二年拜御史中丞執政言國朝未有由左史爲中執法者帝曰公弼嘗爲侍御史矣時斥賣元豐庫縑帛賤估其直許朝士分售皆有定數從官至二千匹公弼得券上還之宰相有已取萬匹者卽日反其故水官趙霆建開直河議謂自此無水憂已而決壞鉅鹿法當斬霆善交結但削其官猶爲太僕少卿公弼論爲失刑霆坐貶京西轉運使張徽言欲因方田籍增立汝襄鄧三州稅徽言掊克重斂民何以堪詔罷之遂劾蔡京罪惡章數十上京始罷又言吏員猥冗戾元豐舊制於是堂選歸吏部者數千員罷宮廟者千員部水知埽六十員縣非大郡悉省丞在京茶事歸之戶部諸道市舶歸之轉運司仕塗爲清京雖上相印猶提舉修實錄公弼復言京盤旋京師無去志其餘威震於羣臣願持必斷之決以消後悔又因星變言之竟出京杭州及劉逵主國柄公弼復論其廢紹述良法啓用元祐邪黨學術人以是知其非一意於正者進兵部尙書兼侍讀上疏言崇寧以來臣下專務生事開邊興利營繕徭役蹙民根本因之饑饉汴西挽運花石農桑廢業徒弊所有以事無用宜使之休息以承天意張商英入相欲引爲執政何執中與居厚交沮之以樞密直學士知揚州羣不逞爲俠於閭里自號亡命社公弼取其魁傑痛治社遂破散江賊巢藏菰蘆中白晝出剽吏畏不敢問公弼嚴賞罰督捕盡除之改述古殿直學士知襄州蔡京再輔政羅致其罪責秀州團練副使台州安置踰年遇赦歸卒年五十五後三歲復其官公弼初名公輔徽宗以與楊公輔同名改爲公弼云

張克公字介仲潁昌陽翟人起進士大觀中爲監察御史遷殿中侍御史蔡京再相克公與中丞石公弼論其罪京罷克公徙起居舍人踰月進中書舍人改右諫議大夫京猶留京師會星文變克公復論之中其隱慝語在京傳京致仕張商英爲相與鄭居中不合克公由兵部侍郎拜御史中丞治堂吏訟歸曲商英且疏其罪十商英罷京復召銜克公弗置徽宗知之爲徙吏部尙書京欲以銓綜稽違中克公旣又擿其知貢舉事帝以爲所取得人不問也居吏部六年卒贈資政殿學士

毛注字聖可衢州西安人舉進士知南陵高苑富陽三縣皆以治辦稱大觀中御史中丞吳執中薦爲御史詔賜對未及而執中罷注辭焉徽宗固命之旣見謂曰今士大夫方寡廉鮮恥而卿獨知義命故特召卿卽以爲主客員外郎俄擢殿中侍御史蔡京免相留京師注疏其擅持威福動搖中外以葉夢得爲腹心交植黨與帝逐夢得而遷注侍御史遂極論京受孟翊妖姦之書與逆人張懷素游處引凶朋林攄置政府用所親宋喬年尹京其門人播傳咸謂陛下恩眷不衰行且復用於是論者相繼京遂致仕四年彗再見注又言臣累論蔡京罪積惡大天人交譴雖罷相致政猶怙恩恃寵假居賜第以致上天威怒推原其咎實在於京考京之罪蓋不可以縷數陛下去黨碑以開自新之路京疾其異已而別爲防禁陛下頒明詔以來天下之言京惡其議已而重致於法以嚴刑峻罰脅持海內以美官重祿交結人心錢鈔屢更而商賈不行邊事數易而國力大匱聲焰所震中外憤疾宜早令去國消弭災咎奏上京始出居錢塘注復采當世之急務曰省邊事足財用收士心禁技巧大槩謂近年以來邊民僥倖苟得昔所入貢者今必城爲郡縣昔所羈縻者今盡納其土疆以內地金帛而事窮荒不可計之費今黔南已有處分如夔渝新邊宜在裁省運鹽昔主於漕計今移於他司常平昔積於外州今輸於都下經費安得不匱財貨何以轉移願詔有司悉講復元豐舊制湯之遭旱以士失職爲辭今學校養士蓋有常額額外之人不復可預教養歲貢之餘略無可進之地願留貢籍三分暫存科舉以待學外之士使無失職東南造作奇玩花石綱舟與後苑工徒京城營繕並宜暫罷以抑末敦本凡此皆聖政之所當先人心悅則天意解矣注所論切於世務類此遷左諫議大夫張商英爲相言者攻之力注亦言其無大臣體然訖以與之交通罷提舉洞霄宮居家數歲卒建炎末追復諫議大夫

洪彥昇字仲達饒州樂平人登第調常熟尉奉母之官既至前尉欲申期三月以規薦而中分奉入彥昇處僧舍郤奉不納如約始交印歷郴州判官簽書鎭東軍節度判官彥昇嘗辟廣西經略府或稱其材擢提舉常平御史中丞石公弼薦新提舉廣西學事幸義可御史及陛辭適與同日徽宗兩留之遂爲監察御史遷殿中侍御史彥昇孤立任言責閱五年論蔡京再居元宰假紹述之名一切更張敗壞先朝法度朋姦誤國公私困弊既已上印而偃蹇都城上憑眷顧之恩中懷跋扈之志願早賜英斷遣之出京何執中緣潛邸之舊德薄位尊當軸處中殊不事事見利忘義惟貨殖是圖願解其機政以全晚節呂惠卿與張懷素厚善序其所注般若心經云我遇公爲黃石之師且張良師黃石之策爲漢祖定天下惠卿安得輒以爲比他如鄧洵仁蔡薿劉極李孝稱許光凝許幾盛章李譓任熙明之流皆條摭其過一不爲回隱右僕射張商英與給事中劉嗣明爭曲直事下御史彥昇蔽罪商英商英去又累疏　郭天信以談命進用交結竄斥因請禁士大夫毋語命術毋習釋教先是詔諸道監司具法令未備若未便於民者久而弗上彥昇言吏狃於勢隨時俯仰不能上承德音因緣爲姦者衆有因追科而欲害熙寧保伍之法因身丁而故搖崇寧學校之政省事原情當有勸沮宜遣官編彙

辨其邪正以行賞罰皆從之遷給事中嘗謁告一日而張商英復官之旨經門下言者以爲顧避封駮出知滁州尋加右文殿修撰進徽猷閣待制知吉州久之知潭州未行卒年六十三贈大中大夫

論曰蔡京用事炎𤇆熾然其勢莫敢遏此數子者迺力數其罪而連攻之似矣然葆光克公主鄭居中公弼注朋張商英皆非端直士也若楫先見畸服不阿汝明不欺彥昇孤立其賢乎唯勳宮邸舊學人望攸屬而不使躋政地至京則暫罷亟起始終倚任焉善善而不能用惡惡而不能去徽宗以之此齊桓公所以嗤於郭亡也

鍾傳字弱翁饒州樂平人本書生用李憲薦爲蘭州推官坐對獄不實羈管彬州紹聖中章惇興邊事奏還其官得入對爲哲宗言兵貴智而不貴力夏衆黠而勇難以一舉滅但當擇城險要以正不朝削地之法坐待其斃帝然之命幹當熙河涇原秦鳳三路公事夏人陷金明渭帥毛漸出兵攻其沒㮚砦傳合擊破之又與熙州王文郁進築西安城論功加秘閣校理章楶帥渭命傳所置將苗履統衆會涇原之靈平夏人悉力來拒傳步騎二萬出不意造河梁以濟師遂作金城關又獻白草原捷連進集賢殿修撰知熙州傳自始仕至此僅再歲遂擅帥熙秦騎四萬出塞無功而還惇方主其議不加罪初傳請合三路兵從青南訥心或顛耳關築天都城以包淺井乩囉和市工既集復言水源不壯不可興役朝論以所奏乖異將罷傳曾布爲言但褫職俄而白草原詐增首虜事覺責監永州稅再貶連州別駕崇寧中復起知河中府歷鄜瀛渭三州擢顯謨閣待制建言河南要地靈武爲根本其四十五州六爲王土其東由清遠距羅山走靈州不及百里夏以五監軍統焉若選將簡師先擊之以趨韋州可斷其右臂徐當拊納離畔漸規進取訖城蕭關可斷其左臂乃條上十四事未報詔諸道進討傳遣將折可適領銳騎出蕭關至靈州川有功進龍圖閣直學士會別將高永年沒於西而可適遇雨失道爲虜所乘乃班師傳以稽違逗撓黜知汝州奪學士未幾復爲杭州眞定永興太原延安府以故職卒贈端明殿學士傳從布衣致通顯所行事大氐欺妄故屢起屢僨云

陶節夫字子禮饒州鄱陽人晉大司馬侃之裔也第進士起家爲廣州錄事參軍楊元寇暴山谷間捕繫獄屢越以逸且不承爲盜既累年節夫詰以數語元即吐服將適市與諸囚訣曰陶公長者雖死可無憾知新會縣廣守章楶重其材楶帥涇原辟入府崇寧初爲講議司檢討官進虞部員外郎遷陝西轉運副使徙知延安府以招降羌有功加集賢殿修撰築石堡等四城石堡以天澗爲隍可趨者唯一路夏人窖粟其間以千數既爲宋有其酋驚曰漢家取我金窟堝亟發鐵騎來爭節夫分部將士遮禦之斬獲統軍以下數十百人夏人度不可得斂兵退遷擢顯謨閣待制龍圖閣直學士方議城銀州諜告夏人已東節夫料必西趨涇原官屬不肯從節夫曰吾計之熟矣乃遣裨將耿端彥疾驅至銀州五日城成夏人果從涇原至則城備已固遂遁去進樞密直學士節夫在延安日久蔡京張康國從中助之故雖京意是徇夏人欲款塞拒弗納放牧者執殺之夏人怨怒大入鎭戎軍殺鹵數萬口節夫尋領經制環慶涇原河東邊事言今既得石堡又城銀州西夏洪宥皆在吾顧盼中橫山之地十有七八典州巢穴淺露直可以計取遂陳取興靈之策加龍圖閣學士會朝廷罷經制司且棄所城地節夫乃求內郡徙洪州改江寧府歷青秦二州太原府羣盜李勉起遼州北平之間河東河北騷動兩路帥臣憲臣皆罪去至出臺郎督捕之節夫請悉罷所遣兵卒以計獲勉坐上疏乞留本道兵勿移戍降爲待制知永興軍數月卒追復龍圖閣學士

毛漸字正仲衢州江山人第進士知寧鄉縣熙寧經理五溪漸條利害以上察訪使使者該以區畫遂建新化安化二縣漸用是得著作佐郎知安化縣召爲司農丞提舉京西南路常平元祐初知高郵軍遷廣東轉運判官渠陽蠻擾邊近臣言漸習知蠻事徙荊湖北路轉運判官時朝廷議棄地漸曰蠻徭畔服不常非稍威以兵未易懷德今一犯邊即棄地非計也不報渠陽既棄蠻復大入抄略覆官軍荊土爲大擾漸歷提點江西刑獄江東兩浙轉運副使浙部水溢詔賜緡錢二百萬以振之漸言數州被害即捐二百萬儻仍歲如之將何以繼乃案錢氏有國時故事起長安堰至鹽官徹清水浦入于海開無錫蓮蓉河武進廟堂港常熟疏涇梅里入大江又開崐山七耳茜涇下張諸浦東北道吳江開大盈顧匯柘湖下金山小官浦以入海自是水不爲患加集賢校理入爲吏部右司郎中以祕閣校理爲陝西轉運使攝渭秦熙三州未幾復攝帥涇原日夜治兵乘夏人犯邊遣將擣其虛遂破没烟砦進直龍圖閣知渭州命下卒年五十九優贈龍圖閣待制

王祖道字若愚福州人第進士又舉制科會罷調韓城尉知松陽白馬二縣爲司農丞監察御史數言事以論樞密承旨張誠一試補吏挾私延州呂惠卿遣禁卒餽徐禧公使物非是改司封員外郎知汀泉福三州歷使諸路入爲戶部吏部員外郎左司諫言陝西兵未可減徽宗謂其論事無足行依阿苟容出知海州拜祕書少監再爲福州加直龍圖閣知桂州蔡京開邊祖道欲乘時徼富貴誘王江酋楊晟免等使納土夸大其辭言向慕者百三十峒五千九百家十餘萬口其旁通江洞之衆尚未論也王江在諸江合流之地山川形勢據諸峒要會幅員二千里宜開建城邑控制百蠻以武臣爲守置溪峒司主之詔以爲懷遠軍且須諸司使至殿侍軍將告命使第補其首領置二砦爲立學又言黎人爲患六十年道路不通今願爲王民得地千五百里遂以安口隘爲允州中古州地爲格州增提舉溪峒官三員又言羈縻知地州羅文誠文州羅更晏蘭州韋晏鬧那州羅更從皆內附請於黎母山心立鎭州爲下都督府賜軍額曰靜海知州領海南安撫都監徙萬安軍於水口南丹州莫公佞獨拒命發兵討擒之遂築懷遠軍爲平州格州爲從州南丹爲觀州并允地文蘭那五州置黔南路擢祖道顯謨閣待制進龍圖閣直學士召爲兵部尙書未行與融州張莊謀使莊奏言海南一千二十峒皆已團結所未得者百七十峒今黎人款化則未得者才十之一耳於是徭黎渠帥不勝忿蜂起侵剽圍新萬安軍及觀州殺官吏初祖道徙城時言黎人伐木助役及是詔問不能對京芘之猶除端明殿學士知復州復以刑部尙書召大觀二年卒贈宣奉大夫祖道在桂四年厚以官爵金帛挑諸夷建城邑調兵鎭戍肇輸內地錢布鹽粟無復齊限地瘴癘戍者歲亡什五六實無尺地一民益於縣官蔡京皆自以爲功至謂混中原風氣之殊當天下輿圖之半祖道用是超取顯美張商英爲相治其誕罔追貶昭信軍節度副使京再輔政復還之然其所創名州縣不旋踵皆罷是後龐恭孫張莊趙遹程鄰皆以拓地受上賞大抵皆規模祖道祖道起冗散驟取美官而朝廷受其敝云

張莊應天府人也元豐三年擢進士第歷提舉司講議司檢討官出提舉荊湖夔州等路香鹽事改提舉荊湖北路常平本路提點刑獄進龍圖閣直學士廣南西路轉運副使王祖道既請立朱崖諸州縣徙萬安軍詔莊按覆相度實與祖道相表裏祖道召爲兵部尙書授莊集賢殿修撰知桂州祖道既留以莊知融州已而祖道徙福州莊復知桂州奏安化上三州一鎭地土及思廣監洞蒙光明落安知洞程大法都丹團黃光明等納土共五萬一千一百餘戶二十六萬二千餘人幅員九千餘里尋又奏寬樂州安沙州譜州四州七源等州納土計二萬人一十六州三十三縣五十餘峒幅員萬里蔡京帥百官表賀進莊兼黔南路經略安撫使知靖州王子武者惠恭皇后族子也靖州界接平允從三州子武欲通之因請復元祐所棄渠陽軍渠陽既城迺上言湖北至廣西繇湖南則迂若弓背自渠陽而往猶弓絃耳因以利啗諸蠻使納土立里堠莊忌之且欲蠻之多屬廣西爲已功因誘復水蠻石盛唐毀其烽表橋梁渠陽蠻酋揚惟聰請討之子武以聞朝議謂其生事罷子武未幾安化蠻納土莊遣黃忱往築州城忱蠻將也知蠻情僞力言不可莊怒遣忱護築淡州別遣胡超儂昌等築安化城果爲蠻所掩超等没者幾千人中書舍人宇文粹中言祖道及莊擅興師旅啓釁邀功妄言諸蠻效順納款得地當時柄臣攬爲綏撫四夷之功奏賀行賞張皇其事自昔欺君無大於此朝廷既追貶祖道莊責舒州團練副使永州安置再貶連州移和州起知荊南府徙江寧復進徽猷閣直學士歷知渭亳襄州鎭江東平府宣和六年坐繕治東平城不加功輒復擢圯降兩官提舉嵩山崇福宮卒贈宣奉大夫

趙遹開封人大觀初以發運司勾當公事爲梓州路轉運司判官瀘戎諸夷納土命遹相置以建立純州縣砦勞加直祕閣升轉運副使俄授龍圖閣直學士爲正使政和五年晏州夷酋卜漏反陷梅嶺堡知砦高公老遁公老之妻宗女也常出金玉酒器飲卜漏等漏心豔之會瀘帥賈宗諒以斂竹木擾夷部且誣致其酋斗箇旁等罪夷人咸怨漏遂相結因上元張燈襲破砦虜公老妻及其器物四出剽掠遹行部昌州聞之倍道趨瀘州賊分攻樂共城長寧軍武寧縣宗諒皆遣將拒卻之已而樂共城監押潘虎誘殺羅始党族首領五十人其族蠻僨怨合漏等復攻樂共城遹并劾之詔斬虎罷宗諒代以康延魯而聽遹節制遹陰有專討意兵端益大矣於是詔發陝西軍義軍上軍保甲三萬人以遹爲瀘南招討使遹與別將馬覺張思正分道出期會于晏州思我州近而固遹遣王育先破之村囤諸落相繼而克因其積谷食士卒既抵晏州覺思正各以兵來會漏據輪縛大囤其山崛起數百仞林箐深密夷奔潰者悉赴之乃壘石爲城外樹木柵當道穿阬阱仆巨枏布渠答夾

以守障俯瞰官軍矢石所中皆靡碎遹軍不能進間從巡檢种友直田祐恭按視其旁山崖壁特峭絕賊恃之無守備遹欲襲取命友直祐恭軍其下而身當賊衝沓軍迭攻之未旦鼓而進迨夕則止賊并力拒戰不得息友直所部多思黔土丁習山險而山多生猱遹遣土丁捕之伐去蒙密緣崩石挽藤葛而上得猱數十頭束麻作炬灌以膏蠟縛於猱背暮夜復遣土丁負繩梯登崖顛迺縋梯引下人人銜枚挈猱蟻附而上比雞鳴友直祐恭與其衆悉登擁刀斧穽箐入及賊柵出火然炬猱熱狂跳賊廬舍皆茅竹猱竄其上火輒發賊號呼奔擾猱益驚火益熾官軍鼓譟破柵遹望見火麾軍躡雲梯攻其前兩軍相應賊擾亂不復能抗赴火墮崖死者不可計俘斬數千人卜漏突圍走至輪多囤追獲之晏州平諸夷落皆降拓地環二千里遹爲建城砦晝疆畝募人耕種且習戰守號曰勝兵詔置沿邊安撫司以轉運副使孫義叟爲安撫使高公老妻不辱而死詔贈節義族姬加遹龍圖閣直學士熙州蘭湟經略安撫使遹以疾請祠不許既入對賜上舍出身拜兵部尚書遹與童貫有隙力請去以提舉醴泉觀兼詳定一司勅令六年出知成德軍拜延康殿學士賜其子永裔上舍出身祕書省校書郎涑水人董才得罪亡命因聚衆爲賊攻敗城邑遼人不能制中山帥府陰與才通誘使來歸才尋爲遼所破遂上書請取全燕以自効王黼童貫大喜將許之遹言不可或以沮朝廷密詔止遹遹曰帥臣所部封境雖異事無異也且論思獻納侍從之職遹今以侍從備帥臣而眞定中山邊接隙苟一開吾境得無事乎疏奏上然之又斥還才書才窮蹙轉入河東詔以問遹遹復具疏極論其害洎遹徙熙州黼等卒納才又慮遹過闕入見有所陳趣使便道赴鎭諸蕃聞遹至相賀曰吾父來朝廷眞欲無事矣爭出鉏耰牛價爲頓高時議更陝西大鐵錢價與銅錢輕重等遹上言曰銅重鐵輕自然之理今反其理民誰信之以人奪天雖厲其禁終不可行也居數月以疾乞致仕命提舉嵩山崇福宮起知中山順昌應昌府金人舉兵召遹赴闕尋卒永裔歷知眉州言者論遹欺罔朝廷以軍功永裔遂放罷

論曰夏人時蹈窾逐之使出則已章惇蔡京故撓之用兵塗邊人肝腦于地以倖己之功不亦愼乎諸蠻溪峒茅蕞非人域鴆虺與居況無敢闚吾圉京遹使祖道張莊之徒鑿空爲功舉中國重貲棄諸不毛而文飾姦慝鋪張表賀徽宗亦偃然受其欺好大黷武之心一侈而燕朔之謀作矣詩曰池之竭矣不云自頻泉之竭矣不云自中嶶之耗內貪外黷召禍敗跡所從來此其本也鳴呼可不戒哉

宋史卷三百四十九

元 中書右丞相總裁脫脫等修

列傳第一百八

郝質 賈逵 竇舜卿 劉昌祚

盧政 燕達 姚兕弟麟 子雄 古 楊燧

劉舜卿 宋守約子球

郝質字景純汾州介休人少從軍挽彊爲第一充殿前行門換供奉官爲府州駐泊都監主管麟府軍馬與田朏將兵護軍須餽麟州道遇西夏數千騎寇鈔質先驅力戰斬首獲馬數百又與朏行邊至柏谷敵塹道以阻官軍質禦之於寒嶺下轉鬬逐北遂修復寧遠諸柵以扼賊衝宣撫使杜衍安撫使明鎬連薦之且條上前後功狀超遷內殿承制并代路都監大名賈昌朝又薦爲路鈐轄使討貝州文彥博至命部城西回河上有亭甚壯彥博慮爲賊焚遣小校藺千守而質使千往他營度戰具千辭質曰亭焚吾任其責千去而亭焚彥博將斬千質趨至帳下曰千之去質實使之罪乃在質願代千死彥博壯其義兩釋之質自此益知名賊平遷六宅使歷高陽關定州并代鈐轄駐泊副都部署龍神衞捧日天武都指揮使馬軍殿前都虞候加領賀州刺史英州團練眉州防禦使奉詔城豐州進步軍副都指揮使宿州觀察使召還宿衞改馬軍英宗立遷武昌軍節度觀察留後加安德軍節度使爲殿前副指揮使神宗立易節度武軍爲都指揮使元豐元年卒帝親臨其喪贈侍中諡曰武莊質御軍有紀律犯者不貸而享犒豐渥公錢不足出己奉助之平居自奉簡儉食不重肉篤于信義田朏不振而死爲表揭前功官其一孫在并州與朝士董熙善約爲婚姻熙死家貧無依質已爲節度使竟以女歸董氏自爲官不上閥閱從微至貴皆以功次遷云

賈逵眞定藁城人隸拱聖爲卒至殿前班副使知換西染院副使從狄青征儂智高戰於歸仁驛既陳青誓衆曰不待令而舉者斬時左將孫節戰死逵爲右將軍先鋒將私念所部兵數困易衂兵法先據高者勝苟復待命而賊乘勝先登吾事去矣即日引軍趨山既定賊至逵麾衆馳下仗劍大呼斷賊爲二賊首尾不相救遂潰逵詣青請罪青拊其背勞謝之邕州城空青使逵入括公私遺墜固辭是時將校多以搜城故匿竊金寶獨逵無所犯遷西染院使嘉州刺史秦鳳路鈐轄初逵少孤厚賂繼父得其母奉以歸至是以母老辭不許而賜母冠帔泰山多巨木與夏人錯壤逵引輕兵往來伐羌酋馳至畫地立表約決勝負逵引弓連三中的酋下馬拜復從逵取盈而歸徙并代路專主管麟府軍馬熟戶散處邊關苦於寇略逵差度遠近聚爲二十七堡次第相望自是害乃息畫鐵爲的激種豪使射久皆成勁兵一夕鋒火屢發左右白當起逵臥不應旦而謂人曰此必安也脫有警可夜出乎徐問之果邊人燭遺物也復徙秦鳳去之十日而代者郭思敗朝廷以逵爲能連擢捧日天武四廂都指揮使馬部殿前都虞候歷涇原高陽關麟延路副都總管以利州觀察使入爲步軍副都指揮使都城西南水暴溢注安上門都水監以急變聞英宗遣逵督護亟囊土塞門水乃止議者欲穴隄以泄其勢逵請觀水所行諭居民徙高避水然後決之軍校營城外者每常朝即未曉啓門鑰或輟朝失報啓鑰如平時逵言禁城當謹啓閉不宜憑報者乃冶鐵鑄常朝字俾持以示信遷馬軍副都指揮使復總鄜延兵延州舊有夾河兩城始元昊入寇據險城幾不能守逵相伏龍山九州臺之間可容窺覘請於其地築保障與城相望延人以爲便轉昭信軍節度觀察留後逵言种諤處綏州降人於東偏初云萬三千戶今乃千一百戶耳逋逃之餘所存纔八百蕃漢兩下殺傷皆不啻萬計自延州運粟至懷寧率以四百錢致一石而緣邊居人壯者但日給一升罔冒何至大半諤徒欲妄興邊事自以爲功不可不察也元豐初拜建武軍節度使殿前都指揮使請不俟郊赦賜三世官神宗曰逵武人能有念親之志其特許之數月而卒年六十九贈侍中諡曰武恪

竇舜卿字希元相州安陽人以蔭爲三班奉職監平鄉縣酒稅有僧欲授以化汞爲白金之術謝曰吾祿足養親不願學也辟府州兵馬監押夏人犯塞舜卿欲襲擊舉烽求援於大將王凱凱弗應舜卿度事急提州兵出戰勝之明日經略使問狀凱懼要以同出爲報舜卿辭然相許不自以爲功爲青淄路都監海盜行劫執博昌鎭官吏肆剽掠舜卿募士三百悉擒之使契丹主客馬祐言昔先公客省善射君當傳家法置酒請射舜卿發輒中祐使奴持二弓示之一挽皆折湖北蠻徭彭仕義叛徙爲鈐轄兼知辰州建請築州城不擾而辦帥師取富州蠻將萬年州據石猗崖舜卿選壯卒奮擊蠻矢石交下卒蒙盾直前發強弩射萬年州斃于崖下遂拔之左右欲盡勦其衆舜卿不許曰仕義顧內附特爲此輩所脅今死矣何以多殺爲引兵入北江仕義降擢康州刺史加龍神衞捧日天武四廂指揮使馬軍殿前都虞候三遷邕州觀察使歷邠寧環慶路副都總管熙寧中十上章求退且丐易文階改刑部侍郎提舉嵩山崇福宮以光祿大夫致事再轉金紫光祿大夫卒年八十八諡曰康敏

劉昌祚字子京眞定人父賀戰沒于定州錄爲右班殿直主秦州威遠砦青塘聚兵鹽井經年不散昌祚奉帥命往詰之諸酋曰聞漢家欲取吾井鹽昌祚曰國家富有四海何至與汝爭此耶與酋俱來犒賚之歡然帥衆去遷西路都巡檢使遼還神宗臨試馳射授通事舍人夏人寇劉溝堡昌祚領騎二千出援虜伏萬騎於黑山而僞遁卒遇之戰不解薄暮大酋突而前昌祚抽矢一發殪之餘衆悉遁帥李師中上其功曰西事以來以寡抗衆未有如昌祚者知階州討平母家等族又平疊州轉作坊使爲熙河路都監從王中正入蜀破篳篥羌加皇城使榮州刺史秦鳳路鈐轄又加西上閤門使果州團練使知河州元豐四年爲涇原副都總管王師西征詔與總管姚麟率蕃漢兵五萬受環慶高遵裕節制合兩路合軍以出既入境而慶兵不至昌祚出胡盧川次磨臍隘夏衆十萬扼險不可前昌祚挾兩盾先登夏人小却師乘之斬首千七百級進次鳴沙川取其窖粟遂薄靈州城未及闔先鋒奪門幾入遵裕馳遣使止之昌祚曰城不足下脫朝廷謂我爭功奈何令按甲勿攻是夕慶兵始距城三十里而軍遇敵接戰昌祚遣數千騎赴之遲明賊已退遂謁遵裕裕訝應援之緩有誅昌祚意既見問下城如何昌祚曰比欲攻城以幙府後未敢前日磨臍之戰夏衆退保東關若乘銳破之城必自下遵裕弗內曰吾夜以萬人負土囊傳壘至旦入矣怒未解欲奪其兵付姚麟麟不敢受乃已明日遣昌祚巡營凡所得馬糧悉爲慶兵所取涇師忿譟遵裕圍城十八

日不能下夏人決七級渠以灌遵裕師軍遂潰卽南還復命涇師爲殿昌祚手劍水上待衆濟然後行爲虜所及戰退之至渭州糧盡士爭入無復行伍坐貶永興軍鈐轄明年復徙涇原加龍神衛四廂都指揮使知延州時永樂方陷士氣不振昌祚先修馬政令軍中校技擊優者乃給焉自義合至德靖砦綿亘七百里堡壘疏密不齊烽燧不相應昌祚度屯戍險易地望遠近事力彊弱立爲定式上諸朝夏人寇塞門安遠砦拒破之殺其統軍葉悖麻咩叱埋二人蓋始謀攻永樂者圖其形以獻帝喜遣近侍勞軍哲宗立進步軍都虞候雄州團練使知渭州歷馬軍殿前都虞候渭地宜牧養故時弓箭手人授田二頃有馬者復增給之謂之馬口分地其後馬死不補而據地自若昌祚按舉其法不二年耗馬復初又括隴山閒田得萬頃募士卒五千別置將統之勁悍出諸軍右朝廷歸夏人四砦昌祚以爲不可再遷殿前副都指揮使冀州觀察使武康軍節度使年六十八卒贈開府儀同三司謚曰毅肅昌祚氣貌雄偉最善騎射箭出百步之外夏人得箭以爲神持歸事之所著射法行於世

盧政太原文水人以神衛都頭從劉平與夏人戰延州虜薄西南隅兵不得成列政引數騎挑戰發伏弩二百射却之日且暮政說平曰今處山間又逼汚澤宜速退保後山須明決鬭不然彼夜出乘高壓我何以禦之平不聽遂敗政脫身歸黃德和誣平降城仁宗引政問狀政言平被執非降也因自陳失主將當死帝義其言赦之以爲供奉官德州兵馬監押預討貝州率勇敢數百人飛環絓堞而登守者莫能亢大軍乘之以入遷內殿承制南征儂智高亦有功歷秦鳳高陽關都鈐轄治平熙寧中爲捧日天武四廂都指揮使三衛都虞候副都指揮使涇原定州幷代州定四路副都總管累轉鄜州團練昌州防禦黔州觀察使拜武泰軍節度使政時年七十三氣貌不衰侍立殿下雖久無惰容能上馬踴躍觀者壯之早朝暴卒贈開府儀同三司

燕達字逢辰開封人爲兒時與儕輩戲輒爲軍陳行列狀長老異之既長容體魁梧善騎射以材武隸禁籍授內殿崇班爲延州巡檢戍懷寧砦夏人三萬騎薄城戰竟日不決達所部止五百人躍馬奮擊所向披靡擢鄜延都監數帥兵深入敵境九戰皆以勝歸囉兀之棄走遣達援取戍卒輜重爲賊所邀且戰且南失亡頗多神宗以達孤軍遇敵所全亦不爲少累遷西上閤門使領英州刺史爲秦鳳副總管討破河州羌遂降木征還東上閤門使副都總管眞拜忠州刺史龍神衛四廂都指揮使郭逵招討安南爲行營馬步軍副都總管入辭神宗諭之曰卿名位已重不必親矢石第激勉將士可也達頓首謝曰臣得憑威靈滅賊雖死何憚初度嶺聞前鋒遇敵苦戰欲往援偏校有言當先爲家計然後進者達曰彼戰已危詎忍爲自全計下令敢言安營者斬乃卷甲趨之士皆自奮傳呼太尉來蠻驚潰卽定廣原師次富良江蠻艤鬭船於南岸欲戰不得達默計曰兵法致人而不致於人吾示之以虛彼必來戰已而蠻果來擊之大敗乃請降師還拜榮州防禦使以主帥得罪而獨蒙賞乞同責不聽元豐中遷金州觀察使加步軍都虞候改馬軍超授副都指揮使以訓閱精整除一子閤門祗候數被詔獎進殿前副都指揮使武康軍節度使哲宗立遷爲使徙節武信卒贈開府儀同三司謚曰毅敏達起行伍喜讀書神宗以其忠實可任每燕見未嘗不從容嘗問用兵當何先對曰莫如愛帝曰威克厥愛可乎達曰威非不用要以愛爲先耳帝善之

姚兕字武之五原人父寶戰死定川兕補右班殿直爲環慶巡檢與夏人戰一矢斃其酋衆潰因乘之遂破蘭浪敵大舉寇邊諸砦皆受圍兕時駐荔原堡先羌未至據險張疑兵伺便輒出有悍酋臨陣甚武兕前射中其目斬首還一軍驩呼明日來攻益急兕手射數百人裂指流血又遣子雄引壯騎馳掩其後所向必克敵度不可破乃退攻大順城兕復往救轉鬭三日凡斬級數千卒全二城慶軍叛兕以親兵守西關盜衆不得入而奔兕追及下馬與語皆感泣羅拜誓無復爲亂神宗聞其名召入覲試以騎射屢中的賜銀槍袍帶遷爲路都監徙鄜延涇原從攻河州飛矢貫耳戰益力河州旣得又爲鬼章所圍兕曰解圍之法當攻其所必救乃往擊隴宗圍遂解累遷皇城使進鈐轄從攻交阯有功領雅州刺史破乞弟領忠州團練使進副總管遷東上閤門使徙熙河與种誼合兵討鬼章於洮州破六逋宗城夜斷浮橋援兵不得度遂擒鬼章眞拜通州團練使卒於鄜延總管贈忠州防禦使兕幼失父事母孝凡圖畫器用皆刻仇讎未報字力學兵法老不廢書尤喜顏眞卿翰墨曰吾慕其人耳弟麟亦有威名關中號二姚子雄古

麟字君瑞兕兕攻河州時俱在兵間中矢透骨鏃留不去以彊弩出之笑語自若積功至皇城使爲秦鳳副總管從李憲討生羌擒冷雞朴再轉東上閤門使英州刺史元豐西討以涇原副總管從劉昌祚出戰勝於磨嚌隘轉戰向鳴沙趨靈州而高遵裕敗還降爲皇城使永興軍路鈐轄復爲涇原副總管夏人修貢且乞蘭會壤土麟言夏人囚其主王師是征今秉常不廢卽爲順命可因以息兵矣獨蘭會不可與願戒將帥飭邊備示進討之形以絕其望從之督諸將討堪哥平經略使盧秉上其功狀賜金帛六百元祐初擢威州團練使龍神衛四廂都指揮使歷步軍殿前都虞候步軍馬軍副都指揮使紹聖三年以建武軍節度觀察留後出知渭州安燾請留之曾布曰臣嘗訪麟禦邊之策及熙河彊威俱不能知願加敕儆使之盡力韓忠彥曰奏對語言非所以責此輩哲宗乃留麟不遣尋拜武康軍節度使殿前副都指揮使王贍取靑唐麟以爲朝廷討伐方息肩奈何復生此大患已而贍果敗徽宗立進都指揮使節度建雄定武軍檢校司徒卒帝詣其第臨奠贈開府儀同三司麟爲將沈毅持重不少縱捨宿衞士嘗犯法詔釋之麟杖之于庭而後請拒詔之罪故所至肅然

雄字毅夫少勇鷙有謀年十八卽佐父征伐從討金湯以百騎先登奪隘又成荔原之功韓絳薦其材閱試延和殿安南瀘川之役皆在軍行歷涇原秦鳳將駐甘谷城知通遠鎭戎軍岷州官累佐騏驥使紹聖中渭帥章楶城平夏雄部熙河兵策援夏人傾國來與之鏖鬭流矢注肩戰猶厲賊引卻追躡大破之斬首三千級俘虜數萬先五日折可適敗於沒煙士氣方沮雄賈勇得雋諸道始得幷力城成擢東上閤門使秦州刺史明年虜攻平夏勢銳甚城幾不守雄與弟古合兵卻之徙知會州　熙河鈐轄王贍略地青唐羌人攻湟鄯詔雄與苗履援之邈川方急雄適至羌望見塵起驚而潰圍旣解遂趨鄯州履後期乃至贍言蘭溪宗有遺寇宜悉蕩平之履卽往雄諫不聽戒所部嚴備以待俄而履師退賊追及雄整衆迎擊破之獻馘二千哲宗遣中使持詔勞問從河州种朴戰沒王贍軍陷敵中雄自鄯至湟四戰皆捷拔出之遂築安鄉關夾河立堡以護浮梁通湟水漕運商旅負販入湟者始絡繹於道加復州防禦使建中靖國初議棄湟州詔訪雄利害雄以爲可棄遂以賜趙懷德徙雄知熙州進華州觀察使蔡京用王厚復河湟治棄地罪停雄官光州居住三年得自便後論爲責輕復寘金州明年乃聽歸高永年死西寧諸戍阻絕起雄權經略熙河安輯復新邊使知滄州加捧日天武四廂都指揮使復爲熙州遷安德軍節度觀察留後步軍副都指揮使拜武康軍節度使召詣闕爲中太一宮使引疾納節敕改左金吾衞上將軍又以武康節知熙州熙河十八年間更十六帥唯雄三至凡六年未幾以檢校司空奉寧軍節度使致仕卒贈開府儀同三司謚武憲

古亦以邊功官累熙河經略靖康元年金兵逼京城古與秦鳳經略种師中及折彥質折可求等俱勒兵勤王時朝命种師道爲京畿河北路制置使趣召之師道與古子平仲先已率兵入衞欽宗拜師道同知樞密院宣撫京畿河北河東平仲爲都統制上方倚師道等卻敵而种氏姚氏素爲山西巨室兩家子弟各不相下平仲恐功獨歸种氏忌之乃以士不得速戰爲言欲夜劫斡離不營謀泄反爲所敗旣而議和金兵退詔古與种師中折彥質范瓊等領兵十餘萬護送之粘罕陷隆德府以古爲河東制置种師中副之古總兵援太原師中援中山河間諸郡粘罕圍太原內外不相通古進兵復隆德府威勝軍扼南北關與金人戰互有勝負太原圍不解詔古與師中犄角師中進師平定軍乘勝復壽陽榆次等縣朝廷數遣使趣戰師中約古及張灝兩軍齊進而二人失期不至師中回趣榆次兵敗而死金人進兵迎古遇于盤陀古兵潰退保隆德詔以解潛代之古之屯威勝軍也帳下統制官焦安節妄傳寇至以動軍情旣又勸古遁去故兩郡皆潰李綱召安節斬于瓊林苑中丞陳過庭奏古罪不可恕詔安置廣州

楊燧開封人善騎射應募隸軍籍從征貝州穴城以入賊平功第一補神衞指揮使又從征儂智高接戰手殺數十人衆乘之而捷擢萬乘都指揮使遷榮州團練使京城左廂巡檢救濮宮火英宗識其面及卽位以爲鄧州防禦使步軍都虞候歷環慶涇原鄜延二路副都總管至馬軍副都指揮使由容州觀察使拜寧遠軍節度殿前副都指揮使卒贈侍中謚曰莊敏燧初穴貝州城時爲叛兵所傷同行卒劉順救之得免及貴順已死訪恤其家甚至故人妻子貧不能活者一切收養之人推其義

劉舜卿字希元開封人父鈞監鎭戎兵馬慶曆中與子堯卿戰死於好水舜卿年十歲錄爲供奉官歷昌州駐泊都監論降瀘水蠻八百人誅其桀驁者知水洛城神宗經略西邊近臣薦其能召問狀對曰自元昊稱臣秦中不復戒嚴今宜先自治帝善之命訓京東將兵一年入閱於內殿帝歎曰坐作有度其可用也爾無忘世讎

勉思忠孝期以盡敵舜卿泣謝即日加通事舍人環慶有警詔帥長安兵赴之乃單騎馳往慶州至則難已解知原州改秦鳳鈐轄襲擊西市城先登有功遷皇城副使久之知代州加客省副使遼邊謀盜西關鎖舜卿密易舊鑰而大之數日虜以鎖來歸舜卿曰吾未嘗亡鎖也引視納之不能受遂慚去誅諜者轉西上閤門使知雄州始視事或告契丹圖．大集請甲以俟舜卿不爲動乃妄也契丹繫州民獄索之不聽會有使者至因捕取其一以相當必得釋乃遣在雄六年恩信周浹元祐初進龍神衞四廂都指揮使高州刺史知熙州夏人聚兵天都連西羌鬼章青宜結先城洮州將大舉入寇舜卿欲乘其未集擊之會諸將議方略使姚兕部洮西嶺武勝兵合河州熟闕　詣珠城遣人間道焚河橋以絕西援种誼部洮東由哥龍谿宥濟拜金川黎明至臨洮城下一鼓克之俘鬼章并首領九人斬馘數千計遷馬軍都虞候再遷徐州觀察使步軍副都指揮使知渭州召還宿衞未上道卒贈奉國軍節度使諡曰毅敏舜卿知書曉吏事謹文法善料敵著名北州

宋守約開封酸棗人以父任爲左班殿直至河北緣邊安撫副使遷知恩州仁宗諭以亂後撫御之意對曰恩與他郡等耳而爲守者猶以反側待之故人心不自安臣願盡力徙益州路鈐轄累遷文州刺史康州團練使知雄州歷龍神衞捧日天武都指揮使馬步殿前都虞候入宿衞遷洋州觀察使衞兵以給粟陳譁譟執政將付有司治守約曰御軍安用文法遣一牙校語之曰天子太倉粟不請何爲我不貸汝衆懼而聽命進步軍副都指揮使威武軍留後神宗以禁旅驕惰爲簡練之法屯營可併者併之守約率先推行約束嚴峻士始怨終服或言其持軍太急帝密戒之對曰臣爲陛下明紀律不忍使恩出於臣而怨歸陛下帝善之欲擢寘樞府宰相難之乃止故事當郊之歲先期籍士卒之兇悍者配下軍以警衆當受糧而倩人負者罰久而浸弛守約悉舉行之所居肅然無人聲至蟬噪於庭亦擊去人以爲過涖職十年卒年七十一贈安武軍節度使諡曰勤毅子球以蔭幹當禮賓院條秦川券馬四弊羣牧使用其議馬商便之再使高麗密訪山川形勢風俗好尚使還圖紀上之神宗稱善進通事舍人帝崩告哀契丹至則使易吉服球曰通和歲久憂患是同大國安則爲之契丹不能奪積遷西上閤門使樞密副都承旨爲人謹密朝日所聞上語雖家人不以告卒於官

論曰自郝質至宋守約皆恂直忠篤爲一時名將遭世承平邊疆少警擁節旄立殿陛高爵重祿以壽考終宜也姚氏世用武奮兕與弟麟並有威名關中號二姚兕之子雄亦以戰功至節度使而古竟以敗貶其才否可見已

宋史卷三百五十

元　中　書　右　丞　相　總　裁　脫　脫　等　修

列傳第一百九

苗授字授之潞州人父京慶歷中以死守麟州抗元昊者也少從胡翼之學補國子生以蔭至供備庫副使王韶取鎭洮授爲先鋒破香子城拔河府羌雖敗氣尚銳輒圍香子以迎歸師韶遣將田瓊救之瓊死乃簡騎五百屬授授奮擊敗之休士二日羌復要於架麻平注矢如雨衆懼授令曰第進毋恐氈䩞數百且至行前者傳呼羌驚亂力戰數十斬首四千級又破之於牛精谷取珂諾城盡得河湟地知德順軍三遷西上閤門使鬼章寇河州詔授往一戰克撒宗論功第一遂知州事加四方館使榮州刺史從燕達取銀川降木征獻之京師加引進使果州團練使涇原都鈐轄召使契丹神宗勞之曰曩香子之役非汝以寡擊衆幾敗吾事以爲秦鳳副總管徙熙河復知河州副李憲討生羌於露骨山斬首萬級獲其大酋冷雞朴羌族十萬七千帳內附威震洮西拜昌州團練使龍神衞四廂都指揮使徙知雄州熙州元豐西討授出古渭取定西蕩禹臧花麻諸族降戶五萬城蘭州遇賊數萬於女遮谷登山逆戰敗退伏壘中半夜遁去授踰天都山焚南牟屯没烟凡師行百日轉鬭千里始入塞授遇事持議不苟合初在德順或議城籛南授曰地阻大河糧道不濟非萬全計也役即止師征靈武詔令援高遵裕即條上進退利害甚切歷進步軍副都指揮使威武軍節度觀察留後元祐三年遷武泰軍節度使殿前副都指揮使踰歲以保康節度知潞州提舉上淸太平宮復使殿前薨年六十七贈開府儀同三司諡曰莊敏子履

履束髮從授之降木征也履護送至京得閤門祗候歷熙延渭秦四路鈐轄知鎭戎軍及其父時已官四方館使吉州防禦使矣以事竄房州起爲西上閤門副使熙河都監又責右淸道率府率監峽州酒稅元符初悉還其官以熙河蘭會都鈐轄知蘭州詔同王贍取青唐與姚雄合兵討𡿨羌籛羅結贍將李忠戰敗羅結大集衆宣言欲圍青唐履雄將至羌列陣以待勢甚盛履叱軍士納弓於韔拔刀而入羌怙巢穴殊死鬭梟將陳迪王亨輩皆反走履獨駐馬不動有衣青袍白馬突而前手劍擊履帳下王拱以弓格之僅免復繞出履背欲斷軍爲二別將高永年率所部力戰數十合羌退乘勝圍蘭宗堡弗能拔日暮收兵入營羌宵潰明日縱兵四掠焚其族帳而還旣而阿章叛詔履與种朴過河討蕩辭以兵少朴遂陷錄履前功擢龍神衞四廂都指揮使成州團練使知慶州徙渭州進捧日天武都指揮使是後史失其傳子傳在叛臣傳

王君萬秦州寧遠人以殿侍爲秦鳳指揮使王韶開邊青唐大酋俞龍珂歸國獨別羌新羅結不從經畧使韓縝期諸將一月取之君萬詐爲獵者逐禽至其居稍相親狎與同獵乘間擿之墜馬斬首馳歸以獻甫及一月積功得閤門祗候王師定武勝首領藥斯逋邀劫于闐貢物帥師討焉君萬出南山履險畧地羌潛伏山谷間忽一騎躍出橫矛將及君萬亟側身避之回首奮擊斬以徇其衆驚號相率聽命所斬乃藥厮逋也復破北關南市功最多擢熙河路鈐轄進領英州刺史達州團練使賜絹五百洮西羌叛圍河州君萬請於王韶以爲南撒宗城小而堅彊勇所聚若併兵破之圍當自解韶用其計圍果解累官客省使爲副總管坐貸結糴錢數萬緡爲轉運使孫迥所糾貶秩一等討西山鐵城有功復故官職君萬怨孫迥使畨官木舟訟之鞫于秦隴又貶爲鳳翔鈐轄籍家貲償逋遂以憤卒子贍

贍始因李憲以進立戰功積官至皇城使領開州團練使元符中知河州熙帥鍾傳以冒白草原賞獄治于秦詔轉運使張詢諭諸將得自首贍具伏詐增首級因說詢云靑唐人有叛瞎征意可取也詢信之卽具奏言已令贍結約起兵哲宗與輔臣罪其狂妄專輒亟罷詢而命孫迥究實獄上奪贍十一官猶令領州贍欲以功贖過乃密畫取靑唐之策遣客詣章惇言狀惇下其事於孫路路以爲可取贍遂引兵趣邈川路知贍狡猾難制使總管王愍統軍而以贍副贍爲前鋒度河先下隴朱黑城忌愍分其功紿之曰晨食畢乃發愍信之夜半贍忽傳發平明入邈川據府庫徑上捷書不以白軍府愍過午始至以事訴於路路亦怒頷以兵柄付愍而留贍屯邈川宗哥酋舍欽腳求內附贍遣裨將王詠率五千騎赴之旣入而諸羌變詠馳書告急王厚使高永年救之乃克贍與愍交訟又訴路指畫相違惇主贍而不直路曰首謀者贍也路欲掩其功故抑贍乃徙路河南罷愍統制以胡宗回爲帥時瞎征已來降青唐戍將惟心牟欽氈父子百餘人在贍不卽取二羌遂迎溪巴溫之子隴拶入守始孫路乞先全邈川及河南北諸城然後進師贍怨路因言青唐不煩大兵可下而路逗遛失機會暨宗回至乃云夏人謀攻邈川當爲守備青唐未可取宗回責其反覆日夜督出師遣使威以軍法且聲言欲使王愍代將贍懼急進攻隴拶及心牟等皆出降贍入據其城詔建爲鄯州進贍四方館使榮州防禦使知州事黃履謂賞薄乃拜維州團練使爲路鈐轄贍縱所部剽斂羌衆携貳心牟等結諸族帳謀復青唐其在山南者先發贍遣將李賓領二千騎掩襲心牟以下自守西城與羌圍賓踰南山入保敦谷討蕩羌戰敗奔北四山皆空贍戮心牟等九人悉捕斬城中羌積級如山初贍諷諸酋籍勝兵者涅其臂無應者籛羅結請歸帥本路爲唱贍聽之去遂嘯集外叛以數千人圍邈川夏衆十萬助之城中危甚苗履姚雄來援圍始解已而王吉魏釗种朴相繼敗沒將士奪氣書聞帝震駭於是轉運使李譓秦希甫劾贍盜取二城財物因此致變又殺心牟欽氈以滅口曾布言贍創造事端以生邊害萬死不塞責詔貶右千牛將軍房州安置言者論之不已熙河又奏青唐諸族怨贍入骨髓日圖報復樞密院乞斬贍以謝一方詔配昌化軍行至穰縣而縊崇寧初蔡京入相錢遹訟贍功及王厚平鄯廓於是追贈保平軍節度觀察留後除其子珏通事舍人

張守約字希參濮州人以蔭主原州截原砦招羌酋水令逋等十七族萬一千帳爲廣南走馬承受公事當儂寇之後二年四詣關陝南方利害皆見納用歐陽修薦其有智略知邊事擢知融州峒將吳儂恃險爲邊患捕

誅之修復薦守約可任將帥爲定州路駐泊都監徙秦鳳居職六年括生羌隱土千頃以募射手築硤石堡甘谷城第功最多夏人萬騎來寇守約適巡邊與之遇不解鞍簡兵五百逆戰衆寡不侔勢小卻夏人張兩翼來守約挺身立陣前自節金鼓發彊弩殪其酋敵遂退神宗開拓熙河召問曰王韶能辦事否對曰以天威臨之當無不濟但董氊忠勤效順恐不宜侵逼因請名古渭爲軍以根本隴右帝從之建爲通遠軍加通事舍人熙河鈐轄仍統秦鳳羌兵駐通遠河州羌率衆三萬屯千敦波欲復舊地守約度洮木擊破之取窖粟食軍羌老弱畜產走南山左右欲邀之云可獲萬萬守約曰彼非敢迎戰逃死耳輒出者斬鬼章圍岷州守約提敢死士鳴鼓張幟高山上賊驚顧而遁遂知岷州降其首領千七百人遷西上閤門使知鎭戎軍徙環州慕家族頡佷難制搖動種落勒兵討擒之餘遁入夏國守約駐師境上檄取不置居數日械以來斬於市從征靈武至清遠軍言於高遵裕曰此去靈州不三百里用以前軍先出直擣其城今夏人以一方之力應五路之師橫山無人靈州城中惟僧道數百若畀十日糧疾馳三日可至軍無事矣又勸高遵裕令士衆齎糧餉以防抄掠不聽果以敗還守約有捍海南鹹平之功亦不錄進爲環慶都鈐轄知邠州徙涇原鄜延秦鳳副總管領康州刺史夏人十萬屯南牟畏其名引去知涇州涇水善暴城每春必增治隄堰費不貲適歲饑罷其役或曰如水害何守約曰歉歲勞民甚於河患吾且徐圖之河神祠故在南壖禱而遷諸北以殺河怒一夕雷雨明日河徙而南其北遂爲沙磧以龍神衞四廂都指揮使召還道卒年七十五守約典七州皆有惠愛可紀神宗嘗謂武臣可任者以燕達劉昌祚姚麟王崇極劉舜卿等對其後皆爲名將時稱知人

王文郁字周卿麟州新秦人以供奉官爲府州巡檢韓琦薦其材加閤門祗候麟府駐泊都監熙寧討夏國文郁敗之吐渾河其將香崖夜遣使以劍爲信欲舉衆降許之旦而至與偕行衆情忽變譟以出文郁擊之追奔二十里據險大戰矢下如雨文郁徐引度河謂吏士曰前追彊敵後背天險韓信驅市人且破趙況爾曹皆百戰驍勇邪士感奮進擊夏人大潰降其衆二千遷通事舍人夏人踰屈野河掠塞上文郁追至長城坂盡奪所掠而還神宗召見問曰向者招納香崖羣議不一其爲朕言之對曰此乃致敵上策恨未能多爾並邊生羌善馳突識鄉導儻能撫柔之所謂以外夷而攻外夷也帝於是決意招納多獲其用知文郁善左射并招其子弟閱肄殿庭文郁九發八中詔官其二子知鎭戎德順軍預定洮河遷左騏驥副使知麟州夏衆踐稼襲敗之部使者劾爲生事奪郡印未幾爲熙河將李憲討靈武文郁得羌戶萬餘遷路鈐轄夏人圍蘭州已奪兩關門文郁募死士夜縋而下持短兵突賊卽掃營去擢東上閤門使知蘭州諜知夏人將大入清野以俟果舉國趨皐蘭文郁乘城禦之殺傷如積圍九日而解收其尸爲京觀加榮州團練使以捧日天武都指揮使爲副都總管以殿前都虞候知河州築安西城金城關進秦州防禦冀州觀察使卒年六十六

周永清字肅之世家靈州州陷祖美歸京師永清以蔭從仕宰相麗籍言其忠勇加閤門祗候押時服賜夏國至宥州夏人受賜不跪詰之恐而跪遷通事舍人渭州鈐轄渭兵勁而陳伍不講永清訓以李靖法帥蔡挺嘉其整圖上之詔推於諸道知德順軍夏衆入寇擊擒其酋呂效忠又募勇士夜馳百里擣賊巢穴斬首三百級俘數千人獲橐駝甲馬萬計城中無知者並砦禁地三百里盜耕不可禁永清拓籍數千頃置射士二千聲聞敵廷降者引入帳下待之不疑多得其死力徙秦鳳鈐轄河北沿邊安撫副使知代州契丹無名求地朝廷命韓縝分畫永清貳焉入對言彊境不可輕與人臣職守土不顧行固遣之復上章陳利害竟以母病辭歷高陽關定州涇原路鈐轄知涇州保州又爲定州路副總管終東上閤門使

劉紹能字及之保安軍人世爲諸族巡檢父懷忠官內殿崇班閤門祗候元昊叛厚以金幣及王爵招之懷忠毀印斬使洎入寇力戰以死錄紹能右班殿直賜以名爲軍北巡檢擊破夏右樞密院党移賞粮數萬衆於順寧夏人圍大順城紹能爲軍鋒毀其柵至奈王川邀擊於長城嶺熙寧中又敗夏人於破囉川皆第功最累遷洛苑使英州刺史鄜延兵馬都監舊制內屬者不與漢官齒至是悉如之仍以其子襲故職元豐西討召詣闕神宗訪以計對曰師旅遠征儲偫不繼爲大患若俟西成後因糧深入乃可以得志帝以爲然命統兩軍進討紹能世世邊將爲敵所忌每設疑以間之帝獨明其不然手詔云紹能戰功最多忠勇第一此必夏人畏忌爲間害之計耳紹能捧詔感泣誓坐譴逮對按驗卒無實守邊圍四十七年大小五十戰以皇城使簡州團練使卒

王光祖字君俞開封人父珪爲涇原勇將號王鐵鞭戰死好水川錄光祖爲供奉官閤門祗候熙寧中同提點河北刑獄收沿邊安撫都監進副使界河巡檢趙用擾北邊契丹以兵數萬壓境造浮橋如欲度者光祖在舟中對其衆盡徹戶牖或謂契丹方陣而以單舟臨之如不測何光祖曰彼所顧者信誓也其來欲得趙用耳避之則勢張吾死不足塞責已而契丹欲相與言光祖卽命子襄往兵刃四合然語唯在用襄隨機折塞之其將蕭禧遽揮兵去且邀襄食付所藏青羅泥金笠以爲信卽上之時已有詔罷光祖矣吳充曰向非光祖以身對壘又使子冒白刃取從約則事未可知宜賞而黜何以示懲勸乃除眞定鈐轄徙梓夔渝獠叛詔熊本安撫而命內藏庫使楊萬成都鈐轄賈昌言梓夔都監王宣與光祖同致討皆受本節度本疑光祖不爲用分三道進師使光祖將後軍出黃沙坎北發日已暮士以杖索塗相挽而前夜半抵絕頂質明獠望見大駭一鼓而潰萬等困於松谿又亟往援出石門敓其險促黔兵先登襲賊賊舍去光祖夜泊松嶺上旦始遇萬等與俱還本愧謝上其功第一吐蕃圍茂州光祖領兵三千會王中正破鷄宗關賊據石鼓村扼其半道中正召諸將問計光祖獨請行旣抵石鼓擇銳兵分襲吐蕃背出其不意皆驚遁遂會中正于茂瀘夷乞弟殺王宣詔從韓存寶討之寅于梅嶺夷數萬衆出駐落箇棧欲老我師霖雨不止光祖勸存寶早決戰不聽林廣至復從征蕩其巢窟積功至四方館使知瀘州置瀘南安撫使俾兼領邊事聽顓決遷客省使嘉州刺史歷涇原河東定州路副總管卒

李浩字直夫家本綏州徙西河浩務學通兵法以父定蔭從軍破儂智高韓絳城囉兀領兵戰賞堡嶺川殺大首領訛革多移斬首千三百餘級積官供備庫副使廣西都監裒西北疆事著安邊策謁王安石安石言之神宗召對改管幹麟府兵馬未行又從章惇於南江引兵由三路屯鎭江入遂州討舒光貴破盈口柵下天府會于洽州入懿州蠻酋田元猛元喆合狤狑拒官軍浩分兵擊之殺狤狑降元猛元喆遂城懿州進討黔江蠻復城黔江惇上其功謂不當與他將比擢引進副使熙河鈐轄李憲討山後羌浩將右軍至合龍嶺會戰遺降羌乞囉輕騎突敵帳俘其酋冷鷄朴李密撒鹹三千遷東上閤門使爲副總管知河州安撫洮西五路大舉浩將前軍復蘭州遷引進使隴州防禦使知蘭州兼熙河涇原安撫副使坐西關失守及報上不實再貶秩旋以戰吃囉毛井連立功復之哲宗卽位拜忠州防禦使捧日天武都指揮使馬軍都虞候進黔州觀察使歷鄜延太原永興環慶路副都總管再知蘭州卒贈安化軍留後

和斌字勝之濮州鄄城人選隸散直爲德順軍指揮使凡五年數扞敵被重創十餘知軍事劉兼濟以兄平敗沒執送京師并逮其家斌慰安調護爲寓金帛他所密告兼濟勿以家爲恤平冤旣伸兼濟獲免家賴以全定川之役將曹偀喪所乘馬斌輟騎與之且戰且行與俱免狄青南征使部騎兵爲前鋒青駐賓州十日以怠寇旣乃倍道兼行斌以兵疲於險利在速戰卽日度關鏖賊歸仁驛孫節死斌引騎血戰繞出賊後遂敗之師還張破賊陳形於殿廷仁宗拊勞擢文思副使權廣西鈐轄改秦鳳廣西以蠻事乞留秦州亦請之詔留廣西累歲徙涇原召對議者謂交州可取斌盛言有害無益願戒邊臣無妄動神宗歎曰卿質直如此乃知兩路爭卿爲不誣矣進帶御器械渭部饑帥王廣淵命吏賑給斌曰救之無術是殺之耳廣淵以委斌斌擇地營居養視有法所活以萬數安南入寇復徙廣西累遷皇城使昭州刺史撫水蠻羅世念犯宜州守將戰死斌提步騎三千進討方暑晝夜趣兵至懷遠寨曰此要害之地得之則生或曰奈何背龍江邪笑曰是所以生也因示弱驕之蠻果大至斌逕將迎敵戒以遇之則走誘至平坂列八陣以待之張疑兵左右山上蠻登嶺望見始大驚斌分騎翼其旁自被甲步出爲衆士先殊死戰蠻大敗世念率酋黨四千八百內附遂以榮州團練使知宜州遷西上閤門使知邕州以老請還除高陽關副總管歷永興軍路召拜龍神衞四廂都指揮至步軍都虞候卒年八十贈寧州防禦使斌老於爲將以恩信得邊人心嶺南珍貨一無所蓄邊吏欲希功造事皆憚不敢發或巧爲諜報啓釁亦必折其姦謀故所至無事士大夫稱之

子詵以蔭爲河北副將累官至右武大夫威州刺史知雄州上制勝強遠弓式能破堅於三百步外邊人號爲鳳凰弓進相州觀察使在雄十年頗能偵敵童貫攻燕召詵計事悅之分麾下兵俾以副統制從种師道軍于白溝旬有二日而退追兵至北風大雨雹師不能視契丹以背盟譙責薄暮始得還於是貫以契丹尚盛未可圖劾詵覘候不實貶濠州團練副使筠州安置詵始與取燕之謀見事勢浸異則又以爲不宜取故平燕肆赦

獨不得還後復官卒

劉仲武字子文秦州成紀人熙寧中試射殿庭異等補官數從軍累轉禮賓使爲涇原將夏人謀犯天聖砦渭帥檄諸將會兵約曰過某日賊不至卽去仲武諜得的期乞緩分屯帥不樂但留一將及仲武軍如期而敵至力戰却之遷皇城使熙河都監復湟川進東上閤門使知河州吐蕃趙懷德狠阿章衆數萬叛命仲武相持數日潛遣二將領千騎扣其營戒曰彼出勿與戰亟還伏兵道左二將還羌果追之遇伏大敗斬首三千級復西寧州未幾懷德阿章降累進客省使榮州防禦使副高永年西征仲武欲持重固壘永年易賊輕戰遂大敗仲武引咎自劾坐流嶺南命未下與夏人戰傷足朝廷閔之貸其罰以爲西寧都護童貫招橋羌王子臧征僕哥收積石軍邀仲武計事仲武曰王師入羌必降或退伏巢穴可乘其便但河橋功力大非倉卒可成緩急要預辦耳若禀命待報慮失事機貫許以便宜僕哥果約降而索一子爲質仲武卽遣子錫往河橋亦成仲武帥師渡河挈與歸貫掩其功仲武亦不自言徽宗遣使持錢至邊賜獲王者訪得仲武召對帝勞之曰高永年以不用卿言失律僕哥之降河南綏定卿力也問幾子曰九人悉命以官錫閤門祗候仲武知西寧州徙渭州召爲龍神衛都指揮使復出熙州秦州遷步軍副都指揮使熙帥劉法死又以熙渭都統制攝之歷拜徐州觀察使保靜軍承宣使瀘川軍節度使以老提舉明道宮再起爲熙州卒于官年七十三贈檢校少保謚曰威肅子錡別有傳

曲珍字君玉隴干人世爲著姓寶元康定間夏人數入寇珍諸父糾集族黨禦之敵不敢犯於是曲氏以材武長雄邊關珍好馳馬試劍嘗與叔父出塞游獵猝遇夏人陷其圍中馳擊大呼衆披靡得出顧叔不至復持短兵還決鬬遂俱脫秦鳳都鈐轄劉溫潤奇其材一日出寶劍令曰能射一錢於百步外者與之諸少年百發不能中珍後至一矢破之從溫潤城古渭與羌戰先登陷陳爲綏德城監押提孤軍拒寇斬其大酋加閤門祗候有功洮西遷內殿崇班郭逵趙卨南征爲第一將進自右江撫接廣原三州十二縣降僞守已下百六十人老稚二萬六千口是行也功最諸將遷西染院使得疾輿還京師神宗遣使臨問少間令入對珍念二帥不和睦上問必及之言之必行曲直將何以對乃以餘疾未平爲解帝復使獎勞賜之弓劍鞍勒令有司蠲其鄉徭賦擢鄜延鈐轄進副總管從种諤攻金湯永平川斬二千級累遷客省使拜懷州防禦使龍神衛四廂都指揮使徐禧城永樂珍以兵從版築方興羌數十騎濟無定河覘役珍將追殺之禧不許諜言夏人聚兵甚急珍請禧還米脂而自居守明日果至禧復來珍白敵兵衆甚公宜退處內柵檄諸將促戰禧笑曰曲侯老將何怯邪夏兵且濟珍欲乘其未集擊之又不許及攻城急又勸禧曰城中井深泉嗇士卒渴甚恐不能支宜乘兵氣未衰潰圍而出使人自求生禧曰此城據要地奈何棄之且爲將而奔衆心搖矣珍曰非敢自愛但敕使謀臣同沒于此懼辱國耳數日城陷珍縋而免子弟死者六人亦坐貶皇城使帝察其無罪諭使自安養以圖後效元祐初爲環慶副總管夏人寇涇原號四十萬珍擣虛馳三百里破之曲律山俘斬千八百人解其圍進東上閤門使忠州防禦使卒年五十九珍善撫士卒得其死力雖不知書而忠朴好義本於天性

劉闃字靜叔青州北海人以拳力爲軍校從延州軍出塞遇敵矢貫左耳戰不顧衆服其勇從文彥博討貝州次城下攀壘欲登賊以曲戟鈎其甲鬪裂之而墜議者欲穿地道入闃曰穴地積土賊且知之城瀕河若晝囊土而夜投諸河宜無知者彥博以爲然穴成闃持短兵先入衆始從遂登陴引繩而上遲明師畢入貝州平功第一擢虎翼指揮使累遷宣武神衛都指揮使昭州刺史辰州團練使韓絳宣撫陝西詔闃自河東爲掎角至鐵冶溝夏人大集衆懼闃自殿後率銳騎搏戰飛矢蔽體不爲却敵解去爲冀州駐泊總管河水漲隄防墊急闃請郡守開靑楊道口以殺水怒莫敢任其責闃躬往濬決水退冀人賴之以左金吾大將軍致仕卒年八十五

郭成字信之德順中安堡人也從軍得供奉官王師趨靈武成將涇原兵擊破夏人於漫㗑隘至城下有羌乘白馬馳突陣前大將劉昌祚曰誰能取此者成躍馬梟其首以獻進秩四等朝廷築平夏城置將戍之又環以五砦渭帥章楶問可守者於諸將皆曰非郭成不可遂使往守夏人恚失地空國入爭謀曰夏平視諸壘最大郭成最知兵遂自沒煙峽連營百里飛石激火晝夜不息成與折可適議乘勝深入以萬騎異道並進遂俘阿埋都逋二大酋捷聞進雄州防禦使涇原鈐轄徽宗詔諸軍并力築綏戎懷戎二堡成獨當合流之役暴露雪中感疾卒帝悼之甚賻以金帛官其子壻成輕財好施名震西鄙既沒廉訪使者王孝竭白於朝帝手書報曰郭成盡忠報國有功于民宜載祀典榜其廟曰仁勇云子浩紹興中爲西邊大將至節度使

賈嵓字民瞻開封人少時善騎射喟然歎曰大丈夫生世要當自奮揚名顯親可也遂起家從戎神宗選材武以爲內殿承制慶州荔原堡都監林廣討瀘夷辟將前鋒又爲河東將敗西夏兵於明堂川累功轉莊宅副使遷路監紹聖中夏兵數萬圍麟州神堂砦甚急嵓以數百騎往援令其下曰國家無事時不惜厚祿養汝輩正以待一旦之用耳今力雖不敵吾誓以死報衆感厲卽循屈野河行且五里據北攔坡嶺上一矢殪其酋衆駭潰哲宗嘉歎賜以袍帶知皇城使威州刺史遷路鈐轄嵓在兵間二十年有智略能拊御士卒所嚮輒勝時以良將入對留擢龍神衛四廂都指揮使遷步軍都虞候濠州團練使卒年五十二贈雄州防禦使

張整字成伯亳州酇陽人初隸皇城司御龍籍補供事官爲利文州都巡檢使邊夷歲鈔省地吏習不與校至反遺之物留久乃去整惡其貪暴無已密募死士時其來掩擊幾盡有司劾生事神宗壯之不問調荆湖將領拓溪蠻地築九城董兵鎮守又破蠻於大田歲中三遷猺徭萬衆乘舟屯托口逼黔江城時守兵才五百人情大恐整伏其半於托口旁戒曰須吾旦度金斗崖舉幟則譟而前及旦率其半縛艨艟建旗鼓泝流急趨賊望見大笑幟舉伏發前後合擊人人殊死鬭蠻驚踐投江中殺獲不可計爲廣西鈐轄坐殺降徭責監江州酒稅復爲涇原眞定京東環慶鈐轄整涖軍嚴明哲宗嘗訪於輔臣召之對擢爲龍神衛四廂都指揮使管幹馬軍司卒官至威州刺史

張蘊字積之開封將家子也從軍爲小校隸劉昌祚至靈州遇敵中矢拔鏃復戰以功賜金帶從征安南次富良江諸將猶豫未進蘊褰裳先濟衆隨之蠻遁走使巫被髮登崖爲厭勝蘊射之應弦而斃一軍讙譟歷京西涇原將知綏德懷寧順寧軍等六城儲粟至三十萬斛將兵取宥州破夏人於大吳神流堆宥州監軍引鐵騎數千趍松林堡蘊諜知之頓兵長城嶺以待戒諸部曰賊遠來氣盛少休必困困而擊之必捷果以勝歸夏人寇順寧蘊置伏陿中約聞呼則起俘斬數百十人獲馬械甚衆累遷皇城使榮州刺史成州團練使通州防禦使開德河陽馬步軍副總管顯肅皇后母自鄭氏再適蘊徽宗屢欲以恩進其官輒力辭不敢受人以爲賢卒年七十三贈感德軍節度使謚曰榮毅

王恩字澤之開封人以善射入羽林神宗閱衛士挽彊中的且偉其貌補供備庫副使爲河州巡檢夏羌寇蘭州恩搏戰城下中兩矢拔去復鬬意氣彌厲遷涇原將嘗整軍出萬惠嶺士饑欲食恩倍道兼行衆洶洶已而遇敵數萬引兵先入壁井竈皆具諸將始服羌扣壁顧見恩單騎徑出邀與語一夕羌引去哲宗召見語左右曰先帝時宿衛人皆傑異如此留爲龍神衛都指揮使遷馬軍都虞候契丹使來詔陪謝使者問涇原有王騎將得無是乎應曰然射三發皆中使以下相視皆歎息出爲涇原副都總管并護秦渭延熙四路兵城西安築臨羌天都十餘壘羌圍平夏諸校欲出戰恩曰賊傾國遠寇難以爭鋒宜以全制其敝彼野無所掠必攜攜而遇伏必敗乃先行萬人設伏羌旣退師果大獲徽宗立以衞州防禦使徙熙河改知渭州括隱地二萬三千項分弓箭士耕屯爲三十一部以省餽餉邊臣獻車戰議帝以訪恩曰古有之偏籍鹿角今相去益遠人非所習恐緩急難用夫操不習之器與敵周旋先自敗耳帝善其對遷馬步軍都指揮使殿前都指揮使武信軍節度使嘗汰禁卒數十人樞密請命都承旨覆視恩言朝廷選三帥付以軍政今去數十冗卒而不足信卽其他無可爲者帝立爲罷之蹙頞甚寵賜居宅又賜城西地爲園囿屬疾以檢校司徒致仕薨年六十二贈開府儀同三司

楊應詢字仲謀章惠皇后族孫也歷知信安保定軍霸州塘濼之間地沮洳水潦易集居人浮板以濟應詢增隄防爲長衞濬其旁以泄流民利賴之爲河北沿邊安撫使徽宗以歸信容城兩縣弓手爲契丹所憚欲增爲千人或恐生事應詢曰吾欲備他盜彼安能禁我卒增之知雄州朝廷多取西夏地契丹以姻婭爲言遣使乞還之不得擁兵並塞中外恫疑應詢曰是特爲虛聲嚇我耳願治兵積粟示有備彼將聞風自戢明年果還兵復遣其相臣蕭保先牛溫舒來請詔應詢逆于境旣至帝遣問所以來應詢對顧固守前議尋兼高陽關路鈐轄邊人捕得北盜呂㦸兒契丹謂略執平民有詔使縱釋應詢言吾知執盜耳因其求而遂與之是示以怯也不與遂質我民固索之應詢以進詔貶秩再遷洋州觀察使入提舉萬壽觀館契丹使當賜柑而貢未至有司代以他物使不受應詢以言折之乃下拜復爲定州眞定大名副都總管卒年六十三贈昭化軍節度使謚曰

康理

趙隆字子漸秦州成紀人以勇敢應募從王韶取熙河大將姚麟出戰被重創謂曰吾渴欲死得水尚可活時已暮有泉近賊營隆獨身潛往漬衣泉中賊覺隆且鬭且行得歸持衣裂水以飲麟麟乃甦又從李憲破西市師討鬼章外河諸羌皆以兵應之隆率衆先至斧其橋鬼章失援乃成擒爲涇原將戰平夏川功最多崇寧中鈐轄熙河兵將前軍出邈川預復鄯廓夏人寇涇原詔熙河深入分其兵無令專鄉東方師至鐵山隆先登士皆殊死戰夏人解去召詣闕徽宗慰勞之曰鐵山之戰卿力也童貫與論燕雲事隆極言不可貫曰君能共此當有殊拜隆曰隆武夫豈敢干賞以敗祖宗二百年之好異時起釁萬死不足謝責貫知不可奪白以知西寧州充隴右都護羌豪信服十二種戶三萬六千願比內地帥劉法西討隆以奇兵襲羌羌潰城震武遷溫州防禦使龍神衞捧日天武都指揮使仍爲本道馬步副都總管卒贈鎭潼軍節度使命詞臣制碑帝篆額曰旌忠

論曰有國家者不可忘武備故高祖以馬上得天下而猶有安得猛士守四方之歎然所貴爲將領者非取其武勇而已也必忠以爲主智以爲本勇以爲用及其成功雖有小大之殊俱足以尊主庇民也苗授策籛南之不可城履不肯討阿章永清不以地與敵文郁撫納香崕紹能之忠勇珍之忠朴好義光祖應詢明於料敵守約及整御衆嚴明斌浩之善戰喦恩之善射閏之出則先登入則殿後其材雖殊其可以任奔走禦侮之責於四境則一也成以捍衞邊陲服勤致死明詔褒飭廟食一方宜哉君萬挾誣報怨贍狡譎喜功國有常罰父子讁死亦宜也詵首取燕終變其說既黜旋復爲失刑矣至若仲武敗則引咎責已勝則不自言功隆不敢啓釁干賞蘊甘分而辭榮有士君子之行焉尤武士之所難能也

宋史卷三百五十一

元 中 書 右 丞 相 總 裁 脫 脫 等 修

列傳第一百十

趙挺之 張商英兄唐英 劉正夫
何執中 鄭居中 張康國
朱諤 劉逵 林攄
管師仁 侯蒙

趙挺之字正夫密州諸城人進士上第熙寧建學選教授登棣二州通判德州哲宗即位賜士卒緡錢郡守貪耄不時給卒怒譟持白梃突入府守趨避左右盡走挺之坐堂上呼問狀立發庫錢而治其爲首者衆即定魏境河屢決議者欲從宗城縣轉運使檄挺之往視挺之云縣距高原千歲矣水未嘗犯今所遷不如舊必爲民害使者卒徙之財二年河果壞新城漂居民略盡召試館職爲祕閣校理遷監察御史初挺之在德州希意行市易法黃庭堅監德安鎭謂鎭小民貧不堪誅求及召試蘇軾曰挺之聚斂小人學行無取豈堪此選至是劾奏軾草麻有云民亦勞止以爲誹謗先帝既而坐不論蔡確通判徐州俄知楚州入爲國子司業歷太常少卿權吏部侍郎除中書舍人給事中使遼遼主嘗有疾不親宴使近臣卽館享客比歲享乃在客省與諸國等挺之始爭正其禮徽宗立爲禮部侍郎哲宗祔廟議遷宣祖挺之言上於哲宗兄弟同一世宜祖未當遷從之拜御史中丞爲欽聖后陵儀仗使曾布以使事聯職知禁中密指諭使建議紹述於是挺之排擊元祐諸人不遺力由吏部尚書拜右丞進左丞中書門下侍郎時蔡京獨相帝謀置右輔京力薦挺之遂拜尚書右僕射既相與京爭雄屢陳其姦惡且請去位避之以觀文殿大學士中太一宮使留京師乞歸青州將入辭會彗星見帝默思咎徵盡除京諸蠹法罷京召見挺之曰京所爲一如卿言加挺之特進仍爲右僕射京在崇寧初首興邊事用兵連年不息帝臨朝語大臣曰朝廷不可與四夷生隙隙一開禍拏不解兵民肝腦塗地豈人主愛民恤物意哉挺之退謂同列曰上志在息兵吾曹所宜將順已而京復相挺之仍以大學士使佑神觀未幾卒年六十八贈司徒謚曰清憲

張商英字天覺蜀州新津人長身偉然姿采如峙玉負氣俶儻豪視一世調通州主簿渝州蠻叛說降其酋辟知南川縣章惇經制夔夷狎侮郡縣吏無敢與共語部使者念獨商英足抗之檄至夔惇詢人才使者以商英告卽呼入同食商英著道士服長揖就坐惇肆意大言商英隨機折之落落出其上惇大喜延爲上客歸薦諸王安石因召對以檢正中書禮房擢監察御史臺獄失出刼盜樞密檢詳官劉奉世駮之詔糾察司劾治商英奏此出大臣私分願收還主柄使耳目之官無爲近臣所脅神宗爲置不治商英遂言奉世庇博州失入囚因摭院吏徇私十二事語侵樞臣於是文彥博等上印求去詔責商英監荆南稅更十年乃得館閣校勘檢正刑房商英嘗薦舒亶可用至是亶知諫院商英以壻王潙之所業示之亶繳奏以爲事涉干請責監赤岸鹽稅哲宗初爲開封府推官屢詣執政求進朝廷稍更新法之不便於民者商英上書言三年無改於父之道可謂孝矣今先帝陵土未乾卽議變更得爲孝乎且移書蘇軾求入臺其庾詞有老僧欲住烏寺呵佛罵祖之語呂公著聞之不悅出提點河東刑獄連使河北江西淮南哲宗親政召爲右正言左司諫商英積憾元祐大臣不用已極力攻之上疏曰先帝盛德大業跨絕今古而司馬光呂公著劉摯呂大防援引朋儔敢行譏議凡詳定局之所建明中書之所勘當戶部之所行遺百官之所論列詞臣之所作命無非指擿抉揚鄙薄嗤笑蕩除陛下羽翼於內擊逐股肱於外天下之勢岌岌殆矣今天青日明誅賞未正願下禁省檢索前後章牘付臣等看詳簽揭以上陛下與大臣斟酌而可否焉遂論內侍陳衍以搖宣仁至比之呂武乞追奪光公著贈謚仆碑毀冢言文彥博背負國恩及蘇軾范祖禹孫升韓川諸人皆相繼受譴又言願陛下無忘元祐時章惇無忘汝州時安燾無忘許昌時李清臣曾布無忘河陽時其覬望押闔以險語激怒當世槩類此惇燾交惡商英欲助惇求所以傾燾者陽翟民蓋氏養子漸先爲祖母所逐以家貲屬其女經元豐訴理不得直商英論其冤導漸使遮執政及詣御史府訐燾姻家與蓋女爲道地哲宗不直商英徙左司員外郎既與漸交關事皆露責監江寧酒起知洪州爲江淮發運副使入權工部侍郎遷中書舍人謝表歷詆元祐諸賢衆益畏其口徽宗出爲河北都轉運使降知隨州崇寧初爲吏部刑部侍郎翰林學士蔡京拜相商英雅與之善適當制過爲褒美尋拜尚書右丞轉左丞復與京議政不合數詆京身爲輔相志在逢君御史以爲非所宜言且取商英所作元祐嘉禾頌及司馬光祭文斥其反覆罷知亳州入元祐黨籍京罷相削籍知鄂州京復相以散官安置歸峽兩州大觀四年京再逐起知杭州過闕賜對奏曰神宗修建法度務以去大害興大利今誠一一舉行則盡紹述之美法若有弊不可不變但不失其意足矣留爲資政殿學士中太一宮使頃之除中書侍郎遂拜尚書右僕射京久盜國柄中外怨疾見商英能立同異更稱爲賢徽宗因人望相之時久旱彗星中天是夕彗不見明日雨徽宗喜大書商霖二字賜之商英爲政持平謂京雖明紹述但借以劫制人主禁錮士大夫爾於是大革弊事改當大錢以平泉貨復轉般倉以罷直達行鈔法以通商旅蠲橫斂以寬民力勸徽宗節華侈息土木抑僥倖帝頗嚴憚之嘗葺升平樓戒主者遇張丞相導騎至必匿匠樓下過則如初楊戩除節度使商英曰祖宗之法內侍無至團練使有勳勞當陟則別立昭宣宣政諸使以寵之未聞建旄鉞也訖持不下論者益稱之然意廣才疏凡所當爲先於公坐誦言故不便者得預爲計何執中鄭居中日夜醞織其短先使言者論其門下客唐庚竄之惠州有郭天信者以方技隸太史徽宗潛邸時嘗言當履天位自是稍睠寵之商英因僧德洪客彭几與語言往來事覺鞫于開封府御史中丞張克公疏擊之以觀文殿大學士知河南府旋貶崇信軍節度副使衡州安置天信亦斥死京遂復用未幾太學諸生誦商英之冤京懼乃乞令自便繼復還故官職宣和三年卒年七十九贈少保商英作相適承蔡京之後小變其政譬饑者易爲食故蒙忠直之名靖康褒表司馬光范仲淹而商英亦贈太保紹興中又賜謚文忠天下皆不謂然兄唐英

唐英字次功少攻苦讀書至經歲不知肉味及進士第翰林學士孫抃得其正議五十篇以爲馬周魏元忠不足多薦試賢良方正不就調穀城令縣圃歲畦薑貸種與民還其陳復配賣取息銓曹指爲富縣唐英至空其圃植千株柳作柳亭其中聞者咨美英宗繼大統唐英上謹始書云爲人後者爲子懼他日必有引漢定陶故事以惑宸聽者願杜其漸既而濮議果起帝不豫皇太后垂簾又上書請立潁王爲皇太子神宗卽位知其人擢殿中侍御史入對帝問何尚衣綠對曰前者固得之回授臣父帝嘉其孝賜五品服帝方厲精圖治急於用人唐英言知江寧府王安石經術道德宜在陛下左右又論宗室祿多費鉅宜以服爲差殺天下苦差役不均盡思所以寬民力代民勞者其後略施行帝方欲用之以父憂去未幾卒唐英有史材嘗著仁宗政要宋名臣

傳蜀檮杌行于世

劉正夫字德初衢州西安人未冠入太學有聲與范致虛吳材江嶼號四俊元豐八年南省奏名在優選而犯高魯王諱凡五人皆當黜宣仁后曰外家私諱須未久不可以妨寒士命寘末級久之爲太學錄太常博士母服闋御史中丞石豫薦之召赴闕道除左司諫時方究蔡邸獄正夫入對徽宗語及之徐引淮南尺布斗粟之謠以對帝感動解散其獄待蔡王如初他日謂正夫曰兄弟之間人所難言卿獨能及此後必爲公輔又言元祐紹聖所修神宗史互有得失當折中其說傳信萬世遂詔刊定而以起居舍人爲編修官不閱月遷中書舍人進給事中禮部侍郎蔡京據相位正夫欲附翼之奏言近命官纂錄紹述先志及施行政事願得陳力其間詔俾閱詳焉京罷正夫又與鄭居中陰援京京憾劉逵次骨而逵善正夫京雖賴其助亦惡之因章綖鑄錢獄辭及正夫時使遼還京諷有司追逮之帝知其情第貶兩秩京又出之成都入辭留爲翰林學士京愈不能平謀中以事作春宴樂語有紫宸朝罷袞衣閑之句京黨張康國密白帝曰袞衣豈可閑竟改龍圖閣直學士知河南府召爲工部尚書拜右丞進中書侍郎太學諸生習樂成京欲官之正夫曰朝廷長欲人材規爲時用而使與伶官齒策名以是得無爲士子羞乎東封儀物已具正夫請間力陳不可帝皆爲之止益喜其不與京同政和六年擢拜特進少宰才半歲屬疾三上章告老除安化軍節度使開府儀同三司致仕病小愈丐東歸詔肩輿至內殿長子皁民夜入坐從容及燕雲事曰臣起書生軍旅之事未之學然兩朝信誓之久四海生靈之衆願深留聖思明日徙節安靜軍起充中太一宮使封康國公將行賜之詩及硯筆圖畫藥餌香茶之屬甚厚正夫獻詩謝帝又屬和以榮其歸至盱眙病亟命子弟作遺牘自書留神根本深戒持盈八字遂卒年五十六贈太保謚文憲再贈太傅正夫由博士入都馴致宰相能迎時上下持祿養權性吝嗇惟恐不足於財晚年築第杭州萬松嶺以建閣奉御書爲名悉取其旁軍營民舍議者譏之帝眷念不衰以皁民爲兵部侍郎少子皁民徽猷閣待制

何執中字伯通處州龍泉人進士高第調台亳二州判官亳數易守政不治會鞏至頗欲振起之顧諸僚無可仗信者執中一見合意事無纖鉅悉委以剸決有妖獄久不竟株連寖多執中訊諸囚聽其相與語謂牛羊之角皆曰股抑其故閉不肯言而相視色變執中曰是必爲師張角諱耳即抑頭引伏蔣之奇使淮甸號彊明官吏望風震慴見執中喜曰一州六邑賴有君爾知海鹽縣爲政識後先邑人紀其十異入爲太學博士以母憂去寓蘇州比鄰夜半火執中方索居遑遑不能去柎柩號慟誓與俱焚觀者悲其孝而危其難有頃火郤柩得存紹聖中五王就傅選爲記室轉侍講端王即位是爲徽宗超拜寶文閣待制遷中書舍人兵部侍郎工部吏部尚書兼侍讀四選案籍吏多藏于家以舞文取賄執中請置庫架閣命官莅之是後六曹皆倣其法蔡京籍上書人　爲邪等初無朝覲及入都之禁執中申言之且請任在京職秩者皆罷遣辟雍成執中請開學殿使都人士女縱觀大爲士論所貶崇寧四年拜尚書右丞大觀初進中書門下侍郎積官金紫光祿大夫一意謹事京三年遂代爲尚書左丞加特進制下太學諸生陳朝老詣闕上書曰陛下知蔡京姦解其相印天下之人鼓舞有若更生及相執中中外默然失望執中雖不敢肆爲非法若京之蠹國害民然碌碌庸質初無過人天下敗壞至此如人一身臟府受沴已深豈庸庸之醫所能起乎執中寅緣攀附致位二府亦已大幸遽俾之經體贊元是猶以蚉負山多見其不勝任也疏奏不省而眷注益異初賜第信陵坊以爲淺隘更徙金順坊甲第建嘉會成功閣帝親書鉅額以示寵執中與蔡京並相凡營立皆預議略無所建明及張商英任事執中惡其出己上與鄭居中合擠之陳瓘在台州執中起遷人石悈知州事使脅取尊堯集謀必死瓘瓘不死執中怒罷悈政和二年大長公主喪罷上元端門觀燈執中言不宜以長主故闕衆情願特爲徙日以昭與民同樂之意帝重逆其請爲中五日期用提舉修哲宗史紀恩加少保入宴太清樓錫白玉帶會正宰相官名轉少傅爲太宰又遷少師封榮國公執中輔政一紀年益高五年臥疾甚賜寬告他日造朝命止赴六參起居退治省事明年乃以少傅就第許朝朔望儀物廩稍一切如居位時入見帝曰自相位致爲臣數十年無此矣對曰昔張士遜亦以舊學際遇用太傅致仕與臣適同帝曰當時恩禮恐未必爾執中頓首謝其在政府嘗戒邊吏勿生事重改作惜人材寬民力雖居富貴未嘗忘貧賤時斥緡錢萬置義莊以贍宗族性復謹畏至於迎順主意贊飾太平則始終一致不能自克卒年七十四帝即幸其家以不及視其病爲恨輟朝三日贈太師追封　清源郡王謚曰正獻

鄭居中字達夫開封人登進士第崇寧中爲都官禮部員外郎起居舍人至中書舍人直學士院初居中自言爲貴妃從兄弟妃從藩邸進家世微亦倚居中爲重由是連進擢會妃父紳客祝安中者上書涉謗訕言者幷及居中罷知和州徙潁州明年歸故官遷給事中翰林學士大觀元年同知樞密院時妃寵冠後宮於居中無所賴乃用宦官黃經臣策以外戚秉政辭改資政學士中太一宮使兼侍讀蔡京以星文變免趙挺之相與劉逵謀盡改京所爲政未幾徽宗頗悔更張之暴外莫有知者居中往來紳所知之即入見言陛下建學校興禮樂以藻飾太平置居養安濟院以周拯窮困何所逆天而致威譴乎帝大悟居中退語禮部侍郎劉正夫正夫繼請對語同帝意乃復向京京再得政兩人之助爲多居中厚責報京爲言樞密本兵之地與三省殊無嫌於用親經臣方恃權力抗前說京言不效居中疑不已援始怨之乃與張康國比而間京都水使者趙霖得龜兩首於黃河獻以爲瑞京曰此齊小白所謂象罔見之而霸者也居中曰首豈宜有二人皆駭異而京獨主之殆不可測帝命棄龜金明池謂居中愛我遂申前命進知院事四年京又罷居中自許必得相而帝覺之不用妃正位中宮復以嫌罷爲觀文殿學士政和中再知樞密院官累特進時京總治三省益變亂法度居中每爲帝言帝亦惡京專尋拜居中少保太宰使伺察之居中存紀綱守格令抑僥倖振淹滯士論翕然望治丁母憂旋詔起復踰年加少傅得請終喪服除以威武軍節度使使佑神觀還領樞密院加少師連封崇宿燕三國公朝廷遣使與金約夾攻契丹復燕雲蔡京童貫主之居中力陳不可謂京曰公爲大臣國之元老不能守兩國盟約輒造事端誠非妙算京曰上厭歲幣五十萬故爾居中曰公獨不思漢世和戎用兵之費乎使百萬生靈肝腦塗地公實爲之由是議稍寢其後金人數攻契丹日蹙王黼童貫復議舉兵居中又言不宜幸災而動待其自斃可也不聽燕山平進位太保自陳無功不拜入朝暴遇疾歸舍數日卒年六十五贈太師華原郡王謚文正帝親表其隧曰政和寅亮醇儒宰臣文正鄭居中之墓居中始仕蔡京即薦其有廊廟器既不合遂因蔡渭理其父確功狀追治王珪居中珪壻也故借是撼之然卒不能害子修年億年皆至侍從億年遭靖康之難沒入于金後遣事劉豫晚得南歸秦檜以婦氏親擢爲資政殿大學士位視執政檜死亦竄死撫州時又有安堯臣者亦嘗上書論燕雲之事其言曰宦寺專命倡爲大謀燕雲之役興則邊釁遂開宦寺之權重則皇綱不振昔秦始皇築長城漢武帝通西域隋煬帝遼左之師唐明皇幽薊之寇其失如彼周宣王伐玁狁漢文帝備北邊元帝納賈捐之之議光武斥臧宮馬武之謀其得如此藝祖撥亂反正躬擐甲冑當時將相大臣皆所與取天下者豈勇略智力不能下幽燕哉蓋以區區之地契丹所必爭恐使吾民重困鋒鏑章聖澶淵之役與之戰而勝乃聽其和亦欲固本而息民也今童貫深結蔡京同納趙良嗣以爲謀主故建平燕之議臣恐異時脣亡齒寒邊境有可乘之釁狼子蓄銳伺隙以逞其欲此臣所以日夜寒心伏望思祖宗積累之艱難鑒歷代君臣之得失杜塞邊隙務守舊好無使外夷乘間窺中國上以安宗廟下以慰生靈徽宗然之命堯臣以官後竟爲姦謀所奪堯臣嘗舉進士不第蓋惇之族子也

論曰君子小人猶冰炭不可一日而處者也趙挺之爲小官薄有才具熙寧新法之行迎合用事元祐更化宜爲諸賢鄙棄至於紹聖首倡紹述之謀甌排正人靡所不至其論蔡京不過爲擅奪權寵之計而已所謂楚固爲失齊亦未爲得也徽宗知京不可顓任乃以張商英鄭居中輩敢與京爲異者參而用之殊不知二人者向背離合覦利所在亦何有於公議哉商英以傾詖之行竊忠直之名沒齒猶見褒稱其欺世如此何執中寅緣舊學致位兩府無所建明惟務媢嫉至用石悈脅陳瓘取尊堯集欲因以殺瓘何爲者耶宣政命相得若而人尚望治乎劉正夫生平所爲睒睗出沒正邪之間商英之徒也唐英有清才而寡失德獨薦王安石爲可咎然安石未相正人端士孰不與之又何責乎唐英

張康國字賓老揚州人第進士知雍丘縣紹聖中戶部尚書蔡京整治役法薦以參詳利害使提舉兩浙常平推行之豪猾望風斂服發倉救荒江南就食者活數萬口徙福建轉運判官崇寧元年入爲吏部左司員外郎起居郎二年爲中書舍人徽宗知其能詞章不試而命還翰林學士三年進承旨拜尚書左丞而以其兄康伯代爲學士尋知樞密院事康國自外官爲郎不三歲至此始因蔡京進京定元祐黨籍看詳講議司編彙章牘皆預密議故汲汲引援之帝亦器重焉及得志寖爲崖異帝惡京專愎陰令沮其姦嘗許以相是時西北邊帥多取部內好官自辟置以力不以才康國曰並塞當擇

人以紆憂顧奈何欲私所善乎乃隨闕選用定爲格京使御史中丞吳執中擊康國康國先知之旦奏事留白帝曰執中今日入對必爲京論臣臣願避位既而執中對果陳其事帝叱去之他日康國因朝退趍殿廬暴得疾仰天吐舌舁至待漏院卒或疑中毒云年五十四贈開府儀同三司謚曰文簡康伯仕終吏部尚書

朱諤字聖與秀州華亭人初名紱進士第二調忠正軍推官崇寧初由太常丞擢殿中侍御史遷侍御史給事中以同黨籍人姓名故改名進御史中丞入謝徽宗曰今朝廷肅清上下無事宜審重以稱朕意對曰前此中執法類不知職守言事多妄至過天津橋見汴隄一角墊陷乞修葺如許細故何足論哉帝曰然比石豫許敦仁妄發皆如是諤遂奏願如神宗故事聽政之餘開內閣延羣臣從容論道又言陛下手詔屢下惻怛願治然吏奉行者多安於苟簡或懷二三梔置不行使德音善敎無由下達願分命使者刺舉諸道有受令而不行及行令而不盡者論如古留令虧令之罪則令出而朝廷尊矣元祐紛更凡得罪于熙寧元豐者不問是否輒陳究訴自歸無過之地彰先朝之失刑希合姦臣規求進用門下侍郎許將頃下御史獄抗章云絲毫自知其無事父子相係而爲囚追屬吏十有六人繫病者百有三日終無可坐之罪遂加不實之刑夫以追屬吏如是之多繫病者如是之久卒之於無可坐則先帝所用之刑爲何哉將於哲廟表泛爲平詞至宣和太后之　前則銜冤負痛其辭如此於陛下紹述成功得無少損乎詔出將河南六察官彈治稽違近歲察事多者輒推賞有僥求之敝諤乞罷賞使各安職分從之俄兼侍讀徙兵禮吏三部尚書大觀元年拜右丞相居三月卒年四十贈光祿大夫謚忠靖諤出蔡京門善附合不能有所建白既死京爲誌其墓

劉逵字公路隨州隨縣人進士高第調越州觀察判官入爲太學太常博士禮部考功員外郎國子司業崇寧中連擢祕書少監太常少卿中書舍人給事中戶部侍郎使高麗還尚書兵部同知樞密院拜中書侍郎逵無他才能初以附蔡京故躐進京以彗星見去相而逵貳中書首勸徽宗碎元祐黨碑寬上書邪籍之禁凡京所行悖理虐民事稍稍澄正逵與趙挺之同心然挺之多智慮後患每建白務開其端而使逵終其說逵欲自以爲功直情不顧未滿歲帝疑逵擅政而鄭居中劉正夫之策售矣帝意既移於是御史余深石公弼論逵專恣反覆乘間抵巇盡廢紹述良法愚視丞相陵蔑同列凡所啓用多取爲邪黨學術者及邪籍中子弟庇其婦兄章綖使之盜鑄罷知亳州京復相再責鎭江節度副使安州居住京再以星變去稍起知杭州加資政殿學士以醴泉觀使召及都而卒年五十贈光祿大夫

林攄字彥振福州人徙蘇父邵顯謨閣直學士攄用蔭至敕令檢討官蔡京講明熙寧元豐故事引以爲屬遷屯田右司員外郎時遣朝士察諸道攄使河北入辭言大府宜擇帥邊州宜擇守西山木不宜采伐保甲有藝者宜貢諸朝驕兵宜使更戍錢貨文書關出疆外者宜遏絕徽宗喜曰卿所陳已盡河朔利害毋庸行賜進士第擢起居舍人進中書舍人俄直學士院禁林官不乏帝特命遂爲翰林學士初朝廷數取西夏地夏求援於遼遼爲請命攄報聘京密使激怒之以啓釁入境盛氣以待迓者小不如儀輒辨詰及見遼主始跪授書卽抗言數夏人之罪謂北朝不能加責而反爲之請禮出不意遼之君臣不知所答及辭遼使攄附奏求還進築夏人城柵攄答語復不巽遼人大怒空客館水漿絕煙火至舍外積潦亦汚以矢溲使饑渴無所得如是三日乃遣還凡饔餼祖犒皆廢歸復命議者以爲怒隣生事猶除禮部尙書既而遼人以失禮言出知潁州尋召爲開封尹大駔負賈錢久不償一日盡輦當十錢來賈疑不納駔訟之攄馳詣蔡京問曰錢法變乎京色動曰方議之未決也攄曰令未布而賈人先知必有與爲表裏者退鞫之得省吏主名寘于法張懷素妖事覺攄與御史中丞余深及內侍雜治得民士交關書疏數百攄請悉焚蕩以安反側衆稱爲長者而京與懷素游最密攄實爲京地也京深德之用鞫獄明允加秩二等改兵部尙書進同知樞密院尙書左丞中書侍郎自大觀元年春至二年五月繇朝散大夫九遷至右光祿大夫集英臚唱貢士攄當傳姓名不識甄盎字帝笑曰卿誤邪攄不謝而語詆同列御史論其寡學倨傲不恭失人臣禮黜知滁州言者不厭罷提舉洞霄宮起爲越州永興軍皆以親年高辭拜端明殿學士久之知揚州政以察察聞鉏大俠繩汚吏下不敢欺有行商寓逆旅晨出不反館人以告攄曰此當不遠或利其貨殺之耳指蹤物色得屍溝中果城民張所爲也徙大名府道過闕爲帝言頃使遼見其國中攜貳若兼而有之勢無不可攄蓋以釁辱故修怨焉其後北伐蓋兆於此加觀文殿學士拜慶遠軍節度使言者復論罷之還姑蘇瘍生於首而卒年五十九帝念其奉使之勤申贈開府儀同三司錄子偉直祕閣數月偉死嗣遂絕靖康元年以京死黨追貶節度副使

管師仁字元善處州龍泉人中進士第爲廣親睦親宅教授通判澧州知建昌軍有善政擢右正言左司諫論蘇軾蘇轍深毀熙寧之政其門下士吏部員外郎晁補之輩不宜在朝廷遂去之河北濵棣諸州歲被水患民流未復租賦故在師仁請悉蠲減以綏徠之一方賴其賜遷起居郎中書舍人給事中工部侍郎遷曹吏多撓法爲過師仁暫攝領發其姦抵數人於罪士論稱之改吏部進刑部尙書以樞密直學士知鄧州未行改揚州又徙定州時承平百餘年邊備不整而遼橫使再至爲西人請侵疆朝廷詔師仁設備至則下令增陴浚湟繕葺甲冑僚吏懼不知所裁師仁預爲計度一日而畢衆十萬轉盻迄成外間無知者於是日與賓客燕集以示閒暇使敵不疑帝手書詔獎激召爲吏部尙書俄同知樞密院才兩月病拜資政殿學士佑神觀使卒年六十五贈正奉大夫

侯蒙字元功密州高密人未冠有俊聲急義好施或一日揮千金進士及第調寶雞尉知柘鄉縣民訟皆決于庭受罰者不怨轉運使黃湜聞其名將推轂之召詣行臺白事蒙以越境不肯往湜怒他日行縣閱理文書欲鐫致其罪既而無一疵可指始以賓禮見曰君眞能吏也率諸使者合薦之徙知襄邑縣擢監察御史進殿中侍御史崇寧星變求言蒙疏十事曰去冗官容諫臣明嫡庶別賢否絕倖冀戒濫恩寬疲民節妄費戚里毋預事閹寺毋假權徽宗聽納有大用意遷侍御史西將高永年死于羌帝怒親書五路將帥劉仲武等十八人姓名敕蒙往秦州逮治既行拜給事中至秦仲武等囚服聽命蒙曉之曰君輩皆侯伯無庸以獄吏辱君第以實對案未上又拜御史中丞蒙奏言漢武帝殺王恢不如秦繆公赦孟明子玉縊而晉侯喜孔明亡而蜀國輕今羌殺吾一都護而使十八將繇之而死是自艾其支體也欲身不病得乎帝悟釋不問遷刑部尙書改戶部比歲郊祭先期告辦尙書輒執政至是帝密諭之對曰以財利要君而進非臣所敢毋喪服除歸故官遂同知樞密院進尙書左丞中書侍郎先是御史中丞蔡薿詆張商英私事甚力有旨令廷辨蒙曰商英雖有罪宰相也蔡薿雖言官從臣也使之廷辨豈不傷國體乎帝以爲然一日帝從容問蔡京何如人對曰使京能正其心術雖古賢相何以加帝頷首且使密伺京所爲京聞而銜之大錢法敝朝廷議改十爲三主藏吏來告曰諸府悉輦大錢市物于肆皆疑法當變蒙曰吾府之積若千日八千緡蒙叱曰安有更革而吾不知明日制下又嘗有幾事蒙獨受旨京不知也京偵得之白于帝曰侯蒙亦如是邪罷知亳州旋加資政殿學士宋江寇京東蒙上書言江以三十六人橫行齊魏官軍數萬無敢抗者其才必過人今清溪盜起不若赦江使討方臘以自贖帝曰蒙居外不忘君忠臣也命知東平府未赴而卒年六十八贈開府儀同三司謚文穆

論曰崇寧宣和之間政在蔡京罷不旋踵輒起姦黨日蕃一時貪得患失之小人度徽宗終不能去之莫不趍走其門若張康國朱諤劉逵林攄者皆是也康國逵中雖異京然其材智皆非京敵卒爲京黨所擊攄奉京姦謀激怒鄰國渝約啓釁罪莫大焉易曰開國承家小人勿用其謂是歟管師仁執政僅兩月引疾求去則可尙已侯蒙逮治五路將帥力爲申理十八人者繇之而免其仁人利溥之言乎

宋史卷三百五十二

元　中　書　右　丞　相　總　裁　脫　脫　等　修

列傳第一百十一

唐恪　李邦彥　余深　薛昂
吳敏　王安中　王襄　趙野
曹輔　耿南仲王寓附

唐恪字欽叟杭州錢塘人四歲而孤聞人言其父輒悲泣以蔭登第調郴尉縣民有被害而尸不獲吏執其鄰人抑使自誣令以爲信恪爭之令曰否將爲君累恪曰吾爲尉而盜不能捕更俾亡辜死乎躬出訪求夕若有告者旦而得尸遂獲盜知榆次縣豪子雄於鄉萃逋庇姦不輸公賦前後莫敢詰恪以理善曉之悟而自悔折節爲長者最聞擢提舉河東常平江東轉運判官大觀中牂牁內附召爲屯田員外郎持節招納夷人夷始衕疑衷甲以逆恪盡去兵衞從數十卒單行夷望見懽呼投兵聽命以奉使稱職還右司員外郎起居舍人迎遼使還言河北邊備弛廢宜及今無事以時治之徽宗壯之曰非卿誰宜爲者命爲都轉運使加集賢殿修撰中貴人稱詔有所市恪不答憤而歸中以他事降直龍圖閣知梓州歷五年徙滄州河決水犯城下恪乘城救理

都水孟昌齡移檄索船與兵恪報水勢方惡船當以備緩急滄爲極邊兵非有旨不敢遣昌齡怒劾之恪不爲動益治水水去城得全詔書嘉獎乃上疏請暫免保甲保馬呈閱及復諸縣租等第振貸以寬被水之民未報悉便宜罷行之民大悅進龍圖閣待制知揚州召拜戶部侍郎京師暴水至汴且溢付恪治之或請決南隄以紓宮城之患恪曰水漲隄壞此亡可奈何今決而浸之是魚鱉吾民也亟乘小舟相水源委求所以利導之乃決金隄注之河浹旬水平入對帝勞之曰宗廟社稷獲安卿之力也恪再拜因上疏言水陰類也至犯宮闕天其或者以陰盛之沴儆告陛下乎願垂意時事益謹天戒宣和初遷尚書帝許以二府爲宰相王黼所陷罷知滁州言者論其治第歷陽擾民踰制提舉鴻慶宮五年起知青州未行召爲吏部尚書徙戶部復請外以延康殿學士知潭州請往錢塘掃墓然後之官遂改杭州靖康初金兵入汴李邦彥薦之拜同知樞密院事至則爲中書侍郎時進見者多論宣和間事恪言於欽宗曰革弊當以漸宜擇今日之所急者先之而言者不顧大體至毛舉前事以快一時之憤豈不傷太上道君之心哉京攸黼貫之徒既從竄斥姑可已矣他日邊事既定然後白道君請下一詔與天下共棄之誰曰不可帝曰卿論甚善爲朕作詔書以此意布告在位因賜東宮舊書萬卷且用近北除子璟直祕閣力辭之八月進拜少宰兼中書侍郎帝注禮之甚渥然恪爲相無濟時大略金騎再來邀割三鎭恪集廷臣議以爲當與者十九恪從之使者既行於是諸道勤王兵大集輒諭止令勿前皆反旆而去洎金兵薄城下始悔之密言於帝曰唐自天寶而後屢失而復興者以天子在外可以號召四方也今宜舉景德故事留太子居守而西幸洛連據秦雍領天下親征以圖興復帝將從其議而開封尹何㮚入見引蘇軾所論謂周之失計未有如東遷之甚者帝幡然而改以足頓地曰今當以死守社稷擢㮚門下侍郎恪計不用從帝巡城爲都人遮擊策馬得脫遂臥家求去御史胡舜陟繼劾其罪謂恪之智慮不能經畫邊事但長於交結內侍令國勢日蹙誠不可以備位乃以觀文殿大學士中太一宮使兼侍讀罷㮚代爲相京城不守車駕至金帥營恪曰計失矣一入將不得還既而還宮恪迎拜道左請入覲㮚不可二年正月復幸恪曰一之謂甚其可再乎及金人逼百官立張邦昌令吳幵莫儔入城取推戴狀恪既書名仰藥而死

李邦彥字士美懷州人父浦銀工也邦彥喜從進士游河東舉人入京者必道懷訪邦彥有所營置浦亦罷工與爲之且復資給其行由是邦彥聲譽奕奕入補太學生大觀二年上舍及第授祕書省校書郎試符寶郎邦彥俊爽美風姿爲文敏而工然生長閭閻習猥鄙事應對便捷善謳謔能蹴鞠每綴街市俚語爲辭曲人爭傳之自號李浪子言者劾其游縱無檢罷符寶郎復爲校書郎俄以吏部員外郎領議禮局出知河陽召爲起居郎邦彥善事中人爭薦譽之累遷中書舍人翰林學士承旨宣和三年拜尚書右丞五年轉左丞浦死贈龍圖閣直學士謚曰宣簡邦彥起復與王黼不協迺陰結蔡攸梁師成等譖黼罷之明年拜少宰無所建明惟阿順趨諂克位而已都人目爲浪子宰相徽宗內禪命爲龍德宮使升太宰知衆議不與外患日偪抗疏丐宮祠金人既薄都城李綱种師道罷邦彥堅主割地之議太學生陳東數百人伏宣德門上書言邦彥及白時中張邦昌趙野王孝迪蔡懋李梲之徒爲社稷之賊請斥之邦彥退朝羣指而大詬且欲毆之邦彥疾驅得免迺以特進觀文殿學士充太一宮使不旬日吳敏爲　請復起爲太宰人皆駭愕言者交論之出知鄧州遂請持餘服提舉亳州明道宮建炎初以主和誤國責建武軍節度副使潯州安置方蔡京王黼用事附麗者多援引入政府若余深薛昂吳敏王安中趙野史皆逸其事因附著於此云

余深福州人元豐五年進士及第崇寧元年爲太常博士著作佐郎改司封員外郎拜監察御史殿中侍御史試辟雍司業累官御史中丞兼侍讀治張懷素獄事連蔡京與開封尹林攄曲爲掩覆獄辭有及京者輒焚之京遂力引深與攄驟至執政大觀二年以吏部尚書拜尚書左丞三年轉中書侍郎四年轉門下侍郎京既致仕身不自安累疏請罷乃以資政殿學士知青州政和二年京復赴都堂治事於是深復入爲門下侍郎七年拜少宰宣和元年爲太宰進拜少保封豐國公再封衞國加少傅時福建以取花果擾民深爲言之徽宗不悅遂請罷出爲鎭江軍節度使知福州靖康初加恩特進觀文殿大學士故事凡僕射使相宣徽使皆判州府深以少傅節度知福州有司失之也深諂附蔡京結爲死黨京姦謀詭計得助多者深爲首攄次之言者累章劾深深益懼丐致仕建炎二年降中大夫臨江軍居住尋以渡江恩赦還鄉里卒子日章亦以言者罷徽猷閣待制

薛昂杭州人登元豐八年進士第崇寧初歷太學博士校書郎著作佐郎爲殿中侍御史試起居郎改中書舍人兼侍讀升給事中兼大司成昂寡學術士子有用史記西漢語輒黜之在哲宗時常請罷史學哲宗斥爲俗佞拜翰林學士以不稱職改刑部尚書轉兵部大觀三年拜尚書左丞明年請補外出知江寧徙河南久之提舉嵩山崇福宮政和三年蔡京復用事昂復自尚書右丞爲左丞遷門下侍郎尋請罷授彰化軍節度使佑神觀使改特進充資政殿大學士知應王府昂與余深林攄始終附會蔡京至舉家爲京諱或誤及之輒加笞責昂嘗誤及即自批其口靖康初言者斥其罪詔以金紫光祿大夫致仕杭州軍亂昂不請命領州事責徽州居住昂主王氏學嘗在安石坐圍棊賭詩局敗昂不能作安石代之時人以爲笑云

吳敏字元中眞州人大觀二年辟雍私試首選蔡京喜其文欲妻以女敏辭因擢浙東學事司幹官爲祕書省校書郎京薦之充館職中書侍郎劉正夫以敏未嘗過省不可京乃請御筆特召上殿除右司郎官御筆自此始違者以大不恭論繇是權倖爭請御筆而繳駁之任廢矣升中書舍人同修國史改給事中敏爲蔡京所引鄭居中方秉政敏數言其失居中銜之坐駁盜當死者罷爲右文殿修撰提舉南京鴻慶宮久之復爲給事中權直學士院兼侍講徽宗將內禪蔡攸探知上意引敏入對宰臣執政皆在敏前奏事且曰金人渝盟舉兵犯順陛下何以待之上蹙然曰奈何時東幸計已定命戶部尚書李梲先出守金陵敏退詣都堂言曰朝廷便爲棄京師計何理也此命果行雖死不奉詔宰執以爲言梲遂罷行皇太子除開封尹上去意益決敏因奏對得請遂薦李綱綱嘗語敏以上宜傳位如唐天寶故事故薦之冀上或有所問也明日宰臣奏事徽宗獨留李邦彥語敏所對命除門下侍郎輔太子敏駭曰臣既畫計當從陛下巡幸陛下且傳位而臣受不次之擢臣曷敢上曰不意卿乃爾敢言於是命敏草傳位詔欽宗既立上皇出居龍德宮敏與蔡攸同爲龍德宮副使遷知樞密院事拜少宰敏主和議與太宰徐處仁義不合紛爭上前御史中丞李回劾之與處仁俱罷爲觀文殿大學士醴泉觀使頃之言者論其庇蔡京父子出知揚州再貶崇信軍節度副使涪州安置建炎初移柳州俄用范宗尹薦起知潭州敏辭免丐宮祠乃提舉洞霄宮紹興元年復觀文殿大學士爲廣西湖南宣撫使卒于官

王安中字履道中山陽曲人進士及第調瀛州司理參軍大名縣主簿歷祕書省著作郎政和間天下爭言瑞應廷臣輒箋表賀徽宗觀所作稱爲奇才他日特出制詔三題使具草立就上卽草後批可中書舍人未幾自祕書少監除中書舍人擢御史中丞開封邏卒夜跡盜盜脫去民有驚出與卒遇縛以爲盜民訟諸府不勝考掠之慘遂誣服安中廉知之按得冤狀卽出民抵吏罪有徐禋者以增廣鼓鑄之說媚于蔡京京奏遣禋措置東南九路銅事且令搜訪寶貨禋圖繪阬冶增舊幾十倍且請開洪州嚴陽山阬迫有司承歲額數十兩其所烹煉實得銖兩而已禋術窮乃妄請得希世珍異與古之寶器乞歸書藝局京主其言安中獨論禋欺上擾下宜令九路監司覆之禋竟得罪時上方鄉神仙之事蔡京引方士王仔昔以妖術見朝臣戚里寅緣關通安中疏請自今招延山林道術之士當責所屬保任宣召出入必令察視其所經由仍申嚴臣庶往還之禁并言京欺君僭上蠹國害民數事上悚然納之已而再疏京罪上曰本欲卽行卿章以近天寧節俟過此當爲卿罷京京伺知之大懼其子攸日夕侍禁中泣拜懇祈上爲遷安中翰林學士又遷承旨宣和元年拜尚書右丞三年爲左丞金人來歸燕謀帥臣安中請行王黼贊於上授慶遠軍節度使河北河南燕山府路宣撫使知燕山府遼降將郭藥師同知府事藥師跋扈府事皆專行安中不能制第曲意奉之故藥師愈驕俄加檢校少保改少師時山後諸州俱陷唯平州爲張覺所據金人入燕以覺爲臨海軍節度使其後叛金金人攻之覺敗奔燕金人來索急安中不得已縊殺之函其首送金郭藥師宣言曰金人欲覺卽與若求藥師亦將與之乎安中懼奏其言因力求罷藥師自是解體金人終以是啓釁安中以上淸寶籙宮使兼侍讀召還除檢校太保建雄軍節度使大名府尹兼北京留守司公事靖康初言者論其締合王黼童貫及不幾察郭藥師叛命罷爲觀文殿大學士提舉嵩山崇福宮又責授朝議大夫祕書少監分司南京隨州居住又貶單州團練副使象州安置高宗卽位內徙道州尋放自便紹興初復左中大夫子辟章知泉州迎安中往未幾卒年五十九安中爲文豐潤敏拔尤工四六之製徽宗嘗宴睿謨殿命安中賦詩百韻以紀其事詩成賞歎不已令大書于殿屏凡侍臣皆以副本賜之其見重如此有初寮集七十六卷傳于世

王襄初名寧，鄧州南陽人。擢進士第，崇寧二年以軍器監主簿言事稱旨擢庫部員外郎改光祿少卿出察訪陝西還顯謨閣待制權知開封府府事浩穰訟者株蔓千餘人縲繫滿獄襄晝夜決遣四旬俱盡又閱月獄再空遷龍圖閣直學士吏部侍郎出知杭州未至改海州又改應天府徙鄆州召爲禮部尚書移兵部出知潁州改永興軍蒲城妖賊王寧適同姓名請更名宓爲左司諫石公弼所劾徙汝州俄奪學士提舉南京鴻慶宮大觀三年以集賢殿修撰知潭州改兵部侍郎使高麗還對稱旨詔賜名襄歷工部吏部尚書拜同知樞密院事坐薦引近侍以延康殿學士罷知亳州又坐交通鄆天信落職提舉嵩山崇福宮久之起知鄆州復學士秩尋加資政殿學士徙知淮寧府以言事忤王黼復提舉崇福宮宣和六年起爲河南尹金人再入出爲西道都總管張杲副之高宗開大元帥府襄以所部兵會于虞城縣帥位命襄知河南府襄初與趙野分總西北道諸軍金人圍京師徵兵入援二人故迂道宿留至是降寧遠軍節度副使永州安置卒

趙野開封人登政和二年進士第歷監察御史殿中侍御史試起居舍人兼太子舍人俄遷中書舍人給事中大司成拜刑部尚書翰林學士時蔡京王黼更秉政植黨相擠一進一退莫有能兩全者野處之皆得其心京黼亦待之不疑宣和七年拜尚書右丞升左丞靖康初爲門下侍郎欽宗東幸詔野爲行宮奉迎使以左司諫陳公輔言罷野行出爲北道都總管顏岐副之已而落職提舉嵩山崇福宮元帥府建命與范訥爲宣府司守東京尋帥師屯宛亭以待王師王襄既責野亦降安遠軍節度副使邵州安置建炎元年復起知密州時盜賊充斥山東車駕如淮南命令阻絕野棄城去軍校杜彥等乘間作亂追野以歸彥坐堂上數之曰汝知州而攜家先遁此州之人誰其爲主野不能應遂見殺家屬悉爲賊所分唯子學老得免

曹輔字載德南劍州人第進士政和二年以通仕郎中問學兼茂科歷祕書省正字自政和後帝多微行乘小轎子數內臣導從置行幸局局中以帝出日謂之有排當次日未還則傳旨稱瘡痍不坐朝始民間猶未知及蔡京謝表有輕車小輦七賜臨幸自是邸報聞四方而臣僚阿順莫敢言輔上疏略曰陛下厭居法宮時乘小輿出入廛陌之中郊坰之外極游樂而後反道塗之言始猶有忌今乃談以爲帝某日由某路適某所某時而歸又云輿飾可辨而辟臣不意陛下當宗廟社稷付託之重玩安忽危一至於此夫君之與民本以人合合則爲腹心離則爲楚越畔服之際在於斯須甚可畏也昔者仁祖視民如子憫然惟恐或傷一旦宮闈不禁衞士輒踰禁城幾觸寶瑟荷天之休帝躬保佑俚語有之盜憎主人主人何負於盜哉況今革冗員斥濫奉去浮屠誅胥吏蚩愚之民豈能一一引咎安分萬一當乘輿不戒之初一夫不逞包藏禍心發蜂蠆之毒奮獸窮之計雖神靈垂護然亦損威傷重矣又況有臣子不忍言者可不戒哉臣願陛下身居高拱淵默雷聲臨之以穹昊至高之勢行之以日月有常之度及其出也太史擇日有司除道三衞百官以前以後若曰省煩約費以便公私則臨時降旨存所不可闕損所未嘗用雖非祖宗舊制比諸微服晦跡下同臣庶堂陛陵夷民生姦望不猶愈乎上得疏出示宰臣令赴都堂審問太宰余深曰輔小官何敢論大事輔對曰大官不言故小官言之官有大小愛君之心則一也少宰王黼陽顧左丞張邦昌右丞李邦彥曰有是事乎皆應以不知輔曰玆事雖里巷細民無不知相公當國獨不知邪曾此不知焉用彼相黼怒其侵己令吏從輔受辭輔操筆曰區區之心一無所求愛君而已退待罪於家黼奏不重責輔無以息浮言遂編管郴州輔將言知必獲罪召子紳來付以家事迺閉戶草疏夕有惡鳥鳴屋極聲若紡輪心知其不祥弗恤也處郴六年黼當國不得移輔亦怡然不介意靖康元年召爲監察御史守殿中侍御史除左諫議大夫御史中丞不旬日拜延康殿學士簽書樞密院事未幾免簽書金人圍汴都要親王大臣出盟輔與尚書左丞馮澥出使粘罕軍康王開元帥府于相州金人請欽宗詔召之乃遣輔往迓至曹州不見而復遂從二帝留金軍中張邦昌請歸輔輔歸乞奉祠邦昌不從康王次南京邦昌遣輔來見康王即位輔仍舊職未幾卒詔厚恤其家

耿南仲開封府人與余深同年登第提舉兩浙常平徙西路改轉運判官提點廣南東路及夔州路刑獄荊湖江西兩路轉運副使入爲戶部員外郎辟雍司業坐事罷知衢州政和二年以禮部員外郎爲太子右庶子改定王嘉王侍讀俄試太子詹事徽猷閣直學士改寶文閣直學士在東宮十年欽宗辭內禪得疾出臥福寧殿宰相百官班候日暮不敢退李邦彥曰皇太子素親耿南仲可召之入南仲與吳敏至殿中侍疾明日帝即位拜資政殿大學士簽書樞密院事未幾免簽書帝以南仲東宮舊臣禮重之賜宅一區升尚書左丞門下侍郎金人再舉鄉京師請割三鎭以和議者多主戰守唯南仲與吳幵堅欲割地康王使軍前請南仲偕帝以其老命其子中書舍人延禧代行金人次洛陽不復言三鎭直請畫河爲界於是議遣大臣往南仲以老辭聶昌以親辭上大怒令南仲出河東昌出河北議割地初南仲自謂事帝東宮首當柄用而吳敏李綱越次進位居己上不能平因每事異議擯斥不附己者綱等謂不可和而南仲力沮之爲主和議故戰守之備皆罷康王在相州南仲借金使王汭往衞州鄉兵欲殺汭汭脫去南仲獨趣衞衞人不納走相州以上旨諭康王起河北兵入衞京師因連署募兵榜揭之人情始安二帝北行南仲與文武官吏勸進高宗既即位薄南仲爲人因其請老罷爲觀文殿大學士提舉杭州洞霄宮延禧以龍圖閣直學士知宣州已而言者論其主和誤國罪詔鐫學士秩延禧亦落職與祠尋責南仲臨江軍居住御史中丞張澂又言南仲趣李綱往救河東以致師潰葢不恤國事用此報讐帝曰南仲誤淵聖天下共知朕嘗欲手劒擊之命降授別駕安置南雄行至吉州卒建炎四年復觀文殿大學士

王寓字元忠江州人父易簡資政殿大學士兼侍講寓歷校書郎著作佐郎度支員外郎兼充編修官國子司業爲起居舍人改中書舍人兼蕃衍宅直講欽宗立以給事中命兼邇英殿經筵侍講轉吏部侍郎升禮部尚書翰林學士康王之使金也以寓爲尚書左丞辭之寓憚行假夢兆丐免易簡亦上書以請上震怒追毀左丞命降單州團練副使新州安置并易簡宮祠黜之建炎四年賊馬進破江州易簡等三百人俱被害

論曰三代之後有天下而長久者漢唐宋爾漢唐末世朋黨相軋小人在位然猶有君子扶持遷延浸微浸滅未有純用小人至於主辱國播如宋中葉之烈也蔡京以紹述爲羅張端官修士而盡之上箝下錮其術巧矣徽宗亦頗悟間用鄭居中王黼李邦彥輩梳京柄權以不肖易不肖猶去野葛而代烏喙也庸愈哉當是時王蔡二黨階京者芘京締黼者右黼援麗省臺迭相指嗾徼功挑患汴洛既震則恇縮無策苟生匄和彼邦彥安中深敏輩誤國之罪當正其僇而欽高二君徒從竄典信失刑矣恪既預推戴署狀乃死無足嘖者輔以小臣劘上面讜大臣坐斥不變獨終始無朋與其賢矣乎

宋史卷三百五十三

元中書右丞相總裁脫脫等修

列傳第一百十二

何㮚 孫傅 陳過庭 張叔夜

聶昌 張閣 張近 鄭僅

宇文昌齡 子常 許幾 程之邵

龔原 崔公度 蒲卣

何㮚字文縝仙井人政和五年進士第一擢祕書省校書郎踰年提舉京畿學士召爲主客員外郎起居舍人遷中書舍人兼侍講徽宗數從咨訪欲付以言責或論㮚與蘇軾鄉黨宗其曲學出知遂寧府已而留爲御史中丞論王黼姦邪專橫十五罪黼既抗章請去而尤豫未決㮚繼上七章黼及其黨胡松年胡益等皆罷㮚亦以徽猷閣待制知泰州欽宗立復以中丞召閱月爲翰林學士進尚書右丞中書侍郎會王雲使金帥斡离不軍還言金人怒割三鎭緩卻禮幣弗納曰兼旬使不至則再舉兵於是百官議從其請㮚曰三鎭國之根本奈何一旦棄之況金人變詐罔測安能保必信割亦來不割亦來宰相主割議㮚論辨不已曰河北之民皆吾赤子棄地則并其民棄之豈爲父母意哉帝頗悟㮚請建四道總管使統兵入援以胡直孺王襄趙野張叔夜領之兵既響應而唐恪耿南仲聶昌信和議相與謀曰方繼好息民而調發不已使金人聞之奈何亟檄止之㮚解政事俄以資政殿大學士領開封尹金兵長驅傅城下帝罷恪相而拜㮚爲尚書右僕射兼中書侍郎始復三省舊制時康王在河北信使不通㮚建議請以爲元帥密草詔藁上之乃以康王充天下兵馬大元帥陳遘充兵馬元帥宗澤汪伯彥充副元帥京城失守從幸金帥營遂留不返既而議立異姓金人曰唯何㮚李若水毋得預議既陷逆廷㮚仰天大慟不食而死年三十九建炎初詔以爲觀文殿大學士提舉玉局觀使祿其家計聞贈開府儀同三司議者指其誤國不行秦檜自北還具道其死時狀乃改贈大學士官其家七人

孫傅字伯野海州人登進士第中詞學兼茂科爲祕書省正字校書郎監察御史禮部員外郎時蔡翛爲尚書傅爲言天下事勸其亟有所建不然必敗翛不能用遷祕書少監至中書舍人宣和末高麗入貢使者所過調夫治舟騷然煩費傅言索民力以妨農功而於中國無絲毫之益宰相謂其所論同蘇軾奏貶蘄州安置給事中許翰以爲傅論議雖偶與軾合意亦亡他以職論事

而責之過矣翰亦罷去靖康元年召爲給事中進兵部尙書上章乞復祖宗法度欽宗問之傳曰祖宗法惠民熙豐法惠國崇觀法惠姦時謂名言十一月拜尙書右丞俄改同知樞密院金人圍都城傳日夜親當矢石讀丘濬感事詩有郭京楊適劉無忌之語於是人中訪得無忌龍衞兵中得京好事者言京能施六甲法可以生擒二將而掃蕩無餘其法用七千七百七十七人朝廷深信不疑命以官賜金帛數萬使自募兵無問技藝能否但擇其年命合六甲者所得皆市井游惰旬日而足有武臣欲爲偏裨京不許曰君雖材勇然明年正月當死恐爲吾累其誕妄類此敵攻益急京談笑自如云擇日出兵三百可致太平直襲擊至陰山乃止傳與何㮚尤尊信傾心待之或上書見傳曰自古未聞以此成功者政或聽之姑少信以兵俟有尺寸功乃稍進任今委之太過懼必爲國家羞傳怒曰京殆爲時而生敵中瑣微無不知者幸君與傳言若告他人將坐沮師之罪揖使出又有稱六丁力士天關大將北斗神兵者大率皆效京所爲識者危之京曰非至危急吾師不出㮚數趣之徙期再三乃啓宣化門出戒守陴者悉下城無得竊覘京與張叔夜坐城樓上金兵分四翼譟而前京兵敗退墮於護龍河塡屍皆滿城門急閉京遽白叔夜曰須自下作法因下城引餘衆南遁是日金人遂登城二年正月欽宗詣金帥營以傳輔太子留守仍兼少傅帝兼旬不返傳屢貽書請之及廢立檄至傳大慟曰吾惟知吾君可帝中國爾苟立異姓吾當死之金人來索太上帝后諸王妃主傳留太子不遣密謀匿之民間別求狀類宦者二人殺之并斬十數死囚持首送之給金人曰宦者欲竊太子出都人爭鬭殺之誤傷太子因帥兵討定斬其爲亂者以獻苟不已則以死繼之越五日無肯承其事者傳曰吾爲太子傅當同生死金人雖不吾索吾當與之俱行求見二酋面責之庶或萬一可濟傳寓直皇城司其子來省叱之曰使汝勿來而竟來邪吾已分死國雖汝百輩來何益揮使速去子亦泣曰大人以身徇國兒尙何言遂以留守事付王時雍而從太子出至南薰門范瓊力止之金守門者曰所欲得太子留守何預傳曰我宋之大臣且太子傅也當死從是夕宿門下明日金人召之去明年二月死於朔廷紹興中贈開府儀同三司謚曰忠定

陳過庭字賓玉越州山陰人中進士第爲館陶主簿澶州教授知中牟縣除國子博士何執中俟家器其才薦之擢祠部吏部右司員外郎使契丹過庭初名揚庭辭日徽宗改賜今名時人或傳契丹主苦風痺又箭損一目過庭歸證其妄且勸帝以邊備爲念遷太常少卿起居舍人宣和二年進中書舍人纔七日遷禮部侍郎未盡一月又遷御史中丞兼侍讀睦寇竊發過庭言致寇者蔡京養寇者王黼竄二人則寇自平又朱勔父子本刑餘小人交結權近竊取名器罪惡盈積宜昭正典刑以謝天下由是大與權貴迕黼陷以不舉劾之罪罷知蘄州未半道責海州團練副使黃州安置三年得自便欽宗立以集英殿修撰起知潭州未行以兵部侍郎召在道除中丞初入見帝諭以國家多難每事當悉意盡言於是節度使范訥丐歸環衞過庭因言自崇寧以來建旄鉞者多不由勳績請除宗室及將帥立功者餘並如訥例又乞辨宣仁后誣謗姚古擁兵不援太原陳其可斬之罪七竄諸嶺表進禮部尙書擢右丞中書侍郎議遣大臣割兩河與金耿南仲以老聶昌以親辭過庭曰主憂臣辱願効死帝爲揮涕歎息固遣南仲昌及城陷過庭亦以金人拘之軍中因留不得還建炎四年卒于燕山年六十贈開府儀同三司謚曰忠肅

張叔夜字嵇仲侍中耆孫也少喜言兵以蔭爲蘭州錄事參軍州本漢金城郡地最極邊恃河爲固每歲河冰合必嚴兵以備士不釋甲者累月叔夜曰此非計也不求要地守之而使敵迫河則吾旣殆矣有地曰大都者介五路間羌人入寇必先至彼點集然後議所向每一至則五路皆竦叔夜按其形勢畫攻取之策訖得之建爲西安州自是蘭無羌患知襄城陳留縣蔣之奇薦之易禮賓副使通事舍人知安肅軍言者謂太優還故官獻所爲文知舒海秦三州大觀中爲庫部員外郎開封少尹復獻文召試制誥賜進士出身遷右司員外郎使遼宴射首中的遼人歎詫求觀所引弓以無故事拒不與還圖其山川城郭服器儀範爲五篇上之從弟克公彈蔡京京遷怒叔夜摭司存微過貶監西安草場久之召爲祕書少監擢中書舍人給事中時吏情不虔凡命令之出於門下者預列銜使書名而徐塡其事謂之空黃叔夜極陳革其弊進禮部侍郎又爲京所忌以徽猷閣待制再知海州宋江起河朔轉略十郡官軍莫敢嬰其鋒聲言將至叔夜使間者覘所向賊徑趨海瀕刼鉅舟十餘載鹵獲於是募死士得千人設伏近城而出輕兵距海誘之戰先匿壯卒海旁伺兵合舉火焚其舟賊聞之皆無鬭志伏兵乘之擒其副賊江乃降加直學士徙濟南府山東羣盜猝至叔夜度力不敵謂僚吏曰若束手以俟援兵民無噍類當以計緩之使近三日吾事濟矣乃取舊赦賊文俾郵卒傳至郡盜聞果小懈叔夜會飲譙門示以閒暇遣吏諭以恩旨盜狐疑相持至暮未決叔夜發卒五十人乘其惰擊之盜奔潰追斬數千級以功進龍圖閣直學士知青州靖康改元金人南下叔夜再上章乞假騎兵與諸將并力斷其歸路不報徙鄧州四道置帥叔夜領南道都總管金兵再至欽宗手札趣入衞卽自將中軍子伯奮將前軍仲熊將後軍合三萬人翌日上道至尉氏與金游兵遇轉戰而前十一月晦至都帝御南薰門見之軍容甚整入對言賊鋒方銳願如唐明皇之避祿山暫詣襄陽以圖幸雍帝頷之加延康殿學士閏月帝登城叔夜陳兵玉津園鎧甲光明拜舞城下帝益喜進資政殿學士令以兵入城俄簽書樞密院連四日與金人大戰斬其金環貴將二人帝遣使齎蠟書以褒寵叔夜之事檄告諸道然迄無赴者城陷叔夜被創猶父子力戰車駕再出郊叔夜因起居叩馬而諫帝曰朕爲生靈之故不得不親往叔夜號慟再拜衆皆哭帝回首字之曰嵇仲努力金人議立異姓叔夜謂孫傅曰今日之事有死而已移書二帥請立太子以從民望二帥怒追赴軍中至則抗請如初遂從以北道中不食粟唯時飲湯旣次白溝馭者曰進界河矣叔夜乃矍然起仰天大呼遂不復語明日卒年六十三訃聞贈開府儀同三司謚忠文

聶昌字幸遠撫州臨川人始繇太學上舍釋褐爲相州教授用蔡攸薦召除祕書郎擢右司員外郎時三省大吏階官視卿監者立都司上昌以名分未正極論之詔自今至朝請大夫止以直龍圖閣爲湖南轉運使還爲太府卿戶部侍郎改開封尹復爲戶部昌本厚王黼旣而從蔡京爲黼所中罷知德安府又以鄉人訟譎崇信軍節度副使安置衡州欽宗立吳敏用事以昌猛厲徑行爲可助己自散地授顯謨閣直學士知開德府道拜兵部侍郎進戶部尙書領開封府昌遇事奮然不顧敢誅殺敏度不爲用始憚之引唐恪徐處仁等共政獨遺昌李綱之罷太學生陳東及士庶十餘萬人撾鼓伏闕下經日不退遇內侍輒殺之府尹王時雍麾之不去帝顧昌俾出諭旨卽相率聽命王時雍欲寘東等獄昌力言不可乃止昌再尹京惡少年枯亂晝爲盜入官民家攘金帛且去輒自縛黨中三兩輩聲言擒盜持伏部走委巷乃釋縛分所掠而去人不奠居昌悉彈治正法而縱博奕不之問或謂令所禁昌曰姑從所嗜以懈其謀是正所以禁其爲非爾昌舊名山至是帝謂其有周昌抗節之義乃命之曰昌京師復戒嚴拜同知樞密院入謝卽陳扞敵之策曰三關四鎭國家藩籬也聞欲以畀敵一朝渝盟何以制之願勿輕與而檄天下兵集都畿堅城守以遏其衝簡禁旅以備出擊塹河流以斷歸路前有堅城後有大河勁兵四面而至彼或南下墮吾網中矣臣願激合勇義之士設伏開關出不意掃其營以報帝壯之命提舉守禦得以便宜行事會金人再議和割兩河須大臣報聘詔耿南仲及昌往昌言兩河之人忠義勇勁萬一不從必爲所執死不瞑目矣儻和議不遂臣當分遣官屬促勤王之師入衞許之行次永安與金將粘罕遇其從者稱閤門舍人止昌徹繖令用牓子贊名引見昌不可爭辯移時卒以客禮見昌往河東至絳絳人閉壁拒之昌持詔抵城下縋而登州鈐轄趙子淸魔衆害昌抉其目而臠之年四十九建炎四年始贈觀文殿大學士謚曰忠愍父用之年九十以憂死昌爲人疎雋喜周人之急然恩怨太明睚眥必報王黼之死昌實遣客刺之棄屍道旁遂附耿南仲取顯位左右其說以誤國卒至禍變而身亦不免焉

論曰何㮚孫傅聶昌皆疎俊之士而器質疵薄使當重任於艱難之秋宋事蓋可知矣欽宗之再詣金營㮚實誤之一死不足償也傳匿太子之謀甚疎昌河東之行尤謬效死弗當徒傷勇爾過庭因方臘之亂乞誅蔡京王黼朱勔以謝天下庶幾有敢諫之風焉

張閣字臺卿河陽人第進士崇寧初由衞尉主簿遷祠部員外郎責閱淺爲掌制者所議蔡京主之乃止俄徙吏部遷宗正少卿起居舍人屬疾不能朝改顯謨閣待制提舉崇福宮疾愈拜給事中殿中監爲翰林學士河北諸帥以繕城訖役降獎詔有中貴人爲之地將繼此策賞閣言此牧伯常職若獎之恐開邀功生事之路徽宗曰卿言是也格不下嘗夜盛寒草制藁進帝猶坐賞其警敏賜詩以爲寵京免相閣當制歷數其過詞語遒拔人士多傳誦之京復相以龍圖閣學士知杭州浙部和買絹杭獨居十三戶有至數百匹者閣請均之他郡杭久闕守閣經理有叙去惡少年之爲人害者州以理聞召拜兵部尙書兼侍讀復爲學士上日特賜勅詔且有意大用未幾卒年四十六閣初出守杭思所以固寵辭日乞自領花石綱事應奉由是滋熾云

張近字幾仲開封人第進士累遷大理正發運使呂溫

卿以不法聞近受詔鞫治哲宗論之曰此出朕命卿毋畏惠卿對曰法之所在雖陛下不能使臣輕重何惠卿也溫卿謾不肯置對近言溫卿所坐明白儻聽其蔓詞懼爲株連者衆詔以衆證定其罪提舉河北東路常平西路刑獄入爲刑部員外郎大理少卿以集賢殿修撰知瀛州遼使爲夏人請命而宿兵以臨我近請亦出秦甲戌北道伐其謀邊人呂儀兒入兎橋爲盜吏執之遼人因略宋民爲質近言朝廷方繼好息民當使曲在彼一偸之得失不足爲輕重釋之便滄民漁於海遼卒利其饒而私舉網取魚守兵與之鬬斬級三十二州將請賞之或言所殺乃平人宜論如律議弗決近言邊人貪利喜功遂賞之則爲國起怨然彼挾兵涉吾地謂之非盜可乎如罪以擅與他日將誰使禦敵願兩置賞刑略而不問從之出鎭高陽八年累加顯謨閣待制直學士徙知太原府以疾提舉洞霄宮先承詔買馬三千給牧戶近悉斂諸民而不予直爲御史所劾失學士二年而復之卒年六十五

鄭僅字彥能徐州彭城人第進士爲大名府司戶參軍留守文彥博以爲材部使者檄往他郡彥博曰如鄭參軍詎可令數出奏改司法遷冠氏令河決府西檄夜下調夫急僅方閱保甲盡籍卽行先他邑至決遂塞使者怒劾之留守王拱辰爭於朝曰微冠氏城民魚矣猶坐罰金時河朔饑盜起獨冠氏無之且不入境他邑獲盜詰治之盜因言鄭冠氏仁故相戒不犯爾知福昌縣復值歲饑悉意振貸民不流亡當第賞不肯自列提舉京東常平入爲戶部員外郎至太府卿加直龍圖閣爲陝西都轉運使論餽餉河湟功進集賢殿修撰顯謨閣待制僅請籍閒田爲官莊是歲鎭戎德順收穀十餘萬會西寧高永年戰沒熙河帥臣歸咎官莊奪屬羌地致其怨畔詔罷之議者以爲惜改知寧州諸軍多殺老弱持首要賞僅下令非彊壯而能生致者賞半之有內附羌追寇得老人不忍殺擒之乃其父也相持哭一軍感動時諸路爭進討奏捷僅獨保境不生事寇一不犯徙秦州復爲都轉運使召拜戶部侍郎改吏部侍郎知秦州以顯謨閣直學士通議大夫卒年六十七贈光祿大夫諡曰修敏子望之自有傳

宇文昌齡字伯修成都雙流人進士甲科調榮州推官熊本經制梓夔辟幹當公事凡攻討招襲建南平諸城砦皆出其畫遷大理丞本歸闕言其功擢提舉秦鳳路常平改兩浙神宗患司農圖籍不肅選官釐整昌齡以使夔路入辭留爲寺主簿遂拜監察御史鄜延帥奏所部劉紹能與西羌通將爲患帝察其不然命昌齡卽鄜州鞫之果妄也昌齡因請深戒守臣毋生事徼賞以靖邊人之心使還賜五品服尙書省建以爲比部員外郎時官曹更新統紀未立昌齡悉力從事雖抵暮亦程吏不止具所立綱要請於朝而行之三司故吏狃玩弛多不便思有以中之擿邏卒糾其宿直遣小吏取衾服事大臣欲論以私役帝以職事修飭釋不問改吏部員外郎出京西轉運副使召爲左司員外郎送遼使至雄州當宴從者不待揖而坐昌齡詰其使曰兩朝聘好百年矣入境置宴非但今日揖而後坐此禮渠可闕邪使者陽若不服而心悟其非卒成禮去遷太常少卿詔議郊祀合祭論者不一昌齡曰天地之數以高卑則異位以禮制則異宜以樂舞則異數至於衣服之章器用之具日至之時皆有辨而不亂夫祀者自有以感於無自實以通於虛必以類應類以氣合氣然後可以得而親可以冀其格今祭地於圜丘以氣則非所合以類則非所應而求高厚之來享不亦難乎後竟用其議改直祕閣知梓州歷壽州河中府鄧鄆靑三州徽宗立召爲刑部侍郎徙戶部侍郎陝西餽芻糧於邊舊制令內郡轉給爲民病昌齡建言止輸其州而令量取道里費助邊糴從之歲省糴價五百萬公私便之以寶文閣待制知開封府徙爲戶部侍郎知靑杭越三州卒年六十五詔爲封傳護送歸官給其葬費子常

常字權可政和末知黎州有上書乞於大渡河外置城邑以便互市者詔以訪常常言自孟氏入朝藝祖取蜀輿地圖觀之畫大渡爲境歷百五十年無西南夷患今若於河外建城立邑虜情攜貳邊隙寖開非中國之福也尋提舉成都路茶馬自熙豐以來歲入馬蕃多至崇觀間其法始壞提舉官歲以所入進羨餘吏緣爲姦市馬裁十一二且負其直夷人皆怨常盡革其弊馬遂溢額加直祕閣改知夔州進祕閣修撰官累中大夫卒

許幾字先之信州貴溪人少以諸生謁韓琦於魏琦勉入太學擢第調高安樂平主簿知南陵縣還民之託僧尼爲姦者數百人提舉京西常平爲開封府推官進至將作監吏與匠比爲姦欺凡斵削塗塈丹雘之工當以次用而始役卽槩給其廩費亡藝而患不均幾逆爲之程費省工倍再遷太僕卿戶部侍郎以顯謨閣待制知鄆州梁山濼多盜皆漁者窟穴也幾籍十人爲保使晨出夕歸否則以告輒窮治無脫者幾有吏幹善理財由是四入戶部至尙書嘗以鹽泉布法罷又以治染院事失實知婺州進樞密直學士河北都轉運使徙知成德軍知太原府張商英裁損吏祿幾預其議貶永州團練副使安置袁州遇恩復中大夫卒

程之邵字懿叔眉州眉山人曾祖仁霸治獄有陰德之邵以父蔭爲新繁主簿熙寧更募役法常平使者欲槩州縣民力以羨乏相補之邵曰此法乃成周均力遺意當各以一邑之力供一邑之役豈宜以此邑助他邑哉使者愧服辟之邵爲屬聽其所爲熊本察訪蜀道歸語諸朝曰役法初行成都路爲最詳之邵力也詔召見戍都守趙抃奏留之入爲三司磨勘官得隱匿數十萬緡從副使蹇周輔計度江嶺鹽還除廣東轉運判官元祐初提舉利梓路常平周輔得罪亦罷知祥符縣俄知泗州爲夔路轉運判官夔守彊狠不奉法劾正其罪大寧井鹽爲利博前議者輒儲其半供公上餘鬻於民使先輸錢鹽不足給民以病告之邵盡發所儲與之商賈旣通關征增數倍除主管秦蜀茶馬公事革黎州買馬之弊歲以仲秋爲市市四月止以羨茶入熙秦易戰騎得良馬益多知鳳翔府民負債無以償自焚其居而給曰遺火有主藏吏殺四婢人無知者之邵發擿岐人傳誦徙鄭州元符中復主管茶馬市馬至萬匹得茶課四百萬緡童貫用師熙岷不俟報運茶往博糴錢二十萬億佐用度連加直龍圖閣集賢殿修撰三進秩爲熙河都轉運使秦鳳出師命之經制卽言已備十萬騎可食三百日矣徽宗喜擢顯謨閣待制敵犯熙河之邵攝師事屯兵行邊境解去俄得疾卒方錄功轉大中大夫不及拜贈龍圖閣直學士官護喪歸子唐至寶文閣學士

龔原字深之處州遂昌人少與陸佃同師王安石進士高第元豐中爲國子直講以虞蕃訟失官哲宗卽位詣訴理所得直爲國子丞太常博士方議祀北郊原曰合祭非禮也天子父天母地旣不爲寒而廢祠其可爲暑而輟行此漢儒陋說爾願亟正之加祕閣校理充徐王府記室出爲兩浙轉運判官紹聖初召拜國子司業入對帝問曰卿歷徐邸官何爲補外得非大臣私意乎對曰臣出使鄉部獲知民間事宜臣素知如是不知其因也旋兼侍講遷祕書少監起居舍人權工部侍郎爲曾布所重安惇論其直講時事以集賢殿修撰知潤州徽宗初入爲祕書監進給事中時除郎官五人皆執政姻戚悉舉駮之又論郝隨得罪不得居京師鄧洵武不宜再入史院朝論謂帝爲哲宗服當循開寶故事爲齊衰期原曰三年之喪自天子達于庶人一也主議者斥其妄黜知南康軍改壽州俄用三年之制乃復修撰知揚州還朝歷兵工部二侍郎除寶文閣待制知廬州陳瓘擊蔡京原與瓘善或謂原實使之奪職居和州起爲亳州命下而卒年六十七初王安石改學校法引原自助原亦爲盡力其後司馬光召與語譏切王氏原反覆辨排不少衰光歎曰王氏習氣尙爾邪爲司業時請以安石所撰字說洪範傳及子雱論語孟子義刊板傳學者故一時學校舉子之文靡然從之其敝自原始

崔公度字伯易高郵人口吃不能劇談而內絕敏書一閱卽不忘劉沆薦茂才異等辭疾不應命用父任補三班差使非其好也益閉戶讀書歐陽修得其所作感山賦以示韓琦琦上之英宗卽付史館授和州防禦推官爲國子直講以母老辭王安石當國獻熙寧稽古一法百利論安石解衣握手延與語召對延和殿進光祿丞知陽武縣京官謁尹故事當拜庭下公度疑尹辱己徑詣安石訴之安石使鄧綰薦爲御史未幾爲崇文校書刪定三司令式於是譎言京官庭謁尹非宜安石爲下編敕所更其制加集賢校理知太常禮院公度起布衣無所持守惟知媚附安石晝夜造請雖踞廁見之不屑也嘗從後執其帶尾安石反顧公度笑曰相公帶有垢敬以袍拭去之爾見者皆笑亦恬不爲恥請知海州元祐紹聖之間歷兵禮部郎中國子司業除祕書少監起居郎皆辭不受知潁潤宣通四州以直龍圖閣卒

蒲卣字君錫閬州人母任知書里中號任五經卣幼以開敏聞中進士第歷利州司戶參軍三泉主簿知合江金水縣通判文州有獻議者欲開文州徑路達陝西卣言洮岷積石至文爲甚邇自文出江油鄧艾取蜀故道也興時鬼章欲從此窺蜀爲其阻險而止夏人志此久矣可爲之通道乎議遂塞爲睦親宅教授提舉湖北京西常平崇寧均田轉運使以用不足將度費以定稅卣曰詔旨所以嘉惠元元爾初不在增賦也宛穰地廣沃國初募民墾田得爲世業今人母輒訴蓋百年矣好訟者稍以易佃法搖之卣一切禁止有持獻於權貴而降中旨給賜者卣言地盈千頃戶且數百傳子至孫久一旦改隸衆將不安先朝明詔具在不可易也朝廷是其議提點湖南刑獄知鼎遼隴寧四州復提舉潼州路刑獄有議榷酤於瀘敍間云歲可得錢二十萬卣言先朝念此地夷漢雜居故弛其榷禁以惠安邊人今之所行未見其利乃止累官中大夫卒年七十二

論曰傳曰尺有所不逮寸有所不覃觀二張之理郡鄭僅之守藩宇文父子之便邊羅革馬政許幾程之邵之經制財運蒲卣之議稅榷皆有可稱道若閻之固寵於花石而龔原崔公度主王氏學以諂事安石則縉紳所不齒也

宋史卷三百五十四

元中書右丞相總裁脫脫等修

列傳第一百十三

沈銖字子平眞州揚子人父季長王安石妹壻也銖少從安石學進士高第至國子直講季長領監事改審官主簿坐虞蕃事免歸元祐置訴理所被罪者爭自列銖獨不言紹聖初起爲太學博士祕書省正字崇政殿說書受旨同編類元祐臣僚章疏以進講爲解拜右司諫辭改起居郎權中書舍人吳居厚除戶部尚書銖論其使京東時聚斂詔具實狀不能對罰金講詩南山有臺至萬壽無期以爲此太平之基立而可久之應哲宗屢首肯之眞拜中書舍人兼侍講俄引疾以龍圖閣待制知宣州卒弟錫

錫字子昭以王安禮任爲鄂公司戶參軍崇寧初爲講議司檢討蔡京方銓次元符上書人欲定罪錫曰遠方之士未能知朝廷好惡若槩罪之恐非敦世厲俗之道京不從除衛尉丞遷祠部員外郎提點江東刑獄知婺州入爲左司員外郎兼定嘉二王侍講進太常少卿拜兵部侍郎以徽猷閣待制知應天府徙江寧張懷素誅朝廷疑其黨有脫者江淮間往往以誣告興獄錫至郡有告者按之則妄也具疏于朝由是他郡繫者皆得釋歷知海泰汝宣四州以通議大夫致仕卒贈宣奉大夫

路昌衡字持正開封祥符人起進士至太常博士參鞫陳世儒獄逮治苛峻至士大夫及命婦皆不免遷右司員外郎歷江淮發運陝西轉運副使知廣州徙荆南又徙潭州加直龍圖閣知慶州紹聖中召爲衛尉大理卿遷工部侍郎俄以寶文閣待制知開封府李清臣有狂婦人之訴昌衡致之重辟出知瀛州徙永興軍進直學士知成都徽宗立應詔上書曰頻年以來西方用兵致興大役利源害政佞臣蔽主四者皆陰之過盛自陝以西民力傷殘人不聊生災異之變生於天地之不和起於人心之怨望故妖星出見大河橫決秋雨霖潦諸路饑饉殍死道路妻子棄捐破析貲儲以應星火之令勤勞憔悴多不生還人心如此而欲其無怨難矣俄坐清臣獄事責司農少卿分司居郢州明年起爲滁州定州復直學士知開封府乞嚴告捕虛妄之法以靖訐訴徙南京留守又坐前上書事落職入黨籍卒宣和五年贈龍圖閣學士

謝文瓘字聖藻陳州人進士甲科教授大名府元豐中上疏言臣下推行新法多失本意而榜笞禁錮民受其虐掊克聚斂不勝多門其不急之征非理之取宜罷減之大臣以爲訕朝廷議置之罪神宗曰彼謂奉法者非其人爾匪訕也哲宗時御史中丞黃履薦爲主簿三年不詣執政府召對除祕書省正字考功右司員外郎紹聖末都水使者議建廣武四埽石岸朝廷命先治岸數十步以驗其可否黃流湍悍役人多死一方甚病功不可成而使者申前說愈力文瓘條別利害罷其役徽宗立擢起居舍人給事中詔修神宗寶訓文瓘請擇當時大政事大節其要旨而爲之說以進然所論率是王安石謂神宗能察衆多之謗任之而不貳於是朋黨消而威柄立他皆放此遼主洪基殂使往弔之令從者變服而入貶秩二等崇寧元年出知濮州尋治黨事坐元豐上疏及嘗詆呂公著書再謫邵武軍移處州帝披黨籍曰朕究知文瓘本末命出籍通以爲集英殿修撰知濟州卒子睍宣和中爲駕部員外郎知汝州欽宗時上封事十篇論事切至使于金還提點京西北路刑獄金人犯汝州睍自襄陽領兵往援之戰死

陸藴字敦信福州侯官人少知名登進士第爲太學春秋博士經廢員省改國朝會要所檢閱文字崇寧中提舉河北兩浙學事召對言元祐異意俗學既不爲我用近詔不以使一路而猶得爲守令臣愚未知其可遂拜禮部員外郎轉吏部遷辟雍司業太常少卿議原廟不合黜知瑞金縣還爲太常進國子祭酒中書舍人請葺諸州天慶觀立學事司考課法遷大司成擢御史中丞引門下侍郎余深親嫌自列徽宗曰相避之法防有司不能盡公爾侍從吾所信任豈得下同庶僚乎不許藴頗論事嘗言御筆一日數下而前後相違非所以重命令輔相大臣宦官戚里賜第營築縱撤民居縣官市材於民而不予直貴游子弟以從官領閣局奉朝請爲員猥多無益於事又賜予過制中外用度多於賦入數幸私室乖尊卑之分亦非臣下之福其言皆中時病以龍圖閣待制知福州改建州時弟藻由列曹侍郎出爲泉州過藴合樂燕㱃閩人以爲盛事加顯謨閣直學士引疾提舉鴻慶宮方二浙用兵旁郡皆繕治守備藴聞命就道使者劾爲避事奪職稍復集英殿修撰卒

黃寔字師是陳州人登進士第歷司農主簿積官提舉京西淮東常平元豐末議罷提舉官命未布寔舅章惇屬蔡確從寔提點開封縣鎮遷提點梓州路兩浙刑獄京東河北轉運副使哲宗以寔爲監司久議召用會布陰沮之林希曰寔兩女皆嫁蘇軾子所爲不正不宜用乃以知陝州爲江淮發運副使賀遼主登位及境逆者移牒來稱爲賀登寶位使寔報以受命無寶字拒不受還除太僕卿再擢寶文閣待制知瀛州徙定州朝旨籍民兵旁郡因緣擾困寔懷檄不下而畫利害請之事得寢卒于官贈龍圖閣直學士寔孝友敦睦世稱其內行蘇轍在陳與寔游因結昏其後又與軾友善紹聖黨禍起寔以章惇甥故獲免然亦不得久於朝著焉

姚祐字伯受湖州長興人元豐末第進士徽宗初除夔州路轉運判官且行會帝幸禁苑御弓矢祐奏聖武臨射賦帝大悅留爲右正言歷陳紹述之說遷左司諫建議置輔郡以拱大畿進殿中監六尚局官制成凡所以享上奉屬察舉稽違殿最勸惰之法皆祐裁定以親老請郡授顯謨閣待制知江寧府時召捕張懷素祐追獲之復爲殿中監踰歲以直學士知鄭州改秦州或請調熙河弓箭士從邊以省更戍祐謂人情懷土重遷丐以二年爲更發之期滿歲樂業而願留者乃聽且請擇熙秦富民分丁授地蠲役借糧以勸耕植益廣秦之東西川建城壁嚴保障以控熙河涇原皆從之復爲殿中監改吏部侍郎命鎮蜀用母老辭遷工部尚書加龍圖閣學士爲大名尹進延康殿學士復爲工部尚書從禮部母喪除知太原府縣有小胥造冢逼其先墓者祐疑爲厭已請解官持服先是詔許祐悉買墓旁地遂併從他冢小胥不從故祐持以爲說言者論其挾仇要君乃止以提舉上清寶籙宮卒贈特進謚曰文僖

樓异字試可明州奉化人進士高第調汾州司理參軍從永興虞策幕府監在京文繡院知大宗正丞遷度支員外郎以養親求知泗州復爲吏部右司員外郎左司郎中太府鴻臚卿除直祕閣知秀州政和末知隨州入辭請於明州置高麗一司剏百舟應使者之須以遵元豐舊制州有廣德湖墾而爲田收其租可以給用徽宗納其說改知明州賜金紫出內帑緡錢六萬爲造舟費治湖田七百二十頃歲得穀三萬六千加直龍圖閣祕閣修撰至徽猷閣待制郡資湖水灌溉爲利甚廣往者爲民包侵异令盡泄之墾田自是苦旱鄉人怨之在郡五年既請溫之船官自隸以便役又請越台之鹽以佐費詔責之曰郡自有鹽筴不能興而欲東取諸台西取諸越斯乃以鄰國爲壑也睦寇起善理城戍有績進徽猷閣直學士知平江府卒

沈積中常州人賜進士出身爲辟雍正戶部員外郎至祕閣修撰河北轉運使召拜戶部侍郎進尚書知河間眞定府積中本王黼所引拔黼方圖燕地使覘邊隙中書舍人程振語之曰當思異時覆族之禍積中感其戒至鎭以書謝振盛言其不可振宣告于朝已而師敗於白溝童貫還罷積中提舉上清寶籙宮既得燕山又命以資政殿學士同知府未行而卒或曰爲盜所殺或曰婢殺之終亦不能明也貫惡其曩言追削官職建炎中宰相上其書乃悉復之

李伯宗字會之河陽人第進士知內丘咸陽太康縣建言朝廷行方田均稅之法令以豐歲推行今州縣吏苟簡懷異者指熟爲災而貪進幸賞者掩災爲熟望深察其違戾而寘諸罰括縣壯丁爲兵得千人上其名數與按閱之法知樞密院蔡卞喜而薦之提舉京畿保甲使行其說增籍二萬已而有訴者陳牒至八百七十左遷通判相州提舉白波輦運提點江淮坑冶鑄錢入爲將作少監開封民有爲神祠故帽飾以龍者吏以爲乘輿服御伯宗曰此無他當坐不應爲爾尹不從具以請如伯宗議歷大理卿入對言今情重法輕者許奏請而情輕法重者不得爲恐非仁聖忠恕之意徽宗納之遷刑部侍郎與王黼不相能用胥吏微過罷提舉崇福宮明年知同州徙陝西都轉運使以通奉大夫顯謨閣待制卒贈光祿大夫謚曰榮

汪澥字仲容宣州旌德人少從胡瑗學易又學於王安石著三經義傳澥與其議又首傳其說熙寧大學成分錄學政登進士第調鼎州司理參軍知黟縣入爲太學正累遷國子祭酒兼定嘉二王翊善擢中書舍人爲大司成議學制不合以顯謨閣待制知婺州改潁昌又改

陳壽二州徙應天府上章辭行提舉崇福宮卒贈宣奉大夫澥自布衣録天子學至爲正爲司業祭酒迄于司成官以儒名者三十年一時人士推之

何常字德固京兆人中進士第爲開封府兵曹紹聖初或言蘇軾主文柄取士之非毁宗廟者常預其間出通判原州歷將作丞陝西轉運判官熙河轉運副使議者欲貸民金帛而使入粟塞下常曰車牛轉輸民力已病然未至於死亡者粟自官出而民無害也今彊以金帛使自入粟懼非貧弱之利熙帥及監軍劾之貶秩徙成都路中使持御札至令織戲龍羅二千繡旗五百常奏旗者軍器之飾敢不奉詔戲龍羅唯供御服日衣一匹歲不過三百有奇今乃數倍無益也詔奬其言爲減四之三除直龍圖閣加集賢殿修撰爲使從陝西以顯謨閣待制知秦州轉通議大夫諜告夏人多築堡柵朝議出兵牽制常言羌人生長射獵今困於版築違所長用所短可以拱手待其斃無煩有爲也從之鎮秦六歲察訪方邵劾其越法貸酒借米麴於官而毁其曆獄具責昭化軍節度副使數月復其官終右文殿修撰年七十三

論曰西漢之末士大夫阿諛銷愞遂底于亡東都諸賢以風節相尚激成黨禍宋元祐類東都崇宣類西漢末世蓋忠鯁獲罪則相習容悅而已君驕臣諂此邦之所繇喪也觀沈銖諸人徒徇時軒輊不能爲有亡惡足以言士哉

葉祖洽字敦禮邵武人熙寧初策試進士祖洽所對專投合用事者考官宋敏求蘇軾欲黜之呂惠卿擢爲第一僉書奉國軍判官判登聞檢院由國子丞知湖州留爲校書郎元祐初歷職方兵部員外郎加集賢校理進禮部郎中給事中趙君錫論其對策訕及宗廟祖洽自辨事下從官定議蘇軾劉攽言祖洽謂祖宗紀綱法度因循苟簡願朝廷與大臣合謀而新之可以爲議論乖謬若謂之訕則不可於是但出提點淮西刑獄紹聖中入爲左司郎中起居郎中書舍人給事中祖洽性狠愎喜諛附密言王珪於冊立時有異論哲宗曰宣仁聖烈婦人之堯舜也其於社稷大計聖意素定朕已令作告命明述此旨祖洽復言若以珪爲無迹則黃履劉拯相繼論之矣願稽合羣情決之獨斷珪遂追貶又言司馬光呂公著獲終牖下恩禮隆縟蔡確受遺定策而貶死嶺外乞恤其孤其論率類此林希薦祖洽謂其最向正帝言不可大用乃已坐舉王回出知濟州徙洪州以牟利覬貸聞祖洽與曾布厚人目爲小訓狐布用事欲以吏部侍郎召韓忠彥不可白爲寶文閣待制知青州未赴布竟引爲吏部布罷乃出知定州且行大言於上至云當時蔡確稍失事幾王珪果遂姦謀則神宗遂失正統不知今日神器孰歸臣爲朝廷宗社明確之功正珪之罪勸沮忠邪於千萬年以此報神宗足矣徽宗怒其躁妄降集賢殿修撰提舉沖佑觀自是不復用久之知洪州改亳州加徽猷閣直學士政和末卒

時彥字邦美開封人舉進士第簽書潁昌判官入爲祕書省正字累至集賢校理紹聖中遷右司員外郎使遼失職坐廢旋復校理提點河東刑獄蹇序辰使遼還又坐前受賜增拜隱不言復停官徽宗立召爲吏部員外郎擢起居舍人改太常少卿以直龍圖閣爲河東轉運使加集賢殿修撰知廣州未行拜吏部侍郎徙戶部爲開封尹異時都城苦多盜捕得則皆亡卒吏憚於移問往往略之彥始請一以公憑爲驗否則拘繫之以俟報坊邑少安獄屢空數月遷工部尚書進吏部卒

霍端友字仁仲常州武進人徽宗即位策進士第一授宣義郎不閱月擢祕書省校書郎遷著作佐郎起居郎中書舍人服金紫故事唯服黑角帶帝顧見之曰給事舍人等爾而服飾相絕如是始命犀帶佩魚進給事中大司成禮部侍郎端友言朝廷尊安重內輕外可令內外侍從更出迭入以奉禁闥殿大邦俾天下之勢如持衡庶無首重尾輕之患疏入即請補郡迺以顯謨閣待制知平江改陳州爲政以寬聞不立聲威陳地汙下久雨則積潦時疏新河八百里而去淮尚遠水不時洩端友請益開二百里徹于淮自是水患遂去內侍石燾傳詔索瑞香花數十本端友不可疏罷之復以禮部召轉吏部官至通議大夫卒贈宣奉大夫

俞㮚字祇若江寧人崇寧四年以上舍生賜進士第簽書鎮南軍判官未赴爲辟雍博士祕書省正字吏部員外郎起居舍人兼定嘉二王記室擢中書舍人居三月進給事中殿中侍御史毛注建議罷增石炭場㮚駮其非除顯謨閣待制知蔡州明日復留踰年竟出爲襄州還拜給事中上言學校三代之學也然崇寧四年以前議者以爲是五年則非之大觀三年以前議者以爲是四年則非之豈學校固若是哉觀望者無定說爾必使士有成才人無異論事之不美者不出於學校然後爲得言願見行蔡京再相㮚向所用士多畔已葉夢得言㮚獨否遂拜御史中丞陳士風六弊又發戶部尚書劉炳爲舉子時陰事京方倚炳爲腹心戾其意改㮚翰林學士遷兵部尚書以樞密直學士知開德府石公弼在襄州以論衙前事謫言者謂㮚實倡之罷提舉崇禧觀竟以毀紹聖法度貶常州團練副使安置太平州行未至復述古殿直學士知寧江府

蔡薿字文饒開封人崇寧五年以諸生試策揣蔡京且復用即對曰熙豐之德業足以配天不幸繼之以元祐紹聖之纘述足以永賴不幸繼之以靖國陛下兩下求言之詔冀以聞至言收實用也而見於元符之末者方且幸時變而肆姦言乘間隙而投異意詆誣先烈不以爲疑動搖國是不以爲憚願逆處其未至而絕其原於是擢爲第一以所對頒天下甫解褐即除祕書省正字遷起居舍人未幾爲中書舍人自布衣至侍從纔九月前所未有也旋進給事中一意附蔡京敘族屬尊爲叔父京命攸修等出見薿亟云向者大誤公乃叔祖此諸父行也遽列拜之八寶赦恩詔兩省差擇元祐黨人情輕者出籍薿不肯書言者論其不能推廣上恩使歲久獲罪之人得以洗濯出知和州明年加顯謨閣待制知杭州始薿未第時以書謁陳瓘稱其諫疏似陸贄剛方似狄仁傑明道似韓愈及對策所持論頓異遂欲害瓘以絕口因其子正彙告蔡京不軌執送京師薿復入爲給事中又與宰相何執中謀使石悈治瓘幾不免事具瓘傳御史毛注言陛下修善政以應天斥大姦以定國而薿巧言惑衆造爲釁端疏入不報范柔中者頃以上書入邪等至是進階薿言柔中嘗毀神考哲宗有弗共戴天之讎自今春黨人復官士論駭愕有致疑於紹述者乞削其敘還昭示好惡從之張商英作相常安民與之書激使爲善薿弟萊剽其藁示薿即論之以搖商英薿遷翰林學士坐妄議政事罷提舉洞霄宮起知建寧府方建神霄宮薿先一路奏辦下詔褒獎召爲學士承旨禮部尚書嘗陰附權倖事覺徽宗令入對將面詰之踰月不奉詔帝怒命黜之御史言薿游太學則挾詭計以鉗諸生居侍從則扶私事以脅宰輔處門下則借國法以快私忿爲郡守則妄尊大而蔑監司召自金陵偃然以丞轄自處既升宗伯乃懷不滿之心宜重寘諸罰遂貶單州團練副使房州安置宣和中復龍圖閣直學士再知杭州爲政喜怒徇情任刑大慘方臘亂後西北戍卒代歸人得縞絹薿禁民與爲市乃下其直彊取之卒怒乘薿夜飲客縱火焚州治須其出救殺之薿知事勢洶洶踰垣走僅得免詔奪職罷歸明年以徽猷閣待制卒

論曰自太宗歲設大科致多士居首選者躐取華要有不十年至宰相亦多忠亮雅厚爲時名臣治平更三歲之制繼以王安石改新法士習始變哲徽紹述尚王氏學非是無以得高第葉祖洽首迎合時相意擢第一自是靡然士風大壞得人亦衰而上之恩秩亦薄矣熙寧而後訖於宣和首選十八人唯何㮚馬涓與此五人有傳然時彥端友凝然祖洽俞㮚蔡薿險邪小人繇王氏之學不正害人心術橫潰爛漫并邦家而覆之如是其憯焉此孟子所以必辯邪說正人心也

宋史卷三百五十五

元 中 書 右 丞 相 總 裁 脫 脫 等 修

列傳第一百十四

賈易 董敦逸 上官均 來之邵
葉濤 楊畏 崔台符 楊汲
呂嘉問 李南公 董必 虞策弟奕
郭知章

賈易字明叔無爲人七歲而孤母彭以紡績自給日與易十錢使從學易不忍使一錢每浹旬輒復歸之年踰冠中進士甲科調常州司法參軍自以儒者不閑法令歲議獄唯求合於人情曰人情所在法亦在焉訖去郡中稱平元祐初爲太常丞兵部員外郎遷左司諫論呂陶不爭張舜民事與陶交攻遂劾陶黨附蘇軾兄弟併及文彥博范純仁宣仁后怒其訐欲謫之呂公著救之力出知懷州御史言其謝表文過徙廣德軍明年提點江東刑獄召拜殿中侍御史遂疏彥博至和建儲之議爲不然宣仁后命付史館彥博不自安竟解平章重事而去蘇轍爲中丞易引前嫌求避改度支員外郎孫升以爲左遷又改國子司業不拜提點淮東刑獄復入爲侍御史上書言天下大勢可畏者五一曰上下相蒙而毀譽不得其眞故人主聰明壅蔽下情不得上達邪正無別而君子之道日消小人之黨日進二曰政事苟且而官人不任其責故治道不成萬事墮廢惡吏市姦而自得良民受弊而無告愁歎不平之氣充溢宇宙以干陰陽之和三曰經費不充而生財不得其道故公私困弊無及時預備之計衣食之源日蹙無事之時尚猶有患不幸倉卒多事則狼狽窮迫而禍敗至矣四曰人材廢闕而教養不以其方故士君子無可用之實而愚不肖充牣於朝汙合苟容之俗滋長背上欺君之風益扇士氣浸弱將誰與立太平之基五曰刑賞失中而人心

不知所向故以非爲是以黑爲白更相欺惑以罔其上爵之以高祿而不加勸僇之以顯罰而不加懼徼利苟免之姦冒貨犯義之俗將何所不有今二聖焦勞念治而天下之勢乃如此任事者不可以不憂是猶寢於積薪之上火未及然而自以爲安可不畏乎然則欲知毀譽眞僞之情則莫若明目達聰使下無壅蔽之患欲官人皆任其責則莫若詢事考言循名責實欲生財不逆其道則莫若敦本業而抑末作崇儉約而戒奢僭欲教養以其方則莫若廣詳延之路厲廉恥之節使公卿大臣各舉所知召對延問以觀其能否善者用之不善者罷之欲人心皆知所向則莫若賞以勸善刑以懲惡不以親疏貴賤爲之輕重則民志一定而放僻邪侈不爲矣其言雖頗切直然皆老生常談志於抵阸時事無他奇畫蘇軾守杭訴浙西災潦甚苦易率其僚楊畏安鼎論軾姑息邀譽眩惑朝聽乞加考實詔下給事中范祖禹封還之以謂正宜闊略不問以活百姓易遂言軾頃在楊州題詩以奉上帝遺詔爲聞好語草呂大防制云民亦勞止引周厲王詩以比熙寧元豐之政弟轍蚤應制科試文繆不應格幸而濫進與軾昔皆誹怨先帝無人臣禮至指李林甫楊國忠爲喻議者由是薄易出知宣州除京西轉運副使徙蘇州徐州加直祕閣元符中累謫保靜軍行軍司馬邵州安置徽宗立召爲太常少卿進右諫議大夫陳次升論其爲曾布客改權刑部侍郎歷工部吏部未滿歲爲眞以寶文閣待制知鄧州尋入黨籍卒年七十三

董敦逸字夢授吉州永豐人登進士第調連州司理參軍知穰縣時方興水利提舉官調民鑿馬渡港云可灌田二百頃敦逸言於朝以爲利不補害核實如敦逸言免役夫十六萬全舊田三千六百頃徙知弋陽縣寶豐銅冶役卒多困於誘畧有致死者敦逸推見本末縱還鄉者數百人稍遷梓州路轉運判官元祐六年召爲監察御史同御史黃慶基言蘇軾昔爲中書舍人制誥中指斥先帝事其弟轍相爲表裏以紊朝政宰相呂大防奏曰敦逸慶基言軾所撰制詞以爲毀謗先帝臣竊觀先帝聖意本欲富國彊兵鞭撻不庭一時羣臣將順太過故事或失當及太皇太后與皇帝臨御因民所欲隨事捄改蓋事理當然爾昔漢武帝好用兵重斂傷民昭帝嗣位博采衆議多行寢罷明帝尚察屢興慘獄章帝改之以寬厚天下悅服未有以爲謗毀先帝者也至如本朝眞宗卽位弛放逋欠以厚民財仁宗卽位罷修宮觀以息民力凡此皆因時施宜以補助先朝闕政亦未聞當時士大夫有以爲謗毀先帝者也比惟元祐以來言事官用此以中傷士人兼欲動搖朝廷意極不善轍復奏曰臣昨日取兄軾所撰呂惠卿告觀之其言及先帝者有曰始以帝堯之仁姑試伯鯀終然孔子之聖不信宰予兄軾亦豈是謗毀先帝者邪臣聞先帝末年亦自深悔已行之事但未暇改爾元祐改更蓋追述先帝美意而已宣仁后曰先帝追悔往事至於泣下大防曰先帝一時過舉非其本意宣仁后曰皇帝宜深知於是敦逸慶基並罷敦逸出爲湖州運判改知臨江軍紹聖初軾轍失位劉拯訟敦逸無罪哲宗記其人曰非前日白鬚御史乎復除監察御史論常安民爲二蘇之黨凡論議主元祐者斥去之改工部員外郎遷殿中侍御史左司諫侍御史入謝曰臣再汙言路第恐擠逐不能久奉彈糾之責哲宗曰卿能言無患朕之不能聽卿言而信無患朕之不能行也瑤華祕獄成詔詣掖庭錄問敦逸察知冤狀握筆弗忍書郝隨從旁脅之乃不敢異獄既上於心終不安幾兩旬竟上疏其畧云瑤華之廢事有所因情有可察詔下之日天爲之陰翳是天不欲廢之也人爲之流涕是人不欲廢之也臣嘗閱錄其獄恐得罪天下哲宗讀之怒蔡卞欲加重貶章惇曾布以爲不可曰陛下本以皇城獄出於近習故使臺端錄問冀以取信中外今譴敦逸何以解天下後世之謗哲宗意解而止明年用他事出知興國軍徙江州徽宗卽位加直龍圖閣知荊南召入爲左諫議大夫敦逸極言蔡京蔡卞過惡遷戶部侍郎卒年六十九

上官均字彥衡邵武人神宗熙寧親策進士擢第二爲北京留守推官國子直講元豐中蔡確薦爲監察御史裏行時相州富人子殺人獄爲審刑大理所疑京師流言法官竇莘等受賕蔡確引猜險吏數十人窮治莘等慘酷無敢明其冤均上疏言之乞以獄事詔臣參治坐是謫知光澤縣莘等卒無罪天下服其持平有巫託神能禍福人致貲甚富均焚像杖巫出諸境還監都進奏院哲宗卽位擢開封府推官元祐初復爲監察御史議者請兼用詩賦取士宰相遂欲廢經義均言經術以理爲主而所根者本也詩賦以文爲工而所逐者末也今不計本末而欲襲詩賦之弊未見其爲得也自熙寧以來京師百司有謁禁均言以誠待人則人思竭忠以疑遇物則人思苟免願除開封大理外餘皆釋禁以明洞達不疑之意遂論靑苗以爲有惠民之名而無惠民之實有目前之利而爲終歲之患願罷之而復爲常平糴糶之法又言官冗之弊請罷粟補吏減任子員節特奏名之濫增攝官之舉數抑胥吏之幸進以清入仕之源詔有司議久之不能有所省復疏言今會議之臣畏世俗之譏詐不計朝廷之利害閔鄙耄之不進不思才者之閑滯非策之善也因請對力陳之宣仁后曰當從我家始乃自后屬而下至大夫悉裁其數又言治天下道二寬與猛而已寬過則緩而傷義猛過則急而傷恩術雖不同其蠹政害民一也聞者監司務爲慘核郡縣望風趣辦不暇以便民爲意陛下臨御務從寬大爲吏者又復苟簡縱弛猛寬二者胥失願明詔四方使之寬不縱惡猛不傷惠以起中和之風詔下其章蔡確弟碩盜貸官錢以萬計獄既上均論確爲宰相挾邪撓法當顯正其罪以厲百官張璪李清臣執政與正人異趣相繼擊去之監察御史張舜民論邊事因及宰相文彥博舜民左遷均言風憲之任許風聞所以廣耳目也舜民之言是當行之其言非當容之願復舜民職不從臺諫約再論均謂事小不當再論王巖叟遂劾均反覆巖叟移官均遷殿中侍御史內不自安引義丐去改禮部員外郎居三年復爲殿中侍御史西夏自永樂之戰怙勝氣驕欲復故地朝廷用趙卨計棄四砦至是又請蘭州爲砦地均上疏曰先王之御外國知威之不可獨立故假惠以濟威知惠之不可獨行故須威以行惠然後外國且懷且畏無怨望輕侮之心今西夏所爭蘭州砦地皆控握要路若輕以予之恐夏人擣虛熙河數郡孤立難守若繼請熙河故地將何辭以拒之是傅虎以翼借寇以兵不進無益祇足爲患不如治兵積穀畫地而守使夏人曉然知朝廷意也時傅堯俞爲中書侍郎許將爲左丞韓忠彥爲同知樞密院三人者論事多同異俱求罷均言大臣之任同國休戚廟堂之上當務協諧使中外之人泯然不知有同異之迹若悻悻然辯論不顧事體何以觀視百寮堯俞等雖有辯論之失然事皆緣公無顯惡大過望令就職詔從之御史中丞蘇轍等尚以爲言均上疏曰進退大臣當則天下服陛下之明而大臣得以安其位進退不當則累陛下之哲而言者自此得以朋黨合謀併力以傾搖大臣天下之事以是非爲主所論若當雖異不害其爲善所論若非雖同未免爲不善今堯俞等但不能協和實無大過蘇轍乃以許將當時已定議旣而背同列之議獨上論奏臣以爲善則順之惡則正之豈在每事唯命遂非不改然後爲忠邪將舍同列之議上奉聖旨是能將順其美不當反以爲過惡也若使不忠雖與同列協和是乃姦臣爾非朝廷之利也將罷均又言呂大防堅彊自任每有差除同列不敢異唯許將時有異同轍素與大防善盡力排將期於必勝臣恐綱紀法令自此敗壞矣因論御史耳目之任中丞風憲之長轍當公是公非別白善惡而不當妄言也遂乞罷出知廣德軍改提點河北東路刑獄紹聖初召拜左正言時大防轍已罷政均論大防轍六罪並再黜大防史禍由此起又奏罷詩賦專以經術取士宰相章惇欲更政事專黜陟之柄陰去異已出吏部尚書彭汝礪知成都府召朱服爲中書舍人均言汝礪不可出服不可用惇怒遷均爲工部員外郎尋提點京東淮東刑獄歷梓州淮南轉運副使知越州徽宗立入爲祕書少監遷起居郎拜中書舍人同修國史兼哲宗實錄修撰遷給事中太學生張寅亮應詔論事得罪屏斥均言寅亮雖不識忌諱然志非懷邪陛下既招其來又罪其言恐沮多士之氣寅亮得免時宰相欲盡循熙豐法度爲紹述以風均均曰法度惟是之從無彼此之辯由是不協以龍圖閣待制知永興軍徙襄州崇寧初與元祐黨籍奪職主管崇禧觀政和中復集賢院修撰提舉洞霄宮久之復龍圖閣待制致仕卒年七十八

來之邵字祖德開封咸平人登進士第由潞州司理參軍爲刑部詳斷官元豐中改大理評事御史中丞黃履薦爲監察御史未幾買倡家女爲妾履劾其汙行左遷將作丞哲宗卽位爲太府丞提舉秦鳳常平利州成都路轉運判官入爲開封府推官復拜監察御史遷殿中侍御史之邵資性姦譎與楊畏合攻蘇頌論頌稽留賈易知蘇州之命又論梁燾緣劉摯親黨致位丞弼又論范純仁不可復相乞進用章惇安燾呂惠卿紹聖初國事丕變之邵逆探時指先劾呂大防惇旣相擢爲侍御史王安石配食神宗之邵又請加美謚疏司馬光等昨道逆理典刑未正鬼得而誅獨劉摯尚存實天以遺陛下其阿恣無忌憚如此進刑部侍郎陽翟民蓋漸以訟至有司之邵二子皆娶蓋氏誣漸非蓋氏子以規其貲諫官張商英論之以直龍圖閣出知蔡州卒年四十八蔡京爲相特贈大中大夫

葉濤字致遠處州龍泉人進士乙科爲國子直講虞蕃訟起濤坐受諸生茶紙免官濤王氏婿也卽往從安石於金陵學爲文詞哲宗立上章自理得太學正遷博士紹聖初爲祕書省正字編修神宗史進校書郎曾布薦

爲起居舍人，擢中書舍人。司馬光、呂公著、王巖叟追貶，呂大防、劉摯、蘇轍、梁燾、范純仁責官，皆燾爲制詞，文極醜詆。安燾降學士，燾封還命書，云燾在元祐時嘗詆文彥博棄熙河，全先帝萬世之功，不宜加罪。蔡京劾爲黨，罷知光州。又以訴理有過，爲范鏜所論，連三黜。曾布引爲給事中，居數月而病，以龍圖閣待制提舉崇禧觀，卒。

楊畏字子安，其先遂寧人，父徙洛陽。畏幼孤好學，事母孝，不事科舉，黨友交勸之，乃擢進士第。調成紀主簿，不之官，刻志經術，以所著書謁王安石、呂惠卿，爲鄆州教授。自是尊安石之學，以爲得聖人之意。除西京國子監教授，舒亶薦爲監察御史裏行。時有御史中丞出爲郡守、監司，薦之，畏言：「侍從賢否，上所素知，監司乃敢妄薦，蓋爲異日地爾，乞戒其觀望。」舒亶有盜學士院廚錢罪，爲王安禮所白，畏抗章辯論，以爲可謂之失，未可謂之故。亶罷，畏坐左轉宗正丞，出提點夔州路刑獄。元祐初，請祠歸洛。畏恐得罪於司馬光，嘗曰：「畏官夔峽，雖深山羣獠，聞用司馬光，皆相賀，其盛德如此。」至光卒，畏復曰：「司馬光若知道，更是皐、夔、稷、契，以不知道，故於政事未盡也。」呂大防、劉摯爲相，俱與畏善，用畏爲工部員外郎，除監察御史，擢殿中侍御史。畏助大防攻摯十事，并言梁燾、王巖叟、劉安世、朱光庭皆其死黨，必與爲地。既而燾等果救摯，皆不納。摯罷，蘇頌爲相，畏復攻頌，以留賈易除書爲頌罪。頌罷，畏意欲蘇轍爲相，宣仁后外召范純仁爲右僕射，畏又攻純仁，不報。畏本附轍，知轍不相，復上疏詆轍不可用，其傾危反覆如此，百僚莫不側目。遷侍御史。畏言事之未治有四：曰邊鄙，曰河事，曰役法，曰內外官政。時有旨令兩省官舉臺官，畏言：「御史與宰執最爲相關之地，宰執既不自差，使其屬舉之，可乎？」太常博士朱彥以議皇地示祭不同，自列乞罷，畏言：「彥據經論理，若彥罷出，恐自是人務觀望，不敢以守官爲義。」宣仁后崩，呂大防欲用畏諫議大夫，范純仁以畏非端士，不可，大防乃遷畏禮部侍郎。及大防爲宣仁后山陵使，畏首背大防，稱述熙寧、元豐政事與王安石學術，哲宗信之，遂薦章惇、呂惠卿可大任。廷試進士，李清臣發策有紹述意，考官第主元祐者居上，畏復考，悉下之，拔畢漸以爲第一。惇入相，畏遣所親陰結之曰：「畏前日度勢力之輕重，遂因呂大防、蘇轍以逐劉摯、梁燾，方欲逐呂、蘇，二人覺，罷畏言職。畏迹在元祐，心在熙寧，首爲相公開路者也。」惇至，從畏吏部，引以自助。中書侍郎李清臣、知樞密院安燾與惇不合，畏復陰附安、李。惇覺其情，又曾布、蔡卞言畏平日所爲，於惇遂以寶文閣待制出知真定府。天下於是目爲「楊三變」，謂其進於元豐，顯於元祐，遷於紹聖也。尋落職知虢州，入元祐黨。後知郢州，復集賢殿修撰、知襄州，移荊南，提舉洞霄宮，居于洛。未幾，知鄧州，再丐祠。以言者論列，落職主管崇禧觀。蔡京爲相，畏遣子姪見京，以元祐末論蘇轍不可大用等章自明；又因京黨河南尹薛昂致言於京，遂出黨籍，尋復寶文閣待制。政和二年，洛人詣闕請封禪嵩山，畏上疏累千餘言，極其諛佞。方治行，得疾卒，年六十九。畏頗爲縱橫學，有才辯而多押闔，與邢恕締交，其好功名富貴亦同，然恕疎而多失，畏謀必中，其宄俱爲搢紳禍云。

論曰：賈易初以剛直名，觀其再劾文彥博、范純仁，而斥蘇軾、蘇轍尤甚，何以剛直爲哉？董敦逸於元祐末與黃慶基誣二蘇，以開紹聖之禍，及紹聖則肆詆元祐諸臣，甚至瑤華之冤，不能持正，雖終悔而諫，亦何及焉。及見蔡京、蔡卞稔惡，乃論其過惡以自文，杯水不足以抹車薪之火也。上官均諫切中時事，及不從紹述之議，其爲人若可觀，然論呂大防、蘇轍，以之再黜，是亦助紹述者也。楊畏傾危反覆，周流不窮，雖儀、秦縱橫無以尚之，豈徒有三變而已。至於倡紹述以取信哲宗，又謂王安石之學有聖人意，可謂小人無忌憚也哉。來之邵盡擊時賢而進章惇、安燾、呂惠卿，又請加美謚於安石，其流惡不已，乃誣人非其子而欲掩其貲，亦何所不至焉。葉濤在太學已著汙迹，擢第之後，諂安石而從之學，後得曾布之薦，凡元祐名賢貶責制辭，肆筆醜詆，雖有善猶不能自滌，況無可述者乎。

崔台符字平反，蒲陰人。中明法科，爲大理詳斷官。校試殿帷，仁宗賜以「盡美」二字。熙寧中，文彥博薦爲羣牧判官，除河北監牧使，入判大理寺。初，王安石定按問欲舉法，舉朝以爲非，台符獨舉手加額曰：「數百年誤用刑名，今乃得正。」安石喜其附己，故用之。歷知審刑院、判少府監。復置大理獄，拜右諫議大夫，爲大理卿。時中官石得一以皇城偵邏爲獄，台符與少卿楊汲輒迎伺其意所在，以鍛鍊笞掠成之，都人惴栗，至不敢偶語，數年間斃文法者且萬人。官制行，遷刑部侍郎，官至光祿大夫。元祐初，御史林旦、上官均發其惡，出知潞州，又貶秩，從相州。後兼監牧使，卒，年六十四。舊制，武臣至內殿崇班始蔭其族，台符言：「文吏州判司猶許用蔭，武臣五歲一遷，自借職四十年乃得通朝籍，輕重不相準。請自供奉官即用蔭。」從之。嘗使遼，至其朝，久立帳前，儐者不贊導，問其故，曰：「太子未至。」台符詰之曰：「安有君父臨軒，而臣子偃蹇不至，久立使者，禮乎？」儐者懼，贊導如儀。

楊汲字潛古，泉州晉江人。登進士第，調趙州司法參軍。州民曹潯者，兄遇之不善，兄子亦加侮焉。潯持刀逐兄子，兄挾之以走，潯曰：「兄勿避，自爲姪爾。」既就吏，兄子云：「叔欲給吾父止而殺之。」吏當潯謀殺兄，汲曰：「潯呼兄使勿避，何謂謀？若以意爲獄，民無所措手足矣。」州用其言讞上，潯得不死。主管開封府界常平、權都水丞，與侯叔獻行汴水淤田法，遂釃汴流漲潦以溉西部，瘠土皆爲良田。神宗嘉之，賜以所淤田千畝。提點淮西刑獄，提舉西路常平，修古芍陂，引漢泉灌田萬頃。召判都水監，爲大理卿，遷刑部、戶部侍郎。元祐初，以寶文閣待制知廬州。崔台符被劾，汲亦落職知黃州，歷徐、襄、越州。紹聖中，復爲戶部侍郎，卒。

呂嘉問字望之，以蔭入官。熙寧初，條例司引以爲屬，權戶部判官，莞諸司庫務，行連竈法於酒坊，歲省薪錢十六萬緡。王安石用魏繼宗議，即京城置市易務，命嘉問提舉。上建置十三事，其一欲於律外禁兼并之家輒取利，神宗去之，安石執不可。居二年，連以羨課受賞。神宗聞其擾民，語安石，安石曰：「嘉問奉法不公，以是媒怨。」神宗曰：「免行錢所收細瑣，市易鬻及果實，大傷國體。」安石僞辯自解，至譏神宗爲叢脞，不知帝王大略，且曰：「非嘉問孰敢不避左右近習，非臣孰爲嘉問辯。」神宗曰：「即如是，士大夫何故以爲不便？」安石請言者姓名，令嘉問條析。七年，旱，帝憂心惻怛，語韓維、孫永集市人問之，減坐賈錢千萬。安石遂持嘉問條析奏曰：「此皆百姓所願，不如人言也。」嘉問言：「朝廷所以許民輸錢免行者，蓋人情安於樂業，厭於追擾，若一切罷去，則無人祇承。又吏胥祿廩薄，勢不得不求於民，非重法莫禁，以薄廩申重法，則法有時而不行。縣官爲給事，則三司經費有限，今取民於鮮而吏知自重，此臣等推行之本意也。議者乃欲除去，是殆不然。民未嘗不畏吏，方其以行役觸罪，雖欲出錢亦不可得。今吏祿可謂厚矣，然未及昔日取民所得之半；市易所收免行錢，亦未足以償倉法所增之祿。以此推窮，則利害立見矣。」初，市易隸三司，嘉問恃勢陵使薛向，出其上。曾布代向，懷不能平。會神宗出手札詢布，布訪於魏繼宗，繼宗憤嘉問掠其功，列其與初議異者。布得實，具上嘉問多收息干賞，挾官府而爲兼并之事。神宗將委布考之，安石言二人有私忿，於是詔布與呂惠卿同治。惠卿故憾布，至三司，召繼宗及市賈問狀，其辭同，乃脅繼宗使誣布語言增加，繼宗不從。布言惠卿不可共事，神宗欲聽之，安石不可。神宗遂詔中書曰：「朝廷設市易，本爲平準以便民，若周官泉府者，今顧使中人之家失業，宜釐定其制。」布見神宗曰：「臣每聞德音，欲以王道治天下，今所爲駸駸乎間架、除陌矣。嘉問又請販鹽鬻帛，豈不詒四方笑？」神宗頷之。事未決，安石去位，嘉問持之以泣，安石勞之曰：「吾已薦惠卿矣。」惠卿既執政，前獄遂成，布得罪，嘉問亦出知常州。明年，安石復相，召檢正中書戶房。安石罷，以知江寧府。歲餘，轉運使何琬劾嘉問營繕越法，從潤州，復坐免。久之，入爲吏部郎中、光祿卿。言者交論市易之患被于天下，本錢無慮千二百萬緡，率二分其息，十有五年之間，子本當數倍，今乃僅足本錢，蓋買物入官，未轉售而先計息取賞，至於物貨苦惡，上下相蒙，虧折日多，空有虛名而已。於是削嘉問三秩，黜知淮陽軍，悉罪前被賞者。紹聖中，擢寶文閣待制、戶部侍郎，加直學士、知開封府。專附章惇、蔡卞，多殺不辜，焚去案牘以滅口。嘗薦鄒浩，浩南遷，坐罷知懷州。徽宗時，屢暴其宿惡，至分司南京、光州居住、鄆州安置。然爲蔡氏所右，其壻劉逵、搴序辰、其死友鄧洵武羽翼之，故不久輒起，以龍圖閣學士、大中大夫卒，年七十七，贈資政殿學士。初，嘉問竊從祖公弼論新法奏藁以示王安石，公弼以是斥于外，呂氏號爲家賊，故不得與呂氏同傳。

李南公字楚老，鄭州人。進士及第，調浦江令。郡猾吏恃守以陵縣，不輸負租，南公捕繫之，守怒，通判爲謝曰：「能按郡吏，健令也。」卒寘諸法。知長沙縣，有嫠婦攜兒以嫁，七年，兒族取兒，婦謂非前子，訟于官。南公問兒年，族曰九歲，婦曰七歲。問其齒，曰去年毀矣。南公曰：「男八歲而齔，尚何爭？」命歸兒族。熙寧中，提舉京西常平，提點陝西、河北刑獄，京西轉運副使，入爲屯田員外郎。南公有女皆適人，而同産女弟年三十不嫁，寄他妹家，爲御史所論，罷，主管崇福宮。爲河北轉運副使。先是，知澶州王令圖請開迎陽埽舊河，於孫村置約回水東注，南公與范子奇以爲可行，且欲於大吳北進鋸牙，約河勢歸故道。朝廷命使者行視，兩人復以前議爲非，云迎陽下瞰京師，孫村水勢不便，又爲御史所論，詔罰金。加直祕閣、知延安府。夏人犯涇原，南公出師擣其虛，夏人解去。進直龍圖閣，擢寶文閣待制、知瀛州，拜戶部、吏部侍郎，戶部尚書，歷知永興軍、成都、真定、河南府、鄭州，擢龍圖閣直學士。初，哲宗主入廟，南公修奉，希執政指，請祔東夾室

禮官爭之不得及更建廟室坐前議弗當奪學士未幾復之遂致仕卒年八十三南公爲吏六十年幹局明銳然反覆詭隨無特操識者非之子譓

譓字智甫第進士紹聖間知章丘縣陝西麥熟朝廷議遣官諸州令民平價運糴譓與余景在選中將陽對曾布言於哲宗曰豐凶未可知譓景皆刻薄必因此暴斂爲民之憂陛下臨政以來延見人士未多如兩人者懼不足以辱大對乃喻使戒飭使還爲河東轉運判官從陝西進築京師訖欲除祕閣校理以母憂去方建永泰陵起使京西諫官任伯雨言祖宗之世朝廷有大事邊鄙有兵革將相大臣召爲侍從乃不得已奪情今山陵事人皆可辦何至以一譓壞事體哉命遂格終制以直龍圖閣知熙州蔡京使王厚復河湟譓與之異召爲光祿卿厚奏功罷譓守虢坐嘗言招納未便停官後數年爲陝西轉運使京兆麥價俑貴譓與府縣議從民和市民弗肯損價譓移府勒上戶閉糴府帥徐處仁不聽且責之譓怒上章言處仁沮格詔令陵毀使者詔黜處仁而擢譓顯謨閣待制代其任鄜延帥錢昂奏處仁本以官糴麥損價與譓爭乃爲民久長之論不當黜詔以昂違道干譽謫永州譓又代任鄜延復徙永興僞爲蟾芝以獻徽宗疑曰蟾動物也安得生芝命漬盆水一夕而解坐罔上貶散官安置三年復之歷數郡卒

董必字子强宣州南陵人嘗謁王安石於金陵咨質諸經疑義爲安石稱許登進士第紹聖中提舉湖南常平時相章惇方寘衆君子於罪孔平仲在衡州以倉粟腐惡乘饑歲稍損價發之必卽劾其戾常平法置鞫長沙以承惇意無辜繫訊多死者平仲坐徙韶州惇與蔡卞將大誅流人遣呂升卿往廣東必往廣西察訪哲宗旣止不治然必所至猶以慘刻按督立威爲五書歸奏除工部員外郎中書舍人郭知章封還其命詔以付趙挺之權給事中陳次升復封駁不下必於是訟知章次升爲元祐黨人坐不當訟言者出知江州改湖南轉運判官提點河北刑獄召爲左司員外郎初舒亶守荆南起邊事一切詐誕云徭人款附實亦不然必蓋與之謀及是亶暴卒加必直龍圖閣往代乃城通道等六砦置靖州折博市易且移飛山營戍公私煩費荆人病之進集賢殿修撰顯謨閣待制卒年八十六贈龍圖閣待制

虞策字經臣杭州錢塘人登進士第調台州推官知烏程縣通判蘄州通判蔣之奇以江淮發運上計神宗訪東南人才以策對王安禮李常咸薦之擢提舉利州路常平湖南轉運判官元祐五年召爲監察御史進右正言數上書論事謂人主納諫乃有福治道以清靜爲本西夏未順命策言今邊備解弛戎備不修古之人善鎭靜者警備甚密務持重者謀在其中未有鹵莽闊疎而曰吾鎭靜吾持重者又乞詔內而省曹寺監外而監司守令各得以其職陳朝政闕失百姓疾苦星文有變乞順天愛民警戒萬事思治心修身之道勿以宴安爲樂哲宗納后上正始要言還左司諫曾肇以議北郊事與朝論不合免禮部侍郎爲徐州策時權給事中還其命以爲肇禮官也不當以議禮得罪不從帝親政條所當先者五十六事後多施行遷侍御史起居郎給事中以龍圖閣待制知青州改杭州過闕留爲戶部侍郎歷刑部戶部尚書拜樞密直學士知永興軍成都府入爲吏部尚書奏疏徽宗請均節財用曰臣比在戶部見中都經費歲六百萬與天下上供之數略相當嘗以祖宗故實攷之皇祐所入總三千九百萬而費纔三之一治平四千四百萬而費五之一熙寧五千六十萬而費盡之今諸道隨一月所須旋爲裒會汲汲然不能終日願深裁浮冗以寬用度屬疾祈外加龍圖閣學士知潤州卒于道年六十六贈左正議大夫策在元祐紹聖時皆居言職雖不依人取進亦頗持兩端故黨議之興已獨得免弟奕

奕字純臣第進士崇寧提舉河北西路常平洺相饑從之東路入對徽宗問行期對曰臣退卽行流民不以時還則來歲耕桑皆廢矣帝悅旣而西部盜起復從提點刑獄時朝廷將遣兵逐捕奕條上方畧請罷勿用而自計討賊不閱月可定轉運使張搏以爲不可宰相主搏策數月不効卒用奕議悉降之擢監察御史親祭北郊燕人趙良嗣爲祕書丞侍祠奕白其長曰今親衞不用三路人而良嗣以外國降子顧得預祠事可乎長用其言具以請不報陽武民傭於富家其室美富子欲私之弗得怒殺之而賂其夫使勿言事覺府縣及大理鞫獄奕受詔鞫訊皆伏辜坐漏泄語言罷去再踰年還故職提點河北刑獄自何承矩創邊地爲塘濼有定界旣中貴人典領以屯田開拓爲功肆侵民田民上訴屢出使者按治皆不敢與直奕曲折上之疏其五不可詔罷屯田加直祕閣淮南轉運副使入爲開封少尹故時大理開封治獄得請實蔽罪其後率任情棄法法益不用奕言廷尉持天下平京師諸夏本法且不行何以示萬國請自今非情法實不相當毋得輒請從之遷光祿卿戶部侍郎睦州亂以龍圖閣直學士知鎭江府寇平論勞增兩秩還爲戶部內侍總領內藏子奪顧已視戶部如僚屬度支郎方討理滯奉中旨令開封尹與總領者來奕白宰相曰討臣不才當去之而易能者不可使他人侵其官卽自劾不稱職詔爲罷內侍而徙奕工部襄慶守張漴使郡人詣闕請登封東平守王靚諫以京東歲凶多盜不當請封爲政者不悅將罪靚奕言靚憂民愛君所當獎激奈何用爲罪乎靚獲免未幾卒年六十贈龍圖閣學士

郭知章字明叔吉州龍泉人第進士從劉彝廣西幕府知浮梁分寧縣黃履薦爲御史以憂不克拜知海州濮州提點梓州路刑獄復以鄭雍顧臨薦爲監察御史哲宗親政上書請用淳化天禧詔增諫官員曰館職無所用朝廷設之不疑諫官最急乃常不足是急於所無用緩其所當急也又比歲選授監司多繇寺監丞不過知縣資序外官莫重於部使者豈宜輕用若是宜稍限以節如轉運判官擇實任通判者提點刑獄擇實任郡守者然後攷其治理簡拔用之又言自大河東北分流生靈被害今水之趨東者已不可遏順而導之閉北而行東其利百倍矣遷殿中侍御史言先帝辟地進壤建策四砦據高臨下扼西戎咽喉元祐用事者委而棄之願討曠議奏顯行黜罰史院究神宗實錄誣罔事知章請貶治呂大防等紹聖復制科知章校試言先朝旣策進士卽廢此科近年復置誠無所補遂復罷又請復元豐役法大抵迎合時好進左司員外郎改左司諫嘗言爵祿慶賞以勸天下之善願無以假借大臣使行私恩刑罰誅戮以懲天下之惡願無以假借大臣使快私忿忠於陛下者必見忌大臣黨於大臣者必上負陛下惟明主財察權工部侍郎爲中書舍人遼使蕭德崇來爲夏人請還河西地命知章報聘德崇曰兩朝久通好小國蕞爾疆土還之可乎知章曰夏人累犯邊法當致討以北朝勸和之故務爲優容彼若恭順如初當自有恩旨非使人所能預知也歸未至坐嘗主導河東流議以集賢殿修撰知和州徽宗立曾布用爲工部侍郎加寶文閣直學士知太原府召拜刑部尚書知開封府爲翰林學士言者又論河事罷知鄧州旋入黨籍數年復顯謨閣直學士政和初卒

論曰神宗好大喜功之資王安石呂惠卿出而與之遇合流毒不能止也哲徽之世一變而爲蔡確章惇曾布又變而爲蔡京蔡卞日有甚之而天下亡矣乘時起而附之者甚衆若崔台符楊汲以獄殺民呂嘉問以均輸困民董必肆酷欲害流人以取悅李南公以反覆詭隨虞策以心持兩端郭知章迎合時好且發實錄之誣觀諸人所學與其從政已多可尚何樂而爲此惡哉不過視一時君相之好尚將以取富貴而已設使神宗如仁宗之治哲徽承之必無紹述之禍雖安石輩亦將有所薰陶而未必肆其情以至是況此諸人乎世道汙隆士習升降係於人主一念慮之趣向可不戒哉可不懼哉

宋史卷三百五十六

元　中　書　右　丞　相　總　裁　脫　脫　等　修

列傳第一百十五

劉拯　錢遹 石豫 左膚附　許敦仁　吳執中

吳材　劉昺　宋喬年 子昇　强淵明

蔡居厚　劉嗣明　蔣靜　賈偉節

崔鶠　張根 弟樸　任諒　周常

劉拯字彥修宣州南陵人進士及第知常熟縣有善政縣人稱之元豐中爲監察御史歷江東淮西轉運判官提點廣西刑獄紹興初復爲御史言元祐修先帝實錄以司馬光蘇軾之門人范祖禹黃庭堅秦觀爲之竄易增減誣毀先烈願明正國典又言蘇軾貪鄙狂悖無事君之義嘗議罪抵死先帝赦之敢以怨忿形於詔誥醜詆厚誣策試館職至及王莽曹操之事方異意之臣分據要路而軾問及此傳之四方忠義之士爲之寒心抵腕願正其罪以示天下時祖禹等已貶軾謫英州而拯猶驚視不愜也進右正言累至給事中徽宗立欽聖后臨朝而欽慈后葬大臣欲用妃禮拯曰母以子貴子爲天子則母乃后也當改園陵爲山陵又言門下侍郎韓忠彥雖以德選然不可啓貴戚預政之漸帝疑其阿私觀望黜知濠州改廣州加寶文閣侍制以吏部侍郎召還帝稱其議欽慈事褒進兩秩遷戶部尚書蔡京編次元祐姦黨拯言漢唐失政皆分朋黨今日指前人爲黨安知後人不以今人爲黨乎不若定爲三等某事爲上某事爲中某事爲下而不斥其名氏京不樂又言戶部月賦入不足償所出京益怒徙之兵部旋罷知蘄州徙潤州張商英入相召爲吏部尚書拯已昏憒吏乘爲姦又左轉工部以樞密直學士知同州時商英去位侍御史洪彥昇併劾之削職提舉鴻慶宮卒

錢遹字德循婺州浦江人以進士甲科調洪州推官累

通判越州，至校書郎。徽宗立，擢殿中侍御史、中丞豐稷論其回邪不可任風憲，不報。稷復言必用遹則願罷臣，乃以提舉湖北常平。崇寧初，召爲都官員外郎、殿中侍御史，劾曾布援元祐姦黨擠紹聖忠賢，布去，遷侍御史。閱兩月，進中丞，乞治元符末大臣嘗乞復孟后而廢劉后事，韓忠彦、曾布、李清臣、黃履及議者曾肇、豐稷、陳瓘、龔夬皆坐貶。遂與殿中侍御史石豫、左膚言：「元祐皇后得罪先朝，昭告宗廟，天下莫不知。哲宗上賓，太母聽政，當國大臣盡欲變亂紹聖之事，以逞私欲，因一布衣何大正狂言，復還廢后位號，當時物議固已洶洶，乃至疎逖小臣詣闕上書，忠義激切，則天下公議從可知矣。今朝廷既已貶削忠彦等，及追竄大正誤國，則元祐皇后義非所安。孔子曰：『必也正名乎！名不正則言不順。』夫在先朝則曰后，今日則謂之元祐皇后，於名爲不正；先朝廢而陛下復，於事爲不順。考之典禮則古昔所無，稽之本朝則故實未有，詢之師言則大以爲不然。況既爲先朝所廢，則宗廟祭告、歲時薦饗，人事有嫌疑之迹，神靈萌厭斁之心，萬世之後，配祔將安所施？宜蚤正厥事，斷以大義，無牽於流俗非正之論，以累聖朝。」明日又言：「典禮所在，實朝廷治亂之所係，雖人主之尊，不得而擅，又況區區臣下敢輕變易者哉！元祐皇后得罪先朝，廢處瑤華，制誥一須天下無間然者。並后匹嫡，春秋譏之，豈宜明盛之朝而循衰世非禮之事。」於是尚書右僕射京、門下侍郎將、中書侍郎、尚書左丞挺之、右丞商英言：「元祐皇后再復位號，考之典禮，將來宗廟不可從享，陵寢不可配祔。援諸禮制，皆所未安，請如紹聖三年九月詔書旨。」后由是復廢。遹、豫遂言元符皇后名位未正，乃冊爲崇恩太后。遹章所言小臣上書者，昌州推官馮澥也。其書以謂：「先帝既終，則后無單立之義；稽之逆順，陛下無立嫂之禮；要之終始，皇太后亦不得伸慈婦之恩。雖已遂之事，難復之失，然感悟追正，何有不可。」澥用是得召對，除鴻臚主簿。蔡京謀取青唐，遹助成其議。會籍元祐黨，遹以爲多漏略，給事中劉逵駁之，左轉戶部侍郎。俄遷工部尚書兼侍讀。踰年，以樞密直學士知穎昌府。言者疏其罪，黜爲滁州。稍復顯謨閣待制、直學士，從宜州。復爲工部尚書，舉馮澥自代，謂澥趣操端勁，古人與稽，嘗建明典禮，忠義凜凜，縉紳歎服。言者又疏其罪，以待制知秀州。中書舍人侯綬封還之，又奪待制。久之，還故職，改述古殿直學士。屏居十五年，方臘陷婺，遹逃奔蘭溪，爲賊所殺，年七十二。

石豫者，寧陵人。第進士，以安惇薦，爲監察御史。與左膚鞫鄒浩獄，文致重比；又使廣東鍾正甫逮治浩，欲致之死。豫論邊事，謂中國與四夷相交，爲君臣相與爲賓客，徽宗以其言無倫理且辱國，出爲淮南轉運判官。陳瓘又追論羅織鄒浩事，降通判亳州。崇寧元年，召拜殿中侍御史，遂同錢遹造廢元祐皇后議，亟遷侍御史，至中丞。請削去景靈宮繪像臣僚自文彦博、司馬光、呂公著、呂大防、范純仁、劉摯、范百祿、梁燾、王巖叟以下。既以論罷軍器監蔡碩，碩訟豫平生交通狀，黜知陳州，徙鄧州。過闕，留爲工部侍郎，進戶部兼侍讀。以調度不繼，降秩一等，從刑部。祖母死，用嫡孫承重去官，服未闋而卒。膚，廬州人，亦用安惇薦爲御史，履歷大略與石豫同。遷侍御史，累至刑、兵、戶三尚書，以樞密直學士知河南府，改永興軍，卒。

許敦仁，興化人。第進士。崇寧初，入爲校書郎。蔡京以州里之舊，擢監察御史，亟遷右正言、起居郎，倚爲腹心。敦仁凡所建請，悉受京旨。言元符之末姦臣用事，內外制詔類多誣實，乞自今日以前，委中書舍人或著作局討論刪正。起居郎、舍人異時遇車駕行幸，惟當直者從，敦仁始請悉扈蹕。還殿中監，拜御史中丞，甫視事，即上章請五日一視朝。徽宗以其言失當，乖宵旰圖治之意，命罰金，仍左遷兵部侍郎。他日爲朱諤言，且欲逐敦仁，而京庇之甚力，敦仁亦處之自如。後二年，卒。靖康中，諫官呂好問論蔡京使敦仁請五日一視朝，欲顓竊國命，蓋指此也。

吳執中字子權，建州松溪人。登嘉祐進士第，歷官州縣。同門壻呂惠卿方貴盛，不肯附以取進，凡三十餘年，始提舉河南常平，連徙河東、淮南、江東轉運判官，提點廣東刑獄。入爲庫部、吏部、右司郎中。大觀初，擢兵部侍郎。二年，進御史中丞。論開封府、內侍省、京畿、秦鳳違法干請，詔獎其得風憲體。又言：「開封之治事，大理之決獄，將作之營繕，榷貨之入中，皆職所當爲，乃妄以爲功，一歲遷官至五六，宜行抑損。」遂詔自今但賜束帛。鄭居中知樞密院，執中言外戚不宜在政地，帝還其章而諭所以用居中之意。初，蔡京忌張康國，故引執中居言路。執中先劾劉炳兄弟、宋喬年父子，皆京客也。帝嘗語執政，嘉其不阿。康國曰：「是乃爲逐臣地耳。」已而章果至，帝怒，黜知滁州。未幾，徙越州。石公弼以爲執中反復得罪，未宜殿大府，改提舉洞霄宮。以集賢殿修撰知揚州，加顯謨閣待制、知河南府。道過都，復拜中丞。帝以星變逐蔡京，言者未已，執中謂進退大臣當全禮貌，於是爲京下詔。京得不重貶。罷恭孫趙適開梓夔諸夷州，執中乞正其罪。又言八行之舉，所得皆鄉曲常人，不足以爲士，願下太學攷其道藝而進退之。所論多施行。遷禮部尚書。張商英罷，御史張克公言執中與商英皆由郭天信以進，除樞密直學士、知越州，尋降待制，又奪職，卒于家。

吳材字聖取，處州龍泉人。中進士第，歷清溪主簿、咸平尉，知江都縣。入爲太學博士，以趙挺之薦，擢右正言，遷左司諫。黨論復起，材首論范純禮爲朋附黨與，前日大臣變更神考法度，故引之執政，不宜復其職；程之元爲蘇軾心腹，不宜亞九卿；張舜民當初政時猖狂無所顧忌，不宜以從官處鄉郡。其後受曾布指，與王能甫疏言元符之末變神考之美政、逐神考之人材者，韓忠彦實爲之首，忠彦遂罷。材驚忍，疾視善類，所排逐最多。進起居郎，以憂去。蔡京用爲給事中、吏部侍郎。陛見有所陳，京不悅，以天章閣待制知光州。挺之作相，召拜工部侍郎，卒。

論曰：紹述說行，權臣顓假以攻元祐正士，網既盡矣，復假以攻異己，鷹犬外搏，鬼蜮內狙，宜小人得志而空朝廷也。故劉拯擿實錄以肆詆，錢遹斥孟后以徧刺，石豫指繪像以削諸賢，吳材擿黨論以擿善類，許敦仁五日一朝之請，吳執中體貌大臣之言，俱蔡京腹心計也。讒說殄行，虞帝攸堲；似是而非，孔聖惡佞。有國家者，可不監夫！

劉昺字子蒙，開封東明人。初名炳，賜今名。元符末，進士甲科。起家太學博士，遷祕書省正字、校書郎。兄煒通樂律，煒死，蔡京擢昺大司樂，付以樂正。遂引蜀人魏漢津鑄九鼎，作大晟樂。昺撰鼎書、新樂書，皆漢津妄出己意，而昺爲緣飾，語在樂志。累遷給事中。京置局議禮，昺又領之。爲翰林學士，改工部尚書，提舉紀元曆，有所損益，爲吳執中所論，以顯謨閣直學士知陳州。昺與弟煥皆侍從，而親喪不葬，坐奪職罷郡，復以事免官。京再輔政，召爲戶部尚書。昺嘗爲京畫策排鄭居中，故京力援昺，由廢黜中還故班。御史中丞俞㮚發其姦利事，京從㮚他官。徽宗所儲三代彝器，詔昺討定，凡尊爵俎豆盤匜之屬，悉改以從古，而載所制器於祀儀，令太學諸生習肄雅樂。閱試日，昺與大司成劉嗣明奏有鶴翔宮架之上。再爲翰林學士，東宮建，爲太子賓客，又還戶部。大理議戶絕法，若祖有子未娶而亡，不得養孫爲嗣，昺曰：「計一歲諸路戶絕，不過得錢萬緡，使歲失萬緡而天下無絕戶，豈不可乎？」詔從其議。加宣和殿學士、知河南府，積官金紫光祿大夫。與王寀交通，事敗，開封尹盛章議以死，刑部尚書范致虛爲請，乃長流瓊州，死，年五十七。

宋喬年字仙民，宰相庠之孫也。父充國，刻意問學，以鄉書試禮部，既自謂宰相子，輒罷舉。仁宗知之，召試學士院，賜進士出身，簽書河南判官、判登聞鼓院、知太常禮院。英宗祔廟，議者欲祧僖祖，藏夾室，充國請配感生帝爲宋始祖，從之。東西府建，上二箴以戒大臣，大臣不懌。會廟饗宿齋，其妻遣兩妾至寺，充國自劾，罷禮院，遂致仕。充國性剛介，孝於奉親，平居得微物，必先薦家廟乃敢嘗。官至大中大夫，卒。喬年用父蔭監市易，坐與倡女私及私役吏失官，落拓二十年。女嫁蔡京子攸，京當國，始復起用。崇寧中，提舉開封縣鎮府界常平，改提點京西北路刑獄，賜進士第，加集賢殿修撰、京畿轉運副使，進顯謨閣待制，爲都轉運使，改開封尹。以龍圖閣學士知河南府。京罷相，諫議大夫毛注、御史中丞吳執中交擊之，貶保靜軍節度副使、蘄州安置。京復相，還舊官，知陳州。政和三年卒，年六十七，謚曰忠文。子昇。

昇字景裕。崇寧初，由譙縣尉爲勅令刪定官，數年至殿中少監。時喬年尹京，父子依憑蔡氏，陵轢士大夫，陰交諫官蔡居厚，使爲鷹犬。以徽猷閣待制知陳州。喬年貶，昇亦謫少府少監、分司南京。未幾，知應天府。喬年卒，起復爲京西都轉運使，治葺西宮及修三山新河，擢至顯謨閣學士。方是時，徽宗議謁諸陵，有司預爲西幸之備。昇治宮城，廣袤十六里，創廊屋四百四十間，費不可勝會。縣漆至灰人骨爲胎，斤直錢數千，盡發洛城外二十里古冢，凡衣冠壟兆，大抵遭暴掘。用是遷正議大夫、殿中監，又奉命補治三陵，泄水坑澗，計役四百九十萬工。未幾卒，贈金紫光祿大夫、延康殿學士，謚曰恭敏。

強淵明字隱季，杭州錢塘人。父至，以文學受知韓琦，終祠部郎中。淵明進士第，調海州司法參軍，歷濟、杭二州教授，知蔡州確山縣，通判保定軍，入爲太府丞、軍器少監、國子司業。與兄浚明及葉夢得締蔡京爲死交，立元祐籍，分三等定罪，皆三人所建，遂濟成黨禍。淵明以故亟遷祕書少監、中書舍人、大司成、翰林學士。大觀三年，京罷相，以龍圖閣直學士知永興軍，徙鄭、越二州。召爲禮部尚書，復拜學士，進承旨。翰林廣直廬，帝書摛文堂牓賜之。兼太子賓客，以疾改延康殿學士、提舉醴泉觀，兼侍讀、監修國史。卒，贈金紫光祿大夫、資政殿學士，謚曰文憲。浚明早死。

蔡居厚字寬夫，熙寧御史延禧子也延禧嘗擊呂惠卿兄弟有直名居厚第進士累官吏部員外郎大觀初拜右正言奏疏曰神宗造立法度曠古絕儗雖符祐之黨力起相軋而終不能搖者出於人心理義之所在也陛下繼志廣聲政事具舉願如明詔勅有司勒爲成書以明一代之制遷起居郎進右諫議大夫論東南兵政七弊及言學官書局皆爲要塗宜公選實學多聞之士無使庸常之徒得以幸進河北河東草盜起太原眞定守皆以不能擒捕罪去居厚言將帥之才不儲養於平時故緩急無所可用宜令觀察使以上各舉所知又言比來從事於朝者皆姑息胥吏吏彊官弱浸以成風蓋輦轂之下吏習狡獪故怯懦者有所畏至用爲耳目倚爲鄉導假借色辭過爲卑辱浸淫及於侍從今廟堂之上稍亦爲之願重爲之制改戶部侍郎言者論其在諫省時爲宋喬年父子用以集賢殿修撰知秦州降羌在州者逸入京師訴事坐失察削職罷蔡京再相起知滄陳齊三州加徽猷閣待制爲應天河南尹初建神霄宮度地汙下爲道士交訴徙汝州久之知東平府復以戶部侍郎召未至又以知青州病不能赴未幾卒

劉嗣明開封祥符人入太學積以試藝名出諸生右崇寧中車駕幸學解褐補承事郎歷校書郎至給事中張商英居相位惡其不附己時鄭居中雖以嫌去樞密然陰植黨與窺伺益固嗣明與之合計傾商英門下省吏張天忱貶秩嗣明駁弗下商英爭之詔御史臺敵曲直商英以是罷嗣明遂論商英引李士觀尹天民入政典局矯爲勅語共造姦謀三人俱坐責嗣明遷大司成士子肄雅樂被恩嗣明亦升班與學士等已而言者論其取悅權貴妄升國子生預舍法以抑寒士黜知潁州未幾入爲工部侍郎翰林學士工部尚書卒贈資政殿學士大中大夫

蔣靜字叔明常州宜興人第進士調安仁令俗好巫疫癘流行病者寧死不服藥靜悉論巫罪聚其所事淫像得三百軀毀而投諸江知陳留縣與屯將不協罷去徽宗初立求言靜上言多詆元祐間事蔡京第爲政等擢職方員外郎中書舍人吳伯舉封還之京怒黜伯舉明年還國子司業帝幸太學命講書無逸篇賜服金紫進祭酒爲中書舍人以顯謨閣待制知壽州徙江寧府茅山道士劉混康以技進賜號先生其徒倚爲姦利奪民葦場彊市廬舍詞訟至府吏觀望不敢治靜悉抵于法徙睦州移病提舉洞霄宮越九年召爲大司成出知洪州復告歸加直學士卒年七十一贈通議大夫

賈偉節開封人第進士累擢兩浙轉運判官條上民間利病加直祕閣爲江淮發運副使蔡京壞東南轉般法爲直達綱偉節率先奉承歲以上供物徑造都下籍催諸道逋負造巨船二千四百艘非供奉物而輒運載者請論以違制花石海錯之急切自此而興論功進秩遂拜戶部侍郎改刑部歲餘以顯謨閣直學士提舉醴泉觀卒

論曰善乎歐陽修之論朋黨也其言曰君子以同道爲眞朋小人以同利爲僞朋同道則同心相益而共濟小人見利則爭先利盡則疎而相賊害矣蘇軾續修說謂君子不得志則奉身而退樂道不仕小人不得則僥倖復用唯怨之報此所以不勝也秦觀亦言君子小人不免有黨人主不辯邪正必至兩廢或言兩存則小人卒得志君子終受害其說明甚徽宗弗之察也唯蔽於紹述之說崇姦貶正黨論滋起於是紹聖指元祐爲黨崇寧指元符爲黨而鄭居中張商英蔡京王黼諸人互指爲黨不復能辨始以黨敗人終以黨敗國衣冠塗炭垂三十年其禍汰於東都白馬蓋至是而三子之言效焉彼劉昺強淵明宋喬年劉嗣明直斗筲耳亦使攘臂恣睢撼撞無忌小人之爲術蹙矣嗚呼朋黨之說眞能空人之國如此哉

崔鶠字德符雍丘人父毗徙居潁州遂爲陽翟人登進士第調鳳州司戶參軍筠州推官徽宗初立以日食求言鶠上書曰臣聞諫爭之道不激切不足以起人主意激切則近訕謗夫爲人臣而有訕謗之名此讒邪之論所以易乘而世主所以不悟天下所以卷舌吞聲而以言爲戒也臣嘗讀史見漢劉陶曹鸞唐李少良之事未嘗不掩卷興嗟矯然有山林不反之意比聞國家以日食之異詢求直言伏讀詔書至所謂言之失中朕不加罪蓋陛下披至情廓聖度以來天下之言如此而私祕所聞不敢一吐是臣子負陛下也方今政令煩苛民不堪擾風俗險薄法不能勝未暇一二陳之而特以判左右之忠邪爲本臣至於草萊不識朝廷之士特怪左右之人有指元祐之臣爲姦黨者必邪人也使漢之黨錮唐之牛李之禍將復見於今日甚可駭也夫毀譽者朝廷之公議故責授朱崖軍司戶司馬光左右以爲姦而天下皆曰忠今宰相章惇左右以爲忠而天下皆曰姦此何理也臣請略言姦人之迹夫乘時抵巇以盜富貴探微揣端以固權寵謂之姦可也包苴滿門私謁踵路陰交不逞密結禁廷謂之姦可也以奇伎淫巧蕩上心以倡優女色敗君德獨操賞刑自報恩怨謂之姦可也蔽遮主聽排斥正人微言者坐以刺譏直諫者陷以指斥以杜天下之言掩塞蔽之罪謂之姦可也凡此數者光有之乎惇有之乎夫有其實者名隨之無其實而有其名誰肯信之傳曰謂狐爲狸非特不知狐又不知狸是故以佞爲忠必以忠爲佞於是乎有繆賞濫罰賞繆罰濫佞幸徜徉如此而國不亂未之有也光忠信直諒聞於華夷雖古名臣未能遠過而謂之姦是欺天下也至如惇狙詐凶險天下士大夫呼曰惇賊貴極宰相人所具瞻以名呼之又指爲賊豈非以其孤負主恩玩竊國柄忠臣痛憤義士不服故賊而名之指其實而號之以賊邪京師語曰大惇小惇殃及子孫謂惇與御史中丞安惇也小人譬之蝮蠍其兇忍害人根乎天性隨遇必發天下無事不過賊陷忠良破善類至緩急危疑之際必有反覆賣國跋扈不臣之心比年以來諫官不論得失御史不劾姦邪門下不駮詔令共持喑默以爲得計昔李林甫竊相位十有九年海內怨痛而人主不知頃鄒浩以言事得罪大臣拱而觀之同列無一語者又從而擠之夫以股肱耳目治亂安危所係而一切若此陛下雖有堯舜之聰明將誰使言之誰使行之夫日者陽也食之者陰也四月正陽之月陽極盛陰極衰之時而陰干陽故其變爲大惟陛下畏天威聽明命大運乾剛大明邪正毋違經義毋鬱民心則天意解矣若夫伐鼓用幣素服徹樂而無懿德善政之實非所以應天也帝覽而善之以爲相州教授後蔡京復籍上書人以鶠爲邪等免所居官久之調穎溪令移病歸始居郟城治地數畝爲婆娑園屏處十餘年人無貴賤長少悉尊師之宣和六年起通判寧化軍召爲殿中侍御史既至而欽宗即位授右正言上疏曰六月一日詔書詔諫臣直論得失以求實是有以見陛下求治之切也數十年來王公卿相皆自蔡京出要使一門生死則一門生用一故吏逐則一故吏來更持政柄無一人立異無一人害已者此京之本謀也安得實是之言聞於陛下哉諫議大夫馮澥近上章曰士無異論太學之盛也澥尚敢爲此姦言乎王安石除異已之人著三經之說以取士天下靡然雷同陵夷至于大亂此無異論之効也京又以學校之法馭士人如軍法之馭卒伍一有異論累及學官若蘇軾黃庭堅之文范鎮沈括之雜說悉以嚴刑重賞禁其收藏其苛錮多士亦已密矣而澥猶以爲太學之盛欺罔不已甚乎原京與澥罪乃天地否泰所係國家治亂由之以分不可忽也仁宗英宗選敦朴敢言之士以遺子孫安石自爲流俗一切逐去司馬光復起而用之元祐之治天下安於泰山及章惇蔡京倡爲紹述之論以欺人主紹述一道德而天下一於諂佞紹述同風俗而天下同於欺罔紹述理財而公私竭紹述造士而人材衰紹述開邊而塞塵犯闕矣元符應詔上書者數千人京遺腹心考定之同已爲正異已爲邪澥與京同者也故列於正京之術破壞天下於茲極矣尚忍使其餘蠹再破壞邪京姦邪之計大類王莽而朋黨之衆則又過之願斬之以謝天下累章極論時議歸重忽得攣疾不能行三求去帝惜之不許呂好問徐秉哲爲言乃以龍圖閣直學士主管嵩山崇福宮命下而卒鶠平生爲文至多輒爲人取去篋無留者尤長於詩清峭雄深有法度無子壻衞昂集其遺文爲三十卷傳於世

張根字知常饒州德興人少入太學甫冠第進士調臨江司理參軍遂昌令當改京秩以四親在堂冀以父母之恩封大父母而貤妻封及母遂致仕得通直郎如其志時年三十一鄉人之賢者彭汝礪序其事自以爲不及屏處十年曾布曾肇鄒浩及本道使者上其行義徽宗召詣闕爲帝言人主一日萬幾所恃者是心耳一累於物則聰明智慮且耗賢不肖混淆綱紀不振矣願陛下清心省欲以窒禍亂之原遂請罷錢塘製造局帝改容嘉美以爲親賢宅教授未幾通判杭州提舉江西常平內侍走馬承受舉劾一路以錢半給軍衣非是自轉運使郡守以下皆罷根言東南軍法與西北殊此事行之百五十年矣帥守監司分朝廷憂顧使有罪猶當審處豈宜以小奄尺紙空十郡吏哉詔皆令復還又言本道去歲糴租四十萬而戶部責償如初祖宗立發運上供額而給本錢數百萬緡使廣糴以待用比希恩者乃獻爲羨餘故歲計不足至爲無名之斂詔貸所糴租而以糴本錢還之六路洪州失官錫繫治兵吏千計根曰此有司失於幾察之過也今雖取無罪之人責以不可得之物何以召和氣乃罷其獄大觀中入對言陛下幸自盡陛下毀石刻除黨籍與天下更始而有司以大臣仇怨廢錮自如爲治之害莫大於此願思所以勵勸之即命爲轉運副使改淮南轉運使加直龍圖閣上書請常平止聽納息以塞兼并下戶均出役錢以絕姦僞市易惟取淨利以役商賈雖名若非正然與和買不讎其

直什買而使之倍輸額外無名無數之斂有間矣又請分舉官爲三科一縣令二學官三縣丞曹州郡亦分三等明言其人某材堪充某州某官某縣令吏部據以注擬則令選稍清覈平配硬差遠矣詔吏部戶部相度以聞根又以水災多乞蠲租賦散括口米常平青苗米振貸流民詔褒諭之徙兩浙辭不行乃具疏付驛遞奏大略謂今州郡無兼月之儲太倉無終歲之積軍須匱乏邊備缺然東南水旱盜賊間作西北二國窺伺日久安得不豫爲之計因條列茶鹽常平等利病之數遂言爲今之計當節其大者而莫大於土木之功今羣臣賜一第或費百萬臣所部二十州一歲上供財三十萬緡耳曾不足給一第之用以寵元勳盛德猶慮不稱況出於閭閻干澤者哉雖趙普韓琦佐命定策所未有願日削而月損之如金帛好賜之類亦不可不節也又其次如錫帶其直雖數百緡亦必斂於數百家而後足今乃下被僕隸使混淆公卿間賢不肖無辨如以其左右趨走不欲墨綬當別爲制度以示等威可也書奏權倖側目謀所以中傷之者言交上帝察根誠不之罪也尋以花石綱拘占漕舟官買一竹至費五十緡而多入諸臣之家因力陳其弊益忤權倖乃擿根所書奏牘注切草略爲傲慢不恭責監信州酒既又言根非詆常平之法以搖紹述之政再貶濠州團練副使安置郴州尋以討淮賊功得自便以朝散大夫終于家年六十根性至孝父病蠱戒鹽根爲食淡母嗜河豚及蟹母終根不復食母方病每至雞鳴則少蘇後不忍聞雞聲子燾自有傳弟楙

楙字見素第進士歷耀淄宿三州教授太學錄升博士改禮部員外郎高麗遣子弟入學肄業又兼博士遷光祿太常少卿擢侍御史鄭居中去位楙言朋黨分攻非朝廷福若不揃其尤久則難圖於是宇文黃中賈安宅等六人皆罷凡蔡京所惡亦指爲居中黨而逐時郎員冗濫至五十五人徽宗諭楙使論列乃擿其庸繆者十六人疏斥諸外徐處仁議置裕民局以京提舉京不樂楙言國家法令明具何嘗不裕民乎今置局非是卒罷之起復修製大樂局管勾官田爲大晟府典樂楙論爲貪盜不法物論弗齒且典樂在太常少卿之上修製冗官不當超踰迺罷爲樂令未幾復前命楙爭不已改祕書少監蔡攸引爲道史檢討官召試中書舍人卒

任諒字子諒眉山人徙汝陽九歲而孤舅欲奪母志諒挽衣泣曰豈有爲人子不能養其親者乎母爲感動而止諒力學自奮年十四即冠鄉書登高第調河南戶曹以兵書謁樞密曾布布使人邀詣闕既見覺不能合逕去布爲相猶欲用之諒予書規以李德裕事布始怒蔣之奇章楶在樞府薦爲編修官布持其奏不下爲懷州教授徽宗見其所作新學碑曰文士也擢提舉夔路學事歷京西河北京東改轉運判官著河北根本籍凡戶口之升降官吏之增損與一歲出納奇贏之數披籍可見上之朝張商英見其書謂爲天下部使者之最提點京東刑獄梁山濼漁者習爲盜蕩無名籍諒伍其家刻其舟非是不得輒入他境地錯其間者鑱石爲表盜發則督吏名捕莫敢不盡力跡無所容加直祕閣徙陝西轉運副使降人李訛哆知邊廩不繼陰闕地窖粟而叛遺西夏統軍書稱定邊可唾手取諒諜知其謀亟輸粟定邊及諸城堡且募人發所窖得數十萬石訛哆果入寇失藏粟七日而退他日復圍觀化堡而邊儲已足訛哆遂解去加徽猷閣待制江淮發運使蔡京破東南轉般漕運法爲直達綱應募者率游手亡賴盜用乾沒漫不可核人莫敢言諒入對首論之京怒會汴泗大水泗州城不沒者兩板諒親部卒築隄從民就高振以米粟水退人獲全京誣以爲漂溺千計坐削籍歸田里執政或言水災守臣職發運使何罪帝亦知其枉復右文殿修撰陝西都轉運使尋復徽猷閣待制進直學士童貫更錢法必欲鐵錢與銅錢等物價率十減其九詔諒與貫議諒言爲六路害寢其策加龍圖閣直學士知京兆府徙渭州以母憂去宣和七年提舉上清寶籙宮修國史初朝廷將有事於燕諒曰中國其有憂乎乃作書貽宰相曰今契丹之勢其亡昭然取之當以漸師出不可無名宜別立耶律氏之法使散爲君長則我有存亡繼絕之義彼有瓜分輻裂之弱與鄰崛起之金國勢相萬也至是又言郭藥師必反帝不聽大臣以爲病狂出提舉嵩山崇福宮是冬金人舉兵犯燕山藥師叛降皆如諒言迺復起諒爲京兆未幾卒年五十八

周常字仲修建州人中進士第以所著禮檀弓義見王安石呂惠卿二人稱之補國子直講太常博士以養親求教授揚州年未五十即致仕久之御史中丞黃履薦其恬退起爲太常博士辭元符初復申前命兼崇政殿說書遷著作佐郎疏言祖宗諸陵器物止用塗金服飾又無珠玉蓋務在質素昭示訓戒自裕陵至宣仁后寢宮乃施金珠願收貯景靈殿以遵遺訓詔置之奉宸庫擢起居舍人鄒浩得罪常於講席論救貶監郴州酒徽宗立召爲國子祭酒起居郎從容言自古求治之主未嘗不以尚志爲先然溺於富貴逸樂蔽於諂諛順適則志隨以喪不可不戒元祐法度互有得失人才各有所長不可偏棄時以天暑令記注官卯漏正即勿奏事仍具爲令常言本朝記注類多兼諫員故凡言動得以所聞見論可否神宗皇帝時修注官雖不兼諫職亦許以史事於崇政延和殿直前陳述陛下於炎暾可畏之候暫停進對亦人情之常若著爲定令則必記於日錄傳之史筆使後人觀之將以爲倦於聽納而忘先帝之美意矣事遂寢進中書舍人禮部侍郎蔡京用事不能容以寶文閣待制出知湖州尋又奪職居婺州復集賢殿修撰卒年六十七

論曰徽宗荒于治嬖倖塞朝柄移權姦不鳴者進習爲腴熟鶠根諒常氣節偘偘指切時敝能盡言不諱卒不勝讒舌根常死外鶠諒甫用而病奪之可悲也已金兵既舉郭藥師已叛朝廷猶弗知矧能先見禍機哉毋惑乎狂諒之言也

宋史卷三百五十七

元中書右丞相總裁脫脫等修

列傳第一百十六

何灌　李熙靖　王雲　譚世勣
梅執禮　程振　劉延慶

何灌字仲源開封祥符人武選登第爲河東從事經畧使韓縝雖數試其材而常沮抑之不假借久乃語之曰君奇士也他日當據吾坐爲府州大山軍巡檢盜蘇延福狡悍爲二邊患灌親梟其首賈胡疃有泉遼人常越境而汲灌親申畫界堠遏其來忿而舉兵犯我灌迎高射之發輒中或著崖石皆沒鏃敵驚以爲神逡巡斂去後三十年契丹蕭大師與灌會道曩事數何巡檢神射灌曰即灌是也蕭矍然起拜爲河東將與夏人遇鐵騎來追灌射皆徹甲至洞胷出背疊貫後騎羌懼而引卻知寧化軍豐州徙熙河都監見童貫不拜貫憾焉張康國薦於徽宗召對問西北邊事以笏畫御榻指坐衣花紋爲形勢帝曰敵在吾目中矣提點河東刑獄遷西上閤門使領威州刺史知滄州以治城郭功轉引進使運粟三十萬石於並塞三州灌言水淺不勝舟陸當用車八千乘沿邊方登麥願以運費增價就糴之奏上報可安撫使忌之劾云板築未畢而冒賞奪所遷官仍再貶秩罷去未幾知岷州引邈川水溉閒田千頃湟人號廣利渠徙河州復守岷提舉熙河蘭湟弓箭手入言漢金城湟中穀斛八錢今西寧湟廓即其地也漢唐故渠尚可考若先葺渠引水使田不病旱則人樂應募而射士之額足矣從之甫半歲得善田二萬六千頃募士七千四百人爲他路最童貫用兵西邊灌取古骨龍馬進武軍加吉州防禦使改知蘭州又攻仁多泉城砲傷足不顧卒拔城斬首五百級尋改鄜州防禦使宣和初劉法陷於敵震武危甚熙帥劉仲武使灌往救灌以衆寡不敵但張虛聲駭之夏人宵遁灌恐覘其實遽反兵仲武猶奏其逗遛罷爲淮西鈐轄從平方臘獲賊帥呂師囊遷同州觀察使浙東都鈐轄改浙西童貫北征檄統制兵馬涿易平以知易州遷寧武軍承宣使燕山路副都總管又加龍神衛都指揮使夔离不取景州圍薊州貫諉以兵事即復景城釋薊圍郭藥師統蕃漢兵灌白頃年折氏歸朝朝廷別置一司專部漢兵至于克行乃許同營今但宜令藥師主常勝軍而以漢兵委灌輩貫不聽召還管幹步軍司陪遼使射玉津園一發破的再發則否客曰太尉不能耶曰非也以禮讓客耳整弓復中之觀者誦歎帝親賜酒勞之遷步軍都虞候金師南下悉出禁旅付梁方平守黎陽灌謂宰相白時中曰金人傾國遠至其鋒不可當今方平掃精銳以北萬有一不枝梧何以善吾後盍留以衞根本不從明日又命灌行辭以軍不堪戰彊之拜武泰軍節度使河東河北制置副使未及行而帝內禪灌領兵入衞鄆王楷至門欲入灌曰大事已定王何所受命而來導者懼而退灌竟行援兵二萬不能足聽募民充數靖康元年正月二日次滑州方平南奔灌亦望風迎潰黃河南岸無一人禦敵金師遂直叩京城灌至乞入見不許而令控守西隅背城拒戰凡三日被創沒于陣年六十二帳下韓綜雷彥興奇士也各手殺數人從以死欽宗哀悼賜金帛命官護葬已而言者論其不守河津追削官秩長子薊至閤門宣贊舍人從父戰箭貫左臂拔出之病創死紹興四年中子蘚以灌事泣訴于朝詔復履正大夫忠正軍承宣使

李熙靖字子安常州晉陵人唐衞公德裕九世孫也祖均父公弼皆進士第公弼崇寧初通判潞州以議三舍法不便使者劾其沮格詔令坐削黜以死熙靖擢第又中詞學兼茂選爲辟雍錄太學正升博士以父老丐外

除提舉淮東學事使養命下乃得河東而爲淮東者臧祐之也蓋省吏取祐之賂輒易之或教使自言熙靖曰事君不擇地吾其可發人之私求自便也宰相聞而賢之留爲兵部員外郎遭父憂去還爲右司員外郎王黼以太宰領應奉司又方事燕雲立經撫房於中書獨專之他執政皆不得預熙靖與言曰應奉之職非宰相所當預尚書樞密皆有兵房足以治疆事經撫何爲者哉黼積不樂同列五人皆躐躋禁從獨滯留四年都水丞失職移過於熙靖貶其兩秩又將左轉爲國子司業執政交言不可僅遷太常少卿黼罷乃拜中書舍人蔡攸又惡之出知拱州越兩月復以故官召入對言燕山雖定宜益謹思患豫防之戒徽宗曰詩所謂迨天之未陰雨徹彼桑土綢繆牖戶者是也熙靖進曰孔子云爲此詩者其知道乎能治其國家誰敢侮之願陛下爲無疆之計帝嘉之靖康初同譚世勣事龍德宮改顯謨閣待制提舉醴泉觀道君待之甚厚常從容及內禪事曰外人以爲吳敏功殊不知此自出吾意耳吾苟不欲人言且滅族誰敢哉或謂君似唐睿宗上畏天戒故爲之吾有此心久矣熙靖再拜賀敏聞而忌之以進對不時受罰既拒張邦昌之命憂憤廢食家人進粥藥寬譬之終無生意故人視其病相持啜泣索筆書唐王維所賦百官何日再朝天之句明日遂卒年五十三與世勣同贈端明殿學士

王雲字子飛澤州人父獻可仕至英州刺史知瀘州黃庭堅謫於涪獻可遇之甚厚時人稱之雲舉進士從使高麗撰雞林志以進擢祕書省校書郎出知簡州遷陝西轉運副使宣和中從童貫宣撫幕入爲兵部員外郎起居中書舍人靖康元年以給事中使斡离不軍議割三鎮以和使還傳道斡离不之意以爲黏罕得朝廷所與余覩蠟書堅云中國不可信欲敗和約執政以爲不然罷爲徽猷閣待制知唐州金人陷太原召拜刑部尚書再出使許以三鎮賦入之數雲至眞定遣從吏李裕還言金人不復求地但索五輅及上尊號且須康王來和好乃成欽宗悉從之且命王及馮澥往未行而車輅至長垣爲所卻雲亦還澥奏言雲誕妄誤國雲言事勢中變金人必欲得三鎮不然則進兵取汴都中外震駭詔集百官議雲固言康王舊與斡离不結歡宜將命帝慮爲所留雲曰和議既成必無留王之理臣敢以百口保之王遂受命而雲以資政殿學士爲之副頃雲奉使過磁相勸兩郡徹近城民舍運粟入保爲清野之計民怨之及是次磁州又與守臣宗澤有憾於是王出謁嘉應神祠雲在後民遮道諫曰肅王已爲金人所留王不宜北去厲聲指雲曰清野之人眞姦賊也王出廟行或發雲笥得烏紗短巾蓋雲夙有風眩疾寢則以護首者民益信其爲姦謀而殺之王見事勢洶洶乃南還相州是役也雲不死王必北行議者以是驗天命云建炎初贈觀文殿學士雲兄霽崇寧時爲謀議司詳議官上書告蔡京罪黥隸海島欽宗復其官從种師中戰死

譚世勣字彥成潭州長沙人第進士教授郴州時王氏學盛行世勣雅不喜或問之曰說多而屢變無不易之論也置其書不觀又中詞學兼茂科除祕書省正字時相蔡京子攸領書局同舍郎多翕附以取貴仕世勣獨坐直廬繼書竟日梁師成之客與爲鄰居數致師成願交意謝不答在館六年不遷京罷用久次爲司門員外郎又三年遷吏部京復相嫌不附已罷提點太平宮久之復還吏部倖臣妄引恩澤任子持不與吏白有某例世勣曰豈當以暫例破成法已而取中旨行之進少府監擢中書舍人以謹命令惜名器廣言路客賜予正上供省浮費六事言于上又爲當路所嫉以徽猷閣待制知婺州未行復留之徽宗禪位東幸且還使與李熙靖副執政奉迎遂同主管龍德宮請辨正宣仁國史之謗述欽聖遺旨以復瑤華太享神祖仍用富弼侑食釋奠先聖不當以王安石配後皆施行秋七月彗出東方大臣或謂此四夷將衰之兆世勣面奏垂象可畏當修德以應天不宜惑諛說進給事中兼侍讀內侍喧爭殿門詔以贖論世勣駁其不恭因言童貫輩初亦甚微小惡不懲將馴至大患疏入同類側目何㮚建議分外郡爲四道置都總管事得顓決世勣言裂天下以付四人而三畿所治者纔十六縣獨無尾大不掉之慮乎㮚不樂改禮部侍郎金騎駸駸南下世勣言守邊爲上策今邊不得守守河則京畿自固中策也巡幸江淮會東南兵以捍敵下策也金人既渡河又請遣大將秦元以所部京畿保甲分護國門使兵勢連屬首尾相援卽金人不敢逼孫傅深然之又格於㮚議再扈車駕至金師帳以十害說其用事者言講解之利詞意忠激金人聳聽張邦昌僭國令與李熙靖同直學士院皆稱疾卧不起以憂卒年五十四建炎初褒其守節贈端明殿學士

梅執禮字和叔婺州浦江人第進士調常山尉未赴以薦爲勅令刪定官武學博士大司成彊淵明賢其人爲宰相言相以未嘗識而爲慊執禮聞之曰以人言而得必以人言而失吾求在我者而已卒不往謁歷軍器鴻臚丞比部員外郎比部職勾稽財貨文牘山委率不暇經目苑吏有持茶券至爲錢三百萬者以楊戩旨意迫取甚急執禮一閱知其妄欲白之長貳疑不敢乃獨列上果詐也改度支吏部進國子司業兼資善堂翊善遷左司員外郎擢中書舍人給事中林攄以前執政赴闕宿留冀復故職執禮論去之孟昌齡居鄆質人屋當贖不肯與而請中旨奪之外郡卒留役中都者萬數肆不逞爲姦詔悉令還楊戩占不遣內侍張佑董葺太廟借求賞皆駁奏弗行遷禮部侍郎素與王黼善黼嘗置酒其第夸示園池妓妾之盛有嬌色執禮曰公爲宰相當與天下同憂樂今方臘流毒吳地瘡痍未息是豈歌舞宴樂時乎退又戒之以詩黼愧怒會孟饗原廟後至以顯謨閣待制知蘄州又奪職明年徙滁州復集英殿修撰時賦鹽虧額滁亦苦抑配執禮曰郡不能當蘇杭一邑而食鹽乃倍粟數民何以堪請於朝詔損二十萬滁人德之欽宗立徙知鎭江府召爲翰林學士道除吏部尚書旋改戶部方軍興調度不足執禮請以禁內錢隸有司凡六宮廩給皆由度支乃得下嘗有小黃門持中批詣部取錢而封識不用璽既悟其失復取之執禮奏審詔責典寶夫人而杖黃門金人圍京都執禮勸帝親征而請太上帝后皇后太子皆出避用事者沮之洎失守金人質天子邀金帛以數百千萬計曰和議已定但所需滿數則奉天子還闕執禮與同列陳知質程振安扶皆主根索四人哀民力已困相與謀曰金人所欲無藝極雖銅鐵亦不能給盍以軍法結罪儻窒其求而宦者挾宿怨語金帥曰城中七百萬戶所取未百一但許民持金銀換粟麥當有出者已而果然酋怒呼四人責之對曰天子蒙塵臣民皆願致死雖肝腦不計於金繒何有哉顧比屋枵空亡以塞命耳酋問官長何在振恐執禮獲罪遽前曰皆官長也酋益怒先取其副胡舜陟胡唐老姚舜明王俁各杖之百執禮等猶爲之請俄遣還將及門呼下馬撾殺之而梟其首時靖康二年二月也是日天宇晝冥士庶皆隕涕憤歎初車駕再出執禮與宗室子昉諸將吳革等謀集兵奪萬勝門夜擣金帥帳迎二帝以歸而王時雍徐秉哲使范瓊泄其謀故不克死時年四十九高宗卽位詔贈通奉大夫端明殿學士議者以爲薄復加資政殿學士

程振字伯起饒州樂平人少有軼材入太學一時名輩多從之游徽宗幸學以諸生右職除官爲辟雍錄升博士遷太常博士提舉京東西路學事請立廟于鄒祀孟軻以公孫丑萬章樂正克等配食從之提舉京西常平入爲膳部員外郎監察御史辟雍國子司業左司員外郎兼太子舍人始至卽言古者大祭祀登餕受爵必以上嗣旣禮經所載且元豐彝典具存非天子展事明堂而殿下不預非所以尊宗廟重社稷也太子矍然曰宮僚初無及此者由是特加獎異方臘起振謂王黼宜乘此時建革天下弊事以上當天意下順人心黼不懌曰上且疑黼挾寇奈何振知黼忌其言趨而出然太子薦之甚力遂擢給事中黼白振資淺且雅長書命請以爲中書舍人侍郎馮熙載出知亳州黼怨熙載欲振詆以醜語振不肯黼使言者劾爲黨罷提舉沖佑觀居三年後還故官靖康元年進吏部侍郎爲欽宗言柄臣不和論議多駁詔令輕改失於事幾金人交兵半歲而至今不解者以和戰之說未一故也裁抑濫賞如白黑易分而數月之間三變其議以私心不除各蔽其黨故也今日一人言之以爲是而行明日一人言之以爲非而止或聖斷除度而不暇疇咨或大臣偏見而遂形播告所以動未必善處未必宜乃輒爲之反汗其勢不得不爾也時金兵至河北振請糾諸道兵犄角擊之曰彼猖獗如此陛下尚欲守和議而不使之少有懲艾乎上嗟味其言而牽於外廷不能用拜開封尹故時大辟有情可矜多奏取原貸崇寧以來議者謂輦轂先彈壓率便文殺之振請復舊制詔捕亡命卒得數千人振請以隸步軍而除其罪步軍司欲論其法振曰方多事之際而一日殺數千人必大駭觀聽乃盡釋之改刑部侍郎金騎在郊邀車駕出城振爲何㮚言宜思所以折之之策㮚不從未幾及於難年五十七金人去從子庭訪得其首歸葬之初王黼使其客沈積中圖燕振戒以後禍積中懼而言不可旣而振乃用是死聞者痛之初宣和崇道家之說振侍坐東宮從容言孔子以鴟鴞之詩爲知道其詞不過曰迨天之未陰雨綢繆牖戶而已老子亦云爲之於未有治之於未亂今不固根本於無事之時而事目前區區非二聖人意他日太子爲欽宗道之欽宗甯頗欲去倢美疏左右近習而宦寺楊戩輩方大興宮室懼不得肆因譖家令楊馮以爲將輔太子幸非常徽宗震怒執馮誅之而太子之言亦廢振尹京時兩宮方困於甚間振極意彌縫治龍德梁忻獄寃其罪不使有纖介可指高宗卽位進秩七等仍官其子及親屬三人又贈端明殿學士端平初曾孫東請謚賜謚剛愍同時

死者禮部侍郎陳知質失其傳給事中安扶附見父安燾傳

劉延慶保安軍人世爲將家雄豪有勇數從西伐立戰功積官至相州觀察使龍神衞都指揮使鄜延路總管還奉寧軍節度觀察留後改承先使破夏人成德軍擒其酋賞屈降王子益麻党征拜保信軍節度使馬軍副都指揮使從童貫平方臘節度河陽三城又從北伐以宣撫都統制督兵十萬渡白溝延慶行軍無紀律郭藥師扣馬諫曰今大軍跋隊行而不設備若敵人置伏邀擊首尾不相應則望塵決潰矣不聽至良鄉遼將蕭幹帥衆來延慶與戰敗績遂閉壘不出藥師曰幹兵不過萬人今悉力拒我燕山必虛願得奇兵五千倍道襲取令公之子三將軍簡師爲後繼延慶許之遣大將高世宣與藥師先行卽入燕城幹舉精甲三千巷戰三將軍者光世也渝約不至藥師失援敗走世宣死之延慶營于盧溝南幹分兵斷餽道擒護糧將王淵得漢軍二人蔽其目留帳中夜半僞相語曰聞漢軍十萬壓吾境吾師三倍敵之有餘當分左右翼以精兵衝其中左右翼爲應殲之無遺陰逸其一人歸報明旦延慶見火起以爲敵至燒營而奔相蹂踐死者百餘里自熙豐以來所儲軍實殆盡退保雄州燕人作賦及歌詠之朝議延慶喪師不可不行法坐貶率府率安置筠州契丹知中國不能用兵由是輕宋未幾復爲鎮海軍節度使靖康之難延慶分部守京城城陷引秦兵萬人奪開遠門以出至龜兒寺爲追騎所殺光世自有傳

論曰靖康之變孰禮振不忍都人塗炭拒彊敵無厭之欲親逢其凶熙靖世勣不肯以一身事二姓悲不食以終灌延慶戰敗而沒此數人者其所遭不同至於死國難則一而已雲之死雖其有以取之殆亦天未欲絕宋祀也不然是行也康王其危哉

宋史卷三百五十八

元中書右丞相總裁脫脫等修

列傳第一百十七

李綱上

李綱字伯紀邵武人也自其祖始居無錫父夔終龍圖閣待制綱登政和二年進士第積官至監察御史兼權殿中侍御史以言事忤權貴改比部員外郎遷起居郎宣和元年京師大水綱上疏言陰氣太盛當以盜賊外患爲憂朝廷惡其言謫監南劍州沙縣稅務七年爲太常少卿時金人渝盟邊報狎至朝廷議避敵之計詔起師勤王命皇太子爲開封牧令侍從各具所見以聞綱上禦戎五策具語所善給事中吳敏曰建牧之議豈非欲委以留守之任乎巨敵猖獗如此非傳以位號不足以招徠天下豪傑東宮恭儉之德聞於天下以守宗社可也公以獻納論思爲職曷不爲上極言之敏曰監國可乎綱曰肅宗靈武之事不建號不足以復邦而建號之議不出於明皇後世惜之主上聰明仁恕公言萬一能行將見金人悔禍宗社底寧天下受其賜翌日敏請對具道所以因言李綱之論蓋與臣同有旨召綱入議綱刺臂血上疏云皇太子監國典禮之常也今大敵入攻安危存亡在呼吸間猶守常禮可乎名分不正而當大權何以號召天下期成功於萬一哉若假皇太子以位號使爲陛下守宗社收將士心以死捍敵天下可保疏上內禪之議乃決欽宗卽位綱上封事謂方今中國勢弱君子道消法度紀綱蕩然無統陛下履位之初當上應天心下順人欲攘除外患使中國之勢尊誅鉏內姦使君子之道長以副道君皇帝付託之意召對延和殿上迎謂綱曰朕頃在東宮見卿論水災疏今尚能誦之李鄴使金議割地綱奏祖宗疆土當以死守不可以尺寸與人欽宗嘉納除兵部侍郎靖康元年以吳敏爲行營副使綱爲參謀官金將斡离不兵渡河徽宗東幸宰執議請上暫避敵鋒綱曰道君皇帝挈宗社以授陛下委而去之可乎上默然太宰白時中謂都城不可守綱曰天下城池豈有如都城者且宗廟社稷百官萬民所在捨此欲何之上顧宰執曰策將安出綱進曰今日之計當整軍馬固結民心相與堅守以待勤王之師上問誰可將者綱曰朝廷以高爵厚祿崇養大臣蓋將用之於有事之日白時中李邦彥等雖未必知兵然藉其位號撫將士以抗敵鋒乃其職也時中忿曰李綱莫能將兵出戰否綱曰陛下不以臣庸懦儻使治兵願以死報乃以綱爲尚書右丞宰執猶守避敵之議有旨以綱爲東京留守綱爲上力陳所以不可去之意且言明皇聞潼關失守卽時幸蜀宗廟朝廷毀于賊手范祖禹以爲其失在於不能堅守以待援今四方之兵不日雲集陛下奈何輕舉以蹈明皇之覆轍乎上意頗悟會內侍奏中宮已行上色變倉卒降御榻曰朕不能留矣綱泣拜以死邀之上顧綱曰朕今爲卿留治兵禦敵之事專責之卿勿令有疏虞綱惶恐受命未幾復決意南狩綱趨朝則禁衞擐甲乘輿已駕矣綱急呼禁衞曰爾等願守宗社乎願從幸乎皆曰願死守綱入見曰陛下已許臣留復戒行何也今六軍父母妻子皆在都城願以死守萬一中道散歸陛下孰與爲衞敵兵已逼知乘輿未遠以健馬疾追何以禦之上感悟遂命輟行綱傳旨語左右曰敢復有言去者斬禁衞皆拜伏呼萬歲六軍聞之無不感泣流涕命綱爲親征行營使以便宜從事綱治守戰之具不數日而畢敵兵攻城綱身督戰募壯士縋城而下斬酋長十餘人殺其衆數千人金人知有備又聞上已內禪乃退求遣大臣至軍中議和綱請行上遣李梲綱曰安危在此一舉臣恐李梲怯懦而誤國事也上不聽竟使梲往金人須金幣以千萬計求割太原中山河間地以親王宰相爲質梲受事自不措一辭還報綱謂所需金幣竭天下且不足況都城乎三鎭國之屏蔽割之何以立國至於遣質卽宰相當往親王不當往若遣辯士姑與之議所以可不可者宿留數日大兵四集彼孤軍深入雖不得所欲亦將速歸此時而與之盟則不敢輕中國而和可久也宰執議不合綱不能奪求去上慰諭曰卿第出治兵此事當徐議之綱退則誓書已行所求皆與之以皇弟康王少保張邦昌爲質時朝廷日輸金幣而金人需求不已日肆屠掠四方勤王之師漸有至者种師道姚平仲亦以涇原秦鳳兵至綱奏言金人貪婪無厭兇悖已甚其勢非用師不可且敵兵號六萬而吾勤王之師集城下者已二十餘萬彼以孤軍入重地猶虎豹自投檻穽中當與計取之不必與角一旦之力若扼河津絕餉道分兵復畿北諸邑而以重兵臨敵營堅壁勿戰如周亞夫所以困七國者俟其食盡力疲然後以一檄取誓書復三鎭縱其北歸半渡而擊之此必勝之計也上深以爲然約日舉事姚平仲勇而寡謀急於要功先期率步騎萬人夜斫敵營欲生擒斡离不及取康王以歸夜半中使傳旨諭綱曰姚平仲已舉事卿速援之綱率諸將旦出封丘門與金人戰幕天坡以神臂弓射金人却之平仲竟以襲敵營不克懼誅亡去金使來宰相李邦彥語之曰用兵乃李綱姚平仲非朝廷意遂罷綱以蔡懋代之太學生陳東等詣闕上書明綱無罪軍民不期而集者數十萬呼聲動地患不得報至殺傷內侍帝亟召綱綱入見泣拜請死帝亦泣命綱復爲尚書右丞充京城四壁守禦使始金人犯城者蔡懋禁不得輒施矢石將士積憤至是綱下令能殺敵者厚賞衆無不奮躍金人懼稍稍引却且得割三鎭詔及親王爲質乃退師除綱知樞密院事綱奏請如澶淵故事遣兵護送且戒諸將可擊則擊之乃以兵十萬分道並進將士受命踴躍以行先是金帥粘罕圍太原守將折可求劉光世軍皆敗平陽府義兵亦叛導金人入南北關取隆德府至是遂攻高平宰相咎綱盡遣城下兵追敵恐倉卒無措急徵諸將已追及金人於邢趙間遽得還師之命無不扼腕比綱力爭復追而將士解體矣詔議迎太上皇帝還京初徽宗南幸童貫高俅等以兵扈從旣行聞都城受圍乃止東南郵傳及勤王之師道路籍籍言貫等爲變陳東上書乞誅蔡京蔡攸童貫朱勔高俅盧宗原等議遣聶山爲發運使往圖之綱曰使山所圖果成震驚太上此憂在陛下萬一不果是數人者挾太上於東南求劍南一道陛下將何以處之莫若罷山之行請於太上去此數人自可不勞而定上從其言徽宗還次南都以書問改革政事之故且詔吳敏李綱或慮太上意有不測綱請行曰此無他不過欲知朝廷事爾綱至具道皇帝聖孝思慕欲以天下養之意請陛下早還京師徽宗泣數行下問卿頃以何故去綱對曰臣昨任左史以狂妄論列水災蒙恩寬斧鉞之誅然臣當時所言以謂天地之變各有類應正爲今日攻圍之兆夫災異變故譬猶一人之身病在五臟則發於氣色形於脈息善醫者能知之所以聖人觀變於天地而修其在我者故能制治保邦而無危亂之憂徽宗稱善又詢近日都城攻圍守禦次第語漸浹洽徽宗因及行宮止遞角等事曰當時恐金人知行宮所在非有他也綱奏方艱危時兩宮隔絕朝廷應副行宮亦豈能無不至者在聖度燭之耳且言皇帝仁孝惟恐有一不當太上皇帝意者每得詰問之詔輒憂懼不食臣竊譬之家長出而彊寇至子弟之任家事者不得不從宜措置長者但當以其能保田園之計而慰勞之苟誅及細故則爲子弟者何所逃其責哉皇帝傳位之初陛下巡幸適當大敵入攻爲宗社計庶事不得不小有更革陛下回鑾臣謂宜有以大慰安皇帝之心勿問細故可也徽宗感悟出玉帶金魚象簡賜綱曰行宮人得卿來皆喜以此示朕意卿可便服之且曰卿輔助皇帝扞守宗社有大功若能調和父子間使無疑阻當遂書靑史垂名萬世綱感泣再拜綱還具道太上意宰執進迎奉太上儀注耿南仲議欲屏太上左右車駕乃進綱言如此是示之以疑也天下之理誠與疑明與闇而已自誠明而推之可至於堯舜自疑闇而推之其患有不可勝言者耿南仲不以堯舜之道輔陛下乃闇而多疑南仲佛然曰臣適見左司諫陳公輔乃爲李綱結士民伏

闕者乞下御史置對上愕然綱曰臣與南仲所論國事也南仲乃爲此言臣何敢復有所辯願以公輔事下吏臣得乞身待罪章十餘上不允太上皇帝還綱迎拜國門翌日朝龍德宮退復上章懇辭上手詔諭意曰乃者敵在近郊士庶伏闕一朝倉猝衆數十萬忠憤所激不謀同辭此豈人力也哉不悅者造言致卿不自安朕深諒卿不足介懷巨敵方退正賴卿協濟艱難宜勉爲朕留綱不得已就職上備邊禦敵八事時北兵已去太上還宮上下恬然置邊事於不問綱獨以爲憂與同知樞密院事許翰議調防秋之兵吳敏乞置詳議司檢詳法制以革弊政詔以綱爲提舉宮南仲沮止之綱奏邊患方棘調度不給宜稍抑冒濫以足國用謂如節度使至遙郡刺史本以待勳臣今皆以戚里恩澤得之堂吏轉官止於正郎崇觀間始轉至中奉大夫今宜皆復舊制執政揭其奏通衢以綱得士民心欲因此離之會守禦司奏補副尉二人御批有大臣專權浸不可長語綱奏頃得旨給空名告勅以便宜行事二人有勞當補官故具奏聞乃遵上旨非專權也時太原圍未解种師中戰沒師道病歸南仲曰欲援太原非綱不可上以綱爲河東北宣撫使綱言臣書生實不知兵在圍城中不得已爲陛下料理兵事今使爲大帥恐誤國事因拜辭不許退而移疾乞致仕章十餘上不允臺諫言綱不可去朝廷上以其爲大臣遊說斥之或謂綱曰公知所以遣行之意乎此非爲邊事欲緣此以去公則都人無辭耳公堅臥不起讒者益肆上怒且不測奈何許翰書杜郵二字遺綱綱皇恐受命上手書裴度傳以賜綱言吳元濟以區區環蔡之地抗唐室與金人彊弱固不相侔而臣曾不足以望裴度萬分之一然寇攘外患可以掃除小人在朝蠹害難去使朝廷既正君子道長則所以扞禦外患者有不難也因書裴度論元稹魏洪簡章疏要語以進上優詔答之宣撫司兵僅萬二千人庶事未集綱乞展行期御批以爲遷延拒命綱上疏明其所以未可行者且曰陛下前以臣爲專權今以臣爲拒命方遣大帥解重圍而以專權拒命之人爲之無乃不可乎願乞骸骨解樞筦之任上趣召數四曰卿爲朕巡邊便可還朝綱曰臣之行無復還之理昔范仲淹以參政出撫西邊過鄭州見呂夷簡曰參政豈可復還其後果然今臣以愚直不容於朝使既行之後進而死敵臣之願也萬一朝廷執議不堅臣當求去陛下宜察臣孤忠以全君臣之義上爲之感動及陛辭言唐恪聶山之姦任

之不已後必誤國進至河陽望拜諸陵復上奏曰臣總師出鞏洛望拜陵寢潸然出涕惟祖宗創業守成垂二百年以至陛下適丁艱難之秋彊敵內侵中國勢弱此誠陛下嘗膽思報厲精求治之日願深考祖宗之法一二推行之進君子退小人益固邦本以圖中興上以慰安九廟之靈下爲億兆蒼生之所依賴天下幸甚行次懷州有詔罷減所起兵綱奏曰太原之圍未解河東之勢甚危秋高馬肥敵必深入宗社安危殆未可知使防秋之師果能足用不可保無敵騎渡河之警況臣出使未幾朝廷盡改前詔所團結之兵悉罷減之今河北河東日告危急未有一人一騎以副其求甫集之兵又皆散遣臣誠不足以任此且以軍法勒諸路起兵而以寸紙罷之臣恐後時有所號召無復應者矣疏上不報御批日促解太原之圍而諸將承受御畫事皆專達宣撫司徒有節制之名綱上疏極諫節制不專之弊時方議和詔止綱進兵未幾徐處仁吳敏罷相而相唐恪許翰罷同知樞密院而進聶山陳過庭李回等吳敏復謫置涪州綱聞之歎曰事無可爲者矣即上奏丐罷乃命种師道以同知樞密院事領宣撫司事召綱赴闕尋除觀文殿學士知揚州綱具奏辭免未幾以綱專主戰議喪師費財落職提舉亳州明道宮責授保靜軍節度副使建昌軍安置再謫寧江金兵再至上悟和議之非除綱資政殿大學士領開封府事綱行次長沙被命即率湖南勤王之師入援未至而都城失守先是康王至北軍爲金人所憚求遣肅王代之至是康王開大元帥府承制復綱故官且貽書曰方今生民之命急於倒垂諒非不世之才何以協濟事功閣下學窮天人忠貫金石當投袂而起以副蒼生之望高宗即位拜尚書右僕射兼中書侍郎趣赴闕中丞顏岐奏曰張邦昌爲金人所喜雖已爲三公郡王宜更加同平章事增重其禮李綱爲金人所惡雖已命相宜及其未至罷之章五上上曰如朕之立恐亦非金人所喜岐語塞而退岐猶遣人封其章示綱覬以沮其來上聞綱且至遣官迎勞錫宴趣見于內殿綱見上涕泗交集上爲動容因奏曰金人不道專以詐謀取勝中國不悟一切墮其計中賴天命未改陛下總師于外爲天下臣民之所推戴內修外攘還二聖而撫萬邦責在陛下與宰相臣自視闕然不足以副陛下委任之意乞追寢成命且臣在道顏岐嘗封示論臣章謂臣爲金人所惡不當爲相如臣愚蠢但知有趙氏不知有金人宜爲所惡然謂臣材不足以任宰相則

可謂爲金人所惡不當爲相則不可因力辭帝爲出范宗尹知饒州顏岐與祠綱猶力辭上曰朕知卿忠義智略久矣欲使敵國畏服四方安寧非相卿不可卿其勿辭綱頓首泣謝云臣愚陋無取荷陛下知遇然今日扶顛持危圖中興之功在陛下而不在臣臣無左右先容陛下首加擢付以宰柄顧區區何足以仰副圖任責成之意然靡不有初鮮克有終臣孤立寡與望察管仲害霸之言留神於君子小人之間使得以盡志畢慮雖死無憾昔唐明皇欲相姚崇崇以十事要說皆中一時之病今臣亦以十事仰干天聽陛下度其可行者賜之施行臣乃敢受命一曰議國是謂中國之御四裔能守而後可戰能戰而後可和而靖康之末皆失之今欲戰則不足欲和則不可莫若先自治專以守爲策俟吾政事修士氣振然後可議大舉二曰議巡幸謂車駕不可不一到京師見宗廟以慰都人之心度未可居則爲巡幸之計以天下形勢而觀長安爲上襄陽次之建康又次之皆當詔有司預爲之備三曰議赦令謂祖宗登極赦令皆有常式前日赦書乃以張邦昌僞赦爲法如赦惡逆及罪廢官盡復官職皆汎濫不可行宜悉改正以法四曰議僭逆謂張邦昌爲國大臣不能臨難死節而挾金人之勢易姓改號宜正典刑垂戒萬世五曰議僞命謂國家更大變鮮仗節死義之士而受僞官以屈膝於其庭者不可勝數昔肅宗平賊汙僞命者以六等定罪宜倣之以勵士風六曰議戰謂軍政久廢士氣怯惰宜一新紀律信賞必罰以作其氣七曰議守謂敵情狡猾勢必復來宜於沿河江淮措置控禦以扼其衝八曰議本政謂政出多門紀綱紊亂宜一歸之於中書則朝廷尊九曰議久任謂靖康間進退大臣太速功效蔑著宜慎擇而久任之以責成功十曰議修德謂上始膺天命宜益修孝悌恭儉以副四海之望而致中興翌日班綱議于朝惟僭逆僞命二事留中不出綱言二事乃今日政刑之大者邦昌當道君朝在政府者十年淵聖即位首擢爲相方國家禍難金人爲易姓之謀邦昌如能以死守節推明天下戴宋之義以感動其心敵人未必不悔禍而存趙氏而邦昌方自以爲得計偃然正位號處宮禁擅降僞詔以止四方勤王之師及知天下之不與不得已而後請元祐太后垂簾聽政而議奉迎邦昌僭逆始末如此而議者不同臣請備論而以春秋之法斷之夫都城之人德邦昌謂因其立而得生且免重科金銀之擾元帥府恕邦昌謂其不待征討而遣使奉迎

若天下之憤嫉邦昌者則謂其建號易姓而奉迎特出於不得已都城德之元帥府恕之私也天下憤嫉之公也春秋之法人臣無將將而必誅趙盾不討則書以弒君今邦昌已僭位號敵退而止勤王之師非特將與不討賊而已劉盆子以漢宗室爲赤眉所立其後以十萬衆降光武但待之以不死邦昌以臣易君罪大於盆子不得已而自歸朝廷既不正其罪又尊崇之此何理也陛下欲建中興之業而尊崇僭逆之臣以示四方其誰不解體又僞命臣僚一切置而不問何以厲天下士大夫之節時執政中有論不同者上乃詔黃潛善等議之潛善主邦昌甚力上顧呂好問曰卿昨在圍城中知其故以爲何如好問附潛善持兩端曰邦昌僭竊位號人所共知既以自歸惟陛下裁處綱言邦昌僭逆豈可使之在朝廷使道路指目曰此亦一天子哉因泣拜曰臣不可與邦昌同列當以笏擊之陛下必欲用邦昌第罷臣上頗感動伯彥乃曰李綱氣直臣等所不及乃詔邦昌謫潭州吳幵莫儔而下皆遷謫有差綱又言近世士大夫寡廉鮮恥不知君臣之義靖康之禍能仗節死義者在內惟李若水在外惟霍安國願加贈恤上從其請仍詔有死節者諸路詢訪以聞上謂綱曰卿昨爭張邦昌事內侍輩皆泣涕卿今可以受命矣綱拜謝有旨兼充御營使入對奏曰今國勢不逮靖康間遠甚然而可爲者陛下英斷於上羣臣輯睦於下庶幾靖康之弊革而中興可圖然非有規模而知先後緩急之序則不能以成功夫外禦彊敵內銷盜賊修軍政變士風裕邦財寬民力改弊法省冗官誠號令以感人心信賞罰以作士氣擇帥臣以任方面選監司郡守以奉行新政俟吾所以自治者政事已修然後可以問罪金人迎還二聖此所謂規模也至於所當急而先者則在於料理河北河東蓋河北河東者國之屏蔽也料理稍就然後中原可保而東南可安今河東所失者恒代太原澤潞汾晉餘郡猶存也河北所失者不過眞定懷衛濬四州而已其餘三十餘郡皆爲朝廷守兩路士民兵將所以戴宋者其心甚堅皆推豪傑以爲首領多者數萬少者亦不下萬人朝廷不因此時置司遣使以大慰撫之分兵以援其危急臣恐糧盡力疲坐受金人之困雖懷忠義之心援兵不至危迫無告必且憤怨朝廷金人因得撫而用之皆精兵也莫若於河北置招撫司河東置經制司擇有材略者爲之使宣諭天子恩德所以不忍棄兩河於敵國之意有能全一州復一郡者以爲節度防禦團

練使如唐右鎮之制使自為守非惟絕其從敵之心又可資其禦敵之力使朝廷永無北顧之憂最今日之先務也上善其言問誰可任者綱薦張所傅亮所嘗為監察御史在靖康圍城中以蠟書募河北兵士民得書喜曰朝廷棄我猶有一張察院能拔而用之應募者凡十七萬人由是所之聲震河北故綱以為招撫河北非所不可傅亮者先以邊功得官嘗治兵河朔都城受圍時亮率勤王之兵三萬人屢立戰功綱察其智略可以大用欲因此試之上乃以所為河北招撫使亮為河東經制副使皇子生故事當肆赦綱奏陛下登極曠蕩之恩獨遺河北河東而不及勤王之師天下觖望夫兩路為朝廷堅守而赦令不及人皆謂已棄之何以慰忠臣義士之心勤王之師在道路半年擐甲荷戈冒犯霜露雖未效用亦已勞矣加以疾病死亡恩恤不及後有急難何以使人乎願因今赦廣示德意上嘉納於是兩路知天子德意人情翕然間有以破敵捷書至者金人圍守諸郡之兵往往引去而山砦之兵應招撫經制二司募者甚衆有許高許亢者以防河而遁謫嶺南至南康謀變守倅戮之或議其擅殺綱曰高亢受任防河寇未至而遁分途劫掠甚於盜賊朝廷不能正軍法而一守倅能行之眞捷吏也使受命捍賊而欲退走者知郡縣之吏皆得以誅之其亦少知所戒乎上以為然命轉一官開封守闕綱以留守非宗澤不可力薦之澤至撫循軍民修治樓櫓屢出師以挫敵綱立軍法五人為伍伍長以牌書同伍四人姓名二十五人為甲甲正以牌書伍長五人姓名百人為隊隊將以牌書甲正四人姓名五百人為部部將以牌書隊將正副十人姓名二千五百人為軍統制官以牌書部將正副十人姓名命招置新軍及御營司兵並依新法團結有所呼召使令按牌以遣三省樞密院置賞功司受賂乞取者行軍法遇敵逃潰者斬因而為盜賊者誅及其家屬凡軍政申明改更者數十條又奏步不足以勝騎騎不足以勝車請以車制頒京東西製造而教閱之又奏造戰艦募水軍及詢訪諸路武臣材略之可任者以備用又進三疏一曰募兵二曰買馬三曰募民出財以助兵費諫議大夫宋齊愈聞而笑之謂虞部員外郎張浚曰李丞相三議無一可行者浚問之齊愈曰民財不可盡括西北之馬不可得而東南之馬不可用至於兵數若郡增二千則歲用千萬緡費將安出齊愈將極論之浚曰公受禍自此始矣時朝廷議遣使于金綱奏曰堯舜之道孝悌而已孝悌之至可以通神明陛下以二聖遠狩沙漠食不甘味寢不安席思迎還兩宮致天下養此孝悌之至而堯舜之用心也今日之事正當枕戈嘗膽內修外攘使刑政修而中國彊則二帝不俟迎請而自歸不然雖冠蓋相望卑辭厚禮恐亦無益今所遣使但當奉表通問兩宮致思慕之意可也上乃命綱草表以周望傅雱為二聖通問使奉表以往且乞降哀痛之詔以感動天下使同心協力相與扶持以致中興又乞省冗員節浮費上皆從其言是時四方潰兵為盜者十餘萬人攻劫山東淮南襄漢之間綱命將悉討平之一日論靖康時事上曰淵聖勤於政事省覽章奏至終夜不寢然卒致播遷何耶綱曰人主之職在知人進君子而退小人則大功可成否則衡石程書無益也因論靖康初朝廷應敵得失之策且極論金人兩至都城所以能守不能守之故因勉上以明恕盡人言以恭敬足國用以英果斷大事上皆嘉納又奏臣章言車駕巡幸之所關中為上襄陽次之建康為下陛下縱未能行上策猶當且適襄鄧示不忘故都以係天下之心不然中原非復我有車駕還闕無期天下之勢遂傾不復振矣上為詔諭兩京以還都之意讀者皆感泣未幾有詔欲幸東南避敵綱極論其不可言自古中興之主起於西北則足以據中原而有東南起於東南則不能以復中原而有西北蓋天下精兵健馬皆在西北一旦委中原而棄之豈惟金人將乘間以擾內地盜賊亦將蠭起為亂跨州連邑陛下雖欲還闕不可得矣況欲治兵勝敵以歸二聖哉夫南陽光武之所興有高山峻嶺可以控扼有寬城平野可以屯兵西鄰關陝可以召將士東達江淮可以運穀粟南通荊湖巴蜀可以取財貨北距三都可以遣救援暫議駐蹕乃還汴都策無出於此者今乘舟順流而適東南固甚安便第恐一失中原則東南不能必其無事雖欲退保一隅不易得也況嘗降詔許留中原人心悅服奈何詔墨未乾遽失大信於天下上乃許幸南陽時黃潛善汪伯彥實陰主巡幸東南之議客或有謂綱曰外論洶洶咸謂東幸已決綱曰國之存亡於是焉分吾當以去就爭之初綱每有所論諫其言雖切直無不容納至是所言常留中不報已而遷綱尚書左僕射兼門下侍郎黃潛善除右僕射兼中書侍郎張所乞且置司北京俟措置有緒乃渡河北京留守張益謙潛善黨也奏招撫司之擾又言自置司河北盜賊益熾綱言所尚留京師益謙何以知其擾河北民無所歸聚而為盜豈由置司乃有盜賊平有旨令留守宗澤節制傅亮即日渡河亮言措置未就而渡河恐誤國事綱言招撫經制臣所建明而張所傅亮又臣所薦用今潛善伯彥沮所及亮所以沮臣臣每覽靖康大臣不和之失事未嘗不與潛善伯彥議而後行而二人設心如此願陛下虛心觀之既而詔罷經制司召亮赴行在綱言聖意必欲罷亮乞以御筆付潛善施行臣得乞身歸田綱退而亮竟罷乃再疏求去上曰卿所爭細事胡乃爾綱言方今人材以將帥為急恐非小事臣昨議遷幸與潛善伯彥異宜為所嫉然臣東南人豈不願陛下東下為安便哉顧一去中原後患有不可勝言者願陛下以宗社為心以生靈為意以二聖未還為念勿以臣去而改其議臣雖去左右不敢一日忘陛下泣辭而退或曰公決於進退於義得矣如讒者何綱曰吾知盡事君之道不可則全進退之節患禍非所恤也初二帝北行金人議立異姓吏部尚書王時雍問於吳幵莫儔二人微言敵意在張邦昌時雍未以為然適宋齊愈自敵所來時雍入問之齊愈取片紙書張邦昌三字時雍意乃決遂以邦昌姓名入議狀至是齊愈論綱三事之非不報擬章將再上其鄉人嗛齊愈者竊其草示綱時方論僭逆附偽之罪於是逮齊愈齊愈不承獄吏曰王尚書輩所坐不輕然但遷嶺南大諫第承終不過踰嶺爾齊愈引伏遂誅之東市張浚為御史劾綱以私意殺侍從且論其買馬招軍之罪詔罷綱為觀文殿大學士提舉洞霄宮尚書右丞許翰言綱忠義捨之無以佐中興會上召見陳東東言潛善伯彥不可任綱不可去東坐誅翰曰吾與東皆爭李綱者東戮都市吾在廟堂可乎遂求去後有旨綱落職居鄂州自綱罷張所以罪去傅亮以母病辭歸招撫經制二司皆廢車駕遂東幸兩河郡縣相繼淪陷凡綱所規畫軍民之政一切廢罷金人攻京東西殘毀關輔而中原盜賊蠭起矣

宋史卷三百五十九

元 中書右丞相總裁脫脫等修

列傳第一百十八

李綱下

紹興二年除觀文殿學士湖廣宣撫使兼知潭州是時荊湖江湘之間流民潰卒羣聚為盜賊不可勝計多者至數萬人綱悉蕩平之上言荊湖國之上流其地數千里諸葛亮謂之用武之國今朝廷保有東南控馭西北如鼎澧岳鄂若荊南一帶皆當屯宿重兵倚為形勢使四川之號令可通而襄漢之聲援可接乃有恢復中原之漸議未及行而諫官徐俯劉棐劾綱罷為提舉西京崇福宮四年冬金人及偽齊來攻綱具防禦三策謂偽齊悉兵南下境內必虛儻出其不意電發霆擊擣潁昌以臨畿甸彼必震懼還救王師追躡必勝之理此上策也若駐蹕江上號召上流之兵順流而下以助聲勢金鼓旌旗千里相望則敵人雖衆不敢南渡然後以重師進屯要害之地設奇邀擊絕其糧道俟彼遁歸徐議攻討此中策也萬一借親征之名為順動之計使卒伍潰散控扼失守敵得乘間深入州縣望風奔潰則其患有不可測矣往歲金人利在侵掠又方時暑勢必還師朝廷因得以還定安集今偽齊導之而來勢不徒還必謀割據姦民潰卒從而附之聲勢鴟張苟或退避則無以為善後之策昔苻堅以百萬衆侵晉而謝安以偏師破之使朝廷措置得宜將士用命安知北敵不授首於我顧一時機會所以應之者如何耳望降臣章與二三大臣熟議之詔綱所陳今日之急務付三省樞密院施行時韓世忠屢敗金人於淮楚間有旨督劉光世張浚統兵渡河車駕進發至江上勞軍五年詔問攻戰守備措置綏懷之方綱奏願陛下勿以敵退為可喜而以讎敵未報為可憤勿以東南為可安而以中原未復赤縣神州陷於敵國為可恥勿以諸將屢捷為可賀而以軍政未修士氣未振而彊敵猶得以潛逃為可虞則中興之期可指日而俟議者或謂敵馬既退當遂用兵為大舉之計臣竊以為不然生理未固而欲浪戰以僥倖非制勝之術也高祖先保關中故能東鄉與項籍爭光武先保河內故能降赤眉銅馬之屬肅宗先保靈武故能破安史而復兩京今朝廷以東南為根本將士暴露之久財用調度之煩民力科取之困苟不大修守備痛自料理先為自固之計何以能萬全而制敵議者又謂敵人既退當且保據一隅以苟目前之安臣又以為不然秦

師三伐晉以報殽之師諸葛亮佐蜀連年出師以圖中原不如是不足以立國高祖在漢中謂蕭何曰吾亦欲東光武破隗囂既平隴復望蜀此皆以天下爲度不如是不足以混一區宇戡定禍亂況祖宗境土豈可坐視淪陷不務恢復乎今歲不征明年不戰使敵勢益張而吾之所糾合精銳士馬日以損耗何以圖敵謂宜於防守既固軍政既修之後卽議攻討乃爲得計此二者守備攻戰之序也至於守備之宜則當料理淮南荆襄以爲東南屏蔽夫六朝之所以能保有江左者以彊兵巨鎭盡在淮南荆襄間故以魏武之雄苻堅石勒之衆宇文拓跋之盛卒不能窺江表後唐李氏有淮南則可以都金陵其後淮南爲周世宗所取遂以削弱近年以來大將擁衆兵於江南官吏守空城於江北雖有天險而無戰艦水軍之制故敵人得以侵擾窺伺今當於淮之東南及荆襄置三大帥屯重兵以臨之分遣偏師進守支郡加以戰艦水軍上運下接自爲防守敵馬雖多不敢輕犯則藩籬之勢盛而無窮之利也有守備矣然後議攻戰之利分責諸路因利乘便收復京畿以及故都斷以必爲之志而勿失機會則以弱爲彊取威定亂於一勝之間逆臣可誅彊敵可滅攻戰之利莫大於是若夫萬乘所居必擇形勝以爲駐蹕之所然後能制服中外以圖事業建康自昔號帝王之宅江山雄壯地勢寬博六朝更都之臣昔舉天下形勢而言謂關中爲上今以東南形勢而言則當以建康爲便今者鑾輿未復舊都莫若且於建康權宜駐蹕願詔守臣治城池修宮闕立官府刱營壁使粗成規模以待巡幸蓋有城池然後人心不恐有官府然後政事可修有營壘然後士卒可用此措置之所當先也至於西北之民皆陛下赤子荷祖宗涵養之深其心未嘗一日忘宋特制於彊敵陷於塗炭而不能以自歸天威震驚必有結納來歸願爲內應者宜給之土田予以爵賞優加撫循許其自新使陷溺之民知所依怙莫不感悅益堅戴宋之心此綏懷之所當先也臣竊觀陛下有聰明睿知之姿有英武敢爲之志然自臨御迨今九年國不闢而日蹙事不立而日壞將驕而難御卒惰而未練國用匱而無贏餘之蓄民力困而無休息之期使陛下憂勤雖至而中興之效邈乎無聞則羣臣誤陛下之故也陛下觀近年以來所用之臣慨然以天下之重自任者幾人平居無事小廉曲謹似可無過忽有擾攘則錯愕無所措手足不過奉身以退天下憂危之重委之陛下而已有臣如此不知何補於國而陛下亦安取此夫用人如用醫必先知其術業可以已病乃可使之進藥而責成功今不詳審其術業而姑試之則雖日易一醫無補於病徒加疾而已大槩近在閑暇則以和議爲得計而以治兵爲失策倉卒則以退避爲愛君而進禦爲誤國上下偷安不爲長久之計天步艱難國勢益弱職此之由今天啓宸衷悟前日和議退避之失親臨大敵天威所臨使北軍數十萬之衆震怖不敢南渡潛師宵奔則和議之與治兵退避之與進禦其效槩可觀矣然敵兵雖退未大懲創安知其秋高馬肥不再來擾我疆埸使疲於奔命哉臣夙夜爲陛下思所以爲善後之策惟自昔創業中興之主必躬冒矢石履行陣而不避故高祖既得天下擊韓王信陳豨黥布未嘗不親行光武自卽位至平公孫述十三年間無一歲不親征本朝太祖太宗定維揚平澤潞下河東皆躬御戎輅眞宗亦有澶淵之行措天下於大安此謂始憂勤而終逸樂也若夫退避之策可暫而不可常可一而不可再退一步則失一步退一尺則失一尺往時自南都退而至維揚則關陝河北河東失矣自維揚退而至江浙則東西失矣萬有一敵騎南牧復將退避不知何所適而可乎航海之策萬乘冒風濤不測之險此又不可之尤者也惟當於國家閑暇之時明政刑治軍旅選將帥修車馬備器械峙糗糧積金帛敵來則禦俟時而奮以光復祖宗之大業此最上策也臣願陛下自今以往勿復爲退避之計可乎臣又觀古者敵國善鄰則有和親仇讎之邦鮮復遣使豈不以釁隙既深終無講好修睦之理故耶東晉渡江石勒遣使于晉元帝命焚其幣而却其使彼遣使來且猶却之此何可往假道僭僞之國其自取辱無補於事祗傷國體金人造釁之深知我必報其措意爲何如而我方且卑辭厚幣屈體以求之其不推誠以見信決矣器幣禮物所費不貲使軺往來坐索士氣而又邀我以必不可從之事制我以必不敢爲之謀是和卒不成而徒爲此擾擾也非特如此於吾自治自彊之計動輒相妨實有所害金人二十餘年以此策破契丹困中國而終莫之悟夫辨是非利害者人心所同豈眞不悟哉聊復用此以僥倖萬一曾不知爲吾害者甚大此古人所謂幾何僥倖而不喪人之國者也臣願自今以往勿復遣和議之使可乎二說既定擇所當爲者一切以至誠爲之俟吾之政事修倉廩實府庫充器用備士氣振力可有爲乃議大舉則兵雖未交而勝負之勢已決矣抑臣聞朝廷者根本也藩方者枝葉也根本固則枝葉蕃朝廷者腹心也將士者爪牙也腹心壯則爪牙奮今遠而彊敵近而僞臣國家所仰以爲捍蔽者在藩方所資以致攻討者在將士然根本腹心則在朝廷惟陛下正心以正朝廷百官使君子小人各得其分則是非明賞罰當自然藩方協力將士用命雖彊敵不足畏逆臣不足憂此特在陛下方寸之間耳臣昧死上條六事一曰信任輔弼二曰公選人材三曰變革士風四曰愛惜日力五曰務盡人事六曰寅畏天威何謂信任輔弼夫興衰撥亂之主必有同心同德之臣相與有爲如元首股肱之於一身父子兄弟之於一家乃能協濟今陛下選於衆以圖任遂能捍禦大敵可謂得人矣然臣願陛下待以至誠無事形跡久任以責成功勿使小人得以間之則君臣之美垂於無窮矣何謂公選人才夫治天下者必資於人才而創業中興之主所資尤多何則繼體守文率由舊章得中庸之才亦足以共治至於艱難之際非得卓犖瓌偉之才則未易有濟是以大有爲之主必有不世出之才參贊翊佐以成大業然自昔抱不羣之才者多爲小人之所忌嫉或中之以黯闇或指之爲黨與或誣之以大惡或擿之以細故而以道事君者不可則止難於自進恥於自明雖負重謗遭深譴安於義命不復自辨苟非至明之主深察人之情僞安能辨其非辜哉陛下臨御以來用人多矣世之所許以爲端人正士者往往閑廢於無用之地而陛下寢寐側席有乏材之歎盍少留意而致察焉何謂變革士風夫用兵之與士風似不相及而實相爲表裏士風厚則議論正而是非明朝廷賞罰當功罪而人心服攷之本朝嘉祐治平以前可知已數十年來奔競日進論議徇私邪說利口足以惑人主之聽元祐大臣持正論如司馬光之流皆社稷之臣也而羣枉嫉之指爲姦黨顚倒是非政事大壞馴致靖康之變非偶然也竊觀近年士風尤薄隨時好惡以取世資滄誕成風豈朝廷之福哉大抵朝廷設耳目及獻納論思之官固許之以風聞至於大故必須覈實而後言使其無實則誣人之罪服讒蒐慝得以中害善良皆非所以修政也何謂愛惜日力夫創業中興如建大廈堂室奥序其規模可一日而成鳩工聚材則積累非一日所致陛下臨御九年于茲境土未復僭逆未誅仇敵未報尚稽中興之業者誠以始不爲之規模而後不爲之積累故也邊事粗定之時朝廷所推行者不過簿書期會不切之細務至於攻討防守之策國之大計皆未嘗留意夫天下無不可爲之事亦無不可爲之時惟失其時則事之小者日益大事之易者日益難矣何謂務盡人事夫天人之道其實一致人之所爲卽天之所爲也人事盡於前則天理應於後此自然之符也故創業中興之主盡其在我而已其成功歸之於天今未嘗盡人事敵至而先自退屈而欲責功於天其可乎臣願陛下詔二三大臣協心同力盡人事以聽天命則恢復土宇翦屠鯨鯢迎還兩宮必有日矣何謂寅畏天威夫天之於王者猶父母之於子愛之至則所以爲之戒者亦至故人主之於天戒必恐懼修省以致其寅畏之誠比年以來熒惑失次太白晝見地震水溢或久陰不雨或久雨不霽或當暑而寒乃正月之朔日有食之此皆天意眷佑陛下丁寧反覆以致告戒惟陛下推至誠之意正厥事以應之則變災而爲祥矣凡此六者皆中興之業所闕而陛下所當先務者今朝廷人才不乏將士足用財用有餘足爲中興之資陛下春秋鼎盛欲大有爲何施不可要在改前日之轍斷而行之耳昔唐太宗謂魏徵爲敢言徵謝曰陛下導臣使言不然其敢批逆鱗哉今臣無魏徵之敢言然展盡底蘊亦思慮之極也惟陛下赦其愚直而取其拳拳之忠疏奏上爲賜詔褒諭除江西安撫制置大使兼知洪州有旨赴行在奏事畢之官六年綱至引對內殿朝廷方銳意大舉綱陛辭言今日用兵之失者四措置未盡善者五宜預備者三當善後者二時宋師與金人僞齊相持於淮泗者半年綱奏兩兵相持非出奇不足以取勝願速遣驍將自淮南約岳飛爲掎角夾擊之大功可成已而宋師屢捷劉光世張俊楊沂中大破僞齊兵於淮肥之上車駕進發幸建康綱奏乞益飭戰守之具修築沿淮城壘且言願陛下勿以去冬驟勝而自怠勿以目前粗定而自安凡可以致中興之治者無不爲凡可以害中興之業者無不去要以修政事信賞罰明是非別邪正招徠人材鼓作士氣愛惜民力順導衆心爲先數者既備則將帥輯睦士卒樂戰用兵其有不勝者哉淮西酈瓊以全軍叛歸劉豫綱指陳朝廷有措置失當者深可痛惜者及當監前失以圖方來者凡十有五事奏之張浚引咎去相位言者引漢武誅王恢爲比綱奏曰臣竊見張浚罷相言者引漢武誅王恢事以爲比臣恐智謀之士卷舌而不談兵忠義之士扼腕而無所發憤將士解體而不用命州郡望風而無堅城陛下將誰與立國哉張浚措置失當誠爲有罪然其區區徇國之心有可矜者願少寬假以

責來效時車駕將幸平江綱以爲平江去建康不遠徒有退避之名不宜輕動復具奏曰臣聞自昔用兵以成大業者必先固人心作士氣據地利而不肯先退盡人事而不肯先屈是以楚漢相距於滎陽成皋間高祖雖屢敗不退尺寸之地既割鴻溝羽引而東遂有垓下之亡曹操袁紹戰於官渡操雖兵弱糧乏荀彧止其退避既焚紹輜重紹引而歸遂喪河北由是觀之今日之事豈可因一叛將之故望風怯敵遽自退屈果出此謀六飛回馭之後人情動搖莫有固志士氣銷縮莫有鬭心我退彼進使敵馬南渡得一邑則守一邑得一州則守一州得一路則守一路亂臣賊子黠吏姦民從而附之虎踞鴟張雖欲如前日返駕還轅復立朝廷於荆棘瓦礫之中不可得也借使敵騎衝突不得已而權宜避之猶爲有說今疆埸未有警急之報兵將初無不利之失朝廷正可懲往事修軍政審號令明賞刑益務固守而遽爲此擾擾棄前功挑後患以自趨於禍敗豈不重可惜哉八年王倫使北還綱聞之上疏曰臣竊見朝廷遣王倫使金國奉迎梓宮今倫之歸與金使偕來乃以詔諭江南爲名不著國號而曰江南不曰通問而曰詔諭此何禮也臣請試爲陛下言之金人毀宗社逼二聖而陛下應天順人光復舊業自我視彼則仇讎也自彼視我則腹心之疾也豈復有可和之理然而朝廷遣使通問冠蓋相望於道卑辭厚幣無所愛惜者以二聖在其域中爲親屈已不得已而然猶有說也至去年春兩宮凶問既至遣使以迎梓宮亟往遄返初不得其要領今倫使事初以奉迎梓宮爲指而金使之來乃以詔諭江南爲名循名責實已自乖戾則其所以罔朝廷而生後患者不待詰而可知臣在遠方雖不足以知曲折然以愚意料之金以此名遣使其邀求大略有五必降詔書欲陛下屈體降禮以聽受一也必有赦文欲朝廷宣布班示郡縣二也必立約束欲陛下奉藩稱臣稟其號令三也必求歲賂廣其數目使我坐困四也必求割地以江爲界淮南荆襄四川盡欲得之五也此五者朝廷從其一則大事去矣金人變詐不測貪婪無厭縱使聽其詔令奉藩稱臣其志猶未已也必繼有號令或使親迎梓宮或使單車入覲或使移易將相或改革政事或竭取租賦或朘削土宇從之則無有紀極一不從則前功盡廢反爲兵端以爲權時之宜聽其邀求可以無後悔者非愚則誣也使國家之勢單弱果不足以自振不得已而爲此固猶不可況土宇之廣猶半天下臣民之心戴宋不忘與有識者謀之尚足以有爲豈可忘祖宗之業生靈之屬望弗慮弗圖遽自屈服冀延旦暮之命哉臣願陛下特留聖意且勿輕許深詔羣臣講明利害可以久長之策擇其善而從之疏奏雖與衆論不合上不以爲忤曰大臣當如此矣九年除知潭州荆湖南路安撫大使綱具奏力辭曰臣迂疏無周身之術動致煩言今者罷自江西爲日未久又蒙湔拔畀以帥權昔漢文帝聞季布賢召之既而罷歸布曰陛下以一人之譽召臣以一人之毀去臣臣恐天下有以窺陛下之淺深願臣區區進退何足少多然數年之間亟奮亟躓上累陛下知人任使之明實有係於國體詔以綱累奏不欲重違遂允其請次年薨年五十八訃聞上爲軫悼遣使賻贈撫問其家給喪葬之費贈少師官其親族十人綱負天下之望以一身用舍爲社稷生民安危雖身或不用用有不久而其忠誠義氣凜然動乎遠邇每宋使至燕山必問李綱趙鼎安否其爲遠人所畏服如此綱有著易傳內篇十卷外篇十二卷論語詳說十卷文章歌詩奏議百餘卷又有靖康傳信錄奉迎錄建炎時政記建炎進退志建炎制詔表劄集宣撫荆廣記制置江右錄

論曰以李綱之賢使得畢力殫慮於靖康建炎間莫或撓之二帝何至於北行而宋豈至爲南渡之偏安哉夫用君子則安用小人則危不易之理也人情莫不喜安而惡危然綱居相位僅七十日其謀數不見用獨於黃潛善汪伯彥秦檜之言信而任之恒若不及何高宗之見與人殊哉綱雖屢斥忠誠不少貶不以用舍爲語默若赤子之慕其母怒呵猶噭噭焉挽其裳裾而從之嗚呼中興功業之不振君子固歸之天若綱之心其可謂非諸葛孔明之用心歟

宋史卷三百六十

元中書右丞相總裁脫脫等修

列傳第一百十九

宗澤 趙鼎

宗澤字汝霖婺州義烏人母劉夢天大雷電光燭其身翌日而澤生澤自幼豪爽有大志登元祐六年進士第廷對極陳時弊考官惡直寘末甲調大名館陶尉呂惠卿帥鄜延檄澤與邑令視河埽檄至澤適喪長子奉檄遽行惠卿聞之曰可謂國爾忘家者適朝廷大開御河時方隆冬役夫僵仆于道中使督之急澤曰浚何細事乃上書其帥曰時方凝寒徒苦民而功未易集少需之至初春可不擾而辦卒用其言上聞從之惠卿辟爲屬辭調衢州龍游令民未知學澤爲建庠序設師儒講論經術風俗一變自此擢科者相繼調晉州趙城令下車請升縣爲軍書聞不盡如所請澤曰承平時固無慮它日有警當知吾言矣知萊州掖縣部使者得旨市牛黃澤報曰方時疫癘牛飲其毒則結爲黃今和氣橫流牛安得黃使者怒欲劾邑官澤曰此澤意也獨銜以聞通判登州境內官田數百頃皆不毛之地歲輸萬餘緡率橫取於民澤奏免之朝廷遣使由登州結女真盟海上謀夾攻契丹澤語所親曰天下自是多事矣退居東陽結廬山谷間靖康元年中丞陳過庭等列薦假宗正少卿充和議使澤曰是行不生還矣或問之澤曰敵能悔過退師固善否則安能屈節北庭以辱君命乎議者謂澤剛方不屈恐害和議上不遣命知磁州時太原失守官兩河者率託故不行澤曰食祿而避難不可也即日單騎就道從羸卒十餘人磁經敵騎蹂躪之餘人民逃徙帑廩枵然澤至繕城壁浚隍池治器械募義勇始爲固守不移之計上言邢洺磁趙相五州各蓄精兵二萬人敵攻一郡則四郡皆應是一郡之兵常有十萬人上嘉之除河北義兵都總管金人破眞定引兵南取慶源自李固渡渡河恐澤兵躡其後遣數千騎直扣磁州城澤擐甲登城令壯士以神臂弓射走之開門縱擊斬首數百級所獲羊馬金帛悉以賞軍士康王再使金行至磁澤迎謁曰肅王一去不反金敵又詭辭以致大王願勿行王遂回相州有詔以澤爲副元帥從王起兵入援澤言宜急會兵李固渡斷敵歸路衆不從迺自將兵趨渡道遇北兵遣秦光弼張德夾攻大破之金人既敗乃留兵分屯澤遣壯士夜擣其軍破三十餘砦時康王開大元帥府檄兵會大名澤履冰渡河見王謂京城受圍日久入援不可緩會簽書樞密院事曹輔齎蠟封欽宗手詔至自京師言和議可成澤曰金人狡譎是欲款我師爾君父之望入援何啻饑渴宜急引軍直趨澶淵次第進壘以解京城之圍萬一敵有異謀則吾兵已在城下汪伯彥等難之勸王遣澤先行自是澤不得預府中謀議矣二年正月澤至開德十三戰皆捷以書勸王檄諸道兵會京城又移書北道總管趙野河東北路宣撫范訥知興仁府曾楙合兵入援三人皆以澤爲狂不答澤以孤軍進都統陳淬言敵方熾未可輕舉澤怒欲斬之諸將乞貸淬使得效死澤命淬進兵遇金人敗之金人攻開德澤遣孔彥威與戰又敗之澤度金人必犯濮先遣三千騎往援金人果至敗之金人復向開德權邦彥孔彥威合兵夾擊又大敗之澤兵進至衞南度將孤兵寡不深入不能成功先驅云前有敵營澤揮衆直前與戰敗之轉戰而東敵益生兵至王孝忠戰死前後皆敵壘澤下令曰今日進退等死不可不從死中求生士卒知必死無不一當百斬首數千級金人大敗退卻數十餘里澤計敵衆十倍於我今一戰而却勢必復來使悉其鐵騎夜襲吾軍則危矣乃暮徙其軍金人夜至得空營大驚自是憚澤不敢復出兵澤出其不意遣兵過大河襲擊敗之王承制以澤爲徽猷閣待制時金人逼二帝北行澤聞即提軍趨滑走黎陽至大名欲徑渡河據金人歸路邀還二帝而勤王之兵卒無一至者又聞張邦昌僭位欲先行誅討會得大元帥府書約移師近都按甲觀變澤復書于王曰人臣豈有服赭袍張紅蓋御正殿者乎自古姦臣皆外爲恭順而中藏禍心未有竊據寶位改元肆赦惡狀昭著若邦昌者今二聖諸王悉渡河而北惟大王在濟天意可知宜亟行天討興復社稷且言邦昌僞赦或啓姦雄之意望遣使分諭諸路以定民心又上書言今天下所屬望者在於大王大王行之得其道則有以慰天下之心所謂道者近剛正而遠柔邪納諫諍而拒諛佞尚恭儉而抑驕侈體憂勤而忘逸樂進公實而退私僞因累表勸進王即帝位于南京澤入見涕泗交頤陳興復大計時與李綱同入對相見論國事慷慨流涕綱奇之上欲留澤潛善等沮之除龍圖閣學士知襄陽府時金人有割地之議澤上疏曰天下者太祖太宗之天下陛下當兢兢業業思傳之萬世奈何遽議割河之東西又議割陝之蒲解乎自金人再至朝廷未嘗命一將出一師但聞姦邪之臣朝進一言以告和暮入一說以乞盟終致二聖北遷宗社蒙恥臣意陛下赫然震怒大明黜陟以再造王室今即位四十日矣未聞有大號令但見刑部指揮云不得謄播赦文於河之東西陝之蒲解者是褫天下忠義之氣而自絕其民也臣雖駑怯當躬冒矢石爲諸將先得捐軀報國恩足矣上覽其言壯之改知青州時年六十九矣開封尹闕李綱言綏復舊都非澤不可尋徙知開封府時敵騎留屯河上金鼓之聲日夕相聞而京城樓櫓盡廢兵民雜居盜賊縱橫人情恟恟澤威望素著既至首捕誅舍賊者數人下令曰爲盜者贓無輕重並從軍法由是盜賊屏息民賴以安王善者河東巨寇也擁衆七十

萬車萬乘欲據京城澤單騎馳至善營泣謂之曰朝廷當危難之時使有如公一二輩豈復有敵患乎今日乃汝立功之秋不可失也善感泣曰敢不效力遂解甲降時楊進號沒角牛兵三十萬王再興李貴王大郎等各擁衆數萬往來京西淮南河南北侵掠爲患澤遣人諭以禍福悉招降之上疏請上還京俄有詔荆襄江淮悉備巡幸澤上疏言開封物價市肆漸同平時將士農民商旅士大夫之懷忠義者莫不願陛下亟歸京師以慰人心其唱爲異議者非爲陛下忠謀不過如張邦昌輩陰與金人爲地爾除延康殿學士京城留守兼開封尹時金遣人以使僞楚爲名至開封府澤曰此名爲使而實覘我也拘其人乞斬之有詔所拘金使延置別館澤曰國家承平二百年不識兵革以敵國誕謾爲可憑信恬不置疑不惟不嚴攻討之計其有實欲賈勇思敵所憤之人士大夫不以爲狂則以爲妄致有前日之禍張邦昌耿南仲輩所爲陛下所親見也今金人假使僞楚來覘虛實臣愚乞斬之以破其姦而陛下惑於人言令遷置別館優加待遇臣愚不敢奉詔以彰國弱上乃親札諭澤竟縱遣之言者附潛善意皆以澤拘留金使爲非尚書左丞許景衡抗疏力辨且謂澤之爲尹威名政績卓然過人今之縉紳未見其比乞厚加任使以成禦敵治民之功真定懷衞間敵兵甚盛方密脩戰具爲入攻之計而將相恬不爲慮不脩武備澤以爲憂乃渡河約諸將共議事宜以圖收復而於京城四壁各置使以領招集之兵又據形勢立堅壁二十四所於城外沿河鱗次爲連珠砦連結河東河北山水砦忠義民兵於是陝西京東西諸路人馬咸願聽澤節制有詔如淮甸澤上表諫不報秉義郎岳飛犯法將刑澤一見奇之曰此將材也會金人攻汜水澤以五百騎授飛使立功贖罪飛大敗金人而還遂升飛爲統制飛由是知名澤視師河北還上疏言陛下尚留南都道路籍籍咸以爲陛下舍宗廟朝廷使社稷無依生靈失所仰戴陛下宜亟回汴京以慰元元之心不報復抗疏言國家結好金人欲以息民卒之劫掠侵欺靡所不至是守和議果不足以息民也當時固有阿意順旨以叨富貴者亦有不相詭隨以獲罪戾者陛下觀之叨富貴者爲是乎獲罪戾者爲是乎今之言遷幸者猶前之言和議爲可行者也今之言不可遷者猶前日之言和議不可行者也惟陛下熟思而審用之且京師二百年積累之基業陛下奈何輕棄以遺敵國乎詔遣官迎奉六宮往金陵澤上疏曰京師天下腹心也兩河雖未敉寧特一手臂之不信爾今遽欲去之非惟一臂之弗瘳且并與腹心而棄之矣昔景德間契丹寇澶淵王欽若江南人即勸幸金陵陳堯叟蜀人即勸幸成都惟寇準毅然請親征卒用成功臣何敢望寇準然不敢不以章聖望陛下又條上五事其一言黃潛善汪伯彥贊南幸之非澤前後建議經從三省樞密院輒爲潛善等所抑每見澤奏疏皆笑以爲狂金將兀朮渡河謀攻汴京諸將請先斷河梁嚴兵自固澤笑曰去冬金騎直來正坐斷河梁耳乃命部將劉衍趨滑劉達趨鄭以分敵勢戒諸將極力保護河梁以俟大兵之集金人聞之夜斷河梁遁去二年金人自鄭抵白沙去汴京密邇都人震恐僚屬入問計澤方對客圍碁笑曰何事張皇劉衍等在外必能禦敵乃選精銳數千使繞出敵後伏其歸路金人方與衍戰伏兵起前後夾擊之金人果敗金將黏罕據西京與澤相持澤遣部將李景良閻中立郭俊民領兵趨鄭遇敵大戰中立死之俊民降景良遁去澤捕得景良謂曰不勝罪可恕私自逃是無主將也斬其首以徇既而俊民與金將史姓者及燕人何仲祖等持書來招澤澤數俊民曰汝失利死尚爲忠義鬼今反爲金人持書相誘何面目見我乎斬之謂史曰我受此土有死而已汝爲人將不能以死敵我乃欲以兒女子語誘我乎亦斬之謂仲祖脅從貸之劉衍還金人須入滑部將張撝請往救澤選兵五千付之戒毋輕戰以需援撝至滑迎戰敵騎十倍諸將請少避其鋒撝曰避而偷生何面目見宗公力戰死之澤聞撝急遣王宣領騎五千救之撝死二日宣始至與金人大戰破走之澤迎撝喪歸恤其家以宣權知滑州金人自是不復犯東京山東盜起執政謂其多以義師爲名請下令止勤王澤疏曰自敵圍京城忠義之士憤懣爭奮廣之東西湖之南北福建江淮越數千里爭先勤王當時大臣無遠識大畧不能撫而用之使之饑餓困窮弱者塡溝壑强者爲盜賊此非勤王者之罪乃一時措置乖謬所致耳今河東西不從敵國而保山砦者不知其幾諸處節義之夫自黥其面而爭先救駕者復不知其幾此詔一出臣恐草澤之士一旦解體倉卒有急誰復有願忠效義之心哉王策者本遼酋爲金將往來河上澤擒之解其縛坐堂上爲言契丹本宋兄弟之國今女眞辱吾主又滅而國義當協謀雪恥策感泣願效死澤因問敵國虛實盡得其詳遂決大舉之計召諸將謂曰汝等有忠義心當協謀勦敵期還二聖以立大功言訖泣下諸將皆泣聽命金人戰不利悉引兵去澤疏諫南幸言臣爲陛下保護京城自去年秋冬至于今春又三月矣陛下不早回京城則天下之民無所依戴除資政殿學士又遣子穎詣行闕上疏曰天下之事見幾而爲待時而動則事無不成今收復伊洛而金酋渡河捍蔽滑臺而敵國屢敗河東河北山砦義民引領舉踵日望官兵之至以幾以時而言之中興之兆可見而金人滅亡之期可必在陛下見幾乘時而已又言昔楚人城郢史氏鄙之今聞有旨於儀眞教習水戰是規規爲偏霸之謀非可鄙之甚者乎傳聞四方必謂中原不守遂爲江寧控扼之計耳先是澤去磁以州事付兵馬鈐轄李侃統制趙世隆殺之至是世隆及弟世興以兵二萬來歸衆懼其變澤曰世隆本吾一校爾何能爲世隆至責之曰河北陷沒吾宋法令與上下之分亦陷沒邪命斬之時世興佩刃侍側衆兵露刃庭下澤徐謂世興曰汝兄誅汝能奮志立功足以雪恥世興感泣金人攻滑州澤遣世興往救世興至掩其不備敗之澤威聲日著北方聞其名常尊憚之對南人言必曰宗爺爺澤疏言丁進數十萬衆願守護京城李成願扈從還闕即渡河勦敵楊進等兵百萬亦願渡河同致死力臣聞多助之至天下順之陛下及此時還京則衆心翕然何敵國之足憂乎又奏言聖人愛其親以及人之親所以教人孝敬其兄以及人之兄所以教人弟陛下當與忠臣義士合謀肆討迎復二聖今上皇所御龍德宮儼然如舊惟淵聖皇帝未有宮室望改脩寶籙宮以爲迎奉之所使天下知孝於父弟於兄是以身教也上乃降詔擇日還京澤前後請上還京二十餘奏每爲潛善等所抑憂憤成疾疽發于背諸將入問疾澤矍然曰吾以二帝蒙塵積憤至此汝等能殲敵則我死無恨衆皆流涕曰敢不盡力諸將出澤歎曰出師未捷身先死長使英雄淚滿襟翌日風雨晝晦澤無一語及家事但呼過河者三而薨都人號慟遺表猶贊上還京贈觀文殿學士通議大夫諡忠簡澤質直好義親故貧者多依以爲活而自奉甚薄常曰君父側身嘗膽臣子乃安居美食邪始澤招集羣盜聚兵儲糧結諸路義兵連燕趙豪傑自謂渡河尅復可指日冀有志弗就識者恨之子穎居戎幕素得士心澤薨數日將士去者十五都人請以穎繼父任會朝廷已命杜充留守乃以穎爲判官充反澤所爲頗失人心穎屢爭之不從乃請持服歸自是豪傑不爲用羣聚城下者復去爲盜而中原不守矣穎官終兵部郎中

趙鼎字元鎭解州聞喜人生四歲而孤母樊教之通經史百家之書登崇寧五年進士第對策斥章惇誤國累官爲河南洛陽令宰相吳敏知其能擢爲開封士曹金人陷太原朝廷議割三鎭地鼎曰祖宗之地不可以與人何庸議已而京師失守二帝北行金人議立張邦昌鼎與胡寅張浚逃太學中不書議狀高宗即位除權戶部員外郎知樞密院張浚薦之除司勳郎官上幸建康詔條具防秋事宜鼎言宜以六宮所止爲行宮車駕所止爲行在擇精兵以備儀衞其餘兵將分布江淮使敵莫測巡幸之定所上納之久雨詔求闕政鼎言自熙寧間王安石用事變祖宗之法而民始病假闢國之謀造生邊患興理財之政窮困民力設虛無之學敗壞人才至崇寧初蔡京託紹述之名盡祖安石之政凡今日之患始於安石成於蔡京今安石猶配享廟廷而京之黨未除時政之闕無大於是上爲罷安石配享擢右司諫旋遷殿中侍御史劉光世部將王德擅殺韓世忠之將而世忠亦率部曲奪建康守府廨鼎言德總兵在外專殺無忌此而不治孰不可爲命鼎鞫德鼎又請下詔切責世忠而指取其將吏付有司治罪諸將肅然上曰肅宗興靈武得一李勉朝廷始尊今朕得卿無愧昔人矣中丞范宗尹言故事無自司諫遷殿中者上曰鼎在言路極舉職所言四十事已施行三十有六遂遷侍御史北兵至江上幸會稽召臺諫議去留鼎陳戰守避三策拜御史中丞請督王瓊進軍宣州周望分軍出廣德劉光世渡江駐蘄黃爲邀擊之計又言經營中原當自關中始經營關中當自蜀始欲幸蜀當自荆襄始吳越介在一隅非進取中原之地荆襄左顧川陝右控湖湘而下瞰京洛三國所必爭宜以公安爲行闕而屯重兵于襄陽運江浙之粟以資川陝之兵經營大業計無出此韓世忠敗金人于黃天蕩宰相呂頤浩請上幸浙西下詔親征鼎以爲不可輕舉頤浩惡其異己改鼎翰林學士鼎不拜改吏部尚書又不拜言陛下有聽納之誠而宰相陳拒諫之說陛下有眷待臺臣之意而宰相挾挫沮言官之威堅臥不出疏頤浩過失凡千言上罷頤浩詔鼎復爲中丞謂鼎曰朕每聞前朝忠諫之臣恨不之識今於卿見之除端明殿學士簽書樞密院事金人攻楚州鼎奏遣張俊往援之俊不行山陽遂陷金人留淮上范宗尹奏敵未必能再渡鼎曰勿恃其不來恃吾有以待之三省當以敵退爲陛下擇人才脩政事密院常

虜敵至爲陛下中軍律治甲兵卽兩得之上曰卿等如此朕復何憂鼎以楚州之失上章丐去會辛企宗除節度使鼎言企宗非軍功忤旨出奉祠除知平江府尋改知建康又移知洪州京西招撫使李橫欲用兵復東京鼎言橫烏合之衆不能當敵恐遂失襄陽已而橫戰不利走襄陽竟陷召拜參知政事宰相朱勝非言襄陽國之上流不可不急取上問岳飛可使否鼎曰知上流利害無如飛者簽樞徐俯不以爲然飛出師竟復襄陽鼎乞令韓世忠屯泗上劉光世出陳蔡光世請入奏俯欲許之鼎不可僞齊宿遷令來歸俯欲斬送劉豫鼎復爭之俯積不能平乃求去朱勝非兼知樞密院言者謂當國者不知兵乞令參政通知由是爲勝非所忌除鼎知樞密院川陝宣撫使鼎辭以非才上曰四川全盛半天下之地盡以付卿黜陟專之可也時吳玠爲宣撫副使鼎奏言臣與玠同事或節制之耶上乃改鼎都督川陝諸軍事鼎所條奏勝非多沮抑之鼎上疏言頃張浚出使川陝國勢百倍於今浚有補天浴日之功陛下有礪山帶河之誓君臣相信古今無二而終致物議以被竄逐今臣無浚之功而當其任遠去朝廷其能免於紛紛乎又言臣所請兵不滿數千半皆老弱所齎金帛至微薦舉之人除命甫下彈墨已行臣日侍宸扆所陳已艱難況在萬里之外乎時人士皆惜其去臺諫有留行者會邊報沓至鼎毎陳用兵大計及朝辭上曰卿豈可遠去當遂相卿九月拜尚書右僕射同中書門下平章事兼知樞密院事制下朝士相慶時劉豫子麟與金人合兵大入舉朝震恐鼎論戰禦之計諸將各異議獨張俊以爲當進討鼎是其言有勸上他幸者鼎曰戰而不捷去未晚也上亦曰朕當親總六師臨江決戰鼎喜曰累年退怯敵志益驕今聖斷親征成功可必於是詔張俊以所部援韓世忠而命劉光世移軍建康且促世忠進兵世忠至揚州大破金人於大儀鎭方警報交馳劉光世遣人諷鼎曰相公自入蜀何事爲他人任患世忠亦謂人曰趙丞相眞敢爲者鼎聞之恐上意中變乘間言陛下養兵十年用之正在今日若少加退沮卽人心渙散長江之險不可復恃矣及捷音日至車駕至平江下詔聲逆豫之罪欲自將渡江決戰鼎曰敵之遠來利於速戰遽與爭鋒非策也且豫猶遣其子豈可煩至尊耶帝爲止不行未幾簽書樞密院事胡松年自江上還云北兵大集然後知鼎之有先見也張浚久廢鼎言浚可大任乃召除知樞密院命浚往江上視師時敵兵久駐淮南知南兵有備漸謀北歸鼎曰金人無能爲矣命諸將邀諸淮連敗之金人遁去上謂鼎曰近將士致勇爭先諸路守臣亦翕然自效乃朕用卿之力也鼎謝曰皆出聖斷臣何力之有焉或問鼎曰金人頃國來攻衆皆恟懼公獨言不足畏何耶鼎曰敵衆雖盛然以豫邀而來非其本心戰必不力以是知其不足畏也上嘗語張浚曰趙鼎眞宰相天使佐朕中興可謂宗社之幸也鼎奏金人遁歸尤當博采羣言爲善後之計於是詔呂頤浩等議攻戰備禦措置綏懷之方五年上還臨安制以鼎守左僕射知樞密院事張浚守右僕射兼知樞密院事都督諸路軍馬鼎以政事先後及人才所當召用者條而置之座右次第奏行之制以貴州防禦使瑗爲保慶軍節度使封建國公於行宮門外建資善堂鼎薦范沖爲翊善朱震爲贊讀朝論謂二人極天下之選建炎初嘗下詔以姦臣誣蔑宣仁保佑之功命史院刊脩未及行朱勝非爲相上諭之曰神宗哲宗兩朝史事多失實非所以傳信後世宜召范沖刊定勝非言神宗史增多王安石日錄哲宗史經京下之手議論多不正命官刪脩誠足以彰二帝盛美會勝非去位鼎以宰相監脩二史是非各得其正上親書忠正德文四字賜鼎又以御書尚書一帙賜之曰書所載君臣相戒飭之言所以賜卿欲共由斯道鼎上疏謝劉豫遣子麟猊分路入寇時張俊屯盱眙楊沂中屯泗韓世忠屯楚岳飛駐鄂劉光世駐廬沿江上下無兵上與鼎以爲憂鼎移書浚欲令浚與沂中合兵勦敵光世乞捨廬還太平又乞退保采石鼎奏曰豫逆賊也官軍與豫戰而不能勝或更退守何以立國今賊已渡淮當亟遣張俊合光世之軍盡掃淮南之寇然後議去留上善其策詔二將進兵俊軍至藕塘與猊戰大破之鼎命沂中趨合肥以會光世光世已棄廬回江北浚以書告鼎鼎曰上詔浚有不用命者聽以軍法從事光世大駭復進至肥河與麟戰破之麟猊拔柵遁去浚在江上嘗遣其屬呂祉入奏事所言誇大鼎每抑之上謂鼎曰他日張浚與卿不和必呂祉也後浚因論事語意微侵鼎鼎言臣初與浚如兄弟因呂祉離間遂爾睽異今浚成功當使展盡底蘊浚當留臣當去上曰俟浚歸議之浚嘗奏乞幸建康而鼎與折彥質請回蹕臨安暨浚還乞乘勝攻河南且罷劉光世軍政鼎言擒豫固易耳然得河南能保金人不內侵乎光世累世爲將無故而罷之恐人心不安浚滋不悅鼎以觀文殿大學士知紹興府七年上幸建康罷劉光世以王德爲都統制酈瓊副之並聽參謀兵部尚書呂祉節制瓊與德有宿怨訴于祉不得直執祉以全軍降僞齊浚引咎去位乃以萬壽觀使兼侍讀召鼎入對拜尚書左僕射同中書門下平章事兼樞密使進四官上言淮西之報初至執政奏事皆失措惟朕不爲動鼎曰今見諸將尤須靜以待之不然益增其驕蹇之心臺諫交論淮西無備鼎曰行朝擁兵十萬敵騎直來自足抗之設有他虞鼎身任其責淮西訖無驚鼎嘗乞降詔安撫淮西上曰俟行遣張浚朕當下罪己之詔鼎言浚已落職上曰浚罪當遠竄鼎奏浚母老且有勤王功上曰功過自不相掩已而內批出浚謫置嶺南鼎留不下詰旦約同列救解上怒殊未釋鼎力懇曰浚罪不過失策耳凡人計慮豈不欲萬全儻因一失便寘之死地後有奇謀秘計誰復敢言者此事自關朝廷非獨私浚也上意乃解遂以散官分司居永州鼎旣再相或議其無所施設鼎聞之曰今日之事如人患羸當靜以養之若復加攻砭必傷元氣矣金廢劉豫鼎遣間招河南守將壽亳陳蔡之間往往舉城或率部曲來歸得精兵萬餘馬數千知廬州劉錡亦奏言淮北歸正者不絕度今歲可得四五萬上喜曰朕常慮江池數百里備禦空虛今得此軍可無患矣金人遣使議和朝論以爲不可信上怒鼎曰陛下於金人有不共戴天之讎今屈己請和不憚爲之者以梓宮及母后耳羣臣憤懣之辭出於愛君不可以爲罪陛下宜諭之曰講和非吾意以親故不得已爲之但得梓宮及母后還敵雖渝盟吾無憾焉上從其言羣議遂息潘良貴以向子諲奏事久叱之退上欲抵良貴罪常同爲之辨欲併逐同鼎奏子諲雖無罪而同與良貴不宜逐二人竟出給事中張致遠謂不應以一子諲出二佳士不書黃上怒顧鼎曰固知致遠必繳駁鼎問何也上曰與諸人善蓋已有先入之言由是不樂於鼎矣秦檜繼留身奏事旣出鼎問帝何言檜曰上無他恐丞相不樂耳御筆和州防禦使璩除節鉞封國公鼎奏建國雖未正名天下皆知陛下有子社稷大計也在今禮數不得不異所以繫人心不使之二三而惑也上曰姑徐之檜後留身不知所云鼎嘗闢和議與檜意不合及鼎以爭璩封國事拂上意檜乘間擠鼎又薦蕭振爲侍御史振本鼎所引及入臺劾參知政事劉大中罷之鼎曰振意不在大中也振亦謂人曰趙丞相不待論當自爲去就會殿中侍御史張戒論給事中勾濤濤言戒之擊臣乃趙鼎意因詆鼎結臺諫及諸將上聞益疑鼎引疾求免言大中持正論爲章惇蔡京之黨所嫉臣議論出處與大中同大中去臣何可留乃以忠武節度使出知紹興府尋加檢校少傅改奉國軍節度使檜率執政往餞其行鼎不爲禮一揖而去檜益憾之鼎旣去王庶入對上謂庶曰趙鼎兩爲相於國大有功再贊親征皆能決勝又鎭撫建康回鑾無患他人所不及也先是王倫使金從鼎受使指問禮數則答以君臣之分已定問地界則答以大河爲界二者從事之大者或不從則已倫受命而行至是倫與金使俱來以撫諭江南爲名上歎息謂庶曰使五日前得此報趙鼎豈可去耶初車駕還臨安內侍移竹栽入內鼎見責之曰艮嶽花石之擾皆出汝曹今欲蹈前轍耶因奏其事上改容謝之有戶部官進錢入宮者鼎召至相府切責之翌日問上曰某人獻錢耶上曰朕求之也鼎奏某人不當獻陛下不當求遂出其人與郡鼎嘗薦胡寅魏矼晏敦復潘良貴呂本中張致遠等數十人分布朝列暨再相奏曰今清議所與如劉大本胡寅呂本中常同林季仲之流陛下能用之乎妬賢長惡如趙霈胡世將周秘陳公輔之徒陛下能去之乎上爲徙世將而公輔等尋補外上嘗中批二人付廟堂升擢鼎奏疏遠小臣陛下何由得其姓名上謂嘗同實稱之鼎曰同知其賢何不露章薦引始浚薦秦檜可與共大事鼎再相亦以爲言然檜機穽深險外和而中異浚初求去有旨召鼎鼎至越丐祠檜惡其逼己徙知泉州又諷謝祖信論鼎嘗受張邦昌僞命遂奪節御史中丞王次翁論鼎治郡廢弛命提舉洞霄宮鼎自泉州歸復上書言時政檜忌其復用諷次翁又論其嘗受僞命乾沒都督府錢十七萬緡謫官居興化軍論者猶不已移漳州又責清遠軍節度副使潮州安置在潮五年杜門謝客時事不掛口有問者但引咎而已中丞詹大方誣其受賄屬潮守放編置人移吉陽軍鼎謝表曰白首何歸悵餘生之無幾丹心未泯誓九死以不移檜見之曰此老倔强猶昔在吉陽三年潛居深處門人故吏皆不敢通問惟廣西帥張宗元時饋醪米檜知之命本軍月具存亡申鼎遣人語其子汾曰檜必欲殺我我死汝曹無患不爾禍及一家矣先得疾自書墓中石記鄉里及除拜歲月至是書銘旌云身騎箕尾歸天上氣作山河壯本朝遺言屬其子乞歸葬遂不食而死時紹興十七年也天下聞而悲之明年得旨歸葬孝宗卽位謚忠簡贈太傅追封豐國公高宗祔廟以鼎配享廟庭擢用其孫十有二人鼎爲文渾然天成凡

高宗處分軍國機事多其視草有擬奏表疏雜詩文二百餘篇號得全集行於世論中興賢相以鼎爲稱首云

論曰夫謀國用兵之道有及時乘勢而可以立功者有養威持重而後能有爲者二者之設施不同其爲忠一而已方金人逼二帝北行宗社失主宗澤一呼而河北義旅數十萬衆若響之赴聲實由澤之忠忱義氣有以風動之抑思民目睹君父之陷於塗淖孰無憤激之心哉使當其時澤得勇往直前無或齟齬牽制之則反二帝復舊都特一指顧間耳黃潛善汪伯彥嫉能而惎功使澤不得信其志發憤而薨豈不悲哉及趙鼎爲相則南北之勢成矣兩敵之相持非有灼然可乘之釁則養吾力以俟時否則徒取危困之辱故鼎之爲國專以固本爲先根本固而後敵可圖讎可復此鼎之心也惜乎一見忌於秦檜斥逐遠徙卒齎其志而亡君子所尤痛心也竊嘗論澤鼎之終而葢有感焉澤之易簀也猶連呼渡河者三而鼎自題其銘旌有氣作山河壯本朝之語何二臣之愛君憂國雖處死生禍變之際而猶不渝若是而高宗感於憸邪之口乍任乍黜所謂善善而不能用千載而下忠臣義士猶爲之撫卷扼腕國之不競有以哉

宋史卷三百六十一

元中書右丞相總裁脫脫等修

列傳第一百二十

張浚 子栻

張浚字德遠漢州綿竹人唐宰相九齡弟九皐之後父咸舉進士賢良兩科浚四歲而孤行直視端無誑言識者知爲大器入太學中進士第靖康初爲太常簿張邦昌僭立逃入太學中聞高宗卽位馳赴南京除樞密院編修官改虞部郎擢殿中侍御史駕幸東南後軍統制韓世忠所部逼逐諫臣墜水死浚奏奪世忠觀察使上下始知有國法遷侍御史時乘輿在揚州浚言中原天下之根本願下詔葺東京關陝襄鄧以待巡幸咈宰相意除集英殿修撰知興元府未行擢禮部侍郎高宗召諭曰卿知無不言言無不盡朕將有爲正如欲一飛沖天而無羽翼卿勉留輔朕除御營使司參贊公事浚度金人必來攻而廟堂晏然殊不爲備力言之宰相黃潛善汪伯彥皆笑其過計建炎三年春金人南侵車駕幸錢塘留朱勝非于吳門捍禦以浚同節制軍馬已而勝非召浚獨留時潰兵數萬所至剽掠浚招集甫定會苗傅劉正彥作亂改元赦書至平江浚命守臣湯東野秘不宣未幾傅等以檄來浚慟哭召東野及提點刑獄趙哲謀起兵討賊時傅等以承宣使張俊爲秦鳳路總管俊將萬人還將卸兵而西浚知上遇俊厚而俊純實可謀大事急邀俊握手語故相持而泣因告以將起兵問罪時呂頤浩節制建業劉光世領兵鎮江浚遣人賫蠟書約頤浩光世以兵來會而命俊分兵扼吳江上疏請復辟傅等謀除浚禮部尚書命將所部詣行在浚以大兵未集未欲誦言討賊乃託云張俊驟回人情震讋不可不少留以撫其軍會韓世忠舟師抵常熟張俊曰世忠來事濟矣白浚以書招之世忠至對浚慟哭曰世忠與俊請以身任之浚因大犒俊世忠將士呼諸將校至前抗聲問曰今日之舉孰順孰逆衆皆曰賊逆我順浚曰聞賊以重賞購吾首若浚此舉違天悖人汝等可取浚頭去不然一有退縮悉以軍法從事衆咸感憤於是令世忠以兵赴闕而戒其急趨秀州據糧道以竢大軍之至世忠至秀卽大治戰具會傅等以書招浚浚報云自古言涉不順謂之指斥乘輿事涉不遜謂之震驚宮闕廢立之事謂之大逆不道大逆不道者族今建炎皇帝不聞失德一旦遜位豈所宜聞傅等得書恐乃遣重兵扼臨平亟除俊世忠節度使而誣浚欲危社稷責柳州安置俊世忠拒不受會呂頤浩劉光世兵踵至浚乃聲傅正彥罪傳檄中外率諸軍繼進初浚遣客馮轓以計策往說傅等會大軍且至傅正彥憂恐不知所出轓知其可動卽以大義白宰相朱勝非使率百官請復辟高宗御筆除浚知樞密院事浚進次臨平賊兵拒不得前世忠等搏戰大破之傅正彥脫遁浚與頤浩等入見伏地涕泣待罪高宗問勞再三曰曩在睿聖兩宮隔絕一日啜羹小黃門忽傳太母之命不得已貶卿柳州朕不覺羹覆于手念卿被謫此事誰任留浚引入內殿曰皇太后知卿忠義欲識卿面適垂簾見卿過庭矣解所服玉帶以賜高宗欲相浚浚以晚進不敢當傅正彥走閩中浚命世忠追縛之以獻與其黨皆伏誅初浚次秀州嘗夜坐警備甚嚴忽有客至前出一紙懷中曰此苗傅劉正彥募賊公賞格也浚問欲何如客曰僕河北人粗讀書知逆順豈以身爲賊用特見爲備不嚴恐有後來者耳浚下執其手問姓名不告而去浚翌日斬死囚徇于衆曰此苗劉刺客也私識其狀貌物色之終不遇巨盜薛慶嘯聚淮甸至數萬人浚恐其滋蔓徑至高郵入慶壘諭以朝廷恩意慶感服下拜浚留撫其衆或傳浚爲賊所執呂頤浩等遽罷浚樞莞浚歸高宗驚歎卽日趣就職浚謂中興當自關陝始慮金人或先入陝取蜀則東南不可保遂慷慨請行詔以浚爲川陝宣撫處置使得便宜黜陟將行御營平寇將軍范瓊擁衆自豫章至行在先是靖康城破金人逼脅君后太子宗室北行多瓊之謀又乘勢剽掠左右張邦昌爲之從衞至是入朝悖傲無禮且乞貸逆黨傅正彥等死罪浚奏瓊大逆不道乞伸典憲翌日召瓊至都堂數其罪切責之送棘寺論死分其軍隸神武軍然後行與沿江襄漢守臣議儲蓄以待臨幸高宗問浚大計浚請身任陝蜀之事置幕府於秦川別遣大臣與韓世忠鎮淮東令呂頤浩扈蹕來武昌復以張俊劉光世與秦川相首尾議既定浚行未及武昌而頤浩變初議浚既抵興元金人已取鄜延驍將婁宿孛堇引大兵渡渭攻永興諸將莫肯相援浚至卽出行關陝訪問風俗罷斥姦贓以搜攬豪傑爲先務諸將惕息聽命會諜報金人將攻東南浚命諸將整軍向敵已而金人大攻江淮浚卽治軍入衞至房州知金人北歸復還關陝時金帥兀朮猶在淮西浚懼其復擾東南謀牽制之遂決策治兵合五路之師以復永興金人大恐急調兀朮等由京西入援大戰於富平涇原帥劉錡身率將士薄敵陳殺獲頗衆會環慶帥趙哲擅離所部哲軍將校望見塵起驚遁諸軍皆潰浚斬哲以狥退保興州命吳玠聚兵扼險于鳳翔之和尚原大散關以斷敵來路關師古等聚熙河兵于岷州大潭孫渥賈世方等聚涇原鳳翔兵于階成鳳三州以固蜀口浚上書待罪帝手詔慰勉紹興元年金將烏魯攻和尚原吳玠乘險擊之金人大敗走兀朮復合兵至玠及其弟璘復邀擊大破之兀朮僅以身免亟鬄其須髯遁歸始黏罕病篤語諸將曰自吾入中國未嘗有敢攖吾鋒者獨張樞密與我抗我在猶不能取蜀我死爾曹宜絕意但務自保而已兀朮怒曰是謂我不能耶黏罕死竟入攻果敗拜浚檢校少保定國軍節度使浚在關陝三年訓新集之兵當方張之敵以劉子羽爲上賓任趙開爲都轉運使擢吳玠爲大將守鳳翔子羽慷慨有才略開善理財而玠每戰輒勝西北遺民歸附日衆故關陝雖失而全蜀按堵且以形勢牽制東南江淮亦賴以安將軍曲端者建炎中嘗迫逐帥臣王庶而奪其印吳玠敗于彭原訴端不整師富平之役端議不合其腹心張忠彥等降敵浚初超用端中坐廢猶欲再用之後卒下端獄論死會有言浚殺趙哲曲端無辜而任子羽開玠非是朝廷疑之三年遣王似副浚會金將撒離曷及劉豫叛黨聚兵入攻破金州子羽爲興元帥約吳玠同守三泉金人至金牛宋師掩擊之斬馘及墮溪谷死者以數千計浚聞王似來求解兵柄且奏似不可任宰相呂頤浩不悅而朱勝非以宿憾日毀短浚詔浚赴行在四年初辛炳知潭州浚在陝以檄發兵炳不遣浚奏劾之至是炳爲御史中丞率同列劾浚以本官提舉洞霄宮居福州浚既去國慮金人釋川陝之兵必將併力窺東南而朝廷已議講解乃上疏極言其狀未幾劉豫之子麟果引金人入攻高宗思浚前言策免朱勝非而參知政事趙鼎請幸平江乃召浚以資政殿學士提舉萬壽觀兼侍讀入見高宗手詔辨浚前誣除知樞密院事浚既受命卽日赴江上視師時兀朮擁兵十萬于揚州約日渡江決戰浚長驅臨江召韓世忠張俊劉光世議事將士見浚勇氣十倍浚既部分諸將身留鎭江節度之世忠遣麾下王愈詣兀朮約戰且言張樞密已在鎭江兀朮曰張樞密貶嶺南何得乃在此愈出浚所下文書示之兀朮色變夕遁五年除尚書右僕射同中書門下平章事兼知樞密院事都督諸路軍馬趙鼎除左僕射浚與鼎同志輔治務在塞倖門抑近習時巨寇楊么據洞庭屢攻不克浚以建康東南都會而洞庭據上流恐滋蔓爲害請因盛夏乘其怠討之具奏請行至醴陵釋邑囚數百皆楊么諜者給以文書俾招諭諸砦囚驩呼而往至潭賊衆二十餘萬相繼來降湖寇盡平上賜浚書謂上流既定則川陝荆襄形勢接連事力增倍天其以中興之功付卿乎浚遂奏遣岳飛屯荆襄以圖中原乃自鄂岳轉淮東大會諸將議防秋之宜高宗遣使賜詔趣歸勞問之曰卿暑行甚勞湖湘羣寇既就招撫成朕不殺之仁卿之功也召對便殿進中興備覽四十一篇高宗嘉歎置之坐隅浚以敵勢未衰而叛臣劉豫復據中原六年會諸將議事江上榜豫僭逆之罪命韓世忠據承楚以圖淮陽命劉光世屯合肥以招北軍命張俊練兵建康進屯盱眙命楊沂中領精兵爲後翼以佐俊命岳飛進屯襄陽以窺中原浚渡江徧撫淮上諸戍時張俊軍進屯盱眙岳飛遣兵入至蔡州浚入覲力請幸建康車駕進發浚先往江上諜報劉豫與子猊挾金人入攻浚奏金人不敢悉衆而來此必豫兵也邊遽不一俊光世皆張大敵勢浚謂賊豫以逆犯順不勦除何以爲國今日之事有進無退且命楊沂中往屯濠州劉麟逼合肥張俊請益兵劉光世欲退師趙鼎及簽書折彥質欲召岳飛兵東下御書付浚令俊光世沂中等

還保江浚奏俊等渡江則無淮南而長江之險與敵共矣且岳飛一動襄漢有警復何所恃乎詔書從之沂中兵抵濠州光世舍廬州而南淮西洶動浚聞疾馳至采石令其衆曰有一人渡江者斬光世復駐軍與沂中接劉猊攻沂中沂中大破之猊麟皆拔柵遁高宗手書嘉獎召浚還勞之時趙鼎等議回蹕臨安浚奏天下之事不倡則不起三歲之間陛下一再臨江士氣百倍今六飛一還人心解體高宗翻然從浚計鼎出知紹興府浚以親民之官治道所急條具郡守監司省郎館閣出入迭補之法又以災異奏復賢良方正科七年以浚却敵功制除特進未幾加金紫光祿大夫問安使何蘚歸報徽宗皇帝寧德皇后相繼崩殂上號慟擗踊哀不自勝浚奏天子之孝不與士庶同必思所以奉宗廟社稷今梓宮未返天下塗炭願陛下揮涕而起斂髮而趨一怒以安天下之民上乃命浚草詔告諭中外辭甚哀切浚又請命諸大將率三軍發哀成服中外感動浚退上疏曰陛下思慕兩宮憂勞百姓臣之至愚獲遭任用臣每感慨自期誓殲敵讎十年之間親養闕然爰反妻孥莫之私顧其意亦欲遂陛下孝養之心拯生民於塗炭昊天不弔禍變忽生使陛下抱無窮之痛罪將誰執念昔陝蜀之行陛下命臣曰我有大隙于北刷此至恥惟爾是屬而臣終隳成功使敵無憚今日之禍端自臣致乞賜罷黜上詔浚起視事浚再疏待罪不許乃請乘輿發平江至建康浚總中外之政幾事叢委以一身任之每奏對必言讎恥之大反復再三上未嘗不改容流涕時天子方厲精克己戒飭宮庭內侍無敢越度事無巨細必以咨浚賜諸將詔往往命浚草之劉光世在淮西軍無紀律浚奏罷光世以其兵屬督府命參謀兵部尚書呂祉往廬州節制而樞密院以督府握兵爲嫌乞置武帥乃以王德爲都統制卽軍中取酈瓊副之浚奏其不當瓊亦與德有宿怨列狀訴御史臺乃命張俊爲宣撫使楊沂中劉錡爲制置判官以撫之未至瓊等舉軍叛執呂祉以歸劉豫祉不行詈瓊等碎齒折首而死浚引咎求去位高宗問可代者且曰秦檜何如浚曰近與共事方知其闇高宗曰然則用趙鼎檜由是憾浚浚以觀文殿大學士提舉江州太平興國宮先是浚遣人持手榜入僞地間劉豫及酈瓊叛去復遣間持蠟書遺瓊金人果疑豫等廢之臺諫交詆浚落職以祕書少監分司西京居永州九年以赦復官提舉臨安府洞霄宮未幾除資政殿大學士知福州兼福建安撫大使金遣使來以詔諭爲名浚五上疏爭之十年金敗盟復取河南浚奏願因權制變則大勳可集因大治海舟千艘爲直指山東之計十一年除檢校少傅崇信軍節度使充萬壽觀使免奉朝請十二年封和國公十六年彗星出西方浚將極論時事恐貽母憂母訝其瘠問故浚以實對母誦其父對策之語曰臣寧言而死於斧鉞不能忍不言以負陛下浚意乃決上疏謂當今事勢譬如養成大疽於頭目心腹之間不決不止惟陛下謀之於心謹察情僞使在我有不可犯之勢庶幾社稷安全不然後將噬臍事下三省秦檜大怒令臺諫論浚以特進提舉江州太平興國宮居連州二十年徙永州浚去國幾二十載天下士無賢不肖莫不傾心慕之武夫健將言浚者必咨嗟太息至兒童婦女亦知有張都督也金人憚浚每使至必問浚安在惟恐其復用當是時秦檜怙寵固位懼浚爲正論以害己令臺臣有所彈劾論必及浚反謂浚爲國賊必欲殺之以張柄知潭州汪召錫使湖南使圖浚張常先使江西治張宗元獄株連及浚捕趙鼎子汾下大理令自誣與浚謀大逆會檜死乃免二十五年復觀文殿大學士判洪州浚時以母喪將歸葬念天下事二十年爲檜所壞邊備蕩弛又聞金亮篡立必將舉兵自以大臣義同休戚不敢以居喪爲嫌且奏論之會星變求直言浚謂金人數年間勢決求釁用兵而國家溺於宴安蕩然無備乃上疏極言而大臣沈該万俟卨湯思退等見之謂敵初無釁笑浚爲狂臺諫湯鵬舉凌哲論浚歸蜀恐搖動遠方詔復居永州服除落職以本官奉祠三十一年春有旨自便浚至潭聞欽宗崩號慟不食上疏請早定守戰之策未幾亮兵大入中外震動復浚觀文殿大學士判潭州時金騎充斥王權兵潰劉錡退歸鎭江遂改命浚判建康府兼行宮留守浚至岳陽買舟冒風雪而行遇東來者云敵兵方焚采石煙炎漲天愼無輕進浚曰吾赴君父之急知直前求乘輿所在而已時長江無一舟敢行北岸者浚乘小舟徑進過池陽聞亮死餘衆猶二萬屯和州李顯忠兵在沙上浚往犒之一軍見浚以爲從天而下浚至建康卽牒通判劉子昂辦行宮儀物請乘輿亟臨幸二十二年車駕幸建康浚迎拜道左衞士見浚無不以手加額時浚起廢復用風采隱然軍民皆倚以爲重車駕將還臨安勞浚曰卿在此朕無北顧憂矣兼節制建康鎭江府江州池州江陰軍軍馬金兵十萬圍海州浚命鎭江都統張子蓋往救大破之浚招集忠義及募淮楚壯勇以陳敏爲統制且謂敵長於騎我長於步衞步莫如弩衞弩莫如車命敏專制弩治車孝宗卽位召浚入見改容曰久聞公名今朝廷所恃唯公賜坐降問浚從容言人主之學以心爲本一心合天何事不濟所謂天者天下之公理而已必兢業自持使清明在躬則賞罰舉指無有不當人心自歸敵讎自服孝宗悚然曰當不忘公言除少傅江淮東西路宣撫使進封魏國公翰林學士史浩議欲城瓜州采石浚謂不守兩淮而守江干是示敵以削弱怠戰守之氣不若先城泗州及浩參知政事浚所規畫浩必沮之浚薦陳俊卿爲宣撫判官孝宗召俊卿及浚子栻赴行在浚附奏請上臨幸建康以動中原之心用師淮堧進舟山東以爲吳璘聲援孝宗見俊卿等問浚動靜飲食顏貌曰朕依魏公如長城不容浮言搖奪金人以十萬衆屯河南聲言規兩淮移文索海泗唐鄧商州及歲幣浚言北敵詭詐不當爲之動以大兵屯盱眙濠廬備之卒以無事隆興元年除樞密使都督建康鎭江府江州池州江陰軍軍馬時金將蒲察徒穆及知泗州大周仁屯虹縣都督蕭琦屯靈壁積糧修城將爲南攻計浚欲及其未發攻之會主宰殿前司李顯忠建康都統邵宏淵亦獻擣二邑之策浚具以聞上報可召浚赴行在命先圖兩城乃遣顯忠出濠州趨靈壁宏淵出泗州趨虹縣而浚自往臨之顯忠至靈壁敗蕭琦宏淵圍虹縣降徒穆周仁乘勝進克宿州中原震動孝宗手書勞之曰近日邊報中外鼓舞十年來無此克捷浚以盛夏人疲急召李顯忠等還師會金帥紇石烈志寧率兵至宿州與顯忠戰連日南軍小不利忽諜報敵兵大至顯忠夜引歸浚上疏待罪有旨降授特進更爲江淮宣撫使宿師之還士大夫主和者皆議浚之非孝宗復賜浚書曰今日邊事倚卿爲重卿不可畏人言而懷猶豫前日舉事之初朕與卿任之今日亦須與卿終之浚乃以魏勝守海州陳敏守泗州戚方守濠州郭振守六合治高郵巢縣兩城爲大勢修滁州關山以扼敵衝聚水軍淮陰馬軍壽春大飭兩淮守備孝宗復召栻奏事浚附奏云自古有爲之君腹心之臣相與協謀同志以成治功今臣以孤蹤動輒掣肘陛下將安用之因乞骸骨孝宗覽奏謂栻曰朕待魏公有加不爲浮議所惑帝眷遇浚猶至對近臣言必曰魏公未嘗斥其名每遣使來必令視浚飲食多寡肥瘠何如尋詔復浚都督之號金帥僕散忠義貽書三省樞密院索四郡及歲幣不然以農隙治兵浚言金強而來弱則止不在和與不和時湯思退爲右相思退秦檜黨也急於求和遂遣盧仲賢持書報金浚言仲賢小人多妄不可委信已而仲賢果以許四郡辱命朝廷復以王之望爲通問使龍大淵副之浚爭不能得未幾召浚入見復力陳和議之失孝宗爲止誓書留之望大淵待命而令通書官胡昉楊由義往諭金以四郡不可割若金人必欲得四郡當追還使人罷和議拜浚尚書右僕射同中書門下平章事兼樞密使都督如故思退爲左僕射胡昉等至宿金人械繫迫脅之昉等不屈更禮而歸之孝宗諭浚曰和議之不成天也自此事當歸一矣二年議進幸建康詔之望等還思退聞之大駭陽爲乞祠狀而陰與其黨謀爲陷浚計俄詔浚行視江淮時浚所招徠山東淮北忠義之士以實建康鎭江兩軍凡萬二千餘人萬弩營所招淮南壯士及江西羣盜又萬餘人陳敏統之以守泗州凡要害之地皆築城堡其可因水爲險者皆積水爲匱增置江淮戰艦諸軍弓矢器械悉備時金人屯重兵于河南爲虛聲脅和有刻日決戰之語及聞浚來亟徹兵歸淮北之來歸者日不絕山東豪傑悉願受節度浚以蕭琦契丹望族沈勇有謀欲令盡領契丹降衆且以檄諭契丹約爲應援金人益懼思退乃令王之望盛毀守備以爲不可恃令尹穡論罷督府參議官馮方又論浚費國不貲奏留張深守泗不受趙廓之代爲拒命浚亦請解督府詔從其請左司諫陳良翰侍御史周操言浚忠勤人望所屬不當使去國浚留平江凡八章乞致仕除少師保信軍節度判福州浚辭改醴泉觀使朝廷遂決棄地求和之議浚既去猶上疏論尹穡姦邪必誤國事且勸上務學親賢或勉浚勿復以時事爲言浚曰君臣之義無所逃於天地之間吾荷兩朝厚恩久尸重任今雖去國猶日望上心感悟苟有所見安忍弗言上如欲復用浚浚當卽日就道不敢以老病爲辭如若等言是誠何心哉聞者聳然行次餘干得疾手書付二子曰吾嘗相國不能恢復中原雪祖宗之恥卽死不當葬我先人墓左葬我衡山下足矣訃聞孝宗震悼輟視朝贈太保後加贈太師諡忠獻浚幼有大志及爲熙河幕官徧行邊壘覽觀山川形勢時時與舊戍守將握手飲酒問祖宗以來守邊舊法及軍陣方畧之宜故一旦起自疏遠當樞筦之任悉能通知邊事本末在京城中親見二帝北行皇族係虜生民塗炭誓不與敵俱存故終身不主和議每論定都大計以爲東南形勢莫如建康人主居之可以北望中原常懷憤惕至如錢塘僻在一隅易於

安肆不足以號召北方與趙鼎共政多所引擢從臣朝列皆一時之望人號小元祐所薦虞允文汪應辰王十朋劉珙等爲名臣拔吳玠吳璘於行間謂韓世忠忠勇可倚以大事一見劉錡奇之付以事任卒皆爲名將有成功一時稱浚爲知人浚事母以孝稱學邃於易有易解及雜說十卷書詩禮春秋中庸亦各有解文集十卷奏議二十卷子二人栻杓栻自有傳

杓字定叟以父恩授承奉郎歷廣西經略司機宜通判嚴州方年少已有能稱浙西使者薦所部吏而不及杓孝宗特令再薦召對差知袁州戢豪彊弭盜賊尉獲盜上之州杓察知其枉縱去莫不怪之未幾果獲眞盜改知衢州兄栻喪無壯子請祠以營葬事主管五局觀遷湖北提舉常平奏事帝大喜諭輔臣曰張浚有子如此改浙西督理荒政蘇湖二州皆闕守命兼攝焉有執政姻黨閉糴杓首治之帝獎其不畏彊禦遷兩浙轉運判官未幾以直徽猷閣升副使改知臨安府奏除逋欠四萬緡米八百斛進直龍圖閣都城浩穰姦盜聚慝杓晝分地以警捕夜戶不閉張師尹納女掖庭供給使恃以恣橫杓因事痛繩之徙其家信州其類帖伏南郊禮成賜五品服權兵部侍郎仍知臨安加賜三品服修三閘復六井府治火延及民居上疏自劾詔削二秩杓再疏乞罷移知鎮江尋改明州辭仍知鎮江召爲戶部侍郎面對言事迕時相意高宗崩以集英殿修撰知紹興府兼知臨安府紹熙元年爲刑部侍郎仍爲府尹內侍毛伯益冒西湖葑地爲亭外戚有殺其僕者獄具寅緣宣諭求免杓皆執奏論如律孝宗觀湖杓以彈壓伏謁道左孝宗止輦問勞賜以酒炙京西謀帥進煥章閣學士知襄陽府賜金二百兩別賜金百兩白金倍之未幾進徽猷閣學士知建康府繼復命還襄陽寧宗嗣位歸正人陳應祥忠義人党琪等謀襲均州副都統馮湛間道疾馳以聞杓不爲動徐部分掩捕獄成斬其爲首者二人盡釋黨與反側以安升寶文閣學士知平江府未行改知建康府升龍圖閣學士知隆興府兼江西安撫使奉新縣舊有營田募民耕之畝賦米斗五升錢六十其後議臣請鬻之始征兩稅和買且加折變民重爲困杓悉奏蠲之進端明殿學士復知建康府以疾乞祠卒杓天分高爽吏材敏給遇事不凝滯多隨宜變通所至以治辨稱南渡以來論尹京者以杓爲首子忠純忠恕自有傳

論曰儒者之於國家能養其正直之氣則足以正君心一衆志攘凶逆處憂患蓋無往而不自得焉若張浚者可謂善養其氣者矣觀其初逃張邦昌之議平苗劉之亂其才識固有非偷儒之所敢望及其攘卻勍敵招降劇盜能使將帥用命所嚮如志遠人伺其用舍爲進退天下占其出處爲安危豈非卓然所謂人豪者歟羣言沸騰屢奮屢躓而辭氣慨然嘗曰上如欲復用浚當卽日就道不敢以老病辭其言如是則其愛君憂國之心爲何如哉時論以浚之忠大類漢諸葛亮然亮能使魏延楊儀終其身不爲異同浚以吳玠故遂殺曲端亮能容法孝直浚不能容李綱趙鼎而又詆之茲所以爲不及歟至於富平之潰師淮西之兵變則成敗利鈍雖亮不能逆睹也

宋史卷三百六十一考證

張浚傳此苗劉刺客也○臣蒲卅按何氏備史張魏公嘉禾刺客乃是附會雜史張元遣刺韓忠獻事

復遺閭持蠟書遺瓊○臣蒲卅按齊東野語張魏公遣蠟書酈瓊之語亦是潘遠紀聞岳武穆泰州叛卒事

宋史卷三百六十二

元　中　書　右　丞　相　總　裁　脫　脫　等　修

列傳第一百二十一

朱勝非　呂頤浩　范宗尹　范致虛

呂好問

朱勝非字藏一蔡州人崇寧二年上舍登第靖康元年爲東道副總管權應天府金人攻城勝非遁去會韓世忠部將楊進破敵勝非復還視事踰年詣濟州謂康王言南京爲藝祖興王之地請幸之以圖大計王卽位南京建炎改元試中書舍人兼權直學士院時方草制勝非憑敗鼓草制辭氣嚴重如平時上疏言仁義者天下之大柄中國持之則外夷服而諸夏尊苟失其柄則不免四夷交侵之患國家與契丹結好百有餘年一旦乘其亂弱遠交金人爲夾攻計是中國失其柄而外侮所由招也陛下卽位宜壹明正始之道思其合於仁義者行之不合者置之則可以攘卻四夷紹復大業矣上嘉之總制使錢蓋進職勝非言蓋爲陝西制置使棄師誤國封還貼黃蓋遂罷諫官衞膚敏坐論元祐太后兄子徙官勝非言以外戚故去諫臣非所以示天下二年除尚書右丞時宰執蔭補多濫勝非奏舊制宰執子弟例不堂除只就銓注罷政不以罪然後推恩趙普子弟皆作武臣普再相長子授莊宅使范純仁再相子正平有文行竟死選調章惇子援及持皆高科並爲州縣幕職監當惟夏竦子安期累作邊帥授待制直學士王安石薦子雱爲崇政殿說書除待制然安期猶有才幹雱猶有學問至蔡京子六人孫四人鄭居中劉正夫子各二人余深王黼白時中蔡卞鄧洵仁洵武子各一人並列從班宣和末諫官疏謂尚從竹馬之遊已造荷囊之列今不可以不戒遷中書侍郎三年上自鎮江南幸留勝非經理未幾命爲控扼使已而拜宣奉大夫尚書右僕射兼御營使故事命相進三官勝非特遷五官會王淵簽書樞密院事兼御營司都統制內侍復用事恣橫諸將不悅於是苗傅劉正彥與其徒王鈞甫馬柔吉王世脩謀誣淵結宦官謀反正彥手斬淵分捕中官皆殺之擁兵至行宮門外勝非趨樓上詰專殺之由上親御樓撫諭傅正彥語頗不遜勝非乃從皇太后出諭旨傅等請高宗避位太后抱皇子聽政太后不可傅顧勝非曰今日正須大臣果決相公何無一言耶勝非還告上曰王鈞甫乃傅等腹心適語臣云二將忠有餘而學不足此語可爲後圖之緒於是太后垂簾高宗退居顯忠寺號睿聖宮勝非因請降赦以安傅等又奏母后垂簾須二臣同對此承平故事今日事機有須密奏者乞許臣僚獨對而日引傅徒二人上殿以弭其疑太后諭上曰賴相此人若汪黃在位事已狼籍矣王鈞甫見勝非勝非問前言二將學不足如何鈞甫曰如劉將手殺王淵軍中亦非之勝非因以言撼之曰上皇待燕士如骨肉那無一人效力者乎人言燕趙多奇士徒虛語耳鈞甫曰不可謂燕無人勝非曰君與馬參議皆燕中名人嘗獻策滅契丹者今金人所任多契丹舊人若渡江禍首及君矣盍早爲朝廷協力乎鈞甫唯唯王世修來見勝非論之曰國家艱難若等立功之秋也誠能奮身立事從官豈難得乎世修喜時往來道軍中情實擢世修爲工部侍郎傅正彥乞改年號及移蹕建康勝非以白太后因議恐盡廢其請則倉卒變生乃改元明受以詔示世修曰已從若請矣傅等欲挾上幸徽越勝非諭之以禍福而止傅聞韓世忠起兵取其妻子爲質勝非紿傅曰今當啓太后召二人慰撫使報知平江諸君益安傅許諾勝非喜曰二凶真無能爲也諸將將至傅等懼勝非因謂之曰勤王之師未進者使是間自反正耳不然下詔率百官六軍請上還宮公等置身何地乎卽召學士李邴張守作百官章及太后手詔四月朔勝非率百官詣睿聖宮親掖上乘馬還宮苗傅請以王世修爲參議勝非曰世脩已爲從官豈可復從軍上既復辟勝非曰臣昔遇變義當卽死偷生至此欲圖今日之事耳乃乞罷政上問誰可代者勝非曰呂頤浩張浚問孰優曰頤浩練事而暴浚喜事而疎上曰浚太年少勝非曰臣向被召軍旅錢穀悉付浚此舉浚實主之御史中丞張守論勝非不能預防致賊猖獗宜罷不報授觀文殿大學士知洪州尋除江西安撫大使兼知江州紹興元年馬進陷江州侍御史沈與求論九江之陷由勝非赴鎮太緩降授中大夫分司南京江州居住二年呂頤浩薦兼侍讀又薦都督江淮荊浙諸軍事給事中胡安國侍御史張躋交章論罷之頤浩力引其入再除兼侍讀尋拜尚書右僕射同中書門下平章事丁母憂去起復右僕射兼知樞密院事上吏部七司敕令格式一百八十卷時員外郎江端友請營宗廟議者非之以爲國家期於恢復不常厥居勝非方主和議遂白上營宗廟于臨安徐俯罷參政勝非薦胡松年侍御史常同劾松年乃王黼客勝非徙同左史莫儔謫曲江其家蒼頭奴爲勝非治疽而愈奴爲儔請得復官姻家劉式嘗言爲兵官獲盜勝非不以付部用特旨改官會久雨勝非累章乞免且自論當罷者十一事魏矼亦劾其罪遂罷五年應詔言戰守四事起知湖州引疾歸勝非與秦檜有隙檜得政勝非廢居八年卒謚忠靖勝非張邦昌友壻也始邦昌僭位勝非嘗械其使及金人過江勝非請尊禮邦昌錄其後以謝敵苗劉之變保護聖躬功居多既去力薦張浚然李綱罷勝非受黃潛善風旨草制極言其狂妄再相忌趙鼎鼎宣撫川陝欲重使名以制吳玠勝非曰元樞出使豈論此耶蓋因事出鼎而輕其權人以此少之及著閑居錄亦多其私說云

呂頤浩字元直其先樂陵人徙齊州中進士第父喪家貧躬耕以贍老幼後爲密州司戶參軍以李淸臣薦爲邠州教授除宗子博士累官入爲太府少卿直龍圖閣河北轉運副使升待制徽猷閣都轉運使伐燕之役頤浩以轉輸隨种師道至白溝既得燕山郭藥師衆二萬契丹軍萬餘皆仰給縣官詔以頤浩爲燕山府路轉運使頤浩奏開邊極遠其勢難守雖竭力竭財無以善後又奏燕山河北危急五事願博議久長之策徽宗怒命褫職貶官而領職如故尋復焉進徽猷閣直學士金人入燕郭藥師劫頤浩與蔡靖等以降敵退得歸復以爲

河北都轉運使以病辭提舉崇福宮高宗卽位除知揚州車駕南幸頤浩入見除戶部侍郎兼知揚州進戶部尚書劇賊張遇衆數萬屯金山縱兵焚掠頤浩單騎與韓世忠造其壘說之以逆順遇黨釋甲降進吏部尚書建炎二年金人逼揚州車駕南渡鎭江召從臣問去留頤浩叩頭願且留此爲江北聲援不然敵乘勢渡江事愈急矣駕幸錢塘拜同簽書樞密院事江淮兩浙制置使還屯京口金人去揚州改江東安撫制置使兼知江寧府時苗傅劉正彥爲逆逼高宗避位頤浩至江寧奉明受改元詔赦會監司議皆莫敢對頤浩曰是必有兵變其子抗曰主上春秋鼎盛二帝蒙塵沙漠日望拯救其肯遽遜位于幼沖乎灼知兵變無疑也頤浩卽遣人寓書張浚曰時事如此吾儕可但已乎浚亦謂頤浩有威望能斷大事書來報起兵狀頤浩乃與浚及諸將約會兵討賊時江寧士民洶懼頤浩乃檄楊惟忠留屯以安人心且恐苗傅等計窮挾帝繇廣德渡江戒惟忠先爲控扼備俄有旨召頤浩赴院供職上言今金人乘戰勝之威羣盜有蠭起之勢興衰撥亂事屬艱難豈容皇帝退享安逸請亟復明辟以圖恢復遂以兵發江寧舉鞭誓衆士皆感厲將至平江張浚乘輕舟迓之相持而泣咨以大計頤浩曰頤浩曩諫開邊幾死宦臣之手承乏漕挽幾陷腥膻之域今事不諧不過赤族爲社稷死豈不快乎浚壯其言卽舟中草檄進韓世忠爲前軍張浚翼之劉光世爲游擊頤浩浚總中軍光世分軍殿後頤浩發平江傅黨託旨請頤浩單騎入朝頤浩奏所統將士忠義所激可合不可離傅等恐懼乃請高宗復辟師次秀州頤浩勉勵諸將曰今雖反正而賊猶握兵居內事若不濟必反以惡名加我翟義徐敬業可監也次臨平苗傅等拒戰頤浩被甲立水次出入行陣督世忠等破賊傅正彥引兵遁頤浩等以勤王兵入城都人夾道聳觀以手加額朱勝非罷相以頤浩守尚書右僕射中書侍郎兼御營使改同中書門下平章事車駕幸建康聞金人復入召諸將問移蹕之地頤浩曰金人謀以陛下所至爲邊面今當且戰且避奉陛下於萬全之地臣願留常潤死守上曰朕左右不可以無相乃以韓世忠守鎭江劉光世守太平駕至平江聞杜充敗績上曰事迫矣若何頤浩遂進航海之策初建炎御營使本以行幸總齊軍政而宰相兼領之遂專兵柄樞府幾無所預頤浩在位尤顓恣趙鼎論其過四年移鼎爲翰林學士吏部尚書鼎辭且攻頤浩章十數上頤浩求去除鎭南軍節度開府儀同三司醴泉觀使詔以頤浩倡義勤王故從優禮焉奉化賊將璉乘亂爲變劫頤浩寘軍中高宗以頤浩故赦而招之尋除江東安撫制置大使兼知池州頤浩請兵五萬屯建康等處又請王𤫊巨師古兵自隸將之鎭而李成遣將馬進圍江州乃駐軍鄱陽會楊惟忠兵請與俱趨南康遣師古救江州賊衆鏖戰頤浩惟忠失利師古敗奔洪州頤浩乞濟師討李成高宗曰頤浩奮不顧身爲國討賊羣臣所不及但輕進其失也詔王𤫊以萬人速往策應頤浩復軍左蠡又得閤門舍人崔增之衆萬餘軍勢復振命𤫊增擊賊敗之乘勝至江州則馬進已陷城矣朝廷命張浚爲招討使浚既至遂敗馬進進遁成以餘衆降劉豫詔以淮南民未復業須威望大臣措置以頤浩兼宣撫領壽春府徐廬和州無爲軍招降趙延壽于分寧得其精鋭五千分隸諸將張琪自徽犯饒州有衆五萬時頤浩自左蠡班師帳下兵不滿萬人郡人皇駭頤浩命其將閻皐姚端崔邦弼列陣以待琪犯皐軍皐力戰端邦弼兩軍夾擊大破之拜少保尚書左僕射同中書門下平章事兼知樞密院事二年上自越州還臨安時桑仲在襄陽欲進取京城乞朝廷舉兵爲聲援頤浩乃大議出師而身自督軍北向高宗諭頤浩秦檜曰頤浩治軍旅檜理庶務如種蠡分職可也二人同秉政檜知頤浩不爲公論所與多引知名士爲助欲傾之而擅朝權高宗乃下詔以戒朋黨除頤浩都督江淮荊浙諸軍事開府鎭江頤浩辟文武士七十餘人以神武後軍及御前忠鋭崔增趙延壽二軍從行百官班送頤浩次常州延壽軍叛劉光世殲其衆又聞桑仲已死遂不進引疾求罷詔還朝以知紹興府朱勝非同都督諸軍事頤浩既還欲傾秦檜乃引勝非爲助給事中胡安國論勝非必誤大計勝非復知紹興府尋以醴泉觀使兼侍讀安國持錄黃不下頤浩持命檢正諸房文字黃龜年書行安國以失職求去罷之檜上章乞留安國不報侍御史江躋左司諫吳表臣皆以論救安國罷程瑀胡世將劉一正張燾林待聘樓炤亦坐論檜黨斥臺省一空遂罷檜相頤浩獨秉政屢請興師復中原謂太祖取天下兵不過十萬今有兵十六七萬矣然自金人南牧莫敢嬰其鋒比年韓世忠張俊陳思恭張崇屢奏人有戰心天將悔禍又金人以中原付劉豫三尺童子知其不能立國願睿斷早定決策北向今之精鋭皆中原人恐久而消磨他日難以舉事時盜賊稍息頤浩請遣使循行郡國平獄訟宣德意李綱宣撫湖南頤浩言綱縱暴無善狀請罷諸路宣撫之名綱止爲安撫使時李光在江東與頤浩書言綱有大節四夷畏服頤浩稱光結黨言者因論光罷之時方審量濫賞頤浩時有縱舍右司郎官王岡持不可曰公秉國鈞不平謂何頤浩再秉政凡二年高宗以水旱地震下詔罪己求言頤浩連章待罪高宗一日謂大臣曰國朝四方水旱無不上聞近蘇湖地震泉州大水輒不以奏何也侍御史辛炳殿中常同論其罪遂罷頤浩爲鎭南軍節度使開府儀同三司提舉洞霄宮改特進觀文殿大學士五年詔問宰執以戰守方畧頤浩條十事以獻除湖南安撫制置大使兼知潭州時郴衡桂陽盜起頤浩遣人悉平之帝在建康除頤浩少保浙西安撫制置大使知臨安府行宮留守明堂禮成進封成國公八年上將還臨安除少傅鎭南定江軍節度使江東安撫制置大使兼知建康府行宮留守頤浩引疾求去除醴泉觀使九年金人歸河南地高宗欲以頤浩往陝西命中使召赴行在頤浩以老病辭且條陝西利害謂金人無故歸地其必有意召趣赴闕既至以疾不能見乃聽歸未幾卒贈太師封秦國公謚忠穆頤浩有膽畧善鞍馬弓劍當國步艱難之際人倚之爲重自江東再相胡安國以書勸其法韓忠獻以至公無我爲先報復恩讎爲戒頤浩不能用時軍用不足頤浩與朱勝非剏立江浙湖南諸路大軍月樁錢於是郡邑多横賦大爲東南患云

范宗尹字覺民襄陽鄧城人少篤學工文辭宣和三年上舍登第累遷侍御史右諫議大夫王雲使北還言金人必欲得三鎭宗尹請棄之以紓禍言者非之宗尹罷歸張邦昌僭位復其職遣同路允迪詣康王勸進建炎元年李綱拜右僕射宗尹論其名浮於實有震主之威不報出知舒州言者論宗尹嘗汚僞命責置鄂州既召爲中書舍人遷御史中丞拜參知政事呂頤浩罷相宗尹攝其位時諸盜據有州縣朝廷力不能制宗尹言太祖收藩鎭之權天下無事百五十年可謂良法然國家多難四方帥守單寡束手環視此法之弊今當稍復藩鎭之法裂河南江北數十州之地付以兵權俾蕃王室較之棄地夷狄豈不相遠上從其言授宗尹通議大夫守尚書右僕射同中書門下平章事兼御營使時年三十近世宰相年少未有如宗尹者宗尹奏以京畿東西淮南湖北地並分爲鎭授諸將以鎭撫使爲名軍興聽便宜從事然李成薛慶孔彥舟桑仲輩起於羣盜翟興劉位土豪李彥光郭仲威皆潰將多不能守其地宗尹請有司討論崇觀以來濫賞修書營繕應奉開河免夫獄空之類皆釐正之宣靖執政圍城明受僞命之人反用赦申雪徐秉哲吳幵莫儔等並量移吳敏王孝迪耿南仲孫覿蔡懋等並敍復侍郎季陵希宗尹意乞詔宰執於罪累中選眞材實能量付以事沈與求劾陵因及宗尹宗尹求去上爲罷與求宗尹乃復視事初宗尹廷對詳定官李邦彥特取旨寘宗尹乙科宗尹德之贈邦彥觀文殿太學士樞密院副都承旨闕宗尹擬邢煥藍公佐辛道宗三人煥戚里公佐管客省道宗不知兵人以此咎宗尹密院計議官王佾結公佐宗尹請除佾爲宗正丞侍御史張延壽劾之上罷佾紹興元年二月辛巳日有黑子宗尹以輔政無狀請免上不許魏滂爲江東通判諫官言其貪盜官錢滂遂罷李弼孺領營田諫官言其媚事朱勔弼孺亦罷二人皆宗尹所薦白州守臣晁公爲儲峙豐備論者以爲擾民宗尹陰佑之會公爲妻受囚金事覺上罷公宗尹不自安時明堂覃恩宗尹請舉行討論之事上手劄云朕不欲歸過君父斂怨士大夫始宗尹建此議秦檜力贊之及見上意堅反擠宗尹上亦惡其與辛道宗兄弟往來遂罷沈與求奏其罪狀落職未幾命知溫州退居天台卒年三十七宗尹有才智當北敵肆行之衝毅然自任建議分鎭以是得相位然其置帥多授劇盜又無總率統屬且不遣援不通餉故諸鎭守鮮能久存者及爲政多私屢爲議者所詆云

范致虛字謙叔建州建陽人舉進士爲太學博士鄒浩以言事斥致虛坐祖送獲罪停官徽宗嗣位召見除左正言出通判郢州崇寧初以右司諫召道改起居舍人進中書舍人蔡京建請置講議司引致虛爲詳定官議不合改兵部侍郎自是入處華要出典大郡者十五年以附張商英貶通州政和七年復官入爲侍讀修國史尋除刑部尚書提舉南京鴻慶宮初致虛在講議司延康殿學士劉昺嘗乘蔡京怒濟之後王寀坐妖言繫獄事連昺論死致虛爭之昺得減竄士論賢之遷尚書右丞進左丞母喪踰年起知東平府改大名府入見時朝廷欲用師契丹致虛言邊隙一開必有意外之患宰相謂其懷異致虛乞終喪從之免喪知鄧州改河南府中人規景華苑欲奪故相富弼園宅致虛言弼和戎有大功使朝廷享百年之安乃不保數畝之居邪弼園宅得不取復移鄧州提舉亳州明道宮帝方好老氏致虛希

時好營飭道宇賜名鍊眞宮靖康元年召赴闕道除知京兆府時金人圍太原聲震關中致虛修戰守備甚力朝廷命錢蓋節制陝西除致虛陝西宣撫使金人分道再犯京師詔致虛會兵入援錢蓋兵十萬至潁昌聞京師破而遁西道總管王襄南走致虛獨與西道副總管孫昭遠合兵環慶帥臣王似熙河帥臣王倚以兵來會致虛合步騎號二十萬以右武大夫馬昌祐統之命杜常將民萬人趨京師夏俶將萬人守陵寢兵有僧趙宗印者喜談兵席益薦之致虛以便宜假官俾充宣撫司參議官兼節制軍馬致虛以大軍遵陸宗印以舟師趨西京金人破京師遣人持登城不下之詔以止入援之師致虛斬之初金人守潼關致虛奪之作長城起潼關迄龍門所築僅及肩宗印又以僧爲一軍號尊勝隊童子行爲一軍號淨勝隊致虛勇而無謀委己以聽宗印宗印徒大言實未嘗知兵至是宗印舟師至三門津致虛使整兵出潼關金守臣高世由謂其帥粘罕曰致虛儒者不知兵遣斥候三千自足殺之致虛軍出武關至鄧州千秋鎭金將婁宿以精騎衝之不戰而潰死者過半杜常夏淑先遁致虛斬之孫昭遠王似王倚等留陝府致虛收餘兵入潼關方致虛之鼓行出關也裨將李彥仙曰行者利速多爲支軍則舍不至淹敗不至覆若衆臺聚而出殽澠一蹶於險則皆潰矣致虛不聽遂底于敗高宗卽位言者論其逗撓不進徙知鄧州尋加觀文殿學士復知京兆府致虛力辭而薦席益李彌大唐重自代詔以重守京兆致虛復知鄧州次年宗印領兵出武關與致虛合會金將銀朱兵壓境致虛遁宗印兵不戰走轉運使劉汲力戰死焉致虛坐落職責授安遠軍節度副使英州安置高宗幸建康召復資政殿學士知鼎州行至巴陵卒贈銀青光祿大夫

呂好問字舜徒侍講希哲子也以蔭補官崇寧初治黨事好問以元祐子弟坐廢兩監東嶽廟司揚州儀曹時蔡卞爲帥欲扳附善類待好問特異好問以禮自持卞不得親及卞得政當時據屬扳擢畧盡獨好問留滯卞諷之曰子少親我卽階顯列矣好問笑不答靖康元年以薦召爲左司諫諫議大夫擢御史中丞欽宗諭之曰卿元祐子孫朕特用卿令天下知朕意所嚮先是徽宗將內禪詔解黨禁除新法盡復祖宗之故而蔡京黨戚根據中外害其事莫肯行好問言時之利害政之闕失太上皇詔旨備矣雖使直言之士抗疏論列無以過此願一一施行之而已又言陛下宵衣旰食有求治之意發號施令有求治之言逮今半載治效邈邈良由左右前後不能推廣德意而陛下過於容養臣恐淳厚之德變爲頹靡且今不盡革京貫等所爲太平無由可致欽宗鄉納好問疏蔡京過惡乞投海外黜朋附之尤者以厲其餘又建白削王安石王爵正神宗配饗褒表江公望張庭堅任伯雨龔夬等除青苗之令瀚元符上書獲譴者章前後疏十上每奏對帝雖當食輒使畢其說時金人既退大臣不復顧慮武備益弛好問言金人得志益輕中國秋冬必傾國復來禦敵之備當速講求今邊事經畫旬月不見施設臣僚奏請皆不行下此臣所深懼也及邊警急大臣不知所出遣使講解金人佯許而攻畧自如諸將以和議故皆閉壁不出好問言彼名和而實攻朝廷不謀進兵遣將何也請亟集滄滑邢相之戍以遏奔衝而列勤王之師于畿邑以衞京城疏上不省金人陷眞定攻中山上下震駭廷臣狐疑相顧猶以和議爲辭好問率臺屬劾大臣畏懦誤國出好問知袁州欽宗憫其忠下遷吏部侍郎既而金人薄都城欽宗思好問言進兵部尚書都城失守召好問入禁中軍民數萬斧左掖門求見天子好問從帝御樓諭遣之衞士長蔣宣帥其徒數百欲邀乘輿犯圍而出左右奔竄獨好問與孫傅梅執禮侍宣抗聲曰國事至此皆宰相信任姦臣不用直言所致傳呵之宜以語侵傳好問曉之曰若屬忘家族欲冒重圍衞上以出誠忠義然乘輿將駕必甲乘無闕而後動詎可輕耶宣詘服曰尚書眞知軍情麾其徒退帝再幸金營好問實從帝既留遣好問還慰拊都城已而金人立張邦昌以好問爲事務官邦昌入居都省好問曰相公眞欲立邪抑姑塞敵意而徐爲之圖爾邦昌曰是何言也好問曰相公知中國人情所向乎特畏女眞兵威耳女眞既去能保如今日乎大元帥在外元祐皇太后在內此殆天意盍亟還政可轉禍爲福且省中非人臣所處宜寓直殿廬毋令衞士俠陛敵所遺袍帶非戎人在旁弛勿服車駕未還所下文書不當稱聖旨以好問攝門下省好問既綮銜仍行舊職時邦昌雖不改元而百司文移必去年號獨好問所行文書稱靖康二年吳幵莫儔請邦昌見金使於紫宸垂拱殿好問曰宮省故吏驟見御正衙必將憤駭變且不測奈何邦昌矍然止王時雍議肆赦好問曰四壁之外皆非我有將誰赦乃先赦城中始金人謀以五千騎取康王好問聞卽遣人以書白王言大王之兵度能擊則邀擊之不然卽宜遠避且言大王若不自立恐有不當立而立者既又語邦昌曰天命人心皆歸大元帥相公先遣人推戴則功無在相公右者若無機不發他人聲義致討悔可追邪於是邦昌謀遣謝克家奉傳國寶往大元帥府須金人退乃發金將將還議留兵以衞邦昌好問曰南北異宜恐北兵不習風土必不相安金人曰劉一勃堇統之可也好問曰勃堇貴人有如觸發致疾則負罪益深乃不復留兵金人既行好問趣遣使詣大元帥府勸進請元祐太后垂簾邦昌易服歸太宰位太后自延福宮入聽政高宗卽位太后遣好問奉手書詣行在所高宗勞之曰宗廟獲全卿之力也除尚書右丞丞相李綱以羣臣在圍城中不能執節欲悉按其罪好問曰王業艱難政宜含垢繩以峻法懼者衆矣侍御史王賓論好問嘗汙僞命不可以立新朝高宗曰邦昌僭號之初好問募人賫白書具道京師內外之事金人甫退又遣人勸進考其心跡非他人比好問自慙力求去且言邦昌僭號之時臣若閉門潔身實不爲難徒以世被國恩所以受賢者之責冒圍賫書於陛下疏入除資政殿學士知宣州提舉洞霄宮以恩封東萊郡侯避地卒于桂州子本中揆中弸中用中忱中孫祖讓祖儉本中祖讓祖儉別有傳

論曰朱勝非呂頤浩處苗劉之變或巽用其智或震奮其威其於復辟討賊之功固有可言矣然李綱趙鼎當世之所謂賢者而勝非頤浩視之若冰炭然其中之所存果何如哉范宗尹忍於汙張邦昌之僞命而詆李綱以震主之畏何其繆於是非也范致虛佞附權臣大誼已失其總勤王之師輕而寡謀以底于敗宜哉若呂好問處艱難之際其跡與宗尹同而屈己就事以規興復亦若勝非之處苗劉其心有足亮云

宋史卷三百六十三

元中書右丞相總裁脫脫等修

列傳第一百二十二

李光子孟傳　許翰　許景衡　張慤
張所　陳禾　蔣猷

李光字泰發越州上虞人童稚不戲弄父高稱曰吾兒雲間鶴其與吾門乎親喪哀毀如成人有致賻者悉辭之及葬禮皆中節服除遊太學登崇寧五年進士第調開化令有政聲召赴都堂審察時宰不悅處以監當改秩知平江府常熟縣朱勔父沖倚勢暴橫光械治其家僮沖怒風部使者移令吳江光不爲屈改京東西學事司管勾文字劉安世居南京光以師禮見之安世告以所聞於溫公者曰學當自無妄中入光欣然領會除太常博士遷司封首論士大夫諛佞成風至妄引荀卿有聽從無諫諍之說以杜塞言路又言怨嗟之氣結爲妖沴王黼惡之令部注桂州陽朔縣安世聞光以論事貶貽書偉之李綱亦以論水災去國居義興光伺于水驛自出呼曰非越州李司封船乎留數日定交而別徐司勳員外郎遷符寶郎郭藥師叛光知徽宗有內禪意因納符謂知樞密院蔡攸曰公家所爲皆咈衆心今日之事非皇太子則國家俱危攸矍然不敢爲異欽宗受禪擢右司諫上皇東幸儉人間兩宮光請集議奉迎典禮又奏東南財用盡於朱勔西北財用困於李彥天下根本之財竭於蔡京王黼名爲應奉實入私室公家無半歲之儲百姓無旬日之積乞依舊制三省樞密院通知兵民財計與戶部量一歲之出入以制國用選吏考核使利源歸一金人圍太原援兵無功光言三鎭之地祖宗百戰得之一旦舉以與敵何以爲國望詔大臣別議攻守之策仍間道遣使檄河東北兩路盡起强壯策應首尾掩擊遷侍御史時言者猶主王安石之學詔榜廟堂光又言祖宗規摹宏遠安石欲盡廢法度則謂人主制法而不當制於法欲盡逐元老則謂人主當化俗而不當化於俗蔡京兄弟祖述其說五十年間毒流四海今又風示中外鼓惑民聽豈朝廷之福蔡攸欲以扈衞上皇行宮因緣入都光奏攸若果入則百姓必致生變萬一驚犯屬車之塵臣坐不預言之罪望早黜責時已葺擷景園爲寧德宮而太上皇后乃欲入居禁中光奏禁中者天子之宮正使陛下欲便溫凊奉迎入內亦當躬稟上皇下有司討論典禮乃下光章使兩宮臣奏知於是太上皇后居寧德宮金人逼京城士大夫委職而去者五十二人罪同罰異士論紛然光請付理寺公行之太原圍急奏乞就委折彥質盡起晉絳磁隰潞威勝汾八州民兵及本路諸縣弓手俾守令各自部轄其土豪士人願爲首領者假以初官應副器甲協力赴援女眞劫質親王以三鎭爲辭勢必深入請大修京城守禦之備以伐敵人之謀又言朱勔託應奉脅制州縣田園第宅當擬王室乞擇清强官置司追攝勔父子及奉承監司守令如胡直孺盧宗原陸賁王仲閎趙霖宋晦等根勘驅磨計資沒入其强奪編戶產業者還之李會李擢復以諫官召光奏蔡京復用時會擢迭爲臺官禁

不發一語金人圍城與白時中李邦彥專主避敵割地之謀時中邦彥坐是落職而會擢反被召用復預諫諍之列乞寢成命不報光丐外亦不報彗出寅艮間耿南仲輩皆謂應在外夷不足憂光奏孔子作春秋不書祥瑞者蓋欲使人君恐懼修省未聞以災異歸之外夷也疏奏監汀州酒稅高宗即位擢祕書少監除知江州未幾擢侍御史皆以道梗不赴建炎三年車駕自臨安移蹕建康除知宣州時范瓊將過軍光先入視事瓊至則開門延勞留三日而去無敢譁者光以宣密邇行都乃繕城池聚兵糧籍六邑之民保伍相比謂之義社擇其健武者統以土豪得保甲萬餘號精揀軍又柵險要二十三所謹戍之鼙城止爲十地分分巡內外晝則自便夜則守城有警則戰苗租歲輸邑者悉命輸郡初讙言不便及守城之日贍軍養民迄賴以濟事聞授管內安撫許便宜從事進直龍圖閣杜充以建康降金人奪馬家渡御營統制王瓌王珉素不相能至是擁潰兵砦城外索關光親至營諭以先國家後私讎之義皆感悟解去時奔將散卒至者光悉厚貲給遣有水軍叛于繁昌逼宣境即遣兵援擊出賊不意遂宵遁進右文殿修撰光奏金人雖深入江浙然違天時地利臣已移文劉光世領大兵赴州併力攻討乞速委宣撫使周望約日水陸並進潰將邵青自真州擁舟數百艘剽當塗蕪湖兩邑間光招諭之遺米二千斛青喜謂使者曰我官軍也所過皆以盜賊見遇獨李公不疑我於是秋毫無犯他日舟過繁昌或給之曰宣境也乃掠北岸而去劇盜戚方破寧國縣抵城下分兵四擊光募勇敢劫之賊驚擾自相屠蹂朝廷遣統制官巨師古劉晏兼程來援賊急攻朝京門纜竹木爲浮梁以濟須臾軍傳城列砲具立石對樓光命編竹若簾揭之砲至即反墜不能傷取桱木爲撞竿倚女墻以禦對樓賊引却劉晏率赤心隊直擣其砦賊陽退晏追之伏發遇害師古以中軍大破賊賊遁去初戚方圍宣與其副並馬巡城指畫攻具光以書傳矢射其副馬前言戚方窮寇天誅必加汝爲將家子何至附賊二人相疑攻稍緩始得爲備而援師至矣嘗寘匕首枕匣中與家人約曰城不可必保若使人取匕首我必死汝輩宜自殺無落賊手除徽猷閣待制知臨安府紹興元年正月除知洪州固辭提舉臨安府洞霄宮除知婺州甫至郡擢吏部侍郎光奏疏極論朋黨之害議論之臣各懷顧避莫肯以持危扶顛爲己任駐蹕會稽首尾三載自去秋迄今敵人無復南渡之意淮甸咫尺了不經營長江千里不爲限制惴惴焉日爲乘桴浮海之計晉元帝區區草創猶能立宗社修宮闕保江浙劉琨祖逖與逆胡拒戰於幷冀兗豫司雍諸州未嘗陷沒也石季龍重兵已至歷陽命王導都督中外諸軍以禦之未聞專主避狄如今日也陛下駐驆會稽江浙爲根本之地使進足以戰退足以守者莫如建康建康至姑熟一百八十里其險可守者有六曰江寧鎭曰碙砂夾曰采石曰大信其上則有蕪湖繁昌皆與淮南對境其餘皆蘆篠之場或碕岸水勢湍悍難施舟楫莫若預於諸隘屯兵積粟命將士各管地分調發旁近鄉兵協力守禦乞明詔大臣參酌施行時有詔金人深入諸郡守臣相度或守或避令得自便光言守臣任人民社稷之重固當存亡以之若預開遷避之門是誘之遁也願追寢前詔上欲移蹕臨安被旨節制臨安府見屯諸軍兼戶部侍郎督營繕事光經營撙節不擾而辦奏蠲減二浙積負及九邑科配以示施德自近之意戚方以管軍屬節制甚懼拜庭下光握手起之曰公昔爲盜某爲守分當相直今俱爲臣子當共勉力忠義勿以前事爲疑方謝且泣兼侍讀因奏金人內寇百姓失業爲盜賊本非獲已尚可誠感自李成北走羣盜離心儻因斯時顯用一二酋豪以風厲其黨必更相效慕以次就降擢吏部尚書大將韓世清本苗傅餘黨久屯宣城擅據倉庫調發不行光請先事除之乃授光淮西招撫使光假道至郡世清入謁縛送闕下伏誅初光於上前面稟成算宰相以不預聞怒之未至道除端明殿學士江東安撫大使知建康府壽春滁濠廬和無爲宣撫使時太平州卒陸德囚守臣據城叛光多設方畧盡擒其黨秦檜旣罷呂頤浩朱勝非並相光議論素與不合言者指光爲檜黨落職奉祠尋復寶文閣待制知湖州除顯謨閣直學士移守平江除禮部尚書光言自古創業中興必有所因而起漢高因關中光武因河內駐蹕東南兩浙非根本所因之地乎自冬及春雨雪不已百姓失業乞選臺諫察實以聞兼比歲福建湖南盜作范汝爲楊么相挺而起朝廷發大兵誅討殺戮過當今諸路旱荒流丏滿路盜賊出入宜選良吏招懷撫納責諸路監司按貪贓恤流殍議臣欲推行四川交子法於江浙光言有錢則交子可行今已謂椿辦若干錢行若干交子此議者欲朝廷欺陛下使陛下異時不免欺百姓也若已椿辦見錢則目今所行錢關子已是通快何至紛紛其工部鑄到交子務銅印臣未敢給降除端明殿學士守合州俄改溫州劉光世張俊連以捷聞光言觀金人布置必有主謀今已據東南形勢敵人萬里遠來利於速戰宜戒諸將持重以老之不過數月彼食盡則勝筭在我矣除江西安撫知洪州兼制置大使擢吏部尚書踰月除參知政事時秦檜初定和議將揭榜欲籍光名鎭壓上意不欲用光檜言光有人望若同押榜浮議自息遂用之同郡楊煒上光書責以附時相取尊官墮黠虜姦計隳平時大節光本意謂但可因和而爲自治之計旣而檜議徹淮南守備奪諸將兵權光極言戎狄狼子野心和不可恃備不可徹檜惡之檜以親黨鄭億年爲資政殿學士光於榻前面折之又與檜語難上前因曰觀檜之意是欲壅蔽陛下耳目盜弄國權懷姦誤國不可不察檜大怒明日光丐去高宗曰卿昨面叱秦檜舉措如古人朕退而歎息方寄卿以腹心何乃引去光曰臣與宰相爭論不可留章九上乃除資政殿學士知紹興府改提舉臨安府洞霄宮十一年冬中丞万俟卨論光陰懷怨望責授建寧軍節度副使瓊州安置越四年移瓊州居瓊州八年仲子孟堅坐陸升之誣以私撰國史獄成呂愿中又告光與胡銓詩賦倡和譏訕朝政移昌化軍論文考史怡然自適年踰八十筆力精健又三年始以郊恩復左朝奉大夫任便居住至江州而卒孝宗即位復資政殿學士賜謚莊簡

孟傳字文授光幼子也光南遷之日才六歲以光遺表恩累官至太府丞韓侂胄願見之孟傳曰行年六十去計已決不敢聞也由是出知江州以朝請大夫直寶謨閣致仕卒年八十有磐溪詩二十卷文藁三十卷宏辭類藁十卷左氏說十卷讀史十卷雜誌十卷博學多聞持身甚嚴時推能世其家

許翰字崧老拱州襄邑人中元祐三年進士第宣和七年召爲給事中爲書抵時相謂百姓因弊起爲盜賊天下有危亡之憂願罷雲中之師修邊保境與民休息高麗入貢調民開運河民間騷然中書舍人孫傅論高麗於國無功不宜興大役傳坐罷翰謂傳不當黜時相怒落職提舉江州太平觀靖康初復以給事中召時金人攻京師甫退翰造闕即日賜對除翰林學士尋改御史中丞上疏言邊事因陳決勝之策張邦昌爲太宰翰上疏力爭之种師道罷爲中太一宮使翰言師道名將沉毅有謀山西士卒人人信服不可使解兵柄欽宗謂其老難用翰曰秦始皇老王翦而用李信兵辱於楚漢宣帝老趙充國而卒能成金城之功自呂望以來用老將收功者雖一二數以古揆今師道雖老可用也且謂金人此行存亡所係令一大創使失利去則中原可保四夷可服不然將來再舉必有不救之憂宜起師道邀擊之上不能用擢中大夫同知樞密院論益不合以病去除延康殿學士知亳州坐言者落職提舉南京鴻慶宮高宗即位用李綱薦召復延康殿學士旣至拜尚書右丞兼權門下侍郎時建炎大變之後河北山東大盜李成孔彥舟等聚衆各數十萬皆以勤王爲名願得張所爲帥所爲御史嘗論黃潛善姦邪不可用由此得罪李綱爲相乃以所爲河北等路招撫使率成等衆渡河號召諸路爲興復計潛善力沮之宗澤論車駕不宜南幸宜還京師且詆潛善等潛善等請罷澤翰極論以爲不可李綱罷翰言綱忠義英發捨之無以佐中興今罷綱臣留無益力求去高宗未許時潛善奏誅陳東翰謂所親曰吾與東皆爭李綱者東戮東市吾在廟堂可乎求去益力章八上以資政殿大學士提舉洞霄宮復以言者落職紹興元年召復端明殿學士提舉萬壽觀辭不至二月復資政殿學士三年五月卒贈光祿大夫翰通經術正直不撓歷事三朝致位政府徒以黼攸潛善輩薰蕕異味橫遭口語志卒不展綱雖力引之不旋踵去翰亦斥逐而死所著書有論語解春秋傳

許景衡字少伊溫州瑞安人登元祐九年進士第宣和六年召爲監察御史遷殿中侍御史是時王黼蔡攸用事景衡言尚書省比闕長官而同知樞密院亦久闕雖三公通治三省然文昌政事之本樞密本兵之地各有攸屬安可久虛其位願博採公議遴選忠賢以補政府之闕遂大忤黼意朝廷用童貫爲河東北宣撫使將北伐景衡論其貪繆不可用者數十事不報睦寇平江浙郡縣殘燬而茶鹽比較之法如故景衡奏茶鹽之法當以食之衆寡爲歲額之高下今收復之後戶版半耗民力蕭然而茶鹽比較不減於昔民欲無困得乎奏上詔兩浙江東路權免茶鹽比較賊平日仍舊朝廷旣興燕雲之師調度不繼誅求益急景衡奏財力匱乏在節用民力困弊在恤民今不急之務若營繕諸役花石綱運其名不一吏員猥多軍額冗濫又無名功賞非常賜予皆夤緣僥倖干請無厭宜節以祖宗之制而省去之且極論和買和糴鹽法之害不報會知洋州吳巖夫以私書抵執政子道景衡之賢因從子堉符寶郎周離亨以達離亨繆以其書誤致王黼黼用是中景衡遂之欽宗即位以左正言召旋改太常少卿兼太子諭德遷中書

舍人侍御史李光正言程瑀以鯁亮忤執政斥景衡為辨白坐落職予祠高宗卽位以給事中召卽至除御史中丞宗澤為東京留守言者附黃潛善等多攻其短欲逐去之景衡奏曰臣自浙渡淮以至行在聞澤之為尹威名政事卓然過人雖不識其人竊用歎慕臣以為去冬京城內有赤心為國如澤等數輩其禍變未至如是之酷今若較其小短不顧盡忠徇國之節則不恕已甚且開封宗廟社稷所在苟欲罷澤別遣留守不識搢紳中威名政事有加於澤者乎疏入上大悟封以示澤澤乃安杭州叛卒陳通作亂權浙西提刑趙叔近招降之請授以官景衡曰官吏無罪而受誅叛卒有罪而蒙賞賞罰倒置莫此為甚卒奏罷之除尚書右丞有大政事必請間極論潛善伯彥以景衡異己共排沮之或言正二月之交乃太一正遷之日宜於禁中設壇望拜高宗以問景衡曰修德愛民天自降福何迎拜太一之有初李綱議建都以關中為上南陽次之建康為下綱既相遂主南陽之議景衡為中丞奏南陽無險阻且密邇盜賊漕運不繼不若建康天險可據請定計巡幸潛善等傾綱使去南陽之議遂格至是諜報金人攻河陽泥水景衡又奏請南幸建康已而有詔還京罷景衡為資政殿大學士提舉杭州洞霄宮至瓜州得暍疾及京口卒年五十七謚忠簡景衡得程頤之學志慮忠純議論不與時俯仰建炎初李綱議幸南陽宗澤請還京景衡乃請幸建康黃潛善等素惡其異己暨車駕駐揚州怵於傳聞不得已下還京之詔遂借渡江之議罪之斥逐而死既沒高宗思之曰朕自卽位以來執政忠直遇事敢言惟許景衡詔賜景衡家溫州官舍一區

張愨字誠伯河間樂壽人登元祐六年進士第累遷龍圖閣學士計度都轉運使高宗為兵馬大元帥募諸道兵勤王愨飛輓踵道建議卽元帥府印給鹽鈔以便商旅不閱旬得緡錢五十萬以佐軍高宗器重之命以便宜權大名尹兼北京留守馬步軍都總管愨初聞二帝北行率副總管顏岐等三上牋勸進最後愨上書極論中原不可一日無君高宗為之感悟建炎改元為戶部尚書除同知樞密院事措置戶部財用兼御營副使建言三河之民怨敵深入骨髓恨不殲殄其類以報國家之仇請依唐人澤潞步兵雄邊子弟遺意募民聯以什伍而寓兵於農使合力抗敵謂之巡社為法精詳前此論民兵者莫及也詔集為書行之遷尚書左丞官至中書侍郎愨善理財論錢穀利害猶指諸掌在朝謗誹有大臣節然論議可否不形辭色未嘗失同列之歡卒謚忠穆上每念之謂愨謀國盡忠遇事敢諫古之遺直也

張所青州人登進士第歷官為監察御史高宗卽位遣所按視陵寢還上疏言河東河北天下之根本昨者誤用姦臣之謀始割三鎮繼割兩河其民怨入骨髓至今無不扼腕若因而用之則可藉以守不則兩河兵民無所係望陛下之事去矣且論還京師有五利謂國之安危在乎兵之强弱將相之賢不肖不在乎都之遷不遷又條上兩河利害上欲以其事付所會所言黃潛善姦邪不可用恐害新政乃罷所御史改兵部郎中尋責所鳳州團練副使江州安置後李綱入相欲薦所經畧兩河以其嘗言潛善故難之一日與潛善從容言曰今河北未有人獨一張所可用又以狂言抵罪不得已收拭用之使為招撫冒死立功以贖過不亦善乎潛善許諾乃借所直龍圖閣充河北招撫使賜內府錢百萬緡給空名告千餘道以京西卒三千為衞將佐官屬許自辟置一切以便宜從事所入見條上利害上賜五品服遣行命直祕閣王圭為宣撫司參謀官佐之河北轉運副使張益謙附黃潛善意奏所置司北京非是且言自置招撫河北盜賊愈熾不若罷之專以其事付帥司李綱言張所今留京師招集將佐尚未及行益謙何以知其擾朝廷以河北民無所歸聚而為盜故置司招撫因其力而用之豈由置司乃有盜賊乎今京東西羣盜公行攻掠郡縣亦豈招撫司過耶時方艱危朝廷欲有所經理益謙小臣乃以非理沮抑此必有使之者上乃命益謙分析命下樞密院汪伯彥猶用其奏詰責招撫司李綱與伯彥爭於上前伯彥語塞所方招來豪傑以王彥為都統制岳飛為準備將而李綱已罷相朝廷以王圭代之所落直龍圖閣嶺南安置卒于貶所子宗本以岳飛奏補官

陳禾字秀實明州鄞縣人舉元符三年進士累遷辟雍博士時方以傳注記問為學禾始崇尚義理黜抑浮華入對契旨擢監察御史殿中侍御史蔡京遣酷吏李孝壽窮治章綖鑄錢獄連及士大夫甚衆禾奏免孝壽京子儵為太常少卿何執中婿蔡芝為將作監皆疏其罪罷之天下久平武備寬弛東南尤甚禾請增戍繕城壁以戒不虞或指為生事格不下其後盜起人服其先見遷左正言俄除給事中時童貫權益張與黃經臣胥用事御史中丞盧航表裏為姦搢紳側目禾曰此國家安危之本也吾位言責此而不言一遷給舍則非其職矣未拜命首抗疏劾貫復劾經臣怙寵弄權誇衒朝列每云詔令皆出其手言上將用某人舉某事已而詔下悉如其言夫發號施令國之重事黜幽陟明天子大權奈何使宦寺得與臣之所憂不獨經臣此塗一開類進者衆國家之禍有不可遏願亟竄之遠方論奏未終上拂衣起禾引上衣請畢其說衣裾落上曰正言碎朕衣矣禾言陛下不惜碎衣臣豈惜碎首以報陛下此曹今日受富貴之利陛下他日受危亡之禍言愈切上變色曰卿能如此朕復何憂內侍請上易衣上卻之曰留以旌直臣翌日貫等相率前愬謂國家極治安得此不祥語盧航奏禾狂妄謫監信州酒遇赦得自便還里初陳瓘歸自嶺外居于鄞與禾相好遣其子正彙從學後正彙告京罪執詣闕瓘亦就逮經臣涖其獄檄禾取證禾荅以事有之罪不敢逃或謂其失對禾曰禍福死生命也豈可以死易不義耶願得分賢者罪遂坐瓘黨停官遇赦復起知廣德軍移知和州尋遭內艱服除知秀州王黼新得政禾曰安能出黼門下力辭改汝州辭益堅曰寧餓死黼聞而銜之禾兄秉時為壽春府教授禾侍兄官居適童貫領兵道府下謁不得入愧之不受貫怒歸而譖之上曰此人素如此汝不能容耶久之知舒州命下而卒贈中大夫謚文介禾性不苟合立朝挺挺有風操有易傳九卷春秋傳十二卷論語孟子解各十卷

蔣猷字仲遠潤州金壇縣人舉進士政和四年拜御史中丞兼侍讀有直聲嘗論士風浮薄廷臣伺人主意承宰執風旨向背以特立不回者為愚共嗤笑之此風不可長輔臣奏事殿上雷同唱和畧無所可否非論道獻替之禮內侍省不隸臺察紊元豐官制楊戩不當除節度使趙良嗣不宜出入禁中上皆嘉納至揭其章內侍省且詔自今無得覬圖節鉞又疏孟昌齡徐鑄等姦狀遷兵部尚書兼禮制局詳議官七年知貢舉改工部吏部尚書以徽猷閣直學士知婺州明年請祠歸宣和末召為刑部尚書兼資善堂翊善靖康初奉上表起居太上皇帝於淮陰且特詔貶童貫猷奏貫得罪天下願黜遠之太上以為然亟令宣詔趣貫赴貶所遂奉太上還京移兵部尚書累官正議大夫引疾授徽猷閣直學士提舉嵩山崇福宮卒贈特進

論曰夫拯溺救焚之際必以任人為急靖康建炎之禍變亦甚於焚溺矣當時非乏人才也然而國恥卒不能雪者豈非任之之道有所未至歟夫以李光之才識高明所至有聲許翰許景衡之論議剴切張愨之善理財張所之習知河北利害皆一時之儁也是數臣者使其言聽計從不為讒邪所抑得以直行其志其效宜可待也然或斥遠以死或用之不竟其才世之治亂安危雖非人力所為君子於此則不能無咎於時君之失政焉蔣猷歷仕五朝當建炎初避地而終則無足稱也陳禾引裾盡言有古諫臣之風其行事在宣和之前孝宗以後乃加褒謚云

宋史卷三百六十四

元中書右丞相總裁脫脫等修

列傳第一百二十三

韓世忠 子彥直

韓世忠字良臣延安人風骨偉岸目瞬如電早年鷙勇絕人能騎生馬駒家貧無產業嗜酒尚氣不可繩檢日者言當作三公世忠怒其侮已毆之年十八以敢勇應募鄉州隸赤籍挽強馳射勇冠三軍崇寧四年西夏騷動郡調兵捍禦世忠在遣中至銀州夏人嬰城自固世忠斬關殺敵將擲首陴外諸軍乘之夏人大敗既而以重兵次蒿平嶺世忠率精銳鏖戰解去俄復出間道世忠獨部敢死士殊死鬬敵少卻顧一騎士銳甚問俘者曰監軍駙馬兀囉也躍馬斬之敵衆大潰經略司上其功童貫董邊事疑有所增飾止補一資衆弗平從劉延慶築天降山砦為敵所據世忠夜登城斬二級割護城氈以獻繼遇敵佛口砦又斬數級始補進義副尉至藏底河斬三級轉進勇副尉宣和二年方臘反江浙震動調兵四方世忠以偏將從王淵討之次杭州賊奄至勢張甚大將惶怖無策世忠以兵二千伏北關堰賊過伏發衆躁亂世忠追擊賊敗而遁淵歎曰眞萬人敵也盡以所隨白金器賞之且與定交時有詔能得臘首者授兩鎮節鉞世忠窮追至睦州清溪峒賊深據巖屋為三窟諸將繼至莫知所入世忠潛行溪谷問野婦得徑卽挺身仗戈直前渡險數里擣其穴格殺數十人禽臘以出辛興宗領兵截峒口掠其俘為己功故賞不及世忠別帥楊惟忠還闕直其事轉承節郎三年議復燕山調諸軍至則皆潰世忠往見劉延慶與蘇格等五十騎俱抵滹沱河逢金兵二千餘騎格失措世忠從容令格等列高岡戒勿動屬燕山潰卒舟集卽命艤河岸約鼓譟助聲勢世忠躍馬薄敵迴旋如飛敵分二隊據高阜世

忠出其不意突二執旗者因奮擊格等夾攻之舟卒鼓譟敵大亂追斬甚衆時山東河北盜賊蠭起世忠從王淵梁方平討捕禽戮殆盡積功轉武節郎欽宗即位從梁方平屯濬州金人壓境方平備不嚴金人迫而遁王師數萬皆潰世忠陷重圍中揮戈力戰突圍出焚橋而還欽宗聞召對便殿詢方平失律狀條奏甚悉轉武節大夫詔諸路勤王兵領所部入衞會金人退河北總管司辟選鋒軍統制時勝捷軍張師正敗宣撫副使李彌大斬之大校李復鼓衆以亂淄青之附者合數萬人山東復擾彌大檄世忠將所部追擊至臨淄河兵不滿千分爲四隊布鐵蒺藜自塞歸路令曰進則勝退則死走者命後隊剿殺於是莫敢返顧皆死戰大破之斬復餘黨奔潰乘勝逐北追至宿遷賊尚萬人方擁子女椎牛縱酒世忠單騎夜追其營呼曰大軍至矣亟束戈卷甲吾能保全汝共功名賊駭慄請命因跪進牛酒世忠下馬解鞍飲啖之盡於是衆悉就降黎明見世忠軍未至始大悔失色以功遷左武大夫果州團練使詔入朝授正任單州團練使屯滹沱河時眞定失守世忠知王淵守趙遂亟往金人至聞世忠在攻益急糧盡援絕人多勸其潰圍去弗聽會大雪夜半以死士三百擣敵營敵驚亂自相擊刺及旦盡遁後有自金國來者始知大酋是日被創死故衆不能支遷嘉州防禦使還大名趙野辟爲前軍統制時康王如濟州世忠領所部勸進金人縱兵逼城人心恟懼世忠據西王臺力戰金人少卻翌日酋師率衆數萬至時世忠麾下僅千人單騎突入斬其酋長遂大潰康王即皇帝位授光州觀察使帶御器械世忠請移都長安下兵收兩河時論不從初建御營爲左軍統制是歲命王淵張俊討陳州叛兵劉光世討黎驛叛兵喬仲福討京東賊李昱世忠討單州賊魚臺世忠已破魚臺又擊黎驛叛兵敗之皆斬以獻於是羣盜悉平入備宿衞而河北賊丁順楊進等皆赴招撫司宗澤收而用之建炎二年升定國軍承宣使帝如揚州世忠以所部從時張遇自金山來降抵城下不解甲人心危懼世忠獨入其壘曉以逆順衆悉聽命李民衆十萬亦降比至有反覆狀王淵遣世忠諭旨世忠知其黨劉彥異議即先斬彥毆平民出縛小校二十九人送淵斬之事定授京西等路捉殺內外盜賊金人再攻河南翟進合世忠兵夜襲悟室營不克反爲所敗會丁進失期陳思恭先遁世忠被矢如蝟力戰得免還汴詰一軍之先退者皆斬左右懼進由是與世忠有隙尋以叛誅召世忠還授鄜延路副總管加平寇左將軍屯淮陽會山東兵拒敵粘罕聞世忠扼淮陽乃分兵萬人趨揚州自以大軍迎世忠戰世忠不敵夜引歸敵躡之軍潰于沭陽閤門宣贊舍人張遇死之三年帝召諸將議移蹕張俊辛企宗請往湖南世忠曰淮浙富饒今根本地詎可舍而之他人心懷疑一有退避則不逞者思亂重湖閩嶺之遙安保道路無變乎淮江當留兵爲守車駕當分兵爲衞約十萬人分半扈江淮上下止餘五萬可保防守無患乎在陽城收合散亡得數千人聞帝如錢塘即繇海道赴行在苗傅劉正彥反張浚等在平江議討亂知世忠至更相慶慰張俊喜躍不自持世忠得俊書大慟舉酒酹神曰誓不與此賊共戴天士卒皆奮見浚曰今日大事世忠願與張俊身任之公無憂欲即進兵浚曰投鼠忌器事不可急急則恐有不測已遣馮轓甘言誘賊矣三月戊戌以所部發平江張俊慮世忠兵少以劉寶兵二千借之舟行載甲士綿亘三十里至秀州稱病不行造雲梯治器械傅等始懼初傅正彥聞世忠來檄以其兵屯江陰世忠以好語報之且言所部殘零欲赴行在傅等大喜許之至矯制除世忠及張俊爲節度使皆不受時世忠妻梁氏及子亮爲傅所質防守嚴密朱勝非紿傅曰今白太后遣二人慰撫世忠則平江諸人益安矣於是召梁氏入封安國夫人俾迓世忠速其勤王梁氏疾驅出城一日夜會世忠於秀州未幾明受詔至世忠曰吾知有建炎不知有明受斬其使取詔焚之進兵益急傅等大懼次臨平賊將苗翊馬柔吉負山阻河爲陣中流植鹿角梗行舟世忠合舟力戰張俊繼之劉光世又繼之軍少卻世忠復舍馬操戈而前令將士曰今日當以死報國面不被數矢者皆斬於是士皆用命賊列神臂弩持滿以待世忠瞋目大呼挺刃突前賊辟易矢不及發遂敗傅正彥擁精兵二千開湧金門以遁世忠馳入帝步至宮門握世忠手慟哭曰中軍吳湛佐逆爲最尚留朕肘腋能先誅乎世忠即謁湛握手與語折其中指戮于市又執賊謀主王世修以屬吏詔授武勝軍節度使御營左軍都統制請于帝曰賊擁精兵距甌閩甚邇儻成巢窟卒未可滅臣請討之於是以爲江浙制置使自衢信追擊至漁梁驛與賊遇世忠步走挺戈而前賊望見咋曰此韓將軍也皆驚潰擒正彥及傅弟翊送行在傅亡建陽追禽之皆伏誅世忠初陛辭奏曰臣誓生獲賊爲社稷刷恥乞殿前二虎賁護俘來獻至是卒如其言帝手書忠勇二字揭旗以賜授檢校少保武寧昭慶軍節度使兀术將入侵帝召諸將問移蹕之地張俊辛企宗勸自鄂岳幸長沙世忠曰國家已失河北山東若又棄江淮更有何地於是以世忠爲浙西制置使守鎭江既而兀术分道渡江諸屯皆敗世忠亦自鎭江退保江陰杜充以建康降敵兀术自廣德破臨安帝如浙東世忠以前軍駐青龍鎭中軍駐江灣後軍駐海口俟敵歸邀擊之帝召至行在奏方留江上截金人歸師盡死一戰帝謂輔臣曰比呂頤浩在會稽嘗建此策世忠不謀而同賜親札聽其留會上元節就秀州張燈高會忽引兵趨鎭江及金兵至則世忠軍已先屯焦山寺金將李選降受之兀术遣使通問約日大戰許之戰將十合梁夫人親執桴鼓金兵終不得渡盡歸所掠假道不聽請以名馬獻又不聽撻辣在濰州遣孛堇太一趨淮東以援兀术世忠與二酋相持黃天蕩者四十八日太一孛堇軍江北兀术軍江南世忠以海艦進泊金山下預以鐵綆貫大鉤授驍健者明旦敵舟譟而前世忠分海舟爲兩道出其背每縋一綆則曳一舟沉之兀术窮蹙求會語祈請甚哀世忠曰還我兩宮復我疆土則可以相全兀术語塞又數日求再會言不遜世忠引弓射之亟馳去謂諸將曰南軍使船欲如使馬奈何募人獻破海舟策閩人王某者教其舟中載土平版鋪之穴船版以櫂槳風息則出江有風則勿出海舟無風不可動也又有獻謀者曰鑿大渠接江口則在世忠上流兀术一夕潛鑿渠三十里且用方士計刑白馬剔婦人心自割其額祭天次日風止我軍帆弱不能運金人以小舟縱火矢下如雨孫世詢嚴允皆戰死敵得絕江遁去世忠收餘軍還鎭江初世忠謂敵至必登金山廟觀我虛實迺遣兵百人伏廟中百人伏岸滸約聞鼓聲岸兵先入廟兵合擊之金人果五騎闖入廟兵喜先鼓而出僅得二人逸其一中有絳袍玉帶既墜而復馳者詰之乃兀术也是役也兀术兵號十萬世忠僅八千餘人帝凡六賜札褒獎甚寵拜檢校少保武成感德軍節度使神武左軍都統制建安范汝爲反辛企宗等討捕未克賊勢愈熾以世忠爲福建江西荊湖宣撫副使世忠曰建居閩嶺上流賊沿流而下七郡皆血肉矣亟領步卒三萬水陸並進次劍潭賊焚橋世忠策馬先渡師遂濟賊盡塞要路拒王師世忠命諸軍偃旗仆鼓徑抵鳳凰山瞰城邑設雲梯火樓連日併攻賊震怖叵測五日城破汝爲竄身自焚斬其弟岳吉以狥禽其謀主謝嚮施逵及裨將陸必疆等五百餘人世忠初欲盡誅建民李綱自福州馳見世忠曰建民多無辜世忠令軍士馳城上毋下聽民自相別農給牛穀商賈弛征禁脅從者汰遣獨取附賊者誅之民感更生家爲立祠捷聞帝曰雖古名將何以加賜黃金器皿世忠因奏江西湖南寇賊尚多乞乘勝討平廣西賊曹成擁餘衆在郴邵世忠既平閩寇旋師永嘉若將就休息者忽由處信徑至豫章連營江濱數十里羣賊不虞其至大驚世忠遣人招之成以其衆降得戰士八萬遣詣行在遂移師長沙時劉忠有衆數萬據白面山營柵相望世忠始至欲急擊宣撫使孟庾不可世忠曰兵家利害策之審矣非參政所知請期半月效捷遂與賊對壘奕碁張飲堅壁不動衆莫測一夕與蘇格聯騎穿賊營候者呵問世忠先得賊軍號隨聲應之周覽以出喜曰此天錫也夜伏精兵二千於白面山與諸將拔營而進賊兵方迎戰所遣兵已馳入中軍奪望樓植旗蓋傳呼如雷賊回顧驚潰麾將士夾擊大破之斬忠首湖南遂平授太尉賜帶笏仍勑樞密以功頒示內外諸將師還建康置背嵬軍皆勇鷙絕倫者九月爲江南東西路宣撫使置司建康三年三月進開府儀同三司充淮南東西路宣撫使置司泗州時聞李橫進師討僞齊議遣大將以世忠忠勇故遣之仍賜廣馬七綱甲千副銀二萬兩帛二萬匹又出錢百萬緡米二十八萬斛爲半歲之用命戶部侍郎姚舜明詣泗州總領錢糧倉部郎官遜逸如平江府常秀饒州督發軍食李橫兵敗還鎭世忠不果渡江四年以建康鎭江江東宣撫使駐鎭江是歲金人與劉豫合兵分道入侵帝手札命世忠飭守備圖進取辭旨懇切世忠受詔感泣曰主憂如此臣子何以生爲遂自鎭江濟師俾統制解元守高郵候金步卒親提騎兵駐大儀當敵騎伐木爲柵自斷歸路會遣魏良臣使金世忠撤炊爨紿良臣有詔移屯守江良臣疾馳去世忠度良臣已出境即上馬令軍中曰眂吾鞭所嚮於是引軍次大儀勒五陣設伏二十餘所約聞鼓即起擊良臣至金軍中金人問王師動息具以所見對聶兒孛堇聞世忠退喜甚引兵至江口距大儀五里別將撻孛也擁鐵騎過五陣東世忠傳小麾鳴鼓伏兵四起旗色與金人旗雜出金軍亂我軍迭進背嵬軍各持長斧上揕人胷下斫馬足敵被甲陷泥淖世忠麾勁騎四面蹂躙人馬俱斃遂擒撻孛也等二百餘人所遣董旼亦擊金人於天長縣之鵶口擒女眞四十餘人解元至高郵遇敵設水軍夾河陣日合戰十三相拒未決世忠遣成

閔將騎士往援，復大戰，俘生女眞及千戶等。世忠復親追至淮，金人驚潰，相蹈藉溺死甚衆。捷聞，羣臣入賀，帝曰：「世忠忠勇，朕知其必能成功。」沈與求曰：「自建炎以來，將士未嘗與金人迎敵一戰，今世忠連捷以挫其鋒，厥功不細。」帝曰：「第優賞之。」於是部將董旼、陳桷、解元、呼延通等皆峻擢有差。論者以此舉爲中興武功第一。時撻辣屯泗州，兀朮屯竹塹鎭，爲世忠所扼，以書幣約戰，世忠許之，且使兩伶人以橘茗報聘。會雨雪，金饋道不通，野無所掠，殺馬而食，蕃漢軍皆怨。兀朮夜引軍還，劉麟、劉猊棄輜重遁。五年，進少保。六年，授武寧安化軍節度使、京東淮東路宣撫處置使，置司楚州。世忠披草萊，立軍府，與士同力役。夫人梁親織薄爲屋。將士有怯戰者，世忠遺以巾幗，設樂大宴，俾婦人粧以耻之，故人人奮厲。撫集流散，通商惠工，山陽遂爲重鎭。劉豫兵數入寇，輒爲世忠所敗。時張浚以右相視師，命世忠自承、楚圖淮陽。劉豫方聚兵淮陽，世忠卽引軍渡淮，旁符離而北，至其城下，爲賊所圍，奮戈一躍，潰圍而出，不遺一鏃。呼延通與金將牙合孛菫搏戰，扼其吭而禽之，乘銳掩擊，金人敗去。既而圍淮陽，賊堅守不下，約日受圍一日則舉一烽，至是六烽具舉，兀朮與劉猊皆至。世忠求援於張俊，俊以世忠有見吞意，不從。世忠勒陣向敵，遣人語之曰：「錦衣驄馬立陣前者，韓相公也。」或危之，世忠曰：「不如是，不足以致敵。」敵果至，殺其導戰二人，遂引去。尋詔班師，復歸楚州，淮陽之民從而歸者以萬計。三月，除京東淮東宣撫處置使，兼節制鎭江府，仍楚州置司。四月，賜號揚武翊運功臣，加橫海武寧安化三鎭節度使。九月，帝在平江，世忠自楚州來朝。十月，邊報急，劉光世欲棄廬州還太平，張俊亦請益兵，都督張浚曰：「今日之事，有進擊，無退保。」於是世忠引兵渡淮，與金將訛里也力戰。劉猊將寇淮東，爲世忠兵扼不得進。七年，築高郵城，民益安之。初，世忠移屯山陽，遣間結山東豪傑，約以緩急爲應，宿州馬秦及太行羣盜，多願奉約束者。金人廢劉豫，中原震動，世忠謂機不可失，請全師北討，招納歸附，爲恢復計。會秦檜主和議，命世忠徙屯鎭江。世忠言：「金人詭詐，恐以計緩我師，乞留此軍蔽遮江、淮。」又力陳和議之非，願效死節，率先迎敵，若不勝，從之未晚。又言王倫、藍公佐交河南地界，乞令明具無反覆文狀，爲後證。章十數上，皆慷慨激切，且請單騎詣闕面奏，帝率優詔褒答。後金果渝盟，咸如其言。金使蕭哲之來，以詔諭爲名，世忠聞之，凡四上疏，言不可許，願舉兵決戰，兵勢最重處，臣請當之。又言金人欲以劉豫相待，舉國士大夫盡爲陪臣，恐人心離散，士氣凋沮。且請馳驛面奏，不許。既而伏兵洪澤鎭，將殺金使，不克。九年，授少師。十年，金人敗盟，兀朮率撒離曷、李成等破三京，分道深入。八月，世忠圍淮陽，金人來救，世忠迎擊於泇口鎭，敗之。又遣解元擊金人於潭城，劉寶擊於千秋湖，皆捷。親隨將成閔從統制許世安奪淮陽門而入，大戰門內，世安中四矢，閔被三十餘創，復奪門出。世忠奏其功，擢武德大夫，閔由是知名。世忠進太保，封英國公，兼河北諸路招討使。十一年，兀朮耻順昌之敗，復謀再入，詔大合兵於淮西以待。既而金敗於柘皐，復圍濠州，世忠受詔救濠，以舟師至招信縣，夜以騎兵擊金人於聞賢驛，敗之。金人攻濠州，五日而破。破三日，世忠至，楊沂中軍已南奔，世忠與金人戰于淮岸，夜遣劉寶泝流將劫之。金人伐木塞赤龍洲，扼其歸路，世忠知之，全師而還。金人自渦口渡淮北去，自是不復入侵。世忠在楚州十餘年，兵僅三萬，而金人不敢犯。秦檜收三大將權，四月，拜樞密使，遂以所積軍儲錢百萬貫、米九十萬石、酒庫十五歸於國。世忠既不以和議爲然，爲檜所抑。及魏良臣使金，世忠又力言：「自此人情消弱，國勢委靡，誰復振之？」北使之來，乞與面議，不許。遂抗疏言檜誤國，檜諷言者論之，帝格其奏不下。世忠連疏乞解樞密柄，繼上表乞骸。十月，罷爲醴泉觀使、奉朝請，進封福國公，節鉞如故。自此杜門謝客，絕口不言兵，時跨驢攜酒，從一二奚童，縱遊西湖以自樂，平時將佐罕得見其面。十二年，改潭國公。顯仁皇后自金還，世忠詣臨平朝謁，后在北方聞其名，慰問者良久。十三年，封咸安郡王。十七年，改鎭南武安寧國節度使。二十一年八月，薨，進拜太師，追封通義郡王；孝宗朝，追封蘄王，謚忠武，配饗高宗廟庭。世忠初得疾，勑尚醫視療，將吏臥內問疾，世忠曰：「吾以布衣百戰致位王公，賴天之靈，保首領沒於家，諸君尚哀其死邪？」及死，賜朝服、貂蟬冠、水銀、龍腦以斂。世忠嘗戒家人曰：「吾名世忠，汝曹毋諱忠字，諱而不言，是忘忠也。」性戇直，勇敢忠義，事關廟社，必流涕極言。岳飛冤獄，舉朝無敢出一語，世忠獨攖檜怒，語在檜傳。又抵排和議，觸檜尤多，或勸止之，世忠曰：「今畏禍苟同，他日瞑目，豈可受鐵杖於太祖殿下？」時一二大將多曲徇檜，苟全，世忠與檜同在政地，一揖外未嘗與談。嗜義輕財，錫賚悉分將士，所賜田輸租與編戶等。持軍嚴重，與士卒同甘苦。器仗規畫精絕過人，今克敵弓、連鎖甲、狻猊鍪及跳澗以習騎洞貫以習射，皆其遺法也。嘗中毒矢入骨，以彊弩括取之。十指僅全四，不能動，刀痕箭瘢如刻畫然。知人善獎用，成閔、解元、王勝、王權、劉寶、岳超起行伍，秉將旄，皆其部曲云。解兵罷政，臥家凡十年，澹然自如，若未嘗有權位者。晚喜釋、老，自號淸涼居士。子彥直、彥質、彥古，皆以才見用，彥古戶部尚書。

彥直字子溫，生期年，以父任補右承奉郎，尋直祕閣。六歲，從世忠入見高宗，命作大字，卽拜命跪書「皇帝萬歲」四字。帝喜之，拊其背曰：「他日令器也。」親解孝宗丱角之繻傳其首，賜金器、筆研、監書、鞍馬。年十二，賜三品服。紹興十七年，中兩浙轉運司試，明年，登進士第，調太社令。二十一年，世忠薨，服除，秦檜素銜世忠不附和議，出彥直爲浙東安撫司主管機宜文字。檜死，拜光祿寺丞。二十九年，遷屯田員外郎，兼權右曹郎官、工部侍郎。張浚都督江淮軍馬，檄權計議軍事。督府罷，奉祠。乾道二年，遷戶部郎官，主管左曹，總領淮東軍馬錢糧。會大軍倉給糧，徑乘小輿往察之，給米不如數，捕吏寘于理。初，代者以乏興罷，交承爲緡錢僅二十萬，明年奏計乃四倍，且以其贏獻諸朝。帝嘉之，拜司農少卿，進直龍圖閣、江西轉運兼權知江州。時朝廷還岳飛家貲，產多在九江，歲久業數易主，吏緣爲姦。彥直搜剔隱匿，盡還岳氏。復爲司農少卿、總領湖北京西軍馬錢糧，尋兼發運副使。會時相不樂，密啓換武，授利州觀察使、知襄陽府、充京西南路安撫使。七年，授鄂州駐劄御前諸軍都統制。條奏軍中六事，乞備器械，增戰馬，革濫賞，厲奇功，選勇畧，充親隨等，朝廷多從之。先是，軍中騎兵多不能步戰，彥直命騎士被甲徒行，日六十里，雖統制官亦令以身帥之，人人習於勞苦，馳騁如飛。事聞，詔令三衙、江上諸軍倣行之。八年，匄歸文班，乃授左中奉大夫、充敷文閣待制、知台州，匄祠養親，提舉佑神觀、奉朝請。進對，言：「頃自岳飛爲帥，身居鄂渚，遙領荆、襄，田師中繼之，始分鄂渚爲二軍，乞復舊。」又乞併京西、湖北轉運爲一司，分官置司襄陽，可一事體。帝善之。遷刑部侍郎，明年，兼工部侍郎。同列議大辟三鞫之弗承，宜令以衆證就刑，欲修立爲令。彥直持不可，白丞相梁克家曰：「若是，則善類被誣必多冤獄。且笞杖之刑猶引伏方決，況人命至重乎？」議卒格。以議奪吳名世改正過名不當，降兩官。會當遣使于金，在廷相顧莫肯先，帝親擇以往，聞命慨然就道。方入境，金使蒲察問接國書事，論難往復數十，蒲察理屈，因笑曰：「尚書能力爲主。」既至，幾罹禍者數，守節不屈，金卒禮遣之。帝嘉歎，遷吏部侍郎，尋權工部尚書，復中大夫，改工部尚書兼知臨安府，方控辭，以言罷，提舉大平興國宮，尋提舉佑神觀、奉朝請。尋知溫州，首捕巨猾王永年，窮治之，杖徙他州。奏免民間積逋，以郡餘財代輸之。然以累欠內帑坊場錢不發，鐫一官。海寇出沒大洋，劫掠勢甚張，彥直授將領土豪等方畧，不旬日，生禽賊首，海盜爲淸。樞密奏功，進敷文閣學士。以弟彥質爲兩浙轉運判官，引嫌，易泉府，匄祠奉親，差提舉佑神觀，仍奉朝請，特令佩魚，示異數也。入對，乞搜訪靖康以來死節之士，以勸忠義。又上薦舉，乞選人已經關升，實歷六考，無贓私罪犯者，雜試以經術、法律，限其員額，定其高下，俾孤寒者得以自達，定爲改官之制。又乞令州郡守臣任滿日，開具本州實在財賦數目，具公移與交代者，并達臺省，庶可覈實，以戢姦弊。帝悉嘉納。淳熙十年夏，旱，應詔言邇者濫刑，爲致旱之由。明年，入對，論三衙皆所以拱扆宸居，而司馬乃遠在數百里外，乞令歸司。久之，再爲戶部尚書。會歲旱，乞廣糴爲先備。又乞追敗部曲曾誣陷岳飛者，以慰忠魂。以言降充敷文閣學士。帝追感世忠元勳，遣使諭彥直，且謂彥直有才力，言者誣之。彥直感泣奏謝。尋提舉萬壽觀。有疾，帝賜之藥。進顯謨閣學士、提舉萬壽觀。嘗攟宋朝事，分爲類目，名水心鏡，爲書百六十七卷。禮部尚書尤袤修國史，白于朝，下取是書以進，光宗覽之稱善。進龍圖閣學士、提舉萬壽觀，轉光祿大夫，致仕。卒，特贈開府儀同三司，賜銀絹九百，爵至蘄春郡公。

論曰：古人有言：「天下安，注意相；天下危，注意將。」宋靖康、建炎之際，天下安危之機也，勇畧忠義如韓世忠而爲將，是天以資宋之興復也。方兀朮渡江，惟世忠與之對陣，以閒暇示之。及劉豫廢，中原人心動搖，世忠請乘時進兵，此機何可失也？高宗惟姦檜之言是聽，使世忠不得盡展其才，和議成而宋事去矣。暮年退居行都，口不言兵，部曲舊將不與相見，蓋懲岳飛之事也。昔漢文帝思頗、牧於前代，宋有世忠不善用，惜哉！

宋史卷三百六十五

元中書右丞相總裁脫脫等修

列傳一百二十四

岳飛 子雲

岳飛字鵬舉相州湯陰人世力農父和能節食以濟饑者有耕侵其地割而與之貰其財者不責償飛生時有大禽若鵠飛鳴室上因以爲名未彌月河決內黃水暴至母姚抱飛坐甕中衝濤及岸得免人異之少負氣節沈厚寡言家貧力學尤好左氏春秋孫吳兵法生有神力未冠挽弓三百斤弩八石學射於周同盡其術能左右射同死朔望設祭於其冢父義之曰汝爲時用其徇國死義乎宣和四年眞定宣撫劉韐募敢戰士飛應募相有劇賊陶俊賈進和飛請百騎滅之遣卒僞爲商入賊境賊掠以充部伍飛遣百人伏山下自領數十騎逼賊壘賊出戰飛陽北賊來追之伏兵起先所遣卒擒俊及進和以歸康王至相飛因劉浩見命招賊吉倩倩以衆三百八十人降補承信郎以鐵騎三百往李固渡嘗敵敗之從浩解東京圍與敵相持於滑南領百騎習兵河上敵猝至飛麾其徒曰敵雖衆未知吾虛實當及其未定擊之乃獨馳迎敵有梟將舞刀而前飛斬之敵大敗遷秉義郎隸留守宗澤戰開德曹州皆有功澤大奇之曰爾勇智才藝古良將不能過然好野戰非萬全計因授以陣圖飛曰陣而後戰兵法之常運用之妙存乎一心澤是其言康王卽位飛上書數千言大略謂陛下已登大寶社稷有主已足伐敵之謀而勤王之師日集彼方謂吾素弱宜乘其怠擊之黃潛善汪伯彥輩不能承聖意恢復奉車駕日益南恐不足繫中原之望臣願陛下乘敵穴未固親率六軍北渡則將士作氣中原可復書聞以越職奪官歸詣河北招討使張所所待以國士借補修武郎充中軍統領所問曰汝能敵幾何飛曰勇不足恃用兵在先定謀欒枝曳柴以敗荆莫敖采樵以致絞皆謀定也所矍然曰君殆非行伍中人飛因說之曰國家都汴恃河北以爲固苟馮據要衝峙列重鎭一城受圍則諸城或撓或救金人不能窺河南而京師根本之地固矣招撫誠能提兵壓境飛唯命是從所大喜借補武經郎命從王彥渡河至新鄉金兵盛彥不敢進飛獨引所部鏖戰奪其纛而舞諸軍爭奮遂拔新鄉翌日戰侯兆川身被十餘創士皆死戰又敗之夜屯石門山下或傳金兵復至一軍皆驚飛堅臥不動金兵卒不來食盡走彥壁乞糧彥不許飛引兵益北戰于太行山擒金將拓跋耶烏居數日復遇敵飛單騎持丈八鐵槍刺殺黑風大王敵衆敗走飛自知與彥有隙復歸宗澤爲留守司統制澤卒杜充代之飛居故職二年戰胙城又戰黑龍潭皆大捷從閭勍保護陵寢大戰汜水關射殪金將大破其衆駐軍竹蘆渡與敵相持選精銳三百伏前山下令各以薪芻交縛兩束夜半爇四端而舉之金人疑援兵至驚潰三年賊黃善曹成孔彥舟等合衆五十萬薄南薰門飛所部僅八百衆懼不敵飛曰吾爲諸君破之左挾弓右運矛橫衝其陣賊亂大敗之又擒賊杜叔五孫海於東明借補英州刺史黃善圍陳州飛戰于清河擒其將孫勝孫清授眞刺史杜充將還建康飛曰中原地尺寸不可棄今一舉足此地非我有他日欲復取之非數十萬衆不可充不聽遂與俱歸師次鐵路步遇賊張用至六合遇李成與戰皆敗之成遣輕騎劫憲臣犒軍銀帛飛進兵掩擊之成奔江西時命充守建康金人與成合寇烏江充閉門不出飛泣諫請視師充竟不出金人遂由馬家渡渡江充遣飛等迎戰王璦先遁諸將皆潰獨飛力戰會充已降金諸將多行剽掠惟飛軍秋毫無所犯兀朮趨杭州飛要擊至廣德境中六戰皆捷擒其將王權俘簽軍首領四十餘察其可用者結以恩遣還令夜斫營縱火飛衆亂縱擊大敗之駐軍鍾村軍無見糧將士忍饑不敢擾民金所籍兵相謂曰此岳爺爺軍爭來降附四年兀朮攻常州宜興令迎飛移屯焉盜郭吉聞飛來遁入湖飛遣王貴傅慶追破之又遣辯士馬皐林聚盡降其衆有張威武者不從飛單騎入其營斬之避地者賴以免圖飛像祠之金人再攻常州飛四戰皆捷尾襲於鎭江東又捷戰于淸水亭又大捷橫屍十五里兀朮趨建康飛設伏牛頭山待之夜令百人黑衣混金營中擾之金兵驚自相攻擊兀朮次龍灣飛以騎三百步兵二千馳至新城大破之兀朮奔淮西遂復建康飛奏建康爲要害之地宜選兵靜守仍益兵守淮拱護腹心帝嘉納兀朮歸飛邀擊于靜安敗之詔討戚方飛以三千人營于苦嶺方遁俄益兵來飛自領兵千人戰數十合皆捷會張俊兵至方遂降范宗尹言張俊自浙西來盛稱飛可用遷通泰鎭撫使兼知泰州飛辭乞淮南東路一重難任使收復本路州郡乘機漸進使山東河北河東京畿等路次第而復會金攻楚急詔張俊援之俊辭乃遣飛行而命劉光世出兵援飛飛屯三墪爲楚援尋抵承州三戰三捷殺高太保俘酋長七十餘人光世等皆不敢前飛師孤力寡楚遂陷詔飛還守通泰有旨可守卽守如不可但以沙洲保護百姓伺便掩擊飛以泰無險可恃退保柴墟戰于南霸橋金大敗渡百姓于沙上飛以精騎二百殿金兵不敢近飛以泰州失守待罪紹興元年張俊請飛同討李成時成將馬進犯洪州連營西山飛曰賊貪而不慮後若以騎兵自上流絕生米渡出其不意破之必矣飛請自爲先鋒俊大喜飛重鎧躍馬潛出賊右突其陣所部從之進大敗走筠州飛抵城東賊出城布陣十五里飛設伏以紅羅爲幟上刺岳字選騎二百隨幟而前賊易其少薄之伏發賊敗走飛使人呼曰不從賊者坐吾不汝殺坐而降者八萬餘人進以餘卒奔成于南康飛夜引兵至朱家山又斬其將趙萬成聞進敗自引兵十餘萬來飛與遇於樓子莊大破成軍追斬進成走蘄州降僞齊張用寇江西用亦相人飛以書諭之曰吾與汝同里南薰門鐵路步之戰皆汝所悉今吾在此欲戰則出不戰則降用得書曰果吾父也遂降江淮平俊奏飛功第一加神武右軍副統制留洪州彈壓盜賊授親衞大夫建州觀察使建寇范汝爲陷邵武江西安撫李回檄飛分兵保建昌軍及撫州飛遣人以岳字幟植城門賊望見相戒勿犯賊黨姚達饒靑逼建昌飛遣王萬徐慶討擒之升神武副軍都統制二年賊曹成擁衆十餘萬由江西歷湖湘據道賀二州命飛權知潭州兼權荆湖東路安撫都總管付金字牌黃旗招成成聞飛將至驚曰岳家軍來矣卽分道而遁飛至茶陵奉詔招之成不從飛奏比年多命招安故盜力强則肆暴力屈則就招苟不略加勦除蠭起之衆未可遽殄許之飛入賀州境得成諜者縛之帳下飛出帳調兵食吏曰糧盡矣柰何飛陽曰姑反茶陵已而顧諜若失意狀頓足而入陰令逸之諜歸告成成大喜期翌日來追飛命士蓐食潛趨遶嶺未明已至太平場破其砦成據險拒飛飛麾兵掩擊賊大潰成走據北藏嶺上梧關遣將迎戰飛不陣而鼓士爭奮奪二隘據之成又自桂嶺置砦至北藏嶺連控隘道親以衆十餘萬守蓬頭嶺飛部才八千一鼓登嶺破其衆成奔連州飛謂張憲等曰成黨散去追而殺之則脅從者可憫縱之則復聚爲盜今遣若等誅其酋而撫其衆愼勿妄殺累主上保民之仁於是憲自賀連徐慶自邵道王貴自郴桂招降者二萬與飛會連州進兵追成成走宣撫司降時以盛夏行師瘴地撫循有方士無一人死癘者嶺表平授武安軍承宣使屯江州甫入境安撫李回檄飛捕劇賊馬友郝通劉忠李通李宗亮張式皆平之三年春召赴行在江西宣諭劉大中奏飛兵有紀律人恃以安今赴行在恐盜復起不果行時虔吉盜連兵寇掠循梅廣惠英韶南雄南安建昌汀邵武諸郡帝乃專命飛平之飛至虔州固石洞賊彭友悉衆至雩都迎戰躍馬馳突飛麾兵卽馬上擒之餘酋退保固石洞洞高峻環水止一徑可入飛列騎山下令皆持滿黎明遣死士疾馳登山賊衆亂棄山而下騎兵圍之賊呼丐命飛令勿殺受其降授徐慶等方略捕諸郡餘賊皆破降之初以隆祐震驚之故密旨令飛屠虔城飛請誅首惡而赦脅從不許請至三四帝乃曲赦人感其德繪像祠之餘寇高聚張成犯袁州飛遣王貴平之秋入見帝手書精忠岳飛字製旗以賜之授鎭南軍承宣使江南西路沿江制置使又改神武後軍都統制仍制置使李山吳全吳錫李橫牛皐皆隸焉僞齊遣李成挾金人入侵破襄陽唐鄧隨郢諸州及信陽軍湖寇楊么亦與僞齊通欲順流而下李成又欲自江西陸行趨兩浙與么會帝命飛爲之備四年除兼荆南鄂岳州制置使飛奏襄陽等六郡爲恢復中原基本今當先取六郡以除心膂之病李成遠遁然後加兵湖湘以殄羣盜帝以諭趙鼎鼎曰知上流利害無如飛者遂授黃復州漢陽軍德安府制置使飛渡江中流顧幕屬曰飛不擒賊不涉此江抵郢州城下僞將京超號萬人敵乘城拒飛飛鼓衆而登超投崖死復郢州遣張憲徐慶復隨州飛趣襄陽李成迎戰左臨襄江飛笑曰步兵利險阻騎兵利平曠成左列騎江岸右列步平地雖衆十萬何能爲擧鞭指王貴曰爾以長槍步卒擊其騎兵指牛皐曰爾以騎兵擊其步卒合戰馬應槍而斃後騎皆擁入江步卒死者無數成夜遁復襄陽劉豫益成兵屯新野飛與王萬夾擊之連破其衆飛奏金賊所愛惟子女金帛志已驕惰劉豫僭僞人心終不忘宋如以精兵二十萬直擣中原恢復故疆誠易爲力襄陽隨郢地皆膏腴苟行營田其利爲厚臣候糧足卽過江北勦戮敵兵時方重深入之擧而營田之義自是興矣進兵鄧州成與金將劉合孛堇列砦拒飛飛遣王貴張憲掩擊賊衆大潰劉合孛堇僅以身免賊黨高仲退保鄧城飛引兵一鼓拔之擒高仲復鄧州帝聞之喜曰朕素聞岳飛行軍有紀律未知能破敵如此又復唐州信陽軍襄漢平飛辭制置使乞委重臣經畫荆襄不許趙鼎奏湖北鄂岳最爲上流要害乞令飛屯鄂岳不惟江西藉其聲勢湖廣江浙亦獲安妥乃以隨郢唐鄧信陽並爲襄陽府路

隸飛飛移屯鄂授淸遠軍節度使湖北路荆襄潭州制置使封武昌縣開國子兀朮劉豫合兵圍廬州帝手札命飛解圍提兵趨廬僞齊已驅甲騎五千逼城飛張岳字旗與精忠旗金兵一戰而潰廬州平飛奏襄陽等六郡人戶闕牛糧乞量給官錢免官私逋負州縣官以招集流亡爲殿最五年入覲封母國夫人授飛鎭寧崇信軍節度使湖北路荆襄潭州制置使進封武昌郡開國侯又除荆湖南北襄陽路制置使神武後軍都統制命招捕楊么飛所部皆西北人不習水戰飛曰兵何常顧用之何如耳先遣使招諭之賊黨黃佐曰岳節使號令如山若與之敵萬無生理不如往降節使誠信必善遇我遂降飛表授佐武義大夫單騎按其部拊佐背曰子知逆順者果能立功封侯豈足道欲復遣子至湖中視其可乘者擒之可勸者招之如何佐感泣誓以死報時張浚以都督軍事至潭參政席益與浚語疑飛玩寇欲以聞浚曰岳侯忠孝人也兵有深機胡可易言益慙而止黃佐襲周倫砦殺倫擒其統制陳貴等飛上其功遷武功大夫統制任士安不稟王燮令軍以此無功飛鞭士安使餌賊曰三日賊不平斬汝士安宣言岳太尉兵二十萬至矣賊見止士安軍併力攻之飛設伏士安戰急伏四起擊賊賊走會召浚還防秋飛袖小圖示浚浚欲俟來年議之飛曰已有定畫都督能少留不八日可破賊浚曰何言之易飛曰王四廂以王師攻水寇則難飛以水寇攻水寇則易水戰我短彼長以所短攻所長所以難若因敵將用敵兵奪其手足之助離其腹心之託使孤立而後以王師乘之八日之內當俘諸酋浚許之飛遂如鼎州黃佐招楊欽來降飛喜曰楊欽驍悍旣降賊腹心潰矣表授欽武義大夫禮遇甚厚乃復遣歸湖中兩日欽說余端劉詵等降飛詭罵欽曰賊不盡降何來也杖之復令入湖是夜掩賊營降其衆數萬么負固不服方浮舟湖中以輪激水其行如飛旁置撞竿官舟迎之輒碎飛伐君山木爲巨筏塞諸港汊又以腐木亂草浮上流而下擇水淺處遣善罵者挑之且行且罵賊怒來追則草木壅積舟輪礙不行飛亟遣兵擊之賊奔港中爲筏所拒官軍乘筏張牛革以蔽矢石舉巨木撞其舟盡壞么投水牛皐擒斬之飛入賊壘餘酋驚曰何神也俱降飛親行諸砦慰撫之縱老弱歸田籍少壯爲軍果八日而賊平浚嘆曰岳侯神算也初賊恃其險曰欲犯我者除是飛來至是人以其言爲讖獲賊舟千餘鄂渚水軍爲沿江之冠詔兼蘄黃制置使飛以目疾乞辭軍事不許加檢校少保進封公還軍鄂州除荆湖南北襄陽路招討使六年大行山忠義社梁興等百餘人慕飛義率衆來歸飛入覲面陳襄陽自收復後未置監司州縣無以按察帝從之以李若虛爲京西南路提舉兼轉運提刑又令湖北襄陽府路自知州通判以下賢否許飛得自黜陟張浚至江上會諸大帥獨稱飛與韓世忠可倚大事命飛屯襄陽以窺中原曰此君素志也飛移軍京西改武勝定國軍節度使除宣撫副使置司襄陽命往武昌調軍居母憂降制起復飛扶櫬還廬山連表乞終喪不許累詔趣起乃就軍又命宣府河東節制河北路首遣王貴等攻虢州下之獲糧十五萬石降其衆數萬張浚曰飛措畫甚大今已至伊洛則太行一帶山砦必有應者飛遣楊再興進兵至長水縣再戰皆捷中原響應又遣人焚蔡州糧九月劉豫遣子麟猊分道寇淮西劉光世欲舍廬州張浚欲棄盱眙同奏召岳飛以兵東下欲使飛當其鋒而已得退保張浚謂飛一動則襄漢何所制力沮其議帝慮俊光世不足任命飛東下飛自破曹成平楊么凡六年皆盛夏行師致目疾至是甚聞詔卽日啓行未至麟敗飛奏至帝語趙鼎曰劉麟敗北不足喜諸將知尊朝廷爲可喜遂賜札言敵兵已去淮卿不須進發其或襄鄧陳蔡有機可乘從長措置飛乃還軍時僞齊屯兵窺唐州飛遣王貴董先等攻破之焚其營奏圖蔡以取中原不許飛召貴等還七年入見帝從容問曰卿得良馬否飛曰臣有二馬日啖芻豆數斗飲泉一斛然非精潔卽不受介而馳初不甚疾比行百里始奮迅自午至酉猶可二百里褫鞍甲而不息不汗若無事然此其受大而不苟取力裕而不求逞致遠之材也不幸相繼以死今所乘者日不過數升而秣不擇粟飲不擇泉攬轡未安踴躍疾驅甫百里力竭汗喘殆欲斃然此其寡取易盈好逞易窮駑鈍之材也帝稱善曰卿今議論極進拜太尉繼除宣撫使兼營田大使從幸建康以王德酈瓊兵隸飛詔諭德等曰聽飛號令如朕親行飛數見帝論恢復之略又手疏言金人所以立劉豫於江南蓋欲荼毒中原以中國攻中國粘罕因得休兵觀釁臣欲陛下假臣日月便則提兵趨京洛據河陽陝府潼關以號召五路叛將叛將旣還遣王師前進彼必棄汴而走河北京畿陝右可以盡復然後分兵濬滑經畧兩河如此則劉豫成擒金人可滅社稷長久之計實在此舉帝荅曰有臣如此顧復何憂進止之機朕不中制又召至寢閤命之曰中興之事一以委卿命節制光州飛方圖大舉會秦檜主和遂不以德瓊兵隸飛詔詣都督府與張浚議事浚謂飛曰王德淮西軍所服浚欲以爲都統而命呂祉以督府參謀領之如何飛曰德與瓊素不相下一旦揠之在上則必爭呂尚書不習軍旅恐不足服衆浚曰張宣撫如何飛曰暴而寡謀尤瓊所不服浚曰然則楊沂中爾飛曰沂中視事等爾豈能馭此軍浚艴然曰浚固知非太尉不可飛曰都督以正問飛不敢不盡其愚豈以得兵爲念耶卽日上章乞解兵柄終喪服以張憲攝軍事步歸廬母墓側浚怒奏以張宗元爲宣撫判官監其軍帝累詔趣飛還職飛力辭詔幕屬造廬以死請凡六日飛趨朝待罪帝慰遣之宗元還言將和士銳人懷忠孝皆飛訓養所致帝大悅飛奏比者寢閤之命咸謂聖斷已堅何至今尚未決臣願提兵進討順天道固人心以曲直爲老壯以逆順爲强弱萬全之効可必又奏錢塘僻在海隅非用武地願陛下建都上游用漢光武故事親率六軍往來督戰庶將士知聖意所向人人用命未報而酈瓊叛浚始悔飛復奏願進屯淮甸伺便擊瓊期於破滅不許詔駐師江州爲淮浙援飛知劉豫結粘罕而兀朮惡劉豫可以間而動會軍中得兀朮諜者飛陽責之曰汝非吾軍中人張斌耶吾向遣汝至齊約誘至四太子汝往不復來吾繼遣人問齊已許我今冬以會合寇江爲名致四太子于淸河汝所持書竟不至何背我耶諜冀緩死卽詭服乃作蠟書言與劉豫同謀誅兀朮事因謂諜曰吾今貸汝復遣至齊問舉兵期刲股納書戒勿泄諜歸以書示兀朮兀朮大驚馳白其主遂廢豫飛奏宜乘廢豫之際擣其不備長驅以取中原不報八年還軍鄂州王庶視師江淮飛與庶書今歲若不舉兵當納節請閑庶甚壯之秋召赴行在命詣資善堂見皇太子飛退而喜曰社稷得人矣中興基業其在是乎會金遣使將歸河南地飛言金人不可信和好不可恃相臣謀國不臧恐貽後世譏檜銜之九年以復河南大赦飛表謝寓和議不便之意有唾手燕雲復讎報國之語授開府儀同三司飛力辭謂今日之事可危而不可安可憂而不可賀可訓兵飭士謹備不虞而不可論功行賞取笑敵人三詔不受帝溫言獎諭乃受會遣士㒟謁諸陵飛請以輕騎從洒埽實欲觀釁以伐謀又奏金人無事請和此必有肘腋之虞名以地歸我實寄之也檜白帝止其行十年金人攻拱亳劉錡告急命飛馳援飛遣張憲姚政赴之帝賜札曰設施之方一以委卿朕不遙度飛乃遣王貴牛皐董先楊再興孟邦傑李寶等分布經畧西京汝鄭潁昌陳曹光蔡諸郡又命梁興渡河糾合忠義社取河東北州縣又遣兵東援劉錡西援郭浩自以其軍長驅以闞中原將發密奏言先正國本以安人心然後不常厥居以示無忘復讎之意帝得奏大褒其忠授少保河南府路陝西河東北路招討使尋改河南北諸路招討使未幾所遣諸將相繼奏捷大軍在潁昌諸將分道出戰飛自以輕騎駐郾城兵勢甚銳兀朮大懼會龍虎大王議以爲諸帥易與獨飛不可當欲誘致其師併力一戰中外聞之大懼詔飛審處自固飛曰金人伎窮矣乃日出挑戰且罵之兀朮怒合龍虎大王蓋天大王與韓常之兵逼郾城飛遣子雲領騎兵直貫其陣戒之曰不勝先斬汝鏖戰數十合賊屍布野初兀朮有勁軍皆重鎧貫以韋索三人爲聯號拐子馬官軍不能當是役也以萬五千騎來飛戒步卒以麻札刀入陣勿仰視第斫馬足拐子馬相連一馬仆二馬不能行官軍奮擊遂大敗之兀朮大慟曰自海上起兵皆以此勝今已矣兀朮益兵來部將王貴以五十騎覘敵遇之奮斬其將飛時出視戰地望見黃塵蔽天自以四十騎突戰敗之方郾城再捷飛謂雲曰賊屢敗必還攻潁昌汝宜速援王貴旣而兀朮果至貴將遊奕雲將背嵬戰于城西雲以騎兵八百挺前決戰步軍張左右翼繼之殺兀朮壻夏金吾副統軍粘罕索孛菫兀朮遁去梁興會太行忠義及兩河豪傑等累戰皆捷中原大震飛奏興等過河人心願歸朝廷金兵累敗兀朮等皆令老少北去正中興之機飛進軍朱僊鎭距汴京四十五里與兀朮對壘而陣遣驍將以背嵬騎五百奮擊大破之兀朮遁還汴京飛檄陵臺令行視諸陵葺治之先是紹興五年飛遣梁興等布德意招結兩河豪傑山砦韋銓孫謀等斂兵固堡以待王師李通胡淸李寶李興張恩孫琪等舉衆來歸金人動息山川險要一時皆得其實盡磁相開德澤潞晉絳汾隰之境皆期日興兵與官軍會其所揭旗以岳爲號父老百姓爭挽車牽牛載糗糧以饋義軍頂盆焚香迎候者充滿道路自燕以南金號令不行兀朮欲簽軍以抗飛河北無一人從者乃嘆曰自我起北方以來未有如今日之挫衄金帥烏陵思謀素號桀黠亦不能制其下但諭之曰毋輕動俟岳家軍來卽降金統制王鎭統領崔慶將官李覬崔虎華旺等皆率所部降以至禁衞龍虎大王下忔查千戶高勇之屬皆密受飛旗牓自北方來降金將軍韓常欲以五萬衆內附

飛大喜語其下曰直抵黃龍府與諸君痛飲爾方指日渡河而檜欲畫淮以北棄之風臺臣請班師飛奏金人銳氣沮喪盡棄輜重疾走渡河豪傑向風士卒用命時不再來機難輕失檜知飛志銳不可回乃先請張俊楊沂中等歸而後言飛孤軍不可久留乞令班師一日奉十二金字牌飛憤惋泣下東向再拜曰十年之力廢於一旦飛班師民遮馬慟哭訴曰我等戴香盆運糧草以迎官軍金人悉知之相公去我輩無噍類矣飛亦悲泣取詔示之曰吾不得擅留哭聲震野飛留五日以待其徙從而南者如市亟奏以漢上六郡閑田處之方兀朮棄汴去有書生叩馬曰太子毋走岳少保且退矣兀朮曰岳少保以五百騎破五十萬京城日夜望其來何謂可守生曰自古未有權臣在內而大將能立功於外者岳少保且不免況欲成功乎兀朮悟遂留飛既歸所得州縣旋復失之飛力請解兵柄不許自廬入覲帝問之飛拜謝而已十一年諜報金分道渡淮飛請合諸師之兵破敵兀朮韓常與龍虎大王疾驅至廬帝趣飛應援凡十七札飛策金人舉國南來巢穴必虛若長驅京洛以擣之彼必奔命可坐而敝時飛方苦寒嗽力疾而行又恐帝急於退敵乃奏臣如擣虛勢必得利若以爲敵方在近未暇遠圖欲乞親至蘄黃以議攻却帝得奏大喜賜札曰卿苦寒疾乃爲朕行國爾忘身誰如卿者師至廬州金兵望風而遁飛還兵于舒以俟命帝又賜札以飛小心恭謹不專進退爲得體兀朮破濠州張俊駐軍黃連鎭不敢進楊沂中遇伏而敗帝命飛救之金人聞飛至又遁時和議既決檜患飛異己乃密奏召三大將論功行賞韓世忠張俊已至飛獨後檜又用參政王次翁計俟之六七日既至授樞密副使位參知政事上飛固請還兵柄五月詔同俊往楚州措置邊防總韓世忠軍還駐鎭江初飛在諸將中年最少以列校拔起累立顯功世忠俊不能平飛屈己下之幕中輕銳教飛勿苦降意金人攻淮西俊分地也俊始不敢行師卒無功飛聞命卽行遂解廬州圍帝授飛兩鎭節俊益恥楊么平飛獻俊世忠樓船各一兵械畢備世忠大悅俊反忌之淮西之役俊以前途糧乏訹飛飛不爲止帝賜札褒諭有曰轉餉艱阻卿不復顧俊疑飛漏言還朝反倡言飛逗遛不進以乏餉爲辭至視世忠軍俊知世忠忤檜欲與飛分其背嵬軍飛義不肯俊大不悅及同行楚州城俊欲修城爲備飛曰當戮力以圖恢復豈可爲退保計俊變色會世忠軍吏景著與總領胡紡言二樞密若分世忠軍恐至生事紡上之朝檜捕著下大理寺將以扇搖誣世忠飛馳書告以檜意世忠見帝自明俊於是大憾飛遂昌言飛議棄山陽且密以飛報世忠事告檜檜大怒初檜逐趙鼎飛每對客嘆息又以恢復爲己任不肯附和議讀檜奏至德無常師主善爲師之語惡其欺罔恚曰君臣大倫根於天性大臣而忍面謾其主耶兀朮遺檜書曰汝朝夕以和請而岳飛方爲河北圖必殺飛始可和檜亦以飛不死終梗和議己必及禍故力謀殺之以諫議大夫万俟卨與飛有怨風卨劾飛又風中丞何鑄侍御史羅汝楫交章彈論大率謂今春金人攻淮西飛畧至舒蘄而不進比與俊按兵淮上又欲棄山陽而不守飛累章請罷樞柄尋還兩鎭節充萬壽觀使奉朝請檜志未伸也又諭張俊令劫王貴誘王俊誣告張憲謀還飛兵檜遣使捕飛父子證張憲事使者至飛笑曰皇天后土可表此心初命何鑄鞫之飛裂裳以背示鑄有盡忠報國四大字深入膚理既而閱實無左驗鑄明其無辜改命万俟卨卨誣飛與憲書令虛申探報以動朝廷雲與憲書令措置使飛還軍言其書已焚飛坐繫兩月無可證者或教卨以臺章所指淮西事爲言卨喜白檜簿錄飛家取當時御札藏之以滅迹又逼孫革等證飛受詔逗遛命評事元龜年取行軍時日雜定之傅會其獄歲暮獄不成檜手書小紙付獄卽報飛死時年三十九雲棄市籍家貲徙家嶺南幕屬于鵬等從坐者六人初飛在獄大理寺丞李若樸何彥猷大理卿薛仁輔並言飛無罪卨俱劾去宗正卿士㒟請以百口保飛卨亦劾之竄死建州布衣劉允升上書訟飛冤下棘寺以死凡傅成其獄者皆遷轉有差獄之將上也韓世忠不平詣檜詰其實檜曰飛子雲與張憲書雖不明其事體莫須有世忠曰莫須有三字何以服天下時洪皓在金國中蠟書馳奏以爲金人所畏服者惟飛至以父呼之諸酋聞其死酌酒相賀飛至孝母留河北遣人求訪迎歸母有痼疾藥餌必親母卒水漿不入口者三日家無姬侍吳玠素服飛願與交驩飾名姝遺之飛曰主上宵旰豈大將安樂時却不受玠益敬服少豪飲帝戒之曰卿異時到河朔乃可飲遂絕不飲帝初爲飛營第飛辭曰敵未滅何以家爲或問天下何時太平飛曰文臣不愛錢武臣不惜死天下平矣師每休舍課將士注坡跳壕皆重鎧習之子雲嘗習注坡馬躓怒而鞭之卒有取民麻一縷以束芻者立斬以徇卒夜宿民開門願納無敢入者軍號凍死不拆屋餓死不鹵掠卒有疾躬爲調藥諸將遠戍遣妻問勞其家死事者哭之而育其孤或以子婚其女凡有頒犒均給軍吏秋毫不私善以少擊衆欲有所舉盡召諸統制與謀謀定而後戰故有勝無敗猝遇敵不動故敵爲之語曰撼山易撼岳家軍難張俊嘗問用兵之術曰仁智信勇嚴闕一不可調軍食必蹙額曰東南民力耗敝極矣荊湖平募民營田又爲屯田歲省漕運之半帝手書曹操諸葛亮羊祜三事賜之飛跋其後獨指操爲姦賊而鄙之尤檜所惡也張所死飛感舊恩鞠其子宗本奏以官李寶自楚來歸韓世忠留之寶痛哭願歸飛世忠以書來諗飛復曰均爲國家何分彼此世忠嘆服襄陽之役詔光世爲援六郡既復光世始至飛奏先賞光世軍好賢禮士覽經史雅歌投壺恂恂如書生每辭官必曰將士效力飛何功之有然忠憤激烈議論持正不挫於人卒以此得禍檜死議復飛官万俟卨謂金方願和一旦錄故將疑天下心不可及紹興末金益猖獗太學生程宏圖上書訟飛冤詔飛家自便初檜惡岳州同飛姓改爲純州至是仍舊中丞汪澈宣撫荊襄故部曲合辭訟之哭聲雷震孝宗詔復飛官以禮改葬賜錢百萬求其後悉官之建廟於鄂號忠烈淳熙六年謚武穆嘉定四年追封鄂王

五子雲雷霖震霆

雲飛養子年十二從張憲戰多得其力軍中呼曰贏官人飛征伐未嘗不與數立奇功飛輒隱之每戰以手握兩鐵椎重八十斤先諸軍登城攻下隨州又攻破鄧州襄漢平功在第一飛不言逾年銓曹辯之始遷武翼郎楊么平功亦第一又不上張浚廉得其實曰岳侯避寵榮廉則廉矣未得爲公也奏乞擢異數飛力辭不受嘗以特旨遷三資飛辭曰士卒冒矢石立奇功始升一級男雲遽躐崇資何以服衆累表不受潁昌大戰無慮十數出入行陣體被百餘創甲裳爲赤以功遷忠州防禦使飛又辭命帶御器械飛又力辭之終左武大夫提舉醴泉觀死年二十三孝宗初與飛同復元官以禮祔葬贈安遠軍承宣使雷忠訓郎閤門祗候贈武畧郎霖朝散大夫敷文閣待制贈大中大夫初飛下獄檜令親黨王會搜其家得御札數篋束之左藏南庫霖請於孝宗還之霖子珂以淮西十五御札辨驗彙次凡出師應援之先後皆可考嘉定間爲籲天辨誣集五卷天定錄二卷上之震朝奉大夫提舉江南東路茶鹽公事霆修武郎閤門祗候

論曰西漢而下若韓彭絳灌之爲將代不乏人求其文武全器仁智並施如宋岳飛者一代豈多見哉史稱關雲長通春秋左氏學然未嘗見其文章飛北伐軍至汴梁之朱僊鎭有詔班師飛自爲表答詔忠義之言流出肺腑眞有諸葛孔明之風而卒死於秦檜之手蓋飛與檜勢不兩立使飛得志則金讎可復宋恥可雪檜得志則飛有死而已昔劉宋殺檀道濟道濟下獄嗔目曰自壞汝萬里長城高宗忍自棄其中原故忍殺飛嗚呼冤哉嗚呼冤哉

宋史卷三百六十五考證

岳飛傳嘗問用兵之術曰仁知信嚴勇○臣蒲封按岳武穆御軍記征羣盜過廬陵託宿廛市質明爲主人洒埽門宇洗除盆盎而去郡守供帳餞別于郊師行將絕謁未得通問大將軍何在殿者曰已雜偏裨去矣其嚴肅如此

宋史卷三百六十六

元中書右丞相總裁脫脫等修

列傳第一百二十五

劉錡 吳玠 吳璘子挺

劉錡字信叔德順軍人瀘州軍節度使仲武第九子也美儀狀善射聲如洪鐘嘗從仲武征討牙門水斛滿以箭射之拔箭水注隨以一矢窒之人服其精宣和間用高俅薦特授閤門祗候高宗卽位錄仲武後錡得召見奇之特授閤門宣贊舍人差知岷州爲隴右都護與夏人戰屢勝夏人兒啼輒怖之曰劉都護來張浚宣撫陜西一見奇其才以爲涇原經畧使兼知渭州浚合五路師潰于富平慕洧以慶陽叛攻環州浚命錡救之留別將守渭自將救環未幾金攻渭錡留李彥琪捍洧親率精銳還救渭已無及進退不可乃走德順軍彥琪遁歸渭降金錡貶秩知綿州兼沿邊安撫紹興三年復官爲宣撫使統制金人攻拔和尚原乃分守陝蜀之地會使者自蜀歸以錡名聞召還除帶御器械尋爲江東路副總管六年權提舉宿衛親軍帝駐平江解潛王彥兩軍交鬬俱罷命錡兼將之錡因請以前護副軍及馬軍通爲前後左右中軍與游奕凡六軍每軍千人爲十二將

前護副軍卽彥八字軍也於是錡始能成軍扈從赴金陵七年帥合肥八年戍京口九年擢果州團練使龍神衞四廂都指揮使主管侍衞馬軍司十年金人歸三京充東京副留守節制軍馬所部八字軍纔三萬七千人將發益殿司三千人皆攜其孥將駐于汴家留順昌錡自臨安泝江絕淮凡二千二百里至渦口方食暴風拔坐帳錡曰此賊兆也主暴兵卽下令兼程而進未至五月抵順昌三百里金人果敗盟來侵錡與將佐舍舟陸行先趨城中庚寅諜報金人入東京知府事陳規見錡問計錡曰城中有糧則能與君共守規曰有米數萬斛錡曰可矣時所部選鋒遊奕兩軍及老稚輜重相去尚遠遣騎趣之四鼓乃至及旦得報金騎已入陳錡與規議斂兵入城爲守禦計人心乃安召諸將計事皆曰金兵不可敵也請以精銳爲殿步騎遮老小順流還江南錡曰吾本赴官留司今東京雖失幸全軍至此有城可守柰何棄之吾意已決敢言去者斬惟部將許清號夜叉者奮曰太尉奉命副守汴京軍士扶攜老幼而來今避而走易耳然欲棄父母妻子則不忍欲與偕行則敵翼而攻何所逃之不如相與努力一戰於死中求生也議與錡合錡大喜鑿舟沉之示無去意寘家寺中積薪於門戒守者曰脫有不利卽焚吾家毋辱敵手也分命諸將守諸門明斥堠募土人爲間探於是軍士皆奮男子備戰守婦人礪刀劍爭呼躍曰平時人欺我八字軍今日當爲國家破賊立功時守備一無可恃錡於城上躬自督勵取僞齊所造癡車以輪轅埋城上又撤民戶扉周匝蔽之城外有民居數千家悉焚之凡六日粗畢而游騎已涉潁河至城下壬寅金人圍順昌錡豫於城下設伏擒千戶阿黑等二人詰之云韓將軍營白沙渦距城三十里錡夜遣千餘人擊之連戰殺虜頗衆旣而三路都統葛王褎以兵三萬與龍虎大王合兵薄城錡令開諸門金人疑不敢近初錡傅城築羊馬垣穴垣爲門至是與清等蔽垣爲陣金人縱矢皆自垣端軼著于城或止中垣上錡用破敵弓翼以神臂強弩自城上或垣門射敵無不中敵稍卻復以步兵邀擊溺河死者不可勝計破其鐵騎數千特授鼎州觀察使樞密副都承旨沿淮制置使時順昌受圍已四日金兵益盛乃移砦於東村距城二十里錡遣驍將閻充募壯士五百人夜斫其營是夕天欲雨電光四起見辮髮者輒殲之金兵退十五里錡復募百人以往或請銜枚錡笑曰無以枚也命折竹爲嘂如市井兒以爲戲者人持一以爲號直犯金營電所燭則皆奮擊電止則匿不動敵衆大亂百人者聞吹聲卽聚金人益不能測終夜自戰積屍盈野退軍老婆灣兀术在汴聞之卽索靴上馬過淮寧留一宿治戰具備糗糧不七日至順昌錡聞兀术至會諸將於城上問策或謂今已屢捷宜乘此勢具舟全軍而歸錡曰朝廷養兵十五年正爲緩急之用況已挫賊鋒軍聲稍振雖衆寡不侔然有進無退且敵營甚邇而兀术又來吾軍一動彼躡其後則前功俱廢使敵侵軼兩淮震驚江浙則平生報國之志反成誤國之罪衆皆感動思奮曰惟太尉命錡募得曹成等二人諭之曰遣汝作間事捷重賞第如我言敵必不汝殺今置汝綽路騎中汝遇敵則佯墜馬爲敵所得敵帥問我何如人則曰太平邊帥子喜聲伎朝廷以兩國講好使守東京圖逸樂耳已而二人果遇敵被執兀术問之對如前兀术喜曰此城易破耳卽置鵝車砲具不用翌日錡登城望見二人遠來縋而上之乃敵械成等歸以文書一卷繫于械錡懼惑軍心立焚之兀术至城下責諸將喪師衆皆曰南朝用兵非昔之比元帥臨城自見錡遣耿訓以書約戰兀术怒曰劉錡何敢與我戰以吾力破爾城直用靴尖趯倒耳訓曰太尉非但請與太子戰且謂太子必不敢濟河願獻浮橋五所濟而大戰兀术曰諾乃下令明日府治會食遲明錡果爲五浮橋於潁河上敵由之以濟錡遣人毒潁上流及草中戒軍士雖渴死毋得飲于河者飲夷其族敵用長勝軍嚴陣以待諸酋各居一部衆請先擊韓將軍錡曰擊韓雖退兀术精兵尚不可當法當先擊兀术兀术一動則餘無能爲矣時天大暑敵遠來疲敝錡士氣閒暇敵晝夜不解甲錡軍皆番休更食羊馬垣下敵人馬饑渴食水草者輒病往往困乏方晨氣清涼錡按兵不動逮未申間敵力疲氣索忽遣數百人出西門接戰俄以數千人出南門戒令勿喊但以銳斧犯之統制官趙撙韓直身中數矢戰不肯已士殊死鬭入其陣刀斧亂下敵大敗是夕大雨平地水深尺餘乙卯兀术拔營北去錡遣兵追之死者萬數方大戰時兀术被白袍乘甲馬以牙兵三千督戰兵皆重鎧甲號鐵浮圖戴鐵兜牟周匝綴長簷三人爲伍貫以韋索每進一步卽用拒馬擁之人進一步拒馬亦進退不可卻官軍以槍標去其兜牟大斧斷其臂碎其首敵又以鐵騎分左右翼號拐子馬皆女眞爲之號長勝軍專以攻堅戰酣然後用之自用兵以來所向無前至是亦爲錡軍所殺戰自辰至申敵敗遽以拒馬木障之少休城上鼓聲不絕乃出飯羹坐餉戰士如平時敵披靡不敢近食已撤拒馬木深入斫敵又大破之棄屍斃馬血肉枕藉車旗器甲積如山阜初有河北軍告官軍曰我輩元是左護軍本無鬭志所可殺者兩翼拐子馬爾故錡兵力擊之兀术平日恃以爲強者什損七八至陳州數諸將之罪韓常以下皆鞭之乃自擁衆還汴捷聞帝喜甚授錡武泰軍節度使侍衞馬軍都虞候知順昌府沿淮制置使是役也錡兵不盈二萬出戰僅五千人金兵數十萬營西北亘十五里每暮鼓聲震山谷然營中讙譁終夜有聲金遣人近城竊聽城中肅然無雞犬聲兀术帳前甲兵環列持燭照夜其衆分番假寐馬上錡以逸待勞以故輒勝時洪皓在燕密奏順昌之捷金人震恐喪魄燕之重寶珍器悉徙而北意欲捐燕以南棄之故議者謂是時諸將協心分路追討則兀术可擒汴京可復而王師亟還自失機會良可惜也七月命爲淮北宣撫判官副楊沂中破敵兵於太康縣未幾秦檜請令沂中還師鎭江錡還太平州岳飛以兵赴行在出師之謀寢矣十一年兀术復簽兩河兵謀再舉帝亦測知敵情必不一挫遂已乃詔大合兵于淮西以待之金人攻廬和二州錡自太平渡江抵廬州與張俊楊沂中會而敵已大入錡據東關之險以遏其衝引兵出清溪兩戰皆勝行至柘皐與金人夾石梁河而陣河通巢湖廣二丈錡命曳薪疊橋須臾而成遣甲士數隊路橋卧槍而坐會沂中王德田師中張子蓋之軍俱至翌日兀术以鐵騎十萬分爲兩隅夾道而陣德薄其右隅引弓射一酋斃之因大呼馳擊諸軍鼓譟金人以拐子馬兩翼而進德率衆鏖戰沂中以萬兵各持長斧奮擊之敵大敗錡與德等追之又敗於東山敵望見曰此順昌旗幟也卽退走錡駐和州得旨乃引兵渡江歸太平州時並命三帥不相節制諸軍進退多出於張俊而錡以順昌之捷驟貴諸將多嫉之俊與沂中爲腹心而與錡有隙故柘皐之賞錡軍獨不與居數日議班師而濠州告急俊與沂中錡趨黃連埠援之距濠六十里而南城已陷沂中欲進戰錡謂俊曰本救濠今濠已失不如退師據險徐爲後圖諸將曰善三帥鼎足而營或言敵兵已去錡又謂曰敵得城而遽退必有謀也宜嚴備之俊不從命沂中與德將神勇步騎六萬人直趨濠州果遇伏敗還遲明錡軍至藕塘則沂中軍已入滁州俊軍已入宣化錡軍方食俊遽至曰敵兵已近柰何錡曰楊宣撫兵安在俊曰已失利還矣錡語俊無恐錡請以步卒御敵宣撫試觀之錡麾下皆曰兩大帥軍已渡我軍何苦獨戰錡曰順昌孤城旁無赤子之助吾提兵不滿二萬猶足取勝況今得地利又有銳兵邪遂設三覆以待之俄而俊至曰諜者妄也乃戚方殿後之軍爾錡與俊益不相下一夕俊軍士縱火劫錡軍錡擒十六人梟首架上餘皆逸錡見俊俊怒謂錡曰我爲宣撫爾乃判官何得斬吾軍錡曰不知宣撫軍但斬劫砦賊爾俊曰有卒歸言未嘗劫砦呼一人出對錡正色曰錡爲國家將帥有罪宣撫當言于朝豈得與卒伍對事長揖上馬去已皆班師俊沂中還朝每言岳飛不赴援而錡戰不力秦檜主其說遂罷宣撫判官命知荊南府岳飛奏留錡掌兵不許詔以武泰之節提舉江州太平觀錡鎭荊南凡六年軍民安之魏良臣言錡名將不當久閑乃命知潭州加太尉復帥荊南府江陵縣東有黃潭建炎間有司決水入江以禦盜由是夏秋漲溢荊衡間皆被水患錡始命塞之斥膏腴田數千畝流民自占者幾千戶詔錡遇大禮許奏文資仍以其姪汜爲江東路兵馬副都監三十一年金主亮調軍六十萬自將南來彌望數十里不斷如銀壁中外大震時宿將無在者乃以錡爲江淮浙西制置使節制逐路軍馬八月錡引兵屯揚州建大將旗鼓軍容甚肅觀者嘆息以兵駐清江口金人以氊裹舡載糧而來錡使善沒者鑿沉其舟錡自楚州退軍召伯鎭金人攻眞州錡引兵還揚州帥劉澤以城不可守請退軍瓜州金萬戶高景山攻揚州錡遣員琦拒于皁角林陷圍力戰林中伏發大敗之斬景山俘數百人捷奏賜金五百兩銀七萬兩以犒師先是金人議留精兵在淮東以禦錡而以重兵入淮西大將王權不從錡節制不戰而潰自清河口退師揚州以舟渡眞揚之民于江之南留兵屯瓜州錡病求解兵柄留其姪汜以千五百人塞瓜州渡又令李橫以八千人固守詔錡專防江錡遂還鎭江十一月金人攻瓜洲汜以克敵弓射却之時知樞密院事葉義問督師江淮至鎭江見錡病劇以李橫權錡軍義問督鎭江兵渡江衆皆以爲不可義問強之汜固請出戰錡不從汜拜家廟而行金人以重兵逼瓜洲分兵東出江皐逆趨瓜洲汜先退橫以孤軍不能當亦却失其都統制印左軍統制魏友後軍統制王方死之橫汜僅以身免方諸軍渡江而北也錡使人持黃白幟登高山望之戒之曰賊至舉白幟合戰舉二幟勝則舉黃幟是日二幟舉踰時錡曰黃幟久不舉吾軍殆矣錡憤懣病益甚都督府參贊軍事虞允文自采石來

督舟師與金人戰，允文過鎭江謁錡問疾錡執允文手曰疾何必問朝廷養兵三十年一技不施而大功乃出一儒生我輩愧死矣召詣闕提舉萬壽觀錡假都亭驛居之金之聘使將至留守湯思退除館以待遣黃衣諭錡徙居別試院錡疑汜累已常懼有後命三十二年閏二月錡發怒嘔血數升而卒贈開府儀同三司賜其家銀三百兩帛三百匹後謚武穆錡慷慨深毅有儒將風金主亮之南也下令有敢言錡姓名者罪不赦枚舉南朝諸將問其下孰敢當者皆隨姓名其答如響至錡莫有應者金主曰吾自當之然錡卒以病不能成功世傳錡通陰陽家行師所避就錡在揚州命盡焚城外居屋用石灰盡白城壁書曰完顏亮死於此金主多忌見而惡之遂居龜山人衆不可容以致是變云

吳玠字晉卿德順軍隴干人父葬水洛城因徙焉少沉毅有志節知兵善騎射讀書能通大義未冠以良家子隸涇原軍政和中夏人犯邊以功補進義副尉稍擢隊將從討方臘破之及擊河北羣盜累功權涇原第十將靖康初夏人攻懷德軍玠以百餘騎追擊斬首百四十級擢第二副將建炎二年春金人渡河出大慶關略秦雍謀趨涇原都統制曲端守麻務鎭命玠爲前鋒進據青溪嶺逆擊大破之追奔三十里金人始有憚意權涇原路兵馬都監兼知懷德軍金人攻延安府經略使王庶召曲端進兵端駐邠州不赴且曰不如蕩其巢穴攻其必救端遂攻蒲城命玠攻華州拔之三年冬劇賊史斌寇漢中不克引兵欲取長安曲端命玠擊斬之遷忠州刺史宣撫處置使張浚巡關陝參議軍事劉子羽論玠兄弟才勇浚與玠語大悅即授統制弟璘掌帳前親兵四年春升涇原路馬步軍副總管金師婁宿與撒離喝長驅入關端遣玠拒于彭原店而擁兵邠州爲援金兵來攻玠擊敗之撒離喝懼而泣金軍中目爲啼哭郎君金人整軍復戰玠軍敗績端退屯涇原劾玠違節度降武顯大夫罷總管復知懷德軍張浚惜玠才尋以爲秦鳳副總管兼知鳳翔府時兵火之餘玠勞來安集民賴以生轉忠州防禦使九月浚合五路兵欲與金人決戰玠言宜各守要害須其弊而乘之及次富平都統制又會諸將議戰玠曰兵以利動今地勢不利未見其可宜擇高阜據之使不可勝諸將皆曰我衆彼寡又前阻葦澤敵有騎不得施何用他徙已而敵驟至輿柴囊土藉淖平行進薄玠營軍遂大潰五路皆陷巴蜀大震玠收散卒保散關東和尚原積粟繕兵列柵爲死守計或謂玠宜退守漢中扼蜀口以安人心玠曰我保此敵決不敢越我而進堅壁臨之彼懼吾躡其後是所以保蜀也玠在原上鳳翔民感其遺惠相與夜輸芻粟助之玠償以銀帛民益喜輸者益多金人怒伏兵渭河邀殺之且令保伍連坐民冒禁如故數年然後止紹興元年金將沒立自鳳翔別將烏魯折合自階成出散關約日會和尚原烏魯折合先期至陣北山索戰玠命諸將堅陣待之更戰迭休山谷路狹多石馬不能行金人舍馬步戰大敗移砦黃牛會大風雨雹遂遁去沒立方攻箭筈關玠復遣將擊退之兩軍終不得合始金人之入也玠與璘以散卒數千駐原上朝問隔絕人無固志有謀劫玠兄弟北去者玠知之召諸將歃血盟勉以忠義將士皆感泣願爲用張浚錄其功承制拜明州觀察使居母喪起復兼陝西諸路都統制金人自起海角狃常勝及與玠戰輒北憤甚謀必取玠婁宿死兀朮會諸道兵十餘萬造浮梁跨渭自寶雞結連珠營壘石爲城夾澗與官軍拒十月攻和尚原玠命諸將選勁弓強弩分番迭射號駐隊矢連發不絕繁如雨注敵稍卻則以奇兵旁擊絕其糧道度其困且走設伏於神坌以待金兵至伏發衆大亂縱兵夜擊大敗之兀朮中流矢僅以身免張浚承制以玠爲鎭西軍節度使璘爲涇原路馬步軍副總管兀朮既敗遂自河東歸燕山復以撒離喝爲陝西經略使屯鳳翔與玠相持二年命玠兼宣撫處置使司都統制節制興文龍三州金久窺蜀以璘駐兵和尚原扼其衝不得逞將出奇取之時玠在河池金人用叛將李彥琪駐秦州睨僊人關以綴玠復令游騎出熙河以綴關師古撒離喝自商於直擣上洋三年正月取金州二月長驅趨洋漢興元守臣劉子羽急命田晟守饒風關以驛書招玠入援玠自河池日夜馳三百里以黃柑遺敵曰大軍遠來聊用止渴撒離喝大驚以杖擊地曰爾來何速耶遂大戰饒風嶺金人被重鎧登山仰攻一人先登則二人擁後先者既死後者代攻玠軍弓弩亂發大石摧壓如是者六晝夜死者山積而敵不退募敢死士人千銀得士五千將夾攻會玠小校有得罪奔金者導以祖溪閒路出關背乘高以瞰饒風諸軍不支遂潰玠退保西縣敵入興元劉子羽退保三泉築潭毒山以自固玠走三泉會之未幾金人北歸玠急遣兵邀于武休關掩擊其後軍墮澗死者以千計盡棄輜重去金人始謀本謂玠在西邊故道險東來不虞玠馳至雖入三郡而失不償得進玠檢校少保充利州路階成鳳州制置使四年二月敵復大入攻僊人關先是璘在和尚原餉饋不繼玠又謂其地去蜀遠命璘棄之經營僊人關右殺金平剏築一壘移原兵守之至是兀朮撒離喝及劉夔率十萬騎入侵自鐵山鑿崖開道循嶺東下玠以萬人當其衝璘率輕兵由七方關倍道而至與金兵轉戰七晝夜始得與玠合敵首攻玠營玠擊走之又以雲梯攻壘壁楊政以撞竿碎其梯以長矛刺之璘拔刀畫地謂諸將曰死則死此退者斬金分軍爲二兀朮陣于東韓常陣于西璘率銳卒介其間左縈右繞隨機而發戰久璘軍少憊急屯第二隘金生兵踵至人被重鎧鐵鉤相連魚貫而上璘以駐隊矢迭射矢下如雨死者層積敵踐而登撒離喝駐馬四視曰吾得之矣翌日命攻西北樓姚仲登樓酣戰樓傾以帛爲繩挽之復正金人用火攻樓以酒缶撲滅之玠急遣統領田晟以長刀大斧左右擊明炬四山震鼓動地明日大出兵統領王喜王武率銳士分紫白旗入金營金陣亂奮擊射韓常中左目金人始宵遁玠遣統制官張彥劫橫山砦王俊伏河池扼歸路又敗之以郭震戰不力斬之是役也金自元帥以下皆携孥來劉夔乃豫之腹心本謂蜀可圖既不得逞度玠終不可犯則還據鳳翔授甲士田爲久留計自是不妄動捷聞授玠川陝宣撫副使四月復鳳秦隴三州七月錄僊人關功拜檢校少師奉寧保定軍節度使璘自防禦使升定國軍承宣使楊政以下遷秩有差六年兼營田大使易保平靜難節七年遣裨將馬希仲攻熙州敗績又失鞏州玠斬之玠與敵對壘且十年常苦遠餉勞民屢汰冗員節浮費益治屯田歲收至十萬斛又調戍兵命梁洋守將治褒城廢堰民知灌溉可恃願歸業者數萬家九年金人請和帝以玠功高授特進開府儀同三司遷四川宣撫使陝西階成等州皆聽節制遣內侍奉親札以賜至則玠病已甚扶掖聽命帝聞而憂之命守臣就蜀求善醫且飭國工馳視未至玠卒於僊人關年四十七贈少師賜錢三十萬玠善讀史凡往事可師者錄寘座右積久牆牖皆格言也用兵本孫吳務遠畧不求小近利故能保必勝御下嚴而有恩虛心詢受雖身爲大將卒伍至下者得以情達故士樂爲之死選用將佐視勞能爲高下先後不以親故權貴撓之玠死胡世將問玠所以制勝者璘曰璘從先兄有事西夏每戰不過一進卻之頃勝負輒分至金人則更進迭退忍耐堅久令酷而下必死每戰非累日不決勝不遽追敗不至亂蓋自昔用兵所未嘗見與之角逐滋久乃得其情蓋金人弓矢不若中國之勁利中國士卒不若金人之堅耐吾常以長技洞重甲於數百步外則其衝突固不能相及於是選據形便出銳卒更迭撓之與之爲無窮使不得休暇以沮其堅忍之勢至決機於兩陣之間則璘有不能言者晚節頗多嗜欲使人漁色於成都喜餌丹石故得咯血疾以死方富平之敗秦鳳皆陷金人一意睨蜀東南之勢亦棘微玠身當其衝無蜀久矣故西人至今思之謚武安作廟于僊人關號思烈淳熙中追封涪王子五人拱扶撝擴揔拱亦握兵云

吳璘字唐卿玠弟也少好騎射從玠攻戰積功至閤門宣贊舍人紹興元年箭筈關之戰斷沒立與烏魯折合兵使不得合金人遁璘功居多超遷統制和尚原　軍馬於是玠駐師河池璘專守原及兀朮大入玠兄弟以死守之敵陣分合三十餘璘隨機而應至神坌伏發金兵大敗兀朮中流矢遁張浚承制以璘爲涇原路馬步軍副都總官升康州團練使三年遷榮州防禦使知秦州節制階文是歲玠敗於祖溪嶺時璘猶在和尚原玠命璘棄原別營僊人關以防金人深入四年兀朮撒離喝果以大兵十萬至關下璘自武階路入援先以書抵玠謂殺金平地闊遠前陣散漫須後陣阻隘然後可以必勝玠從之急修第二隘璘冒圍轉戰會於僊人關敵果極力攻第二隘諸將有請別擇形勝以守者璘奮曰兵方交而退是不戰而走也吾度此敵去不久矣諸君第忍之震鼓易幟血戰連日金兵大敗二酋自是不敢窺蜀者數年露布獻捷遷定國軍承宣使熙河蘭廓路經畧安撫使知熙州六年親置行營兩護軍璘爲左護軍統制九年升都統制尋除秦鳳路經畧安撫使知秦州玠卒授璘神龍衛四廂都指揮使時金人廢劉豫歸河南陝西地樓炤使陝以便宜欲命三帥分陝而守以郭浩帥鄜延楊政帥熙河璘帥秦鳳欲盡移川口諸軍於陝西璘曰金人反覆難信懼有他變今我移軍陝右蜀口空虛敵若自南山要我陝右軍直擣蜀口我不戰自屈矣當且依山爲屯控其要害遲其情見力疲漸圖進據炤從之命璘與楊政兩軍屯內地保蜀郭浩一軍屯延安以守陝既而胡世將以四川制置權宣撫司事至河池璘見之曰金大兵屯河中府止隔大慶一橋爾騎兵疾馳不五日至川口吾軍遠在陝西緩急不可追集關隘不葺糧運斷絕此存亡之秋也璘家族固不足恤如國事何時朝廷恃和忘戰欲廢僊人關於是世將

抗奏謂當外固歡和內修守禦今日分兵當使陝蜀相接近兵宮賀仔謀卻撒離喝密謀曰要入蜀不難棄陝西不顧三五歲南兵必來主之道路吾已熟知一發取蜀必矣敵情如是萬一果然則我當爲伐謀之備僊人關未宜遽廢魚關倉亦宜積糧於是璘僅以牙校三隊赴秦州留大軍守階成山砦戒諸將毋得撤備世將尋眞除宣撫置司河池十年金人敗盟詔璘節制陝西諸路軍馬撒離喝渡河入長安趨鳳翔陝右諸軍隔在敵後遠近震恐時楊政在鞏郭浩在鄜延惟璘隨世將在河池世將急召諸將議惟涇原帥田晟與楊政同至叅謀官孫渥謂河池不可守欲退保僊人原璘厲聲折之曰懦語沮軍可斬也璘請以百口保破敵世將壯之指所居帳曰世將誓死於此乃遣渥之涇原命田晟以三千人迎敵璘又遣姚仲拒于石壁砦敗之詔同節制陝西諸路軍馬璘以書遺金將約戰金鶻眼郎君以三千騎衝璘軍璘使李師顏以驍騎擊走之鶻眼入扶風復攻拔之獲三將及女眞百十有七人撒離喝怒甚自戰百通坊列陣二十里璘遣姚仲力戰破之授鎮西軍節度使升侍衛步軍都虞候十一年與金統軍胡盞戰剡家灣敗之復秦州及陝右諸郡初胡盞與習不祝合軍五萬屯劉家圈璘請討之世將問策安出璘曰有新立疊陣法毎戰以長槍居前坐不得起次最強弓次強弩跪膝以俟次神臂弓約賊相搏至百步內則神臂先發七十步強弓併發次陣如之凡陣以拒馬爲限鐵鉤相連俟其傷則更代之遇更代則以鼓爲節騎兩翼以蔽於前陣成而騎退謂之疊陣諸將始猶竊議曰吾軍其殲於此乎璘曰此古束伍令也軍法有之諸君不識爾得車戰餘意無出於此戰士心定則能持滿敵雖銳不能當也及與二酋遇遂用之二酋老於兵據險自固前臨峻嶺後控臘家城謂我必不敢輕犯先一日璘會諸將問所以攻姚仲曰戰于山上則勝山下則敗璘以爲然乃告敵請戰敵笑之璘夜半遣仲及王彥銜枚截坡約二將上嶺而後發火二將至嶺寂無人聲軍已畢列萬炬齊發敵駭愕曰吾事敗矣習不祝善謀胡盞善戰二酋異議璘先以兵挑之胡盞果出鏖戰璘以疊陣法更休迭戰輕裘駐馬亟麾之士殊死鬬金人大敗降者萬人胡盞走保臘家城璘圍而攻之城垂破朝廷以驛書詔璘班師世將浩歎而已明年竟割和尚原以與敵撤戍割地皆秦檜主之也十二年入覲拜檢校少師階成岷鳳四州經略使賜漢中田五十頃十四年朝議析利州路爲東西路以璘爲西路安撫使治興州階成和鳳文龍興七州隸焉時和議方堅而璘治軍經武常如敵至十七年徙奉國軍節度使改行營右護軍爲御前諸軍都統制安撫使如故二十一年以守邊安靜拜少保二十六年領興州駐劄御前諸軍都統制職事改判興州渡江以來未有使相爲都統制者時璘已爲開府儀同三司故改命之三十一年金主亮叛盟拜四川宣撫使秋亮渡淮遣合喜爲西元帥以兵扼大散關遊騎攻黃牛堡璘即肩輿上殺金平駐軍靑野原益調內郡兵分道而進授以方畧制置使王剛中來會璘計事璘尋移檄契丹西夏及山東河北聲金人罪以致討未幾兼陝西河東招討使璘以病還興州總領王之望馳書告執政謂璘多病猝有緩急蜀勢必危請移璘姪京襄師拱歸蜀以助西師凡五書未報璘已力疾復上僊人關三十二年璘遣姚仲取鞏王彥屯商虢陝華惠逢取熙河或久攻不下或既得復失竟無成功金人據大散關六十餘日相持不能破仲舍鞏攻德順已踰四旬璘以知夔州李師顏代之遣子挺節制軍馬挺與敵戰於瓦亭敗之璘自將至城下守陴者聞呼相公來觀望咨嗟矢不忍發璘按行諸屯預治黃河戰地斬不用命者先以數百騎嘗敵敵一鳴鼓銳士空壁躍出突璘軍璘軍得先治地無不一當十至暮璘忽傳呼某將戰不力人益奮搏敵大敗遁入壁黎明師再出敵堅壁不動會天大風雷金人拔營去凡八日而克璘入城市不改肆父老擁馬迎拜不絕璘尋還河池四月原州受圍璘命姚仲以德順之兵往援璘自趨鳳翔視師諸將雖力戰敵攻益急增兵至七萬五月仲與敵戰于原州之北嶺仲敗績初仲自德順至原由九龍泉上北嶺令諸軍持滿引行以盧士敏兵爲前陣所統軍六千爲四陣姚仲兵爲後拒隨地便利以列與敵鏖戰開合數十會輜重隊隨陣亂行敵兵衝之軍遂大潰失將三十餘人始璘出師王之望嘗言此行士卒銳氣不及前時仲年來數奇不可委以要地及仲至原璘亦遣仲書謂原圍未即解且還德順書未達而仲敗璘亦無功還尋奪仲兵欲斬之或勸而止械繫河池獄孝宗受禪賜璘札命兼陝西河東路宣撫招討使璘策金人必再爭德順亟馳赴先下而完顏悉列等兵十萬餘果來攻萬戶豁豁復領精兵自鳳翔繼至璘築堡東山以守敵極力爭之殺傷大半終不能克時議者以爲兵宿於外去川口遠恐敵襲之欲棄三路遂詔璘退師敵乘其後璘將士死亡者甚衆三路復爲敵有拜少傅隆興二年冬金人侵岷州璘提兵至祁山金人聞之退師遣使來告曰兩國已講和矣會詔至俱解去沈介爲四川安撫制置使與璘議不協兵部侍郎胡銓上書語頗及璘璘抗章請朝上親札報可未半道請罷宣撫使及致仕皆不允乾道元年詣闕遣中使勞問召對便殿許朝德壽宮高宗見璘歎曰朕與卿老君臣也可數入見璘頓首謝兩宮存勞之使相踵又命皇子入謁拜太傅封新安郡王越數日詔仍領宣撫使改判興元府及還鎭兩宮宴餞甚寵璘入辭德壽宮泣下高宗亦爲之悵然解所佩刀賜之曰異時思朕視此可矣璘至漢中修復褒城古堰溉田數千頃民甚便之三年卒年六十六贈太師追封信王上震悼輟視朝兩日賻賜加等高宗復賜銀千兩初璘病篤呼幕客草遺表命直書其事曰願陛下毋棄四川毋輕出兵不及家事人稱其忠璘剛勇喜大節畧苛細讀史曉大義代兄爲將守蜀餘二十年隱然爲方面之重威名亞於玠高宗嘗問勝敵之術璘曰弱者出戰強者繼之高宗曰此孫臏三駟之法一敗而二勝也嘗著兵法二篇大畧謂金人有四長我有四短當反我之短制彼之長四長曰騎兵曰堅忍曰重甲曰弓矢吾集蕃漢所長兼收而並用之以分隊制其騎兵以番休迭戰制其堅忍制其重甲則勁弓強弩制其弓矢則以遠尅近以強制弱布陣之法則以步軍爲陣心左右翼以馬軍爲左右肋拒馬布兩肋之間至帖撥增損之不同則係乎臨機知兵者取焉王剛中嘗談劉錡之美璘曰信叔有雅量無英槩天下雷同譽之恐不能當逆亮璘竊憂之剛中不以爲然錡果無功以憂憤卒璘選諸將率以功有薦才者璘曰兵官非嘗試難知其才以小善進之則僥倖者獲志而邊人宿將之心怠矣子挺

挺字仲烈以門功補官從璘爲中郎將部西兵詣行在高宗問西邊形勢兵力與戰守之宜挺占對稱旨超授右武郎浙西都監兼御前祗候賜金帶尋差利路鈐轄改利州東路前軍同統制繼改西路紹興三十一年金人渝盟璘以宣撫使總三路兵禦之挺願自力軍前璘以爲中軍統制王師旣復秦州金將合喜孛堇介叛將張中彥以兵來爭挺破其治平砦已而南市城賊亦掎角爲援轉戰竟日挺令前軍統制梅彥麾衆直據城門衆弗喻彥亦懼力不敵挺督之彥出兵殊死戰挺率背嵬騎盡易黃旗繞出敵後憑高突之敵譟曰黃旗嵬至矣遂驚敗挺不自爲功狀彥第一士頗多之璘亦引嫌併匿其功擢榮州刺史尋拜熙河經畧安撫使明年挺破徽與都統制姚仲率東西路兵攻德順金左都監空平凉之衆以援合喜又遣精兵數萬自鳳翔來會仲駐軍六盤挺獨趨瓦亭身冒矢石衆從之金人捨騎操短兵奮鬬挺遣別將盡奪其馬金衆遂潰挺勒兵追之禽千戶耶律九斤孛堇等百三十七人金人懲前衄悉兵趨德順璘自秦州來督師先壁於險且治夾河戰地金人果大至挺誘致之至所治戰地盛兵鏖之敵不能支一夕遁去鞏州久不下挺以選鋒至城下諸將咸曰西北坡陁地易攻若分兵各當一面宜得利挺曰西北雖易而土堅東南並河多沙礫善圮且兵分則少以少當堅城可得而下乎乃命悉衆擊東南陬不二日樓櫓俱盡夜半其將雷千戶約降黎明城破以功授團練使又以瓦亭功授郢州防禦使孝宗即位加璘兼陝西河東路招討宣撫使璘慮敵必再爭德順至自河池金人果合兵十餘萬列柵以拒有大酋引騎數千睨東山璘命挺領騎迎擊却之遂據東山築堡以守敵不能爭乃益修攻具爲大車　戰士其中將塡隍而進挺命掄大木植中道車至不得前拜武昌軍承宣使尋加龍神衛四廂都指揮使熙河路經畧安撫使中軍統制時年二十五會朝廷主議和詔西師解嚴父子遂旋軍乾道元年升本軍都統制三年以父命入奏拜侍衞親步軍指揮使節制興州軍馬璘卒起復金州都統金房開達安撫使改利州東路總管挺力求終喪服除召爲左衞上將軍朝廷方議置神武中軍五千人以屬御前命挺爲都統制挺力陳不當輕變祖宗法事遂寢拜主管侍衞步軍司公事挺每燕見從容嘗論兩淮形勢曠漫備多力分宜擇勝地扼以重兵敵仰攻則不克越西南又不敢我以全力乘其弊蔑不濟者帝頗嘉納淳熙元年改興州都統拜定江軍節度使初軍中自置互市於宕昌以來羌馬西路騎兵遂雄天下自張松典榷牧奏絕軍中互市自以馬給之所得多下駟挺至首陳利害以聞乞歲市五百匹詔許七百匹始武興所部就餉諸郡漫不相屬挺奏以十軍爲名自北邊至武興列五軍曰踏白摧鋒選鋒策鋒遊奕武興以西選至縣爲左右後三軍而駐武興者前軍中軍營部於是始井井然四年入覲除知興州利州西路安撫使密修皂郊堡增二堡繕戎器儲于兩庫敵終不覺十年冬特加檢校少保成州西和歲大侵挺力爲振恤諭總賦者分軍儲以佐之全活殆數千萬蜀自諸軍宿師凡稟賜官率糴三之一視價

高下給之名曰折佑隨所屯地相爲乘除歲久屯他徙廩賜不易舊至有同部伍而廩相倍徙者挺裒爲中制上之光宗卽位御筆奬勞而西和階成鳳文龍六州器械弗繕挺節冗費庀工徒悉刱爲之御軍雖嚴而能時其緩急士以不困郡東北有二谷水挺作二隄以捍之紹興二年水暴發入城挺旣振被水者復增築長隄民賴以安詔問備邊急務卽建增儲之策由是糧糗不乏四年春以疾乞致仕詔加太尉卒年五十六贈少師開府儀同三司挺少起勳閥弗居其貴禮賢下士雖遇小官賤吏不敢怠忽拊循將士人人有恩璘故部曲拜於庭下輙降答之卽失律誅治無少貸璘嘗對孝宗言諸子中惟挺可任孝宗亦曰挺是朕千百人中選者歲時問勞不絕被遇尤深厚光宗賜內府珍奇以示殊禮子五人曦其次也曦仕至大尉昭信軍節度使以叛誅見別傳

論曰劉錡神機武畧出奇制勝順昌之捷威震敵國雖韓信泜上之軍無以過焉或謂其英槩不足雅量有餘豈其然乎吳玠與弟璘智勇忠實戮力同心據險抗敵卒保全蜀以功名終盛哉挺累從征討功效甚著有父風矣然玠晚頗荒淫璘多喪敗豈狃于常勝驕心侈歟抑三世爲將釀成逆曦之變覆其宗祀蓋有由焉

宋史卷三百六十六考證

吳玠傳浚合五路兵欲與金人决戰玠言宜各守要害須其弊而乘之○臣人龍按張魏公三戰本末畧浚謀大舉召端問之復謀之玠玠以宜守要害以待其弊然後可以徐圖浚曰吾寧不知此顧今東南之事方急不得不爲是耳此數語乃張浚謀牽制令人之本意張浚吳玠等傳俱不載

宋史卷三百六十七

元　中書右丞相總裁脫脫等修

列傳第一百二十六

李顯忠　楊存中　郭浩　楊政

李顯忠綏德軍青澗人也初名世輔南歸賜名顯忠由唐以來世襲蘇尾九族巡檢初其母當產數日不能免有僧過門曰所孕乃奇男子當以劒矢寘母旁卽生巳而果生顯忠立於蕁咸異之年十七投效用隨父永奇出入行陣金人犯鄜延經略王庶命永奇募間者得張琦更求一人顯忠請行永奇曰汝未涉歷行必累琦顯忠曰顯忠年小膽氣不小必不累琦當與琦俱有敵人夜宿陶穴顯忠縋穴中得十七人皆殺之取首二級馬二匹餘馬悉折其足庶大奇之補承信郞充隊將由是始知名轉武翼郞充副將金人陷延安授顯忠父子官永奇聚泣曰我宋臣也世襲國恩乃爲彼用邪會劉豫令顯忠帥馬軍赴東京永奇密戒之曰汝若得乘機卽歸本朝無以我故貳其志事成我亦不朽矣顯忠至東京劉麟喜之授南路鈴轄乃密遣其客雷燦以蠟書赴行在巳而豫廢兀朮以萬騎馳獵淮上與顯忠獨立馬圍場間顯忠戒吳俊往探淮水可度馬處欲執兀朮歸朝俊還顯忠馳問之爲竹刺傷馬而止兀朮授顯忠承宣使知同州顯忠至鄜省侍永奇教顯忠曰同州入南山乃金人往來驛路汝可於此擒其酋渡洛渭由商虢歸朝第報我知我當以兵取延安而歸顯忠赴同州卽遣黃士成等持書由蜀至吳報歸朝事元帥撒里曷來同州顯忠以計執之馳出城至洛河舟船後期不得度與追騎屢戰皆勝顯忠憩高原望追騎益多乃與撒里曷折箭　爲誓不得殺同州人不得害我骨肉皆許之遂推之下山崖追兵爭救得免顯忠携老幼長驅而北至鄜城縣急遣人告永奇永奇卽挈家出城至馬趐谷口爲金人所及家屬二百口皆遇害是日天昏大雪延安人聞之皆泣下顯忠僅以二十六人奔夏國夏人問故顯忠泣具言父母妻子之亡切齒疾首恨不卽死願得二十萬人生擒撒里曷取陝西五路歸于夏顯忠亦得報不共戴天之讐夏主曰爾能爲立功則不靳借兵時有酋豪號靑面夜义者久爲夏國患乃令顯忠圖之請三千騎晝夜疾馳奄至其帳擒之以歸夏主大悅卽出二十萬騎以文臣王樞武　臣啜訛爲陝西招撫使顯忠爲延安招撫使時紹興九年二月十四日也顯忠引兵至延安總管趙惟淸大呼曰鄜延路令復歸宋矣巳有赦書顯忠與官吏觀赦書列拜顯忠大哭衆皆哭百姓哭聲不絕乃以舊部八百餘騎往見王樞啜訛諭之曰顯忠巳得延安府見講和赦書招撫可以本部軍歸國啜訛不從曰初經略乞兵來取陝西今旣到此乃令我歸耶顯忠知勢不可乃出刀斫啜訛不及擒王樞縛之夏人以鐵鷂子軍來顯忠以所部拒之馳揮雙刀所向披靡夏兵大潰殺死蹂踐無慮萬人獲馬四萬疋顯忠揭榜招兵以紹興九年爲文書毎得一人予馬一匹旬日間得萬人皆驍勇少壯又擒害其父母弟姪者皆斬于東城之內行至鄜州巳有馬步軍四百餘撒里曷在耀州聞顯忠來一夕遁去四州宣撫吳玠遣張振來撫諭云兩國見議和好不可生事可量引軍赴行在遂至河池縣見玠玠撫之曰忠義歸朝惟君第一從行使臣崔皐等六百餘人列拜庭下玠又撫之犒以銀絹詣行府受告勑金帶除指揮使承宣使至行在高宗撫勞再三賜名加賚又賜田鎭江以崔皐輩克將佐兀朮犯河南命顯忠爲招撫司前軍都統制與李貴同破靈壁縣兀朮犯合肥手詔以軍與張俊會顯忠至孔城鎭與敵戰敗之兀朮謂韓常曰李世輔歸宋不曾立功此人敢勇宜且避之乃焚廬江而走顯忠欲追之與死戰俊以奉旨監護虛失顯忠遂各以軍還太后至臨安顯忠入覲加保信軍節度使浙東副總管顯忠熟西邊山川險易因上恢復策忤秦檜意金使言顯忠私遣人過界遂降官奉祠台州居住復寧國軍節度使升都統制二十九年金渝盟詔顯忠以本部捍禦遣統制官韋永壽等以二百騎至安豐軍與金將小韓將軍兵五千人戰于大人洲敗之俄又增兵萬餘來顯忠率騎軍出自旦至午氣百倍以大刀斫敵陣敵不能支殺獲甚衆掩入淮者不可計金主亮犯淮西朝廷命王權拒于合肥權退保和州又棄軍渡江和州失守金主親統細軍駐和之鷄龍山將濟采石朝廷詔以顯忠代權命虞允文趣顯忠交軍軍中大喜於是有采石之捷語在允文傳顯忠退軍沙上得楊存中報車駕至平江可速進兵顯忠選銳士萬人渡江盡復淮西州郡軍至橫山澗與金射鵰軍戰統制頓遇重傷韋永壽死之敵兵敗走金主亮切責諸將不用命諸將弑之而還是役也顯忠所將一萬九千八百六人行賞有差張振功爲最詔賜顯忠五子金帶授顯忠淮南制置使京畿等處招討使擢太尉寧國軍節度使主管侍衞馬軍司公事赴行在孝宗卽位賜田百頃兼權池州駐劄御前諸軍都統制節制軍馬隆興元年兼淮西招撫使時金主褎新立山東河北豪傑蠭起耶律諸種兵數十萬據數郡之地太行山忠義耿京王世隆輩皆欲挈地還于朝金懼亟請和顯忠陰結金統軍蕭琦爲內應請出師自宿亳趨汴由汴京以通關陝關陝旣通則鄜延一路熟知顯忠威名必皆響應且欲起其舊部曲可得數萬人以取河東時張浚開都督府四月命顯忠渡江督戰乃自濠梁渡淮至陡溝琦背約用拐子馬來拒與戰敗之琦復背城列陣顯忠躬率將士鏖戰琦敗走遂復靈壁入城宣布德意不戮一人中原歸附者踵接時邵宏淵圍虹縣未下顯忠遣靈壁降卒開諭禍福金貴戚大周仁及蒲察徒穆皆出降宏淵耻功不自巳出又有降千戶訢宏淵之卒奪其佩刀顯忠立斬之由是二將益不相能六月兵傳宿州城金人來拒顯忠敗之斬其左翼都統及首虜數千人追奔二十餘里宏淵至謂顯忠曰招撫眞關西將軍也顯忠閉營休士爲攻城計宏淵等不從顯忠引麾下揚椿上城開北門不踰時拔其城宏淵等殿後趣之乃始渡濠登城城中巷戰又斬首虜數千人擒八十餘人遂復宿州舉寄居官劉時攝州事捷聞授顯忠開府儀同三司殿前都指揮使妻周氏封國夫人宏淵欲發倉庫犒士卒顯忠不可移軍出城止以見錢犒士士皆不悅金帥孛撒自南京率步騎十萬來晨薄城列大陣顯忠親帥軍遇于城南戰數十合孛撒大敗遂退走統制李福統領李保各以所部退避皆斬以狥翼日敵益兵至顯忠謂宏淵并力夾擊宏淵按兵不動顯忠獨與所部力戰百餘合殺左翼都統及千戶萬戶斬首虜五千餘人俄增兵復來逼城顯忠用克敵弓射卻之宏淵顧衆曰當此盛夏搖扇於淸凉猶不堪況烈日中被甲苦戰乎人心遂搖無鬬志至夜中軍統制周宏鳴鼓大譟揚謂敵兵至與邵世雍劉侁各以所部兵遁繼而統制左士淵統領李彥孚亦遁顯忠移軍入城殿司前軍統制張訓通馬司統制張師顏池州統制荔澤建康統制張淵各遁去金人乘虛復來攻城顯忠竭力捍禦斬首虜二千餘人積屍與羊馬墻平城東北角敵兵二十餘人巳上百餘步顯忠取軍所執斧斫之敵始退郤顯忠曰若使諸軍相與掎角自城外掩擊則敵兵可盡金帥可擒河南之地指日可復矣宏淵又言金添生兵二十萬來儻我軍不返恐不測生變顯忠知宏淵無固志勢不可孤立歎咤曰天未欲平中原耶何沮撓若此是舉所喪軍資器械殆盡幸而金不復南顯忠以軍還見浚納印待罪責授果州團練副使潭州安置後朝廷知其故移撫州乾道改元乃還會稽復防禦使觀察使浙東副總管賜銀三萬兩絹三萬匹綿一萬兩提舉台州崇道觀召除威武軍節度使左金吾衞上將軍賜第京師上奇其狀貌魁傑命繪像閣下復太尉乞祠提舉與國宮紹興府居住歲賜米二千石淳熙四年召赴行在提舉萬壽觀奉朝請入見給眞奉賜內庫金再葺前所賜第賜之七月卒年六十九贈開府儀同三司謚忠襄

楊存中本名沂中字正甫紹興間賜名存中代州崞縣人祖宗閔永興軍路總管與唐重同守永興金人陷城

迎戰死之父震知麟州建寧砦金人來攻亦死於難存中魁梧沈鷙少警敏誦書數百言力能絕人慨然語人曰大丈夫當以武功取富貴焉用俯首爲腐儒哉於是學孫吳法善射騎宣和末山東河北羣盜四起存中應募擊賊積功至忠翊郎靖康元年金人再圍汴京諸道兵勤王存中與張俊田師中從信德府守臣梁揚祖以萬兵入援後隸張俊部曲上問將於俊俊以存中對召見賜袍帶時元帥府草剏存中晝夜扈衞寢帷不頃刻去側帝知其忠謹親信之劇賊李昱據任城久不克存中以數騎入擊殺數百人帝乘高望見介冑盡赤意其被重創召視之皆汚賊血壯之飲以酒曰酹此血漢存中請復往帝止之存中曰此賊膽碎卽成擒矣遂大破之復任城遷閤門祗候建炎二年討賊徐明于嘉興先登主帥將屠城存中力諫止之戮其渠魁而已郡賴以全遷榮州刺史高宗南渡以勝捷軍從張俊守吳門苗劉之變又從俊赴難遷貴州團練使尋爲御前右軍統領金人攻明州又從俊與田師中趙密殊死戰破之以奇功遷文州防禦使御前中軍統制紹興元年從俊討李成諸將議多欲分道進存中曰賊勢如此兵分則力弱又諸將位均勢敵非招討督之必不相爲用俊然之整軍至豫章存中率兵數千首破賊于玉隆觀追至筠州賊驍將以衆十萬來援夾河而營存中謂俊曰彼衆我寡擊之當用奇願以騎見屬公以步兵居前俊從之存中夜銜枚渡筠河出西山馳下擊賊俊以步兵夾攻俘八千人諸將夜見存中曰戰未休降卒多忽有變柰何非盡殲之不可存中曰殺降吾不忍諸將轉告俊竟夜坑之乘勝追至九江成遂遁去遷宣州觀察使二年春進神武中軍統制宰相呂頤浩袖劾以援存中俊奏留存中軍中上曰宿衞乏帥朕所選爲不可易也存中亦固辭且謂神武諸帥如韓世忠張俊皆貴擁旄鉞名望至重如臣么麽一旦位與之抗實不自安不許遣中使宣押乃視事兼提舉宿衞親兵時中軍卒不滿五千疲癃者居半存中請拘神武卒借出於外者歸軍中由是軍政寖修三年嚴州妖賊繆羅據白馬源殺王官存中討平之除帶御器械加保信軍承宣使權發遣鄜延路馬步軍副總管六年爲龍神衞四廂都指揮使密州觀察使先是張俊視師謀渡淮以圖劉豫倚韓世忠爲用世忠圍淮陽從俊乞張浚將趙密爲助俊拒之趙鼎語浚曰世忠所欲者趙密爾存中武勇不減於密盍令存中助之浚請於朝故有是命於是存中以八隊萬人趨督府助世忠十月存中與劉猊戰于藕塘大破之猊之初入也淮西宣撫使劉光世欲棄廬州退保太平賊衆十萬已次濠壽間浚命張俊拒之使存中往泗州與俊合及至泗則光世已舍廬去浚遣人諭之曰一人渡江卽斬以徇光世不得已還廬駐兵與存中相應賊先犯定遠縣存中以兵二千襲敗于越家坊既而與猊兵遇藕塘賊據山列陣矢下如雨存中急擊之且使統制吳錫以勁騎五千突其陣陣亂存中鼓大軍乘之自以精騎衝其脅大呼曰破賊矣賊錯愕駭視前軍統制張宗顏自泗來乘背擊之賊大敗猊以首抵謀主李愕曰適見髯將軍銳不可當果楊殿前也卽以數騎遁去餘黨萬人僵立失措存中躍馬叱之皆怖而降麟在順昌孔彥舟方圍光州聞之皆拔砦遁去北方大恐所得賊舟數百艘車數千兩捷聞帝遣中使勞賜謂宰執曰卿輩始知朕得人也除保成軍節度使殿前都虞候尋兼領馬步帥存中奏祖宗置三衙鼎列相制今令臣獨總非故事也不允七年爲淮南西路制置使將以撫定酈瓊諸軍不果行語在王德傳九年遷殿前副都指揮使十年金人叛盟取河南命存中爲淮北宣撫副使引兵至宿州以步軍退屯于泗金人詭令來告敵騎數百屯柳子鎮存中欲卽擊之或以爲不可存中不聽留王滋蕭保以千騎守宿自將五百騎夜襲柳子鎮黎明不見敵而還金人以精兵伏歸路存中知之遂橫奔而潰參議官曹勛不知存中存亡以聞朝廷震恐於是有權宜退保之命旣而存中自壽春渡淮歸泗人心始安冬引兵還行在十一年兀朮耻順昌之敗復謀來侵詔大合兵于淮西以待之於是存中以殿司兵三萬卒戍淮與金人戰于拓皐敗之時張俊爲宣撫使存中爲副使劉錡爲判官王德爲都統制田師中張子蓋爲統制官金人以拐子馬翼進存中曰敵恃弓矢吾有以屈之使萬人操長斧如墻而進諸軍皷譟奮擊金人大敗退屯紫金山是役也失將士九百人金人死者以萬計而濠圍猶未解俊與存中錡先議班師會有云濠路已通者俊謂錡曰吾欲與楊太尉耀兵淮上安撫濠梁之民取宣化歸金陵楊太尉則渡瓜州還臨安明日命二帥行諜報金攻濠甚急倉皇復回邀錡會于黃連埠距濠六十里聞城陷矣召存中錡謀之錡謂存中何以處此存中曰戰爾相公與太尉在後存中當居前錡曰本來救濠濠旣已失進無所依人懷歸心勝氣已索此危道也不若退師據險俟其去爲後圖諸將皆曰善鼎足而營遣人俟敵曰已去矣俊自以爲功謂錡毋往命存中與德偕至濠列陣未定烟起城中金人伏騎萬餘分兩翼出存中顧德曰何如德曰德小將焉敢預事存中以策麾軍曰那回諸軍以爲令其走也遂散亂南奔無復紀律金人追殺甚衆後一日韓世忠大軍至已無及矣存中乃自宣化渡江歸行在加檢校少保開府儀同三司兼領殿前都指揮使蓋錄拓皐之功而揜濠梁之敗也十二年徽宗梓宮攢永固陵命存中都護竣事拜少傅以保傅爲管軍自存中始十四年存中請詣太學謁先聖帝曰學校旣興武人亦知崇尚如漢羽林士皆通孝經況其他乎二十年封恭國公二十八年拜少師恩數視樞密使存中以凡重地皆有統制官獨荆襄無之請于朝於是荆南襄陽初置諸統制存中在殿巖凡二十五載權寵日盛太常寺主簿李浩敕令所删定官陸游司封員外郎王十朋殿中侍御史陳俊卿相繼以爲言三十一年罷爲太傅醴泉觀使進封同安郡王賜玉帶朝朔望時金主亮有南侵意存中上備敵十策步帥趙密謀奪存中權因指爲喜功生事存中聞之上章乞免密竟代之未幾邊聲日急九月詔存中爲御營宿衞使劉汜戰敗于瓜州命存中往京口爲守江計虞允文自采石來會存中與之協力拒敵敵不能濟金主亮死與允文輕舟渡江以伺敵及金人請和存中奏俟彼得新主之命無遽許之帝如建康詔存中扈蹕因語宰相曰楊存中唯命東西忠無與二朕之郭子儀也金使復請和存中請拘之江口移書審問若能歸我族屬還舊壤損歲弊復白溝之界以通兄弟之好如是則和議可從不然請斬其使亟圖恢復會駕還以存中爲江淮荆襄路宣撫使給舍不書黃命遂寢未幾仍奉祠隆興元年王師潰于符離復起存中爲御營使二年金人再入關議割蜀之和尚原以畀之存中入對曰和尚原隴右之藩要也敵得之則可以睥睨漢川我得之則可以下兵秦雍曩議于金人吳璘力爭不從今璘在遠不及知臣若不言非特負陛下亦有媿於璘近者王師盡銳而後得之願毋棄未幾金人復攻淮甸詔存中同都督江淮事湯思退罷升都督陛辭賜坐賜玉鞍勸時諸軍各守分地不相統一存中集諸將調護之於是始更相爲援帝親札賜之曰諸帥協和互相策應卿之力也會金兵已深入朝議欲舍淮保江存中持不可乃已金兵在揚州或勸存中擊之存中不敢渡獨臨江固壘以老之金人尋請盟乾道元年班師加昭慶軍節度使復奉祠時輿屯田存中獻私田在楚州者三萬九千畝二年卒年六十五以太師致仕追封和王諡武恭高宗追念舊臣爲之出涕賻錢十萬高宗假借諸將眷存中尤深嘗曰朕於存中撫綏之過於子弟濠廬之役親筆戒之曰若不使進當行軍法趙密代領殿帥則舉唐崔祐甫奪王駕鶴兵權事豫戒大臣及竣事又曰楊存中之罷朕不安寢者三夕存中天資忠孝敢勇大小二百餘戰身被五十餘創宿衞出入四十年最寡過孝宗以爲舊臣尤禮異之常呼郡王而不名父祖及母皆死難存中旣顯請于朝宗閔諡忠介震諡忠毅賜廟曰顯忠曰報忠又以家廟祭器爲請遂許祭五世前所無也祖母劉流落蜀隴存中日夜禱祠訪問關數千里卒迎以歸御軍寬而有紀所用將士專以才勇選不私部曲之舊李顯忠以罪斥存中奏爲統制官後爲名將嘗以尅敵弓雖勁而蹶張難遂以意創馬皇弩思巧製工發易中遠人服其精嘗營居鳳山十年而就極山川之勝後獻於朝廷更築室焉又葺園亭于湖山之間高宗爲書水月二字所居建閣以藏御書孝宗題曰風雲慶會之閣子倓工部侍郎倓簽書樞密院事昭慶軍節度使

郭浩字充道順德軍隴干人父任三班奉職徽宗時充環慶路第五將部將嘗率百騎抵靈州城下夏人以千騎追之浩手斬二騎以首還充渭州兵馬都監從种師道進築葺平砦敵據塞水源以渴我師浩率精騎數百奪之敵攻石尖山浩冐陣而前流矢中左脇怒不拔奮力大呼得賊乃已諸軍從之敵遁去由是知名累遷中州刺史欽宗卽位進安州團練使以种師道薦召對奏言金人暴露日久思歸乞給輕兵間道馳滑臺時其半度可擊也會和戰異議不能用帝問西事浩曰臣在任已聞警慮夏人必乘間盜邊正選將設備已而果攻涇原路取西安州懷德軍紹聖開拓之地復盡失之种師中制置河東辟以自隨建炎元年知原州二年金人取長安涇州守臣夏大節棄城遁郡人亦降浩適夜半至郡所將財二百人得金人不殺使之還曰爲語汝將曰我郭浩也欲戰卽來決戰金人遂引去升本路兵馬鈐轄知涇州權主管鄜延路經略安撫時二敵交侵鄜延之東皆金人西北卽夏境其屬朝廷者惟保安一軍德靜一砦浩聞道之德靜置司招收散亡與敵對壘一年敵不能犯再除涇原路兵馬鈐轄知涇州浩去夏人復來權帥耿友諒僅以身免一路盡陷張浚爲宣撫處置使以浩爲秦鳳路提點刑獄權經略使知秦州時浚經

略陝西有言敵可討者浚意向之諸帥恥於不武莫敢出言浚檄五路帥悉所部兵會于富平浩獨謂敵鋒方銳且當分守其地犄角相援竢釁而動浚不聽師出果敗五路俱陷帥府皆徙置他所浚復以浩舊官移知鳳翔府寓治寶雞縣又退保和尚原金人抵原下浩與吳玠隨方捍禦蜀以安全第功遷正任防禦使紹興元年金人破饒風嶺盜梁洋入鳳州攻和尚原浩與吳璘往援斬獲萬計遷邠州觀察使徙知興元府饑民相聚米倉山爲亂浩討平之徙知利州金人以步騎十餘萬破和尚原進窺川口抵殺金平浩與吳玠大破之遷彰武軍承宣使玠按本路提點刑獄宋萬年陰與敵境通利所劾不同由是與浩意不恊朝廷乃徙浩知金州兼永興軍路經略使金州殘弊特甚戶口無幾浩招輯流亡開營田以其規置頒示諸路他軍以匱急仰給朝廷浩獨積贏錢十萬緡以助戶部朝廷嘉之凡有奏請得以直達九年收金洋房州節制金人還河南地以浩爲龍神衞四廂都指揮使充陝西宣諭使知金州樓炤行關中辟浩樞密院都統制節制陝西軍馬十年拜奉國軍節度使五路陷徙知夔州未行移知金州仍永興路經略安撫使節制陝西河東兼措置河東路忠義軍馬十一年金人內侵宣撫使胡世將召浩及吳璘楊政會仙人原授以攻取之策浩遣裨將設伏破之十四年召見拜檢校少保還鎮賜以御府金器繡鞍仍官一子文資賜田五十頃浩辭曰臣父子起身行陣不敢忘本願還文資帝嘉其意別與一子閤職是歲分利州爲東西兩路以浩爲金房開達州經略安撫使　兼知金州樞密院都統制屯金州仍建帥府十五年卒年五十九贈檢校少師謚恭毅淳熙元年賜立廟金州

楊政字直夫原州臨涇人崇寧三年夏人舉國大入父忠戰歿政甫七歲哀號如成人其母奇之曰孝於親者必忠於君此兒其大吾門乎宣和末應募爲弓箭手靖康初因拒夏人稍知名建炎間從吳玠擊金人九戰九捷累功至武顯郎紹興元年春金人趨和尚原又攻箭筈關政引兵大破之斬千戶一酋長二遷右武大夫十月金兵大集號十萬自寶雞列柵至原下吳玠與相持累日以政統領將兵迎敵日數十合士卒無不一當百復出奇兵斷其糧道敵少却邀擊之獲萬戶及首領三百餘人甲士八百六十人拜恭州刺史時有嫉政者以母妻尚留北境不宜屬以兵權玠不聽政益感奮二年金合步騎數千柵魚龍川口政帥精兵刼破之升隴州團練使移知方山原軍儲芻穀在其中三月金大軍來攻城且下政擊敗之遷知鳳州三年金攻饒風關政從玠戰關下凡六日改明州觀察使四年撒离喝哀精兵十萬欲道仙人關入蜀至上奢田玠築壘于關外政曰此地爲蜀阨塞當堅守時出奇擊之玠用其言金人變態多端政隨機應之連日百餘戰敵帥督戰益急政命卒以神臂弓射之又選甲士千餘出山谷斷其兵使不得進退又出敵不意夜斫其營敵遂遁去追至河池而還授龍神衞四廂都指揮使環慶路經略安撫使五年金人攻淮玠命政帥師乘機牽制至秦州一戰而拔擒定居民秋毫無犯改經略安撫涇原兼帥環慶利路三鎮事叢集剖決無滯母留敵境間遣人省視之母惟勉以忠義九年春和議成始得迎母及兄弟歸乞祠以便養不許詔封其母感義郡夫人以政爲熙河蘭鞏路經略安撫使知熙州進武康軍承宣使十年徙利州又徙興元會金人渝盟政建迎敵之策兼川陝宣撫副使司都統制政偕統制楊從義刼金人于鳳翔府城南砦敗之獲戰馬數百母卒起復遂帥師趣寶雞渭水上以拒敵衝凡大戰七斬獲甚多川陝宣撫副使胡世將奏鳳翔之捷政奮不顧身功效顯著拜武當軍節度使十一年秋金將胡盞習不祝合軍五萬來攻政與吳璘郭浩會于仙人原世將授以攻取之策政出和尚原浩出商州以爲援璘駐秦州政引兵夜入隴州界遂趨吳山與金人對壘又敗金萬戶通檢于寶雞時通檢居渭北政欲攻拔其城通檢將精甲萬衆出政帥勇士鏖戰遣裨將突出陣後登山執幟金軍見之大呼曰伏發矣乃驚潰政乘勝掩殺通檢走至城門而橋巳絕遂擒之和議成帝召政還軍民詣部使者借留及入見條奏詳明帝善之十三年還鎮加檢校少保賜田五十頃十四年分利州爲東西兩路政屯興元府久之拜太尉二十七年卒年六十贈開府儀同三司謚襄毅政守漢中十八年六堰久壞失灌溉之利政爲修復漢江水決爲害政築長堤捍之凡利於民者不敢以軍旅廢休兵十餘年未嘗升遷將士上下安之政故爲吳璘裨將及與璘分道建帥執門下之禮益恭世頗賢之

論曰李顯忠生而神奇立功異域父子破家徇國志復中原中罹讒構屢遭廢黜傷哉楊存中出入淮甸無大勝負典兵最久貴寵獨隆然頗能知幾不阽禍敗其亦有天幸者歟郭浩楊政克左右玠璘兄弟保全川蜀數君子皆人所屬倚以成功者柰何撓於和議頻失事機人心沮喪不得如吉甫方叔受祉振旅以成中興之業惜哉

宋史卷三百六十八

元中書右丞相總裁脫脫等修

列傳第一百二十七

王德　王彥　魏勝　張憲

楊再興　牛皐　胡閎休

王德字子華通遠軍熟羊砦人以武勇應募隸熙帥姚古會金人入侵古軍懷澤間遣德諜之斬一酋而還補進武校尉古曰能復往乎德從十六騎徑入隆德府治執僞守姚太師左右驚擾德手殺數十百人衆愕眙莫敢前古械姚獻于朝欽宗問狀姚曰臣就縛時止見一夜叉耳時遂呼德爲王夜叉建炎元年以勤王師倍道趨闕改隸劉光世平濟南寇李昱池陽寇張遇光世將先鋒討李成德以百騎覘賊至蔡州上蔡驛口橋賊疑爲誘騎擁衆欲西德麾騎大呼曰王師大至矣賊駭遁追殺甚衆成奔新息收散卒復戰賊見光世張蓋行陳不介胄知爲主帥併兵圍之德突圍擁光世還軍遂襲敗李成授武畧大夫三年春遷前軍統領屯天長金人攻楊州西軍多潰德趨宣化會叛將張昱張彥圍和州太守張績求援於德德兵傅城下賊不意其至大潰遲明接戰斬昱俘其兵騎萬數濟自采石光世方謀討苗劉之逆迎至建康謂德曰江都之擾諸軍不戢則盜公可仗義夜涉大江徇國急變遂以軍屬光世會苗劉走閩中詔德追擊隸韓世忠德欲自致功名而世忠必欲德爲之使遣親將陳彥章邀德於信州彥章拔佩刀擊德德殺彥章尸諸市德至浦城斬苗瑀擒馬柔古送行在世忠訟其擅殺下臺獄侍御史趙鼎按德當死帝命特原之編管郴州時光世屯九江得楊惟忠所失空頭黃敕卽以便宜復德前軍統制遣平信州妖賊王念經行次饒州會賊劉文舜圍城德引兵赴之文舜請降德納而誅之自餘不戮一人謂諸校曰念經聞吾宿留必不爲備倍道而趨一鼓擒之獻俘于朝詔還舊秩加武顯大夫榮州刺史四年光世鎮京口以德爲都統制金兵復南光世將退保丹陽德請以死捍江諸將恃以自彊分軍扼險渡江襲金人收眞楊數郡旣而又遇敵于楊州北有被重鎧突陣者德馳叱之重鎧者直前刺德德揮刀迎之卽墮馬衆褫駭因麾騎乘之所殺萬計紹興元年平秀州水賊邵青初德與戰于崇明沙親執旗麾兵拔柵以入青軍大潰他日餘黨復索戰諜言將用火牛德笑曰是古法也可一不可再今不知變此成擒耳先命合軍持滿陳始交萬矢齊發牛皆返奔賊衆殲焉青自縛請命德獻俘行在帝召見便殿問勞褒賞特異遷中亮大夫同州觀察使三年光世宣撫江淮當移屯建康命韓世忠代之德從數十騎自京口逆世忠度將及麾下徒步立道左抗言曰擅殺陳彥章王德迎馬頭請死世忠下馬握其手曰知公好漢鄉來纖介不足眞懷乃設酒盡歡而別是冬知鞏州熙河蘭廓路兵馬鈐轄明年春知蘭州徙屯池陽及當塗爲行營左護軍前軍統制金兵掠江北破滁州德越江襲奪之追至桑根擒女眞萬戶盧孛一人千戶十餘人五年改環慶副總管六年冬劉豫遣麟猊驅鄉兵三十萬分東西道入寇中外甚恐議欲爲保江計殿帥楊沂中統制張宗顏田師中及德等分兵禦之大敗猊兵于藕塘猊挺身走麟在順昌聞之亦拔砦遁德追至壽春弗及獲其糧舟四百艘第功除武康軍承宣使眞拜相州觀察使七年改熙河蘭廓路副總管行營左護軍都統制駐師合肥會光世罷宣撫詔德盡護其衆以酈瓊副之瓊與德故等夷耻屈其下率衆叛從劉豫八年命隸張俊名其軍曰銳勝十年解潁昌圍俊檄德就取宿州德倍道自壽春馳至蘄縣與敵游騎遇遂入城偃旗卧鼓騎引去因潛師宿州夜半薄賊營敵將高統軍詣朝歷汴而陳僞守馬秦同知耶律溫以三千人阻水邀戰德策馬先濟步騎從之遙謂賊曰吾與金人大小百戰雖名王貴酋莫不糜碎爾何爲者賊遂投兵降馬秦耶律溫馳入閉門城守德至呼秦諭以逆順乃自縋而下德叱其子順先登秦率溫降遣詣行在德乘勝趨亳州俊會于城父時叛將酈瓊屯亳聞德至謂三路都統制曰夜叉未易當也遂遁德入亳州白俊曰今兵威已振請乘破竹之勢進取東都俊難之乃班師策功第一拜興寧軍承宣使龍神衞四廂都指揮使再遷侍衞親軍馬步軍都虞候封隴西郡侯十一年金人自合肥入侵游騎及江俊

議分軍守南岸德曰淮者江之蔽也棄淮不守是謂脣亡齒寒也敵數千里遠來餉道央不繼及其未濟急擊之可以奪氣若遲之使稍安則淮非吾有矣俊猶豫未許德請益堅曰願父子先越江俟和州下然後宣撫北渡俊乃許德即渡采石俊督軍繼之宿江中德曰明旦當會食歷陽已而夜拔和州晨迎俊入敵退保昭關又擊走之追至柘皐與金人夾河而軍諸將帥皆集惟張俊後至統制田師中欲待之德怒曰事當機會復何待徑上馬兀朮以鐵騎十餘萬夾道而陣德曰賊右陣堅我當先擊之麾軍渡橋首犯其鋒一酋被甲躍馬始出德引弓一發而斃乘勝大呼令萬兵持長斧如牆而進敵大敗退屯紫金山德復尾擊之劉錡謂德曰昔聞公威畧如神今果見之請以兄禮事召拜清遠軍節度使建康府駐劄御前諸軍都統制歷浙東福建總管荆南副都統制二十五年卒贈檢校少保再贈少傅二子琪順亦以驍勇聞

王彥字子才上黨人性豪縱喜讀韜畧父奇之使詣京師隸弓馬子弟所徽宗臨軒閱試補下班祗應爲清河尉從涇原路經畧使种師道兩入夏國有戰功金人攻汴京彥慨然棄家赴闕求自試討賊時張所爲河北招撫使異其才擢爲都統制使率裨將張翼白安民岳飛等十一將部七千人渡河與金人戰敗之復衞州新鄉縣傳檄諸郡金人以爲大軍至率數萬衆薄彥壘圍之數匝彥以衆寡不敵潰圍出諸將散歸彥獨保共城西山遣腹心結兩河豪傑圖再舉金人購求彥急彥慮變夜寢屢遷其部曲覺之相率刺面作赤心報國誓殺金賊八字以示無他意彥益感勵撫愛士卒與同甘苦未幾兩河響應忠義民兵首領傅選孟德劉澤焦文通等皆附之衆十餘萬綿亘數百里皆受彥約束金人患之召其首領俾以大兵破彥壘首領跪而泣曰王都統砦堅如鐵石未易圖也金人乃間遣勁騎撓彥糧道彥勒兵待之斬獲甚衆益治兵刻日大舉告期於東京留守宗澤澤召彥會議乃將兵萬餘渡河金人以重兵襲其後而不敢擊既至汴京澤大喜令彥宿兵近甸以衞根本彥即以所部兵馬付留守司量帶親兵趨行在時已遣宇文虛中爲祈請使議和彥見黃潛善汪伯彥力陳兩河忠義延頸以望王師願因人心大舉北伐言辭憤激大忤時相意遂降旨免對以彥爲武翼郎閤門宣贊舍人差充御營平寇統領時范瓊爲平寇前將軍彥知瓊有逆節稱疾不就乞致仕許之知樞密院事張浚宣撫川陝奏彥爲前軍統制浚與金酋婁宿相持于富平欲大舉初至漢中會諸將議彥獨以爲不可曰陝西兵將上下之情皆未相通若少不利則五路俱失不若且屯利閬興洋以固根本敵入境則檄五路兵來援萬一不捷未大失也浚幕府不然其言彥即請爲利路鈐轄俄改金均房州安撫使知金州時中原盜賊蠭起加以饑饉無所資食惟蜀富饒巨盜往往窺覬桑仲既陷淮安襄陽乘勢西向均房失守直擣金州白土關衆號三十萬仲彥舊部曲也以申牘請於彥曰仲於公無敢犯願假道入蜀就食耳彥乃遣統領官門立爲先鋒擊之賊銳甚立戰死將士失色或請避之彥叱曰樞相張公方有事關陝若仲越金而至梁洋則腹背受敵大事去矣敢言避者斬即勒兵趨長沙平阻水據山設伏以待賊見官軍少蟻附搏戰彥執幟一麾士殊死鬬賊敗走彥休士進擊追奔至白磧復房州紹興元年九月權京西南路副總管李忠反擾京西遂攻金州諸關賊衆皆河朔人驍果善戰彥與戰不利關陷彥退屯秦郊令將士盡伏山谷間焚秦郊積聚僞若遁者秦郊距郡城二十里路坦夷彥募敢死士易麾幟設奇以待閱再宿賊至秦郊官軍逆戰大敗之追襲至秦嶺遂復乾祐縣以歸忠走降劉豫初桑仲既敗還襄陽乃鳩集散亡陷鄧州凶焰復熾南攻德安西據均陽分衆三道一攻注口關一出馬郎嶺一擣洵陽前軍去金州不三十里彥曰仲以我寡彼衆故分三道以離吾勢法當先破其堅則脆者自走遣副將焦文通禦注口自以親兵營馬郎相持一月大戰六日賊大敗仲爲其下所殺又有王闢董貴祁守中冉兵窺蜀勢雖不及桑仲然小者猶不減數萬彥悉討平之是冬僞齊秦鳳經畧使郭振以數千騎掠白石鎭彥與關師古併兵禦之賊大敗獲振復秦州張浚承制以彥節制商虢陝華州軍馬三年正月兀朮入侵浚召彥與吳玠劉子羽會于興元撤離曷自上津疾馳不一日至洵陽統制官郭進死之彥退保石泉縣金人入金均彥趨西鄉二月金人攻饒風關彥與吳玠禦之不能却關破彥收餘兵奔達州五月彥遣兵至漢陰縣與劉豫將周貴戰大敗之復金州浚承制進彥保康軍承宣使兼宣撫司參議彥不受五年四月差知荆南府充歸峽荆門公安軍安撫使彥因荆南曠土措置屯田自蜀買牛千七百頭授官兵耕營田八百五十頃分給將士有差六年二月知襄陽府京西南路安撫使彥以岳飛嫌辭浚奏彥爲行營前護副軍都統制督府參謀軍事六月以八字軍萬人赴行在至鎭江聞母喪上疏乞解官不許詔免喪服趣入對遂以爲浙西淮東沿海制置副使以所部屯通州之料角七年正月彥因遣將捕亡者於解潛軍中軍士交鬬於市言者論其軍政不肅貶秩二等彥不自安乞終餘服二月復洪州觀察使知邵州彥入辭帝撫勞甚厚曰以卿能牧民故付卿便郡行即召矣九年卒干官年五十彥稱名將當建炎初屢破大敵威聲振河朔時方撓於和議據召之還又奪其兵柄而使之治郡士議惜之彥事親孝居官廉子弟有戰功不與推賞將死召其弟姪以家財均給之

魏勝字彥威淮陽軍宿遷縣人多智勇善騎射應募爲弓箭手徙居山陽紹興三十一年金人將南侵聚芻糧造器械籍諸路民爲兵勝躍曰此其時也聚義士三百北渡淮取漣水軍宣布朝廷德意不殺一人漣水民翕然以聽遂取海州郡守渤海高文富聞勝起遣兵來捕勝距海州南八十里大伊與金兵遇勝迎擊走之追至城下衆驚傳水陸悉有兵城中大恐文富閉門守驅民上城禦之勝令城外多張旗幟舉煙火爲疑兵又遣人向諸城門諭以金人棄信背盟無名興師本朝寬大愛民之意城上民聞之即開門勝遣勇銳者登城樓餘自門入莫有禦者獨文富與其子安仁率牙兵拒守勝整軍與安仁父子戰譙門內殺安仁及州兵千餘擒文富民皆按堵勝權知州事遣人諭朐山懷仁沭陽東海諸縣皆定乃蠲租稅釋罪囚發倉庫犒戰士分忠義士爲五軍紀律明肅部分如宿將勝自兼都統制益募忠義以圖收復遠近聞之響應旬日得兵數千即具其事報境上帥守冀給軍裝器甲時帥守雖知金人將渝盟未有發其端者莫敢以聞左軍統制董成謀出西北取沂州勝先遣間還知金兵數萬至沂以我軍器甲未備戒成勿動成不從勝率所部千餘人直入沂州巷戰殺其守及軍士三千餘衆悉降得器甲數萬金人生兵復集競登屋擲瓦擊之成軍幾敗勝欲斬成以其驍勇釋之金人遣同知海州事蒙恬鎭國以兵萬餘取海州抵州北二十里新橋勝帥兵出迎之設伏于隘陣以待衆殊死戰伏發賊大敗殺鎭國馘千人降三百人軍聲益振山東之民咸欲來附勝傳檄招諭結集以待王師之至沂民壁蒼山者數十萬金人圍之久不下砦首滕泉告急於勝勝提兵往救之陣于山下金人多伏兵勝兵遇伏皆赴砦金人襲之勝單騎而殿以大刀奮擊金人望見勝知其爲將也以五百騎圍之數重勝馳突四擊金陣開復鬬戰移時身被數十槍冒刃出圍金兵追之馬中矢踣步而入砦無敢當者金人又急攻絕其水砦中食乾糒殺牛馬飲血勝默禱而雨驟作金人攻益急周山爲營勝度其必復攻海州因間出砦趨城中金人果解蒼山圍自新橋抵城下勝出戰皆捷金分兵四面攻之勝募士登城以禦矢石如雨者七日金兵死傷多遁去勝嘗出戰矢中鼻貫齒不能食猶親禦戰勝起義久朝廷尙未知沿海制置使李寶遣其子公佐由海道覘敵至州始遣忠義將朱震道詣行在白勝姓名于執政始知勝之功焉金主亮舉兵渡淮慮勝躡其後分軍數萬來攻會李寶帥舟師往膠西破金人舟艦勝遣人邀之同擊金人于新橋大敗之金兵未退寶知金舟將遁復以兵登舟備海道金主初命造海艦欲分軍入蘇杭悉以中原民操舟檝民家送衣裘者相告語俟王師至即背之及寶舟入島中適北風勁舟不進有頃反風金人艤舟于岸操舟者望見寶舟謬云此金國兵也俾皆入舟中舟忽至金人不知寶縱火焚其舟舟以赤油絹爲帆風順火熾操舟者皆登岸走金兵在舟中者坐以待縛載之檻車悉獲其舟寶既捷勝亦還州爲捍禦計金兵至營于城北砂巷列陣將攻關門先遣人說勝使降勝開門出諭之曰汝主叛盟失信無故興兵我朝以仁義之師來復舊疆汝主渡淮必敗爾等宜早來歸必獲爵賞時金兵已逼關勝登關門張樂飲酒犒軍士令固守勿出戰金兵攻之踰時乃少遣士出憑險隘擊之金人知不可攻率軍轉而渡河襲關後勝斂兵入城金兵追將及勝獨乘馬逐之叱曰魏勝在此鬪之皆辟易士卒後入者不復敢追勝軍以入城金兵徑趨城東欲過砂堰圍城爲營勝先已據堰備之金軍不得過拒戰竟日終不能近有新募士守河者不知金兵遽過河勝恐絕河路亟收軍入城金兵追至東門外黃土坂勝單騎逐之大叱之金兵五百皆望風退勝又追十數里士得入城有不得入者由城南入西門金兵復自西南來襲勝從後叱之金兵駭散手殺數人奏功授閤門祗候差知海州兼山東路忠義軍都統遣其子昌同嶠峿山首領張榮持旗榜往結山東忠義金兵自新橋鬬子門砂堰之敗殺傷者衆一日黎明乘昏霧四面薄城急攻勝激厲士卒竭力捍禦矢石交下城上鎔金液投火牛金兵不能前多死傷乃拔砦走距海州爲長垣包州城于中使不能出及亮死乃解去勝善用大刀能左右射旗揭曰山東魏勝金人望見即退走勝爲旗十數書

其姓名密付諸將遇虜戰卽揭之金兵悉避走初勝起義時無州郡糧餉之給無府庫倉廩之儲勝經畫市易課酒榷鹽勸糶豪右環海州度視敵兵攻取處築城浚隍塞關隘在軍未嘗一日懈弛恒如寇至方糾集遠邇犒勞士卒期約有日會金主亮被弒金兵北歸王師亦南還矣初亮聞勝在海州知不可取曰少須他時取之易耳亮既殞勝益得自治軍旅人皆精銳獲金諜者犒以酒食厚賂遣還有自北方來歸者與之同臥起共飲食示以不疑周其窶貧使之感激自是山東河北歸附者衆得金人虛實悉以上聞又第其忠義士功能假授官資因李寶轉達于朝悉如所請金人遣山東路都統總管以兵十萬攻海州時寶帥海舟水陸並進抵城北砂巷勝率衆合寶軍大破之斬首不可計堰水爲之不流餘悉奔潰勝獨率兵追北二十里至新橋又破之盡獲其鞍馬器甲寶亦駐海州爲進取計金人復遣五斤太師與諸路兵二十餘萬來攻海州先遣一軍自州西南斷勝軍餉道勝擇勇悍士三千餘騎拒于石闥堰金軍不能進逮夜始還留千人備險隘金兵十萬來奪勝率衆鏖戰殺數千人餘皆遁去下令守險勿追報寶寶以防海道登舟不復發兵金兵盛集勝力拒之自旦至暮金兵不能奪勝令步卒整隊前行自爲殿時百姓以寶既登舟懼金兵大至皆欲入城統制郭蔚閉城門不納人民牛馬蔽野呼號動地城中亦懼勝入城諭以賊勢退怯之狀固守可保無虞乃開門盡納之居無何金兵環城圍數重勝與郭蔚分兵備禦偃旗仆鼓寂若無人金軍驚疑數日不敢攻已乃植雲梯置砲石四面合圍負土塡壕勝俟其近城鳴鼓張旗矢石俱發繼以火牛金液凡三晝夜金兵竟不能近於是罷攻修營壘絕河道謀爲固守勝俟其不備掩擊或獨出擾之使不得休息又間夜發兵劫其營或焚其攻具旣而金人併力急攻勝告急於李寶寶以聞還報城中已命張子蓋率兵來解圍金人亦知子蓋軍且至已有退意頃之子蓋先帥騎兵至勝出與子蓋議戰事且促其步卒勝出軍城北砂巷與金軍大戰斬首不可計追數十里餘兵皆遁勝與子蓋議進討子蓋曰受詔解圍不知其他遂率軍還城中疑懼欲隨王師出勝親邀於道而諭之至漣水軍與偕還時都督張浚在建康招勝詢以軍務轉閤門宣贊舍人差充山東路忠義軍都統制兼鎭江府駐劄御前前軍統制仍知海州勝還隆興元年詔以鎭江御前同統制魏全來守海州督府亦遣賈和仲充山東河北路招撫使節制本路軍馬海州駐劄和仲忌勝陰誘忠義軍使不安勝與辨是非和仲又譏勝於都督惑之呼勝至鎭江計事罷其職改京東路馬步軍副總管都督府統制建康府駐劄既而督府知和仲所誣罷之復勝舊職仍遣鎭江御前後軍屯海州代前軍還鎭江勝既還海州鎭撫一方民安其政改忠州刺史海州城西南枕孤山敵至登山瞰城中虛實立見故西南受敵最劇勝築重城圍山在內寇至則先據之不能害勝嘗自創如意戰車數百兩砲車數十兩車上爲獸面木牌大槍數十垂氈幕軟牌每車用二人推轂可蔽五十人行則載輜重器甲止則爲營掛搭如城壘人馬不能近遇敵又可以禦箭簇列陣則如意車在外以旗蔽障弩車當陣門其上寘床子弩矢大如鑿一矢能射數人發三矢可數百步砲車在陣中施火石砲亦二百步兩陣相近則陣間發弓弩箭砲近陣門則刀斧鎗手突出交陣則出騎兵兩嚮掩擊得捷拔陣追襲少却則入陣間稍憩士卒不疲進退俱利伺便出擊慮有拒遏預爲解脫計夜習不使人見以其製上于朝詔諸軍遵其式造焉二年以議和撤海州戍命勝知楚州以本州官吏及部兵赴新治詔勝同淮東路安撫使劉寶知高郵軍劉敏措置盱眙軍楚州一帶勝專一措置清河口時和議尚未決金兵乘其懈以舟載器甲糗糧自清河出欲侵邊勝覘知之身帥忠義士拒于清河口金兵詐稱欲運糧往泗州由清河口入淮勝知其謀欲禦之都統制劉寶以方議和不許金騎軼境勝率諸軍拒於淮陽自卯至申勝負未決金軍增生兵來勝與之力戰又遣人告急於寶寶在楚州相距四十里堅謂方講和決無戰事訖不發一兵勝矢盡救不至猶依土阜爲陣謂士卒曰我當死此得脫者歸報天子乃令步卒居前騎爲殿至淮陰東十八里中矢墜馬死年四十五事聞贈保寧軍節度使謚忠壯時淮南未平詔於鎭江府江口鎭立廟賜號褒忠仍俟事定更祠於戰沒處且令有司刻木以斂葬于鎭江官其二子郊武功大夫忠州刺史昌承信郞賜銀千兩絹千匹宅一區田百頃其後使者過淮東始得其詳還言于朝以劉寶不出救兵削兩鎭節鉞沒入家貲貶瓊州死勝所糾集忠義有爲賈和仲誘隸別屯及撤戍隔絕者向五千餘人入京口屯駐前軍郊添差揚州兵馬鈐轄淳熙十五年孝宗語樞臣曰魏勝之子當與優異又曰人材須用而後見使魏勝不因邊釁何以見其才詔郊添差兩浙西路馬步軍副總管

張憲飛愛將也飛破曹成憲與徐慶王貴招降其黨二萬有郝政者率衆走沅州首被白布爲成報讎號白巾賊憲一鼓擒之飛遣憲復隨州敵將王嵩不戰而遁進兵鄧州距城三十里遇賊兵數萬迎戰與王萬董先各出騎突擊賊衆大潰遂復鄧州十年金人渝盟入侵憲戰潁昌戰陳州皆大捷復其城兀朮頓兵十二萬于臨潁縣楊再興與戰死之憲繼至破其潰兵八千兀朮夜遁憲將徐慶李山復捷于臨潁東北破其衆六千獲馬百匹追奔十五里中原大震會秦檜主和命飛班師憲亦還未幾檜與張俊謀殺飛密誘飛部曲以能告飛事者寵以優賞卒無人應聞飛嘗欲斬王貴又杖之誘貴告飛貴不肯曰爲大將寧免以賞罰用人苟以爲怨將不勝其怨檜俊不能屈俊刼貴以私事貴懼而從時又有王俊者善告訐號鵰兒以姦貪屢爲憲所裁檜使人諭之俊輒從檜俊謀以憲貴俊皆飛將使其徒自相攻發因及飛父子庶主上不疑俊自爲狀付王俊妄言憲謀還飛兵令告王貴使貴執憲憲未至俊預爲獄以待之屬吏王應求白張俊以爲密院無推勘法俊不聽親行鞫煉使憲自誣謂得雲書命憲營還兵計憲被掠無全膚竟不伏俊手自具獄成告檜械憲至行在下大理寺檜奏召飛父子證憲事帝曰刑所以止亂勿妄追證動搖人心檜矯詔召飛父子至万俟卨誣飛使子雲孫革致書憲貴令虛申警報以動朝廷雲與憲書規還飛軍其書皆無有乃妄稱憲貴已焚之矣但以衆證具獄語在飛傳憲坐死籍家貲紹興三十二年追復龍神衞四廂都指揮使閬州觀察使贈寧遠軍承宣使錄其家

楊再興賊曹成將也紹興二年岳飛破成入莫邪關第五將韓順夫解鞍脫甲以所虜婦人佐酒再興率衆直入其營官軍却殺順夫又殺飛弟翻成敗再興走躍入澗張憲欲殺之再興曰願執我見岳公遂受縛飛見再興奇其貌釋之曰吾不汝殺汝當以忠義報國再興拜謝飛屯襄陽以圖中原遣再興至西京長水縣之業陽殺孫都統及統制滿在斬五百餘人俘將吏百人餘黨奔潰明日再戰于孫洪澗破其衆二千復長水得糧二萬石以給軍民盡復西京險要又得僞齊所留馬萬匹芻粟數十萬中原響應復至蔡州焚賊糧飛敗金人于郾城兀朮怒合龍虎大王蓋天大王及韓常兵逼之飛遣子雲當敵鏖戰數十合敵不支再興以單騎入其軍擒兀朮不獲手殺數百人而還兀朮憤甚併力復來頓兵十二萬于臨潁再興以三百騎遇敵于小商橋驟與之戰殺二千餘人及萬戶撒八孛堇千戶百人再興戰死後獲其屍焚之得箭鏃二升

牛皐字伯遠汝州魯山人初爲射士金人入侵皐聚衆與戰屢勝西道總管翟興表補保義郞杜充留守東京皐討劇賊楊進于魯山三戰三捷賊黨奔潰累遷榮州刺史中軍統領金人再攻京西皐十餘戰皆捷加果州團練使京城留守上官悟辟爲同統制兼西京南路提點刑獄金人攻江西者自荊門北歸皐潛軍于寶豐之宋村擊敗之轉和州防禦使充五軍都統制又與孛堇戰魯山鄧家橋敗之轉西道招撫使僞齊乞師于金入寇皐設伏要地自屯丹霞以待敵兵悉衆來伏發俘其酋豪鄭務兒遷安州觀察使尋除蔡唐州信陽軍鎭撫使知蔡州遇敵戰輒勝加親衞大夫會岳飛制置江西湖北將由襄漢規中原命皐隸飛飛喜甚卽辟爲唐鄧襄郢州安撫使尋改神武後軍中部統領僞齊使李成合金人入寇破襄陽六郡敵將王嵩在隨州飛遣皐行裹三日糧糧未盡城已拔執嵩斬之得卒五千遂復隨州李成在襄陽飛遣皐以騎兵擊破之復襄陽金人攻淮西飛遣皐渡江自提兵與皐會時僞齊驅甲騎五千薄廬州皐遙謂金將曰牛皐在此爾輩胡爲見犯衆皆愕然不戰而潰飛謂皐曰必追之去而復來無益也皐追擊三十餘里金人相踐及殺死者相半斬其副都統及千戶五人百戶數十人軍聲大振廬州平進中侍大夫從平楊么破之么技窮舉鍾子儀投于水繼乃自仆皐投水擒么飛斬首函送都督行府除武泰軍承宣使改行營護聖中軍統制尋充湖北京西宣撫司左軍統制加龍神衞四廂都指揮使金人渝盟飛命皐出師戰汴許間以功最除捧日天武四廂都指揮使成德軍承宣使樞密行府以皐兼提舉一行事務宣撫司罷改鄂州駐劄御前左軍統制升眞定府路馬步軍副統總管轉寧國軍承宣使荊湖南路馬步軍副總管紹興十七年上巳日都統制田師中大會諸將皐遇毒亟歸語所親曰皐年六十一官至侍從幸不啻足所恨南北通和不以馬革裹屍顧死牖下耳明日卒或言秦檜使師中毒皐云初檜主和未幾金渝盟入侵帝手札賜飛從便措置飛乃命皐及王貴董先楊再興孟邦傑李寶等經略東西京汝鄭潁陳曹光蔡諸郡又遣梁興渡河糾合忠義社取河東北州縣未幾李寶捷于曹州捷于宛亭捷于渤海廟董先姚政捷于潁昌劉政捷于中牟張憲復隸昌淮寧府王貴之將楊成復鄭州張應韓清復

西京皐及傳選捷于京西捷于黃河上孟邦傑復永安軍其將楊遇復南城軍又與劉政捷于西京梁興會太行忠義及兩河豪傑趙雲李進董榮牛顯張峪等破金人于垣曲又捷于心水追至孟州之邵原金張太保成太保等以所部降又破金高太尉兵于濟源喬握堅等復趙州李興捷于河南府捷于永安軍梁興在河北取懷衞二州大破兀朮軍斷山東河北金帛馬綱之路金人大擾未幾岳飛還朝下獄死世以爲恨云

胡閎休字良弼開封人宣和初入太學時方諱兵閎休著兵書二卷靖康初詔知兵科閎休應試中優等補承信郞金人圍城閎休分地而守二帝詣金營閎休欲結義士刼之何㮚禁止之二帝北遷范瓊散勤王師閎休曰勤王師可進不可退檄令隨軍而無靖康年號閎休得之泣下懷檄而走從辛道宗勤王南渡以忠義進兩官湖湘盜起或曰招之便或曰討之便閎休作致寇禦寇二篇言天地之氣先春後秋招之不伏則討之於是以岳飛爲招討使飛辟閎休爲主管機宜文字以誅鍾子儀功進成忠郞飛被誣死閎休發憤杜門佯疾十年卒有勤王忠義集藏于家孫熙德安太守

論曰王德素有威畧蚤隸劉光世審其不可恃晩從張俊竟以功名顯其知所擇哉王彥棄家赴國累破堅敵威振河朔曉奪兵柄使之治郡用違其材惜矣魏勝崛起無甲兵糧餉之資提數千烏合之衆抗金人數十萬之師卒完一州名震當時壯哉然見忌于諸將無援而戰死亦可惜矣張憲等五人皆岳飛部將爲敵所畏亦一時之傑也然或以戰没或以憤卒而憲以不證飛獄冤死悲夫

宋史卷三百六十九

元中書右丞相總裁脫脫等修

列傳第一百二十八

張俊從子子蓋　張宗顏　劉光世

王淵　解元　曲端

張俊字伯英鳳翔府成紀人好騎射負才氣起於諸盜年十六爲三陽弓箭手政和七年從討南蠻轉都指揮使宣和初從攻夏人仁多泉始授承信郞平鄆州賊李太及河朔山東武胡羣寇功最進武德郞靖康元年以守東明縣功轉武功大夫金人攻太原城守命制置使种師中往援屯榆次金人以數萬騎壓之俊時爲隊將進擊殺傷甚衆獲馬千匹請乘勝要戰師中以日不利急令退保金人謀俊計不行悉兵合圍攻益急榆次破師中死之俊與所部數百人突圍而出且行且戰至烏河川再與敵遇斬五百級金人圍汴京高宗時爲兵馬大元帥俊勒兵從信德守臣梁楊祖勤王高宗見俊英偉擢元帥府後軍統制累功轉榮州刺史建炎元年正月從高宗至東平府時劇賊李昱據兖州命俊爲都統制討之與數騎突圍撓戰諸軍爭奮賊遂殲進桂州團練使尋加桂州防禦使中書舍人張徵自汴京齎蠟詔命高宗以兵付副帥還京高宗問大計俊曰此金人詐謀爾今大王居外此天授豈可徒往因請進兵高宗許之遂如濟州開啓乾龍節迫夜有告高宗欲俟元帥謁香劫以叛羣議集諸軍屯備俊曰元帥不出姦謀自破遂徙州治賊衆窮黎明引軍北遁俊勒兵追殺之進徐州觀察使高宗以俊忠勞日積遷拱衞大夫既而汴京破二帝北遷人心皇皇俊懇辭勸進高宗涕泣不許俊曰大王皇帝親弟人心所歸當天下洶洶不早正大位無以稱人望且白耿南仲奏之表三上高宗發濟州俊便道扈行至應天府高宗始卽位初置御營司以俊爲御營前軍統制遣還京迎隆祐太后權秦鳳兵馬鈐轄尋奉太后及六宮以歸除帶御器械時江淮羣盜蜂起俊討杜用于淮寧趙萬郭青于鎮江陳通于杭州蔣和尚等于蘭溪皆平之落階官除正任觀察使二年升秦鳳路馬步軍副總管尋破秀州賊數萬縛徐明斬之進武寧軍承宣使帝如揚州召諸將議恢復俊曰今敵勢方張宜且南渡據江爲險練兵政安人心俟國勢定大舉未晚俊又請移左藏庫于鎮江既而敵掩至已逼近甸俊亟奏飭甲乘從帝如臨安苗傅劉正彥反俊時屯兵吳江縣傅等矯詔加俊捧日天武四廂都指揮使以三百人赴秦鳳命他將領餘兵俊知其僞拒不受三軍洶洶俊諭之曰當詣張侍郞求決卽引所部八千人至平江張浚語俊以傅等欲危社稷泣數行下俊大慟浚諭以決策起兵問罪俊泣拜且曰此須侍郞濟以機術母驚動乘輿呂頤浩至俊見之亦涕泣曰今日惟以一死報國劉光世以所部至俊釋舊憾韓世忠來自海上俊借一軍與之俱世忠爲前軍俊以精兵翼之光世次之戰于臨平傅等兵敗開城以出世忠俊光世入城見于內殿帝嘉勞久之拜鎭西軍節度使御前右軍都統制尋爲浙東制置使金人分兵深入渡江攻浙杜充棄建康韓世忠自鎭江退保江陰帝如明州俊自越州引兵至兀朮攻臨安帝御樓船如溫州留俊於明州以拒敵帝賜親札曰朕非卿則倡義誰先卿捨朕則前功俱廢宜戮力共扞敵兵一戰成功當封王爵癸卯除夕金兵至城下俊使統制劉寶與戰兵少郤其將党用丘橫死之於是統制楊沂中田師中統領趙密皆殊死戰沂中舍舟登岸力戰殿帥李質以班直來助守臣劉洪道率州兵射其旁大破之殺數千人金呼人至砦計事俊令小校往金人與語欲如越州請降俊拒之戒將士毋驕惰慮敵必再至下令清野多以輕舟伏弩閉關自守四年正旦忽西風起金人乘之果復攻明州俊與劉洪道坐城樓上遣兵掩擊殺傷大當金人奔北死於江者無數夜拔砦去屯餘姚且請濟師於兀朮後七日敵再至俊引兵趨入台州明州居民去者十七八未幾江浙羣盜蠭起授俊兩浙西路江南東路制置使以所部招收羣盜命後軍統制陳思恭隸之且令兩浙宣撫使周望以兵屬俊劉光世韓世忠之外諸將皆受節度六月改御前五軍爲神武軍俊卽本軍爲神武右軍都統制除檢校少保定江昭慶軍節度使十月浙西羣盜悉平改江南招討使紹興元年帝至會稽時金人殘亂之餘孔彥舟據武陵張用據襄漢李成尤悍疆據江淮湖湘十餘州連兵數萬有席卷東南意多造符讖蠱惑中外圍江州久未解時方患之范宗尹請遣將致討俊慨然請行遂改江淮路招討使成黨馬進在筠州豫章介江筠之間俊聞命就道急趨豫章且曰我已得洪州破賊決矣乃歛兵若無人者金鼓不動令將士登城者斬居月餘進以大書牒來索戰俊以細書狀報之賊以俊爲怯俊諜知賊怠乃議戰岳飛爲先鋒楊沂中由上流徑絕生米渡出賊不意追奔七十里至筠州賊背筠河而陣俊用楊沂中計親以步兵當其前精騎數千授沂中及陳思恭俾從山後來擊以午爲期俊與賊鏖戰至午精騎自山馳下賊駭亂退走大敗既復筠州臨江軍捷奏帝賜御筆謂宜乘賊勢已衰當官軍已振驅除勦戮速收全功俊未拜親詔已追至北奉新樓子莊賊黨商元據草山挾險設伏俊遣步兵從間道直趨山椒殺伏奪險乘勝追至江州成勢迫絕江而遁號俊爲張鐵山復江州已而興國軍等處羣盜聞俊兵至皆遁去使引兵渡江至黃梅縣親與成戰成懲奉新失險之敗據石矢坡憑山以木石投人俊先遣游卒進退若爭險狀以誑賊俊親冒矢石帥衆攻險賊衆數萬俱潰馬進爲追兵所殺成北走降劉豫諸郡悉平拜太尉四年十月金人與劉豫分道入侵先是諜至舉朝震恐或請他幸俊謂趙鼎曰避將何之惟向前進一步庶可脫當聚天下兵守平江徐爲計鼎曰公言避非策是也以天下兵守一州非也公但堅前議足矣遂以俊爲兩浙西路江南東路宣撫使屯建康既而改淮西宣撫使瀕江相距逾月敵不得入俊遣張宗顏潛渡至六合出其背敵將引去俊纔遣王進曰敵既無留心必逕渡淮去可速及其未濟擊之進往敵果北渡遂薄諸淮大敗之獲其酋程師回張延壽以獻五年劉麟入寇俊與楊沂中合兵拒于泗州六年改崇信奉寧軍節度使劉麟兵十餘萬犯濠壽詔併以淮西屬俊楊存中亦聽節制與俊合兵拒敵俊分遣存中與張宗顏王瑋田師中等自定遠軍次越家坊遇劉猊左右軍擊走之俊率大軍鼓行而前至李家灣遇猊大兵與戰殺獲畧盡降者萬餘人猊僅以身免拜少保加鎭洮崇信奉寧軍節度使帝曰卿議論持重深達敵情兼聞撫强之士數萬報國如此朕復何慮又曰羣臣謂朕待卿獨厚其仰體眷懷益思勉勵七年改淮南西路安撫使置司盱眙俊與韓世忠入見議移屯秦檜奏臣嘗語世忠俊陛下倚此二大將譬如兩虎固當各守藩籬使寇不敢近帝曰正如左右手豈可一手不盡力邪命俊自盱眙屯廬州八年金人請寢兵許之賜俊安民靖難功臣拜少傅九年冬金復渝盟再破河南圖順昌府命俊策應劉錡俊督軍渡江金人引退繼而金人三路都統自東南兩京分道來侵抵亳州北渡河俊收宿亳諸軍擊之盡復衞眞鹿邑等地師還十年鄜瓊在亳州俊以大軍至城父都統制王德下符離乘勝趨亳與俊合俊引軍入城金人棄城遁父老列香花迎俊遂復亳州留統制朱超守之俊引軍還壽春進少師封濟國公十一年二月兀朮入合肥漸攻歷陽江東制置大使葉夢得見俊請速出軍俊遣兵渡江諭諸將曰先得和州者勝王德願爲諸軍先士鼓譟而行敵已據之德率衆渡采石先登俊宿中流德抵城下金人退屯昭關後三日復敗金將韓常于含山命關師古復巢縣遂復昭關使左軍統制趙密偃兵篁竹出六丈河以分金勢張守忠以五百騎敗金人於全椒未幾敵斷石梁以拒俊俊疾作力疾引衆涉流登岸追擊之王德與楊存中劉錡會兵敗金人于柘皐拜樞密使俊知朝廷欲罷兵首請納所統兵議賞宿亳功俊部將王德田師中劉寶李橫馬立張澥六人同日首受上賞俊力

贊和議與秦檜意合言無不從薦士大夫監司郡守者甚衆雖劉子羽自謫籍起家亦俊力也加大傅封廣國公尋進益國公十二年十一月以殿中侍御史江邈論之罷爲鎮洮寧武奉寧軍節度使充醴泉觀使初檜以俊助和議德之故盡罷諸將以兵權付俊歲餘俊無去意故檜使邈攻之尋進封清河郡王奉朝請十三年敕修甲第遣中使就第賜宴侑以教坊樂部十六年改鎮靜江寧武靜海軍二十一年冬帝幸其第拜太師以其姪清海軍承宣使子蓋爲安德軍節度使其他子弟遷秩者十三人南渡後俊握兵最早屢立戰功與韓世忠劉錡岳飛並爲名將世稱張韓劉岳然濠壽之役俊與錡有隙獨以楊沂中爲腹心故有濠梁之刧岳飛寃獄韓世忠救之俊獨助檜成其事心術之殊也遠哉帝於諸將中眷俊特厚然警敕之者不絕口自淮西入見則教其讀郭子儀傳召入禁中戒以毋與民爭利毋興土木二十四年六月薨年六十九輟視朝三日斂以一品服帝臨奠哭之慟追封循王子五人子琦子厚子顏子正子仁

子蓋字德高父宏應募從俊軍河上金人破開德府宏戰死子蓋初從韓世忠討苗傅補承信郎累功遷武功郎紹興六年劉猊大舉入寇過定遠縣將趨宣化窺淮詔遣俊會劉光世軍勦之子蓋從俊擊猊于藕塘授閤門宣贊舍人明年改昌州刺史江南東路馬步軍都總管十年金人再取河南以與復宿亳功遷登州防禦使兼宣撫司衞兵副統制十一年二月兀朮入廬州攻含山縣漸攻歷陽俊遣兵渡江子蓋從王德馳入和州金人退屯昭關會劉錡自東關引兵出清溪邀擊金人俊遣子蓋與錡會大戰於柘皐敗之軍勢赫張兀朮復攻濠州子蓋又敗之于州梁橋除興寧軍承宣使和議成改建康府駐劄御前諸軍都統制十三年授龍神衞四廂都指揮使兩浙西路馬步軍都總管帝幸俊第授子蓋安德軍節度使三十二年春金人攻海州急以子蓋爲鎮江府都統往援之即日渡江馳至楚州淮東漕臣龔濤謂之曰敵衆十倍兵力不支宜張虛聲攻淮陽使之必救則海州可解子蓋曰彼若不救將如之何乃亟趨漣水取便道以進次石湫堰金人陳萬騎於河東子蓋率精銳數千騎擊之謂麾下曰彼衆我寡利在速戰遣統制張玘畧陣玘中流矢子蓋曰事急矣奮臂大呼馳入陣諸將繼之殊死戰賊大敗擁溺石湫河死者半圍遂解金人復整軍來戰子蓋再率精銳擊之獲其車馬鎧仗萬計退屯泗州孝宗即位召對賜鞍馬鎧甲束帶且令招集勇敢相時而動子蓋受命還招金大將蕭鷓巴耶律造哩將其衆來降尋以疾還鎮江授檢校少保淮東招撫使未上卒年五十一贈太尉謚恭壯子蓋從俊征討藕塘柘皐雖多奏功未能出諸將右惟海州一捷可稱云

張宗顏字希賢延安人父吉爲涇原將解宣威城圍死之宗顏以父恩補三班借職監閿鄉酒稅積官至涇原副將權殿前司統轄御營軍統制張俊選爲統領從俊討浙西寇秀州軍校徐明以城叛宗顏夜襲其城明遁轉忠州刺史遷御前中軍統制金人攻明州宗顏破其前軍盜楊勍破松溪命宗顏及李捧陳思恭討之宗顏次浦城不進勍又掠建州宗顏趨南劒州與勍遇遂歸盜猶未平謬言已擊退侍御史沈與求劾宗顏三將並出不能平數千之潰卒何以示敵貶二秩從俊討李成與成將馬進戰玉隆觀敗之還環慶路馬步軍副總管神武右軍統制改麟州觀察使僞齊挾金人攻宣化鎮俊遣宗顏潛渡江出其後襲之不勝俊庇之以捷聞遂加沂州防禦使繼以兵襲擊淮北復還崇信軍承宣使宣撫司前軍統制僞齊入寇詔張俊解淮西急督府張浚遣楊沂中與俊合擊宗顏自泗州爲後繼與猊遇于李家灣大破之橫屍滿野猊僅以身遁擢龍神衞四廂都指揮使武信軍承宣使八年知廬州總帥事敵數百騎抵城下宗顏以騎百餘禦之敵退有至自淮北者傳金人言曰此張鐵山弟也紹興九年卒年四十四贈保靜軍節度使謚壯敏

劉光世字平叔保安軍人延慶次子初以蔭補三班奉職累陞鄜延路兵馬都監蘄州防禦使方臘反延慶爲宣撫司都統遣光世自將一軍趨衢婺出其不意破之賊平授耀州觀察使陞鄜延路兵馬鈐轄時有事燕薊光世從延慶取易州授奉國軍承宣使金將郭藥師降除威武奉寧軍承宣使延慶遣諸將擣虛趨燕以光世爲後繼光世不至諸將失援而潰降三官河北賊張迪掠濬州境詔光世討之光世曰賊烏合非有紀律佯北以邀之其亂可取也即麾騎退賊競進光世引騎貫其中賊大潰復承宣使統鄜延路馬步軍副總管靖康元年金兵攻汴京夏人乘間寇杏子堡堡有兩山對峙地險阨光世據之敵至敗去擢侍衞馬軍都虞侯金再攻汴京光世入援聞范致虛傳檄諸路議引兵會之會有詔止勤王兵光世以爲宜速進不可以詔示衆既而潰兵至具言京城事衆懼光世矯以蕃官來自汴京謂二帝決圍南去衆稍安進屯陜府致虛欲合五路兵進與金戰光世難之別道趨虢遂至濟州謁康王命爲五軍都提舉王即皇帝位命爲省視陵寢使尋爲提舉御營使司一行事務行在都巡檢使斬山東賊李昱遷奉國軍節度使平鎮江叛兵改滁濠太平州無爲軍江寧府制置使討張遇於池州遇望其陣曰官軍不整可破也時湖水涸賊越湖出官軍後官軍亂光世幾被執王德救之得免遇循江而上光世整兵追至江州斷其後軍破之遇復東下又追擊於江寧二年以功加檢校少保命討李成光世以王德爲先鋒與成遇於上蔡驛口橋敗之成收散卒再戰光世以儒服臨軍成遙見白袍青蓋併兵圍之德潰圍拔光世以出下令得成者以其官爵與之士爭奮再戰皆捷成遁執其謀主閻子思加檢校少傅帝在揚州金騎掩至天長光世迎敵未至而軍潰帝倉卒渡江命光世爲行在五軍制置使屯鎮江府控扼江口尋加檢校太保殿前都指揮使苗劉爲亂素憚光世遷光世爲太尉淮南制置使張浚在平江馳書諭以勤王光世不從呂頤浩遣使至鎮江說之乃引兵會于丹陽兵進光世以選卒爲游擊仍分軍殿後遇苗翊馬柔吉軍于臨平與韓世忠等破之至行在遷太尉御營副使光世遣王德助喬仲福追傳至崇安縣盡降其衆傳僅以身免逆將范瓊被執張浚使光世撫定其衆又招賊靳賽降之命光世爲江東宣撫使守太平及池州受杜充節制光世言受充節制有不可者六帝怒詔毋入光世殿門光世始受命隆祐太后在南昌議者謂金人自蘄黃渡江陸行二百里可至命光世移屯江州爲屏蔽光世既至日置酒高會金人自黃州渡江凡三日無知之者比金人至遂逼太后退保虔州馮檝貽書光世言賊深入最兵家之忌進則距山退則背江百無一利而敢如此橫行者以前無抗拒後無襲逐也太尉儻選精兵自將來洪而開一路令歸伏兵掩之可使匹馬不還光世不能用自信州引兵至南康鄱陽圍固始縣光世遣人招降之又遣王德擒妖賊王念經于信州時光世部曲無所隸號太尉兵侍御史沈與求論其非宜會御營司廢乃以巡衞名其軍命充御前巡衞軍都統制召赴行在授浙西安撫大使知鎮江府光世言安撫控制一路若但守鎮江則他郡有警不可離任望別除守臣光世專充安撫使從便置司時光世慮金人必過江故預擇便地帝覺之止許增辟通判右諫議大夫黎確疏其擇便求佚中外所憤帝釋不問加寧武軍節度使開府儀同三司以遣之光世乞便宜行事不許時韓世忠張浚兼領浙西制置使光世復言本路兵火之餘不任三處需求遂罷世忠俊兼領時金兵留淮東光世頗畏其鋒楚州被圍已百日帝手札趣光世援楚者五竟不行但遣王德酈瓊將輕兵以出時奏殺獲而已楚州破命光世節制諸鎮力守通泰完顏昌屯承楚光世知其衆思歸欲攜貳之乃鑄金銀銅錢文曰招納信寶獲敵不殺令持錢文示其徒有欲歸者扣江執錢爲信歸者不絕因犒奇兵赤心兩軍昌遂拔砦去紹興元年金人渡淮眞揚州皆闕守命光世兼淮南京東路宣撫使置司揚州措置屯田迄不行張俊討李成又命光世分兵往舒蘄擣其巢穴光世以江北盜未平爲辭命兼淮南宣撫使領眞揚通承楚州漣水軍郭仲威謀據淮南以通劉豫光世遣王德擒之并其衆范宗尹言光世軍多冗費請汰其罷軟者帝曰俟作手書與之如家人禮庶幾不疑光世以枯秸生穗爲瑞聞于朝帝曰歲豐人不乏食朝得賢輔佐軍有十萬鐵騎乃可爲瑞此外不足信淮北人多歸附者命光世兼海泗宣撫使以安輯之五湖捕魚人夏寧聚衆千餘掠人爲食郭仲威餘黨出沒淮南邵青據通州光世皆招降之光世請鑄淮東宣撫使印給錢糧增將吏皆從其請仍給鎮江府常州江陰軍苗米三十七萬斛爲軍中一歲費二年復命移屯揚州時至鎮江視師光世不奉詔入朝言鄰寇有疑或致生事願仍領浙西爲根本計右司諫方孟卿劾之乞召宰執與議使之必往光世猶以乏糧爲辭光世之來以縉帛方物爲獻帝命分賜六宮中丞沈與求以爲不可命還之呂頤浩與光世有故怨頤浩將出視師首言光世兵冗不練乞移其軍還闕帝曰光世軍糧不足若驟移必潰先犒軍而後料簡可也頤浩至鎮江光世果告乏頤浩奏光世軍月費二千萬緡乞差官考覈詔御史江躋度支胡蒙至軍點校終不得實帝方倚其成功尋詔兩漕臣措置鎮江酒稅務助其軍費又罷織御服羅省七百萬緡以助之加寧武寧國軍節度使光世奏部將喬仲福靳賽防江有勞詔進一官許回授光世固乞轉行給事中程瑀持不可又言光世兵未渡江金人或渡淮江浙必震光世方遣人按行宜興湖洑之間以備退保詔以章示之光世遷延如故三年命光世與韓世忠易鎮同召赴闕授檢校太傅江東宣撫使世忠既至鎮江城下姦人入城焚府庫光世擒之

皆云世忠所遣世忠屯登雲門光世引兵出懼其扼巳改途趨白鷺店世忠遣兵襲其後光世以聞帝遣使和解仍書賈復寇恂傳賜之命爲江東淮西宣撫使置司池州賜錢十萬緡劉豫將王彥光揚兵淮上有渡江意光世扼馬家渡遣酈瓊屯無爲軍爲濠廬援賊乃退光世奏酈延李份充閤門祗侯言者論其涉私罷之金人劉豫入侵時光世張俊韓世忠權相敵且持私隙帝遣侍御史魏矼至軍中諭以滅怨報國光世乃移書二帥二帥皆復書致情光世始移軍太平州以援世忠金兵退光世入覲還少保帝曰卿與世忠以少嫌不釋然烈士當以氣義相許先國家而後私讐復諭以光武分寇恂賈復之事光世泣謝請以所置淮東田易淮西田給事中晏敦復言其擾民而止又請竝封其三妾爲孺人南渡後諸大將封妾自此始會改神武軍爲行營護軍以光世所部稱左護軍劉豫築龍城以窺淮西光世遣王師晟破之加保靜軍節度使遂領三鎭張浚撫淮上諸屯劉豫挾金人分道入侵命光世屯廬州以招北軍與韓世忠張俊鼎立楊沂中將精卒爲後距劉猊驅鄉民僞爲金兵布淮境光世奏廬難守密干趙鼎欲還太平州浚命呂祉馳往軍中督師光世已舍廬州退浚遣人厲其衆曰若有一人渡江卽斬以狥光世不得已駐兵與沂中相應遣王德酈瓊領兵自安豐出謝步遇金將三戰皆敗之張浚入對言光世驕惰不戰不可爲大將請罷之帝命與趙鼎議鼎曰光世將家子孫將卒多出其門罷之恐拂人心遂遷護國鎭安保靜軍節度使右司諫陳公輔劾其不守廬州張浚言其沈酣酒色不恤國事語以恢復意氣怫然乞賜罷斥光世引疾請罷軍政又獻所餘金穀于朝拜少師充萬壽觀使奉朝請封榮國公賜甲第一區以兵歸都督府公輔又言光世雖罷而遷少師賞罰不明中書舍人勾龍如淵又繳還賜第之命帝曰光世罷兵柄若恩禮稍加則諸將知有後福皆效力矣卒賜之初光世麾下多降盜素無紀律至是督府命呂祉節制其軍酈瓊殺祉驅諸軍降劉豫九年用講和恩賜號和衆輔國功臣進封雍國公陝西宣撫使弟光遠疏其短于言路如淵時爲中丞再論光世不可遣而止十年金人圍順昌拜太保爲三京招撫處置使以援劉錡光世請李顯忠爲前軍都統又請王德自隸德不願受其節制顯忠行至宿泗軍多潰進至和州秦檜主罷兵召還光世入見爲萬壽觀使改封楊國公疾革乞免其家科役中書舍人張廣格不下卒年五十四贈太師官其子孫甥姪十四人謚武僖乾道八年追封安城郡王開禧元年追封鄜王光世在諸將中最先進律身不嚴馭軍無法不肯爲國任事逭寇自資見詆公論嘗入對言願竭力報國他日史官書臣功第一帝曰卿不可徒爲空言當見之行事建炎初結內侍康履以自固又丞解兵柄與時浮沈不爲秦檜所忌故能竊寵榮以終其身方之韓岳遠矣

王淵字幾道熙州人後徙環州善騎射應募擊夏國屢有功累遷熙河蘭湟路第三將部將權知鞏州寧遠砦諸羌入寇經畧司討之表淵總領岷山蕃兵將輿師城澤州羌悉衆來爭淵奮擊大破之追至邈州城移同總領湟州蕃兵將兼知臨宗砦坐法免宣和五年劉延慶討方臘以淵爲先鋒賊將據錢塘勢張甚淵諭小校韓世忠曰賊謂我遠來必易我明日爾逆戰而僞遁我以强弩伏數百步外必可得志世忠如其言賊果追之伏弩卒發應弦而倒逐北至淳安賊據幫源峒遂圍而平之授閤門宣贊舍人權京畿提舉保甲兼權提點刑獄公事繼從延慶攻契丹重兵壁盧溝南遣淵等數千人護餉道戰敗爲敵所獲已而逃歸猶以出塞遷武功大夫果州團練使又從楊惟忠辛興宗破羣盜高托山等遷拱衞大夫寧州觀察使靖康元年爲眞定府總管就遷都統制吳湛據趙州叛淵討平之金人攻汴京河東北宣撫使范訥統勤王兵屯雍丘以淵爲先鋒尋以所部歸康王府明年張邦昌僭立康王如濟州命淵以三千人入衞宗廟淵至汴都以朝服見邦昌納謁曰參冢宰相公邦昌始易紫袍延之政事堂淵慟哭宣教康王卽皇帝位淵與楊惟忠韓世忠以河北兵劉光世以陝西兵張俊苗傅等以帥府及降羣盜兵皆在行朝不相統一始置御營司以淵爲都統制扈從累月不釋甲帝如揚州授龍神衞四廂都指揮使尋改捧日天武四廂都指揮使進保大軍承宣使時羣盜蠭起以淵爲制置使平杭賊提兵四出所向皆捷平軍賊趙萬於鎭江誅杭賊陳通於杭州降張遇於楊子橋期年羣盜畧盡還靍德軍節度使惟趙萬陳通等已招其降而復盡誅之建炎三年二月金人攻揚州帝倉卒渡江淵與內侍康履從至鎭江奉國軍節度使劉光世見帝泣告淵專管江上海船每言緩急決不誤事今臣所部數萬二千餘騎皆不能濟淵忿其言斬江北都巡檢皇甫佐以自解中書侍郎朱勝非駁見淵督之乃始經畫已無所及自是淵失諸將心帝欲如鎭江以援江北羣臣亦固請淵獨言鎭江止可捍一面若金人自通川渡先據姑蘇將若之何不如錢塘有重江之險議遂決命淵守姑蘇言戎器全缺兵匠甚少乞括民匠營繕尋自平江赴行在拜簽書樞密院事仍兼都統制命下諸將籍籍帝聞之乃命免奏事簽書仍解都統制以慰衆心先是統制官苗傅自負世將以淵驟用頗觖望劉正彥嘗招巨盜丁進亦以賞薄怨淵而內侍康履頗用事及淵入樞府傅正彥以其由宦官薦愈不平俟淵入朝伏兵殺之幷殺康履遂成明受之變淵時年五十三淵爲將輕財好義家無宿儲每言朝廷官人以爵祿足代耕若事錐刀我何愛爵祿曷若爲富商大賈邪初帝在南京聞淵疾遣中使曾澤問疾澤還言其帷幔茵褥皆不具帝輟所御紫茸茵以賜然其平羣盜多殺降與康履深交故及於禍贈開府儀同三司累加少保官其子孫八人紹興四年又官二人乾道六年謚襄愍子倚

解元字善長保安軍德清砦人疎眉俊目猿臂善騎射起行伍爲清澗都虞候建炎三年隸大將韓世忠麾下擢偏將世忠出下邳聞金兵大至士皆駭愕元領二十騎擒其生口知敵動息俄逢騎數百身自陷陣橫刺酋長墜馬餘皆遁去授閤門宣贊舍人苗傅劉正彥之變從世忠追至臨平與戰賊勢旣衰擒于浦城四年三月金人攻浙西世忠治兵京口邀其歸路以海艦橫截大江金人出小舟數十以長鈎拔艦元在別舸躍入敵舟以短兵擊殺數十人擒其千戶授忠州團練使統制前軍繼從討閩寇范汝爲轉討湖外諸盜時劉忠據白面山憑險築壘世忠討之距賊營三十里而陣元獨跨馬涉水薄賊砦四顧周覽賊因山設望樓從高瞰下以兵守之屯壯鋭于四山視其指呼而出戰元旣得其形勢歸告世忠曰易與爾若奪據其望樓則技窮矣世忠然之遣元率兵五百長戟居中翼以弓矢自下趨高賊衆莫支乃據望樓立赤幟四面竝進賊遂平改相州觀察使紹興四年金人僞齊合兵入侵世忠自鎭江趨揚州命元屯承州金人至近郊元度翌日必至城下遣百人伏要路百人伏嶽廟自以四百人伏路隅令曰俟金人過我當先出掩之伏要路者視我麾旂則立幟以待金人必自嶽廟走伏者背出又決河岸過其歸路金人果走城下伏發金人進退無路乃走嶽廟元追之獲百四十八人止遺二人時城中兵不滿三千金萬戶黑頭虎直造城下約降元匿其兵以微服出僞若降者金人梢懈俄伏發擒黑頭虎未幾金兵四集元戰郤之追北數十里金人赴水死者甚衆改同州觀察使六年從世忠出下邳以數百騎破敵伏兵授保順軍承宣使十年畧地淮陽至劉令莊騎纔三百當敵騎數千元揮戈大呼衆爭奮敵披靡俄而救至後部疑懼元回顧曰我在此若等無慮衆乃安轉戰自辰至午敵退成列而還加龍神衞四廂都指揮使明年世忠罷兵柄爲樞密使以元爲鎭江府駐劄御前諸軍都統制以統其衆又明年進侍衞親軍馬步軍都虞候尋授信保軍節度使卒年五十四贈檢校少保

曲端字正甫鎭戎人父渙任左班殿直戰死端三歲授三班借職警敏知書善屬文長於兵畧歷泰鳳路隊將涇原路通安砦兵馬監押權涇原路第三將夏人入寇涇原帥司調統制李庠捍禦端在遣中庠駐兵栢林堡斥堠不謹爲夏人所薄兵大潰端力戰敗之整軍還夏人再入寇西安州懷德軍相繼陷沒鎭戎當敵要衝無守將經畧使席貢疾栢林功奏端知鎭戎軍兼經畧使統制官建炎元年十二月婁宿攻陝西二年正月入長安鳳翔關隴大震二月義兵起金人自鞏東還端時治兵涇原招流民潰卒所過人供糧秸道不拾遺金游騎入境端遣副將吳玠據清溪嶺與戰大破之端乘其退遂下兵秦州而義兵已復長安鳳翔統領官劉希亮自鳳翔歸端斬之六月以集英殿修撰知延安府王庶爲龍圖閣待制節制陝西六路軍馬遂授端吉州團練使充節制司都統制端雅不欲屬庶九月金人攻陝西庶召端會雍耀間端辭以未受命庶以鄜延兵先至龍坊端又稱已奏乞回避席貢別遣統制官龐世才將步騎萬人來會庶無如之何則檄貢勒端還舊任遣陝西節制司將官賀師範趨耀別將王宗尹趨白水且令原慶出師爲援二帥各遣偏將劉仕忠寇鯤來與師範會庶欲往耀督戰已行會龐世才兵至邠端中悔以狀白庶言已赴軍前庶乃止師範輕敵不戒卒遇敵于八公原戰死二將各引去端遂得涇原兵柄十一月金諜知端庶不協併兵攻鄜延時端盡統涇原精兵駐淳化庶日移文趣其進又遣使臣進士十數輩往說端端不聽庶知事急又遣屬官魚濤督師端陽許而實無行意權轉運判官張彬爲端隨軍應副問以師期端笑謂彬曰公視端所部孰與李綱救太原兵乎彬曰不及也端曰綱召天下兵不度而往以取敗今端兵不滿萬不幸而敗則金騎長驅無陝西矣端計全陝西與鄜延一路孰輕重是以未敢卽行不如擣賊巢穴攻其必救乃遣吳玠

攻華州拔之端自分蒲城而不攻引兵趨耀之同官復迂路由邠之三水與玠會襄樂金攻延安急庶收散亡往援溫州觀察使知鳳翔府王𤫊將所部發興元比庶至甘泉而延安已陷庶無所歸以軍付𤫊自將百騎與官屬馳赴襄樂勞軍庶猶以節制望端欲倚以自副端彌不平端號令素嚴入壁者雖貴不敢馳庶至端令每門減其從騎之半及帳下僅數騎而已端猶虛中軍以居庶庶坐帳中端先以戎服趨于庭既而與張彬及走馬承受公事高中立同見帳中良久端聲色俱厲問庶延安失守狀曰節制固知愛身不知愛天子城乎庶曰吾數令不從誰其愛身者端怒曰在耀州屢陳軍事不一見聽何也因起歸帳庶留端軍終夕不自安端欲卽軍中殺庶奪其兵夜走寧州見陝西撫諭使謝亮說之曰延安五路襟喉今已失之春秋大夫出疆得以專之請誅庶歸報亮曰使事有指今以人臣擅誅於外是跋扈也公爲則自爲端意阻復歸軍明日庶見端爲言已自劾待罪端拘縻其官屬奪其節制使印庶乃得去王𤫊將兩軍在慶陽端召之𤫊不應會有告𤫊過邠軍士劫掠者端怒命統制官張中孚率兵召𤫊謂中孚曰𤫊不聽則斬以來中孚至慶陽𤫊已去遂遣兵要之不及而止初叛賊史斌圍興元不克引兵還關中義兵統領張宗諤誘斌如長安而散其衆欲徐圖之端遣吳玠襲斌擒之端自襲宗諤殺之三年九月遷康州防禦使涇原路經畧安撫使時延安新破端不欲去涇原乃以知涇州郭浩權鄜延經畧司公事自謁亮歸朝廷聞端欲斬王庶疑有叛意以御營司提舉召端端疑不行議者喧言端反端無以自明會張浚宣撫川陝入辨以百口明端不反浚自收攬英傑以端在陝西屢與敵角欲仗其威聲承制築壇拜端爲威武大將軍宣州觀察使宣撫處置使司都統制知渭州端登壇受禮軍士懽聲如雷浚雖欲用端然未測端意遣張彬以招塡禁軍爲名詣渭州察之彬見端問曰公常患諸路兵不合財不足今兵已合財已備婁宿以孤軍深入吾境我合諸路攻之不難萬一粘罕併兵而來何以待之端曰不然兵法先較彼已今敵可勝止婁宿孤軍一事然將士精銳不減前日我不可勝亦止合五路兵一事然將士無以大異於前況金人因糧於我我常爲客彼常爲主今當反之按兵據險時出偏師以擾其耕穫彼不得耕必取糧河東則我爲主彼爲客不一二年必自困斃可一舉而滅也萬一輕舉後憂方大彬以端言復命浚不主端說

四年春金人攻環慶端遣吳玠等拒于彭原店端自將屯宜祿玠先勝既而金軍復振玠小却端退屯涇州金乘勝焚邠州而去玠怨端不爲援端謂玠前軍已敗不得不據險以防衝突乃劾玠違節制是秋兀朮窺江淮浚議出師以撓其勢端曰平原廣野賊便於衝突而我軍未嘗習水戰金人新造之勢難與爭鋒宜訓兵秣馬保疆而已俟十年乃可端既與浚異浚積前疑竟以彭原事罷端兵柄與祠再責海州團練使萬安州安置是年浚爲富平之役軍敗誅趙哲貶劉錫浚欲慰人望下令以富平之役涇原軍馬出力最多旣却退之後先自聚集皆緣前帥曲端訓練有方敘端左武大夫興州居住紹興元年正月敘正任榮州刺史提舉江州太平觀徙閬州於是浚自興州移司閬州欲復用端玠與端有憾言曲端再起必不利於張公王庶又從而間之浚入其說亦畏端難制端嘗作詩題柱曰不向關中興事業却來江上泛漁舟庶告浚謂其指斥乘輿於是送端恭州獄武臣康隨者嘗忤端鞭其背隨恨端入骨浚以隨提點夔路刑獄端聞之曰吾其死矣呼天者數聲端有馬名鐵象日馳四百里至是連呼鐵象可惜者又數聲乃赴逮既至隨令獄吏縶維之糊其口爇之以火端乾渴求飲子之酒九竅流血而死年四十一陝西士大夫莫不惜之軍民亦皆悵悵有叛去者浚尋得罪追復端宣州觀察使謚壯愍端有將畧使展盡其才要未可量然剛愎恃才凌物此其所以取禍云

論曰南渡諸將以張韓劉岳並稱而俊爲之冠然夷考其行事則有不然者俊受心膂爪牙之寄其平苗劉雖有勤王之績然既不能守越又棄四明負亦不少矧其附檜主和謀殺岳飛保全富貴取媚人主其負戾又如何哉光世自恃宿將選沮却畏不用上命師律不嚴卒致酈瓊之叛迎合檜意首納軍權雖得善終牖下君子不貴也二人方之韓岳益遠矣然子蓋宗顏號俊子弟著海之功淵上之捷亦足稱焉王淵以總率扈從有勞遂至驕盈失將士心自取覆敗況結托康履與光世一轍烏足道哉解元始由韓世忠進其攻城野戰未嘗敗衄有可稱者不幸早世惜哉曲端剛愎自用輕視其上勞效未著動違節制張浚殺之雖冤蓋亦自取焉爾

宋史卷三百六十九考證

曲端傳金人攻環慶端遣吳玠等拒於彭原店端自將屯宜祿玠先勝既而金軍復振玠小却端退屯涇州金乘勝焚邠州而去。○臣人龍按張魏公三戰本末畧金婁室與其副撒离喝及黑峰等寇邠州曲端拒之兩戰皆捷至白店原金引衆來犯又爲端所敗今本傳止云玠小勝竟不及端之敗金一語是蓋欲甚端之罪曲護張浚故耳

宋史卷三百七十

元 中書右丞相總裁脫脫等修

列傳一百二十九

王友直 李寶 成閔 趙密
劉子羽 呂祉 胡世將 鄭剛中

王友直字聖益博州高平人父佐以材武稱友直年十二隨父游諸兵法紹興三十一年金人渝盟友直結豪傑志慨復謂其衆曰權所以濟事權歸於正何害於理廼矯制自擬承宣使河北等路安撫制置使餘擬官有差徧諭州縣勤王未幾得衆數萬制爲十三軍軍置都統制提舉提點提轄訓練統之九月戊子進攻大名一鼓而克撫定衆庶諭以紹興年號乃與王任馮毅張昇牛汝霖列奏于朝欲領衆南歸時金人尙在揚州久不報友直將由壽春涉淮而濟道拜敕書勉以率衆擣敵腹心掎角應援除友直檢校少保天雄軍節度使王任天平軍節度使馮毅左通議大夫徽猷閣直學士張昇右朝奉大夫直祕閣牛汝霖通直郎直祕閣職任各從舊得便宜行事時三十二年正月一日也旋與敵遇相拒淮北敵兵來益衆友直卽率所部渡淮旣而審金主亮已斃所遇乃歸師悔不襲擊之高宗視師江上見于金陵賜金帶章服錫賚及二子友直恥前功不遂自陳改復州防禦使以忠義軍統制隸鎭江都統司越四月詔偕統制張子蓋援海州方接戰友直張一旗大書宋忠義將河北王九郞以自表潛由小逕背敵陣因其輜重扼歸道橋左右枕水張子蓋知友直已乘敵後麾軍進擊敵潰走盡溺死圍遂解轉宜州觀察使孝宗受禪友直與統制朱寧數出奇轉戰張浚都督江淮一見喜之辟建康前軍統制隆興二年九月金人犯邊宣諭使王之望命以前軍戍昭關友直不踰時卽行他軍同戍者敵至輒退保和州友直孤軍堅守金兵駐黃山鼓柝相聞益整暇自持乾道元年移鎭江御前諸軍統制俄改步司左軍統制兼左驍衛上將軍初淮北之戰友直母子相失至是訪得之乃與其妻李攜二女自淮而還錫予加厚又明年除御前諸軍統制請祠手詔慰勞四年添京口入覲進神龍衛四廂都指揮使主管步司公事遷侍衛親步軍都指揮使朝廷議遣馬步二司移屯重地丞相虞允文欲先發步司友直請以馬司先及馬帥李顯忠屯金陵友直奏馬軍道途轉徙困斃已甚有旨免移步司八年轉承宣使旋除殿前副都指揮使淳熙元年授奉國軍節度使四年總殿步司大閱于茅灘鎧仗精明號令肅明年進殿前指揮使賜第中都賜田平江燕射咸預晚節宴安軍政稍失律授宜州觀察使尋罷宮觀徙居信州以郊祀恩內徙三奉祠復武寧軍承宣使卒年六十一追復節度使贈檢校少保

李寶河北人嘗陷金拔身從海道來歸金主亮渝盟淮浙姦民倪詢梁簡等教金造舟且爲鄉導金使蘇保衡造舟于潞河明年以保衡爲統軍將繇海道襲浙江諜聞高宗謂宰臣曰李寶頃因召對詢以北事歷歷如數且以一介脫身還朝陛對無一毫沮懾是必能事者廼授浙西路馬步軍副總管駐劄平江令與守臣督海舟捍禦高宗問舟幾何曰堅全可涉風濤者百二十艘兵幾何曰僅三千皆閩浙弓弩手非正兵也旗幟甲仗亦粗備事急矣臣願亟發賜寶衣帶鞍馬尙方弓刀戈甲及銀絹萬數八月次江陰先遣其子公佐諜曰汝爲潛伺敵動靜虛實毋誤公佐受命卽與將官邊士寧偕往寶將啓行軍士爭言西北風力尙勁迎之非利寶下令敢沮大計者斬遂發蘇州大洋行三日風甚惡舟散不可收寶忼慨顧左右曰天以是試李寶邪寶心如鐵石不變矣酹酒自誓風卽止明日散舟復集士寧自密州回得敵耗甚悉且言公佐已挾魏勝得海州寶喜曰吾兒不負乃翁矣士氣百倍趣衆乘機進適大風復作海濤如山寶神色不爲動風少殺始縱舟泊抵東海敵已雲合圍海州旌麾數十里寶麾兵登岸以劒畫地令曰此非復吾境力戰與否在汝等因握槊前行遇敵奮擊將士賈勇無不一當十敵出不意亟引去勝出城迎寶獎其忠義勉以共立功名勝感泣乃維舟犒士遣辯者四出招納降附聲振山東豪傑如王世修輩各署旗集義勇爭應援多者數萬人寶列名上諸朝檄所部會密之膠西命公佐以郡事畀勝與俱發至膠西石臼島敵舟已出海口泊唐島相距僅至山時北風盛寶禱于石

曰神俄有風自柂樓中來如鍾鐸聲衆咸奮引舟握刃待戰敵操舟者皆中原遺民遙見寶船綴敵兵入舟中使不知王師猝至風駛舟疾過山薄虜鼓聲震疊海波騰躍敵大驚掣矴舉帆帆皆油纈彌亙數里風浪捲聚一隅窘束無復行次寶亟命火箭環射箭所中煙焰旋起延燒數百艘火所不及者猶欲前拒寶叱壯士躍登其舟短兵擊刺殪之舟中餘所謂簽軍盡中原舊民皆登島岸脫甲歸命以故不殺然倉卒舟不獲艤溺死甚衆俘大漢軍三千餘人斬其帥完顏鄭家奴等六人禽倪詢等上于朝獲其統軍符印與文書器甲糧斛以萬計餘物衆不能舉者悉焚之火四晝夜不滅寶將乘勢席卷公佐切諫以爲金主亮方濟淮聞通泰已陷得遠失近且有腹背憂乃還軍駐東海覘緩急爲表裏援遣曹洋輕舟報捷上喜曰朕獨用李寶果立功爲天下倡矣詔獎諭書忠勇李寶四字表其旗幟除靜海軍節度使沿海制置使賜金器玉帶亮聞膠西之敗大怒召諸酋約以三日渡江於是內變殺亮向微唐島之捷則亮之死未可期錢唐之危可憂也寶之功亦大矣寶戰具精利宰臣陳康伯取其長槍克敵弓弩俾所司爲式製之卒贈檢校少保

成閔字居仁邢州人靖康初劉韐爲眞定帥募勇士捍金兵閔在麾下高宗卽位閔領數百騎至楊州會上南渡韓世忠追苗傅及襲兀朮討范汝爲閔皆在戎行又以力戰却敵積功至武功大夫忠州刺史從世忠入見世忠指閔曰臣在南京自謂天下當先使當時見此人亦避一頭矣上嘉歎勞勉旋以取海州功擢磁州團練使召見賜袍帶錦帛加贈玉束帶時方與金盟世忠罷兵入爲樞密使詔進閔棣州防禦使殿前遊奕軍統制歷遷保寧軍承宣使紹興二十四年拜慶遠軍節度使尋丁母憂詔起復贈其母鄭國夫人金主亮將敗盟詔閔提禁旅三萬鎭武昌命湖北守漕創砦屋三萬間以待之發折帛米錢茶引共百四十餘萬緡義倉和糴米六十三萬石備軍用仍賜金器劒甲臨遣之閔至鄂未幾進屯應城縣八月除湖北京西制置使節制兩路軍馬九月兼京西河北招討使十一月詔回援淮西閔喜於得歸冐雨兼程趨建康士卒多道死朝廷所給犒師物奄歸已不及士卒士卒有怨言閔斬之未幾除淮東制置使駐鎭江旣而言者論諸軍皆聚鎭江恐出敵不意擣上流於是詔閔發鄂州張成華旺軍回駐鄂亮死閔引兵渡江趨楊州及金人自盱眙渡淮北去閔列兵南岸軍士喏聲相聞金人笑之曰寄聲成太尉有勤護送時虜氣已奪日虞王師之至委棄戈甲粟米山積諸軍多仰以給惟閔軍多浙人素不食粟死者甚衆閔至泗州奏已克復淮東尋入朝凡侍從卿監閤門內侍皆有賂遺左正言劉度劾之猶超拜太尉主管殿前司公事尋復爲御史論列罷太尉婺州居住奪慶遠節乾道初聽自便歸湖州尋詔復節都統鎭江諸軍九年請祠致仕治園第于平江淳熙元年卒年八十一贈開府儀同三司子十一人

趙密字微叔太原清河人政和四年用材武試崇政殿授河北隊將成燕高宗以大元帥開府檄統先鋒援京師建炎元年從張俊討任城寇李昱俊輕騎先行遇伏密奔射斃數人乃脫擢閤門祗候俊置靖勝軍以密統之平賊董青趙萬徐明等累功轉武節郎左軍統領金兵陷楊州士民隨乘輿渡江衆數萬密露立水濱麾舟濟之苗傅之變破赤心軍于臨平金人犯明州俊遣密及楊沂中與殊死戰敗之進武功大夫陞統制紹興元年李成馬進擾江淮俊復遣密大破之成進皆北遁賜金帶轉親衞大夫康州刺史總管涇原馬步軍平張莽蕩尋詔入衞十年金犯亳宿從俊營合肥出西路時水潦暴漲涉六晝夜始達宿與敵遇敗之明年敵分兵犯滁濠密進擊之且命張守忠以五百騎出全椒縣伏篁竹間敵疑宵遁密乃引兵出六丈河斷其歸路又敗之進中衞協忠大夫和州團練防禦使尋拜宜州觀察使爲龍神衞四廂都指揮使主管侍衞步軍海寇朱明暴橫密授張守忠方畧曰海與陸異窮之則日月相持非策之善要在拊定之耳守忠用其計明降進定江軍承宣使崇信軍節度使以年勞轉太尉拜開府儀同三司明年領殿前都揮指使獻本軍酒方六十六所積錢十萬緡銀五萬兩助軍用詔獎之上疏告老以萬壽觀使奉朝請隆興二年進少保致仕俄報金復犯淮詔密再爲殿前都指揮使初敵聲言航海朝論選從官視舟師徹禁旅防守密不爲動迄如所料和議成罷爲醴泉使乾道元年九月致仕卒年七十一贈少傅

劉子羽字彥脩建之崇安人資政殿學士韐之長子也宣和末韐帥浙東子羽以主管機宜文字佐其父破睦賊入主太府太僕簿遷衞尉丞韐守眞定子羽辟從會金人入父子相誓死守金人不能拔而去由是知名除直祕閣京城不守韐死之旣免喪除祕閣脩撰知池州以書抵宰相論天下兵勢當以秦隴爲根本收集英殿脩撰知秦州未行召赴行在除樞密院檢詳文字建炎三年大將范瓊擁强兵江西召之弗來來又不肯釋兵知樞密院事張浚與子羽密謀誅之一日命張俊以千兵渡江若備他盜者使皆甲而來因召俊瓊及劉光世赴都堂議事爲設飲食食已諸公相顧未發子羽坐廡下恐瓊覺取黃紙趨前舉以麾瓊曰下有敕將軍可詣大理置對瓊愕不知所爲子羽顧左右擁置輿中衞以俊兵送獄光世出撫其衆數瓊在圍城中附金人迫二帝出狩狀且曰所誅止瓊爾汝等固天子自將之兵也衆皆投刃曰諾有旨分隸御營五軍頃刻而定瓊竟伏誅浚以此奇其材浚宣撫川陝辟子羽參議軍事至秦州立幕府節度五路諸將規以五年而後出師明年除徽猷閣待制金人窺江淮急浚念禁衞寡弱計所以分撓其兵勢者遂合五路之兵以進子羽以非本計爭之浚曰吾寧不知此顧今東南之事方急不得不爲是耳遂北至富平與金人遇戰不利金人乘勝而前宣撫司退保興州人情大震官屬有建策徙治夔州者子羽叱之曰孺子可斬也四川全盛敵欲入寇久矣直以川口有鐵山棧道之險未敢遽窺耳今不堅守縱使深入而吾僻處夔峽遂與關中聲援不相聞進退失計悔將何及今幸敵方肆掠未逼近郡宣司但當留駐興州外繫關中之望內安全蜀之心急遣官屬出關呼召諸將收集散亡分布險隘堅壁固壘觀釁而動庶幾猶或可以補前愆而贖後咎柰何乃爲此言乎浚然子羽言而諸參佐無敢行者子羽卽自請奉命北出復以單騎至秦州召諸亡將諸亡將聞命大喜悉以其衆來會子羽命吳玠柵和尙原守大散關而分兵悉守諸險塞金人知有備引去明年金人復聚兵來攻再爲玠所敗浚移治閬州子羽請獨留河池調護諸將以通內外聲援浚許之明年玠以秦鳳經畧使戍河池王彥以金均房鎭撫使戍金州二鎭皆饑興元帥臣閉糴二鎭病之玠彥皆願得子羽守漢中浚乃承制拜子羽利州路經畧使兼知興元府子羽至漢中通商輸粟二鎭遂安除寶文閣直學士是冬金人犯金州三年正月王彥失守退保石泉子羽亟移兵守饒風嶺馳告玠玠大驚卽越境而東日夜馳三百里至饒風列營拒守金人悉力仰攻死傷山積更募死士由間道自祖溪關入繞出玠後玠遽邀子羽去子羽不可而留玠同守定軍山玠難之遂西子羽焚興元退守三泉縣從兵不滿三百與士卒取草牙木甲食之遺玠書訣別玠時在仙人關其愛將楊政大呼軍門曰節使不可負劉待制不然政輩亦舍節使去矣玠乃間道會子羽子羽留玠共守三泉玠曰關外蜀之門戶不可輕棄復往守仙人關子羽以潭毒山形斗拔其上寬平有水乃築壁壘十六日而成金人已至距營十數里子羽據胡床坐于壘口諸將泣告曰此非待制坐處子羽曰子羽今日死于此敵尋亦引去自金人入梁洋四蜀復大震張浚欲移潼川子羽遺浚書言已在此金人必不南浚乃止撤離曷由斜谷北去子羽謀邀之於武休不及旣回鳳翔遣十人持書旗招子羽子羽盡斬之而留其一縱之還曰爲我語賊欲來卽來吾有死爾何可招也先是子羽預徙梁洋公私之積至是金人深入餽不繼又腹背爲子羽玠所攻死傷十五六疫癘且作亟遁去子羽出師掩擊墮溪澗死者不可勝計餘兵不能自拔者悉降始金人攻蜀所選士卒千取百百取十戰被重鎧登山攻險每一人前輒二人推其後前者死後者被其甲以進又死則又代之其爲必取計如此浚雖衄師卒全蜀子羽之力居多子羽還興元四年坐富平之役與浚俱罷尋爲言者所論責授單州團練副使泉州安置新除川陝宣撫副使吳玠始爲裨將未知名子羽獨奇之言於浚浚與語大悅使盡護諸將至是上疏論子羽之功請納節贖其罪詔聽子羽自便明年復元官提舉江州太平觀張浚還朝議合兵大舉乃請召子羽令諭旨西帥以集英殿脩撰知鄂州未幾權都督府參議軍事與主管機宜文字熊彥詩同撫諭川陝時吳玠屢言軍前乏糧故令子羽見玠諭指且與都轉運使趙開計事併察邊備虛實以聞時五年冬也明年秋與彥詩同還朝子羽言金人未可圖宜益兵屯田以俟機會時張浚以淮西安撫使劉光世驕惰不肅密奏請罷之而以其兵屬子羽子羽辭乃以徽猷閣待制知泉州七年淮西酈瓊叛張浚罷相八年御史常同論子羽十罪上批出白州安置趙鼎曰章疏中論及結吳玠事今方倚玠恐不自安同疏再上以散官安置漳州十一年樞密使張浚薦子羽復元官知鎭江府兼沿江安撫使金人入寇子羽建議淸野淮東之人皆徙鎭江撫以恩信雖兵民雜居無敢相侵者旣而金人不至浚問子羽子羽曰異時金人入寇飄忽如風雨今久遲回必有他意蓋金人以柘皋之敗欲急和也未幾果遣使議和復徽猷閣待制秦檜風諫官論罷之復提舉太平觀十六年卒子珙自有傳吏部郎朱松以子熹託子羽子羽與弟子翬篤教之異時卒爲大儒云

呂祉字安老，建州建陽人。宣和初上舍釋褐建炎二年爲右正言以論事忤執政通判明州紹興元年盜起湖南北爲荆湖提刑祉既至招捕有方踰年盜平進直祕閣尋召赴行在淮南宣撫使韓世忠將出師辟祉議軍事除直徽猷閣充參議官辭不行三年陞直龍圖閣知建康府祉到官與通判府事吳若安撫司準備差遣陳充共議作東南防守利便三卷上之大畧謂立國於東南者當聯絡淮甸荆蜀之勢今臨安僻在海隅穆蹕江上然後可以繫南北離散之心四年冬金人攻淮江左戒嚴獨韓世忠統銳卒在高郵金既陷漣水破山陽盱眙遂犯承州祉上章言宜遣兵爲世忠援既而援兵不至世忠退保鎮江祉再上言置江北於度外非命帥宣撫兩淮之意且恐失中原心唯當急遣諸將且乞親御六師庶幾上下協心可以不戰而勝於是降詔親征車駕至平江金人退師五年召爲中書門下省檢正諸房文字尋除兵部侍郎兼戶部侍郎給事中六年遷刑部侍郎都督府參議軍事俄遷吏部侍郎劉豫分道入寇時車駕駐平江或請回臨安且令守江防海祉獨抗言士氣當振賊鋒可挫不可遽退以示弱劉麟衆十萬已次濠壽劉光世在合肥欲移屯太平州軍已行乃命祉馳往軍前督其還七年遷兵部尚書陞督府參謀軍事往淮西撫諭諸軍浚以劉光世持不戰之論罷之乃命行營左護軍前統制王德爲都統制又以統制官酈瓊爲之副瓊與德素不協祉還朝瓊與德交訟于都督府及御史臺乃命德還建康以其軍隸督府八月復命祉往廬州節制之祉至廬州瓊等復訟德祉諭之曰若以君等爲是則大相誣然張丞相但喜人向前儻能立功雖有大過亦闊畧兄此小嫌乎當力爲諸公辨之保無他慮瓊等感泣事小定祉乃密奏乞罷瓊及統制官靳賽兵權其書吏漏語於瓊瓊令人遮祉所遣郵置盡得祉所言大怨怒會朝廷命張俊爲淮西宣撫使置司盱眙楊存忠爲淮西制置使劉錡爲副置司廬州召瓊赴行在瓊懼遂叛諸將晨謁祉坐定瓊袖出文書示中軍統制官張璟曰諸兵官有何罪張統制乃以如許事聞之朝廷邪祉見之大驚欲返走不及爲瓊所執璟及兵馬鈐轄喬仲福統制劉永衡友死之瓊遂率全軍四萬人渡淮降劉豫擁祉次三塔距淮三十里祉下馬曰劉豫逆臣我豈可見之衆逼祉上馬祉罵曰死則死於此又語其衆曰劉豫逆臣爾軍中豈無英雄乃隨酈瓊去乎衆頗感動凡千餘人環立不行瓊恐搖動衆心急策馬先渡祉遇害時有得祉括髮之帛歸吳中者其妻吳氏持帛自縊以徇葬聞者哀之慶元間詔立廟賜額以旌其忠云

胡世將字承公常州晉陵人宿之曾孫登崇寧五年進士第范汝爲寇閩以世將爲監察御史福建路撫諭使入境韓世忠已平賊還尙書右司員外郎又遷起居郎還中書舍人賜三品服兼脩政局坐言者落職奉祠未幾除徽猷閣待制知鎭江府入爲禮部侍郎改刑部出知洪州兼江西安撫制置使屬建昌兵變殺守卒嬰城以叛世將以便宜發兵討平之除兵部侍郎復知鎭江未幾召爲給事中兼侍講直學士院復遷兵部侍郎尋以樞密直學士出爲四川安撫制置使兼知成都府宣撫吳玠以軍無糧奏請踵至世將既被命入境約玠會議蜀之饟運遡嘉陵江千餘里半年始達於是奏用轉般搭運之法軍儲稍充公私便之紹興九年玠卒以世將爲寶文閣學士宣撫川陜時關陜初復朝廷分軍移屯熙秦鄜延諸道明年夏金人陷同州入長安諸路皆震蜀兵既分聲援幾絕乃遣大將吳璘田晟出鳳翔郭浩出奉天楊政由赤谷歸河池不數日璘捷于石壁及扶風金人逡巡不敢度隴分屯之軍得全師而還詔除端明殿學士十一年秋朝廷復用兵會母喪命起復遂復隴州破岐下諸屯又取華虢兵威稍振未幾疾發於首除資政殿學士致仕恩數視僉書樞密院事卒年五十八命有司給葬事

鄭剛中字亨仲婺州金華人登進士甲科累官爲監察御史遷殿中侍御史剛中由秦檜薦于朝檜主和議剛中不敢言移宗正少卿請去不許改祕書少監金歸侵疆檜遣剛中爲宣諭司參謀官及還除禮部侍郎復遣剛中爲川陜宣諭使諭諸將罷兵尋充陜西分畫地界使金使烏陵贊謨入境欲盡取階成岷鳳秦商六州剛中力爭不從又欲姑取商秦於大散關立界剛中又堅不從繼除川陜宣撫副使兀朮遣人力求和尙原剛中恐敗和好以和尙原自紹興四年後不係吳玠地分於是割秦商之半棄和尙原以與金朝廷命剛中去陜字爲四川宣撫副使剛中治蜀頗有方畧宣撫司舊在綿閬間及胡世將代吳玠就居河池饋餉不繼剛中奏利州在潭毒關內與興洋諸關聲援相接乞移司利州自是省費百萬剛中始至即欲移屯一軍大將楊政不從呼政語之曰剛中雖書生不畏死聲色俱厲政即聽命都統每入謁必庭參然後就坐吳璘陛檢校少師來謝語關吏乞講鈞敵之禮剛中曰少師雖尊猶都統制耳儻變常禮是廢軍容行禮如故奏蜀四川雜征又請減成都府路對糴及宣撫司激賞錢時剛中於階成二州營田抵秦州界凡三千餘頃歲收十八萬斛先是川口屯兵十萬分隸三大將吳璘屯興州楊政屯興元府郭浩屯金州皆建帥節而統制官知成州王彥知階州姚仲知西和州程俊知鳳州楊從儀亦領沿邊安撫剛中請分利州爲東西路以興元府利閬洋巴劒州大安軍七郡爲東路治興元命政爲安撫以興階成西和文龍鳳七州爲西路治興州命璘爲安撫而命浩爲金房開達州安撫諸裨將領安撫者皆罷從之弛䕫路酒禁復利州錢監爲紹興監時軍已罷移屯內郡剛中言逐路各有漕司都漕宜罷從之秦檜怒剛中在蜀專擅令侍御史汪勃奏置四川財賦總領官以趙不棄爲之不隸宣撫司不棄牒宣撫司剛中怒由是有隙不棄頗求剛中陰事言於檜檜陽召不棄歸因召剛中剛中語人曰孤危之迹獨賴上知之耳檜聞愈怒遂罷青桂陽軍居住再責濠州團練副使復州安置再徙封州卒

論曰自紹興和議成材武善謀之士無所用其力若王友直之矯制起兵李寶之立功膠西成閔趙密皆足以斬將搴旗劉子羽轉戰屢勝呂祉不從劉豫胡世將鄭剛中威震巴蜀皆中道以歿是以知宋不克興復也

宋史卷三百七十一

元　中　書　右　丞　相　總　裁　脫　脫　等　修

列傳第一百三十

白時中　徐處仁　馮澥　王倫
宇文虛中　湯思退

白時中字蒙亨壽春人登進士第累官爲吏部侍郎坐事降秩知鄆州已而復召用政和六年拜尙書右丞中書門下侍郎宣和六年除特進太宰兼門下封崇國公進慶國始時中嘗爲春官詔令編類天下所奏祥瑞其有非文字所能盡者圖繪以進時中進政和瑞應記及贊及爲太宰表賀翔鶴霞光等事圜丘禮成上言休氣充應前所未有乞宣付祕書省時燕山日告危急而時中恬不爲慮金人入攻京城脩守備時中謂宇文粹中曰萬事須是涉歷非公嘗目擊守城之事吾輩豈知首尾邪欽宗即位召大臣決策守京師問誰可將者李綱言朝廷高爵厚祿蓄養大臣蓋將用之有事之日時中輩雖書生然撫將士以抗敵鋒乃其職也時中勃然曰李綱莫能將兵出戰乎綱曰陛下儻使臣當以死報於是以綱爲右丞充守禦使時中尋罷爲觀文殿學士中太一宮使御史劾時中房懦不才詔落職未幾卒

徐處仁字擇之應天府穀熟縣人中進士甲科爲永州東安縣令蠻人叛處仁入峒開示恩信蠻感泣誓不復反知濟州金鄉縣以薦者召見徽宗問京東歲事處仁以旱蝗對問邑有盜賊乎曰有之上謂處仁不欺除宗正寺丞太常博士時初置算學議所祖或以孔子贊易知數處仁言仲尼道之無所不備非專門比黃帝迎日推策數之始也祖黃帝爲宜擢監察御史遷殿中右正言給事中攝開封府裁決如流囚繫常空進戶部尙書繼拜中大夫尙書右丞丁母憂免喪以資政殿學士知青州徙知永興軍童貫使陜西欲平物價處仁議不合曰此令一傳則商賈弗行而積藏者弗出名爲平價適以增之轉運使阿貫意劾其格德音倡異論侵辱使者詔處仁赴闕尋改知河陽落職知蘄州久之以顯謨閣直學士知潁昌府民有得罪宮掖者雖赦不原處仁爲奏上童貫乘是擠之奪職提舉鴻慶宮復延康殿學士知汝州再奉鴻慶祠知徐州召爲醴泉觀使徽宗訪以天下事處仁對曰天下大勢在兵與民今水旱之餘賦役繁重公私凋弊兵民皆困不及今謀之後將有不勝圖者上曰非卿不聞此言明日除侍讀進讀罷理前語處仁言昔周以冢宰制國用於歲之杪宜會朝廷一歲財用之數量入爲出節浮費罷橫斂百姓既足軍儲必豐上稱善詔置裕民局討論振兵裕民之法蔡京不悅言者謂今設局曰裕民豈平日爲不裕民哉乃罷局出處仁知揚州未幾以疾奉祠歸南都方臘爲亂處仁亟見留守薛昂爲畫守戰之策因語昂曰睢陽蔽遮江淮乃國家受命之地脫有非常吾助君死守語聞于朝起爲應天尹河北盜起徙大名尹前尹王革慘而怯盜無輕重悉抵死小有警輒閉城以兵自衞處仁至即大開城門徹牙內甲兵人情遂安徽宗賜手詔曰金人雖約和然狠子野心易肩以變有當行事以聞處仁上備邊

御戎十策進觀文殿學士召爲寶籙宮使特陞大學士舊制大觀文非宰相不除前二府得除自處仁始欽宗卽位金人犯京師處仁儲糧列傳合鋭兵萬人勤王奏乞下詔親征以張國威奏至朝廷適下親征詔書以李綱爲行營使卽移書綱言備禦方畧金人請和而歸處仁奏宜伏兵濬滑擊其半濟必可成功召爲中書侍郎入見欽宗問割三鎭處仁言國不競亦陵且定武陛下之潛藩不當棄與吳敏議合敏薦處仁可相拜太宰兼門下侍郎童貫部勝捷軍衞徽宗東廵貫旣貶軍士有惡言徽宗將還都人洶懼或請爲備處仁曰陛下仁孝思奉晨昏屬車西還天下大慶宜郊迎稱賀軍士妄言臣請身任之乃以處仁爲扈駕禮儀使統禁旅從出郊迎二聖還宮部伍肅然初處仁爲右丞言六曹長貳皆異時執政之選而部中事一無所可否悉禀命朝廷夫人才力不容頓異豈有前不能決一職而後可共政者乎乞詔自今尙書侍郎不得輒以事諉上有條以條決之有例以例決之無條例者酌情裁決不能決乃申尙書省會處仁以憂去不果行及當國卒奏行之聶山爲戸部尙書兼開封尹庫有美珠山密語寧德宮宦者用特旨取之處仁奏陛下鑒近忠事必由三省今以珠爲道君太上皇后壽誠細故且美事然此端一開則前日應奉之徒復縱臣爲陛下惜之乃抵主藏吏罪處仁言論初與吳敏李綱合尋亦有異議嘗與敏事事掣筆中敏面鼻額爲黑唐恪耿南仲聶山欲排去二人而代之位諷言者論之與敏俱罷處仁以觀文殿大學士爲中太一宮使尋知東平府提舉崇福宮高宗卽位起爲大名尹北道都總管卒于郡處仁在宣和間數請寬民力以弭盜賊尹大名以剛廉稱及爲首相無大建明方進言以金人出境社稷再安皆由聖德儉勤致有天人之助种師道請合諸道兵屯河陽諸州爲防秋計處仁謂金人豈能復來不宜先自擾以示弱南都受圍特處仁在圍城中都人指爲姦細殺其長子庚幼子度吏部侍郎

馮澥字長源普州安岳人父山熙寧末爲祕書丞通判梓州鄧綰薦爲臺官不就退居二十年范祖禹薦於朝官終祠部郎中澥登進士第歷官入朝以言事再謫靖康元年澥爲左諫議大夫金人圍太原朝廷命李綱宣撫兩河澥奏罷之金人要割三鎭高宗自康邸出使除澥知樞密院事充副使不果行尋除尙書左丞金人犯闕詔宗室郡王爲報謝使澥與曹輔以樞密爲副留金營三日歸詔暫權門下侍郎欽宗詣金營澥扈從張邦昌僭位與澥有舊取之歸以澥康邸舊臣命爲奉迎使爲總領迎駕儀物使建炎初除資政殿學士知潼州府言者論澥嘗汙僞命奪職已而復官紹興三年以資政殿學士致仕卒澥爲文師蘇軾論西事與蔡京忤郡人張庭堅以言事斥象州死妻子流離澥力振其家及入諫省奏官其一子然議論主熙豐紹聖而排鄒浩李綱楊時君子少之

王倫字正道莘縣人文正公旦弟勗玄孫也家貧無行爲任俠往來京洛間數犯法幸免汴京失守欽宗御宣德門都人喧呼不已倫乘勢徑造御前曰臣能彈壓之欽宗解所佩夏國寶劒以賜倫曰臣未有官豈能彈壓遂自薦其才欽宗取片紙書曰王倫可除兵部侍郎倫下樓挾惡少數人傳旨撫定都人乃息宰相何㮚以倫小人無功除命太峻奏補修職郎斥不用建炎元年選能專對者使金問兩宮起居遷朝奉郎假刑部侍郎充大金通問使閤門舍人朱弁副之見金左副元帥宗維議事金留不遣有商人陳忠密告倫二帝在黃龍府倫遂與弁及洪皓以金遺忠往黃龍府潛通意由是兩宮始知高宗已卽位矣久之粘罕使烏陵思謀卽驛見倫語及契丹時事倫曰海上之盟兩國約爲兄弟萬世無變雲中之役我實饋師贊成厥功上國之臣背欲稱兵南來先大聖惠顧盟好不許厥後舉兵以禍吾國果先大聖意乎況亘古自分南北主上恭勤英俊並用期必復古盡思久遠之謀歸我二帝太母復我土疆使南北赤子無致塗炭亦足以慰先大聖之靈幸執事者贊之思謀沉思曰君言是也歸當盡達之已而粘罕至曰比上國遣使來問其意指多不能對思謀傳侍郎語欲議和決非江南情實特侍郎自爲此言耳倫曰使事有指不然來何爲哉人定者勝天天定亦能勝人惟元帥察之粘罕不答是後宇文虛中魏行可洪皓崔縱張邵相繼入使皆拘之紹興二年粘罕忽自至館中與倫議和縱之歸報是秋倫至臨安入對言金人情僞甚悉帝優奬之除右文殿脩撰主管萬壽觀官其二弟一姪時方用兵討劉豫和議中格三年韓肖胄使金還金遣李永壽王詡繼至二人驕倨以倫充伴使倫與道雲中舊故驕倨少損遂拜詔訖事倫復請祠劉光世求倫參議軍事辭宰相趙鼎請召倫赴都堂禀議倫陳進取之策不合復請祠七年春徽宗及寧德后訃至復以倫爲徽猷閣待制假直學士充迎奉梓宮使以朝請郎高公繪副之入辭帝使倫謂金左副元帥昌曰河南地上國旣不有與其付劉豫曷若見歸倫奉詔以行因附進太后欽宗黃金各二百兩仍以金帛賜宇文虛中朱弁孫傅張叔夜家屬之在金國者倫至睢陽劉豫館之疑有他謀移文取國書倫報曰國書須見金主面納若所銜命則祈請梓宮也豫脅取不已會迓者至渡河見撻懶於涿州具言豫邀索國書無狀且謂豫恐背本朝他日安保其不背大國是年冬豫廢倫及高公繪還左副元帥昌送倫等曰好報江南自今道塗無壅和議可以平達倫入對言金人許還梓宮及太后又許歸河南地且言廢豫之謀由己發之帝大喜賜予特異初倫旣見昌昌遣使偕倫入燕見金主亶首謝廢豫次致使指金主始密與羣臣定議許和遂遣倫還且命太原少尹烏陵思謀太常少卿石慶來議事至行在倫往來館中計事八年秋以端明殿學士再使金國知閤門事藍公佐爲之副申問諱日期還梓宮倫辭引至都堂授使指二十餘事旣至金國金主亶爲設宴三日遣簽書宣徽院事蕭哲左司郎中張通古爲江南詔諭使偕倫來朝論以金使肆嫚抗論甚喧多歸罪倫十一月倫至行在引疾請祠不許趣赴內殿奏事時哲等驕倨受書之禮未定御史中丞句龍如淵詣都堂與秦檜議召倫責曰公爲使通兩國好凡事當於彼中反覆論定安有同使至而後議者倫泣曰倫涉萬死一生往來虎口者數四今日中丞乃責倫如此檜等共解之曰中丞無他亦欲激公了此事耳倫曰此則不敢不勉倫見通古以一二策動之通古恐遂議以檜見金使于其館受書以歸金許歸梓宮太母及河南地九年春賜倫同進士出身端明殿學士簽書樞密院事充迎梓宮奉還兩宮交割地界使旣又以倫爲東京留守兼開封尹倫至東京見金右副元帥兀术交割地界兀术還燕五月倫自汴京赴金國議事初兀术還密言於金主曰河南地本撻懶宗磐主謀割之與宋二人必陰結彼國今使已至汴勿令踰境倫有雲中故吏隸兀术者潛告倫倫卽遣介具言于朝乞爲備兀术遂命中山府拘倫殺宗磐及撻懶十月倫始見金主于御子林致使指金主悉無所答令其翰林待制耶律紹文爲宣勘官問倫知撻懶罪否倫對不知又問無一言及歲幣反來割地汝但知有元帥豈知有上國邪倫曰比蕭哲以國書來許歸梓宮太母及河南地天下皆知上國尋海上之盟與民休息使人奉命通好兩國耳旣就館金主復遣紹文諭倫曰卿留雲中已無還期及貸之還曾無以報反間貳我君臣耶乃遣藍公佐先歸論歲貢正朔誓表冊命等事拘倫以俟報已而還之河間遂不復遣十年金渝盟兀术等復取河南倫居河間六載至十四年金欲以倫爲平灤三路都轉運使倫曰奉命而來非降也金益脅以威遣使來趣倫拒益力金杖其使俾縊殺之倫厚賂使少緩遂冠帶南鄉再拜慟哭曰先臣文正公以直道輔相兩朝天下所知臣今將命被留欲汙以僞職臣敢愛一死以辱命遂就死年六十一於是河間地震雨雹三日不止人皆哀之詔贈通議大夫賜其家金千兩帛千匹子述與從兄遵間入金境至河間得倫骨以歸官給葬事後謚愍節

宇文虛中字叔通成都華陽人登大觀三年進士第歷官州縣入爲起居舍人國史編修官同知貢舉遷中書舍人宣和間承平日久兵將驕惰蔡攸童貫貪功開邊將與燕雲之役引女直夾攻契丹以虛中爲參議官虛中以廟謨失策主帥非人將有納侮自焚之禍上書言用兵之法必先計强弱策虛實知彼知己當圖萬全今邊圉無應敵之具府庫無數月之儲安危存亡係茲一舉豈可輕議且中國與契丹講和今踰百年自遭女眞侵削以來嚮慕本朝一切恭順今捨恭順之契丹不羈縻封殖爲我蕃籬而遠踰海外引强悍之女眞以爲鄰域女眞籍百勝之勢虛喝驕矜不可以禮義服不可以言說誘持卞莊兩鬭之計引兵踰境以百年怠惰之兵當新銳難抗之敵以寡謀安逸之將角逐於血肉之林臣恐中國之禍未有寧息之期也王黼大怒降集英殿脩撰督戰益急虛中建十一策上二十議皆不報幹离卜粘罕分道入侵童貫聞之憂懣不知所爲卽與虛中及范訥等謀以赴闕禀議爲遁歸之計以九月至汴京是日報粘罕迫太原帝顧虛中曰王黼不用卿言今金人兩路並進事勢若此柰何虛中奏今日宜先降詔罪已更革弊端俾人心悅天意回則備禦之事將帥可以任之卽命虛中草詔畧曰言路壅蔽面諛日聞恩倖持權貪饕得志上天震怒而朕不悟百姓怨懟而朕不知又言出宮人罷應奉等事帝覽詔曰今日不吝改過可便施行虛中再拜泣下時守禦難其人欲召熙河帥姚古與秦鳳帥种師道令以本路兵會鄭洛外援河陽內衞京城帝顧謂虛中曰卿與姚古師道如兄弟宜以一使名護其軍遂以虛中爲資政殿大學士軍前宣諭使虛中檄趣姚古師道兵馬令直赴汴京應援金騎至城下放兵掠至鄭州爲馬忠所敗遂收斂爲一西路稍通

師道姚古及其他西兵並得達汴京虛中亦馳歸收合散卒得東南兵二萬餘人以便宜起致仕官李邈令統領於汴河上從門外駐兵會姚平仲劫金營失利西兵俱潰金人復引兵逼城下虛中縋而入欽宗欲遣人奉使辨劫營非朝廷意乃姚平仲擅興兵大臣皆不肯行虛中承命卽往都亭驛見金使王芮因持書復議和渡濠橋道逢甲騎如木雲梯鵝洞蔽地冐鋒刃而進旣至敵營露坐風埃自巳至申金人注矢露刃周匝圍繞久乃得見康王于軍中次日侍王至金幕見二太子者語不遜禮節倨傲抵暮遣人隨虛中入城要越王李邦彥與敏李綱曹晟及金銀騾馬之類又欲御筆書定三鎭界至方退軍令虛中再往必請康王歸虛中再出明年從康王還除簽書樞密院事自是又三往金人固要三鎭虛中泣下不言金帥變色虛中曰太宗殿在太原上皇祖陵在保州距忍割棄諸酋曰樞密不稱空我亦不稱空如中國人稱脫空遂解兵北去言者劾以議和之罪罷知青州尋落職奉祠建炎元年竄韶州二年詔求使絕域者虛中應詔復資政殿大學士爲祈請使楊可輔副之尋又以劉誨爲通問使王貺爲副明年春金人並遣歸虛中曰奉命北來祈請二帝二帝未還虛中不可歸於是獨留虛中有才藝金人加以官爵卽受之與韓昉輩俱掌詞命明年洪浩至上京見而甚鄙之累官翰林學士知制誥兼太常卿封河內郡開國公書金太相睿德神功碑進階金紫光祿大夫金人號爲國師然因是而知東北之士皆憤恨陷北遂密以信義結約金人不覺也金人每欲南侵虛中以費財勞人遠征江南荒僻得之不足以富國王倫歸言虛中奉使日久守節不屈遂詔福州存卹其家仍命其子師瑗添差本路輔運判官檜慮虛中沮和議悉遣其家往金國以牽制之金皇統四年轉承旨加特進遷禮部尚書承旨如故虛中恃才輕肆好譏訕凡見女眞人輒以礦鹵目之貴人達官往往積不平虛中嘗撰宮殿牓署本皆嘉美之名惡之者擿其字以爲謗訕由是媒蘖成其罪遂告虛中謀反鞫治無狀乃羅織虛中家圖書爲反具虛中曰死自吾分至於圖籍南來士大夫家家有之高士談圖書尤多於我家豈亦反邪有司承順風旨并殺士談虛中與老幼百口同日就焚死天爲之晝晦淳熙間贈開府儀同三司謚肅愍賜廟仁勇且爲置後是爲紹節官至簽書樞密院事開禧初加贈少保賜姓趙氏有文集行于世

湯思退字進之處州人紹興十五年以右從政郎授進州政和縣令試博學宏詞科除祕書省正字自是登郎曹貳中祕秉史筆二十五年除禮部侍郎除端明殿學士簽書樞密院事未幾參大政先是秦檜當國惡直醜正必不異和議不適已過始久於用時思退名立日進檜病篤招參知政事董德元及思退至臥內屬以後事各贈黃金千兩德元慮其以我爲自外不敢辭思退慮其以我期其死不敢受高宗聞之以思退不受金非檜黨信用之二十六年除知樞密院事明年拜尚書右僕射又二年進左僕射明年侍御史陳俊卿論其挾巧詐之心濟傾邪之術觀其所爲多效秦檜蓋思退致身皆檜父子恩也遂罷以觀文殿大學士奉祠隆興元年符離師潰召思退復相諫議大夫王大寶上章論之不報金帥紇石烈志寧遣書三省樞密院索海泗唐鄧四郡思退欲與和遣淮西安撫司幹辦公事盧仲賢加樞密院計議編修官持報書以往旣行上戒勿許四郡仲賢至宿州僕散忠義懼之以威仲賢皇恐言歸當稟命遂以忠義爲三省樞密院書來上猶欲止割海泗思退遂奏以吏部侍郎王之望爲通問使知閤門事龍大淵副之將割棄四州張浚在楊州聞之遣其子栻入奏仲賢辱國無狀上怒會侍御史周操論仲賢不應擅許四郡下大理究問召浚赴行在十二月拜思退左僕射浚右僕射二年浚以金未可與和請上幸建康圖進兵上手批王之望等幷一行禮物並回詔判襄川陝嚴邊備竄仲賢郴州思退恐奏請以宗社大計奏稟上皇而後從事上批示三省曰金無禮如此卿猶欲言和今日敵勢非秦檜時比卿議論秦檜不若思退大駭陰謀去浚遂令之望大淵驛疏兵少糧乏樓櫓器械未備人言委四萬衆以守泗州非計上頗惑之乃命浚行邊還兵罷招納浚力乞罷政許之上命思退作書許金四郡既而金專事殺戮上意中悔思退復密令孫造諭敵以重兵脅和上聞有敵兵命建康都統王彥等禦之仍命思退督江淮軍辭不行僕散忠義自淸河口渡淮言者極論思退急和徹備之罪遂罷相尋責居永州於是太學生張觀等七十二人上書論思退王之望尹穡等姦邪誤國招致敵人請斬之思退憂悸死思退始終與張浚不合浚以雪恥復讐爲志思退每借保境息民爲口實更勝迭負思退之計迄行然終以不免敵旣得海泗唐鄧又索商秦皆思退力也

論曰以白時中之孱佞徐處仁之姦細馮澥之邪枉湯思退之巧詐而排楊時譏李綱與張浚其識趣可見矣雖有小善何足算哉王倫雖以無行應使往來虎口屢被拘留及金人脅之以官竟不受見迫而死悲夫較之虛中卽受其命爲之定官制草赦文亨富貴者大有間矣卒以輕肆譏諷覆其家族眞不知義命者哉雖云宄死亦自取焉律以豫讓之言益可愧哉

宋史卷三百七十二

元 中 書 右 丞 相 總 裁 脫 脫 等 修

列傳第一百三十一

朱倬 王綸 尹穡 王之望
徐俯 沈與求 翟汝文 王庶
辛炳

朱倬字漢章唐宰相敬則之後七世祖避地閩中爲閩縣人世學易入太學宣和五年登進士第調常州宜興簿金將犯邊居民求避地倬爲具舟給食衆賴以濟未幾民告澇于郡郡檄倬考實乃除田租什九守怒不能奪張浚薦倬召對除福建廣東西財用所屬官宣諭使明橐再薦于朝時方以劉豫爲憂倬因賜對策其必敗高宗大喜詔改合入官與丞相秦檜忤出教授越州用張守薦除諸王府教授檜惡言兵倬論掩骼事又忤之梁汝嘉制置浙東表攝參謀有羣寇就擒屬倬鞫問獨竄二人餘釋不問曰吾大父尉崇安日獲寇二百坐死者七十餘人大父謂此饑民剽食爾烏可盡繩以法悉除其罪不以徼賞吾其可愧大父乎通判南劍建寇阿魏衆數千劍鄰於建兵懊不可用倬重賞募卒擒獲境內迄平除知惠州陛辭因言嘗策劉豫必敗高宗記其言問卿久淹何所倬曰厄於檜上憮然慰諭曰送之旬日間除國子監丞尋除浙西提舉且命自今在內除提舉官令朝辭上殿蓋爲倬設也既對上曰卿以朕親擢出爲部使者使咸知內外任均又曰人不知卿朕獨知卿除右正言累遷中丞嘗言人主任以耳目非報怨任氣之地必上合天心每上疏輒夙興露告若上帝鑒臨奏疏凡數十如發倉廩蠲米價減私鹽嚴軍食革焚稿不傳知貢舉遷參知政事紹興三十一年拜尚書右僕射金兵犯江倬陳戰備應三策且謂兵應者勝上深然之又策敵三事上焉者爲耕築計中焉者守備下則妄意絕江金必出下策果如所料史浩虞允文王淮陳俊卿劉珙之進用皆倬所薦也高宗自建康回鑾有內禪意倬密奏曰靖康之事正以傳位太遽盍姑徐之心不自安屢求去詔以觀文殿大學士提舉江州太平興國宮孝宗卽位諫臣以爲言降資政殿學士明年致仕卒復元職恤典如宰相贈特進孫著淳熙十四年登第仕至吏部尚書

王綸字德言建康人幼穎悟十歲能屬文登紹興五年進士第授平江府崑山縣主簿歷鎭江府婺州臨安府教授權國子正時初建太學亡舊規胥吏省記吏綠爲姦綸釐正之其弊稍革遷勅令所刪定官諸王宮大小學教授兼權兵部郎官言孔門弟子與後世諸儒有功斯文者皆得從祀先聖今闕庠序修禮樂宜以其式頒諸郡縣二十四年以御史中丞魏師遜薦爲監察御史與秦檜論事忤其意師遜遂劾綸且言智識淺昧不能知綸由此罷去踰年知興國軍檜死召爲起居舍人兼崇政殿說書尋兼權禮部侍郎二十六年試中書舍人高宗躬親政事收攬威柄召諸賢於散地詔命塡委多綸所草綸奏守臣裕民事乞毋拘五條從之兼侍講上喜讀春秋左氏傳綸進講與上意合嘗同講讀官薦興化軍鄭樵學行召對命官且給筆札錄其所著史兼直學士院遷工部侍郎仍兼直院撰吳玠神道碑稱上旨賜宸翰褒寵二十八年除同知樞密院事金將渝盟邊報沓至宰相沈該未敢以聞綸率參知政事陳康伯同知樞密院事陳誠之共白其事乞備禦已而綸病肺喝告請祠上遣御醫診視且賜白金五百兩二十九年六月朝論欲遣大臣爲之使覘敵且堅盟好綸請行乃以爲稱謝使曹勛副之至金館禮甚隆一日急召使入金主御便殿惟一執政在焉連發數問綸條對金主不能屈九月還朝入見言隣國恭順和好皆陛下威德所致宰臣湯思退等皆賀然當時金已謀犯江特以善意紿綸爾綸舊疾作力丐外除資政殿大學士知福州上解所御犀帶賜之明年知建康府兼行宮留守敵犯江綸每以守禦利害驛聞上多從之三十一年八月卒贈左光祿大夫謚章敏無子以兄綽之子爲後

尹穡字少稷建炎中與自北歸南紹興三十二年與陸游同爲樞密院編修官權知院史浩同知王祖舜薦其博學有文召對稱旨二人並賜進士出身孝宗獎用西北之士隆興元年除穡監察御史尋除右正言二年五月除殿中侍御史歷遷諫議大夫未幾而罷初符離師

潰湯思退復相金帥移書索地詔侍從臺諫集議檜時爲監察御史以爲國家事力未備宜與敵和惟增歲幣勿棄四州勿請陵寢則和議可成既而盧仲賢出使爲金所脅又將遣王之望張浚極言其不可檜爲右正言懼和議弗就因劾浚跋扈未幾罷政後將割四郡再易國書歲幣如所索之數而敵分兵入寇上意中悔檜爲侍御史乞置獄取不肯撤備及棄地者劾其罪牽引凡二十餘人時方以和爲急擢檜爲諫議大夫敵勢浸張遠近震動都督同都督相繼辭行上書者攻和議之失且言檜專附大臣爲鷹犬如張浚忠誠爲國天下共知檜不顧公議妄肆詆誹凡大臣不悅者皆逐之相與表裏以成姦謀皆可斬上雖怒言者而一時主議之臣與檜皆相繼廢黜先是胡銓力言主和非是大臣不悅命銓與檜分往浙東西措置海道二人挈家以行爲言者所劾遂皆罷語在陳康伯傳

王之望字瞻叔襄陽穀城人後寓居台州父綱登元符進士第至通判徽州而卒之望初以蔭補紹興八年登進士第教授處州入爲太學錄遷博士久之出知荆門軍提舉湖南茶鹽改潼川府路轉運判官尋改成都府路計度轉運副使提舉四川茶馬朝臣薦其才召赴行在除太府少卿總領四川財賦金人渝盟軍書旁午調度百出之望區畫無遺事第括民質劑未稅者搜抉隱匿得錢爲緡四百六十八萬衆咸怨之後陞太府卿孝宗卽位除戶部侍郎充川陝宣諭使先是敵帥合喜寇鳳州之黃牛堡吳璘擊走之遂取秦州連復商陝原環等十七郡敵以璘精兵皆在德順力攻之時陳康伯秉政方議罷德順戍虞允文爲宣諭使力爭不從上以手札命璘退師之望既代允文宣諭使贊璘命諸將棄德順倉卒引退敵乘其後正兵三萬還者僅七千人將領所存無幾連營慟哭聲震原野上聞而悔之隆興初右諫議大夫王大寶疏之望罪除集英殿修撰提舉江州太平興國宮未幾戶部侍郎江淮都督府參贊軍權事之望雅不欲戰請朝因奏人主論兵與臣下不同惟奉承天意而已竊觀天意南北之形已成未易相兼我之不可絕淮而北猶敵之不可越江而南也移攻戰之力以自守自守旣固然後隨機制變擇利而應之有旨留中俄兼直學士院湯思退力主息兵奏除之望吏部侍郎通問使尋議先遣小使覘敵召之望還之望首以守備不足恃爲告上亟罷都督府以之望爲淮西宣諭使甫拜命又擢右諫議大夫之望因上章極言廷臣執偏見爲身謀乞明詔在庭平其心於議論之際時思退主和議浚主恢復之望言似善實陰爲思退地也既而視師江上金復犯邊遂上和戰二策且言措置守禦之備疏奏未達拜參知政事既入俄兼同知樞密院事敵兵交至濠楚守將或棄城遁上命湯思退督淮江師未行復命之望督視改同都督力辭不行會太學諸生上書上怒欲加罪之望救解之遂以參知政事勞師江淮之望先嘗貽書敵帥至是王抃使敵軍并割商秦地許歸被俘人惟叛亡不預世爲叔侄之國敵皆聽許講解而罷上聞敵卽退令督府擇利擊之之望下令諸將不得妄進朝廷趣行之望言王抃既還不可冒小利害大計言者論罷爲端明殿學士提舉江州太平興國宮居天台乾道元年起知福州福建路安撫使捕海賊王大老捷聞加資政殿大學士移知溫州尋復罷六年冬卒之望有文藝幹畧當秦檜時落落不合或謂其有守紹興末年力附和議與思退相表裏專以割地啖敵爲得計地割而敵勢益張之望迄以此廢焉

徐俯字師川洪州分寧人以父禧死國事授通直郎累官至司門郎靖康中張邦昌僭位俯遂致仕時工部侍郎何昌言與其弟昌辰避邦昌皆改名俯買婢名昌奴遇客至卽呼前驅使之建炎初落致仕奉祠內侍鄭諶識俯於江西重其詩薦于高宗胡直孺在經筵汪藻在翰苑迭薦之遂以俯爲右諫議大夫中書舍人程俱言俯以前任省郎遽除諫議自元豐更制以來未之有考之古今非陽城种放則未嘗不循序而進願姑以所應者命之昔元稹在長慶間擢知制誥眞不忝矣緣其爲荆南判司命從中出召爲省郎便知制誥遂喧朝論時謂荆南監軍崔潭峻實引之近亦傳俯與宦寺倡酬稱其警策恐或者不知陛下得俯之由不報俱遂罷紹興二年賜進士出身兼侍讀三年遷翰林學士俄擢端明殿學士簽書樞密院事四年兼權參知政事宰相朱勝非言襄陽上流所當先取帝曰盍就委岳飛參政趙鼎曰知上流利害無如飛者俯獨持不可帝不聽會劉光世乞入奏鼎言方議出師大將不宜離軍俯欲許之鼎固爭俯乃求去提舉洞霄宮九年知信州中丞王次翁論其不理郡事予祠明年卒俯才俊與曾幾呂本中游有詩集六卷

沈與求字必先湖州德清人登政和五年進士第累遷至明州通判以御史張守薦召對除監察御史上疏論執政遷兵部員外郎自劾以爲言苟不當不應得遷上乃行其言除殿中侍御史上在會稽或勸幸饒信有急則入閩與求以爲今日根本正在江浙宜進都建康以圖恢復論范宗尹年少爲相恐誤國事上不悅以直龍圖閣知台州宗尹罷召還再除侍御史時軍儲窘乏措置諸鎭屯田與求取古今屯田利害爲集議二卷上之詔付戶部看詳江西安撫知江州朱勝非未至而馬進寇江州陷之與求論九江之陷由勝非赴鎭太緩勝非罷去時方多事百司稽違與求援元豐舊制請許臺諫官彈奏上從之與求再居言路或疑凡范宗尹所引用者將恐論出之與求曰近世朋黨成風人才不問賢否皆視宰相出處爲進退今當別人才邪正而言之豈可謂一時所用皆不賢哉人服其言呂頤浩再相御營統制辛永宗樞密富直柔右司諫韓璜屢言其短與求劾直柔附會永宗兄弟爲致身之資上遂出永宗而璜直柔亦相繼罷黜遷御史中丞時禁衞寡弱諸將各擁重兵與求言漢有南北軍唐用府兵彼此相維使無偏重之勢今兵權不在朝廷雖有樞密院及三省兵房尚書兵部但行文字而已願詔大臣益脩兵政助成中興之勢浙西安撫劉光世來朝以繒帛方物爲獻上已分乞六宮與求奏今爲何時而有此時已暮疏入上命追取斥還內侍馮益請別置御馬院自領其事又擅穿皇城便門與求劾益專恣請治其罪諜報劉豫在淮陽造舟議者多欲於明州向頭設備與求言使賊舟至此則入吾腹心之地臣聞海舟自京東入浙必由泰州石港通州料角崇明鎭等處次至平江南北洋次至秀州金山次至向頭又聞料角水勢湍險必得沙上水手方能轉運宜於石港料角等處拘收水手優給錢糧而存養之以備緩急兩浙轉運副使徐康國自溫州進發宣和間所製間金銷金屏障什物與求奏曰陛下儉侔大禹今康國欲以微物累盛德乞斥而焚之仍顯黜康國從之與求歷御史三院知無不言前後幾四百奏其言切直自敵已下有不能堪者上時有所訓敕每曰汝不識沈中丞邪移吏部尚書兼權翰林學士兼侍讀遂出爲荆湖南路安撫使知潭州引疾丐祠許之四年出知鎭江府兼兩浙西路安撫使復以吏部尚書召除參知政事金人將入寇上諭輔臣曰朕當親總六軍與求贊之曰今日親征皆由聖斷上意決親征書車攻詩以賜之曰朕以二聖在遠屈己通和今豫逆亂如此安可復忍與求曰和親乃金人屢試之策不足信也因奏諸將分屯江岸而敵人往來淮甸當遣岳飛自上流取間道乘虛擊之彼必有反顧之憂上曰當如此措置五年兼權知樞密院事時張浚視師江上以行府爲名言知泰州邵彪及其營田利害乞送尚書省有旨從之與求不能平曰三省樞密院乃奉行府文書邪六年張浚復欲出視師不告之同列及得旨乃退而歎曰此大事也吾不與聞何以居位遂丐祠罷出知明州七年上在平江召見除同知樞密院事從至建康遷知樞密院事薨贈左銀青光祿大夫謚忠敏

翟汝文字公巽潤州丹陽人登進士第以親老不調者十年擢議禮局編修官召對徽宗嘉之除祕書郎三館士建議東封汝文曰治道貴淸淨今不啓上迹三代禮樂而師秦漢之侈心非所願也責監宿州稅久之召除著作郎遷起居郎皇太子就傅命汝文勸講除中書舍人言者謂汝文從蘇軾黃庭堅游不可當贊書之任出知襄州移知濟州復知唐州以謝章自辨罷未幾起知陳州召拜中書舍人外制典雅一時稱之命同修哲宗國史遷給事中高麗使入貢詔班侍從之上汝文言春秋之法王人雖微序諸侯上不可卑近列而尊陪臣上遂命如舊制內侍梁師成强市百姓墓田廣其園圃汝文言於上師成諷宰相黜汝文出守宣州召爲吏部侍郎出知廬州徙密州密負海產鹽蔡京屢變鹽法盜販者衆有司窮治黨與汝文曰祖宗法度獲私鬻不詰所由欲靖民也今繫而虐之將爲厲矣悉縱之密歲貢牛黃汝文曰牛失黃輒死非所以惠農宜輸財市之則其害不私於密上從之欽宗卽位召爲翰林學士改顯謨閣學士知越州兼浙東安撫使建炎改元上疏言陛下卽位赦書上供常數爲後獻利之臣所增者當議裁損如浙東和預買絹歲九十七萬六千匹而越州乃二十萬五百匹以一路計之當十之三如杭州歲起之額蓋與越州等杭州去年以減十二萬匹獨越州尙如舊今乞視戶等第減罷楊應誠請使高麗圖迎二帝汝文奏應誠欺罔君父若高麗辭以大國假道以至燕雲金人却請問津以窺吳越將何辭以對後高麗果如汝文言上將幸武昌汝文疏請幸荆南不從紹興元年召爲翰林學士兼侍講除參知政事同提舉修政局時秦檜相四方奏請塡委未決吏緣爲姦汝文語檜宜責都司程考吏牘稽遲者懲之汝文嘗受辭諜書字用印直送省部入對乞治堂吏受賂者檜怒面劾汝文專擅右司諫方孟卿因奏汝文與長官立異豈能共濟國事罷去以卒先是汝文在密檜爲郡文學汝文薦其才故檜引用

之然汝文性剛不爲檜屈對案相詬至目檜爲濁氣汝文風度翹楚好古博雅精於篆籀有文集行于世

王庶字子尚慶陽人崇寧五年舉進士第改秩知涇州保定縣以种師道薦通判懷德軍契丹爲金人所破舉燕雲地求援詔師道受降庶謂師道曰國家與遼人百年之好今出視其敗亡不能救乃利其土地無乃基女直之禍乎不聽宣和七年金果入寇大宰李邦彥夜召庶問計庶曰宿將無如种師道且夷虜畏服宜付以西兵使之入援邦彥以語蔡攸攸不然以庶爲陝西運判兼制置解鹽事彊事益棘欽宗欲幸襄鄧先命庶益爲京西安撫使益求庶自副高宗卽位除直龍圖閣鄜延經略使兼知延安府累立戰功進集英殿修撰陞龍圖閣待制節制陝西六路軍馬先是河東經制使王燮旣遁歸東京留守宗澤承制以庶權陝西制置使會宣諭使謝亮入關庶移書曰夏人之患小而緩金人之患大而迫秋高必大舉盍杖節率兵擧義驅逐渡河徐圖恢復亮不能從金人大入庶調兵自沿河至馮翊據險以守金人先已乘兵渡河犯晉寧侵丹州又渡清水河破潼關秦隴皆震庶傳檄諸路會期討賊涇原統制曲端雅不欲屬庶以未受命辭居數日告身至又辭金人知端與庶不協併兵寇鄜延庶在坊州聞之夜趨鄜延以遏其衝金人詭道陷丹州州界鄜延之間庶乃自當延安路時端盡統涇原勁兵庶屢督其進端訖不行遂陷延安語在端傳初庶聞圍急自收散亡往援觀察使王燮亦將所部發興元庶至甘泉而延安已不守旣無所歸遂以軍付燮而自將百騎馳至襄樂勞軍尙倚端爲助庶至端令每門減從騎之半比至帳下僅數騎端厲聲問庶延安失守狀且曰節制固知愛身不知爲天子愛城乎庶曰吾數令不從誰愛其身者端怒謀卽軍中誅庶而奪其兵乃夜走寧州見謝亮曰延安五路襟喉今旣失矣春秋大夫出疆之義得以專之請誅庶亮曰使事有指今以人臣而擅誅于外是跋扈也公則自爲之端沮而歸乃奪庶節制使印又拘縻其官屬會詔庶守京兆庶先以失律自劾得罷丁內艱時張浚自富平敗歸始思庶及端之言可用乃並召之庶地近先至力陳撫秦保蜀之策勸浚收熙河秦鳳之兵扼關隴以爲後圖浚不納求終制不許乃版授參議官浚念端與庶必不相容端未至但復其官移恭州庶因謂浚曰端有反心浚亦畏端得士始有殺端意矣語在端傳紹興五年起復知興元府利夔路制置使庶以士卒單寡籍興洋諸邑及三泉縣強壯兩丁取一三丁取二號義士日閱於縣月閱於州厚犒之不半年有兵數萬浚言于朝陞徽猷閣直學士有譏於浚者徙庶知成都改嘉州明年浚劾庶輕率傾險落職奉祠尋起知遂寧固避得請六年除湖北安撫使知鄂州趨闕上因燕見庶言陛下欲保江南無所事如曰紹復大業都荊爲可荊州左吳右蜀利盡南海前臨江漢出三川涉大河以圖中原曹操所以畏關羽者也上大異之復顯謨閣待制知荊南府湖北經略安撫使又復直學士七年十月以兵部侍郎召明年春入對上曰召卿之日張浚已去趙鼎未來此朕親擢非有左右之助庶頓首謝因奏恢復之功十年未立其失在偏聽在欲速在輕爵賞是非邪正混淆誠能賞功罰罪其誰不服昔漢光武以兵取天下不以不急奪其費不知兵者不可使言兵又口陳手畫秦蜀利害上大喜卽日遷本部尙書閱月拜樞密副使議者乞遣重臣行邊遂命庶措置江淮邊防京湖宣撫使岳飛聞庶行邊遺書曰今歲若不出師當納節請閒庶壯之庶還朝論金人變詐自渝海上之盟因及飛納節之語當是時秦檜再相以和戎爲事金使烏陵思謀至詔趣庶還庶力詆和議乞誅金使其言甚切金又遣蕭通古來許割地還梓宮歸太后庶曰和議之事臣所不知凡七疏乞免官乃以資政殿學士知潭州御史中丞勾龍如淵劾庶本趙鼎所薦欺君罔上庶罷歸至九江被命奪職從家居爲十三年御史胡汝明論庶譏訕朝政責嚮德軍節度副使道州安置至貶所卒孝宗思庶言追復其官謚敏節子六人之奇乾道中知樞密院事

辛炳字如晦福州侯官縣人登元符三年進士第累官至監察御史兼權殿中侍御史先是蔡京廢發運司轉般倉爲直達綱舟入率侵盜沈舟而遁戶部受虛數人畏京莫敢言炳極疏其弊且以變法後兩歲所得之數較常歲虧欠一百三十有二萬支益廣而入寖微乞下有司討度徽宗以問京京怒以炳爲沮撓責監南劍州新豐場尋提舉洞霄宮起知袁州移無爲軍靖康初召爲兵部員外郎高宗卽位除左司員外郎辭未幾起直龍圖閣知潭州明年張浚調兵潭州以炳懦怯不能罷之尋以起居舍人召辭紹興二年復以侍御史召首言今日公道壅塞風俗頹薄連疏三省所行乖失數十事請諭大臣勿廢都堂公見之禮時福建八州添差至百八十餘員炳言艱危多事之時冗食之官無益當罷從之蘇湖地震下詔求言炳言大臣無畏天之心何事不可爲其言甚峻由是宰執呂頤浩居家待罪炳劾罷頤浩知樞密院事張浚召赴行在炳論其敗事誤國浚坐落職除御史中丞時方遣使議和炳方言金人無信和議不可恃宜講求守禦攻戰之策以疾請外除顯謨閣直學士知漳州未赴而卒詔炳任中執法操行清脩今其云亡貧無以葬賜銀帛賻其家贈通議大夫

論曰秦檜晚薦士以收人望然一時知名之士亦豈盡可籠絡者哉朱倬論事輒不合王綸代言辭合體要若尹穡王之望人品雖不同其附和議則一爾徐俯末與趙鼎爭辨沮抑岳飛異哉沈與求止和親之議翟汝文善料事而檜以爲異己王庶論都荊州當時諸臣之慮皆不及此考夫祈寬之事庶蓋忠義人也辛炳雅志清脩又豈多見也歟

宋史卷三百七十三

元中書右丞相總裁脫脫等修

列傳第一百三十二

朱弁 鄭望之 張邵 洪皓子适 遵 邁

朱弁字少章徽州婺源人少穎悟讀書日數千言旣冠入太學晁說之見其詩奇之與歸新鄭妻以兄女新鄭介汴洛間多故家遺俗弁遊其中聞見日廣靖康之亂家碎于賊弁南歸建炎初議遣使問安兩宮弁奮身自獻詔補修武郎借吉州團練使爲通問副使至雲中見黏罕邀說甚切黏罕不聽使就館守之以兵弁復與書言用兵講和利害甚悉紹興二年金人忽遣宇文虛中來言和議可成當遣一人詣元帥府受書還虛中欲弁與正使王倫探策決去留弁曰吾來固自分必死豈應今日覬倖先歸願正使受書歸報天子成兩國之好蚤申四海之養於兩宮則吾雖暴骨外國猶生之年也倫將歸弁請曰古之使者有節以爲信今無節有印印亦信也願留印使弁得抱以死死不腐矣倫解以授弁弁受而懷之臥起與俱金人迫弁仕劉豫且訹之曰此南歸之漸弁曰豫乃國賊吾嘗恨不食其肉又忍北面臣之吾有死耳金人怒絕其餼遺以困之弁固拒驛門忍餓待盡誓不爲屈金人亦感動致禮如初久之復欲易其官弁曰自古兵交使在其間言可從從之不可從則囚之殺之何必易其官吾官受之本朝有死而已誓不易以辱吾君也且移書耶律紹文等曰上國之威命朝以至則使人夕以死夕以至則朝以死又以書訣後使洪皓曰殺行人非細事吾曹遭之命也要當舍生以全義爾乃具酒食召被掠士夫飲半酣語之曰吾已得近郊某寺地一旦畢命報國諸公幸瘞我其處題其上曰有宋通問副使朱公之墓於我幸矣衆皆泣下莫能仰視弁談笑自若曰此臣子之常諸君何悲也金人知其終不可屈遂不復强王倫還朝言弁守節不屈帝爲官其子林賜其家銀帛會黏罕等相繼死滅弁密疏其事及金國虛實曰此不可失之時也遣李發等間行歸報其後倫復歸又以弁奉送徽宗大行之文爲獻其辭有曰歎馬角之未生魂消雪窖攀龍髯而莫逮淚灑冰天帝讀之感泣官其親屬五人賜吳興田五頃帝謂丞相張浚曰歸日當以禁林處之八年金使烏陵思謀石慶充至稱弁忠節詔附黃金三十兩以賜十三年和議成弁得歸入見便殿弁謝且曰人之所難得者時而時之運無已事之不可失者幾而幾之藏無形惟無已也故來遲而難遇惟無形也故動微而難見陛下與金人講和上返梓宮次迎太母又其次則憐赤子之無辜此皆知時知幾之明驗然時運而往或難固執幾動有變宜鑑未兆盟可守而詭詐之心宜嘿以待之兵可息而銷弭之術宜詳以講之金人以黷武爲至德以茍安爲太平虐民而不恤民廣地而不廣德此皆天助中興之勢若時與幾陛下旣知於始願圖厥終帝納其言賜金帛甚厚弁又以金國所得六朝御容及宣和御書畫爲獻秦檜惡其言敵情奏以初補官易宣教郎直秘閣有司校其考十七年應遷數官檜沮之僅轉奉議郎十四年卒弁爲文慕陸宣公援據精博曲盡事理詩學李義山詞氣雍容不蹈其險怪奇澁之弊金國名王貴人多遣子弟就學弁因文字往來說以和好之利及歸述北方所見聞忠臣義士朱昭史玩張忠輔高景平孫益孫谷傅偉文李丹五臺僧寶眞婦人丁氏晏氏小校閻進朱勣等死節事狀請加褒錄以勸來者有聘遊集四十二卷書解十卷曲洧舊聞三卷續骫骳說一卷雜書一卷風月堂詩話三卷新鄭舊詩一卷南歸詩文一卷

鄭望之字顧道彭城人顯謨閣直學士僅之子也望之少有文名山東皆推重登崇寧五年進士第自陳留簿

累遷樞密院編修官歷開封府儀工戶曹以治辦稱臨事勁正不受請託宦寺有強占民田者奏歸之蔡京子欲奪人妾使人諭意望之拒不受除駕部員外郎兼金部靖康元年金人攻汴京假尚書工部侍郎俾爲軍前計議使既還金人遣吳孝民與望之同入見望之言金人意在金帛且要大臣同議迺命同知樞密院事李梲與望之再使斡离不以朝廷受歸朝官及賜平州張覺手詔爲辭遣蕭三寶奴偕梲等還以書求割三鎮欲得宰相交地親王送大軍過河時高宗在康邸慷慨請行遂與張邦昌乘筏渡濠自午至夜分始達金砦又除望之戶部侍郎同梲再至金營仍以珠玉遺金人金人拘留望之踰旬會姚平仲夜劫砦不克斡离不以用兵詰責諸使者邦昌恐懼涕泣王不爲動金人遂不欲留王更請肅王乃以兵送望之詣國王砦詰問會再遣宇文虛中持割地詔至望之得還因盛言敵勢強大我兵削弱不可不和既而金兵退朝廷以議和非策罷望之提舉亳州明道宮建炎初李綱以望之張皇敵勢沮損國威以致禍敗責海州團練副使連州居住綱罷詔望之爲戶部侍郎尋轉吏部侍郎論王雲之冤帝爲感動復雲元官與七子恩澤尋兼主管御營司參贊軍事論航海不便忤旨以集英殿修撰再領亳州明道宮起知宣州踰年以言章罷紹興二年會赦復徽猷閣待制致仕七年落致仕召赴行在望之以衰老辭帝謂大臣曰望之朕故人也於是升徽猷閣直學士復致仕三十一年卒年八十四贈中大夫

張邵字才彥烏江人登宣和三年上舍第建炎元年爲衢州司刑曹事會詔求直言邵上疏曰有中原之形勢有東南之形勢今縱未能遽爭中原宜進都金陵因江淮蜀漢閩廣之資以圖恢復不應退自削弱三年金人南侵詔求可至軍前者邵慨然請行轉五官直龍圖閣假禮部尚書充通問使武官楊憲副之卽日就道至濰州接伴使置酒張樂邵曰二帝北遷邵爲臣子所不忍聽請止樂至于三四聞者泣下翌日見左監軍撻攬命邵拜邵曰監軍與邵爲南北朝從臣無相拜禮且以書抵之曰兵不在強弱在曲直宜和以來我非無兵也帥臣初開邊隙謀臣復啓兵端是以大國能勝之厥後僞楚僭立羣盜蠭起會幾何時電掃無餘是天意人心未厭宋德也今大國復裂地以封劉豫窮兵不已曲有在矣撻攬怒取國書去執邵送密州囚于祚山砦明年又送邵于劉豫使用之邵見劉豫長揖而已又呼爲殿院責以君臣大義詞氣俱厲豫怒械置于獄楊憲遂降豫知邵不屈久之復送于金拘之燕山僧寺從者皆莫知所之後又作書爲金言劉豫挾大國之勢日夜南侵不勝則首鼠兩端勝則如養鷹飽則颺去終非大國之利守者密以告金取其書去益北徙之會寧府距燕三千里金嘗大赦許宋使者自便還鄉人人多占籍淮北冀幸稍南惟邵與洪皓朱弁言家在江南十三年和議成及皓弁南歸八月入見奏前後使者如陳過庭司馬朴滕茂實崔縱魏行可皆歿異域未褒贈者乞早頒恤典邵併携崔縱柩歸其家升祕閣修撰主管佑神觀左司諫詹大方論其奉使無成改台州崇道觀移書時相勸其迎請欽宗與諸王后妃十九年以敷文閣待制提舉江州太平興國宮知池州再奉祠卒年六十一累贈少師邵負氣遇事慷慨常以功名自許出使囚徙屢瀕於死其在會寧金人多從之學喜誦佛書雖異域不廢初使金時過秦檜於濰州及歸上書言檜忠節議者以是少之後弟祁下大理獄將株連邵會檜死得免有文集十卷子孝覽孝曾孝忠孝曾後亦以出使歿于金金人知爲邵子尚憐之

洪皓字光弼番易人少有奇節慷慨有經略四方志登政和五年進士第王黼朱勔皆欲婚之力辭宣和中爲秀州司錄大水民多失業皓白郡守以拯荒自任發廩損直以糶民坌集皓恐其紛競乃別以青白幟涅其手以識之令嚴而惠徧浙東綱米過城下皓白守邀留之守不可皓曰願以一身易十萬人命人感之切骨號洪佛子其後秀軍叛縱掠郡民無一得脫惟過皓門曰此洪佛子家也不敢犯建炎三年五月帝將如金陵皓上書言內患甫平外敵方熾若輕至建康恐金人乘虛侵軼宜先遣近臣往經營俟告辦回鑾未晚時朝議已定不從既而悔之他日帝問宰輔近諫移蹕者謂誰張浚以皓對時議遣使金國浚又薦皓於呂頤浩召與語大悅皓方居父喪頤浩解衣巾俾易墨衰絰入對帝以國步艱難兩宮遠播爲憂皓極言天道好還金人安能久陵中夏此正春秋邲郢之役天其或者警晉訓楚也帝悅遷皓五官擢徽猷閣待制假禮部尚書爲大金通問使龔璹副之令與執政議國書皓欲有所易頤浩不樂遂抑遷官之命時淮南盜賊踵起李成甫就招卽命知泗州羈縻之乃命皓兼淮南京東等路撫諭使俾成以所部衞皓至南京比過淮南成方與耿堅共圍楚州責權州事賈敦詩以降敵實持叛心皓先以書抵成成以汴泗虹有紅巾賊軍食絕不可往皓聞堅起義兵可撫以義遣人密諭之曰君數千里赴國家急山陽縱有罪當稟命于朝今擅攻圍名勤王實作賊爾堅意動遂強成歛兵皓至泗境迎騎介而來龔璹曰虎口不可入皓遂還上疏言成以朝廷餽餉不繼有引衆建康之語今靳賽據揚州薛慶據高郵萬一三叛連衡何以待之此含垢之時宜使人諭意優進官秩畀之以京口綱運如晉明帝待王敦可也疏奏帝卽遣使撫成給米伍萬石頤浩惡其直達而不先白堂奏皓託事稽留貶二秩皓遂請出滁陽路自壽春由東京以行至順昌聞羣盜李閻羅小張俊者梗潁上道皓與其黨遇譬曉之曰自古無白頭賊其黨悔悟皓使持書至賊巢二渠魁聽命領兵入宿衞皓至太原留幾一年金遇使人禮日薄及至雲中粘罕迫二使仕劉豫皓曰萬里銜命不得奉兩宮南歸恨力不能磔逆豫忍事之邪留亦死不卽豫亦死不願偷生鼠狗間願就鼎鑊無悔粘罕怒將殺之旁一酋唶曰此眞忠臣也目止劍士爲之跪請得流遞冷山流遞猶編竄也惟璹至汴受豫官雲中至冷山行六十日距金主所都僅百里地苦寒四月草生八月已雪穴居百家陳王悟室聚落也悟室敬皓使教其八子或二年不給食盛夏衣麤布嘗大雪薪盡以馬矢然火煨麪食之或獻取蜀策悟室持問皓皓力折之悟室銳欲南侵曰孰謂海大我力可乾但不能使天地相拍爾皓曰兵猶火也弗戢將自焚自古無四十年用兵不止者又數爲言所以來爲兩國事既不受使乃令深入教小兒非古者待使之禮也悟室或答或嘿忽發怒曰汝作和事官而口硬如許謂我不能殺汝耶皓曰自分當死顧大國無受殺行人之名願投之水以墜淵爲名可也悟室義之而止和議將成悟室問所議十事皓條析甚至大略謂封冊乃虛名年號本朝自有金三千兩景德所無東南不宜蠶絹不可增也至於取淮北人景德載書猶可覆視悟室曰誅投附人何爲不可皓曰昔魏侯景歸梁梁武帝欲以易其姪蕭明於魏景遂叛陷臺城中國決不蹈其覆轍悟室悟曰汝性直不誑我吾與汝如燕遣汝歸議遂行會莫將北來議不合事復中止留燕甫一月兀朮殺悟室黨類株連者數千人獨皓與異論幾死故得免方二帝遷居五國城皓在雲中密遣人奏書以桃梨粟麪獻二帝始知帝卽位皓聞祐陵訃北嚮泣血旦夕臨諱日操文以祭其辭激烈舊臣讀之皆揮涕紹興十年因諜者趙德書機事數萬言藏故絮中歸達于帝言順昌之役金人震懼奪魄燕山珍寶盡徙以北意欲捐燕以南棄之王師亟還自失機會今再舉尚可十一年又求得太后書遣李微持歸帝大喜曰朕不知太后寧否幾二十年雖遣使百輩不如此一書是冬又密奏書曰金已厭兵勢不能久異時以婦女隨軍今不敢也若和議未決不若乘勢進擊再造反掌爾又言胡銓封事此或有之金人知中國有人益懼張丞相名動異域惜置之散地又問李綱趙鼎安否獻六朝御容徽宗御書其後梓宮及太后歸音皓皆先報初皓至燕宇文虛中已受金官因薦皓金主聞其名欲以爲翰林直學士力辭之皓有逃歸意乃請于參政韓昉乞於眞定或大名以自養昉怒始易皓官爲中京副留守再降爲留司判官趣行屢矣皓託不就職昉竟不能屈金法雖未易官而曾經任使者永不可歸昉遂令皓校雲中進士試蓋欲以計墮皓也皓復以疾辭未幾金主以生子大赦許使人還鄉皓與張邵朱弁三人在遣中金人懼爲患猶遣人追之七騎及淮而皓已登舟十二年七月見于內殿力求郡養母帝曰卿忠貫日月志不忘君雖蘇武不能過豈可捨朕去邪請見慈寧宮帝人設簾太后曰吾故識尚書命撤之皓自建炎己酉出使至是還留北中凡十五年同時使者十三人惟皓邵弁得生還而忠義之聲聞于天下者獨皓而已皓既對退見秦檜語連日不止曰張和公金人所憚乃不得用錢塘暫居而景靈宮太廟皆極土木之華豈非示無中原意乎檜不懌謂皓子适曰尊公信有忠節得上眷但官職如讀書速則易終而無味須如黃鍾大呂乃可八月除徽猷閣直學士提舉萬壽觀兼權直學士院金人來取趙彬等三十人家屬詔歸之皓曰昔韓起謁環于鄭鄭小國也能引義不與金既限淮官屬皆吳人宜留不遣蓋慮知其虛實也彼方困於蒙兀姑示強以讋中國若遽從之謂秦無人益輕我矣檜變色曰公無謂秦無人旣而復上疏曰恐以不與之故或致渝盟宜告之曰俟淵聖及皇族歸乃遣又言王倫郭元邁以身狥國棄之不取緩急何以使人檜大怒又因言室撚寄聲檜怒益甚語在檜傳翌日侍御史李文會劾皓不省母出知饒州明年大水中官白鍔宣言燮理乖盩洪尚書名聞天下胡不用檜聞之愈怒繫鍔大理獄尋流嶺表諫官詹大方遂論皓與鍔爲刎頸交更相稱譽罷皓提舉江州太平觀鍔初不識皓特以從太后北歸在金國素知皓名爾尋居母喪他言者猶謂皓睥睨鈞衡終喪除饒州通

判李勤又附檜誣皓作欺世飛語責濠州團練副使安置英州居九年始復朝奉郎徙袁州至南雄州卒年六十八死後一日檜亦死帝聞皓卒嗟惜之復敷文閣學士贈四官久之復徽猷閣學士謚忠宣皓雖久在北廷不堪其苦然爲金人所敬所著詩文爭鈔誦求鋟梓旣歸後使者至必問皓爲何官居何地性急義當艱危中不少變懿節后之戚趙伯璘隸悟室戲下貧甚皓賙之范鎮之孫祖平爲傭奴皓言於金人而釋之劉光世庶女爲人豢豕贖而嫁之他貴族流落賤微者皆力拔以出惟爲檜所嫉不死於敵國乃死於讒慝皓博學强記有文集五十卷及帝王通要姓氏指南松漠紀聞金國文具錄等書子适遵邁

适字景伯皓長子也幼敏悟日誦三千言皓使朔方适年甫十三能任家事以皓出使恩補修職郎紹興十二年與弟遵同中博學宏詞科高宗曰父在遠方子能自立此忠義報也宜升擢遂除敕令所删定官後三年弟邁亦中是選由是三洪文名滿天下改秘書省正字南數月皓歸忤秦檜出知饒州适亦出爲台州通判垂滿皓謫英州适復論罷往來嶺南省侍者九載檜死皓還道卒服闋起知荆門軍應詔上寬恤四事輕茶額錢宅州代貢禮物闋試闈以復舊額蠲官田令不種者輸租改知徽州尋提舉江東路常平茶鹽首言役法不均之弊會完顔亮來侵上親征适覲金陵言本路旱百姓逐食于淮復遣金兵今各懷歸而田產爲官鬻請聽其佔贖之及亮斃适上疏曰大定僭號諸國未必復從宜多遣密詔傳諭中原義士各取州縣因以畀之王師但留屯淮泗募兵積粟以爲聲援俟蜀漢山東之兵數道皆集見可而進庶幾兵力不頓可以萬全升尚書戶部郎中總領淮東軍馬錢糧孝宗卽位海州解圍符離用兵饋餉繁夥适究心調度供億無闕遷司農少卿隆興二年二月召貳太常兼權直學士院上欲除諸將環衞官詔討論其制适具唐及本朝沿革十一條上之且言太祖太宗朝常以處諸將及降王之君臣自後多以皇族爲之故國史以爲官存而事廢陛下修飾戎備不必遠取唐制祖宗故事蓋可法則今徑行换授恐有減奉之患乞如閤職兼帶節度至刺史帶上將軍橫行遙郡帶大將軍正使帶將軍副使帶中郎又以下則帶左右郎將其官府人吏令有司相度以聞除中書舍人時金人再犯淮羽檄沓至書詔塡委咨訪酬答率稱上旨自此有大用意金旣尋盟首爲賀生辰使金遣同簽書樞密院事高嗣先接伴自言其父司空有德於皓相與甚驩得其要領以歸乾道元年五月遷翰林學士仍兼中書舍人秦塤久廢忽予祠适奏曰李林甫死後諸子皆流配嶺南秦檜稔惡自斃不肖之孫官職仍舊可謂幸矣宮觀雖小塤得之則人以除用之漸恐檜黨牽連而進其命遂寢時巫伋復召莫伋擢樞密院編修官余堯弼復龍圖閣學士适謂其皆檜黨也隨命繳之六月除端明殿學士簽書樞密院事上諭叅政錢端禮虞允文曰三省事與洪适商量東西府始同班奏事八月拜叅知政事諫議大夫林安宅以銅錢多入北境請禁之卽蜀中取鐵錢行之淮上事旣行适言其不可上問之适曰今每州止得千緡一州以萬戶計之每家才得數百恐民間無以貿易且客旅無回貨鹽場有大利害上以爲然乃寢前命但於蜀中取十五萬緡行之廬和二州而已十二月拜尚書右僕射同中書門下平章事兼樞密使未幾春霖适引咎乞退林安宅抗疏論适旣而臺臣復合奏三月除觀文殿學士提舉江州太平興國宮尋起知紹興府浙東安撫使再奉祠淳熙十一年薨年六十八謚文惠适以文學聞望遭時遇主自兩制一月入政府又四閱月居相位又三月罷政然無大建明以究其學家居十有六年兄弟鼎立子孫森然以著述吟詠自樂近世備福鮮有及之或謂适黨湯思退又謂适來自淮東言張浚妄費浚以此罷相子九人槻柲槢樛櫃桴楹欂櫨梠

遵字景嚴皓仲子也自兒時端重如成人從師業文不以歲時寒暑輟父留沙漠母亡遵孺慕攀號旣葬兄弟卽僧舍肄詞業夜枕不解衣以父蔭補承務郎與兄适同試博學宏詞科中魁選賜進士出身高宗以皓遠使擢爲秘書省正字中興以來詞科中選卽入館自遵始宰相秦檜子熺爲官長督欵爲人輕重遵恬然不附麗二年弗遷皓南還與朝論異出守遵遂乞外通判常婺越三州紹興二十五年湯思退薦之復入爲正字八月兼權直學士院湯鵬舉副臺端密薦爲御史方賜對而父訃聞二十八年免喪召對極陳父寃曰先臣與龔璹同出疆璹仕於劉豫以妄殺兵官爲豫所誅而秦檜贍以節旄擢用其子先臣拒金人之命留十五歲乃得歸顧南竄嶺外臣兄弟屏跡在外檜不分忠逆如此高宗悉爲道謗語所起且曰卿再登三館嘗典書命今以修注處卿遂拜起居舍人奏乞以經筵官除罷及封章進對宴會錫予講讀問答等事萃爲一書名之曰邇英記注其後乾道間又有祥曦殿記注實自遵始又因面對論鑄錢利害帝嘉納之遷起居郎兼權樞密院都承旨舊制修注官經筵官許留身奏事而近例無有遵奏請復舊制且言起居注未修者十五年請除見修月進外每月帶修皆從之二十九年拜中書舍人殿前禆將輔逵轉防禦使王綱轉團練使遵言近制管軍官十年始一遷今兩人不滿歲安得爾時勳臣子孫多躐居臺省遵極言乞明有所止高宗曰正立法自今功臣子孫序遷至侍從並令久任在京宮觀遵曰侍從朝廷高選非如磨勘階官安有遷序之制退而上奏言今內外將家無慮二十人若以序遷不出十年西清次對皆可坐致太祖開國功臣子孫不過諸司惟曹彬之子琮瑋以功名自奮遂爲節度初不聞有遞遷侍從之例今旨一出使穆清之地類皆將種非所以示天下望收還前詔又言瑞昌興國之間茶商失業聚爲盜賊望揭牓開諭許其自新願充軍者塡刺願爲農者放還上皆可其奏論者欲復鄱陽永平永豐兩監鼓鑄詔給舍議遵曰唐有鼓鑄使國朝或以漕臣兼領或分道置使籠爲三司自中興來置都大提點官屬太多動爲州縣之害間者丞行廢罷又無一定之論初委運使又委提刑又委郡守貳號令不一鼓鑄益少竊以爲復置便三十年正月試吏部侍郎異時選人詣曹改秩吏倚爲市毫毛不中節必巧生沮閡須賂餉滿欲乃止遵明與約苟於大體無害先行後審薦員有定限而舉者周遮重複或同時一軍而巧爲兩牘或當薦五員而輒踰十數或當舉職官而詭爲京狀或身係常調而妄稱職司或東西分曹而交錯攙補或巳予復奪而指云事故件析枚數請凡如是者得通劾之舊制致仕任子隨所在審勑牒卽請行是時從議者請必令于元州判奏遵言士大夫或遊宦粤蜀數千里外不幸以死臨終謝事其家獲歸故里巳爲至難今復因此齟齬反覆稽延是明與惡吏爲地也乃止仍舊貫平江湖秀三州水無以輸秋苗有司抑令輸麥遵言麥價殊不在米下民困如是奈何指夏以爲秋行一以爲二使擠溝壑乎願量取其半而袪水害者悉免之金人來索絳陽郭小的安化劉孝恭二百家遵以蜀之李特可爲至戒願以根集未足爲解淹引日月報之遷翰林學士兼吏部尚書汪澈論湯思退罷相遵行制無貶詞澈以爲言遂丐去以徽猷閣直學士提舉太平興國宮三十一年金主完顔亮命其尚書蘇保衡由海道窺二浙朝廷以浙西副總管李寶禦之寶駐兵平江守臣朱翌素與寶異朝議以遵嘗薦寶乃命遵知平江及寶以舟師擣膠西凡資糧器械舟檝皆遵供億寶成功而歸遵之助爲多車駕幸金陵禁衞士丐索無藝它郡隨與不饜至吳乃相告曰內翰在此汝毋復然先是朝廷慮商舶爲賊得悉拘入官旣而不返並海縣團萃巨艦及募水手民兵皆縶留未得去遵因對論之以船還商而聽水手自便吳人德之孝宗卽位拜翰林學士承旨兼侍讀詔問宰執侍從臺諫曰敵人來索舊禮從之則不忍屈不從則邊患未已中原歸正人源源不絕納之則東南力不能給否則絕向化之心宜指陳定論以聞遵與給事中金安節中書舍人唐文若起居郎周必大共爲一議其略謂不宜直情徑行亦未可遽爲之屈謂宜遣金繒如前日之數或許稍歸侵地如海泗之類則彼亦可藉口而來議矣知隆興二年貢舉拜同知樞密院事壽康殿產金芝十二同列議表賀遵引李文靖奏災異故事風止之薦眉山李燾永嘉鄭伯熊及林光朝未及用會湯思退爲左相而次相張浚罷御史周操策遵且超遷上章致劾上丞徙寘他官遵不能安位連章乞免竟與御史俱去是年七月以端明殿學士提舉太平興國宮乾道六年起知信州徙知太平州前守周操以嘗論遵聞遵來不俟合符馳去遵追餞至十里勞苦如平時曰君當官而行我何怨聞者以爲盛德圩田壞民失業遵鳩民築圩凡萬數方冬盛寒遵躬履其間載酒食親餉饁恩意傾盡人忘其勞運使張松忌功妄奏圩未嘗決民未嘗轉徙必責圩戶自闕築且裁省募工錢米之半遵連疏爭至乞遣朝臣覆按於是將作少監馬希言監察御史陳舉善押至黜松言圩遂成合四百五十有五松無所泄其忿則別治溧水永豐圩來調丁米木數甚廣遵曰郡當歲儉方振恤流移勸分乞糴如自割其股以充喉不暇食況能飽他人腹哉執不從楚地旱旁縣振贍者慮不早施置失後先或得米而亡以炊或闔戶莩藉而廩不至遵簡寘佐隨遠近壯老以差賦給蠲租至十九又告糴于江西得活者不啻萬計戍兵乘時盜利曹伍剽于野盡執拘以歸其軍故當大札瘥而邑落晏然徙知建康府江東安撫使兼行宮留守孝宗論當制舍人范成大褒其治績且許入覲時虞允文當國有北征志先調侍衞馬軍出屯其在府者五軍悉送其孥謀築營砦無慮萬竈張松用不能罷特勅遵同宰執赴選德殿奏事遵奏外臣不敢尾二府後願需班退別引上弗許進資政殿學士以行至則

揭牓民苗米唯輸正不輸耗聽民自持斛槩庾人不能輕重其手偏行郊野卜砦地求不妨民居不夷冢墓者踰年始得之營卒醉妄言搖衆斬之磔于市三軍無敢譁有晝入旗亭梃刃椎壚者械付獄驛上奏未下統帥擢得譴請自治之孝宗怒罷統帥邁亦坐貶兩秩未幾五營成復元官仍拜資政殿學士淳熙元年提舉洞霄宮十一月薨年五十有五謚文安

邁字景盧皓季子也幼讀書日數千言一過目輒不忘博極載籍雖稗官虞初釋老傍行靡不涉獵從二兄試博學宏詞科邁獨被黜紹興十五年始中第授兩浙轉運司幹辦公事入爲勑令所删定官皓忤秦檜投閑檜憾未已御史汪勃論邁知其父不靖之謀遂出添差教授福州累遷吏部郎兼禮部上居顯仁皇后喪當孟饗禮官未知所從邁請遣宰相分祭奏可除樞密檢詳文字建議令民入粟贖罪以紓國用又請嚴法爲出入之儀三十一年議欽宗謚邁曰淵聖北狩不返臣民悲痛當如楚人立懷王之義號懷宗以係復讐之意不用吳璘病篤朝論欲徙吳拱代之邁曰吳氏以功握蜀兵三十年宜有以新民觀聽毋使尾大不掉知樞密院事葉義問出視師奏以邁參議軍事至鎭江聞瓜州官軍與金人相持追遽失措會建康走驛告急義問遽欲還邁力止之曰今退師無益京口勝敗之數而金陵聞返旆人心動搖不可遷左司員外郎三十二年春金主褒遣左監軍高忠建來告登位且議和邁爲接伴使知閤門張掄副之上謂執政曰向日講和本爲梓宮太后雖屈己卑辭有所不憚今兩國之盟已絕名稱以何爲正疆土以何爲準朝見之儀歲幣之數所宜先定及邁掄入辭上又曰朕料此事終歸於和欲首議名分而土地次之邁於是奏更接伴禮數凡十有四事自渡江以來屈己含忍多過禮至是一切殺之用敵國體凡遠迎及引接金銀等皆罷既而高忠建有責臣禮及取新復州郡之議邁以聞且奏言土疆實利不可與禮際虛名不足惜禮部侍郎黃中聞之亟奏曰名定實隨百世不易不可謂虛土疆得失一彼一此不可謂實兵部侍郎陳俊卿亦謂先正名分名分正則國威張而歲幣亦可損矣進起居舍人時議遣使報金國聘三月丁巳詔侍從臺諫各舉可備使命者一人初邁之接伴也既持舊禮折伏金使至是慨然請行於是假翰林學士克賀登位使欲令金稱兄弟敵國而歸河南地夏四月戊子邁辭行書用敵國禮高宗親札賜邁等曰祖宗陵寢隔闊三十年不得以時灑掃祭祀心實痛之若彼能以河南地見歸必欲居尊如故正復屈己亦何所惜邁奏言山東之兵未解則兩國之好不成至燕金閤門見國書呼曰不如式抑令使人於表中改陪臣二字朝見之儀必欲用舊禮邁初執不可既而金鎖使館自旦及暮水漿不通三日乃得見金人語極不遜大都督懷忠議欲質留左丞相張浩持不可乃遣還七月邁回朝則孝宗已卽位矣殿中侍御史張震以邁使金辱命論罷之明年起知泉州乾道二年復知吉州入對遂除起居舍人直前言起居注皆据諸處關報始加修纂雖有日曆時政記亦莫得書景祐故事有邇英延曦二閣注記凡經筵侍臣出處封章進對宴會賜予皆用存記十年間稍廢不續陛下言動皆罔聞知恐非命侍本意乞令講讀官自今各以日得聖語關送修注官令講筵所諜報使謹錄之因今所御殿名曰祥曦記注制可三年遷起居郎拜中書舍人兼侍讀直學士院仍參史事父忠宣兄适遵皆歷此三職邁又踵之邁奏三省事無巨細必先經中書書黃宰執書押當制舍人書行然後過門下給事中書讀如給舍有所建明則封黃具奏以聽上旨惟樞密院既得旨卽書黃過門下例不送中書謂之密白則封駁之職似有所偏況今宰相兼樞密因而釐正不爲有嫌望詔樞密院凡已被制勑並關左右省依三省書黃以示重出命之意報可六年除知贛州起學宮造浮梁士民安之郡兵素驕小不如欲則跋扈郡歲遣千人戍九江是歲或怵以至則留不復返衆遂反戈民訩言相驚百姓恟懼邁不爲動但遣一校婉說之俾歸營衆皆聽垂橐而入徐詰什五長兩人械送潯陽斬于市辛卯歲饑贛適中熟邁移粟濟鄰郡僚屬有諫止者邁笑曰秦越瘠肥臣子義耶尋知建寧府富民有睚眦殺人衷刃篡獄者久拒捕邁正其罪黥流嶺外十一年知婺州奏金華田多沙勢不受水五日不雨則旱故境內陂湖最當繕治命耕者出力田主出穀凡爲公私塘堰及湖總之爲八百三十七所婺軍素無律春給衣欲以緡易帛吏不可則羣呼嘯聚于郡將之治郡將惴恐姑息如其欲邁至衆毋前事至以飛語牓譙門邁以計逮捕四十有八人置之理黨衆相嗾鬨擁邁轎邁曰彼罪人也汝等何預衆逡巡散去邁戮首惡二人梟之市餘黥撻有差莫敢譁者事聞上語輔臣曰不謂書生能臨事達權特遷敷文閣待制明年召對首論淮東邊備六要地曰海陵曰喻口曰鹽城曰寶應曰靑口曰盱眙謂宜修城池嚴屯兵立游樁益戍卒又言許浦宜開河三十六里梅里鎭宜築二大堰作斗門遇行師則決防送船又言馮湛創多槳船底平檣浮雖尺水可運今十五六年修葺數少不足用謂宜募瀕海富商入船予爵招善操舟者以補水軍上嘉之以提舉佑神觀兼侍講同修國史邁初入史館預修四朝帝紀進敷文閣直學士直學士院講讀官宿直上時召入談論至夜分十三年九月拜翰林學士遂上四朝史一祖八宗百七十八年爲一書淳熙改元進煥章閣學士知紹興府過闕奏事言新政宜以十漸爲戒上曰浙東民困於和市卿往爲朕正之邁再拜曰誓盡力邁至郡覈實詭戶四萬八千三百有奇所減絹以匹計者略如其數提舉玉隆萬壽宮明年再上章告老進龍圖閣學士尋以端明殿學士致仕是歲卒年八十贈光祿大夫謚文敏邁兄弟皆以文章取盛名躋貴顯邁尤以博洽受知孝宗謂其文備衆體邁考閱典故漁獵經史極鬼神事物之變手書資治通鑑凡三有容齋五筆夷堅志行於世其他著述尤多所修欽宗紀多本之孫覿附耿南仲惡李綱所紀多失實故朱熹舉王允之論言佞臣不可使執筆以爲不當取覿所紀云

論曰孔子云使於四方不辱君命可謂士矣當建炎紹興之際凡使金者如探虎口能全節而歸若朱弁張邵洪皓其庶幾乎望之不足議也皓留北十五年忠節尤著高宗謂蘇武不能過誠哉然竟以忤秦檜謫死悲夫其子适遵邁相繼登詞科文名滿天下适位極台輔而邁文學尤高立朝議論最多所謂忠義之報詎不信夫

宋史卷三百七十三考證

洪皓傳皓子适檜死皓還道卒○臣宗楷按皓傳卒後一日檜亦死則皓之卒在檜前不在檜後也此文似誤

宋史卷三百七十四

元中書右丞相總裁脫脫等修

列傳第一百三十三

張九成　胡銓　廖剛　李迨

趙開

張九成字子韶其先開封人徙居錢塘游京師從楊時學權貴託人致幣曰肯從吾游當薦之館閣九成笑曰王良尚羞與嬖奚乘吾可爲貴游客耶紹興二年上將策進士詔考官直言者置高等九成對策略曰禍亂之作天所以開聖人也願陛下以剛大爲心無以憂驚自沮臣觀金人有必亡之勢中國有必興之理夫好戰必亡失其故俗必亡人心不服必亡金皆有焉劉豫背叛君親委身夷狄黠雛經營有同兒戲何足慮哉前世中興之主大抵以剛德爲尚去讒節欲遠佞防姦皆中興之本也今閭巷之人皆知有父兄妻子之樂陛下貴爲天子冬不得溫夏不得凊昏無所定晨無所省感時遇物悽惋于心可不思所以還二聖之車乎又言閹寺聞名國之不祥也今此曹名字稍稍有聞臣之所憂也當使之安掃除之役凡結交往來者有禁干預政事者必誅擢寘首選楊時遺九成書曰廷對自中興以來未之有非剛大之氣不爲得喪回屈不能爲也授鎭東軍簽判吏不能欺民冐鹽禁提刑張宗臣欲逮捕數十人九成爭之宗臣曰此事左相封來九成曰主上屢下恤刑之詔公不體聖意而觀望宰相耶宗臣怒九成卽投檄歸從學者日衆出其門者多爲聞人趙鼎薦于朝遂以太常博士召既至改著作佐郎遷著作郎言我宋家法曰仁而已仁之發見尤在於刑陛下以省刑爲急而理官不以恤刑爲念欲詔理官活幾人者與減磨勘從之除浙東提刑力辭乃與祠以歸未幾召除宗正少卿權禮部侍郎兼侍講兼權刑部侍郎法寺以大辟成案上九成閱始末得其情因請覆實囚果誣服者朝論欲以九成爲賞九成曰職在詳刑可邀賞乎辭之金人議和九成謂趙鼎曰金實厭兵而張虛聲以撼中國因言十事彼誠能從吾所言則與之和使權在朝廷鼎既罷秦檜誘之曰且成檜此事九成曰九成胡爲異議特不可輕易以苟安耳檜曰立朝須優游委曲九成曰未有枉己而能直人上問以和議九成曰敵情多詐不可不察因在經筵言西漢災異事檜甚惡之謫守邵州既至倉庫虛乏僚屬請督酒租宿負苗絹未輸者九成曰縱未能惠民其敢困民耶是歲賦入更先他時中丞何鑄言

其矯僞欺俗傾附趙鼎落職丁父憂既免喪秦檜取旨上曰自古朋黨畏人主知之此人獨無所畏可與宮觀先是徑山僧宗杲善談禪理從游者衆九成時往來其間檜恐其議己令司諫詹大方論其與宗杲謗訕朝政謫居南安軍在南安十四年每執書就明倚立庭磚歲久雙趺隱然廣帥致贐金九成曰吾何敢苟取悉歸之檜死起知溫州戶部遣吏督軍糧民苦之九成移書痛陳其弊戶部持之九成卽丐祠歸數月病卒九成研思經學多有訓解然早與學佛者游故其議論多偏寶慶初特贈太師封崇國公謚文忠

胡銓字邦衡廬陵人建炎二年高宗策士淮海銓因御題問治道本天天道本民答云湯武聽民而興桀紂聽天而亡今陛下起干戈鋒鏑間外亂內訌而策臣數十條皆質之天不聽於民又謂今宰相非晏殊樞密參政非韓琦杜衍范仲淹策萬餘言高宗見而異之將冠之多士有忌其直者移第五授撫州軍事判官未上會隆祐太后避兵贛州金人躡之銓以漕檄攝本州幕募鄉丁助官軍捍禦第賞轉承直郎丁父憂從鄉先生蕭楚學春秋紹興五年張浚開督府辟湖北倉屬不赴有詔赴都堂審察兵部尚書呂祉以賢良方正薦賜對除樞密院編修官八年宰臣秦檜決策主和金使以詔諭江南爲名中外洶洶銓抗疏言曰臣謹案王倫本一狎邪小人市井無賴頃緣宰相無識遂舉以使虜專務詐誕欺罔天聽驟得美官天下之人切齒唾罵今者無故誘致虜使以詔諭江南爲名是欲臣妾我也是欲劉豫我也劉豫臣事醜虜南面稱王自以爲子孫帝王萬世不拔之業一旦豺狼改慮捽而縛之父子爲虜商鑑不遠而倫又欲陛下效之夫天下者祖宗之天下也陛下所居之位祖宗之位也奈何以祖宗之天下爲金虜之天下以祖宗之位爲金虜藩臣之位陛下一屈膝則祖宗廟社之靈盡汙夷狄祖宗數百年之赤子盡爲左衽朝廷宰執盡爲陪臣天下士大夫皆當裂冠毀冕變爲胡服異時豺狼無厭之求安知不加我以無禮如劉豫也哉夫三尺童子至無識也指犬豕而使之拜則怫然怒今醜虜則犬豕也堂堂大國相率而拜犬豕曾童孺之所羞而陛下忍爲之耶倫之議乃曰我一屈膝則梓宮可還太后可復淵聖可歸中原可得嗚呼自變故以來主和議者誰不以此說啗陛下哉然而卒無一驗則虜之情僞已可知矣而陛下尚不覺悟竭民膏血而不恤忘國大讐而不報含垢忍恥舉天下而臣之甘心焉就令虜決可和盡如倫議天下後世謂陛下何如主況醜虜變詐百出而倫又以姦邪濟之梓宮決不可還太后決不可復淵聖決不可歸中原決不可得而此膝一屈不可復伸國勢陵夷不可復振可爲痛哭流涕長太息矣向者陛下間關海道危如累卵當時尚不忍北面臣虜況今國勢稍張諸將盡銳士卒思奮只如頃者醜虜陸梁僞豫入寇固嘗敗之於襄陽敗之於淮上敗之於渦口敗之於淮陰校之往時蹈海之危固已萬萬儻不得已而至於用兵則我豈遽出虜人下哉今無故而反臣之欲屈萬乘之尊下穹廬之拜三軍之士不戰而氣已索此魯仲連所以義不帝秦非惜夫帝秦之虛名惜天下大勢有所不可也今內而百官外而軍民萬口一談皆欲食倫之肉謗議洶洶陛下不聞正恐一旦變作禍且不測臣竊謂不斬王倫國之存亡未可知也雖然倫不足道也秦檜以腹心大臣而亦爲之陛下有堯舜之資檜不能致君如唐虞而欲導陛下爲石晉近者禮部侍郎曾開等引古誼以折之檜乃厲聲責曰侍郎知故事我獨不知則檜之遂非愎諫已自可見而乃建白令臺諫侍臣僉議可否是蓋畏天下議已而令臺諫侍臣共分謗耳有識之士皆以爲朝廷無人吁可惜哉孔子曰微管仲吾其被髮左衽矣夫管仲霸者之佐耳尚能變左衽之區而爲衣裳之會秦檜大國之相也反驅衣冠之俗而爲左衽之鄉則檜也不唯陛下之罪人實管仲之罪人矣孫近傅會檜議遂得參知政事天下望治有如饑渴而近伴食中書漫不敢可否事檜曰虜可和近亦曰可和檜曰天子當拜近亦曰當拜臣嘗至政事堂三發問而近不答但曰已令臺諫侍從議矣嗚呼參贊大政徒取充位如此有如虜騎長驅尚能折衝禦侮耶臣竊謂秦檜孫近亦可斬也臣備員樞屬義不與檜等共戴天區區之心願斷三人頭竿之藁街然後羈留虜使責以無禮徐興問罪之師則三軍之士不戰而氣自倍不然臣有赴東海而死爾寧能處小朝廷求活邪書既上檜以銓狂妄凶悖鼓衆劫持詔除名編管昭州仍降詔播告中外給舍臺諫及朝臣多救之者檜迫於公論乃以銓監廣州鹽倉明年改簽書威武軍判官十二年諫官羅汝楫劾銓飾非橫議詔除名編管新州十八年新州守臣張棣訐銓與客唱酬謗訕怨望移謫吉陽軍二十六年檜死銓量移衡州銓之初上書也宜興進士吳師古鋟木傳之金人募其書千金其謫廣州也朝士陳剛中以啓事爲賀其謫新州也同郡王廷珪以詩贈行皆爲人所訐師古流袁州廷珪流辰州剛中謫知虔州安遠縣遂死焉三十一年銓得自便孝宗卽位復奉議郎知饒州召對言修德結民練兵觀釁上曰久聞卿直諒除吏部郎官隆興元年遷秘書少監擢起居郎論史官失職者四一謂記注不必進呈庶人主有不觀史之美二謂唐制二史立螭頭之下今在殿東南隅言動未嘗得聞三謂二史立後殿而前殿不立乞於前後殿皆分日侍立四謂史官欲其直前而閤門以未嘗預牒以今日無班次爲辭乞自今直前言事不必預牒閤門及以有無班次爲拘詔從之兼侍講國史院編修官因講禮記曰君以禮爲重禮以分爲重分以名爲重願陛下無以名器輕假人又進言乞都建康謂漢高入關中光武守信都大抵與人鬬不搤其吭拊其背不能全勝今日大勢自淮以北天下之吭與背也建康則搤之拊之之地也若進據建康下臨中原此高光興王之計也詔議行幸言者請紓其期遂以張浚視師圖恢復侍御史王十朋贊之克復宿州大將李顯忠私其金帛且與邵宏淵忿爭軍大潰十朋自劾上怒甚銓上疏願毋以小衄自沮時旱蝗星變詔問政事闕失銓應詔上書數千言始終以春秋書災異之法言政令之闕有十而上下之情不合亦有十且言堯舜明四目達四聰雖有共鯀不能塞也秦二世以趙高爲腹心劉項橫行而不得聞漢成帝殺王章王氏移鼎而不得聞靈帝殺何武陳蕃天下橫潰而不得聞梁武信朱异侯景斬關而不得聞隋煬帝信虞世基李密稱帝而不得聞唐明皇逐張九齡安史胎禍而不得聞陛下自卽位以來號召逐客與臣同召者張燾辛次膺王大寶王十朋今燾去矣次膺去矣十朋去矣大寶又將去惟臣在爾以言爲諱而欲塞災異之源臣知其必不能也銓又言昔周世宗爲劉旻所敗斬敗將何徽等七十人軍威大震果敗旻取淮南定三關夫一日戮七十將豈復有將可用而世宗終能恢復非庸儒者去則勇敢者出耶近宿州之敗士死于敵者滿野而敗軍之將以所得之金賂權貴以自解上天見變昭然陛下非信賞必罰以應天不可其論納諫曰今廷臣以箝默爲賢容悅爲忠馴至興元之幸所謂一言喪邦上曰非卿不聞此金人求成銓曰金人知陛下銳意恢復故以甘言款我願絕口勿言和字上以邊事全倚張浚而王之望尹穡專主和排浚銓廷責之兼權中書舍人同修國史張浚之子栻賜金紫銓繳奏之謂不當如此待勳臣子浚雅與銓厚不顧也十一月詔以和戎遣使大詢于庭侍從臺諫預議者凡十有四人主和者半可否者半言不可和者銓一人而已乃獨上一議曰京師失守自耿南仲主和二聖播遷自何㮚主和維揚失守自汪伯彥黃潛善主和完顏亮之變自秦檜主和議者乃曰外雖和而內不忘戰此向來權臣誤國之言也一溺於和不能自振尚能戰乎除宗正少卿乞補外不許先是金將蒲察徒穆大周仁以泗州降蕭琦以軍百人降詔並爲節度使銓言受降古所難六朝七得河南之地不旋踵而皆失梁武時侯景以河南來奔未幾而陷臺城宣政間郭藥師自燕雲來降未幾爲中國患今金之三大將內附高其爵祿優其部曲以繫中原之心善矣然處之近地萬一包藏禍心或爲內應後將噬臍願勿任以兵柄遷其衆於湖廣以絕後患二年兼國子祭酒尋除權兵部侍郎八月上以災異避殿減膳詔廷臣言闕政急務銓以振災爲急務議和爲闕政其議和之書曰自靖康迄今凡四十年三遭大變皆在和議則醜虜之不可與和彰彰然矣肉食鄙夫萬口一談牢不可破非不知和議之害而爭言爲和者是有三說焉曰偷儒曰苟安曰附會偷儒則不知立國苟安則不戒酖毒附會則覬得美官小人之情狀具於此矣今日之議若成則有可弔者十若不成則有可賀者亦十請爲陛下極言之何謂可弔者十眞宗皇帝時宰相李沆謂王旦曰我死公必爲相切勿與虜講和吾聞出則無敵國外患如是者國常亡若與虜和自此中國必多事矣旦殊不以爲然既而遂和海內乾耗旦始悔不用文靖之言此可弔者一也中原謳吟思歸之人日夜引領望陛下拯溺救焚不啻赤子之望慈父母一與虜和則中原絕望後悔何及此可弔者二也海泗今日之藩籬咽喉也彼得海泗且決吾藩籬以瞰吾室扼吾咽喉以制吾命則兩淮決不可保兩淮不保則大江決不可守大江不守則江浙決不可安此可弔者三也紹興戊午和議既成檜建議遣二三大臣如路允迪等分往南京等州交割歸地一旦叛盟劫執允迪等遂下親征之詔虜復請和其反覆變詐如此檜猶不悟奉之如初事之愈謹賂之愈厚卒有逆亮之變驚動輦轂太上謀欲入海行朝居民一空覆轍不遠忽而不戒臣恐後車又將覆也此可弔者四也紹興之和首議決不與歸正人口血未乾盡變前議凡歸正之人一切遣還如程師回趙良嗣等聚族數百幾爲蕭墻憂今必盡索歸正之人與之則反側生變不與則虜決不肯

但已夫反側則肘腋之變深虜決不肯但已則必別起
釁端猝有逆亮之謀不知何以待之此可弔者五也自
檜當國二十年間竭民膏血以餌犬羊迄今府庫無旬
月之儲千村萬落生理蕭然重以蝗蟲水潦自此復和
則蠹國害民殆有甚焉者矣此可弔者六也今日之患
兵費已廣養兵之外又增歲幣且少以十年計之其費
無慮數千億而歲幣之外又有私覿之費私覿之外又
有賀正生辰之使賀正生辰之外又有泛使一使未去
一使復來生民疲於奔命帑廩涸於將迎瘠中國以肥
虜陛下何憚而爲之此其可弔者七也側聞虜人嫚書
欲書御名欲去國號大字欲用再拜議者以爲繁文小
節不必計較臣切以爲議者可斬也夫四郊多壘卿大
夫之辱楚子問鼎義士之所深耻獻納二字富弼以死
爭之今醜虜橫行與多壘孰辱國號大小與鼎輕重孰
多獻納二字與再拜孰重臣子欲君父屈己以從之則
是多壘不足辱問鼎不必耻獻納不必爭此其可弔者
八也臣恐再拜不已必至稱臣稱臣不已必至請降請
降不已必至納土納土不已必至銜璧銜璧不已必至
輿櫬輿櫬不已必至如晉帝青衣行酒然後爲快此其
可弔者九也事至於此求爲匹夫尚可得乎此其可弔
者十也竊觀今日之勢和決不成儻乾剛獨斷追回使
者魏杞康湑等絕請和之議以鼓戰士下哀痛之詔以
收民心天下庶乎其可爲矣如此則有可賀者亦十省
數千億之歲幣一也專意武備足食足兵二也無書名
之恥三也無去大之辱四也無再拜之屈五也無稱臣
之忿六也無請降之禍七也無納土之悲八也無銜璧
輿櫬之酷九也無青衣行酒之冤十也去十弔而就十
賀利害較然雖三尺童穉亦知之而陛下不悟春秋左
氏謂無勇者爲婦人今日舉朝之士皆婦人也如以臣
言爲不然乞賜流放竄殛以爲臣子出位犯分之戒自
符離之敗朝論急於和戎棄唐鄧海泗四州於虜矣金
又欲得商秦地邀歲幣留使者魏杞分兵攻淮以本職
措置浙西淮東海道時金使僕散忠義紇石烈志寧之
兵號八十萬劉寶棄楚州王彥棄昭關濠滁皆陷惟高
郵守臣陳敏拒敵射陽湖而大將李寶預求密詔爲自
安計擁兵不救銓劾奏之曰臣受詔令范榮備淮李寶
備江緩急相援今寶視敏弗救若射陽失守大事去矣
寶懼始出師掎角時大雪河冰皆合銓先持鐵鎚鎚冰
士皆用命金人遂退久之提舉太平興國宮乾道初以
集英殿修撰知漳州改泉州趣奏事留爲工部侍郎入
對言少康以一旅復禹績今陛下富有四海非特一旅
而即位九年復禹之効尚未赫然又言四方多水旱左
右不以告謀國者之過也宜令有司速爲先備乞致仕
七年除寶文閣待制留經筵求去以敷文閣直學士與
外祠陛辭猶以歸陵寢復故疆爲言上曰朕志也且問
今何歸銓曰歸廬陵臣向在嶺海嘗訓傳諸經欲成此
書特賜通天犀帶以寵之銓歸上所著易春秋周禮禮
記解詔藏秘書省尋復元官升龍圖閣學士提舉太平
興國宮轉提舉玉龍萬壽宮進端明殿學士提舉六年
召歸經筵銓引疾力辭七年以資政殿學士致仕薨謚
忠簡有澹菴集一百卷行于世孫槻榘皆至尚書

廖剛字用中南劍州順昌人少從陳瓘楊時學登崇寧
五年進士第宣和初自漳州司錄除國子錄擢監察御
史時蔡京當國剛論奏無所避以親老求補外出知興
化軍欽宗即位以右正言召丁父憂服闋除工部員外
郎以母疾辭紹興元年盜起旁郡官吏悉逃去順昌民
以剛爲命剛諭從盜者使反業既而他盜入順昌部使
者檄剛撫定剛遣長子遲諭賊賊知剛父子有信義亦
散去除本路提點刑獄尋召爲吏部員外郎言古者天
子必有親兵自將所以備不虞而強主威漢北軍唐神
策之類也祖宗軍制尤嚴願稽舊制選精銳爲親兵居
則以爲衞動則以爲中軍此強幹弱枝之道又言國家
艱難已極今方圖新若會稽誠非久駐之地請經營建
康親擁六師往爲固守計以杜金人窺伺之意遷起居
舍人權吏部侍郎兼侍講除給事中丁母憂服闋復拜
給事中剛言國不可一日無兵兵不可一日無食今諸
將之兵備江淮不知幾萬初無儲蓄日待哺於東南之
轉餉浙民已困欲救此患莫若屯田因獻三說將校有
能射耕當加優賞每耕田一頃與轉一資百姓願耕假
以糧種復以租賦上令都督府措置時朝廷推究章惇
蔡卞誤國之罪追貶其身仍詔子孫毋得官中朝至是
章傑自崇道觀知婺州章僅自大府丞提舉江東茶鹽
事剛封還詔書謂即如此何以示懲乃並與祠權戶部
侍郎尋遷刑部侍郎求補外除徽猷閣直學士知漳州
七年二月日有食之詔內外官言事剛言陛下有建國
之封所以承天意示大公於天下後世者也然而未遂
正名者豈非有所待耶有所待則是應天之誠未至也
願陛下昭告藝祖在天之靈正建國儲君之號布告中
外不匿厥旨異時雖百斯男不復更易天下孰敢不服
上讀之聳然即召剛趣至闕拜御史中丞剛言臣職糾
姦邪當務大體若捃摭細故則非臣本心又奏經費不
支盜賊不息事功不立命令不孚及兵驕官冗之弊時
徽宗已崩上遇朔望猶率羣臣遙拜淵聖剛言禮有隆
殺兄爲君則君之已爲君則兄之可也望勉抑聖心但
歲時行家人禮於內庭從之殿前司強刺民爲兵及大
將恃功希恩所請多廢法剛知無不言論列至於四五
驕橫者肅然鄭億年與秦檜有連而得美官剛顯疏其
惡檜銜之金人叛盟剛乞起舊相之有德望者處以近
藩檜聞之曰是欲寘我何地耶改工部尚書而以王次
翁爲中丞初邊報至從官會都堂剛謂億年曰公以百
口保金人今已背約有何面目尚在朝廷乎億年奏祠
去次翁與右諫議何鑄劾剛薦劉昉陳淵相爲朋比以
徽猷閣直學士提舉亳州明道宮明年致仕以紹興十
三年卒子四人遲過遂達仕皆秉麾節邦人號爲萬石
廖氏

李迨東平人也曾祖參仕至尚書右丞迨未冠入太學
因居開封以蔭補官初調渤海縣尉時州縣團結民兵
民起田畝中不閑坐作進退之節或譁不受令迨立賞
罰以整齊之累月皆精練部伍如法部刺史按閱無一
人亂行伍者遂薦之朝改合入官累遷通判濟州時高
宗以大元帥過濟郡守自以才不及遜迨行州事迨應
辦軍須無闕會大元帥府勸進乘輿儀物皆未備迨諳
熟典故裁定其制不日而辦上深嘆賞即除隨軍轉運
上即位於南京授山東轉運改金部郎從駕至維揚敵
犯行在所即取金部籍有關於國家經賦之大者載以
行及上于鎭江時建炎三年二月也宰相呂頤浩言于
上即日召見未幾丁父喪詔起復以中散大夫直龍圖
閣爲御營使司參議官兼措置軍前財用苗傅劉正彥
叛呂頤浩張浚集勤王之師迨流涕謂諸將曰君第行
無慮軍食師行所至食皆先具事平同趙哲等入對上
慰勞之詔轉三官辭不拜除權戶部侍郎四年加顯謨
閣待制爲淮南江浙荆湖等路制置發運使尋以軍旅
甫定乞持餘服詔許之紹興二年知筠州明年移信州
尋提舉江州太平觀五年十月以舊職除兩浙路轉運
使言祖宗都大梁歲漕東南六百餘萬斛而六路之民
無飛挽之擾蓋所運者官舟所役者兵卒故也今駐蹕
浙右漕運地里不若中都之遠而公私苦之何也以所
用之舟太半取於民間往往鑿井沉船以避其役如溫
明虔吉州等處所置造船場乞委逐州守臣措置募兵
卒牽挽使臣管押庶幾害不及民可以漸復漕運舊制
詔工部措置尋加徽猷閣直學士升龍圖閣直學士爲
四川都轉運使兼提舉成都等路茶事并提舉陝西等
路買馬自熙豐以來始即熙秦戎黎等州置場買馬而
川茶通於永興四路故成都府秦州皆有榷茶司至是
關陝既失迨請合爲一司名都大提舉茶馬司以省冗
費從之踰年詔迨以每歲收支之數具旁通驛奏迨乃
考其本末具奏曰紹興四年所收錢物三千三百四十
二萬餘緡此所支闕五十一萬餘緡五年收三千六十
萬緡此所支闕一千萬餘緡六年未見七年所收三千
六百六十萬餘緡此所支闕一百六十一萬餘緡自來
遇歲計有闕即添支錢引補助紹興四年添印五百七
十六萬道五年添印二百萬道六年添印六百萬道見
今泛料太多引價頓落緣此未曾添印兼歲收錢物內
有上供進奉等窠名一千五百九十九萬係四川歲入
舊額其勸諭激賞等項窠名錢物共二千六十八萬係
軍興後來歲入所增比舊額已過倍其取於民可謂重
矣臣嘗考劉晏傳是時天下歲入緡錢千二百萬而管
榷居其半今四川榷鹽榷酒歲入一千九十一萬過於
晏所榷多矣諸窠名錢已三倍劉晏歲入之數彼以一
千二百萬贍中原之軍而有餘今以三千六百萬貫贍
川陝一軍而不足又如折估及正色米一項通計二百
六十五萬石止以紹興六年朝廷取會官兵數計六萬
八千四百四十九人決無一年用二百六十五萬石米
之理數內官員一萬一千七員軍兵五萬七百四十九
人官員之數比軍兵之數約計六分之一軍兵請給錢
比官員請給不及十分之一即是冗濫在官員不在軍
兵也計司雖知冗濫力不能裁節之雖是寬剩亦未敢
除減此朝廷不可不知也蜀人所苦甚者糴買般運也
蓋糴買不科敷則不能集其事苟科敷則不能無擾般
運事稍緩則船戶獨受其弊急則稅戶皆被其害欲省
漕運莫如屯田漢中之地約收二十五萬餘石若將一
半充不係水運去處歲計以米一半對減川路糴買般
發歲計米亦可少寬民力兼臣已委官於興元洋州就
糴夏麥五十萬石岷州欲就糴二十萬石兼用營田所
收一半之數十二萬石三項共計五十七萬石每年水
運應付閬利州以東計米五十八萬石若得此三項可
盡數免川路糴買般運此乃恤民之實惠守邊之良策
也降詔獎諭以與吳玠不合與祠九年金人歸我三京
命迨爲京畿都轉運使孟庾時爲權東京留守潛通北
使迨察其隱微庾不能平訟于朝且使人告迨曰北人

以兵至矣迨曰吾家食國家祿二百年荷陛下重任萬死不足報吾老矣豈能下穹廬之拜乎首可斷而膝不可屈也如果然吾將極罵以死告者悚然而去降聖節庾失於行禮爲迨所持庾自劾迨因此求罷去乃落職與祠歸而庾以京師降於金人迨尋復龍圖閣待制知洪州十六年以疾丐祠十八年卒

趙開字應祥普州安居人登元符三年進士第大觀二年權辟廱正用舉者改秩卽盡室如京師買田尉氏與四方賢俊遊因詗知天下利病所當罷行者如是七年慨然有通變捄弊志宣和初除禮制局校正檢閱官數月局罷出知鄢陵縣七年除講議司檢詳官開善心計自檢詳罷除成都路轉運判官遂奏罷宣和六年所增上供認額綱布十萬匹減綿州下戶支移利州水脚錢十分之三又減蒲江六井元符至宣和所增鹽額刻其次第謂之鼠尾帳揭示鄉戶歲時所當輸折科等實數俾人人具曉鄉胥不得隱匿竄寄嘗言財利之源當出於一祖宗朝天下財計盡歸三司諸道利源各歸漕計故官省事理併廢以還漕司則利害可以參究而無牽掣窒礙之患矣因指陳榷茶買馬五害大略謂黎州買馬嘉祐歲額纔二千一百餘自置司榷茶歲額四千且獲馬兵踰千人猶不足用多費衣糧爲一害嘉祐以銀絹博馬價皆有定今長吏旁緣爲姦不時歸貨以空券給夷人使待資次夷人怨恨必生邊患爲二害初置司榷茶借本錢於轉運司五十二萬緡於常平司二十餘萬緡自熙寧至今幾六十年舊所借不償一文而歲借乃準初數爲三害榷茶之初預俵茶戶本錢尋於數外更增和買或遂抑預俵錢充和買茶戶坐是破產而官買歲增茶日濫雜官茶既不堪食則私販公行刑不能禁爲四害承平時蜀茶之入秦者十幾八九猶患積壓難售今關隴悉遭焚蕩仍拘舊額竟何所用茶兵官吏坐縻衣糧未免科配州縣爲五害請依嘉祐故事盡罷榷茶仍令轉運司買馬卽五害並去而邊患不生如謂榷茶未可遽罷亦宜併歸轉運司痛減額以蘇茶戶輕立價以惠茶商如此則私販必衰盜賊消弭本錢既常在而息錢自足朝廷是其言卽擢開都大提舉川陝茶馬事使推行之時建炎二年也於是大更茶馬之法官買官賣茶並罷參酌政和二年東京都茶務所刱條約印給茶引使茶商執引與茶戶自相貿易改成都舊買賣茶場爲合同場買引所仍於合同場置茶市交易者必由市引與茶必相隨茶戶十或十五共爲一保并籍定茶鋪姓名互察影帶販鬻者凡買茶引每一斤春爲錢七十夏五十舊所輸市例頭子錢並依舊茶所過每一斤征一錢住征一錢半其合同場監官除驗引秤茶封記發放外無得干預茶商茶戶交易事舊制買馬及三千匹者轉一官此但以所買數推賞往往有一任轉數官者開奏請推賞必以馬到京實收數爲格或死於道黜降有差比及四年冬茶引收息至一百七十餘萬緡買馬及踰二萬匹張浚以知樞密院宣撫川蜀素知開善理財卽承制以開兼宣撫處置使司隨軍轉運使事一總領四川財賦開見浚曰蜀之民力盡矣錙銖不可加獨榷貨稍存贏餘而貪猾認爲已有互相隱匿惟不恤怨詈斷而敢行庶可救一時之急浚銳意興復委任不疑於是大變酒法自成都始先罷公使賣供給酒卽舊撲買坊場所置隔槽設官主之麴與釀具官悉自買聽釀戶各以米赴官場自釀凡一石米輸三千并頭子雜用等二十二其釀之多寡惟錢是視不限數也明年遂徧四路行其法又法成都府法於秦州置錢引務與州鼓鑄銅錢官買銀絹聽民以錢引或銅錢買之凡民錢當入官者並聽用引折納官支出亦如之民私用引爲市於一千并五百上許從便增高其直惟不得減削法既流通民以爲便初錢引兩科通行纔二百五十萬有奇至是添印至四千一百九十餘萬人亦不厭其多價亦不削宣司獲僞引三十萬盜五十人浚欲從有司議當以死開白浚曰相君誤矣使引僞加宣撫使印其上卽爲眞黜其徒使治幣是相君一日獲三十萬之錢而起五十人之死也浚稱善悉如開言最後又變鹽法其法實視大觀東南東北鹽鈔條約置合同場鹽市與茶法大抵相類鹽引每一斤納錢二十五土產稅及增添等共納九錢四分所過每斤征錢七分住征一錢五分若以錢引折納別輸稱提勘合錢共六十初變榷法怨詈四起至是開復議更鹽法言者遂奏其不便乞罷之以安遠民且曰如謂大臣建設務全事體必須更制卽乞劄與張浚照會詔以其章示浚浚不爲變時浚荷重寄治兵秦川經營兩河旬犒月賞期得士死力費用不貲盡取辦於開開悉知慮於食貨算無遺策雖支費不可計而贏貲若有餘吳玠爲四川宣撫副使專治戰守於財計盈虛未嘗問惟一切以軍期趣辦與開異趣玠數以餉饋不繼訴于朝開亦自劾老憊丐去朝廷未許廼特置四川安撫制置大使之名命席益爲之益前執政詔位宣撫司上朝論恐未安仍詔張浚視師荆襄川陝六年罷宣撫司玠仍以宣撫治兵事軍馬聽玠移撥錢物則委開拘收尋除開徽猷閣待制加玠兩鎭節鉞復降旨都轉運使不當與四路漕臣同繫銜成都潼川兩路漕臣與都轉運使坐應副軍支錢物愆期各貶二秩朝廷故抑揚之使之交解間隙趣辦餉饋也而開復與席益不和抗疏乞將舊來宣撫司年計應副軍期不許他司分擘支用又指陳宣撫司截都漕運司錢就果閬糴米非是又言應副吳玠軍須紹興四年總爲錢一千九百五十五萬七千餘緡五年視四年又增四百二十萬五千餘緡蜀今公私俱困四向無所取給事屬危急實甚可憂乞許以茶馬司奏計詣闕下盡所欲言朝廷既知開與玠及席益有隙乃詔開赴行在以李迨代之會疾作不行提舉江州太平觀七年復右文殿修撰都大主管川陝茶馬開已病累疏丐去詔從所乞提舉太平觀十一年卒

論曰秦檜執國柄其誤宋大計固無以議爲也張九成之策胡銓之疏忠義凜然廖剛請復用德望之人豈苟阿時好者哉李迨趙開所謂可使治其賦也歟

宋史卷三百七十四考證

胡銓傳其謫新州也同郡王廷珪以詩贈行皆爲人所訐流辰州○盧溪集傳胡銓忤秦檜謫嶺南廷珪送以詩語且觸檜坐流夜郎檜死得召還除國子監主簿

宋史卷三百七十五

元中書右丞相總裁脫脫等修

列傳第一百三十四

鄧肅　李邴　滕康　張守
富直柔　馮康國

鄧肅字志宏南劍沙縣人少警敏能文美風儀善談論李綱見而奇之相倡和爲忘年交居父喪哀毀踰禮芝產其廬入太學所與游皆天下名士時東南貢花石綱肅作詩十一章言守令搜求擾民用事者見之屏出學欽宗嗣位召對便殿補承務郎授鴻臚寺簿金人犯闕肅被命詣敵營留五十日而還張邦昌僭位肅義不屈奔赴南京擢左正言先是朝廷賜金國帛一千萬肅在其營密覘均與將士之數大約不過八萬人至是爲上言之且言金人不足畏但其信賞必罰不假文字故人各用命朝廷則不然有同時立功而功又相等者或已轉數官或尚爲布衣輕重上下只在吏手賞既不明誰肯自勸欲望事立功賞一司使凡立功者得以自陳若功狀已明而賞不行或功同而賞有輕重先後者並寘之法上從之朝臣受僞命者衆肅請分三等定罪上以肅在圍城中知其姓名令具奏肅言叛臣之上者其惡有五諸侍從而爲執政者王時雍徐秉哲吳幵呂好問莫儔李回是也諸庶官及宮觀而起爲侍從者胡思朱宗周懿文盧襄李擢范宗尹是也撰勸進文與赦書者顏博文王紹是也朝臣之爲事務官者私結十友講冊立邦昌之儀者是也因張邦昌改名者何昌言改爲善言其弟昌辰改爲知辰是也乞寘之嶺外所謂叛臣之次者其惡有三諸執政侍從臺諫稱臣於僞庭執政馮澥曹輔是也侍從者已行遣獨李會尚爲中書舍人臺諫中有爲金人根括而被杖一以病得免者其餘無不在僞楚之庭以庶官而升擢者不可勝數乞委留守司按籍考之則無有遺者願爲奉使者黎確李健陳戩是也乞於遠小處編管若夫庶官在位供職不廢者但苟祿而已乞赦其罪而錄其名不復用爲臺諫侍從上以爲然耿南仲得祠祿歸其子延禧爲郡守肅劾南仲父子同惡沮渡河之戰遏勤王之兵今日割三鎭明日截兩河及陛下欲進援京城又爲南仲父子所沮誤國如此乞正典刑南仲嘗薦肅於欽宗肅言之不恤上嘉其直賜五品服范訥留守東京肅言訥出師兩河望風先遁今語人曰留守之說有四戰守降走而已戰無卒守無糧不降則走且漢得人傑乃守關中奔軍之將豈宜與此訥遂罷內侍陳良弼肩輿至橫門外開封買入內女童肅連章論之時官吏多託故而去肅建議削其仕版而取其祿以給禁衛若夫先假指揮徑徙江湖者乞追付有司以正其罪因入對言外夷之巧在文書簡簡故速中國之患在文書煩煩故遲上曰正此討論故併三省盡依祖宗法及建極討論祖宗官制兩月不見施行肅言太祖太宗之時法嚴而令速事簡而官淸未嘗旁搜曲引以稽賞罰故能以十萬精兵混一六合自時厥後羣臣無可議者今日獻一策明日獻一言煩冗瑣碎惟恐不備此文書所以益煩而政事所以益緩也今

兵戈未息，豈可揖遜進退尚循無事之時？欲乞限以旬日期於必至，庶幾法嚴事簡，賞罰之權不至濡滯。肅在諫垣，遇事感激，不三月凡抗二十疏，言皆切至，上多採納。會李綱罷，肅奏曰：綱學雖正而術疏，謀雖深而機淺，固不足以副聖意。惟陛下嘗顧臣曰李綱眞以身狥國者，今日罷之，而責詞甚嚴，此臣所以有疑也。且兩河百姓無所適從，綱措置不一月間，民兵稍集，今綱既去，兩河之民將如何哉？僞楚之臣紛紛在朝，李綱先乞逐逆臣邦昌，然後叛黨稍能正罪，今綱既去，叛臣將如何哉？叛臣在朝，政事乖矣，兩河無兵，外夷驕矣，李綱於此亦不可謂無一日之長。執政怒，送肅吏部，罷歸居家。紹興二年，避寇福唐，以疾卒。

李邴字漢老，濟州任城縣人。中崇寧五年進士第，累官爲起居舍人，試中書舍人。北方用兵，酬功第賞日數十百，邴辭命無留難。除給事中，同修國史，兼直學士院，遷翰林學士。嘗與禁中曲宴，徽宗命賦詩。高麗使入貢，邴爲館伴，徽宗遣中使持示使者，請傳錄以歸。未幾，坐言者罷，提舉南京鴻慶宮。欽宗卽位，除徽猷閣待制、知越州，久之，再落職，提舉西京嵩山崇福宮。高宗卽位，復徽猷閣待制，踰歲，召爲兵部侍郎，兼直學士院。苗傅、劉正彥迫上遜位，上顧邴草詔，邴請得御札而後敢作。朱勝非請降詔赦，邴就都堂草之，除翰林學士。初，邴見苗傅，面諭以逆順禍福之理，且密勸殿帥王元俾以禁旅擊賊，元唯唯不能用。卽詣政事堂白朱勝非，適正彥及其黨王世修在焉，又以大義責之，人爲之危，邴不顧也。時御史中丞鄭瑴又抗疏言睿聖皇帝不當改號，於是邴、瑴爲端明殿學士、同簽書樞密院事。邴與張守分草百官章奏、三奏三答及太后手詔與復辟赦文，一日而具。四月，拜尚書右丞，未幾，改參知政事。上巡江寧，太后六宮往豫章，命邴爲資政殿學士、權知行臺三省樞密院事。以與呂頤浩論不合，乞罷，遂以本職提舉杭州洞霄宮。未閱月，起知平江府，會兄鄴失守越州，坐累落職。明年，卽引赦復之，又升資政殿學士。紹興五年，詔問宰執方略，邴條上戰陣、守備、措畫、綏懷各五事。戰陣之利五，曰出輕兵、務遠略、儲將帥、責成功、重賞格。大略謂關陝爲進取之地，淮南爲保固之地，關陝雖利於進，然不用師於京東以牽制其勢，則彼得一力以拒我。今大將統兵者數人，皆所恃以爲根本，萬一失利，將不可復用。偏裨中如牛皐、王進、楊珪、史康明，皆京東土人，知地險易，可各配以部曲三五千人，或出淮陽，或出徐泗，彼將奔命之不暇，此不動而分陝西重兵之一端也。關陝今雖有二宣撫，其體尚輕，非遣大臣不可。呂頤浩氣節高亮，李綱識量宏遠，威名素著，願擇其一而用之，必有以報陛下。又言陛下卽位之初，韓世忠、劉光世、張俊威名隱然爲大將，今又有吳玠、岳飛者出矣。願詔大將於所部舉智謀忠勇可以馭衆統師各兩三人，朝廷籍記，遇有事宜，使當一隊，毋隸大將，則諸人競奮，才智皆飛、玠之儔矣。大將爵位已崇，難相統一，自今用兵，第可授以成算，使自爲戰而已，愼勿遣重臣臨之，以輕其權而分其功。今邦敵退師之後，必論功行賞，願因此詔有司預定賞格，謂如得城邑及近上首領之類，自一命至節度使，皆差次使足相當。所謂守備之宜有五，曰固根本、習舟師、防他道、講遺策、列長戍。大略謂江浙爲今日根本，欲保守則失進取之利，欲進取則慮根本之傷。古之名將，內必屯田以自足，外必因糧於敵，誠能得以功名自任如祖逖者，舉淮南而付之，使自爲進取，而不至虛內以事外。臣聞朝廷下福建造海船七百隻，必如期而辦，乞倣古制，建伏波、下瀨、樓船之官，以敎習水戰，俾近上將佐領之，自成一軍，而事隸於朝廷，無事則散之緣江州郡，緩急則聚而用之。臣度敵人他年入寇，懲剏今日之敗，必先以一軍來自淮甸，爲築室反耕之計，以綴我師，然後由登萊泛海窺吳越以出吾左，由武昌渡江窺江池以出吾右，一處不支，則大事去矣。願預講左支右吾之策。夫兵之形無窮，願詔臨江守臣，凡可設奇以誤敵者，如吳人疑城之類，皆預爲措畫。今長江之險綿數千里，守備非一，苟制得其要，則用力少而見功多。願差次其最緊處屯軍若干人，一將領之，聽其郡守節制；次緊稍緩處差降焉，有事則以大將兼統之，既久則諳熟風土，緩急可用，與旋發之師不侔矣。所謂措畫之方有五，曰親大閱、補禁衞、講軍制、訂使事、降勑榜。大略謂因秋冬之交，閱廣場，會諸將，取士卒才藝絕特者而爵賞之。建炎以來，禁衞單寡，乃籍五軍以爲重，臣常寒心，願擇忠實嚴重之將以爲殿帥，稍補禁衞之闕，使隱然自成一軍，則其馭諸將也，若臂之使指矣。今諸郡廂禁冗占私役者，大郡二三千人，小郡亦數百人，臣願講求除役，大抵殺廂軍三分之二，而以其衣糧之數盡募禁軍。郡守兵將官自禁軍給事外，餘傔從衣糧，使自僦人以役。金人自用兵以來，未嘗不以和好爲言，此決不可恃，然二聖在彼，不可遂已，姑以餘力行之耳。臣謂宜專命一官，如古所謂行人者，或止左右司領之，當遣使人，舉成法而授之，庶免臨時斟酌之勞，而朝廷得以專意治兵矣。劉豫僭叛，理必滅之，謂宜降勑榜，明著豫僭逆之罪，曉諭江北士民，此亦兵家所謂伐謀伐交者。所謂綏懷之略有五，曰宣德意、先振恤、通關津、遣材能、務寬貸。大略謂山東大姓結爲山砦以自保，今雖累年，勢必有未下者，願募有心力之人，密往詔諭。應淮北遺民來歸者，令淮南州郡給以行由，差船津濟，量差地分人護送，毋得邀阻。有官人先次注授差遣，無官而貧乏者，令沿江州郡以官舍居之，仍量給錢米三兩月，其能自營爲生乃止。內有才智可用之人，隨宜任使，勿但縻以爵秩而已。凡諸將行師入境，敢抗拒者固在勦戮，其有善良老弱之人，皆從寬貸，使之有更生之望。不報。邴閑居十有七年，薨于泉州，年六十二，謚文敏。有草堂集一百卷。

滕康字子濟，應天府宋城人。登崇寧五年進士第，又中詞學兼茂科，除祕書省正字，遷著作佐郎、尚書工部禮部員外郎、國子司業。靖康二年，元帥府聞康習憲章，召至濟州。康率羣臣勸進，除太常少卿，使定登極禮儀。凡告天及肆赦之文，皆康爲之，辭意激切，聞者感動。除起居舍人、權給事中，進起居郎，兼討論祖宗法度檢討官，試中書舍人。會顯謨閣學士孟忠厚乞用父減年遷官，康言：忠厚，隆祐太后之姪也，太宗以來，凡母后兄弟之子無爲侍從者。武義大夫康義用登極恩遷遙郡刺史，康又封還詞頭，言：恩例遷官一等，謂於階官上進一階。今康義得特旨轉一官，自武義大夫躐上遙郡刺史，名爲遷一官，實升五等，紊法之甚也。自古召亂之源，非外戚撓法，則內侍干政，漢唐可鑑。凡再降旨，竟不肯行。後軍統制韓世忠以不能戢所部坐贖金，康言：世忠無赫赫功，秖緣捕盜微勞，遂　亞節鉞，今其所部卒伍至奪御器、逼諫臣於死地，乃止罰金，何以懲後？詔降世忠一官。知江州陳彥文用劉光世奏錄其守城功，遷龍圖閣待制，康以光世所上彥文功狀前後牴牾，闕而未下，宰相力主彥文，趣康行詞，康論不已，宰相銜之。會布衣省試卷子不合式，康以其文取之，諫官李處遯論奏，遂以集英殿修撰提舉杭州洞霄宮。未幾，移蹕錢塘，再除中書舍人，奏曰：去歲郊禮前日食，而日官不以聞，廷臣不以告，使陛下所以應天者未至，故逆臣敢萌不軌者，無先事之戒也。陛下卽位行再歲矣，惻怛愛民之政徒爲空言，而百姓不被其恩；哀痛責躬之詔不著事實，四方不以爲信；忠佞並馳，而多士解體；刑賞失當，而三軍沮氣。臣願陛下取建炎初元以來所下詔書、所舉政事，熟思審度，得無一二不類臣言者，予望參稽得失而罷行之。上再三褒諭，稱其有諫臣風。除左諫議大夫，旬日間封章屢上，遂擢翰林學士，翌日，除端明殿學士、同簽書樞密院事。建炎三年，宰相呂頤浩議幸武昌，爲趨陝之計，既移蹕建康，又議欲盡棄中原，徙居民於東南，康力持不可，上悟而止。未幾，上請太后奉神主如江西，以參知政事李邴權知三省樞密院事，康爲資政殿學士同從衞以行。邴辭疾，又命康權知，以劉珏爲貳，賜康褒詔，許綴宰執班奏事。康從衞至洪州，劉光世護江不密，金人絕而渡，康等倉卒奉太后趨虔州。殿中侍御史張延壽論康與珏無憂國之心，至使太后涉險，爲敵人追迫，責授康秘書少監，分司南京，永州居住。未幾，許自便，復左朝請大夫，提舉明道宮。紹興二年九月卒，年四十八。八年，追復龍圖閣學士。有文集二十卷。

張守字子固，常州晉陵人。家貧無書，從人假借，過目輙不忘。登崇寧元年進士第，中詞學兼茂科，除詳定九域圖志編修官，以省員罷，改宣德郎，擢爲監察御史，丁內艱去。建炎元年冬，召還，改官，賜五品服。上在維揚，黏罕將自東平歷泗淮以窺行在，宰臣汪伯彥、黃潛善以爲李成餘黨不足畏。上召百官各言所見，葉夢得請上南巡，阻江爲守，張浚亦奏敵勢方張，宜且南渡。守獨抗疏上防淮渡江利害六事，又別疏言：金人犯淮甸之路有四，宜擇四路帥守，繕兵儲粟以捍禦之。疏再上，又請詔大臣惟以選將治兵爲急，凡不急之務付之都司六曹。二相滋不悅，遂建議遣守撫諭京城，守聞命卽就道。三年正月，還奏金人必來，願早爲圖之，上惻然。除起居郎，兼直學士院。金人果渡淮，上幸臨安，遷御史中丞。苗、劉既平，詔赦百官表奏，皆守與李邴分爲之。守論宰相朱勝非不能思患預防，致賊猖獗，乞罷政，疏留中不出，既而勝非竟罷政。呂頤浩初相，舉行司馬光之言，欲併合三省，詔侍從臺諫集議，守言：光之所奏，較然可行，若更集衆，徒爲紛紜。既而悉無異論，竟合三省爲一。上幸建康，呂頤浩、張浚叶議將奉上幸武昌，爲趨陝之計。時方拜浚爲宣撫處置使，身任陝蜀，守與諫議大夫滕康皆持不可，曰：東南今日根本也，陛下遠適，則姦雄生窺伺之心。況將士多陝西人，以蜀近關陝，可圖西歸，自爲計耳，非爲陛下與國家計也。守又陳十害，至殿廬謂康曰：幸蜀之事，吾曹當以死爭之。上曰：朕固以爲難行。議遂寢。六月，久雨恒陰，呂頤浩、張浚皆謝罪求去，詔郎官以上言闕政。初，守爲副端時，嘗上疏曰：陛下處宮室之安，則思二帝母后穹廬毳幕之居享膳羞之奉則思二帝母后羶肉酪漿之味服細煖之衣則思二帝母后窮邊絕塞之寒苦操與奪之柄則思二帝母后語言動作受制於人享嬪御之適則思二帝母后誰爲之使令對臣下之朝則思二帝母后誰爲之尊禮思之又思兢兢栗栗聖心不倦而天不爲之助順者萬無是理也至是復申前說曰今罪己之詔數下而天未悔禍實有所未至耳且曰天時人事至此極矣陛下視今日之勢與去年孰愈而朝廷之措置施設與前日未始異也俟其如維揚之變而後言之則雖斥逐大臣無救於禍漢制災異策免三公今任宰相者雖有勳勞然其器識不足以斡旋機務願更擇文武全材海內所共推者親擢而並用之上書論事或有切直宜加褒擢以來言路先是守嘗論呂頤浩不可獨任張浚不可西去與上意異乞補外除禮部侍郎不拜上命呂頤浩至政事堂諭以正人端士不宜輕去守始受命殿中侍御史趙鼎入對論守無故下遷上曰以其資淺鼎曰言事官無他過願陛下毋沮其氣於是遷翰林學士知制誥九月拜端明殿學士同簽書樞密院事扈從由海道至永嘉回至會稽四年五月除參知政事守嘗薦汪伯彥沈與求劾其短以資政殿學士提舉洞霄宮未幾知紹興府尋以內祠兼侍讀守力辭改知福州時右司員外郎張宗臣請令福建築城守奏福州城於晉太康三年僞閩增廣至六千七百餘步國初削平已久公私困敝請俟他年遂止尋以變易度牒錢百萬餘緡輸之行在助國用時劉豫導金入寇淮上次平江諸將獻俘者相踵守聞之上疏曰今以獻俘誠皆金人或借諸國則戮之可也至如兩河山東之民皆陛下赤子驅迫以來豈得已哉且諭以恩信貸之使歸願留者亦聽則賊兵可不戰而潰金人既遁詔諸將渡江追擊守復上疏以敵情難測願留劉光世控禦諸渡上既還臨安又詔問守以攻戰之利守備之宜綏懷之略措置之方守言明詔四事臣以爲莫急於措置措置苟當則餘不足爲陛下道矣臣請言措置之大略其一措置軍旅其二措置糧食神武中軍當專衛行在而以餘軍分戍三路一軍駐于淮東一軍駐于淮西一軍駐鄂岳或荆南擇要害之處以處之使北至關輔西抵川陝血脈相通號令相聞有脣齒輔車之勢則自江而南可奠枕而臥也然今之大將皆握重兵貴極富溢前無祿利之望退無誅罰之憂故朝廷之勢日削兵將之權日重而又爲大將者萬一有稱病而賜罷或卒然不諱則所統之衆將安屬耶臣謂宜拔擢麾下之將使爲統制每將不過五千人棊布四路朝廷號令徑達其軍分合使令悉由朝廷可以有爲也何謂措置軍食諸將既分屯諸路則所患者財穀轉輸也祖宗以來每歲上供六百餘萬出於東南轉輸未嘗以爲病也今宜舉兩浙之粟以餉淮東江西之粟以餉淮西荆湖之粟以餉鄂岳荆南量所用之數責漕臣將輸而歸其餘於行在錢帛亦然恐未至於不足也錢糧無乏絕之患然後戒飭諸將不得侵擾州縣以復業之民戶口多寡爲諸州殿最歲覈實而黜陟之如是措置既定俟至防秋復遣大臣爲之統督使諸路之兵首尾相應綏懷之略亦在是矣究其本原則在陛下內修德而外修政耳閩自范汝爲之擾公私赤立守在鎭四年撫綏彫瘵且請于朝蠲除福州所貸常平緡錢十五萬累請去郡以提舉萬壽觀兼侍讀召還甫兩月復引病丐去知平江府力丐祠以歸六年十二月召見即日除參知政事明日兼權樞密院事七年張浚罷劉光世兵柄而欲以呂祉往淮西撫諭諸軍守以爲不可浚不從守曰必曰改圖亦須得聞望素高能服諸將之心者乃可浚不聽遂有酈瓊之變及臺諫交章論浚御批安置嶺表趙鼎不即行守力解上曰浚爲陛下捍兩淮罷劉光世正以其衆烏合不爲用今其驗矣羣臣從而媒蘖其短臣恐後之繼者必以浚爲鑒誰肯爲陛下任事乎浚謫永州守亦引咎請去弗許八年正月上自建康將還臨安守言建康自六朝爲帝王都江流險闊氣象雄偉且據都會以經理中原依險阻以捍禦彊敵可爲別都以圖恢復鼎持不可守力求去以資政殿大學士知婺州尋改洪州兼江南西路安撫使入對時江西盜賊未息上問以弭盜之策守曰莫先德政伺其不悛然後加之以兵因請出師屯要害既至部揭榜郡邑開諭禍福約以期限許之自新不數月盜平後徙知紹興府會朝廷遣三使者括諸路財賦所至以鞭撻立威韓球在會稽所斂五十餘萬緡守既視事即求入覲爲上言之詔追還三使時秦檜當國不悅守亦不自安復奉祠建康謀帥上曰建康重地用大臣有德望者惟張守可至鎭數月薨守嘗薦秦檜於時宰張浚及檜爲樞密使同朝一日守在省閤執浚手曰守前者誤公矣今同班列與之朝夕相處覩其趣向有患失之心公宜力陳於上守在江右以郡縣供億科擾上疏請蠲和買罷和糴上欲行之時秦檜方損度支爲月進且日憂四方財用之不至見守疏怒曰張帥何損國如是守聞之嘆曰彼謂損國乃益國也卒謚文靖孫抑戶部侍郎

富直柔字季申宰相弼之孫也以父任補官少敏悟有才名靖康初晁說之奇其文薦于朝召賜同進士出身除祕書省正字建炎二年召近臣舉所知禮部侍郎張浚以直柔應詔授著作佐郎尋除禮部員外郎起居舍人遷右諫議大夫范致虛自謫籍中召入直柔力言致虛不當復用出知鼎州遷給事中醫官團練使王繼先以覃恩轉防禦使法當回授得旨特與换武功大夫直柔論繼先以計换授既授之後轉行官資除授差遣更無所礙且武功大夫惟有戰功歷邊任負材武者乃遷不可以輕授上謂宰相范宗尹曰此除出自朕意今直柔抗論朕屈意從之以伸直言之氣四年遷御史中丞直柔請罷右司侯延慶而以蘇遲代之上曰臺諫以拾遺補過爲職不當薦某人爲某官於是延慶改禮部員外郎而遲爲太常少卿十月除端明殿學士簽書樞密院事故事簽書有以員外郎爲之而無三丞爲之者中書言非舊典時直柔爲奉議郎乃特遷朝奉郎自是寄祿官三丞除二府者遷員外郎自直柔始遂爲例紹興元年詔禮部太常寺討論隆祐太后冊禮范宗尹曰太母前後廢斥實出章惇蔡京人皆知非二聖之過直柔曰陛下推崇隆祐天下以爲當然人亦不以爲非哲廟與上皇意願陛下勿復致疑乃命禮官討論典禮既而王居正言太后隆名定位已正於元符宜用欽聖詔奏告天地宗廟其典禮不須討論議遂定上虞縣丞婁寅亮上書言宗社大計欲選太祖諸孫伯字行下有賢德者視秩親王使牧九州以待皇嗣之生退處藩服疏入上大歎悟直柔從而薦之召赴行在除監察御史於是孝宗立爲普安郡王以寅亮之言也除同知樞密院事侍御史沈與求論直柔附會辛道宗永宗兄弟得進幷論其所薦右司諫韓璜先是直柔嘗短呂頤浩於上前頤浩與秦檜皆忌之由是二人俱罷璜責監潯州酒稅而直柔以本官提舉洞霄宮六年丁所生母憂起復資政殿學士知鎭江府辭不赴起知衢州以失入死罪落職奉祠尋復端明殿學士徜徉山澤放意吟詠與蘇遲葉夢得諸人游以壽終于家

馮康國字元通本名輶遂寧府人爲太學生負氣節建炎中高宗次杭州禮部侍郎張浚以御營參贊軍事留平江苗劉作亂浚外倡帥諸將合兵致討傅等居中欲得辯士往說之時輶客浚所慷慨請行浚遣之至杭說傅正彥曰自古宦官亂政根株相連若誅鋤必受禍今二公一旦爲國家去數十年之患天下蒙福甚大然主上春秋鼎盛天下不聞其過豈可遽傳位于襁褓之子且前日名爲傳位其實廢立二公本心爲國奈何以此負謗天下傅按劍大怒輶辭氣不屈正彥乃善論之曰張侍郎欲復辟固善然須用面議乃遣輶還約浚至杭浚復遣輶移書傅等告以禍福使改過又復傅書詆言其罪輶至傅黨馬柔吉詠之曰昨張侍郎書不委曲二公大怒已發兵出杭矣君尚敢來耶輶曰畏則不來來則不畏王世修欲拘留輶會浚謬爲書遺輶云適有客自杭來方知二公於社稷初無不利之心甚悔前書之輕易也傅等見之喜輶得免俄勤王之兵大集傅等始懼輶知其可動乃說宰相朱勝非以今日之事當以淵聖皇帝爲主睿聖皇帝宜復爲大元帥少主爲皇太姪太后垂簾勝非令與傅正彥議皆許諾輶又請褒傅正彥如趙普故事遂皆賜鐵券詔補輶奉議郎守兵部員外郎賜五品服更名康國高宗反正以張浚宣撫川陝浚辟康國主管機宜文字浚至蜀遣康國入奏事詔進兩官爲荆湖宣諭使康國之行也上幸浙東不暇降詔旨康國以自意爲之言者劾以擅造制書坐貶秩二等紹興三年浚召還與康國俱赴行在浚既黜御史常同因論康國罷之起知萬州湖北轉運判官浚相入爲都官員外郎康國言四川稅色祖宗以來正稅重者科折輕正稅輕者科折重科折權衡與稅平准故無偏重近年監司總漕悉改舊法取數務多失業逃亡皆由於此盍從舊法詔以其言下四川憲司察不如法者又言蜀苦陸運當論吳玠非防秋月分兵就糧兼選守牧治梁洋招集流散耕墾就緒則漕運可省此保蜀之良策也浚去相位康國乞補外趙鼎言於高宗曰自張浚罷蜀士不自安今留者十餘人臣恐臺諫以浚故有論列望陛下察之高宗曰朝廷用人止當論其才與否耳頃臺諫好以明黨論士大夫如罷一宰相則凡所薦引不問才否一時罷黜乃朝廷使之爲朋黨非所以愛人才厚風俗也遷右司員外郎除直顯謨閣知夔州丁母憂起復撫諭吳玠軍除都大主管川陝茶馬卒

論曰鄧肅李邴滕康當危急存亡之秋皆侃侃正色知無不言張守論事明遠富直柔阨於秦檜呂頤浩馮康國說折二凶皆有用之才也

宋史卷三百七十六

元中書右丞相總裁脫脫等修

列傳第一百三十五

常同　張致遠　薛徽言　陳淵

魏矼　潘良貴　呂本中

常同字子正邛州臨邛人紹聖御史安民之子也登政和八年進士第靖康初除大理司直以敵難不赴詣元帥府主管機宜文字尋除太常博士高宗南渡辟浙江機幕建炎四年詔故監察御史常安民左司諫江公望抗節剛直觸怒權臣擯斥至死今其子孫不能自振朕甚憫之召同至行在至則爲大宗丞紹興元年乞郡得柳州三年召還首論朋黨之禍自元豐新法之行始分黨與邪正相攻五十餘年章惇唱於紹聖之初蔡京和於崇寧之後元祐臣僚竄逐貶死上下蔽蒙豢成夷虜之禍今國步艱難而分朋締交背公死黨者固自若也恩歸私門不知朝廷之尊重報私怨寧復公議之顧臣以爲欲破朋黨先明是非欲明是非先辨邪正則公道開而奸邪息矣上曰朋黨亦難破同對朋黨之結蓋緣邪正不分但觀其言行之實察其朋附之私則邪正分而朋黨破矣上曰君子小人皆有黨同又對曰君子之黨協心濟國小人之黨挾私害公爲黨則同而所以爲黨則異且如元祐臣僚中遭讒謗竄殛流死而後禍亂成今在朝之士猶謂元祐之政不可行元祐子孫不可用上曰聞有此論同對以禍亂未成元祐臣僚固不能以自明今可謂是非定矣尚猶如此蓋今日士大夫猶宗京黼等傾邪不正之論朋黨如此公論何自而出願陛下始終主張善類勿爲小人所惑又奏自古禁旅所寄必參錯相制漢有南北軍周勃用南軍入北軍以安劉氏唐李晟亦用神策軍以復京師是其效也今國家所仗惟劉光世韓世忠張俊三將之兵耳陛下且無心腹禁旅可備緩急頃者苗劉之變亦可鑒矣除殿中侍御史時韓世忠屯鎮江劉光世屯建康以私忿欲交兵同奏光世等不思待遇之恩而驕狠尚氣無所忌憚一旦有急其能相爲唇齒乎望分是非正國典昔漢諸侯王有過猶責師傅今兩軍幕屬贊畫無狀乞先黜責上以章示兩軍呂頤浩再相同論其十事且曰陛下未欲遽罷頤浩者豈非以其有復辟之功乎臣謂功出衆人非一頤浩之力縱使有功宰相代天理物張九齡所謂不以賞功者也頤浩罷相論知樞密院宣撫川陝張浚喪師失地遂詔浚福州居住同與辛炳在臺同好惡上皆重之金使李永壽等入見同言先振國威則和戰常在我若一意議和則和戰常在彼上因語及武備曰今養兵已二十萬同奏未聞二十萬兵而畏人者也僞齊宿遷令張澤以二千人自拔來歸泗州守徐宗誠納之韓世忠以聞朝論令世忠却澤等而械宗誠赴行在同奏敵雖議和而兩界人往來未嘗有禁僞齊尚能置歸受館立賞以招吾民今乃却澤人心自此離矣況宗誠起土豪不用縣官財賦募兵自養爲國障捍今因受澤而械之以沮士氣非策也詔處來歸者於淮南釋宗誠罪四年除起居郎中書舍人史館修撰先是同嘗上疏論神哲二史曰章惇蔡京蔡卞之徒積惡造謗痛加誣詆是非顛倒循致亂危在紹聖時則章惇取王安石日錄私書改修神宗實錄在崇寧後則蔡京盡焚毀時政記日歷以私意修定哲宗實錄其間所載悉出一時姦人之論不可信於後世恭惟宣仁保佑之德豈容異辭而蔡確貪天之功以爲己力厚誣聖后收恩私門陛下卽位之初嘗下詔明宣仁安社稷大功令國史院摭實刊修又復悠悠望精擇史官先修哲宗實錄候書成取神宗朱墨史考證修定庶毀譽是非皆得其實上深嘉納至是命同修撰且諭之曰是除以卿家世傳聞多得事實故也一日奏事上愀然曰向昭慈嘗言宣仁有保佑大功哲宗自能言之正爲宮中有不得志於宣仁者因生誣謗欲辨白其事須重修實錄具以保立勞效昭示來世此朕選卿意也同乞以所得聖語宣付史館仍記于實錄卷末張俊乞復其田產稅役令一卒持書瑞昌而凌悖其令郭彥參彥參繫之獄俊訴于朝命罷彥參同併封還二命俄除集英殿修撰知衢州以疾辭除徽猷閣待制提舉江州太平觀七年秋以禮部侍郎召還未數日除御史中丞車駕自建康回臨安同奏蹕之初去淮益遠宜遣重臣出按兩淮詢人情利病察官吏侵擾縱民耕墾勿收租稅數年之後田野加闢百姓足而國亦足矣乃遣樞密使王庶視師同乞以此奏付庶詢究罷行又言江浙困於月樁錢民不聊生上爲減數千緡又言吳玠屯師興利而西川人力已困玠頃年嘗講屯田願聞其積穀幾何減饋運幾何趙開李迨相繼爲都漕先後饋運各幾何令制漕帥司條具以聞然後按實講究以紓民力又言國家養兵不爲不多患在於偏聚而不同力自用而不同心今韓世忠在楚張俊在建康岳飛在江州吳玠在蜀相去隔遠情不相通今陛下遣樞臣王庶措置邊防宜令庶會集將帥諭以國體協心共議禦敵常令諸軍相接以常山蛇勢一意國家無分彼此緩急應援皆有素定之術詔付王庶出示諸將同乞郡除顯謨閣直學士知湖州復召請祠詔提舉江州太平觀紹興二十年卒

張致遠字子猷南劍州沙縣人宣和三年中進士第宰相范宗尹薦其才召對擢爲樞密院計議官建寇范汝爲已降猶懷反側而招安官謝嚮陸棠受賊賂陰與之通致遠謁告歸知其情還白執政請鋤其根株於是捕嚮棠及制置司屬官施宜生付獄詔參知政事孟庾爲福州宣撫使討賊韓世忠副之辟致遠爲隨軍機宜文字賊平除兩浙轉運判官改廣東轉運判官招撫劇盜曾袞等賊衆悉降紹興四年以監察御史召未至除殿中侍御史時江西帥胡世將請增和買絹折納錢致遠上疏言折納絹錢本欲少寬民力而比舊增半是欲乘民之急而厚其斂也從之金人與劉豫分道入寇宰相趙鼎勸高宗親征朝士尚以爲疑白鼎審處致遠入對獨贊其決遷侍御史言聚財養兵皆出民力善理財者宜固邦本請罷權福建鹽精擇三司使副以常平茶鹽合爲一官令計經常量入爲出先務省節次及經理詔戶部講究五年除戶部侍郎進吏部侍郎尋復爲戶部侍郎言陛下欲富國強兵大有爲於天下願詔大臣力務省節明禁僭侈自宮禁始自朝廷始額員可減者減之司屬可併者併之使州縣無妄用歸其餘於監司監司無妄用歸其餘於朝廷朝廷無橫費日積月聚惟軍須是慮中興之業可致也除給事中尋以老母丐外以顯謨閣待制知台州朝廷以海寇鄭廣未平改知福州六年八月廣等降致遠選留四百人置營城外餘遣還業復遣廣討他郡諸盜數月悉平八年正月再召爲給事中出知廣州尋以顯謨閣待制致仕十七年卒年五十八致遠鯁亮有學識歷臺省侍從言論風旨皆卓然可觀趙鼎嘗謂其客曰自鼎再相除政府外從官如張致遠常同胡寅張九成潘良貴呂本中魏矼皆有士望他日所守當不渝識者謂鼎爲知人云

薛徽言字德老溫州人登進士第爲樞密院計議官紹興二年遣使分行諸路徽言在選中以權監察御史宣諭湖南時郴道桂陽旱饑徽言請于朝不待報卽諭漕臣發衡永米以振而以經制銀市米償之所刺舉二十八使還他使皆進擢宰相呂頤浩以徽言擅易守臣而移用經制銀出知興國軍入爲郎遷右司擢起居舍人時秦檜與金人議和徽言與吏部侍郎晏敦復等七人同拜疏爭之一日檜於上前論和徽言直前引義固爭反復數刻中寒疾而卒高宗念之賻絹百匹特與遺表恩

陳淵字知默南劍州沙縣人也紹興五年給事中廖剛中書舍人胡寅朱震權戶部侍郎張致遠言淵乃瓘之諸孫有文有學自瓘在時器重特甚垂若流落負材未試充樞密院編修官會李綱以前宰相爲江南西路安撫制置大使辟爲制置司機宜文字七年詔侍從舉直言極諫之士胡安國以淵應召對改官賜進士出身九年除監察御史尋遷右正言入對論比年以來恩惠大濫賞給太厚須賚賜予之費太過所用既衆而所入實寡此臣所甚懼也周官唯王及后世子不會說者謂不得以有司之法治之非周公作法開後世人主侈用之端也臣謂冢宰以九式均節財用有司雖不會冢宰得以越式而論之若事事以式雖不會猶會也臣願陛下凡有錫賚法之所無而於例有疑者三省得以共議戶部得以執奏則前日之弊息矣淵面對因論程頤王安石學術同異上曰楊時之學能宗孔孟其三經義辨甚當淵曰楊時始宗安石後得程顥師之乃悟其非上曰以三經義解觀之具見安石穿鑿淵曰穿鑿之過尚小至於道之大原安石無一不差推行其學遂爲大害上曰差者何謂淵曰聖學所傳止有論孟中庸論語主仁中庸主誠孟子主性安石皆暗其原仁道至大論語隨問隨答惟樊遲問始對曰愛人愛特仁之一端而安石遂以愛爲仁其言中庸則謂中庸所以接人高明所以處己孟子七篇專發明性善而安石取楊雄善惡混之言至於無善無惡又溺於佛其失性遠矣鄭億年復資政殿學士奉朝請召見于內殿淵言億年故相居中之子雖爲從官而有從賊之醜乞寢其職名不報億年右僕射秦檜之親黨也由是檜怒之除祕書少監兼崇政殿說書以祖名辭改宗正少卿以何鑄論罷主管台州崇道觀十五年卒

魏矼字邦達和州歷陽人唐丞相知古後也少穎悟時方尚王氏新說矼獨守所學宣和二年上舍及第建炎四年召赴闕詔改宣教郎除詳定一司勑令所刪定官紹興元年遷樞密院計議官遷考功郎會星變矼因轉對言治平間彗出東方英宗問輔臣所以消弭之道韓琦以明賞罰爲對比年以來賞之所加有未參選而官已升朝者有未經任而輒爲正郎者罰之所加有未到任而例被銜替者有罪犯同而罰有輕重者力言大臣

黜陟不公所以致異上識其忠擢監察御史遷殿中侍御史臨安火延燒數千家獻諛者謂非災異矼言春秋定哀間數言火災說者謂孔子有德而魯不能用季孫有惡而不能去故天降之咎今朝廷之上有姦慝邪佞之人未逐乎百執事之間有朋附奔競之徒未汰乎搢紳有公忠宿望及抱道懷藝有猷有守之士未用乎在位之人畏人軋己方且蔽賢未聞推誠盡公旁招俊乂宜鑒定哀之失甄別邪正亟加進用內侍李廙飲韓世忠家卒傷弓匠事下廷尉矼言內侍出入宮禁而狠戾發於盃酒乃至如此豈得不過爲之慮建炎詔令禁內侍不得交通主兵官及預朝政違者處以軍法乞申嚴其禁以謹履霜之戒於是廙杖脊配瓊州遷侍御史賜矼五品服時朱勝非獨相矼論勝非無所建明惟知今日進呈一二細故明日啓擬一二故人而機務不決軍政不修除授挾私賢士解體又疏其五罪詔令勝非持餘服又言國家命令之出必先錄黃其過兩省則給舍得以封駮其下所屬則臺諫得以論列此萬世良法也竊聞近時三省樞密院間有不用錄黃而直降指揮者亦有雖畫黃而不下六部者望並依舊制劉豫挾金人入寇宰相趙鼎決親征之議矼請扈從因命督江上諸軍時劉光世韓世忠張俊三大將權均勢敵又懷私隙莫肯協心矼首至光世軍中諭之曰賊衆我寡合力猶懼不支況軍自爲心將何以戰爲諸公計當思爲國雪耻釋去私隙不獨有利於國亦將有利其身光世許之遂勸其貽書二帥示以無他二帥復書交歡光世以書聞由此衆戰屢捷軍聲大振上至平江魏良臣王綸使金回約再遣使且有恐迫語矼請罷講和二字飭厲諸將力圖攻取會金屢敗遁去使亦不遣遷秘書少監矼在職七閱月論事凡百二十餘章尋乞補外除直龍圖閣知泉州以親老辭知建州尋召還丐祠不允除權吏部侍郎八年金使入境命矼充館伴使矼言頃任御史嘗論和議之非今難以專論秦檜召矼至都堂問其所以不主和之意矼具陳敵情難保檜諭之曰公以智料敵檜以誠待敵矼曰相公固以誠待敵第恐敵人不以誠待相公耳檜不能屈乃改命吳表臣詔金使入境欲屈己就和令侍從臺諫條奏來上矼言臣素不熟敵情不知使人所需者何禮陛下所以屈己者何事賊豫爲金人所立爲之北面陛下承祖宗基業天命所歸何藉於金國乎傳聞奉使之歸謂金人悉從我所欲必無難行之禮以重困我陛下何過自取侮乎如或不可從之事儻輕許之他時反爲所制號令廢置將出其手一有不從便生兵隙予奪在彼失信在我非計之得也雖使還我空地如之何而可保雖欲寢兵如之何而可寢雖欲息民如之何而可息非計之得也陛下既欲爲親少屈更願審思天下治亂之機酌之羣情擇其經久可行者行之其不可從者以國人之意拒之庶無後悔所謂國人者不過萬民三軍爾搢紳與萬民一體大將與三軍一體今陛下詢于搢紳民情大可見矣欲望速召大將各帶近上統制官數人同來詳加訪問以塞他日意外之憂大將以爲不可則其氣益堅何憂此敵未幾丁父憂免喪除集英殿修撰知宣州不就改提舉太平興國宮自是奉祠凡四任丁內艱以卒

潘良貴字子賤婺州金華人以上舍釋褐爲辟雍博士遷秘書郎時宰相蔡京與其子攸方以爵祿鉤致名士良貴屹然特立親故數爲京致願交意良貴正色謝絕除主客郎中尋提舉淮南東路常平靖康元年召還賜對欽宗問孰可秉鈞軸者良貴極言何㮚唐恪等四人不可用他日必誤社稷陛下若欲扶危持顛之相非博詢於下僚明揚於微陋未見其可語徹于外當國者借爲狂率黜監信州汭口排岸高宗即位召爲左司諫既見請誅僞黨使叛命者受刃國門卽敵人不敢輕議宋鼎又乞封宗室賢者於山東河北以壯國體巡幸維揚養兵威以圖恢復黃潛善汪伯彥惡其言改除工部良貴以不得其言求去主管明道宮越數年除提點荊湖南路刑獄主管江州太平觀除考功郎遷左司宰相呂頤浩從容謂良貴曰旦夕相引入兩省良貴正色對曰親老方欲乞外兩省官非良貴可爲也退語人曰宰相進退一世人才以爲賢邪自當擢用何可握手密語先示私恩若士大夫受其牢籠又何以立朝卽日乞補外以直龍圖閣知嚴州到官兩月請祠主管亳州明道宮起爲中書舍人會戶部侍郎向子諲入見語言煩褻良貴故善子諲是日攝起居立殿上徑至榻前厲聲曰子諲以無益之談久煩聖聽子諲欲退高宗顧良貴曰是朕問之又諭子諲且款語子諲復語久不止良貴叱之退者再高宗色變閤門併彈之於是二人俱待罪有旨良貴放罪子諲無罪可待良貴求去以集英殿修撰提舉江州太平觀起知明州期年除徽猷閣待制提舉亳州明道宮既歸不出者十年李光得罪良貴坐嘗與通書降二官卒年五十七良貴剛介清苦壯老一節爲博士時王黼張邦昌俱欲妻以女拒之晚家居貧甚秦檜諷令求郡良貴曰從臣除授合辭免今求之於宰相辭之於君父良貴不敢爲也其諫疏多焚棄僅存雜著十五卷新安朱熹爲之序

呂本中字居仁元祐宰相公著之曾孫好問之子幼而敏悟公著奇愛之公著薨宣仁太后及哲宗臨奠諸童稚立庭下宣仁獨進本中摩其頭曰孝於親忠於君兒勉爲祖希哲師程頤本中聞見習熟少長從楊時游酢尹焞遊三家或有疑異未嘗苟同以公著遺表恩授承務郎紹聖間黨事起公著追貶本中坐焉元符中主濟陰簿秦州士曹掾辟大名府帥司幹官宣和六年除樞密院編修官靖康改元遷職方員外郎以父嫌奉祠丁父憂服除召爲祠部員外郎以疾告去再直秘閣主管崇道觀紹興六年召赴行在特賜進士出身擢起居舍人兼權中書舍人內侍李琮失料曆上以潛邸舊人不用保任特給之本中言若以異恩別給非所謂宮中府中當爲一體者上見繳還甚悅令宰臣諭之曰自今有所見第言之監階州草場苗亙以贓敗有詔從黥本中奏近歲官吏犯贓多至黥籍然四方之遠或有枉濫何由盡知異時察其非辜雖欲拔拭其可得乎若祖宗以來此刑嘗用則紹聖權臣當國之時士大夫無遺類久矣願酌處常罰毋令姦臣得以藉口於後世從之七年上幸建康本中奏曰當今之計必先爲恢復事業求人才卹民隱講明法度詳審刑政開直言之路俾人人得以盡情然後練兵謀帥增師上流固守淮甸使江南先有不可動之勢伺彼有釁一舉可克若徒有恢復之志而無其策邦本未強恐生他患今江南兩浙科須日繁閭里告病倘有水旱乏絕姦宄竊發未審朝廷何以待之近者臣庶勸興師問罪者不可勝數觀其辭固甚順考其實不可行大抵獻言之人與朝廷利害絕不相侔言不酬事不濟則脫身而去朝廷施設失當誰任其咎鷙鳥將擊必匿其形今朝廷於進取未有秋毫之實所下詔命已傳賊境使之得以爲備非策也又奏江左形勢如九江鄂渚荊南諸路當宿重兵臨以重臣吳時謂西陵建平國之藩表願精擇守帥以待緩急則江南自守之計備矣內侍鄭諶落致仕得兵官本中言陛下進臨江滸將以有爲今賢士大夫未能顯用巖穴幽隱未能招致乃起諶以統兵之任何邪命遂寢引疾乞祠直龍圖閣知台州不就主管太平觀召爲太常少卿八年二月遷中書舍人三月兼侍講六月兼權直學士院金使通和有司議行人之供本中言使人之來正當示以儉約客館芻粟若務充悅適啓戎心且成敗大計初不在此在吾治政得失兵財強弱願詔有司令無乏可也初本中與秦檜同爲郎相得甚歡檜既相私有引用本中封還除目檜勉其書行卒不從趙鼎素主元祐之學謂本中公著後又范冲所薦故深相知會哲宗實錄成鼎遷僕射本中草制有曰合晉楚之成不若尊王而賤霸散牛李之黨未如明是以去非檜大怒言于上曰本中受鼎風旨伺和議不成爲脫身之計風御史蕭振劾罷之提舉太平觀卒學者稱爲東萊先生賜謚文清有詩二十卷得黃庭堅陳師道句法春秋解一十卷童蒙訓三卷師友淵源錄五卷行于世

論曰傳有之不有君子其何能國紹興之世呂頤浩秦檜在相位雖有君子豈得盡其忠宋之不能圖復中原雖曰天命豈非人事乎若常同張致遠薛徽言陳淵魏矼潘良貴呂本中其才猷皆可以經邦其風節皆可以厲世然皆論議不合奉祠去國可爲永慨矣

宋史卷三百七十七

元中書右丞相總裁脫脫等修

列傳第一百三十六

向子諲　陳規　季陵　盧知原弟法原

陳桷　李璆　李朴　王庠　王衣

向子諲字伯恭臨江人敏中玄孫欽聖憲肅皇后再從姪也元符三年以后復辟恩補假承奉郎三遷知開封府咸平縣豪民席勢犯法獄具上尹盛章方以獄空覬賞却不受子諲以聞詔許自論決章大怒劾以他事勒停宣和初復官除江淮發運司主管文字淮南仍歲旱漕不通有欲濬河與江淮平者內侍主其議無敢可否發運司檄子諲行子諲言自江至淮數百里河高江淮數丈而欲濬之使平決不可曩有司三日一啓閘復作澳儲水故水不乏比年行直達之法加以應奉往來啓閉無節堰閘率不存今復故制嚴禁約則無患使者用其言漕復通進秩一等召對除淮南轉運判官以戶部奏諸路起發上供不及數降一官七年入爲右司員外郎不就以直秘閣爲京畿轉運副使尋兼發運副使建炎元年金人犯亳州子諲自勤王所以書遺金人言兵勢逆順令退保河外金人遽以亳宋等州守禦所牒報

之約曰索戰語極不遜諸道兵畏縮不進時康王次濟州子諲遣進士李植獻金帛及本司錢穀之在濟州者以助軍費張邦昌僭位遣人持勑書往廬州問其家安否子諲檄郡守馮詢提舉范仲使拘之以俟王命邦昌又使其甥劉達賫手書來子諲不啓封焚之械繫達于獄遣子澹請康王率諸將渡河出其不意以救二帝遣將王儀統勤王兵至城下遷直龍圖閣江淮發運副使子諲言去歲劉順奉淵聖蠟詔令監司帥守募兵勤王臣卽鏤板徧檄所部而六路之間漠無應者間有團結起發者類如兒戲姑以避責而已惟淮東一路臣親率諸司粗成紀律然諸司猶有占吝錢物莫肯供億殊不念君父幽處圍城之中臣當時恨無利刃以加其頸今京城失守二帝播遷儻賞罰不行恐金人再爲邊患陛下復欲起天下之兵而諸路翫習故常恬不知畏將何恃以濟艱難哉願明詔大臣按劾諸路監司向承蠟詔廢格不勤王及名爲勤王而稽緩者悉加顯黜命諸路提刑司究實以聞九月子諲罷以素爲李綱所善故黃潛善斥之明年知襲慶府道梗不能赴初邦昌爲平章軍國事子諲乞致仕避之坐言者降三官起復知潭州禁卒爲亂縱火掠市出瀏陽縣子諲遣通判孟彥卿等進及攸縣平之金人破江西移兵湖南子諲聞警報率軍民以死守宗室成中郎聿之隸東壁子諲巡城顧謂曰君宗室不可效此曹苟簡聿之感激流涕金人圍八日登城縱火子諲率官吏奪南楚門遁城陷坐敵至失守落職罷轉運副使賈收言子諲督兵巷戰又收潰卒復入治事帝亦以子諲與他守臣望風遁者殊科詔復職紹興元年移鄂州主管荊湖東路安撫司劇盜曹成據攸縣子諲軍于安仁遣使招之成聽命子諲又遣將西扼衡陽南守宜章成逡巡不敢南向者百餘日諸郡遂得刈穫旣而援兵不至成忿子諲扼已擁衆而南子諲率親兵拒之會官軍潰度不可遏單騎入賊中諭以國家威靈成不服執子諲歸會宣撫司都統制馬廣遣人持吳敏檄諭成成許受招始釋子諲詔提舉江州太平觀胡安國方避地湖南以書抵秦檜言子諲忠節可以扶持三綱願憐其無救而陷于賊復加收用起知廣州時恐賊度嶺故就用子諲守之又以言者罷遂致仕尋起知江州改江東轉運使進秘閣修撰江東當餉劉光世軍適劉豫入寇光世軍合淝以乏餉告亟趣師子諲馳至合淝具見糧以聞光世由是得罪進徽猷閣待制徙兩浙路爲都轉運使除戶部侍郎入見論京都舊事頗及珍玩起居郎潘良貴故善子諲聞其言甚怒旣而子諲奏金國報聘及奠朱震事反復良久良貴徑至榻前厲聲叱之曰子諲不宜以無益之談久煩聖聽子諲欲退上謂良貴曰是朕問之也又諭子諲款語子諲復語久不止良貴叱之退者再上色變欲抵良貴罪中丞常同言良貴無罪願許子諲補外上併怒同張九成言士大夫所以嘉子諲者以其能眷眷於善類今以子諲故逐柱史又逐中司非所以愛子諲也上意稍解批諭同同言不已於是三人俱罷子諲以徽猷閣直學士知平江府金使議和將入境子諲不肯拜金詔乃上章言自古人主屈己和戎未聞甚於此時宜却勿受忤秦檜意乃致仕子諲相家子能脩飭自見於時友愛諸弟置義莊贍宗族貧者初漕淮南時張邦昌僞詔至虹縣令已下迎拜宣讀如常式獨武尉徐端益不拜而走事定子諲言於朝易端益文資退閒十五年號所居曰薌林卒年六十八

陳規字元則密州安丘人中明法科靖康末金人入侵殺鎭海軍節度使劉延慶其徒祝進王在去爲盜犯隨郢復等州規爲安陸令以勤王兵赴汴至蔡州道梗而還會祝進攻德安府守棄城遁父老請規攝守事規遣射士張立率兵討進却之旣而在復與進合以砲石鵝車攻城東規連戰敗之二人懼引衆去建炎元年除直龍圖閣知德安府李孝義張世以步騎數萬薄城陽稱受詔招規登城視其營壘曰此詐也亟爲備夜半孝義兵圍城遂大敗之與羣盜楊進相持十八日進技窮以百人自衞抵濠上求和規出城與交質語進感之折箭爲誓而去董平引衆窺城遣其黨李居正黃進入城求犒規斬進授居正兵爲前鋒大破之升秘閣修撰尋除德安府復州漢陽軍鎭撫使賜三品服俄升徽猷閣待制時桑仲剽略襄漢間其副霍明屯兵郢上規請于朝就以明守郢張浚都督行蜀道仲引兵窺之爲王彥所敗仲怒從數百騎來譙明明殺之奔劉豫以書招規規械其使以聞李橫圍城造天橋塡濠鼓譟臨城規帥軍民禦之砲傷足神色不變圍急糧盡出家財勞軍士氣益振橫遣人來願得妓女罷軍規不許諸將曰圍城七十日矣以一婦活一城不亦可乎規竟不予會濠橋陷規以六十人持火槍自西門出焚天橋以火牛助之須臾皆盡橫拔砦去升徽猷閣直學士詔赴行在改顯謨閣直學士徙知池州沿江安撫使入對首言鎭撫使當罷諸將跋扈請用偏裨以分其勢上皆納之遷龍圖閣直學士改知廬州尋又召赴行在以疾辭提舉江州太平觀復起知德安府坐決察吏職鐫兩官金人歸河南地改知順昌府葺城壁招流亡立保伍會劉錡領兵赴京留守過郡境規出迎坐未定傳金人已入京城卽告錡城中有粟數萬斛勉同爲死守計相與登城區畫分命諸將守四門且明斥候募土人鄉導間諜布設粗畢金遊騎已薄城矣旣至金龍虎大王者提重兵踵至規躬擐甲冑與錡巡城督戰用神臂弓射之稍引退復以步兵邀擊溺于河者甚衆規曰敵志屢挫必思出奇困我不若潛兵斫營使彼晝夜不得休可養吾銳也錡然之果劫中其砦殲其兵甚衆金人告急於兀朮規大饗將士酒半問曰兀朮擁精兵且至策將安出諸將或謂今已累捷宜乘勢全師而歸規曰朝廷養兵十五年正欲爲緩急用況屢挫其鋒軍聲稍振規已分一死進亦死退亦死不如進爲忠也錡叱諸將曰府公文人猶誓死守況汝曹邪兼金營近三十里兀朮來援我軍一動金人追及老幼先亂必至狼狽不獨廢前功致兩淮侵擾江浙震驚平生報君反成誤國不如背城一戰死中求生可也已而兀朮至親循城責諸酋用兵之失衆跪曰南兵非昔比兀朮下令晨飯府庭且折箭爲誓并兵十餘萬攻城自將鐵浮屠軍三千遊擊規與錡行城勉激諸將流矢及衣無懼色軍殊死鬬時方劇暑規謂錡毋多出軍第更隊易器以逸制勞茂不勝矣每淸晨輒堅壁不出伺金兵暴烈日中至未申氣力疲則城中兵爭奮斬獲無算兀朮宵遁錡奏功詔褒諭之遷樞密直學士規至順昌卽廣糴粟麥實倉廩會計議司移粟赴河上規請以金帛代輸至是得其用成錡功者食足故也移知廬州兼淮西安撫旣至疾作有旨脩郡城規在告吏抱文書入臥內規力疾起曰帥事機宜董之郡城通判董之語畢而卒年七十贈右正議大夫有攻守方略傳于世初規守德安時嘗條上營屯田事宜欲倣古屯田之制合射士民兵分地耕墾軍士所屯之田皆相險隘立堡砦寇至則堡聚捍禦無事則乘時田作射士皆分半以耕屯田民戶所營之田水田畝賦秔米一斗陸田賦麥豆各五升滿三年無逋輸給爲永業流民自歸者以田還之凡屯田事營田司兼行營田事府縣官兼行皆不更置官吏條列以聞詔嘉獎之仍下其法於諸鎭自紹興以來文臣鎭撫使有威聲者惟規而已規端毅寡言笑然待人和易以忠義自許尤好振施家無羸財嘗爲女求從婢得一婦甚閑雅怪而詢之乃雲夢張貢士女也亂離夫死無所託鬻身求活規卽輟女奩嫁之聞者感泣規功名與諸將等而位不酬勞時共惜之乾道八年詔刻規德安守城錄頒天下爲諸守將法立廟德安賜額賢守追封忠利侯後加封智敏

季陵字延仲處之龍泉人登政和二年上舍第三遷太學博士論學術邪正異同長官怒譖之執政薦知舒城縣未幾除太常寺簿遷比部員外郎高宗卽位從至揚州建炎二年守尚書右司員外郎太常少卿金人南侵帝幸杭州朝廷儀物皆委棄之陵奉九廟神主負之以行拜起居郎遷中書舍人三年六月淫雨詔求直言陵言金人累歲侵軼生靈塗炭怨氣所積災異之來固不足怪惟先格王正厥事則在我者其可忽邪臣觀廟堂無擅命之臣惟將帥之權太盛宮闈無女謁之私惟宦寺之習未革今將帥擁兵自衞浸成跋扈苗劉竊發勤王之師一至凌轢官吏莫敢誰何此將帥之權太盛有以干陽也宦寺縱橫上下共憤卒碎賊手可爲戒矣比聞復召藍珪黨與相賀聞者切齒此宦寺之習未革有以干陽也洪範休徵曰肅時雨若謀時寒若咎徵曰狂恒雨若急恒寒若自古天子之出必載廟主行示有尊也前日倉卒迎奉不能如禮旣至錢塘置太廟於道宮薦享有闕留神御於河滸安奉後時不肅之咎臣意宗廟當之比年盜賊例許招安未幾再叛反墮其計忠臣之憤不雪赤子之寃莫報不謀之咎臣意盜賊當之道路之言謂鑾輿不久居此自臣臆度決無是事假或有之不幾於狂乎軍興以來旣結保甲又改巡社旣招弓手又募民兵民力竭矣而猶誅求焉不幾於急乎此皆陰道太盛所致帝嘉納之時除梁揚祖爲發運使給事中劉寧止言其不可乃以起居郎綦崇禮權給事中書讀陵封還錄黃又言防秋已迫願陛下先定兵衞及扈從之臣萬一敵勢猖獗便當整駕親按營壘召諸道兵以爲援留將相大臣相率死守勿效前日百官跣足奔竄以扈蹕爲名棄城池以予敵使生靈墮塗炭財用塡溝壑時張浚爲川陝等路宣撫處置使陵論其太專忤旨罷爲徽猷閣待制知太平州未行落職與祠數月復職除知溫州又改中書舍人皆力辭范宗尹薦其才命知臨安府復爲中書舍人入對言事有可深慮者四尚可恃者一大駕未有駐蹕之地賢人皆無經世之心兵柄分而將不和政權去而主益弱所恃以僅存者人心未厭而已前年議渡江人以爲可朝廷以爲不可故譁言南渡而降詔回鑾去年議幸蜀人以爲不可朝廷以

爲可故弛備江淮經營關陝以今觀之孰得孰失維揚之變朝廷不及知而功歸宦寺錢塘之變朝廷不能救而功歸將帥是致此曹有輕朝士之心黃潛善好自用不能用人呂頤浩知使能不知任賢自張愨許景衡飲恨而死凡知幾自重者往往卷懷退縮今天下不可謂無兵劉光世韓世忠張俊各招亡命以張軍勢各効小勞以報主恩然勝不相遜敗不相救大敵一至人自爲謀耳周望在浙西人能言之張浚在陝右無敢言者夫軍事恐失機會便宜可也乃若自降詔書得無竊命之嫌邪官吏責以辦事便宜可也乃若安置從臣得無忌器之嫌邪以至賜姓氏改寺額此皆傷於太專臣恐自陝以西不知有陛下矣惟祖宗德澤在人心未忘所望以中興者此耳陛下宜有以結之今欲薄歛以裕民財而用度方闕輕徭以紓民力而師旅方興罪己之詔屢降憂民之言屢聞丁寧切至終莫之信臣謂動民以行不以言陛下爵當賢祿當功刑當罪施設注措無不當理天下不心服者未之有也朱勝非除江西帥未行陵言金人往年休士馬於燕山次年移河北又次年移京東今寓淮甸無復去意患在朝夕可謂急矣若頤浩旣去勝非未至金人南向兵不素練糧不素積又不設險何以禦之臣願陛下更擇賢副預爲經畫以待今日非論安危實論存亡朝謀夕行當如拯溺豈可不惜分陰詔劉洪道趣往池州措置防江除戶部侍郎范宗尹嘗仕僞楚故凡受僞命者皆錄用陵因上疏曰前日士大夫名節不立論事者皆喜攻之瑕疵既彰不復可用縱加拔拭攻者踵來雖君相制命亦不能爲之地臣試舉其罪大者言之崇寧大觀以來黨助巨奸由詭道以饕寵榮者不知幾何人邦昌亂朝不能死節者不知幾何人苗劉專殺拱手受制不知幾何人以義責之固不容誅以情恕之亦不幸耳弄筆墨者文致其罪既得惡名誰敢引薦臣願明詔宰執於罪戾中選擇實能量付以事勿因一眚廢其終身仍詔臺諫爲國愛人勿復言詔牓其疏於朝堂侍御史沈與求劾陵承望宰執風旨罷官提舉杭州洞霄宮紹興元年復右文殿脩撰二年詔內外官言事陵言軍興以來朝廷誥牒非彊以予民則莫售師旅糧草非彊取於民則莫給舊例和買無本可支者久矣新行和糴能償其直幾何一遇軍興事事責辦有不足者預借後年之賦雖名曰和實彊取之雖名曰借其實奪之兵將衣食不取其飽煖取其豐美器械不取其堅利取其輩好務末勝本初無關心賊至則僞言退保賊去則盛言收復遇敗以千爲一遇勝以一爲千今乘輿服御之費十去七八百官有司之費十去五六猶無益於國者軍太冗也張浚一軍以川陝贍之劉光世一軍以淮浙贍之李綱一軍以湖廣贍之上供之物得至司農大府者無幾夫彊兵不在冗食今統領家口隨行一聞賊至擇精銳者護送老小其自隨者秖辦走耳當議者一虜掠婦女軍中多有養既不足寧免作過當議者二所至州軍邀求犒賞守令憚生事竭取民以奉之當議者三詭名虛券隨在批請枉費官物當議者四或假關節或行賄賂寄名軍籍規冒功賞當議者五願詔有司專意講求革因循以作士氣則軍政立復徽猷閣待制帥廣先是惠州有狂男子聚衆數千僭號作亂陵入境誘其徒曾袞令以功贖罪不旬日擒之在官三年卒年五十五贈中大夫有文集十卷陵善言事奏疏可觀然附范宗尹則謂凡受僞命者皆當進用臺諫不當復以爲言攻張浚則謂在蜀失於太專自陝以西將不知有陛下君子皆不謂然也幸醫王繼先授榮州防禦使陵草其制時論亦以此少之

盧知原字行之湖州德清人以父任知歙縣因近臣薦赴都堂審察累遷梓州路轉運副使時承平既久戎備皆弛知原招補兵籍築城亘二十餘里王黼當國貲出無藝知原因疏言之黼怒罷去久之起提點京東刑獄改江西轉運副使過闕入奏徽宗勉之曰卿在蜀道功效甚休遂賜三品服先是綱運阻於重江吏卒並緣爲姦知原悉意經理故先諸道上京師進一官尋除直祕閣爲江淮荊浙等路發運使升祕閣脩撰提舉河北以言者劾褫職歸吏部高宗卽位復龍圖閣知溫州時葉濃陷建州揚勍陷處州知原繕甲兵增城浚隍聲勢隱然帝東幸知原繇海道轉粟及金繒十餘萬至台州召見稱獎擢右文殿脩撰管內安撫使在郡四年民繪像祠之王師討范汝爲召爲添差兩浙轉運使罷提舉太平觀都督孟庾辟爲參謀改徽猷閣待制知臨安府諫官唐輝言知原爲政乖謬詔復爲都督府參謀官章再上遂以舊職奉祠紹興十一年十月卒弟法原

法原字立之自知雍丘縣積官太府少卿賜同上舍出身使遼還遷司農卿賜三品服爲吏部尚書以官秩次第履歷總爲一書功過殿最開卷瞭然吏不能欺坐王黼累罷爲顯謨閣待制紹興元年提舉臨安洞霄宮張浚承制起知夔州尋爲龍圖閣學士川陝等路宣撫處置副使進端明殿學士川陝宣撫副使金人攻關輔叛將史斌陷興州諸郡多應者法原命諸將堅壁言戰者斬衆以爲怯未幾河東經制使王𤫊以乏食班師法原開關納之與𤫊同破斌復興州方巨盜充斥秦隴叛兵欲窺蜀法原極意拊循嚴爲備禦傳檄諸路人心稍安視山川險阻分地置將自洮岷至階成關師古主之屯通川文龍至威茂劉錡主之屯巴西前後屢捷上所倍重會兀朮攻關爲吳玠所敗法原素與玠不睦玠因奏功訟法原不濟師不餽糧不銓錄立功將士帝手詔詰問法原自辯甚力上顧不直之憂恚卒于軍始法原爲川陝宣撫使上從容謂知原曰朕方以川陝付法原蓋兄弟皆以材見稱於世故並用之也

陳桷字季壬溫州平陽人以上舍貢辟雍政和二年廷對第三授文林郎冀州兵曹參軍累遷尚書虞部員外郎政和七年提點福建路刑獄福州調發防秋兵資糧不滿望殺帥臣變生倉卒吏民奔潰闔城震駭桷入亂兵中諭以禍福賊氣沮邀桷奏帥臣自斃桷詭從其請間道馳奏以前奏不實待罪朝廷以桷知變釋之叛兵旣調行遁道追殺首惡二十餘人一方以安建炎四年五月復除福建路提刑尋以疾乞祠主管江州太平觀紹興三年召爲金部員外郎升郎中時言事者率毛舉細務略大利害桷抗言今當專講治道之本脩政事以攘敵國不當以細故勤聖慮如平時也又言刺史縣令滿天下不能皆得人乞選監司重其權久其任除太常少卿又陳攻守二策在於得人心脩軍政五年除直龍圖閣知泉州明年改兩浙西路提刑乞置鄉縣三老以厚風俗凡宮室車馬衣服器械定爲差等重侈靡之禁八年遷福建路轉運副使十年復召爲太常少卿適編類徽宗御書成詔藏敷文閣桷以爲舊制自龍圖至徽猷皆設學士待制雜壓著令龍圖在朝請大夫之上至徽猷在承議郎之上每閣相去稍遠議者疑其不倫直敷文閣者綴徽猷則與諸閣小異降之則班列太卑欲參酌取中並爲一列不必相遠庶幾名位有倫仰稱陛下嚴奉祖宗謨訓之意又言祫祭用太牢此祀典之常駐蹕之初未能備禮止用一羊乞檢會紹興六年詔旨復用太牢十一年除權禮部侍郎賜三品服普安郡王出閤奉詔與吏部太常寺討論典故桷等議以國本未立宜厚其禮以繫天下望乃以皇子出閤禮例上之或以爲太重詔以不詳具典故專任己意懷姦附麗與吏部尚書吳表臣禮部尚書蘇符郎官方雲翼丁仲寧太常屬王普蘇籍並罷尋以桷提舉江州太平觀十五年知襄陽府充京西南路安撫使襄漢兵火之餘民物凋瘵桷請于朝以今之戶數視承平時纔二十之一而賦須尚多乞重行蠲減明年金房兵叛桷遣將平之而後以聞漢水決溢漂蕩廬舍躬率兵民捍築隄岸賴以無虞以疾乞祠除祕閣脩撰提舉江州太平興國宮二十四年改知廣州充廣南東路經略安撫使未至而卒年六十四桷寬洪醞籍以誠接物而恬於榮利當秦檜用事以永嘉爲寓里士之貪緣攀附者無不躐登顯要桷以立螭之舊爲人主所知出入頓挫晚由奉常少卿擢權小宗伯復以議禮不阿忤意遽罷其節有足稱自號無相居士有文集十六卷子汝楫汝賢汝藹孫峴以詞學擢第官中書舍人直學士院

李璆字西美汴人登政和進士第調陳州教授入爲國子博士出知房州時旣榷官茶復彊民輸舊額貧無所出被繫者數百人璆至卽日盡釋之宣和三年廷議將取燕璆聞之曰百辟卿士一倡共和國家安危其幾在是上疏切諫大略謂太祖以聖武得天下將士皆百戰之餘以是而取燕雲宜易爲力然趙普輩無敢贊其決者蓋識天下大勢且重民命故也今承太平之業父老幸不識兵雖不得燕雲地何闕於漢疏奏不省及燕旣平責監英州清溪鎭明年赦還爲郎尋試中書舍人建言元祐名臣子孫久被廢錮宜少寬之宦官譚稹出師河北以無功廢將復進用璆不肯書行會山東盜起州縣不能制至河北無見糧軍士洶洶璆條奏十事忤大臣意罷紹興四年以集英殿脩撰知吉州江西兵素剽悍璆始視事有相挻爲亂者亟捕誅首謀者撫循其餘大布恩信境內遂安累遷徽猷閣直學士四川安撫制置使成都舊城多毀圮璆至首命脩築俄水大至民賴以安三江有堰可以下灌眉田百萬頃久廢弗脩田萊以荒璆率都刺史合力脩復竟受其利眉人感之繪像祠于堰所間遭歲饑民徙發倉振活無慮百萬家治蜀之政多可紀有清溪集二十卷

李朴字先之虔之興國人登紹聖元年進士第調臨江軍司法參軍移西京國子監教授程頤獨器許之移虔州教授以嘗言隆祐太后不當廢處瑤華宮事有詔推鞫忌者欲擠之死使人危言動之朴泰然無懼色旋追官勒停會赦注汀州司戶徽宗卽位翰林承旨范純禮自言待罪四十六日不聞玉音謂朴曰某事豈便於國乎某事豈便於民乎朴曰承旨知而不言無父風也純禮泣下右司諫陳瓘薦朴有旨召對朴首言熙寧元豐

以來政體屢變始出一二大臣所學不同後乃更執圓方互相排擊失今不治必至不可勝救又言今士大夫之學不求諸己而惟王氏之聽敗壞心術莫大於此願詔勿以王氏爲拘則英材輩出矣蔡京惡朴鯁直他執政三擬官皆持之不下復以爲虔州教授又嗾言者論朴爲元祐學術不當領師儒罷爲肇慶府四會令有姦民言邑東地產金寶立額買撲破田疇發墟墓厚賂乃已朴至請罷之改承事郎知臨江軍清江縣廣東路安撫司主管機宜文字欽宗在東宮聞其名及卽位除著作郎半歲凡五遷至國子祭酒以疾不能至高宗卽位除秘書監趣召未至而卒年六十五贈寶文閣待制官其子孫一人朴自爲小官天下高其名蔡京將彊致之俾所厚道意許以禁從朴力拒不見京怒形於色然終不害也中書侍郎馮熙載欲邂逅見朴朴笑曰不能見蔡京焉能邂逅馮熙載邪居官所至有聲在廣南止其師孫竢以文具勤王不若發常賦助邊破漕使鄭良引眞臘取安南之計以息邊患人稱其智朴嘗自誌其墓曰以天爲心以道爲體以時爲用其可已矣蓋叙其平生云有章貢集二十卷行於世

王庠字周彥榮州人累世同居號義門王氏祖伯琪以義聲著于鄉州有鹽井籍民煎輸多至破產惟有祿之家得免伯琪請於州均之官戶而仕者誣訴之賫恨以歿父夢易登皇祐第力成父志言於州縣不聽言於刺史言於三司三司以聞還籍沒者三百五十五家錫歲額三十萬斤嘗攝興州改川茶運置茶鋪免役民歲課亦辦部刺史恨其議不出己以他事中之鐫三秩罷歸而卒母向氏欽聖憲肅后之姑也庠幼穎悟七歲能屬文儼如成人年十三居父喪哀憤深切謂弟序曰父以直道見擠母撫柩誓言期我兄弟成立贈復父官乃許歸葬相與勉之且制科先君之遺意也吾有志焉遂閉戶窮經史百家書傳注之學尋師千里究其旨歸蚤歲上范純仁蘇轍張商英書皆持中立不倚之論呂陶蘇轍皆器重之嘗以經說寄蘇軾謂二帝三王之臣皆志於道惟其自得之難故守之至堅自孔孟作六經斯道有一定之論士之所養反不逮古乃知後世見六經之易忽之不行也軾復曰經說一篇誠哉是言元祐中呂陶以賢良方正直言極諫科薦之庠以宋邦傑學成未有薦者推使先就陶聞而益加敬未幾當紹聖諸臣用事遂罷制科庠歎曰命也無愧先訓以之行己足矣崇寧壬午歲應能書爲首選京師蝗庠上書論時政得失謂中外壅蔽將生寇戎之患張舜民見之歎其危言下第徑歸奉親養志不應舉者八年大觀庚寅行舍法於天下州復以庠應詔庠曰昔以母年五十二求侍養不復願仕今母年六十乃奉詔豈本心乎時嚴元祐黨禁庠自陳蘇軾蘇轍范純仁爲知己呂陶王吉嘗薦舉黃庭堅張舜民王鞏任伯雨爲交游不可入舉求仕願屏居田里以弟序升朝贈父官始克葬葬而母卒終喪復舉八行事下太學大司成考定爲天下第一詔旌其門朝廷知其不可屈賜號處士尋改潼川府教授賜出身及章服一日四命俱至竟力辭不受雖處山林唱酬賦詠皆愛君憂國之言太后念其姑嘗欲官庠以遜其弟姪及甥且以田均給庶兄及前母之姊庠卒孝宗謚曰賢節庠宣和間以恩倖至徽猷閣直學士庠浮沉其間各建大第或者謂其晚節隱操少衰云

王衣字子裳濟南歷城人以門蔭仕中明法科歷深冀二州法曹掾入爲大理評事升寺正林靈素得幸將毀釋氏以逞其私襄州僧杜德寶毀體然香有司觀望靈素意捕以聞衣閱之曰律自傷者杖而已靈素求內批坐以害風教竄流之停衣官尋予祠爲陝西都轉運司主管文字詳定一司勑令所刪定官通判襲慶府知濠州未行召爲刑部員外郎建炎初爲司勳郎中遷大理少卿三年韓世忠執苗傅劉正彥獻俘檻車幾百兩先付大理獄將盡尸諸市衣奏曰此曹在律當誅顧其中婦女有僞買及鹵掠以從者高宗矍然曰卿言極是朕慮不及此也卽詔自傅正彥妻子外皆釋之范瓊有罪下大理寺衣奉詔鞫之瓊不伏衣責以靖康圍城中逼遷上皇擅殺吳革迎立張邦昌事瓊稱死罪衣顧吏曰四詞服矣遂賜死釋其親屬將佐四年升大理卿初帶御器械王球爲龍德宮都監盡盜本宮寶玉器玩事覺帝大怒欲誅之衣曰球固可殺然非其所隱匿則盡爲敵有何從復歸國家乎乃寬之先是百司愆戾付寺劾之至三問取伏狀被劾者懼對莫敢辨衣奏曰伏與辨二事也若一切取伏是以威迫之不使自直非法意也乞三問未承者聽辨從之同詳定一司勑令刪雜犯死罪四十七條書成帝嘉其議法詳明紹興元年權刑部侍郎二年除集英殿脩撰奉祠既而趙令畤應詔薦之復召爲刑部侍郎爲言者所格四年卒于家衣質直和易持法不阿議者賢之

論曰向子諲以相家之子克飭臣節陳規以文儒之臣有聲鎭守可謂拔乎流俗者焉李陵言事不諱二盧兄弟並用以材見稱陳桷守禮知變李璆爲政有惠咸足紀焉李朴不訹權威王庠志高而晚節頗衰王衣明恕而用刑不刻雖或器識不齊亦皆不曠其職也歟

宋史卷三百七十八

元 中書右丞相總裁脫脫等修

列傳第一百三十七

衞膚敏 劉珏 胡舜陟 沈晦

劉一止弟寧止 胡交脩 綦崇禮

衞膚敏字商彥華亭人以上舍生登宣和元年進士第授文林郎南京宗子博士尋改教授六年召對改宣教郎祕書省校書郎命假給事中賀金主生辰膚敏奏曰彼生辰後天寧節五日金人未聞入賀而反先之以失國體萬一金使不來爲朝廷羞請至燕山候之彼若不來則以幣置境上而已帝可其奏既至燕金賀使果不至遂置幣而返七年復假給事中以行及慶源府逢許亢宗還語金國事曰彼且大入其勢不可往膚敏至燕報愈急衆懼不敢進膚敏叱曰吾將君命以行其可止乎既至金國知其兵已舉殊不爲屈及將還金人所答國書欲以押字代璽膚敏力爭曰押字豈所以交鄰國論難往復卒易以璽及受書欲令雙跪膚敏曰雙跪乃北朝禮安可令南朝人行之哉爭辨踰時卒單跪以受金人積不說中道羈留且半年至涿州新城與斡離不遇遣人約相見拒之不可遂語之曰必欲相見其禮當如何曰有例膚敏笑曰例謂趨伏羅拜此禮焉可用北朝止一君耳皇子郎君雖貴人臣也一介之使雖賤亦人臣也兩國之臣相見而用君臣之禮是北朝一國有二君也金人氣折始曰唯所欲膚敏長揖而入既坐金人出誓書示之膚敏却不視曰遠使久不聞朝廷事此書眞僞不可知因論用兵事又以語折之幾復爲所留靖康初始還進三官遷吏部員外郎會高麗遣使來賀命假太常少卿往接之朝論欲改稱宣問使膚敏曰國家厚遇高麗久矣今邊事方作不可遽創其禮失遠人心願姑仍舊乃復稱接伴使既至明州會京師多難乃便宜稱詔厚賜使者遣還建炎元年復命自劾矯制之罪高宗嘉賞遷衞尉少卿建議兩河諸郡宜降蠟書許以世襲使各堅守陝西山東淮南諸路並令增陴浚隍徙民入城爲清野計命大臣留守汴京車駕早幸江寧帝頗納之遷起居舍人言前日金人憑陵都邑失守朝臣欲存趙氏者不過一二人而已其他皆屈節受辱不以爲恥甚者爲敵人斂金帛索妃嬪無所不至求其能詐楚如紀信者無有也及金人僞立叛臣僭竊位號在廷之臣逃避不從及約寇退歸位趙氏者不過一二人而已其他皆委質求榮不以爲愧甚者爲叛臣稱功德說符命主推戴之議草勸進之文無所不爲求其擊朱泚如段秀實者無有也今陛下踐祚之初苟無典刑何以立國凡前日屈節敵人委質僞命者宜差第其罪大則族次則誅又其次竄殛下則斥之遠方終身不齒豈可猶畀祠祿使塵班列哉又言今二帝北遷寰宇痛心願陛下愈自貶損不忘報雪卑宮室菲飲食惡衣服減嬪御斥聲樂以至歲時上壽春秋錫宴一切罷之雖饗郊廟亦不用樂必俟兩宮還闕然後復常庶幾精誠昭格天地感動人心拜右諫議大夫兼侍讀言行在頗興土木之役非所以示四方乞罷築承慶院昇陽宮又奏凡黜陟自中出者皆由三省乃得奉行或戾祖宗成憲者皆許執奏時內侍李志道以赦恩復保慶軍承宣使添差入內都知膚敏極論罷之初欽宗內侍昭慶軍承宣使容機圍城中時乞致仕高宗卽位命起之膚敏言自古帝王未有求閹寺於閑退而用者遂寢后父邢煥除徽猷閣待制太后兄子孟忠厚顯謨閣直學士膚敏言非祖宗法煥尋換武職忠厚自若俄遷膚敏中書舍人膚敏懇奏曰昔司馬光論張方平不當參知政事自御史中丞遷翰林學士光言以臣爲是則方平當罷以臣爲非則臣當貶今兩無所問而遷臣臣所未論臣雖不肖願附於司馬光又言事母后莫若孝待戚屬莫若恩勸臣下莫若賞今陛下順太母以非法非所謂孝處忠厚以非分非所謂恩不用臣言而遷其官非所謂賞一舉而三失矣帝命宰相諭膚敏曰朝廷以次遷官非因論事也膚敏猶不拜居家逾月及忠厚改承宣使詔后族勿除從官膚敏始拜命又言中書根本之地舍人所掌不特演綸而已凡命令不合公議者率封還之會膚敏知貢舉有進士向烈對省試策謬稱臣諫官李處遯乞正考官鹵莽之罪以集英殿修撰提舉洞霄宮或謂膚敏在後省論事爲黃潛善汪伯彥所惡故因事斥

之三年春召赴行在時帝次平江膚敏入見言及時事泣下帝亦泣曰卿今宜知無不言有請不以時對膚敏謝曰臣頃嘗三爲陛下言揚州非駐蹕之地乞早幸江寧今錢塘亦非帝王之都宜須事定亟還金陵因陳所以守長江之策帝善其言翌日再對歸得疾然猶力疾扈蹕至臨安俄除刑部侍郎未拜謁告歸華亭就醫詔之還禮部侍郎初膚敏久疾臥舟中不能朝時苗劉之變帝未反正宰相朱勝非言於隆祐太后以膚敏稱疾坐觀成敗無人臣節及卒始明其非僞云年四十九特贈大中大夫子仲英仲傑仲循

劉珏字希范湖州長興人登崇寧五年進士第初游大學以書遺中書舍人鄒浩曰公始爲博士論取士之失免所居官在諫省斥宮掖之非遠遷嶺表豈逆計禍福邀後日報哉固欲蹈古人行也今庶政豈盡修明百官豈盡忠實從臣繼去豈盡非才言官屢逐豈盡有罪信任驗曩昔而拱默不言天下之士竊有疑焉願有以慰塞羣望浩得書愧謝之宣和四年擢監察御史坐言事知舒州留爲尚書主客員外郎靖康初議皇帝朝謁上皇儀欲以家人禮見於內庭珏請皇帝設大小次俟上皇御坐宰臣導皇帝升自東階拜於殿上則有君之尊有父之敬又謂君於大臣或賜劍履上殿或許子孫扶掖皇帝朝謁宜令環衞士卒侍立於殿西宰執三衙侍從等官扶侍於殿上如請帝坐卽宰執等退立西隅遷太常少卿討論皇帝受册寶故事珏言唐太宗明皇皆親受父命未嘗再行册禮肅宗卽位於靈武故明皇遣韋見素就册之宣政授傳國璽羣臣上尊號至德宗踐行之後世以爲非議遂寢除中書舍人陳十開端之戒曰陛下卽位罷御筆止營繕登俊乂詘虛誕戢內侍之權開言者之路命令既當未嘗數改任用既公率皆稱職賞必視功政必核實此天下所以指日而徯太平也比者內降數出三省罕有可否此御筆之開端也敎子弟既有其所又徹而新之長入祗候之班勢若可緩亟而成之此營繕之開端也河陽付之庸才涇原委之貪吏此任用失當之開端也花石等濫賞既治復止馬忠統兵累行累召此命令數易之開端也三省密院議論各有所見啟擬各舉所知持不同不比之說忘同寅協恭之議此大臣不和之開端也內路之帥擅作聖旨指揮行郡之守稱爲外任監當此臣下誕謾之開端也董局務者廣辟官屬侍帷幄者分爭殿廬此內侍恣橫之開端也兩省繳奏多命以次行下或戒以不得再繳臺諫言事失當率責爲遠小監當此言路壅塞之開端也恤民之詔累下未可行者多是爲空文無實德此政事失信之開端也隨龍第賞冠帶之工亦推恩金兵扣闕禮房之吏亦進秩此爵賞僭濫之開端也是十者雖未若前日之甚其端已見杜而止之可以馴致治平因而循之雖有智者不能善其後矣詹度都堂稟議中書舍人安扶持不可改命珏書行珏言代燕之役度以書贊童貫大舉去秋蔡靖屢以金人點集爲言度獨謂不應有此遂不設備請寘度嶺表詔予宮祠李綱以觀文殿學士知揚州安扶又持不可珏言韓琦好水之敗韓絳西州之敗皆不免黜責綱勇於報國銳於用兵聽用不審數有敗衄宜降黜以示懲戒綱改宮祠吏部侍郎馮澥言珏持兩端爲綱遊說提舉亳州明道宮建炎元年復召爲中書舍人至泗州上書言金人尚有屯河北者萬一猖獗而南六飛豈能無警乞早賜行幸西兵驍勇宜留以爲衞西京舟船恐金人籍以爲用並令東下時李綱已議營南陽珏未知也既至極言南陽兵弱財單乘輿無所取給乞駐蹕金陵以待敵汪伯彥黃潛善皆主幸東南帝遂如揚州潛善兄潛原除戶部尚書珏言兄弟不可同居一省帝遣張愨諭旨珏論如初詔潛原提舉醴泉觀遷給事中論內降營繕二事曰陛下以前朝房院而建承慶院議者以爲營造寖廣以隆祐太后時有御筆議者以爲內降數出蓋除授不歸中書工役領之內侍此人言所以籍籍也營繕悉歸有司中旨皆許執奏則衆論息矣孟忠厚除顯謨閣直學士邢煥徽猷閣待制珏封還言舊制外戚未有爲兩禁官者詔煥換武階帝曰忠厚乃隆祐太后族宜體朕優奉太后之意珏持益堅忠厚尋亦換武階遷吏部侍郎同修國史言淮甸備敵兵食爲先今以降卒爲見兵以糴本爲見糧無一可恃維揚城池未修軍旅多闕卒有不虞何以待之已而金人果乘虛大入帝亟如臨安以珏爲龍圖閣直學士知宣州俄復爲吏部侍郎以久雨詔求言珏疏論消天變收人心數事詞極激切幷陳荆陝江淮守禦之略願申詔大臣悉屏細務惟謀守禦自京及荆淮之郡置大帥屯勁兵命沿江之守各上措畫之方明斥堠設險阻節大府之出廣大農之入檢察戰艦而習之則守禦詳盡人心安天意回大業昌矣遷吏部尚書隆祐太后奉神主如江西詔珏爲端明殿學士權同知三省樞密院事從行時詔元祐黨籍及上書廢錮人追復故官錄用子孫施行未盡者珏悉奏行之又言常安民張克公嘗論蔡京罪乞厚加恩至洪州疏言修治巡幸道路之役略曰陛下遭時艱難躬履儉約前冬幸淮甸供帳弊舊道路險狹未嘗介意今聞衢信以來除治道路科率民丁急如星火廣市羊豕備造服用使農夫不得穫齊民不得休非陛下儉以避難之意也乞降詔悉罷金人攻吉州分兵追太后舟至太和縣衞兵皆潰珏奉太后退保虔州監察御史張延壽論珏罪珏亦上書自劾踰嶺俟命落職提舉江州太平觀延壽論不已責授祕書少監貶衡州紹興元年許自便明年以朝散大夫分司西京卒於梧州年五十五官其二子八年追復龍圖閣學士有吳興集二十卷集議五卷兩漢蒙求十卷

胡舜陟字汝明徽州績溪人登大觀三年進士第歷州縣官爲監察御史奏御史以言爲職故自唐至本朝皆論時事擊官邪與殿中侍御史同崇寧間大臣欲便己遂變祖宗成憲南臺御史始有不言事者多事之時以開言路爲急乞下本臺增入監察御史言事之文以復祖宗之制以內艱去服闋再爲監察御史奏河北金兵已逼備禦尤不可不講欽宗卽位又言今結成邊患幾傾社稷自歸明官趙良嗣始請戮之以快天下遂誅良嗣又奏今邊境備禦之計兵可練粟可積獨將爲難得請詔內外之臣並舉文武官才堪將帥者又奏上殿班先臺後諫祖宗法也今臺臣在諫臣下乞今後臺諫同日上殿以臺諫雜壓爲先後遷侍御史奏向者晁說之乞皇太子講孝經讀論語間日讀爾雅而廢孟子夫孔子之後深知聖人之道者孟子而已願詔東宮官遵舊制先讀論語次讀孟子又奏涪陵譙定受易於郭雍究極象數逆知人事洞曉諸葛亮八陣法宜厚禮招之高宗卽位舜陟論宰相李綱之罪帝不聽言者論其嘗事僞廷除集英殿修撰知廬州時淮西盜賊充斥廬人震恐日具舟楫爲南渡計舜陟至修城治戰具人心始安冀州雲騎卒孫琪聚兵爲盜號一海蝦至廬舜陟乘城拒守琪邀資糧舜陟不與衆請以粟遺之舜陟曰吾非有所愛顧賊心無厭與之則示弱彼無能爲也乃時出兵擊其抄掠者琪宵遁舜陟伏兵邀擊得其輜重而歸濟南僭劉文舜聚黨萬餘保舒州投子山縱剽舜陟遣介使招降之時丁進李勝合兵爲盜蘄壽間舜陟遣文舜破之張遇自濠州奄至梁縣舜陟使毀竹里橋伏兵河西伺其半渡擊敗之又請以身守江北以護行宮帝壯其言擢徽猷閣待制充淮西制置使范瓊自壽春渡淮貽書責贍軍錢帛舜陟諭以逆順瓊乃去自軍興後淮西八郡羣盜攻蹂無全城舜陟守廬二年按堵如故以徽猷閣待制知建康府充沿江都制置使踰年改知臨安府復爲徽猷閣待制充京畿數路宣撫使尋罷遷廬壽鎭撫使改淮西安撫使至廬州潰兵王全與其徒來降舜陟散財發粟流民漸歸改知靜江府詔措置市戰馬御史中丞常同奏舜陟克暴傾險罷之後十八年復爲廣西經略以知邕州俞儋有贓爲運副呂源所按事連舜陟提舉太平觀先是舜陟與源有隙舜陟因討郴賊劾源沮軍事源以書抵秦檜訟舜陟受金盜馬非訕朝政檜素惡舜陟入其說奏遣大理寺官袁柟燕仰之往推劾居兩旬辭不服死獄中舜陟有惠愛邦人聞其死爲之哭妻江氏訴於朝詔通判德慶府洪元英究實元英言舜陟受金盜馬事涉曖昧其得人心雖古循吏無以過帝謂檜曰舜陟從官又罪不至死劾官不可不懲遂送柟仰之吏部

沈晦字元用錢塘人翰林學士沈遘孫宣和間進士廷對第一除校書郎遷著作佐郎金人攻汴京借給事中從肅王樞出質斡離不軍金人再攻也與之俱南京城陷邦昌僞立請金人歸馮澥等晦因得還眞爲給事中高宗卽位言者論晦雖使金艱苦而封駮之職不可以賞勞除集英殿修撰知信州帝如揚州將召爲中書舍人侍御史張守論晦爲布衣時事帝曰頃在金營見其慷慨士人細行豈足爲終身累邪不果召知明州移處州帝如會稽移守婺州賊成皋入寇晦用敎授孫邦策率民兵數百出城與戰大敗晦欲斬邦策已而釋之時浙東防遏使傅崧卿在城中單騎往說皋皋遂降進徽猷閣待制以言者論晦妄用便宜指揮行事降集英殿修撰提舉臨安府洞霄宮尋復徽猷閣待制知宣州移知建康府甫踰月以御史常同論罷紹興四年起知鎭江府兩浙西路安撫使過行在面對言藩帥之兵可用今沿江千餘里若令鎭江建康太平池鄂五郡各有兵一二萬以本郡財賦易官田給之敵至五郡以舟師守江步兵守隘彼雖自度假使能渡五郡合擊敵雖善戰不能一日破諸城也若圍五郡則兵分勢弱或以偏師綴我大軍南侵則五郡尾而邀之敵安敢遠去此制稍定三年後移江北糧餉器械悉自隨又乞分兵二千及召募敢戰士三千參用昭義步兵法期年後京口便成疆藩時方以韓世忠屯軍鎭江不果用劉麟入寇世忠拒于揚州晦乞促張俊兵爲世忠援趙鼎稱晦議論

激昂帝曰晦誠可嘉然朕知其人言甚壯膽志頗怯更觀臨事能副所言與否然晦不爲世忠所樂尋提舉臨安府洞霄宮起爲廣西經略兼知靜江府先是南州蠻酋莫公晟歸朝歲久用爲本路鈐轄羈縻之後遁去旁結諸峒蠻歲出爲邊患晦選老將羅統戍邊招誘諸酋喻以威信皆詣府請降晦犒遣之結誓而去自是公晟孤立不復犯邊晦在郡歲買馬三千匹繼者皆不能及進徽猷閣直學士召赴行在除知衢州改潭州提舉太平興國宮卒晦膽氣過人不能盡循法度貧時尤甚故累致人言然其當官才具亦不可掩云

劉一止字行簡湖州歸安人七歲能屬文試太學有司欲舉八行一止曰行者士之常不就登進士第爲越州教授參知政事李邴薦爲詳定一司勑令所删定官紹興初召試館職其略曰事不克濟者患在不爲不患其難瞿人不畏多難以因難而圖事耳如其不爲俟天命自回人事自正敵國自屈盜賊自平有是哉高宗稱善且諭近臣以所言剴切知治道欲驟用執政不樂除祕書省校書郎考兩浙類試以科舉方變欲得通時務者同列皆患無其人一止出一卷曰是直爲首啟號乃張九成也衆皆厭服遷監察御史上疏謂天下之治衆君子成之而不足一小人敗之而有餘君子雖衆道則孤小人雖寡勢易蔓不加察則小人伺隙而入以敗政矣又言陛下憫宿蠹未除頹綱未振民困財竭故置司講究然未聞有所施行得無有以疑似之說欺陛下曰如此將失人心夫所謂失人心者必刑政之苛賦役之多好惡之不公賞罰之不明若皆無是則所失者小人之心耳何病焉時庶事草創有司以吏所省記爲法吏並緣爲奸一止曰法令具在吏猶得舞文矧一切聽其省記所欲與則陳與例欲奪則陳奪例與奪在其牙頰患可勝言哉請以省記之文刊定頒行庶幾絕姦吏弄法受財之弊從之踰年而書成秦檜請置修政局一止言宣王內修政事修其外攘之政而已今之所修特簿書獄訟官吏遷降土木營建之務未見所當急也又謂人才進用太遽仕者或不由銓選朝士入而不出外官雖有異能不見召用非軍事而起復皆倖門不塞之故請選近臣曉財利者倣劉晏法瀕江置司以制國用鄉村置義倉以備水旱增重監司之選後多採用其言遷起居郎奏事帝迎語曰朕親擢也繇六察遷二史祖宗時有幾一止謝先朝惟張澂李梲耳因極陳堂吏窐官之蠹執政植私黨無憂國心翌日罷主管台州崇道觀召爲祠部郎知袁州改浙東路提點刑獄爲祕書少監復除起居郎擢中書舍人兼侍講莫將賜出身除起居郎一止奏將以上書助和議驟自太府丞綴從班前此未有臣乃與將同命願併臣罷之不報遷給事中徐偉達者嘗事張邦昌爲郎得知池州一止言偉達旣仕僞廷今付以郡無以示天下孟忠厚乞試郡一止言后族業文如忠厚雖可爲郡他日有援例者何以却之汪伯彥知宣州入覲詔以元帥府舊人特依見任執政給奉一止言伯彥誤國之罪天下共知以郡守而例執政殆與異時非待制而視待制非兩府而視兩府者類矣帝皆爲罷之於凡貴近之請雖小事亦論執不置御史中丞廖剛謂其僚曰臺當有言者皆爲劉君先矣居瑣闥百餘日繳奏不已用事者始忌奏一止同周葵薦呂廣問迎合李光罷提舉江州太平觀進敷文閣待制御史中丞何若奏一止朋附光假蹇慢上落職罷祠後八年請老復職致仕秦檜死召至國門以病不能拜力辭進直學士致仕卒年八十三一止沖澹寡欲嘗誨其子曰吾平生通塞聽於自然唯機械不生故方寸自有樂地博學無不通爲文不事纖刻制誥坦明有體書詔一日數十輙辦嘗言訓誥者賞善罰惡詞也豈過情溢美怒鄰罵坐之爲哉其草顏魯公孫特命官制甚爲帝歎賞爲手書之詩自成家呂本中陳與義讀之曰語不自人間來也有類藁五十卷子嶨嶅從弟寧止

寧止字無虞登宣和進士甲科除太學錄校書郎建炎初爲浙西安撫大使司參議改兩浙轉運判官苗傅劉正彥之變寧止自毗陵馳詣京口金陵見呂頤浩劉光世勉以忠義退而具軍須以佐勤王除左司郎官辭帝復位除右司郎官給事中梁揚祖爲發運使寧止再疏論駁以添差江淮荆湖制置發運副使扈從隆祐太后幸江西尋爲兩浙轉運副使錄勤王功直龍圖閣進祕閣修撰主管崇道觀提點江淮等路坑冶鑄錢知鎭江府兼沿江安撫進右文殿修撰寧止言京口控扼大江爲浙西門戶請分常州江陰軍及崑山常熟二縣隸本司庶防秋時沿江號令歸一可以固守權戶部侍郎總領三宣撫司錢糧張浚都督諸軍以爲行府屬除吏部侍郎進徽猷閣直學士知秀州升顯謨閣提舉太平觀卒寧止有文名慷慨喜論事當艱難時上疏言闕失指切隱微多人所難言乞禁王安石日錄復賢良方正科用司馬光十科薦士法倣唐制宰執論事以諫官倚立皆其顯顯者勤王之舉呂頤浩紀其有輸忠贊謀之勞寧止與一止岑皆羣從昆弟帝嘗稱寧止忠一止清岑敏云有敎忠堂類藁十卷

胡交修字己楙常州晉陵人登崇寧二年進士第授泰州推官試詞學兼茂科給事中翟汝文同知貢舉得其文曰非吾所能及也置之首選除編類國朝會要所檢閱文字政和六年遷太常博士都官郎從祠部遷左司官拜起居舍人起居郎昭慈太后垂簾聽政除右文殿修撰知湖州建炎初以中書舍人召辭不至改徽猷閣待制提舉杭州洞霄宮三年復以舍人召詔守臣津發尋進給事中直學士院兼侍講入對首論天下大勢曰淮南當吾膺將士遇敵先奔無藩籬之衞湖廣帶吾脅羣盜乘間竊發有腹心之憂江浙肇吾基根本久未立秦蜀張吾援指臂不相救宜詔二三大臣修政事選將帥蒐補卒乘以張國勢撫綏疲瘵以固國本帝又出手詔訪以弭盜保民豐財裕國彊兵禦戎之要交修疏言昔人謂甑有麥飯床有故絮雖儀秦說之不能使爲盜惟其凍餓無聊日與死迫然後忍以其身棄之於盜賊陛下下寬大之詔開其自新之路禁苛慝之暴豐其衣食之源則悔悟者更相告語歡呼而歸其不變者黨與携落亦爲吏士所係獲而盜可弭盜弭則可以保民矣沃野千里殘爲盜區皆吾秔稻之地操弓矢帶刀劍椎牛發冢白晝爲盜皆吾南畝之民陛下撫而納之反其田里無急征暴斂啟其不肖之心耕桑以時各安其業穀帛不可勝用而財可豐財豐則可以裕國矣日者翟興連西路董平據南楚什伍其人爲農爲兵不數年積粟充牣雄視一方盜賊猶能爾況以中興二百郡地欲彊兵以禦寇不能爲翟興輩之所爲乎世以爲名言李成盜江淮廷議欲親征交修謂羣盜猖狂天子自將勝之則不武不勝則貽天下笑此將帥之責何足以辱王師議遂格盜尋遁周祀守常州坐殘虐免會大旱帝問交修致旱之由對以殆祀佚罰之故乃以祀屬吏祀疑爲交修所譏上書告其罪遣大理寺丞胡蒙詣常按驗交修無所絓然羣從多抵罪尋以徽猷閣待制提舉太平觀六年召爲給事中刑部侍郎翰林學士知制誥兼侍讀久之遷刑部尚書汀州寧化縣論大辟十人獄已上知州事鄭強驗問無一人當死交修乞治縣令冐賞殺無辜罪江東留獄追逮者尚六百人交修言若待六百人俱至則瘐死者衆矣請以罪狀明白者論如律疑則從輕詔皆如其言朝論欲以四川交子行之諸路交修力陳其害謂崇寧大錢覆轍可鑒當時大臣建議人皆附和未幾錢分兩等市有二價姦民盜鑄死徙相屬以今交子校之大錢無銅炭之費無鼓鑄之勞一夫挾紙日作十數萬眞贗莫辨售之不疑一觸憲網破家壞產以賞告捕禍及無辜歲月之後公私之錢盡歸藏鏹之家商賈不行市井蕭條比及悔悟恐無及矣時議大舉交修曰今妄言無行之徒爲迎合可喜之論吾無以考驗其實遽信之以舉事豈不誤國哉帝覺之矍然翌日出其奏示大臣曰交修眞一士之諤諤也蜀帥席益旣去帝問交修孰可守蜀者對以臣從子世將可用遂以世將爲樞密直學士四川安撫制置使世將在蜀五年號爲名帥自重兵聚關外以守蜀餉道險遠漕舟自嘉陵江而上春夏漲而多覆秋冬涸而多膠紹興初宣撫副使吳玠始行陸運調成都潼州利州三路夫十萬縣官部送僦賞爭先十斃三四至是交脩言養兵所以保蜀也民不堪命則腹心先潰何以保蜀臣愚欲三月以後九月以前第存守關正兵餘悉就糧他州如此則守關者水運可給分戍者陸運可免帝命學士院述交修意詔玠行之議徽宗配享功臣交脩奏韓忠彥建中靖國初爲相賢譽翕然時號小元祐從之人大允服八年夏以親老除寶文閣學士知信州入辭上欲留侍經筵力言母老願奉祠里中以便養帝曰卿去行復召矣改提舉江州太平興國宮九年六月召還除兵部尚書翰林學士兼侍講時河南新復交脩奏京西陝右取士之法乞如祖宗時設諸科之目以待西北之士別爲號於南宮以收五路之才詔令禮部討論逾年復請補外除端明殿學士知合州却私請免上供以萬計領州數月卒交脩簡重寡言進止有度爲文不事琢雕坦然明白在詞苑號爲稱職自其從祖宿從父宗愈至交脩世將皆在禁林中興以後學士三入者自交脩始交脩哀次爲書號曰世絲綸集以侈一門之遇至於事繼母以孝聞撫二弟極其友愛遇恩以次補官若交脩者其文行之兼副者歟

綦崇禮字叔厚高密人後徙維之北海祖及父皆中明經進士科崇禮幼穎邁十歲能作邑人墓銘父見大驚曰吾家積善之報其在茲乎及入太學諸生溺於王氏新說少能詞藝者徽宗幸太學崇禮出二表祭酒與同列大稱其工登重和元年上舍第調淄縣主簿爲太學正遷博士改宣教郎祕書省正字除工部員外郎尋爲起居郎攝給事中召試政事堂爲制誥三篇不淹晷而就辭翰奇偉拜中書舍人賜三品服進用之速近世所

未有高宗猶以爲得之晚車駕如平江有旨鄒浩追復龍圖閣待制崇禮當行詞推帝所以襃恤遺直之意有日處心不欺養氣至大言期寤意引裾嘗犯於雷霆計不顧身去國再遷於嶺徼羣臣動色志士傾心又曰英爽不忘想生氣之猶在奸諛已死知朽骨之尚寒同列推重除試尚書吏部侍郎時從官惟崇禮與汪藻尋兼直學士院以徽猷閣直學士知漳州其俗悍強號難治屬有巨寇起建州聲撼鄰境人心動搖崇禮牧民禦衆一如常日訖盜息環城內外按堵如故從知明州召爲吏部侍郎兼權直學士院時有詔侍從官日輪一員具前代及本朝事關治體者一二事進入崇禮言祖宗以來選用儒臣以奉講讀若令從官一例獻其所聞既非舊典且又越職望令講讀官三五日一進乃命學士與兩省官如前詔又言駐蹕臨安以浙西爲根本宜固江淮之守然後可以圖興復蜀在萬里外當召用其士夫慰安遠人之心時兵革後省曹簿書殘毀幾盡崇禮再執銓法熟於典故討論沿革援據該審吏不得容其私後有詔重刊七司條勑崇禮所建明悉書爲令移兵部侍郎仍進直學士院御筆處分召至都堂令條具進討固守利害崇禮奏諜傳金人併兵趣川陝蓋以向來江左用兵非敵之便故二三歲來悉力窺蜀其意以謂蜀若不守江浙自搖故必圖之非特報前日吳玠一敗而已今日利害在蜀兵之勝負又奏君之有臣所以濟治臣効實用則君享其功臣竊虛名則君受其弊實用之利在國虛名之美在身忠於國者不計一已之毀譽惟天下之治亂是憂潔其身者不顧天下之治亂惟一已之毀譽是恤然効力於國其實甚難世未必貴竊名於已其爲則易且以得譽二者有關於風俗甚大是不可不察也九月御筆除翰林學士自靖康後從官以御筆除拜自此始楊惟忠邢煥以節度使致仕告由舍人院出崇禮言祖宗時凡節鉞臣僚得謝不以文武並納節別除一官致仕熙寧間富弼以元勳始令特帶節鉞致仕其後繼者曾公亮文彥博他人豈可援以爲例詔自今如祖宗故典進兼侍讀兼史館脩撰時有旨重脩神宗哲宗正史兵火之後典籍散亡崇禮奏神宗實錄墨本元祐所脩已是成書朱本出蔡卞手多所附會乞將朱墨本叅照脩定哲宗實錄崇寧間蔡京提舉編脩增飾語言變亂是非難以便據舊錄脩定欲乞訪求故臣之家文獻專迹叅照又奏知湖州汪藻編類元符庚辰至建炎己酉三十年事迹乞下藻以已成文字赴本所並從之先是藻奉詔訪求甚備未及脩纂崇禮取而專之嘗進唐太宗錄刺史姓名於屏風故事曰連千里之封得一良守則千里之民安環百里之境得一良令則百里之民說牧民之吏咸得其良則治功成矣苟能劾當時之事以守令姓名詳列于屏簡在帝心則人知盡心職業再入翰林凡五年所撰詔命數百篇文簡意明不私美不寄怨深得代言之體以寶文閣直學士知紹興府劉豫導金人入侵楊楚震擾高宗躬御戎衣次吳會崇禮以近臣承寧方面請浙東一道爲行都肘腋之地備禦不可不謹密疏於朝得便宜從事於是繕城郭厲甲兵輸錢帛以犒王師簡舟艦以扼海道疚心夙夜殆廢食寢及春帝還七州晏然不知羽檄之遽期年上印綬退居台州卒年六十贈左朝議大夫崇禮妙齡秀發聰敏絶人不爲崖岸斬絶之行廉儉寡欲獨覃心辭章洞曉音律酒酣氣振長歌慷慨議論風生亦一時之英也中年頓剉場屋晚方登第以縣主簿驟升華要極潤色論思之選端方亮直不憚強禦秦檜罷政崇禮草詞顯著其惡無所隱檜深憾之及再相矯詔下台州就崇禮家索其藁自於帝前納之且將脩怨會崇禮已沒故身後所得恩澤其家畏懼不敢陳士大夫亦無敢爲其任保樓鑰嘗敘其文以爲氣格渾然天成一旦當書命之任明日洞達雖武夫遠人曉然知上意所在云

論曰建炎紹興之際網羅俊彥布于庶職如衞膚敏以下七人者其論議時政指陳闕失雖或好惡多不同亦皆一時之表表者矧一止寧止兄弟之忠清交脩崇禮之詞翰又有助於治化者焉

宋史卷三百七十九

元　中書右丞相總裁脫脫等修

列傳第一百三十八

章誼　韓肖胄　陳公輔　張觷
胡松年　曹勛　李椬　韓公裔

章誼字宜叟建州浦城人登崇寧四年進士第補懷州司法參軍歷漳台二州教授杭州通判建炎初陳通寇錢塘城閉部使者檄誼聚杭州七縣弓兵以張聲勢會王淵討賊誼隨淵得入城賊平旋加撫定人皆德之帝幸臨安苗劉爲變帝御樓宰臣百執事咸在人心恟恟帝問羣臣曰今日之事何如浙西安撫司主管機宜文字時希孟輒曰乞問三軍誼越班斥之曰問三軍何義若將鼓亂邪希孟却立屏息帝嘉之事定竄希孟吉陽軍誼遷二秩擢倉部員外郎奉使二浙貿易祠牒以濟軍用以稽遲罷未幾召爲駕部員外郎遷殿中侍御史張浚宣府陝西誼奏自趙哲退敗事任已重處斷太重當除副貳使之自助何㮚贈官誼論其折衝無謀守禦無策乃中國招禍之首乞寢免邵青自太平乘舟抵平江所至劫掠誼請置水軍於駐蹕之地且言古舟師有三等大爲陣脚次爲戰船小爲傳令皆可爲戰守之備詔淮南三宣撫措置誼又獻戰守四策謂金人累歲南侵我亦累歲奔走蓋謀國之臣誤陛下也比者駐蹕揚州有兵數十萬可以一戰斥候不明金人奄至踰江而東此宰相黃潛善汪伯彥過也前年移蹕建康兵練將勇據長江之險可守矣舟師不設二相異意金人未至遵海而南此宰相呂頤浩過也不知今年守戰之策安所從出執政大臣誰爲陛下任此事者臣愚謂有江海必資舟檝戰守之具有險阻必資郡縣防守之力有兵將必駕馭撫循不可爲將帥自衞之資有糧賦必漕運轉輸不可爲盜賊侵據之用四者各付能臣分路以辦重賞嚴罰誰敢不用命哉詔問保民弭盜遏寇生財之策誼對曰去姦貪殘虐之吏則民可保用循良廉平之吏則盜可弭敵寇未過以未得折衝禦侮之臣財賦未裕以未得掌財心計之臣凡此四者任人不任法則政治可得而治矣詔集議明堂配享胡直儒等請合祭天地而以太祖太宗配誼言稽之經旨則未合參之典故則未盡施之事帝則未爲簡嚴今國家既以太祖配天於郊比周之后稷則太宗宜配帝於明堂以比周之文王仁宗皇祐二年始行明堂合祭天地並配祖宗乃一時變禮至嘉祐七年再行宗祀已悟皇祐之非乃罷配享仍徹地示之位故有去並侑煩文之詔如嘉祐之詔則太祖地示已不與祭元豐正祀典之詔則悉罷羣祀臣等謂將來明堂大饗宜專祀昊天上帝而以太宗配後不果行紹興二年除大理卿宰相奏知平江府帝曰誼儒者賴其奏讞平恕使民不冤勿令補外尋除權吏部侍郎乞詔有司編類四選通用之條與一司專用之法兼以前後續降指揮自成一書如此則銓曹有可守之法姦吏無舞文之弊書成而吏銓有所執守復改刑部侍郎兼詳定一司敕令誼奏比脩紹興敕令格式其忠厚之意則本於祖宗其綱條之舉則仍於舊貫今在有司爲日既久州縣推行漸見牴牾欲承疑遵用則衆聽惑而不孚欲因事申明則法屢變而難守乞詔監司郡守與承用官司參考祖宗舊典各摭新書之闕遺條具以聞然後命官審訂刪去著爲定法遷徽猷閣直學士樞密都承旨誼奏漢有南北兩屯唐有南北兩衞皆天子自將之兵祖宗所置殿班親軍處禁門之內皆極天下之選今日神武兵萃於五軍多逃亡之餘市井之人殿班親軍倚以侍衞者曾無千百願陛下酌漢唐南北禁衞之意脩本朝遴選班直之法選五軍及諸州各爲一衞合取萬人分爲兩衞則禁衞增嚴王室大競矣四年金遣李永壽王翊來求還劉豫之俘及西北人在東南者又欲畫江以益劉豫時議難之欲遣大臣爲報使參政席益以母老辭薦誼爲代加誼龍圖閣學士充軍前奉表通問使給事中孫近副之誼至雲中與粘罕兀室論事不少屈金人諭亟還誼曰萬里銜命兼迎兩宮必俟得請金人乃令蕭慶授書併以風聞事責誼誼詰其所自金人以實告乃還至南京劉豫留之以計得歸帝嘉勞之擢刑部尚書是冬帝親征王師大捷於淮陰誼扈從還臨安遷戶部尚書誼言祖宗設官理財內則戶部外則諸路轉運使副東南委輸最盛則又置發運以督諸路供輸之入皆有移用補助之法戶部仰以不乏者也今川廣荊湖土貢歲輸不入王府者累年矣眞泗今駐吳會則發運當在荊湖南北之間望討論發運置司之地選能臣以充其任又言戶部左右曹之設諸路則運司左曹之屬也提舉則右曹之屬也若復發運司於諸路各置轉運使副二員以一員檢察常平以應右曹之選則戶部財用無陷失矣五年以疾請郡除龍圖閣學士知溫州適歲大旱米斗千錢誼用劉晏招商之法置場增直以糴米商湊其價自平部使者以狀聞詔遷官一等六年移守平江時將臨幸供億繁夥誼處之皆當於理召對賜帶笏帝曰此不足以償卿之勞其勿謝明年移蹕建康復爲戶部尚書誼奏屯田之策謂京西湖北淮南東西失業者最多朝廷必欲家給牛種人給錢糧以勸耕則財力不足令三大將各屯一路如各捐數縣地均給將士收其餘以省轉輸非小補也七年帝還臨安以誼爲端明殿學士江南東路安撫大使知建康府兼行宮留守未幾提舉亳州明道宮代還八年卒年六十一諡忠恪誼寬厚長者故事臺官言事非挾怨以快已私即用佞家言爲人報復誼獨存大

體士論歸之立朝論事奏疏無慮數十百篇皆經國濟時之策初席益薦誼使金帝曰誼亦母老朕當自諭之誼聞命略無難色戒其家人勿使母知將行告母曰是行不數月卽歸大似往年太學謁告時爾及還母竟不知其使金也誼卒母年九十二子八人騆駒駉驊騂駧馳駰

韓肖胄字似夫相州安陽人曾祖琦祖忠彥再世爲相父治肖胄以蔭補承務郎歷開封府司錄與府尹同對殿中徽宗問其家世賜同上舍出身除衞尉少卿賜三品服尋假給事中充賀遼國生辰使旣還時治守相州請祠肖胄因乞補外侍疾詔除直祕閣知相州代其父任陛辭帝曰先帝詔韓氏世官于相卿父子相代榮事也在相四年王師傳燕肖胄策幽薊且有變宜陰爲守備已而金騎入境野無所掠而去建炎二年知江州入爲祠部郎遷左司嘗言中原未復所恃長江之險淮南實爲屏蔽沃野千里近多荒廢若廣脩農事則轉餉可省兵食可足自是置局建康行屯田於江淮又應詔陳五事曰遠斥堠戢戍兵防海道援中原脩軍政擢工部侍郎時川陝馬綱路通塞不常肖胄請於廣西邕州置司互市諸蕃馬詔行之時召侍從問戰守計肖胄條奏千餘言帝稱其所對事理簡當吏部尚書席益歎曰援古証今切於時用非世官不能也紹興二年詔百官各言省費裕國强兵息民之策肖胄言天下財賦窠名舊悉隷三司今戶部惟有上供之目而已問諸路窠名於戶部戶部不能悉問諸州窠名於漕司漕司不能悉失一窠名則此項遂亡願詔諸路漕司括州縣出納可罷罷之可併併之立爲定籍漕司總諸州戶部總諸路則無失陷矣經費之大莫過養兵今人亡而冒請者衆願立諸軍覈實之法重將帥冒請之罪則兵數得實餉給不虛省費裕國此其大者生民常賦之外迫以軍期吏緣爲姦歛取百端復爲寇所迫逐田桑失時寇去復業未及息肩催科之吏已呼其門矣願詔郡邑招集流散官貸之種俟及三年始責其賦置籍書之以課殿最强兵息民此其先者時多所采納又請復天地日月星辰社稷之祀於是下有司定一歲祭禮遷吏部侍郎時條例散失吏因爲姦肖胄立重賞俾各省記編爲條目以次行之舞文之弊始革陣亡補官得占射差遣而在部常調人守待不能注授且有短使重難肖胄請陣亡惟許本家用恩例異姓俟經任收使遂無不均且嚴六部出入之禁而請託不行三年拜端明殿學士同僉書樞密院事充通問使以胡松年副之肖胄慨然受命時金酋粘罕專執政方恃兵强持和戰離合之策行人皆危之肖胄入奏曰大臣各循已見致和戰未有定論然和乃權時之宜他日國家安彊軍聲大振誓當雪此讐恥今臣等行或半年不返命必復有謀宜速進兵不可因臣等在彼而緩之也將行母又語之曰汝家世受國恩當受命卽行勿以我老爲念帝稱爲賢母封榮國夫人肖胄至金國金人知其家世甚重之往返幾半年自帝卽位使者凡六七年未嘗報聘至是始遣人偕來肖胄先北使入對與朱勝非議不合力求去以舊職知溫州提舉臨安府洞霄宮五年詔問前宰執戰守方略肖胄言女眞等軍皆畏服西兵劒銳喜戰今三帥所統多西人吳玠繼有捷奏軍聲益振敵意必搖攻戰之利臣固知之自荊襄至江淮綿亘數千里不若擇文武臣僚按行計度求險阻之地屯兵積糧則形勢相接今淮東西雖命宣撫使然將屯置司乃在江上所遣偏裨分守不過貲以輕兵勢孤力弱難以責其固志當移二將於江北使藩籬可固又言諸大將之兵自主庭戶更相讐疾若欲並遣進攻宜先命總帥分以精銳自成一軍號令既一則諸將疇敢不聽命畿甸山東關河之民怨金人入骨當以安集流亡招懷歸附爲先今淮南江東西荒田至多若招境上之人授田給糧捐其賦租必將接跡而至又奏江之南岸曠土甚多沿江大將各分地而屯軍士舊爲農者十之五六擇其非甚精銳者使之力耕農隙則試所習之技藝秋成則均以所種之禾麥或募江北流徙及江南無業願遷之人分給之刱爲營屯止則固守出則攻討起知常州召赴行在提舉萬壽觀尋除僉書樞密院事和議已定復命肖胄爲報謝使接伴者逆於境謂當稱謝恩使肖胄論難三四反遂語塞既至金遣人就館議事肖胄隨問隨答衆皆聳聽其還給轝車及頓遞宴設自肖胄始除資政殿學士知紹興府尋奉祠與其弟膺胄寓居于越幾十年事母以孝聞弟不至不食所得恩澤皆先給宗族卒年七十六謚元穆琦守相作晝錦堂治作榮歸堂肖胄又作榮事堂三世守鄉郡人以爲榮

陳公輔字國佐台州臨海人政和三年上舍及第調平江府教授朱勔方嬖倖當官者奴事之公輔絕不與交勔有兄喪諸生欲往弔公輔不予告勔不悅諷權要移公輔越州累遷權應天府少尹除祕書郎靖康初二府多宣和舊人公輔言蔡京王黼用事二十餘年臺諫皆緣以進唐重師驤爲太宰李邦彥引用謝克家孫覿爲纂脩蔡攸引用及邦彥作相又附麗以進此四人者處臺諫之任臣知其決不能言宰相大臣之過願擇人臣中朴茂純直能安貧守節不附權倖慷慨論事者列之臺諫則所任得人禮義廉恥稍稍振起敵國聞之豈不畏服哉時吳敏李綱不恊公輔奏陛下初臨萬機正賴其同心合謀而二臣不和已有其跡願諭以聖訓俾務一心以安國家徽宗渡江未還人情疑懼公輔力陳父子之義宜遣大臣迎奉欽宗嘉之擢爲右司諫孟夏享景靈宮遂幸陽德佑神觀公輔諫不當如平時事宴游論蔡京父子懷奸誤國終未行遣令朝廷公卿百執事半出其門必有庇之者詔謫京崇信軍節度副使德安府安置又奏朱勔罪惡都城之民皆謂已族滅其家乞勿許其子姪隨上皇入京時有指公輔爲李綱之黨鼓唱士庶伏闕者公輔自列因辭位後陳三事其一言李綱書生不知軍旅遣援太原乃爲大臣所陷必敗事其二言余應求不當以言遠謫其三言方復祖宗法度馮澥不宜更論熙寧元豐之政語觸時宰遂與應求程瑀李光俱得罪斥監合州稅高宗卽位召還除尚書左司員外郎明年始達維揚初李綱得政公輔自外除郎未至而綱罷改南劒州尋予宮觀紹興六年召爲吏部員外郎疏言今日之禍實由公卿大夫無氣節忠義不能維持天下國家平時旣無忠言直道緩急詎肯伏節死義豈非王安石學術壞之邪議者尚謂安石政事雖不善學術尚可取臣謂安石學術之不善尤甚於政事政事害人才學術害人心三經字說詆誣聖人破碎大道非一端也春秋正名分定褒貶俾亂臣賊子懼安石使學者不治春秋史漢載成敗安危存亡理亂爲聖君賢相忠臣義士之龜鑑安石使學者不讀史漢王莽之簒揚雄不能死又仕之更爲劇秦美新之文安石乃曰雄之仕合於孔子無可無不可之義五季之亂馮道事四姓八君安石乃曰道在五代時最善避難以存身使公卿大夫皆師安石之言宜其無氣節忠義也復授左司諫言中興之治在得天得人以孝感天以誠得民帝善其深得諫臣體賜五品服令尚書省寫圖進入以便觀覽公輔感帝知遇益罄忠鯁言正心在務學治國在用人朝廷之禍在朋黨仍乞增輪對官令審計官告糧料榷貨監倉及茶場等官有已見許面對時有詔將駐蹕建康公輔上疏陳攻守之策且乞選大臣鎭淮西增兵將守要害使西連鄂岳東接楚泗皆有犄角之形徽宗訃至公輔請宮中行三年之喪視朝服淡黃羣臣未可純吉服明堂未當以徽宗配宜罷臨軒策士又乞權罷講筵事不行遷尚書禮部侍郎會趙鼎言進退人才乃其職分疏稍侵公輔因力請祠除集英殿脩撰提舉江州太平觀尋知處州升徽猷閣待制乃提舉太平觀卒年六十六贈太中大夫有文集二十卷奏議十二卷行於世公輔論事剴切疾惡如讐惟不右程頤之學士論惜之

張觷字柔直福州人舉進士爲小官不與世詭隨時蔡京當國求善訓子弟者觷適到部京族子應之以觷薦觷再三辭不獲遂卽館京亦未暇與之接觷嚴毅聳拔意度疑然異於他師諸生已不能堪忽謂之曰汝曹曾學走乎諸生駭而問曰嘗聞先生敎令讀書徐行未聞教以走也觷曰天下被而翁破壞至此旦夕賊來先至而家汝曹惟有善走庶可逃死爾諸子大驚亟以所聞告京曰先生心恙京矍然曰此非汝所知也卽見觷深語觷慷慨言曰宗廟社稷危在旦夕京歛容問計觷曰宜亟引耆德老成置諸左右以開道上心羅天下忠義之士分布內外爲第一義爾京因扣其所知遂以楊時薦於是召時觷後守南劒州遷福建路轉運判官未行會范汝爲陷建州遣葉徹擁衆寇南劒時統制官任士安駐軍城西不肯力戰觷獨率州兵與之戰分爲數隊令城中殺羊牛豕作肉串仍多具飯將戰則食第一隊人既飽遣之入陣便食第二隊人度所遣兵力將困卽遣第三隊人往代第四至五六隊亦如之更迭交戰士卒飽而力不乏徹中流矢死衆敗走觷知士安懼無功卽函徹首與之州兵皆憤觷曰賊必再至非與大軍合力不能破也士安得之大喜遂馳報諸司謂已斬徹未幾徹二子果引衆聲言復父讐縞素來攻於是士安與州兵夾攻大敗之城賴以全再知處州嘗欲造大舟幕僚不能計其直觷教以造一小舟量其尺寸而十倍算之又有欲築紹興園神廟垣召匠計之云費八萬緡觷教之自築一丈長約算之可直二萬卽以二萬與匠者董役內官無所得乃奏紹興空乏難濟太后遂自出錢費三十二萬緡以直龍圖閣知處州蕩平餘寇進祕閣脩撰卒後廟食邵武

胡松年字茂老海州懷仁人幼孤貧母粥機織資給使學讀書過目不忘尤邃於易政和二年上舍釋褐補雄州教授八年賜對便殿徽宗偉其狀貌改校書郎兼資善堂贊讀爲殿試參詳官以沈晦第一徽宗大悅曰朕

久聞晦名今乃得之遷中書舍人時方有事燕雲松年累章謂邊釁一開有不勝言者咈時相意提舉太平觀建炎間密奏中原利害召赴行在出知平江府未入境貪吏解印歛跡以興利除害十七事揭于都市百姓便之加徽猷閣待制奏防江利害一日立國無藩籬之固二日遣將無首尾之援三日不攻敵技之所短召爲中書舍人言武昌九江建昌京口吳江錢塘明越宜各屯水戰士三千以爲備唐恪追復觀文殿學士松年繳奏曰靖康之禍何㮚輕脫寡謀宜爲罪首去年秦檜還朝力稱其抗義守正遂被褒贈已大咈士論今恪子琢自陳其父不獲伸迎請二帝之謀飲藥而死此事凜然追蹤古人宜詔有司詳考實狀庶不爲虛美以示激勸除給事中會選將帥松年奏富貴者易爲善貧賤者難爲功在上之人識擢何如爾願陛下親出勞軍卽行伍蒐簡之必有可爲時用者又奏恢復中原必自山東始山東歸附必自登萊密始不持三郡民俗忠義且有通泰飛艘往來之便除兼侍講王倫使金還言金人欲再遣重臣來計議以松年試工部尚書爲韓肖胄副充大金奉表通問使時使命久不通人皆疑懼松年毅然而往至汴京劉豫令以臣禮見肖胄未答松年曰聖主萬壽豫曰聖意何在松年曰主上之意必復故疆而後已使還拜吏部尚書岳飛收復襄漢命松年籌度守禦事松年奏乞飛班師徐窺劉豫意向若豫置不問其情叵測當飭將士謹疆埸可也又條戰艦四利一曰張朝廷深入之軍勢二曰固山東欲歸之民心三曰震疊強敵使不敢窺江浙四曰牽制劉豫不暇營襄漢除端明殿學士僉書樞密院事首奏八事立規摹以定中興之基振紀綱以尊朝廷之勢馭將帥使知畏撫士卒使知勸收予奪之柄察毀譽之言無以小疵棄人才無以虛文廢實效又薦張敵萬向在淮南誘敵深入步騎四集悉陷於淖無得脫者金人至今膽落乞令統率軍馬別爲任使庶幾外間漸多名將不獨仗倚三四人而已諜報劉豫於登萊海密具舟楫淮陽順昌積芻粟欲憑藉金人侵我邊鄙議者謂韓劉岳各當一面可保無虞松年奏三人聲勢初不相屬緩急必不相救況海道闊遠蘇秀明越最爲要衝乞選精兵萬人命一大臣往駐建康親督世忠光世守采石馬家渡以張兩軍之勢仍以兵五千屯明州平江控禦江海或無人可遣臣願疾馳以赴其急詔遣松年往江上與諸將會議進討因覘賊情帝決意親征遂次平江命松年權參知政事事治戰艦張浚專治軍器松年曰議論既定力行乃有效若今日行明日止徒紛紛無益俄以疾提舉洞霄宮卜居陽羨雖居閒不忘朝廷事屢言和糴科歛防秋利害帝皆嘉納十六年病革呼其子曰大化推移有所不免乃就枕鼻息如雷有頃卒人謂不死也年六十松年平生不喜蓄財每除官例賜金帛以軍興費廣一無所陳請或勸其白于朝曰弗請則已白之是沽名也喜賓客奉入不足以供費或請節用爲子孫計松年曰賢而多財則損其志況俸廩主上所以養老臣也自持囊至執政所舉自代皆一時聞人所薦一以至公權勢莫能奪方秦檜秉政天下識與不識率以疑忌置之死地故士大夫無不曲意阿附爲自安計松年獨鄙之至死不通一書世以此高之

曹勛字公顯陽翟人父組宣和中以閤門宣贊舍人爲睿思殿應制以占對開敏得幸勛用恩補承信郎特命赴進士廷試賜甲科爲武吏如故靖康初爲閤門宣贊舍人勾當龍德宮除武義大夫從徽宗北遷過河十餘日謂勛曰不知中原之民推戴康王否翌日出御衣書領中曰可便卽眞來救父母并持韋賢妃邢夫人信命勛間行詣王又諭勛見康王第言有清中原之策悉舉行之毋以我爲念又言藝祖有誓約藏之太廟不殺大臣及言事官違者不祥勛自燕山遁歸建炎元年七月至南京以御衣所書進入高宗泣以示輔臣勛建議募死士航海入金國東京奉徽宗由海道歸執政難之出勛于外凡九年不得遷秩紹興五年除江西兵馬副都監勛以遠次爲請改浙東言者論其不閑武藝專事請求竟奪新命十一年兀朮遣使議和授勛成州團練使副劉光遠報之及淮遇兀朮遣還言當遣尊官右職持節而來蓋欲亟和也勛還遷忠州防禦使金使蕭毅等來命勛爲接伴使未幾落階官爲容州觀察使充金國報謝副使召入內殿帝灑泣諭以懇請親族之意及見金主正使何鑄伏地不能言勛反覆開諭金主首肯許還梓宮及太后勛歸金遣高居安等衞送太后至臨安命勛充接伴使遷保信軍承宣使樞密副都承旨二十九年拜昭信軍節度使副王倫爲稱謝使時金主亮已定侵淮計勛與倫還言鄰國恭順和好無他人議其妄孝宗朝加太尉提舉皇城司開府儀同三司淳熙元年卒贈少保

李植字元直泗州臨淮人幼明敏篤學兩舉于鄉從父中行客蘇軾門太史晁無咎見之曰此國士也以女妻焉靖康初高宗以康王開大元帥府湖南向子諲轉運京畿時羣盜四起餉道阨絶環視左右無足遣者有以植薦遂借補廸功郎使督四百艘總押犒師銀百萬糧百萬石招募忠義二萬餘衆自淮入徐趨濟凡十餘戰卒以計達時高宗駐師鉅野聞東南一布衣統衆而至士氣十倍首加勞問植占對詳敏高宗大悅親賜之食曰得一士如獲拱璧豈特軍餉而已承制授承直郎留之幕府植三上表勸進願蚤正大寶以定人心以應天意三降手札獎諭植感激知遇言無不盡爲汪伯彥黃潛善所忌高宗旣卽位爲東南發運司幹辦公事尋以奉議郎知潭州湘陰縣經楊么蕩析植披荊棘立縣治發廩粟振困乏專以撫摩爲急丞相張浚督師江上知植才薦爲朝奉郎鄂州通判大盜馬友孔彥舟未平植請脩戰艦習水戰分軍馬爲左右翼大破彥舟伏兵誅馬友二盜平浚以破賊功上於朝轉朝奉大夫通判荊南府秩滿除尚書戶部員外郎時秦檜當國凡帥府舊僚率皆屏黜浚亦去國植卽丐祠奉親寓居長沙之醴陵十有九年杜門不仕檜死子諲以戶部尚書居邇列語及龍飛舊事識植姓名除戶部郎中召植始入見帝曰朕故人也方有意大用以母老每辭願便養除知桂陽軍丁母憂歸葬哀毀廬墓有白鷺朱草之祥劉錡遺之書曰忠臣孝子元直兼之矣服闋參政錢端禮薦差知夔州陛辭帝慨然曰卿老矣夔遠在海外改知徽州徽俗崇尚淫祠植首以息邪說正人心爲事民俗爲變轉朝請大夫直祕閣改知鎭江府還江淮荊湘都大提點坑冶鑄錢公事踰年金人敗盟朝廷將大舉以植漕運有才略授直敷文閣京西河北路計度轉運使植措畫有方廷議倚重乾道元年遷提刑江西二年直寶文閣江南東路轉運使兼知建康軍府兼本路安撫使主管行宮留守司事植上書極言防江十策其略曰保荊襄之障以固本根審中軍所處以俟大舉蒐選强壯以重軍勢度地險阨以保居民避敵所長擊其所短金人降者宜加賞勸皆直指事宜不爲浮泛翫上帝嘉其言以太府卿召赴闕有疾不克上道遂以中奉大夫寶文閣學士致仕還湘時胡安國父子家南嶽下劉錡家湘潭相與往還講論言及國事必憂形于色始終以和議爲恨年七十有六卒有文集十卷題曰臨淮集廬陵胡銓爲之序謚忠襄子五人汝虞知桃源縣汝士朝奉大夫知黃州汝工知昌化軍

韓公裔字子展開封人初以三館吏補官掌韋賢妃閤牋奏尋充康王府內知客金兵犯京王出使公裔從行渡河將官劉浩吳湛私鬭公裔諭之乃解次磁州軍民戕奉使王雲隨王軍入州廨公裔復諭退之王之將南也與公裔謀間道潛師夜起遲明至相磁人無知者自是親愛愈篤及兵退張邦昌遣人同三舅韋淵來獻傳國璽時淵自稱僞官議者又謂邦昌不可信王怒將誅淵公裔曰神器自歸天命也王遂受璽命公裔掌之公裔力救淵釋其罪元祐后詔王入承大統府僚謂金兵尚近宜屯彭城公裔言國家肇基睢陽正亦宜於睢陽受命時前軍已發將趨彭城會天大雷電不能前王異之夜半抗聲語公裔曰明日如睢陽決矣旣卽帝位公裔累遷武功大夫貴州防禦使後以事忤黃潛善適帝幸維揚公裔丐去潛善以爲避事遂降三官送吏部帝幸越念其舊勞召復故官幹辦皇城司仍帶御器械累遷至廣州觀察使提舉佑神觀公裔給事藩邸三十餘年恩寵優厚每置酒慈寧宮必召公裔會脩玉牒元帥府事多放佚秦檜以公裔帥府舊人奏令脩書官就質其事俄除保康軍承宣使檜疑其捨己而求于帝銜之右諫議大夫汪勃希檜意劾罷公裔遂與外祠在外居住而帝眷之不衰檜死卽復提舉佑神觀賜第和寧門西帝曰朕與東朝欲常見卿故以自近耳升華容軍節度使尋致仕後華容軍復爲岳陽軍公裔遂換岳陽軍節度使高宗旣內禪嘗與孝宗語其忠勞因詔所居郡善視之乾道二年卒年七十五贈太尉謚恭榮官其親族八人高宗賜金帛甚厚公裔律身稍謹不植勢不市恩又敢與黃潛善秦檜異斯亦足取云

論曰章誼有蹇諤之節肖胄席父祖之蔭二人多所論建奉使不辱亦可取矣陳公輔得諫臣之體其劾蔡京王黼之黨論吳敏李綱之隙是矣然旣排安石學術之害而不尚程頤之學何邪張觷斥蔡京之禍薦楊時之賢其趣操正矣況乎寇有術而不自以爲功乎松年鄙秦檜而不交知命通方固不易得而曹勛崎嶇兵間稍著勞効然金人入侵之計已決猶曰鄰國恭順無他何其見幾之不蚤邪若李植韓公裔蚤著忠藎爲天子故人能與黃潛善秦檜爲異閉門不出待時而動斯亦知所向方者哉

宋史卷三百八十

元 中書右丞相總裁脫脫等修

列傳第一百三十九

何鑄 王次翁 范同 楊愿 樓炤
勾龍如淵 薛弼 羅汝楫子願附 蕭振

何鑄字伯壽餘杭人登政和五年進士第歷官州縣入為諸王宮大小學教授祕書郎御史中丞廖剛薦鑄操履勁正可備拾遺補闕之選即命對鑄首陳動天之德莫大於孝感物之道莫過於誠誠孝既至則歸梓宮於陵寢奉兩宮於魏闕紹大業復境土又何難焉帝嘉納之拜監察御史尋遷殿中侍御史上疏論士大夫心術不正徇虛以掠名託名以規利言不由中而首尾鄉背行險自售而設意相傾者為事君之失懷險蠟之謀行刻薄之政輕儇不莊慢易無禮者為行已之失乞大明好惡申飭中外各務正其心術毋或欺誕蓋有所指也時遷溫州諸宮殿神像于湖州有司迎奉所過騷然鑄言孝莫大於寧神寧神莫大於得四海之歡心浙東旱荒若加勤動恐道路怨咨乞務從簡約不得過為騷擾疏奏其事遂已擢右諫議大夫論中興之功在於立志天下之事濟與否在於思與不思願陛下事無大小精思熟慮求其至當而行如是則事無過舉矣尋拜御史中丞先是秦檜力主和議大將岳飛有戰功金人所深忌檜惡其異己欲除之脅飛故將王貴上變逮飛繫大理獄先命鑄鞫之鑄引飛至庭詰其反狀飛袒而示之背背有舊涅盡忠報國四大字深入膚理既而閱實俱無驗鑄察其冤白之檜檜不悅曰此上意也鑄曰鑄豈區區為一岳飛者強敵未滅無故戮一大將失士卒心非社稷之長計檜語塞改命万俟卨飛死獄中子雲斬於市檜銜鑄時金遣蕭毅邢具瞻來議事檜言先帝梓宮未反太后鑾輿尚遷朔方非大臣不可祈請乃以鑄為端明殿學士僉書樞密院事為報謝使鑄曰是行猶顏真卿使李希烈也然君命不可辭既返命檜諷万俟卨使論鑄私岳飛為不反欲寘諸嶺表帝不從止謫徽州時有使金者還言金人問鑄安在曾用否於是復使知溫州未幾以端明殿學士提舉萬壽觀兼侍讀召赴行在力辭乃再遣使金使事祕而不傳既歸報帝復許以大用又力請祠除資政殿學士知徽州居數月提舉江州太平興國宮卒年六十五鑄孝友廉儉既貴無屋可居止寓佛寺其辨岳飛之冤亦人所難然紹興已未以後徧歷臺諫所論如趙鼎李光周葵范冲孫近諸人未免迎望風旨議者以此少之至於慈寧歸養梓宮復還雖鑄祈請之力而金謀蓋素定矣先是金諸將皆已厭兵欲和難自已發故使檜盡室航海而歸密有成約紹興以後我師屢捷金欲和益堅至是遣鑄銜命蓋檜之陰謀以鑄嘗爭岳飛之獄而飛竟死使金知之而其議速諧也鑄死四十餘年謚通惠其家辭焉嘉定初改謚恭敏

王次翁字慶曾濟南人聚徒授業齊魯多從遊者入太學貧甚夜持書就旁舍借燈讀之禮部別頭試第一授恩州司理參軍歷夔州教授辟雍博士出知道州燕雲之役取免夫錢不及期輒以乏興論次翁檄取屬邑丁籍視民產高下以為所輸多寡之數約期受輸不擾而集除廣西轉運判官時劇盜馬友孔彥舟曹成更據長沙帥檄漕司預儲糧三十萬以備調發次翁即以具報吏愕眙次翁曰兵未必發先擾民可乎吾以一路常平上供計之不啻三十萬已而賊不犯境召對論事不合出知處州乞祠歸寓于婺呂頤浩帥長沙辟為參謀官頃之力乞致仕秦檜召還道出婺次翁見之樓炤言頤浩與次翁同郡頤浩再相次翁貧困至此檜笑曰非其類也檜居朝遂以為吏部員外郎遷祕書少監除起居舍人遷中書舍人劉光世除使相奏以文資蔭其子次翁執奏繳還除工部侍郎兼侍講蜀闕帥宰執擬次翁以聞帝以次翁明經術留兼資善堂翊善改御史中丞論趙鼎不法罷知泉州部差李泗為鄂州巡檢而湖北宣撫使不可次翁言法令沮于下而不知朝廷之尊漸不可長帝令詰宣撫司宣贊舍人陳諤孫崇節即閤門受旨升轉次翁言閤門徑自畫旨不由三省非祖宗法寢弗命呼延通因內教出不遜語次翁乞斬通以肅軍且言著令寸鐵入皇城者有常刑遂罷內教韓世忠與劉光世張俊與劉錡皆不相能次翁言世忠於光世因言議有隙俊於錡由措置有睽竊恐錡保一孤壘光世軍處窮獨俊與世忠不肯急援願遣使切責因用郭子儀李光弼以忠義泣別相勉者感動之金人敗盟入侵次翁為秦檜言於帝曰前日國是初無主議事有小變則更用他相後來者未必賢於前人而排斥異黨收召親故紛紛非累月不能定於國事初無補願陛下以為至戒無使小人異議乘間而入檜德之先是檜兄子與其內兄王㬇皆以恩幸得官檜初罷政二人擯斥累年至是次翁希檜旨言吏部之有審量皆暴揚君父過舉得無傷陛下孝治乞悉罷建炎紹興前後累降指揮由是二人驟進初次翁既論罷趙鼎鼎歸會稽上書言時政檜忌鼎復用乃令次翁又言之乞顯置于法且言特進乃宰相階官鼎雖謫降而階官如故是未嘗罷相也遂降散官謫居興化軍右諫議大夫何鑄又論鼎罪重罰輕降朝奉大夫移漳州檜意猶未厭次翁又論鼎聞邊警喜見顏色繩以漢法當伏不道之誅責以春秋當坐誅意之罰雖再行貶責然朝奉大夫視中大夫品秩不相遼漳州比興化尤為善地以此示罰人將玩刑再移潮州安置次翁除參知政事兩浙轉運司牒試主司觀望檜與次翁子姪預選者數人士論大駭金人敗于拓皋帝曰將帥成不戰却敵之功乃輔弼奇謀指蹤之力除一子職名檜召三大將論功行賞岳飛未至檜與次翁謀以明日率世忠俊置酒湖上欲出則語直省官曰姑待岳少保來益令堂廚豐其燕具如此展期以待者六七日飛既至皆除樞密使罷兵柄次翁歸語其子伯庠曰吾與秦相謀之久矣太后回鑾次翁為奉迎扈從禮儀使初太后貸金于金使以犒從者至境金使責償乃入次翁以未得檜命且懼檜疑其私相結約欲擴其位堅不肯償相持境上凡三日中外憂慮副使王㬇哀金與之太后歸泣訴于帝曰王次翁大臣不顧國家利害萬一有變則我子母不相見矣帝震怒欲暴其罪誅之次翁先白檜謂所以然者以未嘗稟命故不敢專檜大喜力為營救奏為報謝使以避帝怒使還帝立中宮奏為冊寶副使帝終惡之檜諭次翁辭位遂以資政殿學士奉祠引年歸居明州檜憐之饋問不絕十九年卒年七十一贈宣奉大夫諸子壻親戚族人添差浙東者又數人皆檜為開陳也檜擅國十九年凡居政府者莫不以微忤出去終始不二者惟次翁爾

范同字擇善建康人登政和五年第再中宏詞科累官至吏部員外郎與秦檜力主和議紹興八年假太常少卿接伴金使蕭哲張通古入境同北向再拜問金主起居軍民見者多流涕除中書門下省檢正諸房公事權吏部侍郎兼實錄院脩撰遷給事中十一年檜再主和議患諸將難制同獻計於檜請皆除樞府罷其兵權檜喜乃密奏以拓皋之捷召三大將赴行在論功行賞同入對帝命與林待聘分草三制世忠俊樞密使飛副使並宣押赴樞府治事張俊與檜意合且覺朝廷欲罷兵權即首納所統兵帝召同入對復以同為翰林學士俄拜參知政事兼脩實錄同始贊和議為檜所引及在政府或自奏事檜忌之万俟卨因論同貳政之初首為遷葬之議自建康至信州謂夫治道怨嗟籍籍近朝廷收天下兵柄歸之宥密同輒於稠人中貪天功以為己有遂罷與祠檜意未已卨再論責授左朝奉郎祕書少監謫居筠州十四年復朝奉大夫提舉江州太平觀移池州十八年復太中大夫知太平州卒年五十二

楊愿字原仲宣和末補太學祿二帝北遷金人聞愿名索之愿匿民間上書執政請迎復元祐皇后又奔濟州元帥府勸進辟為屬高宗即位以元帥府結局恩授脩職郎御營司辟機宜文字歷新昌縣丞越州判官秦檜薦之召改樞密院編脩官登紹興二年進士第遷計議官召試館職罷主管崇道觀復除祕書郎議者謂外任未終改通判明州檜既專政召為祕書丞未幾拜監察御史臺長言愿資淺當先歷郎官改司封員外郎遷右司起居舍人兼權中書舍人初脩玉牒特以命愿愿言玉牒當載靖康推戴趙氏事以秦檜建議本末書之十三年權直學士院充金國賀正旦接伴使金使完顏曄入境猶欲據主席中使傳宣畢不迎拜愿以禮折之皆聽服及還就充送伴使十四年為御史中丞踰月升端明殿學士僉書樞密院事兼參知政事仍兼脩玉牒十五年罷提舉太平觀初愿與張擴並居西掖一時書命藉擴潤色擴詠二毫筆詩愿以為誚己訴于檜諷御史李文會劾之高閌侍經筵帝問張九成安否翊日又問檜檜曰九成之唱異惑衆為臺臣所論乃力乞祠觀其意終不為陛下用帝曰九成清貧不可無祿檜疑閌薦之以語愿愿又嗾文會攻閌去藤州守臣言遷客李光作詩諷刺時政愿在中司傅會其說謂光縱橫傾險子弟賓客往來吳越誘人上書動搖國是光再移瓊海文會既升西府愿覘檜意稍厭即數其害政罷之後二日愿遂補其處帝與檜論事因曰朕謂進用士大夫一相之責也一相既賢則所薦皆賢愿曰陛下任相如此蓋得治道之要又論史事檜曰靖康圍城中失節者相與作私史公肆擠排帝曰卿不推異姓宜其不容愿曰檜非獨是時不肯雷同宣和間耿延禧為學官以其父在東宮勢傾一時士皆靡然從之以徼後福獨檜守正不易蓋自檜再居相位每薦執政必選世無名譽柔佞易制者愿希檜意迎合附下罔上至是斥去天下快之又三年起知宣州玉牒書成加資政殿學士移建康府二十二年卒年五十二初愿守宣城表弟王炎調蘄水令過之醉中謂愿曰嘗於呂丞相處得公頃歲所通書其間頗及秦丞相之短尚記憶否愿聞之色如死

灰遂留炎不聽去會愿移守金陵宴監司大合樂守卒皆怠炎卽青溪得客舟以行愿憂撓而卒

樓炤字仲暉婺州永康人登政和五年進士第調大名府戶曹改西京國子博士辟雍錄淮寧府司儀曹事改尚書考功員外郎帝在建康炤謂今日之計當思古人量力之言察兵家知己之計力可以保淮南則以淮南爲屏蔽權都建康漸圖恢復力未可以保淮南則因長江爲險阻權都吳會以養國力於是移蹕臨安擢右司郎中時銓曹患員多闕少自倅貳以下多添差炤言光武併省吏員今縱未能損其所素有安可置其所本無平給與二年秦檜罷相炤亦以言者論去六年召爲左司員外郎尋遷殿中侍御史明年遷起居郎言今暴師日久財用匱乏考唐故事以宰相領鹽鐵轉運使或判戶部或兼度支今宰相之事難行若參倣唐制使戶部長貳兼領諸路漕權何不可之有內則可以總大計之出入外則可以制諸道之盈虛如劉晏自按租庸以知州縣錢穀利病詔三省相度措置卒施行之又言監司郡守係民甚切乞令侍從官各舉通判資序或嘗任監察御史以上可任監司郡守者一二人詔從之命中書門下置籍七年宰相張浚之兄滉賜出身與郡中書舍人張燾封還乃命炤行炤又封還而竟爲權起居舍人何掄書黃行下於是燾與炤皆請補外以祕閣脩撰知溫州未幾除中書舍人與勾龍如淵並命如淵入對帝謂之曰卿與劉炤皆朕所親擢者遷給事中兼直學士院九年以金人來和傳勅炤草其文曰乃上穹開悔禍之期而大金報許和之約割河南之境土歸我輿圖戢宇內之干戈用全民命尋兼侍讀除端明殿學士僉書樞密院事繼命往陝西宣諭德意炤奏京城統制吳革知環州田敢成忠郎盧大受皆以節義革爲范瓊所害敢大受爲劉豫所殺乞賜褒恤又奏陝西諸路陷劉豫郡縣有不從僞之人所籍貲產並令勘驗給還炤至東京檢視宮室尋詣永安軍謁陵寢遂至長安會李世輔自夏國欲歸朝炤以書招之世輔以二千人赴行在尋至鳳翔以便宜命郭浩帥鄜延楊政帥熙河蘭鞏吳璘帥鳳翔炤欲盡移川口諸軍於陝西璘曰金人反覆難信今移軍陝右則蜀口空虛金若自南山擣蜀要我陝右軍則我不戰自屈當依山爲屯控守要害於是璘政二軍獨屯內地炤又會諸路監司于鳳翔皆言蜀邊屯駐大軍之久坐困四川民力乃下其議語在胡世將傳炤還朝以親老求歸省于明州許之命給假迎侍仍賜以金帶十四年以資殿學士知紹興府過闕入見除僉書樞密院事兼權參知政事尋爲李文會詹大方所劾與祠久之除知宣州徙廣州未行而卒年七十三後謚襄靖炤蚤附蔡京改秩爲臺諫所論其後立朝至位二府皆與秦檜同時其宣諭陝西妄自尊大或者論其好貨失將士心云

勾龍如淵字行父永康軍道江人勾姓本出古勾芒高宗卽位避御名更勾龍氏政和八年登上舍第沉浮州縣二十年以張浚薦召試館職紹興六年除祕書省校書郎歷著作佐郎祠部員外兼禮部起居舍人嘗進所爲文三十篇帝曰卿文極高古更令平易盡善後因進對帝復言文章平易者多淺近淵深者多艱澁惟用意淵深而造語平易此最難者八年兼給事中同知貢舉除中書舍人兼侍讀兼直學士院面命草趙鼎罷相制如淵言陛下旣罷鼎則用人才須聳動四方當速召君子顯黜小人帝曰君子謂誰曰孫近李光小人謂誰曰呂本中先是詞臣曾開以老病辭不草國書帝欲用如淵代之而趙鼎薦本中故如淵憾之又言臣觀朝廷事非君臣情通未易能濟大臣於事稍有過差陛下訓飭之可也陛下所欲爲勢有未可大臣亦當明白辯論然必陛下先與大臣言及此意若不先言卽大臣論一事不從尚未之覺至再至三遂以爲陛下疏之或疑他人有以間之旣以懷疑卽不能盡誠陛下察其不誠又從而疑之安有君臣之間動相疑間而能久於其位者願陛下明諭之帝曰前此未常有以此告朕者卿見秦檜亦宜語此時檜方得君如淵猶恐委檜未專故及之除御史中丞先是檜力主和執政侍從及內外諸臣皆以爲非是多上書諫止者檜患之如淵爲檜謀曰相公爲天下大計而邪說橫起盍不擇人爲臺諫使盡擊去則相公之事遂矣檜大喜卽擢如淵中司如淵言凡事必有初及其初而爲之則易無其端而發之則難陛下卽位一初也渡江二初也移蹕建康三初也自建康復還臨安四初也自趙鼎相劉大中王庶相繼去今復獨任一相召一二名士凡事有當行而弊有當去者又一初也臣願以正紀綱辨邪正明賞罰謹名器審用度厚風俗去文具七者爲獻又言孟庾召節在途士論不與帝曰朕欲遣令使金國在廷莫更有小人否對曰如趙鼎爲相盡隳紀綱乃竊賢相之名而去王庶在樞府盡用奸計乃以和議不合賣直而去劉大中以不孝得罪乃竊朝廷美職而去帝曰卿胡不論對曰目今士論見孟庾之召王庶之去已有一解不如一解之語願陛下不借孟庾一人以正今日公論其他容臣一一爲陛下別白之於是出庾知嚴州又連論庶大中皆罷之金國遣二使來議和許歸河南地使者踞甚議受書之禮不決外議洶洶如淵建議取其書納禁中於是同諫長請對又呼臺吏問朝廷有大議論許臺諫見宰執商議乎吏曰有遂赴都堂與宰執議取書事宰執皆以爲然帝親筆召如淵李誼入對明日詔宰執就館見金使受其書納入人情始安九年奏召還曾開范同而罷施庭臣莫將以謂開同之出雖曰語言之過而其心實出於愛君庭臣將之遷雖曰議論合而其迹終近於希進今國論旣定好惡黜陟所宜深謹又論張邦昌時僞臣因赦復職非是帝曰卿言是也朕亦欲置此數匹夫不問對曰將恐無以示訓其後卒不行忽一日如淵言和議之際臣粗自効如臣到都堂若不過朝廷再遣使之議則和議必至於壞而宣對之日稍有將順則遂至於屈臣於二者粗有報國之忠臣親老願求歸帝不許如淵疑帝有疏之之意又奏曰臣向薦君臣腹心之論陛下大以爲然其後秦檜在和議可否未決之間欲求去陛下頗罪之臣再三爲檜辨析今陛下與檜君臣如初而臣反若有讒愬於其間者帝曰朕素不喜讒卿其勿疑如淵嘗與施廷臣忿爭庭臣謂如淵有指斥語帝謂秦檜曰以朕觀之庭臣之罪小如淵之罪大檜請斥庭臣而從如淵待其求去然後補外帝不可於是與庭臣皆罷初如淵與莫將及庭臣皆力主和議如淵緣此擢中司而將及庭臣緣此皆峻用張燾晏敦復上疏專以三人爲言如淵入言路卽劾二人至是與庭臣俱罷其後檜擬如淵知遂寧府帝曰此人用心不端遂已兩奉祠卒年六十二如淵始以張浚薦召而終乃翼秦檜擠趙鼎譖呂本中逐劉大中王庶心迹固可見矣子佃倛似

薛弼字直老溫州永嘉人登政和二年進士第調懷州刑曹杭州教授初頒五禮新書定著釋奠先聖誤用下丁弼據禮是正州以聞詔從其議監左藏東庫內侍王道使奴從旁視絹美惡多取之弼白版曹窮治人嚴憚之靖康初金兵攻汴京李綱定議堅守衆不悅弼意與綱同圍解遷光祿寺丞嘗言姚平仲不可恃未幾而敗綱求太原弼言金必再至綱不當去宜先事河北金人果再入始命刑部侍郞宋伯友提舉河防弼以點檢糧草從之爲計畫甚切皆不能用乃乞罷歸改三門白波輦運尋主管明道宮提舉淮東鹽事改湖南運判楊么據洞庭寇鼎州王燮久不能平更命岳飛討之么陸耕水戰樓船十餘丈官軍徒仰視不得近飛謀益造大舟弼曰若是則未可以歲月勝矣且彼之所長可避而不可鬭也今大旱湖水落洪若重購舟首勿與戰逐筏斷江路藁其上流使彼之長坐廢而精騎直擣其壘則破壞在目前矣飛曰善兼旬積寇盡平進直祕閣時道殣相望弼以聞帝惻然命給錢六萬緡廣西常平米六萬斛鄂州米二十萬斛振之且使講求富弼青州荒政民賴以甦王彥自荊移襄遷延不卽赴彥所將八字軍皆中原勁卒朝廷患其恣橫以弼直徽猷閣代之彥殊不意弼徑入府受將吏謁大駭弼曲折譬曉彥感悟卽日出境除岳飛參謀官飛母死遁於廬山張宗元攝飛事飛將張憲移疾部曲洶洶生異語弼謂諸將曰太尉力乞張公而詔使隨至岳軍素整今而譁鬨是汝曹累太尉也諸將以諭憲憲佯悟曰相公腹心惟參謀知之衆乃定除戶部郎官再知荊南桃源劇盜伍俊旣招安復謀叛提點刑獄万俟卨不能制乃以委弼許俊以靖州俊喜曰我得靖則地過桃源遠矣俊至則漸以狥遷祕閣脩撰陝西轉運使以左司郎官召知虔州移黃州時福州大盜有號管天下伍黑龍滿山紅之屬其衆甚盛鈴轄李貴爲賊所獲民作山砦自保守臣莫將議委漳泉汀建募强壯游手各千人爲効用與殿司統制張淵同措置未及行詔升弼集英殿脩撰與將兩易弼至郡漕臣以游手易聚難散恐爲他日患聞于朝事下弼議弼謂昔守章貢有武夫周虎臣陳敏者丁壯各數百皆能戰視官軍可一當十乃奏虎臣爲副將敏爲巡檢選丁壯千人號奇兵日給糗糧責以滅賊自是歲費錢三萬六千餘緡米九千石凡四年而賊平弼知廣州擢敷文閣待制卒年六十三初秦檜居永嘉弼游其門弼在湖北除盜歸功于万俟卨檜誣岳飛下吏卨以中司鞫獄飛父子及憲皆死朱芾李若虛亦坐嘗爲飛謀議奪職惟弼得免且爲檜用屢更事任通籍從官世以此少之

羅汝楫字彥濟徽州歙縣人登政和二年進士第監登聞鼓院遷大理丞刑部員外郎奏命官犯公罪勿取特旨以終惠臣子又戶口凋耗宜少寬養子之禁拜監察御史未踰月遷殿中侍御史與中丞何鑄交章論岳飛罷其樞筦朱芾李若虛嘗謂飛議曹主帥有異意而不能諫又言飛獄具寺官聚斷咸謂死有餘罪寺丞何彥猷李若樸獨喧然以衆議爲非欲從輕典皆坐黜王庶

譎道州郡丞孫行儉以官廨居之汝楫劾其無忌憚嘗斥且令庶從居劉子羽知鎮江上言和好非久遠計宜及閑暇爲備檜怒風汝楫論罷之時撫州有兩陳四繫獄誤論輕罪者死汝楫誦其冤且言獨罪獄官而守倅不坐非祖宗法於是詔天下斷死刑守以下引問姓名鄉里然後決又言國家駐蹕臨安淮南不可置度外當重防海之寄守長江之要革冗名賞籍以勸有功遷起居郎兼侍講帝問或謂春秋有貶無褒此說是否對曰春秋上法天道春生秋殺若貶而無褒則天道不具矣帝稱善嘗曰自王安石廢春秋學聖人之旨寖以不明近世得其要者惟胡安國與卿耳兼權中書舍人除右諫議大夫有南雄守奏對太后之歸和議之力也當盡按前言和不便者時相是之驟用爲臺官中外悚懼多束裝待遣汝楫言皆不當罪宜以崇寧事黨爲戒議遂寢遷御史中丞舊例中丞侍御史不並置乃更侍御史汝楫求去益力遷吏部尚書充國信使除龍圖閣學士知嚴州秩滿請祠居喪未終而卒年七十累贈開府儀同三司子顥顓頡頌願類皆有文願字端良博學好古法秦漢爲詞章高雅精鍊朱熹特稱重之有小集七卷爾雅翼二十卷知鄂州有治績以父故不敢入岳飛廟一日自念吾政善姑往祠之甫拜遽卒于像前人疑飛之憾不釋云

蕭振字德起溫州平陽人幼莊重不好弄稍長能自謀學嘗奉父命董農役隴畝手不釋卷其師謂其父曰此兒遠大器也未冠游郡庠既冠升太學時有號三賢者推振爲首登政和八年進士第調信州儀曹時州郡奉神霄宮務侈靡振不欲費財勞民與守議不合會方臘寇東南距信尤近守欲危振檄振攝貴溪弋陽二邑既而王師至衢又檄振督軍餉振治辦無闕大將劉光世見而喜之欲以軍中俘馘授振爲賞振辭曰豈可不冒矢石而貪人之功乎諸邑盜未息守復檄振如初振悉意區處許其自新賊多降者守以賊去振獨爲辦行守愧謝之調婺州兵曹兼功曹時振婦翁許景衡以給事中召振祝之曰公至朝幸勿見薦景衡詢其故振曰今執政多私其親願爲時革弊景衡然之時盜賊所在猖獗發卒揚言欲叛以應賊官吏震恐振選諸邑士兵強勇者幾千人日習武以備蓄異謀者稍懼有一兵官素得軍士心守疑而罷之羣卒數百人被甲挺刃斬儀門入振聞即往羣卒皆羅拜呼曰某等屈抑願兵曹理之振使之言厲色叱曰細事耳車駕南巡大兵咫尺汝速死耶可急釋械當爲汝言衆拜謝而去郡守由是益相信事悉與謀嘗議城守振請以錢數萬緡庸工板築未數月城壘屹然一毫無擾任滿歸告其親曰家世業農幸有田可力以奉甘旨振不願仕或薦于朝授婺州教授改秩乞祠以執政薦召對敷奏數事皆中時病帝大喜拜監察御史明年冬以親老乞補外章七上不許面奏曰臣事親之日短事陛下之日長指心自誓今日之事父母乃他日之事陛下也遂除提點浙西刑獄尋召爲宗正少卿俄擢侍御史振本趙鼎所薦後因秦檜引入臺時劉大中與鼎不主和議振遂劾大中以搖鼎大中既出振謂人曰如趙丞相不必論盡自爲去就鼎遂罷後振知紹興府改兵部除徽猷閣待制知湖州陛辭奏曰國家講和恐失諸將心宜遣使撫諭示以朝廷息兵寬民意雖兩國通好戰禦之備宜勿弛帝曰卿欲奉親求便豈不知朕有親哉振曰臣之親所係者一夫也陛下之親所係者天下也陛下以天下爲心聖孝愈光矣帝歎其忠將行白檜曰宰相如一元氣不可有私私則萬物爲之不生檜不悅振至州檜欲取羨餘振遺檜書謂財用在天下如血氣之在一身移左以實右則病矣檜屬以私事又不克盡從以親老乞祠提舉太平觀後知台州海寇勢張振至克之二十二年以楊煒在獄供涉鐫徽猷待制謫居池州初煒將上書責李光徇秦檜議和時振爲侍御史煒見振道書意振然其言及振知台州而煒治邑有聲每大言無顧忌振擊節稱善遂薦煒改秩又移書於檜從子秦昌時俾同薦之屬吏密語振曰煒嘗以書責李參政及太師昌時義不當舉待制亦不可舉振曰吾業已許之豈可中輟遂因煒獄中供前事而貶明年詔除敷文閣待制知成都府安撫置制使軍儲適闕倉吏以窘告振奏留對糴米八萬斛以足軍食以其直歸計所總計者利在掊克即先告檜謂振唱爲闕乏之語風御史劾振要譽復謫池陽而總計者以譖得蜀帥既而專用羅織掊克其民民益思振檜死語得聞帝大感悟亟遣振還成都父老懽呼蜀道振至一切以寬治或問其故振曰承縱弛革之當嚴今繼苛刻非寬則民力瘁矣帝嘉振治行謂宰臣沈該湯思退曰四川善政前有胡世將今有蕭振進秩四等加敷文閣學士卒于成都府治年七十二振兩爲蜀守威行惠孚死之日民無老稚相與聚哭於道遺表至帝悼惜之賻銀五百兩絹五百匹贈四官振好獎善類端人正士多所交識其間有卓然拔出者迄爲名臣振居瀕江自父徽時見過客與掌渡者爭多溺死振造大舟傭工以濟人感其德相與名其江爲蕭家渡云有文集二十卷子誠忱

論曰何鑄王次翁以下數人者附麗秦檜斥逐忠良以饕富貴而次翁尤爲柔媚故檜獨憐之其在位最久孔子所謂鄙夫患得患失無所不至者此輩是已鑄能伸岳飛之枉雖爲可尚然又爲之使金而通問焉蓋墮其術而不悟者檜之計深哉

宋史卷三百八十一

元 中書右丞相總裁脫脫等修

列傳第一百四十

范如圭 吳表臣 王居正
晏敦復 黃龜年 程瑀
張闡 洪擬 趙逵

范如圭字伯達建州建陽人少從舅氏胡安國受春秋登進士第授左從事郎武安軍節度推官始至帥將斬人如圭白其誤帥爲已署不易也如圭正色曰節下柰何重易一字而輕數人之命帥矍然從之自是府中事無大小悉以咨焉居數月以憂去辟江東安撫司書寫機宜文字近臣交薦召試秘書省正字遷校書郎兼史館校勘秦檜力建和議金使來無所於館將虛秘書省以處之如圭亟見宰相趙鼎曰秘府謨訓所藏可使仇敵居之乎鼎竦然爲改館既而金使至悖傲議多不可從中外憤讋如圭與同省十餘人合議并疏爭之既具草駭遽引却者衆如圭獨以書責檜以曲學倍師忘讐辱國之罪且曰公不喪心病狂柰何爲此必遺臭萬世矣檜怒草奏與史官六人上之金歸河南地檜方自以爲功如圭輪對言兩京之版圖既入則九廟八陵瞻望咫只今朝脩之使未遣何以慰神靈萃民志乎帝泫然曰非卿不聞此言即日命宗室士㒟及張燾以行檜以不先白己益怒如圭諷告去奉柩歸葬故鄉既窆差主管台州崇道觀杜門十餘歲起通判邵州又通判荊南府荊南舊戶口數十萬寇亂後無復人迹時蠲口錢以安集之百未還一二也議者希檜意遽謂流庸浸復而增之積逋二十餘萬緡他負亦數十萬版曹日下書責償甚急如圭白帥悉奏蠲之檜死被旨入對言爲治以知人爲先知人以清心寡慾爲本語甚切又論東南不舉子之俗傷絕人理請舉漢胎養令以全活之抑亦勾踐生聚報吳之意也帝善其言又奏今屯田之法歲之所穫官盡征之而田卒賜衣廩食如故使力穡者有贏餘之望惰農者無饑餓之憂貪小利失大計謀近效妨遠圖故久無成功宜籍荊淮曠土畫爲丘井做古助法別爲科條令政役法則農利脩而武備飭矣以直秘閣提舉江西常平茶鹽移利州路提點刑獄以病請祠時宗藩並建儲位未定道路竊有異言如圭在遠外獨深憂之掇至和嘉祐間名臣奏章凡三十六篇合爲一書囊封以獻請深考群言仰師成憲斷以至公勿疑或以越職危之如圭曰以此獲罪奚憾帝感悟謂輔臣曰如圭可謂忠矣即日下詔以普安郡王爲皇子進封建王復起如圭知泉州南外宗官寄治郡中挾勢爲暴占役禁兵以百數如圭以法義正之宗官大沮恨密爲浸潤以去如圭遂以中旨罷領祠如故僦舍邵武以居士大夫高之學者多從之質疑卒年五十九如圭忠孝誠實得之於天其學根於經術不爲無用之文所草具屯田之目數千言未及上張浚視師日奏下其家取之浚罷亦不果行有集十卷皆書疏議論之語藏于家子念祖念德念茲

吳表臣字正仲永嘉人登大觀三年進士第擢通州司理陳瓘謫居郡中一見而器之盛章者朱勔黨也嘗市婢有武臣彊取之章誣以罪繫獄表臣方鞫之郡將曰知有盛待制乎表臣佯若不知者卒直其事累官監察御史遷右正言高宗詔臺諫條陳大利害表臣請措置上流以張形勢安輯淮甸以立藩蔽擇民兵以守險阻集海船以備不虞其策多見用帝方鄉儒術表臣乞選講官以裨聖德且於古今成敗民物情偽邊防利害詳熟講究由是詔開經筵邇臣有請用蔡京王黼之黨者侍御史沈與求乞明指其人顯行黜責執政不悅奪其言職表臣爭曰臺諫爲天子耳目所以防壅蔽杜姦邪若咎其切直而黜之後誰敢言非國家福也請還與求以開言路時防秋議遣守邊者患乏才表臣曰唐蕭復言於德宗陳少游任兼將相首敗臣節韋皐幕府下僚獨建忠義以皐代少游鎮淮南善惡著明則天下知逆順之理初不以皐名賤官卑爲疑今取忠義不屈有巳試之驗者不次而用豈特可以勸扞禦方略亦堪倚仗於是陳敏等十數人寖以錄用久之以病請補外以直秘閣知信州紹興元年召爲司勳郎中遷左司詔百官陳裕國彊兵之策表臣條十事以獻曰蠲稅役以懇閑田汰懦卒以省兵費罷添差以澄冗員停度牒以蕃生

薔狗佃租以防乾没委計臣以制邦用獎有功以厲將帥招弓手以存舊籍嚴和買以絕弊倖簡法令以息瘡痍宰相擬表臣爲檢正帝曰朕將自用之遂除左司諫給事中胡安國以論事不合罷表臣上疏留之前宰相朱勝非同都督江淮軍馬表臣力言都督不可罷除侍讀又累疏爭之不聽遂罷表臣送吏部授台州黃巖丞尋除提點浙西刑獄召爲祕書少監同脩哲宗實錄帝如建康詔表臣兼留司叅議官除中書舍人給事中兵部侍郎建崇二國公就外傅兼翊善帝曰二國公誦習甚進卿力也徙禮部侍郎遷吏部尚書兼翰林學士時秦檜欲使使金議地界指政事堂曰歸來可坐此表臣不荅又以議大禮忤意罷去俄起知婺州會大水發常平米振貸之然後以聞郡人德之課最除敷文閣待制三歲請祠進直學士提舉江州太平興國宮家居數年卒年六十七表臣晚號湛然居士自奉無異布衣時鄉論推其清約

王居正字剛中揚州人少嗜學工文辭入太學時習新經字說者主司輒置高選居正語人曰窮達自有時心之是非可改邪流落十餘年司業黃齊得其文曰王佐才也及同知貢舉欲擢爲首以風多士他考官持之置次選調饒州安仁丞荆州教授皆不赴大名鎮江兩帥交辟教授府學亦不就范宗尹薦于朝召至謂宗尹曰時危如此公不極所學拔元元塗炭中尚誰待居正避寇陽羨山間勉出見公一道此意爾宗尹愧謝入對奏昔人有云君以爲難易將至矣今日之事朝廷皆曰難則當有易爲之理然國勢日弱敵氣日驕何邪蓋昔人於難者勉强爲之今以爲難不復有所爲以俟天意自回强敵自斃也宣和末以爲難者十五六至靖康與宣和孰難靖康末以爲難者十八九至建炎與靖康孰難由此而言今日雖難於前日安知他日不難於今日蓋宣和以爲難故有靖康之禍靖康以爲難故有今日之憂今而亦云臣有所不忍聞高宗嘉之諭宗尹曰如王居正人才歲月間得一人亦幸矣除太常博士遷禮部員外郎建議合祭天地於明堂請奉太祖太宗配宗尹是之議遂定天地復合祭侍御史沈與求劾宗尹因及居正宗尹去居正乞補外不許撫州守高衛言甘露降于州之祥符觀爲圖以獻居正論今日恐非天降祥瑞之時却其圖試太常少卿兼脩政局叅議遷起居郎帝方鄉覘諫居正次前世聽納事爲集諫十五卷以廣帝意詔以時務訪羣臣居正獻疏數千言論省費尤切曰宋興百七十三年矣所行多彌文之事今陛下所至曰行在於一日二日少駐蹕之頃欲盡爲向者百七十三年之事非所謂知變也夫不知隨時以省事而乃隨事以省費故今日例有減半之說究其實未始不重費願詔大臣討百事之實而論定之苟非禦寇備敵任賢使能振恤百姓一切姑置則費省而國裕居正素與秦檜善檜爲執政與居正論天下事甚銳既相所言皆不酬居正疾其詭見帝言曰秦檜嘗語臣中國人惟當着衣喫飯共圖中興臣心服其言又自謂使檜爲相數月必聳動天下今爲相施設止是願陛下以臣所聞問檜檜銜之出居正知婺州州貢羅舊制歲萬匹崇寧後增五倍建炎中減爲二萬至是主計者請復崇寧之數居正力言于朝戶部督趣愈峻居正置檄不行語其屬曰吾願身坐不以累諸君呼吏爲文書付之曰卽有譴以此自解復手疏五不可以聞詔如建炎中數漕司市御炭須胡桃文鵓鴿色者居正曰民以炭自業者率居山谷安知所謂胡桃文鵓鴿色耶入朝以聞詔止之召爲太常少卿遷起居舍人兼權中書舍人史館脩撰帝欲遷趙令廌大中大夫居正奏官非侍從不可轉此祖宗法若令廌以庶官得遷則宗室爲承宣者不旋踵求爲節度何以却之遂寢其命上書人陳東歐陽澈已贈官居正乞重貶黃潛善汪伯彥以彰二子殺身成仁之美大將張俊遣卒至彭澤卒故縣吏怙俊勢侵辱令令郭彥恭械之俊訴于朝帝爲罷彥恭居正言彥恭不畏彊禦無可罪俊又乞免徭役居正言兵興以來士大夫及勳戚家賦役與編戶均蓋欲貴賤上下共濟國事以寬民力俊反不能體此乎和州請蠲進奉大禮絹居正言大禮進奉乃臣子享上之誠初非朝廷取於百姓之物若察民力無所從出不能預降旨蠲之至使州縣自陳已爲非是乞速如所請除目有自中出者居正奏近習請託進擬不自朝廷所繫非輕因錄皇祐詔書以進帝皆嘉納兼權直學士院又除兵部侍郎入對以所論王安石父子之言不合於道者裒得四十二篇名曰辨學上之又曰陛下惡安石之學嘗於聖心灼見其弊安在帝曰安石之學雜以伯道欲效商鞅富國彊兵今日之禍人徒知蔡京王黼之罪而不知生於安石居正曰安石得罪萬世者不止此因陳安石釋經無父無君者帝作色曰是豈不害名教邪孟子所謂邪說正謂是矣居正退序帝語繫於辨學首出知饒州尋改吉州侍御史謝祖信劾居正凶暴詭詐傾陷大臣罷官屏居括蒼三載其弟駕部郎居脩入對帝曰卿兄今安在行大用矣中書舍人劉大中侍帝論制誥帝曰王居正極得詞臣體侍御史蕭振論守令賢否帝舉居正守婺免貢羅御炭事曰守臣愛百姓皆如此朕復何憂起知溫州是時檜專國居正自知不爲所容以目疾請祠杜門言不及時事客至談論經史而已檜終忌之風中丞何鑄劾居正爲趙鼎汲引欺世盜名奪職奉祠凡十年檜死復故職紹興二十一年卒年六十五居正儀觀豐偉聲音洪暢奉祿班兄弟宗族無留者郊祀恩以任其弟居厚及卒季子猶布衣其學根據六經楊時器之出所著三經義辨示居正曰吾舉其端子成吾志居正感厲首尾十載爲書辨學十三卷詩辨學二十卷周禮辨學五卷辨學外集一卷居正既進其書七卷而楊時三經義辨亦列祕府二書既行天下遂不復言王氏學

晏敦復字景初丞相殊之曾孫少學于程頤頤奇之第進士爲御史臺檢法官紹興初大臣薦召試館職不就特命祠部郎官遷吏部以守法忤呂頤浩出知貴溪縣會有爲敦復直其事者改通判臨江軍召爲吏部郎官左司諫權給事中爲中書門下省檢正諸房公事淮西宣撫使劉光世請以淮東私田易淮西田帝許之敦復言光世帥一道未聞爲朝廷措置毫髮乃先易私畝比者岳飛屬官以私事干朝廷飛請加罪中外稱美謂有古賢將風光世自處必不在飛下乞以臣言示光世且令經理淮南收撫百姓以爲定都建康計中興有期何患私計之未便權吏部侍郎兼詳定一司敕令渡江後庶事草創凡四選格法多所裁定敦復素剛嚴居吏部請謁不行銓綜平允除給事中冬至節旨下禮部取度牒四百充賜予敦復奏兵興費廣凡可助用度者尤當惜况兩宮在遠陛下當此令節欲奉一觴爲萬歲壽不可得有司乃欲舉平時例慶賜乎遂寢有卒失宣帖得中旨給據太醫吳球得旨免試敦復奏一卒之微乃至上瀆聖聰醫官免試皆壞成法自崇寧大觀以來姦人欺罔臨事取旨謂之暗贏指揮紀綱敗壞馴至危亂正蹈前弊不可長也汪伯彥子召嗣除江西監司敦復論伯彥姦庸誤國其子素無才望難任澄清改知袁州又奏召嗣既不可爲監司亦不可爲守臣居右省兩月論駁凡二十四事議者憚之復爲吏部侍郎彗星見詔求直言敦復奏昔康澄以賢士藏匿四民遷業上下相狗廉恥道消毀譽亂眞直言不聞爲深可畏臣嘗卽其言考已然之事多本於左右近習及姦邪以巧佞轉移人主之意其惡直醜正則能使賢士藏匿其造爲事端則能使四民遷業其委曲彌縫則能使上下相狗其假寵竊權簧鼓流俗則能使廉恥道消其誣人功罪則能使毀譽亂眞其壅蔽聰明則能使直言不聞臣願防微杜漸以助應天之實又論比來百司不肯任責瑣屑皆取決朝省事有不當上煩天聽者例多取旨由是宰執所治煩雜不減有司天子聽覽每及細務非所以爲政願詳其大略其細八年金遣使來要以難行之禮詔侍從臺諫條奏所宜敦復言金兩遣使直許講和非畏我而然安知其非誘我也且謂之屈已則一事既屈必以他事來屈我今所遣使以詔諭爲名儻欲陛下易服拜受又欲分廷抗禮還可從乎苟從其一二則此後可以號令我小有違異卽成釁端社稷存亡皆在其掌握矣時秦檜方力贊屈已之說外議羣起計雖定而未敢行勾龍如淵說檜宜擇人爲臺官使擊去異論則事遂矣於是如淵施廷臣莫將皆據要地人皆駭愕敦復同尚書張燾上疏言前日如淵以附會和議得中丞今施廷臣又以此躋橫榻衆論沸騰方且切齒莫將又以此擢右史夫如淵廷臣庸人但知觀望將則姦人也陛下奈何與此輩斷國論乎乞加斥逐杜羣枉門力爲自治自彊之策既又與燾等同班入對爭之檜使所親諭敦復曰公能曲從兩地旦夕可至敦復曰吾終不爲身計誤國家况吾薑桂之性到老愈辣請勿言檜卒不能屈胡銓謫牯州臨安遣人械送貶所敦復往見守臣張澄曰銓論宰相天下共知祖宗時以言事被謫爲開封者必不如是澄媿謝爲追還始檜拜相制下朝士相賀敦復獨有憂色曰姦人相矣張致遠魏矼聞之皆以其言爲過至是寘銓敦復謂人曰頃言秦之姦諸君不以爲然今方策國便敢爾他日何所不至耶權吏部尚書兼江淮等路經制使故事侍從過宰相閤既退宰相必送數步敦復見檜未嘗送每曰人必自侮而後人侮之尋請外以寶文閣直學士知衢州提舉亳州明道宮閑居數年卒年七十一敦復靜默如不能言立朝論事無所避帝嘗謂之曰卿鯁峭敢言可謂無忝爾祖矣

黃龜年字德邵福州永福人登崇寧五年進士第調洛州司理叅軍累官河北西路提舉學士呂頤浩見而奇之入爲太常博士靖康元年除吏部員外郎拜監察御史尋除尚書左司員外郎中書門下檢正諸房公事充脩政局檢討官乞合檢正官察通進司帝從其請時頤浩再相植黨傾秦檜引朱勝非奉京祠兼侍讀恐中書

舍人胡安國持錄黃不下特命龜年書行議者議其侵官遷殿中侍御史會邊報王倫來歸龜年劾檜專主和議沮止恢復植黨專權漸不可長乃上書曰臣聞一言而盡事君之道曰忠罪莫大於欺君一言而盡輔政之道曰公罪莫大於私己臣人者背公而徇私則刑賞僭濫慮人主之照其姦則合黨締交相與比周熒惑主聽故附下罔上之黨盛而威福之柄下移禍有不可勝言者伏見秦檜還自金國陛下驟任不一年而超至宰輔乃不顧國家盜威福在己欲永塞言路書上檜罷併劾檜黨王喚王昞王守道皆罷之檜乃授觀文殿大學士提舉江州太平觀官如故龜年又奏比論檜徇私欺君合正典刑投諸裔土以禦魑魅今乃任便居住雖陛下曲全大臣之禮察檜姦狀暴露復寵以儒學最上職名俾優游琳館聽其自如律斷羣盜必分首從爲之從者皆已伏誅獨置渠魁可乎又曰臣聞恩莫隆於父子義莫重於君臣不義則後其君不仁則遺其親君親既然則何忌憚而不爲檜厚貌深情矯言僞行進迫君臣之勢陽爲面從退恃朋比之姦陰謀沮格上不畏陛下中不畏大臣下不畏天下之議無忌憚如此欺君私己有一卽可黜況檜之欺與私顯著者爲多乎章凡三上遂褫檜職復上章曰檜行詭而言譎外縮而中邪以巧詐取相位姦回竊國柄收召險佞蟠結黨與陛下以智臨而辨之早以剛決而去之速故端人正士舉手相慶蓋以公天下之同惡耳臣願陛下發明詔以檜潛慝隱惡暴白於天下使知陛下數易相位眞不得己也又所以破爲臣姦膽庶朋比之風不復作矣除太常少卿累遷起居舍人中書舍人兼給事中侍御史常同言龜年陰結大臣致身要地又交結諸將極操不正罷歸司諫詹大方希檜意劾龜年附麗匪人搢紳不齒落職本貫居住卒六十三龜年微時永福簿李朝旌奇之許妻以女龜年既登第而朝旌已死家貧甚或勸龜年別娶龜年正色曰吾許以諾死而負之何以自立遂娶之任子恩先奏其弟之子人皆義之子衡仕至湖南提舉

程瑀字伯寓饒州浮梁人其姑臧氏婦養瑀爲子姑沒始復本姓少有聲太學試爲第一累官至校書郎爲臧氏父母服闋除兵部員外郎適高麗使回充送伴使先是使者往返江浙間調挽舟夫甚擾有詔禁止提舉人舡王珣畫別敕遇風逆水澁許調夫瑀渡淮見民丁挽舟如故遂劾珣珣反奏瑀違御筆詔命淮南提舉潘良貴核實良貴奏珣言非是金人入侵求可使者瑀請往未行會欽宗卽位議割三鎮命瑀往河東秦檜往河中瑀奏臣願奉使不願割地不報至中山諸將已得密諭城守不下瑀與金使王汭俱至燕山還除左正言卽言股肱大臣莫肯以身任天下事且論欲慕祖宗而適追無術欲斥奄宦而寵任益堅欲鋤姦惡而薄示典刑欲汰濫繆而苟容僥倖兼聽而不能行其言委任而不能責其效苟且之習復成黨與之私寖廣最時病之大者帝曰朕非不知此慮有未盡決意行之有失耳瑀曰事固當熟慮然優柔不斷實隳事功帝問李綱宣撫兩路外議謂何瑀曰僉論固以爲宜然綱前與大臣議論不合須賴聖明照察其心任之無疑可也金酋斡离不粘罕爭功故斡离不欲和粘罕欲戰朝廷遣人齎蠟書約余覩皆爲粘罕所得瑀因言金兵圖我重鎮數月不能解豈能出塞共謀人之國莫若遣使議和然謹飭邊備徐觀其變使未行瑀復言徐處仁庸俗吳敏昏懦唐恪傾險政事所以不振請盡黜免別選英賢共圖大計帝嘉納之時御史李光言星變帝疑以問瑀對言陛下毋問有無第正事脩德則變異可消瑀嘗論蔡京罪帝因言吳敏庇京又疑光黨京謂瑀曰須卿作文字來瑀辭改屯田郎官謫添監漳州鹽稅高宗卽位召爲司封員外郎遷光祿少卿國子司業請祠主管亳州明道宮尋召赴行在疏十事以獻除直祕閣提點江東刑獄召爲太常少卿遷給事中兼侍講建脩政局其目曰省費裕國彊兵息民瑀條上十四事皆切時務時三衞單弱五軍多出於盜瑀言李捧崔增輩各將其徒張俊王𤫊本無兵機今呂頤浩出征卽捧增輩便可使隸戎行帝因言頤浩熟於軍事在外總諸將檜在朝廷庶幾內外相應然檜誠實但太執耳瑀曰如求機警能順旨者極不難得但不誠實則終不可倚帝然之權邦彥除簽書樞密院瑀言邦彥五罪疏三上不報求罷除兵部侍郎不拜以敷文閣待制知信州侍御史江公躋左司諫方公孟言瑀不可去復以爲給事中久之復命知信州胡安國劉一止言瑀忠信可以備獻納正直可以司風憲不宜去遂復留頤浩薦席益既得旨以御批示後省官瑀曰益爲人公豈不知何必用頤浩曰給事不見御批耶瑀曰已見矣公不能執奏乃先示瑀輩欲使不敢論駮耶然益之來非公福也頤浩赧然卽劾益未幾以言者罷提舉亳州明道官尋復徽猷閣待制知撫州無何提舉江州太平興國宮居父母喪服除知嚴州徙宣州復奉祠俄召赴行在除兵部侍郎兼侍讀因論鄧禹嘗言興衰在德厚薄初不論大小光武不數年定大業禹言如合符契今英俊滿朝豈無爲陛下畫至計者願厲志而已尋遷翊善論金人入侵未嘗一大衂有輕我心豈可保其不背盟宜省費抑末常賦外一毫不取於民民日益厚兵日益彊使金人不敢窺爲長計帝曰且作十年瑀再拜曰十年之說願陛下早夜毋忘除兵部尚書檜既主和瑀議論不專以和爲是檜忌之改龍圖閣學士知信州會大水檜見瑀奏牘謂同列曰堯之洪水不至如是瑀遂稱疾提舉江州太平興國宮坐通書李光降朝議大夫卒年六十六瑀在朝無詭隨嘗爲論語說至弋不射宿言孔子不欲陰中人至周公謂魯公則曰可爲流涕洪興祖序述其意檜以爲譏已逐興祖魏安行鋟版京西漕司亦奪安行官籍其家毀板檜死瑀子孫乃免錮云有奏議六卷

張闡字大猷永嘉人幼力學博涉經史善屬文將命名夢神人大書闡字曰以是名爾父異之力勉其爲學未冠由舍選貢京師登宣和六年進士第調嚴州兵曹掾兼治右獄時方臘作亂闡倡守禦計有義士請身督戰既戰稍郤州將怒付闡治將殺之闡力爭曰是士以義請戰官軍郤勢不得獨前非首奔者殺之何罪州將意解士得免李回帥江西席益帥湖南皆辟置幕下羣盜據洞庭官軍多西北人不閑水戰闡建策造戰艦以大艦爲營小艦出戰乘水涸直擣賊巢賊勢以衰諸司交薦改秩吏部以徽文沮之闡弗辯求嶽祠歸歷鄂台二州教授紹興十年詔侍從各舉所知給事中林待聘以闡聞召對時金人議和歸關中地闡首言關中必爭之地古號天府願固守以蔽巴蜀圖中原次言監司郡守薦舉之弊又乞嚴禁過糴以濟江浙水患召試館職除祕書省正字遷校書郎兼吳益王府敎授時諸將恃功邀爵賞有過則姑息又兵布於外禁衞單寡闡上疏極論之後稍進退諸將必當其實且召諸道兵以益禁旅皆如闡言十三年遷祕書郎兼國史院檢討官秦檜每薦臺諫必先諭以己意嘗謂闡曰祕書久次欲以臺中相處何如闡謝曰丞相見知得老死祕書幸矣檜默然竟罷主管台州崇道觀歷泉衢二州通判二十五年冬帝躬攬萬機起闡提舉兩浙路市舶入爲御史臺檢法官升吏部員外郎孝宗在王邸帝妙選宮僚謂莊重老成無踰闡者改命祠部兼建王府贊讀三十一年春大雨無麥苗荆浙盜起詔侍從臺諫條陳弭災禦盜之術闡上疏曰和議以來歲有聘幣民不堪命臣願陛下毋以金人困中國可乎歸正人時有遣還之命怨聲聞道路臣願陛下毋使金人得以甘心可乎州縣吏職卑地遠漁奪之禍被于編籍臣願陛下嚴贓吏之誅可乎蠲租之令已赦復征寬大之澤例爲虛文臣願陛下申詔令之禁可乎是數者能次第行之則足以動天地召和氣災異盜賊不足慮也又言金主亮將入侵宜守要害防海道三邊不可無良將督視不可無大帥疏奏帝嘉納面諭曰卿所言深中時病但遣人北歸已載約書朕不忍渝也遷將作監進宗正少卿三十二年孝宗卽位闡權工部侍郎兼侍講入謝言諸將以敗爲捷冒受爵秩州廂禁軍因覃霈鼓譟希厚賞不可不正其罪時悉爲施行金主亮死葛王褎復求和再議遣使闡言宜嚴遣使之命正敵國之禮彼或不從則有戰爾如是則中國之威可以復振帝曰使者報聘故事也舊約不從朕志定矣是冬給札侍從臺諫條具時務闡上十事皆剴切當時應詔數十人惟闡與國子司業王十朋指陳時事斥權倖無所回隱明日召兩人對內殿帝大加稱賞賜酒及御書時進太上皇帝太上皇后冊寶工部例進官闡辭或曰公轉一階則澤可以及子孫奈何辭闡笑曰寶冊非吾功也吾能爲子孫冒無功賞乎隆興元年眞拜工部侍郎闡奏臣去冬乞守禦兩淮陛下謂春首行之夏秋當畢今其時矣帝曰江淮事盡付張浚朕倚浚爲長城會督府請受蕭琦降詔問闡闡請受其降俄報王師收復靈壁縣闡慮大將李顯忠邵宏淵深入無援奏請益兵殿後已而王師果失利衆論歸罪於戰闡曰陛下出師受降是也諸將違節度且無援而敗當矯前失安可遽沮銳氣帝壯其言益出御前器甲付諸軍手詔勞浚軍聲復振時數易臺諫闡力言之請增廣諫員帝曰臺諫好名如某人但欲得直聲而去闡曰唐德宗疑姜公輔爲賣直陸贄切諫願陛下深以爲鑒帝再三嘉獎金人求和帝與闡議闡曰彼欲和畏我耶愛我耶直款我耳力陳大害不可許帝曰朕意亦然姑隨宜應之帝記賣直之語謂胡銓亦及此朕非拒諫者辨是非耳闡曰聖度當如天奈何與臣下爭名帝曰卿言是也頃之除工部尚書兼侍讀金副元帥紇石烈志寧以書諭通好所請三事國書歲幣之議已定惟割唐鄧海泗未決將遣王之望龍大淵通問而衆言紛紛不已闡謂不與四州乃可通和議論先定乃可遣使今彼爲客我爲主我以仁義撫天下彼以殘酷虐吾民覩金勢已衰何必先示以弱朝論譁之帝用眞宗故事命經筵官

二員遷宿學士院以備顧問闡入對尤數屢引疾乞骸骨帝不忍其去三年闡請益力迺除顯謨直學士提舉太平興國宮陛辭帝問所欲言闡奏許和則忘祖宗之讐棄四州則失中原之心遣歸正人則傷忠義之氣惟陛下毋忘老臣平昔之言其指時事尤諄切帝眷益篤諭以秋涼復召加賜金犀帶特許佩魚居家踰月卒年七十四特贈端明殿學士朱熹嘗言秦檜挾敵要君力主和議羣言勃勃不平檜旣摧折忠臣義士之氣遂使士大夫懷安成習至癸未和議則知其非者鮮矣朝論間有建白率雜言利害其言金人世讎不可和者惟胡右史銓張尚書闡耳子叔椿

洪擬字成季一字逸叟鎭江丹陽人本弘姓其先有名璆者嘗爲中書令避南唐諱改今姓後復避宣祖廟諱遂因之擬登進士甲科崇寧中爲國子博士出提舉利州路學事尋改福建路坐譴通判鄆州復提舉京西北路學事歷湖南河北東路宣和中爲監察御史遷殿中進侍御史時王黼蔡京更用事擬中立無所附會殿中侍御史許景衡罷擬亦坐送吏部知桂陽軍改海州時山東盜起屢攻城擬率兵民堅守建炎間居母憂以祕書少監召不起終喪爲起居郞中書舍人言兵興累年饋餉悉出於民無屋而責屋稅無丁而責丁稅不時之須無名之歛殆無虛日所以去而爲盜今關中之盜不可急宜求所以弭之江西之盜不可緩宜求所以滅之夫豐財者政事之本而節用者又豐財之本也高宗如越執政議移蹕饒信間擬上疏力爭謂舍四通五達而趨偏方下邑不足以示形勢固守禦遷給事中吏部尚書言者以擬未嘗歷州縣以龍圖閣待制知温州宣撫使孟庾總師討閩寇過郡擬趣使赴援庾怒命擬犒師擬借封樁錢用之已乃自劾賊平加秩一等召爲禮部尚書遷吏部渡江後法無見籍吏隨事立文號爲省記出入自如至是脩七司敕令命擬總之以舊法及續降指揮詳定成書上之金人再攻淮詔日輪侍從赴都堂給札問以攻守之策擬言國勢彊則戰將士勇則戰財用足則戰我爲主彼爲客則戰陛下移蹕東南前年幸會稽今年幸臨安與王之居未有定議非如高祖在關中光武在河內也以國勢論之可言守未可言戰擬謂時相姑議戰以示武實不能戰也紹興三年以天旱地震詔羣臣言事擬奏曰法行公則人樂而氣和行之偏則人怨而氣乖試以小事論之比者監司守臣獻羨餘則黜之宣撫司獻則受之是行法止及疏遠也有自庶僚爲侍從者臥家視職未嘗入謝遂得美職而去若誠院官移疾廢朝謁則斥罷之是行法止及冗賤也榷酤立法甚嚴犯者籍家財充賞大官勢臣連營列障公行酤賣則不敢問是行法止及孤弱也小事如此推而極之則怨多而和氣傷矣尋以言者罷爲徽猷閣直學士提舉江州太平觀始擬兄子駕部郎官與祖與擬上封事侵在位者故父子俱罷起知温州提舉亳州明道宮卒年七十五諡文憲初擬自海州還居鎭江趙萬叛兵逼郡守臣趙子崧戰敗遁去擬挾母出避遇賊至欲兵之擬曰死無所避願勿驚老母賊舍之他賊又至臨以刃擬指其母曰此吾母也幸勿怖之賊又舍去有淨智先生集及注杜甫詩二十卷

趙逵字莊叔其先秦人八世祖處營徙蜀家於資州逵讀書數行俱下尤好聚古書考歷代興衰治亂之迹與當代名人鉅公出處大節根窮底究尚友其人紹興二十年類省奏名明年對策論君臣父子之情甚切擢第一時秦檜意有所屬而逵對獨當帝意檜不悅卽罷知舉王曮授逵左承事郞簽書劒南東川帝嘗問檜趙逵安在檜以實對久之帝又問除校書郞逵單車赴闕征稅者希檜意搜行橐皆書籍才數金而已旣就職未嘗私謁檜意愈恨逵賡御製芝草詩有皇心未敢宴安圖之句檜見之怒曰逵猶以爲未太平耶又謂逵曰館中祿薄能以家來乎逵曰親老不能涉險遠檜徐曰當以百金爲助逵唯唯而已又遣所親申前言諷逵往謝逵不荅檜滋怒欲擠之未及而死帝臨哭檜還卽遷逵著作佐郞兼權禮部員外郞帝如景靈宮祕省起居惟逵一人帝屢目逵卽日命引見上殿帝迎謂曰卿知之乎始終皆朕自擢自卿登第後爲大臣沮格久不見卿秦檜日薦士未嘗一語及卿以此知卿不附權貴眞天子門生也詔充普安郡王府教授逵奏言路久不通乞廣賜開納勿以微賤爲間庶幾養成敢言之氣帝嘉納之普安府勸講至戾太子事王曰於斯時也斬江充自歸於武帝何如逵曰此非臣子所能王意蓋有所在也二十六年遷著作郞尋除起居郞入謝帝又曰秦檜炎炎不附者惟卿一人逵曰臣不能效古人抗折權姦但不與之同爾然所以事宰相禮亦不敢闕又曰受陛下爵祿而奔走權門臣不惟不敢亦且不忍明年同知貢舉盡公考閱以革舊弊遂得王十朋閻安中始逵未出貢闈蔣璨除戶部侍郞給事中辛次膺以璨交結希進還之帝怒罷次膺付逵書讀逵不可璨以此出知蘇州次膺仍得次對逵兼給事中未幾除中書舍人登第六年而當外制南渡後所未有也帝語王綸曰趙逵純正可用朕於蜀士未見其比朕所以甫二歲令至此報其不附權貴也先是逵嘗薦杜莘老唐文若孫道夫皆蜀名士至是奉詔舉士又以馮方劉儀鳳李石郯次雲應詔宰執以聞帝曰蜀人道遠其間文學行義有用者不因論薦無由得知前此蜀中宦游者多隔絕不得一至朝廷甚可惜也自檜顓權深抑蜀士故帝語及之逵以疾求外帝命國醫王繼先視疾不可爲矣卒年四十一帝爲之抆淚嘆息逵嘗自謂司馬温公不近非色不取非財吾雖不肖庶幾慕之方檜權盛時忤檜者固非止逵一人而帝亟稱逵不附麗又謂逵文章似蘇軾故稱爲小東坡未及用而逵死惜其論建不傳于世有棲雲集三十卷

論曰如圭師于安國居正師于楊時敦復師于程頤表臣交于陳瓘其師友淵源有自來矣故其議論讜直剛嚴鯁峭不惑異說不畏彊禦大略相似若夫居正辨王氏三經之繆龜年首劾秦檜主和之非程瑀力排蔡京之黨尤爲有功於名敎張闡論事無避洪擬朴實端亮趙逵純正善文皆一時之良爲檜所忌而不撓者語曰歲寒然後知松栢之後凋信哉

宋史卷三百八十一考證

張闡傳靈壁縣○一本作靈壁虹縣

宋史卷三百八十二

元 中書右丞相總裁脫脫等修

列傳第一百四十一

張燾 黃中 孫道夫 曾幾兄開

勾濤 李彌遜弟彌大

張燾字子公饒之德興人祕閣修撰根之子也宣和八年進士第三人嘗爲辟雍錄祕書省正字靖康元年李綱爲親征行營使辟燾入幕綱貶親知坐累者十七人燾亦貶建炎初起通判湖州明受之變賊矯詔俾燾撫諭江浙燾不受上旣復辟詔求言燾上書略曰人主戡定禍亂未有不本於至誠而能有濟者陛下踐祚以來號令之發未足以感人心政事之施未足以慰人望豈非在我之誠有未修乎天下治亂在君子小人用舍而已小人之黨日勝則君子之類日退將何以弭亂而圖治又言措置江防非計徒費民財損官賦不適於用又言侍從臺諫覩望意指毛舉細務至國家大事坐視不言又言巡幸所至營繕困民越棲會稽似不如是紹興二年呂頤浩薦除司勳員外郞還起居舍人言自古未有不知敵人之情而能勝者願詔大臣諸將厚爵賞募可任用者往伺敵動靜旣審知之則戰守進退在我皆備彼尚安得出不意犯吾行闕詔以付都督府及沿邊諸帥遷中書舍人呂祉之撫諭淮西也燾謂張浚曰祉書生不更軍旅何可輕付浚不從遂致酈瓊之變七年張滉特賜進士出身滉浚兄也將母至行在上引對而命之燾言宣和以來姦臣子弟濫得儒科陛下方與浚圖回大業當以公道革前弊今首賜滉第何以塞公議上念浚功欲慰其母心乃命起居郞樓炤行下炤又封還著作郞兼起居舍人何掄曰賢良之子宰相之兄賜科第不爲過乃與書行燾不自安與炤皆求去不許言者論之以集英殿修撰提舉江州太平觀明年以兵部侍郞召詔引對上曰卿去止緣張滉燾曰臣苟有所見不敢不言如內侍王鑑陛下所親信臣尚論列豈有宰相親兄自賜出身公論不與臣若不言豈惟負陛下亦負張浚上因問朕圖治一紀收効蔑然其弊安在燾曰自昔有爲之君未有不先定規模而能收効者臣紹興初首以是爲言今七年往者進臨大江退守吳會未朞月而或進或却豈不爲敵所窺乎今陛下相與斷國論者二三大臣而已一紀之間十四命相執政遞遷無慮二十餘日月逝矣大計不容復誤願以先定規模爲急尋權吏部尚書徽猷閣待制黎確卒詔贈官推恩燾言確素號正人一旦臨變失臣節北面邦昌之庭且爲將命止勤王之師今曲加贈恤何以示天下詔追奪職名時金使至境詔欲屈己就和令侍從臺諫條上燾言金使之來欲議和好將歸我梓宮歸我淵聖歸我母后歸我宗社歸我土地人民其意甚美其言甚甘廟堂以爲信然而羣臣國人未敢以爲信然也蓋事關國體臣請推原天意爲陛下陳之傳曰天將興之誰能廢之臣考人事以驗天意陛下飛龍濟州天所命也敵騎屢犯行闕不能爲虞甲寅一戰敗敵師丙辰再戰却劉豫丁巳酈瓊雖叛實爲僞齊廢滅之資皆天所贊也是蓋陛下

躬履艱難側身修行布德立政上副天意而天祐之之所致也臣以是知上天悔禍有期中興不遠矣願益自修自彊以享天心以俟天時時之既至吉無不利則何戰不勝何功不立今此和議姑爲聽之而必無信之可恃也彼使已及境勢難固拒使其果願和好如前所陳是天誘其衷必不復强我以難行之禮如其初無此心二三其說責我以必不可行之禮要我以必不可從之事其包藏何所不有便當以大義絕之謹邊防厲將士相時而動顧斷自淵衷毋取必於彼而取必於天而已乃若略國家之大恥置宗社之深讐躬率臣民屈膝于金而臣事之而覬和議之必成非臣所敢知也上覽奏愀然變色曰卿言可謂忠然朕必不至爲彼所紿方且熟議必非詐僞而後可從不然當再使審虛實拘其使人燾頓首謝金使張通古蕭哲至行在朝議欲上拜金詔燾曰陛下信王倫之虛詐發自聖斷不復謀議便欲行禮羣臣震懼罔措必已得梓宮已得母后已得宗族始可議通好經久之禮今彼特以通好爲說意謂割地講和而已陛下之所願欲而切於聖心者無一言及之其情可見奈何遽欲屈而聽之一屈之後不可復伸廷臣莫能正救曾魯仲連之不如豈不獲罪於天下萬世既而監察御史施廷臣抗章力贊和議擢爲侍御史司農寺丞莫將忽賜第擢爲起居郎朝論大駭燾率吏部侍郎晏敦復上疏曰仰惟陛下痛梓宮未還兩宮未復不憚屈己與敵議和特以衆論未同故未敢輕屈爾幸小大之臣無復異議從容獻納庶幾天聽爲回卒不敢屈此宗社之福也彼施廷臣乃務迎合輙敢抗章力贊此議姑爲一身進用之資不恤君父屈辱之耻罪不容誅乃由察官超擢柱史夫御史府朝廷紀綱之地而陛下耳目之司前日勾龍如淵以附會而得中丞衆論固已喧鄙之矣今廷臣又以此而躋橫榻一臺之中長貳皆然既同鄉曲又同心腹惟相朋附變亂是非豈不紊紀綱而蔽陛下之耳目乎衆論沸騰方且切齒而莫將者又以此議由寺丞擢右史如淵廷臣庸人也初無所長但知觀望而將則姦人也考其平昔無所不爲此輩烏可與之斷國論乎望加斥逐庶幾少杜羣枉之門至於和議則王倫實爲謀主彼往來敵中至再四矣陛下待以爲心腹信之如蓍龜今其爲言自已二三事之端倪蓋亦可見更望仰念祖宗付託之重俯念億兆愛戴之誠貴重此身無輕於屈但務雪恥以思復讐加禮其使厚資遺發論以必得事實之意告以國人皆曰不可之狀使彼悔禍果出誠心惟我所欲盡歸于我然後徐議報之之禮亦未晚也如其變詐誘我以虛詞則包藏終不可測便當厲將士保疆埸自治自彊以俟天時何爲不成伏願陛下少忍而已自朝廷有屈己之議上下解體儻遂成屈己之事則上下必至離心人心既離何以立國伏願戒之重之於是將廷臣皆不敢拜燾又面折如淵曰達觀其所舉君薦七人皆北面張邦昌今聶嚅附會墮敵計他日必背君親矣燾既力詆拜詔之議秦檜患之燾亦自知得罪託疾在告檜使樓炤諭之曰北扉闕人欲以公爲直院燾大駭曰果有此言愈不敢出矣檜不能奪乃止和議成范如圭請遣使朝八陵遂命判大宗正士㒟與燾偕行且命修奉令荊湖帥臣岳飛濟其役燾與士㒟道武昌出蔡潁河南百姓懽迎夾道以喜以泣曰久隔王化不圖今日復爲宋民九年五月至永安諸陵朝謁如禮陵前石澗水久涸二使垂至忽湧溢父老驚歎以爲中興之兆燾等入栢城披鉏荊棘隨所葺治留二日而還自鄭州歷汴宋宿泗淮南以歸卽奏疏曰金人之禍上及山陵雖殄滅之未足以雪此恥復此讐也陛下聖孝天至豈勝痛憤顧以梓宮兩宮之故方且與和未可遽言兵也祖宗在天之靈震怒既久豈容但已異時恭行天罰得無望於陛下乎自古戡定禍亂非武不可狼子野心不可保恃久矣伏望修武備俟釁隙起而應之電掃風驅盡俘醜類以告諸陵夫如是然後盡天子之孝而爲人子孫之責塞矣上問諸陵寢如何燾不對唯言萬世不可忘此賊上黯然燾因請永固陵不用金玉大略謂金玉珍寶聚而藏之固足以動人耳目又其爲物自當流布於世理必發露無足恠者上覽疏謂秦檜曰前世厚葬之禍如循一軌朕斷不用金玉庶先帝神靈有萬世之安燾又言頃劉豫初廢人情恟恟我斥候不明坐失機會今又聞敵於淮陽作筏造繩索不知安用諸將朝廷戒勿得遣間探遂不復遣我之動息敵無不知敵之情狀我則不聞又見黃河船盡拘北岸悉爲敵用往來自若無一人敢北渡者願飭邊吏廣耳目先事而防又言鄜延部伍皆西陲勁兵今在河南尚可收用新疆租賦已蠲而使命絡繹推恩費用猶循兵興時例願加裁損非甚不得已勿遣使以寬民力又論陝西諸帥不相下動輙喧爭請置一大帥統之庶首尾相應緩急可恃燾所言皆切中時病秦檜方主和惟恐少忤敵意悉置不問成都謀帥上諭檜曰張燾可第道遠恐其憚行檜以諭燾燾曰君命也焉敢辭十月以寶文閣學士知成都府兼本路安撫使付以便宜雖安撫一路而四川賦斂無藝者悉得蠲減陛辭奏曰蜀民困矣官吏從而誅剝之去朝廷遠無所赴愬俟臣至所部首宣德意但一路咸霑惠澤上曰豈惟一路四川恤民事悉委卿燾因言官吏害民者請先罷後劾上許之又言軍興十餘年日不暇給今和議甫定願汲汲以政刑爲先務上曰當書之座右十年三月至成都在蜀四年戢貪吏薄租賦撫雅州蕃部西邊不驚歲旱則發粟民得不饑暇則修學校與諸生講論會有詔令宣撫司納契丹降人燾爲宣撫使胡世將言蜀地狹不能容前朝常勝軍可爲戒世將奏寢其事燾乞祠以李璆代之燾自蜀歸臥家凡十有三年二十五年冬檜死舊人在者皆起燾除知建康府兼行宮留守金陵積歲負內庫錢帛鉅萬悉爲奏免池有義子與父爭訟守昏謬繫父連年不決燾移大理出其守居二年進端明殿學士二十九年提舉萬壽觀兼侍讀以衰疾力辭不許除吏部尚書初上知普安郡王賢欲建爲嗣顯仁皇后意未欲遲回久之顯仁崩上問燾方今大計燾曰儲貳者國之本也天下大計無踰於此上曰朕懷此久矣卿言契朕心開春當議典禮又勸上省賜予罷土木減冗吏止北貨上嘉獎之金使施宜生來燾奉詔館客宜生本閩人素聞燾名一見顧副使曰是南朝不拜詔者燾以首丘桑梓動之宜生於是漏敵情燾密奏早爲備先是御前置甲庫凡乘輿所需圖畫什物有司不能供者悉聚焉日費不貲禁中既有內酒庫釀殊勝酤賣其餘頗侵大農燾因對言甲庫萃工巧以蕩上心酒庫酤良醞以奪官課且乞罷減教坊樂工人數上曰卿言可謂責難於君明日悉詔罷之屢以衰疾乞骸三十年以資政殿學士致仕尋遷太中大夫給眞奉三十一年八月落致仕復知建康府時金人窺江建業民驚徙過半聞燾至人情稍安尋詔沿江帥臣條上恢復事宜燾首陳十事大率欲預備不虞持重養威觀釁而動期於必勝孝宗受禪除同知樞密院遣子埏入辭詔肩輿至宮給扶上殿首問爲治之要言內治乃可外攘又乞命百執條弊事詔從之令侍從臺諫集都堂給札以聞隆興元年遷參知政事以老病不拜臺諫交章留之除資政殿大學士提舉萬壽觀兼侍讀謁告將理許之及家固求致仕後二年卒年七十五諡忠定燾外和內剛帥蜀有惠政民祠之不忘始論和議歸之于天士論歎然洎繳駁施廷臣之奏朝野復一辭歸重焉

黃中字通老邵武人幼受書一再輙成誦初以族祖蔭補官紹興五年廷試言孝弟動上心擢進士第二人授保寧軍節度推官二十餘年秦檜死乃召爲校書郎歷遷普安恩平府教授中在王府時龍大淵已親幸中未嘗與之狎見則揖而退後他教授多蒙其力中獨不徙官遷司封員外郎兼國子司業芝草生武成廟官吏請以聞中不答官吏陰畫圖以獻宰相謂祭酒周綰與中曰治世之瑞抑而不奏何耶綰未對中曰治世何用此爲綰退謂人曰黃司業之言精切簡當惜不爲諫官充賀金生辰使還爲祕書少監尋除起居郎累遷權禮部侍郎中使金回言其治汴宮必徙居見迫宜早爲計上矍然宰相顧謂中曰沈介歸殊不聞此何耶居數日中白宰相請以妄言待罪湯思退怒語侵中已乃除介吏部侍郎徙中以補其處中猶以備邊爲言又不聽遂請補外上不許曰黃中恬退有守除左史且錫鞍馬金使賀天申節遽以欽宗訃聞朝論俟使去發喪中馳白宰相此國家大事臣子至痛一有失禮謂天下後世何竟得如禮中自使還每進見輙言邊事又獨陳禦備方略高宗稱善不數月金亮已擁衆渡淮中因入謝論淮西將士不用命請擇大臣督師既而以殿帥楊存中爲御營使中率同列力論不可遣敵既臨江朝臣爭遣家逃匿中獨晏然比敵退唯中與陳康伯家屬在城中衆慚服天申節上壽議者以欽宗服除當舉樂中言春秋君弑賊不討雖葬不書以明臣子之罪況欽宗實未葬而可遽作樂乎事竟寢兼給事中內侍遷官不應法諫官劉度坐論近習龍大淵忤旨補郡已復罷之中皆不書讀羣小相與媒櫱中罷去尹穡希意詆中爲張浚黨乾道改元中年適七十卽告老以集英殿修撰致仕進敷文閣待制居六年上御講筵顧侍臣曰黃中老儒今居何許年幾許筋力或未衰耶召引對內殿問勞甚渥以爲兵部尚書兼侍讀中前在禮部嘗諫止作樂事中去卒用之至是又將錫宴遂奏申前說詔遣范成大使金以山陵爲請中言陛下聖孝及此天下幸甚然欽廟梓宮置不問有所未盡上善其言不能用未滿歲有歸志乃陳十要道以爲用人而不自用以公議進退人才察邪正廣言路核事實節用度擇監司懲貪吏陳方略考兵籍上亟稱善中力求去除顯謨閣提舉江州太平興國宮賜犀帶香茗除龍圖閣學士致仕凡邑里後生上謁必訓以孝弟忠信朱熹裁書以見有曰今日之來將再拜堂下惟公坐而受之俾進於門弟子之列則某之

志也其爲人敬慕如此其後上手書遣使訪朝政闕失進職端明殿學士屬疾手草遺表猶以山陵欽宗梓宮爲言深以人主之職不可假之左右爲戒淳熙七年八月庚寅卒年八十有五九月詔贈正議大夫中有奏議十卷諡簡肅

孫道夫字太冲眉州丹稜人年十八貢辟雍時禁元祐學坐收蘇氏文除籍再貢入優等張浚薦于高宗召對道夫奏願修德以回天意定都以繫人心任賢材圖興復以雪國耻上在越浚遣道夫奏事賜出身改左承奉郎再詔對言漢中前瞰三秦後蔽巴蜀孔明蔣琬出圖關輔未有不屯漢中者今欲進兵陝右當先經營漢中荆南東連吳會北通漢沔號用武之國晉宋以來嘗倚爲重鎭武帝亦以荆南居上流故以諸子居之今守江當先措置荆南時至則蜀漢師出秦關荆楚師出宛洛陛下親御六軍由淮甸與諸將會咸陽孰能禦之上嘉納召試館職上諭宰相自渡江以來文氣未有如道夫者涵養一二年當命爲詞臣除祕書正字權禮部郎官徽宗凶問禮儀多所草定尋權左司員外郎上問蜀中水運陸運孰便道夫奏水運遲而省費陸運速而勞民宣撫司初由水運率石費錢十千後以爲緩從陸起丁夫十數萬率石費五十餘千上曰水運便行之遷校書郎出知懷安軍乞罷都運司以寬民力罷戍兵以弭亂階罷泛使以省浮費知資州宣撫鄭剛中薦其治行第一移知蜀州盜不敢入境州產綾先是守以軍匠置機買絲虧直民病之道夫斷其機遇事明了人目爲水晶燈籠九年不遷蓋非秦檜所樂也以吏部郎中入對言蜀民二稅鹽酒茶額之弊上納其言除太常少卿假禮部侍郎充賀金正旦使金將敗盟詰秦檜存亡及關陝買馬非約道夫隨事折之使還擢權禮部侍郎上曰卿自小官已爲朕知第趙鼎與張浚相失後蜀士仕于朝者皆爲沮抑繼自今有所見可數求對兼侍講奏敵有窺江淮意上曰朝廷待之甚厚彼以何名爲兵端道夫曰彼金人身弒其父兄而奪其位興兵豈問有名臣願預爲之圖宰相沈該不以爲慮道夫每進對輒言武事該疑其引用張浚忌之道夫不自安請出除知綿州致仕卒年六十六道夫居官一意爲民不可干以私仕宦三十年奉給多置書籍然性剛直喜面折不容人之短或以此少之云

曾幾字吉甫其先贛州人徙河南府幼有識度事親孝母死蔬食十五年入太學有聲兄弼提舉京西南路學事按部溺死無後特命幾將仕郎試吏部考官異其文置優等賜上舍出身擢國子正兼欽慈皇后宅教授遷辟雍博士除校書郎林靈素得幸作符書號神霄籙朝士爭趨之幾與李剛傳崧卿皆稱疾不往視久之爲應天少尹庭無留訟閹人得旨取金而無文書府尹徐處仁與之幾力爭不得靖康初提舉淮東茶鹽高宗卽位改提舉湖北徙廣西運判江西提刑又改浙西會兄開爲禮部侍郎與秦檜力爭和議檜怒開去幾亦罷逾月除廣西轉運副使徙京南路盜駱科起郴之宜章郴桂皆澒洞宣撫司調兵未至謾以捷聞幾疏其實朝廷遣他將平之請閒得崇道觀復爲廣西運判固辭僑居上饒七年檜死起爲浙西提刑知台州治尚清淨民安之黃巖令受賕爲兩吏所持令械吏寘獄一夕皆死幾詰其罪或曰令丞相沈該客也治之益急賀允中薦召對以疾辭除直祕閣歸故治未幾復召對幾言士氣久不振陛下欲起之於一朝矯枉者必過直雖有折檻斷鞅牽裾還笏若賣直干譽者願加優容時帝懲檜擅權之弊方開言路應詔者衆幾懼有獲戾者先事陳之帝大悅授祕書少監幾承平時已爲館職去三十八年而復至須鬢皓白衣冠偉然每會同舍多談前輩言行臺閣典章薦紳推重焉詔修神宗寶訓書成奏薦帝稱善命權禮部侍郎兄楙開皆嘗貳春官幾復爲之人以爲榮吳越大水地震幾舉唐貞元故事反覆論奏帝韙其言他日謂幾曰前所進陸贄事甚切已遣漕臣振濟矣引年請謝上曰卿氣貌不類老人姑爲朕留謝曰臣無補萬一惟進退有禮尚不負陛下拔擢上閔勞以事提舉玉隆觀紹興二十七年也除集英殿修撰又三年升敷文閣待制金犯塞中外大震帝召楊存中偕宰執對便殿論以將散百官浮海避之左僕射陳康伯持不可存中言敵空國遠來已闖淮甸此正賢智馳騖不足之時臣願率先將士北首死敵帝喜遂定議親征下詔進討有欲遣使詣敵求緩師者幾疏言增幣請和無小益有大害爲朝廷計正當嘗膽枕戈專務節儉經武外一切置之如是雖北取中原可也且前日詔諸將傳檄數金君臣如叱奴隸何辭可與之和耶帝壯之孝宗受禪幾又上疏數千言將召屢請老乃遷通奉大夫致仕擢其子逮爲浙西提刑以便養乾道二年卒年八十二諡文淸幾三仕嶺表家無長物人稱其廉早從舅氏孔文仲武仲講學初佐應天時諫官劉安世亡恙黨禁方厲無敢窺其門者幾獨從之談經論事與之合避地衡嶽又從胡安國游其學益粹爲文純正雅健詩尤工有經說二十卷文集三十卷二子逢仕至司農卿逮亦終敷文閣待制而逢最以學稱

開字天游少好學善屬文崇寧間登進士第調眞州司戶累遷國子司業擢起居舍人權中書舍人披垣草制多所論駁忤時相意左遷太常少卿責監大寧監鹽井匹馬之官不以自卑召還時相復用事監杭州市易務除直祕閣知和州徙知恩州請祠得鴻慶宮判南京國子監復爲中書舍人罷提舉洞霄宮欽宗卽位除顯謨閣待制提舉萬壽觀知潁昌府兼京西安撫使奪職奉祠建炎初復職知潭州湖南安撫使踰年求去復得鴻慶宮起知平江府廣東經略安撫使奉詔駐潮陽招捕虔寇訖事乃之鎭居二年盡平羣盜提舉太平觀復以中書舍人召首論自古興衰撥亂之主必有一定之論然後能成功願講明大計使議論一定斷而必行則功烈可與周宣侔矣又論車駕撫巡東南重兵所聚限以大江敵未易遽犯其所窺伺者全蜀也一失其防陛下不得高枕而臥矣願擇重臣與吳玠協力固護全蜀屢請去進寶文閣待制知鎭江府兼沿江安撫使召爲刑部侍郎言太祖懲五季尾大不掉之患畿甸屯營倍于天下周廬宿衛領以三衙今禁旅單弱願參舊制增補之帝悉嘉納遷禮部侍郎兼直學士院時秦檜專主和議開當草國書辨視體制非是論之不聽遂請罷改兼侍讀檜嘗招開慰以溫言且曰主上虛執政以待開曰儒者所爭在義苟爲非義高爵厚祿弗顧也願聞所以事敵之禮檜曰若高麗之於本朝耳開曰主上以聖德登大位臣民之所推戴列聖之所聽聞公當彊兵富國尊主庇民奈何自卑辱至此非開所敢聞也又引古誼以折之檜大怒曰侍郎知故事檜獨不知耶他日開又至政事堂問計果安出檜曰聖意已定尚何言公自取大名而去如檜第欲濟國事耳然猶以梓宮未還母后欽宗未復詔侍從臺諫集議以聞開上疏略曰但當修德立政嚴於爲備以我之仁敵彼之不仁以我之義敵彼之不義以我之戒懼敵彼之驕泰眞積力久如元氣固而病自消大陽升而陰自散不待屈己陛下之志成矣不然恐非在天之靈與太后淵聖所望於陛下者也檜曰此事大係安危開曰今日不當說安危只當論存亡檜矍然會樞密編修胡銓上封事痛詆檜極稱開由是罷以寶文閣待制知婺州開言議論妄發實緣國事力請歸檜議奪職同列以爲不可提舉太平觀知徽州以病免居閒十餘年黃達如請籍和議同異爲士大夫升黜卽擢達如監察御史首劾開褫職引年請還政俾復祕閣修撰卒年七十一檜死始復待制盡還致仕遺表恩數開孝友厚族信于朋友其守歷陽也從游酢學日讀論語求諸言而不得則反求諸心每有會意欣然忘食其留南京劉安世一見如舊定交終身故立朝遇事臨大節而不可奪師友淵源固有所自云

勾濤字景山成都新繁人登崇寧二年進士第調嘉州法掾川陝鑄錢司屬官建炎初通判黔州田祐恭兵道境上濤白守燕勞之祐恭感恩厲下郡得以無犯湖湘賊王闢破秭歸桑仲郭守忠攻茶務箭栞砦將犯夔門夔兵素單弱宣司檄祐恭捍禦濤帥黔兵佐之賊潰去宣撫張浚奏濤知巴州不赴翰林侍讀學士范冲薦召見論五事除兵部郎中七年遷右司郎官兼校正日食上言八月遷起居舍人以足疾命閤門賜墩待班九月兼權中書舍人時沿邊久宿兵江浙罷於餽餉荆襄淮楚多曠土濤因進羊祜屯田故事事下諸大將於是邊方議行屯田淮西都統制劉光世乞罷丞相張浚欲以呂祉代之濤謂祉疎庸淺謀必敗事莫若就擇將士素所推服者用之否則劉錡可浚不納祉至果以輕易失士心未幾酈瓊叛祉死於亂浚聞之夜半召濤愧謝時帝駐蹕建炎欲亟還臨安濤入見曰今江淮列戍十餘萬苟付託得人可無憂顧適此危疑詎宜輕退以啟敵心因薦劉錡帝卽命以其衆鎭合肥川陝宣撫使吳玠言都轉運使李迨朘刻賞格迨亦奏玠苛費帝以問濤濤曰玠功在西蜀縱費寧可嚴第移迨他路可爾帝然之會金人廢劉豫金房鎭撫使郭浩遣其弟洺奏事濤察洺警敏可仗乞詔諭陝右諸叛將乘機南歸帝命濤草詔洺持以往聞者流涕十二月除中書舍人八年除史館修撰重修哲宗實錄帝諭之曰昭慈聖獻皇后病革朕流涕問所欲言后愴然謂朕曰吾逮事宣仁聖烈皇后見其任賢使能約己便民憂勤宗社疏遠外家古今母后無與爲比不幸姦邪罔上史官蔡卞等同惡相濟造謗史以損聖德誰不切齒在天之靈亦或介介其以筆屬正臣亟從刪削以信來世朕痛念遺訓未嘗一日輒忘今以命卿濤奏數十年來宰相不學無術邪正貿亂所以姦臣子孫得逞其私智幾亂裕陵成書非賴陛下聖明則任申必先有過嶺之謫臣亦恐復蹈媒蘖之禍帝慰勉之六月實錄成進一秩就館賜宴復修徽宗實錄以中書舍人呂本中爲薦丞相趙鼎諭旨宜婉

辭紀載濤曰崇寧大觀大臣誤國以稔今禍藉有隱諱如天下野史何七月除給事中求去以徽猷閣待制知池州改提舉江州太平觀俄除荆湖北路安撫使知潭州秦檜嘗令人諭意欲與共政濤以書謝之檜諷言劾之不報濤上書論時事之害政者大臣密諭王倫變易地界一也蔡攸之妻近居臨平咫尺行都略不畏避二也小大之臣凡在謫籍皆已甄叙惡如京黼尚蒙寬宥今侍從之臣初無大過理宜牽復三也河南故地復歸中國新附之民延頸德澤承流之寄當加精選四也臺諫爲耳目之司今宰相引援皆同舍之舊倚爲鷹犬五也帝歎其忠直賜以緡錢茶藥且令事有大於此者悉以聞秩滿提舉太平觀十一年帝謂秦檜曰勾濤久閑性喜泉石可進職與一山水近郡檜對永嘉有天台鴈蕩之勝帝曰永嘉太遠其以湖州命之俄以疾卒年五十九遺表聞帝震悼顧近臣曰勾濤死矣惜哉贈左大中大夫濤身長七尺風貌偉然頗以忠亮自許國有大議帝必委心延訪往復酬詰率漏下數刻始罷料邊情如在目前知名之士多所薦進有文集十卷西掖制書十卷奏議十卷

李彌遜字似之蘇州吳縣人弱冠以上舍登大觀三年第調單州司戶再調陽穀簿政和四年除國朝會要所檢閱文字引見特遷校書郎充編修六典校閱累官起居郎以封事剴切貶知廬山縣改奉嵩山祠廢斥隱居者八載宣和末知冀州金人犯河朔諸郡皆警備彌遜捐金帛致勇士修城堞決河護塹邀擊其遊騎斬首甚衆兀朮北還戒師毋犯其城靖康元年召爲衛尉少卿出知瑞州二年建康府牙校周德叛執帥宇文粹中殺官吏嬰城自守勢猖獗彌遜以江東判運領郡事單騎扣賊闉以蠟書射城中招降賊通欵開關迎之彌遜諭以禍福勉使勤王時李綱行次建康共謀誅首惡五十人撫其餘黨一郡帖然改淮南運副後奉興國宮祠知饒州召對首奏當堅定規模排斥姦言又謂朝廷一日無事幸一日之安一月無事幸一月之安欲求終歲之安已不可得況能定天下大計乎帝嘉其讜直翰臣有不悅者以直寶文閣知吉州陛辭帝曰朕欲留卿大臣欲重試卿民事行召卿矣七年秋遷起居郎彌遜自政和末以上封事得貶垂二十年及復居是職直前論事鯁切如初冬試中書舍人奏六事曰固藩維以禦外侮嚴禁衛以尊朝廷練兵以壯國勢節用以備軍食收民心以固根本擇守帥以責實効時駐蹕未定有旨料舟給卒以濟宮人彌遜繳奏曰六飛雷動百司豫嚴時方孔艱宜以宗社爲心不宜於內侍細故更勤聖慮事雖至微懼傷大體帝嘉納之試戶部侍郎秦檜再相惟彌遜與吏部侍郎晏端復有憂色八年彌遜上疏乞外甚力詔不允趙鼎罷相檜專國賛帝決策通和金國遣烏陵思謀等入界索禮甚倨軍民皆不平人言紛紛檜於御榻前求去欲要決意屈己從和樞密院編修官胡銓上疏乞斬檜校書郎范如圭以書責檜曲學背師忘讎辱國禮部侍郎曾開抗聲引古誼以折檜相繼貶逐彌遜請對言金使之請和欲行君臣之禮有大不可帝以爲然詔廷臣大議卽日入奏彌遜手疏力言陛下受金人空言未有一毫之得乃欲輕祖宗之付託屈身委命自同下國而尊奉之倒持太阿授人以柄危國之道而謂之和可乎借使金人姑從吾欲假以目前之安異時一有無厭之求意外之欲從之則害吾社稷之計不從則釁端復開是今日徒有屈身之辱而後患未已又言陛下率國人以事讎將何以責天下忠臣義士之氣力陳不可者二檜嘗邀彌遜至私第曰政府方虛員苟和好無異議當以兩地相浼荅曰彌遜受國恩深厚何敢見利忘義顧今日之事國人皆不以爲然獨有一去可報相公檜黙然次日彌遜再上疏言愈切直又言送伴使揣摩迎合不恤社稷乞別選忠信之人協濟國事檜大怒彌遜引疾帝諭大臣留之時和議已決附會其說者至謂向使明州時主上雖百拜亦不問議論靡然賴彌遜廷爭檜雖不從亦憚公論再與金使者計議和不受封冊如宰相就館見金使受其書納入禁中多所降殺惟君臣之禮不得盡爭九年春再上疏乞歸田以徽猷閣直學士知端州改知漳州十年歸隱連江西山是歲兀朮分四道入侵明年又侵淮西取壽春竟如彌遜言十二年檜乘金兵旣敗收諸路兵復通和好追仇向者盡言之臣疏言者論彌遜與趙鼎王庶曾開四人同沮和議於是彌遜落職十餘年間不通時相書不請磨勘不乞任子不序封爵以終其身常憂國無怨懟意二十三年卒朝廷思其忠節詔復敷文閣待制有奏議三卷外制二卷議古三卷詩十卷弟彌大

彌大字似矩登崇寧三年進士第以大臣薦召對除校書郎遷監察御史假太常少卿充契丹賀正旦使時傳聞燕民欲歸漢徽宗遣彌大覘之使還奏所聞有二或謂彼主淫刑滅親種類畔離女眞侵迫國勢危殆爲可取或謂下詔罪己擢用耆舊招赦盜賊國尚有人未可取莫若聽其自相攻併遷起居郎試中書舍人同修國史童貫宣撫永興走馬承受白鍔侍貫不報師期朝廷止從薄責彌大繳奏以爲邊報不至非朝廷福鍔坐除名彌大亦出知光州移知鄂州召爲給事中兼校正御前文籍詳定官拜禮部侍郎金人大舉入侵李綱定城守之策命彌大爲參議與綱不合罷未幾除刑部尚書初朝廷許割三鎭畀金人旣而遣种師道師中援河北姚古援河東彌大上疏乞起河東西境麟府諸郡及陝西兵以濟古之師起河東路及京東近郡兵以濟師道師中之師爲腹背攻刼之圖遂除彌大河東宣撫副使張師正領勝捷軍敗於河東潰歸彌大誅之復遣餘卒援眞定餘卒叛宣撫罷命彌大知陝州河東破小將李彥先來謁言軍事彌大壯之留爲將戍崤澠間以遏敵詔遣使召援彌大未敢進會永興帥范致虛糾兵勤王檄彌大充諸道計議行至方城道阻乃率衆赴大元帥府建炎元年除知淮寧府到郡未幾杜用等夜叛彌大縋城出賊散乃還坐貶秩尋召爲吏部侍郎帝如杭州命權紹興府試戶部尚書兼侍讀呂頤浩視師以彌大爲參謀官彌大奏王導謝安爲都督未嘗離朝廷今邊圉幸無他頤浩不宜輕動又言己爲天子從官非宰相可辟乞於諸軍衆置軍正如漢朝故事以察官郎官爲之陛下必欲留臣當別爲一司伺察頤浩過失忤旨出知平江府中丞沈與求劾彌大謀間君臣妄自尊大奪職歸起知靜江府奏廣西邊防利害入爲工部尚書未幾罷去廣西提刑韓璜劾其在靜江日斷强盜死罪引絞入斬貶兩秩紹興十年卒年六十一

論曰宋旣南渡日以徽宗梓宫及韋后爲念秦檜主和甘心屈己張燾連章論列謀深慮遠其言取必於天豈忘宗社之讎哉亦曰相時而動耳惜其利澤專於蜀也黃中不黨不阿明察料敵立朝忠實退不忘君道夫受知張浚憂國而不爲身謀曾幾積學潔行風節凜凜陳嘗膽枕戈之言以贊親征亦壯矣哉勾濤直節正論不受檜私潔身歸老彌遜曾開同沮和議廢絀以没無怨懟心所謂臨大節而不可奪者歟

宋史卷三百八十三

元　中書右丞相總裁脫脫等修

列傳第一百四十二

陳俊卿　虞允文　辛次膺

陳俊卿字應求興化人幼莊重不妄言笑父死執喪如成人紹興八年登進士第授泉州觀察推官服勤職業同僚宴集恒謝不往一日郡中失火守汪藻走視之諸掾屬方飲某所俊卿與卒亦假之行於是劾以後至被詰俊卿唯唯稱謝已而知其實問故俊卿曰某不能止同僚之行又資其僕安得爲無過時公方盛怒其忍幸自解重人之罪乎藻歎服以爲不可及秩滿秦檜當國察其不附己以爲南外睦宗院教授尋添通判南劍州未上而檜死乃以校書郎召孝宗時爲普安郡王高宗命擇端厚靜重者輔導之除著作佐郎兼王府教授講經輒寓規戒正色特立王好鞠戲因誦韓愈諫張建封書以諷王敬納之累遷監察御史殿中侍御史首言人主以兼聽爲美必本至公人臣以不欺爲忠必達大體御下之道恩威並施抑驕將作士氣則紀綱正而號令行矣遂劾韓仲通本以獄事附檜究陷無辜檜黨盡逐而仲通獨全劉寶總戎京口恣掊尅且拒命不分戍二人遂抵罪湯思退專政俊卿言冬日無雲而雷宰相上不當天心下不厭人望詔罷思退時災異數見金人侵軼之勢已形俊卿乃疏言張浚忠藎白首不渝竊聞讒言其陰有異志夫浚之得人心伏士論爲其忠義有素反是則人將去之誰復與爲變乎疏入未報因請對力言之上始悟數月以浚守建康又言內侍張去爲陰沮用兵且陳避敵計搖成算請按軍法上曰卿可謂仁者之勇除權兵部侍郎金主亮渡淮俊卿受詔整浙西水軍李寶因之遂有膠西之捷亮死詔俊卿治淮東堡砦屯田所過安輯流亡金主褎新立申舊好廷臣多附和議俊卿奏和戎本非得已若以得故疆爲實利得之未必能守是亦虛文而已今不若先正名名正則國威彊歲幣可損因陳選將練兵屯田減租之策擇文臣有膽略者爲參佐俾察軍政習戎務以備將材孝宗受禪言爲國之要有三用人賞功罰罪所以行之者至公而已願留聖意遷中書舍人時孝宗志在興復方以閫外事屬張浚以俊卿忠義沉靖有謀以本職充江淮宣撫判官兼權建康府事奏曰吳璘孤軍深入敵衆拒戰久不決危道也兩淮事勢已急盍分遣舟師直擣山東彼必還師自救而璘得乘勝定關中我及其未至潰其腹

心此不世之功也會主和議方堅詔璘班師亦召俊卿奏陳十事定規模振紀綱勵風俗明賞罰重名器遵祖宗之法蠲無名之賦隆興初元建都督府俊卿除禮部侍郎參贊軍事張浚初謀大舉北伐俊卿以爲未可會諜報敵聚糧邊地諸將以爲秋必至宜先其未動舉兵浚乃請于朝出師已而邵宏淵果以兵潰俊卿退保揚州主和議者幸其敗横議搖之浚上疏待罪俊卿亦乞從坐詔貶兩秩諫臣尹穡附思退議罷浚都督改宣撫使治揚州俊卿奏浚果不可用別屬賢將若欲責其後効降官示罰古法也今削都督重權眞揚州死地如有奏請臺諫沮之人情解體尚何後効之圖議者但知惡浚而欲殺之不復爲宗社計願下詔戒中外協濟使浚自効疏再上上悟即命浚都督且召爲相卒爲思退穡所擠遣視師江淮俊卿累章請罷以寶文閣待制知泉州請祠提舉太平興國宫思退既竄太學諸生伏闕下乞召俊卿乾道元年入對上勞撫之因極論朋黨之弊除吏部侍郎同修國史論人才當以氣節爲主氣節者小有過當容之邪佞者甚有才當察之錢端禮起戚里爲參政窺相位甚急館閣之士上疏斥之端禮遣客密告俊卿已即相當引共政深拒不聽翌日進讀寶訓適及外戚因言本朝家法外戚不預政有深意陛下宜謹守上首肯端禮憾之知建康府逾年授吏部尚書時上未能屏鞠戲將游獵白石俊卿引漢桓靈唐敬穆及司馬相如之言力以爲戒上喜曰備見忠讜朕決意用卿矣朕在藩邸知卿爲忠臣俊卿拜謝受詔館金使遂拜同知樞密院事時曾覿龍大淵怙舊恩竊威福士大夫頗出其門及俊卿館伴大淵副之公見外不交一語大淵納謁亦謝不接洪邁白俊卿人言鄭聞除右史某當除某官信乎詰所從邁以淵覿告具以邁語質於上上曰朕曷嘗謀及此輩必竊聽得之有旨出淵覿中外稱快金移文邊吏取前所俘俊卿請報以誓書云俘虜叛亡是兩事俘虜發已多叛亡不應遣且本朝兩淮民上國俘虜亡慮數萬本朝未嘗以爲言恐壞和議使兩境民不安或至交兵則屈直勝負有在矣鎮江軍帥戚方刻削軍士俊卿奏內臣中有主方者當併懲之即詔罷方以內侍陳瑤李宗回付大理究贓狀十一月當郊而雷上內出手詔戒飭大臣葉顒魏杞坐罷俊卿參知政事時四明獻銀鑛將召冶工即禁中鍛之俊卿奏不務帝王之大而屑屑有司之細恐爲有識所竊從官梁克家莫濟俱求補外俊卿奏二人皆賢其去可惜於是劾奏洪邁姦險讒佞不宜在左右罷之減福建鈔鹽罷江西和糴廣西折米鹽錢蠲諸道宿逋金穀錢帛以巨萬計於是政事稍歸中書矣龍大淵死上憐曾覿欲召之俊卿曰自出此兩人中外莫不稱頌今復召必大失天下望臣請先罷遂不召殿前指揮使王琪被旨按視兩淮城壁還薦和州教授劉甄夫得召俊卿言琪薦兵將官乃其職教官有才何預琪事會揚州奏琪傳旨增築城已訖事俊卿請於上未嘗有是命俊卿曰若詐傳上旨非小故奏言人主萬幾豈能盡防闕所恃者紀綱號令賞罰耳不誅琪何所不爲琪削秩罷官先是禁中密旨直下諸軍宰相多不預聞內官張方事覺俊卿奏自今百司承御筆處分事須奏審方行從之既而以內諸司不樂收前命俊卿言張方王琪事聖斷已明忽諭臣曰禁中取一飲一食必待申審豈不留滯臣所慮者命令之大如三衙發兵戶部取財豈爲宫禁細微事臣等備數出內陛下命令耳凡奏審欲取決陛下非臣欲專之且非新條申舊制耳已行復收中外惶惑恐小人以疑似激聖怒上曰朕豈以小人言疑卿等耶同知樞密院事劉珙進對爭辨激切忤旨既退手詔除珙端明殿學士奉外祠俊卿即藏去密具奏即日奏劄臣實草定以爲有罪臣當先罷珙之除命未敢奉詔陛下即位以來納諫諍體大臣皆盛德事今珙以小事獲罪臣恐自此大臣皆阿順持祿非國家福上色悔久之命珙帥江西俊卿退自劾上手札留之且曰卿雖百請朕必不從四年十月制授尚書右僕射同中書門下平章事兼樞密使俊卿以用人爲己任所除吏皆一時選獎廉退抑奔競或才可用資歷淺密薦於上未嘗語人每接朝士及牧守自遠至必問以時政得失人才賢否虞允文宣撫四川俊卿薦其才堪相五年正月上召允文爲樞密使至則以爲右相俊卿爲左相允文建議遣使金以陵寢爲請俊卿面陳復手疏以爲未可上御弧矢弦激致目眚六月始御便殿俊卿疏曰陛下經月不御外朝口語籍籍皆輔相無狀不能先事開陳虧損聖德陛下憂勤恭儉清靜寡欲前代英主所不能免者皆屏絶顧於騎射之末猶未能忘臣知非樂此志圖恢復故俯而從事以閱武備激士氣耳願陛下任智謀明賞罰恢信義則英聲義烈不越尊俎固已震懾敵人於萬里之遠豈待區區騎射於百步間哉陛下一身宗社生靈之休戚繫焉願以今日之事永爲後戒曾覿官滿當代俊卿預請處以浙東總管上曰覿意似不欲爲此官俊卿曰前此陛下去二人公論甚愜願捐私恩伸公議覿怏怏而去樞密承旨張說爲親戚求官憚俊卿不敢言會在告請於允文得之俊卿聞敕已出語吏留之說皇恐來謝允文亦愧猶爲之請俊卿竟不與說深憾之吏部尚書汪應辰與允文議事不合求去俊卿數奏應辰剛毅正直可爲執政上初然之後竟出應辰守平江自是上意鄉允文而俊卿亦數求去明年允文復申陵寢之議上手札諭俊卿俊卿奏陛下痛念祖宗思復故疆臣雖疲駑豈不知激昂仰贊聖謨然於大事欲計其萬全俟一二年間吾之事力稍充乃可不敢迎合意指誤國事即杜門請去以觀文殿大學士帥福州陛辭猶勸上遠佞親賢修政攘敵泛使未可輕遣既去允文卒遣使終不得要領曾覿亦召還建節鉞躋保傅而士大夫莫敢言俊卿至福州政尚寬厚嚴於治盜海道晏清以功進秩轉運判官陳峴建議改行鈔鹽法俊卿移書宰執極言福建鹽法與淮浙異遂不果行明年請祠提舉洞霄宫歸第弊屋數楹怡然不介意淳熙二年再命知福州累章告歸除特進起判建康府兼江東安撫召對垂拱殿命坐賜茶因從容言曰將帥當由公選臣聞諸將多以賄得曾覿王抃招權納賄進人皆以中批行之贓吏已經結勘而內批改正將何所勸懲上曰卿言甚當朝辭奏曰去國十年見都城穀賤人安惟士大夫風俗大變上曰何也俊卿曰向士大夫奔覿抃之門十纔一二尚畏人知今則公然趨附已七八不復顧忌矣人材進退由私門大非朝廷美事上曰抃則不敢覿雖時或有請朕多抑之自今不復從矣俊卿曰此曹聲勢既長侍從臺諫多出其門毋敢爲陛下言臣恐壞朝廷紀綱廢有司法度敗天下風俗累陛下聖德命二府飲餞浙江亭俊卿去建康十五年父老喜其再來爲政寬簡罷無名之賦時御前多行白劄用左右私人持送俊卿奏非便上手札獎諭除少保判建康府如故八上章告老以少師魏國公致仕十三年十一月薨年七十四方屬疾手書示諸子云遺表止謝聖恩勿祈恩澤及功德勿請謚賜謚正獻俊卿孝友忠敬得於天資清嚴好禮終日無惰容平居恂恂若不能言而在朝廷正色危論分別邪正斥權勢無顧避凡所奏請關治亂安危之大者雅善汪應辰李燾尤敬朱熹屢嘗論薦其薨也熹不遠千里往哭之又狀其行有集二十卷子五人宓有志于學終承奉郎朱熹爲銘其墓宓自有傳

虞允文字彬甫隆州仁壽人父祺登政和進士第仕至太常博士潼川路轉運判官允文六歲誦九經七歲能屬文以父任入官丁母憂哀毀骨立既葬朝夕哭墓側墓有枯桑兩鳥來巢念父之鰥且疾七年不調跬步不忍離左右父死紹興二十三年始登進士第通判彭州權知黎州渠州秦檜當國蜀士多屏棄檜死高宗欲收用之中書舍人趙逵首薦允文召對謂人君必畏天必安民必法祖宗又論士風之弊以文章進必抑其輕浮以言語進必黜其巧僞以政事進必去其苛刻庶可任重致遠且極論四川財賦科納之弊上嘉納之除祕書丞累遷禮部郎官金主亮修汴已有南侵意王綸還言敵恭順和好湯思退再拜賀置邊備不問及金使施宜生頗泄敵情張燾密奏之亮又隱畫工圖臨安湖山以歸亮賦詩情益露允文上疏言金必敗盟兵出有五道願詔大臣豫思備禦時三十年正月也十月借工部尚書充賀正使與館伴賓射一發破的衆驚異之允文見運糧造舟者多辭歸亮曰我將看花洛陽允文還奏所見及亮語申言淮海之備除中書舍人直學士院三衙管軍以宦寺充承受允文言自古人主大權不移於姦臣則落於近倖秦檜盜權十有八年檜死權歸陛下邇來三衙交結中官宣和明受厥鑒未遠上大悟立罷之金使王全高景山來賀生辰口傳亮悖慢語欲得淮南地索將相大臣議事於是召三衙大將趙密等議舉兵侍從臺諫集議宰臣陳康伯傳上旨今日更不問和與守直問戰當如何遣成閔爲京湖制置使將禁衛五萬禦襄漢上流允文曰兵來不除道敵爲虛聲以分我兵戍其出淮姦謀爾不聽卒遣閔七月金主亮徙汴允文復語康伯閔軍約程在江池宜令到池者駐池到江者駐江若敵兵出上流則荆湖之軍捍於前江池之軍援於後若出淮西則池之軍出巢縣江州軍出無爲可爲淮西援是一軍而兩用之康伯然其說而閔軍竟屯武昌九月金主命李通爲大都督造浮梁于淮水上金主自將兵號百萬氊帳相望鉦鼓之聲不絶十月自渦口渡淮先是劉錡措置淮東王權措置淮西至是權首棄廬州錡亦回揚州中外震恐上欲航海陳康伯力贊親征是月戊午樞臣葉義問督江淮軍允文參謀軍事權又自和州遁歸錡回鎮江盡失兩淮矣十一月壬申金主率大軍臨采石而別以兵爭瓜洲朝命成閔代錡李顯忠代權錡權皆召義問被旨命允文往蕪湖趣顯忠交權軍且犒師采石時權軍猶在采石丙子允文至采

石權已去顯忠未來敵騎充斥我師三五星散解鞍束甲坐道旁皆權敗兵也允文謂坐待顯忠則誤國事遂立招諸將勉以忠義曰金帛告命皆在此待有功衆曰今既有主請死戰或曰公受命犒師不受命督戰他人壞之公任其咎乎允文叱之曰危及社稷吾將安避至江濱見江北已築高臺對植絳旗二繡旗二中建黃屋亮踞坐其下諜者言前一日刑白黑馬祭天與衆盟以明日濟江晨炊玉麟堂先濟者予黃金一兩時敵兵實四十萬馬倍之宋軍纔一萬八千允文乃命諸將列大陣不動分戈船爲五其二並東西岸而行其一駐中流藏精兵代戰其二藏小港備不測部分甫畢敵已大呼亮操小紅旗麾數百艘絕江而來瞬息抵南岸者七十艘直薄宋軍軍小卻允文入陣中撫時俊之背曰汝膽略聞四方立陣後則兒女子爾俊即揮雙刀出士殊死戰中流官軍亦以海鰌船衝敵舟皆平沉敵半死半戰日暮未退會有潰軍自光州至允文授以旗鼓從山後轉出敵疑援兵至始遁又命勁弓尾擊追射大敗之僵尸凡四千餘殺萬戶二人俘千戶五人及生女眞五百餘人敵兵不死于江者亮悉敲殺之怒其不出江也以捷聞犒將士謂之曰敵今敗明必復來夜半部分諸將分海舟綴上流別遣兵截楊林口丁丑敵果至因夾擊之復大戰焚其舟三百始遁去再以捷聞既而敵遣僞詔來諭王權似有宿約允文曰此反間也仍復書言權已寘典憲新將李世輔也願一戰以決雌雄亮得書大怒遂焚龍鳳車斬梁漢臣及造舟者二人乃趨瓜洲漢臣教亮濟江者也顯忠至自蕪湖允文語之曰敵入揚州必與瓜洲兵合京口無備我當往公能分兵相助乎顯忠分李捧軍萬六千往京口葉義問亦命楊存中將所部來會允文還建康即上疏言敵敗於采石將徼幸於瓜洲今我精兵聚京口持重待之可一戰而勝乞少緩六飛之發甲申至京口敵屯重兵滁河造三牐儲水深數尺塞瓜洲口時楊存中成閔邵宏淵諸軍皆聚京口不下二十萬惟海鰌船不滿百戈船半之允文謂遇風則使戰船無風則使戰艦數少恐不足用遂聚材治鐵改修馬船爲戰艦且借之平江命張深守滁河口扼大江之衝以苗定駐下蜀爲援庚寅亮至瓜洲允文與存中臨江按試命戰士踏車船中流上下三周金山回轉如飛敵持滿以待相顧駭愕亮笑曰紙船耳一將跪奏南軍有備不可輕顧駐揚州徐圖進取亮怒欲斬之哀謝良久杖之五十乙未亮爲其下所殺初亮在瓜洲聞李寶由海道入膠西成閔諸軍方順流而下亮愈怒還揚州召諸將約三日濟江否則盡殺之諸將謀曰進有渰殺之禍退有敲殺之憂奈何有萬戶曰殺郎主與南宋通和歸鄉則生矣衆曰諾亮有紫茸細軍不臨陣恒以自衞衆患之有蕭遮巴者紿之曰淮東子女玉帛皆聚海陵且嫉使往細軍去而亮死丙申敵人退屯三十里遣使議和己亥奏聞召入對上慰藉嘉歎謂陳俊卿曰虞允文公忠出天性朕之裴度也詔免扈從往兩淮措置允文至鎭江奏收兩淮三策不報明年正月上至建康尋議回鑾詔以楊存中充江淮荆襄路宣撫使允文副之給舍繳存中除命於是允文充川陝宣諭使陛辭言金亮既誅新主初立彼國方亂天相我恢復也和則海內氣沮戰則海內氣伸上以爲然允文至蜀與大將吳璘議經略中原璘進取鳳翔復鞏州金治兵爭陝西新復州郡蜀士欲棄之允文持不可孝宗受禪朝臣有言西事者謂官軍進討東不可過寶雞北不可過德順且欲用忠義人守新復州郡官軍退守蜀口允文爭之不得吳璘遂歸河池蓋用參知政事史浩議欲盡棄陝西臺諫袁季任古附和其說允文再上疏大略言恢復莫先於陝西陝西五路新復州縣又係於德順之存亡一旦棄之則窺蜀之路愈多西和階成利害至重前後凡十五疏且移書陳康伯康伯奉於同列不能回也上將召允文問陝西事執政忌其來以顯謨閣直學士知夔州尋又命奏事隆興元年入對史浩既素主棄地及拜相亟行之且親爲詔有曰棄雞肋之無多免狠心之未已允文入對言今日有八可戰上問及棄地允文以笏畫地陳其利害上曰此史浩誤朕以敷文閣待制知太平州尋除兵部尚書湖北京西宣撫使改制置使時朝廷遣盧仲賢使金議和湯思退又欲棄唐鄧海泗手詔謂唐鄧非險要可寘度外允文五上疏力爭思退怒即奏曰此皆以利害不切於己大言誤國以邀美名宗社大事豈同戲劇上意遂定思退陽請召允文實欲去之也允文上印猶以四州不可棄爲請乞致仕詔以顯謨閣學士知平江府思退竟決和議割唐鄧二年金兵復至思退貶上悔不用允文言陳俊卿亦薦允文堪大用除端明殿學士同簽書樞密院事乾道元年拜參知政事兼知樞密院事是秋金遣完顏仲有所議偃蹇不敬允文請斬之廷有異論不果會錢端禮受李宏王帶事連允文爲御史章服所論罷政奉祠西歸三年二月召至闕除知樞密院事兼參知政事吳璘卒議擇代上諭允文曰吳璘既卒汪應辰恐不習軍事無以易卿凡事不宜效張浚迂闊軍前事卿一一親臨之即拜資政殿大學士四川宣撫使尋詔依舊知樞密院事歸蜀一月召至闕不數月復使蜀太上賜御書聖主得賢臣頌上又爲之製跋陛辭復以所御雙履及甲冑賜焉過郢奏築黃鶴山城過襄陽奏修府城八月至漢中又往沔陽九月至益昌先被手詔戒九事洎至蜀悉奉而行尤以軍政爲急又奏閱實諸軍第其壯怯爲三上備戰中下備輜重老者少者不預汰兵凡萬人減緡錢四百萬汰去兵有勞績者置員闕處之與洋義士民兵也紹興初以七萬計大散之戰將不授甲驅之先官軍死亡略盡命利帥晁公武覈實得二萬三千九百餘人又得陝西弓箭手法參紹興制爲一書俾將吏守之以馬政付張松奏依舊制分茶馬爲川秦司初在樞府蕭遮巴以刷軍中人爲言允文嘗奏論三衙撫存之至是金洋興元歸正人二萬遮道訴繫縲之苦允文分給官田俾咸振業欲給敵將姜挺白沂遵御札募鞏人王嗣祖結外蕃以圖金人又得蕃僧六虎者偕往竟無成說時卭蜀十四郡告饑荒政凡六十五事劍倅獻羨錢五萬郤之五年八月拜右僕射同中書門下平章事兼樞密使允文多薦知名士如洪适汪應辰及爲相籍人才爲三等有所見聞即記之號材館錄凡所舉上皆收用如胡銓周必大王十朋趙汝愚晁公武李燾其尤章明者也上以兵冗財匱爲憂允文與陳俊卿議革三衙雜役汰冗籍三軍無怨言六年陳俊卿以奏留龔茂良忤上意上震怒甚俊卿待命浙江亭兩日不報允文請對極論體貌之道疊拜榻前遂命判福州詔以范成大爲祈請使爲陵寢故金不從且謀報欲以三十萬騎奉遷陵寢來歸中外洶洶荆襄將帥皆請增戍允文謂金方懲亮決不輕動不過以虛聲撼我耳遂奏止之朝論紛然允文屹不動敵卒無他自莊文太子薨儲位未定允文上疏且屢懇陳七年正月上兩宮尊號議始定下詔皇第三子恭王惇立爲皇太子皇子愷以雄武保寧軍節度使判寧國府皇太子尋尹臨安侍衞馬軍司牧地舊在臨安允文謂地狹不利芻牧請令就牧鎭江緩急用騎過江便三軍有怨語其後言者以此爲言胡銓以臺評去允文奏留之經筵銓薦朱熹上問允文識熹否允文謂熹不在程頤下遂召熹熹不至檢鼓院以六條抑上書人允文力言不可從之會慶節金使烏林荅天錫入見金主旨也驕倨甚固請上降榻問金主起居上不許天錫跪不起侍臣錯愕失措允文請大駕還禁中且諭之曰大駕既興難再御殿使人來且隨班上壽金使懾而退上以僕射名不正改爲左右丞相八年二月授允文特進左丞相兼樞密使梁克家爲右丞相允文嘗舉克家自代上不許是月以病乞解機政又薦克家靖重有宰相器至是始同相手詔付允文曰朕方欲武臣爲樞密曹勛如何允文謂勛人品卑凡不可用既而以張說簽書樞密院事右正言王希呂與臺官交劾之上怒希呂甚手詔與遠惡監當允文繳回上益怒梁克家曰希呂論張說臺綱也左相救希呂國體也上怒稍解卒薄希呂之罰四月御史蕭之敏劾允文允文上章待罪上過德壽宮太上曰采石之功之敏在何許毋聽其去上爲出之敏且書扇製詩以留之允文言之敏端方請召歸以闢言路上謂其言寬厚命曾懷書之時政記上命選諫官允文以李彥穎林光朝王質對三人皆鯁亮又以文學推重於時故薦之久不報會覲薦一人賜第擢諫議大夫允文克家爭之不從允文力求去授少保武安軍節度使四川宣撫使進封雍國公陛辭上諭以進取之方期以某日會河南允文言異時戒內外不相應上曰若西師出而朕遲回即朕負卿若朕已動而卿遲回即卿負朕上御正衙酌酒賦詩以遣之且賜家廟祭器九年至蜀大軍月給米一石五斗不足贍其家允文捐宣司錢三十萬易米計口增給立戶馬七條括民馬奏選良家子以備戰用初北界有寇隣者擁衆數萬在商虢間允文秉政日納款迨至蜀復遣人致書允文不報羈縻之而已既而隣謀覺金密遣人捕之葉衡奏聞允文上疏自辨因請納祿不報上嘗謂允文曰丙午之恥當與丞相共雪之又曰朕惟功業不如唐太宗富庶不如漢文景故允文許上以恢復使蜀一歲無進兵期上賜密詔趣之允文言軍需未備上不樂淳熙元年薨後四年上幸白石大閱見軍皆少壯謂輔臣曰虞允文行沙汰之効也尋詔贈太傅賜謚忠肅允文姿雄偉長六尺四寸慷慨磊落有大志而言動有則度人望而知爲任重之器早以文學致身臺閣晚際時艱出入將相垂二十年孜孜忠勤無二焉嘗注唐書五代史藏于家有詩文十卷經筵春秋講義三卷奏議二十二卷內外志十五卷行于世子三人公亮公著杭孫孫八人皆好修唯剛簡最知名嘉定中召不至終利路提點刑獄

辛次膺字起季萊州人幼孤從母依外氏王聖美於丹

徙俊慧力學日誦千言甫冠登政和二年進士第歷官爲單父丞值山東亂舉室南渡屬閩寇范汝爲陷建州宰相呂頤浩以次膺宰蒲城過賊衙比至寇黨熊志寧已焚其邑於是披荆棘坐瓦礫中安輯吏民料丁壯治器械阨險阻號令不煩邑民便之數月韓世忠破賊復建州除審計司餘黨范黑龍破鄰邑閩帥張守檄次膺倅賊平而後行乃募鄉兵習彊弩賊至與之夾水而陣矢齊發賊奔潰生致首領五人餘悉宥之用參政孟庾薦召對奏用人貴於務實施令在於必行還駕部願敕郡邑省耕薄征務農抑末又奏中原之人棄墳墓生業從巡江左飢寒殞仆願加存拊可以堅中原徯后之心遷吏部郎湖北運判中途召還見高宗于建康行宫首言救世之弊上稱善敕以所奏榜朝堂擢右正言奏願閱兵將親簡拔攬恩威之柄使人人知朝廷之尊左右近習久則干政願杜其漸兵連不解十年于茲一歲用錢三十萬米四百萬石諸路常賦僅足支其半餘悉取諸民乞罷不急之務節姑息之澤省冗官汰懦兵韓世忠男直祕閣次膺奏曰攻城野戰世忠功也其子何與石渠東觀圖書府也武功何與倖門一啟援例者衆又奏今主議者見小利忽大計偏師偶勝遽思進討便謂攻爲有餘警奏稍聞首陳退舍便謂守爲不足願嚴紀律謹烽燧明閒探上皆信納聞韓世忠將自楚州移軍鎭江復陳可慮者五王倫使北請和次膺言宣和海上之約靖康城下之盟口血未乾兵隨其後今日之事當識其詐時秦檜在政府爲其妻兄王仲薿敘兩官次膺劾仲薿奴事朱勔投拜金酋罪在不赦又劾知撫州王㬇違法佃官田不輸租其父仲山先知撫州屈膝金人㬇繼其後何顏見吏民㬇檜之妻兄也章留中次膺再論之曰近臣奏二人繼聞追寢除命是皆檜容私營救陛下曲從其欲國之紀綱臣之責任一切廢格借使貴連宫掖親如肺腑寵任非宜臣亦得論之而大臣之姻婭乃不得繩之耶望陛下奮乾剛之威戒蒙弊之漸求去除直祕閣湖南提刑先是湖南賊龍淵李朝擁衆數萬據衡之茶陵檜匿不奏乃以見闕處次膺陛辭上曰卿以將母爲請朕不得留湖湘風物甚佳且無盜賊職名異恩卒歲當召既抵長沙賊勢方張戍將抽回始悟檜欲陷之卽單車趨茶陵擒賊驍將戮之慕賊黨毛義龍麟等齎榜諭以朝廷抽回戍將務欲招安宜亟降待以不死龍淵李朝相繼降仍請料精鋭可得禁旅萬餘次膺笑曰是皆吾民正當棄兵甲持鋤耰趣令復業奏茶陵爲軍金好成赦書至衡陽次膺極陳其詐略曰臣昨在諫列嘗數論金人變詐無常願陛下爲宗社生靈深慮近觀邸報樞密院編修官胡銓妄議和好歷詆大臣除名遠竄已而得銓書藳乃知朝廷遽欲屈己稱藩臣未知其可大臣懷姦固位不恤國計媕婀趨和謬以爲便臣不知天下之人以爲便乎父之讎不與共戴天兄弟之讎不反兵棄讎釋怨盡除前事降萬乘之尊以求說於敵天下之人果能遂亡怨痛以從陛下之志乎書奏不報金陷三京次膺罷奉祠秦檜以其負重名欲先移書當稍收用次膺笑而不答閲十六年貧益甚亡毫髮求於人檜死起知婺州三日被召至國門以足疾求去加祕閣修撰還郡再召見歷言仇怨當國老母幾委溝壑因奏國本未立上改容曰誰可次膺曰知子莫若父上稱善擢權給事中蔣璨權戶部侍郎次膺駁璨不守正事交結出璨知平江御史中丞湯鵬舉劾次膺假權報怨除待制官觀起知泉州移福建帥丁母憂乞納祿孝宗卽位手詔趣召既至奏陛下用賢必考衆事功勿以一人譽用之一人毀去之出令要無反汗納善要如轉圜練兵恤民經理兩淮使敵不能乘虛而入是日除御史中丞朝德壽宫高宗一見謂惜間卿於彊健時上將以春饗迎高宗詣延祥觀幸玉津園次膺奏欽宗服未終方停策士且金人嫚書甫至意在交兵郊原野問禁衞稀少當過爲之慮兼一出費十數萬緡曷若以資兵食時兩淮盡爲荒野次膺奏乞集遺甿歸業借種牛或令在屯兵從便耕種此足兵良法至若成閔之貪饕湯思退之朋附葉義問之姦罔皆以次論劾每章疏一出天下聳之上方厲精政事次膺每以名實爲言多所禆益呼其官不名隆興改元三月同知樞密院事符離之師捷奏日聞次膺手疏千言乞持重未幾軍果潰及見上顏色不樂奏言師潰而歸張浚彈壓必無他此上天大儆戒於陛下上歎其先見拜參知政事以疾力祈免且奏曰王十朋除侍史雖上親擢天下皆知臣嘗薦其賢湯思退召將至亦知臣嘗疏其姦臣不引避人其謂何除資政殿學士提舉洞霄宫陛辭賜茶甚惜其去次膺奏臣與思退理難同列上曰有謂湯思退可用者次膺奏今日之事恐非思退能辦思退固不足道竊恐誤國家事乾道六年閏五月卒年七十九次膺孝友清介立朝謇諤仕宦五十年無絲毫挂吏議爲政貴清靜先德化所至人稱其不煩善屬文尤工於詩

論曰孝宗志恢復特任張浚俊卿斥姦黨明公道以爲之佐洎居中書知無不爲言無不盡蓋其立志一以先哲爲法非他相可擬也允文許國之忠炳如丹青金庶人亮之南侵其鋒甚鋭中外倚劉錡爲長城錡以病不克進師允文儒臣奮勇督戰一舉而挫之亮乃自斃昔赤壁一勝而三國勢成淮淝一勝而南北勢定允文采石之功宋事轉危爲安實係乎此及其罷相鎭蜀受命興復剋期而往志雖未就其能慷慨任重豈易得哉次膺力排羣邪無負言責涖政不煩居約有守晩再立朝謇諤尤著南渡直言之臣宜爲首稱焉

宋史卷三百八十三考證

虞允文傳趙達○按趙達當是趙逵然逵傳無爲允文之事及考別本以舍人陸逵薦存參

宋史卷三百八十四

元中書右丞相總裁脫脫等修

列傳第一百四十三

陳康伯 梁克家 汪澈 葉義問

蔣芾 葉顒 葉衡

陳康伯字長卿信之弋陽人父亨仲提舉江東常平康伯幼有學行宣和三年中上舍丙科累遷太學正丁內艱貴溪盜將及其鄉康伯起義丁逆擊俘其渠魁邑得全建炎末爲勅令刪定官預脩紹興勅令尋通判衢州攝郡事盜發白馬原康伯督州兵濟王師進討克之除太常博士改提舉江東常平茶鹽高宗進蹕建康康伯以職事過闕得對因請擇將上開納紹興八年除樞密院大計議官累遷戶部司勳郎中康伯與秦檜太學有舊檜當國康伯在郎省五年泊然無求不偷合十三年始遷軍器監借吏部尚書使金至汴將餔不供餉閉戶臥勿問入夜館人扣戶謝不敏亦不對後因金使至詔康伯館伴端午賜扇帕與論拜受禮言者以生事論罷知泉州海盜間作朝廷遣劉寶成閔逐捕康伯以上意招懷盜多出降籍爲兵久之不逞者陰倡亂康伯訊得實論殺之州以無事秩滿三奉祠垂十年檜死起知漢州將出峽召對除吏部侍郎康伯首請節用寬民凡州縣取民無藝許監司互察臺諫彈劾尋兼禮戶部乞約歲用會所入儲什之一二備水旱奏上議竟不決兼刑部前此有司希檜意興大獄康伯平讞直寃士大夫存殁多賴之除吏部尚書宰臣擬用權尚書出命高宗顧曰朕且大用何權爲尋拜參知政事自孫道夫使北還已聞金以買馬非約爲言朝廷特恃和康伯與同知樞密院事王綸白發其端綸使還乃言和好無他康伯持初論不變九月以通政大夫守尚書右僕射同中書門下平章事例賜銀絹康伯固辭減半又辭兼史院上嘗謂其靜重明敏一語不妄發眞宰相也又命與湯思退輔政事勿憚商論惟其當而已康伯言大臣事當盡公若依阿植黨此鄙夫患失者臣非惟不敢亦素不能高宗嘆其長者普安郡王居潛藩高宗一日謂康伯當以使相封眞王今宜冠以屬籍於是詔以爲皇子封建王實三十年二月也明年三月拜光祿大夫尚書左僕射五月金遣使賀天申節出嫚言求淮漢地指取將相大臣且以淵聖凶問至康伯主禮部侍郎黃中之論持斬衰三年先是葉義問賀允中使還言金必敗盟康伯請早爲之備建四策一增劉錡判南軍以重上流二分畫兩淮地命諸將結民社各保其境三劉寶獨當淮東將驕卒少不可倚四沿江諸郡脩城積糧以固內地至是召三衙帥及楊存中至都堂議舉兵又請侍從臺諫集議康伯傳上旨曰今日更不問和與守直問戰當如何時上意雅欲視師內侍省都知張去爲陰沮用兵且陳退避策中外妄傳幸閩蜀人情洶洶右相朱倬無一語同知樞密院事周麟之受命聘金憚不欲行康伯獨以爲己任奏曰金敵敗盟天人共憤今日之事有進無退聖意堅決則將士之意自倍願分三衙禁旅助襄漢待其先發應之康伯勉周麟之以國事麟之語侵康伯康伯曰使某不爲宰相當自行大臣與國存亡雖死安避麟之竟以辭行罷尋貶責殿中侍御史陳俊卿言當用張浚且乞斬張去爲以作士氣康伯以俊卿振職奏擢兵部侍郎九月金犯廬州王權敗歸中外震駭朝臣有遣家豫避者康伯獨具舟迎家入浙且下令臨安諸城門扃鐍率遲常時人恃以安敵迫江上召楊存中至內殿議之因命就康伯議康伯延之入解衣置酒上聞之已自寛翌日入奏曰聞有勸陛下幸越趨閩者審爾大事去矣盍靜以待之一日忽降手詔如敵未退散百官康伯焚之而後奏曰百官散主勢孤矣上意既堅請下

詔親征以葉義問督江淮軍事虞允文參謀軍事上初命朱倬爲都督倬辭乃命義問允文尋敗敵於采石金主亮爲其臣下所弑而還方亮之犯江國人即立葛王褎三十二年始遣高忠建來告登位議授書禮康伯以誼折之於是報書始用敵國禮高宗倦勤有與子意康伯密贊大議乞先正名俾天下咸知聖意遂草立太子詔以進及行內禪禮以康伯奉冊孝宗即位命兼樞密使進封信國公禮遇殊渥但呼丞相而不名康伯自建康扈從回即以病祈去位不允明年改元隆興請益堅遂以太保觀文殿大學士福國公判信州上慰勞甚勤且曰有宣召愼勿辭宰執即府餞別百官班送都門外已又辭郡丐外祠除醴泉觀使二年八月起判紹興府且命赴闕奏事復辭未幾召陪郊祀時北兵再犯淮甸人情驚駭皆望康伯復相上出手札遣使即家居召之未出里門拜尚書左僕射同中書平章事兼樞密使進封魯國公親故謂康伯實病宜辭康伯曰不然吾大臣也今國家危當輿疾就道幸上哀而歸之爾道聞邊遽兼程以進至闕下詔子安節壻文好謙掖以見減拜賜坐間日一會朝許肩輿至殿門仍給扶非大事不署敵師退尋以目疾免朝謁臥家旬餘一奏事乾道元年正月上辛有事南郊康伯起陪祠己即丐歸章屢上不許一日出殿門喘劇輿至第薨年六十有九贈太師諡文恭擇日臨奠子偉節固辭乃止命工部侍郎何俌護喪歸二子偉節除直祕閣安節賜同進士出身五辭不受上手札批諭寄留省中以成其美康伯薨給還之慶元初配享孝宗廟庭改諡文正

梁克家字叔子泉州晉江人幼聰敏絕人書過目成誦紹興三十年廷試第一授平江簽判時金主亮死衆皆言可乘機進取克家移書陳俊卿謂敵雖退吾兵力未振不量力而動將有後悔俊卿歸以白丞相陳康伯歎其遠慮召爲祕書省正字遷著作佐郎時災異數見克家奏宜下詔求言從之令侍從臺諫卿監郎官館職疏闕失克家條六事一正心術二立紀綱三救風俗四謹威柄五定廟算六結人心其論定廟算謂今邊議不過三說曰將兵財語甚切直累遷中書舍人使金金以中朝進士第一敬待之即館宴射連數十發中的金人來賀慶會節克家請令金使入朝由南門百官由北門從者毋輒至殿門外以肅朝儀詔定爲令郊祀有雷震之變克家復條六事遷給事中凡三年遇事不可必執奏無隱嘗奏陛下欲用實才不喜空言空言固無益然以空言爲懲則諫爭之路遂塞願有以開導之上欣納因命條具風俗之弊克家列四條曰欺罔苟且循默奔競上手筆獎諭乾道五年二月拜端明殿學士簽書樞密院事明年參知政事又明年兼知院事初修金好金索所獲俘敵釁未已克家請築楚州城環舟師于外邊賴以安在政府與虞允文可否相濟不苟同皇太子初立克家請選置官屬增講讀員遂以王十朋陳良翰爲詹事中外稱得人允文主恢復朝臣多迎合克家密諫數不合力丐去上曰終不可用乎克家奏用兵以財用爲先今用度不足何以集事上改容曰朕將思之詰朝上面諭曰朕終夜思卿言至當毋庸去八年詔更定僕射爲左右丞相拜克家爲右丞相兼樞密使一日上謂宰執曰近過德壽宮太上頤養愈勝天顏悅懌朕退不勝喜克家奏堯未得舜以爲己憂既得舜固宜甚樂允文奏堯獨高五帝之壽以此上曰然允文既罷相克家獨秉政雖近戚權倖不少假借而外濟以和張說入樞府公議不與寢命俄復用說怒士夫不附己謀中傷之克家悉力調護善類賴之議金使朝見授書儀時欲移文對境以正其禮克家議不合遂求去以觀文殿大學士知建康府陛辭上以治效爲問克家勸上無求奇功既而三省密院卒移牒泗州敵不從遣泛使來舉朝震駭後二年湯邦彥坐使事貶天下益服克家謀國之忠淳熙八年起知福州在鎭有治績趙雄奏欲令再任降旨仍知福州召除醴泉觀使九年九月拜右丞相封儀國公逾月而疾十三年命以內祠兼侍讀賜第在所存問不絕十四年六月薨年六十手書遺奏上爲之垂涕贈少師諡文靖初唱第時孝宗由建邸入侍愛其風度峻整及登政府眷寵尤渥爲文渾厚明白自成一家辭命尤溫雅多行于世

汪澈字明遠自新安徙居饒州浮梁第進士教授衡州沅州用万俟卨薦爲祕書正字校書郎輪對乞令帥臣監司侍從臺諫各舉將帥高宗善之行其言除監察御史進殿中侍御史特賜鞍馬時和戎歲久邊防浸弛澈陳養民養兵自治豫備之說累數千言顯仁皇后攢宮訖役議者欲廣四隅士庶墳在二十里內皆當遷命澈按視還奏昭慈徽宗顯肅懿節四陵舊占百步已數十年今日何爲是紛紛漢長樂未央宮夾樗里疾墓未嘗遷國朝宮陵儀制在　封堠界內不許開故合祔願還出者聽其意深矣高宗大悟悉如舊葉義問使金還顧知犯邊謀澈言不素備事至倉卒靖康之變可鑑今將驕卒惰宜加蒐閱使有關心文武職事務選實才不限資格除侍御史左相湯思退不協人望澈同殿中侍御史陳俊卿劾罷又論鎭江大將劉寶十罪詔奪節予祠三十一年上元前一夕風雷雨雪交作澈言春秋魯隱公時大雷震電繼以雨雪孔子以八日之間再有大變謹而書之今一夕間二異交至此陰盛之證殆爲金人今荊襄無統督江海乏備禦因陳修攘十二事殿帥楊存中久握兵權內結閹寺王十朋陳俊卿等繼論其罪高宗欲存護使去澈與俊卿同具奏存中始罷會金使高景山來求釁端澈言天下之勢彊弱無定形在吾所以用之陛下屈己和戎厚遺金繒彼輒出惡言以撼吾國願陛下赫然睿斷益兵嚴備布告中外將見上下一心其氣百倍矣除御史中丞尋遣馬帥成閔以所部三萬人屯京襄以澈爲湖北京西宣諭使詔凡吏能否民利病悉以聞過九江王炎見澈論邊事辟爲屬偕至襄陽撫諸軍鄂帥田師中老而怯立奏易之時欲置襄守荊南澈奏襄陽地重爲荊楚門戶不可棄敵將劉蕚擁衆十萬揚聲欲取荊南又欲分軍自光黃擣武昌朝廷以敵昔由此入江南令吳拱嚴護武昌津渡拱將引兵回鄂澈聞之馳書止拱而自發鄂之餘兵戍黃州俾拱留襄敵騎奄至樊城拱大戰漢水上敵衆敗走時唐鄧陳蔡汝潁相次歸職方未幾金主亮死澈乞出兵淮甸與荊襄軍夾擊其歸師未報而金新主罷兵請和召澈入爲參知政事與宰相陳康伯同贊內禪孝宗即位銳意恢復首用張浚使江淮澈以參豫督軍荊襄將分道進討趙撙守唐王宣守鄧招皇甫倜於蔡襄漢沃壤荊棘彌望澈請因古長渠築堰募閒民汰冗卒雜耕爲度三十八屯給種與牛授廬舍歲可登穀七十餘萬斛民償種私其餘官以錢市之功緒略就隆興元年入奏還武昌而張浚尅期大舉詔澈出師應之澈以議不合乞令浚併領荊襄諫議大夫王大寶論澈無制勝策皇甫倜以忠義結山砦扼敵要衝澈不能節制坐視孤軍墮敵計趙撙以千五百人救方城敗散五百餘人澈漫不加省乞罷黜澈亦請祠除資政殿學士提舉洞霄宮大寶疏再上落職仍祠祿明年知建康府尋除樞密使在位二年以觀文殿學士奉洞霄祠尋知鄂州兼安撫使孝宗訪邊事澈奏向者我有唐鄧爲藩籬又皇甫倜控扼陳蔡敵不敢窺襄既失兩郡倜復內徙敵屯新野相距百里爾臣令趙撙王宣築城儲糧分備要害有以待敵至於機會之來難以豫料孝宗善之時議廢江州軍澈言不可知寧國府改福州福建安撫使復請祠尋致仕卒年六十三贈金紫光祿大夫諡莊敏澈爲殿中日薦陳俊卿王十朋陳之茂爲臺官高宗曰名士也次第用之矣在樞府孝宗密訪人材薦百有十八人常奏言臣起寒遠所以報國惟無私不欺爾其自奉淸約雖貴猶布衣時有文集二十卷奏議十二卷

葉義問字審言嚴州壽昌人建炎初登進士第調臨安府司理參軍范宗尹爲相義問與沈長卿等疏其姦爲饒州教授攝郡歲旱以便宜發常平米振民提刑黃敦書劾之詔勿問前樞密徐俯門僧犯罪義問繩以法俯嘗舉義問怒甚乃袖薦書還之知江寧縣召秦檜所親役同僚不可義問曰釋是則何以服他人卒役之通判江州豫章守張宗元忤檜或中以飛語事下漕臣張常先宗元道九江常先檄義問拘其舟義問投檄曰吾寧得罪不爲不祥常先白檜罷去檜死湯思退薦之上記其嘗言范宗尹召至言臺諫廢置在人主檜親黨宜盡罷逐以言得罪者宜叙復擢殿中侍御史樞密湯鵬舉效檜所爲植其黨周方崇李庚置籍臺諫鉏異己者義問累章劾鵬舉有一檜死一檜生之語并方崇等皆罷之又言凡擇將遇一闕令樞密院具三名取上旨則冒政盡出掌握還侍御史朱倬沈虛中奉祠里居義問劾其附秦檜皆移居郊祀赦義問言頃歲附會告訐者不應例移放從之遷吏部侍郎兼史館修撰尋兼侍讀拜同知樞密院事上聞金有犯邊意遣義問奉使覘之還奏彼造舟船備器械其用心必有所在宜屯駐沿海要害備之金主亮果南侵命視師義問素不習軍旅會劉錡捷書至讀之至金賊又添生兵顧吏曰生兵何物耶聞者掩口至鎭江聞瓜洲官軍與敵相持大失措乃役民掘沙溝植木枝爲鹿角禦敵一夕潮生沙溝平木枝盡去會建康留守張燾遣人告急義問乃遵陸云往建康催發軍市人皆嫚罵之又聞敵據瓜洲采石兵甚衆復欲還鎭江諸軍喧沸曰不可回矣回則有不測遂趨建康已而金主亮被弒師退義問還朝力請退遂罷隆興元年中丞辛次膺論義問頃護諸將幾敗事且以官私其親謫饒州乾道元年詔自便六年卒年七十三

蔣芾字子禮常州宜興人之奇曾孫紹興二十一年進士第二人孝宗即位累遷起居郎兼直學士院時宦者梁珂事上潛邸撓權尹穡論珂與祠芾繳奏罷之簽書樞密院事首奏加意邊防又奏拔將才行伍間識其姓名一旦拔籍可立取具又料簡歸正人仍以北人將之

或令深入山東或令自荊襄深入除權參知政事同知國用事芾奏方今財最費於養兵藝祖取天下不過十五萬人紹興初外有大敵內有巨寇然兵數亦不若今日之多近見陳敏勇汰三千人戚方汰四千人然多是有官人與以外任請券錢添借給如故是減於內而添於外何益又招兵耗蠹愈甚臣考覈在內諸軍每月逃亡事故常不下四百人若權停招兵一年有半俟財用稍足招丁壯不惟省費又得精兵上悟一日因進呈邊報上顧芾曰將來都督非卿不可芾奏臣未嘗經歷兵間又奏方今錢穀不足兵士不練將帥與臣不相識願陛下更審思其人南郊禮畢宰相葉顒魏杞罷芾採衆論參已見爲籌邊志上之明年拜右僕射同中書門下平章事兼樞密使會母疾卒詔起復拜左僕射芾力辭有密旨欲今歲大舉手詔廷臣議或主和或主恢復使芾決之芾奏天時人事未至拂上意服闋除觀文殿大學士知紹興府提舉洞霄宮尋以言者論落職建昌軍居住期年有旨自便再提舉洞霄宮卒芾始以言邊事結上知不十年間致相位終以不能任兵事受責豈優於論議而劣於事功歟

葉顒字子昂興化軍僊遊人登紹興元年進士第爲廣州南海縣主簿攝尉盜發州檄巡尉同捕巡檢獲盜十餘人歸其勞於顒顒曰掠美欺君倖賞三者皆罪不忍爲也帥曾開大善之知信州貴溪縣時詔行經界郡議以上中下三等定田稅顒請分爲九等守從之令信之六邑以貴溪爲式知紹興府上虞縣凡繇役令民自推貨力甲乙不以付吏民欣然皆以實應催租各書其數與民約使自持戶租至庭親視其入咸便之帥曹泳令今歲夏租先期送什之八顒請少紓其期泳怒及麥大熟民輸租反爲諸邑最泳大喜許薦于朝顒固辭賀正中薦顒靜退遂召見顒論國讎未復中原之民日企鑾輿之返其語剴切高宗嘉納除將作監簿知處州靑田令陳光獻羨餘百萬顒以所獻充所賦湯思退之兄居處州家奴屠酤犯禁一繩以法思退不悅屬常州逋緡錢四十萬守坐免移顒知常州金犯邊高宗視師建康道毗陵顒賜對舟次因言恢復莫先於將相故相張浚久謫無恙是天留以相陛下也顒初至郡無旬月儲未一年餘緡錢二十萬或勸獻羨顒曰名羨餘非重征則橫斂是民之膏血也以利易賞心實恥之召爲尚書郎除右司詔求直言顒上疏謂陛下以手足之至親付州郡之重寄是利一人害一方也人稱其直除吏部侍郎復權尚書時七司弊事未去上疏言選部所以爲弊乃與郎官編七司條例爲一書上嘉之令刻板頒示除端明殿學士拜參知政事兼同知樞密院事武臣梁俊彥請稅沙田蘆場帝以問顒對曰沙田乃江濱地田隨沙漲而出沒不常蘆場則臣未之詳也且辛巳軍興蘆場田租並復今沙田不勝其擾上曰誠如卿言顒至中書召俊彥切責之曰汝言利求進萬一爲國生事斬汝不足以塞責俊彥皇恐汗下是日詔沙田蘆場並罷御史林安宅請兩淮行鐵錢顒力言不可安宅不能平旣入樞府乃上章攻顒云顒之子受宣州富人周良臣錢百萬得監鎭江大軍倉御史王伯庠亦論之顒乞下吏辯明乃以資政殿學士提舉洞霄宮上下其事臨安府時王炎知臨安上令炎親鞫置對無秋毫跡獄奏上以安宅伯庠風聞失實並免所居官仍貶安宅筠州召顒赴闕入見上勞之曰卿之淸德自是愈光矣除知樞密院事未拜進尚書左僕射兼樞密使顒首薦汪應辰王十朋陳良翰周操陳之茂芮曄林光朝等可備執政侍從臺諫上嘉納又言自古明君用人使賢使愚使姦使盜惟去泰甚上曰固然虞有禹皐亦有共驩周有旦奭亦有管蔡在用不用顒曰誠如聖訓但今日在朝雖未見有共驩管蔡然有竊弄威福者臣不敢隱上問爲誰顒以龍大淵對語在陳俊卿傳上以國用未裕詔宰相兼國用使參政同知國用事顒乃言今日費財養兵爲甚兵多則有冗卒虛籍無事則費財有事則不可用雖曰汰之旋卽招之欲足國用當嚴於汰緩於招可也孔子曰節用而愛人蓋節用則愛人之政自行於其間若欲生財秪費民財爾上曰此至言也上曰建康劉源嘗賂近習朕欲遣王抃廉其姦顒曰臣恐廉者甚於姦者乃止乾道三年冬至上親郊而雷顒引漢故事上印綬提舉太平興國宮歸至家不疾而薨年六十八以觀文殿學士致仕贈特進謚正簡顒爲人簡易淸介與物若無忤至處大事毅然不可奪友人高登嘗上書譏切時相名捕甚急顒與同邸擿令逸去登曰不爲君累乎顒曰以獲罪固所願也卽爲具舟舟移乃去自初仕至宰相服食僮妾田宅不改其舊

葉衡字夢錫婺州金華人紹興十八年進士第調福州寧德簿攝尉以獲鹽寇改秩知臨安府於潛縣戶版積弊富民多隱漏貧弱困於陪輸衡定爲九等自五以下除其籍而均其額於上之四等貧者頓蘇徵科爲期限榜縣門俾里正諭民不遣一吏而賦自足歲災蝗不入境治爲諸邑最郡以政績聞卽召對上曰聞卿作縣有法遣還任擢知常州時水潦爲災衡發倉爲糜以食飢者或言常平不可輕發衡曰儲蓄正備緩急可視民飢而不救耶疫大作衡單騎命醫藥自隨徧問疾苦活者甚衆檄晉陵丞李孟堅攝無錫縣有政聲衡薦于上卽除知秀州上之信其言如此除太府少卿合肥瀕湖有圩田四十里衡奏募民以耕歲可得穀數十萬斛租稅二三年後仟佰成倣營田官私各收其半從之除戶部侍郎時鹽課大虧衡奏年來課入不增私販害之也宜自煑鹽之地爲之制司火之起伏稽竈之多寡亭戶本錢以時給之鹽之委積以時收之擇廉能吏察之私販自絕矣仍命措置官三人淮南於通州浙東於明州浙西於秀州丁母憂起復知廬州未行除樞密都承旨奏馬政之弊宜命統制一員各領馬若干匹歲終計其數爲殿最李垕應賢良方正對策近訐直入第四等衡奏陛下赦其狂而取其忠足以顯容諫之盛乃賜垕制科出身有言江淮兵籍僞濫詔衡按視賜以袍帶鞍馬弓矢且命衡措置民兵咸稱得治兵之要訖事赴闕上御便殿閱武士召衡預觀賜酒灑宸翰賜之知荊南成都建康府除戶部尚書除簽書樞密院事拜參知政事衡奏二事一牧守將帥必擇材以稱其職必久任以盡其材二令戶部取湖廣會子實數盡以京會立限易之從之拜右丞相兼樞密使上銳意恢復凡將帥器械山川防守悉經思慮奏對畢從容賜坐講論機密或不時召對時會子浸患折閱手詔賜衡曰會子雖曰流通終未盡愜人意目卽流使有二千二百餘萬今用上下庫黃金白金銅錢九百萬內藏庫五百萬幷蜀中錢物七百萬盡易會子之數專命卿措置日近而辦卿眞宰相才也一日上曲宴宰執於凝碧上曰自三代而下至于漢唐治日常少亂日常多何也衡奏聖君不常有周八百年稱極治成康而已上曰朕觀無逸篇見周公爲成王歷言商周之君享國長遠眞萬世龜鑑衡奏願陛下常以無逸爲龜鑑社稷之福上又言朝廷所用止論其人如何不可有黨如唐牛李之黨相攻四十年緣主聽不明至此文宗曰去河北賊易去朝中朋黨難朕常笑之衡奏文宗優游不斷故有此語陛下英明聖武誠非難事御寶實封令與臨安府實思永改合入官衡奏選人改官非奏對稱旨則用考舉磨勘一旦特旨與之非陛下愛惜人才之意上亟收前命上諭執政選使求河南衡奏司諫湯邦彥有口辨宜使金邦彥請對問所以遣旣知薦出於衡恨衡擠己聞衡對客有訕上語奏之上大怒卽日罷相責授安德軍節度副使郴州安置邦彥使還果辱命上震怒竄之嶺南詔衡自便復官與祠年六十有二薨贈資政殿學士衡負才足智理兵事甚悉由小官不十年至宰相進用之驟人謂出於曾覿云

論曰陳康伯以經濟自任臨事明斷梁克家才優識遠謀國盡忠至若汪澈之論事忠慤薦達人才葉義問直言正色掃除秦檜餘黨然不長於兵臨敵失措豈優議論而劣事功者歟葉顒淸儉正直而衡才智有餘蓋亦一時之選云

宋史卷三百八十五

元 中書右丞相總裁脫脫等修

列傳第一百四十四

葛邲 錢端禮 魏杞 周葵
施師點 蕭燧 龔茂良

葛邲字楚輔其先居丹陽後徙吳興世以儒學名家高祖密至邲五世登科第大父勝仲至邲三世掌詞命邲少警敏葉夢得陳與義一見稱爲國器以蔭授建康府上元丞會金人犯江上元當敵衝調度百出邲不擾而辦留守張浚王綸皆器重之登進士第蕭之敏爲御史薦其才除國子博士輪對論州縣受納及鬻爵之弊孝宗獎諭曰觀所奏知卿材除著作郎兼學士院權直除正言首疏言盈虛之理隱於未然治亂之分生於所忽宜專以畏天愛民爲先又論征榷歲增之害如輦下都稅務紹興間所趁茶鹽歲以一千三百萬緡爲額乾道六年後增至二千四百萬緡成都府一務初額四萬八千緡今至四十餘萬緡通四川酒額遂至五百餘萬緡民力重困至若租稅有定數而暗耗日增折帛益多民安得不窮乎願明詔有司茶鹽酒稅比原額已增至一倍者毋更立新額官吏不增賞庶少蘇疲甿上特召復令謂陳邲以六事對皆切中時病除侍御史論救荒三事累遷中書舍人歲旱詔求初政得失邲應詔大略謂虞允文制國用南庫之積日以厚戶部之入日以削故近年以來常有不足之憂罷兵以來諸將皆以賂得升其勢必至於掊刻取償益精其選遷給事中張嶷以說之子除知閤裴良琮以顯仁之姪女夫落階官邲皆繳奏廣西議更鹽法邲言鈔法之行漕臣嘗給羣商沒入其貲楮弊行之二廣民必疑慮且有後悔除刑部尚書邲爲東宮僚屬八年孝宗書安遇字以賜又出梅花詩命邲屬和眷遇甚渥光宗受禪除參知政事邲勸上專

法孝宗正風俗節財用振士氣執中道恤民力選將帥收人才擇監司明法令手疏歷言之上嘉納除知樞密院事紹熙四年拜左丞相專守祖宗法度薦進人物博采公論惟恐其不聞之未期年除觀文殿大學士知建康府改隆興請祠寧宗即位邲上疏言今日之事莫先於脩身齊家結人心定規模判紹興府簡稽期會錢穀刑獄必親或謂大臣均佚有體邲曰崇大體而簡細務吾不爲也嘗曰十二時中莫欺自己其實踐如此改判福州道行感疾除少保致仕薨年六十六贈少師謚文定配饗光宗廟庭有文集二百卷詞業五十卷

錢端禮字處和臨安府臨安人父忱瀘川軍節度使端禮以恩補官紹興間通判明州加直祕閣累遷右文殿修撰仕外服有聲高宗材之知臨安府御史中丞汪澈論版曹闕官當遴選權戶部侍郎兼樞密都丞旨端禮嘗建明用楮爲幣於是專委經畫分爲六務出納皆有法幾月易錢數百萬孝宗銳意恢復詔張浚出師會符離稍失利湯思退遂倡和議端禮奏有用兵之名無用兵之實貫怨生事無益於國思退大喜奏除戶部侍郎未幾兼吏部端禮與戶部尚書韓仲通同對論經費奏所入有限兵食日增更有調發不易支吾上云須恢復中原財賦自足仲通奏恢復未可必且經度目前所用端禮奏仲通言是乞采納思退與張浚議和戰不決浚方主戰上意甚鄉之思退詭求去端禮請對乞留又奏兵者凶器願以符離之潰爲戒早決國是爲社稷至計於是思退復留命浚行邊還戍兵罷招納以端禮充淮東宣諭使王之望使淮西端禮入奏兩淮名曰備守守未必備名曰治兵兵未必精有用兵不勝僥倖行險輕躁出師大喪師徒者必勝之說果如此皆誤國甚明端禮既以是詆浚右正言尹穡亦劾浚罷都督自此議論歸一矣端禮至淮還極言守備疏略恐召金兵宜早定和議遂除吏部侍郎再往淮上驛疏言遣使發兵當並行使以盡其禮兵以防其變不必待金書至而後遣使書中或有見脅之語不若先遣以釋其疑於計爲得上云端禮所奏未是思退傳旨撤海泗二州戍兵語在思退傳金帥僕散忠義分兵入上意中悔令思退都督江淮軍馬端禮試兵部尚書參贊軍事思退畏怯不行端禮赴闕上曰前後廷臣議論獨卿不變兼戶部尚書俄拜端明殿學士簽書樞密院事兼權參知政事上嘗問欲遣楊由義持金帥書而辭行甚力誰可遣端禮請以王抃行俾與金帥議許割商秦地歸彼俘人惟叛亡者不與餘誓目略同紹興世爲叔姪之國減銀絹五萬易歲貢爲歲幣及抃還上見書金皆聽許端禮贊上如其式報之謀國當思遠圖如與之和則我得休息以修內治若爲忿兵未見其可抃遂行諜報北軍已回端禮以和議既定乞降詔除參知政事兼權知樞密院事時久不置相端禮以首參闕相位甚急皇長子鄧王夫人端禮女也殿中侍御史唐堯封論端禮帝姻不可任執政不報遷太常少卿館閣士相與上疏排端禮皆坐絀刑部侍郎王弗陰附端禮建爲國是之說以助其勢吏部侍郎陳俊卿抗疏力詆其罪且謂本朝無以戚屬爲相此懼不可爲子孫法遽進讀寶訓適及外戚因言祖宗家法外戚不與政最有深意陛下所宜守上納其言端禮憾之出俊卿知建寧府鄧王夫人生子太上甚喜先兩月恭王夫人李氏亦生子於是恭王府直講王淮白端禮云恭王夫人子是爲皇長嫡孫端禮不懌翌日奏嫡庶具載禮經講官當以正論輔導不應爲此邪說遂指淮傾邪不正與外任鄧王立爲太子端禮引嫌除資政殿大學士提舉德壽宮兼侍讀改提舉洞霄宮起知寧國府移紹興進觀文殿學士端禮籍人財產至六十萬緡有詣闕陳訴者上聞之與舊祠侍御史范仲芑劾端禮貪暴不悛降職一等淳熙四年八月復元職薨贈銀青光祿大夫後謚忠肅孫象祖嘉定元年爲左丞相自有傳

魏杞字南夫壽春人祖陸入官紹興十二年登進士第知宣州涇縣從臣錢端禮薦其才召對擢太府寺主簿進丞端禮宣諭淮東杞以考功員外郎爲參議官還宗正少卿湯思退建和議命杞爲金通問使孝宗面諭令遣使一正名二退師三減歲幣四不發歸附人杞條上十七事擬問對上隨事畫可陛辭奏曰臣若將指出疆其敢不勉萬一無厭願速加兵上善之行次盱眙金所遣大將僕散忠義紇石烈志寧等方擁兵闚淮遣權泗州趙房長問所以來意求觀國書杞曰書御封也見主當廷授房長馳白僕散忠義疑國書不如式又求割商秦地及歸正人且欲歲幣二十萬杞以聞上命盡依初式再易國書歲幣亦如其數忠義以未如所欲遂與志寧分兵犯山陽戰不利驍將魏勝死之上怒金反覆詔以禮物犒督府師杞奏金若從約而金繒不具豈不痻國體格事機乎乃以禮物行至燕見金主褒具言天子神聖才傑奮起人人有敵愾意北朝用兵能保必勝乎和則兩國享其福戰則將士蒙其利昔人論之甚悉金君臣環聽拱竦館伴張恭愈以國書稱大宋脅去大字杞拒之卒正敵國禮損歲幣五萬不發歸正人北還上慰藉甚渥守起居舍人遷給事中同知樞密院事進參知政事右僕射兼樞密使時方借職田助邊降人蕭鷓巴賜淮南田意不愜以職田請杞言圭租食功養廉借之尚可奪之不可上是其言杞以使金不辱命繇庶官一歲至相位上銳意恢復杞左右其論會郊祀冬雷用漢制災異策免守左諫議大夫提舉江州太平興國宮六年授觀文殿學士知平江府諫官王希呂論杞貪墨奪職後以端明殿學士奉祠告老復資政殿大學士淳熙十一年十一月薨贈特進嘉泰中謚文節

周葵字立義常州宜興人少力學自鄉校移籍京師兩學傳誦其文宣和六年擢進士甲科調徽州推官高宗移蹕臨安諸軍交馳境上葵與判官攝郡事應變敏速千里帖然教授臨安府未上吏部侍郎陳與義密薦之召試館職將試復引對高宗曰從班多說卿端正除監察御史徙殿中侍御史在職僅兩月言事至三十章且歷條所行不當事凡二十條指宰相不任責高宗變色曰趙鼎張浚肯任事須假之權奈何遽以小事形迹之葵曰陛下即位已相十許人其初皆極意委之卒以公議不容而去大臣亦無固志假如陛下有過尚望大臣盡忠豈大臣有過而言者一指乃便爲形迹使彼過而不改罪戾日深非所以保全之也高宗改容曰此論甚奇張浚議北伐葵三章力言此存亡之機非獨安危所係或言葵沮大計罷爲司農少卿以直祕閣知信州未上鼎罷陳與義執政改湖南提刑以親老易江東皆不就和議已定被召論爲國有道戰則勝守則固和則久不然三者在人不在我矣除太常少卿時秦檜獨相意葵前論事去必憾趙鼎再除殿中侍御史葵語人曰元鎮已貶葵固不言雖門下客亦不及之也內降差除四人奏言願陛下以仁祖爲法大臣以杜衍爲法檜始不樂又論國用軍政士民三弊高宗曰國用當藏之民百姓足則國用非所患又言薦舉改官之弊宜聽減舉員詔吏部措置檜所厚權戶部尚書梁汝嘉將特賜出身除兩府汝嘉聞葵欲劾之謂中書舍人林待聘曰副端將論君矣待聘乘檜未趨朝亟告之檜即奏爲起居郎葵方待引檜下殿論閤門曰周葵已得旨除起居郎隔下八月庚辰也參政李光擬除呂廣問館職檜不許時有詔從官薦士葵以廣問應初不相知也光既絀葵以附檜落職主管玉隆觀復置祕閣起知湖州移平江府時金使絡繹于道葵不爲禮轉運李椿年希檜旨劾之落職主管崇道觀屏居鄉間憂患頻仍人不能堪葵獨安之檜死復直祕閣知紹興府過闕權禮部侍郎尋兼國子祭酒奏科舉所以取士比年主司迎合大臣意取經傳語可諛者爲問目學者競逐時好望詔國學并擇秋試考官精選通今博古之士置之前列其穿鑿乖謬者黜之兼權給事中侍御史湯鵬舉言葵以魏良臣薦躐處侍從呂廣問葵之死黨乞并罷之太學生黃作詹淵率諸生都堂投牒留葵翌日博士何俌等言于朝乞懲戒詔作淵皆送五百里外州編管葵出知信州隨罷起知信州引疾改提舉興國宮加直龍圖閣知太平州水壞圩堤悉繕完凡百二十里傍郡圩皆沒惟當塗歲熟市河久湮雨暘交病葵下令城中家出一夫官給之食併力浚導公私便之進集英殿修撰敷文閣待制知婺州孝宗即位除兵部侍郎兼侍講改同知貢舉兼權戶部侍郎孝宗數手詔問錢穀出入葵奏陛下勞心庶政日有咨詢若出人意表今皆微文細故此必有小人乘間欲售其私不可不察蓋指龍大淵曾覿也孝宗色爲動金主亮爲其下所斃張浚自督府來朝密言敵失泗州其懼罪者皆欲來歸願遣軍渡淮赴之此恢復之機也葵請對謂不可輕舉累數百言及遣李顯忠邵宏淵取靈壁虹二縣敗績孝宗思其言拜參知政事葵始終守自治之說兼權知樞密院事臺諫交章言議和太速葵與陳康伯湯思退乞令侍從臺諫集議衆益洶洶諸公待罪乞罷不許葵獨留身固請孝宗曰卿何請之力也曰自預政以來每與宰相論事有以爲然而從者有不得以強從者有絕不肯從者十常四五洎至榻前陛下又或不然大率十事之中不從者七八安得不愧於心此臣所以欲去也嘗乞召用侍從臺諫孝宗曰安得如卿直諒者遂薦李浩龔茂良孝宗皆以爲佳士次第用之太常奏郊牛斃葵言春秋鼷鼠食牛角免郊況邊虞未靖請展郊以符天意詔從之虞允文陳康伯相葵即求退除資政殿學士提舉洞霄宮起知泉州告老加大學士致仕閑居累年不以世故縈心淳熙元年正月薨年七十有七上聞震悼贈正奉大夫後以子升朝累贈太傅葵孝於事親當任子先孤姪其薨也幼子與孫尚未命平生學問不泥傳注作聖傳詩二十篇文集三十卷奏議五卷晚號惟心居士四年有司請謚賜謚曰惠簡

施師點字聖與上饒人十歲通六經十二能文弱冠游

太學試每在前列司業高宏稱其文深醇有古風尋授以學職以舍選奉廷對調福州教授未上丁內艱服除爲臨安府教授乾道元年陳康伯薦賜對言歷年屢下詔恤民而惠未加浹陛下軫念惟恐一夫失所郡邑搜求惟恐財賦不集毋惑乎日降綍綸恩不霑被細民既困於倍輸又困於非泛重以歲惡室且垂磬租不如期積多逋負今明堂肆赦戶自四等以下逋自四年以前願悉除免上曰非卿不聞此言詔從之八年兼權禮部侍郎除給事中時太子詹事已除上又特令增員爲二命兼之賜對言比年人物凋散士氣耗薾當廣儲人材以待用上曰觀卿所奏公輔器也假翰林學士知制誥兼侍讀使金致命金廷立班既定相儀者以親王將至命師點退位師點屹立相儀者請數四師點正色曰班立已定尚欲何爲不肯少動在廷相顧駭愕知其有守不敢復以爲請九年使還有言其事于上者上嘉歎不已及後金使賀正旦至闕問館伴師點今居何官館伴宇文价於班列中指師點以示之金使怳然曰一見正人令人眼明十年除端明殿學士簽書樞密院事入奏控免上曰卿靖重有守識慮深遠朕欲用卿久矣復詔兼參知政事除參知政事兼同知樞密院事師點嘗同宰相奏事退復同樞密周必大進呈上曰適一二事卿等各陳所見甚關大體前此宰相奏事執政不措辭今卿等如此深副所望必大奏祖宗時宰執奏事自相可否或至面相切責退不相銜自秦檜用事執政畏避不敢言今陛下虛心兼聽若只宰相奏事何用執政爲師點復奏臣敢不竭股肱之力上因諭之曰朕欲天下事日往來胸中未嘗釋也先是州郡上供或不時以進立歲終稽考法及是主計臣有喜爲督促者乞不待歲終先期行之畫命已下師點矍然曰此策若行上下逼迫民不聊生或謂令已出矣師點曰事有爲天下病惟恨更之不速卽追寢其議樞密周必大舉手賀師點曰使天下赤子不被其毒者公之賜也一日入對後殿上曰朕前飲冰水過多忽暴下幸卽平復師點曰自古人君當無事時快意所爲忽其所當戒其後未有不悔者上深然之十三年辭兼同知樞密院事權提舉國史院權提舉國朝會要十四年除知樞密院事師點惓惓搜訪人才手書置夾袋中謂蜀去朝廷遠人才難以自見蜀士之賢者俾各疏其所知差次其才行文學每有除授必列陳之十五年春以資政殿大學士知泉州繼除提舉臨安府洞霄宮紹興二年除知隆興府江西安撫使師點嘗謂諸子曰吾平生仕宦皆任其升沉初未嘗容心其間不枉道附麗獨人主知之遂至顯用夫人窮達有命不在巧圖惟忠孝乃吾事也三年得疾薨年六十九贈金紫光祿大夫有奏議七卷制藁八卷東宮講議五卷易說四卷史識五卷文集八卷

蕭燧字照鄰臨江軍人高祖固皇祐初爲廣西轉運使知儂知高凶狡條上羈縻之策於樞府不果用智高後果叛父增紹興初嘗應制舉燧生而頴異幼能屬文紹興十八年擢進士高第授平江府觀察推官時秦檜當國其親黨密告燧秋試必主文漕臺燧詰其故曰丞相有子就舉欲以屬公燧怒曰初仕敢欺心耶檜懷之既而被檄秀州至則員溢就院易一員往漕闈秦熺果中前列秩滿當爲學官避檜調靜江府察推而歸燧未第時夢神人示以文書記其一聯云如火烈烈玉石俱焚在冬青青松栢不改已而果符前事未幾丁憂三十二年授靖州教授孝宗初除諸王宮大小學教授輪對論官當擇人不當爲人擇官上喜製用人論賜大臣淳熙二年累遷至國子司業兼權起居舍人進起居郎先是察官闕朝論多屬燧以未歷縣遂除左司諫上諭執政昨除蕭燧若何龔茂良奏燧純實無華正可任言責聞除目下外議甚允燧首論辨邪正然後可以治上以外臺耳目多不稱職時宦官甘昪之客胡與可都承旨王抃之族叔秬皆持節于外有所依憑無善狀燧皆奏罷之時復議進取上以問燧對曰今賢否雜揉風俗澆淳兵未强財未裕宜卧薪嘗膽以圖內治若恃小康萌驕心非臣所知上曰忠言也因勸上正紀綱容直言親君子遠小人近習有勞可賞以祿不可假以權上皆嘉納擢右諫議大夫入謝上曰卿議論鯁切不求名譽糾正姦邪不恤仇怨五年同知貢舉有旨下江東西湖南北帥司招軍燧言所募多市井年少利犒賚往往捕農民以應數取細民以充軍乞嚴戒諸郡庶得丁壯以爲用從之夔帥李景孚貪虐參政趙雄庇之臺臣謝廓然不敢論燧獨奏罷之雄果營救復命還任燧再論并及雄雄密奏燧誤聽景孚仇人之言遂下臨安府捕恭州士人鍾京等置之獄坐以罪景孚復依舊職燧乃自劾詔以風聞不許竟力求去徙刑部侍郎不拜固請補外出知嚴州吏部尚書鄭丙侍郎李椿上疏留之上亦尋悔嚴地狹財匱始至官錙不滿二千燧儉以足用二年之間積至十五萬以其羨補積逋諸邑皆寬先是宣和庚子方臘盜起甲子一周人人憂懼會遂安令股士兵廩給羣言恂恂燧急易令且呼卒長告戒悉畏服城中惡少羣擾市燧密籍姓名混補軍額人以按堵上方靳職名非功不予詔燧治郡有勞除敷文閣待制移知婺州父老遮道幾不得行送出境者以千數婺與嚴鄰人熟知條敎不勞而治歲旱浙西常平司請移粟于嚴燧謂東西異路不當與然安忍於舊治坐視爲請諸朝發太倉米振之八年召還言江浙再歲水旱願下詔求言仍令諸司通融郡縣財賦毋但督迫除吏部右選侍郎旋兼國子祭酒九年爲樞密都承旨近例承旨以知閤門官兼或怙寵招權上思復用儒臣故命燧以龍圖閣待制爲之燧言僨帥之風未殄羣臣多迎合獻諛强辨干譽宜察其虛實上稱善除權刑部尚書充金使館伴十年兼權吏部尚書上言廣西諸郡民身丁錢之弊兼侍講升侍讀言命令不可數易憲章不可數改初官不許恩例免試今或竟令注授旣却羨餘之數今反以出剩爲名諸路錄大辟長吏當親詰若死因數多宜如漢制殿最以聞事多施行慶典霈澤丁錢減半亦自燧發之高宗山陵充按行使除參知政事尋充永思陵禮儀使權監修國史日歷十六年權知樞密院以年及自陳上留之不可除資政殿學士與郡復請閑提舉臨安府洞霄宮紹熙四年卒年七十七謚正肅孝宗每稱其全護善類誠實不欺手書二十八將傳以賜子達登淳熙十四年進士第唱名第四孝宗曰達才氣甚佳父子高科殊可喜達累官至太常

龔茂良字實之興化軍人紹興八年進士第爲南安簿邵武司法父母喪哀號擗踊鄰不忍聞調泉州察推以廉勤稱改宣敎郎以同知樞密院事黃祖舜薦召試館職除祕書省正字累遷吏部郎官張浚視師江淮茂良言本朝禦敵景德之勝本於能斷靖康之禍在於致疑願仰法景德之斷勿爲靖康之疑除監察御史江浙大水詔陳闕失茂良疏曰水至陰也其占爲女寵爲嬖佞爲小人專制崇觀政和小人道長內則憸腐竊弄外則姦回充斥於是京城大水以至金人犯闕今進退一人施行一事命由中出人心譁然指爲此輩臣願先去腹心之疾然後政事闕失可次第言矣內侍梁珂曾覿龍大淵皆用事故茂良及之遷右正言會內侍李珂沒贈節度謚靖恭茂良諫曰中興名相如趙鼎勳臣如韓世忠皆未有謚如朝廷舉行亦足少慰忠義之心今施於珂爲可惜竟寢其謚嘗論大淵覿姦回至是又極言之曰今積陰弗解淫雨益甚熒惑入斗正當吳分天意若有所怒而未釋二人害政甚珂百倍上諭以皆潛邸舊非他近習比且俱有文學敢諫爭未嘗預外事翌日再疏言唐德宗謂李泌人言盧杞姦邪朕獨不知何耶泌曰此其所以爲姦邪也今大淵覿所爲行道之人能言之而陛下更須其實此臣所以深憂疏入不報卽家居待罪章再上除太常少卿五辭不拜除直祕閣知建寧府自以不爲羣小所容請祠不允上後知二人之姦旣逐于外起茂良廣東提刑就知信州卽番山之址建學又置番禺南海縣學旣成釋奠行鄉飲酒以落之城東舊有廣惠庵中原衣冠沒於南者葬之歲久廢茂良訪故地更建海會浮圖菆寄暴露者皆揜藏無遺召對崇政殿左丞相陳俊卿欲留之右相虞允文不樂會俊卿亦罷除直顯謨閣江西運判兼知隆興府上以江西連歲大旱知茂良精忠以一路荒政付之茂良戒郡縣免積稅上戶止索逋發廩振贍以右文殿修撰再任疫癘大作命醫治療全活數百萬進待制敷文閣賞其救荒之功召對奏潢池弄兵之盜卽南畝負耒之民今諸郡[illegible]極多願詔監司守臣條陳募人從便請耕民有餘粟雖驅之爲寇亦不從矣除禮部侍郎上亟用茂良手詔問國朝典故有自從官徑除執政例明日卽拜參知政事奏事賜坐上顧葉衡及茂良曰兩參政皆公議所與衡等起謝上從容曰自今諸事毋循私若鄉曲親戚且未須援引朕每存公道設有誤卿等宜力爭君臣之間不可事形迹茂良曰大臣以道事君遇有不可自當啟沃豈容迹見於外請詔有司刊定七司法淮南旱茂良奏取封椿米十四萬委漕帥振濟或謂救荒常平事今遽取封椿米毋乃不可茂良以爲淮南只尺敵境民久未復業飢寒所逼萬一嘯聚患害立見寧能計此米乎他日上奬諭曰淮南旱荒民無飢色卿之力也湖州守奏通判不法得旨下帥臣體訪通判茂良鄉人也同列密以省吏付棘寺推鞫欲及茂良奏事退同列留身出獄案進上茂良不知也上厲聲曰參政決無此茂良遜謝不復辯葉衡罷上命茂良以首參行相事慶壽禮行中外覬恩茂良慨然歎曰此當以身任怨不敢愛身以弊天下若自一命以上覃轉不知月添給奉與來歲郊恩奏補幾何將何以給宣諭獎用廉退茂良奏朱熹操行耿介屢召不起宜蒙錄用除祕書郎羣小乘間讒毀未幾手詔付茂良謂虛名之士恐壞朝廷熹迄不至錢良臣侵盜大軍錢糧累數十萬茂良奏其事手詔令具析俄召良臣赴闕駸駸柄用其後茂良之貶良臣與有

力爲茂良之以首參行相事也踰再歲上亦不置相因諭茂良史官近奏三台星不明蓋實艱其選耳淳熙四年正月召史浩於四明茂良亦覺眷衰因疾力求去上曰朕以經筵召史浩卿不須疑時曾覿欲以大資祿其孫茂良以文武官各隨本色蔭補格法繳進覿因茂良入堂道間俾直省官賈光祖等當道不避街司叱之曰參政能幾時茂良奏臣固不足道所惜者朝廷大體上諭覿往謝茂良正色曰參知政事者朝廷參知政事也覿慙退上諭茂良先遣人於覿衙替而後施行茂良批旨取賈光祖輩下臨安府撻之手詔宣問施行太遽茂良待罪上使人宣諭委曲令繳進手詔且謂卿去難得美名置朕何地茂良即奉詔謝廓然賜出身除殿中侍御史廓然附曾覿者也中書舍人林光輔繳奏不書黃遂補外茂良力求去上諭曰朕極知卿不敢忘欲保全卿去矦議恢復卿當再來是日除職與郡令內殿奏事乃手疏恢復六事上曰卿五年不說恢復何故今日及此退朝甚怒曰福建子不可信如此謝廓然因劾之乃落職放罷尋又論茂良擅權不公矯傳上旨輒斷賈光祖等罪遂責降安置英州父子卒于貶所覿與廓然死後茂良家投匭訟冤遂復通奉大夫周必大獨相進呈復職上曰茂良本無罪遂復資政殿學士諡莊敏茂良平生不喜言兵去國之日乃言恢復事或謂覿密令人訹之云若論恢復必再留茂良信之廓然論茂良亦以此爲罪茂良沒數年朱熹從其子得副本讀之則事雖恢復而其意乃極論不可輕舉猶平生素論也深爲之歎息云

論曰葛邲在相位雖不久而能守法度進人才其處己也則以不欺爲本錢端禮以戚屬爲相周葵晚雖不附秦檜而與龔茂良皆主和議若乃魏杞奉使知尊國體施師點之靖重有守蕭燧忠實敢言仕於紹興之間可謂不幸矣

宋史卷三百八十六

元　中書右丞相總裁脫脫等修

列傳第一百四十五

劉珙　王藺　黃祖舜　王大寶　金安節

王剛中　李彥穎　范成大

劉珙字共父子羽長子也生有奇質從季父子翬學以蔭補承務郎登進士乙科監紹興府都稅務請祠歸杜門力學不急仕進主管西外睦宗院召除諸王宮大小學教授遷禮部郎官秦檜欲追謚其父召禮官會問珙不至檜怒風言者逐之檜死召爲大宗正丞遷吏部員外郎置令式庭中使選集者得自繙閱與吏辨吏無得藏其巧兼權秘書少監兼權中書舍人金犯邊王師北向詔檄多出其手詞氣激烈聞者泣下御史杜莘老劾宦者張去爲忤旨左遷珙不草制莘老得不去從幸建康兼直學士院車駕將還軍務未有所付時張浚留守建康衆望屬之及詔出以楊存中爲江淮宣撫使珙不書錄黃仍論其不可上怒謂宰相曰劉珙父爲浚所知此特爲浚地耳命再下宰相召珙諭旨且曰再繳則累張公珙曰某爲國家計豈暇爲張公謀執奏如初存中命乃寢眞除中書舍人直學士院田師中死其家請以沒入王繼先第爲賜李珂關通近習求爲督府掾詔從中下珙皆論罷之出知泉州改衢州湖南旱郴州宜章縣李金爲亂朝廷憂之以珙知潭州湖南安撫使入境聲言發郡縣兵討擊而移書制使沈介請以便宜出師曰擅興之罪吾自當之介即遣田寶楊欽以兵至珙知其暑行疲怠發夫數程外迎之代其負任至則犒賜過望軍士感奮珙知欽可用檄諸軍皆受節制下令募賊徒相捕斬諸吏者除罪受賞欽與寶連戰破賊追至莽山賊黨曹彥黃珙執李金以降支黨竄匿者尚衆珙諭欽等却兵聽其自降賊相率納兵給據歸田里第上諸將功狀有差上賜璽書曰近世書生但務清談經綸實才蓋未之見朕以是每有東晉之憂今卿既誅羣盜而功狀詳實諸將優劣破賊先後歷歷可觀宜益勉副朕意除翰林學士知制誥兼侍讀言於上曰世儒多病漢高帝不悅學輕儒生臣以爲高帝所不悅特腐儒俗學耳使當時有以二帝三王之學告之知其必敬信功烈不止此因陳聖王之學所以明理正心爲萬事之綱上亟稱善拜中大夫同知樞密院事辭不獲因進言曰汪應辰陳良翰張栻學行才能皆臣所不逮而栻窮探聖微曉暢軍務曩幸破賊栻謀爲多願亟召用上可其奏兼參知政事奏除福建鈔鹽歲額二萬萬罷江西和糴及廣西折米鹽錢及蠲諸路累年逋負金錢穀帛巨億計上嘗以久旱齋居禱雨一夕而應珙進言曰陛下誠心感格其應如響天人相與之際眞不容髮隱微纖芥之失其應豈不亦猶是乎臣願益謹其獨上竦然稱善龍大淵曾覿既被逐未幾大淵死上憐覿欲還之珙言二人之去天下方仰威斷此曹奴隸耳厚賜之可也若引以自近使與聞機事進退人才非所以光德業振紀綱命遂止殿前指揮使王琪被旨按視兩淮城壁還密薦和州教授劉甄夫上諭執政召之珙請曰此人名位微何自知之上以珙告珙退坐堂上追琪至詰其故授牘使對琪恐請後不敢乃叱使責戒勵狀而去會揚州奏琪撤郡增築新城珙遂奏罷琪語在陳俊卿傳珙時爭之尤力殿中皆驚以故獨罷爲端明殿學士奉外祠陳俊卿言珙正直有才肯任怨臣所不及願留之詔改知隆興府江西安撫使入辭猶以六事爲獻上曰卿雖去國不忘忠言材美非他人所及行召卿矣至鎭首蠲稅務新額及罷苗倉大斛屬邑奉新有復出租稅窮民不能輸相率逃去反失正稅并奏除之除資政殿學士知荆南府湖北安撫使以繼母憂去起復同知樞密院事荆襄安撫使珙六上奏懇辭引經據禮詞甚切最後言曰三年通喪三代未之有改漢儒乃有金革無避之說已爲先王罪人今邊陲幸無犬吠之驚臣乃欲冒金革之名以私利祿之實不亦又爲漢儒之罪人乎服闋再除知潭州湖南安撫使過闕入見極論時事言甚切至上再三加勞進資政殿大學士以行安南貢象所過發夫除道毀屋廬數十州騷然珙奏曰象之用於郊祀不見於經驅而遠之則有若周公之典且使吾中國之疲民困於遠夷之野獸豈仁聖之所爲哉湖北茶盜數千人入境彊吏以告珙曰此非必死之寇緩之則散而求生急之則聚而致死揭榜諭以自新聲言兵且至令屬州縣具數千人食盜果散去其存者無幾珙乃遣兵戒曰來毋亟戰去毋窮追不去者擊之耳盜意益緩於是一戰敗之盡擒以歸誅首惡數十餘隸軍籍淳熙二年移知建康府江東安撫使行宮留守會水且旱首奏蠲夏稅錢六十萬緡秋苗米十六萬六千斛禁止上流稅米遏糴得商人米三百萬斛貸諸司錢合三萬遣官糴米上江得十四萬九千斛籍主客戶高下給米有差又運米村落置場平價振糶貸者不敢償起是年九月盡明年四月闔境數十萬人無一人捐瘠流徙者進觀文殿學士屬疾請致仕孝宗遣中使以醫來疾革草遺奏言恭顯伾文近習用事之戒今以腹心耳目寄之此曹朝綱以紊士氣以索民心以離咎皆在此陳俊卿忠良確實可以任重致遠張栻學問醇正可以拾遺補闕願亟召用之既又手書訣栻與朱熹其言皆以未能爲國報雪讐耻爲恨薨年五十七贈光祿大夫諡忠肅珙精明果斷居家孝喪繼母卓氏年已逾五十盡哀致毀內外功緦之戚必素服以終月數喜受盡言事有小失下吏言之立改臨數鎭民愛之若父母聞訃有罷市巷哭相與祠之者

王藺字謙仲廬江人乾道五年擢進士第爲信州上饒簿鄂州教授四川宣撫司幹辦公事除武學諭孝宗幸學藺迎法駕立道周上目而異之命小黃門問知姓名由是簡記遷樞密院編脩官輪對奏五事讀未竟上喜見顏色明日諭輔臣曰王藺敢言宜加獎擢除宗正丞尋出守舒州陛辭奏疏數條皆極言時事之未得其正者上曰卿議論峭直尋出手詔王藺鯁直敢言除監察御史一日上袖出幅紙賜之曰此覽陸贄奏議所陳深切今日之政恐有如德宗之弊者可思朕之闕失條陳來上藺即對曰德宗之失在於自用遂非疑天下士退即上疏陳德宗之弊并及時政闕失上嘉納之遷起居舍人言朝廷除授失當臺諫不悉舉職給舍始廢繳駁內官醫官藥官賜予之多遷轉之易可不思警懼而正之乎上竦然曰非卿言朕皆不聞磊磊落落惟卿一人除禮部侍郎兼吏部嘗因手詔謀選監司欲得剛正如卿者可舉數人即奏舉潘時鄭僑林大中等八人乞擢用會以母憂去服除召還爲禮部尚書進參知政事光宗即位遷知樞密院事兼參政拜樞密使光宗精厲初政藺亦不存形迹除目或自中出未愜人心者輒留之納諸御坐或議建皇后家廟力爭以爲不可因應詔上疏願陛下先定聖志條列八事疏入不報中丞何澹論之以罷去起帥閩易鎭蜀皆不就後領祠帥江陵寧宗即位改帥湖南臺臣論罷歸里奉祠七年薨藺盡言無隱然嫉惡太甚同列多忌之竟以不合去有奏議傳于世

黃祖舜福州福清人登進士第累任至軍器監丞入對言縣令付銓曹專用資格曷若委郡守汰其尤無良者上然之權守尚書屯田員外郎徙吏部員外郎出通判泉州將行言抱道懷德之士不應書干祿老於韋布乞自科舉後有學行脩明孝友純篤者縣薦之州州延之

庠序以表率多士其卓行尤異者州以名聞是亦鄉舉里選之意下其奏禮部遂留爲倉部郎中遷右司郎中權刑部侍郎兼詳定敕令司兼侍講進論語講義上命金安節校勘安節言其書詞義明粹乃令國子監板行薦李寶勇足以冠軍智足以料敵詔以寶爲帶御器械兼權給事中張浚薨其家奏留使臣五十餘人理資任祖舜言武臣守闕者數年今素食無代坐進崇秩曷以勸功乞爲之限制遂詔勳臣家兵校留五之一戶部奏以官田授汰去使臣祖舜言使臣汰者一千六百餘人臨安官田僅爲畝一千一百計其請而給田則不過數十人事不行保義郎梁舜弼漢弼邦彥養孫也並閤門祗候祖舜言閤門不可以恩澤補遷知池州劉堯仁升右文殿脩撰知新州韓彥直升秘閣脩撰祖舜言脩撰本以待文學不可倖得故資政殿學士楊愿家乞遺表恩祖舜言愿陰濟秦檜中傷善類皆寢其命秦熺卒贈太傅祖舜言熺預其父檜謀議今不宜贈帝傅之秩追奪之遷同知樞密院事金主亮犯淮劉汜敗王權走上將誅權以屬其餘祖舜言權罪當誅汜不容貸劉錡有大功聞其病已殆權汜誅錡必媿忿以死是國家一敗兵而殺三將得無快於敵乎上嘉納薨于官諡莊定

王大寶字元龜其先繇溫陵徙潮州政和間貢辟雍建炎初廷試第二授南雄州教授以祿不逮養移病而歸閱數年差監登聞鼓院主管台州崇道觀復累年趙鼎謫潮大寶日從講論語鼎歎曰吾居此平時所薦無一至者君獨肯從吾游過人遠矣知連州張浚亦謫居命其子栻與講學時趙張客貶斥無虛日人爲累息大寶獨泰然浚奉不時得大寶以經制錢給之浚曰如累君何大寶不爲變代還言連英循惠新恩六州居民纔數百非懲遷之地月輸免行錢宜蠲減高宗謂大臣曰守臣上殿令陳民事遂得知田里疾苦所陳五六得一可行其利亦不細矣乃命廣西諸司具減數聞知袁州進詩書易解上謂執政曰大寶留意經術其書甚可采可與內除執政擬國子司業上喜曰適合朕意時經筵闕官遂除國子司業兼崇政殿說書奏江南諸州有月椿錢無定名數吏緣爲姦刻剝民又有折帛錢方南渡兵興物價翔貴令下戶折納務以優之今市帛匹四千而令輸六千盍委監司覈月樁爲定制減折帛惠小民詔戶部詳其奏直敷文閣知溫州提點福建刑獄道臨漳有峻嶺曰蔡岡蘗薄蔽翳山石犖确盜乘間剽刼大寶以囊金三十萬募民抉藪爲道十餘里行者便之提點廣東刑獄孝宗卽位除禮部侍郎大寶言古致治之君先明國是而行之以果斷自軍興以來曰征曰和浮議靡定太上傳丕基於陛下四方日徯恢復國論未定衆志未孚願陛下果斷則無不濟擢右諫議大夫首論朱倬沈該之罪皆行其言汪澈督師荆襄大寶劾其不能節制坐視方城之敗疏再上澈落職謫台州大寶嘗論及移蹕上曰吾欲亟行大寶奏今日之勢殆未可願少寬歲月張浚復起爲都督大寶力贊其議符離失律臺言洶洶大寶言危疑之際非果斷持重何以息橫議未幾湯思退議罷督府力請講和大寶奏謂今國事莫大於恢復莫讐於金敵莫難於攻守莫審於用人宰相以財計乏軍儲虛符離師潰名額不除意在覈軍籍減月給臣恐不惟邊鄙之憂而患起蕭墻矣章三上除兵部侍郎胡銓爲起居郎奏曰近日王十朋王大寶相繼引去非國之福上曰十朋力自引去朕留之不能得大寶論湯思退太早令爲兵部侍郎豈容復聽其去未幾以敷文閣直學士提舉太平興國宮他日銓奏事上復論之曰大寶留之經筵亦固求去勢不兩立銓奏自古臺諫論宰相多矣若謂勢不兩立則論宰相者皆當去大寶尋請致仕督府既罷撤邊防棄四州金復犯邊詔思退都督軍馬辭不行上震怒竄思退中外以大寶前言不用爲恨乾道元年落致仕召爲禮部尚書入對言理財之道當務本抑末右正言程叔達奏大寶乞復免行錢非是以舊職提舉太平興國宮中書舍人闔安中欲留其行叔達併劾之詔大寶致仕尋卒年七十七

金安節字彥亨歙州休寧人資穎悟日記千言博洽經史尤精於易宣和六年繇太學擢進士第調洪州新建縣主簿紹興初范宗尹引爲刪定官入對言司馬光以財用乏請用宰相領總計使宜以爲法除司農丞又遷殿中侍御史韓世忠子彥直直秘閣安節言崇觀以來因父兄秉政而得貼職近制皆在討論今彥直復因父任而授是自廢法也不報任申先除待制致仕安節劾其忿戾乞追奪秦檜兄梓知台州安節劾其附麗梁師成梓遂罷檜銜之未幾丁母憂去遂不出檜死起知嚴州除浙西提刑入爲大理卿首言治民之道先德後刑今守令慮不及遠簿書期會賦稅輸納窮日力辦之而無卓然以敎化爲務者願申飭守令俾無專事法律苟可以贊教化必力行之時獲僞造鹽引者大臣欲置之死安節力爭以爲事已十餘年且自首無死法因得減等兩浙漕屬王悅道鞫仁和令楊績獄不實事下大理安節并逮悅道悅道幸醫王繼先子也屢因人求免安節不從遷宗正少卿爲金使施宜生賀正安節館伴屬顯仁皇后喪服黑帶宜生曰使人以賀禮來迓使安得服黑帶安節辭難再四宜生屈服遷禮部侍郎明年再充送伴使至楚州副使耶律翼奪巡檢王松馬不得鞭笞之安節遣人責翼詞色俱厲朝廷恐生事坐削兩秩葉義問使金金主因言前日奪馬事曲在翼已笞二百回日可詳奏乃復元官遷禮部侍郎將祠明堂時已聞欽宗升遐安節言宮廟行禮皆當以大臣攝事從之遷侍講給事中殿院杜莘老論張去爲補外安節言不可因內侍而去言官上遂留莘老金主亮犯淮從幸建康亮死安節陳進取招納備守三策而以備守爲進取招納之本上將還臨安命楊存中宣撫江淮荆襄安節言存中頃以權太盛人言籍籍方解軍政復授茲職非所以全之又言方今正當大明賞罰乃首用劉寶王權刻剝庸儒之人何以激勸將士上皆納之楊存中議省江淮州縣安節言廬之合肥和之濡須皆昔人控扼孔道魏明帝云先帝東置合肥南守襄陽西固析山賊來輒破於三城之下孫權築濡須塢魏軍累攻不克守將如甘寧等常以寡制衆蓋形勢之地攻守百倍豈有昔人得之成功今日有之而反棄之耶且濡須巢湖之水上接店步下接江口可通漕舟乞擇將經理存中議遂格孝宗嗣位給廷臣筆札陳當世事安節請嚴內降之科凡內侍省御藥院內東門司冗費一切罷去堂除省歸吏部長官聽辟僚屬以清中書之務文武蔭補各有定制毋令易文資臣僚致仕遺表恩澤不宜奏異姓使得高貲爲市上嘗對大臣稱其誠實一日因奏事面勞之曰近不見繳駁有所見但繳駁朕無不聽龍大淵曾覿以潛邸舊恩大淵除樞密都承旨覿帶御器械諫議大夫劉度仍累疏論之隆興改元大淵覿並除知閤門事宰相知安節必以爲言使人諷之曰若書行卽坐政府矣安節拒不納封還錄黃時臺諫相繼論列奏入不出上意未回安節與給事中周必大奏陛下卽位臺諫有所彈劾雖兩府大將欲罷則罷欲貶則貶獨於二臣乃爲遷就諱避臣等若奉明詔則臣等負中外之謗大臣若不開陳則大臣負中外之責陛下若不俯從則中外紛紛未止也上怒安節卽自劾乞竄上意解命遂寢潛邸舊人李珂擢編脩官安節又奏罷之上諭之曰朕知卿孤立無黨張浚聞之語人曰金給事眞金石人也拜兵部侍郎金將僕散忠義遺三省樞密院書論和議乃書定四事詔羣臣議安節謂世稱姪國號不加大字及用再拜二字皆不可從海泗唐鄧爲淮襄屏蔽不可與必不得已寧少增歲幣欽宗梓宮當迎奉陵寢地必不肯歸我宜每因遣使恭謁但講好之後當益選將厲兵以爲後圖已而請祠得請中書舍人胡銓繳奏謂安節太上之舊人而陛下之老成也漢張倉唐張東之國朝富弼文彥博皆年八旬尚不聽其去安節膂力未愆有憂國心豈宜從其引去上遂留之踰年權吏部尚書兼侍讀自是力請謝事詔以敷文閣學士致仕陛辭上曰卿且暫歸旦夕召卿矣去之日縉紳相與嘆羨以爲中興以來全名高節鮮有其比乾道六年卒年七十七遺表聞贈通奉大夫累贈開府儀同三司少保安節至孝居喪有禮與兄相友愛田業悉推與之又以恩奏其孤子僎初筮仕未嘗求薦於人及貴有舉薦不令人知其除司農丞或語之曰公是命張侍郎致遠爲中司時所薦盍往謝之安節曰彼爲朝廷薦人豈私我耶竟不往薦晁公武龔茂良可臺諫皆稱職二人弗知也與秦檜忤不出者十八年及再起論事終不屈人以此服之有文集三十卷奏議表疏周易解

王剛中字時亨饒州樂平人剛中博覽強記紹興十五年進士第二人任某州推官改左宣義郎故事當召試秦檜怒其不詣已授洪州教授檜死召見擢祕書省校書郎遷著作佐郎孝宗爲普安郡王剛中兼王府教授每侍講極陳古今治亂之故君子小人忠佞之辯遷中書舍人言禦敵今日先務敵強則犯邊弱則請盟今勿計敵人之強弱必先自治擇將帥蒐戰士實邊儲備器械國勢富強將良士勇請盟則爲漢文帝犯邊則爲唐太宗上韙其言會西蜀謀帥上曰無以逾王剛中矣以龍圖閣待制知成都府置制四川御便殿臨遣錫金帶象笏進敷文閣直學士時吳璘累官閥至大帥其下姚仲王彥等亦建節雄一方守帥以文治則玩於柔而號令不行以武競則窒於暴而下情不通惟剛中檢身以法示人以禮不立崖塹馭吏恩威並行羽檄紛沓從容裁決皆中機會敵騎度大散關人情洶洶剛中跨一馬夜馳二百里起吳璘於帳中責之曰大將與國義同休戚臨敵安得高枕而卧璘大驚又以蠟書抵張正彥濟師西師大集金兵敗走方議奏捷剛中倍道馳還謂其屬李燾曰將帥之功吾何有焉燾嗟曰身督戰而功成不居過人遠矣已乃差擇將士衆所推者上之朝備統帥選又疏蜀名勝士與募府之賢備部使者州刺史之

佐目使願指內外響應諸汰遣使臣困絕不能自存剛中以爲冒刃於少壯之年不可斥棄於既老之後悉召諸府有善射者復其祿秩以禁軍闕額糧給之其罷癃不堪事則給以義倉米成都萬歲池廣袤十里溉三鄉田歲久淤澱剛中集三鄉夫共疏之累土爲防上植榆柳表以石柱州人指曰王公之甘棠也府學禮殿東漢興平中建後又建新學遭時多故日就傾圮屬九縣繕完悉復其舊葺諸葛武侯祠張文定公廟夷黃巢墓表賢癉惡以示民有女巫蓄蛇爲妖殺蛇黥之孝宗受禪以官僚進左朝奉大夫召赴闕以足疾請祠提舉太平興國宮歸次番陽營圃植竹號竹塢金犯淮有旨趣剛中入見陳戰守之策除禮部尚書直學士院兼給事中爲鹵簿使除端明殿學士簽書樞密院事進同知院事剛中曰戰守者實事和議者虛名不可恃虛名害實事又奏四事開屯田省浮費選將帥汰冗兵居政府屬疾卒年六十三贈資政殿大學士光祿大夫謚恭簡建炎間詔階成岷鳳四州刺壯丁爲兵衆以爲憂剛中建言五害罷之免符下民歡呼聲震山谷氐去蜀父老遮道有追送數百里者縣布衣至公卿無他嗜好公退惟讀書著文爲樂有易說春秋通義仙源聖紀經史辨漢唐史要覽天人脩應錄東溪集應齋筆錄凡百餘卷

李彥穎字秀叔湖州德清人少端重強記覽金犯浙西父挾家人逃避彥穎方十歲追不及敵已迫其後能趨支徑亂流獲濟紹興十八年擢進士第主餘杭簿守曹泳豪敓酒家業爲官監利其貲具彥穎爭之泳怒戒吏煆煉不得毫髮罪調建德丞改秩時宰知其才將處之學官或勸使一見彥穎恥自獻調富陽丞御史周操薦爲御史臺主簿金敗盟張浚督師進討上方向浚執政堅主和陳良翰周操不以爲然右正言尹穡陰符執政薦引同已者轉言和於上前上惑之罷督府良翰操相繼黜而穡進殿中還諫議大夫一日穡以和戰守叩彥穎彥穎曰人所見固不同公既以和議爲是曷不明陳於上前以身任之事成功歸於公不成奉身而退若欲享其利而不及其害國事將誰倚穡大怒曰自爲諫官前後百餘奏曷嘗及一和字而臺簿有是言自是銜彥穎陰排之改國子博士權吏部郎中以父喪去免喪復爲吏部兼皇子恭王府直講權右史兼兵部侍郎經筵張栻葛郯言先王正家之道因及時事語激切上意不懌彥穎曰人臣事君豈不能阿諛取容栻所以敢直言正爲聖明在上得盡愛君之誠耳書曰有言逆於汝心必求諸道上意遽解使臣下皆若此人主應無過立皇太子兼左諭德首論建置宮僚以爲詹事於東宮內外無所不當省事須白詹事而後行司馬光論皇太子講讀官有奏疏錄以進上大喜行之皇太子尹臨安兼判官兼中書舍人張說再登樞筦彥穎論說無寸長去年驟躋宥府物議沸騰今此命復出中外駭然臣恐六軍解體人心不服未幾權禮部侍郎兼侍講因言士習委靡不然則矯激宜擇篤實鯁亮者用之升詹事見上言皇太子尹臨安已久雖欲更嘗民事然非便宜一意講學他日以言於上者告太子趣草奏辭尹事三辭乃免兼吏部侍郎權尚書兼侍讀月食淫雨言甲申歲以淫雨求言今十年矣中間非無水旱而不聞求言之詔豈不言多沽激厭之耶比歎蔽成風侍從臺諫猶愼嘿況其他乎陰沴之興未必不由此時廷臣多以中批斥去彥穎又言臣下有過宜顯逐之使中外知獲罪之由以爲戒今譖毀潛行斥命中出在廷莫測其故將恐陰邪得伸善類喪氣非盛世事也除吏部尚書接送金賀正使還言兩淮兵備城築及裁減接送浮費甚悉上嘉納焉十二月除端明殿學士簽書樞密院事二年閏九月參知政事金使至上遣王抃諭金使稍變受書舊禮儀久不決彥穎曰須於國體無損而事可濟乃善若如去年張子顏之行不但無益時左司諫湯邦彥親進冀僥幸集事自許立節彥穎言邦彥輕脫必誤國他日對便殿上復語及之彥穎欲進說上色動宰相亟引退遂以邦彥爲申議國信使且命福建造海船起兩淮民兵赴合肥訓練并詔諸軍飭戎備中外騷然彥穎復言兩淮州縣去合肥遠者千餘里近亦二三百里令民戶三丁起其二限三月而罷事未集民先失業矣上作色曰卿欲盡撤邊備耶彥穎曰令不得已令三百里內家起一丁詣合肥三百里外就州縣訓習日增給錢米限一月罷庶不大擾翌日復執奏從之洎邦彥辱命而還彥穎論其罪貶新州彥穎在東府三歲實攝相事內降繳回甚多內侍白劄籍名造器械并犒師降旨發左藏封樁諸庫錢動億萬計彥穎疏歲中經費以進因言虞允文建此庫以備邊故曰封樁陛下方有意恢復苟用之不節徒啓他日妄費失封樁初意上矍然曰卿言是朕失之矣自是絕不支墜馬在告力求去以資政殿學士知紹興府勤約有惠政提舉洞霄宮復參知政事病羸艱拜起力辭上曰老者不以筋力爲禮孟享禮繁特免卿諫官論其子毆人至死奉祠鐫秩起知婺州禁民屠牛捐屬縣稅十三萬三千緡復知紹興府進資政殿大學士再奉祠進觀文殿學士紹興元年致仕家居凡十載自奉澹約食纔米數合室無姬媵蕭然終日與州縣了不相聞薨年八十一贈少保謚忠文子沐慶元中與一時臺諫排趙汝愚善類一空公論醜之

范成大字致能吳郡人紹興二十四年擢進士第授戶曹監和劑局隆興元年遷正字累遷著作佐郎除吏部郎官言者論其超躐罷奉祠起知處州陛對論力之所及者三曰日力曰國力曰民力今盡以虛文耗之上嘉納處民以爭役囂訟成大爲刱義役隨家貧富輸金買田助當役者甲乙輪第至二十年民便之其後入奏言及此詔頒其法於諸路處多山田梁天監中詹南二司馬作通濟堰在松陽遂昌之間激溪水四十里溉田二十萬畝堰歲久壞成大訪故迹疊石築防置堤閘四十九所立水則上中下溉灌有序民食其利除禮部員外郎兼崇政殿說書乾道令以絹計贓估價輕而論罪重成大奏承平時絹匹不及千錢而估價過倍紹興初年遞增五分爲錢三千足今絹實貴當倍時直上驚曰是陷民深文遂增爲四千而刑輕矣隆興再講和失定受書之禮上嘗悔之遷成大起居郎假資政殿大學士充金祈請國信使國書專求陵寢蓋泛使也上面諭受書事成大乞并載書中不從金迓使者慕成大名至求巾幘效之至燕山密草奏具言受書式懷之入初進國書詞氣慷慨金君臣方傾聽成大忽奏曰兩朝既爲叔姪而受書禮未稱臣有疏搢笏出之金主大駭曰此豈獻書處耶左右以笏標起之成大屹不動必欲書達既而歸館所金主遣伴使宣旨取奏成大之未起也金庭紛然太子欲殺成大越王止之竟得全節而歸除中書舍人初上書崔寔政論賜輔臣成大奏曰御書政論意在飭綱紀振積敝而近日大理議刑遞加一等此非以嚴致平乃酷也上稱爲知言張說除簽書樞密院事成大當制留詞頭七日不下又上疏言之說命竟寢知靜江府廣西窘匱專藉鹽利漕臣盡取之於是屬邑有增價抑配之敝詔復行鈔鹽漕司拘鈔錢均給所部而錢不時至成大入境曰利害有大於此乎奏疏謂能裁抑漕司強取之數以寬郡縣則科抑可禁上從之數年廣州鹽商上書乞復令客販宰相可其說成大出銀錢助之人多以爲非下有司議卒不易成大說舊法馬以四尺三寸爲限詔加至四寸以上成大謂互市四十年不宜驟改除敷文閣待制四川制置使疏言吐蕃青羌兩犯黎州而奴兒結蕃列等尤桀黠輕視中國臣當教閱將兵外脩堡砦仍講明教閱團結之法使人自爲戰三者非財不可上賜度牒錢四十萬緡成大謂西南諸邊黎爲要地增戰兵五千奏置都監路分吐蕃入寇之路十有八悉築柵分戍奴兒結擾安靜砦發飛山軍千人赴之料其三日必遁已而果然白水砦將王文才私娶蠻女常導之寇邊成大重賞檄羣蠻使相疑貳俄禽文才以獻即斬之蜀北邊舊有義士三萬本民兵也監司郡守雜役之都統司又俾與大軍更戍成大力具其不可詔遵舊法蜀知名士孫松壽年六十餘樊漢廣甫五十九皆掛冠不仕表其節詔召之皆不起蜀士由是歸心凡人才可用者悉致幕下用所長不拘小節其傑然者露章薦之往往顯于朝位至二府召對除權吏部尚書拜參知政事兩月爲言者所論奉祠起知明州奏罷海物之獻除端明殿學士尋帥金陵會歲旱奏移軍儲米二十萬振饑民減租米五萬水賊徐五竊發號靜江大將軍捕而戮之以病請閑進資政殿學士再領洞霄宮紹興三年加大學士四年薨成大素有文名尤工於詩上嘗命陳俊卿擇文士掌內制俊卿以成大及張震對自號石湖有石湖集攬轡錄桂海虞衡集行于世

論曰劉珙忠義世家迨屬纊以未雪讐恥爲深恨王藺犯顏忠諫剛腸嫉惡方趙鼎張浚非罪遠謫朋交絕蹤大寶獨從之游逮斥權姦了無顧忌安節距秦檜排淵靚堅如金石孤立無黨死生禍福曾不一動其心當金兵犯大散關剛中單騎星馳夜起吳璘一戰却敵成大致書北庭幾於見殺卒不辱命俱有古大臣風烈孔子所謂歲寒然後知松柏之後凋者歟若祖舜奪楊愿恩穢秦熺秩誅檜惡於既死彥穎論事激烈披忠盡直氣亦可尚已

宋史卷三百八十七

元 中書右丞相總裁脫脫等修

列傳第一百四十六

黃洽 汪應辰 王十朋 吳芾

陳良翰 杜莘老

黃洽字德潤福州候官人隆興元年以太學生試春官第二詔循故事 臨軒賜第二人及第授紹興府觀察判官秩滿就銓選不用前名例謁廟堂宰相陳俊卿白于上改宣義郎除國子博士適有旨職事官無待次改差浙東安撫司主管機宜文字繼爲太學國子博士樞

密院編修官通判福州奉祠召爲太常丞請外孝宗方厲精求治曰黄洽厚德方任以事不許當對奏三事備事莫若儲才士卒當練其心軍政必預爲謀上矍然洽徐奏願戒飭州郡毋煩擾以致寇毋輕易以玩寇擾而後定傷根本多矣除祕書郎遷著作郎上諭祠臣祕閣儲英俊爲異時公卿用行黄洽祠可及之除右正言首奏諫臣非具員職在諫爭朝政有闕所當盡言上亦以爲端士許其盡言無隱除侍御史會水旱頻仍因祠祭上言此事全在一念陛下夙興默想專精在民身雖法宮心則壇壝洋洋左右理非漠然洊歲荒歉之由必有未盡契神示之心者一日特詔諸路奉行荒政不力差官按視安集洽亟奏使者一出官吏必須知畏其常平一司所職何事淮浙江東見有使以五使分五路尚慮不周知今遣一人兼二三路不過閱圖帳戶口多寡地里遼邈安能遍歷乎若專責常平名正而職舉事分而察精又奏藝祖懲藩鎭偏重之失不欲兵民之權聚於一夫之手今使主兵官兼郡寄是合兵民權爲一且厲邊徼偏重尤甚上皆嘉納洽所論列未嘗擿摭細故他愿以累其終身除右諫議大夫上方鋭志肆武洽因風諫言頤之大象君子以愼言語節飲食猶謹節之況其他乎凡筋力喘息之間一有過差皆非所以養其身也上曰卿言無非仁義忠孝可爲萬世臣子之法朕常念之洽在經筵言宰相代天理物要在爲國得人人主之命相任則勿疑宰相重則朝廷尊朝廷尊則廟社安宰相掄才任職當盡公心君子進則庶職舉庶職舉則天下治上首肯再三乃曰卿如良金美玉渾厚無瑕天其以卿爲朕弼耶除御史中丞奏薦舉請託必競於宰執臺諫之門若宰執臺諫不爲人覓舉使士大夫咸自奉厲以公道得之豈不甚善或果知其人露章以薦亦何不可潭州奏彊盜罪不至死應配者坐加役流有旨具議洽曰彊盜異他盜以其故爲也若止髡役三年之後圈檻一弛稀突四出善良受害可勝數耶況役時必去防閑之具走逸給合患尤甚焉上深然之除參知政事上曰卿每告朕用人今卿居用人之地不可不勉上因商榷除目洽罄竭無所顧避上大喜曰五十年無此差除除知樞密院事洽累章求去許之除資政殿大學士知隆興府光宗受禪特詔言事洽奏用人爲萬世不易之論臣前以此納忠壽皇今復告于陛下屢乞歸田尋畀提舉洞霄宮方未得請也人勸之治第洽曰吾書生蒙拔擢至此未有以報國而先營私乎使吾一旦罪去猶有先人敝廬可芘風雨夫復何憂慶元二年致仕洽常言居家不欺親仕不欺君仰不欺天俯不欺人幽不欺鬼神何用求福報哉六年七月薨年七十九贈金紫光祿大夫洽質直端重有大臣體兩朝推爲名臣有文集奏議八十五卷

汪應辰字聖錫信州玉山人幼凝重異常童五歲知讀書屬對應聲語驚人多識奇字家貧無膏油每拾薪蘇以繼晷從人借書一經目不忘十歲能詩游鄉校郡博士戲之曰韓愈十三而能文今子奚若應辰答曰仲尼三千而論道惟公其然未冠首貢鄉舉試禮部居高選時趙鼎爲相延之館塾奇之紹興五年進士第一人年甫十八御策以吏道民力兵勢爲問應辰答以爲治之要以至誠爲本在人主反求而已上覽其對意其爲老成之士及唱第乃年少子引見者掖而前上甚異之鼎出班特謝舊進士第一人賜以御詩及是特書中庸篇以賜初名洋與姓字若有語病特改賜應辰上欲即除館職趙鼎言且令歷外任養成其材乃授鎭東軍簽判故事殿試第一人無待次者至是取一年半闕以歸舍人胡寅行詞曰屬者延見多士問以治道爾年未及冠而能推明帝王躬行之本無曲學阿世之態應辰少受知於喻樗既擢第知張九成賢問之於樗往從之游所學益進初任趙鼎爲帥幕府事悉諮焉歲小旱命應辰禱雨名山即應越人語之曰此相公雨鼎曰不然乃狀元雨也召爲祕書省正字時秦檜力主和議王倫使還金人欲以河南地歸我應辰上疏謂和議不諧非所患和議諧矣而因循無備之可畏異議不息非所患異議息矣而上下相蒙之可畏金雖通和疆埸之上宜各戒嚴以備他盜今方且肆赦中外褒寵將帥以爲休兵息民自此而始縱忘積年之耻獨不思異時意外之患乎此因循無備之所以可畏也方朝廷力排羣議之初大則竄逐小則罷黜至有一言迎合則不次擢用是以小人窺見間隙輕躁者阿諛以希寵畏懦者循默以備位而忠臣正士乃無以自立於羣小之間此上下相蒙之所以可畏也臣願勿以和好之可無虞而思患預防常若敵人之至疏奏秦檜大不悅出通判建州遂請祠以歸寓居常山之永年院蓬蒿滿逕一室蕭然饘粥不繼人不堪其憂處之裕如也益以修身講學爲事自是凡三主管崇道觀在隱約時胸中浩然之氣凛然不可屈張九成謫邵州交游皆絶應辰時通問及其喪父言者猶攻之而應辰不遠千里往弔人皆危之通判袁州凡所予奪人無異詞始至或以其書生易之已乃知吏師所不能及丞相趙鼎死朱崖扶喪過郡應辰爲文祭之曰惟公兩登上宰皆直艱危之時一斥南荒遂爲死生之别事已定於蓋棺恩特容於歸骨吏付之火其子借三兵以歸道出衢州章傑爲守希檜意指應辰爲阿附爲死黨符移訊鞫徧捜行槖求祭文不可得時胡寅遺檜書謂此事不足竟事乃寢通判靜江府踰期不得代乃沿檄歸省其母繼差通判廣州時檜所深忌者趙鼎張浚鼎既死而浚獨存未快其意江西運判張常先箋注前帥張宗元與浚詩言于朝其詞連逮者數十家將誣以不軌而盡去之獄既具檜死應辰幸而免明年召爲吏部郎官遷右司母老乞外丞相苦留之曰方進用未應爾應辰曰親老矣不可緩乃出知婺州郡積欠上供十三萬緡朝廷命憲漕究治應辰謂急則擾民乃與諸邑蠲宿逋去苛斂定期會窒滲漏悉爲補發尋丁內艱去廬于墓側服闋除祕書少監遷權吏部尚書李顯忠冒具安豐軍功賞五千餘人應辰奏駁之權戶部侍郎兼侍講應辰獨員當劇務節冗費常奏班直轉官三日而堂吏增給食錢萬餘緡工匠洗澤器皿僅給百餘千而堂吏食錢六百千塑顯仁神御半年功未及半而堂吏食錢已支三萬銀絹六百匹兩他皆類此上驚其費冗命吏部裁之金渝盟詔求足食足兵之策應辰奏曰陸贄有云將非其人兵雖多不足恃操失其柄將雖才不爲用臣之所憂不在兵之不足在乎軍政之不脩自講和以來將士驕惰兵不閲習敵未至則望風逃遁敵既退則謾列戰功不惟佚罰且或受賞方時無事詔令有所不行一旦有急誰能聽命以赴國家之難望發英斷賞善罰惡使人人洗心易慮以聽上命然後號令必行矣三十二年建儲以孝宗名與唐廬江王晉楚王同詔改爲瑋應辰以爲與唐昭宗同自左相陳康伯遂改今名集議秀王封爵應辰定其稱曰太子本生之親議入內降曰皇太子所生父可封秀王暨內禪擬於傳位日降赦應辰言唐太宗受禪於高祖明年正月始改元乃從其説又議改元重熙應辰謂契丹嘗以紀年遂改隆興一朝大典禮多應辰所定議太上尊號李燾陳康伯密議以光堯壽聖爲稱及集議或謂尊號始自開元罷於元豐今不當復況太上視天下如棄敝屣豈復顧此應辰主之尤力或又言主上奉親烏得援元豐自却爲比於是議狀書者半不書者半明日應辰復與金安節等十二人各陳所見大槩謂光堯近乎神堯壽聖乃英宗誕節嘗以名寺御史周必大亦以爲問應辰答以堯豈可光是語有聞之德壽者高宗因上過宮云汪應辰素不樂吾於是有詔尊號之議已嘗奏知不容但已安節等遂奉詔應辰連乞補外遂知福州未幾升敷文閣待制舉朱熹自代在鎭二年會朝廷謀蜀帥乃以敷文閣直學士爲四川制置使知成都府陛辭特降詔撫諭入境以書與宣撫使吳璘令以撫諭詔申嚴號令既至免利路民餉運從沿邊戍兵就糧內郡縱保勝義士復業存左藏所解白契二百萬以備不虞悉奏行之有謂蜀中綱馬驛程由梁洋金房山路峻險宜浮江而下詔吳璘措置執政大將皆主其説應辰與夔帥王十朋力言其不便遂得中止二税勘合每貫取二十錢乾道詔旨嘗減三之一有欲增之者應辰與兩漕臣列奏言勘合不以鈔計而以貫石匹兩計是陽爲減而陰實增之也以成都一路計之歲入三十萬今以所增爲六十萬計以四路不知幾倍雖非興利者所便而民受其賜多矣璘時駐蜀口武興精兵爲天下冠既老且病應辰密奏以關陝大將係國安危所當預圖於是執政傳旨若璘不起令制司暫領其任暨璘死應辰遂攝宣撫之職蜀道晏然虞允文尋以知樞密院事宣撫四川應辰援張浚例乞罷制司不許總所牒委官聚四川匿契税應辰奏其不便者四曰妨農廢業曰縱吏擾民曰違法害教曰長姦起訟比戶部已令人自首州縣收併已不少其未盡者有見行法令不宜爲此煩擾上曰論極有理速罷止之蜀大旱詔問救荒之策應辰奏利閬緜梓軍馬糧料隨民力均敷官雖支糴錢民不得半價若選官就歲熟處糴之可以寛民力第無錢束手乞給度牒上曰汪應辰治蜀甚有聲且留意民事如此給度牒四百永爲糴本振濟遂移書諸路漕臣亟救荒且以緜劍和糴告之而全蜀蒙惠劉珙拜同知樞密院事進言曰汪應辰陳良翰張栻學行才能臣所不及已得旨召還邛之安仁年饑挺起爲盜害及旁郡即具奏且檄茶馬使招捕旬月間誅其渠魁餘悉撫定或白之虞允文曰汪帥得無掩盜事不上聞乎宣司乃密奏使人紿應辰曰邛寇事未敢奏不審制司如何應辰以奏檢報之允文內愧將行代納成都一府激賞絹估三萬三千九百八十四匹冬入覲陛對以畏天愛民爲言上曰卿久在蜀寛朕西顧憂軍政民事革弊殆盡蜀中除虚額民間當被實惠應辰奏虚額去則州縣寛尚有兩事曰預借曰對糴預借乃州縣累歲相仍對糴則以補州縣闕

乏民輸米一石卽就糴一石或半價或不支且多取贏陛下近捐百萬除預借之弊對糴患止數州願并除之則弊革無餘矣除吏部尚書尋兼翰林學士并侍讀論愛民六事廟堂議不合不悅者衆一日陳良祐登對上告以汪應辰言卿在蜀多誕謾良祐奏臣與應辰昨同從班應辰請外得衢州臣惜其去同奏留之時邊奏方急臣不知應辰將爲便私計也奏旣上應辰以此大憾乃爲是說以中臣耳上曰乃爾邪應辰在朝多革弊事中貴人皆側目德壽宮方甃石池以水銀浮金鳧魚于上上過之高宗指示曰水銀正乏此買之汪尚書家上怒曰汪應辰力言朕置房廊與民爭利乃自販水銀邪應辰知之力求去會復出發運均輸之旨歎曰吾不可留矣但力辨羣枉則補外之請自得乃力論其事有害無利遂以端明殿學士知平江府韓玉被旨揀馬過郡應辰簡其禮玉歸譖之於上曰臣所過州縣未有若平江之不治者上怪之平江米綱至有折閱事上連貶秩力疾請祠自是臥家不起矣以淳熙三年二月卒于家應辰接物溫遜遇事特立不回流落嶺嶠十有七年檜死始還朝剛方正直敢言不避少從呂居仁胡安國游張栻呂祖謙深器許之告以造道之方嘗釋克己之私如用兵克敵易懲忿窒慾書剛制于酒懲窒剛制皆克勝義不可常省察乎其義理之精如此好賢樂善出於天性尤篤友愛嘗以先疇遜其兄衢雖無屋可居不顧也子逵繼登進士第仕至吏部尚書端明殿學士

王十朋字龜齡溫州樂清人資穎悟日誦數千言及長有文行聚徒梅溪受業者以百數入太學主司異其文秦檜死上親政策士論考官曰封策中有陳朝政切直者並寘上列十朋以權爲對大略曰攬權者非欲衡石程書如秦皇傳餐聽政如隋文彊明自任不任宰相如唐德宗精於吏事以察爲明如唐宣宗蓋欲陛下懲旣往而戒未然威福一出於上而已嘗有鋪翠之禁而以翠羽爲首飾者自若是豈法令不可禁乎抑宮中服澣濯之化衣不曳地之風未形於外乎法之至公者莫如選士名器之至重者莫如科第往歲權臣子孫門客類竊巍科有司以國家名器爲媚權臣之具而欲得人可乎願陛下正身以爲本任賢以爲助博采兼聽以收其效幾萬餘言上嘉其經學淹通議論醇正遂擢爲第一學者爭傳誦其策以擬古鼂董上用其言嚴銷金鋪翠之令取交阯所貢翠物焚之謂十朋乃朕親擢授紹興府簽判旣至或以書生易之十朋裁決如神吏姦不行時以四科求士帥王師心謂十朋身兼四者獨以應詔召爲祕書郎兼建王府小學教授先是教授入講堂居賓位十朋不可皇孫特加禮而位教授中坐金將渝盟十朋輪對言自建炎至今金未嘗不內相殘賊然一主斃一主生曷嘗爲中國利要在自備如何禦敵莫急於用人今有天資忠義材兼文武可爲將相者有長於用兵士卒樂爲之用可爲大帥者或投閑置散或老於藩郡願起而用之以寢敵謀以圖恢復蓋指張浚劉錡也又言今權雖歸於陛下政復出於多門是一檜死百檜生也楊存中以三衙而交結北司以盜大權漢之禍起於恭顯王氏之相爲終始唐之禍起於北軍藩鎭之相爲表裏今以管軍位三公利源皆入其門陰結諸將相爲黨援樞密本兵之地立班甘居其後子弟親戚布滿清要臺諫論列委曲庇護風憲獨不行於管軍之門何以爲國至若清資加於噲伍高爵濫於醫門諸軍承受威福自恣甚於唐之監軍皇城邏卒旁午察事甚於周之監謗將帥剝下賂上結怨三軍道路捕人爲卒結怨百姓皆非治世事上嘉納罷邏卒罷諸軍承受更定樞密管軍班次解楊存中兵權其言大略施行秦檜久塞言路至是十朋與馮方胡憲查籥李浩相繼論事太學生爲五賢詩述其事除著作郎三十一年正月風雷雨雪交作十朋以爲陽不勝陰之驗遺陳康伯書冀以春秋災異之說力陳于上崇陽抑陰以弭天變遷大宗正丞亟請祠歸金犯邊起劉錡爲江淮浙西制置張浚帥金陵悉如其言孝宗受禪起知嚴州召對首言太皇非倦勤時而以大器付陛下賢於堯舜陛下當思以副太上者今社稷之安危生民之休戚人才之進退朝廷之刑賞直若舜之協堯斷然行之以盡繼述之道拜司封郎中累遷國子司業言今居位者往往職之不舉宜有以革之人主有大職三任賢納諫賞罰是也上嘉之除起居舍人升侍講時左右史失職久十朋除起居郎胡銓奏四事語在胡銓傳除侍御史上謂胡銓曰比除臺官外議如何銓曰皆謂得人上曰卿與十朋皆朕親擢十朋見上英銳每見必陳恢復之計及將北伐上疏曰天子之孝莫大於光祖宗安社稷因前王盈成而守者周成康漢文景是也承前世衰微而興者商高宗周宣王是也先君有恥而雪之漢宣帝臣單于唐太宗俘頡利是也先君有讎而復之夏少康滅澆漢光武誅莽是也迹雖不同其爲孝一也靖康之禍亙古未有陛下英武慨然志在興復竊聞每對羣臣奏事則曰當如剏業時又曰當以馬上治之又曰其事當俟恢復後爲之比因宣召語及陵寢聖容惻然曰四十年矣陛下之心眞少康高宗宣王光武之心奈何大臣不能仰副聖心願戒在位者去附和之私心贊國家之大計則中興日月可冀矣因論史浩八罪曰懷奸誤國植黨盜權忌言蔽賢欺君訕上上爲出浩知紹興府十朋再疏謂陛下雖能如舜之去邪未能如舜之正名定罪紹興密邇行都浩嘗爲屬吏姦贓彰聞亦何顏復見其吏民遂改與祠史正志與浩族異拜浩而父事之十朋論正志傾險姦邪觀時求進宜黜正志以正典刑林安宅出入史浩龍大淵門盜弄威福至是詐病求致仕十朋并疏其罪皆罷去張浚出師復靈壁虹縣歸附者萬計又復宿州十朋奏王師以弔民爲主先之以招納不獲已而戰伐隨之乞以此指戒浚金將旣降宜速加爵賞以勸來者上皆嘉納會李顯忠邵宏淵不協王師失律張浚上表自劾主和者乘此唱異議十朋上疏言臣素不識浚聞其誓不與敵俱生心實慕之前因輪對言金必敗盟乞用浚陛下嗣位命督師江淮今浚遣將取二縣一月三捷皆服陛下任浚之難及王師一不利橫議蠭起臣謂今日之師爲祖宗陵寢爲二帝復讐爲二百年境土爲中原弔民伐罪非前代好大生事者比益當內脩俟時而動陛下恢復志立固不以一衂爲羣議所搖然異論紛紛浚旣待罪臣其可尚居風憲之職乞賜竄殛因言臣聞近日欲遣龍大淵撫諭淮南信否上曰無之又言聞欲以楊存中充御營使上嘿然改除吏部侍郎力辭出知饒州饒並湖盜出沒其間聞十朋至一夕遁去丞相洪适請故學基益其圃十朋曰先聖所居十朋何敢予人移知夔州饒民走諸司乞留不得至斷其橋乃以車從間道去衆葺斷橋以王公名之移知湖州召對劉珙請留之上曰朕豈不知王十朋顧湖州被水非十朋莫能鎭撫至郡戶部責虛逋三十四萬命吏持券往辨不聽卽請祠去起知泉州十朋前在湖割奉錢剏貢闈又爲泉建之尤宏壯凡歷四郡布上恩恤民隱士之賢者詣門以禮致之朔望會諸生學宮講經詢政僚屬間有不善反復告戒俾之自新民輸租俾自槩量聞者相告宿逋亦願償訟至庭溫詞曉以理義多退聽者所至人繪而祠之去之日老稚攀留涕泣越境以送思之如父母饒久旱入境雨至湖積霖入境卽霽凡禱必應其至誠不獨感人而亦動天地鬼神東宮建除太子詹事力辭詔州郡禮致遂力疾造朝以足疾不能趨詔給扶減拜謁東宮太子以其舊學待遇有加又詔免朝參遣中使以告及襲衣金帶就其家賜之疾革累章告老以龍圖閣學士致仕命下而卒年六十紹興三年謚曰忠文十朋事親孝終喪不處內友愛二弟郊恩先奏其名沒而二子猶布衣書室扁曰不欺每以諸葛亮顏眞卿寇準范仲淹韓琦唐介自比朱熹張栻雅敬之子聞詩聞禮皆篤學自立聞詩知光州提點江東刑獄聞禮知常州江東轉運判官爲治能守家法人亦思慕之

吳芾字明可台州仙居人舉進士第遷祕書正字與秦檜舊故至是檜已專政芾退然如未嘗識公坐旅進揖而退檜疑之風言者論罷通判處婺越三郡知處州處舊若丁絹重芾損之以新丁補其額何溥薦芾材中御史除監察御史時金將敗盟芾勸高宗專務修德痛自悔咎追見羣臣俾陳闕失求合乎天地無愧乎祖宗則人心悅服天亦助順矣上韙其言遷殿中侍御史兩淮戰不利廷臣爭陳退避計芾言今日之事有進無退進爲上策退爲無策旣而金主亮斃上疏勸親征車駕至建康芾請遂駐蹕以係中原之望高宗納其說會有密敕還東者下侍從臺諫議芾言今欲控帶襄漢引輸湖廣則臨安不如建康便經理淮甸應接梁宋則臨安不如建康近議者徒悅一時扈從思歸之人非爲國計臣恐回鑾之後西師之聲援不接北士之謳吟絕望矣又言去歲兩淮諸城望風奔潰無一城能拒守者此秦檜壅塞言路挫折士氣之餘毒也能反其道則士氣日振而見危授命者有人矣知婺州孝宗初卽位陛辭陳裴垍對唐憲宗爲治先正其心以爲臨御之初出治大原無越於此上嘉納至郡勸民義役金華長仙鄉民十有一家自以甲乙第其產相次執役幾二十年芾輿致十一人者與合宴更其鄉曰循理里曰信義以褒異之知紹興府會稽賦重而折色尤甚芾以攢宮在奏免支移折變鑑湖久廢會歲大饑出常平米募饑民浚治芾去大姓利於田湖復廢權刑部侍郎遷給事中改吏部侍郎以敷文閣直學士知臨安府內侍家僮毆傷酒家保芾捕治之徇于市權豪側目執政議以芾使金復除吏部侍郎且議以龍大淵爲副芾曰是可與言行事者邪語聞得罷不行下遷禮部侍郎力求去提舉太平興國宮時芾與陳俊卿俱以剛直見忌未幾俊卿亦引去中書舍人閻安中爲孝宗言二臣之去非國之福起知太平州造冊以梁姑溪歷陽築者久役潰歸聲言欲趨郡境芾呼至城下厚犒遣之而密捕倡亂者繫獄以聞詔

褒諭知隆興府芾前後守六郡各因其俗爲寬猛吏莫容姦民懷惠利再奉太平祠屢告老以龍圖閣直學士致仕後十年卒年八十嘗曰視官物當如己物視公事當如私事與其得罪於百姓寧得罪於上官立朝不偶晚退閑者十有四年自號湖山居士爲文豪健俊整有表奏五卷詩文三十卷

陳良翰字邦彥台州臨海人蚤孤事母孝資莊重爲文慨慷有氣中紹興五年進士第知溫州瑞安縣俗號强梗吏治尚嚴良翰獨撫以寬催租不下文符但揭示名物民競樂輸聽訟咸得其情或問何術良翰曰無術第公此心如虛堂懸鏡耳殿中侍御史吳芾薦爲檢法官遷監察御史孝宗初元金主褎新立求和而中原舊人多求歸詔問何以處此良翰言議和復納降皆非是必定計自治而和不和任之乃可張浚軍淮泗以規進取而議者爭獻防江策良翰言當固藩籬專委任令捨淮防江却地奪使朝廷過聽使督府不得專閫外事誤矣除右正言金再移書求故疆良翰言中原皆吾故土況唐鄧淮泗又金渝盟後以兵取之安得以故疆爲言而歸之湯思退主遣小使盧仲賢李栻良翰言仲賢輕儇無耻栻自北來難信又言廟堂督府論議不同邊奏上聞皆陽唯諾而陰沮敗之萬一失事機督府安得獨任其責上矍然稱善朝廷遣史正志至建康與張浚議事乖牾良翰劾之上曰正志亦無罪良翰言陛下使浚守淮則任浚爲重一郎官爲輕且正志居中浚必爲去就上悟出正志爲福建漕運楊存中爲御營使總殿前軍良翰言存中久擅兵柄太上皇罷就第奈何復假使名宜慎履霜之戒疏三上存中竟罷李栻不敢涉淮良翰奏奪其官仲賢至汴輒許金人以疆土歲幣而還上大怒下仲賢吏欲誅之宰相叩頭懇請得免復遣王之望龍大淵良翰言前遣使已辱命大臣不悔前失不謂秦檜復見今日且金要我罷四郡屯兵以歸之是不折一兵而坐收四千里要害之地決不可許若歲幣則俟得陵寢然後與庶猶有名今議未決而之望遂行恐其辱國不止於仲賢願先馳一介往俟議決行未晚也詔侍從臺諫議多是良翰遂以胡昉楊由義爲審議官與敵議四郡不合困辱而歸思退尚執前論正言尹穡附思退以撼督府良翰爲左司諫疏論思退姦邪誤國宜早罷黜張浚精忠老謀不宜以小人言搖之孝宗曰思退前議固失然朕受其警敏冀可效卿其置之若魏公則今日孰出其右朕豈容有此意縱有之亦豈不謀卿等此殆言者有異意卿爲朕諭之良翰頓首謝曰陛下言及此天下幸甚宰相縱無全才寧取樸實緩急猶可倚賴思退庸狡小黠大癡將誤國且警敏二字恐非明主卜相之法既退以上語諭同列穡勃然變色明日亦請對遂罷良翰言職兩淮既撤備金大入孝宗始深悔太學生數百人伏闕乞召用良翰胡銓王十朋而斬思退等思退由是始敗良翰在諫省成恭皇后受冊官內外親屬二十五人良翰論其冗詔減七人知建寧府福建轉運副使提點江東刑獄移浙西召爲宗正少卿兵部侍郎除右諫議大夫良翰言以蜀漢之師下關陝以荊襄趍韓魏江淮擣青徐此今日大計四川既命大臣而荊淮未有任責者亦當擇重臣臨之上稱善進給事中大將成閔冒請眞奉有司坐獲譴閤門王抃矯詔遣妄人謝顯出境顯既抵罪置閔與抃不問良翰皆駁議請正典刑遂改禮部侍郎不拜以敷文閣待制提舉江州太平興國宮召爲太子詹事既見上屬以調護之責一日召對選德殿出手書唐太宗與魏徵論仁德功利之說俾極陳今日所未至者良翰退上疏略曰仁德治之本功利治之效務本而效自至今承天意結民心任賢能退小人擇將帥收軍情擇監司吏久任皆行之有未至誠能革此八弊則仁德無累功利自致矣上爲之嘉歎詔兼侍講未幾以疾告老除敷文閣直學士提舉太平宮卒年六十五光宗立特謚獻肅

杜莘老字起莘眉州青神人唐工部甫十三世孫也幼歲時方禁蘇氏文獨喜誦習紹興間第進士以親老不赴廷對賜同進士出身授梁山軍教授從游者衆秦檜死魏良臣參大政莘老疏天下利害以聞良臣薦之主管禮兵部架閣文字彗星見東方高宗下詔求言莘老上書論彗監氣所生多爲兵兆國家爲民息兵而將驕卒情軍政不肅今因天戒以脩人事思患預防莫大於此因陳時弊十事時應詔者衆上命擇其議論切當推恩以勸之後省以莘老爲首進一階遷敕令刪定官太常寺主簿升博士輪對論金將敗盟宜飭邊備勿恃其不來恃吾有以待之上稱善再三南渡後典秩散失多有司所記省至凶禮又諱不錄顯仁皇后崩議禮有疑吏皆拱手莘老以古義裁定大斂前一日宰相傳旨問含玉之制莘老曰禮院故實所不載請以周禮典瑞鄭玄注製之其可因立具奏上覽之曰眞禮官也及虞祭或謂上哀勞欲以宰相行事莘老曰古今無是卒正之遷祕書丞論江淮守備上曰卿言及此憂國深矣擢監察御史遷殿中侍御史入對上曰知卿不畏彊禦故有此授自是用卿矣陳俊卿既解言職力求去莘老因奏事從容曰多事之際令俊卿輩在論思之地必有補益上以爲然俊卿輩復留金遣使致嫚書傳欽宗凶問請淮漢地指索大臣上決策親征莘老疏奏贊上且謂敵欺天背盟當待以不懼勿以小利鈍爲異議所搖諛言所惰則人心有恃而士氣振矣宜不限早暮延見大臣侍從謀議國事申敕侍從臺諫監司守臣亟舉可用之才又言親征有期而禁衞纔五千餘羸老居半至不能介胄者願亟留聖慮事皆施行帶御器械劉炎莞禁中市易通北賈大爲姦利一日見莘老輒及朝政語伍悖莘老以聞斥監嘉州稅知樞密院事周麟之初請使金及嫚書至聞金將盛兵犯邊乃大恐建言不必遣使莘老劾麟之挾姦罔上避事辭難恐懼至於掩泣衆有哭殺富鄭公之誚尋與宮觀疏再上乃責瑞州幸醫承宣使王繼先怙寵干法富浮公室子弟直延閣居第僭擬別業外幣徧幾甸數十年無敢搖之者聞邊警亟輦重寶歸吳興爲避敵計莘老疏其十罪上曰初以太后餌其藥稍假恩寵不謂小人驕橫乃爾莘老曰繼先罪擢髮不足數臣所奏其大槩耳上作色曰有恩無威有賞無罰雖堯舜不能治天下詔繼先福州居住子孫皆勒停籍其貲以千萬計詔鬻錢入御前激賞庫專以賞將士天下稱快內侍張去爲取御馬院西兵二百髡其頂都人異之口語籍籍莘老彈治上疑其未審不樂莘老執奏不已竟罷去爲御馬院致仕而莘老亦以直顯謨閣知遂寧府給事中金安節中書舍人劉珙封還制書改司農少卿尋請外仍與遂寧始莘老自蜀造朝不以家行高宗聞其清修獨處甚重之一日因對褒諭曰聞卿出蜀即蒲團紙帳如僧然難及也未幾遂擢用莘老官中都久知公論所予奪姦蠹者皆得其根本脉絡嘗歎曰臺諫當論天下第一事若有所畏姑言其次是欺其心不敬其君者也及任言責極言無隱取衆所指目者悉擊去聲振一時都人稱骨鯁敢言者必曰杜殿院云治郡課績爲諸州最孝宗受禪莘老進三議曰定國是脩內政養根本尋卒年五十八

論曰黃洽渾厚有守應辰學術精醇尤稱骨鯁十朋吳芾良翰莘老相繼在臺府歷詆姦倖直言無隱皆事上忠而自信篤足以當大任者惜不盡其用焉

宋史卷三百八十七考證

吳芾傳致仕後十年卒○臣其濬按此云致仕十年又云晚間十有四年一傳之中前後互異一本此句無十年二字疑是

宋史卷三百八十八

元中書右丞相總裁脫脫等修

列傳第一百四十七

周執羔 王希呂 陳良祐 李浩
陳槖 胡沂 唐文若 李燾

周執羔字表卿信州弋陽人宣和六年舉進士廷試徽宗擢爲第二授湖州司士曹事俄除太學博士建炎初乘輿南渡自京師奔詣揚州不及遂從隆祐太后于江西還覲會稽尋以繼母劉疾乞歸就養調撫州宜黃縣丞時四境俶擾潰卒相挺爲變令大恐不知所爲執羔諭以禍福皆斂手聽命既又誅其黨執首謀者斬以狥邑人德之至繪像立祠紹興五年改秩通判湖州丁母憂服闋通判平江府召爲將作監丞明年春遷太常丞會始議建明堂大樂久廢不修詔奉常習肄之訪輯舊聞庀閱工器制作始備累遷右司員外郎八月擢權禮部侍郎充賀金生辰使往歲奉使官得自辟其屬賞典既厚願行者多納金以請執羔始拒絕之使還兼權吏部侍郎請賜新進士聞喜宴于禮部從之軍興廢此禮至是乃復同知貢舉舊例進士試禮部下歷十八年得免舉又四試禮部下始特奏名推恩秦檜既以科第私其子士論讙譁爲減三年以悅衆執羔言祖宗法不可亂繇此忤檜御史劾罷之又六年起知眉州徙閬州又改夔州兼夔路安撫使夔部地接蠻獠易以生事或告溱播夷叛其豪帥請遣兵致討執羔謂曰朝廷用爾爲長今一方繹騷責將焉往能盡力則貰爾一兵不可得也豪懼斬叛者以獻夷人自是皆惕息三十年知饒州尋除敷文閣待制乾道初守婺州召還提舉佑神觀兼侍講首進二說以爲王道在正心誠意立國在節用愛人二年四月復爲禮部侍郎孝宗患人才難知執羔曰今一介干進亦蒙賜召口舌相高殆成風俗豈可使之

得志哉。上曰卿言是也一日侍經筵自言學易知數臣事陛下之日短已乃垂涕上惻然卽拜本部尚書升侍讀固辭不許方士劉孝榮言統元歷差命執羔釐正之執羔用劉義叟法推日月交食考五緯贏縮以紀氣朔寒溫之候撰歷議歷書五星測驗各一卷上之上嘗問豐財之術執羔以爲蠹民之本莫甚於兵古者興師十萬日費千金今尺籍之數十倍於此罷癃老弱者幾半不汰之其弊益深論和糴本以給軍與豫凶災蓋國家一切之政不得已而爲之若邊境無事妨於民食而務爲聚斂可乎舊糴有常數比年每郡增至一二十萬石今諸路枯旱之餘蟲蝗大起無以供常稅況數外取之乎宜視一路一郡一縣豐凶之數輕重行之災甚者蠲之可也上矍然曰災異如此乃無一人爲朕言者卽詔從之充安恭皇后攢宮按行使日與閹人接卒事未嘗交一談閹亦服其長者不怨也拜疏求去上謂輔臣曰朕惜其老成宜以經筵留之除寶文閣學士提舉佑神觀上曰遂除龍圖可也經筵二年每勸上以辨忠邪納諫爭上深知其忠明年三月告老上諭曰祖宗時近臣有年踰八十尚留者卿之齒未也命却其章閏月復申前請上度不可奪詔提學江州太平興國宮賜茶藥御書恩禮尤渥公卿祖帳都門外搢紳榮之時閩粵江西歲饑盜起執羔陛辭以爲言詔遣太府丞馬希言使諸路振救之乾道六年卒年七十七執羔有雅度立朝無朋比治郡廉恕有循吏風手不釋卷尤通于易

王希呂字仲行宿州人渡江後自北歸南既仕寓居嘉興府乾道五年登進士科孝宗獎用西北之士六年召試授祕書省正字除右正言時張說以攀援戚屬擢用再除簽書樞密院事希呂與侍御史李衡交章劾之上疑其合黨邀名責遠小監當既而悔之改授宮觀方說之見用氣勢顯赫後省不書黃學士院不草詔皆相繼斥逐而希呂復以身任怨去國之日屏徒御躡屐以行恬不爲悔由是直聲聞于遠邇雖以此黜亦以此見知出知廬州淳熙二年除吏部員外郎尋除起居郎兼中書舍人淮右擇帥上以希呂已試有功令知廬州兼安撫使修葺城守安集流散兵民賴之加直寶文閣江西轉運副使五年召爲起居郎除中書舍人給事中轉兵部尚書改吏部尚書求去乃除端明殿學士知紹興府尋以言者落職處之晏如治郡百廢俱興尤敬禮文學端方之士天性剛勁遇利害無回護意惟是之從嘗論近習用事語極切至上變色欲起希呂挽御衣曰非但臣能言之侍從臺諫皆有文字來矣佐漕江西嘗作拳石記以示僚屬一幕官舉筆塗數字舉坐駭愕希呂覽之喜其不阿薦之居官廉潔至無屋可廬由紹興歸有終焉之意然猶寓僧寺上聞之賜錢造第後以疾卒于家

陳良祐字天與婺州金華人年十九預鄉薦間歲入太學紹興二十四年擢進士第調興國軍司戶未上有薦于朝者召除太學錄樞密院編脩官中丞汪澈薦除監察御史累遷軍器監兼鄧王府直講隆興元年出爲福建路轉運副使丁父憂服闋明道三年除起居舍人兼權中書舍人遷起居郎尋除右司諫首言會子之弊願捐內帑以舒細民之急上曰朕積財何用能散可也慨然發內府白金數萬兩收換會子收銅版勿造軍民翕然未幾戶部得請改造五百萬又奏陛下號令在前不能持半歲久以此令民誰能信之豈有不印交子五百萬遂不可爲國乎既而又欲造會子二千萬屢爭之不得遂請以五百萬換舊會俟通行漸收之當使不越千萬之數上銳意圖治以唐太宗自比良祐言太宗政要願賜省覽擇善而從知非而戒使臣爲良臣勿爲忠臣上曰卿亦當以魏徵自勉又言陛下躬行節儉弗殖貨利或者託肺腑之親爲市井之行以公侯之貴牟商賈之利占田疇擅山澤甚者發舶舟招蕃賈貿易寶貨麋費金錢或假德壽或託椒房犯法冒禁專利無厭非所以維持紀綱保全戚畹願嚴戒敕苟能改過富貴可保如其不悛以義斷恩時左相丁外艱詔起復良祐言起復非正禮今無疆場之事宜使之終喪遂寢遷右諫議大夫兼侍講同知貢舉除給事中兼直學士院遷吏部侍郎尋除尚書時議遣泛使請地良祐奏陛下恢復之志未嘗忘懷然詞莫貴於僉同不可不察博訪歸於獨斷不可不審固有以用衆而興亦有以用衆而亡固有以獨斷而成亦有以獨斷而敗今遣使乃啓釁之端萬一敵騎犯邊則民力困於供輸州郡疲於調發兵拏禍結未有息期將帥庸鄙類乏遠謀對君父則言効死臨戰陣則各求生有如符離之役不戰自潰瓜州之遇望敵驚奔孰可仗者此臣所以未敢保其萬全且今之求地欲得河南曩歲嘗歸版圖不旋踵而又失如其不許徒費往來若其許我必邀重幣經理未定根本內虛又將隨而取之矣向之四郡得之亦勤尚不能有今又無故而求侵地陛下度可以虛聲下之乎況止求陵寢地在其中曩亦議此觀其答書幾於相戲凡此二端皆是求釁必須遣使則所請欽宗梓宮猶爲有辭內視不足何暇事外邇者未懷豈能綏遠奏入忤旨貶瑞州居住尋移信州九年許令自便淳熙四年起知徽州尋除敷文閣待制知建寧府卒

李浩字德遠其先居建昌遷臨川浩早有文稱紹興十二年擢進士第時秦熺挾宰相子以魁多士同年皆見之或拉浩行穀然不往調饒州司戶參軍襄陽府觀察推官連丁內外艱繼調金州教授改太常寺主簿尋兼光祿寺丞輪對首陳無逸之戒且言宿衛大將楊存中恩寵特異待之過非其福上悟旋令就第自秦檜用事塞言路及上總攬權綱激厲忠讜此習尚存朝士多務愼默至是命百官轉對浩與王十朋馮方查籥胡憲始相繼言事聞者興起浩不安於朝請祠主管台州崇道觀以歸孝宗卽位以太常丞召時張浚督師江淮宰相多抑之浩引仁宗用韓琦范仲淹詔章得象故事乞戒諭令同心協濟兼權吏部郎官浩雅爲湯思退所厚御史尹穡欲引之以共擠浚因薦浩及對乃明示不同之意二人皆不樂踰年始除員外郎兼皇子恭王府直講在王府多所裨益且因事以及時政書之於冊幸上或見之王亦素所愛重他日外補累年以歸王喜曰李直講來矣未幾宰相召爲郎者四人將進用之尤屬意浩浩嘿然無一辭同舍皆遷浩獨如故踰年浙河水災詔郎官館職以上條時政闕失浩謂上憂勞如此今何可不言卽奏疏指論近臣併及宰執惟奉行臺諫多迎合百執事顧忌畏縮反覆數千言傾倒罄竭見者悚慄上不以爲忤執事者深忌之乞外得台州州有揀中禁軍五百人訓練官貪殘失衆心不逞者因謀作亂忽露刃於庭浩謂之曰汝等欲爲亂乎請先殺我衆駭曰不敢乃徐推其爲首者四人黥徙之迄無事除直祕閣並海有宿寇久不獲浩募其徒自縛贖罪卽得其魁里豪民鄭憲以貲給事權貴人門囊橐爲姦事覺械繫之死獄中盡籍其家徙其妻孥權貴人教其家訟寃且誣浩以買妾事言者用是擠之疏方上權參政劉珙越次奏曰李浩爲郡獲罪豪民爲其所誣臣考其本末甚白上顧曰守臣不畏彊禦豈易得邪且門章安在珙袖出之遂留中不下大理觀望猶欲還其所沒貲上批其後曰台州所斷至甚允當鄭憲家資永不給還流徙如故浩始得安明年除司農少卿時朝廷和糴米八萬董其事者賤糴濕惡隱尅官錢戶部不敢詰浩白發其姦下有司窮竟戶部欲就支稽見數大理附會之浩爭曰非但惠姦且虧軍食上是其言會大理奏結他獄上顧輔臣曰棘寺官得剛正如李浩者爲之已而卿缺又曰無以易浩遂除大理卿時上英明有大有爲之志廷臣不能奉行誕慢苟且依違避事浩前在司農嘗因面對陳經理兩淮之策至是爲金使接伴還奏曰臣親見兩淮可耕之田盡爲廢地心嘗痛之條畫營屯以爲恢復根本又言比日措置邊事甚張皇願戒將吏嚴備禦無規微利近功日與大臣修治具結人心持重安靜以俟敵釁上悉嘉納宰相議遣泛使浩與辨其不可至以官職訹之浩怒以語觸之且力求外以直寶文閣知靜江府兼廣西安撫有尚書郎入對論及擇帥事上曰如廣西朕已得李浩矣又論大臣曰李浩營田議甚可行大臣莫有應者浩至郡舊有靈渠通漕運及灌溉歲久不治命疏而通之民賴其利邕管所隸安平州其酋恃險謀聚兵爲邊患浩遣單使諭以禍福且許其引赦自新卽日叩頭謝過焚徼水柵聽太府約束治廣二年召還入對論俗不美者八其言曰陛下所求者規諫而臣下專務迎合所貴者執守而臣下專務順從所惜者名器而僥倖之路未塞所重者廉恥而趣附之門尚開儒術可行而有險詖之徒下情當盡而有壅蔽之患期以氣節而偷惰者得以苟容責以實效而誕慢者得以自售上問誕慢謂誰浩具以實對翌日謂宰相曰李浩直諒遂除權吏部侍郎時政府有怙寵竊權者黨與非一自浩之入已相側目且欲以甘言誘之浩中立不倚拒弗納於是相與謀嗾諫議大夫姚憲論浩以彊很之資挾奸詖之志寘之近列變亂黑白未及正謝而罷乾道九年提舉太平興國宮明年夏夔路闕帥命浩以祕閣修撰寵其行夔有羈縻州曰思州世襲爲守則田氏與其猶子不協將起兵相攻浩草檄遣官爲勸解二人感悟歃血盟盡釋前憾邊得以寧踰年以疾請祠提舉玉隆萬壽宮命未至以淳熙三年九月卒年六十一諸司奏浩盡瘁其職以死詔特贈集英殿修撰浩天資質直涵養渾厚不以利害動其心少力學爲文辭及壯益沉潛理義立朝慨然以時事爲己任忠憤激烈言切時弊以此見忌於衆平居未嘗假人以辭色不知者以爲傲或譖於上前上謂斯人無他在朕前亦如此非爲傲者小人憚之誘以祿利正色不回謀害之者無所不至獨賴上察其衷始終全之爲郡尤潔己自海右歸不載南海一物平生奉養如布衣時風裁素高人不敢干以私云

陳橐字德應紹興餘姚人入太學有聲登政和上舍第

教授寧州以母老改台州士曹治獄平允更攝天台臨海黃巖三邑易越州新昌令皆以愷悌稱呂頤浩欲援爲御史約先一見槖曰宰相用人乃使之呈身耶謝不往趙鼎李光交薦其才紹興二年五月召對改秩六月除監察御史論事不合八月詔以宰邑有治行除江西運判瑞昌令倚勢受賂槖首劾罷之期年所按以十數至有望風解印綬者以母年高乞歸養詔槖善撫字移知台州台有五邑嘗攝其三民懷惠愛越境歡迎不數月稱治母喪邦人巷哭相率走行在所者千餘人請起槖詔槖清謹不擾治狀著聞其敕所在州賜錢三十萬槖力辭上謂近臣曰陳槖有古循吏風終喪以司勳郎中召累遷權刑部侍郎時秦檜力主和議槖疏謂金人多詐和不可信且二聖遠狩沙漠百姓肝腦塗地天下痛心疾首今天意既回兵勢漸集宜乘時掃清以雪國恥否亦當按兵嚴備審勢而動舍此不爲乃遽講和何以繫中原之望既而金厚有所邀議久不決將再遣使槖復言金每挾講和以售其姦謀論者因其廢劉豫又還河南地遂謂其有意於和臣以爲不然且金之立豫蓋欲自爲捍蔽使之南窺豫每犯順率皆敗北金知不足恃從而廢之豈爲我哉河南之地欲付之他人則必以豫爲戒故捐以歸我往歲金書嘗爲歲幣多寡聽我所裁曾爲淹歲反覆如此且割地通和則彼此各守封疆可也而同州之橋至今存焉蓋金非可以義交而信結恐其假和好之說騁謬悠之辭包藏禍心變出不測願深鑒前轍亦嚴戰守之備使人人激厲常若寇至苟彼通和則吾之振飭武備不害爲立國之常如其不然決意恢復之圖勿循私曲之說天意允協人心響應一舉以成大勳則梓宮太后可還祖宗疆土可復矣檜憾之槖因力請去未幾金果渝盟除徽猷閣待制知潁昌府時河南新疆初復無敢往者槖即日就道次壽春則潁已不守改處州又改廣州兵興後廣東盜賊無寧歲十年九易牧守槖盡革弊政以恩先之留鎭三年民夷悅服初朝廷移韓京一軍屯循州會郴寇駱科犯廣西詔遣京討之槖奏廣東累年困於寇賊自京移屯敵稍知畏今悉軍赴廣西則廣東危矣檜以槖爲京地坐稽留機事降秩屢上章告老改婺州請不已遂致事又十二年以疾卒于家年六十六槖博學剛介不事產業先世田廬悉推予兄弟在廣積年四方聘幣一不入私室既謝事歸剡中僑寓僧寺日糴以食處之泰然王十朋爲風土賦論近世會稽人物曰杜祁公之後有陳德應云

胡沂字周伯紹興餘姚人父宗伋號醇儒能守所學不逐時好沂穎異六歲誦五經皆畢不忘一字紹興五年進士甲科陸沉州縣幾三十載至二十八年始入爲正字遷校書郎兼實錄院檢討官吏部員外郎轉右司以憂去終喪還朝孝宗受禪除國子司業鄧王府直講尋擢殿中侍御史有旨侍從臺諫條具方今時務沂言守禦之利莫若令沿邊屯田前歲淮民逃移未復舊業中原歸附未知所處俾之就耕可贍給省餉饋東作方興且慮敵人乘時驚擾宜聚兵險隘防守詔行其言御史中丞辛次膺論殿帥成閔黷貨不恤士卒之罪詔罷殿前司職事與祠沂再言其二十罪遂落太尉婺州居住沂又言將臣定十等之目令其舉薦施之擇將之頃則可施之養士有素則未也夫設武舉立武學試之以弓馬又試之以韜略之文兵機之策蓋將有所用也除高等一二名餘皆吏部授以權酤征商所養非所用所用非所養願詔大臣詳議中舉者定品格分差邊將下準備差遣則人人思奮應上之求矣從之時龍大淵曾覿以藩邸舊恩除知閤門事張震劉珙周必大相繼繳回詞命沂論其市權招士請屏遠之未聽而諫官劉度坐抗論左遷沂累章益懇切曰大淵覿不屏去安知無柳宗元劉禹錫輩撓節以從之者好進者嫉其言共排之沂亦以言不行請去遂以直顯謨閣主管台州崇道觀乾道元年冬召爲宗正少卿兼皇子慶王府贊禮尋兼侍講進中書舍人給事中進對論命令當謹之於造命之初上曰三代盛時如此卿職在繳駁事有當然勿謂拂君相不言除吏部侍郎兼權尚書沂奏七司法自紹興十三年纂修成書歲且一紀歷月閱時不無牴牾望令敕令所官討論章旨此法可行不可行此條當革不當革將見行之法與當革之條輯爲一書頒之中外庶可戢吏胥之姦詔行之尋以目疾丐祠六年出爲徽猷閣待制知處州復引疾奉祠提舉江州太平興國宮八年以待制除太子詹事尋復拜給事中進禮部尚書並兼領詹事又改侍讀上顧沂厚有大用意而沂資性恬退無所依附數請去虞允文當國希旨建策復中原沂極論金無釁而我諸將未見可任此事者數梗其議遂以龍圖閣學士仍提舉興國宮淳熙元年卒年六十八方疾革整容素冠不少惰蓋其爲學所得者如此諡獻肅

唐文若字立夫眉山人父庚在文苑傳文若少英邁不羣爲文豪健登進士第分教潼川府給事中勾濤薦自代詔赴行在所既至而勾濤出不得見文若奏書闕下略曰昔漢高慢士四皓去之而西鄙少廉恥之人光武禮賢嚴光友之而東都多節義之士陛下屈萬乘之尊駐蹕東南兩宮將歸五路初復正宜市朽骨式怒蛙以來豪傑與之共治寧遽惜此數刻之對耶書奏翌日召對便殿高宗大悅特旨改合入官通判洋州洋西鄉縣產茶亘陵谷八百餘里山窮險賦不盡括使者韓球將增賦以市寵園戶避苛斂轉徙饑饉相藉文若力爭之賦迄不增再通判遂寧府會大水民多漂死文若至城上發庫錢募游者振活甚衆又力請于朝除田租二萬一千頃免場務稅二十餘所築長堤以捍水勢自是無水患秦檜死上訪蜀士於魏良臣以文若對二十六年以光祿丞召改祕書郎爲文思箴以獻其略曰於赫我皇兵既休矣兵休如何莫若治兵居安思危邦乃攸寧爰整其旅文王以興載舞干羽舜仁用成向戍弭兵春秋所懲蕭侻去兵禍亂乃萌師則多矣軍則彊矣縱弛不繩猶曰無人兵非以殘以兵休兵凡千五百餘言自檜主和朝論諱言兵故文若以此風焉遷起居郎勸上收用西北人材以固根本上深納之將命以掌制時有爲宣和參政請恩爲司諫凌哲所彈文若喜其直作禾黍詩以美之侍御史周方崇以爲譏己劾文若狂誕出知邵州上屢爲近臣言唐文若無罪可改近郡知饒州興學宮減田租奇耗二萬石又請歲糴常平義倉之儲什三與民平市農末俱利而粟不腐遂以著令餘干嘗有劇盜巡尉不能制文若遣牙兵捕而戮之加直敷文閣移知溫州三十一年召爲宗正少卿金人犯邊文若求對首建大臣節制江上之議上諭大臣以文若與虞允文杜莘老馬騏才皆可用復除起居郎時諸將北出捷書日聞上下有狃志獨文若憂之圖上元嘉北伐故事上諭文若以創業所歷艱苦及敵情反覆甚悉文若對曰願陛下深察大勢趨策之長而避其短無循前代軌轍則大善未幾諸軍退守金主自將圍大將王權于歷陽權遁淮南盡沒詔百官廷議文若畫三策一請上親征二乞遣大臣勞軍三乞起張浚工部侍郎許尹是其言衆遂列奏上之不報文若尋面對上問曰今計安出卿熟張浚否文若曰浚守道篤學天下屬望今四十年天不死浚嶺海正爲今日上矍然曰援浚者多非卿無以發此數日遣楊存中護江上軍緩親征之期起浚知平江府蓋上以浚雖忠慤喜功將士多不附文若復言浚本以孤忠得衆尋改浚鎭建康府將以爲江淮宣撫使中沮之而止乘輿幸江表以起居郎兼給事中直學士院同羣司居守駕還遷中書舍人上將內禪前數日手詔追崇皇太子所生父文若既書黃因過周必大誦聖德而疑名稱未安歸白宰相請更黃堂吏不可文若執不已宰相以聞詔改稱本生親尋又改宗室子偁其後詔稱皇兄孝宗嗣位張浚以右府都督江淮軍事文若時以疾請外除敷文閣待制知漢州尋改都督府參贊軍事浚使行邊按守備多所罷行者未還除知鼎州改江州明年浚入相都督府罷其冬金復大入官軍悉戍淮文若謂上流當嚴兵備以定民志奏籍鄉丁五萬訓練有法人倚以固解嚴和糴大起郡之數八萬文若以民勞堅請得減什三旋請祠章三上未報乾道元年卒年六十贈左通奉大夫

李燾字仁甫眉州丹稜人唐宗室曹王之後也父中登第知仙井監燾甫冠憤金讎未報著反正議十四篇皆救時大務紹興八年擢進士第調華陽簿再調雅州推官改秩知雙流縣仕族張氏子居喪而爭產燾曰若忍墜先訓乎盍歸思之三日復來迄悔艾無訟又有不白其母而鬻產者燾寘之理豪强斂迹於是以餘暇力學燾恥讀王氏書獨博極載籍搜羅百氏慨然以史自任本朝典故尤悉力研覈倣司馬光資治通鑑例斷自建隆迄于建康爲編年一書名曰長編浩大未畢仍效光體爲百官公卿表史官以聞詔給札來上制置王剛中辟幹辦公事知榮州榮因溪爲隍夏秋率若水潦燾築防捍之除潼川府路轉運判官入境劾守令不職者四人縣多聚斂燾括一路財賦額通有無酌三年中數定爲科約上之朝頒之州縣乾道三年召對首舉藝祖治身治家治官治吏典故以爲恢復之法乞增置諫官許六察言事請練兵毋增兵杜諸將私獻覈軍中虛籍除兵部員外郎兼禮部郎中會慶節上壽在郊禮散齋內議權作樂燾言漢唐祀天地散齋四日致齋三日建隆初郊亦然自崇寧大觀法周禮祭天地故前十日受誓戒今既合祭宜復漢唐及建隆舊制庶幾兩得詔垂拱上壽止樂正殿爲北使權用正除禮部郎中言中興祭禮未備請以開寶通禮嘉祐因革禮政和新儀令太常寺參校同異脩成祭法四年上續通鑑長編自建隆至治平凡一百八卷時乾道新歷成燾言歷不差不改不驗不用未差無以知其失未驗無以知其是舊歷多差不容不改而新歷亦未有大驗乞申飭歷官討論五年

遷祕書少監兼權起居舍人尋兼實錄院檢討官子垕試賢良方正直言極諫科燾素謂唐三百年不愧此科者惟劉去華心慕之嘗以所著通論五十篇見蜀帥張燾欲應詔不偶而止其友晁公遡以書勉之燾答以當脩此學必不從此舉旣不克躬試於是命二子垕塈習焉至是吏部尚書汪應辰薦垕文行可應詔故有是命左相陳俊卿出知福州右相虞允文任恢復事更張舊典宰相以燾數言事不樂燾遂請去除直顯謨閣湖北轉運副使陛辭以欲速變古爲戒又奏禹貢九州荊田第八賦乃在三人功旣脩遂超五等今田多荒蕪賦虧十八上命之條畫旣至奏京湖之民結茅而廬築土而坊傭牛而犁糴種而殖穀苗未立睥睨已多有橫加科斂者今宜寬侵冒之禁依乾德詔書止輸舊稅廣收募之術如咸平元豐故事勸課有勞者推恩詔從之總餉呂游問入奏燾攝其事歲饑發鄂州大軍倉振之僚屬爭執不可燾曰吾自任不以累諸君尋如數償之游問返果劾燾專上止令具析不之罪也八年直寶文閣帥潼川兼知瀘州首葺石門堡以扼夷人奏乞戒茶馬司市敘州羈縻馬毋溢額戒官民毋於夷漢禁山伐木造舟奏移鎖水於開邊舊池皆報可淳熙改元被召適城中火上章自劾提刑何熙志奏焚數不實且言長編記魏王食肥彘語涉誣謗上曰憲臣按奏火數失實職也何預國史命成都提刑李蘩究火事詔熙志貶二秩罷燾止貶一秩燾及都門乞祠除江西運副且許臨遣或勸以方被譏無及時事燾曰聖主全度如此竭忠所以爲報遂奏日食地震皆陰盛主敵國小人不可不慮且申無變古無欲速兩言又上快箴引太祖罷朝悔乘快決事以諫上曰朕當揭之座右進祕閣修撰權同修國史權實錄院同修撰燾爲左史時嘗乞復行明堂禮謂南郊明堂初無隆殺合祀圜壇特免出郊浮費至是申言之詔集議發幸沮止其後周必大爲禮部尚書申其說始克行權禮部侍郎七月壬戌雷震太祖廟柱壞鴟尾有司旋加脩繕燾奏非所以畏天變當應以實上諭大臣燾愛朕屢進讜言賜金紫嘗請正太祖東向之位四年駕幸太學以執經特轉一官燾論兩學釋奠從祀孔子當升范仲淹歐陽修司馬光蘇軾黜王安石父子從祀武成王當黜李勣衆議不叶止黜王雱而已眞拜侍郎仍兼工部徽宗實錄置院已久趣上奏篇燾薦呂祖謙學識之明召爲祕書郎兼檢討官夜直宣引奏近者蒙氣蔽日厥占不肖者祿股肱耳目宜謹厥與賜坐欲起又留賜飲賜茶尋詔監視太史測驗天文九月丁酉日當夜食燾爲社壇祭告官伐鼓禮廢特舉行垕旣中制科爲祕書省正字尋遷著作郎兼國史實錄院脩撰檢討官父子同主史事搢紳榮之燾感上知遇論事益切每集議衆莫敢發言獨條陳可否無所避近臣復舉其次子塾應制科以閣試不中程黜垕偶考上舍試卷發策問制科爲御史所劾語連及燾垕罷燾亦知常德府初政和末澧辰沅靖四州置營田刀弩手募人開邊范世雄等附會擾民建炎罷之乾道間有建請復置者燾爲轉運使嘗奏不當復已而提刑尹機迫郡縣行之田不能給燾至是又申言之請度田立額且約帥臣張栻列奏詔從之境多茶園異時禁切商賈率至交兵燾曰官捕茶賊豈禁茶商聽其自如訖無警累表乞閑提舉興國宮秩明堂大禮成以其首議復除敷文閣待制頃之垕塾繼亡上欲以史事紓燾憂起知遂寧府七年長編全書成上之詔藏祕閣燾自謂此書寧失之繁無失之略故一祖八宗之事凡九百七十八卷卷第總目五卷依熙寧脩三經例損益脩換四千四百餘事上謂其書無愧司馬遷燾嘗舉漢石渠白虎故事請上稱制臨決又請冠序上許之竟不克就又奏陛下卽位二十餘年志在富彊而兵弱財匱與教民七年可以卽戎者異矣一日召對延和殿講臣方讀陸贄奏議燾因言贄雖相德宗其實不遇今遇陛下可謂千載一時遂舉贄所言切於今可舉而行者數十事勸上力行之上有功業不足之嘆燾曰功業見乎變通人事旣修天應乃至進敷文閣學士提舉佑神觀兼侍講同修國史薦尤袤劉清之十人爲史官十年七月久旱進祖宗避殿減膳求言故事上亟施行丁丑雨一日宣對燾言外議陛下多服藥罕御殿宮嬪無時進見浮費頗多上曰卿可謂忠愛顧朕老矣安得此聲近惟葬李婕妤用三萬緡他無費也遂因轉對乞用祖宗故事召宰執赴經筵太史言十一月朔日當食心八分燾復條上古今日食是月者三十四事因奏之曰心天王位其分爲宋十一月於卦爲復方潛陽時陰氣乘之故比他食爲重非小人害政卽敵人窺中國明日對延和殿又及晉何曾議武帝無經國遠圖十一年春乞致仕優詔不允上數問其疾增損給事中宇文价傳上旨燾曰臣子戀闕非老病忍乞骸骨因叩价時事勉以忠盡又聞四川乞減酒課額猶手劄贊廟堂行之病革除敷文閣學士致仕命下喜曰事了矣口占遺表云臣年七十死不爲天所恨報國鈇然願陛下經遠以藝祖爲師用人以昭陵爲則辭氣舒徐乃卒年七十上聞嗟悼贈光祿大夫他日謂宇文价曰朕嘗許燾大書續資治通鑑長編七字且用神宗賜司馬光故事爲序冠篇不謂其止此燾性剛大特立獨行早著書檜尚當路檜死始聞于朝暨在從列每正色以訂國論張栻嘗曰李仁甫如霜松雪栢無嗜好無姬侍不殖産平生生死文字間長編一書用力四十年葉適以爲春秋以後纔有此書有易學五卷春秋學十卷五經傳授尚書百篇圖大傳雜說各一卷七十二子名籍各一卷文集五十卷奏議三十卷四朝史稾五十卷通論十卷南北攻守錄三十卷七十二候圖陶潛新傳并詩譜各三卷歷代宰相年表唐宰相譜江左方鎭年表晉司馬光本支齊梁本支王謝世表五代將帥年表合爲四十一卷謚文簡累贈太師溫國公子垕塈塾壁𡋯垕著作郎塈夔州路提點刑獄壁𡋯皆執政別有傳

論曰執羔宿德雅度在經筵忠忱啓沃以口舌相高爲戒希呂剛直懷切有古引裾風良祐力止汎使懼開釁端忤旨竄斥而甘心焉李浩獨不造秦熺陳橐以呈身爲恥文若譏休兵胡沂斥閹官其淸風苦節終始弗渝高宗之世李燾恥讀王氏書掇拾禮文殘缺之餘粲然有則長編之作咸稱史才然所掇拾或出野史春秋傳疑傳信之法然歟

宋史卷三百八十八考證

周執羔傳劉義叟○南本作劉羲叟

陳良祐傳遷右諫議大夫○臣謙按齊東野語張說奏置酒延衆侍從上許之客畢集獨良祐不至說不平奏臣奉旨而後敢集客陳良祐不至是違聖意也中批陳良祐除諫議大夫

宋史卷三百八十九

元中書右丞相總裁脫脫等修

列傳第一百四十八

尤袤 謝諤 顏師魯 袁樞

李椿 劉儀鳳 張孝祥

尤袤字延之常州無錫人少穎異蔣偕施坰呼爲奇童入太學以詞賦冠多士尋冠南宮紹興十八年擢進士第嘗爲泰興令問民疾苦皆曰邵伯鎭置頓爲金使經行也使率不受而空厲民漕司輸藁秸致一束數十金二弊久莫之去乃力請臺閭奏免之縣舊有外城屢殘於寇頹毀甚袤卽修築已而金渝盟陷揚州獨泰興以有城得全後因事至舊治吏民羅拜曰此吾父母也爲立生祠注江陰學官需次七年爲讀書計從臣以靖退薦召除將作監簿太宗正闕丞人爭求之陳俊卿曰當予不求者遂除袤虞允文以史事過三館問誰可爲祕書丞者僉以袤對亟授之張栻曰眞祕書也兼國史院編修官實錄院檢討官遷著作郎兼太子侍讀先是張說自閤門入西府士論鼎沸從臣因執奏而去者數十人袤率三館上書諫且不往見後說留身密奏於是梁克家罷相袤與祕書少監陳騤各與郡袤得台州州五縣有丁無産者輸二年丁稅凡萬有三千家前守趙汝愚修郡城工纔什三屬袤成之袤按行前築殊鹵莽亟命更築加高厚數月而畢明年大水更築之墉正値水衝城賴以不沒會有毀袤者上疑之使人密察民誦其善政不絕口乃錄其東湖四詩歸奏上讀而歎賞遂以文字受知除淮東提舉常平改江東江東旱單車行部覈一路常平米通融有無以之振貸朱熹知南康講荒政下五等戶租五斗以下悉蠲之袤推行於諸郡民無流殍進直祕閣遷江西漕兼知隆興府屢請祠進直敷文閣改江東提刑梁克家薦袤及鄭僑以言事去國久于外當召上可之召對言水旱之備惟常平義倉願預飭有司隨市價禁科抑則人自樂輸必易集事除吏部郎官太子侍講累遷樞密院正兼左諭德輪對又申言民貧兵怨者甚切夏旱詔求闕失袤上封事大畧言天地之氣宣通則和壅遏則乖人心舒暢則悅抑鬱則憤催科峻急而農民怨關征苛察而商旅怨差注留滯而士大夫有失職之怨廩給朘削而士卒有不足之怨奏讞不時報而久繫囚者怨幽枉不獲伸而負累者怨彊暴殺人多特貸命使已死者怨有司買納不卽酬價負販者怨人心抑鬱所以感傷天和者豈特一事而已方今救荒之策莫急於勸分輸納旣多朝廷吝於推賞乞詔有司檢舉行之高宗崩前一日除太常少卿自南渡來恤禮散失事出倉卒上下罔措每有討論悉付之袤斟酌損益便於今而不戾於古當定廟號袤與禮官定號高宗洪邁獨請號世祖袤率禮官顏師魯鄭僑奏曰宗廟之制祖有功宗有德藝祖規創大業爲宋太祖太宗混一區夏爲宋太宗自眞宗至欽宗聖聖相傳廟制一定萬世不易在禮子爲父屈示有尊也太上親爲徽宗子子爲祖父爲宗失昭穆之序議者不過以漢光武爲比光武以長沙王後布衣崛起不與哀平相繼其稱

無嫌太上中興雖同光武然實繼徽宗正統以子繼父非光武比將來祔廟在徽宗下而稱祖恐在天之靈有所不安詔羣臣集議袤上議如初邁論遂屈詔從禮官議衆論紛然會禮部太常寺亦同主高宗謂本朝創業中興皆在商丘取商高宗實爲有證始詔從初議建議事堂令皇太子參決庶務袤時兼侍讀乃獻書以爲儲副之位止於侍膳問安不交外事撫軍監國自漢至今多出權宜乞便懇辭以彰殿下之令德臺官乞定喪制袤奏釋老之敎矯誣褻瀆非所以嚴宮禁崇几筵宜一切禁止靈駕將發引忽定配享之議洪邁請用呂頤浩韓世忠趙鼎張浚袤言祖宗典故既祔然後議配享今忽定於靈駕發引一日前不集衆論懼無以厭伏勳臣子孫之心宜反覆熟議以俟論定奏入詔未預議官詳議以聞繼寢之卒用四人者時楊萬里亦謂張浚當配食爭之不從補外進袤權禮部侍郎兼同修國史侍講又兼直學士院力辭上聽免直學士淳熙十四年將有事于明堂詔議升配袤主紹興孫近陳公輔之說謂方在几筵不可配帝且歷舉郊歲在喪服中者凡四維元祐明堂用呂大防請升配神考時去大祥止百餘日且祖宗悉用以日易月之制故升侑無嫌今陛下行三年之喪高宗雖已祔廟百官猶未吉服詎可近違紹興而遠法元祐升侑之禮請俟喪畢議之詔可孝宗嘗論人才袤奏曰近召趙汝愚中外皆喜如王藺亦望收召上執曰尤袤甚好前此無一人言之何也兼權中書舍人復詔兼直學士院力辭且薦陸游自代上不許時內禪議已定猶未論大臣也是日諭袤曰旦夕制冊甚多非卿孰能爲者故處卿以文字之職袤乃拜命內禪一時制冊人服其雅正光宗卽位甫兩旬開講筵袤奏願謹初戒始孜孜與念越數日講筵又奏天下萬事失之於初則後不可救書曰愼厥終惟其始又歷舉唐太宗不私秦府舊人爲戒又五日講筵復論官制謂武臣諸司使八階爲常調橫行十三階爲要官遙郡五階爲美職正任六階爲貴品祖宗待邊境立功者近年舊法頓壞使被堅執銳者積功累勞僅得一階權要貴近之臣優游而歷華要舉行舊法姜特立以爲議已言者因以爲周必大黨遂與祠紹熙元年起知婺州改太平州除煥章閣待制召除給事中既就職卽昌言曰老矣無所補報凡貴近營求內除小礙法制者雖特旨令書請有去而已必不奉詔甫數日中貴四人希賞欲自正使轉橫行袤繳奏者三竟格不下兼侍講入對言願上謹天戒下畏物情內正一心外正五事澄神寡欲保毓太和虛己任賢酬酢庶務不在於勞精神耗思慮屑屑事爲之末也陳源除在京宮觀耶律适嘿除承宣使陸安轉遙郡王成特補官謝淵李孝友賞轉官吳元充夏永壽遷秩皆論駁之上並聽納韓侂冑以武功大夫和州防禦使用應辦賞直轉橫行袤繳奏謂正使有正法可回授不可直轉侂冑勳賢之後不宜首壞國法開攀援之門奏入手詔令書行袤復奏侂冑四年間已轉二十七年合轉之官今又欲超授四階復轉二十年之官是朝廷官爵專徇侂冑之求非所以爲摩厲之具也命遂格上以疾一再不省重華宮袤上封事曰壽皇事高宗歷二十八年如一日陛下所親見今不待倦勤以宗社付陛下當思所以不負其託望勿憚一日之勤以解都人之惑後數日駕卽過重華宮侍御史林大中以論事左遷袤率左史樓鑰論奏疏入不報皆封駁不書黃耶律适嘿復以手詔除承宣使一再繳奏輒奉內批特與書行袤言天下者祖宗之天下爵祿者祖宗之爵祿壽皇以祖宗之天下傳陛下安可私用祖宗爵祿而加於公議不允之人哉疏入上震怒裂去後奏付前二奏出袤以後表不報使吏收閤命遂不行中宮謁家廟官吏推賞者百七十有二人袤力言其濫乞痛裁節上從之嘗因登對專論廢法用例之弊至是復申言之除禮部尚書駕當詣重華宮復以疾不出率同列奏言壽皇有免到宮之命願力請而往庶幾可以慰釋羣疑增光孝治後三日駕隨出中外歡呼兼侍讀上封事曰近年以來給舍臺諫論事往往不行如黃裳鄭汝楷事遷延一月如陳源者奉祠人情固已驚愕至姜特立召尤爲駭聞向特立得志之時昌言臺諫皆其門人竊弄威福一旦斥去莫不誦陛下英斷今遽召之自古去小人甚難譬除蔓草猶且復生況加封植乎若以源特立有勞優以外任或加錫賚無所不可彼其閑廢已久含憤蓄怨待此而發儻復呼之必將潛引黨類力排異己朝廷無由安靜時上已屬疾國事多舛袤積憂成疾請告不報疾篤乞致仕又不報遂卒年七十遺奏大畧勸上以孝事兩宮以勤康庶政察邪佞護善類又口占遺書別政府明年轉正奉大夫致仕贈金紫光祿大夫袤少從喻樗汪應辰游樗學於楊時時程頤高弟也方乾道淳熙間程氏學稍振忌之者目爲道學將攻之袤在掖垣首言夫道學者堯舜所以帝禹湯武所以王周公孔孟所以設敎近立此名詆訾士君子故臨財不苟得所謂廉介安貧守分所謂恬退擇言顧行所謂踐履行已有恥所謂名節皆目之爲道學此名一立賢人君子欲自見於世一舉足且入其中俱無得免此豈盛世所宜有願徇名必責其實聽言必觀其行人才庶不壞於疑似孝宗曰道學豈不美之名正恐假託爲姦使眞僞相亂爾待付出戒敕之袤死數年侂冑擅國於是禁錮道學賢士大夫皆受其禍識者以袤爲知言嘗取孫綽遂初賦以自號光宗書扁賜之有遂初小藁六十卷內外制三十卷嘉定五年謚文簡子棐槩孫焴禮部尚書

謝諤字昌國臨江軍新喻人幼敏慧日記千言爲文立成紹興二十七年中進士第調峽州夷陵縣主簿未上撫之樂安多盜監司檄諤攝尉條二十策大要使其徒相糾而以信賞隨之羣盜果解散金渝盟諸軍往來境上選行縣事有治辦聲改吉州錄事參軍囚死者舊瘞以甎往往暴骨諤白郡取船官棄材以棺斂之郡民陳氏僮竊其篋以逃有匿之者陳于官詞過其實反爲匿僮者所誣帥龔茂良怒欲坐以罪諤爲書白茂良陳氏獲免茂良亦以是知之歲大祲饑民萬餘求廩官吏罔措諤植五色旗分部給糶頃刻而定知袁州分宜縣縣積負於郡數十萬歲常賦外又征緡錢二萬餘諤乃疏其弊於諸監司請免之以母憂去尋丁父憂服闋除幹辦行在諸司糧料院遷國子監簿尋擢監察御史奏減袁州分宜秀州華亭月椿錢諤里居時創義役法編爲一書至是上之詔行其法於諸路民以爲便遷侍御史再遷右諫議大夫兼侍講講尚書言於上曰書治道之本故觀經者當以書爲本上曰朕最喜伊尹傳說所學得事君之道諤曰伊傳固然非成湯武丁信用之亦安能致治因論及邊事上有乘機會之諭諤曰機會雖不可失舉事亦不可輕上嘗問曰聞卿與郭雍遊雍學問甚好豈曾見程頤乎諤奏雍父忠孝嘗事頤雍蓋得其傳於父上遂封雍爲頤正先生光宗登極獻十箴又論二節三近所當節者曰宴飮曰妄費所當近者曰執政大臣曰舊學名儒曰經筵列職除御史中丞權工部尚書請祠以煥章閣直學士知泉州又辭提舉太平興國宮而歸紹熙五年卒年七十四贈通議大夫諤爲文倣歐陽修曾鞏初居縣南之竹坡名其燕坐曰艮齋人稱艮齋先生周必大薦士及諤姓名孝宗曰是謂艮齋者耶朕見其聖學淵源五卷而得之云

顏師魯字幾聖漳州龍溪人紹興中擢進士第歷知莆田福清縣嘗決水利滯訟闢陂洫綿四十里歲大祲發廩勸分有方而不遏糴價船粟畢湊市糴更平鄭伯能爲常平使薦于朝帥陳俊卿尤器重之召爲官告院遷國子丞除江東提舉時天雨土日青無光都人相驚師魯陛辭言田里未安犴獄未清政令未當忠邪未辨天不示變人主何繇省悟願詔中外極陳得失求所以答天戒銷患未形上韙其言尋改使浙西役法敝甚細民至以鬻豚纍楊折產力遇役輒破家師魯下教屬邑預正流水籍稽其役之序寬比限免代輸咸便安之鹽課歲百鉅萬本錢久不給亭竈私鬻禁不可止刑辟日繁師魯撙節緡畫償宿負戒官吏毋侵移比旁路課獨最上謂執政曰儒生能辦事如此予職直祕閣農民有懇曠土成田未及受租者姦豪多爲己利師魯奏但當正其租賦不應繩以盜種法失勸農重本意奏可遂著爲令入爲監察御史遇事盡言無所阿撓有自外府得內殿宣引且將補御史闕員師魯亟奏宋璟召自廣州道中不與楊思勗交一談李鄘恥爲吐突承璀所薦堅辭相位不拜士大夫未論其才立身之節當以璟鄘爲法今其人朋邪爲迹人所切齒縱朝廷乏才寧少此輩乎臣雖不肖羞與爲伍命乃寢繼累章論除職帥藩者比年好進之徒平時交結權倖一紓郡紱皆掊克以厚苞苴故昔以才稱後以貪敗上出其疏袖中行之十年繇太府少卿爲國子祭酒初上諭執政擇老成端重者表率太學故有是命首奏宜講明理學嚴禁穿鑿俾廉恥興而風俗厚師魯學行素孚規約率以身先與諸生言孳孳以治己立誠爲本藝尤異者必加獎勸由是人知飭勵上聞之喜曰顏師魯到學未久規矩甚肅除禮部侍郎尋兼吏部有旨改官班特免引見師魯獻規曰祖宗法度不可輕弛願始終持久自強不息因言賜帶多濫應奉微勞皆得橫金預外朝廷會如觀聽何且臣下非時之賜過於優隆梵舍不急之役亦加賜賚雖南帑封樁不與大農經費然無功勞而槩與之是棄之也萬一有爲國制變禦侮建功立事者將何以旌寵之高宗喪制一時典禮多師魯裁定又與禮官尤袤鄭僑上議廟號語在袤傳詔充遺留禮信使初顯仁遺留使至金必令簪花聽樂師魯陛辭言國勢今非昔比金人或强臣非禮誓以死守沿途宴設力請徹樂至燕山復辭簪花執射時孝宗以孝聞師魯據經陳誼反復慷慨故金終不能奪遷吏部侍郎尋除吏部尚書兼侍講屢抗章請老以龍圖閣直學士知泉州臺諫侍從相繼拜疏引

唐孔戣事以留行內引奏言願親賢積學以崇聖德節情制欲以養清躬在泉因任凡閱三年專以恤民寬屬邑爲政始至卽蠲舶貨諸商賈胡尤服其清再起知泉州以紹熙四年卒于家年七十五師魯自幼莊重若成人孝友天至初爲番禺簿喪父以歸扶柩航海水程數千里甫三日登于岸而颶風大作人以爲孝感常曰窮達自有定分枉道希世徒喪所守故其大節確如金石雖動與俗情不合而終翕然信服嘉泰二年詔特賜諡曰定肅

袁樞字機仲建之建安人幼力學嘗以修身爲弓賦試國子監周必大劉珙皆期以遠器試禮部詞賦第一人調溫州判官教授興化軍乾道七年爲禮部試官就除太學錄輪對三疏一論開言路以養忠孝之氣二論規恢復當圖萬全三論士大夫多虛誕僥榮利張說自閤門以節鉞簽樞密樞方與學省同僚共論之上雖容納而色不怡樞退詣宰相示以奏疏且曰公不恥與噲等伍邪虞允文愧甚樞卽求外補出爲嚴州教授樞常喜誦司馬光資治通監苦其浩博乃區別其事而貫通之號通監紀事本末參知政事龔茂良得其書奏于上孝宗讀而嘉嘆以賜東宮及分賜江上諸帥且令熟讀曰治道盡在是矣他日上問袁樞今何官茂良以實對上曰可與寺監簿於是以太宗正簿召登對卽因史書以言曰臣竊聞陛下嘗讀通監屢有訓詞見諸葛亮論兩漢所以興衰有小人不可不去之戒大哉王言垂法萬世遂歷陳往事自漢武而下至唐文宗偏聽姦佞致于禍亂且曰固有詐僞而似誠實險佞而似忠鯁者苟陛下日與圖事於帷幄中進退天下士臣恐必爲朝廷累上顧謂曰朕不至與此曹圖事帷幄中樞謝曰陛下之言及此天下之福也遷太府丞時士大夫頗有爲黨與者樞奏曰人主有偏黨之心則臣下有朋黨之患比年或謂陛下寵任武士有厭薄儒生之心猜疑大臣親信左右內庭行廟堂之事近侍參軍國之謀今雖總權綱專聽覽而或壅蔽聰明潛移威福願可否惟聽於國人毀譽不私於左右上方銳意北伐示天下以所向樞奏古之謀人國者必示之以弱苟陛下志復金讎臣願蓄威養銳勿示其形復陳用宰執臺諫之術時議者欲制宗室應舉鎖試之額限添差嶽祠減臣僚薦舉定文武任子嚴特奏之等展郊禋之歲緩科舉之期樞謂此皆近來從窄之論人君惟天是則不可行也遂抗疏勸上推廣大以存國體兼國史院編修官分修國史傳章惇家以其同里宛轉請文飾其傳樞曰子厚爲相負國欺君吾爲史官書法不隱寧負鄉人不可負天下後世公議時相趙雄總史事見之嘆曰無愧古良史權工部郎官累遷兼吏部郎官兩淮旱命廉視眞揚廬和四郡歸陳兩淮形勢謂兩淮堅固則長江可守今徒知備江不知保淮置重兵於江南委空城於淮上非所以戒不虞瓜州新城專爲退保金使過而指議淮人聞而嘆嗟誰爲陛下建此策也遷軍器少監除提舉江東常平茶鹽改知處州赴闕奏事樞之使淮入對也嘗言朋黨相附則大臣之權重言路壅塞則人主之勢孤時宰不悅至是又言威權在下則主勢弱故大臣逐臺諫以蔽人主之聰明威權在上則主勢强故大臣結臺諫以遏天下之公議今朋黨之舊尚在臺諫之官未正紀綱言路將復荆榛矣除吏部員外郎遷大理少卿通州民高氏以產業事下大理殿中侍御史冷世光納厚賂曲庇之樞直其事以聞人爲危之上怒立罷世光以朝臣劾御史實自樞始手詔權工部侍郎仍兼國子監祭酒因論大理獄案請有予郡之命旣而貶兩秩寢前旨光宗受禪叙復元官提舉太平興國宮知常德府寧宗登位擢右文殿修撰知江陵府江陵瀕大江歲壞爲巨浸民無所託楚故城楚觀在焉爲室廬徙民居之以備不虞種木數萬以爲捍蔽民德之壽爲臺臣劾罷提舉太平興國宮自是三奉祠力上請制比之疏傳陶令開禧元年卒年七十五自是閒居十載作易傳解義辯異童子問等書藏于家

李椿字壽翁洺州永平人父升進士起家靖康之難升翼其父以背受刃與長子俱卒椿年尚幼藁殯佛寺深竄而詳識之奉繼母南走艱苦備嘗極力以養以父澤補迪功郎歷官至寧國軍節度推官治豪民僞券還陳氏田吏才精强人稱之張浚辟爲制司準備差遣常以自隨椿奔走淮甸綏流民布屯戍察廬壽軍情相視山水砦險要周密精審所助爲多隆興元年春諸將有以北討之議上聞者事下督府椿方奉檄至巢亟奏記浚曰復讎伐敵天下大義不出督府而出諸將況藩籬不固儲備不豐將多而非才兵弱而未練議論不定縱得其地未易守也旣而師出無功浚嘗嘆實才之難椿曰豈可厚誣天下無人唯不惡逆耳而甘遜志則庶其肯來耳浚復除右相椿知事不可爲勸之去明年春浚出視師椿曰小人之黨已勝公無故去朝廷蹤跡必危復申前說甚苦浚心是之而自以宗臣任天下之重不忍決去未幾果罷監登聞鼓院有所不樂請通判廉州以歸未上召對知鄂州請行懇田復戶數千墾土大闢移廣西提點刑獄獄未竟者一以平決之釋所疑數十百人奏罷昭州金坑禁仕者毋市南物移湖北漕適歲大祲官强民振糶且下其價米不至益艱食椿損所强糶數而不遏其直未幾米舟湊集價減十三每行部必前期戒吏具州縣所當問事列爲籍單車以行所至取吏卒備使令凡以例致饋一不受言事者請下諸道爲式召爲吏部郎官論廣西鹽法孝宗是其說遂改法焉除樞密院檢詳小吏持南丹州莫酋表求自宜州市馬者因簽書張說以聞椿謂邕遠宜近故邊之豈無意今莫氏方橫奈何道之以中國地里之近小吏妄作將啓邊釁請論如法說怒椿因求去上慰諭令安職遷左司復請外除直龍圖閣湖南運副兼請十三事同日報可大者減桂陽軍月椿錢萬二千緡損民稅折銀之直民刻石紀之除司農卿椿會大農歲用米百七十萬斛而省倉見米僅支一二月歎曰眞所謂國非其國矣力請歲備二百萬斛爲一年之蓄擇臨安守椿在議中執政或謂其於人無委曲上曰正欲得如此人遂兼臨安府親事三月竟以權倖不便解去椿在朝遇事輒言執政故不悅及是轉對又言君以剛健爲體而虛中爲用臣以柔順爲體而剛中爲用陛下得虛中之道以行剛健之德矣在廷之臣未見其能以剛中守柔順而事陛下者也執政滋不悅出知婺州會詔市牛筋凡五千斤椿奏一牛之筋纔四兩是欲屠二萬牛也上悟爲收前詔除吏部侍郎又極言閹寺之盛曰自古宦官之盛衰係國家興亡其盛也始則人畏之甚則人惡之極則羣起而攻之漢唐勿論靖康明受之禍未遠必有裁制之不使至極則國家免於前日之患宦官亦保其富貴門禁宮戒之外勿得預外事嚴禁士大夫兵將官與之交通上閱靖康明受語蹙額久之曰幼亦聞此因納疏袖中以入最後極言當預邊備如欲保淮則楚州盱眙昭信濠梁渦口花壓正陽光州皆不可以不守如欲保江則高郵六合瓦梁濡須巢湖北峽亦要地也以病請祠不許面請益力乃除集英殿修撰知寧國府改太平州賜尚方珍劑以遣旣至力圖上流之備請選將練習緩急列艦上可以援東關濡須下可以應采石年六十九上章請老以敷文閣待制致仕越再歲上念湖南兵役之餘欲鎭安之諭椿重厚可倚命待制顯謨閣知潭州湖南安撫使累辭不獲乃勉起至則撫摩凋瘵氣象一如盛時復酒稅法人以爲便歲旱發廩勸分蠲租十一萬糴常平米二萬活數萬人潭新置飛虎軍或以爲非便椿曰長沙一都會控扼湖嶺鎭撫蠻猺二十年間大盜三起何可無一軍且以費縣官緡錢四十二萬何可廢耶亦在馭之而已未滿歲復告歸進敷文閣直學士致仕朝拜命夕登舟歸老野塘上椿年十五歲避地南來貧無以爲養不得專力於學年三十始學易其言於朝廷措諸行事皆易之用凝然有守存心每主於厚尤惡佛老邪說淳熙十年卒年七十三朱熹嘗銘其墓謂其逆知得失不假蓍龜不阿主好不詭時譽云

劉儀鳳字韶美普州人少以文謁左丞馮澥澥甚推許遂知名紹興二年登進士第抱負倜儻不事生產於進士恬如也擢第十年始赴調尉遂寧府之蓬溪監資州資陽縣酒稅爲梁州榮州掾紹興二十七年有旨令侍從薦士起居郎趙逵舉儀鳳稱其富有詞華恬於進取宰執上其名上曰蜀人道遠文學行義有可用者不由論薦何緣知之前此蜀仕宦者例多隔絕不得一至朝廷殊可惜也自秦檜專權深抑蜀士故上語及之尋除諸王宮大小學教授召試館職辭以久離場屋改國子監丞宰相以其名士遷祕書丞禮部員外郎所草疏奏以典雅稱孝宗受禪議上光堯壽聖尊號册寶有欲俟欽宗服除者太常博士林栗謂唐憲宗上順宗册寶在德宗服中不必避備樂而不作可也儀鳳獨上議曰謹按上尊號事屬嘉禮累朝必俟郊祀慶成然後舉行太上皇帝爲欽宗備禮終制見於詔書議者引憲宗故事考之唐史自武德以來皆用易月之制與本朝事體大相遠也乞候欽宗終制檢舉以行則國家盛美主上事親情實稱矣議者雖是其言然謂事親當權宜而從厚竟用栗議儀鳳復爭辨不已尋兼國史院編修官兼權祕書少監乾道元年遷兵部侍郎兼侍講儀鳳在朝十年每歸卽匿其車騎扃其門戶客至無親疎皆不得見政府累月始一上謁人尤其傲奉入半以儲書凡萬餘卷國史錄無遺者御史張之綱論儀鳳錄四庫書本以傳私室遂斥歸蜀三年十二月輔臣進前侍從當復職者上曰劉儀鳳無罪可與復集英殿修撰起知邛州未上改漢州果州罷歸淳熙二年十二月丙申卒年六十六儀鳳苦學至老不倦尤工於詩然頗慕晉人簡傲之風不樂與庸輩接故平生多蹭蹬一跌遂不振云

張孝祥字安國歷陽烏江人讀書一過目不忘下筆頃刻數千言年十六領鄉書再舉冠里選紹興二十四年

廷試第一時策問師友淵源秦塤與曹冠皆力攻程氏專門之學孝祥獨不攻考官已定塤冠多士孝祥次之曹冠又次之高宗讀塤策皆秦檜語於是擢孝祥第一而塤第三授承事郎簽書鎭東軍節度判官諭宰相曰張孝祥詞翰俱美先是上之抑塤而擢孝祥也秦檜已怒旣知孝祥乃祁之子祁與胡寅厚檜素憾寅且唱第後曹泳揖孝祥于殿廷以請婚爲言孝祥不答泳憾之於是風言者誣祁有反謀繫詔獄會檜死上郊祀之二日魏良臣密奏散獄釋罪遂以孝祥爲祕書省正字故事殿試第一人次舉始召孝祥第甫一年得召由此初對百言乞總攬權綱以盡更化之美又言官吏忤故相意並緣文致有司觀望鍛鍊而成罪乞令有司卽改正又言王安石作日錄一時政事美則歸己故相信任之專非特安石臣懼其作時政記亦如安石專用己意乞取已修日歷詳審是正黜私說以垂無窮從之遷校書郎芝生太廟孝祥獻文曰原芝以大本未立爲言且言芝在仁宗英宗之室天意可見乞早定大計遷尚書禮部員外郎尋爲起居舍人權中書舍人初孝祥登第出湯思退之門思退爲相擢孝祥甚峻而思退素不喜汪澈孝祥與澈同爲館職澈老成重厚而孝祥年少氣銳往往陵拂之至是澈爲御史中丞首劾孝祥姦不在盧杞下孝祥遂罷提舉江州太平興國宮於是湯思退之客稍稍被逐尋除知撫州年未三十莅事精確老於州縣者所不及孝宗卽位復集英殿修撰知平江府事繁劇孝祥剖決庭無滯訟屬邑大姓並海囊橐爲姦利孝祥捕治籍其家得穀粟數萬明年吳中大饑迄賴以濟張浚自蜀還朝薦孝祥召赴行在孝祥旣素爲湯思退所知及受浚薦思退不悅孝祥入對乃陳二相當同心戮力以副陛下恢復之志且靖康以來惟和戰兩言遺無窮禍要先立自治之策以應之復言用才之路太狹乞博采度外之士以備緩急之用上嘉之除中書舍人尋除直學士院兼都督府參贊軍事俄兼領建康留守言者改除敷文閣待制留守如舊會金再犯邊孝祥陳金之勢不過欲要盟宣諭使劾孝祥落職罷復集賢殿修撰知靜江府廣南西路經略安撫使治有聲績復以言者罷俄起知潭州爲政簡易時以威濟之湖南遂以無事復待制徙知荆南湖北路安撫使築守金隄自是荆州無水患置萬盈倉以儲諸漕之運請祠以疾卒孝宗惜之有用才不盡之歎進顯謨閣直學士致仕年三十八孝祥俊逸文章過人尤工翰墨嘗親書奏劄高宗見之曰必將名世但渡江初大議惟和戰張浚主復讎湯思退祖秦檜之說力主和孝祥出入二人之門而兩持其說議者惜之

論曰尤袤學本程頤所謂老成典刑者立朝抗論與人主爭是非不允不已而能令終完節難矣謝諤顏師魯袁樞臨民則以治辨聞立朝則啓沃忠諫各舉遹職爲世師表李椿劉儀鳳言論節槩著於行事張孝祥蚤負才畯莅政揚聲迨其兩持和戰君子每歎息焉

宋史卷三百九十

元中書右丞相總裁脫脫等修

列傳第一百四十九

李衡　王自中　家愿揚恂附　張綱　張大經
蔡洸　莫濛　周淙　劉章　沈作賓

李衡字彥平江都人高祖昭素仕至侍御史衡幼善博誦爲文操筆立就登進士第授吳江主簿有部使者怙勢作威侵刻下民衡不忍以敲朴迎合投劾于府拂衣而歸後知溧陽縣專以誠意化民民莫不敬夏秋二稅以期日榜縣門鄕無吏迹而輸送先他邑辦因任歷四年獄戶未嘗繫一重囚隆興二年金犯淮甸人相驚曰冦深矣官沿江者多送其孥衡獨自浙右移家入縣民心大安盜蝟起旁境而溧陽靖晏自如帥汪澈轉運使韓元吉等列上治狀詔進一秩尋召入爲監察御史歷司封郎中樞密院檢詳出知溫婺台三州惟婺嘗涖其治加直祕閣而衡引年乞身懇懇不休上累卻其奏除祕閣修撰致仕上思其樸忠旋召落致仕除侍御史以老固辭不獲命差同知貢舉會外戚張說以節度使掌兵柄衡力疏其事謂不當以母后肺腑爲人擇官廷爭移時改除起居郎衡曰與其進而負於君孰若退而合於道章五上請老愈力上知不可奪仍以祕撰致仕時給事中莫濟不書敕翰林周必大不草制右正言王希呂亦與衡相繼論奏同時去國士爲四賢詩以紀之衡後定居崑山結茅別墅杖屨徜徉左右惟二蒼頭聚書踰萬卷號曰樂菴卒年七十九衡自宣和間入辟雍同舍有趙孝孫者洛人也其父實師程頤家學有源勸衡讀論語曰學非記誦詞章之謂所以學聖賢也不可有絲毫僞實處方可以言學衡心佩其訓雖博通羣書而以論語爲根本臨沒沐浴冠櫛翛然而逝周必大聞之曰世謂潛心釋氏乃能達死生衡非逃儒入釋者而臨終超然如此殆幾孔門所謂聞道者歟

王自中字道甫溫州平陽人少負奇氣自立崖岸繇是忤世乾道四年議遣歸正人自中伏麗正門爭論且言今內空無賢外空無兵當搜羅豪俊廣募忠力以圖中原坐斥徽州放還淳熙中登進士第主舒州懷寧簿嚴州分水令樞密使王藺薦召對帝壯其言將改秩爲籍田令又俾舉所知且嚮用矣以諫疏罷自中本韓彥古客王藺旣薦之上大喜韓彥直彥質輩恐其爲彥古報讎力請交結於自中而密達意近習謂自中受彥古賂伏闕上書薦彥古爲相上遣人物色其事中書舍人王信恒懼自中入臺將不利於王淮知彥直輩譖已行亟請對探上意退卽走白右正言蔣繼周繼周方敢劾奏讀至受賂伏闕處上曰卿可謂中其膏肓繼周奏臣非不知孤蹤忤王藺但不敢曠職蓋欲併中藺以媚淮上但喜繼周善論事不知曲折如此通判郢州道除知光化軍改信州丁內艱服闋還朝光宗卽位迎謂曰朕得卿名於壽皇留爲郎可乎言者不置主管冲佑觀起知邵州興化軍命下而自中已病慶元五年八月卒年六十

家愿字處厚眉山人父勤國慶曆嘉祐間與從兄安國定國同從劉巨遊與蘇軾兄弟爲同門友王安石久廢春秋學勤國憤之著春秋新義熙寧元豐諸人紛更而元祐諸賢矯枉過正勤國憂之爲築室作室喻二蘇讀之歎愿弱冠遊京師以廣文館進士登第時紹聖元年也廷策進士中書侍郎李清臣擬進策問力詆元祐之政愿答策惟以守九年之所已行者爲言時門下侍郎蘇轍嘗言疏辨策問舉漢武帝事觸上怒待罪愿未及知也因見轍誦所對驚喜曰故人子道同志合猶若是也楊畏覆考專主熙寧元豐取畢漸爲第一愿遂居下第轍尋出守汝而國論大變矣元符三年以日食求言愿時爲普州樂至令應詔上言極論時政凡萬言其大要有十一曰謹始以正本二曰敬德以格天三曰謹好惡以防小人四曰審信任以辨君子五曰開言路以來直諫六曰詳聽言以觀事實七曰破黨議以存至公八曰登碩德以服天下九曰從寬厚以盡人才十曰崇名節以厚士風疏上不報崇寧元年詔籍元祐元符上書人姓名愿以選人籍入邪下等謫監華州西嶽廟時當改京秩迄不改禁錮不調凡十年大觀四年孛星出降赦黨禁解始改秩調知雙流縣通判文州郡守鄭行純憑內侍勢自恣罷蕃戎互市啓邊隙愿爭之不從徑下令復其舊守怒交章互奏俱報罷而愿以曾入黨籍謫英州酒稅量移黃州數年始予祠與元帥臣王庶薦目代通判果州靖康初左丞馮澥薦備諫列除開封府工曹京城失守不克赴高宗南渡擢知閬州會張浚謀大舉愿謂浚厲兵足穀以俟機會浚不悅以便旨移彭州有論邊防書名曰罪言守彭之明年乞骸骨以歸卒方蘇轍之讀愿策謂愿少年能不爲進取計異時當以直道聞恨不及見轍之言至是而驗淳祐間愿曾孫大酉侍講經筵因從容及之上改容嘉歎宣取所上書又親書西社同門友元符上書人十大字以賜愿同郡楊恂丹陵人也字信仲元豐五年登進士第元符初知廣都縣與愿同時上書語甚切直越三年亦同入黨籍邪下第五等其書以火不存

張綱字彥正潤州丹陽人入太學以上舍及第釋褐徽宗知綱五中首選特除太學正遷博士除校書郎入對論君子小人溷殽詢言試事則邪正自別小人得志邀功生事禍有不可勝言者今用事者大言罔上風俗侈靡背本趨末日甚一日宜以祖考躬行之敎爲法天下有不難化矣上稱善論事與蔡京不相合擠之去主管玉局觀久之還故官兼修國朝會要校正御前文字遷著作佐郎屯田司勳郎初朝議遣童貫蔡攸使朔方綱力論不可出師狀不報及金渝盟犯京闕命綱分守四壁旋解嚴詔登陴足月者遷綱曰主憂臣辱義當爾顧因此受賞邪卒不自言出爲兩浙提刑移江東池將王進剽悍恣睢曹官以小過違忤遂釘手于門事聞詔綱乘傳窮竟時國勢未安諸將往往易朝廷進擁甲騎數百突至綱前綱叱進階下卽按問罪立具自是無越法者以左司召權監察御史請令郡邑月具繫囚存亡數申提刑司歲終較多寡行殿最進起居舍人改中書舍人建言乞依祖宗法命大臣兼領史事詔宰臣呂頤浩監修國史著爲令試給事中大將有以軍中田不均乞不收租朝廷將從之綱執不可會推恩元祐黨籍家有司無限制自陳者紛至綱廷議以崇寧所刻十八人爲正自軍興後小人多乘時召亂歷五年而怨家告訐者衆綱謂非所以廣好生之德乞自蔽囚後有告勿受宗室令廣特轉太中大夫綱言庶官超轉侍從非法且自崇寧以來官職不循資任致綱紀大壞今方丕變其俗奈何以令廣故復違舊章詔以次官命詞舍人王居正復執不行命遂寢宣撫使張俊駐師九江遺營卒以書至瑞昌縣令郭彥章揣知卒與獄囚通乃械繫之俊怒

于朝彥章坐免綱言近畤州縣吏多獻諛當路彥章不隨流俗是能奉法守職今不獎而黜何以示勸除給事中侍御史魏砡劾綱提舉太平觀進徽猷閣待制引年致仕秦檜用事久綱卧家二十年絕不與通問檜死召爲吏部侍郎兼侍讀初講詩關雎因后妃淑女事歷陳文王用人寓意規戒上曰久不聞博雅之言今日所講析理精詳深啓朕心綱言比年監司資淺望輕請擇七品以上清望官或曾任郡守有治狀者爲之庶位望旣重材能已試可舉其職從之權吏部尚書時以彗出東方詔求言綱奏求言易聽難察宜命有司詳審章奏必究極其情無事苟簡除參知政事高宗頻諭輔臣寬恤民力蓋懲秦檜苛政期安黎庶綱乃摘其切於利民八十事標以大指乞鏤版宣布中外於是人皆昭知上德意告老以資政殿學士知婺州尋致仕高宗幸建康綱朝行宮孝宗登極召綱陪祀南郊以老辭不至詔嘉之命所在州郡恒存問仍賜羊酒卒年八十四綱嘗書坐右曰以直行己以正立朝以靜退高天下其篤守如此初謚文定吏部尚書汪應辰論駁之孫釜再請特賜曰章簡釜慶元間爲諫官力排道學諸賢累官至簽書樞密院事

張大經字彥文建昌南城人紹興十五年中進士第宰吉之龍泉有善政諸司列薦賜對便殿出知儀眞時兩淮監司帥守多與事邀功大經獨以平易近民民咸德之提舉湖南常平提點湖北刑獄尋移江東他路有巨豪犯法獄久不竟命移屬大經豪挾權勢求脫大經卒正其罪孝宗重風憲之選命條上部使者十人上獨可大經召見上曰朕十人中得卿一人以卿風力峻整遂除監察御史命下中外聳歎大經首陳士風掊克媮惰誕慢浮虛四弊時理官問多居外大經奏非便乃作舍寺庭遷大理少卿守殿中侍御史言今日不治由大臣不任責又言諸路荒政不實飛蝗頗多願益加恐懼申飭大臣俾內而百官有司輸忠盡修厥職外而監司守臣察貧理冤去苛斂寬民力上皆嘉納因論近習韓侂薦士上曰此亦無害昔楊得意爲狗監亦嘗薦司馬相如大經奏彼何人斯使得薦士將恐無廉恥者望風希旨傷毀士俗後數日上謂大經曰卿前所論韓侂朕思之誠是也又論宦者董琫暴橫將命淮甸所至誅求且自號董閻羅上曰然人皆言之卽依奏鐫罷竄南康軍除侍御史上宣諭曰卿論事得體且詳練大經遂言士風未厚吏治未肅民力未蘇和氣未應皆由人心未正願察公正明義利以彰好惡抑浮薄去貪刻則莫不靡然洗濯一歸於正上稱善再三又言監司治民之本不可限以資格上納其言卽遷四寺丞同時臨遣試右諫議大夫兼侍講請遍漕臣之計以補州郡之有無拘戶絕之租以廣常平之儲偫嚴贓罪改正法以懲貪黷收外路辟闕歸吏部以杜私謁而通孤寒秋旱詔求言大經極言人心不和有以致之民力竭而愁歎多軍士貧而怨嗟衆二者當今大弊州縣之間絹帛多折其估米粟過收其贏關市苛征榷酤峻禁中外兵帥多出貴倖之門營利自豐素召衆怨敎閱滅裂軍容不整且近習甲第名園越法踰制別墅列肆在在有之非賂遺何以濟欲願陛下疎斥憸腐抑絕倖門垂意人主之職責成宰輔一提其綱則天下事必有能辦之者俄而地司郝政降充統制官殿帥補外蓋用其言也除禮部尚書兼侍讀大經屢請祠上曰卿公廉必能爲朕牧民以徽猷閣學士知建寧府未幾移鎭紹興辭不拜予祠進龍圖閣學士告老以通奉大夫致仕方主眷未衰抗疏引去人方之孔戣壽逾八袠紹熙五年寧宗卽位進正議大夫降詔撫問賜銀奩藥茗慶元四年七月疾革語諸子曰吾目可瞑吾愛君憂國之心不可泯無一語及私卒年八十九訃聞上甚悼之贈銀青光祿大夫謚簡肅

蔡洸字子平其先興化仙遊人端明殿學士襄之後徙雪川父伸左中大夫洸以蔭補將仕郎中法科除大理評事遷寺丞出知吉州召爲刑部郎徙度支以戶部郎總領淮東軍馬錢糧知鎭江府會西溪卒移屯建康舳艫相銜時久旱郡民築陂瀦水灌漑漕司檄郡決之父老泣訴洸曰吾不忍獲罪百姓也卻之已而大雨漕運通歲亦大熟民歌之曰我瀦我水以灌以漑俾我不奪蔡公是賴就除司農少卿言鎭江三邑稅戶客戶輸丁各異請爲一體不得自爲同異所輸丁絹依和買之直計尺折納人給一鈔官自買絹起發公私皆便上嘉納以戶部侍郎召試吏部尚書移戶部上謂侍臣曰朕以販曹得人爲喜洸常言財無滲漏則不可勝用未幾求去除徽猷閣學士知寧國府陛辭賜坐上慰勞曰卿面有火色風證也朕有二方賜卿洸謝卽奉祠以歸卒年五十七洸事親孝曾祖襄未易名力請于朝賜謚忠惠所得奉每以振親戚之貧者去朝之日囊無餘資至售所畀銀鞍韉治行人服其清潔云

莫濛字子蒙湖州歸安人以祖蔭補將仕郎兩魁法科累官至大理評事提舉廣南市舶張子華以贓敗朝廷命濛往鞫之濛正其罪又言秦熺鄭時中受子華賂計直數千緡還朝除大理寺正吏部火連坐者數百人久不決命濛治之濛察最可疑者留于獄出餘人爲耳目以蹤跡之約三日復來遂得其實繫者乃得釋黃州倅奏親擒盜五十餘人上命濛覈竟旣至咸以冤告濛命四去桎梏引倅至庭詢竊發之由鬬敵之所遠近時日悉皆牴牾折之語塞濛具正犯數人奏上餘釋之上諭輔臣曰莫濛非獨曉刑獄可俾理金穀除戶部員外郎朝廷遣濛措置浙西江淮沙田蘆塲上語之曰得此可助經費歸日以版曹處卿濛多方括責得二百五十三萬七千餘畝言者論其丈量失實徵收及貧民責監饒州景德鎭起知光化軍諜知金渝盟郡乏舟衆以爲慮濛力爲辦集及敵犯境民賴以濟時餉餽急除淮南轉運判官濛遷延不之任右司諫梁仲敏劾其慢命罷官勒停宣諭使汪澈爲言於上復舊職召見上諭曰朕常記向措置沙田甚不易濛謝曰職爾不敢避怨上曰使任責者人人如卿天下何事不成除湖北轉運判官未幾知鄂州召除戶部左曹郎中出知揚州陛辭上以城圮命濛增築濛至州視度城闉分授諸將各刻姓名甓堞間縣重賞激勸閱數月告成除直寶文閣學士大理少卿兼詳定司敕令官兼權知臨安府未幾假工部尚書使金賀正旦金庭賜宴濛以本朝忌日不敢簪花聽樂金遣人趣赴濛堅執不從竟不能奪使還除刑部侍郎改工部侍郎兼臨安府少尹以言者罷起知鄂州卒于官年六十一贈奉正大夫

周淙字彥廣湖州長興人父需以進士起家官至左中奉大夫淙幼警敏力學宣和間以父任爲郎歷官至通判建康府紹興三十年金渝盟邊事方興帥守難其選士夫亦憚行首命淙守滁陽未赴移越州又徙濠梁淮楚舊有並山水置砦自衞者淙爲立約束結保伍金主亮傾國犯邊民賴以全活者不可勝計除直祕閣再任孝宗受禪王師進取虹縣中原之民翕然來歸扶老攜幼相屬于道淙計口給食行者犒以牛酒至者處以室廬人人感悅張浚視師駐于都梁見淙謀輒稱歎且曰有急公當與我俱死淙亦感激至謂頭可斷身不可去浚入朝悉陳其狀上嘉歎不已進直徽猷閣帥維揚會淮經蹂踐民多流亡淙極力招輯按堵如故勸民植桑柘開屯田上亦專以屬淙屢賜親札淙奉行益力進直龍圖閣除兩浙轉運副使未幾知臨安府上言自古風化必自近始陛下躬履節儉以示四方而貴近奢靡殊不知革乃條上禁止十五事上嘉納之降詔獎諭賜金帶臨安駐蹕歲久居民日增河流湫隘舟楫病之淙請疏浚工畢除祕閣修撰進右文殿修撰提舉江州太平興國宮以歸上念淙不忘除敷文閣待制起知寧國府趣入奏上慰撫逾渥魏王出鎭移守婺州明年春復奉祠亟告老十月卒年六十積階至右中奉大夫封長興縣男

劉章字文孺衢州龍游人少警異日誦數千言過小戴禮四冠鄉舉紹興十五年廷對考官定其級在三迨進御上擢爲第一授鎭江軍簽判是冬入省爲正字明年遷祕書郎兼普安恩平兩王府敎授遷著作佐郎事王邸四歲盡忠誠專以經誼文學啓迪掖導受知孝宗自此始秦檜當國嫌不附己風言者媒蘖其罪出倅筠州檜死召爲司封員外郎檢詳樞密院文字兼玉牒檢討官擢祕書少監起居郎使金還除權工部侍郎俄兼吏部兼侍講郊祀畢侍從上慶成詩初章在祕省嘗議郊廟禮文當置局討論詔行其說正遷吏部御史論章使胥長買絹高宗愕然曰劉章必無是事御史執不已罷提舉崇道觀舉朝嗟鬱起居郎王佐訟其冤亦坐絀起知信州未久復請祠孝宗受禪念舊學命知漳州爲諫議大夫王大寶所格尋除祕閣修撰敷文閣待詔召提舉佑神觀兼侍讀遂拜禮部侍郎奏禁過淫祀仍於三朝史中刪去道釋符瑞志大畧以爲非春秋法朝廷議經畧中原調諸郡兵民頗擾少卿趙彥端指言非是或譖彥端曰陛下究心大舉凡所圖回但資趙彥端一笑爾彥端懼不測上因夜對問章曰聞卿監中有笑朕者章不知狀從容對曰聖主所爲人焉敢笑若議論不同或者有之上意頗解彥端獲免人稱章長者詔詢唐太宗所問魏徵德仁功利優劣章上疏諄複且言太宗問徵在貞觀十六年陛下宅天命十載于茲願益加意將越商周紹唐虞矣太宗非難到也進權禮部尚書兼給事中對選德殿問章今年幾而容貌未衰頗嘗學道否章拱對曰臣書生無他長惟菲儉自度晏嬰一狐裘三十年不易人以爲難臣以爲易上嘉歎久之親洒宸翰以賜俾安職章力告歸以顯謨閣學士食祠祿淳熙元年子之衡由御史檢法出守廣德軍當陛辭對便殿問卿父學士安否撫勞再三臨退復謂曰卿歸侍爲朕致此意旋遣閤門祗候蘇曦至家宣問拜端明殿學士賜銀絹四百疋四年上表告老以資政殿學士致仕卒年

八十贈光祿大夫諡曰靖文章客狀魁碩以周密自守出入兩朝被顧遇未嘗泄禁中一語

沈作賓字賓王世爲吳興歸安人以父任入仕監饒州永平監冶鑄墜緻又承詔造鳳翎刀稱上意連進兩資中刑法科歷江西提刑司檢法官入爲大理評事改秩通判紹興府帥守丘崈遇僚吏剛嚴作賓從容裨贊每濟以寬秩滿知台州首訪民疾苦弛鹽禁寬租期均徭役更酒政決滯獄五十日間盡除前政之不便民者邦人胥悅而前守嫉其勝己巧媒孽之罷去民請于朝借留不遂爲立留賢碑除大理正以親嫌改太府丞遷刑部郎慶元初歷官至淮南轉運判官以治辦聞直華文閣因其任擢太府少卿總領淮東軍馬錢糧繼升爲卿尋除直龍圖閣帥浙東知紹興府入對奏徽州南康軍月椿不如期朝廷科降額比年曰權免一次來年督促如初適足啓吏姦重民害乞明詔示又楚州武鋒一軍已招三千五百餘人朝廷初欲減戍數年未就紀律一主將望輕二郡守節制不爲禮三訓練不盡其能願領本州少假借責之練習期以歲月考績用成否上于朝而黜陟之上嘉納韓侂胄方用事族有居越者私釀公行作賓逮捕寘于獄而竄其奴又論紹興府和買事語在食貨志除兩浙轉運副使入對奏攢宮一司歲撥經總制錢爲緡率四萬有奇丹雘未弊加之塗飾墻壁具存從而創易妄費固不足計亡謂驚黷非所以妥神靈彰聖孝今後有合營繕聞于朝下守臣稽覈畫旨而後興役上首肯再三而修奉者不樂也除權工部侍郎繼兼戶部侍郎奏請修紹興三十一年以前故事復敕令所刪修官五員以待選人有才者又乞申嚴保伍法以言者罷歸起知鎮江府除集英殿修撰改知寧國府除寶謨閣待制知潭州除戶部侍郎兼詳定敕令官奏湖北當儲粟湖南當增兵未幾除龍圖閣待制知平江府請得節制許浦水軍詔可郡有使臣故海盜也作賓使招誘其黨既至慰勉之錫衣物又得強勇者幾千人置將以統之號曰義士復募郡城內外惡少亦幾千人號曰壯士衣糧器械皆視官軍而輕捷善鬭過之於是海道不警市井無譁尋命參贊督府兼權鎮江府請留戍兵千人又欲以江閩新軍二千人易舊軍千人備不虞朝廷難之遂請祠言者繼及之復召爲戶部侍郎軍興之餘國力殫耗見存金穀僅支旬日作賓考逋負梲吏姦閱三月即有半年之儲充館伴使兼權工部尚書會臨安闕知府事時相欲奏用作賓力辭除權戶部尚書以母憂解服闋授顯謨閣直學士知建寧府入覲乞申嚴詭戶之禁除寶謨閣學士江西安撫兼知隆興府奏部內南安南康龍泉三縣追近溪峒三縣令尉及近峒之砦曰秀洲曰北鄉曰蓮塘幷永新縣之勝鄉砦宜就委帥憲兩司擇才辟置量加賞格又乞詔諸道監司分詣州郡選禁軍精練閱改刺其懦弱者爲廂軍在郡撙錢二十餘萬緡僚屬請獻諸朝作賓謂平生未嘗獻羨以半歸帥司犒師半隸本府除煥章閣學士提舉隆興府玉隆萬壽宮進顯謨閣學士致仕卒于家贈金紫光祿大夫

論曰李衡進退雍容幾於聞道王自中豪頴奇邁危言摧折弗悔咸有可稱嘗考宋之立國元氣在臺諫崇寧大觀而後姦佞擅權爵賞冒濫馴至覆亡高孝重綱糾封駁之司張綱抑令廣恩大經劾韓俱斥董璉人人振揚風采正氣稍伸矣時則有若沈瀛宗章作賓班班有善同傳亦宜

宋史卷三百九十一

元　中書右丞相總裁脫脫等修

列傳第一百五十

周必大　留正　胡晉臣

周必大字子充一字洪道其先鄭州管城人祖詵宣和中倅廬陵因家焉父利建太學博士必大少英特父死鞠於母家母親督課之紹興二十年第進士授徽州戶曹中博學宏詞科教授建康府除太學錄召試館職高宗讀其策曰掌制手也守祕書省正字館職復召試自此始兼國史院編修官除監察御史孝宗踐祚除起居郎直前奏事上曰朕舊見卿文其以近作進上初御經筵必大奏經筵非爲分章析句欲從容訪問裨聖德究治體先是左右史久不除並記注甑積必大請言動必書兼修月進迺命必大兼編類聖政所詳定官又兼權中書舍人侍經筵嘗論邊事上以蜀爲憂對曰蜀民久困願詔撫諭事定宜寬其賦應詔上十事皆切時弊權給事中繳駁不辟權倖翟婉容位官吏轉行礙止法爭之力上曰意卿止能文不謂剛正如此金索講和時舊禮必大條奏請正敵國之名金爲之屈曾覿龍大淵得幸臺諫交彈之並遷知閤門事必大與金安節不書黃且奏曰陛下於政府侍從欲罷則罷欲貶則貶獨於二人委曲遷就恐人言紛紛未止也明日宣手詔謂給舍爲人鼓扇太上時小事安敢爾必大入謝曰審爾則是臣不以事太上者事陛下退待罪上曰朕知卿舉職但欲破朋黨明紀綱耳旬日申前命必大格不行遂請祠去久之差知南劍州改提點福建刑獄入對願詔中外舉文武之才區別所長爲一籍藏禁中備緩急之用除祕書少監兼直學士院兼領史職鄭聞草必大制上改竄其末引漢宣帝事必大因奏曰陛下取漢宣帝之言親制贊書明示好惡臣觀西漢所謂社稷臣乃鄙朴之周勃少文之汲黯不學之霍光至於公孫弘蔡義韋賢號曰儒者而持祿保位故宣帝謂俗儒不達時宜使宣帝知眞儒何至雜伯哉願平心察之不可有輕儒名上喜其精洽欲與之日夕論文德壽加尊號必大曰太上萬壽而紹興未議文及近上表用嗣皇帝爲未安按建炎遙拜徽宗表及唐憲宗上順宗尊號冊文皆稱皇帝議遂定趙雄使金賷國書議受書禮必大立具草略謂尊卑分定或較等威叔姪親情豈嫌坐起上褎之曰未嘗諭國書之意而卿能道朕心中事此大才也兼權兵部侍郎奏請重侍從以儲將相增臺諫以廣耳目擇監司郡守以補郎官尋權禮部侍郎兼直學士院同修國史實錄院同修撰一日詔同王之奇陳良翰對選德殿袖出手詔舉唐太宗魏徵問對以在位久功未有成治效優劣苦不自覺命必大等極陳當否退而條陳陛下練兵以圖恢復而將數易是用將之道未至擇人以守郡國而守數易是責實之方未盡諸州長吏倏來忽去婺州四年易守者五平江四年易守者四甚至秀州一年而四易守吏姦何由可察民瘼何由可蘇上善其言爲革二弊江湖旱請捐南庫錢二十萬代民輸上嘉之兼侍講兼中書舍人未幾辭直學士院從之張說再除簽書樞密院給事中莫濟封還錄黃必大奏曰昨舉朝以爲不可陛下亦自知其誤而止之矣曾未周歲此命復出貴戚預政公私兩失臣不敢具草上批王曮疾速譔入濟必大予宮觀日下出國門說露章薦濟必大於是濟除溫州必大除建寧府濟被命即出必大至豐城稱疾而歸濟聞之大悔必大三請祠以此名益重久之除敷文閣待制兼侍讀兼權兵部侍郎兼直學士院上勞之曰卿不迎合無附麗朕所倚重除兵部侍郎尋兼太子詹事奏言太宗儲才爲眞宗仁宗之用仁宗儲才爲治平元祐之用自章蔡沮士氣卒致裔夷之禍秦檜忌刻柔人才流弊至今願陛下儲才於閑暇之日上曰御毬揚必大曰固知陛下不忘閱武然太祖二百年天下屬在聖躬願自愛上改容曰卿言甚忠得非虞銜橛之變乎正以警耻未雪不欲自逸爾升兼侍讀改吏部侍郎除翰林學士久雨奏請減後宮給使寬浙郡積逋命省部議優恤內直宣引論金星近前星武士擊毬太子亦與臣甚危之上俾語太子必大曰太子人子也陛下命以驅馳臣安敢勸以違命陛下勿命之可也乞歸弗許上欲召人與之分職因問呂祖謙能文否對曰祖謙涵養久知典故不但文字之工除禮部尚書兼翰林學士進吏部兼承旨詔禮官議明堂典禮必大定圜丘合宮互舉之議被旨撰選德殿記及皇朝文鑑序必大在翰林幾六年制命溫雅周盡事情爲一時詞臣之冠或言其再入也實曾覿所薦而必大不知除參知政事上曰執政於宰相固當和而不同前此宰相議事執政更無語何也必大曰大臣自應互相可否自秦檜當國執政不敢措一辭後遂以爲當然陛下虛心無我大臣乃欲自是乎惟小事不敢有隱則大事何由蔽欺上深然之久旱手詔求言宰相謂此詔一下州郡皆乞振濟何以應之約必大同奏必大曰上欲通下情而吾儕阻隔之何以塞公論有介椒房之援求爲郎者上俾諭給舍繳駁必大曰臺諫給舍與三省相維持豈可諭意不從失體從則壞法命下之日臣等自當執奏上喜曰肯如此任怨耶必大曰當予而不予則有怨不當予而不予何怨之有上曰此任責非任怨也除知樞密院上曰每見宰相不能處之事卿以數語決之三省本末可報卿也山陽舊屯軍八千雷世方乞止差鎮江一軍五千必大曰山陽控扼清河口若今減而後增必致敵疑揚州武鋒軍本屯山陽者不若歲撥三千與鎮江五千同戍郭杲請移荊南軍萬二千永屯襄陽必大言襄陽固要地江陵亦江北喉襟於是留二千人上諭以金既還上京且分諸子出鎮將若何必大言敵恫疑虛喝正恐我先動當鎮之以靜惟邊將不可不精擇拜樞密使上曰若有邊事宜撫使惟卿可他人不能也上諸軍升差籍時點召一二察能否主帥悚激無敢容私刱諸軍點試法其在外解發而親閱之池州李忠孝自言正將二人不能開弓乞罷軍上曰此樞使措置之效也金州謀帥必大曰與其私舉不若明揚令侍從管軍薦舉或傳大石林牙將加兵於金忽曾大王分據上京邊臣結約夏國必大皆屏不省勸上持重勿輕動既而所傳果妄

上曰卿眞有先見之明淳熙十四年二月拜右丞相首奏今內外晏然殆將二紀此正可懼之時當思經遠之計不可紛更欲速秀州乞減大軍總制錢二萬吏請勘當必大曰此豈勘當時耶立蠲之封事多言大臣同異必大曰各盡所見歸於一是豈可尚同陛下復祖宗舊制命三省覆奏而後行正欲上下相維非止奉行文書也高宗升遐議用顯仁例遣三使詣金必大謂今昔事殊不當畏敵曲徇止之賀正使至或請權易淡黃袍御殿受書必大執不可遂爲縞素服就帷幄引見十五年思陵發引援熙陵呂端故事請行乃攝太傅爲山陵使明堂加恩封濟國公十一月留身乞去上獎勞再三忽宣諭比年病倦欲傳位太子須卿且留必大言聖體康寧止因孝思稍過何遽至倦勤上曰禮莫大於事宗廟而孟饗多以病分詣孝莫重於執喪而不得自至德壽宮欲不退休得乎朕方以此委卿必大泣而退十二月壬申密賜紹興傳位親札辛卯命留身議定二月壬戌又命預草詔專以奉几筵侍東朝爲意拜左丞相許國公參政留正拜右丞相壬子上始以內禪意諭二府二月辛酉朔降傳位詔翼日上吉服御紫宸殿必大奏陛下巽位與子盛典再見度越千古顧自今不得日侍天顏因哽噎不能言上亦泫然曰正賴卿等協贊新君光宗問當世急務奏用人求言二事三月拜少保益國公李巘草二相制抑揚不同上召巘令帖麻改定既而斥巘予郡必大求去何澹爲司業久不遷留正奏遷之澹憾必大而德正至是爲諫長遂首劾必大詔以觀文殿大學士判潭州澹論不已遂以少保充醴泉觀使判隆興府不赴復除觀文殿學士判潭州復大觀文坐所舉官以賄敗降榮陽郡公復益國公改判隆興辭除醴泉觀使寧宗卽位求直言奏四事曰聖孝曰敬天曰崇儉曰久任慶元元年三上表引年遂以少傅致仕先是布衣呂祖泰上書請誅韓侂冑逐陳自强以必大代之嘉泰元年御史施康年劾必大首唱僞徒私植黨與詔降爲少保自慶元以後侂冑之黨立僞學之名以禁錮君子而必大與趙汝愚留正實指爲罪首二年復少傅四年薨年七十有九贈太師諡文忠寧宗題篆其墓碑曰忠文耆德之碑自號平園老叟著書八十一種有平園集二百卷嘗建三忠堂於鄉謂歐陽文忠修楊忠襄邦乂胡忠簡銓皆廬陵人必大平生所敬慕爲文記之蓋絕筆也一子綸

留正字仲至泉州永春人六世祖從效事太祖爲清遠軍節度使封鄂國公紹興十三年第進士授南恩州陽江尉清海軍節度判官龔茂良守番禺正言在法劫盜贓滿五貫死海盜加等小民餌利率身陷重辟請鐫梓海上使戶知之民始知避用茂良薦赴都堂審察宰相虞允文奇之薦于上得對正言國家右文而略武備祖宗以天下全力用於西夏承平日久邊不爲備至敵人長驅而不能支今當改轍使文武並用孝宗嘉歎書劄中要語下三省施行知循州陛辭言士大夫名節不立國家緩急無所倚仗靖康金人犯闕死義者少因亂謀利者多今欲恢復當崇尚名節上益喜明日諭輔臣留正奏事議論耿耿可與職事官除軍器監簿歷官考功郎官太常諡葉義問恭簡正覆諡言義問將兵出疆不知敵人情僞及金犯邊督視寡謀幾至敗事下太常更議時論韙之擢起居舍人尋權中書舍人光宗自東宮朝顧見正謂左右曰修整如此其人可知迺請于上兼太子左諭德正言記注進御非設官本意乞自今免奏御詔從之爲中書舍人兼侍講兼權兵部侍郎除給事中張說子薦往視鎮江戰艦挾勢遊觀沉舟溺卒除知閤門事樞密副承旨正封還詞頭洪邦直除御史正言邦直爲邑人所訟不宜任風憲兼權吏部尚書言用人莫先論相陛下志在恢復而相位不能任輔贊望精選人才與圖大計時相益不樂以顯謨閣直學士出知紹興府侍御史范仲芑劾前帥贓六十萬有詔覈責正明其非辜御史怒并劾正降顯謨閣待制提舉玉隆萬壽宮尋復職知贛州奏減上供米不報及爲相蠲一萬八千石知隆興府進龍圖閣直學士四川制置使兼知成都府平西蜀折租價歲減酒課三十八萬乾道初羌酋奴兒結越大渡河據安靜砦侵漢地幾百里正密授諸將方略擒奴兒結以歸盡俘其黨羌平進敷文閣學士尋詔赴行在正在蜀以簡素化民歸裝僅書數簏人服其清除端明殿學士簽書樞密院事參知政事同知樞密院事孝宗密諭內禪意拜右丞相一日奏事皇太子參決侍立上顧謂太子曰留正純誠可託光宗受禪主管左右春坊姜特立隨龍恩擢知閤門事聲勢浸盛正列其招權預政狀乞斥逐上意猶未決會副參闕特立謁正曰上以丞相在位久欲遷左相葉翥張杓當擇一人執政未知孰先正奏之上大怒詔特立提舉興國宮孝宗聞之曰眞宰相也紹熙元年進左丞相正護法度惜名器毫髮不可干以私引趙汝愚首從班卒與之共政用黃裳爲皇子嘉王翊善世號得人嘉王感疾正言陛下只有一子屬在宮牆外非便迺令蚤正元良之位入居東宮則朝夕相見甚順又奏太子天下本傳曰豫建太子所以重宗廟社稷漢文帝卽位卽建太子本朝皇子居冢嫡有未出閤而正儲位者皇子嘉王既居冢嫡出閤已久宜早正儲位以定天下本再月不報檢漢文帝紀及本朝眞宗立仁宗典故并呂誨張方平兩奏節其要語繳奏上不豫外議洶洶正與同列問至福寧殿奏事處分得宜人情以安進封申國公上疾浸平正乞歸政不許初正帥蜀慮吳氏世將謀去之至是朝廷議更蜀帥正言西邊三將惟吳氏世襲兵柄號爲吳家軍不知有朝廷遂以戶部侍郎丘崈行及吳挺死韓侂冑爲吳氏地使吳曦世襲正力請留曦環衞遣張詔代挺後數歲曦入蜀卒稔變壽皇聖政成進少保封衞國公李端友以椒房親手詔除郎正繳還上不納復執奏曰昔館陶公主爲子求郎明帝不許今端友依憑內援恐累聖德姜特立除浙東副總管尋召赴行在正引唐憲宗召吐突承璀事乞罷相上批成命已行朕無反汗卿宜自處正待罪六和塔奏言陛下近年不知何人獻把定之說遂至每事堅執斷不可回天下至大機務至煩事出於是則人無異詞可以固執事出於非則衆論紛起必須惟是之從臣恐自此以往事無是非陛下壹持把定之說言路遂塞因繳進前後錫賚及告敕待罪范村乞歸田里不許壽聖太后將以冬至上尊號冊寶以正爲禮儀使攝太傅於是上遣左司徐誼諭旨正復入都堂視事是行也待罪凡一百四十日冊寶禮成拜少傅封魯國公正力辭五年正月孝宗疾革正數請車駕過宮一日上拂衣起正引裾泣諫隨至福寧殿門正退上疏言極激切六月戊戌孝宗崩光宗以疾未能執喪正率同列屢奏乞早正嘉王儲位又擬指揮付學士院降詔尋有手詔朕歷事歲久念欲退閑正得之始懼請對復不報卽出國門上表請老末曰願陛下速回淵鑒追悟前非漸收人心庶保國祚正始議以上疾未克主喪宜立皇太子監國若終喪未倦勤當復辟設議內禪太子可卽位時從臣鄭湜奏與正同既而趙汝愚以內禪請于憲聖正謂建儲詔未下遽及此他日必難處論既違以肩輿逃去及嘉王卽位尊皇帝爲太上皇帝以正爲大行攢宮總護使寧宗卽位入謝復出憲聖命速宣押時汝愚亦以爲請上親札遣使召正還侍御史張叔椿請議正棄國之罰乃徙叔椿吏部侍郎而正復相入賀且請車駕一出慰安都人心及定壽康宮南向撤去新增禁旅詔悉從之進少傅屢辭不拜奏言陛下勉徇羣情以登大寶當遇事從簡示天下以不得已之意實非須爵之時韓侂冑浸謀預政數詣都堂正使省吏諭之曰此非知閤日往來之地侂冑怒而退會經筵晚講賜坐正執奏以爲非上不懌侍御史黃度論馬大同罪正擬度補外上知其情除度右正言正請推恩隨龍人上曰朕未見父母可恩及下人耶積數事失上意侂冑從而間之八月手詔正以少師觀文殿大學士判建康府尋又以諫議大夫張叔椿言落職慶元元年六月詔正以上皇付正手詔八字進入宣付史館復觀文殿大學士初劉德秀自重慶入朝未爲正所知謁正客范仲黼請爲言正曰此人若留之班行朝廷必不靜乃除大理簿德秀憾之至是爲諫議大夫論正四大罪褫職自是彈劾無虛歲以張釜言責授中大夫光祿卿分司西京邵州居住明年令自便給事中許及之繳還錄黃量移南劍州再許自便復光祿大夫提舉洞霄宮上章乞納祿詔復元官職致仕又以御史林采言依舊官光祿大夫致仕俄復觀文殿學士金紫光祿大夫嘉泰元年進封魏國公復少師觀文殿大學士開禧二年七月薨年七十八贈太師正出處大致如紹熙去國恥與姜特立並位而待罪近郊五月復入議者猶惜其去之不勇首發大議蚤正嘉王儲位遂致言者深文指爲棄國豈弘毅有所不足耶或問范仲黼留趙二公處變不同如何仲黼曰趙同姓之卿也留則異姓之卿反復之而不聽則去聞者以爲名言有詩文奏議外制二十卷行于世寶慶三年諡忠宣子恭丙端皆爲尚書郎孫元英工部侍郎元剛起居舍人

胡晉臣字子遠蜀州人登紹興二十七年進士第爲成都通判制置使范成大以公輔薦諸朝孝宗召赴行在入對疏當今士俗民力邊備軍政四弊試學士院除祕書省校書郎遷著作佐郎兼右曹郎官輪對論三事一無忽講讀官以仁宗爲法二責諫官以糾官邪責宰相以抑奔競三廣聽納通下情以銷未形之患又極論近倖上覽奏色動晉臣曰陳甚悉至論及兩稅折變天威稍霽首肯久之趙雄時秉政手詔下中書問近倖姓名晉臣翼日至中書執政詰其故晉臣曰近習招權丞相豈不知之卽條具大者以聞上感悟自是近習嚴憚晉臣以親年高求外補知漢州除潼川路提點刑獄以憂去服除再召以五事見曰選將帥廣常平治渠堰更銓法通楮幣上謂輔臣曰胡晉臣言可行除度支郎累遷

侍御史朱熹除兵部郎官以病足未供職侍郎林栗與熹論易不合因奏熹不卽受印爲傲慢晉臣上疏留熹而排栗物論歸重光宗嗣位遷工部侍郎除給事中每以裁濫恩惜名器爲重內降持不下上嘉其有守拜端明殿學士簽書樞密院事正謝日上命條上軍政利害旣而朝重華宮孝宗謂曰嗣君擢任二三大臣深愜朕意聞外庭亦無異詞晉臣拜謝除參知政事兼同知樞密院事上自南郊後久不御朝晉臣與丞相留正同心輔政中外帖然其所奏陳以溫凊定省爲先次及親君子遠小人抑僥倖消朋黨啓沃剴切彌縫縝密人無知者未幾薨于位贈資政殿學士諡文靖

論曰謀大事決大議非凝定有立者不能也周必大留正一時俱以相業稱然必大純篤忠厚能以善道其君光宗禪受之際懼禍而去其可爲有立乎哉若胡晉臣爭論朱熹則侃侃有守者也

宋史卷三百九十二

元中書右丞相總裁脫脫等修

列傳第一百五十一

趙汝愚 子崇憲

趙汝愚字子直漢恭憲王元佐七世孫居饒之餘干縣父善應字彥遠官終修武郎江西兵馬都監性純孝親病嘗刺血和藥以進母畏雷每聞雷則披衣走其所嘗寒夜遠歸從者將扣門遽止之曰無恐吾母露坐達明門啓而後入家貧諸弟未製衣不敢製已製未服不敢服一瓜果之微必相待共嘗之母喪哭泣嘔血毀瘠骨立終日俯首柩傍聞雷猶起側立垂涕既終喪言及其親未嘗不揮涕生朝必哭于廟父終肺疾每膳不忍以諸肺爲羞母生歲值卯謂卯兎神也終其身不食兎聞四方水旱輒憂形于色江淮警報至爲之流涕不食累日同僚會宴善應悵然曰此寧諸君樂飲時耶衆爲失色而罷故人之孤女貧無所歸善應聘以爲己子婦有嘗同僚者死不克葬子傭食他所善應馳往哭之歸其子而予之貲使葬焉道見病者必收恤之躬爲煮藥歲饑旦夕率其家人輟食之半以飼饑者夏不去草冬不破壞墐百蟲之遊且蟄者失其所也晉陵尤袤稱之曰古君子也既卒丞相陳俊卿題其墓碣曰宋篤行趙公彥遠之墓汝愚早有大志每曰丈夫得汗青一幅紙始不負此生擢進士第一簽書寧國軍節度判官召試館職除祕書省正字孝宗方銳意恢復始見卽陳自治之策孝宗稱善遷校書郎知閤門張說擢簽書樞密院事汝愚不往見率同列請祠未報會祖母訃至卽日歸因自劾上不加罪遷著作郎知信州易台州除江西轉運判官入爲吏部郎兼太子侍講遷祕書少監兼權給事中內侍陳源有寵於德壽宮添差浙西副總管汝愚言祖宗以童貫典兵卒開邊釁源不宜使居總戎之任孝宗喜詔自今內侍不得兼兵職舊制密院文書皆經門下省張說在西府託言邊機不宜泄汝愚謂東西二府朝廷治亂所關中書庶政無一不由東省何密院不然孝宗命如舊制權吏部侍郎兼太子右庶子論知閤王抃招權預政出抃外祠以集英殿修撰帥福建陛辭言國事之大者四其一謂吳氏四世專蜀兵非國家之利請及今以漸抑之進直學士制置四川兼知成都府諸羌蠻相挺爲邊患汝愚至悉以計分其勢孝宗謂其有文武威風召還光宗受禪趣召未至殿中侍御史范處義論其稽命除知潭州辭改太平州進敷文閣學士知福州紹熙二年召爲吏部尚書先是高宗以宮人黃氏侍光宗於東宮及卽位爲貴妃后李氏意不能平是年冬十一月郊有司已戒而風雨暴至光宗震懼及齋宿青城貴妃暴薨驚還聞之恚是夕疾作內侍馳白孝宗孝宗倉卒至南內問所以致疾之由不免有所戒責及光宗疾稍平汝愚入對上常以五日一朝孝宗於重華宮至是往往以傳旨免至會慶節上壽駕不出冬至朝賀又不出都人以爲憂汝愚往復規諫上意乃悟汝愚又屬嗣秀王伯圭調護於是兩宮之情通光宗及后俱詣北內從容竟日四年汝愚知貢舉與監察御史汪義端有違言汝愚除同知樞密院事義端言祖宗之法宗室不爲執政詆汝愚植黨沽名疏上不納又論臺諫給舍陰附汝愚一切緘默不報論汝愚發策譏訕祖宗又不報汝愚力辭上爲徙義端軍器監給事中黃裳言汝愚事親孝事君忠居官廉憂國愛民出於天性義端實忌賢不可以不黜上乃黜義端補郡汝愚不獲已拜命未幾遷知樞密院事辭不拜有旨趣受告汝愚對曰臣非敢久辭臣嘗論朝廷數事其言未見用今陛下過重華留正復相天下幸甚惟武興未除帥臣心不敢安上遂以張詔代領武興軍汝愚乃受命光宗之疾生於疑長其未過宮也汝愚數從容進諫光宗出聞其語輒悟入輒復疑五年春孝宗不豫夏五月疾日臻光宗御後殿丞相率同列入請上詣重華宮侍疾從臣臺諫繼入閤門吏以故事止之不退光宗益疑起入內越二日宰相又請對光宗令知閤門事韓侂胄傳旨云宰執並出於是俱至浙江亭俟命孝宗聞之憂甚嗣秀王簡丞相傳孝宗意令宰執復入侂胄奏曰昨傳旨令宰執出殿門今乃出都門請自往宣押汝愚等乃還第六月丁酉夜五鼓重華大閹扣宰執私第報孝宗崩中書以聞汝愚恐上疑或不出視朝持其劄不上次日上視朝汝愚以提舉重華宮關禮狀進上乃許過北內至日昃不出宰相率百官詣重華宮發喪壬寅將成服留正與汝愚議介少傅吳琚請憲聖太后垂簾暫主喪事憲聖不許正等附奏曰臣等連日造南內請對不獲累上疏不得報今當率百官恭請若皇帝不出百官相與慟哭于宮門恐人情騷動爲社稷憂乞太皇太后降旨以皇帝有疾暫就宮中成服然喪不可無主祝文稱孝子嗣皇帝宰臣不敢代行太皇太后壽皇之母也請攝行祭禮蓋是時正汝愚之請垂簾也以國本係乎嘉王欲因簾前奏陳宗社之計使命出簾幃之間事行廟堂之上則體正言順可無後艱而吳琚素畏慎且以后戚不欲與聞大計此議竟格丁未宰臣已下待對和寧門不報乃入奏云皇子嘉王仁孝夙成宜早正儲位以安人心又不報越六日再請御批云甚好明日同擬旨以進乞上親批付學士院降詔是夕御批付丞相云歷事歲久念欲退閑留正見之懼因朝臨佯仆于庭密爲去計汝愚自度不得辭其責念故事須坐甲以戒不虞而殿帥郭杲莫有以腹心語者會工部尚書趙彥逾至私第語及國事汝愚泣彥逾亦泣汝愚因微及與子意彥逾喜汝愚知彥逾善杲因謬曰郭杲儻不同柰何彥逾曰某當任之約明乃復命汝愚曰此大事已出諸口豈容有所俟乎汝愚不敢入私室退坐屏後以待彥逾之至有頃彥逾至議遂定明日正以五更肩輿出城去人心益搖汝愚處之恬然自吳琚之議不諧汝愚與徐誼葉適謀可以白意於慈福宮者乃遣韓侂胄以內禪之意請于憲聖侂胄因所善內侍張宗尹以奏不獲命明日往又不獲命侂胄逡巡將退重華宮提舉關禮見而問之侂胄具述汝愚意禮令少俟入見憲聖而泣憲聖問故禮曰聖人讀書萬卷亦嘗見有如此時而保無亂者乎憲聖曰此非汝所知禮曰此事人人知之今丞相已去所賴者趙知院且夕亦去矣言與淚俱憲聖驚曰知院同姓事體與他人異乃亦去乎禮曰知院未去非但以同姓故以太皇太后爲可恃耳今定大計而不獲命勢不得不去將如天下何願聖人三思憲聖問侂胄安在禮曰臣已留其俟命憲聖曰事順則可令諭好爲之禮報侂胄且云來早太皇太后於壽皇梓宮前垂簾引執政侂胄復命汝愚始以其事語陳騤余端禮使郭杲及步帥閻仲夜以兵衞南北內禮使其姻黨宣贊舍人傅昌朝密製黃袍是日嘉王謁告不入臨汝愚曰禫祭重事王不可不出翌日禫祭羣臣入王亦入汝愚率百官詣大行前憲聖垂簾汝愚率同列再拜奏皇帝疾未能執喪臣等乞立皇子嘉王爲太子以繫人心皇帝批出有甚好二字繼有念欲退閑之語取太皇太后處分憲聖曰既有御筆相公當奉行汝愚曰茲事重大播之天下書之史冊須議一指揮憲聖允諾汝愚袖出所擬太皇太后指揮以進云皇帝以疾至今未能執喪曾有御筆欲自退閑皇子嘉王擴可卽皇帝位尊皇帝爲太上皇帝皇后爲太上皇后憲聖覽畢曰甚善汝愚奏自今臣等有合奏事當取嗣君處分然恐兩宮父子間有難處者須煩太皇太后主張又奏上皇疾未平驟聞此事不無驚疑乞令都知楊舜卿提舉本宮任其責遂召舜卿至簾前面喻之憲聖乃命皇子卽位皇子固辭曰恐負不孝名汝愚奏天子當以安社稷定國家爲孝今中外人人憂亂萬一變生置太上皇何地衆扶入素幄披黃袍方卻立未坐汝愚率同列再拜寧宗詣几筵殿哭盡哀須臾立仗訖催百官班帝衰服出就重華殿東廡素幄立內侍扶掖乃坐百官起居訖行禫祭禮汝愚卽喪次召還留正長百僚命朱熹待制經筵悉收召士君子之在外者侍御史張叔椿請議正棄國之罰汝愚爲遷叔椿官是月上命汝愚兼權參知政事留正至汝愚乞免兼職乃除特進右丞相汝愚辭不拜曰同姓之卿不幸處君臣之變敢言功乎乃命以特進爲樞密使汝愚又辭特進孝宗將攢汝愚議攢宮非永制欲改卜山陵與留正議不合侂胄因而間之出正判建康命汝愚爲光祿大夫右丞相汝愚力辭至再三不許汝愚本倚正共事怒侂胄不以告及來謁故不見侂胄慙忿簽書樞密羅點曰公誤矣汝愚亦悟復見之侂胄終不懌自以有定策功且依託肺腑出入宮掖居中用事朱熹進對以爲言又約吏部侍郎彭龜年同劾之未果熹白汝愚當以厚賞酬勞勿使預政而汝愚謂其易制不爲慮右正

言黃度欲論侂胄謀泄以內批斥去熹因講畢奏疏極言陛下即位未能旬月而進退宰執移易臺諫皆出陛下之獨斷大臣不與謀給舍不及議此弊不革臣恐名爲獨斷而主威不免於下移疏入遽出內批除熹宮觀汝愚袖批還上且諫且拜侂胄必欲出之汝愚退求去不許吏部侍郎彭龜年力陳侂胄竊弄威福爲中外所附不去必貽患又奏近日逐朱熹太暴故欲陛下亦亟去此小人旣而內批龜年與郡侂胄勢益張侂胄恃功爲汝愚所抑日夜謀引其黨爲臺諫以擯汝愚汝愚爲人疎不虞其姦趙彥逾以嘗達意於郭杲事定冀汝愚引與同列至是除四川制置意不愜與侂胄合謀陛辭日盡疏當時賢者姓名指爲汝愚之黨上意不能無疑汝愚請令近臣舉御史侂胄密諭中司令薦所厚大理寺簿劉德秀內批擢德秀爲察官其黨牽聯以進言路遂皆侂胄之人會黃裳羅點卒侂胄又擢其黨京鏜代點汝愚始孤天子益無所倚信於是中書舍人陳傅良監察御史吳獵起居郞劉光祖各先後斥去羣憸和附疾正士如仇讎而衣冠之禍始矣侂胄欲逐汝愚而難其名或教之曰彼宗姓誣以謀危社稷則一網無遺侂胄然之擢其黨將作監李沐爲正言沐彥穎之子也嘗求節度使於汝愚不得奏汝愚以同姓居相位將不利於社稷乞罷其政汝愚出浙江亭待罪遂罷右相除觀文殿學士知福州臺臣合詞乞寢出守之命遂以大學士提舉洞霄宮國子祭酒李祥言去歲國遭大戚中外洶洶留正棄相位而去官僚幾欲解散軍民皆將爲亂兩宮隔絕國喪無主汝愚以樞臣獨不避殞身滅族之禍奉太皇太后命翊陛下以登九五勳勞著於社稷精忠貫於天地乃卒受黯黮而去天下後世其謂何博士楊簡亦以爲言李沐劾祥簡罷之太府丞呂祖儉亦上書訴汝愚之忠詔祖儉朋比罔上送韶州安置太學生楊宏中周端朝張衜林仲麟蔣傅徐範等伏闕言去歲人情驚疑變在朝夕當時假非汝愚出死力定大議雖百李沐罔知攸濟當國家多難汝愚位樞府本兵柄指揮操縱何向不可不以此時爲利今上下安恬乃獨有異志乎書上悉送五百里外羈管侂胄忌汝愚益深謂不重貶人言不已以中丞何澹疏落大觀文監察御史胡紘疏汝愚唱引僞徒謀爲不軌乘龍授鼎假夢爲符責寧遠軍節度副使永州安置初汝愚嘗夢孝宗授以湯鼎背負白龍升天後翼寧宗以素服登大寶蓋其驗也而讒者以爲言時汪義端行詞用漢誅劉屈氂唐戮李林甫事示欲殺之意迪功郞趙師召亦上書乞斬汝愚汝愚怡然就道謂諸子曰觀侂胄之意必欲殺我我死汝曹尚可免也至衡州病作爲守臣錢鍪所窘暴薨天下聞而冤之時慶元二年正月壬午也汝愚學務有用常以司馬光富弼韓琦范仲淹自期凡平昔所聞於師友如張栻朱熹呂祖謙汪應辰王十朋胡銓李燾林光朝之言欲次第行之未果所著詩文十五卷太祖實錄舉要若干卷類宋朝諸臣奏議三百卷汝愚聚族而居門內三千指所得廩給悉分與之菜羹疏食恩意均洽人無間言自奉養甚薄爲夕郞時大冬衣布裘至爲相亦然汝愚旣沒黨禁寖解旋復資政殿學士太中大夫已而贈少保侂胄誅盡復元官賜諡忠定贈太師追封沂國公理宗詔配享寧宗廟廷追封福王其後進封周王子九人崇憲其長子也

崇憲字履常淳熙八年以取應對策第一時汝愚侍立殿上降再拜以謝孝宗顧近臣曰汝愚年幾何已有子如此越三年復以進士對策擢甲科上謂執政曰此汝愚子豈即前科取應第一人者耶崇憲初仕爲保義郞監饒州贍軍酒庫換從事郞撫州軍事推官汝愚帥蜀辟書寫機宜文字改江西轉運司幹辦公事監西京中岳廟汝愚旣貶死海內憤鬱崇憲闔門自處居數年復汝愚故官職多勸以仕改奉議郞知南昌縣事奉行荒政所活甚衆升籍田令制曰爾先人有功王室中更讒毀思其功而錄其子國之典也崇憲拜命感泣陳疏力辭以爲先臣之冤未悉昭白而其孤先被寵光非公朝所以勸忠孝厲廉恥之意俄改監行在都進奏院復引陳瓘論司馬光呂公著復官事申言之乞以所陳下三省集議若先臣心迹有一如言者所論郞近日恩典皆爲冒濫先臣復官賜諡與臣新命俱合追寢如公論果謂誣蔑乞昭示中外使先臣之讒謗旣辨忠節自明而憲聖慈烈皇后擁佑之功德益顯然後申飭史館改正誣史垂萬世之公又請正趙師召妄貢封章之罪究蔡璉與大臣爲仇之姦毀龔頤正續稽古錄之妄詔兩省史官考訂以聞已而吏部尚書兼修國史樓鑰等請施行如章從之及誣史未正復進言其略謂前日史官徒以權臣風旨刊舊史焚元藁略無留難今詔旨再三莫有慨然奮直筆者何小人敢於爲惡而謂之君子者顧不能勇於爲善耶聞者愧之其後玉牒日曆所卒以重修龍飛事實進呈因崇憲請也未幾贈汝愚太師封沂國公擢崇憲軍器監丞改太府監丞遷祕書郞辭弗許尋爲著作佐郞兼權考功郞官嘗因閔雨求言乃上封事謂今日有更化之名無更化之實人才國之元氣而忠鯁擯廢之士死者未盡省錄存者未悉褒揚言論國之風采其間輸忠亡隱有所規益者豈惟獎激弗加蓋亦罕見施用媮安取容無所建明者豈惟黜罰弗及或乃遂階通顯至若勉聖學以廣聰明敎儲貳以固根本戒宰輔大臣同寅盡瘁以濟艱難責侍從臺諫思職盡規以宣壅蔽防左右近習竊弄之漸察姦憸餘黨窺伺之萌皆懇懇爲上言之請外知江州郡民歲苦和糴崇憲疏于朝永蠲之且轉糴旁郡穀別廩儲之以備歲儉瑞昌民負茶引錢新舊累積爲一十七萬有奇皆困不能償死則以責其子孫猶弗貸會新券行視舊價幾倍蓰崇憲歎曰負茶之民愈困矣亟請以新券一償舊券二詔從之蓋受賜者千餘家刻石以紀其事修陂塘以廣溉灌凡數千所提舉江西常平兼權隆興府及帥漕司事遷轉運判官仍兼帥事初汝愚捐私錢百餘萬創養濟院俾四方賓旅之疾病者得藥與食歲久寖移爲它用崇憲至尋修復立規約數十條以愈疾之多寡爲賞罰棄兒於道者亦收鞠之社倉久敝訪其利害而更張之以兵部郞中召尋改司封皆固辭遂直祕閣知靜江府廣西經略安撫靜江之屬邑十地肥磽略等而陽朔修仁荔浦之賦獨倍焉自張栻奏減之餘人猶以爲病崇憲請再加蠲減詔遞損有差三縣民立祠刻石瓊守非才激黎峒之變乃劾去之改辟能者代其任蘿蔓峒者仍歲寇鈔爲暴實民何獝父子陰誘導之崇憲捐金繒付小校使繫以來寘之法因嚴民夷交通之禁使邊民相什伍寇至則鳴鼓召衆先後掩擊俘獲者賞不至者有懲先是部內郡邑有警輒移統府兵戍之在宜州者百人古縣半之崇憲謂根本單虛非所以窒姦萌迺於其地各置兵如戍兵之數而歛戍者以歸邕爲邊要害地自狄青平儂智高所以設扞防者甚至歲久寖弛而溪峒日彊崇憲條上其議朝廷頗采其言然未及盡用也崇憲天性篤孝居父喪月餘始食食小祥始茹果實終喪不飲酒食肉比御猶弗入者久之

論曰自昔大臣處危疑之地而能免於禍難者蓋鮮矣昔者周成王立而幼沖周公以王室懿親爲宰輔四國流言而周公不免於居東之憂非天降風雨之變以彰周公之德而啓成王之衷則所謂金縢之書固無因而關於王之耳目公之心果能以自明乎公之心能自明則天意之所以屬於周而綿八百載之丕祚者實係于茲不然周其殆哉趙汝愚宋之宗臣也其賢固不及周公其位與戚又非若周公之尊且昵也方孝宗崩光宗疾大喪無主中外洶洶一時大臣有畏難而去者矣汝愚獨能奮不慮身定大計於頃刻收召明德之士以輔寧宗之新政天下翕然望治其功可謂盛矣然不幾時卒爲韓侂胄所構一斥而遂不復返天下聞而冤之於此見天之所以眷宋者不如周而宋之陵夷馴至于不可爲信非人力之所能也汝愚父以純孝聞而子崇憲能守家法所至有惠政亦可謂世濟其美者已

宋史卷三百九十二考證

趙汝愚傳乃除特進右丞相汝愚辭不拜曰同姓之卿不幸處君臣之變敢言功乎乃命以特進爲樞密使○臣宗楷按貴耳集祖宗典故同姓可封王不拜相藝祖載諸太廟獨趙忠定特出此故典故隨筆云不受相麻而除樞密使

宋史卷三百九十三

元　中　書　右　丞　相　總　裁　脫　脫　等　修

列傳第一百五十二

彭龜年　黃裳　羅點　黃度周南附

林大中　陳騤　黃黼　詹體仁

彭龜年字子壽臨江軍清江人七歲而孤事母盡孝性穎異讀書能解大義及長得程氏易讀之至忘寢食從朱熹張栻質疑而學益明登乾道五年進士第授袁州宜春尉吉州安福丞鄭僑張均同薦除太學博士殿中侍御史劉光祖以論帶御器械吳端徙太府少卿龜年上疏乞復其位貽書宰相云祖宗嘗改易差除以伸臺諫之氣不聞改易臺諫以伸倖臣之私兼魏王府敎授遷國子監丞以侍御史林大中薦爲御史臺主簿改司農寺丞進祕書郞兼嘉王府直講光宗嘗親郊値暴風雨感疾大臣希得進見久之疾平猶疑畏不朝重華宮龜年以書譙趙汝愚且上疏言壽皇之事高宗備極子道此陛下所親覩也況壽皇今日止有陛下一人聖心拳拳不言可知特遇過宮日分陛下或遲其行則壽皇不容不降免到宮之旨蓋爲陛下辭責於人使人不得以竊議陛下其心非不願陛下之來自古人君處骨肉

之間多不與外臣謀而與小人謀之所以交鬬日深疑隙日大今日兩宮萬萬無此然臣所憂者外無韓琦富弼呂誨司馬光之臣而小人之中已有任守忠者在焉惟陛下裁察又言使陛下虧過宮定省之禮皆左右小人間諜之罪宰執侍從但能推父子之愛調停重華臺諫但能仗父子之義責望人主至於疑間之根盤固不去曾無一語及之今內侍間諜兩宮者固非一人獨陳源在壽皇朝得罪至重近復進用外人皆謂離間之機必自源始宜亟發威斷首逐陳源然後肅命鑾輿頁罪引慝以謝壽皇使父子歡然宗社有永賴不幸敗居亡何光宗朝重華都人歡悅尋除起居舍人入謝光宗曰此官以待有學識人念非卿無可者龜年述祖宗之法爲內治聖鑑以進光宗曰祖宗家法甚善龜年曰臣是書大抵爲宦官女謁之防此曹若見恐不得數經御覽光宗曰不至是他日龜年奏臣所居之官以記注人君言動爲職車駕不過宮問安如此書者又數十矣恐非所以示後有旨幸玉津園龜年奏不奉三宮而獨出宴遊非禮也又言陛下誤以臣充嘉王府講讀官正欲臣等教以君臣父子之道臣聞有身教有言教陛下以身教臣以言教者也言豈若身之切哉紹熙五年五月壽皇不豫疾浸革龜年連三疏請對不獲命屬上視朝龜年不離班位伏地扣額久不已血漬甃甓光宗曰素知卿忠直欲何言龜年奏今日無大於不過宮光宗曰須用去龜年言陛下屢許臣一入宮則又不然內外不通臣實痛心同知樞密院余端禮曰扣額龍墀曲致忠懇臣子至此爲得已邪上云知之孝宗崩寧宗受禪是夕召對寧宗蹙頞云前但聞建儲之義豈知遽踐大位泣辭不獲至今震悸龜年奏此乃宗祏所係陛下安得辭今日但當盡人子事親之誠而已因擬起居劄子乞日進一通又與翊善黃裳同奏往朝南內因定過宮之禮乞先一日入奏率百官恭謝寧宗朝泰安宮至則寢門已閉拜表而退時議欲別建泰安宮而光宗無徙宮之意龜年言古人披荆棘立朝廷尚可布政出令況重華一宮豈爲不足哉陛下居狹處太上居寬處天下之人必有諒陛下之心者於是宮不果建遷中書舍人劉慶祖已帶遙郡承宣使而以太上隨龍人落階官龜年繳奏寧宗批可與書行龜年奏臣非爲慶祖惜此一官爲朝廷惜此一門耳夫可與書行近世弊令也使其可行臣即書矣使不可行豈敢因再令而遂書哉寧宗嘗謂退朝無事恐自怠惰非多讀書不可龜年奏人君之學與書生異惟能虛心受諫遷善改過乃聖學中第一事豈在多哉一日御筆書朱熹黃裳陳傅良彭龜年黃由沈有開李巘京鏜黃艾鄧馹十人姓名示龜年云十人可充講官否龜年對曰陛下若招徠一世之傑如朱熹輩方厭人望不可專以潛邸學官爲之尋除侍講遷吏部侍郎升兼侍讀龜年知事勢將變會暴雨震雷因極陳小人竊權號令不時之弊遣充金國弔祭接送伴使初朱熹與龜年約共論韓侂冑之姦會龜年護客熹以上疏見絀龜年聞之附奏云始臣約熹同論此事今熹既罷臣宜併斥不報迨歸見侂冑用事權勢重於宰相於是條數其姦謂進退大臣更易言官皆初政最關大體若大臣或不能知而侂冑知之假託聲勢竊弄威福不去必爲後患上覽奏甚駭曰侂冑朕之肺腑信而不疑不謂如此批下中書予侂冑祠已乃復入龜年上疏求去詔侂冑與內祠龜年與郡以煥章閣待制知江陵府湖北安撫使龜年丐祠慶元二年以呂棐言落職已而追三官勒停嘉泰元年復元官起知贛州以疾辭除集英殿修撰提舉沖佑觀開禧二年以待制寶謨閣致仕卒龜年學識正大議論簡直善惡是非辨析甚嚴其愛君憂國之忱先見之識敢言之氣皆人所難曉既投閑悠然自得幾微不見於顏面自僞學有禁士大夫鮮不變者龜年於關洛書益加涵泳扁所居曰止堂著止堂訓蒙蓋始終特立者也聞蘇師旦建節曰此韓氏之陽虎其禍韓氏必矣及聞用兵曰禍其在此乎所著書有經解祭儀五致錄奏議外制侂冑誅林大中樓鑰皆白其忠寧宗詔贈寶謨閣直學士章穎等請易名賜諡忠肅上謂穎等曰彭龜年忠鯁可嘉宜得諡使人人如此必能納君於無過之地未幾加贈龍圖閣學士而擢用其子欽

黃裳字文叔隆慶府普城人少穎異能屬文登乾道五年進士第調巴州通江尉益務進學文詞迥出流輩人見之曰非復前日文叔矣時蜀中餉師名爲和糴實則取民裳賦漢中行謳總領李蘩蘩爲罷糴民便之改興元府錄事參軍以四川制置使留正薦召對論蜀兵民大計遷國子博士以母喪去宰相進擬他官上問裳安在賜錢七十萬除喪復召時光宗登極裳進對謂中興規模與守成不同出攻入守當據利便之勢不可不定行都富國彊兵當求功利之實不可不課吏治捍內禦外當有緩急之備不可不立重鎮其論行都以爲就便利之勢莫若建康其論吏治謂立品式以課其功計資考以久其任其論重鎭謂自吳至蜀綿亘萬里曰漢中曰襄陽曰江陵曰鄂渚曰京口當爲五鎭以將相大臣守之五鎭彊則國體重矣除太學博士進祕書郎遷嘉王府翊善講春秋王正月曰周之王即今之帝也王不能號令諸侯則王不足爲王帝不能統御郡鎭則帝不足爲帝今之郡縣即古諸侯也周之王惟不能號令諸侯故春秋必書王正月所以一諸侯之正朔今天下境土比祖宗時不能十之四然猶跨吳蜀荆廣閩越二百州任吾民者二百州守也任吾兵者九都統也苟不能統御則何以服之王曰何謂九都統裳曰唐太宗年十八起義兵平禍亂今大王年過之而國家九都統之說猶有未知其可不汲汲於學乎他日王擢用東宮舊人吳端端詣王謝王接之中節裳因講左氏禮有等衰問王比待吳端得輕重之節有之乎王曰有之裳曰王者之學正當見諸行事今王臨事有區別是得等衰之義矣王意益向學於是作八圖以獻曰太極曰三才本性曰皇帝王伯學術曰九流學術曰天文曰地理曰帝王紹運以百官終焉各述大旨陳之每進言曰爲學之道當體之以心王宜以心爲嚴師於心有一毫不安者不可爲也且引前代危亡之事以爲儆戒王謂人曰黃翊善之言人所難堪惟我能受之他日王過重華宮壽皇問所讀書王擧以對壽皇曰數不太多乎王曰講官訓說明白忱心樂之不知其多也壽皇曰黃翊善至誠所講須諦聽之裳久侍王邸每歲誕節則陳詩以寓諷初嘗製渾天儀與地圖侑以詩章欲王觀象則知進學如天運之不息披圖則思祖宗境土半陷於異域而未歸其後又以王所講三經爲詩三章以進王喜爲置酒手書其詩以賜之王嘗侍宴宮中從容爲光宗誦酒誥曰此黃翊善所教也光宗詔勞裳裳曰臣不及朱熹熹學問四十年若召寘府寮宜有裨益光宗嘉納裳每勸講必援古證今即事明理凡可以開導王心者無不言也紹熙二年遷起居舍人奏曰自古人君不能從諫者其蔽有三一曰私心二曰勝心三曰忿心事苟不出於公而以己見執之謂之私心私心生則以諫者爲病而求以小勝之勝心生則以諫者爲仇而求以逐之因私而生勝因勝而生忿忿心生則事有不得其理者焉如濳景珪常才也陛下固亦以常人遇之特以臺諫攻之不已致陛下庇之愈力事勢相激乃至於此宜因事靜察使心無所係則聞臺諫之言無不悅而無欲勝之心待臺諫之心無不誠而無加忿之意矣三年試中書舍人時武備寖弛裳上疏曰壽皇在位三十年拊循將士常恨不得効死以報陛下誠能留意武事三軍之士孰不感激願爲陛下用乎又論荆襄形勢居吳蜀之中其地四平若金人擣襄陽據江陵按兵以守則吳蜀中斷此今日邊備之最可憂也宜分鄂渚兵一二萬人屯襄漢之間以張形勢而壯重地時朝廷方宴安裳所言多不省未幾除給事中趙汝愚除同知樞密院監察御史汪義端言祖宗之法宗室不爲執政再疏醜詆汝愚乞免官裳奏汝愚事父孝事君忠居官清廉憂國愛民出於天性如青天白日奴隸知其清明義端所見皆奴隸之不如不可以居朝列於是義端與郡裳在瑣闥甫一月封駁無慮十數韓侂冑落階官鄭汝諧除吏部侍郎裳皆繳其命改兵部侍郎不拜遂以顯謨閣待制充翊善先是光宗以憂疑成疾不過重華宮裳入疏請五日一朝至是復苦言之上曰內侍楊舜卿告朕勿過宮裳請斬舜卿且以八事之目爲奏曰念恩釋怨辨讒去疑責己畏天防亂改過不報裳嘗病疽及是憂憤創復作又奏陛下之於壽皇未盡孝敬之道意者必有所疑也臣竊推致疑之因陛下毋乃以焚廩浚井之事爲憂乎夫焚廩浚井在當時或有之壽皇之子惟陛下一人壽皇之心託陛下甚重愛陛下甚至故憂陛下甚切違豫之際焫香祝天爲陛下祈禱愛子如此則焚廩浚井之心臣有以知其必無也陛下何疑焉又無乃以肅宗之事爲憂乎肅宗即位靈武非明皇意故不能無疑壽皇當未倦勤親挈神器授之陛下揖遜之風同符堯舜與明皇之事不可同日而語明矣陛下何疑焉又無乃以衞輒之事爲憂乎輒與蒯聵父子爭國壽皇老且病乃頤神北宮以保康寧而以天下事付之陛下非有爭心也陛下何疑焉又無乃以孟子責善爲疑乎父子責善本生於愛爲子者能知此理則何至於相夷壽皇願陛下爲聖帝責善之心出於忠愛非賊恩也陛下何疑焉此四者或者之所以爲疑臣以理推之初無一之可疑者自父子之間小有猜疑此心一萌方寸遂亂故天變則疑而不知畏民困則疑而不知恤疑宰執專權則不禮大臣疑臺諫生事則不受忠諫疑嗜慾無害則近酒色疑君子有黨則庇小人事有不須疑者莫不以爲疑乃若貴爲天子不以孝聞敵國間之將肆輕侮此可疑也而陛下則不疑小人將起爲亂此可疑也而陛下則不疑中外官軍豈無他志此可疑也而陛下則不疑事之可疑者反不以爲疑顚倒錯亂莫甚於此禍亂之萌近

在旦夕宜及今幡然改過整聖駕謁兩宮以交父子之歡則四夷向風天下慕義矣會壽皇不豫中外憂危裳抗聲諫上起入宮裳挽其裾隨之至宮門揮涕而出乃連章請外謂臣職有三曰待制曰侍講曰翊善今使供待制之職乎則當日夕求對以捄主失今不過宮有虧子道前後三諫而不加聽是待制之職可廢也將使供侍講之職乎則當引經援古勸君以孝今不問安不視疾大義已喪復講何書乎是侍講之職可廢也將使供翊善之職乎當究義理教皇子以孝陛下不能以孝事壽皇臣將何說以勸皇子乎是翊善之職可廢也因出關待命及聞壽皇遺詔乃亟入臨寧宗即位裳病不能朝改禮部尚書尋兼侍讀力疾入謝奏曰孔子曰有始有卒者其惟聖人乎又詩曰靡不有初鮮克有終所謂有始有卒者由其持心之一也所謂鮮克有終者由其持心之不一也陛下今日初政固善矣能保他日常如此乎請略舉已行之事論之陛下初理萬機委任大臣此正得人君持要之道使大臣得人常如今日則陛下雖終身守之可也臣恐數年之後亦欲出意作爲躬親聽斷左右迎合因謂陛下事決外庭權不歸上陛下能不咈然於心乎臣恐是時委任大臣不能如今日之專矣夫以萬機之衆非一人所能酬酢苟不委任大臣則必借助左右小人得志陰竊主權引用邪黨其爲禍患何所不至臣之所憂者一也陛下獎用臺諫言無不聽此正得祖宗設官之意使臺諫得人常如今日則陛下終身守之亦可也然臣恐自今以往臺諫之言日關聖聽或斥小人之過使陛下欲用之而不能或暴近習之罪使陛下欲親之而不可逆耳之言不能無厭左右迎合因謂陛下獎用臺諫欲聞讜論而其流弊致使人主不能自由陛下能不咈然於心乎臣恐是時獎用臺諫不能如今日之重矣夫朝廷所恃以分別善惡者專在臺諫陛下苟厭其多言則爲臺諫者將咋舌閉口無所論列君子日退小人日進而天下亂矣臣之所憂者二也二事朝廷之大者又以三事之切於陛下之身言之曰篤於孝愛勤於學問薄於嗜好陛下今皆行之矣未知數年之後能保常如今日乎又引魏徵十漸以爲戒懇懇數千言又奏言陛下近日所爲頗異前日除授之際大臣多有不知臣聞之憂甚而病劇蓋是時韓侂胄已潛弄威柄而宰相趙汝愚未之覺故裳先事言之及疾革時時獨語曰五年之功無使一日壞之度吾已不可爲後之君子必有能任其責者遂口占遺表而卒年四十九上聞之驚悼贈資政殿學士裳爲人簡易端純每講讀隨事納忠上援古義下揆人情氣平而辭切事該而理盡篤於孝友與人言傾盡底蘊恥一書不讀一物不知推賢樂善出乎天性所爲文明白條達有王府春秋講義及兼山集論天人之理性命之源皆足以發明伊洛之旨嘗與其鄉人陳平父兄弟講學平父張栻之門人也師友淵源蓋有自來云嘉定中諡忠文子瑾太宗正丞兼刑部郎官孫子敏刑部郎官

羅點字春伯撫州崇仁人六歲能文登淳熙三年進士第授定江節度推官累遷校書郎兼國史院編修官歲旱詔求言點上封事謂今時姦諛日甚議論凡陋無所可否則曰得體與世浮沉則曰有量衆皆默己獨言則曰沽名衆皆濁己獨清則曰立異此風不革陛下雖欲大有爲於天下未見其可也自旱暵爲虐陛下禱羣祠赦有罪曾不足以感動及朝求讜言夕得甘雨天心所示昭然不誣獨不知陛下之求言果欲用之否乎如欲用之則願以所上封事反覆詳熟當者審而後行疑者否而後決如此則治象日著而亂萌自消矣遷祕書郎兼皇太子宮小學教授寧宗時以皇孫封英國公點兼教授入講至晡時不輟左右請少憩點曰國公務學不休奈何止之又摭古事勸戒爲鑑古錄以進高宗崩孝宗在諒闇皇太子參決庶務點時以戶部員外郎兼太子侍讀出使浙右還起居舍人改太常少卿兼侍立修注官被命使金告登寶位會金有國喪迫點易金帶點曰登位吉事也必以吉服從事有死而已帶不可易又詰點不當稱寶位點曰聖人大寶曰位不加寶字何以別至尊金人不能奪上嘗謂點卿舊爲宮僚非他人比有所欲言毋憚啓告點言君子得志常少小人得志常多蓋君子志在天下國家而不在一己行必直道言必直論往往不忤人主則忤貴近不忤當路則忤時俗小人志在一己而不在天下國家所行所言皆取悅之道用其所以取忤者其得志鮮矣用其所以取悅者其不得志亦鮮矣若昔明王念君子之難進則極所以主張而覆護之念小人之難退則盡所以燭察而隄防之皇子嘉王年及弱冠點言此正親師友進德業之時宜擇端良忠直之士參侍燕閒遂除黃裳爲翊善又言人主憂勤則臣下協心人主偷安則臣下解體今道塗之言皆謂陛下每旦視朝勉彊聽斷意不在事宰執奏陳備禮應答侍從庶僚備禮登對而宮中燕遊之樂錫賚奢侈之費已騰於衆口彊敵對境此聲豈可出哉紹熙三年十一月日長至車駕將朝賀重華宮既而中輟點言自天子達庶人節序拜親無有闕者三綱五常所係甚大不當以爲常事而忽之上過宮意未決點奏陛下已涓日過宮壽皇必引領以俟陛下常人於朋友且不可以無信況人主之事親乎今陛下久闕溫清壽皇欲見不可得萬一憂思感疾陛下將何以自解於天下嘗召對便殿點言近者中外相傳或謂陛下內有所制不能遠出溺於酒色不恤政事果有之乎上曰無是點曰臣固知之竊意宮禁間或有攖拂之事姑以酒自遣耳夫閭閻匹夫處閨門逆境容有縱酒自放者人主宰制天下此心如青天白日當風雨雷電既濟之餘湛然虛明豈容復有纖芥停留哉上猶未過宮點又奏竊聞嘉王生朝稱壽禁中以報劬勞之德父子歡洽寧不動心上念兩宮延望之意十一月點以言不見聽求去不許十二月試兵部尚書五年四月上將幸玉津園點請先過重華又奏曰陛下爲壽皇子四十餘年一無間言止緣初郊違豫壽皇嘗至南內督過左右之人自此讒間遂生憂疑以臣觀之壽皇與天下相忘久矣今大臣同心輔政百執事奉法循理宗室戚里三軍萬姓皆無貳志設有離間誅之不疑乃若深居不出久虧子道衆口謗讟禍患將作不可以不慮上曰卿等可爲朕調護之黃裳對曰父子之親何俟調護點曰陛下一出即當釋然上猶未行點乃率講官言之上曰朕心未嘗不思壽皇對曰陛下久闕定省雖有此心何以自白乎及壽皇不豫點又隨宰執班進諫閤門吏止之點叱之而入上拂衣起宰執引上裾點亟前泣奏曰壽皇疾勢已危不及今一見後悔何及羣臣隨上入至福寧殿內侍闔門衆慟哭而退越三日點隨宰執班起居詔獨引點入點奏前日迫切獻忠舉措失禮陛下赦而不誅然引裾亦故事也上曰引裾可也何得輒入宮禁乎點引辛毗事以謝且言壽皇止有一子既付神器惟恐見之不速耳壽皇崩點請上奔喪許而不出拜遺詔於重華宮前後與侍從列奏諫請帝過宮者凡三十五疏自上奏者又十六章而奏疏重華上書嘉王及面對口奏不預焉寧宗嗣位人心始定拜點端明殿學士簽書樞密院事上有事明堂點扈從齋宮得疾卒年四十五贈太保諡文恭點天性孝友無矯激崖異之行而端介有守義利之辨皎如或謂天下事非力不辨點曰當先論其心心苟不正才雖過人果何取哉宰相趙汝愚嘗泣謂寧宗曰黃裳羅點相繼淪謝二臣不幸天下之不幸也

黃度字文叔紹興新昌人好學讀書祕書郎張淵見其文謂似曾鞏隆興元年進士知嘉興縣入監登聞鼓院行國子監簿言今日養兵爲巨患救患之策宜使民屯田陰復府衛以銷募兵具屯田府衛十六篇上之紹熙四年守監察御史蜀將吳挺死度言挺子曦必納賂求襲位若因而授之恐爲他日患乞分其兵柄宰相難之後曦割關外四州賂金人求王蜀果如度言光宗以疾不過重華宮度上書切諫連疏極陳父子相親之義且言太白晝見犯天關熒惑勾芒行入太微其占爲亂兵入宮以諫不聽乞罷去又言以孝事君則忠臣父年垂八十菽水不親動經歲月事親如此何以爲事君之忠蓋託巳爲諭冀因有以感悟上心又與臺諫官劾內侍陳源楊舜卿林億年三人爲今日禍根罪大於李輔國又言孔子稱天下有道則庶人不議夫人主有過公卿大夫諫而改則過不彰庶人奚議焉惟諫而不改失不可蓋使閭巷小人皆得妄議紛然亂生故勝廣黃巢之流議於下國皆隨以亡今天下無不議聖德者臣竊危之上猶不聽遂出修門上諭使安職度奏有言責者不得其言則去理難復入寧宗即位詔復爲御史改右正言韓侂胄用事丞相留正去國侂胄知度嘗與正論事不合欲諷使擠之度語同列曰丞相已去擠之易耳然長小人聲燄可乎侂胄驟竊政柄以意所好惡爲威福度具疏將論其姦爲侂胄所覺御筆遽除度直顯謨閣知平江府度言蔡京擅權天下所由以亂今侂胄假御筆逐諫臣使俛首去不得効一言非爲國之利也固辭丞相趙汝愚袖其疏入白詔以冲佑祿歸養俄知婺州坐不發覺縣令張元敬贓罪降罷自是紀綱一變大權盡出侂胄而黨論起矣然侂胄素嚴憚度不敢加害起知泉州辭乃進寶文閣奉祠如故侂胄誅天子思而召之除太常少卿尋兼國史院編修官實錄院檢討官朝論欲函侂胄首以泗州五千人還金度以爲辱國非之權吏部侍郎兼修玉牒同修國史實錄院同修撰屢移疾以集英殿修撰知福州遷寶謨閣待制始至訟牒日千餘度隨事裁決日未中而畢進龍圖閣知建康府兼江淮制置使賜金帶以行至金陵罷科糴輸送之擾活饑民百萬口除見稅二十餘萬擊降盜卞整斬盜胡海首以獻招歸業者九萬家侂胄嘗募雄淮軍已收刺者十餘萬人別屯數千人未有所屬度憂其爲患人給錢四萬復其役遣之遷寶謨閣直學士度以人物爲己任推挽不休每日無以報國惟有此耳十上引年之請不

許爲禮部尚書兼侍讀趣入覲論藝祖垂萬世之統一曰純用儒生二曰務惜民力上納其言謝病丐去遂以煥章閣學士知隆興府歸越提舉萬壽宮嘉定六年十月卒進龍圖閣學士贈通奉大夫度志在經世而以學爲本作詩書周禮說著史通抑僭竊存大分別爲編年不用前史法至於天文地理井田兵法即近驗遠可以據依無迂陋牽合之病又有藝祖憲監仁皇從諫錄屯田便宜歷代邊防行於世壻周南周南字南仲平江人年十六遊學吳下視時人業科舉心陋之從葉適講學頓悟捷得爲文詞雅麗精切而皆達於時用每以世道興廢爲己任登紹熙元年進士第爲池州教授會度以言忤當路御史劾度并南罷之度與南俱入僞學黨開禧三年召試館職南對策詆權要言者劾南罷之卒于家南端行拱立尺寸有程準自賜第授文林郎終身不進官兩爲館職數月止既絕意當世弊衣惡食挾書忘晝夜曰此所以遺吾老俟吾死也

林大中字和叔婺州永康人入太學登紹興三十年進士第知撫州金谿縣郡督輸賦急大中請寬其期不聽納告敕投劾而歸已而主太常寺簿光宗受禪除監察御史大中謂國之大事在祀沿襲不正非所以嚴典禮安神明上疏言臣昨簿正奉常實陪廟祀見其祝于神者或舛於文稱於神者或訛其字所宜厚者或簡不虔所宜先者或廢不用更制器服或歲月太疎夙興行事或時刻太早是皆禮意所未順人情所未安也一日御札示大中謂言事覺察宜遵舊例大中曰臺臣不當踰分守固知聖訓然必抗直敢言乃爲稱職遷殿中侍御史奏言進退人才當觀其趣向之大體不當責其行事之小節趣向果正雖小節可責不失爲君子趣向不正雖小節可喜不失爲小人又論今日之事莫大於讎耻之未復此事未就則此念不可忘此念存於心于以來天下之才作天下之氣倡天下之義此義既明則事之條目可得而言治功可得而成矣陳賈以靜江守臣入奏大中極論其庸回亡識嘗表裏王淮排爲道學之目陰廢正人儻許入奏必再留中善類聞之紛然引去非所以靖國命遂寢紹熙二年春雷電交作有旨訪時政闕失大中以事多中出乃上疏曰仲春雷電大雪繼作以類求之則陰勝陽之明驗也蓋男爲陽而女爲陰君子爲陽而小人爲陰當辨邪正毋使小人得以間君子當思正始之道毋使女謁之得行司諫鄧馹以言事移將作監大中言臺諫以論事不合而遷臣恐天下以陛下爲不能容守侍御史兼侍講知潭州趙善俊得旨奏事大中上疏劾善俊而言宗室汝愚之賢當召上用其言召汝愚而出善俊與郡時江淮荆襄爲國巨屏而權任頗輕大中言宜選行實材略之人付以江淮荆襄經理之任舊制河北陝西分爲四路以文臣爲大帥武臣副之中興初沿江置制置使自秦檜罷三大將兵權專歸武臣而江東荆襄帥臣不復領制置之職宜仍舊制置而以諸將爲副久其任重其權則邊防立而國勢張矣江浙四路民苦折帛和買重輸大中曰有產則有稅於稅絹而科折帛猶可言也如和買折帛則重爲民害蓋自咸平馬元方建言於春預支本錢濟其乏絕至夏秋使之輸納則是先支錢而後輸絹其後則錢鹽分給又其後則直取於民今又令納折帛錢以兩縑折一縑之直大失立法初意朝廷以其言爲減所輸者三歲馬大同爲戶部大中劾其用法峻上欲易置他部大中曰是嘗爲刑部固以深刻稱章三上不報又論大理少卿宋之瑞章四上又不報大中以言不行求去改吏部侍郎辭不拜乃除大中直寶謨閣而大同之瑞俱與郡初占星者謂朱熹曰某星示變正人當之其在林和叔耶至是熹貽書尉士曰聞林和叔入臺無一事不中的去國一節風義凜然當於古人中求之給事中尤袤中書舍人樓鑰上疏云大中言官當與被論者有別尋命知寧國府又移贛州寧宗即位召還試中書舍人遷給事中尋兼侍講知閤門事韓侂胄來謁大中接之無他語陰請內交大中笑而却之侂胄怨由此始會吏部侍郎彭龜年抗論侂胄侂胄轉一官與內祠龜年除煥章閣待制與郡大中同中書舍人樓鑰繳奏曰陛下眷禮僚舊一旦龍飛延問無虛日不三數月間或死或斥頓龜年一人尚留今又去之四方謂其以盡言得罪恐傷政體且一去一留恩意不侔去者日遠不復侍左右留者內祠則召見無時請留龜年經筵而命侂胄以外任則事體適平人無可言者有旨龜年已爲優異侂胄本無過尤可並書行大中復同奏龜年除職與郡以爲優異則侂胄之轉承宣使非優異乎若謂侂胄本無過尤則龜年論事實出於愛君之忱豈得爲過龜年既已決去侂胄難於獨留宜畀外任或外祠以慰公議不聽太府寺丞呂祖儉以上書攻侂胄謫置韶州大中抹之汪義端頌爲御史以論趙汝愚去至是侂胄引爲右史大中駁之改吏部侍郎不拜以煥章閣待制知慶元府城南民田潮溢不可種大中捐公帑治石築之民不知役而蒙其利郡訛言夜有妖大中謂此必黠賊所爲立捕駭之人情遂安丐祠得請給事中許及之繳駁遂削職後提舉沖佑觀乞休致復元職監察御史林釆論列再落職尋復之大中罷歸屏居十二年未嘗以得喪關其心作園龜潭之上客至擷杞菊取溪魚觴酒賦詩府事一不以掛口客或勸大中通侂胄書大中曰吾爲夕郎時一言承意豈閑居至今日耶客曰縱不求福盍亦免禍大中曰福不可求而得禍詎可懼而免耶侂胄既召兵釁大中謂今日欲安民非息兵不可欲息兵非去侂胄不可及侂胄誅卽召見落致仕試吏部尚書言呂祖儉以言侂胄得罪死於瘴鄉雖贈官畀職而公議未厭彭龜年面奏侂胄過尤朱熹論侂胄竊弄威柄皆爲中傷降官鐫職卒以老死宜優加旌表其他因議切侂胄以得罪者望量其輕重而旌別之以伸被罪者之寃除端明殿學士簽書樞密院事嘉定改元兼太子賓客嘗議講和事上曰朕不憚屈己爲民講和之後亦欲與卿等革侂胄弊政作家活耳大中頓首曰陛下言及此宗社生靈之福也每語所親云吾年垂八十豈堪勞勸徒以和議未成思體承聖訓以革弊倖爲經久之計償初志略遂卽乞身而歸矣是年六月卒年七十有八贈資政殿學士正奉大夫謚正惠大中清修寡欲退然如不勝衣及其遇事而發凜乎不可犯自少力學趣向不凡所著有奏議外制文集三十卷

陳騤字叔進台州臨海人紹興二十四年試春官第一秦檜當國以秦塤居其上累官遷將作少監守祕書少監兼太子諭德太子尹臨安騤謂儲宮下親細務不得專于學非所以毓德也太子矍然亟辭崔淵以外戚張說進除祕書郎兼金部郎騤封還詞頭未幾出知贛州易秀州召還首言陛下銳意圖治羣下急於自媒爭獻彊兵理財之計及畀以職報效蔑聞宜杜邪諂之路再歸故官遷祕書監兼崇政殿說書淳熙五年試中書舍人兼侍講同修國史上欲采晉宋以下興亡理亂之大端約爲一書謂騤曰惟卿與周必大可任此事言者忌而攻之上留章不下授提舉太平興國宮起知寧國府改知太平州加集英殿修撰以言者罷起知袁州光宗受禪召試吏部侍郎紹熙元年同知貢舉兼侍講二年春雪雷詔陳時政得失騤疏三十條如宮闈之分不嚴則權柄移內謁之漸不杜則明斷息謀臺諫於當路則私黨植吝將帥於近習則賄賂行不求讜論則過失彰不謹舊章則取舍錯宴飲不時則精神昏賜予無節則財用竭皆切於時病三年三月權禮部尚書六月同知樞密院事四年二月參知政事光宗以疾不朝重華宮會慶節稱壽又不果往騤三入奏廷臣上疏者以百數上感悟以冬至日朝重華五年正月朔旦稱壽于慈福宮孝宗崩光宗以疾未臨喪騤請正儲位以安人心七月攝行三省事寧宗即位知樞密院事兼參知政事趙汝愚爲右丞相騤素所不快未嘗同堂語汝愚擬除劉光祖侍御史騤奏曰劉光祖舊與臣有隙光祖入臺臣請避之汝愚愕而止時韓侂胄侍傳言之勢潛竊國柄吏部侍郎彭龜年論侂胄將爲國患不報於是龜年侂胄俱請祠騤曰以閤門去經筵何以示天下龜年竟外補侂胄語人曰彭侍郎不貪好官固也元樞亦欲爲好人耶遂以資政殿大學士與郡辭詔提舉洞霄宮慶元二年知婺州告老授觀文殿學士提舉洞霄宮嘉泰三年卒年七十六贈少傅謚文簡

黃黼字元章臨安餘杭人也少游太學第進士累遷太常博士輪對言周以輔翼之臣出任方伯漢以牧守之最擢拜公卿唐不歷邊任不拜宰相本朝不爲三司等屬不除清望官仁宗時韓琦范仲淹龐籍皆嘗經略西事久歷邊任始除執政邊奏復警范仲淹至再請行貝州之變文彥博親自討賊乞於時望近臣中擇才略謀慮可以任重致遠者或畀上流或委方面習知邊防利害地形險阨中外軍民亦孚其恩信孰其威名天下無事則取風績顯著者不次除拜以尊朝廷邊鄙有警則任以重寄俾制方面出將入相何所不可上嘉奬曰如卿言可謂盡用人之道行太常丞進祕書郎提舉江東常平茶鹽召爲戶部員外郎尋除直祕閣兩浙路轉運判官進直龍圖閣升副使辭改直顯謨閣浙東瀕海之田以旱澇告常平儲蓄不足黼捐漕計貸之毗陵饑民取糠秕雜草根以充食郡縣不以聞黼取民食以進乞捐僧牒緡錢振濟所全活甚衆除中書門下檢正諸房公事守殿中侍御史兼侍講遷侍御史行起居郎兼權刑部侍郎以劉德秀論劾奏祠而卒

詹體仁字元善建寧浦城人父慥與吳宏劉子翬游調贛州信豐尉金人渝盟慥見張浚論滅金祕計浚辟爲屬體仁登隆興元年進士第調饒州浮梁尉郡上體仁獲盜功狀當賞體仁曰以是受賞非其願也謝不就爲泉州晉江丞宰相梁克家泉人也薦於朝入爲太學錄升太學博士太常博士遷太常丞攝金部郎官光宗即位提舉浙西常平除戶部員外郎湖廣總領就升司農

少卿。奏蠲諸郡賦輸積欠百餘萬有逃卒千人入大冶因鐵鑄錢剽掠爲變體仁語戎帥此去京師千餘里若比上請得報賊勢張矣宜速加誅討帥用其言羣黨悉散除太常少卿陛對首陳父子至恩之說謂易於家人之後次之以睽睽之上九曰見豕負塗載鬼一車先張之弧後說之弧匪寇婚媾往遇雨則吉夫疑極而惑凡所見者皆以爲寇而不知實其親也孔子釋之曰遇雨則吉羣疑亡也蓋人倫天理有間隔而無斷絕方其未通也湮鬱煩憒若不可以終日及其醒然而悟泮然而釋如遇雨焉何其和悅而條暢也伏惟陛下神心昭融聖度恢豁凡厥疑情一朝渙然若揭日月而開雲霧丕敘彝倫以承兩宮之歡以塞兆民之望時上以積疑成疾久不過重華宮故體仁引易睽弧之義以開廣聖意孝宗崩體仁率同列抗疏請駕詣重華宮親臨祥祭辭意懇切時趙汝愚將定大策外庭無預謀者密令體仁及左司郎官徐誼達意少保吳琚請憲聖太后垂簾爲援立計寧宗登極天下晏然體仁與諸賢密贊汝愚之力也時議大行皇帝謚體仁言壽皇聖帝事德壽二十餘年極天下之養諒陰三年不御常服漢唐以來未之有宜謚曰孝卒用其言孝宗將復土體仁言永阜陵地勢卑下非所以妥安神靈與宰相異議除太府卿尋直龍圖閣知福州言者竟以前論山陵事罷之退居霅川日以經史自娛人莫窺其際始體仁使浙右時蘇思旦以胥吏執役後倚侂胄躐躋大官至是遣介通殷勤體仁曰小人乘君子之器禍至無日矣烏得以汚我未幾果敗復直龍圖閣知靜江府闔十縣稅錢一萬四千蠲雜賦八千移守鄂州除司農卿復總湖廣餉事時歲凶艱食卽以便宜發廩振捄而後以聞侂胄建議開邊一時爭談兵以規進用體仁移書廟堂言兵不可輕動宜遵養俟時皇甫斌自以將家子好言兵體仁語僚屬謂斌必敗已而果然開禧二年卒年六十四體仁穎邁特立博極羣書少從朱熹學以存誠慎獨爲主爲文明暢悉根諸理周必大當國體仁嘗疏薦三十餘人皆當世知名士郡人眞德秀早從其游嘗問居官涖民之法體仁曰盡心平心而已盡心則無愧平心則無偏世服其確論云

論曰彭龜年黃裳羅點以青宮師保之舊盡言無隱黃度林大中亦能守正不阿進退裕如此數臣者皆能推明所學務引君以當道可謂粹然君子矣陳騤論事頗切時病詹體仁深於理學皆有足稱者然騤嘗詆譏呂祖謙至覩趙汝愚劉光祖爲仇而體仁乃能以朱熹眞德秀爲師友卽其所好惡而二人之邪正於是可知焉

宋史卷三百九十四

元中書右丞相總裁脫脫等修

列傳第一百五十三

胡紘　何澹　林栗　高文虎

陳自強　鄭丙　京鏜　謝深甫

許及之　梁汝嘉

胡紘字應期處州遂昌人淳熙中舉進士紹熙五年以京鏜薦監都進奏院遷司農寺主簿祕書郎韓侂胄用事逐朱熹趙汝愚意猶未決遂擢紘監察御史紘未達時嘗謁朱熹於建安熹待學子惟脫粟飯遇紘不能異也紘不悅語人曰此非人情隻鷄尊酒山中未爲乏也遂亡去及是劾趙汝愚且詆其引用朱熹爲僞學罪首汝愚遂謫永州汝愚初抵罪去國搢紳大夫與夫學校之士皆憤悒不平疏論甚衆侂胄患之以汝愚之門及朱熹之徒多知名士不便於己欲盡去之謂不可一一誣以罪則設爲僞學之目以擯之用何澹劉德秀爲言官專擊僞學然未有誦言攻熹者獨紘草疏將上會改太常少卿不果沈繼祖以追論程頤得爲察官紘遂以藁授之繼祖論熹皆紘筆也寧宗以孝宗嫡孫行三年服紘言止當服期詔侍從臺諫給舍集議釋服於是從紘太常少卿使草定其禮既而親饗太廟紘既解言責復入疏云比年以來僞學猖獗圖爲不軌動搖上皇詆誣聖德幾至大亂賴二三大臣臺諫出死力而排之故元惡殞命羣邪屏跡自御筆有救偏建中之說或者誤認天意急於奉承倡爲調停之議取前日僞學之姦黨次第用之以冀幸其他日不相報復往者建中靖國之事可以爲戒陛下何未悟也漢霍光廢昌邑王賀一日而誅羣臣二百餘人唐五王不殺武三思不旋踵而皆斃於三思之手今縱未能盡用古法亦宜且令退伏田里循省愆咎俄遷紘起居舍人詔僞學之黨宰執權住進擬用紘言也自是學禁益急進起居郎權工部侍郎移禮部又移吏部坐同知貢舉考宏詞不當而罷未幾學禁漸弛紘亦廢棄卒于家

何澹字自然處州龍泉人乾道二年進士累官至國子司業遷祭酒除兵部侍郎光宗內禪拜右諫議大夫兼侍講澹本周必大所厚始爲學官二年不遷留正奏遷之澹憾必大及長諫垣卽劾必大遂策免澹嘗與所善劉光祖言之光祖曰周丞相豈無可論第其門多佳士不可併及其所薦者澹不聽時姜特立譙熙載以春坊舊恩頗用事一日光祖過澹因語澹曰曾龍之事不可再澹曰得非姜譙之謂乎既而澹引光祖入便坐則皆姜譙之徒也光祖始悟澹詭諾明年澹同知貢舉光祖除殿中侍御史首上學術邪正之章及奏名光祖被旨入院拆號與澹席甫邇澹曰近日風采一新光祖曰非立異也但嘗爲大諫言者今日言之耳既出同院謂光祖曰何自然見君所上章數夕恍惚餌定志凡他可知也進御史中丞澹有本生繼母喪乞有司定所服禮寺言當解官澹引不逮事之文乞下給諫議之太學生喬嘉朱有成等移書於澹謂足下自長臺諫此綱常之所係也四十餘年以所生繼母事之及其終也反以爲生不逮而不持心喪可乎奉常禮所由出顧以臺諫給舍議之議者有以闚之矣澹乃去終制除煥章閣學士知泉州移明州寧宗卽位朱熹彭龜年以論韓侂胄俱絀澹還爲中丞怨趙汝愚不援引汝愚時以免相復詆其廢壞壽皇良法美意汝愚落職罷祠又言專門之學流而爲僞願風厲學者專師孔孟不得自相標榜除同知樞密院事參知政事遷知樞密院吳曦賄通時宰規圖帥蜀未及賄澹韓侂胄已許之澹持不可侂胄怒曰始以君肯相就黜僞學汲引至此今顧立異耶以資政殿大學士提舉洞霄宮起知福州澹居外常怏怏失意以書祈侂胄有曰迹雖東治心在南園南園侂胄家圃也侂胄憐之進觀文殿學士尋移知隆興府後除江淮制置大使兼知建康府移使湖北兼知江陵奉祠卒贈少師澹美姿容善談論少年取科名急於榮進阿附權奸斥逐善類主僞黨之禁賢士爲之一空其後更化兇黨俱逐澹以早退幸免優游散地幾二十年

林栗字黃中福州福清人登紹興十二年進士第調崇仁尉教授南安軍宰相陳康伯薦爲太學正守太常博士孝宗卽位遷屯田員外郎皇子恭王府直講時金人請和約爲叔姪之國且以歸疆爲請栗上封事言前日之和誠爲非計然徽宗梓宮慈寧行殿在彼爲是而屈猶有名焉今日之和臣不知其說也宗廟之讎而事之以弟姪其忍使祖宗聞之乎無唐鄧則荆襄有齒寒之憂無泗海則淮東之備達于眞揚海道之防偏于明越矣議者皆言和戎之幣少養兵之費多不知講和之後朝廷能不養兵乎今東南民力陛下之所知也朝廷安得而不較乎且非徒無益也已與之歲幣是畏之矣三軍之情安得不懈弛歸正之心安得不携貳爲今日計宜停使勿遣遷延其期比至來春別無動息徐於境上移書諭以兩國誓言敗之自彼信不由衷雖盟無益自今宜守分界休息生靈不煩聘使之往來各保疆埸之無事焉用疲弊州縣以奉犬羊之使乎孝宗懲創紹興權臣之弊躬攬權綱不以責任臣下栗言人主滋權大臣審權爭臣議權王侯貴戚善撓權者也左右近習善竊權者也權在大臣則大臣重權在邇臣則邇臣重權在爭臣則爭臣重是故人主常患權在臣下必欲收攬而獨持之然未有能獨持之者也不使大臣持之則王侯貴戚得而持之矣不使邇臣審之爭臣議之則左右近習得而議之矣人主顧謂得其權而自執之豈不誤哉是故明主使人持權而不以權與之收攬其權而不肯獨持之至有以鹿爲馬以鷄爲鸞之語方奉對時讀至人主常患權在臣下必欲收攬而獨持之孝宗稱善栗徐曰臣意尚在下文執政有訴於孝宗曰林栗謂臣等指鹿爲馬臣實不願與之同朝乃出知江州有旨省併江州屯駐一軍栗奏辛巳甲申一再犯兩淮賴江州一軍分布防托故舒蘄黃三州獨不被寇本州上至鄂渚七百里下至池陽五百里平時屯戍誠若無益萬一有警鄂渚之戍上越荆襄池陽之師下流增備中間千里藩籬誠爲虛闕無以一夫之議而廢長江千里之防由是軍得無動以吏部員外郎召冬至有事南郊前期十日百執事聽誓戒會慶節有旨上壽不用樂迨宴金使乃有權用樂之命栗以爲不可致書宰相不聽乃乞免克舉冊官以狀申朝廷曰若聽樂則廢齋廢齋則不敢以祭祖宗二百年事天之禮今因一介行人而廢之天之可畏過於外夷遠矣不聽兼皇子慶王府直講有旨令二王非時招延講讀官相與議論時政期盡規益栗以爲不可疏言漢武帝爲戾太子開博望苑卒敗太子唐太宗爲魏王泰立文學館卒敗魏王古者教世子與吾祖宗之所以輔導太子諸王惟以講經讀史爲事他無預焉若使議論時政則是對子議父古人謂之無

禮不可不留聖意除右司員外郎遷太常少卿太廟祫享之制始祖東向昭南向穆北向別廟神主祔于祖姑之下隨本室南北向而無西向之位紹興乾道間懿節安穆二后升祔有司設幄西向逮安恭皇后新祔有司承前失其西向之位幾與禧祖相對栗辨正之除直寶文閣知湖州栗朝辭曰臣聞漢人賈誼號通達國體其所上書至於痛哭流涕者考其指歸大抵以一身喻天下之勢其言曰天下之勢方病大瘇非徒瘇也又苦跜盭又類辟且病痱臣每見士大夫好論時事臣輒舉以問之今日國體於四百四病之中名爲何病能言其病者猶未必能處其方不能言其病而輒處其方其誤人之死必矣聞臣之言者不忿則默間有反以詰臣卽對之曰今日之病名爲風虛其狀半身不隨是也風者在外虛者在內眞氣內耗故風邪自外而乘之忽中於人應時僵仆則靖康之變是也幸而元氣猶存故仆而復起則建炎之興是也然元氣雖存邪氣尚盛自淮以北皆吾故壤而號令不能及正朔不能加有異於半身不隨者乎非但半身不隨而已半身存者凜凜乎畏風邪之乘而不能以自安也今日論者譬如痿人之不忘起奚必賢智之士然後與國同其願哉而市道庸流口傳耳受苟欲嘗試以售其方則蕩熨鍼石雜然並進非體虛之人所宜輕受也聞之醫曰中風偏廢年五十以下而氣盛者易治蓋眞氣與邪氣相敵眞氣盛則邪氣衰眞氣行則邪氣去然眞氣不充滿於半存之身則無以及偏廢之體故欲起此疾者必禁其嗜欲節其思慮愛其氣血養其精神使半存之身日以充實則陽氣周流脈絡宣暢將不覺舍杖而行若急於愈疾而不顧其本百毒入口五臟受風風邪之盛未可卒去而眞氣之存者日以耗亡故中風再至者多不能救臣愚有感於斯言竊謂賈誼復生爲陛下言無以易此知興化軍又移南劍除夔路提點刑獄改知夔州加直敷文閣夔屬郡曰施州其羈縻郡曰思州施民譚汝翼者與知思州田汝弼交惡會汝弼卒汝翼帥兵二千人伐其喪汝弼之子祖周深入報復兵交於二州之境施黔大震汝翼復繕甲兵料丁壯以重幣借兵諸洞而乞師於帥府栗曰汝翼實召亂者移檄罷兵乃選屬吏往攝兵職以漸收汝翼之權命兵馬鈐轄按閱諸州密檄至施就攝州事汝翼不之覺已乃皇遽遁入成都事聞孝宗親札賜栗及成都制置使陳峴曰田氏猶是羈縻州郡譚氏乃夔路豪族又且首爲釁端帥閫不能彈壓縱其至此如尚不悛未免加兵除其元惡時汝翼在成都聞之逃歸調集家丁及役八砦義軍列陳于沱河橋與官軍戰潰汝翼遁去俘其徒四十有三人獲甲鎧器仗三萬一千栗取其巨惡者九人誅之田祖周由是懼與其母冉氏謀獻黔壯田業計錢九十萬緡以贖罪蠻徼遂安既而汝翼入都訴栗受田氏金詔以汝翼屬吏省劄下夔州栗親書奏狀繳還併辨其事上大怒會近臣有救解者尋坐栗身爲帥臣擅格上命鐫職罷歸既而理寺追究事白貸汝翼死幽置紹興府居頃之詔栗累更事任淸介有聞復直寶文閣廣南西路轉運判官就改提點刑獄又改知潭州除祕閣修撰進集英殿修撰知隆興府召對便殿奏乞倣唐制置補闕拾遺左右各一員不以糾彈爲責從之除兵部侍郎朱熹以江西提刑召爲兵部郎官熹既入國門未就職栗與熹相見論易與西銘不合至是栗遣吏部趣之熹以腳疾請告栗遂論熹本無學術徒竊張載程頤之緒餘爲浮誕宗主謂之道學妄自推尊所至輒攜門生十數人習爲春秋戰國之態妄希孔孟歷聘之風繩以治世之法則亂人之首也今采其虛名俾之入奏將置朝列以次收用而熹聞命之初遷延道途邀索高價門生迭爲游說政府許以風聞然後入門既經陛對得官除郎而輒懷不滿傲睨累日不肯供職是豈張載程頤之學敎之然也緣熹既除兵部郎官在臣合有統攝若不舉劾厥罪惟均望將熹停罷姑令循省以爲事君無禮者之戒上謂其言過當而大臣畏栗之强莫敢深論太常博士葉適獨上封事辯之曰考栗之辭始末參驗無一實者其中謂之道學一語無實最甚蓋自昔小人殘害良善率有指名或以爲好名或以爲立異或以爲植黨近忽剏爲道學之目鄭丙唱之陳賈和之居要路者密相付授見士大夫有稍務潔修粗能操守輒以道學之名歸之殆如喫菜事魔影迹犯敗之類往日王淮表裏臺諫陰廢正人蓋用此術栗爲侍從無以達陛下之德意志慮而更襲鄭丙陳賈密相傳授之說以道學爲大罪文致言語逐去一熹固未甚害第恐自此游辭無實讒言橫生善良受害無所不有願陛下正紀綱之所在絕欺罔於既形摧抑暴橫以扶善類奮發剛斷以慰公言於是侍御史胡晉臣劾栗罷之出知泉州又改明州奉祠以卒謚簡肅栗爲人强介有才而性狷急欲快其私忿遂至攻詆名儒廢絕師敎殆與鄭丙陳賈何澹劉德秀劉三傑胡紘輩黨邪害正者同科雖疇昔論事雄辯可觀不足以蓋晚節之謬也

高文虎字炳如四明人禮部侍郎閌之從子登紹興庚辰進士第調平江府吳興縣主簿會幾守官在吳文虎從之游故聞見博洽多識典故除國子正遷太學博士孝宗幸兩學祭酒林光朝訪文虎具儀注文虎輯國朝以來臨幸故事授之兼國史院編修官與修四朝國史出知建昌軍擢將作丞兼實錄院檢討官修高宗實錄又兼玉牒所檢討官修神宗玉牒自熙寧以來史氏淆雜人無所取信文虎盡取朱墨本刊正繆妄一一研覈既奏御又修徽宗玉牒考訂宣和崇觀以來尤爲詳審寧宗卽位遷軍器少監兼將作監遷國子司業兼學士院權直遷祭酒中書舍人兼直學士院兼祭酒升實錄院同修撰同修國史韓侂胄用事旣逐趙汝愚朱熹以其門多知名士設僞學之目以擯之遂命文虎草詔曰向者權臣擅朝僞邪朋附協肆姦宄包藏禍心賴天之靈宗廟之福朕獲承慈訓膺受內禪陰謀壞散國勢復安嘉與士大夫厲精更始凡曰淫朋比德幾其自新而歷載寖茲弗迪厥化締交合盟窺伺間隙毀譽舛迕流言間發將以傾國是而惑衆心甚至竊附於元祐之衆賢而不思實類乎紹聖之姦黨國家秉德康寧弗汝瑕殄今惟自作弗靖意者漸于流俗之失不可復反歟將狃于國之寬恩而罰有弗及歟何其未能洗濯以稱朕意也朕旣深詔二三大臣與夫侍從言議之官益維持正論以明示天下矣諭告所抵宜各改視回聽毋復借疑似之說以惑亂世俗若其遂非不悔怙終不悛邦有常刑必罰毋赦西掖詞命雋率以數人共一詞文虎以爲非所以崇訓戒贊人才也迺人人各爲之遷兵部侍郎兼中書舍人又兼祭酒拜翰林學士兼侍讀實錄院修撰脩國史除華文閣學士知建寧府力丐祠提舉太平興國宮以臺臣言奪職卒文虎以博洽自負與胡紘合黨共攻道學久司學校專困遏天下士凡言性命道德者皆絀焉

陳自强者福州閩縣人字勉之登淳熙五年進士第慶元二年入都待銓自以嘗爲韓侂胄童子師欲見之無以自通適僦居主人出入侂胄家爲言於侂胄一日召自强比至則從官畢集侂胄設褥于堂揖自强再拜次召從官同坐侂胄徐曰陳先生老儒汨沒可念明日從官交薦其才除太學錄遷博士數月轉國子博士又遷祕書郎入館半載擢右正言諫議大夫御史中丞入臺未踰月遂登樞府由選人至兩地財四年嘉泰三年拜右丞相歷封祈衞秦國公韓侂胄顓朝權包苴盛行自强尤貪鄙四方致書饋必題其緘云某物并獻凡書題無并字則不開縱子弟親戚關通貨賄仕進干請必諾價而後予日押空名刺劄送侂胄家須用乃塡三省不與也都城火自强所貯一夕爲煨燼侂胄首遺之萬緡執政及列郡聞之莫不有助不數月得六十萬緡遂倍所失之數媚國用司自爲國用使以費士寅張嚴爲同知國用事掊克民財州縣騷動方侂胄欲爲平章猶畏衆議自强首率同列援典故入奏詔以侂胄爲平章軍國事常語人曰自强惟一死以報師王每稱侂胄爲恩王恩父而呼堂吏史達祖爲兄蘇師旦爲叔侂胄將用兵遣使北行審敵虛實自强薦陳景俊以往金人有不宜敗好之語景俊歸自强戒使勿言侂胄乃決恢復之議吳曦有逆謀求歸蜀厚賂自强自强語侂胄非曦不足以鎭坤維乃縱之歸曦卒受金人命爲蜀王侂胄姦宄久盜國柄自强實爲之表裏旣開邊隙朝野洶洶三遣使請和金人欲縛送首議用兵賊臣侂胄志憤復欲用兵中外大懼史彌遠建議誅侂胄詔以自强阿附充位不恤國事罷右丞相未幾詔追三官永州居住又責武泰軍節度使韶州安置中書舍人倪思繳奏乞遠竄籍其家詔從之再責復州團練副使雷州安置後死於廣州

鄭丙字少融福州長樂人紹興十五年進士積官至吏部尚書浙東提舉朱熹行部至台州奏台守唐仲友不法事宰相王淮芘之熹章十上丙雅厚仲友且迎合宰相意奏近世士大夫有所謂道學者欺世盜名不宜信用蓋指熹也於是監察御史陳賈奏道學之徒假名以濟其僞乞擯斥勿用道學之目丙倡賈和其後爲慶元學禁善類被厄丙罪爲多嘗知泉州爲政暴急或勸之尚寬丙曰吾疾惡有素豈以晚節易所守哉聞者哂之丙官終端明殿學士卒謚簡肅

京鏜字仲遠豫章人也登紹興二十七年進士第龔茂良帥江西見之曰子廟廊器也及茂良參大政遂薦鏜入朝孝宗詔侍從舉良縣令爲臺官給事中王希呂曰京鏜蚤登儒級兩試令有聲陛下求執法官鏜其人也上引見鏜問政事得失時上初統萬機銳志恢復羣臣進說多迎合天子意以爲大功可旦暮致鏜獨言天下事未有驟如意者宜舒徐以圖之上善其言鏜於是極論今日民貧兵驕士氣頹靡言甚切至上說擢爲監察御史累遷右司郎官金遣賀生辰使來上居高宗喪不

欲引見鏜爲儐佐以旨拒之使者請少留闕下鏜曰信使之來以誕節也誕節禮畢欲留何名乎使行上嘉其稱職轉中書門下省檢正諸房公事金人遣使來弔鏜爲報謝使金人故事南使至汴京則賜宴鏜請免宴郊勞使康元弼等不從鏜謂必不免宴則請徹樂遣之書曰鏜聞鄰喪者舂不相里殯者不巷歌今鏜銜命而來繫北朝之惠弔是荷是謝北朝勤其遠而憫其勞遣郊勞之使錫式宴之儀德莫厚焉外臣受賜敢不重拜若曰而必聽樂是於聖經爲悖理於臣節爲悖義豈惟貽本朝之羞亦豈昭北朝之懿哉相持甚久鏜即館相禮者趣就席鏜曰若不徹樂不敢即席金人迫之鏜弗爲動徐曰吾頭可取樂不可聞也乃帥其屬出館門甲士露刃向鏜鏜叱退之金人知鏜不可奪馳白其主主歎曰南朝直臣也特命免樂自是恒去樂而後宴鏜孝宗聞之喜謂輔臣曰士大夫平居孰不以節士自許有能臨危不變如鏜者乎使還入見上勞之曰卿能執禮爲國家增氣朕將何以賞卿鏜頓首曰北人畏陛下威德非畏臣也正使臣死於北庭亦臣子之常分耳敢言賞乎故事使還當增秩右相周必大言於上曰增秩常典爾京鏜奇節今之毛遂也惟陛下念之乃命鏜權工部侍郎四川闕帥以鏜爲安撫制置使兼知成都府鏜到官首罷征歛弛利以予民瀘州卒殺太守鏜擒而斬之蜀以大治召爲刑部尚書寧宗即位甚見尊禮由政府累遷爲左丞相當是時韓侂胄權勢震天下其親幸者由禁從不一二歲至宰輔而不附侂胄者往往沉滯不偶鏜既得位一變其素守於國事謾無所可否但奉行侂胄風旨而已又薦引劉德秀排擊善類於是有僞學之禁後宦者王德謙除節度使鏜乃請裂其麻上曰除德謙一人而止可乎鏜曰此門不可啓節鉞不已必及三孤三孤不已必及三公願陛下以眞宗不予劉承規爲法以大觀宣政間童貫等冒節鉞爲戒上於是謫德謙而黜詞臣吳宗旦或曰亦侂胄意也居無何以年老請免相薨贈太保謚文忠後以監察御史倪千里言改謚莊定

謝深甫字子肅台州臨海人少頴悟刻志爲學積數年不寐夕則置餅水加足於上以警困怠父景之識爲遠器臨終語其妻曰是兒當大吾門善訓迪之母攻苦守志督深甫力學中乾道二年進士第調嵊縣尉歲饑有死道旁者一嫗哭訴曰吾兒也傭于某家遭掠而斃深甫疑焉徐廉得嫗子他所召嫗出示之嫗驚伏曰某與某有隙賂我使誣告耳越帥方滋錢端禮皆薦深甫有廊廟才調崑山丞爲浙曹考官一時士望皆在選中司業鄭伯熊曰文士世不乏求具眼如深甫者實鮮深甫曰文章有氣骨如太山喬嶽可望而知以是得之知處州青田縣侍御史葛邲監察御史顏師魯禮部侍郎王藺交薦之孝宗召見深甫言今日人才枵中侈外者多妄誕矯訐沽激者多眩鬻激昂者急於披露而或鄰於好夸剛介者果於植立而或鄰於太銳靜退簡默者寡有所合或鄰於立異故言未及酬而已齟齬事未及成而已挫抑於是趣時狥利之人事務身謀習爲軟熟畏避束手因循苟且年除歲遷亦至通顯一有緩急莫堪倚仗臣願任使之際必察其實既悉其實則涵養之以蓄其才振作之以厲其氣栽培封殖勿使沮傷上嘉納問當世人才對曰薦士大臣職也小臣來自遠方不足以奉明詔上頷之諭宰臣曰謝深甫奏對雍容有古人風除藉田令遷大理丞江東大旱擢爲提舉常平講行救荒條目所全活一百六十餘萬人光宗即位以左曹郎官借禮部尚書爲賀金國生辰使紹熙改元除右正言遷起居郎兼權給事中知閤門事韓侂胄破格轉遙郡刺史深甫封還內降云人主以爵祿磨厲天下之人才固自重而不可輕以法令隄防天下之僥倖尤可守而不可易今侂胄驀越五官而轉遙郡僥倖一啓攀援踵至將何以拒之請罷其命進士俞古應詔言事語涉詆訐送瑞州聽讀深甫謂以天變求言未聞旌賞而反罪之則是名求而實拒也俞古不足以道所惜者朝廷事體耳右司諫鄧馹論近習左遷深甫請還馹謂不可以近習故變易諫官爲清朝累二年知臨安府三年除工部侍郎入謝光宗面諭曰京尹寬則廢法猛則厲民獨卿爲政得寬猛之中進兼吏部侍郎兼詳定敕令官四年兼給事中陳源久以罪斥忽予內祠深甫固執不可姜特立復詔用深甫力爭特立竟不得入張子仁除節度使深甫疏十一上命遂寢每禁庭燕私左右有希恩澤者上必曰恐謝給事有不可耳寧宗即位除煥章閣待制知建康府侍御史中丞兼侍讀上言比年以來紀綱不立臺諫有所論擊不與被論同罷則反除以外任給舍有所繳駁不命次官書行則反遷以他官監司有所按察不兩置之勿問則被按者反得美除以奔競得志者不復知有廉耻以請屬獲利者不復知有彝憲貪墨縱橫莫敢誰何罪惡暴露無所忌憚隳壞紀綱莫此爲甚請風厲在位革心易慮以肅朝著禮官議祧僖祖侍講朱熹以爲不可深甫言宗廟重事未宜遽革朱熹攷訂有據宜從熹議慶元元年除端明殿學士簽書樞密院事遷參知政事再遷知樞密院事兼參知政事內侍王德謙建節深甫三疏力陳不可蹈大觀覆轍德謙竟斥進金紫光祿大夫拜右丞相封申國公進岐國公光宗山陵爲總護使還拜少保力辭改封魯國公嘉泰元年累疏乞避位寧宗曰卿能爲朕守法度惜名器不可以言去召坐賜茶御筆書說命中篇及金幣以賜之有余嘉者上書乞斬朱熹絶僞學且指蔡元定爲僞黨深甫擲其書語同列曰朱元晦蔡季通不過自相與講明其學耳果有何罪乎余嘉蟣蝨臣乃敢狂妄如此當相與奏之行遣以厲其餘金使入見不如式寧宗起入禁中深甫端立不動命金使俟于殿隅帝再御殿乃引使者進書迄如舊儀拜少保乞骸骨授醴泉觀使明年拜少傅致仕有星隕于居第遂薨後孫女爲理宗后追封信王易封衞魯謚惠正

許及之字深甫溫州永嘉人隆興元年第進士知袁州分宜縣以部使者薦除諸軍審計遷宗正簿乾道元年林栗請增置諫員乃倣唐制置拾遺補闕以及之爲拾遺班序在監察御史之上高宗崩及之言皇帝既躬三年之喪羣臣難從純吉當常服黑帶王淮當國久及之奏陛下即位二十七年而羣臣未能如聖意者以苟且爲安榮以姑息爲仁恕以不肯任事爲簡重以不敢任怨爲老成敢言者指爲輕儇鮮耻者謂之朴實陛下得若人而相之何補於治哉淮竟罷職予祠光宗受禪除軍器監遷太常少卿以言者罷紹熙元年除淮南運判兼淮東提刑以鐵錢濫惡不職貶秩知廬州召除大理少卿寧宗即位除吏部尚書兼給事中及之早與薛叔似同擢遺補皆爲當時所予黨事既起善類一空叔似累斥逐而及之謟事侂胄無所不至嘗值侂胄生日朝行上壽畢集及之後至閽人掩關拒之及之俯僂以入爲尚書二年不遷見侂胄流涕序其知遇之意及衰遲之狀不覺膝屈侂胄惻然憐之曰尚書才望簡在上心行且進拜矣居亡何同知樞密院事當時有由竇尚書屈膝執政之語傳以爲笑嘉定二年拜參知政事進知樞密院事兼參政兵端開侂胄欲令及之守金陵及之辭侂胄誅中丞雷孝友奏及之實贊侂胄開邊及守金陵始詭計免行降兩宮泉州居住嘉定二年卒

梁汝嘉字仲謨處州麗水人以外祖太宰何執中任入官調中山府司議曹事建炎初知常州武進縣守薦其治狀擢通判州事加直祕閣歷官至轉運副使臨安闕守火盜屢作命汝嘉攝事汝嘉修火政嚴巡徼盜發輒得火災亦息遂命爲眞加直龍圖閣以稱職擢徽猷閣待制試戶部侍郎兼知臨安府累遷戶部侍郎進權尚書兼江淮荊廣經制使汝嘉素善秦檜殿中侍御史周葵將按之汝嘉聞紿中書舍人林待聘曰副端將論君待聘亟告檜徙葵起居郎葵入後省出疏示待聘曰梁仲謨何其幸也待聘始知爲汝嘉所賣士大夫以是薄汝嘉汝嘉求去以寶文閣直學士提舉太平觀未幾升學士知明州知浙西沿海制置使更溫宣鼎三郡復奉祠以歸紹興二十三年卒汝嘉長於吏治在臨安風績尤著

論曰君子之論人亦先觀其大者而已矣忠孝人之大節也胡紘導其君以短喪不得謂之忠何澹疑所生繼母之服士論紛紜而後去不可以爲孝彼於其大者且忍爲之則其協比權姦誣搆善類亦何憚而不爲乎謝深甫出處舊史泯其迹若無可議爲者然慶元之初韓侂胄設僞學之禁網羅善類而一空之深甫秉政適與之同時諉曰不知不可也况於一劾陳傅良再劾趙汝愚形於深甫之章有不可揜者乎陳自强鄭丙許及之輩狐媚苟合以竊貴寵斯亦不足論已若林栗之有治才善論事高文虎之自負該洽京鏜之伏義秉禮志信於敵國抑豈無足稱者然栗以私忿詆名儒不爲清議所與而文虎草僞學之詔以是爲非以正爲邪變亂白黑以欺當世其人可知也鏜暮年得政朋姦取容旣愧其初服矣况僞學之目識者以爲鏜實發之乎士君子立身行事一失其正流而不知返遂爲千古之罪人可不懼哉可不懼哉

宋史卷三百九十五

元中書右丞相總裁脫脫等修

列傳第一百五十四

樓鑰　李大性　任希夷　徐應龍　莊夏
王阮　王質　陸游　方信孺　王柟

樓鑰字大防明州鄞縣人隆興元年試南宮有司偉其辭藝欲以冠多士策偶犯舊諱知貢舉洪遵奏得旨以冠末等投贄謝諸公考官胡銓稱之曰此翰林才也試教官調溫州教授爲敕令所刪定官修淳熙法議者欲降太學釋奠爲中祀鑰曰乘輿臨幸於先聖則拜武成

則肅揖其禮異矣可鈞敵乎改宗正寺主簿歷太府宗正寺丞出知溫州屬縣樂清倡言方臘之變且復起邑令捕數人歸于郡鑰曰罪之則無可坐縱之則惑民編隸其爲首者而驅其從出境民言遂定堂帖問故鑰曰蘇洵有言有亂之形無亂之實是謂將亂不可以有亂急不可以無亂弛丞相周必大心善之光宗嗣位召對奏曰人主初政當先立其大者至大莫如恢復然當先强主志進君德又曰今之綱密甚矣望陛下軫念元元以設禁爲不得已凡有敝意增益者寢而勿行所以保養元氣除考功郎兼禮部吏銓並緣爲姦多所釐底鑰曰簡要清通尚書郎之選盡革去之改國子司業擢起居郎兼中書舍人代言坦明得制誥體繳奏無所回避禁中或私請上曰樓舍人朕亦憚之不如且已刑部言天下獄案多所奏裁中書之務不清宜痛省之鑰曰三宥制刑古有明訓力論不可會慶節上壽扈從班集乘輿不出已而玉牒聖政會要書成將進重華又屢更日鑰言臣累歲隨班見陛下上壽重華宮歡動宸極嘉王日趨朝謁恪勤不懈竊料壽皇望陛下之來亦猶此也又奏聖政之書全載壽皇一朝之事玉牒會要足成淳熙末年之書幸速定其日無復再展以全聖孝於是上感悟進書成禮試中書舍人俄兼直學士院光宗內禪詔書鑰所草也有云雖喪紀自行於宮中而禮文難示於天下薦紳傳誦之遷給事中乞正太祖東嚮之位別立僖祖廟以代夾室順祖翼祖宣祖之主皆藏其中祫祭卽廟而饗從之朱熹以論事忤韓侂胄除職與郡鑰言熹鴻儒碩學陛下閔其耆老當此隆寒立講不便何如俾之內祠仍令修史少俟春和復還講筵不報趙汝愚謂人曰樓公當今人物也直恐臨事少剛決耳及見其持論堅正嘆曰吾於是大過所望矣寧宗受禪侂胄以知閤門事與聞傳命頗有弄權之漸彭龜年力攻之侂胄轉一官與在京宮觀龜年除待制與郡鑰與林大中奏乞留龜年於講筵或命侂胄以外祠龜年竟去鑰遷爲吏部尚書以顯謨閣學士提舉江州太平興國宮尋知婺州移寧國府罷仍奪職告老至再許之侂胄嘗副鑰爲館伴以鑰不附己深嗛之侂胄誅詔起鑰爲翰林學士遷吏部尚書兼翰林侍講時鑰年過七十精敏絕人詞頭下立進草院吏驚詫入朝陛循舊班諦視鑰曰久不見此官矣時和好未定金求韓侂胄函首鑰言和好待此而決姦兇已斃之首又何足恤詔從之趙汝愚之子崇憲奏雪父冤鑰乞丐趙師召之罪重蔡璉之誅毀龔頤正續稽古錄以白誣謗除端明殿學士簽書樞密院事升同知進參知政事位兩府者五年累疏求去除資政殿學士知太平州辭進大學士提舉萬壽觀嘉定六年薨年七十七贈少師謚宣獻鑰文辭精博自號攻媿主人有集一百二十卷

李大性字伯和端州四會人其先積中嘗爲御史以直言入元祐黨籍始家豫章大性少力學尤習本朝典故以父任入官因參選進藝祖廟謨百篇及公私利害百疏又言元豐制六察許言事章惇爲相始禁之乞復舊制以廣言路從臣力薦之命赴都堂審察僅遷一秩爲湖北提刑司幹官未幾入爲主管吏部架閣文字丁母艱服闋進典故辨疑百篇皆本朝故實蓋網羅百氏野史訂以日歷實錄核其正舛率有據依孝宗讀而褒嘉之擢大理司直遷敕令所删定官添差通判楚州郡守吳曦與都統劉超合議欲撤城移他所大性謂楚城實晉義烏間所築最堅奈何以脆薄易堅厚乎持不可臺臣將劾其沮撓不果會從官逆北客朝命因俾廉訪具以實聞遂罷戎帥召大性除太府寺丞遷太宗正丞兼倉部郎尋改工部陳傅良以言事去國彭龜年黃度楊方相繼皆去大性抗疏言朝廷清明乃使言者無故而去臣所甚惜也數人之心皆本愛君知其愛君任其去而不顧恐端人正士之去者將不止此孟子曰不信仁賢則國空虛臣所以爲之寒心也孝宗崩光宗疾未能執喪大性復上疏言今日之事顚倒舛逆況金使祭奠常引見于北宮素帷不知是時猶可以不出乎檀弓曰成人有兄死而不喪者聞子皐將爲成宰遂爲衰成人曰兄則死而子皐爲之衰蓋言成人畏子皐之來方爲制服其服乃子皐爲之非爲兄也若陛下必待使來然後執喪則恐貽譏中外豈特如成人而已哉遷軍器少監權司封郎提舉浙東常平改浙東提刑兼知慶元府召爲吏部郎中四遷爲司農卿明年兼戶部侍郎出知紹興府甫一歲召爲戶部侍郎升尚書朝論將用兵大性條陳利害主不宜輕舉之說忤韓侂胄意出知平江移知福州又移知江陵充荊湖制置使江陵當用兵後殘燬饑饉繼以疾疫大性首議振貸凡三十八萬緡有奇前官虛羨凡十有四萬五千緡率蠲放不督民流移新復業者皆奏免征榷邊郡武爵本以勵士冒濫滋衆大性劾兩路戎司冒受逃亡付身凡三千四百九十有七道率繳上毀抹左選爲之一清江陵舊使銅鐵錢重楮輕民持貲入市有終日不得一錢者大性奏乞依襄郢例通用鐵錢於是泉貨流通民始復業除刑部尚書兼詳定敕令尋遷兵部時金國分裂不能自存有舉北伐之議者大性上疏以和戰之說未定乞令朝臣集議從之尋以端明殿學士知平江府引疾丐祠卒于家年七十七贈開府儀同三司謚文惠李氏自積中三世官于朝父子兄弟相師友而大性與弟大異大東並躋從列爲名臣云

任希夷字伯起其先眉州人四世祖伯雨爲諫議大夫其後任閩因家邵武希夷少刻意問學爲文精苦登淳熙三年進士第調建寧府浦城簿從朱熹學篤信力行熹器之曰伯起開濟士也開禧初主太常寺簿奏紹熙以來禮書未經編次歲月滋久恐或散亡乞下本寺修纂從之遷禮部尚書兼給事中謂周惇頤程顥程頤爲百代絕學之倡乞定議賜謚其後惇頤謚元顥謚純頤謚正皆希夷發之進端明殿學士簽書樞密院事兼權參知政事史彌遠柄國久執政皆具員議者頗譏其拱默尋提舉臨安洞霄宮薨贈少師謚宣獻

徐應龍字允叔淳熙二年第進士調衢州法曹湖南檢法官潭獲劫盜首謀者已繫獄妄指逸者爲首吏信之及獲逸盜治之急遂誣服吏以成憲讞于憲司應龍閱實其辭謂首從不明法當奏時周必大判潭州提刑盧彥德不欲反其事將寘逸盜于死應龍力與之辨先是彥德許應龍京削至是怒曰君不欲出我門邪應龍曰以人命傅文字所不忍也彥德不能奪聞者多其有守交薦之改秩知瑞州高安縣呂祖儉言事忤韓侂胄謫死高安應龍爲之經紀其喪且爲文誄之有勸之避禍者應龍曰呂君吾所敬雖緣此獲譴亦所願也朱熹貽書應龍曰高安之政義風凜然主淮西機宜文字知南恩州陳自强當國乃舊同舍應龍丐雷州而去召監都進奏院遷國子博士守工部員外郎進戶部侍郎遷國子司業兼實錄院檢討官崇政殿說書守祕書少監兼權工部侍郎時金主徙汴應龍言金人窮而南奔將溢出而蹈吾之境金亡更生新敵尤爲可慮兼侍講言人主不能盡知天下人材當責之宰相宰相不能盡知天下人材當採之公論李吉甫爲相號稱得人而三人之薦乃出於裴垍之疏遷吏部侍郎進刑部尚書兼侍讀應龍在講筵多指陳時政一日讀吳起爲卒吮疽事應龍奏起恤士卒如此故能得其死力今軍將得以賄遷專事掊克未免多怨上驚曰債帥之風今猶未除邪宰相史彌遠聞而惡之免侍讀未幾兼太子詹事會景獻太子薨請老上不許徙吏部尚書以煥章閣學士提舉嵩山崇福宮嘉定十七年卒贈開府儀同三司謚文肅子榮叟官至參知政事謚文靖深叟官終將作監丞清叟知樞密院事兼參知政事各有傳

莊夏字子禮泉州人淳熙八年進士慶元六年大旱詔求言夏時知贛州興國縣上封事曰君者陽也臣者君之陰也今威福下移此陰勝也積陰之極陽氣散亂而不收其弊爲火災爲旱蝗願陛下體陽剛之德使後宮戚里內省黃門思不出位此抑陰助陽之術也召爲太學博士言比年分藩持節詔墨未乾而改除坐席未溫而易地一人而歲三易節一歲而郡四易守民力何由裕遷國子博士召除吏部員外郎遷軍器監太府少卿出知漳州爲宗正少卿兼國史院編修官尋權直學士院兼太子侍讀時流民來歸夏言荊襄兩淮多不耕之田計口授地貸以屋廬牛具吾乘其始至可以得其欲彼幸其不死可以忘其勞兵民可合屯田可成此萬世一時也試中書舍人兼太子右庶子左諭德言今戰守不成而規模不定則和好之說得以乘間而入今日之患莫大於兵冗乞行下將帥令老弱自陳得以子若弟姪若壻強壯及等者收刺之代其名糧上曰兵卒子弟與召募百姓不同卿言是也除兵部侍郎煥章閣待制與祠歸嘉定十年卒

王阮字南卿江州人曾祖韶神宗時開熙河擒木征祖厚繼闢湟鄯父彥傳靖康勤王皆有功阮少好學尚氣節常自稱將種辭辯奮發四坐莫能屈嘗謁袁州太守張栻栻謂曰當今道在武夷子盍往求之阮見朱熹于考亭熹與語大說之登隆興元年進士第時孝宗初卽位欲成高宗之志首詔經理建業以圖進取而大臣異議幸安計未決阮試禮部對策曰臨安蟠幽宅阻面湖背海膏腴沃野足以休養生聚其地利於休息建康東南重鎮控制長江呼吸之間上下千里足以虎視吳楚應接梁宋其地利於進取建炎紹興間敵人乘勝長驅直擣而我師亦甚憊也上皇遵養時晦不得與平廼駐臨安所以爲休息計也已三十年來闕者全壞者修弊者整廢者復較以曩昔倍萬不侔主上獨見遠覽舉而措諸事業非固以臨安爲不足居也戰守之形旣分動靜進退之理異也古者立國必有所恃謀國之要必負其所恃之地秦有函谷蜀有劍閣魏有成皋趙有井陘燕有飛狐而吳有長江皆其所倚以爲國也今東南王氣鍾在建業長江千里控扼所會輟而弗顧退守幽深

之地若將終身爲如是而已謀國果得爲善謀乎且夫戰者以地爲本湖山回環孰與乎龍盤虎踞之雄胥湖奔猛孰與乎長江之險今議者徒習吳越之僻固而不知秣陵之通達是猶富人之財不布於通都大邑而匣金以守之愚恐半夜之或失也儻六飛順動中原在跬步間況一建康耶古人有言千里之行起於足下人患不爲爾知貢舉范成大得而讀之嘆曰是人傑也調南康都昌主簿以廉聲聞移永州教授獻書闕下請罷吳楚牧馬之政而積馬於蜀茶馬司以省往來綱驛之費歲時分牧之費凡數千言紹熙中知濠州請復曹瑋方田修种世衡射法日講守備與邊民親訪北境事宜終阮在濠金不敢南侵改知撫州韓侂胄宿聞阮名特命入奏將誘以美官夜遣密客詣阮阮不答私謂所親曰吾聞公卿擇士士亦擇公卿劉韶柳宗元失身匪人爲萬世笑今政自韓氏出吾肯出其門哉陛對畢拂衣出關侂胄聞之大怒批旨予祠阮於是歸隱廬山盡棄人間事從容觴詠而已朱熹嘗惜其才氣術略過人而留滯不偶云嘉定元年卒

王質字景文其先鄆州人後徙興國質博通經史善屬文游太學與九江王阮齊名阮每云聽景文論古如讀酈道元水經名川支川貫穿周匝無有間斷咳唾皆成珠璣質與張孝祥父子游深見器重孝祥爲中書舍人將薦質舉制科會去國不果著論五十篇言歷代君臣治亂謂之朴論中紹興三十年進士第用大臣言召試館職不就明年金主完顏亮南侵御史中丞汪澈宣諭荆襄又明年樞密使張浚都督江淮皆辟爲屬入爲太學正時孝宗屢易相國論未定質乃上疏曰陛下即位以來慨然起乘時有爲之志而陳康伯葉義問汪澈在庭陛下皆不以爲才於是先逐義問次逐澈獨徘徊康伯難於進退陛下意終鄙之遂決意用史浩而浩亦不稱陛下意於是決用張浚而浚又無成於是決用湯思退今思退專任國政又且數月臣度其終無益於陛下夫宰相之任一不稱則陛下之志一沮前日康伯持陛下以和和不成浚持陛下以戰戰不驗浚又持陛下以守守既困思退又持陛下以和陛下亦嘗深察和戰守之事乎李牧在鴈門法主於守守乃有戰祖逖在河南法主於戰戰乃有和羊祜在襄陽法主於和和乃有守何至分而不使相合今陛下之心志未定規模未立或告陛下金弱且亡而吾兵甚振陛下則勃然有勒燕然之志或告陛下吾力不足恃而金人且來陛下即委然有盟平涼之心或告陛下吾不可進金不可入陛下又塞然有指鴻溝之意使臣爲陛下謀會三者爲一天下烏有不治哉天子心知質忠而忌者共譏質年少好異論遂罷去會虞允文宣撫川陝辟質偕行一日令草檄契丹文援毫立就辭氣激壯允文起執其手曰景文天才也入爲敕令所删定官遷樞密院編修官允文當國孝宗命擬進諫官允文以質鯁亮不回且文學推重於時可右正言時中貴人用事多畏憚質陰沮之出通判荆南府改吉州皆不行奉祠山居絕意祿仕淳熙十五年卒

陸游字務觀越州山陰人年十二能詩文蔭補登仕郎鎖廳薦送第一秦檜孫塤適居其次檜怒至罪主司明年試禮部主事復置游前列檜顯黜之由是爲所嫉檜死始赴福州寧德簿以薦者除敕令所删定官時楊存中久掌禁旅游力陳非便上嘉其言遂罷存中中貴人有市北方珍玩以進者游奏陛下以損名齋自經籍翰墨外屏而不御小臣不體聖意輒私買珍玩虧損聖德乞嚴行禁絕應詔言非宗室外家雖實有勳勞毋得輒加王爵頃者有以師傅而領殿前都指揮使復有以太尉而領閤門事瀆亂名器乞加訂正遷大理寺司直兼宗正簿孝宗即位遷樞密院編修官兼編類聖政所檢討官史浩黃祖舜薦游善詞章諳典故召見上曰游力學有聞言論剴切遂賜進士出身入對言陛下初即位乃信詔令以示人之時而官吏將帥一切玩習宜取其尤沮格者與衆棄之和議將成游又以書白二府曰江左自吳以來未有捨建康他都者駐蹕臨安出於權宜形勢不固饋餉不便海道逼近凜然意外之憂一和之後盟誓已立動有拘礙今當與之約建康臨安皆係駐蹕之地北使朝聘或就建康或就臨安如此則我得以暇時建都立國彼不我疑時龍大淵曾覿用事游爲樞臣張燾言覿大淵招權植黨熒惑聖聽公及今不言異日將不可去燾遽以聞上詰語所自來燾以游對上怒出通判建康府尋易隆興府言者論游交結臺諫鼓唱是非力說張浚用兵免歸久之通判夔州王炎宣撫川陝辟爲幹辦公事游爲炎陳進取之策以爲經略中原必自長安始取長安必自隴右始當積粟練兵有釁則攻無則守吳璘子挺代掌兵頗驕恣傾財結士屢以過誤殺人炎莫誰何游請以玠子拱代挺炎曰拱怯而寡謀遇敵必敗游曰使挺遇敵安保其不敗就命有功愈不可駕馭及挺子曦僭叛游言始驗范成大帥蜀游爲參議官以文字交不拘禮法人譏其頹放因自號放翁後累遷江西常平提舉江西水災奏撥義倉振濟檄諸郡發粟以予民召還給事中趙汝愚駁之遂與祠起知嚴州過闕陛辭上諭曰嚴陵山水勝處職事之暇可以賦詠自適再召入見上曰卿筆力回斡甚善非他人可及除軍器少監紹熙元年遷禮部郎中兼實錄院檢討官嘉泰二年以孝宗光宗兩朝實錄及三朝史未就詔游權同修國史實錄院同修撰免奉朝請尋兼祕書監三年書成遂升寶章閣待制致仕游才氣超逸尤長於詩晚年再出爲韓侂胄撰南園閱古泉記見譏清議朱熹嘗言其能太高迹太近恐爲有力者所牽挽不得全其晚節蓋有先見之明焉嘉定二年卒年八十五

方信孺字孚若興化軍人有雋材未冠能文周必大楊萬里見而異之以父崧卿蔭補番禺縣尉盜劫海賈信孺捕之盜方沙聚分鹵獲惶駭欲趨舟信孺已使人負盜舟去矣乃悉縛盜不失一人韓侂胄舉兵復之謀諸將僨軍邊釁不已朝廷尋悔金人亦厭兵乃遣韓元靚來使而都督府亦再遣壯士遺敵書然皆莫能得其要領近臣薦信孺可使自蕭山丞召赴都命以使事信孺曰開釁自我金人設問首謀當何以答之侂胄矍然假朝奉郎樞密院檢詳文字充樞密院參謀官持督帥張巖書通問于金國元帥府至濠州金帥紇石烈子仁止于獄中露刃環守之絕其薪水要以五事信孺曰反俘歸幣可也縛送首謀於古無之稱藩割地則非臣子所忍言子仁怒曰若不望生還耶信孺曰吾將命出國門時已置生死度外矣至汴見金左丞相都元帥完顏宗浩出就傳舍宗浩使將命者來堅持五說且謂稱藩割地自有故事信孺曰昔靖康倉卒割三鎭紹興以太母故暫屈今日顧可用爲故事耶此事不獨小臣不敢言行府亦不敢奏也請面見丞相決之將命者引而前宗浩方坐幄中陳兵見之云五事不從兵南下矣信孺辯對不少詘宗浩叱之曰前日興兵今日求和何也信孺曰前日興兵復讎爲社稷也今日屈己求和爲生靈也宗浩不能詰授以報書曰和與戰俟再至決之信孺還詔侍從兩省臺諫官議所以復命衆議還俘獲罪首謀增歲幣五萬遣信孺再往時吳曦已誅金人氣頗索然猶執初議信孺曰本朝謂增幣已爲卑屈況名分地界哉且以曲直校之本朝興兵在去年四月若貽書誘吳曦則去年三月也其曲固有在矣如以彊弱言之若得滁濠我亦得泗漣水若夸胥浦橋之勝我亦有鳳凰山之捷若謂我不能下宿壽若圍廬和楚果能下乎五事已從其三而猶不我聽不過再交兵耳金人見信孺忠懇乃曰割地之議姑寢但稱藩不從當以叔爲伯歲幣外別犒師可也信孺固執不許宗浩計窮遂密與定約復命再差充通謝國信所參謀官奉國書誓草及許通謝百萬緡抵汴宗浩變前說怒信孺不曲折建白遽以誓書來有誅戮禁錮語信孺不爲動將命曰此事非犒軍錢可了別出事目信孺曰歲幣不可再增故代以通謝錢今得此求彼吾有隕首而已將命曰不爾丞相欲留公信孺曰留於此死辱命亦死不若死於此會蜀兵取散關金人益疑信孺還言敵所欲者五事割兩淮一增歲幣二犒軍三索歸正等人四其五不敢言侂胄再三問至厲聲詰之信孺徐曰欲得太師頭耳侂胄大怒奪三秩臨江軍居住信孺自春至秋使金三往返以口舌折彊敵金人計屈情見然憤其不屈議用弗就已而王柟出使定和議增幣函首皆前信孺所指不可者柟白廟堂信孺辯折敵酋於彊愎未易告語之時信孺當其難柟當其易柟每見金人必問信孺安在公論所推雖敵人不能掩也乃詔信孺自便尋知韶州累遷淮東轉運判官兼提刑知眞州即北山置水築石堤袤二十里人莫知其所爲後金人薄儀眞守將決水匱以退敵城乃獲全山東初內附信孺言豪傑不可以虛名駕馭武夫不可以弱勢彈壓宜選威望重臣將精兵數萬開幕山東以主制客以重馭輕則可以包山東固江北而兩河在吾目中矣坐責降三秩再奉祠稍復官信孺性豪爽揮金如糞土所至賓客滿其後車使北時年財三十既齟齬歸營居室巖竇自放於詩酒後貲用竭賓客益落信孺尋亦死矣

王柟字汝良大名人祖倫同簽書樞密院事倫使北死孝宗訪求其孫之未祿者三人官之柟其一也調通州海門尉乘輕舟入海濤捕劇賊小吳郎并其徒十七人獲之獄成不受賞韓侂胄以恢復起兵端天子思繼好息民凡七遣使無成績遣方信孺往將有成說矣坐白事忤侂胄得辠欲再遣使顧在廷無可者近臣以柟薦擢監登聞鼓院假右司郎中使持書北行柟歸白其母母曰而祖以忠死國故恩及子孫汝其勉旃毋以吾老爲念乃拜命疾驅抵敵所金將烏骨論等四人列坐問韓侂胄貴顯幾年矣柟對已十餘年平章國事財二年耳又問金欲去此人可乎柟曰主上英斷去之何難四人相顧而笑有完顏天寵者袖出文書云王柟雖持韓

侂胄書乃朝廷有旨遣其來元帥府議和宜詳議以報於是金人知侂胄已誅和議遂決柟持金人牒歸求函侂胄首以起居郎許奕爲通謝使柟爲通謝所參謀官柟自軍前再還議以侂胄首易淮陜侵地從之柟奏和約之成皆方信孺備嘗險阻再三將命之功臣因人成事乞錄信孺功而蠲其過朝論以柟不掩人揚己多之守軍器少監知楚州累官至太府卿告歸以右文殿修撰知太平州加集英殿修撰致仕卒贈寶章閣待制

論曰樓鑰渾厚正大李大性直言不媿其先任希夷請謚先儒徐應龍在經筵多所裨益莊夏王阮王賈皆負其有爲之才卒奉祠去國陸游學廣而望隆晚爲韓侂胄著堂記君子惜之抑春秋責賢者備也方信孺年少奉使而以意氣折金人王柟北歸請錄信孺之功長者哉

宋史卷三百九十六

宋史卷三百九十六

元 中 書 右 丞 相 總 裁 脫 脫 等 修

列傳第一百五十五

史浩　王淮　趙雄　權邦彥
程松　陳謙　張巖

史浩字直翁明州鄞縣人紹興十四年登進士第調紹興餘姚縣尉歷溫州教授郡守張九成器之秩滿除太學正升國子博士因轉對言普安恩平二王宜擇其一以係天下望高宗納之翌日語大臣曰浩有用才也除秘書省校書郎兼二王府教授三十年普安郡王爲皇子進封建王除浩權建王府教授詔建王府置直講贊讀各一員浩守司封郎官兼直講一日講周禮言膳夫掌膳羞之事歲終則會惟王及后世子之膳羞不會至酒正掌飲酒之事歲終則會惟王及后之飲酒不會世子不與焉以是知世子膳羞可以不會世子飲酒不可以無節也王作而謝曰敢不佩斯訓三十一年遷宗正少卿會金主亮犯邊下詔親征時兩淮失守廷臣爭陳退避計建王抗疏請率師爲前驅浩爲王力言太子不可將兵以晉申生唐肅宗靈武之事爲戒王大感悟立俾浩草奏請扈蹕以供子職辭意懇到高宗方怒覽奏意頓釋知奏出於浩語大臣曰眞王府官也既而殿中侍御史吳芾乞以皇子爲元帥先視師浩復遺大臣書言建王生深宮中未嘗與諸將接安能辦此或謂使王居守浩復以爲不可上亦欲令王徧識諸將遂扈蹕如建康三十二年上還臨安立建王爲皇太子浩除起居郎兼太子右庶子孝宗受禪遂以中書舍人遷翰林學士知制誥張浚宣撫江淮將圖恢復浩與之異議欲城瓜洲采石浚奏不守兩淮而守江不若城泗州除參知政事有詔議應敵定論洪遵金安節唐文若等相繼論列宰執獨無奏上以問浩浩奏先爲備禦是謂良規儻聽淺謀之士輿不教之師寇去則論賞以邀功寇至則斂兵而遁跡謂之恢復得乎薦樞密院編修官陸游尹穡召對並賜出身隆興元年拜尚書右僕射首言趙鼎李光之無罪岳飛之久冤宜復其官爵祿其子孫悉從之李顯忠邵宏淵奏乞引兵進取浩奏二將輒乞戰豈督府命令有不行耶浚請入覲乞卽日降詔幸建康上以問浩浩陳三說不可退又以詰浚曰帝王之兵當出萬全豈可嘗試以圖僥倖復辯論於殿上浚曰中原久陷今不取豪傑必起而收之浩曰中原決無豪傑若有之何不起而亡金浚曰彼民間無寸鐵不能自起待我兵至爲內應浩曰勝廣以鉏耰棘矜亡秦必待我兵非豪傑矣浚因內引奏浩意不可回恐失幾會乞出英斷省中忽得宏淵出兵狀始知不由三省徑檄諸將浩語陳康伯曰吾屬俱兼右府而出兵不與聞焉用相哉不去尙何待乎因又言康伯欲納歸正人臣恐他日必爲陛下子孫憂浚銳意用兵若一失之後恐陛下終不得復望中原御史王十朋論之出知紹興先是浩因城瓜洲白遣太府丞史正志往視之正志與浚論辯十朋亦疏史正志朋比併及浩遂與祠自是不召者十二年起知紹興府浙東安撫使持母喪歸服闋知福州淳熙初上問執政久不見史浩無他否遂除少保觀文殿大學士醴泉觀使兼侍讀五年復爲右丞相上曰自葉衡罷虛席以待卿久矣浩奏蒙恩再相唯盡公道庶無朋黨之弊上曰宰相豈當有黨人主亦不當以朋黨名臣下朕但取賢者用之否則去之樞密都承旨王抃建議以殿步二司軍多虛額請各募三千人充之已而殿前司輒捕市人市城騷動被掠者多斷指示不可用軍人怙衆因奪民財浩奏盡釋所捕而禽軍民首譁呶者送獄獄成議罪欲取兵民各一人梟首以徇浩曰諸軍掠人奪貨至於鬭則始釁者軍人也軍法從事固當若市人陸慶童特與抗鬬爾可同罰乎陛下恐軍人有語故一其罪以安之夫民不得其平言亦可畏等死國可乎是豈軍人語上怒曰是比朕爲秦二世也浩徐進曰自古民怨其上者多矣時日曷喪予及汝皆亡豈二世事尋求去拜少傅保寧軍節度使充醴泉觀使兼侍讀後有言慶童之冤者上曰史浩嘗力爭坐此求去至今悔之趙雄嘗薦劉光祖試館職光祖答策論科場取士之道進入上親批其後略曰用人之弊人君乏知人之哲宰相不能擇人國朝以來過於忠厚宰相而誤國大將而敗軍未嘗誅戮要在人君必審擇相相必當爲官擇人懋賞立乎前誅戮設乎後人才不出吾不信也手詔既出中外大聳議者謂曾覿視草爲光祖甲科發也上遣覿持示浩浩奏唐虞之世四凶極惡止於流竄三考之法不過黜陟未嘗有誅戮之科誅戮大臣秦漢法也太祖制治以仁待臣下以禮列聖傳心迨仁宗而德化隆洽本朝之治與三代同風此祖宗家法也聖訓則曰過於忠厚夫爲國而底於忠厚豈有所謂過哉臣恐議者以陛下自欲行刻薄之政歸過祖宗不可不審也及自經筵將告歸乃於小宮中薦江浙之士十五人有旨令升擢皆一時選也如薛叔似楊簡陸九淵石宗昭陳謙葉適袁燮趙靜之張子智後皆擢用不至通顯者六人而已十年請老除太保致仕封魏國公晚治第鄞之西湖上建閣奉兩朝賜書又作堂上爲書明良慶會名其閣舊學名其堂光宗御極進太師紹熙五年薨年八十九封會稽郡王寧宗登極賜謚文惠御書純誠厚德元老之碑賜焉嘉定十四年追封越王改謚忠定配享孝宗廟庭浩喜薦人才嘗擬陳之茂進職輿郡上知之茂嘗毀浩曰卿豈以德報怨耶浩曰臣不知有怨若以爲怨而以德報之是有心也莫濟狀王十朋行事詆浩尤甚浩薦濟掌內制上曰濟非議卿者乎浩曰臣不敢以私害公遂除中書舍人兼直學士院待之如初蓋其寬厚類此子彌大彌正彌遠彌堅彌遠嘉定初爲右丞相有傳

王淮字季海婺州金華人幼穎悟力學屬文登紹興十五年進士第爲台州臨海尉郡守蕭振一見奇之許以公輔器振帥蜀辟寘幕府振出衆欲留淮曰萬里將母豈爲利祿計皆服其器識遷校書郎高宗命中丞舉可爲御史者朱倬舉淮除監察御史尋遷右正言首論大臣養尊小臣持祿以括囊爲智以引去爲高願陛下正心以正朝廷正朝廷以正百官宰相湯思退無物望淮條其罪數十於是策免至於吏部侍郎沈介之欺世盜名都司方師尹之狡險大將劉寶掊克結權倖皆劾罷之又奏自治之策治內有三正心術實慈儉去壅蔽治外有四固封守選將帥明賞罰儲財用上深嘉歎除秘書少監兼恭王府直講時恭王生子挺淮白于丞相曰恭王夫人李氏生皇嫡長孫乞討論典禮錢端禮怒其名稱奏淮有年鈞以長之說上曰是何言也豈不敢邪心出淮知建寧府改浙西提刑入見陳閩中利病甚悉帝褒嘉之且令一至東宮皇太子待以師儒特施拜禮尋召除太常少卿除中書舍人兼直學士院龍大淵贈太師仍畀儀同三司恩數張說除太尉在京宮觀皆封還詔書除翰林學士知制誥訓詞深厚得王言體上命擇文學行誼之士淮薦鄭伯熊李燾程叔達皆擢用淳熙二年除端明殿學士簽書樞密院事辛棄疾平茶寇上功太濫淮謂不核眞僞何以勸有功文州蕃部擾邊吳挺奏庫彥威失利靖州夷人擾邊楊倓奏田淇失利淮謂二將戰歿若罪之何以勸來者上嘗論曰樞密臨事盡公人無間言差除能守法甚善薦軍帥吳拱郭田張宣除同知樞密院事參知政事時宰相久虛淮與李彥穎同行相事淮謂授官當論賢否不事形迹誠賢不敢以鄉里故舊廢之非才不敢以己私庇之上稱善擢知院事樞密使上言武臣嶽祠之員宜省淮曰有戰功者壯用其力老而棄之可乎趙雄言北人歸附者畀以員外直宜令詣吏部上曰姑仍舊淮曰上意卽天意也雄又奏言宗室嶽祠八百員宜罷淮曰堯親睦九族在平章百姓之先骨肉之恩疏可乎時辛棄疾平江西寇王佐平湖南寇劉焞平廣西寇淮皆處置得宜論功惟允上深嘉之謂陳康伯雖有人望處事則不及卿八年拜右丞相兼樞密事先是自夏不雨至秋是日甘雨如注士大夫相賀上亦喜命相而雨乃命口算諸郡絹錢盡蠲一年爲緡八十餘萬趙雄罷相蜀士之在朝者皆有去意淮謂此唐季黨禍之胎也豈聖世所宜有皆以次進遷蜀士乃安樞密都承旨王抃怙寵爲姦淮極陳其罪謂人主受謗鮮不由此上卽斥之且曰丞相直諒無隱君臣之間正宜如此章穎論事狂直上將黜之淮曰陛下樂聞直言士大夫以言相高此風可賀也黜之適成其名上說穎復留時以荒政爲急淮言李椿年老成練達擬除長沙帥朱熹學行篤實擬除浙東提舉以倡郡國其後推賞上曰朱熹職事留意淮言倚舉荒政是行其所學民被實惠欲與進職上曰與升直徽猷閣

成都闕帥上加訪問淮以留正對上曰非閩人乎淮曰立賢無方湯之執中也必曰閩有章子厚呂惠卿不有曾公亮蘇頌蔡襄乎必曰江浙多名臣不有丁謂王欽若乎上稱善拜左丞相天長水害七十餘家或謂不必以聞淮曰昔人謂人主不可一日不聞水旱盜賊記曰四方有敗必先知之豈可不以聞鎮江饑民彊借萩粟執政請痛懲之淮曰令甲饑民罪不至死進士八人求以免舉恩爲升等淮曰八人得之則百人援之冀頤以執政之客補官求詣銓曹淮以此門不可啟絕其請嘗言訢弛之士緩急能出死力乃以周極知安豐軍辛棄疾與祠上章力求去以觀文殿大學士判衢州惟力辭改提舉洞霄宮光宗嗣位詔詢初政淮以盡孝進德奉天敬民用人立政罔不在初母亡居喪如禮得疾忽語家人曰易卦六十四吾年亦然淳熙十六年薨訃聞上哀悼輟視朝贈少師謚文定初朱熹爲浙東提舉劾知台州唐仲友淮素善仲友不喜熹乃擢陳賈爲監察御史俾上疏言近日道學假名濟僞之弊請詔痛革之鄭丙爲吏部尚書相與叶力攻道學熹由此得祠其後慶元僞學之禁始於此

趙雄字溫叔資州人爲隆興元年類省試第一虞允文宣撫四蜀辟幹辦公事入相薦于朝乾道五年召見便殿孝宗大奇之卽日手詔除正字范成大使金將行雄當登對允文招與之語既進見雄極論恢復孝宗大喜曰功名與卿共之卽除右史兩月除舍人金使耶律子敬賀會慶節雄館伴子敬披露事情不敢隱遁者以聞上夜召雄雄具以子敬所言對上喜金使入辭故事當用樂雄奏卜郊有日天子方齋樂不可用上難之遣中使諭雄雄奏金使必不敢不順卽有他臣得引與就館上大喜雄請復置恢復局日夜講磨條具合上意除中書舍人自選人入館至此未滿歲也時金將起河南之役議盡以諸陵梓宮歸于我上命雄出使賀生辰仍止奉遷陵寢及正受書儀雄既見金主爭辨數四其臣屢喝起雄辭益力卒得請乃已金人謂之龍鬬膽上疏論恢復計大略謂莫若由蜀以取陝西得陝西以臨中原是秦制六國之勢也八年以母憂去淳熙二年召爲禮部侍郎除端明殿學士簽書樞密院事一日奏事上曰今夏蠶麥甚熟絲米價平可喜雄奏孟子論王道始於不飢不寒上曰近世士大夫好高論恥言農事微有西晉風豈知周禮與易言理財周公孔子曷嘗不以理財爲務且不獨此士夫諱言恢復不知其家有田百畝內五十畝爲人所據亦投牒理索否雄曰陛下志在大有爲敢不布堯言書之時政記十一月同知樞密院事五年三月參知政事十一月拜右丞相每進見必曰二帝在沙漠未嘗離諸口也朱熹累召不出雄請出以外郡命知南康軍熹極論時事上怒諭雄令分析雄奏熹狂生詞窮理短罪之適成其名若天涵地育置而不問可也會周必大亦力言之乃止紹興帥張津獻羨餘四十萬緡雄乞降旨下紹興以其錢爲民代輸和買身丁折帛錢之半使取諸民者民復得之足以見聖王之德自雄獨相蜀人在朝者僅十數及眷衰有言其私里黨者上疑之已而陳峴爲四川制置王渥爲茶馬命從中出雄求去詔勉留曰丞相任事不避怨選才無鄉舊蓋有所激也祖宗時蜀人未嘗除蜀帥雄請外除觀文殿大學士四川制置使王藺爲御史以故事不可上疏論之雄乞免改知瀘南安撫使上思雄不忘改知江陵府江陵無險可恃雄請城江陵城成民不告擾張栻再被召論恢復固當第其計非是卽奏疏孝宗大喜翌日以疏宣示且手詔云恢復當如栻所陳方是卽除侍講云且得直宿時與卿論事虞允文與雄之徒不樂遂沮抑之廣西橫山買馬諸蠻感悅爭以善馬至上知栻治行甚獨栻衆皆忌嫉洎栻復出荆南雄事事沮之時司天奏相星在楚地上曰張栻當之人愈忌之光宗將受禪召雄雄上萬言書陳脩身齊家以正朝廷之道言甚剴切詔授寧武軍節度使開府儀同三司進衞國公改帥湖北疾甚改判資州又除潼川府改隆興府紹熙四年薨年六十五贈少師嘉定二年謚文定

權邦彥字朝美河間人登崇寧四年太學上舍第調滄州敎授入爲太學博士改宣敎郎除國子司業宣和二年使遼明年抗表請帝臨雍爲學官積十餘年改都官郎中直秘閣知易州移相州復召爲都官郎中與王黼議不合罷職知冀州金人再入高宗開大元帥府起兩河兵衞汴京邦彥提所部兵二千五百人與宗澤自澶淵趨韋城據刀馬河諸道兵莫有進者會敵兵大至移屯南華二帝北遷邦彥與澤五表勸進建炎元年五月召還命知荆南府改東平府時東州半已入金至是圍益急邦彥誓以死守居數月城破猶力戰不已民義而從之突圍以出遂奔行在有司議失守罪將重坐之帝以其父母妻子皆没於敵饑貶二秩俄除寶文閣直學士兼知江州本路制置使既抵鎮二年冬聞父死乃解官四年起復知建康府辭不許劇盜張琪殘徽州邦彥遺禪將平之改江淮等路制置發運使以治辦稱言者論三年天下之通喪後世有從權奪服者所以徇國家之急比年如權邦彥美仲謙至幕職亦起復幾習宣政之風望革其弊以明人倫厚風俗詔邦彥任軍賦宜如舊餘悉罷之紹興元年召爲兵部尚書兼侍讀三年除端明殿學士簽書樞密院事初邦彥獻十議以圖中興大略謂宜以天下爲度進圖洪業恢復土宇勿苟安於東南駕御諸將當威之以法而限之以爵命讀講之臣取累朝訓典及三代漢唐中興故事日陳于前以裨聖學又監觀傷善妨賢之讒偷安苟容之佞市恩立威之姦懷諼罔上之欺聽其言察其事則忠邪判愛民先愛其力寬民先節其用股已奉以佐國當自執政始分閫而屬大事類非偏裨之所能爲必得賢臣大將然後可制置一官可省宜令沿江州縣各備境內總以漕帥上自荆鄂江池下至采石京口委任得人乃防秋上策宗室中豈無傑然有人望可以濟艱難贊密勿留宿衞者願求其人置諸左右人事盡則天悔禍不可獨歸之數呂頤浩素善邦彥薦用之給事中程瑀劾邦彥五罪三疏不報邦彥在樞密又言宜乘機者三譬奕之爭先安可隨應隨解不制人而制於人哉尋兼權參知政事帝嘗對輔臣言湖南事頤浩言李綱縱暴恐治潭無善狀帝曰綱在宣和間論水災以得時望邦彥曰綱元無章疏第略虛名耳蓋助頤浩以排綱也三年卒邦彥與政幾一年祿祿無所建明充位而已無子以姪嗣行爲後有遺藁十卷號瀛海殘編藏於家

程松字冬老池州青陽人登進士第調湖州長興尉章森吳曦使北松爲傔從慶元中韓侂胄用事曦爲殿帥時松知錢塘縣諂事曦以結侂胄侂胄以小故出愛姬松聞以百千市之至則盛供帳舍諸中堂夫婦奉之謹居無何侂胄意解復召姬姬具言松謹待之意侂胄大喜除松幹辦行在諸軍審計司守太府寺丞未閱旬遷監察御史擢右正言諫議大夫呂祖泰上書乞誅侂胄蘇師旦松與陳黨劾祖泰當誅祖泰坐貶決流嶺南松滿歲未遷意殊怏怏乃獻一妾于侂胄曰松壽侂胄訝其名問之答曰欲使疵賤姓名常蒙記憶爾除同知樞密院事自宰邑至執政財四年開禧元年以資政殿大學士知成都府四川制置使侂胄決議開邊以期二年四月分道進兵命松爲宣撫使興元都統制吳曦副之尋加曦爲陝西招撫使許便宜從事松將東軍三萬駐興元曦將西軍六萬駐河池松至益昌欲以執政禮責曦庭參曦聞之及境而返松用東西軍一千八百人自衞曦多抽摘以去松殊不悟曦遣其客納款于金獻關外四州地求爲蜀王有告曦叛者松哂其狂及金人取成州守將棄關遁吳曦焚河池還興州松以書從曦求援兵曦答以鳳州非用騎之地漢中平衍可騎以驅馳當發三千騎往蓋紿之也未幾金人封曦爲蜀王曦遣松書諷使去松不知所爲興元帥劉甲茶馬范仲任見松謀起兵誅曦松恐事泄取禍卽揖二人起去會報金人且至百姓奔走相蹂躪一城如沸松亟望米倉山遁去由閬州順流至重慶以書抵曦匄贐禮買舟稱曦爲蜀王曦遣使以匣封致餽松望見大恐疑其劒也亟逃奔使者追及松不得已啟視之則金寶也松乃兼程出峽西向掩涙曰吾今獲保頭顱矣曦誅詔落職降三官筠州居住再除順昌軍節度副使澧州安置又責果州團練副使賓州安置死賓州

陳謙字益之溫州永嘉人乾道八年進士授福州戶曹主管刑工部架閣文字遷國子錄勑令所刪脩官樞密院編修官陳中興五事至李綱議建鎭事上曰綱何足道謙曰陛下用大臣審出綱上宜如聖訓今顧出綱下遠甚奈何上蹙然遂極論踰數刻孝宗內禪通判江州知常州提舉湖北常平平辰州峒猺加直煥章閣除戶部郎中總領湖廣財賦謙乃丞相趙汝愚客會黨論起坐斥後數年起爲提點成都府路刑獄移京西運判復直煥章閣韓侂胄謀擾金人令獻馬者補官七州民相扇爲盜謙移書侂胄曰今若倚羣盜行剽掠之策豈得以敗亡爲戲乎既而屢論襄帥皇甫斌李奕罪且求罷上諭旨薛叔似協和之遷司農少卿湖廣總領除宣撫司參謀官金兵深入陷應城焚漢川漢陽空城走武昌震懼謙以寶謨閣待制副宣撫卽日置司北岸命土豪趙觀覆之中流士馬溺死甚衆餘兵皆返走未幾奪職罷後復知江州侂胄死和議已決謙復罷奉祠卒年七十三謙有儁聲早爲善類所予晚坐僞禁中廢首稱侂胄爲我王士論繇是薄之也

張巖字肖翁大梁人徙家揚州紹熙末渡江居潮州爲人機警柔回善諸登乾道五年進士第歷官爲監察御史與張釜陳自强劉三傑程松等阿附韓侂胄詆逐當時賢者嚴道學之禁進殿中侍御史累遷給事中除參知政事以言者罷爲資政殿學士知平江府旋升大學士知揚州時邊釁方開詔巖與程松分帥兩淮已而召還爲參知政事兼同知國用事開禧二年遷知樞

密院事明年除督視江淮軍馬時方信孺使金議和值吳曦以蜀叛議未決曦伏誅金人尋前議信孺再行侂胄趣巖遣畢再遇田琳合兵勦敵且募生擒僞帥未幾川陝戰屢衂大散關陷敵情復變巖開督府九閱月費耗縣官錢三百七十餘萬緡見和議反復乃言不知兵固求去侂胄誅御史章燮論巖與蘇師旦朋姦誤國奪兩官寧宗謂兵釁方開巖嘗言其不可許自便復元官奉祠以銀青光祿大夫致仕薨贈特進

論曰史浩宅心平恕而不能相其君恢復之謀王淮爲僞學之禁毒痡善類趙雄與虞允文協謀用兵而舊史謂二人沮抑張栻何哉邦彥守城力戰惜乎助呂頤浩攻李綱君子少之程松陳謙張巖諂諛之徒何足算哉

宋史卷三百九十七

元中書右丞相總裁脫脫等修

列傳第一百五十六

徐誼　吳獵　項安世　薛叔似
劉甲　楊輔　劉光祖

徐誼字子宜一字宏父溫州人乾道八年進士累官太常丞孝宗臨御久事皆上決執政惟奉旨而行羣下多恐懼顧望誼諫曰若是則人主日聖人臣日愚陛下誰與共功名乎及論樂制誼對以宮亂則荒其君驕商亂則陂其官壞上遽改容曰卿可謂不以官自情矣知徽州陛辭屬光宗初授禪誼奏三代聖王有至誠而無權術至誠不息則可以達天德矣至郡歙縣有妻殺夫繫獄以五歲女爲證誼疑曰婦人能一掌致人死乎綴之未覆也會郡究實稅于庭死者父母及弟在焉乃言我子欠租久繫餓而大叫役者批之墮水死矣然後冤者得釋吏皆坐罪闔郡以爲神移提舉浙西常平守右司郎中遷左司孝宗疾浸棘上久稽定省誼入諫退告宰相曰上慰納從容然目瞪不瞬意思恍惚眞疾也宜禱祠郊廟進皇子嘉王參決丞相留正不克用孝宗崩上不能喪祭奠有祝有司不敢攝百官皆未成服誼與少保吳琚議請太皇太后臨朝扶嘉王代祭及將禪正憂懼仆於殿庭而去誼以書譙趙汝愚曰自古人臣爲忠則忠爲姦則姦忠姦雜而能濟者未之有也公內雖心惕外欲坐觀非雜之謂歟國家安危在此一舉汝愚問策安出誼曰此大事非憲聖太后命不可而知閤門事韓侂胄憲聖之戚也同里蔡必勝與侂胄同在閤門可因以勝招之侂胄至汝愚以內禪議遣侂胄請于憲聖侂胄因內侍張宗尹關禮達汝愚意憲聖許之寧宗卽位誼遷檢正中書門下諸房公事兼權刑部侍郎進權工部侍郎知臨安府侂胄恃功以賞薄浸觖望誼告汝愚曰異時必爲國患宜飽其欲而遠之不聽汝愚雅器誼除授建明多咨訪誼隨事裨助不避形迹怨者始衆嘗勸汝愚早退汝愚亦自請名在屬籍不宜久司揆事願因阜陵訖事以去寧宗已許之侂胄出入禁中無度誼密啟汝愚無計防之乃直面諷侂胄侂胄疑將排已首謁誼退束裝冀誼還謁留之通殷勤誼不往吏部侍郎彭龜年論侂胄罪狀侂胄疑汝愚誼知其情益怨恨以御史劉德秀胡紘疏誼責惠州團練副使南安軍安置移袁州又移婺州久之許自便復官提舉崇道觀起守江州加集英殿修撰升寶謨閣待制移知建康府兼江淮制置使初金攻廬楚不下留兵綴濠州以待和時時鈔掠與宋師遇殺傷相當淮人大驚復迸流江南在建康者以數十萬計誼晝夜拊循益嚴備禦請專捍敵勿從中御朝廷懼生事移知隆興府以卒誼嘗與紹興老將接於行陣之法分數奇正皆有指授自爲圖式後謚忠文

吳獵字德夫潭州醴陵人登進士第初主潯州平南簿時張栻經略廣西檄攝靜江府教授劉焞代栻栻以獵薦辟本司準備差遣盜李接起陷容雷高化貴鬱林等州獵請賞勞誅罪焞於是錄鬱林功誅南流縣尉鬱林巡檢人人驚厲爭死鬬不踰時盜悉就擒尉宰相王淮甥也獵坐降官久之知常州無錫縣用陳傅良薦召試守正字光宗以疾久不覲重華宮獵上疏曰今慈福有八十之大母重華有垂白之二親陛下宜於此時問安上壽恪共子職辭甚切又白宰相留正乞召朱熹楊萬里時陳傅良以言過宮事不行求去獵責之曰今安危之機判然可見未聞有牽裾折檻之士公不於此時有所奮發爲士大夫倡第潔身而去於國奚益傅良爲改容謝之寧宗卽位遷校書郎除監察御史上趣脩大內將移御獵言壽皇破漢魏以來之薄俗服高宗三年之喪陛下萬一輕去喪次將無以慰在天之靈又言陛下卽位未見上皇宜篤厲精誠以俟上皇和豫而祗見焉會僞學禁興獵言陛下臨御未數月今日出一紙去宰相明日出一紙去諫臣昨又聞侍講朱熹遽以御札畀祠中外惶駭謂事不出於中書是謂亂政獵旣駁史浩謚又請以張浚配享阜陵曰艱難以來首倡大義不以成敗利鈍異其心精忠茂烈貫日月動天地未有過於張浚也孝宗皇帝規恢之志一飯不忘歷考相臣終始此念足以上配孝宗在天之意亦惟浚一人耳議皆不合出爲江西轉運判官尋劾罷久之黨禁弛起爲廣西轉運判官除戶部員外郎總領湖廣江西京西財賦韓侂胄議開邊獵貽書當路請號召義士以保邊場刺子弟以補軍實增棗陽信陽之戍以備衝突分屯陽羅五關以扞武昌杜越境誘竊以謹邊隙選試良家子以衞府庫且謂金人懲紹興末年之敗今其來必出荊襄踰湖乃輸湖南米於襄陽凡五十萬石又以湖北漕司和糴米三十萬石分輸荊郢安信四郡蓄銀帛百萬計以備進討拔董逵孟宗政柴發等分列要郡厥後皆爲名將召除秘書少監首陳邊事乞增光鄂江黃四郡戍屬江陵告饑除秘閣修撰主管荊湖北路安撫司公事知江陵府陛辭請出大農十萬緡以振饑者道武昌遣人招商分糴至郡減價發糴米價爲平獵計金攻襄陽則荊爲重鎭乃修成高氏三海築金鸞內湖通濟保安四匱達于上海而注之中海拱辰長林藥山棗林四匱達于下海分高沙東獎之流由寸金提外歷南紀楚望諸門東匯沙市爲南海又於赤湖城西南遏走馬湖熨斗陂之水西北寘李公匱水勢四合可限戎馬金人圍襄陽德安游騎迫竟陵朝廷命獵節制本路兵馬獵遣張榮將兵援竟陵又招神馬陂潰卒得萬人分援襄陽德安加寶謨閣待制京湖宣撫使時金人再犯竟陵張榮死之襄陽德安俱急吳曦俄反于蜀警報至獵請魏了翁攝參議官訪以西事募死士入竟陵命其將王宗廉死守調大軍及忠義保捷分道夾擊金人遂去又督董逵等援德安董世雄孟宗政等解襄陽之圍西事方殷獵爲討叛計請于朝以王大才彭輅任西事仍分兵抗均房諸險漕粟歸峽以待王師及曦誅除刑部侍郎充四川宣諭使朝廷命旌別淑慝以敷文閣學士四川安撫制置使兼知成都府嘉定六年召還卒家無餘貲蜀人思其政畫像祠之獵初從張栻學乾道初朱熹會栻于潭獵又親炙湖湘之學一出于正獵實表率之有畏齋文集奏議六十卷謚文定

項安世字平父其先括蒼人後家江陵淳熙二年進士召試除祕書正字光宗以疾不過重華宮安世上書言陛下仁足以覆天下而不能施愛於庭闈之間量足以容羣臣而不能忍於父子之際以一身寄於六軍萬姓之上有父子然後有君臣願陛下自入思慮父子之情終無可斷之理愛敬之念必有油然之時聖心一回何用擇日早往則謂之省暮往則謂之定卽日就駕旋乾轉坤在返掌間爾疏入不報安世遺宰相留正書求去尋遷校書郎寧宗卽位詔求言安世應詔言管夷吾治齊諸葛亮治蜀立國之本不過曰量地以制賦量賦以制用而已陛下試披輿地圖今郡縣之數比祖宗時孰爲多少比秦漢隋唐時孰爲多少陛下必自知其狹且少矣試命版曹具一歲賦入之數祖宗盛時東南之賦入幾何建炎紹興以來至乾道淳熙其所增取幾何陛下試命內外羣臣有司具一歲之用人主供奉好賜之費幾何御前工役器械之費幾何嬪嬙宦寺廩給之費幾何戶部四總領養兵之費幾何州縣公使迎送請給之費幾何陛下必自知其爲侈且濫矣用不量賦而至於侈且濫內外上下之積不得而不空天地山川之藏不得而不竭非忍痛耐謗一舉而更張之未知其所以終也今天下之費最重而當省者兵也能用土兵則兵可省能用屯田則兵可省其次莫如宮掖兵以待敵國常畏而不敢省故省兵難宮掖以私一身常愛而不忍省故省宮掖難不敢省者事在他人不忍省者在陛下宮中之嬪嬙宦寺陛下事也宮中之器械工役陛下事也陛下肯省則省之宮中旣省則外廷之官吏四方之州縣從風而省奔走不暇簡樸成風民志堅定民生日厚雖有水旱蟲蝗之災可活也國力日壯雖有夷狄盜賊之變可爲也復祖宗之業雪人神之憤惟吾所爲無不可者時朱熹召至闕未幾予祠安世率館職上書留之言御筆除熹宮祠不經宰執不由給舍徑使快行直送熹家竊揣聖意必明知熹賢不當使去宰相見之必執奏給舍見之必繳駁是以爲此駭異變常之舉也夫人主患不知賢爾明知其賢而明去之是示天下以不復用賢也人主患不聞公議爾明知公議之不可而明犯之是示天下以不復顧公議也且朱熹本一庶官在二千里外陛下卽位未數日卽加號召畀以從官俾侍經幄天下皆以爲初政之美供職甫四十日卽以內批逐之舉朝驚愕不知所措臣願陛下謹守紀綱毋忽公

議復留朱熹使輔聖學則人主無失公議尚存不報俄爲言者劾去通判重慶府未拜以僞黨罷安世素善吳獵二人坐學禁久廢開禧用兵獵起帥荊渚安世方丁内艱起復知鄂州俄淮漢師潰薛叔似以怯懦爲侂胄所惡安世因貽侂胄書其末曰偶送客至江頭飲竹光酒半醉書不成字侂胄大喜曰項平父乃爾閒暇遂除戶部員外郎湖廣總領會叔似罷金圍德安益急諸將無所屬安世不俟朝命徑遣兵解圍高悅等與金人力戰馬雄獲萬戶周勝獲千戶安世第其功以聞獵代叔似爲宣撫使尋以宣諭使入蜀朝命安世權宣撫使又升太府卿有宣撫幕官王度者吳獵客也獵與安世素相友及安世招軍名項家軍多不逞好擄掠獵斬其爲首者安世憾之至是斬度於大別寺獵聞于朝安世坐免後以直龍圖閣爲湖南轉運判官未上用臺章奪職而罷嘉定元年卒所著易玩辭他書多行于世

薛叔似字象先其先河東人後徙永嘉游太學解褐國子錄初登對論祖宗立國之初除二稅外取民甚輕自熙寧以來賦日增而民困滋甚孝宗嘉納因曰朕在宮中如一僧叔似曰此非所望於陛下當論功業如何正使海內富庶如文景不過江左之文景法度修明如明章不過江左之明章陛下即位二十餘年國勢未張未免牽於苟安無事之說上默然復數日宰執進擬朝士上出寸紙書叔似及應孟明姓名嘉其奏對也遷太常博士尋除樞密院編修官時倣唐制置補闕拾遺宰臣啟擬令侍從臺諫薦人上自除叔似左補闕叔似論事遂劾首相王淮去位屬金主殂太孫景立叔似奏規模果定則乘五單于爭立之機規模不存則恐成五胡迭起之勢光宗受禪時傳金使入界使名未正叔似奏自壽皇一正匹敵之禮金人常有南顧之虞使名未正而遽受之祇以重其玩侮翼日復奏謀國者畏敵太過上奮然開納除將作監出爲江東轉運判官俄以諫臣論罷主管沖佑觀尋除湖北運判加直祕閣移福建召爲太常少卿兼實錄院檢討官守祕書監權戶部侍郎初丞相周必大請擇侍從臺諫忠直者提舉太史局蓋用神宗朝司馬光與王安禮故事纏度少差豫圖銷弭遂命叔似提舉尋兼樞密都承旨以劉德秀疏罷提舉興國宮起知贛州移隆興府廬州召除在京宮觀兼侍讀進權兵部侍郎兼同修國史兼國用司參議官兩浙民有身丁錢叔似請于朝遂蠲之試吏部侍郎兼侍讀充京湖宣諭使時韓侂胄開邊除兵部尚書宣撫使叔似方乞給降官會分撥綱運募兵蕃馬辟致僚佐而皇甫斌唐州之師已敗矣遂劾斌南安軍安置叔似料敵必侵光黃委總領陳謙按行五關發鄂卒守三關金果入寇謙駐漢陽爲江左節制尋除叔似端明殿學士兼侍讀時宣司兵戍襄陽都統趙淳副統制魏友諒與統制呂渭孫不相下渭孫死之叔似遂自劾委任失當叔似夙以功業自期逮臨事絕無可稱以御史王益祥論奪職罷祠侂胄誅諫官葉時再謫降兩官論福州以兵端之開叔似迎合故也久之許自便嘉定十四年卒贈銀青光祿大夫謚恭翼叔似雅慕朱熹窮道德性命之旨談天文地理鍾律象數之學有藁二十卷

劉甲字師文其先永靜軍東光人元祐宰相摯之後也父著爲成都漕幕葬龍游因家焉甲淳熙二年進士累官至度支郎中遷樞密院檢討兼國史院編修官實錄院檢討官使金至燕山伴宴完顏者名犯仁廟嫌諱甲力辭完顏更名修自紹興後凡出疆遇忌俱辭設宴皆不得免秦檜所定也九月二十三日金宴甲以宣仁聖烈后忌辭還除司農少卿進太常權工部侍郎升同修撰除寶謨閣待制知江陵府湖北安撫使甲謂荊州爲吳蜀脊高保融分江流瀦之以爲北海太祖常令決去之蓋保江陵之要害也即因遺址浚築亘四十里移知廬州程松爲四川宣撫使吳曦副之以甲知興元府利東安撫使時蜀口出師敗衄金陷西和成州曦焚河池縣先是曦已遣姚淮源獻四州於金金鑄印立曦爲蜀王甲時在漢嘉未至鎮也金人破大散關興元都統制毋思以重兵守關而曦陰徹幕關之戍金自板岔谷繞出關後思挺身免甲告急于朝乞下兩宣撫司協力扞禦松謀遁甲固留不可遽以便宜檄甲兼沿邊制置曦遣後軍統制王鈛準備將趙觀以書致甲甲援大義拒之因臥疾曦又遣其弟晛邀甲相見甲叱而去之乃援顏真卿河北故事欲自拔歸朝先募二兵持帛書遣參知政事李壁告變且曰若遣吳總以右職入川即日可瓦解矣曦僭王位甲遂去官朝廷久乃微聞曦反狀韓侂胄猶不之信甲奏至舉朝震駭璧袖帛書進上覽之稱忠臣者再召甲赴行在命吳總以雜學士知鄂州多賜告身金錢使招諭諸軍爲入蜀計復命以帛書賜甲日所乞致仕實難允從已降指揮召赴行在令朝廷已遣使與金通和襄漢近日大捷北兵悉已渡江而去恐蜀遠未知更在審度事宜從長區處二兵皆補官甲舟行至重慶聞安丙等誅曦復還漢中上奏待罪詔趣還任甲奏叛臣子孫族屬及附僞罪狀公論快之會宣撫副使安丙以楊巨源自負倡義之功陰欲除之語在巨源傳巨源既死軍情叵測除甲宣撫使楊輔亦以爲請當國者疑輔避事李璧曰昔吳璘屬疾孝宗嘗密詔汪應辰權宣撫司事既而璘果死應辰即日領印軍情遂安此的例也乃以密詔命甲甲鐍藏之未幾金自鶻嶺關劄金崖進屯八里山甲分兵進守諸關截潼川戍兵駐饒風以待之金人知有備引去侂胄謝上念甲精忠拜寶謨閣學士賜衣帶鞍馬是歲和議成朝廷聞彭輅與丙不協以書問甲又俾諭丙減汰諸軍勿過甚及訪蜀人才之可用者蓋自楊輔召歸西邊諸事朝論多於甲取決人無知者紹興中蜀軍無見糧糴爲科糴孝宗聞其病民命總領李蘩以本所錢招糴懼不給又命勸糴其半勸糴之名自此始久之李昌圖總計復奏令金梁守倅任責收糴而勸糴遂罷及是宣總司令金洋興元三郡勸糴小麥三十萬石甲乞下總所照李蘩成法措置從之明年罷宣撫司合利東西爲一帥治興元移甲知潼川府安丙既同知樞密院事董居誼爲制置使甲進寶謨閣學士知興元府利路安撫使節制本路屯駐軍馬朝廷討居誼猶在道命甲權四川制置司事先是大臣撫蜀者諸將事之有所謂互送禮賓賄賂也甲下令首罷之凡丙所立茶鹽柴邸悉廢之又乞以阜郊博易鋪場還隸沔戎司復通吳氏莊歲收租四萬斛有奇錢十三萬以裨總計從之丙增多田稅甲命屬吏討論由一府言之歲減凡百六十萬緡米麥萬七千石邊民感泣嘉定七年卒于官年七十三甲幼孤多難毋病刲股以進平生常謂吾無他長惟足履實地晝所爲夜必書之名曰自監爲文平澹有奏議十卷理宗詔謚清惠

楊輔字嗣勳遂寧人乾道二年進士甲科召試館職除祕書省正字遷校書郎出知眉州累遷戶部郎中總領四川財賦升太府少卿利西安撫使吳挺病輔以吳氏世帥武興久恐生變密白二府早擇人望以鎮方面又貽書四川制置邱崈言統制官李奕乃吳氏腹心緩急不可令權軍崈然之挺卒崈檄輔權帥事輔謂職爲王人若輕往第疑軍心遂索印即益昌領事復數月奏以權興州事楊虞仲兼權召守祕書監禮部侍郎以顯謨閣待制知江陵府移襄陽又移潼川召還除顯謨閣直學士奉外祠尋以敷文閣直學士知成都府兼本路安撫使韓侂胄決意用兵以吳曦爲四川宣撫使假以節制財利之權輔知曦有異志貽書大臣言自昔兵帥與計臣不相統攝故總領有報發覺察之權今所在皆受節制內憂不輕因託言他事遣人以蠟書告于朝朔日率官屬東望拜表如常儀上意輔能誅曦密詔授寶謨閣學士四川制置使許以便宜從事時人望輔倡義劉光祖李道傳皆勉之輔自以不習兵事且內郡無兵可用遷延兩月但爲去計曦移輔知遂寧府輔遂以印授通判韓植而去安丙楊巨源密謀誅曦以輔有人望謂密詔自輔所來聞者皆信曦既誅丙趣輔還成都除四川宣撫使奏言臣以衰病軟懦而居建元功者之上徒恐牽制敗事安丙才力強濟賞罰明果乞以事任付丙又論蜀中三帥惟武興事權特重故致今日之變乞並置兩帥分其營屯隸屬安丙奏乞兩宣撫分司朝廷察丙與輔異召輔赴闕議者謂蜀亂初平如輔未宜去乃復以爲制置使兼知成都府再被召踰年財抵建康復引咎不進上召輔益堅乃之鎮江俟命著作佐郎楊簡言輔嘗棄成都不當召乃除兵部尚書兼侍讀以龍圖閣學士知建康府兼江淮制置使卒于官謚曰莊惠

劉光祖字德修簡州陽安人幼出于外祖賈嗶後以嗶遺澤補官登進士第廷對言陛下睿察太精宸斷太嚴求治太速喜功太甚又言陛下躬擐甲冑閒馭毬馬一旦有警豈能親董六師以督戰乎夫人主自將危道也臣恐毬馬之事敵人聞之適以貽笑不足以示武除劍南東川節度推官辟潼川提刑司檢法淳熙五年召對論恢復事請以太祖用人爲法且曰人臣獻言不可不察其一不量可否勸陛下輕出驟進則是即日誤國其一不思振立苟且偷安則是久遠誤國除太學正召試守正字兼吳益王府教授遷校書郎除右正言知果州以趙汝愚薦召入光宗即位除軍器少監兼權侍左郎官又兼禮部時殿中侍御史闕上方嚴其選謂宰臣留正曰卿監郎官中有其人正沈思久之曰得非劉光祖乎上曰是久在朕心矣光祖入謝因論近世是非不明則邪正互攻公論不立則私情交起此固道之消長時之否泰而實爲國家之禍福社稷之存亡甚可畏也本朝士大夫學術議論最爲近古初非有強國之術而國勢尊安根本深厚咸平景德之間道臻皇極治保太和至於慶曆嘉祐盛矣不幸而壞於熙豐之邪說疎棄正士招徠小人幸而元祐君子起而救之末流大分事故反覆紹聖元符之際羣凶得志絕滅綱常其論既勝其勢既成崇觀而下尚復何言臣始至時聞有議貶道學

之說而實未睹朋黨之分中更外艱去國六載已憂兩議之各甚而恐一旦之交攻也逮臣復來其事果見因惡道學乃生朋黨因生朋黨乃罪忠諫嗟乎以忠諫爲罪其去紹聖幾何陛下履位之初端拱而治凡所進退率用人言初無好惡之私豈以黨偏爲主而一歲之內逐者紛紛中間好人固亦不少反以人臣之私意微累天日之清明往往推忠之言謂爲沽名之舉至於潔身以退亦曰懷懟而然欲激怒於至尊必加之以訐訕事勢至此循默乃宜循默成風國家安賴臣欲熄將來之禍故不憚反復以陳伏乞聖心豁然永爲皇極之主使是非由此而定邪正由此而別公論由此而明私情由此而熄道學之議由此而消朋黨之迹由此而泯和平之福由此而集國家之事由此而理則生靈之幸社稷之福也不然相激相勝展轉反復爲禍無窮臣實未知稅駕之所章旣下讀之有流涕者劾罷戶部尙書葉翥太府卿兼中書舍人沈揆結近習圖進用言比年以來士大夫不慕廉靖而慕奔競不尊名節而尊爵位不樂公正而樂軟美不敬君子而敬庸人旣安習以成風謂苟得爲至計良由前輩老成零落殆盡後生晚進議論無所據依學術無所宗主正論益衰士風不競幸詔大臣妙求人物必朝野所共屬賢愚所同敬者一二十人參錯立朝國勢自壯臣雖終歲無所奏糾固亦未至曠官今日之患在於不封殖人才臺諫但有摧殘廟堂初無長養臣處當言之地豈以排擊爲能哉徙太府少卿求去不已除直秘閣潼川運判改江西提刑又改夔州時孝宗不豫上久不過宮光祖致書留正趙汝愚曰宜與羣賢并心一力若上未過宮宰執不可歸安私第林陳二閹自以獲罪重華日夜交諜其間宜用韓魏公逐任守忠故事以釋兩宮疑謗大臣亦當收兵柄密布腹心俾緩急有可仗者聞孝宗崩又詒書汝愚勉以安國家定社稷之事寧宗卽位除侍御史改司農少卿入對獻謹始五箴又論人主有六易天命易恃天位易樂無事易安意欲易奢政令易息歲時易玩又有六難君子難進小人難退若言難入巧佞難遠是非難明取舍難決闇主之所易明主之所難闇主之所難明主之所易又言陛下以隆慈之命踐祚於素幄蓋有甚不得已者宜躬自貶損盡禮於上皇使聖意懽然知釋位之樂然後足以昭陛下之大孝上悚然嘉納進起居舍人論政令當出中書陛下審而行之人主操柄無要於此知閤門事韓侂胄寖擅威福故首及之遷起居郎集議卜孝宗山陵與朱熹皆謂會稽山陵土薄水淺乞議改卜旣而熹與祠光祖言漢武帝之於汲黯唐太宗之於魏徵仁宗之於唐介皆觸怒旋悔熹明先聖之道爲今宿儒又非三臣比陛下初膺大寶招徠耆儒此初政之最善者今一旦無故去之可乎且曰臣非助熹助陛下者也再疏不聽劉德秀劾光祖出爲湖南運判不就主管玉局觀趙汝愚旣罷相侂胄擅朝遂目士大夫爲僞學逆黨禁錮之光祖撰涪州學記謂學之大者明聖人之道以修其身而世方以道爲僞小者治文章以達其志而時方以文爲病好惡出於一時是非定於萬世諫官張釜指爲謗訕比之楊惲奪職謫居房州久之許自便起知眉州復職將漕利路以不習邊事辭進直寶謨閣主管冲佑觀吳曦叛光祖曰郡守焚其榜通衢且馳告帥守監司之所素知者仗大義連衡以抗賊俄聞曦誅則以書屬宣撫使楊輔講行營田前日利歸吳氏者悉收之公上以省餉軍費獎名節旌死事以激忠烈之心除潼川路提刑權知瀘州侂胄誅召除右文殿修撰知襄陽府進寶謨閣待制知遂寧府改京湖制置使以寶謨閣直學士知潼川府詔以閔雨求言光祖奏女直乃吾不共戴天之讎天亡此讎送死于汴陛下爲天之子不知所以圖之天與不取是謂棄天未有棄天而天不我怒也靑鄆蘭會求通弗納陛下爲中國衣冠之主人歸而我絕之是謂棄人未有棄人而人不我怨也且金人舍其巢穴汙我汴京尙可使吾使人拜之於祖宗昔日朝會之廷乎又請改正憲聖慈烈皇后諱日先是后崩以慶元三年十一月二日郊禋期迫或謂侂胄曰上親郊不可不成禮且有司所費旣夥奈何已之侂胄入其言五日祀圜丘六日始宣遺誥於是光祖言憲聖陛下之曾祖母克相高宗再造大業侂胄敢視之如卑喪遷就若此賊臣就戮盍告謝祖宗改從本日從之升顯謨閣直學士提舉玉隆萬壽宮引年不許提舉西京嵩山崇福宮嘉定十五年卒進華文閣學士謚文節趙汝愚稱光祖論諫激烈似蘇軾懇惻似范祖禹世以爲名言所著後溪集十卷子端之靖之翊之竑之

論曰徐誼竄逐於小人之手身之否道之亨也吳獵之以學爲政項安世之通經博古皆一時之英才今更定舊史公論其少伸歟薛叔似通儒也不幸以開邊事累之劉甲楊輔蔚乎有用之才劉光祖盛名與涪州學記並傳穹壤世之人何憚而不爲君子也

宋史卷三百九十八

元 中 書 右 丞 相 總 裁 脫 脫 等 修

列傳第一百五十七

余端禮 李璧 丘崈 倪思

宇文紹節 李蘩

余端禮字處恭衢州龍游人第進士知湖州烏程縣民間賦丁絹錢率三丁出一縑不輸縑而折其估一縑千錢後增至五千民不勝病端禮以告于府事得上聞又自詣中書陳便宜歲蠲緡錢六萬召對時孝宗志在恢復端禮言謀敵決勝之道有聲有實敵弱者先聲後實以讋其氣敵彊者先實後聲以俟其機漢武乘匈奴之困親行邊陲威震朔方而漢南無王庭者讋其氣而服之所謂先聲而後實也越謀吳則不然外講盟好內修武備陽行成以種蠡陰結援於齊晉教習之士益精而獻遺之禮益密用能一戰而霸者伺其機而圖之所謂先實而後聲也今日之事異於漢而與越相若願陰設其備而密爲之謀觀變察時則機可投矣古之投機者有四有投隙之機有擣虛之機有乘亂之機有承弊之機因其內釁而擊之若匈奴困於三國之攻而宣帝出師此投隙之機也因其外患而伐之若夫差牽於黃池之役而越兵入吳此擣虛之機也敵國不道因其離而舉之若晉之降孫晧此乘亂之機也敵人勢窮躡其後而襲之若高祖之追項羽此乘弊之機也機之未至不可以先機之已至不可以後以此備邊安若太山以此應敵動如破竹惟所欲爲無不如志上喜曰卿可謂通事體矣後以薦爲監察御史遷大理少卿轉太常少卿詔以來歲祈穀上帝仲春躬耕籍田令禮官討論明道故事端禮言祈穀之制合祭天地於圜丘前期享於太廟視冬至郊祀之儀此國朝故事也若乃明道之制則以宮中火後考室落成故於太安殿恭謝天地此特一時謝災之事耳今欲祈穀而耕籍必合祭天地於圜丘必前期朝享於景靈宮太廟可也欲如明道之制行於殿庭不可詔太常禮部集議中書有可以義起者端禮曰禮固有可義起至於大體則不可易古者郊而後耕以其於郊故謂之郊猶祀於明堂故謂之明堂如明道謝災之制則與祈穀異今以郊而施之殿庭亦將以明堂而施之壇壝乎禮之失自端禮始端禮死不敢奉詔上爲之止權兵部侍郎兼太子詹事進吏部侍郎出知太平州奉祀光宗立召見言天子之孝不與庶人同今陛下之孝於壽皇當如舜之於堯行其道可也武之於文繼其志述其事可也凡壽皇睿謀聖訓仁政善教所嘗施於天下者願與二三大臣朝夕講求而力行之則足以盡事親之孝矣授集英殿修撰知贛州還爲吏部侍郎權刑部尙書兼侍講以煥章閣直學士知建康府召拜吏部尙書擢同知樞密院事興州帥吳挺死端禮謂樞密趙汝愚曰吳氏世握蜀兵今若復令承襲將爲後患汝愚是其言合辭以奏光宗意未決端禮言汝愚所請爲蜀計爲東南計夫置大將而非其人是無蜀也無蜀是無東南也今軍中請帥而遷延不報人將生心不聽後挺子曦卒以蜀叛如端禮言上以疾不朝重華宮孝宗崩又不能發喪人情恂然端禮謂宰相留正曰公獨不見唐肅宗朝羣臣發哀太極殿故事乎宜請太皇太后代行祭奠之禮於是宰執以請于太皇太后留正懼入臨重華宮仆地致仕而去太皇太后垂簾策皇子嘉王卽皇帝位王流涕遜避端禮奏太上違豫大喪乏主安危之機在於呼吸太皇太后非爲陛下計乃爲太上皇帝計爲宗社計今堅持退讓不思國家之大計是守匹夫之小節而昧天子之大孝也寧宗憮然收淚不得已側身就御坐之半端禮與汝愚再拜固請寧宗乃正御坐退行禫祭禮進端禮知樞密院事兼參知政事汝愚去右丞相位端禮代之始端禮與汝愚同心共政汝愚嘗曰士論未一非余處恭不能任及韓侂胄以傳道之勞寖竊威柄汝愚等欲疎斥之謀泄而汝愚逐端禮不能遏但長吁而已浙西常平黃灝以放民租黜知婺州黃度以庇屬吏褫職罷郡二人皆侂胄所憾端禮執奏竟不免於罪太府丞呂祖儉坐上書忤侂胄南遷端禮救解不獲公議始歸責焉他日見上言除從官中書不知朝綱已紊禍根已滋卽丐去不許進左丞相端禮在相位期年頗知擁護善類然爲侂胄所制壹鬱不愜志稱疾求退以觀文殿大學士提舉洞霄宮居頃之判潭州移慶元復帥潭藁授少保郇國公致仕贈太傅謚忠肅子嶸工部尙書

李璧字季章眉之丹稜人父燾典國史璧少英悟日誦萬餘言屬辭精博周必大見其文異之曰此謫仙才也孝宗嘗問燾卿諸子孰可用燾以璧對以父任入官後登進士第召試爲正字寧宗卽位徙著作佐郎兼刑部郎權禮部侍郎兼直學士院時韓侂胄專國建議恢復宰相陳自強請以侂胄平章國事遂召璧草制同禮部尙書蕭逵討論典禮命侂胄三日一朝序班丞相上璧受命使金行次揚州忠義人朱裕挾宋帥襲漣水金人

憤甚璧乞梟裕首境上詔從其請璧至燕與金人言披露肝膽金人之疑頓釋璧歸侂胄用師意方銳璧言進取之機當重發而必至毋輕出而苟且既而陳景俊使北還贊舉兵甚力錢象祖以沮兵議忤侂胄得罪貶璧論襄陽形勢深以腹心爲憂欲待敵先發然後應之侂胄意不懌於是四川荆淮各建宣撫而師出矣璧度力不能回乃入奏自秦檜首倡和議使父兄百世之讎不復開於臣子之口今廟謀未定士氣積衰苟非激昂曷克丕應臣愚以爲宜亟貶秦檜示天下以讎耻必復之志則宏綱舉而國論明流俗變而人心一君臣上下奮厲振作拯潰民於殘虐淵祖宗之宿憤在今日舉而措之無難矣疏奏秦檜坐追王爵議者謂璧不論檜之無君而但指其主和其言雖公特以迎合侂胄用兵之私而已初侂胄召葉適直學士院草出師詔適不從乃以屬璧由是進權禮部尚書侂胄旣喪師始覺爲蘇師旦所誤一夕招璧飲酒酣及師旦事璧微摘其過覘侂胄意向乃極言師旦怙勢招權使明公負謗非竄謫此人不足以謝天下師旦坐貶官璧又言郭倬李汝翼僨軍誤國之罪宜誅之以謝淮民拜參知政事金遣使來徵示欲和意丘崈以聞璧貽崈書俾遣小使致書金帥求成金帥報書以用兵首謀指侂胄侂胄大恚不復以和爲意璧言張浚以討賊復讎爲己任隆興之初事勢未集亦權宜就和苟利社稷固難執一侂胄不聽以張巖代崈璧力爭言丘崈素有人望侂胄變色曰方今天下獨有一丘崈邪吳曦叛據蜀稱王楊巨源安丙誅之事聞璧議須用重臣宣撫薦制置使楊輔爲宣撫使而使安丙輔之丙殺楊巨源輔恐召變以書舉劉甲自代侂胄疑輔避事璧曰孝宗聞吳璘病亟詔汪應辰權宣撫使職事蜀賴以安此故事也於是命甲權宣撫使方信孺使北歸言金人欲縛送侂胄故侂胄忿甚用兵之意益急璧方與共政或勸其速去毋與侂胄分禍璧曰嘻國病矣我去誰適謀此會禮部侍郎史彌遠謀誅侂胄以密旨告璧及錢象祖象祖欲奏審璧言事留恐泄侂胄迄誅璧兼同知樞密院事御史葉時論璧反復詭譎削三秩謫居撫州後輔臣言誅侂胄事璧實預聞乃令自便復官提舉洞霄宮久之復以御史奏削三秩罷祠越四年復除端明殿學士知遂寧府未至而潰兵張福入益昌戕王人略閬剽果至遂寧璧傳檄諭之福等讀檄泣下約解甲降會官軍至挑賊賊忿盡燔其城顧府治曰李公旦夕來居此其勿毀璧馳書大將張威使調嘉定黎雅砦丁牌手來會戰威夜遣人叩門來言曰賊壘堅不可破將選死士梯而登以火攻之璧曰審爾必多殺士卒盍先斷賊汲路與糧道使不得食卽自成擒矣以長圍法授之威用其謀賊遂平璧尋引疾奉祠嘉定十五年六月卒進資政殿學士致仕謚文懿璧嗜學如飢渴羣經百氏搜抉靡遺於典章制度尤綜練爲文雋逸所著有鴈湖集一百卷涓塵錄三卷中興戰功錄三卷中興奏議若干卷內外制二十卷援毫錄八十卷臨汝閑書百五十卷璧父子與弟塈皆以文學知名蜀人比之三蘇云

丘崈字宗卿江陰軍人隆興元年進士爲建康府觀察推官丞相虞允文奇其才奏除國子博士孝宗諭允文舉自代者允文首薦崈有旨賜對遂言恢復之志不可忘恢復之事未易舉宜甄拔實才責以內治遵養十年乃可議北向時方遣范成大使金祈請陵寢崈言泛使亟遣無益大計徒以驕敵孝宗不樂曰卿家墳墓爲人所據亦須理索否崈對曰臣但能訴之不能請之孝宗怒崈退待罪孝宗察其忠不譴也遷太常博士出知秀州華亭縣捍海堰廢且百年鹹潮歲大入壞並海田蘇湖皆被其害崈至海口訪遺址已淪沒乃奏刱築三月堰成三州舄鹵復爲良田除直祕閣知平江府入奏內殿因論楮幣折閱請公私出內並以錢會各半爲定法詔行其言天下便之知吉州召除戶部郎中遷樞密院檢詳文字被命接伴金國賀生辰使金曆九月晦與統天曆不合崈接使者以恩意乃徐告以南北曆法異同合從會慶節正日隨班上壽金使初難之卒屈服孝宗喜謂崈曰使人聽命成禮而還卿之力也先是王抃爲樞密崈不少下之方迓客時抃排定程頓奏上降付接伴令沿途遵執崈具奏謂不可以此啟敵疑心不奉詔抃憾之譖崈不禮金使尋祠起知鄂州移江西轉運判官提點浙東刑獄進直徽猷閣知平江府升龍圖閣移帥紹興府改兩浙轉運副使以憂去光宗卽位召對除太常少卿兼權工部侍郎進戶部侍郎擢煥章閣直學士四川安撫制置使兼知成都府崈素以吳氏世掌兵爲慮陛辭奏曰臣入蜀後吳挺脫至死亡兵權不可復付其子臣請得便宜撫定諸軍以俟朝命挺死崈卽奏乞選他將代之仍置副帥別差興州守臣併利州西路帥司歸興元以殺其權挺長子曦勿令奔喪起復知和州屬總領楊輔就近節制諸軍檄利路提刑楊虞仲往攝興州朝廷命張詔代挺以李仁廣副之遂革世將之患其後郭杲繼詔復兼利西路安撫杲死韓侂胄復以兵權付曦曦叛議者乃服崈先見進煥章閣直學士寧宗卽位赴召以中丞謝深甫論罷之居數年復職知慶元府旣入奏韓侂胄招以見出奏疏幾二千言示崈蓋北伐議也知崈平日主復讎冀可與共功名崈曰中原淪陷且百年在我固不可一日而忘也然兵凶戰危言首倡非常之舉兵交勝負未可知則首事之禍其誰任之此必有夸誕貪進之人攘臂以僥倖萬一宜亟斥絕不然必誤國矣進敷文閣學士改知建康府將行侂胄曰此事姑爲遲之崈因贊曰翕然而改誠社稷生靈之幸惟無搖於異議則善矣侂胄聞金人置平章宣撫河南奏以崈爲簽樞宣撫江淮以應之崈手書力論金人未必有意敗盟中國當示大體宜申警軍實使吾常有勝勢若釁自彼作我有辭矣宣撫議遂寢侂胄移書欲除崈內職宣諭兩淮崈報曰使名雖異其爲示敵人以嫌疑之蹟則同且僞平章宣撫旣寢尤不宜輕舉侂胄滋不悅升寶文閣學士刑部尚書江淮宣撫使時宋師克泗州進圖宿壽旣而師潰侂胄遣人來議招收潰卒且求自解之計崈謂宜明蘇師旦周筠等僨師之姦正李汝翼郭倬等喪師之罪崈欲全淮東兵力爲兩淮聲援奏泗州孤立淮北所屯精兵幾二萬萬一金人南出清河口及犯天長等城則首尾中斷墮敵計矣莫若棄之還軍盱眙從之金人擁衆自渦口犯淮南或勸崈棄廬和州爲守江計崈曰棄淮則與敵共長江之險矣吾當與淮南俱存亡益增兵爲防進端明殿學士侍讀尋拜簽書樞密院督視江淮軍馬有自北來者韓元靚自謂琦五世孫崈詰所以來之故元靚言兩國交兵北朝皆謂出韓太師意今相州宗族墳墓皆不可保故來依太師爾崈使畢其說始露講解意崈遣人護送北歸俾扣其實其回也得金行省幅紙崈以聞于朝遂遣王文采持書幣以行文采還金帥答書辭順崈復以聞遂遣陳璧充小使璧回具言金人詰使介旣欲和矣何爲出兵眞州以襲我然仍露和意也崈白廟堂請自朝廷移書續前議又謂彼旣指侂胄爲元謀若移書宜暫免係銜侂胄大怒罷崈以知樞密院事張巖代之旣以臺論提舉洞霄宮落職侂胄誅以資政殿學士知建康府尋改江淮制置大使兼知建康府淮南運司招輯邊民二萬號雄淮軍月廩不繼公肆剽劫崈乃隨雄淮所屯分隸守臣節制其西路則同轉運使張穎揀刺爲御前武定軍以三萬人爲額分爲六軍餘汰歸農自是月省錢二十八萬緡米三萬四千石武定旣成軍伍淮西賴其力以病丐歸拜同知樞密院事卒謚忠定崈儀狀魁傑機神英悟嘗慷慨謂人曰生無以報國死願爲猛將以滅敵其忠義性然也

倪思字正甫湖州歸安人乾道二年進士中博學宏詞科累遷祕書郎除著作郎兼翰林權直光宗卽位典冊與尤袤對掌故事行三制並宣學士上欲試思能否一夕併草除公師四制訓詞精敏在廷誦歎權侍立修注官直前奏陛下方受禪金主亦新立欲制其命必每事有以勝之彼奢則以儉勝之彼暴則以仁勝之彼怠惰則以憂勤勝之又請增置諫官專責以諫事又乞召內外諸將訪問以知其才否遷將作少監兼權直學士院兼權中書舍人升中書舍人兼直學士院同修國史尋兼侍講初孝宗以戶部經費之餘則於三省置封椿庫以待軍用至紹興移用始頻會有詔發緡錢十五萬入內帑備犒軍思謂實給他費請毋發且曰往歲所入約四百六十四萬緡所出之錢不及二萬非痛加撙節則封椿自此無儲遂定議犒軍歲以四十萬緡爲額由是費用有節又言唐制使諫官隨宰相入閤今諫官月一對耳乞許同宰執宣引庶得從容論奏上稱善除禮部侍郎上久不過重華宮思疏十上言多痛切會上召嘉王思言壽皇欲見陛下亦猶陛下之於嘉王也上爲動容時李皇后寖預政思進講姜氏會齊侯于濼因奏人主治國必自齊家始家之不能齊者不能防其漸也始於褻狎終於恣橫卒至於陰陽易位內外無別甚則離間父子漢之呂氏唐之武韋幾至亂亡不但魯莊公也上悚然趙汝愚同侍經筵退語人曰讜直如此吾黨不逮也兼權吏部侍郎出知紹興府寧宗卽位改婺州未上提舉太平興國宮召除吏部侍郎兼直學士院御史姚愈劾思出知太平州歷知泉州建寧府皆以言者論去久之召還試禮部侍郎兼直學士院侂胄先以書致殷勤曰國事如此一世人望豈宜專以潔己爲賢哉思報曰但恐方拙不能徇時好耳時赴召者未引對先謁侂胄或勸用近例思曰私門不可登矧未見君乎逮入見首論言路不通自呂祖儉謫徙而朝士不敢輸忠自呂祖泰編竄而布衣不敢極說膠庠之士欲有吐露恐之以去籍論之以呈藁誰肯披肝瀝膽觸冒威尊近者北伐之舉僅有一二人言其不可如使未舉之前相繼力爭之更加詳審不致輕動又言蘇師旦贓以巨萬計胡不黥戮以謝三軍皇甫斌喪師襄漢李爽敗績淮甸

秦世輔潰散蜀道皆罪大罰輕又言士大夫寡廉鮮恥列拜於勢要之門甚者匍匐門竇稱門生不足稱恩坐恩主甚至于恩父者諛文豐賂又在所不論也侂胄聞之大怒思既退謂侂胄曰公明有餘而聰不足堂中剖決如流此明有餘爲蘇師旦蒙蔽此聰不足也周筠與師旦並爲姦利師旦已敗筠尚在人言平章騎虎不下之勢此李林甫楊國忠晚節也侂胄悚然曰聞所未聞司諫毛憲劾思予祠侂胄殛復召首對乞用淳熙例令太子開議事堂閑習機政又言侂胄擅命凡事取內批特旨當以爲戒除權兵部尚書兼侍讀求對言大權方歸所當防微一有干預端倪必且仍蹈覆轍厥今有更化之名無更化之實今侂胄既誅而國人之言猶有未靖者蓋以樞臣猶兼宮賓不時宣召宰執當同班同對樞臣亦當遠權以息外議樞臣謂史彌遠也金人求侂胄函首命廷臣集議思謂有傷國體徙禮部尚書史彌遠擬除兩從官參政錢象祖不與聞思言奏擬除目宰執當同進比專聽侂胄權有所偏覆轍可鑒既而史彌遠上章自辨思求去上留之思乞對言前日論樞臣獨班恐蹈往轍宗社堪再壞耶宜親擢臺諫以革權臣之弊並任宰輔以鑒專擅之失彌遠懷恚思請去益力以寶謨閣直學士知鎭江府移福州彌遠拜右丞相陳晦草制用昆命元龜語思歎曰董賢爲大司馬冊文有允執厥中一言蕭咸以爲堯禪舜之文長老見之莫不心懼今制詞所引此舜禹揖遜也天下有如蕭咸者讀之得不大駭乎乃上省牘請貼改麻制詔下分析彌遠遂除晦殿中侍御史卽劾思藩臣僭論麻制鐫職而罷自是不復起矣久之除寶文閣學士提舉嵩山崇福宮嘉定十三年卒謚文節

宇文紹節字挺臣成都廣都人祖虛中簽書樞密院事父師瑗顯謨閣待制父子皆以使北死無子孝宗愍之命其族子紹節爲之後補官仕州縣九年第進士累遷寶謨閣待制知廬州時侂胄方議用兵紹節至郡議修築古城刱造砦柵專爲固圉計淮西轉運判官鄧友龍諂於侂胄謂紹節但爲城守徒耗財力無益於事侂胄以書讓紹節紹節復書謂公有復讎之志而無復讎之略有開邊之害而無開邊之利不量國力浪爲進取計非所敢知侂胄得書不樂乃以李奕代紹節召爲兵部侍郎兼中書舍人兼直學士院以寶文閣待制知鎭江府吳曦據蜀趣紹節赴闕任以西討之事紹節至謂大臣曰今進攻則瞿唐一關彼必固守若駐軍荆南徙損威望聞隨軍轉運安丙者素懷忠義若授以密旨必能討賊成功大臣用其言遣丙所親以帛書達上意丙卒誅曦權兵部尚書未幾除華文閣學士湖北京西宣撫使知江陵府統制官高悅在成所肆爲殺掠遠近苦之紹節召寘帳前收其部曲俄有訴悅縱所部爲寇者紹節杖殺之兵民皆歡升寶文閣學士試吏部尚書尋除端明殿學士簽書樞密院事安丙宣撫四川或言丙有異志語聞廷臣欲易丙紹節曰方誅曦初安丙一搖足全蜀非國家有顧不以此時爲利今乃有他耶紹節願以百口保丙丙卒不易朝廷於蜀事多所咨訪紹節審而後言皆周悉事情嘉定六年正月甲午卒訃聞上嗟悼爲改日朝享進資政殿學士致仕又贈七官爲少師非常典也謚曰忠惠

李蘩字清叔崇慶晉原人第進士爲隆州判官攝綿州歲祲出義倉穀賤糶之而以錢貸下戶又聽民以茅秸易米作粥及楮衣親衣食之活十萬人明年又饑邛蜀彭漢成都盜賊蠭起綿獨按堵知永康軍移利州提點成都路刑獄兼提舉常平歲凶先事發廩蠲租所活百七十萬人知興元府安撫利州東路漢中久饑劍外和糴在州者獨多蘩嘗匹馬行阡陌間訪求民瘼有老嫗進曰民所以饑者和糴病之也泣數行下蘩感其言奏免之民大悅從倉部員外郎總領四川賦財軍馬錢糧升郎中淳熙三年廷臣上言四川歲糴軍糧名爲和糴實科糴也詔制置使范成大同蘩相度以聞蘩奏諸州歲糴六十萬石若從官糴歲約百萬緡如於經費之中斟酌損益變科糴爲官糴貴賤眂時不使虧毫忽之價出納眂量勿務取圭撮之贏則軍不乏興民不加賦乃書利民十一事上之前後凡三年蘩上奏疏者十有三而天子降詔難問者凡八訖如其議民既樂與官爲市遠邇讙趨軍餉坐給而田里免科糴始知有生之樂會歲大稔米價頓賤父老以爲三十年所無粱洋間繪蘩像祠之范成大驛疏言關外麥熟倍於常年實由罷糴民力稍紓得以盡於農畝孝宗覽之曰免和糴一年田間和氣若此乃知民力不可重困也擢蘩守太府少卿范成大召見孝宗首問糴事可久行否成大奏李蘩以身任此事臣以身保李蘩孝宗大悅曰是大不可得李蘩也上意方嚮用而蘩亦欲奏蠲監酒和買之弊以盡滌民害會有疾卒詔以蘩能官致仕恩外特與遺表擇一人庶官前此所未有初蘩宰眉山校成都漕試念吳氏世襲兵柄必稔蜀亂發策云久假人以兵柄未有不爲患者以武宣之明不能銷大臣握兵之禍以憲武之烈不能收藩鎭握兵之權危劉氏殲唐室鮮不由此吳挺以爲怨後蘩總餉事挺謬奏軍食猥惡孝宗以問蘩蘩緘其檄以進挺之妄遂窮踰三十年吳曦竟以蜀叛安丙既誅曦毎語人云吾等焦頭爛額耳孰如李公先見者乎蘩講學臨政皆有源委所著書十八種有桃溪集一百卷

論曰余端禮平時論議剴正及爲相受制於韓侂胄雖有志扶掖善類而不得以直遂頗不免君子之論若李璧丘崈皆諫侂胄以輕兵召釁之失及其決意用師命葉適草詔不從而璧獨當筆焉何其所見後先舛迕哉附會之罪璧固無以逭於公論矣倪思直辭劘主又屢觸權臣三黜不變其風槩有可尚焉李蘩所至能舉荒政蠲苛賦亦庶幾古所謂惠人也

宋史卷三百九十九

元 中 書 右 丞 相 總 裁 脫 脫 等 修

列傳第一百五十八

鄭瑴（王庭秀附） 仇悆 高登 婁寅亮
宋汝爲

鄭瑴字致剛建州人政和八年舉進士授安陸府教授權信陽縣尉監南京酒稅遂召爲御史臺主簿張邦昌之僭號也挺身見高宗于濟州既卽位擢監察御史選右司諫升爲諫議大夫帝至杭州瑴奏曰陛下南渡出於倉卒省臺寺監百司之臣獲濟者鮮當擢吳中之秀以爲用況天下賢俊多避地吳越宜令守臣體訪境內寄居待闕及見任宮觀等京朝官以上各具姓名以聞簡拔任使庶幾速得賢才以濟艱厄詔從之苗傅劉正彥等逆亂瑴庭立面折二凶且謂逆賊凶燄熾甚非請外援無可爲者乃上章待罪求去退見呂頤浩議興復計太后降詔不允朱勝非言瑴面折二凶事拜御史中丞時二凶竊威福之柄肆行殺戮日至都堂侵紊機政瑴言黃門宦者之設本以給事內庭供掃除而已俾與政事則貪暴無厭待以兵權則憯毒無已皆前世已行之驗也故宦官用事于上則生人受禍于下匹夫力不能勝則羣起而攻之是以靖康之初羣起而攻之者庶民也睿聖皇帝南渡駐蹕未安羣起而攻之者衆兵也今當痛革前弊並令選擇其人曾經事任招權納寵者屏之遠方俾無浸淫以激衆怒則賞罰之柄自朝廷出國勢尊矣仍論軍法便宜止行于所轄軍伍其餘當聞之朝廷付之有司明正典刑所以昭尊君之禮而全臣子忠義之節也疏留中不出瑴對請付外行之又論黃潛善汪伯彥均于誤國而潛善之罪居多今同以散官寘調湖南錢伯言與黃願皆棄城呂源與梁楊祖皆擁兵而逃今願罷官楊祖落職而源伯言未正典刑非所以勸懲詔寘削有差傅正彥日至都堂議事瑴奏將帥之臣不可預政及聞以簽書樞密院召呂頤浩以禮部尚書召張浚分張俊兵以五百人歸陝西而浚不受尚書之命俊不肯分所部兵遂謫浚居郴州擢俊以節度知鳳翔瑴知出二凶姦謀具章乞留頤浩知金陵浚不當貶不報瑴遂遣所親謝嚮變姓名微服爲賈人徒步如平江見俊等具言城中事以爲嚴設兵備大張聲勢持重緩進使賊自遁無驚動三宮此上策也俊等聞之皆感激奮厲爲赴難計俄詔睿聖皇帝爲皇太弟天下兵馬大元帥幼主爲皇太姪卽與大臣進議以爲在庭公卿百司羣吏皆昔之臣屬也今則與之比肩事主矣稽之于古則無所法行之于今則實逆天或者謂大元帥可以任軍旅之大事臣竊以爲不然昔舜之禪禹也猶命禹徂征有苗則禹雖受禪而征伐之事舜猶親之也唐睿宗傳位皇太子以聽小事自尊爲太上皇以聽大事如是無不可者則稽之于古爲有法行之于今爲得宜太后垂簾同聽政以安人心退與御史王庭秀上疏力爭太后召瑴與宰執同對簾前瑴乞召庭秀太后諭曰今欲令睿聖皇帝總領兵馬爾瑴奏曰臣不知其他但人君位號豈容降改聞之天下孰不懷疑雖前世衰亂分裂之時固未有旬日之間易兩君一朝降兩朝位號者也太后令瑴至都堂朱勝非出朱昞等所上書以示瑴庭秀瑴庭秀力言昨日詔書不可宣布必召變勝非與執政顏岐王孝迪路允迪皆在坐尚書左丞張澂獨曰事勢若此豈爭此名位耶澂欲出瑴等共止之瑴與李邴並爲端明殿學士同簽書樞密院事高宗復位進簽書執政甫百日而卒高宗甚悼之謂大臣朕喪元子猶能自排遣于瑴殆不能釋也

庭秀字穎彥慈溪人與黃庭堅楊時遊其爲學旁搜遠紹不苟趣時好造詣深遠操持堅正發爲文辭俊邁宏

遠登政和二年上舍第，歷官州縣。侍御史李光薦爲御史臺檢法官。宣和靖康時進言皆發于忠義。御史中丞言僞楚時庶官中如虞謨王庭秀者初非疾病毅然致爲臣而歸願褒擢之拜監察御史奏乞威斷當出於人主而所遣宣諭官當令舉廉吏又言刑名有疑慮者令州郡法官申憲司閱實具奏以取裁決遷殿中侍御史論黃潛善賣官售寵罷之既與鄭瑴力爭降封高宗事未幾出知瑞州右正言呂祉奏朝廷今日緣論大臣移一言官明日罷一言官則後日大臣行事有失誰敢言者遂召爲吏部郎改左司言朝廷比來深疾貪吏然州縣之間豈無廉介自將沈於下僚者宜命五使所至以廉潔清修可以師表吏民者以名來上叅之公議不次升擢以厲士風從之遷檢正中書門下省諸房公事與宰相議多不合不自安引疾求去詔直秘閣主管崇道觀而歸

仇悆字泰然益都人大觀三年進士授邠州司法讞獄詳恕多所全活爲鄧城令滿秩耆幼遮泣不得去從武陟令屬朝廷方調兵數十萬于燕山悆餽饟畢給時主將縱士卒過市掠物不予直他邑官逃避悆先期趣備申嚴約束遂以不擾已而悆送運餉于涿值大軍潰于盧溝河囊橐往往委以資敵悆間關營護無一毫棄失調高密丞俗尚嚚訟悆攝縣事剖決如流事無淹夕民至懷餅餌以俟決遣猾吏楊蓋每陰疏令過脅持爲姦悆暴其罪黥之無不悅服州闕司錄命悆攝事既行邑氓萬餘邀留至擁歸縣廨時天寒皆然火警守布滿後先悆由它道得出或追拜馬首曰公舍我去我必使公復來它日悆方白事郡牙忽數千人徑奪以歸守將不能遏劇寇起萊密間素聞悆名戒其黨毋犯高密境民賴以安密卒閉關叛掠害官吏幾盡獨嘑曰無驚仇公南遷丁母憂服除知建昌軍入爲考功員外時仕者宛轉兵間亡失告牒十常七八而銓部無案籍恕丐者甚多眞僞錯亂悆親爲考覈其可據者悉責保識因上聞行之遷右司及中書門下檢正諸房公事俄爲沿海制置使明守與宰相厚善紿言士卒將爲變致遣精兵密捕統制官徐文覺之初謀縱軍剽略頃之泛海去呼曰我以仇公故不殺人不焚屋廬一城晏然猶坐削兩官主管太平觀以淮西宣撫知廬州劉豫子麟合金兵大人民情洶懼宣撫司統制張琦者冀乘危爲亂驅居民越江南走欲先脅悆出擁甲士數千突入露刃登樓揚白麾左右驚潰迫悆上馬悆徐謂曰若輩無守土責吾當以死徇國寇未至而逃人何賴焉堅不爲動神色無少異琦等錯愕遽散其徒人心遂定時金人出入近境悆求援于宣撫司不報又遣其子自間道赴朝廷告急雖旌其子以官而援卒不至帝方下詔親征而詔亦不至淮甸喧言將棄兩淮爲保江計悆錄詔語揭之郡縣讀者至流涕咸思自奮監押閻僅死于賊餘衆來歸州帑匱竭無以爲賞悆悉引班坐犒以酒食慰勞之衆皆感勵募廬壽兵得數百益鄉兵二千出奇直抵壽春城下敵三戰皆北郤走度淮其後麟復增兵來寇悆復壽春俘馘甚衆獲旗械數千焚糧船百餘艘降渤海首領二人初金人圍濠州旬日未下屬天寒馬多僵死乃悉衆向淮東樞密使張浚方視師金陵悆以策說之曰金重兵在淮東師老食匱若以精兵二萬一自壽陽一自漢上徑趨舊京當不戰而退繼以大軍尾擊蔑有不濟者昔人謂一日縱敵數世之患願無失時之悔浚不能用麟復以步騎數千至合肥諜言兀朮爲之殿人心怖駭不知所爲會京西制置使遣牛皋統兵適至悆顧左右曰召牛觀察來擊賊皋既至以忠義撼之皋素勇甚以二千餘騎馳出短兵相接所向披靡敵稍懾散而復集者三其副徐慶忽墜馬敵競赴之皋掖以上手刜數人因免冑大呼曰我牛皋也嘗四敗兀朮可來決死寇畏其名遂自潰以悆克復守禦功加徽猷閣待制明年宣撫司始遣大將王德來時寇已去德謂其伍曰當事急時吾屬無一人渡江擊賊今事平方至何面目見仇公耶德麾下多女眞渤海歸附者見悆像不覺以手加額初宣撫司旣不以一卒援諸郡但令焚積聚棄城退保文移不絕于道又請浚督行之浚檄悆度其宜處之悆謂殘破之餘兵食不給誠不能支敵然帥臣任一路之責誓當死守今若委城使金人有淮西治兵艦于巢湖必貽朝廷憂力陳不可浚韙其言而卒全活數州之衆尋詔詣闕軍民號送之改浙東宣撫使知明州以挫豪强獎善良爲理吏受賕雖一錢不貸姦猾斂迹州罹兵火既燬悆斥廚錢助其費買田行鄉飲酒禮歲饑發官儲損其直民無死徙朝廷聞之進秩一等再召進對帝親加褒諭欲留寘近密言者以悆在郡多黥胥吏爲慘酷請授外藩時峒獠未息乃進直學士爲湖南安撫使禁盜鑄錢者趣使爲農物價旣平商賈遂通數月召還加寶文閣學士陝西都轉運使時金人無故歸侵疆詭計叵測悆力陳非策固辭不行秦檜方主和議以爲異己落職以左朝奉郎少府少監分司西京全州居住起知河南府未行金人果復陷所歸郡邑如悆言適復待制再知明州改知平江府陛辭言我軍已習戰非復前日故劉錡能以少擊衆敵大挫衄若乘已振之勢鼓行而前中原可傳檄而定上嘉之以言罷提舉太平觀積官至左朝議大夫爵益都縣伯卒贈左通議大夫悆性至孝母沒時方崎嶇轉徙居喪盡禮沿海制置使陳彥文薦于朝起復之悆不就悆端方挺特自初官訖通顯無所附麗令鄧城時丞相范宗尹方爲邑子以文謁悆悆他日語其父是子公輔器也宗尹旣當國未嘗以私見悆在明州嘗欲薦一幕官問曰君日費幾何對以十口之家日用二千悆驚曰吾爲郡守費不及此屬僚所費倍之安得不貪遂止

高登字彥先漳浦人少孤力學持身以法度宣和間爲太學生金人犯京師登與陳東等上書乞斬六賊廷臣復建和議奪种師道李綱兵柄登與東再抱書詣闕軍民不期而會者數萬王時雍縱兵欲盡殲之登與十人屹立不動欽宗即位擢吳敏張邦昌爲相敏又雪前相李邦彥無辜乞加恩禮起復之登上書曰陛下自東宮即位意必能爲民興除大利害踐祚之始兵革擾攘朝廷政事一切未暇人人翹足以待事息而觀惟新之政奈何相吳敏張邦昌又納敏冀與之言播告中外將復用李邦彥道路之人無不飲恨而去是陛下大失天下之望臣恐人心自此離矣太上皇久處邦彥等于政府紀綱紊亂民庶愁怨方且日以治安之言誘誤上皇以致大禍倉皇南幸不獲寧居主辱臣死此曹當盡伏誅今乃偃然自恣朋比爲姦蒙蔽天日陛下從敏所請天下之人將以陛下爲不明之君人心自此離矣再上書曰臣以布衣之微賤臣言繫宗社之存亡未可忽也于是凡五上書皆不報因謀南歸忽聞邦昌各與遠郡一時小人相繼罷斥與所言偶合者十七八登喜曰是可以盡言矣復爲書論敏未罷不報初金人至六館諸生將遁去登曰君在可乎與林邁等請隨駕隸聶山帳中而帝不果出金人退師敏遂諷學官起羅織屏斥還鄉紹興二年廷對極意盡言無所顧避有司惡其直授富川主簿憲董弅聞其名檄讞六郡獄復命兼賀州學事學故有田舍法罷歸買馬司登請復其舊守曰買馬養士孰急登曰買馬固急矣然學校禮義由出一日廢衣冠之士與堂下卒何異守曰抗長吏耶曰天下所恃以治者禮義與法度爾旣兩棄之尚何言守不能奪卒從之攝獄事有囚殺人守欲奏裁曰陰德可爲登曰陰德豈可有心爲之殺人者死而可幸免則被死之冤何時銷滿秩士民丐留不獲相率餽金五十萬不告姓名白于守曰高君貧無以養願大守勸其咸受登辭之不可復無所歸請置于學買書以謝士民歸至廣會新興大饑帥連南夫檄登攝振濟復爲糜于野以食之願貸者聽所全活萬計歲適大稔而償亦及數民投牒願留者數百輩因奏辟終其任召赴都堂審察遂上疏萬言及時議六篇帝覽而善之下六議中書秦檜惡其譏已不復以聞授靜江府古縣令道湖州守汪藻館之藻留與修徽宗實錄固辭或曰是可以階改秩登曰但意未欲爾遂行廣西帥沈晦問登何以治縣登條十餘事告之晦曰此古人之政今人詐疑不可行對曰忠信可行蠻貊謂不能行誠不至爾豪民秦琥武斷鄉曲持吏短長號秦大蟲邑大夫以下爲其所屈登至頗革而登喜其遷善補處學職它日琥有請屬登謝卻之琥怒謀中以危法會有愬琥侵貸學錢者登呼至面數琥聲氣俱厲叱下白郡及諸司寘之法忿而死一郡快之帥胡舜陟謂登曰古縣秦太師父舊治實生太師于此盍建祠祀之登曰檜爲相亡狀祠不可立舜陟大怒摭秦琥事移荔浦丞康寧以代登登以母病去舜陟遂創檜祠而自爲記且誣以專殺之罪詔送靜江府獄舜陟遣健卒捕登屬登母死舟中藁葬水次航海詣闕上書求納官贖罪帝閔之故人有爲右司者謂曰丞相云嘗識君于大學能一見終身事且無憂上書徒爾爲也登曰某知有君父不知有權臣旣而中書奏故事無納官贖罪仍送靜江獄登歸葬其母訖事詣獄而舜陟先以事下獄死矣事卒昭白廣漕鄭鬲趙不棄辟攝歸善令遂差考試摘經史中要語命題策閩浙水災所致之由郡守季仲文卽馳以達檜檜聞震怒坐以前事承旨編管容州漳州遣使臣謝大作持省符示登登讀畢即投大作上馬大作曰少入告家人無害也登曰君命不敢稽大作愕然比夜巡檢領百卒復至登曰若朝廷賜我死亦當拜敕而後就法大作感登忠義爲泣下奮劍叱巡檢曰省符在我手中無它語也汝欲何爲吾當以死捍之鬲不棄亦坐鐫一官登謫居授徒以給家事一不介意惟聞朝廷所行事小失則顰蹙不樂大失則慟哭隨之臨卒所言皆天下大計後二十年丞相梁克家疏其事以聞何萬守漳言諸朝追復迪功郎後五十年朱熹爲守奏乞褒錄贈承務郎登事其母至孝舟行至封康間阻風方念無以奉晨膳忽有白魚躍于前其學以愼獨爲本

所著家論忠辨等篇有東溪集行世

婁寅亮字陟明永嘉人政和二年進士爲上虞丞建炎四年高宗至越寅亮上疏云先正有言太祖舍其子而立弟此天下之大公周王薨章聖取宗室育之宮中此天下之大慮也仁宗感悟其說詔英祖入繼大統文子文孫宜君宜王遭罹變故不斷如帶今有天下者獨陛下一人而已屬者椒寢未繁前星不耀孤立無助有識寒心天其或者深戒陛下追念祖宗公心長慮之所及乎崇寧以來諛臣進說獨推濮王子孫以爲近屬餘皆謂之同姓遂使昌陵之後寂寥無聞奔迸藍縷僅同民庶恐祀豐于昵仰違天監太祖在天莫肯顧歆是以二聖未有回鑾之期金人未有悔禍之意中原未有息肩之日臣愚不識忌諱欲乞陛下于子行中遴選太祖諸孫有賢德者視秩親王俾牧九州以待皇嗣之生退處藩服并選宜祖太宗之裔材武可稱之人升爲南班以備環衞庶幾上慰在天之靈下係人心之望帝讀之感悟樞密富直柔薦之紹興元年召赴行在以其言宗社大計也既入見復上疏曰陛下轍迹所環六年于外險阻艱難備嘗之矣然而二聖未還金人未滅四方未靖者何哉天意若曰天祚宋德太祖不私其子而保之不幸姦邪謀國而壞之將使嗣聖念祖思危而後獲之乃所以申其承命也臣誠狂妄去歲上章請陛下取太祖諸孫之賢者視秩親王使牧九州誤蒙采聽赦而不誅茲蓋在天之靈發悟聖心爲社稷計非愚臣之所及也伏望宣告大臣行之它日皇子之生使之退處清暇不過增一節度使爾陛下以太祖之心行章聖之慮自然孝弟感通兩宮回蹕澤流萬世改令入官擢監察御史時相秦檜以其直柔所薦惡之諷言者論寅亮匿父喪不舉下大理鞫問無實猶坐爲族父冒占官戶罷職送吏部由是坐廢

宋汝爲字師禹豐縣人靖康元年金人犯京師闔門遇害汝爲思報國家及父兄之讎建炎三年金人再至謁部使者陳邊事遣對行在高宗嘉納特補修武郎假武功大夫開州刺史奉國書副京東運判杜時亮使金時劉豫節制東平丞相呂頤浩因致書豫汝爲行次壽春遇完顏宗弼軍不克與時亮會獨馳入其壁將上國書宗弼盛怒劫而縛之欲加僇辱汝爲一無懼色曰死固不辭然銜命出疆願達書吐一辭死未晚宗弼顧汝爲不屈遂解縛延之曰此山東忠義之士也命往見豫汝爲曰願伏劍爲南朝鬼豈忍背主不忠於所事力拒不行乃至京師瀕死者數四豫僭號汝爲持頤浩書與之開陳禍福勉以忠義使歸朝廷豫悚而立曰使人使人使豫自新南歸人誰直我獨不見張邦昌之事乎業已至此夫復何言卽拘留汝爲然以汝爲儒士乃授通直郎同知曹州以誘之固辭遂連結先陷于北者凌唐佐李亘李儔爲腹心以機密歸報朝廷唐佐等所遣僧及卒爲邏者所獲汝爲所遣王現邵邦光善達朝廷皆官之紹興十三年汝爲亡歸作恢復方略獻于朝且曰今和好雖定計必背盟不可遽弛時秦檜當國置不復問獨禮部尙書蘇符憐之爲言于朝換宣教郎添差通判處州高宗憶其忠特轉通直郎汝爲遂上丞相書言用兵之道取勝在乎得勢成功在乎投機女眞乘襲取契丹之銳梟視狼顧以窺中原一旦長驅直擣京闕升平既久人不知兵故彼得投其機而速發由是猖獗兩河以成盜據之功既而關右河朔豪傑士民避地轉關從歸聖朝將士戮力剷平羣盜破逐英雄百戰之餘勇氣萬倍回思曩昔痛自懲悔人人扼腕切齒願當一戰加以金人兵老氣衰思歸益切是以去歲順昌孤壘力挫其鋒方其狼狽逃遁之際此國家乘勝進戰之時也惜乎王師遽旋撫其機而不發遂未能殄滅醜類以成恢復之功今聞其力圖大舉轉輸淮北其設意豈小哉所慮秋冬復肆猖獗兀术不死兵革不休雖欲各保邊陲安可得也今當乘去歲淮上破賊之勢特降哀痛之詔聲言親征約諸帥長驅直擣某月日各到東京協謀併力以俘馘兀术爲急又言兀术好勇妄作再起兵端所共謀者叛亡羣盜而已去夏諸帥各舉金人奔命敗北之不暇兀术深以爲慮故爲先發制人之動所恃者不過自能聚兵合勢料王師以諸帥分軍爾今計其步騎不過十萬王師雲集其衆數倍合勢刻期並進戮力何憂乎不勝若以諸帥難相統屬宜除川陝一路專當撒離喝權合諸帥爲兩節制公選大臣任觀軍容爲宣慰之職往來調和諸帥使之上下同心左右戮力則勢既合不爲賊所料矣不然分軍出陳蔡直擣東都賊必首尾勢分復以重兵急擊然後以舟師自淮絲新河入鉅野澤以步兵自洛渡懷衞入太行山以襲其內舟師入鉅野則齊魯搖步兵入太行則三晉應賊勢雖欲合而不分亦難乎爲計矣久之有告汝爲于金人以蠟書言其機事者大索不獲尋知南歸檜將械送金人汝爲變姓名爲趙復徒步入蜀汝爲身長七尺疎眉秀目望之如神仙楊企道者遇之溪上企道曰必奇士也款留之見其議論英發洞貫古今靖康間離亂事歷言之企道驚遂定交假僧舍居之檜死汝爲曰朝廷除此巨蠹中原恢復有日矣企道勸其理前事汝爲慨然太息曰吾結髮讀書奮身一出志在爲國復讎收還土宇頗爲諸公所知命謬數奇軋于權臣今老矣新進貴人無知我者汝爲能知死期嘗祭其先終日大慟將終神氣不亂汝爲倜儻尙氣節博物洽聞飲酒至斗餘未嘗見其醉或歌或哭涕淚俱下其客蜀也史載之邵博字文亮臣李燾相得甚歡趙沂王京魯闕民先楊寀惠疇經紀其喪事三十二年其妻錢莫知汝爲死詣登聞鼓院以狀進詔索之不得隆興二年其子南强以汝爲之死哀愬于朝叅知政事虞允文錢端禮以聞特官一子有忠嘉集行世

論曰高宗播遷復有苗劉之變此何時也鄭瑴王廷秀正色立朝以爭君臣之義顧不韙哉仇念愷悌君子遺澤在民易曰王臣蹇蹇高登有焉婁寅亮請立太祖後爲太子能言人臣之所難言而高宗亦慨然從之君仁而臣直乎宋汝爲歸自金國論事切直與寅亮俱迕秦檜一則誣以罪譴一則逃遁以死於乎悕矣

宋史卷四百

元中書右丞相總裁脫脫等修

列傳第一百五十九

王信　汪大猷　袁燮　吳柔勝

游仲鴻　李祥　王介　宋德之

楊大全

王信字誠之處州麗水人既冠入太學登紹興三十年進士第試中教官授建康府學教授丁父憂服除進所著唐太宗論贊及負薪論孝宗覽之嘉歎不已特循兩資授太學博士時須次者例徙外添差溫州教授郡饑疫議遣官振救之父老願得信任其事守不欲以煩信請益力信聞之欣然爲行徧至病者家全活不可勝記差敕令所刪定官法令有不合人情自相抵牾吏得以傳會出入者悉釐正之轉對言敵情不可測和議不可恃今日要當先爲自備之策以待可乘之機上以爲是又論太學正錄掌規矩之官而員多博士掌訓導之官而員少請以正錄兩員升爲博士從之論除官胜冗之敝乞精選監司而擇籍名郡將代半歲乃注人上親以其章授宰臣行權考功郎官蜀人張公遷初八年免銓至是改秩吏妄引言復令梲之信鉤考其故吏怖服有三蜀士實礙式吏受賕爲地工部尚書趙雄蜀人也以屬信信持弗聽已而轉吏部閱審成牘撫掌愧歎嗟激不已以聞于上它日上謂尙書蔡沈曰考功得王信銓曹遂清邏者私相語指爲神明武臣給告不書年齒磨轉蔭薦肆爲姦欺不可控搏爲擿最者數事告宰相付之大理獄事連三衙殿帥王友直銳爭之上審知其非沮之曰考功所言公事也汝將何爲獄具皆伏辜因請置籍以梲後患授軍器少監仍兼考功郎官丁母憂吏哀金殺牲禱神願信服闋無再爲考功既起知永州入奏事留爲將作少監復考功郎官轉軍器少監兼右司郎官升員外郎四方有以疑獄來上者信反復披覽常至夜分升左司員外郎轉對論士大夫趨向之敝居官者逃一時之責而後之禍患有所不恤獻言者求一時之合而行之可否有所不計集事者以趣辦爲能而不爲根本之慮謀利者以羨餘爲事而不究源流之實持論尙刻薄而寖失祖宗忠厚之意革敝類煩碎而不明國家寬大之體因循玩習恬不爲怪願酌古之道當時之宜示好惡於取舍之間使天下靡然知鄉而無復爲目前苟且之狥又論朝廷有恤民之政而州縣不能行恤民之實近歲不登陛下軫念元元凡水旱州郡租賦或蠲放或倚閣住催然倚閣住催之名可以並緣爲擾願明與減放又論豫備三說收逃亡之卒選忠順之官嚴訓練之職又言屯田利害上皆納其說兼玉牒所檢討官提領戶部酒庫久之上論信曰知朕意否行用卿處書生不長於財賦故以命卿果能副朕所委爲中書門下檢正諸房文字遷太常少卿兼權中書舍人假禮部尙書使于金肆射都亭連中其的金人駭曰尙書得非黑王相公子孫耶謂王德用也信得米芾書法金人寶之歸言金人必衰之兆有四在我當備之策有二上首肯之太史奏仲秋日月五星會于軫信言休咎之徵史策不同然五星聚者有之未聞七政共集也分野在楚願思所以順天而應之因條上七事又言陛下卽位之初經營中原之志甚銳然功之所以未立者正以所用之人不一其人不一故其論不一其論不一故其心不一願豫求至當之論使歸於一鎖闥封駁而右府所下不關中書或斜封捷出左於公論統領官奴事內侍坐謫遠州幸蒙赦還而遽復故職潛藩恩舊之隸徒稚黏宜而齒朝士老禁校僥冀節鉞詭計可得之而奉稍恩典與正不異閤門多溢額祗候妃嬪進封而冒指它姓爲甥姪既一一塗歸有雖書讀而徐核其不當者積

爭救之上曰事有不可不問者第言之朕無有不爲卿行者於是益抗志不回宦者甘昪既逐遠之矣屬高宗崩用治喪事入莫敢言昪俄提舉德壽宮信亟執奏舉朝皆悚翰林學士洪邁適入上語之曰王給事論甘昪事甚當朕特白太上皇后聖訓以爲今一宮之事異於向時非我老人所能任小黃門空多類不習事獨昪可任責分吾憂渠今已歸居室尚不能有豈敢蹈故態以是駭疏不欲行卿見王給事可道此意信聞之乃止信遇事剛果論奏不避權要繇此人多嫉之信亦力求去提舉崇福宮詔求言信條十事以獻其目曰法戒輕變令貴必行寬州郡以養民力修軍政以待機會郡當分其緩急縣當別其劇易嚴銅錢之禁廣積聚之備處歸附之人收逃亡之卒起知湖州信未涉州縣據按剖析敏如流泉擢集英殿修撰知紹興府浙東安撫使奏免逋官錢十四萬緡七萬匹緜十萬五千兩米二千萬斛山陰境有狹獼湖四環皆田歲苦潦信創啟斗門導停瀦注之海築十一壩化匯浸爲上腴民繪象以祠更其名曰王公湖築漁浦隄禁民不舉子買學田立義冢衆職修理加煥章閣待制徙知鄂州改池州初信扶其父喪歸自金陵草履徒行雖疾風甚雨弗避也由是得寒濕疾及聞孝宗遺詔悲傷過甚疾復作至是寖劇上章請老以通議大夫致仕有星隕于其居光如炬不及地數尺而散數日信卒遺訓其子以忠孝公廉所著有是齋集行世

汪大猷字仲嘉慶元府鄞縣人紹興七年以父恩補官授衢州江山縣尉曉暢吏事登十五年進士第授婺州金華縣丞爭財者諭以長幼之禮悅服而退李椿年行經界法約束嚴甚檄大猷覆視龍遊縣大猷請不實者得自陳毋遽加罪改建德遷知崑山縣丁父憂免喪差總領淮西江東錢糧幹官改幹辦行在諸司糧料院參知政事錢端禮宣諭淮東辟幹辦公事充參議官遷大宗丞兼吏部郎官又兼戶部右曹入對言總覈名實責任臣下因才而任毋違所長量能授官毋拘流品孝宗顧謂左右曰疏通詳雅而善議論有用之才也除禮部員外郎丞相洪适薦兼吏部侍郎仍遷主管左選莊文太子初建東宮兼太子左諭德侍講兩日一講孟子多寓規戒太子嘗出龍大淵禁中所進侍燕樂章論宮僚同賦大猷曰鄭衞之音近習爲倡非講讀官所當預白于太子而止遷祕書少監修五禮會要金人來賀假吏部尙書爲接伴使尋兼權刑部侍郎又兼宗政殿說書又兼給事中孝宗淸燕每訪政事嘗曰朕每厭宦官女子之言思與卿等款語欲知朝政闕失民情利病苟有所聞可極論之大猷遂陳耆長雇直隸總經制司並緣法意使里正兼催科之役厲民爲甚又論亭戶未嘗煮鹽居近場監貸錢射利隱寄田產害及編氓宜取一等以上充役又論賜田勳戚豪奪相先陵轢州縣惟當賜金使自求之又論沒入貲產止可行於彊盜贓吏至於倉庫綱運之負陷者惟當即其業收租以償既足則給還使復故業轉對言捕酒之害及居官者不得鑄銅爲器上嘉獎曰卿前後所言皆今日可行之事權刑部侍郎升侍講言有司卒用新制棄舊法輕重舛牾無所遵承使舞文之吏時出以售其姦請明詔編纂書成上進上大悅尙書周執羔韓元吉樞密劉珙以彊盜率不處死無所懲艾右司林栗謂太祖朝彊盜贓滿三貫死無首從不問殺傷景祐增五貫固從寬今設六項法非手刃人例奏裁黥配何所懲艾請從舊法贓滿三貫者斬大猷曰此吾職也遂具奏曰彊盜烏可恕用舊法而痛懲之固可也天聖以來益用中典寖失禁姦之意今所議六項法犯者以法行之非此而但取財惟再犯者死可謂寬嚴適中若皆眞之死地未必能禁其爲盜盜知必死將甘心於事主矣望稍開其生路乃奏用六項法則死者十七人用見行法則十四人舊法則百七十八俱死遂從大猷議借吏部尙書爲賀金國正旦使至盱眙得印榜云彊盜止用舊法罷六項法還朝自劾求去上聞之復行六項法改權吏部侍郎兼權尙書夜傳旨學士院出唐沈旣濟論選舉事曰今日有此敝可行與否詰旦當面對即奏事與今異敝雖似之言則難行上曰卿言甚明既郊差充鹵簿使以言去授敷文閣待制提舉太平興國宮起知泉州毘舍耶嘗掠海濱居民歲遣戍防之勞費不貲大猷作屋二百區遣將留屯久之戍兵以眞臘大賈爲毘舍耶犯境大猷曰毘舍耶面目黑如漆語言不通此豈毘舍耶耶遂遣之故事蕃商與人爭鬭非傷折罪皆以牛贖大猷曰安有中國用島夷俗者苟在吾境當用吾法三佛齊請鑄銅瓦三萬詔泉廣二州守臣督造付之大猷奏法銅不下海中國方禁銷銅奈何爲其所役卒不與進敷文閣直學士留知泉州踰年提舉太平興國宮改知隆興府江西安撫使以大暑討永新禾山洞寇不利自劾降龍圖閣待制落職南康軍居住提舉太平興國宮復龍圖閣待制提舉上清太平宮復敷文閣待制升學士沒贈二官大猷與丞相史浩同里又同年進士未嘗附麗以干進浩深歎美之好周施敘宗族外族爲興仁錄率鄉人爲義莊二十餘畝以爲倡衆皆欣勸所著有適齋存藁備忘訓鑒等書

袁燮字和叔慶元府鄞縣人生而端粹專靜乳媼置槃水其前玩視終日夜臥常醒然少長讀東都黨錮傳慨然以名節自期入太學登進士第調江陰尉浙西大饑常平使羅點屬任振恤燮命每保畫一圖田疇山水道路悉載之而以居民分布其間凡名數治業悉書之合保爲都合都爲鄉合鄉爲縣征發爭訟追胥披圖可立決以此爲荒政首除沿海制屬連丁家艱寧宗即位以太學正召時朱熹諸儒相次去國丞相趙汝愚罷燮亦以論去自是黨禁興矣久之爲浙東帥幕福建常平屬沿海參議嘉定初召主宗正簿樞密院編修官權考功郎官太常丞知江州改提舉江西常平權知隆興召爲都官郎官遷司封因對言陛下即位之初委任賢相正士鱗集而竊威權者從旁睨之彭龜年逆知其必亂天下顯言其姦龜年以罪而去權臣遂根據幾危社稷陛下追思龜年蓋嘗臨朝太息曰斯人猶在必大用之固已深知龜年之忠矣今正人端士不乏願陛下常存此心急聞剴切崇獎朴直一龜年雖沒衆龜年繼進天下何憂不治臣昨勸陛下勤於好問而聖訓有曰問則明臣退與朝士言之莫不稱善而側聽十旬陛下之端拱淵默猶昔也臣竊惑焉夫既知如是而明則當知反是而闇明則輝光旁燭無所不通闇則是非得失懵然不辨矣遷國子司業秘書少監進祭酒秘書監延見諸生必迪以反躬切己忠信篤實是爲道本聞者悚然有得士氣益振兼崇正殿說書除禮部侍郎兼侍讀時史彌遠主和燮爭益力臺論劾燮罷之以寶文閣待制提舉鴻慶宮起知溫州進直學士奉祠以卒燮初入太學陸九齡爲學錄同里沈煥楊簡舒璘亦皆在學以道義相切磨後見九齡之弟九淵發明本心之指乃師事焉每言人心與天地一本精思以得之兢業以守之則與天地相似學者稱之曰絜齋先生後謚正獻子甫自有傳

吳柔勝字勝之宣州人幼聽其父講伊洛書已知有持敬之學不妄言笑長游郡泮人皆憚其方嚴登淳熙八年進士第調都昌簿丞相趙汝愚知其賢差嘉興府學教授將寘之館閣會汝愚去御史湯碩劾柔勝嘗救荒浙右擅放田租爲汝愚收人心且主朱熹之學不可爲師儒官自是閒居十餘年嘉定初主管刑工部架閣文字遷國子正柔勝始以朱熹四書與諸生誦習講義策問皆以是爲先又於生徒中得潘時舉呂喬年白于長擢爲職事使以文行表率於是士知趨向伊洛之學晦而復明遷太學博士又遷司農寺丞出知隨州時再議和好尤戒開邊隙旁塞之民事與北界相涉不問法輕重皆殺之郡民梁皐有馬爲北人所盜追之急北人以矢拒皐皐與其徒亦發二矢北界以爲言郡下七人于獄柔勝至立破械縱之具始末報北界而已收土豪孟宗政扈再興隸帳下後宗政再興皆爲名將築隨州及棗陽城招四方亡命得千人立軍曰忠勇廩以總所闕額營柵器械悉備除京西提刑領州如故改湖北運判兼知鄂州甫至值歲歉即乞糴于湖廣大講荒政十五州被災之民全活者不可勝計改知太平州除直秘閣主管亳州明道宮改直華文閣除工部郎中力辭除秘閣修撰依舊宮觀以卒謚正肅二子淵潛俱登進士各有傳

游仲鴻字子正果之南充人淳熙二年進士第初調犍爲簿李昌圖總蜀賦辟糴買官奇其才曰吾董餉積年惟得一士昌圖召入首薦之擢四川制置司幹辦公事制置使趙汝愚一見即知敬之敍州董蠻犯犍爲境憲將合兵討之仲鴻請行詰其釁端以州負馬直也乃使人諭蠻曰歸俘則還馬直不然大兵至矣蠻聽命仲鴻受其降而歸改秩知中江縣總領楊輔檄置幕下時關外營田凡萬四千頃畝僅輸七升仲鴻建議請以兵之當汰者授之田存赤籍遲以數年汰者衆耕者多則橫斂一切之賦可次第以減輔然之大將吳挺沮而止趙汝愚移帥閩舉仲鴻自代制置使京鏜轉運劉光祖亦交薦于朝紹興四年赴召趙汝愚在樞密謂仲鴻直諒多聞訪以蜀中利病汝愚欲親出經略西事仲鴻曰宥密之地斡旋者易公獨不聞呂申公經略西事當在朝廷之語乎汝愚悟而止差幹辦諸司糧料院光宗以疾久不朝重華宮仲鴻遺汝愚書陳宗社大計書有伊周霍光語汝愚讀之駭立焚之不答又遺書曰大臣事君之道苟利社稷死生以之旣不死曷不去汝愚又不答孝宗崩仲鴻泣謂汝愚曰今惟有率百官哭殿庭以請親臨宰相留正以病去仲鴻亟簡汝愚曰禪日不決禍必起矣汝愚又不答後三日嘉王即位于重華宮汝愚既拜右丞相以仲鴻久游其門辟嫌不用初汝愚之定策也知閤韓侂胄頗有勞望節鉞汝愚不與侂胄方居中用事恚甚汝愚迹已危方益自嚴重選人求見者例

不許仲鴻勸以降意容接覘過異論而汝愚以淮東西總賦積弊奏遣仲鴻覈實仲鴻曰丞相之勢已孤不憂此而顧憂彼耶改監登聞鼓院以行會侍講朱熹以論事去國仲鴻聞之卽上疏曰陛下宅憂之時御批數出不由中書前日宰相留正之去去之不以禮諫官黃度之去去之不以正近臣朱熹之去復去之不以道自古未有舍宰相諫官講官而能自爲聰明者也願亟還熹毋使小人得志以養成禍亂監察御史胡紘希侂冑意誣汝愚久蓄邪心嘗語人以乘龍授鼎之夢又謂朝士中有推其宗派以爲裔出楚王元佐正統所在者指仲鴻也初欲直書仲鴻名同臺張孝伯見之曰書其名則竄之矣凡阿附宰相本冀官爵此人沉埋六院且二年心迹可察卒不書其名慶元元年汝愚罷相仲鴻遷軍器監主簿力丐外除知洋州朱熹聞其出曰信蜀士之多奇也越三年起知嘉定府擢利路轉運判官數忤宣撫副使吳曦曦言仲鴻老病朝命易他部未幾曦叛宣撫司幕官薛紱訪仲鴻於果山仲鴻對之泣指案上一編書示紱曰開禧丁卯正月游某死謂家人曰曦逼吾死卽塡其日時宣撫大使程松已棄其師遁仲鴻以書勸成都帥楊輔討賊輔不能用至是松至果仲鴻謂紱曰宣威肯留則吾以積奉二萬緡犒兵護宣威之成都松不顧而去總賦劉崇之繼至仲鴻遣其子侶往見以告松者告之崇之復不聽未幾曦誅參政李壁奏除利路提點刑獄尋乞休致予祠而歸遷中奉大夫嘉定八年卒年七十八劉光祖表其隧道曰於乎慶元黨人游公之墓紹定五年諡曰忠子侶淳祐五年爲右丞相各有傳

李祥字元德常州無錫人隆興元年進士爲錢塘縣主簿時姚憲尹臨安俾攝錄參還者以巧發爲能每事下有司必監視鍛鍊囚服乃已嘗誣告一武臣子謗朝政鞫于獄祥不使還者入門既而所告無實具以白尹尹驚曰上命無實乎祥曰卽坐譴自甘憲具論如祥意上駭曰朕幾誤矣卿吾爭臣也遂賜憲出身爲諫大夫祥調濠州錄事參軍安豐守臣冒占民田訟屢攻而不決監司委祥卒歸之民未幾其人易守濠以嫌換司理盧州守出改官奏留之不可主管戶部架閣文字太學博士國子博士司農寺丞樞密院編修官兼刑部郎官大宗正丞軍器少監言忝朝蹟八年在外賢才不勝衆願更出迭入內臣始出提舉淮東常平茶鹽淮西運判兩淮鐵錢比不定祥疏乞官賜錢米銷濫惡者廢定城典國漢陽監更鑄紹興新錢從之淮人以安遷國子司業宗正少卿國子祭酒丞相趙汝愚以言去國祥上疏爭之曰頃壽皇崩兩宮隔絶中外洶洶留正棄印亡去國命如髮汝愚不畏滅族決策立陛下風塵不搖天下復安社稷之臣也奈何無念功至意忽體貌常典使精忠巨節怫鬱黯闇何以示後世除直龍圖閣湖南運副言者劾罷之於是太學諸生楊宏中周端朝等六人上書留之俱得罪主沖佑觀再請老以直龍圖閣致仕嘉泰元年八月卒諡肅簡

王介字元石婺州金華人從朱熹呂祖謙遊登紹熙元年進士第廷對陳時弊大略言近者罷拾遺補闕有遠諫之意小人唱爲朋黨有厭薄道學之名上嘉其直擢居第三人簽書昭慶軍節度判官廳公事除爲國子錄上疏言壽皇親挈神器授之陛下孝敬豈可久闕乎又言婦事舅姑如事父母不可虧宮中之禮不報孝宗崩介又力請上過宮執喪累疏言辭激切人歎其忠寧宗卽位介上疏言陛下卽位未三月策免宰相遷易臺諫悉出內批非治世事也崇寧大觀間事出御批遂成北狩之禍杜衍爲相常積內降十數封還今宰相不敢封納臺諫不敢彈奏此豈可久之道遷太學博士時韓侂冑居中潛弄威福之柄猶未肆也而文墨論議之士陰附之以希進於是始無所憚矣侂冑始疑介前封事詆已且其弟仰冑嘗以舊識求自通介拒絶之侂冑怨益深添差通判紹興府尋知邵武軍會學禁起諫大夫姚愈劾介與袁燮皆僞學之黨且附會前相汝愚主管台州崇道觀久之差知廣德軍侂冑之隸人蘇師旦忿介不通謁目爲僞黨併及甲寅廷對之語以告侂冑有勸其自明者介曰吾髮已種種豈爲鼠輩所使邪侂冑亦畏公議不敢發以外艱去免喪知饒州未赴召爲祕書郎遷度支郎官師旦已建節介與同列謁政府遇之於庭客皆踰階而揖介不顧於是殿中侍御史徐柟劾介資淺立異奉祠除都大坑冶侂冑誅朝廷更化介召還除侍左郎官兼右司太子舍人改兵部郎官國子司業太子侍講兼國史院編修官實錄院檢討官除國子祭酒會以不雨詔百官指陳闕失時宰相史彌遠以母喪起復介手疏歷論時政推本洪範僭恒暘若之證謂羅日愿爲變是下人謀上也侈好增幣而金人猶觖望是夷人亂華也內批數出是左右干政也諫官無故出省是小人間君子也皆謂之僭一僭已足以致天變而況兼有之哉又言漢法天地降災策免丞相乞令彌遠終喪擇公正無私者置左右王呂蔡秦之覆轍可以爲戒接送伴金國賀生辰使還奏故事兩國通廟諱御名而本朝止通御名高宗至光宗皆傳名而不傳諱紹熙初黃裳嘗以爲言而未及釐正願正典禮以尊宗廟除祕書監陞太子右諭德其在春宮篤意輔導每遇講讀因事規諫太子嘗欲索館中圖畫郤而弗與及張燈設樂則諫止之且乞選配故家以正始絶令旨以杜請謁宮僚分日上直以資見聞遷宗正少卿兼權中書舍人繳駁不避權貴張允濟以閤職爲州鈐介謂此小事而用權臣例破祖宗制不可不封還詞頭丞相語介曰此中宮意介曰宰相而逢宮禁意向給舍而奉宰相風旨朝廷紀綱掃地矣居數日除起居舍人介奏宰相以私請不行而托威福於宮禁權且下移誰敢以忠告陛下者乞歸老不許言本朝循唐入閤之制左右史不立前殿若御後殿則立朶殿下何所聞見而修起居注乎乞依歐陽修王存胡銓所請分立殿上吏部侍郎許奕以言事去國介奏曰陛下更化三年而言事官去者五人倪思傅伯成旣去其後蔡幼學鄒應龍相繼而出今許奕復蹈前轍此五臣者四爲給事一爲諫大夫兩年之間盡聽其去或謂此皆宰相意自古未有大臣因給舍論事而去之者是大臣誤陛下也將恐成孤立之勢疏奏乞補外以右文殿修撰知嘉興府歲餘升集英殿修撰知襄陽府京西安撫使徙知慶元府兼沿海制置使以疾奉祠嘉定六年八月卒年五十六端平三年郡守趙汝談請于朝特贈中大夫寶章閣待制諡忠簡子埜自有傳

宋德之字正仲其先京兆人隋諫大夫遠謫彭山子孫散居於蜀遂爲蜀州人德之以應舉擢慶元二年外省第一爲山南道掌書記召除國子正遷武學博士與諸生論八陣之象本乎八卦皆動物也奇正之變往來相生而不窮知此然後可以致勝遷編修樞密院時兵釁有萌會赤眚見太陰犯權星未浹日內北門鴟尾災延及三省六部詔求言德之奏離爲火爲日爲甲胄坎爲水爲月爲盜爲隱伏故火失其性赤氣見憂在甲兵水失其性太陰失度憂在隱伏因疏七事皆當今至切之患乃曰人火小變不足慮天象之變臣竊危之他日又曰今敵未動而輕變祖宗舊制命武臣帥邊以自遺患晉叛將唐藩鎮之禍基於此矣時吳曦在西陲皇甫斌在襄陽郭倪李爽在兩淮德之預以爲慮除太常丞出知閬州會曦變託跌足以避僞事平始赴闕擢本路提點刑獄制帥安丙奏德之傲視君命不俟代者之來徑用觀察使印領事詔降一官改潼川路轉運判官湖南路提刑改湖北召爲兵部郎官朝論有疑安丙意丞相史彌遠首以問德之德之對曰蜀無安丙朝廷無蜀矣人有大功實不敢以私嫌廢公議忤時相意遂罷安丙深感德之嘗謂人曰丙不知正仲正仲知丙丙負正仲正仲不負丙請昏於德之不許論者益稱德之之賢起知眉州監特奏名試得疾而卒德之大父耕性剛介一朝棄官去莫知所終從父廉語德之曰吾昔至臨安府有人言蜀有宋宣教者過浙江而去吾適越求之則入四明矣德之渡浙江尋訪至雪竇有蜀僧言聞諸耆老云山後有爛平山有三居士焉其一宋宣教也德之躋攀至爛平見丹竈罝祠其上而歸

楊大全字渾甫眉之青神人乾道八年進士調溫江尉攝邑有政聲紹熙三年召除監登聞鼓院五年光宗以疾久不克省重華宮廷臣多論諫者太學生汪安仁等二百餘人上書而龔日章等百餘人以投匭上書爲緩必欲伏闕大全謂院以登聞名實明目達聰之地也今乃使人視爲具文吾何顏以尸此職乃爲書以諫力請過宮書上不報大全於是三上疏其略曰臣之志於憂君者不畏義死不榮幸生不以言而獲罪爲恥而以言不聽從爲恥自古諫之不效其大者身膏斧鑕其次亦流竄四裔其小者猶罷免終身未有若今日不勉於聽從亦不加於黜逐徒餌之以無所譴呵之恩使皆饕富貴甘豢養以消靡其風節平居皆貪祿懷姦之士則臨難必無仗節死義之人陛下自夏秋以來執政從官之死者皆不信卒之果然乎不然乎建康趙濟死武興吳挺死今向不以爲然則事有幾微於朕兆者可諫陛下乎萬一變起蕭牆禍生肘腋陛下必將以爲不信坐受其危亡矣盜滿山東而高斯弄權二世不知也蠻寇成都而更奏捷明皇不知也此猶左右聾瞽爾今在朝之士瀝忠以告而陛下不聽是陛下自壅蔽其聰明也今外間傳聞以爲壽皇將幸越幸吳與此愛陛下之深欲泯其迹也陛下當亟圖所以解壽皇之憂疏入又不報寧宗卽位遷宗正寺主簿慶元元年易太常寺主簿遷司農寺丞修高宗實錄充檢討官先是韓侂冑用事私臺諫之選爲己羽翼且欲得知名士借其望以壓羣言一時之好進者恨不預此選也會御史虛位有力薦大全者屬大全一往見且日公朝見除目夕下矣大全笑謝決不往明日遂丐外時實錄將上矣上必推恩大全

去不少待於是除知金州至姑蘇以病卒

論曰王信有文學通政事汪大猷敦厚老成袁燮學有所本吳柔勝游仲鴻名在僞學觀李祥訟趙汝愚公論籍是以立王介楊大全直道而行宋德之其知兵者歟

宋史卷四百一

元　中　書　右　丞　相　總　裁　脫　脫　等　修

列傳第一百六十

辛棄疾　何異　劉宰　劉爚
柴中行　李孟傳

辛棄疾字幼安齊之歷城人少師蔡伯堅與党懷英同學號辛党始筮仕決以蓍懷英遇坎因留事金棄疾得離遂決意南歸金主亮死中原豪傑並起耿京聚兵山東稱天平節度使節制山東河北忠義軍馬棄疾爲掌書記卽勸京決策南向僧義端者喜談兵棄疾間與之遊及在京軍中義端亦聚衆千餘說下之使隸京義端一夕竊印以逃京大怒欲殺棄疾棄疾曰匃我三日期不獲就死未晚揣僧必以虛實奔告金帥急追獲之義端曰我識君眞相乃靑兕也力能殺人幸勿殺我棄疾斬其首歸報京益壯之紹興三十二年京令棄疾奉表歸宋高宗勞師建康召見嘉納之授承務郎天平節度掌書記幷以節使印告召京會張安國邵進已殺京降金棄疾還至海州與衆謀曰我緣主帥來歸朝不期事變何以復命乃約統制王世隆及忠義人馬全福等徑趨金營安國方與金將酣飲卽衆中縛之以歸金將追之不及獻俘行在斬安國於市仍授前官改差江陰僉判棄疾時年二十三乾道四年通判建康府六年孝宗召對延和殿時虞允文當國帝銳意恢復棄疾因論南北形勢及三國晉漢人才持論勁直不爲迎合作九議幷應問三篇美芹十論獻于朝言逆順之理消長之勢技之長短地之要害甚備以講和方定議不行遷司農寺主簿出知滁州州罹兵燼井邑凋殘棄疾寬征薄賦招流散教民兵議屯田乃剏奠枕樓繁雄館辟江東安撫司參議官留守葉衡雅重之衡入相力薦棄疾慷慨有大畧召見遷倉部郎官提點江西刑獄平劇盜賴文政有功加祕閣脩撰調京西轉運判官差知江陵府兼湖北安撫遷知隆興府兼江西安撫以大理少卿召出爲湖北轉運副使改湖南尋知潭州兼湖南安撫盜連起湖湘棄疾悉討平之遂奏疏曰今朝廷清明比年李全賴文政陳子明李峒相繼竊發皆能一呼嘯聚千百殺掠吏民死且不顧至煩大兵翦滅良由州以趣辦財賦爲急吏有殘民害物之狀而州不敢問縣以並緣科歛爲急吏有殘民害物之狀而縣不敢問田野之民郡以聚歛害之縣以科率害之吏以乞取害之豪民以兼并害之盜賊以剽奪害之民不爲盜去將安之夫民爲國本而貪吏迫使爲盜今年剿除明年劃盪譬之木焉日刻月削不損則折欲望陛下深思致盜之由講求弭盜之術無徒恃平盜之兵申飭州縣以惠養元元爲意有違法貪冒者使諸司各揚其職無徒按舉小吏以應故事自爲文過之地詔奬諭之又以湖南控帶二廣與溪峒蠻獠接連草竊間作豈惟風俗頑悍抑武備空虛所致乃復奏疏曰軍政之敝統率不一差出占破畧無已時軍人則利於優閑窠坐奔走公門苟圖衣食以故教閱廢弛逃亡者不追冒名者不舉平居則姦民無所忌憚緩急則卒伍不堪征行至調大軍千里討捕勝負未決傷威損重爲害非細乞依廣東摧鋒荊南神勁福建左翼例別剏一軍以湖南飛虎爲名止撥屬二牙密院專聽帥臣節制調度庶使夷獠知有軍威望風懾服詔委以規畫廼度馬殷營壘故基起蓋砦柵招步軍二千人馬軍五百人傔人在外戰馬鐵甲皆備先以緡錢五萬於廣西買馬五百匹詔廣西安撫司歲帶買三千匹時樞府有不樂之者數沮撓之棄疾行愈力卒不能奪經度費鉅萬計棄疾善斡旋事皆立辦議者以聚歛聞降御前金字牌俾日下住罷棄疾受而藏之出責監辦者期一月飛虎營柵成違坐軍制如期落成開陳本末繪圖繳進上遂釋然時秋霖幾月所司言造瓦不易問須瓦幾何曰二十萬棄疾曰勿憂令廂官自官舍神祠外應居民家取溝甌瓦二不二日皆具僚屬歎伏軍成雄鎭一方爲江上諸軍之冠嘉右文殿脩撰差知隆興府兼江西安撫時江右大饑詔任責荒政始至榜通衢曰閉糴者配彊糴者斬次令盡出公家官錢銀器召官吏儒生商賈市民各舉有幹實者量借錢物逮其責領運糴不取子錢期終月至城下發糶於是連檣而至其直自減民賴以濟時信守謝源明乞米捄助幕屬不從棄疾曰均爲赤子皆王民也卽以米舟十之三予信帝嘉之進一秩以言者落職久之主管沖佑觀紹熙二年起福建提點刑獄召見遷大理少卿加集英殿脩撰知福州兼福建安撫使棄疾爲憲時嘗攝帥每歎曰福州前枕大海爲賊之淵上四郡民頑獷易亂帥臣空竭急緩奈何至是務爲鎭靜未期歲積鏹至五十萬緡牓曰備安庫謂閩中土狹民稠歲儉則糴于廣今幸連稔宗室及軍人入倉請米出卽糴之候秋賈賤以備安錢糴二萬石則有備無患矣又欲造萬鎧招強壯補軍額嚴訓練則盜賊可以無虞事未行臺臣王藺劾其用錢如泥沙殺人如草芥旦夕望端坐閩王殿遂丐祠歸慶元元年落職四年復主管沖佑觀久之起知紹興府兼浙東安撫使四年寧宗召見言鹽法加寶謨閣待制提舉佑神觀奉朝請尋差知鎭江府賜金帶坐繆舉降朝散大夫提舉沖佑觀差知紹興府兩浙東路安撫使辭免進寶文閣待制又進龍圖閣知江陵府令赴行在奏事試兵部侍郎辭免進樞密都承旨未受命而卒賜對衣金帶守龍圖閣待制致仕特贈四官棄疾豪爽尚氣節識拔英俊所交多海內知名士嘗跋紹興間詔書曰使此詔出於紹興之前可以無事讎之大恥使此詔行於隆興之後可以卒不世之大功今此詔與讎敵俱存也悲夫人服其警切帥長沙時士人或愬考試官濫取第十七名春秋卷棄疾察之信然索亞牓春秋卷兩易之啓名則趙鼎也棄疾怒曰佐國元勳忠簡一人胡爲又一趙鼎擲之地次閱禮記卷棄疾曰觀其議論必豪傑士也此不可失啓之乃趙方也嘗謂人生在勤當以力田爲先北方之人養生之具不求於人是以無甚富甚貧之家南方多末作以病農而兼并之患興貧富斯不侔矣故以稼名軒爲大理卿時同僚吳交如死無棺斂棄疾歎曰身爲列卿而貧若此是廉介之士也旣厚賻之復言于執政詔賜銀絹棄疾嘗同朱熹遊武夷山賦九曲櫂歌熹書克己復禮夙興夜寐題其二齋室熹歿僞學禁方嚴門生故舊至無送葬者棄疾爲文往哭之曰所不朽者垂萬世名孰謂公死凜凜猶生棄疾雅善長短句悲壯激烈有稼軒集行世紹定六年贈光祿大夫咸淳間史館校勘謝枋得過棄疾墓旁僧舍有疾聲大呼于堂上若鳴其不平自昏暮至三鼓不絕聲枋得秉燭作文旦且祭之文成而聲始息德祐初枋得請于朝加贈少師諡忠敏

何異字同叔撫州崇仁人紹興二十四年進士調石城主簿歷兩任知萍鄉縣丞相周必大參政留正以院轄擬異孝宗問有無列薦正等以萍鄉政績對迺遷國子監主簿遷丞轉對所言帝喜之曰君臣一體初不在事形迹有所見聞於銀臺司繳奏擢監察御史異奏與丞相留正舊同官不敢供職御札不許引嫌遂拜命遷右正言時光宗悊于定省異入疏諫不報約臺官聯名言姦人離間父子當明正典刑語極峻又不報匃外授湖南轉運判官偶攝帥事長蠻侵擾邵陽異募山丁捕首亂者蒲來矢以衆來降尋爲浙西提點刑獄以太常少卿召改祕書監兼實錄院檢討官權禮部侍郎太常寺太廟芝草生韓侂胄率百官觀焉異謂其色白慮生兵妖侂胄不悅又以劉光祖於異交密言者遂以異在言路不彈丞相留正及受趙汝愚薦劾罷之久乃予祠起知夔州兼本路安撫異以夔民土狹食少同轉運司糴米樁積立循環通濟倉七月丙戌西北有星白芒墜地其聲如雷異曰戊日酉時火土交會而妖星自東南衝西北化爲天狗蜀其將有兵乎匃祠以寶謨閣待制提舉太平興國宮後四年吳曦果叛起知潭州乞閑予祠者再嘉定元年召爲刑部侍郎五月不雨異上封事言近日號令或從中出而執政不得與聞其事臺諫不得盡行其言陛下閔念饑民藥病殯死遏荒僻嶠安得實惠多方稱提不如縮造楮弊阜通商米不如稍寬關市之征明年權工部尚書告老抗章言近臣求去類成虛文中外相觀指爲禮數無以爲風俗廉恥之勸以寶章閣直學士知泉州從所乞予祠進寶章閣學士轉一官致仕卒年八十有一異高自標致有詩名所著月湖詩集行世

劉宰字平國金壇人旣冠入鄉校卓然不苟於去就取舍紹熙元年舉進士調江陵尉江陵巫風爲盛宰下令保伍互相糾察往往改業爲農歲旱帥守命振荒邑境多所全活有持妖術號眞武法穿雲子寶華主者皆禁絕之書其坐右曰毋輕出文引毋輕事箠楚緣事出郊與吏卒同蔬食水飲去官惟篋藏主簿趙師秀酬倡詩而已調眞州司法詔仕者非僞學不讀周惇頤程顥等書才得考試宰喟然曰平生所學者何首可斷此狀不可得卒弗與授泰興令有殺人獄具謂禱于叢祠以殺一人办忽三躍乃殺三人是神寶殺我也爲請之州毁其廟斬首以徇鄰邑有租牛縣境者租戶於主有連姻因喪會竊券而逃他日主之子征其租則曰牛鬻久矣子累年訟于官無券可質官又以異縣置不問至是愬于宰宰曰牛失十載安得一旦復之迺召二匃者勞而

語之故詑以宅事繫獄鞫之旬者自詭盜牛以實遣詣其所驗視租戶曰吾牛因某氏所租旬者辭益力因出券示之相持以來盜券者憮然爲歸牛與租富室亡金釵惟二僕婦在置之有司咸以爲冤命各持一蘆曰非盜釵者詰朝蘆當自若果盜則長於今二寸明旦視之一自若一去其蘆二寸矣即訊之果伏其罪有姑愬婦不養者二召二婦幷姑置一室或餉其婦而不及姑徐伺之一婦每以己饌饋姑姑猶呵之其一反之如是累日遂得其情父喪免至京韓侂胄方謀用兵辛啓鄧友龍薛叔似極言輕挑兵端爲國深害迄如其言爲浙東倉司幹官職事脩舉亟引去默觀時變頓不樂仕壽告歸監南岳廟江淮制置使黄度辟之入幕辛辭曰君命召不往今矧可出耶嘉定四年堂審召命且再下不至時相亦屢諷執政從官貽書挽辛辛峻辭以絕俄題考功曆示決不復仕理宗初即位以爲籍田令屢辭改添差通判建康府又辭乞致仕乃以直秘閣主管仙都觀拜改秩予祠之命辭秘閣不允端平元年升直寶謨閣祠如故且盡還磨勘歲月未幾遷太常丞郡守以朝命趣行不得已勉就道至臾門拜疏徑歸一時譽望收召畧盡所不能致者辛與崔與之耳帝側席以問侍御史王遂且俾宜撫遷將作少監又以直敷文閣知寧國府皆不拜進直顯謨閣主管玉局觀帝猶冀辛一來也召奏事訖不爲起尋卒鄉人罷市走送袂相屬者五十里人人如哭其私親辛剛大正直明敏仁恕施惠鄉邦其烈實多置義倉創義役三爲粥以與饑者自冬徂夏日食凡萬餘人薪粟衣纊藥餌棺衾之類靡謁不獲某無田可耕某無廬可居某之子女長矣而未婚嫁皆汲汲經理如己責任其責橋有病涉路有險阻雖巨役必捐貲先倡而程其事辛生理素薄見義必爲旣竭其力藉質貸以繼之無倦若定折麥錢額更縣斗斛如制毀淫祠八十四所凡可以白于有司利於鄉人者無不爲也辛隱居三十年平生無嗜好惟書靡所不讀旣竭日力猶坐以待雖博考訓注而自得之爲貴有漫塘文集語錄行世

劉爚字晦伯建陽人與弟韜仲受學于朱熹呂祖謙乾道八年舉進士調山陽主簿爚正版籍吏不容姦調饒州錄事通判黄奕將以事汙爚而已自以贓抵罪去都大坑冶耿某閔遺骸暴露議用浮屠法葬之水火爚貽書曰使死者有知禍亦慘矣請擇高阜爲叢冢以葬調連城令罷添給錢及綱運例錢免上供銀錢及綱本二稅甲葉鈔鹽軍期米等錢大脩學校乞行經界改知閩縣治以淸簡庭無滯訟興利去害知無不爲差通判潭州未上丁父憂僞學禁興爚從熹武夷山講道讀書怡然自適築雲莊山房爲終老隱居之計調贛州坑冶司主管文字差知德慶府大脩學校奏便民五事又奏罷兩縣無名租錢糾集武勇民兵入奏言前者北伐之役執事者不度事勢貽陛下憂今雖從和議願益恐懼脩省必開言路以廣忠益必張公道以進人才必飭邊備以防敵患提舉廣東常平令守臣歲以一半易薪春末支及冬復償存其半以備緩急逋欠亭戶錢十萬轉運司五萬爚以公使公用二庫羸錢補之奏義倉之敝客丁錢之敝小官奉給之敝舉留守令之敝吏商之敝召入奏事首論公道明則人心自一朝廷自尊雖危可安也公道廢則人心自二朝廷自輕雖安易危也帝嘉獎遷尙左郎官請節內外冗費以收楮幣轉對言願於經筵講讀大臣奏對反復問難以求義理之當否與政事之得失則聖學進而治道隆矣乞收拾人才及脩明軍政遷浙西提點刑獄巡按不避寒暑多所平反有殺人而匿權家者吏弗敢捕爚竟獲之遷國子司業言於丞相史彌遠請以熹所著論語中庸大學孟子之說以備勸講正君定國慰天下學士大夫之心奏言宋興六經微旨孔孟遺言發明於千載之後以事父則孝以事君則忠而世之所謂道學也慶元以來權倖當國惡人議已指道爲僞屛其人禁其書學者無所依鄉義利不明趨向汚下人欲橫流廉恥日喪追惟前日禁絕道學之事不得不任其咎望其旣仕之後職業脩名節立不可得也乞罷僞學之詔息邪說正人心宗社之福又請以熹白鹿洞規頒示太學取熹四書集註刊行之又言浙西根本之地宜詔長吏監司禁戢强暴撫柔善良務儲積以備凶荒禁科斂以紓民力兼國史院編脩官實錄院檢討官接伴金使于盱眙軍還言兩淮之地藩蔽江南干戈盜賊之後宜加經理必於招集流散之中就爲足食足兵之計臣觀淮東其地平博膏腴有陂澤水泉之利而荒蕪實多其民勁悍勇敢習邊鄙戰鬭之事而安集者少誠能經畫郊野招集散亡約頃畝以授田使毋廣占拋荒之患列溝洫以儲水且備戎馬馳突之虞爲之具田器貸種糧相其險易聚爲室廬使相保護聯以什伍教以擊刺使相糾率或鄉爲一團里爲一隊建其長立其副平居則耕有警則守有餘力則戰帝嘉納之進國子祭酒兼侍立脩注官論貢舉五敝兼權兵部侍郎改兼權刑部侍郎封建陽縣開國男賜食邑權刑部侍郎兼國子祭酒兼太子左諭德升同修國史實錄院同修撰時廷臣爭務容默有論事稍切者衆輒指以爲異爚奏願明詔大臣崇獎忠讜以作士氣深戒諛佞以肅具僚乞擇州縣獄官冬雷上恐懼爚奏遴選監司以考察貪吏爲先訪求民瘼有澤未下流令未便民者悉以實上變而通之則民心悅而天意解矣又請擇沿邊諸將兼工部侍郎奏乞使沿邊之民各自什伍教閱于鄉有急則相救援無事則耕稼自若軍政隱然寓於田里之間此非止一時之利也請城沿邊州郡罷遣賀正使試刑部侍郎兼職依舊賜對衣金帶辭不允兩請致仕不允奏絕金人歲幣建制置司於歷陽以援兩淮夏旱應詔上封事曰言語方壅而導之使言人心方鬱而疏之使通上旣開不諱之門下必有盡言之士指陳政事之闕失明言朝廷之是非或者以爲好名要譽而陛下聽之則苦言之藥至言之實陛下棄之而不恤矣甘言之疾華言之腴陛下受之而不覺矣乞罷瑞慶聖節謝絕金使進封子爵權工部尙書賜衣帶鞍馬兼太子右庶子仍兼左諭德每講讀至經史所陳聲色嗜欲之戒輒懇切再三敷陳之進讀詩之說詹事戴溪讀之爲之吐舌卒贈光祿大夫官其後賜諡文簡所著有奏議史稾經筵故事東宮詩解禮記解講堂故事雲莊外稾

柴中行字與之餘干人紹熙元年進士授撫州軍事推官權臣韓侂胄禁道學校文轉運司移檄令自言非僞學中行奮筆曰自幼讀程頤書以收科第如以爲僞不願考校調江州學教授母喪免廣西轉運司辟爲幹官帥將薦之使其容嘗中行中行正色曰身爲大帥而稱人爲恩主恩相心竊恥之毋汙我攝昭州郡事蠲丁錢減苗斛賑饑羸轉運司委中行代行部由桂林屬邑歷柳象賓入邕管問民疾苦先行而後聞捐鹽息以惠遠民嘉定初差主管尙書吏部架閣文字遷太學正升博士轉對首論主威奪而國勢輕次論士大夫寡廉隅乏骨鯁宜養天下剛毅果敢之氣末論權臣用事包苴成風令舊習猶在宜舉行先朝痛繩贓吏之法謂太學風化首童子科覆試胄子舍選有挾勢者中行力言于長守法無秋毫私遷太常主簿軍器監丞出知光州嚴保伍精閱習增闢屯田城濠營砦器械糗糧百爾具備治行爲淮右最又條畫極邊次邊緩急事宜上之朝廷大槩謂邊兵宜如蛇勢首尾相應草寇合兵大入則鄰道援之分兵輕襲則鄰郡援之援兵旣多雖危不敗又言淮襄土豪丁壯往者用兵傾貲效力者朝廷吝賞失信宜亟加收拾亦可激昂得其死力遷西京轉運使兼提點刑獄中行謂襄陽乃自古必爭之地脩禦尤宜周密時任邊寄者政令煩苛日夜與民爭利中行諷之不聽天方旱盡捐酒稅斥征官黜務吏甘澍隨至官取鹽鈔羸過重課日增入中日寡鈔日壅中行揭示通衢一錢不增商賈大集改直祕閣知襄陽兼京西帥仍領漕事江陵戎司移屯襄州兵政久弛中行白于朝考覈軍實舊額二萬二千人存者纔半亟招補虛籍自是朝廷以節制之權歸帥司重劾李珙不法以懲貪守明㫷再與有功以厲宿將上闕朝廷下闕制閫遷江東轉運司判官旋改湖南提點刑獄豪家習殺人或收養亡命橫行江湖一繩以法華亭令貪虐法從交疏薦之中行笑曰此欲斷吾按章也卒發其辜入爲吏部郎官以立志啓迪君心言好進好同好欺士大夫風俗三敝選曹法大壞吏緣爲姦中行遇事持正不爲勢屈由是銓綜平允擢宗正少卿上疏謂陛下初政則以剛德立治本更化則以剛德除權姦今者顧乃垂拱仰成安於無爲夫剛德實人主之大權不可以久出而不收覆轍在前良可鑒也又曰朝廷用人外示涵洪而陰掩其迹內用牢籠而微見其機觀聽雖美實無以大服天下之心曩者更化元氣復挽回矣比年欲求安靜頗厭人言於是臣下納說非觀望則希合非回緩則畏避而面折廷諍之風未之多見此任事大臣之責也兼國史編脩實錄檢討孟春大雨震雷霜雹交作邊烽告急至失地喪師淮甸震海中行亟奏內外二失朝廷十憂大要言今日之事人主盡委天下以任一相一相盡以天下謀之三數腹心而舉朝之士相視以目噤不敢言甚至邊庭申請久不卽報脫有闕誤咎當誰執謂秘書監崇政殿說書極論往年以道學爲僞學者欲加遠竄杜絕言語使忠義士箝口結舌天下之氣豈堪再沮壞如此耶又謂欲結人心莫若去貪吏欲去貪吏莫若淸朝廷大臣法則小臣廉在高位者以身率下則州縣小吏何恃而敢爲又論內治外患辨君子小人大畧謂執政侍從臺諫給舍之選與三衙京尹之除皆朝廷大綱所在故其人必出人主之親擢則權不下移今或私謁或請見或數月之前先定或舉朝之人不識附會者進爭爲妾婦之道則天下國家之利害安危非惟已不敢言亦且併絕人言矣大臣爲附會之說所誤邊境之臣實逼者掩以爲

誣眞怯者譽以爲勇金帛滿前是非交亂以欺廟堂以欺陛下願明詔大臣絕私意布公道進秘閣脩撰知贛州治盜有方境內清肅匄祠得請以言罷理宗卽位以右文殿脩撰主管南京鴻慶宮賜金帶卒所著有易繫集傳書集傳詩講義論語童蒙說

李孟傳字文授資政殿學士光季子也光謫嶺海孟傳才六歲奉母居鄉刻志于學賀允中徐度皆奇之而曾幾妻以其孫龍大淵黜爲浙東總管知孟傳爲名門子解后必就語孟傳正色辭之幹辦江東提刑司易浙東常平司母喪免調江山縣丞棄去監南岳廟行在編估局未上改楚州司戶參軍單車赴官公退閉戶讀易郡守部使者不敢待以屬吏徐積墓在境內蕪沒旣久加葺之脩復陳公塘有灌溉之利知象山縣守薦爲邑最從官多合薦之主管官告院與同列上封事請詣北宮又移書宰相遷將作監主簿丞相趙汝愚初當國適大祲遣孟傳按視江池鄂三大軍所屯積粟道除太府丞旣復命汝愚去國黨論起而孟傳奉使無失指面對言比以使事往返四千里所過民生困窮衣食不贍國之安危以民爲本今根本旣虛形勢俱見保邦之慮宜勤聖念時韓侂冑連逐留正及汝愚太府簿吳獵與侂冑有連姻因言臺諫將論朱熹孟傳奮然曰如此則士大夫爭之鼎鑊且不避兼考功郎復因對言國家長育人才猶天地之於植物滋液滲漉待其旣成而後足以供大廈之用今士大夫皆有苟進之心治功未優功能尙薄而意以馳騖於臺閣不稍有以扶持正飭之其敝將甚又言武舉及軍士比試專取其力臨敵難以必勝唐世取人由步射弓弩以至馬射各以其中之多寡爲等級宜采取行之韓侂冑與孟傳故嘗致侂冑意孟傳謝曰行年六十去意已決侂冑慙而退請外知江州獄訟止息侂冑不悅匄歸復知處州遷廣西提點刑獄改江東提舉常平移福建詔入對首論用人宜先氣節後才能益招徠忠讜以扶正論故人有在政府者折簡問勞勤甚孟傳逆知其意卽謝曰孤蹤久不造朝獲一望清光而去幸矣對畢卽出關至閩大饑發廩勸分民無流莩侂冑誅就遷提點刑獄移江東又辭丞相史彌遠其親故也人謂進用其時矣卒歸使節角巾還第再奉祠以倉部郎召又辭遷浙東提點刑獄未數月申前請章再上加直秘閣移江東不赴主管明道宮進直寶謨閣致仕卒年八十四常誡其子孫曰安身莫若無競脩己莫若自保守道則福至求祿則辱來有磐溪集宏詞類稾左氏說續史雜志記善記異等書行世

論曰古之君子出處不齊同歸于是而已辛棄疾知大義而歸宋何異篤實君子而切諫光宗朝重華宮柴中行寧不校臨川之試終不肯自言非程頤僞學劉爚表章朱熹四書以備勸講衞道之功莫大焉李孟傳所立不愧其父至於劉宰飄然遠引屢徵不起所謂鴻飛冥冥者耶

宋史卷四百二

元　中　書　右　丞　相　總　裁　脫　脫　等　修

列傳第一百六十一

陳敏　張詔　畢再遇　安丙

楊巨源　李好義

陳敏字元功贛之石城人父皓有才武建炎末以破贛賊李仁功補官至承信郎敏身長六尺餘精騎射積官至忠靖郎以楊存中薦擢閤門祗候時閩地多寇殿司兵往戍率不習水土至是始募三千兵置左翼軍以敏爲統制漳州駐劄敏按諸郡要害凡十有三處悉分兵扼之盜發輒獲贛州齊述據城叛嘯聚數萬將棄城南寇敏聞之曰贛兵精勁善走嶮若朝廷發兵未至萬一奔衝江湖閩廣騷動矣不俟命領所部馳七日徑抵贛圍其城踰月朝廷命李耕以諸路兵至破之累功授右武大夫封武功縣男領興州刺史召赴闕高宗見其狀貌魁岸除破敵軍統制尋丁母憂詔起復以所部駐太平州紹興三十一年金主亮來攻成閔爲京湖路招討使以敏軍隸之升馬司統制軍于荊漢間敏說閔曰金人精騎悉在淮汴都必無守備若由陳蔡徑擣大梁潰其腹心此救江淮之術也不聽從閔還駐廣陵時金兵尙未渡淮敏又說閔邀其歸師復不聽敏遂移疾歸姑孰孝宗卽位張浚宣撫江淮奏敏爲神勁軍統制浚視師改都督府武鋒軍都統制朝廷遣李顯忠北伐浚欲以敏偕行敏曰盛夏興師非時且金人重兵皆在大梁我客彼主勝負之勢先形矣願少緩浚不聽令敏屯盱眙顯忠至符離果失律敏遂入泗州守之金人議和詔敏退守滁陽敏請於朝謂滁非受敵之所改戍高郵兼知軍事與金人戰射陽湖敗之焚其舟追至沛城復敗之乾道元年遷宣州觀察使召除主管侍衞步軍司公事居歲餘敏抗章曰久任周廬無以效鷹犬況敵情多詐和不足恃今兩淮無備臣乞以故部之兵再戍高郵仍請更築其城乃落常階除光州觀察使分武鋒爲四軍升敏爲都統制兼知高郵軍事仍賜築城屯田之費敏至郡板築高厚皆增舊制自寶應至高郵按其舊作石𥖁十二所自是運河通泄無衝突患四年北界人侍旺叛于漣水軍密款本朝稱結約山東十二州豪傑起義以復中原上以問敏敏曰旺欲假吾國威以行劫爾必不能成事願勿聽適屯田統領官與旺交通旺敗金有間言上知非敏罪乃召敏爲左驍衞上將軍言事者議欲戍守清河口敏言金兵每出清河必遣人馬先自上流潛渡今欲必守其地宜先修楚州城池蓋楚州爲南北襟喉彼此必爭之地長淮二千餘里河道通北方者五清汴渦潁蔡是也通南方以入江者惟楚州運河耳北人舟艦自五河而下將謀渡江非得楚州運河無緣自達昔周世宗自楚州北神堰鑿老鸛河通戰艦以入大江南唐遂失兩淮之地由此言之楚州實爲兩朝司命願朝廷留意及是再出守高郵乃詔與楚州守臣左祐同城楚州祐卒遂移守楚州北使過者觀其雉堞堅新號銀鑄城以歸正人二百家逃歸降授忠州團練使罷爲福建路總管改江西路總管贛州駐劄月餘朝廷命往福州揀軍又命還豫章教閱江西團結諸郡人馬俄提舉佑神觀仍奉朝請繼復蘄州防禦使再除武鋒軍都統制兼知楚州復光州觀察使以疾卒特贈慶遠軍承宣使

張詔字君卿成州人少隸張俊帳下積功守和州嘗被旨介聘一日金人持所繪祐獻二陵像至館中皆北地服詔向之再拜館者問之荅曰詔雖不識其人但龍鳳之姿天日之表疑非北朝祖宗也敢不拜孝宗聞而喜之由是驟用紹熙五年除興州都統制兼知興州代吳挺慶元二年趙彥逾帥蜀以關外去興元遠緩急恐失事機復請分東西爲二帥詔遂兼西路安撫司公事先是趙汝愚爲從官時每奏吳氏世掌蜀兵非國家之利請以張詔代領武興之軍蓋汝愚之意欲以吳曦爲文臣帥以杜他日握兵之漸而未及行也汝愚旣知樞密院力辭不拜白於光宗曰若武興朝除帥則臣夕拜命上許之乃以詔爲成州團練使興州諸軍都統制詔在興州甚得士心六年卒郭杲代之

畢再遇字德卿兗州人也父進建炎間從岳飛護衞八陵轉戰江淮間積階至武義大夫再遇以恩補官隸侍行馬司武藝絕人挽弓至二石七斗背挽一石八斗步射二石馬射一石五斗孝宗召見大悅賜戰袍金錢開禧二年下詔北伐以殿帥郭倪招撫山東京東遣再遇與統制陳孝慶取泗州再遇請選新刺敢死軍爲前鋒倪以八十七人付之招撫司尅日進兵金人聞之閉榷場塞城門爲備再遇曰敵已知吾濟師之日矣兵以奇勝當先一日出其不意孝慶從之再遇饗士卒激以忠義進兵薄泗州泗有東西兩城再遇令陳戈旗舟楫於石匽下如欲攻西城者乃自以麾下兵從陡山徑趨東城南角先登殺敵數百金人大潰守城者開北門遁西城猶堅守再遇立大將旗呼曰大宋畢將軍在此爾等中原遺民也可速降旋有淮平知縣縋城而下乞降於是兩城皆定郭倪來饗士出御寶刺史牙牌授再遇辭曰國家河南八十有一州今下泗兩城卽得一刺史繼此何以賞之且招撫得朝廷幾牙牌來固辭不受尋除環衞官倪調李汝翼郭倬取宿州復遣孝慶等繼之命再遇以四百八十騎爲先鋒取徐州至虹遇郭李兵褁創旋問之則曰宿州城下大水我師不利統制田俊邁已爲敵擒矣再遇督兵疾趨次靈壁遇孝慶駐兵于鳳凰山將引還再遇曰宿州雖不捷然兵家勝負不常豈宜遽自挫吾奉招撫命取徐州假道於此寧死靈壁北門外不死南門外也會倪以書抵孝慶令班師再遇曰郭李軍潰賊必追躡吾當自禦之金果以五千餘騎分兩道來再遇令敢死二十人守靈壁北門自領兵衝敵陣金人見其騎呼曰畢將軍來也遂遁再遇手揮雙刀絕水追擊殺敵甚衆甲裳盡赤逐北三十里金將有持雙鐵簡躍馬而前再遇以左刀格其簡右刀斫其脇金將墮馬死諸軍發靈壁再遇獨留未動度軍行三十餘里乃火靈壁諸將問夜不火火今日何也再遇曰夜則照見虛實晝則煙埃莫覩彼已敗不敢迫諸軍乃可安行無虞汝輩安知兵易進而難退邪還泗州以功第一自武節郎超授武功大夫除左驍衞將軍於是丘崈代鄧友龍爲宣撫使檄倪還維揚尋棄泗州命再遇還盱眙遂知盱眙軍尋改鎮江中軍統制兼守如故以鳳凰山功授達州刺史其冬金人以騎步數萬戰船五百餘艘渡淮泊楚州淮陰間宣撫司檄再遇援楚遣段政張貴代之再遇旣去盱眙政等驚潰金人入盱眙再遇復定盱眙除鎮江副都統制金兵七萬在楚州城下三千守淮陰糧又載糧三千艘泊大清河再遇諜知之曰敵衆十倍難以力勝可計破也乃遣統領許俊間道趨淮陰夜二鼓銜枚至敵營各携火潛入伏糧車間五十餘

所聞哨聲舉火敵驚擾奔竄生擒烏古倫師勒蒲察元奴等二十三人金人復自黃狗灘渡淮渦口戍將望風遁濠滁相繼失守又破安豐再遇謂諸將曰楚城堅兵多敵糧草已空所慮獨淮西耳六合最要害彼必幷力攻之乃引兵赴六合尋命節制淮東軍馬金人至竹鎮距六合二十五里再遇登城偃旗鼓伏兵南土門列弩手土城上敵方臨濠衆弩俱發宋師出戰聞鼓聲城上旗幟並舉金人驚遁追擊大敗之金萬戶完顏蒲辣都千戶泥龐古等以十萬騎駐成家橋馬鞍山進兵圍城數重欲燒壩木決壕水再遇令勁弩射退之旣而紇石烈都統合兵進攻益急城中矢盡再遇令人張青蓋往來城上金人意其主兵官也爭射之須臾矢集樓墻如蝟獲矢二十餘萬紇石烈引兵退已乃益增兵環城四面營帳亘三十里再遇令臨門作樂以示閑暇而間出奇兵擊之敵晝夜不得休乃引退再遇料其且復來乃自提兵奪城東野新橋出敵之背金人遂遁去追至滁大雨雪乃旋獲騾馬一千五百三十一鞍六百衣甲旗幟稱是授忠州團練使三年除鎮江都統制兼權山東京東招撫司事還至揚州除驍衞大將軍金圍楚州已三月列屯六十餘里再遇遣將分道撓擊軍聲大振楚圍解兼知揚州淮東安撫使揚州有北軍二千五百人再遇請分隸建康鎮江軍每隊不過數人使不得爲變更造輕甲長不過膝披不過肘兜鍪亦殺重爲輕馬甲易以皮車牌易以木而設轉軸其下使一人之力可推可擎務便捷不使重遲敢死一軍本烏合亡命再遇能駕馭得其用陳世雄許俊等皆再遇所薦張健雄恃勇桀驁再遇狀其罪于朝命以軍法戮之諸將懾服嘉定元年除左驍衞上將軍和好成累疏乞歸田里賜詔不允除保康軍承宣使降詔獎諭尋令帶職奏事提舉佑神觀六年提舉太平興國宮十年以武信軍節度使致仕卒年七十贈太尉累贈太師謚忠毅再遇姿貌雄傑早以拳力鬭屬時寢兵無所自見一旦邊事起諸將望風奔衄再遇威聲始著遂爲名將云

安丙字子文廣安人淳熙間進士調大足縣主簿秩滿詣闕陳蜀利病十五事言皆剴切丁外艱服除辟利西安撫司幹辦公事調曲水丞吳挺爲帥知其才邀致之改秩知新繁縣丁內艱服除知小溪縣通判隆慶府嘉泰三年郡大水丙白守張鼎發常平粟振之尋又鑿石徙溪自是無水患知大安軍歲旱民艱食丙以家財卽下流糴米數萬石以振事聞詔加一秩開禧二年邊事方興程松爲四川宣撫使吳曦副之丙陳十可憂於松繼而松開府漢中道三泉夜延丙議丙又爲松言曦必誤國松不省蓋丙嘗爲其父客素知曦旣而曦奏丙爲隨軍轉運司居河池時梁洋義士方襲取和尙原旋爲金人所奪守將棄甲而走十一月戊子金人攻湫池堡破天水縣西河入成州師潰曦置不問金人肆掠關外四州如踐虛邑軍民莫知死所曦已潛遣其客姚淮源交金人至是曦還興州留丙魚關已而檄還武興十二月丙寅金人持其詔及金印至置口曦密受之宣言使者欲得四州以和馳書諷松去癸酉曦受金詔稱蜀王牓諭四川二年正月甲午曦僭號建官稱臣於金以其月爲元年改興州爲興德府以丙爲中大夫丞相長史權行都省事先是從事郎錢鞏之從曦在河池嘗夢曦禱神祠以銀杯爲珓擲之神起立謂曦曰公何疑公何疑後政事已分付安子文矣曦未省神又曰安子文有才足能辦此鞏之覺心異其事具以語曦事旣熾丙不得脫度徒死無益陽與而陰圖之遂與楊巨源李好義等謀誅曦語見巨源好義傳徐景望在利州逐土人擅財賦丙遣弟焕往約諸將相與拊定及景望伏誅軍民無敢譁者於是傳檄諸道按堵如故曦僭位凡四十一日三月戊寅陳曦所以反及矯制平賊便宜賞功狀自劾待罪函曦首級違制法物與曦所受金人詔印及所匿庚牌附驛朝廷初聞變莫知所爲韓侂冑與曦書亦謂嗣須茅土之封亟召知鎮江府宇文紹節問之紹節曰安丙非附逆者必能討賊於是密降帛書曰安丙素推才具有志事功今聞曦謀不軌爾爲所脅諒以凶焰方張恐重爲蜀禍故權且從之爾豈一日忘君父者如能圖曦報國以明本心卽當不次推賞雖二府之崇亦無所吝更宜審度機便務在成事以副委屬之意帛書未至露布已聞上下動色交慶辛丑加丙端明殿學士中大夫知興州安撫使兼四川宣撫副使詔獎諭恩數視執政如帛書旨也時都統孫忠銳由鳳州進攻大散關不克統領强德等出奇道由松林堡破金砦四月癸丑克之忠銳貪功吝財賞罰迷繆大失軍心且速還鳳州以關鑰付庸將陳顯癸酉大散關復陷巨源自請收復丙遣朱邦寧佐之丙深惡忠銳檄赴司議事欲廢之巨源至鳳斬忠銳及其子揆丙遂以忠銳附僞進表之罪聞于朝先是以誅曦功巨源補朝奉郎與通判差遣巨源遺其親校傳檜愬功于朝語見巨源傳於是丙拜疏匄閒至是金人揭示境上得丙首者與銀絹二萬匹兩卽授四川宣撫時方議和丙獨戒飭將士恫疑虛喝以攻爲守威聲甚著詔以蜀平遣吳獵撫諭四川時沿邊關隘悉爲金毀丙遺時相書謂西和一面已脩仇池聚糧積芻使軍民可守若敵至則堅壁不戰彼欲攻則不可欲越則不敢若西和可守成州之境自不敢犯成州黑谷南谷亦皆頓重兵天水雖不可守距天水十里所見創白環堡與西和相爲掎角又增堡鷄頭山咸以民卒守之及修黃牛堡築興趙原屯千餘人鳳州秋防原尤爲險絕紹興初州治于此宣撫吳玠嘗作家計砦前卽馬嶺堡正扼鳳州之後凡此數堡旣堅金人決不敢近而河池殺金平魚關皆大軍屯聚其他徑路雖關之裏如大安亦陰招民卒授以器械爲掩擊之備矣又云見於關表廣結義士月給以糧俾各保田廬墳墓逮事定則係之尺籍而勸之耕庶可經久以丙所見直爲守計則精選五萬人亦爲有餘好義守西和謂四州兵後民不聊生請蠲租以惠創痍丙請于朝又以沔州都統司所統十軍權太重故自吳璘至挺曦皆有尾大不掉之憂乃請分置副都統制各不相隸以前右中左後五軍隸都統司踏白摧鋒選鋒策鋒遊變五軍隸副司詔皆從之時方信孺使還金人和意未決且欲得首議興師之人侂冑大怒上手書賜丙謂金人必再至當激勵將士戮力赴功侂冑旣誅賜丙金器百二十兩細幣二十匹進資政殿學士和議成還大散隔牙關丙分遣僚吏經量洋沔興元大安民田別定租稅右丞相史彌遠起復丙移書曰昔仁宗起復富鄭公文潞公孝宗起復蔣丞相皆力辭名教所係人言可畏望閤下速辭成命以息議者之口論者韙之升太學士四川制置大使兼知興元府諜知金人遷汴關輔豪傑欵塞願降者衆丙以爲此正冉閔告晉之時乃與宰臣書謂當與問罪之師朝論憂丙輕舉乃詔丙益修守備七年春丙使所愛吏安蕃何九齡合官軍夜襲秦州敗歸王大才執九齡等七人斬之而訟丙于朝三月詔丙同知樞密院事兼太子賓客賜手書召之行次廣德軍進觀文殿學士知潭州湖廣安撫使至官留意學校請于太常頒大成樂而政尙嚴酷轉運判官章徠劾丙不報御史李安行幷徠劾之徠罷丙授崇信軍節度使開府儀同三司萬壽觀使遣閤門舍人聞人璵錫命賜旗節金印衣帶鞍馬三辭還蜀董居誼帥蜀大失士心金人乘之破赤丹黃牛堡入武休關直擣梁澤至大安宋師所至輒潰散入巴山十二年聶子述代之時丙之子癸仲知果州子述卽檄兼參議官四月紅巾賊張福莫簡叛入利州子述遁去總領財賦楊九鼎與賊遇走匿民舍賊追九鼎殺之子述退保劍門檄癸仲兼節制軍馬任討賊之責癸仲召戎帥張威等軍來會賊自閬趨遂寧所過無不殘滅丙欲自持十萬緡借子述往益昌募士子述曰大臣非得上旨未可輕出丙遂如果州時四川大震甚於曦之變張方首奏動望如丙今猶可用魏了翁移書宰執謂安丙不起則賊未卽平蜀未可定雖賊亦曰須安相公作宣撫事乃定耳李壁李𡌴時竝鎭潼遂亦皆以國事勉丙五月乙未丙至果州是日賊焚蓬溪縣己酉詔起丙爲四川宣撫使予便宜尋降制授保寧軍節度使兼知興元府利東安撫使丙奏臣不辭老以報國但事不任怨難以圖成將恐騰謗交攻使臣獨抱赤心無從上白昔秦使甘茂攻宜陽至質之以息壤在彼魏使樂羊攻中山至示之以謗書一篋君臣之間似不必爾然自古及今謗以疑間而成禍以忌嫉而得況臣已傷弓於旣往豈容不懲沸於方來詔曰昔唐太宗以西寇未平詔起李靖靖慷慨請行不以老疾爲解代宗有朔方之難圖任郭子儀聞命引道亦不以讒甚自疑皆能乘時立功焜燿竹帛朕甚慕之今蜀道俶擾未寬顧憂朕起卿燕閒付以方面而卿忠於報國誼不辭難朕之用人庶幾於唐宗卿之事朕無愧於李郭矣勉圖雋功以濟國事尋命丁焴改知興元府甲申發果州丙戌至遂寧賊猶負固于普州之茗山丙下令諸軍合圍絕其樵汲之路以困之未幾張威李貴俘獲張福等十七人以獻丙命臠王大才以祭九鼎七月庚子盡俘餘黨千餘人皆斬之庚戌班師適移治利州賜保寧軍節度使印癸仲亦加三秩進直華文閣起復主管宣撫司機宜文字明年進丙少保賜衣帶鞍馬丙以關表營田多遺利命官括之有文垓者方持母喪以便宜起復幹辦魚關糧料院俾之措置且以宣撫副使印假之而馮安世者又卽利州置根括局於是了翁遺丙書謂幕府舉辟當用經術信厚之士不可用冒喪之人且公八年鎭蜀有思則有怨豈可人人而校事事而理自處甚狹恐貽子孫賓客無窮之累雖今日理財難拘故常然告絕產首白契訐隱田伺富民過失糾鹽酒戶虧額報怨挾憤招權納賄者必且紛然而公任其怨丙復書曰關外糴買當用四百萬緡而總所見緡止二十五萬多方措置非得已而不已儻皆清流何由辦事蜀士中如令弟嘉父李成之輩清則淸高則高矣其肯辦錢穀俗務乎劉

德脩嘗雅責楊嗣勳不能舉義誅叛嗣勳云德脩特未當局耳丙於華父亦云其後安世不法滋甚近臣有以書抵丙而安世之徒亦發其事丙械送大安窮治之先是夏人來乞師併兵攻金人丙且奏且行分遣將士趨秦鞏鳳翔委丁焴節制師次于鞏夏人以樞密使寧子寧衆二十餘萬約以夏兵野戰宋師攻城既而攻鞏不克乃已丙卒訃聞以少傳致仕輟視朝二日贈少師賻銀絹千計賜沔州祠額爲英惠廟理宗親札賜謚忠定丙所著有晶然集

楊巨源字子淵其先成都人父信臣客益昌因家焉巨源倜儻有大志善騎射涉獵諸子百家之書應進士不中武舉又不中劉光祖見而異之薦之總領錢糧陳曄以右職舉爲鳳州堡子原倉官馳騁射獵傾財養士沿邊忠義咸服其才分差魚關糧料院移監興州合江贍軍倉吳曦叛巨源陰有討賊志結義士三百人給其錢糧有遊奕軍統領張林者力能挽兩石弓隊將朱邦寧身長六尺勇力過人皆爲曦所忌雖屢戰有功亦不加賞林等憾之時林在置口邦寧在合江巨源因與深相締結并集忠義人朱福陳安傳檜之徒曦務安丙爲丞相長史丙稱疾眉士程夢錫見丙丙歎曰世事如此世無豪傑夢錫因及巨源之謀丙曰肯見我乎乃囑夢錫以書致巨源延之臥所巨源曰先生而爲逆賊丞相長史耶丙號哭曰目前兵將我所知不能奮起必得豪傑乃滅此賊則丙無復憂巨源曰先生之意決乎丙指天誓曰若誅此賊雖死爲忠鬼夫復何恨巨源大喜曰非先生不足以主此事非巨源不足以了此事當是時李好義好問亦結李貴楊君玉李坤辰凡數十人坤辰邀巨源與好義會巨源又大喜曰吾與安長史議以三月六日邀曦謁廟合勇士刺之好義曰彼出則齪巷從衞且千人事必難濟聞熟食日祭東園圖之此其時也巨源然之好義願一見長史以爲信巨源曰吾今先爲長史言之來日僞宮令長史問君先世是已巨源以告丙明日好義在僞宮見丙揖之丙曰卿與尊父同僚楊省幹盛談才畧旦夕以職事相委其謀乃決君玉先屬其鄉人日子申擬詔文不雅馴巨源更爲之例用合江倉朱記巨源好義憂事寖泄遂以三月乙亥未明好義率其徒入僞宮巨源持詔乘馬自稱奉使入內戶曦啓戶欲逸李貴執殺之衞者始拒鬭聞有詔皆卻巨源好義迎丙宣詔以曦首徇三軍推丙權四川宣撫使巨源權叅贊軍事丙奏功于朝以巨源第一詔補承事郎巨源謂丙曰曦死賊膽以破關外四州爲蜀要害盍乘勢復取好義亦以爲言丙慮軍無見糧巨源力言四州不取必有後患自請爲隨軍措置糧運於是分遣好義復西和州張林李簡復成州劉昌國復階州孫忠銳復散關俄詔巨源轉朝奉郎與通判差遣兼四川宣撫使司叅議官丙素惡忠銳聞忠銳失守散關檄其還欲廢之先命巨源偕邦寧以沔兵二千策應巨源至鳳州因忠銳出迎伏壯士於幕後突出斬之并其子揆丙遂以忠銳附僞賀表聞于朝且待罪先是獎諭誅叛詔書至沔州巨源謂人曰詔命一字不及巨源疑有以蔽其功者俄報王喜授節度使巨源彌不平時趙彥呐以在夔誅祿禧得州通判巨源曰殺祿禧與通判殺吳曦亦與通判耶以啓謝丙曰飛矢以下聊城深慕魯仲連之高誼解印而去彭澤庶幾陶靖節之清風又遺愬功于朝而從興元都統制彭輅乞書遺韓侂胄輅陽許而陰以白丙或言巨源與其徒米福車彥威謀爲亂丙命喜鞫之福彥威皆抵罪正將陳安復告巨源結死士入關欲焚沔州州治俟丙出則殺之丙積前事因欲去巨源然未有以發也會巨源在鳳州以檄書遺金鳳翔都統使其辭若用間者且自稱宣撫副使而以叅議官印印之金以檄至丙巨源方與金戰敗于長橋丙乃移書召巨源巨源疑焉有梁泉主簿高岳成者巨源薦爲隨軍搬運來見巨源贊其歸巨源信之時輅已至沔六月壬申巨源還幕府丙密命輅收巨源巨源殊不知以爲謁已也語畢輅起巨源送之賓次武士就挽其裾巨源猶叱之則已爲驅至庭下巨源大呼曰我何罪丙隔屏遣人謂之曰若爲詐稱宣撫副使命械送閬州獄巨源曰我一時用間異時必有爲我明其事丙餉以肴酒巨源曰一身無媿死且無憾惟有妹未嫁宣撫念之癸酉巨源舟抵大安龍尾灘將校樊世顯者呼於岸巨源知將見殺指其地而語之曰此好一片墓地世顯曰安有是舟行數步謂曰宣叅久渴莫進杯酒巨源辭以不飮又曰宣叅荷械已久盍少蘇巨源未及答左右遽取利刀斷其頭不絕者踰寸遂以巨源自殪聞宣撫司後數日丙命瘞之巨源死忠義之士爲之扼腕聞者流涕劒外士人張伯威爲文以弔其辭尤悲切巨源之屬吏也李壁在政府聞之曰噫巨源其死矣丙以人情洶洶封章求免楊輔亦謂丙殺巨源必召變請以劉甲代之初巨源與好義結官軍而丙密爲反正之計各未相知合巨源於好義者李坤辰而合好義於丙者巨源也巨源遺光祖書述丙酬答之語鋟梓競傳之丙已弗樂浸潤不已遂成此禍成忠郎李珙投匭獻所作巨源傳爲之訟寃朝廷亦念其功賜廟褒忠贈寶謨閣待制官其二子制置使崔與之請官給其葬加贈寶謨閣直學士大中大夫嘉熙元年理宗特賜謚忠愍子履正終大理卿四川制置副使

李好義下邽人祖師中建炎間以白丁守華州積官忠州團練使父定一興州中軍統制好義弱冠從軍善騎射西邊第一初以準備將討文州蕃部有功開禧初韓侂胄開邊吳曦主師好義爲興州正將數請出精兵襲金人曦蓄異謀不納未幾關外四州俱陷金人長驅入散關曦受金人說以蜀叛好義自靑坊聞變亟歸與其兄對哭謀誅之會曦遣李貴追殺宣撫程松貴語其徒曰程宣撫朝廷重臣不可殺好義知其赤心可以所謀告之貴遂約李彪張淵陳立劉虎張海等好義又密結親衞軍黃術趙亮吳政等女弟夫楊君玉亦與知好義戒言曰此事誓死報國救四蜀生靈愼毋泄留其母以質好義兄弟謀曰今日人皆可殺曦皆可爲曦曦死後若無威望者鎭撫恐一變未息一變復生欲至期立長史安丙以主事蓋曦嘗授丙僞丞相而丙託疾不往故兄弟有是謀也既而君玉與李坤辰者來坤辰因言丙亦與合江倉楊巨源陰結忠義欲圖曦好義遂遣君玉偕坤辰約巨源以報丙丙大喜曰非統制李定一之子乎此人既來斷曦之臂矣遂與好義約二月晦舉事見巨源傳迺約彪術貴等七十有四人及士人路良弼王芾好義夜饗士麾衆受甲與好古好仁及子姓拜決于家廟囑妻馬氏曰日出無耗當自爲計死生從此決矣馬氏叱之曰汝爲朝廷誅賊何以家爲我決不辱李家門戶馬氏之母亦曰行矣勉之汝兄弟生爲壯夫死爲英鬼好義喜曰婦人女子尚念朝廷不愛性命我輩當如何衆皆踴躍既行小將祿禕引十卒來助各以黃帛爲號好義誓於衆曰入宮妄殺人掠財物者死時僞宮門洞開好義大呼而入曰奉朝廷密詔安長史爲宣撫令我誅反賊敢抗者夷其族曦護衞千兵皆棄挺而走遂至僞殿東角小門入世美堂近曦寢室曦聞外閧倉皇而起露頂徒跣開寢戶欲遁見貴復止以手捍內戶貴前爭戶戶紐折曦走貴追及手執其髻舉刃中曦頰曦素勇有力撲貴仆于地不能起好義急呼王換斧其腰者二曦負痛手縱貴起遂斫其首引衆擁曦首出僞宮亟馳告丙宣詔軍民拜舞歡聲動天地持曦首撫定城中市不改肆好義請乘時取關外四州巨源贊之丙大喜巨源輔行王喜忌其能沮之好義曰西和乃腹心之地西和下則三州可不戰而復矣今不圖後悔無及願得馬步千人死士二百齎十日糧可濟丙從其請忠義響應次獨頭嶺進士王榮仲兄弟率民兵會合夾擊金人死者蔽路十戰至山砦高堡七日至西和好義率衆攻城親犯矢石人人樂死以少擊衆前無留敵金西和節使完顏欽奔遁好義整衆而入軍民歡呼迎拜籍府庫以歸于官好義初欲乘勝徑取秦隴以牽制淮寇而宣撫司令謹守故疆不得侵越士氣皆沮好義以中軍統制知西和州卒丙以勞績上于朝特贈檢校少保仍給田以贍其家後吳獵爲請謚曰忠壯好義喜誦孟子及左傳以爲終身行此足矣誅曦時惟幼子植留家迄事人爭冒功賞君玉欲注植名好義指心曰惟此物不可欺曦既誅好義集於丙家王喜後至心懷邪謀欲刃好義丙力救解然日以殺好義爲心及好義守西和喜遣其死黨劉昌國聽節制好義與之酬酢歡飲達旦好義心腹暴痛洞瀉而昌國遁矣既殮口鼻爪指皆青黑居民莫不寃之號慟如私親摧鋒一軍幾至於變既而昌國白日見好義持刃刺之驚怖仆地疽發而殂喜曦大將也貪淫狠愎誅曦之日不肯拜詔遣其徒入僞宮虜掠殆盡又取曦姬妾數人其後欲戕好義爲曦復讎丙不能止便宜處以節度使知興州而恨猶未已嘗出兵於船栅嶺鋒未及交棄軍先遁金人遂由黑谷長驅入境朝廷慮喜爲變授節度使移荆鄂都統制而死

論曰陳敏善守畢再遇善戰張詔出使不辱國爲將得士心趙汝愚薦爲武興帥以其才足以制曦也曦之畔向非安丙楊巨源李好義之謀西方之憂莫大焉然丙卒以是殺巨源何其娼疾而殘賊也李好義失於周防竟爲王喜所圖宋知喜爲曦黨既不能罪又以節鎭賞之幾何而不爲唐末之姑息以成藩鎭之旤乎

宋史卷四百三

元中書右丞相總裁脫脫等修

列傳第一百六十二

趙方 賈涉 扈再興 孟宗政 張威

趙方字彥直衡山人父棠少從胡宏學慷慨有大志嘗見張浚於督府浚雅敬其才欲以右選官之棠不爲屈累以策言兵事浚奇之命子栻與棠交方遂從栻學淳熙八年舉進士調蒲圻尉疑獄多所委決授大寧監教授俗陋甚方擇可教者親訓誘之人皆感勵自是始有進士知青陽縣告其守史彌遠曰催科不擾是催科中撫字刑罰無差是刑罰中教化人以爲名言主管江西安撫司機宜文字京湖帥李大性辟知隨州南北初講和旱蝗相仍方親走四郊以禱一夕大雨蝗盡死歲大熟適和議成諸郡寖弛備方獨招兵擇將拔土豪孟宗政等補以官提舉京西常平兼轉運判官提點刑獄時劉光祖以耆德爲帥方事以師禮自言吾性太剛每見劉公使人更和緩嘗請光祖書勤謹和緩四字揭坐隅以爲戒以兵部員外郎召尋加直祕閣改湖北轉運判官兼知鄂州升直煥章閣兼權江陵府增修三海八匱以壯形勢進祕閣修撰知江陵府主管湖北安撫司使兼權荆湖制置司時金偪於兵計其必南徙日夜爲備判門有東西兩山險要方築堡其上增戍兵以遏其衝進右文殿脩撰金樊快明謀歸宋追兵至襄陽方遣孟宗政扈再興以百騎邀之殺千餘人金人遁去權工部侍郎寶謨閣待制京湖制置使兼知襄陽府諜知金人決意犯境乃下防夏之令金相高琪及其樞密烏古論慶壽犯陳光化隨棗陽信陽均州方夜半呼其子范葵曰朝廷和戰之說未定觀此益亂人意吾策決矣惟有提兵臨邊決戰以報國耳遂抗疏主戰親往襄陽金人圍棗陽急方遣宗政再興等援棗陽仍增戍光化信陽均州以聯聲勢已而棗陽守趙觀敗金人於城外再興宗政至與觀夾擊又敗之棗陽圍解方申飭諸將當過於境上不可使之入而後拒之于城下時麥正熟方遣兵護民刈之令淸野以俟再疏力陳不可和者七戰議遂定金將完顏賽不入境兵號十萬方部分諸將金人犯棗陽者宗政敗之于向家川犯隨州者劉世興敗之于磨子平相持踰年方調世興移師與許國再興援棗陽張興李雄韜援隨州隨州圍解再興等轉戰入棗陽時宗政守城伏兵城東金人過伏敗走未幾再至再興又敗之自是無日不戰金人三面來攻宗政出東門再興出南門世興出北門大合戰敗之金人朝進莫退力不能捍諸將表裏合謀國自南山進張威自瀼河進世興李琪出城與國會再興出城與威會掎角追擊金人遂潰化光守潘景伯亦設伏敗金人于趙家橋孟宗德又破之于隨州鴨兒山擒賽不妻弟王醜漢金人遂誅賽不方以功遷龍圖閣待制封長沙縣男賜食邑金人復大舉命訛可圍棗陽塹其外繞以土城方計其空巢穴而來若擣其虛則棗陽之圍自解乃命國東向唐州再興西向鄧州又命子范監軍葵後殿時宗政在城中日夜鏖戰焚其攻具金人不敢近城西師由光化境出砦于三尖山拔順陽縣金人率衆仰攻大敗再興與國兩道竝進掠唐鄧境焚其城柵糧儲棗陽城堅金頓兵八十餘日方知其氣已竭乃召國再興還併東師肄于再興尅期合戰再興敗金人于瀼河又敗之城南宗政自城中出夾擊殺其衆三萬金人大潰訛可單騎遁獲其貲糧器甲不可勝計進方煥章閣直學士奏乞均官民軍兵廩給自備馬者倍之又奏使民兵夏歸以省月給秋復詣屯守禦從之方料金人數不得志于棗陽必將同時竝攻諸城當先發以制之命國宗政出師向唐再興向鄧戒之曰毋深入毋攻城第潰其保甲燬其城砦空其貲糧而已宗政進破湖陽縣擒其千戶趙興兒國遣部將耶律均與金人戰于北陽戮其將李提控再興破高頭城大敗金兵遂薄鄧州唐州兵來援迎敗之降者踵至已而金兵至樊城方命再興陣以待之方視其師金人三日不敢動遂遁金將駙馬阿海犯淮西樞密完顏小驢屯唐州爲後繼方先攻唐伐其謀及使再興發棗陽兵擊其西國發桐栢兵擊其東再興敗金人于唐城斬小驢圍其城五匝垂下會蘄黃繼陷詔趣方遣救方亟命國保鄂再興援淮西國還鄂州保江再興軍至蘄之靈山伺金人歸而擊之土豪祝文蔚橫突入陣金人大敗國遣張寶將兵來會李全等兵亦至金人遂潰再興追逐六十里擒其監軍合答進方顯謨閣直學士大中大夫權刑部尚書俄得疾進徽猷閣學士京湖制置大使歸還力疾犒師第其功上之病革曰未死一日當立一日紀綱引再興臥內勉以協心報國貽書宰相論疆場大計尋卒是夕有大星隕于襄陽以端明殿學士正議大夫致仕贈銀青光祿大夫累贈太師謚忠肅方起自儒生帥邊十年以戰爲守合官民兵爲一體通制總司爲一家持軍嚴每令諸將飲酒勿醉當使日日可戰淮蜀沿邊屢遭金人之禍而京西一境獨全嘗問相業於劉淸之淸之以留意人才對故知名士如陳晐游九功輩皆拔爲大吏諸名將多在其麾下若扈再興孟宗政皆起自土豪推誠擢任致其死力藩屏一方使朝廷無北顧之憂故其沒也人皆惜之子董蕤范葵范葵有傳

賈涉字濟川天台人幼好讀古書慷慨有大志以父任高郵尉改萬安丞寶應擇令堂差涉至邑請城之役興以憂去金人犯光州起涉竟前役通判眞州改大理司直知盱眙軍淮人季先沈鐸說楚州守應純之以招山東人純之令鐸遣周用和說楊友劉全李全等以其衆至先招石珪葛平楊德廣通號忠義軍珪等反斃鐸于漣水純之罷通判梁丙行事欲省其糧使自潰珪德廣等以漣水諸軍度淮屯南渡門焚掠幾盡謂朝廷欲和殘金置我軍何地丙遣李全季先拒之不止事甚危涉時在寶應上書曰降附踵至而金乃請和此正用高澄間侯景遺策恐山東之禍必移於兩淮況金人所乏惟財與糧若舉數年歲幣還之是以肉餧虎啗盡將反噬至若忠義之人源源而來不立定額自爲一軍處之北岸則安能以有限之財應無窮之須饑則噬人飽則用命其勢然也授淮東提點刑獄兼楚州節制本路京東忠義人兵涉亟遣傳翼諭珪等逆順禍福自以輕車抵山陽德廣等郊迎伏地請死誓以自新金太子及僕散萬忠盧國瑞等數十萬大入且以計誘珪等涉慮珪等爲金用亟遣陳孝忠向滁州珪與夏全時青向濠州先平德廣趨滁濠李全李福要其歸路以傳翼監軍數日孝忠捷至珪屢破金人遂與先及李全趨安豐時金人環百餘砦攻具甫畢珪等解其圍李全挾僕散萬忠以歸見李全傳金人不敢窺淮東者六七年南渡門之變平德廣等實預涉既受降置弗問平等尚懷異志涉密使先以計殺之而先之勢亦孤忠義諸軍在漣水山陽者既衆涉慮其思亂因滁濠之役分珪孝忠夏全爲兩屯李全軍爲五砦又用陝西義勇法涅其手合諸軍汰者三萬有奇涅者不滿六萬人正軍常屯七萬餘使主勝客朝廷歲省費十三四涉又遣李全以萬人取海州復取密濰王琳以寧海州歸遂收登萊二州靑州守張林以濱棣淄州降又取濟沂等州自是恩博景德至邢洺十餘州相繼請降涉傳檄中原以地來歸及反戈自效者朝廷裂地封爵無所吝仍厲諸將圖未下州郡擢太府少卿制置副使兼京東河北節制金十餘萬衆犯黃州淮西帥趙善湘請援于朝涉遣李全等赴之翟朝宗等爲後繼丞相史彌遠擬升全留後涉曰始全貧窶無聊能輕財與衆同甘苦故下樂爲之用逮爲主帥所爲反是積怨既多衆皆不平近棄西城免死爲幸若無故升遷以驕其志非全之福亦豈國家之福曷若待事定與諸將同升可也金人破黃陷蘄安慶甚危全馳至遂定全至久長鎮與京湖制置使趙方二子范葵遇掎角連戰俱勝遣彭義斌等追至下灣渡盡掩金人于淮遷權吏部侍郎金人再犯淮西先是蘄州受圍余暉往援乃鼓衆宵遁金乘間登城一郡爲血前帥不敢問涉斬暉以徇諸將畏懼無不用命淮西之勢大振初翟朝宗得玉璽獻諸朝至是趙珙還又得玉印文與璽同而加大朝廷喜璧之歸行慶賞涉遺書彌遠謂天意隱而難明人事切而易見當思今日人事尚未有可答天意者昔之患不過亡金今之患又有山東忠義與北邊宜亟圖之彌遠不懌李全卒以璽賞爲節度使涉又言盜賊血氣正盛官職過分將有後憂彌遠不以爲然涉曰朝廷但知官爵可以得其心寧知驕則將至於不可勸邪涉時已疾力辭事任值金人大入彊起視事金將時全合連字术魯答哥率細軍及衆軍三道渡淮涉以合連善戰乃命張惠當之惠金驍將所謂賽張飛者既歸宋金人殺其妻所部花帽軍有紀律它軍不及也惠率諸軍出戰自辰至酉金人大敗答哥溺死陷失大半細軍喪者幾二千涉既病乃以所獲京河版籍及金銀牌銅印之屬上于朝卒超贈龍圖閣學士光祿大夫涉父偉嘗守開江貽書丞相趙雄極論武興守吳挺之橫它日陛對又乞裁抑郭棣郭杲兵權孝宗嘉納後反爲所擠以歿涉弱冠直父寃不避寒暑泣愬十年至伏書闕下子似道有傳

扈再興字叔起淮人也有膂力善機變每戰被髮肉袒徒跣揮雙刃奮呼入陣人馬辟易金人犯襄陽棗陽京西制置使趙方檄再興等禦之金人來自團山勢如風雨再興同孟宗政陳祥分三陣設伏以待既至再興中出一陳復卻金人逐之宗政與祥合左右兩翼掩擊之金人三面受敵大敗血肉枕藉山谷間授神勁統制又犯棗陽再興率師赴援金人聞風夜潰既而益兵數萬復圍城相持九十日再興夜以鐵蒺藜密布地黎明佯遁金人馳中蒺藜者十蹄七八敵却走追至十五里岡已而金兵攻城東隅薄南門北角再興與宗政劉世興各當一面大戰數十合大敗金兵金帥完顏訛可擁步騎數萬傅城再興與宗政縱之涉濠半渡擊之又令守

壕者佯走金人爭壕急擊之多墮水中金人刱對樓鵝車革洞決濠水運土石塡城下再興募死士著鐵面具披氊列陳以待之金人計無所施而去棄旗甲輜重滿野大戰于范家莊金人敗追之至泊湖禽其巡檢亢師禮酒都監納蘭福昌降其壯丁獲牛馬甚衆自是與宗政世與無日不戰再興又破順昌縣奪甲馬三千破淅川鎭殺金人三百追至馬磴砦焚其城柵又敗其護駕騎軍于瀼河入鄧州破高頭敗其步軍五千騎軍五百焚其積聚遂營于高頭進攻唐州至三家河金騎軍二千步軍七千出城迎戰又敗之死者十七八追及城下金將從義者收殘騎三百奔城再興據門拒戰斬從義遂圍唐州分兵焚蕩州境截其歸路砦于久長嚴陳以待之搜勦殘兵獲其副統軍廣威將軍衲撻達金兵殲乃斂髑髏立人頭塚尋以病卒子世達亦以名將稱官至都統制

孟宗政字德夫絳州人父林從岳飛至隨州因家焉宗政自幼豪偉有膽畧常出沒疆埸間開禧二年金將完顏董犯襄郢宗政率義士據險遊擊奪其輜重宣撫使吳獵奇之補承節郎棗陽令京西路分趙方吳柔勝皆薦其才轉秉義郎京西鈐轄駐劄襄陽嘉定十年金人犯襄陽棗陽方檄宗政節制神勁報捷忠義三軍宗政與統制扈再興陳祥分爲三軍設伏三所蹀血以戰金兵敗走尋報棗陽圍急宗政午發峴首遲明抵棗陽馳突如神金人大駭宵遁方時移帥京西聞捷大喜差權棗陽軍初眡事一愛僕犯新令立斬之軍民股栗於是築隄積水修治城堞簡閱軍士十一年金帥完顏賽不擁步騎圍城宗政與再興合兵角敵歷三月大小七十餘戰宗政身先士卒金人戰輒敗忿甚周城開濠四面控兵列濠外飛鏃鏑以絢鈴自警鈴響則犬吠宗政厚募壯士乘間突擊金人不能支盛兵薄城宗政隨方力拒隨守許國援師至白水鼓聲相聞宗政率諸將出戰金人奔潰賜金帶轉武德郎十二年金帥完顏訛可擁步騎傳城宗政囊糠盛沙以覆樓棚列甕潴水以隄火募砲手擊之一砲輒殺數人金人選精騎二千號弩子手擁雲梯天橋先登又募鑿銀礦石工晝夜堀城運芽葦直抵圍樓下欲焚樓宗政先燬樓掘深坑防地道刱戰棚防城隕穿穽才透卽施毒煙烈火鼓鞴以熏之金人窒以濕氈析路以剗土城頹樓陷宗政檄樓益薪架火山以絕其路列勇士以長槍勁弩備其衝距樓陷所數丈築偃月城袤百餘尺翼傳正城深坑倍仞躬督役五日成金人擒彊兵披厚鎧氈衫鐵面而前又濕氈濡革蒙火山覆以冰雪擁雲梯徑抵西北圍樓登城城中軍以長戈舂其喉殺之敢勇軍自下夾擊金兵兵墜死燎焰金將於後截其軍拒馬揮刀迫前自斯至昃死傷踵接梯橋盡燬金人連不得志俄乘順風渡濠飛脂革燒戰棚宗政激將士血戰凡十五陣矢石交金兵死者千餘弩子手十七八射其都統殪天反風金人愈忿砲愈急會王大任領銳卒一千冒重圍轉鬭入城內外合勢士氣大振賈勇入金營自晡至三更金人橫屍徧地奪其銅印十有六訛可棄帳走獲輜重牛馬萬計捷至朝廷方錄前戰守功升武功大夫兼閤門宣贊舍人重賜金帶制置司以湖陽縣迫境金兵檄宗政圖之宗政一鼓而拔燔燒積聚夷蕩營砦俘掠以歸金人自是不敢窺襄漢棗陽許國移金陵宗政代爲荆鄂都統制仍知棗陽宗政以迫濠而陳迺於西北濠外瀦水爲滹以限騎中原遺民來歸者以萬數宗政發廩贍之爲給田刱屋與居籍其勇壯號忠順軍俾出沒唐鄧間威振境外金人呼爲孟爺爺俄病疽卒轉右武大夫團練使防禦使宗政於有功者怨必賞有罪者親必罰好賢樂善出於天性未嘗學兵法而暗與之合死之日邊城爲罷市慟哭子珙有傳

張威字德遠成州人策選鋒軍騎兵也軍中馬料多匹馬給米五石騎軍利其餘以自給總領覈實裁抑威逃去帥郭杲使其父招之歸送隆慶府後軍效用威貧甚賣藥自給或言其才勇乃令戍邊開禧用兵威與金人戰輒捷屢以功補本軍將領吳曦既誅遣將收復李貴復西和州威率衆先登敗金人戰于板橋遂取西和升統制由是威名大振天水縣當金人西入路乃升縣爲軍命威爲守屢立奇功擢充利州副都統制丁父憂服除帶御器械久之調荆鄂都統制襄陽府駐劄改沔州都統制嘉定十二年金人分道入蜀犯湫池堡又犯白環堡威部將石宣董炤連郤之既而金人犯成州威自西和退保仙人原時興元都統制吳政戰死黃牛堡李貴代政亟走武休金人已破武休遂陷興元又陷大安軍先是利州路安撫使丁焴聞金人深入亟遣書招威東入救蜀又檄忠義總管李好古北上捍禦好古出魚關與統領張彪遇以彪棄迷竹關故斬之彪威弟也威聞彪死按兵不進焴聞之謂僚佐曰吳政身死李貴復以兵敗金人所憚惟威今好古擅殺其弟失威心柰何且金人在東非威地分今可無好古不可無威遂因好古入見數其擅殺彪罪斬之遣書速威進救蜀且使進士田遂往說之威感激夜半調發鼓行而前破金人于金斗鎭金人雖敗未退威頓兵不動潛遣石宣等襲于大安軍大破之金人之來也擇兩齒馬及精兵凡三千人至是殲焉俘其將巴土魯大將包長壽聞之宵遁興元叛兵張福莫簡作亂以紅帕蒙首號紅巾隊焚利州殺總領楊九鼎破閬果入遂寧遊騎在潼漢界將窺成都制置司謂賊勢欲西非威不可禦乃遣威提精兵六千人自劒綿至廣漢盛夏暑劇休士三日俄安丙檄威東進時賊自遂寧入普州茗山威進兵亟圍絕其糧道晝夜迫之未幾禽福等十七人戮之簡自殺賊遂平西夏來約夾攻金人丙許之遣王仕信會夏人于鞏又命威與利帥程信與帥陳立等分道竝進威向秦州議初起威謂金人尚彊夏人反覆未可輕動丙不聽卒遣威威黽勉而行令所部毋得輕發諸將至城下無功而還丙怒奏罷其兵柄是歲卒于利州終楊州觀察使威初在行伍以勇見稱進充偏裨每戰輒克金人聞其名畏憚之臨陳戰酣則精采愈奮兩眼皆赤時號張紅眼又號張鶻眼威立淨天鶻旗以自表每戰不操它兵有木棓號紫大蟲圜而不刃長不六尺揮之掠陣敵皆靡荆鄂多平川廣野威曰是彼騎兵之利也鐵騎一衝吾步技窮矣蜀中戰法不可用乃意創法名撒星陳分合不常聞鼓則聚聞金則散騎兵至則聲金一軍分爲數十簇金人隨而分兵則又鼓而聚之倏忽之間分合數變金人失措然後縱擊之以此輒勝威御軍紀律嚴整兵行常若銜枚罕聞其聲每與百姓避路買食物則買倍於市迄無敢喧嘩以嗜欲多疾故不壽云

論曰宋之南渡邊將之才何其鮮哉或曰江南非用武之地然古之善兵者若孫武子亦吳人也抑先王之世文武無二道文武既分宜其才之各有所偏勝也趙方少從張栻學許國之忠應變之畧隱然有尊俎折衝之風其部曲如扈再興孟宗政後皆爲名將亦方之能奬率也方之子范葵宗政子珙後皆以功名自見不愧其父有足稱者賈涉居方面亦號有才及其庶孽竟至亡國爲可歎也張威者善於御衆故所至立功云

宋史卷四百四

元 中書右丞相總裁脫脫等修

列傳第一百六十三

汪若海　張運　柳約　李舜臣
孫逢吉　章穎　商飛卿　劉穎
徐邦憲

汪若海字東叟歙人未弱冠遊京師入太學靖康元年金人侵擾朝廷下詔求知兵者若海應詔未三刻而文成擢高等時已割河北地其年冬再犯京師若海謂河北國家重地當用河北以攬天下之權不可怯懦以自守閉關養敵坐受其斃屬康王起兵相州乃上書樞密曹輔請立王爲大元帥擁兵鎭撫河北以掎金人之後則京城之圍自解輔大喜卽以其書進欽宗用爲參謀還如康王所幸相何㮚執異議以道梗爲辭不果遣京城失守若海遯爲書以獻及二帝北行袖書抗粘罕請存趙氏緦而出謁康王於濟州謂神器久虛異姓僭竊宜亟卽位以圖中興一日間三被顧問補修職郎充帳前差使高宗旣卽位推恩改承奉郎遷江南經制使轉承事郎監登聞檢院五府交辟改屬右府朝廷以張浚宣撫川陝議未決若海曰天下者常山蛇勢也秦蜀爲首東南爲尾中原爲脊今以東南爲首安能起天下之脊哉將圖恢復必在川陝迺往見浚極談終日浚大驚辟以自隨以親老辭繼論軍食迮執政通判沅州以讒奪籍謫英州道出臨川時節制江夏軍馬李允文擁衆數十萬跋扈不用命朝廷命招討使張俊屯江西叅謀官湯東野與若海故得若海道中喜甚謂曰李允文懷反側非君莫能開其自新若海卽馳往諭以成敗逆順示以朝廷威德復談三策以動之辭旨明暢允文大感悟卽舉軍東下若海復爲書招其徒張用曹成李宏馬友同歸朝廷用一見以其衆二十萬解甲效順惟成疑貳有他志若海移書責之成怒將殺若海若海夜宿王林軍帳以計得林軍印遂奪其衆五千人翼日成遂遁若海遺宏書使剌成以自歸宏得書圖成而力不勝復走長沙剌友羣盜解散若海遂以林五千人歸招討使張俊俊乃班師凱旋軍容愈盛時朝廷方出師若海以爲爲國家者當化盜賊爲我用不可失英雄爲國患因獻平寇策朝廷悉用之其後李宏爲劉忠所幷死長沙劉忠爲韓世忠所破走劉豫曹成走廣而復降湖湘遂安尋復承務郎監潭州南岳廟通判辰州紹興九年復三京祗謁陵寢事還以前功旬月四遷至承議郎通

判順昌府金人奄至太尉劉錡甫至衆不滿三萬遣人丐援于朝無敢往者若海毅然請行具述錡明方畧善用兵以偏師濟之必有成功朝廷從之金兵果敗去辟淮北宣撫司主管機宜文字拓臯之役復以勞兩轉至朝散郎通判洪州未上丁內艱服除添差通判信州秩滿遷湖北帥司叅議知道州陛辭得對上曰久不見卿卿向安在授直秘閣知江州丁父憂時方經畧中原朝廷議起若海而若海死矣若海豁達高亮深沈有度恥爲世俗章句學爲文操紙筆立就蹈厲風發高宗嘗以片紙書若海名諭浚曰似此人材卿宜收拾會浚去國不果召

張運字南仲信之貴溪人唐宰相文雅之後父貫右通直郎累贈太中大夫運年二十五以太學生登宣和三年進士第賜同上舍出身調桂陽監藍山縣丞縣闕令運攝縣事縣與諸獠接壤因俗爲治吏民安之臨武寇與諸獠合大剽掠運親帥兵禽之遷潭州攸縣尉高宗南渡劇賊王在據岐山潭帥徵兵戍岳運將二千人先至岳賊平改臨江新淦丞縣新被兵令不能支沿江撫諭使張匯劾罷之以運攝縣事運撥煨燼考版籍正租賦數月之間敝除而民定紹興五年通判鼎州賊楊么黃誠擁衆數萬殘破城邑跳梁湖北高宗遣張浚以都督董師岳飛以招討舉兵擊之賊率輕銳徑趨武溪南典以臨鼎州城中大震運與大守程昌寓勒兵登城控扼上下以張其勢賊宵潰澧賊雷德進柵險稱亂帥檄運討之運將都統梁吉等率兵直擣其巢破四十二柵降其衆移貳濡須金人犯廬壽等州大將駐兵淮壖以拒之運給餉未嘗乏絕歲餘以親老還江東寓居鄱既而丁母及父憂服除起知桂陽監五月而境內稱治與部使者奏升監爲軍大修庠序之教祠漢以來守令有功德於桂陽者衛颯唐羌等七人于學刻績顏氏家訓四時纂要等書散之民間使之修德而務本召人對除知達州方大旱入境而雨奏除病民五事召爲度支郎中臨安樓店務錢歲三十餘萬緡請以十萬歸省額戶部所儲三佛齊國所貢乳香九萬一千五百斤直可百二十餘萬緡請分送江浙荊湖漕司賣之以糴軍餉及陳諸路綱運七弊懲革十術遠近遞輸以均勞逸事皆施行兼樞密院檢詳遷軍器監尋改大理少卿請正兩浙鹽法以寬私鬻之禁紹興永裕昭慈二陵官地與民犬牙相入請縣重價聽民持券獻納以免誤犯之罪尤明於治獄獄爲之空拜刑部侍郎言諸斥逐累赦未還者宜從湔洗諸中請條制多重復牴牾失於太煩諸編置不以赦原不以蔭論之類失於太重外路刑獄三經翻異移送大理刀鋸數施非所以示遠及諸不便皆從之又請廣儲蓄興鼓鑄脩屯田作鄉兵亦皆聽納兼權戶部侍郎時久雨傷蠶麥及邊報有警詔侍從臺諫陳弭災禦侮之策運言天災人事有甚可畏而不足畏者視吾政之修不修有甚可憂而不足憂者視吾自治之善不善及宜邊淮建三大鎮以守之會金人渝盟特遷戶部侍郎以事餽餉丞相陳康伯議遣李寶自四明控制海道衆論紛紜運直入贊決以爲上策金人果敗走因上疏乞降詔撫將士蠲租賦遣信使結豪傑堅城守督漢中將士趨關陜以制其後置四鎮三帥於兩淮襄漢之間以爲內固以圖進取以御營隨軍都轉運使從上勞師江上及駕還因入對固請補外乃授集英殿修撰出知太平州當兵饑疾癘之餘殫勞徠安輯之方嚴斥堠攻守之備理財賦造戰艦繕甲兵申禁令民賴以安孝宗既受禪運亦請老以敷文閣待制提舉江州太平興國宮尋授廣東經畧不赴乃復祠祿乾道七年都大饑運首發粟二千石以賑之自是民爭出粟以濟連上章致政不許以疾卒贈少師左光祿大夫官其後三人嘉定六年贈開府儀同三司

柳約字元禮秀州華亭人大觀三年上舍進士試中學官爲覇州教授徙睦州入爲辟府正遷博士改宣議郎充廣親宅宗子博士約深於經學屬辭粹微大爲學者師慕提舉福建鹽事召對論內外學正次乞罷內外官到堂日投牒求官以厚風俗授祕書省校書郎進著作佐郎徽州司錄改通判宿州召拜監察御史靖康初兼權殿中侍御史論三鎮不可棄改尚書工部員外進左司員外郎父憂去官服除以直顯謨閣充御營司叅謀官遷太常少卿高宗將幸平江約疏言兵可進毋退以示怯於敵乃以直龍圖閣知台州未赴徙嚴州兼浙西兵馬都監節制管內軍馬當是時金人大入杜充擁衆北去列郡震恐莫有奔問官守者約於横潰中屹保孤城悉力捍禦境內按堵則慨然上書請糾合諸郡克復吳會上嘉其忠進右文殿修撰守郡如故詔以軍興費出無藝吏慢弗虔柳約獨謹賦輸率先程督進秩一等又詔約郡當兵衝而能不辭難不避事益嚴列柵保綏一方朕甚嘉之其以約充集英殿修撰召入對奬勞再三擢權戶部侍郎約於是感激盡言凡例外宣索皆執奏不進論吳玕等罪未正非所以厲臣節諸大將提兵入覲各名其家將有尾大不掉之患皆人不敢言者又言軍興科需百出望官戶名田過制者與編戶均一科敷請增諸路酒錢其半令提刑司樁管以備軍費皆從之會高麗請修貢議遣使報聘上顧廷臣無出約右加試戶部侍郎充其選且將大用當路忌之諷言者誣以事罷爲提舉太平觀居七年復祕閣脩撰金人歸侵疆起知蔡州被命而往一無顧避既而金人渝平傳檄河南守臣皆舉城降約獨遣使數輩於武昌得報而後返未幾以敷文閣待制食祠祿十有五年卒贈四官約天性至孝母病甚泣禱于天願損壽以益親壽母壽愈約竟先母兩月卒

李舜臣字子思隆州井研人生四年知讀書八歲能屬文少長通古今推迹興廢洞見根本慨然有志於天下紹興末張浚視師江淮舜臣應詔上書言乘輿不出無以定大計宜徙幸武昌又謂江東六朝皆嘗取勝北方不肯乘機爭天下宜爲今日監著江東勝後之鑑十篇上之中乾道二年進士第時朝廷既罷兵而爲相者益不厭天下望舜臣對策論金人世讎無可和之義宰輔大臣不當以奉行文字爲職業考官惡焉絀下第調邛州安仁縣主簿歲大祲饑民千百持鉏棘大呼響震邑市令懼閉門舜臣曰此非盜也何懼爲亟出慰勞遣之教授成都府時虞允文撫師關上辟寘幕府用舉者改宣教郎知饒州德興縣專尚風化民有母子昆弟之訟連年不決爲陳慈孝友恭之道遂爲母子兄弟如初閭詣學講說邑士皆稱蜀先生罷百姓預貸償前官積逋踰三萬緡民病差役舜臣勸糾諸鄉以稅數低昂定役期久近爲義役期年役成民大便利銀坑罷雖久小戶猶敷銀本錢官爲償之天申大禮助賞及軍器所需皆不以煩民幹辦諸司審計司遷宗正寺主簿重修裕陵玉牒當曾布呂惠卿初用必謹書或謂非執政除免格不應書舜臣曰治忽所關何可拘常法他所筆削類此尤邃於易嘗曰易起於畫理事象數皆因畫以見舍畫而論非易也畫從中起乾坤中畫爲誠敬坎離中畫爲誠明著本傳三十三篇朱熹晚歲每爲學者稱之所著書羣經義八卷書小傳四卷文集三十卷家塾編次論語五卷鏤玉餘功錄二卷子心傳道傳性傳以性傳官二府贈太師追封崇國公

孫逢吉字從之吉州龍泉人也隆興元年進士第授郴州司戶乾道七年太常黃鈞薦於丞相虞允文梁克家將處以學官逢吉竟就常德教授以歸李燾劉珙鄭伯熊劉焞相繼薦之知萍鄉縣以治最聞除諸軍審計司國子博士遷司農寺丞兼實錄院檢討官紹熙元年遷祕書郎兼皇子嘉王府直講二年春二月雷雪之沴交作詔求直言疏八事去蔽訣親講讀伸論駁崇氣節省用度惜名器拔材武飭戎備擢爲右正言建言都城之民安居憚徙宗戚營繕寢廣每建一第撤民居數百家怨者多時親王方更造樓觀未已聞之亟令罷役浙漕沈詵見逢吉謝曰非正言漕計殆不可支初工部侍郎兼知臨安府潘景珪結貴倖以進司諫鄧驛屢數其罪景珪反以計傾之除驛匠監逢吉曰優遷其官而罷言職後來者且以言爲戒兩疏乞收驛新命不報併劾景珪脅持臺諫蔑視朝綱景珪遂罷在諫垣七十日章二十上詞旨剴切皆人所難言者改國子司業求去爲湖南提刑以祕書監召兼吏部侍郎俄爲孝宗攢宮按行使朱熹在經筵持論切直小人共不便潛激上怒中批與祠劉光祖與逢吉同在講筵吏請曰今日某侍郎輪講以疾告孫侍郎居次請代之逢吉曰常所講論語今安得卽有講義已而問某侍郎講義安在取觀之則講詩權輿篇刺康公與賢者有始而無終與逐朱熹事相類逢吉欣然代之講因於上前爭論甚苦上曰朱熹言多不可用逢吉曰熹議祧廟與臣不合他所言皆正未見其不可用寖失上意會彭龜年論韓侂胄專僭出補郡逢吉入疏曰道德崇重陛下所敬禮者無若朱熹志節端亮陛下所委信者無若彭龜年熹既以論侂胄去龜年復以論侂胄絀臣恐賢者皆無固志陛下所用皆庸鄙憸薄之徒何以立國侂胄見而惡之丞相趙汝愚既罷侂胄專國一日從臣扈從重華宮上行禮畢駕興扈從者出宮門上馬忽傳呼侂胄至扈從者却入歛板甚恭逢吉曰既出復入揖臣子事君父之禮當如是耶不揖而去會部中會食吏密報優人王喜除閤職逢吉郎言於上前效朱侍講進趨以儒爲戲者豈可令汙閤職郎抗疏力爭之同列密以告侂胄時王喜之命實未出遂以誣詆出知太平州丐祠提舉江州太平興國宮起知贛州已屬疾卒謚獻簡弟逢年逢辰皆有文學行義時稱孫氏三龍

章穎字茂獻臨江軍人以兼經中鄉薦孝宗嗣服下詔求言穎爲萬言書附驛以聞禮部奏名第一孝宗稱其文似陸贄調道州教授作周敦頤祠會宜章寇爲亂郡僚相繼引去穎獨留寇平郡守以功入爲郎奏穎有協贊之功可大用乃召對除太學錄禮部正奏第一八初

任郎召對者自頴始時樞密都承旨王抃以言者奉外祠頴復言其風全使過求欲已任調護以爲功孝宗謂其言大訐久之不遷及奏考試官孝宗曰章頴可乃知上猶記其議論也頃之遷太學博士丁內艱服闋添差通判贛州除太常博士御史中丞何澹聞繼母訃引不逮事之文頴定議解官澹猶未决去乞下侍從朝列集議太學諸生攻之曰朝廷專設奉常議禮之所由出也今不從議禮所由出之地反以議禮不公而欲侍從朝列集議豈將啓逢迎希合而爲苟留進身之計乎除左司諫時左相留正去右相葛邲當國頴論邲不足任大事凡二十餘疏從官議欲超除頴俾去言職庶可兩留光宗曰是好諫官何以遷之邲始出頴屢疏請上問安重華宮悉焚其藁寧宗卽位除侍御史兼侍講尋權兵部侍郎韓侂胄用事頴侍經幃上曰諫官有言及趙汝愚者卿等謂何同列謾無可否頴奏言天地變遷人情危疑加以敵人嫚侮國勢未安未可容易進退大臣願降詔宣諭汝愚無聽其去不報奏請待罪與郡御史劾頴阿黨罷太學生周端朝等六人伏闕辨汝愚被誣且謂章頴言發於忠首遭斥逐端朝等皆被罪自是黨論遂起矣頴家居久之起知衢州侍御史林行可劾罷之尋知贛州御史王益祥復劾寢其命再祠需次知建寧府侂胄誅除集英殿修撰累遷刑部侍郎兼侍講對延和殿上歎曰卿爲權臣沮抑甚久頴乞修改甲寅龍飛事迹誣筆除吏部侍郎尋遷禮部尚書升侍讀詔頴以紹熙慶元譙令憲玉牒辨誣余端禮趙彥逾甲寅龍飛記及趙汝愚當時所記事考訂删誣從實上之丐去奉祠以嘉定十一年卒年七十八頴操履端直生平風節不爲窮達所移雖仕多偃蹇而淸議與之方黨論之興朱熹遺以書畧曰世道反覆已足流涕而握其事者怒猶未已未知終安所至極耶然宗社有靈公論未泯異日必有任是責者非公吾誰望耶贈光祿大夫謚文肅

商飛卿字翬仲台州臨海人淳熙初由太學登進士第任無爲軍教授累官至工部郎官時韓侂胄柄國氣焰薰灼飛卿旣至未嘗輒一造請踰月卽丐去提舉福建路常平茶鹽事擢監察御史以言事迕侂胄罷爲奉常請外以秘閣修撰爲荆湖南路轉運判官徙改司農卿總領江東淮西軍馬錢糧金陵故有帥漕治所合戎騎二帥留鑰內侍號六司宴飲餽遺費動萬計飛卿以身率儉節縮浮苛糧饟時斂散稍稍以裕聞開禧中就擢戶部侍郎侂胄將舉師嘗問餉計豐約飛卿以實告比調遣浩繁不克支屬有旨俾飛卿軍前傳宣撫勞值金兵大至幾不免以憂卒

劉頴字公實衢州西安人紹興二十七年進士調溧陽主簿時張浚留守建康金師初退府索民租未入者頴白浚言師旅之後宜先撫摩當盡蠲逋賦浚喜卽奏闕免由是知名遣其子栻與游教授全州改官知鉛山縣以外艱去再知常熟縣簽判潭州王佐爲帥負其能盛氣以臨僚吏頴約以中道多屈而改爲及陳峒反所擒賊多頴計策帥上其功曰簽判宜居臣上召監進奏院進太常寺主簿遷丞兼兵部郎官提舉浙西常平茶鹽還溉水湖以泄吳松江一水禁民侵築毋使逼塞大流民田賴之就遷提刑以洗寃澤物爲任聞諸獄察不應繫者縱遣之御史以介僻劾罷除江西運判江州德化縣田逃徙太半守乞蠲稅不報頴以見種之稅均於荒萊民願耕者第減之上供自若而逃田盡復除直秘閣淮東轉運副使初水敗楚州城修補未竟劉超欲移築頴因接伴金國使人對言國家何苦捐百萬緡爲軍帥幸賞地邪光宗從之除戶部郎中淮東總領務場以額鈔抵賞陰耗餉計二十年無知此弊者頴究覈得之以所賣數論賞而總餉增羨遷司農少卿淮西總領前主計者請自爲都醸抱淨息而利贏餘其後稍虧反以大軍錢佐之邀糴江淮回易如負販狀頴以爲失王人之體遂罷之內府宣限旣迫每移供軍錢以應歲輸頴蒐吏弊汰冗員分月綱解自是不復那移尋除直寶謨閣江東運副知平江府皆未行除宗正少卿遷起居郎兼實錄院檢討官權戶部侍郎升同修撰以疾丐祠提舉興國宮除集英殿修撰知寧國府改知紹興府未幾知平江府徑歸提舉興國宮起知泉州升華文閣待制請興國祠以歸興國祠滿除敷文閣待制致仕嘉定改元召赴行在落致仕除刑部侍郎辭進龍圖閣待制知婺州請老以寶謨閣直學士致仕六年卒于家年七十八贈光祿大夫在孝宗朝人臣爭承意自獻頴奏今日之失在輕聽人言昔之施爲今復棄置大損盛德孝宗嘉納之光宗時論人主難克而易流者四曰逸豫無節賜予無度儒臣易昵寧宗時學禁初起黨論日興頴奏願陛下御之以道容之以德不然元祐崇觀之事可鑒也其言皆切中於時自浙西請外凡徙麾節十餘年有以淹速訊之頴笑曰吾所欲也其在從班日韓侂胄舊與周旋無間方居中用事而頴謝絕之常言士以不辱身爲重其爲少宗正而丞相趙汝愚適歸相遇於廢寺泥雨不能伸足但僧牀立語曰寄謝余叅政某雖去而人才猶在朝廷幸善待之頴曰相公人才卽叅政人才也使果賢叅政之責非宰相之憂也余叅政端禮也余繼相卒於善類多所全佑頴之助云

徐邦憲字文子婺州義烏人幼頴悟從陳傅良究名物義理以通史傳百家之書紹熙四年試禮部第一人登進士第三遷爲秘書郎韓侂胄開兵端同惡附和無敢先發一語議其非者邦憲獨首言之丐外知處州陛辭力諫用兵不可太驟再歲召還言求名義以息兵莫若因建儲而肆赦借殊常之恩爲弭兵之名因行赦宥大霈德澤東委宣諭西委宣撫洗弄兵之咎省戍邊之師發倉粟以賑餓殍及農時而復民業如此則建儲之義正與息兵相爲表裏也又上侂胄書侂胄惡其言嗾御史徐柟擊之鐫秩罷祠未幾復官除江西憲改江東漕以戶部郎爲淮西總領侂胄已誅尚書倪思舉邦憲自代召對上言今日更化未可與紹興乙亥同論秦檜專權天下猶可以緝理今侂胄專權天下敗壞盡矣除尚右郎兼太子侍講除左司爲金賀正使接伴除宗正少卿回權工部侍郎知臨安府丐祠知江州奏乞郡得節制屯戍兵至郡疾以寶謨閣待制致仕卒于官年五十七謚文肅

論曰汪若海柳約仕於南渡播遷之時其志將以尊君父故讀其廖書而悲之張運李舜臣職舉事修遺愛在民孫逢吉章頴辨正人之非邪正學之非僞君子哉商飛卿劉頴徐邦憲皆有立於權臣柄國之日卓乎不爲勢利所移故能爾耶

宋史卷四百五

元　中書右丞相總裁脫脫等修

列傳第一百六十四

李宗勉　袁甫　劉黻　王居安

李宗勉字彊父富陽人開禧元年進士歷黃州教授浙西茶鹽司江西轉運司幹官嘉定十四年主管吏部架閣尋改太學正明年爲博士又明年遷國子博士寶慶初添差通判嘉興府三年召爲祕書郎紹定元年遷著作郎入對言邊事宜夙夜震懼以消咎殃明年兼權兵部郎官時李全叛謀已露人莫敢言宗勉獨累疏及之又言欲人謀之合莫若通下情人多好諂揣所悅意則侈其言度所惡聞則小其事上旣壅塞下亦欺誣則成敗得失之機理亂安危之故將孰從而上聞哉不聞則不戒待其事至乃駭而圖之抑已晚矣欲財計之豐莫若節國用善爲國者常使財勝事不使事勝財今山東之旅坐糜我金穀湖南江右閩中之寇蹂踐我州縣苟浮費泛用又從而侵耗之則漏卮難盈蠹木易壞設有緩急必將窘於調度而事機失矣欲邦本之固莫若寬民力州縣之間聚歛者多榷剝之風浸以成習民生窮蹙怨憤莫伸嘯聚山林勢所必至救焚拯溺可不亟爲之謀哉尋改兼侍右郎官明年入對言天災甚切四年差知台州明年直秘閣知婺州六年冬召赴行在未行端平元年進直寶章閣依舊任越月以宗正丞兼權右司召改尙左郎官兼職仍舊尋兼左司五月面對言四事守公道以悅人心行實政以興治功謹命令以一觀聽明賞罰以示勸懲次言楮弊願詔有司始自乘輿宮掖下至百司庶府覈其冗蠹者節之歲省十萬則十萬之楮可損歲省百萬則百萬之楮可損也行之旣久損之益多錢楮相當所至流轉則操吾贏縮之柄不在楮矣拜監察御史時方謀出師汴洛宗勉言今朝廷安恬無異於常時士卒未精銳資糧未充衍器械未犀利城壁未繕脩于斯時也守禦猶不可而欲進取可乎借曰今日得蔡明日得海又明日得宿亳然得之者未必可守萬一含怒蓄忿變生倉猝將何以濟臣之所陳豈曰外患之終不可平土宇終不可復哉亦欲量力以有爲相時而後動耳願詔大臣愛日力以修內治合人謀以嚴邊防節冗費以裕邦財招彊勇以壯國勢仍飭沿邊將帥毋好虛名而受實害左控右扼毋失機先則以逸待勞以主禦客庶可保其無虞若使本根壯固士馬精彊觀釁而動用兵未晚已而洛師潰又言昔之所慮者在當守而冒進今之所慮者在欲守而不能何地可控扼何兵可調遣何將可捍禦何糧可給餉皆當預作措畫又言內降之儌大畧謂王府后宅之宮僚戚里奄寺之恩賞綸綍直下不經都省竿牘陳請時出禁廷此皆大臣所當執奏夫先事而言見幾而諫不可謂之專善則行之否則止之不可謂之專命出君上政歸中書不可謂之專苟以專權爲嫌不以救過爲急每事希旨迎合追其命令已下闕失已彰然後言事之人從而論列之其累聖德亦多矣況言之未必聽聽之未必行乎進左司諫明年春兼侍講首言均房安蘄光化等處兵禍

甚烈然江面可藉以無憂者猶有襄州今又告變矣襄州失則江陵危江陵危則長江之險不足恃昔之所慮猶在秋今之所慮者秖在旦夕江陵或不守則事迫勢蹙必有存亡之憂悔將何及拜殿中侍御史時淮西制置使兼沿江制置副使史嵩之兼知鄂州就鄂建牙宗勉言荊襄殘破淮西正當南北之交嵩之當置司淮西則脈絡相連可以應援遠在鄂渚豈無鞭不及腹之慮若云防江爲急欲藉嵩之於鄂渚經理然齊安正與武昌對如就彼措置防扼則藩籬壯而江面安矣所謂欲保江南先守江北也當別擇鄂守徑令嵩之移司齊安詔侍從兩省臺諫條陳邊事宗勉率合臺奏蜀之四路已失其二成都隔絕莫知存亡諸司退保夔門未必能守襄漢昨失九郡今郢破荊門又破江陵孤城何以能立兩淮之地人民奔迸井邑丘墟嗚呼危哉陛下誠能亟下哀痛之詔以身率先深自貶損服御飲宴一從簡儉放後宮浮食之女罷掖庭不急之費止錫賚絕工役出內帑儲蓄以風動四方然後勸諭戚畹世臣隨力輸財以佐公家之調度分上流淮西淮東爲三帥而以江淮大帥總之或因今任或擇長才分地而守聽令而行以公私之財分給四處俾之招潰卒募流民之彊壯者以充遊兵以補運籍仍選沿流諸郡將士爲捍禦之圖猶可支吾不然將水陸俱下大合荊楚之衆擾我上流江以南震蕩矣或謂其勢彊盛宜於講和欲出金繒以奉之是抱薪救火空國與敵矣進工部侍郎兼給事中仍侍講復上疏言陛下憂勤於路朝之頃而入爲宴安所移切劘於廣廈之間而退爲便佞所惑不聞減退宮女而嬪嬙已溢於昔時不聞褒錄功臣而節鉞先加於外戚不聞出內貯以犒戰士而金帛多靡於浮費陛下之舉動人心所視以爲卷舒者也陛下既不以爲憂則誰復爲陛下憂擢諫議大夫兼侍讀首言邊事當增兵防托上流又言求諫非難而受諫爲難受諫非難而從諫爲難苟聞之不以爲戒玩之不以爲信卒使危言鯁論無益於世用無捄於時危其與拒諫者相去一間耳進端明殿學士同簽書樞密院事未幾進簽書時王檝復求歲幣銀絹各二十萬宗勉言輕諾者多後患當守元約可也然比之開禧時物價騰踴奚啻倍蓰矣史嵩之開督府力主和議宗勉言使者可疑者三嵩之職在督戰如收復襄光控扼施澧招集山砦保固江流皆今所當爲若所主在和則凡有機會可乘不無退縮之意必至虛損歲月坐失事功進參知政事及拜左丞相兼樞密使守法度抑僥倖不私親黨召用老成尤樂聞讜言趙汝騰嘗以宗勉爲公清之相以光祿大夫觀文殿大學士致仕卒贈少師諡文清

袁甫字廣微寶文閣直學士燮之子嘉定七年進士第一簽書建康軍節度判官廳公事授祕書省正字入對論君天下不可一日無懼心今之可懼者大端有五端良者斥語諫者用杜忠臣敢諫之門可懼也兵戈既興餽餉不繼根本一虛則有蕭墻之憂可懼也陛下深居高拱羣臣奉行簿書獨運密謀之意勝而虛心咨訪之意微天下迫切之情無由上聞可懼也外患未弭內患方深而熙熙然無異平時自謂雅量足以鎮浮不知宴安實爲鴆毒可懼也陛下恭儉有餘剛斷不足庸夫憸人苟求富貴而未聞大明黜陟軍帥交結州郡賄賂皆自貴近化之可懼也其它禍幾亂萌不可悉數將何以荅天譴召和氣哉次乞嚴守帥之選併大軍之權興屯田之利遷校書郎轉對言邊事之病不在外而在內偷安之根不去規模終不立壅蔽之根不去血脈終不通忌嫉之根不去將帥終不可擇欺誕之根不去兵財終不可治祖宗之御天下政事雖委中書然必擇風采著聞者爲臺諫敢於論駮者爲給舍所以戢官邪肅朝綱也今日誠體是意以行之豈復有偷安壅蔽者哉出通判湖州考常平敝原以增積貯核隱產增附嬰兒局遷祕書郎尋遷著作佐郎知徽州治先教化崇學校訪便民事上之請蠲減婺源紬絹萬七千餘匹茶租折帛錢萬五千餘貫月樁錢六千餘貫請照咸平紹興乾道寬恤指揮受納徽絹定每匹十兩請下轉運常平兩司豫蓄常平義倉備荒興脩陂塘刱築百梁丁父憂服除知衢州立旬講務以理義淑士心歲撥助養士千緡西安龍游常山三邑積窘預借爲代輸三萬五千緡蠲放四萬七千緡郡有義莊買良田二百畝益之移提舉江東常平適歲旱亟發廩庾之積凡州縣窠名隸倉司者無新舊皆住催爲錢六萬一千緡米十有三萬七千麥五千八百石遣官分行賑濟饑者予粟病者予藥尺籍之單弱者市民之失業者皆曲軫之又告于朝曰江東或水而旱或旱而水重以雨雪連月道殣相望至有舉家枕籍而死者此去麥熟尚賒事勢益急詔給度牒百道助費時江閩寇迫饒信處民情易動分榜諭安之檄諸郡關制司聞于朝爲保境捍患之圖寇迄不犯遂提點本路刑獄兼提舉移司番陽霜殺桑春夏雨久湖溢諸郡被水連請于朝給度牒二百道賑恤之盜起常山調他州兵千人屯廣信以爲備都城大火上封事言上下不交以言爲諱天意人心實同一機災變之作端由於此願下哀痛之詔以回天意詔求直言復上疏言災起都邑天意蓋欲陛下因其所可見察其所不可見行至公無私之心全保護大臣之體率屬羣工大明黜陟與天下更始行部問民疾苦薦循良劾姦貪決滯獄所至詣學宮講說刱書院貴溪之南祠先儒陸九淵歲大旱請于朝得度牒緡錢綾紙以助賑恤疫癘大作刱藥院療之前後持節江東五年所活殆不可數計轉將作監領事如故繼力辭常平事彗星見詔求直言上疏言皇天所以震怒者由愁苦之民衆人民所以愁苦者由貪冒之風熾願一變上下交征之習爲大公至正之歸帝親政以直徽猷閣知建寧府明年兼福建轉運判言閩鹽隸漕司例運兩綱供費後增至十有二吏卒並緣爲姦且抑州縣變賣公私苦之甫奏復舊例丁米錢久爲泉漳興化民患會知漳州趙以夫請以廢寺租爲民代輸甫并捐三郡歲解本司錢二萬七千貫助之郡屯左翼軍本備峒寇招捕司移之江西甫檄使還營俄寇作唐石即調之以行而賊悉平遷祕書少監入見帝曰卿久勞于外篤意愛民每覽所陳備見懇惻甫奏無逸之義言知農夫稼穡艱難自然逸欲之念不起乞力守更化以來求賢如不及之初意遷起居舍人兼崇政殿說書於經筵奏剛之一字最切於陛下陛下徒有慕漢宣厲精爲治之名而乃墮元帝文宗柔弱不振之失元帝文宗果斷不用於斥邪佞反用於逐賢人此二君不識剛德之眞所謂眞剛者當爲之事必行不當爲者則斷在勿行又乞專意經訓養育精神務令充實上與天一下合人心帝意欲全功臣之世詔自今中外臣僚奏事毋得擿摭以奏是消天下讜言之氣其謂陛下何兼中書舍人繳奏不擿苛小謂監司郡守非其人則一道一州之蠹也時相鄭清之以國用不足履畝使輸券甫奏避貴虐賤有力者頑未應令而追呼迫促破家蕩產悲痛無聊者大抵皆中下之戶嘗講罷帝問近事甫奏惟履畝事人心最不悅又嘗讀資治通鑑至漢高祖入關辭秦民牛酒因奏今日無以予人反橫科之其心喜乎怒乎本朝立國以仁陛下以爲此舉仁乎否乎帝爲惻然時朝廷以邊事爲憂史嵩之帥江西力主和議甫奏曰臣與嵩之居同里未嘗相知而嵩之父彌忠則與臣有故嵩之易於主和彌忠每戒其輕易今朝廷甘心用父子異心之人臣謂不特嵩之之易於主和抑朝廷亦未免易於用人也疏入不報遂乞歸不允授起居郎兼中書舍人未幾擢嵩之刑部尚書復奏疏云臣於嵩之本無仇怨但國事所係誼難緘默嵩之誥命終不與書行迺出甫知江州王遂抗疏力爭帝曰本以授其兄袁肅報行誤耳令遂勉甫無它志翼日迺與肅江州而殿中侍御史徐清叟復論甫守富沙日贓六十萬湯巾等又爭之清叟亦悔未幾改知婺州不拜嘉熙元年遷中書舍人入見陳心源之說帝問邊事甫奏當以上流爲急議和恐誤事時清叟與甫並召而清叟未至甫奏臺諫風聞言事初亦何心今人物眇然有如清叟宜在朝廷辭避實惟臣故乞趣其赴闕又奏備邊四事曰固江陵堰瓦梁與流民復業嵩之移京湖沿江制置使知鄂州甫奏曰嵩之輕脫難信去年嵩之在淮西王檝由淮西而來北軍踵之今又併湖南付之臣恐其復以誤淮西者誤湖南疏留中不行翼日權吏部侍郎引疾至八疏賜告一月遂歸從臣復合奏留之尋命兼脩玉牒官兼國子祭酒皆辭不拜改知嘉興府知婺州皆辭不拜還兵部侍郎入見奏江潮暴涌旱魃爲虐楮弊蝕其心腹大敵剝其四支危亡之禍近在旦夕乞秉一德塞邪徑兼給事中岳珂以知兵財召甫奏珂總餉二十年焚林竭澤珂竟從外補遷吏部侍郎兼國子祭酒日召諸生叩其問學理義講習之益時邊遽日至甫條十事至爲詳明權兵部尚書暫兼吏部尚書卒贈通奉大夫謚正肅有孝說孟子解後省封駁信安志江東荒政錄防拓錄樂事錄及文集行世甫少服父訓謂學者當師聖人以自得爲貴又從楊簡問學自謂吾觀草木之發生聽禽鳥之和鳴與我心契其樂無涯云

劉黻字聲伯樂清人早有令聞讀書鴈蕩山中僧寺年三十四以淳祐十年試入太學儕輩已翕然稱之時丁大全方爲臺屬劾奏丞相董槐迫逐去國將奪其位黻率同舍生伏闕上書大槩言朝廷進退大臣須當以禮書上忤執政送南安軍安置歸別其母解氏解氏曰爲臣死忠以直被貶分也速行黻至南安盡取濂洛諸子之書摘其精切之語輯成書十卷名曰濂洛論語及大全貶黻還太學未幾侍御史陳垓誣劾程公許右正言蔡榮誣劾黃之純二公罷出六館相顧失色黻又率諸生上書言黻等嘗被教養視國家休戚利害若己痛癢朝廷進一君子臺諫發一公論則彈冠相慶喜溢肺膺至若君子鬱而不獲用公論沮而不克伸則憂憤忡結寢食俱廢臣聞扶植宗社在君子扶植君子在公論陛

下在位幾三十年端平間公正萃朝忠讜接武天下翕然曰此小元祐也淳祐初大姦屏迹善類在位天下又翕然曰此又一端平也柰何年來培養保護之初心不能不爲之轉移祖宗建置臺諫本以伸君子而折小人昌公論而杜私說迺今老饕自肆姦種相仍以諂諛承風旨以傾險設機阱以澒涊盜官爵陛下非不識拔羣賢彼則忍於空君子之黨陛下非不容受直言彼則勇於倒公議之戈不知陛下何負此輩而彼乃負陛下至此耶當陛下詔起彙髦之秋而公許起自家食正君子觀之以爲進退之機迺今坐席未温彈章已上一公許去若未害也臣恐草野諸賢見幾深遁而君子之脈自此絕矣比年朋邪扇焰緘默成風奏事者不過襲陳言應故事而已幸而之純兩疏差彊人意迺今軟媚者全身鯁直者去國一之純去若未害也臣恐道路以目欲言輒沮而公論之脈自此絕矣況今天下可言之事不爲少可攻之惡不爲不多術窮桑孔浸有逼上之嫌勢挾金張濫處牧民之職以乳臭騃子而躐登從橐以光範私人而累典輔藩錢神通靈於旁蹊公器反類於互市天下皆知之豈陛下獨不知之正惟爲陛下紀綱者知爲身謀不爲陛下謀陛下明燭事幾詎可墮此輩蒙蔽術中何忍以祖宗三百年風憲之司而壞於一二小人之手耶臣汝騰陛下之劉向也則以忠鯁斥臣子才臣棟臣伯玉陛下之汲黯也則以切直罷遂使淳祐諸君子日消月磨至今幾爲之一空彼誠何心哉高宗紹興二十年之詔有謂臺諫風憲之地年來用人非據與大臣爲友黨濟其喜怒甚非耳目之寄臣竊觀近事不獨臺諫爲大臣友黨內簡相傳風旨相諭且耳爲鷹犬而聽其指嗾焉宰相所不樂者外若示以優容而陰頤指臺諫以去之臺諫所彈擊者外若不相爲謀而陰實奉承宰相以行之方公許之召也天下皆知獨斷於宸衷及公許之來也天下亦知嘗得罪於時宰豈料陛下之恩終不足恃宰相之嗔竟不可逃耶陛下萬機之暇試以公許之純與垓榮等孰思而靜評之其言論孰正孰邪孰忠孰佞雖中智以下之主猶知判別是非況以陛下明聖而顧不察此近見公許奏疏嘗告陛下揭至公以示天下垓則以秘密之說惑上聽公許嘗告陛下以寵賂日章官邪無警欲塞倖門絕曲徑垓則縱俠客以兜攬關節持闔扁以脅取舉狀開賂門以斂弄按章至若之純之告陛下力伸邪正之辯明斥媚相之非謇謇諤諤流出肺肝榮身居言責聞其風聲自當愧死尙敢妄肆萋菲略無人心乎且陛下擢用臺諫若臣磊卿臣沓夔臣應起臣漢弼臣凱臣燧光明俊偉卓爲天下稱首然甫入而遽遷或一鳴而輒斥獨垓榮輩貪饕頑忍久汙要津根據而不拔劉向所謂用賢轉石去佞拔山者乃今見之可不畏哉矧今國嗣未正事會方殷民生膏血朘削殆盡所賴以祈天命係人心惟君子與公論一脈耳小人以不恤之心爲無忌憚之事其意不過欲爵位日穹權勢日盛以富貴遺子孫耳豈暇爲國家計哉自昔天下之患莫大於舉朝無公論空國無君子我朝本無大失德於天下而乃有宣靖之禍夫豈無其故哉始則邪正交攻更出迭入中則朋邪翼僞陰陷潛詆終則倒置是非變亂黑白不至於黨禍不止向使劉安世陳瓘諸賢尙無恙楊畏張商英周秩輩不久據臺綱其禍豈至此烈古語云前車覆後車戒今朝廷善類無幾心懷姦險者則以文藻飾佞舌志在依違者則以首鼠持圓機宗社大計孰肯明目張膽爲陛下伸一喙者則其勢必終於空國無君子舉朝無公論無君子無公論脫有緩急彼一二憸人者陛下獨可倚仗之乎若垓之罪又浮於榮雖兩觀之誅四裔之投猶爲輕典陛下留之一日則長一日之禍異時雖借尙方劍以礪其首尙何救於國事之萬一哉又曰自昔大奸巨孽投閑散地惟覘朝廷意向以圖進用之機元祐間章惇呂惠卿皆在貶所自呂大防用楊畏爲御史初意不過信用私人牢護局面不知小人得志搖唇鼓吻一時正人旋被斥逐繼而章惇復柄用雖大防亦不能安其身於朝廷之上今右轄久虛姦臣垂涎有日矣聞之道路餽遺不止於鞭韡脈絡潛通於禁近正陛下明察事機之時若公論不明正人引去則遲回展轉鈞衡重寄必歸於章惇等乃止今日之天下乃祖宗艱難積累之天下豈堪此輩再壞耶又諫游幸疏曰天下有道人主以憂勤而忘逸樂天下無道人主以逸樂而忘憂勤自昔國家乂安四夷賓服享國日久侈心漸生若漢武帝之單于震讋而有千門萬戶之觀唐明皇之北邊無事而有驪山温泉之幸至於隋之煬帝陳之後主危亡日迫遊觀無度不足效也堯舜禹湯文武之兢業祗懼終始憂勤無逸言遊畋則不敢日昃則不暇食曷嘗借祈禳之說以事遊觀之逸比年以來以幸爲利以玩爲常未免有輕視世故玩忽天下之心單于未嘗震讋而有武帝多欲之費耗北邊未嘗無事而有明皇宴安之鴆毒陛下春秋尙少貽謀垂憲之機悉在陛下作而不法後嗣何觀自十數年間創龍翔創集慶創西太一而又示之以遊幸導之以禱祠蠱之以虛誕不經之說孔子曰少成若天性習慣如自然積久慣熟牢不可破誰得而正之且西太一之役佞者進曰太一所臨分野則爲福近歲自吳移蜀信如祈禳之說西北坤維按堵可也今五六十州安全者不能十數敗降者相繼福何在邪武帝祠太一於長安至晚年以虛耗受禍而後悔方士之繆雖其悔之弗早猶愈於終不知悔者也大凡人主不能無過脫有過言過行宰執侍從當言之給舍臺諫當言之縉紳士大夫當言之皆所以納君於當道者也今陛下未爲不知道未爲不受人言宰執以下希寵而不言與夫言之而不力皆非所以愛陛下也其心豈以此爲當而不必言哉直以陛下爲不足以望堯舜禹湯文武之主而以漢武明皇待陛下也以材署昭慶軍節度掌書記由學官試館職咸淳三年拜監察御史論內降恩澤曰治天下之要莫先於謹命令謹命令之要莫先於窒內批命令帝王之樞機必經中書叅試門下封駁然後付尚書省施行凡不由三省施行者名曰斜封墨敕不足效也臣覩陛下自郊祀慶成以來恩數綢繆指揮煩數今日內批明日內批邸報之間以內批行者居其半竊爲陛下惜之出納朕命載於書出納王命詠於詩不專言出而必言納者蓋以命令繫朝廷之大不能皆中乎理於是有出而復有納焉祖宗時禁中處分軍國事付外者謂之內批如取太原下江南韓琦袖以進呈英宗悚然避坐此豈非謹內批之原哉臣日夜念此以爲官爵陛下之官爵三省陛下之三省所謂同奉聖旨則是三省之出命卽出陛下之命也豈必內批而後爲恩緣情起事以義制欲某事當行某事當息具有條貫何不自三省行之其有未穆於公論者許令執奏願不避歟元祐間三省言李用和等改官移鎮恩例今高氏朱氏皆舉故事皇太后曰外家恩澤方欲除損又可增長乎治平初欲加曹佾使相皇太后再三不許又有聖旨令皇后本家分析親的骨肉聞奏亦與推恩司馬光力諫以爲皇太后既損抑外親則后族亦恐未宜褒進乃令前之恩數未竟後之恩數已乘宰執懼有所專而不敢奏給舍臺諫懼有所忤而不敢言更如此者數年將何以爲國故政事由中書則治不由中書則亂天下事當與天下共之非人主所可得私也四年改正字言正學不明則義理日微異端不息則鼓惑轉熾臣非不知犯顏逆耳臣子所難實以君德世道重有關繫不容不懷惻閑陳疏上踰日未蒙付外孟軻有云有言責者不得其言則去臣忝職諫省義當盡言今既不得其言若更貪慕恩榮不思引去不惟有負朝廷設官之意其於孟軻明訓實亦有慊會丁父憂去位服除授集英殿修撰沿海制置知慶元府事建濟民莊以濟士民之急資貢士春官之費備郡庠耆老緩急之需又請建慈湖書院八年召還拜刑部侍郎九年改朝奉郎試吏部尙書兼工部尙書兼中書舍人兼修玉牒兼侍讀上疏請給王十朋祠堂田土十年丁母憂明年江上潰師丞相陳宜中起復黻爲端明殿學士不起及賈似道謫震死宜中謀擁二王由温州入海以兵逆黻共政將遜相位於是黻託宗祀於母弟成伯遂起及羅浮以疾卒初陳宜中夢人告之曰今年天災流行人死且半服大黃者生繼而疫癘大作服者果得不死及黻病宜中令服之終莫能救其配林氏舉家蹈海未幾海上事亦瓦解矣黻有蒙川集十卷行于世

王居安字資道黃巖人始名居敬字簡卿避祧廟嫌易之始能言讀孝經有從旁指曰曉此乎卽答曰夫子教人孝耳劉孝韙七月八日過其家塾見居安與凡兒使賦八夕詩援筆成之有思致孝韙驚拊其背曰子異日名位必過我入太學淳熙十四年舉進士授徽州推官連遭內外艱柄國者以居安十年不調將徑授職事官居安自請試民事乃授江東提刑司幹官使者王厚之厲鋒氣人莫敢嬰居安遇事有不可平面力爭不少屈入爲國子正太學博士入對首言人主當以知人安民爲要人未易知必擇宰輔侍從之賢使引其類民未易安必求愷悌循良之吏以布其澤次言火政不修罪在京尹軍律不明罪在殿步兩司罪鈞異罰固不可安有薄罰一步帥而二人置弗問乎遷校書郎居安乞召試言祖宗時惟進士第一不試蘇軾以高科負重名英宗欲授館職韓琦猶執不從執政謂居安曰朝廷於節度尙不較況館職乎居安因言節鉞之重文非位極武非勳高胡可妄得丞相言不較過矣時蘇師旦命且下故居安言及之改司農丞御史迎意論劾主管仙都觀踰年起知興化軍既至條奏便民事乞行經界且言蕃舶多得香犀象翠崇侈俗泄銅鏹有損無益宜遏絕禁止皆要務也通商賈以損米價誅劇盜以去民害召爲祕書丞轉對言置宣司不聞進取之良規遣小使寂無確許之實報但當嚴飭守備益兵據險以待之此廟算之上也李壁嘗語人曰比年論疆事無若王祕丞之明白

者遷著作郎兼國史實錄院檢討編修官兼權考功郎官誅韓侂胄居安實贊其決翼日擢右司諫首論侂胄以預聞內禪之功竊取大權童奴濫授以節鉞嬖妾冒籍於官庭剏造亭館震驚太廟之山燕樂語笑徹聞神御之所忽慢宗廟罪宜萬死託以大臣之薦盡取軍國之權臺諫侍從惟意是用不恤公議親黨姻婭躐取美官不問流品名器僭濫動違成法竊弄威柄妄開邊隙自兵端一啓南北生靈壯者死鋒刃弱者塡溝壑荊襄兩淮之地暴尸盈野號哭震天軍需百費科擾州縣海內騷然迹其罪狀人怨神怒衆情洶洶物議沸騰而侂胄箝制中外罔使陛下聞知宦官宮妾皆其私人莫肯爲陛下言者西蜀吳氏世掌重兵頃緣吳挺之死朝廷取其兵柄改畀它將其策至善侂胄與曦結爲死黨假之節鉞復授以全蜀兵權曦之叛逆罪將誰歸使曦不死侂胄未可知也侂胄數年之間位極三公列爵爲王外則專制東西二府之權內則窺伺宮禁之嚴姦心逆節具有顯狀縱使侂胄身膏斧鉞猶有餘罪況兵釁未解朝廷儻不明正典刑何以昭國法何以示敵人何以謝天下今誅取侂胄肆諸市朝是戮一人而千萬人獲安其生也侂胄旣有非常之罪當伏非常之誅詎可以常典論哉右丞相陳自强素行汙濁老益貪鄙徒以貧賤私交自一縣丞超遷徑至宰輔姦憸附麗顚亂國經較其罪惡與侂胄相去無幾乞追責遠竄以爲爲臣不忠朋邪誤國者之戒又劾曦外姻郭倪郭僎竄嶺表天下快之繼兼侍講方侂胄用事箝天下之口使不得議己太府寺丞呂祖儉以讜死布衣呂祖泰上書直言中以危法流之遠郡居安奏請明其冤以伸忠鯁之氣又疏言古今之治本亂階更爲倚伏以治易亂則反掌而可治以亂治亂則亂去而復生人主公聽則治偏信則亂政事歸外朝則治歸內廷則亂問百辟士大夫則治問左右近習則亂大臣公心無黨則治植黨行私則亂大臣正小臣廉則治大臣汙小臣貪則亂如用人稍誤是一侂胄死一侂胄生也趙彥逾與樓鑰林大中章燮竝召居安言鑰與大中用宗廟社稷之靈天下蒼生之福彥逾不可與之同日而語彥逾始以趙汝愚不與同列政地遂啓侂胄專政之謀汝愚之斥死彥逾之力居多而彥逾者汝愚之罪人也陛下乃使與二人者同升不幾於薰蕕同器邪正竝用乎非所以示趨向於天下也疏已具有微聞者除目夜下遷起居郎兼崇政殿說書於是爲諫官才十有八日旣供職即直前奏曰陛下特遷臣柱下史者豈非欲使臣不得言耶二史得直前奏事祖宗法也遂極論之又言臣爲陛下耳目官諫紙未乾乃以迕權要徙他職不得其言則去臣不復留矣帝爲改容御史中丞雷孝友論其越職奪一官罷太學諸生有舉幡乞留者四明楊簡邂逅山陰道中謂此舉吾道增重江陵項安世致書曰左史人中龍也踰年復官知太平州當邊遽甫定歲儉汰去軍羣聚寇擾居安威惠流行晏然若無事時將副劉佑爲怨家詣闕告密置獄金陵居安以書抵當路辯其冤或謂佑自誣服得無嫌於黨逆乎居安曰郡有無辜死奚以守爲事果白以直龍圖閣提點浙西刑獄葛懌者用戚屬恩補官豪於貲嘗憾父之嬖旣去而誣以盜株連瘐死者數人懌乃未嘗一造庭居安一閱得實立捕繫論罪械送他州入對帝曰卿有用之才也權工部侍郎以集英殿修撰知隆興府初盜起郴黑風峒羅世傳爲之倡勢張甚湖南所在發兵扼要衝義丁表裏應援賊乏食少懈主兵者稍堅持之則就禽矣會江西帥欲以買降爲功遣人間道說賊餽鹽與糧賊喜謀益逞帥以病卒繼者蹈其敝賊陰治械外送款身受官峒中不至公府義丁皆恚曰作賊者得官我輩捐軀壞產業何所得於是五合六聚各以峒名其鄉李元勵陳廷佐之徒竝起爲賊矣放兵四劫掠永新撤龍泉江西列城皆震朝廷調江鄂之兵屯衡贛而他兵駐龍泉者命吉守節制焉吉守率師往幾爲賊困池兵來援失利朝廷憂之遂以居安爲帥居安以書曉都統制許俊曰賊勝則民皆爲賊官軍勝則賊皆爲民勢之翕張決於此舉將軍素以勇名挫於山賊可乎俊得書皇恐不敢以他帥事居安居安督戰于黃山勝之賊始懼走韶州爲摧鋒軍所敗勢日蹙吉守前以戰不利用招降之策遣吏持受降圖來書賊銜江湖兩路大都統居安笑曰賊玩侮如此猶爲國有人乎白諸朝吉守以祠去遂命居安節制江池大軍駐廬陵督捕領郡事召土豪問便宜皆言賊恃險陟降如猿猱若鈔吾糧吾事危矣居安曰吾自有以破賊會元勵執練木橋賊首李才全至居安厚待才全而賞元勵衆皆感羅世傳果疑元勵之貳己遂交惡元勵率衆攻世傳居安語俊曰兩虎鬭于穴吾可成卞莊子之功世傳嗾練木橋賊黨襲元勵俘其孥禽元勵以獻時靑草峒賊亦就禽並磔于吉之南門元勵旣誅世傳以功負恃益驕蹇名效順而實自保俊請班師居安不許俾因賊堡壁固守居亡何世傳果與兄世祿俱叛居安奏乞朝廷毋憂今落其角距可一戰禽也乃密爲方畧遣官民兵合圍之世傳自經死斬其首以徇羣盜次第平居安之在軍中也賞厚罰明將吏盡力始終用以賊擊賊之策故兵民無傷者江西人祠而祝之刻石紀功徙鎭襄陽以言者罷閒居十有一年嘉定十五年與魏了翁同召遷工部侍郎時方受寶中朝皆動色相賀入對首言人主畏無難而不畏多難輿地寶玉之歸盍思當時之所以失言極切至甫兩月以集英殿修撰提舉玉隆宮未幾以寶謨閣待制知溫州郡政大舉理宗即位以敷文閣待制知福州升龍圖閣直學士轉大中大夫提舉崇福宮將行鹽寇起寧化居安以書諭汀守曰土瘠民貧業於鹽可盡禁耶且彼執三首惡以自贖宜治此三人他可勿治部使者遣左翼軍將鄧起提兵往起貪夜冒險與寇角以死軍潰民相驚逃去事聞命居安專任招捕居安旣留募軍校劉華邱鋭者授以計畫至汀而賊已至郡矣州人大懼賊知帥有撫納意即引退華鋭出入賊中指期約降有以右班攝汀守者倔彊好大言以知兵自任欲出不意爲己功賊知其謀敗約而建劍諸郡竝江西嘯聚蜂起矣居安議不合歎曰吾可復求焦頭爛額之功耶即拜疏歸居安以書生於兵事不學而能必誅峒寇而降汀寇皆非苟然者卒累贈少保居安宅心公明待物不貳有方巖集行世

論曰李宗勉在庶僚論事平直及入相負公清之稱袁甫學有本原善達其用持節所過其民至今思之劉黻分別邪正侃侃敢言亦難能者王居安掃除羣邪以匡王國其志壯哉

宋史卷四百六

元 中 書 右 丞 相 總 裁 脫 脫 等 修

列傳第一百六十五

崔與之　洪咨夔　許奕　陳居仁 子卓

劉漢弼

崔與之字正子廣州人父世明試有司連黜每曰不爲宰相則爲良醫遂究心岐黃之書貧者療之不受直與之少卓犖有奇節不遠數千里遊太學紹熙四年舉進士廣之士繇太學取科第自與之始授潯州司法參軍常平倉久弗葺慮雨壞米撤居廨瓦覆之郡守欲移兌常平之積堅不可守敬服更薦之調淮西提刑司檢法官民有窘於豪民遒負毆死其子誣之者其長欲流之與之曰小民計出倉猝忍使一家轉徙乎況故殺子孫罪止徒卒從之知建昌之新城歲適大歉有彊發民廩者執其首折手足以徇盜爲止勸分有法貧富安之開禧用兵軍旅所需天下騷然與之獨買以係省錢吏告月解不登曰寧罷去和糴令下與之獨以時價糴令民自槩通判邕州守武人苛刻衣賜不時給諸卒大閧漕司檄與之攝守叛者帖然乃密訪其首事一人斬之闔郡以寧擢發遣賓州軍事郡政清簡尋特授廣西提點刑獄徧歷所部至浮海巡朱崖秋毫無擾州縣而停車裁決獎廉劾貪風采凜然朱崖地產苦薆民或取葉以代茗州郡征之歲五百緡瓊人以吉貝織爲衣衾工作皆婦人役之有至期年者棄稚違老民尤苦之與之皆爲榜免其他利疾罷行甚衆瓊之人次其事爲海上澄淸錄嶺海去天萬里用刑慘酷貪吏厲民廼疏爲十事申論而痛懲之高惟肖嘗刻之號嶺海便民榜廣右僻縣多右選攝事者類多貪黷與之請授廣東循梅諸邑減舉員賞格以勸選人熙寧免役之法獨不及海外四州民破家相望與之議舉行未果以語顏戣戣守瓊遂行之召爲金部員外郎侍郎官多養資望不省事與之鉅細必親省決吏爲欺者必杖之莫不震栗金南遷於汴朝議疑其進迫特授直寶謨閣權發遣揚州事主管淮東安撫司公事寧宗宣引入內親遣之奏選守將集民兵爲邊防第一事旣至浚濠廣十有二丈深二丈西城濠勢低因疏塘水以限戎馬開月河置釣橋州城與堡砦城不相屬舊築夾土城往來爲易以甓因滁有山林之阻創五砦結忠義民兵金人犯淮西沿邊之民得附山自固金人亦疑設伏自是不敢深入揚州兵久不練分彊勇鎭淮兩軍月以三八日習馬射令所部兵皆倣行之淮民多畜馬善射欲依萬弩手法創萬馬社募民爲之宰相不果行浙東饑流民渡江與之開門撫納所活萬餘楚州工役繁夥士卒苦之叛入射陽湖亡命多從之者與之給旗帖招之衆聞呼皆至首謀者獨遲疑不前禽戮之分其餘隸諸軍山東李全以衆來歸與之移書宰相謂自昔召外兵以集事者必有後憂宰相欲圖邊功諸將皆懷僥倖都統劉琸承密劄取泗州兵渡淮而後牒報琸全軍覆沒與之憂憤馳書宰相言與之乘鄣五年子養士卒今以萬人之命壞於一夫之手敵將乘勝襲我金人入境宰相連遺與之三書俾議和

與之答曰彼方得勢而我與之和必遭屈辱今山砦相望邊民米麥已盡輸藏野無可掠諸軍與山砦併力勦逐勢必不能久駐況東海漣水已爲我有山東歸順之徒已爲我用一旦議和則漣海二邑若爲區處山東諸酋若爲措置望別選通才以任和議與之自劉琸敗亟修守戰備遣精銳布要害金人深入無功而和議亦寢時議將姑闕兩淮制置命兩淮帥臣互相爲援與之啟廟堂曰兩淮分任其責而無制閫總其權則東淮有警西帥果能疾馳往救乎東帥亦果能疾馳往救西淮乎制閫俯瞰兩淮特一水之隔文移往來朝發夕至無制閫則事事稟命朝廷必稽緩誤事矣議遂寢召爲秘書少監軍民遮道垂涕與之力辭召命竟還將度嶺趣召不已行次池口聞金人至邊乃造朝奏今邊聲可慮者非一惟山東忠義區處要不容緩前後累疏數千言每欵養虎將自遺患升秘書監兼太子侍講權工部侍郎未幾成都帥董居誼以黷貨爲叛卒所逐總領楊九鼎遇害蜀大擾與之以選爲煥章閣待制知成都府本路安撫使至卽帖然時安丙握蜀重兵久每忌蜀帥之自東南來者至是獨推誠相與丙卒詔盡護四蜀之師開誠布公兼用吳蜀之士拊循將士人心悅服先是軍政不立戎帥多不協和劉昌祖在西和王大才在沔州大才之兵屢衂昌祖不救遂棄阜郊吳政屯鳳州張威屯西和金人自白還堡突入黑谷威不尾襲而迂路由七方關上青野原金人遂得入鳳州與之戒以同心體國之大義於是戎帥協和而軍政始立先是丙嘗納夏人合從之請會師攻秦鞏而夏人不至遂有阜郊之敗與之至是飭邊將不得輕納踰年夏人復攻金人遣百騎入鳳州邀守將求援兵與之使都統李冲來言曰通問當遣介持書不當遣兵徑入若邊民不相悉或有相傷則失兩國之好宜斂兵退屯夏人知不可動不復有言初金人旣弊率衆南歸者所在而有或疑不敢納與之優加爵賞以來之未幾金萬戶呼延棫等扣洋州以歸與之察其誠納之籍其兵千餘人皆精悍善戰金人自是不敢窺興元旣復鏤榜邊關開諭招納金人諜得之自是上下相疑多所屠戮人無固志以至於亡蜀盛時四戎司馬萬五千有奇開禧後安丙裁去三之一嘉定損耗過半比與之至馬僅五千與之移檄茶馬司許戎司自於關外收市如舊嚴私商之禁給細茶增馬價使無爲金人所邀總司之給料不足者亦移檄增給之乞移大帥於興元雖不果行而凡關外林木厚加封殖以防金人突至隔第關盤車嶺皆極邊號天險因厚間探者賞使覘之動息悉知邊防益密總計告匱首撥成都府等錢百五十萬緡助糴本又慮關外歲糴不多運米三十萬石積沔州倉以備不測初至府庫錢僅萬餘其後至千餘萬金帛稱是蜀知名士若家大酉游似李性傳李心傳度正之徒皆薦達之其有名浮於實用過其才者亦歷歷以爲言沔帥趙彥吶方有時名與之獨察其大言亡實它日誤事者必此人移書廟堂欲因乞祠而從之不可付以邊藩之寄後果如其言與之以疾丐歸朝廷以鄭損代旣受代金諜知之大入與之再爲臨邊金人乃退召爲禮部尚書不拜便道還廣蜀人思之肖其像於成都仙遊閣以配張詠趙抃名三賢祠理宗卽位授充顯謨閣直學士知潭州湖南安撫使辭提舉西京嵩山崇福宮遷煥章閣學士知隆興府江西安撫使又辭授徽猷閣學士提舉南京鴻慶宮端平初帝旣親政召爲吏部尚書數以御筆起之皆力辭金亡朝廷議取三京聞之頓足浩歎繼而授端明殿學士提舉嵩山崇福宮亦辭俄授廣東經略安撫使兼知廣州先是廣州摧鋒軍遠戍建康留四年比撤戍歸未踰嶺就留戍江西又四年轉戰所向皆捷而上功幕府不報求撤戍又不報遂相率倡亂縱火惠陽郡長驅至廣州城聲言欲得連帥洎幕屬甘心焉與之家居肩輿登城叛兵望之俯伏聽命曉以逆順禍福其徒皆釋甲而首謀數人懼事定獨受禍遂率之遁去入古端州以自固至是與之聞命亟拜卽家治事屬提刑彭鉉討捕潛移密運人無知者俄而新調諸軍畢集賊戰敗請降桀黠不悛者戮之其餘分隸諸州帝於是注想彌切拜參知政事拜右丞相皆力辭乃訪以政事之孰當罷行人才之孰當用舍與之力疾奏天生人才自足以供一代之用惟辨其君子小人而已忠實而有才者上也才雖不高而忠實有守者次也用人之道無越於此蓋忠實之才謂之有德而有才者也若以君子爲無才必欲求有才者用之意嚮或差名實無別君子小人消長之勢基於此矣陛下勵精更始擢用老成然以正人爲迂闊而疑其難以集事以忠言爲矯激而疑其近於好名任之不專信之不篤或謂世數將衰則人才先已凋謝如眞德秀洪咨夔魏了翁方此柄用相繼而去天意固不可曉至於敢諫之臣忠於爲國言未脫口斥逐隨之一去而不可復留人才豈易得而輕棄如此陛下悟已往而圖方來昨以直言去位者亟加峻擢補外者蚤與召還使天下明知陛下非疏遠正人非厭惡忠言一轉移刀耳陛下收攬大權悉歸獨斷謂之獨斷者必是非利害胸中卓然有定見而後獨斷以行之比聞獨斷以來朝廷之事體愈輕宰相進擬多沮格不行或除命中出而宰相不與知立政造命之原失其要矣大抵獨斷當以兼聽爲先儻不兼聽而斷其勢必至於偏聽實爲亂階威令雖行於上而權柄潛移於下矣又曰邊臣主和朝廷雖知而未嘗明有施行憂邊之士剴切而言一鳴輒斥得非朝廷亦陰主之乎假使和而可保亦當議而行之可也又曰比年以變故層出盜賊跳梁雷雹震驚星辰乖異皆非細故京城之災七年而兩見豈數萬戶生靈皆獲罪於天者百姓有過在予一人此陛下所當凜凜惟有求直言可以裨助君德感格天心又曰戚畹舊僚凡有絲髮姻緣者孰不乘間伺隙以求其所大欲近習之臣朝夕在側易於親昵而難於防閑司馬光謂內臣不可令其采訪外事及問以羣臣能否蓋干預之門自此始也若謂其所言出於無心豈知愛惡之私因此而入其於聖德寧無玷乎帝覽奏嘉歎趣召愈力控辭至十有三疏嘉熙三年乃得致仕以觀文殿大學士提舉洞霄宮自領鄉郡不受廩祿之入凡奉餘皆以均親黨薨時年八十有二遺戒不得作佛事累封至南海郡公諡清獻

洪咨夔字舜俞於潛人嘉定二年進士授如皋主簿尋試爲饒州教授作大治賦樓鑰賞識之授南外宗學教授以言去丁母憂服除應博學宏詞科直院莊夏舉自代崔與之帥淮東辟置幕府邊事纖悉爲盡力丘壽雋代與之爲帥金人犯六合揚州閉門設守咨夔亟詣壽雋言曰金人忌楚必未至揚乃先自示弱不特淮左之人心動而金人且驕必來矣第當遠斥堠精間探簡士馬張外郡聲援而大開城門晏然如平時若金人果來犯某當身任之壽雋愧謝已而金人果道山陽兼帥事青州張林請獻銅錢二十萬緡咨夔謂宜以所獻就犒其軍如唐魏博故事使無輕量中國心帥乃令輸其半林亦不復來與之帥成都請於帝授咨夔籍田令通判成都府與之爲制置使首檄咨夔自近辭曰今當開誠心布公道合西南人物以濟國事乃一未有聞而先及門生故吏是示人私也卒不受惟以通判職事往來效忠蜀人高之尋知龍州州歲貢麩金率科鑛戶咨夔曰將奉上乃厲民乎出官錢市之江油之民歲戍邊復苦餫饟爲請于制漕司免之毀鄧艾祠更祠諸葛亮告其民曰毋事仇讎而忘父母還朝爲秘書郎遷金部員外郎會詔求直言慨然曰吾可以盡言悟主矣其父見其疏曰吾能喫茄子飯汝無憂史彌遠讀至濟王之死非陛下本心大恚擲于地轉考功員外郎轉對復言李全必爲國患於是臺諫李知孝梁成大交論鐫二秩讀書故山七年而彌遠死帝親政五日卽以禮部員外郎召入見乞養英明之氣及論君子小人之分帝問今日急務對以進君子而退小人開誠心而布公道且言在陛下一念堅凝又問在外人物對以崔與之護蜀而歸閒居十年終始全德之老臣若趣其來可爲朝廷重眞德秀魏了翁皆陛下所簡知當聚之本朝翼日與王遂並拜監察御史咨夔感激知遇謂遂曰朝無親擢臺諫久矣要當極本窮原而先論之乃上疏曰臣歷考往古治亂之原權歸人主政出中書天下未有不治權不歸人主則廉級一夷綱常且不立奚政之問政不出中書則腹心無寄必轉而他屬奚權之攬此八政馭羣臣所以獨歸之王而詔之者必天官冢宰也陛下親政以來威福操柄收還掌握揚廷出令震撼海宇天下始知有吾君元首旣明股肱不容於自惰撤副封罷先行坐政事堂以治事天下始知有朝廷此其大權大政亦略舉矣然中書之敝端其大者有四一曰自用二曰自專三曰自私四曰自固願陛下於從容論道之頃宣示臣言俾大臣充初志而加定力懲往轍而圖方來以仰稱勵精更始之意帝嘉納之又首乞罷樞密使薛極以厲大臣之節章三上卒出之其他得罪清議者相繼劾去朝綱大振明年改元端平咨夔預乞於正月朔下詔求直言使人人得盡言無隱又乞令內職任之穹者各舉所知皆從之時登進諸儒以廣講讀說書之選咨夔言聖學之實所當講明而推行者有六一親睦本支二正始閨門三警肅侍御四審正邪用舍五儲養文武之才六憂根本無生事邀功又言常平義倉鹽課及苗稅多取之敝京湖以八陵圖來上咨夔援紹興留司奉表八陵及東晉大都督親謁五陵故事乞先詔制臣往省侯還別議朝祭又復以完顏守緒骨來獻時相侈大其事咨夔曰此朽骨耳函之以葬大理寺可也第當以金亡告九廟歸諸祖宗德澤況與大敵爲鄰抱虎枕蛟事變叵測顧可侈因人之獲使邊臣論功朝臣頌德且陛下知慕崇政受俘之元祐獨不鑒端門受降之崇寧乎然不畏悉從擢殿中侍御史會王定入臺察力詆蔣重珍咨夔乃按定疾視善良乞罷之越三日左遷定而擢咨夔中

書舍人尋兼權吏部侍郎與眞德秀同知貢舉俄兼直學士院時咨夔口瘍已深復上疏謂當引咎悔過且乞祠帝曰卿在朝多有裨益何輕去咨夔奏臣數備臺諫給舍皆不能過六月之師何補於朝廷病久當去去猶足裨風俗帝勉留之遷吏部侍郎兼給事中奏比徇私成俗化實未更所恃以一公鑠萬私者獨陛下耳而好樂營繕親厚近屬保護舊臣若未能無所繫累上在位踰一紀國本未立未有敢深言之者咨夔乞擇宗室子養之併爲濟王立後擢給事中史嵩之入相召赴闕下進刑部尚書拜翰林學士知制誥求去愈力加端明殿學士卒御筆洪咨夔鯁亮忠慤有助新政與執政恩例特贈兩官其遺文有兩漢詔令擥抄春秋說外內制奏議詩文行於世

許奕字成子簡州人以父任主長江簿丁內艱免喪調涪城尉慶元五年寧宗親擢進士第一授簽書劍南東川節度判官未期年持所生父心喪召爲祕書省正字遷校書郎兼吳興郡王府教授尋遷祕書郎著作佐郎著作郎權考功郎官非報謁問疾不出遷起居舍人韓侂胄議開邊奕貽書曰今日之勢如元氣僅屬不足以當寒暑之寇又因轉對論今日之急惟備邊而朝廷晏然百官充位如平時京西淮上之師敗同罰異總領王人也而聽宣撫司節制或爲叅謀廟堂之義外廷莫得聞護聖之軍半發於外而禁衞單薄乞鞫勘贓吏永廢勿用特與放行以啟僥倖者宜加遏絕所言皆侂胄所不樂也蜀盜既平以起居舍人宣撫四川奕謂使從中遣必淹時乃至既又徒云犒師而不以旌別淑慝爲指無以慰蜀父老之望執政是其言又請遇朝會起居郎舍人分左右立如常儀前後殿坐侍立官御坐東南面西立可以獲聞聖訓傳示無極臣僚奏事亦不敢易詔下其疏討論之遣奕使金奕與骨肉死訣詣執政趣受指請行執政曰金人要索議未決者尚多今將奈何奕曰往集議時奕嘗謂增歲幣歸俘虜或可耳外此其可從乎不可行者當死守之尋還起居郎兼權給事中以國事未濟力辭不許金人聞奕名久禮迓甚恭方清暑離宮相距二十里至是特爲奕還內方射奕破的十有一乃卒行成還奏帝優勞久之奕復奏和不可恃宜葺紀綱練將卒使屈信進退之權復歸於我客有以使事賀者奕憮然曰是豈得已者吾深爲天下愧之權禮部侍郎條六事以獻俄兼侍講會諫官王居安傅伯成以言事去職奕上疏力爭之其後又因災異申言曰比年上下以言爲諱諫官無故而去者再矣以言名官且不得盡況疏遠乎又論用兵以來賫賞泛濫僥倖捷出宜加裁制夏旱詔求言奕言當以實意行實政活民於死不可責償於禱祠之間而已也蝗至都城然後下禮寺講酺祭孰非王土顧及境而懼偶不至輦下則終不以爲災乎又曰權臣之誅也下至閭巷讙聲如雷蓋更化之初人有厚望久而無以相遠也此謗讟之所從生又曰內降非盛世事也王瘠進狀不實而經營以求倖免裴伸何人驟爲帶御器械時應詔者甚衆奕言最爲剴切擢兼侍讀每進讀至古今治亂必參言時事願陛下試思設過事若此當何以處之必拱默移時俟帝凝思乃徐竟其說帝曰如此則經筵不徒設矣遷吏部侍郎兼修玉牒官兼權給事中論駁十有六事皆貴族近習之撓政體者而封還劉德秀贈典高文虎之奉祠士論尤韙之加楊次山少保永陽郡王奕上疏曰自古外戚恩寵太甚鮮不禍咎天道惡盈理所必至次山果辭則宜從之如欲更示優恩則超轉少傅在陛下既隆於恩在次山知止於義顧不休哉又言史彌遠力辭恩命宜從之以成其美疏入不報奕遂卧家求補外以顯謨閣待制知瀘州彌遠問所欲言奕曰比觀時事調護之功深扶持之意少非朝廷之利也嘉叙瀘俱接夷壤董蠻米在大入俘殺兵民四路創安邊司窮治其事奕得夷人質之以致所掠由是迕安邊司夷酋王粲浮糯木萬計入貢奕慮其蕩水陸之險驅之安撫使安丙新立大功譏忌日聞宰相錢象祖出謗書問奕奕喟而言士不愛一死而困於衆多之口亦可悲也奕願以百口保之象祖艴然曰公悉安子文若此乎適宇文紹節宣撫荊湖還亦曰僕願亦百口以信許公之言於是異論頓息委寄益專奕於丙深相知而職事所關必反復辯數以求直其後士多毁丙奕獨以書疏候問愈數移知夔州表辭不行改知遂寧府捐緡錢數十萬以代民輸復鹽筴之利以養士爲浮梁作隄數百丈民德之畫像祠於學進龍圖閣待制加寶謨閣直學士知潼川府霖雨壞城撤而築之不以煩民亦捐緡錢十二萬爲十縣民代輸於是其民亦相與祠於東山僧舍會金人敗盟蜀道震擾奕請速遴威望大臣宣撫信賞必罰以奬忠義收人心又言忠義之招體勢倒持兵食頓增未知攸濟且斬將之人未聞褒擢敗軍之將未見施行事勢不決將有後時之悔御史劾奕欺罔降一官詔提舉玉隆宮未數月特復元官提舉崇福宮還家草遺表曰自念本非衰病初染微痾當湯熨可去之時臣以疾而爲諱及鍼石已窮之後醫束手而莫圖靖言膏肓所致之由大抵脉絡不通之故皆寓諷諫之意進顯謨閣直學士致仕贈通議大夫初奕之守瀘帝顧禮部尚書章穎曰許奕已去乎起居舍人眞德秀侍帝前論人才上以骨鯁稱之奕天性孝友送死恤孤恩意備至通籀隸書所著有毛詩說論語尚書周禮講義奏議襍文行世

陳居仁字安行興化軍人父太府少卿膏娶明州汪氏女因家焉膏初爲汾州教授佐守臣張克戩捍金人後知惠州單馬造曾袞壘譬曉降之鄞僧王法恩謀逆事覺或請屠城膏方爲御史力論多殺非聖世事脅從者悉寬宥之居仁年四十而孤以廕授鉛山尉紹興二十一年舉進士秦檜與膏有故有勸以一見可得美官居仁曰是有命焉終不自通移永豐令入監行在點檢贍軍激賞酒庫所糴場詔修高宗聖政妙選寮屬與范成大並充檢討官淮甸交兵魏杞以宗正少卿使金辟居仁幕下時和戰未決金兵駐淮北人情恟懼突騎大至彎弓夾道居仁上馬猶從容舉酒屬杞天寒且酹此觴觀者壯之乃論金人開道入卒成禮減歲幣而還因出疆賞轉承議郎授諸王宮大小學教授杞秉國柄居仁恐貧需遠次未嘗求進虞允文欲引以爲用不就允文欲與論兵謝不能退而貽書謂有定力乃可立事若徒爲大言終必無成幸成亦旋敗允文爲之色動徙主軍器監簿宗正修玉牒轉對言立國須定規模陛下非無可致之資而規模未立孝宗初頗不懌曰朕未嘗不立規模居仁奏陛下銳意恢復繼乃通和和戰守三者迄今未定孰爲規模耶允文曰此正前日定力之論某今益知此言之當也遷將作監丞轉國子丞九年進祕書丞入對論文武並用長久之術陛下奬進武臣深得持平救偏之道然未必得智謀勇畧之士或多便佞輕躁之徒將復有偏勝之患帝嘉納權禮部郎官嘗言臺閣宜多用明習典故之士帝問其人居仁以李燾莫濟對甫數日召燾居仁力請外乃知徽州帝令陛辭慰諭遣之至郡告以天子節經費以惠儉瘠不能推廣聖德吏則有罪乃招三衙軍植二表於庭有輸納中度而遭抑退者抱所輸立表下親視之人無留滯吏不能措手輸稅者恒裹羸以歸鄰州有訟多詣臺省乞決於居仁秩滿邦人挽留由間道始得去入對帝舉新安之政奬之請編類隆興以來寬恤詔令有曰法久則易玩事久則易怠惟申加戒飭有以儆其觀聽則千萬年猶一日帝曰名言也又言歸正忠順過於優渥而遇戰士反輕此曹出萬死策勳今老矣添差已罷廩稍半給至匄於市軍士解體乞加優恤以終始念功之意堅後生圖報之心帝覽之嘉歎會駕大閱白石郎命再添差兩任衣糧全給三軍爲之呼舞留爲戶部右曹郎官命未下朝方推會要賞帝曰陳居仁治行爲天下第一可因是幷賞之特轉朝議大夫兼權度支又兼權禮部會樞屬闕員方進擬帝曰豈有人才如陳居仁而可久爲郎乎卽授樞密院檢詳文字尋爲右司遷左司又遷檢正中書門下省諸房公事歷兼左藏諸庫居仁親視按牘嘗謂有罪幸免則寃者何告誣枉者七人皆當敍復執政難之居仁退疏其寃狀上之帝曰居仁精審向復何疑詔以旱求言居仁乞命公卿務行寬大御史京鏜極論從窄之敝此風未革假吏部尚書使金還遷起居郎尋兼詳定一司敕令兼權中書舍人泛恩濫賞封繳無所避因言恩惠不及小民名爲寬逋負實以惠頑民耳名爲赦有罪實以惠姦民耳願盡放天下五等戶身丁四等戶一半從之安定王子彤乞封妾爲夫人居仁繳奏帝喜迎謂有補風教又論君人之道貴在執要今陛下親細故而忽遠猷事末節而忘大體願舉綱要以御臣下省思慮以頤精神詰旦令淸中書之務權直學士院帝曰內外制向委數人今陳居仁一人當之不見其難乞詔大臣博議絕浮費汰冗兵計當省之數定蠲除之目此富民之要術也以集英殿修撰知鄂州築長堤扞江新安樂寮以養貧病之民撥閒田歸之進煥章閣待制移建寧府歲饑出儲粟平其價弛逋負以巨萬計代輸畸零繭稅有因告糴殺人者會赦免居仁曰此亂民也釋之將覆出爲惡遂誅之觀察推官柳某死貧不克歸二子行匄于道閒而憐之予之衣食買田以養之擇師以教之鎮江大旱又移居仁守鎮江請以緡錢十四萬給兵食不報爲書以義撼丞相然後許發時密往覘之聞遣糴運於荊楚商人商人曰是陳待制耶爭以粟就糴居仁區畫有方所存活數萬計因饑民治古海鮮界港爲石䃮丹徒境上蓄泄以時以通漕運治江陰姦僧加寶文閣待制知福州入境有饑民嘯聚部分牙兵遮擊之首惡討窮自經死治宗室之暴橫申蠱毒之舊禁有召命求閒者再進華文閣直學士提舉太平興國宮卒贈金紫光祿大夫居仁風度凝遠處己應物壹以誠信臨事毅然有守所至號稱循吏皆立祠祀之有奏議制稟詩文行世子卓

卓字立道紹熙元年進士其後知江州移寧國府丞相以故欲見之卓謝不往丞相益器之李全叛褫其爵詔書至淮人益自勵太廟災降罪已詔京師感動皆卓所草也爲簽書樞密院事未幾奉祠還里平生不營產業以贅書所酬金築世綸堂閒居十有六年卒年八十有六將葬事不能具丞相吳潛聞之貽書制置使以助其孫定孫力請諡於朝迺諡清敏

劉漢弼字正甫上虞人生二歲而孤母謝氏撫而敎之嘉定九年舉進士授吉州敎授歷江西安撫司幹官監南嶽廟浙西提舉茶鹽司幹官召試館職改秘書省正字序遷秘書郎兼沂王府敎授改著作佐郎兼史館校勘權考功員外郎升著作郎知嘉興府兼兵部員外郎改兼考功尋爲考功員外郎兼崇政殿說書編修國史檢討實錄擢監察御史出知溫州尋擢太常少卿以左司諫召擢侍御史兼侍講以戶部侍郎致仕漢弼學明義利之辨爲正字時應詔言事極論致菑弭菑之道爲校書郎轉對舉蘇軾所言結人心厚風俗存紀綱又論制閫當復其舊戎司當各還其所邊郡守當用武臣又論決和戰以定國論合江淮以壹帥權公賞罰以勵人心廣規撫以用人才爲著作佐郎言兵財楮幣權不可分又言取士之法詞學不當去宏博字混補不如復待補之便爲著作爲考功員外所陳皆切於時務及爲言官帝奬諭曰以卿純實不欺故此親擢宜悉心以告漢弼以臺綱久弛疏三事曰定規撫正體統遠謀慮首論給事中錢相巧於迎合睥睨政地直學士院吳愈不稱其職罷去之又劾中書舍人濮斗南左正言葉賁疏留中不出賁松陽人爲時相史嵩之腹心有使賁互按者明日賁有他命而漢弼由是去國嵩之久擅國柄帝益患苦之既復以左司諫召首贊帝分別邪正以息衆疑奏疏論立聖心正君道謹事機伸士氣收人才五事帝嘉其言併付外行之及爲侍御史密奏曰自古未有一日無宰相之朝今虛相位已三月尚可狐疑而不斷乎願奮發英斷振去陰邪庶可轉危而安否則是非不兩立邪正不並進陛下雖欲收召善類不可得矣臣聞富弼之起復止於五請蔣芾之起復止於三請今嵩之既六請矣願聽其終喪亟選賢臣早定相位帝覽納遂決乃命范鍾杜範並相百官舉笏相慶漢弼之力爲多又累章言金淵鄭起潛陳一薦謝達韓祥濮斗南王德明皆疇昔託身私門爲之腹心盤據要路公論之所切齒者至論馬光祖奪情總賦淮東乃嵩之預爲引例之地乞勒令追服終喪以補名教帝嘗屬漢弼以進人才退而條具以奏皆時望所歸重漢弼以受知特異而姦邪未盡屏汰論議未能堅定爲慮遂感末疾居亡何遂卒特贈四官未幾賜官田五百畝緡五千給其家諡曰忠漢弼之沒也太學生蔡德潤等百七十有三人伏闕上書以爲暴卒而程公許著漢弼墓銘亦與徐元杰並言其旨微矣

論曰唐張九齡姜公輔宋余靖皆出於嶺嶠之南而爲名世公卿造物者曷嘗擇地而生賢哉先王立賢無方蓋爲是也番禺崔與之晚出屹然大臣之風卒與三子者方駕齊驅洪咨夔許奕直道正言於理宗在位之日陳居仁見稱循史親結主知劉漢弼抱忠以死哀哉

宋史卷四百七

元中書右丞相總裁脫脫等修

列傳第一百六十六

杜範　楊簡錢時附　張虙　呂午子沆

杜範字成之黃巖人少從其從祖煜知仁游從祖受學朱熹至範益著嘉定元年舉進士調金壇尉再調婺州司法紹定三年主管戶部架閣文字六年遷大理司直端平元年改授軍器監丞明年入對言陛下親覽大政兩年于茲今不惟未覩更新之效而或者乃有浸不如舊之憂夫致弊必有原救弊必有本積三四十年之蠹習浸漬薰染日深日腐有不可勝救者其原不過私之一字耳陛下固宜懲其弊原使私意淨盡顧以天位之重而或藏其私憾天命有德而或濫於私予天討有罪而或制於私情左右近習之言或溺於私聽土木無益之工或侈於私費隆禮貌以尊賢而用之未盡溫辭色以納諫而行之惟艱此陛下之私有未去也和衷之美不著同列之意不孚紙尾押敕事不預知同堂決事莫相可否集議盈庭而施行決於私見諸賢在列而密計定於私門此大臣之私有未去也君相之私容有未去則敎條之頒徒爲虛文近者召用名儒發明格物致知誠意正心之學有好議論者乃從而詆訾訕笑之陛下一惑其言卽有厭棄儒學之意此正賢不肖進退之機天下安危所係願以其講明見之施行改秘書郎尋拜監察御史奏曩者權臣所用臺諫必其私人約言已堅而後出命其所彈擊悉承風旨是以紀綱蕩然風俗大壞陛下親政首用洪咨夔王遂痛矯宿弊斥去奸邪然廟堂之上奉制尙多言及貴近或委曲回護而先行丐祠之請事有掣肘或彼此調停而卒收論罪之章亦有彈墨尙新而已頒除目沙汰未幾而旋得美官自是臺諫風采昔之振揚者日以鑠朝廷紀綱昔之漸起者日以壞理宗深然之又奏九江守何炳年老不足備風寒事寢不行範再奏曰一守臣之未罷其事小臺諫之言不行其事大阻臺諫之言猶可也至於陛下之旨匿而不行此豈勵精親政之時所宜有哉丞相鄭清之見之大怒五上章丐去有危機將發朋比禍作之語且謂範順承風旨粉飾擠陷範遂自劾言宰相之與臺諫官有尊卑而事關一體但當同心爲國豈容以私而害公行之者宰相言之者臺諫行之者豈盡合於事宜言之者或未免於攻詆清明之朝此特常事古者大臣欲扶持紀綱故必崇奬臺諫聞有因言而待罪者矣未聞有諱言而含怒者也曩者柄臣所用臺諫必其私人陛下更新庶政而臺諫皆出於親擢若廟堂不欲臣言其親故鉗其口奪其氣則與曩者之用私人何以異不知所謂承順風旨者何人粉飾擠陷者何事乞檢臣前奏賜之罷黜以從臣退安田里之欲時清之妄邀邊功用師河洛兵民死者十數萬資糧器甲悉委於敵邊境騷然中外大困範率合臺論其事併言制閫之詐謀罔上於是凡侍從近臣之不合時望者監司郡守之貪暴害民者皆以次論斥清之愈忌之改太常少卿轉對言今日之病莫大於賄賂交結之風名譽已隆者賈左右之譽以固寵宦遊未達者惟梯級之求以進身邊方帥臣黃金不行於反間而以探刺朝廷厚賜不優於士卒而以交通勢要以致賞罰顚倒威令慢褻罪貶者拒命而不行棄城者巧計以求免提援兵者召亂而肆掠當重任者怙勢而奪攘下至禁旅驕悍難制監軍羣聚相剽劫欲望陛下毋以小恩廢大誼毋以私情撓公法嚴制宮掖不使片言得以入於闈禁約閹宦不使讒諂得以售其姦範自入臺屢丐祠至是復五上歸田之請皆不允遷秘書監兼崇政殿說書大元兵狥江陵範乞屯兵蘄黃以防窺江且令沿江帥臣兼江淮制置大使以重其權令淮西帥臣急調兵撥糧以援江陵拜殿中侍御史辭不獲乃因講筵奏臣嘗冒耳目之寄輒忤宰相至煩陛下委曲調護今又使居向者負芒之地豈以臣絕私比而其言猶有可取耶抑以臣巽懦之質易於調護而姑使之備數耶昔人主之於諍臣非樂而聽之卽勉而從之否則疎而遠之未聞有不用其言而復用其人者陛下自端平親政以來召用正人以振臺綱未幾而有委曲調護之弊其所彈擊或牽制而不行其所斥逐復因緣以求進臣於入臺之初固已力言之不惟不之革而其弊滋甚甚至節貼而文理不全易寫而臺印無有中書不敢執奏見者爲之致疑不意聖明之時其弊一至於此陛下以其言之不可用又從而超遷之則是臺諫之官專爲仕途之捷徑陛下但知崇奬臺諫爲盛德而不知阻抑直言之爲弊政則陛下外有好諫之名內有拒諫之實天下豈有虛可以蓋實哉範始以不得其言不去爲恨至是遂極言臺諫失職之弊時襄蜀俱壞江陵孤危兩浙震恐復言清之橫啓邊釁幾危宗祀及其子招權納賄貪冒無厭盜用朝廷錢帛以易貨外國且有實狀併言簽書樞密院事李鳴復與史寅午彭大雅以賄交結曲爲之地鳴復既不恤父母之邦亦何有陛下之社稷帝以清之潛邸舊臣鳴復未見大罪未卽行範亦不入臺帝促之範奏鳴復不去則臣去安敢入經筵方再奏之鳴復抗疏自辨言臺臣論臣不知所指何事豈以臣嘗主和議耶幸未斥退則安國家利社稷死生以之否則無家可歸惟有扁舟五湖耳範又極言其寡廉鮮恥既而合臺劾之太學諸生亦上書交攻之鳴復將出關帝又遣使召回範復與合臺奏鳴復爲宰執所交惟史寅午彭大雅此等相與陰謀不過賂近習蒙上聽以陰圖相位臣近見自辨之章見其交鬭邊臣以啓嫌隙妄言和戰以肆脅持且以蜀既破蕩而欲泛舟五湖又以安國家利社稷自任不知鳴復久居政府今又有何安利之策欺君罔上無所不至如臣等言是卽乞行之所言若非早賜罷斥改起居郎範奏臣論鳴復未見施行忽拜左史之命則是所言不當姑示優遷臣前者嘗奏臺諫但爲仕途之捷徑初無益朝廷之紀綱躬言之躬蹈之臣之罪大矣卽渡江而歸授江東提點刑獄尋改浙西提點刑獄範力辭之而鳴復亦出守越嘉興二年差知寧國府明年至郡適大旱範卽以便宜發常平粟又勸寓公富人有積粟者發之民賴以安始至倉庫多空未幾米餘十萬斛錢亦數萬悉以代輸下

戶糧兩淮饑民渡江者多剽掠其首張世顯尤勇悍擁衆三千餘人至城外範遣人犒之俾勿擾以俟處分世顯乃陰有窺城之意範以計擒斬之給其衆使歸四年還朝首言旱暵荐臻人無粒食楮券猥輕物價騰踊行都之內氣象蕭條左浙近輔殍死盈道流民充斥未聞安輯之政剽掠成風已開弄兵之萌是內憂既迫矣新興北兵乘勝而善鬭中原羣盜假名而崛起擣我巴蜀據我荆襄擾我淮壖近又由夔峽以瞰鼎澧疆場之臣肆爲欺蔽勝則張皇而言功敗則掩覆而不言脫使乘上流之無備爲飲馬長江之謀其誰與捍之是外患既深矣人主上所事者天下所恃者民近者天文示變妖彗吐芒方冬而雷既春而雪海潮衝突於都城赤地幾徧於畿甸是不得乎天而天已怒矣人死於干戈死於饑饉父子相棄夫婦不相保怨氣盈腹謗言載路等死一萌何所不至是不得乎民而民已怨矣內憂外患之交至天心人心之俱失陛下能與二三大臣安居於天下之上乎陛下亦嘗思所以致此否乎蓋自曩者權相陽進妾婦之小忠陰竊君人之大柄以聲色玩好內蠱陛下之心術而廢置生殺一切惟其意之所欲爲以致紀綱陵夷風俗頹靡軍政不修而邊備廢缺凡今日之內憂外患皆權相三十年醞成之如養護癰疽待時而決耳端平號爲更化而居相位者非其人無能改於其舊敗壞汙穢殆有甚焉自是聖意惶惑莫知所倚仗方且不以彼爲讐而以爲德不以彼爲罪而以爲功於是天之望於陛下者孤而變恠見矣人之望於陛下者觖而怨叛形矣陛下敬天有圖旨酒有箴緝熙有記使持此一念振起傾頹宜無難者然間之道路謂警懼之意祗見於外朝視政之頃而好樂之私多縱於內廷燕褻之際名爲任賢而左右近習或得而潛間政出於中書而御筆特奏或從而中出左道之蠱惑私親之請託蒙蔽陛下之聰明轉移陛下之心術於是範去國四載矣帝撫勞備至遷權吏部侍郎兼侍講以久旱復言陛下嗣膺寶位餘二十年災異譴告無歲無之至于今而益甚陛下求所以應天者將止於減膳徹樂分禱羣祀而已乎抑當外此而反求諸躬乎夫不務反躬悔過而徒覬天怒之釋天下寧有是理欲望陛下一洒舊習以新天下出宮女以遠聲色斥近習以防蔽欺省浮費以給國用薄征斂以寬民力且儲貳未立國本尚虛乞選宗姓之賢者育之宮中而教導之又言銓法之壞廟堂既有堂除復時取部缺以徇人情士大夫既陷贓濫乃間以不經推勘而改正凡此皆徇私忘公之害未幾復上疏曰天災旱暵昔固有之而倉廩匱竭月支不繼升粟一千其增未已富戶淪落十室九空此又昔之所無也甚而闔門饑死相率投江里巷聚首以議執政軍伍譁語所不忍聞此何等氣象而見於京城衆大之區浙西稻米所聚而赤地千里淮民流離襁負相屬欲歸無所奄奄待盡使邊塵不起尚可相依苟活萬一敵騎衝突彼必奔迸南來或相攜從敵因爲之鄉導巴蜀之覆轍可鑑也竊意陛下宵旰憂懼寧處弗遑然宮中宴賜未聞有所貶損左右嬙嬖未聞有所放遣貂璫近習未聞有所斥遠女冠請謁未聞有所屏絕朝廷政事未聞有所修飭庶府積蠹未聞有所搜革秉國鈞者惟私情之徇主道揆者惟法守之侵國家大政則相持而不決司存細務則出意而輙行命令朝更而夕變紀綱蕩廢而不存無一事之不弊無一弊之不極陛下盍亦震懼自省詔中外臣庶思當今急務如河道未通軍餉若何而可運浙右旱歉荒政若何而可行財計空匱糴本若何而可足流徙失所遣使若何而可定敵情叵測邊圉若何而可固各務悉力盡思以陳持危制變之策拜吏部侍郎兼中書舍人復極言宴賜不節修造不時玩寇縱欲數事兼權兵部尚書改禮部尚書兼中書舍人淳祐二年擢同簽書樞密院事範既入都堂凡行事有得失除授有是非悉抗言無隱情丞相史嵩之外示寬容內實忌之四年遷同知樞密院事以李鳴復參知政事範不屑與鳴復共政去之帝遣中使召回且敕諸城門不得出範太學諸生亦上書留範而斥鳴復幷斥嵩之嵩之令諫議大夫劉晉之等論範及鳴復範遂行會嵩之遭喪謀起復不果於是拜範右丞相範以遜游似不許遂力疾入覲帝親書開誠心布公道集衆思廣忠益賜之範上五事曰正治本謂政事當常出於中書毋使旁蹊得竊威福曰肅宮闈謂當嚴內外之限使宮府一體曰擇人才謂當隨其所長用之而久於職毋徒守遷轉之常格曰惜名器謂如文臣貼職武臣閤衞不當爲徇私市恩之地曰節財用謂當自人主一身始自宮掖始自貴近始考封樁國用出入之數而補窒其罅漏求鹽筴楮幣變更之目而斟酌其利害仍乞早定國本以繫人心時親王近戚多求降恩澤引前朝杜衍例範皆封還乞撥堂除闕歸之吏部以淸中書之務惟留書庫架閣京教及要地幹官人皆以爲不便太學生亦上書言之帝以示範範奏曰三四十年權臣柄國以公朝爵祿而市私恩取吏部之闕以歸堂除大學諸生亦習於見聞乃以近年之弊政爲祖宗之成法如以臣言爲是上下堅守則諫者必多而謗者息矣未幾赴選調者無淹滯合資格者得美闕衆始服帝命宰執各條當今利病與政事可行者範上十二事曰公用捨願進退人才悉參以國人之論則乘罅抵巇者無所投其間曰儲材能內而朝列則儲宰執於侍從臺諫儲侍從臺諫於卿監郎官外而守帥則以江面之通判爲幕府郡守之儲以江面之郡守爲帥閫之儲他職皆然如是則臨時無乏才之憂曰嚴薦舉宜詔中外之臣凡薦舉必明著職業功狀事實不許止爲褒詞朝廷籍記不如所舉並罰舉主仍詔侍從臺諫不許與人覓舉曰懲贓貪自今有以贓罪案上卽行下勘證果有贓敗必繩以祖宗之法無實跡而監司妄以贓罪誣人者亦量行責罰臺諫風聞言及贓罪亦行下勘證曰專職任吏部不可兼給舍京尹不可兼戶吏經筵亦必專官曰久任使內而財賦獄訟銓選與其他煩劇之職必三年而後遷外而監司郡守亦必使之再任其不能者則亟行罷斥曰抵僥倖布告中外各務執業朝廷不以弊例而過恩宮庭不以私謁而廢法勳舊之家邸第之戚不以名器而輕假曰重閫寄曰選軍實曰招土豪曰宜倣祖宗方田之制疏爲溝洫縱橫經緯各相灌注以鑿溝之土積而爲徑使不得並轡而馳結陣而前如曹瑋守陝西之制則戎馬之來所至皆有阻限而溝之內又可以耕屯勝於陸地多矣曰治邊理財實爲當今急務有明於治邊善於理財者搜訪以聞時孟珙權重兵久居上流朝廷素疑其難制至是以書來賀範復之曰古人謂將相調和則士豫附自此但相與同心徇國若以術相籠架非範所屑爲也珙大感服未幾大元軍大入五河絕中流置營柵且以重兵綴合肥令不得相援爲必取壽春之計範命惟揚鄂渚二帥各調兵東西來應卒以捷聞範記功行賞莫不曲當軍士皆悅未幾卒贈少傅謚淸獻其所著述有古律詩歌詞五卷雜文六卷奏藁十卷外制三卷進故事五卷經筵講義三卷

楊簡字敬仲慈溪人乾道五年舉進士授富陽主簿會陸九淵道過富陽問答有所契遂定師弟子之禮富陽民多服賈而不知學簡興學養士文風益振爲紹興府司理行獄必親臨端默以聽使自吐露越陪都臺府鼎立簡中平無頗惟理之從一府史觸怒帥令鞫之簡白無罪命鞫平日簡曰吏過詎能免今日實無罪必摘往事置之法某不敢奉命帥大怒簡取告身納之爭愈力常平使者朱熹薦之先是丞相史浩亦以簡薦差浙西撫幹白尹張杓宜因凶歲戒不虞乃令簡督三將兵接以恩信出諸葛亮正兵法肄習之軍政大修衆大和悅改知嵊縣丁外艱服除知樂平縣興學訓士諸生聞其言有泣下者楊石二少年爲民害簡寘獄中諭以禍福咸感悟願自贖由是邑人以訟爲恥夜無盜警路不拾遺紹熙五年召爲國子博士二少年大帥縣民隨出境外呼曰楊父會斥丞相趙汝愚祭酒李祥抗章辨之簡上書言昨者危急軍民將潰亂社稷將傾危陛下所親見汝愚冒萬死易危爲安人情妥定汝愚之忠陛下所心知不必深辨臣爲祭酒屬日以義訓諸生若見利忘義畏害忘義臣恥之未幾亦遭斥主管崇道觀再任轉朝奉郎嘉泰四年賜緋衣銀魚朝散郎權發遣全州以言罷主管仙都觀嘉定元年寧宗更化授秘書郎轉朝請郎遷祕書省著作佐郎兼權兵部郎官轉對極言經國之要弭災厲消禍變之道北境傳誦爲之涕泣詔以旱蝗求直言簡上封事言旱蝗根本在人心兼考功郎官兼禮部郎官授著作郎將作少監入對答問往復漏過八刻上目送久之兼國史院編修官兼實錄院檢討官以面對所陳未行求外補知溫州移文首罷妓籍尊敬賢士私鹺五百爲羣過境內分司幹官檄永嘉尉及水砦兵捕之巡尉不白郡簡驚曰是可輕動乎萬一召亂貽朝廷憂兵之節制在郡將違節制是不嚴天子命違節制應斬建旗立巡尉庭下召劊手兩行夾立郡官盛服立西序數其罪命斬之郡官交進爲致悔罪意良久得釋奏罷分司其紀律如此寓官置民田負其直簡追其隸責之而償所負勢家第宅障官河卽日撤之城中讙踊名楊公河帝遣使至郡譏察使於簡爲先世契出郊迎不敢當從間道走州入客位簡聞之不敢入往來傳送數四乃驅車反將降半使者趨出立戟門外簡亦趨出立使者外頓首言曰天使也某不敢不肅使者曰契家子禮有常尊簡曰某守臣使者銜天子命辱臨敝邑天使也某不敢不肅遂從西翼偕進禮北面東上簡行則常西步則後及階莫敢升已乃同升自西階足踧踧莫敢就主席使者曰邦君之庭也禮有常尊簡曰春秋王人雖微例書大國之上尊天子也況今天子乎持之益堅使者辭益力如是數刻使者知不可變乃曰某不敢不敬承執事尊天子之義卽揖而出既就館簡乃以賓禮見儀典曠絕邦人創見之莫不瞿然竦

觀屏息立簡在郡廉儉自將奉養菲薄常日吾敢以赤子膏血自肥乎閭巷雍睦無忿爭聲民愛之如父母咸畫象事之遷駕部員外郎老稚扶擁緣道傾城哭送入對言盡掃喜順惡逆之私情善政盡舉弊政盡除民怨自銷禍亂不作改工部員外郎轉對又以擇賢久任爲言遷軍器監兼工部郎官轉朝奉大夫又遷將作監兼國史院編修官兼實錄院檢討官轉朝散大夫金人大饑來歸者日以數千萬計邊吏臨淮水射之簡戚然曰得土地易得人心難薄海內外皆吾赤子中土故民出塗炭投慈父母顧斬斗升粟而迎殺之蘄脫死乃速得死豈相上帝綏四方之道哉卽日上奏哀痛言之不報會有疾請去益力乃以直寶謨閣主管玉局觀升直寶文閣主管明道宮秘閣修撰主管千秋鴻禧觀特授朝請大夫右文殿修撰主管鴻慶宮賜紫衣金魚進寶謨閣待制提舉鴻慶宮賜金帶理宗卽位進寶謨閣直學士賜金帶寶慶元年轉朝議大夫慈溪縣男尋授華文閣直學士提舉佑神觀奉朝請詔入見簡屢辭授敷文閣直學士累加中大夫乃提舉鴻慶宮尋以寶謨閣學士太中大夫致仕卒贈正奉大夫簡所著有甲稾乙稾冠記昏記喪禮家記家祭記釋菜禮記石魚家記又有已易啓蔽等書其論治務最急者五其次八一曰謹擇左右大臣近臣小臣二曰擇賢以久任中外之官三曰罷科舉而行鄉舉里選四曰罷設法道淫五曰治伍法修諸葛武侯之正兵以備不虞其次急者有八一曰募兵屯田以省養兵之費二曰限民田以漸復井田三曰罷妓籍從良四曰漸罷和買折帛暨諸無名之賦及榷酤而禁羣飲五曰擇賢士敎之大學敎成使分掌諸州之學又使各擇井里之士聚而敎之敎成使各分掌其邑里之學六曰取周禮及古書會議熟講其可行於世者行之七曰禁淫樂八曰修書以削邪說此簡之志也後咸淳間制置使劉黻卽其居作慈湖書院門人錢時

時字子是淳安人幼奇偉不羣讀書不爲世儒之習以易冠漕司旣而絕意科舉究明理學江東提刑袁甫作象山書院招主講席學者興起政事多所裨益郡守及新安紹興守皆厚禮延請開講郡庠其學大抵發明人心論議宏偉指擿痛快聞者皆有得焉丞相喬行簡知其賢特薦之朝且曰時夙負才識尤通世務田里之休戚利病當世之是非得失莫不詳究而熟知之不但通詩書守陳言而已授秘閣校勘詔守臣以時所著書來上未幾出佐浙東倉幕太史李心傳奏召史館檢閱轉對敷陳剴切皆聖賢之精微旋以國史宏綱未畢求去授江東帥屬歸其書有周易釋傳尚書演義學詩管見春秋大旨四書管見兩漢筆記蜀阜集冠昏記百行冠冕集寶祐間守季鏞祠于學

張虙字子宓慈溪人慶元二年進士故事潛邸進士升名虙不以自陳授州敎授爲浙東帥屬帥督新昌舊逋虙手書諫曰越人之瘠宜咻噢撫摩之今夏稅當寬爲之期使田里久饑之甿少還已耗之氣血尚可理舊逋耶力辭不行主管戶部架閣文字改太學正時新進者多逞小才害大體轉對言立國有大經人主當以靜制天下之動今日之治或有鄰於鍥薄而啼人心傷國體者宜有以革之使祖宗之意常如一日可也帝加納焉遷太常博士又遷國子博士時金垂亡因論自治之道謂天下之治必有根本城郭所以禦敵也使溝壑有轉徙之民則何敵之能禦諸將所以備患也使枵腹盼盼不得食則何患之能備今日之吏能知守邊之務者多而能明立國之意者少繕城郭聚米粟恃此而不恤乎民則其策下矣時以旱求言卽上疏曰上天之心卽我祖宗之心數年以來蓋有爲祖宗所不敢爲者凡祖宗之時幾舉而不遂已行而復寢始以人言而從終以國體而囘者今皆處之以不疑矣凡祖宗長慮卻顧所以銷惡遏亂原兢兢相與守之者皆變於目前利便快意之謀矣議者惟知衰靡之俗不可不振起也圮壞之風不可不整刷也抑不知振起整刷之術最難施於衰靡圮壞之後何者元氣已傷而不可再擾人心方蘇而不可駭動也且造楮初欲便民朝廷旣以一切之政驅其聽復以一定之價迫之從郡縣之間遂騷然矣監司郡守老成遲鈍者悉屏而不用而取夫新進喜功名者爲之見事則風生臨事則痛決事未果集而根本已股國未有益而民生已困矣凡此皆有累於祖宗仁厚之德此旱勢之所以彌甚也遷國子監丞轉對願力主正論勿使迎合之人得以投吾機遷秘書郎預編寧宗會要兼吳益王府敎授改兼莊文府講毛詩終篇乞以所讀諸子改讀尚書帝曰吾固以詩書成麟趾之美也遷著作佐郎兼權都官郎官轉對言邊事有二病戒敕千條猶患悖繆指意明白猶復背違安有不示其所向而謂可責其成且言戰則當知彼言和則當請於彼惟守則自求諸己而已儻以爲可則當力主其說明告天下日講求其所以守之之策蓋議論貴合一而今則病乎雜也用人不可以嘗試任人不可以自疑朝廷惟慮獨任之難勝彼此互分不相扶持人得抗衡莫有禀屬制置但存虛器便宜反出多門蓋體貴合一而今則病乎分也遷秘書丞改著作郎以疾乞外出知南康至郡剖決滯訟衆皆悅服前守陳宓以錢七千緡置濟民庫爲築城費虙至曰不必取贏於民吾捐萬緡爲倡繼是儻不已何患事之難成轉運使以錢萬二千緡置平糴於郡虙復出錢萬二千緡以增益之民賴其利將增建禁旅營地屬民者索質劑視元直償之徙知處州移知溫州力辭遂直秘閣主管千秋鴻禧觀參議制置使幕中使者尙威力愎諫自用虙守正不阿每濟以寬大又上書論海防利便主管玉局觀端平初召爲國子司業兼侍講以禮記月令進讀至獄訟必端平之語因敷暢厥旨八陵來復將議修奉而論者未能協一虙議曰當乘此時遣官肅清威儀申祗奉故事如或爲其所給功未卽就亦足以感動天下忠臣義士之心力辭勸講之職升國子祭酒以爲月令之書雖出於呂不韋然人主後天而奉天時此書不爲無助乃因已講者爲十二卷乞按月而觀之兼權工部侍郎兼國子祭酒命下而卒詔贈四官

呂午字伯可歙縣人嘉定四年進士授烏程主簿郡守致之幕下事一決於午守張忠恕丞相浚之孫薦午猶力時忠恕之母就養而時時躬至簿聽迎午二親入郡與午皆衣綵衣奉觴上壽邦人榮之調當塗縣丞守吳柔勝謂午有操守俾其子淵潛定交焉會司理攝蕪湖縣廬州遣兩兵會公事司理遂以廬兵奪縣民爲言柔勝怒悉寘獄屬午問之午謂廬州有公櫝不可謂奪民柔勝愈怒再以屬午明日午入謁柔勝先令左右問若何午執前說柔勝益加怒謂我不忍廬兵奪吾百姓不出迎午午坐客位不退不食柔勝勉爲出怒不息欲黥二兵午徐曰廬州初無公櫝則可有則縣不爲處置而反罪廬兵恐不可久之卒從午請由是柔勝益知午陳貴誼守太平屬午安集淮南流民江東提舉徐僑知午在郡驚喜辟爲幕屬午欲盡決遣郡事而後行帖趣行至十八而不以白貴誼僑貽書貴誼午始行旣而僑行部以田事迕丞相史彌遠以言罷午還當塗監溫州天富北監鹽場改知餘杭縣亦以言罷公論大不平然午自此名益重浙東提舉章良朋留之幕旋兼沿海制置司事海寇未平良朋問策安在午廉知調軍出海糧盡卽還軍獲寇物官盡拘收乃與制置司幹官施一飛議糧盡再給不許擅還賊舟所有悉以給軍海道遂清差知龍陽縣豪民陶守忠殺人正其獄誅之彌遠雖非賢相猶置人才簿書賢士大夫以待用而午治縣之政亦書之差兩浙轉運司主管文字彌遠病久不見客午入謁特出迎運使罷故不用人以午護印半年或問彌遠何以不注官彌遠曰爾謂護印官不能耶午聞之力辭差監三省樞密院門兼監提轄封樁上庫丁父憂免喪還大府寺簿拜監察御史帝親擢也鄭清之喪師至是丁黼死於成都史嵩之孟珙在京湖嵩之尋升督府陳韡杜杲在淮西王鑑在黃州計用兵十七萬人圍始解獨周葵在淮東不受兵而坐視不出兵應援午疏論邊閫角立當協心釋嫌而乃幸災樂禍無同舟共濟之心葵以爲午黨京湖制司而嵩之亦憾午乃遷宗正少卿兼國史院編修官實錄院檢討官出知泉州初左丞相李宗勉深以葵之言爲疑會來自淮東者乃言臺官皆以葵交書獨呂御史無之宗勉始以午爲賢語人曰呂伯可獨立無黨者嵩之得彌遠人才簿心知敬午而內怨所論邊事及午移浙東提刑嵩之令鄧咏嗾董復亨論罷中外不直嵩之提舉崇禧觀再移浙東提刑復爲監察御史入見帝曰卿向來議論甚明切兼崇政殿說書嵩之雅不欲午在經筵時殿中侍御史項容孫子娶午從子嵩之俾容孫上疏避午欲撼之去而於法無避嵩之乃與言路密謀以爲午嘗劾王瓚姻家史洽遂以瓚爲右正言午卽治裝去上手詔趣留之午力辭不允由是再留而議論愈不合遷起居郎兼史院官官至中奉大夫閒居一紀卒年七十有七累贈至華文閣學士通奉大夫子沆

沆字叔朝以恩補將仕郎端平三年銓試第一授黃巖縣主簿監西京中嶽廟者二總領湖廣江西京西財賦所準備差遣改知於潛縣重囚逸聞沆至自歸淮西總領辟充主管文字通判婺州朱君章訟爭田四十有二年吳王府爭墓二十有九年沆皆決之特差充提領兩浙轉運鹽事使司主管文字又差充行在點檢贍軍激賞酒庫歷四轄六院之文思官告書擬尙左右郎官事賈似道議行公田彗星見沆請罷公田還民及理宗崩似道矯詔廢十七界會子行關子沆力言非便似道大怒調將作監簿急令言者論竄久之與雲臺觀起知興國軍未赴論仍雲臺觀起知全州未赴與仙都官德佑元年三學伏闕上書訟沆屈召赴行在沆不復出卒年八十有一

論曰杜範在下僚已有公輔之望及入相未久而沒楊

簡之學非世儒所能及施諸有政使人百世而不能忘然雖享高年不究於用豈不重可惜也哉張虙子諒易直呂午風采凜然皆有裨於世道者矣

宋史卷四百七考證

楊簡傳陸九淵道過富陽問答有所契遂定師弟子之禮○臣宗楷按象山集象山過富陽夜集雙明閣數提本心二字因問如何是本心陸曰惻隱之心仁之端也只此是本心簡曰兒時已曉此語畢竟如何象山終不易其說次日有一鬻扇者訟至庭簡斷其曲直訖又問象山曰適來斷扇訟是者知其爲是非者知其爲非此即君之本心簡忽大省揖而歸拱坐達旦質明北面執弟子禮終身師事焉

宋史卷四百八

元　中書右丞相總裁脫脫等修

列傳第一百六十七

吳昌裔　汪綱　陳宓　王霆

吳昌裔字季永中江人蚤孤與兄泳痛自植立不肯逐時好得程頤張載朱熹諸書輒研繹不倦嘉定七年舉進士聞漢陽守黃榦得熹之學往從之調閬中尉利路轉運使曹彥約聞其賢俾司糴場時歲饑議糴上流昌裔請發本倉所儲數萬而徐糴以償從之調眉州教授眉士故尚蘇軾學昌裔取諸經爲之講說祠周惇頤及顥頤載熹揭白鹿洞學規倣潭州釋奠儀簿正祭器士習丕變制置使崔與之薦之改知華陽縣修學宮來四方士斥羨錢二十萬緡買良田備旱通判眉州著苦言十篇慮蜀甚悉攝郡事御軍有紀律尋權漢州故事比攝官奉饋皆如真昌裔命削其半核兵籍與社倉郡政畢舉與元帥趙彥呐議東納武仙西結秦鞏人莫敢言昌裔獨奮筆力辨其非未幾武仙敗二州之民果叛端平元年入爲軍器監簿改將作監簿改太常少卿徐僑於人少許可獨賢之兼皇后宅教授昌裔以祖宗舊典無以職事官充者力辭改吳益王府教授轉對首陳六事其目曰天理未純天德未健天命未敕天工未亮天職未治天討未公凡君臣之綱兄弟之倫舉世以爲大戒而不敢言者皆痛陳之至於邊臣玩令陟罰無章尤拳拳焉拜監察御史彈劾無所避且曰今之朝綱果無所撓乎言及親故則爲之留中言及私昵則爲之說了事有窒礙則節帖付出情有嫌疑則調停寢行今日遷一人曰存近臣之體明日遷一人曰爲遠臣之勸屈風憲之精采徇人情之去留士氣銷耎下情壅滯非所以糾正官衺助國脉也臺臣故事季詣獄點檢時有爭常州田萬四千畝平江亦數百畝株逮百餘人視其牘乃趙善湘之子汝櫄汝梓也州縣不敢決昌裔連疏劾罷之冬洊雷春大雨雪昌裔居齋宮秉燭草疏凡上躬缺失宮庭嬖私廟堂除授皆以爲言又言將帥方命女寵私謁舊黨之用邊疆之禍皆此陰類且曰今大昕坐朝間有時不視事之文私第謁假或有時不入堂之報上有耽樂慆逸之漸下無協恭和衷之風內則嬖御懷私爲君心之蠹外則子弟寡謹爲朝政之累遊言噂沓寵賂章聞欲蕭勺大和得乎又念蜀事阽危條四事以進實覘撫審功賞訪軍實儲帥才時有果閬州守臣逃遁而進職有知遂寧李煒父子足迹不至邊庭而受賞償軍之趙楷棄城之朱揚祖皆不加罰又帥臣趙彥呐年老智衰其子淫刑黷貨士卒不用命安癸仲恥遣秤彈經營復用欲起謫籍以代帥垣昌裔皆抗疏彈擊又歷言三邊之事曰今朝廷之上百辟晏然言論多於施行浮文妨於實務后族王宮之冗費列曹坐局之常程羣王閑慢之差除諸道非泛之申請以至土木經營時節宴遊神霄祈禳大禮錫賚藻飾治具無異平時至於治兵足食之方修車備馬之事乃缺略不講且援靖康之敝痛哭言之出爲大理少卿屢疏引去不許會杜範再入臺擊參政李鳴復謂昌裔與範善必相爲謀者數讒之以權工部侍郎出參贊四川宣府司軍事人曰此李綱救太原也太原不可救特以綱主戰故出之耳昌裔曰君命也不可不亟行慷慨襆被出關忽得疾中道病甚帝聞之授祕閣修撰改嘉興府昌裔曰吾以疾不能歸救父母上負聖恩下負此心若舍遠就近舍危就安人其謂我何辭至四五而言者以避事論矣改贛州辭以右文殿修撰主管鴻慶宮遷浙東提刑辭改知婺州發告早民日夜望之乃不忍終辭減騶從供帳遣僚佐召邑令周行阡陌蠲粟八萬一千石錢二十五萬緡有奇加集英殿修撰卒以寶章閣待制致仕昌裔剛正莊重遇事敢言典章多所閑習嘗輯至和紹興諸臣奏議本末名儲鑑又會粹周漢以至宋蜀道得失與師取財之所名蜀鑑有奏議四書講義鄉約口義諸老記聞容臺議禮文集行于世初昌裔與徐清叟杜範一日並入臺皆天下正士四方想聞風采人至和三諫詩以侈之然才七閱月以遷故莫不惋惜云後謚忠肅

汪綱字仲舉黟縣人簽書樞密院勃之曾孫也以祖任入官淳熙十四年中銓試調鎮江府司戶參軍馬大同鎮京口强毅自任綱言論獨不詭隨議者欲以兩淮鐵錢交子行於沿江廷議令大同倡率行之綱貽書曰邊面行鐵錢慮銅寶洩於外耳私鑄盛行故錢輕而物重今若場務出納不以鐵錢取息堅守四色請買舊制治鑄定額不求餘羨重禁以戢私鑄支散邊戍與在軍中半者無異不以鐵錢準折則淮民將自便之何至以敝內郡邪大同始悟試湖南轉運司又中綱笑曰此豈足以用世澤物耶乃刻意問學博通古今精究義理覃思本原調桂陽軍平陽縣令縣連溪峒蠻蜑與居綱一遇以恩信科罰之害既三十年綱下車首白諸臺罷之桂陽歲貢銀二萬九千餘兩而平陽當其三分之二綱謂向者銀礦坌發價輕故可勉以應今地寶已竭市於他郡其價倍蓰願力請痛蠲損之歲饑旁邑有曹伍者羣聚惡少入境彊貸發廩衆至千餘挾界頭牛橋二砦兵爲援地盤踞萬山間前後令未嘗一涉其境不虞綱之至也相率出迎綱已夙具酒食令之曰汝何敢亂順者得食亂者就誅夜宿砦中呼砦官詰責不能防守狀皆皇恐伏地請死杖其首惡者八人發粟賑糶民賴以安改知金壇縣親嫌更弋陽縣父義和爲侍御史主管佑神觀尋丁父喪服除知蘭溪縣決擿如神歲旱郡倚辦勸分綱謂勸分所以助義倉一切行之非所謂安富恤貧也願假常平錢爲糴本使得循環迭濟又躬勸富民浚築塘堰大興水利餓者得食其力全活甚衆郡守張抑及部使者列綱爲一道荒政之冠以言去邑人相率投匭直其事綱力止之繼知太平縣主管兩浙轉運使文字未赴罹內艱擢監行在左藏西庫屬金人殺其主允濟自立遣使來告襲位議者即欲遣幣綱言使名不遜當止之境上姑命左帑視例計辦或且留京口總司令盱眙諭之曰紀年名節皆犯先朝避忌歲幣乃爾前主所增今既易代當復隆興大定之舊俟此議定而後正旦生辰之使可遣遲以歲月吾擇邊將葺城堡簡軍實儲峙糗糧使沿邊屹然有不可犯之勢聽其自相攻擊然後以全力制其後廟堂韙之提轄東西庫又幹辦諸司審計司以選知高郵軍陛辭言楊楚二州當各屯二萬人壯其聲勢而以高郵爲家計砦高郵三面阻水湖澤奧阻戎馬所不能騁獨西南一路直距天長無險可守乃去城六十里隨地經畫或浚溝塹或備設伏以扼其衝又慮湖可以入淮招水卒五千人造百艘列三砦以戒非常興化民田濱海昔范仲淹築堰以障舄鹵守毛澤民置石䃮函管以疏運河水勢歲久皆壞綱乃增修之部使者聞于朝增一秩提舉淮東常平淮米越江有禁綱念淮民有警則室廬莫保歲凶則轉徙無歸豐年可以少蘇重以苛禁自分畛域豈爲民父母意哉請下金陵糴三十萬以通淮西之運京口糴五十萬以通淮東之運又言兩淮之積不可多昇潤之積不可少平江積米數百萬陳陳相因久而紅腐宜視其收貯近久取餉輦下百司諸軍江上歲餫當至京者貯之京口金陵轉漕兩淮中都諸倉亦當廣糴以補其數制置使訪綱備禦孰宜先綱言淮地自昔號財賦淵藪西有鐵冶東富魚稻足以自結淮右多山淮左多水足以自固誠能合兩淮爲一家兵財通融聲勢合一雖不假江浙之力可也祖宗盛時邊郡所儲足支十年慶曆間中山一鎭尚百八十萬石今宜上法先朝令商旅入粟近塞而筭請錢貨於京師入粟拜爵守之以信則輸者必多邊儲不患不豐州郡禁兵本非供役乃就糧外郡耳今不爲戰鬬用乃使之共力役緩急戍守專倚大軍指日待更不安風土豈若土兵生長邊地墳墓室家人自爲守邪當精擇伉壯廣其尺籍悉隸御前軍額分擘券給以助州郡衣糧之功大率如山陽武鋒軍制則邊面不必抽江上之戍江上不必出禁閫之師生券更番勞費俱息時有獻言制司廣買荒田開墾以爲營田綱以爲荒瘠之地不難辦而工力水利非久不可棄產欺官良田終不可得耗費公帑開墾難就曷若勸民盡耕閒田甽澮堙塞則官爲之助變瘠爲沃使民有餘蓄晁錯入粟之議本朝便糴之法在其中矣制司知其無益乃止淮東煮鹽之利本居天下半歲久敝滋鹽本日侵帑儲空竭負兩總司五十餘萬亭戶二十八萬借撥於朝廷五十萬又會餉所復鹽鈔舊制弗許商人預供貼鈔錢鹽司坐是窘不能支綱抉擿隱伏凡虛額無實詭爲出內飛走移易事制曲防課乃更羨既盡償所負又贏金三十萬緡爲樁辦庫以備鹽本之闕添置新竈五十所諸場悉視乾道舊額三百九十萬石通一千三百萬緡

課官吏之殿最綱約己率下辭臺郡之互餽獨增場官奉以養其廉擢戶部員外郎總領淮東軍馬財賦時邊面多生券山東歸附月餽錢糧以緡計增三十有三萬米以石計增六萬與楚諸州又新招萬弩手皆仰給總所而浙西鹽利積負至七十餘萬緡諸州漕運不以時至綱核名實警稽慢區畫處分餉事賴以不乏移疾乞閑得直秘閣知婺州改提點浙東刑獄皆屢辭不得請慮囚至婺有奴挾刃欲殘其主不遇而殺其子譎調妄牽連徑出斬之釋衞因之冤者台盜鍾百一非共盜尉覬賞躡申制司綱謂治盜雖尚嚴豈得鍛鍊傅會以成其罪邪於是得減死禱雨龍瑞宮有物蜿蜒朱色盤旋壇上者三日綱曰吾欲雨而已毋爲異以惑衆言未竟雷雨大至歲以大熟進直煥章閣知紹興府主管浙東安撫司公事兼提點刑獄訪民瘼罷行尤切蕭山有古運河西通錢塘東達台明沙漲三十餘里舟行則膠乃開浚八千餘丈復創牐江口使泥淤弗得入河水不得洩於涂則盡甃以達城闉十里創一廬名曰施水主以道流於是舟車水陸不問晝夜暑寒竟行利涉歡訢忘勸屬邑諸暨瀕海而諸暨十六鄉瀕湖蕩濼灌溉之利甚博勢家巨室率私植埂岸圍以成田湖流旣束水不得去雨稍多則溢入邑居田閭浸蕩瀕海藉塘爲固隄岸易圮鹹鹵害稼歲損動數十萬畝蠲租亦萬計以綱言詔提舉常平司發田圍奇援巧請一切峻郤而湖田始復郡備緡錢三萬專備修築而海田始固綱謂是邦控臨海道密拱都畿而軍籍單弱乃招水軍刺乂手教習甚專不令他役創營千餘間寬整堅密增置甲兵威聲赫然兼權司農卿尋直龍圖閣因任理宗卽位詔爲右文殿修撰加集英殿修撰復因任又加寶謨閣待制寶慶三年大水綱發粟三萬八千餘緡錢五萬振之蠲租六萬餘石捐瘠頓蘇無異常歲越有經總制窠名四十一萬其中二十五則紹興以來虛額也前後帥僅負殿以修奉攢宮之資僞增焉綱謂負殿之責小罔上之罪大摭其實以聞詔免九萬五千緡而宿敝因是著明矣紹定元年召赴行在綱入見言臣下先利之心過於徇義爲身之計過於謀國媮惰退縮奔競貪贖相與爲欺宜有以轉移之帝曰聞卿治行甚美越中民力如何對曰去歲水潦諸暨爲甚今歲幸中熟十年之間千里晏平皆朝廷威德所及臣何力之有權戶部侍郎越數月上章致仕特畀二秩守戶部侍郎仍賜金帶卒越人聞之多墮淚有相率哭於寺觀者綱學有本原多聞博記兵農醫卜陰陽律歷諸書靡不研究機神明銳遇事立決在越佩四印文書山積而能操約御詳治事不過二十刻公庭如水卑官下吏一言中理慨然從之爲文尤長於論事援據古今辨博雄勁服用不喜奢麗供帳車乘雖敝不更所著有恕齋集左帑志漫存錄

陳宓字師復丞相俊卿之子少嘗及登朱熹之門熹器異之長從黃榦遊以父任歷泉州南安鹽稅主管南外睦宗院再主管西外知安溪縣嘉定七年入監進奏院時無敢慷慨盡言者宓上封事言宮中宴飲或至無節非時賜予爲數浩穰一人蔬食而嬪御不廢於擊鮮邊事方殷而椿積反資於妄用此宮闈儀刑有未正也大臣所用非親卽故執政擇易制之人臺諫用慎默之士都司樞掾無非親暱貪吏靡不得志廉士動招怨尤此朝廷權柄有所分也鈔鹽變易楮幣秤提安邊所創立固執己見動失人心敗軍之將躐躋殿巖庸鄙之夫久尹京兆宿將有守成之功以小過而貶三牙無汗馬之勞託公勤而擢此政令刑賞多所舛逆也若能交飭內外一正紀綱天且不雨臣請伏面謾之罪奏入丞相史彌遠不樂而中宮慶壽三牙獻遺至是爲之罷郤尋遷軍器監簿九年轉對言人主之德貴乎明大臣之心貴乎公臺諫之言貴乎直陛下臨政雖勤而治功未舉奉身雖儉而財用未豐愛民雖仁而實惠未徧良由上下相蒙務於欺蔽匭奏囊封有懷畢吐陛下付近臣差擇是有意於行其言也而有司惟取專攻上躬與移咎牧守之章騰播中外以答觀聽今赤地千里蝗飛蔽天如此其可畏猶或諱晦以旱不爲災蝗不害稼其他誣罔抑又可知臣故曰人主之德貴乎明大臣施設浸異厥初凡建議求言之人則以他事逐諫官言事稍直則以他職徙忠憤者指爲不端切直者目曰沽名衆怨所萃則相繼超升物論所歸則以次疏外某人之遷是嘗重人罪以快同列之私忿者某人之擢是嘗援古事以文遹日之天變者直節重望以私嫌而久棄老姦宿藏以巧請而率復使大臣果能杜倖門塞邪徑則舉錯當而人心服臣故曰大臣之心貴乎公臺諫平居未嘗立異遇事不敢盡言有如金人再通最關國體近而侍從下至生徒莫不力爭冀裨廟算獨於言責不出一辭輦轂之下乾沒巨萬莫之誰何州縣之間罪僅毫髮摭以塞責大臣所欲爲之事則遂之所不右之人則排之仁宗時有宰相奉行臺諫風旨之譏今乃有臺諫不敢違中書之誚豈祖宗設官之初意哉臣故曰臺諫之言貴乎直三者機括所繫願陛下惕然悔悟昭明德以照臨百官大臣臺諫亦宜公心直節以副望治之意指陳敝事視前疏尤剴切焉宓遂請罷歸在告日擢太府丞不拜出知南康軍詣史彌遠別彌遠曰子言甚切當第愚昧不能行殊有愧耳至官歲大祲奏蠲其賦十之九會流民羣集宓就役之築江隄而給其食時造白鹿洞與諸生討論改知南劍州時大旱疫蠲逋賦十數萬且弛新輸三之一躬率僚吏持錢粟藥餌戶給之創延平書院悉倣白鹿洞之規知漳州未行聞寧宗崩嗚咽累日亡何請致仕寶慶二年提點廣東刑獄章復三上迄不就直秘閣主管崇禧觀宓拜祠命而辭職名卒進職一等致仕三學諸生以起宓爲請而沒已閱月矣初宓之在朝也寺丞丁焴往使金宓歎曰世讐未復何以好爲餞詩有百年中國豈無人之句後數年聞關外不靖以書抵焴曰蜀口去關外雖遠實如一身近事可寒心皆士大夫之罪豈非賄道不絕之故耶焴服其言宓天性剛毅信道尤篤嘗爲朱墨銘謂朱屬陽墨屬陰以驗理欲分寸之多寡自言居官必如顏眞卿居家必如陶潛而深愛諸葛亮身死家無餘財庫無餘帛庶乎能蹈其語者端平初殿中侍御史王遂首言宓事先帝有論諫之直而不及俟聖化之更宜褒其身後以勸天下之爲臣者帝爲感動詔贈直龍圖閣所著書有論語注義問答春秋三傳抄讀通鑑綱目唐史贅疣之藁數十卷藏于家

王霆字定叟東陽人高大父豪帥衆誅方臘以功補官霆少有奇氣試有司不偶去就武舉嘉定四年中絕倫異等喬行簡考藝別頭喜曰吾爲朝廷得一帥才矣授丞節郎從軍于鄂帥鍾與嗣戍邊請于樞密院以霆爲隨軍都錢糧官總領綦奎委霆專一教閱總效軍尋委帥師守禦黃州沿江制置副使李壐辟置幕下淮右兵叛遣霆招諭之霆於軍事知無不言謂招募良家子不可以寅緣關節冒濫其間防守江面全藉正軍若義勇民兵特可爲聲援耳而所謂大軍羸病者多兵械損舊豈不敢事調兵防江當於江岸創屋居之使之事心守禦諸軍伍法旣廢平居則無以稽其虛籍冒請之敝無以糾其竄逸生事之人緩急則無以稽其併力向敵之志無以連其逃陳不進之心此尉繚子所以著東部伍之令太公謂伍法爲要者謂此也用兵不以人數多寡爲勝負惟教習之精否則勝負之形可見矣理宗卽位特差充浙西副都監湖州駐劄時潘甫等起兵事甫定霆因綏撫之鎭江都統趙勝辟爲計議官時李全寇鹽城攻海陵勝出戍揚州屬官多憚從行霆慨然曰此豈臣子辭難之日至揚子橋人言賊兵昨日在南門去將安之霆竟至南門以帥憲之命董三城事勝夾第出城接戰霆必身先士卒大小十八戰無一不利奪賊壕築土城焚城門賊氣爲懾差知應州兼沿邊都巡檢使樞密院命節制黃蕭後營彈壓諸道軍馬諸道兵二十萬將往收復楚州霆帥所部爲掎角之助大帥薦之召試爲閤門舍人入對言恢復之說有二曰規撫曰機會顧今日之規撫安在哉守令所以牧民而惠養之未加將帥所以御軍而拊循之未至邦財未裕而楮劵之敝浸深軍儲未豐而和糴之害徒慘官有土地而荒蕪民困賦役而破蕩獄訟類成寃抑銓曹率多淹留薦舉無反坐貪徒得以引類而通班按刺不徇公徼官易以迕意而連譴以言郡計則紛耗於囊橐包苴以言戰功則多私於親昵故舊至如降卒中處養虎遺患輕敵開邊以肉餧虎夫以規撫之切要者而不滿人意如此臣敢輕進恢復之說以誤上聽哉凡臣之所陳者誠播告中外之臣悉懲其舊而圖其新規撫旣立然後義旗一麾諸道並進臣力尚壯願效前驅惟陛下堅定而勉圖之帝稱其言可采升武功大夫出知濠州賜金帶至州節浮費糴粟買馬以備不虞尋差知安豐軍臣僚上言王霆在濠人甚安之不宜輕易詔再任濠職事修舉特轉橫班諸使交薦之北兵至浮光其民奔迸相屬于道朝論以爲霆可守之乃知光州兼沿邊都巡檢使冒雪夜行倍道疾馳至州分遣間探整飭戰守之具大戰于謝令橋光人遂安督府魏了翁以書來慰安之以緡錢十萬勞其軍霆以召尋爲吉州刺史仍知光州霆固辭丞相鄭淸之制置使史嵩之皆數以書留霆霆不從且曰士大夫當以世從道不可以道從世也再授閤門舍人尋爲達州刺史右屯衞大將軍兼知蘄州不赴尋遷淮西馬步軍副總管兼淮西遊擊軍副都統制論遊擊軍十事不報提舉崇禧觀知高郵軍流民弟邢傑聚衆三千人爲盜霆勵其渠魁餘黨悉散時議出師和者甚多霆以爲莫若遣間探覘敵情如不得已然後行之否則無故自蕩其根本是外兵未至而內兵先慘烈也諸軍畢行惟高郵遷之境內賴以安全由是與時迕而讒者益衆提舉雲臺觀執政期論邊事且謂朝廷卽有齊安之命霆曰秋防已急邊守不宜臨時更易盍少需之乃授帶行左領軍衞大將軍充沿江制置副使司計議官霆

乃撰沿江等邊誌一編上之制置使董槐鄧泳交薦之差知壽昌軍改蘄州建學舍祠忠臣嘗歎曰兩淮藩籬也大江門戶也三輔堂奧也藩籬不固則門戶且危門戶旣危則堂奧豈能久安乎於是貽書丞相杜範乞瞰江審察形勢置三新城蘄春置于龍眼磯安慶置于孟城滁陽置于宣化不報卒初其父析業霆獨以讓其兄處宗族有恩意嘗訓其子弟曰窮理盡性學之本也有玉溪集行于世

論曰吳昌裔訪道東南一何勤哉故其造深醇見詳事功者足以知其學無雜也汪綱之遺愛在越先民所謂擇賢久任者固不我欺矣陳宓以宰相子論諫之直于今有光王霆通兵家言而謂不可以道從世此古人謀帥責乎說禮樂而敦詩書也

宋史卷四百九

元　中書右丞相總裁脫脫等修

列傳第一百六十八

高定子　高斯得　張忠恕　唐璘

高定子字瞻叔利州路提點刑獄兼知沔州稼之弟也嘉泰二年舉進士授郪縣主簿吳曦畔乞解官養母曦誅攝府事宇文公紹以忠孝兩全薦之調中江縣丞父就養得疾定子衣不解帶者六旬居喪哀毀骨立服除成都府路諸司辟丹稜令尋以同產弟魏了翁守眉改監資州酒務丁母憂服除差知夾江縣前是酒酤貸秫于商人定子給錢以糴且寬榷酤民以爲便麻菽舊有征定子悉弛之會水潦洊饑貧民競翦無所於糴定子曰女毋憂女第持錢往常所糴家以俟遍發縣廩給諸富家俾以時價糴至秋而償須臾米溢于市鄰邑有爭田十餘年不決部使者以屬定子定子察知僞爲質劑其人不伏定子曰嘉定改元詔三月始至縣安得有嘉定元年正月文書邪兩造遂決四川總領所辟主管文字同幕有以趣辦爲能迫促諸郡者定子白使者斥去之總領所治利州倚酒榷以佐軍用吏姦盤錯定子躬自究詰酒政遂平後來者復欲增課定子曰前以吏蠹亦既革之今又求益是再榷也乃止制置使鄭損彊愎自用誤謂總領所擅十一州小會子之利奏請廢之令下民疑而罷市定子力爭謂小會子實以代錢百姓貿易賴是以權川引罷則闤闠之民交病況又隆興間得旨爲之非擅也乃得存其半損又欲增總領所鹽課取舊貸軍費定子辨其顛末損乃釋然曰二司相關處公每明白洞達言之使人爽然自失尋差知長寧軍長寧地接夷獠公家百需皆仰淯井鹽利來者往往因以自封殖制置司又榷入其半定子至爭於制置使得蠲重賦差知綿州大元兵穿鳳州塞破武休下興元小校張鉞以其徒潰入文州殺守臣楊必復將自龍趨縣以闖成都安撫使黃伯固聞之亟奏定子兼參議官措置文龍備禦定子乃部分諸軍扼淸塘嶺鉞就擒已而劍南大震定子語僚吏曰諸君去留不敢拘若某則守城郭封疆之臣有死而已戒群胥曰潰軍流民不過欲得錢糧爾吾將盡發吾州之藏與截諸司之綱爲朝廷扞蔽全蜀我去聽汝等殺我汝等逃吾斫汝頭矣乃下令招潰卒人給緡錢五十米一石命都監陳訓專任接納訓忽奔告曰諸軍雖受招不肯釋甲奈何定子乃令帳下率衣甲於兩廡以俟戒毋輕動俄而諸軍盛陳兵以至吏士皆股栗定子坐堂上傳令勞苦之諸軍皆拜定子開諭以理使還本部以俟給犒諸將聞之亦來上謁定于復慰安之因問汝等何爲至此皆曰制置使未知存亡諸軍無主定子曰大帥不過暫移治爾已遣人訪所在苟終不獲我當爲汝曹主張且諸軍至此以無糧故吾州當任供億又曰敵將復會于此盍避之定子曰我文官也不畏死汝將軍也世世衣食縣官乃欲避敵乎我是守臣死則死于此爾有欲殺太守者一槍足矣軍器安用多爲今諸軍大集萬一敵至能戮力出戰是汝曹立功報國之機也不猶愈於深入內郡爲罪滋大乎衆悅而去乃遣吏給犒如令闢寺觀祠宇以舍之亡幾何敗將和彥威陳邦佐曹篪張涓姚承祖等皆集于彰明剽掠尤甚彥威遣邦佐入州大言駭衆謂定子曰知府何不去和太尉兼兩戎司威權甚重麾下兵且二萬餘欲來駐此今至矣定子謂曰本州素非備禦之地大將以兵入欲何爲者第來吾固有以相待邦佐色沮乃曰已遣幕府來議至則一遊士爾繆爲恭敬要索甚大定子答曰軍將入吾境當受吾節制惟各守紀律則給以錢糧若敵至爲國一死則忠臣孝子愈於病五日不汗死者幕府莫能對出彥威符移有云大府招戢散軍人給錢米若干今所部不下二萬人願知數得之定子報曰本州已下此令何敢食言但所給者乃潰軍就招免罪之人都統所部非潰也若以此例相給其肯受乎彥威得檄甚慙乃乞別給錢糧以犒軍定子卽捐四十萬緡與之仍趣其還戍蓋定子身任兩司之責極其勞勩以收捕張鉞功進三官以防遏招收潰兵功又進一官進直寶章閣再任頃之召入奏事吏民追送莫不流涕鄰郡聞定子至焚香夾道舉首加額曰微公吾屬塗炭久矣定子之未去郡也伯兄稼以權利路提刑上印而歸了翁亦至自靖州過定子於綿定子爲築棣萼堂飲酒賦詩爲樂一時以爲美談入對極言時敝時史彌遠執國柄久故有曰陛下優禮元勛俾得以弛繁機而養靜壽朝廷得以新百度而革因循不亦善乎既對人爲定子危之定子曰乖逢得喪是有命焉吾得盡言乃報君職分也越兩月乃遷刑部郎中彌遠沒言之者紛然識者謂定子先事有言視諸人爲難尋以直寶謨閣江南東路轉運判官陛辭帝曰淮師巡邊卿知之乎輔車之勢漕運爲急卿是行宜酙酌緩急以相通融定子因上疏論邊事甚周悉帝嘉納焉踰年召入奏事會稼死事于沔州上疏引疾乞歸田里不許尋遷軍器監又遷太府少卿升計度轉運副使有事于明堂天大雷雨詔求言定子反覆論敬懼災異之意復召入遷司農卿兼玉牒所檢討官入對言內治不修外懼不謹近親有豫政之漸近習有弄權之漸小人有復用之漸國柄有陵夷之漸士氣有委靡之漸主勢有孤立之漸宗社有阽危之漸天變日多地形日蹙昔有危脈今有危形昔有亡理今有亡證又請明詔沿流帥守將吏思出奇乘險求爲水陸可進之策升兼樞密都承旨又遷太常少卿兼國史院編修官累言邊事遷起居舍人尋兼中書舍人參贊京湖江西督視府事定子親往周視新城大犒諸軍激厲守將遷禮部侍郎仍兼中書舍人卽軍中賜金帶詔以督府事入奏既至帝勞問甚渥特進一官尋兼崇政殿說書兼直學士院未幾改侍講權禮部尚書升兼侍讀入奏言國無仁賢無禮義無政事有類叔世帝竦然尋兼直學士修孝宗寧宗日曆書成上進擢拜翰林學士知制誥兼吏部尚書升兼修國史實錄院修撰賜衣帶鞍馬乞召收李心傳卒成四朝志傳時禮部尚書杜範吏部侍郎李韶皆以伉直稱或乞身求去或臥家不出定子言人主寄耳目者臺諫也補耳目之所不逮者法從之論思百官之輪對則上必論君德之粹駮次必言朝政之得失舍是而使之但言常程姑應故事畏縮乎雷霆之威阿徇乎宰執之好遜避乎耳目之官則凡論思等事皆不必論矣宜速返李韶以開不諱之門勉起杜範以伸敢言之氣因乞歸田甚力進端明殿學士簽書樞密院事尋兼權參知政事仍舊職知福州福建安撫大使力辭退居吳中深衣大帶日以著述自娛以資政殿學士轉一官致仕卒贈少保定子作同人書院于夾江修長興學創六先生祠蓋以敎化爲先務所著存著齋文集北門類藁薇垣類藁經說紹熙講議奏議歷官表奏行世

高斯得字不妄利州路提點刑獄知沔州稼之子也少從李坤臣學坤臣瞽斯得左右扶持之中成都路轉運司試補入太學紹定二年舉進士授利路觀察推官越二年辟差四川茶馬幹辦公事李心傳以著作佐郎領史事卽成都修國朝會要辟爲檢閱文字端平二年九月稼死事于沔時大元兵屯沔斯得日夜西嚮號泣會其僮至自沔知稼戰沒處與斯得潛行至其地遂得稼遺體奉以歸見者感泣服除而哀傷不已無意仕進心傳方修四朝史辟爲史館檢閱秩同祕閣校勘蓋創員也斯得分修光寧二帝紀尋遷史館校勘又遷軍器監主簿兼史館校勘時丞相史嵩之柄國斯得遇對空臆盡言冬雷斯得應詔上封事乞擇才並相由是迕嵩之意遷太常寺主簿仍兼史館校勘時斯得叔父定子以禮部尚書領史事時人以爲美談會太學博士劉應起入對拄嵩之嵩之恚使其黨言叔父兄子不可同朝以斯得添差通判紹興府淳熙二年四朝帝紀書成上之嵩之妄加毀譽於理宗濟王改斯得所草寧宗紀末卷斯得與史官杜範王遂辨之範報書亦有姦人勦入邪說之語然書已登進矣心傳藏斯得所草題其末曰前史官高某撰而已踰年添差通判台州範既入相召爲太常博士遷祕書郎六年正月朔日有食之斯得應詔上封事言大姦嗜權巧營奪服陛下奮獨斷而罷退之是矣諫憲之臣交疏其惡或請投之荒裔或請勒之休致陛下苟行其言亦足昭示意向渙釋羣疑乃一切寢而不宣歷時旣久人言不置然後黽勉傳諭委曲誨姦俾於襲經之時妄致掛冠之請因降祠命苟塞人言又有姦人陰爲之地是以謫言並興善類解體謂聖意之難測而大姦之必還莽卓操懿之禍將有不忍言者時監察御史江萬里及它臺諫累疏論嵩之罪惡竟不施行第因嵩之致仕予祠而已故斯得封事首及之又言

大臣貴乎以道事君今乃獻替之義少而容悅之意多知恥之念輕而患失之心重內降當執奏則不待下殿而已行濫恩當裁抑則不從中覆而遽命蛾正而庇邪喜同而惡異任術而詭道樂媮而憚勞陛下虛心委寄所責者何事而其應乃爾時范鍾獨當國過失日章故斯得及之又言便嬖側媚之人尤足爲清明之累腐夫巧譏而使傳幾搖妖蠱外通而魁邪密主陰姦伏蠱互煽交攻陛下之心至是其存者幾希矣陛下之心大化之本也洗濯磨淬思所以更之乃徒立爲虛言無實之名而謂之更化此天心之所以未當大異之所以示儆也言尤切直帝嘉納焉又言羣臣麗褻宮禁奇衺黷貨外交豈可坐視而不之問願乃并包兼容之意多別邪辨正之慮淺憂讒避謗之心重直前邁往之志微遂使衆臣爭衡大權旁落養成積輕之勢以開窺覦之漸設有不幸變故乘之上心一移凶渠立至使宗社有淪亡之憂衣冠遭魚肉之禍生靈罹塗炭之厄當是時也能潔身以去其能逃萬世之清議乎於是羣憸悚懼或泣愬上前或上章求去合力排擯斯得遂求補外在告幾百餘日於是差知嚴州斯得三請乞祠不許嚴環山爲郡雖豐歲猶仰他州夏旱斯得蠲租發廩招糴勸分請于朝得米萬石以振濟遷浙東提點刑獄遂劾知處州趙善瀚知台州沈塈等七人以勢厲民疏上不報改江西轉運判官斯得具辭免上奏曰臣劾奏趙善瀚等七人未聞報可固疑必有黨與營救惑誤聖聽今奉恩除乃知中臣所料善瀚者侍御史周坦之婦翁也贓吏之魁錮於聖世鄭清之與之有舊復與州符沈塈者簽書樞密院事史宅之妻黨也祖宗以來未有監司按吏一不施行者壞法亂紀未有甚此臣身爲使者劾吏不行反叨易節若貪榮冒拜則與世之頑頓無恥者何異乞併臣鐫罷以戒奉使無狀者章既上坦自謂已任臺諫而反見攻遍懇同列論斯得同列難之計急自上章劾罷斯得新任未幾坦亦罷七人竟罷去移湖廣提點刑獄薦通判潭州徐經孫等六人攸縣富民陳衡老以家丁糧食資彊賊刼殺平民斯得至有愬其事者首吏受賕而左右之衡老造庭首吏拱立斯得發其姦械首吏下獄羣胥失色股栗於是研鞫具得其狀乃黥配首吏具白朝省追毀衡老官資簿錄其家會諸邑水災衡老願出米五萬石振濟以贖罪衡老壻吳自性與衡老館客太學生馮焯等謀中傷斯得盜拆官櫝斯得白于朝復正其罪出一篋書具得自性等交通省部吏胥情狀斯得并言於朝下其事大府索出賕銀六萬餘兩黥配自性及省寺高鑄等二十餘人初自性厚賂宦者言於理宗曰斯得以緡錢百萬進願易近地一節理宗曰高某硬漢安得有是而斯得力求去淸之以書留之又薦李睎顏等五人加直祕閣湖南轉運判官改尚右郎官未至改禮部郎中上疏極論時事改權左司力辭內批兼侍立脩注官言水災曰願陛下立罷新寺土木速反迕旨諸臣遏絕衺說主張善良謹重刑辟愛惜士類抑遠佞臣絕其干撓則天意可回和氣可召矣會斥左司徐霖帝慮給事中趙汝騰爭逐霖事乃徙汝騰翰林學士汝騰聞命卽去國斯得言汝騰一世之望宗老之重飄然引去陛下遂亦棄之有如弁髦中外驚怪將見賢者力爭不勝而去小人踊躍增氣而來陛下改紀僅數月初意遽變臣深惜之時上封事言得失者衆或者惡其譁詨遂謂空言徒亂人聽無補國事斯得因轉對言諸臣之言上則切劘聖主下則砥礪大臣內則摧壓姦衺外則銷遏寇虐顧以爲無補於實政乎空言之譏好名之說欲一網君子而盡去之其言易入其禍難言此君子去留之機國家安危之候不可不深留聖慮者也監察御史蕭泰來論罷踰年以直寶文閣知泉州力辭遷福建路計度轉運副使朝廷行自實田斯得言按史記秦始皇三十一年令民自實田主上臨御適三十一年而異日書之史冊自實之名正與秦同丞相謝方叔大媿卽爲之罷董槐入相召爲司農卿程元鳳入相改祕書監丁大全入相監察御史沈炎論斯得以閩漕交承錢物下郡吏大府榜死數人先是吳自性之獄高鑄爲首惡黥配廣州捐貲免行至是爲相府監奴嗾炎發其端京尹顧岩傅會其獄安吉守何夢然奉行其事陵鑠甚至斯得不少挫竟無所得大全旣譴朝廷罪其委任非人遂斬鑄斯得旣拜浙西提點刑獄之命炎浙西人泣於上前乞更之移浙東提舉常平命下給事中章鑑繳還斯得杜門不出著孝宗繫年要錄彗星見應詔上封事曰陛下專任一相虛心委之果得其人宜天心克享災害不生而庚申己未之歲大水爲災浙西之民死者數百千萬連年旱暵田野蕭條物價翔躍民命如綫今妖星突出其變不小若非大失人心何以致天怒如此之烈封事之上也似道匿不以聞度宗卽位召爲祕書監又論罷復遷祕書監屢辭不許擢起居舍人兼國史院編修官實錄院檢討官兼侍講進讀之時每於天命去留之際人心得失之因前代治亂之故祖宗基業之難必反復陳之兼權工部侍郎遂兼同修國史實錄院同修撰仍兼侍講進高宗繫年要錄綱目帝善之大元軍下襄陽斯得疏論言事最爲切要帝嘉納遷工部侍郎屢求補外以顯文閣待制知建寧府度宗崩陳宜中入相以權兵部尚書召斯得痛國事之阽危疏言誅姦臣以謝天下開言路以回天心聚人才以濟國事旌節義以厲儒夫竭財力以收散亡忠憤激烈指陳當時之事無所遺擢翰林學士知制誥兼侍讀進端明殿學士簽書樞密院事兼參知政事同提舉編修敕令及經武要畧大元兵下饒州江萬里赴水死事聞贈太傅斯得言贈恤之典所當度越故常以風厲天下遂加贈太師又言賞通判池州趙卯發死節太薄乃加贈待制臺諫徐直方等四人論似道誤國之罪乞安置嶺表簿錄其家丞相留夢炎庇護似道止令散官居住且謂簿錄擾及無辜斯得謂散官則安置追降官分司則居住祖宗制也夢炎語塞夢炎乘間直罷去平章事王爚監察御史俞浙併罷斯得於是宋亡矣所著有詩膚說儀禮合抄增損刊正杜佑通典徽宗長編孝宗繫年要錄恥堂文集行世

張忠恕字行父右僕射浚之孫以祖任監樓店務入府幕時韓侂胄權勢熏灼嘗奪民間已許嫁女夫家以告忠恕白尹歸其父母尹不能難再調廣西轉運司主管文字改通判沅州主管京湖宣撫司機宜文字知澧州開禧末入爲籍田令屬太廟鴟吻爲雷雨壞神主遷御忠恕因輪對請廣言路通下情寧宗嘉納嘉定五年遷軍器丞進太府丞出知湖州遷司農丞知寧國府夏旱請于朝得賜僧牒五十米十萬七千餘石常平使者欲均齊而勿勸糶忠恕慮後無以濟遂核戶口計歲月嚴戒諸邑諭大家發蓋藏闕 所見寢異以言去主管冲佑觀起知鄂州改湖北轉運判官兼知鄂州召爲屯田郎官丁內艱免喪入爲戶部郎官入對極言邊事其慮至遠理宗卽位忠恕移書史彌遠請取法孝宗行三年喪且曰孝宗始自踐祚服勤子職凡二十有七年今上自外邸入繼大統未嘗躬一日定省之勞欲報之德視孝宗宜有加旣而宰輔率百僚請太母后垂簾有不容已惟欽聖出於勉彊務從抑損今吾君長矣若姑援以請此亦中策爾詔羣臣集議廟制忠恕謂九廟非古若升先帝則十世之廟昉于今日於禮無稽寶慶初詔求直言忠恕上封事陳八事一曰天人之應捷於影響自冬徂春雷雪非時西雲東淮狂悖洊興客星爲妖太白晝見正統所係不宜諉之分野二曰人道莫先乎孝浚死尤爲大事孝宗朝衣朝冠皆以大布迨寧考以適孫承重光宗雖有疾未嘗不服喪宮中也洎光宗上賓權談方張莫有言者去秋禮寺受成胥吏未嘗以義折衷慶元間再期而祥百僚始純服吉今若甫經練祭雖朝臣一帶之微不復有凶吉之別則是三年之喪降而爲期害理滋甚況人主執喪于內而羣工之服無異常日是有父子而無君臣也三曰太母方御垂簾之請而慶壽前期陛下吉服稱觴播爲詩什此世俗之見非所以表儀於天下也四曰陛下斬然在疚大昏之期固未暇問然非豫講夙定恐俚說乘間而入臣所望於今日者亦曰嚴取舍而正法度廣詢謀而協公議爾五曰陛下於濟王之恩自謂彌縫曲盡矣然不留京師徙之外郡不擇牧守混之民居一夫奮呼闔城風靡尋雖弭患莫副初心謂當此時亟下哀詔痛自引咎優崇恤典選立嗣子則陛下所以身處者庶幾無憾而造訛騰謗者靡所致力自始至今率誤於含糊而猶不此之思臣所不解也六曰近幸憸佞之徒凡直言正論率指爲好名歸過夫好名歸過其自爲者非也若首萌逆億厭惡之心則自今言者望風見疑此危國之鴆毒七曰當今名流雖已褒顯而搜羅未廣遺才尚多經明行修如柴中行陳孔碩楊簡識高氣直如陳宓徐僑傅伯成僉論所推史筆如李心傳何惜一官不俾與聞況遹來取人以名節爲矯激以忠讜爲迂疏以介潔爲不通以寬厚爲無用以趣辦爲彊敏以拱默爲靖共以迎合爲適時以操切爲任事是以正士不遇小人見親八曰士習日異民生益艱第宅之麗聲伎之美服用之侈餽遺之珍向來宗戚閹官猶或間見今縉紳士大夫始過之公家之財視爲已物薦舉獄訟軍伎吏役僧道富民凡可以得賄者無不爲也至其避譏媒進往往分獻厥餘欲基本之不搖殆郤行而求前也疏入朝紳傳誦始魏了翁嘗勉忠恕以植立名節無隤家聲及是歎曰忠獻有後矣眞德秀聞之更納交焉忠恕又因輪對引以伯父栻告孝宗之語曰當求曉事之臣不求辦事之臣欲求伏節死義之臣必求犯顏敢諫之臣語益剴切忠恕自知不爲時所容力請外補遂以直祕閣知贛州抵郡才兩月言者指爲朋比落職降兩官罷紹定三年復元官進秩一等提舉冲佑觀卒還一官致仕魏了翁嘗許忠恕拳拳體國似浚撥繁剸劇似其父杓欽華就

實則有志義理之學嘗有聞乎栻之教矣

唐璘字伯玉古田人遊太學嘉定十年舉進士時臺臣李安行奏次對官不許論邊事璘對策極詆之曰吾始進可壞於天子之庭乎調吳縣尉有殺人于貨挾其舟亡者有司求賊急居者自告吾兒實殺之兒亦自誣伏璘問舟安在錢何用其辭差爲緩之果得賊大湖與舟俱至舉縣感服縣有勢家治圃將鑿渠通舟謬言古有渠常平使者主之璘視乾道故籍則誠民田也力爭迕使者意移監縣稅璘遂以直聞調瑞州學教授用白鹿洞教法崇禮讓後文藝士翕然知嚮監行在榷貨務門辟淮東運司催轄綱運官屬出師楚州盡瘁焉捷聞以金人據淮陰欲乘勢取之璘言捷奏多誇詎得信乎須聚兵二十萬日費米斛餘五千緡錢餘二萬調夫幾萬人僅能使賊全師北去今出沒漣海謀結北邊政欲迭出撓我憂方大爾淮陰堅壘與楚城等濠之廣又過之我士疲丁困可一拔得乎恢復美名也而賈實禍僕竊危之不聽制司恥楚城之捷自趙范與葵出議贖淮陰二城爲功洎聞金變卽轉攻之我師死傷者六萬璘在兵間憤之著讜論直書其事上之知晉陵縣隣州田訟至有泣愬諸使願送晉陵可否者制置使陳韡留守建康辟爲通判舉府事以聽監六部門擢監察御史臺吏且至璘皇駭趨避不敢詣闕母曰人言此官好汝何得憂乎璘曰此官須爲朝廷爭是非一咈上意或迕權貴恐重爲大人累何得不憂母曰而弟盡言吾有而兄在勿憂璘拜謝入就職故事御史惟常服拜下有論奏繳進至是獨召對緝熙殿令服窄衫面讀首疏奏天變而至於怒民怨而幾於離海宇將傾天下有不可勝諱之慮陛下謂此何時縱欲累德文過飾非疏遠正人狎暱戚宦濁亂朝政自取覆亡宰相用時文之才爲經世之具不顧民命輕挑兵端不度事宜頓空國帑委政厥子內交商人賄塗大開小雅盡廢瑣瑣姻婭敢預邪謀視國事如俳優以神器爲奇貨都人側目朝士痛心盍正無將之誅以著不忠之戒崔與之操行類楊綰雖修途莫景力不逮心而命下之日聞者興起喬行簡頗識大體朝望稍孚而除授偏私事多遺忘宜擇家相贊宗子輔民物以慰父母之望毋使天變寖極人心愈離也上爲改容又請號召士豪經理荆襄亟擇帥臣安集淮西帝嘉納至問邊事甚悉璘感激知遇自是彈擊無所避再疏鄭清之妄庸誤國乞褫職罷祠其子士昌招權納賄援庸將爲統帥起贓吏爲守臣乞削籍廢棄鄭性之懦而多私黨庇姦庸臣受其改官舉狀嘗蒙薦之陛下國事至此不敢顧私李鳴復甘心諂鄭損得薦入朝適清之議張天綱之獄迎合從輕遂擢臺端會趙杭夫遣史寅午囑清之父子鳴復又結寅午得登政府會杜範亦論鳴復不行而範去璘遂力匄外疏七上授廣西運判改知嘉興府尋改江東運判時邊事急置四察訪使就詔璘分建康太平池州江西璘揭榜馬前沓所部以利害又戒士豪團結漁業水手茶鹽舟夫蘆丁悉備燎舟之具人人思奮卽選將總二州兵舟以耀敵檄當塗宿設戰具防釆石撥和糴續生券且奏損總領所錢二十萬緡助江防軍聲大振尋升直華文閣知廣州廣東經畧安撫使梅州寇作璘示以威信寇尋息江淮旱議下廣右和糴璘言公家亦立糴本無所辦終恐日取於民非臣不敢撥本召糴重朝廷多事之憂明年上章乞致仕帝思見之亟命入奏擢太常少卿尋丁內艱璘居喪哀毀不食久之疾革卒璘立臺僅百日世謂再見唐介至切劘上躬盡言無隱帝益嚴憚之居官大節則母敎之助爲多

論曰觀高定子在西陲政業著聞矣斯得屢起而屢仆於權臣之手及其再起宋事已非張忠恕論濟邸事有父祖風焉唐璘者亦可謂古之遺直

宋史卷四百一十

元　中　書　右　丞　相　總　裁　脫　脫　等　修

列傳第一百六十九

婁機　沈煥舒璘附　曹彥約
范應鈴　徐經孫

婁機字彥發嘉興人乾道二年進士授鹽官尉丁父憂服除調含山主簿郡委治銅城圩八十有四役夫三千有奇設廬以處之器用材植一出於官民樂勸趨兩旬告畢七攝鄰邑率以治績聞調於潛縣丞輕賦稅正版籍簡獄訟興學校遭外艱免喪爲江東提舉司幹辦公事易淮東已而復舊改知西安縣巨室買地爲塋域發地遇石復索元價機曰設得金將誰歸通判饒州平反冤獄蜀帥袁說友辟參議幕中不就改幹辦諸司審計司轉對請裁損經費又論刑名疑慮之敝遷宗正寺主簿爲太常博士祕書郞請續編中興館閣書目又請寬恤淮浙被旱州縣時皇太子始就外傅遴選學官以機兼資善堂小學教授機日陳正言正道又以累朝事親修身治國愛民四事手書以獻太子寘之坐右朝夕觀省隨事開明多所裨益遷太常丞仍兼資善旋遷右曹郞官祕書省著作郞改兼駕部都城大火機應詔上封事力言朝臣務爲奉承不能出己見以裨國論外臣不稱職至苛刻以困民財將帥偏裨務爲交結而不知訓閱以彊軍律時年七十匄閒不許太子得機所著廣干祿字一編尤喜命戴溪跋之擢監察御史講未退而除命頒太子戀戀幾不忍舍機亦爲之感涕論京官必兩任有舉主年三十以上方許作縣又論郡守輕濫太甚貽害千里蘇師旦怙勢妄作蔑自肆語及者皆罪去而獨憚機韓侂胄議開邊機極口沮之謂恢復之名非不美今士卒驕逸遽驅於鋒鏑之下人才難得財力未裕萬一兵連禍結久而不解奈何侂胄聞之不說其議愈密外廷罔測又上疏極論雖密謀人莫得知而羽書一馳中外皇惑侍御史鄧友龍初不知兵騰書投合安薦大將既召還專主此議機語友龍曰今日孰可爲大將孰可爲計臣正使以殿巖當之能保其可用乎遷右正言兼侍講首論廣蓄人才乞詔侍從臺諫學士待制三牙管軍各舉將帥邊郡一二人召問甄拔優養以備緩急進太常少卿兼權中書舍人詔遣宣諭荆襄機昌言曰使往慰安人情則可必欲開邊啓釁有死而已不能從也泗州捷聞愈增憂危且曰若自此成功以攄列聖之宿憤老臣雖死亦幸謫官但恐進銳退速禍愈深耳友龍至不能堪曰不逐此人則異議無所回機遂以言去侂胄誅召爲吏部侍郞兼太子左庶子還朝言至公始可以服天下權臣以私意橫生敗國殄民今當行以至公若因私恩未報首爲汲引私讎未復且爲沮抑一涉於私人心將無所觀感矣又言兩淮招集敢勇不難於招而難於處若非繩以紀律課其勤惰必爲後害仍請檢校權臣內侍等沒入家貲專爲養兵之助機里人有故官吏部喪未舉而子赴調者機謂彼既冒法禁而部胥不之問卽撻數吏使之治葬而後來聞者讋之兼太子詹事著歷代帝王總要以裨考訂遷給事中海巡八廂親從都軍頭指揮使年勞轉資恩旨太濫乞收寢未應年格之人年已及者予之帝稱善良久飛蝗爲災機應詔言和議甫成先務安靜葺罅漏以成紀綱節財用以固邦本練士卒以壯國威遷禮部尚書兼給事中擢同知樞密院事兼太子賓客進參知政事當干戈甫定信使往來之始瘡痍方深敝藏紛然機彌縫裨贊甚多尤惜名器守法度進退人物直言可否不市私恩不避嫌怨有舉員及格當改秩作邑而必欲朝闕機曰若是則有勞者何以勸孤寒者何以申若至上前自應執奏堂吏寄資未仕而例以升朝官賞陳乞封贈機曰進士非通籍不能及親汝輩乃以白身得之耶嘉定二年八月行皇太子冊命機攝中書令讀冊九月祀明堂爲禮儀使數上章告老帝不許皇太子遣官屬勉留之以資政殿學士知福州力辭提舉洞霄宮以歸遂卒贈金紫光祿大夫加贈特進機初登第其父壽戒之曰得官誠可喜然爲官正自未易爾機撫其弟模棟卒爲善士居鄉以誠接物是非枉直判於語下不爲後言人憚服之稱獎人才不遺寸長訪問賢能疏列姓名及其可用之實以備采取其所薦進亦不欲人之知也所著復有班馬字類機深於書學尺牘人多藏弆云

沈煥字叔晦定海人試入太學始與臨川陸九齡爲友從而學焉乾道五年舉進士授餘姚尉揚州教授召爲太學錄以所躬行者淑諸人蚤暮延見學者孜孜誨誘長貳同僚忌其立異會充殿試考官唱名日序立庭下帝偉其儀觀遣內侍問姓名衆滋忌之或勸其姑營職道未可行也煥曰道與職有二乎適私試發策引孟子立乎人之本朝而道不行恥也言路以爲訕己請黜之在職才八旬調高郵軍教授而去後充幹辦浙東安撫司公事高宗山陵百司次舍供帳酒食之需供給不暇煥亟言於安撫使鄭汝諧曰國有大戚而臣子安樂自如安乎汝諧屬煥條奏充修奉官移書御史請明示喪紀本意使貴近哀戚之心重則芟舍菲食自安不煩彈劾而須索絕矣於是治並緣爲姦者追償率斂者支費頓減歲旱常平使分擇官屬振恤得上虞餘姚二縣無復流殍改知婺源三省類薦書以聞遂通判舒州閒居雖病猶不廢讀書拳拳然以母老爲念善類凋零爲憂卒丞相周必大聞之曰追思立朝不能推賢揚善予愧叔晦益者三友叔晦不予愧也煥人品高明而其中未安不苟自恕常日晝觀諸妻子夜卜諸夢寐兩者無愧始可以言學追贈直華文閣特謚端憲煥之友舒璘

璘字元質，一字元賓，奉化人。補入太學。張栻官中都，璘往從之，有所開警。又從陸九淵遊，曰：「吾惟朝於斯，夕於斯，刻苦磨厲，改過遷善，日有新功，亦可以弗畔矣乎。」朱熹、呂祖謙講學于婺，璘徒步往謁之，以書告其家曰：「敝床疏席，總是佳趣；櫛風沐雨，反爲美境。」舉乾道八年進士，兩授郡教授，不赴。繼爲江西轉運司幹辦公事，或忌璘所學，望風心議，及與璘處，了無疑間。爲徽州教授，徽習頓異，詩禮久不預貢士，學幾無傳，璘作詩禮講解，家傳人習，自是其學寖盛。丞相留正稱璘爲當今第一教官。司業汪逵首欲薦璘，或謂璘舉員已足，逵曰：「吾職當舉教官，舍斯人將誰先？」卒剡薦之。知平陽縣，郡政頗苛，及璘以民病告，辭嚴義正，守爲改容。秩滿，通判宜州，卒。

璘樂於教人，嘗曰：「師道尊嚴，璘不如叔晦；若啓迪後進，則璘不敢多遜。」袁燮謂璘篤實不欺，無毫髮矯僞。楊簡謂璘孝友忠實，道心融明。樓鑰謂璘之於人，如熙然之陽春。淳祐中，特諡文靖。

曹彥約字簡甫，都昌人。淳熙八年進士。嘗從朱熹講學。歷建平尉、桂陽司錄、辰溪令、知樂平縣、主管江西安撫司機宜文字。知澧州，未上，薛叔似宣撫京湖，辟主管機宜文字。漢陽闕守，檄攝軍事。時金人大入，郡兵素寡弱，彥約搜訪土豪，得許禹，俾總民兵；趙觀，俾防水道；党仲昇將宣撫司軍屯郡城。金重兵圍安陸，遊騎闖漢川，彥約授觀方畧，結漁戶拒守南河，觀逆擊，斬其先鋒，且遣死士焚其戰艦，晝夜殊死戰，北渡追擊，金人大敗去。又遣仲昇劫金人砦，殺千餘人，仲昇中流矢死。奏觀補成忠郎、漢川簿尉，贈仲昇修武郎，官其後二人。彥約以守禦功進秩二等，就知漢陽。嘉定元年，詔求言，彥約上封事，謂：「敵豈不以歲幣爲利？爲其所向輒應，所求輒得，以我爲易與而縱其欲。莫若遲留小使，督責邊備，假以歲月，當知眞僞。設復大舉，則民固已怨矣；欲進而我已戒嚴，欲退而彼有叛兵，決勝可期矣。」尋提舉湖北常平，權知鄂州兼湖廣總領，改提點刑獄，遷湖南轉運判官。時盜羅世傳、李元礪、李新等相繼竊發，桂陽、茶陵、安仁三縣皆破壞，地千里莽爲盜區。彥約至彼督運，人心始定。遷直祕閣、知潭州、湖南安撫。時江西言欲招安李元礪，朝命下湖廣議招討之宜，彥約言：「今不行討捕，曲狥招安，失朝廷威重。若元礪設疑詞以欵重兵，則兵不可撤，民不得安業。」元礪果不可降，彥約乃督諸將逼賊巢而屯，擊破李新於鄧沭，新中創死，衆推李如松爲首，如松降，遂復桂陽。世傳素與元礪有隙，至是密請圖元礪以自效，彥約錄賞格報之，且告于朝，又予萬緡錢犒其師。世傳遂禽元礪，彥約還長沙。未幾，復出督戰，餘黨悉平。世傳既自以爲功，遲留以徼重賂，彥約諭以不宜格外邀求。時池州副都統許俊駐兵吉之龍泉，厚賂以結世傳，超格許轉官賚，世傳遂以元礪解江西。胡渠爲右司，欲以世傳盡統諸峒而爲之帥，悉徹江西、湖南戍兵，彥約固爭之，渠不悅，然世傳終桀驁不肯出峒。彥約密遣羅九遷爲間，誘胡友睦，許以重賞，友睦遂殺世傳，江西來爭功，不與校。擢侍右郎官，以右正言鄭昭先言，寢其命。久之，以爲利路轉運判官兼知利州。關外乏食，彥約悉發本司所儲，減價遣糴，勸分免役，通商蠲稅，民賴以濟。時沔州都統制王大牙驕橫，制置使董居誼既不得其柄，反曲意奉之。彥約以蜀之邊面諸司並列，兵權不一，微有小警，紛然奏議，理財者歸怨於兵弱，握兵者歸咎於財寡，乃作病夫議獻之廟堂，曰：「古之臨邊，求一賢者而盡付之兵權，兵權正則事體重，兵權專則號令一。今廟堂之上，患士大夫不奉行詔令，惡士大夫不恪守忠實，故雖信而用之，又以人參之；雖以事權付之，又從中御以牽維之，致使知事者不敢任事，畏事者常至失事，卒有緩急，各持己見，兵權財計，互相歸咎。昔秦隴之俗以知兵善戰聞天下，自吳氏世襲以來，握兵者志在於怙勢，不在於尊上；用兵者志在於誅賞，不在於息民。本原一壞，百病間出，至有世將已叛而宣威不覺，四郡已割而諸將不知。更化之後，逆黨既誅，而土俗人心其實未改。任軍官而領州事者易成藩鎮之權，起行伍而立微効者漸無階級之分。由阜郊以至宕昌，則隴西天水之地，其忠義民兵利在戰鬬，緩急之際，固易鼓率，若其恃勇貪利，犯上作亂，則又不止於大軍而已。苟不正其本原，磨之以歲月，漸之以禮義，未見其可也。今日之領帥權者必當近邊境，必當擁親兵；有兵權者必當領經費，必當寬用度；至於忠義之兵，又須有德者以爲統率，擇知書者以爲教導，如古人所謂教民而後用之也。今議不出此，乃欲幸勝以爲功，苟安以求免，誤天下者必此人也。」時朝論未以爲然。差知寧國府，又改知隆興府、江西安撫。居亡何，蜀邊被兵，內有張福、莫簡之變，彥約之言無一不驗。遷大理少卿，又權戶部侍郎。以寶謨閣待制知成都，彥約乞赴闕奏事，不允；又申省乞入對，不報。改知福州，又改知潭州，彥約力辭，提舉明道觀。尋以煥章閣待制提舉崇福宮。理宗卽位，擢兵部侍郎兼國史院同修撰。寶慶元年，入對，勸帝講學、防近習，次言當以慶曆、元祐聽言爲法，以紹聖、崇觀諱言爲戒。「比年以來，有以賣直好名之說見於奏對者，願陛下倚忠直如蓍龜，去衺佞若蟊賊，其有沮撓讜言者，必加斥逐。」會下詔求言，彥約上封事曰：「陛下謹定省以事長樂，開王社以篤天倫，孝友之行，宜足以取信於天下。然兄弟至親，猶誤於狂妄小人之手，道路異說，猶襲於尺布不縫之謹。臣以爲守法者人臣之職也，施恩者人主之柄也。漢淮南王欲危社稷，張蒼、馮敬等請論如法，文帝既赦其罪，廢徙王，不幸而死，封其二子於故地，此往事之明驗，本朝太宗皇帝之所已行也。今若徇文帝緣情之義，法太宗繼絕之意，明示好惡，無隙可指，雖不止謗而謗息矣。」又言：「陛下求言之詔，惟恐不速，然外議致疑，以爲明言文武似或止於搢紳，泛言小大恐不及於韋布，引而伸之，特在一命令之間耳。」又薦隆州布衣李心傳素精史學，乞官以初品，寘之史館，從之。尋兼侍讀，俄遷禮部侍郎，加寶謨閣直學士、提舉佑神觀兼侍讀。授兵部尚書，力辭不拜，改寶章閣學士、知常德府。陛辭，言下情未通，橫歛未革。帝曰：「其病安在？」對曰：「臺諫專言人主，不及時政，下情安得通？包苴公行於都城，則州郡橫歛無可疑者。」提舉崇福宮。卒，以華文閣學士轉通議大夫致仕，贈宣奉大夫。嘉熙初，賜諡文簡。

范應鈴字旂叟，豐城人。方娠，大父夢雙日照庭，應鈴生。稍長，厲志于學，丞相周必大見其文，嘉賞之。開禧元年舉進士，調永新尉。縣當龍泉、茶陵溪峒之衝，寇甫平，喜亂者詐爲驚擾，應鈴廉得主名，捽而治之。縣十三鄉寇擾者不時，安撫使移司兼郡，初奏弛八鄉民租，二年詔下如章，既而復催以檢核之數，應鈴力爭不從，卽詣郡自言，反覆數四，帥聲色俱厲，應鈴從容曰：「某非徒爲八鄉貧民，乃深爲州計耳。民貧迫之急，將以不肖之心應之，租不可得而禍未易弭也。」帥色動，令免下戶。既出令，復徵之，應鈴歎曰：「是使我重失信於民也。」又力爭之，訖得請，民大感悅。有大姓與轉運使有連，家僮恣橫厲民，應鈴笞而繫之獄，郡吏庭辱令，應鈴執吏囚之，以狀聞。調衡州錄事，總領聞應鈴名，辟爲屬。改知崇仁縣，始至，明約束，信期會，正紀綱，曉諭吏民，使知所趨避，然後罷鄉吏之供需，校版籍之欺蔽，不數月，省簿成，卽以其簿及苗稅則例上之總領所，自此賦役均矣。夙興冠裳聽訟，發擿如神，故事無不依期結正，雖負者亦無不心服。眞德秀扁其堂曰「對越」。將代，整治如始至。歲杪，與百姓休息，閣債負，蠲租稅，釋囚繫，恤生瘞死，崇孝勸睦，仁民厚俗之事，悉舉以行，形之榜揭，見者嗟歎。調提轄文思院幹辦諸軍審計，添差通判撫州，以言者罷，與祠。丁內艱，服除，通判蘄州。時江右峒寇爲亂，吉州八邑七被殘燬，差知吉州。應鈴慨然曰：「此豈臣子辭難時耶？」卽奉親以行。下車，首以練兵足食爲先務，然後去冗吏，覈軍籍，汰老弱，以次罷行。應鈴洞究財計本末，每鄙榷酤興利，蘄五邑悉改爲戶，吉舟車之會，且屯大軍，六萬戶人勸之權，應鈴曰：「理財正辭，吾縱不能禁百姓羣飲，其可誘之利其贏耶？」永新禾山羣盜嘯聚，數日間應者以千數，應鈴察過客趙希邵有才畧，檄之攝邑，調郡兵，結隅保，分道擣其巢穴，禽之，誅其爲首者七人，一鄉以定。贛叛卒朱先賊殺主帥，應鈴曰：「此非小變也。」密遣諜以厚賞捕之，部使者劾其輕發，鐫一官。閒居六年，養親讀書，泊如也。起廣西提點刑獄，力辭，踰年乃拜命。既至，多所平反，丁錢蠹民，力奏免之。召爲金部郎官，入見，首言：「今以朝行暮改之規，撫欲變累年上甑下慢之積習；以悠悠內治之敝政，欲圖一旦赫赫外攘之大功。」又曰：「公論不出於君子，而參以逢君之小人；紀綱不正於朝廷，而牽於弄權之閹寺。」言皆讜直，識者韙之。遷尚左郎官，尋爲浙東提點刑獄，力句便養，改直祕閣、江西提舉常平，併詭挾三萬戶，風采凜然。丁外艱，服除，遷軍器監兼尚左郎官。召見，奏曰：「國事大且急者，儲貳爲先。陛下不斷自宸衷，徒眩惑於左右近習之官，轉移於宮庭嬪御之見，失今不圖，姦臣乘夜半片紙或從中出，忠義之士束手無策矣。」帝爲之動容。屬鹽法屢變，商賈之贏，上奪於朝廷之自鬻，下奪於郡郡之拘留，九江、豫章扼其襟喉，江右貧民終歲食淡，商與民俱困矣。應鈴力陳四害，願用祖宗入粟易鹽之法。授直寶謨閣、湖南轉運判官兼安撫司。峒獠蔣、何三族聚千餘人，執縣令，殺王官，帥憲招捕逾年不至，應鈴曰：「招之適以長寇，亟捕之可也。」卽調飛虎等軍會團總討之，應鈴親臨誓師，號令明，壯士卒皷勇以前，禽蔣時選父子及兇渠五人誅之，脅從者使之安業，未一月，全師而歸。授直煥章閣，上疏謝事，不允，擢大理少卿，再請，又不允。一旦，籍府庫，核簿書，處決官事已，遂及家務，纖悉不遺。僚屬勸以清心省事，曰：「生死數也，平生學力正在今日。」帥別之傑問疾，應鈴整冠肅入，言論如平常，之傑退，修然而逝。應鈴開明磊落，守正不阿，別白是非，見義必爲，不以得失利害動其心。書饋不交上官，薦舉不徇權門，當官而行，無敢撓以非義。所至無留訟，無滯獄，繩吏不少貸，亦未嘗沒其貲，曰：「彼之貨以悖入官又從而悖入之可乎進修潔案姦贓振樹風聲聞者興起家居時人有不平不走官府而走應鈴之門爲不善者輒相戒曰無使范公聞之讀書明大義尤喜左氏春秋所著有西堂雜著十卷斷訟語曰對越集四十九卷徐鹿卿曰應鈴經術似兒寬決獄似雋不疑治民似龔遂風采似范滂理財似劉晏而正大過之人以爲名言

徐經孫字中立初名于柔寶慶二年進士授瀏陽主簿潭守俾部牙契錢至州有告者曰朝廷方下令頒行十七界會令若此錢皆用會小須則幸而獲大利矣經孫曰此錢諸保司出諸公庫吾納會而私取其錢外欺其民內欺其心奚可哉詰旦悉以所部錢上之其人驚服有愧色辟永興令知臨武縣通判潭州師陳韡雅相知事必咨而後行秩滿由豐儲倉提管進權轄國子博士兼資善堂直講爲監察御史劾京尹厲文翁言僞而辨疏入留中宣諭至再即日出關上遣使追之不及進直寶章閣福建提點刑獄號稱平允歲餘升安撫使召爲祕書監兼太子諭德經孫爲安撫時韡家居門人故吏有撓法者不得逞相與搖撼至是韡起家判本郡懷私逞忿無復交承之禮即日劾奏通判語侵經孫謂廣卷府庫而去於是罷通判削其秩經孫造朝具白于政府事上聞帝大怒論宰執曰陳韡老謬至此宜亟罷之於是經孫再詣政府言某韡門生也前日之白公事也苟韡以是得罪人謂我何請之不置俾自乞閒明通判無罪識者韙之遷宗正少卿起居舍人起居郎入奏君人者當守理欲之界限遷刑部侍郎兼給事中升太子左庶子太子詹事輔導東宮者三年敷陳經義隨事啓迪太子入侍必以其所講聞悉奏之帝未嘗不稱善景定三年春雷詔求直言經孫對曰三數年來言論者以請共爲主有懷者以譁訐爲戒忠讜之氣鬱不得行上帝降監假雷以鳴切中時病公田法行經孫條其利害忤丞相賈似道拜翰林學士知制誥未踰月諷御史舒有開奏免罷歸授湖南安撫使知潭州不授拜端明殿大學士閒居十年卒贈紫金光祿大夫經孫所薦陳茂濂爲公田官分司嘉興聞經孫去國曰我不可以負徐公遂以親老謝歸終身不起

論曰嗚呼寧宗之爲君韓侂冑之爲相豈用兵之時乎故婁機力止之小學之廢久矣而機獨知致力於此沈煥舒璘學遠識明曹彥約可與建立事功范應鈴赫然政事如神明徐經孫淸愼有守卒以爭公田迕賈似道去國君子稱之

宋史卷四百十一

元　中書右丞相總裁脫脫等修

列傳第一百七十

湯璹　蔣重珍　牟子才
朱貔孫　歐陽守道

湯璹字君保瀏陽人淳熙十四年進士調德安府學教授轉三省樞密院架閣遷國子博士時召朱熹爲侍講未幾辭歸朝廷從其請予祠璹上疏言熹以正學爲講官四方顒望其有啓沃之益曾未踰時輒聽其去必駭物論宜追召熹還仍授講職疏上不報由是浸惡權相意而璹之直聲亦大聞于時歷禮部駕部二郞官出知常州入爲太理少卿進直徽猷閣卒璹負直槩與韓侂冑陳自強不合故屢嗾言者中傷璹生平奉祠閒居之日多於揚歷其在禮曹例掌三省奏記臨安大火寧宗遇災避正殿中書三表請復不許璹屬辭務持大體不爲阿曲言者摭其語涉訕上而朝廷實知其無他故起復制詞有清風峻節之語璹嘗擇壻得蔣重珍後舉進士第一

蔣重珍字良貴無錫人嘉定十六年進士第一簽判建康軍丁母憂改昭慶軍尋以公事與部使者異議請祠易簽判奉國軍紹定二年召入對首以自天子至於庶人所當先知者本心外物二者之界限爲言界限明則知有天下治亂而已何樂其尊知有生民休戚而已何樂其奉且論苞苴有昔所未有之物故吾民罹昔所未有之害苞苴有不可勝窮之費故吾民有不可勝窮之憂遷祕書省正字屢乞祠以伯父喪予告遷校書郞辭不可明年待命霅川移文閤門請對當路憚之添差通判鎭江府辭會行都火應詔曰臣頃進本心外物界限之說蓋欲陛下親攬大柄不退託於人盡破恩私求無愧於己儻以富貴之私視之一言一動不忘其私則是以天下生靈社稷宗廟之事爲輕而以一身富貴之所從來爲重不惟上負天命與先帝聖母至于公卿百執事之所以望陛下者亦不如此也昔周勃今日握璽授文帝是夜即以宋昌領南北軍霍光今年定策立宣帝而明年稽首歸政今臨御八年未聞有所作爲進退人才興廢政事天下皆曰此丞相意一時恩怨雖歸廟堂異日治亂實在陛下焉有爲天之子爲人之主而自朝廷達於天下皆言相而不言君哉天之所以火宗廟火都城者殆以此臣所以痛心者九廟至重事如生存而徹小塗大不防於火之未至宰相之居華屋廣袤而焦頭爛額獨全於火之未然亦足以見人心陷溺知有權勢不知有君父矣他有變故何所倚仗陛下自視不亦孤乎昔史浩兩入相才五月或九月即罷孝宗之報功寧有窮己顧如此其亟何哉保全功臣之道可厚以富貴不可久以權也上讀之感動授寶章閣主管雲臺觀則告吏部不受貼職祿不願貼職恩它日星變求言復申前說又慮柄臣或果去位君心易縱大權旁落則進爲君難六箴召爲祕書郞兼莊文府敎授端平初入對上五事且曰隱微君德昔咎故相故臣得以專詆權臣昭明君德今在陛下故臣得以責難君父乞召眞德秀魏了翁用之帝謂之曰人主之職無他惟辨君子小人重珍對曰小人亦指君子爲小人此爲難辨人主當精擇人望處之要津正論日聞則必知君子姓名小人情狀矣兼崇政殿說書戒家事勿以白務積精神以寤上意每草奏齋心盛服有密啓則手書削稾帝稱其平實遷著作佐郞邊帥以八陵圖來上詔百官集議重珍言史嵩之既失相位危於幕巢猶欲邀功自固其位請擇賢帥如漢用充國使之親至邊境審度事勢條上便宜丞相主出師關洛重珍力爭會邊帥議和戰不一復召集議重珍奏曩乞專意備守不得已則用應兵今不敢變前說不聽遂自劾以密勿淸光乃不能遏兵端乞免說書職遷著作郞兼權司封郞官起居舍人言近者當侍講席旋命止之或曰是日道流生朝夫輟講偶以他故則當知聖躬舉措之難或所傳果得其實則當知聖心持守之難帝曰非卿不聞此言關洛師大衂復進兵重珍言若恥敗而欲勝之則心不平而成忿氣不平而成怒生靈之命豈可以忿怒用哉又言邇來用臺諫頗主不必矯激之說似畏剛方太過之士竊窺選用之意正謂其平易而省事耳然數月之間一失於某再失於某借曰愼重臺綱而憂其激亦當以平正者居之又論禁旅貧弱教習頻嚴氣不能堪不稍變通非消變之道兼國史院編修官實錄院檢討官言更化以來舊敝未去者五徇私調停覆護姑息偸遠是也今又益之以輕易遷起居郞以疾求去以集英殿修撰知安吉州權刑部侍郞三辭不許自劾其不能取信朝廷之罪乞鐫斥置閑散促覲愈力而疾不可起詔守刑部侍郞致仕贈朝請大夫諡忠文

牟子才字存叟井研人八世祖允良生期歲淳化間盜起舉家殲焉惟一姑未笄以甕覆之得免子才少從其父客陳咸咸張樂大宴子才閉戶讀書若不聞見者咸異之學于魏了翁楊子謨虞剛簡又從李方子方子朱熹門人也嘉定十六年舉進士對策詆丞相史彌遠調嘉定府洪雅縣尉監成都府榷茶司賣引所辟四川提舉茶馬司準備差遣使者魏泌泉人遇之子才拂衣竟去泌以書幣謝不受改辟總領四川財賦所幹辦公事詔李心傳即成都修四朝會要辟兼檢閱文字制置司遣之文州視王宣軍鑲鄧艾縋兵處也道遇宣曰敵且壓境宣已退矣君毋庸往子才不可遂至州視軍庾而還甫出境文州陷辟知成都府溫江縣事未上連丁內外艱時成都已破遂盡室東下免喪心傳方修中興四朝國史請子才自助擢史館檢閱入對首言大臣不公不和六事次陳備邊三策理宗顧問甚悉將下殿復召與語翼日帝論宰相曰人才如此可峻擢之左丞相李宗勉擬祕書郞右丞相史嵩之怨子才言已遽曰姑遷校勘俄宗勉卒嵩之獨相亟請外通判吉州轉通判衢州日食詔求言上封事萬言極陳時政得失且乞蚤定立太子入爲國子監主簿兼史館校勘踰年遷太常博士鄭清之再相子才兩上封事言今日有徽欽時十證又請爲濟王立後以回天怒校書郞徐霖言諫議大夫鄭寀臨安府尹趙與蕙不報出關子才言陛下行霖言則霖留不然則不留也二人之中寀尤無恥請先罷之寀去至若嵩之謀復相清之誤引嵩之之黨別之傑共政皆歷歷爲上言之作書與孔光張禹切責清之之復書媿謝譌告還安吉州寓舍遷祕書郞屢辭主管崇道觀踰年遷著作佐郞又辭清之卒之明日詔子才還朝遷著作郞左丞相謝方叔右丞相吳潛交書道上意趣行益急乃至兼崇政殿說書子才隨事奏陳舉朝誦子才奏疏皆曰有德之言也兼國史院編修官實錄院檢討官兼權禮部郞官時修四朝史乃復兼史館檢討信州守徐謂禮奉行經界苛急又以眷杖比校催科餓

民嘯聚爲亂子才言于上立罷經界諭謂禮浙東福建九郡同日大水子才言今日納私謁溺近習勞土木庇小人失人心五者皆蹈宣和之失苟不恐懼修省臣恐宣和京城之水將至矣燮理陰陽大臣之事宜諭大臣息乖爭以召和氣除壅蔽以通下情今遣使訪問水災德至渥也願出內帑振之又言君子難聚而易散今聚者將散其幾有十又言謚以勸懲當出自朝廷毋待其家自請左司徐霖言諫議大夫葉大有帝大怒逐霖給事中趙汝騰繳之徙他官汝騰卽出關子才上疏留之大有遂劾汝騰子才上疏訟汝騰誣及大有之欺未幾罷大有言聯故事早講講讀官皆在晚講惟說書一員宰相懼子才言已并晚講於早自是不得獨對矣遷軍器少監御史蕭太來劾高斯得徐霖右司李伯玉言泰來所劾不當上切責伯玉降兩官罷子才言陛下更化召用諸賢今汝騰斯得霖相繼劾去伯玉又重獲罪善人盡矣除兼侍立修注官力辭行都大火子才應詔上封事言甚切直兼直舍人院會泰來亦遷起居郎恥與泰來同列七疏力辭上爲出泰來而子才亦請去不已曰泰來旣去臣豈得獨留上不允又言蜀當以嘉渝夔三城爲要欲保夔則巴蓬之間不可無屯以控扼之欲保渝則利閬之間不可無屯以遏截之欲守嘉則瀘敘之間不可無屯以犄角之屯必萬人而後可升兼侍讀御史徐經孫劾府尹厲文翁不報出關子才奏留之文翁改知紹興府又繳其命伯玉降官已逾年舍人院不敢行詞子才曰故事文書行不過百刻卽爲書行以爲敘復地帝曰諭詞皆褒語可更之子才不奉詔丞相又道帝意子才曰腕可斷詞不可改丞相欲改則自改之乃已淮東制置使賈似道以海州之捷子才草獎諭詔弟述軍容之盛不言其功且語多戒勅似道不樂又言全蜀盛時官軍七八萬人通忠義爲十四萬今官軍不過五萬而已宜招新軍三萬并撫慰田楊二家使歲以兵來助如此則蜀猶可保不則不出三年蜀必亡矣湯漢黃蛻召試學士院子才發策蛻譽嵩之罷蛻正字去遷起居郎言外郡以進奉易富貴左右以土木蠱上心小人以譁競朋比陷君子此天災所以數見也明堂禮成帝將幸西太乙宮欽謝實欲遊西湖爾子才力諫止皇子冠面諭作樂章禮部言古者適子一醮無樂庶子三醮有樂用樂非是子才言嫡庶之分特以所立之地不同非適專用醴庶專用醮也樂章乃學士院故事況面諭臣不敢不作詔從之又言首蜀尾吳幾二萬里今兩淮惟賈似道荆蜀惟李曾伯二人而已可爲寒心謂宜於合肥別立淮西制置司江淮別立荆湖制置司且於漣楚光黃均房巴闐縣劒要害之郡或築城或增戍以守之似道聞之怒曰是欲削吾地也正月望召妓入禁中子才言此皆董宋臣輩壞陛下素履權兵部侍郎屢辭帝不允升同修國史實錄院同修撰御史洪天錫劾宋臣文翁及謝堂等不報出關子才請行其言文翁別與州郡堂自請外補宋臣自請辭內轄職而宋臣錄黃竟不至院蓋懼子才復有言也吳子聰之姑知古爲女冠得幸子聰因之以進得知閤門事子才繳之曰子聰依憑城社勢焰薰灼以官爵爲市搢紳之無恥者輻湊其門公論素所切齒不可用帝曰子聰之除將一月矣乃始繳駁何也可卽爲書行子才曰文書不過百刻此舊制也今子聰錄黃二十餘日乃至後省蓋欲俟其供職使臣不得繳之耳給舍紀綱之地豈容此輩得以行私於其間於是子聰改知澧州待次子才力辭去帝遣檢正姚希得挽留之不可以集英殿修撰知太平州前是例兼提領江淮茶鹽子才以不諳財懇免至郡首教民孝弟以前人慈竹義木二詩刻而頒之間詣學爲諸生講說經義修采石戰艦百餘艘造兵仗以千計前政負上供綱及總所綱七十萬緡悉爲補之蠲黃池酒息六十餘萬貫三縣秋苗畸零萬五千餘石夏稅畸零紬帛四千五百餘匹絲七百餘兩綿一萬三千餘兩麥二千餘石郡有平糴倉以米五千石益之又以緡錢二十六萬創抵庫歲收其息以助糴本召入對權工部侍郎時丁大全與宋臣表裏濁亂朝政子才累疏辭歸初子才在太平建李白祠自爲記曰白之斥實由高力士激怒妃子以報脫韡之憾也力士方貴倨豈甘以奴隸自處者白非直以氣陵亢而已蓋以爲掃除之職固當爾所以反其極重之勢也彼昏不知顧爲逐其所忌力士聲勢益張宦官之盛遂自是始其後分提禁旅蹀血宮庭雖天子且不得奴隸之矣又寫力士脫韡之狀爲之贊而刻諸石屬有柿本遺宋臣宋臣大怒持二碑泣愬于帝乃與大全合謀嗾御史交章誣劾子才在郡公燕及餽遺過客爲入已降兩官猶未已帝疑之密以槧問安吉守吳子明子明奏曰臣嘗至子才家四壁蕭然人咸知其淸貧陛下無信讒言帝語經筵官曰牟子才之事吳子明乃謂無之何也衆莫敢對戴慶炣曰臣憶子才嘗繳子明之兄子聽帝曰然事遂解蓋公論所在雖仇讐不可廢也未幾大全敗宋臣斥誣劾子才者悉竄嶺海外乃復子才官職提舉玉隆萬壽宮帝卽欲召子才會似道入相素憚子才又憾草詔事僅進寶章閣待制知溫州又疾御史造飛語目子才爲潛黨將中以危禍上意不可奪遂以禮部侍郎召屢辭不許乃賜御筆曰朕久思見卿故有是命卿其勿疑爲我彊起故事近臣自外召者必先見帝乃供職子才至北關請內引奏事宦者在旁沮之帝特令見大說慰諭久之時似道自謂有再造功四方無虞皆其力故肆意逸樂惡聞讜言子才言開慶之時天下岌岌殆矣今幸復安不知天將去疾遂無復憂耶抑順適吾意而基異時不可測之禍也奈何懷宴安以鴆毒而不明閒暇之政刑乎忠厚者我朝之家法也乃者小人妨國始用一切以戕其脈今當反其所爲奈何愈益甚乎謂宜悉取祖宗所以待士愛民祈天永命者循而行之言論者國之元氣也今言及乘輿尙見優假事關廊廟忿怒斯形朝政之闕失臣下之蔽蒙何由上達乎帝曰非卿不聞此言宣坐賜茶問外事甚悉子才具以田里疾苦對帝矍然久之卽兼侍讀尋兼同修國史實錄院同修撰宋臣有內侍省押班之命舉朝爭之不能得子才入疏詰朝帝出其疏示輔臣皆曰子才有憂君愛國之眞無要譽沽名之巧擢權禮部尚書祀明堂子才爲執綏官帝問漢唐文物占對詳贍時士大夫小迕權臣輒竄流子才請重者量移輕者放還兼直學士院前是僞直多以疾免子才始復舊制帝賜詩褒賞每直輒召對內殿語至夜分或就賜酒果兼給事中彗星見應詔上封事請罷公田更七司法正爲尙書力辭不許升修國史實錄院修撰徐敏子以星赦量移似道惡其爲潛所用諷後省繳之子才不可葉李呂宙之等上書攻似道似道怒欲殺之以他事下天府獄子才請宥之又遺書似道似道復書辭甚忿徑從天府斷遣不復以聞蓋懼子才再有所論駁也度宗在東宮雅敬子才言必稱先生卽位授翰林學士知制誥力辭不拜請去不已進端明殿學士以資政殿學士致仕卒贈四官官其後二人子才事親甚孝弟子方客死公安挾其柩葬安吉女弟在眉山拔其家于兵火致之安吉在吉州文天祥以童子見卽期以遠大所薦士若李芾趙卯發劉黻家鉉翁後皆爲忠義士平江守吳淵籍富民田以千餘畝遺子才皆卻之身後家無餘貲賣金帶乃克葬有存齋集內制外制四朝史稾奏議經筵講義口義故事四尙易編春秋輪輻子獻大理少卿

朱貔孫字興甫浮梁人淳祐四年進士授臨江軍學教授丞相史嵩之聞貔孫名欲致之館下以祿未及親辭喪父服除授福州學教授差充江東安撫司幹辦公事制置使王埜丘岳馬光祖趙與𥲤皆薦之丁大全在臺勢燄熏灼天久陰雨貔孫貽書政府言回積陰之道去姦邪罷手實蠲米稅姦邪指大全也丞相董槐得書嘉歎主管尙書刑工部架閣文字宦者董宋臣寵幸用事貔孫發策試胄子極論宦寺專權之患宋臣諷言者論罷之光祖辟添差江東安撫司機宜文字擢史館校勘時大全執政使其黨許以驟用貔孫力拒之且謁告歸省遷太學博士屬帝親擢監察御史兼崇政殿說書首疏論大全權姦誤國之罪倡言學校六士之竄又以翕聚人才凝固人心精擇人言增禁旅以壯帝畿擇良守以牧內郡選全才以守江面嚴舟師以防海道因地募兵以應突至之敵并力合勢以援必守之地時有建議遷都四明者貔孫亟上疏言鑾輿若動則三邊之將士瓦解而四方之盜賊蠭起必不可遂止貔孫在講筵言及宋臣撓政事忤旨遷大理少卿又遷司農少卿兼太子右諭德詔許乘馬赴講貔孫諭導得體衍說經義有關於君道者必委曲敷暢陰寓警戒太子每爲之改容兼國史院編修官實錄院檢討官兼權直舍人院時大禮成封命叢委吏持詞頭下每夕無慮數十貔孫運筆如飛夜未中已就皆溫潤典雅遷宗正少卿丁母憂服除授祕書監兼太子左諭德改監察御史兼崇政殿說書姓名已付外矣尋復改命浙西行公田吏並緣爲姦貔孫疏其敝推春秋尊王絀霸之旨勸帝崇仁政用吉士行正論賜賚甚渥擢殿中侍御史兼侍講請嚴京師淫聲奇服之禁他所論苗耗役害及經理川蜀皆當世急務宋臣覆出朝論紛然貔孫因對力斥其姦卒奪祠升侍御史兼侍講長星出東方貔孫力詆外戚內臣及進奉羨餘失人心者且曰回天心自回人心始辭旨懇切帝爲之感動升侍讀貔孫之再入臺屬彊埸多事屢陳備禦之策理宗春秋高倚成賈似道似道擅命貔孫隨事進諫不肯阿附至若行公田之政屢於經筵密以告帝似道自是深忌之貔孫累疏求去理宗崩度宗卽位擢右諫議大夫賜紫金魚袋兼賜章服犀帶以疾乞辭言職遷吏部尙書不拜帝以舊學故雅欲留貔孫使者旁午於道而貔孫辭益力以華文閣學士知寧國府似道諷言者論罷久之提舉太平興國宮復華文閣學士知袁州至郡宣布德意以戢暴禁貪爲先務郡倉受

租舊倚斛面取贏吏加漁取貔孫知其敝悉榜除之許民自槩量宿敝頓革田里歡聲與學校以勸士升數文閣學士知福州福建安撫使未幾卒于袁之郡治贈四官與恩澤二令所在給喪事有文集奏議行世

歐陽守道字公權一字迂父吉州人初名巽自以更名應舉非是當祭必稱巽少孤貧無師自力於學里人聘爲子弟師主人瞯其每食舍肉密歸遺母爲設二器馳送乃肯食肉隣媼兒無不歎息感動年未三十翕然以德行爲鄉郡儒宗江萬里守吉州守道適貢于鄉萬里獨異視之淳祐元年舉進士廷對言國事成敗在宰相人才消長在臺諫昔者當國惡箴規言者疑觸迕及其去位共謂非才或有迎合時宰自效殷勤亦有疾惡乖方苟求疵纇以致忠邪不辨黜陟無章唱名徐儼夫爲第一儼夫握守道起曰吾愧出君上矣君文未嘗不在我上也授雩都主簿丁母憂服除調贛州司戶其次十年後萬里作白鷺洲書院首致守道爲諸生講說湖南轉運副使吳子良聘守道爲嶽麓書院副山長守道初升講發明孟氏正人心承三聖之說學者悅服宗人新及子必泰先寓居長沙聞守道至往訪之初猶未識也晤語相契守道卽請于子良禮新爲嶽麓書院講書新講禮記天降時雨山川出雲一章守道起曰長沙自有仲齊吾何爲至此仲齊新之字也踰年新卒守道哭之慟自銘其墓又薦其子必泰於當道子良代守道復還吉州里有張基喪其父小祥而舅氏訟以事繫之獄使不得祭邀其售已地以葬守道聞之歎曰吾惟痛斯子之不得一哭其父也且其痛奈何明日告之邑令曰此非人心濱祭而縛之撓葬而奪之舅如此是自食其肉也請任斯子出祭而復獄令亟出之其舅醜詆守道守道亦不自辨轉運使包恢爲請祠于朝萬里入爲國子祭酒薦爲史館檢閱召試館職授祕書省正字安南國王陳日照傳位其子求封太上國王下省官議守道謂太上者漢高帝以尊其父累朝未之有改若賜詔書稱太上國王非便南越尉佗嘗自稱蠻夷大長老正南夷事也禮方伯自稱曰天子之老大夫致仕曰老自稱亦曰老自夷蠻言之則有尉佗之故事自中國言之亦方伯致仕者之常稱漢亦有老上單于之號易太以老無損或去上字存其太字太王則有古公三太三少太宰少宰太所以別於少也謂父爲太則子爲少矣太以尊言則太后太妃太子太孫以卑言則太史太卜太祝樂太師太閤上下所通用也時病足不及與議遷校書郎兼景憲府教授遷祕書郎轉對言欲家給人足必使中外臣庶無復前日言利之風而後可風化惟反諸身化之以儉而彼不爲儉吾惟有卑宮室菲飲食化之以廉而彼不興廉吾惟有不貴難得之貨不厚無益之藏以言罷守道徒步出錢塘門唯書兩篋而已理宗遺詔聞守道與其徒相嚮哭踊僮奴孺子各爲悲哀咸淳三年特旨與祠詔大臣舉賢才少傅呂文德舉九十六人守道預焉添差通判建昌軍以書謝廟堂曰史贊大將軍不薦士今大將軍薦士矣而某何以得此於大將軍哉幸嘗蒙召擢備數三館異時或者謂其放廢無聊託身諸貴人虧傷國體則寧得而解顧仍賦祠祿足矣遷著作佐郎兼崇政殿說書兼權都官郎官經筵所進皆切於當世務上爲動色遷著作郎卒家無一錢守道之兄之妻蚤喪其子演五歲餘且多病淡生甫數月守道三十未有室顧無能乳哺者日夜抱二子泣里巷憐之演既長出莫知所之守道哭而求諸野終不能得三年不食肉顛頓不釋者終身吉有賢守而大家怨之厚誣以贓者下其事常平使者會旱甚禱雲騰守道曰無以禱也雲騰之神唐郡守吳侯也冤莫甚於前守冤不直而吳侯於禱侯有辭矣匹婦藏冤旱或三年冤在民牧害豈其小反覆千餘言或迂笑之守道不改告來者不倦守卒以得直所著有易故文集

論曰湯璹立朝蹇諤蔣重珍自擢巍科旣居盛名之下而能樹立於當世可爲難矣牟子才朱貔孫直聲著于中外歐陽守道廬陵之醇儒也

宋史卷四百十二

元　中書右丞相總裁脫脫等修

列傳第一百七十一

孟珙　杜杲子庶　王登　楊掞

張惟孝　陳咸

孟珙字璞玉隨州棗陽人四世祖安嘗從岳飛軍中有功嘉定十年金人犯襄陽駐團山父宗政時爲趙方將以兵禦之珙料其必闘樊城獻策宗政由羅家渡濟河宗政然之越翼日諸軍臨渡布陣金人果至半渡伏發殲其半宗政被檄援棗陽臨陣嘗父子相失珙望敵騎中有素袍白馬者曰吾父也急麾騎軍突陣遂脫宗政以功補進勇副尉十二年完顏訛可步騎二十萬分兩路攻棗陽環集城下珙登城射之將士驚服宗政命珙取它道劫金人破砦十有八斬首千餘級大俘軍器以歸金人遁以功升下班祗應十四年入謁制置使趙方一見奇之辟光化尉轉進武校尉十六年以功特授承信郎丁父憂制置使起復之珙辭訖葬趨就職又辟轉威忠郎理宗卽位特授忠翊郎尋差峽州兵馬監押兼在城巡檢京湖制置司差提督虎翼突騎軍馬又辟京西第五副將權管神勁左右軍統制初宗政招唐鄧蔡壯士二萬餘人號忠順軍命江海總之衆不安制置司以珙代海珙分其軍爲三衆乃帖然紹定元年珙白制置司糴平堰于棗陽自城至軍西十八里由八疊河經漸水側水跨九阜建通天槽八十有三丈溉田十萬頃立十莊三轄使軍民分屯是年收十五萬石又命忠順軍家自畜馬官給芻粟馬益蕃息二年升京西第五正將棗陽軍總轄本軍屯駐忠順三軍明年差京西兵馬都監丁母憂又明年起復京西兵馬鈐轄棗陽軍駐劄仍總三軍六年大元將那顏倴盞追金主完顏守緒逼蔡檄珙戍鄂討金唐鄧行省武仙仙時與武天錫及鄧守移剌瑗相犄角爲金盡力欲迎守緒入蜀犯光化鋒剽甚天錫者鄧之農夫乘亂聚衆二十萬爲邊患珙逼其壘一鼓拔之壯士張子良斬天錫首以獻是役獲首五千級俘其將士四百餘人戶十二萬二十有奇乃授江陵府副都統制賜金帶制置司檄珙問邊事珙曰金人若向呂堰則八千人不爲少然須木查騰雲呂堰等砦受節制乃可濟已而劉全雷去危兩部與金人戰于夏家橋小捷有頃金人犯呂堰珙喜曰吾計得矣亟命諸軍追擊呂堰進逼大河退逼山險砦軍四合金人棄輜重走獲甲士五十有二斬首三千馬牛橐駝以萬計歸其民二萬二千有奇瑗遣其部曲馬天章奉書請降得縣五鎭二十二官吏一百九十三馬軍千五百步軍萬四千戶三萬五千三百口十二萬五千五百五十三珙入城瑗伏階下請死珙爲之易衣冠以賓禮見初仙屯順陽爲宋軍所撓退屯馬蹬金順陽令李英以縣降申州安撫張林以州降珙言歸附之人宜因其鄉土而使之耕因其人民而立之長少壯籍爲軍俾自耕自守才能者分以土地任以職使各招其徒以殺其勢制置司是之七月己酉仙愛將劉儀領壯士二百降珙問仙虛實儀陳仙所據九砦其大砦石穴山以馬蹬沙窩岵山三砦蔽其前三砦不破石穴未易圖也若先破離今砦則王子山砦亦破岵山沙窩孤立三帥成禽矣珙翼日遣兵向離金盧秀執黑旗帥衆入砦金人不疑爲宋軍乃分據巷道大呼縱火掩殺幾盡是夜壯士楊青等擣王子山砦護帳軍酣寢王建入帳中斬金將首囊佩之平明視之金小元帥也丙辰出師馬蹬遣樊文彬攻其前門成明等邀截西路一軍圍訖石烈一軍圍小總帥砦火燭天殺僇山積餘逸去者復爲成明伏軍所得壯士老少萬二千三百來歸師還至沙窩西與金人遇大捷是日三戰三克未幾丁順等又破默候里砦珙召儀曰此砦旣破板橋石穴必震汝能爲我招之乎儀曰晉德與花腿王顯金鎭撫安威故舊招之必來廼遣德行儀又請選婦人三百僞逃歸懷招軍榜以向珙從之威見德叙情好甚歡介德往見顯顯卽日以書乞降德復請珙遣劉儀候之顯軍約五千猶未解甲珙令作栲栳陣入陣周視良久乃去如素所撫循饗以牛酒皆醉飽歌舞珙料武仙將上岵山絕頂窺伺令樊文彬詰旦奪岵山駐軍其下前當設伏後遮歸路已而仙衆果登山及半文彬麾旗伏兵四起仙衆失措枕藉厓谷山爲之赬殺其將兀沙惹擒七百三十人棄鎧甲如山薄暮珙進軍至小水河儀還具言仙不欲降謀往商州依險以守然老稚不願北去珙曰進兵不可緩夜漏十刻召文彬等受方畧明日攻石穴九砦丙辰蓐食啓行晨至石穴時積雨未霽文彬患之珙曰此雪夜擒吳元濟之時也策馬直至石穴分兵進攻而以文彬往來給事自寅至巳力戰九砦一時俱破武仙走追及於鮎魚砦仙望見易服而遁復戰于銀葫蘆山軍又敗仙與五六騎奔追之陰不見降其衆七萬人獲甲兵無筭還軍襄陽轉修武郎鄂州江陵府副都統制大元兵遣宣撫王約共攻蔡制置使謀於珙珙請以二萬人行因命珙盡護諸將金兵二萬騎繇眞陽橫山南來珙鼓行而前金人戰敗郤走追至高黃陂斬首千二百級倴盞遣兎花忒沒荷過出阿悉三人來迓珙與射獵割鮮而飲馳入其帳倴盞喜約爲兄弟酌馬湩飲之金兵萬人自東門出戰珙遮其歸路掩入汝河擒其偏裨八十有七人得蔡降人言城中飢珙曰已窘矣當盡死而守以防突圍珙與倴盞約南北軍毋相犯決堰水布虎落倴盞遣萬戶張柔帥精兵五千人入城金人鈎二卒以往柔中流矢如蝟珙麾先鋒救之挾柔以出撥發官宋榮不肅將斬之衆下馬羅拜以請猶杖之黎明珙進逼石橋鈎致

生俘郭山。戰少郤，金人突至，珙躍馬入陣，斬山以徇，軍氣復張，殊死戰，進逼柴潭立柵，俘金人百有二，斬首三百餘級。翼日，命諸將奪柴潭樓，金人爭樓，諸軍魚貫而上，金人又飾美婦人以相蠱，麾下張禧等殺之，遂拔柴潭樓，俘其將士五百三十有七人。蔡人恃潭爲固，外即汝河，潭高於河五六丈，城上金字號樓伏巨弩，相傳下有龍，人不敢近，將士疑畏。珙召麾下飲，再行，曰：「柴潭非天造地設，樓伏弩能及遠而不可射近，彼所恃此水耳。決而注之，涸可立待。」皆曰：「隄堅未易鑿。」珙曰：「所謂堅者，止築兩隄首耳，鑿其兩翼可也。」潭果決，實以薪葦，遂濟師攻城，擒其兩將，斬之，獲其殿前右副點檢溫端，礫之城下。進逼土門，金人驅其老稚熬爲油，號「人油砲」，人不堪其楚，珙遣道士說止之。端平元年正月辛丑，黑氣壓城上，日無光，降者言城中絕糧已三月，鞍韉敗鼓皆糜煮，且聽以老弱互食，諸軍日以人畜骨和芹泥食之，又往往斬敗軍全隊，拘其肉以食，故欲降者衆。珙下令諸軍銜枚，分運雲梯布城下。己酉，珙帥師向南門，至金字樓，列雲梯，令諸將聞鼓則進。馬義先登，趙榮繼之，萬衆競登，大戰城上，降其丞相烏古論栲栳，殺其元帥兀陵達及偏裨二百人。門西開，招倴盞入，江海執其參政張天綱以歸。珙問守緒所在，天綱曰：「城危時即取寶玉寘小室，環以草，號泣自經，曰『死便火我』。」煙燄未絕，珙與倴盞分守緒骨，得金鎰、寶玉帶、金銀印牌有差，還軍襄陽。特授武功郎、主管侍衞馬軍行司公事，擢建康府都統制兼權侍衞馬軍行司職事。太常寺簿朱揚祖、看班祗候林拓朝入陵，諜云大元兵傳宋來爭河南府，哨已及盟津，陝府、潼關、河南皆增屯設伏。又聞淮閫刻日進師，衆畏不前。珙曰：「淮東之師由淮泗遡汴，非旬餘不達，吾選精騎疾馳，不十日可竣事，逮師至東京，吾已歸矣。」於是晝夜兼行，與二使至陵下，奉宣御表，成禮而歸。制置司奏留珙襄陽，兼鎭北軍都統制。鎭北軍者，珙所招中原精鋭百戰之士，萬五千餘人，分屯漅北、樊城、新野、唐鄧間。俄令赴樞密院稟議，授帶御器械。二年，授主管侍衞馬軍司公事，時暫黃州駐劄。朝辭，上曰：「卿名將之子，忠勤體國，破蔡滅金，功績昭著。」珙對曰：「此宗社威靈，陛下聖德與三軍將士之勞，臣何力之有？」帝問恢復，對曰：「願陛下寛民力，蓄人材，以俟機會。」帝問和議，對曰：「臣介胄之士，當言戰，不當言和。」賜賚甚厚。兼知光州，又兼知黃州。三年，珙至黃，增埤浚隍，蒐訪軍實，邊民來歸者日以千數，爲屋三萬間居之，厚加賑貸。又慮兵民雜處，因高阜爲齊安、鎭淮二砦以居諸軍，剏章家山、毋家山兩堡爲先鋒、虎翼、飛虎營。兼主管管內安撫司公事，節制黃、蘄、光、信陽四郡軍馬。大元兵攻蘄州，珙遣兵解其圍。又攻襄陽，隋守張龜壽、金門守朱陽祖、郢守喬士安皆委郡去，復州施子仁死之，江陵危急，詔沿江、淮西遣援，衆謂無踰珙者，乃先遣張順度江，珙以全師繼之。大元兵分兩路，一攻復州，一在枝江、監利縣編筏窺江。珙變易旌旗服色，循環往來，夜則列炬照江，數十里相接。又遣外弟趙武等共戰，躬往節度，破砦二十有四，還民二萬。嘉熙元年，封隋縣男，擢高州刺史、忠州團練使兼知江陵府、京西湖北安撫副使。未幾，授鄂州諸軍都統制。大元大將忒沒䚟入漢陽境，大將口溫不花入淮甸，蘄守張可大、舒州李士達委郡去，光守董堯臣以州降，合三郡人馬糧械攻黃。守王鑑、江帥萬文勝戰不利，珙入城，軍民喜曰：「吾父來矣。」駐帳城樓，指畫戰守，卒全其城。斬逗留者四十有九人以徇。御筆以戰功賞將士，特賜珙金盌，珙益以白金五十兩賜之諸將。將士彌月苦戰，病傷者相屬，珙遣醫視療，士皆感泣。二年春，授寧遠軍承宣使、帶御器械、鄂州江陵府諸軍都統制。珙以三軍賞典未頒，表辭，詔曰：「有功不賞，人謂朕何？三軍勲勞，趣其來上，封爵之序，自將帥始，卿奚辭焉。」未幾，授樞密副都承旨、京西湖北路安撫制置副使兼督視行府參謀官。未幾，升制置使兼知岳州，廼檄江陵節制司擣襄郢。於是張俊復郢州，賀順復荊門軍。十二月壬子，劉全戰于家頭，戰于樊城，戰于郎神山，屢以捷聞。三年春正月，曹文鏞復信陽軍，劉全復樊城，遂復襄陽。授樞密都承旨、制置使兼知鄂州。全遣譚深復光化軍，息、蔡降，珙命以兵逆之，得北士百餘，籍爲忠衞軍。初，詔珙收復京襄，珙謂必得郢，然後可以通餽饟，得荊門，然後可以出奇兵，由是指授方畧，發兵深入，所至以捷聞。珙奏畧曰：「取襄不難而守爲難，非將士不勇也，非車馬器械不精也，實在乎事力之不給爾。襄樊爲朝廷根本，今百戰而得之，當加經理，如護元氣，非甲兵十萬，不足分守。與其抽兵於敵來之後，孰若保此全勝？上兵伐謀，此不爭之爭也。」乃置先鋒軍，以襄郢歸順人隸焉。庚寅，諜報大元兵欲大舉臨江，珙策必道施、黔以透湖湘，請粟十萬石以給軍餉，以二千人屯峽州，千人屯歸州。忠衞舊將晉德自光化來歸，珙奬用之。珙弟瑛以精兵五千駐松滋，爲夔聲援。遣于德興增兵守歸州隘口萬戶谷。大元兵自隨閫江，珙密遣劉全拒敵，遣伍思智以千人屯施州。大元大將塔海并秃雪帥師入蜀，號八十萬，珙增置營砦，分布戰艦，遣張皐提兵間道抵均州防遏。大元兵度萬州湖灘，施、夔震動，珙兄璟時爲湖北安撫副使、知峽州，急以書謀備禦。珙請于督府，帥師西上，璟調金鐸一軍迎拒于歸州大埡砦，劉義捷于巴東縣之清平村。珙弟璋選精兵二千駐澧州，防施、黔路。四年，進封子。珙條上流備禦宜爲藩籬三層：乞剏制副司及移關外都統一軍於夔，任涪南以下江面之責，爲第一層；備鼎、澧爲第二層；備辰、沅、靖、桂爲第三層。峽州、松滋須各屯萬人，舟師隸焉；歸州屯三千人；鼎、澧、辰、沅、靖各五千人；郴、桂各千人。如是則江西可保。又遣楊鼎、張謙往辰、沅、靖三州，同守倅曉諭熟蠻，講求思、播、施、黔支徑，以圖來上。會諜知大元兵於襄樊、隨、信陽招集軍民布種，積船材于鄧之順陽，乃遣張漢英出隨，任義出信陽，焦進出襄，分路撓其勢；遣王堅潛兵燒所積船材。又度師必因糧於蔡，遣張德、劉整分兵入蔡，火其積聚。制拜寧武軍節度使、四川宣撫使兼知夔州。招集麻城縣、巴河、安樂磯、管公店淮民三百五十有九人，皆沿邊經戰之士，號寧武軍，令璋領之。進封漢東郡侯，兼京湖安撫制置使。回鶻愛里八都魯帥壯士百餘、老稚百一十五人、馬二百六十匹來降，剏飛鶻軍，改愛里名艾忠孝，充總轄，乞補以官。四川制置使陳隆之與副使彭大雅不協，交章于朝，珙曰：「國事如此，合智并謀，猶懼弗克，而兩司方勇於私鬭，豈不愧廉、藺之風乎！」馳書責之，隆之、大雅得書大慚。釐蜀政之弊，爲條班諸郡縣，曰差除計屬，曰功賞不明，曰減尅軍糧，曰官吏貪黷，曰上下欺罔。又曰：「不擇險要立砦柵，則難責兵以衞民；不集流離安耕種，則難責民以養兵。」乃立賞罰，以課殿最，俾諸司奉行之。黎守閻師古言大理國請道黎、雅入貢，珙報大理自通邕廣，不宜取道川蜀，郤之。兼夔路制置大使兼屯田大使。軍無宿儲，珙大興屯田，調夫築堰，募農給種，首秭歸，尾漢口，爲屯二十，爲莊百七十，爲頃十八萬八千二百八十，上屯田始末與所減券食之數，降詔奬諭。靖州猺林賽艮爲亂，遣王瑀平之。淳祐二年，珙以京襄死節死事之臣請　朝，建祠岳陽，歲時致祭，有旨賜名閔忠廟。淮東受兵，樞密俾珙應援，遣李得帥精兵四千赴之，珙子之經監軍。諜知京兆府也可那延以騎兵三千經商州，取鶻嶺關，出房州竹山，遣王令屯江陵，尋進屯郢州，劉全屯沙市，焦進提千人自江陵、荊門出襄，檄劉全齎十日糧，取道南漳入襄，與諸軍合。大元兵至三川，珙下令應出戍主兵官不許失棄寸土。權開州梁棟乏糧，請還司，珙曰：「是棄城也。」棟至夔州，使高達斬其首以徇，由是諸將稟令惟謹。大元兵至瀘，珙命重慶分司發兵應援，遣張祥屯涪州。拜檢校少保，進封漢東郡公。珙言：「沅之險不如辰，靖之險不如沅，三州皆當措置，而靖尤急。今三州粒米寸兵無所從出，此京湖之憂一。江防上自秭歸，下至壽昌，亘二千里，自公安至峽州灘磧凡十餘處，隆冬水涸，節節當防。兵諱備多，此京湖之憂二。今尺籍數虧，既守灘磧，又守關隘，此京湖之憂三。陸抗有言：『荊州國之藩表，如其有虞，非但失一郡，當傾國爭之。』若非增兵八萬，併力備禦，雖韓、白復生，無所展巧。今日事勢，大畧相似，利害至重。」余玠宣諭四川，道過珙，珙以重慶積粟少，餉屯田米十萬石，遣晉德帥師六千援蜀，之經爲策應司都統制。四年，兼知江陵府。珙謂其佐曰：「政府未之思耳。彼若以兵綴我上下流，急將若之何？珙往則彼擣吾虛，不往則誰實捍患？」識者是之語。詔湖調兵五千戍安豐援壽春，珙遣劉全將以往。繼有命分兵三千備齊安，珙言：「黃州與壽昌三江口隔一水耳，須兵即度，何必預遣。先一日則有一日之費，無益有損，萬一上游有警，我軍已疲，非計之得也。」不從。五年，御筆以職事修舉，轉行兩官，計令回授。珙至江陵，登城歎曰：「江陵所恃三海，不知沮洳有變爲桑田者，敵一鳴鞭，即至城外。蓋自城以東，古嶺先鋒直至三汊，無所限隔。」廼修復內隘十有一，別作十隘外，有距城數十里者。沮、漳之水，於舊自城西入江，因障而東之，俾遶城北入于漢，而三海遂通爲一。隨其高下爲匱，蓄泄三百里間，渺然巨浸。土木之工百七十萬，民不知役。繪圖上之。珙以身鎭江陵，而兄璟帥武昌，故事無兄弟同處一路者，乞歸田，不允。詔以兵五千援淮，珙使張漢英帥之。樞密調兵五千赴廣西，珙移書執政曰：「大理至邕數千里，部落隔絕，今當擇人分布數郡，使之分治，生夷險要，形勢隨宜措置，剏關屯兵，積糧聚芻於何地，聲勢既張，國威自振。計不出此，而聞風調遣，空費錢糧，無補於事。」不聽。大元大將大納至江陵，遣楊全伏兵荊門以戰。珙先期諜知，達于樞密，檄兩淮爲備，兩淮不知也，後果如所報。珙奏襄蜀蕩析，士無所歸，蜀士聚於公安，襄士聚於郢渚，臣作公安、南陽兩書院，以沒入田廬隸之，使有所教養。請帝題其榜，賜焉。初，珙招鎭北軍駐襄陽，李虎、王旻軍亂，鎭北亦潰，乃厚招之，降者不絕。行省范用吉密通降款，以所受告爲質，珙白于朝，不從。珙歎曰：「三十年收拾中原人，今志不克伸矣。」

病遂革乞休致授檢校少師寧武軍節度使致仕終于江陵府治時九月戊午也是月朔大星隕于境內聲如雷薨之夕大風發屋折木訃至帝震悼輟朝賻銀絹各千特贈少師三贈至太師封吉國公諡忠襄廟曰威愛珙忠君體國之念可貫金石在軍中與參佐部曲論事言人人異珙徐以片語折衷衆志皆愜謁士遊客老校退卒壹以恩意撫接名位雖重惟建鼓旗臨將吏而色凜然無敢涕唾者退則焚香掃地隱几危坐若蕭然事外遠貨色絕滋味其學邃於易六十四卦各繫四句名警心易贊亦通佛學自號無庵居士

杜杲字子昕邵武人父穎仕至江西提點刑獄故杲以任授海門買納鹽場未上福建提點刑獄陳彭壽檄攝閩尉民有甲之子死誣乙殺之驗髮中得沙而甲舍旁有池沙類髮中者鞫問子果溺死江淮制置使李珏羅致幕下滁州受兵檄杲提偏師往援甫至民蔽野求入避滁守固拒杲啓鑰納之金人圍城數重杲登陴中矢益自奮厲卒全其城調江山丞兩浙轉運使朱在辟監崇明鎮崇明改隸淮東總領與總領岳珂議不合慨然引去珂出文書一卷曰舉狀也杲曰比得禽獸而雖若丘陵弗爲珂怒杲曰可劾者文林不可强者杜杲珂竟以負蘆錢劾朝廷察蘆無虧三劾皆寢淮西制置曾式中辟廬州節度推官浮光兵變杲單騎往誅其渠魁守將爭餉金幣悉封貯一室將行屬通判鄭準反之安豐守告戍將扇搖軍情且爲變帥欲討之杲曰是激使叛也請與兩卒往呼將論之曰而果無他可持吾書詣制府將卽日行一軍帖然知六安縣民有嬖其妾者治命與二子均分二子謂妾無分法杲書其牘云傳云子從父令律曰違父敎令是父之言爲令也父令子違不可以訓然妾守志則可或去或終當歸二子部使者季衍覽之繫節曰九州三十三縣令之最也知定遠縣會李全犯邊衍時爲淮帥辟通判濠州朝廷以杲久習邊事擢知濠州制置大使趙善湘謀復盱眙密訪杲杲曰賊恃外援當斷盱眙橋梁以困之卒用其策成功金衆數萬駐楡林阜請降輜重甚富或請誘而圖之杲曰殺降不仁奪貨不義納之則有後患諭而遣之召奏事差主管官告院知安豐軍善湘與趙范范弟葵出師還淮西轉運判官詔問守禦策杲上封曰沿淮旱蝗不任征役中原赤立無糧可因若虛內事外移南實北腹心之地必有可慮時在外諫出師者惟杲一人及兵敗洛陽入始服其先見奉崇道祠再知濠州未行改安豐大元兵圍城與杲大戰明年大兵復大至又大戰擢將作監御書慰諭之丞相李宗勉參知政事徐榮叟曰帥淮西無逾杜杲者詔以安撫兼廬州進大府卿淮西制置副使兼轉運使復與大元兵戰累疏請老不許權刑部尚書淳祐元年乞去愈力擢工部尚書遂以直學士奉祠帝欲起之帥廣西以言者罷帝曰杜杲兩有守功若脫兵權使有後禍朕何以使人乃起知太平州俄擢華文閣學士沿江制置使知建康府行宮留守節制安慶和無爲三郡杲罷楊林堡以其費備歷陽淮民寓沙上者護以師首謁程顥祠總領所卽張栻宦遊處陳像設祀焉置貢士莊蠲民租二萬八千石復與大元兵戰于眞州進敷文閣學士遷刑部尚書引見帝加獎勞乞歸不許兼吏部尚書杲隨資格通其礙銓宗爲精梁成太子路當國者求銓試杲曰昔沈繼祖論朱文公成大亦論眞文忠公皆得罪名教者子孫宜廢錮安得仕進徽猷閣奉祠請老升寶文閣致仕帝思前功進龍圖閣而杲卒遺表上贈開府杲淹貫多能爲文麗密淸嚴善行草急就章晚歲專意理學嘗言吾兵間無悖謀左畫得於四書子庶

庶字康侯幼倜儻有大志性剛勁通宋典故善爲文從父兵間習邊事未入仕已立戰功明堂恩補官大元兵圍安豐兵將不相下庶調護咸得其歡心卒協力捍禦杲帥淮西辟書寫機宜文字廬州圍解庶白事廟堂諸將餽金助上功費皆受之賞與行歸悉反所餽還籍曰令兼制機督幹監呂文德聶斌軍與大元兵戰朱皐白冢遷將作監簿杲在建康庶通判和州權知眞州郡素缺備庶大修守禦具積排杉木殆十萬株差知興化軍奉祀鴻禧觀起知邕州改潮州以言者寢命赴淮東制司議幕過闕遷將作監丞遷司農丞知和州陛辭言今天時不可幸地利不可恃人和不可保苟恃天幸恃長江恃淸野而付邊事於素不諳歷之人未見其可帝嘉納尋兼淮西提點刑獄浚城濠增守備修學宮知眞州兼淮東提點刑獄論年進直祕閣移淮西兼廬州安撫副使人歡迎如見慈父治績甚多就任加刑部郎中升寶文閣與大元兵戰於望仙白沙城升華文閣開慶元年冬進大理少卿淮東轉運副使兩淮制置司參謀官特授兩淮制置使知揚州射陽湖饑民嘯聚庶曰吾赤子也遣將招刺得丁壯萬餘戮止首惡數人明年四月大抗章自劾召赴行在尋直寶文閣知隆興府江西轉運副使卒

王登字景宋德安人少讀書喜古兵法慷慨有大志不事生產出制置使孟珙幕府久之權知巴東縣獻俘制置司登念舊自書生不拜吏曰不拜則不敢上難之竟棄功去淳祐四年舉進士調興山主簿總領賈似道檄修江陵城條畫有法明年制置使李曾伯經理襄陽登在行以積功升尋以母憂去及吳淵爲制置使邊事甚亟因憶弟潛盛言王登才畧具書幣招之登方與客奕發書衣冠拜家廟長揖出門問牛幾何可盡發犒師淵慨然曰事亟矣奈何登曰亟呼諸將共議衆至驩躍曰景宋在此淵曰汝輩欲西門出景宋欲從方城如何衆曰惟命登曰用兵患不一登書生不過馮軾觀戰請五大帥中擇一人爲節制淵曰請監丞出正謂此也卽書銀牌曰監丞代某親行將士用命不用命賞罰畢具申登至沙市椎牛釃酒得七千人誓曰登與諸將義同骨肉今日之事登不用命諸將殺登以獻主帥諸將有一不用命登有制劄在不敢私也衆股慄聽命竟立奇功於沮河趙葵爲制置使見登握手曰景宋一身膽惜相見晚也俾參宣撫司兼京西兩節馬光祖爲制置使辟充參謀官遷軍器少監京西提點刑獄登威聲日振有余思忠及徐制幾讒於光祖曰京湖知有王景宋不知有馬制置非久易位矣光祖疑焉出登屯郢州後以幹辦鍾蜚英調護情好如初侍御史戴慶炣劾思忠其黨過元能沈翥在幕中又傾之以是議論不合才畧不能施識者惜焉開慶元年登提兵援蜀約日合戰夜分登經理軍事忽絕倒五藏出血幕客唐舜申至登尚瞪目視几上文書俄而卒它日舜申舟經漢陽有蜀聲呼唐舜申者三左右曰景宋聲也是夕舜申暴卒

楊掞字純父撫州臨川人少能詞賦里陳氏館之教子數月拂衣去遊襄漢旣而代陳中選陳謝之萬緡輦之入倡樓傾垂盡夜忽自呼曰純父來此何爲明日遂行用故人薦出淮閫杜杲幕杲曰風神如許它日不在我下由是治法征謀多咨於掞逾年安豐被兵掞慨然曰事亟矣掞請行乃以奇策解圍奏補七官掞念置身行伍間騎射所當工夜以青布籍地乘生馬以躍初過三尺次五尺至一丈數閃跌不顧制置使孟珙辟于幕嘗用其策爲小子房與之茶局周其貧用掞以本領錢數萬賚之總領賈似道稽數責償珙以白金六百令掞償之掞又散之賓客酣歌不顧似道欲殺之掞曰漢高祖以黃金四萬斤付陳平不問出入公乃顧此區區不以結豪傑之心邪似道始寘之珙嘗燕客有將校語不遜命斬之掞從容曰斬之誠是第方會客廣謀議非其時非其地也珙大服未幾有大將立功珙坐受其拜掞爲動色因歎曰大將立功庭參納拜信兜鍪不如毛錐子也於是謝絕賓客治進士業遂登第調麻城尉向士璧守黃州檄入幕尋以戰功升三官無何得心疾曰我不可用矣遂調潭州節度推官趙葵爲京湖制置使掞與借行王登迓於沙市極談至夜分掞退曰王景宋滿身是膽惜欠沉細者如掞副之何事不可爲也但恐終以勇敗後登死人以爲知言逾時士璧守峽州招之病不果行而卒贈架閣

張惟孝字仲友襄陽人長六尺通春秋下第乃工騎射城中亂爭出關惟孝拔劍殺數人趨白河見一舟壯鉅甚急登之舟人不可惟孝曰今日之事非汝卽我能殺我者得此舟衆披靡遂以舟達郢州兵辭奔沙洋別之傑爲帥盡監諸湖不泄水惟孝令二人貫服前行密窺監兵曰易與耳乃與十騎衣黑袍假爲敵兵曰後隊亟至守監四五百人悉潰舟趨藕池開慶元年卜居江陵至沙市衆舟大集不可涉頃有峩冠張蓋從者數十則宣撫姚希得之弟也令曰敢有爭岸者投水中惟孝睥睨良久提劍驅左右而出舉白旗以麾令衆船登岸毋敢亂次幹官鍾蜚英見而異之以告唐舜申舜申曰吾故人也具言惟孝平生蜚英謂曰今日正我輩趨事赴功之秋惟孝不答又叩之則曰朝廷負人明日蜚英導希得羅致之晏仲宣樓蜚英酒酣曰有國而後有家天下如此將安歸乎惟孝躍然曰從公所命乃請空名帖三十以還逾旬以三十騎俱擁甲士五千至旗幟鮮明部伍嚴肅上至公安下及墨山游踏相繼希得大喜請所統姓名惟孝曰朝廷負人福難禍易聊爲君侯紓一時之難耳姓名不可得也時鼎澧五州危甚於是擊鼓耀兵不數日衆至萬人數戰俱捷江上平制使呂文德招之不就而遁物色之不可得或云已趨淮甸後不知所終

陳咸字逢儒監察御史升卿次子爲叔父巨卿後登淳熙二年進士第調內江縣尉縣吏受賄賦民不均咸以聞于部使者爲下令聽民自陳利病而委咸均其賦改知果州南充縣轉運司辟主管文字歲旱稅司免下戶兩稅轉運使安節以爲虧漕計咸白安節曰苟利於民違之不可因言今褚幣行於四川者幾虧三百萬苟增印百萬足以補放免之數安節從之軍多濫請咸毎裁損帥屬以爲言咸曰咸首可斷濫請不可得蜀歲收激

賞權輸絹錢民以爲病咸白安節覈入節出奏歲減二十餘萬緡權知資州時久旱咸被命即請帥臣發粟二千餘石以振明年東西川皆旱總制二司議蠲民賦而慮虧國課咸請增印未補發引百有九萬以償所蠲議遂決大修學宫政以最聞改知普州開禧元年邊事與四川宣撫使程松奇其才辟主管機宜文字咸守貽書論兵不可輕動勸松搜人才練軍實考圖籍以疏財用之源視險要以決攻守之計約大將面會以免疑忌之嫌捐金帛募死士以明間探之遠出虛擣奇之策審於當用倖勝趨利之謀寢而勿行松復書深納然實不能用副使吳曦茂視松易置將兵不關白正使松務爲循貴咸憂之復說松收梁洋以北義士爲緩急用據險阨立關堡杜支徑以備不虞松又不能用遷利路轉運判官曦叛臣於金闕外四州繼没人情大駭咸留大安軍督軍糧檄其守楊震仲振流民備姦盜衆稍安丙密以曦反謀告咸咸即遣人告松松不之寤曦以咸蜀名士欲首脅之以令其餘檄咸議事咸不往遂之利州抵城外僞部運使徐景望已挾兵入居臺治英宗諱日景望大合樂以享咸力拒之初咸自大安東下遇僞將褚青與語青有悔意至是以主管文字王釜福艾可與共事欲結二人誅景望燒棧閣絕曦援兵既而釜棄官歸咸以青不可保謀遂沮李道傳問咸計將安出咸曰事極不過一死耳必不爲吾蜀累也語家子欽曰咸受國厚恩義當擊賊恨無兵權獨有下策削髮以全臣節會曦以書招之急咸答書勸其稟命既而欲親諭之遂行遇僞統領孟可道知曦已僭亂曰吾書不可用矣還至后鐵入帳中以刀自斷其結披緇而出景望遣兵拘咸于岸曦聞怒甚吳覡勸曦召咸主武興寺因殺之安丙力爲救解乃得釋歸曦既誅咸語諸子曰吾不能討賊而棄官守罪也上表自劾安丙楊輔等皆勉其出丙尋奏以咸總蜀賦從之時僭亂後帑藏亦立咸至武興與丙商榷利病兵政財計合爲一家請丙奏于朝覈諸司羨餘移支常平廣惠米鑄當五錢榜賣官并權截四路上供汰弱兵二萬餘規畫備至故軍興增支之數八千七百五十餘萬皆不取於民咸總賦之始贍軍帑廩緡不過一千四百五萬餘糧不過九十一萬餘料不過二萬餘咸晝夜精勤調度有方不二歲益昌大軍庫有楮引百八十萬成都免引場椿撥二百一十餘萬城下三倉軍糧四十餘萬石預借米本一百一十餘萬又別貯軍糧百四十九萬石料七萬餘而布帛絲綿銅鐵錢與祠牒不預焉紉外民久苦役調或建議調東西兩路及夔路丁壯共其勞令始下民憚行馳愬于安丙乞計直輸錢以免行久而不克輸者十五餘萬咸蠲之蜀鏹引舊約兩界五千餘萬半藏於官自軍興引皆散於民宣總三司增撥三界通行八千餘萬價日益落咸捐一千二百餘萬緡以收十九界之半又與丙議合茶馬司之力再收九十一界續造九十三界以充之於是引價復昂糴價頓減嘉陵江流忽淺或云金人截上流咸不動疏而導之自益昌至于魚梁饋運無阻金州地險咸增饋米以實之人皆曰金州之險金人不可向何益之爲咸曰敵至而慮無及矣未幾金人犯上津守賴以固召爲司農少卿卒丙列奏其功賜謚勤節初宣諭史吳獵嘗表其節詔進二秩咸乞回贈所生父母焉

論曰宋之辱於金久矣值我國家興師討罪聲震河朔乃遣孟珙帥師夾攻遂滅其國以雪百年之恥而珙設禮樂敦詩書誠寡與二杜杲王登楊掞張惟孝思以功名自見雖所立有小大皆奇才也陳咸不從逆曦雖不能死然理財於喪亂之餘蜀賴以固守豈不賢於匹夫而莫經溝瀆者哉

宋史卷四百十二考證

孟珙傳侪蓋○臣宗楷按元史作塔察兒與宋將孟珙合兵圍蔡則侪蓋其別名也

宋史卷四百十三

元 中 書 右 丞 相 總 裁 脫 脫 等 修

列傳第一百七十二

趙汝談　趙汝讜　趙希錧　趙彥呐

趙善湘　趙與懽　趙必愿

趙汝談字履常生而穎悟年十五以大父恩補將仕郎登淳熙十一年進士第丞相周必大得其文異之語參知政事施師點曰是子他日有大名于世調汀州教授改廣德軍添差江西安撫司幹辦公事嘗從朱熹訂疑義十數條熹嗟異之佐丞相趙汝愚定大策汝愚欲驟以詞披處之力辭去持祖母服汝愚去國其弟汝讜力上疏乞留汝愚斬侂胄閩者吐舌兄弟罹黨禍斥去尋調安慶府教授添差浙東安撫司幹辦公事丁母憂免喪召爲大社令時侂胄用事熾甚汝談痛憤登壇讀祝坐白晳者何人汝談不爲動以參知政事李壁薦召試館職擢正字是時吳曦叛上下束手或請就以曦爲王其人造汝談汝談詰之曰孰欲王曦者可斬其人面發赤不能對遂以言去主管崇道觀添差通判嘉興府與郡守王介志合改知無爲軍與光州守柴中行安豐守陸峻俱稱循吏時金人內變有旨令獻料敵備邊二策其料敵之策曰禍亂猶在河北未遽至河南蓋豪雄擇形勢大盜窺貨寶金帛重器俱聚河北河南無大川爲之險欲起安所憑且金素以河南近我置守多完顏氏親黨其下亦令蕃漢錯居所以防慮備畫縱彼喪亂守將欲畔則自畔何至相率盡反然有天下者自不容易一日廢備豈以金人存亡之候爲吾緩急哉其備邊之策曰今邊州大抵無城缺兵少糧鎧仗不足若使自辦何所取資句諸朝廷安得力給若倣古藩封拔用英傑守郡則併租稅市榷之利盡與之免其共貢上不置監臨下悉聽選辟民得自賦兵得自募凡百悉聽所爲其有功者亦不遽徙就峻爵秩增異車服給美田宅官其子孫凡可優寵無不極至使內爲公卿雖貴曾不如守邊之樂如此則有才者爭自奮勵緩急必能出死力報上于後河南二十餘年猶爲金守宋沿邊諸郡權大創兵事無肯任責者汝談之言若蓍龜然改湖北提舉常平振饑盡力知溫州改知外宗正作詩勉其族屬皆望風而化遷江西提舉常平寧宗崩以哀痛得疾賀理宗表力寓勸戒陳碩曰此諫書也數句祠授江西轉運判官辭不獲命之官一月以言者罷先是汝談因疾去官言者謂其傲睨軒冕不樂爲世用至是彌遠不與祠遂杜門著述端平初以禮部郎官召入對言倚用老成廣集忠智訪求衆敵之原辟取可行之策以飭積蠹之蠱而成終泰之功者願加聖心焉又言大佞似忠大姦似聖未免信向而擢任之始未見甚失久乃寖至差訛則綱維之臣將不能不執議論之士將不得不言執之堅寧不疑其侵權言之數寧不意其賣直至是則不特是非邪正易位而黜陟予奪失中多矣又曰外之得以窒吾聽雜吾目擾吾天君者以吾未得虛一而靜之理也苟得之導我聲色而不能入投我寶貨而不能中扃我以功名而不能動凝然湛然孰得干之哉改祕書少監兼權直學士院時集議出師汝談反覆言不可輕戰而和尤非計既而三京收復雖前言用兵不便者亦喜汝談獨有憂色未幾洛師敗朝論始服其先見遷宗正少卿兼權直兼編修國史檢討實錄兼崇政殿說書因講論語而言漢元帝恭儉無過惟以剛不克明不能辨優柔不斷而漢業遂衰權吏部侍郎升侍讀兼直學士院兼同修國史院同修撰以所注易進講時朝議屢畝稱楮汝談言非便迕時宰意京師軍變宰相乞貶秩上已允汝談奏恐失體持不可草荅詔以爲貶秩易審舉措難宰相滋不悅以言去國提舉崇禧觀起知婺州四辭不允至郡力匄祠召赴行在四辭權禮部侍郎兼學士院力辭兼直時金兵新破三關增秩稱提官楮四郡獲賞汝談獨慼額登對首疏言邊面無可倚仗乞超越拘攣簡拔俊傑如吳用周瑜魯肅晉任祖逖陶侃故事使之各分方面連數十城推轂授權盡歸賜履巴蜀一人荆襄一人兩淮各一人一切便宜行事不復更從中御庶幾伸縮由己機用出心蓋推廣鄉者備邊之策且曰臣之此策行於開禧未用兵之前決不至罹今日之患其論楮法尤中時弊上稱歎久之且謂卿文學高世宜代予言力辭何爲卒以老祈免章四上免兼直改侍講數日仍兼直學士院五辭權給事中權刑部尚書及卒轉兩官遺表上又轉四官汝談天資絕人沈思高識自少至老無一日去書冊其論易以爲占者作書堯舜二典宜合爲一禹功只施於河洛洪範非箕子之作詩不以小序爲信禮記雜出諸生之手周禮宜傳會女主之書要亦卓絕特立之見爲文章有天巧篤於倫誼而忘仇怨御史王益祥嘗劾之後汝談官其鄉益祥愧不敢見汝談乃數過之相得歡甚嘗論議韓非李斯皆有荀卿之才惟其富貴利欲之心重故世得而賤之惟卿獨能守其身不苟希合士何可不自重哉所著有易書詩論語孟子周禮禮記荀子莊子通鑑杜詩注

趙汝讜字蹈中少俶儻有軼材智略出人上龍泉葉適嘗過其家汝讜年少衣短後衣不得避適勸之曰名門子安可不學汝讜慚自是終身不衣短後衣折節讀書與兄汝談齊名天下稱爲二趙以祖遺恩補承務郎歷泉州市舶務利州大軍倉屬從臣薦宗室之賢者監行在右藏西庫韓侂冑謀逐趙汝愚汝讜兄弟昌言非是且上言訟汝愚冤侂胄懼其詞直使其黨胡紘再攻汝愚以汝讜兄弟受汝愚厚恩私屬爲之畫策惑亂天聽

爲言斥使去國坐廢十年調華亭浦東鹽場棄職去辟浙西安撫司幕官調簽書昭慶軍節度判官皆不赴以前官改鎮東軍登嘉定元年進士第爲大社令遷將作監簿大理司農丞與史彌遠不合請外改湖南提舉常平易江西尋提點刑獄瑞州大姓幸氏貪徐氏田不可得強取其禾終不與誣以殺婢寘徐獄徐訴其冤汝讜以反坐法黥竄幸氏籍其家幸氏走告急于中宮徙汝讜湖南既至則表直臣龔央墓瀏陽有豪民羅氏奪民田汝讜復懲以法遷知溫州卒汝讜常言宗子不忘君孝子不辱身臨難則功業當如朱虛立身當如子政

趙希錧字君錫舊名希喆登慶元二年進士第改賜今名少扶父喪歸道遇寇左右駭散希錧拊棺慟哭不僵寇義而去學于陳傅良徐誼既舉進士調汀州司戶峒寇李元礪方起汀人震懼郡會僚佐議守城希錧下坐無一語守異之曰不言得無有所見乎希錧曰守城非策也距城三十里有關曰古城若悉精銳以扼其衝賊不足慮矣守以付希錧人爲危之希錧至關審形明間中令謹候分畫粗定賊已遣諜窺關希錧得諜詰之縱其舉火相示而羸師以誤之夜半賊數百銜枚突至希錧嚴兵以待賊且至始命矢石俱下賊無一免餘黨聞風而遁希錧引還老稚羅拜相屬希錧繇他道以避之事聞詔升州推官治疑獄決滯訟擿下邑弭亂卒去之日軍民遮道泣送者數十里調主管夔州路轉運司帳司疏大寧鹽井利病使者上諸朝民便之改知玉山縣未行召對希錧首言民力困於貪吏軍力困於償帥國家之力則外困於歸附之卒內困於浮冗之費次論四蜀銓科舉之弊次論大寧鹽井本末寧宗嘉納之授大理寺丞遷大宗正丞權工部郎官宗姓多貧而始生有訓名爲人後有過禮吏受賕亡藝莫敢自陳希錧白其長推行之會朝議燕邸近屬赴朝參者少命希錧易班希錧力辭弗克特換授吉州刺史提舉佑神觀未幾廷臣言宗姓換班人嘗舉進士請視朝士聽輪對於是希錧次對時首論今日多事之際而未有辦事之人朝紳清選也以緘默爲清重以刻薄爲舉職以無所可否爲識體閫寄重任也以大言爲有志以使過爲知恩臣非敢厚誣天下以爲無人患在選擇未得其道器使未當其才爾授成州團練使賜金帶令服繫以寶璽推恩進和州防禦使理宗卽位進潭州觀察使以公族近邸恩特加厚又進安德軍承宣使希錧引對言初政急務莫先於明道總治統收人心上爲動容越明年論祠祭不謁禁衞不肅慈明宮上壽升節度封信安郡公卒遺奏聞上震悼輟視朝賜含歛賻以金幣希錧風貌凝重智抱魁壘揚人之善不記人之過急人之難不忘人之恩居官祁寒盛暑未嘗謁告衣食取裁足而已追封信安郡王

趙彥吶字敏若彭州人登四川類試第少以材稱吳曦叛以祿禧偽守夔彥吶結義士殺之遂顯名嘉定十二年關外西和州新被兵制使安丙檄使經理金人再至戰却之因請脩州北水關募民耕戰以守又勸丙盡捐關外四州租結民兵使各自爲守皆不行在州五年得軍民心轉提點刑獄尋帥沔時譽甚都及崔與之代丙始察其大言無實謂他日誤事者必此人請廟堂毋付以邊藩尋奪其節制寶慶元年乃移帥與元三年會鄭損棄四州退保三關彥吶力爭不勝罷歸家者五年紹定四年桂如淵代損起彥吶於副使更李𡌴黃伯固皆彥吶副之端平元年遂升正使丞相鄭清之趣其出兵以應入洛之役不從泰鞏之豪汪世顯久求內附至是彥吶爲力請數四清之亦訖不從三年金人大入至三泉彥吶大敗貶衡州其子洸夫用事亦竄嶺南史嵩之留之江陵兩年卒

趙善湘字清臣濮安懿王五世孫父武翼郎不陋從高宗渡江聞明州多名儒徙居焉善湘以恩補保義郎轉成忠郎監潭州南嶽廟轉忠翊郎又轉忠訓郎慶元二年舉進士以近屬轉秉義郎換承事郎調金壇縣丞五年知餘姚縣開禧元年添差通判婺州嘉定元年以招茶寇功赴都堂審察提轄文思院出判無爲軍兼淮南轉運判官淮西提點刑獄四年改知常州八年主管武夷山冲佑觀十年知湖州十一年丁內艱明年起復知和州三辭不獲命遷知大宗正丞兼權戶部郎官改知祕閣淮南轉運判官兼淮西提舉常平兼知無爲軍進直徽猷閣主管淮南制置司公事兼知廬州兼本路安撫仍兼轉運判官提舉常平十三年進直寶文閣以平固始寇功賜金帶許令服繫十四年進直龍圖閣知鎮江府十七年拜大理少卿進右文殿脩撰知鎮江府封祥符縣男賜食邑寶慶二年進集英殿脩撰兼大理卿兼權刑部侍郎進寶章閣待制沿海制置使兼知建康府江東安撫使兼主管行宮留守司公事賜御僊花金帶進封子加食邑紹定元年以捍防江軍寧淮軍及平楚州畔寇劉慶福等功皆升其官進龍圖閣待制仍任兼江東轉運副使三年進煥章閣直學士仍任進封伯加食邑以李全犯淮東進煥文閣學士江淮制置使乃命專討許便宜從事四年進封侯加食邑及戮全善湘遣使以露布上乃進兵部尚書仍兼任時善湘見范葵進取慰藉殷勤餽問接踵有請必應選諸子屯寶應以從范葵亦讓功督府凡得捷皆汝櫄等握筆草報善湘季子汝楳丞相史彌遠壻也故奏報無不達以平閩寇功轉江淮安撫制置使五年復泰州淮安州鹽城淮陰縣四城及策應京湖功進端明殿學士與執政恩例仍任升留守加食邑以受金樞密副使納合買住降復盱眙軍泗壽二州功進資政殿學士加食邑遣使賜手詔金器等物九疏匄歸皆不許請愈力進大學士提舉洞霄宮封天水郡公加食邑監察御史劾奏善湘御筆以善湘有討逆復城之功寢其奏嘉熙二年授四川宣撫使兼知成都府未拜改沿海制置使兼知慶元府卽匄祠改知紹興府兼浙東安撫使三年兩請休致四乞歸田復提舉洞霄宮淳祐二年帝手詔求所解春秋進觀文殿學士守本官致仕卒遺表聞帝震悼輟視朝贈少師賻贈加等所著有周易約說八卷周易或問四卷周易續問八卷周易指要四卷學易補過六卷洪範統論一卷中庸約說一卷大學解十卷論語大意十卷孟子解十四卷老子解十卷春秋三傳通議三十卷詩詞雜著三十五卷

趙與懽字悅道燕懿王八世孫嘉定七年進士調會稽尉改建寧司戶參軍中明法科攝浦城縣丁父憂作善慶五規示子孫免喪遷大理評事轉對言天變民情國威三事又言死囚以取會駁勘動涉歲時類瘦死而干證者多斃逆旅宜精擇憲臣悉使詳覆果可疑則親往鞫正必情法輕重可閔始許審奏遷籍田令久之拜宗正寺簿歷軍器監司農寺丞遷宗正丞兼權都官郎官改倉部權度支以直寶章閣知安吉州郡計仰權酤禁網峻密與懽首捐以予民設銅鉦縣門欲愬者擊之冤無不直有富民愬幼子察之非其本心姑逮其子付獄徐廉之乃二兄強其父析業與懽曉以法開以天理皆忻然感悟又婺媼僅一子亦以不孝告留之郡聽日爲饌俾親饋晨昏以禮未周月母子如初二家皆畫像事之喪母朝廷屢起之不可議使守邊授淮西提點刑獄弗能奪再期以刑部郎官召乞終禫奉祠復半載乃趍朝自恢復退師又議納使與懽言在朝迎合政出多門必得智識氣節之士布列中外可也兼權檢正遷宗正少卿兼權戶部侍郎尋兼知臨安府浙西安撫使同詳定剖決明暢罪者咸服郊祀之夕大風雷與懽言國本未定又陳弭盜固本之策有以刑罰衞數言於帝者與懽言導民有本如臣待罪天府豈遽能及民惟其眞實相孚待以不擾數月而庭訟彌寡人心本善有感必從或謂厲以威待以術者非知本之論且言朝令夕改非以示作新旁蹊曲徑非以肅紀綱帝爲悚然又建言秦檜頌有端平法度語明年改元嘉熙襄蜀殘破或望風棄地召見便殿言韓琦當仁宗朝猶晝夜泣血今主憂臣辱矣因具言防邊之道其後多見施行與懽招刺三千人爲忠毅軍又言禁衞虛籍及京口諸郡悉宜募兵統以郡將財先贍軍餘始上供乞省不急之費薦文武士四十人遷戶部侍郎兼權兵部尚書論邊事至爲深切星變上章請罷大火力言災變之烈謂臣罪擢髮莫數猶欲以去國爲言少悟上聽願祗畏天威思以實德及民始自上躬痛加節約廣推振恤五請竄於是中書方大琮言與懽素自潔脩疏財輕爵人所共知不幸遇此觀其待罪之章懇切至到未嘗不歎其知義也乞俞所請使小大之臣皆知引咎乃收一階尋復之與懽請先敘復同降官屬又言艱難不可爲之時當慷慨厲志深爲人才兵力思遷戶部尚書兼權吏部累匄祠不許論楮幣自嘉定以一易二失信天下嘗出內帑收換壞稱提而折閱益甚嘗請兩界並展十年勿議造新貴州縣毋以損汚抑沮至是遂請不立界限以絕其疑所以區畫者甚備其後詔宰相偏詢侍從與懽又以前說陳之有欲以端平錢當五行使與懽謂開禧嘗以二當三何救於楮且曰士大夫不清白奉法恪意扶持雖日易一法無救於楮而國非其國矣法削國弱能獨享富貴乎每言端平以來竄贓吏禁包苴戒奔競戢橫斂而風俗沈痼自若或口仁義而身市井率以欺君爲常肥家爲樂遂臨事之使而小人得從旁乘間竊取官爵矣疏乞別邪正警媮惰獎用恬退質直之士以絕躁競浮靡之習內廷有關於除授者必斥暗室有涉於謗議者必思清心寡欲以革酣歌黷貨之風其機皆自陛下始又言軍政弛而尺籍不明總兵者或緣功賞開嫌隙內則班行惟求速化守牧類多貪庸楮事日非浮冗不節指陳無虛日大風震雷數見因具陳邊事且言人才國用民力兵威願乘此機加意根本勿徒困精神於除授老歲月於行移委公道於私情付事功於無可奈何也遷吏部尚書講筵言膏雨不降星變頻仍在京物價騰踊民竊士躁在外兵權渙散流民充斥登崇元老竝建宰

輔謂宜風采振揚而事勢猶若此士大夫未必任天下之責天下未必知陛下之志力求歸用會潮汝謐提執政道帝意留治之手詔云忠正廉勤無如卿者授端明殿學士知臨安府浙西安撫使江隄竣事獄空力句罷依舊端明殿學士提舉萬壽觀提領戶部財用兼侍讀兼修國史實錄院修撰奉朝請出關遣使趣還會饑民相攜溺死帝仍付臨安府事懇倒視執政與權涕泣奉詔亟榜諭曰今申奏振救宜忍死須臾各全性命忻沐聖恩都人相謂毋死與權上則祈哀公朝下則推誠勸分甘雨隨至米商來集流移至者有以濟之力求納祿授資政殿學士提舉萬壽觀兼侍讀監修國史實錄院修撰奉朝請與權至浙江上召還卽日絕江去帝爲悵然與權三爲府尹盡力民事都人稱趙端明必以手加額曰趙佛子也久之以舊職知溫州政事必親吏不敢欺栁木砦脩貢院以侍讀召辭不許入對言爵祿之濫因及國本事五句歸又不許進春秋解升大學士薦士六十人史嵩之將復入相而人言不已帝以問與權言嵩之老師費財私賂貪富過立名譽必不宜復用時嵩之猶子璟卿誦言其過忽斃而杜範劉漢弼徐元杰三賢暴死人皆疑嵩之致毒與權請優恤漢弼元杰家帝從之而請優恤手詔則與權所擬入也又請以兵財分任輔臣在講筵言以壞證付庸醫僅支殘息徒運巧心天下事尚堪再誤耶時相忌之尋授安德軍節度使開府儀同三司萬壽觀使日食應詔言事益切月賜內帑與權辭不取帝書安貧樂道植節秉忠字賜之建儲未定乃申言之又言人才乏使贓吏不悛民昔流而南今流而北盜昔伏於遠今伏於近體認不眞賢否無別國將誰與立邪願富一代之儲使小人無間可投以絕隱伏之禍帝爲改容袁士宋斌少從黃榦李燔登朱熹之門學禁方嚴羈旅困沮年且八十與權延之事以父行奏乞用旌禮布衣故事死葬西湖上歲一祭焉帝遂二諫臣與權力爭之五乞免朝請三乞致仕俱不允賜泰卦詩忠邪辨自是國事皆縷縷言之有不勝書蓋其愛君憂國本諸天性拜少傅卒遺表猶不忘規正帝震悼輟朝賻贈有加詔有司治葬贈少師追封奉化郡王諡清敏累贈太師手注六經及仁皇訓典詳釋又有高宗實訓要釋奏議詩文百卷與權嘗謂士大夫有貪聲則雖奇才與學徒以蠹國害民爾故斂之夕而金帶猶質錢民家云

趙必愿字立夫廣西經略安撫崇憲之子也未弱冠丁大母憂哀毀骨立服闋以大父汝愚遺表補承務郎開禧元年銓監平江府糧料院調常熟丞嘉定七年舉進士知崇安縣剖判如流吏不能困修學政立催科法列戶名爲三等以三期爲約足者旌之未足者寬以趣之踰期不納者里胥程督之民皆感懌願輸革胥吏需盬之敝擅發光化社倉活饑民帥怒逮吏欲懲之必愿曰芻牧職也吏何罪束擔俟譴帥無以詰而止舊有均惠倉無所儲必愿捐緡錢增糴至二千石力主義役之法鄉選善士任以推排入資買田助役則勉有產之家有感化者出巳田以倡遂遍行一邑上下便之臺府以聞下其式八郡四十八縣秩滿民共立祠刻石授湖廣總所幹辦公事丁父憂居喪盡禮貽書問學于黃榦服除差充兩浙運司主管文字再考特差充提領安邊所主管文字差知全州陛辭奏乞下道江二州訪周惇頤之後知常州改知處州陳折帛納銀之害皆得請移泉州罷白土課及免差吏榷鐵諷諸邑行義役秋旱力講行荒政乞撥永儲廣儲二倉米振救差主管官告院越五日詔依舊主管官告院兼知台州一循大父之政察民疾苦撫摩凋瘵修養濟院建陳瓘祠政教兼舉端平元年以直祕閣知婺州至郡免催紹定六年分小戶綾羅錢三萬緡有奇立淳良頑慢二籍勸懲人戶措置廣惠倉及諸倉積穀奏乞寬減內帑綾羅中省免用舊例預解諸色窠名錢罷開化稅場遷大府寺丞尋遷度支郎中詔以汝愚配享寧宗從必愿請也兼右司郎中引見疏言陛下英明密運斷出於獨固欲一切轉移之然而大權若在我或者猶有下移之疑衆正若已開或者猶有旁徑之疑策免二相銷天變也去者固難以復留者恐終於引去虛鼎席以待故老疑者或意其未必來而況在數千里之外貴次補以任大政疑者或意其不敢專而況於不安其位中書政之本也今果何時尚可含糊意向以啓天下之疑乎親擢臺諫開言路也用之未久者何爲輕於易去去之未幾何爲使之復來召於外服者不知果能用之而必堅除目周行者不知果能聽之而無諱乎朝廷除授軍國賞罰本至公也今有姓名未達於廟堂而遷擢忽由於中出斥逐三僑竟不指名罪狀而人始得以疑陛下矣一除目之頒一號令之出雖未必由於閹宦而人或疑於閹宦雖未必由於私謁而人或疑於私謁雖未必由於戚畹宗邸而人或疑於戚畹宗邸夫天下者祖宗之天下也非陛下所私有也陛下雖有去敝之心而動涉可疑之迹陛下亦何樂於此時論偉之三京兵敗邊事甚亟詔條上守禦計必愿言十事下哀痛之詔合江淮之兵扶江陵之急節財用之宜縻議和之使撫無歸之民處北來之衆置鎮撫之使擇帥閫之代拔未用之將皆切於邊要政府議楮幣曰輕欲令諸州再用印及他爲稱提之法必愿力爭不可嘉熙元年貽書政府論邊防事宜授右司郎中火災必愿應詔上封事曰開邊稔禍之刑牽制而未行激變棄城之戮姑息而未舉京襄淪沒祖宗之基業莫能保淮蜀蹂躪赤子之冤魂無所依履畝之令下而加以抑配稱提之法嚴而重以告訐民無蓋藏每有轉壑之憂士不宿飽常有思亂之志又曰臺諫給舍骨鯁之論莫容左右便嬖浸潤之言易入春夏常享闊略於原廟之尊節鉞隆恩殷勤於邸第之貴又曰必也正故相專國之罪嚴貪夫徇國之誅思室鬼高明之瞰先編氓後親貴去木妖競治之蠹尚堅故革奢華戒宴殿無度之讌酣節內庭不急之營繕又論濟王及國本事遷左司郎中又遷司農少卿兼左司轉對言正氣日消月沮馴至今日非惟搢紳不肯論事下至草茅之士皆結舌矣端平初年沉痾方去新病未作陛下猶勤於咨訪如恐不及今疾攻心腹決裂將潰乃不求瞑眩之劑以起其殆甚可惑也又曰毋使人臣以指斥懷疑毋致陛下以厭言得謗時直士相繼去故必愿及之兼敕令所刪脩官拜司農卿兼職如故翼日改宗正少卿仍兼刪脩敕令兼國史編脩實錄檢討尋兼左司遷太府卿仍兼編脩檢討遷宗正少卿詔依舊太府卿仍兼職且兼中書門下撿正諸房公事轉對言中才庸主惟其無所知覺故言不可入而敗亡隨之陛下作敬天之圖朝夕對越謂宜天意可回而熒惑失度鬱攸煽災迫近禁門幾燬左藏煙埃方息白晝隕星貫日之虹脅陽之雹疊見層出陛下觀時察變何由致此今日之事動無良策惟在側身脩行祈天永命而已遷起居舍人兼職仍舊大水上封事曰海潮毀隘侵迫禁城災異之來理不虛發必上畏天戒下脩人事易沴召和轉移於陛下方寸間耳又曰周官國有大事則舉大詢之理今日之事迫矣謂宜合衆謀屈羣策上而搢紳下而芻蕘各陳所見擇其可用之策以授任事之臣庶幾千慮一得以成天下人不因之意暫兼權右郎官言財非天雨鬼輸豈可輕施妄用長此不已必至顚覆異時或得罪今之大夫不能爲國生財程昇皇甫鎛之徒乘間捷出推敲剋剝以術相勝鑿空取辦以計巧取事掊斂獻羨餘間架緡錢之令下而唐祚愈促矣願陛下精思熟慮約已愛民必如勾踐之臥薪嘗膽必如衞文公之帛衣布冠可也權吏部右侍郎乞免兼檢正從之兼國史脩撰時邊事急必愿應詔言宜勅彭大雅自重慶領王青之兵東下以復夔責李安民及歸峽二守以自效調一將督中流之師以伐其順流之謀調一將自間道出鼎澧之後以折其擣虛之鋒調一將助芮興之勢以備江陵之急又宜下湖南遣飛軍及團結民兵之類守沅江益陽江以防衝突長沙盡收江上民船無資敵用區畫皆中事機暫兼權侍左侍郎李宗勉每稱其平允暫兼權戶部侍郎兼同詳定勅令請立國本請親禱雨遷戶部侍郎暫兼給事中先是錢相常繳陳洵益贈節使不行必愿復繳奏曰李韶向爲殿中侍御史疏論洵益乞尋外祠以絕窺伺陛下不行其言復奪其職詔不能自安行求外補今召之不至正以此故若超贈洵益又繳駁不行詔愈無來期矣陛下忍於去一賢從官而不忍於沮一已死之內侍則何以興起治功振揚國勢欲望寢洵益節鉞趣詔供職於是必愿三以疾乞祠不許權戶部尚書疏言端平元年洛師輕出明年德安失襄陽失又明年固始失定遠失六安失郢復荊門失蜀道蹂成都破又明年夔峽徙浮光降又明年滁陽殲越二年壽春棄明年眞陽擾安豐危成都遺燼靡有孑遺又曰去冬安豐危而復安特天幸爾君臣動色太平自賀雷作於雪宴之先期蜀警於大宴之盼命戒心一弛赫鑒已隨之矣又乞論太府丞嚴戶部收支數目庶見多寡盈虛之實有餘則儲之以待朝廷之取撥闕則助之以示宮府之一體二疏迕丞相史嵩之乞免官乞祠皆不許以司諫鄭起潛論列以寶謨閣直學士奉祠辭職名不許淳祐五年以華文閣直學士知福州福建安撫使三辭不許閩人聞必愿至欣然歡羨必愿平易以近民忠信以厚俗惻怛以勤政行鄉飲酒旌退士奬高年裁僧寺實封之數尤留意武事甫入境卽以軍禮見戎帥申明左翼軍節制事宜措置海道脩木敎士卒知勤居官四年累乞歸及命召又三辭皆不許卒遺表上贈銀青光祿大夫必愿才周器博心平量廣而又蚤聞家庭忠孝之訓師友正大之言故所立卓然可稱云

論曰宋之公族往往亦由科第顯用各能以術業自見汝談汝讜希錧是已彥吶帥邊而墮功亦由廟算之短善湘父子克平大盜與權以長者稱必愿世濟其美可謂信厚之公子矣

宋史卷四百十四

元中書右丞相總裁脫脫等修

列傳第一百七十三

史彌遠　鄭清之　史嵩之
董槐　葉夢鼎　馬廷鸞

史彌遠字同叔浩之子也淳熙六年補承事郎八年轉宣義郎銓試第一調建康府糧料院改沿海制置司幹辦公事十四年舉進士紹熙元年授大理司直二年遷太社令三年遷太常寺主簿以親老請祠主管沖佑觀丁父憂慶元二年復爲大理司直尋改諸王宮大小學教授輪對乞旌廉潔之士推舉薦之賞濬溝洫固隄防實倉廩均賦役課農桑禁末作爲水旱之備葺城郭脩器械選將帥練士卒儲粟穀明烽燧爲邊鄙之防丞相京鏜屏左右曰君他日功名事業過鏜遠甚願以子孫爲託四年授樞密院編脩官遷太常丞尋兼工部郎官改刑部六年改宗正丞旬外知池州嘉泰四年提舉浙西常平開禧元年授司封郎官兼國史編脩實錄檢討遷祕書少監遷起居郎二年兼資善堂直講韓侂胄建開邊之議以堅寵固位已而邊兵大衄詔在位者言事彌遠上疏曰今之議者以爲先發者制人後發者制於人此爲將之事施於一勝一負之間則可以爭雄而撓出若夫事關國體宗廟社稷所係甚重詎可舉數千萬人之命輕於一擲乎京師根本之地今出戍既多留衛者寡萬一盜賊竊發誰其禦之若夫沿江屯駐之兵各當一面皆所以拱護行都尤當整備繼今勿輕調發則內外表裏俱有足恃而無可伺之隙矣所遣撫諭之臣止令按歷邊陲招集逋寇戒飭將士固守封圻毋惑浮言以撓吾之規毋貪小利以滋敵之釁使民力愈寬國勢愈壯遲之歲月以俟大舉實宗社無疆之福奏方具客曰侂胄必以奏議占人情太夫人年高能無貽親憂乎彌遠曰時事如此言入而益於國利於人吾得罪甘心焉封鄞縣男兼權刑部侍郎三年改禮部兼同脩國史實錄院同脩撰仍兼刑部兵端既開敗衄相屬槩使求和金人不聽都城震搖宮闈疑懼常若禍在朝暮然皆畏侂胄莫敢言彌遠力陳危迫之勢皇子詢聞之亟具奏乃罷侂胄并陳自強右丞相既而臺諫給舍交章論駁侂胄乃就誅召彌遠對延和殿帝欲命爲簽書樞密院事力辭乃遷禮部尚書兼國史實錄院脩撰詢立爲太子兼詹事遣使詣金求和金人以太散隔牙二關濠州來歸疏奏今兩淮襄漢沿邊之地瘡痍未瘳軍實未克當勉厲將帥盡吾委寄之誠簡閱士卒覈其尺籍之闕繕城堡葺器械儲糗糧當聘使既通之後常如干戈未定之日推擇帥守以壯藩屏之勢獎拔智勇以備緩急之求拜同知樞密院事兼太子賓客進封伯嘉定元年遷知樞密院事進奉化郡侯兼參知政事拜右丞相兼樞密使兼太子少傅進開國公丁母憂歸治葬太子請賜第行在令就第持服以便咨訪二年以使者趣行急乃就道起復右丞相兼樞密使兼太子少師四年落起復雪趙汝愚之冤乞褒贈賜謚釐正誣史一時僞學黨人朱熹彭龜年楊萬里呂祖儉雖已歿或褒贈易名或錄用其後召還正人故老於外十四年賜家廟祭器寧宗崩擁立理宗於是拜太師依前右丞相兼樞密使進封魏國公六辭不拜因乞解機政歸田里亟出關帝從之寶慶二年拜少師賜玉帶勸上傾心順令以事太后力學脩德以答皇天眷祐以副四海歸戴紹定元年上太后尊號拜太傅八辭不拜夏得疾累疏匃歸不許都城災五疏乞罷斥乃降封奉化郡公五年春復爵六年將拜太師三具奏辭乞免出命不許乃拜太師依前右丞相兼樞密使魯國公又三具奏辭紹定五年上疏乞謝事拜太傅未幾拜太師左丞相兼樞密使上疏乞解機政依前太師特授保寧昭信軍節度使充醴泉觀使進封會稽郡王卒遺表聞帝震悼輟朝三日特贈中書令追封衞王謚忠獻戶部支賻贈銀絹以千計內帑特頒五千匹兩遣使祭奠及其喪還遣禮官致路祭于都門外賜纛佩玉勳纁初誅李全復淮安克盱眙第功行賞諸將皆望不次拔擢或言於彌遠彌遠曰御將之道譬如養鷹饑則依人飽則颺去曹彬下江南太祖未肯以使相與之況今邊戍未撤警報時聞若諸將一一遂其所求志得意滿猝有緩急孰肯效死趙善湘以從官開闔指授之功居多日夜望執政彌遠曰天族於國有嫌高宗有詔止許任從官不許爲執政紹熙末慶元初因汝愚彥逾有定策功是以權宜行之某與善湘姻家則又豈敢彌遠親密友周鑄兄彌茂甥夏周篆皆寄以腹心人皆謂三人者必顯貴然鑄老於布衣彌茂以執政恩入流周篆以捧香恩補官俱止訓武郎而已初彌遠既誅韓侂胄相寧宗十有七年迨寧宗崩廢濟王非寧宗意立理宗又獨相九年擅權用事專任憸壬理宗德其立已之功不思社稷大計雖臺諫言其姦惡弗恤也彌遠死寵渥猶優其子孫厥後爲製碑銘以公忠翊運定策元勳題其首濟王不得其死識者羣起而論之而彌遠反用李知孝梁成大等以爲鷹犬於是一時之君子貶竄斥逐不遺餘力云

鄭清之字德源慶元之鄞人初名燮字文叔少從樓昉學能文樓鑰亟加稱賞嘉泰二年入太學十年登進士第調峽州教授帥趙方嚴重靳許可清之往白事爲置酒命其子范葵出拜方掖清之無荅拜且曰他日願以二子相累湖北茶商羣聚暴橫清之白總領何炳曰此輩精悍宜籍爲兵緩急可用炳亟下召募之令趨者雲集號曰茶商軍後多賴其用調湖廣總所準備差遣國子監書庫官十六年遷國子學錄丞相史彌遠與清之謀廢濟國公事見皇子竑傳俄以清之兼魏惠憲王府教授遷宗學諭遷太學博士皆仍兼教授寧宗崩丞相入定策詔旨皆清之所定理宗即帝位授諸王宮大小學教授遷宗學博士宗正寺丞兼權工部郎兼崇政殿說書帝問外人因閤子庫進絲履有謗議清之言禁中服用頗事新潔者帝曰故事月進緵數兩朕非敝不易何由致謗清之奏孝宗繼高宗故儉德易章陛下繼寧考故儉德難著寧考自奉如寒士衣領垂辮革舄屢補今欲儉德著聞須過於寧考方可帝嘉納寶慶元年改兼兵部兼國史院編修官實錄院檢討官遷起居郎仍兼史官說書樞密院編脩官二年權工部侍郎暫權給事中進給事中升兼同脩國史實錄院同脩撰紹定元年遷翰林學士知制誥兼侍讀升兼脩國史實錄院脩撰端明殿學士簽書樞密院事三年授參知政事兼簽書樞密院事四年兼同知樞密院事六年彌遠卒命清之爲右丞相兼樞密使端平元年上既親總庶政赫然獨斷而清之亦慨然以天下爲己任召還眞德秀魏了翁崔與之李埴徐僑趙汝談尤焴游似洪咨夔王遂李宗勉杜範徐清叟袁甫李韶時號小元祐大者相繼爲宰輔惟與之終始辭不至遺逸如劉宰趙蕃皆見旌異是時金雖亡而入洛之師大潰二年上疏乞罷不可拜特進左丞相兼樞密使三年八月霖雨大風四疏匃去九月禋祀雷變請益力乃授觀文殿大學士醴泉觀使兼侍讀四疏控辭依舊大學士提舉洞霄宮及聞邊警密疏恐陛下憂悔大過以汨清明之躬累剛大之志嘉熙二年封申國公四年遣中使賜御書翰德明謨之閣賜楮十萬緡爲築室乃日與賓客門生相羊山水間淳祐四年依前觀文殿大學士醴泉觀使兼侍讀屢辭不允拜少保觀文殿大學士醴泉觀使兼侍讀進封衞國公趣入見有旨賜第五年正月上壽畢亦疏匃歸不允拜少傅依前觀文殿大學士醴泉觀使兼侍讀進封越國公居無何喪其子士昌決意東還又不許拜少師奉國軍節度使依前醴泉觀使兼侍讀越國公賜玉帶更賜第于西湖之漁莊進讀仁皇訓典謂仁祖之仁厚發爲英明故能脩明紀綱而無寬弛不振之患孝宗之英明本於仁厚故能涵養士氣而無矯厲峭刻之習蓋仁厚英明二者相須此仁祖孝宗所以爲盛也帝褒諭之六年拜太保力辭故事許回授子孫清之請追封高祖洽帝從之蓋異恩也七年拜太傅右丞相兼樞密使越國公中使及門清之方放浪湖山寓僧刹竟夕不歸詰旦內引叩頭辭免帝勉諭有外間所不及知者甫退則中使接踵而至或請更化改元清之曰改元天子之始事更化朝廷之大端漢事已非古然不因易相而爲之帝以邊事爲憂詔趙葵以樞使視師陳韡以知樞密院事帥湖廣二人方辭遜會清之再相力主之科降辟置無所留難葵韡遂往於是戰于泗水渦口木庫皆以捷聞九年拜太師左丞相兼樞密使辭太師不拜依前太傅每謂天下之財困於養兵兵費困於生券思所以變通之遇調戍防邊命樞屬量遠近以便其道塗時緩急以次其遣發又議移歲調兵屯以戍淮面併軍分頭日以節縻稍先移鎭江策勝一軍屯泗水公私便之諸路鹽盤執其事者破家以償清之覈其犯科者追理星誤者悉蠲之全活甚衆沿江算舟之賦素重清之次第停罷如池之鴈汊有大法場之目其錢分隸諸司清之奏罷其並緣漁取者蓋數倍公家之入合分隸者從朝廷償之報下清之方與客飲舉杯曰今日飲此酒殊快四上謝事之章十年進十龜元吉箴一持敬二典學三崇儉四力行五能定六明善七謹微八察言九惜時十務實疏奏敬天之怒易敬天之休難天怒可憂而以爲易天休可喜而以爲難何哉蓋憂則懼心生懼則怒可轉而爲休喜則玩心生玩則休或轉而爲怒帝大喜命史官書之賜詔獎諭十一年十疏乞罷政皆不許拜太師力辭有事于明堂有旨閤門給扶掖二人再賜玉帶令服以朝十一月丁酉退朝感寒疾危甚猶以未得雪爲憂俄大雪起曰百官賀雪上必甚喜命拘雪牀前觀之累奏乞罷政不允奏不已拜太傅保寧軍節度使充醴泉觀使進封齊國公致仕卒遺表聞帝震悼輟朝三日特贈尚書令追封魏郡王賜謚忠定清之不好立異湯巾嘗論事侵清之及清之再相巾求去清之曰已欲作君子使誰爲小人力挽留之徐清叟嘗論列清之乃引

之共政趙葵視師年餘乞罷上未有以處之清之曰非使作相不足以酬勞陛下豈以臣故耶臣必不因葵來遂引退臣願爲左使葵居右上訖從之然葵竟不果來清之代言奏對多不存藁有安晚集六十卷清之自與彌遠議廢濟王竑立理宗駸駸至宰輔然端平之間召用正人清之之力也至再相則年齒衰暮政歸妻子而閒廢之人或因緣以賄進爲世所少云

史嵩之字子由慶元府鄞人嘉定十三年進士調光化軍司戶參軍十六年差充京西湖北路制置司準備差遣十七年升幹辦公事寶慶三年主管機宜文字通判襄陽府紹定元年以經理屯田襄陽積穀六十八萬加其官權知棗陽軍二年遷軍器監丞兼權知棗陽軍尋兼制置司參議官三年棗陽屯田成轉兩官以明堂恩封鄞縣男賜食邑以直祕閣京西轉運判官兼提舉常平兼安撫制置司參議官四年遷大理少卿兼京西湖北制置副使五年加大理卿兼權刑部侍郎升制置使兼知襄陽府賜便宜指揮六年遷刑部侍郎仍舊職端平元年破蔡滅金獻俘上露布降詔獎諭進封子加食邑移書廟堂乞經理三邊不合匃祠歸侍手詔勉留之會出師與淮閫協謀掎角嵩之力陳非計疏爲六條上之詔令嵩之籌畫糧餉嵩之奏言臣熟慮根本周思利害甘受遲鈍之譏思出萬全之計荊襄連年水潦螟蝗之災饑饉流亡之患極力振救尚不聊生征調旣繁夫豈堪命其勢必至於主戶棄業以逃亡役夫中道而竄逸無歸之民聚而爲盜饑饉之卒未戰先潰當此之際正恐重貽宵旰之慮矣兵民陛下之兵民也片紙調發東西惟命然事關根本願計其成必計其敗旣慮其始必慮其終謹而審之與二三大臣深計而熟圖之若夫和好之與進取決不兩立臣受任守邊適當事會交至之衝議論紛紜之際雷同和附以致誤國其罪當誅確守不移之愚上迕丁寧之旨罪亦當誅迕旨則止於一身誤國則及天下丞相鄭清之亦以書言勿爲異同嵩之力求去朝陵之使未還而諸軍數道並進復上疏乞黜罷權兵部尚書不拜乞祠進寶章閣直學士提舉太平宮歸養田里尋以華文閣直學士知隆興府兼江西安撫使帝自師潰始悔不用嵩之言召見力辭權刑部尚書引見疏言結人心作士氣覈實理財等事且言今日之事當先自治不可專恃和議乞祠以前職知平江府以母病乞侍醫藥不俟報可而歸進寶章閣學士淮西制置使兼沿江制置副使兼知鄂州旣內引賜便宜指揮兼湖廣總領兼淮西安撫使嘉熙元年進華文閣學士京西荊湖安撫制置使依舊沿海制置副使兼節制光黃蘄舒乞免兼總領從之廬州圍解詔獎諭之以明堂恩進封伯加食邑條奏江淮各三事又陳十難又言江陵非孟珙不可守乞勉諭之漢陽受攻嵩之帥師發江陵奏誅張可大寘盧普李士達以其棄城也二年黃州圍解降詔獎諭拜端明殿學士職任依舊恩疏視執政進封奉化郡侯加食邑詔入覲拜參知政事督視京西荊湖南北江西路軍馬鄂州置司兼督視淮南西路軍馬兼督視光蘄黃夔施州軍馬加食邑城黃州十一月復光州十二月復滁州三年授宣奉大夫右丞相兼樞密都督兩淮四川京西湖北軍馬進封公加食邑兼督江西湖南軍馬改都督江淮京湖四川軍馬薦士三十有二人其後董槐吳潛皆號賢相復信陽以督府米拯淮民之饑六月復襄陽嵩之言襄陽雖復未易守自是邊境多以捷聞降詔獎諭四年乞祠趣召奏事轉三官依前右丞相兼樞密使眷顧特隆賜賚無虛日久旱乞解機政地震屢疏乞罷免皆不許淳祐元年進玉斧箴安南入貢不用正朔嵩之議用范仲淹卻西夏書例以不敢聞于朝還之二年進高孝光寧帝紀孝宗經武要略寧宗實錄日曆會要玉牒進金紫光祿大夫加食邑是冬封永國公加食邑四年遭父喪起復右丞相兼樞密使果賜手詔遣中使趣行於是太學生黃愷伯金九萬孫翼鳳等百四十四人武學生翁日善等六十七人京學生劉時舉王元野黃道等九十四人宗學生與寰等三十四人建昌軍學教授盧鉞皆上書論嵩之不當起復不報將作監徐元杰奏對及劉鎮上封事帝意頗悟初嵩之從子璟卿嘗以書諫曰伯父秉天下之大政必辦天下之大事膺天下之大任必能成天下之大功比所行寖不克終用人之法不待舉削而改官者有之譴責未幾而旋蒙敘理者有之丁難未幾而遽被起復者有之借曰有非常之才有不次之除釐恩異賞所以收拾人才而不知斯人者果能運籌帷幄獻六奇之策而得之乎抑亦獻賂幕賓而得之乎果能馳身鞍馬效一戰之勇而得之乎抑亦效犨奴僕而得之乎徒閫包苴公行政出多門便嬖私昵狼狽萬狀祖宗格法壞於今日也自開督府東南民力困於供需州縣倉卒匱於應辦輦金帛輓芻粟絡繹道路曰一則督府二則督府不知所幹者何事所成者何功近聞蜀川不守議者多歸退師於鄂之失何者分戍列屯備邊禦戎首尾相援如常山之蛇維揚則有趙葵廬江則有杜伯虎金陵則有別之傑爲督府者宜據鄂渚形勢之地西可以援蜀東可以援淮北可以鎮荊湖不此之圖盡損藩籬深入堂奧伯父謀身自固之計則安其如天下蒼生何是以饑民叛將乘虛擣危侵軼於沅湘搖蕩於鼎澧爲江陵之勢苟孤則武昌之勢未易守荊湖之路稍警則江浙之諸郡焉得高枕而臥況殺降失信則前日徹疆之計不可復用矣內地失護則前日清野之策不可復施矣此隙一開東南生靈特几上之肉耳則宋室南渡之疆土惡能保其金甌之無闕也盍早爲之圖上以寬九重宵旰之憂下以慰雙親朝夕之望不然師老財殫績用不成主憂臣辱公論不容萬一不畏強禦之士繩以春秋之法聲其討賊不效之咎當此之時雖優游菽水之養其可得乎異日國史載之不得齒於趙普開國勳臣之列而乃廁於蔡京誤國亂臣之後遺臭萬年果何面目見我祖於地下乎人謂禍起蕭墻危如朝露此愚所痛心疾首爲伯父苦口極言爲今之計莫若盡去在幕之羣小悉召在野之君子相與改茲易轍戮力王事庶幾失之東隅收之桑榆矣如其視失而不知救視非而不知革薰蕕同器駑驥同櫪天下大勢駸駸日趨於危亡之域矣伯父與璟卿親猶父子也伯父無以少年而忽之則吾族幸甚天下生靈幸甚我祖宗社稷幸甚居無何璟卿暴卒相傳嵩之致毒云嵩之爲公論所不容居閒十有三年寶祐四年春授觀文殿大學士加食邑八月癸巳卒遺表上帝輟朝贈少師安德軍節度使進封魯國公謚忠簡以家諱改謚莊肅德祐初以右正言徐直方言奪謚

董槐字庭植濠州定遠人少喜言兵陰讀孫武曹操之書而曰使吾得用將汎掃中土以還天子槐貌甚偉廣額而豐頤又美髯論事慷慨自方諸葛亮周瑜父永遇槐嚴閒其自方怒而嘻曰不力學又自喜大言此狂生耳吾弗願也槐心愧乃益自摧折學於永嘉葉師雍聞輔廣者朱熹之門人復往從廣廣歎其善學嘉定六年登進士第調靖安主簿丁父憂去官十四年起爲廣德軍錄事參軍民有誣富人李桷私鑄兵結豪傑以應李全者郡捕繫之獄槐察其枉以白守守曰爲反者解說族矣槐曰吏明知獄有枉而擠諸死地以傅於法顧法豈謂諸被告者無論枉不枉皆可殺乎不聽頃之守以憂去槐攝通判州事歎曰桷誠枉今不爲出之生無繇矣乃爲翻其辭明其不反書上卒脫桷獄紹定二年遷鎮江觀察推官明年春入爲主管刑部架閣文字秋兼權禮兵部架閣遷籍田令特差權通判鎮江府至州會全叛涉淮臨大江大府急發州兵槐卽日將兵濟江而西全遁去乃還五年丁母憂端平三年差通判蘄州辭嘉熙元年召赴都堂遷宗正寺簿出知常州後三日提點湖北刑獄常德軍亂夜縱火而譟守尉閉不出槐騎從數人於火所且問亂故亂者曰將軍馬彥直奪吾歲請吾屬將責之償不爲亂也槐坐馬上召彥直斬馬前亂者還入伍中明日乃捕首亂者七人戮諸市而籍彥直之家差克歸峽岳察訪使二年兼權知常德府尋兼軍器少監依舊提點刑獄三年以直寶謨閣知江州兼都督府參謀秋流民渡江而來歸者十餘萬議者皆謂方軍興郡國急儲粟不暇食民也槐曰民吾民也發吾粟振之胡不可至者如歸焉當是時宋與金爲鄰國而襄漢楊楚之間豪傑皆自相結以保其族無賴者往往去爲羣盜浮光人翟全寓黃陂有衆三千餘稍出鹵掠槐令客說下全徙之陽烏洲使雜耕蘄春閒又亨賜之用爲裨將於是曹聰劉清之屬皆來自歸四年進直華文閣知潭州主管湖南安撫司公事方三邊急於守禦督撫日夜徵發民且困槐爲畫策應之令民不傷而軍須亦不匱淳祐二年遷左司郎官進直龍圖閣沿江制置副使兼知江州主管江西安撫司公事覈其賦則吏侵甚下教曰吾涖州而吏猶爲盜不自悔吾且誅之吏乃震恐願自新槐因除民患害凡利有宜弛以利民惟恐不盡弛大計軍實常若敵且至裨將盧淵凶猾不受命斬以徇師軍中肅然三年進祕閣脩撰四年召入奏事遷權戶部侍郎賜紫進集英殿脩撰沿江制置使江東安撫使兼知建康府兼行宮留守軍政弛弗治乃爲賞三等以教射春秋教肄士卒坐作進退擊刺之技歲餘盡爲精兵六年召至闕辭出知靜江府兼廣西經略安撫使又辭權廣西運判兼提點刑獄宰相移書槐曰國家方用兵人臣不辭急難公幸毋固辭槐卽日就道至邕州上守禦七策邕州之地西通諸蠻夷南引交阯及符奴月烏流麟之屬數寇邊槐與約無相侵推赤心遇之皆伏不動又與交阯約五事一無犯邊二歸我侵地三還鹵掠生口四奉正朔五通貿易於是遣使來獻方物大象南方悉定七年進寶章閣待制八年遷工部侍郎職事依舊兼轉運使九年召赴闕封定遠縣男遷兵部侍郎兼權給事中兼侍讀升給事中上疏請抑損戚里恩澤以慰天下士大夫羣臣奏事少與法違懼槐

不敢上兼侍讀進寶章閣直學士知福州福建安撫使辭進封子是年冬拜端明殿學士簽書樞密院事進封侯十二年爲同知樞密院事寶祐元年權參知政事二年進參知政事四川制置使余晦以戰敗奪官詔荊襄制置使李曾伯往視師曾伯辭槐曰事如此尚可坐而睨乎上疏請行頓重兵夔門以固荊蜀輔車之勢詔報曰腹心之臣所與共理天下者也宜在朝廷不宜在四方復上疏曰天下之事不進則退人臣無敢爲岐意者苟以臣爲可任宜少聽臣自效卽臣不足與軍旅之事願上官爵不許進封濠梁郡公帝曰鄉用槐槐言事無所隱意在於格君心之非而不爲容悅帝問糴民粟積邊則對曰吳民困甚有司急糴不復省夫民惟邦本願先垂意根本帝問脩太乙祠則對曰土工洊起民罷於徵發非所以事天也帝問邊事對曰外有敵國則其計先自強自強者人畏我我不畏人又言敵國在前宜拔材能用之士大夫有過失爲執法吏所刺劾終身擯弗用深爲朝廷惜此苟非姦衺皆願爲昭洗勿廢其他善又遷謫之臣久墮遐方稍稍內徙今得生還願弗用可矣槐每奏帝輒稱善三年拜右丞相兼樞密使槐自以爲人主所振拔苟可以利安國家無不爲然務先大體任人先取故舊之在疏遠者在官者率滿歲而遷嗜進者始不說矣槐又言於帝曰臣爲政而有害政者三帝曰胡爲害政者三對曰戚里不奉法一矣執法大吏久於其官而擅威福二矣皇城司不檢士三矣將率不檢下故士卒橫士卒橫則變生於無時執法威福擅故賢不肖混淆賢不肖混淆則姦衺肆賢人伏而不出親戚不奉法故法令輕法令輕故朝廷卑三者弗去政且廢願自上除之於是嫉之者滋甚帝年浸高操柄獨斷羣臣無當意者漸喜狎佞人丁大全善爲佞帝躐貴之竊弄威權而帝弗覺悟大全已爲侍御史遣客私自結於槐槐曰吾聞人臣無私交吾惟事上不敢私結約幸爲謝丁君大全度槐弗善己銜甚乃日夜刻求槐短槐入見極言大全姦佞不可近帝曰大全未嘗短卿卿勿疑槐曰臣與大全何怨顧陛下拔臣至此臣知大全姦衺而噤不言是負陛下也且陛下謂大全忠而臣以爲姦不可與俱事陛下矣既罷出卽上書乞骸骨不報四年策免丞相以觀文殿大學士提舉洞霄宮時大全亦論劾槐書未下自發省兵迫遣之於是太學諸生陳宜中等上書爭之語見大全傳五年及景定元年俱用祀明堂恩加食邑二年特授判福州福建路安撫大使固辭進封吉國又進封許國公三年五月二十八日既夕天大雨烈風雷電槐起衣冠而坐麾婦人出爲諸生說兌謙二卦問夜如何諸生以夜中對遂薨遺表上贈太子少師謚文清帝使使致金六十斤帛千匹以賻

葉夢鼎字鎮之台之寧海人本陳待聘之子七歲後於母族少從直龍圖閣鄭霖宗正少卿趙逢龍學以太學上舍試入優等兩優釋褐出身授信州軍事推官攝教事講荒政遷太學錄淳祐二年雷變上封事言召人才戒嬖近明年輪對言君子直言軍制楮幣任官分闡六事同番易湯巾召試館職授祕書省正字四年升校書郎兼莊文府教授五年遷祕書郎轉對言定國本求哲輔專閫帥獎用介直雷變上言援唐康澄五可畏之說遷著作佐郎六年拜軍器少監兼兵部郎官轉對言國計邊事國體三事又言外有窺邊之大敵內有伺隙之巨姦奇衺蠱媚於宮闈熏腐依憑於城社强藩悍將牙蘖易搖草竊姦宄肘腋階變權知袁州轉運司和糴米三萬斛夢鼎言袁山多而田少朝廷免和糴已百年自今開之百姓子孫受無窮之害則無窮之怨從之民湯頎獻田學官妻子離散夢鼎遂還之毀萬載旗簾村淫祠塞其妖井召赴行在丁本生母憂十一年免喪拜司封員外郎輪對言陛下惑於左右之讒說側視言者爲好名中傷既深膠固莫解近歲以來言稍犯人主之所難者不顯罷則陰黜不久外則設問去者屢召而不還來者一鳴而輒斥兼玉牒檢討官以直祕閣江西提舉常平兼知吉州節制悍將置社倉義倉平反李義山受贓之冤以國子司業召寶祐元年陛對言國論主平江西義倉不可待申省而後發考試集英殿授崇政殿說書進講尚書兼國史編脩實錄檢討遷國子祭酒二年兼權禮部侍郎諫幸西太乙宮三年權禮部侍郎仍兼祭酒升兼同脩國史實錄院同脩撰尋兼侍讀丁母憂五年以集英殿脩撰差知贛州丁大全柄國欲挽夢鼎登朝卒辭謝之六年改知建寧府又改知隆興府開慶元年復知建寧府作橋梁置驛舍建大安關決疑獄景定元年召爲太子詹事上疏以法天爲言遷吏部侍郎賜寧海縣食邑二年權兵部尚書兼權吏部尚書三年遷兵部尚書兼脩國史兼實錄修撰遷吏部尚書五辭免請祠不允拜端明殿學士同簽書樞密院事屢辭不許同提舉編脩經武要略兼太子賓客進封寧海伯七年簽書樞密院事進封臨海郡侯以明堂恩進封臨海郡公丞相賈似道欲造關子罷十七十八兩界會子夢鼎以爲厲民乃止罷十七界公田法行夢鼎又以爲厲民故行之浙右而止五年三辭不許進同知樞密院事權參知政事以彗星出夢鼎言政上下恐懼交脩之日乞解機政又不許奏免浙西經界理宗崩議太子卽位太后垂簾聽政夢鼎曰母后垂簾豈是美事進參知政事加食邑夢鼎力辭似道懇留之不可帝勉諭再三詔閤門封還奏疏似道奏參政去則江萬里王爚必不來理宗復土攝少傅竣事引疾歸里累詔力辭授資政殿學士知慶元府沿海制置使肅淸海寇罪止首惡羨餘之費悉卻不受建濟民倉以備饑歲造驛舍以待賓旅咸淳三年再召爲參知政事加食邑六辭不許詔著作佐郎盧鉞與台州守項公采趣行拜特進右丞相兼樞密使累辭不許迺與似道分任利州轉運使王价嘗以言去官非其罪也四川制置司已辟參議及死其子愬求遺澤至是夢鼎明其無罪似道以爲恩不己出罷省部吏數人榜其姓名于朝夢鼎怒曰我斷不爲陳自强卽求去似道之母讓似道曰葉丞相安於家食未嘗希進汝强與以相印今乃牽制至此若不從吾言吾不食矣似道曰爲官不得不如此會太學諸生亦上書言似道專權固位乃悔悟屬府尹洪燾求解而夢鼎屢上章乞閒冬雷引咎求去愈力四年策楊妃宰相無拜禮吏贊拜夢鼎以笏揮之趨出明日乞還田里詔免留之詔免諸州守臣上殿奏事夢鼎言祖宗謹重牧守之寄將赴官必令奏事蓋欲察其人品及面諭以廉律己愛育百姓其至郡延見吏民具宣上意庶幾求無負臨遣之意今不遠數千里而來咫尺天顏而不得見甚非立法之本意又乞容受直言進少保五年引杜衍致仕單車宵遁故事累辭乃受觀文殿學士判福州福建安撫大使進封信國公不拜充醴泉觀使又不拜七年再充醴泉使九年授少傅右丞相兼樞密使引疾力辭宰掾郎曹沓至趣行扶病至嵊縣請辭不獲乞還山林疏奏願上厲精寡欲規當國者收人心固邦本勵將帥飭州縣重振恤扁舟徑歸使者以禍福告夢鼎語之曰廉恥事大死生事小萬無可回之理似道大怒臺臣奏從歸田之請詔仍少保觀文殿大學士醴泉觀使不請祠祿瀛國公初卽位咨訪故老夢鼎上封事曰敦教道訓廉德厲臣節拯民瘼重士選勸吏廉懲吏姦補軍籍授判慶元府沿海制置大使力辭依前醴泉觀使兼侍讀不拜二年益王卽位于閩召爲少師太乙宮使航海遂行道梗不能進南向慟哭失聲而還後二年卒子應及大府寺丞知建德府軍器少監駐戍軍馬應有朝請郎太社令

馬廷鸞字翔仲饒州樂平人本灼之子繼灼兄光後甘貧力學既冠里人聘爲童子師遇有酒食饌則念母藜藿不給爲之食不下咽登淳祐七年進士第調池州教授需次六年寶祐元年召赴都堂審察辭至池以禮帥諸生二年調主管戶部架閣三年遷太學錄召試館職時外戚謝堂厲文翁內侍盧允升董宋臣用事廷鸞試策言疆君德重相權收直臣防近習大與時迕遷祕書省正字四年尤焴提舉史事辟爲史館校勘初丁大全令浮梁雅慕廷鸞彌欲鈎致之廷鸞不爲動試策稍及大全及廷鸞當輪對大全私謂王持厓往瞷焉廷鸞素厚持厓且同館不虞其諜也密露大意持厓紿曰君猶未改秩姑託疾爲後圖乎廷鸞曰此微臣千一之遭其何敢不力持厓以告大全及候對殿門格不得見翼日以監察御史朱熠劾罷宋臣遣八廂邏士索奏槀槀雖焚聞者浸廣忌者愈深而廷鸞之名重天下開慶元年吳潛入相召爲校書郎景定元年兼沂靖惠王府教授時大全黨多斥宋臣尚居中言路無肯言者諸學官抗疏疏上卽行會日食與祕書省同守局因相與草疏潛以書告廷鸞曰諸公言事紛紛皆疑潛所嗾聞館中又將論列校書宜無與以重吾過廷鸞對曰公論也不敢避私嫌越數日宋臣竟坐譴徙安吉州兼權樞密院編脩官時賈似道自江上還位望赫奕廷鸞未嘗親之輪對言國於東南者楚越霸而有餘東晉王而不足乞遏惡揚善以順天舉直錯枉以服民遷樞密院編脩官兼權倉部郎官二年進著作佐郎兼右司遷將作少監三年一再乞外補不許廷鸞論貢舉三事嚴鄉里之舉重臺省之覆試訪山林之遺逸又言荒政宜蠲除被災州縣租賦之不可得者擢軍器監兼左司兼太子右諭德升左諭德行國子司業乞免兼左司輪對言集和平之福者自陛下之身始養和平之德者自陛下之心始兼翰林權直擢祕書少監升權直學士院四年擢起居舍人兼太子右庶子兼國史院編修官實錄院檢討官入奏言太史必當謹書災異願陛下翕受敷施以壯人才之精神虛心容納以植人言之骨幹念邦本而以公滅私嚴邊備而思患豫防時再召用宋臣廷鸞引何郯之說進極言宋臣不可用帝從之薦士二十人進中書舍人程奎汚穢詭祕不當補將仕郎王之淵爲大全黨不當通判江州朱熠不當知慶元府及爲制置使林爽趙

必遴張稱孫不當與郡皆徼還詞頭兼國史實錄院五年彗出上疏極言天人之際遷禮部侍郎理宗遺詔度宗登極詔皆廷鸞所草兼侍讀辭不許疏列孝宗之政以告升直學士院咸淳元年進端明殿學士簽書樞密院事兼同提舉編脩經武要略丁母憂三年同知樞密院事兼同提舉編脩經武要略入奏言培命脈植根本崇寬大行仁厚又言恢大度以優容虛聖心而延佇推內恕以假借忍難行而聽納則情無不達理無不盡姦人破膽直士吐氣天下事尚可爲也兼權參知政事五年進參知政事兼同知樞密院事進右丞相兼樞密使八年九疏乞罷政九年依舊觀文殿大學士知紹興府浙江安撫大使上疏辭免依舊職提舉臨安府洞霄宮度宗初年詔詢故者專以脩攘大計叩之趙葵葵極意指陳曰老臣出入兵間備諳此事顧朝廷謹之重之似道作色曰此三京敗事者詞臣失言廷鸞每見文法密功賞稽遲將校不出死力於邊閫升辟稍越拘攣似道頗疑異色黥室吏以泄其憤及辭相位帝惻怛久之曰丞相勉爲朕留廷鸞言臣死亡無日恐不得再見君父然國事方殷疆圉孔棘天下安危人主不知國家利害羣臣不知軍前勝負列閫不知陛下與元老大臣惟懷永圖臣死且瞑目頓首涕泣而退瀛國公卽位召不至自罷相歸又十七年而薨所著六經集傳語孟會編楚辭補記洙泗裔編讀莊筆記張氏祝氏皇極觀物外篇諸書

論曰史彌遠廢親立疏諱聞直言鄭清之墮名於再相之日彌遠之罪既著故當時不樂嵩之之繼也因喪起復羣起攻之然固將才也董槐毋得而議之矣葉夢鼎馬廷鸞之所遭逢其不幸也夫

宋史卷四百十五

元　中　書　右　丞　相　總　裁　脫　脫　等　修

列傳第一百七十四

傅伯成　葛洪　曾三復

黃疇若　袁韶　危稹

程公許　羅必元　王遂

傅伯成字景初吏部員外郎察之孫少從朱熹學登隆興元年進士第調連江尉試中教官科授明州教授以年少嫌以師自居日與諸生論質往復後多成才改知閩清縣丁父艱服除知連江縣東湖溉田餘二千頃隄壞卽下流南港爲右隄三百尺民蒙其利慶元初召爲將作監進太府寺丞言呂祖儉不當以上書貶又言於御史朱熹大儒不可以僞學目之又言朋黨之敝起於人主好惡之偏坐是不合出知漳州以律己愛民爲本推熹遺意而遵行之創惠民局濟民病以革機鬼之俗由郡南門至漳浦爲橋三十五治道千二百丈兩爲部使者遷工部侍郎時權臣方開邊語尙祕伯成言天下之勢譬如乘舟中興且八十年矣外而望之舟若堅緻歲月既久罅漏浸多苟安旦夕猶懼覆敗乃欲徼倖圖古人之所難臣則未之知也相府災同列相率唁丞相或以爲偶然者伯成正色謂天意如此官師相規時也以爲偶然乎丞相色動遂陳三事一曰失民心二曰隳軍政三曰啓邊釁進右司郎官權幸有私謁者皆峻拒之出爲湖廣總領朝議欲納金人之叛降者伯成言不宜輕棄信誓乞戒將帥毋生事御史中丞鄧友龍遂劾伯成罷之嘉定元年召對面諭前日失於戰今日失之和小使雖返要求尙多陛下不獲已悉從之使和議成猶可以紓一時之急否則虛帑藏以資敵人驅降附以絕來者非計也今之策雖以和爲主宜惜日爲戰守之備權戶部侍郎史彌遠初拜相麻詞有昆命元龜之語閫帥倪思以爲不當用御史劾罷思伯成因對及其事帝曰過當者再對曰思固過當但恐摧抑太過遂塞言路乞明詔臺諫侍從竭盡底蘊無以思爲戒李璧謫居撫州伯成言侂胄之誅璧與有功不酬近功乃追前罪他日負罪之臣不容以功贖過矣伯成未爲諫官也嘗言彌遠謀誅侂胄事不遂則其家先破侂胄誅而史代之勢也諸公要相協和共議國事若立黨相擠必有勝負非國之福又勸丞相錢象祖安危大事以死爭之差除小者何必亟異拜左諫議大夫抗疏十有三皆軍國大義或致彌遠意欲使有所彈劾謂將引以共政謝之曰吾豈傾人以爲利哉疏乞詔大臣以公滅私左遷權吏部侍郎以集英殿修撰知建康府蔡元定謫死道州歸葬建陽乃雪其冤於朝進寶謨閣待制知鎭江府全活饑民瘞藏野殍不可勝數制置司欲移焦山防江軍於圌山石碑伯成謂虛此實彼利害等耳包港在焦圌之中不若兩砦之兵迭戍焉圌山砦兵素與海盜爲地伯成廉知姓名會郡都試捕而鞫之無一逸去獄具請貸其死黥隸諸軍嘉定八年召赴闕辭不獲行至莆拜疏曰臣病不能進矣除寶謨閣直學士通奉大夫致仕理宗卽位升直學士落致仕尋祠錫金帶伯成辭免乃進昭明天常扶持人極之說詔進一官寶慶元年與楊簡同召尋加寶文閣學士提舉佑神觀奉朝請雖力以老病辭而愛君憂國之念不少衰聞大理評事胡夢昱坐論事貶慼然語所親曰向呂祖儉之謫吾爲小臣猶嘗抗論今蒙國恩叨竊至此而不言誰當言者遂抗疏曰臣恐陛下不復聞天下事矣方今內無良吏田里怨咨外無名將邊陲危急而廉恥道喪風俗益媮賄賂流行公私俱困謂宜君臣上下憂邊恤民以弭禍亂奈何今日某人言某事未幾而斥明日某人言某事未幾而斥則是上疏者以共工驩兜之刑加之矣昔韓愈論後世人主奉佛運祚短促唐憲宗大怒將抵以死自崔羣裴度戚里諸賢皆爲愈言止貶潮州尋復內徙今上疏者非可愈比然在列之臣無一爲言者萬一死於瘴癘陛下與大臣有殺諫者之謗史冊書之有累聖治臣垂盡之年與斯人相去風馬牛之不相及獨以受恩優異效其瞽言不報明年加龍圖閣學士轉一官提舉鴻慶宮復辭伯成純實無妄表裏洞達每稱人善不啻如己出語及姦人誤國邪人害正詞色俱厲不少假借常慕尸諫疏草畢亟命繕寫朝服而逝年八十有四贈開府儀同三司端平三年賜諡忠簡

葛洪字容父婺州東陽人從呂祖謙學登淳熙十一年進士第嘉定間爲樞密院編修官兼國史院編修官實錄院檢討官遷守尙書工部員外郎兼權樞密院檢詳諸房文字上疏言今之將帥其才與否臣不得而盡知惟忠誠所在凡爲人臣者斯須所不可離則不可不以是責之耳今安居無事非必奮不顧死冒木火蹈白刃而後謂之忠也第職思其憂謂之忠公爾忘私謂之忠純實不欺謂之忠且拊循士卒帥之職也朝廷每嚴掊克之禁蠲營運之逋其儆之者至矣今乃有別爲名色益肆貪黷視生理之稍豐者而誣以非辜動輒估籍擇稟給之稍優者而强以庫務取辦刻剝抑配軍需於撫循何有哉訓齊戎旅亦帥之職也朝廷每嚴點試之法申階級之令其儆之亦切矣今顧有教閱視爲具文坐作僅同兒戲技勇者不與旌賞拙懦者未嘗勸懲士日橫驕類難役使於訓齊何有哉況乃有沉酣聲色之奉溺意田宅之圖而不恤國事者矣又有營營終日專務納交書幣往來道路旁午而妄希升進者矣自謂繕治器甲修造戰艦究其實則飾舊爲新而已爾自謂撙節財用聲稱羨餘原其自則剝下罔上而已爾乞嚴飭將帥上下振厲申緻軍實常若有寇至之憂磨礪振刷以求更新亦庶乎其有用矣帝嘉納之進直煥章閣爲國子祭酒仍兼國史編修實錄檢討遷工部侍郎仍兼祭酒兼同修國史實錄院同修撰拜工部尙書亦兼祭酒兼侍讀進端明殿學士同簽書樞密院事拜參知政事封東陽郡公贊討平李全援王素諫仁宗卻王德用進女事以止備嬪御世多稱之以資政殿學士提舉洞霄宮進大學士召赴行在仍舊職充萬壽觀使兼侍讀尋提舉萬壽觀兼侍讀守本官致仕卒帝輟視朝一日諡端獻杜範稱其侃侃守正有大臣風有奏議雜著文二十四卷

曾三復字無玷臨江人乾道六年進士淳熙末爲主管官告院遷太府寺簿歷將作太府丞登朝數年安於平進搢紳稱之紹熙初出知池州改常州召爲御史檢法拜監察御史轉太常少卿進起居舍人遷起居郎兼權刑部侍郎以疾告老詔守本官職致仕三復性耿介恥奔競故位不速進在臺餘兩年持論正平不隨不激其沒也士論惜之

黃疇若字伯庸隆興豐城人一歲而孤外大母杜教之淳熙五年舉進士授祁陽縣主簿邑民有訴僧爲盜且殺人移鞫治疇若疑其無證以白提點刑獄馬大同且爭之甚力已而得眞盜大同薦之調柳州教授又調靈川令會萬安軍黎蠻竊發經略司選疇若條畫招捕事宜疇若謂須稽原始亂爲區處之方再任嶺外用舉改知廬陵縣州常以六月督畸零稅疇若念民方艱食取任內縣用錢三十餘緡爲民代輸兩年諸司舉爲邑最官召赴都堂審察差監行在都進奏院開禧元年都城火疇若應詔上言曰當今之急務有三一曰賦斂征求之無藝二曰都鄙軍民之無法三曰守令牧養之無狀遷太府寺主簿又遷將作監丞兼皇弟吳興郡王府教授遷太府寺丞又遷祕書丞兼權禮部郎官兼資善堂說書遷著作郎拜監察御史首章乞天子擇宰相宰相擇監司又言善爲國者必以恐懼修省之訓陳於前善爲相者必以危亡災異之事告於上韓侂胄敗疇若上章劾去帝批其奏曰卿懷忠藎朕固知之疇若遂疏鄧友龍陳景俊之惡先是江淮督府既罔功罷不更置疇若奏以爲和戰未決不遣近臣置幕府無以統諸將乞檢會前奏亟詔大臣科條人才爲宣撫使帝卽日以丘崇爲江淮制置使尋遷疇若殿中侍御史兼侍講朝廷與金人約和金人約函致侂胄首詔令臺諫侍從兩省雜議疇若與章燮等奏乞梟首然後函送敵國人識

其有失國體疇若奏令帑藏無餘歲幣若必睥睨於百姓願自宮禁以及宰執百官共爲撙節逐年樁積遂置安邊所戶部侍郎沈詵條具合節省拘催者疇若復乞依仁宗孝宗兩朝成訓凡節省事在內諸司選內侍長一員令自行搜訪條具來上在外廷三省則委宰掾樞屬六曹則委長貳事干浮費者聞奏又乞以官司房廊及激賞庫四季所獻幷侂胄萬畝莊等一併拘樁旣而內廷及酒所減省議多格獨得估籍姦贓及房廊非泛供須五項總緡錢九百一十三萬有奇外樁留產業每歲又可得七十一萬五千三百餘緡疇若乞令後省類聚更化以來臣下章奏條其可行者以聞付之中書都城穀踊貴詔減價糶樁管米十萬石於是淮浙流民交集臨安府按籍振濟僅不滿五千人以三月後麥熟罷振濟各給糧遣歸疇若謂此實驅之使去耳遂奏乞令覈實近甸之人願歸就田者勿問其有未能歸者更振濟兩月淮民見在都城者其家旣破又無贏貲必難遽去仍與振恤俟早熟乃罷於是詔振濟至六月乃止帝以蝗災令刺舉監司不才者疇若同臺監攷察上之又言湖廣盜賊固迫於饑寒然亦有激而成之者黑風峒寇實由官不爲決訟所致宜戒湖廣諸司申明法禁爲賊關防以時平心決訟勿令砦官巡尉侵漁權戶部侍郎金使告主亡差克管伴自軍興費廣朝廷給會子數多至是折閱日甚朝論頗嚴稱提民愈不售郡縣科配民皆閉門牢避行旅持劵終日有不獲一錢一物者詔令侍從臺省條上所見疇若奏曰物少則貴多則賤理之常也曷若令郡縣姑以漸稱提先收十一界者消毀勿復支出上下流通則不待稱提矣由是峻急之令少寬又疏奏乞崇忠厚延質朴屏絕浮薄之論乞撥買官田克糴本以廣常平之儲乞令戶察一員專監安邊所帝皆是之因面求補外退上章降詔不允又連疏匄去會旱蝗復熾御筆令在朝百執事條上封事疇若奏官吏苛刻科役頻併賦斂繁重刑法淹延四事冊皇太子差克引見禮儀使進華文閣待制知成都府蜀自吳曦叛後制置使移司興元朝論有偏重之嫌朝廷擇人故毅疇若以往三辭不允避諱改寶謨閣待制詔凡屬軍民利病吏治臧否並許諮訪以聞當徵積欠十餘萬疇若亟命榜九邑盡蠲之考官吏冗員非敕命差注者悉罷之爲民代輸六年布估錢計二十萬二千四百緡又別立庫儲二十五萬三千緡期於異日接續代輸又糴米十五萬石有奇足廣惠倉之儲又減他賦之重者民力遂寬初沈黎蠻屢犯邊疇若至則鏤榜曉以禍福青羌彌羌遂乞降四年董蠻合其部族入寇犍爲利店疇若亟調兵且設方略捕之皆遁去先是疇若廉知嘉定邊備廢弛而平戎莊子弟可用遂檄嘉定府權免平戎莊是年炭估麻租令莊子弟卽日上邊爲守備會嘉定關守蠻窺利店無備遂入寇疇若復遣西軍欲且往防拓牒轉運司折支不報蠻再犯龍鳩堡轉運司始頗從所請蠻復到龍門隘知有備乃退進龍圖閣待制依舊知成都府大使司之師出東路提刑亦徵兵三垂告警敘南之報復急兩路震動疇若亟移書兩軍俾速還師守險爲後圖西師遂退守沐川旣而疇若兼制敘州兵甲公事旣得專行益嚴守備蠻首昔丑竟降朝廷賞平蠻功進疇若一秩疇若留蜀四年弊根蠹穴苗薅髮櫛如乞捒留移屯西兵義勇以防竊發以救偏重更用東南賢士使蜀四路而拔蜀守之有治功者爲東南監司庶杜州縣姻婭之私輕取錢引貼期之費以紓民力皆抗疏請於朝乞力行之復念大玄城乃張儀所築高駢所修圮壞歲久復修費重乃以節縮餘錢四十萬貫爲修城備疇若以制置使留漢中則護諸將爲得宜召赴行在入對延和殿遷權兵部尚書太子右庶子八年四月不雨詔求直言疇若條具三事首言比稱提楮弊州縣奉行切迫故因坐減陌被估籍者衆乞與給還乞蠲閣下戶畸零稅賦乞振贍淮軍之乏餉皆行之落權升左庶子仍兼修中權太子詹事疇若引范鎮故事乞歸田里十年春差知貢舉試禮部尚書以足疾乞歸進煥章閣學士知福州力辭乃改提舉鴻慶宮闕外軍潰言者論及疇若落職罷祠後以煥章閣學士致仕所著有竹坡集奏議講議經筵故事

袁韶字彥淳慶元府人淳熙十三年進士嘉泰中爲吳江丞蘇師旦恃韓侂胄威福撓役法提舉常平黃榮檄韶覈田以定役師旦密諭意言吳江多姻黨儻相容當薦爲京朝官韶不聽是歲更定戶籍承徭賦皆師旦黨師旦諷言者將論去榮亟以是事白於朝且薦之未幾師旦敗改知桐廬縣桐廬多宗室持縣事無有善去者韶始至絕私謁莫敢撓錢塘岸歲爲潮齧卒取石桐廬韶言廟子山有石不必旁取鄰郡遂得求免嘉定四年召爲太常寺主簿父老旗鼓蔽江以餞至於富陽泣謝曰吾曹不復輸石矣後爲右司郎官接伴金使使者索歲幣語慢甚韶曰昔兩國誓約止令輸燕不聞在汴使者語塞十三年爲臨安府尹幾十年理訟精簡道不拾遺里巷爭呼爲佛子平反冤獄甚多紹定元年拜參知政事胡夢昱論濟王事當遠竄韶獨以夢昱無罪不肯署文書李全叛揚州告急飛檄截道都城爭有逃避者乃拜韶浙西制置使仍治臨安鎮遏之丞相史彌遠德韓侂胄用兵事不欲聲討韶與范楷言於彌遠曰楊失守則京口不可保淮將如卞整崔福皆可用適福至韶夜與同見彌遠言福實可用彌遠從之遂討全部卒以言罷端平初奉祠卒年七十有七贈少傅後以郊恩累贈太師越國公韶之父爲郡小吏給事通判廳勤謹無失歲滿當代不聽去後通判至復留用之因致豐饒夫妻俱近五十無子其妻資遣之往臨安置妾旣得妾察之有憂色且以麻束髮外以綵飾之問之泣曰妾故趙知府女也家四川父歿家貧故鬻妾以爲歸葬計耳卽送還之其母泣曰計女聘財猶未足以給歸費且用破矣將何以酬汝徐曰賤吏不敢辱娘子聘財盡以相奉且聞其家尚不給盡以囊中貲與之遂獨歸妻迎問之曰妾安在告以其故且曰吾思之無子命也我與汝周旋久若有子汝豈不育必待他婦人乃育哉妻亦喜曰君設心如此行當有子矣明年生韶

危稹字逢吉撫州臨川人舊名科淳熙十四年舉進士孝宗更名稹時洪邁得稹文爲之賞激調南康軍教授轉運使楊萬里按部騐見歎獎偕遊廬山相與酬倡調廣東帳司未上服父喪免調臨安府教授倪思薦之且語人曰吾得此一士可以報國矣丁母憂免幹辦京西安撫司公事入爲武學諭改大學錄明年遷武學博士又遷諸王宮教授稹謂以教名官而實未嘗教請改創宗子學立課試法如兩學從之嘉定九年新學成改克博士其教養之規稹所論建遷祕書郎著作佐郎兼吳益王府教授升著作郎兼屯田郎官稹始進對請敘復單功之賞以立大信技拭功臣之罪以厲忠節置局以立武事遣使以省邊防厚賞以精間諜次論和戰守利害而請顓意於守是歲春至夏不雨稹應詔言安邊所征斂之害與無罪而籍沒之害楮幣之改以一奪二鹽鈔之更以新廢舊至於沮格軍賞放散死士皆足以召怨而致旱明年又論謀國者欲以安靖爲安靖憂國者欲以振厲爲安靖自二議不合是以國無成謀人無定志願詔大臣合二議共圖之且欲下兩淮帥臣講明守禦之備最後言事無成規者皆不可爲意向不明無以一衆聽信誓不立無以結人心報應不亟無以趨事機賞罰不果無以作士氣番易柴中行去國稹賦詩送之迕宰相出知潮州尋以通金華徐僑書論罷提舉千秋鴻禧觀久之知漳州漳俗視不葬親爲常往往棲寄僧刹稹命營高燥地爲義冢三約期責之葬其無主名若有主名而力弗給者官爲葬之凡二千三百有奇刻石以識郡有臨漳臺據溪山最勝處作龍江書院其上旣成橫經自講人用歆勸邑令有賄聞者劾去之籍其財以還民都有經總制無名錢歲五千緡厲民爲甚前守趙汝讜奏蠲五之二稹疏于朝悉罷之會常平使有言稹不欲辯卽自請以歸久之提舉崇禧觀與鄉里耆艾七人爲眞率會卒年七十四稹性至孝父疾頻損己筭益親年疾身愈眞德秀登從班舉稹自代沒又爲銘其墓所著有巽齋集諸經有講義集解諸魏晉唐詩文皆有編輯先賢奏議曰玉府曰藥山弟和字祥仲開禧元年進士爲上元主簿大闢祠宇祀程顥眞德秀爲記之知德與振荒有惠政有蠙塘文集

程公許字季與一字希穎敘州宣化人少知孝敬大母侯疾公許不交睫者數月病革嘗其痰沫旣卒哀毀踰制嘉定四年舉進士調溫江尉未上丁母憂服除授華陽尉再調綿州教授制置使崔與之大加器賞改秩知崇寧縣蠲預借免抑配人甚德之差通判簡州改隆州未上會金人犯閬中制置使桂如淵遁三川震動朝廷擢李塈代之辟公許通判施州行戶房公事當兵將奔潰之後公許盡力佐之節浮費疏利原民不增賦而用自足時諸將乘亂抄劫事定自危以重賂結幕府大將和彥威懷金寶以獻公許正色卻之彥威慚而退吳彥者緘增牒於書尾以進公許卷還之而責其使聞者畏服有獻議招秦鞏大姓於塈者衆多從臾獨公許謂山東覆轍未遠反覆論難塈從之其後趙彥吶開閫復行其策未幾金人擣成都大姓者實導之始服公許先見端平初授大理司直遷太常博士秋祀明堂雷雨應詔言事嘉熙元年御史杜範論執政李鳴復不行徙右史竟拂衣東歸鳴復坐政府自若公許論對言志士仁人嬰逆鱗賈衆怒不過爲陛下通耳目爲朝廷立綱紀而已今也假以職而棄其諫幸其退而優其還則是自裂其綱紀自蔽其耳目遂使居是職者雖被親擢言不得行始焉固辭而弗從終焉強留而飲愧臣恐自此同類沮失各起退心來者相戒以爲容默陛下愈孤立無助矣夏行都大火殿中侍御史蔣峴逢君希寵翔爲邪說禁錮言者公許應詔曰羣臣忠告者衆而聖意確不可回聖意不可回而言者不免於激陛下宜以大舜無

怒宿怨爲心而恭酌於漢文帝之待淮南厲王我太宗待秦邸之故事以召和氣弭眚災特在一念轉移之頃耳遷祕書丞兼考功郎官竟爲峴劾去差主管雲臺觀知衢州未上改江東宣撫司參議官不赴李宗勉入相以著作佐郎召兼權尚左郎官兼直舍人院遷著作郎時諫官郭磊卿以論事不報出關徐榮叟亦抗章引去公許奏乞還言官俾安厥位既而史嵩之自江上入相臺諫謝方叔王萬及磊卿相繼他徙公許又奏外難憑陵國勢岌若綴旒朝廷上自爲弗靖陽爲遷除陰奪言職此中外所以怏怏遷將作少監大旱應詔疏時事四條又言儲極虛位天下寒心時朝廷令侍從臺諫條具楮利害尋降旨以新造十八界折五行使公許繳申省謂廟堂決意更革本欲重十八界亦當令十六界十七界稍有分別若一時皆以五折一安保將來十七界與十八界並行而不折閱乎曷若將十七界且以三兌一使民間尚知寶此一界不至一旦貿易不行令三界各有等第庶幾公私兩便嵩之格不行徑揭黃榜公許謂不經鳳閣鸞臺不得爲敕朝廷出令而宰相擅行如此則揆垣可廢累上奏牘徑欲引去宗勉及參知政事游似面奏留之兼國史編修實錄檢討淳祐元年遷祕書少監輪對言蜀事十條兼直學士院拜太常少卿力請外爲右正言濮斗南之所論罷尋以直寶謨閣知袁州請蠲和糴之半改命郡吏部總所綱運而厚其賞免募平民民甚便之新周敦頤祠葺張栻書院聘宿儒胡安之爲諸生講說杜範薦于上召拜宗正少卿再遷起居舍人濮斗南繳還疏有臣等恥與爲伍之語遂以舊職提舉玉局觀範見疏曰程季與肯與汝爲伍耶退處二年召赴行在屬嵩之以父憂去位經營起復益憚公許密柬韓祥嗾殿中侍御史王贊奏寢召命帝雖曲從而意不悅及逐不才臺諫擢公許起居郎兼直學士院公許入奏不可不堅凝者七帝語之曰卿一去三年今用卿出自朕意是日晚命下嵩之罷起復相范鍾及範三制皆公許爲之兼權中書舍人時一相尚遜機務多壅公許奏輔臣崇執謙遜避遠形迹相示以色而不明言事幾無窮日月易失今最急莫若彊埸之事帥才不蓄一旦欲議易置茫然莫知所付九江擇守至以近所廢斥朋附爲欺之臺察充其選同時任言責者雖心迹有顯晦過惡有重輕而獲罪於清議則同一人技拭之驟若是三人者寧不引領以望玷缺之復況近者言官方以劉晉之鄭起潛濮斗南三人乞明正其罪以示警戒而忽聞龔基先之用議者咸謂改紀之初所爲錯繆邪枉窺伺善類何可高枕而臥帝見公許疏稱善且言基先之用太早右史徐元杰暴亡司諫謝方叔御史劉應起言不報公許亟奏曰正月侍御史劉漢弼死四月右丞相杜範死六月右史徐元杰死漢弼之死固可疑範之死人言已籍籍然漢弼類風淫末疾範亦尪弱多病諉曰天命猶可也元杰氣體魁碩神采嚴毅議論英發甫聞謁告奄至暴亡口鼻四體變異之狀使人爲之雪涕不已六館諸生叩閽籲告陛下始命有司置獄鞫勘謂當於朝紳中選公正明決無所顧忌者專蒞其事盡情研究務使得實集議朝堂分列首從必誅無赦疏入不報物論沸騰臨安尹趙與𥲅奏乞置獄天府帝從之公許繳奏與𥲅乃嵩之死黨乞改送大理寺命臺臣董之詔殿中侍御史鄭寀寀回懦首鼠事竟不白然公論莫不偉公許權禮部侍郎差充執綏官鄭起潛劉晉之及陳一薦以臺臣論劾還諭公許疏其附下罔上之罪乞下各州軍嚴行押發鄭清之以少保奉祠侍講幄中批復其子士昌官職與內祠且許侍養行在所蓋士昌嘗以詔獄追逮或云詐以死聞清之造闕號泣請于帝故有是命公許繳奏士昌罪重京都浩穰姦宄雜糅恐其積習沉痼重爲清之累莫若且與甄復少慰清之內祠侍養之命宜與收寢帝密遣中貴人以公許疏示清之項容孫以罪遣還家道死時敘官復職公許駁奏命遂格遷中書舍人進禮部侍郎嵩之免喪以觀文殿大學士提舉洞霄宮臺諫給舍交章論奏公許疏乞睿斷亟下明詔正邦典殿中侍御史章琰正言李昴英以論執政及府尹帝怒出二人公許力爭之公許自繳士昌之命清之日夜於經筵短公許周坦妻與清之妻善因拜坦殿中侍御史坦首疏劾公許以寶章閣待制知建寧府諫議大夫鄭寀又劾之命遂寢清之再相公許屏居湖州者四年再提舉玉隆觀差知婺州未上帝欲召爲文字官清之奏已令守婺帝曰朕欲其來乃授權刑部尚書屢辭弗獲入對上疏貨財與繕逐諫臣闕邊釁時弊七事薦知名士二十九人時罷京學類申散遣生徒公許奏京學養士其法本與三學不侔往者立類申之法重輕得宜人情便安近一旦忽以鄉庠教選而更張之爲士亦當自反未可盡歸咎朝廷也今行之始臣方還朝未敢强聒以撓既出之令今士子擾擾道途經營朝夕今既未能盡復舊數莫若權宜以五百爲額仍用類申之法使遠方遊學者得以肄習其間京邑四方之極而庠序一空弦誦寂寥遂使逢掖皇皇市廛敢怨而不敢議非所以作成士氣尊崇教化也清之益不樂授蘂殿中侍御史陳垓以劾公許參知政事吳潛奏留之帝夜半遣小黃門取垓疏入後二日二府奏公許不宜去同知樞密院徐清叟上疏論垓太學生劉黻等百餘人布衣方和卿伏闕上書論垓朝廷尋授寶章閣學士知隆興府而公許已死矣遺表上帝嗟悼進龍圖閣學士致仕贈宣奉大夫官其後賜賻如令式公許沖澹寡欲晚年惟一僮侍食無重味一裘至十數年不易家無羨儲敬愛親戚備至蜀有兵難族姻奔東南者多依公許以居所著有塵缶文集內外制奏議奉常擬謚披垣繳奏金華講義進故事行世

羅必元字亨父隆興進賢人嘉定十年進士調咸寧尉撫州司法參軍崇仁丞復攝司法郡士曾極題金陵行宮龍屏迕丞相史彌遠謫道州解吏窘極甚必元釋其縛使之善達眞德秀入參大政必元移書曰老醫嘗云傷寒壞證惟獨參湯可救之然其活者十無二三先生其今之獨參湯乎調福州觀察推官有勢家李遇奪民荔支園必元直之遇爲言官以私憾罷之知餘干縣趙福王府驕橫前後宰貳多爲擠陷至是以汝愚墓占四周民山亦爲直之言于州曰區區小官罷去何害人益壯其風力淳祐中通判贛州賈似道總領京湖兌剝至甚必元上疏以爲蠹國脈傷民命似道銜之改知江州爲御史丁大全按去後起幹行在糧料院錢塘有海獻爲患漂民居詔方士治之都人鼓扇成風必元上疏力止之帝召見曰見卿梅花詩足知卿志度宗即位以直寶章閣兼宗學博士致仕卒年九十一必元嘗從危稹包遜學最爲有淵源見理甚明風節甚高至今鄉人猶尊慕之云

王遂字去非一字潁叔樞密副使韶之玄孫後爲鎭江府金壇人嘉泰二年進士調富陽主簿歷官差幹辦諸司審計司紹定三年福建寇擾甫定朝廷選賢能吏勞來安集以遂知邵武軍兼福建招捕司參議官遂過江山浦城道中遇邵武避地之人即遣金爲歸貲從者如市至郡撫摩創痍翦平兇孽民恃以安未幾言者以遂妄自標致邀譽沽名罷改知安豐軍還國子監主簿又遷太常寺主簿拜監察御史疏奏極論進君子退小人又言正風俗息奔競又言朝廷謂史嵩之小黠爲大智至計也欺君誤國天下知之而朝廷猶且惑焉勢甚凛凛也入對言帝知仁勇學有未至遷右正言尋拜殿中侍御史疏言三十年來凶德參會未有如李知孝梁成大莫澤肆無忌憚者三凶之罪上通於天乞重其刑又取劉光祖爲殿中侍御史時奏格擇其關於風化切於時宜者請頒示中外皆從之又請於並淮置屯田且條上邊事曰當今之急務在朝廷者五定規摹明意嚮一心力謹事權審號令在邊閫者六恤歸附精間諜節財用練士兵擇將才計軍實又言君德必純乎剛帝皆善之遷戶部侍郎兼同修國史實錄院同修撰時暫兼權侍左侍郎以寶章閣待制差知遂寧府進煥章閣待制四川安撫制置副使兼知成都府差知平江府進敷文閣待制知慶元府改知太平府以論罷進顯謨閣待制知泉州改溫州寧國府以寶章閣直學士知建寧府以華文閣直學士差知隆興府兼江西轉運副使改知太平州復知隆興兼江西安撫使召赴闕授權工部尚書遂與同里劉宰素同志宰嘗稱遂爲文雅健無世俗浮靡之氣足以名世遂守平江宰貽之言曰士友當親而賢否不可不辨財利當遠而會計不可不明折獄以情毋爲私意所牽薦士以才毋爲權要所奪當言則言不視時而退縮可去則去不計利而遲回庶幾名節之全不愧簡冊所載蓋格言也

論曰傅伯成晚與楊簡爲時耆龜葛洪守正不阿曾三復澹然無躁競之心黃疇若優於政治袁韶力請討李全蓋丞相史彌遠腹心也危稹以通問徐僑獲罪其人可知矣治州之政有循吏之風焉羅必元受學於稹者也程公許王遂讜論疊見豈不偉哉

宋史卷四百十六

元　中書右丞相總裁脫脫等修

列傳第一百七十五

吳淵　余玠　汪立信
向士璧　胡穎　冷應澂
曹叔遠從子豳　王萬　馬光祖

吳淵字道父祕閣修撰柔勝之第三子也幼端重寡言苦志力學五歲喪母哭泣哀慕如成人嘉定七年舉進士調建德縣主簿丞相史彌遠館留之語竟日大悅謂淵曰君國器也今開化新置尉即日可上欲以此處君

淵對曰甫得一官何敢躁進況家有嚴君所當稟命彌遠爲之改容不復强至官就辟令江東九郡之冤訟于諸使者皆乞送淵改差浙東制置使司幹辦公事丁父憂詔以前職起復力辭弗許再辭且貽書政府曰人道莫大於事親事親莫大於送死苟冒哀求榮則平生大節已掃地矣他日何以事君時丞相史嵩之方起復或曰得無礙時宰乎淵弗顧詔從之服除差浙東提舉茶鹽司幹辦公事尋改鎮江府節制司沿江制置使司幹辦公事皆不就知武陵縣改揚子縣兼淮東轉運司幹辦公事添差通判眞州入爲將作監丞遷樞密院編修官兼刑部郎官再遷祕書丞仍兼刑部郎官以直煥章閣知平江府兼節制許浦水軍提點浙西刑獄會衢嚴盜起警報至調遣將士招捕之殲其渠魁散其支黨以功爲樞密院檢詳諸房文字兼國史院編修官實錄院檢討官兼左司進右文殿修撰樞密副都承旨兼右司兼檢正適政府欲用兵中原以據關守河爲說淵力陳其不可大要謂國家力决不能取縱取之決不能守丞相鄭清之不樂而罷出知江州改江淮荆浙福建廣南都大提點坑冶都司袁商令御史王定劾淵罷侍御史洪咨夔不直之劾定左遷未幾邊事果如淵言清之致書引咎巽謝差知鎮江府定防江軍之擾兼淮東總領以功遷太府少卿復以總領兼知鎮江加集英殿修撰知鎮江兼總領進權工部侍郎職任如舊權兵部侍郎權戶部侍郎再爲總領兼知鎮江時淵造闕下入對歷陳九事甫下殿御史唐璘擊之璘蓋淵所薦者也遂仍前職提舉太平興國宮久之加寶章閣待制再起知鎮江兼總領未幾以戶部侍郎兼知鎮江府召赴行在以寶章閣直學士知太平州尋兼江東轉運使時兩淮民流徙入境者四十餘萬淵亟加慰撫而賙濟之使之什伍令土著人無相犯旁郡流民焚劫無虛日獨太平境內肅然無敢譁者以功加華文閣直學士沿海制置使知慶元府不赴以工部尚書沿海制置副使知江州亦不赴升華文閣學士知隆興府江西安撫使兼轉運副使會歲大侵講行荒政全活者七十八萬九千餘人徙知潭州湖南安撫使不赴加敷文閣學士仍知隆興府安撫轉運副使如故改知鎮江府兼都大提舉浙西沿海諸州軍許浦澉浦等處兵船歲亦大侵因淵全活者六十五萬八千餘人右正言三疏劾淵奪職尋復職提舉太平興國宮未幾改鴻慶宮丁母憂服除進龍圖閣學士江西安撫使兼知江州尋爲沿江制置副使兼提舉南康軍兵甲公事節制蘄黃州安慶府屯田使湖南峒寇蔓入江右之境破數縣袁洪大震淵命將調兵生禽其渠魁亂遂平遷兵部尚書知平江府兼浙西兩淮發運使尋兼知平江府歲亦大侵因淵全活者四十二萬三千五百餘人兼浙西提點刑獄知太平州兼提領兩淮茶鹽所以功進端明殿學士沿江制置使江東安撫使兼知建康府兼行宮留守節制和州無爲軍安慶府兼三郡屯田使朝廷付淵以光豐蘄黃之事凡剏司空山燕家山金剛臺三大砦嵯峨山鷹山什子山等二十二小砦團丁壯置軍分立隊伍星聯棋布脈絡貫通無事則耕有警則禦詔以淵與利除害所列二十有五事究心軍民拜資政殿大學士職任如舊與執政恩例封金陵侯復賜錦繡堂忠勤樓大字進爵爲公徙知福州福建安撫使改知平江府兼發運使御史劉元龍劾淵帝寢其奏改知寧國府累具辭免且匄祠以本官提舉洞霄宮起知潭州湖南安撫使不赴改知太平兼提領江淮茶鹽所轉荆湖制置大使知江陵府兼夔路策應大使兼京湖屯田大使帶行京湖安撫制置大使拜觀文殿學士職任如舊兼總領湖廣江西京西財賦湖北京西軍馬錢糧淵調兵二萬往援川蜀其後力戰于白河沮河玉泉寶祐五年正月朔以功拜參知政事越七日卒贈少師賻銀絹以五百計淵有材畧迄濟事功所至興學養士然政尚嚴酷好興羅織之獄籍入豪橫故時有蜈蚣之謠其弟潛亦數諫止之所著易解及退庵文集奏議

余玠字義夫蘄州人家貧落魄無行喜功名好大言少爲白鹿洞諸生嘗携客入茶肆毆賣茶翁死脫身走襄淮時趙葵爲淮東制置使玠作長短句上謁葵壯之留之幕中未幾以功補進義副尉擢將作監主簿權發遣招進軍充制置司參議官進工部郎官嘉熙三年與大元兵戰于汴城河陰有功授直華文閣淮東提點刑獄兼知淮安州兼淮東制置司參謀官淳祐元年玠提兵應援安豐拜大理少卿升制置副使進對必使國人上下事無不確實然後華夏率孚天人感格又言今世胄之彥場屋之士田里之豪一或即戎即指之爲麤人斥之爲噲伍願陛下視文武之士爲一勿令偏有所重偏必至於激文武交激非國之福帝曰卿人物議論皆不常可獨當一面卿宜少留當有擢用乃授權兵部侍郎四川宣諭使帝從容慰遣之玠亦自許當手挈全蜀還本朝其功日月可冀尋授兵部侍郎四川安撫制置使兼知重慶府兼四川總領兼夔路轉運使自寶慶三年至淳祐二年十六年間凡授宣撫三人制置使九人副四人或老或暫或庸或貪或慘或謬或遙領而不至或開隙而各謀終無成績於是東西川無復統律遺民咸不聊生監司戎帥各專號令擅辟守宰蕩無紀綱蜀日益壞及聞玠入蜀人心粗定始有安土之志玠大更敝政遴選守宰築招賢之館于府之左供張一如帥所居下令曰集衆思廣忠益諸葛孔明所以用蜀也欲有謀以告我者近則徑詣公府遠則自言于郡所在以禮遣之高爵重賞朝廷不吝以報功豪傑之士趨期立事今其時矣士之至者玠不厭禮接咸得其歡心言有可用隨其才而任之苟不可用亦厚遺謝之播州冉氏兄弟璡璞有文武才隱居蠻中前後閫帥辟召堅不肯起聞玠賢相謂曰是可與語矣遂詣府上謁玠素聞冉氏兄弟剌入卽出見之與分廷抗禮賓館之奉冉安之若素有居數月無所言玠將謝之乃爲設宴玠親主之酒酣坐客万紛紛競言所長璡兄弟飲食而已玠以微言挑之卒默然玠曰是觀我待士之禮何如耳明日更闢別館以處之且日使人窺其所爲兄弟終日不言惟對踞以堊畫地爲山川城池之形起則漫去如是又旬日請見玠屏人曰某兄弟辱明公禮遇思有以少裨益非敢同衆人也爲今日西蜀之計其在徙合州城乎玠不覺躍起執其手曰此玠志也但未得其所耳曰蜀口形勝之地莫若釣魚山請徙諸此若任得其人積粟以守之賢於十萬師遠矣巴蜀不足守也玠大喜曰玠固疑先生非淺士先生之謀玠不敢掠以歸已遂不謀於衆密以其謀聞於朝請不次官之詔以璡爲承事郎權發遣合州璞爲承務郎權通判州事徙城之事悉以任之命下一府皆諠然同辭以爲不可玠怒曰城成則蜀賴以安不成玠獨坐之諸君無預也卒築青居大獲釣魚雲頂天生凡十餘城皆因山爲壘棊布星分爲諸郡治所屯兵聚糧爲必守計且誅潰將以肅軍令又移金戎於大獲以護蜀口移沔戎於青居興戎先駐合州舊城移守釣魚共備內水移利戎於雲頂以備外水於是如臂使指氣勢聯絡又屬嘉定俞興開屯田於成都蜀以富實十年冬玠率諸將巡邊直擣興元大元兵與之大戰十二年又大戰于嘉定初利司都統王夔素殘悍號王夜叉恃功驕恣桀驁不受節度所至劫掠每得富家穴箕加頭四面然箕謂之蟇蝕月以弓弦繫鼻下高懸於格謂之錯繫喉縛人兩股以木交壓謂之乾榨油以至用醋灌鼻惡水灌耳口等毒虐非一以脅取金帛稍不遂意卽死其手蜀人患苦之且悉斂部將倖馬以自入將戰遁高其估賣與之朝廷雖知其不法在遠不能詰也大帥處分少不慊其意則百計撓之使不得有所爲玠至嘉定夔帥所部兵迎謁才羸弱二百人玠曰久聞都統兵精今疲敝若此殊不稱所望夔對曰夔兵非不精所以不敢卽見者恐驚從人耳頃之班聲如雷江水如沸聲止圓陣卽合旗幟精明器械森然沙上之人彌望若林立無一人敢亂行者舟中皆戰掉失色而玠自若也徐命吏班賞有差夔退謂人曰儒者中迺有此人玠久欲誅夔獨患其握重兵居外恐輕動危蜀謀於親將楊成成曰夔在蜀久所部兵精前時大帥夔皆勢出其右意不止此也視侍郎爲文臣必不肯甘心從令今縱弗誅養成其勢後一舉足西蜀危矣玠曰我欲誅之久矣獨患其黨與衆未發耳成曰侍郎以夔在蜀久有威名孰與吳氏夔固弗若也夫吳氏當中興危難之時能百戰以保蜀傳之四世恩威益張根本益固蜀人知有吳氏而不知有朝廷一旦曦爲叛逆諸將誅之如取孤豚況夔無吳氏之功而有曦之逆心恃豨突之勇敢慢法度縱兵殘民奴視同列非有吳氏得人之固也今誅之一夫力耳待其發而取之難矣玠意遂決夜召夔計事潛以成代領其衆夔才離營而新將已單騎入矣將士皆愕眙相顧不知所爲成以帥指譬曉之遂相率拜賀夔至斬之成因察其所與爲惡者數人稍稍以法誅之乃薦成爲文州刺史戎帥欲舉統制姚世安爲代玠素欲革軍中舉代之敝以三千騎至雲頂山下遣都統金某往代世安世安閉關不納且有危言然常疑玠圖己屬丞相謝方叔家子姪自永康避地雲頂世安厚結之求方叔爲援方叔因倡言玠失利戎之心非我調停且旦夕有變又陰嗾世安密求玠之短陳於帝前於是世安與玠抗玠鬱鬱不樂寶祐元年聞有召命愈不自安一夕暴下卒或謂仰藥死蜀之人莫不悲慕如失父母玠自入蜀進華文閣待制賜金帶權兵部尚書進徽猷閣學士升大使又進龍圖閣學士端明殿學士及召拜資政殿學士恩例視執政其卒也帝輟朝特贈五官以監察御史陳大方言奪職六年復之玠之治蜀也任都統張實治軍旅安撫王惟忠治財賦監簿朱文炳接賓客皆有常度至於脩學養士輕徭以寬民力薄征以通商賈蜀既富實乃罷京湖之餉邊關無警又撤東南之戍自寶慶以來蜀閫未有能及之者惜其遽以太

乎自託進蜀錦蜀箋過於文飾久假便宜之權不顧嫌疑昧於勇退遂來讒賊之口而又置機捕官雖足以康得事情然寄耳目於羣小虛實相半故人多懷疑懼至於世安拒命玠威名頓挫齎志以沒有子曰如孫取當如孫仲謀之義遺諭改師忠歷大理寺丞爲賈似道所殺

汪立信澈從孫也立信曾大父智從澈宣諭湖北道六安愛其山水因居焉淳祐元年立信獻策招安慶劇賊胡興劉文亮等借補承信郎六年登進士第理宗見立信狀貌雄偉顧侍臣曰此閫帥才也授烏江主簿辟沿江制幕知桐城縣未上辟荊湖制司幹辦通判建康府荊湖制置趙葵辟充策應使司及本司參議官葵去而馬光祖代之立信是時猶在府也鄂州圍解賈似道旣罔上要功惡閫外之臣與己分功迺行打算法於諸路欲以軍興時支散官物爲罪擊去之光祖與葵素有隙且欲迎合似道被旨卽召吏稽勾簿書卒不能得其疵迺以開慶二年正月望夕張燈宴設錢三萬緡爲葵放散官物聞于朝立信力爭之謂不可且曰方艱難時趙公莅事勤勞而公以非理擠拾之公一旦去此後來者復效公所爲可乎光祖怒曰吾不才不能爲度外事知奉朝命而已君他日處此勉爲之立信曰使某不爲則己果爲之必不效公所爲也光祖益怒議不行立信遂投劾去初立信通判江陵府葵制置荊湖嘗以公事劾立信及在沿江府亦謀議寡諧立信於葵蓋未嘗有一日之雅也擢京西提舉常平改知昭信軍權淮東提刑景定元年差知池州提舉江東常平權知常州浙西提點刑獄明年冬卽嘉興治所講行荒政尋改知江州兌沿江制置副使節制蘄黃興國軍馬提舉饒州南康兵甲升江西安撫使乞祠祿差知鎭江尋克湖南安撫使知潭州至官供帳之物悉置官庫所積錢連歲代納潭民夏稅貧無告者予錢粟病者加藥餌雨雪旱潦軍民皆有給與學校士習爲變以潭爲湖湘重鎭剏威敵軍所募精銳數千人後來者果賴其用權兵部尚書荊湖安撫制置知江陵府時襄陽被圍危急立信上疏請益安陸府屯兵凡邊戍皆不宜抽減黃州守臣陳奕素蓄異志朝廷宜防之迺移書似道謂今天下之勢十去八九而君臣宴安不以爲虞夫天之不假易也從古以然此誠上下交修以迓續天命之幾重惜分陰以趨事赴工之日也而迺酣歌深宮嘯傲湖山玩歲愒日緩急倒施卿士師師非度百姓鬱怨非上以求當天心俯遂民物拱揖指揮而折衝萬里者不亦難乎爲今日之計者其策有三夫內郡何事乎多兵宜盡出之江干以實外禦算兵帳見兵可七十餘萬人老弱柔脆十分汰二爲選兵五十餘萬人而沿江之守則不過七千里若距百里而屯屯有守將十屯爲府府有總督其尤要害處輒參倍其兵無事則泛舟長淮往來游徼有事則東西齊奮戰守竝用刁斗相聞饋餉不絕互相應援以爲聯絡之固選宗室親王忠良有幹用大臣立爲統制分東西二府以涖任得其人率然之勢此上策也久拘聘使無益於我徒使敵得以爲辭請禮而歸之許輸歲幣以緩師期不二三年邊遽稍休藩垣稍固生兵日增可戰可守此中策也二策果不得行則天敗我也若銜璧輿櫬之禮則請備以俟似道得書大怒抵之地詬曰瞎賊狂言敢爾蓋以立信目微眇云尋中以危法廢斥之咸淳十年大元兵大舉伐宋似道督諸軍出次江上以立信爲端明殿學士沿江制置使江淮招討使俾就建康府庫募兵以援江上諸郡立信受詔不辭卽日上道以妻子託愛將金明執其手曰我不負國家爾亦必不負我遂行與似道遇蕪湖似道拊立信背哭曰不用公言以至於此立信曰平章平章瞎賊今日更說一句不得似道問立信何向曰今江南無一寸乾淨地某去尋一片趙家地上死第要死得分明爾旣至則建康守兵悉潰而四面皆北軍立信知事不可成歎曰吾生爲宋臣死爲宋鬼終爲國一死但徒死無益耳以此負國率所部數千人至高郵欲控引淮漢以爲後圖已而聞似道師潰蕪湖江漢守臣皆望風降遁立信歎曰吾今日猶得死於宋土也迺置酒召賓佐與訣手爲表起居三宮與從子書屬以家事夜分起步庭中慷慨悲歌握拳撫案者三以是失聲三日扼吭而卒以光祿大夫致仕遺表聞贈大傅大元丞相伯顏入建康金明以其家人免或惡立信於伯顏以其二策及其死告且請戮其孥伯顏歎息久之曰宋有是人有是言哉使果用我安得至此命求其家厚恤之曰忠臣之家也金明以立信之喪歸葬丹陽立信子麟內書寫機宜文字在建康不肯從衆降崎嶇走閩以死初立信之未仕也家甚窶會歲大侵吳淵守鎭江命爲粥以食流民使其客黃應炎主之應炎一見立信與語心知其非常人言於淵淵大奇之禮以上客凡共張服御視應炎爲有加應炎甚怏怏淵解之曰此君吾地位人也但遭時不同耳君之識度志業皆非其倫也盍少下之是年試江東轉運司明年登第後其踐歷畧如淵而卒死於難人謂淵能知人云

向士璧字君玉常州人負才氣精悍甚自好紹定五年進士累通判平江府以臣僚言罷起爲淮西制置司參議官又以監察御史胡泌言罷起知高郵軍制置使丘崇又論罷起知安慶府知黃州遷淮西提點刑獄兼知黃州加直寶章閣仍舊職奉鴻禧祠特授將作監京湖制置參議官進直煥章閣湖北安撫副使兼知峽州兼歸峽施黔南平軍紹慶府鎭撫使遷太府少卿大理卿進直龍圖閣合州告急制置使馬光祖命士璧赴援數立奇功帝亦語羣臣曰士璧不待朝命進師歸州且捐家貲百萬以供軍費其志足嘉進祕閣修撰樞密副都承旨仍舊職開慶元年涪州危又命士璧往援北兵夾江爲營長數十里阻舟師不能進至浮橋時朝廷自楊州移賈似道以樞密使宣撫六路進駐峽州檄士璧以軍事付呂文德士璧不從以計斷橋奏捷具言方畧未幾文德亦以捷聞士璧還峽州方懷傾奪之疑尋辟爲宣撫司參議官遷湖南安撫副使兼知潭州兼京西湖南北路宣撫司參議官加右文殿修撰尋授權兵部侍郎湖南安撫使兼知潭州頃之升湖南制置副使大元將元良哈觮兵自交阯北還前鋒至城下攻圍急士璧極力守禦聞後隊且至遣王輔佑率五百人往覘之以易正大監其軍遇於南岳市一戰有功潭州圍遂解事聞賜金帶令服繫進兵部侍郞兼轉運使餘依舊職似道入相疾其功非獨不加賞反諷監察御史陳寅侍御史孫附鳳一再劾罷之送漳州居住又稽守城時所用金穀逮至行部責償幕屬方元善者極意逢迎似道意士璧坐是死復拘其妻妾而徵之其後元善改知吉水縣俄歸得狂疾常呼士璧時輔佑亦遠謫及文天祥起兵召輔佑于謫所則死矣德祐元年三月詔追復元官仍還從官恩數立廟潭州明年正月太府卿柳岳乞錄用其子孫詔從之

胡穎字叔獻潭州湘潭人父瑍娶趙方弟雍之女二子長曰顯有拳勇以材武入官數有戰功事見趙范傳穎自幼風神秀異機警不常趙氏諸舅以其類己每加賞鑒成童卽能倍誦諸經中童子科復從兄學弓馬母不許曰汝家世儒業不可復爾也遂感厲苦學尤長於春秋紹定三年范討李全檄穎入幕穎常微服行諸營察衆志嚮歸必三鼓後全敗遺穎獻俘于朝以賞補官五年登進士第卽授京秩歷官知平江府兼浙西提點刑獄移湖南兼提舉常平卽家置司性不喜邪佞尤惡言神異所至毀淫祠數千區以正風俗衡州有靈祠吏民夙所畏事穎撤之作來諗堂奉母居之嘗語道州教授楊允恭曰吾夜必瞑坐此室察影響咸無有允恭對曰以爲無則無矣從而察之則是又疑其有也穎甚善其言以樞密都承旨爲廣東經畧安撫使潮州僧寺有大蛇能驚動人前後仕于潮者皆信奉之前守去州人心疑焉以爲未嘗詣也已而旱咸咎守不敬蛇神故致此後守不得已詣焉已而蛇蜿蜒而出守大驚得疾旋卒穎至廣州聞其事檄潮州命僧舁蛇至至則其大如柱而黑色載以闌檻穎令之曰爾有神靈當三日見變怪過三日則汝無神矣旣及期蠢然猶衆蛇耳遂殺之毀其寺幷罪僧移節廣西尋還京湖總領財賦咸淳間卒贈四官穎爲人正直剛果博學彊記吐辭成文書判下筆千言援據經史切當事情倉卒之際對偶皆精讀者驚歎臨政善斷不畏彊禦在浙西榮王府十二人行刼穎悉斬之一日輪對理宗曰聞卿好殺意在浙獄穎曰臣不敢屈太祖之法以負陛下非嗜殺也帝爲之默然

冷應澂字公定隆興分寧人寶慶元年進士調廬陵主簿郎以廉能著有怨事臺府者必曰願下廬陵清主簿尤爲楊長孺所識拔調靜江府司錄參軍治獄平恕轉運使范應鈴列薦于朝知萬載縣大修學舍招俊秀治其業旌其通經飭行者以勸歲歉棄孩滿道乃下令恣民收養所棄父母不得復問全活甚衆葉夢得列其行事風厲餘邑通判道州入監行在榷貨務遷登聞鼓檢院景定元年奉使督餉江上還知德慶府前守政不立縱豪吏漁獵峒獠遂大爲變偪城六十里而營應澂未入境馳檄諭之曰汝等不獲已至此新太守且上轉禍爲福一機也脅從影附亦宜早計去就不然不免矣獠感悟欲自歸或謀主不果衆稍引去應澂知其勢解卽厲士馬出不意一鼓擒之縱遣歸農猶千餘人乃請諸監司歸郡之避難留幕府者誅豪吏之激禍者初經畧雷宜中意應澂必以濟師來請及是歎服亟上其事薦應澂可大用屬縣租賦諉道阻久不至郡應澂爲之期曰首輸者與減分未至則償所減民惟恐後不一月訖事凡諸綱官廩稍軍券前政積不得者悉補還之上下欣附應澂亦極力摩撫與爲簡便期年報政奏罷抑配鹽法及乞用褚券折銀綱等五事以紓民力詔就升本道提舉常平兼轉運使俾行其說首刻守令貪横不法十餘人列郡肅然最聞加直祕閣時經畧使陳宗禮入爲參知政事帝問誰可代卿者宗禮以應澂對旋召爲

都官郎官未行就升直寶章閣知廣州主管廣南東路經畧安撫司公事馬步軍都總管領漕庾如故五司叢劇應激郎分時理務不擾不勸常曰治官事當如家事惜官物當如己物方今國計內虛邊聲外震吾等受上厚恩安得淸談自高以誤世陶士行卞望之吾師也自閫襄樊受圍日繕器械裕財粟以備倉卒後卒賴其用屢平大寇未嘗輕殺笞杖以降亦加審愼至其臨事輒斷雖勢要不爲撓奪後卒于家

曹叔遠字器遠溫州瑞安人少學于陳傅良登紹熙元年進士第久之李壁薦爲國子學錄迕韓侂胄罷通判涪州後守遂寧營卒莫簡苦總領所侵刻相率稱亂勢張甚入遂寧境輒戢其徒無肆暴曰此江南好官員也入朝爲工部郎出知袁州以太常少卿召權禮部侍郎遇事獻替多所裨益終徽猷閣待制謚文肅嘗編永嘉譜識者謂其有史才子咸角孫部皆登進士第族子豳

豳字西士少從錢文子學登嘉泰二年進士第授安吉州教授調重慶府司法參軍郡守度正欲薦之豳辭曰章司錄母老請先之正敬歎改知建昌縣復故尚書李常山房建齋舍以處諸生擢祕書丞兼倉部郎官出爲浙西提舉常平面陳和糴折納之獘建虎丘書院以祀尹焞移浙東提點刑獄寒食放囚歸祀其先囚感泣如期至召爲左司諫與王萬郭磊卿徐淸叟俱負直聲當時號嘉熙四諫上疏言立太子厚倫紀以弭火災又論余天錫李鳴復之過迕旨遷起居郎進禮部侍郎不拜疏七上進古詩以寓規正久之起知福州再以侍郎召爲臺臣所沮而止遂守寶章閣待制致仕卒謚文恭子愉老亦登進士第

王萬字處一家世婺州父遊淮間萬因生長濠州少忠伉有大志究心當世急務尤精於邊防要害登嘉定十六年進士第調和州教授端平元年主管尙書吏部架閣文字遷國子學錄明年添差通判鎭江府時金初滅當路多知其人豪也咨問者旁午鄭淸之初謀乘虛取河洛萬謂當急爲自治之規已而大元兵壓境三邊震動理宗下罪己詔吳泳起草又以咨萬萬謂兵固失矣言之甚恐亦不可今邊民生意如髮宜以振厲奮發與感人心爲條具沿邊事宜徧告大臣要官謂長淮千里中間無大山澤爲限擊首尾應正如常山蛇勢首當併兩淮爲一制閫之命是聽兩淮惟濠州居中濠之東爲盱眙爲楚以達鹽城淮流深廣敵所難度濠之西爲安豐爲光以達信陽淮流淺澀敵每揭厲以涉之法當調揚州北軍三千人自淮東擣虛常往來宿亳間使敵無意於東而我併力淮西淮西則又惟合肥居江淮南北之中法當建制置司合肥而以濠梁安豐光州爲臂以黃岡爲肘後緩急之助又必令荆襄每候西兵東來輒尾之使淮襄之勢亦合而後大規撫可立論用兵則謂當以五千人爲屯每屯一將二長一大將一路又合一大將而併合於制置爲總統淮東可精兵三萬光黃可二萬東西夾擊而沿江制司會合肥兵共二萬以牽制行則給營陣止則依城壘行則齎乾糧止則就食州縣論屯田則謂當於新復州軍東則海邳所依者水之險西則唐鄧所依者山之險畫此無地無田不耕則歸附新軍流落餘民亦有固志又謂戎司舊分地戍守殿步兵戍眞揚六合鎭江兵戍楚盱眙建康馬司兵戍滁濠定遠都統司兵戍廬和安豐以至池司兵戍舒蘄巢縣江司兵戍鄂黃浮光地勢皆順皆以統制部之出外而皆常有帥臣居內以本軍財賦葺營柵撫士卒備器械以故軍事常整辦遇警急則帥臣親統軍兵以行此乃有以建康馬帥而知黃州者都統而知光州者以池司都統而在楚州以鎭江都統而在應天者將不知兵兵不屬將往往以本軍之財貲他處之用以致營柵壞而莫修士卒貧而莫給器械鈍而莫繕宜與盡還舊制及請寬邊民請團民兵請援浮光請邊民之能捍邊者常厚其賞而小其官使常得其力其後兵興用窘履畝之令行則又言之廟堂曰令名更化可反爲故相之所不爲乎其他敷陳往往累數萬言其自任之篤切於當世如此三年授樞密院編修官嘉熙六年兼權屯田郎中因轉對言天命去留原於君心陛下一一而思之凡惻然有觸於心而未能安者皆心之未能同乎天者也天不在天而在陛下之心苟能天人合一永永勿替天命在我矣差知台州至郡日惟蔬飯終日坐廳事事至立斷吏無所售往往改業散去民亦化之不復訟上下肅然郡以大治才五月乞祠去三年遷屯田員外郎兼編修轉對言君臣上下盡克私心以服人心以回天心遷尚右郎官尋兼崇政殿說書四年擢監察御史首論史宅之故相之子曩者弄權不當復玷從班上命丞相再三諭旨迄不奉詔上不得已出宅之知平江府又論之疏凡五上史嵩之自江上董師入相萬又首論之謂其事體迫遽氣象傾搖太學生欲趣其歸則賄賂之迹已形近或謂有族人發其私事肆爲醜詆者以相國大臣而若此非書之所謂大臣矣然當時論相之事已決疏入遷大理少卿萬卽日還常熟寓舍遷太常少卿辭差知寧國府辭召赴行在奏事出爲福建提點刑獄加直煥章閣四川宣諭司參議官皆力辭乞休致詔特轉朝奉郎守太常少卿致仕卒嵩之罷相衆方交論其非上思萬先見親賜御札謂萬立朝蹇諤古之遺直爲廉平古之遺愛聞其母老家貧朕甚念之賜新會五千貫田五百畝以贍給其家初萬之學專有得於時習之語謂學莫先於言顧行言然而行未然者非言之僞也習未熟也熟則言行一矣故終其身行無不顧其言發於設施論諫皆根於中心遺文有時習編及其他奏劄及論天下事者凡十卷

馬光祖字華父婺州金華人寶慶二年進士調新喻主簿已有能名從眞德秀學改知餘干縣差知高郵軍遷軍器監主簿差充督視行府參議官奉雲臺祠差知處州監登聞鼓院進太府寺丞兼莊文府教授右曹郎官出知處州乞降僧道牒振濟詔從之加直祕閣浙東提舉常平移浙西提點刑獄時暫兼權浙西提舉常平起復軍器監總領淮東軍馬錢糧兼知鎭江進直徽猷閣江西轉運副使兼知隆興府以右正言劉漢弼言罷後九年起直徽猷閣知太平州提領江西茶鹽所進直寶文閣遷太府少卿仍知太平州提領江淮茶鹽所還司農卿淮西總領兼權江東轉運使拜戶部尚書兼知臨安府浙西安撫使帝諭丞相謝方叔趣入覲乞嚴下海米禁歷陳京師艱食和糴增價海道致寇三害加寶章閣直學士沿江制置使江東安撫使知建康府兼行宮留守兼節制和州無爲軍安慶府三郡屯田使加煥章閣尋加寶章閣學士始至官卽以常例公用器皿錢二十萬緡支犒軍民減租稅養鰥寡孤疾無告之人招兵置砦給錢助諸軍昏嫁屬縣稅折收絲綿絹帛倚閣除免以數萬計興學校禮賢才辟召僚屬皆極一時之選拜端明殿學士荆湖制置知江陵府去而建康之民思之不已帝聞命以資政殿學士沿江制置大使江東安撫使再知建康士女相慶光祖益思寬養民力興廢起壞知無不爲蠲除前政逋負錢百餘萬緡魚利稅課悉罷減予民修建明道南軒書院及上元縣學撙節費用建平糴倉貯米十五萬石又爲庫貯糴本二百餘萬緡補其折閱發糴常減於市價以利小民修飭武備防拓要害邊賴以安其爲政寬猛適宜事存大體公田法行光祖移書賈似道言公田法非便乞不以及江東必欲行之罷光祖乃可進大學士兼淮西總領召赴行在遷提領戶部財用兼知臨安府浙西安撫使會歲饑榮王府積粟不發稟光祖謁王辭以故明日往亦如之又明日又往臥客次王不得已見焉光祖厲聲曰天下孰不知大王子爲儲君大王不於此時收人心乎王以無粟辭光祖探懷中文書曰某莊某倉若干王無以辭得粟活民甚多進同知樞密院事尋差知福州福建安撫使以侍御史陳堯道言罷以前職提舉洞霄宮再以沿江制置江東安撫使知建康郡民爲建祠六所乞致仕不許咸淳三年拜參知政事五年拜知樞密院事兼參知政事以監察御史曾淵子言罷給事中盧鉞復繳奏新命以金紫光祿大夫致仕卒謚莊敏光祖之在外練兵豐財朝廷以之爲京尹則剸治浩穰風績凜然三至建康終始一紀威惠竝行百廢無不修舉云

論曰吳淵才具優長而嚴酷累之余玠意氣豪雄而志不克信賈似道不用汪立信之策殆天奪其魄矣向仕璧卒阨於似道宋之不足圖存蓋可知也胡穎好毀淫祠非兵中之無懦不能爾也冷應澂安邊之才曹叔遠王萬皆正人端士馬光祖治建康迄今遺愛猶在民心可謂能臣已

宋史卷四百十七

元 中 書 右 丞 相 總 裁 脫 脫 等 修

列傳第一百七十六

喬行簡　范鍾　游似

趙葵兄范　謝方叔

喬行簡字壽朋婺州東陽人學于呂祖謙之門登紹熙四年進士第歷官知通州條上便民事主管戶部架閣召試館職爲祕書省正字兼樞密院編修官升祕書郎爲淮西轉運判官知嘉興府改淮南轉運判官兼淮西提點刑獄提舉常平言金有必亡之形中國宜靜以觀變因列上備邊四事會近臣有主戰者師遂出金人因破蘄黃移浙西提點刑獄兼知鎭江府遷起居郎兼國子司業兼國史編修實錄檢討兼侍講尋遷宗正少卿祕書監權工部侍郎皆任兼職理宗卽位行簡貽書丞相史彌遠請帝法孝宗行三年喪應詔上疏曰求賢求言二詔之頒果能確守初意深求實益則人才振而治本立國威張而姦宄銷臣竊觀近事似或不然夫自侍從至郎官凡幾人自監司至郡守凡幾人今其所舉賢能才識之士又不知其幾人也陛下蓋嘗摭其一二欲召用之矣凡內外大小之臣囊封來上或直或巽或切

或泛無所不有陛下亦嘗摭其一二見之施行且褒賞之矣而天下終疑陛下之爲具文蓋以所召者非久無官情決不肯來之人則年已衰暮決不可來之人耳彼風節素著持正不阿廉介有守臨事不撓者論薦雖多固未嘗收拾而召之也其所施行褒賞者往往皆末節細故無關於理亂粗述古今不至於抵觸然後取之以示吾有聽受之意其間亦豈無深憂遠識高出衆見之表忠言至計有裨聖聽之聰者固未聞采納而用之也自陛下臨御至今班行之彥麾節之臣因論列而去有因自請而歸其人或以職業有聞或以言語自見天下未知其得罪之由徒見其置散投閒倏來驟去甚至廢罷而鐫秩削奪而流竄皆以爲陛下黜遠善士厭惡直言去者遂以此而得名朝廷乃因是而致謗其亦何便於此夫賢路當廣而不當狹言路當開而不當塞治亂安危莫不由此又言敬天命伸士氣時常移御清燕殿行簡奏願加畏謹且言羣賢方集願勿因濟王議異同致有渙散升兼侍讀兼國子祭酒吏部侍郎權禮部尚書權刑部尚書拜端明殿學士同簽書樞密院事進簽書樞密院事太后崩疏言向者陛下內廷舉動皆有稟承小人縱有蠱惑干求之心猶有所忌憚而不敢發今者安能保小人之不萌是心陛下又安能保聖心之不無少肆陛下爲天下君當懋建皇極一循大公不應私狥小人爲其所誤凡爲此者皆戚畹肺肝之親近習貴幸之臣奔走使令之輩外取貨財內壞綱紀上以罔人君之聰明來天下之怨謗下以撓官府之公道亂民間之曲直縱而不已其勢必至於假采聽之言而傷動善類設衆人之譽而進拔憸人借納忠效勤之意而售其陰險巧佞之姦日積月累氣勢益張人主之威權將爲所竊弄而不自知矣陛下衰絰在身愈當警戒宮庭之間既無所嚴憚嬪御之人又視昔衆多以春秋方富之年居聲色易縱之地萬一於此不能自制必於盛德大有虧損願陛下常加警省又論火災求言乞取其切者付外行之又論許國不當換文資其當慮者有五鄭損不當帥蜀又言時青者以官則國家之節度以人則邊陲之大將一旦遽爲李全所戕是必疑其終爲我用慮變生肘腋故先其未發驅除之竊意軍中必有憤激思奮之人莫若乘勢就淮陰一軍拔其尤者以護其師然後明指殺青者之姓名俾之誅戮加贈恤之典於青則其勢自分而吾得藉此以制之可以折其姦心而存吾之大體不然跋扈者專殺而不敢誅有功者見殺而不敢懟彼知朝廷一用柔道而威斷不施烏保其不遞相覦效則其所當慮者不獨李全一人而已又言山陽民散財殫非內賊久安之地當日夜爲鴟張之計楊州城堅勢壯是以坐制全淮此曹未必無窺伺之心或爲所入則淮東俱非我有不可不先爲之慮也又請屯駐重兵海道內爲吳越之捍蔽外爲南北之限制又論李全攻圍泰州勦除之兵今不可已此賊氣貌無以踰人未必有長筭深謀直剽捍勇決能長雄於其黨耳況其守泗之西城則失西城守下邳則失下邳守青社則失青社旣又降北此特敗軍之將十年之內自白丁至三孤功薄報豐反背義忘恩此天理人情之所共憤惟決意行之後皆如行簡所料拜參知政事兼知樞密院事時議收復三京行簡在告上疏曰八陵有可朝之路中原有可復之機以大有爲之資當有可爲之會則事之有成固可坐而策也臣不憂出師之無功而憂事力之不可繼有功而至於不可繼則其憂始深矣夫自古英君必先治內而後治外陛下視今日之內治其已舉乎其未舉乎向未攬權之前其敝凡幾今旣親政之後其已更新者凡幾欲用君子則其志未盡伸欲去小人則其心未盡革上有厲精更始之意而士大夫之苟且不務任責者自若朝廷有禁包苴戒貪墨之令而州縣之黷貨不知盈厭者自如欲行楮令則外郡之新券雖低價而莫售欲平物價則京師之百貨視舊直而不殊紀綱法度多頹弛而未張賞刑號令皆玩視而不肅此皆陛下國內之臣子猶令之而未從作之而不應乃欲闔闢乾坤混一區宇制姦雄而折戎狄其能盡如吾意乎此臣之所憂者一也自古帝王欲用其民者必先得其心以爲根本數十年來上下皆懷利以相接而不知有所謂義民方憾於守令緩急豈有效死勿去之人卒不愛其將校臨陳豈有奮勇直前之士蓄怨含憤積於平日見難則避遇敵則奔惟利是顧皇恤其他人心如此陛下曾未有以轉移固結之遽欲驅之北鄉從事於鋒鏑忠義之心何由而發況乎境內之民困於州縣之貪刻阨於勢家之兼幷饑寒之氓常欲乘時而報怨茶鹽之寇常欲伺間而竊發蕭墻之憂凜未可保萬一兵興於外綴於強敵而不得休潢池赤子復有如江閩東浙之事其將奈何夫民至愚而不可忽內郡武備單弱民之所素易也往時江閩東浙之寇皆藉邊兵以制之今此曹猶多竄伏山谷窺伺田里彼知朝廷方有事於北方其勢不能以相及寧不又動其姦心此臣之所憂者二也自古英君規恢進取必須選將練兵豐財足食然後舉事今邊面遼濶出師非止一塗陛下之將足當一面者幾人勇而能鬬者幾人智而善謀者幾人非屈指得二三十輩恐不足以備驅馳陛下之兵能戰者幾萬分道而趨京洛者幾萬留屯而守淮襄者幾萬非按籍得二三十萬衆恐不足以事進取借曰帥臣威望素著以意氣招徠以功賞激勸推擇行伍即可爲將接納降附即可爲兵臣實未知錢糧之所從出也興師十萬日費千金千里餽糧士有饑色今之餽餉累日不已至於累月累月不已至於累歲不知累幾千金而後可以供其費也今百姓多垂罄之室州縣多赤立之帑大軍一動厥費多端其將何以給之今陛下不愛金幣以應邊臣之求可一而不可再可再而不可三再三之後兵事未已欲中輟則廢前功欲勉強則無事力國旣不足民亦不堪臣恐北方未可圖而南方已先騷動矣中原蹂踐之餘所在空曠縱使東南有米可運然道里遼遠寧免乏絕由淮而進縱有河渠可通寧無盜賊邀取之患由襄而進必須負載二十鍾而致一石亦恐未必能達若頓師千里之外糧道不繼當此之時孫吳爲謀主韓彭爲兵帥亦恐無以爲策他日糧運不繼進退不能必勞聖慮此臣之所憂者三也願陛下堅持聖意定爲國論以絕紛紛之說不果從進知樞密院事時議御閱不果反驟汰之殿司軍閧爲之黜主帥罷都司官給黃榜撫存軍愈呼噪行簡以閧戮爲首者二十餘人衆乃帖息尋拜右丞相言三京撓敗之餘事與前異但當益修戰守之備襄陽失守請急收復或又陳進取之計行簡奏今內外事勢可憂而不可恃者七言甚懇切師得不出端平三年九月有事于明堂大雷雨行簡與鄭淸之並策免旣去而獨趨召行簡還京留之拜左丞相援韓琦故事乞以邊陲財用分委三執政請修中興五朝國事十上章請謝事嘉熙三年拜平章軍國重事封肅國公每以上游重地爲念請建節度宣撫使提兵戍夔邊事稍寧復告老章十八上四年加少師保寧軍節度使醴泉觀使封魯國公淳祐元年二月薨于家年八十六贈太師諡文惠行簡歷練老成識量弘遠居官無所不言好薦士多至顯達至於舉錢時吳如愚又皆當時隱逸之賢者所著有周禮總說孔山文集

范鍾字仲和婺州蘭溪人嘉定二年舉進士歷官調武學博士添差通判太平州知徽州召赴闕遷刑部郎官又遷尚右郎官兼崇政殿說書進對帝曰仁宗時甚多事鍾對曰仁宗始雖多事乃以憂勤致治徽宗始雖無事餘患至於今日帝悅尋遷吏部郎中兼說書又遷祕書少監國子司業兼國史編修實錄檢討拜起居郎兼祭酒權兵部侍郎兼同修國史實錄同修撰遷兵部侍郎兼給事中權兵部尚書兼侍講尋兼侍讀嘉熙二年拜端明殿學士簽書樞密院事四年授參知政事淳祐元年乞歸田里不許四年知樞密院事乞歸田里五年特拜左丞相兼樞密使封東陽郡公再乞歸田里不許六年復請許之加觀文殿大學士醴泉觀使兼侍讀辭不拜以保寧節乃提舉洞霄宮九年正月薨鍾爲相直淸守法重惜名器雖無赫赫可稱而淸德雅量與杜範李宗勉齊名贈少師諡文肅所著書有禮記解

游似字景仁利路提點刑獄仲鴻之子嘉定十四年進士歷官爲大理司直升大理寺丞遷太常丞兼權兵部郎官遷祕書丞兼權考功郎中直祕閣夔路轉運判官移潼州提點刑獄兼提舉常平請封謚曰錫從之遷軍器監宗正少卿兼權樞密都承旨時暫兼權禮部侍郎兼侍講權禮部侍郎有事于明堂以上疏言欲盡事天之禮當盡敬天之心心存則政事必適其宜言動必當其理雨暘必循其序夷夏必安其生兼同修國史實錄院同修撰權禮部尚書兼侍讀言軍賞冒濫諸給告之制奏功者書填眞命付之候從軍十年別能立功升至統領已上方許從所屬保明申朝廷立名給告則冒濫者革功勞者勸遷禮部尚書兼給事中兼修國史實錄院修撰權工部侍郎充四川宣撫司參贊軍事兼給事中遷吏部尚書入侍經幄帝問唐太宗貞觀治效何速如是似對曰人主一念之烈足以旋乾轉坤或謂霸國速而王道遲不知一日歸仁期月而可王道曷嘗不速一念有時間斷則無以挽回天下之大勢至於憂勤旣切宸念而佐理非人亦何以布宣九重之實乃摭太宗事以陳且謂太宗矜心易啓漸弗克終僅止貞觀之治陛下嗣服十有五年艱危之勢滋甚囘視太宗治效歛速相越乃爾意者親儒而從諫敬畏以檢身未若貞觀之超卓乎節用以致愛選廉以共理未若貞觀之切至乎願陛下益加聖心嘉熙三年正月拜端明殿學士同簽書樞密院事封南充縣伯八月拜參知政事四年閏月知樞密院事兼參知政事淳祐四年提舉萬壽觀兼侍讀仍奉朝請授知樞密院事兼參知政事進爵郡公五年拜右丞相兼樞密使十上章乞歸田里帝不許七年特授觀文殿大學士醴泉觀使兼侍讀進爵國公十

一年轉兩官致仕薨特贈少師

趙葵字南仲京湖制置使方之子初生時或夢南岳神降其家方在襄陽命葵專督飲食共養之事與兄范俱有志事功方器之聘鄭清之全子才爲之師又遣從南康李燔爲有用之學每聞警報與諸將偕出遇敵則深入死戰諸將惟恐失制置子盡死救之屢以此獲捷一日方賞將士恩不償勞軍爲變葵時十二三覺之亟呼曰此朝廷賜也本司别有賞賚軍心賴一言而定人服其機警嘉定十年金將高琪烏古論慶壽犯襄陽團棗陽時邊烽久熄金兵猝至人情震懼方帥范葵往戰敗走之十三年方遣葵及都統扈再興攻金人至高頭高頭金人必守之處也出勁兵拒戰葵率先鋒奮擊再興繼進殲之翼日進次鄧州金人阻泚河以拒葵麾軍進擊揚義諸將繼至金兵亦大出合戰大破之俘斬及降者幾二萬獲萬戶而下十數人奪馬八百逐北直傅城下而還十四年金人犯蘄州葵與范攻唐鄧方命之曰不克敵無相見也三月丁亥至唐州薄城而陳金大將阿海引兵出戰葵帥精騎赴敵再興從之大捷斬馘萬餘金人閉門不出時金人陷蘄州者至久長數十騎出山椒葵帥楊大城以十四騎逐之金騎漸益至數百葵力戰連破之而金步騎大集會范再與軍合戰至夜分始解庚寅官軍分二陣范將左再興將右葵帥突騎左右策應金人背山亦分爲二以相當而不先動范曰金人必復謀夜戰以倖勝乃預備大鼓令軍中聞疊鼓聲始動若彼未至五十步內而輙動者斬未幾金兵稍下山再興遽衝之果爲敵所乘遂逼范軍范疊鼓麾軍突鬭葵繼進殲金兵數千敵併力向再興葵率土豪祝文蔚等以精騎橫衝之金人僵屍相屬復相持至夜分金人斂而陣如故范葵急會將校選死士數千黎明四面奮擊喚聲撼山谷金人走乘勝逐北斬首數千級副統軍投戈降拔所掠子女萬餘得輜重器械山積補葵承務郎知棗陽軍范授安撫司內機方卒十五年起復直祕閣通判廬州進大理司直淮西安撫參議官十七年李全往青州淮東制置使許國檄葵議兵葵至曰君侯欲圖賊而坐賊穽中悔已無及惟有重帳前兵猶足制之爾國曰兵不能集集不能精奈何曰葵請視兩路之兵別其精銳君侯留三萬帳前賊不敢動矣國曰不若集淮兵來閱而君董之既足示衆亦可選銳葵曰有兵之郡必當衝要守將豈可空壁以從制使命耶必將力爭于朝分留自衞一得朝命必匿其强壯遣老弱以備數本欲選銳適得其鈍本欲示衆適示單弱徒啓戎心國不聽卒敗寶應元年范知揚州乞調葵以强勇雄邊軍五千屯寶應備賊葵在廬州數費私錢會諸將毬射與制置使曾式中不合葵去之言者以爲擅遂奉祠三年起爲將作監丞紹定元年出知滁州二年全將入浙西告糴實欲覘畿甸也初全之獻俘也朝廷授以節鉞葵策其必叛乃上書丞相史彌遠曰此賊若止於得粟尚不宜使輕至內地況包藏禍心不止告糴若不痛抑其萌則自此肆行無憚所謂延盜入室恐畿內有不可勝諱之憂至滁以其地當賊衝又與金人對境實兩淮門戶修城浚隍經武不少暇命秦喜守青平趙必勝守萬山以壯形勢葵母疾謁告省侍不得封股雜藥以寄之母卒葵求解官不許不得已卒哭復視事全造舟益急葵復致書史彌遠曰李全既破鹽城反稱陳知縣自棄城蓋欲欺朝廷以款討罪之師彼得一意修舟楫造器械窺伺城邑或直浮海以擣腹心此其姦謀明若觀火葵自聞鹽城失守日夕延頸以俟制帥之設施今乃聞遣王節入鹽城祈哀於逆葵又聞遣二吏入山陽請命于賊婦堂堂制閫如此舉措豈不墮賊計貽笑天下貽笑外夷乎又聞張國明前此出山陽已知賊將舉鹽城之兵今若聽國明言更從濶畧則自此人心解體萬事渙散社稷之憂有不可勝諱者葵非欲張皇生事啓釁李全決非忠臣非孝子丞相苟聽葵之言翻然改圖發兵討叛則豈獨可以强國勢安社稷葵父子世受國恩亦庶幾萬一之報使丞相不聽葵言不發兵討賊則豈特不可以强國勢安社稷而葵亦不知死所不復可報君相之恩矣一安一危一治一亂係朝廷之討叛與不討爾淮東安則江南安江南安則社稷安社稷安則丞相安丞相安則凡爲國之臣子爲丞相之門人弟子莫不安矣又言於朝曰葵父子兄弟世受國恩每見外夷盜賊侵侮國家未嘗不爲忠憤所激今大逆不道邈視朝廷負君相卵翼之恩無如李全前此畔逆未彰猶可言也今已破蕩城邑畧無忌憚若朝廷更從隱忍則將何以爲國欲望特發剛斷名其爲賊即日命將遣師水陸並進誅鋤此逆以安社稷以保生靈葵雖不才願身許朝廷如或不然乞將葵早賜處分以安邊鄙以便國事彌遠猶未欲興討參知政事鄭清之贊決之乃加葵直寶章閣淮東提點刑獄兼知滁州范刻日約葵葵帥雄勝寧淮武定彊勇步騎萬四千命王鑑扈斌胡顯等將之以葵兼參議官顯韻之兄也拳力絕人方在襄陽每出師必使顯及葵各領精銳分道赴戰摧堅陷陣聚散離合前無勁敵以功至檢校太尉已而全攻揚州東門葵親出搏戰賊將張友呼城門請葵出及出全在隔壕立馬相勞苦左右欲射全葵止之問全來何爲全曰朝廷動見猜疑今復絕我糧餉我非背叛索錢糧耳葵曰朝廷資汝錢糧寵汝官職蓋不貲矣待汝以忠臣孝子而乃反戈攻陷城邑朝廷安得不絕汝錢糧汝云非叛欺人乎欺天乎切責之言甚多全無以對彎弓抽矢向葵而去於是數戰皆捷四年正月壬寅遂殺全事見全傳進葵福州觀察使左驍衞上將軍葵辭不受八月召赴樞密院稟議受寶章閣待制樞密副都承旨依舊職仍落起復尋進兵部侍郎六年十一月詔授淮東制置使兼知揚州入對帝曰卿父子兄弟宣力甚多卿在行陣又能率先士卒捐身報國此尤儒臣之所難朕甚嘉之葵頓首謝曰臣不佞忠孝之義嘗奉教於君子世受國恩當捐軀以報陛下端平元年朝議收復三京葵上疏請出戰乃授權兵部尚書京河制置使知應天府南京留守兼淮東制置使時盛暑行師汴隄破決水潦泛溢糧運不繼所復州郡皆空城無兵食可因未幾北兵南下渡河發水牐兵多溺死遂潰而范上表劾葵詔與全子才各降一秩授兵部侍郎淮東制置使移司泗州嘉熙元年以寶章閣學士知揚州依舊制置使二年以應援安豐捷奏拜刑部尚書進端明殿學士特予執政恩例復兼本路屯田使葵前後留揚八年墾田治兵邊備益飭淳祐二年進大學士知潭州湖南安撫使改福州三年葬其母乞追服終制不允葵上疏曰移忠爲孝臣子之通誼教孝求忠君父之至仁忠孝一原並行不悖故曰忠臣以事其君孝子以事其親其本一也臣不佞戒謹持循惟恐失墜往歲叨當事任服在戎行偕同氣以率先冒萬死而不顧捐軀戡難效命守封是以孝事君之充也陛下昭示顯揚優崇寵數使爲人子者感恩爲人親者知勸矣臣昨於草土被命起家勉從權制先國家之急而後親喪也今釋位去官已追服居廬乞終喪制又不許再上疏曰臣昔者奉詔討逆適丁家難閔然哀疚之中命以驅馳之事移孝爲忠所不敢辭是臣嘗先國家之急而效臣子之義矣親恩不報寢踰一紀食稻衣錦俯仰增愧且臣業已追哀麻之制伸苫塊之哀負土成墳倚廬待盡喪事有進而無退固不應數月而除也及命提舉洞霄宮不拜淳祐四年授同知樞密院事疏奏今天下之事其大者有幾天下之才其可用者有幾吾從其大者而講明之疏其可用者而任使之有勇畧者治兵有心計者治財寬厚者任牧養剛正者持風憲爲官擇人不爲人而擇官用之既當任之既久然後可以責其成效又乞亟與宰臣講求規畫凡有關於宗社安危治亂之大計者條具以聞審其所先後緩急以圖籌策則治功可成外患不足畏又乞招游擊軍三萬人以防江詔從之十二月拜知樞密院事兼參知政事又特授樞密使兼參知政事督視江淮京西湖北軍馬封長沙郡公尋知建康府行宮留守江東安撫使九年特授光祿大夫右丞相兼樞密使封信國公四上表力辭言者以宰相須用讀書人罷爲觀文殿學士充醴泉觀使兼侍讀仍奉朝請尋判潭州湖南安撫使加特進寶祐二年宣撫廣西三年改鎭荆湖城荆門及郢州改授湖南路安撫使判潭州再辭依舊職醴泉觀使五年進少保寧遠軍節度使進封魏國公醴泉觀使兼侍讀四辭免開慶元年判慶元府沿海制置使尋授沿江江東宣撫使置司建康府任責隆興府饒州江州徽州兩界防拓調遣時暫兼判建康府行宮留守尋授江東西宣撫使節制調遣饒信袁臨江撫吉隆興官軍民兵訪問百姓疾苦罷行黜陟並許便宜從事景定元年授兩淮宣撫使判揚州進封魯國公尋奉祠咸淳元年加少傅二年乞致仕特授少師武安軍節度使進封冀國公舟次小孤山薨年八十一是夕五洲星隕如箕贈太傅謚忠靖

范字武仲少從父軍中嘉定十三年嘗與弟葵殲金人于高頭十四年出師唐鄧范與葵監軍孟宗政時知棗陽憚於供億使人問曰金人在蘄黃而君攻唐鄧何也范曰不然徹襄陽之備以救蘄黃則唐鄧必將躡吾後且蘄黃之寇正銳曷若先擣唐鄧以示有餘唐鄧應我之不暇則吾圉不守而自固寇在蘄黃師日以老然後回師蹙之可勝敵而無後患又敗金人於久長與弟葵俱授制置安撫司內機事具葵傳十五年丁父憂起復直祕閣通判揚州十六年爲軍器監丞以直祕閣知光州十七年入爲知大宗正丞刑部侍郎試將作監兼權知鎭江府進直徽猷閣知揚州淮東安撫副使劉全王文信二軍老幼留揚州范欲修軍政懼其徒漏泄兵機乃時餽勞二家既大喜范即遣徐晞稷書令救二人挈家歸楚二人從之范厚賚以遣有孫海者其衆亦八百范併請抽還楚州又請刱馬軍三千招游手之强壯者及籍牢城重役人充之別籍民爲半年兵春夏在田秋

冬發閤官免建砦而私不廢農彭義斌使統領張士顯見范請合謀討李全范告于制置使趙善湘曰以義斌蹙全如山壓卵然必請而後討者知有朝廷也失此不右而右凶徒則權綱解紐矣萬一義斌無朝命而成大勳是又唐藩鎭之事非計之得也莫若移揚州增戍之兵往盱眙而四總管兵各留半以備金人餘皆起發擇一能將統之命葵摘淮西精銳萬人與會于楚州出許浦海道五十艘入淮以斷賊歸路密約義斌自北攻之事無不濟四總管權位相侔劉琸雖能得其歡心而不能制其死命如用琸須令親履行陣指蹤四人不可止坐籌帷幄也不報范又曰國家討賊則自此中興否則自此不振若朝廷不欲張皇則范乃提刑職在捕盜但令范以本路兵措置楚州鹽賊范當調時青張惠兩軍之半及其船數百徑薄楚城以遏賊路調夏全范成進之半據漣海而守之又移揚州之戍以戍盱眙然得親提精銳雄勝強勇等就時青于城外示賊以形勢諭賊以禍福賊必自降若猶拒守則南北軍民雜處必有內應者矣別約義斌攻之於北山陽下則進駐漣海以應之撫歸附家屬以離其黨不出半月此賊必亡若是則不調許浦水軍但得趙葵三千人亦足矣若朝廷憚費則全有豫買軍需錢二十萬在眞州且漣楚積聚多自足用丞相史彌遠報范書令諭四總管各享安靖之福范所遣計議官聞之曰但恐禍根轉深不得安靖爾各揮涕而歸會全且至范又獻計曰撫機不發事已無及侯景困喪河南致毒蕭氏今逆全不得志於義斌而復慮四總管應之歸擣舊巢其謀必急然蹙之於喪敗之餘者易圖之於休息之後者難矧四總管合謀章露必難遂已但事機既變局面不同若廟筭果定不欲出敎令但得密賜指授范一切伏藏不動只約義斌使自彼攻其所必救則機會在我而前日之策可用矣還報戒范無出位事兵范乃爲書謝廟堂且決之曰今上自一人下至公卿百執事又下至士民軍吏無不知禍賊之必反雖先生之心亦自知其必反也衆人知之則言之先生知而獨不言不言誠是也內無卧薪嘗膽之志外無戰勝攻取之備先生隱忍不言而徐思所以制之此廟謨所以爲高也然以撫定責之睎稷而以鎭守責之范責睎稷者函人之事也責范者矢人之事也既責范以惟恐不傷人之事又禁其爲傷人之痛惡其爲傷人之言何哉其禍賊見范爲備則必忌而不得以肆其姦他日必將指范爲首禍激變之人劫朝廷以去范先生始末之信也左右曰可卿大夫曰可先生必將曰是何惜一趙范而不以紓禍哉必將縛范以授賊而范遂爲宋晁錯雖然使以范授賊而果足以紓國禍范死何害哉諺曰護家之狗盜賊所惡故盜賊見有護家之狗必將指斥於主人使先去之然後肆穿窬之姦而無所忌然則殺犬固無益於弭盜也欲望矜憐別與閑慢差遣彌遠得書爲之動心二年春奉祠三年知安慶府未行改知池州繼兼江東提舉常平彌遠訪將材於葵葵以范對進范直敷文閣淮東提點刑獄兼知滁州范曰弟而薦兄不順以母老辭乃上書彌遠曰淮東之事日異日新然有淮則有江無淮則長江以北港汊蘆葦之處敵人皆可潛師以濟江面數千里何從而防哉今或謂巽辭厚惠可以陷賊而不知陷彼款兵之計或謂斂兵退屯可以緩賊而不知成彼深入之謀或欲行青野以嬰城或欲聚烏合而浪戰或以賊詞之乍順乍逆而爲喜懼或以賊兵之乍進乍退而爲寬緊皆失策也失策則失淮失淮則失江而其失有不可勝諱者矣夫有過寇之兵有游擊之兵有討賊之兵今寶應之逼山陽天長之逼盱眙須各增戍兵萬人遣良將統之賊來則堅壁以挫其鋒不來則耀武以壓其境而又觀釁伺隙時遣偏師掩其不備以示敢戰使雖欲深入而畏吾之擣其虛此過寇之兵也盱眙之寇素無儲蓄金人亦無以養之不過分兵擄掠而食當量出精兵授以勇校募土豪出奇設伏以勦殺之此游擊之兵也惟揚金陵合肥各聚二三萬人人物必精將校必勇器械必利教閱必熟紀律必嚴賞罰必公其心術念慮必人人思親其上而死其長信能行此半年而可以強國一年而可討賊矣賊既不能深入擄掠復無所獲而又懼見討之恐則必反而求贍於金金無餘力及此則必怨之怒之吾於是可以嫁禍於金人矣或謂揚州不可屯重兵恐連賊禍是不然揚州者國之北門一以統淮一以蔽江一以守運河豈可無備哉善守者敵不知所攻今若設寶應天長二屯以扼其衝復重二三帥閫以張吾勢賊將不知所攻而敢犯我揚州哉設使賊不知兵勢而犯揚州是送死矣朝廷乃召范稟議復令知池州紹定元年試將作監知鎭江府三年丁母憂求解官不許起復直徽猷閣淮東安撫副使尋轉右文殿修撰賜章服金帶不得已卒哭復視事又爲書告廟堂請罷調停之議一請檄沿江制置司調王明本軍駐泰興港以扼泰州下江之捷徑一請檄射陽湖人爲兵屯其半高郵以制賊後屯其半瓜州以扼賊前一請速調淮西兵合滁陽六合諸軍團救江面不然范雖死江皋無益也朝旨乃許范剿射陽湖兵毋過二萬人就聽節制范又遺善湘書曰今日與宗社同休戚者在內惟丞相在外惟制使與范及范弟葵耳賊若得志此四家必無存理於是討賊之謀遂決遂戮全進范兵部侍郎淮東安撫使兼知揚州兼江淮制置司參謀官以夾復淮東加吏部侍郎進工部尚書沿江制置副使權移司兼知黃州尋兼淮西制置副使未幾爲兩淮制置使節制巡邊軍馬仍兼沿江制置副使又進端明殿學士京河關陝宣撫使知開封府東京留守兼江淮制置使入洛之師大潰乃授京湖安撫制置使兼知襄陽府范至則倚王旻樊文彬李伯淵黃國弼數人爲腹心朝夕酣狎了無上下之序民訟邊防一切廢弛屬南北軍將交爭范失於撫御於是北軍王旻內叛李伯淵繼之焚襄陽北去南軍大將李虎不救焚不定變乃因之刼掠城中官民尚四萬七千有奇錢糧在倉庫者無慮三十萬弓矢器械二十有四庫皆爲敵有蓋自岳飛收復百三十年生聚繁庶城高池深甲於西陲一旦灰燼禍至憯也言者劾范降三官落職依舊制置使尋奉祠以言罷論者未已再降兩官送建寧府居住嘉熙三年敍復官職與宮觀四年知靜江府後卒于家

謝方叔字德方威州人嘉定十六年進士歷官監察御史疏奏秉剛德以回上帝之心奮威斷以回天下之勢或者猶恐前習便嬖之人有以私陛下之聽而悅陛下之心則前日之畏者怠憂者喜慮者玩矣左右前後之人進憂危恐懼之言者是納忠於上也進燕安逸樂之言者是不忠於上也凡有水旱盜賊之奏者必忠臣也有諂諛蒙蔽之言者必佞臣也陛下享玉食珍羞之奉當思兩淮流莩轉壑之可矜聞管弦鐘鼓之聲當思四蜀白骨如山之可念又言崇儉德以契天理儲人才以供天職恢遠略以需天討行仁政以荅天意帝悅差知衢州除宗正少卿又除太常少卿兼國史編修實錄檢討時劉漢弼杜範徐元杰相繼死方叔言元杰之死陛下既爲命官鞫獄立賞捕姦罪人未得忠冤未伸陛下苟不始終主持將恐紀綱掃地而國無以爲國矣遷殿中侍御史進對言操存本於方寸治亂係於天下人主宅如法宮蠖濩之邃朝夕親近者左右近習承意伺旨之徒往往覘上之所好不過保恩寵希貨利而已而冥冥之中或有游揚之說潛伏而莫之覺防微杜漸實以是心主之又言今日爲兩淮謀者有五一曰明間諜二曰修馬政三曰營山水砦四曰經理近城之方田五曰加重邊絕遊騎及救奪擄掠之賞罰請行限田請錄朱熹門人胡安定呂燾蔡模詔皆從之權刑部侍郎兼權給事中升兼侍講正授刑部侍郎權國史編修實錄檢討拜端明殿學士簽書樞密院事兼參知政事淳祐九年拜參知政事封永康郡侯十一年特授知樞密院事兼參知政事尋拜左丞相兼樞密使進封惠國公勸帝以愛身育德屬監察御史洪天錫論宦者盧允升董宋臣疏留中不下大宗正寺丞趙崇璠移書方叔云閹寺驕恣特甚宰執不聞正救臺諫不敢誰何一新入孤立之察官乃鋭意出身攻之此豈易得哉側耳數日寂無所聞公議不責備他人而責備於宰相不然倉卒出御筆某人授少卿亦必無可遏之理矣丞相不可謂非我責也丞相得君最深名位已極儻言之勝宗社賴之言之不勝則去去則諸君必不容不爭是勝亦勝負亦勝況未必去耶方叔得書有赧色翼日果得御筆授天錫大理少卿而天錫去國於是太學生池元堅太常寺丞趙崇潔左史李昴英皆論擊允升宋臣而議者又曰天錫之論方叔意也及天錫之去亦曰方叔意也方叔上疏自解於是監察御史朱應元論方叔罷相既罷允升宋臣猶以爲未快厚賂太學生林自養上書力詆天錫方叔且曰乞誅方叔使天下明知宰相臺諫之去出自獨斷於內侍初無預焉書既上學舍惡自養黨姦相與鳴鼓攻之上書以聲其罪乃授方叔觀文殿大學士提舉洞霄宮復以監察御史李衢兩劾褫職罷祠後依舊職與祠起居郎召澤中書舍人林存劾罷監察御史章士元請更與降削竄廣南景定二年請致仕乃敍復官職度宗即位方叔以一琴一鶴金丹一粒來進丞相賈似道恐其希望諷權右司郎官盧越左司諫趙順孫給事中馮夢得右正言黃鏞相繼請奪方叔官職封爵制置使呂文德願以己官贖其罪咸淳七年詔敍復致仕八年卒特贈少師方叔在相位子弟干政若議余玠之類是也

論曰喬行簡弘深好賢論事通諫范鍾游似同在相位皆謹飭自將而意見不侔趙方豫計二子後當若何而葵范所立皆如所言所謂知子莫若父也然宋自端平以來捍禦淮蜀兩邊者非葵材館之士即其偏裨之將朝廷倚之如長城之勢及其筋力既老而衞國之志不衰亦曰壯哉謝方叔相業無過人者晚困於權臣至以

玩好丹劑爲人主壽坐視貶削有愧金鏡多矣

宋史卷四百十八

元中書右丞相總裁脫脫等修

列傳第一百七十七

吳潛　程元鳳　江萬里　王爚

章鑑　陳宜中　文天祥

吳潛字毅夫宣州寧國人秘閣修撰柔勝之季子嘉定十年進士第一授承事郎簽鎮東軍節度判官改簽廣德軍判官丁父憂服除授秘書省正字遷校書郎添差通判嘉興府權發遣嘉興府事轉朝散郎尚書金部員外郎紹定四年遷尚右郎官都城大火潛上疏論致災之由願陛下齋戒修省恐懼對越菲衣惡食必使國人信之毋徒減膳而已疎損聲色必使天下孚之毋徒徹樂而已閹官之竊弄威福者勿親女寵之根萌禍患者勿昵以暗室屋漏爲尊嚴之區而必敬必戒以恒舞酣歌爲亂亡之宅而不淫不泆使皇天后土知陛下有畏之之心使三軍百姓知陛下有憂之之心然後明詔二三大臣和衷竭慮力改紘轍收召賢哲選用忠良貪殘者屛回衺者斥懷姦黨賊者誅賈怨誤國者黜毋並進君子小人以爲包荒毋兼容衺說正論以爲皇極以培國家一綫之脈以救生民一旦之命庶幾天意可回天災可息彌災爲祥易亂爲治又言壅蔽要區當豫畜人才以備患論大順之理貫通天人當以此爲致治之本又貽書丞相史彌遠論事一曰格君心二曰節奉給三曰振恤都民四曰用老成廉潔之人五曰用良將以禦外患六曰革吏弊以新治道授直寶章閣浙東提舉常平辭不赴改吏部員外郎兼國史編修實錄檢討遷太府少卿淮西總領又告執政論用兵復河南不可輕易以爲金人既滅與比爲鄰法當以和爲形以守爲實以戰爲應自荆襄首納空城合兵攻蔡兵事一開調度寖廣百姓狼狽死者枕籍使生靈肝腦塗地得城不過荆襄之區獲俘不過曖昧之骨而吾之內地荼毒如此邊臣誤國之罪不待言矣聞有進恢復之畫者其算可謂俊傑然取之若易守之實難征行之具何所取資民窮不堪激而爲變內郡率爲盜賊矣今日之事豈容輕議自後興師入洛潰敗失亡不貲潛之言率驗遷大府卿兼權沿江制置知建康府江東安撫留守上疏論保蜀之方護襄之策防襄之算備海之宜進取有甚難者三事端平元年詔求直言潛所陳九事一曰顧天命以新立國之意二曰植國本以廣傳家之慶三曰篤人倫以爲綱常之宗主四曰正學術以還斯文之氣脈五曰廣畜人才以待乏絕六曰實恤民力以致寬舒七曰邊事當鑒前轍以圖新功八曰楮幣當權新制以解後憂九曰盜賊當探禍端而圖策策以直諭忤時相罷奉千秋鴻禧祠改秘閣修撰權江西轉運副使兼知隆興府主管江西安撫司擢太常少卿奏造斛斗輸諸郡租寬恤人戶培植根本凡十五事進右文殿修撰集英殿修撰樞密都承旨督府參謀官兼知太平州五辭不允又言和戰成敗大計宜急救襄陽等事貽書執政論京西既失當招收京淮丁壯爲精兵以保江西權工部侍郎知江州辭不赴請養宗子以係國本以鎮人心改權兵部侍郎兼檢正論士大夫私意之敝以爲褻漢潰決與汚破亡兩淮俶擾三川陷沒欲望陛下念大業將傾士習已壞以靜專察郡情以剛明消衆慝督于有位各勵至公毋以術數相高而以事功相勉毋以陰謀相訐而以識見相先協謀并智戮力一心則危者尚可安而衰證尚可起也又請分路取士以收淮襄之人物試工部侍郎知慶元府兼沿海制置使改知平江府條具財計凋敝本末以寬郡民與轉運使王埜爭論利害授寶謨閣待制提舉太平興國宮改玉隆萬壽宮試戶部侍郎淮東總領兼知鎮江府言邊儲防禦等十有五事改寶謨閣直學士兼浙西都大提點坑冶權兵部尚書浙西制置使申論防拓江海團結措置等事進工部尚書改吏部尚書兼知臨安府乃論艱屯塞困之時非反身修德無以求亨通之理乞遴選近族以係人望而佚太子之生帝嘉納兼侍讀經筵以臺臣徐榮叟論列授寶謨閣學士知紹興府浙東安撫使辭提舉南京鴻慶宮遂請致仕授華文閣學士知建寧府辭丁母憂服除轉中大夫試兵部尚書兼侍讀轉翰林學士知制誥兼侍讀改端明殿學士簽書樞密院事進封金陵郡侯以亢旱乞罷免改資政殿學士提舉洞霄宮改知福州兼本路安撫使徙知紹興府浙東安撫使召同知樞密院兼參知政事入對言國家之不能無敝猶人之不能無病今日之病不但倉扁望之而驚庸醫亦望而驚矣願陛下篤任元老以爲醫師博采衆益以爲醫工使臣輩得以效牛溲馬勃之助以不辱陛下知人之明淳祐十一年入爲參知政事拜右丞相兼樞密使明年以水災乞解機政以觀文殿大學士提舉洞霄宮又四年授沿海制置大使判慶元府至官條具軍民久遠之計告于政府奏皆行之又積錢百四十七萬三千八百有奇代民輸帛前後所蠲五百四十九萬一千七百有奇以久任丐祠且累章乞歸田里進封慶國公判寧國府還家以醴泉觀使兼侍讀召入對論畏天命結民心進賢才通下情帝嘉納拜特進左丞相進封慶國公奏乞令在朝之臣各陳所見以決處置之宜改封許國公大元兵渡江攻鄂州別將由大理下交阯破廣西湖南諸郡潛奏今鄂渚被兵湖南擾動推原禍根良由近年姦臣憸士設爲虛議逃國誤軍其禍一二年而愈酷附和逢迎姦阿諂媚積至於大不靖臣年將七十捐軀致命所不敢辭所深痛者臣交任之日上流之兵已踰黃漢廣右之兵已蹈賓柳謂臣壞天下之事亦可哀已又論國家安危治亂之原蓋自近年公道晦蝕私意橫流仁賢空虛名節喪敗忠嘉絕響諛佞成風天怒而陛下不知人怨而陛下不察稔成兵戈之禍積爲宗社之憂章鑑高鑄嘗與丁大全同官傾心附麗躐躋要途蕭泰來等羣小噂沓國事日非浸淫至于今日陛下稍垂日月之明毋使小人翕聚以貽善類之禍沈炎實趙與𥲅之腹心爪牙而任臺臣甘爲之搏擊姦黨盤據血脈貫穿以欺陛下致危亂者皆此等小人爲之又乞令大全致仕炎等與祠高鑄羈管州軍不報屬將立度宗爲太子潛密奏云臣無彌遠之材忠王無陛下之福帝怒潛卒以炎論劾落職命下中書舍人洪芹繳還詞頭不報謫建昌軍尋徙潮州責授化州團練使循州安置潛預知死日語人曰吾將逝矣夜必雷風大作已而果然四鼓開霽撰遺表作詩頌端坐而逝時景定三年五月也循人聞之咨嗟悲慟德祐元年追復元官仍還執政恩數明年以太府卿柳岳請贈謚特贈少師

程元鳳字申甫徽州人紹定元年進士調江陵府教授端平元年差江西轉運司幹辦公事丁母憂淳祐元年遷禮兵二部架閣以父老不忍去側遷太學正以祖諱辭改國子錄父憂服闋遷太學博士改宗學博士以詩禮講榮王府旁諷曲諭隨事規正多所裨益王亦傾心敬聽輪對極論世運剝復之機及人主所當法天者理宗覽之曰有古遺直風六年進秘書丞兼權刑部郎官七年兼權右司郎官遷著作郎仍權右司郎官輪對指陳時病尤激切當國者以爲厲已匄外知饒州郡初罹水災元鳳訪民疾苦夙夜究心修城堞置義阡寬誅求察誣證進江淮荆浙福建廣南都大提點坑冶仍兼知饒州冶司歲有冬夏帳銀悉舉以補郡積年諸稅斂之不足者芝生冶所泉以治行之致元鳳曰五穀熟則民家惠此不足異也召奏事辭不允還右曹郎官疏言實學實政國本人才吏治生民財計兵威八事尋兼右司郎官拜監察御史兼崇政殿說書丞相鄭清之久專國柄老不任事臺官潘凱吳燧合章論列清之不悅改遷之二人不拜命去元鳳上疏斥清之罪其言明白正大凱燧得召還有事于明堂元鳳疏言祈天以實不以文又言邊備謂當申儆軍實以起積玩之勢及言濫刑之敝十二年拜右正言兼侍講以祖諱辭詔權以右補闕繫銜上疏論格心之學謂革士大夫之風俗當革士大夫之心術至於文儆邊儲人才民心儲將帥救災異莫不盡言余晦以從父天錫恃恩妄作三學諸生伏闕上書白其罪狀司業蔡抗又力言之元鳳數其罪劾之奏上以晦爲大理少卿抗爲宗正少卿元鳳又上疏留抗而黜晦以安士心乃命抗仍兼司業晦予郡升殿中侍御史仍兼侍講京城災疏言輟土木無益之役以濟暴露之民移緇流泛濫之恩以給顛沛之衆務行寬大之政固結億兆之心旁招俊乂而私昵無濫及之恩屛去奸私而貪黷無覆出之患謹便嬖之防而不使之弄權抑恩澤之請而不至於無節言多剴切寶祐元年兼侍讀遷侍御史言法孝宗八事薦名士二十餘人進尚書吏部侍郎兼中書舍人兼同修國史實錄院同修撰仍兼侍讀亟辭出關不允有事于南郊元鳳爲執綏官答問多所開陳帝因欲幸西太乙宮力諫止之三年遷權工部尚書力求補外特授端明殿學士同簽書樞密院事蜀境與沅靖交急朝廷欲擇重臣出鎭上流用徐敏子易蜀帥及用向士璧爲鎭撫元鳳請下荆南調兵援蜀移呂文德上沅靖進依前職簽書樞密院事兼權參知政事進參知政事尋進拜右丞相兼樞密使進封新安郡公力辭御筆勉諭猶周回累日而後治事疏奏正心待臣進賢愛民備邊守法謹微審令八事高孝光寧四朝國史未就奏轉任尤焴領其事纂修成之會丁大

全謀奪相位元鳳力辭授觀文殿大學士判福州福建安撫使又力辭依前職提舉洞霄宮開慶兵興上手疏收人心重賞罰團結民兵數事俄起判平江府兼淮浙發運使四上章乞免三年御筆起行奏免修明局米五萬石拜特進依前職充醴泉觀兼侍讀度宗卽位進少保三年拜少傅右丞相兼樞密使進封吉國公以言罷依舊少保觀文殿大學士醴泉觀使乞致仕不許四年罷觀使以守少保觀文殿大學士致仕卒遺表聞帝震悼輟朝特贈少師元鳳之在政府也一契家子求貳令元鳳謝之曰除授須由資其人累請不許乃以先世爲言元鳳曰先公疇昔相薦者以某粗知恬退故也今子所求躐次豈先大夫意哉矧以國家官爵報私恩某所不敢有嘗遺元鳳論列者其後見其可用更薦拔之每日前日之彈劾成其才也今日之擢用盡其才也所著訥齋文集若干卷

江萬里字子遠都昌人自其父燁始業儒大父璘鄉稱善人其鄉史知縣者夸其能杖譁健士璘俛首不答歸語燁曰史祖父故寒士今居官以杖士人自憙於我心有不懌然審爾史氏且不昌汝其戒之是夕燁妻陳夢一貴人入其家曰以汝家長有善言故來已而有娠生萬里少神雋有鋒穎連舉於鄉入太學有文聲理宗在潛邸嘗書其姓名几研間以含選出身歷池州教授沿江制置司準備差遣兩浙安撫司幹辦公事召試館職累遷著作佐郎權尚左郎官兼樞密院檢詳文字知吉州創白鷺洲書院兼提舉江西常平茶鹽召爲屯田郎官未行遷直秘閣江西轉運判官兼權知隆興府創宗濂書院遷考功郎官命旋寢久之以駕部郎官召還尚右兼侍講史嵩之罷相拜監察御史仍兼侍講未幾遷右正言殿中侍御史又遷侍御史未及拜萬里器望清峻論議風采傾動一時帝眷注尤厚嘗匄祠省母疾不許屬弟萬頃奉母歸南康旋以母病聞萬里不俟報馳歸至祁門得訃而議者謂萬里母死秘不奔喪反挾妾媵自隨於是側目萬里者相與騰謗萬里無以自解坐是閒廢者十有二年後陸德輿嘗辨其非辜於帝前賈似道宣撫兩浙辟參謀官及似道同知樞密院爲京湖宣撫大使以萬里帶行寶章閣待制爲參謀官大元兵圍鄂似道以右丞兼樞密使移軍漢陽萬里遷刑部侍郎似道入相萬里兼國子祭酒侍讀入對遷權吏部尚書又拜端明殿學士同簽書樞密院事兼太子賓客隨以言者去官後以原職知建寧府兼權福建轉運使已而加資政殿學士依舊職知福州兼福建安撫使度宗卽位召同知樞密院事又兼權參知政事萬里始雖俛仰容默爲似道用然性峭直臨事不能無言似道常惡其輕發故每入不能久在位似道以去要君帝初卽位呼爲師相至涕泣拜留之萬里以身掖帝云自古無此君臣禮陛下不可拜似道不可復言去似道不知所爲下殿舉笏謝萬里曰微公似道幾爲千古罪人然以此益忌之帝在講筵每問經史疑義及古人姓名似道不能對萬里常從旁代對時王夫人頗知書帝語夫人以爲笑似道聞之積慙怒謀逐之萬里四匄祠不俟報出關加資政殿大學士知慶元府兼沿海制置使不拜予祠後二年知太平州兼提領江淮茶鹽兼江東轉運使召拜參知政事進封南康郡公旣至拜左丞相兼樞密使匄祠加觀文殿大學士知福州辭依舊職提舉洞霄宮又授知潭州湖南安撫大使加特進尋予祠時咸淳九年萬里年七十有六矣明年大元兵渡江萬里隱草野間爲遊騎所執大詬欲自戕旣而脫歸先是萬里聞襄樊失守鑿池芝山後圃扁其亭曰止水人莫諭其意及聞警執門人陳偉器手曰大勢不可支余雖不在位當與國爲存亡及饒州城破軍士執萬頃索金銀不得支解之萬里竟赴止水死左右及子鎬相繼投沼中積尸如疊翼日萬里尸獨浮出水上從者草斂之萬里無子以蜀人王橚子爲後卽鎬也事聞贈太傅益國公後加贈太師謚文忠萬頃歷守大郡爲提舉江西常平茶鹽官至正郎城破時郴州守趙崇㮮寓居城中亦死之

王爚字仲潛一字伯晦紹興新昌人登嘉定十三年進士第知常熟縣紹定四年江淮制置司辟通判泰州五年差知滁州端平元年知瑞州嘉熙元年提轄左藏東西庫兼提轄封樁下庫二年還籍田令兼督視幹辦公事淳祐二年改監三省樞密院門乞免所居官詔從之四年再任五年遷太府寺丞秘書丞戶部郎官淮西總領主管右曹六年爲尚書左司員外郎賜對乞祠不許七年遷秘書少監以侍御史周坦言罷爲福建提點刑獄差知溫州十年差知寧國府遷太府卿寶祐元年兼國史編修實錄檢討兼權兵部侍郎試司農卿兼中書門下省檢正諸房公事疏奏願詔大臣相與憂亂而思治懼危而圖安哀恫警省修德行政摧抑羣陰之氣啟保護微陽之根本批札畢杜於私蹊官賞宏闢於正路使內治明如天日外治勁如風霆則精神運動陽稟昭蘇世道昌明物情熙洽上以迓續天命於譴告之餘下以固結人心於解紐之際其孰能禦之以右文殿修撰提舉太平興國宮五年京湖宣撫大使趙葵辟爲判官開慶元年召赴行在授集英殿修撰樞密都承旨權吏部侍郎景定元年兼同修國史實錄院同修撰兼侍讀爲眞侍郎兼太子左庶子極言正論太子聽而說之帝聞之甚喜二年遷禮部尚書權吏部尚書加龍圖閣學士知平江府淮浙發運使五年召赴行在進端明殿學士提舉佑神觀兼侍讀召赴行在咸淳元年二月拜簽書樞密院事閏月同知樞密院事兼權參知政事二年以疾乞祠不許乞放歸田里帝遣尚醫視之且賜食復兩乞歸皆不許二年拜參知政事三年知樞密院事兼參知政事立皇太子加食邑三辭免官不許乞奉祠休假皆不許最後乞祠祿乃授資政殿學士知慶元府兼沿海制置使四辭免不許七年台州言乞差爚充上蔡書院山主詔從之八年加觀文殿學士提舉萬壽宮兼侍讀詔遣刑部郎官董樸起之四上疏辭免始從之十年乞致仕不許十一月以爚爲左丞相章鑑爲右丞相並兼樞密使尋授爚特進加食邑乞致仕兩乞辭免皆不許德祐元年兩乞改命經筵庶可優閒再乞以舊職奉京祠侍讀皆不許右丞相章鑑參知政事陳宜中奏諭留爚以鎭人心以康世道從之爚兩請毋署省院公牘不許又奏乞將臣先賜罷斥臣本志誓死報國願假臣以宣撫招討等職臣當招募忠義共圖興復鑑宜中又奏爚單車絕江已至蕭山乞遣中使趣還治事乃授觀文殿大學士浙西江東路宣撫招討大使置司在京以備咨訪乞解大使職名不許進少保左丞相兼樞密使尋加都督諸路軍馬累辭皆不許奏言今天下所以大壞至此者正以一私蟠塞賞罰無章故也救之之策在反其所以壞之之由大明賞罰動合乎天庶幾人心興起天下事尚可爲也因言賈似道誤國喪師之罪於是始降詔切責似道不忠不孝六月庚子朔日食爚奏日食不盡僅一分白晝晦冥者數刻陰盛陽微災異未有大於此者臣待罪首相上佐天子理陰陽下遂萬物外鎭諸侯皆其職也氛祲克塞而未能消生民塗炭而未能拯反覆思之咎實在臣乞罷黜以荅天譴荅詔不許第降授金紫光祿大夫而已辭降官乞罷斥又不許尋進平章軍國重事辭不許或請出宜中或夢炎出督吳門否則臣雖老無能爲若效死封疆亦不敢辭詔三省集議乞罷平章事不許京學生上書詆宜中宜中亦上疏乞骸骨初宜中在相位政事多不關白爚或謂京學之論實爚嗾之七月壬辰詔給舍之奏三入爚與宜中必難共處兼爚近奏乞免平章侍經筵辭氣不平誠有如人言者矣遂罷爚平章依前少保特授觀文殿大學士充醴泉觀使爚爲人清修剛勁似道歸天台葬母過新昌爚獨不見之後以元老入相位値國勢危亡之際天下所屬望也而卒與宜中不協而去云

章鑑字公秉分寧人以別院省試及第累官中書舍人侍左郎官崇政殿說書進簽書樞密院事兼權參知政事遷同知樞密院事咸淳十年王爚拜左丞相鑑拜右丞相並兼樞密使明年大元兵逼臨安鑑託故徑去遣使亟召還朝旣至罷相予祠殿帥韓震之死鑑與曾淵子明震無他至是御史王應麟繳其祿黃謂震有逆謀鑑與淵子曲芘之坐是削一官放歸田里後有告鑑家匿寶璽者霜晨鑑方擁敗衾臥兵士至大索其室惟敝篋貯一玉杯餘無一物人頗嘆其清約鑑在朝日號寬厚然與人多許可士大夫目爲滿朝歡云

陳宜中字與權永嘉人也少甚貧而性特俊拔有買人推其生時以爲當大貴以女妻之旣入太學有文譽寶祐中丁大全以戚里婢壻事權倖盧允升董宋臣因得寵於理宗擢爲殿中侍御史在臺橫甚宜中與黃鏞劉黻林測祖陳宗曾唯六人上書攻之大全怒使監察御史吳衍劾宜中削其籍拘管他州司業率十二齋生冠帶送之橋門之外大全益怒立碑學中戒諸生亡妄議國政且令自後有上書者前廊生看詳以牒報檢院由是士論翕然稱之號爲六君子宜中謫建昌軍大全旣竄丞相吳潛奏還之賈似道入相復爲之請有詔六人皆免省試令赴景定三年廷試而宜中中第二人六人之中宜中尤達時務由紹興府推官戶部架閣秘書省正字校書郎數年遷監察御史程元鳳再相似道恐其侵權欲去之宜中首劾元鳳繼丁大全肆惡基宗社之禍命格除太府卿宜中亦自請外爲江東提舉茶鹽常平公事四年改浙西提刑五年召爲崇政殿說書累遷禮部侍郎兼中書舍人七年閩闕帥以顯文閣待制知福州在官得民心歲餘入爲刑部尚書十年拜簽書樞密院事兼權參知政事德祐元年升同知樞密院事二月似道喪師蕪湖乃以宜中知樞密院兼參知政事已而翁應龍自軍中歸宜中問似道所在應龍以不知對宜中以爲似道已死卽上疏乞正似道誤國之罪似道行時以所親信韓震總禁兵人有言震欲以兵刼遷者宜中召震計事伏壯士袖鐵椎擊殺之以示不黨於似

道時右丞相章鑑宵遁曾淵子等請命宜中攝丞相事詔以王爚爲左丞相拜宜中特進右丞相四月爚還朝論事即與宜中不合臺臣孫嶸叟請竄籍潛說友吳益李珏宜中以爲簿錄非盛世事祖宗忠厚未嘗輕用之珏方召入朝遽加重刑恐後無以示信爚力爭以爲當如嶸叟議會留夢炎自湖南入朝爚與宜中俱乞罷政請以夢炎爲相太皇太后乃以宜中爲左丞相夢炎爲右丞相爚進平章軍國重事爚拜命即日僦民居以丞相府讓宜中宜中上疏以爲一辭一受何以解天下之議亦去遺使數輩遮留之始至時命張世傑等四道進師二丞相都督軍馬而不出督爚請以一丞相建閫吳門以護諸將不然則已請行宜中媿始與夢炎上疏乞行邊事下公卿議不決七月世傑等兵果敗於焦山爚奏言事無重於兵今二相並建都督廟筭指授臣不得而知比者六月出師諸將無統臣豈不知吳門距京不遠而必爲此請者蓋大敵在境非陛下自將則大臣開督今世傑以諸將心力不一而敗不知國家尚堪幾敗邪臣既不得其職又不得其言乞罷免不允爚子乃㬂京學生伏闕上書數宜中過失數十事其畧以爲趙溍趙與鑑皆棄城遁宜中乃借使過之說以報私恩令狐槩潛說友皆以城降乃受其包苴而爲之羽翼文天祥率兵勤王信讒而沮撓之似道喪師誤國陽請致罰而陰祐之大兵薄國門勤王之師乃留之京城而不遣宰相當出督而畏縮猶豫第令集議而不行呂師夔狠子野心而使之通好乞盟張世傑步兵而用之於水劉師勇水兵而用之於步指授失宜因以敗事臣恐誤國將不止於一似道也書上宜中竟去遣使召之不至其後罷爚命臨安府捕逮京學生召之亦不至太皇太后自爲書遺其母楊使勉諭之宜中始乞以祠官入侍乃拜醴泉觀使十月壬寅始造朝尋爲右丞相然事已去矣宜中倉皇發京城民爲兵民年十五以上者皆籍之人皆以爲笑十一月遣張全合尹玉麻士龍兵援常州玉與士龍皆戰死全不發一矢奔還文天祥請誅全宜中釋不問已而常州破兵薄獨松關鄰邑望風皆遁宜中遣使如軍中請和不得即率羣臣入宮請遷都太皇太后不可宜中痛哭請之太皇太后乃命裝俟升車給百官路費銀及暮宜中不入太皇太后怒曰吾初不欲遷而大臣數以爲請顧欺我邪脫簪珥擲之地遂閉閤羣臣求內引皆不納蓋宜中實以明日遷倉卒奏陳失審耳宜中初與大元丞相伯顏期會軍中既而悔之不果往伯顏將兵至皇亭山宜中宵遁陸秀夫奉二王入溫州遣人召宜中宜中至溫州而其母死張世傑舁其棺舟中遂與俱入閩中益王立復以爲左丞相井澳之敗宜中欲奉王走占城乃先如占城諭意度事不可爲遂不反二王累使召之終不至至元十九年大軍伐占城宜中走暹後沒於暹宜中爲人多術數少爲縣學生其父爲吏受贓當黥宜中上書溫守魏克愚請貸之克愚以爲黠吏卒寘之法其後宜中爲浙西提刑克愚郊迎宜中報禮不書銜亦云部下民陳某克愚皇恐不敢受袖而謝之宜中陽禮之而陰摭其過無所得其後克愚發賈德生貝借官木事忤似道廢罷家居宜中入乃極言克愚居鄉不法事似道令章鑑劾之貶嚴州克愚之死宜中擠之爲多

論曰孔子曰才難不其然乎理宗在位長久命相實多其人若吳潛之忠亮剛直財數人焉潛論事雖近於訐度宗之立謀議及之潛以正對人臣懷顧望爲子孫地者能爲斯言哉程元鳳謹飭有餘而乏風節尚爲賈似道所惎江萬里問學德望優於諸臣不免爲似道籠絡晚年微露鋒穎輒見擯斥士大夫不幸與權姦同朝自處難矣似道督視江上之師以國事付王爚章鑑陳宜中蓋取其平時素與已者爚宜中於其既出稍欲自異及聞其敗乘勢蹙之既而二人自爲矛盾宋事至此危急存亡之秋也當國者交驩戮力猶懼不逮所爲若是何望其能匡濟乎似道誅爚死鑑遯宜中走海島宋亡

文天祥字宋瑞又字履善吉之吉水人也體貌豐偉美晳如玉秀眉而長目顧盼燁然自爲童子時見學宮所祠鄉先生歐陽修楊邦乂胡銓像皆謚忠即欣然慕之曰沒不俎豆其間非夫也年二十舉進士對策集英殿時理宗在位久政理浸怠天祥以法天不息爲對其言萬餘不爲藁一揮而成帝親拔爲第一考官王應麟奏曰是卷古誼若龜鑑忠肝如鐵石臣敢爲得人賀尋丁父憂歸開慶初大元兵伐宋宦官董宋臣說上遷都人莫敢議其非者天祥時入爲寧海軍節度判官上書乞斬宋臣以一人心不報即自免歸後稍遷至刑部郎官宋臣復入爲都知天祥又上書極言其罪亦不報出守瑞州改江西提刑遷尚書左司郎官累爲臺臣論罷除軍器監兼權直學士院賈似道稱病乞致仕以要君有詔不允天祥當制語皆諷似道時內制相承皆呈藁天祥不呈藁似道不樂使臺臣張志立劾罷之天祥既數斥援錢若水例致仕時年三十七咸淳九年起爲湖南提刑因見故相江萬里萬里素奇天祥志節語及國事愀然曰吾老矣觀天時人事當有變吾閱人多矣世道之責其在君乎君其勉之十年改知贛州德祐初江上報急詔天下勤王天祥捧詔涕泣使陳繼周發郡中豪傑并結溪峒蠻使方興召吉州兵諸豪傑皆應有衆萬人事聞以江西提刑安撫使召入衛其友止之曰今大兵三道鼓行破郊畿薄內地君以烏合萬餘赴之是何異驅羣羊而搏猛虎天祥曰吾亦知其然也第國家養育臣庶三百餘年一旦有急徵天下兵無一人一騎入關者吾深恨於此故不自量力而以身徇之庶天下忠臣義士將有聞風而起者義勝者謀立人衆者功濟如此則社稷猶可保也天祥性豪華平生自奉甚厚聲伎滿前至是痛自貶損盡以家貲爲軍費每與賓佐語及時事輒流涕撫几言曰樂人之樂者憂人之憂食人之食者死人之事八月天祥提兵至臨安除知平江府時以丞相宜中未還朝不遣十月宜中至始遣之朝議方擢呂師孟爲兵部尚書封呂文德和義郡王欲賴以求好師孟益偃蹇自肆天祥陛辭上疏言朝廷姑息牽制之意多奮發剛斷之義少乞斬師孟釁鼓以作將士之氣且言宋懲五季之亂削藩鎮建郡邑一時雖足以矯尾大之弊然國亦以寖弱故敵至一州則破一州至一縣則破一縣中原陸沈痛悔何及今宜分天下爲四鎮建都督統御於其中以廣西益湖南而建閫於長沙以廣東益江西而建閫於隆興以福建益江東而建閫於番陽以淮西益淮東而建閫於揚州責長沙取鄂隆興取蘄黃番陽取江東揚州取兩淮使其地大力衆足以抗敵約日齊奮有進無退日夜以圖之彼備多力分疲於奔命而吾民之豪傑者又伺間出於其中如此則敵不難卻也時議以天祥論闊遠書奏不報十月天祥入平江大元兵已發金陵入常州矣天祥遣其將朱華尹玉麻士龍與張全援常至虞橋士龍戰死朱華以廣軍戰五牧敗績玉軍亦敗爭渡水挽全軍舟全軍斷其指皆溺死玉以殘兵五百人夜戰比旦皆沒全不發一矢走歸大元兵破常州入獨松關宜中夢炎召天祥棄平江守餘杭明年正月除知臨安府未幾宋降宜中世傑皆去仍除天祥樞密使尋除右丞相兼樞密使如軍中請和與大元丞相伯顏抗論皋亭山丞相怒拘之偕左丞相吳堅右丞相賈餘慶知樞密院事謝堂簽書樞密院事家鉉翁同簽書樞密院事劉岊北至鎮江天祥與其客杜滸十二人夜亡入眞州苗再成出迎喜且泣曰兩淮兵足以興復特二閫小隙不能合從耳天祥問計將安出再成曰今先約淮西兵趨建康彼必悉力以扞吾西兵指揮東諸將以通泰兵攻灣頭以高郵寶應進安兵攻楊子橋以揚兵攻瓜步吾以舟師直擣鎮江同日大舉灣頭楊子橋皆沿江脆兵且日夜望我師之至攻之即下合攻瓜步之三面吾自江中一面薄之雖有智者不能爲之謀矣瓜步既舉以東兵入京口西兵入金陵要浙歸路其大帥可坐致也天祥大稱善即以書遺二制置遣使四出約結天祥未至時揚有脫歸兵言密遣一丞相入眞州說降矣庭芝信之以爲天祥來說降也使再成亟殺之再成不忍給天祥出相城壘以制司文示之閉之門外久之復遣二路分覘天祥果說降者即殺之二路分與天祥語見其忠義亦不忍殺以兵二十人道之揚四鼓抵城下聞候門者談制置司下令備文丞相甚急衆相顧吐舌乃東入海道遇兵伏環堵中得免然亦饑莫能起從樵者乞得餘糝羹行入板橋兵又至衆走伏叢篠中兵入索之執杜滸金應而去虞候張慶矢中目身被二創天祥偶不見獲滸應解所懷金與卒獲免募二樵者以蕢荷天祥至高郵泛海至溫州聞益王未立乃上表勸進以觀文殿學士侍讀召至福拜右丞相尋與宜中等議不合七月乃以同都督出江西遂行收兵入汀州十月遣參謀趙時賞諮議趙孟濚將一軍取寧都參贊吳浚將一軍取雩都劉洙蕭明哲陳子敬皆自江西起兵來會鄒㵯以招諭副使聚兵寧都大元兵攻之㵯兵敗同起事者劉欽鞠華叔顏斯立顏起巖皆死武岡教授羅開禮起兵復永豐縣已而兵敗被執死於獄天祥聞開禮死製服哭之哀至元十四年正月大元兵入汀州天祥遂移漳州乞入衛時賞孟濚亦提兵歸獨浚兵不至未幾浚降來說天祥天祥縛浚縊殺之四月入梅州都統王福錢漢英跋扈斬以徇五月出江西入會昌六月入興國縣七月遣參謀張汴監軍趙時賞趙孟濚等盛兵薄贛城鄒㵯以贛諸縣兵擣永豐其副黎貴達以吉諸縣兵攻泰和吉八縣復其半惟贛不下臨洪諸郡皆送款潭趙璠張虎張唐熊桂劉斗元吳希奭陳子全王夢應起兵邵永間復數縣撫州何時等皆起兵應天祥分寧武軍建昌三縣豪傑皆遣人如軍中受約束江西宣慰使李恒遣兵援贛州而自將兵攻天祥于興國天祥不意恒兵猝至乃引兵走即鄒㵯于永豐㵯兵先潰恒窮追天祥方石嶺鞏信拒戰箭被體死之至空坑軍士皆潰天祥妻妾子女皆

見執時賞坐肩輿後兵問謂誰時賞曰我姓文衆以爲天祥禽之而歸天祥以此得逸去孫㮚彭震龍張汴死於兵繆朝宗自縊死吳文炳林棟劉洙皆被執歸隆興時賞奮罵不屈有係累至者輒麾去云小小簽廳官耳執此何爲由是得脫者甚衆臨刑洙頗自辯時賞叱曰死耳何必然於是棟文炳蕭敬夫蕭燾夫皆不免天祥收殘兵奔循州駐南嶺黎貴達潛謀降執而殺之至元十五年三月進屯麗江浦六月入船澳益王殂衞王繼立天祥上表自劾乞入朝不許八月加天祥少保信國公軍中疫且起兵士死者數百人天祥惟一子與其母皆死十一月進屯潮陽縣潮州盜陳懿劉興數叛附爲潮人害天祥攻走懿執興誅之十二月趨南嶺鄒㵯劉子俊又自江西起兵來再攻懿黨懿乃潛道元帥張弘範兵濟潮陽天祥方飯五坡嶺張弘範兵突至衆不及戰皆頓首伏草莽天祥倉皇出走千戶王惟義前執之天祥吞腦子不死鄒㵯自頸衆扶入南嶺死官屬士卒得脫空坑者至是劉子俊陳龍復蕭明哲蕭資皆死杜滸被執以憂死惟趙孟濚遁張唐熊桂吳希奭陳子全兵敗被獲俱死焉唐廣漢張栻後也天祥至潮陽見弘範左右命之拜不拜弘範遂以客禮見之與俱入厓山使爲書招張世傑天祥曰吾不能扞父母乃教人叛父母可乎索之固乃書所過零丁洋詩與之其末有云人生自古誰無死留取丹心照汗靑弘範笑而置之厓山破軍中置酒大會弘範曰國亡丞相忠孝盡矣能改心以事宋者事皇上將不失爲宰相也天祥泫然出涕曰國亡不能救爲人臣者死有餘罪況敢逃其死而二其心乎弘範義之遣使護送天祥至京師天祥在道不食八日不死卽復食至燕館人供張甚盛天祥不寢處坐達旦遂移兵馬司設卒以守之時世祖皇帝多求才南官王積翁言南人無如天祥者遂遣積翁諭旨天祥曰國亡吾分一死矣儻緣寬假得以黃冠歸故鄉他日以方外備顧問可也若遽官之非直亡國之大夫不可與圖存舉其平生而盡棄之將焉用我積翁欲合宋官謝昌元等十人請釋天祥爲道士留夢炎不可曰天祥出復號召江南置吾十人於何地事遂已天祥在燕凡三年上知天祥終不屈也與宰相議釋之有以天祥起兵江西事爲言者不果釋至元十九年有閩僧言土星犯帝坐疑有變未幾中山有狂人自稱宋主有兵千人欲取文丞相京城亦有匿名書言某日燒蓑城葦率兩翼兵爲亂丞相可無憂者時盜新殺左丞相阿合馬命撤城葦遷瀛國公及宋宗室開平疑丞相者天祥也召入諭之曰汝何願天祥對曰天祥受宋恩爲宰相安事二姓願賜之一死足矣然猶不忍遽麾之退言者力贊從天祥之請從之俄有詔使止之天祥死矣天祥臨刑殊從容謂吏卒曰吾事畢矣南鄉拜而死數日其妻歐陽氏收其屍面如生年四十七其衣帶中有贊曰孔曰成仁孟曰取義惟其義盡所以仁至讀聖賢書所學何事而今而後庶幾無媿

論曰自古志士欲信大義於天下者不以成敗利鈍動其心君子命之曰仁以其合天理之正卽人心之安爾商之衰周有代德盟津之師不期而會者八百國伯夷叔齊以兩男子欲扣馬而止之三尺童子知其不可他日孔子賢之則曰求仁而得仁宋至德祐亡矣文天祥往來兵間初欲以口舌存之事既無成奉兩孱王崎嶇嶺海以圖興復兵敗身執我世祖皇帝以天地有容之量既壯其節又惜其才留之數年如虎兕在柙百計馴之終不可得觀其從容伏質就死如歸是其所欲有甚於生者可不謂之仁哉宋三百餘年取士之科莫盛於進士進士莫盛於倫魁自天祥死世之好爲高論者謂科目不足以得偉人豈其然乎

宋史卷四百十八考證

陳宜中傳寶祐中丁大全至號爲六君子○臣人龍按癸辛雜識開慶六士陳宜中曾唯黃鏞劉黻陳宗林則祖皆以甲辰歲史嵩之起復上書時人號爲六君子而本傳則以丁大全上書號爲六君子彼此互異

宋史卷四百十九

元中書右丞相總裁脫脫等修

列傳第一百七十八

宣繒　薛極　陳貴誼　曾從龍
鄭性之　李鳴復　鄒應龍　余天錫
許應龍　林略　徐榮叟　別之傑
劉伯正　金淵　李性傳　陳韡 崔福附

宣繒慶元府人嘉泰三年太學兩優釋褐歷官以太學博士召試爲祕書省校書郎升著作佐郎兼權考功郎官知吉州福建提點刑獄遷考功員外郎又還祕書少監時暫兼權侍立修注官守起居舍人爲起居郎兼權侍左侍郎編孝宗寶訓試吏部侍郎權兵部尚書嘉定十四年同知樞密院事兼參知政事明年拜參知政事以資政殿學士奉祠端平三年召赴闕升大學士提舉洞霄宮以觀文殿大學士致仕卒贈少師詔繒嘗預定策以王堯臣故事贈太師謚忠靖

薛極字會之常州武進人以父任調上元主簿中詞科爲大理評事通判溫州知廣德軍以參知政事樓鑰薦還大理正刑部郎官司封郎中權右司郎中遷右司郎中兼提領雜賣場寄樁庫兼勑令所刪修官中書門下省檢正諸房公事兼刪修勑令官拜司農卿兼權兵部侍郎尋爲眞嘉定八年疏奏願陛下深思顧諟之難益懷競業之念勿謂帝德罔愆而怠於進修勿以天災代有而應不以實政綱雖舉必求益其所未至德澤雖布必思及其所未周警以今日遇災警懼之心永爲異時暇逸之戒將見天心昭格沛然之澤嚮應於不崇朝之間遷權刑部尚書尋試戶部尚書兼權吏部尚書遂爲眞時暫兼權戶部尚書十五年特賜同進士出身拜端明殿學士簽書樞密院事紹定元年拜參知政事兼同知樞密院事尋知樞密院事兼參知政事封毗陵郡公以觀文殿大學士知紹興府兼浙東安撫使端平元年加少保和國公致仕卒

陳貴誼字正甫福州福清人慶元五年進士授瑞州觀察推官丁內外艱服除調安遠軍節度掌書記辟差四川制置司書寫機宜文字中博學宏詞科授江南東路安撫司機宜文字還太社令改武學諭國子錄遷太學博士時議更楮幣法貴誼轉對言人主令行禁止者以同民之所好惡楮券之令及使姦惡獲逞道路咨怨非所以新天永命固結人心因援熙寧新法爲辭又言明銳果敢之才足以集事而失於剽輕老成寬博之士足以厚俗而失於循理孰若舉之以衆取之以公主更幣之法者乃摘新法等語激怒時相且謂貴誼引類植黨人爲危之遷太常博士以兄貴謙兼禮部郎官引嫌遷將作監丞兼魏惠憲王府小學教授轉對謂言路雖開觸犯忌諱者指爲好名切劘時政者指爲玩令利害關於天下是非公於人心一人言之未已或至累十數人言之則又指爲朋黨是非易位忠佞不分史彌遠益不樂遷祕書郎出知江陰軍提舉江西常平召赴行在未至授禮部郎官屬金人大擾淮蜀貴誼言人才所以立國今旁蹊曲徑倖門四闢言路所以通下情今媕阿循默囊括不言民力已竭而科歛之外餽遺以謀進者未已軍中恥言敗北則陣亡者不恤恥言棄潰則逃竄者復招又言婉順巽從者是災疾也非愛我也宜屏之外之矯拂救正者是藥石也愛我也宜用之聽之彌遠滋不樂諷言者論罷主管崇禧觀起知徽州召授司封郎官兼翰林權直兼玉牒所檢討會有事明堂　首引包拯皇祐中乞因肆赦除聚歛掊克之敝當察州縣府庫致羨之由儆成周邦饗必及死王事者之子與漢置羽林孤兒專取從軍死事之後教以五兵理宗卽位以爲宗正少卿兼侍講兼權直學士院尋遷起居舍人寶慶初詔舉賢能才識之士貴誼乃言曰世以容嘿滯固爲賢以苛刻生事爲能以褊狹趣辦爲才以輕疏嘗試爲識及茲初政當求忠實正直奉公愛民知禮義廉恥而不越防範者以克中外之選又言成王之初元臣故老警以無逸者欲其克壽勉以敬德者欲其永命期以豈弟者欲其受命之長則可謂愛君切而慮患深矣還中書舍人升兼直學士院內侍濫受恩賞輒封還詔書將郊貴誼以民生實艱吏員尚衆征歛幾於奪取公費掩爲私藏宜大明黜陟庶有以見帝于郊遷禮部侍郎仍兼中書舍人權刑部尚書升修玉牒官兼侍讀爲禮部尚書兼給事中端明殿學士簽書樞密院事紹定六年冬上始親政進參知政事上面諭之曰頃聞憂國之言朕所不忘兼同知樞密院事出師汴洛時貴誼已移疾猶上疏力爭五上章乞歸轉四官加邑封致仕卒贈少保資政殿大學士

曾從龍字君錫左僕射公亮四世從孫初名一龍慶元五年擢進士第一始賜今名授簽書奉國軍節度判官廳公事遷兵部員外郎左司郎中起居舍人兼太子右諭德使金還轉官疏言州郡累月闕守而以次官權攝者彼惟其攝事也自知非久何暇盡心於民事獄訟淹延政令玩弛舉一郡之事付之胥吏幸而除授一人民望其至如渴望飲足未及境而復以他故罷去矣且每易一守供張借請少不下萬緡郡帑所入歲有常數而頻年將迎所費不可勝計然則輕於易置公私俱受其病欲望明詔二三大臣郡守有闕卽時進擬其有求避憚行者悉杜絕其請其繳劾彈拄者疾速行之蓋郡計寬則民力裕利害常相關故也又請已振濟者免其後開禧間句外知信州戍卒行掠境內從龍寘于法索得婦人衣命梟于市召權禮部侍郎兼中書舍人兼太子左諭德繳還張鎡復官詞頭以鎡抑令姪女竭貲財結

姻蘇師旦之子故也。尋兼太子諭德兼同修國史實錄院同修撰兼國子祭酒爲吏部侍郎仍兼職兼太子右庶子兼給事中兼直學士院權刑部尚書嘉定六年秋陰雨乞放繫囚進對言修德政蓄人材飭邊備帝善其言七年知貢舉疏奏國家以科目網羅天下之英雋義以觀其通經賦以觀其博古論以觀其識策以觀其才畀時謀王斷國皆繇此其選比來循習成風文氣不振學不務根柢辭不尚體要涉獵未精議論疏陋綴緝雖繁氣象萎薾願下臣此章風厲中外澄源正本莫甚於斯詔從之進端明殿學士簽書樞密院太子賓客改叅知政事疾胡榘憸壬排沮正論陳其　罪榘嗾言者劾罷以前職提舉洞霄宮起知建寧府丁內艱服除爲湖南安撫使撫安峒獠威惠並行興學養士湘人紀之石改知隆興府復提舉洞霄宮改萬壽觀兼侍讀奉朝請端平元年授資政殿大學士沿江制置使兼知建康府兼行宮留守拜叅知政事兼同知樞密院事時有三京之役極論南兵輕進易退未幾言驗進知樞密院事兼參知政事以樞密院使督視江淮荆襄軍馬疏言邊面遼遠聲援不接請並建二閫詔許之專界江淮以荆襄屬魏了翁朝論邊用不給詔從龍了翁并領督府及從龍卒贈少師弟用虎天麟治鳳皆歷顯任

鄭性之字信之初名自誠後改今名福州人嘉定四年進士第一歷官知贛州改知隆興府後以寶章閣待制提舉玉隆萬壽宮進華文閣待制提舉上淸太平宮進敷文閣待制知建寧府端平元年召爲吏部侍郎入對言陛下大開言路以通壅蔽心苟愛君誰不欲言言不切直何能感動譬如積水久壅一決其勢必盛其聲必激故言者多則易於取厭言之激則難於樂受若少有厭倦動於詞色則讒諂乘間或不自知矣又言願陛下明詔百辟滌去舊汚一以淸白相師權之所在勢所必趨恐懼戒謹尤防以微以保終譽毋招謗議則朝綱肅而國體尊矣又曰爲君者不以堯舜自期則無善治告君者不陳堯舜之道則無遠猷擢左諫議大夫言臺臣交章互詆願陛下監古今天下安危之變君子小人消長之機公以處之適得其當况夫聽言之道宜以事觀若言果有關國體有裨治道有益主德則言之過激夫亦何傷彼雖采名我實有益惟虛心納善若決江河則激者自平矣拜端明殿學士簽書樞密院事進同知樞密院事兼權叅知政事尋拜叅知政事兼同知樞密院事尋知樞密院事兼叅知政事加觀文殿學士致仕寶祐二年卒

李鳴復字成叔瀘州人嘉定二年進士歷官權發遣金州兼幹辦安撫司公事制置使鄭損薦于朝乞召審察授司農寺丞遷駕部員外郎遷兵部郎中面對遷軍器少監大理少卿拜侍御史兼侍講進對言荆襄制臣有當戒者三曰去私禁暴懲怒權工部尚書兼權吏部尚書又權刑部尚書兼給事中簽書樞密院事端平三年拜叅知政事以資政殿學士知紹興府嘉熙元年復爲叅知政事明年知樞密院事兼叅知政事加資政殿大學士賜衣帶鞍馬淳祐四年復爲叅知政事未幾出知福州福建安撫使尋予祠監察御史蔡次傳按劾落職罷宮觀後卒于嘉興

鄒應龍字景初慶元二年進士歷官爲起居舍人以直龍圖閣權知贛州遷江西提點刑獄尋遷中書舍人兼太子右諭德復兼太子左庶子試戶部尚書使金還爲太子詹事兼中書舍人遷給事中兼太子詹事權禮部侍郎兼侍講權工部尚書兼同修國史實錄院同修撰遷刑部尚書乞祠以敷文閣學士提舉安慶府眞原萬壽宮以徽猷閣學士起知太平州以臣僚論罷以敷文閣學士提舉玉隆萬壽宮拜禮部尚書兼侍讀嘉熙元年拜端明殿學士簽書樞密院事進資政殿學士知慶元府兼沿海制置使依舊職提舉洞霄宮淳祐四年卒贈少保

余天錫字純父慶元府昌國人丞相史彌遠延爲弟子師性謹愿絕不預外事彌遠器重之是時彌遠在相位久皇子竑深惡之念欲有廢置會沂王宮無後丞相欲借是陰立爲後備天錫秋告歸試于鄉彌遠曰今沂王無後宗子賢厚者幸具以來天錫絕江與越僧同舟舟抵西門天大雨僧言門左有全保長者可避雨如其言過之保長知爲丞相館客具雞黍甚肅須臾有二子侍立全曰此吾外孫也日者嘗言二兒後極貴問其姓長曰趙與莒次曰與芮天錫憶彌遠所屬其行亦良是告于彌遠命二子來保長大喜鬻田治衣冠心以爲沂邸後可冀也集姻黨且詫其遇以行天錫引見彌遠善相大奇之計事泄不便遽復使歸保長大慙其鄉人亦竊笑之逾年彌遠忽謂天錫曰二子可復來乎保長謝不遣彌遠密諭曰二子長最貴宜撫於父家遂載與歸天錫母朱爲沐浴教字禮度益閑習未幾召入嗣沂王迄即帝位是爲理宗天錫嘉定十六年舉進士歷監慈利縣稅籍田令超授起居舍人遷權吏部侍郎兼玉牒所檢討官兼崇政殿說書遷戶部侍郎兼知臨安府浙西安撫使試戶部侍郎權戶部尚書皆兼知臨安府升兼詳定勑令官以寶文閣學士知婺州仍舊職奉祠起知寧國府進華文閣學士知福州召爲吏部尚書兼給事中兼侍讀疏奏臣荷國恩起家分閫旋叢趣覲躐玷邇聯時權禮部侍郎曹豳實在諫省蓋嘗抗疏謂用臣大驟臣與豳交最久相知最深今觀其所論於君父有陳善之敬友朋有責善之道而豳遂遷官臣竟汙要路豳以不得其言累疏勾去夫亟用舊人而遂退亡莊士則將謂之何哉豳老成之望直諒多益寘之近班可以正乃辟可以儀有位欲望委曲留行使之釋然無疑安於就職則陛下既昭好賢之美而微臣亦免妨賢之媿帝從之嘉熙二年拜端明殿學士同簽書樞密院事尋拜叅知政事兼同知樞密院事封奉化郡公授資政殿學士知紹興府浙東安撫使以觀文殿學士致仕朱氏亦封周楚國夫人壽過九十將以生日拜天錫爲相而天錫卒贈少師尋加太師謚忠惠弟天任爲兵部尚書兄弟友愛方貧時率更衣以出終歲同衾從子晦歷官尚書出帥全蜀常置義莊以贍宗族然在蜀以違言論知閬州王惟忠死士論少之

許應龍字恭甫福州閩縣人五歲通經旨坐客曰小兒氣食牛應龍應聲丈夫才吐鳳爲對四坐嘉歎入太學嘉定元年舉進士調汀州教授差浙東宣撫司掾差戶部架閣遷籍田令太學博士時李全時青葦歸附應龍入對有莽蜂是懲養虎遺患之說後皆如所言遷國子博士國子丞宗學博士理宗即位應龍首陳正心爲治國平天下之綱領遷秘書郎兼權尚左郎官遷著作郎勾外知潮州盜陳三槍起贛州出没江閩廣間勢熾甚而盜鍾全相挺爲亂樞密陳韡帥江西任招捕三路調軍分道追勦盜逼境上應龍亟調水軍禁卒土兵弓級分扼要害明間諜守關隘斷橋閉壁斬木塞涂點集民兵激勸隅總諭以保鄉井守室廬全妻子蒐補親兵日加訓閱既而橫岡桂嶼相繼以捷聞招補司遣統領官齊敏率師由漳趨潮截贛寇餘黨應龍諭敏曰兵法攻瑕今鍾寇將窮陳寇猖獗若先破鍾則陳不戰禽矣敏惟命於是諸寇皆平方未解嚴時有行旅數人隅總搜其橐中金銀指爲賊黨應龍辨其非盜釋之皆羅拜感泣始人疑應龍儒者不閑戎事及見其區畫事宜分別齊民静練雍容莫不歎服僚屬請上功應龍曰守職扞城保民何功之云距州六七十里曰山斜峒獠所聚勾耕土田不輸賦禁兵與鬭應龍平決之其首感悅率父老鳴缶擊筒踊躍詣郡謝去之日闔郡遮道攀送端平初召爲禮部郎官入對帝謂應龍曰卿治潮有聲與李宗勉治台齊名應龍頓首曰民無不可化顧牧民者如何耳臣治州幸免曠瘝皆陛下德化所暨臣非曰能之兼榮文恭王府教授力辭遷國子司業祭酒徐僑議學校差職欲先譽望應龍以爲不若差以資格資格一定則僥倖之門杜而造請之風息僑以爲然時有憑勢干職者力卻之兼權直舍人院遷國子祭酒攝侍右侍郎兼學士院權直是日罷鄭淸之喬行簡制應龍所草也翼日文德殿宣布畢帝遣中使召應龍諭之曰草制甚善應龍復謝曰臣聞昔人有言進人若將加諸膝退人若將墜諸淵今二相乞罷機政與陛下體貌大臣之意兩盡其美可也帝善之就令草勑書戒諭諸閫權吏部侍郎兼侍講兼權直學士院試吏部侍郎升侍讀權兵部尚書時楮幣虧甚行簡主行稱提之說州縣希旨奉承貧富猜懼應龍奏從民便節用二說行簡然之兼吏部尚書遷兵部兼中書舍人三上章勾外不允兼給事中兼吏部尚書請外詔免兼中書拜端明殿學士簽書樞密院事累辭會正言郭磊卿有論疏以端明殿學士提舉洞霄宮卒年八十有一贈資政殿學士銀靑光祿大夫應龍不躁不競不激不隨不妄薦士而亦無傷人害物之事潮州之治最可紀也

林畧字孔英溫州永嘉人慶元五年舉進士歷饒州大寧監教授辟幹辦四川茶馬司公事崔與之帥蜀目之曰此臺閣之端也薦之遷武學博士國子監丞太常寺丞奉祠拜宗正少卿兼崇政殿說書遷右司諫尋遷左司諫兼侍講告于帝曰虛心以爲從諫之本從諫以爲永治之本拜殿中侍御史升侍御史試右諫議大夫嘉熙三年以端明殿學士同簽書樞密院事以言罷提舉洞霄宮以資政殿學士致仕淳祐三年八月卒特贈宣奉大夫

徐榮叟字茂翁煥章閣學士應龍之子嘉定七年舉進士歷官通判臨安府遷太學博士兼崇政殿說書遷秘書郎升著作佐郎兼侍左郎官出爲江東提點刑獄直秘閣知婺州遷著作郎兼禮部郎官以集英殿修撰知靜江府兼廣西經略安撫使召爲行在司諫復兼說書兼侍講嘉熙四年拜右諫議大夫入對言自楮幣不通物價倍長而民始怨自米運多阻粒食孔艱而民益怨此見之京師者然也外而郡邑苛征橫歛無所不有嚴

刑峻罰廢所不施和糴則科抑以取贏軍需則並緣而規利逃亡强令代納蠲放忍至重催犯私販者不問多寡槩遣黥徒逋官課者不恤有無動輒監繫囹圄充斥率是干連詞訟追呼莫非枝蔓如此則民安得而不怨甚者富家巨室武斷鄉閭貴族豪宗侵牟民庶茹冤者不敢告負抑者不得伸怨氣薰蒸天示之應此亢陽之所以爲沴也遷權禮部尚書兼權吏部尚書拜端明殿學士簽書樞密院事淳祐二年乞歸田里以資政殿大學士提舉洞霄宮六年轉一官致仕卒

别之傑字宋才郢州人嘉定二年進士歷官差充京西安撫司參議官遷太府寺主簿又遷將作監丞差知澧州知德安府親喪起復知德安府加直寶謨閣知江陵府湖北安撫副使進直煥章閣言親年八十乞祠歸養庶幾君親之義兩全從之以京湖安撫制置使陳垓論罷以前職主管崇禧觀進直敷文閣知江陵府湖北安撫使起復知眞州改知江寧府湖北安撫副使加兵部郎官差充督視行府參謀官遷軍器監加直寶文閣京西轉運判官兼提點刑獄加秘閣修撰知江陵兼京湖制置副使進寶章閣待制知太平州又進寶謨閣學士依舊沿江制置使兼知建康府江東安撫使加兵部尚書兼淮西制置使邊事聽便行之加端明殿學士淳祐二年授同知樞密院事兼權參知政事進資政殿學士湖南安撫使兼知潭州監察御史蔡次傅論罷七年拜參知政事乞歸田里依前職知紹興府復以兩浙轉運判官翁甫論罷寶祐元年卒特贈少師

劉伯正字直卿饒州餘干人父簡爲丞相趙汝愚客嘗書慶曆四諫奏議授伯正而伯正以開禧元年舉進士調太平主簿通判襄陽軍辟荆湖制置司機宜兩浙轉運司主管公事歷軍器將作太府三監主簿樞密院編修官兵部郎官監察御史有事于明堂雷電忽至執事者鮮不離次伯正立殿下伸笏儼然聲色不動帝遂以大任期之遷左司諫疏言兵籍寖廣糧餉益艱請預備軍食又言銓選財計刑獄之積敝乞以願治之心而急董正治官之圖以勤政之思而嚴察計吏之法又言所憂非一而急務之當慮者有三曰申飭邊備區處流民隄防姦盜帝皆善其言升右正言以華文閣待制知廣州兼廣東經略安撫使召見賜金帶鞍馬改轉運使以寶章閣直學士知太平州召爲禮部侍郎兼中書舍人遷吏部侍郎兼侍講同修國史實錄院同修撰兼給事中權刑部尚書兼侍讀淳祐四年拜端明殿學士簽書樞密院事兼權參知政事眞拜參知政事以監察御史孫起予言罷授資政殿學士提舉洞霄宮監察御史蔡次傳言之降一官尋復舊官致仕卒贈正奉大夫加少保時論謂伯正立朝以靜重鎭浮不求名譽善藏其用云

金淵字淵叔臨安府人嘉定七年進士歷官爲太學博士遷太府寺丞秘書郎升著作佐郎兼權司封郎官遷秘書丞拜右正言兼工部侍郎遷將作少監兼侍右郎官兼國子司業兼國史編修實錄檢討兼崇政殿說書拜監察御史論曹豳項寅孫兼侍講遷禮部侍郎尋兼國子祭酒遷吏部侍郎拜右諫議大夫改左諫議大夫遷禮部尚書兼給事中淳祐四年知貢舉拜端明殿學士同簽書樞密院事侍御史劉漢弼論淵尸位妨賢罷政予祠監察御史劉應起言落職罷祠十一年妻盛氏愬于朝乞曲加貸宥少敘官職詔止量移平江府居住卒

李性傳字成之宗正寺主簿舜臣之子也嘉定四年舉進士歷幹辦行在諸軍審計事進對有崇尚道學之名未遇其實帝曰實者何在性傳對曰在陛下格物致知以爲出治之本遷武學博士尋爲太常博士兼諸王宮大小學校授升太常寺丞兼權工部郎中兼權都官郎官遷起居舍人兼侍講疏言東周以後諸侯卿大夫皆以旣葬而除服秦漢之際尤爲淺促孝文定爲三十六日之制則覩孝惠以前已有加矣東漢以後又損之爲二十七日謂之以日易月則薄之至也千數百年惟晉武帝魏孝文爲能復古之制而羣臣沮格未克盡行惟孝宗通喪三年近古所獨陛下繼之至性克盡前烈有光乞以此疏付之史官庶幾四海聞風民德歸厚遷起居郎兼國史編修實錄檢討權刑部侍郎進禮部侍郎以臣僚言罷尋以寶章閣待制知饒州改知寧國府再知饒州復以言罷召爲兵部侍郎兼侍讀兼同修國史兼實錄院同修撰升兼侍讀權兵部尚書進讀仁皇訓典乞讀帝學從之權吏部尚書臣僚論舜臣立廟封爵事落職提舉太平興國宮淳祐四年權禮部尚書兼給事中兼同修國史實錄院同修撰兼侍讀五年拜端明殿學士簽書樞密院事兼權參知政事尋同知樞密院事未幾落職於郡十二年以資政殿大學士提舉洞霄宮寶祐二年依舊職提舉萬壽觀兼侍讀以觀文殿學士致仕卒特贈少保

陳韡字子華福州侯官人父孔碩爲朱熹呂祖謙門人韡讓父郊恩與弟韍登開禧元年進士第從葉適學嘉定十四年賈涉開淮閫辟京東河北幹官韡謂山東河北遺民宜使歸耕其土給耕牛農具分配以內郡之貸死者然後三分齊地張林孝全各處其一其一以待有功者河南首領以三兩州來歸者與節度使一州者守其土忠義人盡還北然後括淮甸閑田倣韓琦河北義勇法募民爲兵給田而薄征之擇土豪統率鹽丁又別廩爲一軍此第二重藩籬也十五年淮西告捷韡策金人必專向安豐而分兵綴諸郡使卞整張惠李汝舟范成進各以其兵屯廬州以待之金將盧鼓槌新勝於潼關乘銳急戰當持久困之不過十日必遁設伏邀擊必可勝又使時青夏全俟金人深入以輕兵擣其巢穴第一策也其後金人果犯安豐韡如盱眙犒師改淮東制置司幹辦公事再如盱眙見劉琸調卞整張惠范成進夏全諸軍應援擣虛皆行韡之策遂有堂門之捷俘其四駙馬者遷將作監丞又遷太府寺丞差知眞州淮東提點刑獄加直寶章閣依舊提點刑獄兼知寶應州遷宗正寺丞權工部郎中改倉部員外郎入對言臣所陳夏周漢唐數君之事如布德兆謀任賢使能信賞必罰區處藩鎭不事姑息規摹莫大於此又言人主所以御天下者賞罰而已紹定二年冬盜起閩中帥王居安屬韡提舉四隅保甲韡有親喪辭之轉運使陳汝提舉常平史彌忠告急于朝謂非韡莫可平明年以寶章閣直學士起復知南劍州提舉汀州邵武軍兵甲公事福建路兵馬鈐轄同共措置招捕盜賊兼福建路招捕使未幾加提點刑獄韡籍土民丁壯爲一軍沙縣紫雲基告急沙縣破賊由間道趨城忠勇軍破之於高橋賊乃趨邵武勢益熾時有議當招不當捕者韡言始者賊僅百計招而不捕養之至千又養之至萬今復養之將至於無筭求淮西兵五千人可圖萬全詔韡兼福建路招捕使賊急攻汀州淮西帥曾式中調精兵三千五百人由泉漳間道入汀擊賊于順昌勝之六月兵大合加福建提點刑獄七月韡親提兵至沙縣順昌將樂清流宣化督捕所至克捷九月分兵進討十月進攻五賊營砦平之十一月破潭飛磜賊起之地夷其巢穴十二月誅汀州叛卒諭降連城七十有二砦汀境皆平四年正月遣將破下瞿張原砦二月躬往邵武督捕餘寇賊首晏彪迎降韡以其力屈乃降卒誅之進右文殿修撰依舊提點刑獄招捕使兼知建寧府衢州寇汪徐來二破常山開化勢張甚韡命淮將李大聲提兵七百出賊不意夜薄其砦賊出迎戰見筭子旗驚曰此陳招捕軍也皆大哭急擊之衢寇悉平六年進寶章閣待制知隆興府贛寇陳三槍據松梓山砦出没江西廣東所至屠殘韡遣官吏諭降賊輒殺之乃謂盜賊起於貪吏劾其尤者二人又謂寇盜稽誅以臣下欺誕事權渙散所致若決計蕩除數月可畢十一月詔節制江西廣東福建三路捕寇軍馬韡奏遣將劉師直扼梅州齊敏扼循州自提淮西兵及親兵擣賊巢穴十二月兼知贛州端平元年正月進華文閣待制江西安撫使二月至贛斬將士張皇賊勢及掠子女貨財者齊敏李大聲所至克捷三月分兵守大石堡截賊糧道遂破松梓山三槍與餘黨絶匿而遁韡親督諸將乘春瘴未生薄松梓山賊悉精銳下山迎敵旗幟服色甚盛韡軍步騎夾擊又縱火焚之士皆攀崖上賊巢蕩爲煙埃賊首張魔王自焚斬千五百級禽賊將十二得所掠婦女牛馬及僭僞服物各數百計三槍中箭與敗軍遇擊敗之賊遁翼日追及下黄又敗之餘衆尚千餘薙獮略盡三槍僅以數十人遁至興寧就禽檻車載三槍等六人斬隆興市初賊跨三路數州六十砦至是悉平詔曰韡忠勤體國計慮精審身任討捕之責江閩東廣訖底寧輯乃進權工部侍郎仍知隆興兼江西安撫使未幾爲工部侍郎改江東安撫使知建康府兼行宮留守二年入奏事帝稱其平寇功韡頓首言曰臣不佞徒有孤忠仗陛下威靈苟逃曠敗耳何功之有遷權工部尚書又權刑部尚書沿江制置大使依舊江東安撫使知建康府往來巡視鄂州江面措置捍禦三年加寶謨閣學士十月詔選猛將精兵相視緩急據地利遏要衝以伐姦謀嘉熙元年進煥章閣學士四年拜刑部尚書辭免加徽猷閣學士知潭州荆湖南路安撫使淳祐四年召爲兵部尚書遷禮部尚書兼侍讀兼同修國史實錄院同修撰拜端明殿學士同簽書樞密院事兼參知政事尋拜參知政事兼同知樞密院事七年知樞密院事湖南安撫大使兼知潭州九年以觀文殿學士福建安撫大使知福州五上章辭以舊職提舉洞霄宮開慶元年召赴闕落致仕充醴泉觀使兼侍讀景定元年授福建安撫大使兼知福州久之提舉佑神觀力請致仕明年卒年八十有三贈少師謚忠肅

崑福者故羣盜嘗爲官軍所捕會夜大雪方與嬰兒同榻兒寒啼不止福不得寐覺捕者至因以故衣擁兒口遂逸去因隸軍籍初從趙葵收李全有功名重江淮又累從韡捕賊積功至刺史大將軍從後韡留隆興旣

而韓移金陵，而福猶在隆興屬通判與郡僚燕滕王閣福恚其不見招道遇民愬宛者福擒其人直至飲所責以郡官不理民事麾諸卒盡碎飲具官吏皆惴恐竄去莫敢嬰其鋒韓知之遂檄建康署爲鈐轄福又奪統制官王明鞍馬及迫逐總領所監酒官親屬韓戒諭之不聽會淮兵有警步帥王鑑出師鑑請福行韓因厚遣之福不樂爲鑑用遇敵不擊託以葬女擅歸亦不聞于制置司鑑怒遂白其前後過惡請必正其慢令之罪會韓亦厭忌之遂坐以軍法然後聲其罪于朝且自劾專殺之罪下詔獎諭免其罪福勇悍善戰頗著威聲其死也軍中惜之時論以爲良將難得而韓以私忿殺之然福跋扈之迹已不可揜殺身之禍亦有以自取之也

論曰宋自嘉定以來居相位者賢否不同故執政者各以其氣類而用之因其所就而後世得以考其人焉宣繒薛極者史彌遠之腹心也陳貴誼曾從龍鄭性之李性傳劉伯正皆無所附麗李鳴復金淵者史嵩之之羽翼也鄒應龍無所考見許應龍治郡見稱循良林略所謂虛心從諫者有益於人主矣徐榮叟父子兄弟皆爲名臣陳韡將帥才也優於別之傑多矣

宋史卷四百二十

元中書右丞相總裁脫脫等修

列傳第一百七十九

王伯大　鄭寀　應繇　徐清叟　李曾伯
王埜　蔡抗　張磻　馬天驥　朱熠
饒虎臣　戴慶炣　皮龍榮　沈炎

王伯大字幼學福州人嘉定七年進士歷官主管戶部架閣遷國子正知臨江軍歲饑振荒有法遷國子監丞知信陽軍改知池州兼權江東提舉久之依舊直祕閣江東提舉常平仍兼知池州端平三年召至闕下遷尚右郎官尋兼權左司郎官遷右司郎官試將作監兼右司郎中兼提領鎮江建寧府轉般倉兼提領平江府百萬倉兼提領措置官田進直寶謨閣樞密副都承旨兼左司郎中進對言今天下大勢如江河之決日趨日下而不可挽其始也搢紳之論莫不交口誦詠謂太平之期可蹻足而待也未幾則以治亂安危之制爲言矣又未幾則置治安不言而直以危亂言矣又未幾則置危亂不言而直以亡言矣嗚呼以亡爲言猶知有亡矣今也置亡而不言矣人主之患莫大乎處危亡而不知人臣之罪莫大乎知危亡而不言陛下親政五年于茲盛德大業未能著見於天下而招天下之謗議者何其籍籍而未已也議邊欲之害德則天下將以陛下爲商紂周幽之人主議戚宦近習之撓政則天下將以朝廷爲恭顯許史武韋仇魚之朝廷議姦儔佞朋之誤國則天下又將爲漢黨錮元祐黨籍之君子數者皆犯前古危亡之轍迹忠臣懇惻而言之志士憤激而和之陛下雖日御治朝日親儒者日修辭飾色而終莫能弭天下之議言者執之而不肯置聽者厭之而不憚煩於是厭轉而爲疑疑增而爲忿忿極而爲愎則睪言黜諫之意藏伏於陛下之胸中而凡迕已者皆可逐之人矣彼中人之性利害不出於一身莫不破厓絕角以阿陛下之所好其稍畏名義者則包羞閔默而有跋前疐後之憂若其無所顧戀者則皆攘袂遠引不願立于王之朝矣陛下試反於身而自省曰吾之制行得無有屋漏在上知之在下者乎徒見嬖昵之多選擇未已排當之聲時有流聞則謂精神之內守血氣之順軌未可也陛下又試于宮闈之內而加省曰凡吾之左右近屬得無有因微而入緣形而出意所狎信不復猜覺者乎徒見內降于請數至有司裹言除臣毋實人口則謂浸潤之不行邪逕之已塞未可也陛下又試於朝廷政事之間而三省曰凡吾之諸臣得無有幾說殄行震驚朕師惡直醜正側言改度者乎徒見剛方峭直之士昔者所進今不知其亡柔佞闒茸之徒適從何來而遝集於斯也則謂舉國皆惡臣聖朝無闕事未可也夫以陛下之好惡用舍無非有招至人言之道及人言之來又復推而不受不知平日之際遇信任者肯爲陛下分此謗乎無也陛下誠能布所失於天下而不必曲爲之回護凡人言之所不貸者一朝赫然而盡去之務使蠹根悉拔孽種不留如日月之更如風雷之迅則天下之謗不改而自息矣陛下何憚何疑而不爲此哉又極言邊事曲盡事情以直寶謨閣知婺州遷祕書少監拜司農卿復爲祕書少監進太常少卿兼中書門下檢正諸房公事遷起居舍人升起居郎兼權刑部侍郎臣僚論罷以集英殿修撰提舉太平興國宮起再知婺州辭免復舊祠淳祐四年召至闕授權吏部侍郎兼權中書舍人尋爲吏部侍郎仍兼權中書舍人兼侍讀時暫兼權侍右侍郎兼同修國史實錄院同修撰權刑部尚書尋爲眞七年拜端明殿學士簽書樞密院事兼權參知政事八年拜參知政事以監察御史陳玠論罷以資政殿學士知建寧府寶祐元年卒

鄭寀不詳何郡人初歷官爲祕書省校書郎兼國史編修實錄檢討遷著作佐郎兼權侍右郎官升著作郎兼侍講拜右正言言丞相史嵩之以父憂去遽欲起之意甚厚也奈何謗議未息事關名教有尼其行帝荅曰卿言雖切事理進退大臣豈易事也擢殿中侍御史疏言臺諫以糾察官邪爲職國之紀綱係焉比劉漢弼劾奏司農卿謝逵陛下已行其言矣未及兩月忽復敍用何其速也漢弼雖亡官不可廢臣非爲漢弼惜爲朝廷惜也又奏劾王瓚龔基先胡清獻鐘秩罷祠皆從之三人者不才臺諫也遷侍御史疏言比年以來舊章寖廢外而諸閫不問勳勞之有無而爵秩皆得以倒遷內而侍從不問才業之優劣而職位皆可以倒進執政之歸休田里者與之貼職可也而凡補外者皆授之矣故自公侯以至節度有同序補自書殿以至祕閣錯立周行名器之輕莫此爲甚無功者受賞則何以旌有功之士有罪者假寵則何以服無罪之人矧事變無窮而名器有限使名器常重於上則人心不敢輕視於下非才而冒功者不得覬幸於其間則負慷慨之氣懷功名之願者陛下始可得而鼓舞之矣遷左諫議大夫淳祐七年拜端明殿學士同簽書樞密院以監察御史陳求魯論罷淳祐九年五月卒寀之居言路嘗按工部侍郎曹豳主管吏部架閣文字洪芹則大傷公論云

應繇字之道慶元府昌國人刻志于學嘉定十六年試南省第一遂舉進士爲臨江軍教授入爲國子學錄兼莊文府教授遷太學博士又遷祕書郎請蚤建太子入對帝問星變繇請修實德以荅天戒帝問州縣貪風繇曰貪黷由殉色而起成湯制官刑儆有位首及於巫風淫風者有以也帝問藏書繇請訪先儒解經注史因及程迥張根所著書皆有益世敎帝善之遷祕書省著作佐郎兼權尚左郎官兼翰林權直又遷著作郎仍兼職以言罷淳祐二年敍復奉祠遷宗正寺丞兼權禮部郎官兼國史編修實錄檢討以言罷差知台州召兼禮部郎官崇政殿說書遷祕書少監仍兼職兼權直學士院又遷起居舍人權兵部侍郎時暫兼權吏部侍郎兼直學士院帝一夕召繇草麻夜四鼓五制皆就帝奇其才遷吏部侍郎仍兼職進翰林學士兼中書舍人八年授同知樞密院事兼參知政事九年拜參知政事封臨海郡侯乞歸田里以資政殿學士知平江府提舉洞霄宮寶祐三年殿中侍御史丁大全論罷尋卒德祐元年詔復元職致仕

徐清叟字直翁煥章閣學士應龍之子嘉定七年進士歷主管戶部架閣遷籍田令疏言邇者江右閩嶠盜賊竊發監司帥守未免少立威名專行誅戮此特以權濟事而已而偏州僻壘習熟見聞轉相倣傚亦皆不俟論報輒行專殺欲望明行禁止一變臣下嗜殺希進之心以無墜祖宗立國仁厚之意遷軍器監主簿入對言太后舉哀之日陛下以后服下同媵妾令別置大袖一襲文思院觀望欲如后飾再造其一以進詔卻之此眞知嫡庶之辨者請宜付史館以垂法後世遷太常博士入對疏言陛下親政以來精神少振而氣脉未復條目畢舉而綱紀未張公道若伸而私意之未盡克者則亦風化之先務勸戒之大權與夫選用之要術猶有闕略而未之講明者爾何謂風化之先務曰原人倫以釋羣惑者是已何謂勸戒之大權曰惜名器以示正義者是已何謂選用之要術曰因物望而進人才者是已蓋欲請復皇子竑王爵裁抑史彌遠恤典召用眞德秀魏了翁也兼崇政殿說書遷祕書郎升著作佐郎兼權司封郎官遷軍器少監皆兼職依舊遷將作監拜殿中侍御史兼侍講遷太常少卿兼權戶部侍郎兼侍講三疏匃外給事中洪咨夔起居舍人吳泳皆抗疏留之尋權工部侍郎以右文殿修撰知泉州集英殿修撰知靜江府廣西經略安撫使遷侍右侍郎主管雲臺觀召赴闕遷戶部侍郎再爲侍右侍郎以寶章閣直學士知溫州改知福建安撫使改知婺州以煥章閣直學士差知泉州辭免改知袁州又改知紹興府兩浙東路安撫使辭免改知潭州尋知廣州兼廣東經略安撫使召赴闕權兵部尚書兼侍讀淳祐九年兼同修國史實錄院同修撰權吏部尚書遷禮部尚書拜端明殿學士簽書樞密院事進同知樞密院事封晉寧郡公奏修四朝國史志傳五上章乞改機政帝不許十二年拜參知政事尋知樞密院事兼參知政事監察御史朱應元論罷以資政殿大學士提舉玉隆萬壽宮改洞霄宮復以監察御史朱熠論罷久之以舊職提舉洞霄宮開慶元年召赴闕以舊職提舉佑神觀兼侍讀出知泉州復提舉佑神觀景定三年轉兩官致仕卒贈少師謚忠簡清叟父子兄弟皆以風節相尚而清叟劾罷袁甫於公論少貶云

李曾伯字長孺覃懷人後居嘉興歷官通判濠州遷軍器監主簿添差通判鄂州兼沿江制置副使司主管機宜文字遷度支郎官授左司郎官淮西總領尋遷右司郎官太府少卿兼左司郎官兼勑令所刪修官遷太府

卿淮東制置使兼淮西制置使，詔軍事便宜行之。曾伯疏奏三事荅天心重地勢協人謀，又言邊餉貴於廣積粭，材貴於素儲，賞與不可以不精，戰士不可以不恤。又條上淮面舟師之所當戒，湖面險阻之所當治。加華文閣待制，又加寶章閣直學士，進權兵部尚書。淳祐六年正月朔，日食，曾伯應詔歷陳先朝因天象以謹邊備，圖帥材，乞早易閫寄，放歸田里，又請修浚泗州西城。加煥章閣學士，言者相繼論罷。九年，以舊職知靜江府、廣西經略安撫使兼廣西轉運使，陳守邊之宜五事。進徽猷閣學士、京湖安撫制置使、知江陵府兼湖廣總領兼京湖屯田使。進龍圖閣學士，疏言襄陽新復之地，城池雖修浚，田野未加闢，室廬雖草創，市井未阜通，請蠲租三年，詔從之。加端明殿學士兼夔路策應東閫，進資政殿學士，制置四川邊面，與執政恩例，尋授四川宣撫使，特賜同進士出身，召赴闕。加大學士、知福州兼福建安撫使，辭免，以大學士提舉洞霄宮。起爲湖南安撫大使兼知潭州，兼節度廣南，移治靜江。開慶元年，進觀文殿學士。以諫議大夫沈炎等論罷。景定五年，起知慶元府兼沿海制置使。咸淳元年，殿中侍御史陳宗禮論劾褫職。德祐元年，追復元官。曾伯初與賈似道俱爲閫帥，邊境之事知無不言，似道卒嫉之，使不竟其用云。

王埜字子文，寶章閣待制介之子也。以父蔭補官，登嘉定十二年進士第。仕潭時，帥眞德秀一見異之，延致幕下，遂執弟子禮。德秀欲授以詞學，埜曰：「所以求學者，義理之奧也，詞科惟强記者能之。」德秀益器重之。紹定初，汀、邵盜作，辟議幕參贊，攝邵武縣，後復攝軍事。盜起唐石，親勒兵討之。後爲樞密院編修兼檢討。襄、蜀事急，議遣使講和，時相依違不決，史嵩之帥武昌，首進和議。埜言：「今日之事，宜先定規模，并力攻守。」上疏言八事。繼爲副都承旨，奏請出師絕和使，命淮東西夾攻，不然，利害將深。理宗深然之，令樞密院下三閫諭旨。嘉熙元年，輪對，采事係安危者四端，而專以司馬光仁、明、武推說，復推廣前所言八事，以孝宗講軍實激發帝意。淳祐初，自江西赴闕，奏祈天永命十事。嵩之起復，傾國爭之，埜上疏乞聽終喪，後又言嵩之當顯絕而終斥，益嚴君子小人之限。拜禮部尚書，奏十事，終之曰：「陛下一心，十事之綱領也。」前後奏陳，皆明正剴切，鑿鑿可行。其爲兩浙轉運判官，以察訪使出視江防，首嘉興，至京口，增修官民兵船，守險備具。爲江西轉運副使、知隆興府，繼有宅命。時以米綱不便，就湖口造轉般倉，請事畢受代。知鎮江府兼都大提舉浙西兵船，江面幾千里，調兵捍禦，以守江尤重于淮，瓜洲一渡甚狹，請免鎮江水軍調發，專一守江，置遊兵，如呂蒙所言蔣欽將萬人巡江上，增創水艦，就楊子江習水戰，登金山指麾之。是冬，楊子橋有警，急調湯孝信所領遊兵救之而退。淳祐末，遷沿江制置使、江東安撫使，節度和州、無爲軍、安慶府兼三郡屯田、行宮留守，巡江，引水軍大閱，舳艫相銜幾三十里，憑高望遠，考求山川險阨，謂要務莫如屯田，講行事宜，修飭行宮諸殿室，推京口法，創遊擊軍萬二千，蒙衝萬艘，江上晏然。寶祐二年，拜端明殿學士、簽書樞密院事，封吳郡侯。與宰相不合，言者攻之，以前職主管洞霄宮。卒，贈七官，位特進。埜因德秀知朱熹之學，凡熹門人高第，必加敬禮。知建寧府，創建安書院，祠熹，以德秀配。有奏議、文集若干卷。埜工于詩，書法祖唐歐陽詢，署書尤清勁。

蔡抗字仲節，處士元定之孫。紹定二年進士。其後差主管尚書刑工部架閣文字。召試館職，遷祕書省正字，升校書郎兼樞密院編修官，遷諸王宮大小學教授。疏奏權姦不可復用，國本不可不早定，帝善其言。遷樞密院編修官兼權屯田郎官，遷著作佐郎兼侍右郎官兼樞密院編修官，尋兼國史院編修官、實錄檢討官。江東提點刑獄，加直祕閣，特授尚書司封員外郎，進直寶章閣，尋加寶謨閣，移浙東。召爲國子司業兼資善堂贊讀兼玉牒所檢討官，時暫兼侍立修注官。拜宗正少卿兼國子司業，進直龍圖閣、知隆興府。試國子祭酒兼侍立修注官，拜太常少卿，仍兼資善堂翊善，權工部侍郎兼國史院編修官、實錄院檢討官，遷工部侍郎，時暫兼禮部侍郎兼權吏部尚書。加端明殿學士、同簽書樞密院事，差兼同提舉編修經武要略，同知樞密院事，拜參知政事。落職予祠，起居郎林存請加竄削，從之。未踰年，復端明殿學士、提舉洞霄宮。乞致仕，轉一官，守本官職致仕。卒，謚文簡，以犯祖諱，更謚文肅。

張磻字渭老，福州人。嘉定四年進士。歷官辟點檢贍軍激賞酒庫所主管文字，差主管尚書吏部架閣，遷太常博士、宗正丞兼權兵部郎官，遷國子祭酒，時暫兼權禮部侍郎，尋爲眞，兼國史編修、實錄檢討，加集英殿修撰，差知婺州。復爲禮部侍郎、權兵部尚書，時暫兼權吏部尚書，以右補闕程元鳳論罷。寶祐三年，復權刑部尚書兼侍讀，拜端明殿學士、簽書樞密院事，升同知樞密院事兼參知政事。五年，拜參知政事，進封長樂郡公，轉三官，守參知政事致仕。九月，卒，遺表上，贈少師。

馬天驥字德夫，衢州人。紹定二年進士。補簽書領南判官廳公事，遷祕書省正字兼沂靖惠王府教授，遷祕書省校書郎，升著作佐郎。輪對，假司馬光五規之名，條上時敝，詞旨切直。遷考功郎官，入對，言：「周世宗當天下四分五裂之餘，一念振刷，猶能轉弱爲强。陛下有能致之資，乘可爲之勢，一轉移間耳。」遷祕書監、直祕閣、知吉州，遷宗正少卿，以祕閣修撰知紹興府、主管浙東安撫司公事兼提舉常平，權兵部侍郎，授沿海制置使，差知慶元府，改知池州兼江東提舉常平，改知廣東兼廣東經略安撫使。寶祐四年，遷禮部侍郎兼直學士院兼侍讀兼國子祭酒，拜端明殿學士、同簽書樞密院事，封信安郡侯。五年，以殿中侍御史朱熠、右正言戴慶炣、監察御史吳衍、翁應弼等論罷，依舊職提舉洞霄宮。景定元年，知衢州，以兵部侍郎章鑑論罷，有旨依舊職予祠。起知福州、福建安撫使，以職事修舉，升大學士，改知平江府，又改知慶元府兼沿海制置使、提舉洞霄宮。褫職罷祠。咸淳三年，追奪執政恩數，送信州居住。四年，放令自便。後卒于家。

朱熠，溫州平陽人。端平二年武舉第一。遷閤門舍人，差知沅州，改橫州，復爲閤門舍人、知雷州。入對，爲監察御史陳玹論罷，臣僚復論，降一官。久之，授帶御器械兼幹辦皇城司，差知興國軍，遷度支郎官，拜監察御史兼崇政殿說書，擢右正言、殿中侍御史兼侍講，遷侍御史。寶祐六年，遷左諫議大夫，拜端明殿學士、簽書樞密院事、同知樞密院事。開慶元年，拜參知政事兼權知樞密院事。景定元年，知樞密院事兼參知政事兼太子賓客，以舊職知慶元府、沿海制置使，奉祠。爲監察御史胡用虎論罷。久之，監察御史張桂、常楙相繼糾劾，送處州居住。咸淳四年，詔令自便。五年，侍御史章鑑復以爲言，驅之還鄉，尋卒。熠居言路，彈劾最多，一時名士若徐清叟、呂中、尤焴、馬廷鸞亦皆不免云。

饒虎臣字宗召，寧國人。嘉定七年進士。歷官遷將作監主簿，差知徽州，遷祕書郎，升著作郎兼權右司郎官，遷兵部郎官兼權左司郎官，特授左司郎中，遷司農少卿兼左司兼國史編修、實錄檢討，遷司農卿、直龍圖閣、福建轉運判官、浙東提點刑獄，拜太府卿兼中書門下檢正諸房公事，以祕閣修撰兩浙轉運使，權禮部侍郎，尋爲眞，時暫兼權侍右侍郎。寶祐六年，兼同修國史、實錄院同修撰，暫通攝吏部尚書，拜端明殿學士、同簽書樞密院事。開慶元年，同知樞密院事兼權參知政事。景定元年，拜參知政事。殿中侍御史何夢然論罷，以資政殿學士提舉洞霄宮。夢然再劾之，褫職罷祠。四年，仍復元官，提舉太平興國宮。卒。德祐元年，禮部侍郎王應麟、右史徐宗仁乞追復元官，守資政殿學士致仕。

戴慶炣字彥可，溫州永嘉人。淳祐十年進士。歷官差主管戶部架閣文字，召試館職，遷祕書省正字兼史館校勘，升校書郎，遷右正言、左司諫、殿中侍御史，升侍御史。開慶元年，拜右諫議大夫，尋加端明殿學士、簽書樞密院事兼權參知政事、同知樞密院事兼參知政事。未幾，守本官致仕。卒，贈特進、資政殿大學士。

皮龍榮字起霖，一字季遠，潭州醴陵人。淳祐四年進士。歷官主管吏部架閣文字，遷宗學諭，授諸王宮大小學教授兼資善堂直講。入對，請以改過之實易運化之名，一過改而一善著，百過改而百善融。遷祕書郎，升著作郎。入對，因及眞德秀、崔與之廉，龍榮曰：「今天下豈無廉者，願陛下崇獎之，以風天下，執賞罰之公以示勸懲。」帝以爲然。兼兵部郎官，差知嘉興府，召赴闕，遷侍右郎官兼資善堂贊讀，又遷吏部員外郎兼直講。入對，言忠王之學，願陛下身教之於內，帝嘉納。遷將作監兼尚右郎官、祕書少監兼吏部郎中、宗正少卿、起居郎兼權侍左侍郎兼給事中、吏部侍郎兼贊讀，封醴陵縣男。遷集賢殿修撰、提舉太平興國宮。召見，進刑部侍郎，加寶章閣待制、湖南路轉運使，權刑部尚書兼翊善。景定元年四月，拜端明殿學士、簽書樞密院，進封伯，權參知政事兼太子賓客。二年，拜參知政事，仍兼太子賓客，封壽沙郡公。三年，罷爲湖南安撫使、判潭州。四年，以資政殿大學士提舉洞霄宮，以右正言曹孝慶論罷。咸淳元年，以舊職奉祠，殿中侍御史陳宗禮、監察御史林拾先後論劾，削一官。宅日，帝偶問龍榮安在，賈似道恐其召用，陰諷湖南提點刑獄李雷應劾之。雷應至官，謁龍榮，龍榮託故不出，既退，又斥罵之。或以語雷應，不能平，遂疏其罪，又謂每對人言有「吾擁至尊于膝上」之語，詔徙衡州居住。湖南提刑治衡州，龍榮恐不爲雷應所容，未至而殁。龍榮少有志略，精于春秋學，有文集三十卷。性伉直，似道當國，不肯降志，又以度宗舊學，卒爲似道所擯。德祐元年，復其官致仕。二年，太府卿柳岳乞加贈謚，未及行而宋亡。

沈炎字若晦，嘉興人。寶慶二年進士。調嵊縣主簿、廣西經略司准備差遣、湖南安撫司幹辦公事，討郴寇有功，改知金華縣、沿江制置司幹官、通判、知州、沿江制置主管機宜文字監三省樞密院門樞密院編修官爲監察御史右正言左司諫殿中侍御史侍御史景定元年拜右諫議大夫加端明殿學士同簽書樞密院事兼太子賓客二年拜同知樞密院事兼權參知政事以資政殿學士提舉洞霄宮三年進大學士致仕卒贈少保炎居言路嘗按劾福建轉運使高斯得觀文殿學士李曾伯沿江制置司參謀官劉子澄左丞相吳潛然論罷右丞相丁大全及其黨與則爲公論也

論曰王伯大立朝直諒鄭寀沈炎居言路不辨君子小人皆彈拄之吾不知其何說也應𦒿淸愼沒世徐淸叟風采凜乎班行之間李曾伯之治邊短于才者也王埜得名父師而其學問益光蔡抗號爲君子史闕其事若張磻馬天驥饒虎臣未見卓然有可稱道者戴慶炣皮龍榮登第皆未久而位至執政龍榮不附權臣爲所擯斥而死猶爲可取慶炣無所稱述焉朱熠在臺察如狂猘遇人輒噬之云

宋史卷四百二十一

元 中書右丞相總裁脫脫等修

列傳第一百八十

楊棟 姚希得 包恢 常挺

陳宗禮 常楙 家鉉翁 李庭芝

楊棟字元極眉州青城人紹定二年進士第二授簽書劍南西川節度判官廳公事未上丁母憂服除遷荆南制置司改辟西川入爲太學正丁父憂服除召試授祕書省正字兼吳益王府教授遷校書郎樞密院編修官入對言飛蝗蔽天願陛下始終一德庶幾感格天心消弭災咎又言邇來中外之臣如主兵理財聽其言無非可用跡其實類皆欺誣上下相蒙無一可信陛下先之以至誠而後天下之事可爲也又言祖宗立國不恃兵財法惟恃民心固結而已願陛下常存忠厚之意勿用峻急之人理宗悅以臣僚言奉祠起知興化軍孔子之裔有居涵頭鎭者棟爲建廟闢田訓其子弟遷福建提點刑獄尋加直祕閣兼權知福州兼本路安撫使遷都官郎官又遷左司郎官等爲右司郎官兼玉牒所檢討官除宗正少卿進對帝曰止是正心修身之說乎棟對曰臣所學三十年止此一說用之事親取友用之治凋郡察冤獄至爲簡易時有女冠出入宮禁頗通請謁外廷多有以爲言者棟上疏曰陛下何惜一女冠天下所側目而不亟去之乎帝不謂然棟曰此人密交小人甚可慮也又言京襄兩淮四川殘破郡縣之吏多是兵將權攝科取無藝其民可矜非陛下哀之誰實哀之帝從之遷太常少卿起居郎差知滁州以殿中侍御史周坦論罷起直龍圖閣知建寧府不拜提舉千秋鴻禧觀遷起居郎兼權侍左侍郎崇政殿說書繼遷吏部侍郎兼同修國史實錄院同修撰兼侍讀以集英殿修撰兼中書舍人兼侍講出知太平州以右補闕蕭泰來論罷依舊職提舉太平興國宮起知婺州召奏事以舊職奉祠度宗立爲太子帝親擢棟太子詹事遷工部侍郎仍爲詹事兼同修國史實錄院同修撰兼中書舍人兼直學士院權刑部尚書兼國子祭酒遷禮部尚書加端明殿學士同簽書樞密院事兼太子賓客進同知樞密院事兼權參知政事拜參知政事台州守王華甫建上蔡書院言于朝乞棟爲山主詔從之因卜居于台尋授資政殿學士知建寧府不拜以舊職提舉洞霄宮復依舊職知慶元府沿海制置使以監察御史胡用虎言罷仍奉祠加觀文殿學士知慶元府沿海制置使又不拜仍奉祠乃以資政殿大學士充萬壽觀使卒遺表上帝輟朝特贈少保棟之學本諸周程氏負海內重望方賈似道入相登用故老列之從官棟亦預焉及彗星見棟乃言蚩尤旗非彗也故爲世所少云或謂棟姑爲是言陰告于帝謀逐似道似道覺之遂蒙疑而去所著有崇道集平舟文集

姚希得字逢原一字叔剛潼川人嘉定十六年進士授小溪主簿待次三年朝夕討論六經諸子百家之言調盤石令會蜀有兵難軍需調度不擾而集更調嘉定府司理參軍改知蒲江縣巨室挾勢邑號難治希得綏彊扶弱聲聞著聞同知樞密院事游似以希得名聞召審察遷行在都進奏院通判大平州改福州徒步至侯官吏不知爲通判也召爲國子監丞遷大府寺丞時暫書擬金部文字兼沂靖王府教授時帝斥逐權姦收召名德舉朝相慶希得以爲外觀形狀似若淸明之朝內察脈息有類危亡之證乃上疏言堯舜三代之時無危亡之事而常喜危亡之言秦漢以來多危亡之事而嘗諱危亡之言夫危亡之事不可有而危亡之言不可亡後世人主乃履危如履坦諱言如諱病又言君子非不收召而意向猶未調一小人非不斥逐而根株猶未痛斷大權若操握而不能無旁蹊曲逕之疑大勢若更張而未見有長治久安之道廷臣之所諷諫封囊之所奏陳非不激切而陛下固不之罪亦不之行自古甘蹈危亡之機非獨闇主而明君亦有焉此臣之所甚懼朝廷者萬化之所自出也實根於人君之一心夫何大明當天猶有可議者內小學之建人皆知陛下有意建儲也然歲月逾邁未覩施行人心危疑無所係屬秦漢而下嗣不蚤定事出倉卒或宮闈出令或宦寺主謀或姦臣首議此皆足以危人之國也陛下何憚而不蚤定大計邸第之盛人皆知篤於親愛也然依馮者衆輕視王法請託之行捷於影響楊干晉侯弟也亂行於曲梁而魏絳戮其僕晉侯始怒而終悔晉卒以霸平原君趙王弟也不出租稅而趙奢刑其用事者趙王賢而用之趙卒以彊皆足以興人之國也陛下何爲而不少伸國法今女冠者流衆所指目近璫小臣時竊威福此皆陛下之心乍明乍晦之所致豈不謂之危乎國有善類猶人有元氣善類一敗一消元氣一病一衰善類能幾豈堪數消消極則國隨之矣陛下明於知人公於用人固無權姦再用之意然道路之人往往竊議此元祐紹聖將分之機也禍根猶伏而未去不幾於安其危乎帝改容曰朕決不用史嵩之遷知大宗正丞兼權金部郎官李韶以病告十上疏欲去希得言韶有德望雖以病告曷若留奉內祠侍經幄亦足爲朝廷重又言財用困竭民生憔悴移此不急之費以實軍儲以厚民生敬天莫大於此豈在崇大宮宇莊嚴設像哉又條救錢楮三策請置惠民局帝皆以爲可行進祕書丞尋遷著作郎授江西提舉常平役法久壞臨川富室有賂吏求免者希得竟罪之遂提點刑獄加直祕閣未幾加度支員外郎尋直寶章閣移治贛州盜有僞號崔太尉者據石壁連結數郡劉老龍等聚衆焚掠一方繹騷希得指授方畧不五旬平之以直寶謨閣廣西轉運判官兼權靜江府尋授直徽猷閣知靜江府主管廣西經畧安撫司公事兼轉運判官母喪免召爲祕書少監兼中書門下省檢正諸房公事入對言君子小人邪正之辯且曰君子犯顏敢諫拂陛下之意退甘家食此乃爲國計非爲身計也小人自植朋黨擠排正人甘言佞語一切順陛下之意遂取陛下官爵此乃爲身計非爲國計也遷宗正少卿兼國史編修實錄檢討兼權給事中兼權刑部侍郎同修國史實錄院同修撰時西方用兵有爲嵩之復出計者謂非此人不能辦帝有意再用之希得必執之出旨論意希得毅然具疏密奏不報又繳鄧泳子祠之命右正言邵澤監察御史吳衍殿中侍御史朱熠相繼論罷久之以集英殿修撰提點千秋鴻禧觀未幾依舊職兩淮宣撫使司判官俄加寶謨閣待制移京西湖南北四川詔敘復元官護江陵有功召爲戶部侍郎帝曰姚希得才望可爲閫帥乃進煥章閣待制知慶元府沿海制置使繼升敷文閣待制詔增沿海舟師希得爲之廣募水軍造戰艦蓄糧食蠲米一萬二千石舊逋一百萬去官庫餘羨悉以代民輸召爲工部尚書兼侍讀入侍經筵帝問慶元之政甚悉以華文閣直學士沿江制置使知建康府江東安撫使行宮留守希得按行江上慰勞士卒衆皆歡說溧陽饑發廩勸分全活者衆朔寧江軍自建康太平至池州列砦置屋二萬餘間屯戍七千餘人帝聞之一再降詔獎諭加寶章閣學士尋加刑部尚書依舊任兼淮西總領景定五年召爲兵部尚書兼侍讀乃言用人才修政事治兵甲惜財用四事拜端明殿學士簽書樞密院事兼太子賓客會星變上疏引咎乞解機務兼權參知政事度宗卽位授同知樞密院事兼權參知政事尋授參知政事以言罷授資政殿學士提舉洞霄宮起知潭州湖南安撫使以疾甚辭乃仍舊職奉祠請致仕詔不許力請以資政殿大學士金紫光祿大夫依舊潼川郡公致仕咸淳五年卒遺表聞帝輟朝贈少保希得忠亮平實淸儉自將好引善類不要虛譽蓋有論薦于上而其人莫之知者廣西官署以錦爲帟幕希得曰吾起身書生安用此命以紬纈易之蜀之親族姻舊相依者數十家希得廩之終身昏喪悉損己力晚年計口授田各有差所著有續言行錄奏藁橘州文集

包恢字宏父建昌人自其父揚世父約叔父遜從朱熹陸九淵學恢少爲諸父門人講大學其言高明諸父驚焉嘉定十三年舉進士調金谿主簿邵武守王遂辟光澤主簿平寇亂建寧守袁甫薦爲府學教授監虎翼軍募土豪討唐石之寇授掌故改沿海制置司幹官會歲饑盜起金壇溧陽之間恢部諸將爲十誅夷之沿江制置使陳韡辟爲機宜復有平寇功改知吉州永豐縣未行差發運幹官福建安撫使陳塏檄平寇遷武學諭宗正寺主簿添差通判台州徐鹿卿討溫寇辟兼提點刑獄司主管文字議收捕改通判臨安府遷宗正寺主簿知台州有妖僧居山中號活佛男女爭事之因爲姦利豪貴風靡恢誅其僧進左司郎官未行改湖北提點刑獄未行移福建兼知建寧閩俗以九月祠五王生日靡

金帛傾市奉之恢曰彼非犬豕安得一日而五子同生非不祥者乎而尊畏之若是衆感悟爲之衰止兼轉運判官以侍御史周坦論罷光州布衣陳景夏上書云包恢剛正不屈之臣言者汙衊之耳又四年起爲廣東轉運判官權經畧使遷侍右郎官尋爲大理少卿即日除直顯文閣浙西提點刑獄是時海寇爲亂恢單車就道調許澉浦分屯建砦一旦集諸軍討平之嘉興吏因和糴受賕百萬恢被旨慮囚曰吾用此消沴氣乃減死斷其手進直龍圖閣權發運升祕閣修撰知隆興府兼江西轉運沈妖妓於水化爲狐人皆神之有母訴子者年月後狀作疏字恢疑之呼其子至泣不言及得其情母孀居與僧通惡其子諫以不孝坐之狀則僧爲之也因責子侍養跬步不離僧無由至母乃託夫諱日入寺作佛事以籠盛衣帛因納僧於內以歸恢知之使人要之置籠公庫逾旬吏報籠中臭達于外恢命沉於江語其子曰爲汝除此害矣又姑死者假子婦棺以斂家貧不能償婦訴于恢恢怒買一棺紿其婦臥棺中以試就掩而葬之改湖南轉運使罷景定初拜大理卿樞密都承旨兼侍講權禮部侍郎尋爲中書舍人林希逸奏恢守法奉公其心如水權刑部侍郎進華文閣直學士知平江府兼發運宗有奪民包舉田寄公租誣上者恢上疏指爲以小民祈天永命之一事帝覽奏惻然罪任事者即歸民田召赴闕辭改知紹興又辭度宗即位召爲刑部尚書進端明殿學士簽書樞密院事封南城縣侯郊祀禮成遷以資政殿學士致仕恢歷仕所至破豪猾去姦吏治蠱獄課盆鹽理銀欠政聲赫然嘗因輪對曰此臣心惻隱所以深切爲陛下告者陛下惻隱之心如天地日月其閉而食之者曰近習曰外戚耳參知政事董槐見而歎曰吾等有慚色矣他日講官因稱恢疏剴切願容納理宗欣然曰其言甚直朕何嘗怒直言經筵奏對誠實懇惻至身心之要未嘗不從容諄至度宗至比恢爲程顥程頤恢侍其父疾滌濯播除之役不命僮僕年八十有七臨終舉盧懷慎卧簀窮約事戒諸子歛以深衣作書別親戚而後卒有光隕其地遣表聞帝輟朝贈少保謚文肅賻銀絹五百

常挺字方叔福州人嘉熙二年進士歷官爲太學錄召試館職遷祕書省正字兼莊文府教授升校書郎輪對乞以李若水配享高宗改祕書郎兼考功郎官出知衢州拜監察御史兼崇政殿說書疏言邊鬮三事曰辟實才曰奏實功曰招實兵朝廷二事曰選良吏曰擢正人又言願陛下深思宏遠之規模奮發清明之志氣立綱陳紀必爲萬世之法程昭德塞違以示百官之憲度遷太常少卿兼國子司業兼國史編修實錄檢討兼直舍人院遷起居郎權工部侍郎兼直學士院遷工部侍郎給事中右諫議大夫陳堯道論罷以寶章閣直學士知漳州改知泉州權兵部尚書兼侍讀權禮部尚書兼同修國史實錄院同修撰進帝學發題遷吏部尚書咸淳三年授同知樞密院事兼權參知政事封合沙郡公拜參知政事四年致仕尋卒贈少保

陳宗禮字立之少貧力學袁甫爲江東提點刑獄宗禮往問學焉淳祐四年舉進士調邵武軍判官入爲國子正遷太學博士國子監丞轉祕書省著作佐郎入對言火不循軌帝以星變爲憂宗禮曰上天示戒在陛下修德布政以回天意又曰天下方事於利欲之中士大夫奔競趨利惟至公可以過之兼考功郎官兼國史實錄院校勘兼景獻府教授升著作郎遷尚左郎官兼右司時丁大全擅國柄以言爲諱宗禮歎曰此可一日居乎陛對言願爲宗社大計毋但爲倉廩府庫之小計願得天下四海之心毋但得左右便嬖戚畹之心願寄腹心於忠良毋但寄耳目於卑近願四通八達以來正人毋但旁蹊曲逕類引貪濁拜太常少卿以直寶謨閣廣東提點刑獄進直煥章閣遷祕書監以監察御史虞虙言追兩官送永州居住景定四年拜侍御史直龍圖閣進西轉運判官遷刑部尚書以起居舍人曹孝慶言罷度宗即位兼侍講拜殿中侍御史疏言恭儉之德自上躬始清白之規自宮禁始左右之言利者必斥蹊隧之私獻者必誅以詩進講因奏帝王舉動無微不顯古人所以貴於慎獨也權禮部侍郎兼給事中進讀孝宗聖訓因奏安危治亂常起於一念慮之間念慮少差禍亂隨見天下之亂未有不起於微而成於著又言不以私意害公法迺國家之福帝曰孝宗家法惟賞善罰惡爲尤謹宗禮言有功不賞有罪不罰雖堯舜不能治天下信不可不謹也遷禮部侍郎尋權禮部尚書乞奉祠帝曰豈朕不足與有爲耶以華文閣直學士知隆興府再辭依舊職與待次差遣逾年依舊職廣東經畧安撫使兼知廣州加端明殿學士簽書樞密院事尋兼權參知政事疏奏國所以立曰天命人心因其警而加敬畏天命未有不可回也因其未墜而加綏定人心未嘗不可回也卒官遺表上贈開府儀同三司盱江郡侯謚文定所著有寄懷斐藁曲轅散木集兩朝奏議經筵講義經史明辨經史管見人物論

常楙字長孺顯謨閣直學士同之曾孫入太學淳祐七年舉進士調常熟尉公廉自持不畏彊禦部使者交薦之調婺州推官疏決滯訟以剸繁裁劇稱臨安府尹馬光祖又薦於朝辟差平江府百萬倉檢察不受和糴事例戢吏卒苛取發運使趙與懃兼提點刑獄屬楙檢覆雪無錫翟氏冤獄監江淮茶鹽所蕪湖局不受商稅贏光祖益敬之改知嘉定縣歲大水勸分和糴按籍均敷發運使王爚提點刑獄孫子秀俱特薦于朝簽書臨安府判官不爲權勢撓有爲淮東提舉常平辟楙提管楙知其不可與共事笑而卻之未幾政府强楙行遂拂衣去朝野高之主管城南廂聽訟嚴明豪右盜憚之都城火後瓦礫充斥差民船徙運在籍者百五十家惟二十有五家應役餘率爲勢要官所庇楙悉追之不服者杖其人械于他所無不聽命又力拒戶部科買葉夢鼎陳昉深期獎焉添差臨安通判朝命鞫封椿庫吏范成獄不肯承廟堂風旨無辜者悉出之知廣德軍郡有水災發社倉粟以活饑民官吏難之楙先發而後請專命之罪置慈幼局立先賢祠故事郡守秋苗例可得米千石迺以代屬縣償大農綱欠拜監察御史知無不言嘗論天變及賈似道家爭田事論繼皇子竑嗣觸度宗怒遷司農卿尋爲兩浙轉運使禁戢吏姦不以急符督常賦海鹽歲爲鹹潮害稼楙請于朝捐金發粟復轂巳帑大加修築新塘三千六百二十五丈名曰海晏塘是秋風濤大作塘不浸者尺許民得奠居歲復告稔邑人德之遷戶部侍郎受四方民詞務通下情兼中書門下省檢正諸房公事兼刑部侍郎極論檢覆之敝上進故事首論雷雪非時之變帝意不悅匃祠不許以集英殿修撰知平江值旱故事郡守合得緡錢十五萬悉以爲民食軍餉助蠲苗九萬稅十三萬版帳十六萬又蠲新苗二萬八千大寬公私之力飛蝗幾及境疾風飄入太湖飾浮費修府庫既代有送還事例自給吏卒外餘金萬楮楙悉不受吏驚曰人言常侍郎不愛錢果然改浙東安撫使值水災捐萬楮以振之復請糴于朝得米萬石蠲新苗三萬八千又以諸暨被水尤甚給二萬楮付縣折運民食不至乏絕民各祀于家兩浙及會稽山陰死者暴露與貧而無以爲殮者迺以十萬楮置普惠庫取息造棺以給之尋以刑部侍郎召申明期赦敍改法與廟堂爭可否辨僞關獄救八倉虧欠免死罪平反天井巷殺人獄全活者甚衆兼給事中封還隆國夫人從子黃進觀察使錄黃帝怒似道以御書令委曲書行楙迄不奉命以寶章閣待制提舉太平興國宮德祐元年拜吏部尚書以老病辭累詔不許專官趣行甚峻楙入見首言霅川之變非其本心置之死過矣不與立後又過矣巴陵帝王之胄生不得正命死不得血食況冤幽憤鬱結四五十年之久不爲妖爲札於冥冥中者幾希願陛下勿搖浮議特發神斷宗社幸甚於是詔國史院討論典故以聞明堂禮成進端明殿學士提領戶部財用特與執政恩數楙以國步方艱非臣子貪榮之時力辭恩數與廟堂議事不合以疾謁告二年春拜參知政事爲夏士林繳駁拜疏出關後六年卒

家鉉翁眉州人以廕補官累官知常州政譽翕然遷浙東提點刑獄入爲大理少卿直華文閣以祕閣修撰克紹興府長史遷樞密都丞旨知建寧府兼福建轉運副使權戶部侍郎兼知臨安府浙西安撫使遷戶部侍郎權侍右侍郎仍兼樞密都丞旨賜進士出身拜端明殿學士簽書樞密院事大元兵次近郊丞相吳堅賈餘慶檄告天下守令以城降鉉翁獨不署元帥遣使至欲加縛鉉翁曰中書省無縛執政之理堅奉表祈請于大元以鉉翁介之禮成不得命留館中聞宋亡旦夕哭泣不食飲者數月大元以其節高欲尊官之以示南服鉉翁義不二君辭無詭對宋三宮北還鉉翁再率故臣迎謁伏地流涕頓首謝奉使無狀不能感動上衷無以保存其國見者莫不歎息文天祥女弟坐兄故繫奚官鉉翁傾橐中裝贖出之以歸其兄璧鉉翁狀貌奇偉身長七尺被服儼雅其學邃於春秋自號則堂改館河間迺以春秋教授弟子數爲諸生談宋故事及宋興亡之故或流涕太息大元成宗皇帝即位放還賜號處士錫賚金幣皆辭不受又數年以壽終

李庭芝字祥甫其先汴人十二世同居號義門李氏後徙隨之應山縣金亡襄漢被兵又徙隨然特以武顯庭芝生時有芝產屋棟鄉人聚觀以爲生男祥也遂以名之少穎異日能誦數千言而智識恒出長老之上王旻守隨庭芝年十八告其諸父曰王公貪而不恤下下多怨之隨必亂請徙家德安以避諸父勉强從之未浹旬旻果爲部曲挾之以叛隨民死者甚衆嘉熙末江防甚急庭芝之得鄉舉不行以策干荆帥孟珙請自効珙善相人且夜夢車騎稱李尚書謁已明日庭芝至珙見其魁偉顧諸子曰吾相人多無如李生者其名位當過我時四川有警即以庭芝權施之建始縣庭芝至訓農治兵

選壯士雜官軍教之期年民皆知戰守善馳逐無事則植戈而耕兵至則悉出而戰夔帥下其法於所部行之淳祐初始去舉進士中第辟珙幕中主管機宜文字珙卒遺表舉賈似道自代而薦庭芝於似道庭芝感珙知己扶其柩葬之興國即棄官歸爲珙行三年喪似道鎭京湖起爲制置司參議移鎭兩淮與似道議欄清河五河口增淮南烽百二十繼知濠州復城荆山以備淮南皆切中機會開慶元年似道宣撫京湖留庭芝權揚州尋以大兵在蜀奏知峽州以防蜀江口朝廷以趙與懲爲淮南制置李應庚爲參議官應庚發兩路兵城南城大暑中暍死者數萬李壇窺其無謀奪漣水三城渡淮奪南城鄂兵解庭芝丁母憂去朝議擇守揚者帝曰無如李庭芝乃奪情主管兩淮制置司事庭芝再破壇兵殺壇將厲元帥夷南城而歸明年復敗壇于喬村破東海石圍等城又明年壇降從三城民於通泰之間又破蘄縣殺守將庭芝初至揚時揚新遭火廬舍盡燬州賴鹽爲利而亭戶多亡去公私蕭然庭芝悉貸民負逋假錢使爲屋屋成又免其假錢凡一歲官民居皆具鑿河四十里入金沙餘慶場以省車運兼浚他運河放亭戶負鹽二百餘萬亭民無車運之勞又得免所負逃者皆來歸鹽利大興始平山堂瞰揚城大元兵至則構望樓其上張車弩以射城中庭芝乃築大城包之城中募汴南流民二萬人以實之有詔命爲武銳軍又大修學爲詩書俎豆與士行習射禮郡中有水旱即命發廩不足則以私財振之揚民德之如父母劉槃自淮南入朝帝問淮事槃對曰李庭芝老成謹重軍民安之今邊塵不驚百度具舉皆陛下委任得人之效也咸淳五年北兵圍襄陽急夏貴入援大敗虎尾州范文虎總諸兵再入又敗文虎以輕舠遁兵亂士卒溺漢水死者甚衆冬命庭芝以京湖制置大使督師援襄陽文虎聞庭芝至貽書似道曰吾將兵數萬入襄陽一戰可平但無使聽命於京閫事成則功歸恩相矣似道喜即除文虎福州觀察使其兵從中制之文虎日攜美妾走馬擊毬軍中爲樂庭芝屢欲進兵曰吾取吉未至也明年六月漢水溢文虎不得已始一出師未至鹿門中道遁去庭芝數自劾請代不允竟失襄陽陳宜中請誅文虎似道芘之止降一官知安慶府而貶庭芝及部將蘇劉義范友信廣南庭芝罷居京口未幾大元兵圍楊州制置印應雷暴死即起庭芝制置兩淮庭芝請分淮西夏貴而已得專力淮東從之十年築清河口詔以爲清河軍十二月大

元兵破鄂詔天下勤王庭芝首遣兵爲諸道倡德祐元年春似道兵潰蕪湖沿江諸郡或降或遁無一人能守者庭芝率所部郡縣城守有李虎者持招降榜入楊州庭芝誅虎焚其榜總制張俊出戰持孟之縉書來招降庭芝焚書梟俊五人於市而日調苗再成戰其南許文德戰其北姜才施忠戰其中時出金帛牛酒燕犒將士人人爲之死闔朝廷亦以督府金勞之加庭芝參知政事七月以知樞密院事徵入朝徙夏貴知楊州貴不至事遂已十月大元丞相伯顏入臨安留元帥阿术軍鎭江以遏淮兵阿术攻楊久不拔乃築長圍困之冬城中食盡死者滿道明年二月饑益甚赴濠水死者日數百道有死者衆爭割啖之立盡宋亡謝太后及瀛國公爲詔諭之降庭芝登城曰奉詔守城未聞有詔諭降也已而兩宮入朝至瓜洲復詔庭芝曰比詔卿納款日久未報豈未悉吾意尚欲固圉邪今吾與嗣君既已臣伏卿尙爲誰守之庭芝不荅命發弩射使者斃一人餘皆退去姜才出兵奪兩宮不克復閉城守三月夏貴以淮西降阿术驅降兵至城下以示之旌旗蔽野幕客有以言覘庭芝者庭芝曰吾惟一死而已阿术使者持詔來招降庭芝開壁納使者斬之焚詔陴上已而知淮安州許文德知盱眙軍張思聰知泗州劉興祖皆以糧盡降庭芝猶括民間粟以給兵粟盡令官人出粟粟又盡令將校出粟雜牛皮麴櫱以給之兵有烹子而食者猶日出苦戰七月阿术請赦庭芝焚詔之罪使之降有詔從之庭芝亦不納是月益王遣使以少保左丞相召庭芝庭芝以朱煥守楊與姜才將兵七千人東入海至泰州阿术將兵追圍之朱煥旣以城降驅庭芝將士妻子至泰州城下卑將孫貴胡惟孝等開門降庭芝聞變赴蓮池水淺不得死被執至揚州朱煥請曰揚自用兵以來積骸滿野皆庭芝與才所爲不殺之何俟於是斬之死之日揚之民皆泣下有宋應龍者爲泰州諸議官泰守孫良臣之弟舜臣有軍中來說降良臣召應龍與計應龍極陳國家恩澤君臣大義請殺舜臣以戒持二心者良臣不得已殺之及泰州降應龍夫婦自經死提刑司諮議褚一正置司高郵督戰被創没水死知興化縣胡拱辰城破亦死

論曰楊棟學本伊洛而尼於權臣速謗召尤誰之過歟姚希得藹然君子包恢以嚴爲治抑以衰世之民非可以縱弛待之耶常挺陳宗禮咸通濟著聲望常楙晛訟皇子竑事光明正大公義炳然家鉉翁義不二君足爲臣軌李庭芝死於國難其可憫哉

宋史卷四百二十二

元中書右丞相總裁脫脫等修

列傳第一百八十一

林勳　劉才邵　許忻　應孟明
曾三聘　徐僑　度正　牛大年
程珌　陳仲微　梁成大　李知孝

林勳賀州人政和五年進士爲廣州教授建炎三年八月獻本政書十三篇言國家兵農之政率因唐末之故今農貧而多失職兵驕而不可用是以饑民竄卒類爲盜賊宜假古井田之制使民一夫占田五十畝其有羨田之家毋得市田其無田與游惰末作者皆驅之使爲隸農以耕田之羨者而雜紐錢穀以爲十一之稅宋二稅之數視唐增至七倍今本政之制每十六夫爲一井提封百里爲三千四百井率稅米五萬一千斛錢萬二千緡每井賦二兵馬一匹率爲兵六千四百人馬三千四百匹歲取五之一以爲上番之額以給征役無事則又分爲四番以直官衞以給守衞是民凡三十五年而役使一遍也悉上則歲食米萬九千餘斛錢三千六百餘緡無事則減四分之三皆以一同之租稅供之匹婦之貢絹三尺綿一兩百里之縣歲收絹四千餘疋綿三千四百斤非蠶鄉則布六尺麻二兩所收視絹綿率倍之行之十年則民之口算官之酒酤與凡茶鹽香礬之榷皆可弛以予民其說甚備書奏以勳爲桂州節度掌書記其後勳又獻比校書二篇大略謂桂州地東西六百里南北五百里以古尺計之爲方百里之國四十當墾田二百二十五萬二千八百頃有田夫二百四萬八千出米二十四萬八千斛祿卿大夫以下四千人祿兵三十萬人今桂州墾田約萬四十二頃丁二十一萬六千六百一十五稅錢萬五千餘緡苗米五萬二百斛有奇州縣官不滿百員官兵五千一百人蓋土地荒蕪而遊手末作之人衆是以地利多遺財用不足皆本政不修之故朱熹甚愛其書東陽陳亮曰勳爲此書考古驗今思慮周密可謂勤矣世之爲井地之學者孰有加於勳者乎要必有英雄特起之君用於一變之後成順致利則民不駭而可以善其後矣

劉才邵字美中吉州廬陵人其上世鶚太宗召見未及用而卒嘗憤五季文辭卑弱倣楊雄法言著法語八十一篇行於世才邵以大觀二年上舍釋褐爲贛汝二州教授復爲湖北提舉學事管幹文字宣和二年中宏詞科遷司農寺丞靖康元年遷校書郎高宗即位以親老歸侍居閒十年御史中丞廖剛薦之召見遷秘書丞歷駕部員外郎遷吏部員外郎典侍右選事先是宗室注宮觀岳廟例須赴部遠者或難於行才邵言許經所屬以聞于部依條注擬行之而便遷軍器監旣而遷起居舍人未幾爲中書舍人兼權直學士院帝稱其能文時宰忌之出知漳州即城東開渠十有四爲閘與斗門以瀦匯決溉田數千畝民甚德之兩奉祠紹興二十五年召拜工部侍郎兼直學士院尋權吏部尙書以疾請祠加顯謨閣直學士卒贈通奉大夫才邵氣和貌恭方權臣用事之時雍容遜避以保名節所著檆溪居士集行世

許忻拱州人宣和三年進士高宗時爲吏部員外郎有旨引見是時金國使人張通古在館忻上疏極論和議不便曰臣兩蒙召見擢寘文館今玆復降睿旨引對今見陛下於多故之時欲釆千慮一得之說以廣聰明是臣圖報萬分之秋也故敢竭愚而效忠臣聞金使之來陛下以祖宗陵寢廢祀徽宗皇帝顯肅皇后梓宮在遠母后春秋已高久闕晨昏之奉淵聖皇帝與天族還歸無期欲屈己以就和遣使報聘玆事體大固已詔侍從臺諫各具所見聞矣不知侍從臺諫皆以爲可乎抑亦可否雜進而陛下未有所擇乎抑亦金已恭順不復邀我以難行之禮乎是數者臣所不得而聞也請試別白利害爲陛下詳陳之夫金人始入寇也固嘗云講和矣靖康之初約肅王至大河而返已而挾之北行訖無音耗河朔千里焚掠無遺老稚係纍而死者億萬計復破威勝隆德等州淵聖皇帝嘗降詔書謂金人渝盟必不可守是歲又復深入朝廷制置失宜都城遂陷敵情狡甚懼我百萬之衆必以死爭也止我諸道勤王之師則又曰講和矣乃邀淵聖出郊次邀徽宗繼往追取宗族殆無虛日傾竭府庫靡有孑遺公卿大臣類皆拘執然

後僞立張邦昌而去則是金人所謂講和者果可信乎此已然之禍陛下所親見今徒以王倫繆悠之說遂誘致金人責我以必不可行之禮而陛下遂已屈已從之臣是以不覺涕泗之横流也而彼以詔諭江南爲名而來則是飛尺書而下本朝豈講和之謂哉我躬受之眞爲臣妾矣陛下方竅苦枕塊其忍下穹廬之拜乎臣竊料陛下必不忍爲也萬一奉其詔令則將變置吾之大臣分部吾之諸將邀求無厭靡有窮極當此之時陛下欲從之則無以立國不從之則復責我以違令其何以自處乎況犬羊之羣驚動我陵寢戕毁我宗廟劫遷我二帝據守我祖宗之地塗炭我祖宗之民而又徽宗皇帝顯肅皇后鑾輿不返遂致萬國痛心是謂不共戴天之讎彼意我之必復此讎也未嘗頃刻而忘圖我豈一王倫能平哉方王倫之爲此行也雖閭巷之人亦知其取笑外夷爲國生事今無故誘狂敵悖慢如此若猶倚信其說而不寢誠可慟哭使賈誼復生謂國有人乎哉無人乎哉古之外夷固有不得已而事之以皮幣事之以珠玉事之以犬馬者曷嘗有受其詔惟外夷之欲是從如今日事哉脫或包羞忍恥受其詔諭而彼所以許我者不復如約則徒受莫大之辱貽萬世之譏縱使如約則是我今日所有土地先拱手而奉外夷矣祖宗在天之靈以謂如何徽宗皇帝顯肅皇后不共戴天之讎遂不可復也豈不痛哉陛下其審思之斷非聖心所能安也自金使入境以來內外惶惑儻或陛下終以王倫之說爲不妄金人之詔爲可從臣恐不惟墮外夷之姦計而意外之虞將有不可勝言者矣此衆所共曉陛下亦嘗慮及於此乎國家兩嘗敗外夷於淮甸雖未能克復中原之地而大江之南亦足支吾軍聲粗震國勢粗定故金人因王倫之往復遣使來嘗試朝廷我若從其所請正墮計中不從其欲且厚携我之金幣而去亦何適而非彼之利哉爲今之計獨有陛下幡然改慮布告中外以收人心謂祖宗陵寢廢祀徽宗皇帝顯肅皇后梓宮在遠母后淵聖宗枝族屬未還故遣使迎請冀遂南歸今敵之來邀朝廷以必不可從之禮實王倫賣國之罪當行誅責以釋天下之疑然後激厲諸將謹捍邊陲無墮敵計進用忠正黜遠姦邪以振紀綱以修政事務爲實效不事虛名夕慮朝謀以圖興復庶乎可矣今金使雖已就館謂當别議區處之宜臣聞萬人所聚必有公言今在廷百執事之臣與中外一心皆以金人之詔爲不可從公言如此陛下獨不察乎若夫謂粘罕之已死外夷內亂契丹林牙復立故今金主復與我平等語是皆行詐款我師之計非臣所敢知也或者又謂金使在館今稍恭順如臣之所聞又何其悖慢於前而遽設恭順於後敵情變詐百出豈宜惟聽其甘言遂忘備豫之深計待其禍亂之已至又無所及此誠切於事情今日之舉存亡所繫愚衷感發不能自已望鑒其惓惓之忠特垂采納更與三二大臣熟議其便無貽異時之悔社稷天下幸甚疏入不省後忻託故乞從外補乃授荆湖南路轉運判官謫居撫州起知邵陽卒

應孟明字仲實婺州永康人少游太學登隆興元年進士第試中教官調臨安府教授繼爲浙東安撫司幹官樂平縣丞侍御史葛邲監察御史王藺薦爲詳定一司勑令所刪定官輪對首論南北通好疆埸無虞當選將練兵常如大敵之在境而可以一日忽乎貪殘苛酷之吏未去吾民得無不安其生者乎賢士匿於下僚忠言壅於上聞無乃衆正之門未盡開而兼聽之意未盡孚乎君臣之間戒懼而不自持勤勞而不自寧進君子退小人以民隱爲憂以邊陲爲警則政治自修紀綱自張矣孝宗曰朕早夜戒懼無頃刻忘退朝之暇亦無它好正恐臨朝或稍曼則萬幾之曠自此始矣次乞申嚴監司庇貪吏之禁薦舉徇私情之禁帝嘉獎久之它日宰相進擬帝出片紙於堂中書二人姓名曰卿何故不及此其一則孟明也乃拜大理寺丞故大將李顯忠之子家僮溺死有司誣以殺人逮繫幾三百家孟明察其冤白於長官釋之出爲福建提舉常平陛辭帝曰朕知卿愛百姓惡贓吏事有不便于民宜悉意以聞因問當世人才孟明對曰有才而不學則流爲刻薄惟上之教化明取舍正則回心向道則成就必倍於人帝曰誠爲人上者之責孟明至部具以臨遣之意咨訪之帝一日御經筵因論監司按察顧謂講讀官曰朕近日得數人應孟明其最也尋除浙東提點刑獄以鄉部引嫌改使江東會廣西謀帥帝謂輔臣曰朕熟思之無易應孟明者卽以手筆賜孟明曰朕聞廣西鹽法利害相半卿到任自可詳究事實進直祕閣知靜江府兼廣西經畧安撫初廣西鹽易官般爲客鈔客戶無多折閱逃避遂抑配於民行之六年公私交病追逮禁錮民不聊生孟明條具驛奏除其弊詔從之禁卒朱興結集黨侶弄兵雷化間聲勢漸長孟明遣將縛致轅門斬之光宗卽位遷浙西提點刑獄尋召爲吏部員外郎改左司遷右司再遷中書門下省檢正諸房公事寧宗卽位拜太府卿兼吏部侍郎慶元初權吏部侍郎卒孟明以儒學奮身受知人主官職未嘗倖遷韓侂冑嘗遣其密客誘以諫官俾誣趙汝愚孟明不答士論以此重之

曾三聘字無逸臨江新淦人乾道二年進士調贛州司戶參軍累遷軍器監主簿有旨造划車弩三聘謂划車弩六人挽之而箭之所及止二百六十步今所用克敵弓較之工費不及十之三一人挽之而射可及三百六十步利害曉然乃不果造光宗不朝重華宮中外疑懼三聘以書抵丞相留正正未及言會以他事不合求去三聘謂丞相今泯默而退耶亦將取今日所難言者别白言之而後退凡今闕庭之內閨門衽席之間父子夫婦之際羣臣莫敢深言者避嫌遠罪耳丞相身退計決言之何嫌乎遷祕書郎帝欲幸玉津園三聘上疏言今人心既離大亂將作小大之臣震怖請命而陛下安意肆志而弗聞知萬一敵人諜知馳一介之使問安北宮不知何以答之姦宄窺間傳一紙之檄指斥乘輿不知何以禦之望亟備法駕朝謁不然臣實未知死所也孝宗病革復上疏言道路流言洶洶日甚臣恐不幸而有狂夫姦人託忠憤以行詐假曲直以動衆至此而後悔之則恐無及矣帝意爲動及孝宗崩帝疾不能執喪朝論益震洶三聘謂今日事勢莫若建儲式戒之日前日臺諫諸公謂汝奪其職今復有疏耶三聘曰此何時而可避煩言也寧宗立兼考功郎後知郢州會韓侂冑爲相指三聘爲故相趙汝愚腹心坐追兩官久之復元官與祠差知郴州改提點廣西湖北刑獄皆辭不赴侂冑誅諸賢遭竄斥者相繼召用三聘祿不及終不自言嘉熙間三聘已卒有旨特贈三官直龍圖閣賜謚忠節

徐僑字崇甫婺州義烏人蚤從學於呂祖謙門人葉邽淳熙十四年舉進士調上饒主簿始登朱熹之門熹稱其明白剛直命以毅名齋入爲祕書省正字校書郎兼吳益王府教授直寶謨閣江東提點刑獄以迕丞相史彌遠劾罷寶慶初葛洪喬行簡代爲請祠迄不受祿紹定中告老得請端平初與諸賢俱被召遷祕書少監太常少卿趣入覲手疏數千言皆感憤剴切上劘主闕下逮羣臣分别黑白無所回隱帝數慰諭之顧見其衣履垢敝愀然謂曰卿可謂清貧僑對曰臣不貧陛下迺貧耳帝曰朕何爲貧僑曰陛下國本未建疆宇日蹙權幸用事將帥非材旱蝗相仍盜賊並起經用無藝帑藏空虛民困於橫斂軍怨於掊克羣臣養交而天子孤立國勢阽危而陛下不悟臣不貧陛下迺貧耳又言今女謁閹宦相爲囊橐誕爲二竪以處國膏肓而執政大臣又無和緩之術陛下此之不慮而耽樂是從世有扁鵲將望見而卻走矣時貴妃閻氏方有寵而內侍董宋臣表裏用事故僑論及之帝爲之感動改容咨嗟太息明日手詔罷邊帥之尤無狀者申儆羣臣以朋黨爲之戒命有司裁節中外浮費而賜僑金帛甚厚僑固辭不受侍講開陳友愛大義用是復皇子竑爵請從祀周敦頤程顥程頤張載朱熹以趙汝愚侑食寧宗帝皆如其請金使至僑以無國書宜館之於外如叔向辭鄭故事迕丞相意力匄休致帝論留甚勤遷工部侍郎辭益堅遂命以內祠侍讀不得已就職遇事盡言以疾申前請乃以寶謨閣待制奉祠卒謚文清僑嘗言比年熹之書滿天下不過割裂掇拾以爲進取之資求其專精篤實能得其所言者蓋鮮故其學一以眞踐實履爲尙奏對之言剖析理欲因致勸懲弘益爲多若其守官居家清苦刻厲之操人所難能也

度正字周卿合州人紹熙元年進士歷官爲國子監丞時士大夫無賢愚皆策李全必反而不敢言正獨上疏極言之且獻甕全之策有三其言鯁亮激切遷軍器少監輪對言陛下推行聖學當自王家始進太常少卿適太廟災爲二說以獻其一則用朱熹之議其一則因宋朝廟制而參以熹之議自西徂東爲一列每室之後爲一室以藏祧廟之主如僖祖廟以次祧主則藏之昭居左穆居右後世穆之祧主藏太祖廟昭之祧主藏太宗廟仁宗爲百世不遷之宗後世昭之祧主則藏之高宗爲百世不遷之宗後世穆之祧主則藏之室之前爲兩室三年祫享則帷帳冪之通爲一室盡出諸廟主及祧廟主並爲一列合食其上往者此廟爲一室凡遇祫享合祭於室名爲合享而實未嘗合享合增此三室後有藏祧主之所前有祖宗合食之地於本廟之制初無更革而頗已得三年大祫之義遷權禮部侍郎兼侍右郎官兼同修國史實錄院同修撰遷禮部侍郎轉一官守禮部侍郎致仕卒贈四官賻銀絹三百所著有性善堂文集

程珌字懷古徽州休寧人紹熙四年進士授昌化主簿調建康府教授改知富陽縣遷主管官告院歷宗正寺主簿樞密院編修官權右司郎官祕書監丞江東轉運判官陛辭寧宗謂宰臣曰程珌豈可容其補外遂復舊職遷浙西提舉常平又遷祕書丞升秘書省著作郎尋爲軍器少監兼權左司郎官遷國子司業兼國史編修

實錄檢討兼權直舍人院遷起居舍人兼職依舊權吏部侍郎直學士院兼同修國史實錄院同修撰兼權中書舍人遷禮部侍郎仍兼侍讀權刑部尚書封休寧縣男授禮部尚書兼同修國史實錄院同修撰兼權吏部尚書拜翰林學士知制誥兼修玉牒官進封子五上疏匄祠以煥章閣學士知建寧府授福建路招捕使以舊職提舉玉隆萬壽宮進封伯進敷文閣學士知寧國府改知贛州皆不赴進封新安郡侯加寶文閣學士知福州兼福建安撫使再舉祠又加龍圖閣學士以端明殿學士致仕卒年七十有九贈特進少師珌十歲詠冰語出驚人直學士院時寧宗崩丞相史彌遠夜召珌舉家大驚珌妻丞相王淮女也泣涕疑有不測使人瞷之知彌遠出迎而後收涕彌遠與珌同入禁中草矯詔一夕爲制誥二十有五初許珌政府楊皇后緘金一囊賜珌珌受之不辭歸視之其直不貲彌遠以是銜之卒不與共政云

牛大年字隆叟揚州人慶元二年進士歷官將作監主簿入對言人主所當先者要以天命人心之所繫致念焉夫以人主居富貴崇高之位重而承宗社之托尊而爲臣辟之戴一指意而衆莫敢違一動作而人孰敢議然而天心靡常則可畏也又言今日士氣亦久靡矣宜體立國之意以振起之夫有扶持作興之意而後縉紳無貪名嗜利之習無貪名嗜利之習而後有持正秉義之操國家之休戚在士大夫之風俗而風俗之善惡在朝廷惟陛下爲之振起機栝一運天下轉移而風俗易矣遷軍器監主簿大宗正丞四川提舉茶馬兼權總領知黎州兼管內安撫司公事節制黎雅州屯戍軍馬加直寶章閣爲工部郎官入對請懲貪吏遷侍左郎中進直華文閣浙東提點刑獄還守秘書少監宗正少卿升秘書監遷起居舍人升起居郎兼崇政殿說書以寶章閣待制提舉太平興國宮卒特贈四官大年清操凜然所至以廉潔自將

陳仲微字致廣瑞州高安人其先居江州旌表義門嘉泰二年舉進士調莆田尉會守令闕通判又罷輙不任臺闕委以縣事時歲凶郡卒并饑民作亂仲微立召首亂者戮之籍閉糴抑强糴一境以肅囊山浮屠與郡學爭水利久不決仲微按法曰曲在浮屠它日沿檄過寺其徒久揭其事鍾上以爲冤旦暮祝詛然莫省爲仲微也仲微見之曰吾何心哉吾何心哉質明首僧無疾而死寓公有謫仲微於當路而密授以薦牘者仲微受而藏之踰年其家負縣租竟逮其奴寓公有怨言仲微還其牘緘封如故其人慚謝終其任不敢撓以私遷海鹽丞鄱邑有疑獄十年郡命仲微按之一問立決改知崇陽縣寢食公署旁日與父老樵豎相爾汝下情畢達吏無所措手通判黃州職兼餉餽以身律下隨事檢柅軍典賴以不乏制置使上其最辭曰職分也何最之有復通判江州遷幹辦諸司審計事知贛州江西提點刑獄迕丞相賈似道監察御史舒有開言罷久之起知惠州遷太府寺丞兼權侍右郎官輪對言籠餌可以釣天下之中才而不可啖嘗天下之豪傑名航可以載天下之猥士而不可以陸沉天下之英雄似道怒又諷言者罷奪其官久之敘復時國勢危甚仲微上封事其畧曰誤襄者老將也失襄之罪不專在於庸閫疲將孩兵也君相當分受其責以謝先皇帝在天之靈天子若曰罪在朕躬大臣宜言咎在臣等宣布十年養安之往繆深懲六年玩寇之昨非救過未形固已無極追悔既往尚愈於迷或謂覆護之意多罰責之辭少或謂陛下乏哭師之誓師相飾分過之言甚非所以慰恤死義祈天悔禍之道也往往代言乏知體之士翹館鮮有識之人吮吉茹柔積習成痼君道相業兩有所虧方今何時而在廷無謀國之臣在邊無折衝之帥監之先朝宣和未亂之前靖康既敗之後凡前日之日近冕旒朱輪華轂俛首吐心奴顏婢膝即今日奉賊稱臣之人也彊力敏事捷疾快意即今日叛君賣國之人也爲國者亦何便於若人哉迷國者進愎諂之欺以逢其君託國者護恥敗之局而莫敢議當國者昧安危之機而莫之悔臣嘗思之人之所少不止於兵閫外之事將軍制之而一級半階率從中出斗粟尺布退有後憂平素無權緩急有責或請建督或請行邊或請京城創聞駭聽因諸閫有辭於緩急之時故廟堂不得不掩惡於敗闕之後有謀莫展有敗無誅上下包羞噤無敢議是以下至器仗甲馬衰颯厖涼不足以肅軍容壁壘堡柵折樊籬漏不足以當衝突之騎號爲帥閫名存實亡也城而無兵以城與敵兵不知戰以將與敵將不知兵以國與敵光景蹙近日睫矣惟君相幡然改悟天下事尚可爲也轉敗爲成在君相一念間耳乃出仲微江東提點刑獄德祐元年遷祕書監尋拜右正言左司諫殿中侍御史益王即位海上拜吏部尚書給事中厓山兵敗走安南越四年卒年七十有二其子文孫與安南王族人益稷出降鄉導我師南征安南王憤伐仲微墓斧其棺仲微天稟篤實雖生長富貴而惡衣菲食自同窶人故能涵飫六經精研理致於諸子百家天文地理醫藥卜筮釋老之學靡不搜獵云

梁成大字謙之福州人開禧元年進士素苟賤亡恥作縣滿秩諂事史彌遠家幹萬昕昕言眞德秀當擊成大曰某若入臺必能辦此事昕爲達其語通判揚州尋還宗正寺簿寶慶元年冬轉對首言大佞似忠大辨若訥或好名以自鬻或立異以自詭或假高尙之節以要君或飾矯僞之學以欺世言若忠鯁心實回衺一不察焉薰蕕同器涇渭雜流矣言不逹變謀不中機或巧辨以爲能或詭訐以市直或設奇險之說以駴衆聽或肆妄誕之論以惑士心所行非所言所守非所學一不辨焉枘鑿不侔矛盾相激矣越六日拜監察御史尋奏魏了翁已從追竄人猶以爲罪大罰輕眞德秀狂僭悖繆不減了翁相羊家食宜削秩貶竄一等施行章既上不下者兩月或傳德秀有衡陽之命時宰於帝前及之帝曰仲尼不爲已甚遂止鐫二秩明年三月又奏楊長孺寢新命徐瑄追三秩移象州居住胡夢昱移欽州編管是冬拜右正言紹定元年進左司諫四年正月還宗正少卿五年二月權刑部侍郎明年十月帝夜降旨黜之提舉千秋鴻禧觀莫澤時兼給事中急於別異上疏駁之遂寢祠命端平初洪咨夔吳泳交章論駁鐫兩秩泳復上疏送泉州居住會王遂論亦上再鐫秩徙潮州成大天資暴狠心術險巇凡可賊忠害良者率多攘臂爲之四方賂遺列賓堂廡賓至則導之使觀欲其效尤也尤嗜豪奪冒占宇文氏賜第旣擯歸訟之者不下百數竄之日朝命毀其廬雖小人如李知孝亦曰所不堪者他日與成大同傳耳

李知孝字孝章參知政事光之孫嘉定四年進士嘗爲右丞相府主管文字不以爲恥差充幹辦諸司審計司拜監察御史寶慶元年八月上疏士大夫汲汲好名正救之力少而附和沽激之意多扶持之意微而詆訾扇搖之意勝旣慮君上之或不能用又恐朝廷之或不能容姑爲激怒之辭退俟斥逐之命始則慷慨而激烈終則懇切而求去將以樹奇節而求令名此臣之所未解蓋陰詆眞德秀等又奏洪咨夔鐫二秩放罷胡夢昱追毀除名勒停覊管象州知孝猶語魏了翁曰此所論咨夔等乃府第付出全文其情狀變詐如此越月復言近年以來諸老凋零後學晚出不見前輩不聞義理不講綱常識見卑陋議論偏詖更唱迭和蠱惑人心此風扇爲害實深乞下臣章風厲內外各務靖共以杜亂萌拜右正言又言德秀節改聖語繆膠牒示導信邪說簧鼓同流其或再有妄言當追削流竄以正典刑疏旣上遂鋟榜播告天下又言趣召之人率皆遲回久而不至以要君爲高致以共命爲常流可行而固不行不疾而稱有疾比比皆是相扇成風欲求難進易退之名殊失尊君親上之義願將趣召之人計其程途限以時日使之造朝其有衰病者早與改命時召傅伯成楊簡劉宰等皆不至故知孝詆之又奏張忠恕落職鐫秩罷郡知孝拜殿中侍御史紹定元年遷右司諫進右諫議大夫五年遷工部尚書兼侍讀越月進兵部明年理宗親政以寶謨閣直學士出知寧國府後省駁之令提舉嵩山崇福宮端平初監察御史洪咨夔權直舍人院吳泳交章論駁鐫秩罷祠泳復封駁繼送婺州居住殿中侍御史王遂且論之再鐫秩徙瑞州知孝起自名家苟於仕進領袖庶頑懷諼迷國排斥諸賢殆盡時乘小輿謁醉從官之家侵欲歆積不知紀極紹定末猶自乞爲中丞世指知孝及梁成大莫澤爲三凶卒以貶死天下快之

論曰讀本政書然後知林勳之於井地可謂密矣劉才邵能全名節於權姦之時許忻之論和議最爲忠懇卒以是去國尤足悲夫應孟明曾三聘之不污韓侂胄孔子所謂歲寒然後知松栢之後凋也徐僑之清節度正之淳敏牛大年之廉正陳仲微之忠實然皆不至於大用非可惜哉若乃程珌之竊取富貴梁成大李知孝甘爲史彌遠鷹犬遺臭萬年者也

宋史卷四百二十三

元中書右丞相總裁脫脫等修

列傳第一百八十二

吳泳 徐範 李韶 王邁

史彌鞏 陳塤（子蒙） 趙與懃 李大同

黃畴 楊大異

吳泳字叔永潼川人嘉定二年進士歷官爲軍器少監行太府寺丞行校書郎升祕書丞兼權司封郎官兼樞密院編修官升著作郎時暫兼權直舍人院輪對言願陛下養心以清明約已以恭儉進德以剛毅發強毋以

旨酒違善言毋以嬖御嫉壯士毋以靡曼之色伐天性杜漸防微澄源正本使君身之所自立者先有其地夫然後移所留之聰明以經世務移所舍之精神以強國政務所用之心力以恤罷民務所當省之浮費以犒邊上久戍之士則不惟可以消弭災變攘除姦凶殄滅寇賊雖以是建久安長治之策可也他日入對又言論往哲之遺言進謀國之上策實不過曰內修政事而已然所謂內修者非但車馬器械之謂也衮職之闕所當修也官師之曠所當修也出令之所弗清所當修也本兵之地弗嚴所當修也直言敢諫之未得其職所當修也折衝禦侮之弗堪其任所當修也陛下退修於其上百官有司交修於其下朝廷既正人心既附然後申警國人精討軍實合內修外攘爲一事神州赤縣皆在吾指顧中矣火災應詔上封曰京城之災京城之所見也四方有敗陛下亦得而見之乎夫慘莫慘於兵也而連年不戢則甚於火矣酷莫酷於吏也而頻歲橫征則猛於火矣閩之民困於盜浙之民困於水蜀之民困於兵橫斂之原既不澄於上包苴之根又不絕於下譬彼壞木疾用無枝而內涸之形見矣遷祕書少監兼權中書舍人尋遷起居舍人兼權吏部侍郎兼直學士院疏言世之議治體而憂時幾者以爲天運將變矣世道將降矣國論將更矣正人將引去而舊人將登用矣執持初意封植正論玆非砥柱傾頹之時乎若使廉通敏慧者專治財賦淑慎曉暢者專御軍旅明清敬謹者專典刑獄經術通明使道訓典文雅麗則使作訓辭秉節堅厲使備風憲奉法循理使居牧守剛直有守者不聽其引去恬退無競者不聽其里居功名慷慨者不佚之以祠庭言論閎爽者不寘之於外服隨才器使各盡其分則短長小大安有不適用者哉又言謹政體正道揆厲臣節綜軍務四事權刑部尚書兼修玉牒以寶章閣直學士知寧國府提舉太平興國宮進寶章閣學士差知溫州赴官道問聞溫州饑至處州乞蠲租科降救饑者四萬八千有奇放夏稅一十二萬有奇秋苗二萬八千有奇病者復與之藥事聞賜衣帶鞍馬改知泉州以言罷所著有鶴林集

徐範字彝父福州侯官人少孤刻苦授徒以養母與兄同舉于鄉入太學未嘗以疾言遽色先人丞相趙汝愚去位祭酒李祥博士楊簡論救之俱被斥逐同舍生議叩閽上書書已具有閽士亦署名忽夜傳韓侂胄將寘言者重辟閽士佈請削名範之友亦勸止之範慨然曰業已書名矣尚何變書奏侂胄果大怒謂其扇搖國是各送五百里編管範謫臨海與兄歸同往禁錮十餘年登嘉定元年進士第授清江縣尉辟江淮制置司準備差遣屬邊事紛紜營砦子弟募隸軍籍者未及涅洶洶相驚一夕秉燭招刺千餘人踴躍爭奮差主管戶部架閣改太學錄遷國子監主簿入對言時平不急之務無用之官猶當痛加裁節矧多事之秋所貴全萬民之命紓一時之急獨柰何坐視其無救而以虛文自蔽哉願懲既往之失廢無用之文一意養民以培國本旬外添差通判澤州湖湘大旱振救多所裨益知邵武軍尋召赴行在言功利不若道德刑罰不若恩厚雜伯不若純王異端不若儒術諛佞不若直諫便嬖不若正人奢侈不若詩書盤遊不若節儉玩好不若宵衣旰食窮黷不若偃兵息民是非兩立明白易見幾微之際大體所關積習不移治道舛矣遷國子監丞徙大常丞權都官郎官改祕書丞著作郎起居郎兼國史編修實錄檢討以朝奉大夫致仕卒贈朝請大夫集英殿修撰

李韶字元善彌遜之曾孫也父文饒爲台州司理參軍每謂人曰吾司臬多陰德後有興者韶五歲能賦梅花嘉定四年與其兄寧同舉進士調南雄州教授校文廣州時有當國之親故私報所業韶卻之調慶元丞相史彌遠薦士充學職韶不與袁燮求學宮射圃益其居亦不與燮以此更敬韶以廉勤薦遷主管三省架閣文字遷太學正改太學博士上封事諫濟王竑獄且以書曉彌遠言甚懇到又捄太學生寗式迕學官旬外添差通判泉州郡守游九功素清嚴獨異顧韶改知道州葺周惇頤故居錄其子孫於學宮且周其家紹定四年行都災韶應詔言事提舉福建市舶會星變又應詔言事入爲國子監丞改知泉州兼市舶端平元年召明年轉太府寺丞遷都官郎官遷尚左郎官未幾拜右正言奏乞以國事邊防二事專委丞相鄭清之喬行簡各任責論汰兵節財及襄蜀邊防又論史嵩之王遂和戰異議迄無成功請出遂於要藩易嵩之於邊面使各盡其才史宅之將守袁州韶率同列一再劾之俱不報乞解言職拜殿中侍御史辭不允奏曰頃同臣居言職者四人未踰月徐清叟去未三月杜範吳昌裔免獨臣尚就列清叟昨言三漸臣繼其說李宗勉又繼之陛下初不加怒而清叟竟去猶曰清叟倡之也今臣與範昌裔言未嘗不相表裏二臣出臺臣獨留豈臣言不加切於二臣邪抑先去二臣以警臣使知擇而後言邪清叟所言三漸臣猶以爲未甚切今國柄有陵夷之漸士氣有委靡之漸主勢有孤立之漸宗社有阽危之漸上下偷安以人言爲諱此意不改其禍豈直三漸而已時魏了翁罷督府祠韶訟曰了翁刻志問學幾四十年忠言讜論載在國史去就出處具有本末端平收召論事益切去年督府之遣體統不一識者逆知其無功了翁迫於君命黽勉驅馳未有大闕襄州變出肘腋未可以爲了翁罪驅庭之召未幾改鎮改鎮未久有旨予祠不知國家四十年來收拾人才尠然有稱如了翁者幾人願亟召還處以台輔又劾奏陳洵益刑餘腐夫粗通文墨掃除賤隸竊弄威權乞予洵益外祠劾女冠吳知古在宮掖招權納賄宜出之禁庭帝怒韶還笏殿陛乞歸會祀明堂雷電免二相韶權工部侍郎正言遷起居舍人復疏洵益知古不報辭新命不許應詔上封事幾數千言帝論左右曰李韶眞有愛君憂國之心凡三辭不獲以生死祈哀乞去帝蹙額謂韶曰曲爲朕留退復累疏乞補外以集英殿修撰知漳州號稱廉平朝廷分遣部使者諸路稱提官楮韶疏極言其敝嘉熙二年召明年上疏乞寢召命云端平以來天下之患莫大於敵兵歲至和不可戰不能楮券日輕民生流離物價踊貴遂至事無可爲臣竊論以爲必自上始九重菲衣惡食臥薪嘗膽使上下改慮易聽然後可圖今二患益深雖欲效忠他莫有以爲說此其不敢進者一史宅之故相子郡外議皆謂扳援之徒將自是復用故嘗論列至再今聖斷赫然用舍由己人才一變矣環視前日在廷之臣流落擯棄臣雖欲貪進未知所以處其身此其不敢進者二始臣爲郎蜀受兵方亟廟堂已遣小使至特起嵩之於家而言者攻擊不已臣妄論以爲講和固非策而首兵亦豈能無罪故居言路首乞出高論者付以兵事使稍知敵情者嘗試其說於閫外不知事勢推移遂竟罷廢而欵敵無功者白麻揚廷矣或者將議臣前日有所附會此臣重不敢進者三又臣昨彈內侍女冠不行退惟聖主高明必不容其干政然未幾首相去位臣亦出臺傳聞其人謂臣受廟堂風旨故決意匃外今臣言迄不行苟貪君命竊恐或者議臣向何所聞而去今何所見而來此臣重不敢進者四四年詔趣赴闕辭遷戶部侍郎再辭不許五年改禮部侍郎辭詔不允令所在州軍護遣至闕嵩之遣人謂韶曰毋言濟邸宮媪國本詔不荅上疏曰臣生長淳熙初猶及見庚江盛時民生富樂吏治修舉事變少異政歸私門紹定之末元氣索矣端平更化陛下初意豈不甚美國事日壞其人或罷或死莫有爲陛下任其責者考論至是天下事豈非陛下所當自任而力爲乎左氏載史墨言魯公世從其失季氏世修其勤蓋言所由來者漸矣陛下臨御日久宜深思熟念威福自己誰得而盜之哉舍此不爲悠悠玩愒乃幾於左氏所謂世從其失者蓋以世卿風嵩之也疏出嵩之不悅曰治春秋人下語毒當是時杜範亦在列二人廉直中外稱爲李杜兼侍講累辭兼國史編修實錄檢討辭遷吏部侍郎兼中書舍人三辭不許淳祐二年疏言道揆之地愛善類不勝於愛爵祿畏公議不勝於畏權勢陛下以腹心寄之大臣大臣以腹心寄之一二都司恐不能周天下之慮故以之用人則能用其所知豈能用其所不知以之守法則能守其所不與必不能守於其所欲與又及濟王國本宮媼三上疏乞歸以寶章閣直學士知泉州辭乞畀祠不許既歸三辭仍舊職提鴻慶宮淳祐元年韶被召再辭詔本州通判勸勉赴闕遷禮部侍郎三辭遷權禮部尚書復三辭不許入見疏曰陛下改畀正權並進時望天下孰不延頸以覬大治臣竊窺之恐猶前日也君子小人倫類不同惟不計近功不急小利然後君子有以自見不惡聞過不諱盡言然後小人無以自託不然治亂安危反覆手爾又曰陛下所謀者嬪妃近習所信者貴戚近親按政和令諸國戚命婦　若女冠尼不因大禮等輒求入內者許臺諫覺察彈奏乞申嚴禁廷之籍以絕天下之謗世臣貴戚牽聯並進何示人以不廣也借曰以才選他時萬一有非才者援是以求進將何以抑之耶又曰今土地日蹙者未反人民喪敗者未復兵財止有此數旦旦而理之不過椎剝州縣朘削里閭就使韓旬復生桑孔繼出能爲陛下強兵理財何補治亂安危之數徒使國家負不韙之名況議論紛然賢者不過苟容而去不肖者反因是以媒其身忠言至計之不行淺功末利之是計此君子小人進退機括所係何不思之甚也又曰聞之道路德音每下昆蟲草木咸被潤澤恩獨不及於一枯髊威斷出自公卿大夫莫敢後先令獨不行於一老媼小大之臣積勞受爵皆得以延于世而國儲君副社稷所賴以靈長獨不蚤計而預定又疏乞還不許兼侍讀三辭不許又三疏乞歸時游似以人望用然有牽制之者韶奏云人主職論一相而已非其人不以輕授始而授之如不得已既乃疑之反使不得有所爲是豈專任責成之體哉所言之事不必聽所用之人不必從疑畏憂沮而

權去之矣擢翰林學士兼知制誥兼侍讀不拜詔不許又三辭不許嵩之服除有鄉用之意殿中侍御史章琰正言李昴英監察御史黃師雍論列嵩之甚峻詔落職予祠詔同從官抗疏曰臣等謹按春秋桓公五年書蔡人衞人陳人從王伐鄭春秋之初無君無親者莫甚於鄭莊二百四十二年之經未有云王伐國者而書王書伐以見鄭之無王而天王所當聲罪以致討未有書諸侯從王以伐者而書三國從王伐鄭又見諸侯莫從王以伐罪而三國之微者獨至不足伸天王之義初不聞以其嘗爲王卿士而薄其伐今陛下不能正姦臣之罪其過不專在上蓋大臣百執事不能輔天子以討有罪皆春秋所不赦乞斷以春秋之義亟賜裁處詔嵩之勒令致仕旣而嵩之進觀文殿大學士韶上疏爭之甚力未幾琰昴英他有所論列並罷言職韶復上疏留之七年韶十上疏乞去以端明殿學士提舉玉隆宮時直學士院應𦾔中書舍人趙汝騰拜疏留韶內祠未報韶陛辭疏甚剴切其畧曰彼此相視莫行其志而剸裁庶政品量人物相與運於冥冥之中者不得不他有人焉是中書之手可束而臺諫之口可鈐朝廷之事所當力爲不可枚舉皆莫有任其責者甚非所以示四方一體統改提舉萬壽觀兼侍讀卽出國門力辭道次三衢詔趣受命再辭仍奉祠玉隆八年被召辭不許再辭仍舊職奉祠萬壽兼侍讀令守臣以禮趣行又辭不許九年仍奉祠玉隆十一年祠滿再任卒年七十五韶忠厚純實平粹簡澹不溺於聲色貨利默坐一室門無雜賓云

王邁字實之興化軍仙遊人嘉定十年進士爲潭州觀察推官丁內艱調浙西安撫司幹官考廷試詳定官王元春欲私所親寘高第邁顯擿其謬元春怒嗾諫官李知孝誣邁在殿廬語聲高免官調南外睦宗院教授眞德秀方守福州邁竭忠以裨郡政赴都堂審察丞相鄭清之曰學官掌故不足浼吾賢之俄召試學士院策以楮幣邁援據古今考究本末謂國貧楮多弊始於兵乾淳初行楮幣止二千萬時南北方休息也開禧兵興增至一億四千萬矣紹定有事山東增至二億九千萬矣議者徒患楮窮而弗懲兵禍姑以今之尺籍校之嘉定增至二十八萬八千有奇用寡謀之人試直突之說能發而不能收能取而不能守今無他策核軍實窒邊釁捄楮幣第一義也又言修內司營繕廣內帑宣索多厚施緡黃濫予嬪御若此未嘗裁撙徒聞有括田權鹽之議者向使二事可行故相行之久矣更化伊始柰何取前日所不屑行者而行之乎又因楮以及時事言君子之類雖進而其道未行小人之迹雖屛而其心未服眞德秀病危聞邁所對善之帝再相喬行簡或傳史嵩之復用邁上封事曰天下之相不與天下共謀之是必冥冥之中有爲之地者且舊相姦憸刻薄天下所知復用則君子空於一網矣又言吳知古陳洵益撓政輪對言君不可欺大臣不可欺君厚權臣而薄同氣爲欺天之著邁由疎遠見帝空臆無隱帝爲改容言者劾邁論邊事過實魏了翁侍經筵爲帝言惜其去改通判漳州禋祀雷雨邁應詔言天與寧考之怒久矣麴蘖致疾妖冶伐性初秋踰旬曠不視事道路憂疑此天與寧考之所以怒也隱刺覆絕攸熺尊寵綱淪法斁上行下效京率外兵狂悖迭起此天與寧考之所以怒也陛下不是之思方用漢災異免三公故事環顧在廷莫知所付遲相崔與之臣恐與之不至政柄他有所屬此世道否泰君子小人進退之機也於是臺官李大同言邁交結德秀了翁及洪咨夔以收虛譽削一秩免蔣峴劾邁前疏妄論倫紀請坐以非所宜言之罪削二秩久之復通州贛州改福州建康府信州皆不行淳祐改元通判吉判右正言江萬里袖疏榻前曰邁之才可惜不卽召將有老不及之歎帝以爲然有尼之者遂止知邵武軍在郡詔以亢旱求言邁驛奏七事而以徹龍翔宮立濟王後爲先時鄭清之再相以左司郎官召力辭以直祕閣提點廣東刑獄亦辭改侍右郎官諫官焦炳炎論罷予祠卒贈司農少卿邁以學問詞章發身尤練世務易簀戒潭人曰此君不可犯奪勢家冒占田數百畝以還民李宗勉嘗論邁然邁評近世宰輔至宗勉必曰賢相徐淸叟與邁有違言邁晚應詔謂淸叟有人望可用世服其公云

史彌鞏字南叔彌遠從弟也好學彊記紹熙四年入太學升上舍時彌遠柄國寄理不獲試淹抑十載嘉定十年始登進士第時李壆開鄂閫知彌鞏持論不阿辟諮幕府事壽昌戍卒失律欲盡誅其亂者乃請誅倡者一人軍心感服改知溧水縣首嚴庠序之教端平初入監都進奏院轉對有君子小人才不才之奏護蜀保江之奏嘉熙元年都城火彌鞏應詔上書謂修省之未至者有五又曰天倫之變世孰無之陛下友愛之心亦每發見洪咨夔所以蒙陛下殊知者謂霅川之變非濟邸之本心濟邸之死非陛下之本心其言深有以契聖心耳矧以先帝之子陛下之兄乃使不能安其體魄於地下豈不干和氣召災異乎蒙蔽把握良有以也出提點江東刑獄歲大旱饒信南康三郡大侵調振荒在得人俾釐戶爲五甲乙以等第振糶丙爲自給丁糶而戊濟全活爲口一百一十四萬有奇繳之休寧有淮民三十餘輩操戈刼人財逮捕法曹以不傷人論罪彌鞏曰持兵爲盜貸之是滋盜也推情重者僇數人一道以寧饒州兵籍溢數供億不繼請汰冗兵令下營門大譟乃呼諸校諭曰汰不當許自陳敢譁者斬咸叩頭請罪諸營帖然廩給亦大省召爲司封郎中以兄子嵩之入相引嫌丐祠遂以直華文閣知婺州時年已七十丐祠提舉崇禧觀里居絕口不道時事卒年八十眞德秀嘗曰史南叔不登宗袞之門者三十年未仕則爲其寄理巳仕則爲其排擯嚼然不汚有如此五子長肎之終刑部郎官能之有之冑之俱進士肎之子蒙卿咸淳元年進士調江陰軍教授蚤受業邑川陽恪爲學淹博著書立言一以朱熹爲法

陳塤字和仲慶元府鄞人大父叔平與同郡樓鑰友善死鑰哭之塤纔四歲出揖如成人鑰指桑中銀杏使屬對塤應聲曰金桃問何所據對以杜詩鸚鵡啄金桃鑰竦然曰亡友不死矣長受周官於劉著頃刻數千百言輒就試江東轉運司第一試禮部復爲第一嘉定十年登進士第調黃州教授喪父毀瘠考古禮制時祭儀制祭器行之忽歎曰俗學不足學乃師事楊簡攻苦食淡晝夜不怠免喪史彌遠當國謂之曰省元魁數千人狀元魁百人而恩數踰等盍令省元初授堂除教授當自君始塤謝曰廟堂之議甚盛舉自塤始得無嫌乎徑部注處州教授以去士論高之理宗卽位詔求言塤上封事曰上有憂危之心下有安泰之象世道之所由隆上有安泰之心下有憂危之象世道之所由汙故爲天下而憂則樂隨之以天下爲樂則憂隨之有天下者在乎善審憂樂之機而已今日之敝莫大於人心之不合紀綱之不振風俗之不淳國敝人偷而不可救願陛下養之以正勵之以實涖之以明斷之以武而塤直聲始著于天下與郡守高似孫不合去歸奉其母召爲太學錄踰年始至轉對言天道無親民心難保汨月逾邁事會莫留始之銳久則怠始之明久則昏垂拱仰成盛心也不可因以負有爲之志遵養時晦至德也不可因以失乘時之機上嘉納之遷太學博士主宗正寺簿都城火塤步往玉牒所盡藏玉牒于石室詔遷官不受應詔言應上天非常之怒者當有非常之舉動歷陳致災之由又有吳潛汪泰亨上彌遠書乞正馮榯王虎不盡力救火之罪及行知臨安府林介兩浙轉運使趙汝憚之罰人皆壯之遷太常博士獨爲袁燮議諡餘皆閣筆因歎曰幽厲雖百世不改諡有美惡豈諛墓比哉會朱端常子乞諡塤曰端常居臺諫則逐善類爲藩牧則務刻剝宜得惡諡以戒後來乃諡曰榮愿議出宰相而下皆肅然改容考功郎陳耆覆議合臣者陳洵益欲改塤終不答李全在楚州有異志塤以書告彌遠痛加警悔以同羣心蚤正典刑以肅權綱大明黜陟以飭政體不納未幾賈貴妃入內塤又言乞去君側之蠱媚以正主德從天下之公論以新庶政彌遠召塤問之曰吾甥殆好名邪塤曰好名孟子所不取也夫求士於三代之上惟恐其好名求士於三代之下惟恐其不好名耳力匃去添差通判嘉興府彌遠卒召爲樞密院編修官入對首言天下之安危在宰相南渡以來屢失機會秦檜死所任不過万俟卨沈該耳侂冑死所任史彌遠耳此今日所當謹也次言內廷當嚴宦官之禁外廷當嚴臺諫之選於是洵益陰中之監察御史王定劾塤出知常州改衢州寇卜日發漈坑遵江山縣而東塤獲諜者卽遣人致牛酒諭之曰汝不爲良民而爲劫盜不事耒耜而美甲兵今享汝牛酒冀汝改業否則殺無赦於是自首者日以百數獻器械者重酬之遂以潰散改提點都大坑冶徙福建轉運判官侍御史蔣峴常與論中庸不合又劾之主管崇道觀踰年遷浙西提點刑獄歲旱盜起捕斬之盜懼徙去安吉州俞垓與丞相李宗勉連姻恃勢黷貨塤親按臨之弓手戴福以獲潘丙功爲副尉宗勉倚之爲腹心盜橫貪害塤至福聞風而去貽書宗勉曰塤治福所以報丞相也傳聞實走丞相賢輔弼不宜有此宗勉答書曰福罪惡貫盈非君不能治宗勉雖不才不敢庇姦凶惟君留意及獲福豫章衆皆欲殺之塤曰若是則刑濫矣乃加墨徇于市四之圖土以吏部侍郎召及爲國子司業諸生咸相慶以爲得師未幾兼玉牒檢討國史編修實錄修撰乃辭兼史館歷陳境土之蹙民生之艱國計之匱旣無經理圖畫之素惟有感動轉移之策必有爲之本者本者何復此心之妙耳又言履泰安而逸樂者有習安致危之理因艱危而兢懼者有慮危圖安之機明用舍以振紀綱躬節儉以汰冗濫屛姦妄以勵將士抑貴近以寬糴羅結鄉社以防竊發黜增勑以培根本今任用混殽薰蕕同器遂使賢者恥與同羣諫議大夫金淵見之怒塤乞補外不許又辭免和糴

轉官賞亦不許知温州未上以言罷塡家居時自娛於泉石四方學者踵至輕財急義明白洞達一言之出終身可復忽臥疾戒其子抽架上書占之得呂祖謙文集其墓志曰祖謙生於丁巳歲沒於辛丑歲塡曰異哉我生於慶元丁巳今歲在辛丑於是一甲矣吾死矣夫子家年十八上書萬言論國事吳子良奇之妻以女爲太府寺主簿入對極言賈似道爲相時國政闕失文多不錄爲淮東總領似道誣以貪汙貶建昌軍籍錄其家惟靑氊耳德祐初禮部侍郎李珏乞放便以刑部侍郎召不赴卒

趙與㦪字德淵太祖十世孫居湖州嘉定十三年進士歷官差主管官告院遷將作監主簿差知嘉興府遷知大宗正兼權樞密院檢詳諸房文字尋爲都官郎官加直寶章閣兩浙轉運判官進煥章閣知慶元府主管沿海制置司公事拜司農少卿仍兼知慶元府兼沿海制置副使遷浙西提點刑獄授中書門下省檢正諸房公事拜司農卿兼知臨安府主管浙西安撫司公事權刑部侍郎兼詳定勅命官權兵部侍郎遷戶部侍郎權戶部尚書時暫兼吏部尚書尋爲眞兼戶部尚書時暫兼浙西提舉常平加端明殿學士提領戶部財用皆依舊兼知臨安府與執政恩澤加資政殿大學士以觀文殿學士知紹興府浙東安撫使知平江府兼淮浙發運使時暫兼權浙西提點刑獄授沿江制置使知建康府江東安撫使馬步軍都總管兼行宮留守節制和州無爲軍安慶府三郡屯田使時暫兼權揚州兩淮安撫制置使改兼知揚州尋兼知鎭江府兼淮東總領提舉洞霄宮復爲淮浙發運使差知平江府特轉兩官致仕景定元年八月卒特贈少師與㦪所至急於財利幾於聚斂之臣矣

李大同字從仲婺州東陽人嘉定十六年進士歷官爲秘書丞兼崇政殿說書拜右正言兼侍講疏言趙葵分野乃有熒惑犯塡星之變則我師之出豈無當長慮而郤顧者故臣願陛下勿以星文爲小異而或加忽一話一語一政一事必求有以格天心而弭災變至於進兵攻討尤切謹重遷太常少卿兼國史編修實錄檢討兼侍講兼權侍立修注官遷起居郎拜殿中侍御史權刑部侍郎兼同修國史實錄院同修撰選吏部侍郎進工部尚書以寶謨閣直學士知平江府提舉江州太平興國宮乞致仕不許後卒于家

黃㽦字子耕隆興分寧人嘗從郭雍朱熹學熹深期之而㽦亦以道自任反復論辨必無所疑然後止擧太學進士爲瑞昌主簿兼文思院知盧陽縣五溪獠獷悍㽦爲詩論之獠感悅有公事莫敢違通判處州經總制有額無錢俗號殿最綱㽦會十年中成賦酌取之闕免逋負錢額鈞等獨以最聞主管官告院大理寺簿軍器監丞歲餘三遷㽦乃不樂間行西湖慨然曰我昔在南北山一水一石無不自題品今無復情味何邪匄外知台州謝良佐子孫居台者旣播越流落㽦求之民間收而教之勸告夙夜先勸後禁訟牒銷縮郡稱平治爲濟糴倉爲抵當庫葬民之棲寄暴露者爲棺千五百置養濟院入牣安濟坊以居病囚皆自有子本錢使不廢故葉適謂㽦條目建置憂民如家遷袁州哭從弟哀甚得疾卒所著有復齋集

楊大異字同伯唐天平節度使漢公之後十世祖祥避地醴陵因家焉祥事親孝親亡哀毀泣盡繼以血廬墓終身有白芝白烏白兔之瑞事聞于朝褒封至孝公賜名木植墓道以旌其孝大異從胡宏受春秋大義登嘉定十三年進士第授衡陽主簿有惠政調龍泉尉攝邑令適歲饑提刑司遣吏和糴米二萬石于邑米價頓增民乏食大異即以提刑司所糴者如價發糶民甚德之提刑趙與慤大怒捃其罪弗得坐以方命移安遠尉邑有峒寇擾民官兵致討積年弗獲檄大異往治之大異以一僕負告身自隨冐輿入賊峒傳呼尉至賊露刃成列以待徐諭以禍福皆伏地叩頭願改過自新留告身爲質偕其渠魁數輩出降以賞遷吉州戶曹改廣西經幹復以弭盜賞除四川制置司參議官北兵入成都大異從制置使丁黼巷戰兵敗身被數創死闔門皆遇難詰旦其部曲竊往瘞之大異復蘇負以逃獲免進朝奉郎宰石門縣就除通判澧陽攝州事皆有惠政去官之日老弱攀號留之大異易服潛去擢知登聞鼓院遷大理寺丞平反寃獄者七召對極言時政得失迕宰相意出知澧州理宗曰是四川死節更生者楊大異耶論事剴切有用之材也何遽出之對曰是人尤長於治民命予節兼庾事進直秘閣提點廣東刑獄兼庾事時常平司逋負山積械繫追索姦蠹百出大異與之約悉縱遣之負者如期畢輸吏無所容其姦訪張九齡曲江故宅建相江書院以祀九齡改提點廣西刑獄兼漕庾二司所至姦吏屛息寇盜絕迹凡可以爲民興利除害者必奏行之復建宣成書院祀張栻呂祖謙廣海偏員數千里道不拾遺報政爲最未六十即丐致仕不允章四上除祕閣修撰太中大夫提舉崇禧觀醴陵縣開國男食邑三百戶賜紫金魚袋歸里第與居民無異學者從之講肄諄諄相與發明經旨條析理學食祠祿者二十四年卒年八十二子霆霖霆在忠義傳

論曰正論之在天下未嘗亡也徐範之於韓侂胄吳泳李韶王邁之於史氏皆能無所囬撓正色直言至於史彌鞏則彌遠之弟陳塤其甥也不以私親而廢天下之公論抑孟子所謂寡助之至者歟趙與㦪楊歷最久甘爲聚斂之臣李大同以鄉人喬行簡爲相薦起之黃㽦出仕以恤民尊賢爲急可謂知本大異節義如此宜其善政之著稱于世也

宋史卷四百二十四

元　中書右丞相總裁脫脫等修

列傳第一百六十三

陸持之　徐鹿卿　趙逢龍　趙汝騰
孫夢觀　洪天錫　黃師雍　徐元杰
孫子秀　李伯玉

陸持之字伯微知荊門軍九淵之子也七歲能爲文九淵授徒象山之上學者數百人有未達持之爲敷繹之荊門郡治火持之倉卒指授中程九淵器之韓侂胄將用兵持之憂時不懌乃歷聘時賢將有以告見徐誼於九江時議防江持之請擇僚吏察地形孰險而守孰易而戰孰隘而伏毋專爲江守具言自古興事造業非有學以輔之往往皆以血氣盛衰爲銳惰故三國兩晉諸賢多以盛年成功名公更天下事變多矣未舉一事而朝思夕惟利害先入于中愚恐其爲之難也誼憮然又之鄂謁薛叔以項安世之荊謁吳獵爭欲留之尋皆謝歸著書十篇名戇說嘉定三年試江西轉運司預選常平使袁燮薦于朝謂持之議論不爲空言緩急有可倚仗不報豫章建東湖書院運帥以書幣彊起持之長之嘉定十六年寧宗特詔持之祕書省讀書固辭不獲既至又詔以廸功郎入省乞歸不許理宗即位轉修職郎差幹辦浙西安撫司以疾請致仕特命改通直郎所著有易提綱諸經雜說

徐鹿卿字德夫隆興豐城人博通經史以文學名於鄉後進爭師宗之嘉定十六年廷試進士有司第其對居二詳定官以其直抑之猶寘第十調南安軍學教授張九成嘗以直道謫居鹿卿摭其言行刻諸學以訓先是周惇頤程顥與其弟頤皆講學是邦鹿卿申其教由是理義之學復明立養士綱條學田多在溪峒異時征之無藝農病之鹿卿撫恤無逋租者其後盜作環城皆燬惟學宮免曰是無撓我者辟福建安撫司幹辦公事會汀邵寇作鹿卿贊畫備禦動中機會避寇者入城多方振濟全活甚衆郡多火災救護有方會都城火鹿卿應詔上封事言積陰之極其徵爲火指言惑嬖寵溺燕私用小人三事尤切眞德秀稱其氣平論正有憂愛之誠心改知尤溪縣德秀守泉辟宰南安鹿卿以不便養辭德秀曰道同志合可以拯民何憚不來鹿卿入白其母欣然許之旣至首罷科歛之無名者明版籍革預借決壅滯達寃抑邑以大治德秀尋帥閩疏其政以勸列邑歲饑處之有法富者樂分民無死徙最聞令赴都堂審察以母喪去詔服闋赴樞密稟議首言邊事楮幣主管官告院幹辦諸司審計司故相子以集英殿修撰食祠祿又幇司農少卿米麥鹿卿曰柰何爲一人壞成法持不可遷國子監主簿入對陳六事曰洗凡陋以起事功昭勸懲以收主柄清班著以儲實才重藩輔以蔽都邑用閩越舟師以防海合東南全力以守江上皆嘉納改樞密院編修官權右司贊畫二府通而守法會右史方大琮編修劉克莊正字王邁以言事黜鹿卿贈以詩言者倂劾之太學諸生作四賢詩知建昌軍未上而崇教龍會兩保與建黎原鐵城之民修怨交兵鹿卿馳書諭之歛手聽命旣至則寬賦斂禁掊克汰贓濫抑彊禦恤寡弱黥黠吏訓戍兵刱百丈砦擇兵官城屬縣治行大孚田里歌誦督府横取秋苗斛面建昌爲米五千斛鹿卿爭之曰守可去米不可得民恐失鹿卿請輸之以共命鹿卿曰民爲守計則善矣守獨不爲民計乎卒爭以免召赴行在將行盜發南豐捕斬渠首二十人餘不問擢度支郎官兼右司入對極陳時敝改侍右郎官兼敕命則修官兼右司鹿卿又言當時並相之敝宰相以甘言誘鹿卿退語人曰是牢籠也吾不能爲宰相私人言者以他事詆鹿卿主管雲臺觀越月起爲江東轉運判

官歲大饑人相食留守別之傑諱不詰鹿卿命掩捕食人者尸諸市又奏授眞德秀爲漕時撥錢以助振給不報遂出本司積米三千餘石減半價以糶及減抵當庫息出緡錢萬有七千以予貧民勸居民收字遺孩日給錢米所活數百人宴集不用樂會岳珂守當塗制置茶鹽自詭興利横斂百出商旅不行國計反屈於初命鹿卿覈之吏爭竄匿鹿卿寬其期限躬自鉤考盡得其實珂辟置貪刻吏開告訐以罔民没其財民李士賢有稻二千石囚之半歲鹿卿悉縱舍而勸以其餘分皆感泣奉命珂罷以鹿卿兼領太平仍暫提舉茶鹽事弛苛征蠲米石蕪湖兩務蘆稅江東諸郡飛蝗蔽天入當塗境鹿卿露香默禱忽飄風大起蝗悉度淮之傑密請移鹿卿浙東提點刑獄加直祕閣兼提舉常平鹿卿言罷浮鹽經界巋地先撤相家所築就捕者自言我相府人鹿卿曰行法必自貴近始卒論如法丞相史彌遠之弟通判温州利韓世忠家寶玩籍之鹿卿奏劾其官初鹿卿檄衢州推官馮惟說決婺獄惟說素廉平至則辨曲直出淹禁大家不快其爲會郡人居言路適屬劾惟說州索印紙惟說笑曰是猶可以仕乎自題詩印紙而去衢州鄭逢辰以繆舉鹿卿以委使不當相繼自劾且共和其詩御史兼二人劾罷之及知泉州改贛州皆辭遷浙西提點刑獄江淮都大坑冶皆以病固辭遂主管玉局觀及召還又辭改直寶章閣知寧國府提舉江東常平又辭淳祐三年以右司召猶辭丞相杜範遺書曰直道不容使人擊節君不出豈以馮惟說故耶惟說行將有命矣鹿卿遄出擢太府少卿兼右司入對請定國本正紀綱立規模時事多艱人心易搖無獨力任重之臣無守節仗義之士願蚤決大計上嘉納之兼中書門下省檢正諸房公事兼崇政殿說書逾年兼權吏部侍郎時議使執政分治兵財鹿卿執議不可以疾匄祠還右文殿修撰知平江府兼發運副使力匄祠上諭丞相挽留之召權兵部侍郎固辭上令丞相以書招之鹿卿至又極言君子小人切於當世之務兼國子祭酒權禮部侍郎兼同修國史兼實錄院同修撰兼侍講兼權給事中鹿卿言瑣闥之職無所不當問比年命下而給舍不得知請復舊制從之上眷遇深篤而忌者寖多有撰僞疏託鹿卿以傳播歷抵宰相至百執事鹿卿初不知也遂力辯上前因乞去上曰去則中姦人之計矣令臨安府根捕事連勢要獄不及竟還禮部侍郎累疏告老授寶章閣待制知寧國府而引年之疏五上上不允提舉鴻禧觀遂致仕進華文閣待制卒遺表聞贈四官鹿卿居家孝友喜怒不形恩怨俱泯宗族鄉黨各得歡心居官廉約清峻毫髮不妄取一廬僅庇風雨所著有泉谷文集奏議講義鹽楮議政藁歷官對越集手編漢唐文類文苑菁華謚清正

趙逢龍字應甫慶元之鄞人刻苦自修爲學淹博純實登嘉定十六年進士第授國子正太學博士歷知興國信衢衡袁五州提舉廣東湖南福建常平每至官有司例設供張悉命撤去日具蔬飯坐公署事至卽面問決遣爲政務寬恕撫諭惻怛一以天理民彝爲言民是以不忍欺居官自常奉外一介不取民賦有逋貧悉爲代輸尤究心荒政以羨餘爲平糴本遷將作監拜宗正少卿兼侍講凡道德性命之藴禮樂刑政之事縷縷爲上開陳疏奏甚衆藁悉焚棄年八十有八終于家逢龍家居講道四方從遊者皆爲鉅公名士丞相葉夢鼎出判慶元修弟子禮常謁師門庳陋欲市其鄰居充拓之逢龍曰鄰里粗安一旦驚擾彼雖勉從我能無媿於心逢龍寡嗜欲不好名歛歷日久泊然不知富貴之味或問何以裕後逢龍笑曰吾憂子孫學行不進不患其饑寒也

趙汝騰字茂實宗室子也居福州寶慶二年進士歷官差主管禮兵部架閣遷籍田令召試館職授祕書省正字升校書郎尋升祕書郎兼史館校勘輪對言節用先自乘輿宮掖始兼玉牒所檢討官以直煥章閣知温州進直徽猷閣江東提點刑獄又進直寶文閣差知婺州召赴闕遷起居舍人兼權中書舍人升起居郎時暫兼權吏部侍郎兼國史編修實錄檢討兼同修國史實錄院同修撰兼侍講遷吏部侍郎兼侍講權工部尚書兼權中書舍人皆兼同修撰以左司諫陳垓論罷召爲禮部尚書兼給事中兼修國史實錄院修撰入奏言前後姦諛之臣傷善害賢自取穹官要職何益於陛下而深損於聖德興利之臣移東就西順適宮禁自遂谿壑無厭之欲何益於陛下而深戕於國脈則陛下私惠羣小之心可以息矣又言陛下有用君子之名無用君子之實兼直學士院拜翰林學士兼知制誥兼侍讀辭歸故里累召力辭以龍圖閣學士知紹興府浙東安撫使召至闕以端明殿學士提舉佑神觀兼翰林學士承旨知泉州知州南外宗正事復提舉佑神觀兼侍讀兼翰林學士承旨景定二年卒遺表上特贈四官

孫夢觀字守叔慶元府慈溪人寶慶二年進士調桂陽軍教授浙西提舉司幹辦公事差主管吏部架閣文字爲武學諭輪對言人主不容有所憚尤不容有所玩憚則有言而不能容玩則雖容其言而不能用力請外添差通判嚴州主管崇道觀召爲武學博士太常寺丞兼諸王宮大小學教授大宗正丞兼屯田郎官將作少監知嘉興府仍舊班兼右司郎官將作監轉對極言風憲之地未聞有十八疏攻一諫者封駁之司未聞有三舍人不肯草制者道揆不明法守滋亂天下之權將有所寄而倒持之患作當路者滋不悅出知泉州兼提舉市舶改知寧國府蠲逋減賦無羨泛入者盡籍于公帑戶部遣官督賦急若星火閩郡皇駭莫知爲計夢觀曰吾寧委官以去毋寧病民以留力匄祠且將以府印牒所遣官所遣官聞之夜遁他日夢觀去寧國人言之爲之流涕丞相董槐召還帝問江東廉吏槐首以夢觀對帝說乃遷司農少卿兼資善堂贊讀輪對謂今内外之臣侍陛下以各遂其私而陛下獨一無可恃可爲寒心次論郡國當爲斯民計朝廷當爲郡國計乞命大臣應自前主計之臣奪州縣之利而歸版曹者復歸所屬庶幾郡國蒙一分之寬則斯民亦受一分之賜帝善其言遷太府卿宗正少卿兼給事中起居舍人起居郎八上章辭免以監察御史吳燧論罷直龍圖閣與祠授祕閣修撰江淮等路提點鑄錢司公事甫至官卽復召爲起居郎兼侍右侍郎給事中兼贊讀兼國子祭酒權吏部侍郎奏事抗論益切以寵賂彰仁賢逝貨財偏聚爲言且謂未易相之前徹政固不少既易相之後徹政亦自若在廷之士皆危之夢觀曰吾以一布衣蒙上恩至此雖捐軀無以報利鈍非所計也力求補外以集英殿修撰知建寧府蠲租稅省刑罰郡人徐清叟蔡抗以爲有古循吏風民有夢從者甚都迎祠山神出視之則夢觀也俄而夢觀得疾口授遺表不忘規諫遂卒帝悼惜久之賻銀帛三百夢觀退然若不勝衣然義所當爲奮往直前其居敗屋數間布衣蔬食而重名節云

洪天錫字君疇泉州晉江人寶慶二年進士授廣州司法長史盛氣待僚屬天錫糺正爲多丁内艱免喪調潮州司理勢家奪民田天錫言於守還之帥方大琮辟眞州判官留寘幕府改秩知古田縣行鄉飲酒禮邑劇牒愬猥多天錫剖決無留難有倚王邸勢殺人者誅之不少貸調通判建寧府大水擅發常平倉振之擢諸司糧科院拜監察御史兼說書累疏言天下之患三宦官也外戚也小人也劾董宋臣謝堂厲文翁理宗力護文翁天錫又言不斥文翁必爲王府累上令吳燧宣諭再三天錫力爭謂貴倖作姦犯科根柢蟠固乃遲回護惜不欲繩以法勢燄愈張紀綱愈壞異時禍成雖欲治之不可得矣上又出御札俾天錫易疏欲自戒飭之天錫又言自古姦人雖憑怙其心未嘗不畏人主之知苟知之而止於戒飭則憑怙愈張反不若未知之爲愈也章五上出關待罪詔二人已改命宋臣續處之天錫言臣留則宋臣去宋臣留則臣當斥願早賜裁斷越月天雨土天錫以其異爲蒙力言陰陽君子小人之所以辨又言修内司之爲民害者蜀中地震浙閩大水又言上下窮空遠近怨疾獨貴戚巨閹享富貴耳舉天下窮且怨陛下能獨與數十人者共天下乎會吳民仲大論等列愬宋臣奪其田天錫下其事有司而御前提舉所移文謂田屬御莊不當白臺儀鸞司亦牒常平天錫謂御史所以雪冤常平所以均役若中貴人得以控之則内外臺可廢猶爲國有紀綱乎乃申劾宋臣并盧允升而枚數其惡上猶力護之天錫又言修内司供繕修而已比年動曰御前姦贓之老吏迹捕之兇渠一竄名其間則有司不得舉手狡者獻謀暴者助虐其展轉受害者皆良民也願毋使史臣書之曰内司之横自今始疏上至六七最後請還御史印謂明君當爲後人除害不當留患以遺後人今朝廷輕給舍臺諫輕百司庶府而北司獨重倉卒之際臣實懼焉言雖不果行然終宋世閹人不能竊弄主威者皆天錫之力而天錫亦自是去朝廷矣改大理少卿再遷太常皆不拜改廣東提點刑獄五辭明年起知潭州久之始至官戢盜賊尊先賢踰年大治直寶謨閣遷廣東轉運判官決疑獄劾貪吏治財賦皆有法召爲祕書監兼侍講以瞶辭升祕閣修撰福建轉運副使又辭度宗卽位以侍御史兼侍讀召累辭不許在道間監察御史張桂劾罷之乃疏所欲對病民五事曰公田曰關子曰銀綱曰鹽鈔曰賦役又言在廷無嚴憚之士何以寢姦謀遇事無敢諍之臣何以臨大節人物稀疏精釆銷耎隱情惜已者多忘身狥國者少進工部侍郎兼直學士院加顯文閣待制湖南安撫使知潭州改漳州皆力辭又明年改福建安撫使力辭不許亭戶買鹽至破家隕身者天錫首罷之民作佛事以報罷荔枝貢召爲刑部尚書詔憲守之臣趣行無虛日不起久之進顯文閣直學士提舉太平興國宮三降御札趣之又力辭踰年進華文閣直學士仍舊宮觀尋致仕加端明殿學士轉一官疾革草遺表以規君相上震悼特

贈正議大夫諡文毅天錫言動有準繩居官清介臨事是非不可回折所著奏議經筵講義進故事通祀輯畧味言發墨陽巖文集

黃師雍字子敬福州人少從黃榦學入太學寶慶二年舉進士詔爲楚州宮屬出盜賊白刃之衝不畏不懾李全反狀已露師雍密結忠義軍別部都統時青圖之謀泄全殺青師雍不爲動全亦不加害秩滿朝議褒異師雍恥出史彌遠門不往見之調婺州教授學政一以呂祖謙爲法李宗勉趙必願趙汝談皆薦之師雍慕徐僑有清望欲謁之會其有召命師雍曰今不可往也僑聞而賢之至闕以其學最聞宗勉在政府力言於丞相喬行簡行簡已許以朝除師雍以書見行簡勸其歸老行簡不悅宗勉之請遂格知遂之龍溪轉運使王伯大上其邑最行簡罷宗勉與史嵩之入相召師雍審察將至而宗勉卒嵩之延師雍密示相親意師雍不領遷糧料院又日料院與相府密邇所以相處師雍亦不領嵩之獨相權勢浸盛上下懼禍未有發其姦者博士劉應起首疏論嵩之帝感悟思逐嵩之師雍與應起相善故嵩之疑師雍左右之諷御史梅杞擊師雍差知興化軍旋奪之改知邵武軍及應起爲監察御史師雍遷宗正寺簿尋亦拜監察御史首疏削金淵秩送外居住再疏斥趙綸項容孫史宣之嵩之終喪正言李鼎英殿中侍御史章琰共疏乞竄斥之師雍亦上疏論列帝感悟即其日詔勒令致仕權直舍人院劉克莊封還詞頭乞畀嵩之以貼職如宰臣去國故事遂得守金紫光祿大夫觀文殿學士致仕議者曰大官也觀文職也元降御筆但云守官無本官職之辭觀文之命自克莊啓之朋邪顧望不可赦師雍遂劾克莊臨事失身犯義免所居官琰亦繼劾克莊師雍又乞籍嵩之家隸張叔儀皆從之未幾鼎英劾臨安尹趙與𥲤及執政琰亦劾執政帝怒鼎英并及琰鄭寀乘間劾琰鼎英又嗾同列再疏以鼎英屬某人琰屬師雍師雍毅然不從獨擊葉閶乃與𥲤腹心琰鼎英去國寀於是薦周坦葉大有入臺首劾程公許江萬里善類日危矣未踰月坦攻叅攻異潛去陳垓爲監察御史時寀與𥲤坦垓大有合爲一師雍獨立寀惡之尤甚思所以去師雍未得招四人共謀之會大旱求言應詔者多指寀坦等爲起災之由牟子才李伯玉盧鉞語尤峻坦等僞撰匿名書誣三士師雍獨前辨謂匿名書條令所禁非公論也不知何爲至前因發其僞撰之迹適鉞疏譽師雍寀迺以鉞附師雍帝不聽擢師雍左司諫未幾寀入政府謝方叔趙汝騰疏其姦寀遂罷去師雍與丞相鄭清之故同舍然以劾劉用行魏峴皆清之親故清之不樂坦喜曰吾得所以去之矣遣其婦日造清之妻譖曰彼去用行峴乃去丞相之漸也帝將以師雍爲侍御史清之曰如此則臣不可留遷起居舍人兼侍講即力匄去清之猶冀師雍少貶師雍曰吾欲爲全人終不屈數月坦卒劾師雍及高斯得俱罷久之以直寶文閣奉祠陳垓又嗾同列寢之清之卒起師雍爲左史既而改江西轉運使遷禮部侍郎命下而卒于江西官舍師雍簡淡寡欲靖厚有守言若不出口而於衺正之辨甚明視外物輕甚故博采公論當官而行愛護名節無愧師友云

徐元杰字仁伯信州上饒人幼頴悟誦書日數千言每冥思精索聞陳文蔚講書鉛山實朱熹門人往師之後師事眞德秀紹定五年進士及第簽書鎭東軍節度判官廳公事嘉熙二年召爲祕書省正字遷校書郎奏否泰剝復之理因及右轄久虛非骨鯁者艾身足負荷斯世者不可輕畀又言皇子竑當置後及蚤立太子乞蚤定大計時諫官蔣峴方力排竑置後之說遂力請外不許即謁告歸匄祠章十二上三年遷著作佐郎兼兵部郎官以疾辭差知安吉州辭召赴行在奏事辭益堅淳祐元年差知南劍州會峽陽寇作擒渠魁八人斬之餘釋不問父老或相語曰侯不來我輩魚肉矣郡有延平書院率郡博士會諸生親爲講說民訟率呼至以理化誨多感悅而去輸苗聽其自槩閩郡德之丁母憂去官衆遮道𨇤留既免喪授侍左郎官言敵國外患乞以宗社爲心言錢塘駐蹕驕奢莫尙宜抑文尙質兼崇政殿說書每入講必先期齋戒嘗進仁宗詔內降旨揮許執奏及臺諫察舉故事爲戒語多切宮壺拜將作監進楊雄大匠箴陳古節儉時天久不雨轉對極論洪範天人感應之理及古今遇災修省之實辭益忠懇丞相史嵩之丁父憂有詔起復中外莫敢言惟學校叩閽力爭元杰時適輪對言臣前日晉侍經筵親承聖問以大臣史嵩之起復臣奏陛下出命太輕人言不可沮抑陛下自盡陛下之禮大臣自盡大臣之禮玉音賜俞臣又何所容喙今觀學校之書使人感歎且大臣讀聖賢之書畏天命畏人言家庭之變哀戚終事禮制有常臣竊料其何至於忽送死之大事輕出以犯淸議哉前日昕庭出命之易士論所以凜凜者實以陛下爲四海綱常之主大臣身任道揆扶翊綱常者也自閩大臣有起復之命雖未知其避就若何凡有父母之心者莫不失聲涕零是果何爲而然人心天理誰實無之興言及此非可使聞於鄰國也陛下烏得而不悔悟大臣烏得而不堅忍臣懇懇納忠何敢訐許特爲陛下愛惜民彝爲大臣愛惜名節而已疏出朝野傳誦帝亦察其忠亮每從容訪天下事經筵益申前議未幾夜降御筆黜四不才臺諫起復之命遂寢元老舊德次第收召元杰亦兼右司郎官拜太常少卿兼給事中國子祭酒權中書舍人杜範入相復延議軍國事爲書無慮數十所言皆朝廷大政邊鄙遠慮每裁書至宗社隱憂處輙閣筆揮涕書就隨削槀雖子弟無有知者六月朔輪當侍立以暴疾謁告特拜工部侍郎隨乞納祿詔轉一官致仕夜四鼓遂卒先元杰未死之一日方謁左丞相范鍾歸又折簡察院劉應起將以翼日奏事是夕俄熱大作詰朝不能造朝夜煩愈甚指爪忽裂以死朝紳及三學諸生往弔相顧駭泣訃聞帝震悼曰徐元杰前日方侍立不聞有疾何死之遽耶亟遣中使問狀賻贈銀絹二百計已而太學諸生伏闕愬其爲中毒且曰昔小人有傾君子者不過使之自死於蠻烟瘴雨之鄉今蠻烟瘴雨不在嶺海而在陛下之朝廷望奮發睿斷大明典刑於是三學諸生相繼叩閽訟冤臺諫交疏論奏監學官亦合辭聞于朝二子直諒直方乞以恤典充賞格有旨付臨安府逮醫者孫志寧及常所給使鞫治既又改理寺詔殿中侍御史鄭寀董之且募告者賞緡錢十萬官初品大理寺正黃濤謂伏暑證二子乞斬濤謝先臣然獄迄無成海內人士傷之帝悼念不已賜官田五百畝緡錢五千給其家賜諡忠愍

孫子秀字元實越州餘姚人紹定五年進士調吳縣主簿有妖人稱水仙太保郡守王遂將使治之莫敢行子秀奮然請往焚其廬碎其像沈其人於太湖曰實汝水仙之名矣妖遂絕日詣學宮與諸生討論義理辟淮東總領所中酒庫檄督宜興縣圍田租既還白水災總領恚曰軍餉所關而敢若此獨不爲身計乎子秀曰何敢爲身計寧罪去爾力爭之遂免調滁州教授至官改知金壇縣嚴保伍釐經界結義役一切與民休息訟者使齋牒自詣里正幷鄰證來然後行不實者往往自匿其牒惟豪黠者有犯則痛繩不少貸淮民流入以萬計振給撫恤樹廬舍括田使耕拔其能者分治之崇學校明教化行鄉飲酒禮訪國初茅山書院故址新之以待遠方遊學之士通判慶元府主管浙東鹽事先是諸場鹽百袋附五袋名五釐鹽未幾提舉官以爲正數民困甚子秀奏蠲之辟幹辦行在諸司糧料院衢州寇作水目城郭朝廷擇守屬子秀行子秀謂捕賊之責雖在有司亦必習土俗之人乃能覊其憑依截其奔突乃立保伍選用土豪首旌常山縣令陳謙亨寓士周還淳等捍禦之勞且表於朝乞加優賞人心由是競勸未幾盜復起江山玉山間甫七日而衆禽四十八人以來終子秀之任賊不復動水潦所及則爲治橋梁修堰牐補城壁浚水原助葺民廬振以錢米招通鄰糴奏蠲秋苗萬五千石有奇盡代納其夏稅并除公私一切之負坍溪沙壅之田請於朝永蠲其稅民用復蘇南渡後孔子裔孫寓衢州詔權以衢學奉祀因循踰年無專饗之廟子秀撤廢佛寺奏立家廟如闕里旣成行釋菜禮以政最遷太常丞以言罷未幾遷大宗正丞遷金部郎官金部舊責州郡以必不可辦之泛數吏顚倒爲姦欺子秀日夜討論給冊轉遞以均其輸人人如債切身不遺一字而輸足遷將作監淮東總領辭改知寧國府辭爲左司兼右司再兼金部與丞相丁大全議不合去國差知吉州尋鐫罷時孽倖朱熠凡三劾子秀開慶元年爲浙西提舉常平先是大全以私人爲之盡奪亭民鹽本錢充獻羨之數不足則估籍虛攤一路騷動亭民多流亡子秀還前政鹽本錢五十餘萬貫奏省華亭茶鹽分司官定衡量之非法多取者於是流徙復業徙浙西提點刑獄兼知常州淮兵數百人浮寓貢院給餉不時死者相繼子秀請於朝創名忠衛軍置砦以居截撥上供贍之盜劫吳大椿前使者諱其事誣大椿與兄子焴爭財自劫其家追毀大椿官編置千里外從黥其臧獲子秀廉得實乃悉平反之尋以兼郡則行部非便得請專臬事擊貪舉廉風采凜然犴獄爲清進大理少卿直華文閣浙東提點刑獄兼知婺州婺多勢家有田連阡陌而無賦稅者子秀悉覈其田書諸牘勢家以爲厲已嗾言者罷之尋遷湖南轉運副使以迎養非便辭移浙西提點刑獄子秀冐暑周行八郡三十九縣獄爲之清安吉州有婦人愬人殺其夫與二僕郡守捐賞萬緡逮繫考掠十餘人終莫得其實子秀密訪之乃婦人賂宗室子殺其夫僕救之倂殺以滅口一問即伏誅又釋僞會之連逮者遠近稱爲神明初獄訟之滯皆由期限之不應使者下車或親書戒州縣勿違而違如故則怒之怒之改匣又違則又重怒之至再三而專卒四出巡尉等司繳限抱匣費不貲則其勢必違子秀與州縣約到限者徑詣庭

下吏不得要索亦無遣者其後劉循環總匣屬各州主管官凡管內諸司報應皆併入匣一日一遣公移則又總實於匣以往於是事無小大纖悉畢具而風聞者反謂專卒熒州縣劾罷之子秀笑而已移江東提點刑獄度宗卽位進太常少卿兼右司尋兼知臨安府以言罷起知婺州卒子秀少從上虞劉漢弼遊磊落英發抵掌極談神采飛動與人交久而益親死生患難營救不遺力聞一善則手錄之

李伯玉字純甫饒州餘干人端平二年進士第二初名誠以犯理宗潛諱更今名授觀察推官太學正兼莊文府教授太學博士召試館職歷詆貴戚大臣直聲暴起改校書郎奏言臺諫迎合上意論罷尤焴楊棟盧鉞三人忠袞不辨乞同罷帝不允監察御史陳垓連劾罷之奉雲臺祠差知南康軍遷著作佐郎兼沂靖惠王府教授兼考功郎官兼尙書右司員外郎引故事彈臺臣蕭泰來遷著作郎帝怒降兩官罷敍復知邵武軍改湖北提點刑獄移福建遷尙右郎官侍御史何夢然論伯玉迺吳潛之死黨奉祀遷福建提舉常平淮西轉運判官召赴經筵遷考功郎兼太子侍讀拜太府少卿祕書少監起居郎工部侍郞度宗卽位兼侍講權禮部侍郎升兼同修國史實錄院同修撰賈似道嘗集百官議事忽厲聲曰諸君非似道拔擢安得至此衆默然莫敢應者伯玉答曰伯玉殿試第二名平章不拔擢伯玉地步亦可以至此似道雖改容而有怒色旣退卽治歸以顯文閣待制知隆興府右正言黃萬石論罷召入覲擢權禮部尙書兼侍讀似道益專國柄帝以伯玉舊學進之卧內相對泣下欲用以參大政似道益忌之而伯玉尋病卒伯玉嘗請罷童子科以爲非所以成人材厚風俗趙汝騰嘗薦八士各有品目於伯玉曰銅山鐵壁立朝風節大較似之所著有斛峯集

論曰陸持之學足以承其家而不幸蚤喪徐鹿卿論議明達克施有政趙逢龍之清操汝騰之不撓孫夢觀之平直洪天錫黃師雍徐元杰李伯玉皆悉心直言不避權勢孫子秀政績著見皆當時之傑出云

宋史卷四百二十五

元　中書右丞相總裁脫脫等修

列傳第一百八十四

劉應龍　潘牥　洪芹　趙景緯
馮去非　徐霖　徐宗仁　危昭德
陳塏　楊文仲　謝枋得

劉應龍字漢臣瑞州高安人嘉熙二年進士授零陵主簿饒州錄事參軍有毛隆者務剽掠殺人州民被盜遙呼盜曰汝毛隆也盜亦曰我毛隆也旣訟于官捕隆置獄應龍曰盜誠毛隆其肯自謂因言于州州不可乃委宅官隆誣伏抵死未幾盜敗應龍繇是著名改知崇仁縣淮西失守江西諸州有殘破者縣佐貳聞變先遁應龍固守不去先是理宗久未有子以弟福王與芮之子爲皇子丞相吳潛有異論帝已不樂大元兵渡江朝野震動逐丞相丁大全復起潛爲相帝問潛策安出潛對曰當遷幸又問卿如何潛曰臣當死守於此帝泣下曰卿欲爲張邦昌乎潛不敢復言未幾北兵退帝語羣臣曰吳潛幾誤朕遂罷潛相帝怒潛不已應龍朝受命帝夜出象簡書疏藁授應龍使劾潛應龍謂潛本有賢譽獨論事失當臨變寡斷祖宗以來大臣有罪未嘗輕肆誅戮欲望姑從寬典以全體貌帝大怒迺按劾丁大全請加竄斥疏言內莫急於蘇民瘼以固國本外莫急於討軍實以振國威又言時政四事廣發廩以振民饑通商販以助民食勸分富室以助官糴嚴等第以覈民數稽檢放以蘇民窮嚴戢盜以除民害賈似道素忌潛會京師米貴應龍爲勸糴歌宦者取以上聞帝問知應龍所作問似道米價高當亟處之似道訪其由亦怒應龍遷司農少卿尋以右諫議大夫孫附鳳言遂去國景定三年湖南饑起提舉常平以捄荒功遷直寶章閣廣南東路轉運判官遷祕書監兼國史編修實錄檢討知隆興府兼江西轉運副使奏免和糴二十萬石擢權戶部侍郎兼侍講時似道當國百官奏對稍切直者輒黜應龍言臣觀今日之事可言者多矣邇日以來靖恭自守者以論事爲忌指陳稍切者聯翩引去豈兩省繳駁過甚重其疑歟抑廷臣奏對咈意速其畏歟朝廷淸明之時而言者已懷疑畏臣恐正臣奪氣鯁臣吃舌宜非盛世所有遂迕當路自侍從兩省以下無不切齒未幾以集英殿修撰知建寧府亟辭中書舍人盧鉞希指封還錄黃久之起爲江東轉運使辭南海寇作朝廷患之乃以顯謨閣待制知廣州廣東經略安撫使寇聞應龍至迺去應龍勦逐之南海大治特旨屢召拜戶部侍郞仍兼侍讀七上奏辭免德祐元年遷兵部尙書寶章閣直學士知贛州兼江西兵馬鈐轄靑海軍節度使力辭隱九峯子元高亦舉進士知侯官縣沒洪天錫歎曰朝廷失一御史矣

潘牥字庭堅福州閩人端平二年策進士牥對曰陛下承休上帝飯德匹夫何異爲人子孫身荷父母劬勞之賜乃指豪奴悍婢爲恩私之地欲父母無怒不可得也又曰陛下手足之愛生榮死哀反不得視士庶人此如一門之內骨肉之間未能親睦是以僮僕疾視鄰里生侮宜厚東海之恩裂淮南之土以致人和時對者數百人庭堅語最直會殿中侍御史蔣峴劾方大琮劉克莊王邁前倡異論併誣牥姓同逆賊策語不順請皆論以漢法牥調鎭南軍節度推官衢州推官歷浙西提舉常平司遷太學正旬日出通判潭州日食應詔上封事曰熙寧初元日食詔郡縣掩骼著爲令故王一抔淺土其爲暴骸亦大矣請以王禮改葬又移書丞相游似申言之似心善其言方將收用之而牥卒

洪芹尙書右僕射适之曾孫以大父澤入官甫更調登進士第自南平司法改欽州教授部使者愛其才先後並薦之有旨召審察丁內外艱入主省架閣遷太學博士論對發明絜矩之道擢國子博士出通判南劒入爲太常博士累遷將作少監屬詞臣無當上意慨然思得天下士丞相程元鳳言當今地望無踰洪芹者進兼翰林權直祕書少監開慶元年升直學士院繼權禮部侍郎中書舍人屬兵興帝悟柄任非人自貽國禍詔書所至聞者奮激蓋芹所草也丁大全罷相出典鄉郡芹還禮部侍郎繳奏大全鬼蜮之資穿窬之行暴戾湣黷引用凶惡陷害忠良遏塞言路濁亂朝綱乞盡從諫臣所請追官遠竄以伸國法以謝天下沈炎乘上怒攻丞相吳潛芹獨繳奏曰方國本多虞潛星馳赴闕理紛鎭浮陳力爲多一旦覼爲弁髦得無如詩所謂將安將樂女轉棄予乎慷慨敢言天下義之遷禮部侍郎帝銳意鄉用而以論去退寓永嘉怡然自適咸淳初起知寧國府卒有文集

趙景緯字德父臨安府於潛人少勤學弱冠得周惇頤程顥兄弟諸書讀之恨不及登朱熹之門熹門人葉味道謂之曰度正吾黨中第一人遂往見首誨以求放心爲本由是往來味道正之間研索益精入太學登淳祐元年進士第授江陰軍教授諸生守其榘度丁母憂以祿不逮養服闋不調作讀易菴懸霤山江東提點刑獄吳勢卿辟爲幹辦公事不就召爲史館檢閱辭不許乞換待次教授不許乞岳祠又不許乞致仕不報有旨特與改合入官主管崇道觀三辭不許景定元年特授祕書郎兩辭不許遷著作郎辭不許以疾匃祠差主管佑神觀兼史館校勘史成兩乞外祠進直祕閣與在外宮觀辭職名不許差主管崇禧觀台州守王華甫建上蔡書院禮景緯爲堂長以疾辭依舊職差知台州兩辭不許趣命益嚴至郡以化民成俗爲先務首取陳述古諭俗文書示諸邑且自爲之說使其民更相告諭諷誦服行期無失墜約束官吏擾民五事取孝經庶人章爲四言詠贊其義使朝夕歌之至有爲之感涕者舉遺逸車若水林正心于朝旌孝行作訓孝文以勵其俗平重刑懲譁訐治豪橫建黃巖縣社倉六十有六浚河道九十里築隄路三十里節浮費爲下戶代輸秋苗奏蠲五邑坊河渡錢期年之內乞歸田里者再進考功郎官再辭不許兼沂靖惠王府教授辭不許是冬四辭新命且乞祠皆不許乃乞於赤城桐栢之間采藥著書庶幾有補後學使病廢之身不爲無用於聖世不許御筆兼崇政殿說書三辭不許乃造朝侍緝熙殿以易進講論聖人體元之妙在惟幾人君得此則天下有治而無亂人事有吉而無凶矣又曰惕厲祇懼乃天心之所存聖人先處於憂故能無憂先處以危故能無危若乃先自處於安樂則憂危乘之矣又論監司守令其說曰知人之難自古已然人才乏使莫今爲甚或觀望而撓於勢或阿私而狥於情或是非不公而以枉爲直或毀譽失實而以汚爲廉遂使舉刺不當不足以服天下之心與其糺劾於有罪之後而未必盡得其情孰若精擇於未用之先而使之各稱其職彗出于柳景緯應詔上封事曰今自求所以解天意者不過悅人心而已百姓之心卽天心也錮私藏而專天下之同欲則人不悅保私人而違天下之公議則人不悅閭閻之糟糠不厭而燕私之供奉自如則人不悅百姓之膏血日朘而符移之星火愈急則人不悅不公於已而欲絕天下之私則人不悅不澄其源而欲止天下之貪則人不悅夫必有是數者斯足以召怨而致災願陛下捐內帑以絕壅利之謗出嬪嬙以節用度之奢夫權之貂寺素爲天下之所共惡者屛之絕之毒民之恩澤侯嘗爲百姓之所憤者黜之弃之擇忠鯁敢言之士置之臺諫以通閽扃之壅選慈惠忠信之人使爲守宰以保元氣之殘又必稽乾淳以來

凡利源窠名之在百司庶府者悉隸其舊以濟經用之急公田派買不均之敝聽民自陳隨宜通變以安田里之先則人心悅天意解矣人之常情懼心每發於災異初見之時不能不漸移於諂諛交至之後萬一過聽左右寬譬之言曲爲他說以自解毛舉細故以塞責而恐懼之初心弛則下拂人心上違天意國之安危或未可知又曰損玉食不若損內帑卻貢奉之爲實避正朝不若塞倖門廣忠諫之爲實肆大赦不若廣仁恩又不若擇循良黜貪暴之爲實蓋天意方回而未豫人心乍悅而旋疑此正陰陽驚復之會眷命隆替之機也兼國史院編修官實錄院檢討官辭不許轉對言願明辨義利之限力破繫吝之私以天自處而絕內外之分以道制欲而黜耳目之累毋以閨闥之賤干公議毋以戚畹之私紊國常乞歸田里不許拜太府少卿兼讓仍舊再辭不許復上疏乞歸不許以直敷文閣知嘉興府辭仍乞奉祠皆不許咸淳元年至郡首以護根本正風俗爲先務三乞辭不許拜宗正少卿御筆兼侍講辭不許乃還家三乞祠御筆趣行猶乞寬告不許至國門御筆兼權工部侍郎時暫兼權中書舍人三辭不許以禮記進講開陳敬恕之義封還濫恩詞頭帝從之又言損德害身之大莫過於嗜欲而窒嗜欲之要莫切於思居處則思敬動作則思禮祭祀則思誠事親則思孝每御一食則思天下之饑者每服一衣則思天下之寒者嬪嬙在列必思夏桀以嬖色亡其國飲燕方歡必思商紂以沈湎喪其身念起而思隨之則念必息欲萌而思制之則欲必消志氣日以剛健德性日以充實豈不盛哉又曰雷發非時竊迹今日之事而有疑焉內批疊降而名器輕宮闈不嚴而主威褻橫恩之濫巳收而復出戢貪之詔方嚴而隨弛宮正什伍之令所以防奇袤而或縱於乞憐之畀詞緇黃出入之禁所以嚴宸居而閒或於襘禳之小數以至彈墨未乾而抆拭之旨已下駁奏未幾而擿出之徑巳開命令不疑則陽縱而不收主意不堅則陰閉而不密陛下可不思致災之由而亟求所以正之哉願清其天君以端出治之源謹其號令以肅紀綱之本毋牽於私恩而撓公法毋遷於邇言而亂舊章去讒而遠色賤貨而貴德則人心悅而天意得可以開太平而兆中興也進權禮部侍郎兼修玉牒再辭不許升兼侍讀辭不許進聖學四箴一曰惜日力以致其勤二曰精體認以充其知三曰屏嗜好以專其業四曰謹行事以驗其用五乞歸田里帝勉留之請益力特授集英殿修撰知建寧府辭不許乃還家召爲中書舍人三辭不許請益力進顯文閣待制依所乞予祠辭職名不許遂差提舉玉隆萬壽宮有疾謝醫却藥曰使我清心以順天命毋重惱我懷拱手三揖乃卒詔特贈四官至中奉大夫諡文安景緯天性孝友雅志沖澹親没無意仕進故其立朝之日不久云

馮去非字可遷南康都昌人父椅字儀之家居授徒所註易書詩語孟太極圖西銘輯說孝經章句喪禮小學孔子弟子傳讀史記及詩文志錄合二百餘卷去非淳祐元年進士嘗幹辦淮東轉運司治儀真歐陽修東園在焉使者黃濤欲以爲佛寺時已許薦去非力爭不得寧不受使者薦謁告而去寶祐四年召爲宗學諭丁大全爲左諫議大夫三學諸生叩閽言不可帝爲下詔禁戒詔立石三學去非獨不肯書名碑之下方監察御史吳衍翁應弼劾諸生下獄去非復調護宗學生之就逮者未幾大全簽書樞密院事參知政事蔡抗去國去非亦以言罷歸舟泊金焦山有僧上謁去非不虞其爲大全之人也周旋甚款僧乘間致大全意願毋遽歸少俟收召誠得尺書以往成命即下去非奮然正色曰程丞相蔡參政牽率老夫至此今歸吾廬山不復仕矣斯言何爲至我絕之不復與言

徐霖字景說衢州西安人年十三有志聖人之道取所作文焚之研精六經之奧探賾先儒心傳之要淳祐四年試禮部第一知貢舉官入見理宗曰第一名得人嘉獎再三登第授沅州教授時宰相史嵩之挾邊功要君植黨顓國霖上疏歷言其姦深之狀以爲其先也奪陛下之心其次奪士大夫之心而其甚也奪豪傑之心今日之士大夫嵩之皆變化其心而收攝之矣且其變化之術甚深非章章然號於人使之爲小人也常於善類擇其質柔氣弱易以奪之者親任一二其或稍有異巳則潛棄而擯遠之以風其餘彼以名節之尊不足以易富貴之願義利之辨亦終暗於妻妾宮室之私則亦從之而巳疏奏見者吐舌爲霖危之未幾嵩之匿父喪求起復君子並起而攻之上大感悟丞相范鍾進所召試館職二人上思霖之忠親去其一易霖名及試則曰人主無自强之志大臣有患失之心故元良未建凶姦未竄是時丞相杜範巳薨而鍾雖得位畏姦人覆出爲巳禍故也擢祕書省正字霖辭不獲命遂就職會日食霖應詔上封事曰日陽類也天理也君子也吾心之天理不能勝乎人欲朝廷之君子不能勝乎小人宮闈之私嚮未屏瑣闥之姦袞未辨臺臣之討賊不決精祲感浹日爲之食又數言建立太子遷校書郎七年夏大旱霖應詔言諫議大夫不易則不雨京兆尹不易則不雨不報去國上遺著作郎姚希得留之不還御筆改合入官迺改宣教郎霖屢辭曰向爲身死而不敢欺其君父今以官高而自貶於平生失其本心何以暴其忠志又曰志貴乎潔忠尚乎精即有取則自昭於垢汙矣八年夏添差通判信州霖皆力辭竟未拜改秩之命故也尋令守臣勉諭之特改宣教郎主管雲臺觀霖迺拜受十二年遷祕書省著作郎累辭不許兼國史編修實錄檢討上日今日所當言者當備陳之霖復以正太子名爲言又奏萬化之本在心存心之法在敬兼權尚佐郎官兼崇政殿說書迺上疏言葉大有陰柔姦黠爲羣憸冠不宜久長臺諫乞斥去不報兼權左司霖知無不言於是讒嫉者思以中傷而上亦不悅乞補外知撫州祠先賢寬租賦振饑窮誅悍將建營砦幾一月而政舉化行以言去士民遮道不得行及暝始由徑以出寶祐元年差知衢州三年當之官遂辭差知袁州五年丁外艱哀毀號絕水漿不入口七日明年開慶元年差主管崇禧觀景定二年知汀州明年卒將終語其長子心亨曰有生必有死自古聖賢皆然吾復何憾尚書省請加優異詔與一子恩澤度宗賜祭田百畝以旌直臣霖間居衢守游鈞築精舍聘霖爲學者講道是日聽者三千餘人

徐宗仁字求心信之永豐人淳祐十年進士歷官爲國子監主簿開慶元年伏闕上書曰賞罰者軍國之綱紀賞罰不明則綱紀不立令天下如器之欹而未墜於地存亡之機固不容髮兵虛將惰而力匱財殫環視四境類不足恃而所恃以維持人心奔走豪傑者惟陛下賞罰之微權在耳權在陛下而陛下不知所以用之則未墜者安保其終不墜乎臣爲此懼久矣陛下當危急之時出金幣賜土田授節鉞分爵秩尺寸之功在所必賞故當悉心效力圖報萬分可也而自幹腹之兵越江踰廣以來凡閱數月尚未聞有死戰陣死封疆死城郭者豈賞罰不足以勸懲之耶今通國之所謂佚罰者不過丁大全袁玠沈翥張鎮吳衍翁應弼石正則王立愛高鑄之徒而首惡則董宋臣也是以廷紳抗疏學校叩閽至有欲借尚方劍爲陛下除惡而陛下乃釋而不問豈眞欲愛護此數人而重咈千萬人之心天下之事勢急矣朝廷之紀綱壞矣若誤國之罪不誅則用兵之士不勇今東南一隅天下已半壞於此數人之手而罰不損其毫毛彼方擁厚貲挾聲色高臥華屋而使陛下與二三大臣焦心勞思可乎三軍之在行者豈不憤然不平曰稔禍者誰歟而使我捐軀兵革之間百姓之罹難者豈不羣然胥怨曰召亂者誰歟而使我流血鋒鏑之下陛下亦嘗一念及此乎又極論邊事謂惠褻而威不振論董宋臣盤固日久蒙蔽日久又請使有言責者皆得以盡其言則國論伸而國威振臣雖屏處山林亦有生氣遷國子監丞祕書省著作佐郎主管崇禧觀遷考功郎官兼崇政殿說書進讀敬天圖遷太府少卿兼侍講兼侍立修注官遷太常少卿兼國史編修實錄檢討知寧國府監察御史郭闓論罷德祐元年起授吏部侍郎兼中書門下檢正諸房公事兼提領豐儲倉所兼同修國史實錄院同修撰侍左侍郎乞假督府名稱往本州同守臣防拓不允權禮部尚書兼益王府贊讀衞益王走海上厓山兵敗死焉

危昭德昭武人寶祐元年進士歷官爲史館檢閱校勘武學諭宗正寺簿兼崇政殿說書遷祕書郎疏言國之命在民民之命在士大夫士大夫不廉朘民膏血爲已甘朘民不堪命矣又言願陛下與二三大臣察利害之實究安危之本明詔郡國申嚴號令俾急其所急凡荒政之當舉者不可一日而置念緩其可緩凡苛賦之肆擾者易爲此時之寬征固結人心乃所以延天命也又言願陛下舉考課之事內以責諸彈糾之職外以責諸監司郡守之計貪濁昏庸固在必懲廉能正直尤當示勸察之精則黜陟之威服行之力則觀聽之具乎而課吏之實得矣進兼侍講又言民者邦之命脉欲壽國脉必厚民生欲厚民生必寬民力且條上厲民四敝又言願陛下爲萬世根本之慮爲一時倉卒之防必求安節之亨毋招不節之咎節之又節則宮闈之費差省帑藏之積自充上用足而下不匱矣又乞察欣瘁休戚之故酌利害損益之宜孰當因孰當革孰爲可罷孰爲可行則折衷泉貨而遠近便開通關梁而商賈行下修身奉法之詔而吏得自新出輪倉助貸之令而民免貴糴窒墨敕之門而無官府黜陟之異止輪臺之議而無疆界彼此之分則氣脉蘇醒意向翕合矣遷起居舍人兼國史編修實錄檢討尋遷殿中侍御史侍御史諫作宗陽宮權工部侍郎兼同修國史實錄院乞致仕特轉一官昭德在經筵以易春秋大學衍義進講反覆規正者甚多所著春山文集子徹孫咸淳元年進士

陳塏字子爽嘉興人歷京湖制置使司主管機宜文字

差知德安府加直寶謨閣江西提點刑獄改直敷文閣提舉千秋鴻禧觀轉司農寺丞主管崇道觀知安慶府召赴闕加直顯謨閣湖南提點刑獄再召爲右司郎官加直寶文閣知隆興府江西安撫使改知江州主管江西安撫司事召爲右司郎官進直龍圖閣浙西提點刑獄遷司農少卿以祕閣修撰知慶元府兼沿海制置副使遷大理卿進右文殿修撰知平江府兼淮浙發運使戶部侍郎趙必愿舉塤最詔特轉一官遷太府卿司農卿權工部侍郎兼同詳定敕令官兼中書門下省檢正諸房公事入奏言願陛下轉移世道之樞機砥礪士大夫之廉恥使知名義爲重利祿爲輕久去國以恬退聞者召之久立朝以更迭請者從之甘言容悅者必斥眞情匈鬧者勿留如此則君臣上下皆以眞實相與四維既張士大夫難進易退之風當見於聖世人才幸甚又言請以從官倣古昔入從出藩之意其從臣爲諸路憲漕則以提點刑獄使轉運使繫銜假之使名示與庶官別仍乞除授自臣始自是屢言於帝前不許以言罷未幾進集英殿修撰知婺州改知太平州兼江東轉運副使請蠲放諸郡災傷加戶部侍郎淮東總領尋提領江淮茶鹽所兼知太平州發公帑代三縣輸折絲帛錢五十萬九千三百六十餘貫又作浮淮書堂以處兩淮之民而教之進顯謨閣待制知廣州權兵部尚書又進寶章閣直學士知婺州遷權戶部尚書尋爲眞時暫兼吏部尚書以寶文閣學士知潭州兼湖南安撫使召赴闕以舊職提舉太平興國宮加龍圖閣學士依舊宮觀久之加端明殿學士咸淳四年卒謚清毅塤屢歷麾節軍民愛戴幕客盛多而塤又樂薦士所著可齋瓿藁二十卷

楊文仲字時發眉州彭山人七歲而孤母胡年二十有八守節自誓教養諸子文仲既冠以春秋貢其母喜曰汝家至汝三世以是經收效矣淳祐七年文仲以胄試第一入太學九年又以公試第一升內舍時言路頗壅因季冬雷震首帥同舍叩閽極言時事有曰天本不怒人激之使怒人本無言雷激之使言一時爭傳誦之升上舍爲西廊學錄丞相謝方叔嘗問文仲曰今日何事最急對曰國本未建莫大於此上意未喻當以死請可也寶祐元年登進士第丁母憂釋服屬從叔父棟守婺州罷歸寓餘杭文仲往問伊洛之學調復州學教授轉運使印應飛辟入幕明婺婦冤獄應飛悉從文仲議且薦之荊湖宣撫使趙葵署文仲佐分司幕姚希德江萬里合薦文仲學爲有用辟四川宣撫司準備差遣添差沿海制置司幹辦公事召爲戶部架閣遷太學正升博士時棟爲祭酒講學益詣精邃遷國子博士匃外添差通判台州故事守貳尙華侈正月望取燈民間吏以白文仲曰爲吾然一燈足矣劭農東郊守因欲泛湖文仲卽先馳歸添差通判揚州牙契舊額歲爲錢四萬緡累政增至十六萬開告許以求羨文仲曰希賞以擾民吾不爲也卒增十八界一而已制置使李廷芝檄主管機宜文字時有沙田使者欲舉行之文仲力爭以爲事不可妄興蓋與民之惠有限不擾之惠無窮江北風寒之地民力竭矣爲利幾何安恐重擾吾民乎事遂不行召爲宗學博士郊祀攝圜壇子階監察御史近輔兵變水患輪對言皇天眷命垂四百年天命久熟之餘國脈癃老之候此豈非一大喜懼之交乎願陛下一初清明自作主宰又曰春多沈陰豈但麥秋之憂於時爲夬尤軫莧陸之慮天目則洪水發焉蘇湖則弄兵興焉褒冠千千而每見大夫之乏使佩印纍纍而常慮貪瀆之無厭將習黃金橫帶之娛兵疲赤籍掛虛之冗蚩蚩編氓得以輕統府瑣瑣警遽輒以憂朝廷設不幸事有大於此者國何賴焉帝竦聽顧問甚至遷太常丞尋兼權倉部郎官兼崇政殿說書遷將作少監又遷將作監文仲在講筵每以積誠感動嘗進讀春秋帝問五霸何以爲三王罪人文仲奏云齊桓公當王霸升降之會而不能爲向上事業獨能開世變厲階臣考諸春秋桓公初年多書人越二十年代楚定世子之功既成然後書侯之辭迭見此所以爲尊王抑霸之大法然王豈徒尊哉蓋欲周王子孫率修文武成康之法度以扶持文武成康之德澤則王迹不熄西周之美可尋如此方副春秋尊王之意帝曰先帝聖訓有曰絲竹之亂耳紅紫之眩目良心善性皆本有之又曰得聖賢心學之指要本領端正家傳世守以是而君國子民以是而祈天永命以是而貽謀燕翼大哉先訓朕朝夕服膺時帝以疾連不視朝文仲奏聲色之事若識得破元無可好帝斂容端拱久之盛夏建宗陽宮壞徙民居譏訶騷然文仲疏諫移闤闠之聚爲香火之庭不得爲善計矣陛下紹祖宗之位豈以黃老之居爲輕重哉翼日面奏益懇至丞相賈似道怒曰楊文仲多言詔卿監以上薦人才文仲薦陳存呂折鍾季玉等十有八人名士二人金華王栢天台車若水也兼國子司業兼侍立修注官又以捄太學教諭彭成天迕似道主管崇禧觀出知衢州運餉有法而民不擾以所當得米八千石立思濟倉召爲祕書少監尋兼崇政殿說書以疾乞致仕不許兼國史院編修官實錄院檢討官遷太常少卿兼國子司業遷起居舍人瀛國公卽位授權工部侍郎兼權侍右郎官尋兼給事中有事明堂議以上公攝行文仲議曰今祇見天地之始雖在幼冲比卽喪次已勝拜跪執禮無違所當親饗時丞相王爚陳宜中不協文仲上疏言事危且急矣祖宗所深賴億兆所寄命在乎二相苟以不協之故今日不戰明日不征時不再來後悔何及尋兼國子祭酒請謚金華何基及栢時大元兵渡江畿甸震動朝士多棄去者侍從班惟文仲一人詔旌在列不去者二階文仲疾益甚匃祠以集英殿修撰知漳州三上章乞致仕改知泉州因將家踰嶺南待次卒而宋亡矣有謝見山文集焉

謝枋得字君直信州弋陽人也爲人豪爽每觀書五行俱下一覽終身不忘性好直言一與人論古今治亂國家事必掀髯抵几跳躍自奮以忠義自任徐霖稱其如驚鶴摩霄不可籠縶寶祐中舉進士對策極攻丞相董槐與宦官董宋臣意擢高第矣及奏名中乙科除撫州司戶參軍卽棄去明年復出試教官中兼經科除教授建寧府未上吳潛宣撫江東西辟差幹辦公事團結民兵以扞饒信撫科降錢米以給之枋得說鄧傅二社諸大家得民兵萬餘人守信州暨兵退朝廷覈諸軍費幾至不免五年彗星出東方枋得考試建康擿似道政事爲問目言兵必至國必亡漕使陸景思銜之上其稾於似道坐居鄉不法起兵時冒破科降錢且訕謗追兩官謫居興國軍咸淳三年赦放歸德祐元年呂文煥導大元兵東下鄂黃蘄安慶九江凡其親友部曲皆誘下之遂屯建康枋得與呂師夔善乃應詔上書以一族保師夔可信乞分沿江諸屯兵以之爲鎭撫使使之行成且願身至江州見文煥與議從之使以沿江察訪使行會文煥北歸不及而反以江東提刑江西招諭使知信州明年正月師夔與武萬戶分定江東地枋得以兵逆之使前鋒呼曰謝提刑來呂軍馳至射之矢及馬前枋得走入安仁調淮士張孝忠逆戰團湖坪矢盡孝忠揮雙刀擊殺百餘人前軍稍却後軍繞出孝忠後衆驚潰孝忠中流矢死馬奔歸枋得坐敵樓見之曰馬歸孝忠敗矣遂奔信州師夔下安仁進攻信州不守枋得乃變姓名入建寧唐石山轉茶坂寓逆旅中日麻衣躡屨東鄉而哭人不識之以爲被病也已而去賣卜建陽市中有來卜者惟取米屨而已委以錢率謝不取其後人稍稍識之多延至其家使爲弟子論學天下既定遂居閩中至元二十三年集賢學士程文海薦宋臣二十二人以枋得爲首辭不起又明年行省丞相忙兀台將旨詔之執手相勉勞枋得曰上有堯舜下有巢由枋得名姓不祥不敢赴詔丞相義之不強也二十五年福建行省參政管如德將旨如江南求人材尙書留夢炎以枋得薦枋得遺書夢炎曰江南無人材求一瑕呂飴甥程嬰杵臼厮養卒不可得也紂之亡也以八百國之精兵而不敢抗二子之正論武王太公凜凜無所容急以興滅繼絕謝天下殷之後遂與周並立使三監淮夷不叛武庚必不死殷命必不黜夫女眞之待二帝亦慘矣而我宋今年遣使祈請明年遣使問安王倫一市井無賴狎邪小人謂梓宮可還太后可歸終則二事皆符其言今一王倫且無之則江南無人材可見也今吾年六十餘矣所欠一死耳豈復有它志哉終不行郭少師從瀛國公入朝既而南歸與枋得道時事曰大元本無意江南屢遣使使頓兵令毋深入待還歲幣卽議和無枉害生靈也張宴然上書乞歛兵從和上卽可之兵交二年無一介行李之事乃挐數百年宗社而降因相與痛哭福建行省參政魏天祐見時方以求材爲急欲薦枋得爲功使其友趙孟迎來言枋得罵曰天祐仕閩無毫髮推廣德意反起銀冶病民顧以我輩餙好邪及見天祐又傲岸不爲禮與之言坐而不對天祐怒強之而北枋得卽日食菜果二十六年四月至京師問謝太后攢所及瀛國所在再拜慟哭已而病遷憫忠寺見壁間曹娥碑泣曰小女子猶耳吾豈不汝若哉留夢炎使醫持藥雜米飲進之枋得怒曰吾欲死汝乃欲生我邪棄之於地終不食而死伯父徽明以特奏恩爲當陽尉攝縣事於天基節上壽大元兵奄至徽明出兵戰死二子生進抱父屍亦死

論曰劉應龍不附賈似道馮去非不附丁大全潘牥論皇子竑事坎壈以終洪芹訟吳潛偉哉人景緯醇儒也而無躁競之心徐霖進則直言于朝退則講道于里徐宗仁國亡與亡異乎懷二心以事其君者也危昭德經筵進對之言悉載諸故史陳塤能以意氣感人楊文仲當搶攘之時猶能薦士謝枋得嶔崎以全臣節皆宋末之卓然者也

宋史卷四百二十六

元中書右丞相總裁脫脫等修

列傳第一百八十五

循吏

陳靖　張綸　邵曄　崔立
魯有開　張逸　吳遵路　趙尚寬
高賦　程師孟　韓晉卿　葉康直

宋法有可以得循吏者三太祖之世收守令錄躬自召見問以政事然後遣行簡擇之道精矣監司察郡守郡守察縣令各以時上其殿最又命朝臣專督治之考課之方密矣吏犯贓遇赦不原防閑之令嚴矣承平之世州縣吏謹守法度以修其職業者實多其人其間必有絕異之績然後別於賞令或自州縣善最他日遂爲名臣則撫字之長又不足以盡其平生故始終三百餘年循吏載諸簡策者十二人作循吏傳

陳靖字道卿興化軍莆田人好學頗通古今父仁壁仕陳洪進爲泉州別駕洪進稱臣豪猾有負險爲亂者靖徒步謁轉運使楊克巽陳討賊策召還授陽翟縣主簿契丹犯邊王師數不利靖遣從子上書求入奏機畧詔就問之上五策曰明賞罰撫士衆持重示弱待利而舉帥府許自辟士而將帥得專制境外太宗異之改將作監丞未幾爲御史臺推勘官時御試進士多擢文先就者爲高等士皆習浮華尚敏速靖請以文付考官第甲乙俟唱名或果知名士卽寘上科喪父起復秘書丞直史館判三司開拆司淳化四年使高麗還提點在京百司遷太常博士太宗務興農事詔有司議均田法靖議曰法未易遽行也宜先命大臣或三司使爲租庸使或兼屯田制置仍擇三司判官選通知民事者二人爲之貳兩京東西千里檢責荒地及逃民產籍之募耕作賜耕者室廬牛犂種食不足則給以庫錢別其課爲十分責州縣勸課給印紙書之分殿最爲三等凡縣管墾田一歲得課三分二歲六分三歲九分爲下最一歲四分二歲七分三歲至十分爲中最一歲五分未及三歲盈十分者爲上最其最者令佐免選或超資殿者卽增選降資每州通以諸縣田爲十分視殿最行賞罰候數歲盡罷官屯田悉用賦民然後量人授田度地均稅約井田之制爲定以法頒行四方不過如此矣太宗謂呂端曰朕欲復井田顧未能也靖此策合朕意乃召見賜食遣之他日帝又語端曰靖說雖是第田未必墾課未必入請下三司雜議於是詔鹽鐵使陳恕等各選判官二人與靖議以靖爲京西勸農使命大理寺丞皇甫選光祿寺丞何亮副之選等言其功難成帝猶謂不然旣而靖欲假緡錢二萬試行之陳恕等言錢一出後不能償則民受害矣帝以羣議終不同始罷之出靖知婺州再遷尚書刑部員外郎眞宗卽位復列前所論勸農事又言國家禦戎西北而仰東南東南食不足則誤國大計請自東西及河北諸州大行勸農之法以殿最州縣官吏歲可省江淮漕百餘萬復詔詣條上之靖請刺史行春縣令勸耕孝悌力田者賜爵置五保以檢察姦盜籍游惰之民以供役作又下三司議皆不果行歷度支判官爲京畿均田使出爲淮南轉運副使兼發運司公事徙河南轉運使極論前李氏橫賦於民凡十七事詔爲罷其尤甚者徙知潭州歷度支鹽鐵判官祀汾陰爲行在三司判官又歷京西京東轉運使知泉蘇越三州累遷太常少卿進太僕卿集賢院學士知建州徙泉州拜左諫議大夫初靖與丁謂善謂貶黨人皆逐去提點刑獄侍御史王耿乃言靖老疾不宜久爲鄉里官於是以秘書監致仕卒靖平生多建畫而於農事尤詳嘗取淳化咸平以來所陳表章目曰勸農奏議錄上之然其說泥古多不可行

張綸字公信潁州汝陰人少倜儻任氣舉進士不中補三班奉職遷右班殿直從雷有終討王均於蜀有降寇數百據險叛使綸擊之綸馳報曰此窮寇急之則生患不如諭以向背有終用其說賊果棄兵來降以功遷右侍禁慶州兵馬監押權閤門祗候益彰簡等州都巡檢使所部卒縱酒掠居民綸斬首惡數人衆乃定徙荊州提點刑獄遷東頭供奉官提點開封府界縣鎭公事奉使靈夏還會辰州溪峒彭氏蠻內寇以知辰州綸至築蓬山驛路賊不得通乃遁去徙知渭州改內殿崇班知鎭戎軍奉使契丹安撫使曹瑋表留之不可蠻復入寇爲辰州澧鼎等州緣邊五溪十峒巡檢安撫使諭蠻酋禍福購還所掠民遣官與盟刻石於境上久之除江淮制置發運副使時鹽課大虧乃奏除通泰楚三州鹽戶宿負官助其器用鹽入優與之直由是歲增課數十萬石復置鹽場於杭秀海三州歲入課又百五十萬居二歲增上供米八十萬疏五渠導太湖入於海復租米六十萬開長蘆西河以避覆舟之患又築漕河隄二百里於高郵北旁錮鉅石爲十礎以泄橫流泰州有捍海堰延袤百五十里久廢不治歲患海濤冒民田綸方議修復論者難之以爲濤患息而畜潦之患興矣綸曰濤之患十九而潦之患十一獲多而忘少豈不可邪表三請願身自臨役命兼權知泰州卒成堰復逋戶二千六百州民利之爲立生祠居淮南六年累遷文思使昭州刺史契丹隆緒死爲吊慰副使歷知秦瀛二州兩知滄州再遷東上閤門使眞拜乾州刺史徙知潁川卒綸有材畧所至興利除害爲人恕喜施予在江淮見漕卒凍餒道死者衆歎曰此有司之過非所以體上仁也推奉錢市絮襦千數衣不能自存者

邵曄字日華其先京兆人唐末喪亂曾祖岳挈族之荊南謁高季興不見禮遂之湖南彭玕刺全州辟爲判官會賊魯仁恭寇連州卽署岳國子司業知州事遂家桂陽祖崇德道州錄事參軍父簡連山令曄幼嗜學恥從辟署太平興國八年擢進士第解褐授邵陽主簿改大理評事知蓬州錄事參軍時太子中舍楊全知州性悍率蒙昧部民張導豐等三人被誣爲劫盜悉寘於死獄已具曄察其枉不署牘白全當核其實全不聽引道豐等抵法號呼不服再繫獄按驗旣而捕獲正盜道豐等遂得釋全坐削籍爲民曄代還引對太宗謂曰爾能活吾平民深可嘉也賜錢五萬下詔以全事戒諭天下授曄光祿寺丞使廣南採訪刑獄俄通判荊南賜緋魚遷著作佐郎知忠州歷太常丞江南轉運副使改監察御史以母老乞就養得知朗州入判三司磨勘司遷工部員外郎淮南轉運使景德中假光祿卿充交阯安撫國信使會黎桓死其子龍鉞嗣立兄龍全率兵劫庫財而去其弟龍廷殺鉞自立龍廷兄明護率扶蘭砦兵攻戰曄駐嶺表以事上聞改命爲緣海安撫使許以便宜設方畧曄貽書安南諭朝廷威德俾速定位明護等卽時聽命奉龍廷主軍事初詔曄俟其事定卽以黎桓禮物改賜新帥曄上言懷撫外夷當示誠信不若俟龍廷貢奉別加封爵而寵賜之眞宗甚嘉納使還改兵部員外郎賜金紫初受使假官錢八十萬市私覿物及爲安撫已償其半餘皆詔除之嘗上邕州至交州水陸路及宜州山川等四圖頗詳控制之要俄判三司三勾院坐所舉季隨犯贓曄當削一官上以其遠使之勤止令停任大中祥符初起知兗州表請東封優詔答之及遣王欽若趙安仁經度封禪仍判州事就命曄爲京東轉運使封禪禮畢起拜刑部郎中復判三勾院出爲淮南江浙荊湖制置發運使四年改右諫議大夫知廣州州城瀕海每蕃舶至岸常苦颶風曄鑿內濠通舟颶不能害俄遘疾卒年六十三

崔立字本之開封鄢陵人祖周度仕周爲泰寧軍節度判官慕容彥超叛周度以大義責之遂見殺立中進士第爲果州團練推官役兵輦官物道險乏率衆錢傭舟載歸知州姜從革論如率歛法當斬三人立曰此非私已罪杖爾從革初不聽卒論奏詔如立議眞宗記之特改大理寺丞知安豐縣大水壞期斯塘立躬督繕治踰月而成進殿中丞歷通判廣州許州會滑州塞決河調民出芻楗命立提舉受納立計其用有餘而下戶未輸者尚二百萬悉奏弛之知江陰軍屬縣有利港久廢立教民濬治旣成溉田數千頃及開橫河六十里通運漕累遷太常少卿歷知棣漢相潞兗鄆涇七州兗州歲大饑募富人出穀十萬餘石振饑者所全活者甚衆立性淳謹尤喜論事大中祥符間帝旣封禪士大夫爭奏上符瑞獻贊頌立獨言水發徐州旱連江淮無爲烈風金陵火天所以警驕惰戒淫泆也區區符瑞尚何足爲治道言前後上四十餘事以右諫議大夫知耀州改知濠州還給事中告老進尚書工部侍郎致仕卒識韓琦於布衣以女妻之人嘗服其鑒云

魯有開字元翰參知政事宗道從子也好禮學通左氏春秋用宗道蔭知韋城縣曹濮劇盜橫行旁縣間聞其名不敢入境知確山縣大姓把持官政有開治其最甚者遂以無事興廢陂溉民田數千頃富弼守蔡薦之以爲有古循吏風知金州有蠱獄當死者數十人有開曰欲殺人衷謀之足矣安得若是衆邪訊之則誣天方旱獄白而雨知南康軍代還熙寧行新法王安石問江南如何曰法新行未見其患當在異日也以所對乖異出通判杭州知衞州水災人乏食擅貸常平錢粟與之且奏乞蠲其息徙冀州增隄或謂郡無水患何以役爲有開曰豫備不虞古之善計也卒成之明年河決水果至不能冒隄而止朝廷遣使河北民遮誦有開功狀召爲膳部郎中元祐中歷知信陽軍洺滑州復守冀官至中大夫卒

張逸字天隱鄭州滎陽人進士及第爲試秘書省校書郎知襄州鄧城縣有能名知州謝泌將薦逸先設几案置章其上望闕再拜曰老臣爲朝廷得一良吏迺奏之他日引對眞宗問所欲何官逸對曰母老在家願得近鄉一幕職官歸奉甘旨足矣授澶州觀察推官數日以母喪去服除引對帝又問之對曰願得京官特改大理寺丞帝雅賢泌再召問逸者用泌薦也知長水縣時王嗣宗留守西京厚遇之及徙靑神縣貧不自給嗣宗

假奉半年使辦裝既至縣興學校教生徒後邑人陳希亮楊異相繼登科逸改其居曰桂枝里縣東南有松栢灘夏秋暴漲多覆舟逸禱江神不踰月灘爲徙五里時人異之再遷太常博士知尉氏縣擢監察御史提點益州路刑獄開封府判官使契丹爲兩浙轉運使徙陝西未赴又徙河東居數月復徙陝西以龍圖閣待制知梓州累遷尚書兵部郎中知開封府有僧求內降免田稅而逸固執不許仁宗曰有司能守法朕何憂也又言頃禁命婦干禁中恩比來稍通女謁願令官司糾劾從之以樞密直學士知益州逸凡四至蜀諳其民風華陽騶長殺人誣道旁行者縣吏受財獄既具乃使殺人者守囚逸曰囚色寃守者氣不直豈守者殺人乎囚始敢言而守者果服立誅之蜀人以爲神會歲旱逸使作堰壅江水溉民田自出公租減價以振民初民饑多殺耕牛食之犯者皆配關中逸奏民殺牛以活將死之命與盜殺者異若不禁之又將廢穡事今歲少稔請一切放還復其業報可未幾卒于官

吳遵路字安道父淑見文苑傳第進士累官至殿中丞爲祕閣校理章獻太后稱制政事得失下莫敢言遵路條奏十餘事語皆切直忤太后意出知常州嘗預市米吳中以備歲儉已而果大乏食民賴以濟自他州流至者亦全十八九累遷尚書司封員外郎權開封府推官改三司鹽鐵判官加直史館爲淮南轉運副使會罷江淮發運使遂兼發運司事嘗於眞楚泰州高郵軍置斗門十九以畜泄水利又廣屬郡常平倉儲畜至二百萬以待凶歲凡所規畫後皆便之遷工部郎中坐失按斷州王蒙正故入部吏死罪降知洪州徙廣州辭不行是時發運司既復置使乃以爲發運使未至召修起居注元昊反建請復民兵除天章閣待制河東路計置糧草受詔料揀河東鄕民可爲兵者諸路視以爲法進兵部郎中權知開封府馭吏嚴肅屬縣無追逮時宋庠鄭戩葉清臣皆宰相呂夷簡所不悅遵路與三人雅相厚善夷簡忌之出知宣州上禦戎要略邊防雜事二十篇徙陝西都轉運使還龍圖閣直學士知永興軍被病猶決事不輟手自作奏及卒仁宗聞而悼之詔遣官護喪還京師遵路幼聰敏既長博學知大體母喪廬墓蔬食終制性夷雅愼重寡言笑善筆札其爲政簡易不爲聲威立朝敢言無所阿倚平居廉儉無他好既沒室無長物其友范仲淹分奉賙其家子瑛爲尚書比部員外郎不待老而歸

趙尚寬字濟之河南人參知政事安仁子也知平陽縣鄰邑有大囚十數破械夜逸殺居民將犯境尚寬趣尉出捕曰盜謂我不能來方怠惰易取也宜亟往毋使得散漫且爲害尉既出又遣徼巡兵躡其後悉獲之知忠州俗畜蠱殺人尚寬揭方書市中教人服藥募索爲蠱者窮治寘于理大化其俗轉運使持鹽數十萬斤課民易白金期會促尚寬發官帑所儲副其須徐與民爲市不擾而集嘉祐中以考課第一知唐州唐素沃壤經五代亂田不耕土曠民稀賦不足以充役議者欲廢爲邑尚寬曰土曠可益墾辟民稀可益招徠何廢郡之有乃按視圖記得漢召信臣陂渠故迹益發卒復疏三陂一渠溉田萬餘頃又敎民自爲支渠數十轉相浸灌而四方之民來者雲布尚寬復請以荒田計口授之及貸民官錢買耕牛比三年榛莽復爲膏腴增戶積萬餘尚寬勤於農政治有異等之效三司使包拯與部使者交上其事仁宗聞而嘉之下詔褒焉仍進秩賜金留于唐凡五年民像以祠而王安石蘇軾作新田新渠詩以美之徙同宿二州河中府神勇卒苦大校貪虐刊匿名書告變尚寬命焚之曰妄言耳衆乃安已而奏黜校分士卒隸他營又徙梓州尚寬去唐數歲田日加闢戶日益衆朝廷推功自少府監以直龍圖閣知梓州積官至司農卿卒詔賜錢五十萬

高賦字正臣中山人以父任爲右班殿直復舉進士改奉禮郎四遷太常博士歷知眞定縣通判劍邢石州成德軍知衢州俗尚巫鬼民毛氏柴氏二十餘家世畜蠱毒值閏歲害人尤多與人忿爭輒毒之賦悉擒治伏辜蠱患遂絕徙唐州州田經百年曠不耕前守趙尚寬菑墾不遺力而榛莽者尚多賦繼其後益募兩河流民計口給田使耕作陂堰四十四再滿再留比其去田增闢三萬一千三百餘頃戶增萬一千三百八十歲益稅二萬二千二百五十七璽書褒諭宣布治狀以勸天下兩州爲生立祠擢提點河東刑獄又加直龍圖閣知滄州程昉欲於境內開西流河繞州城而北注三塘泊賦曰滄城近河歲增隄防猶懼奔溢刱妄有開鑿乎昉執不從後功竟不成歷蔡潞二州入同判太常寺進集賢院學士在朝多所建明嘗言二府大臣或僦舍委巷散處京城公私非便宜倣前代丞相府於端門前列置大第俾居之又言仁宗朝爲兗國公主治第用錢數十萬緡今有五大長公主若悉如前比其費無藝願講求中制裁爲定式請諸道提點刑獄司置檢法官庶專平讞使民不寃乞於禁中建閣繪功臣像如漢雲臺唐凌煙之制言多施行以通議大夫致仕退居襄陽卒年八十四

程師孟字公闢吳人進士甲科累知南康軍楚州提點夔路刑獄瀘戎數犯渝州邊使者治所在萬州相去遠有警率浹日乃至師孟奏徙於渝夔部無常平粟建請置倉適凶歲振民不足卽矯發他儲不俟報吏懼白不可師孟曰必俟報饑者盡死矣竟發之徙河東路晉地多土山旁接川谷春夏大雨水濁如黃河俗謂之天河可漑灌師孟勸民出錢開渠築堰淤良田萬八千頃裒其事爲水利圖經頒之州縣爲度支判官知洪州積石爲江隄浚章溝揭北閘以節水升降後無水患判三司都磨勘司接伴契丹使蕭惟輔日白溝之地當兩屬今南朝植柳數里而以北人漁界河爲罪豈理也哉師孟曰兩朝當守誓約涿郡有案牘可覆視君舍文書騰口說詎欲生事耶惟輔媿謝出爲江西轉運使盜發袁州州吏爲耳目久不獲師孟械吏數輩送獄盜卽成擒加直昭文館知福州築子城建學舍治行最東南徙廣州州城爲儂寇所毀他日有警民駭竄方伯相踵至皆言上疏惡不可築師孟在廣六年作西城及交阯陷邕管聞廣守備固不敢東時師孟已召還朝廷念前功以爲給事中集賢殿修撰判都水監賀契丹生辰至涿州契丹命席迎者正南向涿州官西向宋使价東向師孟曰是卑我也不就列自日昃爭至暮從者失色師孟辭氣益厲叱儐者易之於是更與迎者東西向明日涿人餞于郊疾馳過不顧涿人移雄州以爲言坐罷歸班復起知越州青州遂致仕以光祿大夫卒年七十八師孟累領劇鎭爲政簡而嚴罪非死者不以屬吏發擿隱伏如神得豪惡不逞跌宕者必痛懲艾之至勦絕乃已所部肅然洪福廣越爲立生祠

韓晉卿字伯修密州安丘人爲童子時日誦書數千言長以五經中第歷肥鄉嘉興主簿安肅軍司法參軍平城令大理詳斷審刑詳議官通判應天府知同州壽州奏課第一擢刑部郎中元祐初知明州兩浙轉運使差役法復行諸道處畫多倉卒失敍獨晉卿視民所宜而不戾法指入爲大理少卿遷卿晉卿自仁宗朝已典讞臬時朝廷有疑議輒下公卿雜議開封民爭鶉殺人王安石以爲盜拒捕鬬而死殺之無罪晉卿曰是鬬殺也登州婦人謀殺夫郡守許遵執爲按問安石復主之晉卿曰當死事久不決爭論盈庭終持之不肯變用是知名元豐置大理獄多內庭所付晉卿持平考核無所上下神宗稱其才每讞獄雖明若事連貴要屢鞫弗成者必以委之嘗被詔按治寧州獄循故事當入對晉卿曰奉使有指三尺法具在豈應刺侯主意輕重其心乎受命卽行諸州請讞大辟執政惡其多將劾不應讞者晉卿曰聽斷求所以生之仁恩之至也苟讞而獲譴後不來矣議者又欲引唐日覆奏令天下庶戮悉奏決晉卿言可疑可矜者許上請祖宗之制也四海萬里必須繫以聽朝命恐自今瘐死者多於伏辜者矣朝廷皆行其說故士大夫間推其忠厚不以法家名之卒于官

葉康直字景温建州人擢進士第知光化縣縣多竹民皆編爲屋康直敎用陶瓦以寧火患凡政皆務以利民時豐稷爲穀城令亦以治績顯人歌之曰葉光化豐穀城清如水平如衡會布行新法以爲司農屬歷永興秦鳳轉運判官從陝西進提點刑獄轉運副使五路兵西征康直領涇原糧道承受內侍梁同以餉惡妄奏神宗怒械康直將誅之王安禮力救得歸故官元祐初加直龍圖閣知秦州中書舍人曾肇蘇轍劾康直諂事李憲免官究實無狀改知河中府復爲秦州夏人侵甘谷康直戒諸將設伏以待殲其二酋自是不敢犯境進寶文閣待制陝西都運使以疾請知亳州通濬積潦民獲田數十萬畝召爲兵部侍郎卒年六十四

宋史卷四百二十七

元中書右丞相總裁脫脫等修

列傳第一百六十八

道學一

周敦頤　程顥　程頤　張載弟戩　邵雍

道學之名古無是也三代盛時天子以是道爲政敎大臣百官有司以是道爲職業黨庠術序師弟子以是道爲講習四方百姓日用是道而不知是故盈覆載之間無一民一物不被是道之澤以遂其性於斯時也道學之名何自而立哉文王周公旣沒孔子有德無位旣不

能使是道之用漸被斯世退而與其徒定禮樂明憲章删詩修春秋讃易象討論墳典期使三五聖人之道昭明於無窮故曰夫子賢於堯舜遠矣孔子沒曾子獨得其傳傳之子思以及孟子孟子沒而無傳兩漢而下儒者之論大道察焉而弗精語焉而弗詳異端邪說起而乘之幾至大壞千有餘載至宋中葉周敦頤出於舂陵乃得聖賢不傳之學作太極圖說通書推明陰陽五行之理命於天而性於人者瞭若指掌張載作西銘又極言理一分殊之情然後道之大原出於天者灼然而無疑焉仁宗明道初年程顥及弟頤寔生及長受業周氏已乃擴大其所聞表章大學中庸二篇與語孟並行於是上自帝王傳心之奧下至初學入德之門融會貫通無復餘蘊迄宋南渡新安朱熹得程氏正傳其學加親切焉大抵以格物致知為先明善誠身為要凡詩書六藝之文與夫孔孟之遺言顛錯於秦火支離於漢儒幽沉於魏晉六朝者至是皆煥然而大明秩然而各得其所此宋儒之學所以度越諸子而上接孟氏者歟其於世代之汚隆氣化之榮悴有所關係也甚大道學盛於宋宋弗究於用甚至有厲禁焉後之時君世主欲復天德王道之治必來此取法矣邵雍高明英悟程氏實推重之舊史列之隱逸未當今置張載後張栻之學亦出程氏既見朱熹相與博約又大進焉其他程朱門人考其源委各以類從作道學傳

周敦頤字茂叔道州營道人元名敦實避英宗舊諱改焉以舅龍圖閣學士鄭向任為分寧主簿有獄久不決敦頤至一訊立辨邑人驚曰老吏不如也部使者薦之調南安軍司理參軍有囚法不當死轉運使王逵欲深治之逵酷悍吏也衆莫敢爭敦頤獨與之辨不聽乃委手版歸將棄官去曰如此尚可仕乎殺人以媚人吾不為也逵悟囚得免移郴之桂陽令治績尤著郡守李初平賢之語之曰吾欲讀書何如敦頤曰公老無及矣請為公言之二年果有得徙知南昌南昌人皆曰是能辨分寧獄者吾屬得所訴矣富家大姓黠吏惡少惴惴焉不獨以得罪於令為憂而又以汚穢善政為恥歷合州判官事不經手吏不敢決雖下之民不肯從部使者趙抃惑於譖口臨之甚威敦頤處之超然通判虔州抃守虔熟視其所為乃大悟執其手曰吾幾失君矣今而後乃知周茂叔也熙寧初知郴州用抃及呂公著薦為廣東轉運判官提點刑獄以洗冤澤物為己任行部不憚勞苦雖瘴癘險遠亦緩視徐按以疾求知南康軍因家廬山蓮花峯下前有溪合於湓江取營道所居濂溪以名之抃再鎮蜀將奏用之未及而卒年五十七黃庭堅稱其人品甚高胸懷灑落如光風霽月廉於取名而銳於求志薄於徼福而厚於得民菲於奉身而燕及煢嫠陋於希世而尚友千古博學力行著太極圖明天理之根源究萬物之終始其說曰無極而太極太極動而生陽動極而靜靜而生陰靜極復動一動一靜互為其根分陰分陽兩儀立焉陽變陰合而生水火木金土五氣順布四時行焉五行一陰陽也陰陽一太極也太極本無極也五行之生也各一其性無極之眞二五之精妙合而凝乾道成男坤道成女二氣交感化生萬物萬物生生而變化無窮焉惟人也得其秀而最靈形既生矣神發知矣五性感動而善惡分萬事出矣聖人定之以中正仁義而主靜立人極焉故聖人與天地合其德日月合其明四時合其序鬼神合其吉凶君子修之吉小人悖之凶故曰立天之道曰陰與陽立地之道曰柔與剛立人之道曰仁與義又曰原始反終故知死生之說大哉易也斯其至矣又著通書四十篇發明太極之蘊序者謂其言約而道大文質而義精得孔孟之本源大有功於學者也掾南安時程珦通判軍事視其氣貌非常人與語知其為學知道因與為友使二子顥頤往受業焉敦頤每令尋孔顏樂處所樂何事二程之學源流乎此矣故顥之言曰自再見周茂叔後吟風弄月以歸有吾與點也之意侯師聖學於程頤未悟訪敦頤敦頤曰吾老矣說不可不詳留對榻夜談越三日乃還頤驚異之曰非從周茂叔來耶其善開發人類此嘉定十三年賜謚曰元公淳祐元年封汝南伯從祀孔子廟庭二子壽燾燾官至寶文閣待制

程顥字伯淳世居中山後從開封徙河南高祖羽太宗朝三司使父珦仁宗錄舊臣後以為黃陂尉久之知龔州時宜獠區希範既誅鄉人忽傳其神降言當為我南海立祠於是迎其神以往至龔珦使詰之曰比過潯潯守以為妖投祠具江中逆流而上守懼乃更致禮珦使復投之順流去其妄乃息徙知磁州又徙漢州嘗宴客開元僧舍酒方行人讙言佛光見觀者相騰踐不可禁珦安坐不動頃之遂定熙寧法行為守令者奉命唯恐後珦獨抗議指其未便使者李元瑜怒卽移病歸旋致仕累轉太中大夫元祐五年卒年八十五珦慈恕而剛斷平居與幼賤處唯恐有傷其意至於犯義理則不假也左右使令之人無日不察其飢飽寒燠前後五得任子以均諸父之子孫嫁遣孤女必盡其力所得奉祿分贍親戚之貧者伯母寡居奉養甚至從兄女既適人而喪其夫珦迎以歸教養其子均於子姪時官小祿薄克己為義人以為難文彥博蘇頌等九人表其清節詔賜帛二百官給其葬顥舉進士調鄠上元主簿鄠民有借兄宅居者發地得瘞錢兄之子訴曰父所藏顥問幾何年曰四十年彼借居幾時曰二十年矣遣吏取十千視之謂訴者曰今官所鑄錢不五六年卽遍天下此皆未藏前數十年所鑄何也其人不能答茅山有池產龍如蜥蜴而五色祥符中胥取二龍入都半塗失其一中使云飛空而逝民俗嚴奉不懈顥捕而脯之為晉城令富人張氏父死旦有老叟踵門曰我汝父也子驚疑莫測相與詣縣叟曰身為醫遠出治疾而妻生子貧不能養以與張顥質其驗取懷中一書進其所記曰某年月日抱兒與張三翁家顥問張是時幾四十安得有翁稱叟駭謝民稅粟多移近邊載往則道遠就糴則價高顥擇富而可任者預使貯粟以待費大省民以事至縣者必告以孝弟忠信入所以事其父兄出所以事其長上度鄉村遠近為伍保使之力役相助患難相卹而姦偽無所容凡孤煢殘廢者責之親戚鄉黨使無失所行旅出於其塗者疾病皆有所養鄉必有校暇時親至召父老與之語兒童所讀書親為正句讀教者不善則為易置擇子弟之秀者聚而教之鄉民為社會為立科條旌別善惡使有勸有恥在縣三歲民愛之如父母熙寧初用呂公著薦為太子中允監察御史裏行神宗素知其名數召見每退必曰頻來欲常常見卿一日從容咨訪報正午始趨出庭中人曰御史不知上未食乎前後進說甚多大要以正心窒慾求賢育材為言務以誠意感悟主上嘗勸帝防未萌之欲及勿輕天下士帝俯躬曰當為卿戒之王安石執政議更法令中外皆不以為便言者攻之甚力顥被旨赴中堂議事安石方怒言者厲色待之顥徐曰天下事非一家私議願平氣以聽安石為之愧屈自安石用事顥未嘗一語及於功利居職八九月數論時政最後言曰智者若禹之行水行其所無事也舍而之險阻不足以言智自古興治立事未有中外人情交謂不可而能有成者況於排斥忠良沮廢公議用賤陵貴以邪干正者乎正使徼倖有小成而興利之臣日進尙德之風浸衰尤非朝廷之福遂乞去言職安石本與之善及是雖不合猶敬其忠信不深怒但出提點京西刑獄顥固辭改僉書鎭寧軍判官司馬光在長安上疏求退稱顥公直以為己所不如程昉治河取澶卒八百而虐用之衆逃歸羣僚畏昉欲勿納顥曰彼逃死自歸弗納必亂若昉怒吾自任之卽親往啓門拊勞約少休三日復役衆讙踊而入具以事上得不遣昉後過州揚言曰澶卒之潰蓋程中允誘之吾且訴於上顥聞之曰彼方憚我何能為果不敢言曹村埽決顥謂郡守劉渙曰曹村決京師可虞臣子之分身可塞亦所當為盍盡遣廂卒見付渙以鎭印付顥立走決所激諭士卒議者以為勢不可塞徒勞人爾顥命善泅者度決口引巨索濟衆兩岸並進數日而合求監洛河竹木務歷年不敘伐閱特遷太常丞帝又欲使修三經義執政不可命知扶溝縣廣濟蔡河在縣境瀕河惡子無生理顓務取行舟財貨歲必焚舟十數以立威顥捕得一人使引其類貫宿惡分地處之令以挽繂為業且察為奸者自是境無焚剽患內侍王中正按閱保甲權焰章震諸邑競侈供張悅之主吏來請顥曰吾邑貧安能效他邑取於民法所禁也獨有令故青帳可用爾除判武學李定劾其新法之初首為異論罷歸故官又坐獄逸囚責監汝州鹽稅哲宗立召為宗正丞未行而卒年五十四顥資性過人充養有道和粹之氣盎於面背門人交友從之數十年亦未嘗見其忿厲之容遇事優為雖當倉卒不動聲色自十五六時與弟頤聞汝南周敦頤論學遂厭科舉之習慨然有求道之志泛濫於諸家出入於老釋者幾十年返求諸六經而後得之秦漢以來未有臻斯理者教人自致知至於知止誠意至於平天下灑掃應對至於窮理盡性循循有序病學者厭卑近而騖高遠卒無成焉故其言曰道之不明異端害之也昔之害近而易知今之害深而難辨昔之惑人也乘其迷暗今之惑人也因其高明自謂之窮神知化而不足以開物成務言為無不周遍實則外於倫理窮深極微而不可以入堯舜之道天下之學非淺陋固滯則必入於此自道之不明也邪誕妖妄之說競起塗生民之耳目溺天下於汚濁雖高才明智膠於見聞醉生夢死不自覺也是皆正路之蓁蕪聖門之蔽塞闢之而後可以入道顥之死士大夫識與不識莫不哀傷焉文彥博采衆論題其墓曰明道先生其弟頤序之曰周公沒聖人之道不行孟軻死聖人之學不傳道不行百世無善治學不傳千載無眞儒無善治士猶得以明夫善治之道以淑諸人以傳諸後無眞儒則貿貿焉莫知所之人欲肆而天理滅矣先生生於千四百年之後得不傳之學於

遺經以興起斯文爲己任辨異端闢邪說使聖人之道煥然復明於世蓋自孟子之後一人而已然學者於道不知所向則孰知斯人之爲功不知所至則孰知斯名之稱情也哉嘉定十三年賜謚曰純公淳祐元年封河南伯從祀孔子廟庭

程頤字正叔年十八上書闕下欲天子黜世俗之論以王道爲心游太學見胡瑗問諸生以顏子所好何學頤因答曰學以至聖人之道也聖人可學而至歟曰然學之道如何曰天地儲精得五行之秀者爲人其本也眞而靜其未發也五性具焉曰仁義禮智信形旣生矣外物觸其形而動其中矣其中動而七情出焉曰喜怒哀樂愛惡欲情旣熾而益蕩其性鑿矣是故覺者約其情使合於中正其心養其性愚者則不知制之縱其情而至於邪僻梏其性而亡之然學之道必先明諸心知所養然後力行以求至所謂自明而誠也誠之之道在乎信道篤信道篤則行之果行之果則守之固仁義忠信不離乎心造次必於是顛沛必於是出處語默必於是久而弗失則居之安動容周旋中禮而邪僻之心無自生矣故顏子所事則曰非禮勿視非禮勿聽非禮勿言非禮勿動仲尼稱之則曰得一善則拳拳服膺而弗失之矣又曰不遷怒不貳過有不善未嘗不知知之未嘗復行此其好之篤學之得其道也然聖人則不思而得不勉而中顏子則必思而後得必勉而後中其與聖人相去一息所未至者守之也非化之也以其好學之心假之以年則不日而化矣後人不達以謂聖本生知非學可至而爲學之道遂失不求諸己而求諸外以博聞强記巧文麗辭爲工榮華其言鮮有至於道者則今之學與顏子所好異矣瑗得其文大驚異之卽延見處以學職呂希哲首以師禮事頤治平元豐間大臣屢薦皆不起哲宗初司馬光呂公著共疏其行義曰伏見河南府處士程頤力學好古安貧守節言必忠信動遵禮法年踰五十不求仕進眞儒者之高蹈聖世之逸民望擢以不次使士類有所矜式詔以爲西京國子監教授力辭尋召爲秘書省校書郞旣入見擢崇政殿說書卽上疏言習與智長化與心成今夫人民善教其子弟者亦必延名德之士使與之處以薰陶成性況陛下春秋之富雖睿聖得於天資而輔養之道不可不至大率一日之中接賢士大夫之時多親寺人宮女之時少則氣質變化自然而成願選名儒入侍勸講講罷留之分直以備訪問或有小失隨事獻規歲月積久必能養成聖德

頤每進講色甚莊繼以諷諫聞帝在宮中盥而避蟻問有是乎曰然誠恐傷之爾頤曰推此心以及四海帝王之要道也神宗喪未除冬至百官表賀頤言節序變遷時思方切乞改賀爲慰旣除喪有司請開樂置宴頤又言除喪而用吉禮尚當因事張樂今特設宴是喜之也皆從之帝嘗以瘡疹不御邇英累日頤詣宰相問安否且曰上不御殿太后不當獨坐且人主有疾大臣可不知乎翌日宰相以下始奏請問疾蘇軾不悅於頤頤門人賈易朱光庭不能平合攻軾胡宗愈顧臨詆頤不宜用孔文仲極論之遂出管勾西京國子監久之加直祕閣再上表辭董敦逸復摭其有怨望語去官紹聖中削籍竄涪州李淸臣尹洛卽日迫遣之欲入別叔母亦不許明日贐以銀百兩頤不受徽宗卽位徙峽州俄復其官又奪於崇寧卒年七十五頤於書無所不讀其學本於誠以大學語孟中庸爲標指而達於六經動止語默一以聖人爲師其不至乎聖人不止也張載稱其兄弟從十四五時便脫然欲學聖人故卒得孔孟不傳之學以爲諸儒倡其言之旨若布帛菽粟然知德者尤尊崇之嘗言今農夫祁寒暑雨深耕易耨播種五穀吾得而食之百工技藝作爲器物吾得而用之介胄之士被堅執銳以守土宇吾得而安之無功澤及人而浪度歲月晏然爲天地間一蠹唯綴緝聖人遺書庶幾有補爾於是著易春秋傳以傳於世易傳序曰易變易也隨時變易以從道也其爲書也廣大悉備將以順性命之理通幽明之故盡事物之情而示開物成務之道也聖人之憂患後世可謂至矣去古雖遠遺經尚存然而前儒失意以傳言後學誦言而忘味自秦而下蓋無傳矣予生千載之後悼斯文之湮晦將俾後人沿流而求源此傳所以作也易有聖人之道四焉以言者尚其辭以動者尚其變以制器者尚其象以卜筮者尚其占吉凶消長之理進退存亡之道備於辭推辭考卦可以知變象與占在其中矣君子居則觀其象而玩其辭動則觀其變而玩其占得於辭不達其意者有矣未有不得於辭而能通其意者也至微者理也至著者象也體用一源顯微無間觀會通以行其典禮則辭無所不備故善學者求言必自近易於近者非知言者也予所傳者辭也由辭以得意則在乎人焉春秋傳序曰天之生民必有出類之才起而君長之治之而爭奪息導之而生養遂敎之而倫理明然後人道立天道成地道平二帝而上聖賢世出隨時有作順乎風氣之宜不先天以開人各因時而立政暨乎三王迭興三重旣備子丑寅之建正忠質文之更尚人道備矣天運周矣聖王旣不復作有天下者雖欲倣古之跡亦私意妄爲而已事之謬秦至以建亥爲正道之悖漢專以智力持世豈復知先王之道也夫子當周之末以聖人不復作也順天應時之治不復有也於是作春秋爲百王不易之大法所謂考諸三王而不謬建諸天地而不悖質諸鬼神而無疑百世以俟聖人而不惑者也先儒之傳游夏不能贊一辭辭不待贊者也言不能與於斯爾斯道也唯顏子嘗聞之矣行夏之時乘殷之輅服周之冕樂則韶舞此其準的也後世以史視春秋謂褒善貶惡而已至於經世之大法則不知也春秋大義數十其義雖大炳如日星乃易見也惟其微辭隱義時措從宜者爲難知也或抑或縱或予或奪或進或退或微或顯而得乎義理之安文質之中寬猛之宜是非之公乃制事之權衡揆道之模範也夫觀百物然後識化工之神聚衆材然後知作室之用於一事一義而欲窺聖人之用心非上智不能也故學春秋者必優游涵泳默識心通然後能造其微也後王知春秋之義則雖德非禹湯尚可以法三代之治自秦而下其學不傳予悼夫聖人之志不明於後世也故作傳以明之俾後之人通其文而求其義得其意而法其用則三代可復也是傳也雖未能極聖人之蘊奧庶幾學者得其門而入矣平生誨人不倦故學者出其門最多淵源所漸皆爲名士涪人祠頤於北巖世稱爲伊川先生嘉定十三年賜謚曰正公淳祐元年封伊陽伯從祀孔子廟庭門人劉絢李籲謝良佐游酢張繹蘇昞皆班班可書附於左呂大鈞大臨見大防傳

張載字子厚長安人少喜談兵至欲結客取洮西之地年二十一以書謁范仲淹一見知其遠器乃警之曰儒者自有名敎可樂何事於兵因勸讀中庸載讀其書猶以爲未足又訪諸釋老累年究極其說知無所得反而求之六經嘗坐虎皮講易京師聽從者甚衆一夕二程至與論易次日語人曰比見二程深明易道吾所弗及汝輩可師之撤坐輟講與二程語道學之要渙然自信曰吾道自足何事旁求於是盡棄異學淳如也舉進士爲祁州司法參軍雲巖令政事以敦本善俗爲先每月吉具酒食召鄉人高年會縣庭親爲勸酬使人知養老事長之義因問民疾苦及告所以訓戒子弟之意熙寧初御史中丞呂公著言其有古學神宗方一新百度思得才哲士謀之召見問治道對曰爲政不法三代者終苟道也帝悅以爲崇文院校書他日見王安石安石問以新政載曰公與人爲善則人以善歸公如敎玉人琢玉則宜有不受命者矣明州苗振獄起往治之末殺其罪還朝卽移疾屛居南山下終日危坐一室左右簡編俯而讀仰而思有得則識之或中夜起坐取燭以書其志道精思未始須臾息亦未嘗須臾忘也敝衣蔬食與諸生講學每告以知禮成性變化氣質之道學必如聖人而後已以爲知人而不知天求爲賢人而不求爲聖人此秦漢以來學者大蔽也故其學尊禮貴德樂天安命以易爲宗以中庸爲體以孔孟爲法黜怪妄辨鬼神其家昏喪葬祭率用先王之意而傳以今禮又論定井田宅里發歛學校之法皆欲條理成書使可舉而措諸事業呂大防薦之曰載之始終善發明聖人之遺旨其論政治略可復古宜還其舊職以備諮訪乃詔知太常禮院與有司議禮不合復以疾歸中道疾甚沐浴更衣而寢旦而卒貧無以斂門人共買棺奉其喪還翰林學士許將等言其恬於進取乞加贈卹詔賜館職半賻載學古力行爲關中士人宗師世稱爲橫渠先生著書號正蒙又作西銘曰乾稱父坤稱母予玆藐焉乃混然中處故天地之塞吾其體天地之帥吾其性民吾同胞物吾與也大君者吾父母宗子其大臣宗子之家相也尊高年所以長其長慈孤幼所以幼其幼聖其合德賢其秀也凡天下疲癃殘疾惸獨鰥寡皆吾兄弟之顚連而無告者也于時保之子之翼也樂且不憂純乎孝者也違曰悖德害仁曰賊濟惡者不才其踐形惟肖者也知化則善述其事窮神則善繼其志不愧屋漏爲無忝存心養性爲匪懈惡旨酒崇伯子之顧養育英材潁封人之錫類不弛勞而底豫舜其功也無所逃而待烹申生其恭也體其受而歸全者參乎勇於從而順令者伯奇也富貴福澤將厚吾之生也貧賤憂戚庸玉女於成也存吾順事沒吾寧也程頤嘗言西銘明理一而分殊擴前聖所未發與孟子性善養氣之論同功自孟子後蓋未之見學者至今尊其書嘉定十三年賜謚曰明公淳祐元年封郿伯從祀孔子廟庭弟戩

戩字天祺起進士調閿鄉主簿知金堂縣誠心愛人養老恤窮間召父老使敎督子弟民有小善皆籍記之以奉錢爲酒食月吉召老者飲勞使其子孫侍勸以孝弟民化其德所至獄訟日少熙寧初爲監察御史裏行累章論王安石亂法乞罷條例司及追還常平使者劾曾公亮陳升之趙抃依違不能救正韓絳左右徇從與爲

死黨李定以邪語竊臺諫且安石擅國輔以絳之詭隨臺臣又用定輩繼續而來芽蘖漸盛呂惠卿刻薄辯給假經術以文姦言豈宜勸講君側書數十上又詣中書爭之安石舉扇掩面而笑戩曰戩之狂直宜爲公笑然天下之笑公者不少矣趙抃從旁解之戩曰公亦不得爲無罪抃有愧色遂稱病待罪出知公安縣徙監司竹監至舉家不食筍常愛用一卒及將代自見其人盜筍籜治之無少貸罪已正待之復如初略不介意其德量如此卒於官年四十七

邵雍字堯夫其先范陽人父古徙衡漳又徙共城雍年三十游河南葬其親伊水上遂爲河南人雍少時自雄其才慷慨欲樹功名於書無所不讀始爲學即堅苦刻厲寒不爐暑不扇夜不就席者數年已而歎曰昔人尚友於古而吾獨未及四方於是踰河汾涉淮漢周流齊魯宋鄭之墟久之幡然來歸曰道在是矣遂不復出北海李之才攝共城令聞雍好學嘗造其廬謂曰子亦聞物理性命之學乎雍對曰幸受教乃事之才受河圖洛書宓義八卦六十四卦圖像之才之傳遠有端緒而雍探賾索隱妙悟神契洞徹蘊奧汪洋浩博多其所自得者及其學益老德益邵玩心高明以觀夫天地之運化陰陽之消長遠而古今世變微而走飛草木之性情深造曲暢庶幾所謂不惑而非依倣象類億則屢中者遂衍宓羲先天之旨著書十餘萬言行於世然世之知其道者鮮矣初至洛蓬蓽環堵不芘風雨躬樵爨以事父母雖平居屢空而怡然有所甚樂人莫能窺也及執親喪哀毀盡禮富弼司馬光呂公著諸賢退居洛中雅敬雍恒相從游爲市園宅雍歲時耕稼僅給衣食名其居曰安樂窩因自號安樂先生旦則焚香燕坐晡時酌酒三四甌微醺卽止常不及醉也興至輒哦詩自詠春秋時出遊城中風雨常不出出則乘小車一人挽之惟意所適士大夫家識其車音爭相迎候童孺廝隸皆驩相謂曰吾家先生至也不復稱其姓字或留信宿乃去好事者別作屋如雍所居以候其至名曰行窩司馬光兄事雍而二人純德尤鄉里所慕嚮父子昆弟每相飭曰毋爲不善恐司馬端明邵先生知士之道洛者有不之公府必之雍雍德氣粹然望之知其賢然不事表襮不設防畛羣居燕笑終日不爲甚異與人言樂道其善而隱其惡有就問學則答之未嘗强以語人人無貴賤少長一接以誠故賢者悅其德不賢者服其化一時洛中人才特盛而忠厚之風聞天下熙寧行新法吏牽迫不可爲或投劾去雍門生故友居州縣者皆貽書訪雍雍曰此賢者所當盡力之時新法固嚴能寬一分則民受一分賜矣投劾何益耶嘉祐詔求遺逸留守王拱辰以雍應詔授將作監主簿復舉逸士補潁州團練推官皆固辭乃受命竟稱疾不之官熙寧十年卒年六十七贈秘書省著作郎元祐中賜謚康節雍高明英邁迥出千古而坦夷渾厚不見圭角是以清而不激和而不流人與交久益尊信之河南程顥初侍其父識雍論議終日退而歎曰堯夫內聖外王之學也雍知慮絕人遇事能前知程頤嘗曰其心虛明自能知之當時學者因雍超詣之識務高雍所爲至謂雍有玩世之意又因雍之前知謂雍於凡物聲氣之所感觸輒以其動而推其變焉於是摭世事之已然者皆以雍言先之雍蓋未必然也雍疾病司馬光張載程顥程頤晨夕候之將終共議喪葬事外庭雍皆能聞衆人所言召子伯溫謂曰諸君欲葬我近城地當從先塋爾旣葬顥爲銘墓稱雍之道純一不雜就其所至可謂安且成矣所著書曰皇極經世觀物內外篇漁樵問對詩曰伊川擊壤集子伯溫別有傳

宋史卷四百二十七考證

程顥傳與弟頤聞汝南周敦頤論學○臣人龍按宋通鑑敦頤在南安不爲守所知虔之興國宰程珦假倅南安視敦頤氣貌非常人與語知深於道者令二子顥頤師之是則二程子之聞周子論學由於父命也

宋史卷四百二十八

元　中　書　右　丞　相　總　裁　脫　脫　等　修

列傳第一百八十七

道學二 程氏門人

劉絢　李籲　謝良佐　游酢
張繹　蘇昞　尹焞　楊時
羅從彥　李侗

劉絢字質夫常山人以蔭爲壽安主簿長子令督公家逋賦不假鞭朴而集歲大旱府遣吏視傷所蠲財行二絢力爭不得封還其揭請易之富弼歎曰眞縣令也元祐初韓維薦其經明行修爲京兆府教授王巖叟朱光庭又薦爲太學博士卒于官絢力學不倦最明於春秋程顥每爲人言他人之學敏則有矣未易保也若絢者吾無疑焉

李籲字端伯洛陽人登進士第元祐中爲秘書省校書郎卒程頤謂其才器可以大受及亡也祭之以文曰自子兄弟倡明道學能使學者視倣而信從者籲與劉絢有焉

謝良佐字顯道壽春上蔡人與游酢呂大臨楊時在程門號四先生登進士第建中靖國初官京師召對忤旨去監西京竹木場坐口語繫詔獄廢爲民良佐記問該贍對人稱引前史至不差一字事有未徹則顙有泚與程頤別一年復來見問其所進曰但去得一矜字爾頤喜謂朱光庭曰是子力學切問而近思者也所著論語說行於世

游酢字定夫建州建陽人與兄醇以文行知名所交皆天下士程頤見之京師謂其資可以進道程顥興扶溝學招使肄業盡棄其學而學焉第進士調蕭山尉近臣薦其賢召爲太學錄遷博士以奉親不便求知河陽縣范純仁守潁昌府辟府教授純仁入相復爲博士僉書齊州泉州判官晚得監察御史歷知漢陽軍和舒濠三州而卒

張繹字思叔河南壽安人家甚微年長未知學傭力於市出聞邑官傳呼聲心慕之問人曰何以得此人曰此讀書所致爾卽發憤力學遂以文名預鄉里計偕謂科舉之習不足爲嘗游僧舍見僧道楷將祝髮從之時周行已官河南警之曰何爲舍聖人之學而學佛異日程先生歸可師也會程頤還自涪乃往受業頤賞其穎悟讀孟子志士不忘在溝壑勇士不忘喪其元慨然若有得未及仕而卒頤嘗言吾晚得二士謂繹與尹焞也

蘇昞字季明武功人始學於張載而事二程卒業元祐末呂大中薦之起布衣爲太常博士坐元符上書入邪籍編管饒州卒

尹焞字彥明一字德充世爲洛人曾祖仲宣七子而二子有名長子源字子漸是謂河內先生次子洙字師魯是謂河南先生源生林官至虞部員外郎林生焞少師事程頤嘗應舉發策有誅元祐諸臣議焞曰噫尚可以干祿乎哉不對而出告頤曰焞不復應進士舉矣頤曰子有母在焞歸告其母陳母曰吾知汝以善養不知汝以祿養頤聞之曰賢哉母也於是終身不就舉焞之從師與河南張繹同時繹以高識焞以篤行頤旣沒焞聚徒洛中非吊喪問疾不出戶士大夫宗仰之靖康初种師道薦焞德行可備勸講召至京師不欲留賜號和靖處士戶部尚書梅執禮御史中丞呂好問戶部侍郎邵溥中書舍人胡安國合奏河南布衣尹焞學窮根本德備中和言動可以師法器識可以任大近世招延之士無出其右者朝廷宣召而命處士以歸使焞韜藏國器不爲時用未副陛下側席求賢之意望特加識擢以慰士大夫之望不報次年金人陷洛焞闔門被害焞死復甦門人舁置山谷中而免劉豫命僞師趙斌以禮聘焞不從則以兵恐之焞自商州奔蜀至閬得程頤易傳十卦於其門人呂稽中又得全本於其壻邢純拜而受之紹興四年止于涪涪頤讀易地也闢三畏齋以居邦人不識其面侍讀范沖舉焞自代授左宣教郎充崇政殿說書以疾辭范沖奏給五百金爲行資遣漕臣奉詔至涪親遣六年始就道作文祭頤而後行先是崇寧以來禁錮元祐學術高宗渡江始召楊時寘從班召胡安國居給舍范沖朱震俱在講席薦焞甚力旣召而左司諫陳公輔上疏攻程氏之學乞加屏絕焞至九江上奏曰臣僚上言程頤之學惑亂天下焞實師頤垂二十年學之旣專自信甚篤使焞濫列經筵其所敷繹不過聞於師者舍其所學是欺君父加以疾病衰耗不能支持遂留不進胡安國奉祠居衡陽上書言欲使學者蹈中庸師孔孟而禁不從程頤之學是入室而不由戶朱震引疾告去時趙鼎去位張浚獨相於是召安國俾以內祠兼侍讀而上章薦焞言其拒劉豫之節且謂其所學所養有大過人者乞令江州守臣疾速津送至國門復以疾辭上曰焞可謂恬退矣詔以秘書郎兼說書趣起之焞始入見就職八年除秘書少監未幾力辭求去上語參知政事劉大中曰焞未論所學淵源足爲後進矜式班列得老成人亦是朝廷氣象乃以焞直徽猷閣主管萬壽觀留侍經筵賚善堂翊善朱震疾亟薦焞自代輔臣入奏上愀然曰楊時物故胡安國與震又亡朕痛惜之趙鼎曰尹焞學問淵源可以繼震上指奏牘曰震亦薦焞代賚善之職但焞微聵恐教兒費力爾除太常少卿仍兼說書未幾稱疾在告除權禮部侍郎兼侍講時金人遣張通古蕭哲來議和焞上疏曰臣伏見本朝有遼金之禍亘古未聞中國無人致其猖亂者城下之戰詭詐百出二帝北狩皇族播遷宗社之危已絕而續陛下卽位以來十有二年雖中原未復讐敵未殄然而

賴祖宗德澤之厚陛下勤苦之至億兆之心無有離異前年徽宗皇帝寧德皇后崩問遠來莫究不豫之狀天下之人痛心疾首而陛下方且屈意降志以迎奉梓宮請問諱日爲事今又爲此議則人心日去祖宗積累之業陛下十二年勤撫之功當決於此矣不識陛下亦嘗深謀而熟慮乎抑在廷之臣不以告也禮曰父母之讎不共戴天兄弟之讎不反兵今陛下信讐敵之譎詐而覬其肯和以紓目前之急豈不失不共戴天不反兵之義乎又况使人之來以詔諭爲名以割地爲要今以不戴天之讎與之和臣切爲陛下痛惜之或以金國內亂懼我襲己故爲甘言以緩王師倘或果然尤當鼓士卒之心雪社稷之恥尙何和之爲務又移書秦檜言今北使在廷天下憂憤若和議一成彼日益强我日益怠侵尋朘削天下有被髮左衽之憂比者竊聞主上以父兄未返降志辱身於九重之中有年矣然亦自是未聞金人悔過還二帝於沙漠繼之梓宮崩問不詳天下之人痛恨切骨金人狠虎貪噬之性不言可見天下方將以此望於相公覬有以革其已然豈意爲之已甚乎今之上策莫如自治自治之要內則進君子而遠小人外則賞當功而罰當罪使主上孝弟通於神明道德成於安彊勿以小智孑義而圖大功不勝幸甚疏及書皆不報於是焞固辭新命九年以徽猷閣待制提舉萬壽觀兼侍講又辭且奏言臣職在勸講蔑有發明期月之間病告相繼坐竊厚祿無補聖聰先聖有言陳力就列不能者止此當去一也臣起自草茅誤膺召用守道之語形于訓詞而臣貪戀寵榮遂稜素守使朝廷非常不次之舉獲懷利苟得之人此當去者二也比嘗不量分守言及國事識見迂陋已驗于今跡其庸愚豈堪時用此當去者三也臣自擢春官未嘗供職以疾乞去更獲超遷有何功勞得以祗受此當去者四也國朝典法揆之禮經年至七十皆當致仕今臣年齒已及加以疾病血氣既衰戒之在得此當去者五也臣聞聖君有從欲之仁匹夫有莫奪之志今臣有五當去之義無一可留之理乞檢會累放歸田里疏上以焞提舉江州太平觀引年告老轉一官致仕焞自入經筵即乞休致朝廷以禮留之浚鼎既去秦檜當國見焞議和疏及與檜書已不樂至是得求去之疏遂不復留十二年卒當是時學于程頤之門者固多君子然求質直弘毅實體力行若焞者蓋鮮頤嘗以魯許之且曰我死而不失其正者尹氏子也其言行見於涪陵記善錄爲詳有論語解及門人問答傳于世

楊時字中立南劍將樂人幼穎異能屬文稍長潛心經史熙寧九年中進士第時河南程顥與弟頤講孔孟絕學于熙豐之際河洛之士翕然師之時調官不赴以師禮見顥於潁昌相得甚懽其歸也顥目送之曰吾道南矣四年而顥死時聞之設位哭寢門而以書赴告同學者至是又見程頤於洛時蓋年四十矣一日見頤頤偶瞑坐時與游酢侍立不去頤既覺則門外雪深一尺矣關西張載嘗著西銘二程深推服之時疑其近於兼愛與其師頤辨論往復聞理一分殊之說豁然無疑杜門不仕者十年久之歷知瀏陽餘杭蕭山三縣皆有惠政民思之不忘張舜民在諫垣薦之得荊州敎授時安於州縣未嘗求聞達而德望日重四方之士不遠千里從之游號曰龜山先生時天下多故有言於蔡京者以爲事至此必敗宜引舊德老成置諸左右庶幾猶可及時宰是之會有使高麗者國主問龜山安在使回以聞召爲秘書郎遷著作郎及面對奏曰堯舜曰允執厥中孟子曰湯執中洪範曰皇建其有極歷世聖人由斯道也熙寧之初大臣文六藝之言以行其私祖宗之法紛更殆盡元祐繼之盡復祖宗之舊熙寧之法一切廢革至紹聖崇寧抑又甚焉凡元祐之政事著在令甲皆焚之以滅其跡自是分爲二黨縉紳之禍至今未殄臣願明詔有司條具祖宗之法著爲綱目有宜於今者舉而行之當損益者損益之元祐熙豐姑置勿問一趨於中而已朝廷方圖燕雲虛內事外時遂陳時政之獘且謂燕雲之師宜退守內地以省轉輸之勞募邊民爲弓弩手以殺常勝軍之勢又言城都居四達之衢無高山巨浸以爲阻衞士人懷異心緩急不可倚仗執政不能用登對力陳君臣警戒正在無虞之時乞爲宣和會計錄以周知天下財物出入之數徽宗首肯之除邇英殿說書聞金人入攻謂執政曰今日事勢如積薪已然當自奮厲以竦動觀聽若示以怯懦之形委靡不振則事去矣昔汲黯在朝淮南寢謀論黯之才未必能過公孫弘輩也特其直氣可以鎭壓姦雄之心爾朝廷威望弗振使姦雄一以弘輩視之則無復可爲也要害之地當嚴爲守備比至都城尙何及哉近邊州軍宜堅壁淸野勿與之戰使之自困若攻戰略地當遣援兵追襲使之腹背受敵則可以制勝矣且謂今日之事當以收人心爲先人心不附雖有高城深池堅甲利兵不足恃也免夫之役毒被海內京城聚斂東南花石其害尤甚前此蓋嘗罷之詔墨未乾而花石供奉之舟已銜尾矣今雖復申前令而禍根不除人誰信之欲致人和去此三者正今日之先務也金人圍京城勤王之兵四集而莫相統一時言唐九節度之師不立統帥雖李郭之善用兵猶不免敗衄今諸路烏合之衆臣謂當立統帥一號令示紀律而後士卒始用命又言童貫爲三路大帥敵人侵疆棄軍而歸孥戮之有餘罪朝廷置之不問故梁方平何灌皆相繼而遁當正典刑以爲臣子不忠之戒童貫握兵二十餘年覆軍殺將馴至今日比聞防城仍用閹人覆車之轍不可復蹈疏上除右諫議大夫兼侍講敵兵初退議者欲割三鎭以講和時極言其不可曰河朔爲朝廷重地而三鎭又河朔之要藩也自周世宗迄太祖太宗百戰而後得之一旦棄之北庭使敵騎疾驅貫吾腹心不數日可至京城今聞二鎭之民以死拒之三鎭拒其前吾以重兵躡其後尙可爲也若种師道劉光世皆一時名將始至而未用乞召問方略疏上欽宗詔出師而議者多持兩端時抗疏曰聞金人駐磁相破大名劫虜驅掠無有紀極誓墨未乾而背不旋踵吾雖欲專守和議不可得也夫越數千里之遠犯人國都危道也彼見勤王之師四面而集亦懼而歸非愛我而不攻朝廷割三鎭二十州之地與之是欲助寇而自攻也聞肅王初與之約及河而返今挾之以往此敗盟之大者臣竊謂朝廷宜以肅王爲問責其敗盟必得肅王而後已時太原圍閉數月而姚古擁兵逗留不進時上疏乞誅古以肅軍政拔偏裨之可將者代之不報李綱之罷太學生伏闕上書乞留綱與种師道軍民集者數十萬朝廷欲防禁之吳敏乞用時以靖太學時得召對言諸生伏闕紛紛忠於朝廷非有他意但擇老成有行誼者爲之長貳則將自定欽宗曰無逾於卿遂以時兼國子祭酒首言三省政事所出六曹分治各有攸司今乃別辟官屬新進少年未必賢於六曹長貳又言蔡京用事二十餘年蠹國害民幾危宗社人所切齒而論其罪者莫知其所本也蓋京以繼述神宗爲名實挾王安石以圖身利故推尊安石加以王爵配饗孔子廟庭今日之禍實安石有以啓之謹按安石挾管商之術飭六藝以文姦言變亂祖宗法度當時司馬光已言其爲害當見於數十年之後今日之事若合符契其著爲邪說以塗學者耳目而敗壞其心術者不可縷數姑即一二事明之昔神宗嘗稱美漢文惜百金以罷露臺安石乃言陛下若能以堯舜之道治天下雖竭天下以自奉不爲過守財之言非正理曾不知堯舜茅茨土階禹曰克儉于家則竭天下以自奉者必非堯舜之道其後王黼以應奉花石之事竭天下之力號爲享上實安石有以倡之也其釋鳧鷖守成之詩於末章則謂以道守成者役使羣衆泰而不爲驕宰制萬物費而不爲侈孰弊弊然以愛爲事詩之所言正謂能持盈則神祇祖考安樂之而無後艱爾自古釋之者未有泰而不爲驕費而不爲侈之說也安石獨倡爲此說以啓人主之侈心後蔡京輩輕費妄用以侈靡爲事安石邪說之害如此伏望追奪王爵明詔中外毀去配享之像使邪說淫辭不爲學者之惑疏上安石遂降從祀之列士之習王氏學取科第者已數十年不復知其非忽聞以爲邪說議論紛然諫官馮澥力主王氏上疏詆時會學官中有紛爭者有旨學官並罷時亦罷祭酒時又言元祐黨籍中惟司馬光一人獨褒顯而未及呂公著韓維范純仁呂大防安燾輩建中初言官陳瓘已褒贈而未及鄒浩於是元祐諸臣皆次第牽復尋四上章乞罷諫省除給事中辭乞致仕除徽猷閣直學士提舉嵩山崇福宮時力辭直學士之命改除徽猷閣待制提舉崇福宮陛辭猶上書乞選將練兵爲戰守之備高宗即位除工部侍郎陛對言自古聖賢之君未有不以典學爲務除兼侍讀乞修建炎會計錄乞恤勤王之兵乞寬假言者連章丐外以龍圖閣直學士提舉杭州洞霄宮已而告老以本官致仕優游林泉以著書講學爲事卒年八十三謚文靖時在東郡所交皆天下士先達陳瓘鄒浩皆以師禮事時暨渡江東南學者推時爲程氏正宗與胡安國往來講論尤多時浮沉州縣四十有七年晚居諫省僅九十日凡所論列皆切於世道而其大者則闢王氏經學排靖康和議使邪說不作凡紹興初崇尙元祐學術而朱熹張栻之學得程氏之正其源委脈絡皆出於時子迪力學通經亦嘗師程頤云

羅從彥字仲素南劍人以累舉恩爲惠州博羅縣主簿聞同郡楊時得河南程氏學慨然慕之及時爲蕭山令遂徒步往學焉時熟察之乃喜曰惟從彥可與言道於是日益以親時弟子千餘人無及從彥者從彥初見時三日即驚汗浹背曰不至是幾虛過一生矣嘗與時講易至乾九四爻云伊川說甚善從彥即鬻田走洛見頤問之頤反覆以告從彥謝曰聞之龜山具是矣乃歸卒業沙縣陳淵楊時之壻也嘗詣從彥必竟日乃返謂人曰自吾交仲素日聞所不聞奧學清節直南州之冠冕

也既而築室山中，絕意仕進，終日端坐，間謁時將溪上吟咏而歸，恒充然自得焉。嘗采祖宗故事爲遵堯錄，靖康中擬獻闕下，會國難不果。嘗與學者論治曰：祖宗法度不可廢，德澤不可恃。廢法度則變亂之事起，恃德澤則驕佚之心生。自古德澤最厚莫若堯舜，向使子孫可恃，則堯舜必傳其子。法度之明莫如周，向使子孫世守文武成康之遺緒，雖至今存可也。又曰：君子在朝則天下必治，蓋君子進則常有亂世之言，使人主多憂而善心生，故治。小人在朝則天下亂，蓋小人進則常有治世之言，使人主多樂而怠心生，故亂。又曰：天下之變不起於四方而起於朝廷，譬如人之傷氣則寒暑易侵，木之傷心則風雨易折。故內有林甫之姦，則外必有祿山之亂；內有盧杞之姦，則外必有朱泚之叛。其論士行曰：周孔之心使人明道，學者果能明道，則周孔之心深自得之。三代人才得周孔之心而明道者多，故視死生去就如寒暑晝夜之移，而忠義行之者易。至漢唐以經術古文相尙，而失周孔之心，故經術自董生、公孫弘倡之，古文自韓愈、柳宗元啓之，於是明道者寡，故視死生去就如萬鈞九鼎之重，而忠義行之者難。嗚呼，學者所見自漢唐喪矣。又曰：士之立朝，要以正直忠厚爲本。正直則朝廷無過失，忠厚則天下無嗟怨。一於正直而不忠厚，則漸入於刻；一於忠厚而不正直，則流入於懦。其議論醇正類此。朱熹謂龜山倡道東南，士之游其門者甚衆，然潛思力行任重詣極，如仲素一人而已。紹興中卒。學者稱之曰豫章先生。淳祐間謚文質。

李侗字愿中，南劍州劍浦人。年二十四，聞郡人羅從彥得河洛之學，遂以書謁之，其略曰：侗聞之，天下有三本焉，父生之，師敎之，君治之，闕其一則本不立。古之聖賢莫不有師，其肄業之勤惰，涉道之淺深，求益之先後，若存若亡，其詳不可得而考。惟洙泗之間，七十二弟子之徒，議論問答，具在方册，有足稽焉，是得夫子而益明矣。孟氏之後，道失其傳，枝分派別，自立門戶，天下眞儒不復見於世。其聚徒成羣，所以相傳授者，句讀文義而已爾，謂之熄焉可也。其惟先生服膺龜山先生之講席有年矣，況嘗及伊川先生之門，得不傳之道於千五百年之後，性明而修，行完而潔，擴之以廣大，體之以仁恕，精深微妙，各極其至，漢唐諸儒無近似者。至於不言而飲人以和，與人並立而使人化，如春風發物，蓋亦莫知其所以然也。凡讀聖賢之書，粗有識見者，孰不願得授經門下，以質所疑，至於異論之人，固當置而勿論也。侗之愚鄙，徒以習舉子業，不得服役於門下，而今日拳拳欲求敎者，以謂所求有大於利祿也。抑侗聞之，道可以治心，猶食之充飽，衣之禦寒也。人有迫於饑寒之患者，皇皇焉爲衣食之謀，造次顚沛，未始忘也。至於心之不治，有沒世不知慮，豈愛心不若口體哉，弗思甚矣。侗不量資質之陋，徒以祖父以儒學起家，不忍墜箕裘之業，孜孜矻矻爲利祿之學，雖知眞儒有作，聞風而起，固不若先生親炙之得於動靜語默之間，目擊而意全也。今生二十有四歲，茫乎未有所止，燭理未明而是非無以辨，宅心不廣而喜怒易以搖，操履不完而悔吝多，精神不克而智巧襲揉焉而不淨，守爲而不敷，朝夕恐懼，不啻如饑寒切身者求充饑禦寒之具也。不然，安敢以不肖之身爲先生之累哉。從之累年，授春秋、中庸、語、孟之說。從彥好靜坐，侗退入室亦靜坐。從彥令靜中看喜怒哀樂未發前氣象，而求所謂中者。久之，而於天下之理該攝洞貫，以次融釋，各有條序，從彥亟稱許焉。既而退居山田，謝絕世故餘四十年，食飲或不充，而怡然自適。事親孝謹，仲兄性剛多忤，侗事之得其懽心。閨門內外，夷愉肅穆，若無人聲，而衆事自理。親戚有貧不能婚嫁者，則爲經理振助之。與鄉人處，飲食言笑，終日油油如也。其接後學，答問不倦，雖隨人淺深施敎，而必自反身自得始。故其言曰：學問之道不在多言，但默坐澄心，體認天理。若是，雖一毫私欲之發，亦退聽矣。又曰：學者之病，在於未有洒然冰解凍釋處。如孔門諸子，羣居終日，交相切磨，又得夫子爲之依歸，日用之間觀感而化者多矣。恐於融釋而不脫落處，非言說所及也。又曰：讀書者知其所言莫非吾事，而卽吾身以求之，則凡聖賢所至而吾所未至者，皆可勉而進矣。若直求之文字，以資誦說，其不爲玩物喪志者幾希。又曰：講學切在深潛縝密，然後氣味深長，蹊徑不差。若槩以理一而不察其分之殊，此學者所以流於疑似亂眞之說而不自知也。嘗以黃庭堅之稱濂溪周茂叔胸中灑落，如光風霽月，爲善形容有道者氣象，嘗諷誦之，而顧謂學者存此於胸中，庶幾遇事廓然，而義理少進矣。其語中庸曰：聖門之傳是書，其所以開悟後學無遺策矣。然所謂喜怒哀樂未發謂之中者，又一篇之指要也。若徒記誦而已，則亦奚以爲哉。必也體之於身，實見是理，若顏子之歎，卓然若有所見，而不違乎心目之間，然後擴克而往，無所不通，則庶乎其可以言中庸矣。其語春秋曰：春秋一事各是發明一例，如觀山水，徙步而形勢不同，不可拘以一法。然所以難言者，蓋以常人之心推測聖人，未到聖人灑然處，豈能無失耶。侗旣閑居，若無意當世，而傷時憂國，論事感激動人。嘗曰：今日三綱不振，義利不分。三綱不振，故人心邪僻，不堪任用，是致上下之氣間隔，而中國日衰。義利不分，故自王安石用事，陷溺人心，至今不自知覺。人趨利而不知義，則主勢日孤。人主當於此留意，不然，則是所謂雖有粟，吾得而食諸也。是時吏部員外郎朱松與侗爲同門友，雅重侗，遣子熹從學，熹卒得其傳。沙縣鄧迪嘗謂松曰：愿中如冰壺秋月，瑩徹無瑕，非吾曹所及。松以謂知言。而熹亦稱侗姿稟勁特，氣節豪邁，而充養完粹，無復圭角，精純之氣達於面目，色溫言厲，神定氣和，語默動靜，端詳閑泰，自然之中若有成法。平日恂恂，於事若無甚可否，及其酬酢事變，斷以義理，則有截然不可犯者。又謂自從侗學，辭去復來，則所聞益超絕。其上達不已如此。侗子友直、信甫皆舉進士，試吏旁郡，更請迎養。歸道武夷，會閩帥汪應辰以書幣來迎，侗往見之，至之日疾作，遂卒，年七十有一。信甫仕至監察御史，出知衢州，擢廣東、江東憲，以特立不容於朝云。

宋史卷四百二十八考證

羅從彥傳南劍人○臣人龍按弘簡錄作羅源人豫章書云南昌人考南昌縣西南七十里有地號羅家原爲仲素故居楊澥稱仲素爲南州冠冕則仲素之爲南昌人固不誣也

宋史卷四百二十九

元 中 書 右 丞 相 總 裁 脫 脫 等 修

列傳第一百八十八

道學三

朱熹　張栻

朱熹字元晦，一字仲晦，徽州婺源人。父松字喬年，中進士第。胡世將、謝克家薦之，除秘書省正字。趙鼎都督川陝荆襄軍馬，招松爲屬，辭。鼎再相，除校書郎，遷著作郎。以御史中丞常同薦，除度支員外郎，史館校勘，歷司勳、吏部郎。秦檜決策議和，松與同列上章，極言其不可。檜怒，風御史論松懷異自賢，出知饒州，未上，卒。熹幼穎悟，甫能言，父指天示之曰：天也。熹問曰：天之上何物？松異之。就傅，授以孝經，一閱，題其上曰：不若是，非人也。嘗從羣兒戲沙上，獨端坐以指畫沙，視之，八卦也。年十八貢于鄉，中紹興十八年進士第。主泉州同安簿，選邑秀民充弟子員，日與講說聖賢修己治人之道，禁女婦之爲僧道者。罷歸請祠，監潭州南嶽廟。明年，以輔臣薦，與徐度、呂廣問、韓元吉同召，以疾辭。孝宗卽位，詔求直言，熹上封事言：聖躬雖未有過失，而帝王之學不可以不熟講；朝政雖未有闕遺，而修攘之計不可以不早定；利害休戚雖不徧舉，而本原之地不可以不加意。陛下毓德之初，親御簡策，不過風誦文辭，吟詠情性，又頗留意於老子、釋氏之書。夫記誦詞藻，非所以探淵源而出治道；虛無寂滅，非所以貫本末而立大中。帝王之學，必先格物致知，以極夫事物之變，使義理所存，纖悉畢照，則自然意誠心正，而可以應天下之務。次言修攘之計不時定者，講和之說誤之也。夫金人於我有不共戴天之讎，則不可和也明矣。願斷以義理之公，閉關絕約，任賢使能，立紀綱，厲風俗，數年之後，國富兵強，視吾力之強弱，觀彼釁之淺深，徐起而圖之。次言四海利病，係斯民之休戚，斯民休戚，係守令之賢否。監司者守令之綱，朝廷者監司之本也。欲斯民之得其所，本原之地亦在朝廷而已。今之監司，姦贓狼籍、肆虐以病民者，莫非宰執臺諫之親舊賓客。其已失勢者，既按見其交私之狀而斥去之；尙在勢者，豈無其人，顧陛下無自而知之耳。隆興元年，復召。入對，其一言：大學之道在乎格物以致其知。陛下雖有生知之性，高世之行，而未嘗隨事以觀理，卽理以應事，是以舉措之間動涉疑貳，聽納之際未免蔽欺，平治之效所以未著。其二言：君父之讎不與共戴天。今日所當爲者，非戰無以復讎，非守無以制勝。且陳古先聖王所以強本折衝、威制遠人之道。時相湯思退方倡和議，除熹武學博士，待次。乾道元年，促就職，既至而洪适爲相，復主和，論不合，歸。三年，陳俊卿、劉珙薦爲樞密院編修官，待次。五年，丁內艱。六年，工部侍郎胡銓以詩人薦，與王庭珪同召，以未終喪辭。七年，既免喪，復召，以祿不及養辭。九年，梁克家相，申前命，又辭。克家奏熹屢召不起，宜蒙褒錄，執政俱稱之，上曰：熹安貧守道，廉退可嘉。特改合入官，主管台州崇道觀。熹以求退得進，於義未安，再辭。淳熙元年，始拜命。二年，上欲獎用廉退，以勵風俗，龔茂良行丞相，以熹名進，除秘書郎，力辭，且以手書遺茂良言一時權倖羣小乘間讒毀乃因熹再辭卽從其請主管武夷山沖佑觀五年史浩再相除知南康軍降旨便道之官熹再辭不許至郡興利除害值歲不雨講求荒政多所全活訖事奏乞依格推賞納粟人間詣郡學引進士子與之講論訪白鹿洞書院遺址奏復其舊爲學規俾守之明年夏大旱詔監司郡守條具民間利病遂上疏言天下之務莫大於恤民而恤民之本在人君正心術以立紀綱蓋天下之紀綱不能以自立必人主之心術公平正大無偏黨反側之私然後有所繫而立君心不能以自正必親賢臣遠小人講明義理之歸閉塞私邪之路然後乃可得而正今宰相臺省師傅賓友諫諍之臣皆失其職而陛下所與親密謀議者不過一二近習之臣上以蠱惑陛下之心志使陛下不信先王之大道而悅於功利之卑說不樂莊士之讜言而安於私昵之鄙態下則招集天下士大夫之嗜利無恥者文武彙分各入其門所喜則陰爲引援擢寘清顯所惡則密行訾毀公肆擠排交通貨賂所盜者皆陛下之財命卿置將所竊者皆陛下之柄陛下所謂宰相師傅賓友諫諍之臣或反出其門牆承望其風旨其幸能自立者亦不過齪齪自守而未嘗敢一言以斥之其甚畏公論者乃能略警逐其徒黨之一二既不能深有所傷而終亦不敢正言以擣其囊橐窟穴之所在勢成威立中外靡然向之使陛下之號令黜陟不復出於朝廷而出於一二人之門名爲陛下獨斷而實此一二人者陰執其柄且云莫大之禍必至之憂近在朝夕而陛下獨未之知上讀之大怒曰是以我爲亡也熹以疾請祠不報陳俊卿以舊相守金陵過闕入見薦熹甚力宰相趙雄言於上曰士之好名陛下疾之愈甚則人之譽之愈衆無乃適所以高之不若因其長而用之彼漸當事任能否自見矣上以爲然乃除熹提舉江西常平茶鹽公事旋錄救荒之勞除直祕閣以前所奏納粟人未推賞辭會浙東大饑宰相王淮奏改熹提舉浙東常平茶鹽公事卽日單車就道復以納粟人未推賞辭職名納粟賞行遂受職名入對首陳災異之由與修德任人之說次言陛下卽政之初蓋嘗選建英豪任以政事不幸其間不能盡得其人是以不復廣求賢哲而姑取軟熟易制之人以充其位於是左右私褻使令之賤始得以奉燕間備驅使而宰相之權日輕又慮其勢有所偏而因重以壅己也則時聽外廷之論將以陰察此輩之負犯而操切之陛下既未能循天理公聖心以正朝廷之大體則固已失其本矣而又欲兼聽士大夫之言以爲駕馭之術則士大夫之進見有時而近習之從容無間士大夫之禮貌旣莊而難親其議論又苦而難入近習便嬖側媚之態既足以蠱心志在胥吏狡獪之術又足以眩聰明是以雖欲微抑此輩而此輩之勢日重雖欲兼采公論而士大夫之勢日輕重者既挾其重以竊陛下之權輕者又借力於所重以爲竊位固寵之計日往月來浸淫耗蝕使陛下之德業日隳綱紀日壞邪佞充塞貨賂公行兵愁民怨盜賊間作災異數見饑饉荐臻羣小相挺人人皆得滿其所欲惟有陛下了無所得而顧乃獨受其弊上爲動容所奏凡七事其一二事手書以防宣洩熹始拜命卽移書他郡募米商蠲其征及至則客舟之米已輻輳熹日鈎訪民隱按行境內單車屏徒從所至人不及知郡縣官吏憚其風采至自引去所部肅然凡丁錢和買役法榷酤之政有不便於民者悉釐而革之於救荒之餘隨事處畫必爲經久之計有短熹者謂其疏於爲政上謂王淮曰朱熹政事却有可觀熹以前後奏請多所見抑幸而從者率稽緩後時蝗旱相仍不勝憂憤復奏言爲今之計獨有斷自聖心沛然發號責躬求言然後君臣相戒痛自省改其次惟有盡出內庫之錢以供大禮之費爲收糴之本詔戶部免徵舊負詔漕臣依條檢放租稅詔宰臣沙汰被災路分州軍監司守臣之無狀者遴選賢能責以荒政庶幾猶足下結人心消其乘時作亂之意不然臣恐所憂者不止於饑殍而將在於盜賊蒙其害者不止於官吏而上及於國家也知台州唐仲友與王淮同里爲姻家吏部尚書鄭丙侍御史張大經交薦之遷江西提刑未行熹行部至台訟仲友者紛然按得其實章三上淮匿不以聞熹論愈力仲友亦自辯淮乃以熹章進呈上令宰屬看詳都司陳庸等乞令浙西提刑委清强官究實仍令熹速往旱傷州郡相視熹時留台未行既奉詔益上章論前後六上淮不得已奪仲友江西新命以授熹辭不拜遂歸且乞奉祠時鄭丙上疏詆程氏之學且以沮熹淮又擢太府寺丞陳賈爲監察御史賈面對首論近日搢紳有所謂道學者大率假名以濟僞願考察其人擯棄勿用蓋指熹也十年詔以熹累乞奉祠可差主管台州崇道觀既而連奉雲臺鴻慶之祠者五年十四年周必大相除熹提點江西刑獄公事以疾辭不許遂行十五年淮罷相遂入奏首言近年刑獄失當獄官當擇其人次言經總制錢之病民及江西諸州科罰之弊而其末言陛下卽位二十七年因循荏苒無尺寸之效可以仰酬聖志嘗反覆思之無乃燕閒蠖濩之中虛明應物之地天理有所未純人欲有所未盡是以爲善不能克其量除惡不能去其根一念之頃公私邪正是非得失之機交戰於其中故體貌大臣非不厚而便嬖側媚得以深被腹心之寄寤寐英豪非不切而柔邪庸謬得以久竊廊廟之權非不樂聞公議正論而有時不容非不堲讒說殄行而未免誤聽非不欲報復陵廟讎恥而未免畏怯苟安非不愛養生靈財力而未免歎息愁怨願陛下自今以往一念之頃必謹而察之此爲天理耶人欲耶果天理也則敬以充之而不使其少有壅閼果人欲也則敬以克之而不使其少有凝滯推而至於言語動作之間用人處事之際無不以是裁之則聖心洞然中外融徹無一毫之私欲得以介乎其間而天下之事將惟陛下所欲爲無不如志矣是行也有要之於路以爲正心誠意之論上所厭聞戒勿以爲言熹曰吾平生所學惟此四字豈可隱默以欺吾君乎及奏上曰久不見卿浙東之事朕自知之今當處卿清要不復以州縣爲煩也時曾覿已死王抃亦逐獨內侍甘昪尚在熹力以爲言上曰昪乃德壽所薦爲其有才耳熹曰小人無才安能動人主翌日除兵部郎官以足疾丐祠本部侍郎林栗嘗與熹論易西銘不合劾熹本無學術徒竊張載程頤緒餘謂之道學所至輒攜門生數十人妄希孔孟歷聘之風邀索高價不肯供職其僞不可掩上曰林栗言似過周必大言熹上殿之日足疾未瘳勉强登對上曰朕亦見其跛曳左補闕薛叔似亦奏援熹乃令依舊職江西提刑太常博士葉適上疏與栗辨謂其言無一實者謂之道學一語無實尤甚往日王淮表裏臺諫陰廢正人蓋用此術詔熹昨入對所論皆新任職事朕亦諒其誠復從所請可疾速之任會胡晉臣除侍御史首論栗執拗不通喜同惡異無事而指學者爲黨乃黜栗知泉州熹再辭免除直寶文閣主管西京嵩山崇福宮未踰月再召熹又辭始熹嘗以爲口陳之說有所未盡乞具封事以聞至是投匭進封事曰今天下大勢如人有重病內自心腹外達四支無一毛一髮不受病者且以天下之大本與今日之急務爲陛下言之大本者陛下之心急務則輔翼太子選任大臣振舉綱紀變化風俗愛養民力修明軍政六者是也古先聖王兢兢業業持守此心是以建師保之官列諫諍之職凡飲食酒漿衣服次舍器用財賄與夫宦官宮妾之政無一不領於冢宰使其左右前後一動一靜無不制以有司之法而無纖芥之隙瞬息之頃得以隱其毫髮之私陛下所以精一克復而持守其心果有如此之功乎所以修身齊家而正其左右果有如此之效乎宮省事禁臣固不得而知然爵賞之濫貨賂之流閭巷竊言久已不勝其籍籍則陛下所以修之家者恐其未有以及古之聖王也至於左右便嬖之私恩遇過當往者淵覿說抃之徒勢焰熏灼傾動一時今已無可言矣獨有前日臣所面陳者雖蒙聖慈委曲開譬然臣之愚竊以爲此輩但當使之守門傳命供掃除之役不當假借崇長使得逞邪媚作淫巧於內以蕩上心立門庭招權勢於外以累聖政臣聞之道路自王抃既逐之後諸將差除多出此人之手陛下竭生靈膏血以奉軍旅顧乃未嘗得一溫飽是皆將帥巧爲名色奪取其糧肆行貨賂於近習以圖進用出入禁闥腹心之臣外交將帥共爲欺蔽以至於此而陛下不悟反寵暱之以是爲我之私人至使宰相不得議其制置之得失給諫不得論其除授之是非則陛下所以正其左右者未能及古之聖王又明矣至於輔翼太子則自王十朋陳良翰之後宮僚之選號爲得人而能稱其職者蓋已鮮矣而又時使邪佞儇薄闒冗庸妄之輩或得參錯於其間所謂講讀亦姑以應文備數而未聞其有箴規之效至於從容朝夕陪侍遊燕者又不過使臣宦者數輩而已師傅賓客既不復置而詹事庶子有名無實其左右春坊遂直以使臣掌之既無以發其隆師親友尊德樂義之心又無以防其戲慢媟狎奇衺雜進之害宜討論前典置師傅賓客之官罷去春坊使臣而使詹事庶子各復其職至於選任大臣則以陛下之聰明豈不知天下之事必得剛明公正之人而後可以任哉其所以常不得如此之人而反容鄙夫之竊位者直以一念之間未能徹其私邪之蔽而燕私之好便嬖之流不能盡由於法度若用剛明公正之人以爲輔相則恐其有以妨吾之事害吾之人而不得肆是以選擇之際常先排擯此等而後取凡疲懦軟熟平日不敢直言正色之人而揣摩之又於其中得其至庸極陋決可保其不至於有所妨者然後而加之於位是以除書未出而物色先定姓名未顯而中外已逆知其決非天下第一流矣至於振肅紀綱變化風俗則今日宮省之間禁密之地而天下不公之道不正之人顧乃得以竄穴盤據於其間而陛下目見耳聞無非不公不正之事則其所以薰蒸銷鑠使陛下好善之心不著

疾惡之意不深其害已有所不可勝言者矣及其作姦犯法則陛下又未能深割私愛而付諸外廷之議論以有司之法是以紀綱不正於上風俗頹弊於下其爲患之日久矣而浙中爲尤甚大率習爲軟美之態依阿之言以不分是非不辨曲直爲得計甚者以金珠爲脯醢以契券爲詩文宰相可啗則啗宰相近習可通則通近習惟得之求無復廉恥一有剛毅正直守道循理之士出乎其間則羣議衆排指爲道學而加以矯激之罪十數年來以此二字禁錮天下之賢人君子復如昔時所謂元祐學術者排擯詆辱必使無所容其身而後已此豈治世之事哉至於愛養民力修明軍政則自虞允文之爲相也盡取版曹歲入窠名之必可指擬者號爲歲終羨餘之數而輸之內帑顧以其有名無實積累掛欠空載簿籍不可催理者撥還版曹以爲內帑之積將以備他日用兵進取不時之須然自是以來二十餘年內帑歲入不知幾何而認爲私貯典以私人宰相不得以式貢均節其出入版曹不得以簿書勾考其在亡日銷月耗以奉燕私之費者蓋不知其幾何矣而曷嘗聞其能用此錢以易敵人之首如太祖之言哉徒使版曹經費闕乏日甚督促日峻以至廢去祖宗以來破分良法而必以十分登足爲限以爲未足則又造爲比較監司郡守殿最之法以誘脅之於是中外承風競爲苛急此民力之所以重困也諸將之求進也必先掊尅士卒以殖私利然後以此自結於陛下之私人而蘄以姓名達於陛下之貴將貴將得其姓名即以付之軍中使自什伍以上節次保明稱其材武堪任將帥然後具奏牘而言之陛下之前陛下但見等級推先案牘具備則誠以爲公薦而可以得人矣而豈知其論價輸錢已若晚唐之債帥哉夫將者三軍之司命而其選置之方乖剌如此則彼智勇材略之人孰肯抑心下首於宦官宮妾之門而陛下之所得以爲將帥者皆庸夫走卒而猶望其修明軍政激勸士卒以彊國勢豈不謬哉凡此六事皆不可緩而本在於陛下之一心一心正則六事無有不正一有人心私欲以介乎其間則雖欲憊精勞力以求正夫六事者亦將徒爲文具而天下之事愈至於不可爲矣疏入夜漏下七刻上已就寢亟起秉燭讀之終篇明日除主管太一宮兼崇政殿說書熹力辭除秘閣修撰奉外祠光宗即位再辭職名仍舊直寶文閣降詔獎諭居數月除江東轉運副使以疾辭改知漳州奏除屬縣無名之賦七百萬減經總制錢四百萬以習俗未知禮采古喪葬嫁娶之儀揭以示之命父老解說以教子弟土俗崇信釋氏男女聚僧廬爲傳經會女不嫁者爲菴舍以居熹悉禁之常病經界不行之害會朝論欲行泉汀漳三州經界熹乃訪事宜擇人物及方量之法上之而土居豪右浸漁貧弱者以爲不便沮之宰相留正泉人也其里黨亦多以爲不可行布衣吳禹圭上書訟其擾人詔且需後有旨先行漳州經界明年以子喪請祠時史浩入見請收天下人望乃除熹祕閣修撰主管南京鴻慶宮熹再辭詔論撰之職以寵名儒乃拜命除荆湖南路轉運副使辭漳州經界竟報罷以言不用自劾除知靜江府辭主管南京鴻慶宮未幾差知潭州力辭黃裳爲嘉王府翊善自以學不及熹乞召爲宮僚王府直講彭龜年亦爲大臣言之留正曰正非不知熹但其性剛恐到此不合反爲累耳熹方再辭有旨長沙巨屏得賢爲重遂拜命會洞獠擾屬郡熹遣人諭以禍福皆降之申敕令嚴武備戢姦吏抑豪民所至興學校明教化四方學者畢至寧宗即位趙汝愚首薦熹及陳傅良有旨赴行在奏事熹行且辭除煥章閣待制侍講辭不許入對首言乃者太皇太后躬定大策陛下寅紹丕圖可謂處之以權而庶幾不失其正自頃至今三月矣或反不能無疑於逆順名實之際竊謂陛下憂之猶有可諉者亦曰陛下之心前日未嘗有求位之計今日未嘗忘思親之懷此其所以行權而不失其正之根本也克未嘗求位之心以盡負罪引慝之誠克未嘗忘親之心以致溫凊定省之禮而大倫正大本立矣復面辭待制侍講上手劄卿經術淵源正資勸講次對之職勿復勞辭以副朕崇儒重道之意遂拜命會趙彥逾按視孝宗山陵以爲土肉淺薄下有水石孫逢吉覆按乞別求吉兆有旨集議臺史憚之議中輟熹竟上議狀言壽皇聖德衣冠之藏當博訪名山不宜偏信臺史委之水泉沙礫之中不報時論者以爲上未還大內則名體不正而疑議生金使且來或有窺伺有旨修葺舊東宮爲屋至數百間欲徙居之熹奏疏言此必左右近習倡爲此說以誤陛下而欲因以遂其姦心臣恐不惟上帝震怒災異數出正當恐懼修省之時不當興此大役以咈譴告警動之意亦恐畿甸百姓饑餓流離阽於死亡之際或能怨望忿切以生他變不惟無以感格太上皇帝之心以致未有進見之期亦恐　壽皇在殯因山未卜几筵之奉不容少弛太皇太后皇　太后皆以尊老之年煢然在憂苦之中晨昏之養尤不　可闕而四方之人但見陛下亟欲大治宮室速得成就　一旦翩然委而去之以就安便六軍萬民之心將有扼　腕不平者矣前鑑未遠甚可懼也又聞太上皇后懼忤　太上皇帝聖意不欲其聞太上之稱又不欲其聞內禪之說此又慮之過者殊不知若但如此而不爲宛轉方便則父子之間上怨怒而下憂恐將何時而已父子大倫三綱所繫久而不圖亦將有借其名以造謗生事者此又臣之所大懼也願陛下明詔大臣首罷修葺東宮之役而以其工料回就慈福重華之間草創寢殿一二十間使粗可居若夫過宮之計則臣又願陛下下詔自責減省輿衛入宮之後暫變服色如唐肅宗之改服紫袍執控馬前者以伸負罪引慝之誠則太上皇帝雖有忿怒之情亦且霍然消散而歡意浹洽矣至若朝廷之紀綱則臣又願陛下深詔左右勿預朝政其實有勳庸而所得褒賞未愜衆論者亦詔大臣公議其事稽考令典厚報其勞而凡號令之弛張人才之進退則一委之二三大臣使之反覆較量勿循已見酌取公論奏而行之有不當者繳駁論難擇其善者稱制臨決則不惟近習不得干預朝權大臣不得專任已私而陛下亦得以益明習天下之事而無所疑於得失之算矣若夫山陵之卜則願黜臺史之說別求草澤以營新宮使壽皇之遺體得安於內而宗社生靈皆蒙福於外矣疏入不報然上亦未有怒熹意也每以所講編次成帙以進上亦開懷容納熹又奏勉上進德云願陛下日用之間以求放心爲之本而於玩經觀史親近儒學益用力焉數召大臣切劘治道羣臣進對亦賜溫顏反覆詢訪以求政事之得失民情之休戚而又因以察其人才之邪正短長庶於天下之事各得其理熹奏禮經勑令子爲父嫡孫承重爲祖父皆斬衰三年嫡子當爲其父後不能襲位執喪則嫡孫繼統而代之執喪自漢文短喪歷代因之天子遂無三年之喪爲父且然則嫡孫承重可知人紀廢壞三綱不明千有餘年莫能釐正壽皇聖帝至性自天易月之外猶執通喪朝衣朝冠皆用大布所宜著在方冊爲萬世法程間者遺詔初頒太上皇帝偶違康豫不能躬就喪次陛下以世嫡承大統則承重之服著在禮律所宜遵壽皇已行之法一時倉卒不及詳議遂用漆紗淺黃之服不惟上違禮律且使壽皇已行之禮舉而復墜臣竊痛之然既往之失不及追改有將來啓殯發引禮當復用初喪之服會孝宗祔廟議宗廟迭毀之制孫逢吉曾三復首請併祧僖宣二祖奉太祖居第一室祫祭則正東向之位有旨集議僖順翼宣四祖祧主宜有所歸自太祖皇帝首尊四祖之廟治平間議者以世數寖遠請遷僖祖於夾室後王安石等奏僖祖有廟與稷契無異請復其舊時相趙汝愚雅不以復祀僖祖爲然侍從多從其說吏部尚書鄭僑欲且祧宣祖而祔孝宗熹以爲藏之夾室則是以祖宗之主下藏於子孫之夾室神宗復奉以爲始祖已爲得禮之正而合於人心所謂有舉之而莫敢廢者乎又擬爲廟制以辨以爲物豈有無本而生者廟堂不以聞即毀撤僖宣廟室更創別廟以奉四祖始寧宗之立韓侂胄自謂有定策功居中用事熹憂其害政數以爲言且約吏部侍郎彭龜年共論之會龜年出護使客熹乃上疏斥言左右竊柄之失在講筵復申言之御批云憫卿耆艾恐難立講已除卿宮觀汝愚袖御筆還上且諫且拜內侍王德謙徑以御筆付熹臺諫爭留不可樓鑰陳傅良旋封還錄黃修注官劉光祖鄧馹封章交上熹行被命除寶文閣待制與州郡差遣辭尋除知江陵府辭仍乞追還新舊職名詔依舊煥章閣待制提舉南京鴻慶宮慶元元年初趙汝愚既相收召四方知名之士中外引領望治熹獨惕然以侂胄用事爲慮既屢爲上言又數以手書啓汝愚當用厚賞酬其勞勿使得預朝政有防微杜漸謹不可忽之語汝愚方謂其易制不以爲意及是汝愚亦以誣逐而朝廷大權悉歸侂胄矣熹始以廟議自劾不許以疾再乞休致詔辭職謝事非朕優賢之意依舊祕閣修撰二年沈繼祖爲監察御史誣熹十罪詔落職罷祠門人蔡元定亦送道州編管四年熹以年近七十申乞致仕伍年依所請明年卒年七十一疾且革手書屬其子在及門人范念德黃榦拳拳以勉學及修正遺書爲言翌日正坐整衣冠就枕而逝熹登第五十年仕於外者僅九考立朝纔四十日家故貧少依父友劉子羽寓建之崇安後徙建陽之考亭簞瓢屢空晏如也諸生之自遠而至者豆飯藜羹率與之共往往稱貸於人以給用而非其道義則一介不取也自熹去國侂胄勢益張何澹爲中司首論專門之學文詐沽名乞辨眞僞劉德秀仕長沙不爲張栻之徒所禮及爲諫官首論留正引僞學之罪僞學之稱蓋自此始太常少卿胡紘言比年僞學倡獗圖爲不軌望宣諭大臣權住進擬遂召陳賈爲兵部侍郎未幾熹有奪職之命劉三傑以前御史論熹汝愚劉光祖徐誼之徒前日之僞黨至此又變而爲逆黨即日除三傑右正言右諫議大夫姚愈論道學權臣結爲死黨窺伺神器

乃命直學士院高文虎草詔諭天下，於是攻僞學日急。選人余嘉至上書乞斬熹。方是時，士之繩趨尺步稍以儒名者無所容其身，從游之士特立不顧者屏伏丘壑，依阿巽懦者更名他師，過門不入，甚至變易衣冠，狎游市肆，以自別其非黨。而熹日與諸生講學不休，或勸其謝遣生徒者，笑而不答。有籍田令陳景思者，故相康伯之孫也，與侂胄有姻連，勸侂胄勿爲已甚，侂胄意亦漸悔。熹旣沒，將葬，言者謂四方僞徒期會，送僞師之葬，會聚之間，非妄談時人短長，則謬議時政得失，望令守臣約束，從之。嘉泰初，學禁稍弛。二年，詔熹以致仕除華文閣待制，與致仕恩澤。後侂胄死，詔賜熹遺表恩澤，謚曰文。尋贈中大夫，特贈寶謨閣直學士。理宗寶慶三年，贈太師，追封信國公，改徽國。始熹少時，慨然有求道之志。父松病亟，嘗屬熹曰：「籍溪胡原仲、白水劉致中、屛山劉彥沖三人，學有淵源，吾所敬畏。吾卽死，汝往事之，而惟其言之聽。」三人，謂胡憲、劉勉之、劉子翬也。故熹之學旣博求之經傳，復徧交當世有識之士。延平李侗老矣，嘗學於羅從彥，熹歸自同安，不遠數百里，徒步往從之。其爲學，大抵窮理以致其知，反躬以踐其實，而以居敬爲主。嘗謂聖賢道統之傳散在方册，聖經之旨不明，而道統之傳始晦。於是竭其精力，以硏窮聖賢之經訓。所著書有：易本義、啓蒙、蓍卦考誤、詩集傳、大學中庸章句或問、論語孟子集註、太極圖通書西銘解、楚辭集註辨證、韓文考異；所編次有：論孟集議、孟子指要、中庸輯略、孝經刊誤、小學書、通鑑綱目、宋名臣言行錄、家禮、近思錄、河南程氏遺書、伊洛淵源錄，皆行於世。熹沒，朝廷以其大學、語、孟、中庸訓說立於學官。又有儀禮經傳通解未脫藁，亦在學官。平生爲文凡一百卷，生徒問答凡八十卷，別錄十卷。理宗紹定末，秘書郎李心傳乞以司馬光、周敦頤、邵雍、張載、程顥、程頤、朱熹七人列于從祀，不報。淳祐元年正月，上視學，手詔以張、周、二程及熹從祀孔子廟。黃榦曰：「道之正統待人而後傳，自周以來，任傳道之責者不過數人，而能使斯道章章較著者，一二人而止耳。由孔子而後，曾子、子思繼其微，至孟子而始著。由孟子而後，周、程、張子繼其絕，至熹而始著。」識者以爲知言。熹子在，紹定中爲吏部侍郞。

張栻字敬夫，丞相浚子也。穎悟夙成，浚愛之。自幼學，所敎莫非仁義忠孝之實。長師胡宏，宏一見，卽以孔門論仁親切之旨告之。栻退而思，若有得焉，宏稱之曰：「聖門有人矣。」栻益自奮厲，以古聖賢自期，作希顏錄。以蔭補官，辟宣撫司都督府書寫機宜文字，除直秘閣。時孝宗新卽位，浚起謫籍，開府治戎，參佐皆極一時之選。栻時以少年，內贊密謀，外參庶務，其所綜畫，幕府諸人皆自以爲不及也。間以軍事入奏，因進言曰：「陛下上念宗社之讎耻，下閔中原之塗炭，惕然於中，而思有以振之。臣謂此心之發，卽天理之所存也。願益加省察，而稽古親賢以自輔，無使其或少息，則今日之功可以必成，而因循之弊可革矣。」孝宗異其言，於是遂定君臣之契。浚去位，湯思退用事，遂罷兵講和。金人乘間縱兵入淮甸，中外大震，廟堂猶主和議，至敕諸將無得輒稱兵。時浚已沒，栻營葬甫畢，卽拜疏言：「吾與金人有不共戴天之讎，異時朝廷雖嘗興縞素之師，然旋遣玉帛之使，是以講和之念未忘於胸中，而至忱惻怛之心無以感格于天人之際，此所以事屢敗而功不成也。今雖重爲羣邪所誤，以蹙國而召寇，然亦安知非天欲以是開聖心哉。謂宜深察此理，使吾胸中了然無纖介之惑，然後明詔中外，公行賞罰，以快軍民之憤，則人心悅，士氣充，而敵不難却矣。繼今以往，益堅此志，誓不言和，專務自強，雖折不撓，使此心純一，貫徹上下，則遲以歲月，亦何功之不濟哉？」疏入，不報。久之，劉珙薦於上，除知撫州，未上，改嚴州。時宰相虞允文以恢復自任，然所以求者類非其道，意栻素論當與已合，數遣人致殷勤，栻不答。入奏，首言：「先王所以建事立功無不如志者，以其胸中之誠有以感格天人之心，而與之無間也。今規畫雖勞，而事功不立，陛下誠深察之日用之間，念慮云爲之際，亦有私意之發以害吾之誠者乎？有則克而去之，使吾中扃洞然無所間雜，則見義必精，守義必固，而天人之應將不待求而得矣。夫欲復中原之地，先有以得中原之心，欲得中原之心，先有以得吾民之心。求所以得吾民之心者，豈有他哉？不盡其力，不傷其財而已矣。今日之事，固當以明大義、正人心爲本。然其所施有先後，則其緩急不可以不詳；所務有名實，則其取舍不可以不審，此又明主所宜深察也。」明年，召爲吏部侍郞，兼權起居郞侍立官。時宰方謂敵勢衰弱可圖，建議遣泛使往責陵寢之故，士大夫有憂其無備而召兵者，輒斥去之。栻見上，上曰：「卿知敵國事乎？」栻對曰：「不知也。」上曰：「金國饑饉連年，盜賊四起。」栻曰：「金人之事，臣雖不知，境中之事，則知之矣。」上曰：「何也？」栻曰：「臣切見比年諸道多水旱，民貧日甚，而國家兵弱財匱，官吏誕謾，不足倚賴。正使彼實可圖，臣懼我之未足以圖彼也。」上爲默然久之。栻因出所奏疏讀之曰：「臣竊謂陵寢隔絕，誠臣子不忍言之至痛，然今未能奉辭以討之，又不能正名以絕之，乃欲卑辭厚禮以求於彼，則於大義已爲未盡，而異論者猶以爲憂，則其淺陋畏怯，固益甚矣。然臣竊揆其心意，或者亦有以見我未有必勝之形，而不能不憂也歟。蓋必勝之形，當在於早正素定之時，而不在於兩陣決機之日。」上爲竦聽改容。栻復讀曰：「今日但當下哀痛之詔，明復讎之義，顯絕金人，不與通使。然後修德立政，用賢養民，選將帥，練甲兵，通內修外攘、進戰退守以爲一事，且必治其實而不爲虛文，則必勝之形隱然可見，雖有淺陋畏怯之人，亦且奮躍而爭先矣。」上爲歎息褒諭，以爲前始未聞此論也。其後因賜對，反復前說，上益嘉歎，面諭當以卿爲講官，冀時得晤語也。會史正志爲發運使，名爲均輸，實盡奪州縣財賦，遠近騷然，士大夫爭言其害，栻亦以爲言。上曰：「正志謂但取之諸郡，非取之於民也。」栻曰：「今日州郡財賦大抵無餘，若取之不已，而經用有闕，不過巧爲名色以取之於民耳。」上矍然曰：「如卿之言，是朕假手於發運使以病吾民也。」旋閱其實，果如栻言，卽詔罷之。兼侍講，除左司員外郞。講詩葛覃，進說：「治生於敬畏，亂起於驕淫。使爲國者每念稼穡之勞，而其后妃不忘織紝之事，則心不存者寡矣。」因上陳祖宗自家刑國之懿，下斥今日興利擾民之害。上歎曰：「此王安石所謂人言不足恤者，所以爲誤國也。」知閤門事張說除簽書樞密院事，栻夜草疏極諫其不可，旦詣朝堂，質責宰相虞允文曰：「宦官執政，自京、黼始；近習執政，自相公始。」允文慙憤不堪。栻復奏：「文武誠不可偏，然今欲右武以均二柄，而所用乃得如此之人，非惟不足以服文吏之心，正恐反激武臣之怒。」孝宗感悟，命得中寢。然宰相實陰附說，明年出栻知袁州，申說前命，中外諠譁，說竟以謫死。栻在朝未期歲，而召對至六七，所言大抵皆修身務學，畏天恤民，抑僥倖，屛讒諛，於是宰相益憚之，而近習尤不悅。退而家居累年，孝宗念之，詔除舊職、知靜江府、經略安撫廣南西路。所部荒殘多盜，栻至，簡州兵，汰冗補闕，籍諸州黥卒伉健者爲效用，日習月按，申嚴保伍法。諭溪峒酋豪弭怨睦鄰，毋相殺掠，於是羣蠻帖服。朝廷買馬橫山，歲久弊滋，邊氓告病，而馬不時至，栻究其利病六十餘條，奏革之，諸蠻感悅，爭以善馬至。孝宗聞栻治行，詔特進秩，直寶文閣，因任。尋除秘閣修撰、荆湖北路轉運副使，改知江陵府、安撫本路。一日去貪吏十四人。湖北多盜，府縣往往縱釋，以病其良民，栻首劾大吏之縱賊者，捕斬姦民之舍賊者，令其黨得相捕告以除罪，羣盜皆遁去。郡瀕邊屯，主將與帥守每不相下，栻以禮遇諸將，得其驩心，又加恤士伍，勉以忠義，隊長有功輒補官，士咸感奮。並淮姦民出塞爲盜者，捕得數人，有北方亡奴亦在盜中。栻曰：「朝廷未能正名討敵，無使疆埸之事其曲在我。」命斬之以徇於境，而縛其亡奴歸之。北人歎曰：「南朝有人。」信陽守劉大辨怙勢希賞，廣招流民，而奪見戶熟田以與之。栻劾大辨詐諼，所招流民不滿百，而虛增其數十倍，請論其罪，不報。章累上，大辨易他郡。栻自以不得其職求去，詔以右文殿修撰提舉武夷山沖佑觀。病且死，猶手疏勸上親君子遠小人，信任防一己之偏，好惡公天下之理。天下傳誦之。栻有公輔之望，卒時年四十有八。

宋史卷四百三十

元 中書右丞相總裁脫脫等修

列傳第一百八十九

道學四朱氏門人

黃榦　李燔　張洽　陳淳

李方子　黃灝

黃榦字直卿，福州閩縣人。父瑀，在高宗時爲監察御史，以篤行直道著聞。瑀沒，榦往見淸江劉淸之，淸之奇之，曰：「子乃遠器，時學非所以處子也。」因命受業朱熹。榦家法嚴重，乃以白母，卽日行。時大雪，旣至而熹他出，榦因留客邸，臥起一榻，不解衣者二月，而熹始歸。榦自見熹，夜不設榻，不解帶，少倦則微坐，一倚或至達曙。熹語人曰：「直卿志堅思苦，與之處甚有益。」嘗詣東萊呂祖謙，以所聞於熹者相質正。及廣漢張栻亡，熹與榦書曰：「吾道益孤矣，所望於賢者不輕。」後遂以其子妻榦。寧宗卽位，熹命榦奉喪補將仕郞，銓中，授迪功郞、監台州酒務。丁母憂，學者從之講學于墓廬甚衆。熹作竹林精舍成，遺榦書，有「他時便可請直卿代卽講席」之語。及編禮書，獨以喪祭二編屬榦，藁成，熹見而喜曰：「所立規模次第縝密有條理，他日當取所編家鄉、邦國、王朝禮，悉倣此更定之病革以深衣及所著書授榦手書與訣曰吾道之託在此吾無憾矣訃聞榦持心喪三年畢調監嘉興府石門酒庫時韓侂胄方謀用兵吳獵帥湖北將赴鎮訪以兵事榦曰聞議者謂今天下欲爲大舉深入之謀果爾必敗此何時而可進取哉獵雅敬榦名德辟爲荊湖北路安撫司激賞酒庫兼准備差遣事有未當必輸忠欵力爭江西提舉常平趙希懌知撫州高商老辟爲臨川令歲旱勸糶捕蝗極其力改知新淦縣吏民習知臨川之政皆喜不令而政行以提舉常平郡太守薦擢監尚書六部門未上改差通判安豐軍淮西帥司檄榦鞫和州獄獄故以疑未決榦釋囚桎梏飲食之委曲審問無所得一夜夢井中有人明日呼囚詰之曰汝殺人投之於井我悉知之矣胡得欺我囚遂驚服果於廢井得尸尋知漢陽軍值歲饑糴客米發常平以振制置司下令欲移本軍之粟而禁其糴榦報以乞候榦罷然後施行及援鄂州例十之一告糴於制司荒政具舉旁郡饑民輻湊惠撫均一春煖願歸者給之糧不願者結廬居之民大感悅所至以重庠序先教養其在漢陽即郡治後鳳棲山爲屋館四方士立周程游朱四先生祠以病乞祠主管武夷沖祐觀尋起知安慶府至則金人破光山而沿邊多警安慶去光山不遠民情震恐乃請于朝城安慶以備戰守不俟報即日興工城分十二料先自築一料計其工費若干然後委官吏寓公士人分料主之役民兵五千人人役九十日而計人戶產錢起丁夫通役二萬夫人十日而罷役者更番暑月月休六日日午休一時至秋漸殺其半榦日以五鼓坐于堂濠砦官入聽命以一日成算授之役某鄉民兵若干某鄉人夫若干分布於某人料分或搬運某處土木應副某料使用某料民兵人夫合當更代合散幾日錢米俱受命畢乃治府事理民訟接賓客閱士卒會僚佐講究邊防利病次則巡城視役晚入書院講論經史築城之杵用錢監未鑄之錢事畢還之城成會上元日張燈士民扶老携幼往來不絕有老嫗百歲二子輿之諸孫從至府致謝榦禮之命具酒炙且勞以金帛嫗曰老婦之來爲一郡生靈謝耳太守之賜非所冀也不受而去是歲大旱榦祈輒雨或未出晨興登郡閣望灊山再拜雨即至後二年金人破黃州沙窩諸關淮東西皆震獨安慶安堵如故繼而霖潦餘月巨浸暴至城屹然無虞舒人德之相謂曰不殘于寇不蹈于水生汝者黃父也制置李玨辟爲參議官再辭不受旣而朝命與徐僑兩易和州且令先赴制府稟議榦即日解印趨制府和州人日望其來曰是嘗撤至吾郡鞫死囚感夢於井中者庶能直吾屈乎先是榦移書玨曰丞相誅韓之後懲意外之變專用左右親信之人往往得罪于天下公議世之君子遂從而歸咎於丞相丞相不堪其咎斷然逐去之而左右親信者其用愈專矣平居無事紀綱紊亂不過州縣之間百姓受禍至於軍政不修邊備廢弛皆此曹爲之若今大敵在境更不改圖大事去矣今日之急莫大於此又曰今日之計莫若用兩淮之人食兩淮之粟守兩淮之地然其策當先明保伍保伍旣明則爲之立堡砦蓄馬制軍器以資其用不過累月軍政可成且淮民遭丙寅之厄今聞金人遷汴莫不狼顧脅息有棄田廬挈妻子渡江之意其間勇悍者且將伺變竊發向日湖海張軍之變爲害甚於金若不早爲之圖則兩淮日見荒墟卒有警急擁臂而起矣玨皆不能用及至制府玨往維揚視師與偕行榦言敵旣退當思所以賞功罰罪者崔惟揚能於淸平山豫立義砦斷金人右臂方儀眞能措置捍禦不使軍民倉皇奔軼此二人者當薦之泗上之敗劉倬可斬也某州官吏三人携家奔竄追而治之然後具奏可也其時幕府書館皆輕儇浮靡之士僚吏士民有獻謀畫多爲毀抹疏駁將帥偏裨人心不附所向無功流移滿道而諸司長吏張宴無虛日榦知不足與共事歸自惟揚再辭和州之命仍乞祠閉閤謝客宴樂不與乃復告玨曰浮光敵退已兩月安豐已一月盱眙亦將兩旬不知吾所措置者何事所施行者何策邊備之弛又甚於前日復一日恬不知懼恐其禍又不止今春矣向者輕信人言爲泗上之役喪師萬人良將勁卒精兵利器不戰而淪於泗水黃團老幼俘虜殺戮五六千人盱眙東西數百里莽爲丘墟安豐浮光之事大率類此切意千乘言旋必痛自咎責出宿于外大戒于國曰此吾之罪也有能箴吾失者疾入諫日與僚屬及四方賢士討論條畫以爲後圖今歸已五日矣但聞請總領運使至玉麟堂賞牡丹用妓樂又聞總領運使請宴賞亦然又聞宴僚屬亦然邦人諸軍聞之豈不痛憤且視牡丹之紅艷豈不思邊庭之流血視管弦之啁啾豈不思老幼之哀號視棟宇之弘麗豈不思士卒之暴露視飲饌之豐美豈不思流民之凍餒敵國深侵宇內騷動主上食不甘味聽朝不怡大臣憂懼不知所出尚書豈得不朝夕憂懼而乃如是之迂緩暇逸耶今浮光之報又至矣金欲以十六縣之衆四月攻浮光侵五關且以一縣五千人爲率則當有八萬人攻浮光以萬人刈吾麥以五萬人攻吾關吾之守關不過五六百人豈能當萬人之衆哉則關之不可守決矣五關失守則蘄黃決不可保蘄黃不保則江南危尚書聞此亦已數日乃不聞有所施行何耶其他言皆激切同幕忌之尤甚共詆排之厥後光黃蘄繼失果如其言遂力辭去請祠不已俄再命知安慶不就入廬山訪其友李燔陳宓相與盤旋玉淵三峽間俛仰其師舊跡講乾坤二卦於白鹿書院山南北之士皆來集未幾召赴行在所奏事除大理丞不拜爲御史李楠所劾初榦入荊湖幕府奔走諸關與江淮豪傑游而豪傑往往願依榦及倅安豐武定諸將皆歸心焉後倅建康守漢陽聲聞益著諸豪又深知榦倜儻有謀及求安慶且兼制幕長淮軍民之心翕然相向此聲旣出在位者益忌且慮榦入見必直言邊事以悟上意至是羣起擠之榦遂歸里弟子日盛巴蜀江湖之士皆來編禮著書日不暇給夜與之講論經理亹亹不倦借鄰寺以處之朝夕往來質疑請益如熹時俄命知潮州辭不行差主管亳州明道宮踰月遂乞致仕詔許之特授承議郎旣沒後數年以門人請謚又特贈朝奉郎與一子下州文學謚文肅有經解文集行于世

李燔字敬子南康建昌人少孤依舅氏中紹熙元年進士第授岳州教授未上往建陽從朱熹學熹告以曾子弘毅之語且曰致遠固以毅而任重貴乎弘也燔退以弘名其齋而自儆焉至岳州教士以古文六藝不因時好且曰古之人皆通材用則文武兼焉即武學諸生文振而識高者拔之闢射圃令其習射廩老將之長於藝者以率偷惰以祖母卒解官承重而歸改襄陽府教授復往見熹熹嘉之凡諸生未達者先令訪燔俟有所發乃從熹折衷諸生畏服熹謂人曰燔交友有益而進學可畏且直諒樸實處事不苟他日任斯道者必燔也熹沒學禁嚴燔率同門往會葬視封窆不少怵及詔訪遺逸九江守以燔薦召赴都堂審察辭再召再辭郡守請爲白鹿書院堂長學者雲集講學之盛他郡無與比除大理司直辭尋添差江西運司幹辦公事江西帥李玨漕使王補之交薦之會洞寇作亂帥漕議平之而各持其說燔徐曰寇非吾民耶豈必皆惡然其如是誠以吾有司貪刻者激之及將校之邀功者逼成之耳反是而行之則皆民矣帥漕曰幹辦議是誰可行者燔請自往乃駐兵萬安會近洞諸巡尉察隅保之尤無良者易置之分兵守險馳辯士諭賊逆順禍福寇皆帖服洪州地下異時贛江漲而堤壞久雨輒湧燔白于漕帥修之自是田皆沃壤漕司以十四界會子新行價日損乃視民稅產物力各藏會子若干官爲封識不時點閱人愛重之則價可增慢令者黥籍而民譁張持空券益不售燔與國子學錄李誠之力爭不能止燔又入劄爭之曰錢荒楮涌子母不足以相權不能行楮者由錢不能權之也楮不行而抑民藏之是棄物也誠能節用先穀粟之實務而不取必於楮幣則楮幣爲實用矣劄入漕司即弛禁詒燔謝燔又念社倉之置僅貸有田之家而力田之農不得沾惠遂倡議裒穀創社倉以貸佃人有旨改官通判潭州辭不許眞德秀爲長沙帥一府之事咸諮燔不數月辭歸當是時史彌遠當國廢皇子竑燔以三綱所關自是不復出矣眞德秀及右史魏了翁薦之差權通判隆興府江西帥魏大有辟充參議官皆辭乃以直秘閣主管慶元至道宮燔自謂居閒無以報國乃薦崔與之魏了翁眞德秀陳宓鄭寅楊長孺丁黼葉宰龔維藩徐僑劉宰洪咨夔于朝紹定五年帝論及當時高士累召不起者史臣李心傳以燔對且曰燔乃朱熹高弟經術行義亞黃榦當今海內一人而已帝問今安在心傳對曰燔南康人先帝以大理司直召不起比乞致仕陛下誠能强起之以眞講筵其裨聖學豈淺淺哉帝然其言終不召也九江蔡念成稱燔心事有如秋月燔卒年七十贈直文華閣謚文定補其子舉下州文學燔嘗曰凡人不必待仕宦有位爲職事方爲功業但隨力到處有以及物即功業矣又嘗曰仕宦至卿相不可失寒素體夫子無入不自得者正以磨挫驕者不至居移氣養移體因誦古語曰分之所在一毫躋攀不上善處者退一步耳故燔處貧賤患難若平素不爲動被服布素雖貴不易入仕凡四十二年而歷官不過七考居家講道學者宗之與黃榦並稱曰黃李孫鑛登進士第

張洽字元德臨江之淸江人父綬第進士洽少穎異從朱熹學自六經傳註而下皆究其指歸至於諸史百家山經地志老子浮屠之說無所不讀嘗取管子所謂思之思之又重思之思之不通鬼神將通之之語以爲窮理之要熹嘉其篤志謂黃榦曰所望以求斯道之傳如二三君者不數人也時行社倉法洽請於縣貸常平米二百石建倉里中六年而歸其本於官鄉人利之嘉定元年中第授松滋尉湖石經界不正弊日甚洽請行推排法令以委洽洽於是令民自實其土地疆界產業之

數投於匱乃籌覈而次第之吏姦無所匿其後十餘年訟者猶援以爲證云改袁州司理參軍有大囚訊之則服尋復變異且力能動搖官吏累年不決而逮繫者甚衆洽以白提點刑獄殺之有盜黠甚辭不能折會獄有兄弟爭財者洽諭之曰訟于官祗爲胥吏之地且冒法以求勝孰與各守分以全手足之愛乎辭氣懇切訟者感悟盜聞之自伏民有殺人斬其子焚之居數年事敗洽治其獄無狀憂之且白郡委官體訪俄夢有人拜于庭示以傷痕在脅翌日委官上其事果然郡守以倉廩虛籍倉吏二十餘家命洽鞫之洽廉之爲都吏所賣都吏者州之巨蠹也嘗干於倉不獲故以此中之洽度守意銳未可嬰姑繫之而密令計倉庾所入以白守曰君之籍二十餘家者以胥吏也今校數歲之中所入已豐於昔由是觀之胥吏妄矣君必不忍受胥吏之妄而籍無罪之家也若以罪胥吏過乃可免守悟爲罷都吏而免所籍之家知永新縣一日謁告聞獄中榜笞聲蓋獄吏受財乘間訊囚使誣服也洽大怒亟執付獄明日以上于郡縣之湖南郴寇作亂與縣接壤民大恐洽單車以往邑佐寓士交諫弗聽至則寇未嘗至乃延見隅官訪利害而犒之因行安福境上結約土豪得其懽心未幾南安舒寇將犯境聞有備乃去以江東提舉常平薦通判池州獄有張德修者誤戕人以死獄吏誣以故殺洽訊而疑之請再鞫守不聽會提點常平袁甫至時方大旱禱不應洽言于甫曰漢晉以來濫刑而致旱伸冤而得雨載於方冊可攷也今天大旱焉知非由德修事乎甫爲閱欵狀於獄德修遂從徒罪復白郡請蠲征稅寬催科以召和氣守爲寬稅三日果大雨民甚悅洽數以病請祠至是主管建昌仙都觀以慶壽恩賜緋衣銀魚時袁甫提點江東刑獄甫以白鹿書院廢弛招洽爲長洽曰嘻是先師之跡也其可辭至則選好學之士日與講說而汰其不率教者凡養士之田乾沒於豪右者復之學興卽謝病去端平初大臣多薦洽召赴都堂審察洽以疾不赴乃除祕書郎尋遷著作佐郎度正葉味道在經幄帝數問張洽何時可到將以說書待洽洽固辭遂除直祕閣主管建康崇禧觀嘉熙元年以疾乞致仕十月卒年七十七洽自少用力於敬故以主一名齋平居不異常人至義所當爲則勇不可奪居閒不言朝廷事或因災異變故輒顰蹙不樂及聞一君子進用士大夫直言朝廷得失則喜見顏色所交皆名士如呂祖儉黃榦趙崇憲蔡淵吳必大輔廣李道傳李燔葉味道李閎祖李芳子柴中行眞德秀魏了翁李壆趙汝譡陳貴誼杜孝嚴度正張嗣古皆敬慕之卒後一日有旨除直寶章閣所著書有春秋集註春秋集傳左氏蒙求續通鑑長編事略歷代郡縣地理沿革表文集子櫾樫賜同進士出身

陳淳字安卿漳州龍溪人少習舉子業林宗臣見而奇之且曰此非聖賢事業也因授以近思錄淳退而讀之遂盡棄其業焉及朱熹來守其鄉淳請受教熹曰凡閱義理必窮其原如爲人父何故止於慈爲人子何故止於孝其他可類推也淳聞而爲學益力日求其所未至熹數語人以南來吾道喜得陳淳門人有疑問不合者則稱淳善問後十年淳復往見熹陳其所得時熹已寢疾語之曰如今所學已見本原所闕者下學之功爾自是所聞皆要切語凡三月而熹卒淳追思師訓痛自裁抑無書不讀無物不格日積月累義理貫通洞見條緒故其言太極曰太極只是理理本圓故太極之體渾淪以理言則自末而本自本而末一聚一散而太極無所不極其至自萬古之前與萬古之後無端無始此渾淪太極之全體也自其沖漠無朕與天地萬物皆由是出及天地萬物既由是出又復沖漠無朕此渾淪無極之妙用也聖人一心渾淪太極之全體而酬酢萬變無非太極流行之用學問工夫須從萬事萬物中貫過湊成一渾淪大本又於渾淪大本中散爲萬事萬物使無少窒礙然後實體得渾淪至極者在我而大用不差矣其言仁曰仁只是天理生生之全體無表裏動靜隱顯精粗之間惟此心純是天理之公而絕無一毫人欲之私乃可以當其名若一處有病痛一事有欠闕一念有間斷則私意行而生理息卽頑痺不仁矣其語學者曰道理初無玄妙只在日用人事間但循序用功便自有見所謂下學上達者須下學工夫到乃可從事上達然不可以此而安於小成也夫盈天地間千條萬緒是多少人事聖人大成之地千節萬目是多少工夫惟當開拓心胸大作基址須萬理明徹於胸中將此心放在天地間一例看然後可以語孔孟之樂須明三代法度通之於當今而無不宜然後爲全儒而可以語王佐事業須運用酬酢如探諸囊中而不匱然後爲資之深取之左右逢其原而眞爲己物矣至於以天理人欲分數而驗賓主進退之機如好好色惡惡臭而爲天理人欲強弱之證必使之於是是非非如辨黑白如遇鏌鋣不容有騎牆不決之疑則雖艱難險阻之中無不從容自適矣然後爲知之至而行之盡此語又中學者膏肓而示以標的也淳性孝母疾亟號泣于天乞以身代弟妹未有室家者皆婚嫁之葬宗族之喪無歸者居鄉不沽名徇俗恬然退守若無聞焉然名播天下世雖不用而憂時論事感慨動人郡守以下皆禮重之時造其廬而請焉嘉定九年待試中都歸遇嚴陵郡守鄭之悌率僚屬延講郡庠淳歎陸王學問無源全用禪家宗旨認形氣之虛靈知覺爲天理之妙不由窮理格物而欲徑造上達之境反託聖門以自標榜遂發明吾道之體統師友之淵源用功之節目讀書之次序爲四章以示學者明年以特奏恩授迪功郎泉州安溪主簿未上而沒年六十五其所著有語孟大學中庸口義字義詳講禮詩女學等書門人錄其語號筠谷瀨口金山所聞

李方子字公晦昭武人少博學能文爲人端謹純篤初見朱熹語曰觀公爲人自是寡過但寬大中要規矩和緩中要果決遂以果名齋長遊太學學官李道傳折官位輩行具刺就謁嘉定七年廷對擢第三調泉州觀察推官適眞德秀來爲守以師友禮之郡政大小咸咨焉暇則辨論經訓至夜分不倦故事秩滿必先通書廟堂乃除方子曰以書通是求也時丞相彌遠聞之怒踰年始除國子錄無何將遷入宮僚而方子不少貶以求合或告彌遠曰此眞德秀黨也使臺臣劾罷之方子既歸學者畢集危坐竟日未始傾側對賓客一語不妄發雖奴隸亦不加詬厲然常嚴憚之嘗語人曰吾於問學雖未能周盡然幸於大本有見處此心常覺泰然不爲物欲所潰爾其亡也天子憫之與一子恩澤

黃灝字商伯南康都昌人幼敏悟強記肄業荊山僧舍三年入太學擢進士第教授隆興府知德化縣以興學校崇政化爲本歲饑行振給有方王藺劉頴薦于朝除登聞鼓院光宗卽位遷太常寺簿論今禮教廢闕請敕有司取政和冠昏喪葬儀及司馬光高閌等書參訂行之除太府寺丞出知常州提舉本路常平秀州海鹽民伐桑柘毀廬屋莩殣盈野或食其子持一臂行乞而州縣方督促逋欠灝見之蹙然時有旨倚閣夏稅遂奏乞併閣秋苗不俟報行之言者罪其專移居筠州已而寢謫命止削兩秩而從其蠲閣之請灝既歸里幅巾深衣騎驢匡山間若素隱者起知信州改廣西轉運判官移廣東提點刑獄告老不赴卒灝性行端飭以孝友稱先熹守南康灝執弟子禮質疑問難熹之沒黨禁方厲灝單車往赴徘徊不忍去者久之

宋史卷四百三十一

元 中書右丞相總裁脫脫等修

列傳第一百九十

儒林一

聶崇義 邢昺 孫奭 王昭素
孔維 孔宜 崔頌子邁附 尹拙
田敏 辛文悅 李覺 崔頤正弟偓佺附
李之才

聶崇義河南洛陽人少舉三禮善禮學通經旨漢乾祐中累官至國子禮記博士校定公羊春秋刊板于國學周顯德中累遷國子司業兼太常博士先是世宗以郊廟祭器止由有司相承製造年代浸久無所規式乃命崇義檢討摹畫以聞四年崇義上之乃命有司別造焉五年將禘於太廟言事者以宗廟無祧室不當行禘祫之禮崇義援引故事上言其略曰魏明帝以景初三年正月上僊至五年二月祫祭明年又禘自茲後以五年爲禘且魏以武帝爲太祖至明帝始三帝未有毀主而行禘祫其證一也宋文帝元嘉六年祠部定十月三日大祠其太廟博士議云案禘祫之禮三年一五年再宋高祖至文帝裁亦三帝未有毀主而行禘祫其證二也梁武帝用謝廣議三年一禘五年一祫謂之大祭禘祭以夏祫祭以冬且梁武乃受命之君裁追尊四朝而行禘祫則知祭者是追養之道以時移節變孝子感而思親故薦以首時祭以仲月間以禘祫序以昭穆乃禮之經也非關宗廟備與未備其證三也終從崇義之議未幾世宗詔崇義參定郊廟祭玉又詔翰林學士竇儼統領之崇義因取三禮圖再加考正建隆三年四月表上之儼爲序太祖覽而嘉之詔曰禮器禮圖相承傳用寖歷年祀寧免差違聶崇義典事國庠服膺儒業討尋故實刊正疑訛奉職效官有足嘉者崇義宜量與酬獎所進三禮圖宜令太子詹事尹拙集儒學三五人更同參議所冀精詳苟有異同善爲商確五月賜崇義紫袍犀帶銀器繒帛以獎之拙多所駁正崇義復引經以釋之悉以下工部尚書竇儀俾之裁定儀上奏曰伏以聖人制禮垂之無窮儒者據經所傳或異年祀寖遠圖繪缺然踳駁彌深丹青靡據聶崇義研求師說耽味禮經較於舊圖良有新意尹拙爰承制旨能罄所聞尹拙駁議及聶崇義荅義各四卷臣再加詳閱隨而裁置率用增損列於注釋共分爲十五卷以聞詔頒行之拙崇義復陳祭玉鼎釜異同之說詔下中書省集議吏部尚書張

昭等奏議曰：按聶崇義稱祭天蒼璧九寸圓好，祭地黃琮八寸無好，圭璋琥並長九寸。自言周顯德三年與田敏等按周官玉人之職及阮諶、鄭玄舊圖，載其制度。臣等按周禮玉人之職，只有璧琮九寸、瑑琮八寸及璧羨度尺好三寸以爲度之文，卽無蒼璧黃琮之制。兼引注有爾雅肉倍好之說，此卽是注璧羨度之文，又非蒼璧之制。又詳鄭玄自注周禮，不載尺寸，豈復別作畫圖，違經立異。四部書目內有三禮圖十二卷，是隋開皇中勑禮官修撰。其圖第一、第二題云梁氏，第十後題云鄭氏，又稱不知梁氏、鄭氏名位所出。今書府有三禮圖，亦題梁氏、鄭氏，不言名位。厥後有梁正者，集前代圖記，更加詳議，題三禮圖曰：「陳留阮士信受禮學於潁川綦毋君，取其說爲圖三卷，多不按禮文而引漢事，與鄭君之文違錯。正刪爲二卷。」其阮士信卽諶也。如梁正之言，可知諶之紕謬。兼三卷禮圖刪爲二卷，應在今禮圖之內，亦無改祭玉之說。臣等參詳自周公制禮之後，叔孫通重定以來，禮有緯書，漢代諸儒頗多著述，討尋祭玉，並無尺寸之說。魏晉之後，鄭玄、王肅之學各有生徒，三禮六經無不論說，檢其書亦不言祭玉尺寸。臣等參驗畫圖本書，周公所說正經不言尺寸，設使後人謬爲之說，安得便入周圖。知崇義等以諸侯入朝獻天子夫人之琮璧以爲祭玉，又配合羨度肉好之言，强爲尺寸，古今大禮，順非改非，於理未通。又據尹拙所述禮神之六玉，稱取梁桂州刺史崔靈恩所撰三禮義宗，內昊天及五精帝圭璧琮璜皆長尺二寸，以法十二時；祭地之琮長十寸，以倣地之數。又引白虎通云：「方中圓外曰璧，圓中方外曰琮。」崇義非之，以爲靈恩非周公之才，無周公之位，一朝撰述，便補六玉闕文，尤不合禮。臣等竊以劉向之論洪範，王通之作元經，非必挺聖人之姿而居上公之位，有益於教，不爲斐然。臣等以靈恩所撰之書，聿稽古訓，祭玉以十二爲數者，蓋天有十二次，地有十二辰，日有十二時，封山之玉牒十二寸，圓丘之籩豆十二列，天子以鎭圭外守，宗后以大琮內守，皆長尺有二寸。又祼圭尺二寸，王者以祀宗廟。若人君親行之郊祭，登壇酌獻，服大裘，搢大圭，行稽奠，而手秉尺二之圭，神獻九寸之璧，不及禮宗廟祼圭之數，父天母地，情亦奚安？則靈恩議論，理未爲失。所以自義宗之出，歷梁、陳、隋、唐垂四百年，言禮者引爲師法，今五禮精義、開元禮、郊祀錄皆引義宗爲標準。近代晉、漢兩朝，仍依舊制。周顯德中，田敏等妄作穿鑿，輒有更改。自唐貞觀之後，凡三次大修五禮，並因隋朝典故，或節奏繁簡之間稍有釐革，亦無改祭玉之說。伏望依白虎通、義宗、唐禮之制，以爲定式。又尹拙依舊圖畫釜，聶崇義去釜畫鑊。臣等參詳舊圖，皆有釜無鑊。按易說卦云「坤爲釜」，詩云「惟錡及釜」，又云「漑之釜鬵」，春秋傳云「錡釜之器」，禮記云「燔黍捭豚」，解云「古未有甑釜，所以燔捭而祭」，卽釜之爲用，其來尚矣，故入於禮圖。今崇義以周官祭祀有省鼎鑊、供鼎鑊，又以儀禮有羊鑊、豕鑊之文，乃云畫釜不如畫鑊。今諸經皆載釜之用，誠不可去；又周、儀禮皆有鑊之文，請兩圖之。又若觀諸家祭祀之畫，今代見行之禮，於大祀前一日，光祿卿省視鼎鑊，伏請圖鑊於鼎下。詔從之。未幾，崇義卒，三禮圖遂行於世，幷畫於國子監講堂之壁。崇義爲學官，兼掌禮，僅二十年，世推其該博。郭忠恕嘗以其姓嘲之曰：「近貴全爲聵，攀龍卽作聾。雖然三箇耳，其奈不成聰。」崇義對曰：「僕不能爲詩，聊以一聯奉答。」卽云：「勿笑有三耳，全勝畜二心。」蓋因其名以嘲之，忠恕大慚，人許其機捷而不失正，眞儒者之戲云。

邢昺字叔明，曹州濟陰人。太平興國初，舉五經，廷試日，召升殿講師比二卦，又問以羣經發題。太宗嘉其精博，擢九經及第，授大理評事、知泰州鹽城監，賜錢二十萬。昺以是監處楚、泰間，泰僻左而楚會要，鹽食爲急，請改隸楚州，從之。明年，召爲國子監丞，專講學之任。遷尚書博士，出知儀州，就轉國子博士。代還，賜緋，遷爲諸王府侍講。雍熙中，遷水部員外郎，改司勳。端拱初，賜金紫，累遷金部郎中。眞宗卽位，改司勳郎中，俄知審刑院。以昺儒者不達刑章，命劉元吉同領其事。是冬，昺上表自陳夙侍講誦，還右諫議大夫。咸平初，改國子祭酒。二年，始置翰林侍講學士，以昺爲之。受詔與杜鎬、舒雅、孫奭、李慕淸、崔偓佺等校定周禮、儀禮、公羊、穀梁春秋傳、孝經、論語、爾雅義疏，及成，並加階勳。俄爲淮南、兩浙巡撫使。初置講讀之職，卽於便坐令昺講左氏春秋，侍讀預焉。五年，講畢，宴近臣於崇政殿，賜昺襲衣、金帶，加器幣，仍遷工部侍郎兼國子祭酒，學士如故。知審官院陳恕丁內艱，以昺權知院事。景德二年，上言亡兄素嘗舉進士，願霑贈典，特贈大理評事。是夏，上幸國子監閱庫書，問昺經版幾何，昺曰：「國初不及四千，今十餘萬，經、傳、正義皆具。臣少從師業儒時，經具有疏者百無一二，蓋力不能傳寫。今板本大備，士庶家皆有之，斯乃儒者逢辰之幸也。」上喜曰：「國家雖尚儒術，非四方無事，何以及此。」上又訪以學館故事，有未振舉者，昺不能有所建明。先是，印書所裁餘紙，鬻以供監中雜用，昺請歸之三司，以裨國用，自是監學公費不給，講官亦厭其寥落。上方興起道術，又令昺與張雍、杜鎬、孫奭舉經術該博、德行端良者，以廣學員。三年，加刑部侍郎。昺居近職，常多召對。一日，從容與上語及宮邸舊僚，歎其淪喪殆盡，唯昺獨存。翌日，賜白金千兩，且詔其妻至宮庭，賜以冠帔。四年，昺以羸老艱於趨步，上前自陳曹州故鄉，願給假一年歸視田里，俟明年郊祀還朝。上命坐慰勞之，因謂曰：「便可權本州，何須假耶？」昺又言揚礪、夏侯嶠同爲府僚，二臣沒皆贈尚書，上憫之。翌日，謂宰相曰：「此可見其志矣。」卽超拜工部尚書、知曹州，職如故。入辭日，賜襲衣、金帶。是日，特開龍圖閣，召近臣宴崇和殿，上作五七言詩二首賜之，預宴者皆賦。昺視壁間尚書、禮記圖，指中庸篇曰：「凡爲天下國家有九經。」因陳其大義，上嘉納之。及行，又令近臣祖送，設會於宜春苑。大中祥符初，上東封泰山，昺表曹州民請車駕經由本州，仍令濟陰令王範部送父老詣闕，優詔答之。俄召還，車駕進發，命判留司御史臺。禮畢，進位禮部尚書。上勤政憫農，每雨雪不時，憂形於色，以昺素習田事，多委曲訪之。初，田家察陰晴豐凶，皆有狀候，老農之相傳者率有驗，昺多采其說爲對。又言：「民之災患大者有四：一曰疫，二曰旱，三曰水，四曰畜災。歲必有其一，但或輕或重耳。四事之害，旱暵爲甚，蓋田無畎澮，悉不可救，所損必盡。傳曰『天災流行，國家代有』，此之謂也。」三年，被病請告，詔太醫診視。六月，上親臨問疾，賜名藥一奩、白金器千兩、繒綵千匹。國朝故事，非宗戚將相，無省疾臨喪之禮，特有加於昺與郭贄者，以恩舊故也。未幾，有旨命中書召其子太常博士知東明縣仲賓、國子博士知信陽軍若思還侍疾。踰月卒，年七十九。贈左僕射，三子並進秩。初，雍熙中，昺撰禮選二十卷獻之，太宗探其帙，得文王世子篇，觀之甚悅，因問衞紹欽曰：「昺爲諸王講說，曾及此乎？」紹欽曰：「諸王常時訪昺經義，昺每至發明君臣父子之道，必重復陳之。」太宗益喜。上嘗因內閣暴書，覽而稱善，召昺同觀，作禮選贊賜之。昺言家無遺稾，願得副本，上許之。繕錄未畢而昺卒，亟詔寫二本，一本賜其家，一本俾置冢中。昺在東宮及內庭，侍上講孝經、禮記、論語、書、易、詩、左氏傳，據傳疏敷引之外，多引時事爲喩，深被嘉獎。上嘗問：「管仲、召忽皆事公子糾，小白之入，召忽死之，管仲乃歸齊相桓公，豈非召忽以忠死，而管仲不能固其節，爲臣之道當若是乎？又鄭注禮記世子篇云『文王以勤憂損壽，武王以安樂延年』，朕以爲本經旨意必不然也。且夏禹焦勞，有玄圭之賜而享國永年，若文王能憂人之心，不自暇逸，縱無感應，豈至虧損壽命耶？」各隨其事理以對。先是，咸平中，王欽若知貢舉，有告其受舉人賄賂者，下御史臺鞫得狀，欽若自訴，詔昺與邊肅、毋賓古、閻承翰就太常寺覆推，昺力辨欽若，而洪湛抵罪。欽若以是德之。昺之厚被寵顧，欽若與有功焉。仲賓貪猥不才，舉止率易，士大夫多鄙笑之。欽若在中書，用爲三司判官，後至祠部郎中，坐贓黜官，卒。若思終於駕部郎中。

孫奭字宗古，博州博平人。幼與諸生師里中王徹，徹死，有從奭問經者，奭爲解析微指，人人驚服，於是門人數百皆從奭。後徙居須城。九經及第，爲莒縣主簿，上書願試講說，遷大理評事，爲國子監直講。太宗幸國子監，召奭講書，至「事不師古，以克永世，匪說攸聞」，帝曰：「此至言也。商宗乃得賢相如此耶！」因咨嗟久之，賜五品服。眞宗以爲諸王府侍讀。會詔百官轉對，奭上十事。判太常禮院、國子監、司農寺，累遷工部郎中，擢龍圖閣待制。奭以經術進，守道自處，卽有所言，未嘗阿附取悅。大中祥符初，得天書於左承天門，帝將奉迎，召宰相對崇政殿西廡。王旦等曰：「天貺符命，實盛德之應。」皆再拜稱萬歲。又召問奭，奭對曰：「臣愚，所聞『天何言哉』，豈有書也？」帝旣奉迎天書，大赦改元，布告其事于天下，築玉淸昭應宮。是歲，天書復降泰山，帝以親受符命，遂議封禪，作禮樂。王欽若、陳堯叟、丁謂、杜鎬、陳彭年皆以經義左右附和，由是天下爭言符瑞矣。四年，又將祀汾陰。是時大旱，京師近郡穀踊貴，奭上疏諫曰：「先王卜征五年，歲習其祥，祥習則行，不習則增修德而改卜。陛下始畢東封，更議西幸，殆非先王卜征五年愼重之意，其不可一也。夫汾陰后土，事不經見。昔漢武帝將封禪，故先封中嶽，祠汾陰，始巡幸郡縣，遂有事於泰山。今陛下旣已登封，復欲幸汾陰，其不可二也。古者圜丘方澤，所以郊祀天地，今南北郊是也。漢初承秦，唯立五畤以祀天，而后土無祀，故武帝立祠於汾陰。自元、成以來，從公卿之議，遂從汾陰后土於北郊，後之王者多不祀汾陰。今陛下已建北郊，乃舍之而遠祀汾陰，其不可三也。西漢都雍，去汾陰至近。今陛下經重關，越險阻，輕棄京師根本，而慕西漢之虛名，其不可四也。河東，唐王業之所起也，唐又都雍，故明皇間幸河東，因祠后土。聖朝之興，事與唐異，而陛下無故欲祀汾陰，其不可五也。昔者周宣王遇災而懼，故詩人美其中興，以爲賢主。比年以來，水旱相繼，陛下宜側身修德以答天譴豈宜下徇姦回遠勞民庶盤游不已忘社稷之大計其不可六也夫雷以二月啓蟄八月收聲育養萬物失時則爲異今震雷在冬爲異尤甚此天意丁寧以戒陛下而反未悟殆失天意其不可七也夫民神之主也是以聖王先成民而後致力於神今國家土木之功累年未息水旱洊沴饑饉居多乃欲勞民事神神其享之乎此其不可八也陛下必欲爲此者不過效漢武帝唐明皇巡幸所至刻石頌功以崇虛名夸示後世爾陛下天資聖明當慕二帝三王何爲下襲漢唐之虛名其不可九也唐明皇以嬖寵姦邪內外交害身播國屯兵交闕下亡亂之迹如此由狃於承平肆行非義稔致禍敗今議者引開元故事以爲盛烈乃欲倡導陛下而爲之臣切爲陛下不取此其不可十也臣言不逮意陛下以臣言爲可取願少賜淸問以畢臣說帝遣內侍皇甫繼明就問又上疏曰陛下將幸汾陰而京師民心弗寧江淮之衆困於調發理須鎭安而矜存之且土木之功未息而奪攘之盜公行外國治兵不遠邊境使者雖至寧可保其心乎昔陳勝起於徭戍黃巢出於凶饑隋煬帝勤遠略而唐高祖興於晉陽晉少主惑小人而耶律德光長驅中國陛下俯從姦佞遠棄京師涉仍歲荐饑之墟修違經久廢之祠不念民疲不恤邊患安知今日戍卒無陳勝饑民無黃巢英雄將無窺伺於肘腋外敵將無覬覦於邊陲乎先帝嘗議封禪寅畏天災尋詔停寢今姦臣乃贊陛下力行東封以爲繼成先志先帝嘗欲北平幽朔西取繼遷大勳未集用付陛下則羣臣未嘗獻一謀畫一策以佐陛下繼先帝之志者反務卑辭重幣求和於契丹蹙國縻爵姑息於繼遷曾不思主辱臣死爲可戒誣下罔上爲可羞撰造祥瑞假託鬼神纔畢東封便議西幸輕勞車駕虐害饑民冀其無事往還便謂成大勳績是陛下以祖宗艱難之業爲姦邪僥倖之資臣所以長嘆而痛哭也夫天地神祇聰明正直作善降之百祥作不善降之百殃未聞專事籩豆簠簋可邀福祥春秋傳曰國之將興聽於民將亡聽於神愚臣非敢妄議惟陛下終賜裁擇後天下數有災變又言古者五載巡狩有國之事爾非必有紫氣黃雲然後登封嘉禾異草然後省方也今野鵰山鹿郡國交奏秋旱冬雷羣臣率賀退而腹非竊笑者比比皆是孰謂上天爲可罔下民爲可愚後世爲可欺乎人情如此所損不細惟陛下深鑒其妄六年又上疏曰陛下封泰山祀汾陰躬謁陵寢今又將祠于太淸宮外議籍籍以謂陛下事事慕效唐明皇豈以明皇爲令德之主耶甚不然也明皇禍敗之迹有足爲深戒者非獨臣能知之近臣不言者此懷姦以事陛下也明皇之無道亦無敢言者及奔至馬嵬軍士已誅楊國忠請矯詔之罪乃始諭以識理不明寄任失所當時雖有罪己之言覺寤已晚何所及也臣願陛下早自覺寤抑損虛華斥遠邪佞罷興土木不襲危亂之迹無爲明皇不及之悔此天下之幸社稷之福也帝以爲封泰山祠汾陰上陵祀老子非始於明皇開元禮今世所循用不可以天寶之亂舉謂爲非也秦爲無道甚矣今官名詔令郡縣猶襲秦舊豈以人而廢言乎作解疑論以示羣臣然知奭朴忠雖其言切直容之而弗斥久之以父老請歸田里不許以知密州居二年遷左諫議大夫罷待制還糾察在京刑獄是時初置天慶天祺天貺先天降聖節天下設齋醮張燕費甚廣奭又請裁省浮用不報復出知河陽又求解官就養遷給事中徙兗州天禧中朱能獻乾祐天書復上疏曰朱能者姦憸小人妄言祥瑞而陛下崇信之屈至尊以迎拜歸祕殿以奉安上自朝廷下及閭巷靡不痛心疾首反脣腹非而無敢言者昔漢文成將軍以帛書飯牛既而言牛腹中有奇書殺視得書天子識其手迹又有五利將軍妄言方多不讐二人皆坐誅先帝時有侯莫陳利用者以方術暴得寵用一旦發其姦誅於鄭州漢武可謂雄材先帝可謂英斷唐明皇得靈寶符上淸護國經寶券等皆王鉷田同秀等所爲明皇不能顯戮怵於邪說自謂德實動天神必福我夫老君聖人也儻實降語固宜不妄而唐自安史亂離乘輿播越兩都盪覆四海沸騰豈天下太平乎明皇雖僅得歸闕復爲李輔國劫遷卒以憂終豈聖壽無疆長生久視乎以明皇之英睿而禍患猥至曾不知者良由在位既久驕亢成性謂人莫已若謂諫不足聽心玩居常之安耳熟導諛之說內惑寵嬖外任姦回曲奉鬼神過崇妖妄今日見老君於閣上明日見老君於山中大臣尸祿以將迎端士畏威而緘默既惑左道卽紊政經民心用離變起倉卒當是之時老君寧肯禦兵寶符安能排難邪今朱能所爲或類於此願陛下思漢武之雄材發先帝之英斷鑒明皇之召禍庶幾災害不生禍亂不作未幾能果敗奭又嘗請減修寺度僧帝雖未用其言嘗令向敏中諭令陳時政得失奭以納諫恕直輕徭薄斂四事爲言頗施行焉仁宗卽位宰相請擇名儒以經術侍講讀乃召爲翰林侍講學士知審官院判國子監修眞宗實錄丁父憂起復兼判太常寺及禮院三遷兵部侍郎龍圖閣學士每講論至前世亂君亡國必反覆規諷仁宗意或不在書奭則拱默以俟帝爲竦然改聽嘗畫無逸圖上之帝施於講讀閣時章憲明肅皇后每五日一御殿與帝同聽政奭言古帝王朝朝暮夕未有曠日不朝陛下宜每日御殿以覽萬機奏留中不報然帝與皇太后尤愛重之每進見未嘗不加禮三請致仕召對承明殿敦諭之以年踰七十固請泣下帝亦惻然詔與馮元講老子三章各賜帛二百匹以不得請求近郡優拜工部尚書復知兗州詔須宴而後行又留數月特宴太淸樓近臣皆預帝作飛白大字以賜二府而小字賜諸學生獨奭與晁迥兼賜大小字詔羣臣卽席賦詩太后又別出禁中珍器勸酒翌日奭入謝又命講老子賜襲衣金帶銀鞍勒馬及行賜宴瑞聖園又賜詩詔近臣皆賦以恭謝恩改禮部尚書既而累表乞歸以太子少傅致仕疾甚徙正寢屏婢妾謂子瑜曰無令我死婦人之手卒奏至帝謂張士遜曰朕方欲召奭還而奭遂死矣嗟惜者久之罷朝一日贈左僕射諡曰宣奭性方重事親篤孝父亡舐其面以代頮常掇五經切於治道者爲經典徽言五十卷又撰崇祀錄樂記圖五經節解五服制度嘗奉詔與邢昺杜鎬校定諸經正義莊子爾雅謬誤及律音義初圜丘無外壝五郊從祀不設席尊不施罍七祠時饗飲福用一尊不設三登升歌不以雍徹冬至攝祀昊天上帝外級止十七位而不以星辰從饗先農在祈穀之前上丁釋奠無三獻宗廟不備二舞諸臣當諡者或既葬乃請奭皆援古奏正遂著於禮又請冬至罷祀五帝大雩設五帝而罷祠昊天上帝事下有司議不合而止瑜官至工部侍郞致仕

王昭素開封酸棗人少篤學不仕有志行爲鄉里所稱常聚徒敎授以自給李穆與弟肅及李惲皆常師事焉鄉人爭訟不詣官府多就昭素決之昭素博通九經兼究莊老尤精詩易以爲王韓注易及孔馬疏義或未盡是乃著易論二十三篇開寶中穆薦之朝詔召赴闕見於便殿時年七十七精神不衰太祖問曰何以不求仕進致相見之晚對曰臣草野惷愚無以裨聖化賜坐令講易乾卦召宰相薛居正等觀之至飛龍在天上曰此書豈可令常人見昭素對曰此書非聖人出不能合其象因訪以民間事昭素所言誠實無隱上嘉之以衰老求歸鄉里拜國子博士致仕賜茶藥及錢二十萬留月餘遣之年八十九卒於家昭素頗有人倫鑒初李穆兄弟從昭素學易常謂穆曰子所謂精理往往出吾意表又語人曰穆兄弟皆令器穆尤沈厚他日必至廊廟後果參知政事昭素每市物隨所言而還直未嘗論高下縣人相告曰王先生市物無得高取其價也治所居室有椽木積門中夜有盜者抉門將入昭素覺之卽自門中潛擲椽於外盜者慙而去由是里中無盜家有一驢人多來假將出先問僮奴曰外無假驢者乎對云無然後出其爲純質若此子仁著亦有隱德

孔維字爲則開封雍丘人乾德四年九經及第解褐東明鄢陵二主簿開寶中禮部再奏爲考試官調滁州軍事推官太宗卽位擢授太子左贊善大夫知河南縣通判滑梓二州太平興國中就拜國子周易博士代還遷禮記博士七年使高麗王治問禮於維維對以君父臣子之道升降等威之序治悅稱之曰今日復見中國之夫子也九年判國學事雍熙初遷主客員外郞三年擢爲國子司業賜金紫會將有事于籍田維起周禮至于唐書凡沿革制度並錄之以獻觀者稱其博又上書請禁原蠶以利國馬直史館樂史駁之曰管子云倉廩實知禮節衣食足知榮辱是以古先哲王厚農桑之業以其爲衣食之原耳一夫不耕天下有受其饑者一婦不蠶天下有受其寒者故天子親耕后妃親蠶屈身以化下者邦國之重務也吳都賦曰國賦再熟之稻鄉貢八蠶之綿則蠶之有原其來舊矣今孔維請禁原蠶以利國馬徒引前經物類同氣之文不究時事確實之理夫所市國馬來自外方涉遠馳驅虧其秣飼失於善視遂至玄黃致斃之由鮮不以此今乃欲禁其蠶事甚無謂也唐朝畜馬具存監牧之制詳觀本書亦無禁蠶之文況近降明詔來年春有事于耤田是則觀農之典方行而禁蠶之制又下事相違戾恐非所長臣嘗歷職州縣粗知利病編民之內貧窶者多春蠶所成止充賦調之備晚蠶薄利始及卒歲之資今若禁其後圖必有因緣爲弊滋彰撓亂民豈皇寧渙汗絲綸所宜重愼上覽之遂寢晚蠶之禁維復抗疏曰按周禮夏官司馬職禁原蠶者爲傷馬也原再也天文辰爲馬蠶書蠶爲龍精月直大火則浴其種是蠶與馬同氣物莫能兩大故禁再蠶以益馬也又郭璞云重蠶爲原今晚蠶也臣少親耕桑之務長歷州縣之職物之利害盡知之矣蚩蚩之氓知其利而不知其害故有早蠶之後重養晚蠶之繭出絲甚少再采之葉來歲不茂豈止傷及於馬而桑亦損矣臣自縣歷官路見坰野之地官馬多死若非明授典

據助其畜牧安敢妄有舉陳哉按本草注以僵蠶塗馬齒則不能食草物類相感如此月令仲春祭馬祖季春享先蠶皆爲天駟房星也爲馬祈福謂之馬祖爲蠶祈福謂之先蠶是蠶與馬同其類爾蠶重則馬損氣感之而然也臣謂依周禮禁原蠶爲當上雖不用維言而嘉其援引經據以章付史館藉田畢拜國子祭酒淳化初兼工部侍郎二年卒年六十四維通經術準舊制舉九經一上不中第即改科開寶中維論其事非便詔禮部自今九經同諸科許再赴舉太宗尹京日維爲屬邑吏頗以經術受知即位後維始升郎署自以通經求爲司業即以授之使外國者皆假服紫維自高麗還會東使至維自恥衣緋因求見上詭言高麗使問臣獲何罪降服臣無以對因泣下上憐之即賜以金紫及爲祭酒又奏言朝廷久不置此官少有知者臣之親戚故舊有書信來者多云祭酒郎中田敏晉朝任祭酒仍兼侍郎原循前例兼領是官庶獲美稱上從之然搢紳惡其儒者躁求無退讓之風嘗建議乞廣太學上以侵壞民舍不許受詔與學官校定五經疏義刻板行用功未及畢被病上遣太醫診視使者撫問初維私用印書錢三十餘萬爲掌事黃門所發維憂懼遽以家財償之疾遂亟上赦而不問維將終召其壻鄭革口授遺表以五經疏未畢爲恨景德四年錄其孫禹圭同學究出身

孔宜字不疑兗州曲阜人孔子四十四世孫孔子生鯉字伯魚鯉生伋字子思伋生白字子上白生求字子家求生箕字子京箕生穿字子高穿生謙字子慎謙生鮒字子魚以弟子騰爲嗣騰字子襄值秦難藏其家書于屋壁騰生忠字季忠忠生武武生延年及安國延年生霸字次孺漢昭帝時爲博士宣帝時爲太中大夫授皇太子經元帝即位賜爵關內侯號褒成君霸生福福生房房生均字長平好學有才爲尚書郎平帝元始元年封均爲褒成侯食邑二千戶追謚夫子爲褒成宣尼公王莽以均爲太尉三以疾辭得還莽敗失國後漢世祖建武十四年復封均子志爲褒成侯謚元成志生損襲爵和帝永元四年徙封損爲褒亭侯損卒子曜嗣侯邑千戶子完嗣邑百戶完早卒無子以弟子羨襲爵羨仕魏爲議郎黃初二年封宗聖侯邑百戶羨生震晉武帝泰始三年徙封奉聖亭侯邑二百戶歷太常黃門侍郎震生嶷嶷生撫舉孝廉辟太尉掾歷豫章太守撫生懿懿生鮮有度量好學宋文帝元嘉十九年襲封奉聖侯鮮生乘博學有才藝後魏孝文延興初舉孝廉三年封乘爲崇聖大夫復十戶以供洒掃乘生靈珍襲爵歷祕書郎太和十九年改封崇聖侯邑百戶靈珍生文泰文泰生渠北齊文宣帝天保元年改封恭聖侯後周宣帝大象二年追封孔子爲鄒國公以渠襲爵邑百戶渠生長孫隋文帝復封長孫爲鄒國公長孫生嗣哲應制舉歷涇州司兵參軍太子通事舍人大業四年改封紹聖侯邑百戶嗣哲生德倫唐太宗貞觀十一年封褒聖侯邑百戶朝會位同三品復其子孫則天授二年賜德倫璽書衣服德倫生崇基襲侯中宗神龍元年授朝散大夫崇基生璲之玄宗開元中歷國子四門博士邠王府文學蔡州長史二十七年詔追謚孔子爲文宣王改封褒聖侯璲之爲襲文宣公兼兗州長史璲之生萱襲封歷兗州泗水令萱生齊卿德宗建中三年詔以齊卿爲兗州司馬陷於東平卒至憲宗元和十三年平李師道其子惟晊歸魯詔以惟晊爲兗州參軍奉夫子祀復五十戶以供灑掃惟晊生策會昌元年歷國子監丞尚書博士大中元年宰相白敏中奏歲給封戶絹百疋充春秋奉祀自璲之至策五世並襲封文宣公策生振懿宗咸通四年舉進士甲科歷兗州觀察判官至刑部員外郎振生昭儉歷兗州司馬曲阜令自策至昭儉三世歲給封絹以供享祀昭儉生光嗣哀帝天祐中爲泗水主簿奉孔子祀光嗣生仁玉九歲通春秋姿貌雄偉後唐明宗長興元年以爲曲阜主簿三年遷龔丘令襲文宣公晉高祖天福五年改曲阜令周高祖廣順二年平慕容彥超幸曲阜拜孔子廟及墓召仁玉賜五品服復以爲本縣令仁玉四子長曰宜舉進士不第乾德中詣闕上書述其家世詔以爲曲阜主簿歷黃州軍事推官遷司農寺丞掌星子鎭市征宜上言星子當江湖之會商賈所集請建爲軍詔以爲縣就命宜知縣事後以爲南康軍宜代還獻文賦數十篇太宗覽而嘉之召見問以孔子世嗣因下詔曰素王之道百代所崇傳祚襲封抑存典制文宣王四十四代孫司農寺丞宜服勤素業砥礪廉隅亟歷官聯洽聞政績聖人之後世德不衰俾登朝倫以光儒胄可太子右贊善大夫襲封文宣公復其家未幾通判密州太平興國八年詔修曲阜孔子廟宜貢方物爲謝詔褒之遷殿中丞雍熙三年王師北征受詔督軍糧涉拒馬河溺死年四十六子延世字茂先以父死事賜學究出身爲曲阜主簿歷閬長葛二令真宗至道三年十一月召赴闕以爲曲阜令襲封文宣公賜白金束帛及太宗御書印九經咸平三年詔本道轉運使本州長吏待以賓禮仍留三年卒官年三十八次曰憲太平興國二年進士及第至工部員外郎知浚儀縣次曰冕應城主簿次曰勗雍熙中進士及第延世子聖祐景德初始九歲特賜同學究出身大中祥符元年東封泰山特聽聖祐衣綠陪位綴京官班後及還至兗州十一月朔幸曲阜謁孔子廟行酌獻之禮孔氏宗屬並令陪位又幸孔林觀其墓久之又御北亭召從臣觀古碑加謚孔子爲玄聖文宣王追封孔子父叔梁紇齊國公母顏氏魯國太夫人擢聖祐爲太常寺奉禮郎又錄其近屬進士謂同三傳出身習進士延祐習學究延渥延魯延齡並同學究出身共賜銀二百兩絹三百疋以充奉祠廟將勗爲殿中丞通判廣州王欽若言其有聲於鄉曲召赴闕改太常博士賜緋令知曲阜縣專主祠廟二年三月又遣使賜太宗御書及九經書疏三史藏于廟令本州選儒生講說聖祐後改大理評事天禧五年授光祿寺丞襲封文宣公知仙源縣事後改名佑遷太子中舍卒年三十勗爲司封郎中延魯大中祥符五年復舉進士及第後改名道輔爲左司諫龍圖閣待制自有傳

崔頌字敦美河南偃師人父協後唐門下侍郎平章事頌幼喪母爲外祖母所鞠養以蔭補河南府巡官歷開封主簿鄧州錄事參軍以疾去官未幾詣闕上書言事宰相桑維翰覽而奇之擢爲左拾遺選右補闕漢初加朝散階副右散騎常侍張煦冊錢俶爲吳越王梁未協書使兩浙至是越人美之贈賄甚厚及還值周祖入京師爲軍士剽奪悉盡世宗鎭澶淵擇僚佐頌與王朴王敏中皆中其選以頌爲觀察判官賜金紫世宗尹京拜司封員外郎充判官以斷獄懊失罷職守本官即位拜駕部郎中遷吏部復副尹日就使兩浙世宗讀唐元稹均田疏命寫爲圖賜近臣遣使均諸道租賦頌使兗州頗增舊額恭帝嗣位改左諫議大夫宋初判國子監會重修國學及武成王廟命頌總領其事建隆三年夏始會生徒講說太祖遣中使以酒果賜之每臨幸國學召頌與語因及經義頌應答無滯及郊祀以頌攝太僕升車執綏上問以一時典禮頌占對閑雅上甚重之未幾坐請託有司爲所親求便官出爲保大軍行軍司馬乾德六年暴得疾卒年五十頌好詠諧善筆札受命書世宗謚冊文當時稱其遒麗篤信釋氏睹佛像必拜性多疑在鄜州官舍嘗召圬墁者治堂室以帛蒙其目人皆笑之子曄至太子右贊善大夫爐字文炳雍熙二年進士淹雅有士行累爲屯田員外郎開封三司戶部判官景德中雍王元份薨府官皆坐黜時戚維爲曹國公元儼府翊善上謂宰相曰元儼年少在資贊導維迂儒循默不能規戒閨崔爐性純謹以之代維庶有裨益因召對遷都官員外郎充記室參軍賜金紫還兵部郎中出知河中府轉太常少卿將作監卒

尹拙潁州汝陰人梁貞明五年舉三史調補下邑主簿攝本鎭館驛巡官後唐長興中召爲著作佐郎直史館遷左拾遺依前直史館加朝散大夫應順初出爲宣武軍掌書記檢校虞部員外郎兼殿中侍御史清泰初加檢校駕部員外郎兼御史大夫二年改檢校虞部郎中忠武軍掌書記晉天福四年入爲右補闕明年轉侍御史會詔拙與張昭呂琦等同修唐史改倉部員外郎賜金紫八年遷左司員外郎契丹入寇趙延壽鎭常山以拙爲掌書記漢初召爲司馬郎中弘文館直學士周廣順初遷庫部郎中兼太常博士仍充直學士奉使荊南還改兵部郎中顯德初拜檢校右散騎常侍國子祭酒通判太常禮院事與張昭同修唐應順清泰及周祖實錄又與昭及田敏同詳定經典釋文丁憂免宋初改檢校工部尚書太子詹事判太府寺遷祕書監判大理寺乾德六年告老以本官致事拙性純謹博通經史周世宗北征命翰林學士爲文祭白馬祠學士不知所出遂訪於拙拙歷舉郡國祠白馬者以十數當時伏其該博開寶四年卒年八十一子季通至國子博士

田敏淄州鄒平人少通春秋之學梁貞明中登科調補淄州主簿不令之任留爲國子四門博士後唐天成初改尚書博士賜緋滿歲爲國子博士上言請四郊置齋宮不報秩滿轉屯田員外郎以詳明典禮兼太常博士建議請依春秋每歲藏冰薦宗廟頒公卿如古禮奉詔與太常卿劉岳博士段顒路航李居浣陳觀等刪定唐鄭餘慶書儀又詔與馬鎬等同校九經改戶部員外郎賜金紫清泰初遷國子司業晉天福四年授祭酒仍檢校工部尚書俄兼戶部侍郎開運初遷兵部侍郎充弘文館學士判館事議者以敏止可任學官宰相桑維翰聞之即改授檢校右僕射復爲祭酒漢乾佑中拜尚書右丞判國子監周廣順初改左丞遣使契丹將歲賂錢十萬貫止其侵剽契丹不許周祖將親郊命權判太常卿事世宗即位真拜太常卿檢校左僕射加司空顯德五年上章請老賜詔曰卿詳明禮樂博涉典墳爲儒學之宗師乃薦紳之儀表朕方資舊德以訪話言遽覽封

章願致官政引年之制雖著舊文尊賢之心方深虛佇所請宜不允遷工部尚書俄再上表願歸故鄉以遂首丘之志改太子少保致仕歸淄州別墅恭帝卽位加少傅開寶四年卒年九十二敏解官歸鄉有良田數十頃多釀美酒待賓客體强少疾徒步往來閭巷間不以杖每日親授諸子經自作父墓碑辭甚質敏嘗使湖南路出荆渚以印本經書遺高從誨從誨謝曰祭酒所遺經書僕但能識孝經耳敏曰讀書不必多十八章足矣如諸侯章云在上不驕高而不危制節謹度滿而不溢皆至要之言也時從誨兵敗於郢故敏以此諷之從誨大慙敏雖篤於經學亦好爲穿鑿所校九經頗以獨見自任如改尚書盤庚若網在綱爲若綱在綱重言綱字又爾雅椴木槿注曰日及改爲白及如此之類甚衆世頗非之子章至殿中丞

辛文悅者不知何許人以五經敎授太祖幼時從其肄業周顯德中太祖歷禁衞爲殿前都點檢節制方面文悅久不獲接見一日夢邀車駕請見旣拜乃太祖也太祖亦夢其來謁因令左右尋訪文悅果自至太祖異之及登位召見授太子中允判太府事開寶三年出知房州時周鄭王出居是州上以文悅長者故命爲文悅後累遷至員外郎又有張遁張文旦者嘗與太宗同學校太平興國中詣闕自言各起家爲主簿

李覺字仲明本京兆長安人曾祖鼎唐國子祭酒蘇州刺史唐末避亂徙家青州益都鼎生瑜本州推官瑜生成字咸熙性曠蕩嗜酒喜吟詩善琴奕畫山水尤工人多傳祕其蹟周樞密使王朴將薦其能會朴卒鬱鬱不得志乾德中司農卿衞融知陳州聞其名召之成因挈族而往日以酣飮爲事醉死於客舍子覺太平興國五年舉九經起家將作監丞通判建州秩滿州人借留有詔褒之就遷左贊善大夫知泗州轉祕書丞太宗以孔穎達五經正義刊板詔孔維與覺等校定王師征燕勦命覺部京東諸州芻糧赴幽州維薦覺有學遷禮記博士賜緋魚雍熙三年與右補闕李若拙同使交州黎桓謂曰此土山川之險中朝人乍歷之豈不倦乎覺曰國家提封萬里列郡四百地有平易亦有險固此一方何足云哉桓默然色沮使還久之遷國子博士端拱元年春初令學官講說覺首預焉太宗幸國子監謁文宣王畢升輦將出西門顧見講坐左右言覺方聚徒講書上卽召覺令對御講覺曰陛下六龍在御臣何敢輒升高坐上因降輦令有司張帝幕設別坐詔覺講周易之泰卦從臣皆列坐覺因述天地感通君臣相應之旨上甚悅特賜帛百疋俄獻時務策上頗嘉奬是冬以本官直史館右正言王禹偁上言覺但能通經不當輒居史職覺倣韓愈毛穎傳作竹穎傳以獻太宗嘉之故寢禹偁之奏淳化初上以經書板本有田敏輒刪去者數字命覺與孔維詳定二年詳校春秋正義成改水部員外郎判國子監四年遷司門員外郎被病假滿詔不絕奉卒覺累上書言時務述養馬漕運屯田三事太宗嘉其詳備令送史館語見本志覺性彊毅而聰敏嘗與祕閣校理吳淑等同考試開封府秋賦舉人語及算雉兔首足法覺曰此頗繁吾能易之及成果精簡淑意其宿製卽試以別法皆能立就坐中皆歎伏子宥大中祥符五年進士爲祠部員外郎集賢校理

崔頤正開封封丘人與弟偓佺並舉進士明經術頤正雍熙中爲高密尉秩滿國子祭酒孔維薦之以爲國學直講遷殿中丞太宗召見令說莊子一篇賜錢五萬判監李至上言本監先校定諸經音疏其間文字訛謬尚多深慮未副仁君好古誨人之意也蓋前所遣官多專經之士或通春秋者未習禮記或習周易者不通尚書至於旁引經史皆非素所傳習以是之故未得周詳伏見國子博士杜鎬直講崔頤正孫奭皆苦心彊學博貫九經問義質疑有所依據望令重加刊正冀除舛謬從之咸平初又有學究劉可名言諸經版本多舛誤眞宗命擇官詳正因訪達經義者至方參知政事以頤正對日朕宮中無事樂聞講誦翌日召頤正於苑中說尚書大禹謨賜以牙緋自是日令赴御書院待對說尚書至十卷頤正年老步趨艱蹇表求致仕上命坐問䘏甚至賜器幣聽以本官致仕仍充直講改國子博士三年卒年七十九偓佺淳化中歷福州連江尉判國子監李至奏爲直講引對便坐太宗顧謂曰李覺嘗奏朕云四皓中一先生或言姓用字加撇或云加點爾知否偓佺曰昔秦時程邈撰隸書訓如僕隸之易使也今字與古或異臣聞刀用爲角（音權）兩點爲角（音鹿）用上一撇一點俱不成字咸平二年眞宗幸國學召偓佺說尚書卽特賜緋景德後令講道德經日於崇文院候對終篇賜以白金繒綵三年卒年七十九嘗撰帝王手鑑十卷并注曹唐大遊仙詩十五卷其子世安上之特賜出身

李之才字挺之青社人也天聖八年同進士出身爲人朴且率自信無少矯厲師河南穆修修性莊嚴寡合雖之才亦頻在訶怒中之才事之亦謹卒能受易時蘇舜欽輩亦從修學易其專授受者惟之才爾修之易受之种放放受之陳摶源流最遠其圖書象數變通之妙秦漢以來鮮有知者之才初爲衞州獲加主簿權共城令時邵雍居母憂于蘇門山百源之上布裘蔬食躬爨以養父之才叩門來謁勞苦之曰好學篤志果何似雍曰簡策之外未有適也之才曰君非迹簡策者其如物理之學何他日則又曰物理之學學矣不有性命之學乎雍再拜願受業於是先示之以陸淳春秋意欲以春秋表儀五經旣可語五經大旨則授易而終焉其後雍卒以易名世之才器大難乎識者棲遲久不調或惜之則曰宜少貶以圖榮進石延年獨曰時不足以容君盍不棄之隱去再調孟州司法參軍時范雍守孟亦莫之知也雍初自洛建節守延安送者皆出境外之才獨別近郊或病之謝曰故事也頃之雍謫安陸之才沿檄見之洛陽前日遠送之人無一來者雍始恨知之之晚友人尹洙以書薦於中書舍人葉道卿因石延年致之曰孟州司法參軍李之才年三十九能爲古文章語直意遂不肆不窘固足以蹈及前輩非洙所敢品目而安於卑位無仕進意人罕知之其才又達世務使少用於世必過人遠甚恨其貧不能決其歸心知之者當共成之延年復書曰今業文好古之士至鮮且不張苟遺若人其學益衰矣延年素不喜謁貴仕凡四五至道卿門通其書乃已道卿薦之遂得應銓新格有保任五人改大理寺丞爲緱氏令未行會延年與龍圖閣直學士吳遵路調兵河東辟之才澤州簽署判官澤人劉羲叟從受曆法世稱羲叟曆法遠出古今上有楊雄張衡所未諭者實之才授之在澤轉殿中丞丁母憂甫除喪暴卒于懷州官舍寶曆五年二月也時尹洙兄漸守懷哭之才過哀感疾不踰月亦卒之才歸葬青社邵雍表其墓有曰求於天下得聞道之君子李公以師焉

宋史卷四百三十二

元 中書右丞相總裁脫脫等修

列傳第一百九十一

儒林二

胡旦 賈同 劉顏 高弁 孫復

石介 胡瑗 劉羲叟 林槩 李覯

何涉 王回（弟向） 周堯卿 王當 陳暘

胡旦字周父濱州渤海人少有儁才博學能文辭舉進士第一爲將作監丞通判昇州時江南初平汰李氏時所度僧十減六七旦曰彼無田廬可歸將聚而爲盜悉黜爲兵還左拾遺直史館數上書言時政利病出爲淮南東路轉運副使知海州踰年召歸先是盧多遜貶趙普罷相其夏河決韓村尋復塞旦獻河平頌曰天祚我宋以君兆民配天成休惟堯與鄰粤有大水昏墊下人非曰聖作孰究孰度蔽賢者退壅澤者罪我防大患河豈云敗逆遜遠投姦普屏外聖道如隄崇崇海內帝曰守文是塞是親調爾衞兵程是烝民民以盡力臣以勤職役云其終河以之塞唐堯懷山實警神德漢武宣防實彰令式我塞長河融流惠澤明明聖功萬代成則太宗覽頌有逆遜姦普之語召宰相謂曰胡旦獻頌詞意悖戾朕自擢於甲科歷試外任所至無善狀知海州日爲部下所訟獄已具適會大赦朕錄其材而捨其過尙令在近列又領史職乃敢恣胸臆狂躁如此其亟逐之卽貶殿中丞商州團練副使上平燕議曰今幽州在北門之外東封非國家所急願移其貲以事北伐且天時地利人事皆有可伐之意歲之所臨其地受福今年春末至來年歲在宋分今年初秋至六年鎭在燕分從今年爲備至來春興師北兵之遇春夏則皰裘皮履羊弓塞馬不爲用而中原士卒素不能寒往北逢暄筋力勇健以勇健之士驅不用之敵承福慶之時討災殃之城成功立事在于此矣長淮以北太行以東河水罷災土地甚沃因其豐實取其穀帛減價以折納見錢以貴糴官府多積兵役無虞用兵豐財可濟大事太原克復以來于今七載兵甲甚利士卒甚雄夜寢晨興寒褎飢粟若以促裝之賜發軍而用之恩賞之貲成功而賚之可以齊心平敵恢拓舊境幽州平土而殄敵爲勢必擇四人分之方面以剛斷勇毅者主之選和平恭愼者一人部之幽州之北皆是山谷通人馬者不過十處領將士者亦擇十人同行則共議兵機分出則各司軍事寇來則同戰以驅逐寇歸則畫疆以扞蔽苟塞斷山路餘寇在燕與大軍相持則遷延其時以度春夏寇不能熱有退無前使士之剛勇與才力者各爲一將多則分部扞敵攻城兩盡其力定其軍名實其軍數我寡彼多則力不勝我實彼虛則勝有餘力均則較其地形地均則爭其謀略分明勇怯各致其用以茶鹽香藥之價十分減二從新者先賣於邊城要路軍馬屯所以芻粟錢帛之價十分增二納貨以出券者詣本場以交貨得貨者緣逐路以納稅出往來四方之饒爲兩地費用之耗自然商得其利則買之於人人得其貲則勤之於穡故必民效兼倍之力國貯九年之積科撥不假於度支轉般何

勞於漕挽，芻粟之給，攻具之用，委輸發運以爲後繼。今將用二十萬之衆，役三十州之民，願陛下明降日月之信，先示雨露之澤，民知信賞則悅而忘死，士得仰給則死而力戰，如此則逆壘不足下，猾寇不足殄也。起爲左補闕，復直史館，遷修撰，預修國史，以尚書戶部員外郎知制誥，遷司封員外郎。有傭書人翟頴者，旦嘗與之善，因爲改姓名馬周，以爲唐馬周復出，上書訐時政，且自薦可爲大臣，又舉材任公輔者十人，其辭頗壯，當時皆謂旦所爲。馬周坐流海島，旦亦貶坊州團練副使，坐擅離所部，謫宋白于鄜州，既被劾，特釋之，從絳州，稍復工部員外郎、直集賢院，還本曹郎中、知制誥、史館修撰。素善中官王繼恩，爲繼恩草制辭過美，繼恩敗，眞宗聞而惡之，貶安遠軍行軍司馬，又削籍流潯州。咸平初，移通州團練副使，從徐州，以祠部員外郎分司西京，又爲保信軍節度副使，久之，以司封員外郎通判襄州。封泰山，改祠部郎中。服母喪既除，乃言父卒時嘗詔奪哀從事，請追行服三年，已而失明，以秘書省少監致仕，居襄州，再遷秘書監，卒。旦喜讀書，既喪明，猶令人誦經史，隱几聽之不少輟。著漢春秋、五代史略、將帥要略、演聖通論、唐乘、家傳三百餘卷。斵大硯方五六尺，刻而瘞之，曰「胡旦修漢春秋硯」。晩尤黷貨，干擾州縣，持吏短長，爲時論所薄。既死，子孫貧甚，寓柩民間。皇祐末，知襄州王田爲言於朝，得錢二十萬以葬。

賈同字希得，青州臨淄人。五代時，楊光遠反，同祖崇率鄕里四百餘家保愚谷山，全活者二千人。同初名罔，字公疎，篤學好古，有時名，著山東野錄七篇。年四十餘，同進士出身，眞宗命改今名。王欽若方貴盛，聞同名，欲致之，固謝不往。居八九年，始補歷城主簿。張知白薦爲大理評事、通判兗州。天聖初，上書言：「自祥符以來，諫諍路塞，丁謂乘間造符瑞以欺先帝，今謂姦既白，宜明告天下，正符瑞之謬，罷宮觀崇奉，歸不急之衞兵，收無名之費，使先帝免後世之議，國家無因循之失。」又言：「寇準忠規亮節，疾惡擯邪，自其貶黜，天下之人弗見其罪，宜還之內地，以明忠邪善惡之分。」時章獻太后臨朝，而同言如此，人以爲難。再遷殿中丞、知棣州，卒。劉顏、李冠、王無忌及其門人謚同曰存道先生。

劉顏字子望，彭城人。少孤，好古學，不專章句，師事高弁。舉進士第，以試祕書省校書郎知龍興縣，坐法免。久之，授徐州文學，居鄕里，教授數十百人。採漢唐奏議爲輔弼名對，馮元、劉筠、錢易、滕涉、蔡齊上其書，除任城主簿。歲饑，發大姓所積粟，活數千人。李迪知兗州、青州，皆辟爲從事。卒。著儒術通要、經濟樞言復數十篇。石介見其書，歎曰：「恨不在弟子之列。」子庠，自有傳。

高弁字公儀，濮州雷澤人。弱冠，徒步從种放學于終南山，又學古文于柳開，與張景齊名。至道中，以文謁王禹偁，禹偁奇之。舉進士，累官侍御史。諫修玉清昭應宮，降知廣濟軍。尋以戶部判官試開封府進士，私發糊名，奪二官。稍復知單州、邢州、鹽鐵判官。河決澶州，請弛隄防縱水所之，可省民力，且以扼契丹南向，議寢。知陝州，卒。弁性孝友，所爲文章多祖六經及孟子，喜言仁義。有帝則三篇，爲世所傳。與李迪、賈同、陸參、朱頔、伊淳相友善，石延年、劉潛皆其門人也。

孫復字明復，晉州平陽人。舉進士不第，退居泰山，學春秋，著尊王發微十二篇，大約本於陸淳，而增新意。石介有名山東，自介而下皆以先生事復。年四十不娶，李迪知其賢，以其弟之子妻之。復初猶豫，石介與諸弟子請曰：「公卿不下士久矣，今丞相不以先生貧賤，欲託以子，宜因以成丞相之賢名。」復乃聽。孔道輔聞復之賢，就見之。介執杖屨立侍，復左右升降拜則扶之，其往謝亦然。介既爲學官，語人曰：「孫先生非隱者也。」於是范仲淹、富弼皆言復有經術，宜在朝廷。除祕書省校書郎、國子監直講。車駕幸太學，賜緋衣銀魚，召爲邇英閣祗候說書。楊安國言其講說多異先儒，罷之。孔直溫敗，得所遺復詩，坐貶虔州監稅，徙泗州，又知長水縣，簽書應天府判官事，通判陵州。未行，翰林學士趙槩等十餘人言復經爲人師，不宜使佐州縣，留爲直講，稍遷殿中丞，卒，賜錢十萬。復與胡瑗不合，在太學常相避。瑗治經不如復，而教養諸生過之。復既病，韓琦言於仁宗，選書吏，給紙筆，命其門人祖無擇就復家得書十五萬言，錄藏祕閣。特官其一子。

石介字守道，兗州奉符人。進士及第，歷鄆州、南京推官。篤學有志尚，樂善疾惡，喜聲名，遇事奮然敢爲。御史臺辟爲主簿，未至，以論赦書不當求五代及諸僞國後，罷爲鎭南掌書記。代父丙遠官，爲嘉州軍事判官。丁父母憂，耕徂徠山下，葬五世之未葬者七十喪。以易教授于家，魯人號介徂徠先生。入爲國子監直講，學者從之甚衆，太學繇此益盛。介爲文有氣，嘗患文章之弊，佛、老爲蠹，著怪說、中國論，言去此三者，乃可以有爲。又著唐鑑，以戒姦臣、宦官、宮女，指切當時，無所諱忌。杜衍、韓琦薦，擢太子中允、直集賢院。會呂夷簡罷相，夏竦既除樞密使，復奪之，以衍代，章得象、晏殊、賈昌朝、范仲淹、富弼及琦同時執政，歐陽修、余靖、王素、蔡襄並爲諫官，介喜曰：「此盛事也，歌頌吾職，其可已乎！」作慶歷聖德詩曰：

於惟慶歷，三年三月。皇帝龍興，徐出闈闥。晨坐太極，晝開閶闔。躬覽英賢，手鋤姦枿。大聲渢渢，震搖六合。如乾之動，如雷之發。昆蟲蹢躅，妖怪藏滅。同明道初，天地嘉吉。初聞皇帝，蹙然言曰：予祖予父，付予大業。予恐失墜，實賴輔弼。汝得象殊，重愼微密。君相予久，予嘉君伐。君仍相予，笙鏞斯協。昌朝儒者，學問該洽。與予論政，傳以經術。汝貳二相，庶績咸秩。惟汝仲淹，汝誠予察。太后乘勢，湯沸火熱。汝時小臣，危言蹇蹇。爲予司諫，正予門闌。爲予京兆，圮予讒說。賊叛于夏，往予式遏。六月酷日，大冬積雪。汝寒汝暑，同予士卒。予聞辛酸，汝不告乏。予曉得弼，予心弼悅。弼每見予，無有私謁。以道輔予，弼言深切。予不堯舜，弼自笞罰。諫官一年，疏奏滿篋。侍從周歲，忠力壓竭。契丹忘義，檮杌饕餮。敢侮大國，其辭慢悖。弼將予命，不畏不怯。卒復舊好，民得食褐。沙磧萬里，死生一節。視弼之膚，霜劍風裂。觀弼之心，鍊金鍛鐵。寵名大官，以酬勞渴。弼辭不受，其志莫奪。惟仲淹弼，一夔一契。天實賚予，予其敢忽。並來弼予，民無瘥札。曰衍汝來，汝予黃髮。事予二紀，毛禿齒豁。心如一兮，率履弗越。遂長樞府，兵政無蹶。予早識琦，琦有奇骨。其器魁落，豈視居楔。其人渾樸，不施剞劂。可屬大事，敦厚如勃。琦汝副衍，知人予哲。惟脩惟靖，立朝巘巘。言論磥砢，忠誠特達。祿微身賤，其志不怯。嘗詆大官，亟遭貶黜。萬里歸來，剛氣不折。屢進直言，以補予闕。素相之後，含忠履潔。昔爲御史，幾叩予榻。襄雖小官，名聞予徹。亦嘗獻言，箴予之失。剛守粹慤，與脩儔匹。並爲諫官，正色在列。予過汝言，毋鉗汝舌。皇帝聖明，忠邪辨別。舉擢俊良，掃除妖魃。衆賢之進，如茅斯拔。大姦之去，如距斯脫。上倚輔弼，司予調燮。下賴諫諍，維予紀法。左右正人，無有邪孼。予望太平，日不逾浹。皇帝嗣位，二十二年。神武不殺，其默如淵。聖人不測，其動如天。賞罰在予，不失其權。恭已南面，退姦進賢。知賢不易，非明弗得。去邪惟艱，惟斷乃克。明則不貳，斷則不惑。既明且斷，惟皇帝之德。羣臣蹴踖，重足屏息。交相教語，曰惟正直。毋作側僻，皇帝汝嘉。諸侯危慄，墮玉失舄。交相告語，皇帝神明。四時朝覲，謹修臣職。四夷走馬，墜鐙遺策。交相告語，皇帝英武。解兵修貢，永爲屬國。皇帝一舉，羣臣懾焉，諸侯畏焉，四夷服焉。臣願皇帝，壽萬千年。

詩所稱多一時名臣，其言大姦，蓋斥竦也。詩且出，孫復曰：「子禍始於此矣。」介不畜馬，借馬而乘，出入大臣之門，頗招賓客，預政事，人多指目。不自安，求出，通判濮州。未赴，卒。會徐狂人孔直溫謀反，搜其家，得介書。夏竦銜介甚，且欲中傷杜衍等，因言介詐死，北走契丹，請發棺以驗。詔下京東訪其存亡，衍時在兗州，以驗介事語官屬，衆不敢答，掌書記龔鼎臣願以闔族保介必死。衍探懷出奏藁示之曰：「老夫已保介矣。君年少見義必爲，豈可量哉。」提點刑獄呂居簡亦曰：「發棺空，介果走北，孥戮非酷。不然，是國家無故剖人冢墓，何以示後世？且介死必有親族門生會葬及棺斂之人，苟召問無異節，令具軍令狀保之，亦足應詔。」於是衆數百保介已死，乃免斲棺。子弟羈管他州，久之得還。介家故貧，妻子幾凍餒，富弼、韓琦共分奉買田以贍養之。有徂徠集行於世。

胡瑗字翼之，泰州海陵人。以經術教授吳中，年四十餘。景祐初，更定雅樂，詔求知音者。范仲淹薦瑗，白衣對崇政殿。與鎭東軍節度推官阮逸同較鐘律，分造鐘磬各一虡。以一黍之廣爲分，以制尺，律徑三分四釐六毫四絲，圍十分三釐九毫三絲。又以大黍累尺，小黍實龠。丁度等以爲非古制，罷之。授瑗試祕書省校書郎。范仲淹經略陝西，辟丹州推官。以保寧節度推官教授湖州。瑗教人有法，科條纖悉備具，以身先之。雖盛暑，必公服坐堂上，嚴師弟子之禮。視諸生如其子弟，諸生亦信愛如其父兄，從之游者常數百人。慶歷中，興太學，下湖州取其法，著爲令。召爲諸王宮教授，辭疾不行。爲太子中舍，以殿中丞致仕。皇祐中，更鑄太常鐘磬，驛召瑗、逸，與近臣、太常官議于祕閣，遂典作樂事。復以大理評事兼太常寺主簿，辭不就。歲餘，授光祿寺丞、國子監直講。樂成，遷大理寺丞，賜緋衣銀魚。瑗既居太學，其徒益衆，太學至不能容，取旁官舍處之。禮部所得士，瑗弟子十常居四五。隨材高下，喜自修飾，衣服容止，往往相類，人遇之雖不識，皆知其瑗弟子也。嘉祐初，擢太子中允、天章閣侍講，仍治太學。既而疾不能朝，以太常博士致仕，歸老於家。諸生與朝士祖餞東門外，時以爲榮。既卒，詔賻其家。

劉羲叟字仲更，澤州晉城人。歐陽修使河東，薦其學術，試大理評事、權趙州軍事判官。精算術，兼通大衍諸歷。及修唐史，令專修律歷、天文、五行志。尋爲編修官，改祕書省著作佐郎。以母喪去，詔令家居編修。書成，擢崇文院檢討，未入謝，疽發背卒。羲叟強記多識，尤長於星歷術數。皇祐五年，日食心，時胡瑗鑄鐘弇而直，聲鬱不發，又陜西鑄大錢，羲叟曰此所謂害金再興與周景王同占上將感心腹之疾其後仁宗果不豫又月入太微曰後宮當有喪已而張貴妃薨至和元年日食正陽客星出于昴曰契丹宗眞其死乎事皆驗羲叟未病嘗曰吾及秋必死自擇地於父冢旁占庚穴以語其妻如其言葬之著十三代史志劉氏輯歷春秋災異諸書

林槩字端父福州福清人父高太常博士有治行槩幼警悟舉進士以秘書省校書郎知長興縣歲大饑富人閉糴以邀價槩出奉粟庭下誘土豪輸數千石以飼饑者知連州康定初上封事曰古者民爲兵而今兵食民古馬寓於民而今不習馬此兵與馬之大患也請附唐用兵之法四斂一民部以爲軍閱耕田里被甲皆兵因命其家咸得畜馬私乘休暇官爲調習則人便干戈馬識行列又行陣無法而出於臨時將無素備而取於倉卒軍不予權而監以宦侍若是者雖得古之材使循今之法亦必屢戰而屢敗又請備蠻籍土民爲兵柵要衝購徭人使守禦從淮安軍程琳嘗禁蜀人不得自爲渠堰槩奏罷之又言蜀饑願罷川峽漕發常平粟貸民租募富人輕粟價除商旅之禁使通貨相貿官至太常博士集賢校理卒著史論辨國語子希自有傳

李覯字泰伯建昌軍南城人俊辨能文舉茂才異等不中親老以教授自資學者常數十百人皇祐初范仲淹薦爲試太學助教上明堂定制圖序曰考工記周人明堂度九尺之筵是言堂基修廣非謂立室之數東西九筵南北七筵堂崇一筵是言堂上非謂室中東西之堂各深四筵半南北之堂各深三筵半五室凡室二筵是言四堂中央有方十筵之地自東至西可營五室自南至北可營五室十筵中央方二筵之地既爲太室連作餘室則不能令十二位各直其辰當於東南西北四面及四角缺處各虛方二筵之地周而通之以爲太廟太室正居中月令所謂中央土居太廟太室者言此太廟之中有太室也太廟之外堂子午卯酉四位上各畫方二筵地二與太廟相通爲青陽明堂總章元堂四太廟當寅申巳亥辰戌丑未八位上各畫方二筵地以爲左个右个也大戴禮盛德記明堂凡九室室四戶八牖共三十六戶七十二牖八个之室并太室而九室四面各有戶戶旁夾兩牖也白虎通明堂上圓下方八窻四闥九室十二坐四太廟前名爲一門出於堂上門旁夾兩窻也左右之个其實皆室但以分處左右形如夾戶故有个名太廟之內以及太室其實祀文王配上帝之位謂之廟者義當然矣土者分王四時於五行最尊故天子當其時居太室用祭天地之位以尊嚴之也四仲之月各得一時之中與餘月有異故復於子午卯酉之方取二筵地假太廟之名以聽朔也周禮言基而不及室大戴言室而不及廟稽之月令則備矣然非白虎通亦無以知窻闥之制也聶崇義所謂秦人明堂圖者其制有十二階古之遺法當亦取之禮記外傳曰明堂四面各五門今按明堂位四夷之國西門之外九采之國應門之外時天子負斧扆南嚮而立南門之外者北面東上應門之外者亦北面東上是南門之外有應門也旣有應門則不得不有皐庫雉門明堂者四時所居四面如一南面旣有五門則餘三面皆各有五門鄭注明堂位則云正門謂之應門其意當謂變南門之文以爲應門又見王宮有路門其次乃有應門今明堂無路門之名而但有應門便謂更無重門而南門卽是應門且路寢之前則名路門其次有應門明堂非路寢乃變其內門之名爲東門南門而次有應門何害於義四夷之君旣在四門之外而外無重門則是列於郊野道路之間豈朝會之儀乎王宮常居猶設五門以限中外明堂者效天法地尊祖配帝而止一門以表之豈爲稱哉若其建置之所則淳于登云在國之陽三里之外七里之內丙巳之地玉藻聽朔於南門之外康成之注亦與是合夫稱明也宜在國之陽事天神也宜在城門之外今圖以九分當九尺之筵東西之堂共九筵南北之堂共七筵中央之地自東至西凡五室自南至北凡五室每室二筵取於考工記也一太室八左右个共九室室有四戶八牖共三十六戶七十二牖協於戴德記也九室四廟共十三位本於月令也四廟之面各爲一門門夾兩窻是謂八窻四闥稽於白虎通也十二階采於三禮圖也四面各五門酌於明堂位禮記外傳也嘉祐中用國子監奏召爲海門主簿太學說書而卒覯嘗著周禮致太平論平土書禮論門人鄧潤甫熙寧中上其退居類藁皇祐續藁幷後集請官其子參魯詔以爲郊社齋郎

何涉字濟川南充人父祖皆業農涉始讀書晝夜刻苦泛覽博古上自六經諸子百家旁及山經地志醫卜之術無所不學一過目不復再讀而終身不忘人問書傳中事必指卷第冊葉所在驗之果然登進士第調落交主簿改中部令范仲淹一見奇之辟彰武軍節度推官用龐籍奏遷著作佐郎管勾鄜延等路經略安撫招討司機宜文字時元昊擾邊軍中經畫涉預有力元昊納欵籍召爲樞密使欲與之俱涉曰親老矣非人子自便之時拜章願得歸養特改秘書丞通判眉州徙嘉州用文彥博龐籍薦召還除集賢校理旣又求歸蜀遂得知漢州歲滿移合州累官尚書司封員外郎父喪罷歸卒詔恤其家幷官其一子涉長厚有操行事親至孝平居未嘗談人過惡所至多建學館勸誨諸生從之游者甚衆雖在軍中亦嘗爲諸將講左氏春秋狄青之徒皆橫經以聽有治道中術春秋本旨廬江集七十卷

王回字深父福州候官人父平言試御史回敦行孝友質直平恕造次必稽古人所爲而不爲小廉曲謹以求名譽嘗舉進士中第爲衞眞簿有所不合稱病自免作告友曰古之言天下達道者曰君臣也父子也夫婦也兄弟也朋友也五者各以其義行而人倫立其義廢則人倫亦從而亡矣然而父子兄弟之親天性之自然者也夫婦之合以人情而然者也君臣之從以衆心而然者也是雖欲自廢而理勢持之何能斬也惟朋友者舉天下之人莫不可同亦舉天下之人莫不可異同異在我則義安所卒歸乎是其漸廢之所繇也君之於臣也父之於子也夫之於婦也兄之於弟也過且惡必亂敗其國家國家敗而皆受其難被其名而終身不可辭也故其爲上者不敢不誨爲下者不敢不諫世治道行則人能循義而自得世衰道微則人猶顧義而自全間有不若則亦無害於衆焉耳此所謂理勢持之雖百代可知也親非天性也合非人情也從非衆心也羣而同別而異有善不足與榮有惡不足與辱大道之行公與義者可至焉下斯而言其能及者鮮矣是以聖人崇之以列於君臣父子夫婦兄弟而壹爲達道也聖人旣沒而其義益廢於今則亡矣夫人有四肢所以成身一體不備則謂之廢疾而人倫缺焉何以爲世嗚呼處今之時而望古之道難矣姑求其肯告吾過也而樂聞其過者與之友乎退居潁州久之不肯仕在廷多薦者治平中以爲忠武軍節度推官知南頓縣命下而卒回在潁川與處士常秩友善熙寧中秩上其文集補回子汾爲郊社齋郎弟向

向字子直爲文長於序事戲作公默先生傳曰公議先生剛直任氣好議論取當世是非辨明游梁宋間不得意去居潁其徒從者百人居二年與其徒謀又去潁弟子任意對曰先生無復念去也弟子從先生久矣亦各厭行役先生舍潁爲居廬少有生計主人公賢遇先生不淺薄今又去之弟子未見先生止處也先生豈薄潁邪公議先生曰來吾語爾君子貴行道信於世不信貴容不容貴去古之辟世辟地辟色辟言是也吾行年三十立節循名被服先王究窮六經頑鈍晩成所得無幾張羅大綱漏略零細校其所見未爲完人豈敢自忘冀用於世予所厭苦正謂不容予行世間波混流同予譽不至予毀日隆小人鑿空造事形迹侵排萬端地險天側詩不云乎讒人罔極主人明恕故未見疑不幸去我來者謂誰讒一日效我終顚危智者利身遠害全德不如亟行以適異國語已任意對曰先生無言也意輩弟子嘗竊論先生樂取怨憎爲人所難不知不樂也今定不樂先生知所以取之乎先生聰明才能過人遠甚而剌口論世事立是非其間不容毫髮又以公議名此人之怨府也傳曰議人者不得其死先生憂之是也其去未是意有三事爲先生計先生幸聽意不必行不聽先生雖去絕海未見先生安也公議先生彊舌不語下視任意目不轉移時卒問任意對曰人之肺肝安得可視高出重泉險不足比聞善於彼陽譽陰非反背復憎詆笑縱橫得其細過聲張口播緣飾百端德敗行破自然是人賤彼善我意策之三此爲最上者也先生能用之乎公議先生曰不能爾試言其次者對曰捐棄骨肉徉狂而去令世人不復顧忌此策之次者先生能用之乎公議先生曰不能爾試言其又次者對曰先生之行已視世人所不逮何等也曾未得稱高世而詆訶鋒起幾不得與妄庸人伍者良以口禍也先生能不好議而好默是非不及口而心存焉何疾於不容此策之最下者也先生能用之乎公議先生喟然歎曰吁吾爲爾用下策也任意乃大笑顧其徒曰宜吾先生之病於世也吾三策之卒取其下者矣弟子陽思曰今日非任意先生不可得留與其徒謝意更因意請去公議爲公默先生弟同字容季性純篤亦善序事皆蚤卒仕止於縣主簿

周堯卿字子餘道州永明人警悟彊記以學行知名天聖二年舉進士歷連衡二州司理參軍桂州司錄知高安寧化二縣提點刑獄楊紘入境有被刑而耘苗者紘就詢其故對曰貧以利故爲人直其枉令不我欺而我欺之我又何怨紘至縣以所聞薦之後通判饒州積官至太常博士范仲淹薦經行可爲師表未及用以慶歷五年卒年五十一始堯卿年十二喪父憂戚如成人見母則抑情忍哀不欲傷其意母知而異之謂族人曰是兒愛我如此多知孝養矣卒能如母之言及母喪倚廬

三年席薪枕塊雖疾病不飲酒食肉既葬慈烏百數銜土集隴上人以爲孝感所致其於昆弟尤篤友愛又爲人簡重不校有慢己者必厚爲禮以愧之居官祿雖薄必以周宗族朋友罄而後已爲學不專於傳注問辨思索以通爲期長於毛鄭詩及左氏春秋其學詩以孔子所謂詩三百一言以蔽之曰思無邪孟子所謂說詩者以意逆志是爲得之考經指歸而見毛鄭之得失曰毛之傳欲簡或寡於義理非一言以蔽之也鄭之箋欲詳或遠於性情非以意逆志也是可以無去取乎其學春秋由左氏記之詳得經之所以書者至三傳之異同均有所不取曰聖人之意豈二致耶讀莊周孟子之書曰周善言理未至於窮理窮理則好惡不繆於聖人孟軻是已孟善言性未至於盡己之性能盡己之性則能盡物之性而可與天地參其唯聖人乎天何言哉性與天道子貢所以不可得而聞也昔宰我子貢善爲說辭冉牛閔子顏淵善言德行孔子曰我於辭命則不能也惟不言故曰不能而已蓋言生於不足者也其講解議論皆若是有詩春秋說各三十卷文集二十卷七子論鼎州司理參軍詵湖州歸安主簿諡諷諲說誼

王當字子思眉州眉山人幼好學博覽古今所取惟王佐大略嘗謂三公論道經邦燮理陰陽塡撫四方親附百姓皆出於一道其言之雖大其行之甚易嘗舉進士不中退居田野歎曰士之居世苟不見其用必見其言遂著春秋列國名臣傳五十卷人競傳之元祐中蘇轍以賢良方正薦廷對慷慨不避權貴策入四等調龍遊縣尉蔡京知成都舉爲學官當不就其後京相當遂不復仕卒年七十二當於經學尤邃易與春秋皆爲之傳得聖人之旨居多又有經旨三卷史論十二卷兵書十二篇

陳暘字晉之福州人中紹聖制科授順昌軍節度推官徽宗初進迓衡集以勸導紹述得太學博士祕書省正字禮部侍郎趙挺之言暘所著樂書二十卷貫穿明備乞援其兄祥道進禮書故事給札既上遷太常丞進駕部員外郎爲講議司參詳禮樂官魏漢津議樂用京房二變四淸暘曰五聲十二律樂之正也二變四淸樂之蠹也二變以變宮爲君四淸以黃鐘淸爲君事以時作固可變也而君不可變太簇大呂夾鐘或可分也而黃鐘不可分豈古人所謂尊無二上之旨哉時論方右漢津紬暘議進鴻臚太常少卿禮部侍郎以顯謨閣待制提舉醴泉觀嘗坐事奪已而復之卒年六十八祥道字用之元祐中爲太常博士終祕書省正字所著禮書一百五十卷與暘樂書並行于世

宋史卷四百三十三

元　中　書　右　丞　相　總　裁　脫　脫　等　修

列傳第一百九十二

儒林三

邵伯溫　喻樗　洪興祖　高閌

程大昌　林之奇　林光朝　楊萬里

邵伯溫字子文洛陽人康節處士雍之子也雍名重一時如司馬光韓維呂公著程頤兄弟皆交其門伯溫入聞父敎出則事司馬光等而光等亦屈名位輩行與伯溫爲再世交故所聞日博而尤熟當世之務光入相嘗欲薦伯溫未果而薨後以河南尹與部使者薦特授大名府助敎調潞州長子縣尉初蔡確之相也神宗崩哲宗立邢恕自襄州移河陽詣確謀造定策事及司馬光子康詣闕恕召康詣河陽伯溫謂康曰公休除喪未見君不宜枉道先見朋友康曰已諾之伯溫曰恕傾巧或以事要公休若從之必爲異日之悔康竟往恕果勸康作書稱確以爲他日全身保家計康恕同年登科第又出光門下康遂作書如恕言恕蓋以康爲光子言確有定策功世必見信旣而梁燾以諫議召恕亦要燾至河陽連日夜論確功不休且以康書爲證燾不悅會吳處厚奏確詩謗朝政燾與劉安世共請誅確且論恕罪亦命康分析康始悔之康卒子植幼宣仁后憫之呂大防謂康素以伯溫可託請以伯溫爲西京敎授以敎植伯溫旣至官則誨植曰溫公之孫大諫之子賢愚在天下可畏也植聞之力學不懈卒有立紹聖初章惇爲相惇嘗事康節欲用伯溫伯溫不往會法當赴吏部銓程頤謂伯溫曰吾危子之行也伯溫曰豈不欲見先公於地下耶至則先就部擬官而後見宰相惇論及康節之學曰嗟乎吾於先生不能卒業也伯溫曰先君先天之學論天地萬物未有不盡者其信也則人之仇怨反覆者可忘矣時惇方興黨獄故以是動之惇悚然猶薦之于朝而伯溫願補郡縣吏惇不悅遂得監永興軍鑄錢監時元祐諸賢方南遷士鮮訪之者伯溫見范祖禹於咸平見范純仁於潁昌或爲之恐不顧也會西邊用兵復夏人故地從軍者得累數階伯溫當行輒推同列秩滿惇猶在相位伯溫義不至京師從外臺辟環慶路帥幕實避惇也徽宗卽位以日食求言伯溫上書累數千言大要欲復祖宗制度辨宣仁誣謗解元祐黨錮分君子小人戒勞民用兵語極懇至宣仁太后之謗伯溫旣辨之又著書名辨誣後崇寧大觀間以元符上書人分邪正等伯溫在邪等中以此書也出監華州西嶽廟久之知峽州靈寶縣從芮城縣丁母憂服除主管永興軍耀州三白渠公事童貫爲宣撫使士大夫爭出其門伯溫聞其來出他州避之除知果州請罷歲輸瀘南諸州綾絹絲綿數十萬以寬民力除知興元府遂寧府邠州皆不赴擢提點成都路刑獄賊史斌破武休入漢利窺劍門伯溫與成都帥臣盧法原合謀守劍門賊竟不能入蜀人德之除利路轉運副使提舉太平觀紹興四年卒年七十八初邵雍嘗曰世行亂蜀安可避居及宣和末伯溫載家使蜀故免於難伯溫嘗論元祐紹聖之政曰公卿大夫當知國體以蔡確姦邪投之死地何足惜然嘗爲宰相當以宰相待之范忠宣有文正餘風知國體者也故欲薄確之罪言旣不用退而行確詞命然後求去君子長者仁人用心也確死南荒豈獨有傷國體哉劉摯梁燾王巖叟劉安世忠直有餘然疾惡已甚不知國體以貽後日縉紳之禍不能無過也趙鼎少從伯溫游及當相乞行追錄始贈祕閣修撰嘗表伯溫之墓曰以學行起元祐以名節居紹聖以言廢於崇寧世以此三語盡伯溫出處云著書有河南集聞見錄皇極系述辨誣辨惑皇極經世序觀物內外篇解近百卷三子溥博傳

喻樗字子才其先南昌人初愈藥仕梁位至安州刺史武帝賜姓喻後從嚴樗其十六世孫也少慕伊洛之學中建炎三年進士第爲人質直好議論趙鼎去樞筦居常山樗往謁因諷之曰公之事上當使啓沃多而施行少啓沃之際當使誠意多而語言少鼎奇之引爲上客鼎都督川陝荊襄辟樗爲屬紹興初高宗親征樗見鼎曰六龍臨江兵氣百倍然公自度此舉果出萬全乎或姑試一擲也鼎曰中國累年退避不振敵情益驕義不可更屈故贊上行耳若事之濟否則非鼎所知也樗曰然則當思歸路毋以賊遺君父憂鼎曰策安出樗曰張德遠有重望居閩今莫若使其爲江淮荊浙福建等路宣撫使俾以諸道兵赴闕命下之日府庫軍旅錢穀皆得專之宣撫來路卽朝廷歸路也鼎曰諾於是入奏曰今沿江經畫大計略定非得大臣相應援不可如張浚人才陛下終棄之乎帝曰朕用之遂起浚知樞密院事浚至執鼎手曰此行舉措皆合人心鼎笑曰子才之功也樗於是往來鼎浚間多所裨益頃之以鼎薦授祕書省正字兼史館校勘初金旣退師鼎浚相得驩甚人知其將並相樗獨言二人宜且同在樞府他日趙退則張繼之立事任人未甚相遠則氣脈長若同處相位萬有一不合或當去位則必更張是賢者自相背戾矣後稍如其言又嘗曰推車者遇艱險則相詬病及車之止也則欣然如初士之於國家亦若是而已先是樗與張九成皆言和議非便秦檜旣主和言者希旨劾樗與九成謗訕樗出知舒州懷寧縣通判衡州已而致仕檜死復起爲大宗正丞轉工部員外郎出知蘄州孝宗卽位用爲提舉浙東常平以治績聞淳熙七年卒初樗善鑒識宣和間謂其友人沈晦試進士當第一建炎初又謂今歲進士張九成當第一凌景夏次之會風折大槐樗以作二簡遺之後果然趙鼎嘗以樊光遠免舉事訪樗樗曰今年省試不可無此人於是光遠亦第一初樗二女方擇配富人交請婚不許及見汪洋張孝祥乃曰佳婿也遂以妻之

洪興祖字慶善鎭江丹陽人少讀禮至中庸頓悟性命之理績文日進登政和上舍第爲湖州士曹改宣敎郎高宗時在揚州庶事草創選人改秩軍頭司引見自興祖始召試授祕書省正字後爲太常博士上疏乞收人心納謀策安民情壯國威又論國家再造一宜以藝祖爲法紹興四年蘇湖地震興祖時爲駕部郎官應詔上疏具言朝廷紀綱之失爲時宰所惡主管太平觀起知廣德軍視水原爲陂塘六百餘所民無旱憂一新學舍因定從祀自十哲曾子而下七十有一人又列先儒左邱明而下二十有六人擢提點江東刑獄知眞州州當兵衝瘡痍未瘳興祖始至請復一年租從之明年再請又從之自是流民復業墾闢荒田至七萬餘畝徙知饒州先夢持六刀覺曰三刀爲益今倍之其饒乎已而果然是時秦檜當國諫官多檜門下爭彈劾以媚檜興祖坐嘗作故龍圖閣學士程瑀論語解序語涉怨望編管昭州卒年六十有六明年詔復其官直敷文閣興祖好

古博學自少至老未嘗一日去書著老莊本旨周易通義繫辭要旨古文孝經序贊離騷楚詞考異行于世

高閌字抑崇明州鄞縣人紹興元年以上舍選賜進士第執政薦之召爲秘書省正字時將賜新進士儒行中庸篇閌奏儒行詞說不醇請止賜中庸庶幾學者得知聖學淵源而不惑於他說從之權禮部員外郞兼史館校勘面對言春秋之法莫大於正名今樞密院號本兵柄而諸路軍馬盡屬都督是朝廷兵柄自分爲二又周六卿其大事則從其長小事官屬猶得專達今一切拘以文法雖利害灼然可見官長且不敢自決必請于朝故廟堂之事益繁而省曹官屬乃與胥吏無異又政事之行給舍得繳駁臺諫得論列若給舍以爲然臺諫以爲不然則不容不改祖宗時有繳駁臺諫章疏不以爲嫌者恐其得於風聞致朝廷之有過舉然此風不見久矣臣恐朝廷之權反在臺諫且祖宗時監察御史許言事靖康中嘗行之今則名爲臺官實無言責此皆名之未正也尋遷著作佐郞以言者論罷主管崇道觀召爲國子司業時與太學閌奏宜先經術帝曰士習詩賦已久遽能使之通經乎閌曰先王設太學惟講經術而已國初猶衍唐制用詩賦神宗始以經術造士遂罷詩賦又慮不足以盡人才乃設詞學一科今宜以經義爲主而加詩賦帝然之閌於是條具以聞其法以六經語孟義爲一塲詩賦次之子史論又次之時務策又次之太學課試及郡國科舉盡以此爲法且立郡國士補國學監生之制中興已後學制多閌所建明閌又言建學之始宜得老成以誘掖後進乃薦全州文學師維藩詔除國子錄維藩眉山人精春秋學林栗其高第也故首薦之新學成閌奏補試者六千人且乞臨雍繼率諸生上表以請於是帝幸太學秦熺執經閌講易泰卦賜三品服胡寅聞之以書責閌曰閣下爲師儒之首不能建大論明天人之理乃阿諛柄臣希合風旨求舉太平之典欺天罔人孰甚焉平生志行掃地矣閌少宗程頤學宣和末楊時爲祭酒閌爲諸生胡安國至京師訪士於時以閌爲首稱由是知名閌除禮部侍郞帝因問閌張九成安否明日復以問秦檜檜疑閌薦中丞李文會承檜旨劾閌出知筠州不赴卒初秦棣嘗使姚孚請婚閌辭之其著述有春秋集傳行于世

程大昌字泰之徽州休寧人十歲能屬文登紹興二十一年進士第主吳縣簿未上丁父憂服除著十論言當世事獻於朝宰相湯思退奇之擢太平州教授明年召爲太學正試館職爲秘書省正字孝宗卽位遷著作佐郞當是時帝初政銳意事功命令四出貴近或預密議會詔百官言事大昌奏曰漢石顯知元帝信己先請夜開宮門之詔他日故夜還稱詔啓關或言矯制帝笑以前詔示之自是顯眞矯制人不復言國朝命令必由三省防此弊也請自今被御前直降文書皆申省審奏乃得行以合祖宗之規以防石顯之姦又言去歲完顏亮入寇無一士死守而兵將至今策勳未已惟李寶捷膠西虞允文戰采石實屠亮之階今寶罷兵允文守夔此公論所謂不平也帝稱善選爲恭王府贊讀遷國子司業兼權禮部侍郞直學士院帝問大昌曰朕治道不進奈何大昌對曰陛下勤儉過古帝王自女眞通和知尊中國不可謂無效但當求賢納諫脩政事則大有爲之業在其中不必他求奇策以幸速成又言淮上築城太多緩急何人可守設險莫如練卒練卒莫如擇將帝稱善除浙東提點刑獄會歲豐酒稅踰額有挾朝命請增額者大昌力拒之曰大昌寧罪去不可增也徙江西轉運副使大昌曰可以興利去害行吾志矣會歲歉出錢十餘萬緡代輸吉贛臨江南安夏稅折帛淸江縣舊有破坑桐二堰以捍江護田及民居地幾二千頃後堰壞歲罹水患且四十年大昌力復其舊進秘閣脩撰召爲秘書少監帝勞之曰卿朕所簡記監司若人人如卿朕何憂兼中書舍人六和塔寺僧以鎭潮爲功求內降給賜所置田產仍免科徭大昌奏僧寺旣違法置田又移科徭於民奈何許之況自脩塔之後潮果不齧岸乎寢其命權刑部侍郞升侍講兼國子祭酒大昌言辟以止辟未聞縱有罪爲仁也今四方讞獄例擬貸死臣謂有司當守法人主察其可貸則貸之如此則法伸乎下仁歸乎上矣帝以爲然兼給事中江陵都統制率逢原縱部曲毆百姓守帥辛棄疾以言狀徙帥江西大昌因極論自此屯戍州郡不可爲矣逢原由是坐削兩官降本軍副將累遷權吏部尚書言今日諸軍西北舊人日少其子孫伉健者當教之戰陳不宜輕聽離軍且禁衛之士祖宗非獨以備宿衛而已南征北伐是嘗爲先鋒今率三年輒補外用違其長郞有征行無人在選奈何始以材武擇之而終以庸常棄之乎願留三衙勿遣會行中外更迭之制力請郡遂出知泉州汀州賊沈師作亂戍將蕭統領與戰死閩部大震漕檄統制裴師武討之師武以未得帥符不行大昌手書趣之曰事急矣有如帥責君可持吾書自解當是時賊謀攻城而先使諜者衷甲縱火爲內應會師武軍至復得諜者賊遂散去遷知建寧府光宗嗣位徙知明州尋奉祠紹熙五年請老以龍圖閣學士致仕慶元元年卒年七十三謚文簡大昌篤學於古今事靡不考究有禹貢論易原雍錄易老通言攷古編演繁露北邊備對行於世

林之奇字少頴福州侯官人紫微舍人呂本中入閩之奇甫冠從本中學時將試禮部行次衢州以不得事親而反學益力本中奇之由是學者踵至中紹興二十一年進士第調莆田簿改尉長汀召爲秘書省正字轉校書郞會朝廷欲令學者參用王安石三經義之說之奇上言王氏三經率爲新法地晉人以王何淸談之罪深於桀紂本朝靖康禍亂考其端倪王氏實負王何之責在孔孟書正所謂邪說詖行淫辭之不可訓者或傳金人欲南侵之奇作書抵當路以爲久和畏戰人情之常金知吾重於和故常以虛聲喝我而示我以欲戰之意非果欲戰所以堅吾和欲與之和宜無憚於戰則其權在我又言戰之所須不一而人才爲先必求可與共患難者非得如龐士元所謂俊傑者不可也以痺疾乞外由宗正丞提舉閩舶參帥議遂以祠祿家居自稱拙齋東萊呂祖謙嘗受學焉淳熙三年卒年六十有五有書春秋周禮說論孟楊子講義道山記聞等書行於世

林光朝字謙之興化軍莆田人再試禮部不第聞吳中陸子正嘗從尹焞學因往從之游自是專心聖賢踐履之學通六經貫百氏言動必以禮四方來學者亡慮數百人南渡後以伊洛之學倡東南者自光朝始然未嘗著書惟口授學者使之心通理解嘗曰道之本體全乎太虛六經既發明之後世註解固已支離若復增加道愈遠矣孝宗隆興元年光朝年五十以進士及第調袁州司戶參軍乾道三年龍大淵曾覿以潛邸恩倖進臺諫給舍論駁不行張闡自外召爲執政銳欲去之覺其不可拙遂以老疾力辭不拜而光朝及劉朔方以名儒薦對頗及二人罪由是光朝改左承奉郞知永福縣而大臣論薦不已召試館職爲秘書省正字兼國史編脩實錄檢討官歷著作佐郞兼禮部郞官八年進國子司業兼太子侍讀史職如故是時張說再除簽書樞密院事光朝不往賀遂出爲廣西提點刑獄移廣東茶寇自荊湘剽江西薄嶺南其鋒銳甚光朝自將郡兵檄摧鋒統制路海本路鈐轄黃進各以軍分控要害會有詔從光朝轉運副使光朝謂賊勢方張留屯不去督二將遮擊連敗之賊驚懼宵遁帝聞之喜曰林光朝儒生乃知兵耶加直寶謨閣召拜國子祭酒兼太子左諭德四年帝幸國子監命講中庸帝大稱善面賜金紫不數日除中書舍人是時吏部郞謝廓然由曾覿薦賜出身除殿中侍御史命從中出光朝愕曰是輕臺諫羞科目也立封還詞頭天子度光朝決不奉詔改授工部侍郞不拜遂以集英殿脩撰出知婺州光朝老儒素有士望在後省未有建明或疑之及聞繳駁廓然士論始服光朝因引疾提舉興國宮卒年六十五

楊萬里字廷秀吉州吉水人中紹興二十四年進士第爲贛州司戶調永州零陵丞時張浚謫永杜門謝客萬里三往不得見以書力請始見之浚勉以正心誠意之學萬里服其教終身乃名讀書之室曰誠齋浚入相薦之朝除臨安府教授未赴丁父憂改知隆興府奉新縣戢追胥不入鄉民逋賦者揭其名市中民讙趨之賦不擾而足縣以大治會陳俊卿虞允文爲相交薦之召爲國子博士侍講張栻以論張說出守袁萬里抗疏留栻又遺允文書以和同之說規之栻雖不果留而公論偉之遷太常博士尋升丞兼吏部右侍郞官轉將作少監出知漳州改常州尋提舉廣東常平茶鹽盜沈師犯南粤帥師往平之孝宗稱之曰仁者之勇遂有大用意就除提點刑獄請於潮惠二州築外砦潮以鎭賊之巢惠以扼賊之路俄以憂去免喪召爲尚左郞官淳熙十二年五月以地震應詔上書曰臣聞言有事於無事之時不害其爲忠言無事於有事之時其爲姦也大矣南北和好踰二十年一旦絕使敵情不測而或者曰彼有五單于爭立之禍又曰彼有匈奴困於東胡之禍旣而皆不驗道塗相傳繕汴京城池開海州漕渠又於河南北簽民兵增驛騎製馬櫪籍井泉而吾之間諜不得以入此何爲者耶臣所謂言有事於無事之時者一也或謂金主北歸可爲中國之賀臣以中國之憂正在乎此此人北歸蓋懲創於逆亮之空國而南侵也將欲南之必固北之或者以身塡撫其北而以其子與壻經營其南也臣所謂言有事於無事之時者二也臣竊聞論者或謂緩急淮不可守則棄淮而守江是大不然昔者吳與魏力爭而得合肥然後吳始安李煜失滁揚二州自此南唐始蹙今曰棄淮而保江旣無淮矣江可得而保乎臣所謂言有事於無事之時者三也今淮東西凡十五郡所謂守帥不知陛下使宰相擇之乎使樞廷擇之乎使宰相擇之宰相未必爲樞廷慮也使樞廷擇之則除授不自己出也一則不爲之慮一則不自己出緩急敗

事則皆曰非我也陛下將責之誰乎臣所謂言有事於無事之時者四也且南北各有長技若騎若射北之長技也若舟若步南之長技也今爲北之計者日繕治其海舟而南之海舟則不聞繕治焉或曰吾舟素具也或曰舟雖未具而憚於擾也紹興辛巳之戰山東采石之功不以騎也不以射也不以步也舟焉而已當時之舟今可復用乎且夫斯民一日之擾與社稷百世之安危孰輕孰重事固有大於擾者也臣所謂言有事於無事之時者五也陛下以今日爲何等時耶金人日逼疆場日擾而未聞防金人者何策保疆場者何道但聞某日脩某禮文也某日進某書史也是以鄉飲理軍以干羽解圍也臣所謂言有事於無事之時者六也臣聞古者人君人不能悟之則天地能悟之今也國家之事敵情不測如此而君臣上下處之如太平無事之時是人不能悟之矣故上天見災異異時熒惑犯南斗邇日鎮星犯端門熒惑守羽林臣書生不曉天文未敢以爲必然也至於春正月日青無光若有兩日相摩者茲不曰大異乎然天猶恐陛下不信也至於春日載陽復有雨雪殺物茲不曰大異乎然天猶恐陛下又不信也迺五月庚寅又有地震茲又不曰大異乎且夫天變在遠臣子不敢奏也不信可也地震在外州郡不敢聞也不信可也今也天變頻仍地震輦轂而君臣不聞警懼朝廷不聞咨訪人不能悟之則天地能悟之臣不知陛下於此悟乎否乎臣所謂言有事於無事之時者七也自頻年以來兩浙最近則先旱江淮則又旱湖廣則又旱流徙者相續道殣相枕而常平之積名存而實亡入粟之令上行而下慢靜而無事未知所以振救之動而有事將何以仰以爲資耶臣所謂言有事於無事之時者八也古者足國裕民惟食與貨今之所謂錢者富商巨賈閹宦權貴皆盈室以藏之至於百姓三軍之用惟破楮券爾萬一如唐涇原之師因怒糲食蹴而覆之出不遜語遂起朱泚之亂可不爲寒心哉臣所謂言有事於無事之時者九也古者立國必有可畏非畏其國也畏其人也故苻堅欲圖晉而王猛以爲不可謂謝安桓冲江左之望是存晉者二人而已異時名相如趙鼎張浚名將如岳飛韓世忠此金人所憚也近時劉珙可用則早死張栻可用則沮死萬一有緩急不知可以督諸軍者何人可以當一面者何人而金人之所素憚者又何人而或者謂人之有才用而後見臣聞之記曰苟有車必見其式苟有言必聞其聲今曰有其人而未聞其可將可相是有車而無式有言而無聲也且夫用而後見非臨之以大安危試之以大勝負則莫見其用也平居無以知其人必待大安危大勝負而後見焉成事幸矣萬一敗事悔何及耶昔者謝玄之北禦苻堅而郗超知其必勝桓溫之西伐李勢而劉惔知其必取蓋玄於履屐之間無不當其任溫於蒱博不必得則不爲二子於平居無事之日蓋必有以察其小而後信其大也豈必大用而後見哉臣所謂言有事於無事之時者十也願陛下超然遠覽昭然遠寤勿矜聖德之崇高而增其所未能勿恃中國之生聚而嚴其所未備勿以天地之變異爲適然而法宣王之懼災勿以臣下之苦言爲逆耳而體太宗之導諫勿以女謁近習之害政爲細故而監漢唐季世致亂之由勿以佗讐之包藏爲無他而懲宣政晚年受禍之酷責大臣以通知邊事軍務如富弼之請勿以東西二府異其心委大臣以薦進謀臣良將如蕭何所奇勿以文武兩途而殊其轍勿使賂宦者而得旄節如唐大歷之弊勿使貨近幸而得招討如梁段凝之敗以重蜀之心而重荆襄使東西形勢之相接以保江之心而保兩淮使表裏脣齒之相依勿以海道爲無虞勿以大江爲可恃增屯聚糧治艦扼險君臣之所咨訪朝夕之所講求姑置不急之務精專備敵之策庶幾上可消於天變下不墮於敵姦然天下之事有本根有枝葉臣前所陳枝葉而已所謂本根則人主不可以自用人主自用則人臣不任責然猶未害也至於軍事而猶曰誰當憂此吾當自憂今日之事將無類此傳曰水木有本原聖學高明願益思其所以本原者東宮講官闕帝親擢萬里爲侍讀官僚以得端人相賀他日讀陸宣公奏議等書皆隨事規警太子深敬之王淮爲相一日問曰宰相先務者何事曰人才又問孰爲才即疏朱熹袁樞以下六十人以獻淮次第擢用之歷樞密院檢詳守右司郎中遷左司郎中十四年夏旱萬里復應詔言旱及兩月然後求言不曰遲乎上自侍從下止館職不曰險乎今之所以旱者以上澤不下流下情不上達故天地之氣隔絕而不通因疏四事以獻言皆懇切遷秘書少監會高宗崩孝宗欲行三年喪創議事堂命皇太子參決庶務萬里上疏力諫且上太子書言天無二日民無二王一履危機悔之何及與其悔之而無及孰若辭之而不居願陛下三辭五辭而必不居也太子悚然高宗未葬翰林學士洪邁不俟集議配饗獨以呂頤浩等姓名上萬里上疏詆之力言張浚當預且謂邁無異指鹿爲馬孝宗覽疏不悅曰萬里以朕爲何如主由是以直秘閣出知筠州光宗即位召爲秘書監入對言天下有無形之禍僭非權臣而僭於權臣擾非盜賊而擾於盜賊其惟朋黨之論乎蓋欲激人主之怒莫如朋黨空天下人才莫如朋黨黨論一興其端發於士大夫其禍及於天下前事已然願陛下建皇極於聖心公聽並觀壞植散群曰君子從而用之曰小人從而廢之皆勿問其某黨某黨也又論古之帝王固有以知一己攬其權不知臣下竊其權大臣竊之則權在大臣大將竊之則權在大將外戚竊之則權在外戚近習竊之則權在近習竊權之最難防者其惟近習乎非敢公竊也私竊之也始於私竊其終必至於公竊而後已可不懼哉紹熙元年借煥章閣學士爲接伴金國賀正旦使兼實錄院檢討官會孝宗日曆成參知政事王藺以故事俾萬里序之而宰臣屬之禮部郎官傅伯壽萬里以失職力丐去帝宣諭勉留會進孝宗聖政萬里當奉進孝宗猶不悅遂出爲江東轉運副使權總領淮西江東軍馬錢糧朝議欲行鐵錢於江南諸郡萬里疏其不便不奉詔忤宰相意改知贛州不赴乞祠除秘閣修撰提舉萬壽宮自是不復出矣寧宗嗣位召赴行在辭升煥章閣待制提舉興國宮引年乞休致進寶文閣待制致仕嘉泰三年詔進寶謨閣直學士給賜衣帶開禧元年召復辭明年升寶謨閣學士卒年八十三贈光祿大夫萬里爲人剛而褊孝宗始愛其才以問周必大必大無善語由此不見用韓侂胄用事欲網羅四方知名士相羽翼嘗築南園屬萬里爲之記許以掖垣萬里曰官可棄記不可作也侂胄恚改命他人臥家十五年皆其柄國之日也侂胄專僭日益甚萬里憂憤怏怏成疾家人知其憂國也凡邸吏之報時政者皆不以告忽族子自外至遽言侂胄用兵事萬里慟哭失聲亟呼紙書曰韓侂胄姦臣專權無上動兵殘民謀危社稷吾頭顱如許報國無路惟有孤憤又書十四言別妻子筆落而逝萬里精於詩嘗著易傳行於世光宗嘗爲書誠齋二字學者稱誠齋先生賜諡文節子長孺

宋史卷四百三十四

元　中　書　右　丞　相　總　裁　脫　脫　等　修

列傳第一百九十三

儒林四

劉子翬　呂祖謙　蔡元定子沉　陸九齡弟九韶
陸九淵　薛季宣　陳傅良　葉適　戴溪
蔡幼學　楊泰之

劉子翬字彥冲贈太師韐之仲子以父任授承務郎辟真定府幕屬韐死靖康之難子翬痛憤幾無以爲生廬墓三年服除通判興化軍寇楊就犯閩境子翬與郡將張當世畫計備禦如素服戎事者賊不敢犯事聞詔因任子翬始執喪致羸疾至是以不堪吏責辭歸武夷山不出者凡十七年間走其父墓下瞻望徘徊涕泗鳴咽或累日而返妻死不再娶事繼母呂氏及兄子羽盡孝友子羽之子珙幼英敏嗜學子翬教之不懈珙卒有立與籍溪胡憲白水劉勉之交相得每見講學外無雜言它所與遊皆海內知名士而期以任重致遠者惟新安朱熹而已初熹父松且死以熹託子翬及熹請益子翬告以易之不遠復三言俾佩之終身熹後卒爲儒宗子翬少喜佛氏說歸而讀易即渙然有得其說以爲學易當先復故以是告熹焉一日感微疾即謁家廟泣別母與親朋訣付珙家事指葬處處親戚孤弱之無業者訓學者修身求道數百言後二日卒年四十七學者稱屏山先生珙別有傳

呂祖謙字伯恭尚書右丞好問之孫也自其祖始居婺府祖謙之學本之家庭有中原文獻之傳長從林之奇汪應辰胡憲游既又友張栻朱熹講索益精初蔭補入官後舉進士復中博學宏詞科調南外宗教丁內艱居明招山四方之士爭趨之除太學博士時中都官待次者例補外添差教授嚴州尋復召爲博士兼國史院編修官實錄院檢討官輪對勉孝宗留意聖學且言恢復大事也規模當定方略當審陛下方廣攬豪傑共集事功臣願精加考察使之確指經畫之實孰爲先後使嘗試僥倖之說不敢陳於前然後與一二大臣定成算而次第行之則大義可伸大業可復矣召試館職先是召試者率前期從學士院求問目獨祖謙不然而其文特典美嘗讀陸九淵文喜之而未識其人考試禮部得一卷曰此必江西小陸之文也揭示果九淵人服其精鑑父憂免喪主管台州崇道觀越三年除秘書郎國史院編修官實錄院檢討官以修撰李燾薦重修徽宗實錄

書成進秩面對言曰夫治道體統上下內外不相侵奪而後安鄉者陛下以大臣不勝任而兼行其事大臣亦皆親細務而行有司之事外至監司守令職任率爲其上所侵而不能令其下故豪猾玩官府郡縣忽省部掾屬凌長吏賤人輕柄臣平居未見其患一旦有急誰與指麾而伸縮之邪如曰臣下權任太重懼其不能無私則有給舍以出納焉有臺諫以救正焉有侍從以詢訪焉儻得端方不倚之人分處之自無專恣之慮何必屈至尊以代其勞哉人之關鬲脈絡少有壅滯久則生疾陛下於左右雖不勞操制苟玩而弗慮則聲勢浸長趨附浸多過咎浸積內則懼爲陛下所遺而益思壅蔽外則懼爲公議所疾而益肆詆排願陛下虛心以求天下之士執要以總萬事之機勿以圖任或誤而謂人多可疑勿以聰明獨高而謂智足偏察勿詳於小而忘遠大之計勿忽於近而忘壅蔽之萌又言國朝治體有遠過前代者有視前代爲未備者夫以寬大忠厚建立規模以禮遜節義成就風俗此所謂遠過前代者也故於屢更艱危之後駐蹕東南踰五十年無纖毫之虞則根本之深可知矣然文治可觀而武績未振名勝相望而幹畧未優故雖昌熾盛大之時此病已見是以元昊之難范韓皆極一時之選而莫能平殄則事功之不競從可知矣臣謂今日治體視前代未備者固當激厲而振起遠過前代者尤當愛護而扶持遷著作郎以末疾請祠歸先是書肆有書曰聖宋文海孝宗命臨安府校正刊行學士周必大言文海去取差謬恐難傳後盍委館職銓擇以成一代之書孝宗以命祖謙遂斷自中興以前崇雅黜浮類爲百五十卷上之賜名皇朝文鑑詔除直秘閣時方重職名非有功不除中書舍人陳揆駁之孝宗批旨云館閣之職文史爲先祖謙所進採取精詳有益治道故以寵之可卽命詞揆不得已草制尋主管冲祐觀明年除著作郎兼國史院編修官卒年四十五謚曰成祖謙學以關洛爲宗而旁稽載籍不見涯涘心平氣和不立崖異一時英偉卓犖之士皆歸心焉少卞急一日誦孔子言躬自厚而薄責於人忽覺平時忿懥渙然冰釋朱熹嘗言學如伯恭方是能變化氣質其所講畫將以開物成務旣卧病而任重道遠之意不衰居家之政皆可爲後世法修讀詩記大事記皆未成書考定古周易書說閫範官箴辨志錄歐陽公本末皆行于世晚年會友之地曰麗澤書院在金華城中旣殁郡人卽而祠之子延年

蔡元定字季通建州建陽人生而頴悟八歲能詩日記數千言父發博覽羣書號牧堂老人以程氏語錄邵氏經世張氏正蒙授元定曰此孔孟正脈也元定深涵其義旣長辨析益精登西山絕頂忍饑啖薺讀書聞朱熹名往師之熹扣其學大驚曰此吾老友也不當在弟子列遂與對榻講論諸經奧義每至夜分四方來學者熹必俾先從元定質正焉太常少卿尤袤祕書少監楊萬里聯疏薦于朝召之堅以疾辭築室西山將爲終焉之計時韓侂胄擅政設僞學之禁以空善類臺諫承風專肆排擊然猶未敢誦言攻朱熹至沈繼祖劉三傑爲言官始連疏詆熹幷及元定元定簡學者劉礪曰化性起僞烏得無罪未幾果謫道州州縣捕元定甚急元定聞命不辭家卽就道熹與從游者數百人餞別蕭寺中坐客興嘆有泣下者熹微視元定不異平時因喟然曰友朋相愛之情季通不挫之志可謂兩得矣元定賦詩曰執手笑相別無爲兒女悲衆謂宜緩行元定曰獲罪于天天可逃乎杖屨同其子沉行三千里脚爲流血無幾微見言面至舂陵遠近來學者日衆州士子莫不趨席下以聽講說有名士挾才簡傲非笑前修者亦心服謁拜執弟子禮甚恭人爲之語曰初不敬今納命愛元定者謂宜謝生徒元定曰彼以學來何忍拒之若有禍患亦非閉門塞竇所能避也貽書訓諸子曰獨行不愧影獨寢不愧衾勿以吾得罪故遂懈一日謂沉曰可謝客吾欲安靜以還造化舊物閱三日卒侂胄旣誅贈迪功郎賜謚文節元定於書無所不讀於事無所不究義理洞見大原下至圖書禮樂制度無不精妙古書奇辭奧義人所不能曉者一過目輒解熹嘗曰人讀易書難季通讀難書易熹疏釋四書及爲易詩傳通鑑綱目皆與元定往復參訂啓蒙一書則屬元定起藁嘗曰造化微妙惟深於理者能識之吾與季通言而不厭也及葬以文誄之曰精詣之識卓絕之才不可屈之志不可窮之辯不復可得而見矣學者尊之曰西山先生其平生問學多寓於熹書集中所著書有大衍詳說律呂新書燕樂原辯皇極經世太玄潛虛指要洪範解八陣圖說熹爲之序子淵沉皆躬耕不仕淵有周易訓解沉字仲默少從朱熹游熹晚欲著書傳未及爲遂以屬沉洪範之數學者久失其傳元定獨心得之然未及論著曰成吾書者沉也沉受父師之託沈潛反復者數十年然後成書發明先儒之所未及其於洪範數謂體天地之撰者易之象紀天地之撰者範之數數始於一奇象成於二偶奇者數之所以立偶者數之所以行故二四而八八卦之象也三三而九九疇之數也由是八八而又八八之爲四千九十六而象備矣九九而又九九之爲六千五百六十一而數周矣易更四聖而象已著範錫神禹而數不傳後之作者昧象數之原窒變通之妙或卽象而爲數或反數而擬象牽合傅會自然之數益晦焉始從元定謫道州跋涉數千里道楚粵窮僻處父子相對常以理義自怡悅元定沒徒步護喪以還有遺之金而義不可受者輒謝卻之曰吾不忍累先人也年僅三十屛去舉子業一以聖賢爲師隱居九峯當世名卿物色將薦用之沉不屑就次子抗別有傳

陸九齡字子壽八世祖希聲相唐昭宗孫德遷五代末避亂居撫州之金溪父賀以學行爲里人所宗嘗采司馬氏冠昏喪祭儀行於家生六子九齡其第五子也幼頴悟端重十歲喪母哀毀如成人稍長補郡學弟子員時秦檜當國無道程氏學者九齡獨尊其說久之聞新博士學黃老不事禮法慨然嘆曰此非吾所願學也遂歸家從父兄講學益力是時吏部員外郎許忻有名中朝退居臨川少所賓接一見九齡與語大說盡以當代文獻告之自是九齡益大肆力於學繙閱百家晝夜不倦悉通陰陽星歷五行卜筮之說性周謹不肯苟簡涉獵入太學司業汪應辰舉爲學錄登乾道五年進士第調桂陽軍教授以親老道遠改興國軍未上會湖南茶寇剽廬陵聲搖旁郡人心震懾舊有義社以備寇郡從衆請以九齡主之門人多不悅九齡曰文事武備一也古者有征討公卿卽爲將帥比閭之長則五兩之率也士而恥此則豪俠武斷者專之矣遂領其事調度屯禦皆有法寇雖不至而郡縣倚以爲重暇則與鄉之子弟習射曰是固男子之事也歲惡有剽刼者過其門必相戒曰是家射多命中無自取死及至興國地濱大江俗儉嗇而鮮知學九齡不以職閒自佚益嚴規矩肅衣冠如臨大衆勸綏引翼士類興起不滿歲以繼母憂去服除調全州教授未上得疾一日晨興坐牀上與客語猶以天下學術人才爲念至夕整襟正卧而卒年四十九寶慶二年特贈朝奉郎直秘閣賜謚文達九齡嘗繼其父志益修禮學治家有法閨門百口男女以班各供其職閨門之內嚴若朝廷而忠敬樂易鄉人化之皆遜弟焉與弟九淵相爲師友和而不同學者號二陸有來問學者九齡從容啓告人人自得或未可與語則不發嘗曰人之惑有難以口舌爭者言之激適固其意少需未必不自悟也廣漢張栻與九齡不相識晚歲以書講學期以世道之重呂祖謙常稱之曰所志者大所據者實有肯綮之阻雖積九仞之功不敢遂有毫釐之偏雖立萬夫之表不敢安公聽並觀却立四顧弗造於至平至粹之地弗措也弟九韶

九韶字子美其學淵粹隱居山中晝之言行夜必書之其家累世義居一人最長者爲家長一家之事聽命焉歲遷子弟分任家事凡田疇租稅出內庖爨賓客之事各有主者九韶以訓戒之辭爲韻語晨興家長率衆子弟謁先祠畢擊鼓誦其辭使列聽之子弟有過家長會衆子弟責而訓之不改則撻之終不改度不可容則言之官府屛之遠方焉九韶所著有梭山文集家制州郡圖

陸九淵字子靜生三四歲問其父天地何所窮際父笑而不答遂深思至忘寢食及總角舉止異凡兒見者敬之謂人曰聞人誦伊川語自覺若傷我者又曰伊川之言奚爲與孔子孟子之言不類近見其間多有不是處初讀論語卽疑有子之言支離他日讀古書至宇宙二字解者曰四方上下曰宇往古來今曰宙忽大省曰宇宙內事乃已分內事已分內事乃宇宙內事又嘗曰東海有聖人出焉此心同也此理同也至西海南海北海有聖人出亦莫不然千百世之上有聖人出焉此心同也此理同也至於千百世之下有聖人出此心此理亦無不同也後登乾道八年進士第至行在士爭從之游言論感發聞而興起者甚衆教人不用學規有小過言中其情或至流汗有懷於中而不能自曉者爲之條析其故悉如其心亦有相去千里聞其大槩而得其爲人嘗曰念慮之不正者頃刻而知之卽可以正念慮之正者頃刻而失之卽爲不正有可以形迹觀者有不可以形迹觀人則不足以知人必以形迹繩人則不足以救之初調隆興靖安縣主簿丁母憂服闋改建寧崇安縣以少師史浩薦召審察不赴侍從復薦除國子正教諸生無異在家時除敕令所删定官九淵少聞靖康間事慨然有感於復讎之義至是訪知勇士與議恢復大畧因輪對遂陳五論一論讎恥未復願博求天下之俊傑相與舉論道經邦之職二論願致尊德樂道之誠三論知人之難四論事當馴致而不可驟五論人主不當親細事帝稱善未幾除將作監丞爲給事中王信所駁詔主管台州崇道觀還鄉學者輻湊每開講席戶外屨滿耆老扶杖觀聽自號象山翁學者稱象山先生嘗謂學

者曰汝耳自聽目自明事父自能孝事兄自能弟本無欠闕不必它求在乎自立而已又曰此道與溺於利欲之人言猶易與溺於意見之人言却難或勸九淵著書曰六經註我我註六經又曰學苟知道六經皆我註脚光宗卽位差知荆門軍民有訴者無早暮皆得造于庭復令其自持狀以追爲立期皆如約而至卽爲酌情決之而多所勸釋其有涉人倫者使自毀其狀以厚風俗唯不可訓者始寘之法其境內官吏之貪廉民俗之習向善惡皆素知之有訴人殺其子者九淵曰不至是及追究其子果無恙有訴竊取而不知其人九淵出二人姓名使捕至訊之伏辜盡得所竊物還訴者且宥其罪使自新因語吏以某所某人爲暴翌日有訴遇奪掠者卽其人也乃加追治吏大驚郡以爲神申嚴保伍之法盜賊或發擒之不逸一人羣盜屏息荆門爲次邊而無城九淵以爲郡居江漢之間爲四集之地南捍江陵北援襄陽東護隨郢之脅西當光化夷陵之衝荆門固則四鄰有所恃否則有背脅腹心之虞由唐之湖陽以趨山則其涉漢之處已在荆門之脅由鄧之鄧城以涉漢則其趨山之處已在荆門之腹自此之外間道之可馳漢津之可涉坡陀不能以限馬灘瀨不能以濡軌者所在尙多自我出奇制勝徼敵兵之腹脅者亦正在此雖四山環合易於備禦而城池闕然將誰與守乃請於朝而城之自是民無邊憂罷關市吏譏察而減民稅商賈畢集稅入日增舊用銅錢以其近邊以鐵錢易之而銅有禁復令貼納九淵曰既禁之矣又使之輸邪盡蠲之故事平時教軍伍射郡民得與中者均賞薦其屬不限流品嘗曰古者無流品之分而賢不肖之辨嚴後世有流品之分而賢不肖之辨畧郡旱禱卽雨郡人異之逾年政行令修民俗爲變諸司交薦丞相周必大嘗稱荆門之政以爲躬行之效一日語所親曰先教授兄有志天下竟不得施以没又謂家人曰吾將死矣又告僚屬曰某將告終會禱雪明日雪廼沐浴更衣端坐後二日日中而卒會葬者以千數謚文安初九淵嘗與朱熹會鵝湖論辨所學多不合及熹守南康九淵訪之熹與至白鹿洞九淵爲講君子小人喻義利一章聽者至有泣下熹以爲切中學者隱微深痼之病至于無極而太極之辨則貽書往來論難不置焉門人楊簡袁燮舒璘沈煥能傳其學云

薛季宣字士龍永嘉人起居舍人徽言之子也徽言卒時季宣始六歲伯父敷文閣待制弼收鞠之從弼宦游及見渡江諸老聞中興經理大畧喜從老校退卒語得岳韓諸將兵間事甚悉年十七起從荆南帥辟書寫機宜文字獲事袁溉嘗從程頤學盡以其學授之季宣既得溉學於古封建井田鄉遂司馬法之制靡不研究講畫皆可行於時金兵之未至也武昌令劉錡鎭鄂渚季宣白錡以武昌形勢直淮蔡而兵寡勢弱宜早爲備錡不聽及兵交稍稍資季宣計畫未幾汪澈宣諭荆襄而金兵趨江上詔成閔還師入援季宣又說澈以閔旣得蔡有破竹之勢宜守便宜勿遣而令其乘勝下潁昌道陳汝趨汴都金內顧且驚潰可不戰而屈其兵矣澈不聽時江淮仕者聞金兵且至皆預遣其奴而繫馬于庭以待季宣獨留家與民期曰吾家卽汝家卽有急吾與汝偕死民亦自奮縣多盜季宣患之會有伍民之令乃行保伍法五家爲保二保爲甲六甲爲隊因地形便合爲總不以鄉爲限總首副總首領之官族士族富族皆附保蠲其身俾輸財供總之小用諸總必有圖以習射禁蒱博雜戲而許以武事角勝負五日更至庭閱之而賞其尤者不幸死者予棺復其家三年鄉置樓盜發伐鼓舉烽瞬息徧百里縣治白鹿磯安樂口皆置戍復請於宣諭司得戰艦十甲三百羅落之守計定訖兵退人心不搖樞密使王炎薦于朝召爲大理寺主簿未至爲書謝炎曰主上天資英特羣臣無將順緝熙之具幸得遭時不能格心正始以建中興之業徒僥倖功利夸言以眩俗雖復中夏猶無益也爲今之計莫若以仁義紀綱爲本至於用兵請俟十年之後可也時江湖大旱流民北渡江邊吏復奏淮北民多款塞者宰相虞允文白遣季宣行淮西收以實邊季宣爲表廢田相原隰復合肥三十六圩立二十二莊於黃州故治東北以戶授屋以丁授田頒牛及田器穀種各有差廩其家至秋乃止凡爲戶六百八十有五分處合肥黃州閒並邊歸正者振業之季宣謂人曰吾非爲今日利也合肥之圩邊有警因以斷柵江保巢湖黃州地直蔡衝諸莊輯則西道有屏蔽矣光州守宋端友招集北歸者止五戶而雜舊戶爲一百七十奏以幸賞季宣按得其實而劾之時端友爲環列附託難撼季宣奏上孝宗怒屬大理治端友以憂死季宣還言於孝宗曰左右之人進言者其情不可不察也託正以行邪僞直以售佞薦進人物曾非誦言游揚中傷乃自不意一旦號令雖自中出而其權已歸私門矣故齊威之霸不在阿卽墨之誅賞而在毀譽者之刑臣觀近政非無阿卽墨之誅賞奈何毀譽之人自若乎帝曰朕方圖之季宣又進言曰日城淮郡以臣所見合肥板榦方立中使督視卒卒成之臣行過郡一夕風雨墮樓五堵溧陽南壁闕而居巢庫陋如故乃聞有靡錢鉅萬而成城四十餘丈者陛下安取此然外事無足道咎根未除臣所深憂左右近侍陰擠正士而陽稱道之陛下儻因貌言而聽之臣恐石顯王鳳鄭注之智中也又言近或以好名棄士大夫好名特爲臣子學問之累人主爲社稷計唯恐士不好名誠人人好名畏義何鄉不立帝稱善恨得季宣晩遂進兩官除大理正自是凡奏請論薦皆報可以虞允文諱闕失不樂之居七日出知湖州會戶部以歷付場務錙銖皆分隸經總制諸郡束手無策季宣言於朝曰自經總制立額州縣罄空以取贏雖有奉法吏思寬弛而不得騁若復額外征其强半郡調度顧安所出始復巧取之民民何以勝戶部譙責愈急季宣爭之愈强臺諫交疏助之乃收前令改知常州未上卒年四十季宣於詩書春秋中庸大學論語皆有訓義藏于家其雜著曰浪語集

陳傅良字君舉溫州瑞安人初患科舉程文之弊思出其說爲文章自成一家人爭傳誦從者雲合由是其文擅當世當是時永嘉鄭伯熊薛季宣皆以學行聞而伯熊於古人經制治法討論尤精傅良皆師事之而得季宣之學爲多及入太學與廣漢張栻東萊呂祖謙友善祖謙爲言本朝文獻相承條序而主敬集義之功得於栻爲多自是四方受業者愈衆登進士甲科教授泰州參知政事龔茂良才之薦于朝改太學錄出通判福州丞相梁克家領帥事委成于傅良傅良平一府曲直壹以義强禦者不得售其私陰結言官論罷之後五年起知桂陽軍光宗立稍遷提舉常平茶鹽轉運判官湖湘民無後以異姓以嗣者官利其貲輒沒入之傅良曰絕人嗣非政也復之幾二千家轉浙西提點刑獄除吏部員外郎去朝四十年至是而歸鬢髮無黑者都人聚觀嗟歎號老陳郎中傅良爲學自三代秦漢以下靡不研究一事一物必稽於極而後已而於太祖開創本原尤爲潛心及是因輪對言曰太祖皇帝垂裕後人以愛惜民力爲本熙寧以來用事者始取太祖約束一切紛更之諸路上供歲額增於祥符一倍崇寧重修上供格頒之天下率增至十數倍其它雜斂則熙寧以常平寬剩禁軍闕額之類別項封樁而無額上供起於元豐經制起於宣和總制月樁起於紹興皆迄今爲額折帛和買之類又不與焉茶引盡歸於都茶場鹽鈔盡歸於榷貨務秋苗斗斛十八九歸於綱運皆不在州縣州縣無以供則豪奪於民於是取之斛面折變科敷抑配贓罰而民困極矣方今之患何但四夷蓋天命之永不永在民力之寬不寬耳豈不甚可畏哉陛下宜以救民窮爲已任推行太祖未泯之澤以爲萬世無疆之休且言今天下之力竭於養兵而莫甚於江上之軍都統司謂之御前軍馬雖朝廷不得知總領所謂之大軍錢糧雖版曹不得與於是中外之勢分而事權不一施行不專雖欲寬民其道無繇誠使都統司之兵與向者在制置司時無異總領所之財與向者在轉運司時無異則內外爲一體內外一體則寬民力可得而議矣帝從容嘉納且勞之曰卿昔安在朕不見久矣其以所著書示朕退以周禮說十三篇上之遷祕書少監兼實錄院檢討官嘉王府贊讀紹熙三年除起居舍人明年兼權中書舍人初光宗之妃黃氏有寵李皇后妬而殺之光宗旣聞之而復因郊祀大風雨遂震懼得心疾自是視章疏不時於是傅良奏曰一國之勢猶身也壅底則致疾今日遷延某事明日阻節某人卽有姦險乘時爲利則內外之情不接威福之柄下移其極至於天變不告邊警不聞禍且不測矣帝悟會疾亦稍平過重華宮而明年重明節復以疾不往丞相以下至於太學諸生皆力諫不聽而方召內侍陳源爲內侍省押班傅良不草詞且上疏曰陛下之不過宮者特誤有所疑而積憂成疾以至此爾臣嘗卽陛下之心反覆論之竊自謂深切陛下亦旣許之矣未幾中變以誤爲實而開無端之釁以疑爲眞而成不療之疾是陛下自貽禍也書奏帝將從之百官班立以俟帝出至御屏皇后挽帝回傅良遂趨上引裾后叱之傅良哭于庭后益怒傅良下殿徑行詔改秘閣修撰仍兼贊讀不受寧宗卽位召爲中書舍人兼侍讀直學士院同實錄院修撰會詔朱熹與在外宮觀傅良言熹難進易退內批之下舉朝驚愕臣不敢書行熹於是進寶文閣待制與郡御史中丞謝深甫論傅良言不顧行出提舉興國宮明年察官交疏削秩罷嘉泰二年復官起知泉州辭授集英殿修撰進寶謨閣待制終于家年六十七謚文節傅良著述有詩解詁周禮說春秋後傳左氏章指行于世

葉適字正則溫州永嘉人爲文藻思英發擢淳熙五年進士第二人授平江節度推官丁母憂改武昌軍節度判官少保史浩薦于朝召之不至改浙西提刑司幹辦公事士多從之游參知政事龔茂良復薦之召爲太學

正遷博士因輪對奏曰人臣之義當爲陛下建明者一大事而已二陵之讎未報故疆之半未復而言者以爲當乘其機當待其時然機自我發何彼之乘時自我爲何彼之待非眞難眞不可也正以我自爲難自爲不可耳於是力屈氣索甘爲退伏者於此二十六年積今之所謂難者陰沮之所謂不可者默制之也蓋其難有四其不可有五置不共戴天之讎而廣兼愛之義自爲虛弱此國是之難一也國之所是旣然士大夫之論亦然爲奇謀祕畫者止於乘機待時忠義決策者止於親征遷都深沈慮遠者止於固本自治此議論之難二也環視諸臣迭進迭退其知此事本而可以反覆論議者誰乎抱此志意而可以策勵期望者誰乎此人才之難三也論者徒鑒五代之致亂而不思靖康之得禍今循守舊模而欲驅一世之人以報君讎則形勢乖阻誠無展足之地若順時增損則其所更張動搖關係至重此法度之難四也又有甚不可者兵以多而至於弱財以多而至於乏不信官而信吏不任人而任法不用賢能而用資格此五者舉天下以爲不可動豈非今之實患歟沿習牽制非一時矣講利害明虛實斷是非決廢置在陛下所爲耳讀未竟帝蹙額曰朕比苦目疾此志已泯誰克任此惟與卿言之耳及再讀帝慘然久之除太常博士兼實錄院檢討官嘗薦陳傅良等三十四人於丞相後皆召用時稱得人會朱熹除兵部郎官未就職爲侍郎林栗所劾適上疏爭曰栗劾熹罪無一實者特發其私意而遂忘其欺矣至於其中謂之道學一語利害所係不獨熹蓋自昔小人殘害忠良率有指名或以爲好名或以爲立異或以爲植黨近創爲道學之目鄭丙倡之陳賈和之居要津者密相付授見士大夫有稍慕潔修者輒以道學之名歸之以爲善爲玷闕以好學爲已愆相與指目使不得進於是賢士惴慄中材解體銷聲滅影穢德垢行以避此名栗爲侍從無以達陛下之德意志慮而更襲用鄭丙陳賈密相付授之說以道學爲大罪文致語言逐去一熹自此善良受禍何所不有伏望摧折暴橫以扶善類疏入不報光宗嗣位由祕書郎出知蘄州入爲尚書左選郎官是時帝以疾不朝重華宮者七月事無鉅細皆廢不行適見上力言父子親愛出於自然浮疑私畏似是而非豈有事實若因是而定省廢於上號令愆於下人情離阻其能久乎旣而帝兩詣重華宮都人懽悅適復奏自今宜於過宮之日令宰執侍從先詣起居異時兩宮聖意有難言者自可因此傳致則責任有歸不可復使近習小人增損語言以生疑惑不報而事復浸異中外洶洶及孝宗不豫羣臣至號泣攀裾以請帝竟不往適責宰相留正曰上有疾明甚父子相見當俟疾瘳公不播告使臣下輕議君父可乎未幾孝宗崩光宗不能執喪軍士籍籍有語變且不測適又告正曰上疾而不執喪將何辭以謝天下今嘉王長若預建參決則疑謗釋矣宰執用其言同入奏立嘉王爲皇太子帝許之俄得御批有歷事歲久念欲退閑之語正懼而去人心愈搖知樞密院趙汝愚憂危不知所出適告知閤門事蔡必勝曰國事至此子爲近臣庸坐視乎蔡許諾與宣贊舍人傅昌朝知內侍省關禮知閤門事韓侂胄三人定計侂胄太皇太后甥也會慈福宮提點張宗尹過侂胄侂胄覘其意以告必勝適得之即亟白汝愚汝愚請必勝議事遂遣侂胄因張宗尹關禮以內禪議奏太皇太后且請垂簾許之計遂定翌日禫祭太皇太后臨朝嘉王即皇帝位親行祭禮百官班賀中外晏然凡表奏皆汝愚與適裁定臨期取以授儀曹郎人始知其預議焉遷國子司業汝愚旣相賞功將及適適曰國危効忠職也適何功之有而侂胄恃功以遷秩不滿望怨汝愚適以告汝愚曰侂胄所望不過節鉞宜與之汝愚不從適嘆曰禍自此始矣遂力求補外除太府卿總領淮東軍馬錢糧及汝愚貶衡陽而適亦爲御史胡紘所劾降兩官罷主管沖佑觀差知衢州辭起爲湖南轉運判官遷知泉州召入對言於寧宗曰陛下初嗣大寶臣嘗申繹卷阿之義爲獻天啓聖明銷磨黨偏人才庶幾復合然治國以和爲體處事以平爲極臣欲人臣忘己體國息心既往圖報方來可也帝嘉納之初韓侂胄用事患人不附一時小人在言路者創爲僞學之名舉海內知名士貶竄殆盡其後侂胄亦悔故適奏及之且薦樓鑰丘崈黃度三人悉與郡自是禁網漸解矣除權兵部侍郎以父憂去服除召至時有勸侂胄立蓋世功以固位者侂胄然之將啓兵端適因奏曰甘弱而幸安者衰改弱而就彊者興陛下申命大臣先慮預算思報積恥規恢祖業蓋欲改弱以就彊矣竊謂必先審知彊弱之勢而定其論論定然後修實政行實德弱可變而爲彊非有難也今欲改弱以就彊爲問罪驟興之舉此至大至重事也故必備成而後動守定而後戰今或謂金已衰弱姑開先釁不懼後艱求宣和之所不能爲紹興之所不敢此至險至危事也且所謂實政者當經營瀕淮沿漢諸郡各爲處所牢實自守敵兵至則阻於堅城彼此策應而後進取之計可言至於四處御前大軍練之使足以制敵小大之臣試之使足以立事皆實政也所謂實德者當今賦稅雖重而國愈貧如和買折帛之類民間至有用田租一半以上輸納者兄欲規恢宜有恩澤乞詔有司審度何名之賦害民最甚何等橫費裁節宜先減所入之額定所出之費旣修實政於上又行實德於下此其所以能屢戰而不屈必勝而無敗也除權工部侍郎侂胄欲藉其草詔以動中外改權吏部侍郎兼直學士院以疾力辭兼職會詔諸將四路出師適又告侂胄宜先防江不聽未幾諸軍皆敗侂胄懼以丘崈爲江淮宣撫使除適寶謨閣待制知建康府兼沿江制置使適謂三國孫氏嘗以江北守江自南唐以來始失之建炎紹興未暇尋繹乃請于朝乞節制江北諸州及金兵大入一日有二騎舉旗若將渡者淮民倉皇爭斫舟纜覆溺者衆建康震動適謂人心一搖不可復制惟刼砦南人所長乃募市井悍少并帳下願行者得二百人使采石將徐緯統以往夜過半遇金人蔽茅葦中射之應弦而倒矢盡揮刀以前金人皆錯愕不進黎明知我軍寡來追則已在舟中矣復命石跋定山之人刼敵營得其俘馘以歸金解和州圍退屯瓜步城中始安又遣石斌賢渡宣化夏侯成等分道而往所向皆捷金自滁州遁去時羽檄旁午而適治事如平時軍須皆從官給民以不擾淮民渡江有舟次止有寺給錢餉米其來如歸兵退進寶文閣待制兼江淮制置使措置屯田遂上堡塢之議初淮民被兵驚散日不自保適遂於墟落數十里內依山水險要爲堡塢使復業以守春夏散耕秋冬入堡凡四十七處又度沿江地創三大堡石跋則屏蔽采石定山則屏蔽靖安瓜步則屏蔽東陽下蜀西護溧陽東連儀眞緩急應援首尾聯絡東西三百里南北三四十里每堡以二千家爲率教之習射無事則戍以五百人一將有警則增募新兵及抽摘諸州禁軍二千人并堡塢內居民通爲四千五百人共相守戍而制司於每歲防秋別募死士千人以爲刼砦焚糧之用因言堡塢之成有四利大要謂敵在北岸共長江之險而我有堡塢以爲聲援則敵不敢窺江而士氣自倍戰艦亦可以策勳和滁眞六合等城或有退遁我以堡塢全力助其襲逐或邀其前或尾其後制勝必矣此所謂用力寡而收功博也三堡就流民漸歸而侂胄適誅中丞雷孝友劾適附侂胄用兵遂奪職自後奉祠者凡十三年至寶文閣學士通議大夫嘉定十六年卒年七十四贈光祿大夫諡忠定適志意慷慨雅以經濟自負方侂胄之欲開兵端也以適每有大讎未復之言重之而適自召還每奏疏必言當審而後發且力辭草詔第出師之時適能極力諫止曉以利害禍福則侂胄必不妄爲可免南北生靈之禍議者不能不爲之歎息焉

戴溪字肖望永嘉人也少有文名淳熙五年爲別頭省試第一監潭州南嶽廟紹熙初主管吏部架閣文字除太學錄兼實錄院檢討官正錄兼史職自溪始升博士奏兩淮當立農官若漢稻田使者括閑田諭民主出財客出力主客均利以爲救農之策除慶元府通判未行改宗正簿累官兵部郎官開禧時師潰于符離溪因奏沿邊忠義人湖南北鹽商皆當區畫以銷後患會和議成知樞密院事張巖督師京口除授參議軍事數月召爲資善堂說書由禮部郎中凡六轉爲太子詹事兼祕書監景獻太子命溪講中庸大學溪辭以講讀非詹事職懼侵官太子曰講退便服說書非公禮毋嫌也復命類易詩書春秋論語孟子資治通鑑各爲說以進權工部尚書除華文閣學士嘉定八年以宣奉大夫龍圖閣學士致仕卒贈特進端明殿學士理宗紹定間賜諡文端溪久於宮僚以微婉受知春官然立朝建明多務祕密或議其殊乏骨鯁云

蔡幼學字行之溫州瑞安人年十八試禮部第一是時陳傅良有文名于太學幼學從之游月書上祭酒芮華及呂祖謙連選拔輒出傅良右皆謂幼學之文過其師孝宗聞之因策士將寘首列而是時外戚張說用事宰相虞允文梁克家皆陰附之幼學對策其畧曰陛下資雖聰明而所存未大志雖高遠而所趨未正治雖精勤而大原不立即位之始冀太平旦暮至奈何今十年風俗日壞將難扶持紀綱日亂將難整齊人心益搖將難收拾吏慢兵驕財匱民困將難正救又曰陛下恥名相之不正更制近古二相並進以爲美談然或以虛譽或聽自許立功或以緘默容身不能持正蓋指虞允文梁克家也又曰漢武帝用兵以來大司馬大將軍之權重而丞相輕公孫弘爲相衞青用事弘苟合取容相業無有宣元用許史成帝用王氏哀帝用丁傅率爲始元之禍今陛下使姨子預兵柄其人無一才可取宰相恐與同列曾不羞恥按其罪名宜在公孫弘上蓋指張說也帝覽之不懌虞允文尤惡之遂得下第教授廣德軍丁父憂再調潭州執政薦于朝帝許之且問年幾何矣何

以名幼學參政施師點舉孟子幼學壯行之語以對上佇思慨然曰今壯矣可行也遂除勅令所删定官首言大恥未雪境土未復陛下睿知神武可以有爲而苟且之議委靡之習顧得以緩陛下欲爲之心孝宗喜曰解卿意欲令朕立規模爾尋以母憂去光宗立以太學錄召改武學博士踰年遷太學擢祕書省正字兼實錄院檢討官遷校書郎時光宗以疾不朝重華宮幼學上封事曰陛下自春以來北宮之朝不講比者壽皇違豫侍從臺諫叩陛請對陛下拂衣而起相臣引裾羣臣隨以號泣陛下退朝宮門盡閉大臣累日不獲一對淸光望日之朝都人延頸還延至午禁衞飲恨市廛軍伍謗誹籍籍旁郡列屯傳聞疑怪變起倉卒陛下實受其禍誠思身體髮膚壽皇所與宗社人民壽皇所命則疇昔慈愛有感乎心可不獨出聖斷復父子之歡弭宗社之禍疏入不報寧宗即位詔求直言幼學又奏陛下欲盡爲君之道其要有三事親任賢寬民而其本莫先於講學比年小人謀傾君子爲安靖和平之說以排之故大臣當興治而以生事自疑近臣當效忠而以忤旨擯棄其極至於九重深拱而羣臣盡廢多士盈庭而一籌不吐自非聖學日新求賢如不及何以作天下之才自熙寧元豐而始有免役錢有常平積剩錢有無額上供錢自大觀宣和而始有大禮進奉銀絹有贍學糴本錢有經制錢自紹興而始有和買折帛錢有總制錢有月樁大軍錢至於茶鹽酒榷稅契頭子之屬積累增多較之祖宗無慮數十倍民困極矣幼學旣論列時政其極歸之聖學帝稱善將進用之時韓侂胄方用事指正人爲僞學異論者立黜幼學遂力求外補特除提舉福建常平陛辭言今除授命令徑從中出而大臣之責始輕諫省經筵無故罷黜而多士之心始惑或者有以誤陛下至此耶侂胄聞之不悅旣至官日講荒政時朱熹居建陽幼學每事咨訪遂爲御史劉德秀劾罷奉祠者凡八年起知黃州改提點福建路刑獄未行有勸侂胄以收召海內名士者乃召幼學爲吏部員外郎入見言高宗建炎間減婺州和買絹折羅事因論輔臣曰一日行得如此一事一年不過三百六十事而已陛下除兩浙丁錢視高宗無間然而兵事旣開諸路罹鋒鏑轉餉之艱江湖以南有調募科需之擾惟陛下以愛惜邦本爲念遷國子司業宗正少卿皆兼權中書舍人侂胄旣誅餘黨尙塞正路幼學次第彈劾竄黜尤衆號稱職遷中書舍人兼侍講故事閤門宣贊而下供職十年始得路都監若鈐轄侂胄壞成法率五六年七八年即越等除授有已授外職猶通籍禁闥者幼學一切釐正嘉定初同樞鑰知貢舉時正學久錮士專於聲律度數其學支離幼學始取義理之文士習漸復於正兼直學士院內外制皆溫醇雅厚得體人多稱之除刑部侍郎改吏部仍兼職趙師羼除知臨安府羼辭故事當有不允詔幼學言師羼以媚權臣進官三尹京兆很籍無善狀詔必出褒語臣何辭以草命遂寢改兼侍讀師羼命乃下除龍圖閣待制知泉州徙建康府福州進福建路安撫使政主寬大惟恐傷民福建下州例抑民買鹽以戶產高下均賣者曰產鹽以交易契紙錢科敷者曰浮鹽皆出常賦外久之遂爲定賦幼學力請蠲之不報提舉司令民以田高下藏新會子不如令者籍其貲幼學曰罔民而可吾忍之乎惟有去而已因言錢弊未均稱提無術力求罷去遂升寶謨閣直學士提舉萬壽宮召權兵部尙書兼修玉牒官尋兼太子詹事先是朝廷旣遣歲幣入金境適值其有難不果納則遽以兵叩邊索之中外洶洶皆言當亟與幼學請對言玉帛之使未還而侵軼之師奄至且肆其侮慢形之文辭天怒人憤可不伸大義以破其謀乎於是朝論翕然始詔與金絕幼學因請因本根以弭外虞示意向以定衆志公汲引以合材謀審懷附以一南北帝稱善一夕感異夢星隕于屋西南隅遂卒年六十四幼學早以文鳴于時而中年述作益窮根本非關敎化之大由情性之正者不道也器質凝重莫窺其際終日危坐一語不妄發及辨論義理縱橫闔闢沛然如決江河雖辯士不及也嘗續司馬光公卿百官表年歷大事記備忘辨疑編年政要列傳舉要凡百餘篇傳于世

楊泰之字叔正眉州青神人少刻志于學卧不設榻幾十歲慶元元年類試調瀘州尉易什邡再調綿州學敎授羅江丞制置司檄置幕府吳獵諭蜀泰之貽書曰使吳曦爲亂而士大夫不從必有不敢爲旣亂而士大夫能抗曦猶有所憚夫亂曦之爲也亂所以成士大夫之爲也改知嚴道縣攝通判嘉定白厓砦將王壎引蠻寇利店刑獄使者寘壎于法又習絓餘人當坐死泰之訪知夷都實邀利店夷都蠻構亂不需引導固請釋之不聽乃去官宣撫使安丙薦之曰蜀中名儒楊虞仲之子當逆臣之變勉有位者毋動言不用拂衣而去使得尺寸之柄必能見危致命召泰之赴都堂審察以親老辭差知廣安軍未上丁父憂免喪知富順監去官以祿廩數千緡予鄰里以千緡爲義莊知晉州以安居安岳二縣受禍尤慘泰之力白丙盡蠲其賦丙復薦于朝召赴行在固辭知果州時零錢病民泰之以一年經費儲其贏爲諸邑對減上尙書省按爲定式民歌之曰前張後楊惠我無疆張謂張義實自發其端而泰之踵行之理宗即位趣入對言法天行健奮發英斷總攬威權無牽於私無奪於邪說以救蠱敝以新治功本朝德澤涵來斲喪無餘民無恒心何以爲國陛下以直言求人而以直言罪之使天下以言爲戒臣恐言路旣梗士氣益消循循默默寖成衰世之風爲國者何便於此上奇其對以爲工部郎中其後言事者相繼無所避忌自泰之發之遷軍器少監大理少卿紹定元年入對謂風雨爲暴水潦潰溢此陰盛陽微之證而臺臣誘曰霅川水患之滲漉之餘烈也後又言巴陵追降之命重於遷羣臣輕於絕友愛陛下居天位之至逸則思天倫之大痛秦邸歿於房陵旣行封謚又錄用其子今乃曰不當爲之後以貽它日憂何示人之不廣乎又曰今日不言後必有言之者與其追恤於後固不若舉行於今也是日詔直寶謨閣知重慶府爲書以別丞相曰宰相職事無大於用人有道去自私之心恢容人之度審取舍之理而已至官俗用大變主管千秋鴻禧觀卒所著克齋文集論語解老子辭春秋列國事目公羊穀梁類詩類詩名物編論孟類東漢三國志南北史唐五代史類歷代通鑑本朝長編類東漢名物編詩事類大易要言雜著凡二百九十七卷

宋史卷四百三十五

元　中書右丞相總裁脫脫等修

列傳第一百九十四

儒林五

范冲　朱震　胡安國子寅　宏　寧

范冲字元長登紹聖進士第高宗即位召爲虞部員外郎俄出爲兩淮轉運副使紹興中隆祐皇后誕日上置酒宮中從容語及前朝事后曰吾老矣有所懷爲官家言之吾逮事宣仁聖烈皇后聰明母儀古今未見其比曩因姦臣誣謗有玷聖德建炎初雖下詔辨明而史錄未經删定無以傳信後世而慰在天之靈也上愀然亟詔重修神哲兩朝實錄召冲爲宗正少卿兼直史館冲父祖禹元祐中嘗修神宗實錄盡書王安石之過以明神宗之聖其後安石壻蔡卞惡之祖禹坐謫死嶺表至是復以命冲上謂之曰兩朝大典皆爲姦臣所壞故以屬卿冲因論熙寧創置元祐復古紹聖以降弛張不一本末先後各有所因又極言王安石變法度之非蔡京誤國之罪上嘉納之遷起居郎俄開講筵升兼侍讀上雅好左氏春秋命冲與朱震專講冲敷衍經旨因以規諷上未嘗不稱善會皇子建國公瑗出就傅首命冲以徽猷閣待制提舉建隆觀爲資善堂翊善而朱震兼贊讀詔曰朕爲宗廟社稷大計不敢私于一身選于屬籍得藝祖七世孫鞠之宮中茲擇剛辰出就外傅宜有端良之士以充輔導之官博觀在廷無以易汝冲德行文學爲時正人迺祖發議嘉祐之初迺父納忠元祐之際敷求是似尙有典刑顧資善之開史館經筵姑仍厥舊裕蔽自朕志宜即安之時張浚在長沙亦薦冲震可備訓導冲震皆一時名德老成極天下之選上命建國公見翊善贊讀皆納拜俄遷翰林學士兼侍讀冲力辭改翰林侍讀學士用其父故事也尋以龍圖閣直學士奉祠卒年七十五冲之修神宗實錄也爲考異一書明示去取舊文以墨書删去者以黃書新修者以朱書世號朱墨史及修哲宗實錄別爲一書名辨誣錄冲性好義樂善司馬光家屬皆依冲所冲撫育之爲光編類記聞十卷奏御請以光之族曾孫宗召主光祀又嘗薦尹焞自代云

朱震字子發荊門軍人登政和進士第仕州縣以廉稱胡安國一見大器之薦於高宗召爲司勳員外郎震稱疾不至會江西制置使趙鼎入爲參知政事上諮以當世人才鼎曰臣所知朱震學術深博廉正守道士之冠冕使立講讀必有益於陛下上乃召之旣至上問以易春秋之旨震具以所學對上說擢爲祠部員外郎兼川陝荊襄都督府詳議官震因言荊襄之間沿漢上下膏腴之田七百餘里若選良將領部曲鎭之招集流亡務農種穀寇來則禦寇去則耕不過三年兵食自足又給茶鹽鈔於軍中募人中糴可以下江西之舟通湘中之粟觀釁而動席捲河南此以逸待勞萬全計也遷祕書少監兼侍經筵轉起居郎建國公出就傅以震爲贊讀仍賜五品服遷中書舍人兼翊善時郭千里除將作監

丞震言千里侵奪民田曾經按治願寢新命從之轉給事中兼直學士院遷翰林學士是時虔州民爲盜天子以爲憂選良太守往慰撫之將行震曰使居官者廉而不擾則百姓自安雖誘之爲盜亦不爲矣願詔新太守到官之日條具本郡及屬縣官吏有貪墨無狀者一切罷去聽其自擇慈祥仁惠之人有治效者優加獎勸上從其言故事當喪無享廟之禮時徽宗未祔廟太常少卿吳表臣奏行明堂之祭震因言王制喪三年不祭惟天地社稷爲越紼而行事春秋書夏五月乙酉吉禘于莊公公羊傳曰譏始不三年也國朝景德二年眞宗居明德皇后喪既易月而除服明年遂享太廟合祀天地于圜丘當時未行三年之喪專行以日易月之制可也在今日行之則非也詔侍從臺諫禮官參議卒用御史趙渙禮部侍郎陳公輔言大饗明堂七年震謝病丐祠旋知禮部貢舉會疾卒震經學深醇有漢上易解云陳摶以先天圖傳种放放傳穆脩脩傳李之才之才傳邵雍放以河圖洛書傳李溉溉傳許堅許堅傳范諤昌諤昌傳劉牧穆脩以太極圖傳周惇頤惇頤傳程顥程頤是時張載講學於二程邵雍之間故雍著皇極經世書牧陳天地五十有五之數惇頤作通書程頤著易傳載造太和參兩篇臣今以易傳爲宗和會雍載之論上采漢魏吳晉下逮有唐及今包括異同庶幾道離而復合蓋其學以王弼盡去舊說雜以莊老專尚文辭爲非是故其於象數加詳焉其論圖書授受源委如此蓋莫知其所自云

胡安國字康侯建寧崇安人入太學以程頤之友朱長文及潁川靳裁之爲師裁之與論經史大義深奇重之三試于禮部中紹聖四年進士第初廷試考官定其策第一宰職以無詆元祐語遂以何昌言冠方天若次之又欲以宰相章惇子次天若時發策大要崇復熙寧元豐之制安國推明大學以漸復三代爲對哲宗命再讀之注聽稱善者數四親擢爲第三爲太學博士足不躡權門提舉湖南學事有詔舉遺逸安國以永州布衣王繪鄧璋應詔二人老不行安國請命之官以勸爲學者零陵簿稱二人黨人范純仁客而流人鄒浩所請託也蔡京素惡安國與己異得簿言大喜命湖南提刑置獄推治又移湖北再鞫卒無驗安國竟除名未幾簿以他罪抵法臺臣直前事復安國元官政和元年張商英相除提舉成都學事二年丁內艱移江東父没終喪謂子弟曰吾昔爲親而仕今雖有祿萬鍾將何所施遂稱疾不仕築室墓傍耕種取給蓋將終身焉宣和末李彌大吳敏譚世勣合薦除屯田郎辭靖康元年除太常少卿辭除起居郎又辭朝旨屢趣行至京師以疾在告一日方午欽宗亟召見安國奏曰明君以務學爲急聖學以正心爲要心者萬事之宗正心者揆事宰物之權願擢名儒明於治國平天下之本虛懷訪問閱發獨智又言爲天下國家必有一定不可易之計謀議既定君臣固守故有志必成治功可立今南向視朝半年矣而紀綱尚紊風俗益衰施置乖方舉動煩擾大臣爭競而朋黨之患萌百執窺覦而浸潤之姦作用人失當而名器愈輕出令數更而士民不信若不掃除舊跡乘勢更張竊恐大勢一傾不可復正乞訪大臣各令展盡底蘊畫一具進先宣示臺諫使隨事疏駁若大臣議絀則參用臺諫之言若疏駁不當則專守大臣之策仍集議于朝斷自宸衷按爲國論以次施行敢有動搖必罰無赦庶幾新政有經可冀中興欽宗曰比留詞掖相待已命召卿試矣語未竟日昃暑甚汗洽上衣遂退時門下侍郎耿南仲倚攀附恩凡與己不合者卽指爲朋黨見安國論奏慍曰中興如此而曰績效未見是謗聖德也乃言安國意窺經筵不宜召試欽宗不答安國屢辭南仲又言安國不臣欽宗問其狀南仲曰往不事上皇今又不事陛下欽宗曰渠自以病辭初非有向背也每臣僚登對欽宗卽問識胡安國否中丞許翰曰自蔡京得政士大夫無不受其籠絡超然遠跡不爲所汙如安國者實鮮欽宗嘆息遣中書舍人晁說之宣旨令勉受命且曰他日欲去卽不彊留既試除中書舍人賜三品服南仲諷臺諫論其稽命不恭宜從黜削疏奏不下安國乃就職南仲既傾宰相吳敏樞密使李綱又謂許景衡晁說之視大臣爲去就懷姦徇私並黜之安國言二人爲去就必有陳論懷姦徇私必有實跡乞降付本省載諸詞命不報葉夢得知應天府坐爲蔡京所知落職奉祠安國言京罪已正子孫編置家財没入已無蔡氏矣則向爲京所引者今皆朝廷之人若更指爲京黨則人才見棄者衆黨論何時而弭乃除夢得小郡中書侍郎何㮚建議分天下爲四道置四都總管各付一面以衞王室捍彊敵安國言內外之勢適平則安偏重則危今州郡太輕理宜通變一旦以二十三路之廣分爲四道事得專決財得專用官得辟置兵得誅賞權恐太重萬一抗衡跋扈何以待之乞据見今二十三路帥府選擇重臣付以都總管之權專治軍旅或有警急卽各率所屬守將應援則一舉兩得矣尋以趙野總北道安國言魏都地重野必誤委寄是冬金人大入野遁爲羣盜所殺西道王襄擁衆不復北顧如安國言李綱罷中書舍人劉玨行詞謂綱勇於報國數至敗衂吏部侍郎馮澥言玨爲綱遊說玨坐貶安國封還詞頭以爲侍從雖當獻納至於彈擊官邪必歸風憲今臺諫未有緘默不言之咎而澥越職此路若開臣恐立於朝者各以好惡脅持傾陷非所以靖朝著南仲大恐何㮚從而擠之詔與郡㮚以安國素苦足疾而海門地卑濕乃除安國右文殿脩撰知通州安國在省一月多在告之日及出必有所論列或曰事之小者盍姑置之安國曰事之大者無不起於細微今以小事爲不必言至於大事又不敢言是無時而可言也安國既去逾旬金人薄都城子寅爲郎在城中客或憂之安國愀然曰主上在重圍中號令不出卿大夫恨效忠無路敢念子乎敵圍益急欽宗亟召安國及許景衡詔竟不達高宗卽位以給事中召安國言昨因繳奏徧觸權貴今陛下將建中興而政事弛張人才升黜尚未合宜臣若一一行其職守必以妄發干犯典刑黃潛善諷給事中康執權論其託疾罷之三年樞密張浚薦安國可大用再除給事中賜其子起居郎寅手札令以上意催促既次池州聞駕幸吳越引疾還紹興元年除中書舍人兼侍講遣使趣召安國以時政論二十一篇先獻之論入復除給事中二年七月入對高宗曰聞卿大名渴於相見何爲累詔不至安國辭謝乞以所進二十一篇者施行其論之目曰定計建都設險制國郵民立政覈實尚志正心養氣宏度寬隱論定計畧曰陛下履極六年以建都則未有必守不移之居以討賊則未有必操不變之術以立政則未有必行不反之令以任官則未有必信不疑之臣舍今不圖後悔何及論建都謂宜定都建康以比關中河內爲興復之基論設險謂欲固上流必保漢沔欲固下流必守淮泗欲固中流必以重兵鎭安陸論立志謂當必志於恢復中原祗奉陵寢必志於掃平讎敵迎復兩宮論正心謂戡定禍亂雖急於戎務而裁決戎務必本於方寸願選正臣多聞識有志慮敢直言者置諸左右日夕討論以宅厥心論養氣謂用兵之勝負軍旅之彊弱將帥之勇怯係人君所養之氣曲直何如願彊於爲善益新厥德使信於諸夏聞於夷狄者無曲可議則至剛可以塞兩間一怒可以安天下矣安國嘗謂雖諸葛復生爲今日計不能易此論也居旬日再見以疾懇求去高宗曰聞卿深於春秋方欲講論遂以左氏傳付安國點句正音安國奏春秋經世大典見諸行事非空言比今方思濟艱難左氏繁碎不宜虛費光陰耽玩文采莫若潛心聖經高宗稱善尋除安國兼侍讀專講春秋時講官四人援例乞各專一經高宗曰他人通經豈胡安國比不許會除故相朱勝非同都督江淮荊浙諸軍事安國奏勝非與黃潛善汪伯彥同在政府緘默附會循致渡江尊用張邦昌結好金國淪滅三綱天下憤鬱及正位冢司苗劉肆逆貪生苟容辱逮君父今彊敵憑陵叛臣不忌用人得失係國安危深恐勝非上誤大計勝非改除侍讀安國持錄黃不下左相呂頤浩特令校正黃龜年書行安國言有官守者不得其職則去臣今待罪無補既失其職當去甚明況勝非係臣論列之人今朝廷乃稱勝非處苗劉之變能調護聖躬昔公羊氏言祭仲廢君爲行權先儒力排其說蓋權宜廢置非所施於君父春秋大法尤謹於此建炎之失節者今雖特釋而不問又加選擢習俗既成大非君父之利臣以春秋之時而與勝非爲列有違經訓遂臥家不出初頤浩都督江上還朝欲去異己者未得其策或敎之指爲朋黨且曰黨魁在瑣闥當先去之頤浩大喜卽引勝非爲助而降旨曰胡安國屢召偃蹇不至今始造朝又數有請初言勝非不可同都督及改命經筵又以爲非豈不以時艱不肯盡瘁乃欲求微罪而去其自爲謀則善如國計何落職提舉僊都觀是夕彗出東南右相秦檜三上章乞留之不報卽解相印去侍御史江躋上疏極言勝非不可用安國不當責右司諫吳表臣亦言安國扶病見君欲行所學今無故罪去恐非所以示天下不報頤浩卽黜給事中程瑀起居舍人張燾及躋等二十餘人云應天變除舊布新之象臺省一空勝非遂相安國竟歸五年除徽猷閣待制知永州安國辭詔以經筵舊臣重閔勞之特從其請提舉江州太平觀令纂脩所著春秋傳書成高宗謂深得聖人之旨除提舉萬壽觀兼侍讀未行諫官陳公輔上疏詆假託程頤之學者安國奏曰孔孟之道不傳久矣自頤兄弟始發明之然後知其可學而至今使學者師孔孟而禁不得從頤學是入室而不由戶本朝自嘉祐以來西都有邵雍程顥及其弟頤關中有張載皆以道德名世公卿大夫所欽慕而師尊之會王安石蔡京等曲加排抑故其道不行望下禮官討論故事加之封爵載在祀典比於荀楊韓氏仍詔館閣裒其遺書校正頒行使邪說者不得作奏入公輔與中丞周祕侍

御史石公揆承望宰相風旨交章論安國學術頗僻除知永州辭復提舉太平觀進寶文閣直學士卒年六十五詔贈四官又降詔加賻賜田十頃恤其孤諡曰文定蓋非常格也安國彊學力行以聖人爲標的志於康濟時艱見中原淪沒遺黎塗炭常若痛切於其身雖數以罪去其愛君憂國之心遠而彌篤每有君命卽置家事不問然風度凝遠蕭然塵表視天下萬物無一足以嬰其心自登第迄謝事四十年在官實歷不及六載朱震被召問出處之宜安國曰子發學易二十年此事當素定矣世間惟講學論政不可不切切詢究至於行已大致去就語默之幾如人飲食其饑飽寒溫必自斟酌不可決諸人亦非人所能決也吾平生出處皆內斷於心浮世利名如蠛蠓過前何足道哉故渡江以來儒者進退合義以安國尹焞爲稱首侯仲良言必稱二程先生他無所許可後見安國歎曰吾以爲志在天下視不義富貴眞如浮雲者二程先生而已不意復有斯人也安國所與游者游酢謝良佐楊時皆程門高弟良佐嘗語人曰胡康侯如大冬嚴雪百草萎死而松栢挺然獨秀者也安國之使湖北也時方爲府教授良佐爲應城宰安國質疑訪道禮之甚恭每來謁而去必端笏正立目送之自王安石廢春秋不列於學宮安國謂先聖手所筆削之書乃使人主不得聞講說學士不得相傳習亂倫滅理用夏變夷殆由乎此故潛心是書二十餘年以爲天下事物無不備於此每歎曰此傳心要典也安國少欲以文章名世旣學道乃不復措意有文集十五卷資治通鑑舉要補遺一百卷三子寅宏寧

寅字明仲安國弟之子也寅將生弟婦以多男欲不舉安國妻夢大魚躍盆水中急往取而子之少桀黠難制父閉之空閣其上有雜木寅盡刻爲人形安國曰當有以移其心別置書數千卷於其上年餘寅悉成誦不遺一卷游辟雍中宣和進士甲科靖康初以御史中丞何㮚薦召除祕書省校書郎楊時爲祭酒寅從之受學遷司門員外郎金人陷京師議立異姓寅與張浚趙鼎逃太學中不書議狀張邦昌僞立寅棄官歸言者劾其離次降一官建炎三年高宗幸金陵樞密使張浚薦爲駕部郎官尋擢起居郎金人南侵詔議移蹕之所寅上書曰昨陛下以親王介弟出師河北二聖旣遷則當糾合義師北向迎請而遽膺翊戴亟居尊位斬戮直臣以杜言路南巡淮海偷安歲月敵入關陝漫不捍禦盜賊橫潰莫敢誰何元元無辜百萬塗地方且製造文物講行郊報自謂中興金人乘虛直擣行在匹馬南渡淮甸流血迨及返正寶位移蹕建康不爲久圖一向畏縮遠避此皆失人心之大者也自古中興之主所以能克復舊物者莫不本於憤恥恨怒不能報怨終不苟已未有乘衰微闕絕之後固陋以爲榮苟且以爲安而能久長無禍者也黃潛善與汪伯彥方以乳嫗護赤子之術待陛下曰上皇之子三十人今所存惟聖體不可不自重愛曾不思宗廟則草莽湮之陵闕則畚鍤驚之堂堂中華戎馬生之潛善伯彥所以誤陛下陷陵廟蹙土宇喪生靈者可勝罪乎本初嗣服旣不爲迎二聖之策因循遠狩又不爲守中國之謀以致于今德義不孚號令不行刑罰不威爵賞不勸若不更轍以救垂亡則陛下永負孝悌之愆常有父兄之責人心一去天命難恃雖欲羈栖山海恐非爲自全之計願下詔曰繼紹大統出於臣庶之諂而不悟其非巡狩東南出於僥倖之心而不慮其禍金人逆天亂倫朕義不共天志思雪恥父兄旅泊陵寢荒殘罪乃在予無所逃責以此號召四海聳動人心決意講武戎衣臨陣按行淮襄收其豪英誓以戰伐天下忠義武勇必雲合響應陛下凡所欲爲孰不如志其與退保吳越豈可同年而語哉自古中國彊盛如漢武帝唐太宗其得志四夷必併吞掃滅極其兵力而後已中國禮義所自出也恃彊凌弱且如此今乃以仁慈之道君子長者之事望於凶頑之粘罕豈有是理哉今日圖復中興之策莫大於罷絕和議以使命之幣爲養兵之資不然則僻處東南萬事不競納賂則孰富於京室納質則孰重於二聖反復計之所謂乞和決無可成之理夫大亂之後風俗靡然欲丕變之在於務實效去虛文治兵擇將誓戡大憝者孝弟之實也遣使乞和冀幸萬一者虛文也屈己求賢信用羣策者求賢之實也外示禮貌不用其言者虛文也不惟面從必將心改苟利於國卽日行之者納諫之實也和顏泛受內惡切直者虛文也擢智勇忠直之人待御以恩威結約以誠信者任將之實也親厚庸奴等威不立者虛文也汰疲弱擇壯勇足其衣食申明階級以變其驕悍之習者治軍之實也教習兒戲紀律蕩然者虛文也遴選守刺久於其官痛刈姦贓廣行寬恤者愛民之實也軍須戎具征求取辦蠲租赦令苟以欺之者虛文也若夫保宗廟陵寢土地人民以此六實者行乎其間則爲中興之實政也陵廟荒圮土宇日蹙衣冠黔首爲血爲肉以此六虛者行乎其間則爲今日虛文陛下戴黃屋建幄殿質明輦出房擁扇金爐夾侍兩陛仗馬衞兵儼分儀式贊者引百官入奉起居以此度日彼粘罕者晝夜厲兵跨河越岱電掃中土遂有吞吸江湖蹂踐衡霍之意吾方擁虛器茫然未知所之君子小人勢不兩立仁宗皇帝在位得君子最多小人亦時見用然罪著則斥君子亦或見廢然忠顯則收故其成當世之功貽後人之輔者皆君子也至王安石則不然斥絕君子一去而不還崇信小人一任則不改故其敗當時之政爲後世之害者皆小人也仁宗皇帝所養之君子旣日遠而銷亡矣安石所致之小人方蕃息而未艾也所以誤國破家至毒至烈以致二聖屈辱羿莽擅朝伏節死難者不過一二人此浮華輕薄之害明主之所畏而深戒者也古之稱中興者曰撥亂世反之正今之亂亦云甚矣其反正而與之在陛下其遂陵遲不振亦在陛下昔宗澤一老從官耳猶能推誠感動羣賊北連懷衞同迎二聖尅期密應者無慮數十萬人何況陛下身爲子弟欲北向而有爲將見舉四海爲陛下用期以十年必能掃除妖沴遠迓父兄稱宋中興其與惕息遁藏路危負恥如今日豈不天地相絕哉疏入宰相呂頤浩惡其切直除直龍圖閣主管江州太平觀二年五月詔內外官各言省費裕國彊兵息民之策寅以十事應詔曰修政事備邊陲治軍旅用人才除盜賊信賞罰理財用核名實屏讒佞去姦慝疏上不報尋命知永州紹興四年十二月復召爲起居郎遷中書舍人賜三品服時議遣使入雲中寅上疏言女眞驚動陵寢殘毀宗廟劫質二聖乃吾國之大讎也項者誤國之臣遣使求和以苟歲月九年于茲其效如何幸陛下灼見邪言漸圖恢復忠臣義士聞風興起各思見效今無故蹈庸臣之轍忘復讎之義陳自辱之辭臣切爲陛下不取也若謂不少貶屈如二聖何則自丁未以至甲寅所爲卑辭厚禮以問安迎請爲名而遣使者不知幾人矣知二聖之所在者誰歟聞二聖之聲音者誰歟得女眞之要領而息兵者誰歟臣但見丙午而後通和之使歸未息肩而黃河長淮大江相繼失險矣夫女眞知中國所重在二聖所懼在劫質所畏在用兵而中國坐受此餌旣久而不悟也天下謂自是必改圖矣何爲復出此謬計邪當今之事莫大於金人之怨欲報此怨必殄此讎用復讎之議而不用講和之政使天下皆知女眞爲不共戴天之讎人人有致死之心然後二聖之怨可平陛下人子之職舉矣苟爲不然彼或願與陛下歃盟泗水之上不知何以待之望聖意直以世讎無可通之義寢罷使命高宗嘉納云胡寅論使事詞旨剴切深得獻納論思之體召至都堂諭旨仍降詔奬諭旣而右僕射張浚自江上還奏遣使爲兵家機權竟反前旨寅復奏疏言今日大計只合明復讎之義用賢修德息兵訓民以圖北向儻或未可則堅守待時若夫二三其德無一定之論必不能有所立寅旣與浚異遂乞便郡就養始寅上言近年書命多出詞臣好惡之私使人主命德討罪之詞未免玩人喪德之失乞命詞臣以飾情相悅含怒相訾爲戒故寅所撰詞多誥誡於是姤忌者衆朝廷辨宣仁聖烈之誣行遣章惇蔡卞皆宰臣面授上旨令寅撰進除徽猷閣待制知邵州辭改集英殿修撰復以待制改知嚴州又改知永州徽宗皇帝寧德皇后訃至朝廷用故事以日易月寅上疏言禮讎不復則服不除願降詔旨服喪三年衣墨臨戎以化天下尋除禮部侍郎兼侍講兼直學士院丁父憂免喪時秦檜當國除徽猷閣直學士提舉江州太平觀俄乞致仕遂歸衡州檜旣忌寅雖告老猶憤之坐與李光書譏訕朝政落職右正言章復劾寅不持本生母服不孝諫通鄰好不忠責授果州團練副使新州安置檜死詔自便尋復其官紹興二十一年卒年五十九寅志節豪邁初擢第中書侍郎張邦昌欲以女妻之不許始安國頗重秦檜之大節及檜擅國寅遂與之絕新州謫命下卽日就道在謫所著讀史管見數十萬言及論語詳說皆行于世其爲文根著義理有斐然集三十卷

宏字仁仲幼事楊時侯仲良而卒傳其父之學優游衡山下餘二十年玩心神明不舍晝夜張栻師事之紹興間上書其畧曰治天下有本仁也何謂仁心也心官茫茫莫知其鄉若爲知其體乎有所不察則不知矣有所顧慮有所畏懼則雖有能知能察之良心亦浸消亡而不自知此臣之所大憂也夫敵國據形勝之地逆臣僭位於中原牧馬駸駸欲爭天下臣不是懼而以良心爲大憂者蓋良心充于一身通于天地宰制萬事統攝億兆之本也察天理莫如屏欲存良心莫如立志陛下亦有朝廷政事不干於慮便嬖智巧不陳於前妃嬪佳麗不幸於左右時矣陛下試於此時沉思靜慮方今之世當陛下之身事孰爲大乎孰爲急乎必有歉然而餒惻然而痛坐起彷徨不能自安者則良心可察而臣言可信矣昔舜以匹夫爲天子瞽叟以匹夫爲天子父受天下之養豈不足於窮約哉而瞽叟猶不悅自常情觀之舜可以免矣而舜蹙然有憂之舉天下之大無足以解

憂者徽宗皇帝身享天下之奉幾三十年欽宗皇帝生於深宮享乘輿之次以至爲帝一旦劫於讎敵遠適窮荒衣裘失司服之制飲食失膳夫之味居處失宮殿之安妃嬪之好動無威嚴辛苦墊隘其願陛下加兵敵國心自睽睽猶饑渴之於飲食庶幾一得生還父子兄弟相持而泣歡若平生引領東望九年于此矣夫以疎賤念此痛心當食則嗌未嘗不投箸而起思欲有爲況陛下當其任乎而在廷之臣不能對揚天心充陛下仁孝之志反以天子之尊北面讎敵陛下自念以此事親於舜何如也且羣臣智謀淺短自度不足以任大事故欲偷安江左貪圖寵榮皆爲身謀爾陛下乃信之以爲必持是可以進撫中原展省陵廟來還兩宮亦何誤耶萬世不磨之辱臣子必報之讎子孫之所以寢苦枕戈弗與共天下者也而陛下顧慮畏懼忘之不敢以爲讎臣下僭逆有明目張膽顯爲負叛者有協贊亂賊爲之羽翰者有依隨兩端欲以中立自免者而陛下顧慮畏懼寬之不敢以爲討守此不改是祖宗之靈終天暴露無與復存也父兄之身終天困辱而求歸之望絕也中原士民沒身塗炭無所赴愬也陛下念亦及此乎王安石輕用巳私紛更法令棄誠而懷詐興利而忘義尚功而悖道人皆知安石廢祖宗法令不知其并與祖宗之道廢之也邪說既行正論屏棄故姦諛敢挾紹述之義以逞其私下誣君父上欺祖宗誣謗宣仁廢遷隆祐使我國家君臣夫婦之間頓生疵癘三綱廢壞神化之道泯然將滅遂使敵國外橫盜賊內訌王師傷敗中原陷沒二聖遠栖於沙漠皇輿僻寄於東吳囂囂萬姓未知攸底禍至酷也若猶習於因循憚於更變亡三綱之本性昧神化之良能上以利勢誘下下以智術干上是非由此不公名實由此不核賞罰由此失當亂臣賊子由此得志人紀由此不修天下萬事倒行逆施人欲肆而天理滅矣將何以異於先朝求救禍亂而致升平乎末言陛下即位以來中正邪佞更進更退無堅定不易之誠然陳東以直諫死于前馬伸以正論死于後而未聞誅一姦邪黜一諛佞何催中正之易而去姦邪之難也此雖當時輔相之罪然中正之士乃陛下腹心耳目奈何以天子之威握億兆之命乃不能保全二三腹心耳目之臣以自輔助而令姦邪得而殺之於誰責而可乎臣竊痛心傷陛下威權之不在巳也高閌爲國子司業請幸太學宏見其表作書責之曰太學明人倫之所在也昔楚懷王不返楚人憐之如悲親戚蓋忿秦之以彊力詐其君使不得其死其憯勝於加之以刃也太上皇帝劫制於彊敵生往死歸此臣子痛心切骨臥薪嘗膽宜思所以必報也而柄臣乃敢欺天罔人以大讎爲大恩乎昔宋公爲楚所執及楚子釋之孔子筆削春秋乃曰諸侯盟于薄釋宋公不許楚人制中國之命也太母天下之母其縱釋乃在金人此中華之大辱臣子所不忍言也而柄臣乃敢欺天罔人以大辱爲大恩乎晉朝廢太后董養游太學升堂歎曰天人之理既滅大亂將作矣則引遠而去今閤下目覩忘讎滅理北面敵國以苟宴安之事猶偃然爲天下師儒之首既不能建大論明天人之理以正君心乃阿諛柄臣希合風旨求舉太平之典又爲之詞云云欺天罔人孰甚焉宏初以蔭補右承務郎不調秦檜當國貽書其兄寅問二弟何不通書意欲用之宏作書止敘契好而巳宏書辭甚厲人問之宏曰正恐其召故示之以不可召之端檜死宏被召竟以疾辭卒于家著書曰知言張栻謂其言約義精道學之樞要制治之蓍龜也有詩文五卷皇王大紀八十卷

寧字和仲以蔭補官秦檜當國召試館職除敕令所刪定官秦熺知樞密院事檜問寧曰熺近除外議云何寧曰外議以爲相公必不爲蔡京之所爲也遷太常丞祠部郎官初以寧父兄故召用及寅與檜忤乃出寧爲夔路安撫司參議官除知澧州不赴主管台州崇道觀卒安國之傳春秋也脩纂檢討盡出寧手寧又著春秋通旨以羽翼其書云

宋史卷四百三十六

元 中 書 右 丞 相 總 裁 脫 脫 等 修

列傳第一百九十五

儒林六

陳亮 鄭樵 林霆附 李道傳

陳亮字同父婺州永康人生而目光有芒爲人才氣超邁喜談兵論議風生下筆數千言立就嘗攷古人用兵成敗之跡著酌古論郡守周葵得之相與論難奇之曰他日國士也請爲上客及葵爲執政朝士白事必指令揖亮因得交一時豪俊盡其議論因授以中庸大學曰讀此可精性命之說遂受而盡心焉隆興初與金人約和天下忻然幸得蘇息獨亮持不可婺州方以解頭薦因上中興五論奏入不報巳而退脩于家學者多歸之益力學著書者十年先是亮嘗圜視錢塘喟然歎曰城可灌爾蓋以地下於西湖也至是當淳熙五年孝宗即位蓋十七年矣亮更名同詣闕上書曰臣惟中國天地之正氣也天命所鍾也人心所會也衣冠禮樂所萃也百代帝王之所相承也挈中國衣冠禮樂而寓之偏方雖天命人心猶有所係然豈以是爲可久安而無事也天地之正氣鬱遏而久不得騁必將有所發泄而天命人心固非偏方所可久係也國家二百年太平之基三代之所無也二聖北狩之痛漢唐之所未有也方南渡之初君臣上下痛心疾首誓不與之俱生卒能以奔敗之餘而勝百戰之敵及秦檜倡邪議以沮之忠臣義士斥死南方而天下之氣惰矣三十年之餘雖江北流寓皆抱孫長息於東南而君父之大讎一切不復關念自非海陵送死淮南亦不知兵戈爲何事也況望其憤故國之恥而相率以發一矢哉丙午丁未之變距今尚以爲遠而海陵之禍蓋陛下即位之前一年也獨陛下奮不自顧志於殄滅而天下之人安然如無事時方口議腹非以陛下爲喜功名而不恤後患雖陛下亦不能以崇高之勢而獨勝之隱忍以至于今又十有七年矣昔春秋時君臣父子相戕殺之禍舉一世皆安之而孔子獨以爲三綱既絕則人道遂爲禽獸皇皇奔走義不能以一朝安然卒於無所遇而發其志於春秋之書猶能以懼亂臣賊子今舉一世而忘君父之大讎此豈人道所可安乎使學者知學孔子之道當道陛下以有爲決不沮陛下以苟安也南師之不出於今幾年矣豈無一豪傑之能自奮哉其勢必有時而發泄矣苟國家不能起而承之必將有承之者矣不可恃衣冠禮樂之舊祖宗積累之深以爲天命人心可以安坐而久係也皇天無親惟德是輔民心無常惟惠是懷自三代聖人皆知其爲甚可畏也春秋之末齊晉秦楚皆衰吳越起於小邦遂伯諸侯黃池之會孔子所甚痛也可以明中國之無人矣此今世儒者之所未講也今金源之植根既久不可以一舉而遂滅國家之大勢未張不可以一朝而大舉而人情皆便於通和者勸陛下積財養兵以待時也臣以爲通和者所以成上下之苟安而爲妄庸兩售之地宜其爲人情之所甚便也自和好之成十有餘年凡今日之指畫方畧者他日將用之以坐籌也今日之擊毬射鵰者他日將用之以決勝也府庫充滿無非財也介冑鮮明無非兵也使兵端一開則其跡敗矣何者人才以用而見其能否安坐而能者不足恃也兵食以用而見其盈虛安坐而盈者不足恃也而朝廷方幸一旦之無事庸愚齷齪之人皆得以守格令行文書以奉陛下之使令而陛下亦幸其易制而無他也徒使度外之士擯棄而不得騁日月蹉跎而老將至矣臣故曰通和者所以成上下之苟安而爲妄庸兩售之地也東晉百年之間南北未嘗通和也故其臣東西馳騁多可用之才今和好一不通朝野之論常如敵兵之在境惟恐其不得和也雖陛下亦不得而不和矣昔者金人草居野處往來無常能使人不知所備而兵無日不可出也今也城郭宮室政教號令一切不異於中國點兵聚糧文移往返動涉歲月一方有警三邊騷動此豈能歲出師以擾我乎然使朝野常如敵兵之在境乃國家之福而英雄所用以爭天下之機也執事者胡爲速和以惰其心乎晉楚之戰於邲也欒書以爲楚自克庸以來其君無日不討國人而訓之于民生之不易禍至之無日戒懼之不可以怠在軍無日不討軍實而申儆之于勝之不可保紂之百克而卒無後晉楚之弭兵於宋也子罕以爲兵所以威不軌而昭文德也聖人以興亂人以廢廢興存亡昏明之術皆兵之由也而求去之是以誣道蔽諸侯也夫人心之不可惰兵威之不可廢故雖成康太平猶有所謂四征不庭張皇六師者此李沆所以深不願真宗皇帝之與遼和親也況南北角立之時而廢兵以惰人心使之安於忘君父之大讎而置中國於度外徒以便妄庸之人則執事者之失策亦甚矣陛下何不明大義而慨然與金絕也貶損乘輿卻御正殿痛自克責誓必復讎以勵羣臣以振天下之氣以動中原之心雖未出兵而人心不敢惰矣東西馳騁而人才出矣盈虛相補而兵食見矣狂妄之辭不攻而自息懦庸之夫不郤而自退縮矣當有度外之士起而惟陛下之所欲用矣是雲合響應之勢而非可安坐所致也臣請爲陛下陳國家立國之本末而開今日大有爲之畧論天下形勢之消長而決今日大有爲之機惟陛下幸聽之唐自肅代以後上失其柄藩鎮自相雄長擅其土地人民用其甲兵財賦官爵惟其所命而人才亦各盡心於其所事卒以成君弱臣彊正統數易之禍藝祖皇帝一興而四方次第平定藩鎮拱手以趨約束使列郡各得自達於京師以京官權知三年一易財歸於漕司而

兵各歸於郡朝廷以一紙下郡國如臂之使指無有留難自筦庫微職必命於朝廷而天下之勢一矣故京師嘗宿重兵以為固而郡國亦各有禁軍無非天子所以自守其地也兵皆天子之兵財皆天子之財官皆天子之官民皆天子之民紀綱總攝法令明備郡縣不得以一事自專也士以尺度而取官以資格而進不求度外之奇才不慕絕世之雋功天子蚤夜憂勤於其上以義理廉恥嬰士大夫之心以仁義公恕厚斯民之生舉天下皆由於規矩準繩之中而二百年太平之基從此而立然契丹遂得以猖狂恣睢與中國抗衡儼然為南北兩朝而頭目手足渾然無別微澶淵一戰則中國之勢浸微根本雖厚而不可立矣故慶曆增幣之事富弼以為朝廷之大恥而終身不敢自論其勞蓋契丹征令是主上之操也天子供貢是臣下之禮也契丹之所以卒勝中國者其積有漸也立國之初其勢固必至此故我祖宗常嚴廟堂而尊大臣寬郡縣而重守令於文法之內未嘗折困天下之富商巨室於格律之外有以容奬天下之英偉奇傑皆所以助立國之勢而為不虞之備也慶曆諸臣亦嘗憤中國之勢不振矣而其大要則使羣臣爭進其說更法易令而廟堂輕矣嚴按察之權邀功生事而郡縣又輕矣豈惟於立國之勢無所助又從而朘削之雖微章得象陳執中以排沮其事亦安得而不自沮哉獨其破去舊例以不次用人而勤農桑務寬大為有合於因革之宜而其大要已非矣此所以不能洗契丹平視中國之恥而卒發神宗皇帝之大憤也王安石以正法度之說首合聖意而其實則欲藉天下之兵盡歸於朝廷別行教閱以為強也括郡縣之利盡入於朝廷別行封椿以為富也青苗之政惟恐富民之不困也均輸之法惟恐商賈之不折也罪無大小動輒興獄而士大夫緘口畏罪矣西北兩邊致使內臣經畫而豪傑恥於為役矣徒使神宗皇帝見兵財之數既多銳然南征北伐卒乖聖意而天下之勢實未嘗振也彼蓋不知朝廷立國之勢正患文為之太密事權之太分郡縣太輕於下而委瑣不足恃兵財太關於上而重遲不易舉祖宗惟用前四者以助其勢而安石竭之不遺餘力不知立國之本末者眞不足以謀國也元祐紹聖一反一復而卒為金人侵侮之資尚何望其振中國以威四裔哉南渡以來大抵遵祖宗之舊雖微有因革增損不足為輕重有無如趙鼎諸臣固已不究變通之理況秦檜盡取而沮毀之忍恥事讎飾太平於一隅以為欺其罪可勝誅哉陛下憤王業之屈於一隅勵志復讎不免藉天下之兵以為強括郡縣之利以為富加惠百姓而富人無五年之積不重征稅而大商無巨萬之藏國勢日以困竭臣恐尺籍之兵府庫之財不足以支一旦之用也陛下蚤朝晏罷冀中興日月之功而以繩墨取人以文法涖事聖斷裁制中外而大臣充位胥吏坐行條令而百司逃責人才日以闒茸臣恐程文之士資格之官不足當度外之用也藝祖經畫天下之大略太宗已不能盡用今其遺意豈無望於陛下也陛下苟推原其意而行之可以開社稷數百年之基而況於復故物乎不然維持之具既窮臣恐祖宗之積累亦不足恃也陛下試令臣畢陳於前則今日大有為之略必知所處矣夫吳蜀天地之偏氣錢塘又吳之一隅當唐之衰錢鏐以閭巷之雄起王其地自以不能獨立常朝事中國以為重及我宋受命俶以其家入京師而自獻其土故錢塘終始五代被兵最少而二百年之間人物日以繁盛遂甲於東南及建炎紹興之間為岳飛所駐之地當時論者固已疑其不足以張形勢而事恢復矣秦檜又從而備百司庶府以講禮樂於其中其風俗固已華靡士大夫又從而治園囿臺謝以樂其生於干戈之餘上下晏安而錢塘為樂國矣一隙之地本不足以容萬乘而鎮壓且五十年山川之氣蓋亦發泄而無餘矣故穀粟桑麻絲枲之利歲耗於一歲禽獸魚鼈草木之生日微於一日而上下不以為異也公卿將相大抵多江浙閩蜀之人而人才亦日以凡下場屋之士以十萬數而文墨小異已足以稱雄於其間矣陛下據錢塘已耗之氣用閩浙日衰之士而欲鼓東南習安脆弱之衆北向以爭中原臣是以知其難也荊襄之地在春秋時楚用以虎視齊晉而齊晉不能屈也及戰國之際獨能與秦爭帝其後三百餘年而光武起於南陽同時共事往往多南陽故人又二百餘年遂為三國交據之地諸葛亮由此起輔先主荊楚之士從之如雲而漢氏賴以復存於蜀周瑜魯肅呂蒙陸遜陸抗鄧艾羊祜皆以其地顯名又百餘年而晉氏南渡荊雍常雄於東南而東南往往倚以為強梁竟以此代齊及其氣發泄無餘而隋唐以來遂為偏方下州五代之際高氏獨常臣事諸國本朝二百年之間降為荒落之邦北連許汝民居稀少土產卑薄人才之能通姓名於上國者如晨星之相望況至于建炎紹興之際羣盜出沒於其間而被禍尤極以迄于今雖南北分畫交據往往又置於不足用民食無所從出而兵不可由此而進議者或以為憂而不知其勢之足用也其地雖要為偏方然未有偏方之氣五六百年而不發泄者況其東通吳會西連巴蜀南極湖湘北控關洛左右伸縮皆足以為進取之機今誠能開墾其地洗濯其人以發泄其氣而用之使足以接關洛之氣則可以爭衡於中國矣是亦形勢消長之常數也陛下慨然移都建業百司庶府皆從草創軍國之儀皆從簡畧又作行宮於武昌以示不敢寧居之意常以江淮之師為金人侵軼之備而精擇一人之沈鷙有謀開豁無他者委以荊襄之任寬其文法聽其廢置撫摩振厲於三數年之間則國家之勢成矣石晉失盧龍一道以成開運之禍蓋丙午丁未歲也明年藝祖皇帝始從郭太祖征伐卒以平定天下其後契丹以甲辰敗于澶淵而丁未戊申之間眞宗皇帝東封西祀以告太平蓋本朝極盛之時也又六十年而神宗皇帝實以丁未歲即位國家之事於此一變矣又六十年丙午丁未遂為靖康之禍天獨啓陛下於是年而又啓陛下以北向復讎之志今者去丙午丁未近在十年間矣天道六十年一變陛下可不有以應其變乎此誠今日大有為之機不可苟安以玩歲月也臣不佞自少有驅馳四方之志嘗數至行都人物如林其論皆不足以起人意臣是以知陛下大有為之志孤矣辛卯壬辰之間始退而窮天地造化之初考古今沿革之變以推極皇帝王伯之道而得漢魏晉唐長短之由天人之際昭昭然可考而知也始悟今世之儒士自以為得正心誠意之學者皆風痺不知痛癢之人也舉一世安於君父之讎而方抵頭拱手以談性命不知何者謂之性命乎陛下接之而不任以事臣於是服陛下之仁又悟今世之才臣自以為得富國強兵之術者皆狂惑以肆叫呼之人也不以暇時謀究立國之本末而方揚眉伸氣以論富強不知何者謂之富強乎陛下察之而不敢盡用臣於是服陛下之明陛下厲志復讎足以對天命篤於仁愛足以結民心而又明足以照臨羣臣一偏之論此百代之英主也今乃委任庸人籠絡小儒以遷延大有為之歲月臣不勝憤悱是以忘其賤而獻其愚陛下誠令臣畢陳於前豈惟臣區區之願將天地之神祖宗之靈實與聞之書奏孝宗赫然震動欲牓朝堂以勵羣臣用种放故事召令上殿將擢用之左右大臣莫知所為惟曾覿知之將見亮亮恥之踰垣而逃覿以其不詣已不悅大臣尤惡其直言無諱交沮之乃有都堂審察之命宰相臨以上旨問所欲言皆落落不少貶又不合待命十日再詣闕上書曰恭惟皇帝陛下厲志復讎不肯即安於一隅是有大功於社稷也然坐錢塘浮侈之隅以圖中原則非其地用東南習安之衆以行進取則非其人財止於府庫則不足以通天下之有無兵止於尺籍則不足以兼天下之勇怯是以遷延之計遂行而陛下大有為之志乖矣此臣所以不勝忠憤齋沐裁書獻之闕下願得望見顏色陳國家立國之本末而開大有為之畧論天下形勢之消長而決大有為之機務合於藝祖經畫天下之本旨然待命八日未有聞焉臣恐天下豪傑有以測陛下之意向而雲合響應之勢不得而成矣又上書曰臣妄意國家維持之具至今日而窮而藝祖皇帝經畫天下之大指猶可恃以長久苟推原其意而變通之則恢復不足為矣然而變通之道有三有可以遷延數十年之策有可以為百五十六年之計有可以復開數百年之基事勢昭然而効見殊絕非陛下聰明度越百代決不能一一聽之臣不敢泄之大臣之前而大臣拱手稱旨以問臣亦姑取其大體之可言者三事以荅之其一曰二聖北狩之痛蓋國家之大恥而天下之公憤也五十年之餘雖天下之氣銷鑠頹墮不復知讎恥之當念正在主上與二三大臣振作其氣以泄其憤使人人如報私讎此春秋書衞人殺州吁之意也其二曰國家之規模使天下奉規矩準繩以從事羣臣救過之不給而何暇展布四體以求濟度外之功哉其三曰藝祖皇帝用天下之士人以易武臣之任事者故本朝以儒立國而儒道之振獨優於前代今天下之士熟爛委靡誠可厭惡正在主上與二三大臣反其道以教之作其氣而養之使臨事不至乏才隨才皆足有用則立國之規模不至戾藝祖之本旨而東西馳騁以定禍亂不必專在武臣也臣所以為大臣論者其畧如此書既上帝欲官之亮笑曰吾欲為社稷開數百年之基寧用以博一官乎亟渡江而歸日落魄醉酒與邑之狂士飲醉中戲為大言言涉犯上一士欲中亮以其事首刑部侍郎何澹嘗為考試官黜亮亮不平語數侵澹澹聞而嗛之即繳狀以聞事下大理笞掠亮無完膚誣服為不軌事聞孝宗知為亮嘗陰遣左右廉知其事及奏入取旨帝曰秀才醉後妄言何罪之有劃其牘于地亮遂得免居無何亮家僮殺人于境適被殺者嘗辱亮父次尹其家疑事由亮聞于官笞榜僮死而復蘇者數不服又囚亮父于州獄而屬臺官論亮情重下大理時丞相淮知帝欲生

亮而辛棄疾雖黠素高亮才援之尤力復得不死亮自以豪俠屢遭大獄歸家益厲志讀書所學益博其學自孟子後惟推王通嘗曰研窮義理之精微辨析古今之同異原心於杪忽較禮於分寸以積累爲工以涵養爲正睟面盎背則於諸儒誠有愧焉至於堂堂之陳正正之旗風雨雲雷交發而並至龍蛇虎豹變現而出沒推倒一世之智勇開拓萬古之心胷自謂差有一日之長亮意蓋指朱熹呂祖謙等云高宗崩金遣使來弔簡慢而光宗由潛邸判臨安府亮感孝宗之知至金陵視形勢復上疏曰有非常之人然後可以建非常之功求非常之功而用常才出常計舉常事以應之者不待知者而後知其不濟也秦檜以和誤國二十餘年而天下之氣索然無餘矣陛下慨然有削平宇內之志又二十餘年天下之志始知所向其有功於宗廟社稷者非臣區區所能誦說其萬一也高宗皇帝春秋既高陛下不欲大舉驚動慈顏抑心俯首以致色養聖孝之盛書冊之所未有也今者高宗既已祔廟天下之英雄豪傑皆仰首以觀陛下之舉動陛下其忍使二十年間所以作天下之氣者一旦而復索然乎天下不可以坐取也兵不可以常勝也驅馳運動又非年高德尊者之所宜也東宮居曰監國行曰撫軍陛下何以不於此時而命東宮爲撫軍大將軍歲巡建業使之兼統諸司盡護諸將置長史司馬以專其勞而陛下於宅憂之餘通用人才均調天下以應無窮之變此肅宗所以命廣平王之故事也高宗與金有父兄之讎生不能以報之則死必有望於子孫何忍以升遐之哀告諸讎哉遺留報謝三使繼遣金帛寶貨千兩連發而金人僅以一使如臨小邦哀祭之辭寂寥簡慢義士仁人痛切心骨豈以陛下之聖明智勇而能忍之乎陛下儻以大義爲當正撫軍之言爲可行則當先經理建業而後使臨之縱今歲未爲北舉之謀而爲經理建康之計以振動天下而與金絕陛下之初志亦庶幾於少伸矣陛下試一聽臣用其喜怒哀樂之權鼓動天下大畧欲激孝宗恢復而是時孝宗將內禪不報由是在廷交怒以爲狂怪先是鄉人會宴末胡椒特置亮羹胾中蓋村俚敬待異禮也同坐者歸而暴死疑食異味有毒已入大理會呂興何念四敺呂天濟且死恨曰陳上舍使殺我縣令王恬實其事臺官論監司選酷吏訊問無所得取入大理衆意必死少卿鄭汝諧閱其單辭大異曰此天下奇材也國家若無罪而殺士上干天和下傷國脉矣力言於光宗遂得免未幾光宗策進士問以禮樂刑政之要亮以君道師道對且曰臣竊歎陛下之於壽皇莅政二十有八年之間寧有一政一事之不在聖懷而問安視寢之餘所以察辭而觀色因此而得彼者其端甚衆亦既得其機要而見諸施行矣豈徒一月四朝而以爲京邑之美觀也哉時光宗不朝重華宮羣臣更進迭諫皆不聽得亮策乃大喜以爲善處父子之間奏名第三御筆擢第一既知爲亮則大喜曰朕擢果不謬孝宗在南內寧宗在東宮聞知皆喜故賜第告詞曰爾蚤以藝文首賢能之書旋以論奏動慈宸之聽親閱大對嘉其淵源擢置舉首殆天留以遺朕也授僉書建康府判官廳公事未至官一夕卒亮之既第而歸也弟充迎拜于境相對感泣亮曰使吾他日而貴澤首逮汝死之日各以命服見先人于地下足矣聞者悲傷其意然志存經濟重許可人人見其肺肝與人言必本於君臣父子之義雖爲布衣薦士恐弗及家僅中產畸人寒士衣食之久不衰卒之後吏部侍郎葉適請于朝命補一子官非故典也端平初謚文毅更與一子官

鄭樵字漁仲興化軍莆田人好著書不爲文章自負不下劉向楊雄居夾漈山謝絕人事久之乃游名山大川搜奇訪古遇藏書家必借留讀盡乃去趙鼎張浚而下皆器之初爲經旨禮樂文字天文地理蟲魚草木方書之學皆有論辨紹興十九年上之詔藏祕府樵歸益厲所學從者二百餘人以侍講王綸賀允中薦得召對因言班固以來歷代爲史之非帝曰聞卿名久矣敷陳古學自成一家何相見之晚耶授右迪功郎禮兵部架閣以御史葉義問劾之改監潭州南嶽廟給札歸抄所著通志書成入爲樞密院編修官尋兼攝檢詳諸房文字請脩金正隆官制比附中國秩序因求入秘書省繙閱書籍未幾又坐言者寢其事金人之犯邊也樵言歲星分在宋金主將自斃後果然高宗幸建康命以通志進會病卒年五十九學者稱夾漈先生樵好爲考證倫類之學成書雖多大抵博學而寡要平生甘枯淡樂施與獨切切於仕進識者以是少之同郡林霆字時隱擢政和進士第博學深象數與樵爲金石交林光朝嘗師事之聚書數千卷皆自校讎謂子孫曰吾爲汝曹獲良產矣紹興中爲勅令所刪定官力詆秦檜和議之非即掛冠去當世高之

李道傳字貫之隆州井研人父舜臣嘗爲宗正寺主簿道傳少莊重稍長讀河南程氏書玩索義理至忘寢食雖處暗室整襟危坐肅如也擢慶元二年進士第調利州司戶參軍從蓬州教授開禧用兵金人窺散關急道傳以諸司檄計事道聞吳曦反痛憤見於形色遣其客間道持書遺安撫使楊輔論曦必敗曰彼素非雄才犯順首亂人心離怨因人心而用之可坐而縛也誠決此舉不惟內變可定抑使金知中國有人稍息窺覬正使不捷亦無愧千古矣曦黨以曦意脅道傳道傳以義折之竟棄官歸曦平詔以道傳抗節不撓進官二等嘉定初召爲太學博士遷太常博士兼沂王府小學教授會沂府有母喪遺表官吏例進秩道傳曰有襄事之勞者推恩可也吾屬何與於是皆辭不受遷祕書郎著作佐郎見帝首言憂危之言不聞於朝廷非治世之象今民力未裕民心未固財用未阜儲蓄未豐邊備未修將帥未擇風俗未能知義而不偷人才未能彙進而不乏而八者之中復以人才爲要至於人才盛衰繫學術之明晦今學禁雖除而未嘗明示天下以除之之意願下明詔崇尚正學取朱熹論語孟子集註中庸大學章句或問四書頒之太學仍請以周惇頤邵雍程顥程頤張載五人從祀孔子廟時執政有不樂道學者以語侵道傳道傳不爲動兼權考功郎官遷著作郎時薛拯胡榘等皆以新進用事賄賂成風道傳言今名優儒臣實取材吏刻剝殘忍誕謾傾危之人進矣遂求補郡於是出知眞州城圯弗治道傳甓之築雨石壩以護並江居民益浚二壕又堤陳公塘有警則決之以爲阻人心始固除提舉江東路常平茶鹽公事初至即按部劾吏之貪縱者十餘人胥吏爲民害者大黥小逐百餘人釋獄之濫繫者二百餘人弛負錢一十餘萬緡夏大旱道傳應詔言楮幣之換官民如讎鈔法之行商賈疑怨賦斂增加軍將推剝皆切中時病遂條上荒政朝廷多從之與漕臣眞德秀振饑道傳分池宣徽三州窮冬行風雪中雖深村窮谷必至賴以全活者甚衆攝宣州守行朱熹社倉法上饒新安南康諸郡翕然應命人蒙其利廣德守魏峴劾教官林庠委堂試而任荒政挾漕臣以凌郡守且言眞德秀輕視朝廷自專掠美乞遠之道傳上疏力辨峴坐免會胡榘爲吏部侍郎薦道傳自代引疾乞去不許召令奏事再辭又不許遂入對上自宮掖次及朝廷以侍從臺諫闕失盡言無所諱帝不以爲忤除兵部郎官辭未就監察御史李楠覘當路指意乞授以節鎮蜀遂出知果州至九江得疾卒年四十八詔特轉一官致仕謚文節道傳自蜀來東南雖不及登朱熹之門而訪求所嘗從學者與講習盡道遺書讀之篤於踐履氣節卓然於經史未有論著曰學未至不敢於詩文未嘗苟作曰學未至不暇一日以疾謁告眞德秀造焉臥榻屏間大書與起截斷四字知其用功愼獨如此居官以惠利爲本振荒遺愛江東人久而思焉三子達可當可獻可獻可爲心傳後

宋史卷四百三十七

元　中書右丞相總裁脫脫等修

列傳第一百九十六

儒林七

程迥　劉清之　眞德秀　魏了翁
廖德明

程迥字可久應天府寧陵人家于沙隨靖康之亂徙紹興之餘姚年十五丁內外艱孤貧飄泊無以自振二十餘始知讀書時亂甫定西北士大夫多在錢塘迥得以考德問業焉登隆興元年進士第歷揚州泰興尉訓武郎楊大烈有田十頃死而妻女存俄有訟其妻非正室者官沒其貲且追十年所入租部使者以諉迥迥曰大烈死貲產當歸其女女死當歸所生母可也調饒州德興丞盜入縣民齊匊家平素所不快者皆胥紲逮獄州屬迥決禁因辨其寃者縱遣之匊訟不已會獲盜寧國匊猶訟還所縱之人迥曰盜既獲矣再令追捕或死於道路使其骨肉何依豈審寃之道哉唐肅宗時縣有程氏女其父兄爲盜所殺因掠女去隱忍十餘年手刃盡誅其黨刳其肝心以祭其父兄迥取春秋復讎之義頌之曰大而得其正者也表之曰英孝程烈女改知隆興府進賢縣省符下知平江府王佐決陳長年輒私賣田其從子愬有司十有八年母魚氏年七十坐獄廷辨按法追正令候母死服闋日理爲己分令天下郡縣視此爲法迥爲議曰天下之人孰無母慈子若孫宜定省溫凊不宜有私財也在律別籍者有禁異財者有禁當報牒之初縣令杖而遣之使聽命於其母可矣何稽滯徧愬有司而達于登聞院乎春秋穀梁傳注曰臣無訟君之道爲衛侯鄭與元咺發論也夫諸侯之於命大夫猶若此子孫之於母乃使坐獄以對吏愛其親者聞之不覺泣涕之橫集也按令文分財產謂祖父母父母服闋

已前所有者，然則母在子孫不得有私財。借使其母一朝盡費其子孫，亦不得違敎令也。旣使歸于其母，其日前所費乃卑幼輒用尊長物，法須五年尊長告乃爲理，何至豫期母死，又開他日爭訟之端也。抑亦安知不令之子孫不死于母之前乎。守令者民之師帥，政敎之所由出，誠宜正守令不職之愆與子孫不孝之罪，以敬天下之爲人母者。民饑，府檄有愬閉糴及糴與商賈者，迥卽論報之曰：力田之人細米每斗才九十五文，逼於稅賦，是以出糶，非上戸也。縣境不出貨寶，苟不與外人交易，輸官之錢何由而得。今强者羣聚脅持取錢，毆傷人者甚衆，吾民不敢入市，坐致缺食。申論再三，見從乃已。縣大水亡稻麥，郡蠲租稅至薄，迥白于府曰：是驅民流徙耳，賦不可得，徒存欠籍。乃悉蠲之。郡僚猶曰：度江後來未嘗全放，恐戸部不從。迥力論之曰：唐人損七則租庸調俱免，今損十矣，夏稅役錢不免，是猶用其二也，不可謂寬。議乃息。境內有婦人傭身紡績舂簸以養其姑，姑感婦孝，每受食卽以手加額仰天而祝之。其子爲人牧牛，亦乾飯以餉祖母。迥廉得之，爲紀其事，白于郡，郡給以錢粟。調信州上饒縣，歲納租數萬石，舊法加倍，又取斛面米，迥力止絕之。嘗曰：令與吏服食者皆此邦之民膏血也，曾不是思而橫歛虐民，鬼神其無知乎。州郡督索經總錢甚急，迥曰：斯錢古之除陌之類，今其類乃三倍正賦，民何以堪。反復言之當路。奉祠，寓居番陽之蕭寺。程祥者，從伯父待制昌禹來居番陽，昌禹死，遂失所依。祥繼亡，祥妻度氏猶質賣奩具以撫育孤子，久之罄竭瀕死，鄰家皆莫識其面。有欲醮之者，度曰：吾兒幼，若事他人，使母不得撫其子，豈不負良人乎。終辭焉。或爲迥言其事，迥走告于郡守，月給之錢粟。迥居官臨之以莊，政寬而明，令簡而信，綏强撫弱，導以恩義，積年雠訟，一語解去，猾吏姦民皆以感激，久而悛悔，欺詐以革。暇則賓禮賢士，從容盡歡，進其子弟之秀者與之均禮，爲之陳說詩書，質問疑難者不問蚤暮，勢位不得以交私。祠廟非典祀不謁。隱德潛善，無問幽明，皆表而出之，以勵風俗。或周其窮阨，俾全節行。聽決獄訟，期於明允。凡上官所未悉者，必再三抗辨，不爲苟止。貴溪民僞作吳漸名誣愬縣令石邦彥，迥言匿名書不當受，轉運使迥言迥嘗授經學於崑山王葆、嘉禾聞人茂德、嚴陵喩樗。所著有古易考、古易章句、古占法、易傳外編、春秋傳顯微例目、論語傳、孟子章句、文史評、經史說、諸論辨、太玄補贊、戸口田制貢賦書、乾道振濟錄、醫經正本書、條具乾道新書、度量權三器圖義、四聲韻、淳熙襍志、南齋小集。卒官朝奉郎。朱熹以書告迥子絢曰：敬惟先德，博聞至行，追配古人，釋經訂史，開悟後學，當世之務又所通該，非獨章句之儒而已。曾不得一試，而奄棄盛時，此有志之士所爲悼歎咨嗟而不能已者。然著書滿家，足以傳世，是亦足以不朽。絢以致仕恩調巴陵尉，攝邑事，能理寃獄。孫仲熊亦有名。

劉清之字子澄，臨江人。受業於兄靖之，甘貧力學，博極書傳。登紹興二十七年進士第，調袁州宜春縣主簿，未上，丁父憂。服除，改建德縣主簿，請於州，俾民自實其戸，由是賦役平，爭訟息。調萬安縣丞。特江右大侵，郡檄視旱，徒步阡陌，親與民接，凡所蠲除，具得其實。州議減常平米直，清之曰：此惠不過三十里內耳，外鄉遠民勢豈能來，老幼疾患之人必有餓死者。今有粟之家閉不肯糶，實窺伺攘奪者衆也。在我有政，則大家得錢，細民得米，兩適其便。乃請均境內之地爲八，俾有粟者分振其鄉，官爲主之，規畫防閑，民甚賴之。帥龔茂良以救荒實跡聞于朝，又偕諸公薦之。發運使史正志按部至筠，俾清之拘集州縣畸零之賦，清之不可。清之有同年生在幕中，謂曰：侍郎因子言，謂子愛民特立，將薦子矣。其以閥閱來。清之貽之以書曰：所謂羸資者，皆州縣侵刻於民，法所當禁；縱有羸資，是所謂羨餘也。獻之自下而詔止之，今則止而求之，乃自上焉，不奪不饜，其弊有不可勝言者。願侍郎自請于朝，姑歸貳卿之班，主大農經費以佐國家。如此則士孰不願出侍郎之門。不然，某誠不敢玷侍郎知人之鑒。以薦者兩有審察之命，清之竟不見丞相。詣吏部銓，得知宜黃縣。茂良入爲參知政事，與丞相周必大薦清之于孝宗，召入對，首論民困兵驕，大臣退託，小臣苟媮，願陛下廣覽兼聽，并謀合智，清明安定，提要挈綱而力行之，古今未有俗不可變、弊不可革者，變而通之，亦在陛下方寸之間耳。又言用人四事：一曰辨賢否，謂道義之臣，大者可當經綸，小者可爲儀刑；功名之士，大者可使臨政，小者可使立事；至於專謀富貴利達而已者，下也。二曰正名實，今百有司職守不明，非犢其官，則失之侵侷，願詔史官考究設官之本意，各指其合主何事，制旨親定，載之命書，依開寶中差諸州通判故事，使人人曉然知之，而行賞罰焉。三曰使材能，謂軍旅必武臣，錢穀必能吏，必臨之以忠信不欺之士，使兩人者皆得以效其所長。四曰聽換授，謂文武之官不可用違其才，然不當許之自列，宜令文武臣四品以上各以性行材畧及文武藝每歲互舉堪充左右選者一人，於合入資格外稍與優奬。改太常寺主簿，丁內艱。服除，通判鄂州。鄂大軍所駐，兵籍多僞，清之白郡及諸司，請自通判廳始，俾僞者以實自言而正之。州有民妻張以節死，嘉祐中詔封旌德縣君，表其墓曰烈女，中更兵火，至是無知其墓者，清之與郡守羅願訪而祠之。鄂俗計利而尙鬼，家貧子壯則出贅，習爲當然，而尤謹奉大洪山之祠，病者不藥而聽於巫，死則不葬而畀諸火，清之皆諭止之。差權發遣常州，改衡州。衡自建炎軍興，有所謂大軍月樁過湖錢者，歲送漕司無慮七八萬緡，以四邑所入麴引錢及郡計畸零苗米折納充之。舊法，民有吉凶聚會，許買引爲酒麴，謂之麴引錢，其後直以等第敷納。衡有五邑，獨敷其四，取民之辭不正，良民徧受其害，而黠民往往侮易其上，乃并與常賦不輸。雖得麴引錢四五萬緡，而常賦之失不啻數萬緡矣。清之請於朝，願與總領所酌損補移，漸圖蠲減，不報。遂戒諸邑董常賦，緩雜征，閣舊逋，戒預折，新簿籍，謹推收，督勾銷，明逋負，防帶鈔，治頭梗，柅吏姦，擾戸長，費用有節，滲漏有防，稽考有政，補置有漸。先是，郡飾厨傳以事常平刑獄二使者，月一會集，互致折餽，清之歎曰：此何時也，與其取諸民，孰若裁諸公。吾之所以事上官者，惟究心於所職，無負於吾民足矣，豈以酒食貨財爲勤哉。清之自常祿外，悉歸之公帑，以佐經用。至之日，兵無糧，官無奉，上供送使無可備，已而郡計漸裕，民力稍蘇。或有報白，手自書之，吏不與焉。嘗作諭民書一編，首言畏天積善，勤力務本，農工商賈莫不有勸，敎以事親睦族，敎子祀先，謹身節用，利物濟人，婚娵以時，喪葬以禮，詞意質直，簡而易從，邦人家有其書，非理之訟日爲衰息。念士風未振，每因月講，復具酒肴以燕諸生，相與輪情論學，設爲疑問以觀其所嚮，然後從容示以先後本末之序。來者日衆，則增築臨蒸精舍居之。其所講，先正經，次訓詁音釋，次疏先儒議論，次述今所紬繹之說，然後各指其所宜用，人君治天下，諸侯治一國，學者治心、治身、治家、治人，確然皆有可舉而措之之實。爲閱武場，凡禁軍役於他所、隱於百工者，悉按軍籍俾詣訓閱。作朱陵道院，祠張九齡、韓愈、寇準、周敦頤、胡安國於左，祠晉死節太守劉翼、宋死節內史王應之於右。雅儒吉士日相周旋其間，而參佐謀論多在焉。劉孝昌者，摯之孫也，貧不自立，清之買田以給之。部使者以清之不能媚己，惡之，貽書所厚臺臣，誣以勞民用財，論罷，主管雲臺觀。歸築槐陰精舍以處來學者。胡晉臣、鄭僑、尤袤、羅點皆力薦清之於上。光宗卽位，起知袁州，而清之疾作，猶貽書執政論國事。諸生往候疾，不廢講論，語及天下，孜孜歎息，若任其責者。病且革，爲書以別向浯、彭龜年，賦二詩以別朱熹、楊萬里。取高氏送終禮以授二子曰：自歛至葬視此從事。周必大來視疾，謂曰：子澄其澄慮。清之氣息已微，云：無慮可澄。遂卒。初，清之旣舉進士，欲應博學宏詞科，及見朱熹，盡取所習焚之，慨然志於義理之學。呂伯恭、張栻皆神交心契，汪應辰、李燾亦敬慕之。母不逮養，每展閱手澤，涕泗交頤。從兄靖流落新吳，族父曄寓丹陽，艾寓臨川，皆迎養之。從祖子僑爲邵州錄事參軍，死吳錫之亂，清之遣其孫晉之致書邵守，得其遺骨歸葬焉。族人自遠來，館留之，不忍使之遽去。嘗序范仲淹義莊規矩，勸大家族衆者隨力行之。本之家法，參取先儒禮書，定爲祭禮行之。高安李好古以族人有以財爲訟，見清之豫章，清之爲說訟、家人二卦，好古惕然，遽舍所訟，市程氏易以歸，卒爲善士。所著有曾子內外雜篇、訓蒙新書外書、戒子通錄、墨莊總錄、祭儀、時令書、續說苑、文集、農書。

眞德秀字景元，後更爲景希，建之浦城人。四歲受書，過目成誦。十五而孤，母吳氏力貧敎之。同郡楊圭見而異之，使歸共諸子學，卒妻以女。登慶元五年進士第，授南劍州判官。繼試中傳學宏詞科，入閩帥幕，召爲太學正。嘉定元年，遷博士。時韓侂胄已誅，入對，首言：權臣開邊，南北塗炭，今茲繼好，豈非天下之福。然日者以行人之遣，金人欲多歲幣之數，而吾亦曰可增；金人欲得姦臣之首，而吾亦曰可與。往來之稱謂，犒軍之金帛，根括歸明流徙之民，皆承之唯謹，得無滋嫚我乎。抑善謀國者不觀敵情，觀吾政事。今號爲更紀，而無以使敵情之畏服，正恐彼資吾歲賂以厚其力，乘吾不備以長其謀，一旦挑爭端而吾無以應，此有識所爲寒心。又言：侂胄自知不爲清議所貸，至誠憂國之士則名以好異，於是忠良之士斥而正論不聞；正心誠意之學則誣以好名，於是僞學之論興而正道不行。今日改弦更張，正當褒崇名節，明示好尙。召試學士院，改秘書省正字，兼檢討玉牒。二年，遷秘書郎。又對，言暴風雨雹熒惑蝻蝗之變，皆贓吏所致。尋兼沂王府敎授、學士院權直。三年，遷秘書郎。入對，乞開公道，窒旁蹊，以抑小人道長之漸；選良牧，勵戰士，以扼草盜方張之銳。四年，選著作佐郎。同列相忌讒之德秀恬不與較宰相將用德秀會言官觝之德秀力辭兼禮部郎上疏言金有必亡之勢亦可爲中國憂蓋金亡則上恬下嬉憂不在敵而在我多事之端恐自此始五年遷軍器少監升權直六年遷起居舍人奏權姦擅政十有四年朱熹彭龜年以抗論逐呂祖儉周端朝以上書斥當時近臣猶有爭之者其後呂祖泰之貶非惟近臣莫敢言而臺諫且出力以擠之則嘉泰之失已深於慶元矣更化之初羣賢皆得自奮未幾傅伯成以諫官論事去蔡幼學以詞臣論事去鄒應龍許奕又繼以封駁論事去是數人者非能大有所矯拂已皆不容於朝故人務自全一辭不措設有大安危大利害羣臣喑嘿如此豈不殆哉今欲與陛下言勤訪問廣謀議明黜陟三者而已時鈔法楮令行告訐繁興抵罪者衆莫敢以上聞德秀奏或一夫坐罪而併籍昆弟之財或虧陌四錢而沒入百萬之貲至於科富室之錢拘鹽商之舟視產高下配民藏楮鬻田宅以收券者雖大家不能免倘得名便民之策自此籍沒之產以漸給還兼太常少卿又言金人必亡君臣上下皆當以祈天永命爲心充金國賀登位使及盱眙閧金人內變而返言于上曰臣自揚之楚自楚之盱眙沃壤無際陂湖相連民皆堅悍強忍此天賜吾國以屏障大江使強兵足食爲進取資顧田疇不闢溝洫不治險要不扼丁壯不練豪傑武勇不收拾一旦有警則徒以長江爲恃豈如及今大脩懇田之政專爲一司以領之數年之後積儲充實邊民父子爭欲自保因其什伍勒以兵法不待糧餽皆爲精兵又言邊防要事時史彌遠方以爵祿縻天下士德秀慨然謂劉爚曰吾徒須急引去使廟堂知世亦有不肯爲從官之人遂力請去出爲秘閣脩撰江東轉運副使山東盜起朝廷猶與金通聘德秀朝辭奏國恥不可忘鄰盜不可輕幸安之謀不可恃導諛之言不可聽至公之論不可忽寧宗曰卿力有餘到江東日爲朕撙節財計以助邊用江東旱蝗廣德太平爲甚德秀遂與留守憲司分所部九郡大講荒政而自領廣德太平親至廣德與太守魏峴同以便宜發廩使教授林庠振給竣事而還百姓數千人送之郊外指道傍叢塚泣曰此皆往歲餓死者微公我輩已相隨入此矣索毀太平州私創之大斛新徽州守林琰無廉聲寧國守張忠恕私匿振濟米皆劾之而以李道傳攝徽先是都司胡槻薛拯每誚德秀迂儒試以事必敗至是政譽日聞因倡言旱傷本輕監司好名賑贍太過使峴劾庠以撼德秀德秀上章自明朝廷悟與峴祠授庠幹官而道傳尋亦召還德秀以右文殿脩撰知泉州番舶畏苛征至者歲不三四德秀首寬之至者驟增至三十六艘輸租令民自槩聽訟惟揭示姓名人自詣州泉多大家爲閭里患痛繩之有訟田者至焚其券不敢爭海賊作亂將逼城官軍敗衄德秀祭兵死者乃親授方畧禽之復徧行海濱審視形勢增屯要害處以備不虞十二年以集英殿脩撰知隆興府承寬弛之後乃稍濟以嚴尤留意軍政欲分鄂州軍屯武昌及通廣鹽於贛與南安以弭汀贛鹽寇未及行以母喪歸明年蘄黃失守盜起南安討之數載始平人服德秀先見十五年以寶謨閣待制湖南安撫使知潭州以廉仁公勤四字勵僚屬以周惇頤胡安國朱熹張栻學術源流勉其士罷榷酤除斛面米申免和糴以甦其民民艱食既極力賑贍之復立惠民倉五萬石使歲出糶又易穀九萬五千石分十二縣置社倉以徧及鄉落別立慈幼倉立義阡惠政畢舉月試諸軍射捐其回易之利及官田租凡營中病者死未葬者孕者嫁娶者贍給有差朝廷從壽昌朱熹請以飛虎軍戍壽昌併致其家口力爭止之江華縣賊蘇師入境殺劫徼廣西共討平之司馬遵守武岡激軍變劾遵而誅其亂者理宗卽位召爲中書舍人尋擢禮部侍郎直學士院入見奏三綱五常扶持宇宙之棟榦奠安生民之柱石晉廢三綱而劉石之變興唐廢三綱而安祿山之難作我朝立國先正名分陛下不幸處人倫之變流聞四方所損非淺霅川之變非濟王本志前有避匿之跡後聞討捕之謀情狀本末灼然可考願討論雍熙追封秦王舍罪恤孤故事濟王未有子息亦惟陛下興滅繼絕上曰朝廷待濟王亦至矣德秀曰若謂此事處置盡善臣未敢以爲然觀舜所以處象則陛下不及舜明甚人主但當以二帝三王爲師上曰一時倉猝耳德秀曰此已往之咎惟願陛下知有此失而益講學進德次言霅川之獄未聞參聽於公朝淮蜀二閫乃出於僉論所期之外天下之事非一家之私何惜不與衆共之且言乾道淳熙間有位於朝者以饋及門爲恥受任于外者以包苴入都爲羞今饋賂公行薰染成風恬不知怪又疏言朝廷之上敢銳之士多於老成雖嘗以耆艾褒傅伯成楊簡以儒學褒柴中行以恬退用趙蕃劉宰至忠亮敢言如陳宓徐僑皆未蒙錄用上問廉吏德秀以知袁州趙筱夫對親擢筱夫直祕閣爲監司具手劄入謝因言崔與之帥蜀楊長孺帥閩皆有廉聲乞廣加咨訪上初御清暑殿德秀因經筵侍上進曰此高孝二祖儲神燕閒之地仰瞻楹桷當如二祖實臨其上陛下所居處密邇東朝未敢遽當人主之奉今宮闈之義浸備以一心而受衆攻未有不浸淫而蠹蝕者惟學可以明此心惟敬可以存此心惟親君子可以維持此心因極陳古者居喪之法與先帝視朝之勤寧宗小祥詔羣臣服純吉德秀爭之曰自漢文帝率情變古惟我孝宗方衰服三年朝衣朝冠皆以大布惜當時不併定臣下執喪之禮此千載無窮之憾孝宗崩從臣羅點等議令羣臣易月之後未釋衰服惟朝會治事權用黑帶公服時序仍臨慰至大祥始除侂胄枋政始以小祥從吉且帶不以金鞓不以紅佩不以魚鞍韉不以文繡此於羣臣何損朝儀何傷議遂格德秀屢進鯁言上皆虛心開納而彌遠益嚴憚之乃謀所以相撼畏公議未敢發給事中王塈盛章始駁德秀所主濟王贈典繼而殿中侍御史莫澤劾之遂以煥章閣待制提舉玉隆宮諫議大夫朱端常又劾之落職罷祠監察御史梁成大又劾之請加竄殛上曰仲尼不爲已甚乃止既歸修讀書記語門人曰此人君爲治之門如有用我者執此以往汀寇起德秀薦陳韡有文武才于常平使者史彌忠言于朝遂起韡討平之紹定四年改職與祠五年進徽猷閣知泉州迎者塞路深村百歲老人亦扶杖而出城中歡聲動地諸邑二稅嘗預借至六七年德秀入境首禁預借諸邑有累月不解一錢者郡計赤立不可爲或咎寬恤太驟德秀謂民困如此寧身代其苦決訟自卯至申未已或勸嗇養精神德秀謂郡弊無力惠民僅有政平訟理事當勉建炎初置南外宗政司于泉公族僅三百人漕司與本州給之而朝廷歲助度牒已而不復給而增至二千三百餘人郡坐是愈不可爲德秀請于朝詔給度牒百道彌遠薨上親政以顯謨閣待制知福州戒所部無濫刑橫歛無狗私鬻貨罷市令司曰物同則價同寧有公私之異閩縣里正苦督賦革之屬縣苦貴糴便宜發常平賑之海寇縱橫次第禽殄之未幾聞金滅京湖帥奉露布圖上八陵而江淮有進取潼關黃河之議德秀以爲憂上封事曰移江淮甲兵以守無用之空城運江淮金穀以治不耕之廢壤富庶之效未期根本之弊立見惟陛下審之重之召爲戶部尚書入見上迎謂曰卿去國十年每切思賢乃以大學衍義進復陳祈天永命之說謂敬者德之聚儀狄之酒南威之色盤遊弋射之娛禽獸狗馬之玩有一于茲皆足害敬上欣然嘉納改翰林學士知制誥時政多所論建踰年知貢舉已得疾拜參知政事同編脩勅令經武要畧三乞祠祿上不得已進資政殿學士提舉萬壽觀兼侍讀辭疾亟冠帶起坐迄謝事猶神爽不亂遺表聞上震悼輟視朝贈銀青光祿大夫德秀長身廣額容貌如玉望之者無不以公輔期之立朝不滿十年奏疏無慮數十萬言皆切當世要務直聲震朝廷四方人士誦其文想見其風采及宦遊所至惠政深洽不愧其言由是中外交頌都城人時驚傳傾洞奔擁出關曰眞直院至矣果至則又塡塞聚觀不置時相益以此忌之輒擯不用而聲愈彰及歸朝適鄭清之挑敵兵民死者數十萬中外大耗尤世道升降治亂之機而德秀則既衰矣杜範方攻清之誤國且謂其貪黷更甚於前而德秀乃奏言此皆前權臣玩愒之罪今日措置之失譬如和扁繼庸醫之後一藥之誤代爲庸醫受責其議論與範不同如此然自侂胄立僞學之名以錮善類凡近世大儒之書皆顯禁以絕之德秀晚出獨慨然以斯文自任講習而服行之黨禁既開而正學遂明于天下後世多其力也所著西山甲乙藳對越甲乙集經筵講義端平廟議翰林詞草四六獻忠集江東救荒錄清源雜志星沙集志既薨上思之不置謚曰文忠

魏了翁字華父邛州蒲江人年數歲從諸兄入學儼如成人少長英悟絕出日誦千餘言過目不再覽鄉里稱爲神童年十五著韓愈論抑揚頓挫有作者風慶元五年登進士第時方諱言道學了翁策及之授僉書劍南西川節度判官廳公事盡心職業嘉泰二年召爲國子正明年改武學博士開禧元年召試學士院韓侂胄用事謀開邊以自固徧國中憂駭而不敢言了翁乃言國家紀綱不立國是不定風俗苟偷邊備廢弛財用凋耗人才衰弱而道路籍籍皆謂將有北伐之舉人情恟恟憂疑錯出金地廣勢強未可卒圖求其在我未見可以勝人之實盍亦急於內脩姑逭外攘不然舉天下而試於一擲宗社存亡係焉不可忽也策出衆大驚改秘書省正字御史徐柟卽劾了翁對策狂妄獨侂胄持不可而止明年遷校書郎以親老乞補外乃知嘉定府行次江陵蜀大將吳曦以四川叛了翁策其必敗又明年曦誅蜀平了翁奉親還里侂胄亦以誤國誅朝廷收召諸賢了翁預焉會史彌遠入相專國事了翁察其所爲力辭召命丁生父憂解官心喪築室白鶴山下以所聞於輔廣李燔者開門授徒士爭負笈從之由是蜀人盡知

義理之學差知漢州漢號爲繁劇了翁以化善俗爲治首蠲積逋二十餘萬除科抑賣酒之弊嚴戶婚交訐之禁復爲文諭以厚倫止訟其民敬奉條敎不敢犯會境內橋壞民有壓死者部使者以聞詔降官一秩主管建寧府武夷山冲佑觀未數月復元官知眉州眉雖爲文物之邦然其俗習法令持吏短長故號難治聞了翁至爭試以事乃尊禮耆者簡拔俊秀朔望詣學宮親爲講說誘掖指授行鄉飲酒禮以示敎化增貢士員以振文風復蟇頤堰築江鄉館利民之事知無不爲士論大服俗爲之變治行彰聞嘉定四年擢潼川路提點刑獄公事八年兼提舉常平等事遷轉運判官戢吏姦詢民瘼舉刺不避權右風采肅然上疏乞與周惇頤張載程顥程頤錫爵定謚示學者趣向朝論韙之如其請遂寧闕守了翁行郡事卽具奏乞脩城郭備不虞廷議靳其費了翁增埤浚隍如待敵至者後一年潰卒攻掠郡縣知其有備不敢逞人始服豫防之意十年遷直秘閣知瀘州主管潼川路安撫司公事丁母憂免喪差知潼川府約己裕民厥績大著若游似吳泳牟子才皆蜀名士造門受業十五年被召入對疏二千餘言首論人與天地一本必與天地相似而後可以無曠天位并及人才風俗五事明白切暢又論郡邑强幹弱枝之弊所宜變通蓋自了翁去國十有七年矣至是上迎勞優渥嘉納其言進兵部郎中俄改司封郎中兼國史院編脩官轉對論江淮襄蜀當分爲四重鎭擇人以任虛心以聽假以事權資以才用爲聯絡守御之計次論蜀邊墾田及實錄闕文等事皆下其章中書十六年爲省試參詳官遷太常少卿兼侍立脩注官十七年遷秘書監尋以起居舍人再辭而後就列入奏極言事變倚伏人心向背疆場安危鄰寇動靜其幾有五謂宜察時幾而共天命尊道揆而嚴法守集思廣益汲汲圖之不猶愈於坐觀事會而聽其勢之所趨乎又論士大夫風俗之弊謂君臣上下同心一德而後平居有所補益緩急有所倚仗如人自爲謀則天下之患有不可終窮者今則面從而腹誹習諛而踵陋臣實懼焉盍亦察人心之邪正推世變之倚伏開拓規模收拾人物庶幾臨事無乏人之歎其言剴切無所忌避而時相始不樂矣寧宗崩理宗自宗室入卽位時事忽異了翁積憂成疾三疏求閒不得請遷起居郎明年改元寶慶雷發非時上有朕心終夕不安之語了翁入對卽論人主之心義理所安是之謂天非此心之外別有所謂天地神明也陛下盍卽不安而求之對天地事父母見羣臣親講讀皆隨事反求則大本立而無事不可爲矣又論講學不明風俗浮淺立朝無犯顏敢諫之忠臨難無仗節死義之勇願敷求碩儒丕闡正學圖爲久安長治之計又請申命大臣於除授之際公聽並觀然後實意所孚善類皆出矣屬濟王竑削以死有司顧望治葬弗虔了翁每見上請厚倫紀以弭人言應詔言事者十餘人朝士惟了翁與洪咨夔胡夢昱張忠恕所言能引義劘上最爲切至而了翁亦以疾求去右正言李知孝劾夢昱竄嶺南了翁出關餞別遂指了翁首倡異論將擊之彌遠猶外示優容俄權尚書工部侍郞了翁力以疾辭乃以集英殿脩撰知常德府越二日諫議大夫朱端常遂劾了翁欺世盜名朋邪謗國詔降三官靖州居住初了翁再入朝彌遠欲引以自助了翁正色不撓未嘗私謁故三年之間循格序遷未嘗處以要地了翁至靖湖湘江浙之士不遠千里負書從學乃著九經要義百卷訂定精密先儒所未有紹定四年復職主管建寧府武夷山冲佑觀五年改差提舉江州太平興國宮尋知遂寧府辭不拜進寶章閣待制潼州路安撫使知瀘州瀘大藩控制邊面二千里而武備不脩城郭不治了翁乃奏葺其城樓櫓雉堞增置器械敎習牌手申嚴軍律興學校蠲宿負復社倉刱義塚建養濟院居數月百廢具舉彌遠薨上親庶政進華文閣待制賜金帶因其任了翁念國家權臣相繼內擅國柄外變風俗綱常淪斁法度墮弛貪濁在位舉事弊蠹不可滌濯遂應詔上章論十弊乞復舊典以彰新化一曰復三省之典以重六卿二曰復二府之典以集衆議三曰復都堂之典以重省府四曰復侍從之典以來忠告五曰復經筵之典以熙聖學六曰復臺諫之典以公黜陟七曰復制誥之典以謹命令八曰復聽言之典以通下情九曰復三衙之典以彊主威十曰復制閫之典以黜私意疏列萬言先引故實次陳時弊分別利害粲若白黑上讀之感動卽於經筵舉之成誦其後舊典皆復其初臣庶封章多乞召還了翁及眞德秀上因民望而並招之用了翁權禮部尚書兼直學士院入封首乞明君子小人之辨以爲進退人物之本以杜姦邪窺伺之端次論故相十失猶存又及脩身齊家選宗賢建內小學等皆切於上躬者他如和議不可信北軍不可保軍實財用不可恃凡十餘端復口奏利害晝漏下四十刻而退兼同脩國史兼侍讀俄兼吏部尚書經帷進讀上必改容以聽詢察政事訪問人才復條丁事以獻皆苦心空臆直述事情言人所難上悉嘉納且手詔獎諭又奏乞收還保全彌遠家御筆乞定趙汝愚配享寧廟乞趣崔與之參預政事乞定履畝之命以寬民力乞詔從臣集議以救楮弊乞儲閫才以備緩急又因進故事如儲人才凝國論如力圖自治之策如下罪己之詔如分別襄黃二帥是非如究見黃陂叛卒利害如分任諸帥區處降附還朝六閱月前後二十餘奏皆當時急務上將引以共政而忌者相與合謀排擯而不能安於朝矣執政遂謂近臣惟了翁知兵體國乃以端明殿學士同僉書樞密院事督視京湖軍馬會江淮督府曾從龍以憂畏卒併以江淮付了翁朝論大駭以爲不可三學亦上書爭之適邊警沓至上心焦勞了翁嫌於避事旣五辭弗獲遂受命開府宣押同二府奏事上勉勞尤至尋兼提舉編脩武經要略恩數同執政進封臨卭郡開國侯又賜便宜詔書如張浚故事朝辭面賜御書唐人嚴武詩及鶴山書院四大字仍賜金帶鞍馬詔宰臣飲餞于關外乃酌上下流之中開幕府江州申儆將帥調遣援師褒死事之臣黜退懦之將奏邊防十事甫二旬召爲僉書樞密院事赴闕奏事時以疾力辭不拜蓋在朝諸人始謀假此命以出了翁旣出則復以建督爲非雖恩禮赫奕而督府奏陳動相牽制故遽召還前後皆非上意也尋改資政殿學士湖南安撫使知潭州復力辭詔提舉臨安府洞霄宮未幾改知紹興府浙東安撫使嘉熙元年改知福州福建安撫使累章乞骸骨詔不允疾革復上疏門人問疾者猶衣冠相與酬荅且曰吾平生處已澹然無營復語蜀兵亂事蹙額久之口授遺奏少焉拱手而逝後十日詔以資政殿大學士通奉大夫致仕遺表聞上震悼輟視朝歎惜有用才不盡之恨詔贈太師謚文靖賜第宅蘇州累贈秦國公所著有鶴山集九經要義周易集義易舉隅周禮井田圖說古今考經史雜抄師友雅言

廖德明字子晦南劍人少學釋氏及得龜山楊時書讀之大悟遂受業朱熹登乾道中進士第知莆田縣民有奉滛祠者罪之沉像于江會有顯者欲取邑地廣其居德明不可守會僚屬諭之德明曰太守天子守土之臣未聞以土地與人者守乃慙服累官知潯州有聲諸司且交薦之德明曰今老矣况以道徇人乎固辭不受選廣東提舉刑獄彈劾不避權要歲當薦士朝貴多以書託之德明曰此國家公器也悉不啓封還之有鄉人爲主簿德明聞其能薦之會德明行縣簿感其知已置酒延之悉假富人觴豆甚盛德明怒曰一主簿乃若是侈耶必貪也於是追還薦章其公嚴類此時盜陷桂陽迫韶韶人懼德明燕笑自如遣將馳擊而親持小麾督戰大敗之乃分戍守遠斥堠明審賞罰宣布威信韶晏然如平時從知廣州遷吏部左選郎官奉祠卒德明初爲潯州敎授爲學者講明聖賢心學之要手植三栢于學潯士愛敬之如甘棠在南粵時立師悟堂刻朱熹家禮及程氏諸書公餘延僚屬及諸生親爲講說遠近化之嘗語人以仕學之要曰德明自始仕以至爲郡惟用三代直道而行一句而已有槎溪集行于世

宋史卷四百三十八

元 中書右丞相總裁脫脫等修

列傳第一百九十七

儒林八

湯漢　何基　王柏　徐夢莘（弟得之 從子天麟附）
李心傳　葉味道　王應麟　黃震

湯漢字伯紀饒州安仁人與其兄千巾中皆知名當時柴中行見而奇之眞德秀在潭致漢爲賓客嘗造趙汝談汝談曰第一流也江東提刑趙汝騰薦漢於朝詔免解差充象山書院堂長赴禮部別院試正奏名授上饒縣主簿江東轉運使趙希塈言漢今海內知名士也豈得吏之州縣哉詔衛兩資差信州敎授兼象山書院長淳祐十二年差克史館校勘改國史實錄院校勘會大水上封事曰君心敬肆之分實上天喜怒之由一念之敬上帝臨汝祥風慶雲所從出也一念之肆上帝震怒妖祲陰沴所從生也火災應詔上封事曰臣聞任天下之大立心不可不公守天下之重持心不可不敬陛下膺皇天之眷命受祖宗之寶圖則不當懷私恩爲天下共主爲億兆寄命則不當隆私親大臣邇臣服休服采皆陛下所倚仗也則不當信私人三省密院者陛下之朝廷發號布政所從出也則不當有私令四海九州土宇版章皆陛下之倉廩府庫也則不當殖私財陛下於皇天祖宗之德弗永念而報荅私恩於羣黎百姓之疾苦弗深恤而富貴私親公卿在廷其信任不若近習之篤中書造命其除行不若內批之專則陛下之立心旣未能盡合乎天下之公矣往者陛下上畏天戒下恤人言內則拘制於權臣外則恐怯於彊敵敬心旣不敢盡弛則私意亦未得盡行比年以來天戒人言旣以玩熟而貪濁柄國黷貨無厭彼旣將恣行其私則不得不縱陛下之所欲爲於是前日之敬畏盡忘而一念之私始

四出而不可禦矣姑以近事跡之定策之碑忽從中出鄉未欲親其文也貴戚子弟參錯中外鄉不如是之放也土木之禍展轉流毒訟牒細故胥吏賤人皆得籍搴璫之勢徹清都之邃鄉不如是之熾也御筆之出上則廢朝令下則侵有司鄉不如是之多也賄賂之通書致之操鄉不如是其章也故凡陛下之所以未能任太守重而至於召怨宿禍者始於立心之未公成於持心之不敬私以爲主而肆以行之此所以感動天地而水火之災捷出於數月之內也陛下得不亟爲治亂持危之計而可復以常日玩易之心處之乎授太學博士轉對言太祖之天下壞其半者蔡京王黼也高宗之天下壞其半者鄭清之也又曰苟有志焉則其紀綱必先正其根本必先彊其藩籬必先固夫然後心廣體胖泮渙而優游其樂無極矣舍此不務而徒以九重之深一笑之適以爲樂樂極而思之吾有朝廷而不能治也吾有黎民而無與保之也起視四境而外侮又至矣雖有鄭衛之音燕趙之色建章之麗瓊林之積亦獨何樂哉召試館職遷祕書省校書郎皇太子冠差克太常博士引賓贊受命進冠箴詔令太子拜謝升祕書郎轉對極言邊事以爲今日扶危救亂無復他策在乎人主清心無欲盡用天下之財力以治兵大臣公心無我盡用天下之人才以彌本底幾尚有以亡爲存之理耳提舉福建常平劾福州守史嵓之泉州守謝埴召爲禮部郎官兼太子侍讀尋以直華文閣福建運判改知寧國府遷提舉江西常平兼知吉州移江東運判知隆興府召爲尚左郎官兼太子侍讀兼玉牒所檢討官入奏願陛下端本澄源虛己盡下恢大公之道開不諱之門使朝廷之上光明洞達而無邪孽之根以撓其正四海之內歡欣交通而無怨戾之氣以奸其和臣之忠愛莫切於此遷太府少卿升兼太子諭德改祕書少監疏論比年董宋臣聲焰薰灼其力能去臺諫排大臣結連兇渠惡德參會以致兵戈相尋之禍陛下灼見其故斥而遠之臣意其影滅而跡絕矣豈料夫陰消而再凝冰解而驟合既得自便卽圖復用以其罪戾之餘一旦復使之出入壼奥之中給事宗廟之內此其重干神人之怒再基禍亂之源上下皇惑大小切齒而陛下方爲之辨明大臣方與之和解臣竊重傷此過計也自古小人復出其害必慘將逞其憤怨嘯其儔伍顚倒宇宙陛下之威神有時而不得以自行甚可畏也乞休致擢太常少卿太子以書勉留求補外以祕閣修撰知福州福建安撫改知隆興府度宗卽位召奏事授太常少卿兼國史院編修官實錄院檢討官遷起居郞兼侍讀入奏言願陛下持一敬心以正百度則追養繼孝所以報先帝者必益致其隆先意承志所以事太母者必益致其謹其愛身也必不以物欲撓其和平其正家也必不以私昵墮其法度政事必出於朝廷而預防於多門人才必由於明揚而深杜於邪徑兼權中書舍人權兵部侍郞升兼同修國史實錄院同修撰兼直學士累請致仕授華文閣待制知寧國府賜金帶久之又召爲刑部侍郞兼侍讀以龍圖閣待制知福州福建安撫使改知太平州權工部尚書兼侍讀以顯文閣直學士提舉玉隆宮進華文閣學士以端明殿學士致仕卒年七十一特贈正奉大夫謚文清漢介潔有守恬於進取有文集六十卷

何基字子恭婺州金華人父伯熭爲臨州縣丞而黃榦適知其縣事伯熭見二子而師事焉榦告以必有眞實心地刻苦工夫而後可基悚惕受命於是隨事誘掖得聞淵源之懿微辭奥義研精覃思平心易氣以俟其通未嘗參以己意立異以爲高徇人而少變也凡所讀無不加標點義顯意明有不待論說而自見者朱熹門人楊與立一見推服來學者衆嘗謂爲學立志貴堅規模貴大克踐服行死而後已讀詩之法須掃蕩胸次淨盡然後吟哦上下諷詠從容使人感發方爲有功謂以洪範參之大學中庸有不約而符者謂讀易者當盡去其膠固支離之見以潔淨其心玩精微之理沉潛涵泳得其根源乃可漸觀爻象蓋其確守師訓故能精義造約王柏旣執贄爲弟子基謙抑不以師道自尊柏高明絕識序正諸經弘論英辨質問難疑或一事至十往返基終不變以待其定嘗曰治經當謹守精玩不必多起疑論有欲爲後學言者謹之又謹可也基淳固篤實絕類漢儒雖一本於熹然就其言發明則精義新意愈出不窮基文集三十卷而與柏問辨者十八卷郡守趙汝騰守婺延聘請講辭不就復首薦於朝又率名從官列薦通判鄭士懿守蔡抗楊棟相繼以請皆辭景定五年詔擧賢特薦基與建人徐幾同被命添差婺州學教授兼麗澤書院山長力辭未竟理宗崩咸淳初授史館校勘兼崇政殿說書屢辭改承務郞主管西岳廟終亦不受也卒年八十一國子祭酒楊文仲請於朝謚文定所著大學發揮中庸發揮大傳發揮易啓蒙發揮通書發揮近思錄發揮

王柏字會之婺川金華人大父崇政殿說書師愈從楊時受易論語旣又從朱熹張栻呂祖謙游父瀚朝奉郞主管建昌軍仙都觀兄弟皆及熹祖謙之門柏少慕諸葛亮爲人自號長嘯年踰三十始知家學之原捐去俗學勇於求道與其友汪開之著論語通旨至居處恭執事敬惕然歎曰長嘯非聖門持敬之道亟更以魯齋從熹門人游或語以何基嘗從黃榦得熹之傳卽往從之授以立志居敬之旨且作魯齋箴勉之質實堅苦有疑必從基質之於論語大學中庸孟子通鑑綱目標注點校尤爲精密作敬齋箴圖夙興見廟治家嚴飭當暑閉閤靜坐子弟白事非衣冠不見也少孤事其伯兄甚恭季弟蚤喪撫其孤又割田子之收合宗族周恤扶持之開之沒家貧爲之歛且葬焉來學者衆其敎必先之以大學蔡抗楊棟相繼守婺趙景緯守台聘爲麗澤上蔡兩書院師鄉之耆德皆執弟子禮理宗崩率諸生製服臨於郡柏之言曰伏羲則河圖以畫八卦文王推八卦以合河圖者先天後天之宗祖也河圖是逐位奇偶之交後天是統體奇偶之交惟四生數不動以四成數而下上之上偶下奇莫匪自然又曰大禹得洛書而列九疇箕子得九疇而傳洪範範圍之數不期而暗合洪範者經傳之宗祖乎初一曰五行以下六十五字爲洪範五皇極以下六十四字爲皇極經此帝王相傳之大訓非箕子之言也又曰今詩三百五篇豈盡定於夫子之手所删之詩容或有存於閭巷浮薄之口漢儒取於補亡乃定二南各十有一篇兩兩相配退何彼穠矣甘棠歸之王風削去野有死麕黜鄭衛淫奔之詩又作春秋發揮又曰大學致知格物章未嘗亡還知止章於聽訟之上謂中庸古有二篇誠明可爲綱不可爲目定中庸誠明各十一章其卓識獨見多此類也其卒整衣冠端坐揮婦人勿近國子祭酒楊文仲請於朝謚曰文憲所著有讀易記涵古易說大象衍義涵古圖書讀書記書疑詩辨說讀春秋記論語衍義太極衍義伊洛精義研幾圖魯經章句論語通旨孟子通旨書附傳左氏正傳續國語闡學之書文章復古文章續古濂洛文統擬道志朱子指要詩可言天文考地理考墨林考大爾雅六義字原正始之音帝王歷數江右淵源伊洛精義雜志周子發遺三昧文章指南朝華集紫陽詩類家乘文集

徐夢莘字商老臨江人幼慧耽嗜經史下至稗官小說寓目成誦紹興二十四年擧進士歷官爲南安軍教授改知湘陰縣會湖南帥括田號增耕稅他邑奉令惟謹夢莘獨謂邑無新田租稅無從出帥恚其私於民欲從簿書間擿摭其過終莫能得由是反器重之尋主管廣西轉運司文字時朝廷議易二廣鹽法遣廣西安撫司幹官胡廷直與東西漕臣集議於境夢莘從行謂廣西阻山止當仍官般法則害不及民廣東諸郡並江或可容客販未宜遽以二廣槩行議與廷直不合廷直竟遂其說以客販變法得爲轉運使夢莘旣知賓州猶以前議爲梗法罷去不三年二廣商賈毀業民苦無鹽復從官般法矣夢莘恬於榮進每念生於靖康之亂四歲而江西阻訌母襁負亡去得免思究見顚末乃網羅舊聞會稡同異爲三朝北盟會編三百五十卷自政和七年海上之盟訖紹興三十一年完顏亮之斃上下四十五年凡曰敕曰制誥詔國書書疏奏議記序碑志登載靡遺帝聞而嘉之擢直祕閣夢莘平生多所著有集補有會錄有讀書記志有集醫錄有集仙錄皆以儒學冠之其嗜學博文蓋孜孜焉死而後已者開禧元年秋八月卒年八十二夢莘弟得之從子天麟得之字思叔淳熙十年擧進士部使者以廉吏薦以通直郞致仕安貧樂分不貪不躁著左氏國紀史記年紀作具敝篋筆畧鼓吹詞郴江志天麟字仲祥開禧元年進士調撫州教授歷湖廣總領所幹辦公事臨安府教授浙西提擧常平司幹官主管禮兵部架閣宗學諭武學博士輪對言人主當持心以敬奉祠仙都觀通判惠潭二州權英德府權發遣廣西轉運判官所至興學明教有惠政著西漢會要七十卷東漢會要四十卷漢兵本末一卷西漢地理疏六卷山經三十卷旣謝官作亭蕭灘之上畫嚴子陵像而事之

李心傳字微之宗正寺簿舜臣之子也慶元元年薦於鄉旣下第絕意不復應擧閉戶著書晚因崔與之許奕魏了翁等合前後二十三人之薦自制置司敎遣至闕下爲史館校勘賜進士出身專修中興四朝帝紀甫成其三因言者罷添差通判成都府尋遷著作佐郞兼四川制置司參議官詔無入議幕許辟官置局踵修十三朝會要端平三年成書召赴闕爲工部侍郞言臣聞大兵之後必有凶年蓋其殺戮之多賦歛之重使斯民怨怒之氣上干陰陽之和至於此極也陛下所宜與諸大臣掃除亂政與民更始以爲消惡還迎善祥之計而法弊未嘗更張民勞不加振德旣無能改於其舊而殆有甚焉故帝德未至於罔愆朝綱或苦於多紊廉平之吏所在鮮見而貪利無恥敢於爲惡之人挾敵興兵四面而起以求逞其所欲如此而望五福來備百穀用成是

緣木而求魚也臣考致旱之由曰和糴增多而民怨曰流散無所歸而民怨曰檢稅不盡實而民怨曰籍貲不以罪而民怨凡此皆起於大兵之後而勢未有以消之故愈積而愈極也成湯聖主也而桑林之禱猶以六事自責陛下願治七年於此災祥饑饉史不絕書其故何哉朝令夕改靡有常規則政不節矣行齎居送畧無罷日則使民疾矣陪都園廟工作甚殷則土木營矣潛邸女冠聲焰茲熾則女謁盛矣珍玩之獻罕聞郤絕則包苴行矣鯁切之言類多厭棄則讒夫昌矣此六事者一或有焉猶足以致旱願亟降罪己之詔修六事以回天心羣臣之中有獻聚斂剽竊之論以求進者必重黜之俾不得以上誣聖德則旱雖烈猶可弭也然民怨於內敵逼於外事窮勢迫何所不至陛下雖謀臣如雲猛將如雨亦不知所以爲策矣帝從之未幾復以言去奉祠居潮州淳祐元年罷祠復予又罷三年致仕卒年七十有八心傳有史才通故實然其作吳獵項安世傳褒貶有愧秉筆之旨蓋其志常重川蜀而薄東南之士云所著成書有高宗繫年錄二百卷學易編五卷誦詩訓五卷春秋考十三卷禮辨二十三卷讀史考十二卷舊聞證誤十五卷朝野雜記四十卷道命錄五卷西陲泰定錄九十卷辨南遷錄一卷詩文一百卷

葉味道初諱賀孫以字行更字知道溫州人少刻志好古學師事朱熹試禮部第一時僞學禁行味道對學制策率本程頤無所避知舉胡紘見而黜之曰此必僞徒也既下第復從熹於武夷山中學禁開登嘉定十三年進士第調鄂州教授理宗訪問熹之徒及所著書部使者遂以味道行薦聞差主管三省架閣文字遷宗學諭輪對言人主之務學天下之福也必堅志氣以守所學謹幾微以驗所學正綱常以勵所學用忠言以克所學至若口奏則又述帝王傳心之要與四代作歌作銘之旨其終有曰言宣則力減文勝則意虛從臣有薦味道可爲講官乃授太學博士兼崇政殿說書故事說書之職止於通鑑而不及經味道請先說論語詔從之帝忽問鬼神之理疑伯有之事涉於誕味道對曰陰陽二氣之散聚雖天地不能易有死而猶不散者其常也有不得其死而鬱結不散者其變也故聖人設爲宗祧以別親疏遠邇正所以斂民親愛參贊化育今伯有得罪而死其氣不散爲妖爲厲使國人上下爲之不寧於是爲之立子洩以奉其後則庶乎鬼有所知而神莫不寧矣蓋諷皇子竑事也三京用師廷臣邊閫交進機會之說味道進議狀以爲開邊浸闊應援倍難科配日繁餽餉日廹民一不堪命龐勛黃巢之禍立見是先搖其本無益於外也經筵奏事無日不申言之而洛師尋以敗聞於是人謂味道見微慮遠味道所奏陳無一言不關導引翼求切於君身旁引折旋推致於治道遷祕書著作佐郎而卒訃聞帝震悼出內帑銀帛賻其喪升一官以任其後故事所未有也所著四書說大學講義祭法宗廟廟享郊社外傳經筵口奏故事講義

王應麟字伯厚慶元府人九歲通六經淳祐元年舉進士從王埜受學調西安主簿民以年少易視之輸賦後時應麟白郡守繩以法遂立辦諸校欲爲亂知縣事翁甫倉皇計不知所出應麟以禮諭服之差監平江百萬東倉調浙西提舉常平茶鹽主管帳司部使者鄭霖異待之丁父憂服除調揚州教授初應麟登第言曰今之事舉子業者沽名譽得則一切委棄制度典故漫不省非國家所望於通儒於是閉門發憤誓以博學宏辭科自見假館閣書讀之寶祐四年中是科應麟與弟應鳳同日生開慶元年亦中是科詔襃諭之添差浙西安撫司幹辦公事帝御集英殿策士召應麟覆考考第既上帝欲易第七卷寘其首應麟讀之乃頓首曰是卷古誼若龜鏡忠肝如鐵石臣敢爲得士賀遂以第七卷爲首選及唱名乃文天祥也遷主管三省樞密院架閣文字遷國子錄進武學博士疏言陛下閱理多願治久當事勢之艱輿圖蹙於外患人才乏而民力殫宜強爲善增修德無自沮怠恢弘士氣下情畢達操綱紀而明委任謹左右而防壅蔽求哲人以輔後嗣既對帝問其父名曰爾父以陳善爲忠可謂繼美丁大全欲致應麟不可得遷太常寺主簿面對言淮戍方警蜀道孔艱海表上流皆有藩籬唇齒之憂軍功未集而吝賞民力既困而重斂非修攘計也陛下勿以宴安自逸勿以容悅之言自寬帝愀然曰邊事甚可憂應麟言無事深憂臨事不懼願汲汲預防毋爲壅蔽所欺時大全諱言邊事於是應麟罷未幾大全敗起應麟通判台州召爲太常博士擢祕書郎俄兼沂靖惠王府教授彗星見應詔極論執政侍從臺諫之罪積私財行公田之害又言應天變莫先回人心回人心莫先受直言箝天下之口沮直臣之氣如應天何時直言者多迕權臣意故應麟及之遷著作佐郎度宗卽位攝禮部郎官草百官表舊制請聽政四表已上一夕入臨宰臣諭旨增撰三表應麟操筆立就丞相總護還辭位表三道使者立以俟應麟從容授之丞相驚服卽授兼禮部郎官兼直學士院馬廷鸞知貢舉詔應麟兼權直俄兼崇政殿說書遷著作郎守軍器少監經筵値人日雪帝問有何故事應麟以唐李嶠李乂等應制詩對因奏春雪過多民生飢寒方寸仁愛宜謹感召遷將作監帝視朝謂應麟曰爲學要灼見古人之心應麟對曰嚴恭寅畏不敢怠皇克勤克儉無自縱逸強以馭下制事以斷此古人之心然操舍易忽於耿綿蕞業每忘於游衍帝嘉納之既而轉對言人君防未萌之欲存不已之誠擢兼侍立修注官升權直學士院遷祕書少監兼侍講上疏論市舶不報會賈似道拜平章事葉夢鼎江萬里各求去似道亦求去應麟奏孝宗朝闕相者亦逾年帝亟取以諭之似道聞應麟言大惡之語包恢曰我去朝士若王伯厚者多矣但此人素著文學名不欲使天下謂我棄士彼盍思少自貶以告應麟笑曰迕相之患小負君之罪大遷起居舍人兼權中書舍人冬雷應麟言十月之雷惟東漢數見命令不專姦衮並進卑踰尊外陵內之象當清天君謹天命體天德以回天心守成必法祖宗御治必總威福似道聞之斥逐之意決矣應麟牒閤門直前奏對謂用人莫先察君子小人方袖疏待班臺臣亟疏駁之由是二史直前之制遂廢以祕閣修撰主管崇禧觀久之起知徽州其父撝嘗守是郡父老皆曰此清白太守子也摧豪右省租賦民大悅召爲祕書監權中書舍人力辭不許兼國史編修實錄檢討兼侍講遷起居郎兼權吏部侍郎指陳成敗逆順之說且曰國家所恃者大江襄樊其喉舌議不容緩朝廷方從容如常時事幾一失豈能自安朝臣無以邊事言者帝不懌似道復謀斥逐應麟以母憂去及似道潰師江上授中書舍人兼直學士院卽引疏陳十事急征討明政刑厲廉恥通下情求將材練軍實備糧餉舉實材擇牧守防海道其目也且言圖大患者必畧細故求實效者必去虛文因請集諸路勤王之師有能率先而至者宜厚賞以作勇敢之氣并力進戰惟能戰斯可守進兼同修國史實錄院同修撰兼侍讀遷禮部侍郎兼中書舍人日食應詔論答天戒五事陳備禦十策皆不及用尋轉尚書兼給事中左丞相留夢炎用徐囊爲御史擢江西制置使黃萬石等應麟繳奏曰囊與夢炎同鄉有私人之嫌萬石麤戾無學南昌失守誤國罪大今方欲引以自助善類爲所搏噬者必攜持而去吳浚貪墨輕躁豈宜用之況夢炎舛令慢諫讜言弗敢告今之賣降者多其任用之士疏再上不報出關俟命再奏曰因危急而紊紀綱以偏見而咈公議臣封駁不行與大臣異論勢不當留疏入又不報遂東歸詔中使譚純德以翰林學士召識者以爲奪其要路寵以清秩非所以待賢者應麟亦力辭後二十年卒所著有深寧集一百卷玉堂類藁二十三卷掖垣類藁二十二卷詩攷五卷詩地理攷五卷漢藝文志攷證十卷通鑑地理攷一百卷通鑑地理通釋十六卷通鑑答問四卷困學紀聞二十卷蒙訓七十卷集解踐阼篇補注急就篇六卷補注王會篇小學紺珠十卷玉海二百卷詞學指南四卷詞學題苑四十卷筆海四十卷姓氏急就篇六卷漢制攷四卷六經天文編六卷小學諷詠四卷

黃震字東發慶元府慈溪人寶祐四年登進士第調吳縣尉吳多豪勢家告私債則以屬尉民多飢凍窘苦死尉卒手震至不受貴家告府檄攝其縣及攝長洲華亭皆有聲浙東提舉常平王華甫辟主管帳司文字時錢庚孫守常朱熠守平江吳君擢守嘉興皆倚嬖倖厲民華甫病革彊起劾罷三人震贊之也沿海制置司辟幹辦提領浙西鹽事不就改辟提領鎭江轉般倉分司公田法行改提領官田所言不便不聽復轉般倉職入爲點校贍軍激賞酒庫所檢察官擢史館檢閱與修寧宗理宗兩朝國史實錄輪對言當時之大弊曰民窮曰兵弱曰財匱曰士大夫無恥乞罷給度僧人道士牒使其徒老死卽消弭之收其田入可以富軍國紓民力時宮中建內道場故首及此帝怒批降三秩卽出國門用諫官言得寢出通判廣德軍初孝宗頒朱熹社倉法於天下而廣德則官置此倉民困於納息至以息爲本而息皆橫取民窮至自經人以爲熹之法不敢議震曰不然法出於堯舜三代聖人猶有變通安有先儒爲法不思捄其弊耶況熹法社倉歸之於民而官不得與官雖不與而終有納息之患震爲別買田六百畝以其租代社倉息約非凶年不貸而貸者不取息郡有祠山廟歲合江淮之民禱祈者數十萬其牲皆用牛郡惡少挾兵刃舞牲迎神爲常鬬爭致犯法其俗又有自嬰桎梏自拷掠以徼福者震見問之乃兵卒責自狀其罪卒曰本無罪震曰爾罪多不敢對人言特告神以免罪耳杖之示衆又其俗有所謂埋藏會者爲坎於庭深廣皆五尺以所祭牛及器皿數百納其中覆以牛革封鎖一夕明發視之失所在震以爲妖而殺牛淫祀非法言之諸司禁絕之郡守賈蕃世以權相從子驕縱不法震數與爭論

是非蓄世積不堪疏震撓政坐解官尋通判紹興府獲海寇僇之撫州饑起震知其州單車疾馳中道約富人耆老集城中毋過某日至則大書閉糶者籍彊糶者斬揭於市坐驛舍署文書不入州治不抑米價價日損親煮粥食餓者請於朝給爵賞旌勞者而後入視州事轉運司下州糴米七萬石震曰民生蹶矣豈宜重困之以沒官田三莊所入應之若補刻六經儀禮修復朱熹祠樹學殊里門曰傳學坊制祭社稷器復風雷祀勸民種麥禁競渡船焚千三百餘艘用其丁鐵籍軍營五百間皆善政也詔增秩遂升提舉常平倉司舊有結關拒逮捕事繫郡獄二十有八年存者十無三四以事關尚書省無敢決其獄者以結關爲作亂也震謂結關猶他郡之結甲也非作亂比況已經數赦於是皆釋之新城與光澤地犬牙相入民夾溪而處歲常忿鬬爭漁會知縣事塞雄爲政擾民因相結拒赳焚掠震乃劾罷雄諭其民散去初常平有慈幼局爲貧而棄子者設久而名存實亡震謂收哺於既棄之後不若先其未棄保全之乃損益舊法凡當免而貧者許里胥請於官贍之棄者許人收養官出粟給所收家成活者衆震論役法先令縣覈民產業不使下戶受抑於上戶大興水利廢陂壞堰及爲豪右所占者復之改提點刑獄決滯獄清民訟赫然如神明有貴家害民震按之貴家怨又彊發富人粟與民富人亦怨御史中丞陳堅以議者言劾震去議者乃怨震者也遂奉雲臺祠賈似道罷相以宗正寺簿召將與俞浙並爲監察御史有內戚畏震直止之而浙亦以直言去移浙東提舉常平鎮安饑民折盜賊萌芽時皇叔大父福王與芮判紹興府遂兼王府長史震奏曰朝廷之制尊卑不同而紀綱不可紊外雖藩王監司得言之今爲其屬豈敢察其非奈何自臣復壞其法固不拜長史命進侍左郎官及宗正少卿皆不拜震嘗告人曰非聖人之書不可觀無益之詩文不作可也居官恒未明視事至立決自奉儉薄人有急難則周之不少吝所著日抄一百卷卒門人私謚曰文潔先生

宋史卷四百三十八考證

王應麟傳假館閣書讀之○臣謙按至正直記應麟每以小册納袖中入祕府凡見書籍異聞則筆錄之復藏袖中而出晚年成困學紀聞

宋史卷四百三十九

元　中書右丞相總裁脫脫等修

列傳第一百九十八

文苑一

宋白　梁周翰　朱昂　趙鄰幾（何承裕附）
鄭起（郭昱 馬應附）　和峴（弟蒙）　馮吉

自古創業垂統之君即其一時之好尚而一代之規橅可以豫知矣藝祖革命首用文吏而奪武臣之權宋之尚文端本乎此太宗眞宗其在藩邸已有好學之名及其即位彌文日增自時厥後子孫相承上之爲人君者無不典學下之爲人臣者自宰相以至令錄無不擢科海內文士彬彬輩出焉國初楊億劉筠猶襲唐人聲律之體柳開穆修志欲變古而力弗逮廬陵歐陽修出以古文倡臨川王安石眉山蘇軾南豐曾鞏起而和之宋文日趨於古矣南渡文氣不及東都豈不足以觀世變歟作文苑傳

宋白字太素大名人年十三善屬文多游鄠杜間嘗館於張瓊家瓊武人賞白有才遇之甚厚白豪俊尚氣節重交友在詞場名稱甚著建隆二年竇儀典貢部擢進士甲科乾德初獻文百軸試拔萃高等解褐授著作佐郎廷賜襲衣犀帶蜀平授玉津縣令開寶中閻丕王洞交薦其才宜預朝列白以親老祈外任連知蒲城衞南二縣太宗潛藩時白嘗贄文有襲衣之賜及即位擢爲左拾遺權知兗州歲餘召還泰山有唐玄宗刻銘白摹本以獻且述承平東人望幸之意預修太祖實錄俄直史館判吏部南曹從征太原判行在御史臺劉繼元降翌日奏平晉頌太宗夜召至行宮褒慰且曰俟還京師當以璽書授職白謝於幄中尋拜中書舍人賜金紫太平興國五年與程羽同知貢舉俄充史館修撰判館事八年復典貢部改集賢殿直學士判院事未幾召入翰林爲學士雍熙中召白與李昉集諸文士纂文苑英華一千卷端拱初加禮部侍郎又知貢舉白凡三掌貢士頗致譏議然所得士如蘇易簡王禹偁胡宿李宗諤輩皆其人也是時命復舊制專委有司白所取二十八人罷退既衆羣議囂然太宗遽召已黜者臨軒覆試連放馬國祥葉齊等八百餘人焉白嘗過何承矩家方陳倡優飲宴有進士趙慶者素無行檢游承矩之門因潛出拜白求爲薦名及掌貢部慶遂獲薦人多指以爲辭又女弟適王沔淳化二年沔罷參知政事時寇準方詆訐求進故沔被出復言白家用黃金器蓋舉人所賂其實白嘗奉詔撰錢惟濬碑得塗金器爾張去華者白同年生也坐尼安道事貶白素與去華厚善遂出爲保大軍節度行軍司馬踰年抗疏自陳有來日苦少去日苦多之語太宗覽而憫之召還爲衞尉卿俄復拜爲禮部侍郎修國史至道初爲翰林學士承旨二年遷戶部侍郎俄兼祕書監眞宗即位改吏部侍郎判昭文館先是白獻擬陸贄牓子集上察其意欲求任用遂命知開封府以試之既而白倦於聽斷求罷任咸平四年擢王欽若馮拯陳堯叟入掌機要以白宿舊拜禮部尚書白學問宏博屬文敏贍然辭意放蕩少法度在內署久頗厭番直草辭疏畧多不愜旨景德二年與梁周翰俱罷拜刑部尚書集賢院學士判院事舊三館學士止五日內殿起居會錢易上言悉令赴外朝白羸老步梗就班足跌未幾抗表引年上以舊臣眷顧未允再上表辭乃以兵部尚書致仕因就宰臣訪問其資產虞其匱乏時白繼母尚無恙上東封白肩輿辭於北苑召對久之進吏部尚書賜帛五十疋大中祥符三年丁內艱五年正月卒年七十七贈左僕射錄其孫懿孫爲將作監主簿孝孫試祕書省校書郎從子唐臣試正字白善談謔不拘小節贍濟親族撫卹孤藐世稱其雍睦聚書數萬卷圖畫亦多奇古者嘗類故事千餘門號建章集唐賢編集遺落者白多纘綴之後進之有文藝者必極意稱奬時彥多宗之如胡旦田錫皆出其門下陳彭年舉進士輕俊喜嘲謗白惡其爲人黜落之彭年憾焉後居近侍爲貢舉條制多所關防蓋爲白設也會有司謚白爲文憲內出密奏言白素無檢操遂改文安有集百卷子憲臣國子博士得臣賜進士及第至太常丞良臣爲太子中舍忠臣殿中丞

梁周翰字元褒鄭州管城人父彥溫廷州馬步軍都校周翰幼好學十歲能屬詞周廣順二年舉進士授虞城主簿辭疾不赴宰相范質王溥以其聞人不當佐外邑改開封府戶曹參軍宋初質溥仍爲相引爲祕書郎直史館時左拾遺知制誥高錫上封議武成王廟配享七十二賢內王僧辨以不令終恐非全德尋詔吏部尚書張昭工部尚書竇儀與錫重銓定功業終始無瑕者方得預焉周翰上言曰臣聞天地以來覆載之內聖賢交騖古今同流校其顛末鮮克具美周公聖人也佐武王定天下輔成王致治平盛德大勳蟠天極地外則淮夷搆難內則管蔡流言疐尾跋胡垂至顛頓偃禾仆木僅得辨明此可謂之盡美哉臣以爲非也孔子聖人也刪詩書定禮樂祖述堯舜憲章文武卒以棲遲去魯奔走厄陳雖試用於定哀曾不容於季孟又嘗履盜跖之虎尾聞南子之珮聲遠辱愼名未見其可此又可謂其盡善者哉臣以爲非也自餘區區後賢瑣瑣立事比於二聖曾何足云而欲責其磨涅不渝始卒如一者臣竊以爲難其人矣昉自唐室崇祀太公原其用意蓋以天下雖大不可去兵域中有爭未能無戰資其佑民之道立乎爲武之宗覲張國威遂進王號貞元之際祀典益修因以歷代武臣陪饗廟貌如文宣釋奠之制有弟子列侍之儀事雖不經義足垂勸況於曩日不乏通賢疑難討論亦云折中今若求其考類別立否臧以羔袖之小疵忘狐裘之大善恐其所選僅有可存只如樂毅廉頗皆奔亡而爲虜韓信彭越悉葅醢而受誅白起則錫劍杜郵伍員則浮尸江澨左車亦僨軍之將孫臏實刑餘之人穰苴則僨卒齊庭吳起則非命楚國周勃稱重有置甲尚方之疑陳平善謀蒙受金諸將之謗亞夫則死於獄吏鄧艾則追於檻車李廣後期而自剄竇嬰樹黨而喪身鄧禹敗於回溪終身無董戎之寄馬援死於蠻徼還尸闕遺奠之儀其餘諸葛亮之儔事偏方之主王景畧之輩佐閏位之君關羽則爲仇國所禽張飛則遭帳下所害凡此名將悉皆人雄苟欲指瑕誰當無累或從澄汰盡可棄捐況其功業穹隆名稱烜赫樵夫牧稚咸所聞知列將通侯竊所思慕若一旦除去神位擯出祠庭吹毛求異代之疵投袂忿古人之惡必使時情頓惑竊議交興景行高山更奚瞻於往躅英魂烈魄將有恨於明時況伏陛下方厲軍威將遏亂畧講求兵法締搆武祠蓋所以勸激戎臣資假陰助忽使長廊虛邈僅有可圖之形中殿前空不見配食之坐似非允當臣竊惑焉深惟事貴得中用資體要若今之可以議古恐來者亦能非今願納臣微忠特追明敕乞下此疏廷議其長不報乾德中獻擬制二十編擢爲右拾遺會修大內上五鳳樓賦人多傳誦之五代以來文體卑弱周翰與高錫柳開范杲習尚淳古齊名友善當時有高梁柳范之稱初太祖嘗識彥溫於軍中石守信亦與彥溫舊故一日太祖語守信將用周翰掌誥守信微露其言周翰遽上表謝太祖怒遂寢其命歷通判綿眉二州在眉州坐杖人至死奪二官起授太子左贊善大夫開寶三年遷右拾遺監綾錦院改左補闕兼知大理正事會將郊祀因上疏曰陛下再郊上帝必覃赦宥臣以天下至大其中有慶澤所未及節文所未該者所宜推而廣之方

今賦稅所入至多加以科變之物名品非一調發供輸不無重困且西蜀淮南荆潭廣桂之地皆以爲王土陛下誠能以三方所得之利減諸道租賦之入則庶乎均德澤而寬民力矣俄坐杖錦工過差爲其所訴太祖甚怒責之曰爾豈不知人之膚血與己無異何乃遽爲酷罰將杖之周翰自言臣負天下才名不當如是太祖乃解止授左司農寺丞逾年爲太子中允太平興國中知蘇州周翰善音律喜蒱博惟以飲戲爲務州有伶官錢氏家數百人日令百人供妓每出必以殺具自隨郡務不治以本官分司西京踰月授左贊善大夫仍分司俄除楚州團練副使雍熙中宰相李昉以其名聞召爲右補闕賜緋魚使江淮提點茶鹽周翰以辭學爲流輩所許頻歷外任不樂吏事會翰林學士宋白等列奏其有史才適同下位遂命兼史館修撰會太宗親試貢士周翰爲考官面賜金紫因語宰相稱其有文尋遷起居舍人五年張佖建議復置左右史之職乃命周翰與李宗諤分領之周翰兼起居郎因上言自今崇德長春殿皇帝宣諭之言侍臣論列之事望依舊中書修爲時政記其樞密院事涉機密亦令本院編纂每至月終送史館自餘百司凡于對拜除改沿革制置之事悉條報本院以備編錄仍令郎與舍人分直崇政殿以記言動別爲起居注每月先進御後降付史館從之起居注進御自周翰等始也周翰蚤有時譽久擯廢及被除擢尤洽時論會考課京朝官有敢隱前犯者皆除名爲民周翰被譴尤多所上有司偶遺一事當免判館楊徽之率三館學士詣相府以爲周翰非故有規避其實所犯頻繁不能悉記於是止罰金百斤先是趙安易建議於西川鑄大鐵錢以一當十周翰上言古者貨幣錢三者兼用若錢少於貨幣即鑄大錢或當百或當五十蓋欲廣其錢而足用爾今不若使蜀民貿易者凡鐵錢一止作一錢用官中市物即以兩錢當一又西川患在少鹽請於益州置榷院入物交易則公私通濟矣至道中遷工部郎中眞宗在儲宮知其名徵之時爲左庶子因令取其所爲文章周翰悉纂以獻上答以書及即位未行慶首擢爲駕部郎中知制誥俄判史館昭文館咸平三年召入翰林爲學士受詔與趙安易同修屬籍唐末喪亂籍譜罕存無所取則周翰刱意爲之頗有倫貫車駕幸澶淵命判留司御史臺周翰懇求扈從從之明年授給事中與宋白俱罷學士大中祥符元年遷工部侍郎踰年被疾卒年八十一眞宗憫之錄其子忠寶爲大理評事給奉終喪周翰性疏雋卞急臨事過於嚴暴故多曠敗晚年才思稍減書詔多不稱旨有集五十卷及續因話錄

朱昂字舉之其先京兆人世家漢陂唐天復末徙家南陽梁祖篡唐父葆光與唐舊臣顏蕘李濤數輩挈家南渡寓潭州每正旦夕至必序立南嶽祠前北望號慟殆二十年後濤北歸葆光樂衡山之勝遂往家焉昂少與熊若谷鄧洵美同學朱遵度好讀書人號之爲朱萬卷目昂爲小萬卷昂嘗閱行經廬陵道遇異人謂之曰中原不久當有眞主平一天下子仕至四品安用南爲遂北游江淮時周世宗南征韓令坤統兵至揚州昂謁見陳治亂方略令坤奇之署權知揚州揚子縣適兵革之際逃亾過半昂便宜綏輯復逋亾者七千餘家令坤即表授本縣令宋初爲衡州錄事參軍嘗讀陶潛閑情賦而慕之因廣其辭曰維稟氣兮清濁獨得意兮虛徐耳何聰兮無瑱衣何散兮無裾務寘懷於得喪寧勤體乎畚畬將使同方姬孔抗跡孫遽精騖廣漠心游大虛傲朝曦兮南榮邀夕飈兮北疏非道之病惟情之舒繇是舍頴懷粹凝和習懿器脩淪兮幽憂德芬馨兮周比井無渫兮泉融珠潛輝兮川媚又何必陋雄之尚玄笑奕之心醉悲墨之素絲歎展之下位苟因時之明揚乃斯文之不墜睇烟景兮飄飄心懸旌兮搖搖感朝榮而夕落嗟響蚤而鳴咽姑藏器以有待因寄物而長謠願在首而爲弁束玄髮而未衰會名器之有得與纓珥兮相宜願在足而爲舄何坎險之羅憂欲效勤於豎亥思追踵於浮丘願在服而爲袂傳繪素而飾躬異化緇之色涅寧拭面而道窮願在目而爲鑑分妍醜於崇朝鶩青陽之難久庶白首以見招願在地而爲簟當暑溽而氷寒伊膚革之尚疚胡痞痳以求安願在觴而爲醴不亂德而溺眞體虛受之爲器革譎性以歸淳願在握而爲劒每輔袵而保裾殊鉛銛之效用比硎刃而有餘願在槖而爲矢美筈羽之斯全疇懋動而錫晉射窮壘而衂燕願在體而爲裘託鍼縷以成功非珍華而取飾將被服而有容願在軒而爲篁貫歲寒而不改挺介節以自持廓虛心而有待人之願兮實繁我之心兮若此蓄爲志兮璞藏發爲文兮霧委既持瑾兮掌瑜復擷蘭兮藝芷始無言兮植杖終俛首兮嗟髀振襟兮自適覩物兮解頤雲無心兮遐舉蘿倚幹兮叢滋想陵谷之變地況玄黃之易絲人可汰而可鍜已不磷而不緇苟一鳴而驚人何五鼎而勿飴已而擁膝淸嘯傾懷自寬樞桑戶蓽兮差樂鳩飛梭躍兮胡難指夜蟾兮爲伍仰疎籟兮邀歡何孫牧而伊耕何巢箕而呂磻滌我慮兮綠綺淸我眠兮琅玕周旋兮有則徙倚兮可觀終卷舒兮自得契休哉於考槃李昉知州事暇日多召語且以文爲贄昉深所嗟賞歷宜城令開寶中拜太子洗馬知蓬州徙廣安軍會渠州妖賊李仙衆萬人刼掠軍界昂設策禽之自餘果合渝涪四州民連結爲妖者置不問蜀民遂安宰相薛居正稱其能遷殿中丞知泗州嘗作隋河辭謂濬決之病民游觀之傷財乃天意之所以亾隋也使隋不興役費財以害其民則安得有今日之利哉嘗聚淮水流屍三千爲塚瘞之有戍卒謀亂昂誅其首惡凡支黨之詿誤者悉貰之就遷監察御史江南轉運副使太平興國二年知鄂州加殿中侍御史爲峽路轉運副使就改庫部員外郎遷轉運使端拱二年以本官直祕閣賜金紫久之出知復州表求謝事不許遷水部郎中復請老召還再直祕閣尋兼越王府記室參軍眞宗卽位遷秩司封郎中俄知制誥判史館受詔編次三館祕閣書籍既畢加吏部咸平二年召入翰林爲學士踰年拜章乞骸骨召對敦諭請彌確乃拜工部侍郎致仕翌日遣使就第賜器幣給全奉詔本府歲時存問章奏聽附驛以聞命其子正辭知公安縣以便侍養許歸江陵舊制致仕官止謝殿門外昂特延見命坐恩禮甚厚令俟秋涼上道遣中使賜宴於玉津園兩制三館皆預仍詔賦詩餞行縉紳榮之昂前後所得奉賜以三之一購奇書以諷誦爲樂及是閉居自稱退叟著資理論三卷上之詔以其書付史館弟協以純謹著稱仕至主客郎中雍王府翊善昂以書招之協亦告老歸兄弟皆眉壽時人比漢之二疏知府陳堯咨署其居曰東西致政坊昂於所居建二亭曰知止曰幽棲頗好釋氏書晚歲自爲墓誌景德四年卒年八十三門人謚曰正裕先生詔加賻賵錄其孫適出身昂好學純厚有清節澹於榮利爲洗馬十五年不以屑意居內署非公事不至兩府在王邸時眞宗居儲宮知其素守故每加褒進然昂未嘗有所私請進退存禮士類多之有集三十卷子正彛正辭並登進士第正基虞部員外郎

趙隣幾字亞之鄆州須城人家世爲農隣幾少好學能屬文嘗作禹别九州賦凡萬餘言人多傳誦周顯德二年舉進士解褐祕書省校書郎歷許州宋州從事太平興國初召爲左贊善大夫直史館改宗正丞四年郭贄宋白授中書舍人告謝日交薦之俄而隣幾獻頌上覽而嘉之遷左補闕知制誥數月卒年五十九中使護葬隣幾體貌尫弱如不勝衣爲文浩博慕徐庾及王楊盧駱之體每搆思必歛衽危坐成千言始下筆屬對精切致意縝密時輩咸推服之及掌誥命頗繁富冗長不達體要無稱職之譽常欲追補唐武宗以來實錄孜孜訪求遺事殆廢寢食會疾革唯以書未成爲恨至淳化中參知政事蘇易簡因言及隣幾追補唐實錄事隣幾一子東之以蔭補郎山主簿部送軍糧詣北邊沒焉其家屬寄居睢陽太宗遣直史館錢熙往取其書得隣幾所補會昌以來日曆二十六卷及文集三十四卷所著鯫子一卷六帝年畧一卷史氏懋官志五卷幷他書五十餘卷來上皆塗竄之筆也詔賜其家錢十萬時又有何承裕者晉天福末擢進士第有清才好爲歌詩而嗜酒狂逸初爲中都主簿桑維翰鎭兗州知其眞率不責以吏事累官至著作佐郎直史館出爲盩厔咸陽二縣令醉則露首跨牛趨府府尹王彥超以其名士而容之然爲治淸而不煩民頗安焉每覽牒訴必戲判以喻曲直訴者多心服引去往往召豪吏接坐引滿吏因醉挾私白事承裕悟之笑曰此見罔也當受杖杖訖復召與飲其無檢多類此開寶三年自涇陽令入爲監察御史後歷侍御史累知忠萬商三州太平興國中卒

鄭起字孟隆不知何許人少游京洛間佻薄無檢操聞襄州雙泉寺僧能爲黃金往依焉遂削髮爲侍者久之知其誑耀乃反初服舉進士時舉子多尚詩賦惟起有文七軸歌詩尤清麗周廣順初調補尉氏主簿秩滿以書干宰相范質薦爲右拾遺直史館恭帝初遷殿中侍御史乾德初出掌泗州市征刺史張延範檢校司徒官吏呼以太保起貧常乘騾一日從延範出近郊送客延範揖起曰請策馬令進起曰此騾也不當過呼耳以譏延範延範深銜之密奏起嗜酒廢職初顯德末起見太祖握禁兵有人望乃上書范質極言其事又嘗過太祖於路橫絕前導而過太祖亦弗之怒及延範奏至出爲河西令會蜀平當從遠官起不欲往乃炙烙其足因是成疾而卒起負才倨傲多所詆訐數爲羣小窘辱終亦不改時有郭昱者好爲古文狹中詭僻周顯德中登進士第恥赴常選獻書於宰相趙普自比巢由朝議惡其矯激故久不調後復伺普望塵自陳普笑謂人曰今日甚榮得巢由拜於馬首開寶末普出鎭河陽昱詣薛居正上書極言謗普居正奏之詔署襄州觀察推官潘美鎭襄陽討金陵以昱隨軍昱中夜被酒號叫軍中皆驚翌日美遣還歲餘坐盜用官錢除名因居襄陽游索樊

鄧閒雍熙中卒又有馬應者薄有文藝多服道士衣自稱先生開寶初倣元結中興頌作勃興頌以述太祖下荆湖之功欲刋石於永州結頌之側縣令惡其夸誕不以聞太平興國初登第授大理評事坐事除名羈旅積年淳化中以詩干同年殿中丞牛景景因奏上太宗覽而嘉之復授大理評事未幾卒又有潁贄董淳劉從義善爲文章張翼譚用之善爲詩張之翰善牋啓贄拔萃登科至太子中允淳爲工部員外郎直史館奏詔撰孟昶紀事從義多藏書嘗纘長安碑文爲遺風集二十卷餘皆官不達

和峴字晦仁開封浚儀人父凝晉宰相太子太傅魯國公峴生之年適會凝入翰林加金紫知貢舉凝喜曰我平生美事三者併集此子宜於我也因名之曰三美七歲以門蔭爲左千牛備身選著作佐郎漢乾祐初加朝散階十六登朝爲著作郎丁父憂服闋拜太常丞建隆初授太常博士從祀南郊贊導乘輿進退閑雅太祖謂近侍曰此誰氏之子熟於贊相左右卽以峴門閥對俄拜刑部員外郎兼博士仍判太常寺乾德元年十一月甲子有事於南郊丁丑冬至有司復請祀昊天上帝詔峴議其禮峴以祭義戒於煩數請罷之二年議孝明孝惠二后神主祔於別廟峴以舊禮有二后同廟之文無各殿異室之說令二后同祔別廟亦宜共殿別室孝明皇后嘗母儀天下宜居上室孝惠皇后止以追尊當居次室從之三年春初克夔州以內衣庫使李光睿權知州峴通判州事代還是歲十二月十四日戊戌臘有司以七日辛卯蜡百神峴獻議正之四年南郊峴建議望燎位置爟火又嘗言依舊典宗廟殿廷設宮縣三十六架加鼓吹熊羆十二案朝會登歌用五瑞郊廟奠獻用四瑞迴仗至樓前奏采茨之曲御樓奏隆安之曲各用樂章復舉唐故事宗廟祭科外別設珍膳用中孝享之意又謂八佾之舞以象文德武功請用玄德升聞天下大定二舞並從其議事具禮樂志先是王朴竇儼洞曉音樂前代不協律呂者多所考正朴儼既沒未有繼其職者會太祖以雅樂聲高詔峴講求其理以均節之自是八音和暢上甚嘉之語具律志樂器中有叉手笛者上意欲增入雅樂峴卽令樂工調品以諧律呂其執持之狀如拱揖然請目曰拱辰管詔備於樂府開寶初遷司勳員外郎權知泗州判吏部南曹歷夔晉二州通判九年江南平受詔採訪太宗卽位遷主客郎中太平興國二年知兗州改京東轉運使峴性苛刻鄙吝好殖財復輕傳人嘗以官船載私貨販易規利初爲判官鄭同度論奏旣而彰信軍節度劉遇亦上言按得實坐削籍配隸汝州六年起爲太常丞分司西京復階勳章服端拱初上躬耕籍田峴奉留司賀表至闕下因以其所著奉常集五卷祕閣集二十卷注釋武成王廟贊五卷奏御上甚嘉之復授主客郎中判太常寺兼禮儀院事是秋得暴疾卒年五十六弟㠓

㠓字顯仁凝第四子也生五六歲凝教之誦古詩賦一歷輒不忘試令詠物爲四句詩頗有思致凝嘆賞而奇之語峴曰此兒他日必以文章顯吾老矣不見汝曹善保護之太平興國八年擢進士第釋褐霍丘主簿雍熙初知崇仁縣就拜大理評事江南轉運楊緘以其材幹奏移知南昌縣代還刑部取爲詳覆官遷光祿寺丞先是凝嘗取古今史傳聽訟斷獄辨雪寃枉等事著爲疑獄集㠓因增益事類分爲三卷表上之俄獻所著文賦五十軸召試中書擢爲太子中允先是馮起撰御前登第三牓碑以獻上甚稱獎命直史館淳化初㠓又撰七牓題名記并補注疑所撰古今孝悌集成十卷以獻遂以本官直集賢院中謝日賜緋魚三年春獻觀燈賦詔付史館遷右正言是歲太宗親試貢士㠓預考校作歌以獻上對宰相稱賞之召問年幾何時摹印儒行篇以賜新及第人及三館臺省官皆上表稱謝上時御便坐出表以示宰相而㠓與張洎尤稱上旨因謂李昉曰㠓宰相子勤學自立有文章能荷堂構如㠓者不可多得也遂以本官知制誥不踰年加水部員外郎知理檢院至道元年賜金紫與王旦同判吏部銓是秋晨起將朝風眩暴作而卒年四十五上聞之驚歎遣中使就家問疾狀并恤其孤賻賵加等長子珙纔十歲卽授大理評事次子璬補太廟齋郎㠓好修飾容儀自五鼓張燈燭至辨色冠帶方畢雖幼能屬文殊少警策每草制必精思討索而後成拘於引類偶對頗失典誥之體上以其貴家子能業文甚寵待之欲召入翰林謂近臣曰㠓眸子眊眊然胸中必不正不可以居近侍也其命遂寢㠓弟嶸始爲三班奉職淳化中獻文求試上以故相之後改授大理評事

馮吉字惟一河南洛陽人父道周太師中書令追封瀛王吉晉天福初以父任祕書省校書郎遷膳部金部職方員外郎屯田戶部司勳郎中累階金紫周顯德中遷太常少卿吉嗜學善屬文工草隸議者以掌誥許之然性滑稽無操行每中書舍人缺宰相卽欲用吉終以佻薄而止雅好琵琶尤臻其妙敎坊供奉號名手者亦莫能及父常戒令勿習吉性所好亦不能改道欲辱之因家宴令吉奏琵琶爲壽賜以束帛吉置於肩左抱琵琶按膝再拜如伶官狀了無怍色家人皆大笑及爲少卿頗不得意以栝酒自娛每朝士宴集雖不召亦常自至酒酣卽彈琵琶彈罷賦詩詩成起舞時人愛其俊逸謂之三絕宋初受詔撰述明憲皇太后謚議見稱於時建隆四年卒年四十五

宋史卷四百四十

元 中書右丞相總裁脫脫等修

列傳第一百九十九

文苑二

高頔　李度　韓溥　鞠常
宋準　柳開　夏侯嘉正　羅處約
安德裕　錢熙

高頔字子奇開封雍丘人後唐清泰中舉進士同輩紿之曰何不從裴僕射求知乎時裴皞以左僕射致仕後進無至其門者頔性純樸信其言以文贄於皞明年禮部侍郎馬裔孫知貢舉乃皞門下生也皞以頔語之遂擢乙科四遷魏博觀察支使周顯德中符彥卿奏署掌書記時太宗親迎懿德皇后於大名彥卿遣頔迎候日夕陪接尤欵好後隨彥卿鎭鳳翔會詔留彥卿洛陽頔復爲天雄軍掌書記後以病免居於魏雍熙二年太宗親試貢士頔子南金舉學究自陳曰臣父年八十四嘗佐使幕久已罷職家貧無以存養願賜一第庶獲寸祿以及老父上問左右其父何人宰相宋琪以頔對且言其素行廉介老而彌厲甚爲搢紳推重上曰此高頔子耶頔在大名幕中嘗與朕遊處迨踰旬月晨暮對按飲食常拱手危坐未曾少懈其恭謹蓋天性也惜其老矣不欲煩以官政卽擢南金第拜頔左補闕致仕賜錢十萬後卒於家頔有清節力學彊記手寫書千餘卷彥卿待之甚厚或過致優給頔計口受費餘皆不納彥卿左右多肆貪虐民不能堪及彥卿罷鎭其故時將吏賓客皆心愧無敢復遊魏者惟頔清苦守法魏人愛之在魏三十年無一人言其非者所乘馬老以糜飼之僕夫年七十待之如初時稱其長者次子鼎舉進士至殿中丞

李度河南洛陽人周顯德中舉進士度工於詩有醉輕浮世事老重故鄉人之句時翰林學士申文炳知貢舉樞密使王朴移書録其句以薦之文炳卽擢度爲第三人釋褐永寧縣主簿累遷殿中丞知歙州坐事左遷絳州團練使十年不調度在歙州嘗以所著詩刻於石有中黃門得其石本傳入禁中太宗見之謂宰相曰度今安在卽令召至對於便殿與語甚悅擢爲虞部員外郎直史館賜緋端拱初籍田畢交州黎桓加恩命度借太常少卿充官告國信副使上賜詩以寵行未至交州卒於太平軍傳舍年五十七度之南使每至州府卽借圖經觀其勝迹皆形篇詠以上所賜詩有奉使南遊多好景之句遂題爲奉使南遊集未成編而亾弟康亦善詩太平興國二年登進士第官至太子右贊善大夫

韓溥京兆長安人唐相休之裔孫少俊敏善屬文周顯德初舉進士累遷歷使府開寶三年自靜難軍掌書記召爲監察御史三遷至庫部員外郎知華州同判靈州再轉司門郎中淳化二年被病表請辭職尋醫許之溥博學善持論詳練臺閣故事多知唐朝氏族與人談亹亹然可聽號爲近世肉譜搢紳頗推重之尤善筆札人多藏其尺牘弟洎亦進士及第

鞠常字可久密州高密人祖眞黃縣令父慶孫申州團練判官有詩名常少好學善屬文漢乾祐二年擢進士第裁二十一釋褐祕書省校書郎周廣順中宰相范質奏充集賢校理出爲鄆州觀察支使歷永興軍節度掌書記伊陽令顯德四年詣闕進策召試復授猗氏令遷蔡州防禦判官復宰介休魏縣開寶中趙普爲相擢爲著作佐郎時任此官惟常與楊徽之李若拙趙鄰幾四人皆有名於時常應舉時著四時成歲賦萬餘言又爲春蘭賦頗存典託後爲淸河令七年卒年四十七子仲謀字有開雍熙中進士有材幹歷御史東京留守推官陝西轉運至兵部員外郎仲謀集其父所爲文成二十卷弟瑜周廣順中進士與常齊名

宋準字子平開封雍丘人祖彥升庫部員外郎父鵬祕書郎準開寶中舉進士翰林學士李昉知貢舉擢準甲科會貢士徐士廉擊登聞鼓訴昉用情取捨非當太宗怒召準覆試於便殿見準形神偉茂程試敏速甚嘉之以爲宜首冠俊造由是復擢準甲科卽授祕書省祕書郎直史館八年受詔修定諸道圖經俄奉使契丹復命稱旨明年出知南平軍會改軍爲太平州依前知州事就加著作佐郎太平興國四年遷著作郎通判梓州轉左拾遺歸朝預修諸書八年同知貢舉出爲河北轉運

使歲餘以本官知制誥雍熙中加主客員外郎復預知貢舉俄判大理寺四年被病遷金部郎中罷知制誥端拱二年卒年五十二賜錢百萬準美風儀善談論辭采清麗莅官所至皆有治聲盧多遜之南流也李穆坐同門生黜免左右無敢言者準因奏事盛言穆長者有檢操常惡多遜專恣固非其黨也上寤未幾盡復穆舊官時論以此稱之天禧三年錄其子大年試祕書省校書郎準從弟可觀金部郎中族子郊祁並天聖二年進士甲科別有傳

柳開字仲塗大名人父承翰乾德初監察御史開幼穎異有膽勇周顯德末從父任南樂夜與家人立庭中有盜入室衆恐不敢動開裁十三亟取劍逐之盜踰垣出開揮刃斷二足指既就學喜討論經義五代文格淺弱慕韓愈柳宗元爲文因名肩愈字紹元既而改名字以爲能開聖道之塗也著書自號東郊野夫又號補亾先生作二傳以見意尚氣自任不顧小節所交皆一時豪儁范杲好古學大重開文世稱爲柳范王祜知大名開以文贄大蒙賞激楊昭儉盧多遜並加延奬開寶六年舉進士補宋州司寇參軍以治獄稱職遷本州錄事參軍太平興國中擢右贊善大夫會征太原督楚泗八州運糧選知常州遷殿中丞徙潤州拜監察御史召還知貝州轉殿中侍御史雍熙二年坐與監軍忿爭貶上蔡令會大舉北征開部送軍糧將至涿州有契丹酋長領萬騎與米信戰相持不解俄遣使紿言求降開謂信曰兵法云無約而請和謀也彼將有謀急攻之必勝信遲疑不決踰二日賊復引兵挑戰後偵知果以矢盡俟取於幽州也師還詣闕上書願從邊軍效死太宗憐之復授殿中侍御史雍熙中使河北因抗疏曰臣受非常恩未有以報年裁四十膂力方壯今契丹未滅願陛下賜臣步騎數千任以河北用兵之地必能出生入死爲陛下復幽薊雖身沒戰場臣之願也上以五代戰爭以來自節鎭至刺史皆用武臣多不曉政事人受其弊欲兼用文士乃以侍御史鄭宣戶部員外郎趙載司門員外郎劉墀並爲如京使左拾遺劉慶爲西京作坊使開爲崇儀使知寧邊軍徙全州全西延洞有粟氏聚族五百餘人常鈔刧民口糧畜開爲作衣帶巾帽選牙吏勇辯者得三輩使入諭之曰爾能歸我即有厚賞給田爲屋處之不然發兵深入滅爾類矣粟氏懼留二吏爲質率其酋四人與一吏偕來開厚其犒賜吏民爭以鼓吹飲之居數日遣還如期攜老幼悉至開即賦其居業作時鑑一篇刻石戒之遣其酋入朝授本州上佐賜開錢三十萬淳化初移知桂州初開在全州有卒訟開開即杖背黥面送闕下有司言卒罪不及徒召開下御史獄劾繫削二官黜爲復州團練副使移滁州復舊官知環州三年移邠州時調民輦送趨環慶已再運民皆蕩析產業轉運使復督後運民數千人入州署號訴開貽書轉運使曰開近離環州知芻糧之數不增大兵可支四年今蠶農方作再運半發老幼疲弊畜乘困竭柰何又苦之不罷開即馳詣闕下白於上前矣卒罷之又知曹邢二州眞宗即位加如京使歸朝命知代州上言曰國家剏業將四十年陛下紹二聖之祚精求至治若守舊規斯未盡善能立新法乃顯神機臣以益州稍靜望陛下選賢能以鎭之必須望重有威即羣小畏服又西鄙今雖歸明他日未可必保苟有翻覆須得人制禦若以契丹比議爲患更深何者契丹則君臣久定蕃漢久分縱萌南顧之心亦須自有思慮西鄙積恨未泯貪心不悛其下猖狂競謀兇惡浸漁未必知足姑息未能感恩望常預備之以良將守其要害以厚賜足其貪婪以撫慰來其情以寬假息其念多命人使西入甘涼厚結其心爲我聲援如有動靜使其掩襲令彼有後顧之憂乃可制其輕動今甲兵雖衆不及太祖之時人人練習謀臣猛將則又懸殊是以比年西北屢遭侵擾養育則月費甚廣征戰則軍捷未聞誠願訓練禁兵使如往日行伍必求於勇敢指顧無縱於後先失律者悉誅獲功者必賞偏裨主將不威嚴者去之聽斷之暇親臨殿庭更召貔虎使其擊刺馳驟以彰神武之盛臣又以宰相樞密朝廷大臣委之必無疑用之必至當銓總僚屬評品職官內則主管百司外則分治四海今京朝官則別置審官供奉殿直則別立三班刑部不令詳斷別立審刑宣徽一司全同散地大臣不獲親信小臣乃謂至公至如銀臺一司舊屬樞密近年改制職掌甚多加倍置人事則依舊別無利害虛有變更臣欲望停審官三班復委中書樞密宣徽院銀臺司復歸樞密審刑院復歸刑部去其繁細省其頭目又京府大都萬方軌則望仍舊貫選委親賢今皇族宗子悉多成長但令優逸無以試材宜委之外藩擇文武忠直之士爲左右贊弼之任又天下州縣官吏不均或冗長至多或歲年久闕欲望縣四千戶已上選朝官知三千戶已上選京官知省去主簿令縣尉兼領其事自餘通判監軍巡檢監臨使臣並酌量省減免虛費於利祿仍均濟於職官又人情貪競時態輕浮雖骨肉之至親臨勢利而多變同僚之內多或不和伺隙則至於傾危患難則全無相救仁義之風蕩然不復欲望明頒告諭各使改更庶厚化原永敦政本恭惟太祖神武太宗聖文光掩百王威加萬國無賢不用無事不知望陛下開豁聖懷如天如海可斷即斷合行即行愛惜忠直之臣體察姦詖之黨臣久塵著位寢荷恩寵辭狂理拙唯聖明恕之開至州葺城壘戰具諸將多沮議不協開謂其從子曰吾觀昴宿有光雲多從北來犯境上寇將至矣吾聞師克在和今諸將怨我一旦寇至必危我矣即求換郡徙忻州刺史及契丹犯邊開上書又請車駕親兵河朔四年徙滄州道病首瘍卒年五十四錄其子涉爲三班奉職開善射喜奕棊有集十五卷作家戒千餘言刻石以訓諸子性倜儻重義在大名嘗過酒肆飲有士人在旁辭貌稍異開詢其名則至自京師以貧不克葬其親聞王祜篤義將丐之問所費曰二十萬足矣開即罄所有得白金百餘兩益錢數萬遣之開兄肩吾至御史肩吾三子湜灝沆並進士第灝祕書丞

夏侯嘉正字會之江陵人少有俊才太平興國中舉進士歷官至著作佐郞使於巴陵爲洞庭賦曰楚之南有水曰洞庭環帶五郡淼不知其幾百里臣乙酉夏使岳陽抵湖上思構賦明日披襟而觀之則翼然動促然跂慄然駭愕然眙悅若駕春雲而軾霓浩若浮汗漫而朝躋退若據泰山之安進若履千仞之危懵若無識智若通微跛若不倚蹌若將馳耳不及掩目不暇逃情悸心嬉二三日而後神始宅氣始正若此不敢以賦爲事者二年然眷眷不已一日登崇丘望大澤有雲崪兮興歘兮止興止未齊忽若有遇由是漬陽輝沐芳澤覩一異人於巖之際霞爲裾雲爲袂冰膚雪肌金玦玉珮浮丘羨門斯實其對因言曰若非好辭者耶臣曰然然則若智有所不通識有所不窮用不通不窮而循乎無端之紀若得無殆乎臣又曰然然志極則物應思精則道來嘉若之勤無譁談吾爲若稱云太極之生曰地曰天中含五精五精之用而水居一焉水之疏通則爲江分遠則爲河積則爲瀦兮總則爲湖若今所謂洞庭者傑立而孤廓然如無區其大無徒含陽字陰玄神之都睽睽昧昧百川不敢逾有若臣者有若賓者有若僕者有若子者有若附庸者有若娣姒者若禹會塗山武巡牧野千出百會咸處麾下每六合澄靜中流迴睨莽莽蒼蒼纖靄不翳太陽望舒出沒其間萬頃咸沸彊而名之爲巨澤爲長川爲水府爲大淵縱之不踰竭之不卑乍若賢人以重自持誘之不前犯之愈堅又若良將以謀守邊澎澎濞濞浩爾一致又若太始未有仁義沖沖漠漠二氣交錯又若混沌凝然未鑿此乃方輿之心胷溟海之郛郭也三代之前其氣濩落浩浩滔天與物迴薄滅木襄陵無際無廓上帝降鑒巨人斯作乃命玄夷授禹之機隧山堙谷滌源暢微然後若金在鎔若木在工流精成器夫何不通是澤之設允執厥中既異其性遂得其正有升有降有動有靜臣應之曰升降動靜可得聞乎神曰水之性非圓非方非柔非剛非直非曲非玄非黃劃象爲坎本乎羲皇外婉而固內健而彰降以妬始升以復張其靜處陰其動隨陽六府之甲萬化之綱式觀是澤乃知天常若乃四序之變九夏攸處烘然而炎沸然而煮羣物鴻洞鑠爲隆暑澤之作頎然其容若去若往若茹若吐靈趣怪覯杳不可覩蒸之爲雲散之爲雨倏忽萬象如還太古眞可嘉也若乃秋之爲神素氣淸泚肅肅翛翛羣籟四起澤之動黝然其姿若挺若倚若行若止異宮離離爲之鷹風蒼梧崇崇爲之供雲四顧一色黯然氤氳其聲瀰瀰若商非商若徵非徵東湊海門一淚千里又足畏也言其狀則石然而骨岸然而革氣然而榮滓然而脈有山而心有洞而腹有玉而體有珠而目穹鼻孤鳥呀口萬谷臂帶三吳足跬荆巫或跂然而望或翼然而趨彭蠡震澤詎可云乎臣又問曰澤之態已聞命矣水之族將如何居神曰大道變易或文或質沉潛自遂其類非一或披甲而遨或曳裾而圜或禿而跂或角而蜿或吞而呀或呿而牙或心以之蟹或目之以蝦或脩臂而立或橫鶩而疾或髮於首或鬚於肘或儼而莊或毅而黝彪彪玢玢若大虛之含萬彙各循其生而合乎羣者也臣又問曰若神之資其品何如也神曰淸矣靜矣麗矣至矣邈難知矣肇於古古有所未達形於今今有所未察非希夷合其心於自然然後上天入地把三根六況水居陸處夫何不燭被鞓鯉之賢轡龍之仙乃吾之肩也其餘海若天吳陽侯神胥齪齪而遊曾不我儔臣又問曰易稱王公設險是澤之險可以爲固而歷代興衰其義安取神曰天道以順不以逆地道以謙不以盈故治理之世建仁爲旌聚心爲城而弧不暇弦矛不暇鋒四海以之而太同何必恃險阻何必據要衡若秦得百二爲帝齊得十二而王其山爲金其水爲湯守之不義欻然而亾水不在大恃之者敗水不在微怙之者危若漢疲於昆明桀困於酒池亦

其類也故黃帝張樂而興三苗棄義而傾則知洞庭之波以仁不以亂以道不以賊惟賢者觀其知而後得也於是盤桓徙倚凝精流眄罄以辭對條然而晦徐鉉見之曰是玄虛之流也人多傳寫端拱初太宗知其名召試辭賦擢爲右正言直史館兼直祕閣賜緋魚元夕上御乾元門觀燈嘉正獻五言十韻詩其末句云兩制誠堪羡青雲侍玉輿上依韻和以賜之有狹劣終難舉通才列上居之句議者以爲誡嘉正之好進也未幾被病詔以爲益王生辰使所獲金幣鬻得錢華歸家忽一綹自地起立良久而仆聞者異之嘉正疾遂篤月餘卒年三十七子紓太子中舍

羅處約字思純益州華陽人唐酷吏希奭之裔孫伯祖袞唐末爲諫官父濟仕蜀爲升朝官歸朝至太常丞處約嘗作黃老先六經論曰先儒以太史公論道德先黃老而後六經此其所以病也某曰不然道者何無之稱也無不由也混成而仙兩儀至虛而應萬物不可致詰況名之曰道道既名矣降而爲聖人者爲能知來藏往與天地準故黃老姬孔通稱焉其體曰道其用曰神無適也無莫也一以貫之胡先而尊孰後而卑六經者易以明人之權而本之於道禮以節民之情趣於性也樂以和民之心全天眞也書以敘九疇之祕煥二帝之美春秋以正君臣而敦名教詩以正風雅而存規戒是道與六經一也矧仲尼祖述堯舜而況於帝鴻氏乎華胥之治太上之德史傳詳矣老聃世謂方外之教然而與六經皆足以治國治身淸淨則得之矣漢文之時未遑學校竇后以之而治曹參得之而相幾至措刑且仲尼嘗問禮焉俗儒或否其說余曰春秋昭十七年郯子來朝仲尼從而學焉俾後之人敦好問之旨矧老子有道之士周之史氏乎余謂六經之教化而不已則臻於大同大道之行則蜡賓息歎黃老之與六經孰爲先而孰爲後乎又何必纚藉玉帛然後爲禮筍虡鏞鼓然後爲樂乎余謂太史公之志斯見之矣惡可以道之跡儒之末相戾而疾其說病之者可以觀徼未可以觀妙人多重之登第爲臨渙主簿再遷大理評事知吳縣王禹偁知長州縣日以詩什唱酬蘇杭間多傳誦後並召赴闕上自定題以試之以禹偁爲右拾遺處約著作郎皆直史館賜緋魚會下詔求讜言處約上奏曰伏覩今年春詔旨責以諫官備員未嘗言事雖九寺三監之官亦得盡其讜議陛下處恭勞神厲精求理力行王道坐致太平心先天而不違德生民而未有所以散玄黃之協氣爲動植之休祥而猶不伐功成屢求獻替此眞唐堯虞舜之用心也臣累日以來趨朝之暇或於卿士之內預聞時政之言皆曰聖上以三司之中邦計所屬簿書旣廣綱條實繁將求盡善之規冀協酌中之道竊聞省上言欲置十二員判官兼領其職貴各司其局允執厥中臣以三司之制非古也蓋唐朝中葉之後兵寇相仍河朔不王軍旅未弭以賦調筦權之所出故自尚書省分三司以董之然國用所須朝廷急務故僚吏之屬倚注尤深或重其位以處之優其祿以寵之黽勉從事者姑務其因循盡瘁事國者或生於睚眦因循則無補於國睚眦則不協於時或淺近之人用指瑕於心計深識之士以多可爲身謀蠹弊相沿爲日已久今若如十二員判官之說亦從權救弊之一端也然而聖朝之政臻乎治平當求稽古之規以爲垂世之法臣嘗讀說命之書以爲事不師古匪說攸聞又二典曰若稽古帝堯若稽古帝舜皆謂順考古道而致治平以臣所見莫若復尚書都省故事其尚書丞郎正郎員外郎主事令吏之屬請依六典舊儀以今三司錢刀粟帛筦權支度之事均在二十四司如此則各有司存可以責其集事今則金部倉部安能知儲廩帑藏之盈虛司田司川孰能知屯役河渠之遠近有名無實積久生常況此却復都省之事下臣猶能僉知其可況陛下聰明濬哲乎然議者以爲不行已久難於改更若斷自宸心下於相府都省之制故典存焉上令下從孰爲不可蓋人者可與習常難與適變可與樂成難與慮始在周易有之天地革而四時成此言能改命而刱制及小人樂成則革面以順上矣況三司之名興於近代堆案盈几之籍何嘗能省覽之乎復就三司之中更分置僚屬則愈失其本原矣今三司勾院卽尚書省比部元爲勾覆之司周知內外經費陛下若欲復之則制度盡在迨及九寺三監多爲冗長之司雖有其官不舉其職伏望陛下當治平之日建垂久之規不煩更差使臣別置公署如此則名正而言順言順而事成省其冗員則息其經費故書曰唐虞稽古建官惟百夏商官倍亦克用乂伏望法天地簡易之化建鴻範大中之道可以億萬斯年垂衣裳而端拱矣受詔荊湖路巡撫欲以苛察立名所奏劾甚衆官吏多被黜責淳化三年卒年三十三初濟爲開封府司錄太宗尹京頗嘉其彊幹太平興國中處約與兄貴同舉進士上臨試知貴濟之子遂置之高等八年處約復登第貴後至員外郎處約形神豐碩見者加重雖有詞采而急於進用時論亦以此薄之卒後蘇易簡王禹偁集其文凡十卷題曰東觀集禹偁爲序易簡表上之詔付史館蜀士又有嚴儲者太平興國中進士後直史館使河北督軍糧陷於契丹

安德裕字益之一字師皐河南人父重榮晉成德軍節度五代史有傳德裕生於眞定未朞重榮舉兵敗乳母抱逃水竇中將出爲守兵所得執以見軍校秦習習與重榮有舊因匿之習先養石守瓊爲子及年壯無嗣以德裕付瓊養之因姓秦氏習世兵家以弓矢狗馬爲事德裕孩提卽喜筆硯遇文字輒爲誦讀聲諸子不之齒習獨異之旣成童俾就學遂博貫文史精於禮傳嗜西漢書習卒德裕行三年服然後還本姓習家盡以橐裝與之凡白金萬餘兩德裕却之曰斯秦氏之蓄於我何有丈夫當自樹功名以取富貴豈屑於他人所有耶聞者高之開寶二年擢進士甲科歸州軍事推官歷大理寺丞著作佐郎太平興國中累遷祕書丞知廣濟軍時軍城新建德裕作軍記及圖經三卷優詔嘉獎俄改太常博士八年通判秦州就知州事雍熙初遷主客員外郎通判廣州未行宰相李昉言其有史才卽以本官直史館端拱初改金部員外郎淳化初知開封縣會備三館職改直昭文館三年春廷試貢士德裕與史館修撰梁周翰並爲考官上顧宰相曰此皆有聞之士而老於郎署周翰狹中德裕嗜酒朕聞其能改矣遂並賜金紫俄遷司勳員外郎至道初德裕常作九絃琴五絃阮頌以獻上稱其詞采古雅至道三年轉金部郎中出知睦州還判太府寺咸平五年卒年六十三德裕性介潔以風鑑自負王禹偁孫何皆初遊詞場德裕力爲延譽及領考試何又其首選然酣飲太過故不被獎擢有集四十卷

錢熙字太雅泉州南安人父居讓陳洪進署淸溪令熙幼穎悟及長博貫羣籍善屬文洪進嘉其才以弟之子妻之將署熙府職辭不就著楚鴈賦以見志尋復辟爲巡官專掌牋奏洪進歸朝熙不敘舊職舉進士雍熙初攜文謁宰相李昉昉深加賞重爲延譽於朝令子宗諤與之游明年登甲科補度州觀察推官代還寇準掌吏部選上封薦錢若水陳克王扶洎熙皆有文得試中書遷殿中丞賜緋魚著四夷來王賦以獻凡萬餘言太宗嘉之卽以本官直史館淳化中參知政事蘇易簡對太宗言趙鄰幾追補唐實錄鄰幾卒家睢陽卽令熙乘傳而往盡取其書來上熙嘗與楊徽之言及張洎錢若水將被進用熙與劉昌言同鄉里相親善又語及其事昌言因以語洎洎疑熙交構訴之熙坐削職通判朗州俄徙衡州就改太常博士眞宗卽位遷右司諫李宗諤楊億素厚善熙乃與梁顥趙況趙安仁同表請復熙舊職不報尋通判杭州政多專達爲轉運使所奏徙通判越州熙負氣好學善談笑精筆札狷躁務進自罷職因憤恚成疾咸平三年卒年四十八嘗擬古樂府著雜言十數篇及措刑論爲識者所許有集十卷子蒙吉亦進士及第

宋史卷四百四十一

元　中書右丞相總裁脫脫等修

列傳第二百

文苑三

陳克　吳淑舒雅　黃夷簡盧稹 謝炎 許洞 冊
徐鉉　句中正　曾致堯　刁衎
姚鉉　李建中　洪湛　路振
崔遵度　陳越

陳充字若虛益州成都人家素豪盛少以聲酒自娛不樂從宦邑人敦迫赴舉至京師有名場屋間雍熙中天府禮部奏名皆爲進士之冠廷試擢甲科釋褐孟州觀察推官就改掌書記會寇準薦其文學得召試授殿中丞出知明州入爲太常博士直昭文館遷工部刑部員外郎久病告滿除籍眞宗憐其貧病令致仕給半奉未幾病間守本官仍充職以久次遷兵部員外郎景德中與趙安仁同知貢舉改工部刑部郎中大中祥符六年以足疾不任朝謁出權西京留守御史臺旋以本官分司卒年七十充詞學典贍唐牛僧儒著善惡無餘論言堯舜之善伯鯀之惡俱不能慶殃及其子充因作論以反之文多不載性曠達善談謔澹於榮利自號中庸子上頗熟其名以疾故不登詞職臨終自爲墓誌有集二十卷

吳淑字正儀潤州丹陽人父文正仕吳至太子中允好學多自繕寫書淑幼俊爽屬文敏速韓熙載潘佑以文章著名江左一見淑深加器重自是每有滯義難於措詞者必命淑賦述以校書郎直內史江南平歸朝久不得調甚窮窘俄以近臣延薦試學士院授大理評事預修太平御覽太平廣記文苑英華一日召對便殿出古碑一編令淑與呂文仲杜鎬讀之歷太府寺丞著作佐郎始置祕閣以本官充校理嘗獻九絃琴五絃阮頌太

宗賞其學問優博又作事類賦百篇以獻詔令注釋淑分注成三十卷上之遷水部員外郎至道二年兼掌起居舍人事預修太宗實錄再遷職方員外郎時諸路所上閏年圖皆儀鸞司掌之淑上言曰天下山川險要皆王室之祕與國家之急務故周禮職方氏掌天下圖籍漢祖入關蕭何收秦籍由是周知險要請以今閏年所納圖上職方又州郡地理犬牙相入向者獨畫一州地形則何以傅合他郡望令諸路轉運使每十年各畫本路圖一上職方所冀天下險要不窺牖而可知九州輪廣如指掌而斯在從之會詔詢禦戎之策淑抗疏請用古車戰法上覽之頗嘉其博學咸平五年卒年五十六淑性純靜好古詞學典雅初王師圍建業城中乏食里閈有與淑同宗者舉家皆死惟存二女孩淑卽收養如所生及長嫁之時論多其義有集十卷善筆札好篆籀取說文有字義者千八百餘條撰說文五義三卷又著江淮異人錄三卷祕閣閒談五卷子安節讓夷遵路皆進士及第遵路官至祠部員外郎祕閣校理

舒雅字子正久仕李氏江左平爲將作監丞後充祕閣校理好學善屬文與吳淑齊名累遷職方員外郎求出得知舒州仍賜金紫恬於榮宦州之潛山靈仙觀有神僊勝迹郡秩滿卽請掌觀事東封就加主客郎中改直昭文館轉刑部在觀累年優游山水吟詠自樂時人美之卒年七十餘弟雄端拱二年進士

黃夷簡字明舉福州人父延樞爲王審知從事甚被親遇嗣王延鈞以女妻之錢氏取福州署光祿卿夷簡少孤好學有名於江東爲錢惟治明州判官太平興國初隨錢俶來朝授檢校祕書少監元帥府掌書記賜以襲衣器幣鞍勒馬八年俶讓元帥改授夷簡淮海國王府判官雍熙四年俶改封許王出鎮南陽加夷簡倉部員外郎充許王府判官俶薨歸朝爲考功員外郎累遷都官郎中掌名表人頗稱其得體至道二年上言浙右人無預館閣之職者因自陳嘗勸錢俶入朝詞甚懇激太宗憐之命直祕閣俄判吏部南曹咸平中召試翰林遷光祿少卿初宰相張齊賢欲引夷簡與曾致堯並知制誥有急制值舍人出院卽封除自命夷簡草之物議以爲不可故但進秩而已景德中夷簡被病告滿二百日御史臺言當除籍眞宗以其吳越舊僚有詞學且年老母在特命續其月廩大中祥符初遷祕書少監三年丁內艱上遣中使存問賻賵有加因請護母喪歸浙右許之且欲不絕其奉給特授檢校祕書監平江軍節度副使踰年卒年七十七夷簡喜談論善屬文尤工詩詠老而不輟嘗攝鴻臚卿護許國長公主葬在道駙馬都尉魏咸信禮接甚薄夷簡銜之言於上云發引之日以錢三十千遺臣治裝不重王人若有輕國命之意臣拒不納上遣中使詰咸信咸信言夷簡始受命屢有求丐又獻挽詞以希賂遺臣皆不敢受以是爲慊既而夷簡又貢歌詩一編大率譏咸信吝嗇且形於怨詛復言所求受三十千錢意欲索取眞宗甚鄙之且不欲其詩歌流布於外命中書召夷簡對焚之士大夫以是薄其爲人

浙右士之秀者又有盧稹謝炎許洞

盧稹字淑微杭州人幼穎悟七歲能詩十二學屬文及長曉五經大義酷嗜周易孟子端拱初游京師時徐鉉以宿儒爲士子所宗覽稹文甚奇之爲延譽於朝是年登進士第調補眞定束鹿主簿至府値契丹圍城未及赴官卒年二十七嘗著五帝皇極志孺子問翼聖書數十篇

謝炎字化南蘇州嘉興人父崇禮泰寧軍掌書記炎慕韓柳爲文與盧稹齊名時謂之盧謝稹懝懦炎勁急反相厚善端拱初舉進士調補昭應主簿徙伊闕連知華容公安二縣卒年三十四集二十卷

許洞字洞天蘇州吳縣人父仲容太子洗馬致仕洞性疎雋幼時習弓矢擊刺之伎及長折節勵學尤精左氏傳咸平三年進士解褐雄武軍推官嘗詣府白事有卒踞坐不起卽杖之時馬知節知州洞又移書責知節知節怒其狂狷不遜會洞輒用公錢奏除名歸吳中數年日以酣飲爲事嘗從民坊貰酒一日大署壁作酒歌數百言鄉人爭往觀其酤數倍乃盡捐洞所負景德二年獻所撰虎鈐經二十卷應洞識韜畧運籌決勝科以負譴報罷就除均州參軍大中祥符四年祀汾陰獻三盛禮賦召試中書改烏江縣主簿卒年四十二有集一百卷又著春秋釋幽五卷演玄十卷

徐鉉字鼎臣揚州廣陵人十歲能屬文不妄游處與韓熙載齊名江東謂之韓徐仕吳爲校書郎又仕南唐李昪父子試知制誥與宰相宋齊丘不協時有得軍中書檄者鉉及弟鍇評其援引不當檄乃湯悅所作悅與齊丘誣鉉鍇洩機事鉉坐貶泰州司戶掾鍇貶爲烏江尉俄復舊官時景命內臣車延規傳宏營屯田於楚州處事苛細人不堪命致盜賊羣起命鉉乘傳巡撫鉉至楚州奏罷屯田延規等懼逃罪鉉捕之急權近側目及捕得賊首卽斬之不俟報坐專殺流舒州周世宗南征景從鉉饒州俄召爲太子右諭德復知制誥遷中書舍人景死事其子煜爲禮部侍郎通署中書省事歷尚書右丞兵部侍郎翰林學士御史大夫吏部尚書宋師圍金陵煜遣鉉求緩兵時煜將朱令贇將兵十餘萬自上江來援煜以鉉既行欲止令贇勿令東下鉉曰此行未保必能濟難江南所恃者援兵爾奈何止之煜曰方求和解而復決戰豈利於汝乎鉉曰要以社稷爲計豈顧一介之使置之度外可也煜泣而遣之及至雖不能緩兵而入見辭歸禮遇皆與常時同及隨煜入覲太祖責之聲甚厲鉉對曰臣爲江南大臣國亾罪當死不當問其他太祖歎曰忠臣也事我當如李氏命爲太子率更令太平興國初李昉獨直翰林鉉直學士院從征太原軍中書詔塡委鉉援筆無滯辭理精當時論能之師還加給事中八年出爲右散騎常侍遷左常侍淳化二年廬州女僧道安誣鉉姦私下吏道安坐不實抵罪鉉亦貶靜難行軍司馬初鉉至京師見被毛褐者輒哂之邠州苦寒終不御毛褐致冷疾一日晨起方冠帶遽索筆手疏約束後事又別署曰道者天地之母書訖而卒年七十六鉉無子門人鄭文寶護其喪至汴胡仲容歸其葬於南昌之西山鉉性簡淡寡欲質直無矯飾不喜釋氏而好神怪有以此獻者所求必如其請鉉精小學好李斯小篆臻其妙隸書亦工嘗受詔與句中正葛湍王惟恭等同校說文序曰許愼說文十四篇并序目一篇凡萬六百餘字聖人之旨蓋云備矣夫八卦既畫萬象既分則文字爲之大輅載籍爲之六轡先生教化所以行於百代及物之功與造化均不可忽也雖五帝之後改易殊體六國之勢文字異形然猶存篆籀之迹不失形類之本及暴秦苛政散隸聿興便於末俗人競師法古文既變巧僞日滋至漢宣帝時始命諸儒修倉頡之法亦不能復至光武時馬援上疏論文字之譌謬其言詳矣及和帝時申命賈逵修理舊文於是許愼采史籀李斯揚雄之書博訪通人考之於逵作說文解字至安帝十五年始奏上之而隸書之行已久加以行草八分紛然間出反以篆籀爲奇怪之迹不復經心至於六籍舊文相承傳寫多求便俗漸失本原爾雅所載草木魚鳥之名肆志增益不可觀矣諸儒傳釋亦非精究小學之徒莫能矯正唐大曆中李陽冰篆迹殊絕獨冠古今於是刊定說文修正筆法學者師慕篆籀中興然頗排斥許氏自爲臆說夫以師心之獨見破先儒之祖述豈聖人之意乎今之爲字學者亦多陽冰之新義所謂貴耳而賤目也自唐末喪亂經籍道息有宋膺運人文國典粲然復興以爲文字者六藝之本當由古法乃詔取許愼說文解字精加詳校垂憲百代臣等敢竭愚陋備加詳考有許愼注義序例中所載而諸部不見者審知漏落悉從補錄復有經典相承傳寫及時俗要用而說文不載者皆附益之以廣篆籀之路亦皆形聲相從不違六書之義者其間說文具有正體而時俗譌變者則具於注中其有義理乖舛違戾六書者並列序於後俾夫學者無或致疑大抵此書務援古以正今不徇今而違古若乃高文大冊則宜以篆籀著之金石至於常行簡牘則草隸足矣又許愼注解詞簡義奧不可周知陽冰之後諸儒箋述有可取者亦從附益猶有未盡則臣等粗爲訓釋以成一家之書說文之時未有反切後人附益互有異同孫愐唐韻行之已久今並以孫愐音切爲定庶幾學者有所適從焉鍇亦善小學嘗以許愼說文依四聲譜次爲十卷目曰說文解字韻譜鉉序之曰昔伏羲畫八卦而文字之端見矣蒼頡摹鳥迹而文字之形立矣史籀作大篆以潤色之李斯變小篆以簡易之其美至矣及程邈作隸而人競趨省古法一變字義浸譌先儒許愼患其若此故集倉雅之學研六書之旨博訪通識考於賈逵作說文解字十五篇凡萬六百字字書精博莫過於是篆籀之體極於斯焉其後賈魴以三蒼之書皆爲隸字隸字始廣而篆籀轉微後漢及今千有餘歲凡善書者皆草隸書之法有刪繁補闕之論則其譌僞斷可知矣故今字書之數累倍於前夫聖人創制皆有依據不知而作君子愼之及史闕文格言斯在若草木魚鳥形聲相從觸類長之良無窮極苟不折之以古義何足以觀故叔重之後玉篇切韻所載習俗雖久要不可施之於篆文往者李陽冰天縱其能中興斯學贊明許氏奐焉英發然古法背俗易爲堙微方今許李之書僅存於世學者殊寡舊章罕存秉筆操觚要資校閱而偏傍奧密不可意知尋求一字往往終卷力省功倍思得其宜舍弟鍇特善小學因命取叔重所記以切韻次之聲韻區分開卷可覩鍇又集通釋四十篇考先賢之微言暢許氏之玄旨正陽冰之新義折流俗之異端文字之學善矣盡矣今此書止欲便於檢討無恤其他故聊存古訓以爲別識其餘敷演有通釋五音凡十卷貽諸同志云鉉親爲之篆鏤板以行於世

鍇字楚金四歲而孤母方教鉉未暇及鍇能自知書李景見其文以爲祕書省正字累官內史舍人因鉉奉使

入宋憂懼而卒年五十五李穆使江南見其兄弟文章嘆曰二陸不能及也鉉有文集三十卷質疑論若干卷所著稽神錄多出於其客蒯亮鍇所著則有文集家傳方輿記古今國典賦苑歲時廣記云

句中正字坦然益州華陽人孟昶時館於其相母昭裔之第昭裔奏授崇文館校書郎復舉進士及第累爲昭裔從事歸朝補曹州錄事參軍汜水令又爲潞州錄事參軍中正精於字學古文篆隸行草無不工太平興國二年獻八體書太宗素聞其名召入授著作佐郎直史館被詔詳定篇韻四年命副張洎爲高麗加恩使還遷左贊善大夫改著作郎與徐鉉重校定說文模印頒行太宗覽之嘉賞因問中正凡有聲無字有幾何中正退條爲一卷以獻上曰朕亦得二十一字可并錄之也時又命中正與著作佐郎吳鉉大理寺丞楊文舉同撰定雍熙廣韻中正先以門類上進面賜緋魚俄加太常博士廣韻成凡一百卷特拜虞部員外郎淳化元年改直昭文館三遷屯田郎中杜門守道以文翰爲樂太宗神主及謚寶篆文皆詔中正書之嘗以大小篆八分三體書孝經摹石咸平三年表上之眞宗召見便殿賜坐問所書幾許時中正曰臣寫此書十五年方成上嘉歎良久賜金紫命藏於祕閣時乾州獻古銅鼎狀方而四足上有古文二十一字人莫能曉命中正與杜鎬詳驗以聞援據甚悉五年卒年七十四中正喜藏書家無餘財子希古希仲並進士及第希仲太常博士蜀人又有孫逢吉林罕逢常爲蜀國子毛詩博士檢校刊刻石經罕亦善文字之學嘗著說文二十篇目曰林氏小說刻石蜀中

曾致堯字正臣撫州南豐人太平興國八年進士解褐符離主簿梁州錄事參軍三遷著作佐郎直史館改祕書丞出爲兩浙轉運使嘗上言去歲所部秋租惟湖州一郡督納及期而蘇常潤三州悉有逋負請各按賞罰太宗以江淮頻年水災蘇常特甚所言刻薄不可行詔戒致堯毋擾俄徙知壽州轉太常博士致堯性剛率好言事前後屢上章奏辭多激訐眞宗卽位遷主客員外郎判鹽鐵勾院張齊賢薦其材任詞職命翰林試制誥旣而以輿議未允而罷李繼遷擾西鄙靈武危急命張齊賢爲涇原邠寧環慶等州經略使選致堯爲判官仍遷戶部員外郎旣受命因抗疏自陳願不受章紱之賜詞旨狂躁詔御史府鞫其罪黜爲黃州副使奪金紫未幾復舊官改吏部員外郎歷知泰泉蘇揚鄂五州大中祥符初遷禮部郎中坐知揚州日冒請一月奉降掌昇州推酤轉戶部郎中五年卒年六十六致堯頗好纂錄所著有僊鳧羽翼三十卷廣中台志八十卷淸邊前要三十卷西陲要紀十卷爲臣要紀一十五篇子易從易占皆登進士第

刁衎字元賓昇州人父彥能仕南唐爲昭武軍節度衎用蔭爲祕書郎集賢校理衣五品服以文翰入侍甚被親昵李煜嘗令直淸輝殿閱中外章奏金陵平從煜歸宋太祖賜緋魚授太常寺太祝稱疾假滿屏居輦下者數歲太平興國初李昉扈蒙在翰林勉其出仕因撰聖德頌獻之詔復本官出知睦州桐廬縣會詔羣臣言事衎上諫刑書謂淫刑酷法非律文所載者望詔天下悉禁止之巡檢使臣捕得盜賊亾卒並送本部法官訊鞫無得擅加酷虐古者投姦凶於四裔今遠方囚人盡歸京闕以配務役最非其宜且神臯勝地天子所居豈使流囚於此聚役自今外處罪人望勿許解送上京亦不留於諸務充役又禮曰刑人於市與衆棄之則知黃屋紫宸之中非用刑行法之處望自今御前不行決罰之刑殿前引見司鉗黥法具並赴御史臺廷尉之獄敕杖不以大小皆引赴御史廷尉京府或出中使或命法官具禮監科以重聖皇明刑慎法之意或有犯刼盜亾命罪重者刖足釘身國門布令此乃小民昧於刑憲逼於衣食偶然爲惡義不及他被其慘毒實傷風化亦望減除其法如此則人情不駭各固其生和氣無傷必臻上瑞再遷大理寺丞獻文四十篇召試授殿中丞通判湖州上疏請定天下酒稅額修郡縣城隍條約牧宰除兩浙丁身錢禁汴水流屍凡五事俄知婺州遷國子博士會考校百官殿最衎被召以無過得知光州就改虞部員外郎轉運使狀其政績優詔嘉獎徙知廬州眞宗卽位遷比部員外郎嘗上疏曰臣聞天下大器也羣生衆畜也治大器者執一以正其度保衆畜者齊化以臻其原故至人謂莫神於天莫富於地莫大於帝王又曰帝王乘地而總萬物以用人也則知萬乘之尊一人之位等天地之覆燾若日月之照臨可不愼思慮以安民繫慘舒而被物所以堯舜篤善道以垂化而民謂之所天桀紂懷凶德以害世而民謂之獨夫則君之於民善惡有如是之驗民之於君毀譽有如是之異陛下纂圖玆始布政惟新所宜上順天心下從人欲進善以去惡避毀而求譽遵唐虞之治斥辛癸之亂私賞無及於小人私罰無施於君子任賢勿貳去邪勿疑開諫諍之門塞讒佞之口愛而知其惡憎而知其善無以春秋鼎盛而耽於逸游無以血氣方剛而惑於聲色若太祖之勤儉若太宗之惠慈答天地數錫之意保祖宗艱難之業則周成漢文三宗之美不可同年而議擬也代還獻所著本說十卷得以本官充祕閣校理出知潁州入爲比部員外郎改直祕閣充崇文院檢討時杜鎬陳彭年並預檢討衎言此二人可專其任詔許解職判三司開拆司預修冊府元龜加主客郎中求領外任得知湖州轉刑部郎中歲滿復預編修大中祥符六年書成授兵部郎中入朝暴中風眩眞宗遣使馳賜金丹已不救年六十九衎始仕李氏權勢甚盛父爲藩帥家富於財被服飲膳極於侈靡歸宋以純澹夷雅知名於時恬於祿位善談笑喜棊奕交道敦篤士大夫多推重之子湛湜渭皆登進士第湛刑部郎中湜屯田員外渭太常博士湛子繹約天聖中並進士及第

姚鉉字寶之廬州合肥人太平興國八年進士甲科解褐大理評事知潭州湘鄉縣三遷殿中丞通判簡宣昇三州淳化五年直史館侍宴內苑應制賦賞花釣魚詩特被嘉賞翌日命中使就第賜白金以獎之至道初遷太常丞充京西轉運使歷右正言右司諫河東轉運使俄上言曰伏見諸路官吏或彊明涖事惠愛及民者則必立條教除其煩擾然猾胥之輩非其所便候其罷官悉藏記籍害公蠹政莫甚於此禮云其人存則其政舉其人亾則其政息又語曰舊令尹之政必告新令尹斯實聖人之格言國家之急務也欲望所在官吏有經畫利濟事可長久者歲終書歷受代日錄付新官俾之遵守若事有灼然匪便聽上聞俟報改正詔從之咸平三年河決鄆州王陵埽東南注鉅野又淮西城中積水壞廬舍以鉉知州事徙州於汶陽鄉之高原委以營度許便宜從事工畢加起居舍人京東轉運使徙兩浙路鉉雋爽頗尚氣薛映知杭州與之不協事多矛盾映摭鉉罪狀數條密以聞詔使劾之當奪一官特除名貶連州文學吉州之萬安抵虔江有贑石舟行其中湍險萬狀鉉過感而賦之以自況大中祥符五年會赦移岳州又移舒州俄授本州團練副使天禧四年卒年五十三鉉文詞敏麗善筆札藏書至多頗有異本兩浙課吏寫書亦薛映所摘之一事雖被竄斥猶傭夫荷擔以自隨有集二十卷又采唐人文章纂爲百卷目曰文粹卒後子嗣復以其書上獻詔藏內府授嗣復永城主簿幼子稱俊頴美秀頗善屬辭裁十歲卒鉉紀其事爲聰悟錄人多傳之

李建中字得中其先京兆人曾祖逢唐左衞兵曹參軍祖稠梁商州刺史辟地入蜀會王建僭據稠預佐命功臣左衞將軍建中幼好學十四丁外艱會蜀平侍母居洛陽聚學以自給攜文遊京師爲王祐所延譽館於石熙載之第熙載厚待之太平興國八年進士甲科解褐大理評事知岳州錄事參軍轉運使李惟淸薦其能再遷著作佐郎監潭州茶場改殿中丞歷通判道郢二州柴成務領漕運再表稱薦轉太常博士時言事者多以權利進建中表陳時政利害序王霸之略太宗嘉賞因引對便殿賜以緋魚會考課京朝官建中舊坐公累罰金漏其事坐降授殿中丞監在京榷易務蘇易簡方被恩顧多得對嘗言蜀中文士因及建中太宗亦素知之命直昭文館建中父名昭文懇辭改集賢院數月出爲兩浙轉運副使再遷主客員外郎歷通判河南府知曹解潁蔡四州景德中以久次進金部員外郎建中性簡靜風神雅秀恬於榮利前後三求掌西京留司御史臺尤愛洛中風土就構園池號曰靜居好吟詠每遊山水多留題自稱巖夫民伯加司封員外郎工部郎中建中善修養之術會命官校定道藏建中預焉又判太府寺大中祥符五年冬命使泗州奉御製汴水發願文就致設醮使還得疾明年卒年六十九建中善書札行筆尤工多構新體草隸篆籀八分亦妙人多摹習爭取以爲楷法嘗手寫郭忠恕汗簡集以獻皆科斗文字有詔嘉獎好古勤學多藏古器名畫有集三十卷子周道周士並進士及第周士歷侍御史江東陝西轉運三司鹽鐵判官賜金紫終工部郎中周民太子中舍

洪湛字惟淸昇州上元人曾祖勳南唐崇文館直學士祖壽桐城令父慶元獻書李煜授奉禮郎補新淦令歸宋至寃句令湛幼好學五歲能爲詩未冠錄所著十卷爲齠年集舉進士有聲雍熙二年廷試已落復試擢眞高等解褐歸德軍節度推官召還授右拾遺直史館端拱初通判壽許二州歸宋與左正言尹黃裳馮拯右正言王世則宋沆伏閤請立許王元僖爲儲貳詞意狂率太宗怒時沆坐呂蒙正親黨已出爲宜州團練副使上因語近臣曰儲副邦國之本朕豈不知但近臣澆薄若立太子卽東宮僚屬皆須稱臣官職聯次與上臺無異人情深所不安此事朕自有時爾湛坐削職出知容州黃裳知邕州拯知端州沆知靖州世則知蒙州容之成卒謀竊發者湛偵知亟斬之再遷比部員外郎知郴舒

二州咸平二年召還命試舍人院復直史館是秋命與
閤門祗候韓紹輝使荆湖按視民事條奏利病甚衆還
判三司都磨勘司又與王欽若同知貢舉未幾同修起
居注時議城綏州邊臣互言利害遣湛與閤門祗候程
順奇同往按視湛言城之利有七而害有二遂詔營葺
終以勞人罷之湛美風儀俊辯有材幹凡五使西北議
邊要眞宗有意擢任顧遇甚厚曲宴苑中賦賞詩不移
晷以獻深被褒賞五年春有河陰民常德方訟臨津尉
任懿納賂登第事下御史臺鞫得懿欵云咸平二年補
太學生寓僧仁雅舍因仁雅求院之主僧惠泰爲道地
署紙許銀七鋌仁雅惠泰隱其二易爲五鋌惠泰素識
王欽若已在貢院乃因館客寗文德僕夫徐興納署紙
於欽若妻李李密召家僕祁睿書懿名於左臂幷口傳
許賂之數入省告欽若及懿過五揭睿復持湯飲至省
欽若遣睿語李令取其銀懿未卽與旣而懿預奏名授
官未行丁內艱還鄉里仁雅馳書索銀形於詛罵德方
者賣卜縣市獲其書以告中丞趙昌言具其事奏白請
逮欽若屬吏先是欽若爲亳州判官睿其廳幹及代歸
以睿從行而未除州之役籍及貢舉事畢會州人張績
還鄉行服託爲睿去籍名至是欽若訴云睿休役之後
始傭於家而惠泰未嘗及門欽若方被寵顧乃詔翰林
侍讀學士邢昺內侍副都知閻承翰幷驛召知曹州邊
肅知許州毋賓古就太常寺別鞫懿易欵云有妻兄張
駕舉進士識湛懿亦與駕同造湛門嘗以石榴二百枚
木炭百秤饋之懿之輸銀也但憑二僧達一主司實不
知誰何迺以爲湛納其銀湛適使陝西中途召還時張
駕已死寗文德徐興悉遁去欽若近參機務門下僕使
多新募至不識惠泰故無與左證又固執知舉時未有
祁睿遂以湛受銀法當死特詔削籍流儋州懿杖脊配
隸忠靖軍惠泰坐受簡札及隱銀未入己以年七十餘
當贖銅八斤特杖一百黥面配商州坑冶仁雅杖脊配
隸郢州牢城而不窮用銀之端初王旦與欽若知舉出
拜樞密副使以湛代領其事湛之入貢院懿已試第三
場畢及官收湛贓家實無物湛素與梁顥善或假顥白
金器乃取以輸官六年會赦移惠州至化州調馬驛卒
年四十一湛時一子偕行甚幼州以聞特詔賜錢二萬
官爲護喪還揚州因詔命官配流嶺外而沒者悉給緡
錢聽其歸葬如親屬幼穉者所在遣牙校部送之湛有
集十卷子鼎大中祥符四年進士至度支員外郎直史
館鹽鐵判官

路振字子發永州祁陽人唐相巖之四世孫巖貶死嶺
外其子琛避地湘潭間遂居焉振父洵美事馬希杲署
連州從事謝病終於家振幼穎悟五歲誦孝經論語十
歲聽講陰符裁百言而止洵美責之俾終其業振日百
言演道足矣餘何必學洵美大奇之十二丁外艱母氏
慮其廢業日加誨激雖隆冬盛暑未始有懈淳化中舉
進士太宗以詞場之弊多事輕淺不能該貫古道因試
卮言日出賦觀其學術時就試者凡數百人咸聘眙忘
其所出雖當時馳聲場屋者亦有難色振寒素遊京師
人罕知者所作賦尤爲典贍太宗甚嘉之擢寘甲科釋
褐大理寺評事通判邠州徙徐州召還直史館復遣之
任選太子中允知濱州一日契丹至城下兵少民相恐
衆謂振文吏無戰禦方畧環聚而泣振乃親加撫諭且
以敵盛不可與爭鋒宜堅壁自守數日契丹引去轉運
使劉綜稱其能詔書褒美常作祭戰馬文曰咸平中契
丹犯高陽關執大將康保裔畧河朔而去天子幸魏特
遣將王榮以五千騎追之榮無將材但能走馬以馳射
爲事受命恇怯數日不敢行伺賊渡河而後發有剽淄
齊者數千騎尚屯泥沽榮不欲見敵遂以其騎略河南
岸而還晝夜急騎馬不秣而道斃者十有四五天子憫
之遣使收瘞焉因作祭文曰房駟之精降爲驪騂飲泉
呀風流沙激霆虎脊孤聳龍媒驁獰丹髦曉霞的顙秋
星茀方著幹宜乘旋膺蹩臚角起方背珠明爾其絕塞
草荒八月隕霜毛縮蹄堅筋舒脈張獸惡恐噬虬獰欲
驟噴沙散沫千里飛雪圍人負緋武士索鐵前遮後突
雷動地裂忽挽一而制百終伏擒而受紲牧官劬劬歲
入券書蹄躈纍纍通乎鬼區名騶大駁銜尾入塞勞其
酋長飾以駔儈蜀錦吳繒積如丘陵馬歸於我也重幣
入於彼也輕於是格黃金之羈浴天池之波鼓鬣雲衢
弄影星河或蹀而嚙或齅而吪原壤申禁驅駿何多帝
念神物來經遠道閔之於內殿養之於外皁飲以玉池
秣之瑤草窮冬邊塵入我河潛羽書宵飛龍馭北巡還
仗下之名馬屬閫外之武臣瑚戈電燭禁旅星陳授以
長策帥以全軍壯士怒兮山可擘猛馬哮兮虎可咋何
嚶喈之無勇反遷延而避敵冰霜淒淒介甲而馳不飲
不秣載渴載飢駿馬餒死行人嗟咨委天骨於衢路反
星精於雲霧報主恩之無及齊戎力而何謀生芻致祭
弊帷成禮瘞爾崇岡全爾具體馬如有神知帝之仁嗚
呼又以西兵未弭入判大理寺改太常丞知河中府徙
知鄧州代還判吏部南曹三司催欠憑由司景德中使
福建巡撫俄判鼓司登聞院會修兩朝國史以振爲編
修官大中祥符初使契丹撰乘軺錄以獻改太常博士
左司諫擢知制誥振文詞溫麗屢奏賦頌爲名輩所稱
尤長詩詠多警句及居文翰之職深愜物議自是彌加
精厲從祀亳時同職分局掌事振獨直行在專典綸
翰屢奏塡委應用無滯時推其敏贍七年同修起居注
張復崔遵度以書事誤失降秩擇振與夏竦代之嗜酒
得疾其冬卒年五十八錄其子綸爲太常寺奉禮郎振
純厚無城府恂恂如也時人惜其登用之晚有集二十
卷又嘗采五代末九國君臣行事作世家列傳書未成
而卒

崔遵度字堅白本江陵人後徙淄州之淄川純介好學
始七歲授經於叔父憲嘗以春秋編年史漢紀傳之例
問於憲憲曰此見他日成令名矣太平興國八年舉進
士解褐和州主簿攝臨汾饋芻糧三抵綏州涉無定河
河沙與水混流無定跡陷溺相繼遵度憫之著銘以紀
焉端拱初轉運副使夏侯濤上其勤狀召歸對便坐因
獻文自薦時新建祕閣命中書試作頌一首擢著作佐
郎淳化中吏部侍郎李至薦之遷殿中丞出知忠州李
順之亂賊遣其黨張餘來攻遵度領甲士百餘背城而
戰賊踰堞以入遵度投江中賴州兵援之得免坐失城
池貶崇陽令移鹿邑咸平初復爲太子中允景德初內
出遵度名引對崇政殿詔索所著文召試舍人院改太
常丞直史館會修兩朝國史與路振並爲編修官大中
祥符元年命同修起居注東封進博士祀汾陰是歲眞
宗以兩省官絕少故因覃慶選補之命爲左司諫遵度
與物無競口不言是非淳澹清素於勢利泊如也掌右
史十餘歲立墀上常退匿楹間慮上之見善鼓琴得其
深趣所僦舍甚湫隘有小閣手植竹數本朝退默坐其
上彈琴獨酌翛然自適常著琴箋云世之言琴者必曰
長三尺六寸象期之日十三徽象期之月居中者象閏
前世未有辨者至唐協律郎劉貺以樂器配諸節候而
謂琴爲夏至之音至於泛聲卒無述者愚嘗病之因張
弓附案泛其弦而十三徽聲具焉況琴瑟之弦乎是知
非所謂象者蓋天地自然之節耳又豈止夏至之音而
已夫易有太極是生兩儀兩儀者太極之節也四時者
兩儀之節也律呂者四時之節也晝夜者律呂之節也
刻漏者晝夜之節也節節相受自細至大而歲成焉既
不可使之節亦不可使之不節氣之自然者也氣既節
矣聲同則應旣不可使之應亦不可使之不應數之自
然者也既節且應則天地之交成矣文之義也或任形
而著或假物而彰日星文乎上山川理乎下動物植物
花者節者五色具矣斯任形者也至於人常有五性而
不著以事觀之然後著日常有五色而不見以水觀之
然後見氣常有五音而不聞以弦攷之然後聞斯假物
者也是故聖人不能作易而能知自然之數不能作琴
而能知自然之節何則數本於一而成於三因而重之
故易六畫而成卦及其應也一必於四二必於五三必
於六焉氣氣相召其應也必矣卦旣畫矣故畫琴焉始
以一弦泛桐當其節則淸然而號不當其節則泯然無
聲豈人力也哉且徽有十三而居中者爲一自中而左
泛有三焉又右泛有三焉其聲殺而已絃盡則聲減及
其應也一必於四二必於五三必於六焉節節相召其
應也必矣易之書也偶三爲六三才之配具焉萬物由
之而出雖曰六畫及其數也止三而已矣琴之畫也偶
六而根於一一鐘者道之所生也在數爲一在律爲黃
在音爲宮在木爲根在四體爲心衆徽由之而生雖曰
十三及其節也止三而已矣卦之德方經也蓍之德圓
緯也故萬物不能逃其象徽三其節經也絃五其音緯
也故衆音不能勝其文先儒謂八音以絲爲君絲以琴
爲君愚謂琴以中徽爲君盡矣夫徽十三者蓋晝昭昭
可聞者也苟盡絃而考之乃總有二十三徽焉是一氣
也丈絃具之尺絃亦具之豈有長短大小之限哉是則
萬物本於天地天地本於太極太極之外以至於萬物
聖人本於道道本於自然自然之外以至於無爲樂本
於琴琴本於中徽中徽之外以至於無聲是知作易者
考天地之象也作琴者考天地之聲也往者藏音而未
談來者專聲而忘理琴箋之作也庶乎近之苟其闕也
請俟君子世稱其知言七年東郊建壇恭謝壇上設正
坐奉天地配坐奉二聖遵度時與張復同典記注書昊
天爲天皇又增聖祖配位坐謬誤降爲右正言復亦責
爲工部郎中踰歲並復其秩九年仁宗以壽春郡王開
府詔宰相擇耆德方正有學術之士咸曰遵度力學有
士行時稱長者遂命與張士遜並爲王友改戶部員外
郎賜服金紫又賚襲衣犀帶緡錢上作七言詩寵之因
謂左右曰翊善記室皆府屬也故王皆受拜今賓友之
禮當令答拜府中文翰皆遵度所作王讀孝經徹章復
以御詩賜之國史成拜吏部員外郎昇邸進封改禮部
郎中充諮議參軍儲宮建又加吏部兼左諭德未幾命
使契丹判司農寺遵度性寡合喜讀易嘗云意有疑則

彈琴辨其數筮易觀其象無不究也天禧四年八月卒年六十七其子拜官者二人仁宗即位特詔贈工部侍郎又授其二孫官有集二十卷

陳越字損之開封尉氏人祖守危興道令父夏虞部員外郎越少好學尤精歷代史善屬文辭氣俊拔咸平中詔舉賢良刑部侍郎郭贄薦之策入第四等解褐將作監丞通判舒州徙知端州又徙袁州未幾召還遷著作佐郎直史館掌皷司登聞院預修冊府元龜與陳從易劉筠尤爲勤職眞宗以其奉薄並命月增錢五千車駕朝陵掌留司名表時稱爲工自是兩府牋奏多命草之動貴家以銘誌爲請者甚衆遷太常丞羣牧判官祀汾陰擢爲左正言越耿槩任氣喜箴切朋友放曠盃酒間家徒壁立不以屑意然嗜酒過差每食必先引數升罕有醒日亦用是遘疾大中祥符五年卒年四十無子母老人皆傷之越兄咸嘗舉進士未第楊億杜鎬陳彭年列奏爲言眞宗憫之及冊府元龜奏御特賜咸同三傳出身故事中書章奏皆舍人爲之東封後朝廷多慶禮舍人或以他務所嬰乃擇館閣官得盛度路振劉筠夏竦宋綬泊越分撰表奏宰相嘗以名聞其後皆相次掌外制唯越不及登擢時論惜之

宋史卷四百四十一考證

徐鉉傳揚州廣陵人○臣人龍按南唐書鉉世爲會稽人父延休爲吳江都少尹遂家廣陵

宋史卷四百四十二

元中書右丞相總裁脫脫等修

列傳第二百一

文苑四

穆修　石延年附劉潛　蕭貫　蘇舜欽
尹源　黃亢　黃鑑　楊蟠
顏太初　郭忠恕

穆修字伯長鄆州人幼嗜學不事章句眞宗東封詔舉齊魯經行之士修預選賜進士出身調泰州司理參軍負才與衆齟齬通判忌之使人誣告其罪貶池州中道亾至京師叩登聞皷訴寃不報居貶所歲餘遇赦得釋迎母居京師間出遊匃以給養久之補潁州文學參軍徙蔡州明道中卒修性剛介好論斥時病詆誚權貴人欲與交結往往拒之張知白守亳亳有豪士作佛廟成知白使人召修作記記成不書士名士以白金五百遺修爲壽且求載名於記修投金庭下趣裝去郡士謝之終不受且曰吾寧糊口爲旅人終不以匪人汚吾文也宰相欲識修且將用爲學官修終不往見母死自負櫬以葬日誦孝經喪記不用浮屠爲佛事自五代文敝國初柳開始爲古文其後楊億劉筠尚聲偶之辭天下學者靡然從之修於是時獨以古文稱蘇舜欽兄弟多從之游修雖窮死然一時士大夫稱能文者必曰穆參軍慶曆中祖無擇訪得所著詩書序記誌等數十首集爲三卷

石延年字曼卿先世幽州人晉以幽州遺契丹其祖舉族南走家於宋城延年爲人跌宕任氣節讀書通大畧爲文勁健於詩最工而善書累舉進士不中眞宗錄二舉進士以爲三班奉職延年恥不就張知白素奇之謂曰母老乃擇祿耶延年不得已就命後以右班殿直改太常寺太祝知金鄉縣有治名用薦者通判乾寧軍徙永靜軍爲大理評事館閣校勘歷光祿大理寺丞上書章獻太后請還政天子太后崩范諷欲引延年延年力止之後諷敗延年坐與諷善落職通判海州久之爲祕閣校理遷太子中允同判登聞皷院嘗上言天下不識戰三十餘年請爲二邊之備不報及元昊反始思其言召見稍用其說命往河東籍鄉兵凡得十數萬時邊將遂欲以捍賊延年笑曰此得吾粗也夫不教之兵勇怯相雜若怯者見敵而動則勇者亦牽而潰矣今既不暇教宜募其敢行者則人人皆勝兵也又嘗請募人使唃厮囉及回鶻舉兵攻元昊帝嘉納之延年喜劇飲嘗與劉潛造王氏酒樓對飲終日不交一言王氏怪其飲多以爲非常人益奉美酒肴果二人飲啖自若至夕無酒色相揖而去明日都下傳王氏酒樓有二仙來飲已乃知劉石也延年雖酣放若不可攖以世務然與人論天下事是非無不當初與天章閣待制吳遵路同使河東及卒遵路言於朝廷特官其一子

劉潛字仲方曹州定陶人少卓逸有大志好爲古文以進士起家爲淄州軍事推官嘗知蓬萊縣代還過鄆州方與曼卿飲聞母暴疾亟歸母死潛一慟遂絕其妻復撫潛大號而死時人傷之曰子死於孝妻死於義同時以文學稱京東者齊州歷城有李冠舉進士不第得同三禮出身調乾寧主簿卒有東皐集二十卷

蕭貫字貫之臨江軍新喻人俊邁能文尚氣槩舉進士甲科爲大理評事通判安宿二州遷太子中允直史館仁宗即位進太常丞同判禮院歷吏部南曹開封府推官三司鹽鐵判官爲京東轉運使時提舉捉賊劉舜卿善捕盜號劉鐵彈恃功爲不法前後畏其凶悍莫敢治貫至發之廢爲民徙江東改知洪州累遷尚書刑部員外郎坐前使江東不察所部吏受賕降知饒州有撫州司法參軍孫齊者初以明法得官以其妻杜氏留里中而給娶周氏入蜀後周欲訴於官齊斷髮誓出杜氏久之又納倡陳氏挈周所生子之撫州未踰月周氏至齊捽置廡下出僞券曰若傭婢也敢爾邪乃殺其所生子周訴於州及轉運使皆不受人或告之曰得知饒州蕭使君者訴之事當白矣周氏以布衣書姓名乞食道上馳告貫撫非所部而貫特爲治之更赦猶編管齊濠州遷兵部員外郎召還將試知制誥會營建獻懿二皇太后陵未及試而卒貫臨事敢爲不苟合於時初感疾夢綠衣中人召至帝所賦禁中曉寒歌詞語清麗人以比唐李賀

蘇舜欽字子美參知政事易簡之孫父耆有才名嘗爲工部郎中直集賢院舜欽少慷慨有大志狀貌怪偉當天聖中學者爲文多病偶對獨舜欽與河南穆修好爲古文歌詩一時豪俊多從之游初以父任補太廟齋郎調滎陽縣尉玉清昭應宮災舜欽年二十一詣登聞皷院上疏曰烈士不避鈇鉞而進諫明君不諱過失而納忠是以懷策者必吐上前蓄寃者無至腹誹然言之難不如容之難容之難不如行之難有言之必容之行之則三代之主也幸陛下留聽焉臣觀今歲自春徂夏霖雨陰晦未嘗少止農田被菑者幾於十九臣以謂任用失人政令多過賞罰弗中之所召也天之降災欲悟陛下而大臣歸咎於刑獄之濫陛下聽之故肆赦天下以爲禳救如此則是殺人者不死傷人者不抵罪而欲以合天意也古者斷決滯訟以平水旱不聞用赦故赦下之後陰雨及今前志曰積陰生陽陽生火災見焉乘夏之氣發洩於玉清宮震雨雜下烈焰四起樓觀萬疊數刻而盡非慢於火備乃天之垂戒也陛下當降服減膳避正寢責躬罪己下哀痛之詔罷非業之作拯失職之民察輔弼及左右無裨國體者罷之竊弄權威者去之念政刑之失收芻蕘之論庶幾所以變災爲祐浹日之間未聞爲此而將計工役以圖修復都下之人聞者駭惑聚首橫議咸謂非宜皆曰章聖皇帝勤儉十餘年天下富庶帑府流衍乃作斯宮及其畢工海內虛竭陛下即位未及十年數遭水旱雖征賦減入而百姓困乏若大興土木則費用不知紀極財力耗於內百姓勞於下內耗下勞何以爲國況天災之已違之是欲競天無省己之意逆天不祥安己難任欲祈厚貺其可得乎今爲陛下計莫若求吉士去佞人修德以勤至治使百姓足給而征稅寬減則可以謝天意而安民情矣夫賢君見變修道除凶亂世無象天不譴告今幸天見之變是陛下修己之日豈可忽哉昔漢宣帝三年茂陵白鶴館災詔曰迺者火災降於孝武園館朕戰慄恐懼不燭變異罪在朕躬羣有司又不肯極言朕過以至於斯將何寤焉夫茂陵不及上都白鶴館又不及此宮彼尚降詔四方以求己過是知帝王憂危念治汲汲如此臣又按五行志賢佞分別官人有敘率由舊章禮重功勳則火得其性若信道不篤或耀虛僞讒夫昌邪勝正則火失其性自上而降及濫炎妄起燔宗廟燒宮室雖興師徒而不能救魯成公三年新宮災劉向謂成公信三桓子孫之讒逐父臣之應襄公九年春宋火劉向謂宋公聽讒逐其大夫華弱奔魯之應今宮災豈亦有是乎願陛下拱默內省而追革之罷再造之勞遮前世之法天下之幸也又上書曰歷觀前代聖神之君好聞讜議蓋以四海至遠民有隱慝不可以徧照故無間愚賤之言而擇用之然後朝無遺政物無遁情雖有佞臣邪謀莫得而進也臣覩乙亥詔書戒越職言事播告四方無不驚惑往往竊議恐非出陛下之意蓋陛下即位以來屢詔羣下勤求直言使百僚轉對置匭函設直言極諫科今詔書頓異前事豈非大臣壅蔽陛下聰明杜塞忠良之口不惟虧損朝政實亦自取覆亾之道夫納善進賢宰相之事蔽君自任未或不亾今諫官御史悉出其門但希旨意即獲美官多士盈庭噤不得語陛下拱默何由盡聞天下之事乎前孔道輔范仲淹剛直不撓致位臺諫後雖改他官不忘獻納二臣者非不知緘口數年坐得卿輔蓋不敢負陛下委注之意而皆羅中傷竄謫而去使正臣奪氣鯁士咋舌目覩時弊而不敢論昔晉侯問叔向曰國家之患孰爲大對曰大臣持祿而不極諫小臣畏罪而不敢言下情不能上通此患之大者故漢文感女子之說而肉刑是除武帝聽三老之議而江充以族肉刑古法江充近臣女子三老愚耄疏隔之至也蓋

以義之所在賤不可忽二君從之後世稱聖況國家班設爵位列陳豪英故當責其公忠安可教之循默賞之使諫尚恐不言罪其敢言孰肯獻納物情閉塞上位孤危軫念於茲可爲驚怛覬望陛下發德音寢前詔勤於采納下及芻蕘可以常守隆平保全近輔尋舉進士改光祿寺主簿知長垣縣遷大理評事監在京店宅務康定中河東地震舜欽詣匭通疏曰臣聞河東地大震裂涌水壞屋廬城堞殺民畜幾十萬歷旬不止始聞惶駭疑惑竊思自編策所紀前代衰微喪亂之世亦嘗有此大變今四聖接統內外平寧戎夷交歡兵革偃息固與夫衰微喪亂之世異何災變之作反過之耶且妖祥之興神實尸之各以類告未嘗妄也天人之應古今之鑒大可恐懼豈王者安於逸豫信任近臣而不省政事乎廟堂之上有非才苟祿竊弄威福而侵上事者乎又豈施設之政有不便民者乎深宮之中有陰教不謹以媢道進者乎西北羌夷有背盟犯順之心乎臣從遠方來不知近事心疑而口不敢道也所怪者朝廷見此大異不修闕政以厭天戒安民心默然不恤如無事之時諫官御史不聞進牘鋪白災害之端以開上心然民情洶洶聚首横議咸有憂悸之色臣世受君祿身齒國命涵濡惠澤以長此軀目覩心思驚怛流汗欲盡吐肝膽以拜封奏又見范仲淹以剛直忤姦臣言不用而身竄前降詔天下不許越職言事臣不避權右必恐横罹中傷無補於國因自悲嗟不知所措既而孟春之初雷震暴作臣以謂國家闕失衆臣莫敢爲陛下言者唯天丁寧以告陛下果能沛發明詔許羣臣皆得獻言臣初聞之踊躍忻忭旬月間頗有言事者其間豈無切中時病而未聞朝廷舉而行之是亦收虛言而不根實效也臣聞唯誠可以應天唯實可以安民今應天不以誠安民不以實徒布空文增人太息耳將何以謝神靈而救弊亂也豈大臣蒙蔽天聽不爲陛下行之豈言事迂闊無所取不足行也臣竊見紀綱隳敗政化闕失其事甚衆不可槩舉謹條大者二事以聞一曰正心夫治國如治家治家者先修己修己者先正心心正則神明集而萬務理今民間傳陛下比年稍邇俳優賤人燕樂踰節賜予過度燕樂踰節則蕩賜予過度則侈蕩則政事不親侈則用度不足臣竊觀國史見祖宗日視朝旰昃方罷猶坐於後苑門有白事者立得召對委曲詢訪小善必納眞宗末年不豫始間日視事今陛下春秋鼎盛實宵衣旰食求治之秋而乃隔日御殿此政事不親也又府庫匱竭民鮮蓋藏誅斂科率殆無虛日計度經費二十倍於祖宗時此用度不足也政事不親用度不足誠國大憂臣望陛下修己以御人洗心以鑒物勤聽斷舍燕安放棄優諧近習之纖人親近剛明鯁直之良士因此災變以思永圖則天下幸甚其二曰擇賢夫明主勞於求賢而逸於任使然盈庭之士不須盡擇在擇一二輔臣及御史諫官而已陛下用人尚未愼擇昨王隨自吏部侍郎遷門下侍郎平章事超越十資復爲上相此乃非常之恩必待非常之才而隨虛庸邪諂非輔相之器降麻之後物論沸騰故疾纏其身災仍於國此亦天意愛惜我朝陛下鑒之哉且石中立頃在朝行以詼諧自任士人或有宴集必置席間聽其語言以資笑噱今處之近輔不聞嘉謀物望甚輕人情所忽使災害屢降而朝廷不尊蓋近臣多非才者陛下左右尚如此天下官吏可知也實恐遠人輕笑中國宜卽行罷免別選賢才又張觀爲御史中丞高若訥爲司諫二人者皆登高第頗以文詞進而溫和軟懦無剛鯁敢言之氣斯皆執政引拔建置欲其愼默不敢舉揚其私時有所言則必暗相關說旁人窺之甚可笑也故御史諫官之在臣欲陛下親擇之不令出執政門下臺諫官既得其人則近臣不敢爲過乃馭下之策也臣以謂陛下身旣勤儉輔弼臺諫又皆得人則天下何憂不治災異何由而生惟陛下少留意焉范仲淹薦其才召試爲集賢校理監進奏院舜欽娶宰相杜衍女衍時與仲淹富弼在政府多引用一時聞人欲更張庶事御史中丞王拱辰等不便其所爲會進奏院祠神舜欽與右班殿直劉巽輒用鬻故紙公錢召妓樂閒多會賓客拱辰廉得之諷其屬魚周詢等劾奏因欲搖動衍事下開封府劾治於是舜欽與巽俱坐自盜除名同時會者皆知名士因緣得罪逐出四方者十餘人世以爲過薄而拱辰等方自喜曰吾一舉網盡矣舜欽既放廢寓於吳中其友人韓維責以世居京師而去離都下隔絕親交舜欽報書曰蒙開責以兄弟在京師不以義相就獨羈外數千里自取愁苦子豈無親戚之情豈不知會合之樂也安肯舍安逸而甘愁苦哉昨在京師不敢犯人顏色不敢議論時事隨衆上下心志蟠屈不開固亦極矣不幸適在嫌疑之地不能決然早自引去致不測之禍捽去下吏人無敢言友讐一波共起謗議被廢之後喧然未已更欲寘之死地然後爲快來者往往鉤賾言語欲以傳播好意相恤者幾希矣故閉戶不敢與相見如避兵寇偷俗如此安可久居其間遂超然遠舉羈泊於江湖之上不惟衣食之累實亦少避機穽也況血屬之多資入之薄持國見之矣常相團聚可乏衣食乎不可也可閉關常不與人接乎不可也與人接必與之言與之言必與之還往使人人皆如持國則可不迨持國者必加釀惡言喧布上下使僕不能自明則前日之事未爲重也都無此事亦終日勞苦應接之不暇寒暑奔走塵土泥淖中不能了人事羸馬饑僕日棲棲取辱於都城使人指背譏笑哀閔亦何顏面安得不謂之愁苦哉此雖與兄弟親戚相遠而伏臘稍足居室稍寬無終日應接奔走之勞耳目清曠不設機關以待人心安閒而體舒放三商而眠高舂而起靜院明窓之下羅列圖史琴樽以自愉悅有興則泛小舟出盤閶二門吟嘯覽古於江山之間渚茶野釀足以消憂蓴鱸稻蟹足以適口又多高僧隱君子佛廟勝絕家有園林珍花奇石曲池高臺魚鳥留連不覺日暮昔孔子作春秋而夷吳又曰吾欲居九夷觀今之風俗樂善好事知予守道好學皆欣然願來過從不以罪人相遇雖孔子復生是亦必欲居此也以彼此較之孰爲然哉人生內有自得外有所適固亦樂矣何必高位厚祿役人以自奉養然後爲樂今雖僑此亦如仕宦南北安可與親戚常相守耶予窘迫勢不得如持國意必使我尸轉溝洫肉餧豺虎而後以爲安所義何其忍耶詩曰凡今之人莫如兄弟兄弟以恩急難必相拯救後章曰喪亂既平既安且寧雖有兄弟不如友生謂友朋尚義安寧之時以禮義相琢磨子於持國外兄弟也急難不相救又於未安寧之際欲以義相琢刻雖古人所不能受予欲不報慮淺吾持國也二年得湖州長史卒舜欽數上書論朝廷事在蘇州買水石作滄浪亭益讀書時發憤懣於歌詩其體豪放往往驚人善草書每酣酒落筆爭爲人所傳及謫死世尤惜之妻杜氏有賢行兄舜元字子翁爲人精悍任氣節爲歌詩亦豪健尤善草書舜欽不能及官至尚書度支員外郎三司度支判官

尹源字子漸少博學彊記與弟洙皆以文學知名洙議論明辨果於有爲源自晦不矜飾有所發卽過人初以祖蔭補三班借職稍遷殿直舉進士爲奉禮郎累遷太常博士歷知芮城河陽新鄭三縣通判涇州時知滄州劉渙坐專斬部卒降知密州源上書言渙爲主將部卒有罪不伏笞輒呼萬歲渙斬之不爲過以此譴渙臣恐邊兵愈驕輕視主將所繫非輕也渙遂獲免嘗作唐說及敘兵十篇上之其唐說曰世言唐所以亡由諸侯之彊此未極於理夫弱唐者諸侯也唐既弱矣而久不亡者諸侯維之也燕趙魏首亂唐制專地而治若古之建國此諸侯之雄者然皆恃唐爲輕重何則假王命以相制則易而順唐雖病之亦不得而外焉故河北順而聽命則天下爲亂者不能遂其亂河北不順而變則姦雄或附而起德宗世朱泚李希烈始遂其僭而終敗亡田悅叛於前武俊順於後也憲宗討蜀平夏誅蔡夷鄆兵連四方而亂不生卒成中興之功者田氏稟命王承宗歸國也武宗將討劉稹之叛先正三鎭絕其連衡之計而王誅以成如是二百年姦臣逆子專國命者有之夷將相者有之而不敢窺神器非力不足畏諸侯之勢也及廣明之後關東無復唐有方鎭相侵伐者猶以王室爲名及梁祖舉河南劉仁恭輕戰而敗羅氏內附王鎔請盟於時河北之事去矣梁人一舉而代唐有國諸侯莫能與之爭其勢然也向使以僖昭之弱乘巢蔡之亂而田乘嗣守魏王武俊朱滔據趙燕彊相均地相屬其勢宜莫敢先動況非義舉乎如此雖梁祖之暴不過取霸於一方耳安能彊禪天下故唐之弱者以河北之彊也唐之亡者以河北之弱也或曰諸侯彊則分天子之勢子何議之過乎曰秦隋之勢無分於諸侯而亡速於唐何如哉或曰唐之亡其由君失道乎曰君非失道而才不至焉爾其亡也臣實主之請極其說唐太宗起艱難有天下其用臣也聽其言而盡其才故君臣相親而至治安以及後世視太宗由茲而興雖其聖不及而任臣納諫之心一也君有太宗之心臣非太宗之臣上聽其下或不辨其姦下惑其上無所不至所以敗也何哉夫君一臣衆大聖之君不相繼而出大姦之臣則世有之大聖在上則姦無所容其臣莫不賢苟君之才不能勝臣之姦則雖有賢者不能進矣如是然未至於失道猶失道也明皇非不欲天下如貞觀之治而馭臣之才不能勝林甫之姦於是有祿山之禍德宗非不欲平暴亂安四方而君人之術不能勝盧杞之邪於是有朱泚之變以至於僖昭其心皆欲去亂而卽治也而才不逮於明皇德宗輔臣之姦邪或過於林甫盧杞求國不亡安可得已然迹其事君豈有失道乎於時天下非無賢由君不能主聽也故至賢之主與夫失道之主其興其亡皆自取之此繫乎君者也中才之主其臣正勝邪則治而安邪勝正則亂而亡此繫乎臣者也然則唐之亡非君之爲臣之爲也其敘兵曰唐杜牧當會昌中河朔用兵嘗爲文數篇上論歷代軍事利害繼以本朝制兵

用將之得失下參以當時事機牧儒者位不顯其術未嘗試然議者謂牧知兵雖古名將不能過今觀牧所著大要究極當世之務不專狃古法使時君可行而易爲功此其善也今兵之利鈍所以與唐世異者唐自中世以來諸侯皆自募兵訓練出攻入守上下一志故討淮西靑冀滄德澤潞之叛以至四征夷狄大率假外兵以集事朝廷所出神策禁軍不過爲聲援而已故所至多有功今則不然國家患前世藩鎭之彊凡天下所募驍勇一萃於京師雖瀕塞諸郡大者籍兵不踰數千每歲防秋則戍以禁兵將帥任輕而勢分軍事往往中御愚謂此可以施於無事時鎭中國服豪傑心苟戎夷侵軼未必能取勝也何則兵主於外則勇主於內則驕勇生於勞驕生於逸夫外所習尚皆彊場戰鬭勞苦之事死生之命制之於將故勇勇而使之戰則多利內兵居京師日享安逸加之以賞賚未嘗服甲冑荷戈戟不知將帥號令之嚴故驕驕而勞之則怨以之戰則多鈍若唐之失失於諸侯之不制非失於外兵之彊故有驕將罕聞有驕兵今之失失於將太輕而外兵不足以應敵內兵鮮得其用故有驕兵不聞有驕將且唐之所失者勢也今之所失者制也勢也者不得已也制者也可爲而不爲也然則爲今之計當如何曰稍革舊制大募豪勇益外兵之籍俾足以戰敵以內兵爲聲勢重邊將之任使專一軍之事而不得連州郡之勢斯可以獲近利而亾後害也餘文多不錄趙元昊寇定川堡葛懷敏發涇原兵救之源是時通判慶州遺懷敏書曰賊舉國而來其利不在城堡而兵法有不得而救者宜駐兵瓦亭擇利而後動懷敏不聽以敗范仲淹韓琦薦其才召試學士院源素不喜賦請以論易賦主試者方以賦進不悅其言第其文下除知懷州卒

黃亢字清臣建州浦城人也母夢星隕於懷掬而吞之遂有娠少奇穎過人年十五以文謁翰林學士章得象得象奇之遊錢塘以詩贈處士林逋逋尤激賞時王隨知杭州奏禁西湖爲放生池亢作詩數百言以奉士人爭傳之亢爲人侏儒不飾小節對人野率如不能言然嗜學彊記爲文詞奇偉卒鄉人類其文爲十二卷號東溪集

黃鑑字唐卿與亢同鄉里少敏慧過人舉進士補桂陽監判官爲國子監直講同郡楊億尤善其文詞延置門下由是知名累遷太常博士爲國史院編修官嘗詔館閣官後苑賞花而鑑特預召國史成擢直集賢院以母老出通判蘇州卒

楊蟠字公濟章安人也舉進士爲密和二州推官歐陽修稱其詩蘇軾知杭州蟠通判州事與軾倡酬居多平生爲詩數千篇後知壽州卒

顏太初字醇之徐州彭城人顏子四十七世孫少博學有儁才慷慨好義喜爲詩多譏切時事天聖中亳州衞眞令黎德潤爲吏誣搆死獄中太初以詩發其寃覽者壯之文宣公孔聖祐卒無子除襲封且十年是時有醫許希以鍼愈仁宗疾拜賜已西向拜扁鵲曰不敢亾師也帝爲封扁鵲神應侯立祠城西太初作許希詩指聖祐事以諷在位又致書參知政事蔡齊齊爲言於上遂以聖祐弟襲封山東人范諷石延年劉潛之徒喜豪放劇飲不循禮法後生多慕之太初作東州逸黨詩孔道輔深器之太初中進士後爲莒縣尉因事忤轉運使投劾去久之補閬中主簿時范諷以罪貶同黨皆坐斥齊與道輔薦太初上其嘗所爲詩召試中書言者以爲此嘲議之詞遂報改臨晉主簿前此有太常博士宋武通判同州與守爭事恚死守憾之捃搆其子以罪發狂亦死父子寓骨僧舍時守方貴顯無敢爲直寃太初因事至同州葬武父子蘇舜欽表其事於墓左後移應天府戶曹參軍南京國子監說書卒著書號洙南子所居在鳧繹兩山之間號鳧繹處士有集十卷淳曜聯英二十卷子復嘉祐中本郡敎遣至京師召試舍人院爲奉議郎

郭忠恕字恕先河南洛陽人七歲能誦書屬文舉童子及第尤工篆籀弱冠漢湘陰公召之忠恕拂衣遽辭去周廣順中召爲宗正丞兼國子書學博士改周易博士建隆初被酒與監察御史符昭文競於朝堂御史彈奏忠恕叱臺吏奪其奏毀之坐貶爲乾州司戶參軍乘醉毆從事范滌擅離貶所削籍配隸靈武其後流落不復求仕進多游岐雍京洛間縱酒跅弛逢人無貴賤輒呼苗有佳山水卽淹留浹旬不能去或踰月不食盛暑暴露日中體不沾汗窮冬鑿河冰而浴其旁凌澌稍釋人皆異之尤善畫所圖屋室重複之狀頗極精妙多游王侯公卿家或待以美醞預張紈素倚於壁乘興卽畫之苟意不欲而固請之必怒而去得者藏以爲寶太宗卽位聞其名召赴闕授國子監主簿賜襲衣銀帶錢五萬館於太學令刊定歷代字書忠恕性無檢局放縱敗度上憐其才每優容之益使酒肆言謗讟時擅鬻官物取其直詔減死決杖流登州時太平興國二年已行至齊州臨邑謂部送吏曰我今逝矣因培地爲穴度可容其面俯窺焉而卒槀葬於道側後累月故人取其屍將改葬之其體甚輕空空然若蟬蛻焉所定古今尚書幷釋文竝行於世

宋史卷四百四十三

元　中書右丞相總裁脫脫等修

列傳第二百二

文苑五

梅堯臣　江休復　蘇洵

章望之　王逢　孫唐卿黃庠　楊寘附

唐庚兄伯虎附　文同　楊傑

賀鑄　劉涇　鮑由

黃伯思

梅堯臣字聖俞宣州宣城人侍讀學士詢從子也工爲詩以深遠古淡爲意間出奇巧初未爲人所知用詢蔭爲河南主簿錢惟演留守西京特嗟賞之爲忘年交引與酬倡一府盡傾歐陽修與爲詩文自以爲不及堯臣益刻厲精思苦學繇是知名於時宋興以詩名家爲世所傳如堯臣者蓋少也嘗語人曰凡詩意新語工得前人所未道者斯爲善矣必能狀難寫之景如在目前含不盡之意見於言外然後爲至也世以爲知言歷德興縣令知建德襄城縣監湖州稅僉書忠武鎭安判官監永豐倉大臣屢薦宜在館閣召試賜進士出身爲國子監直講累遷尙書都官員外郞預修唐書成未奏而卒錄其子一人寶元嘉祐中仁宗有事郊廟堯臣預祭輒獻歌詩又嘗上書言兵法孫子十三篇撰唐載記二十六卷毛詩小傳二十卷宛陵集四十卷堯臣家貧喜飲酒賢士大夫多從之游時載酒過門善談笑與物無忤詼嘲譏刺託於詩晚益工有人得西南夷布弓衣其織文乃堯臣詩也名重於時如此

江休復字鄰幾開封陳留人少彊學博覽爲文淳雅尤善於詩喜琴奕飲酒不以聲利爲意進士起家爲桂陽監藍山尉騎驢之官每據鞍讀書至迷失道家人求得之舉書判拔萃改大理寺丞遷殿中丞獻其所著書召試爲集賢校理判尙書刑部與蘇舜欽游坐預進奏院祠神會落職監蔡州商稅久之知奉符縣通判睦州徙廬州復集賢校理判吏部南曹登聞鼓院爲羣牧判官出知同州提點陝西路刑獄入判三司鹽鐵勾院修起居注累遷尙書刑部郞中卒休復外簡曠而內行甚飭事孀姑如母所與遊皆一時豪俊爲政簡易嘗著神告一篇言皇嗣未立假神告祖宗之意冀以感悟又嘗言昭憲太后子孫多流落民間宜甄錄之著唐宜鑒十五卷春秋世論三十卷文集二十卷

蘇洵字明允眉州眉山人年二十七始發憤爲學歲餘舉進士又舉茂才異等皆不中悉焚常所爲文閉戶益讀書遂通六經百家之說下筆頃刻數千言至和嘉祐間與其二子軾轍皆至京師翰林學士歐陽修上其所著書二十二篇旣出士大夫爭傳之一時學者競效蘇氏爲文章所著權書衡論機策文多不可悉錄錄其心術遠慮二篇心術曰爲將之道當先治心太山覆於前而色不變麋鹿興於左而目不瞬然後可以待敵凡兵上義不義雖利不動夫惟義可以怒士士以義怒可與百戰凡戰之道未戰養其財將戰養其力旣戰養其氣旣勝養其心謹烽燧嚴斥堠使耕者無所顧忌所以養其財豐犒而優游之所以養其力小勝益厲所以養其氣用人不盡其所爲所以養其心故士常蓄其怒懷其欲而不盡怒不盡則有餘勇欲不盡則有餘貪故雖幷天下而士不厭兵此黃帝所以七十戰而兵不殆也凡將欲智而嚴凡士欲愚智則不可測嚴則不可犯故士皆委己而聽命夫安得不愚夫惟士愚而後可與之皆死凡兵之動知敵之主知敵之將而後可以動於險鄧艾縋兵於穴中非劉禪之庸則百萬之師可以坐縛彼固有所侮而動也故古之賢將能以兵嘗敵而又以敵自嘗故去就可以決凡主將之道知理而後可以舉兵知勢而後可以加兵知節而後可以用兵知理則不屈知勢則不沮知節則不窮見小利不動見小患不遷小利小患不足以辱吾技也夫然後有以支大利大患夫惟養技而自愛者無敵於天下故一忍可以支百勇一靜可以制百動兵有長短敵我一也敢問吾之所長吾出而用之彼將不與吾校吾之所短吾歛而置之彼將强與吾角柰何曰吾之所短吾抗而暴之使之疑而却吾之所長吾陰而養之使之狎而墮其中此用長短之術也兵者使之無所顧有所恃無所顧則知死之不足惜有所恃則知不至於必敗尺箠當猛虎奮呼而操擊

徒手遇蜥蜴變色而却步人之情也知此者可以將矣袒裼而按劍則烏獲不敢逼冠冑衣甲據兵而寢則童子彎弓殺之矣故善用兵者以形固夫能以形固則力有餘矣遠慮曰聖人之道有經有權有機是以有民有羣臣而又有腹心之臣曰經者天下之民舉知之可也曰權者民不可得而知矣羣臣知之可也曰機者雖羣臣亦不得而知之矣腹心之臣知之可也夫使聖人無權則無以成天下之務無機則無以濟萬世之功然皆非天下之民所宜知而機者又羣臣所不得聞羣臣不得聞則誰與議不議不濟然則所謂腹心之臣者不可一日無也後世見三代取天下以仁義而守之以禮樂也則曰聖人無機夫取天下與守天下無機不能顧三代聖人之機不若後世之詐故後世不得見其有機也是以有腹心之臣禹有益湯有伊尹武王有太公望是三臣者聞天下之所不聞知羣臣之所不知禹與湯武倡其機於上而三臣者和之於下以成萬世之功下而至於桓文有管仲狐偃爲之謀主闔廬有伍員勾踐有范蠡大夫種高祖之起也大將任韓信黥布彭越裨將任曹參樊噲滕公灌嬰游說諸侯任酈生陸賈樅公至於奇機密謀羣臣所不與者惟留侯酇侯二人唐太宗之臣多奇才而委之深任之密者亦不過曰房杜夫君子爲善之心與小人爲惡之心一也君子有機以成其善小人有機以成其惡有機也雖惡亦或濟無機也雖善亦不克是故腹心之臣不可以一日無也司馬氏魏之賊也有賈充之徒爲之腹心之臣以濟陳勝吳廣秦民之湯武也無腹心之臣以不克何則無腹心之臣無機也有機而泄也夫無機與有機而泄者譬如虎豹食人而不知設陷穽設陷穽而不知以物覆其上者也或曰機者創業之君所以濟耳守成之世其奚事機而安用夫腹心之臣嗚呼守成之世能遂熙然如太古之世矣乎未也吾未見機之可去也且夫天下之變常伏於安田文所謂子少國危大臣未附當是之時而無腹心之臣可爲寒心哉昔者高祖之末天下既定矣而又以周勃遺孝惠孝文武帝之末天下既治矣而又以霍光遺孝昭孝宣蓋天下雖有泰山之勢而聖人常以累卵爲心故雖守成之世而腹心之臣不可去也傳曰百官總己以聽於冢宰彼冢宰者非腹心之臣天子安能舉天下之事委之三年不置疑於其間邪又曰五載一巡狩彼無腹心之臣五載一出捐千里之畿而誰與守邪今夫一家之中必有宗老一介之士必有密友以開心胸以濟緩急柰何天下而無腹心之臣乎近世之君抗然於上而使宰相眇然於下上下不接而其志不通矣臣視君如天之遼然而不可親而君亦如天之視人泊然無憂之之心也是以社稷之憂彼不以爲憂君憂不辱君辱不死一人譽之則用之一人毀之則捨之宰相避嫌識且不暇何暇盡心以憂社稷數遷數易視相府如傳舍百官泛泛於下而天子惸惸於上一旦有卒然之憂吾未見其不顛沛而殞越也聖人之任腹心之臣也尊之如父師愛之如兄弟執手入臥內同起居寢食知無不言言無不盡百人譽之不加密百人毀之不加疎尊其爵厚其祿重其權而後可與議天下之機慮天下之變宰相韓琦見其書善之奏於朝召試舍人院辭疾不至遂除祕書省校書郎會太常修纂建隆以來禮書乃以爲霸州文安縣主簿與陳州項城令姚闢同修禮書爲太常因革禮一百卷書成方奏未報卒賜其家嫌銀二百子軾辭所賜求贈官特贈光祿寺丞敕有司具舟載其喪歸蜀有文集二十卷謚法三卷

章望之字表民建州浦城人少孤喜問學志氣弘放爲文辯博長於議論初由伯父得象蔭爲祕書省校書郎監杭州茶庫逾年辭疾去求舉賢良方正得象在相位以嫌扼之乃上書論時政凡萬餘言不報丁母憂毀瘠過制服除浮游江淮間犯艱苦汲汲以營衣食不自悔人勸之仕不應也其兄拱之知晉江縣忤其守蔡襄怒誣以贓貶望之號泣力訴於朝時襄方貴顯事久不得直望之訴不已章十餘上起獄數年朝廷爲再劾卒脫拱之冤復官如初望之遂不復仕覃恩遷太常太祝大理評事翰林學士歐陽修韓絳知制誥吳奎劉敞范鎮同薦其才宰相欲稍用之除僉書建康軍節度判官不赴又除知烏程縣趣命受命固辭遂以光祿寺丞致仕卒望之喜議論宗孟軻言性善排荀卿揚雄韓愈李翱之說著救性七篇歐陽修論魏梁爲正統望之以爲非著明統三篇江南人李覯著禮論謂仁義智信樂刑政皆出於禮望之訂其說著禮論一篇其議論多有過人者嘗北游齊趙南汎湖湘西至汧隴東極吳會山水勝處無所不歷有歌詩雜文數百篇集爲三十卷

王逢字會之太平州當塗人其四世祖居巖仕唐爲驍衞長史遭亂棄官歸居青山楊行密據淮南使人以兵迫起之居巖散遣其家人而以一身歸行密授以湖州別駕不遣一日行密大會失居巖亟使人掩其家無一人在者其後有人於嵩山見空石室詢其旁或云有道人王居巖居此去而莫知其所終子孫仕無顯者至逢博學能屬文尤長於講說少舉進士不中去教授蘇州學者嘗數百人晚始登第補南雄州軍事判官歸爲國子監直講兼隴西郡王宅教授李瑋從學事之甚謹岐國公主既降瑋爲逢求遷官且有命逢辭不受久之以太常博士通判徐州卒逢爲人樂易篤於朋友與胡瑗最善喜著書有易傳十卷乾德指說一卷復書七卷妻陳氏亦有賢行無子

孫唐卿字希元青州人少有學行年十七以書謁韓琦琦甚器之與黃庠楊寘自景祐以來俱以進士爲舉首有名一時唐卿初中第通判陝州於吏事若素習民有母再適人而死及葬其父恨母之不得祔盜母之喪而同葬之有司論以法唐卿時權府事乃曰是知有孝而不知有法爾乃釋之以聞未幾丁父憂毀瘠嘔血而卒詔賻其家

黃庠字長善洪州分寧人博學强記超敏過人初至京師就舉國子監開封府禮部皆爲第一比引試崇政殿以疾不得入天子遣內侍即邸舍撫問賜以藥劑是時庠名聲動京師所作程文傳誦天下聞於外夷近世布衣罕比也歸江南五年以病卒

楊寘字審賢察之弟少有雋才慶曆二年舉進士京師試國子監禮部皆第一既試崇政殿帝臨軒啟封見名喜動於色謂輔臣曰楊寘也遂擢第一公卿稱賀爲得人授將作監丞通判潁州未至官持母喪病羸卒特詔賻恤其家先是其友夢寘作龍首山人寘自謂龍首我四冠多士山人無祿位之稱我其終是乎已而果然

唐庚字子西眉州丹稜人也善屬文舉進士稍爲宗子博士張商英薦其才除提舉京畿常平商英罷相庚亦坐貶安置惠州會赦復官承議郎提舉上清太平宮歸蜀道病卒年五十一庚爲文精密通於世務作名治察言閔俗存舊內前行諸篇時人稱之有文集二十卷子文若自有傳庚兄弟五人長兄瞻字望之後名伯虎字長儒治易春秋皆有家法元祐三年其父游瀘南伯虎兄弟居母喪於丹山伯虎夜半蹶庚曰吾夢收父書發之得亟來二字吾父得無他乎吾心動矣汝奉母莫朝夕吾趨瀘南庚未及應伯虎奮曰吾決矣起裹糧黎明走洪川儻舟遇江漲聲搖數十里客舟皆艤岸不敢動伯虎彷徨堤上有漁者持小艇繫港中啗以厚利不許伯虎超入艇中叱僕夫解維漁者不得已從之二日半至瀘南父果病甚見伯虎大驚問其故具告之父歎曰天告汝也是日疾少間伯虎具舟侍父以歸居數日疾復作遂卒元符二年庚以貢舉事繫獄臨邛語連伯虎臨邛并械之凡對吏逾年掠治無完膚其詞確然一不及庚以故獄久不具卒會赦除之伯虎性真率無威儀人多易之至是皆大服以爲不可及伯虎仕於四方每數年一歸不過旬日復去後卒於家有子二人

文同字與可梓州梓潼人漢文翁之後蜀人猶以石室名其家同方口秀眉以學名世操韻高潔自號笑笑先生善詩文篆隸行草飛白文彥博守成都奇之致書同曰與可襟韻洒落如晴雲秋月塵埃不到司馬光蘇軾尤敬重之軾同之從表弟也同又善畫竹初不自貴重四方之人持縑素請者足相躡於門同厭之投縑於地罵曰吾將以爲韤好事者傳之以爲口實初舉進士稍遷太常博士集賢校理知陵州又知洋州元豐初知湖州明年至陳州宛丘驛忽留不行沐浴衣冠正坐而卒崔公度嘗與同同爲館職見同京南殊無言及將別但云明日復來乎與子話公度意以話爲畫明日再往同曰與公話則左右顧恐有聽者公度方知同將有言非畫也同曰吾聞人不妄語者舌可過鼻即吐其舌三疊之如餅狀引之至眉間公度大驚及京中傳同死公度乃悟所見非生者有丹淵集四十卷行於世

楊傑字次公無爲人少有名於時舉進士元豐中官太常者數任一時禮樂之事皆預討論嘗議玉牒帝系自僖祖而上世次莫知則僖祖爲始祖無疑宜以僖祖配感生帝又請孝惠賀后淑德尹后章懷潘后皆祖宗首納之后孝章宋后嘗母儀天下升祔之禮久而未講宜因慈聖光獻崇配之日升四后神主祔於祖宗廟室斷天下之大疑正宗廟之大法由是四后始得升祔神宗詔祕書監劉几禮部侍郎范鎮議樂几請命傑同議傑言大樂七失並圖上之神宗下几鎮參定鎮不用傑議自制樂成詔褒之元豐末晉州教授陸長愈言近封孟軻鄒國公宜春秋釋奠與顏子並配下太常議傑與少卿葉均博士盛陶王古辛公佐以謂凡配享從祀皆孔子同時之人今以孟軻並配非是禮部復言自唐至今以伏勝高堂生等二十一賢從祀豈必同時人詔從禮議哲宗即位議樂又用范鎮說傑復破鎮樂章曲名宮架加磬十六鐘磬之非又論鎮以黑黍用秬制律銅量卯之不合黃鐘以世無真黍用太府尺爲樂尺下舊樂三律詳具樂志傑在神宗時與鎮異議至是復攻之鎮之樂律卒不用元祐中爲禮部員外郎出潤州除兩浙

提點刑獄卒年七十自號無爲子有文集二十餘卷樂記五卷

賀鑄字方回衞州人孝惠皇后之族孫長七尺面鐵色眉目聳拔喜談當世事可否不少假借雖貴要權傾一時少不中意極口詆之無遺辭人以爲近俠博學強記工語言深婉麗密如次組繡尤長於度曲掇拾人所棄遺少加櫽括皆爲新奇嘗言吾筆端驅使李商隱溫庭筠常奔命不暇諸公貴人多客致之鑄或從或不從其所不欲見中不貶也初娶宗女隸籍右選監太原工作有貴人子同事驕倨不相下鑄廉得盜工作物屏侍吏閉之密室以杖數曰來若某時盜某物爲某用某時盜某物入於家然乎貴人子惶駭謝有之鑄曰能從吾治免白髮即起自袒其膚杖之數下貴人子叩頭祈哀即大笑釋去自是諸挾氣力頡頏者皆側目不敢仰視是時江淮間有米芾以魁岸奇譎知名鑄以氣俠雄爽適相先後二人每相遇瞋目抵掌論辯鋒起終日各不能屈談者爭傳爲口實元祐中李清臣執政奏換通直郎通判泗州又倅太平州竟以尚氣使酒不得美官悒悒不得志食宮祠祿退居吳下稍務引遠世故亦無復軒輊如平日家藏書萬餘卷手自校讎無一字誤以是杜門將遂其老家貧貸子錢自給有負者輒折劵與之秋毫不以丐人鑄所爲詞章往往傳播在人口建中靖國時黃庭堅自黔中還得其江南梅子之句以爲似謝玄暉其所與交終始厚者惟信安程俱鑄自裒歌詞名東山樂府俱爲序之嘗自言唐諫議大夫知章之後且推本其初出王子慶忌以慶爲姓居越之湖澤所謂鏡湖者本慶湖也避漢安帝父清河王諱改爲賀氏慶湖亦轉爲鏡當時不知何所據故鑄自號慶湖遺老有慶湖遺老集二十卷

劉涇字巨濟簡州陽安人舉進士王安石薦其才召見除經義所檢討久之爲太學博士罷知咸陽縣常州教授通判莫州成都府除國子監丞知處虢眞坊四州元符末上書召對除職方郎中卒年五十八涇爲文務奇怪語好進取多爲人排斥屢躓不伸同時有鄭少微者字明舉成都人也與涇俱以文知名而仕不偶

鮑由字欽止處州龍泉人舉進士嘗從王安石學又親炙蘇軾故其文汪洋閎肆詩尤高妙徽宗召對除工部員外郎居無何以不合去責監泗州轉般倉歷河東福建路常平廣西淮南轉運判官復召爲郎以言者罷提點元封觀起知明州又知海州復奉祠卒年五十六嘗註杜甫詩有文集五十卷

黃伯思字長睿其遠祖自光州固始徙閩爲邵武人祖履資政殿大學士父應求饒州司錄伯思體弱如不勝衣風韻洒落飄飄有凌雲意自幼警敏不好弄日誦書千餘言每聽履講經史退與他兒言無遺誤者嘗夢孔雀於庭覺而賦之詞采甚麗以履任爲假承務郎甫冠入太學校藝屢占上游履將以恩例奏增秩伯思固辭履亦奇之元符三年進士高等調磁州司法參軍久不任改通州司戶丁內艱服除除河南府戶曹參軍治劇不勞而辨秩滿留守鄧洵武辟知右軍巡院伯思好古文奇字洛下公卿家商周秦漢彝器款識研究字畫體製悉能辯正是非道其本末遂以古文名家凡字書討論備盡初淳化中博求古法書命待詔王著續正法帖伯思病其乖僞龐雜考引載籍咸有依據作刊誤二卷由是篆隸正行草章草飛白皆至妙絕得其尺牘者多藏弆又二年除詳定九域圖志所編修官兼六典檢閱文字改京秩尋監護崇恩太后園陵使司掌管箋奏以修書恩升朝列擢祕書省校書郎幾遷祕書郎縱觀冊府藏書至忘寢食自六經及歷代史書諸子百家天官地理律曆卜筮之說無不精詣凡詔講明前世典章文物集古器考定眞贗以素學與聞議論發明居多館閣諸公自以爲不及也踰再考丁外艱宿抱羸瘵因喪尤甚服除復舊職伯思頗好道家自號雲林子別字霄賓及至京夢人告曰子非久人間上帝有命典司文翰覺而書之不踰月以政和八年卒年四十伯思學問慕揚雄詩慕李白文慕柳宗元有文集五十卷翼騷一卷二子詔右宣教郎荊湖南路安撫司書寫機宜文字詔右從事郎福州懷安尉裒伯思平日議論題跋爲東觀餘論三卷

宋史卷四百四十四

元　中　書　右　丞　相　總　裁　脫　脫　等　修

列傳第二百三

文苑六

黃庭堅　晁補之弟詠之　秦觀　張耒
陳師道　李廌　劉恕　王無咎
蔡肇　李格非　呂南公　郭祥正
米芾　劉詵　倪濤　李公麟
周邦彥　朱長文　劉弇

黃庭堅字魯直洪州分寧人幼警悟讀書數過輒成誦舅李常過其家取架上書問之無不通常驚以爲一日千里舉進士調葉縣尉熙寧初舉四京學官第文爲優教授北京國子監留守文彥博才之留再任蘇軾嘗見其詩文以爲超軼絕塵獨立萬物之表世久無此作由是聲名始震知太和縣以平易治時課頒鹽筴諸縣爭占多數太和獨否吏不悅而民安之哲宗立召爲校書郎神宗實錄檢討官踰年遷著作佐郎加集賢校理實錄成擢起居舍人丁母艱庭堅性篤孝母病彌年晝夜視顏色衣不解帶及亡廬墓下哀毀得疾幾殆服除爲祕書丞提點明道宮兼國史編修官紹聖初出知宣州改鄂州章惇蔡卞與其黨論實錄多誣俾前史官分居畿邑以待問摘千餘條示之謂爲無驗證既而院吏考閱悉有據依所餘才三十二事庭堅書用鐵龍爪治河有同兒戲至是首問焉對曰庭堅時官北都嘗親見之眞兒戲耳凡有問皆直辭以對聞者壯之貶涪州別駕黔州安置言者猶以處善地爲骫法以親嫌遂移戎州庭堅泊然不以遷謫介意蜀士慕從之游講學不倦凡經指授下筆皆可觀徽宗即位起監鄂州稅簽書寧國軍判官知舒州以吏部員外郎召皆辭不行丐郡得知太平州至之九日罷主管玉龍觀庭堅在河北與趙挺之有微隙挺之執政轉運判官陳舉承風旨上其所作荊南承天院記指爲幸災復除名羈管宜州三年徙永州未聞命而卒年六十一庭堅學問文章天成性得陳師道謂其詩得法杜甫學甫而不爲者善行草書楷法亦自成一家與張耒晁補之秦觀俱游蘇軾門天下稱爲四學士而庭堅於文章尤長於詩蜀江西君子以庭堅配軾故稱蘇黃軾爲侍從時舉堅自代其詞有環偉之文妙絕當世孝友之行追配古人之語其重之也如此初游灊皖山谷寺石牛洞樂其林泉之勝因自號山谷道人云

晁補之字無咎濟州鉅野人太子少傅迥五世孫宗慤之曾孫也父端有工於詩補之聰敏強記纔解事即善屬文王安國一見奇之十七歲從父官杭州倅錢塘山川風物之麗著七述以謁州通判蘇軾軾先欲有所賦讀之歎曰吾可以閣筆矣又稱其文博辯雋偉絕人遠甚必顯於世由是知名舉進士試開封及禮部別院皆第一神宗閱其文曰是深於經術者可革浮薄調澧州司戶參軍北京國子監教授元祐初爲太學正李清臣薦堪館閣召試除祕書省正字遷校書郎以祕閣校理通判揚州召還爲著作佐郎章惇當國出知齊州羣盜晝掠塗巷補之默得其姓名囊橐皆審一日宴客召賊曹以方略授之酒行未竟悉擒以來一府爲徹警坐修神宗實錄失實降通判應天府亳州又貶監處信二州酒稅徽宗立復以著作召既至拜吏部員外郎禮部郎中兼國子編修實錄檢討官黨論起爲諫官管師仁所論出知河中府修河橋以便民民畫祠其象徙湖州密州果州遂主管鴻慶宮還家葺歸來園自號歸來子忘情仕進慕陶潛爲人大觀末出黨籍起知達州改泗州卒年五十八補之才氣飄逸嗜學不知倦文章溫潤典縟其淩麗奇卓出於天成尤精楚詞論集屈宋以來賦詠爲變離騷等三書安南用兵著罪言一篇大意欲擇仁厚勇略吏爲五管郡守及修海上諸郡武備議者以爲通達世務從弟詠之

詠之字之道少有異才以蔭入官調揚州司法參軍未上時蘇軾守揚州補之倅州事以其詩文獻軾軾曰有才如此獨不令我一識面邪乃具參軍禮入謁軾下堂挽而上顧坐客曰奇才也復舉進士又舉宏詞一時傳誦其文爲河中教授元符末應詔上書論事罷官久之爲京兆府司錄事秩滿提點崇福宮卒年五十二有文集五十卷

秦觀字少游一字太虛揚州高郵人少豪雋慷慨溢於文詞舉進士不中強志盛氣好大而見奇讀兵家書與已意合見蘇軾於徐爲賦黃樓軾以爲有屈宋才又介其詩於王安石安石亦謂清新似鮑謝軾勉以應舉爲親養始登第調定海主簿蔡州教授元祐初軾以賢良方正薦于朝除太學博士校正祕書省書籍遷正字而復爲兼國史院編修官上日有硯墨器幣之賜紹聖初坐黨籍出通判杭州以御史劉拯論其增損實錄貶監處州酒稅使者承風望指候伺過失既而無所得則以謁告寫佛書爲罪削秩徙郴州繼編管橫州又徙雷州徽宗立復宣德郎放還至藤州出游華光亭爲客道夢中長短句索水欲飲水至笑視之而卒先自作挽詞其語哀甚讀者悲傷之年五十三有文集四十卷觀長於議論文麗而思深及死軾聞之歎曰少游不幸死道路哀哉世豈復有斯人乎弟覿字少章覯字少儀皆能文

張耒字文潛楚州淮陰人幼穎異十三歲能爲文十七時作函關賦已傳人口游學於陳學官蘇轍愛之因得從軾游軾亦深知之稱其文汪洋沖澹有一倡三歎之聲弱冠第進士歷臨淮主簿壽安尉咸平縣丞入爲太學錄范純仁以館閣薦試祕書省正字著作佐郎祕書

丞著作郎史館檢討居三館八年顧義自守泊如也擢起居舍人紹聖初請郡以直龍圖閣知潤州坐黨籍徙宣州謫監黃州酒稅徙復州徽宗立起爲通判黃州知兗州召爲太常少卿甫數月復出知潁州汝州崇寧初復坐黨籍落職主管明道宮初未在潁聞蘇軾訃爲舉哀行服言者以爲言遂貶房州別駕安置於黃五年得自便居陳州未儀觀甚偉有雄才筆力絕健於騷詞尤長時二蘇及黃庭堅晁補之輩相繼歿耒獨存士人就學者衆分日載酒殽飲食之誨人作文以理爲主嘗著論云自六經以下至於諸子百氏騷人辯士論述大抵皆將以爲寓理之具也故學文之端急於明理如知文而不務理求文之工世未嘗有也夫決水於江河淮海也順道而行滔滔汩汩日夜不止衝砥柱絕呂梁放於江湖而納之海其舒爲淪漣鼓爲波濤激之爲風飈怒之爲雷霆蛟龍魚鱉噴薄出沒是水之奇變也水之初豈若是哉順道而決之因其所遇而變生焉溝瀆東決而西竭下滿而上虛日夜激之欲見其奇彼其所至者蛙蛭之玩耳江河淮海之水理達之文也不求奇而奇至矣激溝瀆而求水之奇此無見於理而欲以言語句讀爲奇反覆咀嚼卒亦無有文之陋也學者以爲至言作詩晚歲亦務平淡效白居易體而樂府效張籍久於投閑家益貧郡守翟汝文欲爲買公田謝不取晚監南嶽廟主管崇福宮卒年六十一建炎初贈集英殿修撰

陳師道字履常一字無己彭城人少而好學苦志年十六蚤以文謁曾鞏一見奇之許其以文著時人未之知也留受業熙寧中王氏經學盛行師道心非其說遂絕意進取鞏典五朝史事得自擇其屬朝廷以白衣難之元祐初蘇軾傅堯俞孫覺薦其文行起爲徐州教授又用梁燾薦爲太學博士言者謂在官嘗越境出南京見軾改教授潁州又論其進非科第罷歸調彭澤令不赴家素貧或經日不炊妻子慍見弗恤也久之召爲祕書省正字卒年四十九友人鄒浩買棺斂之師道高介有節安貧樂道於諸經尤邃詩禮爲文精深雅奧喜作詩自云學黃庭堅至其高處或謂過之然小不中意輒焚去今存者纔十一世徒喜誦其詩文至若奧學至行或莫之聞也嘗銘黃樓曾子固謂如秦石初游京師踰年未嘗一至貴人之門傅堯俞欲識之先以問秦觀曰是人非持刺字俛顏色伺候乎公卿之門者殆難致也堯俞曰非所望也吾將見之懼其不吾見也子能介於陳君乎知其貧懷金欲爲餽比至聽其論議益敬畏不敢出章惇在樞府將薦于朝亦屬觀延至師道答曰辱書諭以章公降屈年德以禮見招不佞何以得此豈侯嘗欺之耶公卿不下士尚矣乃特見於今而親於其身幸孰大焉愚雖不足以齒士猶常從侯之後順下風以成公之名然先王之制士不傳贄爲臣則不見於王公所以成禮而其敝必至自鬻故先王謹其始以爲之防而爲士者世守焉師道於公前有貴賤之嫌後無平生之舊公雖可見禮可去乎且公之見招蓋以能守區區之禮也若昧冒法義聞命走門則失其所以見招公又何取焉雖然有一於此幸公之他日成功謝事幅巾東歸師道當御款段乘下澤候公於東門外尚未晚也及惇爲相又致意焉終不往官潁時蘇軾知州事待之絕席欲參諸門弟子間而師道賦詩嚮來一瓣香敬爲曾南豐之語其自守如是與趙挺之友壻素惡其人適預郊祀行禮寒甚衣無綿妻就假於挺之家問所從得却去不肯服遂以寒疾死

李廌字方叔其先自鄆徙華廌六歲而孤能自奮立少長以學問稱鄉里謁蘇軾於黃州贄文求知軾謂其筆墨瀾翻有飛沙走石之勢拊其背曰子之才萬人敵也抗之以高節莫之能禦矣廌再拜受教而家素貧三世未葬一夕撫枕流涕曰吾忠孝焉是學而親未葬何以學爲旦而別軾將客游四方以蕆其事軾解衣爲助又作詩以勸風義者於是不數年盡累世之喪三十餘柩歸定華山下范鎮爲表墓以美之益閉門讀書又數年再見軾軾閱其所著歎曰張耒秦觀之流也鄉舉試禮部軾典貢舉遺之賦詩以自責呂大防歎曰有司試藝乃失此奇才耶軾與范祖禹謀曰廌雖在山林其文有錦衣玉食氣棄奇寶於路隅昔人所歎我曹得無意哉將同薦諸朝未幾相繼去國不果軾亡廌哭之慟曰吾愧不能死知己至於事師之勤渠敢以生死爲間卽走許汝間相地卜兆授其子作文祭之曰皇天后土鑒一生忠義之心名山大川還萬古英靈之氣詞語奇壯讀者爲悚中年絕進取意謂潁爲人物淵藪始定居長社縣令李佐及里人買宅處之卒年五十一廌喜論古今治亂條暢曲折辯而中理當喧閧倉卒間如不經意睥睨而起落筆如飛馳元祐求言上忠諫書忠厚論幷獻兵鑒二萬言論西事朝廷擒羌酋鬼章將致法廌深論利害以爲殺之無益願加寬大當時韙其言

劉恕字道原筠州人父渙字凝之爲潁上令以剛直不能事上官棄去家于廬山之陽時年五十歐陽修與渙同年進士也高其節作廬山高詩以美之渙居廬山三十餘年環堵蕭然饘粥以爲食而游心塵垢之外超然無慼慼意以壽終恕少潁悟書過目卽成誦八歲時坐客有言孔子無兄弟者恕應聲曰以其兄之子妻之一坐驚異年十三欲應制科從人假漢唐書閱月皆歸之詣丞相晏殊問以事反覆詰難殊不能對恕在鉅鹿時召至府重德之使講春秋殊親帥官屬往聽未冠舉進士時有詔能講經義者別奏名應詔者才數十人恕以春秋禮記對先列注疏次引先儒異說末乃斷以己意凡二十問所對皆然主司異之擢爲第一他文亦入高等而廷試不中格更下國子試講經復第一遂賜第調鉅鹿主簿和川令發強擿伏一時能吏自以爲不及恕爲人重意義急然諾郡守得罪被劾屬吏皆連坐下獄恕獨恤其妻子如己骨肉又面數轉運使深文峻詆篤好史學自太史公所記下至周顯德末紀傳之外至私記雜說無所不覽上下數千載間鉅微之事如指諸掌司馬光編次資治通鑑英宗命自擇館閣英才共修之光對曰館閣文學之士誠多至於專精史學臣得而知者唯劉恕耳卽召爲局僚遇史事紛錯難治者輒以諉恕恕於魏晉以後事考證差謬最爲精詳王安石與之有舊欲引寘三司條例恕以不習金穀爲辭因言天子方屬公大政宜恢張堯舜之道以佐明主不應以利爲先又條陳所更法令不合衆心者勸使復舊至面刺其過安石怒變色如鐵恕不少屈或稠人廣坐抗言其失無所避遂與之絕方安石用事呼吸成禍福高論之士始異而終附之面譽而背毀之口順而心非之者皆是也恕奮厲不顧直指其事得失無所隱光出知永興軍恕亦以親老求監南康軍酒以就養許卽官修書光判西京御史臺恕請詣光留數月而歸道得風攣疾右手足廢然苦學如故少間輒修書病亟乃止官至祕書丞卒年四十七恕爲學自歷數地理官職族姓至前代公府案牘皆取以審證求書不遠數百里身就之讀且抄殆忘寢食偕司馬光游萬安山道旁有碑讀之乃五代列將人所不知名者恕能言其行事始終歸驗舊史信然宋次道知亳州家多書恕枉道借覽次道日具饌爲主人禮恕曰此非吾所爲來也殊廢吾事悉去之獨閉閣晝夜口誦手抄留旬日盡其書而去目爲之翳著五代十國紀年以擬十六國春秋又采太古以來至周威烈王時事史記左氏傳所不載者爲通鑑外紀家素貧無以給旨甘一毫不妄取於人自洛南歸時方冬無寒具司馬光遺以衣襪及故茵褥辭不獲強受而別行及潁悉封還之尤不信浮屠說以爲必無是事曰人如居逆旅一物不可乏去則盡棄之矣豈得齎以自隨哉好攻人之惡每自頌平生有二十失十八蔽作文以自警亦終不能改也死後七年通鑑成追錄其勞官其子義仲爲郊社齋郎次子和仲有超軼材作詩清奧刻厲欲自成家爲文慕石介有俠氣亦蚤死

王無咎字補之建昌南城人第進士爲江都儀眞主簿天台令棄而從王安石學久之無以衣食其妻子復調南康主簿已又棄去好書力學寒暑行役不暫釋所在學者歸之去來常數百人王安石爲政無咎至京師士大夫多從之游有卜鄰以考經質疑者然與人寡合常閉門治書惟安石言論莫逆也安石上章薦其文行該備守道安貧而久棄不用詔以爲國子直講命未下而卒年四十六

蔡肇字天啓潤州丹陽人能爲文最長歌詩初事王安石見器重又從蘇軾游聲譽益顯第進士歷明州司戶參軍江陵推官元祐中爲太學正通判常州召爲衞尉寺丞提舉永興路常平徽宗初入爲戶部員外郎兼編修國史言者論其學術反覆提舉兩浙刑獄張商英當國引爲禮部員外進起居郎拜中書舍人前此試三題卒以宰相上馬爲之候肇援筆立就不加潤飾商英讀之擊節幾踰月以草御史辛義責詞不稱罷爲顯謨閣待制知明州言者又論其包藏異意非議辟雍以爲不當立奪職提舉洞霄宮會赦復之卒

李格非字文叔濟南人其幼時俊警異甚有司方以詩賦取士格非獨用意經學著禮記說至數十萬言遂登進士第調冀州司戶參軍試學官爲鄆州教授郡守以其貧欲使兼他官謝不可入補太學錄再轉博士以文章受知于蘇軾常著洛陽名園記謂洛陽之盛衰天下治亂之候也其後洛陽陷于金人以爲知言紹聖立局編元祐章奏以爲檢討不就戾執政意通判廣信軍有道士說人禍福或中出必乘車甿俗信惑格非遇之塗叱左右取車中道士來窮治其姦杖而出諸境召爲校書郎遷著作佐郎禮部員外郎提點京東刑獄以黨籍罷卒年六十一格非苦心工於詞章陵轢直前無難易可否筆力不少滯嘗言文不可以苟作誠不著焉則不能工且晉人能文者多矣至劉伯倫酒德頌陶淵明歸去來辭字字如肺肝出遂高步晉人之上其誠著也妻王氏拱辰孫女亦善文女清照詩文尤有稱於時嫁趙

撰之之子明誠自號易安居士

呂南公字次儒建昌南城人於書無所不讀於文不肯綴緝陳言熙寧中士方推崇馬融王肅許愼之業剝掠補拆臨摹之藝大行南公度不能逐時好一試禮闈不偶退築室灌園不復以進取爲意益著書且借史筆以褒善貶惡遂以衮斧名所居齋嘗謂士必不得已於言則文不可以不工蓋意有餘而文不足則如吃人之辯訟心未始不虛理未始不直然而或屈者無助於辭而已觀書契以來特立之士未有不善於文者士無志於立則已必有志焉則文何可以卑賤而爲之故毅然盡心思欲與古人並元祐初立十科薦士中書舍人曾肇上疏稱其讀書爲文不事俗學安貧守道志希古人堪充師表科一時廷臣亦多稱之議欲命以官未及而卒遺文曰灌園先生集傳於世

郭祥正字功父太平州當塗人母夢李白而生少有詩聲梅堯臣方擅名一時見而歎曰天才如此眞太白後身也舉進士熙寧中知武岡縣僉書保信軍節度判官時王安石用事祥正奏乞天下大計專聽安石處畫有異議者雖大臣亦當屏黜神宗覽而異之一日問安石曰卿識郭祥正乎其才似可用出其章以示安石安石恥爲小臣所薦因極口陳其無行時祥正從章惇察訪辟聞之遂以殿中丞致仕後復出通判汀州知端州又棄去隱于縣青山卒

米芾字元章吳人也以母侍宣仁后藩邸舊恩補浛光尉歷知雍丘縣漣水軍太常博士知無爲軍召爲書畫學博士賜對便殿上其子友仁所作楚山靑曉圖擢禮部員外郞出知淮陽軍卒年四十九芾爲文奇險不蹈襲前人軼轍特妙於翰墨沈著飛翥得王獻之筆意畫山水人物自名一家尤工臨移至亂眞不可辯精於鑒裁遇古器物書畫則極力求取必得乃已王安石嘗摘其詩句書扇上蘇軾亦喜譽之冠服效唐人風神蕭散音吐淸暢所至人聚觀之而好潔成癖至不與人同巾器所爲譎異時有可傳笑者無爲州治有巨石狀奇醜芾見大喜曰此足以當吾拜具衣冠拜之呼之爲兄又不能與世俯仰故從仕數困嘗奉詔倣黃庭小楷作周興嗣千字韻語又入宣和殿觀禁內所藏人以爲寵子友仁字元暉力學嗜古亦善書畫世號小米仕至兵部侍郞敷文閣直學士

劉詵字應伯福州福淸人中進士第歷莆田主簿知盧江縣崇寧中爲講議司檢討官進軍器大理丞大晟府典樂詵通音律嘗上歷代雅樂因革及宋制作之音故委以樂事又言周官大司樂禁淫聲慢聲蓋孔子所謂放鄭聲者今燕樂之音失於高急曲調之詞至於鄙俚恐不足以召和氣宋火德也音尙徵徵調不可闕臣按古制旋十二宮以七聲得正徵一調惟陛下裁取徽宗曰卿言是也五聲闕一不可徵招角招爲君臣相說之樂此朕所欲聞而無言者卿宜爲朕典司之他日禁中出古鍾二詔執政召詵按於都堂詵曰此與今太簇大呂聲協命取大晟鐘扣之果應又曰鐘磬之無餘韻不如石聲詩所云依我磬聲者言其淸而定也復取以合之聲益諧歷宗正鴻臚衞尉太常寺少卿纂續因革禮卒詵居母喪盡禮有雙芝生墓側人以爲孝感

倪濤字巨濟廣德軍人丱角能屬文博學強記年十五試太學第一遂擢進士調盧陵尉信陽教授入爲太學正祕書省校書郞著作佐郞司勳左司員外郞朝廷議有事燕雲大臣爭先决策爲固位計皆心知不可無敢一出口濤獨言其非且曰景德以來邊守約不犯邊盟誓固在不可渝也天下久平士不習戰軍儲又屈毋輕議以詒後患王黼怒曰君敢沮軍事耶於是言者論其鼓唱撰造貶監朝臣縣酒稅再徙茶陵船場卒年三十九死之明年金人犯闕朝廷憶濤言官其一子有雲陽集傳於世

李公麟字伯時舒州人第進士歷南康長垣尉泗川錄事參軍用陸佃薦爲中書門下後省刪定官御史檢法好古博學長於詩多識奇字自夏商以來鐘鼎尊彝皆能考定世次辯測款識聞一妙品雖捐千金不惜紹聖末朝廷得玉璽下禮官諸儒議言人人殊公麟曰秦璽用藍田玉今玉色正青以龍蚓鳥魚爲文著帝王受命之符玉質堅甚非昆吾刀蟾肪不可治琱法中絕眞秦李斯所爲不疑議由是定元符三年病痺遂致仕旣歸老肆意於龍眠山巖壑間雅善畫自作山莊圖爲世寶傳寫人物尤精識者以爲顧愷之張僧繇之亞襟度超軼名士交譽之黃庭堅謂其風流不減古人然因畫爲累故世但以藝傳云

周邦彥字美成錢塘人疏雋少檢不爲州里推重而博涉百家之書元豐初游京師獻汴都賦萬餘言神宗異之命侍臣讀於邇英閣召赴政事堂自太學諸生一命爲正居五歲不遷益盡力於辭章出教授廬州知溧水縣還爲國子主簿哲宗召對使誦前賦除祕書省正字歷校書郞考功員外郞衞尉宗正少卿兼議禮局檢討以直龍圖閣知河中府徽宗欲使畢禮書復留之踰年乃知龍德府徙明州入拜祕書監進徽猷閣待制提舉大晟府未幾知順昌府徙處州卒年六十六贈宣奉大夫邦彥好音樂能自度曲製樂府長短句詞韻淸蔚傳於世

朱長文字伯原蘇州吳人年未冠舉進士乙科以病足不肯試吏築室樂圃坊著書閱古吳人化其賢長吏至莫不先造請謀政所急士大夫過者以不到樂圃爲恥名動京師公卿薦以自代者衆元祐中起教授於鄉召爲太學博士遷祕書省正字元符初卒哲宗知其淸賻絹百有文三百卷六經皆爲辯說又著琴史而序其略曰方朝廷成太平之功制禮作樂比隆商周則是書也豈虛文哉蓋立志如此

劉弇字偉明吉州安福人兒時警穎日誦萬餘言登元豐二年進士第繼中博學宏詞科歷官知嘉州峨眉縣改太學博士元符中有事于南郊弇進南郊大禮賦哲宗覽之動容以爲相如子雲復出除祕書省正字徽宗卽位改著作佐郞實錄檢討官以疾卒于官弇性嗜酒不事拘檢爲文辭劇剔瑕纇卓詭不凡有龍雲集三十卷周必大序其文爲盧陵自歐陽文忠公以文章續韓文公正傳遂爲一代儒宗繼之者弇也其相推重如此云

宋史卷四百四十五

元 中書右丞相總裁脫脫等修

列傳第二百四

文苑七

陳與義 汪藻 葉夢得 程俱
張嵲 韓駒 朱敦儒 葛勝仲
熊克 張卽之 附趙蕃

陳與義字去非其先居京兆自曾祖希亮始遷洛故爲洛人與義天資卓偉爲兒時已能作文致名譽流輩歛衽莫敢與抗登政和三年上舍甲科授開德府教授累遷太學博士擢符寶郞尋謫監陳留酒稅及金人入汴高宗南遷遂避亂襄漢轉湖湘踰嶺嶠久之召爲兵部員外郞紹興元年夏至行在遷中書舍人兼掌內制拜吏部侍郞尋以徽猷閣直學士知湖州召爲給事中駁議詳雅又以顯謨閣直學士提舉江州太平觀被召會宰相有不樂與義者復用爲中書舍人直學士院六年九月高宗如平江十一月拜翰林學士知制誥七年正月參知政事唯師用道德以輔朝廷務尊主威而振綱紀時丞相趙鼎言人多謂中原有可圖之勢宜便進兵恐他時咎今日之失機上曰今梓宮與太后淵聖皆未還若不與金議和則無可還之理與義曰若和議成豈不賢於用兵萬一無成則用兵必不免上曰然三月從帝如建康明年扈蹕還臨安以疾請復以資政殿學士知湖州陛辭帝勞問甚渥遂請閒提舉臨安洞霄宮十一月卒年四十九與義容狀儼恪不妄言笑平居雖謙以接物然內剛不可犯其薦士於朝退未嘗以語人士以是多之尤長於詩體物寓興淸邃紆餘高舉橫厲上下陶謝韋柳之間嘗賦墨梅徽宗嘉賞之以是受知于上云

汪藻字彥章饒州德興人幼穎異入太學中進士第調婺州觀察推官改宣州教授稍遷江西提舉學事司幹當公事徽宗親製君臣慶會閣詩羣臣皆賡進惟藻和篇衆莫能及時胡伸亦以文名人爲之語曰江左二寶胡伸汪藻尋除九域圖志所編修官再遷著作佐郞時王黼與藻同舍素不咸出通判宣州提點江州太平觀投閑凡八年終黼之世不得用欽宗卽位召爲屯田員外郞再遷太常少卿起居舍人高宗踐祚召試中書舍人時次揚州藻多論奏宰相黃潛善惡之遂假他事免爲集英殿修撰提舉太平觀明年復召爲中書舍人兼直學士院擢給事中遷兵部侍郞兼侍講拜翰林學士帝以所御白團扇親書紫誥仍兼綰黃麻似六經十字以賜縉紳艷之屬時多事詔令類出其手嘗論諸大將擁重兵寖成外重之勢且陳所以待將帥者三事後十年卒如其策又言崇觀以來贊結權倖奴事閹宦與開邊誤國得職名自觀文殿大學士而下直祕閣官至銀靑光祿大夫者近稍鐫褫而遷延恩宥又當甄復盍依國初法止中大夫紹聖二年除龍圖閣直學士知湖州以顏眞卿盡忠唐室嘗守是邦乞表章之詔賜廟忠烈又言古者有國必有史故書榻前議論之辭則有時政記錄柱下見聞之實則有起居注類而次之謂之日

歷修而成之謂之實錄今踰二十年無復日歷何以示來世乞郎臣所領州許臣訪尋故家文書纂集元符庚辰以來詔旨爲日歷之備制可史館旣開修撰綦崇禮言不必別設外局乃以郡人顏經投匭愬其數羅軍食遂貶秩停官起知撫州御史張致遠又論之予祠六年修撰范沖言日歷國之大典比詔藻纂修事復中止恐遂散逸宜令就閒復卒前業詔賜史館修撰餐錢聽辟屬編類八年上所修書自元符庚辰至宣和乙巳詔旨凡六百六十五卷藻再進官其屬鮑延祖孟處義咸增秩有差藻升顯謨閣學士遺使賜茶藥尋知徽州逾年徙宣州言者論其嘗爲蔡京王黼之客奪職居禾州累赦不宥二十四年卒秦檜死復職官二子二十八年徽宗實錄成書右僕射湯思退言藻嘗纂集詔旨比修實錄所取十蓋七八深有力於斯文詔贈端明殿學士藻通顯三十年無屋廬以居博極羣書老不釋卷尤喜讀春秋左氏傳及西漢書工儷語多著述所爲制詞人多傳誦子六人恬恪憺恞懍愭

葉夢得字少蘊蘇州吳縣人嗜學蚤成多識前言往行談論亹亹不窮紹聖四年登進士第調丹徒尉徽宗朝自婺州教授召爲議禮武選編修官用蔡京薦召對言自古帝王爲治廣狹小大規模各不同然必自先治其心者始今國勢有安危法度有利害人材有邪正民情有休戚四者治之大也若不先治其心或誘之以貨利或陷之以聲色則所謂安危利害邪正休戚者未嘗不顛倒易位而况求其功乎上異其言特遷祠部郎官大觀初京再相向所立法度已罷者復行夢得言周官太宰以八柄詔王馭羣臣所謂廢置賞罰者王之事也太宰得以詔王而不得自專夫事不過可不可二者而已以爲可而出於陛下則前日不應廢以爲不可而不出於陛下則今不可復今徒以大臣進退爲可否無乃陛下有未了然於中者乎上喜曰邇來士多朋比媒進卿言獨無觀望遂除起居郎時用事者喜小有才夢得言自古用人必先辨賢能賢者有德之稱能者有才之稱故先王常使德勝才不使才勝德崇寧以來在內惟取議論與朝廷同者爲純正在外惟取推行法令速成者爲幹敏未聞器業任重識度經遠者特有表異恐用才太勝願繼今用人以有德爲先二年累遷翰林學士極論士大夫朋黨之弊專於重內輕外且乞身先衆人補郡蔡京初欲以童貫宣撫陝西取青唐夢得見京問曰祖宗時宣撫使皆是見任執政文彥博韓絳因此即軍中拜相未有以中人爲之元豐末神宗欲命李憲雖王珪亦能力爭此相公所見也昨八寶恩遂除貫節度使天下皆知非祖宗法此已不可救今又付以執政之任使得青唐何以處之京有慚色然卒用貫取青唐三年以龍圖閣直學士知汝州尋落職提舉洞霄宮政和五年起知蔡州復龍圖閣直學士移帥潁昌府發常平粟振民常平使者劉寄惡之宦官楊戩用事寄括部內得常平錢五十萬緡請糴粳米輸後苑以媚戩戩委其屬持御筆來責以米樣如蘇州夢得上疏極論潁昌地力與東南異願隨品色不報時旁郡斜民輸鏹就糴京師怨聲載道獨潁昌賴夢得得免李彥括公田以黠吏告許籍郟城舞陽隱田數千頃民詣府訴者八百戶夢得上其事捕吏按治之郡人大悅戩彥交怒尋提舉南京鴻慶宮自是或廢或起逮高宗駐蹕揚州遷翰林學士兼侍讀除戶部尚書陳待敵之計有三曰形曰勢曰氣而已形以地理山川爲本勢以城池芻粟器械爲重氣以將帥士卒爲急形固則可恃以守勢強則可資以立氣振則可作以用如是則敵皆在吾度內矣因請上南巡阻江爲險以備不虞又請命重臣爲宣總使一居泗上總兩淮及東方之師以待敵一居金陵總江浙之路以備退保疏入不報旣而帝駐蹕杭州遷尚書左丞奏監司州縣擅立軍期司掊斂民財者宜罷上諭以兵食二事最大當擇大臣分掌門下侍郎顏岐知杭州康允之皆嫉夢得又與宰相朱勝非議論不協會州民有上書訟夢得過失者上以夢得深曉財賦乃除資政殿學士提舉中太一宮事一提領戶部財用充車駕巡幸頓遞使辭不拜歸湖州紹興初起爲江東安撫大使兼知建康府兼壽春等六州宣撫使時建康荒殘兵不滿三千夢得奏移統制官韓世清軍屯建康崔增屯采石閻皐分守要害會王才降劉豫引兵入寇夢得遣使臣張偉諭才降之以其衆分隸諸軍濠壽叛將寇宏陳卞雖陽受朝命陰與劉豫通夢得諭以禍福皆聽命及豫入寇卞擊敗之齊兵宵遁八年除江東安撫制置大使兼知建康府行宮留守又奏防江措畫八事一申飭邊備二分布地分三把截要害四約束舟船五團結鄉社六明審斥堠七措置積聚八責官吏死守又言建康太平池州緊要隘口江北可濟渡去處共一十九處願聚集民兵把截要害命諸將審度敵形併力進討金都元帥宗弼犯含山縣進逼歷陽張俊諸軍遷延未發夢得見俊請速出軍曰敵已過含山縣萬一金人得和州長江不可保矣俊趣諸軍進發聲勢大振金兵退屯昭關明年金復入寇遂至拓皐夢得團結沿江民兵數萬分據江津遣子模將千人守馬家渡金兵不得渡而去初建康屯兵歲費錢八百萬緡米八十萬斛榷貨務所入不足以支至是禁旅與諸道兵咸集夢得兼總四路漕計以給饋餉軍用不乏故諸將得悉力以戰詔加觀文殿學士移知福州兼福建安撫使海寇朱明猖獗詔夢得挾御前將士便道之鎭或招或捕或誘之相戕遂平寇五十餘輩然頗與監司異議上章請老特遷一官提舉臨安府洞霄宮尋拜崇信軍節度使致仕十八年卒湖州贈檢校少保

程俱字致道衢州開化人以外祖尚書左丞鄧潤甫恩補蘇州吳江主簿監舒州太湖茶場坐上書論事罷歸起知泗州臨淮縣累遷將作監丞近臣以譔述薦遷著作佐郎宣和二年進頌賜上舍出身除禮部郎以病告老不俟報而歸建炎中爲太常少卿知秀州會車駕臨幸賜對俱言陛下德日新政日舉賞罰施置仰當天意俯合人心則趙氏安而社稷固不然則宗社危而天下亂其間蓋不容髮高宗嘉納之金兵南渡據臨安遣兵破崇德海鹽馳檄諭降俱率官屬棄城保華亭留兵馬都監守城朝廷命俱部金帛赴行在旣至以病乞歸紹興初始置祕書省召俱爲少監奏修日歷秘書長貳得預修纂自俱始時庶事草創百司文書例從省記俱摭三館舊聞比次爲書名曰麟臺故事上之擢中書舍人兼侍講俱論國家之患在於論事者不敢盡情當事者不敢任責言有用否事有成敗理固不齊今言不合則見排於當時事不諧則追咎於始議故雖有智如陳平不敢請金以行間勇如相如不敢全璧以抗秦通財如劉晏不敢言理財以贍軍食使人人不敢當事不敢盡謀則艱危之時誰與圖回而恢復乎武功大夫蘇易轉橫行俱論祖宗之法文臣自將作監主簿至尚書左僕射武臣自三班奉職至節度使此以次遷轉之官也武臣自閤門副使至內客省使爲橫行不繫磨勘遷轉之列其除授皆須特旨故元豐之制以承務郎至特進爲寄祿官易監主簿至僕射之名武臣獨不以寄祿官易之者蓋有深意也政和間改武臣官稱爲郎大夫遂并橫行易之爲轉官等級蓋當時有司不習典故以開僥倖之門自改使爲大夫以來常調之官下至皂隸轉爲橫行者不可勝數且文臣所謂庶官者轉不得過中大夫而武臣乃得過皇城使此何理也夫官職輕重在朝廷朝廷愛重官職不妄與人則官職重反是則輕輕則得者不以爲恩未得者常懷觖望此安危治亂所關也徐俯爲諫議大夫俱繳還以爲俯雖才俊氣豪所歷尚淺以前任省郎遽除諫議自元豐更制以來未之有也昔唐元稹爲荊南判司忽命從中出召爲省郎使知制誥遂喧朝聽時謂監軍崔潭峻之所引也近聞外傳俯與中官唱和有魚須之句號爲警策臣恐外人以此爲疑仰累聖德陛下誠知俯姑以所應得者命之不報移二日言者論俱前棄秀州城罷爲提舉江州太平觀久之除徽猷閣待制俱晩病風痺秦檜薦俱領史事除提舉萬壽觀實錄院修撰使免朝參俱力辭不至卒年六十七俱在掖垣命令下有不安于心者必反覆言之不少畏避其爲文典雅閎奧爲世所稱

張嵲字巨山襄陽人宣和三年上舍選中第調唐州方城尉改房州司刑曹劉子羽薦于川陝宣撫使張浚辟利州路安撫司幹辦公事以母病去官紹興五年召對嵲上疏曰金人去冬深涉吾地王師屢捷一朝宵遁金有自敗之道非我幸勝之也今士氣稍振乘其銳而用之固無不可然兵疲民勞若便圖進取似未可遽臣竊謂爲今日計當築塢堡以守淮南之地與屯田以爲久戍之資備舟楫以阻長江之險以我之常待彼之變又荊襄壽春皆古重鎭敵之侵軼多出此塗願速擇良將勁兵戍守其地以重上流之勢召試除祕書省正字六年地震嵲奏比年以來賦斂繁重征求百出流移者擠溝壑土著者失常業地震之異殆或爲此願深思變異之由修政之闕致民之安七年遷校書郎兼史館校勘再遷著作郎嵲因對言吳蜀脣齒之勢也蜀去朝廷遠今無元帥一年矣蜀之利害臣粗知之忠勇之人使之捍外侮則可至於撫循斯民則非所能辦也宜於前宰執中擇其可以任川事者委任之然川蜀繫國利害非腹心之臣不可今早得一賢宣撫使爲要又言自駐蹕吳會以來似未嘗以襄陽荊南爲意今宜亟選儒臣有牧御之才者爲二路帥使之招集流散興農桑治城壁以爲保固之資益重上流之勢旣而何掄以刊改神宗實錄得罪語連嵲出爲福建路轉運判官上疏略曰古之人君其患有二不在於拒諫在納諫而不能用不在於不知天下利害在知而不以爲意陛下渡江十年矣外有勍敵之國內有驕悍之兵下有窮困無聊之民進言者多矣今皆以爲陳腐而別取新奇之說任事者衆矣今皆習是以爲當然而更爲迂闊之事此近於納諫

而不知用知利害而不知恤也爲今之計朝斯夕斯非是二者不務數年之後庶其有濟有國之所惡者莫大於朋黨今一宰相用凡其所與者不擇賢否而盡用之一宰相去凡其所與者不擇賢否而盡逐之宜其朋黨之寖成也九年除司勳員外郎兼實錄院檢討官金人叛盟上命兩省卿監郎曹各草檄以進獨取嶸所進者播之四方十年擢中書舍人升實錄院同修撰論王德收復宿亳兩郡乃擅退軍使岳飛勢孤金人猖獗授承宣防禦使何應罰而反賞封還詞頭乞罷已降轉官指揮未幾右正言万俟卨論嶸爲侍從日薦引非才以酬私恩邊報始至託疾家居由是罷去頃之起知衢州除敷文閣待制爲政頗尚嚴酷歲滿得請提舉江州太平興國宮時方修好息兵朝廷講稽古禮文之事嶸作中興復古詩以進上將召用會疽發背卒年五十三子昌時

韓駒字子蒼仙井監人少有文稱政和初以獻頌補假將仕郎召試舍人院賜進士出身除祕書省正字尋坐爲蘇氏學謫監華州蒲城縣市易務知洪州分寧縣召爲著作郎校正御前文籍駒言國家祠事歲一百十有八用樂者六十有二舊撰樂章辭多牴牾於是召三館士分撰親祠明堂圓壇方澤等樂曲五十餘章多駒所作宣和五年除祕書少監六年遷中書舍人兼修國史入謝上曰近年爲制誥者所褒必溢美所貶必溢惡豈王言之體且盤誥具在寧若是乎駒對若止作制誥則粗知文墨者皆可爲先帝置兩省豈止使行文書而已上曰給事實掌封駁駒奏舍人亦許繳還詞頭上曰自今朝廷事有可論者一切繳來尋兼權直學士院制詞簡重爲時所推未幾復坐鄉黨曲學以集英殿修撰提舉江州太平觀高宗卽位知江州紹興五年卒于撫州進一官致仕贈中奉大夫與遺澤三人駒嘗在許下從蘇轍學評其詩似儲光羲其後由宦者以進用頗爲識者所薄云子遜遊

朱敦儒字希眞河南人父勃紹聖諫官敦儒志行高潔雖爲布衣而有朝野之望靖康中召至京師將處以學官敦儒辭曰麋鹿之性自樂閒曠爵祿非所願也固辭還山高宗卽位詔舉草澤才德之士預選者命中書策試授以官於是淮西部使者言敦儒有文武才召之敦儒又辭避亂客南雄州張浚奏赴軍前計議弗起紹興二年宣諭使明橐言敦儒達治體有經世才廷臣亦多稱其靖退詔以爲右迪功郎下肇慶府敦遣詣行在敦儒不肯受詔其故人勸之曰今天子側席幽士翼宣中興譙定召於蜀蘇庠召於浙張自牧召於長蘆莫不聲流天京風動郡國君何爲棲茅茹藿白首巖谷乎敦儒始幡然而起既至命對便殿論議明暢上悅賜進士出身爲祕書省正字俄兼兵部郎官遷兩浙東路提點刑獄會右諫議大夫汪勃劾敦儒專立異論與李光交通高宗曰爵祿所以厲世如其可與則文臣便至侍從武臣便至節鉞如其不可雖一命亦不容輕授敦儒遂罷十九年上疏請歸許之敦儒素工詩及樂府婉麗清暢時秦檜當國喜獎用騷人墨客以文太平檜子熺亦好詩於是先用敦儒子爲刪定官復除敦儒鴻臚少卿檜死敦儒亦廢談者謂敦儒老懷舐犢之愛而畏避竄逐故其節不終云

葛勝仲字魯卿丹陽人登紹聖四年進士第調杭州司理參軍林希薦試學官及詞科俱第一除兗州教授入爲太學正上幸學多獻頌者勝仲獨獻賦上命中書第其優劣勝仲爲首差提舉議歷所檢討官兼宗正丞始朝廷以從臣提舉議歷所至是代以郭天信勝仲力請罷之稍遷禮部員外郎會御史中丞石公弼言僖宗原廟增置殿室違元豐之舊詔禮官議勝仲建言子丙復奪在常人猶難之況在天之靈乎議者非之責知歙州休寧縣復召爲禮部員外郎權國子司業時朝廷命諸生習雅樂樂成進一官遷太常卿宋自建隆至治平所行典禮歐陽修嘗裒集爲書凡百篇號太常因革禮詔勝仲續之增爲三百卷詔藏太常及建春宮以勝仲兼論德勝仲爲仁孝學三論獻之太子復採春秋戰國以來歷代太子善惡成敗之迹日進數事詔嘉之徙太常少卿除國子祭酒尋知汝州李彥括田破產者衆勝仲請蠲不當括者彥怒劾勝仲上寢其奏改湖州尋徙鄧州朱勔先求白雀之屬勝仲不與至是媒蘗其短罷歸建炎中范宗尹爲相凡前日以朋附被罪遠貶者咸赦還復知湖州時羣盜縱橫聲搖諸郡勝仲修城郭作戰艦閱士卒賊知有備引去歲大饑發官廩振之民賴以濟紹興元年丐祠歸十四年卒年七十三謚文康子立方官至侍從孫邲爲右相自有傳

熊克字子復建寧建陽人御史大夫博之後將生有翠羽雀翔臥內克幼而翹秀既長好學善屬文郡博士胡憲器之曰子學老於年他日當以文章顯紹興中進士第知紹興府諸暨縣越帥課賦頗急諸邑率督趣以應克曰寧吾獲罪不忍困吾民他日府遣幕僚閱視有亡時方不雨克對之泣曰此催租時耶部使者芮燁行縣至其境謂克曰曩知子文墨而已今乃見古循吏爲表薦之入爲提轄文思院嘗以文獻曾覿覿持白于孝宗喜之內出御筆除直學士院宰相趙雄甚異之因奏曰翰院清選熊克小臣不由論薦而得無以服衆論請自朝廷召試然後用之上曰善乃以爲校書郎累遷學士院權直上御選德殿召諭曰卿制誥甚工且有體自此燕閒可論治道克自以見知於上數有論奏嘗言金人雖講和而不能保於他日今宜以和爲守以守爲攻當和好之時爲備守之計彼不能禁吾不爲也邊備既實金人萬一猖獗必不得志於我退而乘我曲不在我矣且今日之守莫重淮東金犯淮西負糧自隨其勢必難若犯淮東清河糧船直下易耳然則守淮之策以墾田修堰敎民兵爲先援淮東之策莫若卽江陰建水軍緩急可相應然驟立一軍慮敵生疑當託以海道商賈之衝多故擴置一巡檢警督之自此歲增兵不出十年隱然一軍矣中興之際不患兵不可用而患將權難收今日之弊不患將不可馭而患軍情易動往時諸大將拊士卒如家人自罷諸將兵權御前主帥更徙不常凡軍中莞權之利所以養士卒者今皆轉而爲包苴矣又朘其餘以佐之得無怨乎宜嚴戒將帥毋縱掊削帝嘉其有志召草明堂赦書克言二浙荐饑蝗且起赦文不宜飾詞帝嘉其識體除起居郎兼直學士院以言者出知台州奉祠克博聞強記自少至老著述外無他嗜尤淹習宋朝典故有問者酬對如響家素儉約雖貴不改舊所居卑陋門不容轍雖部使者郡守至必降車乃入嘗愛臨川童子王克勤之才將妻以女而乏資遣會草制獲賜金遂以歸之人稱其清介卒年七十三

張卽之字溫夫參知政事孝伯之子以父恩授承務郎銓中兩浙轉運司進士舉歷監平江府糧料院丁父憂服除監臨安府樓店務丁母憂服除監臨安府龍山稅寧國府城下酒麴務簽書荊門軍判官廳公事烏程丞特差簽書江陰軍判官廳公事提領戶部犒賞酒庫所幹辦公事添差兩浙轉運司主管文字行在檢點贍軍激賞酒庫所主管文字監尚書六部門淮南東路提舉常平司主管文字添差通判揚州改鎭江又改嘉興將作監簿軍器監丞司農寺丞知嘉興未赴以言者罷丐祠主管雲臺觀引年告老特授直祕閣致仕寶祐四年制置使余晦入蜀以讒劾閬州守王惟忠於是削惟忠五官沒入其貲下詔獄鍜鍊誣伏坐棄市惟忠臨刑謂其友陳大方曰吾死當上愬于天七揮刃不殊血逆流卽之雖閒居移書言於淮東制置使賈似道恤其遺孤又使從孫士倩娶惟忠孤女未幾似道入相中書舍人常挺亦以爲言景定元年給還首領以禮改葬復金壇田多卽之倡義云卽之以能書聞天下金人尤寶其翰墨惟忠字省尊慶元之鄞人嘉定十三年進士

趙蕃字昌父其先鄭州人建炎初大父暘以祕書少監出提點坑冶寓信州之玉山蕃以暘致仕恩補州文學調浮梁尉連江主簿皆不赴爲太和主簿受知於楊萬里調辰州司理參軍與郡守爭獄罷人以蕃爲直始蕃受學於劉清之清之守衡州乃求監安仁贍軍酒庫因以卒業至衡而清之罷蕃卽匄祠從清之歸其後眞德秀書之國史曰蕃於師友之際蓋如此肯負國乎家居連書祠官之考者三十有一理宗卽位以太社令與劉宰同召不拜特改奉議郎直祕閣又辭奉祠得致仕轉承議郎依前直祕閣卒年八十七蕃年五十猶問學於朱熹既耄猶患末路之難命所居曰難齋蕃賦性寬平與人樂易而剛介不可奪丞相周必大與蕃契厚加引薦蕃竟不受宰之言曰文獻之家典刑之彥巋然獨存猶有以繫學者之望者蕃一人而已信州守吳旂乞錄其後詔其子遂補上州文學遂亦力辭又詔以承務郎致仕與一子恩澤景定三年祕閣修撰鄭協等請謚乃謚文節

宋史卷四百四十六

元　中　書　右　丞　相　總　裁　脫　脫　等　修

列傳第二百五

忠義一

康保裔　馬遂　董元亨　曹覲孔宗旦 趙師旦

蘇緘　秦傳序　詹良臣江仲明　李若水

劉韐　傅察　楊震父宗閔　張克戩

張確　朱昭　史抗　孫益

士大夫忠義之氣至於五季變化殆盡宋之初興范質王溥猶有餘憾況其他哉藝祖首褒韓通次表衞融足

示意嚮厥後西北疆場之臣勇於死敵往往無懼眞仁之世田錫王禹偁范仲淹歐陽修唐介諸賢以直言讜論倡于朝於是中外搢紳知以名節相高廉恥相尚盡去五季之陋矣故靖康之變志士投袂起而勤王臨難不屈所在有之及宋之亡忠節相望班班可書匡直輔翼之功蓋非一日之積也奉詔修三史集儒臣議凡例前代忠義之士咸得直書而無諱焉然死節死事宜有別矣若敵王所愾勇往無前或銜命出疆或授職守土或寓官閑居感激赴義雖所處不同論其捐軀徇節之死靡二則皆爲忠義之上者也若勝負不常陷身俘獲或慷慨就死或審義自裁斯爲次矣若蒼黃遇難貫命亂兵雖疑傷勇終異苟免況於國破家亡主辱臣死功雖無成志有足尚者乎若夫世變淪胥毀跡冥遯能以貞厲保厥初心抑又其次歟至於布衣危言嬰鱗觸諱志在衛國遑恤厥躬及夫鄉曲之英方外之傑賈勇蹈義厥死惟均以類附從定爲等差作忠義傳

康保裔河南洛陽人祖志忠後唐長興中討王都戰歿父再遇爲龍捷指揮使從太祖征李筠又死於兵保裔在周屢立戰功爲東班押班及再遇陣沒詔以保裔代父職從石守信破澤州明年攻河東之廣陽獲千餘人開寶中又從諸將破契丹于石嶺關累遷日騎都虞候轉龍衛指揮使領登州刺史端拱初授淄州團練使從定州天雄軍駐泊部署尋知代州移深州又從高陽關副都部署就加侍衛馬軍都虞候領涼州觀察使眞宗卽位召還以其母老勤養賜以上尊酒茶米俄領彰國軍節度出爲并代都部署徙知天雄軍并代列狀請留詔褒之復爲高陽關都部署契丹兵大入諸將與戰于河間保裔選精鋭赴之會暮約詰朝合戰遲明契丹圍之數重左右勸易甲馳突以出保裔曰臨難無苟免遂決戰二日殺傷甚衆蹴踐塵深二尺兵盡矢絕援不至遂沒焉時車駕駐大名聞之震悼廢朝二日贈侍中以其子繼英爲六宅使順州刺史繼彬爲洛苑使繼明爲內園副使幼子繼宗爲西頭供奉官孫惟一爲將作監主簿繼英等奉告命謝曰臣父不能決勝而死陛下不以罪其孥幸矣臣等顧蒙非常之恩因悲涕伏地不能起上惻然曰爾父死王事贈賞之典所宜加厚顧謂左右曰保裔父祖死疆場身復戰沒世有忠節深可嘉也保裔有母年八十四遣使勞問賜白金五十兩封爲陳國太夫人其妻已亡亦追封河東郡夫人保裔謹厚好禮喜賓客善騎射弋飛走無不中嘗握矢三十引滿以射筈鏑相連而墜人服其妙屢經戰陣身被七十創貸公錢數十萬勞軍沒後親吏鬻器玩以償上知之乃復厚賜焉繼英仕至左衛大將軍貴州團練使嚴於馭軍厚於撫宗族其卒也家無餘財方保裔及契丹血戰而援兵不至惟張凝以高陽關路鈐轄領先鋒李重貴以高陽關行營副都部署率衆策應遇契丹兵交戰保裔爲敵所覆重貴與凝赴援腹背受敵自申至寅力戰敵乃退當時諸將多失部分獨重貴凝全軍還屯凝議上將士功狀重貴喟然曰大將陷沒而吾曹計功何面目也上聞而嘉之重貴仕至知鄭州領播州防禦使改左羽林軍大將軍致仕凝加殿前都虞候卒贈彰德軍節度使

馬遂開封人初隸龍衛軍補散直改三班奉職爲北京指使聞王則叛中夜叱咤晨起詣留守賈昌朝請擊賊昌朝因使持榜入貝州招降則盛服見之遂諭以禍福輒不荅遂將殺則而無兵仗自隨時張得一在側欲其助己目得一得一不動遂奮起投杯抵則扼其喉毆之流血而左右卒無助之者賊黨攢刃聚譟至斷一臂猶詈則曰妖賊恨不斬汝萬段賊縛遂廳事前支解之則倉猝被毆駭傷病數日乃起事聞仁宗歎息久之贈宮苑使封其妻爲旌忠縣君賜冠帔官其子五人後得殺遂者驍捷卒石慶使其子剖心而祭之

董元亨深州束鹿人累官至國子博士通判貝州王則據城叛是日冬至元亨方與州將張得一朝謁天慶觀夜漏未盡變起倉猝衆莫知所爲元亨促馬馳還坐廳事賊黨十餘人擐甲露刃排闥而入左右皆奔潰賊脅元亨曰大王遣我來索軍資庫鑰元亨據按叱之曰大王誰也妖賊乃敢弄兵乎我有死耳鑰不可得也賊將郝用繼來索愈急曰庫帑今日大王所有也可不上鑰乎元亨厲聲張目罵賊用遂殺之賊爭入攜鑰而去事聞仁宗曰守法之臣也贈太常少卿錄其子孫三人賊平獲郝用斬以祭元亨

曹覲字仲賓曹修禮子也叔修古卒無子天章閣待制杜杞爲言于朝授覲建州司戶參軍爲修古後皇祐中以太子中舍知封州儂智高叛攻陷邕管趨廣州行至封州州人未嘗知兵士卒纔百人不任戰鬭又無城隍以守或勸覲遁去覲正色叱之曰吾守臣也有死而已敢言避賊者斬麾都監陳曄引兵迎擊賊封川令率鄉丁弓手繼進賊衆數百倍曄兵敗走鄉丁亦潰覲率從卒決戰不勝被執賊戒勿殺捽使拜且誘之曰從我得美官付汝兵柄以女妻汝覲不肯拜且詈曰人臣惟北面拜天子我豈從爾苟生邪速殺我幸矣賊猶惜不殺徙置舟中覲不食者兩日探懷中印章授其從卒曰我且死若求間道以此上官賊知其無降意害之至死詬賊聲不絕投屍江中時年三十五事聞贈太常少卿錄其子四人妻劉避賊死於林峒追封彭城郡君加賜冠帔又贈修古尚書工部侍郎封修古妻陳潁川郡君當智高之反乘嶺南無備縣吏往往望風竄匿故賊所向輒下獨覲與孔宗旦趙師旦能以死守後田瑜安撫廣東乃爲覲立廟封州

孔宗旦魯人爲邕州司戶參軍儂智高未反時州有白氣出庭中江水溢宗旦以爲兵象度智高必反以書告知州陳珙珙不聽後智高破橫州卽載其親往桂州曰吾有官守不得去無爲俱死也既而州破被執賊欲任以事宗旦叱賊且大罵遂被害始宗旦官京東與李師道徐程尚同等四人爲監司耳目號爲四瞪人多惡之其後立節如此知袁州祖無擇以其事聞贈太子中允

趙師旦字潛叔樞密副使稹之從子美容儀身長六尺少年頗涉書史尤刻意刑名之學用稹廕試將作監主簿累遷寧海軍節度推官知江山縣斷治出已吏不能得民一錢棄物道上人無敢取以薦者改大理寺丞知彭城縣遷太子右贊善大夫移知康州儂智高破邕州順流東下師旦使人覘賊還報曰諸州守皆棄城走矣師旦叱曰汝亦欲吾走矣乃大索得諜者三人斬以徇而賊已薄城下師旦只有兵三百開門迎戰殺數十人會暮賊稍却師旦語其妻取州印佩之使負其子以匿曰明日賊必大至吾知不敵然不可以去爾留死無益也遂與監押馬貴部士卒固守州城召貴食貴不能食師旦獨飽如平時至夜貴臥不安席師旦卽臥內大鼾遲明賊攻城愈急左右請少避師旦曰戰死與戮死何如衆皆曰願爲國家死至城破無一人逃者矢盡與貴俱還據堂而坐智高麾兵鼓譟爭入脅師旦師旦大罵曰餓獠朝廷負若何事乃敢反邪天子發一校兵汝無遺類矣智高怒并貴害之賊既去州人爲立廟事平贈光祿少卿賜其母王長安縣太君冠帔錄其子弟并從子三人師旦遇害時年四十二柩過江山江山之人迎師旦喪哭祭於路絡繹數百里不絕同時有王從政者以東頭供奉官閤門祇候與儂智高戰于太平場被執罵賊不已至以沸湯沃之終不屈而死贈信州刺史錄其孫二人

蘇緘字宣甫泉州晉江人舉進士調廣州南海主簿州領蕃舶每商至則擇官閱實其貲商皆豪家大姓習以客禮見主者緘以選往商樊氏輒升階就席緘詰而杖之樊訴于州州召責緘緘曰主簿雖卑邑官也商雖富部民也邑官杖部民有何不可州不能詰再調陽武尉劇盜李囊橐于民賊曹莫能捕緘訪得其處萃衆大索火旁舍以迫之李從衆逸出緘馳馬逐斬其首送府府尹賈昌朝驚曰儒者乃爾輕生邪累遷秘書丞知英州儂智高圍廣緘曰廣吾都府也且去州近今城危在旦暮而不往救非義也卽募士數千人委印於提點刑獄鮑軻夜行赴難去廣二十里止營廣人黃師宓陷賊中爲之謀主緘擒斬其父孥不逞並緣爲盜復捕殺六十餘人招其詿誤者六千八百人使復業賊勢沮將解去緘分兵先扼其歸路布槎木亘四十里賊至不得前乃遶出數舍渡江由連賀而西緘與賊戰摧傷甚衆盡得其所掠物時諸將皆罷獨緘有功仁宗喜換爲供備庫副使廣東諸監管押兩路兵甲遣中使賜朝衣金帶襲賊至邕大將陳曙以失律誅緘亦貶房州司馬復著作佐郎監越州稅十餘年始還副使知廉州屋多茅竹戍卒楊禧醉焚營延燒民廬因乘以爲竊緘戮之於市又坐謫潭州都監未幾知鼎州熙寧初進如京使廣東鈐轄四年交阯謀入寇以緘爲皇城使知邕州緘伺得實以書抵知桂州沈起起不以爲意及劉彝代起緘致書於彝請罷所行事彝不聽反移文責緘沮議令勿得輒言八年蠻遂入寇衆號八萬陷欽廉破邕四砦緘聞其至閱州兵得二千八百召僚吏與郡人之材者授以方略勒部隊使分地自守民驚震四出緘悉出官帑及私藏示之曰吾兵械既具蓄聚不乏今賊已薄城宜固守以遲外援若一人舉足則羣心搖矣幸聽吾言敢越佚則孥戮汝有大校翟績潛出斬以徇由是上下脅息緘子子元爲桂州司戶因公事攜妻子來省欲還而寇至緘念人不可戶曉必以郡守家出城乃獨遣子元留其妻子選勇士拏舟逆戰斬蠻酋二邕既受圍緘晝夜行勞士卒發神臂弓射賊所殪甚衆緘初求救於劉彝彝遣將張守節救之逗遛不進緘又以蠟書告急於提點刑獄宋球球得書驚泣督守節守節皇恐遽移屯大夾嶺回保崑崙關猝遇賊不及陣舉軍皆覆蠻獲北軍知其善攻城啗以利使爲雲梯又爲攻濠洞蒙以華布緘悉焚之蠻計已窮將引去而知外援不至或教賊囊土傅城者頃刻高數丈蟻附而登城遂陷緘猶領傷卒馳

騎戰愈厲而力不敵乃曰吾義不死賊手亟還州治殺其家三十六人藏于坎縱火自焚釁至求尸皆不得屠郡民五萬餘人率百人爲一積凡五百八十餘積隤三州城以塡江邑被圍四十二日糧盡泉涸人吸瀝麻水以濟渴多病下痢相枕籍以死然訖無一叛者緘憤沈起劉彝致寇又不救患欲上疏論之屬道梗不通乃榜其罪于市冀朝廷得聞焉神宗聞緘死嗟悼贈奉國軍節度使謚曰忠勇賜都城甲第五鄉里上田十頃聽其家自擇以子元爲西頭供奉官閤門祗候召對謂曰邕管賴卿父守禦儻如欽廉卽破則賊乘勝奔突桂象皆不得保矣昔張巡許遠以睢陽蔽遮江淮較之卿父不能過也改授殿中丞通判邕州次子子明子正孫廣淵直溫與緘同死皆褒贈焉起與彝皆坐謫官緘沒後交人謀寇桂州行數舍其衆見大兵從北來呼曰蘇城隍領兵來報怨懼而引歸邕人爲緘立祠元祐中賜額懷忠

秦傳序江寧人淳化五年充夔峽巡檢使李順之亂賊衆奄至傳夔州城下傳序督士卒晝夜拒戰嬰城旣久危蹙日甚長吏皆奔竄投賊傳序謂士卒曰吾爲監軍盡死節以守城吾之職也安可苟免乎城中乏食傳序出囊橐服玩盡市酒肉以犒士卒慰勉之衆皆感泣力戰傳序度力不能拒乃爲蠟書遣人間道上言臣盡死力誓不降賊城壞傳序赴火死傳序家寄荆湖間子奭遡峽求父屍溺死人以爲父死於忠子死於孝奏至太宗嗟惻久之錄傳序次子煦爲殿直以錢十萬賜其家煦卒復以煦弟昉爲三班奉職

詹良臣字元公睦州分水人舉進士不第以恩得官調縉雲縣尉方臘起其黨洪再犯處州守貳俱棄城遁又有他盜霍成富者用臘年號剽掠縉雲良臣曰捕盜尉職也縱不勝敢愛死乎率弓兵數十人出禦之爲所執成富誘使降良臣曰汝輩不知求生顧欲降我邪昔年李順反於蜀王倫反於淮南王則反於貝州身首橫分妻子與同惡無少長皆誅死旦暮官軍至汝肉飼狗鼠矣賊怒臠其肉使自啖之良臣吐且罵至死不絕聲見者掩面流涕時年七十二徽宗聞而傷之贈通直郎官錄其子孫二人

江仲明台州人宣和寇亂載老母逃山澗中猝遇寇于東城之岡逼使就降仲明義不辱奮起罵賊卒死之丞相呂頤浩誄以文有蔣煜者州之仙居人有文學寇欲妻以女煜拒之脅以拜亦不從寇曰吾戮汝矣煜伸頸就刃詈聲不絕而死

李若水字清卿洺州曲周人元名若冰上舍登第調元城尉平陽府司錄試學官第一濟南教授除太學博士蔡京晚復相子絛用事李邦彥不平欲謝病去若水爲言大臣以道事君不可則止胡不取決上前使去就之義暴於天下顧可默默託疾而退使天下有伴食之譏邪又言積蠹已久致理惟難建裁損而邦用未豐省科徭而民力猶困權貴抑而益橫仕流濫而莫澄正宜置驛求賢解榻待士采其寸長遠見以興治功凡十數端皆深中時病邦彥不悅靖康元年爲太學博士開府儀同三司高俅死故事天子當挂服舉哀若水言俅以幸臣躐躋顯位敗壞軍政金人長驅其罪當與童貫等得全首領以沒尚當追削官秩示與衆棄而有司循常習故欲加縟禮非所以靖公議也章再上乃止欽宗將遣使至金國議以賦入贖三鎭詔舉可使者若水在選中召對賜今名遷著作佐郎爲使見粘罕于雲中纔歸兵已南下復假徽猷閣學士副馮澥以往甫次中牟守河兵相驚以金兵至左右謀取間道去澥問何如若水曰戍卒畏敵而潰柰何效之今正有死耳令敢言退者斬衆乃定既行疊具奏言和議必不可諧宜申飭守備至懷州遇館伴蕭慶挾與俱還及都門拘之于沖虛觀獨令慶澥入既所議多不從粘罕急攻城若水入見帝道其語帝命何㮚行㮚還言二人欲與上皇相見帝曰朕當往明日幸金營過信而歸擢若水禮部尚書固辭帝曰學士與尚書同班何必辭請不已改吏部侍郎三年金人再邀帝出郊帝殊有難色若水以爲無他慮扈從以行金人計中變逼帝易服若水抱持而哭詆金人爲狗輩金人曳出擊之敗面氣結仆地衆皆散留鐵騎數十守視粘罕令曰必使李侍郎無恙若水絕不食或勉之曰事無可爲者公昨雖言國相無怒心今日順從明日富貴矣若水歎曰天無二日若水寧有二主哉其僕亦來慰解曰公父母春秋高若少屈冀得一歸覲若水叱之曰吾不復顧家矣忠臣事君有死無二然吾親老汝歸勿遽言令兄弟徐言之可也後旬日粘罕召計事且問不肯立異姓狀若水曰上皇爲生靈計罪已內禪主上仁孝慈儉未有過行豈宜輕議廢立粘罕指宋朝失信若水曰若以失信爲過公其尤也歷數其五事曰汝爲封豕長蛇眞一劇賊滅亡無日矣粘罕令擁之去反顧罵益甚至郊壇下謂其僕謝寧曰我爲國死職耳柰併累若屬何又罵不絕口監軍者撾破其脣噀血罵愈切至以刃裂頸斷舌而死年三十五寧得歸具言其狀高宗卽位下詔曰若水忠義之節無與比倫達於朕聞爲之涕泣特贈觀文殿學士謚曰忠愍死後有自北方逃歸者云金人相與言遼國之亡死義者十數南朝惟李侍郎一人臨死無怖色爲歌詩卒曰矯首問天兮天卒無言忠臣効死兮死亦何愆聞者悲之

劉韐字仲偃建州崇安人第進士調豐城尉龍城令王原鎭熙州辟狄道令提舉陝西平貨司河湟兵屯多食不繼韐延致酋長出金帛從易粟就以餉軍公私便之遂爲轉運使擢中大夫集英殿修撰劉法死夏人攻震武韐攝師鄜延出奇兵擣之解其圍夏人來言願納款謝罪皆以爲詐韐曰兵興累年中國尚不支況小邦乎彼雖新勝其衆亦疲懼吾再舉故款附以圖自安此情實也密疏以聞詔許之夏使愆期不至諸將言夏果詐請會兵乘之韐曰越境約會容有他故會再請者至韐戒曰朝廷方事討伐吾爲汝請毋若異時邀歲幣鞅疆埸以取威怒夏人聽命西邊自是遂安韐求東歸拜徽猷閣待制提舉崇福宮起知越州鑑湖爲民侵耕官因收其租歲二萬斛政和間涸以爲田衍至六倍隸中宮應奉租太重而督索嚴多逃去則勒鄰伍取償民告病韐請而蠲之方臘陷衢婺越大震官吏悉遁或具舟請行韐曰吾爲郡守當與城存亡不爲動益厲戰守備寇至城下擊敗之拜述古殿直學士召爲河北河東宣撫參謀官時邊臣言燕民思內附童貫蔡攸方出師而种師道之軍潰韐意警報不實見師道計事師道曰契丹兵勢尚盛而燕人未有應者恐邊臣誕謾誤國事韐卽馳白貫攸請班師又論燕薊不可得正使得之屯兵遣餉經費無藝必重困中國還次莫州會郭藥師以涿州降戎車再駕以韐議異徙知眞定府藥師入朝韐密奏乞留之不報從知建州改福州加延康殿學士或言其過闕時見御史中丞有所請遂罷起知荆南河北盜起復以守眞定首賊柴宏本富室不堪征斂聚衆剽敓殺巡尉統制官亦戰死韐單騎赴鎭遣招之宏至服罪韐飲之酒奏以官縱其黨還田里一路遂平藥師請馬詔盡以河北戰馬與之不足又賦諸民韐曰空內郡驅駿付一降將非計也請止之金人已謀南牧朝廷方從之求雲中地韐諜得實急以聞且陰治城守以待變是冬金兵抵城下知有備留兵其旁長驅內嚮及還治梯衝設圍示欲攻擊韐發强弩射之金人知不可脅乃退自金兵之來諸郡皆塞門民坐困韐獨縱樵牧如平日以時啓閉欽宗善之拜資政殿學士時已許割地賂金人而議者乘士民之憤復議進躡韐以亟戰爲非是時諸將救太原种師中姚古敗以韐爲宣撫副使至遼州招集糾募得兵四萬人與解潛折可求約期俱進兩人又繼敗初韐遣別將賈瓊自代州出敵背且許義軍以爵祿得首領數十旣復五臺而潛可求敗聞遂不果進太原陷召入覲爲京城四壁守禦使宰相沮罷之京城不守始遣使金營金人命僕射韓正館之僧舍正曰國相知君今用君矣韐曰偷生以事二姓有死不爲也正曰軍中議立異姓欲以君爲正代得以家屬行與其徒死不若北去取富貴韐仰天大呼曰有是乎歸書片紙曰金人不以予爲有罪而以予爲可用夫貞女不事二夫忠臣不事兩君況主憂臣辱主辱臣死以順爲正者妾婦之道此予所以必死也使親信持歸報諸子卽沐浴更衣酌卮酒而縊燕人歎其忠瘞之寺西岡上遍題窗壁識其處凡八十日乃就殮顏色如生建炎元年贈資政殿大學士後謚曰忠顯韐莊重寬厚與人交若有畏者至臨大事則毅然不可回奪初在西州爲童貫所知故首尾預其軍事及以忠死論者不復短其前失云子子羽孫珙自有傳

傅察字公晦孟州濟源人中書侍郎堯俞從孫也年十八登進士第蔡京在相位聞其名遣子儵往見將妻以女拒弗答調清州司法參軍歷永平淄川丞入爲太常博士遷兵部吏部員外郎宣和七年十月接伴金國賀正旦使是時金將渝盟而朝廷未之知也察至燕聞金人入寇或勸毋遽行察曰受使以出聞難而止若君命何遂至韓城鎭使人不來居數日金數十騎馳入館彊之上馬行次境上察覺有變不肯進曰迓使人故例止此金人輒易其馭者擁之東北去行百里許遇所謂二太子斡離不者領兵至驛道使拜察曰吾若奉使大國見國主當致敬今來迓客而脅我至此又止令見太子太子雖貴人臣也當以賓禮見何拜爲斡離不怒曰吾興師南向何使之稱凡汝國得失爲我道之否則死察曰主上仁聖與大國講好信使往來項背相望未有失德太子干盟而動意欲何爲還朝當具奏斡離不曰爾尚欲還朝邪左右促使拜白刃如林或捽之伏地衣袂顚倒愈植立不顧反覆論辨斡離不曰爾今不拜後日雖欲拜可得邪麾令去察知不免謂官屬侯彥等曰我死必矣我父母素愛我聞之必大戚若萬一脫幸記吾言告吾親使知我死國少紓其亡窮之悲也衆皆泣是

夕隔絕不復見金兵至燕彥等密訪存亡曰使臣不拜太子昨郭藥師戰勝有喜色太子慮其刼取且銜往忿殺之矣將官武漢英識其屍焚之裹其骨命虎翼卒沙立負以歸立至涿州金人得而縶諸土室凡兩月伺守者怠毀垣出歸以骨付其家副使蔣𤫊及彥輩歸皆能道察不屈狀贈徽猷閣待制察自幼嗜學同輩或邀與娛嬉不肯就爲文温麗有典裁平居恂恂然無喜愠色遇事若無所可否非其意崒然不可犯恬於勢利在京師故人鼎貴罕至其門間一見寒溫談笑而已及倉卒徇義舉舉如此聞者哀而壯之時年三十七乾道中賜謚曰忠肅

楊震字子發代州崞人以弓馬絕倫爲安邊巡檢河東軍征臧底河敵據山爲城下瞰官軍諸將合兵城下震率壯士拔劔先登斬數百級衆乘勝平之上功第一從折可存討方臘自浙東轉擊至三界鎭斬首八千級追襲至黃巖賊帥呂師囊扼斷頭之險拒守下石肆擊累日不得進可存問計震請以輕兵緣山背上憑高鼓譟發矢石賊驚走已復縱火自衞震身被重鎧與麾下履火突入生得師囊及殺首領三十人進秩五等還知麟州建寧砦初契丹之亡其將小鞠蘇西奔招合雜羌十餘萬破豐州攻麟府諸城郭震父宗閔領本道兵馬屢摧敗之俘其父母妻子靖康元年十月太原陷鞠蘇驅幽薊叛卒與夏人奚人圍建寧扣壁語震曰汝父奪我居破我兵掩我骨肉我忍死到今急舉城降當全汝軀命時城中守兵不滿百震與戰士約斬一級賞若干官帑竭繼以家人服珥吏士感激自奮越旬矢盡力乏城不守與子居中執中力戰沒闔門俱喪唯長子存中從征河北獨免明年宗閔亦死事于長安震時年四十四建炎二年詔贈武經郎存中貴請于朝謚曰恭毅

張克戩字德祥侍中耆曾孫也第進士歷河間令知吳縣吳爲浙劇邑民喜爭大姓怙勢持官府爲令者踵故抑首務爲不生事幸得去而已克戩一裁以法姦猾屏氣使者以狀聞召拜衞尉丞初克戩從弟克公爲御史劾蔡京京再轉政脩怨於張氏以微事黜克戩踰年起知祥符縣司開封戸曹提舉京東常平入辭留爲庫部員外郎宣和七年八月知汾州十二月金兵犯河東圍太原太原距汾二百里遣將銀朱孛堇來攻縱兵四掠克戩畢力扞禦燕人先內附在城下者數十陰結黨欲爲內應悉收斬之數選勁卒撓敵營出不意焚其柵敵懼引去論功加直祕閣靖康元年六月金兵復逼城朝廷命經畧使張孝純之子灝都統制張思正轉運使李宗本援思正誅求無藝民不堪命克戩引誼開曉皆願自奮宣撫使李綱表其守城之勞進直龍圖閣右文殿修撰太原不守思正紿云出戰遂率灝宗奔慈隰於是人無固志戍將麻世堅中夜斬關出通判韓琥相繼亡克戩召令兵民曰太原旣陷吾固知亡矣然義不忍負國家辱父祖願與此城終始以明吾節諸君其自爲謀皆泣不能仰視同辭而對曰公父母也願盡死聽命乃益厲兵儆守賊至身帥將士擐甲登陴雖屢却敵而援師訖不至金兵破平遙平遙爲汾大邑久與賊抗旣先陷又脅降介休孝義諸縣據州南二十村作攻城器具兩遣使持書諭克戩焚不啓具述危苦之狀募士間道言之朝不報十月朔金益萬騎來攻愈急有十人唱爲降語斬以徇諸酋列城下克戩臨罵極口砲中一酋立斃度不得免手草遺表及與妻子遺書縋州兵持抵京師明日金兵從西北隅入殺都監賈亶克戩猶帥衆巷戰金人募生致之克戩歸索朝服焚香南向拜舞自引決一家死者八人金將奉其屍禮塟于後圃羅拜設祭爲立廟事聞詔贈延康殿學士賻銀三百兩絹五百匹表揭門閭紹興中謚忠確

張確字子固邠州宜祿人元祐中擢進士第徽宗卽位應詔上書言十事乞誅大姦退小人進賢能開禁錮起老成擢忠鯁息邊事脩文德廣言路容直諫遂列于上籍宣和二年召至京師靑溪盜起確言此皆王民但庸人擾之耳願下哀痛之詔省不急之務租賦之外一切寢罷敢以花石淫巧供上者死撫綏脅附毋以多殺爲功旬浹之間可以殄滅忤王黼意通判杭州攝睦州事有自賊中逃歸者悉宥之訪得虛實以告諸將用其言盜平知坊汾二州宣和七年徙解州又徙隆德府金兵圍太原忻代降平陽兵叛確表言河東天下根本安危所係無河東豈特秦不可守汴亦不可都矣敵旣得叛卒勢必南下潞城百年不脩築將兵又皆戍邊臣生長西州頗諳武事若得秦兵十萬人猶足以抗敵不然唯有一死報陛下耳書累上不報明年二月金兵至知城中無備諭使降確乘城拒守或獻謀欲自東城潰圍出且採確意確怒叱曰確守土臣當以死報國頭可斷腰不可屈乃戰而死欽宗聞之悲悼優贈述古殿直學士召見其子窋慰撫之曰卿父今之巡遠也得其死所矣復何恨使爲將爲守者皆如卿父朕顧有今日邪歛容嘆息者久之

朱昭字彥明府谷人以效用進累官秉義郎浮湛班行不自表異宣和末爲震武城兵馬監押攝知城事金兵內侵夏人乘虛盡取河外諸城鎭震武距府州三百里最爲孤絕昭率老幼嬰城敵攻之力昭募驍銳兵卒千餘人與約曰賊知城中虛實有輕我心若出不意攻之可一鼓而潰於是夜縋兵出薄其營果驚亂城上鼓譟乘之殺獲甚衆夏人設木鵝梯衝以臨城飛矢雨激卒不能施然晝夜進攻不止其酋悟兒思齊介冑來以氈盾自蔽邀昭計事昭常服登陴披襟問曰彼何人乃爾不武欲見我我在此將有何事思齊却盾而前數宋朝失信曰大金約我夾攻京師爲城下之盟畫河爲界太原旦暮且下麟府諸壘悉已歸我公何恃而不降昭曰上皇知姦邪誤國改過不吝已行內禪今天子聖政一新矣汝獨未知邪乃取傳禪詔赦宣讀之衆聘眙服其勇辯是時諸城降者多昭故人從旁語曰天下事已矣忠安所施昭叱曰汝輩背義偸生不異犬彘尚敢以言誘我乎我唯有死耳因大罵引弓射之衆走凡被圍四日城多圮壞昭以智補禦皆合法然不可復支昭退坐廳事召諸校謂曰城且破妻子不可爲賊汚幸先戕我家而背城死戰勝則東嚮圖大功不勝則暴骨境內大丈夫一生之事畢矣衆未應昭幼子戲階下遽起手刃之長子驚視又殺之徑領數卒屠其家人舁屍納井中部將賈宗望母適過前昭起呼曰媼鄉人也吾不欲刃請自入井媼從之遂併覆以土將士將妻孥者又皆盡殺之昭謂衆曰我與汝曹俱無累矣部落子有陰與賊通者告之曰朱昭與其徒各殺其家人將出戰人雖少皆死士也賊大懼以利啗守兵得登城昭勒衆于通衢接戰自暮達旦屍填街不可行昭躍馬從缺城出馬蹶墜塹賊驩曰得朱將軍矣欲生致之昭瞋目仗劒無一敢前旋中矢而死年四十六

史抗濟源人宣和末爲代州沿邊安撫副使金人圍代急抗夜呼其二子稽古稽哲謂曰吾昔語用事者鴈門控制一道宜擇帥增戍以謀未形之患若使橫流則無所措矣言雖切皆不吾省今重圍旣固外援不至吾用六壬術占之明日城必陷吾將死事汝輩亦勿以妻子爲念而負國也能聽吾言當令家屬自裁然後同赴義二子泣曰唯吾父命明日城果破父子三人突圍力戰死于城隅

孫益不知其所以進宣和末以福州觀察使知朔寧府被命救太原時敵勢張甚或言不若引兵北擣雲中彼之將士室家在焉所謂攻其所必救也益曰此策固善柰違君命因躍馬冒圍至城下張孝純不肯啓門遂死之益天資忠勇每傾貲以賞戰士能得人死力小鞠蘇爲邊患遣將致討益子在行間師無功益謂子必死朝廷聞之恤錄其孤甚厚其子遺信至益所報平安益怒其子不能死以狀自劾盡上還官所賜而斬其持書來者初益在朔寧察郡人孫谷可用奏爲掾屬待之異於常僚益出師屬以後事益死敵騎來攻且別命郡守衆議欲開關迎之谷爭弗得嘆曰吾身已許國又不忍負孫公之託諸人不見容是吾死所也或舉刃脅之無懼容遂見殺

宋史卷四百四十六考證

康保裔傳兵盡矢絕援不至遂沒焉○臣宗楷按康保裔遼史作康昭裔聖宗統和十七年次瀛州與宋軍戰擒其將康昭裔十九年以所俘宋將康昭裔爲昭順軍節度使豈保裔之外又有一昭裔耶然宋將未有名康昭裔者而瀛州卽河間其爲康保裔無疑二史不同若是

宋史卷四百四十七

元　中書右丞相總裁脫脫等修

列傳第二百六

忠義二

霍安國　李涓　李邈　劉翊
徐揆　陳遘　趙不試
趙令峸　唐重　郭忠孝　程迪　徐徽言
向子韶　楊邦乂

霍安國不知何許人燕山之復以直祕閣爲轉運判官宣和末知懷州靖康元年路允迪奉使至懷表其治狀加直龍圖閣歲中進右文集英殿脩撰徙知隆德府未行復留金騎再至遂被圍安國扞禦不遺力鼎澧兵亦至相與共守拜徽猷閣待制然竟以閏十一月城陷將官王美投濠死粘罕引安國以下分爲四行使夷官問不降者爲誰安國曰守臣安國也問餘人通判州事直徽猷閣林淵兵馬鈐轄濟州防禦使張彭年都監趙士詝張諶于潛鼎澧將沈敦張行中及隊將五人同辭對曰淵等與知州一體皆不肯降酋令引於東北鄉望其國拜降皆不屈乃解衣面縛殺十三人而釋其餘安國一門無噍類明年贈延康殿學士

李涓字浩然駙馬都尉遵勗曾孫也以蔭爲殿直召試中書易文階至通直郎知鄂州崇陽縣靖康元年京城被圍羽檄召天下兵鄂部縣七當發二千九百人皆未集涓獨以所募六百鋭然請行或謂盍徐之以須他邑涓曰事急矣當持一信報天子爲東南倡而募士多市人不能軍涓出家錢買牛酒激犒之令曰吾固知無益然世受國恩唯直死耳若曹知法乎失將者死均之一死死國留名男兒不朽事也衆皆泣即日引而東北過淮蒲圻嘉魚二縣之兵始至合而前至蔡天大雪蔡人忽譟而奔曰敵至矣即結陣以待少焉游騎果集涓馳馬先犯其鋒下皆步卒蒙鹵盾徑進頗殺其騎且走涓乘勝追北十餘里大與敵遇飛矢蝟集二縣兵亟舍去涓創甚猶血戰大呼叱左右負己遂死焉年五十三士卒死者六七上官有忌涓者脅亡卒誣已遁明年金兵去蔡人以其屍歸朝廷錄其忠贈朝奉郎官其三子

李邈字彥思臨江軍淸江人唐宗室宰相適之之後少有才畧精悍敏決見事風生以父任爲太廟齋郎初調安州司理監潤州酒務用薦改京官監在京竹木務擢提轄環慶路糧草通判河間府以迕蔡京童貫換右列由承議郎換莊宅副使知信安軍遷知覇州爲遼國賀正副使還貫將連金人夾攻契丹呼邈至私第以語動之使附已邈言契丹人未厭其主貫懼邈有異議卽奏不俟對令復任邈上書言契丹不可滅苟誤機事願誅臣以謝邊吏都轉運使沈積中摭邈罪五十有三條鞫治一無所得乃以建神霄宮不如詔免官久之監在京染院進都大提舉京西汴河隄岸盜起浙東改江淮兩浙制置司管當公事改知嚴州代還貫欲以西師入燕邈復語貫曰方臘小醜一呼居七州四十餘縣竭數路之力而後能平之殆天以此警公也何可遽移之北乎因密教貫陰佐契丹以圖金人貫不能用乃乞致仕貫收復燕山奏邈知涿州改易州皆辭不赴嘆曰國家禍亂自茲始矣金人犯京師詔趣入見邈慨然復起就道旣至會姚平仲戰不利京師震動上不以時賜對問禦敵柰何邈言勝負兵家之常勢陛下無過憂第古未有和戰不定而能成功者因言种師道宿將有重名二敵所畏朝廷自主和議而盡以諸道兵畀師道視敵爲進退將在軍中君命有所不受使見可擊而進勝固社稷之福不勝亦足使敵知吾將帥有以國爲任者上稱善而耿南仲方主和議不合乃換右文殿脩撰京畿轉運使辭不拜金人猶駐毛駝崗乃以邈爲京城西壁守禦使邈言姚平仲敗績而敵猶不敢留是畏我也不以种師道再戰已失機會尚可尾其行及河半渡擊之猶足爲後戒議復格三上章致仕不允改主管馬軍公事權樞密副都承旨出爲河北西路制置使以措置山西塘濼屯田弓箭手事邈論塘濼不可爲奪制置使下遷提舉保甲仍領措置司又論不已再奪觀察使則金兵將及境矣遂復舊官守眞定後二日落階拜靑州觀察使仍知府事邈始視事兵不滿二千錢不滿二百萬自度無以拒敵乃諭民出財共爲死守民恃邈爲固不數日得錢十三萬貫粟十一萬石募民爲勇敢亦數千人而新集之兵皆無鬭志金人至邈乞師于宣撫副使劉韐且間道走蠟書上聞皆不報城被圍且戰且守相持四旬城破邈巷戰不克將赴井左右持之不得入幹離不脅邈拜不拜以火燎其鬚眉及兩髀亦不顧乃拘于燕山府金人問曰集民兵擊我謂我爲賊何也邈曰汝負盟所至掠吾金帛子女何諱吾言敵不能屈久之欲以邈知滄州邈笑而不荅且說之曰天下强弱之勢安有常特吾中國適逢其隙耳汝不以此時歸二帝及兩河地歲取重幣如契丹以爲長利强尚可恃乎金人諱其言命邈被髮左衽邈憤詆毀甚力金人撾其口猶吮血噀之翼日自去髮爲浮屠金人大怒遂遇害將死顏色不變南向再拜端坐就戮燕人爲之流涕高宗贈招化軍節度使諡曰忠壯

劉翊靖康元年以吉州防禦使爲眞定府路都鈐轄金人攻廣信保州不克遂越中山而攻眞定翊率衆晝夜搏戰城上金兵初攻北壁翊拒之乃僞徙攻東城宣撫使李邈復趣翊往應越再宿潛移攻具還薄北城衆攀堞而上城遂陷邈就執翊猶集左右巷戰已而稍亡去翊顧其弟曰我大將也其可受賊戮乎挺身潰圍欲出諸門已爲敵所守乃之孫氏山亭中解絛自縊死

徐揆衢州人遊京師入太學靖康元年試開封府進士爲舉首未及大比而遭國難欽宗詣金營不歸揆帥諸生扣南薰門以書抵二酋請車駕還闕其畧曰昔楚莊王入陳欲以爲縣申叔時諫復封之後世君子莫不多叔時之善諫楚子之從諫千百歲之下猶想其風采本朝失信大國背盟致討元帥之職也郡城失守社稷幾亡而存元帥之德也兵不血刃市不易肆生靈幾死而活元帥之仁也雖楚子存陳之功未能有過我皇帝親屈萬乘兩造轅門越在草莽國中喁喁跂望屬車之塵者屢矣道路之言乃謂以金銀未足故天子未返揆竊惑之今國家帑藏旣空編民一妾婦之飾一器用之微無不輸之公上商賈絕迹不來京邑區區豈足以償需索之數有存社稷之德活生靈之仁而以金帛之故留質君父是猶愛人之子弟而辱其父祖與不愛無擇元帥必不爲也願推惻隱之心存始終之惠反其君父班師振旅緩以時日使求之四方然後遣使人奉獻則楚封陳之功不足道也二酋見書使以馬載揆至軍詰難揆厲聲抗論爲所殺建炎二年追錄死節詔贈宣教郎而官其後

陳遘字亨伯其先自江寧徙永州登進士第知莘縣爲治有績魏尹蔣之奇馮京許將交薦之知雍丘縣擢宗將以爲御史而遭父祐甫憂畢喪爲廣西轉運判官蔡京啓蠻猺地建平從允三州遘言蠻人幸安靜輕擾以兆釁不可京惡之以他事罷歸旋知商州興元府入爲駕部金部員外郎張商英得政用爲左司員外郎俄擢給事中會商英免相蔡嶷攝封駁力沮止之遘懼請外以直秘閣爲河北轉運使加直龍圖閣徙陝西召還京師而蔡京復相再使河北徙淮南帝將易置發運使命選諸道計臣有閥閱者執政以遘言京曰職卑不可用願更選帝曰可除集英殿脩撰使往京乃不敢言遂爲副使未幾升爲使朝廷方督綱餉運渠壅澀遘使決呂城陳公兩塘達于渠漕路甫通而朱勔花石綱塞道官舟不得行遘捕繫其人而上章自劾帝爲黜勔人進遘徽猷閣待制宣和二年冬方臘亂詔以屬遘遘言臘始起靑溪衆不及千今脅從已過萬又有蘇州石生歸安陸行兒皆聚黨應之東南兵弱勢單士不習戰必未能滅賊願發京畿兵鼎澧槍盾手兼程以來庶幾蜂起愚民不至滋蔓帝悉行其言加龍圖閣直學士經制七路治于杭時縣官用度百出遘創議度公私出納量增其贏號經制錢其後總制使翁彥國倣其式號總制錢於是天下至今有經總制錢名自兩人始也又言妖賊陵暴州縣唯搜求官吏恣行殺戮往往斷截支體探取肺肝或熬以鼎油或射以勁矢備極慘毒不償怨心蓋貪汙嗜利之人倚法侵牟騷動不知藝極積有不平之氣結於民心一旦乘勢如此可爲悲痛此風不除必更生事臣願采撫官吏姦贓尚仍舊習者按治以聞乞重寘于理許之又進學士凡所施置以御筆先下於是劾越州王仲薿科市民造金茶器減直買軍糧券而以私錢取之仲薿坐黜杭經巨寇後河渠堙窒邦人以水潦爲病前守數請于朝皆以勞費輟役遘以冬月檄眞揚潤楚諸郡凡守牐綱卒悉集治所先是當閉牐羣卒無以食率凍餓不自聊聞命相率呼舞以來者二千人用其力治河不兩月畢杭人利焉徙河北都轉運使進延康殿學士歷知中山眞定河間府欽宗立加資政殿學士積官至光祿大夫復爲眞定又徙中山金人再至遘自圍入城堅壁拒守詔康王領天下大元帥命遘爲兵馬元帥受圍半年外無援師京都旣陷割兩河求和遘弟光祿卿適至中山臨城諭旨遘遥語之曰主辱臣死吾兄弟平居以名義自處寧當賣國家爲囚孥乎適泣曰兄但盡力勿以弟爲念遘呼總管使盡括城中兵擊賊總管辭遂斬以徇又呼步將沙振往振素有勇名亦固辭遘固遣之振怒且懼潛衷刃入府遘妾定奴責其輒入振立殺之遂害遘於堂及其子錫并僕妾十七人長子錘以官淮南獲免振出帳下卒譟而前曰大敵臨城汝安得殺吾父執而捽裂之身首無餘城中無主乃開門出降金人入見其屍曰南朝忠臣也斂而葬諸鐵柱寺建炎初贈特進遘性孝友爲人寬厚長者任部刺史二十年每出行郡邑必焚香祈天願不逢貪濁吏嘗薦王安石呂頤浩張慤謝克家何鑄後皆至公輔世以爲知人適由開封少尹衞尉少卿至光祿卿是役也金人執之以北後十年死於雲中

趙不試太宗六世孫宣和末通判相州尋權州事兼主管眞定府路經畧安撫公事建炎元年知相州初汪伯彥旣去相金人執其子似遣來割地似至相不試固守不下明年金人大入州久被圍軍民無固志不試謂之曰今城中食乏外援不至不試宗子也義不降計將安出衆不應不試知事不可爲遂登城與金人約勿殺許之旣啓門乃納其家井中然後以身赴井命提轄官實以土州人皆免於死

趙令㞃燕懿王玄孫安定郡王令衿兄也初名令禪建炎初仕至鄂州通守領兵戍武昌賊閻瑾犯黃州縱掠而去令㞃渡江存撫之黃人乃安李綱言於上擢直龍圖閣知黃州賜今名奉詔修城凡六月而畢賊張遇過城下招令㞃度不能拒出城見之遇飲以酒一舉而盡曰固知飲此必死願勿殺軍民遇驚曰先以此試公耳更取毒酒沃地地裂有聲乃引軍去未幾丁進李成兵迭至俱擊郤之叛將孔彥舟又引兵圍城率民兵固守凡六日乃解三年以內艱去詔起服時金人閧孟太后在南昌欲邀之徑犯黃州令㞃已還在道郡卒得金人木笴鑿箭浮江告急令㞃疾趨夜半入城金人力攻翼

日城陷金人欲降之大罵不屈酌以酒揮之不肯飲又衣以戰袍曰我豈當服金人曰趙使君何堅執滕曰但當拜祖宗豈能拜犬彘金人怒鞭之流血被面罵不絕口而死事聞贈徽猷閣待制謚曰愍忠州人乞立廟從之初城破都監王遠判官吳源巡檢劉卓皆以不屈死焉

唐重字聖任眉州彭山人少有大志大觀三年進士徽宗親策士問以制禮作樂重對曰事親從兄爲仁義禮樂之實陛下以神考爲父哲宗爲兄盍亦推原仁義之實而已何以制作爲授蜀州司理參軍改成都府府學教授知懷安軍金堂縣授辟雍錄先是朝廷以拓土爲功邊帥爭興利以徼賞凡蜀東西夔峽路及荆湖廣南皆誘近邊蕃夷獻其地之不可耕者謂之納土因置州縣所至騷然重以其利害白之宰相因是薦之召對遷吏部員外郎左司郎官起居舍人金人入京師重言開邊之禍起於童貫故金人以貫爲禍首若斬貫首遣人傳送于金尚可緩兵或獻議遠避重聞衛士語以告于朝始定守城之計擢右諫議大夫時宰執各主和戰二議重上疏乞命其廷辨得失金人要求金帛中書侍郎王孝迪下令有匿金銀者死許人告重曰如此則子得以告父弟得以告兄奴婢得以告主矣豈初政所宜郎與御史抗論乃止又累疏乞斬蔡京父子以謝天下尋遷中書舍人詞命多所繳奏又言近世不次用人其間致身宰輔有未嘗一日出國門者乞先補外以爲之倡上開納而宰相執奏以爲不可明日臺諫皆得罪重落職知同州金人已陷晉絳將及同重度不能守乃開門縱州人使出自以殘兵數百守城以示必死金人疑有備不復渡河而返降詔獎諭擢天章閣待制先是陝西宣撫使范致虛提五路兵勤王至陝州重遺致虛書言中都倚秦兵爲爪牙諸夏恃京師爲根本今京城圍久人無鬭志若五路之師逡巡未進則所以爲爪牙者不足恃而根本搖矣然潰卒爲梗關中公私之積已盡又聞西夏侵掠鄜延爲腹背患今莫若移檄蜀帥及川陝西路共資關中守禦之備合秦蜀以衛王室致虛銳於出師由澠池屯千秋鎭爲金將所敗軍皆潰退保潼關而五路之力益耗矣重募人間道走京城歸報二帝既北行重卽移檄川秦十路帥臣各備禮物往軍前迎奉未幾高宗卽位重上疏論今急務有四大患有五所謂急務者以車駕西幸爲先次則建藩鎭封宗子通夏國之好繼靑唐之後使相掎角以緩敵勢所謂大患者法令滋彰朝綱委靡軍政敗壞國用竭民心離欲救此者宜守祖宗成憲登用忠直大正賞刑誠今日之急務長安謀帥劉岑自河東使還上亦詢可守關中者岑以重對乃以天章閣直學士知京兆府尋兼京兆府路經畧制置使重前在同州凡三疏上大元帥府乞蚤臨關中以符衆望且畫三策一謂鎭撫關中以固根本然後營屯於漢中開國於西蜀此爲策之上若駐節南陽控楚吳越齊趙魏之師以臨秦晉之墟視敵强弱爲進退選宗親賢明者開府於國中此爲策之次儻因都城再治城池汴洛之境據成皋崤函之險悉嚴防守此策之下若引兵南度則國勢微弱人心離散此最無策暨至永興又六上疏皆以車駕幸關中爲請并條秦關中防河事宜大意謂虢陝殘破解州河中已陷同華州沿河與金人對壘邊面亘六百餘里本路無可戰之兵乞增以五路兵馬十萬以上委漕臣儲偫以守關中章凡七八上朝廷未有所處重復上疏曰關中百二之勢控制陝西六路捍蔽川陝四路今蒲解失守與敵爲鄰關中固則可保秦蜀十路無虞緣逐路帥守監司各有占護不相通融昨范致虛會合勤王之師非不竭力而將帥各自爲謀不聽節制乞選宗親賢明者克京兆牧或置元帥府令總管秦蜀十道兵馬以便宜從事應帥守監司並聽節制緩急則合諸道之兵以衛社稷不惟可以禦敵亦可以救郡縣危解之失又乞節制五路兵俱不報金將婁宿渡河陷韓城縣時京兆餘兵皆爲經制使錢蓋調赴行在重度勢不可支以書別其父克臣曰忠孝不兩立義不苟生以辱吾父克臣報之曰汝能以身徇國舍笑入地矣及金人入境重遺書轉運使李唐孺曰重平生忠義不敢辭難始意迎車駕入關居建瓴之勢庶可以臨東方今車駕南幸矣關陝又無重兵雖竭智力何所施一死報上不足惜及金兵圍城城中兵不滿千固守踰旬外援不至而經制副使傅亮以精鋭數百奪門出降城陷重以親兵百人血戰諸將扶重去重曰死吾職也戰不已衆潰重中流矢死初唐孺以其書聞俄以死節報上哀悼之贈資政殿學士後謚恭愍

郭忠孝字立之河南人簽書樞密院事逵之子受易中庸於程頤少以父任補右班殿直遷右侍禁登進士第換文資授將作監主簿年踰三十不忍去親側多仕于河南莞庫間宣和間爲河東路提舉解梁猗氏與河東接壤盜販鹽者數百爲羣歲起大獄轉相告引抵罪者衆忠孝止治其首餘悉寬貸宰相王黼怒之坐廢格鹽法免靖康初召爲軍器少監入對以和議爲非是力陳追擊之策謂兵家忌深入金人自燕薊興兵踰河朔犯都城其鋒不可當今銳氣且衰又顧子女玉帛之獲故議和以款我師今諸道之師集矣宜乘其惰擊之若不能擊其歸他日安能禦其來上命與宰相吳敏樞密李綱議忠孝復條上戰守利害士馬分合之策十餘事主和者衆卒不用其策改永興軍路提點刑獄措置保甲初議者請擇保甲十萬刺爲義勇分隸河朔諸郡忠孝曰保甲歲久死亡者衆擇三萬人守都城可也河朔騎兵之地非保甲所宜上從之忠孝亟走關陝得勝兵三萬分隸十將擇一將統之繼遣兵趍澤潞聽宣撫司節制金人再犯京師永興帥范致虛率諸軍繇殽澠入援忠孝曰金人深入而河東無守備願分兵走太行拖其歸路彼必來戰城下之圍可緩致虛以爲然檄河中守席益馮翊守唐重與忠孝同出河東爲牽制之舉大軍盡出函谷忠孝獨以蒲解軍三千至猗氏遇金人破之踰絳州破太平砦斬首數百級攻平陽入其郛會大軍失利殽澠間乃引還及金人犯永興兵寡或勸忠孝以監司出巡可以避禍忠孝不荅與經畧唐重分城而守忠孝主西壁唐重主東壁金人陳城下忠孝募人以神臂弓射之敵不得前已而攻陷城東南隅忠孝與重及副總管楊宗閔轉運副使桑景詢判官曾謂經畧主管機宜文字王尚提舉軍馬武功大夫程迪俱死之朝廷贈忠孝大中大夫子雍別有傳

程迪字惠老開封人父博古部鄜延兵戰死永樂迪以門蔭得官宣和中從楊惟中征方臘有功加武功大夫榮州團練使瀘南潼川府路走馬承受公事諸使合薦迪忠義謀畧可任將帥召赴行在經畧制置使唐重以敵迫近留迪提舉軍馬措置民兵以爲備金人已自同州渡河或勸迪還蜀迪思有以報國不從乃詰种氏諸豪謀率衆保險俟其勢稍衰出奇擊之轉運使桑景詢知其謀以告唐重揭牓許民擇險自固會前河東經制使傅亮建議當守不當避重從之以亮爲制置副使去者悉還旣而金兵益迫重乃以迪提舉永興路軍馬措置民兵令迪行視南山諸谷將運金帛徙治其中因召士豪集民兵以補軍籍會應募者衆亮語重曰人心如此假以旬日守備且具柰何望風棄去重大然之卽檄諸司聽亮節制金人近城迪又欲選兵迎戰使老稚得趍險尚可以活十萬人亮執議城守金人四面急攻外無援兵迪率諸司及統制偏裨以下東鄉會盟危急必以死相應誓不與敵俱生慷慨嗚咽同盟皆感泣城破乃自亮所分地始亮先出降衆潰迪率其徒行徇于衆曰敵讐我矣降亦死戰亦死努力與鬭憤怒大呼口流血士皆感奮多所斬殺迪冒飛矢持短兵接戰數十合身被創幾徧絕而復蘇猶厲聲叱戰不已遂死之麾下士舁置空室中比屋皆爐室獨不火及斂容色如生詔贈明州觀察使謚恭愍子昌寓

徐徽言字彥猷衢之西安人少爲諸生汎涉書傳負氣豪舉有奇志喜談功名事大觀二年詔求材武士韓忠彥范純粹劉仲武以徽言應詔召見崇德殿賜武舉絕倫及第歷保德軍監押以邊功加閤門祗候平陽府軍馬鈐轄權知保德軍改總領河西軍馬以討西夏功累遷秉議郎宣和四年將伐燕命太原帥張孝純招河西帳族遺徽言入其地帳族拒而射之徽言迎戰破之遂定天德雲內兩城宣撫使童貫嫉其功檄太原不得違節度復棄去孝純先定朔武二州亦不能守改知火山軍兼統制河西軍馬徙赴石州靖康初遷武翼郎閤門宣贊舍人金人圍太原分兵絕饟道自嵐石以北命令不通者累月徽言以三十人渡河一戰破之遷武經郎知晉寧軍兼嵐石路沿邊安撫使金人再犯京師陝西制置使范致虛糾合五路兵赴難檄徽言守河西欽宗割兩河以紓禍同知樞密院事聶昌出河東爲金人所劫以便宜割河西三州隸西夏晉寧軍民大恐曰棄麟府豐晉寧豈能獨存徽言曰此使人矯詔耳三郡在河西設有詔猶當執奏況無之耶遂率兵復取三州夏人所置守長皆出降徽言慰遣之又并取嵐石等州敎戈紅卒乘羊皮渾脫亂流以掩敵金人益備克胡砦吳堡津遣守領爲九州都統與晉寧對壘徽言出奇兵襲逐之時河東郡縣淪沒遺民日徯王師之至徽言陰結汾晉土豪數十萬約復故地則奏官爲守長聽世襲條其事以聞俟報可卽身率精甲擣太原徑取鴈門留兵戍守且曰定全晉則形勝爲我有中原當指期克復投機一時會不可失奏上詔徽言聽王庶節制議遂格金人忌徽言欲速拔晉寧以除患建炎二年冬自蒲津涉河圍之先是徽言移府州約折可求夾攻金人可求降金將婁宿挾至城下以招徽言徽言故與可求爲姻迺登陴以大義噍數之可求仰曰君於我胡大無情徽言攝弓厲言曰爾於國家不有情我尚於爾何情寧惟我無情此矢尤無情一發中之可求走因出兵縱擊遂斬婁宿孛堇之子當是時環河東皆已陷獨晉寧屹然孤墉

橫當強敵勢相百不抗徽言堅壁持久撫摩疲傷遣沒人泅河召民之逃伏山谷者幾萬衆浮筏西渡與金人鏖河上大小數十戰所俘殺過當晉寧號天下險徽言廣外城東壓河下塹不測譙堞雄固備械甚整命諸將晝隅分守敵至則自致死力以勁兵往來爲游援金進攻數敗不得志圍之益急晉寧俗不井飲寄汲于河金人載茭石湮壅支流城中水乏絕儲偫寖罄鎧仗空敝人人惴憂知須亡無日徽言能得衆心奮枵餓傷夷之餘裒折槊斷刃以死固守既自度不支取砲機箆格凡守具悉火之曰無以遺敵遣人間道馳書其兄昌言曰徽言孤國恩死矣兄其勉事君一夕裨校李位石斌繫帛書飛笴上陰約婁宿啓外郭納金兵徽言與太原路兵馬都監孫昂決戰門中所格殺甚衆退嬰牙城以守金人攻之不已徽言置妻子室中積薪自焚仗劍坐堂上慷慨語將士我天子守土臣義不見蟻敵手因拔佩刀自擬左右號救持之急金兵狎至挾徽言以去然猶憚其威名婁宿得徽言所親說徽言盍具冠褏見金帥徽言斥曰朝章覲君父禮以入穹廬可乎汝汙僞官不即愧死顧以爲榮且爲敵人搖吻作說客邪不急去吾力猶能搏殺汝婁宿就見徽言語曰二帝北去爾其爲誰守此徽言曰吾爲建炎天子守婁宿曰我兵已南矣中原事未可知何自苦爲徽言怒曰吾恨不屍汝輩歸見天子將以死報太祖太宗地下庸知其他婁宿又出金制曰能小屈當使汝世帥延安舉陝地并有之徽言益怒罵曰吾荷國厚恩死正吾所此膝詎爲汝輩屈耶汝當親刃我不可使餘人見加婁宿舉戟向之覬其懼伏徽言披袵迎刃意氣自若飲以酒持杯擲婁宿曰我尚飲汝酒乎慢罵不已金人知不可屈遂射殺之粘罕聞其死怒婁宿曰爾麤狠何專殺義人以逞爾私治其罪甚慘初徽言與劉光世束髮雅故光世被命援太原次吳堡津輒頓不進徽言移書趣行未聽又諭以太原危不守旦暮望救總管承詔赴急不宜稽固取方命罪光世猶前郤徽言即露章劾其逗撓封副與之光世惶遽引道宣撫使張浚與諸使者相繼以死節事聞高宗撫几震悼顧謂宰相曰徐徽言報國死封疆臨難不屈忠貫日月過於顏真卿段秀實遠矣不有以寵之何以勸忠昭示來世乃贈晉州觀察使謚忠壯再贈彰化軍節度祁昂亦引刃欲自刺金人擁至軍前不屈而死至是贈成忠郎團練使徽言子岡既同死事而從孫適亦以守安豐死昂父翊宣和末知朔寧府救太原死于陣各世著忠義云

向子韶字和卿開封人神宗后再從姪也年十五入太學登元符三年進士第特恩改承事郎授荆南府節度判官累官至京東轉運副使屬郡郭奉世進萬緡羨餘戶部聶昌請賞之以勸天下子韶劾奉世且言近臣首開聚斂之端寖不可長士論韙之以父憂免起復知淮寧府建炎二年金人犯淮寧子韶率諸弟城守諭士民曰汝等墳墓之國去此何之吾與汝當死守時有東兵四千人第三將岳景綬欲棄城率軍民走行在子韶不從景綬引兵迎敵而死金人晝夜攻城子韶親擐甲冑冐矢石遣其弟子率赴宗澤乞援兵未至行在子韶率軍民巷戰力屈爲所執金人坐城上欲降之酌酒於前左右抑令屈膝子韶直立不動戟手責罵金人殺之其弟新知唐州子褒朝請郎子家等與闔門皆遇害惟一子鴻六歲得存事聞再贈通議大夫官其家六人後謚忠毅初金人至淮寧府楊時聞之曰子韶必死矣蓋知其素守者云

楊邦乂字晞稷吉州吉水人博通古今以舍選登進士第遭時多艱每以節義自許歷婺源尉蘄廬建康三郡教授改秩知溧陽縣會叛卒周德據府城殺官吏邦乂立縣獄囚趙明於庭欲誅之因諭之曰爾悉里中豪傑誠能集爾徒爲邑人誅賊不惟有爾罪當上功畀爵明即請行邦乂飲之卮酒使自去越翼日討平之建炎三年金人至江上高宗如浙西留右僕射杜充爲御營使駐劄建康命劉光世韓世忠王𤫊諸將悉聽充節制充性酷而無謀士心不附渡磧沙克遣陳淬岳飛等及金人戰于馬家渡自辰至未戰數合勝負未決𤫊擁兵弗救淬被擒𤫊兵遁充率麾下數千人降金人濟江鼓行逼城時李梲以戶部尚書董軍餉陳邦光以顯謨閣直學士守建康皆具降狀逆之十里亭金帥完顏宗弼既入城梲邦光率官屬迎拜惟邦乂不屈膝以血大書衣裾曰寧作趙氏鬼不爲他邦臣宗弼不能屈翼日遣人說邦乂許以舊官邦乂以首觸柱礎流血曰世豈有不畏死而可以利動者速殺我翼日宗弼等與梲邦光宴堂上立邦乂于庭邦乂叱梲邦光曰天子以若扞城敵至不能抗更與共宴樂尚有面目見我乎有劉團練者以幅紙書死活二字示邦乂曰若無多云欲死趣書死字邦乂奮筆書死字金人相顧動色然未敢害也已而宗弼再引邦乂邦乂不勝憤遙望大罵曰若女真圖中原天寧久假汝行磔汝萬段安得汙我宗弼大怒殺之剖取其心年四十四事聞贈直秘閣賜田三頃官爲斂葬即其地賜廟褒忠謚忠襄官其四子邦乂少處郡學目不視非禮同舍欲隳其守拉之出託言故舊家實娼館也邦乂初不疑酒數行娼女出邦乂愕然疾趨還舍解其衣冠焚之流涕自責紹興七年樞密院言邦乂忠節顯著上曰顏真卿異代忠臣朕昨已官其子孫邦乂爲朕死節不可不厚褒錄以爲忠義之勸加贈徽猷閣待制增賜田三頃

宋史卷四百四十八

元 中書右丞相總裁脫脫等修

列傳第二百七

忠義三

曾惪 弟悟　劉汲　鄭驤
呂由誠　郭永　韓浩 朱庭傑 王允功 王膺 周中孚附
歐陽珣　張忠輔　李彥仙 邵雲 宋炎 呂圓登附
趙立 王復 鄭褒附　王忠植　唐琦
李震　陳求道

曾惪字仲常中書舍人鞏之孫補太學內舍生以父任郊社齋郎累官司農丞通判溫州須次于越建炎三年金人陷越以琶八爲帥約詰旦城中文武官並詣府有不至及藏匿不覺察者皆死惪獨不往爲隣人糾察逮捕見琶八辭氣不屈且言國家何負汝乃叛盟欺天恣爲不道我宋世臣也恨無尺寸柄以死國安能貪生事爾狗奴邪時金人帳中執兵者皆愕眙相視琶八曰且令出左右盡驅其家屬四十口同日殺之越南門外越人作窖瘞其屍金人去惪弟朝散郎悊時知杭州餘杭縣事製大棺歛其骨葬之天柱山事聞予三資恩澤官其弟悊子宿兄子寔皆將仕郎方遇難時宿甫四歲與乳母張皆死夜值小雨張得蘇顧見宿亦蘇尚吮其乳郡卒陳海匿宿以歸後仕至知南安軍惪從弟悟

悟字蒙伯翰林學士肇之孫也宣和二年進士靖康間爲亳州士曹金人破亳州悟被執抗辭慢罵衆刃劇之屍體無存者妻絜同日被害年三十三

劉汲字直夫眉州丹陵人紹聖四年進士爲合州司理武信軍推官改宣德郎知開封府鄢陵縣奉行神霄宮不如令以京畿轉運使趙霆奏從通判隆德府時方士林靈素用事郡人班自改易繫辭爲妖言以應靈素汲攝守下自獄靈素薦自有道命轉運使陳知存按驗掾史懼欲變獄汲責數掾史知存憚之卒以實聞通判河中府辟開封府推官自盛章等尹京果於誅殺率取特旨以快意汲每白府奏罷之宰相王黼初領應奉司汲對客輒詆之黼聞奏謫監蓬州稅欽宗召赴闕汲奏願得驅馳外服治兵食以衞京師時置京西轉運司于鄧州以汲添差副使建炎元年范致虛師至陝汲貽書勸以一軍自蒲中越河陽焚金人積聚絕河橋一軍自陝路直抵鄭許與諸道連衡敵必解散致虛以書謝汲而行金人再犯京師諸道不知朝廷動息者三月馮延緒傳詔撫諭請車駕出郊定和議令諸道罷兵汲謂副總管高公純曰詔書未可遽信公純問故汲曰詔下以去年十二月鄧去京七百里今始至州何也安有議和以三月而敵猶未退乎此必金人脅朝廷以款勤王之師爾可速進兵公純難之汲請自行公純不得已俱至南陽不進汲獨馳數十騎赴都城二帝已北行汲素服慟哭尋代公純攝帥事捐金帛饗士爲戰守計詔鄧州備巡幸汲廣城池飾行闕所以待乘輿之具甚備就加直龍圖閣知鄧州兼京西路安撫使汲奏欲復兩河當先河東欲復河東當用陝兵請先從事河東以定西河之根本於是金人復渡河諜知鄧州爲行在所命其將銀朱急攻京西汲遣副總管侯成林守南陽金人奄至殺成林汲集將吏謂曰吾受國恩恨未得死所金人來必死汝有能與吾俱死者乎皆流涕曰惟命民有請涉山作砦以避敵者汲曰是棄城矣然若屬俱死無益乃下令曰城中有材武願從軍者聽留餘從便得敢死士四百人又令曰凡仕於此其聽送其家寅出午反違者從軍法衆皆感服無一人失期及南陽陷命將戚鼎將兵三千逆戰及命靳儀與趙宗印分西南門犄之汲自以牙兵四百登陴望見宗印從間道遁即自至鼎軍中麾其衆陣以待敵至皆死鬬敵却俄而儀敗金人攻之益急矢下如雨軍中請汲去汲不許曰使敵知安撫使在此爲國家致死敵大至汲死之事聞贈大中大夫謚忠介

鄭驤字潛翁信之玉山人登元符三年進士第知溧陽縣歲饑民多逃亡漕司按籍督逋賦不少貸驤患之盡去其籍使者欲繩以法驤曰著令約二稅爲定數今不除則逋愈多民愈貧賦愈不辦使者不能屈時議自建康鑿漕渠導太湖以通大江將破數州民田調江浙二十五州丁夫所費百萬計朝廷遣官視可否驤條析利病力止之通判嵐軍改慶陽府姚古奏爲熙河蘭廓

路經略司屬官錢蓋自渭易熙奏辟幕下地震秦隴金城六城壞驤爲蓋言六城熙河重地宜趣繕治因自請董兵護築益機灘新堡六百步以控西夏堡成以功遷官賜緋衣銀魚喃廝羅氏舊據青唐置西寧州董氊入朝其弟益麻党征走西夏大觀中羌人假其名歸附童貫奏賜姓名趙懷恭官團練使至是党征自西寧求歸貫懼事露議者希貫意欲絕之驤謂貫欺君請辨其僞貫怒將厚誣以罪會敗而止擢京兆府等路提舉常平驤按格爲常平總目十卷頒之所部時陝右大稔驤奏乞以所部本息乘時廣糴得米六十萬斛高宗初以直秘閣知同州兼沿河安撫使時謀巡近甸金陵南陽長安爲駐蹕計驤言南陽金陵偏方非興王地長安四塞天府之國可以駐蹕會帝東幸楊州復請自楚泗汴洛以迄陝華各募精兵首尾相應庶敵勢不得衝决不報金將婁宿犯同州及韓城驤遣兵拒險擊之師失利金人乘勝徑至城下通判以下皆遁去驤曰所謂太守者守死而已翼日城陷驤赴井死贈通議大夫樞密直學士謚威愍詔賜廟愍節驤在熙河嘗摭熙寧迄政和攻取建置之迹爲拓邊錄十卷兵將蕃漢雜事爲別錄八十卷圖畫西蕃西夏回鶻盧甘諸國人物圖書爲河隴人物志十卷序贊普迄溪巴溫董氊世族爲蕃譜系十卷

呂由誠字子明御史中丞誨之季子幼明爽有智略范鎮司馬光父友也皆器重之以父恩補官調鄧州酒稅臨事精敏老吏不能欺會營兵竊發聚衆閉城守貳逃匿由誠親往招諭賊斂兵聽命以功遷秩尋擢提舉三門白波輦運言者謂其資淺罷之知合水縣王中立种諤往靈州由誠部運隨軍天寒食盡他邑役夫多潰去唯由誠所部分無失者尋改知乘氏縣丞相呂大防爲山陵使辟爲屬通判成都府知雅嘉溫綿四州復知嘉州皆有治績靖康元年宰相唐恪薦由誠剛正有家法宜任臺臣召至京師與恪議不合且憂其蓄縮不足以濟時艱力辭求退差知襲慶府未及出關金人再入陷京師立張邦昌以兵脅士大夫臣之由誠微服得免時群盜所在蠭起由誠崎嶇至郡城圮糧竭於是晝夜爲備版築甫就劇賊李昱擁十萬衆奔至城中知其有備陽受元帥府招安而去康王移軍濟陽由誠竭力饋餉軍以不乏遣官屬王允恭奉表勸進時京東諸郡兵驕多內訌獨由誠拊循有方士樂爲用前後數被攻圍屹然自立群盜中救授皆絕孔彥舟以鄆兵叛首犯郡境攻之累旬不能下始引去胡選者衆尤殘暴攻由誠示必取由誠夜焚其攻具直入帳下賊駭散不知所爲忽解圍去一日金兵四集由誠嚴立賞罰厲以忠義守兵爭奮晝夜警備金人百道攻城矢石如雨人無叛志郡官有迎降者執而械之判官趙令佳同心誓守城陷俱被執金人欲生降之由誠不屈乃殺其子仍於前由誠不顧與令佳同遇害子偰與其家四十口皆被執無生還者南北隔絕其孫紹清留蜀後自蜀走江浙訪由誠生死遇令佳之子子夔于江陰知令佳與由誠同死被褒典乃愬于朝詔贈由誠三官爲通奉大夫與二子恩澤

郭永大名府元城人少剛明勇決身長七尺鬚髯若神以祖任爲丹州司法參軍守武人爲姦利無所忌永數引法裁之守大怒盛威臨永永不爲動則謬爲好言薦之朝後守欲變具獄永力爭不能得袖舉牒還之拂衣去調清河丞尋知大谷縣太原帥率用重臣每宴饗費千金取諸縣以給歛諸大谷者尤亟永以書抵幕府曰非什一而取皆民膏血也以資觴豆之費可乎脫不獲命令有投劾而歸耳府不敢迫縣有潭出雲雨歲旱巫乘此譁民永杖巫暴日中雨立至縣人刻石紀其異府遣卒數輩號警盜刺諸縣短長遊蠹不歸莫敢迕永械致之府府爲并它縣追還於是部使者及郡文移有不便於民者必條利病反復或遂寢而不行或謂永世方雷同毋以此賈禍永曰吾知行吾志而已皇恤其它大谷人安其政以爲自有令無永比者既去數年復過之則老稚遮留如永始去調東平府司錄參軍府事無大小永咸決之吏有不能辨者私相靳曰爾非郭司錄耶通判鄭州燕山兵起以永爲其路轉運判官郭藥師屯邊怙恩暴甚與民市不償其直復毆之至壞目折支乃已安撫使王安中莫敢問永白安中不治且難制請見而顯責之不從則取其尤者磔之市乃見藥師曰朝廷負將軍乎藥師驚曰何謂也永曰前日將軍杖策歸朝廷上推赤心置將軍腹中客遇之禮無所不至而將軍未有尺寸功報上也今乃倚將軍爲重乃縱部曲戕民不禁平居尚爾如緩急何藥師雖謝無愧容永謂安中曰它日亂邊者必此人也已而安中罷永亦辭去移河北西路提舉常平會金人趨京師所過城邑欲立取之是時天寒城池皆凍金率藉冰梯城不攻而入永適在大名聞之先弛濠漁之禁人爭出漁冰不能合金人至城下睥睨久之而去遷河東提點刑獄時高宗在楊州命宗澤守京師澤厲兵積粟將復兩河以大名當衝要檄永與帥杜充漕張益謙相掎角永即朝夕謀戰守具因結東平權邦彥爲援不數日聲振河朔已沒州縣皆復應官軍金人亦畏之不敢動居亡何澤卒充守京師以張益謙代之而裴億爲轉運使益謙億齷齪小人會范瓊脅邦彥南去劉豫舉濟南來寇大名孤城無援永率士晝夜乘城伺間則出兵狙擊或勸益謙委城遁永曰北門所以蔽遮梁宋彼得志則席卷而南朝廷危矣借力不敵猶當死守徐判其鋒待外援之至柰何棄之因募士齎帛書夜縋城出告急朝廷乞先爲備攻圍益急俘東平濟南大呼城下曰二郡已降降者富貴不降者無噍類益謙輩相顧色動永大言曰今日正吾儕報國之時又行城撫將士曰王師至矣吾城堅完可守汝曹努力敵不足畏也衆感泣質明大霧四塞豫以車發斷碑殘礎攻城樓櫓皆壞左右蒙盾而立多碎首者良久城陷永坐城樓上或掖之以歸諸子環泣請去永曰吾世受國恩當以死報然巢傾卵覆汝輩亦何之茲命也奚懼益謙億率衆迎降金人曰城破始降何也衆以永不從爲辭金人遣騎召永永正衣冠南向再拜訖易幅巾而入黏罕曰沮降者誰永熟視曰不降者我金人奇永狀貌且素聞其賢乃自相語欲以富貴啗永永瞋目唾曰無知犬豕恨不醢爾以報國家何說降乎怒罵不絕金人諱其言麾之使去永復厲聲曰胡不速殺我死當率義鬼滅爾曹大名人在繫者無不以手加額爲之出涕金人怒斷所舉手乃殺之一家皆遇害雖素不與永合者皆面慟金人去相與負其屍瘞之永博通古今得錢卽買書家藏書萬卷爲文不求人知見古人立名節者未嘗不慨然掩卷終日而尤慕顏眞卿爲人克之守大名名稱甚盛永嘗畫數策見之它日問其目曰未暇讀也永數之曰人有志而無才好名而遺實驕蹇自用而得名聲以此當大任鮮不顛沛者公等足與爲治乎充大慙靖康元年冬金人再犯京師中外阻絕或以兩宮北狩告永者永號絕仆地家人舁歸不食者數日聞大元帥府檄書至始勉彊一餐其忠義蓋天性然紹興初贈中大夫資政殿學士謚勇節官其族數人

韓浩丞相琦孫以奉直大夫守濰州建炎二年金人攻城浩率衆死守城陷力戰死通判朱庭傑身被數箭亦死權北海縣丞王允功司理參軍王薦皆全家陷沒浩特贈三官官其家三人庭傑允功薦各官其家一人朝議大夫周中世居濰州率家人乘城拒守中弟辛家最富盡散其財以享戰士城陷中闔門百口皆死紹興六年以周聿請贈官

歐陽珣字全美吉州廬陵人崇寧五年進士調忠州學教授南安軍司錄知鹽官縣以薦上京師遇國難及出使加將作監丞金人犯京師朝議割河北絳磁深三鎮地講和珣率其友九人上書極言祖宗之地尺寸不可以與人及事急會郡臣議珣復抗論當與力戰戰敗而失其地它日取之直不戰而割其地它日取之曲時宰怒欲殺珣廼遣珣奉使割深州珣至深州城下慟哭謂城上人曰朝廷爲姦臣所誤至此吾已辦一死來矣汝等宜勉爲忠義報國金人怒執送燕焚死之

張忠輔宣和末爲將同崔中折可與守崞縣金人來攻嬰城固守率士卒以死拒敵中度不可支有二心忠輔宣言于衆曰必欲降請先殺我中設伏紿約議事斬忠輔首擲陴外以示金人既開城門可與不屈見殺可與兄可求建炎中言于朝官可與之子五人而忠輔不與士論惜之

李彥仙字少嚴初名孝忠寧州彭原人徙鞏州有大志所交皆豪俠士閑騎射家極邊每出必陰察山川形勢或瞯敵人縱牧取其善馬以歸嘗爲种師中部曲入雲中獲首級補校尉靖康元年金人犯境郡縣募兵勤王遂率士應募補承節郎李綱宣撫兩河上書言綱不知兵恐誤國書聞下有司追捕乃亡去易名彥仙以效用從河東軍謀金人還復補校尉河東陷彥仙拔歸道出陝以兵事見守臣李彌大彌大與語壯之留爲裨將戍殽澠間金人再犯汴永興帥范致虛合西兵入援彥仙遮說曰殽澠道險難以衆進不若分兵而前留其半於陝可爲後圖致虛怒其沮衆罷遣之師至千秋府果敗官吏皆遁時彥仙爲石壕尉堅守三觜民爭依之下令曰尉異縣人非如汝室墓於是今尉爲汝守若不悉力金人將尸汝於市衆皆奮金人攻三觜彥仙戰佯北金人追之伏發掩殺千計分兵四出下五十餘壁初金人得陝用降者守之使招集散亡彥仙陰遣士廁其間金人不覺乃引兵攻其南郭夜潛師薄東北隅所納士內應諜而入復陝州乘勝渡河列柵中條諸山旁郡邑皆響附分遣邵雲等下絳解諸邑吏行文書請州印章彥仙曰吾以尉守此第用吾印事聞上謂輔臣曰近知彥仙與金人戰再三獲捷朕喜而不寐卽命知陝州兼安撫使遷武節郎閤門宣贊舍人彥仙蒐軍實增陴濬湟益爲戰守備盡取家屬以來曰吾以家徇國與城俱存

亡閩者咸服邵興在神稷山以其衆來願受節制彥仙辟興統領河北忠義軍馬屯三門後賴其力復虢州金將烏魯撒拔再攻陝彥仙極力禦之金人技窮而去三年婁宿悉兵自蒲解大入彥仙伏兵中條山擊之金兵大潰婁宿僅以身免授右武大夫寧州觀察使兼同虢州制置彥仙度金人必併力來攻卽遣人詣宣撫使張浚求三千騎俟金人攻陝卽空城渡河北趨晉絳并汾擣其心腹金人必自救乃繇嵐石西渡河道鄜延以歸浚貽書勸彥仙空城清野據險保聚俟隙而動彥仙不從婁宿率叛將折可求衆號十萬來攻分其軍爲十以正月旦爲始日輪一軍攻城聚十軍併攻期以三旬必拔彥仙意氣如平常登譙門大作技樂潛使人縋而出焚其攻具金人愕而卻食盡煮豆以啖其下而取汁自飲至是亦盡告急于浚浚聞道以金幣使犒其軍檄都統制曲端將涇原兵來援端素疾彥仙出已上無出兵意浚幕官謝昇言於浚曰金旦暮下陝則全據大河且窺蜀矣浚乃出師至長安道阻不得進裨將邵隆呂圓登楊伯孫自外來援鬬傷仆僅有至者彥仙日與金人戰將士未嘗解甲婁宿雅奇彥仙才嘗啗以河南兵馬元帥彥仙斬其使至是使人呼曰卽降畀前秩彥仙曰吾寧爲宋鬼安用汝富貴爲命彊弩一發斃之設鈎索曰鈎取金人春斬城上殺傷相當守陴者傷夷日盡金益兵急攻城陷彥仙率衆巷戰矢集身如蝟左臂中刃不斷戰愈力金人惜其才以重賞募人生致之彥仙易敝衣走渡河曰吾不可以身受敵人之刃旣而聞金人縱兵屠掠曰金人所以甘心此城以我堅守不下故也我何面目復生乎遂投河死年三十六金人害其家惟弟蘷子穀得免浚承制贈彥仙彰武軍節度使建廟商州號忠烈官其子給宅一區田五頃紹興九年宣撫使周聿請卽陝州立廟名義烈後以商陝與金人徙其廟閬州乾道八年易謚忠威彥仙頎而長面嚴厲不可犯以信義治陝犯令者雖貴不貸與其下同甘苦故士樂爲用有籌略善應變嘗略地至青澗猝遇金人衆愕眙彥仙依山植疑幟徐據柳林解甲自如金人疑有伏引去彥仙追襲於隘蹂死相枕關以東皆下陝獨存金人必欲下陝然後併力西向彥仙以孤城扼其衝再踰年大小二百戰金人不得西至城陷民無貳心雖婦女亦升屋以瓦擲金人哭李觀察不絕金人怒居其城全陝遂沒裨將邵雲呂圓登宋炎賈何關平趙成皆死金贈官錄其家

邵雲龍門人金人陷蒲城雲聚少年數百壁山谷時出撓之會邵隆起兵雲往從之約爲兄弟聞胡夜叉者衆彊乃舉所部聽命李彥仙嘗假夜叉官夜叉意不滿掠南原而去彥仙誘殺之雲欲攻陝彥仙遣客說以義遂來歸累有功官至武翼郎閤門宣贊舍人城破被執婁宿欲命以千戶長雲大罵不屈婁宿怒釘雲五日而磔之金人有就視者猶咀血噴其面至抉眼摘肝罵不絕

呂圓登夏縣人嘗爲僧後以良家子應募捍金人清澠間彥仙保三觜圓登歸之功最多爲愛將城垂破以兵來援身重創持彥仙泣曰圍久不知公安否今得見公且死無恨創身方卧聞城陷遽起戰死

宋炎陝縣人蹶張命中補秉義郎先金人圍城炎射死數百人比再圍炎以勁弩數百發壽矢殺千餘人城陷金人聲言求善射者貴之炎不應力戰死

趙立徐州張益村人以敢勇隸兵籍靖康初金人大入盜賊群起立數有戰功爲武衞都虞候建炎三年金人攻徐王復拒守命立督戰中六矢戰益厲復壯其勇酌巵酒揮涕勞之城陷復與其家皆死獨子倚先去州教授鄭褒亦罵敵而死城始破立巷戰奪門以出金人擊之死夜半得微雨而蘇乃殺守者入城求復屍慟哭手瘞之陰結鄉民爲收復計金人北還立率殘兵邀擊斷其歸路奪舟船金帛以千計軍聲復振乃盡結鄉民爲兵遂復徐州詔授忠翊郎權知州事立奏爲復立廟每遇歲時及出師必帥衆泣禱曰公爲朝廷死必能陰祐其遺民也齊人聞之歸心焉時山東諸郡莽爲盜區立介居其間威名流聞累遷右武大夫忠州刺史會金左將軍昌圍楚州急通守賈敦詩欲以城降宣撫使杜充命立將所部兵往赴之且戰且行連七戰勝而後能達楚兩頰中流矢不能言以手指麾旣入城休士而後拔鏃詔以立守楚州明年正月金人攻城立命撤廢屋城下然火池壯士持長矛以待金人登城鈎取投火中金人選死士突入又搏殺之乃稍引退五月兀朮北歸築高臺六合以輜重假道于楚立斬其使兀朮怒乃設南北兩屯絕楚餉道立引兵出戰大破之會朝廷分鎭以立爲徐州觀察使泗州漣水軍鎭撫使兼知楚州立一日擁六騎出城呼曰我鎭撫也可來接戰有兩騎將襲其背立奮二矛刺之俱墮地奪兩馬而還衆數十追其後立瞋目大呼人馬皆辟易明日金人列三隊邀戰立爲三陣應之金人以鐵騎數百橫分其陣而圍之立奮身突圍持梃左右大呼金人落馬者不知數承楚間有樊梁新開白馬參湖賊張敵萬窟穴其間立絕不與通故楚糧道愈梗始受圍菽麥野生澤有鳧茨可采後皆盡至屑榆皮食之承州旣陷楚勢益孤立遣人詣朝廷告急簽書樞密院事趙鼎欲遣張俊救之俊不肯行鼎曰江東新造全藉兩淮失楚則大事去矣若俊憚行臣願與之偕往俊復力辭乃命劉光世督淮南諸鎭救楚東海李彥先首以兵至淮河扼不得進高郵薛慶至揚州轉戰被執死光世將王德至承州下不用命揚州郭仲威按兵天長陰懷顧望獨海陵岳飛僅能爲援而衆寡不敵高宗覽立奏歎曰立堅守孤城雖古名將無以踰之以書趣光世會兵者五光世訖不行金知外救絕圍益急九月攻東城立募壯士焚其梯火輒反嚮立歎曰豈天未助順乎一旦風轉焚一梯立喜登磴道以觀飛砲中其首左右馳救之立曰我終不能爲國殄賊矣言訖而絕年三十有七衆巷哭以參謀官程括攝鎭撫使以守金人疑立詐死不敢動越旬餘城始陷初朝廷聞楚乏食與粟萬斛命兩浙轉運李承造自海道先致三千斛未發而楚失守矣立家先殘于徐以單騎入楚爲人木彊不知書忠義出天性善騎射不喜聲色財利與士卒均廩給每戰擐甲胄先登有退卻者大呼馳至捽而斬之初入城合徐楚兵不滿萬二州衆不相能立善撫馭無敢私隙仇視金人言之必嚼齒而怒所俘獲磔以示衆未嘗獻馘行在也劉豫遣立故人齎書約降立不發書束以油布焚市中且曰吾了此賊必滅豫乃止由是忠義之聲遠近皆傾下之金人不敢斥其名圖負國家命其衆擊鼓曰援兵至聞吾鼓聲則應矣如是累月終無至者立嘗戒士卒不幸城破必巷戰決死及陷衆如其言自金人犯中國所下城率以虛聲脅降惟太原堅守踰二年濮州城破殺傷大相當皆爲金人所憚而立威名戰多咸出其上訃聞輟朝贈奉國節度使開府儀同三司官其子孫十人謚忠烈明年金人退得立屍譙樓下頰骨箭穴存焉命官給葬事後爲立祠名曰顯忠

王復以龍圖閣待制知徐州建炎三年金人自襲慶府引兵圍徐州復與男倚同守城率軍民力戰外援不至城陷復坐聽事不去謂粘罕曰死守者我也監郡而次無預焉願殺我而舍僚吏百姓粘罕欲降之復慢罵求死闔門百口皆被殺巡檢楊彭年亦死焉事聞贈復資政殿學士謚壯節立廟楚州號忠烈官其家五人

王忠植太行義士也紹興九年取石州等十一郡授武功大夫華州觀察統制河東忠義軍馬遂知代州尋落階官爲建寧軍承宣使龍神衞四廂都指揮使河東經略安撫使明年金人圍慶陽急帥臣宋萬年乘城拒守會州陝宣撫副使胡世將檄忠植以所部赴陝西會合行次延安叛將趙惟清執忠植使拜詔忠植曰本朝詔則拜金國詔則不拜惟清械詣其右副元帥撒離曷不能屈使甲士引詣慶陽城下諭使降忠植大呼曰我河東步佛山忠義人也爲金人所執使來招降願將士勿負朝廷堅守城壁忠植卽死城下撒離曷怒詰之忠植披襟大呼曰當速殺我遂遇害世將上其事贈奉國軍節度使開府儀同三司官其家十人

唐琦本衞士建炎間高宗航海琦病留越州李鄴以城降金人琶八守之琦袖石伏道旁伺其出擊之不中被執琶八詰之琦曰欲碎爾首死爲趙氏鬼耳琶八曰使人人如此趙氏豈至是哉又問曰李鄴爲帥尚以城降汝何人敢爾琦曰鄴爲臣不忠吾恨不得手刃之尚何言斯人爲乃顧鄴曰我月給才石五斗米不肯背其主爾享國厚恩乃若此豈復齒人類哉詬罵不少屈琶八趣殺之至死不絕口事聞詔爲立廟賜名旌忠

李震汴人也靖康初金人迫京師震時爲小校率所部三百人出戰殺人馬七百餘已而被執金人曰南朝皇帝安在震曰我官家非爾所當問金人怒縛諸庭柱臠割之膚肉垂盡腹有餘氣猶罵不絕口

陳求道字得之咸寧人登進士第靖康間判都水監及朝議二帝出郊請和求道力爭之不聽欽宗知康王兵衆求道請以元帥加之齎蠟書者八人皆遇害惟求道所薦劉定致書而還金人立張邦昌下令在京官不朝者死求道稱疾不往嘔血累日開封尹親以邦昌命召之竟不能屈求道以二帝蒙塵屢欲自殺因救得免先是陳留河決四十餘日漕輸不通京城大恐開封尹宗澤命求道治之七日河盡復故道建炎四年命爲襄鄧隨郢鎭撫以奏兵食不給待命未行自咸寧挈家就食嘉魚值亂兵起迺之蒲圻寓龍堂僧寺未久招撫劉忠叛一夕數千人麇至驅求道家還嘉魚至茗山逆旅具酒食奉求道爲主將南走湖湘求道正色厲辭賊怒殺求道妻蔡及二子符佺必欲從己求道罵愈厲賊斫其戶拔出舌斷之獨符子凱竄山谷得免賊退始得求道屍瘞于興陂

宋史卷四百四十九

元　中書右丞相總裁脫脫等修

列傳第二百八

忠義四

崔縱字元矩，撫州臨川人。登政和五年進士第，歷確山主簿、仙居丞，累遷承議郎、幹辦審計司。二帝北行，高宗將遣使通問，廷臣以前使者相繼受縶，莫肯往，縱毅然請行。乃授朝請大夫、右文殿脩撰、試工部尚書以行。比至，首以大義責金人，請還二帝，又三遺之書。金人怒，徙之窮荒，縱不少屈。久之，金人許南使自陳而聽其還，縱以王事未畢，不忍言。又以官爵誘之，縱以恚恨成疾，竟握節以死。洪皓、張邵還，遂歸縱之骨，詔以兄子延年爲後。

吳安國字鎮卿，處州人。太學進士，累官遷考功郎官，以太常少卿使金。值金人渝盟，拘留脅服之，安國毅然正色曰：「我首可得，我節不可奪，惟知竭誠死王事，王命烏敢辱。」金人不敢犯，遣還。後知袁州，卒。

林沖之字和叔，興化軍莆田人。元符三年進士，歷御史臺檢法官、大宗正丞、都官金部郎，滯省寺者十年，出守臨江、南康。靖康初，召爲主客郎中。金人再來侵，詔副中書侍郎陳過庭使金，同被拘執。初猶給乳酪，迨宇文虛中受其命，金人亦以是邀之，沖之奮厲見詞色。金人怒，徙之奉聖州。既二年，過庭卒，金人逼沖之仕僞齊，不屈，徙上京，又不屈，置顯州極北沍寒之地，幽佛寺十餘年，漸使飲茹，以義命自安，髭髮還黑。病亟，語同難者曰：「某年七十二，持忠入地，無恨，所恨者國讐未復耳。」南向一慟而絕。僧瘞之寺隅。洪皓還朝以聞，詔與二子官。子郁，從子震、霆。郁字襲休，宣和三年進士，再調福建茶司幹官。建州勤王卒自京師還，求卸甲錢，郡守逃匿，卒鼓譟，取庫兵爲亂，殺轉運使毛奎、轉運判官曾仔、主管文字沈昇。郁聞變，急入諭卒，遇害。事聞，詔各與一子官。震字時專，崇寧元年進士，仕至秘書少監，以不附二蔡有聲崇寧、大觀間。霆字時隱，政和五年進士，勅令所删定官。詆紹興和議，謂不宜置二帝萬里外不通問，即挂冠出都門。權臣大恚怒，亦廢放以死。莆人稱爲忠義林氏。寶慶三年，即其所居立祠；寶祐中，又給田百畝，使備祭享，以勸忠義云。

滕茂實字秀穎，杭州臨安人。政和八年進士。靖康元年，以工部員外郎假工部侍郎，副路允迪出使，爲金人所留。時茂實兄祹通判代州，已先降金，粘罕素聞茂實名，乃遷之代州，又自京師取其弟華實同居以慰其意。欽宗自離都城，舊臣無敢候問起居者，茂實聞欽宗將至，即自爲哀詞，且篆「宋工部侍郎滕茂實墓」九字，取奉使黃幡裹之，以授其友人朔寧府司理董詵。欽宗及郊，茂實具冠幘迎謁，拜伏號泣。金人諭之曰：「國破主遷，所以留公，蓋將大用。」迫令易服，茂實力拒不從，見者墮淚。茂實請從舊主俱行，金人不許，憂憤成疾，卒雲中。詵拔歸，錄所爲哀詞言於張浚，浚以詵爲陝西轉運判官，上其事。紹興二年，贈龍圖閣直學士，官其家三人。

魏行可，建州建安人。建炎二年，以太學生應募奉使，補右奉議郎、假朝奉大夫、尚書禮部侍郎，充河北金人軍前通問使，仍命兼河北京畿撫諭使。時河北紅巾賊甚衆，行可始懼爲所攻，既而見使旌，皆引去。行可渡河見金人于澶淵，金人知其布衣借官，待之甚薄，因留不遣。行可嘗貽書金人，譬以不戢自焚之禍，大國舉中原與劉豫，劉氏何德，趙氏何罪，若亟以還趙氏，賢於奉劉氏萬萬也。紹興六年卒。十三年，張邵來歸，言行可執節沒於王事。行可父通直郎伯能亦愬于朝，遂贈朝奉郎、秘閣脩撰。先已官其二子一弟，至是復官其一孫。行可之使也，吳人郭元邁以上舍應募，補右武大夫、和州團練使，爲之副，不肯髡髮換官，亦卒于北焉。

閻進隸宣武。建炎初，遣使通問，進從行。既至雲中府，金人拘留使者，散處之。進亡去，追還，留守高慶裔問何爲亡，進曰：「思大宋爾。」又問：「郎主待汝有恩，汝亡何故？」進曰：「錦衣玉食亦不戀也。」慶裔義而釋之。凡三亡，乃見殺。臨刑，進謂行刑者：「吾南向受刃，南則我皇帝行在也。」行刑者曳其臂令面北，進踊身直起，盤旋數四，卒南鄉就死。進武校尉朱勣亦從之，分在粘罕所。勣見粘罕數日，遽求妻室，粘罕喜，令擇所虜內人妻之，勣取最醜者，人莫諭其意。不半月亡去，追之還，粘罕大怒，勣含笑死挺下。蓋勣求妻者，所以固粘罕也。

趙師檟以罪拘管西外宗正司。福建提刑王夢龍以智勇可用，屬製軍器。會寇逼尤溪，令師檟統卒數百往戍。既行，大書于旗曰「不與賊俱生」，人皆壯之。賊兵至，師檟迎敵于林嶺，身爲先鋒，戰十餘合，賊至益衆。師檟所乘馬適陷田中，賊斷其左臂，師檟以右手拔背刀斬七級。力盡，部曲欲引遁，師檟仰天大呼曰：「師檟報國死於此矣。」遂沒焉。尤溪之民爲之立廟戰處。樞密王埜請加褒贈，乃贈武節郎，與一子恩澤。

易青者，爲都督行府摧鋒軍效用。初，廣東賊曾袞本軍士也，已受詔復叛。紹興六年十月，經略使連南夫與摧鋒軍統制韓京會于惠州，督諸兵討之。京募敢死士七十三人夜劫袞營，青在行中，爲所執。賊驅至後軍趙績砦外，謂績曰：「汝大軍爲我所擒者甚衆。」青大呼曰：「勿信，所擒者我爾。」賊又言：「吾不汝殺，第令經略持黃牓來招安。」青又呼曰：「勿聽，任賊殺我，我惟以一死報國。」賊怒，焚之。青死，罵不絕口。青無妻子，事聞，特贈保義郎、閤門祗候，官爲薦祭焉。

胡斌爲殿前司將官，童德輿提禁旅戍邵武。江、閩寇作，知邵武有備，未敢犯。會招捕司檄德輿禀議，獨留斌將弱卒數百留城中。紹定三年閏月己卯，盜衆大至，他將士皆遁，獨斌奮身迎戰，所格殺甚衆。賊益生兵，官軍所存僅數十人，或告以衆寡不敵，盍避之。斌曰：「郡民死者以萬計，賴生者數千人由東門而出，我不纔其勢，使得脫走，則賊躡其後無噍類矣。」遂巷戰，大呼曰：「我死救百姓。」兵盡矢窮，卒遇害，其屍僵立，移時始仆。事聞，贈武節大夫，錄其後一人。樞密院編修官王埜言邵武民即斌戰地立廟，請就以武節爲廟額，從之。

范旺，南劍州順昌縣巡檢司軍校也。初，順昌盜俞勝等作亂，官吏皆散。土軍陳望素樂禍，與射士張袞謀舉砦應之。旺叱之曰：「吾等父母妻子皆受國家廩食以活，今力不能討，反更助爲虐，是無天地也。」凶黨忿，剔其目而殺之。一子曰佛勝，年二十，以勇聞，賊詐以父命召之，至則俱死。其妻馬氏聞之，行且哭，賊脅汙之，不從，節解之。賊既平，旺死迹在地，隱隱不沒，邑人驚異，爲設像城隍廟，歲時祭享。紹興六年，轉運使以狀聞，詔贈承信郎，更立祠號忠節。二十八年，復詔立愍節廟以祠之。

馬俊，或曰進，太平州慈湖砦兵也。紹興二年，砦軍陸德、周青、張順等據州叛，青爲謀主，約翌日盡戮城中少壯，而屠其老弱，然後擁衆渡江。俊隸青左右，得其謀，陰結其徒十人殺賊，然後諭衆開門，其徒許之。俊歸語其妻孫氏，與之訣。至南門，伺青出上馬，斫中顙，九人懼不敢前。後與妻子皆遇害。青被傷臥旬日，賊黨散，官軍至，德、青遂伏誅。三年，贈俊脩武郎，爲立祠，號登勇。

楊震仲字革父，成都府人。蚤負氣節，雅有志當世。登淳熙二年進士第，知閬州新井縣，以惠政聞。辟興元府通判，權大安軍。吳曦叛，素聞震仲名，馳檄招之，震仲辭疾不行。時軍教授史次秦亦被檄，謀於震仲，震仲曰：「大安自武興而來，爲西蜀第一州，若首從其招，則諸郡風靡矣。顧力不能拒，義死之。教授非城郭臣，且有母在，未可死，脫去爲宜。」因屬次秦曰：「吾死，以匹絹纏身，斂以小棺足矣。」曦遣興州都統司機宜郭鵬飛代震仲，趣其行益急。鵬飛宴震仲，終飲不見顏色。歸舍，然獨坐，夜漏至三鼓，呼左右索湯，比至，震仲飲毒死矣。次秦如其言斂而寘于蕭寺，閬郡爲之流涕。震仲之未死，先遺家人書曰：「武興之事，從之則失節，何面目在世間，不從禍立見。我死禍止一身，不及妻子矣。人孰無死，死而有子能自立，即不死。」自震仲死，蜀之義士感慨奮發，始有協謀誅逆者。明年，曦伏誅，蜀帥安丙、楊輔以聞，贈朝奉大夫、直寶謨閣，官二子，表其里曰義榮。吳獵宣諭西蜀，爲之請廟與謚，名其廟旌忠，謚曰節毅。

史次秦，眉山人，及進士第。吳曦叛，招次秦甚遽，次秦還延固避。僞知大安軍郭鵬飛迫之行，乃以石灰桐油塗兩目，未生附子傅之，比至，目益腫。次秦母年高而賢，聞次秦爲曦所招，卽命家人以疾篤馳報，且曰：「恐病不足取信，以訃聞可也。」曦乃聽還。曦誅，蜀帥上其事，改秩爲利路主管文字，仕至合州太守。有郭靖者，高橋土豪，巡檢也。吳曦叛，四州之民不願臣金，棄田宅，推老稚，順嘉陵而下。過大安軍，楊震仲計口給粟，境內無餓死者。曦盡驅驚移之民使還，皆不肯行。靖時亦在遣中，至白厓關，告其弟端曰：「吾家世爲王民，自金人犯邊，吾兄弟不能以死報國，避難入關，今爲曦所逐，吾不忍棄漢衣冠，願死於此，爲趙氏鬼。」遂赴江而死。

高稼字南叔，邛州蒲江人。眞德秀一見，以國士期之。嘉定七年進士，調成都尉，轉九隴丞。丁內艱，免喪，辟潼川府路都鈐轄司幹辦公事。制置使崔與之聞其名，改辟本司幹辦公事。稼持論不阿，憂世甚切。及鄭損爲制置使，卽求去。朝廷以稼贊閫有勞，未幾，改知綿谷縣。制置司以總領所擅十一州會子之利，請盡廢之，此蓋紹興、隆興之間得旨爲之者，令下，民疑，爲之罷市。稼亟出私錢以給中下戶。稼弟定子時爲總領所主管文字，相與徼其誤而力救之得存其半公私儹濟歲大饑有司置弗聞稌損槖中裝市粟以食之全活甚衆損之入蜀也稌同產弟了翁誦言于朝謂必敗事損銜之遂劾稌罷寶慶三年元兵至武階損棄沔而遁桂如淵鎭蜀辟通判沔州尋檄兼幕職稌首言蜀以三關爲門戶五州爲藩籬自前帥棄五州民無固志一旦敵至又有因糧之利或遂留不去今亟當申理俾緩急有所保聚如淵然之乃剏山砦八十有四且募義兵五千人與民約曰敵至則官軍守原堡民丁保山砦義兵爲遊擊庶其前靡所掠後弗容久北兵由東道以入如淵憂之辟稌知洋州稌日夜爲守禦計以洋居平地無一卒以守議移金州帥司軍千人駐洋州而自任其餉給李心傳爲言諸朝不報及鳳州破制置司始從稌請調金州兵赴之而兵不時至漢中陷梁洋之民數十萬盡趨安康稌乃移屯黃金渡收散卒招忠義以制置司之命致故將陳昱於安康委以收復之任昱部分諸軍召靑座華陽諸關守將皆以兵來會凡得三千人稌竭洋之帑廩贍之以州事付通判而自假節制軍馬督諸將繼進沔州破北兵迫大安益昌大震稌亟命趨沔自至西縣援之如淵以便宜命稌利路提刑司兼權典元府制置司檄其守米倉稌移書曰今日之事如奕棊所校者先後爾苟以分水三泉米倉爲可保敵兵若自宕昌淸州以入將孰禦之盍以興沔利三戎司分駐鳳州俾制司已招之忠義關表復讐之豪傑聯司以進兵氣奪矣如淵遲疑不決逮天水同慶破居西和圍益急始會軍民之衆萬人援之道梗不得前而城已破矣俄報砦寨七方之師皆潰稌率遺民駐廉水縣召集保甲分布間道以保巴山當是時文臣之在軍中者惟稌一人如淵既罷李𡌴代之以稌久勞請改界內郡差知榮州殿中侍御史汪剛中如淵黨也欲使稌分其罪乃謂蜀之敗實由稌遽罷之又劾二官李心傳見上訟稌無罪不當罷宣撫使黃伯固辟稌知閬州未幾伯固去官制置使趙彥呐以參議官辟之制置司近漢中稌言漢中蕩無藩籬宜經理仙人原以爲緩急視師之地彥呐以委稌稌至原繕營壘峙芻糧比器甲開泉源守禦之規罔不備具會召還彥呐密奏留稌以直秘閣知沔州利州提點刑獄兼參議官始至告于神曰郡當兵難之後生聚撫摩所當盡力去之日誓垂橐以入劍門乃葺理創殘招集流散民皆襁負來歸北兵入西和薄階州稌贊彥呐登原督戰知天水軍曹友聞等兵大戰進稌三官爲朝請大夫兼關外四州安撫司公事措置西路屯田稌嘗代彥呐論蜀事利害上嘉覽之北兵自鳳州入東軍不能禦遂擣河池至西池谷距沔九十里吏民率逃議欲退保大安稌白彥呐曰今日之事有進無退能進據險地以身捍蜀敵有後顧必不深入若倉皇召兵退守內地敵長驅而前蜀事去矣彥呐曰吾志也已而竟行留稌守沔北兵自白水關入六股株距沔六十里沔無城依山爲阻稌升高鼓譟盛旗鼓爲疑兵彥呐至岊口輟帳前總管和彥威以軍還沔召小將楊俊何璘悉以兵會又調總管王宣精兵千人益之璘軍無紀律稌捕其縱火者三人誅之未幾北兵大至璘遁其衆皆潰遂下沔州先是友聞戍七方知沔不可守勸稌移保山砦而自將所部助之稌曰七方要地不可棄吾郡將也城亦不可棄郎事不濟有死而已先二日子斯得侍以將危任重爲憂稌舉田承君五日不汗之言語之且曰吾得死所何憾又以書告李心傳曰稌必堅守沔無沔則無蜀矣自謂此舉可以無負知己及事迫參議楊約勸稌姑保大安稌厲聲曰我以監司守城郭爾以幕客往來應援各行其志常平司屬官馮元章率吏士方請稌少避稌不爲動城既陷衆擁稌出戶稌叱之不能止兵騎四集圍之遂死焉詔進稌七官爲正議大夫龍圖閣直學士謚曰忠後以子斯得執政累贈太師稌爲人慷慨有大志聞人有善稱之不容口不善面折無所避推轂人士常恐不及視財如糞土死之日聞者莫不於邑流涕所著有縮齋類藁三十卷斯得自有傳

曹友聞字允叔同慶栗亭人武惠王彬十二世孫也少有大志與仲弟友諒不遠千里尋師取友登寶慶二年進士授緜竹尉改辟天水軍教授城已被圍友聞單騎夜入與守臣張維糾民厲戰兵退制置使製大旗書滿身膽以旌之已而兵復至友聞罄家財招集忠義得健士五千人制置使李𡌴檄管忠義領所部守仙人關且行且戰至峽口據險前軍統制屈信率所部突陳還所掠四州人畜至秦塡遣左軍統制杜午迎擊力不能敵友聞令諸軍乘高據險身冒矢石爲士卒先信與統制張安國領兵出戰兵退制置使檄捍七方關北兵東破武休關已而破七方遂入沔州金牛至大安又分兵自嘉陵江木皮口突出何進軍後進戰敗死之遂長驅入劍門友聞與弟萬各率所部取間道過璮帽山至靑蒿埧戰于白水江中流兵退制置司檄駐閬州叛將會珎爲陳隆之所斬珎部曲肆焚刼友聞討斬其將郭虎蔺廣楊仲等餘黨散去檄知天水軍北兵入鳳州略河池抵同慶友聞密遣統制王漢臣統領張祥授以方略出戰兵至城下友聞部分諸將各守一門偃旗伏鼓戒士卒候漸近鳴鼓張旗矢石並發又命漢臣等取間道出戰自提重兵尾敵後大戰有功端平初友聞遣萬與忠義總管時當可分兵碎石頭靑蒿谷前後大戰數合制置使上其功特授承務郎權發遣天水軍北兵又自西和至階州友聞曰階雖非吾境豈可坐視而不救遂引兵與諸軍會命前軍統制全貴領所部爲先鋒統制夏用出其左張成出其右總管陳庚及萬友諒往來督戰有功制置使趙彥呐俾節制利帥司軍馬任責措置邊面換武翼大夫閤門宣贊舍人差權利州駐劄御前諸軍都統制駐劄石門控扼七方關明年北兵破武休關入沔陽利路提刑高稼死之制置使進屯靑野原被圍友聞曰靑野爲蜀咽喉不可緩遣萬領兵自冷水口度嘉陵江至六股株屢戰有功夜銜枚由間道直趨靑野原制置使奇萬之勇令督諸軍戰守兵退友聞引精兵亦趨至原下夜半截戰圍遂得解特授武德大夫左驍騎大將軍依舊利州駐劄御前諸軍統制北兵破沔州擣大安友聞遣摧鋒軍統制王資踏白軍統制白再興速趨雞冠隘左軍統制王進據陽平關友聞登溪嶺手執五方旗指麾甫畢兵數萬突至陽平關遂遣進及遊奕部將王剛出戰又親帥帳兵及背嵬軍突出陳前左右馳射兵退友聞謂忠義總管陳庚及當可曰敵必旋兵攻雞冠隘宜急援之既而果以步騎萬餘攻隘庚以騎兵五百直前決戰當可將步兵左右翼並進王資白再興又自隘出戰喋血十餘里兵乃解去特授友聞眉州防禦使依舊左驍騎大將軍利州駐劄御前諸軍統制兼沔州駐劄兼管關外四州安撫權知沔州節制本府屯戍軍馬弟萬差知同慶府四州制置司帳前總管仍舊總管忠義軍馬節制屯戍軍馬董仙駐劄專與沔利兩司同共任責措置邊面明年友聞引兵扼仙人關諜聞北兵合西夏女眞回回吐蕃渤海軍五十餘萬大至友聞語萬曰國家安危在此一舉衆寡不敵豈容浪戰惟當乘高據險出奇匿伏以待之北兵先攻武休關敗都統李顯忠軍遂入興元欲衝大安制置使趙彥呐檄友聞控制大安以保蜀口友聞馳書彥呐曰沔陽蜀之險要吾重兵在此敵有後顧之憂必不能越沔陽而入蜀又有曹萬王宣首尾應援可保必捷大安地勢平曠無險可守正敵騎所長步兵所短況衆寡不敵豈可於平地控禦彥呐不以爲然一日持小紅牌來速者七友聞議爲以寡擊衆非乘夜出奇內外夾擊不可乃遣萬友諒引兵上雞冠隘多張旗幟示敵堅守友聞選精銳萬人夜渡江密往流溪設伏約曰敵至內以鳴鼓舉火爲應外呼殺聲北兵果至萬出逆戰敵將八都魯擁萬餘衆逵海帥千人往來搏戰矢石如雨萬身被數創令諸軍舉燧友聞遣選鋒軍統制楊大全遊奕軍統制馮大用引本部出東菜園擊敵後隊敢勇軍總管夏用知西和州神勁軍總管趙興帥所部出木嶺擊敵中隊知天水軍安邊軍總管呂嗣德陳庚率所部出龍泉頭擊敵前隊友聞親帥精兵三千人疾馳至隘下先遣保捷軍統領劉虎帥敢死士五百人衝前軍前軍不動大兵伏三百騎道旁虎衆銜枚突戰會大風雨諸將請曰雨不止淖濘深沒足宜俟少霽友聞叱曰敵知我伏兵在此緩必失機遂擁兵齊進友聞入龍尾頭萬聞之五鼓出隘口與友聞會內外兩軍皆殊死戰血流二十里西軍素以緜裘代鐵甲經雨濡濕不利步鬭黎明大兵益增迺以鐵騎四面圍繞友聞歎曰此殆天乎吾有死而已於是極口詬罵殺所乘馬以示必死血戰愈厲與弟萬俱死軍盡沒北兵遂長驅入蜀奉章人汪世顯素服友聞威望常以名馬遺友聞還師過戰地歎曰蜀將軍眞男兒漢也盛禮祭之事聞特贈龍圖閣學士大中大夫賜廟褒忠謚曰節官其二子承務郎堉迪功郎萬特贈武翼大夫二子成忠郎

陳寅寶謨閣待制咸之子漕司兩貢進士以父恩補官歷官州縣紹定初知西和州西和極邊重地寅以書生義不辭難北兵入境屬都統何進出守大安獨統制官王銳與忠義千人城守而已寅誓與其民共守此土居民始以進留家城中恃以爲固已而進徙它郡遂無固志寅獨留其三子并闔門二十八口曰人各顧其家將誰共守迺散貲財以結忠義爲必守之計北兵十萬攻城東南門以降者爲先驅寅草檄文諭之自執旗鼓激厲將士迎敵力戰矢石如雨師退詰旦增兵復來寅帥忠義民兵與敢死士力戰晝夜數十合兵退制置司以寅功徧告列郡北兵伐木爲攻具增兵至數十萬圍州城進素與寅不恊寅有功尤爲諸將所忌至是求援甚急久之制置司才遣劉銳及忠義人陳瑀等往救率皆觀望不進銳甫進七方關瑀未及仇池皆以路梗告寅率民兵晝夜苦戰援兵不至城遂陷寅顧其妻杜氏曰若速自爲計杜厲聲曰安有生同君祿死不共王事者

即登高堡自飲藥二子及婦俱死母傍寅歛而焚之乃朝服登戰樓望闕焚香號泣曰臣始謀守此城爲蜀藩籬城之不存臣死分也臣不負國臣不負國再拜伏劍而死賓客同死者二十有八人一子後至亦欲自裁軍士抱持之曰不可使忠臣無後與俱縋城亦折足死制置司以聞詔特贈朝議大夫右文殿脩撰賜錢三千緡即其所居鄉所守州立廟久之加贈華文閣待制謚褒節

賈子坤字伯厚潼州懷安軍人嘉定十三年進士爲西和推官攝通判關外被兵子坤與郡守陳寅誓死城守城陷子坤朝服與其家十二口死之追贈承議郎封其父崧承務郎官其子仲武宣教郎隆州簽判改奉議郎果州通判卒仲武子昌忠純孝同登咸淳七年進士第純孝揚州教授受知帥李庭芝調江淮總幕北兵下江南二王在福州以史館檢閱召辭會丞相文天祥辟佐其幕尋授秘書丞擢吏部郎中丁母憂起復爲右司轉朝散郎匡山師敗純孝抱二女偕妻牟同蹈海死

劉銳知文州嘉熙元年北兵來攻銳與通判趙汝鄘乘城固守率軍民七千餘人晝夜搏戰殺傷甚多拒守兩月餘援兵不至城中無水取汲于江會陳昱以去歲失守沔編置此州夜踰城出降歎女大將告以虛實敵遂增兵攻城甚急一夕移江流於數里外銳度不免集其家人盡飲以藥皆死乃聚其屍及公私金帛告命焚之家素有禮法幼子同哥才六歲飲以藥猶下拜受之左右爲之感慟汝鄘宣城人善射城破被執先斷其兩臂而後斲殺之銳及其二子自刎死軍民死者數萬人

蹇彝潼川通泉人嘉定二年進士累官通判金州端平三年北兵攻蜀彝堅守戰不能敵被擒不屈而死其子承叔復力戰城破舉家死焉弟維之紹定五年進士利州都統王宣辟行參軍事亦迎敵力戰而死特官其子

何克漢州德陽人秘書監耕之孫通判黎州攝州事預爲備禦計及宋能之至建議急於邛崍創大小兩關倉及砦屋百間親督程役俄關破克自刺不死大軍帥呼之語許以不殺克曰吾三世食趙氏祿爲趙氏死不憾帥設帟幄環坐諸將而虛其賓席呼克曰汝能降即坐此克踞坐地求死遂罷它日又呼之欲辯其髮而髡其頂曰可殺不可髡又使署招民榜克曰吾監州也可聚吾民使殺之耶即一家有死而已榜必不可署大將遣以酒茗羊牛肉皆卻之自是水飲絕不入口敵知其不可強將咼之大將曰此南家好漢也使之即死於是斬其首克妻陳駡不絕口初克之見呼也陳必以一家往帥曰不呼汝何以來陳曰吾求死爾及克死東望再拜曰臣夫婦雖死可以對趙氏無愧矣衆以石擊殺之方克夫婦之嬰禍也親戚勸其苟免克正色曰我夫婦與兒婦義同死汝等自求生可也於是上下感泣願同死者四十餘人男士麟孫駒行從子仲桂先克而死惟長子士龍得免

許彪孫顯謨閣學士奕之子也爲四川制置司參謀官景定二年劉整叛召彪孫草降文以潼川一道爲獻彪孫辭使者曰此腕可斷此筆不可書也即閉門與家人俱仰藥死整既降遂引兵襲都統張桂營桂及統制金文德戰死納溪曹額闔門死之景定四年沔州都統胡世全護糧運至虎象山遇敵兵戰敗死咸淳二年北兵取開州守將龐彥海死之德祐元年瀘守梅應春殺判官李丁孫推官唐奎端以城降珍州守將江彥清巷戰死之

陳隆之不知所仕履爲四川制置使淳祐元年十一月成都被圍守彌旬弗下部將田世顯乘夜開門北兵突入隆之舉家數百口皆死檻送隆之至漢州命諭漢州守臣王夔降隆之呼夔語之曰大丈夫死爾毋降也遂見殺後五年提刑袁簡之上其事特贈徽猷閣待制合得恩澤外特與兩子恩澤賜謚立廟又有史季儉者威州棋城主薄也成都之陷子艮震與婿楊城夫爭相爲死各特贈兩官與一子下州文學

王翊字公輔郫縣人寶慶元年進士吳曦嘗招之入幕及曦以蜀叛抗節不拜爲陳大義曦怒囚翊欲烹之曦誅而免嘉熙元年制置使丁黼辟爲參議官先遣其家歸鄉里爲文訣先墓誓以身死報國及北兵至帳前提舉官成駒先走黼倉卒迎敵敗死翊與司里王粲運司幹官李日宣等募兵拒守兵入公署見翊朝服危坐問爲何人曰小官食天子之祿臨難不能救死有餘罪可速殺我又問何以不走曰願與此城俱亡北兵相謂曰忠臣也戒勿殺敵縱火大掠翊以朝服赴井死兵後其家出其屍井中衣冠儼如也轉運副使蒲東卯死之兵屠漢州權州事劉當可判官邵復錄事參軍羅由司戶參軍趙崇敵知雒縣羅君文皆不屈而死復雍六世孫也入眉州知丹陵縣馮仲燁死之取簡州簡守李大全死之邛守趙晨親率雅州牌手出戰力盡而死文州守劉銳通判趙汝鄘相誓死守更迭出戰　被圍旬有五日汲道絕兵民水不入口者半月至吮妻子之血卒無叛志城垂陷汝鄘猶提雙刀入陣中十六矢被執以死銳先殺其妻父子三人登文王臺自刎死師至遂寧民兵趙朋拒戰左臂已斷而戰不休至重慶進士胡天啟負母而逃兵欲殺其母天啟妻張哀號願以身代不聽卒殺之天啟與其妻呼天大駡大將奇天啟貌欲活之謂之曰汝從我當共富貴天啟愈奮駡於是夫婦同死事聞翊汝鄘皆立廟賜謚餘褒恤有差寶祐六年北兵拔吉平隘守將楊禮周德榮死之拔長寧守將王佐父子俱死至閬州推官趙廣死之至蓬州轉運使施擇善死之至順慶帥守段元鑑城守麾下劉淵殺之以降

李誠之字茂欽婺州東陽人受學呂祖謙鄉舉第一後入太學舍選亦第一慶元初釋褐爲饒州教授丁父母憂廬墓終喪幹辦福建安撫司公事遷刑工部架閣擢國子學錄以言罷起爲江西轉運司幹辦使稱提會子第其物力高下輸錢以斂之誠之以爲擾使者不悅曰商君之令猶能必行今乃齟齬如此誠之愀然曰使君儒者而欲效商君之所爲乎遂辭去使者遜謝罷令而後止改通判常州知郢州知金人必敗盟大修邊防戰攻守禦之具移知蘄州蘄自南渡以來未嘗被兵誠之曰備禦無素長驅而來將若之何相視城壁而增益之備樓櫓築軍馬墻敎閱廂禁民兵激之以賞積粟四萬先是酒庫月解錢四百五十千以獻守誠之一無所受寄諸公帑以助兵食嘉定十四年二月金人犯淮南時誠之已逾滿代者不至欲先遣其孥歸聞難作而止喟然謂其僚曰吾以書生再任邊壘行年七十抑又何求獨欠一死爾當與同僚戮力以守不濟則以死繼之乃選丁壯分布城守募死士迎擊遇于横槎橋大破之居數日金人擁衆臨沙河欲度又破之明日金兵大至決湟水焚戰樓又拒退之明日金移兵要衝爲必渡計蘄兵直前奮擊殺其酋帥金人雖屢挫然謀益巧攻益力未幾傳城下圍之數重遂燔木柵誠之出兵禦之又殺其將卒數十人奪所佩印三月朔金人攻西門射郤之俄造望樓以窺城誠之爲疑兵以示之又使持書來脅降誠之戮之而還其書越二日金人以攻具進誠之設械禦之夜出擣其營料敵應變若熟知兵者金人卒不得志會黃州失守併兵爲一凡十餘萬池陽合肥援兵敗走朝命馮榯援二郡榯至境遷延不進誠之激厲將士勉以忠義城陷率兵巷戰殺傷相當子士允力戰死誠之引劍將自刎呼其孥曰城已破汝等宜速死無辱妻許及婦若孫皆赴水死事聞贈朝散大夫秘閣修撰封正節侯立廟于蘄賜名褒忠賻銀絹二百仍賜爵廸功郎者三贈其妻令人士允通直郎子婦及孫女之沒於難者皆贈安人從誠之之死者通判州事秦鉅

秦鉅字子野丞相檜曾孫通判蘄州金人犯境與郡守李誠之協力捍禦求援於武昌安慶月餘兵不至策應兵徐揮常用等棄城遁城破鉅與誠之各以自隨之兵巷戰死傷略盡鉅歸署疾呼吏人劉迪令火諸倉庫乃赴一室自焚有老卒見煙焰中著白戰袍者識其鉅也冒火挽出之鉅叱曰我爲國死汝輩可自求生掣衣就焚而死次子浚先往四祖山兵至亟還與弟瀞從父俱死特贈鉅五官秘閣脩撰封義烈侯與誠之皆立廟蘄州賜額褒忠贈浚瀞通直郎賻以銀絹各二百州學敎授阮希甫贈通直郎防禦判官趙汝標蘄春主簿寗時鳳錄事參軍兼司戶杜諤俱贈承務郎監蘄州都大監轄蘄口鎮倉庫嚴剛中贈承事郎時統制官孫中小將江士旺陳興曹全丘卞軍士李斌等皆鬭死司理參軍趙與褣先率民兵百餘人奪關出外求援僅以身免而全家十六人皆沒淳祐十二年特封鉅義烈顯節侯黃州之陷守臣何大節亦投江死焉

宋史卷四百四十九

宋史卷四百五十

元中書右丞相總裁脫脫等修

列傳第二百九

忠義五

陳元桂　張順張貴　范天順
牛富　邊居誼　陳炤王安節
尹玉　李芾　尹穀楊霆
趙卯發　唐震　趙與檡趙孟錦　方洪
趙淮

陳元桂撫州人淳祐四年進士累官知臨江軍時聞警報築城備禦以焦心勞思致疾開慶元年春北兵至臨江時制置使徐敏子在隆興頓兵不進元桂力疾登城坐北門亭上督戰矢石如雨力不能敵吏卒勸之避去不從有以門廊鼓翼蔽之者麾之使去有欲抱而走者元桂曰死不可去此左右走遁師至元桂瞠目叱駡遂死之縣其首於敵樓越四日方斂體色如生初親戚有勸其移治者元桂曰子亦爲浮議所搖耶時事如此與其死於饑饉死於疾病死於盜賊孰若死於守土之爲光明俊偉哉家人或請登舟不許且戒之曰守臣家屬豈可先動以搖民心敏子以聞贈寶章閣待制賜緡錢

十萬與一子京官一子選入恩澤立廟北門謚曰正節

張順民兵部將也襄陽受圍五年宋闖知其西北一水曰清泥河源於均房即其地造輕舟百艘以三舟聯爲一舫中一舟裝載左右舟則虛其底而掩覆之出重賞募死士得三千求將得順與張貴俗呼順曰矮張貴曰竹園張俱智勇素諸將所服俾爲都統出令曰此行有死而已汝輩或非本心宜亟去毋敗吾事人人感奮漢水方生發舟百艘稍進團山下越二日進高頭港口結方陳各船置火槍火砲熾炭巨斧勁弩夜漏下三刻起矴出江以紅燈爲識貴先登順殿之乘風破浪徑犯重圍至磨洪灘以上北軍舟師布滿江面無隙可入衆乘銳凡斷鐵絙攢杙數百轉戰百二十里黎明抵襄城下城中久絕援聞救至踴躍氣百倍及收軍獨失順越數日有浮屍遡流而上被介冑執弓矢直抵浮梁視之順也身中四槍六箭怒氣勃勃如生諸軍驚以爲神結冢斂葬立廟祀之

張貴既抵襄襄帥呂文煥力留共守貴恃其驍勇欲還郢乃募二士能伏水中數日不食使持蠟書赴郢求援北兵增守益密水路連鎖數十里列撒星樁雖魚蝦不得度二人遇樁即鋸斷之竟達郢還報許發兵五千駐龍尾州以助夾擊刻日既定乃別文煥東下點視所部軍泊登舟帳前一人亡去乃有過被撻者貴驚曰吾事泄矣亟行彼或未及知復不能銜枚隱迹乃舉砲鼓譟發舟乘夜順流斷絙破圍冒進衆皆辟易既出險地夜半天黑至小新城大兵邀擊以死拒戰沿岸束荻列炬火光燭天如白晝至勾林灘漸近龍尾州遥望軍船旗幟紛披貴軍喜躍舉流星火示之軍船見火即前迎及勢近欲合則來舟皆北兵也蓋郢兵前二日以風水驚疑退屯三十里而大兵得逃卒之報據龍尾州以逸待勞貴戰已困出於不意殺傷殆盡身被數十槍力不支見執卒不屈死之乃命降卒四人舁尸至襄令於城下曰識矮張乎此是也守陴者皆哭城中喪氣文煥斬四卒以貴附葬順冢立雙廟祀之

范天順荊湖都統也襄陽受圍天順日夕守戰尤力及呂文煥出降天順仰天歎曰生爲宋臣死當爲宋鬼即所守處縊死贈定江軍承宣使制曰賀蘭擁兵坐視睢陽之失李陵失節重爲隴士之羞今有人焉得其死所可無褒恤以示寵綏范天順功烈雖卑忠義莫奪自均房泛舟之役克濟爲艱而襄樊坐甲之師益堅所守俄州刺史爲降將軍爾乃不屈自經可謂見危致命封其妻宜人官其二子仍賜白金五百兩田五百畝

牛富霍丘人制置司遊擊砦兵籍勇而知義爲侍衞馬軍司統制戍襄陽五年移守樊城累戰不爲衂且數射書襄陽城中遺呂文煥相與固守爲脣齒兩城凡六年不拔富力居多城破富率死士百人巷戰死傷不可計渴飲血水轉戰前遇民居燒絕街道身被重傷以頭觸柱赴火死贈靜江軍節度使謚忠烈賜廟建康裨將王福見富死歎曰將軍死國事吾豈宜獨生亦赴火死

邊居誼隨人也初事李庭芝積戰功至都統制咸淳十年以京湖制置帳前都統守新城居誼善御下得士心凡戰守之具治之皆有法大兵至沙陽守將王大用不降麾兵攻城破之執大用呂文煥意其小壘可不攻而破居誼率舟師拒之文煥列沙陽所斬首招降不從明日縛大用至壁下使呼曰邊都統急降不然禍即至矣居誼不荅又射牓檄入壁中居誼曰吾欲與呂參政語耳文煥聞之以爲居誼降已也馳馬至伏弩亂發中文煥者三并中其馬馬仆幾鉤得之衆挾文煥以他馬奔走越二日總制黃順挾一人開東門走出降明日使順來招之居誼曰若欲得新城邪吾誓以死守此何可得也順又呼其部曲部曲欲縋城出居誼悉驅以入當門斬之文煥乃麾兵攻城以火具却之旋蟻附而上居誼乃取其家金盡散將士往來督戰會暮破侵漢樓樓火延燬民居居誼度力不支走還第拔劍自殺不殊赴火死丞相伯顏壯其勇購得其屍燼中觀之事聞贈利州觀察使立廟死所

陳炤字光伯常州人少工詞賦登第爲丹徒縣尉歷兩淮制置司參議官大軍倉曹壽春府教授復入帥幕改知朐山縣仍兼主管機宜文字尋丁母憂歸北兵至常守趙與鑒走匿郡人錢訔以城降淮民王通居常州陰以書約劉師勇許爲內應朝議乃以姚希得子訔知常州師勇復常州走錢訔執安撫戴之泰等遂迎訔以入訔以炤久任邊知兵辟爲通判或謂炤曰今辟難有辭矣炤曰鄉邦淪没何可坐視與其偷生而苟全不若死之愈也遂墨衰而出凡可以備禦無不爲之訔入常甫十餘日大軍攻常炤等率義兵戰禦自夏徂冬不能下以功加帶行提轄文思院常將張彥攻呂城兵敗而降因盡言常城中虛實遂急攻之炤等晝夜城守招之不下丞相伯顏自將圍其城炤與訔持以忠義協力固守再加訔太府寺丞炤幹辦諸軍糧料院常將士皆轉五官城益急常兵阻壕水爲陳矢盡亦不降城破訔死之炤猶斂兵巷戰家人請曰城東北門圍未合可走常熟入臨安也炤曰去此一步非死所矣日中兵至死焉事上追贈訔龍圖閣待制希得贈太師炤直寶章閣並官其子

王安節節度使堅之子也少從其父守合州有功安節等兄弟五人皆受官堅爲賈似道所忌出知和州鬱鬱而死安節至咸淳末爲東南第七副將德祐初似道潰師蕪湖列城皆降不降者亦棄城遁時安節駐兵江陵即走臨安上疏乞募兵爲捍禦授閤門祗候浙西添差兵馬副都監收兵入平江合張世傑兵戰鳳凰港有功轉三官劉師勇復常州攻走王良臣師勇還平江以安節與張詹守常已而良臣導大兵攻常常城素惡安節等築柵以守相拒兩月不下大元丞相伯顏自將攻之屢遣使招降亦不下丞相怒麾兵破其南門安節揮雙刀率死士巷戰臂傷被執有求其姓名者安節呼曰我王堅子安節也降之不得乃殺之

尹玉寧都人以捕盜功爲贛州三砦巡檢秩滿城居從文天祥勤王及天祥至平江調玉同淮將張全廣將朱華拒大兵戰于伍牧全等軍敗以淮廣軍先遁曾全胡遇謝榮曾玉以贛州四指揮軍亦遁唯玉殘軍五百殊死戰玉手殺數十人箭集於冑如蝟毛援絕力屈遂被執大軍橫四槍於其頸以挺擊之死餘兵猶夜戰殺人馬蔽田間無一降者質明生還者四人贈玉濠州團練使官其二子贈田二頃以恤其家

李芾字叔章其先廣平人中徙汴高祖升起進士爲吏有廉名靖康中金人破汴以刃迫其父升捍之與父俱死曾祖椿從家衡州遂爲衡人芾生而總警少自樹立名其齋曰無暴棄魏了翁一見禮之謂有祖風易其名曰肯齋初以蔭補南安司戶辟祁陽尉出振荒即有聲攝祁陽縣縣大治辟湖南安撫司幹官時盜起永州招之歲餘不下芾與參議鄧坰提千三百人破其巢禽賊魁蔣時選父子以歸餘黨遂平攝湘潭縣縣多大家前令束手不敢犯芾稽籍出賦不避貴勢賦役大均入朝差知德清縣屬浙西饑芾置保伍振民活數萬討遷主管酒庫所德清有妖人扇民爲亂民蜂起附之至數萬人遣芾討之盜聞其來衆立散歸除司農寺丞歷知永州有惠政永人祠之以浙東提刑知溫州州瀕海多盜芾至盜息遂以前官移浙西時浙西亦多盜羣冗太湖中芾跡得其出没捕之盜亦駭散作虎丘書院以祠尹焞置學官親爲學規以教之學者甚盛咸淳元年入知臨安府時賈似道當國前尹事無鉅細先關白始行芾獨無所問福王府有迫人死者似道力爲營救芾以書往復辨論竟寘諸法芾出閱火具民有不爲具者問之曰似道家人也立杖之似道大怒使臺臣黃萬石誣以贓罪罷之大軍取鄂州始起爲湖南提刑時郡縣盜擾民多奔竄芾令所部發民兵自衞縣與一皂幟令曰作亂者斬幟下民始帖然乃號召發兵擇壯士三千人使土豪尹奮忠將之勤王別召民兵集衡爲守備未幾似道兵潰蕪湖乃復芾官知潭州兼湖南安撫使時湖北州郡皆已歸附其友勸芾勿行曰無已即以身行可也芾泣曰吾豈昧於謀身哉第以世受國恩雖廢棄中猶思所以報者今幸用我我以家許國矣時其所愛女死一慟而行德祐元年七月至潭潭兵調且盡游騎已入湘陰益陽諸縣倉卒召募不滿三千人乃結溪峒蠻爲聲援繕器械峙芻糧柵江脩壁命劉孝忠統諸軍吳繼明自湖北至陳義陳元自戍蜀歸芾奏請留之戍潭推誠任之皆得其死力大元右丞阿里海牙既下江陵分軍戍常德澧諸蠻而以大兵入潭芾遣其將於興帥兵禦之于湘陰與戰死九月再調繼明出禦兵不及出而大軍已圍城芾慷慨登陴與諸將分地而守民老弱亦皆出結保伍助之不令而集十月兵攻西壁孝忠輩奮戰芾親冒矢石以督之城中矢盡有故矢皆羽敗芾命括民間羽扇羽立具又苦食無鹽芾取庫中積鹽席焚取鹽給之有中傷者躬自撫勞日以忠義勉其將士死傷相藉人猶飲血乘城殊死戰有來招降者芾殺之以狥十二月城圍益急孝忠中礮風不能起諸將泣請曰事急矣吾屬爲國死可也如民何芾罵曰國家平時所以厚養汝者爲今日也汝第死守有後言者吾先戮汝除夕大兵登城戰少却旋蟻附而登衡守尹穀及其家人自焚芾命酒酹之因留賓佐會飲傳令猶手書盡忠字爲號飲達旦諸賓佐出參議楊震赴園池死芾坐熊湘閣召帳下沈忠遺之金曰吾力竭分當死吾家人亦不可辱於俘汝盡殺之而後殺我忠伏地扣頭辭以不能芾固命之忠泣而諾取酒飲其家人盡醉乃徧刃之芾亦引頸受刃忠縱火焚其居還家殺其妻子復至火所大慟舉身投地乃自刎幕屬茶陵顧應焱安仁陳億孫皆死潭民聞之多舉家自盡城無虛井縊林木者累累相比繼明等以城降陳毅潰圍將奔閩中道戰死事聞贈端明殿大學士謚忠節芾初至潭遣其子裕孫出曰存汝以奉祀也其孫輔叔時亦親迎於溫皆得

不死二王悉詔入閣官之芾爲人剛介不畏强禦臨事精敏姦猾不能欺且强力過人自旦治事至暮無倦色夜率至三鼓始休五鼓復起視事望之凛然猶神明而好賢禮士卽之溫然雖一藝小善亦惓惓奬薦之平生居官廉及擯斥家無餘貲

尹穀字耕叟潭州長沙人性剛直莊厲初處郡學士友皆嚴憚之宋以詞賦取士季年惟閩浙賦擅四方穀與同郡邢天榮董景舒歐陽逢泰諸人爲賦體裁務爲典雅每一篇出士爭學之由是湘賦與閩浙頡頏中年登進士第調常德推官知崇陽縣所至廉正有聲丁內艱居家教授不改儒素日未出授諸生經及朱氏四書士雖有才思而不謹飭者擯不齒諸生隆暑必盛服端居終日夜滅燭始免巾幘早作必冠而後出帷行市中市人見其舉動有禮相謂曰是必尹先生門人也詰之果然晚入李庭芝制幕用薦擢知衡州需次于家潭城受兵帥臣李芾禮以爲參謀共畫備禦策時城中壯士皆入衞臨安所餘軍僅四百五十人老弱太半芾料率民丁獎勵以義人殊死戰三月城不下大軍斷絕險要援兵不至穀知城危與妻子訣曰吾以寒儒受國恩典方州誼不可屈若輩必當從吾死耳召弟岳秀使出以存尹氏祀岳秀泣而許之已乃積薪扃戶朝服望闕拜已先取歷官告身焚之卽縱火自焚鄰家救之火熾不可前但於烈焰中遙見穀正冠端笏危坐闔門少長皆死爲芾聞之命酒酹穀曰尹務實男子也先我就義矣務實穀號也初潭士以居學肄業爲重州學生月試積分高等升湘西嶽麓書院生又積分高等升嶽麓精舍生潭人號爲三學生兵興時三學生聚居州學猶不廢業穀死諸生數百人往哭之城破多感激死義者

楊霆字震仲少有志節以世澤奏補將士郎銓試第一授脩職郎桂嶺主簿有能聲五中漕舉改鄂州教授遷復州司理參軍轉常澧觀察推官擢知監利縣縣有疑獄歷年不決霆未上徵服廉得其實立決之人稱神明辟荆湖制置司幹官呂文德爲帥素慢侮士常試以難事霆倉卒立辦皆合其意一日謂曰朝廷有密旨出師策應淮東誰可往者卽對曰某將可又曰兵器糧草若何卽對曰某營兵馬某庫器甲某處矢石某處芻糧口占授吏頃刻案成文德大驚曰吾平生輕文人以其不事事也公材幹如此何官不可爲吾何敢不敬密薦諸朝除通判江陵府江陵大府雄據上流表裏漢西控巴蜀南扼湖廣兵民雜處庶務叢集霆隨事裁決處之泰然暇日詣郡庠與諸生講學又取隸官閒田增益廩稍選民之强壯當農隙訓練之時付以器械雜兵行肄習親閱試行賞以激勸之未幾有能擐甲騎射者遂皆獲其用而兵不復擾民丁內艱德祐初起復奉議郎湖南安撫司參議與安撫使李芾協力戰守霆有心計善出奇應變帥府機務芾一以委之城初被圍日夜守禦數日西北隅破霆麾兵巷戰抵暮增築月城比旦城復完策厲將士以死守之城既破霆赴水死妻妾奔救無及遂皆死

趙卯發字漢卿昌化人淳祐十年以上舍登第爲遂寧州司戶潼川簽判宣城宰素以節行稱中被論罷咸淳七年起爲彭澤令十年權通判池州大兵渡江池守王起宗棄官去卯發攝州事繕壁聚糧爲守禦計夏貴兵敗歸所過縱掠卯發捕斬十餘人兵乃戢明年正月大兵至李王河都統張林屢諷之降卯發忿氣塡膺瞠目視林不能言有問以禔身之道者卯發曰忠義所以禔身也此外非臣子所得言林以兵出巡江陰降歸而陽助卯發爲守守兵五百餘柄皆歸林卯發知不可守乃置酒會親友與飮訣謂其妻雍氏曰城將破吾守臣不當去汝先出走雍氏曰君爲命官我爲命婦君爲忠臣我獨不能爲忠臣婦乎卯發笑曰此豈婦人女子之所能也雍氏曰吾請先君死卯發笑止之明日乃散其家貲與其弟姪僕婢悉遣之二月兵薄池卯發晨起書几上曰君不可叛城不可降夫妻同死節義成雙又爲詩別其兄弟與雍盛服同縊從容堂死卯發始爲此堂名可以從容及兵遽領客堂中指所題扁曰吾必死於是客問其故曰古人謂慷慨殺身易從容就義難此殆其兆也卯發死林開門降大元丞相伯顏入問太守何在左右以死對卽如堂中觀之皆歎息爲具官衾合葬於池上祭其墓而去事聞贈華文閣待制謚文節雍氏贈順義夫人錄二子爲京官

唐震字景實會稽人少居鄉介然不苟交有言其過者輒喜既登第爲小官有權貴以牒薦之者震內牒篋中已而干政震取牒還之封題未啓其人大媿後爲他官所至以公廉稱楊棟葉夢鼎居政府交薦其賢咸淳中由大理司直通判臨安府時潛說友尹京恃賈似道勢甚驕蹇政事一切無所顧讓會府有具獄將寘辟震力辨其非說友爭之不得上其事刑部卒是震議六年江東大旱擢知信州震奏減綱運米蠲其租賦令坊置一吏籍其戶勸富人分粟使坊吏主給之吏有勞者輒爲具奏復其身吏感其誠事爲盡力所活無算州有民庸童牧牛童逸而牧舍火其父訟庸者殺其子投火中民不勝掠自誣服震視牘疑之密物色之得童傍郡以詰其父對如初震出其子示之獄遂直擢浙西提刑過闕陛辭似道以類田屬震震謝不能行至部又以疏力爭之趙氏有守阡僧甚暴橫震遣吏捕治似道以書營救震不省卒按以法似道怒使侍御史陳堅劾去之咸淳十年起震知饒州時興國南康江州諸郡皆已歸附大兵略饒饒兵止千八百人震發州民城守昧爽出治兵至夜中始寐上書求援不報大兵使人入饒取降欵通判萬道同陰使於所部斂白金牛酒備降禮饒寓士皆從之道同風震降震叱之曰我忍偷生負國邪城中少年感震言殺使者民有李希聖者謀出降械寘獄中明年二月兵大至都大提舉鄧益遁去震盡出府中金錢書官資揭於城募有能出戰者賞之衆懼不能戰北兵登陴衆遂潰震入府中玉芝堂其僕前請曰事急矣番江門兵未合亟出猶可免震罵曰城中民命皆係於我我若從爾言得不死城中民死我何面目生邪左右不復敢言皆出有頃兵入執牘鋪案上使震署降震擲筆于地不屈遂死之兄椿與家人俱死張世傑尋復饒州判官鄒宗節求震屍葬之贈華文閣待制謚忠介廟號褒忠官其二子震客馮驥何新之驥後守獨松關新之守閩之新壘皆戰死

趙與檡爲嗣秀王德祐二年爲浙閩廣察訪使益王之立昺楊亮節居中秉權與檡自以國家親賢多所諫止遂犯忌嫉諸將俱憚之未幾北兵逼浙東乃命與檡出瑞安與守臣方洪共任備禦朝臣言與檡有劉更生之忠曹王皋之孝宜留輔以隆國本譖者益急卒遣之瑞安受圍城中危急與洪誓以死守小校李雄夜開門納外兵與檡洪率衆巷戰兵敗被縶董文炳問之曰汝爲秀王耶今能降乎與檡厲聲曰我國家近親今力屈而死分也尚何問爲遂殺之洪亦伏節而死又有趙孟錦者少不羈遊淮以軍功爲將佐北兵攻眞州每戰輒爲士卒先守茁再成倚之爲重北兵重艦駐江上孟錦乘大霧來襲俄霧解日已高北兵見其兵少逐之登舟失足墮水身荷重甲溺焉

趙淮丞相葵之從子也李全之叛屢立戰功累官至淮東轉運使德祐中戍銀樹壩兵敗與其妾俱被執至瓜州元帥阿朮使淮招李庭芝許以大官淮陽許諾至揚城下乃大呼曰李庭芝男子死耳毋降也元帥怒殺之棄屍江濱

宋史卷四百五十一

元中書右丞相總裁脫脫等修

列傳第二百十

忠義六

趙良淳 徐道隆　姜才　馬壂
密佑　張世傑　陸秀夫 劉鼎孫附
徐應鑣　陳文龍 姪瓚　鄧得遇
張珏 趙立附

趙良淳字景程居饒之餘干太宗子恭憲王之後丞相汝愚曾孫也累世以學行名號賢宗子良淳少學於其鄉先生饒魯知立身大節及仕所至以幹治稱而未嘗于人薦舉初以蔭爲泰寧主簿三遷至淮西運轄浮湛冗官二十餘年馬光祖李伯玉范丁孫交薦辟之卒不振拔考舉及格改知分寧縣分寧江西劇邑俗尚譁訐良淳治之不用刑戮不任吏胥取民之敦孝者身親尊禮之至甚桀驁者乃繩以法俗爲少革秩滿特差權江西安撫司機宜文字詔除諸司審計院督餉江西升大理司直咸淳末廷臣議衆建宗室於內郡以爲屛翰遂除良淳知安吉州先是知州李庚遁百事隳廢良淳至日與僚吏論所以守禦之備悉舉行之時歲饑民相聚爲盜所在蠭起或請以兵擊之良淳曰民豈樂爲盜哉時艱歲旱故相率剽掠苟活耳命僚屬以義諭之衆皆投兵散歸其不歸者衆縛以獻有掠人貨財詣其主謝過而還之者良淳勸富人出粟振之嘗語人曰使太守身可以濟民亦所不惜也其言懇懇足以動人人皆倒困以應之朝議尋以徐道隆爲浙西提刑以輔良淳加良淳直祕閣文天祥去平江潰兵四出剽掠良淳捕斬數人梟首市中兵稍戢已而范文虎遣使持書招降良淳焚書斬其使大兵迫獨松關有旨趣道隆入衞道隆既去大兵至軍其東西門良淳率衆城守夜就茇舍睥

上不歸先是朝廷遣將吳國定援宜興宜興已危不敢往乃如安吉見良淳願留以爲輔良淳見國定慷慨大言意其可用也請於朝留戍安吉已而國定開南門納外兵兵入城呼曰衆散元師不殺汝於是衆號泣散去良淳命車歸府兵士止之曰事至此侍郎當爲自全計良淳叱去之命家人出避乃閉閣自經有兵士解救之復蘇衆羅拜泣曰侍郎何自苦逃之猶可求生良淳叱曰我豈逃生者耶衆猶環守不去良淳大呼曰爾輩欲爲亂耶衆涕泣出復投繯而死

徐道隆字伯謙婺州武義人父煥知南雄道隆以任入官累官潭州判官權知全州荆湖制置使汪立信奏辟道隆爲參議官立信還兵部尚書道隆與賓客千許人俱去江陵趙孟傳爲制置使以道隆參其軍事遂爲提點刑獄時文天祥旣至平江潰卒四出爲浙西患苦安吉尤甚有旨命道隆措置乃梟其首亂者于市牛監軍通范文虎程鵬飛管景模俱遣書誘降道隆焚書斬使大兵至臨平皋亭山令間道入援時水陸皆有屯軍道絶不通議由大湖經武康臨安縣境勤王卽日乘舟出臨湖門泊宋村郡守趙良淳旣縊死德祐二年正月朔旦追兵及道隆江陵親從軍三百人殊死戰矢盡搶槊折一軍盡没道隆見執艦內間守者少怠赴水死長子載孫亦赴水死餘兵有脫歸者言於朝命贈官賜謚厚恤其家立廟安吉官其子孫越三日宋亡

姜才濠州人貌短悍少被掠入河朔稍長亡歸隸淮南兵中以善戰名然以來歸人不得大官爲通州副都統時淮多建將然驍雄無踰才才知兵善騎射撫士卒有恩至臨陣軍律凜凜其子當戰回白事才望見以爲敗也拔劍馳逐幾殺之賈似道出師才以兵屬孫虎臣爲先鋒相拒于丁家洲大軍設砲架彀車弩江濱中流數千艘旌旗聯亘鼓行而下才奮兵前接戰鋒已交虎臣遽過其妾所乘舟衆見之譟曰步師遁矣於是諸軍皆潰才亦收兵入揚州大兵乘勝攻揚州才爲三疊陣逆之三里溝戰有功又與元帥戰揚子橋日暮兵亂流矢貫才肩才拔矢揮刀而前所向辟易已而大軍築長圍自揚子橋竟瓜洲東北跨灣頭至黃塘西北至丁村務欲以久困之時德祐元年也明年正月宋亡二月五奉使及一閤門宣贊舍人持謝太后詔來諭才發弩射却之復以兵衛擊五奉使于召伯堡大戰而退未幾瀛國公至瓜洲才與庭芝泣涕誓將士出奪之將士皆感泣乃盡散金帛犒兵以四萬人夜擣瓜洲戰三時衆擁瀛國公避去才進戰至浦子市夜猶不退阿朮使人招之才曰吾寧死豈作降將軍邪四月才以兵攻灣頭柵五月復攻之騎旋濘而止乃舍騎步戰至四鼓全師以歸揚食盡才時出運米眞州高郵以給兵六月護餉至馬家渡萬戶史弼將兵擊奪之才與戰達旦弼幾殆阿朮馳兵來援乃得免去庭芝以在圍久召才計事屏左右語久之第聞才厲聲云相公不過忍片時痛耳左右聞之俱汗下才自是以兵護庭芝第期與俱死七月益王在福州以龍神四廂都指揮使保康軍承宣使召才與庭芝東至泰州將入海阿朮以兵追及圍泰州使使者招之降才不聽阿朮驅揚兵士妻子至城下會才疽發背不能戰諸將遂開門降都統曹安國入才臥內執之以獻阿朮愛其忠勇欲降而用之才肆爲謾言阿朮責庭芝不降才曰不降者才也復憤憤不已阿朮怒咼之揚州才臨刑夏貴出其旁才切齒曰若見我寧不媿死邪有洪福者夏貴家僮也從貴積勞爲鎭巢雄江左軍統制鎭江北貴降福與子大淵大源下班祗候彭元亮統貴軍復之加右武大夫知鎭巢貴旣臣附招福不聽使其從子往福斬之大兵攻城久不拔遣貴至城下好語語福請單騎入城福信之門發而伏兵起執福父子屠城中貴泣殺大源大淵譸曰法止誅首謀何至舉家爲戮福叱曰以一命報宋朝何至告人求活邪次及福福大罵數貴不忠請身南向死以明不背國也聞者流涕

馬墍宕昌人也一家父叔兄弟皆以忠勇爲名將而墍與其兄堃特顯咸淳中墍知欽州徙知邕邕地接六詔安南傍通諸溪峒撫御少失宜往往召亂墍鎭撫諸蠻及治關隘皆有條理大理不敢越善闡安南不敢入永平諸峒皆上帳冊邊陲晏然廣西經略李興上其功加閤門宣贊舍人未幾以左武衛將軍徵入朝已而宋亡墍因留靜江總屯戍諸軍護經略司印守城至元十四年平章阿里海牙攻廣西墍發所部及諸峒兵守靜江而自將三千人守嚴關鑿馬坑斷嶺道大兵攻嚴關不克乃以偏師入平樂過臨桂夾攻墍墍兵敗退保靜江平章使人招降墍發弩射之攻三月墍夜不解甲前後百餘戰城中死傷相藉訖無降意城東隅稍甲大軍陽攻西門以精兵夜決水牐攻東門破其外城墍閉內城城守又破之墍率死士巷戰刀傷臂被執殺之斷其首猶握拳奮起立踰時始仆靜江破邕守馬成旺及其子都統應麒以城降獨墍部將婁鈐轄猶以二百五十人守月城不下阿里海牙笑曰是何足攻圍之十餘日婁從壁上呼曰吾屬饑不能出降苟賜之食當聽命乃遣之牛數頭米數斛一部將開門取歸復閉壁大軍乘高覘之兵皆分米炊未熟生齧牛啖立盡鳴角伐鼓諸將以爲出戰也甲以待婁乃令所部入擁一火砲然之聲如雷霆震城城皆崩煙氣漲天外兵多驚死者火熄入視之灰燼無遺矣

密佑其先密州人後渡淮居廬州佑爲人剛毅質直累官至廬州駐劄御前遊擊中軍統領改權江西路副總管咸淳十年以閤門宣贊舍人爲江西都統是冬大元丞相伯顏下鄂州留右丞阿里海牙守之而將大兵東下明年二月朱禩孫遣高世傑取鄂阿里海牙以兵逆擊執世傑荆江口兵盡潰半入江西江西制置黃萬石招集之且募寧都廣昌南劍義兵千餘人盡以屬佑十一月大兵至隆興劉槃兵敗乃嬰城自守萬石時移治撫州將遁懼佑不從乃調佑兵援槃且戒以勿戰未至隆興槃已降都統夏驥率所部兵潰圍出已而元帥張榮實呂師夔提兵逼撫州佑率衆逆之進賢坪兵來呼曰降者乎鬭者乎佑曰鬭者也麾其兵突戰進至龍馬坪大兵圍之數重矢下如雨佑告其部曰今日死日也若力戰或有生理衆咸憤厲自辰戰至日昃佑面中矢拔之復戰又身被四矢三槍衆皆死僅餘數十人佑乃揮雙刀斫圍南走前渡橋馬踏板斷遂被執衆見其勇戒勿殺輿歸隆興元帥宋都䚟曰壯士也欲降之縶之月餘終不屈嘗罵萬石爲賣國小人使我志不得伸宋都䚟命劉槃呂師夔坐城樓引佑樓下以金符遺之許以官佑不受語侵槃師夔益不遜又令佑子說之曰父死子安之佑斥曰汝行乞於市第云密都統子誰不憐汝也怡然自解其衣請刑遂死觀者皆泣下

張世傑范陽人少從張柔戍杞有罪遂奔宋隸淮兵中無所知名阮思聰見而奇之言之呂文德文德召爲小校累功至黃州武定諸軍都統制攻安東州戰疾力與高達援鄂州有功轉十官尋從賈似道入黃州戰蘋草坪奪還所俘加環衞官歷知高郵軍安東州咸淳四年大兵築鹿門堡呂文德請益兵于朝調世傑與夏貴赴之及呂文煥以襄陽降命世傑將五千人守鄂州世傑以鐵絙鎖兩城夾以砲弩其要津皆施杙設攻具大軍破新城長驅而下世傑力戰不得前遣人招之不聽丞相伯顏陽攻嚴山監潛舟自唐港盪舟入漢東攻鄂鄂降世傑提所部兵入衞道復饒州乃入朝時方危急徵諸將勤王多不至獨世傑來上下歎異自和州防禦使不數月累加至保康軍承宣使總都督府兵遣將四出取浙西諸郡復平江安吉廣德溧陽諸城兵勢頗振此月與劉師勇諸將大出師焦山令以十舟爲方碇江中非有號令毋發碇示以必死元帥阿朮載毅士以火矢攻之世傑兵亂無敢發碇赴江死者萬餘人大敗奔圌山上疏請濟師不報尋擢龍神衞四廂都指揮使十月進沿江招討使改制置副使兼知江陰軍已而大軍至獨松關召文天祥入衞以世傑爲保康軍節度使知平江尋亦召入衞加檢校少保二年正月大軍迫臨安世傑請移三宮入海而與天祥合兵背城一戰丞相陳宜中方遣人請和不可白太皇太后止之未幾和議亦沮兵至皋亭山世傑乃提兵入定海石國英遣都統卞彪說之使降世傑以爲彪來從已俱南也椎牛享之酒半彪從容爲言世傑大怒斷其舌磔之巾子山四月從二王入福州五月與宜中奉昰爲主拜簽書樞密院事王世强導大軍攻之世傑乃奉益王入海而自將陳弔眼許夫人諸翼兵攻蒲壽庚不下十月元帥唆都將兵來援衆遂解去旣而唆都遣人招益王又遣經歷孫安甫說世傑世傑拘安甫軍中不遣招討劉深攻淺灣世傑兵敗移王居井澳深復來攻井澳世傑戰却之因徙碙州至元十四年正月遣將王用攻雷州用敗績四月益王殂衞王昺立拜世傑少傅樞密副使五月遣瓊州安撫張應科攻雷州三戰皆不利六月再決戰雷城下應科死之世傑以碙州不可居徙王新會之厓山八月封越國公發瓊州粟以給軍十月遣凌震王道夫襲廣州震敗績明年元帥張弘範等兵至厓山或謂世傑曰北兵以舟師塞海口則我不能進退盍先據海口幸而勝國之福也不勝猶可西走世傑恐久在海上有離心動則必散乃曰頻年航海何時已乎今須與決勝負悉焚行朝草市結大舶千餘作水砦爲死守計人皆危之已而弘範兵至據海口樵汲道絶兵茹乾糧十餘日渴甚下掬海水飲之海鹹飲卽嘔泄兵大困世傑率蘇劉義方興日大戰弘範得世傑甥韓命以官使三至招之世傑歷數古忠臣曰吾知降生且富貴但爲主死不移耳二月癸未弘範等攻厓山世傑敗走衞王舟大軍薄中軍世傑乃斷維以十餘艦奪港去後還收兵厓山劉自立擊敗之降其將方遇龍葉秀榮章文秀等四十餘人世傑復欲奉楊太妃求趙氏後而立之俄颶風壞舟溺死平章山下劉師勇者廬州人以戰功歷環衞官魯港

師潰賈似道欲東入海師勇贊之入揚州圖再舉似道然之時姚訔復常州似道命師勇以淮兵取呂城朝廷加師勇和州防禦使助訔守常而以張彥守呂城合兵拒大軍戰失利彥馬弱陷淖中見執呂城失守常州勢益孤大軍寘彥城下招降師勇以大義斥彥彥慚而退又遣范文虎來諭師勇伏弩射走之常受圍數月援兵絕有羣鴟飛鳴繞城衆惡爲不祥俄而城陷師勇拔柵戰且行其弟馬墮塹躍不能出師勇舉手與訣而去淮軍數千人皆鬬死有婦人伏積屍下闞淮兵六人反背相拄殺敵十百人乃殪師勇從二王至海上見時事不可爲憂憤縱酒卒瘞于鼓山

陸秀夫字君實楚州鹽城人生三歲其父從家鎮江稍長從其鄉人孟先生學孟之徒恒百餘獨指秀夫曰此非凡兒也景定元年登進士第李庭芝鎮淮南聞其名辟至幕中時天下稱得士多者以淮南爲第一號小朝廷秀夫才思清麗一時文人少能及之性沉靜不苟求人知每僚吏至閤賓主交驩秀夫獨斂焉無一語或時宴集府中坐尊俎間矜莊終日未嘗少有希合至察其事皆治庭芝益器之雖改官不使去已就幕三遷至主管機宜文字咸淳十年庭芝制置淮東擢參議官德祐元年邊事急諸僚屬多亡者惟秀夫數人不去庭芝上其名除司農寺丞累擢至宗正少卿兼權起居舍人二年正月以禮部侍郎使軍前請和不就而反二王走溫州秀夫與蘇劉義追從之使人召陳宜中張世傑等皆至遂相與立益王于福州進端明殿學士簽書樞密院事宜中以秀夫久在兵間知軍務每事咨訪始行秀夫亦悉心贊之無不自盡旋與宜中議不合宜中使言者劾罷之張世傑讓宜中曰此如何時動以臺諫論人宜中皇恐亟召秀夫還時君臣播越海濱庶事疏略楊太妃垂簾與羣臣語猶自稱奴每時節朝會秀夫儼然正笏立如治朝或時在行中淒然泣下以朝衣拭淚衣盡浥左右無不悲動者屬井澳風王以驚疾殂羣臣皆欲散去秀夫曰度宗皇帝一子尚在將焉置之古人有以一旅一成中興者今百官有司皆具士卒數萬天若未欲絕宋此豈不可爲國邪乃與衆共立衞王時陳宜中往占城與世傑不協屢召不至乃以秀夫爲左丞相與世傑共秉政時世傑駐兵厓山秀夫外籌軍旅內調工役凡有所述作又盡出其手雖匆遽流離中猶日書大學章句以勸講至元十六年二月厓山破秀夫走衞王舟而世傑劉義各斷維去秀夫度不可脫乃杖劍驅妻子入海卽負王赴海死年四十四翰林學士劉鼎孫亦驅家屬并輜重沉海不死被執搒掠無完膚一夕得脫卒蹈海鼎孫字伯鎮江陵人進士也方秀夫海上時記二王事爲一書甚悉以授禮部侍郎鄧光薦曰君後死幸傳之其後厓山平光薦以其書還廬陵大德初光薦卒其書存亡無從知故海上之事世莫得其詳云

徐應鑣字巨翁衢之江山人世爲衢望族咸淳末試補太學生德祐二年宋亡瀛國公入燕三學生百餘人皆從行應鑣不欲從乃與其子琦崧女元娘誓共焚子女皆喜從之太學故岳飛第有飛祠應鑣具酒肉祀飛曰天不祐宋社稷爲墟應鑣死以報國誓不與諸生俱北死已將魂魄累王作配神主與王英靈永永無斁琦亦賦詩以自誓祭畢以酒肉餉諸僕諸僕醉臥應鑣乃與其子女入梯雲樓積諸房書籍箱笥四周縱火自焚一小僕未寐聞火聲起至樓下穴牖視之應鑣父子儼然坐立如廟塑像走報諸僕壞壁入撲滅火應鑣不能死與其子女怏怏出戶去倉卒莫知所之翌日得其屍祠前井中皆僵立瞠目面如生諸僕爲具棺斂殯之西湖金牛僧舍益王立福州褒其節贈朝奉郎祕閣修撰後十年其同舍生劉汝鈞率儒者五十餘人收而葬之方家峪私諡曰正節先生

陳文龍字君貴福州興化人丞相俊卿之後也能文章負氣節初名子龍咸淳五年廷對第一度宗易其名文龍丞相賈似道愛其文雅禮重之由鎮東軍節度判官歷崇政殿說書祕書省校書郎數年拜監察御史皆出似道力然自十數年似道所制臺諫皆闒茸臺中相承凡有所建白皆呈藁似道始行至文龍爲之獨不呈藁已忤似道知臨安府洪起畏請行類田似道主其說文龍上疏以爲不可似道怒寢其疏襄陽久被圍似道日恣淫樂不少加意時陽請督師而陰使其黨留已竟失襄陽文龍上疏極言其失范文虎總師無功似道芘之以知安慶又除趙溍知建康黃萬石知臨安文龍言文虎失襄陽今反見擢用是當罰而賞也溍乳臭小子何以任大閫之寄萬石政事怠荒以爲京尹何以能治請皆罷之似道大怒黜文龍知撫州旋又使臺臣李可劾罷之未幾呂文煥導大軍東下范文虎首迎降與文煥俱東似道兵潰魯港溍最先遁以故列城從之皆遁始悔不用文龍之言起爲左司諫尋遷侍御史時邊事甚急王爚與陳宜中不能畫一策而日坐朝堂爭私意潛說反以平江降臺臣請籍其家爚以爲可宜中以爲不可張世傑諸將分四道出師而大臣不監護臺諫論之爚請行邊下公卿雜議宜中請出督師又下公卿雜議文龍上疏曰書言三后協心同厎於道北兵今日取某城明日築某堡而我以文相遜以迹相疑譬猶拯溺救焚而爲安步徐行之儀也請召大臣同心圖治無滋虛議其後宜中與爚終不相能而去至十月始來事已不可爲矣是冬累遷文龍至參知政事未幾議降文龍乃上章乞歸養旣出國門而悔之復上疏求還不報乃歸五月益王稱制于福州復以文龍參知政事漳州畔以文龍爲閩廣宣撫使討之文龍以黃恮前守漳有恩信辟爲參謀官按兵泉州使恮入招撫之恮至民皆頓首謝罪興化有石手軍者能擲石中人議者以其不足用罷之石手軍亦畔復命文龍爲知軍平之已而降將王世強導大軍入廣建寧泉福皆降知福州王剛中遣使徇興化文龍斬之而縱其副以還使持書責世強剛中負國遂發民兵自守城中兵不滿千大兵來攻不克使其姻家持書招降之文龍焚書斬其使有風其納款者文龍曰諸軍特畏死耳未知此生能不死乎乃使其將林華偵伺境上華卽降且導兵至城下通判曹澄孫開門降執文龍與其家人至軍中欲降之不屈左右凌挫之文龍指其腹曰此皆節義文章也可相逼邪強之卒不屈乃械繫送杭州文龍去興化卽不食至杭餓死其母繫福州尼寺中病甚無醫藥左右視之泣下母曰吾與吾兒同死又何恨哉亦死衆歎曰有斯母宜有是兒爲收葬之蒲壽庚以泉州降告其民曰陳文龍非不忠義如民何聞者笑之大兵旣歸文龍之姪瓚復舉兵殺林華據興化未幾復破瓚死之

鄧得遇字達夫邛州人淳祐十年進士調寧遠主簿改知南昌縣通判隆興府監行在藏庫出知昭州遷廣西提點刑獄踰年攝經略事兼知靜江府德祐元年長沙被兵得遇遣都統馬驥馬應麒赴援驥潛叛而還得遇斬之軍事悉委之應麒未幾馬塈代閫議事不合二年移治蒼梧靜江破得遇朝服南望拜辭書幅紙云宋室忠臣鄧氏孝子不忍偷生寧甘溺死彭咸故居乃吾潭府屈公子平乃吾伴侶優哉悠哉吾得其所遂投南流江而死

張珏字君玉隴西鳳州人年十八從軍釣魚山以戰功累官中軍都統制人號爲四川虓將寶祐末大兵攻蜀破吉平隘拔長寧殺守將王佐父子至閬州降安撫楊奫推官趙廣死之至蓬州降守將張大悅運使施擇善死之順慶廣安諸郡破竹而下明年合諸道兵圍合州凡攻城之具無不精備珏與王堅協力戰守攻之九月不能下景定初合守王堅徵入朝以馬千代守合四年千子餽餉至虎相山爲東川兵所得屢以書勸千降朝廷乃以珏代千珏魁雄有謀善用兵出奇設伏算無遺策其治合州士卒必練器械必精御部曲有法雖奴隸有功必優賞之有過雖至親必罰不貸故人人用命自全汝楫失大食平大兵築虎相山駐兵兩城時出攻梁山忠萬開達民不得耕兵不得解甲而臥每餉渠竭數郡兵護送死戰兩城之下始克入咸淳二年十二月珏遣其將史炤王立以死士五十斧西門入大戰城中復其城三年四月平章賽典赤提兵入壞重慶夾道出合城下珏碇舟斷江中爲水城大兵數萬攻之不克遂引去合州自余玠用二冉生策徙軍釣魚山城壁甚固然開慶受兵民凋弊甚珏外以兵護耕內教民墾田積粟米再期公私兼足九年叛將劉整復獻計欲自青居進築馬騣虎頂山扼三江口以圖合匣剌統軍率諸翼兵以築之左右欲出兵與之爭珏不可曰蕪菁平母德彰城汪帥勁兵之所聚也吾出不意而攻之馬騣必顧其後不暇城矣乃張疑兵嘉渠口潛師渡平陽灘攻二城火其資糧器械越砦七十里焚船場統制周虎戰死馬騣城卒不就十年加寧江軍承宣使德祐元年陞四川制置副使知重慶府五月加檢校少保徵其兵入衞蜀道斷不得達六月昝萬壽以嘉定及三龜九頂降守將侯都統戰死已而瀘敘長寧富順開達巴渠諸郡不一月皆下合兵圍重慶作浮梁三江中斷援兵自秋徂冬援絕糧盡珏屢以死士間入城許以赴援日爲之畫守禦計二年正月遣其將趙安襲青居執安撫劉才參議馬嵩歸二月遣張萬以巨艦載精兵斷內水橋入重慶四月合重慶兵出攻鳳頂諸砦珏結瀘士劉霖先坤朋爲內應六月遣趙安破神臂門執梅應春殺之復瀘州重慶兵漸解去圍瀘州十二月趙定應迎珏入重慶爲制置時楊立以涪州降珏遣張萬攻走立俘其僚屬馮巽午等立復合兵來決戰史進張世傑戰死萬不支俘立妻子及安撫李端以歸珏以都統程聰守涪重慶兵盡退珏聞二王立廣中遣兵數百人求王所調史訓忠趙安等援瀘州張萬入夔連忠涪兵拔石門及巴巫砦獲將士百餘人解大寧圍攻破十八砦明年六月張德潤復破涪州執守將程聰先是聰在重慶力主守城之議珏入不知也使出守涪聽至郡怏怏不設備至是被

執德潤以肩輿載聽歸語之曰若子鵬飛爲參政矣早晚可會聚也聽曰我執彼降非吾子也是月梁山軍袁世安降十月萬州破殺守將上官夔十一月瀘州食盡人相食遂破之安撫王世昌自經死大兵會重慶駐佛圖關以一軍駐南城一軍駐朱村坪一軍駐江上遣瀘州降將李從招降珏不從十二月達州降將鮮汝忠破咸淳皇華城執守將馬墪軍使包申巷戰死至元十五年春珏遣總管李議將兵由廣陽一軍皆沒二月大兵破紹慶府執守將鮮龍湖北提刑趙立與制司幕官趙酉泰皆自殺珏率兵出薰風門與大將也速䚟兒戰扶桑壩諸將從其後合擊之珏兵大潰城中糧盡趙安以書說珏降不聽安乃與帳下韓忠顯夜開鎭西門降珏率兵巷戰不支歸索鴆飲左右匿鴆乃以小舟載妻子東走涪中道大憾斧其舟欲自沉舟人奪斧擲江中珏踊躍欲赴水家人挽持不得死明日萬戶鐵木兒追及於涪執之送京師重慶降制機曹琦自經死張萬張起巖出降進攻合州破外城三月王立亦降珏至安西趙老庵其友謂之曰公盡忠一世以報所事今至此縱得不死亦何以哉珏乃解弓弦自經廁中從者焚其骨以瘞年甡之死所趙立者字德修重慶人第進士以上書迕賈似道被謫德祐初起爲太社令湖北提刑使蜀趣諸將入衞至重慶則昝萬壽已降珏方城守爲後圖立無以復合還至涪沉水死

宋史卷四百五十二

元中書右丞相總裁脫脫等修

列傳第二百十一

忠義七

高敏登州人爲涇原指使數與西夏戰遭重傷范仲淹韓琦皆薦之爲閤門祗候歷利州路邠寧環慶都監主蕃部事羌圍大順城偏將趙懷德力戰其下以銀買級主帥李復圭以所部不整欲治之敏言懷德善用人戰必勝當略其小過且蕃官難彊以漢法復圭乃止羌人聲言將出鄜延敏屢白復圭曰兵家之事聲東擊西環慶嘗被白豹金湯結釁已深不可不備已而果以兵三十萬來寇總管楊遂駐兵大義以敏爲先鋒將夏人攻奪大順水砦敏出通路自寅及午且戰且前多所斬獲大榆木援兵不至中流矢死年五十七官止東頭供奉官詔贈嘉州刺史錄其三子爲侍禁殿直

張吉者慶州卒也爲淮安鎭守烽夏人寇東谷掠得之脅以兵使呼城中曰淮安諸砦已破宜速降吉反其辭曰努力諸砦無虞賊糧盡且去矣毋庸降賊怒害之詔贈內殿崇班又錄其子

景思忠字進之晉州安岳人以父西上閤門使泰蔭累官西京左藏庫使爲遂州駐泊都監夷人寇淯井鈐轄張承祐出兵救之思忠部卒五百爲前鋒夷乘險薄官軍官軍戰不利死者十之六左右勸思忠引避不聽奮劒疾戰而死走馬使張宗望爲言詔察訪熊本考實得其事神宗憫之官思忠及同死者之子七人餘皆賜其家錢帛

弟思立以蔭主渭州治平砦囉兀用兵韓絳使攝保安軍夏人寇順寧思立擅領兵赴援諸將敗一軍獨全以功知德順軍策應王韶取熙州過洮築當川堡克羌香子珂諾城遂定河州嘗與羌力戰斬不用命者數人軍聲大振韶言其臨事忠勇進如京副使通事舍人再擢東上閤門使河州刺史賜繡旗朱甲又遷四方館使河州團練使知其州神宗知思立母老而未有官舍命其弟思誼爲秦州判官以便養靑宜結鬼章舉兵襲殺伐木卒害小校七人以書抵思立詞不遜思立不能忍帥兵六千攻之于踏白城鈐轄韓存寶蕃將瞎藥交止之不聽自將中軍使存寶及魏奇爲先鋒王存將左賈翊將右鬼章衆二萬分三砦以抗官軍戰數十合羌從山下圍中軍他將王寧李元凱沒于陣思立存寶潰圍出衆將多傷議曰日暮兵疲宜移屯東岡以自固思立以魏奇創重獨從其軍方遣之而殿後兵亂前人望見亦皆潰思立已鬭且退曰我適以百騎走羌數千人無助我者今敗矣當自刎以謝朝廷衆止之少頃再戰遂死時已除忠州防禦使會其死不及拜帝以其輕敵致敗不復贈官

王奇汾州人武舉中第章惇經營湖北溪洞以爲將領降其酋舒光貴縛元猛平懿洽等州累遷如京副使爲湖南都監徙廣西宜州蠻寇邊奇領兵至天河縣期旦日會戰裨將費萬夜以衆竊出河泥隘戰沒經略使移書迫奇奇不能堪後數日蠻萬人驟集奇輕出遂敗麾下猶數百人勸策馬逃去奇罵曰大丈夫當盡節以報國何走爲戰而死詔贈皇城使忠州防禦使官其家六人仍賜金帛

蔣興祖常州宜興人之奇之孫也以蔭累調饒州司錄睦州盜起旁郡皆震興祖白州將料吏卒緝戰具盜不敢謀以功遷官知開封府武陽縣武古博浪沙地土脉脆惡大河薄其南嘗積雨汎溢埽具潰興祖躬救護露宿其上彌四旬隄以不壞治爲畿邑最使者交薦之靖康初金兵犯京師道過縣或勸使走避興祖曰吾世受國恩當死于是與妻子留不去監兵與賊通斬以徇金數百騎來攻不勝去明日師益至力不敵死焉年四十二妻及長子相繼以悸死詔贈朝散大夫

郭滸德順中安堡人從軍積官至武經郎爲涇原第八副將金人犯陝西渭帥以下叛降獨滸義不許稱病去帥惡忌之傳致以罪下之獄脅使俱降滸奮而呼曰大丈夫今得死所矣終不能受汙叛逆大惡天地所不容吾雖死誓不爾貸當訴于地下耳衆醜其語卽殺之建炎三年贈武翼大夫忠州刺史同死者朱友恭西安人以忠翊郞爲涇原第一副將步兵扞金人於華亭數有功會金兵大集友恭赴敵力戰爲所得渭帥旣降誘以甘言許優進官秩不肯從更詆辱之帥不勝忿斷其脛以徇經日乃斬之後贈敦武郎

吳革字義夫華州華陽人國初勳臣廷祚七世孫也少好學喜譚兵再試禮部不中乃從涇原軍以秉義郎幹辦經略司公事金人南牧帥兵解遼州之圍使粘罕軍見之庭揖不拜責其貪利敗約詞直氣勁粘罕少屈爲追回威勝諸屯兵授書使歸欽宗問割地與不割地利害對曰金人有吞噬之意願悉起關中士馬赴都爲備詔以爲武功大夫閤門宣贊舍人持節諭陝西行至朱遷聞金人犯京師復還與張叔夜同入城請於帝乞幸泰州又乞出城刼之使不敢近又乞諸門同出兵牽制衝突尾襲應援可一戰而勝時衆言已入皆不果後金兵攻安上門塡道度壕革言之守將使浚蔡河水以灌之不聽及塡道將合欲用前議則水已涸矣車駕幸金營革以爲墮其計往請叔夜欲身見其大酋計事叔夜問其故曰茲行有三說一則天子還內二則金騎歸國三則革死叔夜爲言之不報上皇妃后太子出郊革白孫傅乞留之不得乃與傳謀於啓聖僧院置振濟局募士民就食一日之間至者萬計陰以軍法部勒將攻金營久之遷于同文館所合已至數萬多兩河驍悍之士旣而有立張邦昌之議革謀先誅范瓊輩以三月八日起兵謀旣定前期二日有班直甲士數百人排闥入言邦昌以七日受冊請亟起事革乃披甲上馬至咸豐門四面皆瓊黨紿革入帳卽執之脅以從逆革罵之極口引脛受刃顏色不變其麾下百人皆死

李翼麟州新秦人宣和末爲代州西路都巡檢使屯崞縣金人取代執守將嗣本遣來諭降翼射却之帥士卒堅守義勝軍統領崔忠殺都監張洪輔夜引金兵入城翼挺身摶戰達旦力不敵被執酋粘罕欲臣之怒罵不屈與縣令李聳丞王唐臣尉劉子英監酒閻城將官折可與同死之阮駿者興化軍人紹聖元年進士爲河南府少尹金人犯京師率所隸兵擁護神御殿抱神御罵聲不絕口卒被害特贈朝議大夫

趙士隆字景瞻太宗之後生五歲補右班殿直旣長遊庠序月試數居前列一日投筆歎曰昔賢有不願爲章句儒出玉門關佩侯印者彼何人哉遂不復事科舉去爲郡縣吏累遷至淮南西路兵馬鈐轄駐壽春劇賊丁一箭衆號十萬來攻城郡守不知兵凡備御之策悉委士隆賊三旬不退士隆募軍中敢死士與之謀有張宣者應募獨持槊縋城下擊殺數十人賊衆披靡乃選壯士數百人夜開城門出其不意擊走之追奔數十里以功遷三官秩滿授江東路鈐轄李成叛據江淮六七郡連兵數萬遣其黨馬進圍九江守臣姚舜明與士隆及副鈐轄劉紹先禦之進攻城益急士隆竭力捍守江東帥呂頤浩屯鄱陽旣復南康與建武節度使楊惟中兵會遣統制巨師古援江州未至遇伏敗紹興元年正月詔張俊爲江淮招討使入辭頗言成兵衆高宗責以立功俊悚懼受命未至城已陷時守城罷卒僅數千捍賊百餘日城中食盡舜明紹先議縱火因棄城去士隆殺

然獨糾合部曲餘民守城城破衆號呼曰無殺我趙鈐轄賊入城大掠成素服士隆之義欲以爲僞安撫使士隆怒罵曰賊欲屈我耶陰裂帛以書使示諸子曰賊不殺我義不苟活汝輩得出爲我雪恥遂仰藥而卒年五十二賊怒并害其家數十口事聞上嘉悼贈武功大夫官其孫二人士隆六子皆有文行不忘不忿不愆不惡不懣不隱是役也不忘不懣不隱死焉又宗子有士醫士眞士遒皆以死事聞

士醫任秀州兵馬都監建炎四年兀朮入州士醫乘城拒戰城陷死之後贈武翼大夫官其二子

士眞權知賜信軍寇劉滿至士眞拒之兵潰滿執之去荆門遇害後贈右朝奉大夫官其一子

士遒以武翼大夫守官江州紹興五年馬進寇江州士遒遇害贈武德大夫官其家二人

士跂濮王曾孫也靖康末爲右監門衛大將軍吉州團練使金人驅宗室北行士跂得間道遁去居邢州結土豪將舉事有告者金人執而殺之事聞贈保寧軍節度使謚忠果

叔皎秦悼王四世孫元豐中爲右班殿直累遷至德州兵馬都監自靖康以來劉順呂拱劉亨相繼謀叛叔皎皆設方略捕擒之建炎二年金人圍城郡檄叔皎率兵禦之前後六戰圍急有江喆者與郡守宗諒謀以城降叔皎斬喆以狗金人登城叔皎猶力戰勢窮被執怒罵不屈遂遇害

叔憑建炎間任陝州都監累官武翼大夫就遷通守金人圍陝州既久援兵不至城危時叔憑子官盧氏遺以蠟丸書曰人臣當死國難況吾以近屬其可辱命耶死固其所也遂死之時通判王蔚職官劉效陳思道馮經李岳杜開縣令張玘將佐盧亨等五十一人俱死無降者

訓之字誨道秦悼王五世孫父叔傒官至惠州防禦使訓之登政和二年進士調東平儀曹知平江府吳縣朱勔怙勢役州縣訓之不爲屈勔嘗執數輩詣縣請治訓之悉縱之忤勔遂移疾去宣和末盜起河北訓之屢與人言契丹舊盟未可渝金人新好未可恃未幾金人犯京師訓之居揚州率大姓募士勤王聞都城失守乃止建炎三年知吉州永豐縣孟太后避地虔州護衛統制杜彥與其麾下叛後軍楊世雄應之將犯永豐訓之與尉陳自仁簡兵分爲二一取間道遶賊後一據地利匿其精兵以誘賊賊至伏發殲其衆會賊別校繼至官兵未成列訓之率數十輩拒戰厲聲罵賊與自仁俱被害事聞詔贈訓之朝散郎直祕閣謚忠果自仁通直郎官其子邑人爲立祠太后之發吉州也至太和衆皆潰從事郎三省樞密院幹辦官劉德老爲金人追騎所殺官其家一人是年金人過江陳淬戰死岳飛等兵皆引去上元丞趙壘之帥鄉兵迎敵死之贈奉議郎官其家一人

聿之安定郡王叔東子也建炎中爲成忠郎金人圍潭州帥臣向子諲率衆守城聿之隸東壁子諲循城顧聿之曰君宗室不可效他人苟簡聿之感慨流涕金兵登城縱火子諲率官吏突門遁去城遂陷聿之巷戰大罵而死將官武經郎劉玠亦死之事聞贈聿之左監門衛大將軍玠武經大夫皆官其家其後朱熹爲請立廟賜號忠節

陳淬字君銳興化軍莆田人紹聖初下第挾策西遊時呂惠卿帥鄜延淬戎服往見惠卿問相見何事淬曰大丈夫求見大丈夫又何事惠卿器之補三班奉職與西人接戰于烏原手殺十餘人擒其酋主奏爲左班殿直鄜延路兵馬都監累遷武經郎丁外艱宣和四年召赴闕授眞定路分都監兼知比砦河北第一將尋拜忠州團練使眞定府路馬步副總管七年金人入眞定淬以孤軍禦之妻孥八人皆遇害建炎元年辟諸軍統制宗澤命擊金人於南華敗之兼大名府路都總管兵馬鈐轄擢知恩州王善者金之種落也擁兵十萬長驅兩河遂襲恩淬與長子仲剛拒戰敗飛刃及淬仲剛以身蔽刃死之明年善復圍陳州淬大敗善兵拜宿州安撫使李成叛詔以淬爲御營使六軍都統淮南招撫使討之三戰三捷未幾金人犯釆石又檄淬回援建康淬將中軍戚方將前王璞將後淬曰彼衆雖多然止有二十艘一艘不越五十人每至不過千人吾伏兵葭蘆翳薈間俟其旋濟旋獲前後不相知訖濟當盡獲矣杜充不從金兵遂犯板橋諸軍皆潰淬獨與戰勢窮力盡據胡床大罵刃交於胷而色不動與其從子仲敏俱死詔贈拱衛大夫明州觀察使官其一子一壻

黃友字龍友溫州平陽人少不羈十五入太學語同輩曰大丈夫不能爲國立功亦造化中贅物耳因投筆西遊邊帥劉法一見奇之延致門下會西鄙軍興都護高永年戰沒友作七詩哀其忠其後幕府奏功沒永年之實恤典不及其子以友詩進徽宗覽之惻然遂加贈謚友亦免省試登進士第調永嘉瑞安二縣主簿攝華陰令有攻聲方臘竊發友同諸將收復所至披靡婺寇復作守留友攝兵曹爲殄滅計友請往諭之既次浦江賊望風解去復單騎次武義賊衆持釘一榼置其前友正色叱之曰汝等何速死耶賊首李德壯之亟麾退一境貼然婺人圖像祀之通判澶州會金人敗盟郭藥師以常勝軍叛燕士響應友獨領數千人與之戰躬冒矢石破裂脣齒欽宗即位制置使詹度奏友久服武事籌略過人丞相何㮚從而薦之召對問友脣齒破裂狀爲之稱嘆賚予甚渥進直徽猷閣制置司參謀官同种師中解太原圍友遣兵三千奪榆次得糧萬餘斛明日大軍進榆次十里而止友亟白師中地非利將三面受敵論不合友仰天嘆曰事去矣迨曉兵果四合矢石如雨敵益以鐵騎士卒奔潰敵執友謂曰降則赦汝友厲聲曰男兒死耳遂遇害帝書忠節傳家四字旌其閭官其後八人友體貌英偉膽雄萬夫謀畫機密出人意表嘗語子弟曰天下承平日久武事玩弛萬一邊書告警馬革裹尸乃吾素志他日收吾骸足心黑子爲識也其忠誠許國根於天性如此

郝仲連昌元人建炎元年金人犯河中守臣席益遁去仲連時爲貴州防禦使宣撫范致虛遣節制河東軍馬屯河中就權府事金將婁宿以重兵壓城仲連率衆力戰外援不至度不能守先自殺其家人城陷不屈及其子皆遇害後贈中侍大夫明州觀察使

劉惟輔涇州人以同州觀察使爲熙河馬步軍副總管金人既得秦州經略使張深遣惟輔將三千騎禦之金前軍踰鞏州距熙才百里惟輔留軍熟羊城以千八百騎夜趨新店黎明軍進短兵相接殺傷大當惟輔舞矟刺其先鋒將孛堇黑鋒洞胷墮馬死敵爲奪氣退深撤隴右都護張嚴往追之至鳳翔境上惟輔不欲聽嚴節制乃自別道由吾山出寶鷄獲金遊騎嚴擁大兵及金人於五里坡金人知之伏兵坡下嚴與曲端期而不至徑前遇伏死之惟輔自石鼻砦遁歸金人略熙河惟輔將去顧熙河尚有積粟恐金人因之以守急出悉焚之金人追及所部皆走惟輔與親信數百匿山寺中遣人詣夏國求附夏國不受其親信軍詣金人降金人執惟輔誘之百方終不言金人怒捽以出惟輔奮首曰死犬斬即斬吾頭豈汝捽也顧坐上客曰國家不負汝一旦遽降敵耶即閉口不復言而死張浚聞之承制贈昭化軍節度使賻金帛布以二百計官子孫十二人立廟成州號忠烈有高子孺狄道人知蘭州龕谷砦聞惟輔尚存固守以待及城陷先刃其家而後死韓青爲熙河馬步軍第六將間行從惟輔爲金人所擒亦罵不絕口而死

牛皓福津人爲武功大夫川陝宣撫後軍中部將紹興五年金右都監撒離曷與其熙河經略使慕洧欲犯秦川宣撫副使吳玠遣諸校分道伺之皓至蕘吾谷與金將虎山遇皓所部步卒不滿二百乃下與戰謂其徒曰吾所以舍馬者欲與若等同死也金人見皓異於他人欲招之皓力戰死有承信郎高萬且罵且戰與熙河路部將任安宣撫司隊官秦元薛琪張亨皆死於陣金人相謂眞健兒也後皓安皆贈翊衛大夫官其家五人贈萬等三官錄其子

魏彥明開封人通判延安府建炎二年金人陷府東城而西城猶堅守金人併兵入鄜延王庶自當鄜州來路遣統制官龎世才當延安來路天大雪世才戰敗自是金兵專圍西城初受圍時彥明與權府事劉選分地而守彥明當東壁空家貲以賞戰士金人不敢犯王庶子之道未弱冠率老弱乘城金人晝夜攻城閱十有三日城陷彥明坐子城樓上金人併其家執之諭使速降彥明曰吾家食宋祿犬彘使背吾君乎婁宿怒殺之詔贈中大夫官一子

劉士英宣和間爲溫州教授方臘陷處州州人爭具舟欲遁士英奮謂不當避自郡將而下皆排沮之士英獨身任責推郡茂才石礪爲謀主治兵峙糧籍保伍分其地爲八隅委官統率以鐘爲約令民聞鐘聲則趨所守堞未幾賊來攻拒守凡四十餘日官軍既至賊潰去靖康初通判太原府金人入境帥臣張孝純欲避之士英率通判方笈將官王稟力止純孝及城陷稟赴火死士英持短兵接戰死之笈在金因諸和使附書言二人死節後刻石于溫衢二州

翟興字公祥河南伊陽人少以勇聞剿賊王伸起興與弟進應募擊賊號大翟小翟金人犯京師西道總管王襄檄興統領在城軍馬以保護陵寢功補承信郎辟京西北路兵馬副鈐轄爲陝西宣撫司前軍統制高世由以澤州降金金以爲西京留守興與進提步卒數百卷甲夜趨洛陽擒世由等斬之羣盜冀德韓青出没汝洛間興以輕騎追襲德就擒淸僅以身免會進爲叛將楊進所害賊乘勢擊敗官軍興帥餘衆拒賊保伊川明年愬進死事于朝以興代進爲京西北路安撫制置使兼京西北路招討使兼知河南府楊進屯鳴皐山北興與

子崈帥鄉兵時出擾之進擢棄輜重南走興邀擊于魯山縣進中流矢死餘衆潰去西京平賊王俊據汝州興引兵攻之俊棄城去退保嶽蓋山興進攻免胄大呼曰賊識我乎我翟總管也衆皆披靡遂破之金人犯河陽鞏縣永安軍興遣子崈與博戰屢捷追至澠池詔授河南孟汝唐州鎭撫使兼知河南府轉武略大夫兼閤門宣贊舍人寓治伊陽時河東北雖陷土豪聚衆保險興遣蠟書結約之向密王簡王英輩皆願受節制奏上高宗嘉之授河東北路軍馬使徧檄山砦由是汾澤潞懷衞開山砦首領皆應命金人入陝右興遣將邀擊俘五十餘人又遣子崈生擒金河東都統保骨遂復陽城縣乘勝取絳之垣曲進至米糧川紹興元年春金重兵犯河南時興軍乏糧就食諸道僅存親兵自衞人情震恐興授將彭玘方略設伏于井首俟敵至陽遁金衆果追玘伏發金帥就擒鄧州人楊某擁衆河北僞稱信王興遣將董先追獲于商州殺之進武功大夫忠州團練使劉豫將遷汴以興屯伊陽憚之遣蔣頤持書誘興以王爵興斬頤焚其書豫計不行乃陰遣人啗裨將楊偉以利偉殺興携其首奔豫（或云路偉爲內應以兵徑犯中軍興奮擊墜馬死）事聞贈保信軍節度使興威貌魁偉每怒鬢輒張軍食不繼士以菽粟雜藜藿食之激以忠義無不奮厲在河南累年金人不敢犯諸陵詔賜軍名忠護子崈沈勇有父風繼興爲鎭撫使琳閤門祗候

進字先之以捕盜勞補下班殿侍累功充京西第一將坐熙河帥劉法涇原戰失利降官停任尋敘復女眞歸故地改河北第四將往至遂城會契丹兵奄至都統制劉延慶以進爲先鋒與契丹戰于幽州石料岡盧溝河皆捷又與契丹大將遇于峯山力戰彌日契丹潰去金人犯京師朝廷密詔西道總管王襄會兵三萬赴京城至葉縣襄欲引兵而南進諫止之因分軍遣進持書而西時經略使范致虛已合五路軍馬次潼關以進統河南民兵收復西京進至福昌遣兵襲金營時金遊騎往來外邑進設伏擒之金人逼靈山砦進父子兄弟與之戰潰圍至高都集鄉兵七百人夜行晝伏五日至洛城夜半破關入擒高世由再捷于伊陽白草塢都總管孫昭遠至洛陽以進戍澠池界授武義大夫閤門宣贊舍人金人犯白浪隘將渡河進破之未幾洛陽再陷進在伊陽哀散亡才千人金人犯薛封進選精銳三百人夜縱火斫其營焚死者甚多又戰于驢道堰生擒金將翟海追至梅花谷賊冀德韓清嘯聚南陽進間道擊之德降繼斬清于艾蒿平勒兵抵龍門屢與金人在夾河戰乘勝入洛陽或曰彼砦尚固城未可守不聽金人聚懷衞蒲孟數州之衆薄城下斧諸門入進率士卒巷戰矢子亮死之遷武功大夫閤門宣贊舍人充京西北路兵馬都鈐轄尋授馬步軍副總管升本路制置使兼知河南府會東京留守杜充所招巨寇楊進號沒角牛者擁兵數萬殘害汝洛間進謂其兄興欲力除之會楊進遣數百騎絕水犯進營進乘半渡擊之追賊數十里破賊四砦馬驚墜塹爲賊所害贈左武大夫忠州刺史官其後五人

朱蹕湖州安吉人知錢塘縣建炎三年金人陷杭州初犯餘杭守臣康允之退保赭山蹕白允之率弓手土軍前路拒敵使杭民爲逃死計行二十里遇金兵蹕兩中流矢左右掖至天竺出猶能率鄉兵禦敵後數日遇害時兀朮自安吉進兵過獨松關曰南朝若以羸兵數百守此吾豈能遽度哉

朱巨者字巨伯吳郡人世儒科建炎中爲海鹽縣尉金兵入境巨謂僚友曰今日乃忠臣義士死國之時也披甲執戈集所部百餘人奮而前擊金兵數人死衆爲披靡然力不敵竟死事聞官其子思後守漢陽

方允武者衢州人武學上舍補官爲常州宜興巡檢建炎三年金人入縣之金泉鄉允武率土軍鄉民迎敵殺獲數級奪弓箭與旗後遇金兵梅嶺村力戰而沒詔贈兩官官其家二人

龔楫字濟道兵部侍郎原之孫世以儒學顯楫懦如不勝衣建炎初聞金人陷郡縣輒忿恚不食念有以自見而不可得兀朮據和州以偏師萬人築堡新塘遏絕濡須之路楫率家僮百餘人襲之鄉里從者三千餘人獲千戶二繫累者數百人輜重稱是縱遣所掠州民父母妻子將歸于滁和鎭撫司遇金兵大至乃取道圩上金騎兵據其衝不得前衆多赴水死楫麾其衆曰今日鬬死亦足稱義士自棄溝瀆無益也戰敗爲金人所獲猶挺劍刺其一人罵不絕口金人臠割之年二十二金人初至新塘有蔣子春者教授里中金人見其挾書又人物秀整喜之欲命以官子春怒罵乃殺之

李亘者字可大兗州乾封人少好學有知慮大觀二年進士徐處仁當國擢尚書郎官建炎末金人犯淮南亘不及避劉豫使守大名與凌唐佐謀密陳豫可取狀告于朝募卒劉全宋萬僧惠欽輩十餘往返事泄全萬惠欽爲邏者所得亘坐死後贈官立祠曰愍忠又有武顯大夫孫安道爲應天府兵馬鈐轄城陷不得歸謀挺身還朝爲人所告而死後贈忠州刺史

凌唐佐字公弼徽州休寧人元符三年進士建炎初提點京畿刑獄加直祕閣知南京南京陷劉豫因使爲守唐佐與宋汝爲密疏其虛實遣人持蠟書告于朝江淮都督呂頤浩過常州得唐佐從孫憲授保義郎閤門祗候俾持書遺之憲至睢陽事泄豫捕唐佐并其家憲脫歸唐佐見豫責以大義豫怒斬唐佐境上李横復潁昌言于朝詔贈徽猷閣待制

楊粹中眞定府人建炎二年金人大入時粹中知濮州固守不下粘罕以濮小郡易之將官姚端乘其不意夜擣其營直犯中軍粘罕跣足走僅以身免遂急攻城凡三十三日而陷端率死士突出粘罕入其城粹中登浮圖不下粘罕嘉其忠義許以不死乃以粹中歸粹中竟不屈而死守禦官杜績亦死之贈粹中徽猷閣待制

彊霓自金歸宋爲武功大夫閤門宣贊舍人知環州環慶路統制軍馬兼沿邊安撫使隆興間金兵圍環州與其弟武經大夫環慶路統領沿邊忠義軍馬震堅守孤城招誘使降不屈城陷死焉興州駐劄御前諸軍統制吳挺言于朝並贈觀察使立廟西和州賜額旌忠

康傑者權知扶風縣與金將馮宣戰宣愛而欲招之傑奮曰吾今也當死於陣不能降敵宣殺之

李伸者知天興縣堅守不下城陷曰吾豈使敵殺我遂自殺

郭僎字同升開封祥符縣人以父任調海州東海縣尉權祥符縣尉時童貫子師閔死敕葬邑境僎任道塗之役貫命徹民屋之當道者僎先籍童氏屋數十間欲毀之貫遽令勿毀由是民屋得免再調濱州招安丞又爲亳州蒙城丞令以鹽科邑民僎爭之不可郡守以僎丞鹿邑中貴人楊逢周率軍士二百人以捕寇爲名入邑境所至騷動僎檄逢周取所授文書逢周不與僎令尉譏察之逢周歸愬於徽宗詔逮僎赴開封府獄獄以狀聞乃使還任辟權咸平縣丞靖康初勤王兵有剽掠邑界者僎率民兵擊之得犯者斬以狥會金人大至力不敵其僚欲降之僎走南京從趙野乞師不從慟哭而歸尋知宣城縣苗傳劉正彥之變呂頤浩傳檄諸郡僎說郡守劉珏請募勇士倍道赴難揭榜復用建炎年號人皆韙之通判金州權饒州浮梁宰未行時有賊張頂花者已逼縣境衆止之僎曰安逸則就艱危則辭非我所學徑就道至縣約束吏士誓以死戰賊聞之僞降入邑爲變邑官竄伏僎曰吾爲宰義不可去端坐公署賊徒責僎僎大罵不絕口遂遇害詔贈承議郎錄其後二人

郭贊汝陽縣丞也建炎二年金人陷蔡州守臣閻孝忠聞之先遁其家獨聚軍民守城金人陷城孝忠爲所執見其貌陋且侏儒乃令荷擔因乘間而逃獨贊朝服詬叱不肯降遂見殺

王逬字純父饒州樂平人鄉舉恩免爲固始簿攝邑紹定中金兵犯淮守令望風遁逬度力不能禦懷印自投于井而死

吳從龍字子雲官至武功郎建康府統制紹定兵難爲先鋒援不至被擒使至泰州城下誘降終不屈死之廟祀楊泰二州賜額褒忠官其弟從虎至武經大夫

司馬夢求敘州人溫國公光之後也母程歸及門夫死誓不他適旌其母曰節婦夢求其族子取以爲後景定三年舉進士咸淳末調江陵沙市監鎭沙市距城才十五里南阻蜀江北倚江陵地勢險固爲舟車之會恃水爲防德祐元年湖水忽涸北兵横過中道乘南風縱火都統程文亮逆戰于馬頭岸制置使高達束手不援文亮降夢求朝服望闕再拜自經死

林空齋永福人失其名父同官至監丞空齋舉進士歷知縣解官家居益王立張世傑圍泉州乃率鄉人黃必大劉仝祖卽其家開忠義局起義兵復永福縣時王積翁以安福送欵世傑然實密約北兵至居永福必大仝祖等走他邑空齋盛服坐堂上嚙指血書壁云生爲忠義臣死爲忠義鬼草間雖可活吾不忍生爾諸君何爲者自古皆有死俄見執不屈而死

黃介字剛中隆興分寧人意氣卓越喜兵法制置使朱禩孫帥蜀介上攻守策禩孫愛之以自隨夏貴辟充廣濟簿尉平反死囚尹不能抗錢眞孫復辟入幕及眞孫別誦南八男兒死爾語以勉之後家居帥鄉民登龍安山爲保聚計德祐元年北兵至砦衆奔潰介堅守不出且射且詬面中六矢不爲動顧謂家僮陳力曰爾盡力勿走力曰主在死生同之介身被鏃如蝟面頸復中十三矢倚柵而死力亦死妻劉被掠子用中逃得不死及壯求母四方逾十年得于京師以歸州里稱爲黃孝子云

孫益楊州泰興人少豪俠紹定中李全犯楊州遊騎薄泰興城下縣令王爚募人守禦益起從之俄賊兵大至益率衆拒之見賊勢盛且前且郤益厲聲呼曰王令君募我來將以守護城邑也今賊至城下我輩不爲一死

復何面目見令君乎遂身先赴敵死之同時顧緒顧珣俱戰死事聞贈益保義郎緒珣承節郎各官其子一人

王仙蜀都統也守涪州北兵攻圍無虛日勢孤援絶宋亡之二年城始破仙自刎斷其亢不殊以兩手自摘其首墜死

曹琦蜀進士也知南平軍亦被執脫身南歸制置辟主管機宜文字聞都統趙安以城降就守禦地自經死

巽楚材名炎以字行建昌南城人德祐元年建昌降明年春楚材還其鄉領村斜集民兵時江西制置使黃萬石走邵武遂詣邵武守黎靖德請于萬石乞濟師萬石不許而授楚材廸功郎權制置使計議官以安之且戒勿興兵楚材不聽二月巳亥自領村卒衆晨炊蓐食將攻城鉦鼓震動甫至近郊之𩰭湖北兵三道蹴之奪其長梯鐵鉤因進攻領村拒以木柵不得入事聞益王元帥府承制遷楚材宣議郎帶行大社令知建昌軍俾聚軍圖再舉萬石匿其命楚材既失利且乏援大元兵誘降其衆多解去楚材走光澤爲人所執及其子應登以獻郡遣録事叟南艮訊之曰汝何爲錯舉楚材抗聲曰不錯不錯如府錄所爲乃大錯爾府錄受宋官爵今乃爲敵用事還思身上綠絶自何而得吾一鄙儒特爲忠義所激爲國出力事雖不成正不錯也南艮愧而語塞及吳浚爲江西制置招討使斬楚材父子傳首諸邑益王立于福州聞而哀之贈官朝奉郎卽邵武境上立廟賜名忠勇

李成大字實夫南康軍建昌人文定公李廸之從子也寶祐四年進士德祐初知金壇縣北兵至與寄居官潘大同大本率民兵巷戰不勝大同兄弟死之吏民挾成大降乃潛與胡用存謀復金壇事泄繫獄搒掠不屈遂殺其二子以懼之終不屈笑曰子爲父死臣爲君死卒殺之事聞贈朝散大夫直祕閣謚忠節制曰外難方熾擁名城數十而降者相望也守封疆之臣父忠於前子繼於後如晉卞氏可無褒乎通直郎知鎭江府金壇縣兼弓手砦兵正李成大勁氣排霄精忠貫日壯志弗就以沒其身遂以大夫之階官其二孤用慰英爽

陶居仁太平之蕪湖人以行義聞州里仕爲鎭江錄事參軍北兵攻鎭江守臣洪起畏遁統制官石祖忠舉城降居仁見執抑使降居仁曰吾固知曆數窮而世運更也詎可失忠義求苟生邪得以死報朝廷夫何憾竟不屈遂見殺大師至聞居仁死時語歎嘖之爲棺斂使人護以還其家遊流數百里不時頓至人皆異之鄉人爲立祠

宋史卷四百五十三

元　中書右丞相總裁脫脫等修

列傳第二百十二

忠義八

高永年河東蕃官也爲麟州都巡檢王贍取青唐永年總蕃兵爲先鋒贍入邈川而宗哥叛永年以千騎直抵其城開省章峽路擊走叛羌結陣還青唐羌攻甚急復擊之去會苗履姚雄以援師至戩溪蘭宗堡履少却永年領勁騎斷羌爲二乃退復與李克保敦谷又戰于乾溝單馬援矛刺羌酋彪雞斷萬衆之中斬其首餘衆宵遁已而隴拶自乾溝逼鄯州永年佐贍拒守及雄棄湟鄯皆以永年殿歸師崇寧初知岷州蔡京議復兩州王厚使永年帥兵二萬出京關王克安川堡遂至湟卽知州事自皇城副使進四方館使利州刺史爲熙秦兩路兵都統制將前軍駐宗哥北溪賒羅撒萃精勇據高阜欲衝官軍永年揮選鋒突陣師乘之羌大敗遂平鄯州遷賀州團練使知其州溪賒羅撒合夏國四監軍之衆逼宣威城永年出禦之行三十里逢羌帳下親兵皆永年昔所推納熟戶也永年不之備羌遽執永年以叛遂爲多羅巴所殺探其心肝食之謂其下曰此人奪我國使吾宗族漂落無處所不可不殺也是役也王厚實主其事而謀策皆出永年乃劾永年信任降羌坐受執縛故贈恤不及云永年略知文義范純仁嘗令贊所著書詣闕作元符隴右錄不以棄湟鄯爲是故蔡京用之雖成功然竟以此死云

鞠嗣復不知何許人宣和初知歙州休寧縣方臘黨破縣欲逼使降面斬二士以怖之嗣復罵曰自古妖賊豈有長久者爾當去逆從順因我而歸朝官爵尚可得何爲脅我使降嗣復知必死不少懾屢言何不速殺我賊曰我縣人也明府宰邑有善政我不忍殺乃委之而去初嗣復聞難率吏民修城立門衆赴功守備略就朝廷知之進其官二等加直祕閣擢知睦州嘗爲賊所傷自力度江乞師於宣撫使未及行而卒

宋旅字庭實莆田人第進士累官奉議郎知剡縣方臘既陷歙睦杭衢婺五州且犯越越盜亦起應之縣吏多遁旅遣妻子浮海歸閩獨與民據守以忠義激勸部勒隊伍爲豫備計俄而盜衆大至躬率壯銳冒矢石雖頗殺獲終以力不敵遂死之越帥劉韐上其事詔贈朝散郎錄其四子

丁仲修字敏之溫州人方臘黨俞道安陷樂清將渡江巡檢陳華往捕死之光鋒將張理同李振出南門迎敵渡八接橋橋斷馬蹶溺死賊至帆遊夏祥遣輔褒迎戰數十合褒死之仲修帥鄉兵禦諸樂灣鄉兵失據而散仲修以餘兵與賊戰力屈乃死

項德婺州武義人郡之禁卒也宣和間盜發幇源明年陷婺而邑隨沒德率敗亡百人破賊因據邑之城隍祠自二月訖五月東抗江蔡西拒董奉北捍王國大小百餘戰出則居選鋒之先入則殿後前後俘馘不可勝計賊目爲項鷂子聞其鉦則相率遁去方謀復永康諸縣而官兵至德引其衆欲合會賊盡銳邀之黃姑嶺下德戰死邑人哭聲震山谷圖其像歲時祭之

孫昭遠字顯叔其先眉州眉山人元祐間進士調長沙尉辟河東經略司幹當公事歷鳳翔天興縣河北山東撫諭盜賊幹當公事尋擢河北燕山府路轉運使靖康元年召爲水部員外郎金人圍太原宋師多潰欽宗遣折彥質乘傳同昭遠招集會洛陽陷西京留守西道總管王襄徙治襄漢授昭遠西道總管道收潰卒至京兆遇永興路安撫范致虛會諸軍入援昭遠督其進且檄諸道使出師環慶帥王似熙河帥王倚各以師會涇原帥席貢秦鳳帥趙點鄜坊使張深皆後師期昭遠二十有八疏劾之合諸道兵得十萬命馬祐昌統之昭遠與致虛同出關祐昌與金人戰敗京師陷遣使至大元帥府建炎元年還河南尹西京留守西道都總管至洛收集散亡得義兵萬餘人柵伊陽使民入保其冬金人來攻昭遠遣將姚慶拒戰軍敗慶死昭遠命將官王仔奉啓運諸殿神御間道走行在金兵益熾昭遠戰不利其下欲擁昭遠南還昭遠罵曰若等平日衣食縣官不以此時報國南去何爲叛兵怒反擊昭遠遂遇害官屬無免者四年追贈徽猷閣待制

曾孝序字逢原泉州晉江人以蔭補將作監主簿監秦州海安鹽倉因家泰州累官至環慶路經略安撫使過闕與蔡京論講議司事曰天下之財貴于流通取民膏血以聚京師恐非太平法京銜之時京方行結糴俵糴之法盡括民財充數孝序上疏曰民力殫矣民爲邦本一有逃移誰與守邦京益怒遣御史宋聖寵劾其私事追逮其家人鍛鍊無所得但言約日出師幾悞軍期削籍竄嶺表遇赦量移永州京罷相授顯謨閣待制知潭州復以論猺事與吳居厚不合落職知袁州尋復職再知潭州道州猺人叛乘高恃險機毒矢下石官軍不得前於兩山間什巨木橫累以守孝序夜遣驍銳攀援而上以大兵繼進破平之進顯謨閣直學士遷龍圖閣直學士知青州繕修城池訓練士卒儲峙金穀有數年之備金人不敢犯高宗卽位遷徽猷閣學士升延康殿學士召赴行在既而青州民詣南都借留許之先是臨朐土兵趙晟聚衆爲亂孝序付將官王定兵千人捕之失利而歸孝序責以力戰自贖定乃以言撼敗卒奪門斬關入孝序出據廳事瞋目罵之遂與其子宣教郎訏皆遇害年七十九城無主遂陷知臨淄縣陸有常率民兵拒守死于陣知益都縣張侃千乘縣丞丁興宗亦死之後贈孝序五官爲光祿大夫謚威愍子訏承議郎有常朝散郎錄其家一人贈侃與宗二官官二子

趙伯振太祖八世孫宣和六年進士靖康末爲鄭州司錄捍禦有功上聞之就遷直祕閣通判州事建炎二年金人犯鄭州守臣董庠棄城走越八日城陷伯振率兵巷戰中流矢墜馬遂遇害事聞贈朝請大夫官其一子

王士言武舉進士累立戰功西北服其威名宣和初擢河東廉訪使者方臘爲寇詔擇材略之士馮熙載薦爲東南第三將首解嘉興之圍靖康元年詔以浙西兵往

河東防秋金人攻澤州畢力守禦金兵日增士言分必死他將力屈城西南遂陷乃使親卒持劒歸報巷戰而死康允之上其事贈拱衛大夫忠州團練使官其後五人

祝公明處州麗水人太原府盂縣主簿靖康間金人犯河東令棄官去公明攝縣事率保甲入援圍守踰年城陷不屈子陶爲唐州司戶中原失守陶亦死官所建炎中贈公明承事郎

薛慶起羣盜據高郵兵數萬人多驍雋敢鬭能以少擊衆附者日多張浚聞慶無所係屬欲歸麾下親往招之慶感服因使守高郵尋遷拱衛大夫福州觀察使承州天長保寧鎭撫使金人還自浙屯天長六合間慶率衆刼之得牛數百悉賤估分界民之力田者金人欲自運河引舟北歸而趙立在楚慶在承扼其衝不得進金左監軍昌來見兀朮欲會兵攻楚州眞揚鎭撫郭仲威聞之約慶俱往迎敵慶至揚州仲威殊無行意置酒高會慶怒曰此豈縱酒時耶我爲先鋒汝當繼後上馬疾馳去平旦出揚州西門從騎不滿百轉戰十餘里亡騎三人仲威迄不至慶與其下奔揚州仲威閉門拒之慶倉皇墜馬爲金追騎所獲馬識舊路還軍中見之曰馬還太尉其死乎金人殺慶承州陷訃聞贈保寧軍承宣使官其家十八封其妻碩人

孫暉爲泗州招信縣尉建炎三年正月金人陷泗州州守呂元閭瑾焚淮橋遁金人由招信將渡淮暉將射士民兵禦之沉其數舟會大霧蔽日金人莫測其多寡相持踰半日以疑兵際暉自上流渡兵暉又戰且卻城破竟死于敕書樓

李靚字彥和吉州龍泉人幼孤母督之學不肯卒業母詰之辭曰國家遭女眞之變寓縣雲擾士當捐軀爲國戡大憝安能呫囁章句間效淺丈夫哉岳飛督師平虔寇挺身從之未行奔母喪服除走淮南以策干都督張浚浚奇之使隸淮西總管孫暉戲下累功授承信郎紹興十年金遣其將翟將軍犯境靚與部曲當其鋒轉戰至西京天津橋南俘翟將軍乘勝逐北會金兵大至遂死之年三十一

楊照者濠州將官也金人圍城急照躍上角樓刺賊之執黑旗者洞腹抽腸而死照俄中流矢卒有統領丁元者遇金人十八里洲被圍元大譟其徒勉以毋得負國一舟二百人皆鬭死詔並贈承信郎錄其後

朱昌祚和州鈐轄也建炎二年兀朮犯和州州人推昌祚權領軍事率衆堅守金人圍之數匝禁軍左指揮使鄭立亦拳勇忠憤共激士率晝夜備禦不少怠閱數日軍士胡廣發弩中兀朮左臂兀朮大怒飛砲雨集徑登弩發之地城立破金人入屠其城昌祚與權倅唐璟歷陽令蹇譽司戶徐兟縣尉邵元通及立廣皆死樵樓上磔裂以狥軍士多不降潰圍西出保麻湖水砦推鄉豪爲統領聞於朝遂以趙霖爲和州鎭撫使昌祚璟譽兟元通各贈官錄其子弟

李政爲雲騎第六指揮在京東立戰功補官授河北將官冀州駐劄靖康二年知州權邦彥以兵赴元帥府勤王金兵來攻政守禦有法紀律嚴明軍民皆不敢犯金屢攻城政皆却之夜擣其砦所得財物盡散士卒無纖毫入私家號令明賞罰信由是人皆用命俄攻城甚急有登城者政呼曰事急矣有能躍火而過者有重賞於是有十數人皆以濕氈裹身持仗躍火而過大呼力戰金人驚駭有失仗者遂敗走政大喜皆厚賞之未幾政死城遂陷權知州事單某者不降自經死

姜綬處州麗水人金人再犯京師內外不相聞朝廷募忠勇士齎蠟書往南京總管司調兵赴援綬以忠翊郎應募乃封股藏書縋下南壁爲邏騎所獲厲聲叱罵遂被害建炎中州上其事官其子特立承信郎

劉宣爲秦鳳路兵馬都監金人入關陝宣遺蠟書密與吳玠相結且率金將任拱等以所部歸朝約日已定有告之者金人取宣縷擘之其家屬配曹州

屈堅爲右武大夫忠州防禦使建炎二年金人圍陝府堅引所部救之爲解金人執堅堅曰始吾所以來爲解圍也城苟全吾死何憾叱金人使速殺之後贈三官錄其家五人

王琦爲弓門砦巡檢建炎四年金人還自熙河琦禦之金人立招降旗牓改年號阜昌衆皆拜琦獨不屈金人執而殺之

章永壽者紹興三十二年以統制官與金人戰和州子承節郎世堅救之同死張浚以言贈中衛大夫融州觀察使世堅贈三官

鄭覃字季厚明州人靖康二年貢于鄉建炎四年春金人陷明州縱兵大掠覃挈族辟難山谷間金人追及與兄章俱被執脅以刃曰與吾金帛貰死覃號泣指所瘞黃金釵遺之遂見釋而金兵相屬覃挈小舟與其妻董同載去顧謂章曰萬一不得脫覃豈北面事異國者兄勉主祭祀復爲兵所刼去迫使之降覃厲辭罵不屈躍入水中董哭曰夫亡矣與其受辱以生不如死亦自沈覃死後孫曾多舉進士而淸之最顯覃累贈太師秦國公董秦國夫人

姚興相州人靖康中以州校用刼殺金人有功借補承信郎建炎初張琪聚兵歸東京留守宗澤興往從之又從琪依劉洪道于池州紹興元年琪叛掠饒州呂頤浩招降之琪既聽命而中變執總管巨師古將殺之興密諭所部挾師古同其妻游騎而馳夜歸頤浩頤浩義之請于朝授武義郎隸張俊軍中復從劉錡守順昌復宿亳下城父永城臨渙蘄縣朱家村遷武畧大夫戰淮壖有功授右武大夫累遷建康府駐劄御前破敵軍統制充荆湖南路兵馬副都監紹興三十一年金人渝盟興隸都統王權麾下遇金兵五百騎于廬州之定林與戰郤之生得女直鵰殺虎初金主亮在壽春江淮制置使劉錡命權將兵迎敵權怯懦不進錡督戰益急權不得已守廬州及金兵渡淮權遣興拒之而退保和州興與金人遇于尉子橋金人以鐵騎進興麾兵力戰手殺數百人權奔仙宗山嚴兵自衞興告急數不應統領戴皐帥馬軍引避初李二者嘗有私恩於權因得出入軍中往來兩界貿易間竊權旗幟遺金人至是金人立權旗幟以誤興興往奔之父子俱死焉事聞詔贈容州觀察使又特官其後三人即其砦立廟旣復淮西又立廟戰所賜額旌忠開禧元年戶部侍郎趙善堅言近守邊藩詢訪故老姚興以四百騎當金人十數萬自辰至午戰數十合援兵不至竟死于敵金人相謂曰有如姚興者十輩吾屬敢前乎興忠勇如此宜超加爵諡於是賜諡忠毅

張玘字伯玉世居河南澠池建炎中以家財募兵討金人從者數千人時翟興制置京西玘以衆屬焉金兵長驅渡河玘禦之白浪口金人不得渡積功補武翼大夫成州刺史董先爲制置司前軍統制玘佐之每戰冒矢石爲諸軍先紹興元年金將高璞率衆取商州董先禦之玘乘銳奔擊從騎不能屬單馬至四皓廟金兵數百騎至玘瞋目大呼挺刃突擊金兵披靡莫敢向是日九戰九捷追至試劒關爭門蹂踐死者百人明年春偕先繇藍田渡渭規取長安時僞齊經畧司李諤屯渭北與金將折合孛堇相爲聲勢玘陳兵華嚴川俄白氣貫日吏士驩奮戰于興平咸陽渭河石鼈谷時劉豫據京師先軍乏食僞降豫不挈家玘事其夫人如舊豫使人迎其妻先密書報玘勿遣且述必還意王倚攝虢州從僞意堅玘患之會別將董震自商州來倚喜曰震與我善今以兵來天贊我也乃與震謀害玘震陽許而陰以告翼日倚詣玘議事玘叱下責以大義并推官祁宗儒斬之先是豫遣人持詔撫諭以玘爲商虢順州路兵馬都監同統制軍馬玘囚其使至是并戮之於是僞齊河南安撫孟邦雄總管樊彥直據洛陽兵直抵長水玘遣將陳俊守白馬山謝皐守船板山梁進守錦屛山盡匿精銳金兵深入玘戰東關三砦響應金兵潰玘率精騎三千一日夜馳三百里黎明抵河南邦雄就擒彥直遁去便宜升霸州防禦使三年春先自僞齊歸玘還兵柄退就位時人義之初翟興旣死朝廷命其子琮襲至是琮言于朝眞授玘武翼大夫果州團練使河南府孟汝唐州馬步軍副總管擊金將闍鵠于唐鄧間先登殺獲千餘人未幾詔先一行並聽神武後軍統制玘從岳飛復京西六州平湖賊鍾子義等累功進拱衛大夫入侍衞始以誅王倚事聞敕付史館賜褒詔進親衞大夫三十二年領御營宿衞前軍都統屯泗州時金人攻海州急詔玘會鎭江都統制張子蓋赴之賊環城數十匝矢石如雨玘戰于州北三里麾精騎衝其陣手殺數十人殲其長殺獲萬計海州圍解玘中流矢卒子蓋上其功特贈正任觀察使官其後九人廟號忠勇孝宗卽位又命祠於戰所贈淸遠軍承宣使子世雄歿於符離之戰贈武節大夫

陳亨祖者淮寧大豪也紹興末官軍已復蔡州亨祖遂領民兵據淮寧執金知州完顏耶魯以其城來歸命爲武翼大夫忠州刺史知海寧府金兵攻城亨祖力戰死之舉家五十餘人皆死贈容州觀察使立廟光州賜額閔忠

王拱建康府前軍統制從都統邵宏淵收復虹縣進取宿州屢立奇功隆興元年五月與金人接戰深入營中自辰至申力戰死詔贈正任觀察使官其家八人許奏異姓賜銀三百兩卽其砦立廟賜額忠節是役也中亮大夫朱贇亦死之贈承宣使

劉泰樞密院忠義前軍正將也慷慨好義以私財募兵三百糧儲器械一切不資於官金人犯壽春泰率所部赴援轉戰累日金人引去泰身被數十創一夕死詔贈武翼郎官其家三人

孫逢眉山人大觀四年進士累官至太學博士張邦昌僭立有司趣百僚入賀逢獨堅卧不起夜旣半同僚彊起之不從至垂泣與之訣時祠部員外郎喻汝礪聞變

捫其膝曰不能爲賊臣屈遂掛冠去事畢有司辠不至者欲以逢與汝礪復于金人邦昌以畢至告乃免逢聞之曰是必將肆赦遷官以重汙我我其可俟遂發疾而卒

李熙靖晉陵人提舉醴泉觀邦昌使直學士院熙靖固拒因憂憤不食疾且篤謂友人曰百官何日再朝天乎泣數行下邦昌又命禮部侍郎譚世勣權直學士院世勣亦稱疾堅臥不起熙靖尋卒後並贈延康殿學士

趙俊字德進南京宋城人紹聖四年進士官至朝奉郎隱居杜門雖鄉里不妄交劉安世無恙時居河南暇則獨一過之徐處仁與俊厚善及爲丞相鄉人多見用俊未嘗往求處仁亦忘之獨不得官建炎末士大夫皆避地俊獨不肯曰但固吾所守爾死生命也避將安之衣冠奔踣於道者相繼俊晏然不動劉豫以俊爲虞部員外郎辭疾不受以告畀其家卒郤之如是再三豫亦不復彊凡家書文字一不用豫僭號但書甲子後三年卒贈承直郎

姚邦基者蜀人也知尉氏縣秩滿不復仕屛居村落間授徒自給時宗室南渡不及者尚散居民間豫募人索之承務郎閭琦匿不以聞爲人所告豫杖之死

劉化源耀州人紹聖元年進士建炎初金人陷關陝守令以城降者金人因而命之化源時知隴州不肯降城陷被執金人使人守之不得死遂驟入河北鬻蔬果隱民間者十年終不屈辱有米璞者與化源同鄉里西人皆敬之璞登政和二年進士第時通判原州劉豫欲官之杜門謝病卒不汙僞命有劉長孺者亦耀州人時簽書博州判官廳公事與豫書備陳祖宗德澤勸以轉禍爲福豫怒追其官囚之百日長孺終不屈豫後復官之不從紹興九年宣諭使周聿上之朝詔赴行在而簽書樞密院事樓炤言璞苦風痺化源長孺老病遂命各轉兩官奉祠又言新鳳翔教授陰暭守節不仕詔特改令入官其後金復渝盟長孺之華陰縣不屈而死有李嘉者開封人宣和六年進士建炎中知彭陽縣亦不降與民移治境上令執之以獻金人欲官之凡三辭其後金人以爲歸附命爲儒林郎嘉言於所司曰昔爲俘獲不敢受歸附之賞還其牒劉麟聞其賢命張中孚以禮招致嘉力拒之紹興九年死原州事聞贈奉議郎官其家一人

胡唐老字俊明樞密副使宿之曾孫也崇寧間與弟世將同登進士第歷南京國子博士知江陵縣召爲祕書省校書郎靖康元年擢殿中侍御史金人再犯京師攻圍日急唐老請對曰城危矣康王北使爲河朔士民留不得進殆天意也請就拜大元帥俾召天下兵入援宰相何㮚是之遂遣秦仔持蠟書詣相州拜王河北兵馬大元帥時朝廷趣西兵入衞而不立帥唐老疏乞命范致虛爲宣撫使節制諸路以進不然必無功不聽後致虛以孤軍與金人戰淆澠間它路兵不至遂敗京城破金人搜括金銀分命朝臣董之以臺臣糾察唐老預焉出知無爲軍朝廷竄逐僞命之臣坐降二官先是金人怒民間多匿金銀杖唐老幾死以疾得免稱臣於僞楚至是唐老不自言故劾從貶秩三年知衢州苗傅敗走以亂兵犯城唐老拒之會大雨雹城上矢石俱發賊不支遂解去以功擢祕閣修撰未幾進徽猷閣待制充兩浙宣撫司參謀官知鎭江府兼浙西安撫使杜充降于金建康失守潰卒戚方等趣鎭江城壁頽圮兵不滿千獨倚浙西制置韓世忠爲重世忠復去唐老度力不敵因撫之無何方欲犯臨安妄言赴行在請唐老部衆以行唐老不從諭以逆順禍福方衆環脅之唐老怒罵方遂遇害詔贈徽猷閣直學士謚定愍時安撫司機宜鄭疑亦以兵死詔官其家一人疑之戬孫也

王儔以通判眞州權通判廣德軍建炎末盜戚方既爲劉晏所破引兵欲趨宣城道過廣德入其郛儔不屈與權判官李唐俊權法司潘偶權知廣德縣章績權丞蔣夔皆死後贈儔二官唐俊等皆京秩錄其家一人

朱嗣孟饒州樂平人宣和間進士爲廣德司戶兼司理叛卒戚方破鎭江犯廣德守倉黃遣招安無敢往者奇嗣孟狀貌有膽畧遂以命焉嗣孟雅自負不復遜直詣賊壘問所以涉吾地何故爲陳逆順禍福使自擇所處方以迕已殺之事聞贈宣教郎官其子

劉晏字平甫嚴州人入遼舉進士爲尚書郎宣和四年帥衆數百來歸授通直郎金人犯京師以晏總遼東兵號赤心隊建炎初從劉正彥擊淮西賊丁進進黨頗衆晏所提赤心騎才八百乃爲五色旗使騎兵持之循山而出一色盡則以一色易之賊見官軍累日不絕頗色各興遂不戰而降遷朝散郎正彥反晏謂其部曲曰吾豈從逆黨者耶以衆歸韓世忠世忠追正彥及苗傅于浦城以晏騎六百爲疑兵于浦山之陽賊大駭晏以所部力戰正彥旣擒世忠上其功遷一官金人犯建康杜充兵潰世忠退保江陰晏領赤心百五十騎屯青龍鎭寇犯常州郡守請晏爲援晏以精銳七千人出奇破之進直龍圖閣保馬跡山以捍寇寇再至晏還舟師迎戰降其衆千五百人郡人爲晏立生祠戚方圍宣城急命晏往援晏至城下未立營壘出不意直擣方帳下方大驚卻走晏欲生致方單騎追之方率其衆迎戰晏不能敵猶手殺數十人爲賊所害事聞贈龍圖閣待制官其子四人於死所立廟曰義烈歲時祀之

鄭振字亨叔興化軍仙遊人建炎中盜楊勍起邑令檄振糾集民兵以禦之振力戰賊衆披靡一夕遁去紹興十三年羣盜曾少龍周老龍何白旗陳大刀衆至數萬帥司檄振行盜素聞振名不戰自屈十六年盜詹鐵叉者入振井里振帥衆拒之殺數十人遂遇害廟食里中有孫知微者以朝請大夫通判舒州紹興元年賊劉忠入其境執知微以去知微不屈忠怒臠而食之

孟彥卿忠厚從父也頗知兵通判潭州建炎三年潭城中叛卒焚掠自東門出帥臣向子諲命彥卿領兵追之已而招安其衆未幾潰兵杜彥自袁州入瀏陽遂犯善化長沙二縣彥卿率民兵拒之手殺數人賊勢挫退還瀏陽彥卿追與之戰俄而民兵有自潰者賊遂乘之斬彥卿持其首以告所掠民兵曰此善戰孟通判首也因支解以徇湊差通判趙民彥以民兵赴之鏖戰瀏陽城南南流橋依山爲陣殺傷甚衆偶爲間者折其陣中認旗衆驚謂民彥已敗遂潰民彥爲賊所得邑士謝淳以才勇衆推之帥民兵爲前鋒助民彥戰淳手殺數十人力屈亦被執賊并殺之事聞彥卿民彥並贈直龍圖閣官其家各三人淳字景祥贈成忠郎官其子晞古朱熹帥湖南請爲彥卿民彥立廟以淳侑之

高談字景遂邵武光澤人紹定二年旁郡盜作諸子請避之談曰昔楊子訓問避寇於胡文定公語之曰往歲盜起燕山則河北關中可避入關則河南漢南可避今惟二廣寧保其無寇乎吾惟存心以聽命爾小子識之此格言也今南去則汀劒西去則盱贛皆爲盜區東去富沙雖有城避吾聞官吏例弗我納北去廣信防夫守隸利人囊篋指民爲諜數剽殺之舍胡公之言未有他策也盜入諸子又請談曰有廟祏在將焉之賊至談出曰時和歲豐何忍爲此盜曰吏貪暴民無所愬我爲直之談曰獨不能撾鼓上聞乎民何辜而殺之盜怒執諸庭遺之牛酒不釋遺之金帛不釋談曰然則將何爲盜曰我欲東破武陽若得耆老如爾者率是鄉子弟吾其濟乎談曰斯言奚爲至我唾賊大罵遂遇害而里人賴以免談平居言動必由禮法故鄉人敬而附之

連萬夫德安人或曰南夫弟也補將仕郎建炎四年羣賊犯應山萬夫率邑人數千保山砦賊不能犯寇浪子者以兵至圍之三日卒破之賊知萬夫勇敢有謀欲留爲用萬夫怒厲聲罵賊爲所害贈右承務郎官其家一人

謝皐者開封人爲鎭撫使統制官李成陷號州欲降之皐指腹示賊曰此吾赤心也自剖其心以死

王大壽泉州人爲左翼隊將紹定五年海寇王子清犯圍頭守眞德秀遣大壽領卒百人防遏猝與賊遇奮前控弦斃賊十餘後無援者遂投從死者五人賊就俘剖心祭之事聞贈官恤其家

薛良顯字貴勤溫之瑞安人登崇寧二年進士第累官爲大宗正丞出爲江東轉運使江寧軍校周德作亂良顯聞變率衆與戰斬十餘級力不勝死之事聞贈郵良渥

唐敏求字好古太平當塗人宣和六年進士調德化主簿盜起敏求挺身率衆捍賊度力不能支諭以禍福賊憤詆觸譟而前遂遇害事聞加贈升朝官仍補其子摘將仕郎

王師道字居中兗州人爲人沈勇任吉州粟傳砦巡檢紹興中與盜戰于吳村每射輒斃追擊數里遇賊有伏于民居者挺身力戰遂死立廟其地部使者以聞官其二子王輝者靑州人亦嘗爲粟傳砦巡檢靖康初詔起義兵輝應募立奇功官至正使寓吉州淳熙二年茶寇犯邑郡以輝驍勇檄之使行至勝鄉地險輝勇於進士卒不繼爲賊所得以刃加頸欲全之輝含血大罵遂死帥司以聞贈忠州刺史與恩澤二人立廟羅陂陳霖者字傳容泉州人嘉定十三年進士爲瑞金尉盜起江閩霖迎敵力戰盜縶之以去不屈遇害

宋史卷四百五十四

元中書右丞相總裁脫脫等修

列傳第二百十三

忠義九

趙時賞　趙希洎　劉子薦 黃文政

呂文信　鍾季玉 潘方　耿世安

丁黼　米立 楊壽孫 趙文義　侯畐

王孝忠　高應松 張山翁　黃申

陳奎　蕭雷龍　宋應龍 褚一正

鄒㵯 劉子俊 蕭燾夫　劉沐 陳繼周　孫㮚 陳龍復　彭震龍 張鏜

張雲　張汴　呂武　翟信　蕭明哲　杜滸　林琦　蕭資　徐臻　金應　何時　陳子敬　劉士昭　王士敏　趙孟余　趙孟壘

趙時賞字宗白，和州宗室也，居太平州。咸淳元年擢進士第，累官知宣州旌德縣。德祐元年北軍至境，時賞擁民兵捍戰有功，升直寶章閣、軍器太監。從二王入閩中，益王卽位，擢知邵武軍。未幾，言者以棄城論罷之。文天祥開都督府于南劍，奏辟參議軍事、江西招討副使。與宗室孟濚提兵趣贛州，取道石城，復寧都縣。數以偏師當一面戰，比有勝。時賞風神明俊，議論慷慨有策謀，尤爲天祥所知。及空坑之役，兵敗走吳溪，爲追兵所執，不屈死之。時賞在軍中，時見同列盛輜重、飾姬侍，歎曰：「軍行如春遊，其能濟乎！」及被執，見係壘它僚屬至者，時賞輒麾去，云：「小小簽廳官爾，執此何爲？」由是得脫者衆。

趙希洎，宗室子，居宜春。歷官至戶部尚書。咸淳中，迕丞相賈似道，出領廣東轉運使。德祐元年，制置使黃萬石檄其勤王，得潰卒數百，道經廬陵，邵守邀其軍，遂與從子必向避地贛州。亂定歸里，時袁守聶嵩孫希洎內媚也，勉之內款，不能屈。文天祥兵敗，以失言與必向俱被囚，辭節愈厲。家人饋食，則碎器覆諸地，俱不食，據榻而死。

劉子薦字貢伯，吉州安福人。父夢驥以進士歷官知澧州，沒於王事。子薦以父任爲湘鄉尉，以獲盜功調撫州司錄。有愬王應亨毆死荷擔黃九者，獄成矣，子薦閱受書，疑而駁之。俄烈風迅雷，鬬獄戶裂，吏揆殺人者實孔目馮汝能，非應亨也，獄遂白，得免死者八人。事聞，須論天下之爲理官者。改知贛縣，監行在左藏庫，通判常德府，知融州。陛辭，度宗慰之曰：「廣郡凋瘵，賴卿撫摩。」子薦對曰：「臣當推行德化，以安其民。」至官，以廉靜著聞。主管仙都觀。廣西經略司檄爲參議官。德祐二年十一月，北兵至靜江，權經略使馬塈遣子薦提猺兵藥弩手守城東門。勢不支，時瀛國公已入燕，子薦取芴書其上云：「我頭可斷，膝不可屈。」登城北望再拜，取所衣袍瘞之，語左右曰：「事急不可爲，吾有以死守。」或諷子薦遁去，子薦曰：「死事義也，何以遁爲！」竟死之。有黃文政者，淮人，戍蜀軍潰，間道走靜江，馬塈遂與同守。城破，文政被執，大詬不屈，大軍斷其舌，以次劓刖之，文政含胡叱咄，比死不絕聲。

呂文信，文德之弟也。仕至武功大夫、沿江副司諮議官。德祐初，帥舟師次南康斛林夾白鹿磯，與北兵遇，戰死。特贈定遠軍承宣使，子師憲特與帶行閤職，與兩子承信郎恩澤，仍立廟賜額。河湖砦巡檢張與宗亦死之，贈武翼郎，賜緡錢三萬，仍與一子承信郎恩澤。

鍾季玉，饒州樂平人。淳祐七年舉進士，調爲都大坑冶屬，改知萬載縣。淮東制置使李庭芝薦之，遷審計院，改宗正寺簿，又遷樞密院編修，出知建昌軍。會有旨江西和糴，季玉至郎才半年，屬歲旱，度其經賦不能辦，請于朝，和糴得減三之一。還，提舉常平，未幾改轉運判官，皆不赴。後以江西轉運判官强起之。郡大胥以賄敗，前使百計護之，季玉卒窮治，投嶺表。俄以祕書丞召還，遭前使搆讒而封駮之，改都大提點坑冶。北兵渡江，季玉徙寓建陽，兵至，不屈死之。有潘方者，溫州平陽人。寶祐四年進士，調監慶元府市舶。慶元降附，方不屈，赴水死。

張世安爲武翼大夫、淮東副總管、兩淮都撥發官。初，諜報大兵至，制置使賈似道調世安提兵往漣水軍增戍，衆方猶豫，世安徑迎至漁溝，以三百騎入陳鏖擊，自午至酉，身被七創，猶能追殺潰兵，收兵還至數里，沒。事聞，贈五官，立廟淮安，賜額忠武。

丁黼，成都制置使也。嘉熙三年，北兵自新井入，詐豎宋將李顯忠之旗，直趨成都。黼以爲潰卒，以旗榜招之，既審知其非，領兵夜出城南迎戰，至石筍街，兵散，黼力戰死之。方大兵未至，黼先遣妻子南歸，自誓死守，至是從黼者惟幕客楊大異及所信任數人。大異死而復蘇。黼帥蜀，爲政寬大，蜀人思之。事平，賜額立廟。

米立，淮人。三世爲將，從陳奕守黃州，奕降，立潰圍出。江西制置使黃萬石署爲帳前都統制。大兵畧江西，立迎戰于江坊，被執不降，繫獄。行省遣萬石諭之曰：「吾官銜一簡先牌寫不盡，今亦降矣。」立曰：「侍郎國家大臣，立一小卒爾，何足道。但三世食趙氏祿，趙亡，何以生爲！立乃堅擒之人，與授拜者不同。」萬石再三說之，不屈，遂遇害。

趙文義者，郢州都統制。更戍歸，與北兵遇，力戰死之。初，開州之役，文義兄武義亦死焉。有楊壽孫者，爲雲安軍主簿兼教，參佐忠勝軍。端平中，北兵至中江縣，與將官何庚、安惟臣、田廣澤、歹坤等連戰二日，俱死之。壽孫贈通直郎，官一子下州文學，庚等各贈承節，一子進勇副尉。

侯畐字道子，溫州樂清人。三貢于鄉，兩試轉運司皆第一。以武舉授合浦尉、柳城令、衞步軍司幹辦公事、侍衞馬軍行司計議官。寶祐五年，制置使賈似道辟通判海州兼河南府計議官。李松壽據山東，突出漣泗，畐鏖城下，死之，闔室遇害。太學生三十一人言於朝，卽海州賜廟旌忠，諡曰節毅，仍立廟其鄉。畐所著有霜厓集。

王孝忠爲鎭江前軍統制，兼淮東路分，戍淮陰。楊貴叛，孝忠率衆迎戰，勝氣百倍。俄水軍統制朱信降賊，孝忠孤軍力不敵，死焉。

高應松，開慶元年進士，縣衡州教授，通判廣德軍，召爲國子監丞、權禮部員外郎、翰林權直。北兵自湧金門入，舉朝奔竄，從官留者九人，應松其一也。遷中書舍人、直學士院，尋遷權工部侍郎，進端明殿學士、簽書樞密院事。從瀛國公至燕，絕粒不語，越七日卒。張山翁字君達，普州人。景定三年進士。德祐元年，爲荊湖宣撫司幹官。鄂守張晏然議納款，山翁以書誚讓之。晏然旣降，山翁被執，軍前諭曰：「若降，不失作顯官。」山翁酬對不屈。行省官賈思貞義之，貸不殺。後居黃鵠山，聚徒教授而終。有南紀緇林藏雲山相鋤等集。

黃申字西鄉，井研人。開慶元年進士，授德安尉，攝主簿，兼提點江西刑獄司簽廳。獄事多所辯明，丞相江萬里、提刑黃震交薦之，調安樂丞。申爲政廉謹有治聲，以恩升從事郎。大兵拔撫州，下諸縣索降狀，樂安令率其僚聯署以上，申初聞變，悉遣家人遠避，至是獨抗不往。令遣吏促之，申不動。吏白令，令怒，俄而吏民數百人集于庭，彊輿致之，申顚踣于地，若中風然。衆捽蹴詬叱曰：「爲爾不順，將累我輩。」申陽死爲不聞，令無如之何。申有惠愛在民，至暮，衆舁入寘中堂，翼日或食以粥，得免，遂去，隱巴山中以終。

陳奎字肇芳，一字偉節，饒州安仁人。父詩川以武功補官。奎同舉進士，調滁州司戶參軍。父喪免，改荊閫糧料院，又以母憂去。調朐山主簿，制置使印應雷辟入幕。德祐元年秋，奎絲海道歸，抗授南安軍教授，不就，還家。奎少與謝枋得遊，會枋得起兵安仁，首拔入幕，執安仁令李景。景，奎里人也，景請得以家貲二萬贖罪，奎曰：「普天之下，莫非王土，家財獨非朝廷錢耶？」聲其罪斬之。景子率鄉民五千報怨，奎度勢不敵，引兵趨信州，會守吏遁去，奎聞於朝，就攝郡事。益王卽位，奎入覲，還宗正寺簿、太府寺丞，領江東安撫使，出上饒，接應郡縣。所部才子餘人，屯火燒山，越數月，戰潰被執。至豫章，元帥憐其才，羈縻館留之，遁去。後三年，復起兵，尋敗，入積煙山中，自剄死。所著有鶴心集，其詩多譏刺當時之士大夫。弟年同時被執，死焉。

蕭雷龍字顯辰，建昌新城人。景定三年進士，調臨安府學教授，通判衢州。及州守棄城遁，朝命雷龍權知府事。北兵薄城下，不降，脫去，還建昌，建昌已降。雷龍與同里人黃巡檢起兵，時大兵四合，雷龍度不可支，與黃巡檢及麾下數人奔入閩，未出境，爲同安武人徐浚冲獲，送縣。權縣尹劉聖仲素與雷龍有怨，殺之。後聖仲北來，泊舟小孤山，有巨艦衝前，建大旗，書曰「蕭知府兵」，繼見雷龍坐船上，聖仲大呼，有頃不見，以驚死。

宋應龍者，儒生，通兵，出入行陳三十餘年，爲諮議官，寓泰州。德祐二年六月甲寅，大兵至泰州，裨校孫貴、胡惟孝、尹端甫、李遇春開門迎降，應龍與其妻自縊於圃中。是時提刑諮議褚一正字粹翁，盧州人，武舉進士，督戰高沙，被創，竟沒于水。知興化縣胡拱辰，縣破，亦死之。

鄒渢字鳳叔，吉水人，後從永豐。少慷慨有大志，以豪俠鳴。從文天祥勤王，補武資至將軍。益王立，改寺丞，領江西招諭副使，聚兵寧都，得數萬，改授江西安撫副使。復興國、永豐二縣，進兵部侍郎，兼江東西處置副使。及永豐敗，繼從天祥間關嶺道。未幾，復出，開督府分司永豐、興國境上。北兵驟至，大戰，渢脫身走至潮州。及天祥被執，渢自殺。當是時，從天祥勤王死事者，渢與劉子俊等凡十有九人，因次第其名附見左方。

劉子俊字民章，廬陵人。嘗中漕試，少與文天祥同里閈，相友善。天祥開督府，與國子俊詣府計事，補宣教郎、督行軍器監簿兼督府機直。空坑兵敗，子俊收兵保洞源，接應郡縣，尋入廣，與大兵遇，戰潰，復招集散亡，與鄒渢同趨潮州。天祥兵敗，子俊被執，自詭爲天祥，意使大兵不窮追，天祥可間走也。未幾，別隊執天祥至，相遇於途，各爭眞贋，至大將前，始得其實，乃烹子俊。

劉沐字淵伯，廬陵人，文天祥鄰曲也。少相狎暱，天祥好奕，與沐對奕，窮思忘日夜以爲常。及起兵，辟補宣教郎、督府機宜。暨天祥出使，沐領兵還。天祥歸開府南劍，沐收部曲來會，改授太府寺簿，專將一軍，爲督府親衞。會空坑兵敗，被執至豫章，父子同日死焉。仲子死亂兵，季子復從天祥死嶺南。當時江西忠義皆沐所號召。沐性沈實而圖機，晝夜應酬，亹亹不倦云。

孫㮚字實甫，吉州龍泉人，獻簡公抃之後，天祥長妹婿也。天祥起兵，檄㮚招忠義士，補宣教郎、帶行監官告院、知吉州龍泉縣。天祥擁兵出贛，里人奉㮚復龍泉，拒守不下，尋爲叛者所陷，執至隆興，殺之。

彭震龍字雷可，永新人，天祥次妹婿也。性跌蕩喜事，嘗以罪墨。天祥起兵，補宣教郎、帶行太社令、知永新縣。會天祥出使被執，震龍遁歸，吉州已失，乃結峒獠起兵，天

祥兵出嶺震龍接應復永新大兵至震龍爲親黨所執至帥府腰斬之屠永新

蕭燾夫永新人與兄敬夫俱天祥客燾夫爲詩有豪俊氣天祥起兵補從仕郎及彭震龍謀復其縣燾夫贊之縣受屠兄弟俱死之

陳繼周字碩卿寧都人淳祐三年貢于鄉以捕盜功行未奏名授廉州司法南豐縣知錄淮東總領幹官藤州觀察推官知吉州永豐縣改知高安縣廣東經畧司準備差遣知衡陽縣辟淮東轉般倉江東提點刑獄幹辦公事未上會咸淳十年詔徵勤王文天祥方守贛州即日舉兵造繼周問計繼周慨然爲具言閭里豪傑子弟與凡起兵之處其爲方畧甚詳於是留繼周幕中晝夜調度授繼周江西安撫司準備差遣率贛士以從繼周雖弱不勝衣而年德有以服人士視爲父兄進止疾徐惟指呼無敢先後詔改繼周合入官帶行監文思院差充江淛制置司主管機宜所部夜襲大兵於南柵門殺傷相當質明猶戰渴赴水死

張汴字朝宗一字大山蜀人少客丞相吳潛兄弟門出入荆閫歷年明習韜畧潛兄弟既失廢斥者十餘年繼文天祥起兵辟爲祕閣修撰領廣東提舉督府參謀左右幕府知無不爲空坑兵敗爲亂兵所殺處置使鄒溫得其屍葬之

呂武太平州步卒也文天祥出使武應募從行偕脫鎮江之難沿淮東走海道賴武力爲多天祥開府南劒武以武功補官遣之結約州縣起兵相應道阻復崎嶇數千里即天祥于汀梅挺身患難化賊爲兵以環衞官將數千人出江西以遇士大夫無禮死於橫逆一軍揮涕而葬之武忠梗出天性不避彊禦而好面折人過多觸忌諱故及於禍云

鞏信安豐軍人爲荆湖都統沈勇有謀本隸鄜劉義部曲文天祥開督府劉義以信與王福張必勝詣天祥信官至團練使同督府都統制江西招討使初至都府天祥以義士千人付之信曰此輩徒累人爾乃招淮士數千自隨然常怏怏曰有將無兵其如彼何天祥自興國趨永豐大兵追其後信戰于方石嶺中數矢傷重不能戰自投厓石而死土人葬之顏色如生贈清遠軍承宣使立廟旌之

蕭明哲字元甫太和人性剛有膽氣明大節少舉進士天祥開府汀州辟充督幹架閣監軍師出嶺明哲以贛縣民義復萬安連結諸砦拒守兵敗被執不屈死於隆興臨刑大罵不絕口聞者壯之

杜滸字貴卿丞相範從子也少負氣遊俠德祐元年有詔勤王滸時宰縣糾集民兵得四千人文天祥開閫平江往附焉時陳志道等贊天祥出使滸力爭不可志道逐之去已而天祥果見留志道竄藏逃歸天祥北行諸客無敢從者滸獨慨然請行特改兵部架閣從京口以計賂守夜劉千戶者得官鐙脫天祥偕走淮甸繇海道以達永嘉益王即位授司農卿廣東提舉招討副使督府參謀尋往溫台招集兵財福安陷與天祥相失遂趨行朝蘇劉義疑滸自來欲殺之陳宜中張世傑不可使人監護之乃免久之奉命復入天祥幕及空坑兵敗又與跋涉患難以出天祥移屯潮州滸議趨海道天祥不聽使護海舟至官富場滸懼力單徑趨厓山兵潰被執以憂憤感疾卒

林琦閩人也德祐二年大兵旣迫臨安琦於赭山結集忠義數千人捍禦海道以功補宣教郎督府主管機宜文字充檢院文天祥開府南劍琦佐其幕琦外文采內忠實數涉患難無怨懟辭及潮州移屯琦俱被執至惠州遁復執之北行赴水爲吏所拔至建康以憂憤死

蕭資天祥幕下書史也天祥起兵資于患難中扶持甚至空坑兵敗以全督府印功升閤門路鈐轄資性和厚臨機應變輯穆將士總攝細務任腹心之寄潮陽移屯與大兵遇死之

徐臻溫州人父官河南德祐元年春臻往省以道阻會天祥勤王臻往依之以筆札典樞密小心精練天祥被執臻脫難復來願從天祥北行扶持患難備殫忠欵至隆興病死

金應者性少剛知義爲天祥職書司入京補承信郎官路分天祥奉使被執左右皆散應獨無畔志及脫走鎭江至淮東以憂憤死焉

何時字了翁撫州樂安人天祥同年進士也調盧陵尉尋入江西轉運使幕府還臨江軍司理參軍郡獄相傳舊斬一寇屍能行一里許衆神之塐爲肉身皐陶時至取故牘閱此寇嘗掠殺數人曰如此可爲神乎命鞭之湛於水人服其明改知興國縣天祥起兵辟署帥府機宜帶行監文思院天祥入衞時任留司分司吉州饟運平江天祥奏時知撫州吉州下時脫身歸鄉里益王立天祥開府南劍時起兵趨興國援引以時帶行監江西提刑時聚兵復崇仁縣未幾大軍奄至兵敗削髮爲僧竄迹嶺南賣卜自給變姓名自號堅白道人又有陳子敬者贛州人以貲雄鄉里嘗從天祥遊天祥開閫汀州子敬募集民兵屯皁口據下流及天祥攻贛子敬與合謀忠效甚著空坑兵敗復聚兵屯黃塘砦連結山砦不降大軍以重兵襲其砦砦潰子敬不知所終

劉士昭太和人嘗爲鍼工與鄉人同謀復太和縣敗血指書帛云生爲宋民死爲宋鬼赤心報國一死而已因以其帛自縊死其黨入獄多乞憐苟免有王士敏者獨慷慨不撓題其裙此生無復望生還一死都歸談笑間大地盡爲腥血污好收吾骨首陽山臨刑歎曰恨吾病失聲不能大罵耳同時有趙孟壘者合州人登開慶元年第爲金華尉臨安降與從子由鑑懷太皇太后帛書詣益王擢宗正寺簿監軍復明州戰敗見獲不屈磔死方大軍駐紹興福王與芮從子曰孟㷆謀舉兵事泄被執至臨安范文虎詰其謀逆孟㷆詬曰賊臣負國厚恩共危社稷我帝室之冑欲一刷宗廟之恥乃更以爲逆乎文虎怒驅出斬之過宋廟呼曰太祖太宗列聖之靈在天何以使孟㷆至此都人莫不隕涕既死雷電晝晦者久之

宋史卷四百五十五

宋史卷四百五十六

元中書右丞相總裁脫脫等修

列傳第二百十四

忠義十

陳東　歐陽澈　馬伸　呂祖儉

呂祖泰　楊宏中　華岳　鄧若水

僧眞寶　莫謙之　徐道明

陳東字少陽鎭江丹陽人蚤有儁聲倜儻負氣不戚戚於貧賤蔡京王黼方用事人莫敢指言獨東無所隱諱所至宴集坐客懼爲已累稍引去以貢入太學欽宗即位率其徒伏闕上書論今日之事蔡京壞亂於前梁師成陰謀於後李彥結怨於西北朱勔結怨於東南王黼童貫又結怨於遼金刱開邊隙宜誅六賊傳首四方以謝天下言極憤切明年春貫等挾徽宗東行東獨上書請追貫還正典刑別選忠信之人往侍左右金人追京師又請誅六賊時師成尚留禁中東發其前後姦謀乃謫死李邦彥議與金和李綱及种師道主戰邦彥因小失利罷綱而割三鎭東復率諸生伏宣德門下上書曰在廷之臣奮勇不顧以身任天下之重者李綱是也所謂社稷之臣也其庸繆不才忌疾賢能動爲身謀不恤國計者李邦彥白時中張邦昌趙野王孝迪蔡懋李梲之徒是也所謂社稷之賊也陛下拔綱列卿之中不一二日爲執政中外相慶知陛下之能任賢矣斥時中而不用知陛下之能去邪矣李綱任而未專時中斥而未去復相邦彥又相邦昌自餘又皆擢用何陛下任賢猶未能勿貳去邪猶未能勿疑乎金人聞罷綱職事臣等驚疑莫知所以綱自起庶官獨任大事邦彥等疾如仇讐恐其成功因用兵小不利遂得乘間投隙歸罪於綱夫一勝一負兵家常勢豈可遽以此傾動任事之臣竊聞邦彥時中等盡勸陛下他幸京城騷動若非綱爲陛下建立則乘輿播遷宗廟社稷已爲丘墟生靈已遭魚肉賴聰明不惑特從其請宜邦彥等讒嫉無所不至陛下若聽其言斥綱不用宗社存亡未可知也邦彥等執議割地蓋河北實朝廷根本無三關四鎭是棄河北朝廷能復都大梁則不知割大原中山河間以北之後邦彥等能使金人不復敗盟乎一進一退在綱爲甚輕朝廷爲甚重幸陛下即反前命復綱舊職以安中外之心付种師道以閫外之事陛下不信臣言請徧問諸國人必皆曰綱可用邦彥等可斥也用舍之際可不審諸軍民從者數萬書聞傳旨慰諭者旁午衆莫肯去方舁登聞鼓檛壞之喧呼震地有中人出衆臠而磔之於是亟詔綱入復領行營遣撫諭乃稍引去金人旣解去學官觀望時宰議屛伏闕之士先自東始京尹王時雍欲盡致諸生於獄人人惴恐朝廷用楊時爲祭酒復東職遣聶山詣學撫諭然後定吳敏欲弭謗議奏補東官賜第除太學錄東又請誅蔡氏且力辭官以歸前後書五上旣歸復預鄉薦高宗即位五日相李綱又五日召東至未得對會綱去乃上書乞留綱而罷黃潛善汪伯彥不報請親征以還二聖治諸將不進兵之罪以作士氣車駕歸京師勿幸金陵又不報潛善輩方揭示綱幸金陵舊奏東言綱在中途不知事體宜以後說爲正必速罷潛善輩會布衣歐陽澈亦上書言事潛善遽以語激怒高宗言不亟誅將復鼓衆伏闕書獨下潛善所府尹孟庾召東議事東請食而行手書區處家事字畫如平時已乃授其從者曰我死爾歸致此於吾親食已如廁吏有難色東笑曰我陳東也畏死即不敢言已言肯逃死乎吏曰吾亦知公安敢相迫頃之東具冠帶出別同邸乃與澈同斬於市四明李猷贖其尸瘞之東初未識綱特以國故至爲之死識與不識皆爲流涕時年四十有二潛善既殺二人明日府尹白事獨詰其何以不先關

白微示慍色以明非己意越三年高宗感悟追贈東澈承事郎東無子官有服親一人澈一子令州縣撫其家及駕過鎭江遣守臣祭東墓賜緡錢五百紹興四年並加朝奉郎秘閣修撰官其後二人賜田十頃

歐陽澈字德明撫州崇仁人年少美鬚眉善談世事尚氣大言慷慨不少屈而憂國悶時出於天性靖康初應制條敝政陳安邊禦敵十策州未許發退而復采朝廷之闕失政令之乖違可以爲保邦御俗之方去蠹國殘民之賊者十事復爲書并上聞已而復論列十事言臣所進三書實爲切要然而觸權臣者有之迕天聽者有之或結怨富貴之門或遺怒臺諫之官臣非不知而敢抗言者願以身而安天下也所上書爲三巨軸庶置卒辭不能舉州將爲選力士荷之以行會金人大入要盟城下而去澈聞飄語人曰我能口伐金人强於百萬之師願殺身以安社稷有如上不見信請質子女於朝身使穹廬御親王以歸鄉人每笑其狂止之不可乃徒步走行在高宗卽位南京伏闕上封事極詆用事大臣遂見殺見陳東傳死時年三十七許翰在政府罷朝問潛善處分何人曰斬陳東歐陽澈耳翰驚失色因究其書何以不下政府曰獨下潛善故不得以相視遂力求罷爲東澈著哀詞澈所著飄然集六卷會稽胡衍旣刻之豐城范應鈴爲立祠學中

馬伸字時中東平人紹聖四年進士不樂馳騖每調官未嘗擇便利爲成都郫縣丞守委受成都租前受輸者率以食色玩好蠱誅而敗伸請絕宿弊民爭先輸至沿途假寐以達旦常平使者孫傒蚤行怪問之皆應曰今年馬縣丞受納不病我也傒薦于朝崇寧初范致虛攻程頤爲邪說下河南府盡逐學徒伸詣西京法曹欲依頤門以學因張繹求見十反愈恭頤固辭之伸欲休官而來頤曰時論方異恐貽子累子能棄官則官不必棄也曰使伸得聞道死何憾況未必死乎頤歎其有志進之自是公暇雖風雨必日一造忌媢者飛語中傷之弗顧卒受中庸以歸靖康初孫傅以卓行薦召御史中丞秦檜迎辟之擢監察御史及汴京陷金人立張邦昌集百官環以兵脅之俾推戴衆唯唯伸獨奮曰吾職諫爭忍坐視乎乃與御史吳給約秦檜共爲議狀乞存趙氏復嗣君位會統制官吳革起義募兵圖復二帝伸預其謀邦昌旣僭立賊臣多從臾之伸首具書請邦昌速迎奉元帥康王同院無肯連名者伸獨持以往而銀臺司視書不稱臣辭不受伸投袂叱之曰吾今日不愛一死正爲此耳爾欲吾稱臣邪卽繳申尚書省以示邦昌其書略曰相公服事累朝爲宋輔臣比不幸迫於强敵使當僞號變出非常相公此時豈以義爲可犯君爲可忘宗社神靈爲可昧邪所以忍須臾死而詭聽之者其心若曰與其虛遜於人而實亡趙氏之宗孰若虛受於己而實存以歸之耳忠臣義士未卽就死闔城民庶未卽生變者亦以相公必能立趙孤也今金人北還相公義當憂懼自列于朝康王在外國統有屬獄訟謳歌人皆歸往宜卽發使通問掃清宮室率羣臣共迎而立之相公易服退處省中庶事皆稟命太后其赦書施恩惠收人心等事日下拘收俟康王御極施行然後相公北面引咎以明身爲人臣昧於防患遭寇讐脅汙當時不能卽死以待陛下今復何面目事君請歸死司寇爲人臣失節之戒伏闕下俟命如此則明主必能察相公忠實存國義非苟生且棄過而錄功矣今乃謀不出此時日已多肆然尚當非據偃寐禁闥若固有之羣心狐疑道路泯頌謂相公方挾强金使人遊說康王姑令南遁爲久假不歸之計上天難欺下民可畏相公若以愚言粗知覺悟及此改圖猶可轉禍爲福於匪朝伊夕之間過此以往則相公包藏已深至慮轉與外飾事端愒日待期而陰結寇讐合從爲亂九廟在天萬無成理伸必不能輔相公爲宋朝叛臣也請先伏死都市以明此心邦昌得書氣沮謀喪明日議迎哲宗后孟氏垂簾追還僞赦乃遣馮澥李回等迎康王時王及之等猶請籍龍德宮寶貨斥賣靈沼魚藕以資官用伸復慨然引義譏之曰古者人臣去國三年不反然後收其田里君之禮臣如此臣之報君宜如何今二聖遠狩猶未出境天下之人方且北首欲追挽而還之君之府藏燕遊忍一朝而毀乎爾等逆節甚矣力爭乃止高宗卽位伸拜章以城陷不能救主遷不能死請就竄削上知其有忠力於國擢殿中侍御史撫諭荆湖廣南以誅邦昌及其黨王時雍等所過州縣諏察吏之賢否與民利疚以次列上于朝伸自湖廣將入奏黃潛善汪伯彥不法凡十有七事草疏已具朝廷方召孫覿謝克家乃先奏覿克家趨操不正在靖康間與王時雍王及之等七人結爲死黨附耿南仲倡爲和議助成賊謀有不主和議者則欲執送金人覿受金人女樂草表媚之極其筆力乃負國之賊宜加遠竄不報伸又進疏曰陛下得黃潛善汪伯彥以爲輔相委任不復疑然自入相以來處事未嘗愜當物情遂使女眞日强盜賊日熾國本日蹙威權日削且三鎭未服汴都方危前日遽下還都之詔至今鑾輿未能順動其不謹詔命如此草茅對策不如式考官罰金可矣一日黜三舍人乃取沈晦孫覿黃哲輩諸羣小以掌誥命其黜陟不公如此吳給張闡以言事被逐邵成章緣上言遠竄其壅塞言路如此祖宗舊制諫官御史有闕御史中丞翰林學士具名以進三省不敢預厥有深旨近擬用臺諫多取親舊不過欲爲己助其毀法自恣如此張慤宗澤許景衡公忠有才皆可任重潛善伯彥忌之沮抑至死其妨功害能如此或責以救焚拯溺之事則曰難言蓋謂陛下制之不得施設也或問陳東之死則曰不知蓋謂其事繇於陛下也其過則稱君善則稱己如此呂源狂橫陛下逐去不數月由郡守升發運其彊狠自專如此御營使雖主兵權凡行在諸軍皆其所統潛善伯彥別置親兵一千人請給居處優於衆兵其務收軍情如此廣市私恩則多復祠官之闕同惡相濟則力庇王安中之罪摭其所爲豈不辜陛下倚任之重哉陛下隱忍不肯斥逐塗炭遺民固已絕望二聖還期在何時邪臣每念此不如無生歲月如流時幾易失望速罷潛善伯彥政柄別選賢者共圖大事疏入留中明日改衞尉少卿伸以論事不行辭不拜錄其疏申御史臺且疊上章言臣言可采卽乞施行若臣言非是合坐誣罔之罪移疾待命旬日詔伸言事不實送吏部責濮州監酒稅時用事者恚甚必欲殺之以濮迫寇境故有是命趣使上道伸怡然襆被而行死道中或曰王淵在濮潛善密嗾其不利於伸天下識與不識皆寃痛之明年金人陷廣陵伸言始驗潛善伯彥始以誤國竄殛於是臺臣奏伸嘗論潛善等罪乃復以衞尉少卿召實未知其存亡也尋加直龍圖閣紹興初胡安國上時政論有曰伸言潛善伯彥措置乖方條其罪狀凡舉一事必立一證皆衆所共知共見不敢以無爲有以是爲非而當時曾不從用反以爲言事不實而重責之是罰沮忠讜邪說何由而息公道何由而明乎伸旣遠貶雖有詔命邈無來期君子閔焉賁以龍圖猶未盡襃勸之典乞重加追獎及其子孫以承天意詔贈諫議大夫伸天資純確學問有原委勇於爲義而所韞深厚恥以自名建炎初右正言鄧肅嘗論朝士臣邦昌者例貶二秩伸不辨也凡有建明輒削其藁人罕知之居官晨興必整衣端坐讀中庸一遍然後出涖事每曰吾志在行道以富貴爲心則爲富貴所累以妻子爲念則爲妻子所奪道不可行也故在廣陵行篋一檐圖書半之山東已擾家尚留于鄆常稱孔子言志士不忘溝壑勇士不忘喪其元今日何日溝壑乃吾死所也有何兌者昭武人受學於伸伸沒兌嘗輯其事狀紹興中爲辰州通判都鄆報秦檜自陳其存趙之功謂它人莫預兌徑取所輯事狀達尚書省檜大怒下兌荆南詔獄辭皆出吏手兌坐削官竄眞陽檜死始放還復其官尋卒

呂祖儉字子約祖謙之弟也受業祖謙如諸生監明州倉將上會祖謙卒部法半年不上者爲違年祖儉必欲終期喪朝廷從之詔違年者以一年爲限自祖儉始終更赴銓丞相周必大語尚書尤袤招之祖儉已調衢州法曹而後往見潘時經畧廣東欲辟爲屬祖儉辭尋以侍從鄭僑張杓羅點諸葛庭瑞薦召除籍田令中丞何澹所生父繼室周氏死澹欲服伯母服下太常百官雜議祖儉貽書宰相曰禮曰爲伋也妻者是爲白也母今周氏非中丞父之妻乎將不謂之母而謂之何中丞爲風憲首而以不孝令百僚何觀焉除司農簿已而乞補外通判台州寧宗卽位除太府丞時韓侂胄寖用事正言李沐論右相趙汝愚罷之祖儉奏汝愚亦不得無過然未至如言者所云侂胄怒曰呂寺丞乃預我事邪會祭酒李祥博士楊簡皆上書訟汝愚沐皆劾罷之祖儉乃上封事曰陛下初正清明登用忠良然曾未踰時朱熹老儒也有所論列則亟使之去彭龜年舊學也有所論列亦亟許之去至於李祥老成篤實非有偏比蓋衆聽所共孚者今又終於斥逐臣恐自是天下有當言之事必將相視以爲戒鉗口結舌之風一成而未易反是豈國家之利邪又曰今之能言之士其所難非在於得罪君父而在忤意權勢姑以臣所知者言之難莫難於論災異然言之而不諱者以其事不關於權勢也若乃御筆之降廟堂不敢重違臺諫不敢深論給舍不敢固執蓋以其事關貴倖深慮乘間激發而重得罪也故凡勸導人主事從中出者蓋欲假人主之聲勢以漸竊威權耳比者聞之道路左右瞽御於黜陟廢置之際間得聞者車馬輻湊其門如市恃權怙寵搖撼外庭臣恐事勢浸淫政歸倖門不在公室凡所薦進皆其所私凡所傾陷皆其所惡豈但側目憚畏莫敢指言而阿比順從內外表裏之患必將形見臣因李祥獲罪而深及此者是豈矯激自取罪戾哉實以士氣頹靡之中稍忤權臣則去不旋踵私憂過計深慮陛下之勢孤而相與維持宗社者寖寡也疏旣上束擔待罪有旨呂祖儉朋比罔上安置韶州中書舍人鄧驛繳奏祖儉罪不至貶御筆

祖儉意在無君罪當誅竄逐已爲寬恩會樓鑰進讀呂公著元祐初所上十事因進曰如公著社稷臣猶將十世宥之前日大府寺丞呂祖儉以言事得罪者其孫也今投之嶺外萬一卽死聖朝有殺言者之名臣竊爲陛下惜之上問祖儉所言何事然後知前日之行不出上意侂胄謂人曰復有救祖儉者當處以新州矣衆莫敢出口有謂侂胄曰自趙丞相去天下已切齒今又投祖儉瘴鄉不幸或死則怨益重曷若少徙內地侂胄亦悟祖儉至廬陵將趨嶺得旨改送吉州遇赦量移高安二年卒詔令歸葬祖儉之謫也朱熹與書曰熹以官則高於子約以上之顧遇恩禮則深於子約然坐視羣小之爲不能一言以報効乃令子約獨舒憤懣觸羣小而蹈禍機其愧歎深矣祖儉報書曰在朝行聞時事如在水火中不可一朝居使處鄉閭理亂不知又何以多言爲哉在謫所讀書窮理賣藥以自給每出必草屨徒步爲踰嶺之備嘗言因世變有所摧折失其素履者固不足言矣因世變而意氣有所加者亦私心也所爲文有大愚集祖儉從弟祖泰

祖泰字泰然夷簡五世孫寓常之宜興性疏達尚氣誼學問該洽徧遊江淮交當世知名士得錢或分挈以去無吝色飲酒至數斗不醉論世事無所忌諱聞者或掩耳而走慶元初祖儉以言事安置韶州既移瑞州祖泰徒步往省之留月餘語其友王深厚曰自吾兄之貶諸人箝口我雖無位義必以言報國當少須之今未敢以累吾兄也及祖儉沒貶所嘉泰元年周必大降少保致仕祖泰憤之乃詣登聞鼓院上書論侂胄有無君之心請誅之以防禍亂其略曰道學自古所恃以爲國也丞相汝愚今之有大勳勞者也立僞學之禁逐汝愚之黨是將空陛下之國而陛下不知悟邪陳自强侂胄童孺之師驟致宰輔陛下舊學之臣若彭龜年等今安在邪蘇師旦平江之吏胥以潛邸而得節鉞周筠韓氏之廝役以皇后親屬得大官不識陛下在潛邸時果識師旦乎椒房之親果有功乎凡侂胄之徒自尊大而卑朝廷一至於此也願亟誅侂胄及師旦而罷逐自强之徒獨周必大可用宜以代之不然事將不測書出中外大駭有旨呂祖泰挾私上書語言狂妄拘管連州右諫議大夫程松與祖泰狎友懼曰人知我素與遊其謂預聞乎乃獨奏言祖泰有當誅之罪且其上書必有教之者今縱不殺猶當杖黥竄遠方殿中侍御史陳讜亦以爲言乃杖之百配欽州牢城收管初監察御史林采言僞習之成造端自必大故有少保之命祖泰知必死冀以身悟朝廷無懼色既至府廷尹爲好語誘之曰誰教汝共爲章汝試言之吾且寬汝祖泰笑曰公何問之愚也吾固知必死而可受教於人且與人議之乎尹曰汝病風喪心邪祖泰曰以吾觀之若今之附韓氏得美官者乃病風喪心耳祖泰既貶道出潭州錢文子爲醴陵令私賮其行侂胄使人迹其所在祖泰乃匿襄郢間侂胄誅朝廷訪得祖泰所在詔雪其冤特補上州文學改授迪功郎監南嶽廟喪母無以葬至都謀於諸公得寒疾索紙書曰吾與吾兄共攻權臣今權臣誅吾死不憾獨吾生還無以報國且未能葬吾母爲可憾耳乃卒尹王枏爲具棺斂歸葬焉

楊宏中字充甫福州人弱冠補國子生孝宗崩光宗以疾不能執喪時趙汝愚知樞密院奏請太皇太后迎立寧宗于嘉邸以成喪禮朝野晏然遂命汝愚爲右丞相登進耆德及一時知名之士有意慶曆元祐之治韓侂胄竊弄國柄引將作監李沐爲右正言首論罷汝愚中丞何澹御史胡紘章繼上竄汝愚永州國子祭酒李祥博士楊簡連疏捄爭俱被斥宏中曰師儒能辨大臣之冤而諸生不能留師儒之去於誼安乎衆莫應獨林仲麟徐範張衜蔣傅周端朝五人願預其議遂上書曰自古國家禍亂之由初非一道惟小人中傷君子其禍尤慘君子登庸杜絕邪枉要其處心實在於愛君憂國小人得志仇視正人必欲空其朋類然後可以肆行而無忌於是人主孤立而社稷危矣黨錮敝漢朋黨亂唐大率由此元祐以來邪正交攻卒成靖康之變臣子所不忍言而陛下所不忍聞也臣竊見近者諫臣李沐論前宰相趙汝愚數談夢兆擅權植黨將不利於陛下以此加誣實不其然汝愚乞去中外咨憤而言者以爲父老懽呼蒙蔽天聽一至於此章潁力辨其非首遭斥逐聞者已駭既而祭酒李祥博士楊簡相繼抗論毅然求去告假幾月善類皇皇一旦有外補之命言者惡其扶植正論極力觝排同日報罷六館之士爲之憤惋涕泣今李沐自知邪正之不兩立而公議之不直已也乃欲盡去正人以便其私於是託朋黨以罔陛下之聽臣謂二人之去若未足惜殆恐君子小人消長之機於此一判則靖康已然之監豈堪復見於今日邪陛下厲精圖政方將正三綱以維人心采羣議以定國是遽聽奸回槩疑善類此臣等之所未論也臣願陛下鑒漢唐之禍懲靖康之變精加宸慮特奮睿斷念汝愚之忠勤察祥簡之非黨灼李沐之回邪明示好惡旌別淑慝竄李沐以謝天下還祥簡以收士心臣雖身膏鼎鑊實所不辭書奏不報則徼副封于臺諫侍從侂胄大怒坐以不合上書之罪六人皆編置以宏中爲首將竄之嶺南中書舍人鄧驛上書救之不聽右丞相余端禮拜於榻前至數十丐免遠徙上惻然許之乃送太平州編管天下號爲六君子明年移福州聽讀嘉泰三年寧宗幸學特旨放還開禧元年宏中登進士第教授南劒州太守余嶸故相端禮子與之相得甚懽侂胄誅先以言得罪者悉加褒錄嘉定元年特遷宏中一秩亦不拜六年以嶸與汪逵趙彥櫄薦授戶部架閣俄遷太學正八年夏旱上封事指切無隱遷武學博士改宣教郎時諫官應武論一學官宏中季試策士及其故武聞而銜之秋戊祀武成王祭酒行事故事博士攝亞獻至是不命宏中宏中白于祭酒於是武劾宏中與同列競且謂其激矯不自愛遂通判潭州以親老請祠差知武岡軍未受卒年五十三端朝字子靜嘉定三年試禮部第一終刑部侍郎兼侍講衜字用叟以父任補官有二子與端朝同登進士第仲麟字景仲傳字象夫久居學校忠鯁有聞咸以不偶死範自有傳

華岳字子西爲武學生輕財好俠韓侂胄當國岳上書曰旬月以來都城士民彷徨四顧若將喪其室家諸軍妻子隱哭含悲若將驅之水火闔閭籍籍欲語復噤駭於傳聞莫曉所謂臣徐考之則侍衞之兵日月潛發樞機之遞星火交馳戎作之役倍於平時郵傳之程兼於疇昔乃知陛下將有事於北征也侂胄以后族之親位居極品專執權柄公取賄賂畜養無籍吏僕委以腹心賣名器私爵賞睥睨神器窺覘宗社日益炎炎不敢嚮邇此外患之居吾腹心者也朝臣有以庸瑣之資請媚師旦驟入政府者有以諛佞之資附阿侂胄致身顯貴者陳自强老不知恥貪不知止私植黨與陰結門第凡見諸行事惟知侂胄不知君父此外患之居吾股肱者也爽奕汝翼諸李之貪懦無謀倪僎倬杲諸郭之膏粱無用諸吳之恃寵專僭諸彭之庸孱不肖皇甫斌魏文諒毛致通秦世輔之彫瘵軍心瘡痍士氣以致陳孝慶夏興祖商榮田俊邁之徒皆以一卒之才各得把麾專制平日剜膏刻血包苴侂胄以致通顯饑寒之士咸願食其肉而不可得萬一陛下付以大事彼之首領自不可保奚暇爲陛下計哉此外患之居吾爪牙者也程松之納妾求知或以售妹入府或以獻妻入閤僭踰之貢子爲耶富宮之庸駑充位此外患之居吾耳目者也蘇師旦以穢吏冒節鉞牙儈名爵周筠以隸卒冒戎鈐市易將相此外患之扼吾咽喉者也彼之所謂外患者實未足憂而此之外患蓋已周吾一身之間矣禮樂征伐自天子出所貴乎中國者皆聽命於陛下也今也與奪之命黜陟之權又不出於陛下而出於侂胄是吾有二中國也命又不出於侂胄而出於蘇師旦周筠是吾有三中國也女眞以區區之地猶能逼我淮漢曾謂外患之居吾腹心股肱耳目爪牙及吾咽喉而不焉陵吾之宗廟社稷乎曾謂一家之中自爲秦越一舟之中自爲敵國而能制遠人乎比年軍皆掊克而士卒自侁其將佐民皆侵漁而百姓自畔其守令家自爲戰此又啓吾中國億萬之仇敵也今不務去吾腹心股肱爪牙耳目咽喉與夫億萬之仇敵而欲空國之師竭國之財而與遠人相從於血刃相塗之地顧不外用其心歟臣嘗推演兵書自去歲二元甲子五福太一初度吳分四神直符對臨荊楚始擊耆符旁臨甌粵青門直使交犬于幽冀黑殺黃道正按于燕趙考之成法主算最長客算最短兵以先發爲客後發爲主自太歲乙丑至庚午六年之間皆不利於先舉儻其畔盟犯義撓我疆埸至於事不獲已然後應之則反主爲客猶曰庶幾萬一國家首事倡謀則將帥內睽士卒外畔肝腦萬民血刃千里此天數之不利於先舉也矧將帥庸愚軍民怨懟馬政不講騎士不熟豪傑不出英雄不收餽糧不豐形便不固山砦不脩堡壘不設吾雖帶甲百萬餽餉千里而師出無功不戰自敗此人事之不利於先主也臣願陛下除吾一身之外患吾中國之外患既已除然後公道開明正人登用法令自行紀綱自正豪傑自歸英雄自附侵疆自還中原自復天下自底於和平四海自躋於仁壽何俟乎兵革哉不然則亂臣賊子毀冕裂冠哦九錫隆恩之詩侍貴不可侔之相私妾內姬陰臣將相魚肉軍士塗炭生靈墮百世之遠圖虧十廟之遺業陛下此時雖欲不與之偕亡則禍迫於身權出於人俛首待終何臍可噬事之未然難以取信臣願以身屬之廷尉待其敗軍罔上者之戒儻或干戈相尋敗亡相繼強敵外攻姦臣內畔與臣所言盡相符契然後令臣歸老田里永爲不齒之民書奏侂胄大怒下大理貶建寧圜土中郡守傅伯成憐之命獄卒使出入毋縶伯成去又迕守李大異復寘獄侂胄誅放還復入學登第爲殿前司官屬

鬱不得志，謀去丞相史彌遠，事覺，下臨安獄。獄具，坐議大臣當死。寧宗知岳名，欲生之，彌遠曰：「是欲殺臣者。」竟杖死東市。

鄧若水字平仲，隆州井研人。博通經史，爲文章有氣骨。吳曦叛，州縣莫敢抗，若水方爲布衣，憤甚，將殺縣令起兵討之。夜刲雞盟其僕曰：「我明日謁知縣，汝密懷刃以從，我顧汝，卽殺之。」僕佯許諾。至期，三顧不發。歸責其僕以背盟，僕曰：「平人尚不可殺，況知縣乎？此何等事而使我爲之？」若水乃仗劍徒步如武興，欲手刃曦，中道聞曦死，乃還。人皆笑其狂而壯其志。登嘉定十三年進士第。時史彌遠柄國久，若水對策極論其姦，請罷之，更命賢相，否則必爲宗社憂。考官寘之末甲。策語播行都，士爭誦之。彌遠怒，諭府尹使逆旅主人譏其出入，將寘之罪，或爲之解，乃已。理宗卽位，應詔上封事曰：「行大義，然後可以弭大謗；收大權，然後可以固大位；除大姦，然後可以息大難。寧宗皇帝晏駕，濟王當繼大位者也，廢黜不聞於先帝，過失不聞於天下，史彌遠不利濟王之立，夜矯先帝之命，棄逐濟王，并殺皇孫，而奉迎陛下。曾未半年，濟王竟不幸於湖州。揆以春秋之法，非弒乎？非篡乎？非攘奪乎？當悖逆之初，天下皆歸罪彌遠，而不敢歸過於陛下者，何也？天下皆知倉卒之間，非陛下所得知，亦諒陛下必無是心也，亦料陛下必能掃清妖氛，以雪先帝、濟王父子終天之憤。今踰年矣，而乾剛不決，威斷不行，無以大慰天下之望。昔之信陛下之必無者，今或疑其有；昔之信陛下不知者，今或疑其知。陛下何以恐清明天日，而以此身受此汙辱也？盍亦求明是心於天下，而俾有辭於千古乎？爲陛下之計，莫若遵泰伯之至德，伯夷之清名，季子之高節，而後陛下之本心明于天下。此臣所謂行大義以弭大謗，策之上也。自古人君之失大權，鮮有不自廢立之際而盡失之。當其廢立之間，威動天下，旣立則恥視人主。是故強臣挾恩以陵上，小人怙強以無上，久則內外相爲一體，爲上者喑默以聽其所爲，日朘月削，殆有人臣之所不忍言者。威權一去，人主雖欲固其位、保其身，有不可得。宣繒、薛極，彌遠之肺腑也；王愈，其耳目也；盛章、李知孝，其鷹犬也；馮榯，其爪牙也。彌遠之欲行某事，害某人，則此數人者相與謀之，曷嘗有陛下之意行乎其間哉？臣以爲不除此數凶，陛下非惟不足以弭謗，亦未可以必安其位。然則陛下何憚久而不爲哉？此臣所以謂收大權以定大位，策之次也。次而不行，又有一焉，曰除大姦，然後可以弭大難。李全一流民耳，寓食於我，兵非加多，土地非加廣，勢力非特盛也。賈涉爲帥，庸人耳，全不敢妄動，何也？名正而言順也。自陛下卽位，乃敢倔彊，何也？彼有辭以用其衆也。其意必曰：濟王，先皇帝之子也，而彌遠放弒之；皇孫，先皇帝之孫也，而彌遠戕害之。其辭直，其勢壯，是以沿淮數十萬之師而不敢睥睨其鋒。雖曰今暫無事，未也。安知其不一日羽檄飛馳，以濟王爲辭，以討君側之惡爲名？彌遠之徒死有餘罪，不可復惜，宗社生靈何辜焉？陛下今日而誅彌遠之徒，則全無辭以用其衆矣。上而不得，則思其次；次而不得，則思其下。悲夫！」制置司不敢爲附驛，郤還之。以格當改官，奏上，彌遠取筆橫抹之而罷。

嘉熙間，召爲太學博士。當對，草奏數千言，畧曰：「寧宗不豫，彌遠急欲成其詐，此其心豈復顧先帝之生哉？先帝不得正其終，陛下不得正其始。臣請發冢斲棺，取其屍斬之，以謝在天之靈。往年臣嘗上封事，請禪位近屬，以洗不義之汚，無路自達，今其書尚在，謹昧死以聞。」將對前一日，假筆吏於所親潘允恭，允恭素知若水好危言，諭筆吏使竊錄之。允恭見之懼，并及禍，走告丞相喬行簡，亦大駭。翼日，蚤朝奏出若水通判寧國府。退朝，召閤門舍人問曰：「今日有輪對官乎？」舍人以若水對。行簡曰：「已得旨補外矣，可格班。」若水袖其書待廡下，舍人諭使去，若水怏怏而退，自知不爲時所容。到官數月，以言罷，遂不復仕，隱太湖之洞庭山。賈似道在京湖，聞其名，辟參軍事。若水雅思其鄉，乃起從其招，因西歸蜀，居山中。有盜夜劫之，若水危坐不動，盜擊其首，流血被面，亦不動，乃舍去。若水爲學務躬行，恥爲空言，削木爲主，大書曰：「自古以來忠臣孝子義夫節婦之位」，歲時祀之。有一子，膂力絕人，築山砦以兵捍衞鄉井，砦破，舉家遇害。

僧眞寶，代州人，爲五臺山僧正。學佛，能外死生。靖康之擾，與其徒習武事於山中。欽宗召對便殿，眷賚隆縟。眞寶還山，益聚兵助討。州不守，敵衆大至，晝夜拒之，力不敵，寺舍盡焚。酋下令生致眞寶，至則抗詞無撓。酋異之，不忍殺也，使郡守劉騊誘勸百方，終不顧，且曰：「吾法中有口回之罪，吾既許宋皇帝以死，豈當妄言也？」怡然受戮。北人聞見者嘆異焉。

莫謙之，常州宜興僧人也。德祐元年，糾合義士捍禦鄉閭，詔爲溧陽尉。是冬，没于戰陣，贈武功大夫。時萬安僧亦起兵，舉旗曰「降魔」，又曰「時危聊作將，事定復爲僧」。旋亦敗死。

徐道明，常州天慶觀道士也，爲管轄，賜紫。德祐元年，北兵圍城，道明謁郡守姚訔，請曰：「事急矣，君侯計將安出？」訔曰：「內無食，外無援，死守而已。」道明亟還，慨然告其徒曰：「姚公誓與城俱亡，吾屬亦不失爲義士。」廼取觀之文籍置石函，藏坎中。兵屠城，道明危坐焫香讀老子書。兵使之拜，不顧，誦聲琅然，以刃脅之，不爲動，遂死焉。

宋史卷四百五十五考證

陳東傳高宗感悟追贈東澈承事郎○臣蕭封按：揮麈錄葉夢得進對聖訓言：陳東、歐陽澈可贈一官，并與子或弟一人恩澤。始畀東等出于倉卒，終是以言責人，朕甚悔之。今方降詔，使士庶皆得言事，當使中外皆知此意。東等皆贈官及子弟恩澤，優恤其家。

宋史卷四百五十六

元 中書右丞相總裁脫脫等修

列傳第二百十五

孝義

李璘 甄婆兒　徐承珪　劉孝忠　呂昇 王翰
羅居通 黃德輿　齊得一　李罕澄
邢神留 沈正　許祚 李琳等　胡仲堯 仲容　陳兢　洪文撫
易延慶　董道明　郭琮 畢贊　顏忻 李瓊
朱泰　成象　陳思道　方綱　龐天祐
劉斌　樊景溫 榮恕旻　祁暐　何保之
李玭　侯義　王光濟 李祚等　江白
裘承詢 孫濟等　常眞 子晏 玉 金等　杜誼
姚宗明　鄧中和　毛安輿　李訪　朱壽昌
侯可　申積中　郝戩　支漸　鄧宗古
沈宣　蘇慶文 臺亨　仰忻　趙伯深
彭瑜　毛洵 李籌 楊芾　楊慶　陳宗　郭義
申世寧　苟與齡　王珠　顏詡　張伯威
蔡定　鄭綺 鮑宗巖附

冠冕百行莫大於孝，範防百爲莫大於義。先王興孝以教民厚，民用不薄；興義以教民睦，民用不爭。率天下而由孝義，非履信思順之世乎？太祖、太宗以來，子有復父仇而殺人者，壯而釋之；刲股割肝，咸見褒賞；至於數世同居，輒復其家。一百餘年，孝義所感，醴泉、甘露、芝草、異木之瑞，史不絕書，宋之教化有足觀者矣。作孝義傳。

李璘，瀛州河間人。晉開運末，契丹犯邊，有陳友者乘亂殺璘父及家屬三人。乾德初，璘隸殿前散祗候，友爲軍小校，相遇於京師寶積坊北，璘手刃殺友而不遁去，自言復父讎。案鞫得實，太祖壯而釋之。雍熙中，又有京兆鄠縣民甄婆兒，母劉與同里人董知政忿競，知政擊殺劉氏。婆兒始十歲，妹方襁褓，託鄰人張氏乳養。婆兒避仇徙居赦村，後數年稍長大，念母爲知政所殺，又念其妹寄張氏，與兄謀詣張氏求見妹，張氏拒之，不得見。婆兒憤怒悲泣，謂兄曰：「我母爲人所殺，妹流寄他姓，大讎不報，何用生爲！」時方寒食，具酒殽詣母墳慟哭，歸取條桑斧置袖中，往見知政。知政方與小兒戲，婆兒出其後，以斧斫其腦，殺之。有司以其事上請，太宗嘉其能復母讎，特貸焉。

徐承珪，萊州掖人。幼失父母，與兄弟三人及其族三十口同甘藜藿，衣服相讓，歷四十年不改其操。所居崇善鄉緝俗里，木連理，瓜瓠異蔓同實。州以聞，乾德元年，詔改鄉名義感，里名和順。承珪嘗爲贊皇令。

劉孝忠，幷州太原人。母病經三年，孝忠割股肉、斷左乳以食母；母病心痛劇，孝忠然火掌中，代母受痛。母尋愈。後數歲，母死，孝忠傭爲富家奴，得錢以葬。富家知其孝行，養爲己子。後養父兩目失明，孝忠爲舐之，經七日復能視。以親故事佛謹，嘗於像前割雙股肉，注油創中，然燈一晝夜。劉鈞聞而召見，給以衣服、錢帛、銀鞍勒馬，署宣陵副使。開寶二年，太祖親征太原，召見慰諭。

呂昇，萊州人。父權失明，剖腹探肝以救父疾，父復能視，而昇不死。冀州南宮人王翰母喪明，翰自抉右目睛補之，母目明如故。淳化中，並下詔賜粟帛。

羅居通，益州成都人。母死，廬墓三年，有甘露降墳樹，芝草生其旁。開寶四年，長吏以聞，詔以居通爲延長主簿。大中祥符初，資州人黃德輿葬父母，負土成墳，甘泉湧其側，降詔旌表。

齊得一，密州諸城人。幼嗜學，及長，能讀五經，善於教授，鄉里士大夫子弟不遠百里皆就之肄業焉。晉末，皇甫暉爲密州防禦使，得一父爲客將。及暉叛歸淮南，虜牽衆剽劫於故郡，民之牛羊犬豕悉取以犒士卒，得一之家被掠殆盡。後王萬敢爲防禦使，性貪暴，執鄉民十八家責其嘗以牛酒餽賊盡殺之而取其貲產得一親屬死者十餘人唯得一與兄脫身獲免明年詣闕上訴朝廷遣使按鞫之得實萬敢削官判官胡輒坐死得一乃歸鄉里布衣蔬食不樂仕進開寶中詔郡國舉廉退孝悌之士本郡即以得一應詔至闕策試中選授章丘主簿

李罕澄冀州阜城人也七世同居漢乾祐三年詔改鄉里名及旌其門閭太平興國六年長史以漢所賜詔書來上復旌表之

邢神留深州陸澤人父超適官租里胥督租與超鬬超毆里胥死神留年十六詣吏求代父死州以聞特詔減死賜里胥家萬錢為棺斂具端拱初泰州海陵人沈正父為屯田院衙官凶暴無賴使酒毆平人死正中塗見父恐懼述其故正即號呼磔衣就毆其屍巡警者捕送官獄具怡然就聞者悲之

許祚江州德化人八世同居長幼七百八十一口太平興國七年旌其門閭淳化二年本州言祚家春夏常乏食詔歲貸米千斛又有信州李琳十五世同居貝州田祚京兆惠從順十世同居廬州趙廣順安軍鄭彥圭信州俞儁八世同居陝州張文裕六世同居襄州張巨源劉芳潭州瞿景鴻溫州陳侶江陵褚彥逢五世同居徐州彭程四世同居皆賜詔旌表門閭巨源素習法律太平興國五年賜明法及第芳淳化四年來賀壽寧節賜進士出身侶事母至孝賜其母粟帛彥逢兄弟五人皆年七十餘至道元年轉運使表其事詔補彥逢教練使

胡仲堯洪州奉新人累世聚居至數百口構學舍于華林山別墅聚書萬卷大設廚廩以延四方游學之士南唐李煜時嘗授寺丞雍熙二年詔旌其門閭仲堯詣闕謝恩賜白金器二百兩淳化中州境旱歉仲堯發廩減市直以賑饑民又以私財造南津橋太宗嘉之除本州助教許每歲以香稻時果貢于內東門五年遣弟仲容來賀壽寧節召見仲容特授試校書郎賜袍笏犀帶又以御書賜之公卿多賦詩稱美仲堯稍遷國子監主簿致仕卒仲容字咸和咸平三年復至闕貢土物改大理評事屢被賜賚仲容建本縣孔子廟頗為宏敞後遷光祿丞致仕天禧中特賜緋魚卒年七十九以弟之子用訥為後試校書郎仲容弟克順端拱二年進士至都官員外郎三司戶部判官仲容子用之洎從子用莊用舟並進士及第

陳兢江州德安人陳宜都王叔明之後叔明五世孫兼唐右補闕兼生京祕書少監集賢院學士無子以從子褒為嗣褒至鹽官令褒生灌高安丞灌孫伯宣避難泉州與馬總善注司馬遷史記行於世後遊廬山因居德安嘗以著作佐郎召不起大順初卒伯宣子崇為江州長史益置田園為家法戒子孫擇羣從掌其事建書堂教誨之僖宗時嘗詔旌其門南唐又為立義門免其徭役崇子袞江州司戶袞子昉試奉禮郎昉家十三世同居長幼七百口不畜僕妾上下姻睦人無間言每食必羣坐廣堂未成人者別為一席有犬百餘亦置一槽共食一犬不至羣犬亦皆不食建書樓於別墅延四方之士肄業者多依焉鄉里率化爭訟稀少開寶初平江南知州張齊上請仍舊免其徭役從之昉弟之子鴻太平興國七年江南轉運使張齊賢又奏免雜科兢即鴻之弟淳化元年知州康戩又上言兢家常苦食不足詔本州每歲貸粟二千石後兢死其從父弟旭每歲止受貸粟之半云省嗇而食可以及秋成屬歲儉穀貴或勸其全受而糶之可邀善價旭曰朝廷以旭家羣從千口軫其乏食貸以公粟豈可見利忘義為罔上之事乎至道初遣內侍裴愈就賜御書還言旭家孝友儉讓近於淳古太宗嘗對近臣言之參知政事張洎對曰旭宗族千餘口世守家法孝謹不衰閨門之內肅於公府且言及旭受貸事上以遠民義聚復能固廉節為之嘆息大中祥符四年以旭為江州助教旭卒弟蘊主家事天聖元年又以蘊繼為助教蘊卒弟泰主之泰弟度太子中舍致仕從子延賞可並舉進士延賞職方員外郎

洪文撫南康建昌人本姓犯宣祖偏諱改焉曾祖諤唐虔州司倉參軍子孫眾多以孝悌著稱六世義居室無異爨就所居雷湖北創書舍招來學者至道中本軍以聞遣內侍裴愈齎御書百軸賜其家文撫遣弟文舉詣闕貢土物為謝太宗飛白一軸曰義居人以賜之命文舉為江州助教三年八月又詔表其門閭自是每歲遣子弟入貢必厚賜荅之文撫兄子待用登咸平二年進士第至都官員外郎

易延慶字餘慶筠州上高人父贇以勇力仕南唐至雄州刺史延慶幼聰慧涉獵經史尤長聲律以父蔭為奉禮郎顯德四年周師克淮南贇歸朝授道州刺史延慶亦授大名府兵曹參軍後為大理評事知臨淮縣乾德末贇卒葬臨淮延慶居喪摧毀廬於墓側手植松柏數百本旦出守墓夕歸侍母紫芝生於墓之西北數年又生玉芝十八莖本州將表其事延慶懇辭或畫其芝來京師朝士多為詩賦稱其孝感服闋延慶以母老稱疾不就官母卒從藁殯數年延慶出為大理寺丞嘗司建安市征及母葬有期私歸營葬掩壙而返知軍扈繼昇言其擅去職坐免所居官復廬墓側數年母平生嗜栗延慶樹二栗樹墓側二樹連理蘇易簡朱台符為贊美之後知端州卒子綸大中祥符元年進士及第

董道明蔡州褒信人母死出葬道明潛匿墓中人瘞之經三日家人發冢取之道明無恙終身廬於墓側

郭琮台州黃巖人幼喪父事母極恭順娶妻有子移居母室凡母之所欲必親奉之居常不過中食絕飲酒茹葷者三十年以祈母壽母年百歲耳目不衰飲食不減鄉里異之至道三年詔書存恤孝悌鄉老陳贇率同里四十人狀琮事于轉運使以聞有詔旌表門閭除其徭役明年母無疾而終琮哀號幾乎滅性鄉閭率金帛以助葬又有越州應天寺僧者幼貧無以養母剃髮乞食以給晨夕母年一百五歲而終潭州長沙人畢贊仕郡為引贊吏性至孝父母皆年八十餘轉運使表其事詔贊解職終養

顧忻泰州泰興人十歲喪父以母病葷辛不入口者十載鷄初鳴具冠帶率妻子詣母之室問其所欲如此五十年未嘗離母左右母老目不能覩物忻日夜號泣祈天刺血寫佛經數卷母目忽明燭下能縫紝九十餘無疾而終又有杭州仁和人李瓊以鬻繒為業事母孝夜常十餘起省母母喜食時新瓊百方求市得必十倍酬其直

朱泰湖州武康人家貧鬻薪養母常適數十里外易甘旨以奉母泰服食麤糲戒妻子常候母色一日鷄初鳴入山及明憩于山足遇虎搏攫負之而去泰已瞑眩行百餘步忽稍醒厲聲曰虎為暴食我所恨母無託爾虎忽棄泰於地走不顧如人疾驅狀泰匍匐而歸母扶持以泣泰亦彊舉動不踰月如故鄉里聞其孝感率金帛遺之里人目為朱虎殘

成象渠州流江人以詩書訓授里中事父母以孝聞母病割股肉食之詔賜束帛醪酒淳化中李順盜據郡縣象父母驚悸而死燼骨寄浮圖舍象號泣營葬賊平鄉里率錢三百萬賻之象廬於墓側以哀服襟袂飾土於墳上日三斗每慟聞者感愴未嘗食肉衣帛或贈之亦不受虎豹環廬而臥象無畏色鶯百餘集廬中禾生墓側吐九穗服終猶未還家知禮者為書以諭之遂歸教授遠近目為成孝子

陳思道江陰人喪父事母兄以孝悌聞鬻醯市側以給晨夕買物不酬價如所索與之母病思道衣不解帶者數月雙目瘡爛飲食隨母多少洎母喪水漿不入口七日既葬鬻醯之利得錢十萬奉其兄結廬墓側日夜悲慟其妻時攜兒女詣之拒不與見夏日種瓜以待過客晝則白兔馴狎夜則虎豹環其廬而臥咸平元年知軍上其事詔賜束帛旌其門

方綱池州青陽人八世同爨家屬七百口居室六百區每旦鳴鼓會食嘗出稻五千斛賑貸貧民景德二年轉運使馮亮以聞詔旌其門天禧中侍御史譚億安撫江南使還言綱家稅籍錢四百餘千米二千五百斛同居四百年而本縣科率一無寬假望蠲其戶雜科詔從之

龐天祐江陵人以經籍教授里中父疾天祐割股肉食之疾愈又復病目喪明天祐號泣祈天舐之父年八十餘大中祥符四年卒天祐負土封墳結廬其側晝夜號不絕聲知府陳堯咨親往致奠上其事詔旌表門閭天祐家無儋石儲居委巷中堯咨為徙里門之右築闕表之

劉斌定州人父加友端拱中為從弟志元所殺斌兄弟皆幼隨母改適人母嘗戒之曰爾等長必復父仇景德中斌兄弟挾刃伺志元於道刺之不殊即詣吏自陳州具獄上請詔志元黥面配隸汝州釋斌等罪

樊景溫陝州芮城人榮恕旻雄州歸信人兄弟異居積年大中祥符中景溫樗樹五枝并為一恕旻家榆樹兩本自合兩家感其異復義聚鄉人稱雍睦

祁暐字坦之萊州膠水人淳化三年進士歷度支員外郎直集賢院天禧中出知濰州母卒葬于州城之南暐既解官就墳側構小室號泣守護蔬食經六冬墮足二指有白烏白兔馴擾墳側州人異之以狀聞有詔旌美賜帛三十匹粟三十石令長吏每月存問

何保之梓州通泉人業進士有至行母卒負土成墳廬於其側日有羣烏飛集墳土哀鳴不去又嘗有兔馴於坐隅人稱異焉大中祥符降詔旌恤

李玭大名宗城人性篤孝力耕以事母母卒讓田與其弟堅遂廬於葬所晝夜號泣負土築墳高丈餘又以二代及諸族父母虆葬者盡禮築之凡三年成六墳皆丈餘不食肉衣帛不預人事皇皇然唯恐築之不及墳成復留守墳三年常令兄之子賣藥以自給年六十餘足未嘗入縣門鄉人目為李孝子天禧中知府張知白以狀聞詔賜粟帛令府縣安存之里中有母在而析產者

閭玭被旌兄弟慚懼復相率同居
侯義應天府楚丘人貧無產傭田以事母里人有葬其親而遽返者義母過其冢泣謂義曰我死其若是乎義乃感激自誓而不欲言但慰其母曰勿悲義必不爾咸平中母卒義力自辦葬不掩壙晝則負土築墳夜則慟哭柩側妻子困匱不給田主曹氏哀憐之資以餱糧踰年墳間瓜異蔕木連理又有巨蛇遶其側不暴物野鴿飛而不去嘗遇盜刼其衣服既而知是義物悉還之
王光濟廬州人喪母因刻像日夕奉事如平生孝道純篤咸平二年本州以孝聞有詔旌之時又有徐州豐人李祚親喪廬墓側凡二十七年家人百計勉諭不聽益州雙流人周善敏喪父廬於墓側母病又割股肉以啖之遂愈大中祥符九年特詔旌表祚賜善敏粟帛存慰之
江白建昌人景德二年進士父禹錫有節義高年不仕躬自教授大中祥符初獻東封詩十五篇有詔嘉美賜以粟帛歲時遣使存問五年卒白自鄱尉罷還負土營葬廬於墓側藜羹芒屩晝夜號泣將終制猶然轉運使以其狀聞詔賜帛二十匹粟麥二十石醪酒十缸
裘承詢越州會稽人居雲門山前十九世無異爨子弟習弦誦鄉里稱其敦睦州以聞詔旌其門閭咸平後又有保定軍孫浦襄州常元紹蔡州王美解州董孝章並十世同居莫州高珪永定軍朱仁貴潞州邢滄相州趙祚八世同居麟州楊榮隰州趙友開封李居正潁州張可象衛州張珪滄州崔諒七世同居邢州王覺趙州曹遵六世同居兗州童升陳州樊可行京兆元守全平定軍段德五世同居開封張仁遇亳州王子上建昌軍瞿肅四世同居肅家百五十口長幼孝悌鄉人化之又河陰王世及大名李宗祐陳州劉閏宣州汪政潭州李耕或聚居至七百口累數十百年並所在請加旌表詔從之仍蠲其課調大中祥符初東封泰山判兗州王欽若言曲阜東野宜乾封竇益合居五六世有節行四年祀汾陰考制度使馬起言陝州張化基閻用和楊忠義聚族累世孝悌可稱並即行在所降詔褒美各優賜粟帛
常眞陳州項城人父母死廬墓終喪負土成墳不茹葷血周廣順中詔旌其門閭開寶七年本州以聞詔再加旌表眞妻病子晏割股肉以養母及死次子守規徒跣日一食廬墓三年太平興國八年詔旌表之又有齊州王洤河南李繼成滄州胡元興並母死負土成墳晝夜哭不絕聲州郡繼以聞皆降詔旌其門閭賜以粟帛
杜誼字漢臣台州黃巖人事父母至孝父剛嚴誼獨失受惴惴不自容伺顏色而後進繼喪父母號慟晝夜不絕勺水不入口者累日卜葬徒跣負土爲墳往來十餘里日渡塘潤泥水沒骭雖大雨雪未嘗少止手足皸裂血流以漆塗之每覆一畚必三遶墳號而後去既葬遂芟舍墓旁負土終喪人往視之輒遣去日一飯不葷雖虎狼交於墓側誼泰然無所畏明年吳越大水山皆發洚推巨石走十數里台州山最高而水又夜至旁山之民居廬墓田畜牧漂壞者甚衆而獨不及誼邑人狀其事以聞詔書嘉奬事族父衍甚謹衍愛之均諸子以祖垂象廕入官至贊善大夫嘗知禾城縣歲捐俸錢三十萬以收瘞汴渠之溺死者凡四十餘又出俸錢率其下新文宣王廟兩旁爲學舍數十區旦夕講學於其堂禾城父老稱誼之政爲不可及誼生平敦厚尚信義有大志家貧不恤有無常推以濟親友後通判梓州卒子授纔十六歲哭誼墓旁卒
姚宗明河中永樂人也其十世祖栖雲當唐貞元中調卒戍邊栖雲之父語其兄曰兄嗣未立可無往某幸有子請代兄行遂戰沒塞上時栖雲方三歲其母再嫁栖雲養於伯母既長事伯母如其母伯母亡栖雲葬之又招魂葬其父痛其父死於邊乃廬於墓次終身哀慕不衰縣令蘇轍以俸錢買地阡刻石表之河中尹渾瑊上其事詔加優賜表其門名其鄉曰孝悌社曰節義里曰敬愛栖雲生岳岳生君儒君儒生師正自岳至師正四世廬墓五世孫曰厚六世曰雅七世曰文八世曰敬眞九世曰直十世曰宗明當慶歷初有司以姚氏十世同居聞于朝仁宗詔復其家十一世孫用和十二世孫士明十三世孫德自宗明至德又三世自慶歷以後又五十餘年而其家孝睦不替姚氏世爲農無爲學者家不甚富有田數十頃聚族百餘人子孫躬事農桑僅給衣食歷三百餘年無異辭者經唐末五代兵戈亂離而子孫保守墳墓骨肉不相離散求之天下未或有焉
鄧中和字祖德開封長垣人舉三禮景祐慶歷間喪親廬墓終其喪定省往來如事生者二十年負土累墳高三丈
毛安輿嘉州洪雅人年九歲父死負土爲墳廬於其側三年知益州張方平聞之遺以酒饌狀其事以聞
李訪韶州人業進士廬父母墓有虎暴傷旁人而不近訪又有白烏集墓上
朱壽昌字康叔揚州天長人以父巽蔭守將作監主簿累調州縣通判陝州荆南權知岳州州濱重湖多水盜壽昌籍民船刻著名氏使相伺察出入必以告盜發驗船所向窮討之盜爲少弭旁郡取以爲法富弼韓琦爲相遣使四出寬恤民力擇壽昌使湖南或言邵州可置冶采金者有詔與作壽昌言州近蠻金冶若大發蠻必爭自此邊境恐多事且廢良田數百頃非敦本抑末之道也詔亟罷之知閬州大姓雍子良屢殺人挾財與勢得不死至是又殺人而賂其里民出就吏獄具壽昌覺其姦引囚詰之曰吾聞子良與汝錢十萬許納汝女爲婦且婿汝子故汝代其命有之乎囚色動則又擿之曰汝且死書券抑汝女爲婢指錢爲顧直又不婿汝子將柰何囚悟泣涕覆面曰囚幾悞死以實對立取子良正諸法郡稱爲神蜀人至今傳之知廣德軍壽昌母劉氏巽妾也巽守京兆劉氏方娠而出壽昌生數歲始歸父家母子不相聞五十年行四方求之不置飲食罕御酒肉言輒流涕用浮屠法灼背燒頂刺血書佛經力所可致無不爲者熙寧初與家人辭訣棄官入秦曰不見母吾不反矣遂得之於同州劉時年七十餘矣嫁党氏有數子悉迎以歸京兆錢明逸以其事聞詔還就官由是以孝聞天下自王安石蘇頌蘇軾以下士大夫爭爲詩美之壽昌以養母故求通判河中府數歲母卒壽昌居喪幾喪明既葬有白烏集墓上拊同母弟妹益篤又知鄂州提舉崇禧觀累官司農少卿易朝議大夫遷中散大夫卒年七十壽昌勇於義周人之急無所愛嫁兄弟兩孤女葬其不能葬者十餘喪天性如此
侯可字無可華州華陰人少倜儻不羈以氣節自許既壯盡易前好篤志爲學隨計入京里中醵金贐行北還悉散其餘與同舉者曰此金鄉里所以資應詔者也不可以爲他利且行聞鄉人病念曰吾歸則彼死矣遂留不去病者瘉輟已馬載之徒步而歸孫沔征儂猺請參軍事奏功得官知巴州化城縣巴俗尚鬼而廢醫唯巫言是用娶婦必責財貧人女至老不得嫁可爲約束立制度違者有罪幾變其習再調華原主簿富人有不占田籍而質人田券至萬畝歲責其租可晨馳至富家發櫝出券歸其主郡吏趙至誠貪狡凶橫持守以下短長前後莫能去可暴其罪荷校寘獄言於大府誅之聞者快服簽書儀州判官西夏寇邊使者使可按視即以數十騎涉夏境猝與之遇亟分其騎爲三四令之曰建爾旗幟旋山徐行夏人循環間見疑以爲誘騎不敢擊韓琦鎮長安薦知涇陽縣說渭源羌酋輸地八千頃因城熟羌以撫之琦上其功又議復鄭白渠得召對旋以微罪罷官至殿中丞卒于家年七十二可輕財樂義急人之急憂人之憂與田顏爲友顏病重千里求醫未歸而顏死目不瞑人曰其待侯君乎且斂而可至拊之乃瞑顏無子不克葬可辛勤百營齎衣相役卒葬之方天寒單衣以居有饋白金者顧顏之妹處室舉以佐其奩具一日自遠歸家以窶告適友人郭行扣門曰吾父病醫邀錢百千賣吾廬而不售可惻然計槖中裝畧當其數盡與之關中稱其賢
申積中成都人襁褓中楊繪從其父起求之爲子及長知非楊氏而絕口不言年十九登進士第事所養父母盡孝終身有二弟一妹爲畢婚娶始歸本族復爲申氏蜀人以純孝歸之政和六年以奉議郎通判德順軍翰林學士許光凝嘗守成都得其事薦諸朝召赴京師擢提舉永興軍學事道卒光凝復與宣和殿學士薛嗣昌中書舍人宇文黃中表其操行詔予一子官初光凝所同薦者三人其一河陽故大理丞陳芳一門十四世同居三百年一鄧州王襄經術登科年未六十請老事孀嫂如母養孤甥如子教誨後進賙恤鄉里貧民以學行稱乞加奬異詔表芳門閭賜襄號處士
郝戭字伯牙石州定胡人家貧竭力營養或憐傷之貸以錢數百萬使取息自贍戭重謝留錢五六年不用復返之舉進士調宛丘尉舞陽主簿通山令時年未五十以父樵老不第上書請致仕爲父求官執政諭使赴官而後請曰如是則可升朝籍遇恩及親矣於是留妻子於家獨奉父行踰歲竟謝事上官以其治縣有績惜其去固留之耆老拜庭遮道皆不能止得太子中允以歸未至鄉里而樵卒自畚土造冢人有助之者使寘土冢上去則隨撤之服除州以狀聞詔賜粟帛治平末以翰林學士呂公著薦起爲奉寧軍推官涇原經畧使亦奏辟幕府戭曰向所以未老致仕欲官及親也既不能及尚庶幾以恩得贈今則無及矣姻族語其妻聶氏使勸戭仕曰吾不德無以助君子矧敢强其所不欲以累其高哉聶事舅姑亦以孝義著戭忠信自將篤行苦節不仕而卒司馬光爲銘其墓
支漸資州資陽人年七十持母喪既葬廬墓側負土成墳蓬首垢面三時號泣哀毀瘠甚白蛇貍兎擾其旁白雀白烏日集于壠木五色雀至萬餘回翔悲鳴若助哀者鄉人旬文鼎自娶婦即與父母離居覩漸至行深自悔責號慟而歸孝養盡志鄉閭觀感而化者甚衆

鄧宗古簡州陽安人父死自培土爲墳廬其側晨夕號慟甘露降于墓木里中號爲鄧孝子

沈宣汝州梁人母亡既葬不塞墓門三十有六月晝負土夜拊棺而臥爲墳廣百尺妻高氏亦有孝行漸以下三人元豐中皆褒賜粟帛

蘇慶文臺亨皆夏縣人慶文事父母以孝聞母少寡慶文懼其妻不能敬事每戒之曰汝事吾母少不謹必逐汝妻奉敎母得安其室終身

亨工畫元豐中朝廷脩景靈宮調天下畫工詣京師選試其優者待詔翰林畀以官祿亨名第一以父老固辭歸養閭里賢之

仰忻字天貺溫州永嘉人力學以篤行稱年五十餘執母喪盡孝禮躬自負土廬于墓側有慈烏白竹之瑞紹聖中郡守楊蟠表其里孝廉坊大觀二年以行取士郡以忻應詔未幾卒特贈將仕郎

趙伯深字逢原父子佪宣和間爲棣州兵官屬會兵動燕雲子佪被檄往塞上伯深時尚幼與其母張留居棣州既而金人渡河伯深母子相失子佪亦隔絕建炎二年始得南歸子佪卒伯深訪尋其母三十餘年一旦聞在瀘南伯深徒步入蜀間關累年紹興二十一年乃得其母相持號泣哀感行路曾慥在夔州賦詩以美其孝

彭瑜字君玉吉之安福人熙寧間失其母瑜朝夕焚香祈天願知母所在如是十餘年俄有人言母爲秦和倪氏婦瑜竟迎以歸

毛洵字子仁吉州吉水人天聖二年進士又中拔萃科性至孝凡守四官再以親疾解任執藥調膳嘗而後進三月不之寢室父應佺通判太平州卒官母高繼卒于池陽舟次持鍤荷土以爲墳手胝面黔親友不能識廬於墓凡二十一月朝夕哭踊食裁脫粟諸生請問經義對之流涕未嘗言文抱疾歸數日而卒郡以孝聞賜其家帛五十匹米五十斛兄溥字文祖亦以哀毀卒于舟中李籌者洵同縣人字彥艮與弟衡字平國三同乳二歲喪母十歲喪父兄弟每以不逮事親爲恨政和中改葬其母於楊山負土成墳廬于墓左未幾廬所產木一本兩榦高丈許復合于一至其末乃分兩榦五枝鄉人以爲瑞有楊芾者亦同縣人字文卿性至孝歸必市酒肉以奉二親未嘗及妻子紹興五年大饑爲親負米百里外遇盜奪之不與盜欲兵之芾慟哭曰吾爲親負米不食三日矣幸哀我盜義而釋之

楊慶鄞人父病貧不能召醫迺刲股肉啖之良已其後母病不能食慶取右乳焚之以灰和藥進焉入口遂差久之乳復生宣和三年守樓异名其坊曰崇孝紹興七年守仇悆爲之請十二年詔表其門復之悆曰韓退之作鄠人對以毀傷支體爲害義而匹夫單人身膏草莽執訓之理未宏汲引之徒多闕而乃行成于內情發自天使稍知詩書禮義之說推其所存出身事主臨難伏節死義豈減介之推安金藏哉

陳宗永嘉人年十六母蔡病篤刲股爲餌病愈已而復病不救宗一慟而絕郡守陸德輿云陳宗自毀其體哀慟傷生雖非孝道之正而能爲人所難爲之事亦天性之至官爲合葬榜曰陳孝子墓

郭義興化軍人早遊太學以操尚稱年四十餘客錢塘聞母喪徒跣奔喪每一慟輒嘔血家貧甚故人有所饋不受聚土爲墳手蒔松竹而廬于其旁甘露降于墓上烏鵲馴集郡上其事詔旌表其閭於所居前安綽楔左右建土臺高一丈二尺方正下廣上狹飾白間以赤仍植所宜木

申世寧信州鉛山人紹興六年潘達兵襲鉛山父俞年七十未及出戶遇賊賊意其有藏金欲殺之世寧年未冠亟引頸願代父死賊感其孝兩全之

荀與齡字壽隆滁州來安人志尚高潔事其親生養死葬力竭而禮盡鄉黨稱之母歿廬墓側有芝十九莖生于墓亭郡縣以事聞旌其門

王珠字仲淵吉州龍泉人以孝謹聞建炎間居父憂芝數本生墓側倒植竹以爲杖復生柯葉紹興間再罹母喪復有雙竹靈芝之祥

顏詡唐太師眞卿之後眞卿嘗謫廬陵故詡爲吉州永新人詡少孤兄弟數人事繼母以孝聞一門千指家法嚴肅男女異序少長輯睦匜架無主廚饌不異義居數十年終日怡愉家人不見其喜慍年七十餘卒

張伯威大安軍人武翼大夫御前前軍正將祥之子紹熙元年武舉進士調神泉尉大母黃年九十八不忍之官黃得血痢疾瀕殆伯威刲左臂肉食之遂愈繼母楊因姑病篤驚而成疾伯威復刲臂肉作粥以進其疾亦愈伯威妹嫁崔均其姑王疾妹亦刲左臂肉作粥以進達旦即愈知大安軍羅植即伯威所居立純孝坊崔均所居立孝婦坊事聞詔伯威與升擢倍賜其妹束帛

蔡定字元應越州會稽人家世微且貧父革依郡獄吏傭書以生資定使學遊鄉校稍稍有稱郡獄吏一日坐舞文法被繫革以詿誤年七十餘矣法當免繫鞫胥任澤劊其籍年而入之罪且與獄吏等案具府奏上之方待命于朝故俱久囚而革不得獨決定切痛念父耆者年以非辜隨圄徃誓將身贖數詣府號愬請代坐獄弗許請效命于戎行弗許請隸五符爲兵又弗許定知父終不可贖也仰而呼曰天乎將使定坐視父纆徽纆乎父老耄不應連繫傭書罪不應與獄吏等理明矣而無所云愬父老而刑定之生其何益乎定圖死矣庶有司哀憐而釋父則雖死無憾矣於是預爲志銘其墓又爲狀若詣府者結置袂間皆叙陳致死之由冀其父之必免也以建炎元年十二月甲申自赴河死府帥聞之驚曰眞孝子命出革厚爲定具棺斂事而撫周其家

鄭綺婺州浦江人善讀書通春秋穀梁學以肅睦治家九世不異爨四世孫德珪德璋孝友天至晝則聯几案夜則同衾寢德璋素剛直與物多迕宋亡仇家遂陷以死罪當會逮揚州德珪哀弟之見誣乃陽謂曰彼欲害吾也何預爾事我往則姦狀白爾去得不死乎即治行德璋追至諸暨道中兄弟相持頓足哭爭欲就死德珪默計沮其行遂紿以無往夜將半從間道遁去德璋復追至廣陵德珪已斃於獄德璋聞之慟絕者數四負骨歸葬廬墓再期每一悲號烏鳥皆翔集不食德珪之子文嗣幼病僂德璋鞠之如己子有鮑宗巖者字傳叔徽州歙人子壽孫字子壽宋末盜起里中宗巖避地山谷間爲賊所得縛宗巖樹上將殺之壽孫拜前願代父死宗巖曰吾老矣僅一子奉先祀豈可殺之吾願自死盜兩釋之

宋史卷四百五十七

元　中書右丞相總裁脫脫等修

列傳第二百十六

隱逸上

戚同文　陳摶　种放　萬適
李瀆　魏野　邢敦　林逋
高懌　徐復　孔旼　何羣

中古聖人之作易也於遯之上九曰肥遯無不利蠱之上九曰不事王侯高尚其事二爻以陽德處高地而皆以隱逸當之然則隱德之高於當世其來也遠矣巢由雖不見於經其可誣哉五季之亂避世宜多宋興巖穴弓旌之招疊見於史然而高蹈遠引若陳摶者終莫得而致之豈非二卦之上九者乎种放之徒召對大廷亹亹獻替使其人出處果有合于艮之君子時止時行人何議焉作隱逸傳

戚同文字同文宋之楚丘人世爲儒幼孤祖母攜育於外氏奉養以孝聞祖母卒晝夜哀號不食數日鄉里爲之感動始聞邑人楊慤教授生徒日過其學舍因授禮記隨即成誦日諷一卷慤異而留之不終歲畢誦五經慤即妻以女弟自是彌益勤勵讀書累年不解帶時晉末喪亂絕意祿仕且思見混一遂以同文爲名字慤嘗勉之仕同文曰長者不仕同文亦不仕慤依將軍趙直家遇疾不起以家事託同文即爲葬三世數喪直復厚加禮待爲築室聚徒請益之人不遠千里而至登第者五六十人宗度許驤陳象輿高象先郭成範王礪滕涉皆踐臺閣同文純質尚信義人有喪者力拯濟之宗族閭里貧乏者周給之冬月多解衣裘與寒者不積財不營居室或勉之輒曰人生以有義爲貴焉用此爲由是深爲鄉里推服有不循孝悌者同文必諭以善道頗有知人鑒所與遊皆一時名士樂聞人善未嘗言人短與宗翼張昉滕知白爲友生平不至京師長子維任隨州書記迎同文就養卒於漢東年七十三好爲詩有孟諸集二十卷楊徽之嘗因使至郡一見相善多與酬唱徽之嘗云陶隱居號堅白先生先生純粹質直以道義自富遂與其門人追號堅素先生二子維綸維建隆二年以屯田員外郎爲曹王府翊善累官職方郎中致仕卒年八十一綸自有傳大中祥符二年府民曹誠即同文舊居旁造舍百餘區聚書數千卷延生徒講習甚盛詔賜額爲本府書院命綸子奉禮郎舜賓主之署誠府助敎委本府幕官提舉之楊慤者虞城人力學勤志不求聞達宗翼者蔡州上蔡人父爲虞城主簿因家焉篤孝恭謹負米養母好學彊記經籍一見即能默寫歐陽虞柳書皆得其楷法能屬文隱而不仕家無斗粟怡怡如也未嘗以貧窶干人市物不許價市人知而不欺嘗言晝夜者昏曉之辨也故既瞑未曙皆不出戶見鄰里小兒待之如成人未嘗欺紿同文嘗謂翼曰子勞謙有古人風眞吾友也卒年八十餘子度舉進士至侍御史歷京西轉運使預脩太祖實錄張昉有史材歷知雜御史省郎至殿中少監致仕子信自有傳滕知白善爲詩至刑部員外郎河北轉運使子涉爲給事中高象先父凝

祐刑部郎中以彊幹稱象先淳化中三司戶部副使卒于光祿少卿郭成範最有文爲倉部員外郎掌安定公書記辭疾以司封員外郎致仕卒王礪事母甚謹太平興國五年進士至屯田郎中子渙瀆淵沖泳渙子稷臣瀆子堯臣並進士及第渙子夢臣進士出身

陳摶字圖南亳州眞源人始四五歲戲渦水岸側有青衣媼乳之自是聰悟日益及長讀經史百家之言一見成誦悉無遺忘頗以詩名後唐長興中舉進士不第遂不求祿仕以山水爲樂自言嘗遇孫君仿麞皮處士二人者高尚之人也語摶曰武當山九室巖可以隱居摶往棲焉因服氣辟穀歷二十餘年但日飮酒數杯移居華山雲臺觀又止少華石室每寢處多百餘日不起周世宗好黃白術有以摶名聞者顯德三年命華州送至闕下留止禁中月餘從容問其術摶對曰陛下爲四海之主當以致治爲念奈何留意黃白之事乎世宗不之責命爲諫議大夫固辭不受既知其無他術放還所止詔本州長吏歲時存問五年成州刺史朱憲陛辭赴任世宗令齎帛五十匹茶三十斤賜摶太平興國中來朝太宗待之甚厚九年復來朝上益加禮重謂宰相宋琪等曰摶獨善其身不干勢利所謂方外之士也摶居華山已四十餘年度其年近百歲自言經承五代離亂幸天下太平故來朝覲與之語甚可聽因遣中使送至中書琪等從容問曰先生得玄默脩養之道可以教人乎對曰摶山野之人於時無用亦不知神仙黃白之事吐納養生之理非有方術可傳假令白日沖天亦何益於世今聖上龍顏秀異有天人之表博達古今深究治亂眞有道仁聖之主也正君臣協心同德興化致治之秋勤行脩煉無出於此琪等稱善以其語白上上益重之下詔賜號希夷先生仍賜紫衣一襲留摶闕下令有司增葺所止雲臺觀上屢與之屬和詩賦數月放還山端拱初忽謂弟子賈德昇曰汝可於張超谷鑿石爲室吾將憩焉二年秋七月石室成摶手書數百言爲表其略曰臣摶大數有終聖朝難戀已於今月二十二日化形於蓮花峯下張超谷中如期而卒經七日支體猶溫有五色雲蔽塞洞口彌月不散摶好讀易手不釋卷常自號扶搖子著指玄篇八十一章言導養及還丹之事宰相王溥亦著八十一章以箋其指摶又有三峯寓言及高陽集釣潭集詩六百餘首能逆知人意齋中有大瓢挂壁上道士賈休復心欲之摶已知其意謂休復曰子來非有他蓋欲吾瓢爾呼侍者取以與之休復大驚以爲神有郭沆者少居華陰夜宿雲臺觀摶中夜呼令趣歸沆未決有頃復曰可勿歸矣明日沆還家果中夜母暴得心痛幾死食頃而愈華陰隱士李琪自言唐開元中郎官已數百歲人罕見者關西逸人呂洞賓有劍術百餘歲而童顏步履輕疾頃刻數百里世以爲神仙皆數來摶齋中人咸異之大中祥符四年眞宗幸華陰至雲臺觀閱摶畫像除其觀田租又有許𤥂者開封鄢陵人開寶五年子永罷盧氏縣尉詣闕上言臣年七十五父𤥂年九十九長兄年八十一次兄年七十九欲乞近地一官以就營養上覽奏召永訊之卽命迎其父赴闕𤥂得對于講武殿上顧問久之悉能奏對而詞氣不衰言唐末以來事歷歷可聽上悅其父子俱享遐壽賜襲衣犀帶銀鞍勒馬帛三十匹茶二十斤授永鄠城令是時瀘密齊沂萊江吉萬州江陰梁山軍各奏八十已上呂繼美等二十九人並賜爵公士眞宗時凡老人年百歲已上者州縣以名聞皆詔賜衣帛米麥長吏存撫之

种放字名逸河南洛陽人也父詡吏部令史調補長安主簿放沉默好學七歲能屬文不與羣兒戲父嘗令舉進士放辭以業未成不可妄動每往來嵩華間慨然有山林意未幾父卒數兄皆干進獨放與母俱隱終南豹林谷之東明峯結草爲廬僅庇風雨以講習爲業從學者衆得束脩以養母母亦樂道薄滋味放得辟穀術別爲堂於峯頂盡日望雲危坐每山水暴漲道路阻隔糧糗乏絕止食芋栗性嗜酒嘗種秫自釀每日空山清寂聊以養和因號雲溪醉侯幅巾短褐負琴攜壺泝長溪坐磐石採山藥以助飮往往終日値月夕或至宵分自豹林抵州郭七十里徒步與樵人往返性不喜浮圖氏嘗裂佛經以製帷帳所著蒙書十卷及嗣禹說表孟子上下篇太一祠錄人頗稱之多爲歌詩自稱退士嘗作傳以述其志淳化三年陝西轉運宋惟幹言其才行詔使召之其母恚曰常勸汝勿聚徒講學身既隱矣何用文爲果爲人知而不得安處我將棄汝深入窮山矣放稱疾不起其母盡取其筆硯焚之與放轉居窮僻人跡罕至太宗嘉其節詔京兆賜以緡錢使養母不奪其志有司歲時存問咸平元年母卒水漿不入口三日廬於墓側翰林學士宋湜集賢院學士錢若水知制誥王禹偁言其貧不克葬詔賜錢三萬帛三十匹米三十斛以助其喪四年兵部尚書張齊賢言放隱居三十年不遊城市十五載孝行純至可勵風俗簡朴退靜無謝古人復詔本府遣官詣山以禮發遣赴闕賫裝錢五萬放辭不起明年齊賢出守京兆復條陳放操行請加旌賁卽賜詔曰汝隱居丘園博通今古孝悌之行鄉里所推慕古人之遺榮挹君子之常道屢覽守藩之奏彌彰遁世之風載渴來儀副予延佇今遣供奉官周旺齎詔召汝赴闕賜帛百匹錢十萬九月放至對崇政殿以幅巾見命坐與語詢以民政邊事放曰明王之治愛民而已惟徐而化之餘皆謙讓不對卽日授左司諫直昭文館賜巾服簡帶館于都亭驛大官供膳翌日表辭恩命上知放舊與陳堯叟游令堯叟諭意又謂宰相曰朕求茂異以廣視聽資治道如放終未樂仕亦可遂其請也中書傳詔放曰病居山林天恩累加禮聘巖猿溪鳥之性固不敢以祿仕爲意然主上虛懷待士旰食憂人之心亦不敢以羈束爲念遂詔不聽其讓數日復召見賜緋衣象簡犀帶銀魚御製五言詩寵之賜昭慶坊第一區加帷帳什物銀器五百兩錢三十萬中謝日賜食學士院自是屢得召對六年春再表謝暫歸故山詔許其請將行又還起居舍人命館閣官宴餞于𤥂林苑上賜七言詩三章在席皆賦十月遣使就山撫問圖其林泉居處以獻優詔趣其入覲放以疾未平爲請景德元年十月來朝言歸山之久請計月不受奉詔特給之嘗因觀書賦詩上曰放體格高古聞其歸私居終日默坐一室山水之樂亦天性也每所詢問皆據經以對頗多裨益朕優待之蓋以激浮競也放每至京師秦雍生徒多就而受業二年擢爲右諫議大夫表乞嵩少養疾許之令河南府檢校召對資政殿曲宴學士院王欽若洎當直學士舍人待制悉預既罷又賜宴于欽若直廬表乞免都門置餞之禮屢遣中使勞問賜以茶藥是冬復來朝三年以兄喪請告歸終南營葬復召宴賜詩放山居草舍五六區啖野蔬蕎麥表求太宗御書及經史音疏悉給焉十月復至上謂宰相曰放比來高尚其事每所詢問頗有可采朝廷雖加爵秩而未能大用卽物議未厭所慮放倦而懷之卽遣內侍任文慶齎詔諭之曰朕臨御寰區憂勤旰昃詳延茂異物色隱淪思訪話言用熙庶績以卿棲心巖竇屏跡囂塵躡綺皓之遐蹤有曾顏之至行特舉賁園之典果無前習之心每所諮詢備詳理道載觀敷納蔚有材謀深簡朕懷頗思大用然以羣情未悉成命是稽今四隩來同萬區思乂方崇政本庶厚時風卿必能酌斟化源丹青王度恢富國彊兵之術陳制禮作樂之規返樸還淳措刑息訟輔予不逮期至太平登用機衡弼成寡昧卿宜體茲眷遇罄乃誠明叙經國之大猷述致君之遠略盡形奏牘以沃朕心副諒德之倚毗褰外朝之觀聽乃司樞務式洽至公放上言曰臣讀書業文實自父師之誨學古嘗退本求山水之樂思率天性以奉至道豈有意於麋鹿蓋無心於紱冕其所幸者邦家化成疆埸兵偃羣黎鼓舞庶彙胥悅蒲帛之聘寵渙巖谷君命荐及肅聽祇受旣朝象魏之下但愧巖林之賤奉聖顏於咫尺聆德音之教諭列迹侍從戢冠諫諍雖愚者之慮竭忠規而屢陳而大君之明懼瞽言之無補今又訪以禮樂之制詢其刑政之方且小器微材欲加大用蓋念沿革之攸宜歷三五而旣異弛張之體豈一二而可述國家謀建皇極齊納富壽惟二聖之光宅總百王之闕漏豈伊蒭菲敢預論述方今德義宣明鴛驥戾止如臣之才儼爾騈列伏望洞知臣之鑒憐守節之志俾泛駕無覆壓之害使爲器免溢蕩之咎寢此過聽遂其夙心況臣首獻納之行不爲無位預淸閑之對不爲疎隔又安敢祿祿而依違嘿嘿而曠素願且齒於諫署庶少觀於朝制斯亦否能有適名器無假唯茲保全之惠仰繫仁聖之賜時先俾陳堯叟諭旨堯叟手筆審其意放云自被聘召及還諫垣無所補報爲幸多矣今主上聖明朝無闕政處之顯位則是重增其過及覽表上曰放能守分懇讓益可嘉也大中祥符元年命判集賢院從封泰山拜給事中二年四月求歸山宴餞于龍圖閣命學士卽席賦詩製序上作詩卒章云我心虛佇日無復醉山中初放作詩嘗有溪上醉眠都不知之句故及之三年正月復召赴闕表乞賜告手詔優答之作歌賜之乃齎衣服器幣令京兆府每季遣幕職就山存問四年正月復來朝從祠汾陰拜工部侍郎放屢至闕下俄復還山人有詒書嘲其出處之迹且勸以棄位居巖谷放不答放終身不娶尤惡囂雜故京城賜第爲擇僻處然祿賜旣優晩節頗飾輿服于長安廣置良田歲利甚博亦有彊市者遂至爭訟門人族屬依倚恣橫王嗣宗守京兆放嘗乘醉慢罵之嗣宗屢遣人責放不法仍條上其事詔工部郎中施護推究會赦恩而止四月求歸山又賜宴遣之所居山林細民多縱樵採特詔禁止放遂表徙居嵩山天封觀側遣內侍就興唐觀基起第賜之假踰百日續給其奉然猶往來終南按視田畝每行必給驛乘在道或親詬驛吏規算糧具之直時議浸薄之嘗曲宴令羣臣賦詩杜鎬以素不屬辭誦北山移文以譏之上嘗語近臣曰放爲朕言事甚衆但外廷無知者因出所上時議十三篇其目曰議

道議德議刑議器議文武議制度議敎化議賞罰議官司議軍政議獄訟議征賦議邪正八年十一月乙丑晨興忽取前後章疏稾悉焚之服道士衣召諸生會飲於大酒數行而卒訃聞上甚嗟悼親製文遣內侍朱允中致祭歸葬終南贈工部尚書錄其姪世雍同學究出身

萬適字縱之陳州宛丘人自號遺玄子六七歲卽爲詩及長喜學問精於道德經與高錫族子晁及韓伾交遊酬唱多有警句不求仕進專以著述爲務有狂簡集百卷雅書三卷志苑三卷雍熙詩二百首經籍擿科討論計四十卷淳化中伾任翰林學士因召對上問曰卿早在嵩陽當時輩流頗有遺逸否伾以適及楊璞田誥爲對上悉令召至闕下詔書下而誥卒璞旣至對於便殿不願仕進上賜以束帛與一子出身遣還故郡適最後至特授愼縣主簿適素康强無疾詔下日已病猶勉强赴朝謝舉止山野人皆笑之後數日卒田誥者歷城人好著述聚學徒數百人舉進士至顯達者接踵以故聞名於朝宋惟翰許袞皆其弟子也誥著作百餘篇傳於世大率迂闊每構思必匿深草中絕不聞人聲俄自草中躍出卽一篇成矣楊璞字契玄鄭州新鄭人善歌詩士大夫多傳誦與畢士安尤相善每乘牛往來郭店自稱東野遺民嘗杖策入嵩山窮絕處構思爲歌詩凡數年得百餘篇璞旣被召還作歸耕賦以見志眞宗朝諸陵道出鄭州遣使以茶帛賜之卒年七十八

李瀆河南洛陽人也六世祖坦馮翊令坦生仲芳大理司直仲芳生玄初福建觀察推官玄初生鄴卽瀆之曾祖也字堯封仕梁歷滑魏宋三鎭留後拜崇政使禮部尚書後唐天成中以太子少傅致仕卒贈太保祖延昭殿中丞父瑩字正白善詞賦廣順進士蒲帥張鐸辟爲記室因家河中乾德初右補闕蘇德祥薦爲殿中侍御史度支判官使江南坐受李從善賂遺責授右贊善大夫卒初瑩禱河祠而生瀆故名瀆字河神後改字長源淳澹好古博覽經史十六丁外艱服闋杜門不復仕進家世多聚書畫頗有奇妙王祐典河中深加禮待自是多聞於時往來中條山中不親產業所居木石幽勝談唐室已來衣冠人物歷歷可聽罕著文前後州將皆厚遇之王旦李宗諤與之世舊每勸其仕瀆皆不答所乘馬嘗爲宗人借懸于廛間人有見者以語瀆卽鬻之其惡囂如此州閭化其儉德眞宗祀汾陰直史館孫冕言其隱操請加搜采陳堯叟復薦之命使召見辭足疾不起遣內侍勞問令長吏歲時存撫明年又遣使存問瀆自陳世本儒墨習靜避世之意素嗜酒人或勉之答曰扶羸養疾捨此莫可從吾所好以盡餘年不亦樂乎嘗語諸子曰山水足以娛情苟遇醉而卒吾之願也吾將與爾永訣爾輩當常在左右卽設外寢與諸子同處一日忽曰適有人至牀下誦詩云行到水窮處未知天盡時言訖不見吾當逝矣亟取瑩集七十編洎書畫付諸子促家人置酒頃之卒時天禧三年十二月三日也年六十三四年春詔曰故河中府處士李瀆簪纓傳緒儒雅踐方曠逸自居恬智交養迨茲晚節彌邵淸猷奄及淪亡良深軫惻特行賁典式慰營魂惟蓬閣之司文乃儒林之美秩仍示歸生之賻兼推給復之恩申飭守臣優恤其後豈獨旌於泉壤亦足厚於民風可特贈祕書省著作佐郎賜其家帛二十匹米三十斛州縣常加存恤二稅外蠲其差役

魏野字仲先陝州陝人也世爲農母嘗夢引袂於月中承兎得之因有娠遂生野及長嗜吟咏不求聞達居州之東郊手植竹樹淸泉環遶旁對雲山景趣幽絕鑿土袤丈曰樂天洞前爲草堂彈琴其中好事者多載酒肴從之遊嘯詠終日前後郡守雖武臣舊相皆所禮遇或親造詣趙昌言性尤倨傲特置賓次戒閽吏野至卽報野不喜巾幘無貴賤皆紗帽白衣以見出則跨白驢過客居士往來留題命詁累宿而去野爲詩精苦有唐人風格多警策句所有草堂集十卷大中祥符初契丹使至嘗言本國得其上帙願求全部詔與之祀汾陰歲與李瀆並被薦遣陝令王希招之野上言曰陛下告成天地延聘巖藪臣實愚贛資性慵拙幸逢聖世獲安故里早樂吟咏實匪風騷豈意天慈曲垂搜引但以嘗嬰心疾尤疎禮節麋鹿之性頓纓則狂豈可瞻對殿墀仰奉淸燕望回過聽許令愚守則畎畝之間永荷帝力詔州縣長吏常加存撫又遣使圖其所居觀之五年四月復遣內侍存問天禧三年十二月無疾而卒年六十州上其狀四年正月詔曰國家舉旌賞之命以輝丘園申賻贈之恩用慰泉壤所以襃逸民而厚風俗也故陝州處士魏野服膺儒素刻意篇章顧詞格之淸新爲士流之推許而能篤淳古之行慕肥遯之風頃屬時巡嘗加聘召懇陳誠志願遂考槃及此淪亡載深嗟悼蘭臺淸秩追飾幽扃厚其賻助之資寬以復除之命諒惟優禮式顯令名魂而有知歆此殊渥可特贈祕書省著作郎賻其家帛二十匹米三十斛州縣常加存卹二稅外免其差徭瀆卽野中表兄也瀆卒訃至野哭之慟謂其子曰吾不可去去必不至第遣其子赴之裁六日而野亦卒時甚異焉

邢敦字君雅不知何許人家於雍丘與宋準趙昌言交遊甚厚太平興國初嘗舉進士不第慨然有隱遯意性介僻不妄交友耽玩經史精於術數工繪畫頗嗜酒或遊市廛過客詢以休咎者多不之語里中號邢夫子大中祥符七年眞宗幸亳回邑人列上其事王曾爲考制度使以名聞詔曰敦早預詞場勤脩天爵超然處退亦旣累年屬覽公車之言俾忝郡學之職用精儒業以寵耆年可許州助教敦讓而不受乾興元年無疾而卒年七十四

林逋字君復杭州錢塘人少孤力學不爲章句性恬淡好古弗趨榮利家貧衣食不足晏如也初放遊江淮間久之歸杭州結廬西湖之孤山二十年足不及城市眞宗聞其名賜粟帛詔長吏歲時勞問薛映李及在杭州每造其廬淸談終日而去嘗自爲墓於其廬側臨終爲詩有茂陵他日求遺稾猶喜曾無封禪書之句旣卒州爲上聞仁宗嗟悼賜諡和靖先生賻粟帛逋善行書喜爲詩其詞澄浹峭特多奇句旣就稾隨輒棄之或謂何不錄以示後世逋曰吾方晦迹林壑且不欲以詩名一時況後世乎然好事者往往竊記之今所傳尚三百餘篇逋嘗客臨江時李諮方舉進士未有知者逋謂人曰此公輔器也及逋卒諮適罷三司使爲州守爲素服與其門人臨七日葬之刻遺句內壙中逋不娶無子敎兄子宥登進士甲科宥子大年頗介潔自喜英宗時爲侍御史連被臺移出治獄拒不肯行爲中丞唐介所奏降知蘄州卒于官

高懌字文悅荊南高季興四世孫幼孤養于外家十三歲能屬文通經史百家之書聞种放隱終南山乃築室豹林谷從放受業放奇之不敢處以弟子行與同時張蕘許勃號南山三友會詔舉沈淪草澤知長安寇準聞其名薦之辭不起景祐中錄國初侯王後懌推其弟忻得官及范雍建京兆府學召懌講授諸生席間常數十百人杜衍嘗請賜處士號乃命爲大理評事懌固辭仁宗嘉其守號安素處士詔州縣歲時禮遇之給良田五百畝文彥博表其經術該通有高世之行可以厲風俗詔賜第一區嘉祐中就除光祿寺丞復固辭夢道士持素書聘爲白鹿洞主卒有韓退者稷山人亦師事种放母死負土成墳徒跣終喪去隱嵩山吳遵路石延年論其高節詔賜粟帛號安逸處士以壽終

徐復字復之建州人初遊京師舉進士不中退而學易通流衍卦氣法自筮知無祿遂亡進取意遊學淮浙間數年益通陰陽天地文理遁甲占射諸家之說他日聽其鄉人林鴻範說詩且言詩之所以用於樂者忽若有得因以聲器求之遂悟大樂於七音十二律淸濁次序及鐘磬侈弇匏竹高下制度皆洞達方仁宗留意於樂詔天下求知樂者大臣薦胡瑗瑗作鐘磬大變古法復笑曰聖人寓器以聲今不先求其聲而更其器其可用乎後瑗制作皆不效范仲淹過潤州見復問曰今以衍卦占之四夷無變異乎復曰西方當用兵推其月日後無少差慶曆初與布衣郭京俱召見帝問天時人事復對曰以京房易卦推之今年所配年月日時當小過也剛失位而不中其在彊君德乎帝又問明年主何卦復曰乾卦用事說至九五盡而止帝又問前年京師黑風何所應復曰其兆在內豫王喪其應也明日命爲大理評事固以疾辭乃賜號沖晦處士補其子發試秘書省校書郎復性高潔而處世未嘗自異後居杭州十數年卒郭京者少任俠不事家產平居好言兵范仲淹滕宗諒數薦之

孔旼字寧極孔子四十六代孫隱居汝州龍興縣龍山之滍陽城性孤潔喜讀書有田數百畝賦稅常爲鄉里先遇歲饑分所餘賙不足者未嘗訐有無聞人之善若出于己動止必依禮法環所居百餘里人皆愛慕之見旼于路輒斂衽以避葬其父廬墓三年臥破棺中日食米一溢壁間生紫芝數十本州以行義聞賜粟帛又給復其家近臣列薦授秘書省校書郎致仕居數年召爲國子監直講辭不赴卽遷光祿寺丞頃之起知龍興縣復辭卒贈太常丞盜嘗入旼家發其廩粟旼避之縱其所取嘗逢羸弱者爲盜掠奪其貲旼追盜與語責之以義解金畀之使歸所掠居山未嘗逢毒蛇虎豹或謂之曰子毋夜行此亦可畏旼曰無心則無所畏晚年惟玩周易老子他書亦不復讀爲太玄圖張壁上外列方州部家而規其中心空之無所書曰易所謂寂然不動者與此無異也

何羣字通夫果州西充人嗜古學喜激揚論議雖業進士非其好也慶曆中石介在太學四方諸生來學者數千人羣亦自蜀至方講官會諸生講介曰生等知何羣乎羣日思爲仁義而已不知饑寒之切已也衆皆注仰之介因館羣于其家使弟子推以爲學長羣愈自克厲著書數十篇與人言未嘗下意曲從同舍目羣爲白衣

御史臺嘗言今之士語言說易舉止偝肆者其衣冠不如古之嚴也因請復古衣冠又上書言三代取士皆舉於鄉里而先行義後世專以文辭就文辭中害道者莫甚於賦請罷去介贊美其說會諫官御史亦言以賦取士無益治道下兩制議皆以爲進士科始隋歷唐數百年將相多出此不爲不得人且祖宗行之已久不可廢也羣聞其說不行乃慟哭取平生所爲賦八百餘篇焚之詣官視羣賦既多且工以爲不情絀出太學羣徑歸遂不復舉進士嘉祐中龍圖閣直學士何郯表其行義賜號安逸處士羣既死趙抃守益州奏羣遺稾有益時政願詔果州錄上之云并若茂陵書起天子傒心也寢不下

宋史卷四百五十七考證

陳摶傳武當山九室巖可以隱居摶往棲焉因服氣辟穀二十餘年但日飲酒數杯移居華山○臣蕭封按邵氏聞見錄摶有大志隱武當山常乘白騾欲入汴州中塗聞藝祖登極大笑曰天下定矣遂入華山居焉據此則摶居華山乃在宋開國之初非五代時也

宋史卷四百五十八

元　中　書　右　丞　相　總　裁　脫　脫　等　修

列傳第二百十七

隱逸中

王樵　張愈　黃晞　周啓明
代淵　陳烈　孫侔　劉易
姜潛　連庶　章詧　俞汝尚
陽孝本　鄧孝甫　宇文之邵　吳瑛
松江漁翁　杜生　順昌山人　南安翁
張舉

王樵字肩望淄州淄川人居縣北梓桐山博通羣書不治章句尤善考易與賈同李冠齊名學者多從之咸平中契丹遊騎度河擧家被掠樵卽棄妻挺身入契丹訪父母累年不獲還東山刻木招魂以葬立祠畫像事之如生服喪六年哀動行路又爲屬之尊者次第成服北望嘆曰身世如此自比於人可乎遂與俗絕自稱贅世翁唯以論兵擊劍爲事一驢負裝徒步千里晚年屢遊塞下書策干何承矩耿望求滅遼復燕不用乃於城東南隅累磚自環謂之繭室銘其門曰天生王樵薄命寡智材不齊時道號贅世生而爲室以備不虞死則藏形不虞乃備病革入室自掩戶卒治平末職方郎中向宗道知淄州訪繭室已搆屋爲民居得樵甥牟氏子乃知改葬因而卽其地復作繭室及祠堂刻石以記之

張愈字少愚益州郫人其先自河東徙愈雋偉有大志遊學四方屢擧不第寶元初上書言邊事請使契丹令外夷相攻以完中國之勢其論甚壯用使者薦除試秘書省校書郎願以授父顯忠而隱於家文彥博治蜀爲置靑城山白雲谿杜光庭故居以處之丁內艱鹽酪不入口再朞植所持柳杖於墓忽生枝葉後合抱六召不應喜奕棋樂山水遇有興雖數千里輒盡室往遂浮湘沅觀浙江升羅浮入九疑買石載鶴以歸杜門著書未就卒妻蒲氏名芝賢而有文爲之誄曰高視往古哲士實殷施及秦漢餘烈氛氳挺生英傑卓爾逸羣孰謂今世亦有其人其人伊何白雲隱君嘗曰丈夫趨世不偶仕非其志祿不可苟營營末途非吾所守吾生有涯少實多艱窮亦自固困亦不顚不貴人爵知命樂天脫簪散髮眠雲聽泉有峯千仞有溪數曲廣成遺趾吳興高躅跳石通逕依林架屋麋鹿同羣晝遊夜息嶺月破雲秋霖洒竹淸意何窮眞心自得放言遺慮何榮何辱孟春感疾閉戶不出豈期遂往英標永隔抒詞哽噎揮涕洗瀾人誰無死惜乎材賢已矣吾人嗚呼哀哉

黃晞字景微建安人少通經聚書數千卷學者多從之游自號贅隅子著歔欷瑣微論十卷以謂贅隅者枿物之名歔欷者歎聲瑣微者述辭也石介在太學遣諸生以禮聘召晞走匿鄰家不出樞密使韓琦表薦之以爲太學助教致仕受命一夕卒

周啓明字昭回其先金陵人役占籍處州初以書謁翰林學士楊億億携以示同列大見嘆賞自是知名四擧進士皆第一景德中擧賢良方正科旣召會東封泰山言者謂此科本因災異訪直言非太平事遂報罷於是歸教弟子百餘人不復有仕進意里人稱爲處士轉運使陳堯佐表其行義於朝賜粟帛仁宗卽位除試助教就加廩給久之特遷祕書省祕書郎改太常丞卒啓明篤學藏書數千卷多手自傳寫而能口誦之有古律詩賦牋啓雜文千六百餘篇

代淵字蘊之本代州人唐末避地導江家世爲吏有陰德淵性簡潔事親以孝聞受學于李畋張逵年四十鄉人更勸擧進士甲科得淸水主簿歎曰祿不及親何所爲耶還家教授坐席常滿安撫使擧鳳州團練推官不就知益州楊日嚴又薦之遂以太子中允致仕謝絕諸生著周易旨要老佛雜說數十篇田況上其書自太常丞改祠部員外郎晚年日菜食巾褐山水間自號虛一子長吏歲時致問澹然與對晷不及私嘉祐二年九月有疾召術士擇日云丙申吉領之是日沐浴而絕

陳烈字季慈福州侯官人性介僻篤於孝友居親喪勺飲不入于口五日自壯及老奉事如生學行端飭動遵古禮平居終日不言御童僕如對賓客里中人敬之冠昏喪祭請而後行從學者常數百賢父兄訓子弟必擧烈言行以示之嘗以鄉薦試京師不利卽罷擧或勉之求仕則曰伊尹守道成湯三聘以幣呂望旣老文王載之俱歸今天子仁聖好賢有湯文之心豈無先覺如伊呂者乎仁宗屢詔之不起人問其故應曰吾學未成也公卿大夫郡守鄉老交章稱其賢嘉祐中以爲本州教授歐陽脩又言之召爲國子直講皆不拜已而福建提刑王陶言其爲妻林氏所訟因詆烈貪詐乞奪所受恩司馬光爲諫官率同列爭曰臣等每患士無名檢故擧烈以厲風俗烈平生操守出於誠實雖有迂闊不合中道猶爲守節之士當保而全之若夫婦不相諧則聽之離絕母使節行之士爲橫辱所挫陶說遂不行元祐初部使者申薦之詔從其尚以宣德郎致仕明年復教授本州在職不受廩俸鄉里問遺絲毫無所受家租有餘則推以濟貧乏卒年七十六

孫侔字少述與王安石曾鞏游名傾一時早孤事母盡孝志於祿養故屢擧進士及母病革自誓終身不求仕客居江淮間士大夫敬畏之劉敞知揚州言其孝弟忠信足以扶世矯俗求之朝廷呂公著王安石之流也詔以爲揚州敎授辭敞守永興辟入幕府亦辭英宗時沈遘及王陶韓維連薦之授忠武軍推官常州判官皆不赴少與安石友善安石爲相過眞州與相見侔待之如布衣交卒年六十六初王回王令常稱與侔皆有盛名回令不壽秩爲隱不竟唯侔以不仕始終

劉易忻州人性介烈博學好古喜談兵韓琦知定州上其所著春秋論授太學助敎并州州學說書不能屈志仕進寓居於虢之盧氏習辟穀術趙抃復薦其行誼賜號退安處士易作詩琦每爲書之石或不可其意輒滌去琦亦再書之尹洙帥渭延致尊禮狄靑代洙遇之亦厚治平末卒琦作文祭之云剛介之性天下能合者有幾淵源之學古人不到者甚多其敬之如此熙寧訪察定戶役詔易家用處士如七品恩得減半示優禮云

姜潛字至之兗州奉符人從孫復學春秋用田況擧召試學士院爲明州錄事參軍以母思鄉求致仕敕過門下知封駁司吳奎封還之而與韓絳共上章以薦從兗州錄事參軍從奎辟鄆州教授奎升堂拜其母又薦爲國子直講韓王宮伴讀諷宗正允弼吏引趨庭潛不答呼馬欲去遂以客禮見熙寧初詔擧選人掩滯者與京官凡三十七人潛在選中神宗問其賢召對延和殿訪以治道何以致之對曰有堯舜二典在顧陛下致之之道何如知陳留縣至數月靑苗令下潛出錢榜其令於縣門已從之鄉落各三日無應者遂撤榜付吏曰民不願矣錢以是獨得不散司農開封疑潛沮格各使其屬來驗皆如令而條例司劾詳符佐散靑苗錢潛知且不免移疾去縣人詣府請留之不得家居卒年六十六

連庶字居錫安州應山人擧進士調商水尉壽春令與學尊禮秀民以勸其俗開潁淮田千頃縣大治淮南王舊壘在山間會大水州守議取其甓爲城庶曰弓矢舞衣傳百世藏於王府非爲必可用蓋以古之物傳於今尚有典刑也壘因是得存以母老乞監陳州稅嘗送客出北門見日西風塵而冠蓋憧憧不已慨然有感卽日求分司歸久之翰林學士歐陽脩龍圖閣直學士祖無擇言庶文學行義宜在臺閣以知崑山縣辭不行累遷職方員外郎卒庶始與弟庠在鄉里時宋郊兄弟歐陽脩皆依之及二宋貴達不可其志退居二十年守道好脩非其人不交非其義秋毫不可汚也庶旣死宋郊之孫義年爲應山令緣邑人之意作堂於法興僧舍繪二宋及庶庠之像祠事之庠亦登科敏於政事號良吏終都官郎中

章詧字隱之成都雙流人少孤鞠於兄嫂以所事父母事之博通經學尤長易太玄著發隱三篇明用蓍索道之法知以數寓道之用三摹九據始終之變蜀守蔣堂楊察張方平何郯趙抃咸以逸民薦一賜粟帛再命州助教不就嘉祐中賜號沖退處士王素時爲州因更其所居之鄉曰處士里曰通儒坊曰沖退詧由是益以道自裕尊生養氣憂喜是非亦不以撓其心形嘗訪里人范百祿謂曰子辟穀二十餘年今強力尚足子亦嘗知以氣治疾之說乎百祿因從扣太玄詧爲解述大旨再復攤詞曰人之所好而不足者善也所醜而有餘者惡也君子能強其所不足而拂其所有餘太玄之道幾矣此子雲仁義之心予之於太玄也述斯而已若苦其思艱其言迂濵其所以爲數而忘其仁義之大是惡足以語夫道哉熙寧元年卒年七十六子禩亦好古學嘗應

行義敦遣詔仍世有隱德其所居猶存

俞汝尚字退翁湖州烏程人少時讀書於郭南之崑山爲人溫溫有禮議論不苟不可於意有所不言言之未嘗妄也不肯料理生事不以貧乏撓其懷澹於勢利聞人善言善行記之不忘時時爲人道之擢進士第涉歷州縣無少營進取之心嘗知導江縣新繁令卒使者使承其乏將貪以公田辭不許至則悉以周舊令之家熙寧初簽書劍南西川判官趙抃守蜀以簡靜爲治每旦退生便齋諸吏莫敢至唯汝尚來輒排闥徑入相對清談竟暮王安石當國患一時故老不同已或言汝尚清望可寘之御史使以次彈擊驛召詣京師既知所以薦用意力辭章再上得免親故有責以不能與子孫爲地者汝尚笑曰是乃所以爲其地也還家苦貧未能忘祿養又從趙抃於青州遂以屯田郎中致仕蘇軾蘇轍孫覺李常皆賦詩文歎美之優游數年當六月徂暑寢室不可居出舍于門妻黃就視之汝尚曰人生七十者希吾與夫人皆過之可以行矣妻應曰然則我先去後三日卒汝尚庀其喪爲作銘召諸子告曰吾亦從此逝矣隱几而終相去纔十日孫伴紹興中敷文閣直學士

陽孝本字行先虔州贛人學博行高隱於城西通天巖蘇頌蒲宗孟皆以山林特起薦之蘇軾自海外歸過而愛焉號之曰玉巖居士嘗直造其室知其不娶戲以爲元德秀之流孝本自言爲陽城之裔故軾詩有云衆謂元德秀自稱陽道州嘉之也隱遯二十年一時名士多從之游崇寧中舉八行解褐爲國子錄再轉博士以直秘閣歸卒年八十四

鄧考甫字成之臨川人第進士歷陳留尉萬載永明令知上饒縣積官奉議郎提點開封府界河渠坐事去官遂閉戶著書不復言仕元符末詔求直言考甫年八十一上書云亂天下者新法也末流之禍將不可勝言今宜以時更化純法祖宗因論熙寧而下權臣迭起欺世誤國歷指其事而枚數其人蔡京嫉之謂爲詆訕宗廟削籍羈筠州崇寧去黨碑釋逐臣同類者五十三人其五十八得歸惟考甫與范柔中封覺民獨否遂卒於筠且死命幼孫名世執筆口占百餘言其略曰予自謂山中宰相處有其才也自謂文昌先生處有其詞也不得大用於盛世亦無憾焉蓋有天命爾所論述有卜世大寶寵伊周素蘊義命雜著太平策要等凡二百五十餘篇

宇文之邵字公南漢州綿竹人舉進士爲文州曲水令轉運以輕廉高其價使縣鬻於民之邵言縣下江上山地狹人貧耕者亡幾方歲儉饑羌夷數入寇不可復困之以求利運使怒會神宗即位求言乃上疏曰天下一家也祖宗創業守成之法具在陛下方居諒陰謟諛姦佞之人屏伏未動正可念五聖之功德常若左右前後京師者諸夏之視傚俗宜敦厚而勿薄浮侈是尚公卿大夫民之表也宜以名節自勵而勢利合雜是先願以節義廉恥風導之使人知自重千里之郡有利未必興有害未必除者轉運使提點刑獄制之也百里之邑有利未必興有害未必除者郡制之也前日赦令應在公逋負一切蠲除而有司操之益急督之愈甚使上澤不下流而細民益困如擇賢才以爲三司之官稍假郡縣以權則民瘼除矣然後監番聚蹶橘之盛以保安外戚考棠棣角弓之義以親睦九族興墜典拔滯淹遠夸毗來忠讜凡所建置必與大臣共議以廣其善號令威福則專制之如此則天下之人思見太平可拱而俟也疏奏不報喟然曰吾不可仕矣遂致仕以太子中允歸時年未四十自強于學不易其志日與交友爲經史琴酒之樂退居十五年而終司馬光曰吾聞志不行顧祿位如錙銖道不同視富貴如土芥今於之邵見之矣范鎮亦曰之邵位下而言高學富而行篤少我二十一歲而先我掛冠使吾慊然其爲兩賢所推尚如此

吳瑛字德仁蘄州蘄春人以父龍圖閣學士遵路任補太廟齋郎監西京竹木務簽書淮南判官通判池州黃州知郴州至虞部員外郎治平三年官滿如京師年四十六即上書請致仕公卿大夫知之者相與出力挽留之不聽皆歎服以爲不可及相率賦詩飲餞于都門遂歸蘄有田僅足自給臨溪築室種花釀酒家事一付子弟賓客至必飲飲必醉或困臥花間客去亦不問有臧否人物者不酬一語但促奴益行酒人莫不愛其樂易而敬其高嘗有貴客過之瑛酒酣而歌以樂器扣其頭爲節客亦不以爲忤視財物如糞土妹婿輒取家財數十萬貸人不能償瑛哀之曰是人有母得無重憂召而焚其券門生爲治田事歷歲忽謝去曰聞有言某簿書爲欺者誼不可留瑛命取前後文書示之蓋未嘗發封也盜入室覺而不言且取其被乃曰他物唯所欲夜正寒幸舍吾被其直率曠達類此哲宗朝有薦之者召爲吏部郎中就知蘄州皆不起崇寧三年感疾即閉閤謝醫藥至垂絕不亂卒年八十四

松江漁翁者不知其姓名每棹小舟游長橋往來波上扣舷飲酒酣歌自得紹聖中閩人潘裕自京師調官回過吳江遇而異焉起揖之曰予視先生氣貌固非漁釣之流願丐緒言以發蒙陋翁瞪視曰君不凡若誠有意能過小舟語乎裕欣然過之翁曰吾厭喧煩處閒曠遁迹於此三十年矣幼喜誦經史百家之言後觀釋氏書今皆棄去唯飽食以嬉尚何所事裕曰先生澡身浴德如此今聖明在上盍出而仕乎笑曰君子之道或出或處吾雖不能棲隱巖穴追園綺之蹤竊慕老氏曲全之養且養志者忘形養形者忘利致道者忘心心形俱忘其視軒冕如糞土耳與子出處異趣子勉之裕曰裕也不才幸聞先生之高義敢問舍所在曰吾姓名且不欲人知況居室耶飲畢長揖使裕反其所鼓枻而去

杜生者潁昌人不知其名縣人呼爲杜五郎所居去縣三十里有屋兩間與其子並居前有空地丈餘即爲籬門生不出門者三十年黎陽尉孫軫往訪之其人頗洒落自陳村人無所能官人何爲見顧軫問所以不出門之因笑曰以告者過也指門外一桑曰憶十五年前亦曾納涼其下何謂不出但無用於時無求於人偶自不出耳何足尚哉問所以爲生曰昔時居邑之南有田五十畝與其兄同耕迨兄子娶婦度所耕不足贍乃盡以與兄而攜妻子至此蒙鄉人借屋遂居之唯與人擇日又賣醫藥以給飦粥亦有時不繼後子能耕荷長者見憐與田三十畝使之耕尚有餘力又爲人傭耕自此食足鄉人貧以醫術自業者多念己食既足不當更兼他利由是擇日賣藥一切不爲問常日何所爲曰端坐耳頗觀書否曰二十年前曾有人遺一書策無題號其間多說浮名經當時極愛其議論今忘之并書亦不知所在矣時盛寒布袍草屨室中枵然而氣韻閒曠言詞精簡蓋有道之士也問其子之爲人曰村童也然性質甚淳厚不忘言不敢嬉唯間一至縣買鹽酪可數行跡以待其歸徑往徑還未嘗旁游一步也軫嗟歎留連久之乃去後至延安幕府爲沈括言之括時理軍書迨夜半疲極未臥聞軫談及此乃頓忘其勞

順昌山人靖康末有避亂於順昌山中者深入得茅舍主人風裁甚整即之語士君子也怪而問曰諸君何事挈妻孥能至是耶因語之故主人曰亂何自而起耶衆爭爲言主人嗟惻久之曰我父爲仁宗朝人也自嘉祐末卜居于此因不復出以我所聞但知有熙寧紀年亦不知于今幾何年矣

南安翁者漳州陳元忠客居南海日嘗赴省試過南安會日暮投宿野人家茅茨數椽竹樹茂密可愛主翁雖麻衣草屨而舉止談對宛若士人几案間有文籍散亂視之皆經子也陳叩之曰翁訓子讀書乎曰種圃爲生耳亦入城市乎曰十五年不出矣問藏書何用曰偶有之耳因雜以他語少焉風雨暴作其二子歸拾鉏揖客人物不類農家子翁進豆羹享客不復共談遲明別去陳以事留城中翌日見翁倉皇而行陳追詰之曰翁云十五年不出城何爲到此曰吾以急事不容不出問之乃大兒於關外鬻果失稅爲關吏所拘陳爲謁監征至則已捕送郡翁與小兒偕詣庭下長子當杖翁懇白郡守曰某老鈍無能全藉此子贍給若渠不勝杖則翌日乏食矣願以身代之小兒曰大人豈可受杖某願代兄大兒又以罪在己甘心焉三人爭不決小兒來父耳旁語若將有所請翁叱之兒必欲前郡守疑之呼問所以對曰大人元係帶職正郎宣和間累典州郡翁急搖其衣使退曰兒狂妄言守詢誥勑在否兒曰見作一束寘甕中埋於山下守立遣吏隨兒發取果得之即延翁上坐謝而釋其子次日枉駕訪之室已虛矣

張舉字子厚常州人登進士甲科以無他兄弟獨養其親不忍斯須去左右親友彊之仕乃調青溪主簿亦不之官閉戶讀書四十年手校數萬卷無一字舛窮經著書至夜分不寐元豐中近臣薦其高行至于元祐大臣復薦之起教授潁州辭不就於是孫覺胡宗愈范祖禹交章言曰舉且死草萊後世必以爲朝廷失士蘇軾言舉孝弟脩於家忠信行於友聲名聞於人踏中守常從容不迫爲當時名流所慕以不造門爲恥崇寧四年卒明年詔以舉隱德丘園聲聞顯著賜謚曰正素先生

宋史卷四百五十九

元　中　書　右　丞　相　總　裁　脫　脫　等　修

列傳第二百十八

隱逸下

徐中行　蘇雲卿　譙定　王忠民
劉勉之　胡憲　郭雍　劉愚
魏掞之　安世通

徐中行台州臨海人始知學聞安定胡瑗講明道學其徒轉相傳授將往從焉至京師首謁范純仁純仁賢之薦于司馬光光謂斯人神清氣和可與進道會福唐劉

舜赴闕得瑗所授經熟讀精思攻苦食淡夏不扇冬不爐夜不安枕者踰年乃歸葺小室竟日危坐所造詣人莫測也父死既足廬墓躬耕養母推其餘力葬內外親及州里貧無後者十餘喪晚年教授學者自洒掃應對格物致知達于治國平天下不失其性不越其序而後已其友羅適持節本路舉以自代又率部使者以遺逸薦崇寧中郡守李諤又以八行薦時章蔡竊國柄黨逐善類且盡中行每一聞命輒淚下一日去之黃巖會親友盡燬其所爲文幅巾藜杖往來委羽山中客有詰以避舉要名者中行曰人而無行與禽獸等使吾得以八行應科目則彼之不被舉者非人類與吾正欲避此名非要名也客慚而退陳瓘謫台州聞名納交暨其沒錄其行事謂與山陽徐積齊名呼爲八行先生子三人庭筠其季也童丱有志行事父兄孝友天至居喪毀甚既免喪猶不忍娶者十餘年秦檜當國科場尚諛佞試題問中興歌頌庭筠歎曰今日豈歌頌時耶疏其未足爲中興者五見者尤之庭筠曰吾欲不妄語而敢欺君乎黃巖尉鄭伯熊代去請益庭筠曰富貴易得名節難守願安時處順主張世道伯熊受其言迄爲名臣有詔舉人嘗五上春官者予岳祠庭筠適應格所親咸勸之庭筠辭曰吾嘗草封事謂岳廟冗祿無用既心非之可躬蹈耶其學以誠敬爲主夜必就榻而後脫巾旦必巾而後起居無惰容喜無戲言不事緣飾不苟臧否聞人片善記其姓名遇饑凍者推食解衣不靳儆屋以居未嘗戚戚尤袤爲守聞其名遺書禮之一日巾車歷訪舊遊徜徉幾月歸感微疾端坐暝目而逝年八十有五鄉人崇敬之以其父子俱隱遯稱之曰二徐先生淳熙間常平使者朱熹行部拜墓下題詩有道學傳千古東甌說二徐之句且大書以表之曰有宋高士二徐先生之墓庭筠之兄庭槐庭蘭皆有父風孫日升苦學有守於是徐氏詩書不絕六世矣

蘇雲卿廣漢人紹興間來豫章東湖結廬獨居待鄰曲有恩禮無良賤老稚皆愛敬之稱曰蘇翁身長七尺美須髯寡言笑布褐草履終歲不易未嘗疾病披荊榛爲圃藝植耘芟灌溉培壅皆有法度雖隆暑極寒土焦草凍圃不絕蔬滋鬱暢茂四時之品無闕者味視他圃尤勝又不二價市鬻者利倍而售速先期輸直夜織屨堅韌過革舄人爭貿之以饋遠以故薪米不乏有羨則以周急應貸假者負償一不經意溉園之隙閉門高臥或危坐終日莫測識也少與張浚爲布衣交浚爲相馳書函金幣屬豫章帥及漕曰余鄉人蘇雲卿管樂流亞遁跡湖海有年矣近聞灌園東湖其高風偉節非折簡能屈幸親造其廬必爲我致之帥漕密物色曰此獨有灌園蘇翁無雲卿也帥漕乃屏騎從更服爲遊士入其圃翁運鋤不顧進而揖之翁曰二客何從來耶延入室土銼竹几地無纖塵按上有西漢書一冊二客恍若自失默計此爲蘇雲卿也既而汲泉煮茗意稍款浹遂扣其鄉里徐曰廣漢客曰張德遠廣漢人翁當識之曰然客又問德遠何如人曰賢人也第長於知君子短於知小人德有餘而才不足因問德遠今何官二客曰今朝廷起張公欲了此事翁曰此恐怕他未便了得在二客起而言曰張公令某等致公共濟大業因出書函金幣寘几上雲卿鼻間隱隱作聲若自咎歎者二客力請共載辭不可期以詰朝上謁且遣使迎伺則扃戶闃然排闥入則書幣不啓家具如故而翁已遁矣竟不知所往帥漕復命浚拊几嘆曰求之不早實懷竊位之羞作箴以識之曰雲卿風節高於傅霖予期與之共濟當今山潛木沓邈不可尋弗力弗早予罪曷鍼

譙定字天授涪陵人少喜學佛析其理歸於儒後學易于郭曩氏自見乃謂之象一語以入郭曩氏者世家南平始祖在漢爲嚴君平之師世傳易學蓋象數之學也定一日至汴聞伊川程頤講道于洛潔衣往見棄其學而學焉遂得聞精義造詣愈至浩然而歸其後頤貶涪實定之鄉也北山有巖師友游泳其中涪人名之曰讀易洞靖康初呂好問薦之欽宗召爲崇政殿說書以論弗合辭不就高宗即位定猶在汴右丞許翰又薦之詔宗澤津遣詣行在至惟揚寓邸舍寠甚一中貴人偶與鄰餽之食不受與之衣亦不受委金而去定袖而歸之其自立之操類此上將用之會金兵至失定所在復歸蜀愛青城大面之勝棲遯其中蜀人指其地曰譙巖敬定而不敢名稱之曰譙夫子有繪像祀之者久而不衰定易學得之程頤授之胡憲劉勉之而馮時行張行成則得定之餘意者也定後不知所終樵夫牧童往往有見之者世傳其爲仙云初程頤之父珦嘗守廣漢頤與兄顥皆隨侍遊成都見治篾箍桶者挾冊就視之則易也欲擬議致詰而篾者先曰若嘗學此乎因指未濟男之窮以發問二程遜而問之則曰三陽皆失位兄弟渙然有所省翌日再過之則去矣其後袁滋入洛問易於頤頤曰易學在蜀耳盍往求之滋入蜀訪問久無所遇已而見賣醬薛翁於眉邛間與語大有所得不知所得何語也憲勉之滋皆閩人時行行成蜀人郭曩氏及篾叟醬翁皆蜀之隱君子也

王忠民潁陽人世業醫忠民幼通經史自靖康以來數言邊方利害于朝累召弗至高宗渡江忠民隱居不出諸鎮翟興等皆重之弗能致張浚授以迪功郎不受與徙治藥川忠民避地南下遇商虢鎮撫使董先于內鄉留軍中事以師禮時劉豫僭立忠民作九思圖及定亂四象達之金主及鏤板印圖散于僞境以明天下之義紹興三年翟宗薦其忠節于朝特授宣教郎詔董先津遣詣行在旣至宰相呂頤浩簽書樞密院事徐俯見之皆拜舍于政府忠民上疏辭官言臣憤金人無道故三上金主書乞還二帝本心報國非冀名祿上不許忠民以詩寘牘中藏七寶山下力懇求去復依董先軍中遂不出時又有蘇庠者丹陽人紳之後頌之族也少能詩蘇軾見其清江曲大愛之由是知名徐俯薦其賢上特召之固辭又命守臣以禮津遣庠辭疾不至以壽終

劉勉之字致中建州崇安人自幼强學日誦數千言踰冠以鄉舉詣太學時蔡京用事禁止毋得挾元祐書自是伊洛之學不行勉之求得其書每深夜同舍生皆寐乃潛抄而默誦之譙定至京師勉之聞其從程頤遊遂易學遂師事之已而厭科舉業揖諸生歸見劉安世楊時皆請業焉及至家卽邑近郊結草爲堂讀書其中力耕自給澹然無求於世與胡憲劉子翬相往來日以講論切磋爲事紹興間中書舍人呂本中疏其行義志業以聞特召詣闕秦檜方主和慮勉之見上持正論乃不引見但令策試後省給札而已勉之知不與檜合卽謝病歸杜門十餘年學者踵至隨其材品爲說聖賢教學之門及前言往行之懿所居有白水人號曰白水先生賢士大夫自趙鼎以下皆敬慕與交後秦檜益横鼎竄死諸賢禁錮勉之竟不復出勉之一介不妄取婦家富無子謀盡以貲歸于女勉之不受以畀族之賢者命之奉祀其友朱松卒屬以後事且戒其子熹受學勉之經理其家而誨熹如子姪熹之得道自勉之始紹興十九年卒年五十九

胡憲字原仲居建之崇安生而靜慤不妄笑語長從父胡安國學平居危坐植立時然後言雖倉卒無疾言遽色人犯之未嘗校紹興中以鄉貢入太學會伊洛學有禁憲獨陰與劉勉之誦習其說既而學易於譙定久未有得定曰心爲物漬故不能有見唯學乃可明耳憲喟然歎曰所謂學者非克己工夫耶自是一意下學不求人知一旦揖諸生歸故山力田賣藥以奉其親安國稱其有隱君子之操從游者日衆號籍溪先生賢士大夫亦高仰之折彥質范沖朱震劉子羽呂祉呂本中共以其行義聞于朝上特召之憲辭母老及彥質入西府又言於上趣召愈急憲力辭乃賜進士出身授左迪功郎添差建州教授憲猶不屈太守魏矼遺行義諸生入里致詔且爲手書陳大義開譬甚力憲不得已就職日與諸生接訓以爲己之學聞者始而笑中而疑久而觀其所以脩身事親接人者無一不如所言遂翕然悅服郡人程元以篤行稱龔何以廉節著皆迎致俾參學政學者自是大化因七年不徙官以母年高不樂居官舍求監南嶽廟以歸久之起爲福建路安撫使司屬官時帥張宗元權鹽急私販者銖兩亦重坐憲告以爲政大體宗元不悅憲復請祠而去秦檜方用事諸賢零落憲家居不出檜死以大理司直召未行改祕書正字旣至次當奏事而病不能朝乃草疏言金人大治汴京宮室勢必敗盟今元臣宿將惟張浚劉錡在議者皆謂金果南牧非此兩人莫能當願亟起之臣死不恨時兩人皆爲積毀所傷未有敢顯言其當用者憲獨首言之疏入卽求去上嘉其忠詔改秩與祠歸初憲與劉勉之俱隱後又與劉子翬朱松交松將沒屬其子熹受學於憲與勉之子翬熹自謂從三君子遊而事籍溪先生爲久方憲之以館職召也適秦檜諱言之後憲與王十朋馮方查籥李浩相繼論事太學士爲五賢詩以歌之人始信憲之不苟出而惜其在位僅半年不究其底蘊云紹興三十二年卒年七十七

郭雍字子和其先洛陽人父忠孝官至大中大夫師事程頤著易說號兼山先生自有傳雍傳其父學通世務隱居峽州放浪長楊山谷間號白雲先生乾道中以峽守任清臣湖北帥張孝祥薦于朝旌召不起賜號沖晦處士孝宗稔知其賢每對輔臣稱道之命所在州郡歲時致禮存問後更封頤正先生令部使者遣官就問雍所欲言備錄繳進於是雍年八十有三矣淳熙初學者裒集程顥程頤張載游酢楊時及忠孝雍凡七家爲大易粹言行于世其述雍之說曰易貫通三才包括萬理伏羲氏之畫得于天而明天文王之重得于人而明人羲畫爲天天君道也故五之在人爲君文重爲地地臣道也故二之在人爲臣以上下二卦別而言之如此合六爻而言之則三四皆人道也故謂之中爻乾元亨利貞初曰四德後又曰乾元始而亨者也利牝馬貞利君

子貞是以四德爲二義亦可矣乾陽物也坤陰物也由乾一卦論之則元與亨陽之類利與貞陰之類也是猶春夏秋冬雖爲四時由陰陽觀之則春夏爲陽秋冬爲陰也天之所謂元亨利貞者如立天之道陰與陽之類也地之所謂元亨利貞者如立地之道柔與剛之類也人之所謂元亨利貞者如立人之道仁與義之類也又坤之六五坤雖臣道五寔君位雖以柔德不害其爲君猶乾之九二雖有君德不害其爲臣故乾有兩君德無兩君坤有兩臣德無兩臣六五以柔居尊下下之君也江海所以能爲百谷王者以其善下也下下本坤德也黃中色也色之至美也裳下服也是以至美之德而下人也其發明精到如此淳熙十四年卒

劉愚字必明衢州龍游人幼警敏力學弱冠入太學有聲受業者甚衆侍御史柴瑾祭酒顏師魯博士林光朝深器重之瑾每奏對稱上意則曰臣客劉愚爲臣言師魯嘗奏愚行藝上記曰此向者柴瑾所薦也上舍釋褐居第一調江陵府教授早曉爲諸生講說同僚相率以聽愚益謙下與葉適項安世講論不倦每以隱居學道爲樂歲滿帥王藺致書剡辟固辭貧不能歸外移安鄉縣令邑逋賦萬計愚覈實數寬限期民不見吏而賦自足會歲歉出常平米賑貸邑佐持不可愚曰有罪不以相累出緡錢數千萬召商糴他郡而收元直米價頓平猶積廩數千石以備饑旱邑有范仲淹讀書地爲繪像立祠興學士競知勸諸司交薦改秩愚雅不樂仕進遂致仕丞相余端禮鄉人也與愚有舊且召堂審愚竟捨去不顧結廬城南頹垣敗壁蓬蒿蕭然著書自適書禮語孟皆有解年八十三而卒故友與其門人私謚曰謙靖先生後更謚曰靖君鄉郡祠之妻徐氏在家時其母將以嫁姑子之富者徐泣曰爲富人妻不願也遂歸于愚居破屋中一事機杼愚嘗懷白金歸徐怒曰我以子爲賢而若是亟具歸愚出書以示束脩得也乃已有梁鴻之風焉子克几凡克蚤以詩名葉適嘗稱其可繼陶韋

魏掞之字子實建州建陽人初字元履自幼有大志師胡憲與朱熹游兩以鄉舉試禮部不第嘗客衢守章傑所趙鼎以譴死其子汾將喪過衢傑雅憾鼎又希秦檜意遣尉翁蒙之領卒掩取鼎平時與故舊來往簡牘蒙之先遣人告汾焚之逮至一無所得傑怒治蒙之抅汾于兵家所且以告檜掞之以書責傑長揖徑歸築室讀書牓以艮齋自是人稱曰艮齋先生閩帥汪應辰建守陳正同知其賢薦于朝時相尼之不果召乾道中詔舉遺逸部刺史芮燁與帥守共表其行誼特詔召之掞之力辭時宰相陳俊卿閩人也雅知掞之招之甚力乃以布衣入見極陳當時之務大要勸上以脩德業正人心養士氣爲恢復之本上嘉納之賜同進士出身守太學錄先是學官養望自高不與諸生接掞之既就職日進諸生教誨之又增葺其舍人人感勵將釋菜掞之請廢王安石父子從祀追爵程顥程頤列于祀典不報復言太學之教宜以德行經術爲先其次則通習世務今乃專以空言取人又不報遂丐去會福州副總管曾覿秩滿還在道掞之累疏以諫移疾杜門遺書陳俊卿責其不能捄止語甚切遂以迎親請歸行數日罷爲台州教授方掞之之未行也覿至國門外已久伺掞之去乃敢入掞之在朝不能半歲既歸喟然歎曰上恩深厚如此而吾學不足以感悟聖意乃日居艮齋條理舊聞以求其所未至其居家謹喪祭重禮法從父有客于南者千里迎養死葬如禮而字其孤建俗生子多不舉爲文以戒全活者甚衆又白于官請督不葬其親者富與期貧與財而無主後者掩之每遇歲饑爲粥以食饑者後依古社倉法請官米以貸民至冬取之以納于倉部使者素敬掞之捐米千餘斛假之歲歲斂散如常民賴以濟諸鄉社倉自掞之始與人交嘉其善而捄其失後進以禮來者苟有寸長必汲汲推挽成就之至或訾其近名則蹙然曰使夫人而避此嫌爲善之路絕矣病革母視之不巾不見戒其子母以僧巫俗禮浼我以書召朱熹至委以後事而訣卒年五十八後上思其直諒將召用之大臣言已死乃贈直祕閣熹平日趣向與掞之同乾道中熹亦被召將行聞掞之去國乃止

青城山道人安世通者本西人其父有謀策爲武官數以言干當路不用遂自沈於酒而終世通亦隱居青城山中不出吳曦反乃獻書於成都帥楊輔曰世通在山中忽聞關外之變不覺大慟世通雖方外人而大人先生亦嘗發以入道之門竊以爲公初得曦檄即當還書誦其家世激以忠義聚官屬軍民素服號慟因而散金發粟鼓集忠義閉劒門燬棧梓與仗義之師以順討逆誰不願從而士大夫皆酒缸飯囊不明大義尚云少屈以保生靈何其不知輕重如此夫君乃父也民乃子也豈有棄父而捄子之理此非曦一人之叛乃舉蜀士大夫之叛也聞古有叛民無叛官今曦叛而士大夫皆縮手以聽命是驅民而爲叛也且曦雖叛逆猶有所忌未敢建正朔殺士大夫尚以虛文見招亦以公之與否卜民之從違也今悠悠不決徒爲婦人女子之悲所謂停囚長智吾恐朝廷之失望也凡舉大事者成敗死生皆當付之度外區區行年五十二矣古人言可以生而生福也可以死而死亦福也決不忍汗面戴天同爲叛民也輔有重名蜀中士大夫多勸以舉義者而世通之言尤切至輔不能決遂東如江陵請吳獵舉兵以討曦未幾曦敗獵使蜀薦士以世通爲首云

卓行

劉庭式　巢谷　徐積

曾叔卿　劉永一

父子有親夫婦有別朋友有信天下之所共知而共由者也乃有卓行於斯焉徐積於其所天劉庭式於其室家巢谷於其知己皆行常人之難行其所難而安焉豈非卓乎曾叔卿之不欺劉永一之不苟取皆以一事而人譽之終身蓋有其所矣其可忽諸撰卓行傳

劉庭式字得之齊州人舉進士蘇軾守密州庭式爲通判初庭式未第時議娶鄉人之女既約未納幣庭式乃及第女以病喪明女家躬耕貧甚不敢復言或勸納其幼女庭式笑曰吾心已許之矣豈可負吾初心哉卒娶之生數子後死庭式喪之逾年不肯復娶軾問之曰哀生於愛愛生於色今君愛何從生哀何從出乎庭式曰吾知喪吾妻而已吾若緣色而生愛緣愛而生哀色衰愛弛吾哀亦忘則凡揚袂倚都市目挑而心招者皆可以爲妻也耶軾深感其言庭式後監太平觀老于廬山絕粒不食目奕奕有紫光步上下峻坂如飛以高壽終

巢谷初名穀字元脩眉州眉山人父中谷傳其學雖朴而博舉進士京師谷素多力見舉武藝者心好之遂棄其舊學蓄弓箭習騎射久之業成而不中第聞西邊多驍勇爲四方冠去遊秦鳳涇原間所至友其秀桀與韓存寶尤相善教之兵書熙寧中存寶爲河州將有功號熙河名將會瀘州蠻乞弟擾邊諸郡不能制命存寶出兵討之存寶不習蠻事邀谷至軍中問焉及存寶得罪將就逮自度必死謂谷曰我涇原武夫死非所惜顧妻子不免寒餓橐中有銀數百兩非君莫可使遺之者谷許諾即變姓名懷銀步往授其子人無知者存寶死谷逃避江淮間會赦乃出蘇軾謫黃州與谷同鄉幼而識之因與之遊及軾與弟轍在朝谷浮沉里中未嘗一來相見紹聖初軾轍謫嶺海平生親舊無復相聞者谷獨慨然自眉山誦言欲徒步訪兩蘇聞者皆笑其狂元符二年谷竟往至梅州遺轍書曰我萬里步行見公不意自全今至梅矣不旬日必見死無恨矣轍驚喜曰此非今世人古之人也既見握手相泣已而道平生逾月不厭時谷年七十三瘦瘠多病將復見軾於海南轍愍而止之曰君意則善然循至儋數千里當復渡海非老人事也谷曰我自視未即死也公無止我閱其橐中無數千錢轍方困乏亦強資遣之舟行會有蠻隸竊其橐裝以逃獲於新州谷從之至新遂病死轍聞哭之失聲恨不用已言而致死又奇其不用已言而行其志也

徐積字仲車楚州山陽人孝行出於天禀三歲父死旦旦求之甚哀母使讀孝經輒淚落不能止事母至孝朝夕冠帶定省從胡瑗學所居一室寒一衲裘啜菽飲水翼之饋以食弗受應舉入都不忍捨其親徒載而西登進士第舉首許安國率同年生入拜且致百金爲壽謝却之以父名石終身不用石器行遇石則避而不踐或問之積曰吾遇之則怵然傷吾心思吾親故不忍加足其上爾母亡水漿不入口者七日悲慟嘔血廬墓三年臥苫枕塊衰絰不去體雪夜伏墓側哭不絕音翰林學士呂溱過其廬適聞之爲泣下曰使鬼神有知亦垂涕也甘露歲降兆域杏兩枝合爲榦既終喪不徹筵几起居饋獻如平生中年有聵疾屏處窮里而四方事無不知客從南越來積與論嶺表山川險易鎮戍疎密口誦手畫若數一二客歎曰不出戶而知天下徐公是也自少及老日作一詩爲文率用腹藁口占授其子嘗借人書筴經宿還之借者紿言中有金葉積謝而不辨賣衣償之鄉人有爭訟多就取決州以行聞詔賜粟帛元祐初近臣合言積養親以孝著居鄉以廉稱道義文學顯於東南今年過五十以耳疾不能出仕朝廷方詔舉中外學官如積之賢宜在所表乃以揚州司戶參軍爲楚州教授每升堂訓諸生曰諸君欲爲君子而勞己之力費己之財如此而不爲猶之可也不勞己之力不費己之財何不爲君子鄉人賤之父母惡之如此而不爲可也鄉人榮之父母欲之何不爲君子又曰言其所善行其所善思其所善如此而不爲君子者未之有也言其不善行其不善思其不善如此而不爲小人者未之有也聞之者斂衽敬聽居數歲使者又交薦之轉和州防禦推官改宣德郎監中岳廟卒年七十六政和六年賜謚節孝處士官其一子

曾叔卿建昌南豐人鞏族兄也家苦貧即心存不欺嘗買西江陶器欲貿易於北方既而不果行有從之轉售

者與之既受直矣問將何之其人曰欲效君前策耳叔卿曰不可吾聞北方新有災饉此物必不時泄故不以行余豈宜不告以誤子其人即取錢去居鄉介潔非所宜受一介不取妻子困於饑寒而拊庇孤惸雖恐失其意起家進士至著作佐郎熙寧中卒

劉永一陝州夏縣人孝友廉謹熙寧初巫咸水溢入縣城民多溺死永一持竿立門前見他人物流入者輒擿出之有僧寓錢數萬於其室無何而僧死永一詣縣自言請以錢歸其弟子鄉人負債不肯償立焚其券行事類此兄大爲醫助教居親喪不飲酒食肉終三年司馬光傳之以爲今士大夫所難

宋史卷四百六十

元中書右丞相總裁脫脫等修

列傳第二百十九

列女

古者天子親耕教男子力作皇后親蠶教女子治生王道之本風俗之原固有在矣男有塾師女有師氏國有其官家有其訓然而詩書所稱男女之賢尚可數也世道既降教與非古男子之志四方猶可隆師親友以爲善女子生長環堵之中能著美行垂於汗青豈易得哉故歷代所傳列女何可棄也考宋舊史得列女若干人作列女傳

朱娥者越州上虞朱回女也母早亡養于祖媼娥十歲里中朱顏與媼競持刀欲殺媼一家驚潰獨娥號呼突前擁蔽其媼手挽顏衣以身下墜顏刀曰寧殺我毋殺媼也媼以娥故得脫娥連被數十刀猶手挽顏衣不釋顏忿恚斷其喉以死事聞賜其家粟帛其後會稽令董皆爲娥立像于曹娥廟歲時配享焉

張氏鄂州江夏民婦里惡少謝師乞過其家持刀逼欲與爲亂曰從我則全不從則死張大罵曰庸奴可死不可它也至以刃斷其喉猶能走擒師乞以告隣人既死朝廷聞之詔封旌德縣君表墳曰列女之墓賜酒帛令郡縣致奠

彭列女生洪州分寧農家從父泰入山伐薪父遇虎將不脫女拔刀斫虎奪其父而還事聞詔賜粟帛敕州縣歲時存問

郝節娥嘉州娼家女生五歲母娼苦貧賣於洪雅良家爲養女始笄母奪而歸欲令世其娼娥不樂娼日逼之娥曰少育良家習織作組紃之事又輒精巧粗可以給母朝夕欲求此身使終爲良可乎母益怒且箠且罵洪雅春時爲蠶叢祠娼與邑少年期因蠶叢具酒邀娥娼與娥徐往娥見少年倉皇驚走母挽捽不使去不得已留坐中時時顧酒食輒唾強飲之則嘔噦滿地少年卒不得侵凌暮歸過鷄鳴渡娥度他日必不可脫陽渴求飲自投于江以死鄉人謂之節娥云

朱氏開封民婦也家貧賣巾屨簪珥以給其夫夫日與俠少飲博不以家爲事犯法徙武昌父母欲奪而嫁之朱曰何迫我如是耶其夫將行一夕自經死且曰及吾夫未去使知我不爲不義屈也吳充時爲開封府判官作阿朱詩以道其事

崔氏合淝包繶妻繶樞密副使拯之子早亡惟一稚兒拯夫婦意崔不能守也使左右嘗其心崔蓬垢涕泣出堂下見拯曰翁天下名公也婦得齒賤獲執澣滌之事幸矣況敢汙家乎生爲包婦死爲包鬼誓無它也其後稚兒亦卒母呂自荊州來誘崔欲嫁其族人因謂曰喪夫守子子死孰守崔曰昔之留也非以子也舅姑故也今舅歿姑老矣將舍而去乎呂怒詛罵曰我寧死此決不獨歸須爾同往也崔泣曰母遠來義不當使母獨還然到荊州儻以不義見迫必絕於尺組之下願以屍還包氏遂偕去母見其誓必死卒還包氏

趙氏貝州人父嘗舉學究王則反聞趙氏有殊色使人劫致之欲納爲妻趙日號哭慢罵求死賊愛其色不殺多使人守之趙知不脫乃紿曰必欲妻我宜擇日以禮聘賊信之使歸其家家人懼其自殞得禍于賊益使人守視賊具聘帛盛輿從來迎趙與家人訣曰吾不復歸此矣問其故答曰豈有爲賊汚辱至此而尚有生理乎家人曰汝忍不爲家族計趙曰第亡患遂涕泣登輿而去至州廨舉簾視之已自縊輿中死矣尚書屯田員外郎張寅有趙女詩

張晉卿妻丁氏鄭州新鄭人參知政事度五世孫也靖康中與晉卿避金兵於大隗山金兵入山爲所得挾之鞍上丁自投于地戟手大罵連呼曰我死即死耳誓不受辱於爾輩復挾上馬再三罵不已卒乃忽然舉梃縱擊遂死杖下

項氏吉州吉水人居永昌里適同里孫氏宣和七年爲里胥所逮至中途欲侵凌之項引刀自刺而死郡以聞詔贈孺人旌表其廬

王氏二婦汝州人建炎初金人至汝州二婦爲所掠擁置舟中遂投漢江以死屍皆浮出不壞人爲收葬之城外江上爲双塚以表之

徐氏和州人閎中女也適同郡張弼建炎三年春金人犯維揚官軍望風奔潰多肆虜掠執徐欲汙之徐瞋目大罵曰朝廷蓄汝輩以備緩急今敵犯行在既不能赴難又乘時爲盜我恨一女子不能引劍斷汝頭以快衆憤肯爲汝辱以苟活耶第速殺我賊慙恚以刃刺殺之投江中而去

榮氏薿女弟也自幼如成人讀論語孝經能通大義事父母孝歸將作監主簿馬元穎建炎二年賊張遇寇儀真榮與其姑及二女走惟揚姑素羸榮扶掖不忍舍俄賊至脅之不從賊殺其女脅之益急榮厲聲詬罵遂遇害

何氏吳人吳永年之妻也建炎四年春金兵道三吳官兵遁去城中人死者五十餘萬永年與其姊及其妻何奉母而逃母老待挾持而行卒爲賊所得將縶其姊及何何紿謂賊曰諸君何不武耶婦人東西惟命爾賊信之行次水濱謂其夫曰我不負君遂投于河其姊繼之

董氏沂州滕縣人許適劉氏子建炎元年盜李昱攻剽滕縣悅其色欲亂之誘諭再三曰汝不我從當剉汝萬段女終不屈遂斷其首劉氏子聞女死狀大慟曰烈女也葬之爲立祠三年春盜馬進掠臨淮縣王宣要其妻曹氏避之曹曰我聞婦人死不出閨房賊至宣避之曹堅臥不起衆賊劫持之大罵不屈爲所害四年盜祝友聚衆於滁州龔家城掠人爲糧東安縣民丁國兵者及其妻爲友所掠妻泣曰丁氏族流亡已盡乞存夫以續其祀賊遂釋夫而害之同時叛卒楊就寇南劍州道出小常村掠一民婦欲與亂婦毅然誓死不受汚遂遇害棄屍道傍賊退人爲收瘞屍所枕藉處跡宛然不滅每雨則乾晴則濕或削去即復見覆以他土其迹愈明

譚氏英州眞陽縣人曲江村士人吳琪妻也紹興五年英州饑觀音山盜起攻剽鄉落琪竄去譚不能俱與其女被執譚有姿色盜欲妻之譚怒罵曰爾輩賊也我良家女豈若偶耶賊度無可奈何害之同時有南雄李科妻謝氏保昌故村人囚於虔盜中數日有欲犯之謝唾其面曰寧萬段我不汝狗也盜怒剉之而去

劉氏海州朐山人適同里陳公緒紹興末金人犯山東郡縣震響公緒倡義來歸偶劉歸寧倉卒不得與偕惟挈其子庚以行宋授以八品官後累功至正使劉留北方音問不通或語之曰人言貴易交富易妻今陳已貴必他娶矣盍改適曰吾知守吾志而已遑郵乎他公緒亦不他娶子庚浸長輒思念涕泣傾家貲結任俠奔走淮甸險阻備嘗如是者十餘年遂得迎母以歸劉在北二十五年嘗鬻蕭以自給

張氏羅江士人女其母楊氏寡居一日親黨有婚會母女偕往其典庫雍乙者從行既就坐乙先歸會罷楊氏歸則乙死于庫莫知殺者主名提點成都府路刑獄張文饒疑楊有私懼爲人知殺乙以滅口遂命石泉軍劾治楊言與女同榻實無他遂逮其女考掠無實吏乃掘地爲坑縛母于其內旁列熾火間以水沃之絕而復蘇者屢辭終不服一日女謂獄吏曰我不勝苦毒將死矣願一見母而絕吏憐而許之既見謂母曰母以清潔聞奈何受此汚辱寧死箠楚不可自誣女今死死將訟寃于天言終而絕於是石泉連三日地大震有聲如雷天雨雪屋瓦皆落邦人震恐勘官李志寧疑其獄夕具衣冠禱于天俄假寐坐廳事恍有猿墜前驚寤呼吏卒索之不見志寧自念夢兆非殺人者袁姓乎有門卒忽言汝也袁色動遽曰吾憐之久矣願就死問之云適盜庫金會雍歸遂殺之楊乃得免時女死才數日也獄上郡

牓其所居曰孝感坊

師氏，彭州永豐人。父驥，政和二年省試第一，宣和中爲右正言，十餘日凡七八疏，論權倖及廉訪使者之害，而去。女適范世雍子孝純。建炎初，還蜀，至唐州方城縣，會賊朱顯終掠方城，孝純先被害，賊執師氏，欲强之，許以不死。師罵曰：「我中朝言官女，豈可受賊辱。吾夫已死，宜速殺我。」賊知不可屈，遂害之。

陳堂前，漢州雒縣王氏女，節操行義，爲鄉人所敬，但呼曰「堂前」，猶私家尊其母也。堂前年十八，歸同郡陳安節，歲餘夫卒，僅有一子。舅姑無生事，堂前斂泣告曰：「人之有子，在奉親克家爾。今已無可奈何，婦願幹蠱如子在日。」舅姑曰：「若然，吾子不亡矣。」既葬其夫，事親治家有法，舅姑安之。子曰新，年稍長，延名儒訓導，既冠，入太學，年三十卒。二孫曰綱、曰紱，咸篤學有聞。初，堂前歸陳，夫之妹尚幼，堂前教育之，及笄，以厚禮嫁遣。舅姑亡，妹求分財產，堂前盡遺室中所有，無靳色。不五年，妹所得財爲夫所罄，乃歸悔。堂前爲買田置屋，撫育諸甥無異己子。親屬有貧窶不能自存者，救養婚嫁至三四十人。自後宗族無慮百數。里有故家甘氏，貧而質其季女於酒家，堂前出金贖之，俾有所歸。子孫遵其遺訓，五世同居，並以孝友儒業著聞。乾道九年，詔旌表其門閭云。

廖氏，臨江軍貢士歐陽希文之妻也。紹興三年春，盜起建昌，號白氊笠，過臨江，希文與妻共挾其母傳走山中，爲賊所追。廖以身蔽姑，使希文負之逃。賊執廖氏，廖正色叱之。賊知不可屈，揮刃斷其耳與臂，廖猶詬賊曰：「爾輩叛逆至此，我即死，爾輩亦不久屠戮。」語絕而仆。鄉人義而葬之，號廖節婦墓。是年，盜彭友犯吉州龍泉，李生妻梁氏義不受辱，赴水而死。

王氏，利州路提舉常平司幹辦公事劉當可之母也。紹定三年，就養興元，大元兵破蜀，提刑龎授檄當可詣行司議事。當可捧檄白母，王氏毅然勉之曰：「汝食君祿，豈可辭難。」當可行，大元軍屠興元，王氏義不辱，大罵投江而死。其婦杜氏及婢僕五人咸及于難。當可聞變奔赴，江滸得母喪以歸。詔賵和義郡太夫人。

曾氏婦晏，汀州寧化人。夫死，守幼子不嫁。紹定間，寇破寧化縣，令佐俱逃。將樂縣宰黃垺令土豪王萬全、王倫結約諸砦以拒賊，晏首助兵給糧，多所殺獲。賊忿其敗，結集愈衆，諸砦不能禦。晏乃依黃牛山傍自爲一砦。一日，賊遣數十人來索婦女金帛，晏召其田丁諭曰：「汝曹衣食我家，賊求婦女，意實在我。汝念主母，各當用命，不勝，即殺我。」因解首飾悉與田丁。田丁感激思奮，晏自搥鼓，使諸婢鳴金以作其勇，賊復退敗。鄰鄉知其可依，挈家依黃牛山避難者甚衆。有不能自給者，晏悉以家糧助之。於是聚衆日廣，復與倫、萬全共措置，析黃牛山爲五砦，選少壯爲義丁，有急則互相應援，以爲犄角，賊屢攻弗克。所括老幼數萬人。知南劒州陳韡遣人遺以金帛，晏悉散給其下。又遺楮幣以勞五砦之義丁，且借補其子，名其砦曰萬安。事聞，詔特封晏爲恭人，仍賜冠帔，其子特與補承信郎。

王袤妻趙氏，饒州樂平人。建炎中，袤監上高酒稅，金兵犯筠，袤棄官逃去，趙從之行。遇金人，縛以去，繫袤夫婦於劉氏門，而入剽掠劉室。趙宛轉解縛，并解袤，謂袤曰：「君速去我。」而金人出，問袤安往，趙他指以誤之。金人追之不得，怒趙欺己，殺之。袤方伏叢薄間，望之悲痛，歸刻趙像以葬。袤後仕至孝順監鎮。

涂端友妻陳氏，撫州臨川人。紹興九年，盜起，破驛，入黃山寺。賊逼之，不從，以刃加其頸，叱曰：「汝輩鼠竊，命若蜉蝣。我良家子，義豈爾辱。縱殺我，官兵即至，爾其免乎。」賊知不可屈，乃幽之屋壁。居數日，族黨有得釋者，咸齎金帛以贖其孥。賊引端友妻令歸，曰：「吾聞貞女不出閨閤，今吾被驅至此，何面目登涂氏堂。」復罵賊不絕，竟死之。

詹氏女，蕪湖人。紹興初，年十七，淮寇號「一窠蜂」倏破縣，女歎曰：「父子無俱生理，我計決矣。」頃之，賊至，欲殺其父兄，女趨而前拜曰：「妾雖窶陋，願執巾帚以事將軍，贖父兄命。不然，父子併命，無益也。」賊釋父兄縛，女麾手使亟去：「無顧我，我得侍將軍，何所憾哉。」遂隨賊行。數里，過市東橋，躍身入水死。賊相顧駭歎而去。

劉生妻歐陽氏，吉州安福人。生居新樂鄉，以事出，惡少來欲侵凌之，歐陽不受辱而死。邑人劉寬作詩以弔之，時紹興十年也。同縣有朱雲孫妻劉氏，姑病，雲孫刲股肉作糜以進而愈。姑復病，劉亦刲股以進，又愈。尚書謝諤爲賦孝婦詩。

謝泌妻侯氏，南豐人。始笄，家貧，事姑孝謹。盜起，焚里舍，殺人，遠近逃避。姑疾篤不能去，侯號泣姑側。盜逼之，侯曰：「寧死不從。」盜刃之，仆溝中。賊退，漸蘇，見一篋在側，發之皆金珠。族婦以爲己物，侯悉歸之，婦分其一以謝侯，辭曰：「非我有，不願也。」後夫與姑俱亡，子幼，父母欲更嫁之，侯曰：「兒以賤婦人得歸隱居賢者之門，已幸矣，忍去而使謝氏無後乎？寧貧以養其子，雖餓死，亦命也。」同縣有樂氏女，父以鬻果爲業。紹定二年，盜入境，其父買舟挈家走建昌，盜掠其舟，將逼二女，俱不從，一赴水死，一見殺。

謝枋得妻李氏，饒州安仁人也。色美而慧，通女訓諸書。嫁枋得，事舅姑、奉祭、待賓皆有禮。枋得起兵守安仁，兵敗逃入閩中。武萬戶以枋得豪傑，恐其扇變，購捕之，根及其家人。李氏携二子匿貴溪山荊棘中，採草木而食。至元十四年冬，信兵蹤跡至山中，令曰：「苟不獲李氏，屠而墟。」李聞之，曰：「豈可以我故累人，吾出事塞矣。」遂就俘。明年，徙囚建康。或指李言曰：「明當沒入矣。」李聞之，撫二子淒然而泣。左右曰：「雖沒入，將不失爲官人妻，何泣也。」李曰：「吾豈可嫁二夫耶。」顧謂二子曰：「若幸生還，善事吾姑，吾不得終養矣。」是夕，解裙帶自經獄中死。枋得母桂氏尤賢達，自枋得逋播，婦與孫幽遠方，處之泰然，無一怨語。人問之，曰：「義所當然也。」人稱爲賢母云。

王貞婦，夫家臨海人也。德祐二年冬，大元兵入浙東，婦與其舅姑、夫皆被執。既而舅姑與夫皆死，主將見婦皙美，欲內之，婦號慟欲自殺，爲奪挽不得死。夜令俘囚婦人雜守之，婦乃陽謂主將曰：「若以吾爲妻妾者，欲令終身善事主君也。吾舅姑與夫死，而我不爲之衰，是不天也。不天之人，若將焉用之。願請爲服期，即惟命；苟不聽我，我終死耳，不能爲若妻也。」主將恐其誠死，許之，然防守益嚴。明年春，師還，挈行至嵊青楓嶺，下臨絕壑，婦待守者少懈，嚙指出血書字山石上，南望慟哭，自投崖下而死。後其血皆漬入石間，盡化爲石，天且陰雨即墳起如始書時。至治中，朝廷旌之曰「貞婦」，郡守立石祠嶺上，易名曰清風嶺。

趙淮妾，長沙人也，逸其姓名。德祐中，從淮戍銀樹埧，淮兵敗，俱執至瓜州。元帥阿术使淮招李庭芝，淮陽諾，至揚城下，乃大呼曰：「李庭芝，男子死耳，毋降也。」元帥怒，殺之，棄其尸江濱。妾俘一軍校帳中，乃解衣中金遺其左右，且告之曰：「妾夙事趙運使，今其死不葬，妾誠不能忘情，願因公言使掩埋之，當終身事相公無憾矣。」軍校憐其言，使數兵輿如江上。妾聚薪焚淮骨，置瓦缶中，自抱持操小舟至急流，仰天慟哭，躍水而死。

譚氏婦趙，吉州永新人。至元十四年，江南既內附，永新復嬰城自守，天兵破城，趙氏抱嬰兒隨其舅姑同匿邑校中，爲悍卒所獲，殺其舅姑，執趙欲汙之，不可，臨之以刃曰：「從我則生，不從則死。」趙罵曰：「吾舅死於汝，吾姑又死於汝，吾與其不義而生，寧從吾舅姑以死耳。」遂與嬰兒同遇害。血漬於禮殿兩楹之間，入甎爲婦人與嬰兒狀，久而宛然如新。或訝之，磨以沙石不滅，又煅以熾炭，其狀益顯。

吳中孚妻，隆興之進賢人。少寡。景定元年，兵亂，携孤女自沈于縣之染步，曰：「義不辱吾夫。」

呂仲洙女，名良子，泉州晉江人。父得疾瀕殆，女焚香祝天，請以身代，刲股爲粥以進。時夜中，羣鵲遶屋飛噪，仰視空中，大星燁煜如月者三。越翼日，父瘳。女弟細良亦相從拜禱，良子卻之，細良恚曰：「豈姊能之，兒不能耶？」守眞德秀嘉之，表其居曰懿孝。

林老女，永春人。及笄未昏。紹定三年夏，寇犯邑，入山避之，猝遇寇，欲汙之，不從，度不能脫，紿曰：「有金帛埋於家，盍同取之。」甫入門，大呼曰：「吾寧死於家，決不辱吾身。」賊怒殺之，越三日，面如生。

童八娜，鄞之通遠鄉建奧人。虎銜其大母，女手拽虎尾，祈以身代。虎爲釋其大母，銜女以去。始，林栗侍親官其地，嘗目睹之，已而爲守，以聞于朝，祠祀之。

韓氏女，字希孟，巴陵人，或曰丞相琦之裔。少明慧，知讀書。開慶元年，大元兵至岳陽，女年十有八，爲卒所掠，將挾以獻其主將。女知必不免，竟赴水死。越三日，得其尸，於練裙帶有詩曰：「我質本瑚璉，宗廟供蘋蘩。一朝嬰禍難，失身戎馬間。寧當血刃死，不作衽席完。漢上有王猛，江南無謝安。長號赴洪流，激烈摧心肝。」

王氏婦梁，臨川人。歸夫家才數月，會大元兵至，一夕與夫約曰：「吾遇兵必死，義不受汙辱。若後娶，當告我。」頃之，夫婦被掠，有軍千戶強使從己，婦紿曰：「夫在，伉儷之情有所不忍，乞歸之而後可。」千戶以所得金帛與其夫而歸之，并與一矢以却後兵。約行十餘里，千戶即之，婦拒且罵曰：「斫頭奴！吾與夫誓，天地鬼神寔臨之，此身寧死不可得也。」因奮搏之，乃被殺。有同掠脫歸者道其事。越數年，夫以無嗣謀更娶，議輒不諧，因告其故妻。夜夢妻曰：「我死後生某氏家，今十歲矣，後七年當復爲君婦。」明日遣人聘之，一言而合，詢其生與婦死年月同云。

劉仝子妻林氏，福州福清人。其父公遇，知名士。仝子爲福建招撫使，起義兵，事見林同傳。仝子亡命自經死，有司執其妻，具反狀，叱曰：「林、劉二族世爲宋臣，欲以忠義報國，事不成，天也，何爲反乎？汝知去歲有以血書壁而死者乎？是吾兄也。吾與兄忠義之心則一也，死且求治汝於地下，可生爲汝等凌辱耶？」遂遇害。

毛惜惜者，高郵妓女也。端平二年，別將榮全率衆據城以畔，制置使遣人以武翼郎招之，全僞降，欲殺使者。方與同黨王安等宴飲惜惜恥於供給安斥責之惜惜曰初謂太尉降爲太尉更生賀今乃閉門不納使者縱酒不法乃畔逆耳妾雖賤妓不能事畔臣全怒遂殺之越三日李虎破關禽全斬之井其妻子及王安以下預畔者百有餘人悉傳以法。

宋史卷四百六十一

元 中 書 右 丞 相 總 裁 脫 脫 等 修

列傳第二百二十

方技上

趙脩己　王處訥子熙元　苗訓子守信
馬韶　楚芝蘭　韓顯符
史序　周克明　劉翰
王懷隱　趙自化　馮文智
沙門洪蘊　蘇澄隱　丁少微
趙自然

昔者少皞氏之衰九黎亂德家爲巫史神人淆焉顓頊氏命南正重司天以屬神北正黎司地以屬民其患遂息厥後三苗復棄典常帝堯命羲和脩重黎之職絕地天通其患又息然而天有王相孤虛地有燥濕高下人事有吉凶悔吝疾病札瘥聖人欲斯民趨安而避危則巫醫不可廢也後世占候測驗厭禳禁檜至於兵家遁甲風角鳥占與夫方士脩煉吐納導引黃白房中一切焄蒿妖誕之說皆以巫醫爲宗漢以來司馬遷劉歆又亟稱焉然而歷代之君臣一惑於其言害於而國凶於而家靡不有之宋景德宣和之世可鑒乎哉然則歷代方技何脩而可以善其事乎曰人而無恆不可以作巫醫漢嚴君平唐孫思邈呂才言皆近道孰得而少之哉宋舊史有老釋符瑞二志又有方技傳多言禨祥今省二志存方技傳云

趙脩己開封浚儀人少精天文推步之學晉天福中李守貞掌禁軍領滑州節制表爲司戶參軍留門下守貞每出征脩己必從軍中占候多中奏試大理評事賜緋漢乾祐中守貞鎮蒲津陰懷異志脩己屢以禍福諭之不聽遂辭疾歸鄉里明年守貞果叛幕吏多伏誅獨脩己得免朝廷知其能召爲翰林天文周祖鎮鄴奏參軍謀會隱帝誅楊邠史弘肇等且將害周祖脩己知天命所在密謂周祖曰釁發蕭牆禍難斯作公擁全師臨巨屏臣節方立忠誠見疑今幼主信讒大臣受戮公位極將相居功高不賞之地雖欲殺身成仁何益於事不如引兵南渡詣闕自訴則明公之命是天所與也天與不取悔何可追周祖然之遂決渡河之計即位以爲殿中省尚食奉御賜金紫改鴻臚少卿遷司天監顯德中累加檢校戶部尚書嘗遣副翰林學士承旨陶穀以御衣金帶戰馬器幣賜吳越錢俶宋初遷太府卿判監事上章告老優詔不許建隆三年卒年七十一

王處訥河南洛陽人少時有老叟至舍煮洛河石如麵令處訥食之且曰汝性聰悟後當爲人師又嘗夢人持巨鑑星宿燦然滿中剖腹納之覺而汗洽月餘心胷猶覺痛因留意星曆占候之學深究其旨晉末之亂避地太原漢祖時領節制辟置幕府即位擢爲司天夏官正出補許田令召爲國子尚書博士判司天監事周祖嘗與處訥同事漢祖雅相厚善及自鄴舉兵入汴遣命訪求處訥得之甚喜因問以劉氏祚短事對曰人君未得位常務寬大既得位即思復讎漢氏據中土承正統以曆數推之其大祀猶永第以高祖得位之後多報讎殺人及夷人之族結怨天下所以運祚不長周祖默然太息適發兵圍漢大臣蘇逢吉劉銖等家待旦將行孥戮遽命止之逢吉已自殺止誅劉銖餘悉全活廣順中遷司天少監世宗以舊曆差舛俾處訥詳定曆成未上會樞密使王朴作欽天曆以獻頗爲精密處訥私謂朴曰此曆且可用不久即差矣因指以示朴朴深然之至建隆二年以欽天曆謬誤詔處訥別造新曆經三年而成爲六卷太祖自製序命爲應天曆處訥又以漏刻無準重定水稱及候中星分五鼓時刻俄遷少府少監太平興國初改司農少卿並判司天事六年又上新曆二十卷拜司天監歲餘卒年六十八子熙元

熙元幼習父業開寶中補司天曆算端拱初改監丞累遷太子洗馬兼春官正加殿中丞景德中同判監事東封隨經度制置使詣祠所禮畢授權知司天少監祠汾陰眞拜少監奉詔於後苑續陰陽事十卷上之眞宗爲製序賜名靈臺祕要及作詩紀之初上所脩儀天曆秋官正趙昭益言其二年後必差又熒惑度數稍謬後果驗熙元頗伏其精一上嘗對宰相言及曆算事曰曆象陰陽家流之大者以推步天道平秩人時爲功且言昭益能專其業人鮮及也玉淸昭應宮成以祇事之勤授司天監坐擇日差謬降爲少監以目疾改將作監致仕天禧二年卒年五十八

苗訓河中人善天文占候之術仕周爲殿前散員右第一直散指揮使顯德末從太祖北征訓視日上復有一日久相摩盪指謂楚昭輔曰此天命也夕次陳橋太祖爲六師推戴訓皆預白其事既受禪擢爲翰林天文尋加銀青光祿大夫檢校工部尚書年七十餘卒子守信

守信少習父業補司天曆算尋授江安縣主簿改司天臺主簿知算造太平興國中以應天曆小差詔與冬官正吳昭素主簿劉內眞造新曆及成太宗命衞尉少卿元象宗與明律曆者同校定賜號乾元曆頗爲精密皆優賜束帛雍熙中遷冬官正端拱初改太子洗馬判司天監淳化二年守信上言正月一日爲一歲之首每月八日天帝下巡人世察善惡太歲日爲歲星之精人君之象三元日上元天官中元地官下元水官各主錄人之善惡又春戊寅夏甲午秋戊申冬甲子爲天赦日及上慶誕日皆不可以斷極刑事下有司議行未幾轉殿中丞權少監事並本品之下俄賜金紫至道二年上以梁雍宿兵彌歲凶歉心憂之令宰相召守信問以天道咎證所在守信奏曰臣仰瞻玄象及推驗太一經曆宮分其荆楚吳越交廣並皆安寧自來五緯陵犯慧星見及水神太一臨井鬼之間屬秦雍分及梁益之地民罹其災水神太一來歲入燕分歲在房心正當京都之地自茲朝野有慶詔付史館明年眞授少監咸平三年卒年四十六子舜卿爲國子博士

馬韶趙州平棘人習天文三式開寶中太宗以晉王尹京申嚴私習天文之禁韶素與太宗親吏程德玄善德玄每戒韶不令及門九年冬十月十九日既夕韶忽造德玄德玄恐甚詰其所以來韶曰明日乃晉王利見之辰韶故以相告德玄惶駭止韶一室遽入白太宗太宗命德玄以人防守之將聞于太祖及詰旦太宗入謁果受遺踐阼韶以赦獲免踰月起家爲司天監主簿太平興國二年擢太僕寺丞改祕書省著作佐郎歷太子中允祕書丞出爲平恩令歸朝復守舊任與楚芝蘭同判司天監事就遷太常博士淳化五年坐事出爲博興令移長山令秩滿歸鄉里卒於家

楚芝蘭汝州襄城人初習三禮忽自言遇有道之士教以符天六壬遁甲之術屬朝廷博求方技詣闕自薦得錄爲學生以占候有據擢爲翰林天文授樂源縣主簿遷司天春官正判司天監事占者言五福太一臨吳分當於蘇州建太一祠芝蘭獨上言京師帝王之都百神所集且今京城東南一舍地名蘇村若於此爲五福太一建宮萬乘可以親謁有司便於祇事何爲遠趨江外以蘇臺爲吳分乎輿論不能奪遂從其議仍令同定本宮四時祭祀儀及醮法宮成特遷尚書工部員外郎賜五品服淳化初與馬韶同判監俱坐事芝蘭出爲遂平令卒年六十錄其子繼芳爲城父縣主簿

韓顯符不知何許人少習三式善察眂辰象補司天監生遷靈臺郎累加司天冬官正顯符專渾天之學淳化初表請造銅渾儀候儀詔給用度俾顯符規度擇匠鑄之至道元年渾儀成於司天監築臺置之賜顯符雜綵五十匹顯符上其法要十卷序之云伏羲氏立渾儀測北極高下量日影短長定南北東西觀星閒廣狹帝堯即位羲氏和氏立渾儀定曆象日月星辰欽授民時使知緩急降及虞舜測璇璣玉衡以齊七政通占又云撫渾儀觀天道萬象不足以爲多是知渾儀者實天地造化之準陰陽曆數之元自古聖帝明王莫不用是精詳天象預知差忒或鑄以銅或飾以玉置之內庭遣日官近臣同窺測焉自伏羲甲寅年至皇朝大中祥符三年庚戌歲積三千八百九十七年五帝之後訖今明曆象之玄知渾天之奧者近十餘朝考而論之臻至妙者不過四五自餘徒誇重於一日不深圖於久要致使天象無準曆算漸差占候不同盈虛難定陛下講求廢墜笈造渾儀漏刻星躔曉然易辨若人目窺於下則銅管運於上七曜之進退盈縮衆星之次舍遠近占逆順明吉凶然後脩福俾順其度省事以退其災悉由斯器驗之昔漢洛下閎脩渾儀測太初曆云後五百年必當重製至唐李淳風果合前契貞觀初淳風又言前代渾儀得失之差因令銅鑄七年太宗起凝暉閣於禁中俾侍臣占驗既在宮掖人莫得見後失其處所玄宗命沙門一行脩大衍曆蓋以渾儀爲證又有梁令瓚造渾儀木式一行謂其精密思出古人遂以銅鑄今文德殿鼓樓下有古本銅渾儀一制極疎畧不可施用且曆象之作非渾儀無以考眞僞算造之士非占驗不能究得失渾儀之成則司天歲上細行曆益可致其詳密其制有九事具天文志自是顯符專測驗渾儀累加春官正又轉太子洗馬大中祥符三年詔顯符擇監官或子孫可以授渾儀法者顯符言長子監生承矩善察躔度次子保章正承規見知算造又主簿杜貽範保章正楊惟德皆可傳其學詔顯符與貽範等參驗之顯符後改殿中丞兼

翰林天文六年卒年七十四又詔監丞丁文泰嗣其事焉

史序字正倫京兆人善推步曆算太平興國中補司天學生太宗親較試擢爲主簿稍遷監丞賜緋魚隸翰林天文院雍熙二年廷試中選者二十六人而序爲之首命知算造又知監事淳化三年司天鄭昭晏言臣測金火行度須有相犯今驗之天而火行漸南金度漸北有若相避遂不相犯序又言木火金三星初夜在午木在東火在中金最西漸北行去火尺餘此國家欽崇天道聖德所感也序後累遷夏官正河西環慶二路隨軍轉運太子洗馬脩儀天曆上之又嘗纂天文曆書爲十二卷以獻改殿中丞賜金紫俄權監事景德二年遷權知少監大中祥符初卽眞三年卒年七十六序愼密勤職在監三十年未嘗有過衆頗稱之

周克明字昭文曾祖德扶唐司農卿祖傑開成中進士解褐獲嘉尉歷弘文館校書郎中和中僖宗在蜀傑上書言治亂萬餘言擢水部員外郎三遷司農少卿傑精於曆算嘗以大衍曆數有差因敷衍其法著極衍二十四篇以究天地之數時天下方亂傑以天文占之惟嶺南可以避地乃遣其弟鼎求爲封州錄事參軍傑天復中亦棄官携家南適嶺表劉隱素聞其名每令占候天文災變傑自以年老嘗策名中朝恥以星曆事僭僞乃謝病不出龑襲位彊起之令知司天監事因問國祚脩短傑以周易筮之得比之復曰卦有二土土數生五成於十二五相比以歲言之當五百五十龑大喜賞賚甚厚龑以梁貞明三年僭號至開寶四年國滅止五十五年蓋傑舉成數以避害耳大有中遷太常少卿卒年九十餘傑生茂元亦世其學事龑至司天少監歸未授監丞而卒卽克明之父也克明精於數術凡律曆天官五行讖緯及三式風雲龜筮之書靡不究其指要開寶中授司天六壬改臺主簿轉監丞五遷春官正克明頗脩詞藻喜藏書景德初嘗獻所著文十編召試中書賜同進士出身三年有大星出氐西衆莫能辨或言國皇妖星爲兵凶之兆克明時使嶺表及還亟請對言臣按天文錄荊州占其星名曰周伯其色黃其光煌煌然所見之國大昌是德星也臣在塗聞中外之人頗惑其事願許文武稱慶以安天下心上嘉之卽從其請拜太子洗馬殿中丞皆兼翰林天文又權判監事屬脩兩朝國史其天文律曆事命克明參之大中祥符九年坐本監擇日差互例降爲洗馬天禧元年夏火犯靈臺克明語所親曰去歲太白犯靈臺掌曆者悉被降謫上天垂象深可畏也今熒惑又犯之吾其不起乎八月疽發背卒年六十四克明久居司天之職頗勤慎凡奏對必據經盡言及卒上頗悼惜遣內侍諭其壻直龍圖閣馮元令主喪事賻甚厚初諸僭國皆有纂錄獨嶺南闕焉惟胡賓王胡元興二家纂述皆不之備克明訪耆舊采碑誌孶孶著撰裁十數卷書未成而卒

劉翰滄州臨津人世習醫業初攝護國軍節度巡官周顯德初詣闕獻經用方書三十卷論候十卷今體治世集二十卷世宗嘉之命爲翰林醫官其書付史館再加衞尉寺主簿太祖北征命翰從行建隆初加朝散大夫鴻臚寺丞時太祖求治事皆覈實故方技之士必精練乾德初令太常寺考較翰林醫官藝術以翰爲優絀其業不精者二十六人自後又詔諸州訪醫術優長者籍其名仍量賜裝錢所在厨傳給食遣詣闕開寶五年太宗在藩邸有疾命翰與馬志視之及愈轉尚藥奉御賜銀器緡錢鞍勒馬嘗被詔詳定唐本草翰與道士馬志醫官翟煦張素吳復珪王光祐陳昭遇同議凡神農本經三百六十種名醫錄一百八十二種唐本先附一百一十四種有名無用一百九十四種翰等又參定新附一百三十三種旣成詔翰林學士中書舍人李昉戶部員外郎知制誥王祐左司員外郎知制誥扈蒙詳覆畢上之昉等序之曰三墳之書農預其一百藥卽辨本草序其錄舊經三卷世所流傳名醫別錄互爲編纂至梁陶弘景乃以別錄參其本經朱墨雜書時謂明白而又考彼功用爲之注釋列爲七卷南國行焉逮乎有唐別加參校增藥餘八百味添注爲二十卷本經漏切則補之陶氏誤說則證之然而載歷年祀又踰四百朱字墨字無本得同舊注新注其文互闕非聖主撫大同之運永無疆之休其何以改而正之哉乃命盡考傳誤刊爲定本類例非允從而革焉至如筆頭灰兔毫也而在草部今移附兔頭骨之下半天河地漿皆水也亦在草部今移附土石類之間敗鼓皮移附於獸名胡桐淚改從於木類紫礦亦木也自玉石品而改焉伏翼實禽也由蟲魚部而移焉橘柚附於果實食鹽附於光鹽生薑乾薑同歸一類至於鷄腸蘩蔞陸英蒴藋以類相似從而附之仍採陳藏器拾遺李含光音義或窮源於別本或傳效於醫家參而較之辨其臧否至如突屈白舊說灰類今是木根天麻根解似赤箭今又全異去非取是特立新條自餘刊正不可悉數下採衆議定爲印板乃以白字爲神農所說墨字爲名醫所傳唐附今附各加顯注詳其解釋審其形性證謬誤而辨之者署爲今注考文意而述之者又爲今按義旣判定理亦詳明今以新舊藥合九百八十三種并目錄二十一卷廣頒天下傳而行焉翰後加檢校工部員外郎太平興國四年命爲翰林醫官使再加檢校戶部郎中雍熙二年滑州劉遇疾詔翰馳往視之翰還言遇必瘳旣而卽死坐責受和州團練副使端拱初起爲尚藥奉御淳化元年復爲醫官使卒年七十二

王懷隱宋州睢陽人初爲道士住京城建隆觀善醫診太宗尹京懷隱以湯劑祗事太平興國初詔歸俗命爲尚藥奉御三遷至翰林醫官使三年吳越遣子惟濬入朝惟濬被疾詔懷隱視之初太宗在藩邸暇日多留意醫術藏名方千餘首皆嘗有驗者至是詔翰林醫官院各具家傳經驗方以獻又萬餘首命懷隱與副使王祐鄭奇醫官陳昭遇參對編類每部以隋太醫令巢元方病源候論冠其首而方藥次之成一百卷太宗御製序賜名曰太平聖惠方仍令鏤板頒行天下諸州各置醫博士掌之懷隱後數年卒昭遇本嶺南人醫術尤精驗初爲醫官領溫水主簿後加光祿寺丞賜金紫

趙自化本德州平原人高祖嘗爲景州刺史後舉家陷契丹父知嵓脫身南歸寓居洛陽習經方名藥之術又以授二子自正自化周顯德中偕來京師悉以醫術稱知嵓卒自正試方技補翰林醫學會秦國長公主疾有薦自化診候者疾愈表爲醫學再加尚藥奉御淳化五年授醫官副使時召陳州隱士萬適至館于自化家會以適補慎縣主簿適素彊力無疾詔下日自化怪其色變爲切脉曰君將死矣不數日適果卒至道中有布衣鄭元輔者嘗依自化之姻吏部令史張崇敏家元輔時從自化丐索無所得心銜之乃詣檢上書告自化漏泄禁中語及指斥非所宜言等事太宗初甚駭命王繼恩就御史府鞫之皆無狀斬元輔於都市自化坐交游非類黜爲郢州團練副史未幾復舊職咸平三年加正使景德初雍王元份洎晉國長公主並上言自化藥餌有功請加使秩領遙郡上以自化居太醫之長不當復爲請求令樞密院召自化戒之雍王薨坐診治無狀降爲副使二年復舊官是冬卒年五十七遺表以所撰四時養頤錄爲獻眞宗改名調膳攝生圖仍爲製序自化頗喜爲篇什其貶郢州也有漢沔詩集五卷宋白李若拙爲之序又嘗纘自古以方技至貴仕者爲名醫顯秩傳三卷

馮文智幷州人世以方技爲業太平興國中詣都自陳召試補醫學加樂源縣主簿端拱初授少府監主簿逾年轉醫官加少府監丞嘗隸幷代部署淳化五年府州折御卿疾文智診療獲愈御卿表薦之賜緋加光祿寺丞咸平三年明德太后不豫文智侍醫旣愈加尚藥奉御賜金紫六年直翰林醫官院東封轉醫官副使祀汾陰又加檢校主客員外郎大中祥符五年卒年六十自建隆以來近臣皇親諸大校有疾必遣內侍挾醫療視羣臣中有特被眷遇者亦如之其有效者或遷秩賜服色邊郡屯帥多遣醫官醫學隨行三年一代出師及使境外貢院鎖宿皆令醫官隨之京城四面分遣翰林祗候療視將士暑月卽令醫官合藥與內侍分詣城門寺院散給軍民上每便坐閱兵有破金瘡者卽令醫官處療咸平中有軍士嘗中流矢自頰貫耳衆醫不能取醫官閻文顯以藥傅之信宿而鏃出上嘉其能命賜緋又有醫學劉贇亦善此術天武右廂都指揮使韓晟從太祖征晉陽弩矢貫左髀鏃不出幾三十年景德初上遣贇視晟贇傅以藥出之步履如故晟請見自陳感激願得死所又極稱贇之妙賜贇白金遷醫官

沙門洪蘊本姓藍潭州長沙人母翁初以無子專誦佛經旣而有娠生洪蘊年十三詣郡之開福寺沙門智巴求出家習方技之書後遊京師以醫術知名太祖召見賜紫方袍號廣利大師太平興國中詔購醫方洪蘊錄古方數十以獻眞宗在蜀邸洪蘊嘗以方藥謁見咸平初補右街首座累轉左街副僧錄洪蘊尤工診切每先歲時言人生死無不應湯劑精至貴戚大臣有疾者多詔遣診療景德元年卒年六十八又有廬山僧法堅亦以善醫著名久遊京師嘗賜紫方袍號廣濟大師後還山景德二年以雍王元份久被疾召赴闕至則元份已薨法堅復歸山而卒

蘇澄隱字棲眞眞定人爲道士住龍興觀得養生之術年八十餘不衰老後唐明宗嘗下詔召之又令宰相馮道致書諭旨歷淸泰天福中繼有聘命並辭疾不至開運末契丹主兀欲立求有名稱僧道加以恩命惟澄隱不受當時公卿自馮道李崧和凝而下皆在鎭陽日造其室與談宴各賦詩以贈周廣順顯德中詔存問之太祖征太原還駐蹕鎭陽召見行宮命中使掖升殿謂之曰京師作建隆觀思得有道之士居之師累辭召命豈懷土耶對曰大梁帝宅浩穰繁會非林泉之士所可寄

迹也上察其意亦不彊之賜茶百斤絹二百匹又幸其觀問曰師年踰八十而氣貌益壯善養生者也因問其術對曰臣之養生不過精思鍊氣耳帝王養生卽異於是老子曰我無爲而民自化我無欲而民自正無爲無欲凝神太和昔黃帝唐堯享國永年得此道也上大悅賜紫衣一襲銀器五百兩帛五百匹僅百歲而卒

丁少微亳州眞源人爲道士特齋戒奉科儀尤爲精至嘗隱華山潼谷密通陳摶所居與摶齊名少微志尚淸潔摶嗜酒適性其道不同未嘗相往還少微善服氣多餌藥年百餘歲康强無疾始卜居山上起壇埸淨室通夕朝禮五十餘年未嘗稍懈太平興國三年召赴闕以金丹巨勝南芝玄芝爲獻留數月遣還山七年冬卒

趙自然太平繁昌人家荻港旁以鬻茗爲業本名王九始十三疾甚父抱詣靑華觀許爲道士後夢一人狀貌魁偉綸巾素袍鬢髮班白自云姓陰引之登高山謂曰汝有道氣吾將敎汝辟穀之法乃出靑柏枝令啗夢中食之及覺遂不食神氣淸爽每聞火食氣卽嘔惟生果淸泉而已歲餘復夢向見老人敎以篆書數百字竊悉能記寫以示人皆不能識或云此非篆也乃道家符籙耳嘗爲元道歌言脩煉之要知州王洞表其事太宗召赴闕親問之賜道士服改名自然賚錢三十萬月餘遣還住靑華觀後因病飲食如故大中祥符二年詔曰如聞自然頗精脩養之術委發轉使楊覃訪其行迹命內侍武永全召至闕下屢得對賜紫衣改靑華觀曰延禧自然以母老求還侍養許之大中祥符中又有鄭榮者本禁軍戍壁州還夜過神人謂曰汝有道氣勿火食因授以醫術救人七年賜名自淸度爲道士居上淸宮所傳藥能愈大風疾民多求之皆刺臂血和餠給焉又有泰州民家子趙抱一者常牧羊田間一夕有叩門召之者以杖引行杖端有氣如煙其香可悅俄至山崖絕頂見數人會飲音樂交奏與人間無異抱一駭而不測會巡檢司過其下聞樂聲疑羣盜歡聚集村民梯崖而上至則無所覩抱一獨在援以下之具言其故凡經夕若俄頃自是不喜熟食凡火化者未嘗歷口茹甘菊栢葉果實井泉間亦飲酒貌如嬰兒素不習文墨口占辭句頗成篇詠有道家之趣遂不親農事野行露宿大中祥符四年至京師猶丱角詔賜名度爲道士自是間歲或一至京師常令居太一宮與人言多養生事焉

宋史卷四百六十二

元中書右丞相總裁脫脫等修

列傳第二百二十一

方技下

賀蘭棲眞 柴通玄 甄棲眞 楚衍
僧志言 僧懷丙 許希 龐安時
錢乙 僧智緣 郭天信 魏漢津
王老志 王仔昔 林靈素 皇甫坦
王克明 莎衣道人 孫守榮

賀蘭棲眞不知何許人爲道士自言百歲善服氣不憚寒暑往往不食或時縱酒遊市鄽間能啖肉至數斤始居嵩山紫虛觀後徙濟源奉仙觀張齊賢與之善景德二年詔曰師棲身巖壑抗志烟霞觀心衆妙之門脫屣浮雲之外朕奉希夷而爲教法淸靜以臨民思得有道之人訪以無爲之理久懷上士欲覿眞風爰命使車往申禮聘師其暫別林谷來儀闕庭必副招延無憚登涉今遣入內內品李懷贇召師赴闕既至眞宗作二韻詩賜之號宗玄大師賚以紫服白金茶帛香藥特蠲觀之田租度其侍者未幾求還舊居大中祥符三年卒時大雪經三日頂猶熱人多異之

柴通玄字又玄陝州閿鄉人爲道士於承天觀年百餘歲善辟穀長嘯惟飲酒言唐末事歷歷可聽太宗召至闕下懇求歸本觀眞宗卽位屢來京師召對語無文飾多以脩身愼行爲說祀汾陰召至行在命坐問以無爲之要所居觀卽唐軒遊宮有明皇詩石及所書道德經二碑上作二韻詩賜之并賚以茶藥束帛詔爲脩道院蠲其田租度弟子二人明年春通玄作遺表自稱羅山太一洞主遣弟子張守元李守一詣闕以龜鶴爲獻又召官僚士庶言生死之要夜分盥濯然香庭中望闕而坐遲明卒時又召河中草澤劉巽華山隱士鄭隱敷水隱士李寧巽年七十餘以經傳講授躬耕自給授大理評事致仕賜綠袍笏銀帶隱以經術爲業遇道士傳辟穀鍊氣之法脩習頗驗居華山王刁巖踰二十年冬夏裳衣皮裘寧精於藥術老而不衰常以藥施人人以金帛爲報輒拒之景德中萬安太后不豫驛召寧赴闕未至而后崩大中祥符四年賜號正晦先生上並作詩爲賜加以茶藥繒帛獨隱辭賜物不受

甄棲眞字道淵單州單文人博涉經傳長於詩賦一應進士舉不中第歎曰勞神敝精以追虛名無益也遂棄其業讀道家書以自樂初訪道於牢山華蓋先生久之出遊京師因入建隆觀爲道士周歷四方以藥術濟人不取其報祥符中寓居晉州性和靜無所好惡晉人愛之以爲紫極宮主年七十有五遇人或以爲許元陽語之曰汝風神秀異有如李筌雖老矣尚可仙也因授鍊形養元之訣且曰得道如反掌第行之惟艱汝勉之棲眞行之二三年漸反童顏攀高躡危輕若飛舉乾興元年秋謂其徒曰此歲之暮吾當逝矣卽宮西北隅自甃殯室室成不食一月與平居所知叙別以十二月二日衣紙衣臥磚榻卒人未之奇也及歲久形如生衆始驚傳以爲尸解棲眞自號神光子與隱人海蟾子者以詩往還論養生祕術目曰還金篇凡兩卷

楚衍開封胙城人少通四聲字母里人柳曜師事衍里中以先生目之衍於九章緝古綴術海島諸算經尤得其妙明相法及聿斯經善推步陰陽星歷之數間語休咎無不中自陳試宣明曆補司天監學生遷保章正天聖初造新曆衆推衍明曆數授靈臺郎與掌曆官宋行古等九人製崇天曆進司天監丞入隸翰林天文皇祐中同造司辰星漏曆十二卷久之與周琮同管勾司天監卒無子有女亦善算術

僧志言自言姓許壽春人落髮東京景德寺七俱胝院事淸璲初璲誦經勤苦志言忽造璲覽前願爲弟子璲見其相貌奇古直視不瞬心異之爲授具戒然動止軒昂語笑無度多行市里褰裳疾趨舉指書空佇立良久時從屠酤遊飲啗無所擇衆以爲狂璲獨曰此異人也人有欲爲齋施輒先知其至不俟款門指名取供溫州人林仲方自其家以摩衲來獻舟始及岸遽來取去仁宗每延入禁中徑登坐結趺飯畢遽出未嘗揖也王公士庶召卽赴然莫與交一言者或陰卜休咎書紙揮翰甚疾字體遒壯初不可曉其後多驗仁宗春秋漸高嗣未立默遣內侍至言所言所書有十三郎字人莫測何謂後英宗以濮王第十三子入繼衆始悟大宗正守節請書言不顧迫之得潤州字未幾守節薨贈丹陽郡王見寺童義懷撫其背曰德山臨濟懷旣落髮住天衣說法大爲學者所宗其前知多類此普淨院施浴夜漏初盡門扉未啓方迎佛而浴室有人聲往視則言在焉有具齋薦鱠者幷食之臨流而吐化爲小鮮羣泳而去海客遇風且沒見僧操絙引舶而濟客至都下遇言忽謂之曰非我汝奈何客記其貌眞引舟者也與曹州士趙棠善後棠棄官隱居番禺人傳棠與言數以偈頌相寄萬里間輒數日而達棠死亦盛夏身不壞言將死作頌不可曉已而日我從古始成就逃多國土今南國矣仁宗遣內侍以眞身塑像置寺中榜曰顯化禪師其後善厚者禮之見額上熒然有光就視之得舍利

僧懷丙眞定人巧思出天性非學所能至也眞定構木爲浮圖十三級勢尤孤絕既久而中級大柱壞欲西北傾他匠莫能爲懷丙度短長別作柱命衆工維而上已而却衆工以一介自從閉戶良久易柱下不聞斧鑿聲趙州洨河鑿石爲橋鎔鐵貫其中自唐以來相傳數百年大水不能壞歲久鄉民多盜鑿鐵橋遂欹倒計千夫不能正懷丙不役衆工以術正之使復故河中府浮梁用鐵牛八維之一牛且數萬斤後水暴漲絕梁牽牛沒于河募能出之者懷丙以二大舟實土夾牛維之用大木爲權衡狀鉤牛徐去其土舟浮牛出轉運使張燾以聞賜紫衣尋卒

許希開封人以醫爲業補翰林醫學景祐元年仁宗不豫侍醫數進藥不效人心憂恐冀國大長公主薦希希診曰鍼心下包絡之間可亟愈左右爭以爲不可諸黃門祈以身試試之無所害遂以鍼進而帝疾愈命爲翰林醫官賜緋衣銀魚及器幣希拜謝已又西嚮拜帝問其故對曰扁鵲臣師也今者非臣之功殆臣師之賜安敢忘師乎乃請以所得金興扁鵲廟帝爲築廟于城西隅封靈應侯其後廟益完學醫者歸趨之因立太醫局于其旁希至殿中省尚藥奉御卒著神應鍼經要訣行于世祿其子宗道至內殿崇班

龐安時字安常蘄州蘄水人兒時能讀書過目輒記父世醫也授以脈訣安時曰是不足爲也獨取黃帝扁鵲之脈書治之未久已能通其說時出新意辨詰不可屈父大驚時年猶未冠已而病聵乃益讀靈樞太素甲乙諸祕書凡經傳百家之涉其道者靡不通貫嘗曰世所謂醫書予皆見之惟扁鵲之言深矣蓋所謂難經者扁鵲寓術於其書而言之不詳意者使後人自求之歟予之術蓋出於此以之視淺深決死生若合符節且察脈之要莫急於人迎寸口是二脈陰陽相應如兩引繩陰陽均則繩之大小等故定陰陽於喉手配覆溢於尺寸寓九候於浮沉分四溫於傷寒此皆扁鵲畧開其端而予參以內經諸書考究而得其說審而用之順而治之病不得逃矣又欲以術告後世故著難經辨數萬言觀草木之性與五藏之宜秩其職任官其寒熱班其奇偶以療百疾著主對集一卷古今異宜方術脫遺備陰陽之變補仲景論藥有後出古所未知今不能辨嘗試有

功不可遺也作本草補遺爲人治病率十愈八九踵門求診者爲辟邸舍居之親視飦粥藥物必愈而後遣其不可爲者必實告之不復爲治活人無數病家持金帛來謝不盡取也嘗詣舒之桐城有民家婦孕將產七日而子不下百術無所效安時之弟子李百全適在傍舍邀安時往視之纔見即連呼不死令其家人以湯溫其腰腹自爲上下拊摩孕者覺腸胃微痛呻吟間生一男子其家驚喜而不知所以然安時曰兒已出胞而一手誤執母腸不復能脫故非符藥所能爲吾隔腹捫兒手所在鍼其虎口既痛即縮手所以遽生無他術也取兒視之右手虎口鍼痕存焉其妙如此有問以華佗之事者曰術若是非人所能爲也其史之妄乎年五十八而疾作門人請自視脉笑曰吾察之審矣且出入息亦脉也今胃氣已絕死矣遂屏卻藥餌後數日與客坐語而卒

錢乙字仲陽本吳越王俶支屬祖從北遷遂爲鄆州人父顥善醫然嗜酒喜游一旦東之海上不反乙方三歲母前死姑嫁呂氏哀而收養之長誨之醫乃告以家世即泣請往迹尋凡八九反積數歲遂迎父以歸時已三十年矣鄉人感慨賦詩詠之其事呂如事父呂沒無嗣爲收葬行服乙始以顱顖方著名至京師視長公主女疾授翰林醫學皇子病瘈瘲乙進黃土湯而愈神宗召問黃土所以愈疾狀對曰以土勝水水得其平則風自止帝悅擢太醫丞賜金紫由是公卿宗戚家延致無虛日廣親宗子病診之曰此可毋藥而愈其幼在傍指之曰是且暴疾驚人後三日過午可無恙其家恚不答明日幼果發癇甚急召乙治之三日愈問其故曰火色直視心與肝俱受邪過午者所用時當更也王子病嘔泄他醫與剛劑加喘焉乙曰是本中熱脾且傷奈何復燥之將不得前後溲與之石膏湯王不信謝去信宿浸劇竟如言而效士病欬面青而光氣哽哽乙曰肝乘肺此逆候也若秋得之可治今春不可治其人祈哀强予藥明日曰吾藥再瀉肝而不少卻三補肺而益虛又加脣白法當三日死今尚能粥當過期居五日而絕孕婦病醫言胎且墮乙曰娠者五藏傳養率六旬乃更誠能候其月偏補之何必墮已而母子皆得全又乳婦因悸而病既愈目張不得瞑乙曰煑郁李酒飲之使醉即愈所以然者目系內連肝膽恐則氣結膽衡不下郁李能去結隨酒入膽結去膽下則目能瞑矣飲之果驗乙本有羸疾每自以意治之而後甚歎曰此所謂周痺也入藏者死吾其已夫既而曰吾能移之使在末因自製藥日夜飲之左手足忽攣不能用喜曰可矣所親登東山得茯苓大踰斗以法噉之盡由是雖偏廢而風骨悍堅如全人以病免歸不復出乙爲方不名一師於書無不闚不靳靳守古法時度越縱舍卒與法會尤邃本草諸書辨正闕誤或得異藥問之必爲言生出本末物色名貌差別之詳退而考之皆合末年攣痺寖劇知不可爲召親戚訣別易衣待盡遂卒年八十二

僧智緣隨州人善醫嘉祐末召至京師舍于相國寺每察脉知人貴賤禍福休咎診父之脉而能道其子吉凶所言若神士大夫爭造之王珪與王安石在翰林珪疑古無此安石曰昔醫和診晉侯而知其良臣將死夫良臣之命乃見於其君之脉則視父知子亦何足怪哉熙寧中王韶謀取青唐上言蕃族重僧而僧結吳叱臘主部帳甚衆請智緣與俱至邊神宗召見賜白金遣乘傳而西遂稱經略大師智緣有辯口徑入蕃中說結吳叱臘歸化而他族俞龍珂禹臧訥令支等皆因以書款韶頗忌惡之言其撓邊事召還以爲右街首坐卒

郭天信字佑之開封人以技隸太史局徽宗爲端王嘗退朝天信密遮白曰王當有天下既而即帝位因得親暱不數年至樞密都承旨節度觀察留後其子中復爲閤門通事舍人許陪進士徑試大廷擢祕書省校書郎未幾天信覺已甚乞還武爵又從之政和初拜定武軍節度使祐神觀使頗與聞外朝政事見蔡京亂國每託天文以撼之且云日中有黑子帝甚懼言之不已京由是黜張商英方有時望天信往往稱於內朝商英亦欲借左右游談之助陰與相結使僧德洪輩道達語言商英勸帝節儉稍裁抑僧寺帝始敬畏之而近侍積不樂間言浸潤眷日衰京黨因是告商英與天信漏泄禁中語言天信先發端窺伺上旨動息必報乃從外庭決之無不如志商英遂罷御史中丞張克公復論之詔貶天信昭化軍節度副使單州安置命宋康年守單幾其起居再貶行軍司馬寘新州又徙康年使廣東天信至數月死京已再相猶疑天信挾術多能死未必實令康年選吏發棺驗視焉

魏漢津本蜀黥卒也自言師事唐仙人李良號李八百者授以鼎樂之法嘗過三山龍門聞水聲謂人曰其下必有玉即脫衣沒水抱石而出果玉也皇祐中與房庶俱以善樂薦時阮逸方定黍律不獲用崇寧初猶在朝廷方協考鍾律得召見獻樂議言得黃帝夏禹聲爲律身爲度之說謂人主稟賦與衆異請以帝指三節三寸爲度定黃鍾之律而中指之徑圍則度量權衡所自出也又云聲有太有少太者清聲陽也天道也少者濁聲陰也地道也中聲在其間人道也合三才之道備陰陽奇偶然後四序可得而調萬物可得而理當時以爲迂怪蔡京獨神之或言漢津本范鎮之役稍窺見其制作而京託之於李良云於是請先鑄九鼎次鑄帝坐大鍾及二十四氣鍾四年三月鼎成賜號沖顯處士八月大晟樂成徽宗御大慶殿受羣臣朝賀加漢津虛和沖顯寶應先生頒其樂書天下而京之客劉昺主樂事論太少之說爲非將議改作既而以樂成久易之恐動觀聽遂止漢津密爲京言大晟獨得古意什三四爾他多非古說異日當以訪任宗堯宗堯學於漢津者也漢津曉陰陽數術多奇中嘗語所知曰不三十年天下亂矣未幾死京遂召宗堯爲典樂復欲有所建而爲田爲所奪語在樂志後即鑄鼎之所建寶成殿祀黃帝夏禹成王周召而良漢津俱配食謚漢津爲嘉晟侯有馬貢者出京之門在大晟府十三年方魏劉任田異論時依違其間無所質正擢至通議大夫徽猷閣待制議者咎當時名器之濫如此

王老志濮州臨泉人事親以孝聞爲轉運小吏不受賂謝遇異人於丐中自言吾所謂鍾離先生也予之丹服之而狂遂棄妻子結草廬田間時爲人言休咎政和三年太僕卿王亶以其名聞召至京師館于蔡京第嘗緘書一封至帝所徽宗啓讀乃昔歲秋中與喬劉二妃燕好之語也帝由是稍信之封爲洞微先生朝士多從求書初若不可解後卒應者十八九故其門如市京慮太甚頗以爲戒老志亦謹畏乃奏禁絕之嘗獻乾坤鑑法命鑄之既成謂帝與皇后他日皆有難請時坐鑑下思所以儆懼消變者明年見其師責以擅處富貴乃丐歸未得請病甚始許其去步行出就居病已失矣歸濮而死詔賜金以葬贈正議大夫初王黼未達時父爲臨泉令問黼名位所至即書太平宰相四字旋以墨塗去之曰恐泄機也黼敗人乃悟

王仔昔洪州人始學儒自言遇許遜得大洞隱書豁落七元之法出游嵩山能道人未來事政和中徽宗召見賜號沖隱處士帝以旱禱雨每遣小黃門持紙求仔昔畫曰又至忽篆符其上乃細書焚符湯沃而洗之黃門懼不肯受强之乃持去蓋帝默祝爲宮妃療赤目者用其說一沃立愈進封通妙先生居上清寶籙宮獻議九鼎神器不可藏於外乃於禁中建圜象徽調閣以貯之仔昔資倨傲又少戇帝常待以客禮故其遇巨閹殆若童奴又欲羣道士皆宗己及林靈素有寵忌之陷以事囚之東太一宮旋坐言語不遜下獄死仔昔之得罪宦者馮浩力最多未死時書示其徒曰上蔡遇冤人其後浩南竄至上蔡被誅

林靈素溫州人少從浮屠學苦其師笞罵去爲道士善妖幻往來淮泗間丐食僧寺僧寺苦之政和末王老志王仔昔既衰徽宗訪方士於左道錄徐知常以靈素對既見大言曰天有九霄而神霄爲最高其治曰府神霄玉清王者上帝之長子主南方號長生大帝君陛下是也既下降于世其弟號青華帝君者主東方攝領之己乃府仙卿曰褚慧亦下降佐帝君之治又謂蔡京爲左元仙伯王黼爲文華吏盛章王革爲園苑寶華吏鄭居中童貫及諸巨閹皆爲之名貴妃劉氏方有寵曰九華玉眞安妃帝心獨喜其事賜號通眞達靈先生賞賚無算建上清寶籙宮密連禁省天下皆建神霄萬壽宮浸浸造爲青華正晝臨壇及火龍神劍夜降內宮之事假帝誥天書雲篆務以欺世惑衆其說妄誕不可究質實無所能解惟稍識五雷法召呼風霆間禱雨有小驗而已令吏民詣宮受神霄祕籙朝士之嗜進者亦靡然趨之每設大齋輒費緡錢數萬謂之千道會帝設幄其側而靈素升高正坐問者皆再拜以請所言無殊異時時雜捷給嘲詼以資媟笑其徒美衣玉食幾二萬人遂立道學置郎大夫十等有諸殿侍晨校籍授經以擬待制脩撰直閣始欲盡廢釋氏以逞前憾既而改其名稱冠服靈素益尊重升溫州爲應道軍節度加號元妙先生金門羽客沖和殿侍晨出入呵引至與諸王爭道都人稱曰道家兩府本與道士王允誠共爲怪神後忌其相軋毒之死宣和初都城暴水遣靈素厭勝方率其徒步虛城上役夫爭舉梃將擊之走而免帝知衆所怨始不樂靈素在京師四年恣橫愈不悛道遇皇太子弗斂避太子入訴帝怒以爲太虛大夫斥還故里命江端本通判溫州幾察之端本廉得其居處過制罪詔徙置楚州而已死遺奏至猶以侍從禮葬焉

皇甫坦蜀之夾江人善醫術顯仁太后苦目疾國醫不能療詔募他醫臨安守臣張偁以坦聞高宗召見問何以治身坦曰心無爲則身安人主無爲則天下治引至慈寧殿治太后目疾立愈帝喜厚賜之一無所受令持香禱青城山還復召問以長生久視之術坦曰先禁諸

欲勿令放逸丹經萬卷不如守一帝歎服書清靜二字以名其菴且繪其像禁中荆南帥李道雅敬坦坦歲謁道隆興初道入朝高宗孝宗問之皆稱皇甫先生而不名坦又善相人嘗相道中女必爲天下母後果爲光宗后

王克明字彥昭其始饒州樂平人後徙湖州烏程縣紹興乾道間名醫也初生時每乏乳餌以粥遂得脾胃疾長益甚醫以爲不可治克明自讀難經素問以求其法刻意處藥其病乃愈始以術行江淮入蘇湖鍼灸尤精診脉有難療者必沈思得其要然後予之藥病雖數證或用一藥以除其本本除而餘病自去亦有不予藥者期以某日自安有以爲非藥之過過在某事當隨其事治之言無不驗士大夫皆自屈與游魏安行妻風痿十年不起克明施鍼而步履如初胡秉妻病氣祕腹脹號呼踰旬克明視之時秉家方會食克明謂秉曰吾愈恭人病使預會可乎以半硫圓碾生薑調乳香下之俄起對食如平常盧州守王安道風禁不語旬日他醫莫知所爲克明令熾炭燒地灑藥置安道于上須臾而蘇金使黑鹿谷過姑蘇病傷寒垂死克明治之明日愈及從徐度聘金黑鹿谷適爲先排使待克明厚甚克明訝之谷乃道其故由是名聞北方後再從呂正己使金金接伴使忽被危疾克明立起之卻其謝張子蓋救海州戰士大疫克明時在軍中全活者幾萬人子蓋上其功克明力辭之克明頗知書好俠尚義常數千里赴人之急初試禮部中選累任醫官王炎宣撫四川辟克明不就炎怒劾克明避事坐貶秩後還至額內翰林醫痊局賜金紫紹興五年卒年六十七

莎衣道人姓何氏淮陽軍朐山人祖執禮仕至朝議大夫道人避亂渡江嘗舉進士不中紹興末來平江一日自外歸倏若狂者身衣白襴書句食于市夜止天慶觀久之衣益敝以莎緝之嘗遊妙嚴寺臨池見影豁然大悟人無貴賤問休咎問不奇中會有瘵者乞醫命持一草去旬日而愈衆翕然傳莎草可以愈疾求而不得者或遂不起由是遠近異之孝宗一夕夢莎衣人跣哭來丐者訊之曰蘇人也詰其故不肯言帝寤以語內侍會后及太子薨帝哀慟內侍進前勉釋幷道前夢帝廼覺然因遣使召之不至帝念恢復大計累歲未有所屬后位虛且久乃焚香默言何誠能仙願必知朕意遂遣中官致賚不言所以道人見之掉首吳音曰有中國卽有外夷有日卽有月不須問趣之去使者歸奏帝甚異之遂賜號通神先生爲築庵觀中賜衣數襲皆不受好事者强邀入庵大笑而出復於故處衆日以珍饌餉之每食于通衢遽飽卽去帝歲命內侍卽其居設十道齋合雲水之士施予優普一歲偶踰期衆咸訝而請道人亟起于臥搖手瞬目而招之曰亟來亟來是日內侍至平望衆益服其神光宗卽位召之又不至慶元六年卒

孫守榮臨安富陽人生七歲病瞽遇異人教以風角鳥占之術其法以音律推五數播五行測度萬物始終盛衰之理凡問者一語頃輒知休咎守榮既悟異人授以鐵笛遂去不復見守榮因號富春子吹笛市中人初不識也然其術率驗寶慶間遊吳興聞譙樓鼓角聲驚曰旦夕且有變土人當有典郡者見王元春卽賀之曰作鄉郡者必君也元春初不之信越兩月濟內作亂元春以告變功果典郡自是富春子之名大顯貴人爭延致之淮南帥李曾伯薦諸朝既至謁丞相史嵩之闇者以晝寢辭守榮曰丞相方釣魚園池何得云爾闇者驚異入白丞相丞相一見頗喜之自是數出入相府一日庭鵲噪令占之曰來日晡時當有寶物至明日李全果以玉柱斧爲貢嵩之又嘗得李全檄藏袖中詢其事守榮曰此李全詐假布囊二十萬爾劉封果如其說士大夫咸詢履歷守榮不盡答私謂所知曰吾以音推諸朝紳互有贏縮宋祿其始終乎後爲嵩之所忌誣以他罪貶死遠郡

宋史卷四百六十三

元中書右丞相總裁脫脫等修

列傳第二百二十二

外戚上

自西漢有外戚之禍歷代鑒之崇爵厚祿不畀事權然而一失其馭猶有肺腑之變焉宋法待外戚厚其間有文武才諝皆擢而用之怙勢犯法繩以重刑亦不少貸仁英哲三朝母后臨朝聽政而終無外家干政之患將法度之嚴體統之正有以防閑其過歟抑母后之賢自有以制其戚里歟作外戚傳

杜審琦定州安喜人昭憲皇太后之兄太后昆仲五人審琦最長其次審玉次審瓊次審肇次審進世居常山以積善聞審琦仕後唐爲義軍指揮使天成二年卒年三十五審玉前一年卒年二十二太祖開國贈審琦左神武軍大將軍以其子彥超爲西京作坊使彥超卒贈左領軍衛大將軍

審瓊建隆初授檢校國子祭酒二年拜左領軍衛將軍三年與其弟審肇審進皆召赴闕審瓊改左龍武軍大將軍遷右衛大將軍乾德初領富州刺史三年以本官權判右金吾街仗事四年春步軍帥王繼勳坐事詔審瓊兼點檢侍衛步軍司事是秋卒年七十太祖爲廢朝三日發哀成服贈太保寧國軍節度使諡恭僖審瓊性醇質在公畏愼宿衛勤謹徼巡京邑里閈清肅人皆稱之景德三年春加贈審瓊太傅妻吳氏陳留郡太夫人是秋改葬陪陵又贈審瓊太師中書令子彥圭

審肇建隆三年起家授左武衛上將軍檢校左僕射致仕賜第於京師乾德初領維州刺史開寶二年改左衛上將軍仍致仕三年起爲右驍衛上將軍俄出知澶州太祖以審肇未嘗歷郡務乃命司封郎中姚恕通判州事以左右之未幾河大決東匯于鄆濮數郡民田罹水害太祖怒其不卽時上言遣使案鞫遂論恕棄市審肇免官歸私第俄復舊官令致仕特以濰州刺史月奉優給之七年卒年七十二太祖廢朝二日素服發哀贈太保昭信軍節度諡溫肅遣中使護喪事景德三年加贈太傅妻劉氏東海郡太夫人子彥遵至南作坊使

審進建隆三年起家授右神武大將軍改右羽林大將軍乾德元年領賀州刺史二年知陝州三年就改保義軍節度觀察留後五年加本軍節度太祖郊祀西洛審進來朝頒賚甚厚太宗嗣位加檢校太傅太平興國二年會許昌裔刺虢州摭拾使州闕失事上訴詔右拾遺李幹鞫之幹因上言請支郡不復隸藩鎭皆得專達從之三年秋以審進妻卒廢朝十一月郊禮畢加檢校太尉四年上親征河東審進與嵐州團練使周承晉德州刺史孫方進成州刺史慕容福起皆上言願率所部擊太原上以審進耆年不許五年來朝是歲契丹寇邊出師捍禦上幸大名勞軍留審進警巡都邑肅然六年復歸陝親王宴餞供帳甚盛其年就加檢校太師九年夏上以審進年高不當煩以劇務授右衛上將軍奉給如故雍熙四年復授靜江軍節度端拱元年上親耕籍田審進預其禮恩賜彌渥加開府儀同三司是歲卒年七十九上趣駕臨喪哭之慟廢朝三日設次成服親王公主以下並詣其第舉哀贈中書令諡恭惠審進鎭陝二十餘年勸農敎本民庶便之雖居位節制無驕矜之色人推其醇厚景德三年追封京兆郡王妻趙氏南陽郡太夫人後贈尙書令子彥鈞彥彬彥彬至禮賓副使而卒

彥圭起家六宅副使遷翰林使開寶五年領信州刺史六年改領饒州團練使俄加領本州防禦使從征太原與曹翰孫繼業攻城西面北征班師命彥圭與孟玄喆藥可瓊趙延進率兵屯中山坐市竹木矯制免算責授洛苑使饒州刺史裁數日牽復餘年遷沙州觀察使出知定州雍熙中北伐命副米信爲幽州西北道行營都部署彥圭不容軍士晡食設陣不整以致亡失坐左遷均州團練副使雍熙三年卒于貶所年五十九贈歸義軍節度景德二年春加贈中書令是秋又贈太師子守元

彥鈞起家補供奉官累遷崇儀使端拱初加莊宅使領羅州刺史淳化四年特置昭宣使以彥鈞洎王延德王繼恩爲之未幾加領恩州防禦使西鄙用兵命爲永興軍駐泊鈐轄眞宗嗣位改領潁州防禦使出知河中府占謝便坐求解內使之職可之歷知邠慶延鳳四州景德中爲天雄軍副都部署車駕駐澶淵爲駕前東面貝冀路副都部署契丹騎兵攻月城彥鈞率兵擊走之以勞優加封邑召還再任河中彥鈞由戚里進保位而已會有言政事不舉者徙西京水南北都巡檢使大中祥符五年復知莫州馬知節爲瀛州防禦使彥鈞換秦州九年拜密州觀察使出爲幷代副都部署天禧元年卒贈安化軍節度錄其子贊文爲供奉官贊寧爲殿直孫宗壽爲三班奉職

守元開寶中補左班殿直得侍便殿帶御器械還供奉官莫州監軍契丹入邊與州將固守城壁出兵邀擊獲生口羊馬以功加崇儀副使未幾改正使秩歷如京洛苑使至道三年領梧州刺史連爲幷代鎭定高陽關鈐轄大中祥符二年副趙積使契丹復涖鎭定頃之屬疾詔遣其子殿直惟慶挾太醫乘驛診候既至而卒年五

十八

惟序字舜功自三班奉職累遷知惠州莫州以供備庫使爲梓夔路鈐轄徙懷慶路知邠州又權慶州會任福敗以騎兵數千躡懷安路破賊三砦斬首數百級獲牛馬千計以功領忠州刺史爲涇原鈐轄救巡警邊州久之改六宅使知雄州時契丹勒兵燕薊間遣使求割地未至而惟序購得其草先以聞徙知滄州又徙定州再遷東上閤門使知涇州改四方館使知瀛州復知滄州入朝爲祁州團練使出知恩州徙大名府路總管改乾州團練使卒

賀令圖開封陳留人父懷浦孝惠皇后兄也仕軍中爲散指揮使太平興國初出爲岳州刺史領兵屯三交雍熙三年從楊業北征死於陣令圖少謹愿隸太宗左右洎即位補供奉官改綾錦副使知莫州遷崇儀使知雄州雍熙二年領平州刺史充幽州行營壕砦使以所部下固安新城兩縣克涿州會父戰死起家爲六宅使領本州團練使護瀛州屯兵先是令圖握兵邊郡十餘年恃藩邸舊恩每歲入奏事多言邊塞利害及幽薊可取之狀上信之故有岐溝之舉既而師敗議者皆咎其貪功生事令圖輕而無謀契丹將耶律遜寧號于越者使諜紿令圖曰我獲罪本國旦夕願歸南朝無路自拔幸君侯少留意焉令圖不虞其詐私遺以重錦十兩是年十二月于越率衆入寇大將劉廷讓與戰于君子館令圖爲先鋒被圍數重于越傳言軍中願得見雄州賀使君令圖嘗爲所紿意其來降而終獲大功即引麾下數十騎逆之將至其帳數步外于越據床罵曰汝常好經度邊事乃今送死來邪麾左右盡殺其從騎反縛令圖而去令圖與其父首謀北伐一歲中父子皆陷焉令圖時年三十九是役也武州防禦使高陽關部署楊重進死之

重進太原人少有膂力周祖鎭大名以隸帳下廣順初補衛士宋初累遷至內殿直都虞候太平興國初改龍衛軍都校領徐州刺史從征太原出爲萊州刺史隨曹彬北征爲右廂排陣使改武州防禦使高陽關都部署會契丹兵至與之力戰遂歿於陣年六十五

王繼勳彰德節度饒之子孝明皇后同母弟也生時其母見一人赤髮狀貌怪異入室中遂生繼勳及長美風儀性兇率無賴以后故爲內殿供奉官都知溪州刺史建隆二年加領恩州團練使又改龍捷右廂都指揮使尋領永州防禦使四年收復湖南改領彭州防禦使是秋將討西蜀命繼勳戒期將大閱繼勳素與太校馬仁瑀不協陰勒部下市白挺將以相圖太祖知之爲出仁瑀密州俄遷保寧軍節度觀察留後領虎捷左右廂都虞候權侍衛步軍司事繼勳所爲多不法會新募兵千餘隸雄武將遣出征多無妻室太祖謂繼勳曰此必有願爲婚者不須備聘財但酒炙可也繼勳不能諭上旨縱令掠人子女京城爲之紛擾上聞大驚遣捕斬百餘人人情始定時后已崩上追念后故不之罪也乾德四年繼勳復爲部曲所訟詔中書鞫之解兵柄爲彰國軍留後奉朝請繼勳自以失職常怏怏專以臠割奴婢爲樂前後多被害一日天雨牆壞羣婢奔出守國門訴寃上大駭命中使就詰之盡得繼勳所爲不法事詔削奪官爵勒歸私第仍令甲士守之俄又配流登州未至改右監門率府副率開寶三年命分司西京繼勳殘暴愈甚強市民家子女備給使小不如意即殺食之而棺其骨棄野外女儈及鬻棺者出入其門不絕洛民苦之而不敢告太宗在藩邸頗聞其事及即位人有訴者命戶部員外郎知雜事雷德驤乘傳往鞫之繼勳具伏自開寶六年四月至太平興國二年二月手所殺婢百餘人乃斬繼勳洛陽市及爲彊市子女者女儈八人男子三人長壽寺僧廣惠常與繼勳同食人肉令折其脛而斬之洛民稱快其後家寓西洛潁陽孫惟德不肖不能自立丐食以給眞宗聞而憫之授惟德汝州司士參軍

劉知信字至誠邢州人父遷晉天福末鳳翔帳前軍使改滑州奉國軍校從驍將皇甫暉禦邊有功早卒母即昭憲太后之妹也乾德初封京兆郡太君六年進本郡太夫人開寶三年十月卒太祖廢朝發哀追封齊國太夫人陪葬安陵贈遷太保知信三歲而孤宣祖憐其敏慧建隆三年起家授供奉官丁內艱轉六宅副使開寶五年遷軍器庫使掌武德司六年領錦州刺史屬郊祀西洛爲行宮使駐洛中又爲西京武德皇城宮苑等使車駕出郊又充大內留守太宗即位進領本州團練使拜武德使從征河東又爲行宮使太平興國五年坐遣親信市竹木於秦隴矯制免所過算緡入官多取其直左授軍器庫使領錦州刺史俄復爲武德使會改武德爲皇城司即爲皇城使七年坐秦王廷美事改右衛將軍是秋出爲靜難軍節度行軍司馬九年起爲左衛將軍領營州刺史雍熙初改左神武軍將軍尋領檀州團練使護屯兵于鎭州會大舉北伐與六宅使符昭壽爲押陣都監師還諸將失道知信獨整所部以歸俄知定州兼兵馬鈐轄押大陣右偏一日宴犒將士契丹騎乘間至知信不介而出追之數十里斬獲甚衆以功就拜邕州觀察使四年召入改并州路副都部署端拱中代還知杭州淳化四年又知天雄軍府太宗崩充脩奉永熙陵部署咸平初拜建武軍節度觀察留後知永平軍府契丹犯邊復知天雄軍眞宗北巡充駕前副都部署歷知河陽昇州景德元年車駕幸澶淵命爲東京都巡檢使復知定州二年以疾求還京至鎭州卒年六十三廢朝贈太尉天平軍節度知信以戚里致貴尤被親任中外踐歷最爲舊故雖無顯赫稱亦以循謹聞于時子承宗承渥

承宗幼善射兼習書數以蔭補殿直寄班祗候咸平初轉供奉官鎭定高陽關三路承受公事還掌軍器庫會眞宗臨幸見其整肅面授閤門祗候知信卒轉內殿崇班未幾爲河北緣邊安撫都監大中祥符初就加內殿承制歷如京文思二副使徙河東緣邊安撫又知保州俄拜東染院使知定州副薛瑛使契丹使還　歸本任又兼鎭定路兵馬鈐轄俄改宮苑使知雄州河北緣邊安撫使在郡有治迹詔書嘉獎召歸時靈昌決河初塞擇守臣以承宗爲皇城使知滑州未幾復代還會西邊言吐蕃唃厮囉作文法頗爲邊患命副龍圖閣直學士陳堯咨爲鄜延邠寧環慶涇原儀渭秦州路巡撫使詔令堯咨等所至軍州犒官吏將校諮訪民間利害郡官使臣能否功過以聞或有陳訴屈抑經轉運提點司區斷不當即按鞫詣實杖以下依法區理徒以上驛聞仍取繫囚躬親錄問催促論決既行就命堯咨知秦州承宗爲西上閤門使充鈐轄乾興初進東上閤門使徙鄜延都鈐轄而卒中使護柩至京師賜以葬地承渥蔭補殿直累任使喜爲條奏至供奉官閤門祗候承宗子永釗右侍禁閤門祗候

劉文裕字以寧保州保塞人祖正晉幽州營田使兼平州刺史父審奇武牢關使簡穆皇后即文裕祖姑也審奇三子長文遠建隆中爲供奉官與并人戰萬善而沒次即文裕開寶四年起家補殿直八年權管雲騎員僚直預討江南中弩矢神色自若太宗在藩邸多得親接太平興國二年擢爲內弓箭庫副使特封其母張氏清河縣太君出爲秦隴巡檢有李飛雄者太保致仕鍇之孫秦州節度判官若愚之子性兇險不爲其家所容常往來京師魏博間與無賴惡少游處縱酒蒲博爲務以其父故盡知秦州倉庫所積及地形險易兵籍多少又有妻父張季英爲鳳翔盩厔尉飛雄自京師往省之因乘季英馬詐爲使者夜抵廐置呼卒索馬卒秉炬出迎飛雄以私市馬纓示之卒不能辨即授以馬一卒乘一馬前導以巡邊爲名因矯詔率巡驛殿直姚承遂至隴州率監軍供奉官王守定至吳山縣率縣尉盧贊皆從行先是秦州內屬羌人爲寇朝廷遣周承瑨田仁朗王侁梁崇贊韋韜馬知節及文裕領兵屯清水縣飛雄至稱制盡縛之承瑨等見姚承遂數輩同至不覺其詐仁朗獨號泣求詔書飛雄叱之曰我受密旨以若輩逗撓不用命令盡誅汝豈不聞封州殺李鶴邪詔書汝豈得見先是上即位分命親信於諸道廉官吏善惡密以聞嶺南使者言封州李鶴不奉法誣奏軍吏謀反詔即誅之故飛雄引以爲言將械承瑨等詣秦州戮之因據城叛遂驅承瑨等行初飛雄詐宣制時自言我上南府時親吏文裕因哀告飛雄曰我亦嘗依晉邸使者豈不營救之乎飛雄低語謂文裕曰爾能與我同富貴否文裕覺其詐僞許之飛雄即命左右釋文裕縛文裕策馬前附耳語仁朗仁朗佯墜馬若卒中風眩狀飛雄共前視之又釋其縛仁朗奮起搏飛雄與文裕共擒之飛雄尚呼云田仁朗等謀反殺使者送秦州獄鞫得實飛雄承遂守定贊坐要斬夷飛雄家捕先與飛雄善者何大舉等數輩悉棄市廐置卒亦夷其族因下詔中外臣庶之家子弟或有乖檢甚爲鄉黨所知雖加戒勗曾不悛改者並許本家尊長具名聞州縣遣吏錮送闕下當配隸諸處敢有藏匿不以名聞者異時醜狀彰露幷功以上悉以其罪罪之文裕後遷軍器庫使四年車駕征太原命文裕與通事舍人王侁分兵控石嶺關六年領儒州刺史明年爲高陽關都監會契丹萬餘騎入文裕與大將崔彥進擊卻之雍熙初從屯三交加領順州團練使會李繼遷率折遇也寇邊初詔田仁朗與王侁等討之仁朗坐逗遛命文裕代仁朗繼遷等遁去從潘美北征坐陷失驍將楊業削籍配隸登州事具業傳歲餘上知業之陷由王侁召文裕還俄起爲右領軍衛大將軍領端州團練使封其母清河郡太夫人賜翠冠霞帔授其弟文質殿直踰月文裕遷容州觀察使出爲鎭州兵馬部署端拱元年卒於屯所年四十五上甚悼惜贈寧遠軍節度命中使護喪歸葬京師弟文質至供奉官閤門祗候文質至內園使連州刺史

劉美字世濟并州人四世祖質絳州刺史曾祖維嶽不仕祖延慶右驍衛將軍父通宋初掌禁旅從潘美征廣

南又累戰北面積勞至虎捷都指揮使領嘉州刺史太平興國中扈蹕太原卒于師贈潁州防禦使長女爲眞宗德妃加贈定國軍節度兼侍中大中祥符五年德妃正位中宮又贈維嶽忠正軍節度檢校太傅延慶彰德軍節度檢校大尉通宋興軍節度兼中書令追封曾祖母宋氏吳國太夫人祖母河南縣君元氏許國太夫人母龐氏徐國太夫人初通之卒窆京城西天禧二年詔贈太師尚書令謚武懿七月遣昇王府諮議參軍張士遜具鹵簿鼓吹改葬于祥符鄧公原皇后親臨奠眞宗御製祭文置靈坐右美卽后之兄也初事眞宗于藩邸以謹力被親信卽位補三班奉職再遷右侍禁咸平中傅潛失律流房州擇美監軍及徙潛潁州又爲自京至陳潁巡檢石保吉在陳州大治廨舍修城壁不以聞僮奴輩假威擾民會有言者遣美廉其狀美曰保吉世受國恩擁高貲列藩閫營繕過度拙於檢下誠或有之自餘保無他患上意乃解歸朝充閤門祗候大中祥符二年護屯兵于漢州歷遷供奉官徙嘉州士卒有病皆給醫藥親察視撫循之召還改內殿崇班提點在京倉場東西八作司以舉職聞遷洛苑副使八年預修大內以勞改南作坊使同勾當皇城司天禧初遷洛苑使領勤州刺史與周懷政聯職懷政姦恣美未嘗阿附懷政左右有過必痛繩之親從卒偵邏者多不時更易美按籍分番次均使爲上屢欲委之兵柄以皇后懇讓故中輟者數四三年授龍神衞四廂都指揮使領昭州防禦使改侍衞馬軍都虞候五年加武勝軍節度觀察留後卒年六十廢朝三日贈太尉昭德軍節度錄其子從德供備庫使從廣內殿崇班旁親遷補者數人追封美亡妻宋氏河內郡夫人仁宗嗣位尊皇后爲皇太后贈維嶽鎭寧軍節度兼侍中延慶建雄軍節度兼中書令通彰城郡王曾祖母宋氏陳國太夫人祖母元氏衞國太夫人母龐氏鄭國太夫人美亦贈侍中天聖二年郊祀加贈維嶽彰信軍節度兼中書令延慶鎭安軍節度兼中書令通鄭王宋氏楚國太夫人元氏韓國太夫人龐氏魏國太夫人五年再郊又贈維嶽天平軍節度中書令兼尚書令延慶彰化軍節度許國公通開府儀同三司魏王宋氏安國太夫人元氏齊國太夫人龐氏晉國太夫人

從德和州刺史從廣內殿承制有翼知進者卽通之友壻也亦贈衞尉卿其妻追封南安郡君從德子復本父美卒年十四自殿直遷至供備庫副使弟從廣是歲始生亦補西頭供奉官遷內殿崇班太后臨朝從德以崇儀使眞拜恩州刺史改和州又遷蔡州團練使出知衞州改恩州兵馬都總管知相州從德齒少無才能特以外家故恩寵無比其在衞州縣吏李熙輔者善事從德乃薦其才於朝太后喜曰兒能薦士知所以爲政矣卽擢熙輔京官從事鄭驤因緣從德亦擢美官從德妻嘉州王蒙正女也蒙正家豪右以厚賂結納至郎官爲郡守旣而從德病召還道卒年二十四贈保寧軍節度使封榮國公謚康懷太后悲憐之尤甚錄內外姻戚門人及僮隸數十人從德娣壻龍圖閣直學士馬季良母越國夫人錢氏兄惟演子集賢校理曖及蒙正皆遷二官尚書屯田員外郎戴融嘗佐從德衞州以爲三司度支判官御史曹脩古楊偕郭勸推直官段少連上疏論之皆坐貶子永年

從廣字景元少出入禁中侍仁宗左右太后愛之如家人子太后崩眞拜崇州團練使娶荊王元儼女爲滁州防禦使時年十七趙元昊反從廣自言待罪行間不能扞患疆埸坐耗縣官願上所給公使錢帝嘉納之爲羣牧都監改副使從廣自爲防禦使十年不遷特拜宣州觀察使同勾當三班院請補外自效以知洺州漳水溢從廣穿隋故渠以殺水勢洺人便之徙邢州籍鄉軍之罷老者聽引子弟自代著爲令召還復領三班院出知襄州徙眞定府路馬步軍副都總管卒贈昭慶軍節度使謚良惠從廣性謹飭然喜交士大夫時頗稱之

永年字君錫生四歲授內殿崇班許出入兩宮仁宗使賦小山詩有一柱擎天之語帝誤投金杯瑤津亭下戲謂左右曰能取之乎永年一躍持之而出帝拊其首曰奇童子也常置內中年十二始聽出外累遷廉州團練使爲陝州都監郭邈山等爲盜永年密遣壯士夜渡河殺其凶黨二十餘人衆遂散遷鈐轄代還召見問破賊狀擢幹辦皇城司改單州團練使永興軍路總管契丹遣使來請帝繪像選副張昪報使契丹以未得志夜取巨石塞驛門衆皆恐永年素有力手擲棄之契丹驚以爲神出知涇州帝賜詩寵之郡兵歲以香藥爲折支三司不時輦致振武卒素驕突入通判聽事請以他物代給讙譁語不遜永年召至庭下數其罪斬爲首二人餘不敢動同提舉在京諸司庫務凡三除防禦使皆爲言者所論而寢知代州契丹取西山木積十餘里輦載相屬於路前守不敢過永年遣人焚之一夕盡上其事帝稱善契丹移檄捕縱火盜永年曰盜固有罪然發在我境何預汝事乃不敢復言帝嘗問禦戎策對合旨書忠孝字以賜英宗立遷沂州防禦使復知代州歷步軍馬軍殿前都虞候太原定州路副都總管王師征安南永年請先士卒度富良江取賦以獻不許遷邕州觀察使步軍副都指揮使卒贈崇信軍節度使謚曰莊恪

馬季良字元之開封府尉氏人家本茶商娶劉美女初補越州上虞尉改祕書省校書郎知明州鄞縣入爲刑部許覆官太后臨朝遷光祿寺丞頃之擢祕閣校理同判太常禮院再遷太子中允判三司度支勾院以太常丞直史館提舉在京諸司庫務擢龍圖閣待制三丞充近職非故事也遷尚書工部員外郎龍圖閣直學士同知審官院劉從德卒遺表季良遷二官辭不就而請以其子直方爲館閣讀書會江南旱出爲安撫使再遷兵部郎中太后崩換濠州防禦使赴本州御史中丞范諷言季良徼倖得官降屯衞將軍滁州安置開封府劾奏季良冒立券庇占富民劉守謙免戶役詔許季良自陳以地給還歲餘從壽州致仕還京師卒季良因緣以進無他行能在禮院嘗建言攝祠事官致齋三日無供帳飲食非所以重祠事也自是翰林儀鸞司供帳大官給食於祠所云

郭崇仁字永年守文之子章穆皇后弟也淳化四年補左班殿直遷東頭供奉官閤門祗候契丹入寇齎密詔諭河北諸將還奏稱旨累遷崇儀副使兼閤門通事舍人章穆崩特除莊宅使康州刺史再遷宮苑使昭州團練使丁母憂起復雲麾將軍拜解州團練使改蔡州擢捧日天武四廂都指揮使賀州防禦使高陽關路馬步軍副都總管以疾落軍職改磁州防禦使卒贈彰德軍節度觀察留後崇仁雖外戚朝廷未嘗過推恩澤其爲解州團練使十年不遷嘗除知相衞二州皆辭不行蓋性愼靜不樂外官也

楊景宗字正臣章惠皇太后從父弟少蒲博無賴客京師以罪黥隸致遠務章惠入宮爲美人奏補茶酒班殿侍累遷西頭供奉官閤門祗候坐事降左侍禁郢州兵馬都監未久復官累遷東染院副使章惠爲太后進崇儀使領連州刺史揚州兵馬鈐轄未幾授秦州刺史徙滑州鈐轄遷舒州團練使爲兵馬總管章惠崩遷成州防禦使坐入臨皇儀殿被酒讙譟出爲兗州總管改天雄軍副都總管時呂夷簡守魏常以官屬禮飭戒之而景宗肆志不悛遂以不法奏貶齊州都監徙衞州又徙鄆州鈐轄召還同勾當景靈宮提舉四園苑章獻章懿二后升祔太廟帝念章惠故特拜景宗徐州觀察使給留後奉逾年領軍頭引見司出知磁州爲建寧軍節度觀察留後知潞州給節度使奉領皇城司坐衞士入禁中謀爲亂貶徐州觀察使知濟州還提舉萬壽觀復建寧軍留後復領軍頭引見又坐從卒王安挾刃入皇城謫左監門衞大將軍均州安置起爲汝州鈐轄祀明堂覃恩願還所改官求爲郡帝謂輔臣曰景宗性貪虐老而益甚郡不可予也乃復以爲建寧軍留後提舉四園苑改提舉在京諸司庫務卒贈安武軍節度使兼太尉謚莊定景宗起徒中以外戚故至顯官然暴戾所至爲人患復使酒任氣在滑州嘗毆通判王述仆地帝深戒毋飲酒景宗雖書其戒坐右頃之輒復醉其奉賜亦隨費無餘始宰相丁謂方盛築第敎坊景宗爲役卒負土第中後謂敗仁宗以其第賜景宗居三十年乃終

符惟忠字正臣彥卿曾孫也以外祖母賢靖大長公主奏爲三班奉職後擢閤門通事舍人勾當東排岸司三司使寇瑊繩下急漕米數不足綱吏卒率論以自盜惟忠爭曰在法欠不滿四百者不坐若以自盜論則計直八百卽當坐徒矣瑊怒曰敢抗三司使耶惟忠曰職有當辨非抗也瑊益怒惟忠爭愈力如所議乃已以西染院副使權提舉倉草場提點開封府界縣鎭公事開封主簿欒誥宰相王曾外孫也或風使薦之惟忠不從曰誥無善狀安可以勢使我旣而誥果以贓敗時吳奎爲長垣尉惟忠厚遇奎白府共薦之惠民河與刁河合流歲多決溢害民田惟忠自宋樓鎭礙灣橫隴村置二斗門殺水勢以接鄭河圭河自是無復有水害陝西用兵除涇原路兵馬鈐轄兼知涇州三司使鄭戩奏留都大管勾汴河使建議以爲渠有廣狹若水闊而行緩則沙伏而不利於舟請卽其廣處束以木岸三司以爲不便後卒用其議再遷西上閤門副使契丹遣使求地惟忠副富弼往報使還閤門使至武彊縣疽發背卒贈客省使眷州防禦使

柴宗慶字天祐大名人祖禹錫鎭寧軍節度使父宗亮太子中舍宗慶尚太宗女魯國長公主升其行爲禹錫子拜左衞將軍駙馬都尉領恩州刺史禹錫卒眞拜康州防禦使改復州舊制諸公主宅皆雜買務市物宗慶遣家僮自外州市炭所過免算至則盡鬻之復市於務中自是詔雜買務罷公主宅所市物從祀汾陰爲行宮四面都巡檢進泉州管內觀察使又自言陝西市材木至京師求蠲所過稅眞宗曰向諭汝毋私販以奪民利

今復爾邪既而河東提點刑獄劾宗慶私使人市馬不輸稅貸不問授武勝軍節度觀察留後歷拜彰德軍節度使仁宗卽位徙靜難軍又徙永清彰德軍拜同中書門下平章事徙節武成軍出知澶州未行改陝州潞州後判鄭州以縱部曲擾民召還奉朝請歲減公用錢四百萬久之出判濟州用御史中丞賈昌朝言留不遣盡停本使公使錢卒贈中書令謚曰榮密主累封楚國大長公主先宗慶沒宗慶歷官多過失性極貪鄙積財鉅萬而薄於自奉甚至優人以爲戲宗慶雖知莫能改也無子及終願以貲產送官仁宗以其女尚幼不許人謂宗慶還尚榮貴逾四十年晩上積奉以裨軍用蓋亦追補前過云

張堯佐字希元河南永安人溫成皇后世父也舉進士歷憲州筠州推官吉州有道士與商人夜飲商人暴死道士懼而逃爲邏者所獲捕繫百餘人轉運使命堯佐覆治盡得其冤改大理寺丞知汜水縣遷殿中丞知犀浦縣犀浦地狹民繁多田訟堯佐正其疆界條衆敝以曉之訟遂簡知開州還判登聞鼓院時溫成方爲脩媛欲以門閥自表異故堯佐稍進用權開封府推官又提點府界公事諫官余靖言用堯佐不宜太遽項者郭后之禍起於楊尚不可不監未幾遷三司戶部判官又爲副使擢天章閣待制吏部流內銓累遷兵部郎中權知開封府加龍圖閣直學士遷給事中端明殿學士拜三司使明年諫官包拯陳升之吳奎言比年以來水旱城郛地震河溢蓋小人道盛天下皆謂堯佐主大計諸路困於誅求內帑傾於借助法制刓敝實自堯佐臣等竊惟親昵之私聖人不免惟處之有道使不踐危機斯爲得矣仁宗祀明堂改戶部侍郎尋拜淮康軍節度使羣牧制置使宣徽南院使景靈宮使賜二子進士出身拯等復言陛下卽位僅三十年未有失道敗德之事乃五六年來擢用堯佐羣口竊議以謂其過不在陛下在女謁近習與執政大臣也蓋女謁近習知陛下繼嗣未立旣有所私莫不潛有趨向執政大臣不能規諫乃從諛順旨高官要職惟恐堯佐不滿其意致陷陛下於私昵後宮之過制下之日陽精晦塞氛霧蒙孛宜斷以大義亟命追寢必不得已宜徽節度擇與一焉如此則合天意順人情矣御史中丞王舉正留百官班欲廷議不許乃詔曰近臺諫官乞罷堯佐三司及言不可用爲執政若優與之官於體爲善朕用其言遂有是命今復以爲不可前後反覆於法當黜其令中書戒諭之自今言事官相率上殿先取旨是日堯佐辭宣徽景靈使從之未幾復以宣徽使判河陽舉正又抗章論之至于三時吳育判西京留臺河陽民訟有不決者多詣育於狀尾判曲直堯佐畏恐卽奉行之召還徙鎭天平軍卒贈太師賜其家緡錢日三千堯佐起寒士持身謹畏頗通吏治曉法律以戚里進遽至崇顯戀嫪恩寵爲世所鄙子山甫引進副使樞密副都承旨從弟堯封孝謹好學舉進士爲石州推官卒次女卽溫成皇后也累贈至中書令清河郡王謚曰景思

宋史卷四百六十四

元　中書右丞相總裁脫脫等修

列傳二百二十三

外戚中

王貽永　李昭亮　李用和子璋 瑋 珣

李遵勖子端懿 端愿 端慤 端愿子評　曹佾從弟偕 子評 誘

高遵裕弟遵惠 從姪士林 士林子公紀 公紀子世則

向傳範從姪經 綜 經子宗回 綜子宗良　張敦禮　任澤

王貽永字季長溥之孫也性清愼寡言頗通書不好聲技初生十餘歲時其舅魏咸信見而奇之曰後當類我咸平中尚鄭國公主授右衛將軍駙馬都尉從封泰山領高州刺史再遷右監門衛大將軍獎州團練使求外補得知單州眞宗戒之曰和衆靜治卿所當先也眞拜洺州團練使徙徐州河決滑州徐大水貽永作隄城南以禦之改衛州團練使進懷州防禦使知澶定二州徙成德軍會有告曹汭變者貽永奏治之遷耀州觀察使復知澶州歷彰化武定軍節度使觀察留後拜安德軍節度使出知天雄軍徙保寧軍節度使知鄆州州自咸平中徙城而故治爲通衢介梁山春夏多水患貽永相度地勢爲築東西道三十餘里民便之復徙定州又徙成德軍擢同知樞密院事改副使加宣徽南院使進樞密院使久之拜同中書門下平章事遂加兼侍中徙節鎭海以疾求罷手詔撫諭遣上醫診視帝臨問頒尚方珍藥手取糜粥食之貽永自言寵祿過盛願罷樞筦解使相還第帝冀其愈也乃聽罷侍中徙彰德節度使同平章事樞密使如故疾稍間入見命其子道卿掖登垂拱殿仍賜五日一朝遇朝參起居許休於殿側至和初復以疾辭拜尚書右僕射檢校太師兼侍中景靈宮使卒贈太師中書令謚康靖當時無外姻輔政者貽永能遠權勢在樞密十五年迄無過失人稱其謙靜子道卿西上閤門使

李昭亮字晦之明德太后兄繼隆子也四歲補東頭供奉官許出入禁中繼隆北征契丹遣昭亮持詔軍中問方畧及營陣衆寡之勢昭亮年雖少還奏稱旨累遷西上閤門使出爲潞州兵馬鈐轄徙領麟府路軍馬事尋爲管勾軍頭引見司兼三司衙司軍士有逃死而冒請官廩者數百人昭亮按發之領高州刺史知代州以四方館使復領麟府路軍馬事遷引進使領賀州團練使歷知瀛定二州成州團練使寧州防禦使延州觀察使感德軍節度觀察留後擢殿前都虞候秦鳳路馬步軍副都總管經畧招討副使徙永興路馬步軍副都指揮使幷代州路副都總管安撫招討副使未幾守代州再徙眞定路都總管保州兵叛殺官吏詔遣王果招降之叛者乘埤呼曰得李步軍來我降矣於是遣昭亮昭亮從輕騎數十人不持甲盾弓矢叩城門呼城上曰爾輩第來降我保其無虞也不爾幾無噍類矣卒稍稍縋城下明日相率開城門降改淮康軍節度觀察留後復知定州敕使存勞賜黃金三百兩給節度使奉以褒其功都轉運使歐陽脩言昭亮入保州以叛卒女口分隸諸軍有輒私入其家者置不問明年拜武寧軍節度使代李用和爲殿前副都指揮使時承平久將士多因循樂縱弛昭亮本將家子雖以恩澤進然習軍中事旣統宿衛政尙嚴多所建請萬勝龍猛軍蒲博爭勝負徹屋椽相擊上皆愕駭昭亮捕斬之杖其主者諸軍爲之股慄帝祠南郊有騎卒亡所挾弓會赦當釋去昭亮曰宿衛不謹不可貸卒配隸下軍禁兵自是頓肅以宣徽北院使判河陽徙延州以南院使判澶州徙幷州成德軍拜同中書門下平章事判大名府仁宗以塗金紋羅書曰李昭亮親賢勳舊命其子惟賢持以賜徙定州改天平彰信泰寧軍節度使在定州數言老疾不任邊事願還京師乃以爲景靈宮使又改昭德軍節度使卒贈中書令謚良僖昭亮爲人和易練習近事於吏治頗通敏善委任僚佐以故數更藩鎭無他過昭亮妻早亡內嬖三妾迭預家政莫能制也子惟賢字寶臣以父蔭爲三班奉職後爲閤門祗候通事舍人累遷西上閤門使尋領高州刺史知莫州州倉粟陳腐戍兵大譟弗肯受州人皆恐惟賢馳往諭曰邊兵衆則積粟多廩數多且積久能無陳腐乎欲盡取新則陳者何所歸遂斬首惡一人流十八軍中帖然召還提舉諸司庫務領榮州團練使知冀州會還補禁軍自隸籍後犯贓汚者皆絀爲下軍惟賢曰武士何可責以廉節且抵罪在昔今不可以新令繩之帝爲更其制徙恩州後遷四方館使卒惟賢善宣辭令習朝儀仁宗頗愛之

李用和字審禮章懿皇太后弟也少窮困居京師鑿紙錢爲業劉美求用和於民間奏爲三班奉職累遷右侍禁閤門祗候權提點在京倉草場考城縣兵馬都監太后崩詔赴喪旣葬遷禮賓副使領入作司遷禮賓使同領皇城司遷崇儀使賀州刺史改葬太后于永安領捧日天武兵護梓宮明年春又詔乘傳行太后陵還授寧州刺史歷澤州團練慶州防禦鄜州觀察使旣而擢殿前都虞候鄜延路馬步軍副都總管未行拜永清軍節度觀察留後改眞定府定州路舊制刺史以上所賜公使錢得私入而用和悉用爲軍費歷侍衛親軍步軍馬軍副都指揮使拜建武軍節度使殿前副都指揮使以老乞罷軍職拜宣徽北院使逾月改彰信軍節度使同中書門下平章事景靈宮使以疾告仁宗臨問賜銀飾肩輿進兼侍中初未有居第詔寓館芳林園用和固辭又假以惠寧坊之官第病革帝入見臥內擢其次子珣爲閤門使賜所居第幷日給官舍僦錢五千旣卒帝哭之慟贈太師中書令隴西郡王輟朝五日制服禁中謚恭僖帝撰神道碑書曰親賢之碑其妻卒亦輟朝成服初仁宗以太后不逮養故外家褒寵特厚用和列位將相能小心靜默推遠權勢論者以此稱之子璋

璋字公明以章懿皇后恩補三班借職積官爲天平軍節度觀察留後知澶州護塞商胡會河漲訛言水且至璋據聽事自若人心乃安河亦不溢徙曹州觀察使累遷武勝軍節度使殿前都指揮使仁宗書忠孝李璋字幷祕書賜之宴近臣羣玉殿酒半命大盞二飲韓琦及璋如有所屬帝崩執政欲增京城甲士璋曰側出累代不宜輒易時禁衛相告乾興故事內給食物中有金旣而果賜食衆視食中璋曰天子未臨政已優賞汝何功復云云敢讙者斬衆乃定以武成軍節度使知鄆州京東盜白日殺縣令畧人道中璋信賞罰擒捕盜爲衰止歲大雨水競以船筏邀利多溺死者璋一切籍之約所勝載如黃河法發卒城州西關調夫修路數十里夾道植柳人指爲李公柳知鄆州坐失舉改節振武軍知鄆州還朝道卒年五十三贈太尉謚曰良惠弟瑋珣

瑋選尚兗國公主積官濮州團練使以樸陋與主不協所生母又忤主意主入訴禁中瑋皇恐自劾坐罰金後數年終不協主還宮瑋自安州觀察使降建州落駙馬

都尉知衞州未幾主徙封岐國復璋都尉主薨以奉主亡狀貶郴州團練使陳州安置遇赦還京師至建武軍節度使檢校太師卒哲宗臨奠哭之贈太師中書令

珣字公粹以蔭爲閤門祗候時兄璋爲閤門副使珣又求通事舍人仁宗曰爵賞所以與天下共也儻盡用親戚何以待勳舊乎後一年乃命之車駕視用和疾自西上閤門副使累遷均州防禦使知相州賜御製詩飛白字寵其行未幾遷相州觀察使時劉永年亦同除官知制誥楊畋以爲不可開僥倖之門詔他舍人草制御史范鎮復論之命遂寢使契丹預釣魚會獲多契丹遺以金器使還悉上之更賜黃金及李珣忠孝字熙寧中遷宣州觀察使知潁州哲宗初進泰寧軍留後提舉萬壽觀故事正任遇覃恩止移鎮唯宗室乃遷官至是珣與李端愨皆特遷戚里一覃恩遷官自此始復知相州卒年七十四

李遵勗字公武崇矩孫繼昌子也生數歲相者曰是當以姻戚貴少學騎射馳冰雪間馬逸墜崖下衆以爲死遵勗徐起亡恙也及長好爲文詞舉進士大中祥符間召對便殿尚萬壽長公主初名勗帝益遵字升其行爲崇矩子授左龍武軍駙馬都尉賜第永寧里主下嫁而所居堂甓或瓦甓多爲鸞鳳狀遵勗令鑱去主服有龍飾悉屏藏之帝歎喜領澄州刺史坐私主乳母譴均州團練使徙蔡州踰年起爲太子左衞率府副率復左龍武軍將軍領宏州團練使眞拜康州團練使給觀察使祿時繼昌官刺史遵勗請班其下許之後繼昌守涇州暴感風眩遵勗馳省不俟命帝遣使令乘驛赴之既還上表自劾帝使輔臣慰諭之遷澤州防禦使又遷宣州觀察使求補郡自試出知澶州賜宴長春殿在郡會河水溢將壞浮梁遵勗督工徒七日而堤成還昭德軍節度觀察留後拜寧國軍節度使徙鎮國軍知許州水軍多不練習而隸籍遵勗命部校按劾拔去十七八復以疾請援唐韋嗣立故事求山林號詔不許初天聖間章獻太后屏左右問曰人有何言遵勗不答太后固問之遵勗曰臣無他聞但人言天子既冠太后宜以時還政太后曰我非戀此但帝少內侍多恐未能制之也嘗上三說五事以論時政晉國夫人林氏以太后乳母多干預國事太后崩遵勗密請置之別院出入伺察之以厭服衆論其補助居多類此所居第園池冠京城嗜奇石募人載送有自千里至者構堂引水環以佳木延一時名士大夫與宴樂師楊億爲文億卒爲制服及知許州奠億之墓慟哭而返又與劉筠相友善筠卒存恤其家通釋氏學將死與浮圖楚圓爲偈頌卒贈中書令謚曰和文有問宴集二十卷外管芳題七卷子端懿

端懿字元伯性和厚喜問學頗通陰陽醫術星經地理之學七歲授如京副使侍眞宗東宮尤所親愛嘗解方玉帶賜之稍長出入宮禁如家人七遷濟州防禦使爲羣牧副使杜衍爲樞密擇外以子弟試外官邇以端懿知冀州爲政循法度民愛其不擾轉運使移州捕妖人李教教已死恩州王則據城叛人有言教不死在賊軍中遂降單州團練使知均州改滑州兵馬鈐轄賊平實無李教者乃以爲汝州防禦使提舉在京諸司庫務遷蔡州觀察使同勾當三班院徙華州觀察使以母喪起復爲鎮國軍節度觀察留後願終制許之仍給全奉服除提舉集禧觀出知鄆州兼京東西路安撫使是歲京東水民多饑大發倉廩以賑之置弓手局教以戰鬭遂如精兵治汶陽堤百餘里以却水患民便之尋除寧遠軍節度使知澶州御史中丞韓絳奏端懿無功不當得旄節不拜以留後赴澶州數月卒訃聞帝方宴禁中爲徹樂贈其家黃金三百兩贈感德軍節度使謚良定再贈兼侍中端懿能自刻厲聞善士傾身下之以故士大夫與之遊甚得名譽弟端愿

端愿字公謹以穆獻公主恩七歲授如京副使四遷爲恩州團練使仁宗以歲旱御便殿慮囚放宮女端愿上疏謂縱釋有罪小人之幸放宮女爲宦者專制反失所歸何以弭災變累進邢州觀察使鎮東軍留後知襄郢二州本路轉運使獻羨財數十萬被賞端愿言常賦三折其民不堪卽上其事帝怒奪轉運使賞申折變之禁移廬州富弼謂曰肥上之政何以減於襄陽端愿曰被官喜事飾廚傳以干名則譽者至更事旣久知抑豪彊制猾吏故毀隨之弼深然其言英宗初同提舉在京諸司庫務帝以疾拱默端愿求對進曰陛下當躬攬權綱以係人心不宜退託失天下望拜武康軍節度使知相州請歸除醴泉觀使神宗卽位遣使就其家錄取異時章奏賜詔褒之河東城囉兀端愿手寫趙普諫太宗北伐疏以聞連年請老以太子少保致仕凡大禮成賜金帶器幣品數視執政哲宗嗣位進太子太保欽聖皇后以甥舅之故嘗幸其第致禮於獻穆祠堂命近侍掖端愿勿拜元祐六年卒帝輟朝臨奠賻典加等贈開府儀同三司弟端愨子評

端愨字守道官左藏庫使執獻穆喪辭起復詔特給奉累遷東上閤門使幹辦三班院嘗侍宴羣玉殿仁宗獨賜珠花飛白字寵顧特異知邢冀衞三州至蔡州觀察使元祐中以安德軍留後卒贈昭德軍節度使謚曰恭敏兄端懿在嘉祐時嘗密請建儲人無知者卒於澶淵端愨走護其喪以歸元豐間因進對袖舊槀上之神宗歎曰近世之賢戚也由是端愨之名益著

評字持正由東頭供奉官八遷皇城使以父告老授西上閤門使爲樞密都承旨出使陝西河東還言鄜延之人皆謂城囉兀非便乞速毀撤解一路之患師出安南調兵及河東又言王師南征而取卒於西北使蠻聞之得以窺我所論事頗多或見施行然天資刻薄招權不忌多布耳目采聽外事自效以爲忠僥倖進用中外仄目以榮州刺史出知潁州還幹當三班院副韓縝報聘契丹且分畫河東地界凡二年乃決賜袍帶金帛以賞勞進成州團練使知蔡州卒年五十二贈冀州觀察使賜白金千兩評少涉書傳嘗以公主遺奏召試學士院改殿中丞意不滿辭之後二年再召試復止遷一官愈不悅至上書辨論及卒人無憐者

曹佾字公伯韓王彬之孫慈聖光憲皇后弟也性和易美儀度通音律善奕射喜爲詩自右班殿直累進殿前都虞候安化軍留後言者謂年未四十毋典軍出知澶青許三州徙河陽以建武軍節度使爲宣徽北院使知鄆州改保靜保平軍節度使同中書門下平章事景靈宮使加兼侍中封濟陽郡王神宗每咨訪以政然退朝終日語不及公事帝謂大臣曰曹王雖用近親貴而端拱寡過善自保眞純臣也進對未嘗名元豐中以疾告既愈入謝帝曰舅久不覲太皇太后宜少憩內東門幄當自啓已而召入歷上下儒釋道五閣大椿蟠桃亭再升殿乃退以護國軍節度使司徒兼中書令爲太一宮使給朱衣雙引騎吏前馬慈聖喪終請郡帝曰時見舅如面慶壽宮奈何欲遠朕得無禮遇有不至乎佾皇恐卽城南爲園池給入作兵戍役疏惠民河水灌之且將爲築三百楹第固辭乃止高麗獻玉帶爲秋蘆白鷺紋極精巧詔後苑工以黃金倣其製爲帶賜佾生日賚予如宰相親王用教坊樂工服色衣侑酒以示尊寵哲宗卽位加少保坤成節獻壽特綴宰相班優詔減拜卒年七十二贈太師追封沂王從弟偕子評誘

偕字光道少讀書知義以節俠自喜爲許州都監幕客史沆傾險劫持爲不法上下畏之偕從容置酒對客數沆十罪將擊殺之沆起拜謝偕罵曰復不改必殺汝沆爲斂迹累遷東上閤門使帶御器械知雄州議者欲廢塘濼爲田偕曰何承矩李允則營此累年所以限契丹廢之不可進華州防禦使知相州徙河陽總管卒嘗從梅堯臣學詩堯臣稱之爲序其詩

評字公正以父任累官至引進使知審官西院積遷溫州防禦使元祐中提舉萬壽觀丐外樞密院白爲眞定路鈐轄哲宗曰先帝待慈聖家極厚其以爲總管徽宗卽位遷相州觀察使歷龍神衞捧日天武都指揮使殿前都虞候馬步軍副都指揮使寧遠軍留後平海軍節度使佑神觀使使契丹者四館伴者十二在閤門十二年預脩儀制多所增損性喜文史書有楷法慈聖命書屏以奉神宗卽賜玉帶旌其能尤善射左右手如一夜或滅燭能中伴契丹使者射嘗雙破的客驚竦在戚里號爲湛厚卒年六十六贈開府儀同三司

誘字公善以蔭至左藏庫副使熙寧中父佾以疾告入謝神宗面授誘閤門通事舍人元祐中以東上閤門使爲眞定府定州路兵馬鈐轄遷文州刺史使契丹至其宮門館客者下馬邀誘同入誘曰北朝使至及朝堂門兩朝積好久無妄生事卒乘馬入使還爲樞密副都承旨徽宗時進都承旨歷慶州團練恩州防禦晉州觀察使保慶軍留後大觀中進安德軍節度使醴泉觀使與兄評同日拜立雙節堂於家戚里榮之性謹密習熟典故卒年六十五贈開府儀同三司謚曰忠定

高遵裕字公綽忠武軍節度使瓊之孫也以父任累遷供備庫副使鎮戎軍駐泊都監夏人寇大順城諒祚中矢遁會英宗宴駕遣遵裕告哀抵宥州下宮夏人遣王盥受命以吉服至遵裕切責之遂易服既而具食上宮語及大順城事盥曰剽掠輩耳遵裕曰若主寇邊扶傷而遁斯言非妄邪夏人以爲辱亟遣人代對終食不敢發口輒忿怒曰王人蔑視下國弊邑雖小控弦十數萬亦能躬執櫜鞬與君周旋遵裕瞋目曰主上天縱神武母肆狂蹶以干誅夷時諒祚覘於屏間搖手使止神宗聞而嘉之擢知保安軍橫山豪欲向化帝使遵裕諭种諤圖之諤遂取綏州帥怒諤擅發兵欲正軍法諤懼稱得密旨於遵裕故諤被罪遵裕亦降爲乾州都監還通事舍人主管西路羌部駐古渭砦分所部羌兵爲三等教以軍法熙寧初朝廷用王韶復洮隴命爲秦鳳路沿邊安撫以遵裕副之尋以古渭爲通遠軍命知軍事明年持附順羌部圖籍及繪青唐武勝形勢入獻擢引進副使帶御器械俾歸治師師次慶平堡夜行晨至野人

賜羌人族拒引親兵一鼓破之進營武勝城下羌衆逃去遂據其城詔建爲鎮洮軍又命知軍事尋以熙河洮岷遠通爲一路進西上閤門使榮州刺史充總管復知通遠軍明年詔欲取河州遵裕曰古謂舉事先建堡砦以漸而進故一舉拔武勝今兵與糧未備一旦越數舍圖人之地使彼阻要害我軍進退無所矣詔與李憲笑曰君何遂相異邪檄使守臨洮詔戍河州果不克帝善遵裕議令專管洮岷疊宕未附者遵裕以逾龍珂地有鹽井遂築鹽川砦瞎吳叱率諸羌脅青唐欲擾邊詔遵張玉攻討遵裕曰青唐無罪第爲生羌所脅耳遣禆將與龍珂率衆禦之青唐人見龍珂泣訴瞎吳叱知不附已潰去從詔取岷州下之令士衆曰生獲老幼與得級同全活者以數萬捷聞加岷州刺史明年羌乘景思立之敗圍河岷二州道路不通者幾月或請退保遵裕曰敢議此者斬岷城軍缺守者恐遵裕登西門命將縱擊別選精騎繇南門潛而出合擊之羌敗走時朝廷以岷城遠難守議棄之詔至賊已潰矣以功進團練使龍神衞都指揮使知熙州坐薦張穆之爲轉運使而穆之有罪罷知潁州未幾徙慶州又坐事黜知淮陽軍元豐四年復知慶州詔與諸路討夏國請濟師得東兵十一將騎不足用以孳牧馬益之又令節制涇原兵劉昌祚先至靈州幾得城遵裕嫉之故不用其計遂以潰歸語在昌祚傳貶郢州團練副使哲宗即位復右屯衞將軍主管中嶽廟卒年六十贈永州團練使紹聖中崇贈奉國軍節度觀察留後從弟遵惠

遵惠字子育以蔭爲供奉官熙寧中試經義中選擢大理評事歷三班院主簿軍器丞元祐初上疏言法度之張事有當否如先帝所施設未可輕議擢太僕少卿上太府卿出知河中府改河北路都轉運使未行拜工部侍郎以集賢殿修撰知鄆州河南潁昌府加寶文閣待制知成德軍召爲戶部侍郎以龍圖閣學士知慶州卒年五十八贈樞密直學士方宣仁后臨朝繩檢族人一以法度乃舉家事付遵惠遵惠躬表率之人無間言亦能遠嫌自保故不罹紹聖之禍從姪士林

士林字才卿宣仁聖烈皇后之弟也累官內殿崇班殿直英宗書謹守法律四字誨之曰能此則爲良吏矣每欲進擢后輒辭止喜儒學涉閱經史通大義尤有巧智嘗監揚州召伯埭梲木舊用火印士林改刃其印文鑿以爲識尤簡便傍郡皆效焉卒贈德州刺史神宗立加贈昭德軍節度使紹興初追封普安郡王子公紀

公紀字君正歷閤門祗候通事舍人累進寧州刺史團練使永州防禦使集慶留後性儉約珍異聲伎無所好奉祿多以給諸族得任子恩均及孤遠持宣仁后喪未終卒贈感德軍節度使諡曰懷信紹興初追封新興郡王子世則

世則字仲貽幼以恩補左班殿直至內殿崇班復用父遺表恩爲閤門祗候後除親衞郎以通經典轉內殿承制累遷康州防禦使知西上閤門事宣和末金泛使至徽宗命世則掌客世則記問該洽應對有據帝聞悅之自是掌客多命世則金人軍城下又命世則使其軍還進秩二等遷知東上閤門使金遣燕人吳孝民請和孝民邀宰執親王詣軍前議事高宗在康邸請行是日世則入對遂除計議副使以從康王復使河北世則改華州觀察使充參議官召對賜金帶嘗高宗艱難中世則嘗在左右寢處不少離大元帥府建改元帥府參議官因請布檄諸路以定人心進遙郡承宣使不拜高宗承制轉越州觀察使及即位除保靜軍承宣使提舉萬壽觀詔令編類元帥府事迹付史館召爲樞密都承旨兼提舉京畿監牧再提舉萬壽觀世則居溫州帝遣中使諭守臣以時給奉祿凡積二萬緡因請以禪郡費常病殤艱於據鞍又以舊所御肩輿賜焉帝每念宣仁聖烈皇后保祐三朝中遭誣詆外家班秩無顯者制以爲感德軍節度使充萬壽觀使進開府儀同三司奉朝請賜第臨安除景靈宮使兼判溫州尋以病丐罷後爲萬壽觀使十四年召入覲進少保懇求還卒年六十五贈太傅賜田三十頃諡曰忠節

向傳範字仲模尚書左僕射敏中之子以父任爲衞尉丞娶南陽郡王惟吉女改內殿崇班帶御器械歷知相恩邢三州入管幹客省閤門皇城司知陝州仁宗賜詩以寵其行熙寧初知鄆州兼京西路安撫使諫官楊繪言傳範領安撫使無以杜外戚僥求之源樞密使文彥博曰傳範累典郡非緣外戚神宗曰得諫官如此言甚善可以止他日妄求者以密州觀察使卒贈昭德軍節度使諡曰惠節傳範宰相子聯戚里所至有能稱以橐中貲千餘萬葬族人在殯者六十四喪從姪經綜

經字審禮以蔭至虞部員外郎神宗爲潁王選經女爲妃改莊宅使帝即位妃爲皇后進光州團練使以濰州防禦使知陳州歲中閱囚活重辟三人西華令掠人至死誣以疾吏畏令莫敢言經得其情卒窮治如法歲大雪輒弛公私僦錢以寬民有司持不可經曰上使我守陳民窮蓋我責我自爲此不涵累也方鎮別賜公使錢例私以自奉去則盡入其餘經獨斥歸有司惟以供享勞賓客軍師之用知河陽會旱蝗民乏食經度官稟歲用無餘乃先以圭田租入振救之富人爭出粟多所濟活徙徐州遷明州觀察使召還提舉景靈宮進定國軍留後復出知青州既行官給車徒三宮皆遣使送之車馬相屬於道未踰歲得疾還卒于淄州年五十四詔內侍迎其喪皇后出哭于新昌第喪至慶壽寶慈宮交遣謁者存酹后臨于國門之外贈侍中諡曰康懿將葬遣近臣典護穿復土給太常鹵簿帝出郊奠之周視其柩葬三日后臨于墓下賜篆碑首曰忠勤懿戚經所至勤吏治事皆自省決頗欲以才見於用故數請外補嘗因太祖忌日百官班開元殿下后召經見行幄勉以盡忠朝廷經亦以善事三宮爲言不及其家事子宗回宗良

綜字君章知歙縣籍閭里惡少年有盜發用以推迹輒得通判桂州常州知隨鼎漳汾密棣沂七州沂阻山多盜綜請用重法繩禁歲斷大辟減半兵久惰會初置官提舉教之急衆不悅監兵夜排闥告變綜疑有他謀執寢自若明日大閱中嚴號令賞其高彊罰其不進者卒亦無事性寬裕善治劇於姦惡不少恕官累中散大夫卒

宗回字子發累官相州觀察使徽宗立進彰德軍留後歷安國保信鎮南保平軍節度使檢校司空封永陽寧海安康漢東郡王開府儀同三司崇寧初有告其陰事者詔開封府鞫實御史中丞吳執中臨問宗回惶懼上還印綬以太子少保致仕言者不已削官爵流郴州行二日聽家居省咎踰年盡還其故官宗回少驕恣有小才嘗權舉牧都監數以蓄息被賞出知蔡州擒劇賊臧其黨類歲饑發廩與力役饑者得濟而官舍帑廩一新欽聖后服除起奉朝請繼命止朝朔望卒年六十二帝制服苑中贈檢校少師諡曰榮縱

宗良字景弼歷秀州刺史利州觀察使昭信軍留後奉國清海鎮東武寧寧海軍節度使永嘉郡王開府儀同三司欽聖后臨朝時嘗爲陳瓘論其與蔡京相結及預政事亦能恪共自守宣和中卒年六十六贈少保

張敦禮熙寧元年選尚英宗女祁國長公主授左衞將軍駙馬都尉遷密州觀察使元祐初疏言變法易令始於王安石成於蔡確近者退確進司馬光以臣觀之所得多矣進武勝軍留後章惇爲政言敦禮忘德犯分醜正朋邪密封章疏詆毀先烈引譽罪首謂當褒崇欲其黨儔盡見收用乃責授左千牛衞大將軍勒止朝參徽宗立有司以敦禮在貴籍奏審恩賜帝與欽聖后皆以爲當與惇等執前疏欽聖曰戚里何必預知朝廷事當時罰亦太重矣復和州防禦使進保信軍留後崇寧初拜寧遠軍節度使諫官王能甫言敦禮以匹夫之賤一日而富貴具焉神宗親愛隆厚禮遇優渥而敦禮詆毀盛德罪大謫輕今復與之節鉞無乃傷陛下紹述之志乎乃奪節仍爲集慶軍留後大觀初復節度寧遠軍徙雄武卒贈開府儀同三司

任澤字天錫仙遊夫人母弟也英宗入繼大統召至延和殿授西頭供奉官賜第一區寵賚甚厚神宗時累遷皇城使領昌州刺史護仙遊柩遷祔于濮園眞拜嘉州刺史卒贈崇信軍節度使諡曰恭僖賜墓寺寺額爲旌孝澤起田里際會恩寵能自安繩檢帝欲廣其居固辭當任子弗請其篤謹如此

宋史卷四百六十五

元　中書右丞相總裁脫脫等修

列傳二百二十四

外戚下

孟忠厚　韋淵　錢忱　邢煥

潘永思　吳益弟蓋　李道　鄭興裔

楊次山

孟忠厚字仁仲隆祐太后兄追封咸寧郡王彥弼子也后退居瑤華宮哲宗恩眷不衰故忠厚得以仕進宣和中官至將作少監靖康元年知海州召權衞尉卿金人圍城后宮火出居忠厚家繇是免北遷金兵退張邦昌迎后聽政后遣忠厚持書遺康王王即位將迎后授忠厚徽猷閣待制提舉一行事務尋兼幹辦奉迎太廟神主事帝幸揚州除顯謨閣直學士臺諫交章論列帝以太后故難之后聞即命易武秩遂授常德軍承宣使幹辦皇城司未幾奉太后幸杭州苗傳亂平趙鼎謂張浚曰太后復辟其功甚大當推恩外家浚乃奏忠厚寧遠軍節度使尋奉太后幸南昌歸至越以母憂解職頃之后崩以祔廟恩起復鎮海軍節度使開府儀同三司及后大祥封信安郡王充禮儀使奉太后神御幸溫州紹

興九年判鎭江府改判明州兼安撫使改判婺州旣而帝以太后攢會稽乃命忠厚判紹興府兼脩奉攢宮事加少保三梓宮歸充迎護使及營佑陵秦檜當爲總護使憚往乃除忠厚樞密使以代其行檜與忠厚僚壻也然心實忌之山陵事畢忠厚欲歸樞密府檜諷言路引故事論列遂判福州時海寇猖獗帝憂忠厚不能弭其患改判建康府又改判紹興府會郊赦加恩謝表有本無時才出爲世用語中丞詹大方希檜意論忠厚表辭輕侮謂今日不足與有爲遂罷爲醴泉觀使檜死召還行在授保寧軍節度使判平江府再改判紹興府過闕入見復詔充萬壽觀使提舉秘書省二十七年卒贈太保忠厚奉昭聖太后訓避遠權勢不敢以私干朝廷明受之變太后垂簾忠厚乞裁節本家恩澤如有夤緣令三省執奏御史劾奏檜當國親姻扳援以進忠厚獨與之忤自越入見語所善王銍曰忠厚與檜雖有親好每懷疑心今欲求一不傷時忌對銍敎之但言乞免提舉學事而已然亦見廢帝以太后擁佑功故眷忠厚特優后在瑤華二十年恩澤未嘗陳請詔賜忠厚田三十頃以賞之旣奉內祠金使至特命押班且令月過局如宰執例及卒三子皆除直秘閣親屬六人各進以一官

韋淵顯仁太后季弟也靖康末官至拱衞大夫忠州防禦使勾當軍頭引見司金人退張邦昌遣淵持書遺康王于濟南王卽位遷親衞大夫寧州觀察使知東上閤門事言橫行五司尚未遵元豐舊制乞倂引進司歸客省東西上閤門合而爲一以省冗費從之遂命同管客省四方館閤門事淵性暴橫不循法度帝慮其有過難於行法遂遷福建路副總管淵引疾丐祠許之淵乃言自宣和及今十二年未嘗磨勘乞遷秩吏部言在法橫行無以年勞磨勘者帝遂不許久之落階官除德慶軍節度使召赴行在除開府儀同三司會建康軍帥邊順疾篤留守呂頤浩奏以淵代帝不欲以戚里管軍不許淵陳乞恩數帝詢太后家故例賜田五十頃房緡錢日二十千帝久不予淵官聞太后將入境乃封平樂郡王令逆于境上旣從后歸卽令致仕又詔奉朝請遷少師淵在內不得逞乞致仕任便居住從之未幾帝恐其肆橫於外復詔落致仕還居賜第太后朝景靈宮淵見后出言詆毀詔侍御史余堯弼卽其家鞫治淵具狀誣罔責授寧遠軍節度副使袁州安置數年復故職累遷太保太傅卒贈太師子三人訊謙讜訊紹興中官至達州刺史坐過用太后旨降武德郞與嶺外監當謙好學能詩官至建康軍節度使謙子璞淳熙末仕至太府少卿高宗崩擢司農少卿爲金國告哀使金主錫宴其館使欲用樂璞不可自朝至夜漏下三十刻金人不能奪及入見其閤門令璞吉服入璞又不可曰將中乃以凶服見紹熙初除煥章閣論者以爲非祖宗舊制遂換授明州觀察使十年不遷寧宗嘉其恬退授清遠軍節度使致仕卒贈太尉

錢忱字伯誠吳越王俶五世孫父景臻尚仁宗第十女秦魯國大長公主生忱神宗命賜名除莊宅副使騎都尉帝嘗諭景臻曰主賢宜有子爲擇嘉配娶唐介孫女又晁迥外孫忱從二家遊伯父勰在翰苑因得識一時名卿哲宗愛之常使侍左右徽宗覃八寶恩爲邕州觀察使遷武寧軍觀察留後喜其靖共除瀘州軍節度使欽宗加檢校少保尋納節高宗立復拜檢校少保瀘州節度使中太一宮使御書忠孝之家四字賜之進開府儀同三司紹興十五年以秦魯主終喪除少保封榮國公三十年遷少師仍舊節致仕給眞奉明年卒年八十餘贈太師子端禮自有傳

邢煥字文仲開封人以父任調孟州汜水縣主簿監在京藥局平準務茶場以勞改宣德郞莫州司錄移知開封府陽武縣都大提舉開德大名府堤埽歷開封府七十儀曹詔納其女爲康王妃靖康初主管亳州明道宮王卽位升右文殿修撰進徽猷閣待制諫議大夫衞膚敏言后父不當班從臣遂改光州觀察使除樞密都承旨煥屢奏馬伸言事切當宗澤忠勞可倚黃潛善汪伯彥誤國其言多所裨益遷保靜軍承宣使苗劉之變煥自度不能爭迺病免兼提舉萬壽觀求去不已改江州太平觀遂徙居忠州紹興二年入對首陳川陝形勢利害請幸荆南分兵以圖恢復凡數百言帝甚嘉之復以爲都承旨引疾不拜擢慶遠軍節度使提舉洞霄宮煥涉學有文節儉自持未嘗恃恩私請識者取焉是年卒贈開府儀同三司謚恭簡加贈少師追封嘉國公

潘永思賢妃叔父也妃初進封詔以梁師成第賜永思建炎初爲閤門宣贊舍人帶御器械元祐太后在虔帝遣永思迎歸權三省樞密事盧益頗與之交結爲諫官吳表臣所論范宗尹請出永思帝曰未可姑罷祿以困之庶知悔過遂奪職旣而辛企宗言永思嘗捕魔賊有功復爲帶御器械未幾大理推治僞告事連永思帝曰永思雖戚里旣有過安可廢法乃罷職就逮獄成追一官尋復爲閤門宣贊舍人遷同知閤門事永思乞增給殯錢戶部言其不應格法乃止紹興八年自右武郞擢右武大夫知閤門事尋卒

吳益字叔謙蓋字叔平俱憲聖皇后弟也益建炎末以恩補官累遷幹辦御輦院帶御器械蓋紹興五年以恩補官累遷宣贊舍人帝與后皆喜翰墨故益蓋兄弟師法亦有書名后受冊推恩益加成州團練使蓋加文州刺史帝爲置皇后宅大小學敎授以王鐵爲之鐵明經善訓導益蓋折節事之益娶秦檜長孫女又與王繼先交相薦引故三家姻族皆躐美官益歷官至保康軍節度使加太尉儀同三司初旣建節以檜故授文資直秘閣檜進徽宗御製辭免加恩帝乃特命賜益三品服累加秘閣修撰直徽猷閣以檜提舉編修寬恤詔令又加益直寶文閣檜死其子熺復請於帝又升敷文閣待制中丞湯鵬舉言益以庸瑣之才恃親暱之勢乞褫職名以示至公帝謂鵬舉所論甚切當然朕於奠檜日諭檜妻子許以保全其家今若遽出其壻則傷恩臣僚無得更有論列自是不復遷顯仁太后葬爲攢宮總護使始進少保孝宗嗣位進少傅又進太師封太寧郡王乾道七年卒年四十八謚莊簡追封衞王蓋官至武寧軍節度使亦累升太尉開府儀同三司少保封新興郡王乾道二年卒年四十二贈太傅追封鄭王益子琚習吏事乾道九年特授添差臨安府通判其後歷尚書郎部使者換資至鎭安軍節度使復以才選除知明州兼沿海制置使寧宗初乃得祠奉朝請尋知鄂州再知慶元府位至少師判建康府兼留守卒方孝宗崩光宗以疾不能執喪大臣請太后垂簾冊立寧宗琚言於后曰垂簾可暫不可久后遂以翌日徹簾琚嘗使金金人嘉其信義琚死後宋遣使至金議和屢不合金人言南使中惟吳琚言爲可信琚弟璹仕至保靜軍節度使蓋子環亦至昭化軍節度使

李道字行之相州人其中女爲光宗后初道與兄旺聚衆歸宗澤澤因事斬旺命道掌其軍澤薨道引軍依襄陽鎭撫使桑仲仲以爲副都統制兼知隨州奏于朝授武義郞閤門宣贊舍人仲爲霍明所殺道與統制李橫率兵縞素圍明于郢明亡去劉豫遣人持書招道道不從執其使以聞詔嘉獎之豫怒遣將移楷攻道道拒破之除鄧隨州鎭撫使兼知郢州時李橫已命別將守鄧道憚橫不敢受遂命仍知隨州樞密院以道能察軍情不受鎭撫之命理宜褒賞詔領榮州團練使進武義大夫胡安中守唐州勢孤不能自立遂附豫道招之安中復來歸會李成入寇鎭撫使李橫棄襄陽去道亦棄隨南歸至江州詔道屬岳飛爲選鋒軍統制入唐州擒僞將除唐鄧郢州襄陽都統制從飛收復襄陽等郡授行營護軍累至復州防禦使果州觀察使戍鄂州加中侍大夫武勝軍承宣使又升御前諸軍統制武興蠻楊再興連歲寇掠道破其衆擒再興及其二子遷保寧軍承宣使羣盜朱持等聚桂陽詔道移軍衡州經理道遣高仲等擊平之落階官加龍神衞四廂都指揮使遷鎭南軍承宣使金將渝盟命道以所部戍荆南府帥臣劉錡奏改爲御前前軍右軍就命道統之錡召奏事道代爲御前諸軍都統制金將劉士蕚屯光化境道掩擊焚其舟蕚遂遁去尋因大將言道與鄂帥不協罷踰年起授捧日天武四廂都指揮使知荆南府隆興初湖北諸司劾其過帝曰道恃戚里妄作可罷久之再爲湖北副總管及卒乃拜慶遠軍節度使贈太尉謚忠毅后旣貴進封楚王孫孝友孝純皆至節度使

鄭興裔字光錫初名興宗顯肅皇后外家三世孫也曾祖紳封樂平郡王祖翼之陸海軍節度使父藩和州防禦使興裔早孤叔父藻以子字之分以餘貲興裔不受請立義莊贍宗族及藻沒遂解官致追報之義初以后恩授成忠郞充幹辦祇候庫聖獻后葬充攢宮內外巡檢累至江東路鈐轄乾道初建康留司請治行宮備巡幸興裔奏勞人費財乞罷其役且言都統及馬軍帥皆非其人徙福建路兵馬鈐轄過闕入見詢以守令臧否興裔條析以對帝曰卿識時務習吏事行當用卿會復置武臣提刑就命爲之加遙領高州刺史郡縣積玩檢驗法廢興裔剏爲格目分畀屬縣吏不得行其姦因著爲令建劒汀邵鹽筴屢更漕臣請易綱運爲鈔法興裔極言其不可海寇倏去忽來調兵常無及興裔請置澳長寇至徑率民兵禦之又言禁兵事藝不精多充私役乞行禁止尉以捕盜改秩多僞當加審實帝善其數論事詔加成州團練使時傳聞金欲敗盟召興裔爲賀生辰使以覘之使還言無他卒如所料累差浙東浙西江東提刑請祠以歸尋詔知閤門事兼幹辦皇城司又兼樞密副都承旨軍婦楊殺鄰舍兒取其臂釧而棄其屍獄成刑部以無證左出之命興裔覆治得實帝喜賜居第丁母憂去官服闋復故職除均州防禦使再使金還遷潭州觀察使復請祠起知廬州移知揚州揚與廬爲鄰初興裔在廬嘗郤鄰道互送禮至是按郡籍見前所郤者有出無歸遂奏嚴其禁揚有重屯糧乏例糴他境

興裔搜括滲漏以補之食遂足民舊皆茅舍易焚興裔貸之錢命易以瓦自是火患乃息又奏免其償民甚德之脩學宮立義冢定部轄民兵升差法郡以大治楚州議改築城有謂韓世忠遺基不可易者命興裔往視既至閱地丈餘增築之帝閱奏喜曰興裔不吾欺也紹興元年遷保靜軍承宣使召領內祠充明堂大禮都大主管大內公事寧宗卽位除知明州兼沿海制置使告老授武泰軍節度使卒年七十四贈太尉謚忠肅興裔歷事四朝以材名結主知中興外族之賢未有其比子三人挺以横行團練使歷淮襄兩道帥損登進士甲科與抗皆有位于朝

楊次山字仲甫恭聖仁烈皇后兄也其先開封人曾祖全以材武奮靖康末捍京城死事祖漸以遺澤補官仕東南家于越之上虞次山儀狀魁偉少好學能文補右學生后受職宮中次山遂霑恩得官積階至武德郎后爲貴妃累遷帶御器械知閤門事丐祠除吉州刺史提舉佑神觀后受冊除福州觀察使尋拜岳陽軍節度使后謁家廟加太尉韓侂胄誅加開府儀同三司尋進少保封永陽郡王南郊恩加少傅充萬壽觀使致仕加太保授安德軍昭慶軍節度使改封會稽郡王次山能避權勢不預國事時論賢之嘉定十二年卒年八十一贈太師追封冀王子二人谷至太傅保寧軍節度使充萬壽觀使永寧郡王石字介之乾道間入武學以恭聖仁烈后貴賜第慶元中補承信郎差充閤門看班祗候尋帶御器械嘉泰四年充賀正旦接伴使時金使頗驕倨自矜其善射石從容起挽弦三發三中的金使氣沮嘉定改元除揚州觀察使知閤門事進保寧承宣使久之授保寧節度使提舉萬壽觀奉朝請進封信安郡侯十五年以檢校少保進封開國公寧宗崩宰相史彌遠謀廢皇子竑而立成國公昀命石與谷白后后不可曰皇子先帝所立豈敢擅變谷石凡一夜七往反以告后終不聽谷等拜泣曰內外軍民皆已歸心苟不從禍變必生則楊氏且無噍類矣后默然良久曰其人安在彌遠等召昀入遂矯詔廢竑爲濟王立昀是爲理宗授開府儀同三司充萬壽觀使時寶慶垂簾人多言本朝世有母后之聖石獨曰事豈容槩言昔仁宗英宗哲宗嗣位或尚在幼沖或素縣撫育軍國重事有所未諳則母后臨朝宜也今主上熟知民事天下悅服雖聖孝天通然不蚤復政得無基小人離間之嫌乎乃密疏章獻慈聖宣仁所以臨朝之由遠及漢唐母后臨朝稱制得失上之后覽奏卽命擇日徹簾進石少保封永寧郡王以壽明慈睿仁福三冊太后賚進至太傅石性恬澹每拜爵命必力辭恭聖祔廟除太師兄谷疑於辭受石力言曰吾家非有元勛盛德徒以恭聖故致貴顯曩吾父不居是官吾兄弟今偃然受之是將自速顛覆耳矧恭聖抑遠族屬意慮深遠言猶在耳何可遽忘乃合疏懇辭至再三不受及屬疾除彰德集慶節度使進封魏郡王卒年七十一贈太師

宋史卷四百六十六

元中書右丞相總裁脫脫等修

列傳二百二十五

宦者一

竇神寶　王仁睿　王繼恩　李神福弟神祐
劉承規　閻承翰　秦翰　周懷政
張崇貴　張繼能　衛紹欽　石知顒孫全彬
鄧守恩

宋世待宦者甚嚴太祖初定天下掖庭給事不過五十人宦寺中年方許養子爲後又詔臣僚家毋私畜閹人民間有閹童孺爲貨鬻者論死去唐未遠有所懲也厥後太宗却宰相之請不授王繼恩宣徽眞宗欲以劉承規爲節度使宰相持不可而止中更主幼母后聽政者凡三朝在於前代豈非宦者用事之秋乎祖宗之法嚴宰相之權重貂璫有懷姦慝旋踵屏除君臣相與防微杜漸之慮深矣然而宣政間童貫梁師成之禍亦豈細哉南渡苗劉之逆亦宦者所激也坊記曰君子之道辟則坊與大爲之坊民猶踰之可不戒哉作宦者傳

竇神寶父思儼五代時爲內侍宋初皇城使兄神興左領軍衞大將軍致仕神寶初爲黃門太平興國中從征太原擐甲登城中流矢稍遷入內高品監幷州戍兵屢出襲賊前後破砦三十六斬千餘級大獲鎧甲牛馬橐駝因築三砦詔褒之九年命與尹憲屯夏州時戎伽羅膩等十四族久叛神寶率兵大破之焚其廬帳斬千餘級虜獲甚衆雍熙中朝廷遣使綏宥麟府州募邊部願攻契丹者賜以金帛神寶上言狠子野心由此或生邊隙乃止俄轉殿頭高品淳化中使河東閱視堡栅兵騎慕容德豐自刑臺徙延州未至郡詔神寶乘傳權州事環州近邊內擾與陳德玄討之破牛家族二十八部且規度通遠入靈武路就命環慶同駐泊牛家族復結衆叛又破之殲餘黨於極泉鎭獲其渠帥九人西戎寇鄜以援之之勞遷供奉官與田紹斌部送靈州芻糧卽命駐泊李繼遷入寇與慕容德豐襲破其堡砦焚帳幕獲人畜數萬計連詔嘉獎遷內殿崇班至道初繼遷再寇靈武神寶遣人間道告急圍下賊圍之歲餘地震二百餘日城中糧糗皆竭潛遣人市糴河外宵運以入間出兵擊賊賊引去以功拜西京作坊副使又命于浦洛河清遠軍援芻糧與楊允恭議造小車三千運糧至環州三年遷西京左藏庫副使出使靈武還奏對稱旨面授供備庫使咸平中出爲高陽關鈐轄徙貝冀巡檢會原州野狸族三千餘衆徙帳于順成谷大蟲堪與熟魏族接戰詔神寶和治之至則定其經界遣悉還舊地入爲內侍右班副都知眞宗朝陵留與劉承珪同掌大內事大中祥符初勾當三班院又掌諸王宮事遷西京左藏庫使領密州刺史兼掌往來國信神寶莅職精恪性吝嗇畜貨鉅萬天禧初以皇城使罷內職三年卒年七十一錄其子守志爲入內供奉官

王仁睿不知何許人年十餘歲事太宗于晉邸服勤左右甚淳謹及卽位宣傳指揮頗稱旨歷入內小底都知洛苑副使命典宮闈出納之命最居親近嘗與柴禹錫等發秦邸陰事雍熙四年被疾遣太醫診視卒年四十一特贈內侍省內侍國朝以來內侍都知押班不領他職淳化至道後皆內殿崇班以上兼充多至諸司使有領觀察使者沒皆有贈官官給葬事舊制內侍人許養一子以充繼嗣開寶四年以其爭財起訟詔自今滿三十無養父者始聽養子仍以其名上宣徽院違者準前詔抵死咸平中徐志通爲溫台等州巡檢坐取李歡男四人爲假子又縱卒略民家小兒致其母抱兒投海死決杖配掃灑班復申前詔以戒厲之

王繼恩陝州陝人周顯德中爲內班高品初養於張氏名德鈞開寶中求復本宗太祖召見許之因賜名焉累爲內侍行首會討江南與竇神興等部禁兵及戰船抵采石九年春改裏面內班小底都知賜金紫十月加武德使太祖崩副杜彥圭案行陵地尋充永昌陵使太平興國二年遷宮苑使久之領河州刺史掌軍器弓槍庫雍熙中王師克雲朔命繼恩率師屯易州又爲天雄軍駐泊都監自岐溝關君子館敗績之後河朔諸路爲契丹所擾城壘多圮四年詔繼恩與翟守素田仁朗郭延濬分路按行增築之及遣將北伐又爲排陣都監屯中山改皇城使端拱初領本州團練使又爲鎭定高陽關兩路排陣鈐轄淳化初賜甲第一區五年加昭宣使勾當皇城司李順亂成都命爲劍南兩川招安使率兵討之軍事委其制置不從中覆管內諸州繫囚非十惡正贓悉得以便宜決遣二月命馬步軍都軍頭王杲越劍門崇儀使尹元由峽路分遣討賊並受繼恩節度詔前軍所至其賊黨敢抗王師者卽須殺戮如本非同惡受制兇徒先被脅從今能歸順者悉釋其罪四月繼恩由小劍門路入研石砦破賊斬首五百級逐北過靑彊嶺平劍州進破賊五千于柳池驛斬千六百級賊衆望風奔走殺戮溺死者不可勝計又克閬綿二州五月至成都破賊十萬餘斬首三萬級獲順及鎧甲僭僞服用甚衆朝議賞功中書欲除宣徽使太宗曰朕讀前代史書不欲令宦官預政事宣徽使執政之漸也止可授以他官宰相力言繼恩有大功非此任無足以爲賞典上怒深責相臣命學士張洎錢若水議別立宣政使序位昭宣使上以授之進領順州防禦使繼恩握重兵久留成都轉餉不給專以宴飲爲務每出入前後奏音樂又令騎兵執博局棋枰自隨威振郡縣僕使輩用事恣橫縱所部剽掠子女金帛軍士亦無鬭志餘賊迸伏山谷間州縣有復陷者太宗知之乃命入內押班衞紹欽同領其事又遣樞密直學士張鑑西京作坊使馮守規乘傳督其捕賊議分減師徒出蜀境以便糧運高品王文壽者隸繼恩麾下繼恩遣領虎翼卒二千分遂州路追討文壽御下嚴急士卒皆怨一夕臥帳中指揮使張嶙遣卒排闥入斬文壽首以出會夜昏黑嶙猶疑其非然炬照之曰是也時嘉州賊帥張餘有衆萬餘嶙卽以所部與之合賊勢甚盛初奏至太宗欲盡誅軍人妻子近臣或請勿殺悉索營中書遣帥招撫諭以釋罪親屬偕全必自引來歸因可破賊上然之令巡檢程道符諭旨亡卒斬嶙函首送繼恩皆自拔來歸因使爲鄉導擊賊悉平之至道二年春布衣韓拱辰詣闕上言繼恩有平賊大功當秉機務今止得防禦使賞甚薄無以慰中外之望上大怒以拱辰惑衆杖脊黥面配崖州俄召繼恩太宗崩命與李神福按行山陵加領桂州觀察使繼恩初事太祖特承恩顧及崩夕太宗在南府繼恩中夜馳詣府邸請太宗入太宗忠之自是寵遇莫比喜結黨邀名譽乘間或敢言薦外朝臣由是士大夫之輕薄好進者從之交往每以多寶院僧舍爲期有潘閬者能詩詠賣藥京師繼恩薦之召見賜進士第尋察其狂妄追還詔書及眞宗初繼恩盆豪橫頗欺罔漏泄機事與參知

政事李昌齡編題往來多請託至有連宮禁者素與胡旦善時將加恩密誘其爲褒辭又士人詩頌盈門上惡其朋結黜爲右監門衞將軍均州安置籍沒貲產多得蜀土僭擬之物昌齡責忠武軍節度行軍司馬旦削籍長流尋州詔中外臣僚曾與繼恩交識及通書尺者一切不問咸平二年卒於貶所遣使將其家屬還京師假官舍處之四年聽歸葬大中祥符三年特詔追復官爵以白金千兩賜其家子懷珪轉入內高班

李神福開封人父繼美仕後唐爲內侍顯德初爲御厨都監時內臣止以服色爲貴太祖特賜紫後至右領軍衞將軍神福少給事晉王府謹恪解上意未嘗少怠太宗即位授入內高品從征太原攻城之際往來梯衝間宣傳詔命即行在所遷殿頭太平興國六年擢入內高品押班遷副都知勾當翰林司轉入內內班都知兼勾當祇候內品班淳化四年遷崇儀副使勾當皇城司屬初易黃門之號轉入內黃門都知俄加宮苑使太宗好筆札神福每侍側多獲別本之賜及不豫神福朝夕左右躬侍藥膳眞宗即位遷皇城使內侍省入內內侍都知領恩州團練使勾當永熙陵行宮事時模寫太宗聖容以神福立侍未幾求罷都知加昭宣使勾當皇城司賜第宮城側遣脩內工爲葺之咸平二年秋閱兵東郊以神福爲大內都部署是冬幸大名與王繼英並爲行宮使四年勾當三班部脩含光殿賜賚甚優景德初兼領親王諸宮使三年改宣政使從謁諸陵復爲行宮使進幸西京賜顧命神福主其事大中祥符初天書降夕神福與劉承珪鄧永遷李神祐石知顒張景宗藍繼宗同直禁中賜以器幣緡錢京師酺會又令神福與白文肇閤承翰同典之是歲封泰山與曹利用同經度行宮道路及車駕進發又爲行宮使禮畢授宣慶使領昭州防禦使整肅禁衞先是諸司使止于宣政故特置使額以寵之三年卒年六十四贈潤州觀察使神福性恭愿和易每爲衞紹欽所詬罵皆引避不校在禁闥五十年稱爲長者然久掌三班無規制遠近失敍有請託者不能拒之人譏其所守子懷斌懷贇弟神祐

神祐初以父任授殿頭高品太祖將納孝章皇后命神祐奉聘禮于華州乾德五年征太原負御寶從行開寶二年又從征太原時有詔錄潞和市軍儲車駕在潞州聞之且慮擾民令神祐馳驛止之時詔下已五日神祐一夕而及晉陽一日甲士既陣賊潛縱火焚梯衝亟命神祐部衞兵爲援斬賊甚衆餘悉潰去王師伐廣川隨軍賞給劉鋹平先部帑藏之物赴京師及士寇周瓊等叛又副尹崇珂討平之六年隨曹彬南征克關城擒僞將朱令贇命神祐馳入獻捷書賜錦袍金帶太宗即位遷南作坊副使錢俶歸朝命神祐往按府藏之積再征太原領工徒千人隨駕以備繕完甲兵劉繼元表納降款太宗陳儀衞城北臺以受之繼元移時未至神祐馳單騎入城俄頃引繼元至及北伐燕薊命與劉延翰統精騎爲大陣之援車駕還又令率兵屯定州以備契丹太平興國六年滑州治河防材葦未具命神祐馳往垣曲伐薪蒸四百萬以濟其用七年契丹寇邊命領兵屯瀛州俄改崇儀使提點左右藏庫遷洛苑使至道初西鄙不寧命爲靈環排陣都監率衆至烏白池而還俄駐禾與復護糧運抵朔方眞宗嗣位轉內園使邢州都監途阻塞命神祐單騎諭密旨於諸將敵騎數百忽至神祐乃周麾而呼若召伏兵敵懼而遁遂達其命俄充邢州排陣都監勾當西八作司景德初上幸澶州領隨駕壕砦三年遷入內都知從東封還遷南作坊使時內侍將遷秩有扈從升山不升山或不預從祀者令神祐第其勤狀上親閱而敍遷之有范守遜皇甫文史崇貴張延訓等皆嘗有譴累而互陳勞効且言神祐等品第非當泣訴于上止而復來者數四守遜等先改內常侍上怒悉停其官神祐泊石知顒副都知張景宗藍繼宗並坐削職尋掌御厨七年卒年六十六大中祥符六年錄其孫永和爲三班奉職神祐性謹愿曉音律頗好篇詠子懷岊太宗時嘗請爲道士後復內侍多屯邊郡常持大鐵鞭以鬬賊屢中流矢至供奉官懷儼爲內殿崇班

劉承規字大方楚州山陽人父延韜內班都知承規建隆中補高班太宗即位超拜北作坊副使時泉帥陳洪進歸朝遣承規疾置封具府庫會土民嘯聚爲寇承規與知州喬維岳率兵討定之太平興國四年命與內衣庫使張紹勍等六人率師屯定州以備契丹又護滑州決河雍熙中勾當內藏庫兼皇城司出爲鄜延路排陣都監改崇儀使遷洛苑使至道中與周瑩同簽書提點樞密宣徽諸房公事仍加六宅使承規懇辭帝雖不許而嘉其退讓眞宗立瑩爲宣徽使以承規領勝州刺史簽書宣徽院公事尋讓宣徽之務加莊宅使咸平三年遷北作坊使時邊境未寧議脩天雄軍城壘命承規乘傳經畫又命提舉內東崇政殿等諸門還宮苑使上詢承規西事請益環州本波鎮戍兵以爲諸路之援從之俄兼勾當羣牧司景德二年與李允則使河間按視嘗經戰陣等處將卒之勞是歲置官提舉京師諸司庫務以承規領之所創局署多所規制改皇城使與林特李溥議更茶法四年三司上言新課增羨承規以勞加領昭州團練使大中祥符初議封泰山以掌發運使遷昭宣使長州防禦使會脩玉清昭應宮以承規爲副使祀汾陰復命督運議者以自京至河中由陸則山險具舟則湍悍承規決議水運凡百供應悉安流而達自朝陵東封及是皆留掌大內禮成當進秩表求休致手詔敦勉仍作七言詩賜之拜宣政使應州觀察使五年以疾求致仕脩宮使丁謂言承規領宮職藉其督轄望勿許所請第優賜告詔特置景福殿使名以寵之班在客省使上仍改新州觀察使上作歌以賜承規以廉使月禀歸於有司手詔襃美復定殿使奉以給之本名承珪以久疾羸瘵上爲取道家易名度厄之義改珪爲規疾甚請解務還私第聽之仍許皇城常務上印日內藏庫有糾制就取商度又再表求罷官檢校太傅左驍衞上將軍安遠軍節度觀察留後致仕七月卒年六十四廢朝贈左衞上將軍鎭江軍節度謚曰忠肅承規事三朝以精力聞樂較簿領孜孜無倦自掌內藏僅三十年檢察精密動著條式又製定權衡法語在律曆志性沈毅徇公深所倚信尤好伺察人多畏之上崇瑞命脩祠祀飾宮觀承規悉預聞作玉清昭應宮尤爲精麗屋室有少不中程雖金碧已具必毀而更造有司不敢計所費二聖殿塑配饗功臣特詔塑其像太宗之側承規遇事亦或寬恕鑄錢工常訴本監前後盜銅瘞地數千斤承規佯爲不納因密遣人發取還官不問其罪咸平中朱昂杜鎬編次館閣書籍錢若水脩祖宗實錄其後脩冊府元龜國史及編著讐校之事承規悉典領之頗好儒學喜聚書間接文士質訪故實其有名於朝者多見禮待或密爲延薦自寢疾惟以公家之務爲念遺奏求免贈賻詔葬上甚嗟惜之遣內臣與鴻臚典喪親爲祭文玉清昭應宮成加贈侍中遣內侍鄧守恩就墓告祭子從愿爲西染院使

閻承翰眞定人周顯德中爲內侍入宋事太祖以謹愿稱太宗時擢爲殿頭高品稍遷內侍供奉官內殿崇班先是八作司材木頗有隱弊承翰建議於都城西置事材塲治材以給之雍熙中知廣州徐休復奏轉運使王延範不軌狀遣承翰馳往同逮捕下獄就鞫之考掠過苦延範遂坐誅李順亂蜀命爲川峽招安都監賊平授西京作坊副使會增募金吾兵以承翰及劉承蘊分充左右金吾都監兼街仗司事俄罷之眞宗即位改西京作坊使內侍左班副都知咸平三年河決鄆州王陵埽遣承翰護塞時議徙鄆州以避河患又詔承翰與工部郎中陳若拙乘傳規度徙于舊治之東南五年入內都知韓守英爲鎭定高陽關三路排陣都鈐轄上以其素無執守議別擇人因謂宰相曰承翰雖無武勇然涖事勤恪乃令代守英時中山屯兵甚衆艱於飛輓承翰請鑿渠計引唐河水自嘉山至定州三十二里又至蒲陰東六十二里合沙河經邊吳泊入界河以濟饋運亦可旁爲方田上嘉而從之渠成人以爲便優詔襃之景德初契丹謀寇順安軍承翰奉詔發雄霸精兵與荊嗣張延同築壘禦之俄又遣詣德清軍規度重脩城壘車駕北征承翰先在澶州北城奏契丹兵在近請不度河上不聽促駕度浮橋二年加領廉州刺史勾當羣牧司多條上馬政遂兼羣牧副使時契丹結好始置國信司主交聘之事以承翰領之多所規置大中祥符初改西京左藏庫使充夏州趙德明加恩官告使還請於蒲洛河置館以待夏臺進奉使上以荒負勞役不許四年遷內園使左班都知領獎州團練使有西京左藏庫副使趙守倫入典廐牧至是又掌估馬與承翰聯職任雖素爲姻家然不相得遂各訟訴並付御史臺承翰坐擅用羣牧司錢當贖金三十斤守倫坐違制移估馬司當免所居官典吏當杖脊詔寬其罰承翰贖金十斤守倫贖金二十斤典吏亦降從杖羣牧都監張繼能判官陳越田毅勾當騏驥院楊保用估馬楊繼凝皆釋之制置使陳堯叟特免按問六年上製內侍箴賜之承翰表請刻石省中明年建應天府爲南京作鴻慶宮設太祖太宗像遣承翰自京奉往授南作坊使入內都知未幾卒年六十八贈懷州防禦使承翰性剛彊所至過於檢察乏和懿之譽子文應西京左藏庫使

秦翰字仲文眞定獲鹿人十三爲黃門開寶中遷高品太平興國四年崔彥進領衆數萬擊契丹翰爲都監以善戰聞太宗因加賞異謂可屬任雍熙中出爲瀛州駐泊仍管先鋒事遷入內殿頭高品鎭定高陽關三路排陣都監淳化四年補入內押班趙保忠叛命李繼隆率師問罪翰監護其軍次延州翰慮保忠遁逸即乘驛先往矯詔安撫以緩其陰計王師至翰又諷保忠以地主之禮郊迎因並驅而出保忠遂就擒以功加崇儀副使至道初爲靈環慶州清遠軍四路都監眞宗即位加洛

苑使入內副都知咸平中河朔用兵以爲鎮定高陽關排陣都監敗契丹于莫州東追斬數萬盡奪所掠老幼詔褒之徙定州行營鈐轄王均之亂爲川峽招安巡檢使將上官正與石普不協翰恐生事爲陳譬和解之親督衆擊賊中流矢不却五戰五捷遂克益州上手札勞問翼日進至廣都斬首千餘級獲馬數千匹歸朝還內閣使領恩州刺史出爲鎮定高陽關前陣鈐轄又徙後陣破契丹衆于威虜軍西俘其鐵林大將等十五人又爲邠寧涇原路鈐轄兼安撫都監率所部按行山外召戎落酋帥諭以恩信凡三千餘帳相率內附未幾康奴族拒命翰與陳興許均深入擊之斬級數千焚其廬帳獲牛馬甚衆復與陳興曹瑋襲殺章埋軍主于武延鹹泊川詔書加獎賜錦袍金帶白金五百兩帛五百疋景德初車駕將北巡先遣翰乘傳往澶魏裁制兵要許便宜從事俄充邢洺路鈐轄與大軍會德清軍張掎角之勢又召爲駕前西面排陣鈐轄管勾大陣翰即督衆環城浚溝洫以拒契丹功畢契丹兵果暴至翰不脫甲胄七十餘日契丹乞和凱旋留泊澶州月餘令率所部兵還京師加宮苑使入內都知出爲涇原儀渭鈐轄先是西鄙無藩籬之蔽翰規度要害鑿巨塹計工三十萬役卒數年而成不煩於民就遷皇城使入內都知以翰在邊久宣力勤盡特置是名以寵異爲翰表讓不聽大中祥符初求從東封手詔諭以西垂委任之意改昭宣使又爲羣牧副使祀汾陰是歲夏州屬戸有擾境上者即日遣翰往雕上按視遍巡邊部及翰至事寧復還扈從凡行在諸司細務悉令裁決不須中覆禮畢加領平州團練使奉祀亳州掌如汾陰八年營葺大內詔翰參領其事閏六月暴卒於內庭之廨年六十四上甚悼惜爲之泣下贈貝州觀察使賻賵加等修內畢詔遣使以襲衣金帶賜其家翰倜儻有武力以方略自任前後戰鬬身被四十九創李繼遷之未賓也翰因使常出入其帳中無疑間嘗白太宗言臣一內官不足惜願手刺此賊死無所恨太宗深嘉其忠翰性溫良謙謹接人以誠信羣帥有剛狠不和者翰皆得其懽心輕財好施與將士同休戚能得衆心皆樂爲用其歿也禁旅有泣下者九年重贈彰國軍節度詔楊億撰碑文億以其不蓄財表辭所賚物雖朝廷不許而時論美之子懷志內殿崇班

周懷政幷州人父紹忠以黃門事太宗從征河東得懷政于亂屍間養爲子給事禁中累至入內高品太中祥符初眞宗東封命修行宮頓遞及奉泰山天書馳驛赴闕轉殿頭天書每出宮與皇甫繼明並爲夾侍東封禮成與內殿崇班康宗元留泰山修圜臺轉入內西頭供奉官祀汾陰轉東頭六年劉承規卒擢內殿崇班入內押班勾當皇城司會朝謁大清宮與閻承翰等同管勾大內事七年奉天書摹刻于乾元殿爲刻玉都監又爲修兗州景靈宮太極觀都監俄遷內殿承制是冬命起居舍人知制誥盛度爲會眞宮醮告使懷政爲都監還爲玉淸昭應宮都監兼掌景靈宮會靈觀使刻玉成遷如京副使九年建資善堂以懷政爲都監壽丘宮觀成優賜襲衣金帶遷崇儀使天禧大禮又爲修奉寶冊都監加領長州刺史是冬遷洛苑使二年春遷左藏庫使仁宗爲皇太子命爲入內副都知管勾左右春坊轉左騏驥使三年領英州團練使加昭宣使懷政日侍內廷權任尤盛於是附會者頗衆往往言事獲從同列位望居右者必排抑之中外帑庫皆得專取因多入其家性識凡近酷信妖妄有朱能者本單州團練使田敏廝養爲人凶狡遂賂懷政親信得見因與侍卒姚斌妄談神怪以誅之懷政大惑援能至御藥使領階州刺史俄於終南山修道觀與劉益輩造符命託神言國家休咎否臧大臣及寇準鎭永興能爲巡檢倚準舊望欲實其事準好勝喜其附已多依違之朝臣屢言懷政之妄眞宗含忍不斥然漸疏遠之懷政憂懼時使小黃門自禁中出詐稱宣召入內東門坐別室久之而還以欺同類會準爲相踰年而罷懷政愈畏獲譴不自安四年七月與弟禮賓副使懷信謀潛召客省使楊崇勳內殿承制楊懷吉閤門祗候楊懷玉會皇城司期以二十五日竊發殺丁謂等復相寇準眞宗爲太上皇傳位於太子前夕崇勳懷吉詣丁謂第密告之謂即夜偕崇勳懷吉至曹利用第計議翌日利用入奏眞宗怒命收懷政令宣徽北院使曹瑋與崇勳於御藥院鞫訊具狀帝坐承明殿臨問懷政但祈哀而已命斬于城西普安寺父內殿承制紹忠及懷信並杖配復岳州子姪勒停貲產沒官朱能父左武衞將軍致仕諤母周氏罰銅百斤子守昱守吉分配邵蔡道州懷政僕使親從並杖配海島遠州部下使臣貶秩有差懷政之未敗也紹忠嘗詬之曰斫頭豎子終累我懷信謂之曰兄前事必敗宜早詣上首實庶獲輕典及其謀亂又泣拜止之不聽故皆得免死右街僧錄澄遠以預聞妖詐決杖黥配郴州內供奉官譚元吉高品王德信高班胡允則黃門楊允文與懷政協同妖妄皆杖配遠州入內押班鄭志誠與能書問往還削兩任配房州入內供奉官石承慶嘗爲懷政所召夜二鼓不下皇城門鑰以待黃門黃守忠見之戒門卒勿納至是言其事承慶坐削兩任配宿州楊懷玉次日始詣樞密院自陳責授侍禁杭州都監擢崇勳內客省使桂州觀察使懷吉如京使賜以金帶金銀懷政既誅亟遣入內供奉官盧守明鄧文慶馳驛永興捕朱能劉益李貴康玉唐信道士王先張用和悉免死配遠州能偵知使者至衷甲出殺守明以叛詔遣內殿承制江德明入內供奉官于德潤發兵捕之能入桑林自縊死永興乾耀都巡檢供奉官李興本軍十將張順斷能及其子首以獻補興閤門祗候順牢城都頭以劉益等十一人黨能害中使磔于市王先李貴唐信張用和八人皆處斬能母妻子弟皆決杖配隸閤門祗候穆介知永興軍府朱巽轉運使梅詢劉楚知鳳翔府臧奎等坐與懷政能交結相稱薦皆論罪降寇準太常卿再貶道州凡朝士及永興鳳翔官吏與準厚善者悉降黜焉

張崇貴眞定人太祖時爲內中高品稍遷殿頭太平興國中以善射選爲御帶錢俶納土命馳往閩城防儲偫之數親征太原從崔彥進李漢瓊先路視水草端拱初補內供奉官淳化四年命乘傳之延州招羌戎之內附者發庫錢犒給以金幣賜酋領將行轉內班右班押班就命管勾鄜延屯兵李繼隆討李繼遷詔崇貴以延安兵掎角進討及擒趙保忠留崇貴與石覇守綏州徙平夏民以實之繼遷扼橐駝路脅內屬戎人崇貴與田敏率熟倉族乩遇戰於雙堆殺二千餘級掠牛羊橐駝鎧甲甚衆連詔褒諭繼遷走漠中遣其將佐趙光祚張浦求納欵會于石堡砦崇貴椎牛釃酒犒諭之給以錦袍帶會改內班爲黃門命爲黃門右班押班仍加內殿崇班又改黃門爲內侍職隨易焉既而繼遷貢橐駝名馬待罪遣崇貴往賜器幣茶藥衣物至道元年進崇儀副使內侍右班副都知時繼遷復叛刼芻餽于浦洛河二年詔李繼隆大發師進討賊圍靈州急太宗將棄之廷議未決命崇貴與馮訥乘傳往議其事乃益兵固守就命爲靈環慶州清遠軍路監軍又爲排陣都監眞宗立拜洛苑使右班都知管勾幷州軍馬自至道後五路討賊兵戰相繼卒無成功及是保吉復修貢詔以定難節度授之命崇貴持詔命衣帶器幣以賜使還加六宅使咸平元年又命管勾鄜延屯兵泊延安改駐泊都監又爲鈐轄其後繼遷復與熟戸李繼福爲隙因緣內擾崇貴與張守恩擊之焚廬舍獲貲畜器甲生口甚衆又與王榮禦賊獲具裝馬數十四再詔褒飭四年詔歸俄領獎州刺史復涖鄜延仍制置沿邊青白鹽事與衞超領軍入敵境焚廬舍帳幕獲麋粮牛羊復被詔獎崇貴屢詗契丹事傳遽以聞願身當一隊爲前鋒詔不允景德元年保吉死其子德明尚幼崇貴移書諭朝廷恩信德明請俟釋服尋命詔書慰撫以向敏中爲緣邊安撫使自是邊防事宜經制小大皆崇貴專主之築臺保安北十里許召戎人會議與之盟約二年春召赴闕面授方略許德明以定難節度西平王賜金帛緡錢各四萬茶二萬斤給內地節度奉聽回鶻往來放靑鹽禁凡五事而令德明納靈州土彊止居平夏遣子弟入宿衞送略去官吏盡散蕃漢兵及質口封境之上有侵擾者稟朝旨凡七事德明悉如約惟以子弟入質及納靈州爲難故亦禁鹽如舊不許回圖三年九月以德明誓表來上崇貴因請入朝許之以功拜皇城使內侍左右班都知領博州團練使又持旌節詔命授德明太常博士趙湘爲之副四年使還會車駕上陵次鞏林苑崇貴對于苑中即命爲行宮使是秋復還延安供奉官曹信時監邊軍信善琴崇貴與石普軍中宴集令信奏之信以久廢爲辭崇貴與普因摭其他過以聞眞宗知其誣奏不問大中祥符元年加昭宣使崇貴又在邊善識羌戎情僞西人畏服每德明有所論述及境上交侵皆先付裁制夏州趣邊有二路其文移至環慶者皆付延州議焉嘗請置緣邊安撫使如北面之制上曰西鄙別無經營苟德明能守富貴無慮朝廷失恩信也增置署局徒爲張皇不若委卿靜制之二年上言久去鄉里願得告歸葬父母許之錫與甚厚復命爲都鈐轄提舉榷場崇貴乞留京師面諭委屬之意聽歲入奏事四年八月卒年五十七帝悼惜之贈豐州觀察使內侍護喪還京師子承素東染院副使

張繼能字守拙幷州太原人父贇晉末爲內班繼能建隆初以黃門事禁中太平興國初爲內品從征河東命主城南洞屋以勞遷高品契丹入寇命爲高陽鎭定路先鋒都監從崔彥進戰長城口多所俘馘明年又與彥進敗契丹于唐興口轉殿頭高品雍熙中夏州叛命李繼隆爲銀夏都部署以繼能監軍俄從護定州屯兵領驍捷卒三千屯五回嶺端拱初遷入內殿頭從趙保忠討李繼遷保忠薦其有材命與保忠同經略其事代還掌內弓箭庫淳化三年與白承睿護芻粟入靈武會繼

遷復寇邊命繼能承睿與知靈州侯延廣領驍卒五千同乇軍務俄留爲本州都監及鄭文寶議城威州淸遠軍繼能護其役工畢命與西京作坊副使張延洲同知軍事又與田紹斌同掌積石砦就遷內供奉官靈環慶淸遠軍後陣都監與西人轉鬭敗走之復還淸遠詣闕奏事遷內殿崇班未幾拜供備庫副使復遣護環州屯兵徙涇原儀渭都巡檢使眞宗卽位遷崇儀使靈環十州軍兵馬都監兼巡檢安撫使咸平三年王均之亂命爲川峽兩路招安巡檢使成都平留爲利州招安巡檢尋召歸會銀夏寇警復爲邠寧駐泊都監夏人寇淸遠軍營于積石河繼能與楊瓊馮守規在慶州逗遛不時赴援致陷城壘又焚棄靑岡砦特詔下御史府免死長流儋州景德二年會赦還爲內侍省內常侍又爲陝西捕賊巡檢獲千餘人改內殿崇班從朝陵爲行宮四面巡檢四年宜州卒陳進爲亂初知州劉永規馭下嚴酷課澄海卒伐木葺州廨數不中程卽杖之至有率妻孥趣山林以采者雖甚風雨不停其役故進因衆怨殺永規及監軍國鈞擁判官盧成均爲帥據其城七月奏至詔東上閤門使忠州刺史曹利用供備庫使賀州刺史張煦爲廣南東西路安撫使如京副使張從古及繼能副之虞部員外郞薛顏同勾當轉運事發荆湖蘄黃州兵討之上語近臣曰番禺寶貨雖富賊若募驍果立謀主沿流東下趣廣州則爲患深矣遣內侍高品周文質使廣州監屯兵會隣路巡檢使控要路集東西海戰櫂扼端州峽口賊悉衆來攻柳城縣殿直韓明許貴郝惟和以所部兵千餘禦敵明貴死之惟和僅以身免成均奉宜州印遣使詣舒賁求赦罪是夕進夜陷柳城官軍退保象州賊又寇懷遠軍知軍殿直任吉與邕桂巡檢殿直張崇寶侍禁張守榮擊走之賊退而復集者累日吉輩固守屢與鬭大獲其器甲又攻天河砦砦兵甚少監軍奉職錢吉部分嚴整一戰敗之賊衆屢屻頗潰去衆心攜貳將棄宜州以家屬之悼耄者五百人隕江中率其衆裁三千趣柳象將入容管初至柳州限江不能度知州王昱望賊遁走城遂陷朝廷以詔書四十分揭要路諭賊歸順者悉釋其罪賊挐族居思順州分兵攻象州利用命入內高班于德潤以千兵倍道襲逐利用等繼至遇賊武僊縣之李練舖賊初不知覺惟進率衆來拒直犯前軍前軍寄班侍班郭志言麾騎士左右縱擊賊衣順水甲執標牌以進飛矢攢鋒不能卻前軍卽持棹刀巨斧破其牌史崇貴登山大呼曰賊走矣急殺之賊心動衆遂潰逐北至象州城下賊砦猶有據長竿瞰城中者成均始挈其族以詔書來降乃斬進幷其黨生擒賊帥六十餘人斬首級獲器甲戰馬甚衆利用分兵捕餘寇遣于德潤馳奏其事授利用引進使煦如京使從古莊宅副使繼能供備庫使志言供備庫使又以御前忠佐馬步軍副都軍頭郭全豐爲都軍頭領勤州刺史歸遠軍士手殺進者李旻劉宗超敏並補本軍頭張守榮爲供奉官閤門祗候張崇寶任吉並爲供奉官錢吉爲右侍禁又以知象州大理寺丞何邴最有勞優拜祠部員外郞賜緋又賜邴三子知道知古知常出身邴之親屬同扞寇者悉甄叙之升象州爲防禦使初賊攻象州城在高丘上素無井閉壘之日皆以乏水爲慮賴天雨停水將竭而雨復下如是者兩月汲之以濟山中無烽候每欲破賊卽禱於城西神祠或見巨蟒吞龜是日果有克獲衆以爲神靈助順之應張守榮俄病瘴遣尚醫馳往視之未至而卒贈如京使錄其子官十二月餘寇悉平東封留繼能爲京舊城內巡檢鈐轄俄加東染院使大中祥符二年入內都知李神福等坐事悉罷擢繼能入內內侍省副都知時宗室多召侍講說書上嘉其勤學令講誦日別給公膳專遣繼能主之俄又與內殿承制岑保正提點郡縣主諸院事三年兼羣牧都監祀汾陰留掌大內兼舊城內巡檢鈐轄俄領會州刺史謁太淸宮爲天書扶侍都監七年以疾求解職不許命爲涇原儀渭鎭戎軍兩路鈐轄未幾徙鄜延都鈐轄先是內屬戶殺漢口者止罰羊畜繼能則麗於常法繇是西人畏而不敢犯德明雖受朝命而羌部不絕寇境繼能日課卒截竹爲簽署字其上且言以備將士記殺獲功狀賊聞之甚懼歸朝復涖羣牧仁宗在儲宮常親書一幅賜之繼能以聞眞宗亦爲標題其末人以爲榮九年坐前護修莊穆皇后陵摧陷左授西染院使掌往來國信天禧初復西京左藏庫使國信司吏陳誠者頗巧黠繼能欲援置羣牧司而誠先隸羣牧坐事停職至是羣牧吏左宗抉其宿負白制置使曹利用故誠不遂所求繼能怒宗之沮己密遣親事卒偵宗會宗弟元喪妻宗嘗爲假敎駿軍校馬送葬及還元抵飮肆與酒保相毆繫府中而假馬之事未發誠卽白繼能請屬府中幷劾其事知府樂黃目受屬獄未就爲羣牧副使楊崇勳所發繼能坐罷內職降授西京作坊使出爲邠寧鈐轄繼能自陳不願外任得掌瑞聖園尋領往來國信所三年復爲西京左藏庫使內侍右班副都知未幾遷崇儀使以衰老求解職轉內園使掌瓊林苑五年卒年六十五特贈汀州團練使錄其子懷忠爲大理寺丞孫逖爲三班奉職遜爲借職春坊祗候繼能性沉密知兵頗勇敢喜讀書然好治生晚年急於聚蓄衆以此少之何邴後歸朝知磁州而卒一子知崇裁十餘歲特補太廟齋郞又從其姪平夷尉知古爲滏陽尉省郞無賞延之例猶以城守勞故甄錄焉

衞紹欽開封人父漢超內侍高品紹欽始以中黃門給事晉邸太宗卽位補入內高品甚被親倚從征太原命督諸將攻城劉繼元降命領驍卒先入城燒其營柵遷殿頭高品雍熙二年擢入內西頭供奉官淳化中部修皇城功畢授內侍押班五年加崇儀副使李順之亂王師致討與王繼恩同領招安捉賊事遇賊鬭學射山南又攻淸水壩破雙流砦招降數萬衆斬千餘級順死餘黨保險爲寇又與楊瓊先扼要路以邀之擒斬萬餘人獲器甲槍槊千餘遣別將曹習領兵捕餘賊于安國鎭斬三百級時嘉眉二州賊尚擾城郭又遣內殿崇班宿翰討之兩川平召還深被褒勞眞宗嗣位拜宮苑使領愛州刺史充入內副都知修奉永熙都監既復土遂爲陵使景德二年改皇城使從幸河朔命爲車駕前後行宮四面都巡檢次澶淵命領扈駕兵守河橋三年加昭宣使朝諸陵復爲行宮巡檢駐洛陽命爲皇城內外都巡檢歷掌三班院皇城儀鸞翰林司卒年五十六紹欽苛愎少恩不爲衆所附太平興國中江東有僧詣闕請修天台壽昌寺且言寺成願焚身以報太宗允其請命紹欽往督營膳既訖役遽積薪於廷請僧如願僧言欲見至尊面謝紹欽曰昨朝辭日親奉德音不煩致謝僧惴怖偃蹇顧道俗望有救之者紹欽卽促令躋薪上火旣盛僧欲投下紹欽遣左右以叉抑按而焚之子承慶至內殿承制

石知顒眞定人曾祖承渥梁尚食使祖守忠晉內供奉官父希鐸高品知顒形貌甚偉建隆中授內中高品太宗卽位改供奉官雍熙中諸將征幽薊以知顒隨軍歸掌儀鸞司淳化中明州初置市舶司與蕃商貿易命知顒往經制之轉內殿崇班親王諸宮都監從王繼恩平蜀寇就遷西京作坊副使咸平初遷正使帶御器械契丹犯邊上北巡命爲天雄軍澶州巡檢使俄改德博等州緣河巡檢使兼安撫加領長州刺使三年戍鎭定高陽關三路押大陣是冬改高陽關駐泊行營鈐轄歸朝復掌親王諸宮事景德中自京抵泗遣徒治河堤命總其役初計工累月及是浹日而畢上面加褒諭賜白金千兩授入內都知大中祥符初遷內園使俄以定內侍遷秩品第不當爲其列所誣坐罷都知三年爲幷代州鈐轄遷莊宅使從鎭定高陽關鈐轄四年命與內殿崇班張繼能供奉官侍其旭同修太祖神御殿上封求覲闕下復掌羣牧司三班院親王諸宮事天禧二年爲幷代州鈐轄兼管勾麟府路軍馬事三年卒年六十九孫全彬

全彬字長卿以知顒奏補入內小黃門累遷西頭供奉官仁宗使致香幣于南海密詔察所過州縣吏治民俗還具以對帝以爲忠謹陝右羣盜殺鳳州巡檢遣往擒滅之元昊叛全彬監鄜州兵救延州解圍去經略使明鎬言其勇略善將得邊人情除幷代州都監加內侍押班進鈐轄從鄜延還爲押班儂智高寇廣南以爲湖南江西路安撫副使出桂林請于宣撫使狄靑願獨當一隊以自效於是使將佐方兵力戰于邕州南方平領緜州防禦使張貴妃居寧華殿閤命全彬提舉妃薨治喪過制皆劉沆王洙與全彬共爲之數月進宮苑使利州觀察使給兩使留後奉俄爲入內副都知知制誥劉敞封還詞命居三月復授之轉領信武軍留後爲永昭陵鈐轄時去永定復土四十二年有司多亡其籍全彬以心計辦治遷福延宮使提點奉先院熙寧中卒年七十六贈太尉定武軍節度使謚曰恭僖

鄧守恩幷州人十歲以黃門事太宗淳化中盜起成都從王繼恩往討之至道初就護西蜀屯兵咸平初爲入內高班契丹入寇命石保吉爲鎭定都部署以守恩爲都監踰年入掌騏驥院會龍騎判卒剽刼環慶遣守恩擒翦之景德初爲澶濮都巡檢又使環慶及戎瀘等州巡察邊事大中祥符初按獄于濮州雪寃人十餘預監修玉淸昭應宮會靈觀七年又兼修眞遊殿景靈宮累遷入內高品供奉官宮成遷內殿承制八年預修大內改西京作坊副使九年營造皆畢授東染院使充會靈觀都監天禧二年掌軍頭引見司又修祥源觀成遷崇儀使三年授入內押班河決滑州命爲修河鈐轄郊祀召爲行宮使改如京使復還本任四年春河復故道遷文思院使歸朝加領昭州刺史是秋掌皇城國信二司整肅禁衞遷入內副都知會建天章閣命領其事又勾當資善堂兼太子左右春坊司守恩長七尺餘狀貌甚偉涖事幹敏以彊果稱于時五年卒年四十八贈淄州防禦使錄其子官

宋史卷四百六十七

元 中 書 右 丞 相 總 裁 脫 脫 等 修

列傳第二百二十六

宦者二

楊守珍 韓守英 藍繼宗 張惟吉
甘昭吉 盧守懃 王守規 李憲
張茂則 宋用臣 王中正 李舜舉
石得一 梁從吉 劉惟簡

楊守珍字仲寶開封祥符人爲入內黃門習書史學兵家方畧善射家僮過堂下一發貫髻人服其精選爲環慶路走馬承受公事契丹謀入塞爲鎮定高陽關行營同押先鋒事會許民周繼宗爲人誣告與外夷交通干證者六十人辭服遣守珍覆問悉辨理出之從眞定保趙等州駐泊都監邕桂等十州安撫都監從曹克明降撫水州蠻築二柵以扼其要天禧初擒盜於青灰山累遷西京作坊使帶御器械永興軍兵馬鈐轄從眞定邠寧路爲內侍省內侍押班提點內弓箭軍器庫進內園使右班都知領端州刺史嘗侍仁宗苑中命乘馬馳射賞其便習賜錦袍卮酒卒贈原州防禦使

韓守英字德華開封祥符人初爲入內高品從征河東數奏詔至石嶺關督戰取隆州遷殿頭久之以西頭供奉官擢入內內侍押班遷副都知隨王繼恩招安西川爲先鋒戰于劍門有功遷西京作坊使劍門都監還勾當三班院進入內內侍都知歷定州鎮定高陽關并代路兵馬鈐轄契丹圍岢嵐軍守英與鈐轄張志言知府州折惟昌帥所部渡河抵朔州以牽賊勢遂破狼水砦俘數百人獲馬牛羊鎧甲以數萬計賊爲解去賜錦袍金帶俄領會州刺史解都知再遷昭宣使復領三班出爲鄜延路都鈐轄徙并代路建言本路宿兵多百姓困於飛輓今幸邊鄙無事請留騎軍千餘人悉徙內地眞宗曰邊臣能體朝廷恤民之意宜詔諸路視此行之提舉在京諸司庫務勾當皇城司爲趙德明官告使歷宣政宣慶二使內侍左班都知領奬州團練使雅州防禦使入內都知管勾修國史書成進景福殿使又爲延福宮使入內都知復提舉諸司庫務卒贈定國軍節度觀察留後

藍繼宗字承祖廣州南海人事劉鋹爲宦者歸朝年十二遷爲中黃門從征太原傳詔營陳間多稱旨秦州並邊有大小洛門砦自唐末陷西羗雍熙中溫仲舒諭酋豪使獻其地徙衆渭北言者以爲生事請罷仲舒太宗遣繼宗往按視還奏二砦據要害產良木不可棄帝悅復使繼宗勞賜仲舒累遷西京作坊副使勾當內東門元德太后章穆皇后葬爲按行園陵使車駕北征勾當留司皇城司車駕謁諸陵近陵舊乏水繼宗疏泉陵下百司從官皆取以濟擢入內副都知爲天書扶侍都監詔與李神祐第東封扈從內臣之勞而入內供奉官范守遜等訴其不公罷都知祀汾脽復爲天書扶侍都監再遷東染院使明年領會州刺史進崇儀使勾當皇城司修玉清昭應宮與劉承珪典工作宮成遷洛苑使高州團練使充都監坐章穆皇后陵隧塹圮如京使典修景靈宮進南作坊使復修會靈祥源觀車駕幸亳州管勾留司大內公事提舉在京諸司庫務勾當三班院修國史院爲趙德明加恩使德明與繼宗射繼宗每發必中德明遺以所乘名馬爲內侍省右班都知遷入內都知仁宗即位遷左騏驥使忠州防禦使永定陵修奉鈐轄歷昭宣宣政宣慶使累上章求致仕特免入朝拜舞及從行幸頃之復固請罷都知以景福殿使邕州觀察使家居養疾卒贈安德軍節度使諡僖靖繼宗事四朝謙謹自持每領職未久輒請罷家有園池退朝即亟歸同列或留之繼宗曰我欲歸種花卉弄游魚爲樂爾景福殿置使自大中祥符間至繼宗授者纔三人養子元用元震元用終左藏庫使梓州觀察使元震以兄蔭補入內黃門轉高班給事明肅太后禁中夜火后擁仁宗登西華門左右未集元震獨傳呼宿衛以功遷高品爲三陵都監條列防守法其後諸陵以爲式歷羣牧都監三館祕閣積官皇城使累遷入內副都知忠州防禦使仙韶院火元震救護火以時息詔褒之賜襲衣金帶卒贈鎮海軍留後元震養子五人不畜閹子

張惟吉字祐之開封人初補入內黃門遷殿頭高陽關路走馬承授公事護塞滑州天臺埽役遷西頭供奉官監在京榷貨務知嘉州張約以贓敗詔與御史王軫往劾其獄還領內東門司爲修奉章獻章懿太后二陵承受時議復用李諮榷茶算緡法乃以惟吉爲內殿崇班復監榷貨務凡內侍領內東門次遷勾當御藥院而惟吉纔進官衆以爲薄惟吉欣然就職再朞以羨餘遷承制爲趙元昊官告使還言元昊驕僭勢必叛請預飭邊備及元昊寇延州遣按視延鄜環慶兩路器甲并訪攻守利害敵既退夏竦韓琦謀自鄜延深入乘虛擊之命惟吉募并汾驍勇副以土兵輕齎赴河外惟吉以爲我師當持重伺變不宜馳赴不測以自困已而元昊果引去還奏稱旨領皇城司遷內侍省押班羣牧都監簡陝西冗兵領軍頭引見司遷供備庫使盡汰軍頭司軍校之罷癃者同提舉在京諸司庫務領恩州刺史爲入內都知商胡決爲澶州修河都鈐轄轉運使施昌言請亟塞崔嶧以爲歲災民困役宜緩命惟吉按視言河可塞而民誠困財用不足宜少待之從其議遷如京使果州團練使復領皇城司卒惟吉任事久頗見親信而言弗阿狥張貴妃薨將治喪皇儀殿諸宦官皆以爲可獨惟吉曰此事干典禮須翌日問宰相既而宰相不能執議惟吉深以爲非贈昭信軍節度觀察留後逾月又贈保順軍節度使諡忠安養子若水字益之以惟吉奏補小黃門給事章惠太后殿轉入內高品王師平貝州征儂賊皆以幹敏選爲走馬承受賊平以勞進官三遷環慶路鈐轄討環州解乜臼族復有功歷帶御器械內侍押班副都知熙寧初造神臂弓成神宗御延和殿臨閱置鐵甲七十步俾衛士射未有中者若水自請射連中徹札建慶壽寶慈兩宮典領工作再遷嘉州防禦使以病辭解職領輝州觀察使提舉四園苑諸司庫務卒贈天平軍留後

甘昭吉字祐之開封人初以內侍殿頭爲英韶州巡檢捕盜有功再遷內殿崇班京東路都巡檢齊州武衛小校馮坦率營卒二百突入州廳事欲爲變昭吉單騎馳往戒所從將士操兵在外先獨見亂卒諭以禍福令推首惡自贖衆疑沮不敢動已而操兵者皆入即共執十餘人告曰此誘我者也昭吉立殺之縱其餘去州以無事特遷供備庫副使帶御器械後內侍省押班闕仁宗記前功特以授之遷入內副都知英宗即位之夕昭吉直禁中翊衛有勞自文思副使超遷供備庫使康州刺史昭吉奏曰臣本孤微無左右之舉而先帝知臣朴直自小官拔用至此分當從葬今願得洒掃陵寢足矣帝愛其忠特授永昭陵使加如京使還朝表辭職以左龍武軍大將軍致仕卒昭吉敦實愼密人士稱之

盧守懃字君錫開封祥符人自入內內品累遷禮賓使邠寧環慶路鈐轄還爲入內內侍省押班領昌州刺史明道中改葬章懿太后而舊藏有水以守懃嘗典葬事罷爲永興軍兵馬鈐轄徙鄜延路再遷六宅使加貴州團練使進榮州防禦使兼邠寧環慶路安撫都監元昊寇保安軍守懃率兵擊走之特遷左騏驥使移陝西鈐轄初劉平石元孫被執守懃撫膺涕泣不敢出又嘗易番官馬延州通判計用章勸范雍棄城將保鄜州雍欲遣安撫都監李康伯往說賊不肯行賊去而守懃用章更相論奏知制誥葉淸臣以守懃擁兵觀望請正其罪并按二人守懃奪防禦使爲湖北都監用章除籍配雷州本城康伯均州都監久之復恩州防禦使遷利州觀察使歷眞定府定州北京路鈐轄以左衞大將軍致仕卒贈保順軍節度使諡安恪養子昭序

王守規眞定槀城人入內副都知守忠之弟守忠事眞宗謹愿愼密眷遇最厚明道時守規爲小黃門禁中夜半火守規先覺自寢殿至後苑皆鑿去其鎖乃奉仁宗及皇太后至延福宮回視所經處已成煨燼翌日執政候起居帝曰非王守規導朕至此幾不與卿等相見以功遷入內殿頭選治京城水決汴河于公賈村決蔡河于四里橋水患以息加帶御器械積官至宣慶使康州防禦使內侍右班副都知卒年六十七贈昭武將軍留後

李憲字子範開封祥符人皇祐中補入內黃門稍遷供奉官神宗即位歷永興太原府路走馬承受數論邊事合旨幹當後苑王韶上書請復河湟命憲往視師與韶進收河州加東染院使幹當御藥院復戰牛精谷拔珂諾城爲熙河經畧安撫司幹當公事按視鄜延軍制行至蒲中會木征合董氈鬼章之兵攻破踏白城殺景思立圍河州詔趣赴之憲馳至軍先是朝廷出黃旗書敕諭將士如用命破賊者倍賞於是憲晨起帳中張以示衆曰此旗天子所賜也視此以戰帝實臨之士爭呼用命以進督諸將傍山焚族帳即日通路至河州賊餘衆保踏白官軍出與戰大破之進至餘川又破賊堡十餘木征率酋長八十餘人詣軍門降捷聞以功加昭宣使嘉州防禦使還爲入內內侍省押班幹當皇城司安南叛副趙卨招討未行卨建言朝廷置招討副使軍士須共議至節制號令即宜歸一憲銜之由是屢紛辨遂罷憲而令乘驛計議秦鳳熙河邊事諸將皆聽節度於是御史中丞鄧潤甫御史周尹蔡承禧彭汝礪極論其不可又言鬼章之患小用憲之患大憲功不成其禍小有成功其禍大章再上弗聽冷雞朴誘山後生羌擾邊木征請自効衆以爲不可憲曰何傷乎羌人天性畏服貴種聽之往木征盛裝以出衆聳視皆無鬬志師乘之殺獲萬計斬冷雞朴董氈懼即遣使奉贄効順加宣州觀察使宣政使入內副都知又遷宣慶使時用兵連年度支調度不繼詔憲兼經制財用裁冗費什六歲運西山巨木給京師營繕賜瑞應坊園宅一區元豐中五路出

師討夏國憲領熙秦軍至西市新城復蘭州城之請建爲帥府帝又詔憲領兵直趣興靈董氈亦稱欲往宜乘機協力入搗巢穴若興靈道阻卽過河取涼州乃總兵東上平夏人于高川石峽進至屈吳山營打囉城趣天都燒南牟府庫次葫蘆河而還憲既不能至靈州董氈亦失期師無功憲欲以開蘭會邀功彌責同知樞密院孫固曰兵法期而後至者斬況諸路皆至而憲獨不行不可赦帝以憲猶有功但令詰擅還之由憲以餽餉不接爲辭釋弗誅復上再舉之策兼陳進築五利且從之會李順舉入奏具陳師老民困狀乃罷兵趣憲赴闕道賜銀帛四千爲涇原經畧安撫制置使給衞三百進景福殿使武信軍留後使復還熙河仍兼秦鳳軍馬夏人入蘭州破西關降宣慶使憲以蘭州乃西人必爭地衆數至河外而相羊不進意必大舉乃增城守塹壁樓櫓具備明年冬夏人果大入圍蘭州步騎號八十萬衆十日不克糧盡引去又詔憲遣間諭阿里骨結等且選騎度河與賊遇破之坐妄奏功狀罷內省職事哲宗立改永興軍路副都總管提舉崇福宮御史中丞劉摯論憲貪功生事一出欺罔避興靈會師之期頓兵以城蘭州遺患至今永樂之圍逗留不急赴援降宣州觀察使又貶右千牛衞將軍分司南京居陳州卒年五十一紹聖元年贈武泰軍節度使初謚敏恪改忠敏憲以中人爲將雖能拓地降敵而罔上害民終貽患中國云

張茂則字平甫開封人初補小黃門五遷至西頭供奉官幹當內東門禁庭夜有盜茂則首登屋以入既獲賊還領御藥院仁宗不豫中夜促召茂則趨入扶衞左右或欲掩宮門茂則曰事無可慮何至使中外生疑耶帝疾間欲處以押班懇求補外轉宮苑使果州團練使爲永興路兵馬鈐轄入爲內侍押班再遷副都知熙寧初同司馬光相視恩冀深瀛四州生隄及六塔二股河利害進入內都知上元夜宮中火督衆卽撲滅詔曰宮禁不驚帑藏如故惟忠與力予固嘉之賜以窄衣金帶累乞退休言受國厚恩廩食過量積而未請者七年乞令三司毀券詔褒之仍進其官哲宗卽位遷寧國軍留後加兩省都都知卒年七十九茂則性儉素食不重味衣裘累十數年不易紹聖論元祐人以茂則嘗預任使遣貶左監門衞將軍崇寧中入黨籍

宋用臣字正卿開封人爲人有精思彊力以父蔭隸職內省神宗建東西府築京城建尚書省起太學立原廟導洛通汴凡大工役悉董其事性敏給善傳詔令故多訪以外事同列悉藉以進朝士之乏廉節者往往諂附之權勢震赫一時積勞至登州防禦使加宣政使元祐初言者論其罪降爲皇城使蘄監滁州太平州酒稅四年主管靈僊觀紹聖初召爲內侍押班進瀛州刺史徽宗卽位遷蔡州觀察使入內副都知爲永泰陵修奉鈐轄卒陵下贈安化軍節度使謚僖敏謚議謂用臣爲廣平宋公有天子念公之勞久徙于外之語豐稷論奏以爲凡稱公者皆須耆宿大臣與鄉黨有德之士其曰念公之勞久徙于外斯乃古周公之事於用臣非所宜言也止令賜謚論者是之

王中正字希烈開封人因父任補入內黃門遷赴延福宮學詩書曆算仁宗嘉其才命置左右慶曆衞士之變中正援弓矢卽殿西督捕射賊悉就擒時年甫十八人頗壯之遷東頭供奉官歷幹當御藥院鄜延環慶路公事分治河東邊事破西人有功帶御器械神宗將復熙河命之規度還言熙河譬乳虎抱玉乘爪牙未備可取也遂從王韶入熙河治城壁守具以功遷作坊使嘉州團練使擢內侍押班吐蕃圍茂州詔率陝西兵援之圍解自石泉至茂州謂之隴東路土田肥美西羌據有之中正不能討乃因吐蕃入寇言其路經靜州等族榛僻不通邇年商旅稍往來故外蕃因以乘間縣至綿與茂道里均而龍安有都巡檢緩急可倚仗請割石泉隸綿而窒其故道從之隴東遂不可得還使熙河經畫鬼章進昭宣使入內副都知元豐初提舉教畿縣保甲將兵捕賊盜巡檢獻民兵伍保法請於村疃及縣以時閱習悉行其言復往鄜延環慶經制邊事詔凡所須用度令兩路取給無限多寡既行又稱面受詔所過募禁兵願從者將之主者不敢違問罪西夏以中正簽書涇原路經畧司事詔五路之師皆會靈州中正失期糧道不繼士卒多死命權分屯鄜延並邊城砦以俟後舉自請罷省職遷金州觀察使提舉西太一宮坐前敗貶秩元祐初言者再論其將王師二十萬公違詔書之罪劉摯比中正與李憲宋用臣石得一爲四凶又貶秩兩等久之提舉崇福宮紹聖初復嘉州團練使卒年七十一

李舜舉字公輔開封人世爲內侍曾祖神福事太宗以信謹終始舜舉少補黃門仁宗使督工冶金爲器既成有羨數抃上之帝嘉其不欺出爲秦鳳路走馬承受英宗立奏事京師會帝不豫內謁者止之宮門舜舉曰天子新卽位使者從邊方來不得一見而去何以慰遠人謁者以聞亟召對帝意良悅因言承受公事以察守將不法爲職而終更論最乃使帥臣保任乞免之遂刪舊制熙寧中歷幹當內東門御藥院講筵閣實錄院郭逵討交州以爲廣西幹當公事軍中之政得與講畫或疾置入朝稟受成算會逵貶亦降左藏庫副使以文思院使領文州刺史帶御器械進內侍押班制置涇原軍馬五路師出無功議再舉李憲督饋糧言受密詔自都轉運使以下乏軍興者皆聽斬民懲前日之役多死於凍餒皆憚行出錢百緡不能雇一夫相聚立柵山澤不受調吏往逼呼輒毆擊解州至械縣令以督之不能集舜舉入奏其事乃罷兵退詣中書王珪迎勞之曰朝廷以邊事屬押班及李留後無西顧之憂矣舜舉曰四郊多壘此卿大夫之辱相公當國而以邊事屬二內臣可乎內臣正宜供禁庭灑掃之職豈可當將帥之任聞者代珪慚焉轉嘉州團練使沈括城永樂遣舜舉計議被圍急斷衣襟作奏曰臣死無所恨願朝廷勿輕此賊壽以死聞贈昭信軍節度使謚曰忠敏舜舉資性安重與人言未嘗及宮省事頗覽書傳能文辭筆札在御藥院十四年神宗嘗書李舜舉公忠奉上恭勤檢身始終惟一以安以榮十九字賜之

石得一開封人爲內侍黃門累官內殿承制神宗時帶御器械管幹龍圖天章寶文閣皇城司四遷入內副都知元祐初領成州團練使罷內省職御史劉摯言得一頊莞皇城恣其殘刻縱遣邏者所在棊布張穽設網以無爲有以虛爲實朝廷大吏及富家小人飛語朝上暮入狴犴上下惴恐不能自保至相顧以目者殆十年坐降左藏庫使卒紹聖中贈隨州觀察使

梁從吉字君祐開封人補入內高班王則反奉命宣慰還言小寇無多慮諸將之兵足以翦除若得重臣統其事不崇朝可平矣於是仁宗以文彥博爲安撫招討使賊平又奏請分河北爲路每路以一帥府統之遂建魏鎮定瀛四帥熙寧初爲邠寧環慶路駐泊兵馬鈐轄夏人寇大順城圍慶州七砦從吉率兵八百餘人與戰獲其酋領又討平寧州叛卒以功升都鈐轄累官皇城使還永州團練使爲副都知元祐中卒贈成德軍節度使謚曰敏恪

劉惟簡開封人由入內黃門積官至昭宣使康州刺史高陽關路兵馬都監爲入內押班英宗初立惟簡自河北來朝請對寢門內謁者難之獨引見皇太后惟簡立福寧殿下雨沾衣不退帝起坐幃中望見呼問曰諸路如汝者幾人何以獨來對曰陛下新卽位臣來自邊塞未贍天表不敢輒還不知其他帝歎曰小臣知所守如此識其姓名屏間他日神宗覽所題屏擢幹當延福宮自是蒙親信交人叛詔馳驛至桂州審視事勢還言帥臣劉彝貪功生事罪當誅乾德狂童頗不足繫帝信之郭逵趙禼南征以爲行營承受逵禼被謫惟簡亦奪一官陝西五路師還受命撫犒士卒以疾先還者不賜惟簡心知其不便至慶州疏言士卒不幸以將臣上違聖畧糧食不繼逃生以歸其情可貸今同立庭中而不預賜恐患生倉卒帝用其言均予之又使案閱河北保甲振濟京西水災參定諸陵薦獻既而爲言者所劾擯不用哲宗在藩時惟簡奔奏服勤及親政召至左右以內侍押班卒贈昭化軍留後

宋史卷四百六十八

元 中書右丞相總裁脫脫等修

列傳第二百二十七

宦者三

李祥開封人爲入內黃門資驍銳善騎射用材武中選授涇原儀渭同巡檢從景思立于河湟以功遷內殿崇班爲河州駐泊兵馬都監從郭逵討交阯駐富民江賊兵大至與涇原將姚兕力戰敗之遷皇城使鎮戎軍沿邊都巡檢使從劉昌祚征靈武議功加沂州團練使或言所部兵失亡多降簡州刺史權熙河蘭會路都監總岷州兵夏人攻蘭州祥赴援保險待變數日虜徹圍去復團練使進階州防禦使從种誼襲鬼章有功升兵馬都鈐轄在熙河二十餘年以宣慶使內侍押班卒

陳衍開封人以內侍給事殿庭累官供備庫使梁惟簡薦諸宣仁聖烈皇后主管高韓王宅領御藥院內東門司宣仁山陵爲按行使俄以左藏庫使文州刺史出爲

眞定路都監御史來之邵方力詆元祐政事首言衍在垂簾日怙寵驕肆交結戚里進退大臣力引所私俾居耳目之地張商英亦言衍交通宰相御服爲之賜珠結託詞臣儲祥爲之賜膳蓋指呂大防蘇軾也衍坐貶監郴州酒稅務惟簡以援引張士良梁知新以黨附皆得罪已又編管白州徙配朱崖章惇起獄誣元祐諸老大臣云結衍輩以謀廢立士良嘗與衍同在宣仁后閣自郴州召之使實其說士良至但言宣仁彌留之際衍嘗可否二府事及用御寶付外而已鍛鍊無所得安惇蔡京乃奏衍疏隔兩宮斥隨龍內侍十餘人于外以剪除人主腹心羽翼意在動搖大逆不道乃詔處死令廣西轉運使程節涖其刑

馮世寧字靜之以入內黃門累遷昭宣使忠州團練使入內押班揚國公主寢疾哲宗欲夜出問訊世寧執言不可帝雖徼忤卒爲之改容再遷景福殿使明州觀察使至副都知崇寧新官名世寧首知入內內侍省事禁中夜火使宿衞士撲滅之既定令自他途出蓋不欲使知宮省曲折也徽宗賞歎進感德軍留後政和初以內客省使彰化軍留後致仕世寧出入禁闥六十年循謹無過卒年六十七贈開府儀同三司謚曰恭節

李繼和開封人以父任爲內侍黃門慶曆中爲河北西路承受保州兵叛塞城門距守官軍重圍之不得入繼和獨上南關門密呼所結內應者諭以禍福衆言候李昭亮至卽斬關自歸已而果然賊平遷兩秩王則反貝州爲城下走馬承受沙苑闕馬詔秦州置場以券市之繼和領職不數月得馬千數而人不擾舊制內侍入仕三十年始得磨勘至是乃令以勞進官者無拘於年環州弓箭手歲時給酒州將不與衆諠訴亟闔府門不敢出繼和步入衆中譬曉之曰汝曹爲一杯酒遂喪軀命乎衆悟散去事聞擢帶御器械累遷宜慶使文州團練使入內副都知卒子從善援例求贈官神宗曰此弊事也繼和無軍功何必贈自是爲定制云

高居簡字仲略世本番禺人以父任爲入內黃門護作溫成原廟奉神物以精辦稱超轉殿頭領後苑事坐奉使梓夔路多占驛兵降高品歷領龍圖天章寶文閣內東門司幹當御藥院神宗卽位御史張唐英言其資性憸巧善迎合取容中丞司馬光亦言其久處近職罪惡已多祖宗舊制幹當御藥院官至內殿崇班以上卽須出外今陛下獨留四人中外以此竊議況居簡頃在先朝依憑城社物論切齒及陛下繼統乃復先自結納使寵信之恩過於先帝願明治其罪以解天下之惑於是罷爲供備庫使稍遷帶御器械進內侍押班以文思使領忠州刺史卒贈輝州觀察使居簡聞外廷議論必以入告省中目爲高直奏仁宗時常使南海遇廣州火救者不力居簡督衆護軍資甲仗二庫賴以獲全事聞詔褒之

程昉開封人以小黃門積遷西京左藏庫副使熙寧初爲河北屯田都監河決棗彊醴二股河導之使東爲鋸牙下以竹落塞決口加帶御器械河決商胡北流與御河合爲一及二股東流御河遂淺澀昉以開浚功遷宮苑副使又塞漳河作浮梁于洺州兼外都水丞詔相度興脩水利河決大名第五埽昉議塞之因疏塘水溉深州田又導葫蘆河自樂壽之東至滄州二百里塞孟家口開乾寧軍直河作橋于眞定之中渡又自衞州王供埽導沙河入御河以廣運路累遷達州防禦使制置河北河防水利御史盛陶言昉挾第五埽之功專爲己力假朝廷威福恐動州縣所開共城河傾廢入戶水磑久無成功又議開沁河因察訪官按行始知不便漳河滹沱之役水占邢洺趙深祁五州之田王廣廉孔嗣宗錢勰趙子幾皆嘗論奏其姦欺之狀則多置撻口指決河所侵便爲淤田其事權之盛則舉官廢吏惟其所欲悖慢豪橫則受聖旨者三受提點刑獄司牒者十二故有違拒小人誤當賞擢驕暴自肆願遣官代還仍行究治神宗曰王安石以昉知河事故加任使令開漳河用工七百萬滹沱八九百萬已議體量矣始安石欲興水利驟用昉昉挾安石勢而慢韓琦後安石覺其虛誕亦疎之以憂死贈耀州觀察使遂罷都大制置河防水利司

蘇利涉字公濟祖保遷自廣州以閹人從劉鋹入朝利涉初爲入內內品慶曆中衞士之變以護衞有勞賞激加等英宗爲皇子利涉給事東宮及卽位遷東頭供奉官欲以爲穎王府都監力辭幹當御藥院遷供備庫使帝不豫侍醫藥最勤言輒流涕及帝崩乞與醫官同貶三上表待罪不許神宗卽位授達州刺史歷內侍押班副都知轉海州團練使儷韶院火營救甚力賜襲衣金帶卒年六十四贈奉國軍節度使謚曰勤僖利涉嘗幹當皇城司循故事廂卒邏報不皆以聞後石得一代之事無巨細悉以奏往往有緣飛語受禍者人始以利涉爲賢

雷允恭開封人初爲黃門頗慧黠稍遷入內殿頭給事東宮周懷政僞爲天書允恭豫發其事懷政死擢內殿崇班遷承制再遷西京作坊使普州刺史入內內侍省押班章獻后初臨政丁謂潛結允恭凡機密事令傳達禁中由是允恭勢橫中外山陵事起允恭請效力陵上章獻后曰吾慮汝有妄動恐爲汝累也乃以爲山陵都監允恭馳至陵下司天監邢中和爲允恭言今山陵上百步法宜子孫類汝州秦王墳允恭曰何不就中和曰恐下有石與水爾允恭曰上無他子若如秦王墳何不可中和曰山陵事重踏行覆按動經月日恐不及七月之期耳允恭曰第移就上穴我走馬入見太后言之允恭素貴橫人不敢違卽改穿上穴入白其事章獻后曰此大事何輕易如此允恭曰使先帝宜子孫何惜不可章獻后意不然曰出與山陵使議可否時丁謂爲山陵使允恭具道所以謂唯唯而已允恭入奏曰山陵使亦無異議矣既而上穴果有石石盡水出允恭竟以是并坐盜金寶賜死籍其家中和流沙門島謂尋竄海上

閻文應開封人給事掖庭積遷至入內副都知仁宗初親政與宰相呂夷簡謀以張耆夏竦陳堯佐范雍趙積晏殊錢惟演皆章獻后所任用悉罷之退以語郭后后曰夷簡獨不附太后邪但多機巧善應變耳由是并夷簡罷夷簡素與文應相結使爲中詷久之乃知事由郭后夷簡遂怨后及再相楊尚二美人方寵尚美人於仁宗前有語侵后后不勝忿批其頰仁宗自起救之誤中其頸仁宗大怒文應乘隙遂與謀廢后且勸以爪痕示執政夷簡以怨力主廢事因奏仁宗出諫官竟廢后爲淨妃以所居宮名瑤華皆文應爲夷簡內應也郭后既廢楊尚二美人益寵專夕仁宗體爲之弊或累日不進食中外憂懼楊太后亟以爲言仁宗未能去文應早暮入侍言之不已仁宗厭其煩強應曰諾文應卽以氈車載二美人出二美人涕泣詞說云云不肯行文應罵曰宮婢尚何言驅使登車翌日以尚氏爲女道士居洞眞宮楊氏別宅安置既而仁宗復悔廢郭后有復后之意文應大懼會后有小疾挾太醫診視數日乃言后暴崩寔文應爲之也累至昭宣使恩州團練使時諫官劾其罪請并其子士良出之以文應領嘉州防禦使爲秦州鈐轄改鄆州士良罷御藥院爲內殿崇班始楊尚二美人之出宮也左右引陳氏女入宮父號陳子城楊太后嘗許以爲后宋綬不可王曾呂夷簡蔡齊相繼論諫陳氏女將進御士良聞之遽見仁宗仁宗披百葉擇日士良曰陛下閱此豈非欲納陳氏女爲后邪仁宗曰然士良曰子城使大臣家奴僕官名也陛下納其女爲后無乃不可乎仁宗遽命出之文應後徙相州鈐轄卒贈邠州觀察使

任守忠字稷臣蔭入內黃門累轉西頭供奉官領御藥院坐事廢久之復故官稍遷上御藥供奉初章獻后聽政守忠與都知江德明等交通請謁權寵過盛仁宗親政出爲黃州都監又謫監英州酒稅稍遷潭州都監徙合流鎮西鄙用兵又爲秦鳳涇原路駐泊都監以功再遷東染院使內侍押班出爲定州鈐轄加內侍副都知累遷宣政使洋州觀察使爲入內都知仁宗未有嗣屬意英宗守忠居中建議欲援立昏弱以徼大利及英宗卽位拜宣慶使安靜軍留後守忠又語言誕妄交亂兩宮於是知諫院司馬光論守忠離間之罪爲國之大賊民之巨蠹乞斬於都市英宗猶未行宰相韓琦出空頭敕一道參政歐陽脩已簽趙槩難之脩曰第書之韓公必自有說琦遂坐政事堂立守忠庭下曰汝罪當死貶保信軍節度副使蘄州安置取空頭敕塡與之卽日押行琦意以爲少緩則中變也守忠久被寵幸用事干中人不敢言其過及貶中外快之久之起爲左武衞將軍致仕卒年七十九

童貫少出李憲之門性巧媚自給事宮掖卽善策人主微指先事順承徽宗立置明金局于杭貫以供奉官主之始與蔡京游京進貫力也京既相贊策取青唐因言貫嘗十使陝右審五路事宜與諸將之能否爲最悉力薦之合兵十萬命王厚專閫寄而貫用李憲故事監其軍至湟川適禁中火帝下手札驛止貫毋西兵貫發視遽納鞾中厚問故貫曰上趣成功耳師竟出復四州擢景福殿使襄州觀察使內侍寄資轉兩使自玆始未幾爲熙河蘭湟秦鳳路經略安撫制置使累遷武康軍節度使討溪哥臧征復積石軍洮州加檢校司空頻恃功驕恣選置將吏皆捷取中旨不復關朝廷寖咈京意除開府儀同三司京曰使相豈應授宦官不奉詔政和元年進檢校太尉使契丹或言以宦官爲上介國無人乎帝曰契丹聞貫破羌故欲見之因使覘國策之善者也使還益展奮謨兵柄皆屬焉遂請進築夏國橫山以太尉爲陝西河東河北宣撫使俄開府儀同三司簽書樞密院河西北兩房不三歲領院事更武信武寧護國河東山南東道劍南東川等九鎭太傅涇國　公時人稱蔡京爲公相因稱貫爲媼相將秦晉銳師深入河隴薄于蕭關古骨龍謂可制夏人死命遣大將劉法取朔方法不可貫逼之曰君在京師時親授命於王所自言

必成功今難之何也法不得已出塞遇伏而死法西州名將既死諸軍恂懼貫隱其敗以捷聞百官入賀皆切齒然莫敢言關右既困夏人亦不能支乃因遼人進誓表納款使至授以誓詔辭不取貫還館伴使固與之還及境棄諸道上舊制熟羌不授漢官貫故引拔之有至節度使者弓箭手失其分地而使守新疆禁卒逃亡不死而得改隸他籍軍政盡壞政和元年副鄭久中使于遼得燕人馬植歸薦諸朝遂造平燕之謀選健將勁卒刻日發命會方臘起睦州勢甚張改江浙淮南宣撫使卽以所聚兵師諸將討平之

方臘者睦州青溪人也世居縣堨村託左道以惑衆初唐永徽中睦州女子陳碩眞反自稱文佳皇帝故其地相傳有天子基萬年樓臘益得憑籍以自信縣境梓桐幫源諸峒皆落山谷幽險處民物繁夥有漆楮杉材之饒富商巨賈多往來時吳中困於朱勔花石之擾比屋致怨臘因民不忍陰聚貧乏游手之徒宣和二年十月起爲亂自號聖公建元永樂置官吏將帥以巾飾爲別自紅巾而上凡六等無弓矢介胄唯以鬼神詭祕事相扇訹焚室廬掠金帛子女誘脅良民爲兵人安於太平不識兵革聞金鼓聲卽斂手聽命不旬日聚衆至數萬破殺將官蔡遵于息坑十一月陷青溪十二月陷睦歙二州南陷衢殺郡守彭汝方北掠新城桐廬富陽諸縣進逼杭州郡守棄城走州卽陷殺制置使陳建廉訪使趙約縱火六日死者不可計凡得官吏必斷臠支體探其肺腸或熬以膏油叢鏑亂射備盡楚毒以償怨心警奏至京師王黼匿不以聞於是凶焰日熾蘭溪靈山賊朱言吳邦剡縣讐道人仙居呂師囊方巖山陳十四蘇州石生歸安陸行兒皆合黨應之東南大震發運使陳亨伯請調京畿兵及鼎澧槍牌手兼程以來使不至滋蔓徽宗始大驚亟遣童貫譚稹爲宣撫制置使率禁旅及秦晉蕃漢兵十五萬以東且諭貫使作詔罷應奉局三年正月臘將方七佛引衆六萬攻秀州統軍王子武乘城固守已而大軍至合擊賊斬首九千築京觀五賊還據杭二月貫稹前鋒至青州堰水陸並進臘復焚官舍府庫民居乃宵遁諸將劉延慶王稟王渙楊惟忠辛興宗相繼至盡復所失城四月生擒臘及妻邵子亳二太子僞相方肥等五十二人於梓桐石穴中殺賊七萬四年三月餘黨悉平進貫太師徙國楚臘之起破六州五十二縣戕平民二百萬所掠婦女自賊峒逃出倮而縊於林中者由湯巖椏嶺八十五里間九村山谷相望

王師自出至凱旋四百五十日臘雖平而北伐之役遂起既而以復燕山功詔解節鉞爲眞三公加封徐豫兩國越兩月命致仕而代以譚稹明年復起領樞密院宣撫河北燕山宣和七年詔用神宗遺訓能復全燕之境者胙本邦疏王爵遂封廣陽郡王是年粘罕南侵貫在太原遣馬擴辛興宗往聘以嘗金金人以納張覺爲責且遣使告興兵貫厚禮之謂曰如此大事何不素告我使者勸貫速割兩河以謝貫氣褫不能應謀遁歸太原守張孝純詰之曰金人渝盟王當令天下兵悉力枝梧今委之而去是棄河東與敵也河東入敵手奈河北乎貫怒叱之曰貫受命宣撫非守土也君必欲留貫置帥何爲孝純拊掌嘆曰平生童太師作幾許威望及臨事乃蓄縮畏懾奉頭鼠竄何面目復見天子乎貫奔入都欽宗已受禪下詔親征以貫爲東京留守貫不受命而奉上皇南巡貫在西邊募長大少年號勝捷軍幾萬人以爲親軍環列第舍至是擁之自隨皇上過浮橋衞士攀望號慟貫唯恐行不速使親軍射之中矢而踣者百餘人道路流涕於是諫官御史與國人議者蠭起初貶左衞上將軍連謫昭化軍節度副使竄之英州吉陽軍行未至詔數其十大罪命監察御史張澂迹其所至莅斬之及於南雄既誅函首赴闕梟于都市貫握兵二十年權傾一時奔走期會過於制敕嘗有論其過者詔方劾往察劾一動一息貫悉偵得之先密以白且陷以他事劾反得罪逐死貫狀魁梧偉觀視頤下生須十數皮骨勁如鐵不類閹人有度量能疎財後宮自妃嬪以下皆獻餉結內左右婦寺維譽言日聞寵煽翕赫庭戶雜遝成市岳牧輔弼多出其門厮養僕圉官諸使者至數百輩窮姦稔禍流毒四海雖菹醢不償責也

梁師成字守道慧黠習文法稍知書初隸賈詳書藝局詳死得領睿思殿文字外庫主出外傳道上旨政和間得君貴幸至竄名進士籍中積遷晉州觀察使興德軍留後建明堂爲都監既成拜節度使加中太一神霄宮使歷護國鎭東河東三節度至檢校太傅遂拜太尉開府儀同三司換節淮南時中外泰寧徽宗留意禮文符瑞之事師成善逢迎希恩寵帝本以隸人畜之命入處殿中凡御書號令皆出其手多擇善書吏習倣帝書雜詔旨以出外廷莫能辨師成實不能文而高自標牓自言蘇軾出子是時天下禁誦軾文其尺牘在人間者皆毀去師成訴於帝曰先臣何罪自是軾之文乃稍出以翰墨爲已任四方儁秀名士必招致門下往往遭點汙多實書畫卷軸於外舍邀賓客縱觀得其題識合意者輒密加汲引執政侍從可階而升王黼父事之雖蔡京父子亦諂附焉都人目爲隱相所領職局至數十百黼造伐燕議師成始猶依違卒乃贊決又薦譚稹爲宣撫燕山平策勳進少保益逼賄謝人士入錢數百萬以獻頌上書爲名令赴廷試唱第之日侍於帝前囁嚅升降其小吏儲宏亦豫科甲而執厮養之役如初李彥括民田於京東西所至倨坐堂上監司郡守不敢抗禮有言於帝師成適在旁抗聲曰王人雖微序於諸侯之上豈足爲過言者懼而止師成貌若不能言然陰賊險鷙過間卽發家居與黼隣帝幸黼第見其交通狀已怒朱勔又以應奉與黼軋因乘隙攻之帝罷黼相師成由是益絀鄆王楷寵盛有動搖東宮意師成能力保護欽宗立嬖臣多從上皇東下師成以舊恩留京師於是太學生陳東布衣張炳力疏其罪炳指之爲李輔國且言宦官表裏相應變恐不測東復論其有異志擾定策功當正典刑帝迫於公議猶未誦言逐之師成疑之寢食不離帝所雖奏厠亦侍於外久未有以發會鄭望之使金營還帝命師成及望之以宣和殿珠玉器玩復往先令望之詣中書諭宰相至則留之始詔暴其罪責爲彰化軍節度副使開封吏護至貶所行次八角鎭縊殺之以暴死聞籍其家

楊戩少給事掖庭主掌後苑善測伺人主意自崇寧後日有寵知入內內侍省立明堂鑄鼎鼐起大晟府龍德宮皆爲提舉政和四年拜彰化軍節度使首建期門行幸事以固其權勢與梁師成將歷鎭安淸海鎭東三鎭由檢校少保至太傅遂謀撼東宮有胥吏杜公才者獻策于戩立法索民田契自甲之乙乙之丙展轉究尋至無可證則度地所出增立賦租始於汝州浸淫于京東西淮西北括廢隄棄堰荒山退灘及大河淤流之處皆勒民主佃額一定後雖衝蕩回復不可減號爲西城所築山濼古鉅野澤緜亘數百里濟鄆數州賴其蒲魚之利立租筭船納直犯者盜執之一邑率於常賦外增租錢至十餘萬緡水旱蠲稅此不得免擢公才爲觀察使宣和三年戩死贈太師吳國公而李彥繼其職彥天資狠愎密與王黼表裏置局汝州臨事愈劇凡民間美田使他人投牒告陳皆指爲天荒雖執印券皆不省魯山闔縣盡括爲公田焚民故券使田主輸租佃本業訴者輒加威刑致死者千萬公田既無二稅轉運使亦不爲奏除悉均諸別州京西提舉官及京東州縣吏劉寄任輝彥李士渙王滸毛孝立王隨江惇呂坯錢棫宋憲皆助彥爲虐如奴事主民不勝忿痛前執政冠帶操笏迎謁馬首獻媚花朝夕造請賓客徑趨謁舍不敢對之上馬而彥處之自如發物供奉大抵類朱勔凡竹數竿用一大車牛驢數十頭其數無極皆責辦於民經時閱月無休息期農不得之田牛不得耕墾殫財靡芻力竭餓死或自縊轅軛間如龍鱗薛荔一本輦致之費踰百萬喜賞怒刑禍福轉手因之得美官者甚衆頴昌兵馬鈐轄范寥不爲取竹誣刊蘇軾詩文于石爲十惡朝廷察其掊摭亦令勒停當時謂朱勔結怨于東南李彥結怨於西北靖康初詔追戩所贈官爵彥削官賜死籍其家劉寄以下十人皆停廢復范寥官

宋史卷四百六十九

元　中　書　右　丞　相　總　裁　脫　脫　等　修

列傳第二百二十八

宦者四

邵成章　藍珪康履附　馮益　張去爲

陳源　甘昇　王德謙　關禮

董宋臣

邵成章欽宗朝內侍也帝入青城命成章衞皇太子赴宣德門稱制行事太子北去成章留于汴康王將卽位元祐太后遣成章奉乘輿服御至南京從幸揚州金人掠陝西京東諸郡羣盜起山東黃潛善汪伯彥匿不以聞及張遇焚眞州去行在六十里帝亦不之知也成章上疏條具潛善伯彥之罪曰必誤國且申潛善等使聞之帝怒除名南雄州編管侍御史馬伸言成章緣上書得罪今是何時以言爲諱久之帝思成章忠直召赴行在其徒忌之譖于帝曰邵九百來陛下無歡樂矣遂止之于洪州金人入洪聞其名訪求得之謂之曰知公忠正能事吾主可坐享富貴成章不應脅之以威亦不從金人曰忠臣也吾不忍殺遺之金帛而去

藍珪康履初皆爲康王府都監入內東頭供奉官嘗從

康王使金人行營及開元帥府並主管機宜文字朝廷遣人趣師入援履等請王留相州王叱之而行既即位二人俱恃恩用事履尤妄作威福大將如劉光世等多曲意事之帝知之詔內侍不許與統兵官相見違者停官編隸履終無所忌憚與內侍曾擇淩忽諸將或踞坐洗足立諸將於左右聲喏甚至馬前故疾之者衆俄遷內侍省押班金州觀察使帝在揚州金兵卒至帝馳馬出門百官不戒備從行者惟履等五六人自是履等益自衒愈有輕外朝心及幸浙道吳江其黨競以射鴨爲樂比至杭州江下觀潮中官供帳赫然遮道統制苗傅等切齒曰此輩使天子至此猶敢爾邪傅幕客王世脩亦疾中官恣橫以告武功大夫劉正彥正彥曰會當共除之王淵躋樞筦正彥以爲由宦者所薦愈不平謀遂決伏兵斬淵遣兵圍履家分捕中官凡無須者皆殺之履馳入白帝傅等至厲聲曰陛下信任中官凡中官所主者皆得美官王淵遇賊不戰交康履得樞密中官在外者已誅更乞康履藍珪曾擇等誅之以謝三軍帝不忍除傅等官以安之傅等曰欲遷官第須控兩匹馬與內侍何必至此帝問百官策安出主管浙西機宜文字時希孟曰中官之爲患至此極矣不除之天下之患未已軍器監葉宗諤言陛下何惜一康履不以慰三軍帝不得已遣人執履至履望帝呼曰大家何獨殺臣遂以付傅即腰斬之梟其首帝幸睿聖宮傅等留內侍十五人奉左右尋捕珪擇等皆編置遠州擇昭州行一程追還斬之傅等誅贈履官謚榮節召珪等還中書舍人季陵言中官復召其黨與相賀氣燄益張中外切齒不報珪至自武功大夫擢內侍省押班慈寧宮建命提點事務尋升內侍省都知及迎太后命充都大主管太后既還宮珪奏應干補授恩乞聽慈寧宮施行從之珪初與履同進而驕橫不及履故幸以壽終有安石者與珪同姓爲內侍省副都知至景福殿使湖州觀察使卒贈保寧軍節度使謚良恪渡江後中官贈謚自安石始又有與履同姓者名諝爲內侍省押班亦親幸用事與知閤門事藍公佐善每邀公佐至其直舍必縱飲大醉薄莫乃歸嘗漏泄禁中語劉光遠被劾諝與內侍陳永錫受其金力爲營救言官劾之帝詔永錫與祠諝送吏部後累官至均州觀察使卒贈保信軍節度使謚忠定

馮益康王邸舊人也王即位自入內東頭供奉官遷至幹辦御藥院尋兼幹辦皇城司恃舊恩驕恣帝幸浙東益與御前右軍都統制張俊爭渡以語侵俊且訴于帝事下御史臺侍御史趙鼎言明受之變起于內侍覆轍不可不戒事乃已紹興三年授武功大夫康州防禦使帶御器械時帝用侍御史常同言詔皇城司並隸臺察益言非祖宗舊制帝爲追寢前詔特遷宣政使益自言藩邸舊吏乞加恩遂升明州觀察使內廄舊有騏驥院官益請別置御馬院自領其事又擅穿皇城便門侍御史沈與求以爲言趙鼎等皆患之會劉豫揭榜山東言益遣人收買飛鴿因有不遜語張浚請斬益以釋謗帝不許鼎言事關國體當解職加罰帝喜曰聞益交關外事漸不可長與祠放歸浚意未息鼎解之益自是家居廩祠者十四年先是僞柔福帝姬之來自稱爲王貴妃季女益自言嘗在貴妃閤帝遣之驗視益爲所詐遂以眞告及事覺益坐驗視不實送昭州編管尋以與皇太后連姻得免十九年卒于家

張去爲內侍張見道養子也初爲韋太后宅提點官累遷至安德軍承宣使帶御器械又遷內侍省押班時見道爲入內內侍省押班父子並充景福殿使去爲寖有寵請以一官回授見道帝嘉而許之其後見道以保康軍承宣使致仕而去爲與秦檜王繼先俱用事升延福宮使累遷至入內內侍省都知恃恩干外朝謀議金兵將至遣使來出慢言以相懼去爲陰沮用兵進幸蜀之計宰相陳康伯力非之帝悟而止侍御史杜莘老乞斬去爲以作士氣先是去爲取御馬院西兵二百人髡其項髮都人駭之莘老復劾其罪帝不得已令去爲致仕莘老亦出補外及內禪詔落致仕提舉德壽宮行移如內侍省仍鑄印賜之脩宮有勞又特遷安慶軍承宣使初安恭后入宮去爲實進之后崩上皇又遣去爲傳旨立謝貴妃爲后故亦貴重然至死不復涉朝廷事

陳源淳熙中提舉德壽宮頗有寵俄帶浙西副總管給事中趙汝愚言內侍不當干軍政遂罷源恃恩顓恣本宮書史徐彥通者爲源掌家務不數歲官至經武大夫甄士昌源廝役也工理髮奏補承信郎又補臨安府都吏李庚以官使之窺伺府事孝宗聞而惡之十年春詔源應奉日久特落階官與京祠給事中宇文价封還錄黃改外祠臺官黃洽等又劾之乃謫源建州居住籍其貲進德壽宮彥通除名道州編管士昌庚皆抵罪言者猶未已移源郴州源有園名小隱其制視禁籞有加高宗以賜王才人光宗即位復召還紹熙四年自拱衛大夫永州防禦使除入內內侍省押班帝以疾不朝重華宮源與內侍楊舜卿林億年數有間言寧宗即位命三人俱事光宗于泰安宮御史章穎論其離間君親乞行誅竄以慰壽皇在天之靈詔罷源等官源撫州億年常州居住舜卿任便居住慶元二年以生皇子恩源億年許自便舜卿與內祠給事中汪義端駁之乃移源婺州億年湖州義端再駁舜卿內祠反坐外補其後源等卒聽自便億年養娼女以別業源在貶所與妓濫俱以淫媟聞人疑其非宦者云

甘昪內侍省押班澤之子澤之死昪累遷亦至押班乾道中帝頗親昪昪以此用事臨安尹胡與可爲小官時丐貸於臨安富民馬氏不如欲銜之至是馬以鬻官鹽踰格繫獄與可諷有司以私鹽論御史陳升卿決獄平反之昪之子婦與可女也乃陰爲與可地譖升卿于帝前謂爲豪民馬請事所得至萬緡上疑遂論罪馬流嚴州升卿由是罷去時曾覿以使弼領京祠王抃以知閤門兼樞密都承旨昪爲入內押班相與盤結士大夫無恥者爭附之既而覿死抃逐獨昪在朱熹力言之帝曰昪乃德壽宮所薦謂有才耳熹曰姦人無才何以動人主昪用事二十年招權市賄黃由對策亦頗及之後帝察其姦遂抵之罪籍其貲竟以廢死弟昺淳熙末幹辦內東門司帶御器械光宗朝累遷至親衞大夫保康軍承宣使提舉佑神觀慶元初爲內侍省都知帝過壽康宮昺有力焉遷官二秩頗貴寵

王德謙初爲嘉邸都監頗親幸孝宗大漸光宗以疾久不朝重華宮黃由時爲王府贊讀奏請嘉王詣重華宮問疾既得旨德謙固請覆奏王斥之遂行孝宗崩王在喪次中外洶洶王以告直講彭龜年龜年以爲建儲則人心安須白中宮乃可即諭德謙奏之皇太后德謙不敢強之既而無報王即位德謙累遷昭慶軍承宣使內侍省押班賜居第驕恣踰法服食擬乘輿出入或以導駕燈籠自奉爲人求官賕以巨萬計泄其事者禍立至故外朝多附之中書舍人吳宗旦事之尤謹夜則易服造謁德謙求爲節度使先薦宗旦爲刑部侍郎直學士院將使草麻宗旦先備草示之引天寶同光爲比德謙喜制出參政何澹不肯署諫議大夫劉德秀率臺諫論列宰相京鏜復以爲言命遂寢韓侂胄與德謙爭用事德謙屢以計勝侂胄擠之詔與外祠臺諫又交章論駁侍御史姚愈言吳宗旦嘗草德謙制遂罷其官愈又率同列力攻德謙詔送廣德軍居住尋以臨安尹劾其贓濫僭擬詔降團練使移居撫州他事勿問中書舍人高文虎請改爲安置臺諫復言其姦詭乞自今不以赦移雖特旨亦許執奏帝用其言德謙遂坐廢斥以死

關禮高宗朝宦者淳熙末積官至親衞大夫保信軍承宣使孝宗頗親信之後命提舉重華宮孝宗崩光宗疾不能執喪樞密趙汝愚等請建儲以安人心光宗御批又有念欲退閑語丞相留正懼納祿去人心愈搖汝愚遣戚里韓侂胄因內侍張宗尹以禪位之議奏太皇太后曰此豈可易言明日汝愚再遣侂胄附宗尹以奏未獲命而侂胄退與禮遇禮知其意問之侂胄不以告禮指天自誓不言侂胄遂白其事禮即入宮泣告太后以時事可憂之狀且曰留丞相已去所恃者趙知院耳今欲定大計而無太皇太后之命亦將去矣太后驚曰知院同姓也事體與他人異禮曰知院未去恃有太后耳今有請不許計無所出亦惟有去而已知院去天下將若何太后悟遂命禮傳旨侂胄以諭汝愚約明日太后垂簾上其事又明日嘉王入行禪祭汝愚即簾前進呈御批太后遂命王即皇帝位尋除禮入內內侍省都知又差兼重華慈福宮承受充提舉皇城司遷中侍大夫禮不以功自居乞致仕不許乞免推恩又不許南渡後內侍可稱者惟邵成章與禮云

董宋臣理宗朝宦者淳祐中以睿思殿祗候特轉橫行官寶祐三年兼幹辦佑聖觀侍御史洪天錫劾之不報天錫坐左遷大理少卿開慶初大元兵駐江上京師大震宋臣贊帝遷幸寧海軍簽判文天祥上疏乞誅宋臣又不報景定四年自保康軍承宣使除入內內侍省押班尋兼主管太廟往來國信所同提點內軍器庫翰林院編脩敕令所都大提舉諸司提點顯應觀主管景獻太子府事會天祥以著作佐郎兼獻景府教授義不與宋臣聯事上書求去天祥出知瑞州言者論宋臣不置帝曲爲論解庇之秘書少監湯漢上封事亦言宋臣十餘年來聲焰薰灼其力能去臺諫排大臣至結兇渠以致大禍中外惶惑切齒而陛下方爲之辨明大臣方爲之和解此過計也願收還押班等除命不勝宗社之幸疏入帝亦不之省六月命主管御前馬院及酒庫既卒帝猶命特轉節度使其見寵愛如此

宋史卷四百七十

元中書右丞相總裁脫脫等修

列傳第二百二十九

佞幸

弭德超　侯莫陳利用　趙贊
王黼　朱勔　王繼先　曾覿龍大淵附
張說　王抃　姜特立譙熙載附

人君生長深宮之中法家拂士接耳目之時少宦官女子共啓處之日多二者佞幸之梯媒也剛明之主亦有佞幸焉剛好專任明好偏察彼佞幸者一投其機爲患深矣他日敗闕雖能殄除燻城以求狐灌社以索鼠亦曰殆哉宋世中材之君朝有佞幸所不免也太宗有弭德超趙贊孝宗有曾覿龍大淵二君固不可謂非剛明之主也作佞幸傳

弭德超滄州清池人李符李琪薦之給事太宗晉邸太宗卽位補供奉官太平興國三年遷酒坊使杭州兵馬都監又爲鎭州駐泊都監初太宗念邊戍勞苦月賜士卒銀謂之月頭銀德超乘間以急變聞於太宗曰樞密使曹彬秉政歲久得士衆心臣從塞上來聞士卒言月頭銀曹公所致微曹公我輩餧死矣又巧誣彬他事上頗疑之出彬爲天平軍節度以王顯爲宣徽南院使德超爲宣徽北院使並兼樞密副使德超譖曹彬事成期得樞密使乃爲副使又柴禹錫與德超官同先授班在其上故德超視事月餘稱疾請告居常怏怏一日詬顯及禹錫曰我言國家大事有安社稷功止得綫許大官汝等何人反在我上更令我劾汝輩所爲我實恥之又大罵曰汝輩當斷頭我度上無守執爲汝輩所眩惑顯告之太宗怒命膳部郎中知雜滕中正就第鞫德超具伏下詔奪官職與其家配隸瓊州禁錮未幾死

侯莫陳利用益州成都人幼得變幻之術太平興國初賣藥京師言黃白事以惑人樞密承旨陳從信白於太宗卽日召見試其術頗驗卽授殿直累遷崇儀副使雍熙二年改右監門衛將軍領應州刺史三年諸將北征以利用與王侁並爲幷州駐泊都監擢單州刺史四年遷鄭州團練使前後賜與甚渥依附者頗獲進用遂橫恣無復畏憚其居處服玩皆僭乘輿人畏之不敢言會趙普再入中書廉知殺人及諸不法盡奏之太宗遣近臣案得姦狀欲貸其死普固請曰陛下不誅是亂天下法法可惜此何足惜哉遂下詔除名配商州禁錮初籍其家俄詔還之趙普恐其復用因殿中丞竇諲嘗監鄭州榷酤知利用每獨南向坐以接京使犀玉帶用紅黃羅袋擅州黃河清鄭州用爲詩題試舉人利用判試狀言甚不遜召諲至中書詰實令上疏告之又京西轉運副使宋沆籍利用家得書數紙言皆指斥切害悉以進上太宗怒令中使斷殺之已而復遣使貸其死乘疾置至新安馬旋濘而踣出濘換馬比追及之已爲前使誅矣

趙贊幷州人性險詖辯給好言利害初爲軍小吏與都校不協因誣營中謀叛劉繼元屠之無遺類稍署贊右職太原平隸三司爲走吏又許本司補殿直太宗頗任之遷供奉官閤門祗候提舉京西陝西數州錢帛發擿甚衆又自乞捕盜至永興得兵士盜錢二百欲磔諸市知府張齊賢奪而釋之太宗命御史臺按問停贊官數月復令專鉤校三司簿令贊自選吏十數人爲耳目專伺中書樞密及三司事乘間白之太宗以爲忠無他腸中外益畏其口會改三司官屬以贊爲西京作坊副使度支都監時又有鄭昌嗣者宣州人亦起三司役吏稍遷侍禁奉使西川回奏在官不治者數十人太宗嘉其直會市物吏因緣爲姦刻肆屢謁開封訴之乃置雜買務使昌嗣監之昌嗣乞著籍便殿門許非時入奏與贊親比相表裏累遷至西上閤門副使鹽鐵都監二人既得聯事由是益橫恣所爲皆不法太宗頗知之以問左右皆畏二人無敢言其惡至道元年上元節京城張燈太宗以上淸宮成臨幸贊與昌嗣邀其黨數人携妓樂登宮中玉皇閣飲宴至夜分掌舍宦者不能止以其事聞太宗大怒幷摭諸事下詔奪贊官許携家配隸房州禁錮卽日驛遣之昌嗣黜唐州團練副使不署事既數日並賜死於路太宗謂侍臣曰君子小人如芝蘭荊棘不能絕其類在人甄別耳苟盡君子則何用刑罰焉叅知政事寇準對曰帝堯之時四凶在庭則三代之前世質民淳已有小人矣今之衣儒服居淸列者亦頗朋附小人爲自安計如贊昌嗣之類奔走賤吏不足言也

王黼字將明開封祥符人初名甫後以同東漢宦官賜名黼爲人美風姿目睛如金有口辯才疏雋而寡學術然多智善佞中崇寧進士第調相州司理參軍編修九域圖志何志同領局喜其人爲父執中言之薦擢校書郎遷符寶郎左司諫張商英在相位寖失帝意遣使以玉環賜蔡京於杭黼覘知之數條奏京所行政事幷擊商英京復相德其助已除左諫議大夫給事中御史中丞自校書至是財兩歲黼因執中進廼欲去執中使京顓國遂疏其二十罪不聽俄兼侍讀進翰林學士京與鄭居中不合黼復內交居中京怒徙爲戶部尚書大農方乏將以邦用不給爲之罪旣而諸班禁旅賚犒不如期詣左藏鼓譟黼聞之卽諸軍揭大榜期以某月某日衆讀榜皆散京計不行還爲學士進承旨遭父憂閱五月起復宣和殿學士賜第昭德坊故門下侍郎許將宅在左黼父事梁師成稱爲恩府先生倚其聲焰逼許氏奪之白晝逐將家道路憤歎復爲承旨拜尚書左丞中書侍郎宣和元年拜特進少宰由通議大夫超八階宋朝命相未有前比也別賜城西甲第徙居之日導以敎坊樂供張什器悉取於官寵傾一時蔡京致仕黼陽順人心悉反其所爲罷方田毀辟雍醫算學幷會要六典諸局汰省吏減遙郡使橫班官奉入之半茶鹽鈔法不復比較富戶科抑一切蠲除之四方翕然稱賢相旣得位乘高爲邪多畜子女玉帛自奉僭儗禁省誘奪徽猷閣待制鄧之綱妾反以罪竄之綱嶺南加少保太宰請置應奉局自兼提領中外名錢皆許擅用竭天下財力以供費官吏承望風旨凡四方水土珍異之物悉苛取於民進帝所者不能什一餘皆入其家御史陳過庭乞盡罷以御前使喚爲名冗官京西轉運使張汝霖請罷進西路花果帝旣納黼復露章劾之兩人皆徙遠郡睦寇方臘起黼方文太平不以告蔓延彌月遂攻破六郡帝遣童貫督秦甲十萬始平之猶以功轉少傅又進少師貫之行也帝全付以東南一事謂之曰如有急卽以御筆行之貫至吳見民困花石之擾衆言賊不亟平坐此耳貫卽命其僚董耘作手詔若罪己然且有罷應奉局之令吳民大悅貫平賊歸黼言於帝曰臘之起由茶鹽法也而貫入姦言歸過陛下帝怒貫謀起蔡京以間黼黼懼是時朝廷已納趙良嗣之計結女眞共圖燕大臣多不以爲可黼曰南北雖通好百年然自累朝以來彼之慢我者多矣兼弱攻昧武之善經也今弗取女眞必彊中原故地將不復爲我有帝雖向其言然以兵屬貫命以保民觀釁爲上策黼復折簡通誠於貫曰太師若北行願盡死力時帝方以睦寇故悔其事及黼一言遂復治兵黼於三省置經撫房專治邊事不關之樞密括天下丁夫計口出算得錢六千二百萬緡竟買空城五六而奏凱率百僚稱賀帝解玉帶以賜優進太傅封楚國公許服紫花袍騶從儀物幾與親王等黼議上尊號帝曰此神宗皇帝所不敢受者也郤弗許始遣使至率迂其驛程燕犒不示以華侈及黼務於欲速令女眞使以七日自燕至都每張宴其居輒陳尙方錦繡金玉瓌寶以誇富盛由是女眞益生心身爲三公位元宰至陪扈曲宴親爲俳優鄙賤之役以獻笑取悅欽宗在東宮惡其所爲鄆王楷有寵黼爲陰畫奪宗之策皇孫諶爲節度使崇國公黼謂但當得觀察使召宮臣耿南仲諭指使草代東宮辭諶官奏竟奪之蓋欲以是撼搖東宮帝待遇之厚名其所居閣曰得賢治定爲書亭堂牓九有玉芝產堂柱乘輿臨觀之梁師成與連牆穿便門往來帝始悟其交結狀還宮黼眷頓熄尋命致仕欽宗受禪黼惶駭入賀閤門以上旨不納金兵入汴不俟命載其孥以東詔貶爲崇信軍節度副使籍其家吳敏李綱請誅黼事下開封尹聶山山方挾宿怨遣武士躡及於雍丘南輔固村戕之民家取其首以獻帝以初卽位難於誅大臣託言爲盜所殺議者不以誅黼爲過而以天討不正爲失刑矣

朱勔蘇州人父沖狡獪有智數家本賤微庸於人梗悍不馴抵罪鞭背去之旁邑乞貸遇異人得金及方書歸設肆賣藥病人服之輒效遠近輻湊家遂富因循蒔園圃結游客致往來稱譽始蔡京居錢塘過蘇欲建僧寺閣會費鉅萬僧言必欲集此緣非朱沖不可京以屬郡守郡守呼沖見京京語故沖願獨任居數日請京詣寺度地至則大木數千章積庭下京大驚陰器其能明年召還挾勔與俱以其父子姓名屬童貫竄置軍籍中皆得官徽宗頗垂意花石京諷勔語其父密取浙中珍異以進初致黃楊三本帝嘉之後歲歲增加然歲率不過再三貢貢物裁五七品至政和中始極盛舳艫相銜于淮汴號花石綱置應奉局于蘇指取內帑如囊中物每取以數十百萬計延福宮艮嶽成奇卉異植充牣其中勔擢至防禦使東南部刺史郡守多出其門徐鑄應安道王仲閎等濟其惡竭縣官經常以爲奉所貢物豪奪漁取於民毛髮不少償士民家一石一木稍堪翫卽領健卒直入其家用黃封表識未卽取使護視之微不謹卽被以大不恭罪及發行必徹屋抉牆以出人不幸有一物小異共指爲不祥唯恐芟夷之不速民預是役者中家悉破產或鬻賣子女以供其須斸山輦石程督峭慘雖在江湖不測之淵百計取之必出乃止嘗得太湖石高四丈載以巨艦役夫數千人所經州縣有折水門橋梁鑿城垣以過者旣至賜名神運昭功石截諸道糧餉綱旁羅商船揭所貢暴其上篙工柁師倚勢貪橫陵轢州縣道路相視以目廣濟卒四指揮盡給輓士猶不

足京始患之，從容言於帝，願抑其太甚者。帝亦病其擾，乃禁用糧綱船戒伐冢藏毁室廬毋得加黃封帕蒙人園囿花石凡十餘事，聽勔與蔡攸等六人入貢，餘進奉悉罷。自是勔小戢。既而柴甚，所居直蘇市中孫老橋，忽稱詔凡橋東西四至壞地室廬悉買賜予，已合數百家，期五日盡徙，郡吏逼逐，民嗟哭於路。遂建神霄殿，奉靑華帝君像其中，監司都邑吏朔望皆拜庭下，命士至輒朝謁，然後通刺詣勔。主趙霖建三十六浦牐，興必不可成之功，天方大寒，役死者相枕藉，霖志在媚勔，益加苛虐，吳越不勝其苦。徽州盧宗原竭庫錢遺之，引爲發運使，公肆掊克。園池擬禁籞，服飾器用上僭乘輿。又託輓舟募兵數千人，擁以自衞。子汝賢等召呼鄕州官寮，頤指目攝，皆奔走聽命，流毒州郡者二十年。方臘起，以誅勔爲名。童貫出師，承上旨盡能去花木進奉，帝又黜勔父子弟姪在職者，民大悅。然寇平，勔復得志，聲焰熏灼。袤人檥夫候門奴事，自直祕閣至殿學士，如欲可得；不附者旋踵罷去。時謂東南小朝廷。帝末年益親任之，居中白事，傳達上旨，大略如內侍，進見不避宮嬪。歷隨州觀察使、慶遠軍承宣使。燕山奏功，進拜寧遠軍節度使、醴泉觀使。一門盡爲顯官，騶僕亦至金紫，天下爲之扼腕。靖康之難，欲爲自全計，倉卒擁上皇南巡，且欲邀至其第。欽宗用御史言，放歸田里，凡由勔得官者皆罷，籍其貲財，田至三十萬畝。言者不已，羈之衡州，徙韶州、循州，遣使卽所至斬之。

王繼先，開封人。姦黠善佞。建炎初，以醫得幸，其後寖貴寵，世號王醫師。至和安大夫、開州團練使，致仕，尋以單恩改授武功大夫，落致仕。給事中富直柔奏繼先以雜流易前班，則自此轉行無礙，深恐將帥解體。帝曰："朕頃冒海氣，繼先診視有奇效，可特書讀。"直柔再駁，命乃寢。既而特授榮州防禦使。太后有疾，繼先診視有勞，特補其子悅道爲閤門祗候。尋命繼先主管翰林醫官局，力辭。是時，繼先用事，中外切齒，乃陽乞致仕以避人言。詔遷秩二等，許回授。俄除右武大夫、華州觀察使，詔餘人毋得援例。吳貴妃進封，推恩遷奉寧軍承宣使，特封其妻郭氏爲郡夫人。繼先遭遇冠絕人臣，諸大帥承順下風，莫敢少忤，其權勢與秦檜埒。檜使其夫人詣之，叙拜兄弟，表裏引援。遷昭慶軍承宣使，又欲得節鉞，使其徒張孝直等校本草以獻，給事中楊椿沮之，計不行。繼先富埒王室，子弟通朝籍，總戎寄，姻戚黨與盤據要途，數十年間無能搖之者。金兵將至，劉錡請爲戰備，繼先乃言新進主兵官好作弗靖，若斬一二人，和好復固。帝不懌曰："是欲我斬劉錡乎？"侍御史杜莘老劾其十罪，大略謂："繼先廣造第宅，占民居數百家，都人謂之快樂仙宮。奪良家婦女爲侍妾。鎭江有娼妙於歌舞，矯御前索之。淵聖成喪，舉家燕飲，令妓女舞而不歌，謂之啞樂。自金使來，日輦重寶之吳興，爲避走計。陰養惡少，私置兵甲。受富民金，薦爲閤職。州縣大獄，以賂解免。誣姊姦淫，加之黥隸。又於諸處佛寺建立生祠，凡名山大刹所有，大半入其家。此特舉其大者，其餘擢髮未足數也。"奏入，詔繼先福州居住，其子安道武泰軍承宣使、守道朝議大夫直徽猷閣、悅道朝奉郎直祕閣、孫錡承議郎直祕閣並勒停。放還良家子爲奴婢者凡百餘人。籍其貲以千萬計，鬻其田園及金銀，並隸御前激賞庫，其海舟付李寶。天下稱快。方繼先之怙寵奸法，帝亦知之，故晚年以公議廢之，遂不復起。孝宗卽位，詔任便居住，毋至行在。淳熙八年卒。

曾覿字純甫，其先汴人也。用父任補官。紹興三十年，以寄班祗候與龍大淵同爲建王內知客。孝宗受禪，大淵自左武大夫除樞密副都承旨，而覿自武翼郎除帶御器械、幹辦皇城司。諫議大夫劉度入對，首言二人潛邸舊人，待之不可無節度，又因進故事論京房、石顯事。大淵遂除知閤門事，而覿除權知閤門事。度言："臣欲退之，而陛下進之，何面目尙爲諫官。"乞賜貶黜。中書舍人張震繳其命至再，出知紹興府。殿中侍御史胡沂亦論二人市權，既而給舍金安節、周必大再封還錄黃。時張燾新拜參政，亦欲以大淵、覿決去就，力言之，帝不納，燾辭去，遂以內祠兼侍讀。劉度奪言職，權工部侍郎，而二人仍知閤門事。必大格除目不下，尋與祠，二人除命亦寢。未幾，卒以大淵爲宜州觀察使、知閤門事，覿文州刺史、權知閤門，皆兼皇城司，不數月間，除命四變。劉度出知建寧府，尋放罷。群臣既以言二人得罪去，侍御史周操章十五上，不報。自是覿與大淵勢張甚，士大夫之寡耻者潛附麗之。帝嘗令大淵撫慰兩淮將士，侍御史王十朋言大淵銜命撫師，非出朝廷論遣之公，有輕國體。時又有內侍押班梁珂者，三人表裏用事。及珂以罪出，右正言龔茂良入對，首論二人害政甚珂百倍："陛下罷行一政事、進退一人才，必掠美自歸，謂爲已力；或時有少過，且言於外，謂嘗爭之而不見聽。羣臣章疏留中未出，間得窺見，出以語人。有司條陳利害，示以副封，公然可否。若夫交通賄賂，干求差遣，特其小者耳。願特出威斷，並行罷去。"先是，江浙大水，詔侍從、臺諫陳闕政，著作郎劉夙上封事曰："陛下與覿、大淵輩觴詠唱酬，字而不名。罷宰相，易大將，待其言而後決。嚴法守，裁僥倖，當自宮掖近侍始。"茂良時爲監察御史，亦言："水至陰，其占爲女寵，爲嬖佞，爲小人，蓋專指左右近習也。"帝諭以二人皆潛邸舊人，非近習比，且俱有文學，敢諫諍，杜門不出，不預外事，宜退而訪問。茂良再上疏言："德宗不知盧杞之姦邪，此其所以姦邪也。大淵、覿所爲，行道之人能言之，特陛下未之覺耳。"疏入不報。茂良待罪，除太常少卿，五辭不拜，出知建寧府。一日，右史洪邁過參政陳俊卿曰："聞將除右史，邁遷西掖，信乎？"俊卿曰："何自得之？"邁以二人告。俊卿卽以語宰相葉顒、魏杞而已，獨奏之，且以邁語質之帝前。帝怒，卽出二人於外。於是遷大淵爲江東總管，覿爲淮西副總管，中外快之。尋改大淵浙東，覿福建。乾道四年，大淵死，覿尙在福建，帝憐欲召之。樞密劉珙奏曰："此曹奴隸爾，厚賜之可也，引以自近而待以賓友，使得與聞政事，非所以增聖德、整朝綱也。"帝納珙言，命遂寢。既而覿垂滿，俊卿恐其入，預請以浙東總管處之。臺臣上疏論之，不報。太學錄魏掞之亟上封事論列，且見俊卿切責之，掞之得台州敎官以出。覿至龍山，已久伺掞之去，然後入國門。會虞允文使蜀還，與俊卿同奏覿不可留，帝曰："然，留則累朕。"卒除浙東副總管。未幾，以墨詔進覿一官，爲觀察使，中書舍人繳還。"不因事除拜，必有人言。"帝不聽。俊卿曰："不爾，亦須有名。"會汪大猷爲賀金正旦使，俾覿副之，比還，遷一秩，而竟申浙東之命，且戒閤門吏趣朝辭。覿由是怏怏而去。六年夏，俊卿罷政。十月，覿以京祠召。七年，立皇子，覿以伴讀勞升承宣使。八年，姚憲爲賀金國尊號使，覿副之，歸除武泰軍節度使、提舉萬壽觀。淳熙元年，除開府儀同三司。四年，覿欲以文資官其子孫，帝遣中使至省中，具使相奏補法。龔茂良時以參政行丞相事，遽以文武官各隨本色蔭補法繳進。覿大怒。茂良退朝，覿從騎不避，茂良執而撻之，待罪乞出，不許。戶部員外郞謝廓然忽賜出身，除侍御史。廓然首論茂良，以資政殿學士知鎭江，章再上，鐫罷，言之不已，貶英州，皆覿所使也。覿前雖預事，未敢肆，至是責逐大臣，士始側目重足矣。廓然既以擅權罪茂良，從班有韓彥古者，覿之姻，廓然之黨，遂獻議助之，使人主疑大臣而信近習，至是益甚。六年二月，帝幸佑聖觀，召宰臣史浩及覿同賜酒。是歲，加覿少保、醴泉觀使。時周必大當草制，人謂其必不肯從，及制出，乃有敬故在尊賢之上之語，士論惜之。覿始與龍大淵相朋及，大淵死，則與王抃、甘昪相蟠結，文武要職多出三人之門。葉衡自小官十年至宰相，徐本中由小使臣積階至刺史、知閤門事，換文資，爲右文殿修撰、樞密都承旨，賜三品服，俄爲浙西提刑，尋以集英殿修撰奉內祠。是二人者，皆覿所進也。著作郎胡晉臣因轉對極論近習怙權之害，遂出知濮州。南康守朱熹應詔上書，其言尤力，有曰："一二近習之人蠱惑陛下心志，所謂宰相、師傅、賓友、諫諍之臣，或反出入其門墻，承望其風旨。"疏入，帝怒，諭令分析，丞相趙雄言之，事遂止。陳俊卿守金陵，過闕入見，首言："曾覿、王抃招權納賂，薦進人才，皆以中批行之。"帝曰："瑣細差遣或勉循之，至於近上之除，此輩何敢預。"俊卿入辭，又曰："向來士大夫奔覿、抃之門，十才一二，尙畏人知，今則公然趨附，十已八九，大非朝廷美事也。"帝感悟。覿用事二十年，權震中外，至於譖逐大臣，貶死嶺外。自是寖覺其姦，嘗謂左右曰："曾覿誤我不少。"遂稍疎覿。覿憂恚疽發于背。七年三月，侍帝宴于翠寒堂，退爲記以進。十二月卒。於是凡前論覿得罪者皆錄，贈胡晉臣起至執政，魏掞之贈直祕閣，龔茂良悉還其職名恩數云。

張說，開封人。父公裕，省吏也，爲和州防禦使。建炎初，有軍功。說受父任爲右職，娶壽聖皇后女弟，由是累遷知閤門事。隆興初，兼樞密副都承旨。乾道初，爲都承旨，加明州觀察使。七年三月，除簽書樞密院事。時起復劉珙同知樞密院，珙恥與之同命，力辭不拜。命既下，朝論譁然，不平莫敢頌言于朝者，惟左司員外郎張栻在經筵力言之，中書舍人范成大不草詞。尋除說安遠軍節度使、奉祠歸第。不數月，出知袁州。說既奉祠，語人曰："張左司平時不相樂，固也；范致能亦胡爲見攻？"指所坐亭材植曰："是皆致能所惠也。"八年二月，復自安遠軍節度使提舉萬壽觀簽書樞密院事。侍御史李衡、右正言王希呂交章論之，起居郎莫濟不書錄黃，直院周必大不草答詔。於是命權給事中姚憲書讀行下，命翰林學士王曮草答詔。未幾，曮升學士承旨，憲贈出身，爲諫議大夫。詔希呂合黨邀名，持論反覆，責遠小監當；衡素與說厚，所言亦婉，止罷言職，遷左史；而濟、必大皆與在外宮觀，日下出國門。國子司業劉焞移書責宰相，言說不當用，卽爲言者所論，出爲江西轉運判官。於是說勢赫然，無敢攖之者。九年春，說露章薦濟、必大，於是二人皆予郡，必大卒不出。淳熙元年，帝廉知說欺罔數事，命侍御史范仲芑究之遂罷爲太尉提舉玉隆宮諫官湯邦彥又劾其姦贓乃降爲明州觀察使責居撫州三年許自便七年卒于湖州帝猶念之詔復承宣使給事中陳峴繳之乃止其子薦文州刺史疑明州觀察使說敗薦亦貶彬州先是南丹州莫延葚表乞就宜州市馬比横山省三十程說在樞筦以聞樞屬有論其不便說不聽說既貶遂罷其議說又常建議欲郎官卿監通差武臣中書舍人留正以爲不可遂止與右相梁克家議使事不合克家罷去而說留其竊政權傾大臣類如此

王抃初爲國信所小吏金人求海泗唐鄧商秦地議久不決金兵至遣抃往使許以地易歲貢爲歲幣而還乾道中積官至知閤門事帝親信之金使至議國書禮不合抃以宰執虞允文命紿其使曰兩朝通好自有常禮使人何得妄生事已牒知對境翌日金使乃進書帝以爲可任遣詣荆襄點閱軍馬淳熙中兼樞密都承旨建議以殿步二司軍多虛籍請各募三千人已而殿司輒捕市人充軍號呼滿道軍士乘隙掠取民財帝專以罪殿前指揮使王友直而命抃權殿前司事時抃與曾覿甘昪相結恃恩專恣其門如市著作郎胡晉臣嘗論近習怙權帝令執政趙雄詢其人雄憚抃等乃命晉臣捨抃等指其位卑者數人以對晉臣竟外補校書郎鄭鑑宗正丞袁樞因轉對數爲帝言之帝猶未之覺也吏部侍郎趙汝愚力疏抃罪言陛下卽位之初宰相如葉顒等皆懼陛下左右侵其權日夜與之爲敵陛下察數年已來大臣還有與陛下左右角是非者否蓋其勢積至此也今將帥之權盡歸王抃矣先是抃紿金使取國書及使歸金主誅之嗣歲金使至帝以德壽宮之命爲離席受國書尋悔之淳熙八年金賀正旦使至復要帝起立如舊儀帝遽入內抃擅許金使用舊儀見翌日汝愚侍殿上帝不懌數日汝愚因亟攻抃帝遂出抃外祠不復召淳熙十一年以福州觀察使卒

姜特立字邦傑麗水人以父綬恩補承信郎淳熙中累遷福建路兵馬副都監海賊姜大獠寇泉南特立以一舟先進擒之帥臣趙汝愚薦于朝召見獻所爲詩百篇除閤門舍人命充太子宮左右春坊兼皇孫平陽王伴讀由是得幸於太子太子卽位除知閤門事與譙熙載皆以春坊舊人用事恃恩無所忌憚時人謂曾龍再出留正爲右相執政尙闕人特立一日語正曰帝以丞相在位久欲遷左揆就二尙書中擇一人執政孰可者明日正論其招權納賄之狀遂奪職與外祠帝念之復除浙東馬步軍副總管詔賜錢二千緡爲行裝正引唐憲宗召吐突承璀事乞罷相不許正復言臣與特立勢難兩立帝答曰成命已班朕無反汗卿宜自處正待罪國門外帝不復召而特立亦不至寧宗受禪特立遷和州防禦使再奉祠俄拜慶遠軍節度使卒熙載亦爲平陽郡伴讀累官至忠州防禦使知閤門事紹熙中卒較之特立頗廉勤熙載子令雍以恩補承信郎平陽郡王府幹辦尋充王府內知客小有才王嘗與論春秋褒貶齊宣王易牛秦穆公悔過事令雍卽爲三詩以獻王甚愛重之及卽位除知閤門事累遷至揚州承宣使謝事拜保成軍節度使初賜居第帝親書依光二字賜之至是復書得閒知止四字以名其堂寶璽歸單恩進檢校少保仍轉太尉致仕卒贈開府儀同三司

宋史卷四百七十考證

王抃傳金賀正旦使至復要帝起立如舊儀帝遽入內抃擅許金使用舊儀見翌日汝愚侍殿上帝不懌數日汝愚因亟攻抃帝遂出抃外祠○臣宗楷按貫耳集孝廟在御北使進國書必起御座三步中貴取進忽賀正使至殿上去御座數十步必欲屈萬乘親臨移時不決王抃忽撤起國書云駕興北使失儀而孝廟喜王抃之機捷據此與本傳所載不同

宋史卷四百七十一

元　中書右丞相總裁脫脫等修

列傳第二百三十

姦臣一

蔡確 吳處厚附　邢恕　呂惠卿

章惇　曾布　安惇

易曰陽卦多陰陰卦多陽君子雖多小人用事其象爲陰小人雖多君子用事其象爲陽宋初五星聚奎占者以爲人才衆多之兆然終宋之世賢哲不乏姦邪亦多方其盛時君子秉政小人聽命爲患亦鮮及其衰也小人得志逞其狡謀壅閼上聽變易國是賊虐忠直屏棄善良君子在野無救禍亂有國家者正邪之辨可不愼乎作姦臣傳

蔡確字持正泉州晉江人父徙陳確有智數尙氣不謹細行第進士調邠州司理參軍以賄聞轉運使薛何行部欲按治見其儀觀秀偉召與語奇之更加延譽韓絳宣撫陝西見所製樂語以爲材薦於弟開封尹維辟管幹右廂公事維去而確至舊制當庭參確不肯後尹劉庠責之確曰唐藩鎭自置掾屬故有是禮今輦轂下比肩事主雖故事不可用遂乞解職王安石薦確徙爲三班主簿用鄧綰薦爲監察御史裏行王韶開熙河多貸公錢秦帥郭逵劾其罪詔使杜純鞫治得實安石卻其牘更遣確確希意直韶遂純獲譴確善觀人主意與時上下知神宗已厭安石因安石乘馬入宣德門與衞士競卽疏其過以賈直加直集賢院遷御史知雜事范子淵浚河之役知制誥熊本按行以爲非是爲子淵所訟確劾本附文彥博黜之代爲知制誥知諫院兼判司農寺三司使沈括謁宰相吳充論免役法確言括爲近臣見朝廷法令未便不公言之而私語執政意王安石旣去新法可搖耳括坐黜知宣州開封鞫相州民訟事連判官陳安民安民令其甥文及甫求援於充之子安持及甫充壻也確言事關大臣非開封可了遂移御史臺時獄起皇城卒事多不讎中丞鄧潤甫御史上官均按之與府獄同王珪奏遣確詣臺參治確煅鍊爲獄潤甫均不能制密奏確慘掠諸囚確伺知之卽劾二人庇有罪且詐使吏爲使者慮問囚稱冤輙苦辱之帝頗疑其濫連遣諫官及內侍審直皆怖畏言不寃由是潤甫均皆罷而確得中丞猶領司農凡常平免役法皆成其手太學生虞蕃訟學官確深探其獄連引朝士自翰林學士許將以下皆逮捕械繫令獄卒與同寢處飲食旋溷共爲一室設大盆於前凡羹飯餅胾舉投其中以杓混攪分飼之如犬豕久繫不問幸而得問無一事不承遂劾參知政事元絳有所屬請絳出知亳州確代其位確自知制誥爲御史中丞參知政事皆以起獄奪人位而居之士大夫交口咄罵而確自以爲得計也吳充數爲帝言新法不便欲稍去其甚者確曰曹參與蕭何有隙至代爲相一遵何約束今陛下所自建立豈容一人挾怨而壞之法遂不變元豐五年拜尙書右僕射兼中書侍郎時富弼在西京上言蔡確小人不宜大用確旣相屢興羅織之獄縉紳士大夫重足而立矣初議官制蓋倣唐六典事無大小並中書取旨門下審覆尙書受而行之三省分班奏事柄歸中書確說王珪曰公久在相位必得中書令珪信不疑確乃言於帝曰三省長官位高不須置令但令左右僕射分兼兩省侍郎足矣帝以爲然故確名爲次相實顓大政珪以左僕射兼門下拱手而已帝雖以次敘相珪然不加禮重屢因微失罰金每罰輒門謝宰相罰金門謝前此未有人皆恥之哲宗立轉左僕射韓縝入相中書用其兩姪爲列卿確風御史中丞黃履劾縝始詔三省凡取旨事及臺諫官章疏並執政同進擬不專屬中書蓋確畏失權又復改制也爲永裕山陵使靈駕發引之夕不宿於次在道又不扈從還又不丐去御史劉摯王巖叟連擊之言確有十當去在熙寧元豐時窮獄苛政首尾預其間及至今日稍語於人曰當時確豈敢言此其意欲固竊名位反歸曲於先帝也司馬光呂公著進用蠲除煩苛確言皆已所建白公論益不容太皇太后猶不忍卽退斥元祐元年閏二月始罷爲觀文殿學士知陳州明年坐弟碩事奪職徙安州又徙鄧初神宗疾革王珪議建儲事確與同列皆在側知狀確自見得罪於世陰與章惇邢恕等合志邪謀謂珪實懷異意賴已擁護故不得逞確奉使陵下韓縝白發其端事寢籍籍旣失勢愈怨望恕又益爲往來造言識者以爲憂未有以發也確在安陸嘗游車蓋亭賦詩十章知漢陽軍吳處厚上之以爲皆涉譏訕其用郝處俊上元間諫高宗欲傳位天后事以斥東朝語尤切害於是左諫議大夫梁燾右諫議大夫范祖禹左司諫吳安詩右司諫王巖叟右正言劉安世連上章乞正確罪詔確具析確自辨甚悉安世等又言確罪狀著明何待具析此乃大臣委曲爲之地耳遂貶光祿卿分司南京再責英州別駕新州安置宰相范純仁左丞王存坐廉前出語救確御史李常盛陶翟思趙挺之王彭年坐不舉劾中書舍人彭汝礪坐封還詞命皆罷去確後卒于貶所紹聖元年馮京卒哲宗臨奠確子渭京壻也於喪次中闢訴明日詔復正議大夫二年贈太師謚曰忠懷遣中使護其葬又賜第京師崇寧初配饗哲宗廟庭蔡京請徽宗書元豐受遺定策殊勳宰相蔡確之墓賜其家京與太宰鄭居中不相能居中以憂去京懼其復用而居中王珪壻也時渭更名懋京使之重理前事以沮居中遂追封確淸源郡王御製其文立石墓前擢懋同知樞密院事次子莊爲從官弟碩贈待制諸女超進封爵諸壻皆得官貴震當世高宗卽位下詔

暴羣姦之罪貶確武泰軍節度副使竄懋英州凡所與濫恩一切削奪天下快之吳處厚者邵武人登進士第仁宗屢喪皇嗣處厚上言臣嘗讀史記考趙氏廢興本末當屠岸賈之難程嬰公孫杵臼盡死以全趙孤宋有天下二人忠義未見襃表宜訪其墓域建爲其祠帝覽其疏矍然卽以處厚爲將作丞訪得兩墓於絳封侯立廟始蔡確嘗從處厚學賦及作相處厚通牋乞憐確無汲引意王珪用爲大理丞王安禮舒亶相攻事下大理處厚知安禮與珪善論亶用官燭爲自盜確密遣達意救亶處厚不從確怒欲逐之未果珪請除處厚館職確又沮之珪爲永裕山陵使辟掌牋奏確代使出知通利軍又徙知漢陽處厚不悅元祐中確知安州郡有靜江卒當戍漢陽確固不遣處厚怒曰爾在廟堂時數陷我今比郡作守猶爾邪會得確車蓋亭詩引郝甑山事乃箋釋上之云郝處俊封甑山公會高宗欲遜位武后處俊諫止今乃以比太皇太后且用滄海揚塵事此蓋時運之大變尤非佳語譏謗切害非所宜言確遂南竄擢處厚知衞州然士大夫由此畏惡之未幾卒紹聖間追貶歙州別駕

邢恕字和叔鄭州陽武人博貫經籍能文章喜功名論古今成敗事有戰國縱橫氣習從程顥學因出入司馬光呂公著門登進士第補永安主簿公著薦于朝得崇文院校書王安石亦愛之因賓客諭意使養晦以待用恕不能從而對其子雱語新法不便安石怒諫官亦言新進士未歷官而卽處館閣開奔競路出知延陵縣縣廢不復調浮湛陝洛間者七年復爲校書吳充用爲館閣校勘歷史館檢討著作佐郞蔡確代充相盡逐充所用人恕深居懼及神宗見其送文彥博詩稱於確乃進職方員外郞帝有復用光公著意確以恕於兩人爲門下客亟結納之恕亦深自附託乃爲確畫策稍收召名士於政事微有更革自是相與如素交帝不豫恕與確成謀密語宣仁后之姪公繪公紀曰家有白桃著華道書言可療上疾邀與歸視之至則執其手曰蔡丞相令布腹心上疾不可諱延安沖幼宜早有定論雍曹皆賢王也公繪驚曰此何言君欲禍吾家邪急趨出恕計不行則反宣言太后屬意雍王與王珪表裏導確約珪入問疾陽鉤致珪語使知開封府蔡京伏劒士於外須珪小持異則執而誅之旣而珪言上自有子定議立延安恕益無所施猶自謂有定策功傳播其語哲宗立遷右司員外郞起居舍人又爲公繪具奏乞尊崇朱太妃爲高氏異日計后詰之曰汝素不識字誰爲之者公繪不得隱以恕對且上其槀時恕方召試中書遂黜知隨州改汝襄河陽恕久斥外蓄怒憤閒道謁確於鄧緒成前惡紿司馬光子康手書持以取信會確得罪恕亦責監永州酒紹聖初擢寶文閣待制知青州章惇蔡卞得政將甘心元祐諸人引恕自助召爲刑部侍郞再遷吏部尙書兼侍讀改御史中丞恕旣處風憲遂誣宣仁后有廢立謀引司馬光言北齊婁后宣訓事誅高遵裕之子士京追訟其父在日王珪令其兄士充來謀立雍王遵裕非之又敎蔡懋上文及甫私牘爲瘦詞歷詆梁燾劉摯云陰圖不軌且加司馬光呂公著以凶悖名使蔡京置獄於同文館組織萬端將悉陷諸人於族罪旣而無所得乃已恕內懷猜猾而外持正論嘗於經筵讀寶訓至仁宗諭輔臣以爲人君當修舉政事則日月薄食星文變見爲不足慮恕言仁宗之旨雖合於荀卿書然自古帝王孰肯自謂不修政事者如此則天變遂廢矣帝嘉納之數登對惇恐其大用切忌之恕亦揣帝稍薄惇屢白其短竟爲惇所陷出知汝州未幾徙應天府惇復摭其曩過移知南安軍徽宗初言者論其矯誣責爲少府少監分司西京居均州蔡京當國經營湟鄯以開邊隙欲使恕立方面之勳起爲鄜延經略安撫使旋改涇原擢至龍圖閣學士恕乞棄蕭關采其里人許彥圭車戰法爲淺攻計又欲使熙河造船直抵興靈以空夏國巢穴其謀皆迂誕轉運使李復言恕所爲類兒戲不可用帝亦燭其妄京力主之已而夏人寇鎭戎欲趨渭州警奏至京師日五六京懼始徙恕太原連徙永興潁昌眞定尋奪職久之復顯謨閣待制卒年七十恕本從程門得游諸公間一時賢士爭與之交恕善爲表襮蚤致聲名而天資反覆行險冒進爲司馬光客卽陷光附章惇卽背惇至與三蔡爲腹心則之死弗替上謗母后下誣忠良幾於禍及宗廟建炎元年與蔡確同追貶而恕爲常德軍節度副使子居實倞居實有異材八歲爲明妃引黃庭堅晁補之張耒秦觀陳師道皆見而愛之從恕守隨作南征賦蘇軾讀之歎曰此足以藉手見古人矣卒時年十九有遺文曰呻吟集倞及恕在時爲司農丞靖康初至少卿奉詔館金國使是時肅王使斡离不軍爲所質朝廷議亦留其使以相當於是踰月不遣都管趙倫燕人也性猾獪懼不得歸乃詐以情告倞曰金國有余覩金吾者尙領契丹精銳甚衆貳於金人願歸大國可結之以圖二酋倞以聞大臣信之旣爲賜余覦詔書授倫納衣領中厚與倫金帛倫獻其書黏罕黏罕大怒以聞金主報令深入攻討遂復提兵南下倞時出知岳州詔責其始禍削籍停官旣而　京闕失守云

呂惠卿字吉甫泉州晉江人父璹習吏事爲漳浦令縣處山林蔽翳間民病瘴霧蛇虎之害璹教民焚燎而耕害爲衰止通判宜州儂智高入寇轉運使檄璹與兵會或勸勿行不聽將二千人躡賊後以往得首虜爲多爲開封府司錄鞫中人史志聰役衞卒伐本事吏多爲之地璹窮治之志聰以謫去終光祿卿惠卿起進士爲眞州推官秩滿入都見王安石論經義意多合遂定交熙寧初安石爲政惠卿方編校集賢書籍安石言於帝曰惠卿之賢豈特今人雖前世儒者未易比也學先王之道而能用者獨惠卿而已及設制置三司條例司以爲檢詳文字事無大小必謀之凡所建請章奏皆其筆擢太子中允崇政殿說書集賢校理判司農寺司馬光諫帝曰惠卿憸巧非佳士使安石負謗於中外者皆其所爲安石賢而愎不閑世務惠卿爲之謀主而安石力行之故天下并指爲姦邪近者進擢不次大不厭衆心帝曰惠卿進對明辨亦似美才光曰惠卿誠文學辨慧然用心不正願陛下徐察之江充李訓若無才何以能動人主帝默然光又貽書安石曰諂諛之士於公今日誠有順適之快一旦失勢將必賣公自售矣安石不悅會惠卿以父喪去服除召爲天章閣侍讀同修起居注進知制誥判國子監與王雱同修三經新義又知諫院爲翰林學士安石求去惠卿使其黨變姓名日投匭上書留之安石力薦惠卿爲參知政事惠卿懼安石去新法必搖作書徧遺監司郡守使陳利害又從容白帝下詔言終不以吏違法之故爲之廢法故安石之政守之益堅議罷制科馮京爭之不得弟升卿無學術引爲侍講又用弟和卿計制五等丁產簿使民自供首實尺椽寸土檢括無遺至雞豚亦徧抄之隱匿者許告而以貲三之一充賞民不勝其困又因保甲正長給散靑苗使結甲赴官不遺一人上下騷動鄭俠疏惠卿朋姦壅蔽惠卿怒又惡馮京異己而安石弟安國惡惠卿姦諂面辱之於是乘勢併陷三人皆獲罪安石以安國之故始有隙惠卿旣叛安石凡可以害王氏者無不爲韓絳爲相不能制請復用安石安石至猶與共事御史蔡承禧論其惡鄧綰又言其兄弟强借秀州富民錢買田出知陳州久之以資政殿學士知延州始陝西緣邊漢蕃兵各自爲軍每戰則以蕃部爲先鋒而漢兵城守伺便乃出戰惠卿始合之爲一先蒐補守兵而出其選以戰隨屯置將具條約上之邊人及議者多言不可路都監高永亨老將也爭之力奏斥之蕃部屈全乜將入寇惠卿以近世帥臣多養威持重乃將牙兵按邊啓師于東郊遂趨綏德抵無定河歷十有八日而還俄丁母憂詔於本奉外特給五萬惠卿更請添支萬五千御史劾之將下楊州取奉曆帝曰惠卿固貪冒然嘗爲執政治之傷體姑責以義可也但削其誤奉惠卿猶自辨御史又論其方居喪不應有言詔勿問元豐五年加大學士知太原府入見將使仍鎭鄜延惠卿云陝西之師非唯不可以攻亦不可以守要在大爲形勢而已帝曰如惠卿言是爲陝西可棄也豈宜委以邊事數其輕躁矯誣之罪斥知單州明年復知太原哲宗卽位勑彊吏勿侵擾外界惠卿遣步騎二萬襲夏人於聚星泊斬首六百級夏人遂寇鄜延惠卿見正人彙進知不容於時懇求散地於是右司諫蘇轍條奏其姦曰惠卿懷張湯之辨詐有盧杞之姦邪詭變多端敢行非度王安石强很傲誕於吏事宜無所知惠卿指擿教導以濟其惡又興起大獄欲株連蔓引塗汚公卿賴先帝仁聖每事裁抑不然安常守道之士無噍類矣安石於惠卿有卵翼之恩父師之義方其求進則膠固爲一及勢力相軋化爲敵讎發其私書不遺餘力犬彘之所不爲而惠卿爲之昔呂布事丁原則殺丁原事董卓則殺董卓劉牢之事王恭則反王恭事司馬元顯則反元顯故曹操桓玄終畏而誅之如惠卿之惡縱未正典刑猶當投畀四裔以禦魑魅中丞劉摯數其五罪以爲大惡乃貶爲光祿卿分司南京再責建寧軍節度副使建州安置中書舍人蘇軾當制備載其罪於訓詞天下傳誦稱快焉紹聖中復資政殿學士知大名府加觀文殿學士知延州夏人復入寇將以全師圍延安惠卿修米脂諸砦以備寇至欲攻則城不可近欲掠則野無所得欲戰則諸將按兵不動欲南則懼腹背受敵留二日卽拔栅去遂陷金明惠卿求詣闕不許以築威戎威羌城加銀青光祿大夫拜保寧武勝兩軍節度使徽宗立易節鎭南因曾布有宿憾徙爲杭州而用范純粹帥延治其上功罔冒事奪節度布去位復武昌節度使知大名數歲又以上表引諭失當還爲銀青光祿大夫令致仕崇寧五年起爲觀文殿學士知杭州坐其子淵聞妖人張懷素言不告淵配沙門島惠卿責祁州團練副使安置宣州再移廬州復觀文殿學士爲醴泉觀使致仕卒贈開府儀同三司始惠卿逢

合安石驟致執政安石去位遂極力排之至發其私書於上安石退處金陵往往寫福建子三字蓋深悔爲惠卿所誤也雖章惇曾布蔡京當國咸畏惡其人不敢引入朝以是轉徙外服訖於死云

章惇字子厚建州浦城人父俞徙蘇州起家至職方郎中致仕用惇貴累官銀青光祿大夫年八十九卒惇豪雋博學善文進士登名恥出姪衡下委敕而出再舉甲科調商洛令與蘇軾游南山抵仙游潭潭下臨絕壁萬仞橫木其上惇揖軾書壁軾懼不敢書惇平步過之垂索挽樹攝衣而下以漆墨濡筆大書石壁曰蘇軾章惇來既還神彩不動軾拊其背曰君他日必能殺人惇曰何也軾曰能自判命者能殺人也惇大笑召試館職王陶劾罷之熙寧初王安石秉政悅其才用爲編修三司條例官加集賢校理中書檢正時經制南北江羣蠻命爲湖南北察訪使提點刑獄趙鼎言峽州羣蠻苦其酋剝刻謀內附辰州布衣張翹亦言南北江羣蠻歸化朝廷遂以事屬惇惇募流人李資張竑等往招之資竑淫于夷婦爲酋所殺遂致攻討由是兩江扇動神宗疑其擾命安石戒惇勿輕動惇竟以三路兵平懿洽鼎州以蠻方據潭之梅山遂乘勢而南轉運副使蔡煇言是役不可亟成神宗以爲然專委於煇安石主惇爭之不已既而煇得蠻地安石恨煇沮惇乃薄其賞進惇修起居注以是兵久不決召惇還擢知制誥直學士院判軍器監三司火神宗御樓觀之惇部役兵奔救過樓下神宗問知爲惇明日命爲三司使呂惠卿去位鄧綰論惇同惡出知湖州徙杭州入爲翰林學士元豐三年拜參知政事朱服爲御史惇密使客達意於服爲服所白惇父冒占民沈立田立遮訴惇惇繫之開封坐二罪罷知蔡州又歷陳定二州五年召拜門下侍郎豐稷奏曰官府肇新而惇首用非稽古建官意稷坐左遷諫官趙彥若又疏惇無行不報哲宗即位知樞密院事宣仁后聽政惇與蔡確矯唱定策功確罷惇不自安乃駁司馬光所更役法累數千言其略曰如保甲保馬一日不罷有一日害若役法則熙寧之初遽改免役後遂有弊今復爲差役當議論盡善然後行之不宜遽改以貽後悔呂公著曰惇所論固有可取然專意求勝不顧朝廷大體光議既行惇憤恚爭辨簾前其語甚悖宣仁后怒劉摯蘇轍王覿朱光庭王巖叟孫升交章擊之黜知汝州七八年間數爲言者彈治哲宗親政有復熙寧元豐之意首起惇爲尚書左僕射兼門下侍郎於是專以紹述爲國是凡元祐所革一切復之引蔡卞林希黃履來之邵張商英周秩翟思上官均居要地任言責協謀朋姦報復仇怨小大之臣無一得免死者禍及其孥甚至詆宣仁后謂元祐之初老姦擅國又請發司馬光呂公著冢斲其棺哲宗不聽惇意不愜請編類元祐諸臣章疏識者知禍之未弭也遂治劉安世范祖禹諫禁中雇乳媼事又以文及甫誣語書導蔡渭使告劉摯梁燾有逆謀起同文館獄命蔡京安惇蹇序辰窮治欲覆諸人家又議遣呂升卿董必察訪嶺南將盡殺流人哲宗曰朕遵祖宗遺制未嘗殺戮大臣其釋勿治然重得罪者千餘人或至三四謫徙天下冤之惇用邢恕爲御史中丞恕以北齊婁太后宮名宣訓嘗廢孫少主立子常山王演託司馬光語范祖禹曰方今主少國疑宣訓事猶可慮又誘高士京上書言父遵裕臨死屏左右謂士京曰神宗彌留之際王珪遣高士充來問曰不知皇太后欲立誰我叱士充去之皆欲誣宣仁后以此實之惇遂追貶司馬光王珪贈遵裕奉國軍留後結中官郝隨爲助欲追廢宣仁后自皇太后太妃皆力爭之哲宗感悟焚其奏隨覘知之密語惇與蔡卞明日惇卞再言哲宗怒曰卿等不欲朕入英宗廟乎惇卞乃已惇又以皇后孟氏元祐中宣仁后所立迎合郝隨勸哲宗起掖庭秘獄託以左道廢居瑤華宮其後哲宗頗悔乃歎曰章惇壞我名節惇又結劉友端相表裏請建劉賢妃於中宮初神宗用王安石之言開熙河謀靈夏師行十餘年不息迨聞永樂之敗神宗當宁慟哭循致不豫故元祐宰輔推本其意專務懷柔外國西夏請故地以非要害城砦還之惇以爲蹙國棄地罪其帥臣遂用淺攻撓耕之說肆開邊隙絕夏人歲賜進築汝遮等城陝西諸道興役五十餘所敗軍覆將復棄青唐死傷不可計知天下怨已欲塞其議請詔中外察民妄語者論如律優立賞邏告訐之風浸盛民有被酒征謁者詔貸其死惇竟論殺之用刑愈峻然不能遏也哲宗崩皇太后議所立惇厲聲曰以禮律言之母弟簡王當立皇太后曰老身無子諸王皆是神宗庶子惇復曰以長則申王當立皇太后曰申王病不可立惇尚欲言知樞密院事曾布叱之曰章惇聽太后處分皇太后決策立端王是爲徽宗還惇特進封申國公爲山陵使靈轝陷澤中踰宿而行言者劾其不恭罷知越州尋貶武昌軍節度副使潭州安置右正言任伯雨論其欲追廢宣仁后又貶雷州司戶參軍初蘇轍謫雷州不許占官舍遂僦民屋惇又以爲強奪民居下州追民究治以僦券甚明乃已至是惇問舍于是民民曰前蘇公來爲章丞相幾破我家今不可也徙睦州卒惇敏識加人數等窮凶稔惡不肯以官爵私所親四子連登科獨季子援嘗爲校書郎餘皆隨牒東銓仕州縣訖無顯者妻張氏甚賢惇之入相也張病且死屬之曰君作相幸勿報怨既祥惇語陳瓘曰悼亡不堪奈何瓘曰與其悲傷無益曷若念其臨絕之言惇無以對政和中追贈觀文殿大學士紹興五年高宗閱任伯雨章疏手詔曰惇詆誣宣仁后欲追廢爲庶人賴哲宗不從其請使其言施用豈不上累泰陵貶昭化軍節度副使子孫不得仕於朝詔下海內稱快獨其家猶爲辨誣論見者哂之

曾布字子宣南豐人年十三而孤學於兄鞏同登第調宣州司戶參軍懷仁令熙寧二年徙開封以韓維王安石薦上書言爲政之本有二曰厲風俗擇人才其要有八曰勸農桑理財賦興學校審選舉責吏課叙宗室修武備制遠人大率皆安石指也神宗召見論建合意授太子中允崇政殿說書加集賢校理判司農寺檢正中書五房凡三日五受敕告與呂惠卿共創青苗助役保甲農田之法一時故臣及朝士多爭之布疏言陛下以不世出之資登延碩學遠識之臣思大有爲於天下而大臣玩令倡之於上小臣橫議和之於下人人窺伺間隙巧言醜詆以譁衆罔上是勸沮之術未明而威福之用未果也陛下誠推赤心以待遇君子而厲其氣奮威斷以屏斥小人而消其萌使四方曉然皆知主不可抗法不可侮則何爲而不可何欲而不成哉布欲堅神宗意使專任安石以威脅衆使毋敢言政驟見拔用遂修起居注知制誥爲翰林學士兼三司使韓琦上疏極論新法之害神宗頗悟布遂爲安石條析而駁之持之愈固七年大旱詔求直言布論判官呂嘉問市易掊克之虐大槩以爲天下之財匱乏良由貨不流通貨不流通由商賈不行商賈不行由兼并之家巧爲摧抑故設市易於京師以售四方之貨常低卬其價使高於兼并之家而低於倍蓰之直官不失二分之息則商賈自然無滯矣今嘉問乃差官於四方買物貨禁客旅無得先交易以息多寡爲誅賞殿最故官吏牙駔惟恐裒之不盡而息之不夥則是官自爲兼并殊非市易本意也事下兩制議惠卿以爲沮新法安石怒布遂去位惠卿參大政置獄舉劾黜布知饒州徙潭州復集賢院學士知廣州元豐初以龍圖閣待制知桂州進直學士知秦州改歷陳蔡慶州元豐末復翰林學士遷戶部尚書司馬光爲政諭令增損役法布辭曰免役一事法令纖悉皆出己手若令遽自改易義不可爲元祐初以龍圖閣學士知太原府歷眞定河陽及青瀛二州紹聖初徙江寧過京留爲翰林學士遷承旨兼侍讀拜同知樞密院進知院事初章惇爲相布草制極其稱美冀惇引爲同省執政惇忌之止薦居樞府故稍不相能布贊惇紹述甚力請甄賞元祐臣庶論更役法不便者以勸敢言惇遂興大獄陷正人流貶鐫廢略無虛日布多陰擠之掖庭詔獄成付執政蔽罪法官謂厭魅事未成不當處極典布曰驢媚蛇霧是未成否衆皆瞿然於是死者三人惇以士心不附詭情飾過薦引名士彭汝礪陳瓘張庭堅等乞正所奪司馬光呂公著贈謚勿毀墓仆碑布以爲無益之事又奏人主操柄不可倒持今自丞弼以至言者知畏宰相不知畏陛下臣如不言孰敢言者其意蓋欲傾惇而未能會哲宗崩皇太后召宰執問誰可立惇有異議布叱惇使從皇太后命徽宗立惇得罪罷遣中使召蔡京鏁院拜韓忠彥左僕射京欲探徽宗意徐請曰麻詞未審合作專任一相或作分命兩相之意徽宗曰專任一相京出宣言曰子宣不復相矣已而復召曾肇草制拜布右僕射其制曰東西分臺左右建輔忠彥雖居上然柔懦事多決於布布猶不能容時議以元祐紹聖均爲有失欲以大公至正消釋朋黨明年乃改元建中靖國邪正雜用忠彥遂罷云布獨當國漸進紹述之說明年又改元崇寧召蔡京爲左丞京與布異會布擬陳佑甫爲戶部侍郎京奏曰爵祿者陛下之爵祿奈何使宰相私其親布壻陳迪佑甫子也布忿然爭辨久之聲色稍厲溫益叱布曰曾布上前安得失禮徽宗不悅而罷御史遂攻之罷爲觀文殿大學士知潤州京積憾未已加布以贓賄令開封呂嘉問逮捕其諸子鍛鍊訊鞫誘左證使自誣而貸其罪布落職提舉太清宮太平州居住又降司農卿分司南京又以嘗薦學官趙諗而諗叛責散官衡州安置又以棄湟州責賀州別駕又責廉州司戶凡四年乃徙舒州復大中大夫提舉崇福宮大觀元年卒于潤州年七十二後贈觀文殿大學士謚曰文肅

安惇字處厚廣安軍人上舍及第調成都府教授上書論學制召對擢監察御史哲宗初政許察官言事諫議大夫孫覺請汰其不可者詔劉摯推擇罷惇爲利州路轉運判官歷夔州湖北江東三路紹聖初召爲國子司

業三遷諫議大夫章惇蔡卞造同文誘獄使蔡京與惇雜治二人肆其忮心上言司馬光劉摯梁燾呂大防等交通陳衍之徒變先帝成法懼陛下一日親政必有欺君之誅乃密爲傾搖之計於是疎隔兩宮斥隨龍內侍以去陛下之腹心廢顧命大臣以翦陛下之羽翼縱釋先帝之所罪收用先帝之所棄無君之惡同司馬昭之心擅事之迹過趙高指鹿爲馬比詢究本末得其情狀大逆不道死有餘責帝曰元祐人果如是乎惇京曰誠有是心特反形未具耳帝爲誅衍錮摯燾子孫遷御史中丞劉后之受册也百官仗衞陳于大庭是日天氣清晏惇魏立班中倡言曰今日之事上當天心下合人望朝士皆笑其姦佞又鞫鄒浩事檄廣東使者鍾正甫攝治之于新州士大夫或千里會逮踵蹇序辰初議閱訴理書牘被禍者七八百人天下怨疾爲二蔡二惇之謠徽宗雅惡之鄒浩還朝惇言浩若復用慮彰先帝之失帝曰立后大事也御史中丞不言而浩獨敢言之何爲不可復用惇懼而退陳瓘請曰陛下欲開正路取浩既往之善惇乃詿惑主聽規騁其私若明示好惡當自惇始乃以寶文閣待制知潤州尋放歸田里蔡京爲相復拜工部侍郎兵部尚書崇寧初同知樞密院卒贈特進長子郊後坐指斥誅流其丈子邦於涪而追貶惇單州團練副使其祀遂絕人以爲惇平生數陷忠良之報云

宋史卷四百七十一考證

蔡確傳左諫議大夫張燾右諫議大夫范祖禹左司諫吳安議右司諫王嚴叟右正言劉安世連上章乞正確罪○臣浩按張燾當作梁燾梁燾本傳云蔡確作詩怨謗燾與劉安世交攻之是也若張燾乃眞宗時人與此無涉又按談圃載此事亦云梁燾而吳安議則云吳安詩

宋史卷四百七十二

元中書右丞相總裁脫脫等修

列傳第二百三十一

姦臣二

蔡京 弟卞 子攸 翛 趙良嗣 張覺 郭藥師附

蔡京字元長興化仙游人登熙寧三年進士第調錢塘尉舒州推官累遷起居郎使遼還拜中書舍人時弟卞已爲舍人故事入官以先後爲序卞乞班京下兄弟同掌書命朝廷榮之改龍圖閣待制知開封府元豐末大臣議所立京附蔡確將害王珪以貪定策之功不克司馬光秉政復差役法爲期五日同列病太迫京獨如約悉改畿縣雇役無一違者詣政事堂白光光喜曰使人人奉法如君何不可行之有已而臺諫言京挾邪壞法出知成德軍改瀛州徙成都諫官范祖禹論京不可用乃改江淮荆浙發運使又改知揚州歷鄆永興軍遷龍圖閣直學士復知成都紹聖初入權戶部尚書章惇復變役法置司講議久不決京謂惇曰取熙寧成法施行之爾何以講爲惇然之雇役遂定差雇兩法光惇不同十年間京再莅其事成於反掌兩人相倚以濟識者有以見其姦卞拜右丞以京爲翰林學士兼侍讀修國史文及甫獄起命京窮治京捕內侍張士良令述陳衍事狀卽以大逆不道論誅并劉摯梁燾劾之衍死二人亦貶死皆錮其子孫王巖叟范祖禹劉安世復遠竄京覬執政曾布知樞密院忌之密言卞備位丞轄京不可以同升但進承旨徽宗卽位罷爲端明龍圖兩學士知太原皇太后命帝留京畢史事踰數月諫官陳瓘論其交通近侍瓘坐斥京亦出知江寧頗怏怏遷延不之官御史陳次升龔夬陳師錫交論其惡奪職提舉洞霄宮居杭州童貫以供奉官詣三吳訪書畫奇巧留杭累月京與游不舍晝夜凡所畫屏幛扇帶之屬貫日以達禁中且附語言論奏至帝所由是帝屬意京又太學博士范致虛素與左街道錄徐知常善知常以符水出入元符后殿致虛深結之道其平日趣向謂非相京不足以有爲已而宮妾宦官合爲一詞譽京遂擢致虛右正言起京知定州崇寧元年徙大名府韓忠彥與曾布交惡謀引京自助復用爲學士承旨徽宗有意脩熙豐政事起居舍人鄧洵武黨京撰愛莫助之圖以獻徽宗遂決意用京忠彥罷拜尚書左丞俄代曾布爲右僕射制下之日賜坐延和殿命之曰神宗創法立制先帝繼之兩遭變更國是未定朕欲上述父兄之志卿何以教之京頓首謝願盡死二年正月進左僕射京起於逐臣一旦得志天下拭目所爲而京陰託紹述之柄箝制天子用條例故事卽都省置講議司自爲提舉以其黨吳居厚王漢之十餘人爲僚屬取政事之大者如宗室冗官國用商旅鹽澤賦調尹牧每一事以三人主之凡所設施皆由是出用馮澥錢遹之議復廢元祐皇后罷科舉法令州縣悉倣太學三舍考選建辟廱外學於城南以待四方之士推方田於天下榷江淮七路茶官自爲市盡更鹽鈔法凡舊鈔皆弗用富商巨賈嘗齎持數十萬緡一旦化爲流丐甚者至赴水及縊死提點淮東刑獄章縡見而哀之奏改法誤民京怒奪其官因鑄當十大錢盡陷縡諸弟御史沈畸等用治獄失意羈削者六人陳瓘子彙以上書黥置海島南開黔中築靖州辰溪猺叛殺漵浦令京重爲賞募殺一首領者賜之絹三百官以班行且不令質究本末荆南守馬城言有生猺有省地猺今未知叛者爲何種族若計級行賞懼不能無枉濫蔣之奇知樞密院恐忤京意白言城不體國京罷城命舒亶代之以勦絕羣猺爲期西收湟川鄯廓取牂牁夜郎地擢童貫領節度使其後楊戩藍從熙譚稹梁師成皆踵之凡寄資一切轉行祖宗之法蕩然無餘矣又欲兵柄士心皆歸已建澶鄭曹拱州爲四輔各屯兵二萬而用其姻昵宋喬年胡師文爲郡守禁卒干掫月給錢五百驟增十倍以固結之威福在手中外莫敢議累轉司空封嘉國公京既貴而貪益甚已受僕射奉復創取司空寄祿錢如粟豆柴薪與傔從糧賜如故時皆折支亦悉從眞給但入熟狀奏行帝不知也時元祐羣臣貶竄死徙略盡京猶未愜意命等其罪狀首以司馬光目曰姦黨刻石文德殿門又自書爲大碑徧班郡國初元符末以日食求言言者多及熙寧紹聖之政則又籍范柔中以下爲邪等凡名在兩籍者三百九人皆錮其子孫不得官京師及近甸五年進司空開府儀同三司安遠軍節度使改封魏國時承平既久帑庾盈溢京倡爲豐亨豫大之說視官爵財物如糞土累朝所儲埽地矣帝嘗大宴出玉琖玉巵示輔臣曰欲用此恐人以爲太華京曰臣昔使契丹見玉盤琖皆石晉時物持以夸臣謂南朝無此今用之上壽於禮無嫌帝曰先帝作一小臺財數尺上封者甚衆朕甚畏其言此器已就久矣倘人言復興久當莫辨京曰事苟當於理多言不足畏也陛下當享天下之奉區區玉器何足計哉五年正月彗出西方其長竟天帝以言者毀黨碑凡其所建置一切罷之京免爲開府儀同三司中太乙宮使其黨陰援於上大觀元年復拜左僕射以南丹納土躐拜太尉受八寶拜太師三年臺諫交論其惡遂致仕猶提舉修哲宗實錄改封楚國朝朔望太學生陳朝老追疏京惡十四事曰瀆上帝罔君父結奧援輕爵祿廣費用變法度妄制作喜導諛箝臺諫熾親黨長奔競崇釋老窮土木矜遠略乞投畀遠方以禦魑魅其書出士人爭相傳寫以爲實錄四年五月彗復出奎婁間御史張克公論京輔政八年權震海內輕錫予以蠹國用託爵祿以市私恩役將作以葺居第用漕船以運花石名爲祝聖而修塔以壯臨平之山託言灌田而決水以符興化之讖法名退送門號朝京方田擾安業之民圜土聚徙郡之惡不軌不忠凡數十事先是御史中丞石公弼侍御史毛注數劾京未允至是貶太子少保出居杭政和二年召還京師復輔政徙封魯國三日一至都堂治事京之去也中外學官頗有以時政爲題策士者提舉淮西學士蘇棫欲自售獻議請索五年間策問校其所詢以觀向背於是坐停替者三十餘人初國制凡詔令皆中書門下議而後命學士爲之至熙寧間有內降手詔不由中書門下共議蓋大臣有陰從中而爲之者至京則又患言者議已故作御筆密進而丐徽宗親書以降謂之御筆手詔違者以違制坐之事無巨細皆託而行至有不類帝札者羣下皆莫敢言繇是貴戚近臣爭相請求至使中人楊球代書號曰書楊京復病之而亦不能止矣既又更定官名以僕射爲太少宰自稱公相總治三省追封王安石蔡確皆爲王省吏不復立額至五品階以百數有身兼十餘奉者侍御史黃葆光論之立竄昭州拔故吏魏伯芻領榷貨造料次錢券百萬緡進入徽宗大喜持以示左右曰此太師與我奉料也擢伯芻至徽猷閣待制京每爲帝言今泉幣所積贏五千萬和足以廣樂富足以備禮於是鑄九鼎建明堂修方澤立道觀作大晟樂製定命寶任孟昌齡爲都水使者鑿大伾三山創天成聖功二橋大興工役無慮四十萬兩河之民愁困不聊生而京僴然自以爲稷契周召也又欲廣宮室求上寵媚召童貫輩五人風以禁中偪側之狀貫俱聽命各視力所致爭以侈麗高廣相夸尚而延福宮景龍江之役起浸淫及於艮嶽矣子攸儵翛子行皆至大學士視執政儵尚茂德帝姬帝七幸其第賚予無算命坐傳觴略用家人禮厮養居大官媵妾封夫人然公論益不與帝亦厭薄之宣和二年令致仕六年以朱勔爲地再起領三省京至是四當國目昏眊不能事事悉決於季子絛凡京所判皆絛爲之且代京入奏每造朝侍從以下皆迎揖呫囁耳語堂吏數十人抱案後從由是恣爲姦利竊弄威柄驟引其婦兄韓梠爲戶部侍郎媒蘖密謀斥逐朝士創宣和庫式貢司四方之金帛與府藏之所儲盡拘括以實之爲天子之私財宰臣白時中李邦彥惟奉行文書而已既不能堪兄攸亦發其事上怒欲竄之京力丐免特勒停侍養而安置韓梠黃州未幾褫絛侍讀毀賜出身敕而京亦致仕方時中等白罷絛以撼京京殊無去意帝呼童貫使詣京令上章謝事貫

至京泣曰上何不容京數年當有相讒譖者貫曰不知也京不得已以章授貫帝命詞臣代爲作三表請去乃降制從之欽宗卽位邊遽日急京盡室南下爲自全計天下罪京爲六賊之首侍御史孫覿等始極疏其姦惡乃以秘書監分司西京連貶崇信慶遠軍節度副使衡州安置又徙韶儋二州行至潭州死年八十京天資凶譎舞智御人在人主前顓狙伺爲固位計始終一說謂當越拘攣之俗竭四海九州之力以自奉帝亦知其姦屢罷屢起且擇與京不合者執政以柅之京每聞將退免輒入見祈哀蒲伏扣頭無復廉恥燕山之役京送攸以詩陽寓不可之意冀事不成得以自解見利忘義至於兄弟爲參商父子如秦越暮年卽家爲府營進之徒舉集其門輸貨僮隸得美官棄紀綱法度爲虛器患失之心無所不至根株結盤牢不可脫卒致宗社之禍雖譴死道路天下猶以不正典刑爲恨子八人儵先死攸翛伏誅絛流白州死鞗以尙帝姬免竄餘子及諸孫皆分徙遠惡郡

卞字元度與京同年登科調江陰主簿王安石妻以女因從之學元豐中張璪薦爲國子直講加集賢校理崇政殿說書擢起居舍人歷同知諫院侍御史居職不久皆以王安石執政親嫌辭拜中書舍人兼侍講進給事中哲宗立遷禮部侍郎使於遼遼人頗聞其名卞適有寒疾命載以白馳車典客者曰此君所乘蓋異禮也使還以龍圖閣待制知宣州徙江寧府歷揚廣越潤陳五州廣州寶貝叢湊一無所取及徙越夷人淸其去以薔薇露灑衣送之紹聖元年復爲中書舍人上疏言先帝盛德大業卓然出千古之上發揚休光正在史策而實錄所紀類多疑似不根乞驗索審訂重行刊定使後世考觀無所迷惑詔從之以卞兼國史修撰初安石且死悔其所作日錄命從子防焚之防詭以他書代至是卞卽防家取以上因芟落事實文飾姦僞盡改所脩實錄正史於是呂大防范祖禹趙彥若黃庭堅皆獲深譴遷翰林學士四年拜尙書左丞專託紹述之說上欺天子下脅同列凡中傷善類皆密疏建白然後請帝親札付外行之章惇雖鉅姦然猶在其術中惇輕率不思而卞深阻寡言論議之際惇毅然主持卞或噤不啓齒一時論者以爲惇迹易明卞心難見徽宗卽位諫官陳瓘任伯雨御史龔夬疏其兄弟姦惡瓘倂數卞尊私史以厭宗廟之罪伯雨言卞之惡有過於惇去年封事數千人皆乞斬惇卞公議於此可見矣遂陳其大罪有六曰誣罔宣仁聖烈保佑之功欲行追廢一也凡紹聖以來竄逐臣僚皆卞啓而後行二也宮中厭勝事作哲宗方疑未知所處惇欲召禮官通議卞云旣犯法矣何用禮法官議皇后以是得罪三也編排元祐章牘萋菲語言被罪者數千人議自卞出四也鄒浩以言忤旨卞激怒哲宗致之遠謫又請治其親故送別之罪五也蹇序辰建看詳訴理之議章惇遲疑未應卞卽以二心之言迫之惇默不敢對卽日置局士大夫得罪者八百三十家凡此皆卞謀之而惇行之六也願亟正典刑以謝天下詔以資政殿學士知江寧府連貶少府少監分司池州纔踰歲起知大名府徙揚州召爲中太乙宮使擢知樞密院時京居相位卞禮辭不許帝謀復湟鄯問於卞卞以王厚高永年對與京合謀竭府藏以事邊募商人運糧不復問其直貴賤鄯廓至斗米錢四千束芻錢千二百秦中騷困及取三州進金紫光祿大夫永年竟爲帳下執去以降自是西方交兵連年不息追讐任伯雨所言曲自辨理至欲會獄證治諸人坐貶卞居心傾邪一意以婦公王氏所行爲至當兄晚達而位在上致己不得相故二府政事時有不合京以中旨用童貫爲陝西制置使卞言不宜用宦者右丞張康國引李憲故事以對卞曰用憲已非美事憲猶稍習兵貫略無所長異時必誤邊計帝令中書行之京於帝前詆卞卞求去以天章閣學士知河南妖人張懷素敗卞素與之游謂其道術通神嘗識孔子漢高祖至稱爲大士坐降職旋加觀文殿學士拜昭慶軍節度使入爲侍讀進檢校少保開府儀同三司易節鎭東政和末謁歸上冢道死年六十贈太傅謚曰文正高宗卽位追責爲寧國軍節度副使紹興五年又貶單州團練副使

攸字居安京長子也元符中監在京裁造院徽宗時爲端王每退朝攸適趨局遇諸塗必下馬拱立王問左右知爲蔡承旨子心善之及卽位記其人遂有寵崇寧三年自鴻臚丞賜進士出身除秘書郎以直秘閣集賢殿修撰編修國朝會要二年間至樞密直學士京再入相加龍圖閣學士兼侍讀詳定九域圖志修六典提舉上淸寶籙宮秘書省兩街道籙院禮制道史局官僚合百人多三館雋游而攸用大臣子領袖其間情不知學士論不與初置宣和殿命爲大學士賜毬文方團金帶改淮康軍節度使帝將去京先逐其黨劉昺劉煥等使御史中丞王安中劾之攸通籍禁庭聞其事亟請間百拜以懇帝意遂解其後與京權勢日相軋浮薄者復間之父子各立門戶遂爲讐敵攸別居賜第嘗詣京京正與客語使避之攸甫入遽起握父手爲胗視狀曰大人脈勢舒緩體中得無有不適乎京曰無之攸曰禁中方有公事卽辭去客竊窺見以問京京曰君固不解此此兒欲以爲吾疾而罷我也閱數日京果致仕以季弟絛鍾愛於京數請殺之帝不許攸歷開府儀同三司鎭海軍節度使少保進見無時益用事與王黼得預宮中秘戲或侍曲宴則短衫窄袴塗抹靑紅雜倡優侏儒多道市井淫媟謔浪語以蠱帝心妻宋氏出入禁掖子行領殿中監視執政寵信傾其父帝留意道家者說攸獨倡爲異聞謂有珠星璧月跨鳳乘龍天書雲篆之符與方士林靈素之徒爭證神變事於是神霄玉淸之祠徧天下咎端自攸興矣童貫伐燕以攸副宣撫攸童騃不習事謂功業可唾手致入辭之日二美嬪侍上側攸指而請曰臣成功歸乞以是賞帝笑而弗責涿州留守郭藥師擁所部八千人舉涿易二州降進攸少傅王師入燕進少師封英國公還領樞密院王黼罷政帝欲大用攸旣而悔之但進太保徙封燕帝欲內禪親書傳位東宮字授李邦彥邦彥欲立不敢承遂以付攸攸退屬其客給事中吳敏議遂定靖康元年從上皇南下及還都始責爲大中大夫繼而安置永州連徙潯雷京死御史言攸罪不減乃父燕山之役禍及宗社驕奢淫泆載籍所無當竄諸海島詔置萬安軍尋遣使者隨所至誅之

翛初以恩澤爲親衞郎秘書丞至保和殿學士宣和中拜禮部尙書兼侍講時翛弟兄亦知事勢日異其客傅墨卿孫傅等復語之曰天下事必敗蔡氏必破當亟爲計翛心然之密與攸議稍持正論故與京異然皆蓄縮不敢明言遂引吳敏李綱李光楊時等用之以挽物情尋加大學士提舉醴泉觀欽宗立翛上募兵陝西策自請行又勸西幸帝頗采納俾知京兆府許垂就攸忌其功成會金破濬州徽宗南幸攸假徽宗旨請翛守鎭江改資政殿大學士或謂翛前計已乖宜勿行翛幸得去不復辭流言至京師謂將復辟於鎭江帝趣迎上皇還而責翛昭信軍節度副使攸之誅也御史陳述且行帝取詔批其尾曰翛亦然於是倂誅崈者京族子也性獝妄善談鬼神事當承門蔭固推與庶兄宗族稱爲賢崇寧初京黨以學行修飭聞諸朝與泉州布衣呂注皆著道士服召入謁累官拜給事中兼侍讀京去位爲言者所攻以顯謨閣待制提舉崇福宮言者復論其不學無文結豪民規厚利持道家吐納之說以爲論思侍立集英瞋目自若爲不恭遂奪職陳正彙上京變事置獄京師具陳在杭州時日聞崈盛言京有後福獄上詔削其籍京復相徽宗戒毋得用崈但復集英殿修撰旋還待制提點洞霄宮宣和中卒

趙良嗣本燕人馬植世爲遼國大族仕至光祿卿行汚而內亂不齒於人政和初童貫出使道盧溝植夜見其侍史自言有滅燕之策因得謁童貫與語大奇之載與歸易姓名曰李良嗣薦諸朝卽獻策曰女眞恨遼人切骨而天祚荒淫失道本朝若遣使自登萊涉海結好女眞與之相約攻遼其國可圖也議者謂祖宗以來雖有此道以其地接諸蕃禁商賈舟船不得行百有餘年矣一旦啓之懼非中國之利徽宗召見問所來之因對曰遼國必亡陛下念舊民遭塗炭之苦復中國往昔之疆代天譴責以治伐亂王師一出必壺漿來迎萬一女眞得志先發制人後發制於人事不侔矣帝嘉納之賜姓趙氏以爲秘書丞圖燕之議自此始遷直龍圖閣提點萬壽觀加右文殿修撰宣和二年二月使于金國見其主阿骨打議取燕雲使還進徽猷閣待制自是將命至六七頗能緩頰盡心與金爭議進龍圖閣直學士旣得燕山又加延康殿學士提舉上淸宮官至光祿大夫良嗣言頃在北國與燕中豪士劉範李奭及族兄柔吉三人結義同心欲拔幽薊歸朝瀝酒於北極祠下祈天爲約俟他日功成卽挂冠謝事以表本心初非取功名而徼富貴也賴陛下威靈今日之事幸而集顧前日之約豈可欺哉願許臣致仕使得買田歸耕令有識者曰此平燕首謀之人得請閑退天下美事也不然則臣爲敢欺神明何所不至凡三上章詔不許旣而朝廷納張覺良嗣爭之云國家新與金國盟如此必失其歡後不可悔不聽坐奪職削五階靖康元年四月御史胡舜陟論其結成邊患敗契丹百年之好使金寇侵陵禍及中國乞戮之於市時已竄柳州詔廣西轉運副使李昇之卽所至梟其首徙妻子于萬安軍

張覺平州義豐人也在遼國第進士爲遼興軍節度副使鎭民殺其節度使蕭諦里覺撫定亂者州人推領州事燕王淳死覺知遼必亡籍丁壯五萬人馬千匹練兵爲備蕭后遣時立愛來知州拒弗納金人入燕訪覺情狀於遼故臣康公弼公弼言彼何能爲當示以不疑乃以爲臨海軍節度使任知平州遼相左企弓等將歸東粘罕欲先遣兵擒覺公弼曰如此是趣之叛也我請使焉而觀之遂往見覺覺曰契丹八路皆陷今獨平州存

敢有異志所以未釋甲者防蕭幹耳厚賂公弼使還公弼道其語粘罕信之升平州爲南京加覺同中書門下平章事企弓公弼與曹勇義虞仲文皆東遷將燕民盡徙流離道路或詣覺訴公弼企弓等不能守燕致吾民如是能免我者非公而誰覺召僚屬議皆曰近聞天祚復振於松漠金人所以急趍山西者畏契丹議其後也公能仗大義迎故主以圖興復責企弓等之罪而殺之縱燕人歸燕南朝宜無不納儻金人西來內用營平之兵外籍南朝之援何所懼乎覺又訪於翰林學士李石亦以爲然乃殺企弓等四人復稱保大三年繪天祚像於廳事每事告而後行呼父老諭曰女眞讐也豈可從指其像曰此非汝主乎豈可背當相約以死必不得已則歸中國燕人尙義皆景從於是悉遣徙民歸石更名安弼偕故三司使高黨往燕山說王安中曰平州自古形勝之區地方數百里帶甲十餘萬覺文武全才若爲我用必能屏翰王室苟爲不然彼西迎天祚北通蕭幹將爲吾肘腋患矣安中深然之具奏于朝願以身任其責令安弼黨詣京師徽宗以手札付詹度曰本朝與金國通好信誓甚重豈當首違金人昨所以不卽討覺者以兵在關中而覺抗榆關故也今既已東去他日西來則覺蕞爾數城恐未易當爲今之計姑當密示羈縻足矣而度數誘致之諷令內附宣和五年六月覺遣書至安撫司云金虜恃虎狼之强驅遂徙燕京富家巨室止留空城以塞盟誓緬想大朝亦非得已遣民假道當管究痛之聲盈於衢路州人不忍僉謂宜抗賊命以存生靈使復父母之邦且爲大朝守禦之備已盡遣其人過界謹令掌書記張鈞參謀軍事張敦固詣安撫司聽命金人聞覺叛遣闍母國王將三千騎來討覺帥兵迎拒之于營州闍母以兵少不交鋒而退大書于門有今冬復來之語覺遂妄以大捷聞朝廷建平州爲泰寧軍拜覺節度使以安弼黨鈞敦固皆爲徽猷閣待制宣撫司犒以銀絹數萬詔命至覺喜遠出迎金人諜知舉兵來覺不得返同其弟挾所被詔勅奔燕母妻先寓營州爲金人所得弟聞之亟往降獻其詔勅金人圍平州覺之從弟及姪固守金人以納叛爲責且求餉糧凡攻擊數月州民數千潰圍走莫肯降金人既平三州始來索覺王安中諱之索愈急乃斬一人貌類者去金人曰此非覺也覺匿於王宣撫甲仗庫若不與我我自以兵取之安中不得已引覺出數其過使行刑覺語殊不遜既死函首送之燕之降將及常勝軍皆泣下郭藥師曰若來索藥師當柰何自是解體金人終用是啓釁云

郭藥師渤海鐵州人也遼之將亡燕王淳募遼東饑民爲兵使之報怨於女眞目曰怨軍藥師爲之渠首明年其兩營叛藥師殺叛者羅青都統蕭幹留二千人爲四營以藥師及張令徽劉舜仁甄五臣爲將淳建號於燕改怨軍爲常勝軍擢藥師至諸衞上將軍涿州留守淳死蕭后立蕭幹專國人貳宣和四年九月藥師擁所部八千人奉涿易二州來歸詔以爲恩州觀察使王師北討劉延慶與幹軍于盧溝藥師曰幹以全師抗我燕城必虛選勁騎襲之可得也延慶遣藥師與諸將帥兵六千夜半渡河倍道而進質明甄五臣領五千騎奪迎春門以入大軍繼至下令納燕人降而盡殺契丹雜虜藥師遣人諭蕭后使趣降后密詔蕭幹還戰於三市藥師失馬幾爲所擒遂以敗還猶進安遠軍承宣使十二月拜武泰軍節度使五年正月加檢校少保同知燕山府詔入朝徽宗禮遇甚厚賜以甲第姬妾張水嬉於金明池使觀之命貴戚大臣更互設宴又召對於後苑延春殿藥師拜廷下泣言臣在虜聞趙王如在天上不謂今日得望龍顏帝深褒稱之委以守燕對曰願效死又令取天祚以絕燕人之望變色而言曰天祚臣故主也國破出走臣是以降陛下使臣畢命他所不敢辭若使反故主非所以事陛下願以付他人因涕泣如雨帝以爲忠解所御珠袍及二金盆以賜藥師出諭其下曰此非吾功汝輩力也卽剪盆分給之加檢校少傅歸鎭蕭幹犯塞藥師破其衆於峯山生擒阿魯大師獲耶律德光尊號寶匳檢塗金印幹尋爲部下所殺策勳加檢校太傅初王安中知燕山府詹度與藥師同知藥師自以節鉞欲居度上度稱御筆所書有序藥師不從加以常勝軍肆橫藥師右之度不能制告于朝廷慮其交惡命度與河間蔡靖兩易靖至坦懷待之藥師亦重靖稍爲抑損安中但諂事之朝廷亦曲徇其意所請無不從艮械精甲多遣部曲貿易他道爲奇巧之物以奉權貴宦侍於是譽言日聞專制一路增募兵號三十萬而不改左衽朝論頗以爲慮亟拜太尉召入朝辭不至帝令童貫行邊陰察其去就不然則挾之偕來貫至燕藥師迎于易州再拜帳下貫避之曰汝今爲太尉位視二府與我等耳此禮何爲藥師曰太師父也藥師唯拜我父焉知其他貫釋然遂邀貫視師至于迥野略無人迹藥師下馬當貫前掉旗一揮俄頃四山鐵騎耀日莫測其數貫衆皆失色歸爲帝言藥師必能抗虜蔡攸亦從中力主之金使賀天寧節歸送伴使見藥師兵遇之於道金使爲之歛馬引避鄉兵或持弓揭取其羊羚皆不敢爭奏言藥師威聲遠振攸益謂其可倚故內地不復防制屢有告變及得其通金國書輒不省七年十二月詹度言藥師瞻視不常趣向懷異蜂目烏喙怙寵恃功逆節已萌凶橫日甚今聞與金人交結背負朝廷與禍不遠願早爲之慮始詔遣官究實而金兵已南下破檀薊至玉田蔡靖遣藥師張令徽劉舜仁帥師出禦其夕令徽遁歸靖與部使者詣藥師計事藥師欲降靖曰靖誓死報國此何言邪引佩刀將自剄藥師抱持之并諸使者悉鎖于家幹離不及郊藥師率軍官迎拜遂從以南叛報至帝猶秘其事議封爲燕王割地與之使世守而已無及幹離不至慶源聞天子內禪欲回軍藥師曰南朝未必有備不如姑行其後趍趨京城詰索宮省輿邀取寶器服玩皆藥師導之也

宋史卷四百七十二考證

蔡京傳弟卞以卞兼國史修撰初安石且死至盡改所修實錄○臣其膚按長編蔡卞重修神宗實錄用朱黃删改納之禁中世不可得見梁師成用事頗招延元祐諸家子孫若范溫秦湛之徒師成在禁中見其書爲諸人道之諸人索其書之出因曰此亦不可不錄也師成如其言有人携以渡江遂傳于世

宋史卷四百七十三

元　中書右丞相總裁脫脫等修

列傳第二百三十二

姦臣三

黃潛善　汪伯彥　秦檜

黃潛善字茂和邵武人擢進士第宣和初爲左司郎陝西河東地大震陵谷易處徽宗命潛善察訪陝西因往視潛善歸不以實聞但言震而已擢戶部侍郎坐事謫亳州以徽猷閣待制知河間府靖康初金人入攻康王開大元帥府檄潛善將兵入援張邦昌僭位潛善趨白于帥府王承制拜潛善爲副元帥二年高宗卽位拜中書侍郎時上從人望擢李綱爲右相綱將奏逐潛善及汪伯彥右丞呂好問止之未幾潛善拜右僕射兼中書侍郎綱遂罷御史張所言潛善姦邪恐害新政左遷所尙書郎尋謫江州太學生陳東論李綱不可去潛善伯彥不可任潛善恚會歐陽澈上書詆時事語侵宮掖帝謂其言不實潛善乘間啓殺澈并東誅之識與不識皆爲之垂涕帝悔焉明年金人攻陝西京東山東盜起潛善伯彥匿不以聞張遇焚眞州距行在六十里內侍邵成章疏潛善伯彥誤國成章坐除名御史馬伸亦以劾潛善伯彥得罪謫監濮州酒稅道卒潛善進左僕射兼門下侍郎鄆濮相繼陷沒宿泗屢警右丞許景衡以扈衞單弱請帝避其鋒潛善以爲不足慮率同列聽浮屠克勤說法俄泗洲奏金人且至帝大驚決策南渡御舟已戒潛善伯彥方共食堂吏大呼曰駕行矣乃相視蒼黃鞭馬南馳都人爭門而出死者相枕籍人無不怨憤會司農卿黃鍔至江上軍士聞其姓以爲潛善也爭數其罪揮刄而前鍔方辨其非是而首已斷矣帝渡瓜州幸鎭江敵兵已躡其後潛善伯彥聯疏言艱難之時不敢具文求退中丞張澂劾之乃罷潛善爲觀文殿大學士知江寧府落職居衡州鄭瑴又論潛善伯彥均於誤國而潛善之惡居多王廷秀繼以爲言責置英州諫官袁植乞斬之都市帝不許尋卒于梅州潛善猥持國柄嫉害忠良李綱既逐張慤宗澤許景衡輩相繼貶死憲諫一言隨陷其禍中外爲之切齒高宗末年有旨潛善余深薛昂皆復官錄後諫官凌哲言深昂朋附蔡京潛善專恣誤國今盡復三人恩數恐政刑失平忠義解體詔以潛善嘗任副元帥特復元官錄一子

汪伯彥字廷俊徽之祈門人登進士第積官爲虞部郎官靖康改元召見獻河北邊防十策直龍圖閣知相州是冬金人陷眞定詔徙眞定帥司于相俾伯彥領之高宗以康王使金至磁時金騎充斥嘗有甲馬數百至城下蹤跡王所在伯彥亟以帛書請王還相躬服櫜鞬部兵逆王于河上王勞之曰他日見上當首以京兆薦公其受知自此始矣未幾王奉蠟書開天下兵馬大元帥府以伯彥爲副將王引兵渡河謀所向言人人殊伯彥獨曰非出北門濟子城不可王喜曰廷俊言是也既濟錄大名歷鄆濟達于京奏爲集英殿修撰北兵薄京城欽宗詔金人見議通和康王將兵毋得輕動伯彥以爲然宗澤曰女眞狂譎是欲欵我師爾如卽信之後悔何

及乎宜亟進兵伯彥等難之及城破金人逼二帝北行張邦昌僭立王聞之涕泣明年春王承制除伯彥顯謨閣待制升元帥進直學士高宗卽位擢知樞密院事未幾拜右僕射方高宗初政天下望治伯彥潛善踰年在相位專權自恣不能有所經畫御史諫官下至韋布內侍皆劾奏之罷伯彥爲觀文殿大學士知洪州改提舉崇福宮尋落職居永州紹興初復職知池州江東安撫大使言者弗置乃詔以舊職奉祠尋知廣州四年帝追贈陳東歐陽澈舍人王居正論伯彥潛善不已復褫前職七年帝謂輔臣曰元帥舊僚往往淪謝惟汪伯彥實同艱難朕之故人所存無幾宜與牽復秦檜張浚曰臣等已議曰郊恩取旨更得天筆明其舊勞庶幾內外孚信始伯彥之未第也受館于王氏檜嘗從之學而浚亦伯彥所引故共贊焉九年知宣州過闕帝謂檜曰伯彥便令之官庶免紛紜又曰伯彥潛藩舊僚去國七年漢之高光不忘豐沛南陽故舊皆人情之常伯彥上所著中興日曆五卷拜檢校少傅保信軍節度使十年請祠從之明年五月卒贈少師諡忠定初伯彥旣去相州金人執其子軍器監丞似使割地以至相州守臣趙不試固守不下遂拘而北久之乃還或云似之得歸伯彥實使人贖之似後更名召嗣

秦檜字會之江寧人登政和五年第補密州教授繼中詞學兼茂科歷太學學正靖康元年金兵攻汴京遣使求三鎭檜上兵機四事一言金人要請無厭乞止許燕山一路二言金人狙詐守禦不可緩三乞集百官詳議擇其當者載之誓書四乞館金使于外不可令入門及引上殿不報除職方員外郎尋屬張邦昌爲幹當公事檜言是行專爲割地與臣初議矛盾失臣本心三上章辭許之時議割三鎭以弭兵命檜借禮部侍郎與程瑀爲割地使奉肅王以往金師退檜瑀至燕而還御史中丞李回翰林承旨吳幵共薦檜拜殿中侍御史遷左司諫王雲李若水見金二酋歸言金堅欲得地不然進兵取汴京十一月集百官議于延和殿范宗尹等七十人請與之檜等三十六人持不可未幾除御史中丞閏十一月汴京失守二帝幸金營二年二月莫儔吳幵自金營來傳金帥命推立異姓留守王時雍等召百官軍民共議立張邦昌皆失色不敢答監察御史馬伸言於衆曰吾曹職爲爭臣豈容坐視不吐一辭當共入議狀乞存趙氏時檜爲臺長聞伸言以爲然卽進狀曰檜荷國厚恩甚愧無報今金人擁重兵臨已拔之城操生殺之柄必欲易姓檜盡死以辨非特忠於主也且明兩國之利害爾趙氏自祖宗以至嗣君百七十餘載頃緣姦臣敗盟結怨鄰國謀臣失計誤主喪師遂致生靈被禍京都失守主上出郊求和軍前兩元帥旣允其議布聞中外矣且空竭帑藏追取服御所用割兩河地恭爲臣子今變易前議人臣安恐畏死不論哉宋於中國號令一統綿地萬里德澤加於百姓前古未有雖興亡之命在天有數焉可以一城決廢立哉昔西漢絕於新室光武以興東漢絕於曹氏劉備帝蜀唐爲朱溫篡奪李克用猶推其世序而繼之蓋基廣則難傾根深則難拔張邦昌在上皇時附會權倖共爲蠹國之政社稷傾危生民塗炭固非一人所致亦邦昌爲之也天下方疾之如仇讎若付以土地使主人民四方豪傑必共起而誅之終不足爲大金屏翰必立邦昌則京師之民可服天下之民不可服京師之宗子可滅天下之宗子不可滅檜不顧斧鉞之誅言兩朝之利害願復嗣君位以安四方非特大宋蒙福亦大金萬世利也金人尋取檜詣軍前三月金人立邦昌爲僞楚邦昌遺金書請還孫傅張叔夜及檜不許初二帝北遷檜與傅叔夜何㮚司馬朴從至燕山又徙韓州上皇聞康王卽位作書貽粘罕與約和議俾檜潤色之檜以厚賂達粘罕會金主吳乞買以檜賜其弟撻懶爲任用撻懶攻山陽建炎四年十月甲辰檜與妻王氏及婢僕一家自軍中取漣水軍水砦航海歸行在丙午檜入見丁未拜禮部尚書賜以銀帛檜之歸也自言殺金人監己者奪舟而來朝士多謂檜與㮚傅朴同拘而檜獨歸又自燕至楚二千八百里踰河越海豈無譏訶之者安得殺盡而南就令從軍撻懶金人縱之必質妻屬安得與王氏偕惟宰相范宗尹同知樞密院李回與檜善盡破羣疑力薦其忠未對前一日帝命先見宰執檜首言如欲天下無事南自南北自北及首奏所草與撻懶求和書帝曰檜朴忠過人朕得之喜而不寐蓋聞二帝母后消息又得一佳士也宗尹欲處之經筵帝曰且與一事簡尚書故有禮部之命從行王安道馮由義水砦丁禩及參議官並改京秩舟人孫靖亦補承信郎始朝廷雖數遣使但且守且和而專與金人解仇議和實自檜始蓋檜在金庭首倡和議故撻懶縱之使歸也紹興元年二月除參知政事七月宗尹罷先是范宗尹建議討論崇寧大觀以來濫賞檜力贊其議見帝意堅反以此擠之宗尹旣去相位久虛檜揚言曰我有二策可聳動天下或問何以不言檜曰今無相不可行也八月拜右僕射同中書門下平章事兼知樞密院事九月呂頤浩再相檜同秉政謀奪其柄風其黨建言周宣王內修外攘故能中興今二相宜分任內外頤浩遂建都督府於鎭江帝曰頤浩專治軍旅檜專理庶務如種蠡之分職可也二年檜奏置修政局自爲提舉參知政事翟汝文同領之未幾檜面劾汝文擅治堂吏汝文求去諫官方孟卿一再論之汝文竟罷監察御史劉一止檜黨也言宣王內修修其所謂外攘之政而已今簿書獄訟官吏差除土木營繕俱非所當急者屯田郞曾統亦謂檜曰宰相事無不統何以局爲檜皆不聽旣而有議廢局以搖檜者一止及檢討官林待聘皆上疏言不可廢七月一止出臺除起居郞蓋自叛其說識者笑之頤浩自江上還謀逐檜有敎以引朱勝非爲助者詔以勝非同都督給事中胡安國言勝非不可用勝非遂以醴泉觀使兼侍讀安國求去檜三上章留之不報頤浩尋以黃龜年爲殿中侍御史劉棐爲右司諫蓋將逐檜於是江躋吳表臣程瑀張燾胡世將劉一止林待聘樓炤並落職予祠臺省一空皆檜黨也檜初欲傾頤浩引一時名賢如安國燾瑀輩布列淸要頤浩問去檜之術於席益益曰目爲黨可也今黨魁胡安國在瑣闥宜先去之蓋安國嘗問人材於游酢酢以檜爲言且比之荀文若故安國力言檜賢於張浚諸人檜亦力引安國至是安國等去檜亦尋去檜再相誤國安國已死矣黃龜年始劾檜專主和議沮止恢復植黨專權漸不可長至比檜爲莽卓八月檜罷乃爲觀文殿學士提舉江州太平觀前一日上召直學士院綦崈禮入對示以檜所陳二策欲以河北人還金國中原人還劉豫帝曰檜言南人歸南北人歸北朕北人將安歸檜又言爲相數月可聳動天下今無聞崈禮卽以上意載訓辭播告中外人始知檜之姦龜年等論檜不已詔落職牓朝堂示不復用三年韓肖胄等使還洎金使李永壽王翊偕來求盡還北俘與檜前議脗合識者益知檜與金人共謀國家之辱未已也五年金主旣死撻懶主議卒成其和二月復資政殿學士仍舊宮祠六月除觀文殿學士知溫州六年七月改知紹興府尋除醴泉觀使兼侍讀充行宮留守孟庾同留守並權赴尚書樞密院參決庶事時已降詔將行幸檜乞扈從不許帝駐蹕平江召檜赴行在用右相張浚薦也十二月檜以醴泉觀兼侍讀赴講筵七年正月何蘚使金還得徽宗及寧德后訃帝號慟發喪卽日授檜樞密使恩數視宰臣四月命王倫使金國迎奉梓宮九月浚求去帝問誰可代卿浚不對帝曰秦檜何如浚曰與之共事始知其闇帝曰然則用趙鼎鼎於是復相臺諫交章論浚安置領表鼎約同列救解與張守面奏各數千百言檜獨無一語浚遂謫永州始浚鼎相得甚浚先進力引鼎嘗共論人才浚劇談檜善鼎曰此人得志吾人無所措足矣浚不以爲然故引檜共政方知其闇不復再薦也檜因此憾浚反謂鼎曰上欲召公而張相遲留蓋怒鼎使擠浚也檜在樞府惟聽鼎鼎素惡檜由是反深信之卒爲所傾鼎與浚晩遇於閩言及此始知皆爲檜所賣十一月奉使朱弁以書報粘罕死帝曰金人暴虐不亡何待檜曰陛下但積德中興固有時帝曰此固有時然亦須有所施爲然後可以得志八年三月拜右僕射同中書門下平章事兼樞密使吏部侍郞晏敦復有憂色曰姦人相矣五月金遣烏陵思謀等來議和與王倫偕至思謀卽宣和始通好海上者議以吏部侍郞魏矼館伴矼辭曰頃任御史嘗言和議之非今不可專對檜問矼所以不主和矼備言敵情檜曰公以智料敵檜以誠待敵矼曰第恐敵不以誠待相公爾檜乃改命六月思謀等入見帝愀然謂宰相曰先帝梓宮果有還期雖待二三年尙庶幾惟是太后春秋高朕旦夕思念欲早相見此所以不憚屈己冀和議之速成也檜曰屈己議和此人主之孝也見主卑屈懷憤不平此人臣之忠也帝曰雖然有備無患使和議可成邊備亦不可弛十月宰執入見檜獨留身言臣僚畏首尾多持兩端此不足與斷大事若陛下決欲講和乞顓與臣議勿許羣臣預帝曰朕獨委卿檜曰臣亦恐未便望陛下更思三日容臣別奏又三日檜復留身奏事帝意欲和甚堅檜猶以爲未也曰臣恐別有未便欲望陛下更思三日容臣別奏帝曰然又三日檜復留身奏事如初知上意確不移乃出文字乞決和議勿許羣臣預鼎力求去位以少傅出知紹興府初帝無子建炎末范宗尹造膝有請遂命宗室令懬擇藝祖後得伯琮伯玖入宮皆藝祖七世孫伯琮改名瑗伯玖改名璩瑗先建節封建國公帝諭鼎專任其事又請建資善堂鼎罷言者攻鼎必以資善爲口實及鼎檜再相帝出御札除璩節度使封吳國公執政聚議樞密副使王庶見之大呼曰並后匹嫡此不可行鼎以問檜不答檜更問鼎鼎曰自丙辰罷相議者專以此藉口今當避嫌約同奏面納御筆及至帝前檜無一語鼎曰今建國在上名雖未正天下之人知陛下有子矣今日禮數不得

不異帝乃留御筆俟議明日檜留身奏事後數日參知政事劉大中參告亦以此爲言故鼎與大中俱罷明年璩卒授保大軍節度使封崇國公故鼎入辭勸帝曰臣去後必有以孝弟之說脅制陛下者出見檜一揖而去檜亦憾之鼎既去檜獨專國決意議和中朝賢士以議論不合相繼而去於是中書舍人呂本中禮部侍郎張九成皆不附和議檜諭之使優游委曲九成曰未有枉己而能正人者檜深憾之殿中侍御史張戒上疏乞留趙鼎又陳十三事論和議之非忤檜王庶與檜尤不合自淮西入樞庭始終言和議非是疏凡七上且謂檜曰而忘東都欲存趙氏時何遺此敵邪檜方挾金人自重尤恨庶言故出之樞密院編修官胡銓上疏願斬檜與王倫以謝天下於是上下洶洶檜謬爲解救卒械送銓貶昭州陳剛中以啓賀銓檜大怒送剛中吏部差知贛州安遠縣贛有十二邑安遠濱嶺地惡瘴深諺曰龍南安遠一去不轉言必死也剛中果死尋以銓事戒諭中外既而校書郎許忻樞密院編修官趙雍同日上疏猶祖銓意力排和議雍又欲正南北兄弟之名檜亦不能罪曾開見檜言今日當論存亡不當論安危檜駭愕遂出之司勳員外郎朱松館職胡珵張擴淩景夏常明范如圭同上一疏言金人以和之一字得志于我者十有二年以覆我王室以弛我邊備以竭我國力以懈緩我不共戴天之讎以絕望我中國謳吟思漢之赤子以詔諭江南爲名要陛下以稽首之禮自公卿大夫至六軍萬姓莫不扼腕憤怒豈肯聽陛下北面爲仇敵之臣哉天下將有仗大義問相公之罪者後數日權吏部尚書張燾吏部侍郎晏敦復魏矼戶部侍郎李彌遜梁汝嘉給事中樓炤中書舍人蘇符工部侍郎蕭振起居舍人薛徽言同班入奏極言屈己之禮非是新除禮部侍郎尹焞獨上疏且移書切責檜檜始大怒焞於是固辭新命不拜奉禮郎馮時行召對言和議不可信至引漢高祖分羹事爲喻帝曰朕不忍聞顰蹙而起檜乃謫時行知萬州尋亦抵罪中書舍人勾龍如淵抗言於檜曰邪說橫起胡不擇臺官擊去之檜遂奏如淵爲御史中丞首劾銓金使張通古蕭哲以詔諭江南爲名檜猶恐物論咎己與哲等議改江南爲宋詔諭爲國信京淮宣撫處置使韓世忠凡四上疏力諫有金以劉豫相待之語且言兵勢重處願以身當之不許哲等既至泗州要所過州縣迎以臣禮至臨安日欲帝待以客禮世忠益憤再疏言金以詔諭爲名暗致陛下歸順之義此主辱臣

死之時願效死戰以決勝敗若其不克委曲從之未晚亦不許哲等既入境接伴使范同再拜問金主起居軍民見者往往流涕過平江守臣向子諲不拜乞致仕哲等至淮安言先歸河南地且冊上爲帝徐議餘事檜至是欲上行屈己之禮帝曰朕嗣守太祖太宗基業豈可受金人封冊會三衙帥楊沂中解潛韓世良相率見檜曰軍民洶洶若之何過又白之臺諫於是勾龍如淵李誼數見檜議國書事如淵謂得其書納之禁中則禮不行而事定給事中樓炤亦舉諒陰三年不言事以告檜於是定檜攝冢宰受書之議帝亦切責王倫倫諭金使金使亦懼而從帝命檜卽館中見哲等受其書金使欲百官備禮檜使省吏朝服導從以書納禁中先一日詔金使來將盡割河南陝西故地又許還梓宮及母兄親族初無需索以參知政事李光素有時望俾押和議牓以鎮浮言又降御札賜三大將九年金人歸河南陝西故地以王倫簽書樞密院事充迎奉梓宮奉還兩宮交割地界使藍公佐副之判大宗正事士㒟兵部侍郎張燾朝八陵帝謂宰執曰河南新復宜命守臣專撫遺民勸農桑各因其地以食因其人以守不可移東南之財虛內以事外帝雖聽檜和而實疑金詐未嘗弛備也時張浚在永州馳奏力言以石晉劉豫爲戒復移書孫近以帝秦之禍發遲而大徐俯守上饒連南夫帥廣東岳飛宣撫淮西皆因賀表寓諷俯曰禍福倚伏情僞多端南夫曰不信亦信其然豈然雖虞舜之十二州皆歸王化然商於之六百里當念爾欺飛曰救暫急而解倒懸猶之可也欲長慮而尊中國豈其然乎他如秘書省正字汪應辰樊光遠澧州推官韓紃臨安府司戶參軍毛叔慶皆言金人叵測廸功郎張行成獻詢蕘書二十篇大意言自古講和未有終不變者條具者皆豫備之策檜悉加黜責紃貶循州七月兀朮殺其領三省事宗盤及左副元帥撻懶拘王倫於中山府蓋兀朮以歸地爲二人所主將有他謀也倫嘗密奏于朝檜不之備但趣倫進時韓世忠有乘懈掩擊之請檜言春秋不伐喪與帝意合遂已十年金人果敗盟分四道入侵兀朮入東京葛王襃取南京李成取西京撒离喝趨永興軍河南諸郡相繼陷沒帝始大恠下詔罪狀兀朮御史中丞王次翁奏曰前日國是初無主議事有小變則更用他相後來者未必賢而排黜異黨紛紛累月不能定願陛下以爲至戒帝深然之檜力排羣言始終以和議自任而次翁謂無主議者專謂檜地也於是檜位復安據之凡

十八年公論不能撼搖矣六月檜奏曰德無常師主善爲師臣昨見撻懶有割地講和之議故贊陛下取河南故疆今兀朮戕其叔撻懶藍公佐歸和議已變故贊陛下定弔伐之計願至江上諭諸帥同力招討卒不行閏六月貶趙鼎興化軍以王次翁受檜旨言其規圖復用也言者不已尋竄潮州時張俊克亳州魏勝克海州岳飛克鄖城幾獲兀朮張浚戰勝於長安韓世忠勝於泇口鎮諸將所向皆奏捷而檜力主班師九月詔飛還行在沂中還鎮江光世還池州錡還太平飛軍聞詔旗靡轍亂飛口呿不能合於是淮寧蔡鄭復爲金人有以明堂恩封檜莘國公十一年兀朮再舉取壽春入廬州諸將邵隆王德關師古等連戰皆捷楊沂中戰拓皐又破之檜忽諭沂中及張浚遽班師韓世忠聞之止濠州不進劉錡聞之棄壽春而歸自是不復出兵四月檜欲盡收諸將兵權給事中范同獻策檜納之密奏召三大將論功行賞韓世忠張俊並爲樞密使岳飛爲副使以宣撫司軍隸樞密院六月拜左僕射同中書門下平章事兼樞密使進封慶國公徽宗實錄成遷少保加封冀國公先是莫將韓恕使金拘于涿州至是兀朮有求和意縱之歸檜復奏遣劉光遠曹勛使金又以魏良臣爲通問使未幾良臣偕金使蕭毅等來議以淮水爲界求割唐鄧二州尋遣何鑄報聘許之十月興岳飛之獄檜使諫官万俟卨論其罪張俊又誣飛舊將張憲謀反於是飛及子雲俱送大理寺命御史中丞何鑄大理卿周三畏鞫之十一月貶李光藤州范同罷參知政事同雖附和議以自奏事檜忌之也十二月殺岳飛檜以飛屢言和議失計且嘗奏請定國本俱與檜大異必欲殺之鑄三畏初鞫久不伏卨入臺獄遂上誣飛嘗自言已與太祖皆三十歲建節爲指斥乘輿受詔不救淮西罪賜死獄中子雲及張憲殺于都市天下冤之聞者流涕飛之死張俊有力焉語在飛傳十二年胡銓再編管新州八月徽宗及顯肅懿節二梓宮至行在太后還慈寧宮九月加太師進封魏國公十月進封秦魏兩國公檜以封兩國與蔡京童貫同請改封母爲秦魏國夫人子熺舉進士館客何溥赴南省皆爲第一熺本王㬇孽子檜妻㬇妹無子㬇妻貴而妬檜在金國出熺爲檜後檜還其家以熺見檜喜甚檜幸和議復成益咎前日之異己者先是趙鼎貶潮州王庶貶道州胡銓再貶新州至是皆遇赦永不檢舉曾開李彌遜並落職張浚本助和議居位歲餘無去意檜諷江邈論罷之十三年賀瑞雪賀雪

自檜始賀日食不見是後日食多書不見彗星常見遇人康倬上書言彗星不足畏檜大喜特改京秩楚州奏鹽城縣海淸檜請賀帝不許知虔州薛弼言木內有文曰天下太平年詔付史館於是修飾彌文以粉飾治具如鄉飲耕籍之類節節備舉爲苟安餘杭之計自此不復巡幸江上而祥瑞之奏日聞矣洪皓歸自金國名節獨著以致金酋室撚語直翰苑不一月逐去室撚者黏罕之左右也初黏罕行軍至淮上檜常爲之草檄爲室撚所見故因皓歸寄聲檜意士大夫莫有知者聞皓語深以爲憾遂令李文會論之胡舜陟以非笑朝政下獄死張九成以鼓唱浮言貶累及僧宗杲編配皆以語忤檜也張邵亦坐與檜言金人有歸欽宗及諸王后妃意斥爲外祠十四年貶黃龜年以前嘗論檜也閩浙大水右武大夫白鍔有燮理乖謬語刺配萬安軍太學生張伯麟嘗題壁曰夫差爾忘越王殺而父乎杖脊刺配吉陽軍故將解潛罷官閑居辛永宗總戎外郡亦坐不附和議潛竄南安死永宗編置肇慶死趙鼎李光皆再竄過海皓之罪由白鍔延譽光以在藤州唱和有諷刺及檜者爲守臣所告也先是議見國公出閤吏部尙書吳表臣禮部尙書蘇符等七人論禮與檜意異於是表臣等以討論不詳懷姦附鼎皆罷始檜爲上言趙鼎欲立皇太子是待陛下終無子也宜俟親子乃立遂嗾御史中丞詹大方言鼎邪謀密計深不可測與范冲等咸懷異意以徼無妄之福冲嘗爲資善翊善故大方誣之其後監察御史王鐵言帝未有嗣宜祠高禖詔築壇于圜丘東皆檜意也台州曾惇獻檜詩稱聖相凡投獻者以皐夔稷契爲不足必曰元聖檜乞禁野史又命子熺以秘書少監領國史進建炎元年至紹興十二年日曆五百九十卷熺因太后北還自頌檜功德凡二千餘言使著作郎王揚英周執高上之皆遷秩自檜再相凡前罷相以來詔書章疏稍及檜者率更易焚棄日曆時政亡失已多是後記錄皆熺筆無復有公是非矣冬十月右正言何溥指程頤張載遺書爲專門曲學力加禁絕人無敢以爲非十五年熺除翰林學士兼侍讀四月賜檜甲第命敎坊樂導之入賜緡錢金綿有差六月帝幸檜第檜妻婦子孫皆加恩檜先禁私史七月又對帝言私史害正道時司馬伋遂言涑水記聞非其曾祖光論著之書其後李光家亦舉光所藏書萬卷焚之十月帝親書一德格天扁其閣十六年正月檜立家廟三月賜祭器將相賜祭器自檜始先是帝以彗星見求言張浚上

疏言今事勢如養大疽於頭目心腹之間不決不止願謀爲豫備不然異時以國與敵者反歸罪正義檜久憾浚至是大怒即落浚節鉞貶連州尋移永州十七年改封檜益國公五月移貶洪皓于英州八月趙鼎死于吉陽軍是夏先有趙鼎遇赦永不檢舉之旨又令月申存亡鼎知之不食而卒自鼎之謫門人故吏皆被羅織雖聞其死而歎息者亦加以罪又竄呂頤浩子摭于藤州十二月進士施鍔上中興頌行都賦及紹興雅十篇永免文解自此頌詠導諛愈多賜百官喜雪御筵于檜第十八年檜除知樞密院事檜問胡寅曰外議如何寅曰以爲公相必襲蔡京之迹五月李顯忠上恢復策落軍職與祠六月廸功郎王廷珪編管辰州以作詩送胡銓也閏八月福州言民采竹實萬斛以濟饑十一月胡銓自新州移吉陽軍以作頌謗訕也十九年帝命繪檜像自爲贊是歲湖廣江西建康府皆言甘露降諸郡奏獄空帝嘗語檜曰自今有奏獄者當令監司驗實果妄誕即按治仍命御史臺察之苟不懲戒則奏甘露瑞芝類崇虛飾誕無所不至帝雖眷檜而不可蔽欺也如此十二月禁私作野史許人告二十年正月檜趨朝殿司小校施全刺檜不中磔于市自是每出列五十兵持長梃以自衞是月曹泳告李光子孟堅省記光所作私史獄成光竄已久詔永檢舉孟堅編置峽州朝士連坐者八人皆落職貶秩胡寅竄新州泳由是驟用五月秘書少監湯思退奏以檜存趙氏本末付史館六月熺加少保鄭瑋告其鄉人福建安撫司機宜吳元美作夏二子傳指蚊蠅也家有潛光亭商隱堂以亭號潛光有心於黨李堂名商隱無意於事秦故檜尤惡之編管右迪功郎安誠布衣汪大圭斬有蔭人惠俊進義副尉劉允中黥徑山僧清言皆以訕謗也時檜疾愈朝參許肩輿二孫扶掖仍免拜二十一年朝散郎王揚英上書薦熺爲相檜奏揚英知泰州二十二年又與王庶二子之奇之荀葉三省揚煒索敏求四大獄皆坐謗訕煒又以嘗登李光蕭振之門言時事也於是光永不檢舉振貶池州二十三年檜請下台州於謝伋家取綦宗禮所受御筆繳進檜初罷相上有責檜語欲泯其迹焉是歲進士黃友龍坐謗訕黥配嶺南內侍裴詠坐指斥編管瓊州二十四年二月王炬以弟煒舊累死賓州炬編管邕州何兌訟其師馬伸發端上金人書乞存趙氏爲分檜功兌編管英州三月檜孫塤試進士舉省殿試皆爲第一檜從子煒焴姻黨周夤沈興傑皆登上第士論爲之不平考官則魏師遜湯思退鄭仲熊沈虛中董德元也師遜等初知貢舉即語人曰吾曹可以富貴矣及廷試檜又奏思退爲編排師遜爲詳定塤與第二人曹冠策皆攻專門之學張孝祥策則主一德元老且及存趙事帝讀塤策皆檜熺語於是擢孝祥爲第一降塤第三未幾塤修撰實錄院宰相子孫同領史職前所無也六月以王循友前知建康嘗罪檜族黨循友安置藤州八月王趯爲李光求內徙趯編管辰州鄭玘賈子展以會中有嘲譏講和之語玘竄容州子展竄德慶府方疇以與胡銓通書編置永州十二月魏安行洪興祖以廣傳程瑀論語解安行編置欽州興祖編置昭州又竄程緯以其慢上無禮也帝嘗諭檜曰近輪對者多諂告避免百官輪對正欲聞所未聞可令檢舉約束檜擅政以來屏塞人言蔽上耳目凡一時獻言者非誦檜功德則訐人語言以中傷善類欲有言者恐觸忌諱畏言國事僅論銷金鋪翠乞禁鹿胎冠子之類以塞責而已故帝及之蓋亦防檜之壅蔽也衢州嘗有盜起檜遣殿前司將官辛立將千人捕之不以聞晉安郡王因入侍言之帝大驚問檜檜曰不足上煩聖慮故不敢聞盜平即奏矣退而求其故知晉安言之遂奏晉安居秀王喪不當給俸月損二百緡帝爲出內帑給之二十五年二月以沈長卿舊與李光啓議和譏又與芮煇共賦牡丹詩有寧令漢社稷變作莽乾坤之句爲鄰人所告長卿編置化州煇武岡軍靜江有驛名秦城知府呂愿中率賓僚共賦秦城王氣詩以媚檜不賦者劉芮李燓羅博文三人而已愿中由此得召又張扶請檜乘金根車又有乞置益國官屬及議九錫者檜聞之安然十月申禁專門之學以太廟靈芝繪爲華旗凡郡國所奏瑞木嘉禾瑞瓜雙蓮悉繪之趙令衿觀檜家廟記口誦君子之澤五世而斬爲汪召錫所告徐史徐嘉又論趙鼎子汾與令衿飲別厚贐必有姦謀詔送大理拘令衿南外宗正司檜於一德格天閣書趙鼎李光胡銓姓名必欲殺之而後已鼎已死而憾之不置遂欲孥戮汾檜忌張浚尤甚故令衿之獄張宗元之罷皆波及浚浚在永州檜又使其死黨張柄知潭州與郡丞汪召錫共伺察之至是使汾自誣與浚及李光胡寅謀大逆凡一時賢士五十三人皆與焉獄成而檜病不能書是月乙未帝幸檜第問疾檜無一語惟流涕而已熺奏請代居相位者帝曰此事卿不當與帝遂命直學士院沈虛中草檜父子致仕制熺猶遣其子塤與林一飛鄭柟夜見臺諫徐嘉張扶謀奏請已爲相丙申詔檜加封建康郡王熺進少師皆致仕塤堪並提舉江州太平興國宮是夜檜卒年六十六後贈申王謚忠獻檜兩據相位凡十九年刼制君父包藏禍心倡和誤國忘讎斁倫一時忠臣良將誅鋤略盡其頑鈍無恥者率爲檜用爭以誣陷善類爲功其矯誣也無罪可狀不過曰謗訕曰指斥曰怨望曰立黨沽名甚則曰有無君心凡論人章疏皆檜自操以授言者識之者曰此老秦筆也察事之卒布滿京城小涉譏議即捕治中以深文又陰結內侍及醫師王繼先伺上動靜郡國事惟申省無一至上前者檜死帝方與人言之檜立久任之說士淹滯失職有十年不解者附已者立與擢用自其獨相至死之日易執政二十八人皆世無一譽柔佞易制者如孫近韓肖胄樓炤王次翁范同万俟卨程克俊李文會楊愿李若谷何若段拂汪勃詹大方余堯弼巫伋章夏宋樸史才魏師遜施鉅鄭仲熊之徒率拔之冗散遽躋政地既共政則拱默而已又多自言官聽檜彈擊輒以政府報之由中丞諫議而陞者凡十有二人然甫入即出或一閱月或半年即罷去惟王次翁閱四年以金人敗盟之初持不易相之論檜德之深也開門受賂富敵於國外國珍寶死猶及門人謂熺自檜秉政無日不鍛酒具治書畫特其細爾檜陰險如崖穽深阻竟叵測同列論事上前未嘗力辨但以一言畢檜徐曰李光無人臣禮帝始怒之凡陷忠良率用二語傾擠之李光嘗與檜爭論言頗侵檜檜不答及光此術晚年殘忍尤甚數興大獄而又喜諛佞不避形迹然檜死熺廢其黨祖述餘說力持和議以竊據相位者尙數人至孝宗始蕩滌無餘開禧二年四月追奪王爵改謚謬醜嘉定元年史彌遠奏復王爵贈謚

宋史卷四百七十四

元 中書右丞相總裁脫脫等修

列傳第二百三十三

姦臣四

万俟卨 韓侂胄 丁大全 賈似道

万俟卨字元忠開封陽武縣人登政和二年上舍第調相州頴昌府教授歷太學錄樞密院編修官尚書比部員外郎紹興初盜曹成掠荆湖間卨時避亂沅湘帥臣程昌寓以便宜檄卨權沅州事成奄至城下卨召土豪集丁壯以守成食盡乃退除湖北轉運判官改提點湖北刑獄岳飛宣撫荆湖遇卨不以禮卨憾之卨入覲調湖南轉運判官陛辭希秦檜意譖飛于朝留爲監察御史擢右正言時檜謀收諸將兵權卨力助之言諸大將起行伍知利不知義畏死不畏法高官大職子女玉帛已極其欲盍示以逗遛之罰敗亡之誅不用命之戮使知所懼張俊歸自楚州與檜合謀擠飛令卨劾飛對將佐言山陽不可守命中丞何鑄治飛獄鑄明其無辜檜怒以卨代治遂誣飛與其子雲致書張憲令虛申警報以動朝廷及令憲措置使還飛軍獄不成又誣以淮西逗遛之事飛父子與憲俱死天下寃之大理卿薛仁輔寺丞李若樸何彥猷言飛無罪卨劾之知宗正寺士㒟請以百口保飛卨又劾之士㒟竄死建州劉洪道與飛有舊卨劾其足恭媚飛聞飛罷宣撫抵掌流涕於是洪道抵罪終身不復叅政范同爲檜所引或自奏事檜忌之卨劾罷再論同罪謫居筠州又爲檜劾李光鼓倡孫近朋比二人皆被竄謫和議成卨請詔戶部會計用兵之時與通和之後所費各幾何若減於前日乞以羨財別貯御前激賞庫不許他用蓄積稍實可備緩急梓宮還以卨爲欑宮按行使內侍省副都知宋唐卿副之卨請與唐卿同班上殿奏事其無恥如此張浚寓居長沙卨妄劾浚卜宅踰制至擬五鳳樓會與秉信自長沙還朝奏浚宅不過衆人常產可辦浚乃得免除參知政事充金國報謝使使還檜假金人譽已數千言囑卨以聞卨難之他日奏事退檜坐殿廬中批上旨輒除所厚者官吏鈐紙尾進卨曰不聞聖語卻不視檜大怒自是不交一語言官李文會詹大方交章劾卨卨遂求去帝命出守檜愈怒給事中楊愿封還詞頭遂罷去尋謫居歸州遇赦量移沅州二十五年召還除參知政事尋拜尙書右僕射同中書門下平章事纂次太后回鑾事實上之張浚以卨與沈該居相位不厭天下望上書言其專欲受命於金卨見書大怒以爲金人未有釁而浚所奏乃若禍在年歲間浚坐竄謫卨提舉刊修貢舉勑令格式五十卷看詳法意四百八十七卷書進授金紫光祿大夫致仕卒年七十五謚忠靖卨始附檜爲言官所言多出檜意及登政府不能受鉗制遂忤檜去檜死帝親政將反檜所爲首召卨還卨主和固位無異於檜士論益薄之

韓侂胄字節夫魏忠獻王琦曾孫也父誠娶高宗憲聖慈烈皇后女弟仕至寶寧軍承宣使侂胄以父任入官歷閤門祗候宣贊舍人帶御器械淳熙末以汝州防禦

使知閤門事。孝宗崩，光宗以疾不能執喪，中外洶洶。趙汝愚議定策立皇子嘉王，時憲聖太后居慈福宮，而侂胄雅善慈福內侍張宗尹，汝愚乃使侂胄介宗尹以其議密啓太后。侂胄兩至宮門，不獲命，彷徨欲退，遇重華宮提舉關禮，問故，入白憲聖，言甚懇切。憲聖可其議。禮以告侂胄，侂胄馳白汝愚。日已向夕，汝愚亟命殿帥郭杲以所部兵夜分衞南北內。翌日，憲聖太后卽喪次垂簾，宰臣傳旨，命嘉王卽皇帝位。寧宗旣立，侂胄欲推定策恩，汝愚曰：「吾宗臣也，汝外戚也，何可以言功？惟爪牙之臣則當推賞。」乃加郭杲節鉞，而侂胄但遷宜州觀察使兼樞密都承旨。侂胄始觖望，然以傳道詔旨，浸見親幸，時時乘間竊弄威福。朱熹白汝愚當用厚賞酬其勞而疏遠之，汝愚不以為意。右正言黃度欲劾侂胄，謀泄，斥去。朱熹奏其姦，侂胄怒，使優人峩冠闊袖象大儒戲於上前，熹遂去。彭龜年請留熹而逐侂胄，未幾，龜年與郡，侂胄進保寧軍承宣使、提舉佑神觀。自是侂胄益用事，而以抑賞故，恐汝愚日深。霅川劉弢者，曩與侂胄同知閤門事，頗以知書自負，方議內禪時，汝愚獨與侂胄計議，弢弗得與聞，內懷不平，至是謂侂胄曰：「趙相欲專大功，君豈惟不得節度，將恐不免嶺海之行矣。」侂胄愕然，因問計，弢曰：「惟有用臺諫爾。」侂胄問：「若何而可？」弢曰：「御筆批出是也。」侂胄悟，卽以內批除所知劉德秀為監察御史，楊大法為殿中侍御史，罷吳獵監察御史而用劉三傑代之。於是言路皆侂胄之黨，汝愚之迹始危。侂胄欲逐汝愚而難其名，謀於京鏜，鏜曰：「彼宗姓，誣以謀危社稷可也。」慶元元年，侂胄引李沐為右正言。沐嘗有求於汝愚不獲，卽奏汝愚以同姓居相位，將不利於社稷，汝愚罷相。始侂胄之見汝愚，徐誼實薦之，汝愚既斥，遂并逐誼。朱熹、彭龜年、黃度、李祥、楊簡、呂祖儉等以攻侂胄得罪，太學生楊宏中、張衜、徐範、蔣傅、林仲麟、周端朝等又以上書論侂胄編置，朝士以言侂胄遺責者數十人。已而侂胄拜保寧軍節度使、提舉佑神觀。又設偽學之目，以網括汝愚、朱熹門下知名之士。用何澹、胡紘為言官，澹言偽學宜加風厲，或指汝愚為偽學罪首。紘條奏汝愚有十不遜，且及徐誼。汝愚謫永州，誼謫南安軍。慮他日汝愚復用，密諭衡守錢鍪圖之，汝愚抵衡暴薨。留正舊在都堂衆辱侂胄，至是劉德秀論正引用偽黨，正坐罷斥。吏部尚書葉翥要侍郎倪思列疏論偽學，思不從，侂胄乃擢翥執政而免思官。侂胄加開府儀同三司。時臺諫迎合侂胄意，以攻偽學為言，然懼清議不欲顯斥熹，侂胄意未快，以陳賈嘗攻熹，召除賈兵部侍郎。未至，亟除沈繼祖臺察，繼祖誣熹十罪，落職罷祠。三年，劉三傑入對，言前日偽黨，今變而為逆黨。侂胄大喜，卽日除三傑為右正言，而坐偽學逆黨得罪者五十有九人。王沇獻言令省部籍記偽學姓名，姚愈請降詔嚴偽學之禁，二人皆得遷官。施康年、陳讜、鄧友龍、林采皆以攻偽學久居言路，而張釜、張巖、程松率由此秉政。四年，侂胄拜少保，封豫國公。有蔡璉者，嘗得罪汝愚，執而黥之。五年，侂胄使璉告汝愚定策時有異謀，具其賓客所言七十紙。侂胄欲逮彭龜年、曾三聘、徐誼、沈有開下大理鞫之，張仲藝力爭乃止。其年，遷太保，封平原郡王。六年，進太傅。婺州布衣呂祖泰上書言道學不可禁，請誅侂胄，以周必大為相。侂胄大怒，決杖流欽州。言者希侂胄意，劾必大首植偽黨，降為少保。一時善類悉罹黨禍，雖本侂胄意，而謀實始京鏜。逮鏜死，侂胄亦稍厭前事。張孝伯以為不弛黨禁，後恐不免報復之禍。侂胄以為然，追復汝愚、朱熹職名，留正、周必大亦復秩還政，徐誼等皆先後復官，偽黨之禁寖解。三年，拜太師、監惠民局。夏允中上書請侂胄平章國政，侂胄繆為辭謝，乞致其仕，詔不許，允中放罷。時侂胄以勢利蠱士大夫之心，薛叔似、辛棄疾、陳謙皆起廢顯用，當時固有困於久斥、損晚節以規榮進者矣。若陳自強則以侂胄童子師，自選人不數年致位宰相，而蘇師旦、周筠又侂胄廝役也，亦皆預聞國政，超取顯仕。羣小阿附，勢焰熏灼。侂胄凡所欲為，宰執惕息不敢為異，自強至印空名勅劄授之，惟所欲用，三省不預知也。言路厖塞，每月舉論二三常事而已，謂之月課。或勸侂胄立蓋世功名以自固者，於是恢復之議興。以殿前都指揮使吳曦為興州都統，識者多言曦不可主西師，必叛，侂胄不省。安豐守厲仲方言淮北流民願歸附，會辛棄疾入見，言敵國必亂必亡，願屬元老大臣預為應變計，鄭挺、鄧友龍等又附和其言。開禧改元，進士毛自知廷對，言當乘機以定中原，侂胄大悅。詔中外諸將密為行軍之計。先是，楊輔、傅伯成言兵不可動，抵罪。至是，武學生華岳叩閽，乞斬侂胄、蘇師旦、周筠以謝天下。諫議大夫李大異亦論止開邊。岳下大理，劾罪編置，大異斥去。陳自強援故事，乞命侂胄兼領平章，臺諫鄧友龍等繼以為請，侂胄除平章軍國事。蕭逵、李壁時在太常，論定典禮，三日一朝，因至都堂，序班丞相之上，三省印並納其第。侂胄晚蘇師旦為腹心，除師旦安遠軍節度使。自置機速房於私第，甚者假作御筆，升黜將帥，事關機要，未嘗奏稟，人莫敢言。四年，以薛叔似為京湖宣諭使，鄧友龍為兩淮宣諭使，程松為四川宣撫使，吳曦副之。徐邦憲自處州召見，以弭兵為言，忤侂胄意，削二秩。於是左司諫易祓、大理少卿陳景俊、太學博士錢廷玉皆起而言恢復之計矣。詔侂胄日一朝。友龍、叔似並升宣撫使，吳曦兼陝西河東招撫使，皇甫斌副之。時鎮江武鋒軍統制陳孝廣復泗州及虹縣，江州統制許進復新息縣，光州孫成復褒信縣，旋書聞。侂胄乃議降詔趣諸將進兵。未幾，皇甫斌兵敗於唐州，秦世輔至城固軍潰，郭倬、李汝翼敗於宿州，敵追圍倬，倬執統制田俊邁以遺敵，乃獲免。事聞，鄧友龍罷，以丘崈代為宣撫使。侂胄既喪師，始覺為師旦所誤。侂胄招李壁飲酒，酒酣，語及師旦，壁微摘其過，侂胄以為然。壁乃悉數其罪，贊侂胄斥之。翌日，師旦謫韶州。斬郭倬於京口，流李汝翼、王大節、李爽于嶺南。已而金人渡淮，攻廬、和、眞、揚，取安豐、濠，又攻襄陽，至棗陽。乃以丘崈簽書樞密院事，督視江淮軍馬。侂胄輸家財二十萬以助軍，而諭丘崈募人持書幣赴敵營，謂用兵乃蘇師旦、鄧友龍、皇甫斌所為，非朝廷意。金人答書辭甚倨，且多所要索，謂侂胄無意用兵，師旦等安得專。崈又遣書許還河北流民及今年歲幣，金人乃有許意。會招撫使郭倪與金人戰，敗於六合，金人攻蜀，吳曦叛，受金命稱蜀王。崈乞移書敵營，仲前議，且謂金人指太師平章為首謀，宜免繫銜。侂胄怒，崈坐罷職。反狀聞，舉朝震駭。侂胄亟遺曦書，許以茅土之封，書未達而安丙、楊巨源已率義士誅曦矣。侂胄連遣方信孺使北請和，以林拱辰為通謝使。金人欲責正隆以前禮，賂以侵疆為界，且索犒軍銀凡數千萬，而縛送首議用兵之臣。信孺歸白事朝堂，不敢斥言，侂胄窮其說，乃徵及之。侂胄大怒，和議遂輟。起辛棄疾為樞密都承旨，會棄疾死，乃以殿前都指揮使趙淳為江淮制置使，復銳意用兵。自兵興以來，蜀口、漢、淮之民死於兵戈者不可勝計，公私之力大屈，而侂胄意猶未已，中外憂懼。禮部侍郎史彌遠時兼資善堂翊善，謀誅侂胄，議甚秘。皇子榮王入奏，楊皇后亦從中力請，乃得密旨。彌遠以告參知政事錢象祖、李壁。御筆云：「韓侂胄久任國柄，輕啓兵端，使南北生靈枉罹凶害，可罷平章軍國事，與在外宮觀。陳自強阿附充位，不恤國事，可罷右丞相。日下出國門。」仍令權主管殿前司公事夏震以兵三百防護。象祖欲奏審，壁謂事留恐泄，不可。翌日，侂胄入朝，震呵止於途，擁至玉津園側殛殺之。先一日，周筠謂侂胄事將不善，侂胄與自強謀用林行可為諫議大夫，盡擊謀侂胄者。是日，行可方請對，自強坐待漏院，語同列曰：「今日大成上殿。」俄侂胄先驅至，象祖色變，尋報侂胄已押出，象祖乃入奏。有詔斬蘇師旦於廣東。嘉定元年，金人求函侂胄首，乃命臨安府斲侂胄棺，取其首遺之。侂胄用事十四年，威行宮省，權震寓內。嘗鑿山為園，下瞰宗廟。出入宮闈無度。孝宗疇昔思政之所，偃然居之，老宮人見之往往垂涕。頗械草制，言其得聖之清；易祓撰答詔，以元聖褒之。四方投書獻頌者，謂伊、霍、旦、奭不足以擬其勳，有稱為我王者。余嚞請加九錫，趙師睪乞置平原郡王府官屬，侂胄皆當之不辭。所嬖妾張、譚、王、陳皆封郡國夫人，號四夫人，每內宴與妃嬪雜坐，恃勢驕倨，掖庭皆惡之。其下受封者尤衆。至是，論四夫人罪，或杖或徙，餘數十人縱遣之。有司籍其家，多乘輿服御之飾，其僭紊極矣。始侂胄以導達中外之言，遂見寵任，朱熹、彭龜年既以論侂胄去，貴戚吳琚語人曰：「帝初無固留侂胄意，使有一人繼言之，去之易爾。」而一時臺諫及執政大臣多其黨與，故稔其惡以底大僇。開禧用兵，帝意弗善也。侂胄死，寧宗論大臣曰：「恢復豈非美事，但不量力爾。」侂胄娶憲聖吳皇后姪女，無子，娶魯詧子為後，名珍。既誅侂胄，削籍流沙門島云。

丁大全字子萬，鎮江人。面藍色。嘉熙二年舉進士，調蕭山尉，上謁帥閫安撫使史巖之，俟衆賓退，獨留大全款曲甚至，期以他日必大用。大全為戚里婢壻，寅緣以取寵位，事內侍盧允昇、董宋臣，累官為大理司直、添差通判饒州，入為太府寺簿、調尚書茶鹽所檢閱、江川分司，復兼樞密院編修官，拜右正言兼侍講，辭，改右司諫，拜殿中侍御史，升侍御史兼侍讀。劾奏丞相董槐，章未下，大全夜半調隅兵百餘人，露刃圍槐第，以臺牒驅迫之出，紿令輿槐至大理寺，欲以此恐之。須臾，出北關，棄槐囂呼而散，槐徐步入接待寺，罷相之命下矣。自是志氣驕傲，道路以目。尋為右諫議大夫，進端明殿學士、僉書樞密院事，封丹陽郡侯，進同知樞密院事兼權參知政事。寶祐六年，拜參知政事。四月，拜右丞相兼樞密使，進封公。初，大全以袁玠為九江制置副使，玠貪且刻，逮繫漁湖土豪，督促輸錢甚急，土豪怒，盡以漁舟濟北來之兵。太學生陳宗、劉黼、黃唯、陳宜中、林則祖等六人伏闕上書訟大全，臺臣翁應弼、吳衍為大全鷹犬，鈐制學校，貶逐宗等。開慶元年九月，罷相，以觀文殿大學士判鎮江府中書舍人洪芹繳言大全鬼蜮之資穿窬之行引用凶惡陷害忠良遏塞言路濁亂朝綱乞追官遠竄以伸國法以謝天下侍御史沈炎右正言曹永年相繼論罷監察御史朱貔孫復論大全姦回險狡狠毒貪殘假陛下之刑威以箝天下之口挾陛下之爵祿以籠天下之財監察御史饒虎臣又論大全四罪絕言路壞人才竭民力誤邊防再削其官景定元年詔守中奉大夫致仕臣僚言乞遠竄使不失刑詔送南康軍居住臺臣復以爲言追三官移送南安軍居住明年監察御史劉應龍請加竄追削兩官移竄貴州團練使與州守游翁明失色杯酒間翁明懲大全陰造弓矢將通蠻爲不軌朱禩孫以聞于朝又明年移置新州太常少卿兼權直舍人院劉震孫繳奏乞移徙海島四年正月將官畢遷護送舟過滕州擠之於水而死大全知淮西總領鄭羽富甲吳門始欲結婣羽不從遂令臺臣卓夢卿彈之籍其家爲子壽翁聘婦見其黠自取爲世所醜

賈似道字師憲台州人制置使涉之子也少落魄爲游博不事操行以父蔭補嘉興司倉會其姊入宮有寵於理宗爲貴妃遂詔赴廷對妃於內中奉湯藥以給之擢太常丞軍器監益恃寵不檢日縱游諸妓家至夜即燕游湖上不反理宗嘗夜憑高望西湖中燈火異常時語左右曰此必似道也明日詢之果然使京尹史巖之戒敕之巖之曰似道雖有少年氣習然其材可大用也尋出知澧州淳祐元年改湖廣總領三年加戶部侍郎五年以寶章閣直學士爲沿江制置副使知江州兼江西路安撫使一歲中再遷京湖制置使兼知江陵府調度賞罰得以便宜施行九年加寶文閣學士京湖安撫制置大使十年以端明殿學士移鎮兩淮年始三十餘寶祐二年加同知樞密院事臨海郡開國公威權日盛臺諫嘗論其二部將即毅然求去孫子秀新除淮東總領外人忽傳似道已密奏不可矣丞相董槐懼留身請之帝以爲無有槐終不敢遣子秀以似道所善陸壑代之其見憚已如此四年加參知政事五年加知樞密院事六年改兩淮宣撫大使自端平初孟珙帥師會大元兵共滅金約以陳蔡爲界師未還而用趙范謀發兵據殽函絕河津取中原地大元兵擊敗之范僅以數千人遁歸追兵至問曰何爲而敗盟也遂縱攻淮漢自是兵端大啓開慶初憲宗皇帝自將征蜀世祖皇帝時以皇弟攻鄂州元帥兀良哈䚟由雲南入交阯自邕州蹂廣西破湖南傳檄數宋背盟之罪理宗大懼乃以趙葵軍信州禦廣兵以似道軍漢陽援鄂即軍中拜右丞相十月鄂東南陬破宋人再築再破之賴高達率諸將力戰似道時自漢陽入督師十一月攻城急城中死傷者至萬三千人似道乃密遣宋京詣軍中請稱臣輸歲幣不從會憲宗皇帝晏駕于釣魚山合州守王堅使阮思聰踔急流走報鄂似道再遣京議歲幣遂許之大元兵拔砦而北留張傑閻旺以偏師候湖南兵明年正月兵至傑作浮梁新生磯濟師北歸似道用劉整計攻斷浮梁殺兵百七十遂上表以肅清聞帝以其有再造功以少傅右丞相召入朝百官郊勞如文彥博故事初似道在漢陽時丞相吳潛用監察御史饒應子言移之黃州而分曹世雄等兵以屬江閫黃雖下流實兵衝似道以爲潛欲殺己銜之且聞潛事急時每事先發後奏帝欲立榮王子孟啓爲太子潛又不可帝已積怒潛似道遂陳建儲之策令沈炎劾潛措置無方致全衡永桂皆破大稱旨乃議立孟啓貶潛循州盡逐其黨人高達在圍中恃其武勇殊易似道每見其督戰即戲之曰巍巾者何能爲哉每戰必須勞始出否即使兵士譁於其門呂文德諂似道即使人呵曰宣撫在何敢爾邪曹世雄向士璧在軍中事皆不關白似道故似道皆恨之以覈諸兵費世雄士璧皆坐侵盜官錢貶遠州每言於帝欲誅達帝知其有功不從尋論功以文德爲第一而達居其次明年大元世祖皇帝登極遣翰林侍讀學士國信使郝經等持書申好息兵且徵歲幣似道方使廖瑩中輩撰福華編稱頌鄂功通國皆不知所謂和也似道乃密令淮東制置司拘經等於眞州忠勇軍營時理宗在位久內侍董宋臣盧允昇爲之聚歛以媚之引薦奔競之士交通賄賂寘諸通顯又用外戚子弟爲監司郡守作芙蓉閣香蘭亭宮中進倡優傀儡以奉帝爲遊燕竊弄權柄臺臣有言之者帝宜諭去之謂之節貼似道入逐盧董所薦林光世等悉罷之勒外戚不得爲監司郡守子弟門客斂跡不敢干朝政由是權傾中外進用羣小取先朝舊法率意紛更增吏部七司法買公田以罷和糴浙西田畝有值千緡者似道均以四十緡買之數稍多予銀絹又多予度牒告身吏又恣爲操切浙中大擾有奉行不至者提領劉良貴劾之有司爭相迎合務以買田多爲功皆繆以七八斗爲石其後田少與磽瘠虧租與佃人負租而逃者率取償田主六郡之民破家者多包恢知平江督買田至以肉刑從事復以楮賤作銀關以一準十八界會之三自製其印文如賈字狀行之十七界廢不用銀關行物價益踊楮益賤秋七月彗出柳光燭天長數十丈自四更見東方日高始滅臺諫布章皆上書言此公田不便民間愁怨所致似道上書力辨之且乞罷政帝勉留之曰公田不可行卿建議之始朕已沮之矣今公私兼裕一歲軍餉皆仰於此使因人言而罷之雖足以快一時之議如國計何有太學生蕭規葉李等上書言似道專政命京尹劉良貴捃摭以罪悉黥配之後又行推排法江南之地尺寸皆有稅而民力弊矣理宗崩度宗又其所立每朝必答拜稱之曰師臣而不名朝臣皆稱爲周公甫葬理宗即棄官去使呂文德報北兵攻下沱急朝中大駭帝與太后手爲詔起之似道至欲以經筵拜太師以典故須建節授鎮東軍節度使似道怒曰節度使粗人之極致爾遂命出節都人聚觀節已出復曰時日不利亟命返之宋制節出有撤關壞屋無倒節理以示不屈至是人皆駭歎然下沱之報實無兵也三年又乞歸養大臣侍從傳旨留之者日四五至中使加賜賚者日十數至夜即交臥第外以守之除太師平章軍國重事一月三赴經筵三日一朝赴中書堂治事賜第葛嶺使迎養其中吏抱文書就第署大小朝政一切決於館客廖瑩中堂吏翁應龍宰執充位署紙尾而已似道雖深居凡臺諫彈劾諸司薦辟及京尹畿漕一切事不關白不敢行李芾文天祥陳文龍陸達杜淵張仲微謝章輩小忤意輒斥重則屏棄之終身不錄一時正人端士爲似道破壞殆盡吏爭納賂求美職其求爲帥閫監司郡守者貢獻不可勝計趙溍輩爭獻寶玉陳奕至以兄事似道之玉工陳振民以求進一時貪風大肆五年復稱疾求去帝泣涕留之不從令六日一朝一月兩赴經筵六年命入朝不拜朝退帝必起避席目送之出殿廷始坐繼又令十日一入朝時襄陽圍已急似道日坐葛嶺起樓閣亭榭取宮人娼尼有美色者爲妾日淫樂其中惟故博徒日至縱博人無敢窺其第者其妾有兄來立府門若將入者似道見之縛投火中嘗與羣妾踞地鬬蟋蟀所狎客入戲之曰此軍國重事邪酷嗜寶玩建多寶閣日一登玩聞余玠有玉帶求之已徇葬矣發其冢取之人有物求不予輒得罪自是或累月不朝帝如景靈宮亦不從駕八年明堂禮成祀景靈宮天大雨似道期帝雨止升輅胡貴嬪之父顯祖爲帶御器械請如開禧故事郤輅乘逍遙輦還宮帝曰平章云云顯祖紿曰平章已允乘逍遙輦矣帝遂歸似道大怒曰臣爲大禮使陛下舉動不得預聞乞罷政即日出嘉會門帝留之不得乃罷顯祖涕泣出貴嬪爲尼始還似道旣專恣日甚畏人議己務以權術駕馭不愛官爵牢籠一時名士又加太學餐錢寬科場恩例以小利啗之由是言路斷絕威福肆行自圍襄陽以來每上書請行邊而陰使臺諫上章留己呂文煥以急告似道復申請之事下公卿雜議監察御史陳堅等以爲師臣出顧襄未必能及淮顧淮未必能及襄不若居中以運天下爲得乃就中書置機速房以調邊事時物議多言高達可援襄陽者監察御史李旺率朝士入言於似道似道曰吾用達如呂氏何旺等出歎曰呂氏安則趙氏危矣文煥在襄聞達且入援亦不樂以語其客曰易耳今朝廷以襄陽急故遣達援之吾以捷聞則達必不成遣矣文煥大以爲然時襄兵出獲哨騎數人即繆以大捷奏然不知朝中實無援襄事也襄陽降似道曰臣始屢請行邊先帝皆不之許向使早聽臣出當不至此爾十月其母胡氏薨詔以天子鹵簿葬之起墳擬山陵百官奉襄事立大雨中終日無敢易位尋起復入朝度宗崩大兵破鄂太學諸生亦羣言非師臣親出不可似道不得已始開都督府臨安然憚劉整不行明年正月整死似道欣然曰吾得天助也乃上表出師抽諸路精兵以行金帛輜重之舟舳艫相銜百餘里至安吉似道所乘舟膠堰中劉師勇以千人入水曳之不能動乃易他舟而去至蕪湖遣還軍中所俘曾安撫以荔子黃甘遺丞相伯顏俾宋京如軍中請輸歲幣稱臣如開慶約不從夏貴自合肥以師來會袖中出編書示似道曰宋曆三百二十年似道俛首而已時一軍七萬餘人盡屬孫虎臣軍丁家洲似道與夏貴以少軍軍魯港二月庚申夜虎臣以失利報似道倉皇出呼曰虎臣敗矣命召貴與計事頃之虎臣至撫膺而泣曰吾兵無一人用命也貴微笑曰吾嘗血戰當之矣似道曰計將安出貴曰諸軍已膽落吾何以戰公惟入揚州招潰兵迎駕海上吾特以死守淮西爾遂解舟去似道亦與虎臣以單舸奔揚州明日敗兵蔽江而下似道使人登岸揚旗招之皆不至有爲惡語慢罵之者乃檄列郡如海上迎駕上書請遷都列郡守於是皆遁遂入揚州陳宜中請誅似道謝太后曰似道勤勞三朝安忍以一朝之罪失待大臣之禮止罷平章都督予祠官三月除似道諸不恤民之政放還諸竄謫人復吳潛向士璧等官誅其幕官翁應龍廖瑩中王庭皆自殺潘文卿季可陳堅徐卿孫皆似道鷹犬至是交章劾之四月高斯得乞誅似道不

從而似道亦自上表乞保全乃命削三官然尚居揚不歸五月王爚論似道既不死忠又不死孝太皇太后乃詔似道歸終喪七月黃鏞王應麟請移似道鄰州不從王爚入見太后曰本朝權臣稔禍未有如似道之烈者縉紳草茅不知幾疏陛下皆抑而不行非惟付人言於不恤何以謝天下始徙似道婺州婺人聞似道將至率衆爲露布逐之監察御史孫嶸叟等皆以爲罰輕言之不已又徙建寧府翁合奏言建寧乃名儒朱熹故里雖三尺童子粗知向方聞似道來嘔惡況見其人時國子司業方應發權直舍人院封還錄黃乞竄似道廣南中書舍人王應麟給事中黃鏞亦言之皆不從侍御史陳文龍乞俯從衆言陳景行徐直方孫嶸叟及監察御史俞浙併上疏於是始謫似道爲高州團練使循州安置籍其家福王與芮素恨似道募有能殺似道者使送之貶所有縣尉鄭虎臣欣然請行似道行時侍妾尚數十人虎臣悉屏去奪其寶玉徹轎蓋暴行秋日中令舁轎夫唱杭州歌謔之每名斥似道辱之備至似道至古寺中壁有吳潛南行所題字虎臣呼似道曰賈團練吳丞相何以至此似道慙不能對嶸叟應麟奏似道家畜乘輿服御物有反狀乞斬之詔遣鞫問未至八月似道至漳州木綿菴虎臣屢諷之自殺不聽曰太皇許我不死有詔卽死虎臣曰吾爲天下殺似道雖死何憾拉殺之

宋史卷四百七十五

元 中書右丞相總裁脫脫等修

列傳第二百三十四

叛臣上

張邦昌 劉豫 苗傅 劉正彥附 杜充

吳曦

宋失其政金人乘之俘其人民遷其寶器效遼故事立其臣爲君冠屨易位莫甚斯時高宗南渡國勢弗振悍僕狂奴欺主衰敗易動於惡兵雖凶器尤忌殘忍將用忍人先無仁心視背君親猶反掌耳世將之子使握重兵居之阨塞之地豈非召亂之道乎大義昭明旋踵殄滅蓋天道也扶綱常遏亂略作叛臣傳

張邦昌字子能永靜軍東光人也舉進士累官大司成以訓導失職貶提舉崇福宮知光汝二州政和末由知洪州改禮部侍郎首請取崇寧大觀以來瑞應尤殊者增製旗物從之宣和元年除尚書右丞轉左丞遷中書侍郎欽宗卽位拜少宰金人犯京師朝廷議割三鎮俾康王及邦昌爲質于金以求成會姚平仲夜斫金人營幹離不怒責邦昌邦昌對以非出朝廷意俄進太宰兼門下侍郎既而康王還金人復質肅王以行仍命邦昌爲河北路割地使初邦昌力主和議不意身自爲質及行乃要欽宗署御批無變割地議不許又請以璽書付河北亦不許時粘罕兵又來侵上書者攻邦昌私敵社稷之賊也遂黜邦昌爲觀文殿大學士中太一宮使罷割地議其冬金人陷京師帝再出郊留青城明年春吳幵莫儔自金營持文書來令推異姓堪爲人主者從軍前備禮冊命留守孫傅等不奉命表請立趙氏金人怒復遣幵儔促之劫傅等召百官雜議衆莫敢出聲相視久之計無所出乃曰今日當勉强應命舉在軍前者一人適尚書員外郎宋齊愈至自外衆問金人意所主齊愈書張邦昌三字示之遂定議以邦昌治國事孫傅張叔夜不署狀金人執之置軍中王時雍時爲留守再集百官詣秘書省至卽閉省門以兵環之俾范瓊諭衆以立邦昌衆意唯唯有太學生難之瓊恐沮衆厲聲折之遣歸學舍時雍先署狀以率百官御史中丞秦檜不書抗言請立趙氏宗室且言邦昌當上皇時專事讌游黨附權姦蠹國亂政社稷傾危實由邦昌金人怒執檜幷儔持狀赴軍前邦昌入居尚書省金人趣勸進邦昌始欲引決或曰相公不前死城外今欲塗炭一城耶適金人奉冊寶至邦昌北向拜舞受冊卽僞位僭號大楚擬都金陵遂升文德殿設位御牀西受賀遣閤門傳令勿拜時雍率百官遽拜邦昌但東面拱立外統制官宣贊舍人吳革恥屈節異姓首率內親事官數百人皆先殺其妻孥焚所居謀舉義金水門外范瓊詐與合謀令悉棄兵仗乃從後襲殺百餘人捕革幷其子皆殺之又擒斬十餘人是日風霾日暈無光百官慘沮邦昌亦變色唯時雍幵儔瓊等欣然鼓舞若以爲有佐命功云卽以時雍權知樞密院事領尚書省幵權同知樞密院事儔權僉書樞密院事呂好問權領門下省徐秉哲權領中書省下令曰比緣朝廷多故百官有司皆失其職自今各遵法度御史臺覺察以聞見百官稱予手詔曰手書獨時雍每言事邦昌前輒稱臣啓陛下邦昌斥之勸邦昌坐紫宸垂拱殿呂好問爭之乃止邦昌以嗣位之初宜推恩四方以道阻先赦京城選郎官爲四方密諭使金人將退師邦昌詣金營祖別服柘袍張紅蓋所過設香案起居悉如常儀時雍秉哲幵儔皆從行士庶觀者無不感愴二帝北遷邦昌率百官遙辭於南薰門衆慟哭有仆絕者金師既還邦昌降手書赦天下呂好問謂邦昌曰人情歸公者劫於金人之威耳金人既去能復有今日乎康王居外久衆所歸心曷不推戴之又謂曰爲今計者當迎元祐皇后請康王早正大位庶獲保全監察御史馬伸亦請奉迎康王邦昌從之王時雍曰夫騎虎者勢不得下所宜熟慮他日噬臍悔無及已徐秉哲從旁贊之邦昌弗聽乃冊元祐皇后曰宋太后入御延福宮遣蔣師愈齎書於康王自陳所以勉循金人推戴者欲權宜一時以紓國難也敢有他乎王詢師愈等具知所由乃報書邦昌邦昌尋遣謝克家獻大宋受命寶復降手書請元祐皇后垂簾聽政以俟復辟書既下中外大說太后始御內東門小殿垂簾聽政邦昌以太宰退處內東門資善堂尋遣使奉乘輿服御物至東京既而邦昌亦至伏地慟哭請死王撫慰之王卽皇帝位相李綱徙邦昌太保奉國軍節度使封同安郡王綱上書極論邦昌久典機政擢冠宰司國破而資之以爲利君辱而攘之以爲榮異姓建邦四十餘日逮金人之既退方降赦以收恩是宜肆諸市朝以爲亂臣賊子之戒時黃潛善猶左右之綱又力言邦昌已僭逆豈可留之朝廷使道路目爲故天子哉高宗乃降御批曰邦昌僭逆理合誅夷原其初心出於迫脅可特與免貸責授昭化軍節度使潭州安置初邦昌僭居內庭華國靖公夫人李氏數以果實奉邦昌邦昌亦厚答之一夕邦昌被酒李氏擁之曰大家事已至此尚何言因以赭色半臂加邦昌身掖入福寧殿夜飾養女陳氏以進及邦昌還東府李氏私送之語斥乘輿帝聞下李氏獄詞服詔數邦昌罪賜死潭州李氏杖脊配車營務時雍秉哲幵儔等先已遠竄至是併誅時雍

劉豫字彥游景州阜城人也世業農至豫始舉進士元符中登第豫少時無行常盜同舍生白金盂紗衣政和二年召拜殿中侍御史爲言者所擊帝不欲發其宿醜詔勿問未幾豫累章言禮制局事帝曰劉豫河北種田叟安識禮制黜豫兩浙察訪宣和六年判國子監除河北提刑金人南侵豫棄官避亂儀眞豫善中書侍郎張慤建炎二年正月用慤薦除知濟南府時盜起山東豫不願行請易東南一郡執政惡之不許豫忿而去是冬金人攻濟南豫遣子麟出戰敵縱兵圍之數重郡倅張東益兵來援金人乃解去因遣人啗豫以利豫懲前忿遂畜反謀殺其將關勝率百姓降金百姓不從豫縋城納款三年三月兀朮聞高宗渡江乃徙豫知東平府充京東西淮南等路安撫使節制大名開德濮濱博棣德滄等州以麟知濟南府界舊河以南俾豫統之四年七月丁卯金人遣大同尹高慶裔知制誥韓昉冊豫爲皇帝國號大齊都大名府先是北京順豫門生瑞禾濟南漁者得鱣豫以爲已受命之符遣麟持重寶賂金左監軍撻辣求僭號撻辣許之遣使卽豫所部咨軍民所宜立衆未及對豫鄉人張浹越次請立豫議遂決乃命慶裔防備璽綬寶冊以立之九月戊申豫卽僞位赦境內奉金正朔稱天會八年以張孝純爲丞相李孝揚爲左丞張柬爲右丞李儔爲監察御史鄭億年爲工部侍郎王瓊爲汴京留守子麟爲大中大夫提領諸路兵馬兼知濟南府孝純始堅守太原頗懷忠義高宗以王衣雅厚孝純俾衣招之會粘罕遣人自雲中送歸豫遂失節於賊豫還東平升爲東京改東京爲汴京降南京爲歸德府以弟益爲北京留守尋改汴京留守復降淮寧永昌順昌興仁府悉爲州自以生景州守濟南節制東平僭位大名乃起四郡丁壯數千人號雲從子弟下僞詔求直言十月冊其母翟氏爲皇太后妾錢氏爲皇后錢氏宣和內人也習宮掖事豫欲有所取則故立之十一月改明年元阜昌方豫未僭號時數遣人說東京副留守上官悟及路悟左右喬思恭與共說悟令降金悟並斬之又招知楚州趙立立不發書斬其使復遣立友人劉偲以榜旗誘之且曰吾君之故人也立曰我知有君父不知有故人燒殺偲博州判官劉長孺以書勸豫反正豫囚之十旬不屈欲官之不受豫大索宋宗室承務郎閻琦匿之豫杖死琦召迪功郎王寵不至文林郎李喆尉氏令姚邦基皆棄官去朝奉郎趙俊書甲子不書僭年豫亦無如之何洪皓久陷于金粘罕勸皓仕豫不從竄皓冷山處士尹惇聞豫召逃山谷間走蜀中國信副使宋汝爲以呂頤浩書勉豫忠義豫曰獨不見張邦昌乎業已然尚何言哉滄州進士邢希載上豫書乞通宋朝豫殺希載是月豫立陳東歐陽澈廟於歸德如唐張巡許遠雙廟制紹興元年五月張俊討李成敗之成

逃歸豫雄州大儈王友直嘗抵豫書招李成謂劉光世呂頤浩非中興將相才後爲人所訴詔鞫而刑之六月豫以麟爲兵馬大總管尚書左丞相置招受司于宿州誘宋逋逃金人旣立豫以舊河爲界恐兩河民之陷沒者逃歸下令大索或轉鬻諸國或繫送雲中實防豫也十月豫入寇遣其將王世冲以蕃漢兵攻廬州守臣王亨誘斬世冲大敗其衆十一月帥臣葉夢得招降豫將王才僞秦鳳帥郭振入寇王彥關師古敗之僞知海州薛安靖及通判李彙以州來歸二年二月知商州董先以商虢二州叛附于豫襄陽鎭撫使桑仲上疏請正豫罪朝廷尋命仲兼節制應援京城軍馬量度事勢復豫所陷郡仍命河南翟興荆南解潛金房王彥德安陳規蘄黃孔彥舟廬壽王亨相爲應援毋失事機三月仲爲其將霍明所殺高宗聞之授仲二子將仕郎河南鎭撫使翟興屯伊陽山豫患之使人招興許以王爵興焚僞詔幷戮其使豫乃陰結興麾下楊偉圖之偉殺興持興首降豫四月丙寅豫遷都汴因奉祖考于宋太廟尊其祖曰徽祖毅文皇帝父爲衍祖睿仁皇帝親巡郊社是日暴風捲旗屋瓦皆震士民大恐豫曲赦汴人與民約曰自今不肆赦不用宦官不度僧道文武雜用不限資格時河淮陝西山東皆駐北軍麟籍鄉兵十餘萬爲皇子府十三軍分置河南汴京淘沙官兩京冢墓發掘殆盡賦斂煩苛民不聊生五月豫聞桑仲死遣人招隨州李道鄧州李橫皆不受執其使以聞六月蘄黃鎭撫使孔彥舟叛降豫其將陳彥時率衆千餘來歸直徽猷閣凌唐佐尙書郎李亘國信副使宋汝爲留僞庭久謀疏豫虛實蠟書以聞事泄豫殺唐佐亘亦遇害豫以知東平府李鄴爲尙書右丞河南鎭撫司都統制董先爲大總府先鋒將十二月襄陽鎭撫使李橫敗豫兵於揚石乘勝趣汝州僞守彭玘以城降豫遣劉夔與金帥撒離曷侵蜀執進士薛筇送豫筇勉豫早圖反正庶或全宗執與他日併妻子磔東市豫怒欲兵之賴張孝純獲免三年五月庚申李橫破潁順軍僞守蘭和降壬戌敗豫兵于長葛甲子橫引兵至潁昌府僞安撫趙弼固守急攻下之弼遁復潁昌二月河南鎭撫司統制官李吉敗豫將梁進於伊陽臺殪之三月豫聞橫入潁昌求援於金人粘罕遣兀朮赴之豫亦遣將李成率師二萬逆戰於京城西北之牟駝岡橫敗績復陷潁昌橫軍本羣盜恃勇無律勝則爭取子女金帛故及於敗四月陷虢州鎭撫司統制官謝皐指腹示賊曰此吾赤心也自剖心以死皐開封人是月明州守將徐文以所部海舟六十艘官軍四千餘人浮海抵鹽城輸欵于豫文言沿海無備二浙可襲取豫大喜以文知萊州益海艦二十俾寇通泰間五月朝廷遣韓肖冑胡松年使僞齊豫欲以臣禮見肖冑無以應松年曰均爲宋臣遂長揖不拜豫不能屈因問主上如何松年曰聖主萬壽復問帝意所向松年曰必欲復故疆耳豫有慚色時豫悉有梁衞之地翟琮屯伊陽之鳳牛山不能孤立突圍奔襄陽九月楊政遣川陝將官吳勝破豫兵於蓮花城十月己亥賊將李成陷鄧州以齊安守之癸卯陷襄陽李橫奔荆南知隨州李道棄城走成據襄陽以王嵩知隨州甲辰陷郢州守臣李簡遁豫以荆超知州事賊將王彥先自亳引兵至壽春將窺江南劉光世駐軍建康扼馬家渡遣酈瓊領所部駐無爲軍爲濠壽聲援賊乃還十一月金人遣李永壽王翊來報聘永壽等驕倨請還豫俘及西北士民之流寓者復要畫江以益豫監廣州鹽稅吳伸上書請討豫謂金人雖彊實不足慮賊豫雖微實爲可憂今敵使在廷宜陽許而陰圖之乘其不疑可一戰擒也四年正月翰林學士綦崇禮言豫父子倚重金人且永壽等從豫所來畫江之請必出於豫觀其姦謀在窺吾境土恐旣通使人情必解弛宜戒將帥愈益置守縱和議成亦未可弛備旣而朝廷遣章誼使金至雲中粘罕答書約毋駐軍淮南誼不屈還過汴豫欲留之以計獲免熙河路馬步軍總管關師古與豫兵戰于左要嶺敗績遂降賊洮岷之地盡歸豫矣二月豫策進士五月知壽春府羅興叛降豫舒蘄等州制置使岳飛復襄陽李成遁尋復唐州六月復隨州磔僞守王嵩于襄陽市七月復鄧州語在飛傳豫聞岳飛取襄鄧遂乞師於金人僞奉議郎羅誘上南征策豫大喜奪民舟五百載戰具以徐文爲前軍聲言攻定海九月豫下僞詔有混一六合之言遣子麟入寇及誘金人宗輔撻辣兀朮分道南侵步兵自楚承進騎兵由泗趨滁復遣僞知樞密院盧緯請師於金主金主集諸將議粘罕希尹難之獨宗輔以爲可乃以宗輔權左副元帥撻辣使右副元帥調渤海漢軍五萬應豫以兀朮嘗渡江習知險易俾將前軍豫以麟領東南道行臺尙書令朝廷震恐或勸帝他幸趙鼎曰戰而不捷去未晚也張浚曰避將安之遂決意親征壬申豫兵與金人分道渡淮楚州守臣樊序棄城走淮東宣撫使韓世忠自承州退保鎭江十月丙子朔詔張浚援世忠劉光世移軍建康世忠復還揚州起張浚爲侍讀戊子韓世忠戰於大儀己丑解元戰於承州皆捷丙申豫露榜有窺江之言戊戌帝發臨安十一月壬子下詔討豫始暴豫罪惡士氣大振欲濟江決戰趙鼎曰退固不可渡江亦非策豫猶不親來至尊豈可與逆雛決勝負哉淮西將王師晟張琦合兵復南壽春府執僞知州王靖十二月壬辰岳飛遣將牛臯徐慶敗金人於廬州庚子金人退師遣使告麟麟棄輜重宵遁語在世忠傳五年正月淮西將酈瓊復光州僞守許約降閏二月豫將商元攻信陽軍知軍事舒繼明死之七月豫廢明堂爲講武殿暴風連日八月陷光州十月豫令民鬻子依商稅法許貫陌而收其算豫獻海道圖及戰船木樣於金主亶六年正月豫聚兵淮陽韓世忠引兵急圍之賊守將連舉六烽兀朮與劉猊合兵來援皆爲世忠所敗六月築劉龍城以窺淮西王師晟破之執華知剛俘其衆而還九月豫罷沿海互市張孝純謂豫曰聞南人久治舟一旦乘風北濟將不利於我豫懼故罷之豫聞帝親征告急於金主亶領三省事宗磐曰先帝立豫者欲豫闢疆保境我得按兵息民也今豫進不能取退不能守兵連禍結休息無期從之則豫收其利而我實受弊奈何許之金主報豫自行姑遣兀朮提兵黎陽以觀釁豫於是以麟領東南道行臺尙書令李鄴行臺右丞馮長寧行臺戶部許淸臣兵馬大總管李成孔彥舟關師古爲將籍民兵三十萬分三道入寇麟總十路兵由壽春犯廬州猊率東路兵取紫荆山出渦口以犯定遠西兵趨光州寇六安彥舟統之十月猊兵阻韓世忠不得前還順昌麟兵從淮西繫三浮橋以濟賊衆十萬次濠壽間江東安撫使張俊拒戰詔併以淮西屬俊命殿帥楊沂中至泗州與俊合比至濠而劉光世已棄合肥矣張俊遣人星馳來石諭光世曰敢濟者斬光世不得已還廬州與沂中相應統制王德酈瓊出安豐遇賊三將軍皆敗之猊衆數萬過定遠欲趨宣化犯建康沂中遇猊兵於越家坊破之又遇於藕塘大破之猊遁麟聞亦拔砦走麟兵有自書鄉貫姓名而縊者豫由此失人心金人聞麟等敗詰豫罪狀始有廢豫意矣豫覺請立麟爲太子以覘其意金人乃答豫曰徐當遣人咨訪河南百姓七年春豫策進士遣諜縱火淮甸燔劉光世芻藏二月又焚鎭江豫自麟敗意沮氣奪中原遺民日望王師三月帝進駐建康八月統制酈瓊執呂祉以兵三萬叛降豫尋殺祉豫聞瓊降大喜御文德殿見之授瓊靜難軍節度使知拱州瓊勸豫入寇豫復乞師金人且言瓊欲自效金人恐豫兵衆難制欲以計除之乃佯言瓊降恐詐命散其兵金人業已廢豫而豫日益請兵遂以女眞萬戶束拔爲元帥府左都監屯太原渤海萬戶大撻不也爲右都監屯河間於是尙書省奏豫治國無狀當廢十一月丙午廢豫爲蜀王初金主先令撻辣兀朮僞稱南侵至汴紿麟出至武成麾騎翼而擒之因馳至城中豫方射講武殿兀朮從三騎突入東華門下馬執其手偕至宣德門强乘以羸馬露刃夾之囚于金明池翼日集百官宣詔責豫以鐵騎數千圍宮門遣小校巡閭巷間揚言曰自今不僉汝爲軍不取汝免行錢爲汝敲殺貌事人請汝舊主少帝來此由是人心稍安置行臺尙書省於汴以張孝純權行臺左丞相僞丞相張昂知淄州李鄴知代州李成孔彥舟酈瓊關師古各予一郡以女眞胡沙虎爲汴京留守李儔副之諸軍悉令歸農聽宮人出嫁得金一百二十餘萬兩銀一千六百餘萬兩米九十餘萬斛絹二百七十萬匹錢九千八百七十餘萬緡豫求哀撻辣曰昔趙氏少帝出京百姓然頂煉臂號泣之聲聞於遠邇今汝廢無一人憐汝者何不自責也豫語塞迫之行願居相州韓琦宅許之後併其子麟徙於臨潢封豫爲曹王賜田以居之紹興十三年六月卒是年金皇統三年也豫僭號凡八年廢時年六十五先是齊地數見怪異有梟鳴于後苑龍撼宣德門滅宣德二字有星隕于平原鎭識者謂禍不出百日豫怒殺之未幾果廢初僞麟府路經略使折可求以事抵雲中左監軍撤離曷密諭可求代豫後撻辣有歸疆之議恐可求觖望酖殺之豫之僭逆也馬定國進君臣名分論祝簡獻遷都國馬賦語多指斥又如許清臣毀景靈宮孟邦雄發永安陵蹠犬吠堯蓋無責焉

苗傅上黨人大父授父扆授在元豐中爲殿前都指揮使康王建元帥府信德守臣梁揚祖以兵萬人至傳與張俊楊沂中田師中皆隸麾下隆祐太后南渡傳爲統制官以所部八千人扈衞駐于杭州有劉正彥者不知何許人父法政和間爲熙和路經畧使死王事正彥由閤門祗候易文資至朝奉大夫後以事責降會法部曲王淵爲御營都統制正彥歸之淵以法故薦正彥于朝復爲武德大夫知濠州擢御營右軍副都統制淵分精兵三千與之以平丁進功進武功大夫威州刺史初正彥討進請劉晏偕行晏本嚴州人陷遼登第宣和中率衆來歸正彥用晏計易旗幟爲疑兵遂降進晏自通直郎遷朝請郎正彥恥已賞薄而晏獲峻遷由是觖望乃

散所賜金帛與將士尋被命從六宮皇子至杭州建炎三年二月壬戌高宗從王淵議由鎭江幸杭州時諸大將如劉光世張俊楊沂中韓世忠分守要害扈衞者獨苗傅先是王淵裝大船十數自維揚來杭杭人相謂曰船所載皆淵平陳通時殺奪富民家財也內侍省押班康履頗用事威福由己出其徒敓民居肆爲暴橫傅等恨之曰天子顚沛至此猶敢爾耶其黨張逵復激怒諸軍曰能殺淵及內侍則人人可審朝廷豈能徧罪哉三月辛巳拜王淵同僉書樞密院事初淵建幸杭州議內侍實左右之及淵驟躋樞筦衆謂薦由內侍傅自負宿將疾淵驟貴正彥雖由淵進淵檄取所予兵亦怨之於是傅積不能平與王世修張逵王鈞甫馬柔吉等謀作亂鈞甫等皆燕人所將號赤心軍傅部分旣定乃紿淵以臨安縣有盜意欲使淵出其兵於外康履得黃卷小文書有兩統制作田金字署卷末田乃苗金乃劉也於是頗泄賊謀以告淵淵伏兵天竺明日賊黨亦伏兵城北橋下俟淵退朝誣以結宦官謀反正彥手殺淵以兵圍履第分捕內官凡無須者盡殺之揭淵首引兵犯闕中軍統制吳湛守宮門潛與傅通導其黨入奏曰苗傅不負國止爲天下除害知杭州康允之聞變率從官扣閤請帝御樓百官皆從殿帥王元大呼聖駕來傅見黃屋猶山呼而拜帝憑闌呼二賊問故傅厲聲曰陛下信任中官軍士有功者不賞私內侍者卽得美官黃潛善汪伯彥誤國猶未遠竄王淵遇敵不戰因友康履得除樞密臣立功多止作遙郡團練已斬淵首更乞斬康履藍珪曾擇以謝三軍帝諭以當流海島可與軍士歸營且曰已除傅承宣使御營都統制正彥觀察使御營副都統制賊不退帝問百官計安出浙西安撫司主管機宜文字時希孟曰禍由中官不悉除之禍未已也帝曰朕左右可無給使耶軍器監葉宗諤曰陛下何惜康履遂命吳湛捕履得於清漏閤承塵中傅卽樓下腰斬履傅猶肆惡言謂帝不當卽大位淵聖來歸何以處也帝使朱勝非縋樓下曲諭之傅請隆祐太后同聽政及遣使與金議和帝許諾卽下詔請太后垂簾賊聞詔不拜曰自有皇太子可立張逵曰今日之事當爲百姓社稷計時希孟曰宜率百官死社稷否則從三軍之請通判杭州事章誼叱之曰何可從三軍耶帝徐謂勝非曰朕當退避須太后命勝非謂不可顏岐曰得太后親諭之則無詞矣時寒甚門無簾幃帝坐一竹椅旣請太后卽起立楹側太后御肩輿出立樓前二賊拜曰今日百姓無辜肝腦塗地望太后主張太后曰道君皇帝任蔡京王黼更祖宗法童貫起邊釁所以致金人之禍今皇帝聖孝無失德止爲黃潛善汪伯彥所誤已加竄逐統制獨不知邪傅曰臣等定議必欲立皇子后曰今强敵在外使吾一婦人簾前抱三歲兒何以令天下正彥等號泣固請因呼其衆曰太后旣不允吾當受戮遂作解衣狀后諭止之傅曰事久不決恐三軍生變顧謂勝非曰相公何無一言勝非不能答適顏岐至自帝前奏曰皇帝令臣奏知太后已決意從傅請矣乞太后宣諭后猶不許傅等語益不遜太后還入門帝遣人奏禪位勝非泣曰臣義當死乞下詰二凶帝屏左右語曰當爲後圖事不成死未晚勝非曰王鈞甫賊腹心也適語臣曰二將忠有餘學不足此可爲後圖耳是日帝幸顯忠寺甲申太后垂簾降赦號帝爲睿聖仁孝皇帝以顯忠寺爲睿聖宮留內侍十五人餘悉編置丙戌赦至平江府張浚知有變不拜丁亥至江寧制置呂頤浩遺浚書痛述事變浚乃舉兵戊子御營前軍統制張俊至平江浚諭以起兵俊泣奉命初勝非奏垂簾當二臣同對今屬時艱乞許獨對恐賊疑乃日引其徒一人與俱傅入對后勞勉之賊喜無所疑故臣僚入對得謀復辟勝非深結王世修將處以從官俾通二凶傅欲改元正彥欲遷都建康太后謂勝非曰二事如俱不允恐賊有他變己丑改元明受張浚遣書二凶獎其忠義以慰安之庚寅百官朝睿聖宮以傅爲武當軍節度使辛卯張浚遣進士馮轓赴行在請帝親總要務復抵書馬柔吉王鈞甫宜早反正以解天下之惑浚旣遣轓卽檄諸路約呂頤浩劉光世會平江傅以堂帖趣張浚赴秦州命趙哲領浚軍哲不從改命陳思恭思恭亦不從壬辰以諫議大夫鄭瑴爲御史中丞賊以武功大夫王彥爲御營司統制瑴面折二凶彥佯狂卽日致仕癸巳韓世忠引兵至常熟辛道宗謂張浚曰賊萬一邀駕入海何以爲計浚乃聲言防遏海寇奏道宗爲節制司參議官措置海船以避賊甲午貶曾擇藍珪于嶺南傅追斬擇賊欲以所部代禁衞守睿聖宮又欲邀帝幸徽越張澂勝非曲諭止之馮轓說二凶反正傅按劍瞋目視轓正彥解之曰須張侍郞來乃可卽遣歸朝官趙休與轓共招浚乙未呂頤浩勤王兵至丹陽劉光世引所部來會丙申韓世忠兵至平江卽欲進兵浚曰已遣馮轓甘言誘賊矣投鼠忌器不可太亟賊遣張彥王德聲言防淮德伺彥醉幷其軍自采石濟江歸劉光世彥尋爲人所殺戊戌浚以世忠兵少分張俊兵二千益之發平江馮轓至平江浚復遣入責賊以大義諭以禍福期雖死無悔傅等初聞浚集兵未之信及得浚書始悟見討奏請誅浚以令天下詔責浚黃州團練使郴州安置鄭瑴上疏謂浚不當責密遣所親謝嚮變姓名告浚宜持重緩進賊當自遁浚然之是日賊遣苗瑀馬柔吉將赤心隊及王淵舊部曲駐臨平以拒勤王之師馮轓至臨平見馬柔吉同縋入城詣朝與傅等議傅曰爾尙敢來耶欲拘轓浚逆知之謬爲書遺轓言客自杭來知二公於朝廷初無異心殊悔前書失於輕易賊得浚遺轓書大喜乃釋轓壬寅浚得謫命恐將士解體紿曰趣召之命也是日呂頤浩至平江與浚對泣曰事不諧不過赤族乃命幕客李承造草檄告四方討賊賊聞勤王之兵大集卽呼馮轓勝非議復辟癸卯張俊發平江劉光世繼之賊亦遣兵三千屯湖州小林丙午頤浩浚以大兵發平江詔以浚爲知樞密院事丁未勝非召二凶至都堂議復辟率百官三上表以請夏四月戊申朔帝還宮都人大說帝御前殿詔尊太后曰隆祐皇太后立嗣君爲皇太子辛酉徙傅淮西制置使正彥副之庚戌詔復建炎號是日頤浩浚軍次臨平苗翊馬柔吉以兵阻河韓世忠率先鋒力戰俊光世乘之翊敗走勤王兵進北關二凶詣都堂趣得所賜鐵券引精兵二千夜開湧金門遁辛亥頤浩俊引勤王兵入城世忠手執王世修以屬吏苗傅犯富陽統制官喬仲福追擊之癸丑犯桐廬甲寅斬吳湛時希孟編管吉陽軍丙辰傅等至白沙渡所過燔橋以阻官軍丁巳犯壽昌縣縶民充軍庚申犯衢州守臣胡唐老拒郤之丙寅犯常山世忠請任討賊丁卯以世忠爲江浙制置使自衢信追擊賊戊辰賊犯玉山縣辛未賊屯沙溪鎭統制關師古自江東討賊還與喬仲福王德會信州賊聞之還屯衢信間五月戊寅朔世忠發杭州庚辰賊黨張翼斬鈞甫及柔吉父子首以降江浙制置使周望受之以聞賊寇浦城縣夾溪而屯據險設伏以邀官軍統制官馬彥傅死之賊乘勝犯中軍世忠瞋目大呼揮兵直前正彥墮馬生擒之賊將江池殺孟皐擒苗翊降衆悉解甲張逵收餘兵入崇安喬仲福追殺之傅棄軍變姓名夜遁建陽土豪詹標覺之執送世忠檻車赴行在壬寅詔班師秋七月辛巳世忠軍還俘傅正彥以獻磔于建康市張逵苗瑀及傅二子俱已前死詔釋餘黨

杜充字公美相人也喜功名性殘忍好殺而短於謀略紹聖間登進士第累遷考功郎光祿少卿出知滄州靖康初加集英殿修撰復知滄州時金人南侵郡中僑寓皆燕人來歸者充慮爲敵內應殺之無噍類建炎元年進天章閣待制北京留守遷樞密直學士提刑郭永嘗畫三策以獻充充不省永誚之曰人有志而無才好名而無實驕蹇自用而得聲譽以此當大任鮮克有終矣二年宗澤卒充代爲留守兼開封尹三年以戶部尙書兼侍讀召未至改資政殿學士節制京東西路依前京城留守尋知宣武軍節度使七月以同知樞密院召還至卽拜尙書右僕射同平章事御營使初宗澤要結豪傑圖迎二帝澤卒充短於撫御人心疑阻兩河忠義之士往往皆引去留守判官宗穎嘗疏其失朝廷謂充有威望可屬大事呂頤浩張浚亦薦之故有是命時諸路各擁重兵率驕蹇不用命張俊方白事謁未入俊遽前充怒戮其使諸將稍稍憎服高宗將幸西浙命韓世忠護諸將光世世忠憚充嚴急不樂屬充詔移光世江州屯太平王𤫉屯常州以充爲江淮宣撫使留建康使盡世忠常州時江浙倚充爲重而充日事誅殺無制敵之方識者寒心金人窺江充遣裨將王民張超分守諸渡乘高據岸以神臂弓射郤之金人復逼碙砂時以輕舟薄南岸官軍奮擊或沉其舟一日當晝金人對江列陣而佯退衆信之守益懈敵諜知無備夜乃乘數十舟橫江直濟衆不能禦敵遂登岸充亟命統制官陳淬盡領岳飛諸裨校合二萬人邀擊於馬家渡約王𤫉俱進敵氣銳甚淬戰沒𤫉引兵遁充軍潰金人陷建康充渡江保眞州充嘗痛繩諸將將銜之伺其敗衆將甘心焉充不敢歸乃北約泗州劉位徐州趙立欲合兵邀敵歸路詔遣內侍任源賜親札激厲俾爲後圖源至常州道阻未得進募健士先達上意充詭詞自飭以報源充居眞州長蘆寺守臣向子忞勸充由通泰入浙欲與偕行充畜異志不聽始京畿提刑凌唐佐在南京守臣孟庾歸朝以府事委之唐佐遂降于金爲所用唐佐雅善充以書招之完顏宗弼復遣人說充曰若降當封以中原如張邦昌故事充遂叛降金事聞高宗謂輔臣曰朕待充不薄何乃至是哉下制削充爵徙其子嵩巖崑嵎韓孜惟於廣州是冬充至雲中粘罕薄之久之命知相州充猜阻肆威同列多不協紹興二年其孫自徙所間走歸充其副胡景山誣充陰通朝廷粘罕下充吏炮掠備至不服釋之因問充曰汝欲復歸南朝邪充曰元帥敢歸充不敢也粘罕哂之七年命充爲燕京三司使八年

同僉書燕京行臺尚書省事九年遷行臺右丞相十一年和議成而充死矣

吳曦信王璘之孫節度挺之中子以祖任補右承奉郎淳熙五年換武德郎除中郎將後省言其太驟改武翼郎累遷高州刺史紹興元年挺卒起復濠州團練使慶元元年冬由建康軍馬都統制除知興州兼利西路安撫使四年憲聖園陵成以勞遷武寧軍承宣使六年光宗攢陵成還太尉會韓侂胄謀開邊曦潛畜異志因附侂胄求還蜀樞密何澹覺其意力沮之陳自強納曦厚賂陰贊侂胄遂命曦興州駐劄御前諸軍都統制兼知興州利州西路安撫使從政郎朱不棄上侂胄書謂曦不可主西師侂胄不報曦至鎮譖副都統制王大節罷之更不除副帥而兵權悉歸於曦開禧二年朝廷議出師詔曦爲四川宣撫副使仍知興州聽便宜行事自紹興末王人出總蜀賦移牒宣司勢均禮敵而侂胄以總計隸宣司副使得節制按劾而財賦之權又歸於曦未幾兼陝西河東招撫使曦與從弟晛及徐景望趙富米修之董鎮共爲反謀陰遣客姚淮源獻關外階成和鳳四州于金求封爲蜀王侂胄日夜望曦進兵曦陽爲持重按兵河池不進潛爲金人地以困王師侂胄不之覺會正使程松至曦不庭參松不敢詰曦復多摘取松衞兵松亦不悟金人犯西和王喜督翼拒之戰方急曦傳令退保黑谷軍遂潰乃焚河池退壁青野原曦時已布腹心于金將士未之知猶力戰敵人竊笑之曦退壁魚關招集忠義厚賜以收衆心興元都統制毋思以重兵守大散關曦因撤鶩關之戍敵由版閘谷遶出思後思遁金遂陷大散關曦退屯置口舉人陳國飭投匭上書言曦必叛侂胄不省十二月興州見兩日相摩金遣吳端持詔書金印至置口封曦蜀王曦密受之李好義敗金人於七方關曦不上其捷還興州是夜天赤如血光燭地如晝翌日曦召幕屬諭意謂東南失守車駕幸四明今宜從權濟事衆失色王翼楊騤之抗言曰如此則相公八十年忠孝門戶一朝掃地矣曦曰吾意已決卽詣甲仗庫集兵將官語故祿禧褚青王喜王大中等皆稱賀聽命曦北向受印遣徐景望爲四川轉運使褚青爲左右軍統制趙益昌斂總領所倉庫程松聞變棄興元去三年正月曦遣將利吉引金兵入鳳州以四郡付之表鐵山爲界曦乘黃屋左纛僭王位于興州卽治所爲行宮稱是月爲元年使人告其伯母趙氏趙怒絕之叔母劉日夜號泣罵不絕口曦扶出之族子僎爲興元統制見僞檄色甚不平曦既僭位議行削髮左衽之令遣董鎮至成都治宮殿將徙居之曦所統軍七萬併程松軍三萬分隸十統帥遣祿祁房大勛戍萬州泛舟下嘉陵江聲言約金人夾攻襄陽祁尋至夔遣兵扼巫山得勝羅護等砦以遏王師侂胄聞曦反不知所爲或勸不如因而封之侂胄納其說吳晛爲曦謀宜收用蜀名士以係民心於是陳咸自髡其髮史次秦塗其目楊震仲飲藥卒王翊家拱辰皆不受僞命楊修年詹久中家大酉李道傳鄧性善楊泰之悉棄官去薛九齡謀舉義兵興州合江倉官楊巨源倡義討逆未有以發遂與隨軍轉運安丙共謀誅曦會李好義與兄好古李貴等皆有謀交相結納二月甲戌夜漏盡巨源好義首率勇敢七十人斧門以入李貴卽曦室斬其首裂其尸丙分遣將士收其二子及叔父柄弟晫從弟晛賊黨姚淮源李珪郭仲米修之郭澄等皆誅之時吳端猶卧後閤亦伏誅徐景望趙富吳曉董鎮郭榮祿禧等皆在外遣人就誅之函曦首獻于朝詔曦妻子處死親昆弟除名勒停吳璘子孫並徙出蜀吳玠子孫免連坐通主璘祀曦敗時年四十六

宋史卷四百七十六

元中書右丞相總裁脫脫等修

列傳第二百三十五

叛臣中

李全上

李全者濰州北海農家子同產兄弟三人全銳頭蜂目權譎善下人以弓馬趫捷能運鐵槍時號李鐵槍初大元兵破中都金主竄汴賦斂益橫遺民保巖阻思亂於是劉二祖起泰安掠淄沂二祖死霍儀繼之彭義斌石珪夏全時青裴淵葛平楊德廣王顯忠等附之楊安兒起掠莒密展徽王敏爲謀主母舅劉全爲帥汲君立王琳閻通董友張正中孫武正等附之餘寇蠭起大元兵至山東全母及其兄死焉全與仲兄福聚衆數千劉慶福國安用鄭衍德田四于洋洋弟潭等咸附之大元兵退金乃遣完顏霆爲山東行省黃摑爲經歷官將花帽軍三千討之敗安兒于闌頭滴水斷其南路安兒輕舸走卽墨金人募其頭千金舟人斬以獻安兒無子從子友僞稱九大王不閑軍務安兒妹四娘子狡悍善騎射劉全收潰卒奉而統之稱曰姑姑衆尚萬餘掠食至磨旗山全以其衆附楊氏通焉遂嫁之全合軍與霆戰又敗霆驍將張惠望見全躍馬赴之槍及全若有縶其馬足而止者全得收餘衆保東海劉全分軍駐崓上霍儀攻沂州不下霆自清河出徐州斬儀潰其衆彭義斌歸李全黃摑者卽阿魯達霆卽李二措賜姓完顏惠號賽張飛燕俠士也此數人者出沒島嶼寶貨山委而不得食相率食人有沈鐸者鎮江武鋒卒也亡命盜販山陽誘致米商斗米輒售數十倍知楚州應純之償以玉貨北人至者輒舍之又說純之以歸銅錢爲名弛度淮之禁來者莫可遏安兒之未敗也有意歸宋招禮宋人定遠民季先者嘗爲大俠劉佑家廝養隨佑部綱客山陽安兒見而說之處以軍職安兒死先至山陽寅緣鐸得見純之道豪傑願附之意時江淮制置李珏淮東安撫崔與之皆令純之沿江增戍恐不能禦乃命先爲機察諭意羣豪敘復鐸爲武鋒軍副將辟楚州都監與高忠皎各集忠義民兵分二道攻金先遂以李全五千人附忠皎合兵攻尅海州糧援不繼退屯東海全分兵襲破莒州禽金守蒲察李家別將于洋克密州兄福克青州始授全武翼大夫京東副總管純之見北軍屢捷密聞于朝謂中原可復時頻歲小稔朝野無事丞相史彌遠鑒開禧之事不明招納密敕珏及純之慰接之號忠義軍就聽節制於是有旨依武定軍生券例放錢糧萬五千人名忠義糧於是東海馬良高林宋德珍等萬人輻湊漣水鐸納之全與劉全俱起羨心焉嘉定十一年五月己丑全軍至漣水邀先白事楚城取器甲金穀議再攻海州純之厚勞全金玉器用及其下有差六月全圍海城金經略阿不罕納不剌等固守不下七月合鄆單邳徐兵來援全與戰于高橋不勝退守石秋分兵襲密州禽黃摑械至楚城是冬徙屯淮陰之龜山十二年山東來歸者不止權楚州梁丙無以贍先懇丙請預借兩月然後帥所部五千并良等萬人往密州就食不許請速遣全代領其衆又不許丙以石珪權軍務珪乃奪運糧之舟二月庚辰率軍二萬度淮大掠丙調王顯臣高友趙邦永以兵逆之至南度門顯臣敗友邦永遇珪下馬與作山東語皆不復戰丙窘乃遣全出諭之時金人圍淮西急馬司都統李慶宗戍濠出戰喪騎三千珪及張春皆有亡失帥司調全與先珪軍援盱眙全亦欲自試親往東海點軍赴之癸亥遇金人于嘉山戰小捷三月先軍進駐天長全進駐盱眙鼎立以待金人乙酉全至渦口值金將乞石烈牙吾答名盧鼓槌者將濟全與其將鹿仙掩之金兵溺淮者數千俘獲甚衆壬辰與阿海戰于化陂湖大捷殺金數將得其金牌追至曹家莊而還三團俱解全喪失亦衆阿海者金所謂四駙馬也全進達州刺史妻楊氏封令人六月金元帥張林以青莒密登萊濰淄濱棣寧海濟南十二州來歸始林心存宋及摑敗意決而未能達會全還濰州上冢揣知林意乃薄兵青州城下陳說國家威德勸林早附林恐全誘己猶豫未納全約挺身入城惟數人從林乃開門納之相見甚歡謂得所托置酒結爲兄弟全既得林要領附表奉十二州版籍以歸表辭有云舉諸七十城之全齊歸我三百年之舊主表焉珀所作也秋授林武翼大夫京東安撫兼總管其餘授官有差進全廣州觀察使京東總管劉慶福彭義斌皆爲統制增放二萬人錢糧從屯楚州先是制置使賈涉以朝命督戰許殺金太子者賞節度使殺駙馬觀察使全致所得金牌于涉云殺四駙馬所獲者涉上于朝乞如約賞之故全有是受而四駙馬實不死也十一月大雨雪淮水合全請於制府曰每恨泗州阻水今如平地矣請取東西城自效制府遣就盱眙劉琸議琸集諸將燕全時青夏全咸願以長槍三千人從夜半度淮潛向泗之東城將踏濠冰傅城下掩金人不備俄城上荻炬數百齊舉遥謂曰賊李三汝欲偷城耶天黑故以火燭之全知有備引去十三年趙拱以朝命諭京東過青厓崓嚴實求內附拱與定約奉實欵至山陽舉魏博恩德懷衞開相九州來歸涉再遣拱往諭配兵二千全亦請往涉不能止乃帥楚州及盱眙忠義萬餘人以行拱說全曰將軍提兵度河不用而歸非示武也今乘勢取東平可乎於是全合林軍得數萬襲東平之城南金參政蒙古剛帥衆守東平全以三千人金銀甲赤幟遶濠躍馬索戰時大暑全見城阻水矢石不能及乃與林夾汶水而砦中通浮梁來往一夕汶水溢漂大木斷浮梁全首尾幾絕蓋金人堰汶水而決之也詰旦金騎兵三百奄至全欣然上馬帥帳前所有騎赴之殺數人奪其馬逐北抵山谷上有龍虎上將軍者貫銀甲揮長槊盛兵以出旁有繡旗女將馳搶突鬭會諸將至拔全以出乃退保長清縣精銳喪失大半統制陳孝忠死焉林兵還青州全所攜鎮江軍五百人多怨懟全乃分隸拱使先歸而以餘衆道滄州假鹽利以慰贍之龍虎上將軍者東平副帥幹不搭女將者劉節使女也全至楚州屬召先赴行在全自渦口之捷有輕諸將心獨先嘗策戰勛威望不下已患之乃陰結制帥所任吏莫凱使譖先先卒全喜而心

益貳涉乘先死欲收其軍輟統制陳選往漣水以總之先蒯裴淵宋德珍孫武正及王義深張山張友拒而不受涓迎石珪于盱眙奉爲統帥珪道楚城涉不知覺及選還涉恥之乃謀分珪軍爲六請于朝出修武京東路鈐轄印告各六授淵等使之分統謂可散其縱淵等陽受命涉即聞于朝謂六人已順從珪無能爲矣其後有教令皆不納然後知淵等猶主珪涉恐甚全結府吏伺知之乃見涉請討珪涉未有處議者請以全軍布南度門移淮陰戰艦陳于淮岸以示珪有備然後命一將招珪軍來者增錢糧不至罷支衆心一散珪黨自離涉用其策珪技果窮珪素通好於大元至是殺淵而挾武正德珍與其謀主孟導歸大元漣水軍未有所屬全求併將之客有請以附淮將者曰使南將主北軍則淮楚爲一涉然之且曰先在時有三千虛籍今當遣明亮覈實因可省費全聞之即獻計曰全若朝將此軍夕與覈除虛籍因甲辭獻珍具以自結涉不能卻遂以付全翼日復命曰初謂有虛額昨夕細點萬五千人之外尚溢十數名涉始悟全見給他日議更遣幕屬點之吏亟報全全忽狀白涉昨夕三鼓漣水告警云金人萬餘在邳州全思漣水去邳咫尺既無險阻城壁復弊一被攻劫則直臨淮面罪在全矣深夜不敢驚制使已調七千人迎敵矣涉知全詐因寢點軍之議全又白制府請于朝以劉全爲總管駐揚州分數千兵從之而將其衆十一月丁未全遊金山作佛事以薦國殤知鎮江府喬行簡方舟逆之大合樂以饗之總領程覃迭爲主禮務誇北人以繁盛全請所狎娼覃不與全歸語其徒曰江南佳麗無比須與若等一到始造舡艤舟謀爭檝之利焉十四年正月金人將南來全請於涉欲與劉琸共圖泗州以伐其謀涉許之全兵至盱眙度淮攻尅泗州之西城入城布守琸從盱眙芻粟以實之防城之具俱撤以往爲必守之計未幾盧鼓槌來取西城全盛兵出戰大敗統制賴興死全閉城自守明日復戰不勝全遁歸資糧器械悉以委敵金人既陷蘄州扈再興趙范及其弟葵邀擊于天長全隨行襲金人後謁而賀曰二監軍已立大功乞以餘寇付全追之然全追之不甚力亦以是進承宣使十五年二月琸再取西城盧鼓槌背城力戰戒惠必獲全不獲則斬惠數嘗敗全于山東而不能獲每歎曰天假此賊事未可量及聞盧鼓槌言自度進未必獲退復受戮即陳躍馬奔全壁棄所執兵請降全掖而起之相與歡甚不數日惠戲下數千人皆潛至全與惠歸請于制置司官之令自總一軍膠西當登寧海之衝百貨輻湊全使其兄福守之爲窟宅計時互市始通北人尤重南貨價增十倍全誘商人至山陽以舟浮其貨而中分之自淮轉海達于膠西福又具車輦之而稅其半然後從聽往諸郡貿易車夫皆督辦於林林不能堪林財計仰六鹽場福恃其弟有大造于林又欲分其半林許福恣取鹽而不分場福怒曰若背恩耶待與都統提兵取若頭爾林懼愬于制置司涉密召林戲下問之福伏兵于途以伺林覺不追於是李馬兒說林歸大元福狼狽走楚州冬加全招信軍節度林猶遺涉書詆全明已非叛涉以咎全全請爲朝廷取之乃提師駐海州以迫林涉間道遣黠胥王翊閻瓊勞林林泣涕道其故翊歸全使人殺諸塗全攻林急林走全遂入青州十六年二月涉勸農出郊暮歸入門忠義軍遮道涉使人語楊氏楊氏馳出門佯怒忠義而揮之道開涉乃入城自是以疾求去甚力五月被召卒秋全新置忠義軍籍初涉屯鎮江副司八千人于城中翟朝宗統之分帳前忠義萬人屯五千城西趙邦永高友統之屯五千淮陰王暉及于潭統之所以制北軍也全輕鎮江兵且以利啗其統制陳選及趙興使不爲己患唯忌帳前忠義乃數稱高友等勇過出軍必請以自隨涉不許全每燕戲下幷召涉帳前將校帳前亦願隸焉然未能合也及丘壽邁攝帥事全忽請曰忠義烏合尺籍鹵莽莫若別置新籍一納諸朝一申制閫一留全所庶功過有攷請給無弊壽邁善而諾之全乃合帳前忠義悉籍之盡統其軍時人莫悟十一月許國自武階換朝議大夫淮東安撫制置使命下聞者驚異先是國奉祠家食數言全必反欲傾涉而代之會召國奏事國疏全姦謀甚深反狀已著非有豪傑不能消彌蓋自薦也至是喬行簡爲吏部侍郎上疏論國望輕不宜帥淮不報山陽參幕徐晞稷雅意開閫及聞國用晞稷觖望乃譖國奏注釋以寄全全得報不樂是冬大元將李二措及邳州守致書海州欲附宋全戲下周岊得之即以報全全喜遣王喜兒以兵二千應接而已繼之二措納喜兒而囚之全兵欲攻邳四面阻水二措積勁弩備之全不得進合兵索戰全敗欲還楚州會濵棣有亂乃引兵趨山東十七年正月國之鎮楊氏郊迓國辭不見楊氏慚以歸國既視事痛抑北軍有與南軍競者無曲直偏坐之犒賚十裁七八全自山東致書于國國誇於衆曰全仰我養育我略示威即奔走不暇矣全固留青州國不能致四月全遣小吏致再書國喜曲加勞接即日眞補承信郞冀結其心小吏曰小吏奉書而遽得命諸將校謂何不受歸語其徒以爲笑國見全無來期數致厚餽邀全議事會劉慶福亦使人覘國意向國左右知之語覘者曰制置無害汝等意慶福以報全全集將校曰我不參制閫則曲在我今不計生死必往見八月全上謁賓贊戒全曰節使當庭趨制使必免禮及庭趨國端坐納全拜不爲止全退怒曰庭參亦常禮全歸本朝拜人多矣但恨汝非文臣本與我等汝向以淮西都統謁賈制帥亦免汝拜汝有何勛業一旦位我上便不相假借耶全亦心報朝廷不反也國繼設盛會宴全遺勞加厚全終不樂國之客章夢先主幕議慶福謁見夢先責客將令隔簾貌喏慶福不能堪國以名馬十餘噭遺全不受國固遺全俟其充斥階庭伺候移時而復卻之如是者半月卒不受全欲往青州懼國苛留自計曰彼所爭者拜也拜而得志吾何愛焉更折節爲禮因會席間出劄白事國見其細故判從之全即席再拜謝自是動息必請得請必拜國大喜語家人曰吾折伏此虜矣義斌求趙邦永來山東全爲白之國諾邦永乘間告國曰邦永若去制使誰與處國曰我自能兵爾毋過慮邦永泣而辭之全遂往青州十一月國集兩淮馬步軍十三萬大閱楚城之外以挫北人之心楊氏及軍校留者恐其圖己內自爲備寶慶元年湖州人潘甫與其從弟丙壬起兵密告全黨于山陽全黨欲坐致成敗然其謀而不助之力甫歸陰勒部曲及聚販鹽盜至千餘結束如北軍率衆揚言自山陽來擁立濟王事見竑傳時全圖國之意已決遣慶福還楚城使爲亂或教楊氏畜一妄男子問指謂人曰此宗室也至語郡僚曰會令汝爲朝士潛約盱眙四軍相應忠義統領王文信有衆八百涉徙刺揚州強勇軍國之聚兵大閱文信在焉慶福與謀令歸襲揚州別遣將劫寶應事濟即揮衆度江盱眙四將不從於是慶福等謀中輟止欲快意於許國焉計議官苟夢玉知之以告國國曰但使反反即殺我豈文儒不知兵耶夢玉懼禍及己求檄往盱眙復告慶福曰制帥欲圖汝兩爲自結之計乙卯國晨起莅事忽露刃充庭客駭走國厲聲曰不得無禮矢已及額流血蔽面國走亂兵悉害其家大縱火焚官寺兩司積蓄盡入賊親兵數十人翼國登城樓縋城走伏道堂中宿焉時四明人姚翀通判青州全豫令還山陽及漣水而復止之至是擁翀入城與通判宋恭喝犒南北軍使歸營是日慶福首殺夢先以報貌喏之辱戒諸軍毋害苟夢玉家護以五十兵初國倚揚州強勇軍統制彭興及淮西親兵將趙社朱虎等爲腹心至是首降賊且助爲亂惟丁勝張世雄沈興杜靖眦富道不屈或與賊巷戰與手殺賊將馬良賊黨得志更相賀獨張正忠歎曰若曹不識事體朝廷豈置汝耶王文信復獻計慶福曰我僞作重傷提本部軍歸揚州揚守必不疑我生縛守以其城獻慶福喜夜飲而遣之丙辰許國縊于途丁巳文信將至揚州其徒有亡入城告變者時揚之兵皆在楚知州兼提點刑獄汪統會同官議鈐轄趙拱曰若不納則文信必曰我歸營何故見拒將借是以魚肉城外之民拱素善文信請說止其兵而以單騎入俟入城而殺之然後撫其兵領往盱眙分隸張范戲下統喜遣之遇文信于十里頭置酒相勞苦文信僞爲裹創狀拱曰忠義反楚州揚州人見忠義驀歸豈不相疑不若暫駐兵城外然後同見提刑提刑急欲知楚州事也文信不疑聯騎入城坐客次拱先入勸統收戮之統躊躇不敢發劉全知其謀帥甲士突入郡堂厲聲曰王統領好人提刑不必疑請出受參統不得已出而犒之劉全以兵翼之出館其家詰旦統未有處拱又請引文信出城與議回屯楚州文信知事泄拱就出劉全亦請從至平山堂文信責拱賣己欲殺之拱曰爾謀如此三城人命何辜我已存三城人身死無憾然我死汝八百家老幼在城豈得生耶文信及其衆動色文信劉全遂還楚州時盱眙總管夏全聞山陽得志亦懷異圖劉琸厚賂之乃止及文信亂琸懼夏全復動乃使卞整將兵三千視之使不敢動整以邀文信爲辭引兵還揚州因僞言盱眙失守卞整爲亂於是揚州復震城門晝閉彌遠懼激他變欲姑事涵忍而後圖之謀帥莫可以徐晞稷嘗倅楚州守海州得全歡心晞稷亦勇往乃授淮東制置使令屈意撫全時慶福以事濟報全全又牒義斌等曰許國謀反已伏誅矣爾軍並聽我節制義斌得牒大罵曰逆賊背國厚恩擅殺制使此事皆因我起我必報此讐呼趙邦永曰趙二汝南人正須爾明此事乃斬齎牒人南向告天誓衆見者憤激全自青州至楚城佯責慶福不能彈壓致忠義之鬨斬數人請待罪朝廷未之詰趙范時知揚州兼提點刑獄得制置印于潰卒中以授晞稷全遣騎逆晞稷己卯晞稷入楚城劉全躍馬登郡廳晞稷迎之全及門下馬拜庭下晞稷降等止之賊衆乃悅四月潘壬變姓名至楚州將度淮而北小校明亮獲之械送行在伏誅甲午時青使人

僞爲金兵道邳州出漣水奪金田租而伏騎八百翼旦全引二百騎度淮與闞伏發全敗鬭之慶福以兵往救全出全與慶福俱重傷歸楚州丁勝張世雄欲乘全敗舉兵追北軍晞稷止之全後知其謀對晞稷詰之二人不爲屈然懼禍及己晞稷乃潛授世雄勝軍統制教使逃而陽索之北軍追世雄世雄且戰且走得達揚州晞稷初至楚綏急相濟如四趙祉逐朱虎賊尚知畏屢令全還戰馬軍器于制司全唯唯退招姚翀及將校飲酒酣全曰制司追我戰馬軍器若何忽有將校曰當時忠義只百十人其他軍皆南軍乘勢將帶若潰將何以還一人曰制司必欲追之不若有官者棄官無官者歸山東爲百姓一人抵掌憤然使全反全陽罵之翀以告晞稷翼日全見晞稷求納官晞稷撫之而去自是不復誰何其後至以恩府稱全恩堂稱楊氏而手足倒置矣軍器庫止餘槍干數千全復取去全欲戰艦晞稷使擇二艘全移出淮河使軍習之初楚城之將亂也有吏竊許國書篋二以獻慶福皆機事慶福賞盜篋者五百千未之閱全始發緘使家僮讀之有廟堂遺國書令圖全者全大怒又有苟夢玉書卽以慶福謀告國者全始惡夢玉反覆夢玉知之時已被堂召亟辭全如京己卯全餽餞夢玉如平時潛殪諸十里之郊復出榜捕害夢玉者全往青州五月丁卯全取東平不克戊寅劉全以券易制司錢不如欲復謀亂楊氏出二千緡解之乃止全引兵攻恩州明日義斌出兵與全鬭全敗義斌以千五百騎追之獲馬二千匹皆揚州强勇軍馬也慶福往救又敗全退保山崮抽山陽忠義以北楊氏及劉全皆欲親赴之會全遣人求晞稷書與義斌連和乃止義斌納全降兵兵勢大振進攻眞定降金將武仙衆至數十萬致書沿江制置使趙善湘曰不誅逆全恢復不成但能遣兵扼淮進據漣海以遏之斷其南路如此賊者或生禽或斬首惟朝廷所命賊平之後收復一京三府然後義斌戰河北盱眙諸將襄陽騎士戰河南神州可復也時四總管亦各遣計議官致書乞助討賊范亦以爲言不報全貽書制置司誣義斌叛晞稷繳達之時朝廷知義斌之功憚全未欲行賞未幾義斌俟命不至拓地而北與大元兵戰于內黃之五馬山大元兵說之降義斌厲聲曰我大宋臣且河北山東皆宋民義豈爲他臣屬耶遂死之戲下王義深等復歸全全使人說時青附己餽金五百兩青見義斌死乃附全自移屯淮陰全招青入城飲折俎銅券二千他餽稱是恩徧麾下人人喜悅晞稷宴青全餽折俎如前全將往山東以南軍九百從官犒鐵錢券人五千全犒銅錢三倍許攜南貨免稅於是請行者不已得千人以俱晞稷又以千八百人繼之二年春趙范奉祠林珙知揚州權提點刑獄全北剽山東南假宋以疑大元且仰食會金與大元爭大名全得往來經理三月丙辰朔大元兵攻青州全大小百戰終不利嬰城自守大元築長圍夜布狗砦糧援路絕全遣小校周與祖縋城雜樵采者走楚州發援兵終不能支全與福謀福曰二人俱死無益也汝身係南北輕重我當死守孤城汝間道南歸提兵赴援可尋生路全曰數十萬勍敵未易支也全朝出則城夕陷不如兄歸於是全止而福行朝廷初以力未能討故用晞稷調護及傳全被圍稍欲圖賊晞稷畏懦幸全未歸以苟歲月朝廷方謀易帥劉琸久在盱眙雅意建閫又見賊勢稍孤意功名可立使鎭江副都統彭忙延譽京師自謂素撫鎭江三萬人足用且得四總管歡心討賊有餘力朝廷信之忙亦垂涎代琸從史尤力九月以琸知楚州兼淮東制置使忙代知盱眙晞稷不知也己亥晞稷以戶部侍郎召未幾出知袁州十一月壬子朔琸至楚州心知不能制馭四總管惟以鎭江兵自隨時青在淮陰琸怨其移屯叛己不召也夏全請從琸素畏全狡亦俾留盱眙忙自揣資望視琸更淺曰琸之止夏全是欲遺患盱眙也琸猶憚夏全我何能用乃激夏全曰楚城賊黨不滿三千健將又在山東劉制使圖之收功在旦夕太尉易不往赴事會何端坐爲夏全欣然領兵徑入楚城青亦自淮陰復移屯城內琸且駭且恐勢不容卻復就二人謀焉時傳全已死福欲分兵赴援兵少卒不往甲子琸令夏全盛陳兵楚城賊黨震恐楊氏遣人賂夏全求緩師乃止

宋史卷四百七十七

元　中　書　右　丞　相　總　裁　脫　脫　等　修

列傳第二百三十六

叛臣下

李全下

寶慶三年二月楊氏使人行成于夏全曰將軍非山東歸附耶狐死兎泣李氏滅夏氏寧獨存願將軍垂盼全諾楊氏盛飾出迎與按行營壘曰人傳三哥死吾一婦人安能自立便當事太尉爲夫子女玉帛干戈倉廩皆太尉有望卽領此誠無多言也夏全心動乃置酒歡甚飲酣就寢如歸轉侁爲好更與福謀逐琸矣辛卯夏全令賊黨圍州治焚官民舍殺守藏吏取貨物時琸精兵尚萬餘窘束不能發一令太息而已夜半縋城僅以身免鎭江軍與賊戰死者大半將校多死器甲錢粟悉爲賊有琸步至揚州借州兵自衞猶劄揚州造旗幟林拱繳奏于朝聞者大笑夏全既逐琸暮歸楊氏拒之意楊氏反目圖己明日大掠盱眙欲爲亂張惠范成進閉門不得入翺翔淮上惠成進出兵欲勦之夏全狼狽歸金金人納之是舉也張正忠不從亂經妻女于庭并己自焚報至中外大恐劉琸自劾未幾死初姚翀從賈涉辟楚州推官全喜其附己爲引重當路得改秩全請以通判青州國之死全借翀無定以誑衆以功入朝三月以翀爲軍器少監知楚州兼制置翀辟鄭子恭杜來等爲幕客留母及其子于京買二妾以行至城東艤舟以治事間入城見楊氏用晞稷故事而禮過之楊許翀入城乃入寄治僧寺極意娛之時全在圍一年食牛馬及人且盡將自食其軍初軍民數十萬至是餘數千矣四月辛亥全欲歸于大元懼衆異議乃焚香南向再拜欲自經而使鄭衍德田四救之曰譬如爲衣有身愁無袖耶今北歸蒙古未必非福全從之乃約降大元大元兵入青州承制授全山東行省慶福在山陽自知已爲厲階懷不自安欲圖福以自贖福知之亦謀去慶福二人互相猜貳不相見福僞病旬餘諸將問疾慶福不往張甫者素厚慶福懼福疑已乃勸慶福往後慶福約甫同往及寢遙見福臥不解衣心恐不得已至床前見床頭鞘刀慶福曰問疾而手按鞘懼福先發福疑慶福就刀見害乃躍起拔刀傷慶福慶福徒手不支甫救之左右羣起殺慶福及甫甫本金元帥封高陽公最善馭衆金亡河北甫據雄霸淸莫河間信安不下信安出白溝距燕二百里而阻巨濼大元兵不能涉甫每潛師窺伺大元將俚砦奴屢欲滅甫以取雄霸驍將窩羅虎者歸甫甫納之其後窩羅虎遁去且竊甫千里馬以獻俚砦奴俚砦奴喜待遇益厚嘗會飲燕京之大悲閣窩羅虎醉俚砦奴而推使投閣幾斃焉窩羅虎乃佯醉下樓復乘所獻馬以歸甫追者莫及人始服甫之用間焉其後歸全福以慶福頭納翀翀大喜來曰慶福首禍一世姦雄今頭落措大手耶飛報于朝遣子恭繼奏捷琸之敗儲積掃地綱運不續賊黨籍籍謂福所致福數見翀及僉幕促之皆謝以朝廷撥降未下福曰朝廷若不養忠義則不必建閫開幕今建閫開幕如故獨不支忠義錢糧是欲立制閫以困忠義也六月福乘衆怒與楊氏謀召翀飲翀至而楊氏不出就坐賓次左右散去福與翀命召諸幕客以楊氏命召翀二妾諸幕客知有變不得已往來朝服至八字橋福兵要殺之來南望再拜就斃二妾之入翀及見之福兵欲害翀鄭衍德救之得免去須鬚縋城西夜走徒步歸明州未幾死朝廷以淮亂相仍遣帥必斃莫肯往來始欲輕淮而重江楚州不復建閫就以帥楊紹雲兼制置改楚州名淮安軍命通判張國明權守視之若羈縻州然賊徒黨塞南門開北門支邑民田皆以少價抑買之自收賦以贍軍錢糧不繼如故賊將國安用閻通歎曰我曹米外日受銅錢二百楚州物賤可以樂生而劉慶福爲不善怨侁相尋使我曹無所衣食張林邢德亦謂嘗受宋恩中遭全間隙今歸于此豈可不與朝廷立事王義深亦嘗遭全屈辱且謂我本賈帥帳前人與彭安撫舉義不成而歸五人相謂曰朝廷不降錢糧爲有反者未除耳乃共議殺福及楊氏以獻於是衆帥兵趨楊氏家福出德手刃之相屠者數百人有郭統制者投全次子通殺一婦人以爲楊氏函其首并福首馳獻于紹雲紹雲驛送京師傾朝甚喜檄彭忙張惠范成進時青併兵往楚州便宜盡戮餘黨未幾傳楊氏故無恙婦人頭乃全次妻劉氏也忙輕儇每供四總管弄戲得檄不敢自決力遜惠成進二人卽提兵入楚城與林等五人歡宴議分北軍爲五使五人分掌之每軍無過千人一屯南度門一屯平河橋一屯北神鎭城中城西各一在山東人老幼並絕錢糧出淮陰戰艦陳淮岸以斷全歸路請制府及朝廷處之廟議謂青望重惟聽青區畫省檄之下不及惠成進青亦恐禍及密遣人報全于青州遷延不決惠等歸盱眙賊黨復振紹雲赴樞密稟議淮東總領岳珂攝制府事惠成進旣歸錢糧缺乏密約降金盧鼓槌許之時鎭江軍及滁州虎兒軍在盱眙者尚衆二人給忙曰南北軍易致激變宜令軍人出入無得帶刃又勸早發虎兒軍折洗忙從之二人每宴忙必偏迨皁隸忙皆不悟方感其拒夏全之功轉兩軍官賚二人同戲下合辭曰不願得官欲得錢糧八月辛酉惠成進燕忙忙左右知有謀多不往忙往如平時酒半縛忙忙從者無寸鐵且醉皆就縛卽日渡淮輸款以盱眙附盧鼓槌于泗州金兵至開門接之諸軍不戰皆降於是塞南門開北門導淮水以通泗之東西城焉盧鼓槌與惠釋憾連姻金官惠有加俾專制河南以拒大元自是金人窺淮東益急朝廷調京湖

制置司兵萬人屯靑平山以備全全得靑報慟哭力告大元大將求南歸不許斷一指示歸南必畔許之承制授山東淮南行省得專制山東而歲獻金幣十月丙辰全與大元張宣差并通事數人至楚州服大元衣冠文移紀甲子而無號義深走金安用殺林德自贖丁已全邀靑及張國明于淮陰國明辭疾靑父子同至全推殺其子者郭統制斬之又收田成碻田之昂李英等八人下獄云非朝廷殺我妻子吾惟問汝李英全腹心狡而密與李平皆山東胥吏全之乍逆乍順二人所敎也平又數致全書至廟堂以覘朝廷靑徼所授檄於全曰我素推尊相公豈肯爲此全亦惡靑反覆辛酉與登城南樓飮殺靑馳騎往給靑妻言靑病見與禱禳靑妻至盡殺之遂併靑軍擢小校胡義爲將從其半于漣海紹定元年春全厚募人爲兵不限南北宋軍多亡應之天長民保聚爲十六砦比歲失業官振之不能繼壯者皆就募射陽湖浮居數萬家家有兵仗侵掠不可制其豪周安民谷汝礪王十五長之亦蠭結水砦以觀成敗翟朝宗知揚州權制置全厚賞捕趙邦永邦永乃變名必勝全知東南利舟師謀習水戰米商至悉併舟糴之留其柁工一以敎十又遣人泛江湖市桐油粘筏厚募南匠大治舼艎船自淮及海相望於是善湘禁桐油粘筏下江嚴甚朝宗市粘木往揚州善湘亦聞于朝請以松木易留之全不得已代以輸板舟成多重滯六月試舟射陽湖善湘恐其乘便擣通泰亟牒池州求通泰入湖之路七月壬辰全使衍德提兵三萬如海州乙未全及楊氏大閱戰艦于海洋八月全趨靑州爲嚴實及石小哥邀擊敗走小哥珪子也遂奪靑厓崮據之九月全歸海州治舟益急驅諸崮人習水十一月全至楚州全山東經理未定而歲貢于大元者不缺故外恭順于宋以就錢糧往往貿貨輸大元宋得少寬北顧之憂遺餉不輟全縱遊說于朝不若復建山陽制置司全又與金合縱約以盱眙與之金亦遣新經歷者聘全皆不遂二年四月全以糧少爲詞遣海舟自蘇州洋入平江嘉興告糴實欲習海道覘畿甸也六月全賫淮安牛馬驗趙五嘯合亡命雜北軍分往盱眙略牛馬九月全往漣海視戰艦陽言歸東平葬方士許先生未幾還營燕張國明等忽曰我乃不忠不孝之人衆曰節使何爲有是言也全曰縻費朝廷錢糧至多乃殺許制置不忠我兄被人殺不能報復不孝二月二十五日事吾之罪也十一月十三日事誰之罪耶蓋指琸與夏全也全密遣軍掠高郵寶應天長之間知高郵軍葉秀發遣宗雄武領民兵捍禦爲賊所敗三年二月壬寅御前軍器庫火得縱火者楚州軍穆椿也全欲銷宋兵備故使椿行且伏姦于外謀入爲亂以不得入而止於是先朝兵甲盡喪椿臨刑笑曰事濟矣全欲先據揚州以度江分兵徇通泰以趨海諸將皆曰通泰鹽場在焉莫若先取爲家計且使朝廷失鹽利全欲朝廷不爲備且雖反而難遽絕錢糧乃挾大元李宋二宣差恫疑虛喝而使國明達諸朝而大元實未嘗資全兵有識李宣差者曰此靑州賣藥人也七月召國明稟議全以寶玉資其行實從所過揚言李相公英略絕倫其射五百步朝廷莫若裂地王之與增錢糧使當邊境徧覘要津求主其說旣見廟堂以百口保全不叛八月全將閱舟師風不順焚香禱曰使全有天命當反風語畢風反大閱數日會全糴麥舟過鹽城縣朝宗牒尉兵奪之全怒以捕盜爲名庚午水陸數萬徑擣鹽城戍將陳益樓强皆遁全入城據之知縣陳遇踰城走公私鹽貨皆沒於全朝宗倉皇遣幹官王節入鹽城懇全退師又遣吏曾玠李易入山陽求揚州裏言之助皆不答朝宗乃遣卞整領兵扼境全留鄭祥董友守鹽城提兵往楚整與過磨軍道左擊柝聲諾全言于朝稱遣兵捕盜過鹽城令自棄城遁去慮軍民驚擾未免入城安衆乃加全兩鎭節令釋兵命制置司幹官耶律均往諭之全曰朝廷待我如小兒啼則與果不受朝廷爲罷朝宗謀再用紹雲紹雲辭以官卑不能制命鄭損辭通判揚州趙璥夫暫攝事全造舟益急至發冢取粘板鍊鐵錢爲釘鞠敖人脂擣油灰列炬繼晷招沿海亡命爲水手又給璥夫以大元爲詞邀增五千人錢糧求誓書鐵券朝廷猶遣餉不絕全得米卽自轉輸淮海入鹽城以贍其衆他軍士見者曰朝廷惟恐賊不飽我曹何力殺賊射陽湖人至有養北賊戕淮民之語聞者太息王十五附全全又遣人以金牌誘脅周安民等造浮梁于論口以便鹽城來往又開馬攞港壽河引淮船入湖爲攻擾水砦計復言於制置司云全復歸三年淮甸寧息雖荷大丞相力主安靖之說深有覆護之恩柰何趙制置岳總管二趙兄弟人自爲政使全難處全欲決定去就親往鹽城存劄若有疾全者疑全者如趙知府之輩便可提兵決戰如能滅全高官重祿任彼取之倘不能滅方表全心善湘見之甚憤范亦請調兵時彌遠多在告執政無可否擧朝率謂大丞相老於經綸豈不善處獨參知政事鄭淸之深憂之密與樞密袁韶尙書范楷議二人所見合淸之乃約詔見帝詔歷言全狀帝有憂色淸之卽力贊討全帝意決淸之退以帝意告彌遠彌遠意亦決乙巳金字牌進善湘煥章閣學士江淮制置大使范直寶謨閣知揚州淮東安撫副使葵直寶章閣淮東提點刑獄兼知滁州俱節制軍馬全子才軍器監簿制置司參議官下詔曰君臣天地之常經刑賞軍國之大柄順斯柔撫逆則誅夷惟我朝廷兼愛南北念山東之歸附卽淮甸以綏來視爾遺黎本吾赤子故給資糧而脫之饑殍賜爵秩而示以寵榮坐而食者踰十年惠而養之如一日此更生之恩也何負汝而反耶蠢茲李全儕於異類蜂屯蟻聚初無橫草之功人面獸心曷勝擢髮之罪繆爲恭順公肆陸梁因餽餉之富以嘯集儔徒挾品位之崇以脅制官吏夌蔑帥閫殺逐邊臣虔劉我民輪掠其衆狐假威以爲畏巳犬吠主旁若無人姑務包含愈滋猖獗遠效擾於鹽邑繼掩襲於海陵用怨酬恩稔惡恣暴爲封豕以洊食貪婪無厭怒螳螂而當車滅亡可待故神人之共憤豈覆載之所容舍是弗圖孰不可忍李全可削奪官爵停給錢糧敕江淮制臣整諸軍而討伐因朝野僉議堅一意以勦除蔽自朕心誕行天罰肆予衆士久銜激憤之懷曁爾邊氓期洗沈冤之痛益勉思於奮厲以共赴於功名凡曰脅從舉宜效順當察情而宥過庸加惠以褒忠爰飭邦條式孚群聽應擒斬到全者賞節度使錢二十萬銀絹二萬匹同謀人次第擢賞能取奪見占城壁者州除防禦使縣除團練使將佐官民兵以次推賞逆全頭目兵卒皆我遺黎豈甘從叛諒由劫制必非本心所宜去逆來降並與原罪若能立功效者更加異賞鄭衍德國安用雖與逆全管兵然屢效忠欵乃心本朝馮垍于世珎雖爲逆全信用然俱通古今宜曉逆順如率衆來降當加擢用四方士人流落淮甸一時陷賊實非本心如能相率來歸當與赦罪海州漣水軍東海縣等處有爲逆全守城壁者舉城來降當各推恩時靑以忠守境屢立駿功彭義斌以忠拓境大展皇略亦爲逆全謀害俱加贈典追封立廟噫以威報虐旣有辭於苗民惟斷乃成斯克平於淮蔡布告中外咸使聞知詔詞淸之所代也促荊襄淮西諸軍赴援壬子全兵突至灣頭璥夫恐欲走副都統丁勝劫關者止之全攻城南門都統趙勝自堡砦提勁弩赴大城注射全稍退全遣劉全奄至堡砦西城下欲奪之以瞰大城先是趙勝屯西城見濠淺每曰設有寇至未圖大城先襲堡砦何可不備盛暑中督軍浚濠人皆苦之翟朝宗亦以爲笑旣浚勝決新塘水注焉及是劉全不能進勝又浚市河人尤謂不急全至勝開水門納賈舟千餘艘活者數千人糧貨不與焉時朝廷雖下詔討全而猶有內圖戰守外用調停之說是日璥夫得彌遠書許增萬五千人糧勸全歸楚州璥夫亟遣劉易卽全壘授全全笑曰丞相勸我歸丁都統與我戰非相給耶擲書不受惟留省劄璥夫始知全紿已亟發牌印迓范葵丑全塞泰州城濠于邦傑宗雄武通全戒守者無得發矢俟薄城而感之全得距堙宋濟恐令縣尉某如全壘全以增糧省檄示之尉復出獻錢二百萬以降乙卯邦傑雄武開門導全濟師僚吏出迎全入坐郡治濟發帑出所獻錢全曰獻者獻汝私藏耶若泰州府庫則我固有何假汝獻爲乃舍濟僉判廳入郡堂盡收子女貨幣庚申全聞范葵旣入鞭衍德曰我計先取揚州度江爾曹勸我先取通泰今二趙入揚州矣江其可度耶莫敢對旣而曰今惟有徑擣揚州耳甲子全配兵守泰州悉出衆宜陵丙寅至灣頭立砦據運河之衝使胡義將先鋒騎駐平山堂伺三城機便丁卯全攻城東門不利賊將張友呼城東請見葵全隔濠立馬相勞苦葵切責之全彎弓抽矢向葵而去戊辰張璡戴友龍王銓張靑以天長制勇三軍至阻全不得前遣人請援范葵親出堡塞西門列陳待之全不敢動璡等乃入城庚午全晨率步騎五千餘攻堡塞西門趙勝出兵戰不利范葵以兵益之全兵亦增葵擊郄之辛未賊引兵三萬沿州城東向西門李虎趙必勝張璡崔福力戰自巳至申全乃沿東門以歸丁勝王鑑于俊擊走之襄兵萬人至眞州上堺統制張達監軍張大連不設備魚貫而行全哨馬帥田四擊之爲數截殲者五千達大連死之淮西援兵至亦遇全統領桑靑力戰城中俱不知也襄兵敗全兒熠益振每曰我不要淮上州縣度江浮海徑至蘇杭孰能當我甲戌復引輕騎犯州城南門且欲破堰泄濠水統制陳達率勁弩射之范葵出軍迎擊乃去是日金玠等距淮安十里焚全砦擒全將劉全出戰玠軍不利退屯寶應全志吞三城而兵每不得傳城下宗雄武獻全計曰城中素無薪且儲蓄爲總所支借殆盡若築長圍三城自困乙亥全悉衆及驅鄉農合數十萬列砦圍三城制司總所糧援俱絕范葵命三城諸門各出兵劫砦舉火爲期夜半縱兵衝擊殲賊甚衆自是賊一意長圍以持久因官軍不復薄城戊寅全張蓋奏樂平山堂布置築圍指揮閑暇范葵令諸門以輕兵

牽制親帥將士出堡砦西全分路鏖戰自辰至未殺傷相當庚辰范出師大戰玠等破全將張友于都倉獲糧船數十艘甲申葵出戰賊大敗四年正月辛卯全兵涉闖城塹范葵遣諸將出城東門掩擊全走土城官軍躡之蹂溺甚衆是日玠破全將鄭祥獲糧百艘甲午全兵千餘犯州城東門城中出兵應之全卽引去乙未李虎出南門楊義出東門王鑑出西門崔福出北門各徑抵賊圍開土城數處范葵提兵策應全步騎數千出戰諸軍奮擊俘馘甚衆夜賊復合所開城丁酉趙勝遣統制陸昌孫暈立橋堡砦于北門賊步騎分道來戰勝擊退之范陳于西門賊閉壘不出葵曰賊俟我收兵而出爾乃伏騎破垣門收步卒誘之賊兵數千果趨濠側虎力戰城上矢石雨注賊退有頃賊別隊自東北馳至范葵揮步騎夾浮橋吊橋並出爲三迭陳以待之自巳至未賊與大戰別遣虎顯廣必勝義以馬步五百出賊背而葵帥輕兵橫衝之三道夾擊用范所制長槍果大利賊敗走翼日全遣步卒三百餘向城西門乍進乍退以誘揚州兵復驅壯丁增濠面培鹿角范葵遣騎將出夾城東西牽制之親出州城西門分三道以進賊望風潰乃募勇力齋薪砲焚其樓櫓十餘賊自平山堂麾騎下救道遇于俊軍而歸始全反計雖成然多顧忌且懾其黨不皆從逆邊陲好進喜事者欲挾賊爲重或陰贊之謂激作愈甚朝廷愈畏則錢糧愈增又許身任調停之責故全兵將舉而張國明先召全之託詞陳遇棄城及歸過三趙圖已蓋成謀也及三趙用宋師集諸闖易國明沮削全官爵罷支錢糧攻城不得欲戰不利全始自悔忽忽不樂或令左右抱其臂曰是我手否人皆怪之時正月望城中放燈張樂姑示整暇全見之亦往海陵載妓女張燈平山堂矯情自肆是晚燕大元宣差宣差激全曰相公服飾器用多南方物乃心終在南耳全乃取誥勅朝服南向歷述平生梗槩再拜褫服焚之歎曰國明誤我淚下如雨收淚就坐彊歡有朐山于道士者老矣全迎致之初見全卽歎曰我業債合在此償耶占事多驗尊爲軍師及見全焚誥命謂人曰相公死明日我死今日矣人問之曰朝廷以安撫提刑討逆然爲逆者節度使也豈有安撫提刑能擒節度使哉誥勅旣焚則一賊爾盜固安撫提刑所得捕不死何爲入見全曰相公明日出帳門必死全怒以爲厭已斬之范葵夜議詰朝所向葵曰東向利不如出東門范曰西出嘗不利賊必見易因其所易而圖之必勝不如出堡塞西門壬寅全置酒高會平山堂有堡塞候卒識其槍垂雙拂爲號以報范喜謂葵曰此賊勇而輕若果出必成擒矣乃悉精銳數千而西取官軍素爲賊所易者張其旗幟以易之全望見喜謂宣差曰看我掃南軍官軍見賊突闘而前亦不知其爲全也范麾軍並進葵親搏戰諸軍爭奮賊始疑非前日軍欲走入土城李虎軍已塞其甕門全窘從數十騎北走葵率諸將以制勇寧淮軍蹙之賊趨新塘新塘自決水後淖深數尺會久晴浮戰塵如燥壤全騎陷淖不能拔制勇軍奮長槍三十餘亂刺之全曰無殺我我乃頭目先是令諸陣上衆獲頭目無得爭以爲獻故羣卒碎其尸而分其鞍馬器甲并殺三十餘人類非卒伍俱不暇問甲辰賊軍全椒人周海請降報全已殺餘黨議潰去未幾聞安用歎恨飲泣初議推一人爲首以竟其逆莫肯相下欲還淮安奉楊氏主之范夜上捷書制置司議翼日追賊乙巳早安用引五百騎徑南門趨灣頭范伏弩射之賊呼曰爾襄陽援兵已敗走汝知之乎城中應曰汝李全已爲戮汝何不降賊不應諸將欲追賊范懼有伏兵先分兵燒團城樓櫓夜半火光燭天命東南諸門皆出兵范葵繼提精兵進四鼓賊大潰丙午黎明葵追及賊于灣頭一戰又破之俘斬及奪回糧畜蔽野別將追至大儀不及葵使人瘞新塘骸骨得左掌無一指蓋全支解也先是全乞靈茅司徒廟無應全怒斷神像左臂或夢神告曰全傷我全死亦當如我至是果然揚州平善湘以露布上帝驚喜太后舉手加額國明輩懼禍及已唱論云全未死至有資遊士吳大理等助煽之及泰州凱奏繼上浮言始定朝中皆擬隨表入賀彌遠以小寇就平謝止之甲寅善湘來犒師二月命胡穎部所獲賊酋二十人獻俘于朝且定奇功二十有九人及其餘促行賞又遣趙楷往禀廟算三月庚寅禡祭有梟鳴于牙占之吉別遣余子才率王旻等將萬五千人與于玠犄角取鹽城癸巳步騎十萬發揚州留勝權守庚子鹽城賊董友王海以兵圍卞整砦玠擊却之癸卯遣總轄韓亮戚永昇率多槳船及民船四百入射陽湖擊賊于論口丁未亮破賊于崔渭己酉范葵分兵進至平河橋勦賊甚多壬子玠整敗賊將王國輿于岡門斬首千級四月丁巳敗賊于十里亭賊兵爭門墜濠如蟻庚申別將范勝趙輿破賊砦于壽河拔農民脅從者萬家壬戌范葵遣諸軍薄淮安城下賊大敗死者萬餘焚二千家城中哭聲振天甲子子才自他道進攻賊將董友拒之大戰于港口敗之庚辰舟師過漣水戰勝達淮安五月丙戌朔天大霧官兵攻上城賊守者尚臥倉皇起闘官軍互踏肩爲梯前者或墜後者繼至自丑至未五城俱破斬首數千級生擒數百人兵士有故隸楚州左右軍者家屬數爲賊虐至是洩憤無老幼皆殺之燒砦柵萬餘家腥焰蔽天餘寇爭橋入大城重濠皆滿淮北賊歸赴援舟師又勦擊焚其水柵夷五城餘址賊始懼己亥子才率趙必勝王旻軍移砦西門道遇賊大戰至夜不解子才爲銳陣左右救乃勝楊氏諭鄭衍德等曰二十年黎花槍天下無敵手今事勢已去撐拄不行汝等未降者以我在故爾殺我而降汝必不忍若不圖我人誰納降今我欲歸老漣水汝等宜告朝廷本欲圖我來降爲我所覺已驅之過淮矣以此請降可乎衆曰諾翼日楊氏絕淮而去賊黨卽遣僞計議焉珀潘于欵于軍門范等密聞于朝朝論不可范曰若明諭朝旨是堅賊志不如陽許以誤之我自爲必討之計乃遣范用吉入城諭賊曰朝廷已許納降但令安撫交過北軍衍德等遣潘于隨用吉報謝許獻玉帶犒軍黃金四千兩范曰我欲欵賊賊更來欵我于歸鄭衍德等自知降亦不免始送欵于金至是金遣其副統軍許奕萬戶兀林答以其京東元帥牒來言曰此賊不降能爲兩國患請與大國夾攻之各勿受降范恠其來無故而難於陰絕遣王貴報之不從其請六月己未大戰于河西三砦賊大敗楊氏歸漣水壬戌賊先遣妻孥過淮軍爭欲往斬之不能禁反有起殺頭目者甲子復大戰淮安遂平議乘勝復淮陰兵未行淮陰降金繼得探報云宋師遲一宿攻城淮安亦爲金有矣於是全所據州悉平楊氏竄歸山東又數年而後斃全之寇泰州官屬十有九人皆迎降獨教授高夢月不汙詔贈三官全子壇

宋史卷四百七十八

元　中　書　右　丞　相　總　裁　脫　脫　等　修

列傳第二百三十七

世家一

南唐李氏

唐自安史之亂藩鎭專制百有餘年浸成割據及巢賊蹂躪郡邑丘墟降臻五季豪傑蠭午各挾智力擅爲封疆自制位號以爭長雄天厭禍亂授宋大柄太祖命將出師十餘年間南平荊楚西取巴蜀劉鋹旣俘李氏納欵至于太宗吳越請吏漳泉來歸薄伐太原遂僨北漢而海內一矣王偁東都事略用東漢隗囂公孫述例置孟昶劉鋹等於列傳舊史因之今倣歐陽脩五代史記列之世家凡諸國治亂之原天下離合之勢有足鑒者悉著于篇其子孫諸臣事業有可考者各疏本國之下作列國世家

南唐李景本名景通後改爲璟避周廟諱後改爲景父昪吳楊行密將徐溫養子冒姓徐氏名知誥五代史有傳景十餘歲以父任駕部郎中諸衞將軍後唐天成二年溫卒昪遂專吳政昪將出鎭欲以國事付景拜兵部尚書參知政事昪出鎭金陵還景司徒平章事知內外左右諸軍事頃之亦赴金陵爲中外諸軍副都統昪受吳禪國號大齊改元昪元僭帝號居金陵自云唐宗室建王恪之後下令復姓李氏國號唐封景吳王諸道元帥錄尚書事改封齊王昪立七年卒景襲位改元保大尊母宋氏爲皇太后立妻鍾氏爲皇后用宋齊丘周宗爲宰相郊祀天地天福末遣其將祖思全何洙侵福建漳泉之地漢乾祐初李守貞以河中叛潛遣舒元楊訥間道求援於景景命其將李金全郭全義出師應之金全以聲勢不接初不願行景固遣之至沭陽聞守貞敗乃還周廣順初景又遣其將邊鎬平湖湘尋復失之顯德二年周世宗征淮南破景衆於正陽遂進圍壽州太祖時總禁兵破景將何延錫於渦口又擒皇甫暉於滁州景大懼遣其臣鍾謨李德明奉表願爲附庸未幾又遣其臣孫晟王崇質奉表獻濠壽泗楚光海六州之地願罷兵世宗未之許四年春世宗大破景軍於紫金山降其將朱元克壽州冬又克濠泗二州五年春改元中興未幾又改元交泰是春周師克楚州又進克揚州將議濟江景大懼請盡割江北之地畫江爲界稱臣於中朝歲貢土物數十萬世宗許之始禀周之正朔上表稱唐國主世宗答書用唐報回鶻可汗之制云皇帝恭問江南國主臨汴水置懷信驛以待其使景又上言世宗請傳位於世子冀世宗賜書勉諭之乃止景旣失淮南之地頗躁憤惡其大臣宋齊丘陳覺李徵古皆殺之六年十月冀卒命御廚使張延範充使弔祭建隆元年太祖受命卽遣使以書諭景初顯德中江南將校相繼來降周成等三十四人皆在京師至是遣歸二月景遣使貢絹二萬匹銀萬兩賀登極及澤潞平景又貢銀五千兩爲賀七月還京又貢金器五百兩銀器三千兩羅紈千匹絹五千匹又遣其禮部郎中龔愼儀貢乘輿服御物每歲冬正端午長春節皆以土產珍異金銀器用繒

帛片茶爲貢每景及錢俶遣親屬入貢皆御前殿曲宴以寵之景生日遣使賜以金幣及賜羊萬口馬三百疋槖駝三十以爲常制是年親征李重進駐蹕廣陵遣其左僕射嚴續來犒師俄遣其子蔣國公從鎰朝行在所又遣其戶部尚書馮延魯貢金買宴并伶官五十人作樂上壽又貢金銀器金玉鞍勒銀裝兵器及錢銀綾絹皆有加常數太祖亦厚賜之初景之襲父位也屬中原多故盧文進李金全皇甫暉之徒皆奔於景跨據江淮三十餘州擅魚鹽之利卽山鑄錢物力富盛嘗試貢士高祖入關詩頗有窺覦中土之意自世宗平淮甸浸以衰弱及太祖平揚州日習馬舫戰艦於京城之南池景懼甚其小臣杜著頗有辭辨僞作商人由建安渡來歸又彭澤令薛良坐事責授池州文學亦挺身來奔獻平南策景聞之益懼太祖命斬著於下蜀市良配隸廬州衙校景乃安終以國境蹙弱不遑寧居遂遷於豫章上遣通事舍人王守正持詔撫之俄而景卒其臣桂陽郡公徐邈奉遺表來上太祖廢朝五日遣鞍轡庫使梁義吊祭賵賻絹三千匹子煜又遣其臣馮謐奉表願追尊帝號許之煜乃謚景爲明道崇德文孝皇帝廟號元宗陵號順陵

煜字重光景第六子也本名從嘉少聰悟喜讀書屬文工書畫知音律初封安定郡公累遷諸衞大將軍副元帥封鄭王景始嗣位以弟齊王景遂爲元帥居東宮燕王景達爲副元帥就昇樞前盟約兄弟相繼中外庶政並委景遂參決景長子冀爲東都留守後又立景遂爲大弟景達爲齊王元帥冀爲燕王副元帥冀鎭京口周師征淮吳越圍常州冀部將敗之景達屯濠州兵衂遁還及割地後出景遂爲洪州元帥封晉王景達撫州元帥立冀爲太子景遂尋卒數月冀亦卒乃立從嘉爲吳王建隆二年景遷洪州立爲太子監國是秋襲位居建康改名煜立母鍾氏爲聖尊后以鍾氏父名泰章故也妻周氏爲國后遣戶部尚書馮謐來貢金器二千兩銀器二萬兩紗羅繒綵三萬匹且奉表陳紹襲之意曰臣本於諸子實愧非才自出膠庠心疎利祿被父兄之蔭育樂日月以優游思追巢許之餘塵遠慕夷齊之高義繼傾懇悃上告先君固匪虛詞人多知者徒以伯仲繼沒次第推遷先世謂臣克習義方旣長且嫡俾司國事遽易年華及乎暫赴豫章留居建業正儲副之位分監撫之權懼弗克堪常深自勵不謂奄丁艱罰遂玷纘承因顧肯堂不敢滅性然念先世君臨江表垂二十年中間務在倦勤將思釋負臣亡兄文獻太子從冀將從內禪已決宿心而世宗敦勸旣深議言因息及陛下顯膺帝籙彌篤睿情方誓子孫仰酬臨照則臣向於脫屣亦匪邀名旣嗣宗祊敢忘負荷唯堅臣節上奉天朝若曰稍易初心輒萌異志豈獨不遵於祖禰實當受譴於神明方主一國之生靈遐賴九天之覆燾況陛下懷柔義廣煦嫗仁深必假淸光更逾曩日遠憑帝力下撫舊邦克獲晏安得從康泰然所慮者吳越國鄰於弊土近似深讎猶恐輒向封疆或生紛擾臣卽自嚴部曲終不先有侵漁免結釁嫌撓干旒扆仍慮巧肆如簧之舌仰成投杼之疑曲構異端潛行詭道願迴鑒燭顯諭是非庶使遠臣得安危懇太祖詔答焉自景畫江內附周世宗貽書於景至是因煜之立始下詔而不名會昭憲太后葬煜遣戶部侍郎韓熙載太府卿田霖來貢三年詔煜應朝廷橫海飛江水鬬懷順諸軍親屬有在江表者悉遣令渡江煜每聞朝廷出師克捷及嘉慶之事必遣使犒師脩貢其大慶卽更以買宴爲名別奉珍玩爲獻吉凶大禮皆別修貢助煜有母妻之喪亦遣使往吊乾德元年煜上表乞呼名詔不許二年又詔江北許諸州民及諸監鹽亭戶緣江採捕及過江貿易先是江北置榷場禁商人渡江及百姓緣江樵採是歲以江南荐饑特弛其禁三年獻銀二萬兩金銀龍鳳茶酒器數百事開寶四年又以占城闍婆大食國所送禮物來上又遣弟從謙奉珍寶器用金帛爲貢且買宴其數皆倍於前是冬以將郊祀又遣弟從善來貢會嶺南平煜懼上表遂改唐國主爲江南國主唐國印爲江南國主印又上表請所賜詔呼名許之煜又貶損制度下書稱敎改中書門下省爲左右內使府尚書省爲司會府御史臺爲司憲府翰林爲文館樞密院爲光政院降封諸王爲國公官號多所改易五年長春節別貢錢三十萬遂以爲常太祖以從善爲泰寧軍節度賜第留京師是歲煜又貢米麥二十萬石雖外示畏服脩藩臣之禮而內實繕甲募兵潛爲戰備太祖慮其難制令從善諭旨於煜使來朝煜但奉方物爲貢六年賜米麥十萬斛振其飢民七年秋遂詔煜赴闕煜稱疾不奉詔冬乃興師致討以宣徽南院使義成軍節度曹彬爲西南面行營都部署山南東道節度潘美爲都監煜初聞大兵將舉甚惶懼遣其弟從鎰及潘愼脩來買宴貢絹二十萬匹茶二十萬斤及金銀器用乘輿服物等及至遂留於別館王師克池州又破其衆二萬於采石磯擒其龍驤都虞候楊收等獲馬三百匹江表無戰馬朝廷歲賜之及是所獲觀其印文皆歲賜之馬也初將有事江表江南進士樊若水詣闕獻策請造浮梁以濟師太祖遣高品石全振往荆湖造黃黑龍船數千艘又以大艦載巨竹絙自荆渚而下及命曹彬等出師乃遣八作使郝守濬等率丁匠營之議者以爲古未有作浮梁渡大江者恐不能就乃先試於石牌口移置采石三日而成渡江若履平地煜初聞朝廷作浮梁語其臣張洎洎對曰載籍已來長江無爲梁之事煜曰吾亦以爲兒戲耳王師渡江煜委兵柄於皇甫繼勳委機事於陳喬張洎又以徐溫諸孫元楀等爲傳詔每軍書告急多不時通八年春王師傅城下煜猶不知一日登城見列柵於外旌旗徧野始大懼知爲近習所蔽遂殺繼勳召朱令贇於上江令違巨筏截甲士數萬人順流而下將斷浮梁未至爲劉遇所破又募勇士五千餘人謀襲官軍皆素不習戰以暮夜人秉一炬來攻襲北砦宋師縱其至擊之殲焉獲其將帥悉佩印符初彬之南征也太祖親諭之曰卿至彼愼勿暴掠可示以兵威俾自歸順不必急攻及彬軍圍城又命左拾遺知制誥李穆送從鎰還本國諭以手詔促其降會潤州平煜危迫甚遣其臣徐鉉周惟簡奉方物來貢手書奏自以來哀懇求罷兵太祖不許俄復遣鉉等入貢仍乞緩師又不答但厚賜遣之初從鎰之還詔諸將罷攻城而煜終惑左右之言猶豫不決遂詔進兵八年冬城陷曹彬等駐兵于宮門煜率其近臣迎拜於門彬等上露布以煜并其宰相湯悅等四十五人上獻太祖御明德樓以煜嘗奉正朔詔有司勿宣露布止令煜等白衣紗帽至樓下待罪詔並釋之賜冠帶器幣鞍馬有差下詔曰上天之德本於好生爲君之心貴乎含垢自亂離之云瘼致跨據之相承諭文告而弗賓申吊伐而斯在慶茲混一加以寵綏江南僞主李煜承奕世之遺基據偏方而竊號惟乃先父早荷朝恩當爾襲位之初未嘗稟命朕方示以寬大每爲含容雖陳內附之言罔效駿奔之禮聚兵峻壘包蓄日彰朕欲全彼始終去其疑間雖頒召節亦冀來朝庶成玉帛之儀豈願干戈之役蹇然弗顧潛蓄陰謀勞銳旅以徂征傳孤城而問罪洎聞危迫累示招攜何迷復之不悛果覆亡之自掇昔者唐堯光宅非無丹浦之師夏禹泣辜不赦防風之罪稽諸古典諒有明刑朕以道在包荒恩推惡殺在昔騾車出蜀靑蓋辭吳彼皆閏位之降君不預中朝之正朔及頒爵命方列公侯爾實爲外臣戾我恩德比禪與晧又非其倫特升拱極之班賜以列侯之號式優待遇盡捨尤違可光祿大夫檢校太傅右千牛衞上將軍仍封違命侯召升殿撫問妻周氏封鄭國夫人又以其子神武右廂都指揮使仲寓爲左千牛衞大將軍弟宜州節度使從鎰爲左領軍衞大將軍江州節度使從謙爲右領軍衞大將軍神武統軍從度爲左監門衞大將軍神武左廂都指揮使從信爲右監門衞大將軍姪戶部尚書仲遠爲右驍衞將軍刑部尚書仲輿爲右武衞將軍禮部尚書仲偉爲右屯衞將軍宗正卿季操爲左武衞將軍殿中監仲康爲右領衞將軍殿中少監仲宣爲監門衞將軍仍賜其弟姪宅各一區太宗卽位始去違命侯加特進封隴西郡公太平興國二年煜自言其貧詔增給月奉仍賜錢三百萬太宗嘗幸崇文院觀書召煜及劉鋹令縱觀謂煜曰聞卿在江南好讀書此簡策多卿之舊物歸朝來頗讀書否煜頓首謝三年七月卒年四十二廢朝三日贈太師追封吳王先是江南自後漢以來民間有服玩侈靡者人詢之必對曰此物屬趙寶子又煜之妓妾嘗染碧經夕未收會露下其色愈鮮明煜愛之自是宮中競收露水染碧以衣之謂之天水碧及江南滅方悟趙國姓也寶年號也天水趙之望也

從善字子師僞封鄭王累遷太尉中書令後降封南楚國公開寶四年春奉方物來貢授泰寧軍節度兗海沂等州觀察等使留京師時太祖平劉鋹將召煜入朝故授從善節制仍賜汴陽坊甲第一區煜手疏求遣從善歸國優詔不許七年推恩將佐以掌書記江直木爲司門員外郎同判兗州衙內都指揮使兼左都押衙崔光習爲右千牛衞將軍衙內都虞候兼右都押衙子再輿爲右千牛衞中郎將並同正又封從善母凌氏吳國太夫人江南平改右神武大將軍雍熙初再遷右千牛衞上將軍出爲通許監軍四年卒年四十八子仲翊大中祥符初賜同進士出身二年復召試除楚州推官累遷殿中丞坐事免次子仲猷景德中特錄爲三班借職

從諓本名從謙僞封吉王後降封諤國公隨煜歸朝爲右領軍衞大將軍遷右龍武大將歷知隋復成三州上表改名淳化五年上言貧不能自給求外任以本官充武勝軍行軍司馬月給奉錢三萬子仲僎大中祥符八年舉士

季操昇從父弟僞江王湯之子也從煜入朝後爲右神武將軍累遷左衞大將軍領康州刺史出爲單州都監歷知淮陽漣水二軍蔡舒二州大中祥符四年卒

仲寓字叔章少聰慧能屬文多才藝僞封清源郡公歸朝爲千牛衞大將軍煜卒太宗賜仲寓積珎坊第一區白金五千兩仲寓宗族百餘口猶貧不能給上書自陳太宗憐之授郢州刺史在郡迨十年爲政寬簡部內甚治淳化五年卒年三十七子正言景德三年特補供奉官早卒無嗣唯一女孤幼眞宗愍之賜絹百匹錢二百萬以備聘財仍遣內臣主其事煜有土田在常州官爲檢校上聞其宗屬貧甚命鬻其半置資產以贍之

舒元潁州沈丘人少倜儻好學與道士楊訥講習於嵩陽通左氏及公穀二傳與訥同詣河中謁李守貞與語奇之俱館於門下守貞謀叛遣元與訥間道乞師江南江南遣大將軍皇甫暉等率衆數萬次沭陽爲之聲援會守貞敗元與訥留江南元易姓朱楊訥更姓名爲李平元事李景歷江寧令駕部員外郎文理院待詔嘗坐事左遷世宗征淮南諸郡多下元求見言兵事景大悅遣率兵攻舒州復之卽以爲團練使又平歷陽景以元爲淮南北面招討使周師圍壽春景以其弟齊王景達爲元帥率兵來救以陳覺爲監軍總軍政元素與覺有隙覺密表譖元於景信之立遣大將楊守忠代元元憤怒自以戰功高又不忍負景欲自殺門下客宋泊諫曰大丈夫何往不取富貴豈必爲妻子死哉元聽之將其衆歸世宗景盡誅其妻子世宗素知元驍果得之甚喜以爲檢校太保蔡州防禦使淮南平改濠州防禦使宋初從平李重進改沂州防禦使爲滑州巡檢與節帥不協誣奏元爲同產妹婿宋玘請求事得釋詔元復姓舒氏開寶五年爲白波兵馬都監太平興國二年卒年五十五特贈武泰軍節度元辯捷强記治郡日或奏其不親獄訟事多宂滯太祖面詰問之凡所詰元必具誦欵占指述曲直太祖甚嘉歎之子知白知雄知崇知白至作坊使知雄初補殿直雷有終薦授供奉官鄜延路駐泊都監後辭疾居嵩山知白嘗奏事太宗語及之卽召出授西京作坊副使泉福都巡檢使眞宗初懇請入道歸嵩陽舊隱復爲王嗣宗李元則所薦授供備庫使歷知棣州麟府鄜延鈐轄又知處州復求入道面賜紫冠服號崇玄大師嘗獻字母圖有詔褒獎乾興元年卒年八十一知崇累歷內職至供備庫使嘗爲廣州鈐轄河北安撫副使卒知白子昭遠大中祥符五年任大理評事因對自陳改大理寺丞賜進士第至太常博士

韓熙載字叔言濰州北海人後唐同光中擧進士名聞京洛父光嗣爲平盧軍節度副使同光末青州軍亂逐其帥符習推光嗣爲留後明宗卽位誅光嗣熙載奔江南歷僞吳滁和常三州從事李昪僭號爲祕書郎令事其子景於東宮景嗣位遷虞部員外郎史館脩撰熙載自言受昪知遇不得顯位是以我屬嗣君也遂上章言事切直景嘉納之又改吉凶儀禮不如式者十數事大爲宋齊丘馮延巳所忌昪將葬以熙載知禮令兼太常博士時江左草創典禮多闕議者以昪繼唐昭宗之後廟號合稱宗熙載建議以爲古者帝王已失之已得之謂之反正非我失之自我復之謂之中興中興之君廟號稱祖以爲昪興旣墜之業請號烈祖景由是益加恩禮擢知制誥熙載性懶慢朝直多闕未幾罷去晉天福末中原多事江南方盛其臣陳覺馮延魯建討福州師敗而還景釋不問罪熙載與徐鉉同上疏請寘于法覺延魯宋齊丘之黨也熙載爲齊丘所排貶和州司馬語在徐鉉傳久之召爲虞部郎中史館脩撰拜中書舍人世宗平淮甸景患國用不足熙載請鑄鐵錢及煜襲位卒行其議以熙載爲兵部尚書充鑄錢使錢貨益輕不勝其弊熙載頗亦自悔熙載善爲文江東士人道釋載金帛以求銘誌碑記者不絕又累獲賞賜由是畜妓妾四十餘人多善音樂不加防閑恣其出入外齋與賓客生徒雜處煜以其盡忠言事垂欲相之終以帷薄不修責授右庶子分司洪州熙載盡斥諸妓單車卽路煜留之改祕書監俄而復位向所斥之妓稍稍而集頃之如故煜歎曰吾亦無如之何遷中書侍郎光政殿學士承旨開寶三年卒年六十煜痛惜之贈左僕射平章事謚文靖葬於梅頂岡謝安墓側命徐鍇集其遺文熙載才氣俊逸機用周敏性高簡無所卑屈未嘗拜人雖被遣逐終不改節江左號爲韓夫子顯德中熙載來朝廷歸景問中國大臣時太祖方典禁兵熙載對曰趙點檢顧視不常不可測也及太祖登極景益重之頗以文章自負好大言初乾德丁卯年五星連珠於奎奎主文章又在魯分時太宗鎭兗海中國太平之符也是歲熙載著格言五卷自序其事云魯無其應韓子格言成之人多笑之

馮謐本名延魯字叔文其先彭城人唐末南渡家于新安李昪僭號立子景爲太子謐與兄延巳俱以文學得幸及景嗣位累遷至中書舍人晉開運末閩越大亂景遣謐與諫議大夫陳覺乘傳安撫謐遂矯詔發數郡兵攻福州及敗引佩刀自刺親吏制之不死長流舒州會赦敘用復爲中書舍人改工部侍郎江南以揚州爲東都命謐副留守周世宗下揚州謐髡髮爲僧匿于佛寺爲官軍所獲世宗釋之授太常卿賜與甚厚數年拜刑部侍郎放還爲戶部尚書建隆三年煜遣來貢因表求舒州田宅詔賜之後改常州觀察使而卒子伉歸中朝與兄儀价並登進士第伉文辭清麗嘗著平晉頌時人稱之累遷殿中侍御史歷典藩郡皆有治跡咸平三年知福州卒特賜錢十萬錄其子玄應同學究出身

潘佑南唐散騎常侍處常之子少介僻杜門讀書不交人事及長善屬文尤長於論議陳喬韓熙載徐鉉等共薦於景爲祕書省正字直崇文館煜襲位遷虞部員外郎史館脩撰未幾知制誥爲內史舍人有李平者本嵩山道士楊訥依河中帥李守貞漢乾祐中守貞反遣訥與舒元乞師江南守貞敗訥遂易姓名江南以爲員外郎遷衞尉少卿蘄州刺史戶部侍郎平好神仙修養之事動作妖妄自言常與神接佑亦好神仙遂相善二家皆置淨室圖神像常被髮裸袒處室中家人亦不得至佑嘗建議復井田及依周禮置牛籍薦平判司農寺以督之事行百姓大擾未幾而罷佑自以爲衆所排因憤怒歷詆大臣與握兵者兩爲朋比將謀反叛又言國將亡非己爲相不可救江南政事多在尚書省因薦平知省事又薦星官楊熙澄爲樞密使小校侯英典禁兵煜不納佑益忿抗疏請誅宰相湯悅等數十人煜手書敎戒之佑不復朝謁乃於家上書曰臣聞三軍可奪帥也匹夫不可奪志也近者連上表章指陳姦惡何面目以見士人乎遂自縊死

皇甫繼勳江州節度使暉之子幼以父蔭爲軍校父死難於滁州累遷將軍池饒二州刺史勤於吏事入爲諸軍都虞候遷神衞統軍都指揮使諸老將相次皆死而繼勳尚少遂爲大將貲產優贍營第舍車服畜妓樂潔飲食極遊宴之好及宋師至諸軍多敗衂繼勳欲煜之速降每衆中流言頗道國中蹙弱姪紹傑亦以繼勳故爲巡檢常令紹傑入見煜陳歸命之計會有風雹繼勳又密陳滅亡之兆偏裨或有募勇士欲夜出營邀宋師者輒鞭而拘之又因請出煜親兵千餘守闕城爲宋師所掩一日煜躬自巡城見宋師列柵城外旌旗徧野始驚懼知爲左右所蔽及巡城還繼勳從至宮煜乃責其流言惑衆及不用命之狀收付大理始出軍士悉集臠割其肉頃刻都盡紹傑亦被誅煜皆赦其妻子

周惟簡饒州鄱陽人隱居好學問明易義煜召爲國子博士集賢侍講頃之以虞部郎中致仕宋師圍金陵煜求能使交兵者張洎薦惟簡有遠略可以談咲和解之召爲給事中與徐鉉奉使至京師太祖召見詰責惟簡惶恐反言曰臣本居山野無仕進之意李煜强遣來耳臣素聞終南山多靈藥事寧後願得栖隱太祖許之江南平以惟簡爲國子周易博士判監事開寶九年上書述前志求解官蓋不得已非其心也改虞部郎中致仕以其子繕爲京兆府鄠縣主簿俾就養太平興國初惟簡自終南至闕下求入見有司以致仕官非有詔召無求對之制乃還歲餘復上表自求用除太常博士遷水部員外郎卒繕後擧進士至都官員外郎

宋史卷四百七十九

元　中　書　右　丞　相　總　裁　脫　脫　等　修

列傳第二百三十八

世家二

西蜀孟氏

西蜀孟昶初名仁贊及僭位改焉其先邢州龍岡人父知祥事後唐武皇皇以弟之子妻之是爲瓊華長公主同光初知祥爲太原尹知留守事三年平蜀四年以知祥爲劍南西川節度副大使知節度事明宗卽位命知祥討平東川知祥自領兩川節度明宗卽以授之長興四年封蜀王許行墨制五年閔帝立乃稱帝於蜀改元明德時淸泰元年也事具五代史昶母李氏本莊宗嬪御以賜知祥天祐十六年己卯十一月生昶於太原初知祥鎭西川不及以族行天成元年奏遣衙校迎家太原明宗因令部送長公主及昶與所生母至蜀公主以長興三年卒知祥初署昶西川節度行軍司馬僭號以昶爲檢校太保同平章事崇聖宮使東川節度知祥疾立爲皇太子權監軍國明德元年七月知祥卒昶襲位年始十六止稱明德年號委政於趙季良張知業李仁罕等二年尊其母李氏爲皇太后四年改元廣政後以事誅仁罕知業乃親政事十三年加號睿文英武仁聖明孝皇帝晉末秦州節度使何建鳳州防禦使石奉頵俱以城降昶時契丹亂華漢祖起并門中土蝗旱連歲昶益自大開貢部行郊祀禮自此君臣奢縱及周世宗克秦鳳昶始懼放還先所獲濮州刺史胡立致書世宗稱大蜀皇帝且言家世邢臺願敦鄉里之分世宗怒其無禮不答昶愈不自安乃於劍門夔峽多積芻粟增置師旅用度不足遂鑄鐵錢禁境內鐵凡器用須鐵爲之者置塲鬻之以專其利立其子玄喆爲太子用王昭遠伊審徵韓保正趙崇韜等分掌機要總內外兵柄毋

李氏謂昶曰吾嘗見莊宗跨河與梁軍戰又見爾父在并州捍契丹及入蜀定兩川當時主兵者非有功不授故士卒畏服如昭遠者出於微賤但自爾就學之年給事左右又保正等皆世祿之子素不知兵一旦邊疆警急此輩有何智略以禦敵高彥儔是爾父故人秉心忠實多所經練此可委任昶不能遵用其言及太祖下荆楚昶欲遣使朝貢昭遠等固止之太祖詔蜀之郎吏將卒先在江陵者並放還仍給賜錢帛以遣乾德二年昶遣孫遇楊蠲趙彥韜爲諜至京師彥韜潛取昶與并州劉鈞蠟丸帛書以告其書云早歲曾奉尺書遠達睿聽丹素備陳於翰墨歡盟已保於金蘭洎傳吊伐之嘉音實動輔車之喜色尋於褒漢添駐師徒只待靈旗之濟河便遣前鋒而出境先是太祖已有西伐意而未發及覽書喜曰吾用師有名矣卽命忠武軍節度王全斌充鳳州路行營前軍兵馬都部署武信軍節度侍衞步軍都指揮使崔彥進充副部署樞密副使王仁贍充都監龍捷右廂都指揮使史延德充馬軍都指揮使虎捷右廂都指揮使張方友充步軍都指揮使隴州防禦使張凝充先鋒都指揮使左神武大將軍王繼濤充濠砦使內染院使康延澤充馬軍都監翰林副使張暉充步軍都監供奉官田仁朗充濠砦都監殿直鄭粲充先鋒都監步軍都軍頭向韜充先鋒都軍頭寧江軍節度侍衞馬步軍都指揮使劉延讓充歸州路行營前軍兵馬副都部署內客省使樞密承旨曹彬充都監客省使武懷節充戰櫂部署龍捷左廂都指揮使李進卿充步軍都指揮使前階州刺史高彥暉充先鋒都指揮使右衞將軍白廷誨充濠砦使御廚副使米光緒充馬軍都監儀鸞副使折彥贇充步軍都監八作副使王令岩充先鋒都監供奉官郝守濬充濠砦都監馬步軍都軍頭楊光美充戰櫂左右廂都指揮使供奉官藥守節充戰櫂左廂都監殿直劉漢卿充戰櫂右廂都監率禁兵三萬人諸州兵二萬人分路討之詔令孫遇等指畫江山曲折之狀及兵砦戍守之處道里遠近俾畫工圖之以授全斌等因謂曰西川可取否全斌等對曰臣等仗天威遵廟算刻日可定龍捷右廂都校史延德前奏曰西川一方儻在天上人不能到固無可奈何若在地上以今之兵力到卽平矣上壯其言謂之曰汝等果敢如此我何憂乎又謂全斌等曰凡克城砦止藉其器甲芻糧悉以錢帛分給戰士及兵至昶遣王昭遠趙崇韜韓保正李進等來拒戰昭遠等相繼就擒昶大懼出金帛募兵令

其子玄喆統之李廷珪張惠安爲其副以守劍門玄喆素不習武廷珪惠安皆庸懦無識玄喆離成都但携姬妾樂器及伶人數十輩晨夜嬉戲不恤軍政至緜州聞宋師已破劍門遂遁歸東川所過焚廬舍倉廩而去昶益惶駭問計於左右有老將石斌對以宋師遠來勢不能久請聚兵固守以老之昶曰吾父子以豐衣美食養士四十年及遇敵不能爲我東嚮發一矢今若固壘何人爲我效命三年正月昶遣其通奏伊審徵齎表詣全斌請降且言中外骨肉二百餘人有親年幾七十願終甘旨之養免賜睽離之責則祖宗血食庶獲少延末援劉禪陳叔寶故事以請封號全斌等旣受其降遣馬軍都監康延澤先以百騎入城見昶諭以恩信留三日盡封府庫而還昶又遣其弟贊詣闕上表言先臣受命唐室建牙蜀川因時事之變更爲人心之擁迫先臣卽世臣方丱年猥以童昏纘承餘緒乖以小事大之禮闕稱藩奉國之誠染習偷安因循積歲所以上煩宸算遠發王師勢甚疾雷功如破竹顧惟懦卒焉敢當鋒尋束手以云歸止傾心而俟命今月七日已令私署通奏使宣徽南院使伊審徵奉表歸降以緣路寇攘前進不得臣尋更令兵士援送至十一日尚恐前表未達續遣供奉官王茂隆再齎前表至十二日以後相次方到軍前必料血誠上達睿聽臣今月十九日已領親男諸弟納降禮於軍門至於老母諸孫延餘喘於私第陛下至仁廣覆大德好生顧臣假息於數年所望全軀於此日今蒙元戎慰恤監護撫安若非天地之垂慈豈見軍民之受賜臣亦自量過咎尚切憂疑謹遣親弟詣闕奉表待罪以聞太祖詔曰朕以受命上穹臨制中土姑務保民而崇德豈思右武以佳兵至於臨戎蓋非獲已矧惟益部僻處一隅靡思僭竊之愆輒肆窺覦之志潛結并寇自啓釁端爰命偏師往申吊伐靈旗所指逆壘自平朕嘗中宵撫然兆民何罪屢馳馹騎嚴戒兵鋒務宣拯溺之懷以盡招携之禮而卿果能率官屬而請命拜表疏以祈恩託以慈親保其宗祀悉封府庫以待王師追咎改圖將自求於多福匿瑕含垢當盡滌於前非朕不食言爾無他慮昶乃舉族與官屬由峽江而下至江陵上遣皇城使竇思儼迎勞之四月初昶與母至襄漢復遣使齎詔賜茶藥所賜詔不名仍呼昶母爲國母昶將至命太宗勞於近郊昶率子弟素服待罪闕下太祖御崇元殿備禮見之賜昶襲衣玉帶黃金鞍勒馬金器千兩銀器萬兩錦綺千段絹萬匹又賜昶母金器三百兩銀器

三千兩錦綺千匹絹千匹子弟及其官屬等襲衣金玉帶鞍勒馬車乘器幣有差又遣使分詣江陵鳳翔賜其家屬錢帛疾病者給以醫藥卽日宴於大明殿先是詔有司於右掖門外臨汴水起大第五百間以待昶供帳悉備至是賜之又爲其官屬各營居第翌日詔曰伯禹導川黑水本梁州之域河圖括象岷山直井絡之墟是曰坤維素爲王土屬中原多故四海羣飛遂剖裂於山河競僭竊於位號朕削平寓縣載整皇綱復周漢之舊疆寵綏羣后采唐虞之大訓協和萬邦六年于茲百揆時敘禮樂征伐之柄盡出朝廷蠻夷山海之君咸修職貢一昨順長庚而授律法時雨以興師先申誕告之文以慰徯來之衆咨爾僞蜀主孟昶克承餘緒保據一隅擅正朔以自尊歷歲時而滋久屬王師之致討察天道之惡盈體此綏懷思於效順盡率羣吏降于軍門抗手疏以陳誠伏天闕而請命是用昭示大信盡滌疵瑕度越彝章升於崇秩冠紫微之近署以奉內朝剪鶉首之奧區爲之封邑率從異數式洽殊私爾宜欽承往踐厥位可開府儀同三司檢校太師兼中書令秦國公給上鎭節度使奉祿餘官除拜有差昶數日卒年四十七太祖廢朝五日素服發哀於大明殿賜尚書令追封楚王謚恭孝賻布帛千匹葬事官給後數日其母李氏亦卒初李氏隨昶至京師太祖數命肩輿入宮謂之曰母善自愛無戚戚懷鄉土異日當送母歸李氏曰使妾安往太祖曰歸蜀爾李氏曰妾家本太原倘得歸老并土妾之願也時晉陽未平太祖聞其言大喜曰俟平劉鈞卽如母所願因厚加賜賚及昶卒不哭以酒酹地曰汝不能死社稷貪生以至今日吾所以忍死者以汝在爾今汝旣死吾何生焉因不食數日卒太祖聞而傷之賻贈加等令鴻臚卿范禹偁護喪事與昶俱葬洛陽詔發奉義甲士千人護送七月正衙備禮冊命昶其文曰維乾德二年歲次乙丑七月己巳朔二十四日戊子皇帝若曰咨爾故檢校太師兼中書令秦國公孟昶冊贈之典所以彰世祚而紀勳伐繼絕之義所以旌異域而表來庭苟匪全功寧兼二者國家乘乾撫運括地開圖稽至德於勛華體深仁於湯禹旣定壺關之亂復剪淮夷之凶暨荆及衡洗蕩逋穢以爲君人之道先德而後刑王者之師有征而無戰兵威震疊寰宇來同以至薄伐兩川徂征三峽惟爾昶襲乃堂構據有巴庸而能祇畏皇靈保全宗緒知機識變委順圖全馳子牟魏闕之心奉伯禹塗山之會朕自聞歔欷良切虛懷舟車欣至止之

初卽第錫非常之制封崇異數祈保永年景命不融奄然殂謝於戲爾有及親之孝特異常倫爾有達上之情所期終養何高穹之不祐與幽壤之同歸斯朕所以當宁興悲徹縣永歎詢于史氏申命禮官今遣使起復雲麾將軍檢校太傅右神武統軍兼御史大夫上柱國平昌縣開國伯食邑七百戶孟仁贄持節冊贈爾爲尚書令仍追封楚王於戲式備哀榮載光簡牒南宮峻秩全楚大邦併示追崇夐超彝制始終之分朕無愧焉仍賜昶墳莊一區給守墳人米千石錢五萬初昶在蜀專務奢靡爲七寶溺器他物稱是每歲除命學士爲詞題桃符置寢門左右末年學士幸寅遜撰詞昶以其非工自命筆題云新年納餘慶嘉節號長春以其年正月十一日降太祖命呂餘慶知成都府而長春乃聖節名也又昶襲位後民質錢取息者將徙居必署其門曰召主收贖周世宗平淮甸克關南卽議討蜀而未果至太祖乃平之昶三子玄喆玄珏玄寶玄寶先卒僭贈遂王昶弟仁贄仁裕仁操昶旣降寧江軍節度同平章事伊審徵檢校太尉兼侍中韓保正山南西道節度同平章事王昭遠工部侍郎幸寅遜武信軍節度保寧軍都巡檢使李廷珪來闕下審徵授靜難軍節度昭遠授左領軍衞大將軍寅遜授右庶子廷珪授右千牛衞上將軍韓保正未授官卒保正昭遠廷珪川中各有田宅詔各賜錢三百萬又成都人王處瓊少孤有司籍其金寶昶隆輦送闕下太祖聞之令計其直還焉玄喆字遵聖幼聰悟善隸書年十四僭封秦王檢校太尉同平章事判六軍諸衞事嘗自書姚崇口箴刻諸石昶賜以銀器錦綵廣政二十一年領武德軍節度二十四年加兼侍中二十五年立爲皇太子宋師將至以玄喆爲元帥精卒萬餘旌旗用文繡以錦綢其杠是日微雨玄喆慮霑濕令解去俄雨止復旆之旌幟數千皆倒繫杠上識者異之及聞劍門陷遂奔東川數日棄軍遁歸入朝與昶同日宣制檢校太尉泰寧軍節度昶卒賜玄喆羊五百口酒五百壺玄喆獻馬二百匹白玉水晶鞍勒副之移鎭貝州在鎭十餘年亦有治迹太平興國初移鎭定州三年加開府儀同三司四年從平太原就命爲鎭州駐泊兵馬鈐轄又從征幽州率所部攻城之西面會班師遣與軍器庫使藥可瓊深州刺史念金鏁左龍武將軍趙延進殿前都虞候崔翰四方館使梁迴翰林使杜彥圭帥兵歸屯定州俄契丹入寇玄喆與諸將校破之徐河以功封滕國公入爲左龍武軍統軍判右金吾衞仗未幾知

滑州淳化初病求換潁淮一小郡養疾移知滁州卒年五十五贈侍中初玄喆在貝州凡民輸稅者皆令出商算覘其餘羨以備留使之用人頗苦之景德中都官員外郎孔揆使河北表論其事詔除之有子十五人隆記隆詁隆說隆詮並進士及第玄珏初封王與玄喆並日封拜仍檢校太保少端敏常侍昶射雙箭連中的昶奇之賜錢三十萬時玄珏方就學爲選起居舍人陳鄂爲教授至是自陳願以錢賜鄂昶嘉而許焉鄂嘗倣唐李瀚蒙求高測韻對爲四庫韻對四十卷以獻玄珏益賞之廣政二十三年玄珏領閬州保寧軍節度久之加檢校太傅歸朝爲千牛衞上將軍乾德五年遷右神武統軍代玄喆判金吾衞仗太平興國九年出爲宋曹兗鄆都巡檢又改右屯衞上將軍淳化元年四月復爲右神武統軍六月出知滑州三年卒

仁贄字忠美初爲左威衞將軍同正廣政十三年封雅王檢校太尉二十年領閬州保寧軍節度二十四年加檢校太尉及昶降遣仁贄奉表詣闕太祖召見廣德殿賜襲衣玉帶鞍勒馬俄授右神武統軍丁母憂起復領大同軍節度西京都巡檢使開寶四年卒年四十四贈太子太師

仁裕字鳴謙初爲左威衞將軍同正與仁贄同日封彭王檢校太傅廣政二十年領黔州武泰軍節度二十四年加檢校太尉歸朝授檢校太傅右監門衞上將軍遷右羽林軍開寶三年卒年四十四贈太子太傅

仁操初爲右領軍衞將軍同正與仁贄同日封嘉王檢校太傅廣政二十一年領果州永寧軍節度嘗侍昶射於梔子園仁操連中的者三二十四年加檢校太尉尤奉釋氏深究其理歸朝授右監門衞上將軍累遷右龍武統軍雍熙三年卒

伊審徵字申圖并州人父延瓌隨知祥入蜀知祥僭位以女妻延瓌僭封崇華公主延瓌歷茂嘉眉三州刺史審徵幼以孝聞母病割股肉啖之以父任歷蜀州刺史雲安榷鹽使廣政十四年高延昭求解機務急召爲通奏使知樞密院事久之領蜀州刺史秦鳳興師命檢校城砦俄領武泰軍節度選其子崇度尚公主又改寧江軍節度同平章事與王昭遠俱掌機務昶事無大小一以咨之常自以康濟經略爲已任屬宋師入境審徵首奉降表詣軍前昭遠時統軍敗走時人笑之審徵歸朝授靜難軍節度乾德六年移鎭延安開寶末入朝改右屯衞上將軍太平興國二年判右金吾衞仗雍熙五年卒年七十五

韓保正字永吉路州長子人父昭運從知祥入蜀及知祥僭號署珍州刺史保正初事知祥爲押衙及僭位以爲豐德庫使兼廣義庫使眉州刺史樞密副使復刺漢州拜宣徽北院使會鳳翔侯益歸欵以保正爲北路行營都監以圖岐陽時晉昌趙贊亦謀歸蜀爲王景崇所逼棄城東奔僞將李廷珪先退師保正次陳倉與大將張虔釗麗福誠謀議不叶益亦中變遂還成都俄爲雄武節度領兵出新關至隴州漢兵固守保正無功而還復屯雄武廣政十四年赴成都其親吏楊虔範訟保正不法昶令斬虔範釋保正不問俄改夔州寧江軍節度李昊讓度支以保正代之未幾加宣徽南院使山南節度左衞聖步軍節度指揮使遷奉鑾肅衞馬步軍都指揮使又選其子崇遂尚主宋初荊南高繼沖納土昶聞之以保正爲峽路都指揮制置使屯夔州以經畫邊事遷檢校太尉兼侍中聞太祖將加兵以保正爲山南節度興元武定緣邊諸砦屯駐都指揮使及王全斌至保正棄興元保西縣王師進圍之保正懦懼不敢出遣人依山背城結陣以自固爲史延德所破保正以麾下遯延德追擒之送全斌全斌驛置闕下太祖召升殿勞問賜袍笏金帶茵褥鞍勒馬仍賜甲第未及命官而卒贈右千牛衞上將軍

王昭遠益州成都人幼孤貧年十三依東郭僧智諲爲童子知祥鎭蜀一日飯僧於府署昭遠持巾履從智諲得入時昶方就學知祥見昭遠聰慧留給事昶左右昶嗣位以昭遠爲捲簾使茶酒庫使會樞密使王處回出知梓州昶以樞密事權太重乃以昭遠及普豐庫使高延昭爲通奏使知樞密院事機務一以委之府庫財帛恣其取不問加領眉州刺史出爲永平軍節度不數月會昭武李繼勳以目疾不能視事議以閑地處之昭遠遽以永平讓繼勳歲餘爲夔州寧江軍節度昶母常言昭遠不可用昶不從未幾兼領山南西道節度同平章事及入謝求解通奏職遂以左街使張仁貴爲副使知樞密以代之昭遠好讀兵書頗以方略自許宋師入境昶遣昭遠與趙崇韜率兵拒戰始發成都昶遣其宰相李昊等餞郊外昭遠酒酣攘臂曰是行也非止克敵當領此二三萬雕面惡少兒取中原如反掌耳及行執鐵如意指麾軍事自方諸葛亮將至漢源聞劍門已破昭遠股慄發言失次崇韜布陣將戰昭遠據胡床皇恐不能起俄崇韜敗乃免冑棄甲走投東川匿倉舍下悲嗟流涕目盡腫惟誦羅隱詩云運去英雄不自由俄爲追騎所執送闕下太祖釋之授左領軍衞大將軍廣南平奉使交阯開寶八年卒

趙崇韜并州太原人父廷隱隨知祥入蜀廷隱拳勇有智略知祥麾下無及者東川董璋襲成都廷隱大破之璋奔歸爲部下所殺知祥遂有其地及僭號以廷隱總親軍爲衞聖諸軍馬步軍指揮使累遷至太師中書令宋王卒謚忠武崇韜驍果有父風昶自置殿直四番取將家及死事孤子爲之始命李仁罕子繼宏趙季良子元振張知業子繼昭侯洪實子令欽及崇韜分爲都知領之後累遷至客省使周世宗克秦鳳將入蜀境爲崇韜拒退歷左右衞聖步軍都指揮使選其子文亮尚公主加領洋州武定軍節度山南武定緣邊諸砦都指揮副使漢源之戰獨策馬先登及蜀軍敗猶手擊殺十數人爲宋師所擒

高彥儔并州太原人父暉宣威軍使彥儔從知祥入蜀累歷軍校爲昭武軍監押昶嗣位遷邛州刺史改馬步軍使會漢兵入大散關克安都砦彥儔以所部先進漢人燒砦毁閣遁去彥儔盡銳追之復其砦而還未幾彥儔領趙州刺史俄爲奉鑾肅衞都指揮副使改右驍銳馬軍都指揮使加光聖馬軍都指揮使眞拜源州武定軍節度周顯德初向訓攻鳳州昶令彥儔出兵解圍未至聞敗軍於唐倉因潰歸判官趙玭閉關不納以城歸朝廷彥儔遁歸成都昶不之罪以爲右奉鑾肅衞都指揮使改功德使廣政二十二年出授夔州寧江軍都巡檢制置招討使加宣徽北院事利州昭武軍節度及宋師至彥儔謂副使趙崇濟監軍武守謙曰北軍涉遠而來利在速戰不如堅壁以待之守謙不從獨領麾下以出時大將劉廷讓頓兵白帝廟西遣騎將張廷翰等引兵與守謙戰豬頭鋪守謙敗走廷翰等乘勝登其城廷讓率大軍繼至彥儔以所部將出拒戰宋師已乘城而入彥儔惶駭失次不知計所出判官羅濟勸令單騎歸成都彥儔曰我昔已失天水今復不能守夔州縱不忍殺我亦何面目見蜀人哉濟又勸其降彥儔曰老幼百口在成都若一身偷生擧族何負吾今日止有死耳卽解符印授濟具衣冠望西北再拜登樓縱火自焚後數日廷讓得其骨煨燼中以禮收葬初昶母語昶惟彥儔可任及是果能死難

趙彥韜興州順政人爲本州義軍裨校乾興中昶遣與興國軍討擊使孫遇及楊蠲爲諜至都下彥韜潛取昶與并州蠟丸帛書以告因言伐蜀之狀太祖并赦遇蠲出師西討並以爲鄉導克興州以爲本州馬步軍都指揮使蜀平遷本州刺史移澧州性兇率所爲不法郡民有訴被盜切財物鞫之不實彥韜手殺之探取其心肝民家詣闕訴寃太祖怒令杖配蔡州

龍景昭夔州奉節人少有武勇事蜀爲義軍裨校以功遷戰櫂都將久之擢爲施州刺史乾德中諸將伐蜀分兵由峽路入將歷其境景昭率官吏以牛酒犒宋師迎入城太祖聞之甚悅蜀平卽授永州刺史秩滿入朝改右千牛衞將軍開寶三年卒昶之入朝也爲左羽林將軍景昭弟處瑭等四人隨行卒於道太祖憫之以其男補供奉官殿直

幸寅遜蜀人初仕昶爲茂州錄事參軍昶好擊毬雜盛暑不已寅遜上章極諫深被賞納遷新都令拜司門郎中知制誥中書舍人出知武信軍府加史館修撰改給事中預修前蜀書拜翰林學士加工部侍郎判吏部三銓事領簡州刺史隨昶歸朝授右庶子嘗上疏諫獵太祖嘉之召見賜帛開寶五年爲鎭國軍行軍司馬罷職年九十餘尚有仕進意治裝赴闕未登路而卒

李廷珪并州太原人七歲隸知祥帳下後從入蜀知祥僭號補軍職累遷奉鑾肅衞都虞候賞拔階州之功領眉州刺史會圖取鳳翔令廷珪領兵二萬出子午谷赴援始出谷聞趙贊爲王景崇所逼遂退軍以廷珪權知興元俄召歸授捧聖控鶴都指揮使領蜀州刺史拜雅州永平軍節度改右光聖都指揮使領山南節度改閬州保寧節度護聖控鶴都指揮使周師攻秦州以廷珪爲北路行營都統秦成階三州竟爲周所取廷珪奉章待罪昶釋之以爲左右衞聖諸軍馬步軍都指揮使分衞聖光聖步騎爲左右十軍以武定節度呂彥珂爲之使並隸廷珪總領之時論以廷珪不能救援階州不當復總兵柄廷珪亦自陳求解許之俄加兼侍中蜀成都巡檢使改遂州武信軍節度領本鎭及保寧軍都巡檢使王全斌之下劍關也昶遣廷珪與其太子玄喆將兵來拒宋師至綿漢與全斌遇狼狽而還玄喆與廷珪謀所經州縣盡焚其儲蓄及全斌等入成都行營都監王仁贍案籍詰所在軍須廷珪懼以告馬軍都監康延澤延澤曰王公志在聲色苟得其所欲則置而不問矣廷珪素儉約不蓄妓樂遂求於姻戚家得女妓四人復假貸金帛直數百萬以遺仁贍繇是獲免歸闕爲右千牛衞上將軍乾德五年卒先是廷珪及王昭遠韓保正川

中各自有田宅昶降後奉表上獻詔各賜錢三百萬以償其直

李昊字穹佐自言唐相紳之後祖乾祐建州刺史父羔容管從事昊生於關中幼遇唐末之亂隨父避地至奉天值昭宗遷洛岐軍攻破奉天父及弟妹皆爲亂兵所殺是時年十三獨得免遂流寓新平十數年會劉知俊領岐軍圍州城昊踰城出爲候騎所得知俊與語甚器之寘于門下以其女妻之知俊歸蜀僞署遂州武信軍節度以昊爲從事王建使知俊出師令昊主留務會建殺知俊昊亦罷職王衍襲僞位授彭州導江令歷中書舍人翰林學士岐軍之難昊母獨無恙至是十九年昊仕蜀顯達乃遣心膂張金王彥間道迎其母昊請告境上奉迎衍賜以金勒名馬昊至青泥嶺見母母撫昊首號慟哀感行路蜀亡入洛明宗授昊檢校兵部郎中詔西川孟知祥三川制置使趙季良同於権鹽度支戶部院間授昊一職昊至蜀久無所授會知祥奏季良爲西川節度副使昊辭歸洛知祥始辟爲觀風推官遷掌書記知祥稱帝擢爲禮部侍郎翰林學士昶立領漢州刺史遷兵部侍郎出知武德軍府加承旨昶嘗欲命昊二子官昊固讓且言遂州判官石欽若蘇涯前蜀時同在劉知俊幕下願回授欽若等子昶嘉歎許之仍授昊二子官俄加尚書左丞拜門下侍郎兼戶部尚書同平章事監修國史因請置史官乃以給事中郭廷鈞職方員外郎趙元拱爲修撰雙流令崔崇構成都主簿王中孚爲直館俄加昊左僕射昶令就知祥眞容院圖文武三品以上於東西廊以昊有叅佐功特畫於殿內自知祥領蜀凡章奏書檄皆出昊手至是集爲百卷曰經緯略以獻昶賚以珍器錦綵俄命判度支戶部廣政十四年修成昶實錄四十卷昶欲取觀昊曰帝王不閱史不敢奉詔丁母憂裁百日起復俄修前蜀書命昊與趙元拱王中孚及諫議大夫喬諷左給事中馮侃知制誥賈玄珪幸寅遜太府少卿郭微右司郎中黃彬同撰成四十卷上之以判使辦集封趙國公俄加司空領遂州武信軍節度出判鹽鐵加弘文館大學士修奉太廟禮儀使昶嘗召四孫悉授太子司儀郎舍人並賜緋昊又改判度支使其子孝連尚昶女鳳儀公主累遷太常少卿資州刺史長子孝逢給事中蜀平隨昶入朝太祖優待之拜昊工部尚書賜第以孝逢爲膳部郎中孝連爲將作少監親屬乘舟自峽下至夷陵妻死昊悲愴成疾而卒年七十三贈右僕射昊前後仕蜀五十年昶之世位兼將相秉利權貲貨歲入鉅萬奢侈尤甚後堂妓妾曳羅綺數百人昶與江南李景通好遣其臣趙季札至江南購得李紳武宗廟入相制書還以遺昊昊結綵樓置其中盡召成都聲妓昊朝服前迎歸私第大會賓客晏飲所費無算以帛二千匹謝季札初王衍降莊宗昊草其表昶之降也其表亦昊所爲蜀人潛署其門曰世修降表李家見者哂之有集二十卷目爲樞機應用集孝連後至司農少卿昊孫德鏻至國子博士德鐏進士及第

母守素字表淳河中龍門人父昭裔僞蜀宰相太子太師致仕守素弱冠起家僞授祕書郎累遷戶部員外郎知制誥眞拜中書舍人工部侍郎出爲雲安榷鹽使召見其二子克溫克恭並賜緋以次子克恭尚昶女授檢校水部員外郎廣政二十年拜工部尚書時昭裔判鹽鐵衰老不能親職委其務於判官李光遠事多留滯昶患之命守素代判使務父子相代時頗榮之俄改判度支領彭州刺史又判鹽鐵守素奉親頗勤至雖隆暑暮歸必朝服執簡以申昏定之禮蜀亡入朝授工部侍郎籍其蜀中莊產茶園以獻詔賜錢三百萬以充其直仍賜第於京城歲餘爲兄之子岳州司法正巳訟其居父喪娶妾免正巳亦坐奪一官開寶初起爲國子祭酒太祖征河東命權知趙州及平嶺表移知容州兼本管諸州水陸轉運使先是部民有逋賦者或縣吏代輸或於兼并之家假貸則皆納其妻女以爲質守素表其事卽日降詔禁止六年卒年五十三昭裔性好藏書在成都令門人勾中正孫逢吉書文選初學記白氏六帖鏤板守素齎至中朝行於世大中祥符九年子克勤上其板補三班奉職次子克恭尚昶女鑾國公主仕爲光祿少卿歸宋至左監門衞將軍

歐陽迥益州華陽人父珏通泉令迥少事王衍爲中書舍人後唐同光中蜀平隨衍至洛陽補秦州從事知祥鎭成都迥復來入蜀知祥僭號以爲中書舍人廣政十二年拜翰林學士明年知貢舉判太常寺遷禮部侍郎領陵州刺史轉吏部侍郎加承旨二十四年拜門下侍郎兼戶部尚書平章事監修國史嘗擬白居易諷諫詩五十篇以獻昶手詔嘉美賚以銀器錦綵從昶歸朝爲右散騎常侍俄充翰林學士就轉左散騎常侍嶺南平議遣迥祭南海迥聞之稱病不出太祖怒罷其職以本官分司西京開寶四年卒年七十六贈工部尚書迥性坦率無檢操雅善長笛太祖常召於偏殿令奏數曲御史中丞劉溫叟聞之叩殿門求見諫曰禁署之職典司誥命不可作伶人之事上曰朕嘗聞孟昶君臣溺於聲樂迥至宰司尚習此技故爲我所擒所以召迥欲驗言者之不誣也溫叟謝曰臣愚不識陛下鑒戒之微旨自是不復召迥好爲歌詩雖多而不工掌誥命亦非所長但在蜀日卿相以奢靡相尚迥猶能守儉素此其可稱也

宋史卷四百七十九考證

孟昶傳年始十六○錦里耆舊傳後主卽位年十四

宋史卷四百八十

元中書右丞相總裁脫脫等修

列傳第二百三十九

世家三

吳越錢氏

吳越錢俶字文德杭州臨安人本名弘俶以犯宣祖偏諱去之祖鏐因黃巢之亂據有吳越昭宗授以杭越兩藩節制封彭城郡王歷梁後唐加吳越國王卒子元瓘嗣元瓘卒子佐嗣佐卒弟倧嗣爲其大將胡進思所廢遂迎立俶事具五代史俶卽元瓘之第九子也母越國恭懿夫人吳氏晉開運中爲台州刺史數月有僧德韶語俶曰此地非君爲治之所當速歸不然不利俶從其言卽求歸國未幾有進思之變漢乾祐初授東南面兵馬都元帥鎭海鎭東軍節度使開府儀同三司檢校太師兼中書令杭越等州大都督吳越國王賜號翊聖廣運同德保定功臣賜以金印玉冊三年江南遣其將查文徽攻福州俶發兵擒文徽獻捷加尚書令周廣順初授諸道兵馬元帥二年授天下兵馬元帥改賜推誠保德安邦致治忠正功臣六月丁母憂起復世宗卽位授天下兵馬都元帥顯德三年世宗征淮南令俶以所部分路進討俶遣偏將吳程圍毗陵陷關城擒刺史趙仁澤路彥銖圍宣城俄俶軍戰敗復失常州會李景上表求割地內附詔俶班師五年夏四月杭州災府舍悉爲煨燼將延及倉庾俶命酒祝曰食爲民天若盡焚之民命安仰火遂止世宗聞之遣內侍賫詔恤問是歲淮南內屬遣翰林學士陶穀司天監趙脩已使俶賜羊馬槖駝自是以爲常七月又遣閤門使曹彬賜俶兵甲旗幟六年恭帝嗣位賜崇仁昭德宣忠保慶扶天翊亮功臣建隆元年授天下兵馬大元帥俶舅寧國軍節度吳延福有異圖左右勸俶誅之俶曰先夫人同氣安忍寘於法言訖嗚咽流涕但黜延福於外終全母族自太祖受命俶貢奉有加常數二年遣使賜俶戰馬二百羊五千槖駝三十乾德元年以白金萬兩犀牙各十株香藥一十五萬斤金銀眞珠瑇瑁器數百事來貢改賜承家保國宣德守道忠正恭順功臣是冬郊祀遣其子惟濬入貢開寶五年改賜開吳鎭越崇文耀武宣德守道功臣封其妻孫氏爲賢德順穆夫人未幾遣幕吏黃夷簡入貢上謂之曰汝歸語元帥常訓練兵甲江南彊倔不朝我將發師討之元帥當助我無惑人言云皮之不存毛將安傅特命有司造大第於薰風門外連亘數坊棟宇宏麗儲偫什物無不悉具因召進奏使錢文贇謂之曰朕數年前令學士承旨陶穀草詔比來城南建離宮令賜名禮賢宅以待李煜及汝主先來朝者以賜之詔以草示文贇遂遣文贇賜俶戰馬及羊諭旨於俶七年五月賜俶襲衣玉帶玉鞍勒馬金器二百兩銀器三千兩錦綺千段是冬討江南遣內客省使丁德裕齎詔以俶爲昇州東面招撫制置使賜戰馬二百匹旌旗劍甲令德裕以禁兵步騎千人爲俶前鋒盡護其軍李煜貽書於俶其略曰今日無我明日豈有君一旦明天子易地酬勳王亦大梁一布衣耳俶不答以書來上八年俶率兵拔常州加守太師詔俶歸國俶遣大將沈承禮等率兵水陸隨王師平潤州遂進討金陵上嘗召進奏使任知果令諭旨於俶曰元帥克毗陵有大功俟平江南可暫來與朕相見以慰延想之意卽當遣還不久留也朕三執圭幣以見上帝豈食言乎江南平論功以俶大將沈承禮孫承祐並爲節度使爲防禦使者一人刺史六人九年二月俶與其妻孫氏子惟濬平江軍節度使孫承祐來朝上遣皇子興元尹德昭至睢陽迎勞俶將至車駕先幸禮賢宅按視供帳之具及至詔俶居之對於崇德殿貢白金四萬兩絹五萬匹賜襲衣玉帶金器千兩白金器三千兩羅綺三千段玉勒馬卽日宴長春殿俶又貢白金二萬兩絹三萬匹乳香二萬斤賀平江左貢白金五萬兩錢十萬貫綿百八十萬兩茶八萬五千斤犀角象牙二百株香藥三百斤車駕幸其第又貢白金十萬兩絹五萬匹乳香五萬斤以助郊祭三月庚午詔曰古者宗工大臣特被隆眷或劒履上殿或書詔不名率由豐功待以殊禮今我兼其命數用獎勳賢輝映古今允爲優異咨爾吳越國王錢俶德隆宏茂器識深遠撫奧區於吳會勒洪伐於宗彝昨以江表不庭王師致討委方面之兵柄克常潤之土宇轉翼帝室震疊皇

靈而乃執圭來庭垂紳就列罄事君之誠愨爲羣后之表儀爰峻徽章以旌元老可特賜劍履上殿書詔不名以俶妻賢德順穆夫人孫氏爲吳越國王妃令惟濬齎詔賜之宰相以爲異姓諸侯王妻無封妃之典太祖曰行自我朝表異恩也俶獻白金六萬兩絹六萬匹爲謝太祖數詔俶與其子惟濬宴射苑中惟諸王預坐每宣諭俶俶拜謝多令內侍披起俶感泣又嘗一日召宴獨太宗秦王侍坐酒酣太祖令俶與太宗秦王敘昆仲之禮俶伏地叩頭涕泣固讓乃止會將以四月幸西京親雩祀俶懇請扈從不許留惟濬侍祠令俶歸國太祖宴餞於講武殿賜窄衣玉束帶玉鞍勒馬玳瑁鞭金銀錦綵二十餘萬銀裝兵八百事謂俶曰南北風土異宜漸及炎暑卿可早發俶涕泣言願三歲一朝太祖曰川陸迂遠當俟詔旨卽來覲也俶將發京師特賜導從儀衞物率皆鮮麗令自禮賢宅陳列至迎春苑自俶之至逮於歸國太祖所賜金器萬兩白金器又數萬兩白金十餘萬兩錦綺綾羅紬絹四十餘萬匹馬數百匹他物不可勝計俶旣歸國嘗視事功臣堂一日命坐于東偏謂左右曰西北者神京在焉天威不違顏咫尺俶豈敢寧居乎太宗卽位加食邑五千戶俶貢御衣通天犀帶絹萬匹金器瑇瑁器百餘事金銀釦器五百事塗金銀香臺龍腦檀香床銀假果水晶花凡數千計價直鉅萬又貢犀角象牙三十株香藥萬斤乾薑五萬斤茶五萬斤俶又請歲增常貢詔不許太平興國二年正月孫氏卒遣給事中程羽弔祭九月上言乞所賜詔書呼名不許三年三月來朝遣判四方館事梁迥至泗州迎勞惟濬先在闕下上遣至睢陽候俶俶先遣孫承祐入奏事上卽遣承祐護諸司供帳勞俶於郊又命齊王廷美宴俶於迎春苑俶至對於崇德殿賜襲衣玉帶金銀器玉鞍勒馬錦綵萬匹錢千萬賓佐崔仁冀等賜金銀帶器幣鞍馬有差卽日宴俶長春殿令劉鋹李煜預坐俶貢白金五萬兩錢萬萬絹十萬匹綾二萬匹綿十萬屯茶十萬斤建茶萬斤乾薑萬斤越器五萬事錦緣席千金銀畫舫三銀飾龍舟四金飾烏樠木御食案御床各一金樽罍醆斝各一金飾瑇瑁器三十事金釦藤盤二金釦雕象俎十銀假果樹十事翠毛眞珠花三叢七寶飾食案十銀樽罍十醆斝副焉金釦越器百五十事雕銀俎五十密假果剪羅花各二十樹銀釦大盤十銀裝鼓二七寶飾胡琴五絃箏各四銀飾箜篌方響羯鼓各四紅牙樂器二十二事乳香萬斤犀角象牙各一百株香藥萬斤蘇木萬斤上又嘗召俶及其子惟濬宴後苑泛舟池中上手酌酒以賜俶俶跪飲之其恩待如此四月會陳洪進納土俶上言曰臣伏有懇誠貯於肺腑幸因入覲輒敢上聞蓋虞神道之害盈必冀天慈之從欲臣近蒙朝廷賜以劍履上殿詔書不名仍以本道領募卒徒嘗營戈甲特建國王之號俾增師律之嚴皆所以假其寵名託於隣敵方今幅員無外名數洞分豈可冒居自羅公議合從省罷以正等威除本道軍士器甲臣已會奏納外其所封吳越國王及天下兵馬大元帥職名望皆許解罷凡頒詔命願復名呼庶聖朝無虛授之恩微臣免疾顚之禍優詔不許五月乙酉俶再上表臣慶遇承平之運遠修肆覲之儀宸眷彌隆寵章皆極斗筲之量實覺滿盈丹赤之誠輒茲披露臣伏念祖宗以來親提義旅尊戴中京略有兩浙之土田討平一方之僭逆此際蓋隔朝天之路莫諧請吏之心然而稟號令於闕庭保封疆於邊徼家世承襲已及百年今者幸遇皇帝陛下嗣守丕基削平諸夏凡在率濱之內悉歸輿地之圖獨臣一邦僻介江表職貢雖陳於外府版籍未歸於有司尚令山越之民猶隔陶唐之化太陽委照不及蔀家春雷發聲兀爲聾俗則臣實使之然也罪莫大焉不勝大願願以所管十三州獻于闕下執事其間地里名數別具條析以聞伏望陛下念奕世之忠勤察乃心之傾向特降明詔允茲至誠詔答曰卿世濟忠純志遵憲度承百年之堂構有千里之江山自朕纂臨聿脩覲禮覩文物之全盛喜書軌之混同願親日月之光遽忘江海之志甲兵樓櫓既悉上於有司山川土田又盡獻於天府舉宗效順前代所無書之簡編永彰忠烈所請宜依丁亥詔曰漢寵功臣聿著帶河之誓周尊元老遂分表海之邦其有奄宅勾吳早綿星紀包茅入貢不絕於累朝羽檄起兵備嘗于百戰適當輯瑞而來勤爰以提封而上獻宜遷內地別錫爰田彌昭啓土之榮俾增書社之數吳越國王錢俶天資純懿世濟忠貞兆積德於靈源書大勳於策府近者慶沖人之踐祚奉國珍而來朝齒革羽毛既修其常貢土田版籍又獻於有司顧宿衞於京師表乃心於王室眷茲誠節宜茂寵光是用列西楚之名區析長淮之奧壤建茲大國不遠舊封載疏千里之疆更重四征之寄疇其爵邑施及子孫永夾輔於皇家用對揚於休命垂厥百世不其偉歟其以淮南節度管內封俶爲淮海國王仍改賜寧淮鎭海崇文耀武宣德守道功臣卽以禮賢宅賜之惟濬爲節度使兼侍中惟治爲節度使惟演爲團練使惟願暨姪郁昱並爲刺史弟儀信並爲觀察使將校孫承祐沈承禮並爲節度使體貌隆盛冠絕一時是歲七月中元京城張燈令有司於俶宅前設燈山陳聲樂以寵之八月令兩浙發俶緦麻以上親及管內官吏悉歸朝凡舟一千四十四艘所過以兵護送杭州貢俶樂人凡八十有一人詔以三十六人還杭州四十五人賜俶俶上表謝上親畫付中書送史館四年二月宴苑中俶被病拜不能起上命以銀裝肩輿送歸因以賜之四月從征太原賜羊三百酒十斛俶小心謹恪每晨趨行闕人未有至者俶必先至假寐以待旦上知之謂俶曰卿已中年宜避風冷自今入謁不須太早也特輟御前二大燭以賜之令先赴前頓上嘗賜從臣食於中路頓并賜衞士羊臂臑巵酒觀其飲啖上見其雄壯因顧俶俶進曰所謂如虎如貔如熊如羆者也會劉繼元降上御連城臺誅軍中先亡命太原者顧謂俶曰卿能保全一方以歸於我不致血刃深可嘉也俶頓首謝俶中途被足疾車駕親臨問令太醫然艾以炙疾尋愈還京策勳宰相進擬加食邑萬戶實封千戶上卽改白麻倍加食邑二萬戶實封二千戶五年八月俶被病上臨問賜白金萬兩錢千萬絹萬匹金器千兩賜其子惟濬惟治白金各萬兩是冬車駕幸大名府詔俶乘肩輿卽路六年又被病賜告久之上遣中使賜俶文楸棋局水精棋子乃諭旨曰朕機務之餘頗曾留意以卿在假可用此遣日八年十二月上言曰臣以蕞爾之軀嘗被恩寵賦祿百萬兼職數四元帥之任實本於兵權國王之號蓋屛於帝室尚書總百揆之重中書掌八柄之繁維師冠於上台開府當於極品臣之孱瑣罔克負荷邦國之制式著等威名器之間固有涯分徒速罪戾以取顚隮伏望聖旨特從省罷不許表三上下詔曰分茅胙土所以彰世及之榮大輅繁纓所以表名器之重至若褒寵勳德度越典常吝于舊章爰推異數乃有體好謙之德形固讓之辭敦諭再三確乎不拔用曲至公之論式光知止之風淮海國王錢俶方岳炳靈風雲通感奄有勾吳之地不忘象魏之心掃境來朝舉宗宿衞籍其土宇入于朝廷式昭職員胙之淮海居天子二老之任啓眞王萬戶之封併加寵異用答忠順而乃屢形表疏願避官榮發於深衷誠不可奪若以靈臺偃伯武庫櫜兵天下一家書軌之無外五侯九伯征伐之不行願寢元帥之名勉徇由衷之請其乃世祚明德存於帶礪之盟帝賚良弼寵以台輔之任極馭貴之爵增衍食之封非足醻庸適以昭德勉膺渥澤克副眷懷可罷天下兵馬大元帥餘如故雍熙元年改封漢南國王四年春出爲武勝軍節度改封南陽國王俶久被病詔免入辭將發賜玉束帶金唾壺椀盎等俶四上表讓國王改封許王端拱元年春徙封鄧王會朝廷遣使賜生辰器幣與使者宴飲至暮有大流星墮正寢前光燭一庭是夕暴卒年六十俶以天成四年八月二十四日生至是八月二十四日卒復與父元瓘卒日同人皆異之上爲廢朝七日追封秦國王諡忠懿仍正衙備禮發册曰皇帝若曰昊穹眷祐賢哲挺生稟象緯之純精負經綸之盛業作民父母爲國翰垣其存也冠中臺而長諸侯其沒也峻徽章而崇禮命咨爾故安時鎭國崇文耀武宣德守道功臣武勝軍節度鄧州管內觀察處置等使開府儀同三司守太師尚書令兼中書令使持節鄧州諸軍事行鄧州刺史上柱國鄧王食邑九萬七千戶食實封一萬六千九百戶賜劍履上殿詔書不名錢俶嗣祖考之令德奠東南之奧區開國承家本仁祖義以忠孝而保社稷以廉讓而化人民勤翊戴於累朝克惠綏於一境世傳威略志慕聲明當武庫戢兵洞閱詩書之府洎秣陵問罪雄張掎角之師致區宇之同文賴忠良之協力逮于纂紹益享崇高蘊明哲而保身務傾輸而竭節盡獻土壤來歸闕庭予嘉乃功荐錫殊寵而道隆簡退志尚謙沖屢辭郤轂之權難奪范宣之讓朕深惟勳舊俾就養頤爰出殿於大邦庶聿臻於眉壽式緊元老永輔眇躬何天道之難諶而梁木之斯壞長沙既往空存甲令之勳征虜云亡但見雲臺之像賵賻從於異等嗟悼廢於臨朝寧酬柱石之勳未極君臣之分庸加典則以厚始終今遣使大中大夫尚書工部侍郎上柱國汾陽郡開國侯食邑一千戶賜紫金魚袋郭贄持節册贈爾爲秦國王嗚呼德無不報予敢忘於格言魂而有知爾尚欽於天命嗚呼哀哉命中使護其喪歸葬洛陽自鏐至俶世有吳越之地僅百年管內諸州皆子弟將校授任而後請命於朝有至使相者俶任太師尚書令兼中書令四十年爲元帥三十五年及歸朝卒子惟演惟濬皆童年召見慰勞並起家諸衞將軍善始令終窮極富貴福履之盛近代無比然甚儉素自奉尤薄常服大帛之衣幃帳茵褥皆用紫絁食不重味頗知書雅好吟詠在吳越日自編其詩數百首爲正本集因陶穀奉使至杭州求爲之序性謙和未嘗忤物在藩日每朝廷使至接遇勤厚所上乘輿服物器

玩制作精妙每遣使修貢必羅列於庭焚香再拜其恭謹如此崇信釋氏前後造寺數百歸朝又以愛子爲僧善草書上一日遣使謂曰聞卿善草聖可寫一二紙進來俶卽以舊所書絹圖上之詔書褒美因賜玉硯金匣一紅絲象牙管筆龍鳳墨蜀牋盈丈紙皆百數屬久病家居有黃門趙海被酒造其第求見因出藥數丸謂俶曰此頗療目疾願王卽餌之俶卽餌焉旣去家人皆惶駭不測俶曰此但醉耳又何疑哉後數日上聞大驚捕海繫獄決杖流海島初俶爲胡進思所立廢其兄倧徙越州資給豐厚進思屢請除之恐爲後患俶泣曰若殺吾兄吾終不忍汝欲行其志吾當退避賢路進思慚而退俶慮進思害倧遣親將薛溫爲倧守衞戒之曰委汝以保全廢王茍有非常汝當以死扞之溫至越旬餘有二卒夜持刃踰垣入倧閤戶拒之呼聲達於外溫領徒而入斃二卒於庭中乃進思之所遣也進思因憂懼疽發背卒後左右屢有以倧爲言俶終拒之倧居越州二十餘年卒俶自建隆已來貢奉不絕及用兵江左所貢數十倍先是鏐與戰士多賜巳姓後俶歸朝皆稱同宗淳化三年詔令復本姓又浙中劉氏避鏐諱改爲金氏亦令還故景德中有司請以禮賢宅爲司天監眞宗以先朝所賜不許大中祥符八年子惟演等復表上之詔賜錢五萬貫仍各賜第一區子惟濬惟治惟演惟灝惟湑惟濟惟渲至韶州團練使惟灝賀州團練使惟湑至左龍武將軍獎州刺史惟演自有傳

惟濬字禹川俶嫡子也裁數歲俶表授鎭海鎭東兩軍節度副大使檢校太保鈐轄兩浙管內土客諸軍事建隆元年加檢校太傅三年領建武軍節度乾德初加檢校太尉是年冬來朝因侍祠南郊六年復來朝侍郊祀命兵部員外郎知制誥盧多遜迎勞之開寶二年授鎭東等軍節度浙江東西道觀察處置兩浙制置營田發運等使未幾來朝太祖召宴苑中令黃門奏簫韶樂與諸王同席而坐賜白玉帶珠綴衣水精鞍勒御馬賜賚鉅萬計月餘遣歸辭日又賜襲衣玉帶金鞍勒馬四年又來朝因侍祠南郊寵待殊等及大兵征金陵惟濬從父下毗陵以功加平章事九年隨俶入朝俶先歸留惟濬扈從郊祀西洛太宗卽位加兼侍中太平興國二年丁母妃孫氏憂起復加鎭東大將軍右金吾衞大將軍員外置同正俶將入朝惟濬先奉方物來貢詔戶部郎中侯涉至泗州迎勞之賜賚無算并增其食邑三年隨俶來朝俶盡獻浙右之地改封淮海國王徙惟濬淮南節度是冬郊祀恩加檢校太師從平太原及從征幽薊又從幸大名雍熙元年郊祀改山南東道節度四年徙鎭安州惟濬雖再移鎭常留京師端拱初籍田封蕭國公俄俶薨起復加兼中書令惟濬與俶諸子共進錢金綾羅犀玉帶笏犀角象牙丁香金玉馬腦鞍勒金玉珠翠首飾樂器博具器皿什物馬槖駞牛驢車凡數十萬計俶妻俞氏又進金銀十餘萬犀二十株通犀蘋犀玉帶二十二條水晶佛像十二事惟濬又進女樂十人上不納各賜錦綵三十段遣還之淳化初杭州以錢氏家廟所藏唐梁以來累朝所賜玉册竹册各三副鐵券一來上上悉以賜惟濬明年春得疾暴卒年三十七廢朝二日追封邠王謚安僖中使典喪事子守吉守讓守吉至西京作坊使守讓字希仲以蔭累遷供備庫使天禧四年錄諸國之後加領滎州刺史改東染院使卒守讓頗勤學爲文章退居多閉關讀書屢獻歌頌眞宗優詔褒獎有集二十卷子恕娶曹王元偁女長安縣主

惟治字和世廢王倧之長子倧初遷於越而惟治生俶愛之養爲己子幼好讀書八歲授兩浙牙內諸軍指揮使判軍糧營田事又改德化軍使遷檢校太保台州團練使乾德四年四月制授寧遠軍節度檢校太傅仍兼衙職與惟濬節旄同日而至國人榮之王師討江南惟治從俶率兵下常州策勳改奉國軍節度俶入朝命惟治權發遣軍國事俶還令奉幣入貢撫諭命賜甚厚惟治又獻塗金銀香師子香鹿鳳鶴孔雀寶裝髹合釦金藤器萬事吳繚綾千匹辭日賜襲衣玉帶塗金鞍勒馬金銀器繒綵踰萬計太宗嗣位進檢校太尉太平興國三年俶再入覲又權國事一夕廄中火惟治率兵臨高下視令親信十數輩仗劒申令敢後顧者斬頃之火息妻族有隸帳下者恃親犯法惟治命仗背於府門俶旣納土朝廷命考功郎中范旻知杭州惟治奉兵民圖籍帑廩管籥授旻與其弟惟渲惟灝歸朝次近郊遣內侍護諸司供帳迎勞至京師卽日召對長春殿賜衣服金帶鞍勒馬器幣改領鎭國軍節度五年八月車駕幸俶第召見惟治賜白金萬兩惟治善草隸尤好二王書嘗曰心能御手手能御筆則法在其中矣家藏書帖圖書甚衆太宗知之嘗謂近臣曰錢俶兒姪多工草書因命翰林書學賀丕顯詣其第徧取視之曰諸錢皆效浙僧亞栖之迹故筆力軟弱獨惟治爲工耳惟治嘗以鍾繇王羲之唐玄宗墨跡凡七軸爲獻優詔褒答雍熙三年大出師征幽州命惟治知眞定軍府兼兵馬都部署前一日曲宴內殿惟治獻詩帝覽之悅酒半遣小黃門密諭北面之寄至則訓兵享士頗勤政務設廚餼於城門以待使傳初惟濬雖俶嫡嗣然俶以其放蕩無檢故器惟治再俾權國務嘗一夕俶暴疾孫妃悉斂符籥付惟治後惟濬知之甚恚恨洎入朝惟濬止奉朝請而委惟治藩任焉俶薨召還起復檢校太師移疾就第百日有司請罷奉特詔續給累上表請罷節鎭優詔不許惟治旣病心恍惚家事不肅咸平初僮奴以姦私殺人於庭事連閭閻眞宗爲停按鞫止授右監門衞上將軍其子駕部員外郎丕責授郢州團練副使晚年頗貧匱景德中其弟惟演獻文上對宰相稱其公王之後能苦心翰墨令記其名因曰錢氏繼世忠順子孫可念如聞惟治頗貧乏尤可軫惻特轉右武衞上將軍月給奉十萬累加左驍衞上將軍左神武統軍大中祥符七年七月卒年六十六贈太師初有司援統軍陳承昭孟玨例當贈東宮保傅上以俶奉土歸國優其贈典又聞羣臣家貧乏者不欲官給喪事爲罷詔葬錄其四子官及外弟子胥親校並甄擢之惟治好學聚圖書萬餘卷多異本慕皮陸爲詩有集十卷書迹多爲人藏祕晚年雖病廢猶或揮翰眞宗嘗語惟演曰朕知惟治工書然以疾不欲遣使往取卿爲求數幅進來翌日寫聖製詩數十章以獻賜白金千兩初鎭四明嘗夢神人披甲自稱西嶽神謂惟治曰公面有缺文卽捧土培之後領華州節鉞三十年子丕字簡之幼好學雍熙中俶上言欲求舉進士太宗以其世家子特召試內署授祕書丞賜金紫累遷駕部郎中嘗知新淦縣又知衞州惟治卒以將作少監起復俄爲三司戶部判官卒於光祿少卿

惟濟字巖夫生七歲俶封漢南王奏補本府元從指揮使歷諸衞將軍領恩州刺史改東染院使眞拜封州刺史眞宗祀汾陰還燕近臣苑中命惟濟射一發中的故事刺史射不解箭帝賜解之且賜襲衣金帶其後請試郡命知絳州民有條桑者盜奪桑不能得乃自創其臂誣桑主欲殺人久繫不能辨惟濟取盜與之食視之盜以左手舉七筯惟濟曰以右手創人者上重下輕今汝創特下重正用左手傷右臂非爾自爲之邪辭遂服帝聞之謂宰相向敏中曰惟濟試守郡輒明辨後必爲能吏矣徙潞州民相驚有外寇奔城而仆者相枕藉惟濟從容行視從騎甚省民乃安遷永州團練使改知成德軍仁宗卽位加檢校司空民有僞作白金質取緡錢者其家來告惟濟曰第聲言被盜示以重購質者當來責餘直卽得之矣已而果然乃杖配之以吉州防禦使留再任遷虔州觀察使知定州有婦人待前妻子不仁至燒銅錢灼臂惟濟取婦人所生兒置雪中械婦人往視兒死其慘毒多此類遷武昌軍節度觀察留後改保靜軍留後惟濟喜賓客豐宴犒家無餘貲帝賜白金二千兩所負公使錢七百餘萬卒贈平江節度使謚宣惠遣使護葬事賜賻錢二百萬絹千匹有玉季集二十卷惟濟有吏幹能戢下而性苛忍所至牽蔓滿獄重囚棄市或斷手足探肝膽用以威衆觀者色動而惟濟自若也

儼字誠允俶之異母弟也本名信淳化初改焉幼爲沙門及長頗謹愼好學俶襲國封命爲鎭東軍安撫副使周顯德四年奏署衢州刺史太祖平揚州俶遣儼入賀命閤門副使武懷節齎詔迎勞賜賚甚厚及歸又賜玉帶名馬錦綵器皿開寶三年代兄偡知湖州充宣德軍安撫使俶奉詔攻毗陵命儼督漕運太平興國二年從俶之請授新媯儒等州觀察使仍知湖州儼兄儀爲愼瑞師等州觀察使入朝以儼爲隨州觀察使儀爲金州觀察使侍祠郊宮特詔升儼班於節度使之次儀卒儼換金州常從幸天駟監會賜從官馬太宗敕有司曰錢儼儒者宜擇馴馬給之未幾出判和州在職十七年咸平六年卒年六十七贈昭化軍節度儼嗜學博涉經史少夢人遺以大硯自是樂爲文辭頗敏速富贍當時國中詞翰多出其手歸京師與朝廷文士遊歌詠不絕淳化初嘗獻皇猷錄咸平又獻光聖錄並有詔嘉答所著有前集五十卷後集二十四卷吳越備史十五卷備史遺事五卷忠懿王勳業志三卷又作貴溪叟自叙傳一卷善飲酒百巵不醉居外郡嘗患無敵或言一軍校差可倫擬儼問其狀曰飲益多手益恭儼曰此亦變常非善飲也

昱字就之忠獻王佐之長子佐薨昱尚幼國人立倧遂以昱爲咸寧大安二宮使俶嗣國承制授秀州刺史太祖受禪俶遣昱入貢與江南使同侍宴射于後苑江南使先中的令昱解之昱應弦而中賜以玉帶及平蜀復來賀歸國爲台州刺史俶得福州命昱守之王師討江南爲東面水陸行營應援使從俶入朝授白州刺史昱好學多聚書喜吟詠多與中朝卿大夫唱酬嘗與沙門贊寧談竹事迭錄所記昱得百餘條因集爲竹譜三卷俄獻太平興國錄求換臺省官令學士院召試制誥三篇改祕書監判尚書都省時新葺省署昱撰記奏御又嘗以鍾王墨跡八卷爲獻有詔褒美出知宋州改工部

侍郎歷典壽泗宿三州率無善政至道中郊祀當進秩太宗曰昱貴家子無檢操不宜任丞郎以爲郢州團練使咸平二年表入朝以病不及陛見卒年五十七昱善筆札工尺牘太祖嘗取觀賞之賜以御書金花扇及急就章昱聰敏能覆棋工琴畫飲酒至斗餘不亂善諧謔生平交舊終日設宴未嘗犯一人家諱有集二十卷然貪猥縱肆無名節可稱生子百數涉雍熙中進士及第絳至內殿承制閤門祗候累典郡頗以幹力稱俶之羣從又有台州刺史仰之子昭序字著明好學喜聚書書多親寫知通利軍以勤幹聞至如京副使衢州刺史偓之子昭度字九齡至供奉官俊敏工爲詩多驚句有集十卷蘇易簡爲序行於世

孫承祐杭州錢塘人俶納其姊爲妃因擢處要職累遷浙江東道鹽鐵副使鎮海鎮東兩軍節度副使知靜海軍節度事開寶初隨俶子惟濬入貢詔授光祿大夫檢校太保鎮東鎮海等軍行營司馬俶又私署中吳軍節度七年俶復遣承祐入貢賜襲衣玉帶鞍勒馬黃金器五百兩銀器三千兩雜綵五千匹且令諭旨於俶將有事於江表及王師渡江命內客省使丁德裕率步騎一千詔俶以所部與德裕會攻常潤承祐從俶克毗陵功居多詔改中吳軍爲平江軍眞授承祐節太平興國中俶來朝盡獻其地徙承祐泰寧軍節度使五年從幸大名留知府事雍熙二年改知滑州數月卒贈太子太師中使護葬承祐在浙右日憑藉親寵恣爲奢侈每一飲宴凡殺物命千數常膳亦數十品方下筯所居室中爇龍腦日不下數兩從車駕北征以橐駝負大斛貯水養魚自隨至幽州南村落間日旰西京留守石守信與其子駙馬都尉保吉及近臣十數人尚未朝食適遇承祐餉延所止幕舍中膾魚具食窮極水陸人皆異之承祐少時嘗夢人以蓍草一本增其一而授之旣寤以語所親曰大衍之數五十其用四十有九今增其一我壽止於此乎果五十而卒子誘至駕部郎中出爲淮南節度行軍司馬

沈承禮湖州烏程人錢鏐辟置幕府署處州刺史鏐子元瓘以女妻之署爲府中右職出爲台州刺史元瓘卒子佐嗣以承禮掌親兵俶襲位命知威武軍節度事充兩浙都鈐轄使王師征江南俶遣承禮率水陸數萬人助平毗陵因攻潤州城中兵夜出焚外柵諸將皆欲馳救承禮曰古人有言擊東南而備西北者此之謂也命士皆擐甲蓐食堅壁不動他壘不設備者悉驚擾獨承禮所部敵人不敢窺丹陽平遂率兵抵建業李煜歸朝錄其功眞授福州節制太平興國初俶盡獻浙右地從承禮鎮密州八年卒年六十七廢朝二日贈太子太師中使護葬初秦王廷美之敗也有司按驗俶惟濬孫承祐及陳洪進皆嘗有贈遺獨承禮無焉

宋史卷四百八十一

元 中 書 右 丞 相 總 裁 脫 脫 等 修

列傳第二百四十

世家四

南漢劉氏

南漢劉鋹其先蔡州上蔡人高祖仁安仕唐爲潮州刺史因家嶺表仁安生謙爲廣州牙校累遷封州刺史賀水鎮遏使謙生隱謙卒隱代領其任唐昭宗以薛王知柔鎮南海辟爲行軍司馬委以兵柄及宰相徐彥若代知柔以爲節度副使時唐室已季彥若威令不振事皆決于隱彥若卒遺表薦隱自代昭宗不從以崔遠代之遠至江陵遷延不進乃以隱爲留後未幾授以節旄梁開平初兼靜海軍節度使封南海王隱卒弟陟襲位貞明三年僭帝號國稱大漢改元乾亨行郊祀禮改名巖又改龔終改龑龑讀爲儼字書不載蓋其妄作也晉天福七年卒子玢嗣爲弟晟所殺晟遂自立性尤酷暴周顯德五年卒事具五代史鋹卽晟長子也初名繼興封衞王襲父位改今名改元大寶性昏懦委政宦官龔澄樞及才人盧瓊仙每詳覽可否皆瓊仙指之鋹日與宮人波斯女等游戲內官陳延受引女巫樊胡入宮言玉皇遣樊胡命鋹爲太子皇帝乃于宮中施帷幄羅列珍玩設玉皇坐樊胡遠遊冠紫衣紫霞裙坐宣禍福令鋹再拜聽命嘗云瓊仙澄樞延受皆玉皇遣輔太子皇帝有過不得治又有梁山師馬媼何擬之徒出入宮掖宮中婦人皆具冠帶領外事初龔雖寵任中官其數裁三百餘位不過掖庭諸局令丞至晟時千餘人稍增內常侍諸謁者之稱至鋹漸至七千餘有爲三師三公但其上加內字諸使名不翅二百女官亦有師傅令僕之號目百官爲門外人羣臣小過及士人釋道有才略可備問者皆下蠶室令得出入宮闈作燒煑剝剔刀山劍樹之刑或令罪人鬭虎抵象又賦斂煩重邕民入城者人輸一錢瓊州米斗稅四五錢置媚川都定其課令入海五百尺採珠所居宮殿以珠玳瑁飾之陳延受作諸淫巧日費數萬金宮城左右離宮數十鋹游幸常至月餘或旬日以豪民爲課戶供宴犒之費乾德中太祖命師克郴州獲其內品十餘人有余延業者人質么麽太祖問曰爾在嶺南爲何官對曰爲扈駕弓箭手官命授之弓矢延業極力控弦不開太祖因笑問鋹爲治之迹延業備言其奢酷太祖驚駭曰吾當救此一方之民先是晟因湖南馬氏之亂襲取桂郴賀等州開寶初鋹又舉兵侵道州刺史王繼勳上言鋹爲政昏暴民被其毒請討之太祖難其事令江南李煜遣使以書諭鋹使稱臣歸湖南舊地鋹不從煜又遣其給事中龔愼儀遺書曰

煜與足下叨累世之睦繼祖考之盟情若弟兄義敦交契憂戚之患曷嘗不同每思會面而論此懷抵掌而談此事交議其所短各陳其所長使中心釋然利害不惑而相去萬里斯願莫伸凡於事機不得款會屢達誠素冀明此心而足下視之謂書檄一時之儀近國梗槩之事外貌而待之泛濫而觀之使忠告確論如水投石若此則又何必事虛詞而勞往復哉殊非宿心之所望也今則復遣人使罄申鄙懷又慮行人失辭不盡深素是以再寄翰墨重布腹心以代會面之談與抵掌之議也足下誠聽其言如交友諫爭之言視其心如親戚急難之心然後三復其言三思其心則忠乎不忠斯可見矣從乎不從斯可決矣昨以大朝南伐圖復楚疆交兵已來遂成釁隙詳觀事勢深切憂懷冀息大朝之兵求契親仁之願引領南望于今累年昨命使臣入貢大朝大朝皇帝果以此事宣示曰彼若以事大之禮而事我則何苦而伐之若欲興戎而爭我則以必取爲度矣見令點閱大衆仍以上秋爲期令弊邑以書復敘前意是用奔走人使遽貢直言深料大朝之心非有唯利之貪蓋怒人之不賓而已足下非有不得已之事與不可易之謀殆一時之忿而已觀夫古之用武者不顧大小强弱之殊而必戰者有四父母宗廟之讎此必戰也彼此烏合民無定心存亡之機以戰爲命此必戰也敵人有進必不捨我求和不得退守無路戰亦亡不戰亦亡奮不顧命此必戰也彼有天亡之兆我懷進取之機此必戰也今足下與大朝非有父母宗廟之讎也非同烏合存亡之際也既殊進退不捨奮不顧命也又異乘機進取之時也無故而坐受天下之兵將決一旦之命既大朝許以通好又拒而不從有國家利社稷者當若是乎夫稱帝稱王角立傑出今古之常事也割地以通好玉帛以事人亦古今之常事也盈虛消息取與翕張屈伸萬端在我而已何必膠柱而用壯輕禍而爭雄哉且足下以英明之資撫百越之衆北距五嶺南負重溟藉累世之基有及民之澤衆數十萬表裏山川此足下所以慨然而自負也然違天不祥好戰危事天方相楚尚未可爭恭以大朝師武臣力實謂天贊也登太行而伐上黨士無難色絕劒閣而舉庸蜀役不淹時是知大朝之力難測也萬里之境難保也十戰而九勝亦一敗可憂六奇而五中則一失何補況人自以我國險家自以我兵强蓋揣于此而不揣于彼經其成而未經其敗也何則國莫險于劒閣而庸蜀已亡矣兵莫强于上黨而太行不守矣人之情端坐而思之意滄海可涉也及風濤驟興奔舟失馭與夫坐思之時蓋有殊矣是以智者慮於未萌機者重其先見圖難於其易居存不忘亡故曰計禍不及慮福過之良以福者人之所樂心樂之故其望也過禍者人之所惡心惡之故其思也忽是以福或修於慊望禍多出於不期又或慮有矜功好名之臣獻尊主强國之議者必曰愼無和也五嶺之險山高水深輜重不並行士卒不成列高壘清野而絕其運糧依山阻水而射以强弩使進無所得退無所歸此其一也又或曰彼所長者利在平地今捨其所長就其所短雖有百萬之衆無若我何此其二也其次或曰戰而勝則霸業可成戰而不勝則汎巨舟而浮滄海終不爲人下此大約皆說士孟浪之談謀臣押闔之策坐而論之也則易行之如意也則難何則今荆湘以南庸蜀之地皆是便山水習險阻之民不動中國之兵精卒已逾於十萬矣況足下與大朝封疆接畛水陸同途殆雞犬之相聞豈馬牛之不及一旦緣邊悉舉諸道進攻豈可俱絕其運糧盡保其城壁若諸險悉固誠善莫加焉苟尺水橫流則長堤虛設矣其次曰或大朝用吳越之衆自泉州泛海以趣國都則不數日至城下矣當其人心疑惑兵勢動搖岸上舟中皆爲敵國忠臣義士能復幾人懷進退者步步生心顧妻子者滔滔皆是變故難測須臾萬端非惟暫乖始圖實恐有誤壯志又非巨舟之可及滄海之可遊也然此等皆戰伐之常事兵家之預謀雖勝負未知成敗相半苟不得已而爲也固斷在不疑若無大故而思之又深可痛惜且小之事大理固然也遠古之例不能備談本朝當楊氏之建吳也亦入貢莊宗恭自

烈祖開基中原多故事大之禮因循未遑以至交兵幾成危殆非不欲憑大江之險恃衆多之力尋悟知難則退遂修出境之盟一介之使纔行萬里之兵頓息惠民和衆于今賴之自足下祖德之開基亦通好中國以闡霸圖願修祖宗之謀以尋中國之好蕩無益之忿棄不急之爭知存知亡能强能弱屈己以濟億兆談笑而定國家至德大業無虧也宗廟社稷無損也玉帛朝聘之禮纔出於境而天下之兵已息矣豈不易如反掌固如太山哉何必扼腕盱衡履腸蹀血然後爲勇也故曰德輶如毛民鮮克舉之我儀圖之又曰知止不殆可以長久又曰沉潛剛克高明柔克此聖賢之事業何恥而不爲哉況大朝皇帝以命世之英光宅中夏承五運而乃當正統度四方則咸偃下風獫狁太原固不勞於薄伐南轅返旆更屬在於何人又方且過天下之兵鋒俟貴國之嘉問則大國之義斯亦以善矣足下之忿亦可以息矣若介然不移有利於宗廟社稷可也有利於黎元可也有利於天下可也有利於身可也凡是四者無一利焉何用棄德修怨自生讎敵使赫赫南國將成禍機炎炎奈何其可嚮邇幸而小勝也莫保其後焉不幸而違心則大事去矣復念頃者淮泗交兵疆埸多壘吳越以累世之好遂首爲厲階惟有貴國情分逾親驩盟愈篤在先朝感義情實慨然下走承基理難負德不能自已又馳此緘近奉大朝諭旨以爲足下無通好之心必舉上秋之役即命弊邑速絕連盟雖善隣之心期於永保而事大之節焉敢固違恐煜之不得事足下也是以惻惻之意所不能云區區之誠於是乎在又念臣子之情尚不逾於三諫煜之極言於此三矣是爲臣者可以逃爲子者可以泣爲交友者亦惆悵而遂絕矣鋹得書遂囚愼儀驛書答煜言甚不遜煜上其書開寶三年太祖命潭州防禦使潘美朗州團練使尹崇珂討之八月師至白霞鋹賀州刺史陳守忠告急於鋹時舊將多以讒構誅死宗室翦滅殆盡掌兵者唯宦人數輩自晟以來耽於遊宴城壁壕隍多飾爲宮館池沼樓艦皆毀兵器又腐內外震恐乃遣龔澄樞往賀州郭崇岳往桂州李托往韶州畫守禦之策九月美與崇珂圍賀州澄樞遁歸鋹遣大將伍彥柔領兵赴賀美等以奇兵伏南岸彥柔夜至艤舟岸側遲明挾彈登岸踞胡牀指麾伏兵卒發彥柔衆大亂死者千人擒彥柔斬之梟首以示城中翌日城陷美等督戰艦聲言順流趨廣州鋹令都統潘崇徹將兵五萬屯賀江十月美等次昭州破開建砦殺卒數百擒砦將靳暉昭州刺史田行稠遁去城遂陷桂州刺史李承進棄城亦奔十一月連州陷招討使盧收率衆退保清遠十二月美等攻韶州都統李承渥以兵數萬陣蓮華山下初鋹教象爲陣每象載十數人皆執兵仗凡戰必置陣前以壯軍威至是與美遇美盡索軍中勁弩布前以射之象奔踶乘象者皆墜反踐承渥軍遂大敗承渥僅以身免韶州陷擒刺史辛延渥諫議大夫鄧文遠鋹始令塹廣州東壕遣郭崇岳統兵六萬屯馬逕列柵以拒之四年正月美等破英雄二州都統潘崇徹來降翌日次瀧頭鋹遣使請和且求緩師瀧頭山水險惡美等疑有伏兵乃挾鋹使速度諸險二月過馬逕去廣城十里砦于雙女山下鋹聞之取船十餘艘載金寶妃嬪欲入海未及發宦官樂範與衞兵千餘盜船走美等將至城鋹懼遣其右僕射蕭漼奉表詣軍門乞降美諭太祖意語在美傳使者乞部送赴闕師遂頓城外鋹又遣其弟保興率百官奉迎爲郭崇岳所遏崇岳無謀勇但祈禱鬼神復爲拒扞之備美等乃進攻保興迎戰大爲所敗美乘風縱火煙埃坌起崇岳死於亂兵城既破鋹盡焚其府庫美擒鋹及龔澄樞李托薛崇譽與宗室文武九十七人同縻於龍德宮保興逃於民家亦獲之悉部送闕下斬閹工五百餘人凡得州六十縣二百四十戶十七萬鋹至江陵邸吏麗師進迎謁學士黃德昭侍鋹鋹問師進何人德昭曰本國人也鋹曰何爲在此曰先主歲貢大朝輜重比至荊州乃令師進至邸于此造車以給饋運爾鋹歎曰我在位十四年未嘗聞此言今日始知祖宗山河及大朝境土也因泣涕久之至京舍于玉津園太祖遣參知政事呂餘慶問鋹翻覆及焚府庫之罪鋹歸罪澄樞托崇譽翌日有司以帛係鋹及其官屬獻太廟太社太祖御明德門遣攝刑部尚書盧多遜宣詔責鋹鋹對曰臣年十六僭僞位澄樞等皆先臣舊人每事臣不得專在國時臣是臣下澄樞是國主遂伏地待罪太祖命攝大理卿高繼申引澄樞托崇譽斬于千秋門外釋鋹罪賜襲衣冠帶器幣鞍勒馬授金紫光祿大夫檢校太保右千牛衞大將軍員外置同正員封恩赦侯朝會班上將軍之下以其弟保興爲右監門率府率左僕射蕭漼爲太子中允中書舍人卓惟休爲太僕寺丞餘並署諸州上佐縣令主簿初龑時嘗召司天監周傑筮之遇復之豐龑問曰享年幾何傑曰凡二卦皆土爲應土之數五二五十也上下各五將五百五十五乎及鋹之敗果五十五年蓋傑舉成數以避一時之害爾又廣州童謠曰羊頭二四白天雨至識者以羊是未之神是歲歲在辛未以二月四日擒鋹天雨者王師如時雨之義又前一年九月八日夕衆星皆北流有知星者言劉氏歸朝之兆也四年詔鋹月給增錢五萬米麥五十斛八年李煜平遷左監門衞上將軍進封彭城郡公太平興國初又進衞國公五年卒年三十九廢朝三日贈太師追封南越王鋹體質豐碩眉目俱竦有口辯性絕巧嘗以珠結鞍勒爲戲龍之狀極其精妙以獻太祖太祖詔示諸宮官皆駭伏遂以錢百五十萬給其直謂左右臣曰鋹好工巧習以成性儻能以習巧之勤移於治國豈至滅亡哉太祖嘗乘肩輿從十數騎幸講武池從官未集鋹先至賜鋹巵酒鋹疑爲酖泣曰臣承祖父基業違拒朝廷勞王師致討罪固當死陛下不殺臣今見太平爲大梁布衣足矣願延旦夕之命以全陛下生成之恩臣未敢飲此酒太祖笑曰朕推心於人腹安有此事命取鋹酒自飲之別酌以賜鋹大慚頓首謝太宗將討晉陽召近臣宴鋹預之自言朝廷威靈及遠四方僭竊之主今日盡在坐中旦夕平太原劉繼元又至臣率先來朝願得執梃爲諸國降王長太宗大笑賞賜甚厚其詼諧此類也鋹子守節守正皆至崇儀副使守正卒帝聞其家貧詔月給萬錢守素咸平中爲侍禁亦貧真宗賜白金百兩語宰相曰諸僞主子孫率多窘迫蓋僭侈之後不知稼穡艱難所致也後至內殿崇班天禧中又錄爲閤門祗候守通供奉官守正子克昌爲三班奉職國昌爲借職

龔澄樞廣州南海人性廉謹不妄交遊幼事龑爲內供奉官累遷內給事晟襲位任閹人林延遇爲甘泉宮使頗預政事延遇病將死言於晟曰臣死惟龔澄樞可用即日擢知承宣院兼內侍省改德陵使兼龍德宮使鋹嗣位加特進開府儀同三司萬華宮使驃騎大將軍改上將軍左龍虎軍觀軍容使內太師軍國之務皆決於澄樞澄樞與李托薛崇譽置酷法之具民甚苦之初巖改名龑有術者言不利名龑當敗國事遂改名龔後鋹用澄樞以其姓卒亡其國澄樞亦被誅

李托封州封川人少習騎射以謹愿事龑爲內府局令晟襲位遷內侍省內侍充宮闈諸衞押番兼秀華宮使鋹立改玩華宮使內侍監兼列聖景陽二宮使托納二女於鋹鋹以其長爲貴妃次爲美人政事皆訪托而後行加特進開府儀同三司甘泉宮使兼六軍觀軍容使行內中尉遷驃騎上將軍內太師太祖命師伐鋹既克韶州統軍使李承渥戰死節度副使辛延渥間道遣人勸鋹降托堅沮其議及就擒至許田太祖遣使問托等昨已約降復率衆來拒戰及軍敗又縱火焚府庫誰爲之謀也托俛首不能對鋹諫議大夫王珪謂托曰昔在廣州機務並爾輩所專火又自內起今天子遣使案問爾復欲推過何人遂唾而批其頰托乃引伏後至京斬之

薛崇譽韶州曲江人善孫子五曹筭晟署爲內門使兼太倉使鋹嗣位遷內中尉特進開府儀同三司簽書點檢司事太祖命師克廣州崇譽縱火焚倉庫擒至京與李托同戮

潘崇徹廣州南海人事龑爲內侍省局丞頗讀兵書立戰功晟嘗遣大將吳懷恩伐桂州平之懷恩爲部下所殺命崇徹代之鋹襲位加西北面都統歲餘鋹頗疑崇徹遣薛崇譽使其軍以察之崇譽還遂白崇徹日以伶人百餘衣錦繡吹玉笛爲長夜之飲不恤軍政鋹怒召歸奪其兵柄自是居常怏怏太祖命師度嶺鋹復命崇徹領兵五萬戍賀江崇徹不爲効命鋹敗至京太祖知其事特赦之授汝州別駕卒

宋史卷四百八十一考證

劉鋹傳上蔡人○冊府元龜作彭城人

有余延業者○宋通鑑作韓延業

宋史卷四百八十二

元中書右丞相總裁脫脫等修

列傳第二百四十一

世家五

北漢劉氏

北漢劉繼元并州太原人祖崇漢祖之弟漢初爲太原尹北京留守隱帝嗣位周祖爲樞密使崇謂判官鄭珙曰吾與郭樞密素不協朝廷幼弱郭得志吾無類矣因泣下珙遂勸繕完甲兵招集亡命爲自全計及聞隱帝遇害崇欲率兵南向會漢太后下令遣馮道詣徐州迎

崇子贇爲漢嗣崇信之謂賓佐曰吾兒爲帝矣復何慮哉少尹李驤曰知幾其神時不可失揣郭公之心必不以天下與人不如領精騎疾度太行控孟津以觀其變徐州位定然後歸晉陽卽郭公不敢動矣崇大怒罵曰腐儒敢離間我父子遽令左右曳出斬之驤曰僕負王佐才今日爲愚人畫計死固甘心但家有病妻願同戮於市崇並殺之表其事於太后明無他志俄周祖爲衆所推降封贇湘陰公崇遣使奉書周祖乞贇歸藩使還知贇已死崇慟哭爲驤立祠遂卽皇帝位國仍號漢仍稱乾祐年改名旻以子鈞爲太原尹判官趙華鄭珙爲宰相陳光裕爲宣徽使賫重幣結契丹自言與周有隙願如晉祖故事約爲父子契丹主許之遣政事令燕王耶律述軋上樞使高勳策崇爲大漢神武皇帝自是數侵晉絳高平之敗崇單騎遁歸由此喪氣不敢復出師顯德元年崇卒鈞襲位鈞舊名承鈞後止名鈞改元天會以衞融爲相段常爲樞密使蔚進掌親軍子繼恩爲太原尹始建七廟於漢祖舊第號顯聖宮潛結江南西川爲外援六年冬鈞結契丹侵周明年正月周恭帝命太祖北征至陳橋驛衆推戴太祖卽位鈞與契丹兵皆遁去是夏李筠以上黨叛令判官囚監軍周光遜等送於鈞稱臣求援鈞自至太平驛與筠會遣其宣徽使盧贊將騎數千隨筠入寇又遣其河陽節度范守圖援之及太祖親討前軍石守信高懷德破筠衆於澤州獲守圖殺鈞兵數千鈞之沙谷砦又爲折德扆所破斬首五百級九月昭義李繼勳率師入鈞平遥虜獲甚衆建隆二年冬繼勳又敗鈞兵斬首百餘級獲其遼州刺史傅廷彥弟勳以獻三年二月鈞侵晉潞二州守將擊走之三月太祖詔河東降人徙家於邢洺計口給粟四月太原民四百七十人降七月鈞捉生指揮使路貴等十一人降並補內殿直四年八月邢州王全贇率師攻樂平鈞拱衞指揮使王超散指揮使元威侯霸榮率所部千八百人降全贇未幾鈞侍衞都指揮使蔚進馬軍都指揮使郝貴超與契丹悉兵來救樂平三戰皆敗之遂下其城詔建爲平晉軍以降兵爲傚順軍賜以錢帛靜陽十八砦遂相率來降九月鈞復引契丹攻平晉軍太祖遣洺州防禦使郭進濮州防禦使張彥進客省使曹彬趙州刺史陳萬通將步騎萬餘救之未至而鈞遁去乾德二年二月李繼勳與兵馬鈐轄康延沼馬步軍都軍頭尹訓率兵攻遼州鈞遣郝貴超來援戰于城下大敗刺史杜延韜危蹙與拱衞都指揮使冀進兵馬都監侯美籍部兵三千降于繼勳賜延韜等襲衣銀帶器幣鞍勒馬其降兵以效順懷恩爲名是月府州擒鈞衞州刺史楊璘以獻又鈞耀州團練使周審玉等四人降賜審玉襲衣金帶絹千匹銀五百兩鞍勒馬仍賜名承璲以爲左千牛衞大將軍領汾州團練使四月太祖遣馬軍都校劉光將兵戍潞備鈞入侵五年三月鈞招收指揮使閆章以石盆砦降鎭州四月招收指揮使樊暉殺監軍成昭以鴻唐砦降鎭州六年正月偏成砦招收指揮使任恩等百五十人降晉州三月鎭州守將攻破鈞馬鞍山砦七月鈞烏玉砦主胡遇等百三十九人降鎭州初鈞自李筠敗狼狽而歸旦夕懼宋師之至以趙文度爲相召抱腹山人郭無爲參議中書事以五臺山僧繼顒爲鴻臚卿參議國事因事誅段常契丹主遣使責鈞曰爾不稟我命其罪三擅改年號一也助李筠有所覬覦二也殺段常三也鈞皇恐曰父爲子隱願赦罪契丹不報自是使契丹者被留不遣終以勢力窘弱憂憤成疾是月卒年四十三繼恩嗣位初太祖嘗因界上諜者謂鈞曰君家與周氏爲世讎宜其不屈今我與爾無所間何爲困此一方人也若有志中國宜下太行以決勝負鈞遣諜者復命曰河東土地甲兵不足以當中國然鈞家世非叛者區區守此蓋懼漢氏之不血食也太祖哀其言笑謂諜者曰爲我語鈞開爾一生路故終其世不加兵焉繼恩本姓薛父釗娶崇女晉初爲護聖營卒漢祖典禁兵以釗崇壻釋其籍館門下漢祖後領方鎭爵位通顯釗罕得見其妻居常怏怏一日乘醉求見卽引佩刀刺妻妻奮衣得脫釗乃自剄繼恩時尚幼漢祖令鈞養爲子遂冒姓劉八月太祖詔伐繼恩以內客省使盧懷忠等二十二人將禁兵赴潞州昭義節度李繼勳爲行營前軍都部署侍衞步軍都指揮使党進副之宣徽南院使曹彬爲都監棣州防禦使何繼筠爲前鋒部署懷州防禦使康延沼爲都監建雄軍節度趙贊爲汾州路部署絳州防禦使司超副之隰州刺史李謙溥爲都監九月繼勳敗繼恩軍於洞渦河其左勝軍使李瓊來降賜襲衣金帶鞍勒馬初鈞謂郭無爲曰繼恩庸懦何堪付後事無爲亦以爲然至是繼恩獨處一室行喪左右親信皆在太原無得從者或勸召之繼恩猶豫不決有侯霸榮者邢州龍岡人多力善射走及奔馬嘗爲盜并汾間鈞用爲散指揮使戍樂平建隆中率所部來歸補內殿直未幾復奔太原鈞署供奉官至是謀持繼恩首獻太祖遂乘繼恩無備白晝挺刃而入反扃其門繼恩繞屏環走霸榮以刃揕胷弒之年三十四時立六十日矣無爲遣卒登梯入殺霸榮立其弟繼元繼元本姓何初薛釗死崇以女再妻何氏生繼元何死鈞亦養繼元爲子繼元既襲位改元廣運復結契丹爲援開寶二年春太祖詔李繼勳趙贊郭進司超等將兵先赴太原太祖遂親征以繼元天谷合梁文陟爲太子洗馬郊令張續爲右贊善大夫太祖將至繼勳敗繼元兵於城下其憲州推官史昭文以州來降升本州刺史乃壅汾水灌其城又遣海州刺史孫方進圍汾州繼元方恃契丹爲援守陴者揚言旦夕契丹至四月何繼筠敗契丹於陽曲北太祖命以所獲首級鎧甲示於城下城中由是喪氣知嵐州趙文度遂來降閏五月南城爲汾水陷水注城中太祖幸長隄觀焉登望樓者見繼元殺其相郭無爲城中紛擾俄而城兵自西長連城出將焚攻戰具反爲攻兵擊走之斬首萬餘級夜半傳呼壁外繼元降太祖令衞士擐甲將開壁門入作使趙璲曰受降如受敵詎可中夜輕出太祖使伺之果諜者也太常博士李光贊上言曰陛下應天順人體元御極戰無不勝謀無不臧四方恃險之邦僭竊帝王之號者昔日與中國爲隣今日與陛下爲臣蕞爾晉陽豈須親討重勞飛輓久駐師徒且太原得之未必爲多失之未足爲辱今時屬炎蒸候當暑雨儻河津泛溢道路阻艱輦運稽留恐勞宸慮太祖覽奏甚喜命宰相趙普撫諭諸將欲班師禁軍校趙翰等叩頭願乘城急擊以盡死力太祖曰汝曹我所訓練無不一當百以備肘腋同休戚也我寧不取太原豈忍驅汝曹冒鋒鏑而蹈必死之地乎士皆感泣遂班師九年八月太祖又遣党進潘美楊光美牛思進米文義討之時繼元諜者趙訓爲晉州所捕械送于朝太祖命釋之給服裝放歸又遣郭進入忻代路郝崇信王政忠入汾州路閻彥進齊超入沁州路孫晏宣安守忠入遼州路齊延琛穆彥璋入石州路九月党進敗繼元兵數千獲馬千餘郭進得山北民三萬七千餘十月遼州監押馬繼恩入并州境燔四十餘砦獲牛羊數千郭進又破壽陽得民九千穆彥璋入并州境得民二千党進又敗繼元兵千餘於城下是月太宗卽位召諸將還太平興國二年繼元胡桃砦指揮使史溫等以其民內附太宗謂齊王廷美曰太原我必取之四年始議討伐曹彬以爲可太宗意遂決語在彬傳宰相薛居正曰昔周世宗舉兵太原倚契丹之援堅壁不戰以至師老而歸及太祖破契丹於鴈門關南盡驅其民分布河洛之間雖巢穴尚存而危困已甚得之不足以闢土舍之不足以爲患願陛下熟慮之太宗曰今者事同而勢異彼弱而我强昔先王破契丹徙其人而空其地者正爲今日事也朕計決矣卿勿復言遂遣宣徽南院使潘美等率諸將分兵圍汾沁嵐諸州車駕遂親征以驍將郭進扼石嶺關斷契丹援路契丹果至進擊敗之初繼元遣子續質於契丹契丹爲進所敗繼元又遣健步間道賫蠟丸帛書求救進又得之徇於城下繼元外援不至饋道又絕潘美等兵數十萬長圍四合自春徂夏矢石如雨晝夜不息城中大懼會太宗奄至親督衞士急攻人百其勇城無完堞太宗慮城陷則殺傷者衆以手詔諭繼元降詔至城下守陴者不納繼元不能知太宗躬擐甲冑夜至長連城督諸將攻之控弦之士數萬列陣于前蹲甲交射矢集城上如蝟毛每給矢必數百萬頃之咸盡捕得城中人云繼元以十錢購一矢凡聚百餘萬太宗笑曰此爲我畜也五月庚辰繼元宣徽使范超來降攻城者以超爲出戰禽而戮之繼元遂斬超妻子投其首城外壬午馬軍都指揮使郭萬超踰城降繼元帳下親信因之漸亡去城中危急太宗又自草詔諭之曰越王吳主獻地歸朝或授以大藩或列於上將臣僚子弟皆享官封繼元但速降必保終始富貴安危兩途爾宜自擇至是詔入諸將銳攻不可遏太宗臨之恐城陷害民麾衆少退是夕繼元遣其客省使李勳奉表請降太宗賜勳襲衣金帶銀器錦綵銀鞍勒馬復遣通事舍人薛文寶齎詔答之夜漏未盡太宗幸城北張樂宴從臣於城臺繼元降遲明繼元率官屬縞衣紗帽待罪臺下詔釋之賜襲衣玉帶金銀鞍勒馬三匹金器五百兩銀器五千兩錦綵二千段文武官各賜衣金銀帶器幣鞍勒馬有差召升臺繼元叩頭言臣聞車駕親征卽願東身歸罪蓋亡命者懼死逼臣不得降爾太宗籍軍中亡投繼元者數百人選其巨室者以從軍法餘賜服及錢帛分隸諸將詔授繼元特進檢校太師右衞上將軍封彭城郡公館於行在所給賜甚厚其相李惲等授官有差命中使康仁寶監之繼元獻其宮妓百餘悉分賜立功將校又令仁寶護繼元親屬百餘赴京所過續食賜京城甲第一區歲時優加頒賚六年加開府儀同三司雍熙三年建房州爲保康軍以繼元爲節度淳化二年繼元疾遣中使護醫診視及卒遺奏以其子三猪爲託太宗惻然哀之贈中書令追封彭城郡王賵賻加等葬事官給時三猪六歲賜名守節授西京作坊

副使家居賜祿初太宗征繼元行次澶淵有太僕寺丞宋捷者掌出納行在軍儲太宗見其姓名喜以爲師必有捷之兆及將至太原太宗遣詔攻城諸將曰我以端午日當置酒高會於太原城中至癸未繼元降乃五月五日也劉崇自周廣順元年稱帝歷四主二十九年而亡繼元性殘忍在太原凡臣下有忤意必族其家自太祖親征及遣將攻伐因之殺傷不可勝紀及窮蹙始降太宗待遇終保全之嘗謂近臣曰晉司馬昭以劉禪思蜀之對戲之云何乃似郤正之言此不仁之甚也亡國之君皆暗懦所致苟有遠識豈至滅亡此可愍傷何反戲侮乎劉繼元朕所虜者待之若賓客猶恐不慰其意爾守節後爲崇儀使改右屯衛將軍天禧四年特遷右武衛將軍改右驍衛將軍

衞融字明遠青州博興人晉天福初舉進士調南樂主簿歷齊澶二州從事忠武軍掌書記漢初爲太原觀察支使劉崇稱帝授中書侍郎平章事太祖立李筠據上黨遣使降劉鈞鈞自將兵至太平驛與筠會遣宣徽使盧贊入潞州監筠軍贊與筠不協鈞遣融和解之會筠敗融被擒太祖責之曰汝何故勸劉鈞舉兵助李筠反耶融曰犬吠非其主臣四十口受劉氏豐衣美食不忍負之陛下縱不殺臣臣亦不爲陛下用終當間道走河東爾太祖怒令左右以鐵撾擊其首曳出將戮之融大呼曰大丈夫死或重於泰山或輕於鴻毛今之死正得其所爾太祖聞之曰此忠臣也遽命釋之召坐御前以良藥傅其創賜襲衣金帶鞍勒馬既而欲放融歸令融先爲書諭鈞言侯周光遜等歸朝卽遣融去鈞得書久無報乃授融太府卿賜第京城乾德初郊祀融獻郊禋大禮賦改司農卿出知陳舒黃三州開寶六年卒年六十九子偁儔孫齊並進士及第

趙文度薊州漁陽人父玉嘗客滄州依節度判官呂兗劉守光破滄州收兗親屬盡戮之兗子琦年十四玉紿之以逃至太原變姓名丐衣食以給琦琦後唐同光初爲藩郡從事當是時燕趙之士以玉能存呂氏之孤翕然稱之明宗朝琦至職方員外郎知雜清泰中琦爲給事中端明殿學士玉已卒矣文度入洛舉進士琦薦於主司馬裔孫擢甲科歷徐兗陳許四鎭從事漢初爲河東掌書記文度捷給善戲謔劉崇雅愛之及稱帝累官至翰林承旨兵部尚書天會四年授中書侍郎平章事轉門下侍郎兼樞密使加司徒久之與郭無爲不協出知汾州徙嵐州太祖開寶二年親征晉陽遣偏師圍嵐文度危蹙請降待罪行宮太祖命釋之賜襲衣玉帶金鞍勒馬器幣甚厚其官屬賜物有差文度本名弘以犯宣祖廟諱賜今名師還授檢校太傅安國軍節度歲餘徙華州不宣制而告敕同宣制之例又徙耀州凡歷三鎭七年卒年六十一文度善爲詩人多諷誦有觀光集文度之降也其母在太原世以不能死節罪之子昌圖至內殿崇班閤門祗候

李惲字孟深開封陽武人漢乾祐中舉進士客游嵐州會劉崇自立署州從事擢知制誥翰林學士累至司空平章事時母在鄉里惲不知存亡居常戚戚但以奕棋沈飲爲務政事多廢劉繼元頗以爲言惲不介意後方與僧奕棋繼元命近侍直抵惲前取局焚之惲怡然徐詣繼元謝繼元因切責之明日別造新局奕棋如故太宗克太原爲殿中監始知母亡表求追服母喪不許出知廣州遷司農卿連知許孟二州以足疾求解授忠武軍行軍司馬端拱元年卒年七十三惲性踈達善談名理年少時好滑稽及爲相頗事持重初與王溥李昉同年登第太原平相見敍舊情好益固論者美之子存誠駕部員外郎存信左侍禁閤門祗候

馬峯并州太原人仕劉繼元至樞密使左僕射致仕太原平太宗以爲將作監遷太府卿分司西京峯善服餌養生體強無疾性鄙吝頗好持論雍熙元年卒年八十餘

郭無爲青州千乘人少博學有辭辯爲道士隱武當山漢乾祐中周祖征河中無爲杖策謁於軍門周祖一見大奇之將留館門下左右曰無爲縱横家流今公握重兵不宜親之無爲遂拂衣去隱太原抱腹山會劉鈞將兵援李筠發太原其大臣趙華諫曰筠舉動輕易今起兵應之未見其可鈞怒不顧遂行及筠敗鈞狼狽而歸由是重文學之士且日夕懼宋師至頗求有智謀者與之計事段常薦無爲於鈞鈞以諫議大夫召之及至與語大悅尋遷吏部侍郎參議中書事與趙文度同秉政意好不協鈞乃出文度知汾州俄誅段常遂以無爲爲左僕射平章事兼樞密使機務一以委之鈞嘗病與無爲語及後事謂其子繼恩不才無爲亦言其然繼恩既立知其事欲誅無爲畏懦不能決月餘侯霸榮弒繼恩無爲使人殺霸榮并人疑無爲初授意於霸榮後殺之以滅口也繼元立太祖遣李繼勳等討之仍詔許繼元以青州節度無爲邢州節度無爲得詔色動一日繼元宴羣臣契丹使亦在焉無爲慟哭於庭曰今日以空城抗大軍計將安出引佩刀欲自刺繼元遽降階持其手引無爲升坐蓋無爲欲以動衆心也及太祖親征長圍既合無爲請自將兵夜出擊圍欲自拔來歸值天陰晦而止閹人衞德貴告其事會太祖壅汾水浸城城中人情大懼繼元乃殺無爲以徇

宋史卷四百八十二考證

郭無爲傳青州千乘人○十國春秋云棣州人

宋史卷四百八十三

元 中書右丞相總裁脫脫等修

列傳第二百四十二

世家六

湖南周氏 荊南高氏
漳泉留氏 陳氏

湖南周行逢朗州武陵人少無賴不事產業嘗犯法配隸鎭兵以驍勇累遷裨校自唐乾寧二年馬氏專有湖南二十州之地雖稟朝廷正朔其郡守官屬皆自署至周廣順初兄弟爭國求援於江南李景景遣大將邊鎬率兵赴之因下長沙遷馬氏之族於建康封希萼爲楚王居洪州希崇鎭舒居楊州宋興希崇率兄弟十七人歸朝皆爲美官景以鎬爲潭帥會朗州衆亂推衙將劉言爲留後言以行逢爲都指揮使行逢以衆情表於景請授言節鉞景不從召言入金陵言懼遣副使王進逵行軍何景眞與行逢帥舟師襲破潭州鎬遁去行逢等據其城言遣使上言長沙兵亂焚燒公府請移治朗州周祖卽以言爲朗帥王進逵爲潭帥行逢爲潭州行軍司馬領集州刺史未幾進逵寇朗州害劉言周祖卽以進逵爲朗州節度以行逢領鄂州節度知潭州軍府事初朗州人謂劉言爲劉鼈牙馬氏將亂湘中童謠云馬去不用鞭鼈牙過今年及邊鎬俘馬氏鎬爲劉言所逐而言亦被害顯德中世宗將用師淮甸詔朗州王進逵出師入鄂州界進逵遣裨將潘叔嗣領兵五千爲先鋒行及鄂州界叔嗣乃回戈襲進逵進逵鬭之倍道先入武陵叔嗣攻其城進逵敗走爲叔嗣所殺迎行逢爲節度行逢至卽斬叔嗣以徇世宗乃授行逢朗州大都督武平軍節度制置武安靜江等州軍事兼侍中盡有湖南之地宋初加兼中書令行逢在鎭盡心爲治辟署官屬必取廉介之士有女壻求補吏不許返給以耒耜語之曰吏所以治民也汝才不能任職豈敢私汝以祿邪姑歸懇田以自活其公正多此類條敎簡約民皆悅之然性多猜忌左右少有忤意者必寘於法麾下之人重足累息有何景山者爲王進逵記室常狎侮行逢及行逢爲帥署景山益陽令數月縛投於江又館驛巡官鄧洵美與翰林學士李昉同年進士會昉使行逢召至傳舍與話終日行逢疑其泄己陰事黜爲易俗場官潛遣殺之由是士流不附馬氏舊僚有天策府學士徐仲雅性滑稽頗恃才倨傲行逢以爲節度判官行逢多署溪洞蠻酋爲司空太保一日謂仲雅曰吾奄有湖湘兵彊俗阜四鄰其懼我乎仲雅曰公部內司空滿川太保徧地孰敢不懼行逢不悅擯斥仲雅行逢妻潘氏貌醜性剛狠行逢爲帥妻不爲屈不入府署躬率奴僕耕織以自給賦調必先期輸送行逢止之不從曰稅官物也若主帥自免其家何以率下建隆三年十月行逢卒追封汝南郡王子保權年十一初爲武平軍節度副使太祖授以起復檢校太尉朗州大都督武平軍節度初行逢疾且亟召將校託保權曰吾部內兇狠者誅之畧盡唯張文表在焉吾死文表必亂諸公善佐吾兒無失土宇必不得已當擧族歸朝無令陷於虎口行逢卒明年春文表果自衡州擧兵據潭州將取朗陵盡滅周氏保權乞師於朝廷江陵高繼冲亦以其事聞上遣中使趙璲齎詔諭文表而保權之奏繼至乃遣山南東道節度慕容延釗爲湖南道行營都部署宣徽南院使李處耘爲都監率淄州刺史尹崇珂申州刺史聶章郢州刺史趙重進判四方館事武懷節氈毯使張繼勳染院副使康延澤內酒坊副使盧懷忠等將步騎往平之又發安復等十州兵會于襄陽師及江陵趙璲至潭州文表已爲保權之衆所殺保權牙校張從富輩以爲文表已平而王師繼進不已懼爲襲取相與拒守延釗令閤門使丁德裕先路安撫及至城下從富輩拒而不納盡撤部內橋梁沉舫伐樹塞路德裕以不奉詔不敢與戰退軍以須朝旨延釗以聞太祖遣中使諭保權及將校曰爾本請師救援故發大軍以拯爾難今妖孽既殄是有大造於爾輩反拒王師何也無自取塗炭重擾生聚保權出軍於澧州南未及交鋒望風而潰復還朗州焚廬舍廩庫皆盡驅畧居人奔竄山谷城郭爲之一空王師長驅而南獲從富於西山下梟首朝市其大將汪端劫保權并家屬棄城亡匿山洞王師至數月獲保權武懷節分兵克岳州端擁保權衆寇畧未幾亦就擒磔於市湖湘

悉平保權至上章待罪優詔釋之賜襲衣金帶鞍勒馬茵褥銀器千兩帛二千匹錢千貫授右千牛衞上將軍葺京城舊邸院爲第令居焉仍下詔朗州增築行逢之墓保權乾德五年累遷右羽林統軍太平興國元年知并州賜錢三百萬雍熙二年卒年三十四

李觀象桂州臨桂人行逢署爲掌書記行逢性殘忍多誅殺觀象懼及禍淸苦自勵以求知遇帳幃寢衣悉以紙爲之行逢頗加信任軍府之政一皆取決觀象涉經史有文辭忌才怙寵湖南士人多爲所排擯行逢臨終託以後事令其子保權善待之及張文表難作王師壓境觀象謂保權曰我所恃者北有荆渚以爲脣齒今高氏拱手聽命朗州勢不獨全莫若幅巾歸朝則不失富貴保權幼懦不能用其言及湖湘平太祖聞觀象嘗爲保權畫謀以爲左補闕

張文表朗州武陵人從王進逵周行逢舉兵逐邊鎬行逢署文表衡州刺史頗心忌之常欲誅文表未有以發及行逢卒保權遣兵代永州戍卒路出衡陽文表遂驅之以襲潭州時行軍司馬廖簡知留後素輕文表不爲之備方宴飲外報文表兵至簡殊不以介意謂四坐曰此黄口小兒至則成擒何足患也飲啖如故俄文表率衆徑入府中簡醉不能彀弓弩但按膝叱之文表遂害簡及坐客十餘人保權遣其將楊師璠悉衆以禦文表保權泣謂衆曰先君可謂知人矣今墳土未乾文表構逆軍府安危在此一舉諸公勉之衆皆感憤遂破其衆於平津亭擒文表臠而食之初文表將攻長沙猶豫未決有小校夢文表龍出領下明日以告文表喜曰天命也及敗梟首于朗陵市

荆南高保融字德長其先陝州峽石人祖季興唐末爲荆南節度歷梁後唐封南平王卒子從誨嗣至太傅中書令五代史有傳從誨生保融以長興初蔭補太子舍人賜緋晉天福中制授檢校司空判內外諸軍俄遷節度副使開運末領峽州刺史累加至檢校太傅漢初從誨卒權知軍府事制授起復檢校太尉同平章事江陵尹荆南節度荆歸峽觀察使遣翰林使郭允明賜衣幣乾祐二年加檢校太師兼侍中周廣順初加兼中書令封勃海郡王正衙命使禮部尚書王易副使刑部郎中景範發冊命仍賜禮服冠劒顯德初進封南平王世宗卽位加守中書令世宗征淮南詔保融出水軍數千人抵夏口爲犄角淮甸平璽書褒美以絹數萬匹賞其軍世宗將議伐蜀保融上言請率舟師趣三峽六年恭帝卽位加守太保宋初守太傅連遣使貢獻恩顧甚厚是歲八月卒年四十一廢朝三日遣儀鸞使李繼超賜賻物兵部尚書李濤兵部郎中李汀持節冊贈太尉謚正懿保融性迂闊淹緩御兵治民一時術畧政事悉委於母弟保勗焉子繼冲繼充繼充至歸州刺史

保勗字省躬從誨第十子保融同母弟也晉天福初起家領漢州刺史保融嗣政令判內外諸軍事周廣順元年加檢校太傅充荆南節度副使顯德初從保融之請加檢校太尉充行軍司馬領寧江軍節度融卒保勗權知軍府奉章以聞太祖卽授以節度使建隆二年遣其弟保寅入貢初保融於紀南城北決江水瀦之七里餘謂之北海以閡行者至是太祖因保寅歸諭旨令決去使道路無阻保勗幼多病體貌臞瘠淫泆無度日召娼妓集府署擇士卒壯健者令恣調謔保勗與姬妾垂簾共觀以爲娛樂又好營造臺榭窮極土木之工軍民咸怨政事不治從事孫光憲切諫不聽三年十一月卒年三十九廢朝二日贈侍中遣御厨使李光睿賻祭初保勗在保抱從誨獨鍾愛故或盛怒見之必釋然而笑荆人目爲萬事休及保勗之立藩政離弱卒裁數月遂失國亦預兆也

繼冲字贊平保融長子也周顯德六年以蔭檢校司空爲荆南節度副使建隆三年保勗寢疾以繼冲爲節度副使權知軍府保勗卒四年正月制授繼冲爲檢校太保江陵尹荆南節度時湖南張文表叛周保權求救於朝廷詔江陵發水軍三千人赴潭州繼冲卽遣親校李景威將之而往二月慕容延釗李處耘等率衆至繼冲以牛酒犒師開門納延釗等卽遣客將王昭濟蕭仁楷奉表納土太祖令御厨使部岳持詔安撫樞密承旨王仁贍爲荆南都巡檢使仍令賫衣服玉帶器幣鞍勒馬以賜繼冲授繼冲馬步都指揮使梁延嗣爲復州防禦使節度判官孫光憲爲黄州刺史右都押衙孫仲文爲武勝軍節度副使知進奏鄭景玫爲右驍衞將軍王昭濟左領軍衞將軍蕭仁楷供奉官繼冲籍管內芻糧錢帛之數來上又獻錢五萬貫絹五千匹布五萬匹復遣支使王崇範詣闕貢金器五百兩銀器五千兩錦綺二百段龍腦香十斤錦繡帷幕二百事三月詔鞍轡庫使翟光裔賫官告旌節賜繼冲并存問參佐官吏等又以保融兄弟諸父江陵少尹保紳爲衞尉卿節院使保寅爲將作監充內作坊使左衙都將保緒爲鴻臚少卿右衙都將保節爲司農少卿合州刺史從翊爲右衞將軍衙將保遜爲左監門衞將軍巴州刺史保衡爲歸州刺史知峽州事保膺爲本州刺史衙將從詵爲右衙率府率從讓爲左淸道率府率從謙爲左司禦率府率又以王崇範爲節度判官高若拙觀察判官梁守彬江陵少尹韋仲宣掌書記胡允脩節度推官州縣官悉仍舊別賜管內符印五月保紳等來朝各賜京城第一區六月命王仁贍兼知軍府事會是歲將郊祀表求入覲可之十月至闕下獻金銀器錦帛寶裝弓劒繡旗幟象牙玉鞍勒等賜賚甚厚郊禋畢授繼冲徐州大都督府長史武寧軍節度使徐宿觀察使繼冲鎭彭門幾十年委政僚佐部內亦治開寶六年卒年三十一廢朝二日贈侍中遣中使護喪葬事官給自高季興據有荆南歸峽之地傳襲三世五帥凡四十餘年

保寅字齊巽晉天福七年以蔭授太子舍人賜緋累加檢校司空兄保融襲封奏署節院使賜金紫宋興保勗旣襲封遣保寅入覲太祖召對便殿授掌書記遣還保寅語保勗曰眞主出世天將混一區宇兄宜首率諸國奉土歸朝無爲他人取富貴資保勗不聽王師討武陵道出荆渚保寅奉牛酒迎犒軍鋒太祖嘉之驛召赴闕授將作監充內作坊使賜第一區俄知宿州乾德四年丁外艱起復轉少府監開寶五年知懷州歷司農衞尉二卿是州本隸河陽時趙普爲帥與保寅素有隙事多抑制保寅心不能平手疏請罷支郡之制詔從之又爲西川諸州都巡檢使改光祿卿歷知同汝二州改光化軍卒年六十八廢朝賻錢十萬初保寅在懷州蘇易簡王欽若並妙年始趣學在同州錢若水爲從事在光化軍張士遜其邑人也保寅一見皆獎拔許以遠大議者多其知人子輔政輔之輔堯輔國並進士及第輔政至祕書丞輔之至太常丞

孫光憲字孟文陵州貴平人世業農畝惟光憲少好學游荆渚高從誨見而重之署爲從事歷保融及繼冲三世皆在幕府累官至檢校祕書監兼御史大夫賜金紫慕容延釗等救朗州之亂假道荆南繼冲開門納延釗光憲乃勸繼冲獻三州之地太祖聞之甚悅授光憲黄州刺史賜賚加等在郡亦有治聲乾德六年卒時宰相有薦光憲爲學士者未及召會卒光憲博通經史尤勤學聚書數千卷或自抄寫孜孜讐校老而不廢好著譔自號葆光子所著荆臺集三十卷鞏湖編玩三卷筆傭集三卷橘齋集二卷北夢瑣言三十卷蠶書二卷又譔續通歷紀事頗失實太平興國初詔毁之子謂讜並進士及第

梁延嗣京兆長安人少事高季興頗見委任表授檢校司空領緜州刺史充衙內馬步軍都指揮使歷事四帥人稱其忠藎繼冲之納土也延嗣亦嘗勸之復率荆之水軍從慕容延釗越戰太祖嘉之授復州防禦使充湖南前軍步軍都指揮使兼排陣使後因郊禮自復州入朝太祖慰撫之曰使高氏不失富貴爾之力也改濠州防禦使有善政詔書褒美延嗣頗知書好接士嘗暴疾穰於城隍神是夕夢神人告以九九之數俄疾愈開寶九年卒八十一

漳泉留從效泉州永春人幼孤事母兄以孝悌聞頗知書好兵法唐末王審知據有福建之地子延鈞後唐長興中僭稱帝國號閩都福州爲其下所殺立審知次子延羲晉天福末部將朱文進殺延羲據其位署其黨黄紹頗爲泉州刺史程贇爲漳州刺史許文稹爲汀州刺史時審知子延政爲建州刺史亦僭稱帝泉人念王氏失國羣逆分據時從效爲泉州散指揮使與其黨王忠順董思安及所親蘇光誨相與圖議興復王氏從效倡言吾等皆受王氏恩遇今王氏子孫未復位而不思報可謂忠義乎聞建州士卒謀盡力擊福州以復王氏苟一旦功先成王氏復位我輩何面見之邪於是忠順思安置酒從效家募敢死士得陳洪進等五十二人夜持白梃踰城而入劫庫兵擒紹頗斬之立延政從子繼勳爲刺史從效等三人自署爲統帥洪進等皆爲指揮使繼勳令送紹頗首於建州奉延政爲主延政遂送款於江南李景文進率衆攻泉州爲從效所敗會景遣將討王氏之亂圍福州兩浙錢氏發兵來援景將但克汀建而歸福州入於錢氏從效以兵劫繼勳送江南自領漳泉二州留後李景卽建泉州爲淸源軍授從效節度泉漳等州觀察使閩中五州自此分矣景累授從效同平章事兼侍中中書令封鄂國公晉江王從效出自寒微知人疾苦在郡專以勤儉養民爲務常衣布素置公服於中門之側出則衣之每言我素貧賤不可忘本民甚愛之部內安治王氏有二女嫁爲郡人妻從效奉之甚謹資給豐厚每歲取進士明經謂之秋堂世宗征淮南李景以兵十萬保紫金山從效累表於景言其頓兵老師形勢非便旣而果敗江北之地盡入於中朝從效遣衙將蔡仲贇等爲商人以帛書表置革帶中自鄂路送款內附又遣別駕黄禹錫間道奉表以獬豸通犀帶龍腦香數十斤爲貢世宗錫詔書嘉納之從效又乞置邸

京師世宗以其素附江南慮其非便不許宋初從效遂上表稱藩貢奉不絶會李景遷洪州從效疑景討已頗懼遣其從子紹錤齎厚幣獻景又遣使假道吳越入貢太祖特命使厚賜以撫之使未至從效疽發背卒年五十七僞贈太尉靈州大都督從效無嗣以兄從願之子紹鎡紹鎡爲子從效寢疾時從願守漳州紹錤在金陵紹鎡尚幼衙校張漢思陳洪進等率兵劫從效還東亭漢思自稱留後洪進爲副使時建隆三年也明年洪進又廢漢思而自立從效再從弟仁諷淳化中爲泗州長史有清節官散奉薄雖藜藿不充未嘗妄干人太宗聞之詔赴闕特遷揚州觀察支使大中祥符七年從效孫丕式詣闕上從效所受太祖朝制書授三班借職

陳洪進泉州仙遊人幼有壯節頗讀書習兵法及長以材勇聞隸兵籍從攻汀州先登補副兵馬使從留從效殺黃紹頗將以紹頗首送建州請出兵爲援羣下以道阻賊盛憚其行洪進慮事久生變獨請往至尤溪賊數千人遮道不得前洪進紿賊曰福州泉州已爲義師所襲爾輩復爲何人戍守即持紹頗首示之曰我送此於建州迎嗣君以歸國爾輩將安歸乎賊遂潰渠帥數人皆聽命洪進至建州延政大悅以爲本州馬步行軍都校是歲晉開運元年也自是漳州殺程贇迎延政從子繼成爲刺史許文稹以汀州降連重遇殺朱文進傳首建州福人又殺重遇延政遂遣洪進歸泉州三年李景陷建州延政入江南明年泉州留從效劫王繼勳降江南景以從效爲清源軍節度洪進爲統軍使與副使張漢思同領兵柄累立戰功從效卒少子紹鎡典留務月餘洪進誣紹鎡將召越人以叛執送江南推副使張漢思爲留後自爲副使漢思年老醇謹不能治軍務事皆決於洪進漢思諸子並爲衙將頗不平洪進圖欲害之漢思亦患其專明年夏四月漢思大享將吏伏甲於內將害洪進酒數行地忽大震棟宇將傾坐立者不自持同謀者以告洪進洪進亟去衆驚悖而散漢思事不成慮洪進先發常嚴兵爲備洪進子文顥文顗皆爲指揮使勒所部欲擊漢思洪進不許一日洪進袖置大鎖從二子常服安步入府中直兵數百人皆叱去之漢思方處內齋洪進即鎖其門使人叩門謂漢思曰郡中軍吏請洪進知留務衆情不可違當以印見授漢思惶懼不知所爲即自門間出印與之洪進遂召將校吏士告之曰漢思昏耄不能爲政授吾印請吾莅郡事將吏皆賀即日遷漢思別墅以兵衞送遣使請命於李煜煜以洪進爲清源軍節度泉南等州觀察使時太祖平澤潞下揚州取荊湖威振四海洪進大懼遣衙將魏仁濟間道奉表自補清源軍節度副使權知泉南等州軍府事且言張漢思老耄不能御衆請臣領州事恭聽朝旨太祖遣通事舍人王班賫詔撫諭又與李煜詔曰泉州陳洪進遣使奉表言爲衆所推因而總領州事以誠控告聽命於朝觀其傾輸尤足嘉尚但聞泉州昔嘗附麗尤荷撫綏然變詐多端屢移主帥恐其地里遼遠制御有所未遑朕以書軌大同恩威遠被嘉其款附已降詔書蓋矜其遠俗便安不必以彼此爲意想惟明哲當體朕懷煜上言洪進多詐首鼠兩端誠不足聽太祖又詔諭之煜乃聽命建隆四年遣使朝貢是冬又貢白金萬兩乳香茶藥萬斤煜復上言請寢洪進恩命太祖又以諭煜乾德二年制改清源軍爲平海軍授洪進節度泉漳等州觀察使檢校太傅賜號推誠順化功臣鑄印賜之以文顥爲節度副使文顗爲漳州刺史是年夏丁家艱起復洪進每歲以修貢朝廷多厚歛於民第民貲百萬以上者令差入錢以爲試協律奉禮郎蠲其丁役及江南平吳越王來朝洪進不自安遣其子文顗入貢乳香萬斤象牙三千斤龍腦香五斤太祖因下詔召之遂入覲至南劒州聞太祖崩歸鎭發哀太宗即位加檢校太師明年四月來朝朝廷遣翰林使程德玄至宿州迎勞旣至賜錢千萬白金萬兩絹萬匹禮遇優渥又增其食邑以其子文顥爲團練使文顗文項並爲刺史洪進遂上言曰臣聞峻極者山也在汙壤而不辭無私者日也雖覆盆而必照顧惟遐僻尚隔聲明願歸益地之圖輒露由衷之請臣所領兩郡僻在一隅自浙右未歸金陵偏霸臣以崎嶇千里之地疲散萬餘之兵望雲就日以雖勤畏首畏尾之不暇遂從間道遠貢赤誠願傾事大之心庶齒附庸之末太祖皇帝賜之軍額授以節旄俾專達於一方復延賞於三世祖父荷漏泉之澤子弟享列土之榮戟在門龜緺盈室雖冠列藩之寵未修肆覲之儀暨江表底平先皇厭世會嬰犬馬之病尙阻雲龍之庭皇帝陛下欽嗣丕基誕敷景命臣遠辭海嶠入覲天墀獲親咫尺之顏疊被便蕃之澤六飛遊幸每奉屬車之塵三殿宴嬉屢挹大鐏之味旬浹之內雨露駢臻至於童男亦荷殊奬恩榮若此報效何階志益戀於君軒心遂忘於坎井臣不勝大願願以所管漳泉兩郡獻于有司使區區負海之邦遂爲內地蚩蚩生齒之類得見太平伏望聖慈授臣近地別鎭臣男文顥等早膺朝獎皆忝郡符牙校賓僚久經驅策各希玄造稍霑鴻私太宗優詔嘉納之以洪進爲武寧軍節度同平章事留京師奉朝請諸子皆授以近郡賜白金萬兩各令市宅明年從平太原六年封杞國公雍熙元年進封岐國公洪進年老富貴且極上言求致仕優詔免其朝請二年以疾卒年七十二廢朝二日贈中書令謚曰忠順中使護喪葬事官給洪進在泉州日方晝有蒼鶴翔集內齋前引吭向洪進洪進視之有魚鯁其喉即以手探取之魚猶活鶴馴擾齋中數日而後去人皆異之洪進弟銛初爲泉州都指揮使開寶四年授漳州刺史入貢至宿州卒銛子文璉供奉官閤門祗候

文顥字仲達洪進領章泉節制署左神機指揮使遷泉州馬步軍使都督右軍押衙乾德初朝命平海軍節度副使累加檢校太保洪進歸朝授文顥通州團練使知泉州未幾代還時太宗征太原朝於行在久之出爲青齊廬壽西京水南北陝州四州都巡檢使文顥與諸弟不睦咸平初御史中丞李惟清抗疏曰文顥等並分符竹委以方面一門榮盛當世罕儔先人之墳土未乾私室之風覩大壞弟兄列訟骨肉爲仇官奉私藏同居異爨屢經赦宥而久積人言文顥首起訟端當律文尊長之坐乞寘散秩以警浮俗詔曰文顥等頗傷名教合寘邦刑以其父有忠勳未忍捐棄宜賜誡諭許其改過儻無悛革當正簡書令御史臺告諭之以疾改通許鎭都監六年卒年六十五子宗憲歷虞部員外郎爲西京作坊使宗元殿中丞

文顗初爲泉州右軍散兵馬使衙內都指揮使俄權知漳州朝命漳州刺史凡七年求還泉州署行軍司馬開寶末江南平洪進之第三子文顗入貢文顗不欲行乃遣文顥至京師自陳願留以俟父入覲太祖嘉之及洪進歸朝授文顥房州刺史會升房州爲節鎭換康州刺史端拱初出知同州錢若水爲從事文顗深禮之委以郡政咸平初知耀州又徙徐州坐用刑失入責授左武衞大將軍知漣水軍上念其父納土效順復以爲康州刺史留京師大中祥符初議東封以濮州馳道所出命知州事須置供擬頗勤至詔褒之駕至召見勞問禮畢改衡州刺史特給內地刺史奉料未幾代還以老疾累表求致仕詔免朝謁歲給公費及月廩並如故六年卒年七十二

文頊始爲泉州衙內都指揮使知漳州洪進歸朝授滁州刺史仍舊知州俄召歸奉朝請景德中換光州以久次領和州團練使歷知海濮濰沂黃五州信陽軍所至無能稱卒年七十一錄其子宗綬爲大理評事孫永錫永昇爲三班借職次子宗纘太子中舍

文項本文顥子初洪進在泉州有相者言一門受祿當至萬石時洪進與三子皆領州郡而文項始生乃以文項爲子欲應其言初補泉州衙內都校又爲衙內都監使朝命領順州刺史歸朝爲登州刺史滄棣有寇盜命爲巡檢使會以禁軍大校趙延溥爲登州團練使文項改舒州刺史淳化三年卒年三十五文項頗知書亦工畫子宗絳爲殿中丞

宋史卷四百八十三考證

周行逢傳行逢妻潘氏○臣人龍按九國志行逢妻嚴氏父廣遠仕馬氏爲評事因以女妻行逢宋通鑑作鄧氏三楚新錄及宋史作潘氏皆非

高保融傳○馬令南唐書作保庸

保融弟保勗○淸異錄作保勉

保融長子繼冲字贊平○五代史繼冲字咸和

留從效傳泉州永春人○臣琦按五代史五國故事唐紀傳南唐書皆作從効泉州桃林人

宋史卷四百八十四

元　中　書　右　丞　相　總　裁　脫　脫　等　修

列傳第二百四十三

周三臣

韓通　李筠　李重進

五代史記有唐六臣傳示譏也宋史傳周三臣其名似之其義異焉求所以同則歸於正名義扶綱常而已韓通與宋太祖比肩事周而死於宋未受禪之頃然不傳於宋則忠義之志何所託而存乎李筠李重進舊史書叛叛與否未易言也洛邑所謂頑民非殷之忠臣乎孔子定書不改其舊稱焉或曰三人者嘗臣唐晉漢矣曰智氏之豫讓非歟作周三臣傳

韓通并州太原人弱冠應募以勇力聞補騎軍隊長晉開運末漢祖建義於太原寘通帳下尋從漢祖至東京累遷爲軍校漢祖典衞兵以通爲衙隊副指揮使從討杜重威得銀青階檢校國子祭酒漢祖開國加檢校左僕射隱帝即位遷奉國指揮使乾祐初周祖爲樞密使統兵伐河中知通謹厚命之自隨先登身被六創以功遷本軍都虞候周祖鎭大名奏通爲天雄軍馬步軍都校委以心腹及入汴通甚有力爲授奉國左第六軍都

校領雷州刺史廣順初爲虎捷右廂都校遷左廂兗孟州巡檢繼領永睦二州防禦使周祖親征兗州以通爲在京右廂都巡檢時河溢灌河陰城命通率廣銳卒千二百浚汴口又部築河陰城刱營壁未幾拜保義軍節度觀察留後周祖親郊正授節度并州劉崇南侵命通副河中王彥超出晉州道擊之敗于高平以通爲太原北面行營部署爲地道攻其城俄班師移鎭曹州檢校太保世宗卽位以深冀之間有胡盧河東西橫亘數百里堤堨非峻不能扼契丹奔突顯德二年命通與王彥超浚治之功未就契丹至通出兵迎擊退之遂城李晏口爲靜安軍四旬而完又城束鹿及鼓城幷葺祈州時大兵之後遺骸布野通悉收瘞爲萬人冢又城博野安平往來深定間夜宿古寺晝披荊棘在安平領百餘騎督役會契丹騎數百奄至通率麾下與戰日暮大風雨契丹解去擒十餘騎又城百八橋鎭及武强縣皆旬日畢歸朝會攻秦鳳以通爲西南面行營馬步軍都虞候入大散關圍鳳州分兵城固鎭以斷蜀餉道未幾拔鳳州以功授侍衞馬步軍都虞候世宗征淮南命通爲京城都巡檢世宗以都城狹小役畿甸民築新城又廣舊城街道命左龍武統軍薛可信右衞上將軍史佺右監門衞上將軍蓋萬右羽林將軍康彥瓌分督四面通總領其役功未就世宗幸淮上留通爲在京內外都巡檢權點檢侍衞司是役也期以三年纔半歲而就三年追叙秦鳳功改領忠武軍節度檢校太傅又改侍衞馬步軍都虞候世宗幸壽春爲京城內外都巡檢淮南平爲歸德軍節度六年春詔通河北按行河堤因發徐宿宋單等州民浚汴渠數百里世宗將北征命通與高懷德張鐸先赴滄州賜襲衣金帶鞍馬器帛卽領兵入契丹境乾寧軍之南俄爲陸路都部署殿前都虞候石守信副焉又命通巡北邊自浮陽至淤口浦壞坊三十六遂通瀛莫初克益津關以爲霸州役濱棣民數千城之命通董其役師還以爲檢校太尉同平章事充侍衞親軍馬步軍副都指揮使恭帝卽位移領鄆州太祖奉詔北征至陳橋爲諸軍推戴通在殿閤聞有變惶遽而歸軍校王彥昇遇通於路策馬逐之通馳入其第未及闔門爲彥昇所害妻子皆死太祖聞通死怒彥昇專殺以開國初隱忍不及罪卽下詔曰易姓受命王者所以應期臨難不苟人臣所以全節故周天平軍節度檢校太尉同中書門下平章事侍衞親軍馬步軍副指揮使韓通振迹戎伍委質前朝彰灼茂功踐更勇爵夙定交於霸府遂接武於和門艱險共嘗情好尤篤朕以三靈眷佑百姓樂推言念元勳將加殊寵蒼黃遇害良用憮然可贈中書令以禮收葬遣高品梁令珍護喪事通性剛而寡謀言多忤物肆威虐衆謂之韓瞠眼其子頗有智略幼病傴人目爲橐駞兒見太祖有人望常勸通早爲之所通不聽後太祖幸開寶寺見通及其子畫像于壁遽命去之

李筠并州太原人善騎射後唐秦王從榮判六軍諸衞募勇士爲爪牙筠操弓矢求見弓力及百斤府中無能挽者從榮令筠射引滿有餘力再發皆中因以隸麾下從榮難作筠騎從至天津橋射殺十數人知事不濟棄馬遁去淸泰初應募爲內殿直遷控鶴指揮使晉開運末契丹犯汴京其將趙延壽聞筠驍勇召寘帳下及契丹主北歸死欒城延壽至常山爲永康王所縶契丹衆數萬據常山後北去留耶律解里衆纔二千騎又分別部首領楊衮以千騎掠邢洺來還中朝士大夫多在城中契丹與漢相雜解里性貪恣自奉削漢軍日食衆皆菜色筠乘其怨密與王蕘石公霸何福進等謀以閏七月二十九日伺契丹守關者旦食撞寺鍾爲期相率入據兵庫次焚牙門大呼市人倂力擊焉契丹衆大驚由北門而出解里趣族乘列之於野明日集衆入郛力戰屬晉士卒分掠唯控鶴一軍與市民禦之死傷相繼午後郛外民千餘知契丹奔敗者持兵趣其族乘將劫之守者入郛馳告解里聞之遂挈族而去初筠建謀約諸將同力控鶴左廂都校白再榮首匿於室不敢應筠拔佩刀破幕引臂迫之再榮不得已而行諸將次第赴之及契丹去百姓死者二千餘人諸將互伐其功筠請故相馮道請權領節度事道曰子主奏事而已留後事當議功臣爲之道恐諸將爭功復亂乃以再榮前職貴加諸將權推爲留後人心遂定是戰筠功居多卽送欵漢祖以其子赴朝漢祖深賞之以控鶴一軍力戰優加賜與授再榮留後筠博州刺史筠以賞薄不悅周祖鎭大名表爲先鋒指揮使又爲北面緣邊巡檢周祖起兵入汴筠同郭崇從與慕容彥超戰於留子陂彥超東奔廣順初權知滑州俄眞拜義成軍節度數月改彰德軍節度會幷人侵晉州王峻率師往拒筠亦請西征詔褒之又乞免黃澤關商稅奏可周祖征兗還次濮筠因朝獻馬賜襲衣金帶從至澶宴訖遣還及召潞州常思入朝命筠權知軍府思改宋亳以筠爲昭義軍節度三年加檢校太傅時王峻兼節制以筠及王殷何福進皆創業功臣故並加恩焉顯德初周祖親郊加同平章事世宗卽位幷人入侵其將張暉率先鋒自團栢谷入訾梁侯驛攻劫壁柵所至焚畧盪盡筠遣護軍穆令均率步騎二千拒之令均營於太平驛驛東南距潞八十里失於偵邏暉凌晨奄至潞兵被甲介馬暉見之佯退潞兵追之幷伏遂發令均且鬭且卻步卒降幷者數百人騎不復者百人餘衆還保潞世宗親征沁州降之命筠率沁之行營兵赴太原符彥卿戍州口拒契丹援兵彥卿請益師詔筠與張永德以三千騎益之旣至以偏師遶契丹後奮擊走之師還加兼侍中二年筠破幷軍於輸社獲其將安瀋康超等七十餘人三年筠遣行軍司馬范守圖率兵入遼州界殺幷卒三百餘獲小校數人以獻四年又遣守圖入河東界降二砦五年筠自將入石會關破幷人六砦是冬又破遼州長淸砦擒其磁州刺史李戴與以獻俄又敗幷人於境斬三百餘級六年平遼州獲刺史張丕旦等二百四十五人以獻筠在鎭擅用征賦頗集亡命嘗以私忿囚監軍使世宗心不能堪但詔責而已恭帝卽位加檢校太尉是秋令裨將劉繼忠將兵與吐渾入幷境平貫家砦斬百餘級獲牛羊而還太祖建隆初加兼中書令遣使諭以受周禪筠卽欲拒命左右爲陳曆數方僶俛下拜貌猶不恭及延使者升階置酒張樂遽索周祖畫像懸壁涕泣不已賓佐惶駭告使臣曰令公被酒失其常性幸勿爲訝及太原劉鈞以蠟書結筠共舉兵筠雖緘書上太祖心已畜異謀太祖手詔慰撫之是時筠子守節爲皇城使嘗泣諫筠不聽太祖又遣守節諭旨曰吾聞汝諫汝父汝父不聽吾今殺汝何如汝歸語汝父我未爲天子時任自爲之旣爲天子獨不能臣我耶守節白筠筠謀愈甚遂起兵令幕府爲檄書辭多不遜從事閭丘仲卿獻策於筠曰公以孤軍舉事其勢甚危雖倚河東之援亦恐不得其力大梁兵甲精銳難與爭鋒不如西下太行直抵懷孟塞虎牢據洛邑東向而爭天下計之上也筠曰吾周朝宿將與世宗義同昆弟禁衞皆舊人聞吾之來必倒戈歸我況有儋珪搶撥汗馬何憂天下哉儋珪筠愛將有勇力善用搶撥汗筠駿馬日馳七百里故筠誇焉執監軍亳州防禦使周光遜閑廐使李廷玉遣判官孫孚裔校劉繼忠送於劉鈞求濟師又遣人殺澤州刺史張福往據其城劉鈞遂率兵與契丹數千衆來援至太平驛筠以臣禮迎謁見鈞兵衞寡弱甚悔之而業已然矣鈞封筠西平王賜馬三百匹召與之語筠自言受周祖大恩敢愛死不寤鈞與周祖有世讐鈞默然遂疑之命其宣徽使盧贊監筠軍筠心不能平頗與贊不協鈞復命平章事衞融和解之筠有馬三千匹鬭鞠場閱習日夜謀畫爲寇留其子守節守上黨引衆南向太祖遣石守信高懷德將兵討之敕曰勿縱筠下太行急進師扼其隘破之必矣又遣慕容延釗王全斌由東路會守信與監軍李崇矩破筠衆於長平斬首三千級又攻大會砦下之太祖遂親征山路險峻多石不可行太祖先於馬上負數石羣臣六軍皆負之卽日平爲大道與守信懷德會破筠衆數萬於澤南降者三千餘殺筠監軍使盧贊擒筠河陽節度范守圖筠走還保澤太祖至列柵圍之筠龍捷使王廷魯吐渾留後分州團練使王全德率所部自昭義來降筠益失援太祖親督戰拔其城筠赴火死獲筠相衞融鈞懼而遁歸太祖進伐上黨守節以城降釋其罪賜襲衣金帶銀鞍勒馬是日宴從官守節預焉以爲單州團練使以昭義軍節度副使趙處愿爲鄆州刺史節度判官孫孚爲屯田郎中觀察判官史文通爲水部郎中前遼州衙內指揮使馬廷禹爲右監門衞將軍領壁州刺史筠性雖暴事母甚孝每怒將殺人母屛風後呼筠筠趨至母曰聞將殺人可免乎爲吾曹增福爾筠遽釋之筠稍知書頗好調謔初名榮避周世宗諱將改之或令名筠筠曰李筠李筠玉鳥云乎哉聞者皆笑筠有愛妾劉氏隨筠至澤時被攻城危劉謂筠曰城中健馬幾何筠曰爾安問此劉曰孤城危蹙破在俄頃今誠得馬數百與腹心潰圍出保昭義求援河東猶可保矣儻劫公而降悔其可及筠猶豫不決明日城陷筠將赴火劉欲俱死筠以其有娠麾令去守節旣購得之果生子焉守節字得臣初補東頭供奉官廣順中嘗以心疾乘醉擊殺供御白鶻筠上章待罪詔釋之四遷至皇城使歷單濟二州團練使乾德六年出知遼州開寶三年改和州團練使四年卒年三十三無後以劉氏所生之弟爲嗣

李重進其先滄州人周太祖之甥福慶長公主之子也生於太原晉天福中仕爲殿直漢初從周祖征河中廣順初遷內殿直都知領泗州刺史改小底都指揮使二年改大內都點檢權侍衞馬步軍都頭領恩州團練使遷殿前都指揮使三年加領泗州防禦使顯德初領武信軍節度重進年長於世宗及周祖寢疾召重進受

顧命令拜世宗以定君臣之分世宗嗣位爲侍衞親軍馬步軍都虞候從世宗征劉崇戰于高平不利大將樊愛能何徽以其衆遁唯重進與白重贊勒兵不動既而太祖先以麾下犯敵重贊繼領所部力戰世宗躬率衞兵合勢周師復振崇遂大敗以功領忠武軍節度及進討太原又爲行營馬步軍都虞候師還加同中書門下平章事改歸德軍節度兼侍衞馬步軍都指揮使世宗親征淮南命重進將兵先赴正陽俄聞李穀攻壽春不克退保正陽促重進兵助之吳人以穀退爲懼乃發兵三萬餘旌旗輜重亘數百里又發戰櫂二百艘以張斷橋之勢列陣皷譟而北橫布拒馬以萬數皆貫以利刃維以鐵索又刻木爲戰形立陣前號捷馬牌皮囊貯鐵蒺莉以布戰地時周師未朝食吳師奄至周師望其陣皆笑之宣祖領前軍與重進韓令坤合勢擊之一皷而敗斬首萬餘級追奔二十餘里殺大將劉彥貞擒裨將盛師朗數十人降二千人獲戈甲三十萬世宗大悅詔書襃諭即以重進代穀爲行營招討使賜襲衣金帶玉鞍名馬三年以重進爲廬壽等州招討使時李繼勳主壽春重進駐軍城北闘城南洞屋爲淮人所焚將議退軍會太祖自六合歸道出壽州因駐師旬餘重進倚以爲援兵威復振吳人大懼以重進色黔號黑大王張永德屯下蔡與重進不協永德每晏將吏多暴重進短後乘醉謂重進有奸謀將吏無不驚駭永德密遣親信乘驛上言世宗不之信亦不介意二將俱握重兵人情益憂恐重進遂自壽陽單騎直詣永德帳中命飲酒親酌謂永德曰吾與公皆國家肺腑相與戮力同獎王室公何疑我之深也永德意解三軍皆安李景知之密令人齎蠟書誘重進啗以厚利重進表其事時行濠州刺史齊藏珍亦說重進世宗知之假他事誅藏珍詔重進夾淮城正陽下蔡既成上其圖俄又取淮兵二千餘於塌山北時圍壽經年未下吳遣將許文縝邊鎬州帥數萬泝淮來援文縝維舟淮南據紫金山山距壽數里設十餘砦連亘相望與城中烽火相應又南築夾道將抵壽爲饋路重進伺其城北展砦出兵擊之敗五千餘衆奪二砦獲器甲甚衆世宗幸壽宴從官召重進賜戎服玉帶金銀器繒綵鞍勒馬及克壽錄功加檢校太傅兼侍中又改天平軍節度仍爲招討使四年攻取濠州南關城其團練使郭廷謂以兵萬餘降獲糧數萬斛從平楚州命先還揚州五年世宗在迎鑾遣重進將兵赴廬州會李景請畫江爲界世宗遂還留重進戍守景遣人以牛酒來犒俄乃還鎮六年世宗北征次博州重進來朝賜宴行宮即命將兵先趣北面及世宗駐瓦橋關重進與諸將率師而至時關南已平議進取幽州會世宗不豫而止即命率所部趣河東次百井路敗幷人五千餘斬二千餘級恭帝嗣位加檢校太尉改淮南道節度太祖即位以韓令坤代爲侍衞都指揮使加重進中書令既而移鎮青州加開府階重進與太祖俱事周室分掌兵柄常心憚太祖太祖立愈不自安及聞移鎮陰懷異志太祖知之遣六宅使陳思誨齎賜鐵券以安其心重進欲治裝隨思誨入朝爲左右所惑猶豫不決又自以周室近親恐不得全遂拘思誨治城隍繕兵甲遣人求援李景景懼而不納聞之太祖監軍安友規常爲重進所忌至是友規謀與親信數人斬關出爲衆所拒踰城得脫重進捕軍校不附者數十人盡殺之太祖遣石守信王審琦李處耘宋偓四將率禁兵討重進會友規至賜襲衣金帶器幣鞍馬以爲滁州刺史監前軍太祖謂左右曰朕於周室舊臣無所猜間重進不體朕心自懷反側令六師在野當暫往慰撫之爾遂親征次大儀鎮石守信遣使馳奏揚州破在旦夕願車駕臨視太祖徑至城下即日拔之初城將陷重進左右勸殺思誨重進曰吾今舉族將赴火死殺此何益即縱火自焚思誨亦爲其黨所害太祖入駐城西南閲逆黨數百人盡戮之重進兄深州刺史重興聞其叛自殺弟解州刺史重贊子尚食使延福並戮於市初重進謀舉兵遣親吏翟守珣往潞陰結李筠守珣素識太祖往還京師潛詣樞密承旨李處耘求見太祖問曰我欲賜重進鐵券彼信我乎守珣曰重進終無歸順之志太祖厚賜守珣許以爵位且令說重進緩其謀無令二兇並作以分兵勢守珣歸勸重進養威持重未可輕發重進甚信之及李筠誅重進反書聞並如太祖之策其不信鐵券亦如守珣所云揚州既平購得守珣補殿直俄爲供奉官又有張崇詁者周廣順初爲樞密承旨二年出爲解州刺史兩池權鹽使多規畫鹽池利害顯德三年改德州又改泗州澤州崇詁本名崇訓恭帝嗣位避諱改焉重進赴淮南時道出泗上崇詁說以畜兵完城之計重進敗事露詔捕之棄市籍其家

宋史卷四百八十四考證

李重進傳吳遣將許文縝邊鎬州帥數萬泝淮來援○臣宗楷按五代舊史吳遣將三人許文縝邊鎬朱元此傳止載二人州字疑亦衍文

宋史卷四百八十五

元中書右丞相總裁脫脫等修

列傳第二百四十四

外國一

夏國上

昔唐承隋後隋承周齊上遡元魏故西北之疆有漢晉正朔所不逮者然亦不過使介之相通貢聘之時至而已唐德既衰荒服不至五季迭興綱紀自紊遠人慕義無所適從宋祖受命諸國削平海內清謐於是東若高麗渤海雖阻隔遼壤而航海遠來不憚跋涉西若天竺于闐回鶻大食高昌龜茲拂林等國雖介遼夏之間篚篚亦至屢勤館人党項吐蕃唃厮囉董氊瞎征諸部夏國兵力之所必爭者也宋之威德亦曁其地又間獲其助焉交阯占城眞臘蒲耳大理濱海諸蕃自劉鋹陳洪進來歸接踵修貢宋之待遇亦得其道厚其委積而不計其貢輸假之榮名而不責以煩縟來則不拒去則不追邊圉相接時有侵軼命將致討服則舍之不黷以武先王柔遠之制豈復有加於是哉南渡以後朔漠不通東南之陬以及西鄙冠蓋猶有至者交人遠假爵命訖宋亡而後絕焉女直在宋初屢貢名馬他日疆大脩怨於遼其索叛臣阿疎責還所掠宋詔猶知以通宋爲重及渝海上之盟尋構大難宋遂爲所紲辱豈非自取之過乎前宋舊史有女直傳今既作金史義當削之夏國雖偭鄉不常而視金有間故仍舊史所錄存焉

李彝興夏州人也本姓拓跋氏唐貞觀初有拓跋赤辭者歸唐太宗賜姓李置靜邊等州以處之其後析居夏州者號平夏部唐末拓跋思恭鎮夏州統銀夏綏宥靜五州地討黃巢有功復賜李姓思恭卒弟思諫代爲定難軍節度使思諫卒思恭孫彝昌嗣梁開平中彝昌遇害將士立其族子蕃部指揮仁福仁福卒子彝興嗣事具五代史彝興彝超之弟也本名彝殷避宋宣祖諱改殷爲興初爲行軍司馬清泰二年彝超卒遂加定難軍節度使晉初加同平章事開運初契丹授西南招討使漢初加兼侍中周初加中書令顯德初封西平王世宗即位加太保恭帝初加太傅宋初加太尉北漢劉鈞結代北諸部來寇麟州彝興遣部將李彝玉會諸鎮兵禦之鈞衆遂引去建隆初獻馬三百匹太祖大喜親視玟玉爲帶且召使問曰汝帥腹圍幾何使言彝興腰腹甚大太祖曰汝帥眞福人也遂遣使以帶賜之乾德五年卒太祖廢朝三日贈太師追封夏王子克叡立

克叡初名光叡避太宗諱改光爲克彝興之卒自權知州事授檢校太保定難軍節度使開寶九年率兵破北漢吳堡砦斬首七百級獲牛羊千計俘砦主侯遇以獻累加檢校太尉太平興國三年卒太宗廢朝二日贈侍中子繼筠立

繼筠初爲衙內都指揮使檢校工部尚書克叡卒自權知州事授檢校司徒定難軍節度觀察留後太宗征北漢繼筠遣銀州刺史李光遠綏州刺史李光憲率蕃漢兵列陣渡河畧太原境以張軍勢太平興國五年卒弟繼捧立

繼捧立以太平興國七年率族人入朝自上世以來未嘗親覲者繼捧至太宗甚嘉之賜白金千兩帛千匹錢百萬祖母獨孤氏亦獻玉盤一金盤三皆厚賚之繼捧陳其諸父昆弟多相怨願留京師乃遣使夏州護緦麻已上親赴闕授繼捧彰德軍節度使并官其昆弟夏州蕃落指揮使克信等十二人有差遂曲赦銀夏管內太宗嘗宴羣臣苑中謂繼捧曰汝在夏州用何道以制諸部對曰羌人鷙悍但羈縻而已非能制也弟權知夏州克文來朝以唐僖宗所賜其祖思恭鐵券及朱書御札來上改博州防禦使初繼捧之入也弟繼遷出奔及是數來爲邊患有言繼遷悉知朝廷事蓋繼捧泄之乃出爲崇信軍節度使克憲爲道州防禦使克文遣歸博州並還常參官爲通判以專郡政端拱初改感德軍節度使屢發兵討繼遷不克用宰相趙普計欲委繼捧以邊事令圖之因召赴闕賜姓趙氏更名保忠太宗親書五色金花牋以賜之授夏州刺史充定難軍節度使夏銀綏宥靜等州觀察處置押蕃落等使賜金器千兩銀器萬兩并賜五州錢帛芻粟田園保忠辭日宴于長春殿賜襲衣玉帶銀鞍馬錦綵三千匹銀器三千兩又賜錦袍銀帶五百副馬百匹至鎮數月上言繼遷悔過歸款乃授繼遷官然實無降心也二年加保忠特進同中書門下平章事淳化初與繼

遷戰于安慶澤繼遷中流矢遁去保忠乞師禦繼遷遣商州團練使翟守素率兵援之賜保忠茶百斤上醞十石乃獻白鶻名海東青以久罷畋獵詔慰還之五年繼遷攻靈州遣侍衞馬軍都指揮使李繼隆討之保忠先挈其母與妻子壁野外乃上言與繼遷解怨獻馬五十匹乞罷兵帝覽奏立遣中使督繼隆進軍及兵壓境保忠反爲繼遷所圖欲併其衆縛牙校趙光祚襲其營帳保忠方寢聞難作單騎走還城爲大校趙光嗣閉於別室旦開門迎繼隆乃執保忠送闕下待罪崇政殿庭帝詰責數四釋之賜冠帶器幣并賜其母金銀器以撫之尋責授右千牛衞上將軍封宥罪侯賜第京師保忠狀貌雄毅居環列奉朝請常怏怏不自得咸平中丁內艱以本官起復遷金吾衞上將軍判岳州移復州景德元年病劇上言有子永哥不肖乞配春州帝以其病語乃授永州別駕詔監軍察之尋卒贈威塞軍節度使克文亦死贈岳州防禦使天禧四年錄其孫從吉爲三班奉職

繼遷繼捧族弟也高祖思忠嘗從兄思恭討黃巢拒賊於渭橋表有鐵鶴射之沒羽賊駭之遂先士卒戰沒僖宗贈宥州刺史祠于渭陽曾祖仁顏仕唐銀州防禦使祖彝景嗣于晉父光儼嗣于周建隆四年繼遷生于銀州無定河生而有齒開寶七年授定難軍管內都知蕃落使繼捧之歸宋時年二十留居銀州及使至召緦麻親赴闕乃詐言乳母死出葬于郊遂與其黨數十人奔入地斤澤澤距夏州東北三百里太平興國八年知夏州尹憲與都巡檢曹光實偵知夜襲破之斬首五百級焚四百餘帳繼遷與其弟迺免獲其母與妻繼遷復連娶豪族轉遷無常漸以彊大而西人以李氏世著恩德往往多歸之繼遷因語其豪右曰李氏世有西土今一旦絕之爾等不忘李氏能從我興復乎衆曰諾遂與弟繼冲破丑重遇貴張浦李大信等起夏州乃詐降誘殺曹光實于葭蘆川遂襲銀州據之時雍熙二年二月也三月破會州焚毀城郭而去三年遼以義成公主嫁繼遷册爲夏國王四年知夏州安守中以三萬衆戰與王亭鎮敗績繼遷追至城門而返端拱元年繼捧之節制夏臺言能歸欵卽授洛苑使銀州刺史淳化初復于繼捧戰于安慶澤不利轉攻夏州繼捧乞師及翟守素來及奉表歸欵授銀州觀察賜名保吉子德明管內蕃落使行軍司馬淳化四年轉運副使鄭文寶議禁鹽池用困繼遷數月邊人四十二族萬餘騎寇環州屠小康堡太祖乃遣錢若水弛其禁因撫慰之五年正月繼遷徙綏州民于平夏部將高文岯等因衆不樂反攻敗之繼遷復圍堡砦掠居民焚積聚遂攻靈州詔遣李繼隆等進討繼遷夜襲保忠走之獲其輜重以歸七月乃獻馬以謝又遣弟廷信獻馬橐駞太宗撫賚甚厚遣內侍張崇貴詔諭賜茶藥器幣衣物至道初遣左都押衙張浦以橐駞及良馬來獻太宗令衞士翹關超乘引彊奪槊於後園俾浦等觀且令兵士皆拓兩石弓帝笑問浦曰羌人敢敵否浦曰羌部弓弱矢短但見此長大人則已遁矣況敢敵乎繼遷乞禁邊盜掠詔令謹守疆埸還所盜物遣閤門副使馮訥中使賈繼隆特詔拜繼遷鄜州節度使不受乃以浦爲鄭州團練留京師繼遷表鄭文寶誘其部長嵬囉嵬悉逐貶文寶藍山令繼遷以千騎攻清遠軍守臣張延擊退之二年春命洛苑使白守榮等護送芻粟四十萬于靈州且令車重先後作三隊丁夫持弓矢自衞士卒布方陣以護之遇敵則戰可以無失復令會州觀察使田紹斌率兵應援而守榮乃併爲一運繼遷邀擊于浦洛河紹斌不救衆潰運餽盡爲繼遷所得太宗聞之怒三年復命李繼隆爲環慶等州都部署會四方館使曹璨自河西至言繼遷衆萬餘圍靈武城中上表告急爲繼遷所得遂頓兵不去時朝議或云率輕騎三道擣平夏或云暑涉旱海無水泉糧運艱辛不如靜以待之帝不聽九月親部分諸將繼隆出環州丁罕出慶州范廷召出延州王超出夏州張守恩出鄜州五路進討直抵平夏繼隆以環州路迂乃自青岡峽遶靈武徑趨平夏兵行數日與丁罕合又行十餘日無所見乃引還張守恩遇之不戰而遁王超范廷召遇之于烏白池大小數十戰不利諸將失期士卒困乏繼遷復令軍主史不旼駐屯橐駞口以阻歸宋人繼隆遣田敏等擊之咸平春繼遷復表不順眞宗乃授夏州刺史定難軍節度夏銀綏宥靜等州觀察處置押蕃落等使加邑千戶實封二百戶益功臣號乃放張浦還復遣押衙劉仁謙表讓恩命詔不允賜仁謙錦袍銀帶尋遣弟繼瑗來謝恩授繼瑗亳州防禦使封繼遷母衞慕氏衞國太夫人子德明爲定難軍節度行軍司馬未幾復抄邊四年麟府副部署曹璨率熟戶兵邀繼遷輜重于柳撥川殺獲甚衆九月來攻破定州懷遠縣及堡靜永州清遠軍監軍段義叛城遂陷五年三月繼遷大集蕃部攻陷靈州以爲西平府六年春遂都于靈州詔遣張崇貴王涉議和割河西銀夏等五州與之六月復以二萬騎圍麟州詔金明巡檢李繼周擊之圍未解麟州部署請濟師眞宗閱地圖曰麟州依險三面孤絕勠力可守但城中乏水可憂耳乃遣兵走援繼遷果據水砦薄城已五日知州衞居實出奇兵突戰縋勇士城下城上鼓譟矢石如注殺傷萬餘人繼遷乃拔去遂率衆攻西蕃取西京府都首領潘羅支僞降繼遷受之不疑羅支遽集六谷蕃部及者龍族合擊之繼遷大敗中流矢八月復聚兵浦洛河聲言攻環州詔張凝等分兵以待之景德元年正月二日卒年四十二子德明立祥符五年德明追上繼遷尊號曰應運法天神智仁聖至道廣德孝光皇帝元昊追謚曰神武廟號太祖墓號裕陵

德明小字阿移母曰順成懿孝皇后野利氏卽位于柩前時年二十三邊臣以德明初立乞詔撫之因賜詔令審圖去就又詔蕃族萬山萬遇龐羅逝安萬子都虞候軍主吳守正馬尾等能率部下歸順者授團練使銀萬兩絹萬匹錢五萬緡茶五千斤其有亡命叛去者釋罪甄錄既而康奴都移等率屬來降德明遣牙將王旻奉表歸順賜旻錦袍銀帶遣待禁夏居厚持詔荅之因詔河西羌族各守疆埸德明連歲表歸順三年復遣牙將仁勗奉誓表請藏盟府且言父有遺命帝嘉之乃授特進檢校太師兼侍中持節都督夏州諸軍事行夏州刺史上柱國充定難軍節度夏銀綏宥靜等州管內觀察處置押蕃落等使西平王食邑六千戶食實封一千戶仍賜推忠保順亮節翊戴功臣遣內侍左右班都知張崇貴太常博士趙湘等充旌節官告使賜襲衣金帶銀鞍勒馬銀萬兩絹萬匹錢三萬貫茶二萬斤給奉如內地因責子弟入質德明謂非先世故事不遣乃獻御馬二十五匹散馬七百匹橐駞三百頭謝恩四年又獻馬五百匹橐駞三百頭謝給奉廩賜襲衣金帶器幣及請使至京市所需物從之五月母罔氏薨除起復鎭軍大將軍右金吾衞上將軍員外置同正員餘如故以殿中丞趙積爲弔贈兼起復官告使德明以樂迎至柩前明日釋服涕泣對使者自陳感恩及葬請修供五臺山十寺乃遣閤門祗候袁瑀爲致祭使護送所供物至山復獻馬五百匹助脩章穆皇后園陵大中祥符元年以天書降加賜守正功臣益食邑一千戶食實封四百戶俄境內旱詔榷場勿禁西人市糧以振其乏東封又遣使來獻禮成加兼中書令益食邑千戶實封四百戶時遼亦遣使册德明爲大夏國王明年出侵回鶻恒星晝見德明懼而還三年境內饑上表求粟百萬朝議不知所出時王旦爲相請救有司具粟百萬于京師詔其來取德明既得詔曰朝廷有人遂止大起宮室于鏊子山會旱西攻河州甘州宗哥族及秦州緣邊熟戶遂出大理河築柵蒼耳平四年祀汾陰進中書令五年聖祖降加守太保七年二月謁太淸宮遣使來獻方物加宣德功臣八年築堡于石州濁輪谷將建榷場詔緣邊安撫司止之九年因表邊臣違約招納逃亡云自景德中進誓表朝廷亦降詔書應兩地逃民緣邊雜戶不令停舍皆俾交還自茲謹守翰垣頗有倫理自向敏中歸闕張崇貴云亡後來邊臣罕守舊制各務邀功不虞生事遂致綏延等界涇原以來擅舉兵甲入臣境土其有叛亡部族刼掠主財去者百無十回臣之邊吏亦務蔽藏俱失奏論漸棄盟約詔荅已令鄜延涇原環慶麟府等路約束邊部毋相攻刼其有隱蔽逃亡獲時勘送本國亦宜戒部下毋有藏匿各遵紀律以守封疆五年德明追遵繼遷爲太祖應運法天神智仁聖至道廣德光孝皇帝廟號武宗七年甘露降國中天禧元年正月加守太傅食邑千戶實封四百戶三年春德明丁繼立母憂除起復如前制以屯田員外郎上官佖爲弔贈兼起復官告使閤門祗候常希古爲致祭使冬郊祀又加崇仁功臣四年遼主親將兵五十萬以狩爲言來攻涼甸德明帥衆逆拒敗之五年遼復遣金吾衞上將軍蕭孝誠賫玉册金印册爲尚書令大夏國王乾興元年加純誠功臣德明自歸順以來每歲旦聖節冬至皆遣牙校來獻不絕而每加恩賜官告則又以襲衣五金荔支帶金花銀匣副之銀沙羅盆合千兩錦綵千匹金塗銀鞍勒馬一匹副以纓復遣內臣就賜之又遣閤門祗候賜冬服及頒儀天具注曆明年攻麟州柔遠砦巡檢楊承吉與戰不利命曹瑋爲環慶秦州緣邊巡檢安撫使禦備之德明城懷遠鎭爲興州以居仁宗卽位加尚書令德明娶三姓衞慕氏生元昊咩迷氏生成遇訛藏屈懷氏生成嵬天聖六年德明遣子元昊攻甘州拔之八年瓜州王以千騎降于夏火星入南斗九年十月德明卒時年五十一追謚曰光聖皇帝廟號太宗墓號嘉陵宋贈太師尚書令兼中書令以尚書度支員外郎朱昌符爲祭奠使六宅副使內侍省內侍押班馮仁俊副之賻絹七百匹布三百匹副以上醞羊米麪將葬賜物稱是皇太后所賜亦如之帝與皇太后成服于苑中子曩霄立

曩霄本名元昊小字嵬理國語謂惜爲嵬富貴爲理母曰惠慈敦愛皇后衞慕氏性雄毅多大畧善繪畫能刱製物始圖面高準身五尺餘少時好衣長袖緋

衣冠黑冠佩弓矢從衞步卒張青蓋出乘馬以二旗引百餘騎自從曉浮圖學通蕃漢文字案上置法律常攜野戰歌太乙金鑑訣弱冠獨引兵襲破回鶻夜洛隔可汗王奪甘州遂立爲皇太子數諫其父母臣宋父輒戒之曰吾久用兵疲矣吾族三十年衣錦綺此宋恩也不可負元昊曰衣皮毛事畜牧蕃性所便英雄之生當王霸耳何錦綺爲德明卒卽授特進檢校太師兼侍中定難軍節度夏銀綏宥靜等州觀察處置押蕃落使西平王以工部郎中楊吉爲旌節官告使禮賓副使朱允中副之既襲封明號令以兵法勒諸部始衣白窄衫氈冠紅裏冠頂後垂紅結綬自號嵬名吾祖凡六日九日則見官屬其官分文武班曰中書曰樞密曰三司曰御史臺曰開封府曰翊衞司曰官計司曰受納司曰農田司曰羣牧司曰飛龍院曰磨勘司曰文思院曰蕃學曰漢學自中書令宰相樞使大夫侍中太尉已下皆分命蕃漢人爲之文資則幞頭鞾笏紫衣緋衣武職則冠金帖起雲鏤冠銀帖間金鏤冠黑漆冠衣紫旋襴金塗銀束帶垂蹀躞佩解結錐短刀弓矢韣馬乘鯢皮鞍垂紅纓打跨鈸拂便服則紫皁地繡盤毬子花旋襴束帶民庶青綠以別貴賤每舉兵必率部長與獵有獲則下馬環坐飲割鮮而食各問所見擇取其長初宋改元明道元昊避父諱稱顯道於國中景祐元年遂攻環慶路殺掠居人下詔約束之是歲改年開運踰月或告以石晉敗亡年號也乃改廣民元年母衞慕氏死遣使來告哀起復鎭軍大將軍左金吾衞上將軍員外置同正員以內殿崇班閤門祇候王中庸爲致祭使起居舍人郭勸爲弔贈兼起復官告使慶州柔遠砦蕃部巡檢嵬通攻破後橋諸堡於是元昊稱兵報仇緣邊都巡檢楊遵柔遠砦監押盧訓以兵七百與戰于龍馬嶺敗績環慶路都監齊宗矩走馬承受趙德宣寧州都監王文援之次節義峯伏兵發執宗矩久之始放歸二年加兼中書令遣其令公蘇奴兒將兵二萬五千攻唃廝囉敗死略盡蘇奴兒被執元昊自率衆攻猫牛城一月不下既而詐約和城開乃大縱殺戮又攻青唐安二宗哥帶星嶺諸城唃廝囉部將安子羅以兵絕歸路元昊晝夜角戰二百餘日子羅敗遂取瓜沙肅三州元昊既還欲南侵恐唃廝囉制其後復舉兵攻蘭州諸羌侵至馬銜山築城凡川元昊既悉有夏銀綏宥靜靈鹽會勝甘涼瓜沙肅而洪定威龍皆卽堡鎭號州仍居興州阻河依賀蘭山爲固始大建官以嵬名守全張陟張絳楊廓徐敏宗張文顯輩主謀議以鍾鼎臣典文書以成逋克成賞都卧𠭴如定多多馬竇惟吉主兵馬野利仁榮主蕃學置十二監軍司委豪右分統其衆自河北至午臘蒻山七萬人以備契丹河南洪州白豹安鹽州羅洛天都惟精山等五萬人以備環慶鎭戎原州左廂宥州路五萬人以備鄜延麟府右廂甘州路三萬人以備西蕃回紇賀蘭駐兵五萬靈州五萬人興州興慶府七萬人爲鎭守總五十餘萬而苦戰倚山訛山訛者橫山羌平夏兵不及也選豪族善弓馬五千人迭直號六班直月給米二石鐵騎三千分十部發兵以銀牌召部長面受約束設十六司于興州以總庶務元昊自製蕃書命野利仁榮演繹之成十二卷字形體方整類八分而畫頗重複教國人紀事用蕃書而譯孝經爾雅四言雜字爲蕃語復改元大慶宋寶元元年表遣使詣五臺山供佛寶欲窺河東道路與諸豪歃血約先攻鄜延欲自靖德塞門砦赤城路三道並入遂築壇受冊卽皇帝位時年三十遣潘七布昌里馬乞點兵集蓬子山自詣西涼府祠神明年遣使上表曰臣祖宗本出帝胄當東晉之末運創後魏之初基遠祖思恭當唐季率兵拯難受封賜姓祖繼遷心知兵要手握乾符大舉義旗悉降諸部臨河五郡不旋踵而歸沿邊七州悉差肩而克父德明嗣奉世基勉從朝命眞王之號夙感于頒宣尺土之封顯蒙於割裂臣偶以狂斐制小蕃文字改大漢衣冠衣冠既就文字既行禮樂既張器用既備吐蕃塔塔張掖交河莫不從伏稱王則不喜朝帝則是從輻湊屢期山呼齊舉伏願一垓之土地建爲萬乘之邦家于時再讓靡遑羣集又迫事不得已顯而行之遂以十月十一日郊壇備禮爲世祖始文本武興法建禮仁孝皇帝國稱大夏年號天授禮法延祚伏望皇帝陛下睿哲成人寬慈及物許以西郊之地冊爲南面之君敢竭愚庸常敦歡好魚來鴈往任傳鄰國之音地久天長永鎭邊方之患至誠瀝懇仰俟帝俞謹遣弩涉俄疾你斯悶卧普令濟嵬崖妳奉表以聞詔削奪官爵互市揭榜于邊募人能擒元昊若斬首獻者卽爲定難軍節度使又遣賀永年齎嫚書納旌節及所授敕告置神明匣留歸孃族而去康定元年環慶路鈐轄高繼隆知慶州張崇俊攻後橋而柔遠砦主武英入白北門㧞之未幾夏人攻金明砦執都監李士彬父子破安遠塞門永平諸砦圍延州設伏三川口執劉平石元孫傅偃劉發石遜等又攻鎭戎軍敗劉繼宗李緯兵五千環慶部署任福入白豹城焚其積聚破四十一族慶歷元年二月攻渭州逼懷遠城韓琦徼巡邊至高平盡發鎭戎兵及募勇士得萬人命行營總管任福等併擊之都監桑懌爲前鋒鈐轄朱觀都監武英繼之福申令持重其夕宿三川夏人已過懷遠東南翌日諸軍躡其後西路巡檢常鼎劉肅與夏人對壘于張家堡懌以騎兵趣之福分兵夕與懌爲一軍屯好水川川與能家川隔在隴山外觀英爲一軍屯籠洛川相離五里期以明日會兵不使夏人一騎遁然已陷其伏中矣元昊自將精兵十萬營于川口候者言夏人有砦數不多兵益進詰旦福與懌循好水川西去未至羊牧隆城五里與夏軍遇懌爲先鋒見道傍置數銀泥合封襲謹密中有動躍聲疑莫敢發福至發之乃懸哨家鴿百餘自合中起盤飛軍上於是夏兵四合懌先犯中軍繼之自辰至午酣戰陣中忽樹鮑老旗長二丈餘懌等莫測既而鮑老揮右則右伏出揮左則左伏出翼而襲之宋師大敗懌劉肅及福子懷亮皆戰沒小校劉進勸福自㧞福不聽力戰死初渭川都監趙津將瓦亭塞騎兵三千餘爲諸將後繼是日朱觀武英兵會能家川與夏人遇陳合王珪自羊牧隆城以屯兵四千五百人助觀略陣陣堅不可動英重傷不能出軍戰自午至申夏軍益至東陣步兵大潰衆遂奔珪英津及叅軍耿傳隊將李簡都監李禹亨劉均皆死於陣觀以千餘人保民垣發矢四射會暮夏軍引去將校士卒死者萬三百人關右震動軍須日廣三司告不足仁宗爲之旰食宋庠請修潼關以備衝突秋夏人轉攻河東及麟府不能下乃引兵攻豐州城孤無援遂據之又破寧遠砦屯要害絕麟府餉道揚偕始請棄河外保合河津帝不許會張亢管勾麟府軍馬事破之于栢子又破之于兔毛川亢築十餘柵河外始固元昊雖數勝然死亡創痍者相半人困於點集財力不給國中爲十不如之謠以怨之元昊乃歸塞門砦主高延德因乞和知延州范仲淹爲書陳禍福以喻之元昊使其親信野利旺榮復書語猶嫚知延州龐籍言夏境鼠食稼且旱元昊思納款遂令知保安軍劉拯諭旺榮言公方持靈夏兵倘內附當以西平茅土分冊之知青澗城种世衡又遣王嵩以棗及畫龜爲書置蠟丸中遺旺榮諭以早歸之意欲元昊得之疑旺榮旺榮得之笑曰种使君亦長矣何爲此兒戲耶囚嵩窖中歲餘知渭州王沿總管葛懷敏使僧法淳持書往而旺榮乃出嵩與教練使李文貴至青澗城自言用兵以來資用困乏人情便於和籍疑其欵吾軍留之數月三年復大入戰于定州宋師大敗葛懷敏死之直抵渭川大焚掠而去詔籍招納籍遣文貴還月餘元昊使文貴與王嵩以其臣旺榮其弟旺令嵬名環卧譽諍三人書議和然屈彊不肯削僭號且云如日方中止可順天西行安可逆天東下籍以其言未服乃令自請而詔籍復書許之明年遣六宅使伊州刺史賀從勗與文貴俱來猶稱男邦泥定國兀卒上書父大宋皇帝更名曩霄而不稱臣兀卒卽吾祖也如可汗號議者以爲改吾祖爲兀卒特以侮玩朝廷不可許詔遣邵良佐張士元張子奭王正倫更往議且許封冊爲夏國主而元昊亦遣如定聿捨張延壽楊守素繼來四年始上誓表言兩失和好遂歷七年立誓自今願藏明府其前日所掠將校民戶各不復還自此有邊人逃亡亦毋得襲逐臣近以本國城砦進納朝廷其栲栳鐮刀南安承平故地及他邊境蕃漢所居乞畫中爲界於內聽築城堡凡歲賜銀綺絹茶二十五萬五千乞如常數臣不復以他相干乞頒誓詔蓋欲世世遵守永以爲好倘君親之義不存或臣子之心渝變使宗祀不永子孫羅殃詔荅曰朕臨制四海廓地萬里西夏之土世以爲胙今乃納忠悔咎表於信誓質之日月要之鬼神及諸子孫無有渝變申復懇至朕甚嘉之俯閱來誓一皆如約十二月遣尚書祠部員外郎張子奭充冊禮使東頭供奉官閤門祗候張士元副之仍賜對衣黃金帶銀鞍勒馬銀二萬兩絹二萬匹茶三萬斤冊以漆書竹簡籍以天下樂錦金塗銀印方二寸一分文曰夏國主印錦綬塗金銀牌緣冊法物皆銀裝金塗覆以紫繡約稱臣奉正朔改所賜敕書爲詔而不名許自置官屬使至京就驛貿賣宴坐朶殿使至其國相見用賓客禮置榷場于保安軍及高平砦第不通青鹽然宋每遣使往館于宥州終不復至興靈而元昊帝其國中自若也是歲遼夾山部落呆兒族八百戶歸元昊興宗責還元昊不遣遂親將騎兵十萬出金肅城弟天齊王馬步軍大元帥將騎七千出南路韓國王將兵六萬出北路三路濟河長驅興宗入夏境四百里不見敵據得勝寺南壁以待八月五日韓國王自賀蘭北與元昊接戰數勝之遼兵至者日益夏乃請和退十里韓國王不從如是退者三凡百餘里矣每退必赭其地遼馬無所食因許和夏乃遷延以老其師而遼之馬益病因急攻之遼敗復攻南壁興宗大敗入南樞王蕭孝友砦擒其鶻突姑駙馬興宗從數騎走元昊縱其去元昊五月五日生國人以其日相慶賀又以四孟

朔爲節。凡五娶，一曰大遼興平公主，二曰宣穆惠文皇后沒藏氏，生諒祚，三曰憲成皇后野力氏，四曰妃沒啰氏，五曰索氏。元昊以慶曆八年正月殂，年四十六。在位十七年，改元開運一年，廣運二年，大慶二年，天授禮法延祚十一年。謚曰武烈皇帝，廟號景宗，墓號泰陵。宋遣開封府判官、尚書祠部員外郎曹穎叔爲祭奠使，六宅使、達州刺史邵保信爲弔慰使，賜絹一千匹、布五百端、羊百口、麪米各百石、酒百瓶；及葬，仍賜絹一千五百匹，餘如初賻。子諒祚立。

諒祚，景宗長子也。小字寧令哥，國語謂歡嘉爲寧令，兩岔，河名也。母曰宣穆惠文皇后沒藏氏，從元昊出獵，至此而生諒祚，遂名焉。以慶曆七年丁亥二月六日生，八年戊子正月方期歲，即位。四月，遣尚書刑部員外郎任顓充冊禮使，供備庫副使宋守約充副使，冊諒祚爲夏國主。嘉祐元年，母沒藏氏薨，遣祖儒嵬多聿則、慶唐及徐舜卿來告哀，詔以集賢校理馮浩假尚書刑部郎中、直史館爲弔慰使，文思副使張惟清假文思使副之。乃獻遺留馬駞以謝。諒祚幼，養于母族訛龐，訛龐因專國政。初，麟州西城枕睥睨曰紅樓，下瞰屈野河，其外距夏境尚七十里，而田腴利厚，多入訛龐，歲東侵不已，至耕穫時，輒屯兵河西。經略使龐籍每戒邊將使毋得過屈野河，然所距屈野河猶二十里。管勾軍馬司賈逵徼循，見所侵田稍過，督邊吏。麟州守王亮懼，始以事聞。詔以殿直張安世、賈恩爲同巡檢經制之。訛龐晏然弗革，迫之則格鬬，緩之則歸耕。經略司遣使還所侵田，訛龐專爲讕言，無歸意。嘉祐二年，遂團兵宿境上，逮三月，增至數萬人。守將斂兵弗與戰。知麟州武戡築堡于河西以爲保障，役既興，戡率將吏往按視，遇夏人于沙鼠浪。戡與管勾郭恩等欲止，而走馬承受黃道元以言脅之，遂夜進至卧牛峯，見烽舉且皷聲，道元猶不信。比明，至忽里堆，與夏人相去纔數十步，遂合戰，自旦至食時，夏人四面合擊，衆大潰，戡走，恩與道元及兵馬監押劉慶等被執。安撫司遣李思道、孫兆往議壃事，而訛龐驁不聽。久之，太原府代州兵馬鈐轄蘇安靜得夏國呂寧拽浪撩黎來合議，乃築堠九，更新邊禁，要以違約則罷和市，自此始定。諒祚忌訛龐專，或告訛龐將叛，諒祚討殺之，夷其族。已而請去蕃禮，從漢儀。嘉祐六年，上書自言慕中國衣冠，明年當以此迎使者，詔許之。明年，又改西壽監軍司爲保泰軍，石州監軍司爲靜塞軍，韋州監軍司爲祥祐軍，左廂監軍司爲神勇軍。遣人獻方物，稱宣徽南院使，詔諭非陪臣所宜稱，戒其僭擬，使遵誓詔。表求太宗御製草詩隸書石本，且進馬五十匹，求九經、唐史、冊府元龜及宋正至朝賀儀，詔賜九經，還所獻馬。治平初，求復榷場，不許。既而遣吳宗等來賀英宗即位，詔令門見，使者不從，至順天門，且欲佩魚及儀物自從，引伴高宜禁之，不可，留止廐置一夕，絕其供饋。宗語不遜，宜折之，使如故事，良久乃聽入。及賜食殿門，又訴於押伴張覲，詔命還赴延州與宜辨。宗度理屈，不復置對，遂詔諒祚懲約之。秋，夏人出兵秦鳳、涇原，抄熟戶，擾邊寨弓箭手，殺掠人畜以萬計。程戡、王素、孫長卿論安諸族首領，防誘脇散叛。遣文思副使王無忌齎詔問之，諒祚遷延弗受，已而因賀正使荔茂先獻表，歸罪宋邊吏。三年，遂大舉攻大順城，分兵圍柔遠砦，燒屈乞村，柵段木嶺，州兵、熟戶、蕃官趙明合擊退之。遣西京左藏庫副使何次公詰之，三月，乃獻方物謝罪，賜絹五百匹、銀五百兩。神宗即位，乃遣內殿崇班魏璨賜以治平三年冬服銀絹，供備庫副使高遵裕告哀，并以英宗遺留物賜之。秋，夏國遣使奉慰及進助山陵。冬，种諤取綏州，因發兵夜掩嵬名山帳，脇降之。諒祚乃詐爲會議，誘知保安軍楊定、都巡檢侍其臻等殺之。邊吏以聞，命韓琦知永興軍，經略西方。諒祚錮送殺定者六宅使李崇貴、右侍禁韓道善，及虜去定子仲通。十二月，諒祚殂，年二十一。在位二十年，改元延嗣寧國一年，天祐垂聖三年，福聖承道四年，奲都六年，拱化五年。謚曰昭英皇帝，廟號毅宗，墓號安陵。子秉常立。

宋史卷四百八十六

元　中　書　右　丞　相　總　裁　脫　脫　等　修

列傳第二百四十五

外國二

夏國下

秉常，毅宗之長子，母曰恭肅章憲皇后梁氏。治平四年冬即位，時年七歲，梁太后攝政。熙寧元年三月，遣新河北轉運使、刑部郞中薛宗道等來告哀。神宗問殺楊定事，宗道言殺人者先已執送之矣，乃賜詔慰之，并諭令上大首領數人姓名，當爵祿之，俟崇貴至即行冊禮。及崇貴至，云定奉使諒祚，常拜稱臣，且許以歸沿邊熟戶，諒祚遺之寶劒、寶鑑及金銀物。初，定之歸，上其劒鑑而匿其金銀，言諒祚可刺，帝喜，遂擢知保安。既而夏人失綏州，以爲定賣已，故殺之。至是事露，帝薄崇貴等罪，而削定官，沒其田宅萬計。二年二月，遣河南監牧使劉航等冊秉常爲夏國主。三月，夏人入秦州，陷劉溝堡，殺范愿。既而進誓表，乞班誓詔，及請以安遠、塞門二砦易綏州。初，朝儀欲官爵夏之首領，計分其勢。郭逵以爲彼必不受詔，且彼既恭順，宜布以大信，不當誘之以利。秉常果不奉詔，遣都羅重進來言曰：「上方以孝治天下，柰何反教小國之臣叛其君哉？」於是前議遂罷，乃賜誓詔，而綏州待得二砦迺還。夏主受冊，而二砦不歸，且欲先得綏州。遣罔萌訛以誓詔來言，及趙卨往交地，萌訛對以朝廷本欲得二砦地界，非所約。卨曰：「若然，塞門二墻墟耳，安用之？」遂罷詔城綏州。八月，表請去漢儀，復用蕃禮，從之。十月，遣使來謝封冊。三年五月，夏人號十萬築閙訛堡，知慶州李復圭合蕃漢兵纔三千，偏遣偏將李信、劉甫、种詠等出戰。信等訴以衆寡不敵，復圭威以節制，親畫陣圖方畧授之。兵進，遂大敗。復圭懼，欲自解，即執信等而取其圖畧，命州官李昭用劾以故違節制，詠瘐死獄中，斬信、甫，配流郭貴。復出兵邛州堡，夜入欄浪市，掠老幼數百，又襲金湯，而夏人已去，惟殺其老幼一二百人，以功告捷，而邊怨大起矣。八月，夏人遂大舉入環慶，攻大順城、柔遠砦、荔原堡、淮安鎮、東谷西谷二砦、業樂鎮，兵多者號二十萬，少者不下一二萬，屯榆林，距慶州四十里，游騎至城下，九日乃退。鈐轄郭慶、高敏、魏慶宗、秦勃等死之。四年正月，种諤謀取橫山，領兵先城囉兀，進築永樂川、賞逋嶺二砦，分遣都監趙璞、燕達築撫寧故城，及分荒堆三泉、吐渾川、開光嶺、葭蘆川四砦，與河東路脩築，各相去四十餘里。二月，夏人來攻順寧砦，復圍撫寧。折繼昌、高永能等擁兵駐細浮圖，去撫寧咫尺，囉兀兵勢尚完。种諤在綏德節制諸軍，聞夏人至，茫然失措，欲作書召燕達，戰怖不能下筆，顧轉運判官李南公涕泗不已。於是新築諸堡悉陷，將士千餘人皆沒。初，朝議以諤新築囉兀城，去綏德百餘里，偏梁險狹，難於餽餉，且城中無井泉，遣李評、張景憲往視之，未至而撫寧陷，遂詔棄囉兀城。五月，燕達以戍卒輜重歸自囉兀，爲夏人邀擊，達多失亡。九月，夏遣使入貢，且以二砦易綏州，乞如舊約，詔不允。五年正月，夏鈐轄結勝爲麟州步將王文郁戰降，授供奉官，久之，謀竄歸，事覺，詔聽其去。六月，夏人還荔原堡逃背熟戶嵬通等七十八人。閏七月，遣部將景思立、王存以涇原兵出南路，王韶由東谷徑趨武勝，未至十餘里，逢夏人戰，遂至其城，瞎藥棄城夜遁，大首領曲撒四王阿南珂出奔，乃城武勝。十二月，遣使進馬贖大藏經，詔賜之而還其馬。八年三月，夏人以索蕃漢部盜人畜投南界者，牒熙河經畧司請高太尉赴三岔堡會議，牒稱大安二年。乃詔鄜延經畧司令牒宥州，問妄稱年號，且牒非其地分，邊臣會議，皆違越生事，是必夏主不知，請問之。夏人進奉山陵後期，詔令先至永厚陵設祭，後至闕奉慰。帝謂輔臣曰：「元昊昔僭號，遣使上表稱臣，其辭猶遜，朝廷不先詰其所以然，而遽絕之，縱邊民蕃部討虜，故元昊嘗自謂爲諸羌所立，不得辭，朝廷不得命，不得已而變。西師亟戰輒敗，天下騷然，仁宗悔之。當元昊僭書來，獨諫官吳育謂難以中國叛臣處之，或可稍易以名號，議者皆以爲不然，卒困中原，而後歲賜封冊爲夏國主，良可惜哉！」元豐二年六月，夏人自滿堂川入大會平，殺防田人馬、兵官李浦等，遁逐出塞。九月，綏德把截楊永慶聲徼循邊而掩取蕃部首級，詐言斬犯邊人，詔毀永慶出身文字，送西京編管。四年四月，有李將軍淸者，本秦人，說秉常以河南地歸宋，國母知之，遂誅淸而奪秉常政。鄜延總管种諤乃疏秉常遇弒，國內亂，宜興師問罪，此千載一時之會，帝然之。遂遣王中正往鄜延、環慶，稱詔募禁兵，從者將之。詔熙河李憲等以秉常見囚，大舉征夏，及詔諭夏國嵬名諸部首領能拔身自歸及相率共誅國讐，當崇其爵賞，敢有違拒者誅九族。八月，中正及諤言：涇原、環慶會兵取靈州，復討興州；麟府、鄜延先會夏州，取懷州，渡會興州。憲總七軍及董氊兵三萬至新市城，遇夏人，戰敗之。王中正出麟州，禡辭自言皇帝親征，提兵六萬，才行數里，即奏已入夏境，屯白草平九日不進。環慶經畧使高遵裕將步騎八萬七千，涇原總管劉昌祚將卒五萬，出慶州，諤將鄜延及畿內兵九萬三千出綏德城。九月，諤圍米脂，夏人來救，戰于無定川，大破之，斬首五千級。十月，遂克米脂，降守將令分訛遇，進攻石州。中正以河東軍度無定河，循水北行，地皆沙濕，士馬多陷沒，遂繼諤趨夏川，而民皆潰，軍無所得。遵裕至淸遠軍，攻靈州，夏人決黃河灌營，復抄絕餉道，士卒凍溺死，餘兵纔萬三千人，遂歸，夏人追戰，將官俞平死之。中正至宥州奈王井，糧盡，士卒死亡者已二萬，乃引軍還。諤兵無食，會大雪，死，遂潰入塞者纔三萬人。昌祚遇夏人于磨臍隘夏之拒者二三萬人昌祚乃分兵渡葫蘆河奪其險與統軍國母弟梁大王戰遂大破之憲營于天都山下焚夏之南牟內殿并其館庫追襲其統軍仁多唆丁敗之擒百人遂班師涇原總兵侍禁魯福彭孫護餽餉至鳴沙川與夏人三戰敗績初夏人聞宋大舉梁太后問策于廷諸將少者盡請戰一老將獨曰不須拒之但堅壁清野縱其深入聚勁兵于靈夏而遣輕騎抄絕其餽運大兵無食可不戰而困也梁后從之宋師卒無功

五年正月遼使涿州遺書云夏國來稱宋兵起無名不測事端神宗報以夏國主受宋封爵昨邊臣言秉常見爲母黨囚辱比令移問事端其同惡不報繼又引兵數萬侵犯我邊界義當有征今彼以屢遭敗衄故遣使詭情陳露意在間貳想彼必以悉察夏人聞此遂不至五月沈括請城古烏延城以包橫山使夏人不得絕沙漠遂遣侍中徐禧內侍押班李舜舉往議禧復請于銀夏宥之界築永樂城永樂依山無水泉獨种諤極言不可禧率諸將竟城之賜名銀川砦禧等還米脂以兵萬人屬曲珍守之永樂接宥州附橫山夏人必爭之地禧等旣城去九日夏人來攻珍使報禧乃挾李舜舉來援而夏兵至者號三十萬禧登城西望不見其際宋軍始懼翌日夏兵漸逼禧乃以士萬陣城下坐譙門執黃旗令衆曰視吾旗進止夏人縱鐵騎渡河或曰此號鐵鷂子當其半濟擊之乃可有逞得地則其鋒不可當也禧不聽鐵騎旣濟震盪衝突大兵從之禧師敗績將校寇偉李思古高世才夏儼程博古及使臣十餘輩士卒八百餘人盡沒詔李憲張世矩往援及令括遣人與約退軍當還永樂地夏人進侵及縣門潰歸城者決水砦爲道以登夏人因之奔歸于城者三萬人皆沒夏兵圍之者厚數里遊騎掠米脂將士晝夜血戰城中乏水已數日鑿井不得泉渴死者大半括等援兵及餽運皆爲夏大兵所隔夏人呼珎來講和呂整景思義相繼而行夏人髡思義囚之而城圍者已浹旬矣夜半夏兵環城急攻城遂陷高永能戰沒禧舜舉運使李稷皆死於亂兵惟曲珍王湛李浦呂整裸跣走免蕃部指揮馬貴獨誓死持刀殺數十人而沒是役也死者將校數百人士卒役夫二十餘萬夏人乃耀兵米脂城下而還宋自熙寧用兵以來凡得葭蘆吳保義合米脂浮圖塞門六堡而靈州永樂之役官軍熟羌義保死者六十萬人錢粟銀絹以萬數者不可勝計帝臨朝痛悼而夏人亦困弊夏西南都統昂星嵬名濟迺移書劉昌祚曰中國者禮樂之所存恩信之所出動止猷爲必適于正若乃聽誣受間肆詐窮兵侵人之土疆殘人之黎庶是乖中國之體爲外邦之羞昨者朝廷暴興甲兵大窮侵討蓋天子與邊臣之議爲夏國方守先誓宜出不虞五路進兵一舉可定故去年有靈州之役今秋有永樂之戰然較其勝負與前日之議爲何如哉朝廷於夏國非不經營之五路進討之策諸邊肆撓之謀皆嘗用之矣知儌幸之無成故終於樂天事小之道況夏國提封一萬里帶甲數十萬南有于闐作我歡鄰北有大燕爲我强援若乘間伺便角力競鬬雖十年豈得休哉卽念天民無辜受此塗炭之苦國主自見伐之後夙夜思念爲自祖宗之世事中國之禮無或虧貢聘不敢怠而邊吏幸功上聰致惑祖宗之盟旣阻君臣之分不交存亡之機發不旋踵朝廷豈不恤哉至於魯國之憂不在顓臾隋室之變生於楊感此皆明公得於胸中不待言而後喻今天下倒垂之望正在英才何不進讜言闢邪議使朝廷與夏國歡好如初主民重見太平豈獨夏國之幸乃天下之幸也昌祚上其書帝諭答之六年二月夏人大舉圍蘭州已奪兩關門鈐轄王文郁集死士七百夜縋城而下持短兵突營遂拔去五月復來圍九日大戰侍禁韋禁死之乃解去閏六月遣使謨箇咩迷乞遇來貢表曰夏國累得西蕃征王子書稱南朝與夏國交戰歲久生靈荼毒欲擬通枉緣夏國先曾請所陵疆土不從以來未便輕許西蕃再遣使散八昌郡丹星等到國稱南朝語言計會但當遣使齎表自令引赴南朝切念臣自歷世以來貢奉朝廷無所虧怠至於近歲尤甚歡和不意憸人誣間朝廷特起大兵侵奪疆土城砦因茲構怨歲致交兵今乞朝廷示以大義特還所侵倘垂開納別效忠勤乃賜詔曰頃以權强敢行廢辱朕用震驚令邊臣往問匿而不報王師徂征蓋討有罪今遣使造庭辭禮恭順仍聞國政悉復故常益用嘉納已戒邊吏毋輒出兵爾亦其守先盟遂詔陝西河東經畧司其新復城砦徼循毋出三二里夏之歲賜如舊七年正月圍蘭州李憲戰却之六月攻德順軍巡檢王友戰死九月圍定西城燒龕谷族帳遂以十月攻至靜邊鈐轄彭孫敗之殺其首領仁多唆丁十二月攻淸遠隊將白玉李貴死之八年三月神宗崩賜以遺留物夏人攻葭蘆供奉王英戰死七月遣使丁拏嵬名謨鐸副使呂則陳聿精等來奠慰十月遣芭良嵬名濟賴昇聶張聿正進助山陵禮物夏國主母梁氏薨訃至以朝散郎刑部郎中杜紘充祭奠使東頭供奉官閤門祗候王有言充弔慰使夏以主母遺留物來進元祐元年二月始遣使入貢五月遣鼎利罔豫章來賀哲宗卽位六月復遣訛囉聿來求所侵蘭州米脂等五砦使未至蘇轍兩疏請因其請地而與之司馬光言此邊鄙安危之機不可不察靈夏之役本由我起新開數砦皆是彼田今旣許其內附豈宜靳而不與彼必曰新天子卽位我卑辭厚禮以事中國庶幾歸我侵疆今猶不許則是恭順無益不若以武力取之小則上書悖慢大則攻陷新城當此之時不得已而與之其爲國家之恥無乃甚於今日乎羣臣猶有見小忘大守近遺遠惜此無用之地使兵連不解爲國家之憂願決聖心爲兆民計時異議者衆唯文彥博與光合遂從之秋七月乙丑秉常殂時年二十六在位二十年改元乾道二年天賜禮盛國慶五年大安十一年天安禮定一年謚曰康靖皇帝廟號惠宗墓號獻陵子乾順立

乾順惠宗之長子也母曰昭簡文穆皇后梁氏生三歲卽位元祐元年十月以父殂遣使呂則罔聿謨等來告哀詔自元豐四年用兵所得城砦待歸我陷執民當畫以給還乃遣金部員外郎穆衍充祭奠使供備庫使張楙充弔慰使夏遣使進馬馳來賀龍興節二年正月遣權樞密院都承旨公事劉奉世爲冊禮使崇儀副使崔象先副之冊乾順爲夏國主仍節度西平王三月夏遣大使映吳嵬名諭密副使廣樂毛示聿等詣太皇太后進馳馬以謝奠慰七月夏人攻鎮戎軍諸堡劉昌祚等禦之而退三年三月攻德靖砦諸將米贇郝普戰死詔劉昌祚以涇原萬人駐德順軍熙河五千人駐通遠軍據秦鳳要害以爲犄角夏人遂攻龕谷砦砦兵及東關堡巡檢等戰不利死者幾百人四年二月始遣使謝封冊六月稍歸永樂所獲人遂以葭蘆米脂浮圖安疆四砦與之而畫界未定遣崇儀使董正叟如京使李玩押賜夏國生日禮物及冬服七月坤成節十二月興龍節皆遣使來賀五年六月夏人來言畫疆界者不依綏州內十里築堡鋪供耕牧外十里立封堠作空地例以辨兩國界詔曰已諭邊臣如約夏之封界當亦體此冬攻蘭州之質孤勝如堡旣而遣使來賀正旦六年七月遣使來賀坤成節九月圍麟府三日殺掠不計鄜延都監李儀等盡沒七年屢攻綏德城以重兵壓涇原境留五旬大掠築壘于沒烟峽口以自固游師雄請自蘭州李諾平東抵通遠定西通渭之間建汝遮納迷結珠龍三砦及置護耕七堡以固藩籬穆衍請於質孤勝如二堡之間城李諾平以控要害議未決秦鳳都監康謂以爲夏之所以未臣附而屢肆兵者以我勢分於隄備兵未練而賞罰失當耳若擇銳結伍伺彼之動聚則先擊散則復襲則彼分而我聚以衆擊寡可得志也詔謂詰鬬而下其事於諸道八年四月復遣使以蘭州一境易塞門二砦詔數其違順不常而却其請紹聖元年二月夏進馬助太皇太后山陵復遣使再議易地詔不允三年九月大入鄜延西自順寧招安砦東自黑水安定中自塞門龍安金明以南二百里間相繼不絕至延州北五里十月忽自長城一日馳至金明列營環城國主子母親督桴鼓縱騎四掠知麟州有備復還金明而後騎之精銳者留龍安邊將悉兵掩擊不退金明乃破守兵二千八百人惟五人得脫城中糧五萬石草千萬束皆盡將官皇城使張俞死之旣還留一書置漢人頸上曰貸汝命爲我投於經畧使處其言曰夏國昨與朝廷議疆場惟有小不同方行理究不意朝廷改悔却於坐團鋪處立界本國以恭順之故亦黽勉聽從遂於境內立數堡以護耕而鄜延出兵悉行平蕩又數數入界殺掠國人共憤欲取延州終以恭順止取金明一砦以示兵鋒亦不失臣子之節也延師呂惠卿上于樞密院而不以聞初哲宗聞夏人來寇泰然笑曰五十萬衆深入吾境不過十日勝不過一二砦須去已而果破金明引退四年正月涇原都鈐轄王文振率諸將破沒煙峽新砦斬獲三千餘級二月夏復以七萬衆攻綏德鄜延將兵戰退之元符元年十二月涇原折可適掩夏西壽統軍嵬名阿理監軍妹勒都逋獲之彗星見乾順赦國中二年正月國母梁氏薨遼遣使蕭德崇來爲夏人議和乃復書謂若果出至誠深悔謝罪當徐度所宜開以自新之路五月夏蘭會正鈐轄革瓦孃以部落來降授內殿崇班賜銀絹緡錢各三百七月環州种朴徼赤羊川獲賞囉訛乞家屬百五十餘口孳畜五千夏人千餘騎來追戰却之擒監軍訛勃囉及首領浪丁訛遇詔令赴闕存恤訛乞家屬又遣人持其家信號往招之九月夏人來告國母哀因上表謝過詔夏主省所上表能抗章引慝已諭邊臣我彊彼界毋相侵犯已而夏以二千騎出浮圖岔來戰供奉官陳告差使李戩死之閏九月古逸川部族叛熙河將王愍率兵掩擊翌日夏人馬數萬圍愍等力戰敗之擒其鈐轄嵬名乞遇統制苗履又戰於青唐峗夏人敗績十二月遂遣令能嵬名濟等進誓表曰臣國久不幸時多遇凶兩經母黨之擅權累爲奸臣之

竊命頻生邊患增怒上心釁端既深理訴難達幸凶黨伏誅稚躬反正遐馳懇奏陳前咎之所歸乞紹先盟果淵衷之俯納故班詔而申諭獲貢誓以輸誠謹當飭疆吏而永絕爭端戒國人而常遵聖化違約則凶咎再降背盟則基緒非延約束事條恭依處分詔報曰爾以凶黨造謀數干邊吏而能悔過請命祈紹先盟念彼種人均吾赤子措之安靜乃副朕心嘉爾自新俯從厥志爾無爽約朕不食言自今已往歲賜仍舊三年正月哲宗崩徽宗卽位九月夏遣使來奠慰及賀卽位十月復遣使來賀天寧節建中靖國元年乾順始建國學設弟子員三百立養賢務以廩食之崇寧三年蔡京秉政使熙河王厚招夏國卓羅右廂監軍仁多保忠厚云保忠雖有歸意而下無附者章數上不聽京愈責厚急乃遣弟詣保忠許還爲夏之邏者所獲遂追保忠赴牙帳厚以保忠縱不爲所殺亦不能復領軍政使得之一匹夫耳何益於事京怒必令金帛招致之夏乃點兵延渭慶三路各數千騎出沒聲言假兵于遼矣三年遼以成安公主嫁乾順四年詔西邊能招致者毋問首從賞同斬級令用京計也陶節夫在延州大加招誘乾順遣使巽請皆拒之又令殺其牧放者夏人遂入鎭戎畧數萬口執知廓州高永年而去又攻湟州自是兵連者三年大觀元年始遣人脩貢政和四年冬環州定遠大首領夏人李訛哆以書遺其國統軍梁哆陵曰我居漢二十年每見春廩既虛秋庾未積糧草轉輸例給空券方春未秋士有饑色若捲甲而趨徑擣定遠唾手可取定遠既得則旁十餘城不攻而下矣我儲穀累歲闕地而藏之所在如是大兵之來斗糧無齎可坐而飽也哆唆遂以萬人來迎轉運使任諒先知其謀募民盡發窖穀哆唆圍定邊失所藏越七日訛哆遂以其部萬餘歸夏乾順築臧底河城遂詔河東節度使童貫爲陝西經畧以討之五年春遣熙河經畧劉法將步騎十五萬出湟州秦鳳經畧劉仲武將兵五萬出會州貫以中軍駐蘭州爲兩路聲援仲武至清水河築城屯守而還法與夏人右廂軍戰於古骨龍大敗之斬首三千級貫奏凱皆遷秩秋仲武王厚復合涇原鄜延環慶秦鳳之師攻夏臧底河城敗績死者十四五秦鳳第三將全軍萬人皆沒厚懼厚賂貫而匿之冬夏人以數萬騎畧蕭關而去六年春劉法劉仲武合熙秦之師十萬攻夏仁多泉城三日不克援後期不至城中請降法受其降而屠之獲首三千級种師道以十萬衆復攻臧底河城克之十一月夏人

大舉攻涇原靖夏城時久無雪夏先使數萬騎繞城踐塵漲天兵對不覩乃潛穿壕爲地道入城中城遂陷復屠之而去宣和元年童貫復逼劉法使取朔方法不得已引兵二萬出至統安城遇夏國主弟察哥郎君率步騎爲三陣以當法前軍而別遣精騎登山出其後大戰移七時前軍楊惟忠敗入中軍後軍焦安節敗入左軍朱定國力戰自朝及暮兵不食而馬亦渴死多法乘夜遁比明走七十里至盍朱峗守兵見追之墜崖折足爲一別瞻軍斬首而去是役死者十萬貫隱其敗而以捷聞察哥見法首惻然語其下曰劉將軍前敗我於古骨龍仁多泉吾常避其鋒謂天生神將豈料今爲一小卒梟首哉其失在恃勝輕出不可不戒遂乘勝圍震武劉仲武何瓘等赴之乃解去震武在山峽中熙秦兩路不能餉自築三歲間知軍李明孟清皆爲夏人所殺初夏人陷法軍圍震武欲拔之察哥曰勿破此城留作南朝病塊乃自引去而宣撫司受解圍之賞者數百人實自去之也諸路所築城砦皆不毛夏所不爭之地而關輔爲之蕭條果如察哥之言十月夏遣使來賀天寧節投以誓詔不取貫不能屈但迫館伴強之使持還及邊遂棄之而去賈炎得而上之貫始大沮欽宗卽位遣使來賀正旦先是金人滅遼黏罕遣撒拇使夏國許割天德雲內金肅河清四軍及武州等八館之地約攻麟州以牽河東之勢靖康元年三月夏人遂由金肅河清渡河取天德雲內武州河東八館之地四月陷震威城兵馬監押朱昭死之繼而金貴人兀室以數萬騎陽爲出獵掩至天德逼逐夏人悉奪有其地夏人請和金人執其使歲丁未乾德改元正德時建炎元年也是歲九月金帥兀术回雲中遣保靜軍節度使楊天吉約侵宋乾順許之十月通問使傅雱見金左監軍希尹于雲中希尹以國書授雱爲夏國請熙寧以來侵地蓋彼既奪其地乃責償于宋以報之二年正月以主客員外郎謝亮爲陝西撫諭使兼宣諭使從事郎何洋爲太學博士持詔書賜乾順亮西入關鄜延經畧使王庶遺亮書曰大夫出疆有可以安社稷利國家者專之可也夏國爲患小而緩金人爲患大而急方其挫銳熙河奔北鄜延秋稼未登兵士困餓閤下苟能仗節督諸路協同義舉雖未足盡雪舊耻亦可驅逐渡河全秦奠枕徐圖恢復矣亮不能用遂由環慶入西夏慶歷後夏國主嘗以賓禮見使者亮至乾順乃倨然見之留居幾月始與約和罷兵亮歸而夏之兵已躡其後襲取定邊軍明年亮還行在

二月金帥婁宿連陷長安鳳翔隴右大震夏人謀知關陝無備遂檄延安府言大金割鄜延以隷本國須當理索敢違拒者發兵誅討之帥臣王庶檄報曰金人初犯本朝嘗以金肅河清界爾今誰與守國家以奸臣貪得不恤鄰好遂至于此貪利之臣何國無之豈意夏國躬蹈覆轍比聞金人欲自涇原徑擣興靈方切寒心不圖尚欲乘人之急幕府雖士卒單寡然類皆節制之師左支右吾尚堪一戰果能辦此何用多言因遣諜間其用事臣李遇夏人竟不出是歲開封尹宗澤奏疏請北伐且言乞遣辯士西說夏國東說高麗俾出助兵三年知樞密院事張浚使川陝謀北伐欲通夏國爲援奏請國書詔從之七月浚西行復以主客員外郎謝亮假太常卿權宣府處置司叅議官再使夏國四年正月浚遣亮往迄不得其要領而還十月環慶路統制慕洧叛降于夏國紹興元年二月同州觀察副使劉惟輔棄德順軍輸欵于夏夏人拒不受八月詔以夏本敵國毋復班曆日十一月川陝宣撫副使吳玠始遣人通夏國書二年九月呂頤浩言聞金夏交惡夏國屢遣人來吳玠關師古軍中宜令張浚通問以攄其情是歲餘覩謀結燕雲之人圖女直黏罕覺欲誅之餘覩父子遁入夏國夏人以其兵少不納四年十二月吳玠奏夏國數通書有不忘本朝意五年乾順改元大德七年正月吳璘奏西蕃三十八族首領趙繼忠來歸用可扼西夏右臂十月僞齊知同州李世輔謀執金帥撒里曷歸宋不克遂奔夏世輔父母親族在延安者金人殺之無遺類九年夏人陷府州靈芝生於後堂高守忠家乾順作靈芝歌俾中書相王仁宗和之乾順以世輔爲靜難軍承宣使鄜延岐雍等路經畧安撫使世輔請兵將報延安之役夏主俾先討別種酋豪號靑面夜乂者世輔擒之以報乾順乃爲出兵遣文臣王樞武臣哆訛等隨之世輔軍至延安撒里曷走耀州世輔購得害其父母者殺之東城聞金人降赦歸宋河南地乃說王樞等降宋哆訛不從世輔抽刀斫之不中遂縛樞命王晞韓護送行在五月丙午世輔以其衆三千人歸宋授世輔護國承宣使樞密行府前軍都統制賜名顯忠六月四日乾順殂年五十七在位五十四年改元天儀治平四年天祐民安八年永安三年貞觀十三年雍寧五年元德八年正德八年大德五年謚曰聖文皇帝廟號崇宗墓號顯陵子仁孝嗣

仁孝崇宗長子也紹興九年六月崇宗殂卽位時年十六十月詔還王樞及夏國之俘百九十人十一

月仁孝尊其母曹氏爲國母十二月納后罔氏十年夏改元大慶三月詔胡世將與夏人議入貢夏人不報十一年六月夏樞密使慕洧弟慕濬謀反伏誅仁孝上尊號曰制義去邪十一年九月夏國饑十三年三月地震逾月不止地裂泉湧出黑沙歲大饑乃立井里以分振之十三年夏改元人慶始建學校于國中立小學于禁中親爲訓導十四年彗星見坤宮五十餘日而滅占其分在夏國十五年八月夏重大漢太學親釋奠弟子員賜予有差十六年尊孔子爲文宣帝十七年改元天盛策舉人始立唱名法十八年復建內學選名儒主之增脩律成賜名鼎新二十八年始立通濟監鑄錢二十九年歸宋官李宗閔上書言夏國副使屈移嘗兩使南朝以爲衣冠禮樂非他國比忽金人叛盟奪其所與地此其情可見壬子歲黏罕嘗聚兵雲中以窺蜀夏人謂將圖已舉國屯境上以待其至今誠遣辯士往說之夏國必不難出兵庶足爲吾聲援以圖恢復書奏不報三十年夏封其相任得敬爲楚王三十一年立翰林學士院以焦景顏王僉等爲學士俾脩實錄金主亮犯四川宣撫使吳璘檄西夏俾合兵討之三十二年夏國移置中書樞密於內門外大禁奢侈始封制蕃字師野利仁榮爲廣惠王夏人聞金人南侵以騎兵二千至蔡園川及馬家嶮禿頭嶺將分道入攻宣撫使吳璘命鎭戎軍守將秦弼說諭之金兵敗夏人乃還乾道三年五月夏國相任得敬遣間使至四川宣撫司約共攻西蕃虞允文報以蠟書七月得敬間使再至宣撫司夏人獲其帛書傳至金人四年夏改元乾祐得敬以謀篡伏誅淳熙十三年二月諜報故遼國大石牙林假道于夏以伐金密詔利西都統制吳挺與制置使留正議之十三年四月復詔挺結夏國當時論議可否及夏人從違史皆失書紹熙四年九月二十日仁孝殂年七十在位五十五年改元大慶四年人慶五年天盛二十一年乾祐二十四年謚曰聖德皇帝廟號仁宗陵號壽陵子純佑嗣

純佑仁宗長子也母曰章獻欽慈皇后羅氏仁宗殂卽位時年十七明年改元天慶開禧二年正月二十日廢遂殂年三十在位十四年謚曰昭簡皇帝廟號桓宗陵號莊陵鎭夷郡王安全立安全崇宗之孫越王仁友之子開禧二年正月廢其主純佑自立明年改元應天嘉定四年八月五日安全殂年四十二在位六年改元應天四年皇建二年謚曰敬穆皇帝廟號襄宗陵號康陵有子曰承禎齊國忠武王彥宗之子大都督府主遵頊

立　遵頊始以宗室策試進士及第爲大都督府主嘉定四年七月三日立時年四十九改元光定金衞紹王崇慶元年三月遣使册爲夏國王七年夏左樞密使萬慶義勇遣二僧齎蠟書來西邊欲與共圖金人復侵地制置使黃譔不報其後金人南遷議徙都長安遣元帥赤盞以重兵宿鞏州夏主畏其侵迫乃遣樞密使都招討甯子寧忠翼赴蜀閫議夾攻秦鞏聶子述俾利西安撫丁焴答書飭將吏戢兵以待時嘉定十二年三月也子述尋罷去焴持議不可輕動師不可出十二月甯子寧遣使復申前說且責我以失期時安丙再開宣閫許之命利州副都統制程信任其責十三年八月甯子寧以師期來告丙遂決意出師以奏劄聞諸朝不待報可命將大舉卒無功夏人甯子寧鬼名公輔亦率其衆歸國十四年正月丙囘利州十六年遵頊自號上皇傳位於其子德旺寶慶二年春遵頊殂年六十四改元光定十三年謚曰英文皇帝廟號神宗丙戌七月德旺殂年四十六改元乾定四年廟號獻宗清平郡王之子南平王睍立二年丁亥秋爲大元所取國遂亡

夏之境土方二萬餘里其設官之制多與宋同朝賀之儀雜用唐宋而樂之器與曲則唐也河之內外州郡凡二十有二河南之州九曰靈曰洪曰宥曰銀曰夏曰石曰鹽曰南威曰會河西之州九曰興曰定曰懷曰永曰涼曰甘曰肅曰瓜曰沙熙秦河外之州四曰西寧曰樂曰廓曰積石其地饒五穀尤宜稻麥甘涼之間則以諸河爲漑興靈則有古渠曰唐涼曰漢源皆支引黃河故灌漑之利歲無旱澇之虞其民一家號一帳男年登十五爲丁率二丁取正軍一人每負擔一人爲一抄負擔者隨軍雜役也四丁爲兩抄餘號空丁願隸正軍者得射他丁爲負擔無則許射正軍之疲弱者爲之故壯者皆習戰鬭而得正軍爲多凡正軍給長生馬駝各一團練使以上帳一弓一箭五百馬一橐駝五旗鼓槍劍棍棓粆袋披氈渾脫背索鍬钁斤斧箭牌鐵爪籬各一刺史以下無帳無旗鼓人各橐駝一箭三百幕梁一兵三人同一幕梁幕梁織毛爲幕而以木架有砲手二百人號潑喜陡立旋風砲於橐駝鞍縱石如拳得漢人勇者爲前軍號撞令郎若脆怯無他伎者遷河外耕作或以守肅州有左右廂十二監軍司曰左廂神勇曰石州祥祐曰宥州嘉寧曰韋州靜塞曰西壽保泰曰卓囉和南曰右廂朝順曰甘州甘肅曰瓜州西平曰黑水鎮燕曰白馬強鎮曰黑山威福諸軍兵總計五十餘萬別有擒生十萬與靈之兵精練者又二萬五千別副以兵七萬爲資贍號御圍內六班分三番以宿衞每有事於西則自東點集而西於東則自西點集而東中路則東西皆集用兵多立虛砦設伏兵包敵以鐵騎爲前軍乘善馬重甲刺斫不入用鉤索絞聯雖死馬上不墜遇戰則先出鐵騎突陣陣亂則衝擊之步兵挾騎以進戰則大將居後或據高險其人能寒暑饑渴出戰率用隻日避晦日齎糧不過一旬弓皮弦矢沙柳簳惡雨雪晝舉煙揚塵夜篝火以爲候不恥奔遁敗三日輒復至其處捉人馬射之號曰殺鬼招魂或縛草人埋於地衆射而還篤信機鬼尚詛祝每出兵則先卜卜有四一以艾灼羊髀骨以求兆名炙勃焦二擗竹于地若揲蓍以求數謂之擗算三夜以羊焚香祝之又焚穀火布靜處晨屠羊視其腸胃通則兵無阻心有血則不利四以矢擊弓弦審其聲知敵至之期與兵交之勝負及六畜之災祥五穀之凶稔俗皆土屋惟有命者得以瓦覆之

論曰拓跋氏考諸前史可見也自赤辭納欵於貞觀立功於天寶思恭以宥州著節於咸通夏雖未稱國而王其土久矣子孫歷王五代宋興太祖卽西平王加彝興太尉德明在祥符間已追帝其父於國中逮元昊始顯稱帝厥後因之與金同亡槩其歷世二百五十八年雖嘗受封冊于宋宋亦稱有歲幣之賜誓詔之答要皆出於一時之言其心未嘗有臣順之實也元昊結髮用兵凡二十年無能折其強者乾順建國學設弟子員三百立養賢務仁孝增至三千尊孔子爲帝設科取士又置宮學自爲訓導觀其陳經立紀傳曰不有君子其能國乎今史所載追尊謚號廟號陵名兼採夏國樞要等書其與舊史有所牴牾則闕疑以俟知者焉

宋史卷四百八十七

元　中書右丞相總裁脫脫等修

列傳第二百四十六

外國三

高麗

高麗本曰高句驪禹別九州屬冀州之地周爲箕子之國漢之玄菟郡也在遼東蓋扶餘之別種以平壤城爲國邑漢魏以來常通職貢亦屢爲邊寇隋煬帝再舉兵唐太宗親駕伐之皆不克高宗命李勣征之遂拔其城分其地爲郡縣唐末中原多事遂自立君長後唐同光天成中其主高氏累奉職貢長興中權知國事王建承高氏之位遣使朝貢以建爲玄菟州都督充大義軍使封高麗國王晉天福中復來朝貢開運二年建死子武襲位漢乾祐末武死子昭權知國事周廣順元年遣使朝貢以昭爲特進檢校太保使持節玄菟州都督大義軍使高麗國王顯德二年又遣使來貢加開府儀同三司檢校太尉又加太師建隆三年十月昭遣其廣評侍郎李興祐副使李勵希判官李彬等來朝貢四年春降制曰古先哲后奄宅中區曷嘗不同文軌於萬方覃聲教於四海顧予涼德猥被鴻名爰致賓王宜優錫命開府儀同三司檢校太師玄菟州都督充大義軍使高麗國王昭日邊鍾粹遼左推雄習箕子之餘風撫朱蒙之舊俗而能占雲候海奉贄充庭言念傾輸實深嘉尚是用賜之懿號疇以公田載推柔遠之恩式奬拱辰之志於戲來朝萬里美愛戴之有孚柔撫四封庶混幷之無外永保東裔聿承天休可加食邑七千戶仍賜推誠順化保義功臣其年九月遣使時贊等來貢涉海値大風船破溺死者七十餘人贊僅免詔加勞恤開寶五年遣使以方物來獻制加食邑賜推誠順化守節保義功臣進奉使內議侍郎徐熙加檢校兵部尚書副使內奉卿崔鄴加檢校司農卿並兼御史大夫判官廣評侍郎康禮試少府少監錄事廣評員外郎劉隱加檢校尚書金部郎中皆厚禮遣之昭卒其子伷權領國事九年伷遣使趙遵禮奉土貢以父沒當承襲來聽朝旨授伷檢校太保玄菟州都督大義軍使封高麗國王太宗卽位加檢校太傅改大義軍爲大順軍遣左司禦副率于延超司農寺丞徐昭文使其國伷遣國人金行成入就學於國子監太平興國二年遣其子元輔以良馬方物兵器來貢其年行成擢進士第三年又遣使貢方物兵器加伷檢校太師以太子中允直舍人院張洎著作郎直史館句中正爲使四年復遣供奉官閤門祗候王僎使其國五年六月再遣使貢方物六年又遣使來貢七年伷卒其弟治知國事遣使金全奉金銀線罽錦袍褥金銀飾刀劍弓矢名馬香藥來貢且求襲位授治檢校太保玄菟州都督充大順軍使封高麗國王以監察御史李巨源禮記博士孔維奉使雍熙元年遣使韓遂齡以方物來貢二年加治檢校太傅遣翰林侍書王著侍讀呂文仲充使三年出師北伐以其國接契丹境常爲所侵遣監察御史韓國華賚詔諭之曰朕誕膺丕構奄宅萬方華夏蠻貊罔不率俾蠢茲北裔侵敗王略幽薊之地中朝土疆晉漢多虞貪緣盜據今國家照臨所及書軌大同豈使齊民陷諸獷俗今已董齊師旅殄滅妖氛惟王久慕華風素懷明畧效忠純之節撫禮義之邦而接彼邊疆罹於蠆毒舒泄積憤其在茲乎可申戒師徒迭相掎角協比鄰國同力盪平奮其一鼓之雄戡此垂亡之寇良時不再王其圖之應俘獲生口牛羊財物器械並給賜本國將士用申賞勸先是契丹伐女眞國路由高麗之界女眞意高麗誘導構禍因貢馬來愬于朝且言高麗與契丹結好倚爲勢援剽畧其民不復放還洎高麗使韓遂齡入貢太宗因出女眞所上告急木契以示遂齡仍令歸白本國還其所俘之民治聞之憂懼及國華至令人言於國華曰前歲冬末女眞馳木契來告稱契丹興兵入其封境恐當道未知宜豫爲之備當道與女眞雖爲鄰國而路途遐遠彼之情僞素知之矣貪而多詐未之信也其後又遣人告曰契丹兵騎已濟梅河當道猶疑不實未暇營救俄而契丹雲集大擊女眞殺獲甚衆餘族敗散逃遁而契丹壓背追捕及于當道西北德昌德成威化光化之境俘擒而去時有契丹一騎至德米河北大呼關城戍卒而告曰我契丹之騎也女眞寇我邊鄙率以爲常今則復仇已畢整兵回矣當道雖聞師退猶憂不測乃以女眞避兵來奔二千餘衆資給而歸之女眞又勸當道控梅河津要築治城壘以爲防遏之備亦以爲然方令行視興功不意女眞潛師奄至殺畧吏民驅掠丁壯沒爲奴隸轉徙他方以其歲貢中朝不敢發兵報怨豈期反相誣構以惑聖聽當道世稟正朔踐修職貢敢有二心交通外國況契丹介居遼海之外復有大梅小梅二河之阻女眞渤海本無定居從何徑路以通往復橫罹讒謗憤氣塡膺日月至明諒垂昭鑒間者女眞逃難之衆罔不存恤亦有授以官秩尚在當國其職位高者有勿屈尼于郍元尹能達郍老正衞迦耶夫等十數人欲望召赴京闕與當道入貢之使庭辯其事則丹石之誠庶幾昭雪國華諾之乃命發兵西會治遷延未卽奉詔國華屢督之得報發兵而還具錄女眞之事以奏焉十月遣使朝貢又遣本國學生崔罕王彬詣國子監肄業端拱元年加治檢校太尉以考功員外郎兼侍御史知雜呂端起居舍人呂祐之爲使二年遣使來貢詔其使選官侍郎韓蘭卿副使兵官郎中魏德柔並授金紫光祿大夫判官少府丞李光授檢校水部員外郎先是治遣僧如可賫表來覲請大藏經至是賜之仍賜如可紫衣令同歸本國淳化元年

三月詔加治食邑千戶遣戶部郎中柴成務兵部員外郎直史館趙化成往使其國俗信陰陽鬼神之事頗多拘忌每朝廷使至必擇良月吉辰方具禮受詔成務在館踰月乃遺書於治曰王奕葉藩輔尊獎王室凡行大慶首被徽章今國家特馳信使以申殊寵非止歷川塗之綿邈亦復蹈溟海之艱危皇朝聘遇斯亦隆矣而乃牽於禁忌泥於卜數眩惑日者之浮說稽緩天子之命書惟典冊之垂文非卜祝之能曉是以書稱上日不推六甲之元辰禮載仲冬但取一陽之嘉會粲然古訓足以明稽所宜改圖速拜君賜儻鳳綍無滯克彰拱極之誠則龍節有輝免貽辱命之責謹以誠告王其聽之治覽書慚懼遣人致謝焉會霖雨不止仍以俟霽爲請成務復遺書以責之治翌日乃出拜命二年遣使韓彥恭來貢彥恭表述治意求印佛經詔以藏經并御製祕藏銓逍遙詠蓮華心輪賜之四年正月治遣使白思柔貢方物并謝賜經及御製二月遣祕書丞直史館陳靖祕書丞劉式爲使加治檢校太師仍降詔存問軍吏耆老靖等自東牟趣八角海口得思柔所乘海船及高麗水工卽登舟自芝岡島順風泛大海再宿抵甕津口登陸行百六十里抵高麗之境曰海州又百里至閻州又四十里至白州又四十里至其國治迎使于郊盡藩臣禮延留靖等七十餘日而還遺以襲衣金帶金銀器數百兩布三萬餘端附表稱謝先是三年上親試諸道貢舉人詔賜高麗賓貢進士王彬崔罕等及第旣授以官遣還本國至是靖等使回治上表謝曰學生王彬崔罕等入朝習業蒙恩並賜及第授將仕郎守祕書省校書郎仍放歸本國竊以當道荐修貢奉多歷歲年蓋以上國天高遐荒海隔不獲躬趍金闕面叩玉堦唯深拱極之誠莫展來庭之禮彬罕等幼從匏繫嗟混迹於嵎夷不憚蓬飄早賓王於天邑纔袍衵褐飛粒桂薪堪憂食貧若爲卒歲皇帝陛下天慈照毓海量優容豐其館穀之資勖以藝文之業去歲高懸軒鑑大選魯儒彬罕接武澤宮敢萌心於中鵠濫巾英域空有志於羨魚陛下以其萬里辭家十年觀國俾登名於桂籍仍命秩於芸臺憫其懷土之心慰以倚門之望別垂宸旨令歸故鄉玄造曲成鴻恩莫報臣不勝感天戴聖之至又有張仁銓者進奉使白思柔之孔目吏也上書獻便宜思柔意其持國陰事以告仁銓懼不敢歸上命靖等領以還國仍詔治釋仁銓罪治又上表謝曰官告國信使陳靖劉式至奉傳聖旨以當道進奉使從行孔目官張仁銓至闕輒進便宜翻懷憂懼今附使臣帶歸本國者仁銓嵎宅細民海門賤吏獲趍上國敢貢愚誠罔思狂瞽之尤輒奏權宜之事妄塵旒扆上黷朝廷今者仰奉綸言釋其罪咎小人趍利豈虞僭越之求聖主寬恩遠降哀矜之命其張仁銓者已依詔旨放罪令掌事如故又上言願賜板本九經書用敦儒教許之先是式等復命治遣使元證衍送之證衍至安香浦口值風損船溺所賚物詔登州給證衍文據遣還仍賜治衣段二百疋銀器二百兩羊五十口五年六月遣使元郁來乞師愬以契丹寇境朝廷以北鄙甫寧不可輕動干戈爲國生事但賜詔慰撫厚禮其使遣還自是受制于契丹朝貢中絕治卒弟誦立嘗遣兵校徐遠來候朝廷德音遠久不至咸平三年其臣吏部侍郎趙之遴命牙將朱仁紹至登州偵之州將以聞上特召見仁紹因自陳國人思慕皇化爲契丹羈制之狀乃賜誦鈿函詔一道令仁紹賫還六年誦遣使戶部郎中李宣古來朝謝恩且言晉割燕薊以屬契丹遂有路趣玄菟屢來攻伐求取不已乞王師屯境上爲之牽制詔書優荅之誦卒弟詢權知國事先是契丹旣襲高麗遂築六城曰興州曰鐵州曰通州曰龍州曰龜州曰郭州于境上契丹以爲貳已遣使來求六城詢不許遂舉兵奄至城下焚蕩宮室剽劫居人詢徙居昇羅州以避之兵退乃遣使請和契丹堅以六城爲辭自是調兵守六城大中祥符三年大舉來伐詢與女眞設奇邀擊殺契丹殆盡詢又于鴨綠江東築城與來遠城相望跨江爲橋潛兵以固新城七年方遣告奏使御事工部侍郎尹證古以金線織成龍鳳鞍并繡龍鳳鞍幞各二幅細馬二疋散馬二十疋來貢證古還賜詢詔書七通并衣帶銀綵鞍勒馬等八年詔登州置館於海次以待使者其年又遣御事民官侍郎郭元來貢元自言本國城無垣墻府曰開城管六縣民不下三五千有州軍百餘置十路轉運司統之每州管縣五六小者亦三四每縣戶三四百國境南北千五百里東西二千里軍民雜處隸軍者不黥面方午爲市不用錢第以布米貿易地宜秔稻風俗頗類中國無羊兔橐駝水牛驢氣候少寒暑差多有僧無道士民家器皿悉銅爲之樂有二品曰庫樂曰鄉樂三歲一試舉人有進士諸科算學每試百餘人登第者不過一二十每正月一日五月五日祭祖禰廟又正月七日家爲王母像戴之二月望僧俗燃燈如中國上元節上巳日以青艾染餅爲盤羞之冠端午有鞦韆之戲士女服尚素地產龍鬚席藤席白硾紙鼠狼尾筆元辭貌恭恪每受宴賜必自爲謝表粗有文采朝廷待之亦厚九年辭還賜詢詔書七函襲衣金帶器幣鞍馬及經史曆日聖惠方等元又請錄國朝登科記及所賜御詩以歸從之天禧元年遣御事刑官侍郎徐訥奉表獻方物于崇政殿又賀封建壽春郡王三年九月登州言高麗進奉使禮賓卿崔元信至秦王水口遭風覆舟漂失貢物詔遣內臣撫之十一月元信等入見貢罽錦衣褥烏漆甲金飾長刀匕首罽錦鞍馬紵布藥物等又進中布二千端求佛經一藏詔賜經還布以元信覆溺匱乏別賜衣服繒綵焉明州登州屢言高麗海船有風漂至境上者詔令存問給度海糧遣還仍爲著例五年詢遣告奏使御事禮部侍郎韓祚等一百七十九人來謝恩且言與契丹修好又表乞陰陽地理書聖惠方並賜之金行成者累官至殿中丞治表乞放還行成自以筮仕朝廷不願歸本國又以父母垂老在海外旦暮思念恨祿不及令工圖其像置正寢與妻史氏居旁室晨夕定省上食未嘗少懈淳化初通判安州被病知州李範與僚佐數人省之行成病已篤泣且言曰行成外國人爲朝官佐郡政病且死未有以報主恩雖瞑目固有遺恨二子宗敏宗訥皆幼家素貧無他親可依旦暮委溝壑矣未幾行成死其妻養二子誓不嫁織屨以給範表其事詔以宗敏補太廟齋郎令安州月給其家錢叄緡米五斛長吏歲時存問又高麗信州永寧人康戩字休祐父允三世爲兵部侍郎戩少好學時統升與契丹交兵戩從允戰木葉山下連中二矢神色不變後陷契丹遁居墨斗嶺又至黃龍府間道得歸高麗時允猶在開寶中允遣戩隨賓貢肄業國學太平興國五年登進士第解褐大理評事知湘鄉縣再遷著作佐郎知江陰軍江州歷官以淸白幹力聞改太常博士蘇易簡在翰林稱其吏才命爲廣南西路轉運副使賜緋魚就遷正使再轉度支員外郎戶部判官出知峽越二州連被詔褒其能政又爲京西轉運使加工部郎中賜金紫戩所至好行事上章多建白以竭誠自任景德三年卒眞宗特以其子希齡爲太常寺奉禮郎給奉終喪乾興元年二月祚等辭歸國賜詢如故事會眞宗宴駕又賫遺物以賜詢天聖八年詢復遣御事民官侍郎元潁等二百九十三人奉表入見於長春殿貢金器銀罽刀劍鞍勒馬香油人參細布銅器硫黃靑鼠皮等物明年二月辭歸賜予有差遣使護送至登州其後絕不通中國者四十三年詢孫徽嗣立是爲文王熙寧二年其國禮賓省移牒福建轉運使羅拯云本朝商人黃眞洪萬來稱運使奉密旨令招接通好奉國王旨意形于部述當國僻居暘谷邈戀天朝頃從祖禰以來素願梯航相繼蕞爾平壤邇于大遼附之則爲睦鄰疏之則爲勍敵慮邊騷之弗息蓄陸讋以靡遑久困羈縻難圖攜貳故違述職致有積年屢卜雲祥雖美聖辰於中國空知日遠如迷舊路於長安運屬垂鴻禮稽展慶大朝化覃無外度豁包荒山不謝乎纖埃海不辭於支派謹當遵尋通道遄赴稾街但玆千里之傳聞恐匪重霄之紆眷今以公狀附眞萬西還俟得報音卽備禮朝貢徽又自言嘗夢至中華作詩紀其事三年拯以聞朝廷議者亦謂可結之以謀契丹神宗許焉命拯諭以供擬腆厚之意徽遂遣民官侍郎金悌等百十人來詔待之如夏國使往時高麗人往反皆自登州七年遣其臣金良鑑來言欲遠契丹乞改塗由明州詣闕從之郡縣供頓無舊準頗擾民詔立式頒下費悉官給又以其不邇華言恐規利者私與交關令所至禁止徽問遣二府甚厚詔以付市易務售縑帛答之又表求醫藥畫塑之工以教國人詔羅拯募願行者九年復遣崔思訓來命中貴人倣都亭西驛例治館待之寖厚其使來者亦益多嘗獻伶官十餘輩曰夷樂無足觀止欲潤色國史爾帝以其國尚文每賜書詔必選詞臣著撰而擇其善者元豐元年始遣安燾左諫議大夫陳睦假起居舍人往聘造兩艦於明州一曰凌虛安濟致遠次曰靈飛順濟皆名爲神舟自定海絕洋而東旣至國人歡呼出迎徽具袍笏玉帶拜受詔與燾睦尤禮館之別宮標曰順天館言尊順中國如天云徽已病僅能拜命且乞醫藥二年遣王舜封挾醫往診治徽又使柳洪來謝海中遇風失所貢物洪上章自劾敕書安慰尋獻日本所造車曰諸侯不貢車服故不敢與土貢同前此貢物至輒下有司估直償以萬縑至是命勿復估以萬縑爲定數六年徽卒在位三十八年治尙仁恕爲東夷良主然猶循其俗王女不下嫁臣庶必歸之兄弟宗族貴臣亦然次子運諫以爲旣通上國宜以禮革故習徽怒斥之于外訃聞天子閔焉詔明州修浮屠供一月遣楊景略王舜封祭奠錢勰宋球弔慰景略辟李之儀書狀帝以之儀文稱不著宜得問學博洽器宇整秀者召赴中書試以文乃遣又以遠服不責其備論使者以相見之所殿名鴟吻皆聽勿避徽子順王勳嗣百日卒弟宣王運仁賢好文內行飭備每賈客市書至則潔服焚香對之八年遣其

弟僧統來朝求問佛法并獻經像哲宗立遣使金上琦奉慰林暨致賀請市刑法之書太平御覽開寶通禮文苑英華詔惟賜文苑英華一書以名馬錦綺金帛報其禮運立四年卒子懷王堯嗣未閱歲以病不能爲國國人請其叔父鷄林公熙衛攝政未幾堯卒熙乃立凡數歲使不至元祐四年其王子義天使僧壽介至杭州祭亡僧言國母使持二金塔爲兩宮壽知州蘇軾奏却之語在軾傳熙後避遼主諱改名顒顒性貪吝好奪商賈利富室犯法輒久縻責贖雖微罪亦輸銀數斤五年復通使賜銀器五千兩七年遣黃宗慤來獻黃帝鍼經請市書甚衆禮部尚書蘇軾言高麗入貢無絲髮利而有五害今請諸書與收買金箔皆宜勿許詔許買金箔然卒市冊府元龜以歸元符中遣士賓貢徽宗立遣任懿王嘏來弔賀崇寧二年詔戸部侍郎劉逵給事中吳拭往使顒卒子俁嗣貢使接踵且令士子金瑞等五人入太學朝廷爲置博士政和中升其使爲國信禮在夏國上與遼人皆隸樞密院改引伴押伴官爲接送館伴賜以大晟燕樂籩豆簠簋尊罍等器至宴使者于睿謨殿中宣和四年俁卒初高麗俗兄終弟及至是諸弟爭立其相李資深立俁子楷來告哀詔給事中路允迪中書舍人傅墨卿奠慰俁之在位也求醫於朝詔使二醫往留二年而歸楷語之曰聞朝廷將用兵伐遼遼兄弟之國存之足爲邊扞女眞狼虎耳不可交也業已然願二醫歸報天子宜早爲備歸奏其言已無及矣欽宗立賀使至明州御史胡舜陟言高麗靡敝國家五十年政和以來人使歲至淮浙之間苦之彼昔臣事契丹今必事金國安知不窺我虛實以報宜止勿使來乃詔留館於明而納其贄幣明年始歸國自王徽以降雖通使不絕然受契丹封冊奉其正朔上朝廷及他文書蓋有稱甲子者歲貢契丹至於六而誅求不已常云高麗乃我奴耳南朝何以厚待之使至其國尤倨暴館伴及公卿小失意輒行捽箠聞我使至必假他事來覘分取賜物嘗詰其西向修貢事高麗表謝其畧曰中國三甲子方得一朝大邦一周天每修六貢契丹倍乃得免高宗即位慮金人通於高麗命迪功郎胡蠡假宗正少卿爲高麗國使以間之蠡之回史失書二年浙東路馬步軍都總管楊應誠上言由高麗至女眞路甚徑請身使三韓結鷄林以圖迎二聖乃以應誠假刑部尚書充高麗國信使浙東帥臣翟汝文奏言應誠欺罔爲身謀耳若高麗辭以金人亦請問津以窺吳越其將何辭以對萬一辱命取笑遠夷願毋遣應誠聞之遂與副使韓衍書狀官孟健由杭州浮海以行六月抵高麗諭其王楷以所欲爲楷曰大朝自有山東路盍不由登州往應誠曰以貴國路徑耳楷有難色已而命其門下侍郎傅佾至館中果對如翟汝文言應誠曰女眞不善水戰佾曰彼常於海道往來況女眞舊臣本國今反臣事之其强弱可見矣居數月復遣其中書侍郎崔洪宰知樞密院金富軾持前議不變謂二聖今在燕雲大朝即盡納土未必可得何不練兵與戰終不奉詔應誠留兩月餘不得已見楷於壽昌門受其拜表而還十月至闕入對言狀上以楷負國恩怒甚尚書右丞朱勝非曰彼鄰金人與中國隔海利害甚明曩時待之過厚今安能責其報也右僕射黃潛善曰以巨艦載精兵數萬徑擣其國彼寧不懼勝非曰越海興師燕山之事可爲近鑒上怒解十一月楷遣其臣尹彥頤奉表謝罪詔以二聖未歸燕設不宜用樂乃設幕殿門外命客省官吳得興伴賜酒食命中書舍人張激押伴如禮遣還三年八月上謂輔臣曰聞上皇遣內臣宮女各二人隨高麗貢使來朕聞之悲喜交集呂頤浩曰此必金人之意不然高麗必不敢安知非窺我虛實以報於是詔止之畧曰王緬守基圖夙同文軌乃附乘桴之信嗣修貢篚之恭惟忠順之無他質神明而靡愧屬闕聞聽良用歎嘉言念晚年實爲多故舉中原之生聚遭强敵之震驚旣涉境以深猶稱兵而未已茲移仗衞暫駐江湖如行使之果來恐有司之不戒俟休邊境當問聘期壞晉館以納車庶無後悔閑漢關而謝質非用前規想彼素懷知吾誠意紹興元年十月高麗將入貢禮部侍郎柳約言四明殘破之餘荒蕪單弱恐起戎心宜屯重兵以俟其至十一月詔柳約奉使高麗不果行二年閏四月楷遣其禮部員外郎崔惟清閤門祗候沈起入貢金百兩銀千兩綾羅一百疋人參五百斤惟清所獻亦三之一上御後殿引見賜惟清起金帶二答以溫詔遣還是月定海縣言民亡入高麗者約八十人願奉表還國詔候到日高麗綱首卓榮等量與推恩十二月聞高麗遣知樞密院事洪彝敘等六十五人來貢議以臨安府學館其使言者謂雖在兵間不可無學恐爲所窺詔以洪惠寺爲同文館以待之既而卒不至六年高麗持牒官金稚圭至明州賜銀帛遣之懼其爲金間也三十二年三月高麗綱首徐德榮詣明州言本國欲遣賀使守臣韓仲通以聞殿中侍御史吳芾奏曰高麗與金人接壤昔稚圭之來朝廷懼其爲間亟遣還今兩國交兵德榮之請得無可疑使其果來猶恐不測萬一不至貽笑遠方詔止之隆興二年四月明州言高麗入貢史不書引見日恐同彝敘之詐其後使命遂絕慶元間詔禁商人持銅錢入高麗蓋絕之也初高麗入使明越困於供給朝廷館遇燕賚賜予之費以鉅萬計饋其主者不在焉我使之行每乘二神舟費亦不貲三節官吏縻爵捐廩皆仰縣官昔蘇軾言于先朝謂高麗入貢有五害以此也惟是國於吳會事異東都昔高麗入使率由登萊山河之限甚遠今直趍四明四明距行都限一浙水耳由海道奉使高麗瀰漫汪洋洲嶼險阻遇黑風舟觸礁輒敗出急水門至羣山島始謂平達非數十日不至也舟南北行遇順風則歷險如夷至不數日其國東西二千里南北五百里西北接契丹持鴨綠江以爲固江廣三百步其東所臨海水清澈下視十丈東南望明州水皆碧玉居開州蜀莫郡曰開成府依大山置宮室立城壁名其山曰神嵩民居皆茅茨大止兩椽覆以瓦者才十二以新羅爲東州樂浪府號東京百濟爲金州金馬郡號南京平壤爲鎮州號西京西京最盛總之凡三京四府八牧郡百有十八縣鎭三百九十洲島三千七百郡邑之小者或只百家男女二百十萬口兵民僧各居其一地寒多山土宜松栢有秔黍麻麥而無秫以秔爲酒少絲蠶匹縑直銀十兩多衣麻紵王出乘車駕牛歷山險乃騎紫衣行前捧護國仁王經以導出令曰教曰宣臣民呼之曰聖上私謂曰嚴公后妃曰宮主百官名稱階勳功臣檢校頗與中朝相類過御史臺則下馬違者有劾士人以族望相高柳崔金李四姓爲貴種無官者以世族子爲內侍六衞歲十二月朔王坐紫門小殿注官外官則付國相有國子監四門學學者六千人貢士三等王城曰土貢郡邑曰鄉貢他國人曰賓貢間歲試于所屬再試于學所取不過三四十人然後王親試以詩賦論三題謂之簾前重試亦有制科宏詞之目然特文具而已士尚聲律少通經王城有華人數百多閩人因賈舶至者密試其所能誘以祿仕或强留之終身朝廷使至有陳牒來訴者則取以歸百官以米爲奉皆給田納祿半給死乃拘之國無私田民計口授業十六以上則充軍六軍三衞常留官府三歲以選戍西北半歲而更有警則執兵任事則服勞事已復歸農畝王亦有分地以供私用王母妃主世子皆受湯沐田上下以賈販利入爲事日中爲虛用米布貿易地產銅不知鑄錢中國所予錢藏之府庫時出傳翫而已崇寧後始學鼓鑄有海東通寶重寶三韓通寶三種錢然其俗不便也兵器疎簡無强弩大刀崇尚釋教雖王子弟亦常一人爲僧信鬼拘陰陽病不相視斂不撫棺貧者死則露置中野歲以建子月祭天國東有穴號歲神常以十月望日迎祭謂之八關齋禮儀甚盛王與妃嬪登樓大張樂宴飲賈人曳羅爲幕至百疋相聯以示富三歲大祭祠遍其封內因是斂民財而王與諸臣分取之祖廟在國門之外大祭則具車服冕圭親祠王城有佛寺七十區而無道觀大觀中朝廷遣道士往乃立福源院置羽流十餘輩俗不知醫自王俁來請醫後始有道其術者人首無枕骨背扁側男子巾幘如唐裝婦人鬢髻垂右肩餘髮被下約以絳羅貫之簪旋裙重疊以多爲勝男女自爲夫婦者不禁夏月同川而浴婦人僧尼皆男子拜樂聲甚下無金石之音旣賜樂乃分爲左右二部左曰唐樂中國之音也右曰鄉樂其故習也堂上設席升必脫屨見尊者則膝行必跪應必唯其拜無不答子拜父猶半答其禮性仁柔惡殺不屠宰欲食羊豕則包以蒿而燔之刑無慘酷之科唯惡逆及罵父母者斬餘皆杖肋外郡刑殺悉送王城歲以八月減囚死罪貸流諸島累赦眡輕重原之自明州定海遇便風三日入洋又五日抵墨山入其境自墨山過島嶼詰曲礁石間舟行甚駛七日至禮成江江居兩山間束以石峽湍激而下所謂急水門最爲險惡又三日抵岸有館曰碧瀾亭使人由此登陸崎嶇山谷四十餘里乃其國都云

宋史卷四百八十八

元 中 書 右 丞 相 總 裁 脫 脫 等 修

列傳第二百四十七

外國四

交阯 大理

交阯本漢初南越之地漢武平南越分其地爲儋耳珠崖南海蒼梧鬱林合浦交阯九眞日南凡九郡置交阯刺史以領之後漢置交州晉宋齊梁陳因之又爲交阯郡隋平陳廢郡置州煬帝初廢州置郡唐武德中改交州總管府至德中改安南都護府梁貞明中土豪曲承

美專有其地送欵於末帝因授承美節鉞時劉隱擅命嶺表遣將李知順伐承美執之乃并有其地後有楊延藝紹洪皆受廣南署繼爲交阯節度使紹洪卒州將吳昌岌遂居其位昌岌死其弟昌文襲乾德初昌文死其參謀吳處玶峯州刺史矯知護武寧州刺史楊暉牙將杜景碩等爭立管內一十二州大亂部民嘯聚起爲寇盜攻交州先是楊延藝以牙將丁公著攝驩州刺史兼禦蕃都督部領卽其子也公著死部領繼之至是部領與其子璉率兵擊敗處玶等賊黨潰散境內安堵交民德之乃推部領爲交州帥號曰大勝王署其子璉爲節度使凡三年遜璉位璉立七年聞嶺表平遂遣使貢方物上表內附制以權交州節度使丁璉以檢校太師充靜海軍節度使安南都護又詔以進奉使鄭琇王紹祚並爲檢校左散騎常侍兼御史大夫八年遣使貢犀象香藥朝廷議崇寵部領降制曰率土來王方推以恩信舉宗奉國宜洽於封崇眷拱極之外臣舉顯親之茂典爾部領世爲右族克保遐方夙慕華風不忘內附屬九州混一五嶺廓清聾限溟濤樂輸琛貢嘉乃令子稱吾列藩特被鴻私以旌義訓介爾眉壽服茲寵章可授開府儀同三司檢校太師封交阯郡王太宗卽位璉又遣使以方物來賀部領及璉旣死璉弟璿尚幼嗣立稱節度行軍司馬權領軍府事大將黎桓擅權樹黨漸不可制刼遷璿於別第舉族禁錮之代總其衆太宗聞之怒乃議舉兵太平興國五年秋詔以蘭州團練使孫全興八作使張璿左監門衞將軍崔亮爲陸路兵馬部署自邕州路入寧州刺史劉澄軍器庫副使賈湜供奉官閤門祇候王僎爲水路兵馬部署自廣州路入是冬黎桓遣牙校江巨湟齎方物來貢仍爲丁璿上表曰臣族本蠻會辟處海裔修職貢於宰旅假節制於方隅臣之父兄代承闔寄謹保封略罔敢怠遑爰暨淪亡將墜堂構將吏耆耋乃屬於臣俾權軍旅之事用安夷落之衆土俗獷悍懇請愈堅拒而弗從慮其生變臣已攝節度行軍司馬權領軍府事願賜眞秩令備列藩干冒宸扆伏增震越上察其欲緩王師寢而不報王師進討破賊萬餘衆斬首二千餘級六年春又破賊于白藤江口斬首千餘級獲戰艦二百艘甲冑萬計轉運使侯仁寶率前軍先進全興等頓兵花步七十日以候澄仁寶累促之不進及澄至并軍由水路至多羅村不遇賊復擅迴花步桓詐降以誘仁寶遂爲所害轉運使許仲宣馳奉其事遂班師上遣使就劾澄湜僎澄尋病死戮湜等邕州市全興至闕亦下吏誅餘拯罪有差仁寶贈工部侍郎

七年春桓懼朝廷終行討滅復以丁璿爲名遣使貢方物上表謝罪八年桓自稱權交州三使留後遣使貢方物幷以璿表來上帝賜桓詔曰丁氏傳襲三世保據一方卿旣受其倚毗爲之心膂克狥邦人之請無負丁氏之心朕且欲令璿爲統帥之名卿居副貳之任剸裁制置悉繫於卿俟丁璿旣冠有所成立卿之輔翼令德彌光崇獎忠勳朕亦何吝若丁璿將材無取童心如故然其奕世紹襲臧綿星紀一旦捨去節鉞降同士伍理旣非便居亦靡安詔到卿宜遣丁璿母子及其親屬盡室來歸俟其入朝便當授日降制授卿節旄凡茲兩途卿宜審處其一丁璿到京必加優禮令遣供奉官張宗權齎詔諭旨當悉朕懷亦賜璿詔書如旨特黎桓已專據其土不聽命是歲五月上言占城國水陸象馬數萬來寇率所部兵擊走之俘斬千計雍熙二年遣牙校張紹馮阮伯簪等貢方物繼上表求正領節鎭三年秋又遣使貢方物儋州言占城國人蒲羅遏率其族百餘衆內附言爲交州所逼故也是歲十月制曰王者懋建皇極寵綏列藩設邸京師所以盛會同之禮胙土方面所以表節制之雄矧茲跕鳶之隅克修設羽之貢式當易帥爰利建侯不忘請命之恭用舉疇勞之典權知交州三使留後黎桓兼資義勇特禀忠純能得邦人之心彌謹藩臣之禮往者丁璿方在童幼昧於撫綏桓乃肺腑之親專掌軍旅之事號令自出威愛並行璿盡解三使之權以狥衆人之欲遠輸誠欵求領節旄士燮彊明化越俗而咸乂尉佗恭順稟漢詔以無違宜正元戎之稱以列通侯之貴控撫夷落對揚天休可檢校太保使持節都督交州諸軍事安南都護充靜海軍節度交州管內觀察處置等使封京兆郡侯食邑三千戶仍賜號推誠順化功臣遣左補闕李若拙國子博士李覺爲使以賜之端拱元年加桓檢校太尉進邑千戶實封五百戶遣戶部郎中魏庠虞部員外郎直史館李度往使焉淳化元年夏加桓特進邑千戶實封四百戶遣左正言直史館宋鎬右正言直史館王世則又使焉明年六月歸闕上令條列山川形勢及黎桓事迹以聞鎬等具奏曰去歲秋末抵交州境桓遣牙內都指揮使丁承正等以船九艘卒三百人至太平軍來迎由海口入大海冒涉風濤頗歷危險經半月至白藤徑入海汊乘潮而行凡宿泊之所皆有茅舍三間營葺尚新目爲館驛至長州漸近本國桓張皇虛誕務爲誇詫盡出舟師戰櫂謂之軍

自是宵征抵海岸至交州僅十五里有茅亭五間題曰茅徑驛至城一百里驅部民畜產妄稱官牛數不滿千揚言十萬又廣率其民混於軍旅以雜色之衣乘船鼓譟近城之山虛張白旗以爲陳兵之象俄而擁從桓至展郊迎之禮桓歛馬側身問皇帝起居畢按轡偕行時以檳榔相遺馬上食之此風俗待賓之厚意也城中無居民止有茅竹屋數十百區以爲軍營而府署湫隘題其門曰明德門桓質陋而目眇自言近歲與蠻寇接戰墜馬傷足受詔不拜信宿之後乃張筵飲宴又出臨海汊以爲娛賓之遊桓跣足持竿入水標魚每中一魚左右皆叫譟歡躍凡有宴會預坐之人悉令解帶冠以帽子桓多衣花纈及紅色之衣帽以眞珠爲飾或自歌勸酒莫能曉其詞嘗令數十人扛大蛇長數丈饋於使館且曰若能食此當治之爲饌以獻焉又羈送二虎以備縱觀皆郤之不受士卒殆三千人悉黥其額曰天子軍糧以禾穗日給令自舂爲食兵器止有弓弩木牌梭槍竹槍弱不可用桓輕佻殘忍暱比小人腹心閹竪五七輩錯立其側好狎飲以手令爲樂凡官屬善其事者擢居親近左右有小過亦殺之或鞭其背一百至二百賓佐小不如意亦捶之三十至五十黜爲閽吏怒息乃召復其位有木塔其制樸陋桓一日請同登遊覽地無寒氣十一月猶衣夾衣揮扇云四年進封桓交阯郡王五年遣牙校費崇德等來修職貢然桓性本兇狠負阻山海屢爲寇害漸失藩臣禮至道元年春廣南西路轉運使張觀欽州如洪鎭兵馬監押衞昭美皆上言有交州戰船百餘艘寇如洪鎭畧居民刼廩實而去其夏桓所管蘇茂州又以鄉兵五千寇邕州所管綠山都巡檢楊文傑擊走之太宗志在撫寧荒服不欲問罪觀又言風聞黎桓爲丁氏斥逐擁餘衆山海間失其所據故以寇鈔自給今則桓已死觀仍上表稱賀詔太常丞陳士隆高品武元吉奉使嶺南因偵其事士隆等復命所言與觀同其實桓尚存而傳聞者之誤觀等不能審覈未幾有大賈自交阯回具言桓爲帥如故詔劾觀等會觀病卒昭美士隆元吉抵罪先是欽州如洪咄步如昔等三鎭皆瀕海交州潮陽民卜文勇等殺人并家亡命至如昔鎭鎭將黃令德等匿之桓令潮陽鎭將黃成雅移牒來捕令德固不遣因茲海賊連年剽掠二年以工部員外郎直史館陳堯叟爲轉運使因賜桓詔書堯叟始至遣攝雷州海康縣尉李建中賚詔勞問桓堯叟又至如昔詰得匿文勇之由盡擒其男女老少一百三十口召潮陽鎭吏付之且戒勿加酷法成雅得其人以狀謝堯叟桓遂上章感恩幷捕海賊二十五人送于堯叟且言已約勒谿洞首領不得騷動七月太宗遣主客郎中直昭文館李若拙齎詔書充國信使以美玉帶往賜桓若拙旣至桓出郊迎然其詞氣尚悖慢謂若拙曰向者劫如洪鎭乃外境蠻賊也皇帝知此非交州兵否若使交州果叛命則當首攻番禺次擊閩越豈止如洪鎭而已若拙從容謂桓曰上初聞寇如洪鎭雖未知其所自然以足下拔自交州牙校授之節制固當盡忠以報豈有他慮及見執送海賊事果明白然而大臣僉議以爲朝廷比建節帥以寧海表今旣蠻賊爲寇害乃是交州力不能獨制矣請發勁卒數萬會交兵以剪滅之使交廣無後患上曰未可輕舉慮交州不測朝旨或致驚駭不若且委黎桓討擊之亦當漸至清謐今則不復會兵也桓愕然避席曰海賊犯邊守臣之罪也聖君容貸恩過父母未加誅責自今謹守職約保永清於漲海因北望頓首謝眞宗卽位進封桓南平王兼侍中桓前遣都知兵馬使阮紹恭副使趙懷德以金銀七寶裝交椅一銀盆十犀角象牙五十枚絹紬布萬匹來貢詔陳于萬歲殿太宗神御許紹恭等拜奠及迴賜桓帶甲馬詔書慰獎咸平四年又遣行軍司馬黎紹留使副何慶常以馴犀一象二象猸二七寶裝金瓶一來貢其年欽州言交州効誠場民及頭首八州使黃慶集等數百人來投有詔慰撫遣還本道廣南西路言黎桓迎受官告使黃成雅附奏自今國朝加恩願遣使至本道以寵海裔先是使至交州桓卽以供奉爲辭因緣賦歛上聞之止令疆吏召授命不復專使景德元年又遣其子攝驩州刺史明提來貢懇求加恩使至本道慰撫遐裔許之仍以明提爲驩州刺史二年上元節賜明提錢令與占城大食使觀燈宴飲因遣工部員外郎邵曄充國信使三年桓卒立中子龍鉞龍鉞兄龍全刼庫財而遁其弟龍廷殺龍鉞自立龍廷兄明護率扶闌砦攻戰明提以國亂不能還特詔廣州優加資給知廣州凌策等言桓諸子爭立衆心離叛頭首黃慶集黃秀蠻等千餘人以不從驅率戮及親族來投廉州請發本道二千人平之慶集等願爲前鋒上以桓素忠順屢修職貢今幸亂而伐喪不可就改國信使邵曄爲緣海安撫使令曉譬之慶集等仍計口賜田糧曄乃貽書交州諭以朝廷威德如其自相魚肉久無定位偏師問罪則黎氏盡滅矣明護懼卽奉龍廷主軍事龍廷自稱節度開明王遂欲修貢曄以

聞上曰遐荒異俗不曉事體何足恠也令削去僞官牒又言頭首黃慶集先避亂歸化其種族尚多若復遣還慮遭屠戮詔以慶集隸三班奮務于郴州遂許入貢四年龍廷稱權安南靜海軍留後遣弟峯州刺史明昶副使安南掌書記殿中丞黃成雅等來貢會含光殿大宴上以成雅坐遠欲稍升位著訪於宰相王旦旦曰昔子産朝周周王饗以上卿之禮子産固辭受下卿之禮而還國家惠綏遠方優待客使固無嫌也乃升成雅于尚書省五品之次詔拜龍廷特進檢校太尉充靜海軍節度觀察處置等使安南都護兼御史大夫上柱國仍封交阯郡王食邑三千戶食實封一千戶賜推誠順化功臣仍賜名至忠給以旌節又追贈桓中書令南越王進奉使黎明昶等並進秩大中祥符元年天書降加翊戴功臣食邑七百戶實封三百戶東封畢加至忠同平章事食邑一千戶食實封四百戶二年廣南西路言蠻人劫海口蜑戶如洪砦主李文著以輕兵襲逐中流矢死詔督安南捕賊明年執狄獠十三人以獻至忠又遣推官阮守疆以犀角象齒金銀紋綺等來貢幷獻馴犀一上以犀違土性不可豢畜卻不納又以逆至忠意使者既去乃令縱之海濱三年遣使來朝表求甲冑具裝詔從其請又求互市于邕州本道轉運使以聞上曰瀕海之民數患交州侵寇仍前止許廉州及如洪砦互市蓋爲邊隅控扼之所今或直趨內地事頗非便詔令本道以舊制諭之至忠纔年二十六苛虐不法國人不附大校李公蘊尤爲至忠親任嘗令以黎爲姓其年遂圖至忠逐之殺明提明昶等自稱留後遣使貢奉上曰黎桓不義而得公蘊尤而効之甚可惡也然以其蠻俗不足責遂用桓故事制授特進檢校太傅充靜海軍節度觀察處置等使安南都護兼御史大夫上柱國封交阯郡王食邑三千戶實封一千戶賜推誠順化功臣公蘊又表求太宗御書詔賜百軸四年祀汾陰后土公蘊遣節度判官梁任文觀察巡官黎再嚴以方物來貢禮成加公蘊同平章事食邑一千戶實封四百戶任文等並優進秩五年夏以進奉使李仁美爲誠州刺史陶慶文爲太常丞其從隸有道病死者所賜附還其家是冬聖祖降加公蘊開府儀同三司食邑七百戶實封三百戶賜翊戴功臣七年春又加保節守正功臣食邑一千戶實封四百戶詔交阯諸國使入貢者所在館餼供億務令豐備其年遣知唐州刺史陶碩等來貢詔以碩爲順州刺史充安南靜海軍行軍司馬副使吳懷副爲澄州刺史充節度副使先是交州狄獠張婆看避罪來奔知欽州穆重穎召之至中路復拒焉都巡檢臧嗣遂令如洪砦犒以牛酒交州偵知其事因捕狄獠故鈔如洪砦掠人畜甚衆詔轉運司督公蘊追索仍令疆吏自今不得誘召蠻獠致生事公蘊或間歲或仍歲以方物入貢天禧元年進封公蘊南平王加食邑一千戶實封四百戶二年加檢校太尉食邑一千戶實封四百戶每加恩皆遣使將命至其境上仍賜器幣襲衣金帶鞍馬焉仁宗卽位加公蘊檢校太師遣長州刺史李寬泰都護副使阮守疆來貢天聖六年遣驩州刺史李公顯來貢除欽州刺史既而令其子弟及其壻申承貴率衆內寇詔廣南西路轉運司發溪峒丁壯討捕之未幾卒年四十四其子德政自稱權知留後事來告哀贈公蘊爲侍中南越王命本路轉運使王惟正爲祭奠使又爲賜官告使除德政檢校太尉靜海軍節度使安南都護交阯郡王天聖九年遣知峯州刺史李偓佺知愛州刺史帥日新等來謝以偓佺爲驩州刺史日新爲珍州刺史明道元年恭謝加同中書門下平章事景祐中郡人陳公永等六百餘人內附德政遣兵千餘境上捕逐之詔遣還仍戒德政毋得輒誅殺尋遣靜海軍節度判官陳應機掌書記王惟慶來貢以應機爲太子中允惟慶爲大理寺丞德政加檢校太師三年其甲峒及諒州門州蘇茂州廣源州大發峒丹波縣蠻寇邕州之思陵州西平州石西州及諸峒畧居人馬牛焚室廬而去下詔責問之且令捕酋首正其罪以聞寶元元年進封南平王康定元年遣知峯州刺史師用和節度副使杜猶興等來貢慶歷三年又遣節度副使杜慶安三班奉職梁材來以慶安爲順州刺史材爲太子左監門率府率六年又遣兵部員外郎蘇仁祚東頭供奉官陶惟幄來以仁祚爲工部郎中惟幄爲內殿崇班明年又遣祕書丞杜文府左侍禁文昌來以文府爲屯田員外郎昌爲內殿崇班初德政發兵取占城朝廷疑其內畜姦謀乃訪自唐以來所通道路凡十六處令轉運使杜杞度其要害而戍守之然其後亦未嘗寇邊前後累貢馴象皇祐二年邕州誘其蘇茂州韋紹嗣紹欽等三千餘人入居省地德政表求所誘詔盡還之仍令德政約束邊戶毋相侵犯其後廣源州蠻儂智高反德政率兵二萬由水路欲入助王師朝廷優其賜而卻其兵至和二年卒其子日尊遣人告哀命廣南西路轉運使尚書屯田員外郎蘇安世爲弔贈使贈德政爲侍中南越王賻賚甚厚尋除日尊特進檢校太尉靜海軍節度使安南都護封交阯郡王嘉祐三年貢異獸二四年寇欽州思稟管五年與甲峒賊寇邕州詔知桂州蕭固發部兵與轉運使宋咸提點刑獄李師中同議掩擊又詔安撫使余靖等發兵捕討靖遣諜誘占城同廣南西路兵甲趨交阯日尊惶怖上表待罪詔未得擧兵聽日尊貢奉至京師八年遣文思使梅景先副使大理評事李繼先貢馴象九年四月戊寅以大行皇帝詔及遺留物賜日尊加同中書門下平章事是日交阯使辭命內侍省押班李繼和喻以申紹泰入寇本路屢乞討伐而朝廷以紹泰一夫肆狂又本道已遣使謝罪故未欲興兵治平初知桂州陸詵言交州來求儂宗旦男日新及欲取溫悶洞等地帝問交阯於何年割據輔臣對曰自唐至德中改安南都護府梁貞明中土豪曲承美專有此地韓琦曰向以黎桓叛命太宗遣將討伐不服後遣使招誘始效順交州山路嶮僻多潦霧瘴毒之氣雖得其地恐不能守也神宗卽位進封日尊南平王熙寧元年加開府儀同三司二年表言占城國久闕貢臣親帥兵討之虜其王詔以其使郭士安爲六宅副使陶宗元爲內殿崇班日尊自帝其國僭稱法天應運崇仁至道慶成龍祥英武睿文尊德聖神皇帝尊公蘊爲太祖神武皇帝國號大越改元寶象又改神武五年三月日尊卒命廣西轉運使康衞爲弔贈使子所奪州縣詔報之曰卿撫有南交世受王爵而乃背德奸命竊暴邊城棄祖考忠順之圖煩朝廷討伐之擧師行深入勢蹙始歸迹其罪尤在所紬削今遣使修貢上章致恭詳觀詞情灼見悛悔朕撫綏萬國不異邇遐但以邕欽之民遷劫炎陬久失鄉井俟盡送還省界卽以廣源等賜交州乾順初約歸三州官吏千人久之才送民二百二十一口男子年十五以上皆刺額曰天子兵二十以上曰投南朝婦人刺左手曰官客以舟載之而泥其戶牖中設燈燭日行一二十里則止而僞作更鼓以報凡數月乃至蓋以紿示海道之遠也順州落南深置戍鎭守被罹瘴霧多病沒陶弼亦終於官朝廷知其無用乃悉以四州一縣還之然廣源舊隸邕管羈縻本非交阯所有也元豐五年獻馴象二犀角象齒百六年以追捕儂智會爲辭犯歸化州又遣其臣黎文盛來廣西辨理順安歸化境界經畧使熊本遣左江巡檢成卓與議文盛稱陪臣不敢爭執詔以文盛能遵乾德恭順之意賜之袍帶及絹五百匹乃以八隘之外保樂六縣宿桑二峒予乾德哲宗立加同中書門下平章事元祐中又數上表求勿惡勿陽峒地詔不許二年遣使入貢進封南平王徽宗時累加開府儀同三司檢校太師大觀初貢使至京乞市書籍有司言法不許詔嘉其慕義除禁書卜筮陰陽曆算術數兵書敕令時務邊機地理外餘書許買政和末又詔以交人自熙寧以來全不生事特寬和市之禁宣和元年加乾德守司空建炎元年詔廣西經畧安撫司禁邊民毋受安南逋逃從其主乾德之請也四年安南入貢詔郤其方物之華靡者賜敕書厚其報以懷柔之紹興二年乾德卒贈侍中追封南越王子陽煥嗣授靜海軍節度使特進檢校太尉封交阯郡王賜推誠順化功臣八年陽煥卒以轉運副使朱芾充弔祭使贈陽煥開府儀同三司追封南平王子天祚嗣授官如其父初封之制九年詔廣西帥司毋受趙智之入貢初乾德有側室子奔大理變姓名爲趙智之自稱平王聞陽煥死大理遣歸與天祚爭立求入貢欲假兵納之帝不許十七年詔文思院製鞍轡以賜天祚二十一年累加天祚崇義懷忠保信鄕德安遠承和功臣二十五年詔館安南使者於懷遠驛賜宴以彰異數進封天祚南平王賜襲衣金帶鞍馬二十六年命右司郎中汪應辰宴安南使者於玉津園八月天祚遣李國等以金珠沉水香翠羽良馬馴象來貢詔加天祚檢校太師增食邑隆興二年天祚遣尹子思鄧碩儼等貢金銀象齒香物乾道六年累加天祚歸仁協恭繼美遵度履正彰善功臣帝自卽位屢却安南貢使九年天祚復遣尹子思李邦正求入貢帝嘉其誠許之詔館於懷遠驛廣南西路經畧安撫使范成大言本司經畧諸蠻安南在撫綏之內其陪臣豈得與中國王官亢禮政和間貢使入境皆庭參不復報謁宜遵舊制於禮爲得朝廷從其請淳熙元年二月進封天祚安南國王加號守謙功臣二年賜安南國印三年賜安南國曆日天祚卒明年子龍翰嗣位授靜海軍節度觀察處置等使特進檢校太尉兼御史大夫上柱國特封安南國王加食邑仍賜推誠順化功臣制曰卽樂國以肇封既從世襲極眞王而錫命何待次升示殊禮也五年貢方物上表稱謝九年詔卻安南所貢象以其無用而煩民他物亦止受什一十六年累加龍翰守義奉國履常懷德功臣光宗卽位奉表入貢稱賀寧宗朝賜衣帶器幣累加謹度思忠濟美勤禮保節歸仁崇謙協恭功臣及食邑焉嘉定五年龍翰卒詔以廣西運判陳孔碩充弔祭使特贈侍中依前安南國王制以其子昊旵襲封其爵

位給賜如龍幹始封之制仍賜推誠順化功臣其後謝表不至遂韜加恩昊旵卒無子以女昭聖主國事遂爲其婿陳日煚所有李氏有國自公蘊至昊旵凡八傳二百二十餘年而國亡淳祐二年詔安南國王陳日煚元賜効忠順化保節功臣增守義二字寶祐六年詔安南情狀叵測申飭邊備景定二年貢象一三年表乞世襲詔日煚授檢校太師安南國大王加食邑男威晃授靜海軍節度使觀察處置使檢校太尉兼御史大夫上柱國安南國王効忠順化功臣賜金帶器幣鞍馬咸淳五年詔安南國王父日煚國王威晃加食邑八年明堂禮成日煚威晃各加食邑賜鞍馬等物

大理國卽唐南詔也熙寧九年遣使貢金裝碧玕山氈罽刀劍犀皮甲鞍轡自後不常來亦不領於鴻臚政和五年廣州觀察使黃璘奏南詔大理國慕義懷徠願爲臣妾欲聽其入貢詔璘置局於賓州凡有奏請皆俟進止六年遣進奉使天駟爽彥賁李紫琮副使坦綽李伯祥來詔璘與廣東轉運副使徐惕偕詣闕其所經行令監司一人主之道出荊湖南當由邵州新化縣至鼎州而璘家潭之湘鄉轉運判官喬方欲媚璘乃排比由邵至潭由潭至鼎一路御史劾其當農事之際而觀望勞民詔罷方紫琮等過鼎聞學校文物之盛請於押伴求詣學瞻拜宣聖像邵守張察許之遂往遍謁見諸生又乞觀御書閣舉笏扣首七年二月至京師貢馬三百八十匹及麝香牛黃細氈碧玕山諸物制以其王段和譽爲金紫光祿大夫檢校司空雲南節度使上柱國大理國王朝廷以爲璘功并其子嘩昨皆遷官少子暎爲閤門宣贊舍人已而知桂州周穜劾璘詐冒璘得罪自是大理復不通於中國間一至黎州互市紹興三年十月廣西奏大理國求入貢及售馬詔卻之不欲以虛名勞民也朱勝非奏曰昔年大理入貢言者深指其妄黃璘由是獲罪帝曰遐方異域何由得實但讎當其馬價則馬方至用益騎兵不爲無補也六年七月廣西經略安撫司奏大理復遣使奉表貢象馬詔經略司護送行在優禮荅之九月翰林學士朱震上言乞諭廣西帥臣凡市馬當擇謹厚者任之毋遺好功喜事之人以啓邊釁異時南北路通則漸減廣西市馬之數庶幾消患於未然詔從之淳熙二年十一月知靜江府張栻申嚴保伍之禁又以邕管戍兵不能千人左右江峒丁十餘萬每恃以爲藩蔽其邕州提舉巡檢官宜精其選以撫峒丁欲制大理當自邕管始云

宋史卷四百八十九

元　中書右丞相總裁脫脫等修

列傳第二百四十八

外國五

占城　眞臘　蒲甘　邈黎
三佛齊　闍婆南毗附　勃泥　注輦
丹眉流

占城國在中國之西南東至海西至雲南南至眞臘國北至驩州界汎海南去三佛齊五日程陸行至賓陀羅國一月程其國隸占城焉東去麻逸國二日程蒲端國七日程北至廣州便風半月程東北至兩浙一月程西北至交州兩日程陸行半月程其地東西七百里南北三千里南曰施備州西曰上源州北曰烏里州所統大小州三十八不盈三萬家其國無城郭有百餘村村落戶三五百或至七百亦有縣鎭之名土地所出箋沉香檳榔烏樠木蘇木白藤黃蠟吉貝花布絲絞布白氎布藤簟貝多葉簟金銀鐵錠等物五穀無麥有秔米粟豆麻子官給種一斛計租百斛果實有蓮甘蔗蕉子椰子鳥獸多孔雀犀牛畜產多黃牛水牛而無驢亦有山牛不任耕耨但殺以祭鬼將殺令巫祝之曰阿羅和及拔譯云早教他託生民獲犀象皆輸於王國人多乘象或軟布兜或於交州市馬頗食山羊水兕之肉其風俗衣服與大食國相類無絲蠶以白氎布纏其胸垂至於足衣衫窄袖撮髮爲髻散垂餘髾於其後互市無緡錢止用金銀較量錙銖或吉貝錦定博易之直樂器有胡琴笛鼓大鼓樂部亦列舞人其王腦後髽髻散披吉貝衣戴金花冠七寶裝纓絡爲飾脛股皆露躡革履無襪婦人亦腦後撮髻無笄梳其服及拜揖與男子同王每日午坐惟官屬謁見膜拜一而止白事畢復膜拜一而退或出遊看象采獵觀漁皆數日方還近則乘軟布兜遠則乘象或乘一木杠四人舁之先令一人持檳榔盤前導從者十餘輩各執弓箭刀槍手牌等其民望之膜拜一而止日或一再出每歲稻熟王自刈一把從者及羣婦女競割之其王或以兄爲副王或以弟爲次王設高官凡八員東西南北各二分治其事無奉祿令其所管土俗資給之別置文吏五十餘員有郎中員外秀才之稱分掌資儲寶貨等事亦無資奉但給龜魚充食及免調役而已又有司帑廩者十二員主軍卒者二百餘員皆無月奉勝兵萬餘人月給秔米二斛冬夏衣布各三匹至五匹每夕唯王升床而臥諸臣皆寢於地蓐親近之臣見王卽胡跪作禮稍疎遠者但拱手而已其風俗正月一日牽象周行所居之地然後驅逐出郭謂之逐邪四月有遊船之戲定十一月十五日爲冬至人皆相賀州縣以土產物帛獻其王每歲十二月十五日城外縛木爲塔王及人民以衣物香藥置塔上焚之以祭天人有疾病旋采生藥服食地不產茶亦不知醞釀之法止飲椰子酒兼食檳榔刑禁亦設枷鎖小過以四人拽伏於地藤杖鞭之二人左右更互捶扑量其或五六十至一百當死者以繩繫於樹用梭槍舂喉而殊其首若故殺劫殺令象踏之或以鼻捲撲於地象皆素習將刑人卽令象養之以數諭之悉能曉焉犯姦者男女共入牛以贖罪負國王物者以繩拘於荒塘物充而後出之

其國前代罕與中國通周顯德中其王釋利因德漫遣其臣莆訶散貢方物有雲龍形通犀帶菩薩石又有薔薇水灑衣經歲香不歇猛火油得水愈熾皆貯以瑠璃瓶建隆二年其王釋利因陁盤遣使莆訶散來朝表章書於貝多葉以香木函盛之貢犀角象牙龍腦香藥孔雀四大食瓶二十使迴錫賚有差以器幣優賜其王三年又貢象牙二十二株乳香千斤乾德四年其王悉利因陁盤遣使因陁玢李帝婆羅貢馴象牯犀象牙白氎哥緩越諾王妻波良僕瑁男占謀律秀瓊等各貢香藥五年又遣使李啤李被瑳相繼來貢獻開寶三年遣使貢方物雌象一四年悉利多盤副國王李耨王妻郭氏子蒲路雞波羅等並遣使來貢五年其王波美稅褐印茶遣使蒲訶散來貢六年又貢七年又貢孔雀傘二西天烽鐵四十斤九年遣使朱陀利陳陀野等來貢太平興國二年其王波美稅陽布印茶遣使李牌來貢三年其王及男達智遣使來貢四年遣使李木吒哆來貢六年交州黎桓上言欲以占城俘九十三人獻於京師太宗令廣州止其俘存撫之給衣服資糧遣還占城詔諭其王七年遣使乘象入貢詔留象廣州畜養之八年獻馴象能拜伏詔畜於京畿寧陵縣雍熙二年其王施利陀盤吳日歡遣婆羅門金歌麻獻方物且訴爲交州所侵詔答令保國睦鄰三年其王劉繼宗遣使李朝仙來貢儋州上言占城人蒲羅遏爲交州所逼率其族百口來附四年秋廣州上言雷恩州關送占城夷人斯當李娘幷其族一百五十人來歸分隸南海淸遠縣端拱元年廣州又言占城夷人忽宣等族三百一人求附淳化元年新王楊陁排自稱新坐佛逝國楊陁排遣使李臻貢馴犀方物表訴爲交州所攻國中人民財寶皆爲所略上賜黎桓詔令各守境三年遣使李良莆貢方物賜其王白馬二兵器等本國僧淨戒獻龍腦金鈴銅香鑪如意等各優賜之至道元年正月其王遣使來貢表奉言前進奉使李良莆迴伏蒙聖慈賜臣細馬二疋旗五面銀裝劍五口銀纓槍五條弓弩各五張及箭等戴恩感懼稽首稽首臣生長外國夐遠天都竊承皇帝聖明威德廣大臣不憚介居海裔遣使入朝皇帝不棄蠻夷山國曲加優賜然臣自爲土長聲勢向卑常恃外國頗相侵撓況以前民庶如芥遭風星散流離各不自保近蒙皇帝賜臣內閑駔駿及旗幟兵器等隣國聞之知臣荷大國之寵而各懼天威不敢謀害今臣一國安寧流民來復若非皇帝天德加護何以至此臣之一國仰望仁聖覆之如天載之如地臣自思惟鴻恩不淺且自天子之都至臣所居之國涉海綿邈不啻數萬里而所賜之馬及器械等並安全而至皆聖德之所及也自前本國進奉未嘗有旌旗弓矢之賜臣今何幸獨受異恩此蓋天威廣被壯臣土疆臣雖殞身無以上報兼臣貢使往復資給備至恩重山岳不可具陳今特遣專使李波珠副使訶散判官李磨勿等進奉犀角十株象牙三十株玳瑁十斤龍腦二斤沉香百斤夾箋黃熟香九十斤檀香百六十斤山得雞二萬四千三百雙胡椒二百斤簟席五前件物固非珍奇惟表誠懇臣生居異域幸遇明時不貴殊珍惟重良馬儻皇帝念及外國不罪懇求若使介南歸願垂頒賜臣之幸矣兼臣本國元有流民三百散居南海曾蒙聖旨許令放還今有猶在廣州者本國舊有進奉夷人羅常占見駐廣州乞詔本州盡數點集兵籍以付常占令造舶船乘便風部領歸國冀得安其生聚以實舊疆至於萬里感恩一心事上臣之志也上覽表遣使詣廣州詢問願還者悉付波珠使還復賜白馬二遂爲常制咸平二年其王楊普俱毗茶逸施离遣使朱陳堯副使蒲薩陀婆判官黎姑倫以犀象玳瑁香藥來貢賜堯等冠帶衣褥有差景德元年又遣使來貢詔以良馬介胄戎器等賜之四年遣使布祿爹地加等奉表來朝表函藉以文錦詞曰占城國王楊普俱毗茶室离頓首言臣聞二帝封疆南止居於湘楚三王境界北不及於幽燕仰矚昌時實遒往跡伏惟皇帝陛下乾坤授氣日月儲英出震居尊承基御極慈悲敷於天下聲教被於域中業茂前王功芳徂后蒼生是念黃屋非心無方不是生靈有土並爲臣妾眞風遍布需澤周行凡沐照臨共增聳抃臣生於邊鄙幸襲華風蟻垤

蜂房聊爲遂性龍樓鳳闕尚阻觀光再念自假天威獲全封部隣無侵奪俗有舒蘇每歲拜遣下臣問寧上國蒙聖下恩霑行華福及豚魚特因廻人須賜戎器臣本土惟望闕焚香歡呼拜受心知多幸曷答洪恩聖君既念於寰王微懇肯忘於述職今遣專信臣布禄爹地加副使臣除逋麻瑕珈耶判官臣皮霸抵一行人力等部署土毛遠充歲貢雖表楚茅之禮實懷魯酒之憂虔望睿明甫寬譴戮專信臣等廻日軍容器仗耀武之物伏願重加賜賚蓋念忝爲臣子合告君親服餙車輿威儀斧鉞不敢私制惟望恩須千冐冕旒不任死罪布禄爹地加言本國舊隸交州後奔於佛逝北去舊所七百里使還賜物甚厚大中祥符三年國主施離霞離鼻麻底遣使朱滓禮來貢四年遣使貢師子詔畜於苑中使者留二蠻人以給豢養上憐其懷土厚給貧糧遣還八年遣使波輪訶羅帝來貢訶羅帝因上言有弟陶珠頃自交州押馴象赴闕今幸得見欲携以還許之仍賜陶珠衣幣裝錢天禧二年其王尸嘿排摩惵遣使羅皮帝加以象牙七十二株犀角八十六株玳瑁千片乳香五十斤丁香花八十斤荳蔻六十五斤沉香百斤箋香二百斤別箋一劑六十八斤茴香百斤檳榔千五百斤來貢羅皮帝加言國人詣廣州或風漂船至石塘卽累歲不達矣三年使還詔賜尸嘿排摩惵銀四千七百兩幷戎器鞍馬海上又有蒲端國三麻蘭國勿巡國蒲婆衆國大中祥符四年祀汾陰並遣使來貢先是咸平景德中蒲端國主其陵數遣使來貢方物及獻紅鸚鵡其後國主悉離琶大遐至亦以金版鐫表來上其使已絮漢上言伏見詔旨給賜占城使鞍勒馬大神旗各二乞如恩列有司以蒲端在占城下請賜雜綵小旗五從之天聖八年十月占城王陽補孤施離皮蘭德加拔麻疊遣使李蒲薩麻瑕陁琶來貢木香玳瑁乳香犀角象牙慶歷元年九月廣東商人邵保見軍賊鄂鄰百餘人在占城轉運司選使臣二人賚詔書器幣賜占城購鄂致闕下餘黨令就戮之明年十一月其王刑卜施離值星霞弗遣使獻馴象三皇祐二年正月又使俱舍唎波微收羅婆麻提楊卜貢象牙二百一犀角七十九表二通一以本國書一以中國書五年四月其使蒲思馬應來貢方物嘉祐元年閏三月其使蒲息陁琶貢方物還至太平州江岸崩沉失行橐明年正月詔廣州賜銀千兩六年九月又獻馴象七年正月廣西安撫經略司言占臘素不習兵與交阯鄰常苦侵軼而占城復近修武備以抗交阯將繇廣東路入貢京師望撫以恩信五月其使頓琶尼來貢方物六月賜其王施里律茶盤麻常楊溥白馬一從其求也熙寧元年其王楊卜尸利律陀般摩提婆遣使貢方物乞市驛馬詔賜白馬一令於廣州買騾以歸五年貢瑠璃珊瑚酒器龍腦乳香丁香華登茄紫礦七年交州李乾德言其王領兵三千人幷妻子來降以正月至本道九年復遣使來言其國自海道抵眞臘一月程西北抵交州四十日皆山路所治聚落一百五大略如州縣王年三十六歲著大食錦或川法錦大衫七條金纓珞戴七寶裝成金冠躡紅皮履出則從者五百人十婦人執金柈合貯檳榔導以樂王師討交阯以其素仇詔使乘機協力除蕩行營戰棹都監楊從先遣小校樊實諭旨實還言其國選兵七千扼賊要路其王以木葉書回牒詔使上之然亦不能成功後兩國同入貢占城使者乞避交人詔遇朔日朝文德殿分東西立望日則交人入垂拱殿而占城趍紫宸大宴則東西坐元祐七年又表言如天朝討交阯願率兵掩襲朝廷以交阯數入貢不絕臣節難以興師答敕書報之而以其使良保故倫軋丹副使傍木知突爲保順郎將政和中授其王楊卜麻疊金紫光祿大夫領廉白州刺史楊卜麻疊言身縻化外不霑祿食願得薄授奉給壯觀小國許之宣和元年進檢校司空兼御史大夫懷遠軍節度琳州管內觀察處置使封占城國王自是每遇恩輒降制加封邑建炎三年楊卜麻疊遣使入貢遇郊恩制授檢校太傅加食邑紹興二十五年其子鄒時闌巴嗣立遣使進方物求封爵錫宴於懷遠驛以其父初封之爵授之報賜甚厚乾道三年子鄒亞娜嗣掠大食國方物遣人來貢以求封爵爲其國人所訴詔卻之遂不議其封七年閩人有浮海之吉陽軍者風泊其舟抵占城其國方與眞臘戰皆乘大象勝負不能決閩人敎其王當習騎射以勝之王大說具舟送之吉陽市得馬數十疋歸戰大捷明年復來瓊州拒之憤怒大掠而歸淳熙二年嚴馬禁不得售外蕃三年占城歸所掠生口八十三人求通商詔不許四年占城以舟師襲眞臘傳其國都慶元以來眞臘大舉伐占城以復讎殺戮殆盡俘其主以歸國遂亡其地悉歸眞臘

眞臘國亦名占臘其國在占城之南東際海西接蒲甘南抵加羅希其縣鎭風俗同占城地方七千餘里有銅臺列銅塔二十有四銅象八以鎭其上象各重四千斤其國有戰象幾二十萬馬多而小政和六年十二月遣進奏使奏化郎將鳩摩僧哥副使安化郎將摩君明稽嘅等十四人來貢賜以朝服僧哥言萬里遠國仰投聖化尙拘卉服未稱區區嚮慕之誠願許服所賜詔從之仍以其事付史館書諸策明年三月辭去宣和二年又遣郎將摩臘摩兗防來朝廷官封其王與占城等建炎二年以郊恩授其王金裒賓深檢校司徒加食邑遂定爲常制其屬邑有眞里富在西南隅東南接波斯蘭西南與登流眉爲鄰所部有六十餘聚落慶元六年其國主立二十年矣遣使奉表貢方物及馴象二詔優其報賜以海道遠涉後毋再入貢

蒲甘國崇寧五年遣使入貢詔禮秩視注輦尙書省言注輦役屬三佛齊故熙寧中敕書以大背紙緘以匣襆今蒲甘乃大國王不可下視附庸小國欲如大食交阯諸國禮凡制詔並書以白背金花綾紙貯以間金鍍管籥用錦絹夾襆緘封以往從之

邈黎國元祐四年般次冷移四抹粟迷等貢于闐國黑汗王幷本國王表章來有司以其國未嘗入貢請視于闐條式從之

三佛齊國蓋南蠻之別種與占城爲隣居眞臘闍婆之間所管十五州土產紅藤紫礦箋沉香檳榔椰子無緡錢土俗以金銀貿易諸物四時之氣多熱少寒冬無霜雪人用香油塗身其地無麥有米及青白豆雞魚鵝鴨頗類中土有花酒椰子酒檳榔酒蜜酒皆非麴蘗所醞飲之亦醉樂有小琴小鼓崑崙奴踏曲爲樂國中文字用梵書以其王指環爲印亦有中國文字上章表卽用焉累甓爲城周數十里用椰葉覆屋人民散居城外不輸租賦有所征伐隨時調發立酋長率領皆自備兵器糧糗汎海使風二十日至廣州其王號詹卑其國居人多蒲姓唐天祐元年貢物授其使都蕃長蒲訶粟立寧遠將軍建隆元年九月其王悉利胡大霞里檀遣使李遮帝來朝貢二年夏又遣使蒲蔑貢方物是冬其王室利烏耶遣使茶野伽副使嘉末吒朝貢其國號生留王李犀林男迷日來亦遣使同至貢方物三年春室利烏耶又遣使李麗林副使李鵶末判官吒吒璧等來貢廻賜以白犛牛尾白磁器銀器錦線鞍轡二副開寶四年遣使李何末以水晶火油來貢五年又來貢七年又貢象牙乳香薔薇水萬歲棗褊桃白沙糖水晶指環瑠璃瓶珊瑚樹八年又遣使蒲陁漢等貢方物賜以冠帶器幣太平興國五年其王夏池遣使茶龍眉來是年潮州言三佛齊國蕃商李甫誨乘船船載香藥犀角象牙至海口會風勢不便飄船六十日至潮州其香藥悉送廣州八年其王遐至遣使蒲押陁羅來貢水晶佛錦布犀牙香藥雍熙二年舶主金花茶以方物來獻端拱元年遣使蒲押陀黎貢方物淳化三年冬廣州上言蒲押陁黎前年自京迴聞本國爲闍婆所侵住南海凡一年今春乘舶至占城偶風信不利復還乞降詔諭本國從之咸平六年其王思離咮囉無尼佛麻調華遣使李加排副使無陁李南悲來貢且言本國建佛寺以祝聖壽願賜名及鐘上嘉其意詔以承天萬壽爲寺額幷鑄鐘以賜授加排歸德將軍無陁李南悲懷化將軍大中祥符元年其王思離麻囉皮遣使李眉地副使蒲婆藍判官麻河勿來貢許赴泰山陪位於朝覲壇遣賜甚厚天禧元年其王霞遲蘇勿吒蒲迷遣使蒲謀西等奉金字表貢眞珠象牙梵夾經崑崙奴詔許謁會靈觀游太清寺金明池及還賜其國詔書禮物以慰奬之天聖六年八月其王室離疊華遣使蒲押陀羅歇及副使判官亞加盧等來貢方物舊制遠國使入貢賜以間金塗銀帶時特以渾金帶賜之熙寧十年使大首領地華伽囉來以爲保順慕化大將軍賜詔寵之曰吾以聲敎覆露方域不限遠邇苟知夫忠義而來者莫不錫之華爵耀以美名以寵異其國爾悅慕皇化浮海貢琛吾用汝嘉併超等秩以昭忠義之勸元豐中使至者再率以白金眞珠婆律薰陸香備方物廣州受表入言俟報乃護至闕下天子念其道里遙遠每優賜遣歸二年賜錢六萬四千緡銀一萬五百兩官其使羣陀畢羅爲寧遠將軍陀旁亞里爲保順郎將畢羅乞買金帶白金器物及僧紫衣師牒皆如所請給之三年廣州南蕃綱首以其主管國事國王之女唐字書寄龍腦及布與提舉市舶孫迥迥不敢受言於朝詔令估直輸之官悉市帛以報五年遣使皮襪副使胡仙判官地華加羅來入見以金蓮花貯眞珠龍腦撒殿官皮襪爲懷遠將軍胡仙加羅爲郎將加羅還至雍邱病死賻以絹五十疋六年又以其使薩打華滿爲將軍副使羅悉沙文判官悉理沙文爲郎將紹聖中再入貢紹興二十六年其王悉利麻霞囉陀遣使入貢帝曰遠人向化嘉其誠耳非利乎方物也其王復以珠獻宰臣秦檜時檜已死詔償其直而收之淳熙五年復遣使貢方物詔免赴闕館於泉州

闍婆國在南海中其國東至海一月汎海半月至崑崙國西至海四十五日南至海三日汎海五日至大食國北至海四日西北汎海十五日至勃泥國又十五日至

三佛齊國又七日至古邏國又七日至柴歷亭抵交阯達廣州其地平坦宜種植產稻麻粟豆無麥民輸十一之租煮海爲鹽多魚鱉雞鴨山羊兼椎牛以食果實有木瓜椰子蕉子蔗芋出金銀犀牙箋沉檀香茴香胡椒檳榔硫黃紅花蘇木亦務蠶織有薄絹絲絞吉貝布剪銀葉爲錢博易官以粟一斛二斗博金一錢室宇壯麗飾以金碧中國賈人至者待以賓館飲食豐潔地不產茶其酒出於椰子及蝦蝚丹樹蝦蝚丹樹華人未嘗見或以桄榔檳榔釀成亦甚香美不設刑禁雜犯罪者隨輕重出黃金以贖惟寇盜者殺之其王椎髻戴金鈴衣錦袍躡革履坐方牀官吏日謁三拜而退出入乘象或腰輿壯士五七百人執兵器以從國人見王皆坐俟其過乃起以王子三人爲副王官有落佶連四人共治國事如中國宰相無月奉隨時量給土產諸物次有文吏三百餘員目爲秀才掌文簿總計財貨又有卑官殆千員分主城池帑廩及軍卒其領兵者每半歲給金十兩勝兵三萬每半歲亦給金有差土俗婚聘無媒妁但納黃金於女家以娶之五月遊船十月遊山有山馬可乘跨或乘軟兜樂有橫笛鼓板亦能舞土人被髮其衣裝纏胷以下至於膝疾病不服藥但禱神求佛其俗有名而無姓方言謂眞珠爲沒爹蝦羅謂牙爲家囉謂香爲崐㟮盧林謂犀爲低密先是宋元嘉十二年遣使朝貢後絕淳化三年十二月其王穆羅茶遣使陀湛使副蒲亞里判官李陁那假澄等來朝貢陁湛云中國有眞主本國乃修朝貢之禮國王貢象牙眞珠綉花銷金及綉絲絞雜色絲絞吉貝織雜色絞布檀香玳瑁檳榔盤犀裝劍金銀裝劍藤織花簟白鸚鵡七寶飾檀香亭子其使別貢玳瑁龍腦丁香藤織花簟先是朝貢使汎船六十日至明州定海縣掌市舶監察御史張肅先驛奏其使飾服之狀與嘗來入貢波斯相類譯者言云今主船大商毛旭者建溪人數往來本國因假其鄉導來朝貢又言其國王一號曰夏至馬囉夜王妃曰落肩娑婆利本國亦署置僚屬又其方言目舶主爲勃荷王妻曰勃荷比尼贖其船中婦人名眉珠椎髻無首飾以蠻布纏身顏色青黑言語不能曉拜亦如男子膜拜一子項戴金連鎖子手有金鈎以帛帶縈之名阿嚕其國與三佛齊有讎怨互相攻戰本國山多猴不畏人呼以霄霄之聲即出或投以果實則其大猴二先至土人謂之猴王猴夫人食畢羣猴食其餘使既至上令有司優待久之使還賜金帛甚厚仍賜良馬戎具以從其請其使云隣國名婆羅門有善法察人情人欲相危害者皆先知之大觀三年六月遣使入貢詔禮之如交阯又有摩逸國太平興國七年載寶貨至廣州海岸建炎三年以南郊恩制授闍婆國主懷遠軍節度琳州管內觀察處置等使金紫光祿大夫檢校司空使持節琳州諸軍事琳州刺史兼御史大夫上柱國闍婆國王食邑二千四百戶實封一千戶悉里地茶蘭固野可特授檢校司空加食邑實封紹興二年復加食邑五百戶實封二百戶

南毗國在大海之西南由三佛齊風颿月餘可至其國王每巡行先期遣兵百餘人持水灑地上以防飄風揚沙塵列鼎百以進食日一易之置翰林官供王飲食俗喜戰鬬習刀矟善射鑿雜白銀爲錢產眞珠番布其國最遠番舶罕到時羅巴智力干父子其種類也居泉之城南自是舶舟多至其國矣

勃泥國在西南大海中去闍婆四十五日程去三佛齊四十日程去占城與摩逸各三十日程皆計順風爲則其國以版爲城城中居者萬餘人所統十四州其王所居屋覆以貝多葉民舍覆以草在王左右者爲大人王坐繩牀若出即大布單坐其上衆舁之名曰阮囊戰鬬者則持刀被甲甲以銅鑄狀若大筒穿之於身護其腹背其地無麥有麻稻又有羊及雞魚無蠶絲用吉貝花織成布飲椰子酒昏聘之資先以椰子酒檳榔次之指環又次之然後以吉貝布或量出金銀成其禮喪葬亦有棺歛以竹爲轝載棄山中二月始耕則祀之凡七年則不復祀矣以十二月七日爲歲節地熱多風雨國人宴會鳴鼓吹笛擊鈸歌舞爲樂無器皿以竹編貝多葉爲器盛食食訖棄之其國鄰於底門國有藥樹取其根煎爲膏服之及塗其體兵刃所傷皆不死前代未嘗朝貢故史籍不載太平興國二年其王向打遣使施弩使副蒲亞里判官哥心等齎表貢大片龍腦一家底第二等八家底第三等十一家底米龍腦二十家底蒼龍腦二十家底凡一家底並二十兩龍腦版五玳瑁殼一百檀香三橛象牙六株表云爲皇帝千萬歲壽望不責小國微薄之禮其表以數重小囊緘封之非中國紙類木皮而薄瑩滑色微綠長數尺闊寸餘橫卷之僅可盈握其字細小橫讀之以華言譯之云勃泥國王向打稽首拜皇帝萬歲萬歲萬萬歲願皇帝萬歲壽今遣使進貢向打聞有朝廷無路得到昨有商人蒲盧歇船泊水口差人迎到州言自中朝來比詣闍婆國遇猛風破其船不得去此時聞自中國來國人皆大喜即造舶船令蒲盧歇導達入朝貢所遣使人只願平善見皇帝每年令人入朝貢每年修貢慮風吹至占城界望皇帝詔占城令有向打船到不要留臣本國別無異物乞皇帝勿怪其表文如是詔館其使於禮賓院優賜以遣之元豐五年二月其王錫理麻喏復遣使貢方物其使乞從泉州乘海船歸國從之

注輦國東距海五里西至天竺千五百里南至羅蘭二千五百里北至頓田三千里自古不通中國水行至廣州約四十一萬一千四百里其國有城七重高七尺南北十二里東西七里每城相去百步凡四城用塼二城用土最中城以木爲之皆植花果雜木其第一至第三皆民居環以小河第四城四侍郎居之第五城主之四子居之第六城爲佛寺百僧居之第七城即主之所居室四百餘區所統有三十一部落其西十二曰只都尼施亞盧尼羅琶離鷩琶移布林琶布尼古檀布林蒲登故里娑輪岑本蹄揭蹄闍黎池離鄉部尼遮古林亞里者林其南八曰無雅加黎麻藍眉古黎苦低舍里尼嗇多羅摩伽藍蒲登蒙伽林伽藍琶里琶離遊亞林池蒙伽藍其北十二曰撥囉耶無沒离江林加里蒙伽藍漆結麻藍握折蒙伽藍皮林伽藍蒲稜和藍堡琶來田注离盧婆囉迷蒙伽藍今國主相傳三世矣民有罪即命侍郎一員處治之輕者縶於木格笞五十至一百重者即斬或以象踐殺之其宴則國主與四侍郎膜拜于階遂共坐作樂歌舞不飲酒而食肉俗衣布亦有餅餌掌饌執事用婦人其嫁娶先用金銀指環使媒婦至女家後二日會男家親族約以土田生畜檳榔酒等稱其有無爲禮女家復以金銀指環越諾布及女所服錦衣遺婿若男欲離女則不取聘財女却男則倍償之其兵陣用象居前小牌次之梭槍次之長刀又次之弓矢在後四侍郎分領其衆國東南約二千五百里有悉蘭池國或相侵伐地產眞珠象牙珊瑚頗黎檳榔豆蔻吉貝布獸有山羊黃牛禽有山鷄鸚鵡果有餘甘藤羅千年棗椰子甘羅昆崙梅娑羅蜜等花有白末利散絲蛇臍佛桑麗秋靑黃碧娑羅瑤蓮蟬紫水蕉之類五穀有綠豆黑豆麥稻地宜竹自昔未嘗朝貢大中祥符八年九月其國主羅茶羅乍遣進奉使侍郎娑里三文副使蒲恕判官翁勿防援官亞勒加等奉表來貢三文等以盤奉眞珠碧玻璃升殿布於御坐前降殿再拜譯者導其言曰願以表遠人慕化之誠其國主表曰臣羅茶羅乍言昨遇舶船商人到本國告稱鉅宋之有天下也二帝開基聖人繼統登封太岳禮祀汾陰至德升聞上穹眷命臣昌期斯遇吉語幸聞輒傾就日之誠仰露朝天之欵臣伏聞人君之御統也無遠不臻臣子之推誠也有道則服伏惟皇帝陛下功超邃古道建大中衣裳垂而德合乾坤劒戟鑄而範圍區宇神武不殺人文化成廓明明之德以臨御下民懷翼翼之心以昭事上帝至仁不傷於行葦大信爰及於淵魚故得天鑒孔彰帝文有赫顯今古未聞之事保家邦大定之基竊念臣微類醯鷄賤如芻狗世居夷落地遠華風虛荷燭幽曾無執贄今者竊聽歌頌普及遐陬恨年屬於桑榆阻躬陳於玉帛矧滄溟之曠絕在跋涉以稍艱是敢傾倒赤心遙瞻丹闕任土作貢同螻蟻之慕羶委質事君比葵藿之向日謹遣專使等五十二人奉土物來貢凡眞珠衫帽各一眞珠二萬一千一百兩象牙六十株乳香六十斤三文等又獻珠六千六百兩香藥三千三百斤初羅茶羅乍既聞商船言且曰十年來海無風濤古老傳云如此則中國有聖人故遣三文等入貢三文離本國舟行七十七晝夜歷郍勿丹山娑里西蘭山至占賓國又行六十一晝夜歷伊麻羅里山至古羅國國有古羅山因名焉又行七十一晝夜歷加八山占不牢山舟寶龍山至三佛齊國又行十八晝夜度蠻山水口歷天竺山至賓頭狼山望東西王母塚距舟所將百里又行二十晝夜度羊山九星山至廣州之琵琶洲離本國凡千一百五十日至廣州焉詔閤門祗候史祐之館伴凡宴賜恩例同龜茲使其年承天節三文等請於啓聖禪院會僧以祝聖壽明年使回降詔羅茶羅乍賜物甚厚天禧四年又遣使琶欄得麻烈呧奉方物入貢至廣州病死守臣以其表聞詔廣州宴犒從者厚賜以遣之明道二年十月其王尸離囉茶印陁囉注囉遣使蒲押陁離等以泥金表進眞珠衫帽及眞珠一百五兩象牙百株西染院副使閤門通使舍人符惟忠假鴻臚少卿押伴蒲押陁離自言數朝貢而海風破船不達願將上等珠就龍牀脚撒殿頂戴贍禮以申嚮慕之心乃奉銀盤升殿跪撒珠於御榻下而退景祐元年二月以蒲押陁離爲金紫光祿大夫懷化將軍還本國熙寧十年國王地華加羅遣使奇囉囉副使南卑琶打判官麻圖華羅等二十七人來獻豌豆珠麻瑠璃大洗盤白梅花腦錦花犀牙乳香瓶香薔薇水金蓮花木香阿魏鵬砂丁香使副以眞珠龍腦登陛跪而散之謂之撒殿既降詔遣御藥室勞之以爲懷化將軍保順郎將各賜衣服器幣有差荅賜

其王錢八萬一千八百緡銀五萬二千兩

丹眉流國東至占臘五十程南至羅越水路十五程西至西天三十五程北至程良六十程東北至羅斛二十五程東南至闍婆四十五程西南至程若十五程西北至洛華二十五程東北至廣州一百三十五程其俗以版爲屋跣足衣布無紳帶以白紵纏其首貿易以金銀其主所居廣袤五里無城郭出則乘象車亦有小駟地出犀象鍮石紫草蘇木諸藥四時炎熱無雪霜未嘗至中國咸平四年國主多須機遣使打吉馬副使打腊判官皮泥等九人來貢木香千斤鍮鑞各百斤胡黃連三十五斤紫草百斤紅氈一合花布四段蘇木萬斤象牙六十一株召見崇德殿賜以冠帶服物及還又賜多須機詔書以敦獎之

宋史卷四百九十

元　中書右丞相總裁脫脫等修

列傳第二百四十九

外國六

天竺　于闐　高昌　回鶻　大食

層檀　龜茲　沙州　拂菻

天竺國舊名身毒亦曰摩伽陀復曰婆羅門俗宗浮圖道不飲酒食肉漢武帝遣使十餘輩間出西南指求身毒爲昆明所閉莫能通至漢明帝夢金人於是遣使天竺問佛道法由是其教傳於國中梁武帝後魏宣武皆來貢獻隋煬帝志通西域諸國多有至者唯天竺不通唐貞觀以後朝貢相繼則天授天中五天竺王竝來朝獻乾元末河隴陷沒遂不復至周廣順三年西天竺僧薩滿多等十六族來貢名馬乾德三年滄州僧道圓自西域還得佛舍利一水晶器貝葉梵經四十夾來獻道圓晉天福中詣西域在塗十二年住五印度凡六年五印度即天竺也還經于闐與其使偕至太祖召問所歷風俗山川道理一一能記四年僧行勤等一百五十七人詣闕上言願至西域求佛書許之以其所歷甘沙伊肅等州焉耆龜茲于闐割祿等國又歷布路沙加濕彌羅等國竝詔諭其國令人引導之開寶後天竺僧持梵夾來獻者不絕八年冬東印度王子穰結說囉來朝貢天竺之法國王死太子襲位餘子皆出家爲僧不復居本國有曼殊室利者乃其王子也隨中國僧至焉太祖令館於相國寺善持律爲都人之所傾嚮財施盈室衆僧頗嫉之以其不解唐言即僞爲奏求還本國許之詔既下曼殊室利始大驚恨衆僧諭以詔旨不得已遲留數月而後去自言詣南海附賈人船而歸終不知所適太平興國七年益州僧光遠至自天竺以其王没徙曩表來上上令天竺僧施護譯云近聞支那國內有大明王至聖至明威力自在每慙薄幸朝謁無由遙望支那起居聖躬萬福光遠來蒙賜金剛吉祥無畏坐釋迦聖像袈裟一事已披掛供養伏願支那皇帝福慧圓滿壽命延長常爲引導一切有情生死海中渡諸沉溺今以釋迦舍利附光遠上進又譯其國僧統表詞意亦與没徙曩同施護者烏塡曩國人其國屬北印度西行十二日至乾陀羅國又西行二十日至曩誐囉賀囉國又西行十日至嵐婆國又西行十二日至誐惹曩國又西行至波斯國得西海自北印度行百二十日至中印度中印度西行三程至呵囉尾國又西行十二日至末曩囉國又西行十二日至鉢賴野迦國又西行六十日至迦囉拏俱惹國又西行二十日至摩囉尾國又西行二十日至烏然泥國又西行二十五日至囉囉國又西行四十日至蘇囉茶國又西行十一日至西海自中印度行六月程至南印度又西行九十日至供迦拏國又西行一月至海自南印度南行六月程得南海皆施護之所述云八年僧法遇自天竺取經回至三佛齊遇天竺僧彌摩羅失黎語不多命附表願至中國譯經上優詔召之法遇後募緣製龍寶蓋袈裟將復往天竺表乞給所經諸國勅書遂賜三佛齊國王遐至葛古羅國主司馬佶芒柯蘭國主讚坦羅西天王子謨馱仙書以遣之雍熙中衞州僧辭澣自西域還與胡僧密坦羅奉北印度王及金剛坐王那爛陀書來又有婆羅門僧永世與波斯外道阿里烟同至京師永世自云本國名利得國王姓牙羅五得名阿喏你縛衣黃衣戴金冠以七寶爲飾出乘象或肩輿以音樂螺鈸前導多遊佛寺博施貧乏其妃曰摩訶你衣大袖縷金紅衣歲一出多所振施人有寃抑候王及妃出遊即迎隨伸訴署國相四人庶務竝委裁制五穀六畜果實與中國無異市易用銅錢有文漫圓徑如中國之制但實其中心不穿貫耳其國東行經六月至大食國又二月至西州又三月至夏州阿里烟自云本國王號黑衣姓張名哩没用錦綵爲衣每遊獵三二日一還國署大臣九人治國事無錢貨以雜物貿易其國東行經六月至婆羅門至道二年八月有天竺僧隨舶至海岸持帝鐘鈴杵銅鈴各一佛像一軀貝葉梵書一夾與之語不能曉天聖二年九月西印度僧愛賢智信護等來獻梵經各賜紫方袍束帛五年二月僧法吉祥等五人以梵書來獻賜紫方袍景祐三年正月僧善稱等九人貢梵經佛骨及銅牙菩薩像賜以束帛

于闐國自漢至唐皆入貢中國安史之亂絕不復至晉天福中其王李聖天自稱唐之宗屬遣使來貢高祖命供奉官張鄴持節冊聖天爲大寶于闐國王建隆二年十二月聖天遣使貢圭一以玉爲柙玉枕一本國摩尼師貢琉璃瓶二胡錦一段其使言本國去京師九千九百里西南抵葱嶺與婆羅門接相去三千餘里東接吐蕃西北至疏勒二千餘里國城東有白玉河西有綠玉河次西有烏玉河源出崐岡山去國城西千三百里每歲秋國人取玉於河謂之撈玉土宜蒲萄人多醞以爲酒甚美俗事妖神乾德三年五月于闐僧善名善法來朝賜紫衣其國宰相因善名等來致書樞密使李崇矩求通中國太祖令崇矩以書及器幣報之至是冬沙門道圓自西域還經于闐與其朝貢使至四年又遣其子德從來貢方物開寶二年遣使直末山來貢且言本國有玉一塊凡二百三十七斤願以上進乞遣使取之善名復至貢阿魏子賜號昭化大師因令還取玉又國王男總嘗貢玉欄刀亦厚賜報之四年其國僧吉祥以其國王書來上自言破疏勒國得舞象一欲以爲貢詔許之大中祥符二年其國黑韓王遣回鶻羅斯溫等以方物來貢斯溫跪奏曰臣萬里來朝獲見天日願聖人萬歲與遠人作主上詢以在路幾時去此幾里對曰涉道一年晝行暮息不知里數昔時道路嘗有剽掠今自瓜沙抵于闐道路清謐行旅如流願遣使安撫遠俗上曰路遠命使益以勞費爾國今降詔書汝即齎往亦與命使無異也初太平興國中有澶州卒王貴者晝忽見使者至營急召貴偕行南至河橋驛馬已具即命乘之俄覺騰虛而去頃之駐馬但見屋室宏麗使者引貴入見其主者容衞制度悉如王者謂貴曰俟汝年五十八當往于闐國北通聖山取一異寶以奉皇帝宜深志之遂復乘馬凌虛而旋軍中失貴已數日矣驗所乘即營卒之馬也知州宋煦劾貴以聞太宗釋之天禧初貴自陳年已五十八願遵前戒西至于闐尋許其行貴至秦州以道遠悔懼俄於市中遇一道士引貴出城登高原問貴所欲具以實對即命貴閉目少頃令開視山川頓異道士曰此于闐國北境通聖山也復引貴觀一池池中有仙童出一物授之謂曰持此奉皇帝又令瞑目俄頃復至秦州向之道士已失所在發其物乃玉印也文曰國王趙萬永寶州以獻天聖三年十二月遣使羅面于多副使金三監使安多都監趙多來朝貢玉鞍轡白玉帶胡錦獨峯橐駝乳香硇砂詔給還其直館于都亭西驛別賜襲衣金帶銀器百兩衣著二百羅面于多金帶嘉祐八年八月遣使羅撒溫獻方物十一月以其國王爲特進歸忠保順𤥭鱗黑韓王羅撒溫言其王乞賜此號也于闐謂金翅鳥爲𤥭鱗黑韓蓋可汗之訛也羅撒溫等以獻物賜直少不受及請所獻獨峯橐駝詔以遠人特别賜錢五千貫以橐駝還之而與其已賜之直其後數以方物來獻熙寧以來遠不踰一二歲近則歲再至所貢珠玉珊瑚翡翠象牙乳香木香琥珀花蘂布硇砂龍鹽西錦玉鞦轡馬臘臍金星石水銀安息鷄舌香有所持無表章每賜以暈錦旋襴衣金帶器幣宰相則盤毬雲錦夾襴地產乳香來輒羣負私與商賈牟利不售則歸諸外府得善價故其來益多元豐初始詔惟齎表及方物馬驢乃聽以詣闕乳香無用不許貢四年遣部領阿辛上表稱于闐國僂儸有福力量知文法黑汗王書與東方日出處大世界田地主漢家阿舅大官家大略云路遠傾心相向前三遣使入貢未回重復數百言董氊使導至熙州譯其辭以聞詔前三輩使人皆己朝見錫賚遣發賜勑書諭之神宗嘗問其使去國歲月所經何國及有無鈔略對曰去國四年道塗居其半歷黃頭回紇青唐惟懼契丹鈔略耳因使之圖上諸國距漢境遠近爲書以授李憲八年九月遣使入貢使者爲神宗飯僧追福賜錢百萬還其所貢師子元祐中以其使至無時令熙河間歲一聽至闕八年請討夏國不許紹聖中其王阿忽都董娥密竭篤又言緬藥家作過別無報效已遣兵攻甘沙肅三州詔厚答其意知秦州游師雄言于闐大食拂菻等國貢奉般次踵至有司憚於賚抑留邊方限二歲一進外夷慕義萬里而至此非所以來遠人也從之自是訖于宣和朝享不絕

高昌國漢車師前王之地有高昌城取其地勢高敞人民昌盛以爲名焉後魏初沮渠無諱自署高昌太守無

諱死茹茹以闞伯周爲高昌王高昌有王始於此後魏至隋皆來貢獻唐貞觀中侯君集平其國以其地爲西州安史之亂其地陷沒乃復爲國語訛亦云高敞然其地頗有回鶻故亦謂之回鶻建隆三年四月西州回鶻阿都督等四十二人以方物來貢乾德三年十一月西州回鶻可汗遣僧法淵獻佛牙琉璃器琥珀盞太平興國六年其王始稱西州外生師子王阿廝蘭漢遣都督麥索溫來獻五月太宗遣供奉官王延德殿前承旨白勳使高昌八年其使安鶻盧來貢雍熙元年四月王延德等還叙其水程來獻云初自夏州歷玉亭鎭次歷黃羊平其地平而產黃羊渡沙磧無水行人皆載水凡二日至都囉囉族漢使過者遺以財貨謂之打當次歷茅女喎子族族臨黃河以羊皮爲囊吹氣實之浮於水或以橐駝牽木栰而渡次歷茅女王子開道族行入六窠沙沙深三尺馬不能行行者皆乘橐駝不育五穀沙中生草名登相收之以食次歷樓子山無居人行沙磧中以日爲占旦則背日暮則向日日中則止夕行望月亦如之次歷臥梁劾特族地有都督山唐回鶻之地次歷大蟲太子族族接契丹界人衣尚錦繡器用金銀馬乳醸酒飲之亦醉次歷屋地因族蓋達于于越王子之子次至達于于越王子族次歷拽利王子族有合羅川唐回鶻公主所居之地城基尚在有湯泉池次歷阿墩族經馬鬉山望鄉嶺嶺上石龕有李陵題字處次歷格囉美源西方百川所會極望無際鷗鷺鳧鴈之類甚衆次至托邊城亦名李僕射城城中首領號通天王次歷小石州次歷伊州州將陳氏其先自唐開元二年領州凡數十世唐時詔勑尚在地有野蠶生苦參上可爲綿帛有羊尾大而不能走尾重者三斤小者一斤肉如熊白而甚美又有礪石剖之得賓鐵謂之喫鐵石又生胡桐樹經雨卽生胡桐律次歷益都次歷納職城城在大患鬼魅磧之東南望玉門關甚近地無水草載糧以行凡三日至鬼谷口避風驛用本國法設祭出詔神禦風風乃息凡八日至澤田寺高昌聞使至遣人來迎次歷地名寶莊又歷六種乃至高昌高昌卽西州也其地南距于闐西南距大食波斯西距西天步路涉雪山葱嶺皆數千里地無雨雪而極熱每盛暑居人皆穿地爲穴以處飛鳥羣萃河濱或起飛卽爲日氣所爍墜而傷翼屋室覆以白堊雨及五寸卽廬舍多壞有水源出金嶺導之周圍國城以漑田園作水磑地產五穀惟無蕎麥貴人食馬餘食羊及鳧鴈樂多琵琶箜篌出貂鼠白氎繡文花蕋布俗好騎射婦人戴油帽謂之蘇幕遮用開元七年歷以三月九日爲寒食餘二社冬至亦然以銀或鍮石爲筒貯水激以射或以水交潑爲戲謂之壓陽氣去病好游賞行者必抱樂器佛寺五十餘區皆唐朝所賜額寺中有大藏經唐韻玉篇經音等居民春月多羣聚遨樂於其間游者馬上持弓矢射諸物謂之禳災有勑書樓藏唐太宗明皇御札詔勑緘鎖甚謹復有摩尼寺波斯僧各持其法佛經所謂外道者也所統有南突厥北突厥大衆熨小衆熨樣磨割祿黠戛司末蠻格哆族預龍族之名甚衆國中無貧民絕食者共賑之人多壽考率百餘歲絕無夭死時四月師子王避暑於北廷以其舅阿多于越守國先遣人致意於延德曰我王舅也使者拜我乎延德曰持朝命而來禮不當拜復問曰見王拜乎延德曰禮亦不當拜阿多于越復數日始相見然其禮頗恭師子王邀延德至其北廷歷交河州凡六日至金嶺口寶貨所出又兩日至漢家砦又五日上金嶺過嶺卽多雨雪嶺上有龍堂刻石記云小雪山也嶺上有積雪行人皆服毛罽度嶺一日至北廷憩高臺寺其王烹羊馬以具膳尤豐潔地多馬王及王后太子各養馬放牧平川中彌亘百餘里以毛色分別爲羣莫知其數北廷川長廣數千里鷹鷂鵰鶻之所生多美草不生花砂鼠大如鼩鷙禽捕食之其王遣人來言擇日以見使者願無訝其淹久至七月見其王及王子侍者皆東向拜受賜旁有持磬者擊以節拜王聞磬聲乃拜旣而王之兒女親屬皆出羅拜以受賜遂張樂飲宴爲優戲至暮明日汎舟於池中池四面作鼓樂又明日游佛寺曰應運大寧之寺貞觀十四年造北廷北山中出硇砂山中嘗有烟氣涌起無雲霧至夕光焰若炬火照見禽鼠皆赤采者著木底鞵取之皮者卽焦下有穴生青泥出穴外卽變爲砂石土人取以治皮城中多樓臺卉木人白皙端正性工巧善治金銀銅鐵爲器及攻玉善馬直絹一匹其駑馬充食纔直一丈貧者皆食肉西抵安西卽唐之西境七月令延德先還其國其王九月始至亦聞有契丹使來謂其王云高敞本漢土漢使來覘視封域將有異圖王當察之延德偵知其語因謂王曰契丹素不順中國今乃反間我欲殺之王固勸乃止自六年五月離京師七年四月至高昌所歷以詔賜諸國君長襲衣金帶繒帛八年春與其謝恩使凡百餘人復循舊路而還雍熙元年四月至京師景德元年又遣使金延福來貢

回鶻本匈奴之別裔在天德西北娑陵水上後魏號鐵勒唐初號特勒後稱回紇其君長曰可汗自貞觀以後朝貢不絕至德初出兵助國討平安史之亂故累朝恩禮最重然而恃功橫怒朝廷雖患其邀求無厭然頗姑息聽從之元和中訛爲回鶻會昌中其國衰亂其相馺職者擁外甥將厖勒西奔安西旣而回鶻爲幽州張仲武所破厖勒乃自稱可汗居甘沙西州無復昔時之盛矣歷梁後唐晉漢周皆遣使朝貢後唐同光中冊其國王仁美爲英義可汗仁美卒其弟仁裕立冊爲順化可汗晉天福中又改爲奉化可汗仁裕卒子景瓊立先是唐朝繼以公主下嫁故回鶻世稱中朝爲舅中朝每賜答詔亦曰外甥五代之後皆因之建隆二年景瓊遣使朝獻三年阿都督等四十二人以方物來貢乾德二年遣使貢玉百團琥珀四十斤犛牛尾貂鼠等三年遣使趙黨誓等四十七人以團玉琥珀紅白犛牛尾爲貢開寶中累遣使貢方物其宰相鞠仙越亦貢馬太平興國二年冬遣殿直張璨齎詔諭甘沙州回鶻可汗外甥賜以器幣招致名馬美玉以備車騎琮璜之用五年甘沙州回鶻可汗夜落紇密禮遏遣使裴溢的等四人以橐駝名馬珊瑚琥珀來獻雍熙元年四月西州回鶻與婆羅門僧永世波斯外道阿里烟同入貢四年合羅川回鶻第四族首領遣使朝貢端拱二年九月回鶻都督石仁政麼囉王子邈拏王子越黜黃水州巡檢四族竝居賀蘭山下無所統屬諸部入貢多由其地麼囉王子自云向爲靈州馮暉阻絕由是不通貢奉今有內附意各以錦袍銀帶賜之咸平四年可汗王祿勝遣使曹萬通以玉勒名馬獨峯無峯橐駝賓鐵劒甲琉璃器來貢萬通自言任本國樞密使本國東至黃河西至雪山有亦郡數百甲馬甚精習願朝廷命使統領使得縛繼遷以獻因降詔祿勝曰賊遷凶悖人神所棄卿世濟忠烈義篤舅甥繼上奏封備陳方略且欲大舉精甲就覆殘妖拓土西陲獻俘北闕可汗功業其可勝言嘉歎所深不忘朕意今更不遣使臣一切委卿統制特授萬通左神武軍大將軍優賜祿勝器服景德元年夜落紇遣使來貢四年又遣尼法仙等來朝獻馬仍許法仙遊五臺山又遣僧翟入奏來獻馬欲於京城建佛寺祝聖壽求賜名額不許大中祥符元年夏州萬子等軍主領族兵趨回鶻回鶻設伏要路示弱不與鬬俟其過奮起擊之勦戮殆盡其生擒者回鶻驅坐於野悉以所獲資糧示之曰爾輩狐鼠規求小利我則不然遂盡焚而殺之唯萬子軍主挺身走鎭戎軍以聞上曰回鶻嘗殺繼遷世爲讎敵甘州使至亦言德明侵軼之狀意頗輕視之量其兵勢德明未易敵也其年夜落紇寶物公主及沒孤公主娑溫宰相各遣使來貢東封禮成以可汗王進奉使姚進爲寧遠將軍寶物公主進奉曹進爲安化郎將賜以袍笏又賜夜落紇介胄三年又遣左溫宰相何居錄越樞密使翟符守榮等來貢是年龜茲國王可汗遣使李延福副使安副監使翟進來進香藥花蕋布名馬獨峯駝大尾羊玉鞍勒琥珀瑜石等四年翟符守榮等三十人請從祀汾陰其年夜落紇遣使貢方物秦州回鶻安密獻玉帶於道左禮成以翟符守榮爲左神武軍大將軍安殿民爲保順郎將餘皆賜冠帶器幣其年夜落紇遣使言敗趙德明立功首領請加恩賞詔給司戈司階郎將告勑十道使得承制補署六年龜茲進奉使李延慶等三十六人對于長春殿獻名馬弓箭鞍勒團玉香藥等優詔答之先是甘州數與夏州接戰夜落紇貢奉多爲夏州鈔奪及宗哥族感悅朝廷恩化乃遣人援送其使故頻年得至京師旣而唃廝羅欲娶可汗女而無聘財可汗不許因爲讎敵五年秦州遣指揮使楊知進譯者郭敏送進奉使至甘州會宗哥怨隙阻歸路遂留知進等不敢遣八年敏方得還可汗王夜落隔上表言寶物公主疾死以西涼人蘇守信劫亂不時奏聞又謝恩賜寶鈿銀匣歷日及安撫詔書仍乞慰諭宗哥使開朝貢之路九年楊知進亦至遂遣郭敏賜宗哥詔書幷甘州可汗器幣其年使來朝貢言夜落隔卒九宰相諸部落奉夜落隔歸化爲可汗王領國事天禧二年夜落隔歸化遣都督安信等來朝四年又遣使同龜茲國可汗王智海使來獻大尾羊初回鶻西奔族種散處故甘州有可汗王西州有克韓王新復州有黑韓王皆其後焉天聖元年五月甘州夜落隔通順遣使阿葛之王文貴來貢方物六月詔甘州回紇外甥可汗王夜落隔通順特封歸忠保順可汗王二年五月遣使都督習信等十四人來貢馬及黃湖綿細白氎三年四月可汗王公主及宰相撒溫訛進馬乳香賜銀器金帶衣著暈錦旋襴有差五年八月遣使安萬東等一十四人來貢方物六年二月遣人貢方物熙寧元年入貢求買金字大般若經以墨本賜之六年復來補其首領五人爲軍主歲給綵二十疋神宗問其國種落生齒幾何曰三十餘萬壯可用者幾何曰二十萬明年勑李憲擇使聘阿里骨使諭回鶻令發兵深入夏境憲以命殿直皇甫旦旦

往不得前而妄奏功狀詔逮旦赴御史獄抵罪然回鶻使不常來宣和中間因入貢散而之陝西諸州公爲貿易至留久不歸朝廷慮其習知邊事且往來皆經夏國於播傳非便乃立法禁之

大食國本波斯之別種隋大業中波斯有桀黠者探穴得文石以爲瑞乃糾合其衆剽略資貨聚徒浸盛遂自立爲王據有波斯國之西境唐永徽以後屢來朝貢其王盆泥末換之前謂之白衣大食阿蒲羅拔之後謂之黑衣大食乾德四年僧行勤遊西域因賜其王書以招懷之開寶元年遣使來朝貢四年又貢方物以其使李訶末爲懷化將軍特以金花五色綾紙寫官告以賜是年本國及占城門婆又致禮物于李煜煜不敢受遣使來上因詔自今勿以爲獻六年遣使來貢方物七年國王訶黎佛又遣使不囉海九年又遣使蒲希密皆以方物來貢太平興國二年遣使蒲思那副使摩訶末判官蒲囉等貢方物其從者目深體黑謂之崑崙奴詔賜其使襲衣器幣從者縑帛有差四年復有朝貢使至雍熙元年國人花茶來獻花錦越諾揀香白龍腦白沙糖薔薇水琉璃器淳化四年又遣其副酋長李亞勿來貢其國船主蒲希密至海南以老病不能詣闕乃以方物附亞勿來獻其表曰大食船主臣蒲希密上言衆星垂象回拱於北辰百谷疏源委輸於東海屬有道之柔遠罄無外以宅心伏惟皇帝陛下德合二儀明齊七政仁宥萬國光被四夷賡歌洽擊壤之民重譯走奉珍之貢臣顧惟殊俗景慕中區早傾向日之心頗鬱朝天之願昨在本國曾得廣州蕃長寄書招諭令入京貢奉盛稱皇帝聖德布寬大之澤詔下廣南寵綏蕃商阜通遠物臣遂乘海船爰率土毛涉歷龍王之宮瞻望天帝之境庶遵玄化以慰宿心今則雖届五羊之城猶賒雙鳳之闕自念衰老病不能興遐想金門心目俱斷今遇李亞勿來貢謹備蕃錦藥物附以上獻臣希密凡進象牙五十株乳香千八百斤賓鐵七百斤紅絲吉貝一段五色雜花蕃錦四段白越諾二段都爹一琉璃瓶無名異一塊薔薇水百瓶詔賜希密勅書錦袍銀器束帛等以答之至道元年其國船主蒲押陁黎齎蒲希密表來獻白龍腦一百兩腽肭臍五十對龍鹽一銀合銀藥二十小琉璃瓶白沙糖三琉璃甕千年棗船上五味子各六琉璃瓶船上褊桃一琉璃瓶薔薇水二十琉璃瓶乳香山子一坐蕃錦二段駝毛褥面三段白越諾三段引對於崇政殿譯者代奏云父蒲希密因緣射利泛舶至廣州迨今五稔未歸母令臣遠來尋訪昉至廣州見之具言前歲蒙皇帝聖恩降勅書賜以法錦袍紫綾纏頭間塗金銀鳳瓶一對綾絹二十疋今令臣奉章來謝以方物致貢太宗因問其國對云與大秦國相鄰爲其統屬今本國所管之民纔及數千有都城介山海間又問其山澤所出對云惟犀象香藥問犀象以何法可取對云象用象媒誘至漸以大繩羈縻之耳犀則使人升大樹操弓矢伺其至射而殺之其小者不用弓矢可以捕獲上賜以襲衣冠帶被褥等物令閤門宴犒訖就館延留數月遣回降詔答賜蒲希密黃金準其所貢之直三年二月又與賓同隴國使來朝咸平二年又遣判官文戊至三年船主陁婆離遣使穆吉鼻來貢吉鼻還賜陁婆離詔書并器服鞍馬六年又遣使婆羅欽三摩尼等來貢方物摩尼等對於崇政殿持眞珠以進自云離國日誠願得瞻威顏卽獻此乞不給回賜眞宗不欲違其意俟其還優加恩賚景德元年又遣使來時與三佛齊蒲端國使竝在京師會上元觀燈皆賜錢縱其宴飲其秋蕃客蒲加心至四年又遣使同占城使來優加館餼之禮許徧至苑囿寺觀遊覽大中祥符元年十月車駕東封船主陁婆離上言願執方物赴泰山從之又船主李亞勿遣使麻勿來獻玉圭竝優賜器幣袍帶并賜國主銀飾繩床水罐器械旗幟鞍勒馬等四年祀汾陰又遣歸德將軍陁羅離進缽香象牙琥珀無名異繡絲紅絲碧黃綿細越諾紅駝毛間金線璧衣碧白琉璃酒器薔薇水千年棗等詔令陪位禮成竝賜冠帶服物五年廣州言大食國人無西忽盧華百三十歲耳有重輪貌甚偉異自言遠慕皇化附古邏國船而來詔就賜錦袍銀帶加束帛天禧三年遣使蒲麻勿陁婆離副使蒲加心等來貢先是其入貢路繇沙州涉夏國抵秦州乾興初趙德明請道其國中不許至天聖元年來貢恐爲西人鈔略乃詔自今取海路繇廣州至京師至和嘉祐間四貢方物最後以其首領蒲沙乙爲武寧司階熙寧中其使辛押陁羅乞統察蕃長司公事詔廣州裁度又進錢銀助脩廣州城不許六年都蕃首保順郎將蒲陀婆離慈表令男麻勿奉貢物乞以自代而求爲將軍詔但授麻勿郎將其國部屬各異名故有勿巡有陁婆離有俞盧和地有麻囉跋等國然皆冠以大食勿巡所貢又有龍腦兜羅錦逑錦褵蕃花簟陁婆有金飾壽帶連環臂釣數珠之屬政和中橫州士曹蔡蒙休押伴其使入都沿道故滯留囊市其香藥不償直事聞詔提點刑獄置獄推治因詔自今蕃夷入貢竝選承務郎以上清幹官押伴按程而行無故不得過一日乞取賈市者論以自盜云其國在泉州西北舟行四十餘日至藍里次年乘風颿又六十餘日始達其國地雄壯廣袤民俗侈麗甲於諸蕃天氣多寒其王錦衣玉帶躡金履朔望冠百寶純金冠其居以碼碯爲柱緣甘爲壁水晶爲瓦碌石爲磚活石爲灰帷幕用百花錦官有丞相太尉各領兵馬二萬餘人馬高七尺士卒驍勇民居屋宇略與中國同市肆多金銀綾錦工匠技術咸精其能建炎三年遣使奉寶玉珠貝入貢帝謂侍臣曰大觀宣和間茶馬之政廢故武備不脩致金人亂華危亡不絕如綫今復捐數十萬緡以易無用之珠玉曷若惜財以養戰士詔張浚却之優賜以答遠人之意紹興元年復遣使貢文犀象齒朝廷亦厚加賜與而不貪其利故遠人懷之而貢賦不絕

層檀國在南海傍城距海二十里熙寧四年始入貢海道使風行百六十日經勿巡古林三佛齊國乃至廣州其王名亞美羅亞眉蘭傳國五百年十世矣人語音如大食地春冬暖貴人以越布纏頭服花錦白氎布出入乘象馬有奉祿其法輕罪杖重罪死穀有稻粟麥食有魚畜有綿羊山羊沙牛水牛橐駞馬犀象藥有木香血竭沒藥鵬砂阿魏薰陸產眞珠玻瓈密沙華三酒交易用錢官自鑄三分其齊金銅相半而銀居一分禁民私鑄元豐六年使保順郎將層伽尼再至神宗念其絕遠詔頒賚如故事仍加賜白金二千兩

龜茲本回鶻別種其國主自稱師子王衣黃衣寶冠與宰相九人同治國事國城有市井而無錢貨以花蘂布博易有米麥瓜果西至大食國行六十日東至夏州九十日或稱西州回鶻或稱西州龜茲又稱龜茲回鶻自天聖至景祐四年入貢者五最後賜以佛經一藏熙寧四年使李延慶曹福入貢五年又使盧大明篤都入貢紹聖三年使大首領阿連撒羅等三人以表章及玉佛至洮西熙河經略使以其罕通使請令於熙秦州博買而估所齎物價答賜遣還從之

沙州本漢燉煌故地唐天寶末陷于西戎大中五年張義潮以州歸順詔建沙州爲歸義軍以義潮爲節度使領河沙甘肅伊西等州觀察營田處置使義潮入朝以從子惟深領州事至朱梁時張氏之後絕州人推長史曹義金爲帥義金卒子元忠嗣周顯德二年來貢授本軍節度檢校太尉同中書門下平章事鑄印賜之建隆三年加兼中書令子延恭爲瓜州防禦使興國五年元忠卒子延祿遣人來貢贈元忠燉煌郡王授延祿本軍節度弟延晟爲瓜州刺史延瑞爲衙內都虞候咸平四年封延祿爲譙郡王五年延祿延瑞爲從子宗壽所害宗壽權知留後而以其弟宗允權知瓜州表求旌節乃授宗壽節度使宗允檢校尚書左僕射知瓜州宗壽子賢順爲衙內都指揮使大中祥符末宗壽卒授賢順本軍節度弟延惠爲檢校刑部尚書知瓜州賢順表乞金字藏經洎茶藥金箔詔賜之至天聖初遣使來謝貢乳香硇砂玉團自景祐至皇祐中凡七貢方物

拂菻國東南至滅力沙北至海皆四十程西至海三十程東自西大食及于闐回紇青唐乃抵中國歷代未嘗朝貢元豐四年十月其王滅力伊靈改撒始遣大首領你廝都令廝孟判來獻鞍馬刀劍眞珠言其國地甚寒土屋無瓦產金銀珠西錦牛羊馬獨峯駝梨杏千年棗巴欖粟麥以蒲萄釀酒樂有箜篌壺琴小篳篥偏鼓王服紅黃衣以金線織絲布纏頭歲三月則詣佛寺坐紅床使人舁之貴臣如王之服或青綠緋白粉紅黃紫竝纏頭跨馬城市田野皆有首領主之每歲惟夏秋兩得奉給金錢錦穀帛以治事大小爲差刑罰罪輕者杖數十重者至二百大罪則盛以毛囊投諸海不尚鬭戰鄰國小有爭但以文字來往相詰問事大亦出兵鑄金銀爲錢無穿孔面鑿彌勒佛背爲王名禁民私造元祐六年其使兩至詔別賜其玉帛二百匹白金瓶襲衣金束帶

宋史卷四百九十一

元　中　書　右　丞　相　總　裁　脫　脫　等　修

列傳第二百五十

外國七

流求國　定安國　渤海國　日本國　党項

流求國在泉州之東有海島曰彭湖烟火相望其國塹柵三重環以流水植棘爲藩以刀稍弓矢劍鼓爲兵器眎月盈虧以紀時無他奇貨商賈不通厥土沃壤無賦歛有事則均稅旁有毗舍邪國語言不通袒裸盱睢殆非人類淳熙間國之酋豪嘗率數百輩猝至泉之水灣

圍頭等村肆行殺掠喜鐵器及匙筯人閉戶則免但刓其門圈而去擲以匙筯則頫拾之見鐵騎則爭刓其甲駢首就戮而不知悔臨敵用標鎗繫繩十餘丈爲操縱蓋惜其鐵不忍棄也不駕舟楫惟縛竹爲筏急則羣舁之泗水而遁

安定國本馬韓之種爲契丹所攻破其酋帥糾合餘衆保于西鄙建國改元自稱定安國開寶三年其國王烈萬華因女眞遣使入貢乃附表貢獻方物太平興國中太宗方經營遠略討擊契丹因降詔其國令張犄角之勢其國亦怨寇讎侵侮不已聞中國用兵北討欲依王師以攄宿憤得詔大喜六年冬會女眞遣使來貢路由本國乃托其使附表來上云定安國王臣烏玄明言伏遇聖主洽天地之恩撫夷貊之俗臣玄明誠喜誠抃頓首頓首臣本以高麗舊壤渤海遺黎保據方隅涉歷星紀仰覆露鴻鈞之德被浸漬無外之澤各得其所以遂本性而頃歲契丹恃其強暴入寇境土攻破城砦俘略人民臣祖考守節不降與衆避地僅存生聚以迄于今而又扶餘府昨背契丹並歸本國災禍將至無大於此所宜受天朝之密畫率勝兵而助討必欲報敵不敢違命臣玄明誠懇誠願頓首頓首其末題云元興六年十月日定安國王臣玄明表上聖皇帝前上答以詔書曰勑定安國王烏玄明女眞使至得所上表以朕嘗賜手詔諭旨且陳感激卿遠國豪帥名王茂緒奄有馬韓之地介于鯨海之表彊敵吞併失其故土沉冤未報積憤奚伸矧彼獯戎尚搖蠆毒出師以薄伐乘天災之流行敗衂相尋滅亡可待今國家已于邊郡廣屯重兵只俟嚴冬卽申天討卿若能追念累世之恥宿戒舉國之師當予伐罪之秋展爾復仇之志朔漠底定爵賞有加宜思永圖無失良便而況渤海願歸於朝化扶餘已背於賊庭勵乃宿心糾其協力克期同舉必集大勳尚阻重溟未遑遣使倚注之切鑒寐寧忘以詔付女眞使令齎以賜之端拱二年其王子因女眞使附獻馬雕羽鳴鏑淳化二年其王子太元女眞使上表其後不復至

渤海本高麗之別種唐高宗平高麗徙其人居中國則天萬歲通天中契丹攻陷營府高麗別種大祚榮走保遼東睿宗以爲忽汗州都督封渤海郡王因自稱渤海國併有扶餘肅愼等十餘國歷唐梁後唐朝貢不絕後唐天成初爲契丹阿保機攻扶餘城下之改扶餘爲東丹府命其子突欲留兵鎭之阿保機死渤海王復攻扶餘不能克歷長興淸泰遣使朝貢周顯德初其酋豪崔烏斯等三十人來歸其後隔絕不能通中國太平興國四年太宗平晉陽移兵幽州其酋帥大鸞河率小校李勛等十六人部族三百騎來降以鸞河爲渤海都指揮使六年賜烏舍城浮渝府渤海琰府王詔曰朕纂紹丕構奄有四海普天之下罔不率俾矧太原封域國之保障頃因竊據遂相承襲倚遼爲援歷世逋誅朕前歲親提銳旅盡護諸將汲井門之孤壘斷匈奴之右臂眷言弔伐以蘇黔黎蠢玆北戎非理搆怨輒肆荐食犯我村略一昨出師逆擊斬獲甚衆今欲鼓行深入席捲長驅焚其龍庭大殲醜類素聞爾國密邇寇讎迫於吞并力不能制因而服屬困於率割當靈旗破敵之際是鄰邦雪憤之日所宜盡出族帳佐予兵鋒俟其剪滅沛然封賞幽薊土宇復歸中原朔漠之外悉以相與勗乃協力朕不食言時將大舉征契丹故降是詔諭旨九年春宴大明殿因召大鸞河慰撫久之上謂殿前都校劉延翰曰鸞河渤海豪帥束身歸我嘉其忠順夫夷落之俗以馳騁爲樂候高秋戒候當與駿馬數十匹令出郊遊獵以遂其性因以緡錢十萬并酒賜之

日本國者本倭奴國也自以其國近日所出故以日本爲名或云惡其舊名改之也其地東西南北各數千里西南至海東北隅隔以大山山外卽毛人國自後漢始朝貢歷魏晉宋隋皆來貢唐永徽顯慶長安開元天寶上元貞元元和開成中並遣使入朝雍熙元年日本國僧奝然與其徒五六人浮海而至獻銅器十餘事幷國國職員今王年代紀各一卷奝然衣綠自云姓藤原氏父爲眞連眞連其國五品品官也奝然善隸書而不通華言問其風土但書以對云國中有五經書及佛經白居易集七十卷並得自中國土宜五穀而少麥交易用銅錢文曰乾文大寶畜有水牛驢羊多犀象產絲蠶多織絹薄緻可愛樂有國中高麗二部四時寒暑大類中國國之東境接海島夷人所居身面皆有毛東奧州產黃金西別島出白銀以爲貢賦國王以王爲姓傳襲至今王六十四世文武僚吏皆世官其年代紀所記云初主號天御中主次曰天村雲尊其後皆以尊爲號次天八重雲尊次天彌聞尊次天忍勝尊次瞻波尊次萬魂尊次利利魂尊次國狹槌尊次角龔魂尊次汲津丹尊次面垂見尊次國常立尊次天鑑尊次天萬尊次沫名杵尊次伊弉諾尊次素戔烏尊次天照大神尊次正哉吾勝速日天押穗耳尊次天彥尊次炎尊次彥瀲尊凡二十三世並都於筑紫日向宮彥瀲第四子號神武天皇自筑紫宮入居太和州橿原宮卽位元年甲寅當周僖王時也次綏靖天皇次安寧天皇次懿德天皇次孝昭天皇次孝天皇次孝靈天皇次孝元天皇次開化天皇次崇神天皇次垂仁天皇次景行天皇次成務天皇次仲哀天皇國人言今爲鎭國香椎大神次神功天皇開化天皇之曾孫女又謂之息長足姬天皇國人言今爲太奈良姬大神次應神天皇甲辰歲始於百濟得中國文字今號八蕃菩薩有大臣號紀武內年三百七歲次仁德天皇次履中天皇次反正天皇次允恭天皇次安康天皇次雄略天皇次淸寧天皇次顯宗天皇次仁賢天皇次武烈天皇次繼體天皇次安開天皇次宣化天皇次天國排開廣庭天皇亦名欽明天皇卽位十一年壬申歲始傳佛法於百濟國當此土梁承聖元年次敏達天皇次用明天皇有子曰聖德太子年三歲聞十人語同時解之七歲悟佛法于菩提寺講聖鬘經天雨曼陀羅華當此土隋開皇中遣使泛海至中國求法華經次崇峻天皇次推古天皇欽明天皇之女也次舒明天皇次皇極天皇次孝德天皇白雉四年律師道照求法至中國從三藏僧玄奘受經律論當此土唐永徽四年也次天豐財重日足姬天皇令僧智通等入唐求大乘法相教當顯慶三年次天智天皇次天武天皇次持總天皇次文武天皇大寶三年當長安元年遣粟田眞人入唐求書籍律師道慈求經次阿閉天皇次皈依天皇次聖武天皇寶龜二年遣僧正玄昉入朝當開元四年次孝明天皇聖武天皇之女也天平勝寶四年當天寶中遣使及僧入唐求內外經教及傳戒次天炊天皇次高野姬天皇聖武天皇之女也次白壁天皇二十四年遣二僧靈仙行賀入唐禮五臺山學佛法次桓武天皇遣騰元葛野與空海大師及延歷寺僧澄入唐詣天台山傳智者止觀義當元和元年也次諾樂天皇次嵯峨天皇次淳和天皇次仁明天皇當開成會昌中遣僧入唐禮五臺次文德天皇當大中年間次淸和天皇次陽成天皇次光孝天皇遣僧宗睿入唐傳教當光啓元年也次仁和天皇當此土梁龍德中遣僧寬建等入朝次醍醐天皇次天慶天皇次封上天皇當此土周廣順年也次冷泉天皇今爲太上天皇次守平天皇卽今王也凡六十四世畿內有山城大和河內和泉攝津凡五州共統五十三郡東海道有伊賀伊勢志摩尾張參河遠江駿河伊豆甲裴相模武藏安房上總常陸凡十四州共統一百一十六郡東山道有通江美濃飛驒信濃上野下野陸奧出羽凡八州共統一百二十二郡北六道有狹越前加賀能登越中越後佐渡凡七州共統三十郡山陰道有丹波丹彼徂馬因幡伯耆出雲石見隱伎凡八州共統五十二郡小陽道有播麼美作備前備中備後安藝周防長門凡八州共統六十七郡南海道有伊紀淡路河波讃耆伊豫土佐凡六州共統四十八郡西海道有筑前筑後豐前豐後肥前肥後日向大隅薩摩凡九州共統九十三郡又有壹伎對馬多褹凡三島各統二郡是謂五畿七道三島凡三千七百七十二都四百一十四驛八十八萬三千三百二十九課丁課丁之外不可詳見皆奝然所記云按隋開皇二十年倭王姓阿每名自多利思比孤遣使致書唐永徽五年遣使獻琥珀馬腦長安二年遣其朝臣眞人貢方物開元初遣使來朝天寶十二年又遣使來貢元和元年遣高階眞人來貢開成四年又遣使來貢此與其所記皆同大中光啓龍德及周廣順中皆嘗遣僧至中國唐書中五代史失其傳唐咸亨中乃開元二十三年大歷十二年建中元年皆來朝貢其記不載太宗召見奝然存撫之甚厚賜紫衣館于太平興國寺上聞其國王一姓傳繼臣下皆世官因歎息謂宰相曰此島夷耳乃世祚遐久其臣亦繼襲不絕此蓋古之道也中國自唐季之亂寓縣分裂梁周五代享歷尤促大臣世冑鮮能嗣續朕雖德慙往聖常夙夜寅畏講求治本不敢暇逸建無窮之業垂可久之範亦以爲子孫之計使大臣之後世襲祿位此朕之心焉其國多有中國典籍奝然之來復得孝經一卷越王孝經新義第十五一卷皆金縷紅羅褾水晶爲軸孝經卽鄭氏注者越王者乃唐太宗子越王貞新義者記室參軍任希古等撰也奝然復求詣五臺許之令所過續食又求印本大藏經詔亦給之二年隨台州寧海縣商人鄭仁德船歸其國後數年仁德還奝然遣其弟子喜因奉表來謝曰日本國東大寺大朝法濟大師賜紫沙門奝然啓傷鱗入夢不忘漢主之恩枯骨合歡猶亢魏氏之敵雖云羊僧之拙誰忍鴻霈之誠奝然誠惶誠恐頓首頓首死罪奝然附商船之離岸期魏闕於生涯望落日而西行十萬里之波濤難盡顧信風而東別數千里之山嶽易過妄以下根之卑適詣中華之盛於是宜旨頻降恣許荒外之跋涉宿心克協粗觀寓內之瓌奇況乎金闕曉後望堯雲於九禁之中巖扃晴前拜聖燈於五臺之上就三藏而稟學巡數寺而優游遂使蓮華迴文神筆出於北闕之北貝葉印字佛

詔傳於東海之東重蒙宣恩忽趍來跡季夏解台州之纜孟秋達本國之郊爰逮明春初到舊邑緇素欣待侯伯慕迎伏惟陛下惠溢四溟恩高五嶽世超黄軒之古人直金輪之新奝然空辭鳳凰之窟更還螻蟻之封在彼在斯只仰皇德之盛越山越海敢忘帝念之深縱粉百年之身何報一日之惠染筆拭淚伸紙搖魂不勝慕恩之至謹差上足弟子傳燈大法師位嘉因并大朝剃頭受戒僧祚乾等拜表以聞稱其本國永延二年歲次戊子二月八日實端拱元年也又別啓貢佛經納青木函琥珀青紅白水晶紅黑木槵子念珠各一連並納螺鈿花形平函毛籠一納螺杯二口葛籠一納法螺二口染皮二十枚金銀蒔繪筥一合納髮鬘二頭又一合納參議正四位上藤佐理手書二卷及進奉物數一卷表狀一卷又金銀蒔繪硯一筥一合納金硯一鹿毛筆松煙墨金銅水瓶鐵刀又金銀蒔繪扇筥一合納檜扇二十枚蝙蝠扇二枚螺鈿梳函一對其一納赤木梳二百七十其一納龍骨十橛螺鈿書案一螺鈿書几一金銀蒔繪平筥一合納白細布五匹鹿皮籠一納貂裘一領螺鈿鞍轡一副銅鐵鐙紅絲鞦泥障倭畫屏風一雙石流黄七百斤咸平五年建州海賈周世昌遭風飄至日本凡七年得還與其國人滕木吉至上皆召見之世昌以其國人唱和詩來上詞甚雕刻膚淺無所取詢其風俗云婦人皆被髮一衣用二三縑又陳所記州名年號上令滕木吉以所持木弓矢挽射矢不能遠詰其故國中不習戰鬭賜木吉時裝錢遣還景德元年其國僧寂照等八人來朝寂照不曉華言而識文字繕寫甚妙凡問答並以筆札詔號圓通大師賜紫方袍天聖四年十二月明州言日本國太宰府遣人貢方物而不持本國表詔卻之其後亦未通朝貢南賈時有傳其物貨至中國者熙寧五年有僧誠尋至台州止天台國清寺願留州以聞詔使赴闕誠尋獻銀香爐木槵子白琉璃五香水精紫檀琥珀所飾念珠及青色織物綾神宗以其遠人而有戒業處之開寶寺盡賜同來僧紫方袍是後連貢方物而來者皆僧也元豐元年使通事僧仲回來賜號慕化懷德大師明州又言得其國太宰府牒因使人孫忠還遣仲回等貢絁二百匹水銀五千兩以孫忠乃海商而貢禮與諸國異請自移牒報而答其物直付仲回東歸從之乾道九年始附明州綱首以方物入貢淳熙二年倭船火兒滕太明毆鄭作死詔械太明付其綱首歸治以其國之法三年風泊日本舟至明州衆皆不得食行乞至臨安府者復百餘人詔人日給錢五十文米二升俟其國舟至日遣歸十年日本七十三人復飄至秀州華亭縣給常平義倉錢米以振之紹熙四年泰州及秀州華亭縣復有倭人爲風所泊而至者詔勿取其貨出常平米振給而遣之慶元六年至平江府嘉泰二年至定海縣詔並給錢米遣歸國

党項古析支之地漢西羌之別種後周世始強盛有細風氏費聽氏往利氏頗超氏野亂氏房當氏來禽氏招拔氏最爲強族唐貞觀至上元間內附散居西北邊元和以後頗相率爲盜會昌初武宗置三使以統之在邠寧延者爲一使在鹽夏長澤者爲一使在靈武麟勝者爲一使五代亦常入貢今靈夏綏麟府環慶豐州鎮戎天德振武軍並其族帳太祖建隆二年代州刺史折乜埋來朝乜埋党項之大姓世居河右有捍邊之功故授以方州召令入覲而遣還開寶元年直蕩族首領啜佶等引并人寇府州爲王師所敗詔內屬羌部十六府大首領屈遇與十二府首領羅崖領所部誅啜佶啜佶懼以其族歸順以屈遇爲檢校太保歸德將軍羅崖啜佶並爲檢校司徒懷化將軍太平興國二年二月靈州部送歲市官馬賂所過族帳物粗惡羌人恚不受知州比部郎中張全操捕得十八人殺之沒入其兵仗羊馬戎人遂擾上遣使齎金帛撫賜其族與之盟始定召全操下有司鞫之決杖流登州沙門島是歲靈州通遠軍界嗓咩族折四族吐蕃村族奈喝三家族尾落族奈家族嗓泥族剽略官綱詔靈州安守忠通遠軍董遵誨討平之六年府州外浪族首領來都等來貢馬七年豐州大首領黄羅并弟乞蚌等來貢馬又銀州羌部拓跋遇來訴本州賦役苛虐乞移居內地詔令各守族帳又保細族結集扇動諸部夏州巡檢使梁迥率兵討平之雍熙初諸族渠帥附李繼遷爲寇詔判四方館事田仁朗及閤門使王侁等相繼領兵討擊并賜麟府銀夏豐州及日利月利族勑書招諭之二年四月侁等於銀州北破悉利諸族斬首三千六百餘級生擒八十人俘老小一千四百餘口器甲一百八十六梟僞署代州刺史折羅遇并弟埋乞獲馬牛羊三萬計五月又於開光谷西杏子平破保寺保香族追奔二十餘里斬首八百餘級梟其首領埋乜己等五十七人生擒四十九人俘其老小三百餘人獲牛羊馬驢凡四千餘計又破保洗兩族俘三千人降五十五族獲牛羊八千計侁等又言麟州及三族砦羌人二千餘戶皆降酋長折御乜等六十四人獻馬首畀願改圖自効爲國討賊遂與部下兵入濁輪川斬賊首五十級酋豪二十人李繼遷及三族砦監押折御乜皆遁去旋命內客省使郭守文自三交乘驛函往與王侁等同領邊事五月王侁李繼隆等又破銀州杏子平東北山谷內沒邵涙悉訛等族及濁輪川東兎頭川西諸族生擒七十八人梟五十九人俘一百三十六戶牛羊驢馬千二百六十招降千四百五十二戶六月夏州尹憲等引兵至監城吳移越移等四族來降憲等撫之岌伽羅膩十四族拒命憲等縱兵斬首千餘級俘擒百人焚千餘帳獲馬牛羊七千計又降銀麟夏等州三族砦諸部一百二十五族合萬六千一百八十九戶酋豪折御乜窮蹙來歸守文置之部下又夏州咩嵬族魔病人乜崖在南山族結黨爲寇招懷不至擒斬之梟首徇衆并滅其族又府州女乜族首領來母崖男社正等內附因遷居茗乜族中七月賜宥州界咩兀十族首領都指揮使遇乜布等九人勑書以安撫之十一月以勒浪族十六府大首領屈遇名波族十二府大首領浪買當豐州路最爲忠順及兀泥三族首領佶移等女女四族首領殺越都等歸化並賜勑書撫之端拱元年三月火山軍言河西羌部直蕩族內附三年四月夏州趙保忠言臣準詔市馬已獲三百匹其宥州御泥布囉樹等二族黨附繼遷不肯賣馬臣遂領兵掩殺二百餘人擒百餘人其族卽降各已安撫詔書奬諭之十月繼遷寇會州熟倉族爲其首領咩嚜率來辭諸族擊走之淳化元年藏才三族都判啜尾卒其子啜香來請命乃令代其父二年七月以黄乜族降戶七百餘散于銀夏州舊地處之八月李繼遷居玉庭鎭趙保忠往襲之繼遷奔鐵斤澤貌奴猥才二族奪其牛畜二萬餘十一月繼遷寇熟倉族刺史咩嚜率來離諸族擊退之先是兀泥大首領泥中佶移內附詔授愼州節度俄復歸繼遷其長子突厥羅與首領黄羅至是以千餘帳降府州折御卿以聞降詔慰諭之趙保忠又襲破宥州御泥布羅樹二族尋各降之以其朋附繼遷來上四年三月直蕩族大首領啜尾子河汉大首領馬一並來貢詔以啜尾叔羅買爲本族都監又啜尾下首領十人馬一下首領十二人皆賜錦袍銀帶器幣是年鄭文寶獻議禁青鹽羌族四十四首領盟于楊家族引兵騎萬三千餘人入寇環州石昌鎭知環州程德玄等擊走之因詔屯田員外郎知制誥錢若水馳驛詣邊弛其鹽禁由是部族寧息十二月鹽州羌人酋長巢延渭爲本州刺史是年藏才西族大首領羅妹來貢五年正月以綏州羌酋蘇移山海㕎母默香三人並爲懷化將軍野利嵬名乜屈啜泥三人並爲歸德郎將四月府州折御卿言銀夏州管勾生戶八千帳族悉來歸附錄其馬牛羊萬計邈二族大首領崖羅藏才東族首領歲囉啜克各遣其子弟朝貢六月繼遷所驅脅園屬戎人橐駞路熟藏族首領乜遇率部族反攻繼遷其弟力戰而死旣敗繼遷之衆復來歸附以遇爲檢校司空領會州刺史是年兀泥族首領黄羅內附以爲懷化將軍領昭州刺史至道元年四月以勒浪嵬女兒門十六府大首領馬尾等內附以馬尾爲歸德大將軍領恩州刺史以勒浪樹李兒門首領沒崖爲安化郎將副首領遇兀爲保順郎將六月賜慶州界首領順州刺史李奉明澄州刺史李彥咩鹽州刺史巢延渭演州刺史李順忠環州界首領會州刺史乜遇及靈州界并河外保安保靖臨河懷遠定遠五鎭等部勑書慰撫之七月睡泥族首領你乜逋令男詣靈州言族內七百餘帳爲李繼遷劫略首領嗺逋一族奔往蕭關你乜逋一族乞賜救助詔賜以資糧環州熟倉族癿遇略奪繼遷牛馬三十餘繼遷令人招撫之癿遇答云吾一心向漢誓死不移詔以遇爲會州刺史賜帛五十匹茶五十斤二年三月以府州界五族大首領折突厥移爲安遠大將軍父死來請命也六月勒浪族副首領遇兀等百九十三人歸附貢馬七匹遇兀舊隸丹契淳化初遷族帳於府州界東至河百五十里南至府州三百里至是始朝貢上召問慰勞賜錦袍銀帶遇兀言部族多良馬今始來朝所貢未備上曰吾嘉爾忠順之節慕化來歸固不以多馬爲意也七月李繼隆出討繼遷賜麟府州兀泥巾族大首領突厥羅女女殺族大首領越都女女夢勒族大首領越移女女忙族大首領越置女女籛兒族大首領党移沒兒族大首領莫末移路乜族大首領越移細乜族大首領慶元路才族大首領羅保細母族大首領羅保保乜凡十族勑書招懷之閏七月懷安鎭羌誘諸族寇慶州監軍趙繼昇率師擊敗之斬首三百級獲羊馬千計三年二月泥巾族大首領名悉俄首領皆移尹遇崔保羅沒佶凡五人來貢馬名悉俄等舊皆內屬因李繼遷之叛徙居河北今復來貢咸平元年三月熟倉族癿遇來朝眞宗嘉其誠節親見撫勞賜以器幣十月兀泥族大首領昭州刺史黄羅對于崇德殿兀泥族在靑岡嶺三角城龍馬川領族帳千五百戶初隸繼遷俄投府州淳化中數敗契丹及與繼

遷相攻擊及繼遷內附黃羅懼北徙過黃河今還舊地遂入貢且言繼遷旣受朝命不敢侵伐上面加獎慰賜賚甚厚十二月詔直蕩族大首領兒啜尾子金家堡置渡令諸族互市二年正月以咩逋族開道使泥埋領費州刺史十月以勒浪族十六府大首領歸德大將軍恩州刺史馬泥領本州團練使十一月藏才八族大首領皆賞羅等來獻名馬四年七月以會州刺史乩遇爲保順郎將蘇家族屈尾鼻家族都慶白馬族埋香韋移族都香爲安化郎將九月環州言繼遷所掠羌族嵬逋等徙帳來歸又繼遷諸羌族明葉示及撲咩訛猪等首領率屬內附並令給善地處之其年皁寧族首領喝鄰半祝貢名馬自稱有精騎三萬願備驅策有詔慰獎厚償其直五年咩逋族開道使費州刺史泥埋遣子城逋入貢上嘉泥埋數與繼遷戰鬬有勞授錦州團練使以其族弟屈子爲懷化將軍充本族指揮使城逋爲歸德將軍充本族都巡檢使餘首領署軍主以下名識者凡十數人又以黑山北莊郎族龍移爲安遠大將軍昧克爲懷化將軍八月河西教練使李榮等向化其年羌寇抄金明縣李繼周擊走之十月詔河西戎人歸投者遷內地給以閑田時勒厥麻等三族千五百帳以濁輪砦失守越河內屬分處邊境邊臣屢言勒厥麻往來賊中恐復叛去乃徙置憲州樓煩縣遣使賜金帛撫慰十二月咩逋族遣使來貢上聞賀蘭山有小涼大涼族甚盛常恐與繼遷合勢爲患近知互有疑隙輒相攻掠朝廷欲遂撫之乃召問咩逋使者因其還特詔賜之以激其立効上又謂樞密使王繼英等曰邊臣言遷賊舉兵屢爲龍移昧克所敗此族在黃河北數萬帳或號莊郎昧克常以馬附藏才入貢頗勤外禦六年遂降詔獎慰之二月葉市族囉埋等持繼遷僞署牒率百餘帳來歸以囉埋爲本族指揮使囉胡爲軍使邠寧部署言牛羊蘇家等族殺繼遷族帳有功上曰此族侍遠與險久爲賊援屢遣邊吏招諭近聞有志內附尚疑其詐果能格鬬立効詔厚賜首領等茶綵以獎激之涇原部署言者龍移皁陂山首領厮敦琶遣使稱已集本族騎兵願隨軍討賊三月以咩逋族首領泥埋領鄯州防禦使充靈州河外五鎭都巡檢使時潘羅支已授河西節制上以泥埋實與羅支掎角捍賊故加恩寵是月綏州羌部軍使拽臼等百九十五口內屬原州熟戶裴天下等請率族兵掩擊遷黨移湖等帳來求策應部署司不報上以戎人宣力禦賊不應沮之卽詔諭諸路以精甲策應環州會長蘇尙娘擊賊有勞及屢告賊中機事以爲臨州刺史賜錦袍銀帶環慶部署張凝言內屬戎人與賊界錯居屢爲脅誘臣領兵離木波鎭直奏八州原下砦招降岑移等三十二族又至分水嶺降麻謀等二十一族柔遠鎭降巢迷等二十族遂抵業樂降楘樹羅家等一百族合四千八十戶第給袍帶物綵慰遣還帳四月繼遷寇洪德砦會長慶香與乩楘慶族合勢擊之以砦兵策援大敗繼遷擒四十九人墜崖死者甚衆獲馬七十餘匹旗鼓鎧甲數百計上考陣圖以問入奏使使者言砦兵拒賊千餘步慶香等請率部族與賊接戰上曰慶香等假王師爲援而交鋒俘獲乃其功也悉與所獲物加賜銀綵以慶香領順州刺史乩楘慶領羅州刺史河西內屬折勒厥麻等三族請以精兵千人馬三百備征討詔嵐州撫諭環州白馬族與繼遷戰鬬屢徙帳乏食賜廩粟又詔洪德砦歸附戎人給內地土田資以口糧五月唐龍鎭上言鎭有貿易于府州者爲州人邀殺盡奪資畜乃詔府州自今許令互市切加存撫六月瓦窑沒劑加羅昧克等族濟河擊敗繼遷黨優詔撫問七月補狸野族首領子阿宜爲懷安將軍八月原渭等州言本界戎人來附者八部二十五族令諳吏納質以環州蘇尙娘子蘖娘爲臨州刺史府州八族都校明義等言屢于麟州屈野川擊繼遷及緣邊六七欄防遏皆有克獲詔獎賚之人令府州常以勁兵援助勿失機便景德元年正月麟府路言附契丹戎人言泥族拔黃太尉率三百餘帳內屬拔黃本大族居黃河北古豐州前數犯邊阻市馬之路其首領容貌甚偉有智勇桀黠難制契丹結之署爲太尉今悉衆歎塞詔府州厚賜茶綵給公田依險居之計口賦粟且戒唐龍鎭無得侵擾三月宋師恭破羌賊於柳谷川驅其帳族千餘人以還六月洪德砦言羌俗羅泥天王等首領率屬來附八月野雞族侵掠環慶界詔邊臣和斷如其不從則脅以兵威九月鎭戎軍言先叛去熟魏族酋長茄羅兀贓成王等三族應詔撫諭各率屬來歸二年熟戶旺家族擊夏兵擒軍主一人以獻環州言戎人入寇擊走之擒酋將慶楘送闕下請斬于藁街上特貰死配淮南原州野狸族首領厮多逋丹卒其子阿酌代爲首領且乞奉料詔諭以立功則賜之三年府州折惟昌言兀泥族大首領名崖從父盛佶爲趙德明白池軍主密遣使諭名崖云德明雖外託修貢之名而黠閱兵馬尤急必恐劫掠山界名崖以告上嘉之降詔撫諭就賜錦袍銀帶九月秦州言野兒和尙族部落尤大能稟朝命凡諸族爲寇盜者輒遏絕之請加旌別詔補三砦都首領十一月鎭戎軍曹瑋言叛去酋長蘇尙娘復求歸附詔報瑋曰尙娘反覆無信特恐狙詐以誤邊吏又使德明緣此爲詞不可納也四年唐龍鎭羌族來美與其叔璘不叶召契丹破之來依府州璘美非大族常持兩端頃亦寇鈔近界發兵趣之則走河之東曰東壖契丹加兵則入河之西曰西壖地極險阻介卒騎兵所不能及至是上亦憫其窮而歎塞特優容之會契丹使至卽令諭其事仍還所掠璘美人畜其族人懷正又與璘互相讎劫側近帳族不寧詔遣使召而盟之依本俗法和斷大中祥符元年鄜延鈐轄言小湖臥浪族軍主最處近塞往時出師皆命爲前鋒甚著誠節詔補侍禁二年六月麟府鈐轄言杜慶族依援唐龍鎭數侵別帳請發熟戶兵擊之上曰戎落皆吾民也宜以道撫之不許其年兀泥族大首領名崖同府州折惟昌入貢上親加撫問特詔副都知張繼能賜射於瓊林苑四年藏才西族中族首領奴移橫全等並遣子來朝五年環慶熟戶有酗酒劫奪使臣馬纓者上怒令部署司重罰之六年北界尅山軍主率衆過大里河侵熟戶爲羅勒族都囉擊走之詔以都囉爲本族指揮使且諭邊臣約飭族帳謹守疆界勿出境追襲九月夏州略去熟戶旺家族首領都子等來歸隨而至者又三族遣使存勞之七年涇原鈐轄曹瑋請署熟戶百帳以上大首領爲大族軍主次指揮使又次副指揮使百帳而下爲本族指揮使從之五月瑋言葉市族大首領艷奴歸順七月瑋又言北界萬子族謀鈔略發兵逆之大敗于天麻川又爲魏埋等族掩擊殺其酋帥斬首千餘級八年北界酋長指揮使浪梅娘等來投諭邊臣令追取熟戶亡入北界者卽遣還梅娘九年羌兵寇小力族巡檢李文貞率兵奮擊追斬籍遇大保首級賜文貞錦袍銀帶五月北界毛尸族軍主浪埋骨咩族酋長乩唱巢迷族酋長馮移埋率其屬千一百九十口牛馬雜畜千八百歸附降詔撫之天禧元年環州言北界騎兵數千來剽熟戶擊走之二年涇原路言樊家族九門都首領客厮鐸內屬以厮鐸爲軍主三年鄜延路言亡去熟戶委乞等六百九十五人及骨咩大門等族來歸四年正月又言宥州羌族臘兒率衆劫熟戶咩魏族金明都監李士彬擊之斬臘兒梟七十二級俘餘衆獲甲馬三百餘五月小湖族都虞候啱嵬巡檢胡懷節等擊賊有功並進秩環州七臼族軍主近膩納質歸化以近膩領順州刺史首領惹都等十五人補官有差七月撲咩族馬訛等率屬來附十月以淮安鎭六族都軍主乞埋爲三班借職充羌部巡檢五年北界羅骨等劫剽熟戶環慶部署田敏追擊之俘獲甚衆詔獎敏等賜器幣

宋史卷四百九十二

元 中 書 右 丞 相 總 裁 脫 脫 等 修

列傳第二百五十一

外國八

吐蕃 唃厮囉 董氊 阿里骨 瞎征 趙思忠

吐蕃本漢西羌之地其種落莫知所出或云南涼禿髮利鹿孤之後其子孫以禿髮爲國號語訛故謂之吐蕃唐貞觀後常來朝貢至德後因安史之亂遂陷河西隴右之地大中三年其國宰相論恐熱以秦原安樂及石門等七關來歸四年又克成維扶三州五年其國沙州刺史張義潮以瓜沙伊肅十一州之地來獻唐末瓜沙之地復爲所隔然而其國亦自衰弱族種分散大者數千家小者百十家無復統一矣自儀渭涇原環慶及鎭戎秦州暨于靈夏皆有之各有首領內屬者謂之熟戶餘謂之生戶涼州雖爲所隔然其地自置牧守或請命於中朝天成中權知西涼府留後孫超遣大將拓拔承誨來貢明宗召見承誨云涼州東距靈武千里西北至甘州五百里舊有鄆人二千五百爲戍兵及黃巢之亂遂爲阻絕超及城中漢戶百餘皆戍兵之子孫也其城今方幅數里中有縣令判官都押衙都知兵馬使衣服言語畧如漢人卽授超涼州刺史充河西軍節度留後乾祐初超卒州人推其土人折逋嘉施權知留後遣使來貢卽以嘉施代超爲留後涼州郭外數千里尙有漢民陷沒者耕作餘皆吐蕃其州帥稍失民情則衆皆嘯聚城內有七級木浮圖其帥急登之紿其衆曰爾若迫我我卽自焚於此矣衆惜浮圖乃盟而舍之周廣順三年始以申師厚爲河西節度師厚初至涼州奏請授吐蕃首領折逋支等官並從之顯德中師厚爲其所迫擅還朝坐貶涼州亦不復命帥建隆二年靈武五部以橐駝良馬致貢來離等八族酋長越嵬等護送入界勑書

獎諭秦州首領尚波于傷殺采造務卒知州高防捕繫其黨四十七人以狀聞上乃以吳廷祚爲雄武軍節度代防安輯之令廷祚齎勑書賜尚波于等曰朝廷制置邊防撫寧部落務令安集豈有侵漁蓋者秦州設置三砦止以采取材木供億京師雖在蕃漢之交不妨牧放之利汝等占據木植傷殺軍人近得高防奏汝等見已拘執聽候進止朕以汝等久輸忠順必悔前非特示懷柔各從寛宥已令吳廷祚往伸安撫及還舊地所宜共體恩旨各歸本族仍以錦袍銀帶賜之尚波于等感悅是年秋乃獻伏羌地乾德四年知西涼府折逋葛支上言有回鶻二百餘人漢僧六十餘人自朔方路來爲部落劫畧僧云欲往天竺取經並送達甘州訖詔褒答之五年首領閭逋哥督廷督南割野麻里六人來貢馬開寶六年涼州令步奏官僧客氊聲逋勝拉蹋二人求通道於涇州以申朝貢詔涇州令牙將至涼州慰撫之八年秦州大石小石族寇土門畧居民知州張炳擊走之太平興國二年秦州安家族寇長山巡檢使韋韜擊走之三年秦州諸族數來寇畧三陽麻穰弓門等砦監軍巡檢使周承瑨任德明耿仁恩等會兵擊敗之斬首數十級腰斬不用命卒九人于境上太宗乃詔曰秦州內屬三族等頃慕華風聿求內附俾之安輯咸遂底寧近聞乘蕃育之資稔寇攘之志敢忘大惠來撓邊疆豈朕信之未孚而吏撫之不至並蠲釁咎特示威懷今後或更剽刻吏即捕治寘之于法不須以聞是年又寇八狼砦巡檢劉崇讓擊敗之梟其帥王泥猪首以狥三月小遇族寇慶州知州慕容德豐擊走之八年諸種以馬來獻太宗召其酋長對于崇政殿厚加慰撫賜以束帛因謂宰相曰吐蕃言語不通衣服異制朕常以禽獸畜之自唐室以來頗爲邊患以國家兵力雄盛聊舉偏師便可驅逐數千里外但念其種類蕃息安土重遷倘因擴除必致殺戮所以置於度外存而勿論也九年秋秦州言蕃部以羊馬來獻各以宴犒欲用茶絹答其直詔從之淳化元年秦州大小馬家族獻地內附二年權知西涼州左廂押蕃落副使折逋阿喻丹來貢先是殿直丁惟清往涼州市馬惟清至而境大豐稔因爲其所留靈州命蕃落軍使崔仁遇往迎惟清又吐蕃賣馬還過靈州爲黨項所畧表訴其事因請留惟清至來年同入朝詔答之四年阿喻丹死以其弟喻龍波爲保順郎將代其任五年折平族大首領護遠州軍鐸督延巴率六谷諸族馬千餘匹來貢既辭復檛登聞鼓言儀州八族首領逋波鴉等侵奪地土上降勑書告諭之知秦州溫仲舒上言每歲伐木多爲蕃族攘奪今已驅其部落於渭北太宗慮生邊患乃以知鳳翔薛惟吉對易其任語見惟吉傳是年春知西涼府左廂押蕃落副使折逋喻龍波振武軍都羅族大首領並來貢馬至道元年涼州蕃部當尊以良馬來貢引對慰撫加賜當尊虎皮一歡呼致謝二年四月折平族首領握散上言部落爲李繼遷所侵願會兵靈州以備討擊賜幣以答之七月西涼府押蕃落副使折逋喻龍波上言蕃部頻爲繼遷侵畧乃與吐蕃都部署沒暇拽于會六谷蕃衆來朝且獻名馬上厚賜之是歲涼州復來請帥詔以丁惟清知州事賜以牌印咸平元年十一月河西軍左廂副使歸德將軍折逋游龍鉢來朝游龍鉢四世受朝命爲酋雄貢方物未嘗自行今始至獻馬二千餘匹河西軍即古涼州東至故原州千五百里南至雪山吐谷渾蘭州界三百五十里西至甘州同城界六百里北至部落三百里周回平川二千里舊領姑臧神烏蕃禾昌松嘉麟五縣戶二萬五千六百九十三口十二萬八千一百九十三令有漢民三百戶城周回十五里如鳳形相傳李軌舊治也皆龍鉢自述云詔以龍鉢爲安遠大將軍二年以儀州延蒙八部都首領渴哥領化州刺史首領透逋等爲懷化郎將四年知鎮戎軍李繼和言西涼府六谷都首領潘羅支願戮力討繼遷請授以刺史仍給廩祿經畧使張齊賢又請封六谷王兼招討使上以問宰相皆曰羅支已爲酋帥授刺史太輕未領節制加王爵非順招討使號不可假外夷乃以爲鹽州防禦使兼靈州西面都巡檢使時西涼使來且言六谷分左右廂左廂副使折逋游龍鉢實參羅支戎事朝廷方務綏懷又以龍鉢領宥州刺史六族首領褚下箕等三人爲懷化將軍其年潘羅支遣部下李萬山率兵討賊貽書繼和請師期先是遣宋沆梅詢等爲安撫副使未行上謂宰相曰朕看盟會圖頗記吐蕃反覆狼子野心之事今已議王超等領甲馬援靈州若難爲追襲即靈州便可制置沆等不須遣止走一使以會兵告之五年十月羅支又言賊遷送鐵箭誘臣部族已戮一人縶一人聽朝旨詔褒諭之聽自處置十一月使來貢馬五千匹詔厚給馬價別賜綵百段茶百斤六年又遣咩逋族蕃官成逋馳騎至鎮戎軍請會兵討賊邊臣疑成逋詐護送部署司成逋懼逸馬墜崖死上聞甚歎息之曰此泥埋之子族人畏其勇父子皆有戰功凡再詣闕朕皆召見獎其向化詔劬鎮戎官吏仍令渭州以禮葬之其年原渭蕃部三十二族納質來歸羅支又遣蕃官吳福聖臘來貢表言感朝廷恩信憤繼遷倔彊已集騎兵六萬乞會王師收復靈州乃以羅支爲朔方軍節度靈州西面都巡檢使賜以鎧甲器幣又以吳福聖臘爲安遠將軍次首領元佐等七人爲懷化將軍羅支屢請王師助擊賊議者以西涼去渭州限河路遠不可預約師期上曰繼遷常在地斤三山之東每來寇邊及官軍出則已遁去使六谷部族近塞捍禦與官軍合勢亦國家之利降詔許之六月知渭州曹瑋言隴山西延家族首領禿逋等納馬立誓乞隨王師討賊以漢法治蕃部且稱其忠詔授本族軍主八月者龍族首領來貢名馬上嘉嘗與潘羅支協力抗賊令復優待之其年十一月繼遷攻西蕃遂入西涼府知州丁惟清陷沒羅支僞降未幾集六谷諸豪及者龍族合擊繼遷繼遷大敗中流矢遁死景德元年二月遣其甥厮陁完來獻捷六月又遣其兄邦逋支入奏且欲更率部族及回鶻精兵直抵賀蘭山討除殘孽願發大軍援助詔涇原部署陳興等候羅支已發即率衆鼓行赴石門策應邦逋支又言前賜羅支牌印官告衣服器械爲賊劫掠有詔別給羅支又言脩洪元大雲寺詔賜金箔物綵先是繼遷種落迷般囑及日逋吉羅丹二族亡歸者龍族而欲陰圖羅支是月會遷黨攻者龍羅支率百餘騎急赴將議合擊遂爲二族戕于帳詔贈羅支武威郡王遣使賻恤其家者龍凡十三族而六族附迷般囑及日逋吉羅丹西涼府既聞羅支遇害乃率龕谷蘭州宗哥覓諾諸族攻者龍六族六族悉竄山谷中詔使者安集之六谷諸豪乃議立羅支弟厮鐸督爲首領且言鐸多剛決平恕每會戎首設鵰豆飲食必先卑者犯令雖至親不貸數更戰討威名甚著詔授鐸督鹽州防禦使靈州西面沿邊都大巡檢使上以遷黨未平藉其腹背攻制遂加鐸督朔方軍節度押蕃落等使西涼府六谷大首領涇原路言隴山縣王狸延三族歸順又渭州言龕谷懶家族首領尊氊磨壁余龍及便嚼等獻名馬願率所部助討不附者又言西涼市馬道出本族自今保無他虞詔賜馬直以便嚼等爲郎將石隰州又言河西諸蕃四十五族內附其年遷黨寇永寧爲藥令族合蘇擊敗之斬首百餘級鎮戎軍上言先叛去蕃官茄羅兀贓成王等三族及都移軍主率屬歸順請獻馬贖罪特詔宥之二年厮鐸督遣其甥呵昔來貢仍上與趙德明戰鬭功狀又言蕃帳周斯那支有智勇久參謀議請授以六谷都巡檢使上嘉獎從其請仍賜茶綵又追錄潘羅支子失吉爲歸德將軍厚賜器幣者龍七族首領有捍寇之勞並月給千錢舊制弓矢兵器不入外夷時西涼樣丹族上表求市弓矢上以樣丹宣力西陲委以捍蔽特令渭州給賜因別賜厮鐸督以重恩意三年又以者龍族合窮波黨宗族業羅等爲本族首領檢校太子賓客皆鐸督外姻也鐸督遣安化郎將路黎奴來貢黎奴病于館特遣尚醫視療及卒上憐之厚加賵給五月鐸督又言部落疾疫詔賜白龍犀角腦硫黃安息香白紫石英等藥凡七十六種使者感悅而去又制加鐸督檢校太傅其族帳李波逋等四十九人爲檢校太子賓客克本族首領鐸督遣所部波機進賣馬因言積官奉半歲乞就京給賜市所須物從之渭州言妙娥延家熟嵬等族率三千餘帳萬七千餘口及羊馬數萬款塞內附詔遣使撫勞之賜以袍帶茶綵仍以折平族首領撒逋渴爲順州刺史克本族都軍主是年宗家當宗章迷族來貢移逋撫父族歸附九月詔釋西面納質戎人先是諸蕃有鈔劫爲惡嘗經和斷者恐異時復叛故收其子弟爲質乃有禁錮終身者上憫而縱之族帳感恩皆稽顙自誓不爲邊患四年邊臣言趙德明謀劫西涼襲回鶻上以六谷甘州久推忠順思撫寧之乃遣使諭厮鐸督令援結回鶻爲備并賜鐸督茶藥襲衣金帶及部落物有差鐸督奉表謝大中祥符元年十一月宗哥族大首領溫逋等來貢三年西涼府覓諾族瘴疫賜首領溫逋等藥四年厮鐸督遣增蘭氊單來貢賜紫方袍五年又遣其子來貢其年者龍族都首領捨欽波遣使詣闕獻馬求賜印詔從其請仍優賚之七年知秦州張佶置大落門新砦先是佶欲近渭置采木場蕃族聞之即徙帳去佶不能遂撫之戎人輒悔因鄉導鈔劫佶深入掩擊悉敗走至是求和佶不許三月秦州曹瑋言熟戶郭厮敦賞樣丹皆大族樣丹輒作文法謀叛厮敦密以告約半月殺之至是果擕樣丹首來上以厮敦陰害樣丹不欲明加恩獎以疑懼諸族時方議築南使城遂以厮敦獻地爲名詔授順州刺史先是張佶深入蕃境邊事數擾及瑋破魚角蟬戮賞樣丹二酋由是前拒王師者伏匿避罪瑋誘召之許納罰首過既而至者數千人凡納馬六千匹給以匹綵或以少爲訴者瑋叱之曰是贖罪物汝輩敢希利耶戎族聞之皆畏服八月曹瑋言伏羌砦厮雞波與宗哥族李磨論聚爲文法領兵趣之悉潰散夷其城帳九月瑋又言宗哥唃厮囉羌

族馬波叱臘魚角蟬等率馬銜山蘭州龕谷氈毛山洮河河州羌兵至伏羌砦三都谷即率兵擊敗之逐北二十里斬馘千餘級擒七人獲馬牛雜畜衣服器仗三萬三千計吹麻城張族都首領張小哥以功授順州刺史瑋又言永寧砦隴波他厮麻二族召納質不從命率兵擊之斬首二百級十一月詔給秦州七砦熟戶首領都軍主以下百四十六人告身天禧元年詔以治坊砦都首領郭厮敦爲本族巡檢賦以奉祿又補大馬家族阿厮鐸爲本族軍主十月秦州部署言鬼留家族累歲違命討平之二年又言吹麻城及河州諸族皆破宗哥文法來附唃厮囉少衰數爲囉鞨力骨所困今還舊地諸砦羌族及空俞厮雞波等納質者凡七百五十六帳

唃厮囉者緒出贊普之後本名欺南陵溫籛逋籛逋猶贊普也羌語訛爲籛逋生高昌磨榆國既十二歲河州羌何郎業賢客高昌見厮囉貌奇偉挈以歸置劉心城而大姓聳昌厮均又以厮囉居移公城欲於河州立文法河州人謂佛唃謂兒子厮囉自此名唃厮囉於是宗哥僧李立遵邈川大酋溫逋哥略取厮囉如郭州尊立之部族寖彊乃徙居宗哥城立遵爲論逋佐之立遵或曰李遵或曰李立遵又曰郢成蘭逋叱論逋者相也立遵貪且喜殺國人不附既與曹瑋戰三都谷不勝又襲西涼爲所敗厮囉遂與立遵不協更徙邈川以溫逋哥爲論逋有勝兵六七萬與趙德明抗希望朝廷恩命知秦州張佶奏請拒絕涇原鈐轄曹瑋上言宜厚唃厮囉以扼德明而立遵屢表求贊普號朝議以贊普戎王也立遵居厮囉下不應妄予乃用厮鐸督恩例授立遵保順軍節度使賜襲衣金帶器幣鞍馬鎧甲等大中祥符八年厮囉遣使來貢詔賜錦袍金帶器幣供帳什物茶藥有差凡中金七千兩他物稱是其年厮囉立文法聚衆數十萬請討平夏以自效上以戎人多詐或生他變命周文質監涇原軍曹瑋知秦州兼兩路沿邊安撫使以備之宗哥城東南至永寧九百一十五里東北至西涼府五百里西北至甘州五百里東至蘭州三百里南至河州四百一十五里又東至龕谷五百五十里又西南至青海四百里又東至新渭州千八百九十里九年厮囉立遵等獻馬五百八十二匹詔賜器幣總萬二千計以答之數使人至秦州求內屬明道初即授厮囉寧遠大將軍愛州團練使授逋哥歸化將軍已而逋哥爲亂囚厮囉置穽中出收不附己者守穽人間出之厮囉集兵殺逋哥徙居青唐景祐中以厮囉爲保順軍節度觀察留後歲以奉錢令秦州就賜元昊侵畧其界兵臨河湟厮囉知衆寡不敵壁鄯州不出陰間元昊頗得其虛實元昊已渡河插幟志其淺厮囉潛使人移植深處以誤元昊及大戰元昊潰而歸士視幟渡溺死十八九所鹵獲甚衆自是數以奇計破元昊元昊遂不敢窺其境及元昊取西涼府潘羅支舊部往往歸厮囉又得回紇種人數萬厮囉居鄯州西有臨谷城通青海高昌諸國商人皆趨鄯州貿賣以故富強寶元元年加保順軍節度使仍兼邈川大首領時以元昊反遣左侍禁魯經持詔諭厮囉使背擊元昊以披其勢賜帛二萬匹經還以勞擢閤門祗候厮囉奉詔出兵嚮西涼西涼有備厮囉知不可攻捕殺遊邏數十人亟還聲言圖再舉元昊既屢寇邊仁宗召對魯經欲再遣經固辭貶經爲左班殿直募敢使者屯田員外郎劉渙應詔渙至厮囉迎導供帳甚厚介騎士爲先驅引渙至庭厮囉冠紫羅氈冠服金線花袍黃金帶絲履平揖不拜延坐勞問稱阿舅天子安否道舊事則數十二辰屬曰兔年如此馬年如此渙傳詔已而厮囉召酋豪大犒約盡力無負然終不能有大功後累加恩兼保順河西節度使洮涼兩州刺史又加階勳檢校官功臣食邑賜器幣鞍勒馬嘉祐三年擦羅部阿作等叛厮囉歸諒祚諒祚乘此引兵攻掠境上厮囉與戰敗之獲酋豪六人收橐駝戰馬頗衆因降隴逋公立馬頗三大族會契丹遣使送女妻其少子董氈乃罷兵歸治平二年夏羌邈奔及阿叔溪心以隴珠阿諾三城叛諒祚歸厮囉厮囉不禮乃復歸諒祚請兵還取所獻地諒祚不之罪爲出萬餘騎隨邈奔溪心往取不能克但取邈川歸丁家五百餘帳而還厮囉其年冬死年六十九第三子董氈嗣

董氈母曰喬氏厮囉三妻喬氏有色居歷精城所部可六七萬人號令明人懼服之方董氈少時擇酋長子年與董氈相若者與之遊衣服飲食如一以此能附其衆董氈自九歲厮囉爲請于朝命爲會州刺史而喬氏封太原郡君其二妻皆李立遵女也生瞎氈及磨氈角立遵死李氏寵衰斥爲尼置郭州錮其子瞎氈磨氈角結母黨李巴全竊載其母奔宗哥厮囉不能制磨氈角因撫有其衆李氏以寶元二年恩賜紫衣磨氈角亦累奉貢初補嚴州團練使後以恩州團練使卒所部立其子瞎撒欺丁李氏憚孤弱不能守乃獻皮帛入庫稟文籍于厮囉厮囉因受之嘉祐三年命欺丁爲順州刺史瞎氈居龕谷屢通貢授澄州團練使先卒子木征居河州母弟瞎吳叱歸銀川厮囉地既分董氈最彊獨有河北之地其國大抵吐蕃遺俗也懷恩惠重財貨無正朔市易用五穀乳香碙砂罽毯馬牛以代錢帛貴虎豹皮用緣飾衣裘婦人衣錦服緋紫青綠尊釋氏不知醫藥疾病召巫覡視之焚柴聲鼓謂之逐鬼信呪詛或以決事訟有疑使詛之訟者上辭牘藉之以帛事重則以錦亦有鞭笞杻械諸獄具人喜啖生物無蔬茹醯醬獨知用鹽爲滋味而嗜酒及茶居板屋富姓以氈爲幕多並水爲鞦韆戲貢獻謂之般次自言不敢有貳則曰心白向漢云其後河州武勝軍諸族寖驕閉于闐諸國朝貢道擊奪般次詔邊將問罪已而董氈遣使奉貢入謝上慰納焉初厮囉死董氈嗣爲保順軍節度使檢校司空神宗即位加太保進太傅熙寧元年封其母安康郡太君以其子藺逋比爲錦州刺史三年夏人寇環慶董氈乘虛入其境大克獲賜璽書袍帶獎激之王韶既定熙河其首領青宜結鬼章寇河州踏白城景思立死焉帝命邊臣招來之十年以鬼章及阿里骨皆爲刺史董氈貢眞珠乳香象牙玉石馬賜以銀綵茶服緡錢改西平節度使遣供奉官郭英齎詔書器幣至其國方鬼章犯境時列帳訥兒溫及祿尊幸部族叛附之既來降又陰與董氈通元豐初詔知岷州种諤集酋長斬之以妻女田產賜降將俞龍珂二年遣景青宜黨令支貢方物以令支爲珍州刺史賜董氈錢萬緡銀綵千計三年邈川城主溫訥支郢成及叔溪心弟阿令京等欵塞以郢成爲會州團練使溪心內殿崇班令京西頭供奉官餘族人皆殿直奉職四年王師討夏會其兵董氈遣酋長抹征等率三萬人赴黨龍耳江及隴朱珂諾又集六部兵十二萬約以八月分三路與官軍會帝以其協濟軍威事功可紀由常樂郡公進封武威郡王鬼章阿里骨黨令支皆團練使心牟欽氈阿星李叱臘欽爲刺史夏人欲與之通好許割賂斫龍以西地云如歸我即官爵恩好一如所欲董氈拒絕之訓整兵甲以俟入討且遣使來告帝召見其使使歸語董氈盡心守圉每稱其上書情辭忠智雖中國士大夫存心公家者不過如此知邈川事力固不足與夏人抗但欲解散其謀使不與結和而已故終不能大有功哲宗立加檢校大尉元祐元年卒藺逋叱已死養子阿里骨嗣

阿里骨本于闐人少從其母給事董氈故養爲子元豐蘭州之戰最有功自肅州團練使進防禦使董氈病革召諸酋領至青唐謂曰吾一子已死惟阿里骨母嘗事我我視之如子今將以種落付之何如諸酋聽命既嗣事遣使脩貢元祐元年以起復冠軍大將軍檢校司空爲河西軍節度使封寧塞郡公里骨頗峻刑殺其下不遑寧詔飭以推廣恩信副朝廷所以封立前人所以付與之意二年遂逼鬼章使率衆拒洮州羌結藥密者使所部怯陵來告里骨執怯陵結藥密擢攜妻子南歸鬼章又使其子結呃龊入寇心牟欽氈溫溪心不肯從詔以二人爲團練使八月鬼章就擒檻送京師詔赦之授陪戎校尉遣居秦州聽招其子以自贖明年里骨奉表謝罪詔熙河無復出兵許貢奉如故加金紫光祿大夫檢校太保其鄯州主酋舊欲焚拆河橋歸漢熙州以聞哲宗以里骨既通貢不可有納叛之名欲弗納又封其妻溪尊勇丹爲安化郡君子邦彪籛爲鄯州防禦使弟南納支爲西州刺史鬼章死詔焚付其骨紹聖元年以師子來獻帝慮非其土性厚賜而還之三年卒年五十七瞎征嗣

瞎征即邦彪籛也以紹聖四年正月爲河西軍節度使檢校司空寧塞郡公性嗜殺部曲睽貳大酋心牟欽氈之屬有異志忌瞎征季父蘇南黨征雄勇多智共誣其謀逆瞎征不能察而殺之盡誅其黨獨籛羅結逃奔溪巴溫溪巴溫者董氈疎族也自阿里骨之立去依隴逋部河南諸羌多歸之籛羅結奉溪巴溫長子杓拶據溪哥城瞎征討殺杓拶籛羅結奔河州說王贍以取青唐之策已而溫入溪哥城自稱王子元符二年七月贍取邈川八月瞎征自青唐脫身來降欽氈迎溪巴溫入青唐立木征之子隴拶爲主九月贍軍至青唐隴拶出降以邈川爲湟州青唐爲鄯州二酋雖降然其種人本無歸漢意議者謂今不先脩邈川以東城障而遽取青唐非計也以今日觀之有不可守者四自炳靈寺渡河至青唐四百里道險地遠緩急聲援不相及一也羌若斷橋塞隘我雖有百萬之師倉卒不能進二也王贍提孤軍以入四無援兵必生他變三也設遣大軍而青唐宗哥邈川食皆止支一月內地無根可運難以久處四也官軍自會州還者皆憔悴衣屨穿決器仗不全羌覘之有輕漢心旦夕必叛閏九月欽氈等果與青唐城中人相結謀復奪城山南諸羌亦叛贍遣將破之戮結呃龊及欽氈等九人青唐圍解而邈川益急夏人十萬助之總管王愍以死戰固守乃得免贍棄青唐歸巴溫與其子溪賒羅撒據之朝論請并棄邈川且謂董氈無後隴拶乃木征之子唃厮囉嫡曾孫最爲親的於是以隴拶

爲河西軍節度使知鄯州封武威郡公克西蕃都護依府州折氏世世承襲尋賜姓名曰趙懷德其弟邦呼勿丁㕭曰懷義爲廓州團練使同知湟州加瞎征校尉太傅懷遠軍節度使三年三月懷德及所降契丹夏國回鶻公主入見各賜冠服退易之于邇英閤前後立班謝賜食於橫門檄宗命輔臣呼與語問何以招致溪巴溫對曰譬如乳牛繫其子卽母須來繫其母卽子須來俟至岷州當遣人往諭彼之歸漢遂與瞎征俱還湟州溪賒羅撒謀襲殺懷德懷德奔河南瞎征不自安求內徙詔居鄧州崇寧元年卒三年王厚復湟鄯懷德至京師拜感軍節度使封安化郡王

趙思忠卽瞎氊之子木征也瞎氊死木征不能自立青唐族酋瞎藥雞羅及僧鹿遵迎之居洮州欲立以復洮岷疊宕武勝軍諸羌秦州以其近邊逐之乃還河州後徙安江城董氊欲羈屬之不能有也母弟瞎吳叱別居銀川有聶家山至和初補本族副軍主嘉祐中河州刺史王韶經畧熙河遣僧智圓往說之啖以厚利因隨以兵前後殺其老弱數千焚族帳萬數得腹心酋領十餘人又禽其妻子皆不殺遂以熙寧七年四月舉洮河二州來降賜以姓名拜榮州團練使封其母郢成結遂寧郡太夫人妻包氏咸寧郡君弟董谷賜名繼忠補六宅副使結吳延征賜名濟忠瞎吳叱曰紹忠巴氊角曰醇忠巴氊抹曰存忠長子邦辟勿丁㕭曰懷義次蓋㕭曰秉義皆超拜官以思忠爲秦州鈐轄不涖事而乞主熙河羌部經畧司以爲不可詔以二州給地五十頃後遷合州防禦使卒贈鎭洮軍節度觀察留後

宋史卷四百九十三

元 中 書 右 丞 相 總 裁 脫 脫 等 修

列傳第二百五十二

蠻夷一

西南溪峒諸蠻上

古者帝王之勤遠畧耀兵四裔不過欲安內而捍外爾非所以求逞也西南諸蠻夷重山複嶺雜廁荊楚巴黔巫中四面皆王土乃欲揭上腴之征以取不毛之地疲易使之衆而得梗化之氓誠何益哉樹其酋長使自鎭撫始終蠻夷遇之斯計之得也然無經久之策以控馭之狌䢉之性便於跳梁或以讎隙相尋或以饑饉所逼長嘯而起出則衝突州縣入則負固山林致煩興師討捕雖能殄除而斯民之荼毒深矣宋恃文教而略武衞亦豈先王制荒服之道哉西南溪峒諸蠻皆盤瓠種唐虞爲要服周世其衆彌盛宣王命方叔伐之楚莊旣霸遂服於楚秦昭使白起伐楚略取蠻夷置黔中郡漢改爲武陵後漢建武中大爲寇鈔遣伏波將軍馬援等至臨沅擊破之渠帥饑困乞降歷晉宋齊梁陳或叛或服隋置辰州唐置錦州溪州巫州敍州皆其地也唐季之亂蠻酋分據其地自署爲刺史晉天福中馬希範承襲父業據有湖南時蠻猺保聚依山阻江殆十餘萬至周行逢時數出寇邊逼辰永二州殺掠民畜無寧歲太祖旣下荊湖思得通蠻情習險阸勇智可任者以鎭撫之有辰州猺人秦再雄者長七尺武健多謀在行逢時屢以戰鬭立功蠻黨伏之太祖召至闕下察其可用擢辰州刺史官其子爲殿直賜予甚厚仍使自辟吏屬予一州租賦再雄感恩誓死報効至州日訓練士兵得三千人皆能被甲渡水歷山飛塹捷如猿猱又選親校二十人分使諸蠻以傳朝廷懷來之意莫不從風而靡各得降表以聞太祖大喜復召至闕面加獎激改辰州團練使又以其門客王允成爲辰州推官再雄盡瘁邊圉五州連袤數千里不增一兵不費帑庾終太祖世邊境無患又有溪州刺史彭士愁等以溪錦獎州歸馬氏立銅柱爲界建隆四年知溪州彭允林前溪州刺史田洪贇等列狀歸順詔以允林爲溪州刺史洪贇爲萬州刺史允林卒以其子師晈代爲刺史四月水團都虞候林抱義上辰叙二州圖乾德二年四月溪叙獎等州民相攻劫遣殿直牛允齋詔諭之乃定三年七月珍州刺史田景千內附五溪團練使洽州刺史田處崇上言湖南節度馬希範建叙州潭陽縣爲懿州署臣叔父萬盈爲刺史希範卒其弟希蕚襲位改爲洽州願復舊名詔從其請十二月詔溪州宜克五溪團練使刻印以賜之四年南州進銅皷內附下溪州刺史田思遷亦以銅皷虎皮麝臍來貢五年冬以溪州團練使彭允足爲濮州牢城都指揮使溪州義軍都指揮使彭允賢爲衞州牢城都指揮使珍州錄事參軍田思曉爲博州牢城都指揮使允足等溪峒酋豪據山險持兩端故因其入朝而置之內地開寶元年珍州刺史田景遷言本州連歲災沴乞改爲高州從之八年景遷卒其子衙內都指揮使彥伊來請命卽以爲刺史九年獎州刺史田處達以丹砂石英來貢太平興國二年懿州刺史五溪都團練使田漢瓊以其子弟女夫大將五溪統軍都指揮使田漢度而下十二人來貢詔並加檢校官以獎之三年夷州蠻任朗政等來貢七年詔辰州不得移部內馬氏所鑄銅柱溪州刺史彭允殊上言刺史舊三年則爲州所易望朝廷禁止賜勅書安撫之八年錦溪叙富四州蠻相率詣辰州言願比內郡輸租稅詔長吏察其謠俗情僞并按視山川地形圖書來上卒不許懿州刺史田漢瓊錦州刺史田漢希上言願兩易其地詔從之又以知叙州舒德邦爲刺史雍熙元年黔南言溪峒夷獠疾病擊銅皷沙鑼以祀神鬼詔釋其銅禁淳化二年知晃州田漢權言本管砂井步夷人粟忠獲古晃州印一鈕來獻因請命以漢權爲晃州刺史又以五溪諸州統軍鶴州刺史向通漢爲富州刺史從其請也是年荊湖轉運使言富州向萬通殺皮師勝父子七人取五藏及首以祀魔鬼朝廷以其遠俗令勿問三年晃州刺史田漢權錦州刺史田保全遣使來貢五年以舒德邦言爲元州刺史獎晃叙懿元錦費福等州皆來貢上親視器幣以賜之至道元年高州溪州並來貢二年上親祀南郊富州刺史向通漢上言聖人郊祀恩浹天壤況五溪諸州連接十洞控西南夷戎之地惟臣州自昔至今爲辰州墻壁障護辰州五邑王民安居臣雖僻處遐荒洗心事上伏望陛下察臣勤王之誠因茲郊禮特加眞命詔加通漢檢校司徒進封河內郡侯咸平元年通漢又言請定租賦眞宗以荒服不征弗之許其年古州刺史向通展以芙蓉朱砂二器馬十匹水銀千兩來獻詔有司鑄印以賜通展二年以下溪州刺史彭允殊爲右千牛衞將軍致仕以其姪文勇爲刺史三年高州刺史田彥伊遣子貢方物及輸兵器四年其酋向君猛又遣弟君泰來朝上溪州刺史彭文慶來貢水銀黃蠟五年正月天賜州蠻向永豐等二十九人來朝夔州路轉運使丁謂言溪蠻入粟實緣邊砦柵頓息施萬諸州饋餉之弊臣觀自昔和戎安邊未有境外轉糧給我戍兵者先是蠻人數擾上召問巡檢使侯廷賞廷賞曰蠻無他求唯欲鹽爾上曰此常人所欲何不與之乃詔諭丁謂謂卽傳告陬落羣蠻感悅因相與盟約不爲寇鈔負約者衆殺之且曰天子濟我以食鹽我願輸與兵食自是邊穀有三年之積七月高州刺史田彥伊子承寶等百二十二人來朝賜巾服器幣以承寶爲山河使九溪十峒撫諭都監六年四月丁謂等言高州義軍務頭角田承進等擒生蠻六百六十餘人奪所畧漢口四百餘人初益州軍亂議者恐緣江下峽乃集施黔高溪蠻豪子弟捍禦羣蠻因熟漢路寇畧而歸謂等至卽召與盟令還漢口旣而有生蠻違約謂遣承進率衆及發州兵擒獲之焚其室廬皆震慴伏罪謂乃置尖木砦施州界以控扼之自是寇鈔始息邊溪峒田民得耕種七月南高州義軍指揮使田彥强防虞指揮使田承海來貢施州叛蠻譚仲通等三十餘人來歸景德元年高州五姓義軍指揮使田文都來貢富州刺史向通漢遣使潭州營佛事以報朝廷存卹之惠二年夔州路降蠻首領皆自署職名請因而命之上不許第令次補牙校是歲辰州諸蠻攻下溪州爲其刺史彭儒猛擊走之擒酋首以獻詔賜儒猛錦袍銀帶儒猛自陳母老願被恩典詔特加邑封十二月荊湖北路言溪峒團練使彭文綰送還先陷漢口五十人詔授文綰檢校太子賓客知中彭州其年懿州刺史田漢希卒以其子漢能爲刺史三年高州新附蠻酋八十九人來貢五溪都防禦使向通漢表求追贈父母從之溪州刺史彭文慶率溪峒羣蠻來朝又高州諸名豪百餘人入貢四年五月以高州刺史田彥伊子承寶爲寧武郎將高州主軍都指揮使田思欽爲安化郎將其年宜州軍亂朝廷恐宜融溪峒因緣侵擾因降詔約勒首領皆奉詔部分種族無敢輒動大中祥符元年夔州路言五團蠻嘯聚謀劫高州欲令暗利砦援之上以蠻夷自相攻不許發兵三月知元州舒君强知吉州向光普並加銀青光祿大夫檢校太子賓客八月黔州言磨嵯洛浦蠻首領龔行滿等率族二千三百人歸順十月溪峒諸蠻獻方物于泰山三年澧州言慈利縣蠻相讐劫知州劉仁霸請率兵定之上恐深入蠻境使其疑懼止令仁霸宣諭詔旨遂皆感服四年安遠順南永寧獨木州蠻酋田承曉等三百七十三人來貢五年詔昨許溪峒蠻夷歸先劫漢口及五十人者特署職名仍聽來貢如聞緣此要利輒掠邊民充數所在切辨察之其年夔蠻千五百人乞朝貢上慮其勞費不許又詔施州溪蠻朔望犒以酒殽閏十月五溪蠻向貴升及磨嵯洛浦蠻來貢六年夔州蠻彭延遷龔才晃等來貢辰州溪峒都指揮使魏進武率山猺數百人數寇城砦朝廷不欲發兵窮討乃降詔招諭七年進武詣吏請罪署爲三班借職監房州稅仍賜裝錢八年詔中彭州彭文綰歲賜錦袍天禧元年溪州蠻寇擾遣兵討之二年辰州都巡檢使李守元率兵入白霧團擒蠻寇十五人斬首百級降

其酋二百餘人知辰州錢絳等入下溪州破砦柵斬蠻六十餘人降老幼千餘刺史彭儒猛亡入山林執其子仕漢等赴闕詔高州蠻捕儒猛來獻者厚加賞典其年儒猛因順州蠻田彥晏上狀本路自訴求歸轉運使以聞上哀憐之特許釋罪儒猛乃奉上所略民口器甲詔辰州通判劉中象召至明灘與歃血要盟遣之詔以仕漢爲殿直儒霸儒聰爲借職賜冠帶繒帛富州刺史向通漢率所部來朝貢名馬丹砂銀裝劍槊兜鍪彩牌等物詔賜襲衣金帶鞍勒馬幷其子光澤以下器幣有差特許通漢五日一朝踰月通漢上五溪地理圖願留京師上嘉美之特授通漢檢校太傅本州防禦使還賜疆土署其子光澤等三班職名通漢再表欲留京師不允乃爲光澤等求內地監臨及言歲賜衣願使者至本任竝從之既辭又賜以襲衣金帶三年通漢卒以其子光憲知州事其後光澤不爲親族所容上表納土上察其意不許四年知古州向光普遣使鼎州營僧齋以祝聖壽初北江蠻酋最大者曰彭氏世有溪州州有三曰上中下溪又有龍賜天賜忠順保靜感化永順州六懿安遠新給富來寧南順高州十一總二十州皆置刺史而以下溪州刺史兼都誓主十九州皆隸焉謂之誓下州將承襲都誓主率羣酋合議子孫若弟姪親黨之當立者具州名移辰州爲保證申鈐轄司以聞乃賜勅告印符受命者隔江北望拜謝州有押案副使及校吏聽自補置彭氏自允殊文勇儒猛相繼爲下溪州刺史至仕漢爲殿直留西京後輒遁歸天聖初以狀白辰州自言父老兄亡潛歸本道願放還家屬詔從其家京師舍以官第未幾儒猛言仕漢逃歸誘羣蠻爲亂遣別子仕端等殺之朝廷嘉其忠降詔獎諭時儒猛爲檢校尚書右僕射特遷左僕射又以仕端爲檢校國子祭酒知洛州加賜鹽三百斤綵三十匹彭氏有文綰者知中彭州卽忠順州也三年儒猛攻殺文綰其子儒索率其黨九十二人來歸補儒索復州都知兵馬使餘官爲稟給五年儒猛死仕端以名馬來獻詔還其馬命知下溪州賜以袍帶七年遂以其弟仕義貢方物明道初仕端死復命仕義爲刺史累遷檢校尚書右僕射自允殊至仕義五世矣仕義有子師寶景祐中知忠順州慶曆四年以罪絕其奉貢蓋自咸平以來始聽二十州納貢歲有常賜蠻人以爲利有罪則絕之其後師寶數自訴請知上溪州皇祐二年始從其請朝貢如故既而師寶妻爲仕義取去師寶忿恚至和二年與其子知龍賜州師黨舉族趨辰州告其父之惡且言仕義嘗殺誓下十三州將奪其符印幷有其地貢奉賜予悉專之自號如意大王補置官屬將起爲亂於是知辰州宋守信與通判賈師熊轉運使李肅之合議率兵數千深入討伐以師寶爲鄉導兵至而仕義遁入他峒不可得俘其孥及銅柱而官軍戰死者十六七守信等皆坐貶自是蠻獠數入寇鈔邊吏不能制朝廷姑欲無事間遣吏諭旨許以改過自歸裁損五七州貢奉歲賜初輒不聽後遣三司副使李參文思副使竇鄉舜侍御史朱處約轉運使王緯經制大出兵臨之且馳檄招諭而仕義乃陳本無反狀其僭稱號補官屬特遠人不知中國禮義而然守信等輕信師寶之譖擅伐無辜願以二十州舊地復貢奉內屬朝廷又遣殿中丞雷簡夫往視之嘉祐二年仕義乃歸所掠兵丁五十一人械甲千八百九事率蠻衆七百歃血就降辰州亦還其孥及銅柱時師寶已死遣師黨歸知龍賜州戒勿殺自是仕義歲奉職貢然黠驁數盜邊卽辰州界白馬崖下喏溪聚衆據守朝廷數招諭令歸侵地不聽熙寧三年爲其子師綵所弒師綵專爲暴虐其兄師晏攻殺之幷誅其黨納誓表于朝幷上仕義平生鞍馬器服仍歸喏溪地乃命師晏襲州事五年復以馬皮白峒地來獻詔進爲下溪州刺史賜母妻封邑章惇經制南北江湖北提點刑獄李平招納師晏誓下州峒蠻張景謂彭德儒向永勝覃文猛覃彥霸各以其地歸版籍師晏遂降詔脩築下溪州城幷置砦於茶灘南岸賜新城名會溪新砦名黔安戍以兵隸辰州出租賦如漢民遣師晏詣闕授禮賓副使京東州都監官其下六十有四人元豐八年湖北轉運司言辰州江外生蠻覃仕穩等願內附詔不許招納其後彭仕誠者復爲都誓主元祐三年羅家蠻寇鈔詔召仕誠及都頭覃文懿等至辰州約束之是年知誓下保順州彭儒武知永順州彭儒同知謂州彭思聰知龍賜州彭允宗知藍州彭士明知吉州彭儒崇各同其州押案副使進奉與龍節及冬至正旦溪布有差初熙寧中天子方用兵以威四夷湖北提點刑獄趙鼎言峽州峒首刻剝亡度蠻衆願內屬辰州布衣張翹亦上書言南北江利害遂以章惇察訪湖北經制蠻事而南江之舒氏北江之彭氏梅山之蘇氏誠州之楊氏相繼納土刱立城砦使之比內地爲王民北江彭氏已見前南江諸蠻自辰州達于長沙邵陽各有溪峒曰叙曰峽曰中勝曰元則舒氏居之曰獎曰錦曰懿曰晃則田氏居之曰富曰鶴曰保順曰天賜曰古則向氏居之舒氏則德郛德言君疆光銀田氏則處達漢瓊漢希漢能漢權保金向氏則通漢光普行猛永豐永晤皆受朝命自治平末光銀入貢故事南江諸蠻亦隸辰州貢進則給以驛券光銀援以爲請詔以券九道給之其後有峽州舒光秀者以刻剝其衆不附張翹言南江諸蠻雖有十六州之地惟富峽叙僅有千戶餘不滿百土廣無兵加以荐饑近向永晤與繡鶴叙諸州蠻自相讎殺衆苦之咸思歸化願先招富峽二州俾納土則餘州自歸幷及彭師晏之孱弱皆可郡縣詔下知辰州劉策商度策請如翹言熙寧五年乃遣章惇察訪未幾策卒乃以東作坊使石鑑爲湖北鈐轄兼知辰州且助惇經制明年富州向晤獻先朝所賜劍及印來歸順繼而光銀光秀等亦降獨田氏有元猛者頗桀驁難制異時數侵奪舒向二族地惇遣左侍禁李資將輕兵往招諭資辰州流人曩與張翹同獻策者也褊宕無謀褻慢夷獠遂爲懿洽州蠻所殺惇進兵破懿州南江州峒悉平遂置沅州以懿州新城爲治所尋又置誠州元祐初傅堯俞王巖叟言沅誠州刱建以來設官屯兵布列砦縣募役人調戍兵費鉅萬公私騷然荊湖兩路爲之空竭又自廣西融州刱開道路達誠州增置潯江等堡其地無所有湖廣移賦以給一方民不安業願斟酌廢置朝廷以沅州建置至是十五年蠻情安習已久但廢誠州爲渠陽軍而沅州至今爲郡元祐初諸蠻復叛朝廷方務休息痛懲邀功生事廣西張整融州溫嵩坐擅殺蠻人皆寘之罪詔諭湖南北及廣西路曰國家疆理四海務在柔遠頃湖廣諸蠻近漢者無所統壹因其請吏量置城邑以撫治之邊臣邀功獻議刱通融州道路侵逼峒穴致生疑懼朝廷知其無用旋卽廢罷邊吏失於撫遏遂爾扇搖其叛酋楊晟臺等竝免追討諸路所開道路刱置堡砦竝廢自後五溪郡縣棄而不問崇寧以來開邊拓土之議復熾於是安化上三州及思廣洞蒙光明樂安峒程大法都丹團黃光明靖州西道楊再立辰州覃都管罵等各願納土輸貢賦又令廣西招納左右江四百五十餘峒宣和中議者以爲招致熟羌接武請吏竭金帛繒絮以啗其欲捐高爵厚奉以侈其心開辟荒蕪草刱城邑張皇事勢僥倖賞恩入版圖者存虛名克府庫者亡實利不毛之地既不可耕狠子野心頑冥莫革建築之後西南夷獠交寇而溪峒子蠻亦復跳梁士卒死於干戈官吏沒於王事肝腦塗地往往有之以此知納土之議非徒無益而又害之所由生也莫若俾帥臣監司條具建築以來財用出入之數商較利病可省者省可併者併減戍兵漕運而夷狄可撫邊鄙可亡患矣乃詔悉廢所置初郡其餘諸蠻自乾興以來或叛或服其類不一各以歲月次之乾興初順州蠻田彥晏率其黨田承恩寇施州暗利砦縱火而去夔州發兵擊之俘獲甚衆彥晏在眞宗朝爲歸德將軍檢校太子賓客知順州承恩者知保順州田彥曉子也明年彥晏欵邊上誓狀願還所掠金帛器械且輸粟二千石自贖詔拒其粟舍其所負金帛第令歸掠去戶口仍加彥晏寧遠將軍檢校工部尚書承恩檢校國子祭酒兼監察御史皆知州如故後又有田忠顯者與其黨百九人入貢天聖二年知古州向光普自言嘗刱佛寺請名報國歲度僧一人許之四年歸順等州蠻田思欽等以方物來獻時來者三百一人而夔州路轉運使不先以聞詔劾之既而又詔安遠天賜保順南順等州蠻貢京師道里遼遠而離寒暑之苦其聽以貢物留施州所賜就給之願入貢者十人聽三二人至闕下首領聽三年一至七年黔州蠻舒延蠻繡州蠻向光緒皆來貢九年施州屬蠻覃彥綰等寇永寧砦景祐中澧州屬蠻五百餘人入寇時州將崔承祐畏避不以聞爲荊湖鈐轄司所奏詔劾罷之寶元二年辰州猺獠三千餘人欵附以州將張昭懿招輯有功進一官慶曆三年桂陽監蠻猺內寇詔發兵捕擊之蠻猺者居山谷間其山自衡州常寧縣屬于桂陽郴連賀韶四州環紆千餘里蠻居其中不事賦役謂之猺人初有吉州巫黃捉鬼與其兄弟數人皆習蠻法往來常寧出入溪峒誘蠻衆數百人盜販鹽殺官軍逃匿峒中既招出而殺之又從山下民他處至是其黨遂合五千人出桂陽藍山縣華陰峒害巡檢李延祚潭州都監張克明事聞擢楊畋提點刑獄督清理事久之不克遂詔湖南轉運使郭輔之等招撫之始於湖南置安撫司蠻所至殺掠居民縱火劫財物被害者甚衆詔被害者幷入山捕蠻土兵蠲復有差初發兵捕蠻至或誤殺良民仁宗命訪之戶給絹五匹仍蠲其家時蠻勢方熾又遣殿中侍御史王綵三司度支副使徐的經制降勑書委知潭州劉沆招諭能自歸者第錄以官沆大發兵臨之以勑書從事降二千餘人使散居所部錄其首領鄧文志黃文晟黃士元皆爲三班奉職又以內殿承制开贇崇班胡元嘗在石硋峒捕殺有勞進贇莊宅副使元禮賓副使時四年冬也五年二月餘黨唐和等復內寇乃詔湖南安撫轉運提點刑獄便

宜從事又特賜官兵土丁錢有差於是沆檄楊畋等八路入討覆蕩桃油平能家源等皆其巢穴捕斬首級甚衆詔官兵有功者九百餘人第遷一資錄其應募討擊者道州進士十四人竝官之然唐和等猶未平又詔如聞賊黨欲降其罷出兵逃匿者諭使歸復州縣拊存之是冬蠻復入寇與胡元及右侍禁郭正趙鼎殿侍王孝先戰于華陰峒隘口元等死之劉沆楊畋皆坐黜以劉夔代沆爲安撫使夔言唐和等旣敗官軍殺將吏聚衆益自疑恐寖爲邊患願以詔書招安就補溪峒首領詔可是時湖湘騷動兵不得息六年夏仁宗顧謂輔臣曰官軍久戍南方夏秋之交瘴癘爲虐其令太醫定方和藥遣使給之自是繼賜緡錢未幾夔言敗唐和於銀江源轉運使周沆亦言指揮辛景賢招降賊黨五十六戶二百五十九人錄其首領戒所部拊存之先是命三司戶部判官崔嶧爲體量安撫往議討除招安二策旣而知桂陽監宋守信奏唐和嘯聚千餘衆爲盜五六年卒未能克者朝廷不許窮討故也今衡州監酒黃士元頗習溪峒事願得敢戰士二千引路土丁二百優給金帛使之逐捕必得然後已并勑邢賚等合力以進彼旣勢窮必將欵附詔用其策於是大發兵討之其衆果懼遁入郴州黃莽山由趙峒轉寇英韶州依山自保是冬帝閔士卒暴露復諭執政密戒主帥安恤七年唐和遣其子執要領詣官自言願貸糧米居所保峒中時楊畋復爲湖南鈐轄詔趣連韶州山下與廣南東西轉運使共告諭之使以兵械上官質其親屬詔補唐和盤知諒房承映承泰文運等五人爲峒主授銀青光祿大夫檢校國子祭酒兼監察御史武騎尉知諒等蓋唐和黨也至冬其衆悉降皇祐五年邵州蠻舒光銀因湖南安撫司自陳捍禦之勞願於峒中置中勝州詔可嘉祐二年羅城峒蠻寇澧州發兵擊走之三年以施州蠻向永勝所領州爲安定州五年以邵州蠻楊光僣知徽州光僣通漢之子也通漢慶歷初嘗入貢既死光僣襲之舊制溪峒知州卒承襲者許進奉行州事撫遏蠻人及五年安撫司爲奏給敕告至是光僣行州事七年無他過故命之

宋史卷四百九十四

元　中書右丞相總裁脫脫等修

列傳第二百五十三

蠻夷二

西南溪峒諸蠻下　梅山峒

誠徽州　南丹州

紹興三年臣僚言武岡軍溪峒舊嘗集人戶爲義保蓋其風土習俗服食器械悉同猺人故可爲疆場捍蔽雖曰籍之於官然亦未嘗遠戍靖康間調之以勤王其後湖南盜起征歛百出義保無復舊制困苦不勝乃舉其世業客依蠻峒聽其縣役州縣猶驗舊籍催科胥隸及門則挈家遠徙官失其稅蠻獠日强兼武岡所屬三縣悉爲猺人所有遠戍之實已無而鄉戶弩手之名尚在歲取其直人戶咨怨乞擇本路監司詳議以聞詔從之四年辰州言歸明保靜南渭永順三州彭儒武等久欲奉表入貢詔以道路未通俾荆湖北帥司慰諭免赴闕遣人持表及方物赴行在仍優賜以答之九月詔荆湖南北路溪峒頭首土人及主管年滿人合給恩賜俾各路帥司會計覆實以聞六年知鼎州張觷言鼎澧辰沅靖州與溪峒接壤祖宗時嘗置弓弩手得其死力比緣多故遂皆廢闕萬一蠻夷生變將誰與捍禦今雖各出良田募人以補其額率皆豪强遣僮奴竄名籍中乘時射利無益公家所宜汰去則募溪峒司兵得三百人俾加習練足爲守禦給田募人開墾以供軍儲詔荆湖北路帥司相度以聞帥司言營田四州舊置弓弩手九千一百一十人練習武事散居邊境鎮撫蠻夷平居則事耕作緩急以備戰守深爲利便靖康初調發應援河東全軍陷沒今辰沅澧靖等州乏兵防守竊慮蠻夷生變巨測若將四州弓弩手減元額定爲三千五百人辰州置千人沅州置千五百人澧州靖州各置五百人分處要害量給土田訓練以時耕戰合度庶可備禦以所餘閑田募人耕作歲收其租其於邊防財賦兩得其便可爲經久之計詔從之七年六月張觷言湖外自靖康以來盜賊盤踞鍾相楊太山雷德進等相繼叛澧州所屬尤甚獨慈利縣向思勝等五人素號溪峒歸明誓掌防拓卒能保境息民使德進賊黨無所剽掠思勝後竟殺德進會官軍招撫劉智等而彭永健彭永政彭永全彭永勝及思勝共獻糧助官軍招復諸山四十餘栅宣力効忠功居多宜加恩賞詔思勝等五人各轉兩資九月詔荆湖廣南路溪峒頭首土人內有子孫應襲職名差遣及主管年滿合給恩賜之數俾帥司取會覈實以聞九年宜章峒民駱科作亂寇郴道連桂陽諸州縣詔發大兵往討之獲駱科餘黨歐幼四等復叛據藍山寇平陽縣遣江西兵馬都監程師回討平之十年承信郎琴州溪峒楊進顒等率族屬歸生界五百餘戶疆土三百餘里獻累世所造兵器及金爐酒栝各一求入覲詔本路帥司敦遣以行十二年詔以施州南砦路夷人向再健襲父思遷克銀青光祿大夫檢校國子祭酒兼監察御史武騎尉知懿州事十四年十月湖南安撫使劉昉奏武岡軍猺人有父子相殺者宜出兵助其父俾還省地上以問輔臣秦檜檜曰恐輕舉生事帝曰恩威不可偏廢可懷則示之以恩否則威之不侵省地則已或有所侵柰何不舉俾知所畏哉十二月成忠郎充武岡軍綏寧縣管界都巡檢兼溪峒首領楊進京率其族三百人備黃金朱砂方物求入貢先遣其子孝友陳請詔本路帥司閱舊制以聞給孝友錢三百貫俾還聽進止十五年楊進顒復求入貢以武岡軍不時敦遣爲言詔本路帥司閱實應襲人姓名來上併促進顒入覲四月廣南東路提刑黃應南言溪峒巡檢尉砦官不嚴守備縱民與猺交通恐啓邊釁乞詔有司申嚴法令俾帥臣監司常加覺察宰臣以爲沿邊互市恐不宜禁絶帝曰往年禁西夏互市遂至用兵可令帥司裁決前知全州高楫言猺人今皆微弱不敢先侵省地砦官每縱人深入畧其財物遂致乘間竊發宜詔與溪峒接壤州郡毋侵猺人庶使邊民安業以廣陛下柔遠好生之德帝從其言詔守臣一遵成法務在撫綏二十四年禽楊正修及其弟正拱送理寺獄鞫治斬之初正修侍其父再興入覲獻還省民疆土遂命以官建炎後與弟正拱率九十團峒猺人出武岡軍縱火殺掠民財爲亂紹興間潭州帥司嘗招徠之後復作亂屢抗官軍至是伏誅二十八年七月楊進京等復求入貢詔以道遠慰諭之優其賜與隆興初右正言尹穡言湖南州縣多隣溪峒省民往往交通猺人擅自易田豪猾大姓或詐匿其產猺人以避科差內虧國賦外滋邊患宜詔湖南安撫司表正經界禁民毋質田猺人許匿其產猺人者論如法仍沒入其田以賞告姦者田前賣入猺人俾爲別籍毋遽奪能還其田者縣代給錢償之帝從其言乾道元年宜章峒賊李金陷郴州焚桂陽軍州將棄城遁衡州調常寧縣兵救之弗克世忠峒李昂霄者率壯丁禦賊民恃以安湖南提舉常平鄭丙請發鄂渚軍討賊平之昂霄以功補承節郎管轄衡州常寧縣溪峒及官其子當年俾後得襲職三年靖州界猺人姚明教等作亂詔荆鄂駐劄明椿選將率精銳千人會屯戍官合擊之能立功者有厚賞八月詔平溪峒互市鹽米價聽民便毋相抑配其猺人歲輸身丁米務平收無取羨餘及折輸錢違者論罪十一月南郊禮成詔以緣邊溪峒州縣失於拊循致懷反側或逃竄山谷其在赦恩以前並加寬宥能復業者罪一切置不問互市如故悉聽其便守臣常加撫問以稱綏遠之意四年二月詔湖南北四川二廣州軍應有溪峒處務先恩信綏懷毋弛防閑毋襲科擾毋貪功而啓釁委各路帥臣監司常加覺察是月詔禁沿邊姦人毋越逸溪峒誘致蠻獠侵內地違者論如律其不能防閑致越逸者亦罪之湖廣總領周嗣武言邊事如二年四月之詔帝嘉納之是歲田彥古死子忠佐襲職授銀青光祿大夫檢校散騎常侍知溪峒安化州兼監察御史飛龍騎尉六年盧陽西據獠楊添朝寇邊知沅州孫叔傑調兵數千討之敗績死者十七八初猺人與省戶交爭殺二人死叔傑輒出兵破其十三栅奪還所侵地於是猺人相結爲亂諸司請調常德府城兵三百人益官兵三千人合擊討之宰臣虞允文奏曰蠻夷爲變皆守臣貪功所致今猺人佻視守臣若更去叔傑量遣官軍示以兵威徐與盟誓自可平定帝允其奏俾葉行代叔傑開示恩信論以禍福遂招降之邊境悉平前知武岡軍趙善穀言武岡與湖北廣西隣壤爲極邊之地溪峒七百八十餘所七峒隸綏寧縣五溪峒隸臨江縣紹興三十年減冗員改縣爲臨口砦然五峒之猺俗尤獷悍釁生毫髮則操戈相讐砦官不能爲輕重況本軍有官無兵其闕硤武陽等砦設巡檢二員徒費廩祿以巡防砦栅惟真良三門兵溪香平有土軍可備守禦餘則官廩亦無虛費實邊郡之利也七年前知辰州章才邵上言辰之諸蠻與羈縻保靜南謂永順三州接壤其蠻酋歲貢溪布利於回賜頗覺馴伏盧溪諸蠻以靖康多故縣無守禦犵狑乘隙焚劫後徙縣治於沅陵縣之江口蠻酋田仕羅龔志能等遂雄據其地沅陵之浦口地平衍膏腴多水田頃爲猺蠻侵掠民皆轉徙而田野荒穢會守猝無遠慮乃以其田給靖州犵狑楊姓者俾佃作而課其租所獲甚微楊氏專其地將二十年其地當沅靖二州水陸之衝一有蠻隙則爲害不細臣謂宜預爲之備靖康前辰州每歲蒙朝廷賜錢七萬貫紬絹

布共八千一百匹綿一萬七千兩是時本州廂禁軍一千四百餘人沿邊一十六砦土兵六百餘人皆可贍給其後中外多故今歲賜止得一萬二千緡而本州財復匱乏無以充召募之費禁軍止二百一十餘人諸砦土兵止一百五人甚至砦官有全無一兵而徒存虛名者其於邊防豈可不爲深慮若歲增給民錢一萬俾本州募强壯禁軍或効用二百人分屯盧溪等處以防諸蠻庶使邊患永消可免異時調遣之費書奏詔湖北帥臣詳議以聞是年申嚴邊民售田之禁守令不能奉法者除名部刺史常加糾察八年知貴州陳乂上疏言臣前知靖州時居蠻夷腹心民不服役田不輸賦其地似若可棄然爲重湖二廣保障實南服之要區也或控制失宜或金穀不繼或兵甲少振蠻獠則乘時竊發勤勞王師朝廷當重守臣之選崇寧初戍兵三千人建炎以來每於都統司或帥司摘兵二千人以備屯戍其凶悍者以州郡不能制遂慢守臣反通猺蠻以撓編民州郡非白主帥不敢治比得報已晚矣故戍兵敢肆其惡一旦有警復安能爲用臣以爲宜聽守臣節制爲便帝嘉其言復問左右曰靖隸湖北今聞仰給廣西何也趙雄對曰靖州本溪峒神宗時剏爲誠州元祐間廢尋復爲軍徽宗朝始改靖州與桂府爲鄰故令廣西給其金穀之費近歲漕司匱乏乃責辦諸州以故不能如約宜復舊制俾廣西漕臣如期饋運靖州屯戍官兵聽守臣節制於事爲便帝從之十年四月全州上言本州密邇溪峒邊民本非姦惡其始朝廷禁法非不嚴密監司州郡非不奉行特以平居失於防閑故馴致其亂又兼溪谷山徑非止一途如靜江興安之大通盧武岡軍之新寧盆溪及八十里山永州之東安皆可以徑達溪峒其地綿亘郡邑非一州得專約束故遊民惡少之棄本者商旅之避征稅者盜賊之亡命者往往由之以入萃爲淵藪交相鼓扇深爲邊患如武岡楊再興桂陽陳峒相繼爲亂實原於此爲今計者宜徙開地巡檢兵及分遣士卒屯諸溪谷山徑間俾湖南北廣西帥憲總其役庶幾事權有歸號令可行也儒林郎李大性上言比年猺蠻爲亂邊吏慮妨賞格往往匿不以聞遂致猖獗使一方民命寄於猺人之手誠可哀憫近如梁牟等寇沅州劫墟市殺戮齊民州縣告急於兩月之後比調官軍討捕俘降其賊而人之被害已酷矣宜戒州縣或遇猺人竊發晝時以聞違者論罪仍命監司帥臣常加覺察庶幾先事備禦俾猺人亦知畏懼不敢侵軼以傷吾民也十一年詔給事中中書舍人戶部長貳同敕令所議禁民毋質猺人田以奪其業俾能自養以息邊釁從知沅州王鎮之請也沅州生界犵狑副峒官吳自由子三人貨丹砂麻陽縣巡檢唐人傑誣爲盜執之送獄自由率峒官楊友祿等謀爲亂帥司調神勁軍三百人及沅州民兵屯境上聲言進討先遣歸明官田思忠往招撫之以孔目官爲質世祿等旣盟自由取其三子以歸嘉泰三年前知潭州湖南安撫趙彥勵上言湖南九郡皆接溪峒蠻夷叛服不常深爲邊患制馭之方豈無其說臣以爲宜擇素有知勇爲猺人所信服者立爲酋長借補小官以鎭撫之況其習俗皆欲悉同猺人利害情僞莫不習知故可坐而制服之也五年之間能立勞効卽與補正彼旣榮顯其身取重鄕曲豈不自愛盡忠公家哉所謂捐虛名而收實利安邊之上策也帝下其議旣而諸司復上言往時溪峒設首領峒主頭角官及防遏指揮等使皆其長也比年往往行賄得之爲害滋甚今宜一新蠻夷耳目如彥勵之請所謂以蠻夷治蠻夷策之上也帝從之嘉定元年郴州黑風峒猺人羅世傳寇邊飛虎統制邊寧戰沒江西湖南騷擾知隆興趙希擇知潭州史彌堅共招降之二年李元礪羅孟二寇江西攻破龍泉縣李再興戰敗死之江州駐劄都統制趙選亦戰死初吉州獲賊長七人繫獄土豪黃從龍爲賊畫策賂吉守李絪得縱還賊遂無所忌有俟押隊者領兵戍龍泉境上元礪復用從龍計椎牛釃酒以犒官軍賊至官軍皆醉狼狽散走寇之初起甚微賊伺知議論不一故玩侮官軍方江西力戰則求降湖南湖南戰則求降江西牽制王師使不得相應援其後命工部侍郎王居安知豫章擒獲之溪峒畧平五年臣僚上言辰沅靖等州舊嘗募民爲弓弩手給地以耕俾爲世業邊陲獲保障之安州縣無轉輸之費比年多故其制寖弛猺蠻因之爲亂沿邊諸郡悉受其害比申朝廷調兵招捕曠日持久蠻夷習玩成其猖獗之勢其如楊晟臺李全姚明教羅孟二李元礪陳廷佐之徒皆近事之明驗也爲今計者宜講舊制可紓饋餉之勞而得備禦之實其安邊息民之長策歟七年臣僚復上言辰沅靖三州之地多接溪峒其居內地者謂之省民熟戶山猺峒丁乃居外爲捍蔽其初區處詳密立法行事悉有定制峒丁等皆計口給田多寡闊狹疆畔井井擅鬻者有禁私易者有罰一夫歲輸租三斗無他繇役故皆樂爲之用邊陲有警衆庶雲集爭負弩矢前驅出萬死不顧比年防禁日弛山猺峒丁得私售田田之歸於民者常賦復外輸稅公家因資之以爲利故謾不加省而山猺峒丁之常租仍虛掛版籍責其償益急往往不能聊生反寄命猺人或導其入寇爲害滋甚宜勅湖廣監司檄諸郡俾循舊制毋廢庶邊境綏靖而遠人獲安也

梅山峒蠻舊不與中國通其地東接潭南接邵其西則辰其北則鼎澧而梅山居其中開寶八年嘗寇邵之武岡潭之長沙太平興國二年左甲首領苞漢陽右甲首領頓漢凌寇掠邊界朝廷累遣使招諭不聽命客省使翟守素調潭州兵討平之自是禁不得與漢民交通其地不得耕牧後有蘇方者居之數侵奪舒向二族嘉祐末知益陽縣張頡收捕其桀黠符三等遂經營開拓安撫使吳中復以聞其議中格湖南轉運副使范子奇復奏蠻恃險爲邊患宜臣屬而郡縣之子奇尋召還又述前議熙寧五年乃詔知潭州潘夙湖南轉運副使蔡燁判官喬執中同經制章惇招納之惇遣執中知全州將行而大田三砦蠻犯境又飛山之蠻近在全州之西執中至全州大田諸蠻納欵於是遂檄諭開梅山蠻猺爭闢道路以待得其地東起寧鄕縣司徒嶺西抵邵陽白沙砦北界益陽四里河南止湘鄕佛子嶺籍其民得主客萬四千八百九戶萬九千八十九丁田二十六萬四百三十六畝均定其稅使歲一輸乃築武陽開峽二城詔以山地置新化縣并二城隸邵州自是鼎澧可以南至邵

誠徽州唐溪峒州宋初楊氏居之號十峒首領以其族姓散掌州峒太平興國四年首領楊蘊始來內附五年楊通寶始入貢命爲誠州刺史淳化二年其刺史楊政巖復來貢是歲政巖卒以其子通璗繼知州事熙寧八年有楊光富者率其族姓二十三州峒歸附詔以光富爲右班殿直昌運五人補三班奉職晟情等十六人補三司將軍繼有楊昌銜者亦願罷進奉出租賦爲漢民詔補爲右班殿直子弟姪十八人補授有差獨光僭頗負固不從命詔湖南轉運使朱初平羈縻之未幾亦降乃與其子日儼請於其側建學舍求名士教子孫詔潭州長史朴成爲徽誠等州教授光僭皇城使誠州刺史致仕官爲建宅置飛山一帶道路巡檢光僭未及拜而卒遂以贈之錄其子六人元豐三年知邵州關杞請於徽誠則融嶺擇要害地築城砦以絕邊患詔湖南安撫謝景溫轉運使朱初平判官趙揚商度以聞景溫等以爲宜如杞言乃議誠州以沅州貫保砦爲渠陽縣隸之以徽州爲蒔竹縣隸邵州趙揚言上江多星銅鼓羊鎭潭溪上和上城天村大田等團並至誠州城下貿易可漸招撫併乞下湖南邵州蒔竹縣招諭芙蓉萬驛諸團從之徙誠州治渠陽而貫保爲砦如故上江等諸團果皆納土於是增築多星等砦還連徽廣西融州王口砦爲元祐二年改誠州爲渠陽軍罷兩州兵馬及守禦民丁有楊晟臺者乘間寇文村堡知渠陽軍胡田措置亡術蠻結西融州蠻砦粟仁催往來兩路爲民患調兵屯渠陽至萬人湖南亦增屯兵應援三路俱驚朝廷方務省事議廢堡砦徹戍守而以其地予蠻乃詔湖北轉運副使李茂直招撫又遣唐乂同措置邊事討之後以渠陽爲誠州命光僭之子供備庫使昌達供備庫副使楊昌等同知州事而貫保豐山若水等砦皆罷戍擇授土官俾乂間毀樓櫓撤官舍護領居民入砦崇寧初改誠州爲靖州

南丹州蠻亦溪峒之別種也地與宜州及西南夷接壤開寶七年酋帥莫洪蘬遣使陳紹規奉表求內附九年復來貢求賜牌印詔刻印以給之太平興國五年洪蘬貢銀百兩以賀太平雍熙四年洪蘬族人知寶隆鎭莫淮閩牛一頭逐水草至金城州河池縣宜州牙校周承鑒以其牛耕作淮閩三遣人取牛承鑒不還凡耕十日始釋牛逐水草去淮閩怒領鄕兵六十人劫取承鑒家資財驅縣民莫世家牛六頭以歸誘羣蠻爲寇上遣供奉官王承緒乘傳劾承鑒具伏占牛詔棄市時知宜州贊善大夫侯汀失於備禦羣蠻之擾頗害及民庶詔發諸州兵進討兵未至悉已遁歸汀坐免官詔諭宜融柳州百姓及蠻界人戶曰朕託兆庶之上處司牧之重照臨所暨撫養是均矧於遐陬尤所軫慮昨以知宜州事侯汀失於綏緝恣其侵牟致茲邊夷起爲寇鈔侵騷閭里虔劉士庶及興師而討伐乃畏威而竄伏朕以興戎召釁職由於汀爰舉國章削其官秩汝等所宜體予含垢革乃前非安土厚生保境延世嬉我至化是爲永圖或尚恣於陸梁當盡勦其族類自是不復爲寇淳化元年洪蘬卒其弟洪皓襲稱刺史遣其子淮通來貢銀盌二十銅鼓三面銅印一鈕旗一帖繡眞珠紅羅襦一上降優詔賜絲百匹還其襦自洪蘬領州十餘年歲輸白金百兩洪皓之襲兄位專其地利不脩常貢其弟洪沅忿之挈妻子來奔宜州洪皓怒其背已數引兵攻洪沅洪沅與二男并牙將一人乘傳詣闕訴其事請發兵致討上以蠻夷之俗羈縻而已不欲爲之興師報怨洪沅

先自稱南丹州副使以爲邵州團練使給田十頃下詔戒勑洪皓景德二年洪皓死長子淮勍襲父任俄爲弟淮廸攻南丹州淮勍帥屬來奔詔宜州賜閑田資給之大中祥符五年宜州言淮廸頗集諸蠻阻富仁監道路上廉知淮廸無侵擾狀遣使犒設撫勞之九年撫水蠻叛詔淮廸約勒溪峒勿從誘脅明年平撫水蠻淮廸等竝以勞進秩景祐三年有淮戩者舉族來歸命爲湖南州團練副使勑州縣拊存後淮廸老自言願傳其子世漸至和元年命世漸爲檢校散騎常侍權發遣州事明年以淮廸爲懷遠大將軍致仕世漸爲刺史檢校工部尚書賜袍帶錢十萬絹百匹又補其親黨數十人爲檢校官如故事也世漸死嘉祐末命其子公帳襲之有世忍者亦淮廸之子也初率其屬人內附治平初遁歸攻殺公帳奪其地自首請於朝廷願授刺史補其親黨如故事歲輸銀百兩三年遂命爲刺史皆如其請熙寧二年猺賊殺人世忍執以獻授檢校禮部尚書元豐三年入貢其印以西南諸道武盛軍德政官家明天國主爲文詔以南丹州印賜之令毁其舊印六年大軍討安化世忍獻弓矢自言願世世爲外臣脩貢不懈遷檢校戶部尚書給銅牌旗號官其子姪九人世忍死子公佞襲大觀元年廣西經略使王祖道言公佞就擒進築平允從州牧文地蘭那安外習南丹八州之地併爲鎭庭孚觀州延德軍以其弟公晟襲刺史宣和四年公晟乞以州事付其姪延豐願與其子歸朝詔從之仍乘驛給券紹興三年公晟攻圍觀州焚寶積監朱勝非奏崇觀宣和間所開新邊比來往往棄而不守帥臣監司屢言觀州爲控扼之地不宜棄帝曰前日用事之臣貪功生事公爲欺罔其實勞民費財使遠俗不安也又用廣南經略安撫使劉彥適言以公晟知南丹州兼溪峒都巡檢使提舉盜賊公事給以南丹州刺史舊印公晟未受命二十四年公晟始貢馬率諸蠻來歸帝諭輔臣曰得南丹非爲廣地也但猺人不叛百姓安業爲可喜耳遂以延沈襲公晟職授銀青光祿大夫檢校太子賓客使持節南丹州諸軍事南丹州刺史兼御史大夫知南丹州公事武騎尉廣西經略安撫使呂愿中請降諸蠻三十一種得州二十七縣一百三十五砦四十峒一百七十九及一鎭三十二團皆爲羈縻州縣二十五年延沈進補團練防禦二使三十二年延沈恣行慘酷爲諸蠻所逐歸死省地衆推延稟襲職隆興二年延稟復爲諸蠻所圖携家歸朝經略司奏以延甚襲職淳熙元年南丹爲永樂州所攻使來告急廣西帥臣遣將領陳泰權天河縣主簿徐彌高諭和之十四年經略司奏以延廕襲職詔從其請嘉泰五年延廕之子光熙襲職知南丹州事

宋史卷四百九十五

元　中　書　右　丞　相　總　裁　脫　脫　等　修

列傳第二百五十四

蠻夷三

撫水州　廣源州　黎洞　環州

撫水州在宜州南有縣四曰撫水曰京水曰多逢曰古勞唐隸黔南其酋皆蒙姓同出有上中下三房及北遐一鎭民則有區廖潘吳四姓亦種水田採魚其保聚山險者雖有畬田收穀粟甚少但以藥箭射生取鳥獸盡卽徙他處無羊馬桑柘地曰帚洞五十里至前村川原稍平合五百餘家夾龍江居種稻似湖湘中有樓屋戰棚衛以竹柵卽其酋所居兵器有環刀摽牌木弩善爲箭中者大叫信宿死得邕州藥解之卽活雍熙中數寇邊境掠取民口畜產詔書招安補其酋蒙令地殿直蒙令札奉職咸平中又數爲寇盜止令邊臣驅逐出境其黨狡獪者凡三十餘人宜州守將因擒送闕下上詔見詰責之對曰臣等蠻陬小民爲饑寒所迫耳上顧謂左右曰非不欲盡令殺戮顧無噍類矣因釋罪賜錦袍帶冠銀綵戒勗遣之逾年酋長蒙頂等六十五人詣闕納器甲百七十事又蒙漢誠蒙虔瑋蒙填來朝上器甲數百及毒藥箭誓不擾邊比歲皆遣使來貢及輸兵器乃授漢誠官賜物有差既而侵軼如故景德三年蠻酋蒙填詣宜州自陳願朝貢謝罪詔守臣諭以盡還所掠民貲畜乃從其請大中祥符六年首領指揮使蒙但挈族來歸徙於桂州九年數寇宜融州界轉運使俞獻可言知宜州董元己不善綏撫昨蠻人饑來質餱糧公縱主者尅剝粟量及求入貢復驟沮其意遂使忿恚爲亂詔出元己遣潭州都監李守儋代元己招撫羣蠻拒命侵掠不已獻可請以本道澄海軍及募丁壯進討乃詔益以潭州兵五千人命東染院使平州刺史曹克明爲宜融等州都巡檢安撫使內殿崇班王文慶閤門祗候馬玉內供奉官楊守珍等爲都監上猶以蠻夷異類攻剽常理不足以勳絕又意其道險難進師第令克明獻可設方畧攝其酋首索所鈔生口因而撫之克明獻可上言蠻人去冬寇天河今又鈔融州廂陽諸砦剽劫居民害巡檢樊明累依宜旨詔諭酋不悛革臣請便宜掩擊從之克明乃與守珍領兵入樟嶺路文慶玉趨宜州西路又令宜桂都巡檢程化鵬取樟嶺古牢隘路會合化鵬遇蠻於上房兩木口擊破之文慶玉至如門團爲蠻所扼不能進克明守珍乃過橫溪恩德砦召山獠齎導開路進師蠻依篁竹間時出戰鬬輒敗走旬餘上黃泥嶺杉木隘路溪谷險邃蠻據要害以拒官軍自辰至午大潰其黨遂過霸死抵帚洞乃入中房前村克明等頓兵下砦中夕羣蠻大譁譟擊鉦鼓攻砦甚急出兵擊之傷殺頗衆因縱火焚其廬室積聚自此恐懼竄入山谷又緣龍江南岸而東至昏暮過石峽隘險士不並行蠻復連弩北岸克明遣猛士步涉與鬬至卽退走砦于下房博賀村克明設伏砦外其夜蠻衆大集遇伏發內外合擊追斬殆盡乘勝搜山悉得馬牛享士卒克明等知其窮蹙乃曉諭恩信許以改過於是酋帥蒙承貴等面縛詣軍自首克明厚加犒宴且數責之皆俯伏謝罪及聞詔旨赦令勿殺莫不泣下北望稱萬歲上以夷性無厭習知朝廷多釋其罪故急則來歸緩則叛去切詔克明等諭以悉還所掠漢口資畜卽許要盟承貴等感悅奉詔乃歃猫血立誓自言奴山摧倒龍江西流不敢復叛克明等師還宜州蠻人納器甲凡五千數願遷處漢地者七百餘口詔分置廣西及荆湖州軍給以田糧凡立功使臣將士遷補賜賚者千八百一十六人承貴因請改州縣名以固歸順之意詔以撫水州爲安化州撫水縣爲歸仁縣京水縣爲長寧縣自是間歲朝貢不復爲邊患矣獻可等又言殿直蒙肚知歸化州與撫木相接數遣子文寶及其妻族甘堂偵軍事又其子格與官軍鬬敵悉部送赴闕有蒙隻者亦肚之子先嘗告賊署爲昭州押牙詔補肚寄州別駕隻海州都押牙賦以官田文寶格甘堂並黥配登萊州寶元元年復率衆寇融宜州發邵澧潭三州戍兵合數千人往擊時蠻勢方熾至殺運糧官吏復詔趣兵進討踰年乃平慶歷中再以方物入貢至和二年復至詔以知州蒙全會爲三班奉職又以監州姚全料爲借職嘉祐六年又來貢是後月赴宜州參謁及賀巨報每歲州四管犒及三歲聽輸所貢兵械於思立砦以其直償之遞以官資遷補熙寧初知宜州錢師孟通判曹覲擅裁損侵刻之士人羅世念蒙承想蒙光仲等爲亂五年攻德謹砦襲將官費萬殺之經畧司問致寇狀而宜州但以飢爲言故朝廷賜粟二萬石以安輯之已而守臣王奇戰死事聞乃詔知沅州謝麟帶御器械和斌經制溪洞發在京驍騎兩營及江南福建將兵三千五百人以聽師期明年世念等遂與諸蠻峒首領族類四千五百人出降以世念爲內殿承制承想光仲等十八人各拜官崇寧二年其酋蒙光有者復嘯聚爲寇經畧司遣將官黃忱等擊卻之大觀二年遂以三州一鎭戶口六萬一千來上詔以知融州程鄰往黔南路撫諭官吏推恩有差至和後又有融州屬蠻大邱峒首領楊光朝請內附又有楊克端等百三人來歸皆納之諸蠻族類不一大抵依阻山谷並林木爲居椎髻跣足走險如履平地言語侏離衣服斒斕畏鬼神喜淫祀刻木爲契不能相君長以財力雄彊每忿怒則推刃同氣加兵父子間復讎怨不顧死出入腰弓矢匿草中射人得牛酒則釋然矣親戚比鄰指授相賣父子別業父貧則質身於子去禽獸無幾其族鑄銅爲大鼓初成懸庭中置酒以召同類爭以金銀爲大釵叩鼓去則以釵遺主人相攻擊鳴鼓以集衆號有鼓者爲都老衆推服之唐末諸酋分據其地自爲刺史宋興始通中國奉正朔脩職貢間有桀黠貪利或疆吏失於撫御往往聚而爲寇抄掠邊戶朝廷禽獸畜之務在羈縻不深治也熙寧間以章惇察訪經制蠻事諸溪峒相繼納土願爲王民始剏城砦比之內地元祐初諸蠻復叛朝廷方務休息乃詔諭湖南北及廣西路並免追討廢堡砦棄五溪諸郡縣崇寧間復議開邊於是安化上三州及思廣諸峒蠻夷皆願納土輸貢賦及令廣西招納左右江四百五十餘峒尋以議者言以爲招致熟蕃非便乃詔悉廢所置州郡復祖宗之舊焉紹興初監察御史明橐言湖南邊郡及二廣之地舊置溪峒歸明官比年寖廣其員及諸州措置隘砦闕人把拓又令管押兵夫素不習知法令率貪婪無厭況管押又皆鄉民甚爲邊患遭困苦折辱者往往無所赴愬議者欲俾帥臣籍其姓名每三年一遷易如州縣官故事或云止循舊添差並罷管押兵夫宜令二廣湖南帥臣處置適宜無啓邊禍以害遠人詔下其議三年安化蠻蒙全劒等八百人劫普義砦火其屋宇廣西帥臣遣縣砦將佐發兵討平之四年廣南東西路宣諭明橐言平觀二州本王

口高峯二砦處廣右西偏舊常無虞崇寧大觀間邊臣啓釁奏請置州拓境深入不毛如平從允孚庭觀溪驅叙樂隆兊等十有二州屬之黔南其官吏軍兵請給費用悉由內郡於是騷然莫能支吾政和間朝廷始悟其非罷之或者謂平州爲西南重鎭兼制王江從允等州及湖南之武岡軍湖北之靖州桂州之桑江峒徭觀州則控制南丹陸家砦茆灘十道及白崖諸蠻以故二州獨不廢臣自歷邊郎乞罷平觀者前後非一內攝官吳芾嘗充經畧司準備幹當頗得其詳觀州初爲宜州富仁監大觀間帥臣王祖道欲招納文蘭州都巡檢劉惟忠謂得文蘭不若取南丹之利因誣其州莫公佞阻文蘭不令納土爲公佞罪惟忠遂禽殺公佞帥司奏其功乃改南丹爲觀州命惟忠守之公佞之死人以爲寃其弟公晟結溪峒圖報復連歲攻圍惟忠中傷死繼以黃璘代守璘度不能支辭疾告罷以岑利疆代之黃忱復建議欲增築高峯砦於富仁監側爲觀聲援會朝廷罷新邊遂請以高峯砦爲觀州設知州一人兵職官二人曹官一人指使砦保官七人吏額五十人廂禁軍土丁家丁又千餘人歲費錢一萬二千九百餘貫米八千八百一十七石有奇州無稅租戶籍皆仰給鄰郡飛輓涉險阻或遇蠻寇設伏陰發毒矢中人輒死人畏賊幸委棄道路縱然達州糜費亦不可勝計昔爲富仁監時不聞有警惟是邊吏欲以刺探爲功故時時稱警急因以爲利遂欲存而不廢也比年戶籍日削民多流離或轉入溪洞公私困弊爲甚平州初隸融州亦羈縻州峒也舊通湖北渠陽軍置融江砦及文村臨溪潯江堡後以地隔生蠻遂廢崇寧間復隸融王口砦地接王江更爲懷遠軍後更爲平江州更吉州爲從州王江爲允州並隸黔南政和二年復廢邊吏黃忱李坦誘其帥臣程鄰乞存平州設知州一人兵職官二人曹官一人縣令簿二人提舉溪峒公事本州管界都同巡檢二人五砦堡監官指揮十八吏額百人禁軍土丁千人歲費錢一萬四千四百一十八貫六百文米一萬一千一百二十五石有奇州無租賦戶籍轉運司歲移桂融象柳之粟以給之及徙融州西北金溪鄉稅米四百九十餘石隸懷遠糜費甚於觀州況守臣到任卽奏推恩其子州縣砦堡例得遷官酬賞而稅場互市之利又爲守臣邊吏所私獨百姓有征戍轉餉之苦誠爲可憫臣以爲宜罷平觀二州便然倘有可議者觀州初爲富仁監時有銀治二官取其利有常額熙寧元降條例具在宜先下經畧司責公晟等依熙寧條例施行況公晟實公佞弟理宜掌州事近雖逊歸未爲蠻族信服察其情勢不得不倚重中國若乘時授之彼知恩出朝廷必深感悅樞密院亦上言廣西沿邊堡砦昨因邊臣希賞改建州城侵擾蠻夷大開邊釁地屬徼外租賦亦無所入而支費煩內郡民不堪其弊遂皆廢罷惟平觀二州以帥臣所請故存今靚明槖所奏利害之實昭然可見緣帥臣又稱公晟於南丹觀州寶監境上不時竊發若廢二州恐於緣邊事宜有所未盡詔令廣南西路帥漕憲司共條具利害以聞既而諸司交言平觀二州困弊已甚有害無益請復祖宗舊制爲便詔從其言乾道六年詔補蒙澤進武副尉初宜州蠻莫才都爲亂廣西經畧劉焞遣進勇副尉蒙明質賊巢論降才都既而復肆猖獗戕賊官兵未幾禽才都械送經畧司伏法悉破其黨而明亦遇害備極慘酷邊人憐之焞乞推恩其子澤以旌死事朝廷從之故有是命淳熙十年冬安化蠻突入內地焚砦柵殺居民爲亂宜州駐劄將官田昭明與蠻力戰敗死之十一年廣西路鈐轄沙世堅言官軍與猺人兵器利鈍不同宜勅沿邊軍州多置強弩毒矢以懼猺人從之是年安化蠻蒙光漸率衆抄掠世堅討平之初知宜州馬寧祖不支思立砦鹽錢執議以爲前守所積逋止給錢一月不能遍及蠻部而權思立砦准備將領楊亘臣復鎭撫乖方遂致激變光漸等詔罷亘臣貶寧祖秩勅帥漕以時給溪峒鹽錢十二年正月廣西漕臣胡庭直上言邕州之左江永年太平等砦在祖宗時以其與交阯鄰壤實南邊藩籬重地故置州縣籍其丁壯以備一旦之用規模宏遠矣比年邊民率通交阯以其地所產鹽雜官鹽貨之及減易馬鹽以易銀忽而不防恐生邊釁所宜禁戢既而諸司上言經畧司初準朝旨置馬鹽倉貯鹽以易馬歲給江上諸軍及御前投進用銀鹽錦悉與蠻互市其永平砦所易交阯鹽貨居民食皆舊制也況邊民素與蠻夷私相貿易官不能制今一切禁絕非惟左江居民乏鹽而蠻情亦叵測恐致乖異也乃牒邕州禁民毋私販交阯鹽以妨鈔法是年詔以楊世俊襲父進通職補承信郞紹熙初廣西帥以本路副總管沙世堅素有韜畧累立邊功爲羣蠻所畏服嘗破蒙光漸示以威信光漸不敢寇邊者累年乞以世堅兼知宜州實能制伏蠻夷爲久遠之利帝從之慶元四年宜州蠻蒙峒袁康等寇內地敎官鹽爲亂廣西帥司調官兵招降之朝廷推賞有差嘉定三年章戡知靜江府建議以爲廣西所部二十五郡三方鄰溪峒與蠻猺黎蛋雜處跳梁負固無時無之西南最爲重地邕欽之外羈縻七十有二地里綿邈鎭戍非一請增置雄邊軍二百人及調憲司甲軍二百隸帥司初安平州李密侵鄰峒劫掠編民併取古甑峒以其幼子變姓名爲趙懷德知峒事戡論邕守推古甑一人主之十一年臣僚復上言慶曆間張方平嘗以爲朝廷每備西北孰不知猺蠻衝突嶺外南鄰交阯勢須經營唐時西備吐蕃其後安南寇邊旋致龐勛之禍國朝每憂契丹元昊而儂智高陷邕州南徼騷動天子爲之旰食豈細故哉臣等比見淮甸間版築荐興更戍日益而廣南城隍摧圮不葺戍兵逃亡殆盡春秋教閱郡無百人雖有鄉兵義丁土丁之名實不足用緩急豈能集事宜於嶺南要地增築城堡籍其民兵歲時練習定賞罰格以示懲勸如此則號令嚴明守禦完固民習戰鬭可息猺蠻侵掠之患措四十州民於久安之域矣詔從之

廣源州蠻儂氏州在邕州西南鬱江之源地峭絕深阻産黃金丹砂頗有邑居聚落俗椎髻左衽善戰鬭輕死好亂其先韋氏黃氏周氏儂氏爲首領互相劫掠唐邕管經畧使徐申厚撫之黃氏納質而十三部二十九州之蠻皆定自交阯蠻據有安南而廣源雖號邕管羈縻州其實服役於交阯初有儂全福者知儻猶州其弟存祿知萬涯州全福妻弟儂當道知武勒州一日全福殺存祿當道并有其地交阯怒舉兵執全福及其子智聰以歸其妻阿儂本左江武勒族也轉至儻猶州全福納之全福見執阿儂遂嫁商人生子名智高智高生十三年殺其父商人曰天下豈有二父耶因冒儂姓與其母奔雷火洞其母又嫁特磨道儂夏卿久之智高復與其母出據儻猶州建國曰大歷交阯攻拔儻猶州執智高釋其罪使知廣源州又以雷火頻婆四洞及思浪州附益之居四年內怨交阯襲據安德州僭稱南天國改年景瑞皇祐元年寇邕州明年交阯發兵討之不克廣西轉運使蕭固遣邕州指使亓贇往刺候而贇擅發兵攻智高爲所執因問中國虛實贇頗爲陳大畧說智高內屬乃遣贇還奉表請歲貢方物未聽又以馴象金銀來獻朝廷以其役屬交阯拒之後復齎金函書以請知邕州陳珙上聞不報智高既不得請又與交阯爲仇且擅山澤之利遂招納亡命數出敝衣易穀食紿言洞中飢部落離散邕州信其微弱不設備也乃與廣州進士黃瑋黃師宓及其黨儂建侯儂志忠等日夜謀入寇一夕焚其巢穴紿其衆曰平生積聚今爲天火焚無以爲生計窮矣當拔邕州據廣州以自王否則兵死四年四月率衆五千沿鬱江東下攻破橫山砦遂破邕州執知州陳珙等兵死千餘人智高閱軍資庫得所上金函怒謂珙曰我求一官統攝諸部汝不以聞何也珙對嘗奏不報索奏草不獲遂扶珙出珙惶恐呼萬歲求自効不聽乃并其屬及廣西都監張立害之立臨刑大罵不爲屈於是智高僭號仁惠皇帝改年啓歷赦境內師宓以下皆稱中國官名是時天下久安嶺南州縣無備一旦兵起倉卒不知所爲守將多棄城遁故智高所嚮得志相繼破橫貴龔潯藤梧封康端九州害曹覲于封州趙師旦馬貴于康州餘殺官吏甚衆所過焚府庫進圍廣州初智高將至守將仲簡不許民入保城中民不得入者皆附智高智高勢益張先是魏瓘築州城鑿井畜水作大弩爲守備至是智高爲雲梯土山攻城甚急又斷流水而城堅井飲不竭弩發中輒洞潰智高力屈會知英州蘇緘屯兵邊渡村扼其歸路番禺縣令蕭注募土丁及海上彊壯二千餘人與智高梟格鬭焚其戰艦轉運使王罕亦自外至益脩守備智高知不可拔圍五十七日七月壬戌解去緣淸遠濟江擁婦女作樂而行遇張忠戰于白田忠死之去攻賀州不克夜害蔣偕于太平場九月庚申破昭州害王正倫等于館門驛州之山有數穴大可容數百千人民聞兵至走匿其中智高知之縱火皆焚死十月丁丑破賓州甲申復據邕州日夜伐木治舟楫揚言復趨廣州十二月壬申又敗陳曙于金城驛初智高以反聞朝廷命曙就擊之既而楊畋曹脩張忠蔣偕相繼出又以余靖孫沔爲安撫使畋脩聞智高至退軍避之忠偕勇而無謀皆死智高益自恣南土騷然仁宗以爲憂命狄青爲宣撫使諸將皆受青節制曙恐青至有功亟挑戰故敗五年正月青及沔靖會兵賓州官軍土丁合三萬一千餘人按軍法誅曙及指揮使袁用等三十一人于坐一軍大振於是進兵青將前陣沔將次陣靖將後陣以一晝夜絕崑崙關歸仁鋪智高聞王師絕險而至出其不意悉衆來拒執大盾標搶衣絳衣望之如火青陣少郤先鋒孫節死之青起麾蕃落騎兵張左右翼出其後交擊左者右右者左已而左者復左右者復右其衆不知所爲大敗走會日暮智高復趨邕州夜焚城遁由合江口入大理國得屍五千三百四十一築爲京觀所掠生口萬餘人復其業獲僞印九黃師宓而下僞官五十七人梟其首城上收馬牛金

帛以鉅萬計智高自起兵幾一年暴踐一方如行無人之境吏民不勝其毒朝廷爲下赦令優除復慰拊瘡痍百姓始得更生云先是謠言農家種羅家收已而智高叛爲靑破皆如其謠智高母阿儂有計謀智高攻陷城邑多用其策僭號皇太后性慘毒嗜小兒肉每食必殺小兒智高敗走阿儂入保特磨依其夫儂夏卿收殘衆得三千餘人習騎戰復欲入寇至和初余靖督部吏黃汾黃獻珪石鑑進士吳舜舉發峒兵入特磨掩襲之獲阿儂及智高弟至光子繼宗繼封檻至京師初未欲殺日給食飲欲以誘出智高或傳智高死乃悉棄市既而西川復奏智高未死謀寇黎雅州詔本路爲備御史中丞孫抃又請勅益州先事經制以安蜀人然智高卒不出其存亡莫可知也儂氏又有宗旦者知雷火洞稍桀黠嘉祐二年嘗入寇知桂州蕭固招之內屬以爲忠武將軍又補其子知溫悶峒日新爲三班奉職七年宗旦父子請以所領雷火計城諸峒屬縣官願得歸樂州永爲王民詔各遷一官以宗旦知順安州仍賜耕牛鹽綵是歲儂夏卿儂平儂亮亦自特磨來歸皆其族也日新後嘗監邕州稅治平中宗旦與交阯李日尊劉紀有隙畏偪知桂州陸詵因使人說之遂棄其州內徙命爲右千牛衞將軍

有甲峒蠻者亦役屬交阯間出寇邕州景祐三年嘗掠思陵州憑祥峒生口殺登龍鎭將而去嘉祐五年合交阯門州等蠻五千餘人復爲寇與官兵拒戰斬首數百詔知桂州蕭固邕州發諸郡兵與轉運使宋咸提點刑獄李師中合議追討是歲數入寇又詔安撫使余靖擊之蘇茂州蠻亦近邕州至和嘉祐中皆嘗擾邊

黎峒唐故瓊管之地在大海南距雷州泛海一日而至其地有黎母山黎人居焉舊說五嶺之南人雜夷獠朱崖環海豪富兼并役屬貧弱婦人服緦緶績木皮爲布陶土爲釜器用瓠瓢人飲石汁又有椒酒以安石榴花著甕中卽成酒俗呼山嶺爲黎居其間者號曰黎人弓刀未嘗去手弓以竹爲弦今儋崖萬安皆與黎爲境其服屬州縣者爲熟黎其居山峒無征徭者爲生黎時出與郡人互市至和初有黎人符護者邊吏嘗獲其奴婢十人還之符護亦嘗犯邊執瓊崖州巡檢慕容允則及軍士至是以軍士五十六人與允則來歸允則道病死詔軍士至者貸其罪乾道二年從廣西經畧轉運司議詔海南諸郡倅守慰撫黎人示以朝廷恩信俾歸我省地輿之吏始其在乾道元年以前租賦之負逋者盡赦免之能來歸者復其租五年民無產者官給田以耕亦復其租五年守倅能慰安黎人及收復省地者視功大小爲賞有差失地及民者有重罰六年黎人王用休爲亂權萬安軍事同主管本路巡檢孫滋等招降之九年八月樂昌縣黎賊劫省民焚縣治爲亂黎人王日存王承福陳顏招降之瓊管安撫司上其功得借補承節郎淳熙元年詔承節郎王日存子孫許襲職四年冬萬安軍王利學寇省地蓋旻進率衆拒之兵弱戰沒八年六月詔三十六峒都統領王氏女襲封宜人初王氏居化外累世立功邊陲皆受封爵紹興間瓊山民許益爲亂王母黃氏撫諭諸峒無敢從亂者以功封宜人至是黃氏年老無子請以其女襲封朝廷從之十二年正月樂會縣白沙峒黎人王邦佐等率賊衆五百爲寇殺掠官軍保義郎陳升之撫降其衆俘獲林智福等瓊管司上其功詔減升之三年磨勘十六年詔以大寧砦黃弼補承信郎彈壓本界黎峒瓊管司言弼沉鷙有謀爲遠近推服故用之弼宜人黃氏姪也嘉定九年五月詔宜人王氏女吳氏襲封統領三十六峒

環州蠻區氏州隸宜州羈縻領思恩都亳二縣有區希範者思恩人也狡黠頗知書嘗舉進士試禮部景祐五年與其叔正辭應募從官軍討安化州叛蠻既而希範擊登聞鼓求錄用事下宜州而知州馮伸已言其妄編管全州正辭亦嘗自言功不報二人皆觖望希範後輒遁歸與正辭率其族人及白崖山酋蒙趕荔波峒蠻謀爲亂將殺伸已且曰若得廣西一方當建爲大唐國會有日者石太淸至因使之筮太淸曰君貴不過封侯乃令太淸擇日殺牛建壇場祭天神推蒙趕爲帝正辭爲奉天開基建國桂王希範爲神武定國令公桂州牧皆北嚮再拜以爲受天命又以區丕績爲宰相餘皆僞立名號補置四十餘人慶歷四年正月十三日率衆五百破環州劫州印焚其積聚以環州爲武城軍又破帶溪砦下鎭寧州及普義砦有衆一千五百宜州捉賊李德用出韓婆嶺擊卻之前後斬獲甚衆俘偏將二希範懼入保荔波峒間出拒官軍朝廷下詔購之獲希範正辭及趕者大賜袍帶錢三十萬鹽千斤明年轉運使杜杞大引兵至環州使攝官區曄進士曾子華宜州校吳香誘趕等出降殺馬牛具酒給與之盟置曼陀羅花酒中飲者皆昏醉稍呼起問勞至則推仆廡下比暮衆始覺驚走而門有守兵不得出悉擒之後數日又得希範等凡獲二百餘人誅七十八人餘皆配徙仍醢希範賜諸溪峒續其五藏爲圖傳於世餘黨悉平鎭寧州亦隸宜州景祐三年蠻酋莫陵等七百餘人內寇遣西京作坊使郭志高閤門祗候梁紹熙往討未至陵等詣桂宜州巡檢李仲政請降廣西轉運使不俟詔貸其罪詔劾之已而釋之是歲高實州犵獠陳友朋等亦寇海上本路會兵擊之潰去

宋史卷四百九十六

元　中　書　右　丞　相　總　裁　脫　脫　等　修

列傳第二百五十五

蠻夷四

西南諸夷　黎州諸蠻
敘州三路蠻　威茂渝州蠻
黔涪施高徼外諸蠻　瀘州蠻

西南諸夷漢牂牁郡地武帝元鼎六年定西南夷置牂牁郡唐置費珍莊琰播郎牂牁夷等州其地北距充州百五十里東距辰州二千四百里南距交州一千五百里西距昆明九百里無城郭散居村落土熱多霖雨稻粟皆再熟無徭役將戰征乃屯聚刻木爲契其法劫盜者償其主三倍殺人者出牛馬三十頭與其家以贖死病疾無醫藥但擊銅鼓銅沙鑼以祀神風俗與東謝蠻同隋大業末首領謝龍羽據其地勝兵數萬人唐末王建據西川由是不通中國後唐天成二年牂牁淸州刺史宋朝化等一百五十人來朝其後孟知祥據西川復不通朝貢乾德三年平孟昶五年知西南夷南寧州蕃落使龍彥瑫等遂來貢詔授彥瑫歸德將軍南寧州刺史蕃落使又以順化王武才爲懷化將軍武才弟若啓爲歸德司階武龍州部落王子若溢東山部落王子若差羅波源部落王子若臺訓州部落王子若從雞平部落王子若冷戰洞部落王子若磨羅母殊部若王子若母石八部落王子若藏並爲歸德司戈開寶二年武才等一百四十八人又來貢以武才爲歸德將軍來人乞賜武才錮函手詔以舊制所無不許四年其國人詣涪州言南寧州蕃落使龍彥瑫卒歸德將軍武才及八刺史狀請以彥瑫子漢瑭爲嗣詔授漢瑭南寧州刺史兼蕃落使八年三十九部順化王子若發等三百七十七人來貢馬百六十匹丹砂千兩太平興國五年夷王龍瓊瑶遣其子羅若從幷諸州蠻七百四十四人以方物名馬來貢六年保州刺史董奇死以其子紹重繼之雍熙二年八月奉化王子以慈等三百五十八人以方物來貢夷王龍漢璿自稱權南寧州事兼蕃落使遣牂牁諸州酋長趙文橋率種族百餘人來獻方物名馬幷上蜀孟氏所給符印授漢璿歸德將軍南寧州刺史以文橋等並爲懷化司戈端拱二年漢璿又貽書五溪都統向通漢約以入貢淳化元年漢璿遣其弟漢興來朝三年夷王龍漢興及都統龍漢璡刺史龍光顯龍光盈及順化王雨滯等各貢馬朱砂至道元年其王龍漢璡遣其使龍光進率西南牂牁諸蠻來貢方物太宗召見其使詢以地理風俗譯對曰地去宜州陸行四十五日土宜五穀多種秔稻以木弩射麞鹿克食每三二百戶爲一州州有長殺人者不償死出家財以贖國王居有城郭無壁壘官府惟短垣光進之說與前書所記小異故幷敘之上因令作本國歌舞一人吹瓢笙如蚊蚋聲良久數十輩連袂宛轉而舞以足頓地爲節詢其曲則名曰水曲其使十數輩從者千餘人皆蓬髮面目黧黑狀如猿猱使者衣虎皮氈裘以虎尾插首爲飾詔授漢璡寧遠大將軍封歸化王又以歸德將軍羅以植爲安遠大將軍保順將軍龍光盈龍光顯並爲安化大將軍光進等二十四人並授將軍郎將司階司戈其本國使從者有甲頭王子刺史判官長史司馬長行傔人七等之名咸平元年其王龍漢璡遣使龍光腆又率牂牁諸蠻千餘人來貢詔授光腆等百三十八人官三年都部署張文黔來貢五年漢璡又遣牙校率部蠻千六百人馬四百六十匹幷藥物布帛等來貢賜冠帶於崇德殿厚賚遣還六年知全州錢絳請招誘溪峒名豪上以生事寢其奏不報景德元年詔西南牂牁諸國進奉使親至朝廷者令廣南西路發兵援之勿抑其意先是龍光進等來朝上矜其道遠人馬多斃因詔宜州自今可就賜恩物至是懇請詣闕從之二年詔羈縻保霸州刺史董紹重董忠義歲賜紫綾錦袍四年西南蠻羅寶井都指揮使顏士龍等來貢士龍種落遐阻未嘗來朝今始至詔館餼賜予如高溪州大中祥符元年瀘州言江安縣夷人殺傷內屬戶害巡檢任賽既不自安遂爲亂詔遣閤門祗候侍其旭乘傳招撫旭至蠻人首罪殺牲爲誓未幾復叛旭因追斬數十級擒其首領三人又以衣服紬布誘降蠻斗婆行者將按誅其罪上以旭召而殺之違招安之實卽降詔戒止且令篤恩信設方略制禦無尚討

伐以滋驚擾二年旭言夷人恃嚴險未卽歸服詔文思副使孫正辭等爲都巡檢使乃分三路入其境脅以兵威皆震慴伏罪三年正辭言夷人安集降詔嘉奬先有蠻羅忽餘甚忠順防援井監捕殺違命者不已上遣內臣郝昭信褒慰之且諭以赦蠻黨前罪勿復邀擊四年茂州夷族首領耆老刑牛犬於三溪誓不侵擾州界又峽路鈐轄執爲亂夷人王羣體等至闕下上曰蠻夷不識教義向之爲亂亦守臣失於綏撫竝免死分隸江淛遠地其年霸州董喆爲其巡檢使董延早所殺五年黎洞夷人互相殺害巡檢使發兵掩捕上聞而切責之曰蠻夷相攻許邊吏和斷安可擅發兵甲或致擾動卽令有司更選可任者代之五年晏州多剛縣夷人斗望行牟率衆劫淯井監殺駐泊借職平言大掠資畜知瀘州江安縣奉職文信領兵趨之遇害民皆驚擾走保戎州轉運使寇瑊卽令諸州巡檢會江安縣集公私船百餘艘載糧甲張旗幟擊銅鑼鼓吹自蜀江下抵淸浮垻樹營柵招安近界夷族諭以大兵將至勿與望等同惡未幾納溪藍順州刺史个松生南八姓諸團烏蠻狃廣王子界南廣溪移悅等十一州刺史李紹安山後高鞏六州及江安界娑婆村首領竝來乞盟立竹爲誓門刺猫狗雞血和酒飲之誓同力討賊瑊乃署牓許以官軍至不殺其老幼給賜衣幣酒食上遣內殿崇班王懷信乘傳與瑊等議綏撫方略瑊言斗望等屢爲寇鈔恃寬赦不悛惡令請發嘉眉屯兵捕剪以震懼之六年九月詔懷信爲嘉眉戎瀘等州水陸都巡檢使閤門祗候康訓符承訓爲都同巡檢使及發虎翼神虎等兵三千餘人令懷信與瑊商度進討上因謂樞密使陳堯叟曰往時孫正辭討蠻有虎翼小校率衆冒險者三人朕志其姓名今以配懷信正辭嘗料簡鄉丁號白艻子兵以其識山川險要遂爲鄉導今亦令懷信召募又使臣宋貢屢規畫溪洞事適中機要以貢知江安縣與懷信等議事瑊乃點集昌盧富順監白艻子弟得六千餘人十一月懷信康訓分領緣溪入合灘至生南界斗蒲村遇夷賊二千餘人擊之殺傷五百人奪梭槍藤牌會暮收衆保砦夷黨三千餘人分兩道張旗喊呼來逼砦柵懷信出擊皆潰散進壁娑婆遇夷二千于羅募村又破之追至斗行村上屏風山連破四砦一日三戰俘馘百餘人奪資糧五千石槍刀什器萬數焚羅固募斗引等三十餘村庵舍三千區懷信又引兵至斗行村追擊過盧羅射仆二百餘人爇其欄柵千數分遣部下於羅箇頻羅能落運等村及龍峨山掩殺大獲戎具斬首級及重傷投崖死者頗衆燒舍千區及積穀累萬兩路兵會于淯灘置砦遣康訓部壕砦卒修淯灘路以度大軍俄爲夷賊所邀戰不利訓頹于崖死之懷信引兵急擊大敗之追斬至淯灘懷信夾砦于晏江口瑊與符承訓偵知賊謀欲乘夜擊晏江馳報懷信卽自淯灘拔砦赴之比至晏江北山夷衆萬餘已自東南合勢逼懷信砦懷信毅强弩環砦射賊瑊等整衆乘高策援夷人大懼而却合擊破之死傷千餘人七年正月其會斗望三路分衆來鬭又爲官軍大敗射殺數百人溺江水死者莫計夷人震讋詣軍首服納牛羊銅鼓器械瑊等依詔撫諭二月還軍淯井夷首斗望及諸村首領悉赴監自陳願貸死永不寇盜邊境因殺三牲盟誓辭甚懇苦卽犒以牢酒感悅而去瑊懷信等上言夷人寧息請置淯井監壕柵幷許近界市馬從之八年夔州路上言南寧州夷族張聲進遣使進奉爲蕃落使龍漢墝邀奪讐劫不已乞降勅書安撫天聖四年龍光凝康定元年龍光琇景祐三年龍光辨慶歷五年龍以特皇祐二年龍光澈等繼以方物來貢獻與以特俱至者七百十九人是年以安遠將軍知蕃落使龍光辨爲寧遠軍大將軍寧遠將軍知靜蠻軍節度使龍光凝承宣武寧大將軍龍異豈竝爲安遠大將軍承宣奉化大將軍龍異魯爲武寧大將軍至和中龍以烈龍異靜首領張漢陛王子羅以崇等皆入貢命其首領而下九十三人爲大將軍至郞將嘉祐中以烈復至大率龍姓諸部族地遠且貧熙寧中來見賜以袍帶等物刺其數於背又有張玉石自品者嘉祐中來貢而鵝州亦遣人貢馬有董氏世知保州曰仲元者襲是州二十餘年矣至是益州鈐轄司表其善拊蠻夷命爲本州刺史鵝州保州皆西南邊地也又有夷在瀘州部亦西南邊地所部十州曰鞏曰定曰高曰奉曰淯曰宋曰納曰晏曰投附曰長寧皆夷人居之依山險善寇掠淯井監者在夷地中朝廷置吏領之以拊御夷衆或不得人往往生事慶歷四年四月夷人攻三江砦詔秦鳳路總管司發兵千人選官馳往捕擊旣而瀘州教練使生南招安將史受誘降夷賊斗敖等詔竝補三班差使殿侍淯井監一路招安巡檢未幾夷衆復寇三江砦指使王用等擊走之皇祐元年二月夷衆萬餘人復圍淯井監水陸不通者甚久初監戶晏州夷人錢而毆傷斗落妹其衆憤怒欲報之知瀘州張昭信勸諭旣已聽服而淯井監復執婁然村夷人細令等殺長寧州落占等十人故激成其亂詔知益州田況發旁郡土卒命梓夔路兵馬鈐轄宋定往援之於是兩路合官軍洎白艻子弟幾二萬人與戰兵死者甚衆饑死又千餘人數月然後平賜況及轉運使勅書褒奬宋定而下十三人進秩有差後況還朝乃奏夷衆連年爲亂繇主者非其人請令轉運鈐轄司舉官爲知監監押代還日特遷一資從之嘉祐二年三里村夷斗還等百五十人復謀內寇有黃土坎夷斗蓋長寧州人也先以其事來告淯井監引兵趨之捕斬七千餘級鈐轄司上聞詔賜斗蓋錢三十萬錦袍銀帶明年又補斗蓋長寧州刺史瀘州部舊領姚州廢已久有烏蠻王子得蓋者來居其地部族最盛數遣人詣官自言願得州名以長夷落事聞因賜號姚州鑄印予之得蓋又乞勅書一通以遺子孫詔從其請夔州路又有溱南二州夷頗盛彊皇祐初詔自今歲遣使者存問之雅州西山野川路蠻者亦西南夷之別種也距州三百里有部落四十六唐以來皆爲羈縻州太平興國三年首領馬令膜等十四人以名馬犛牛虎豹皮麝臍來貢并上唐朝勅書告身凡七通咸賜以冠帶其首領悉授官以遣之紹聖二年以碉門砦蠻幾王元壽襲懷化司戈云

黎州諸蠻凡十二種曰山後兩林蠻在州南七日程曰邛部州在州東南十二程曰風琶蠻在州西南一千一百里曰保塞蠻在州西南三百里曰三王蠻亦曰部落蠻在州西百里曰西箐蠻有彌羌部落在州西三百里曰淨浪蠻在州南一百五十里曰白蠻在州東南一百里曰烏蒙蠻在州東南千里曰阿宗蠻在州西南二日程凡風琶兩林邛部皆謂之東南其餘小蠻各分隸焉邛部於諸蠻中最驕悍狡譎招集蕃漢亡命侵攘他種閉其道以專利曰大雲南蠻曰小雲南蠻卽唐南詔今名大理國自有傳夷俗尚鬼謂主祭者鬼主故其酋長號都鬼主後唐天成間始來貢開寶二年六月壬子勿兒遣部落將軍離魚以狀白黎州期十月內入貢成都府以聞詔嘉答之至是來朝賜以器幣由黎州南行七日而至其地又一程至嶲州嶲州今廢空城中但有浮圖一又二程至建昌城又十七程至雲南三年七月又朝貢六年四月邛部州歸德將軍阿伏上言爲山後兩林蠻勿兒率衆侵掠堡砦八年懷化將軍勿尼等六十餘人來貢詔以勿尼爲歸德將軍又以兩林蠻大鬼主蘇吠爲懷化將軍太平興國二年遣使王子卑縲副使牟蓋鬼主還祖等七十八人以名馬來貢乞頒正朔下詔曰山後兩林蠻主歸德將軍勿尼懷化將軍勿兒等克慕聲明遠脩職貢竝增環衞之秩俾爲夷落之榮勿尼可特授歸德大將軍勿兒可特授懷化大將軍是冬又遣使離魚貢犀二株馬九匹來賀登極四年勿兒與都鬼主又遣王子祚遇以名馬來貢八年蠻主弟牟昂及王子牟蓋摩忙卑愧副使牟計等二百三十九人來貢詔以牟昂爲懷化大將軍牟蓋等三人爲歸德郞將牟計等百二十人竝爲懷化司戈雍熙三年勿尼等及其王子李奉恩復來貢馬淳化元年王子離魚副使卑都卑諭鬼主岐禮等百二十八人來貢詔授離魚歸德將軍卑都保順郞將卑諭歸德司戈卑熱等五十四人懷化司戈天禧二年山後兩林百蠻都鬼主李阿善遣將軍卑熱等一百五十人來貢

邛部州蠻亦曰大路蠻亦曰勿鄧居漢越嶲郡會無縣地其酋長自稱百蠻都鬼主開寶三年六月都鬼主阿伏白黎州期以十月令王子入貢成都府以聞詔嘉納之四年黎州定遠兵士搆叛聚居鹿角溪阿伏令弟遊擊將軍卑吠等率衆平之詔賜阿伏銀帶錦袍并賜其衆銀帛各百以爲歸德將軍六年阿伏與山後兩林蠻主勿兒言語相失勿兒率兵侵邛部州頗俘殺部落黎州以聞竝賜詔慰諭令各守封疆勿相侵犯太平興國四年首領牟昂諸族鬼主副使離襪等各以方物來貢雍熙二年都鬼主諾驅并其母熱免遣王子阿有等百七十二人以方物名馬來貢詔以諾驅爲懷化將軍并賜其母銀器端拱二年遣弟少益等三百五十人來貢籍田貢御馬十四匹馬二百八十匹犀角二象牙二莎羅毯一合金銀飾蠻刀二金飾馬鞍勒一具羱羊十犛牛六詔以少益爲歸德郞將淳化元年諾驅自部馬二百五十匹至黎州求互市詔增給其直諾驅令譯者言更入西蕃求良馬以中市二年復遣子牟昂叔離襪以方物良馬犀牛來貢仍乞加恩詔授諾驅懷化大將軍少益懷化將軍牟昂歸德將軍離襪懷化司戈又封諾驅母歸德郡太君熱免寧遠郡太君弟離遮小男呵醉都判官任彥德等一百九十一人爲懷化司戈至道元年李淳亂西川王繼恩討平之遣嘉州牙校辛顯使諾驅奉淳化二年所授官告敕書及日曆爲信因言與賊樊秀等接戰敗之復請朝覲通嘉州舊路繼恩上言通嘉州路非便只令於黎州賣馬詔不允其入覲王子一十九人竝加官鬼主三十六人竝賜勅書以撫之至道三年遣王子阿醉來朝眞宗咸平二年遣王子部的等

來貢文犀名馬，賜衣帶器幣有差，又乞給印以大渡河南山前後都鬼主爲文，從之。五年，又遣王子離歸等二百餘人入貢。六年，黎州言邛部州都蠻王諾驅卒，其子阿遁立。景德二年，阿遁遣王子將軍百九十二人來貢，詔授阿遁安遠將軍，阿遁叔懷化將軍阿育爲歸德將軍，離歸爲懷化將軍，大判官懷化司候任彥德、王子將軍部的兹爲懷化郎將，判官任惟慶爲懷化司候。大中祥符元年，遣將軍趙勿娑等獻名馬、犀角、象齒、娑羅毯，會于泰山，禮畢，阿遁加恩，勿娑等厚賜遣還。天聖八年十月，邛部州都蠻王黎在遣毕郎離滅等來貢方物。時占城、龜兹、沙州亦皆入貢，至以家自隨。晏殊因請圖其人物衣冠，并訪道里風俗以上史官，詔可。九年三月，命黎在爲保義將軍，又命其部族爲郎將、司戈、司候凡三十餘人。明道元年，黎州言黎在請三歲一貢，詔諭以道路遐遠，聽五年一至。景祐初，黎州復言邛部蠻請歲入貢，詔如明道令。寶元元年，百蠻都王忙海遣將軍毕蓋等貢方物，且請三歲一貢，不許。慶歷四年，邛部州山前山後百蠻都鬼主牟黑遣將軍阿濟等三百三十九人獻馬二百一十、犛牛一、大角羊四、犀株一、莎羅毯一。慶歷間，有都鬼主弁黑等入貢。未幾，其王咩墨援邊，知黎州孫固使其首領苴尅殺之。熙寧三年，苴尅遣使來賀登寶位，自稱大渡河南邛部州山前山後百蠻都首領，賜敕書、器幣、襲衣、銀帶。是年，苴尅死，詔以其子韋則爲懷化校尉、大渡河南邛部州都鬼主。九年，遣其將軍毕郎等十四人入貢。乾道元年，詔以崖襪襲兄蒙備金紫光祿大夫、懷化校尉、都鬼主如故。淳熙元年，吐蕃寇西邊，崖襪率衆掩擊，詔嘉其功。二年五月，兩林蠻王弟籠畀及酋長崖來率部義等攻邛部州之籠襲城，不克，大掠而去。崖襪追之不及，制置使范成大檄黎州嚴加備禦。八年，崖襪死，其姪墨崖襲職，詔黎州屯戍土軍、禁軍及西兵遇有邊事，竝聽本州守臣節制。嘉定九年，邛部州逼於雲南，遂伏屬之。其族素效順，捍禦邊陲，既折歸雲南，失西南一藩籬矣。

風琶蠻，咸平初，其王曩莎遣使烏栢等貢馬五十七匹、素地紅花娑羅毯二，來賀即位，詔授曩莎及進奉使等官，優賜遣之。景德三年，又遣烏栢來貢，詔授曩莎歸德將軍，烏栢等四十六人弟遷郎將、司階、司戈。

寶塞蠻，開寶間，其蠻七十餘人由大渡河來歸，時時來貨其善馬。紹興二十七年，川秦都大司言漢地民張太二姑率衆劫殺市馬蠻客崖遇等，恐啓邊釁，已加慰諭併償其直矣。詔免知州唐柜及通判陳伯强官，抵首賊法。

部落蠻有劉、楊、郝三姓。淳熙七年十月，黎州五部落蠻貢馬三百匹，求內附，詔許通互市，卻其所獻馬。彌羌部落，乾道九年，吐蕃青羌以知黎州宇文紹直不讐其馬價，憤怨爲亂，詔師憲撫安之，紹直罷免。青羌首領奴兒結等市馬黎州，大肆虜掠，權州事王昉多給金帛亟遣還。宣撫使虞允文言昉貪功，恐他部効尤，漸啓邊釁，詔降昉兩官。十月，黎州吐蕃復寇邊，攻虎掌砦，詔四川宣撫司檄成都府調兵二千人戍黎州以禦之。淳熙二年，奴兒結還所虜生口三十九人，黎州與之盟，復聽其互市，給賞歸之。制置使范成大言所虜未盡歸，我豈可復與通好，詔譴宇文紹直，編管千里外。成大增黎州五砦，籍强壯五千人爲戰兵，吐蕃入寇之徑凡十有八，皆築堡戍之。奴兒結率衆二千扣安靜砦，成大調飛山卒千人赴之，度其三日必遁，戒勿追，已而果然。青羌奴兒結爲邊害者十餘年，其後制置使留正以計禽殺之，盡殲其黨。淳熙十二年，趙汝愚代爲制置使，或謂殺降不祥，必啓邊患，汝愚不爲動，但分守險要，嚴備以待之。明年，奴兒結弟三開果入寇，邊備完固，三開不能攻，走歸。汝愚縣重賞以間羣蠻，三開不能孤立，遂以憂死。時虛恨蠻族最强，破小路蠻，併其地，與黎州接壤，請通互市。汝愚以黎州三面被邊，若更通虛恨蠻，恐重貽他日之憂，不若拒之爲便。帝以其知大體，從之。尋汝愚以定青羌功，加龍圖閣直學士。嘉定元年十二月，彌羌蓄卜由惡水渡河寇黎州，破碉子砦。初，蓄卜弟悶巴至三衝爲人所殺，又徙白水村渡於安靜砦，羌人患之。蓄卜遂與青羌詣邛部州，欲假道女兒城以入寇，守臣楊子謨諜知之，數以貲遺其都王母，俾毋假道，時時餽米以濟其饑，蠻人德之。會趙公庀代爲郡，靳不與，蓄卜遂得假道渡河，攻茆坪砦，掠三松鬣砂、横山、三增、白羊諸村。郡遣西兵將党壽禦之，失利；復遣統領王光世往，羌人由茆坪以革船渡河，光世憚之，留屯三衝，不敢進，羌人焚掠既盡，渡河而歸。二年二月，復寇黎州艮溪砦，官軍敗績。八年二月，蓄卜降。蓄卜連年入寇，皆青羌曳失索助之，守臣袁柟遣安靜砦總轄杜軫招降之。地如浮浪蠻、白蠻、烏蒙蠻、阿宗蠻，則其地各有所服屬云。

叙州三路蠻，西北曰董蠻，正西曰石門部，東南曰南廣蠻。董蠻在馬湖江右，僰侯國也，唐羈縻馴、騁、浪、商四州之地。其酋董氏，宋初有董春惜者，貢馬，自稱馬湖路三十七部落都王子。其地北近犍爲之沐川賴因砦，砦阨蠻險，蠻數寇抄。熙寧、紹聖中，朝廷皆爲徙賴因監押駐榮丁砦，而以縣吏控截。政和五年，始改差監押充知砦事，蠻寇掠如故。南廣蠻在敘州慶符縣以西，爲州十有四。大觀三年，有夷酋羅永順、楊光榮、李世恭等各以地內屬，詔建滋、純、祥三州，後皆廢。石門蕃部與臨洮土羌接，唐曲播等十二州之地。俗椎髻披氊，佩刀，居必欄柵，不喜耕稼，多畜牧。其人精悍，善戰鬬，自馬湖、南廣諸族皆畏之，蓋古浪稽、魯望諸部也。

威州保霸蠻者，唐保、霸二州也，天寶中所置，後陷沒。酋董氏世有其地，與威州相錯，因羈縻焉。保州有董仲元，霸州有董永錫者，嘉祐及熙寧中皆嘗請命於朝。政和三年，知成都龐恭孫始建言開拓，置官吏。於是以董舜咨保州地爲祺州，董彥博霸州地爲亨州，授舜咨剌史，彥博團練使。舜咨尋遷觀察使，彥博留後，遂爲節度使，詔成都給居第、田十二頃。二州經費，歲用錢一萬二千一百緡、米麥一萬四千七百石、絹二千八百五十匹，紬布綾綿茶鹽銀等不預焉。後皆爲砦。

茂州諸部落，蓋塗、靜、當、直、時、飛、宕、恭等九州蠻也。蠻自推一人爲州將，治其衆，而常詣茂州受約束。茂州居羣蠻之中，地不過數十里，宋初無城隍，惟植鹿角自固，蠻乘夜屢入寇，民甚苦之。熙寧八年，相率詣州請築城。知州事范百常實主是役，蠻以爲侵其地，率衆奄至，百常擊走之，乃合靜、時等蠻來寇，百常拒守凡七十日。詔遣王中正將陝西兵來援，入恭州、宕州，誅殺頗衆，蠻乃降。政和五年，有直州將至永壽、湯延俊、董承有等各以地內屬，詔以永壽地建壽寧軍，延俊、承有地置延寧軍。時威州亦建亨、祺二州，然亨至威纔九十里，壽寧距茂纔五里，在大早江之外，非扼控之所，未幾皆廢。七年，塗、靜、時、非等州蠻復反，茂州殺掠千餘人。知成都周燾遣兵馬鈐轄張永鐸等擊之，畏懦不敢進，皆坐黜。以孫羲叟節制綿茂軍，於是中軍將种友直等破其都祿、板舍、原諸族，蠻敗散，其酋旺烈等詣茂州請降，乃班師。授旺烈官，月給茶綵，自後蠻亦驕。宣和五年，宕、恭、直諸部落入寇。六年，塗、靜蠻復犯茂州云。

渝州蠻者，古板楯七姓蠻，唐南平獠也。其地西南接烏蠻、昆明、哥蠻、大小播州，部族數十居之。治平中，熟夷李光吉、梁秀等三族據其地，各有衆數千家，間以威勢脅誘漢戶，有不從者屠之，沒入土田，往往投充客戶，謂之納身，稅賦皆里胥代償，藏匿亡命，數以其徒僞爲生獠劫邊民，官軍追捕，輒遁去，習以爲常。密賂黠民覘守令動靜，稍築城堡，繕器甲，遠近患之。熙寧三年，轉運使孫固、判官張詵使兵馬使馮儀、弁簡、杜安行圖之，以禍福開諭，因進兵復賓化砦，平蕩三族，以其地賦民，凡得租三萬五千石、絲綿一萬六千兩。以賓化砦爲隆化縣，隸涪州。建榮懿、扶歡兩砦，其外銅佛壩者隸渝州南川縣，地皆膏腴。自光吉等平，他部族據有之，朝廷因補其土人王才進充巡檢，委之控扼。才進死，部族無所統，數出盜邊，朝廷命熊本討平之，建爲南平軍，以渝州南川、涪州隆化隸焉。元豐四年，有楊光震者助官軍破乞弟，殺其黨阿訛。大觀二年，木攀首領趙泰、播州夷族楊光榮各以地內屬，詔建溱、播二州，後皆廢。

黔州、涪州徼外，其西南夷部，漢牂牁郡，唐南寧州、牂牁、昆明、東謝、南謝、西趙、充州諸蠻也。其地東北直黔、涪，西北接嘉、叙，東連荆楚，南出宜、桂。俗椎髻左衽，或編髮，隨畜牧遷徙亡常，喜險阻，善戰鬬。部族共一姓，雖各有君長，而風俗略同。宋初以來，有龍蕃、方蕃、張蕃、石蕃、羅蕃者，號五姓蕃，皆常奉職貢，受爵命。治平四年十二月，知靜蠻軍蕃落使守天聖大王龍異閣等入見，詔以異閣爲武寧將軍，其屬二百四十一人各授將軍及郎將。熙寧元年，有方異現；三年，有張漢興，各以方物來獻，授異現靜蠻軍、漢興捍蠻軍竝節度使。六年，龍蕃、羅蕃、方蕃、石蕃八百九十人入覲，貢丹砂、氊馬，賜袍帶錢帛有差。其後比歲繼來，龍蕃衆至四百人，往返萬里，神宗憫其勤，詔五姓蕃五歲聽一貢，人有定數，無輒增加，及別立首領，以息公私之擾。命宋敏求編次諸國貢奉錄，客省、四方館撰儀，皆著爲式。元豐五年，張蕃乞添貢奉人至三百，詔故事以七十人爲額，不許。七年，西南程蕃乞貢方物，願依五姓蕃例注籍，從之。元祐二年，西南石蕃石以定等齎表自稱西平州武聖軍，禮部言元豐著令以五年一貢爲限，今年限未及，詔特令入貢。五年、八年、紹聖四年，龍蕃皆貢方物。龍氏於諸姓爲最大，其貢奉尤頻數，使者但衣布袍，至假伶人之衣入見，蓋實貧陋，冀者恩賞而已。故事，蠻夷入貢，雖交阯、于闐之屬皆御前殿見之，獨此諸蕃見於後殿，蓋卑之也。元符二年，又有牟韋蕃入貢，詔以進奉人韋公憂、公市、公利等爲郎將。諸蕃部族數十，獨五姓最著，程氏、韋氏皆比附五姓，故號西南七蕃云。

施州蠻者，夔路徼外熟夷，南接牂牁諸蠻，又與順、富、高、溪四州蠻相錯，蓋唐彭水蠻也。咸平中，施蠻嘗入寇，詔以鹽與之且許其以粟轉易蠻大悅自是不爲邊患後因饑又以金銀倍實直質于官易粟官不能禁熙寧六年詔施州蠻以金銀質米者估實直如七年不贖則變易之著爲令熊本經制淯井事蠻酋田現等內附夔路轉運判官董鉞副使孫珪知施州寇平皆以招納功被賞施黔比近蠻子弟精悍用木弩藥箭戰鬬趫捷朝廷嘗團結爲忠義勝軍其後瀘州淯井石泉蠻叛皆獲其用

高州蠻故夜郎也在涪州西南宋初其酋田仙以地內附賜名珎州拜爲刺史仙以郡多火災請易今名大觀二年有駱解下上族納土復以珎州名云

瀘州西南徼外古羌夷之地漢以來王侯國以百數獨夜郎滇邛都巂昆明徙莋都冉駹白馬氐爲最大夜郎在漢屬牂牁郡今涪州之西溱播珎等州封域是也滇在漢爲益州郡今姚州善闡之地是也邛都巂州會同川與吐蕃接今邛部州蠻所居也巂今嶲州昆明在黔瀘徼外今西南蕃部所居也徙今雅州嚴道地莋都在黎州南今兩林及野川蠻所居地是也冉駹今茂州蠻汶山夷地是也白馬氐在漢爲武都郡今階州汶州蓋羌類也此皆巴蜀西南徼外蠻夷也自黔恭以西至涪瀘嘉叙自階又折而東南至威茂黎雅被邊十餘郡綿亘數千里剛夷惡獠殆千萬計自治平之末訖于靖康大抵皆通互市奉職貢雖時有剽掠如鼠竊狗偷不能爲深患參考古今辨其封域以見琛贐之自至梯航之所及者爾若夫邊荆楚交廣則係之溪峒云淯水夷者羈縻十州五囤蠻也雜種夷獠散居溪谷中慶歷初瀘州言管下溪峒十州有唐及本朝所賜州額今烏蠻王子得蓋居其地部族最盛旁有舊姚州廢已久得蓋願得州名以長夷落詔復建姚州以得蓋爲刺史鑄印賜之得蓋死其子竊號羅氏鬼主鬼主死子僕射襲其號浸弱不能令諸族烏蠻有二酋領曰晏子曰斧望箇恕常入漢地鬻馬晏子所居直長寧寧遠以南斧望箇恕所居直納溪江安以東皆僰夜諸部也晏子拒漢地絕近猶有淯井之阻斧望箇恕近納溪以舟下瀘不過半日二酋浸強大擅劫晏州山外六姓及納溪二十四姓生夷夷弱小皆相與供其賓熙寧七年六姓夷自淯井謀入寇命熊本經制之景思立戰没本將蜀兵募土丁及夷界黔州弩手以毒矢射賊賊驚潰於是山前後長寧等十郡八姓及武都夷皆內附提點刑獄范百祿作文以誓之曰蠢茲夷醜淯溪之滸爲虺爲豺憑負固圉殺人于貨頭顱草莽莫憐燔炙莫悲奴虜狃玩熟愚胡可悉數疆吏苟玩喋不敢語嗇若之歲曾是彊禦鄰躅嘯聚三壕羅募僨我將佐戕我士伍西南繹騷帝赫斯怒帝怒伊何神聖文武民所安樂惟曰慈撫民所疾苦惟曰砭去乃用其良應變是許粥熊裔孫爰馭貔虎殲其渠酋剚其黨與既奪之心復斷右股攝提孟陬徂征有叙背孤擊虛采入厥阻兵從天下鐵首其軍紛紜騰沓莫敢嬰啎火其巢穴及其囷貯曁其貲畜墟其林藂殺傷係縲以百千數涇灘望風悉力比附丁爲帝民地曰王土投其器械籍入官府百死一贖莫保銅鼓歃盟神天視此狗鼠敢忘誅絕以干罪罟乃稱上恩俾復故處殘醜厥角泣血懇語天子之德雨暘覆護三五噍類請比涇件大邦有令其戒警汝天既汝貸汝勿予侮惟十九姓往安汝堵吏治汝責汝力汝布吏時汝耕汝稻汝黍懲創于今無怵往古小有堡障大有城戍汝或不聽汝擊汝捕尚有虓將突騎強旅傳此黔軍毒矢勁弩天不汝容暴汝居所不汝遺育悔於何取立石于武寧砦熊本言二酋桀黠不羈縻之則諸蠻未易服遂遣人說誘招納於是晏子斧望箇恕及僰夜皆願入貢受王命晏子未及命而死乃以箇恕知歸來州僰夜知姚州以箇恕之子乞弟晏子之子沙取禄路並爲把截將西南夷部巡檢八年俞州獠寇南州獠酋阿訛率其黨奔箇恕熊本重賞檄斬訛訛桀黠習知邊境虛實箇恕匿不殺詭降于納溪訛得不死甚德箇恕爲伺邊隙會箇恕老厭兵以事屬乞弟遂與訛侵諸部十年羅苟夷犯納溪砦初砦民與羅苟夷競魚苟誤毆殺之吏爲按驗夷已忿謂漢殺吾人官不償我骨價反暴露之遂叛提點刑獄穆珦言納溪去瀘一舍羅苟去納溪數里今託事起端若不加誅則烏蠻觀望爲害不細乃詔涇原副總管韓存寶擊之存寶召乞弟等掎角討蕩五十六村十三囤蠻乞降願納土承賦租乃詔罷兵元豐元年乞弟率晏州夷合步騎六千至江安城下責平羅苟之賞城中守兵纔數百震恐不能授甲蠻數日乃引去知瀘州喬叙要欲與盟遣梓夔都監王宣以兵二千守江安仍奏以乞弟襲歸來州刺史韓運遣小校楊舜之召乞弟拜敕乞弟不出遣就賜之亦不見而令小蠻從舜之取敕以去喬叙因沙取禄路以賄招乞弟乃肯來三年盟于納溪蠻以爲畏己益悖慢盟五日遂以衆圍羅箇牟族羅箇牟熊本所團結熟夷也王宣往救之蠻解圍合力拒官軍宣與一軍皆没事遂張驯召存寶授方略統三將兵萬八千趨東川存寶怯懦不敢進乞弟送款紿降存寶信之遂休兵于綿梓遂資間四年詔以環慶副總管林廣代存寶按寶逗撓誅之熟夷楊光震殺阿訛詔林廣與光震冊力討賊乞弟恐復送款帝以其前後反覆無眞降意督廣進師廣遂破樂攻城至斗蒲村斬首二千五百級次落婆乞弟乃納降廣盛陳兵以受之對語良久乞弟疑有變引衆遁廣帥兵深入會大雨雪浹旬始次老人山山形劍立度黑崖至鴉飛不到山五年正月次歸來州天大寒然桂爲薪軍士皆凍墮指留四日求乞弟不可得內侍麥文昞問廣軍事廣曰賊未授首當待罪文昞乃出所受密詔曰大兵深入討賊期在梟獲元惡如已破其巢穴雖未得乞弟亦聽班師軍中皆呼萬歲曰天子居九重明見萬里外乃以衆還自納溪之役師行凡四十日築城樂共城江門砦梅嶺席帽溪堡西達淯井東道納溪皆控制要害捷書聞赦梓州路以歸來州地賜羅氏鬼主乞弟既失土窮甚往來諸蠻間無所依帝猶欲招來之命知瀘州王光祖開諭許以自新會其死於是羅始党斗然斗更等諸酋請依十九姓團結新取生界八姓兩江夷族請依七姓團結皆爲義軍從之自是瀘夷震慴不復爲邊患沙取禄路死子鱉弊承襲政和五年晏州夷卜漏叛砦將高公老遁招討使趙遹討平之授鱉弊西南夷界都大巡檢事見趙遹傳

庶子臣林蒲封謹言宋史成于元代元世祖時修遼金二史尚未及宋至正三年始詔並修脫脫總裁而發凡起例出於歐陽元之筆居多今舊刻止南北二本頗有漫漶錯落此外別無他本可據雖宋世名儒輩出如司馬光通鑑朱子綱目兼綜前代致爲精詳而宋朝之事無紀焉臣等奉
敕校勘謹就續本通鑑續本綱目五代史南唐書十國春秋九國志遼元諸史以及通考通典玉海冊府元龜並諸家文集中確有證佐者徵引若干條附於卷末以備參考云臣謹識

原任詹事臣陳浩少詹臣裘曰修庶子臣林蒲封
侍讀臣周玉章臣齊召南編修臣潘乙震臣栢謙
臣何其睿臣錢琦臣李龍官臣葉酉檢討臣郭肇
璜御史臣楊開鼎拔貢生臣王濟師臣龔元朱等
奉
敕恭校刊